Sancti Joannis Chrysostomi,... Opera Omnia Quae Exstant......

Jean Chrysostome, Montfaucon

majorem esse philosophiam sive virtutem; et p. 244, B, dicit Christum nos in philosophiam induxisse, ἐνῆγεν εἰς φιλοσοφίαν : ita sexcentis in locis philosophiam pro virtute adhibet*.

§. III.

Miscellaneæ observationes ad Commentarios in Matthæum.

Observandum est hunc Homiliarum librum a Theodoreto laudari in Dialogo 2, quem inscribit, ἀσύγχυτος, ubi ejus locum affert T. 4, p. 105 : τοῦ αὐτοῦ, ἐκ τοῦ κατὰ Ματθαῖον Εὐαγγελίου. Καὶ καθάπερ τις ἐν μεταιχμίῳ στὰς, δύο τινῶν ἀλλήλων διεστηκότων, ἀμφοτέρας ἁπλώσας τὰς χεῖρας, ἑκατέρωθεν λαβὼν συνάψειεν· οὕτω καὶ αὐτὸς ἐποίησε, τὴν Παλαιὰν τῇ Καινῇ συνάπτων, τὴν θείαν φύσιν τῇ ἀνθρωπίνῃ, τὰ αὐτοῦ τοῖς ἡμετέροις : *Ac quemadmodum si quis stans, medio in spatio duorum a se invicem distantium, ambabus utrinque manibus extensis, arreptos conjunxerit : ita etiam fecit ipse, Vetus Testamentum Novo, divinam naturam nostræ, sua nostris conjungens.* Qui etiam locus affertur in Actis Concilii Chalcedonensis, T. 4, p. 831. Hic vero locus habetur in Homilia 2, p. 22, C.

Facundus Hermianensis lib. 3, p. 113 Editionis ipsius Sirmondi anno 1629, hunc affert locum : *Quid autem hinc etiam condiscipulus prædicti Mopsuesteni Theodori Joannes Constantinopolitanus dixerit advertamus : qui exponens eumdem locum Evangelii secundum Matthæum, sic ait : Ipse quidem intentius orat, ne videatur simulatio esse negotium : et sudores defluunt propter eamdem iterum causam; et ne hoc dicant hæretici, quoniam simulabat agoniam : ideo et sudores sicut guttæ sanguinis, et angelus confortans eum apparuit, et mille timoris argumenta. Et ne quis dicat verborum esse figmentum : propterea et oratio. Et dicere quidem,* Si possibile est, transeat, *ostendit humanitatem; dicere vero,* Verumtamen non sicut ego volo, sed sicut tu, *ostendit quomodo per virtutis studium et patientiam doceamur, et retrahente nos natura, subsequi Deum.* Hic locus est in Homilia 83, alias 84.

Ait Chrysostomus Homil. 17, p. 224, de illis agens qui coitum in animo fingunt, quos jam mœchatos esse Christus pronuntiavit : τί τοίνυν εἴποιεν ἂν οἱ τὰς συνοικούσας ἔχοντες παρθένους; Ἀπὸ γὰρ τῆς τοῦ νόμου θέσεως μυρίων ἂν εἶεν μοιχειῶν ὑπεύθυνοι, καθ' ἑκάστην ἡμέραν μετὰ ἐπιθυμίας ὁρῶντες αὐτάς: *Quid igitur dixerint ii qui secum habitantes habent virgines? Etenim secundum hanc legem, sexcentis rei fuerint fornicationibus, quotidie illas cum concupiscentia intuentes.* In primo autem Tomo opuscula duo habentur, quorum primum est adversus viros qui virgines secum habitantes, συνεισάκτους, haberent, p. 228; secundum vero, p. 248, hunc habet titulum : περὶ τοῦ μὴ τὰς κανονικὰς συνοικεῖν ἀνδράσιν : *Quod canonicæ sive regulares virgines cum viris habitare non debeant.* Per canonicas, ut puto, virgines (nam de virginibus hic agitur), illas intelligit, quæ virginitatem publice profitebantur, quæque virginum statum et ordinem in Ecclesia tenebant. Hæc autem duo opuscula Constantinopoli edidit, teste Palladio, qui cum Chrysostomo vixit, ejusque vitam scripsit. In hoc porro Homiliæ 17 loco discimus, id etiam Antiochiæ in usu fuisse; neque enim Chrysostomus id allaturus erat, nisi mali hujusce labes etiam Antiochiam invasisset.

Rem omnino singularem affert Chrysostomus Homilia 66, p. 657 et 658, licet in computatione sua non sit admodum accuratus. Queritur porro Antiochenos in eleemosynarum largitione nimis parcos esse. *Quod enim parce seminemus, placeat, exploremus : utrum nempe plures sint in civitate pauperes quam divites, et quinam nec pauperes nec divites sint, sed medium locum tenentes. Decima pars civium divites, decima pars pauperes, qui nihil habent; reliqui vero sunt in medio loco positi. Dividamus ergo per egenorum numerum totam urbis multitudinem, et quantum sit dedecus videbitis. Nam admodum divites pauci sunt; qui hos sequuntur plurimi : rursum pauperes longe his pauciores sunt. Attamen cum tot sint, qui esurientes alere possint, multi sunt qui esurientes lectum petant: non quod non valeant opulenti illis facile necessaria subministrare; sed quia admodum duri inhumanique sunt. Nam si divites, et ii qui facultatibus mediocriter pollent, inter se dividant eos, qui pane et vestibus egent, vix quinquaginta vel cen-*

* [His adde quæ doctissime disseruit Voorst. Annotatione ad J. Chrysostomi Selecta, p. 170—177.]

tum viris pauper unus alendus reperietur. Attamen in tanta copia eorum, qui necessaria subministrare possunt, quotidie pauperes egestatem suam deplorant. Et ut discas illorum immanitatem: Ecclesia unius admodum divitis, et unius mediocris fortunæ reditum habet: et cogites velim quot viduas, quot virgines alat quotidie: earum certe catalogus ad ter mille pertingit. Ad hæc etiam, in carcere vinctos, in xenodochio ægros, alios bene valentes, membris mutilos, altari assidentes alimenti vestisque causa, aliosque casu accedentes, fovet quotidie: neque tamen ejus facultates imminutæ sunt. Itaque si decem viri tantum paria subministrare vellent, nullus foret pauper. Certe ingentes fuisse oportet Antiochenæ Ecclesiæ facultates, quæ præter quotidianos Ecclesiæ ejusque ministrorum sumtus, posset tot viduis et virginibus, quæ ad ter mille pertingebant, prætereaque tot viris, ægris, mutilis, mendicis, peregrinis victum et vestitum suppeditare. Quodque magis stupendum videatur, illi admodum divites, qui numero decimam urbis partem constituebant, ita opibus circumfluebant, ut si cuique eorum unus ex mediocris fortunæ viris adjungeretur, possent ambo tantum, quantum Ecclesia ipsa, onus sustinere. Opulentam certe civitatem, et cui par vix reperiatur: ubi decima pars civium possent singuli, adjuncto sibi mediocris facultatis viro, quatuor millibus circiter egenis quotidianum victum et vestitum subministrare.

Anomœorum impietatem sæpe oppugnat et insectatur Chrysostomus per totas in Matthæum homilias, in iis præcipue Evangelii locis, quæ Anomœi ad suam tuendam hæresim usurpabant. Sed, quod fortasse miretur quisquiam, sæpius in Manichæos invehitur, qui dicebant duo esse rerum principia, duosque deos, alterum bonum, alterumque malum; Vetusque Testamentum, quasi a malo illo deo editum repudiabant. Licet enim hæc hæresis non tantas turbas daret, quantas haud ita pridem dederant Anomœi, attamen magno illi numero erant, malumque serpebat in dies latius, ita ut illa pestis ubique sensim diffunderetur, et aliquot postea sæculis imperium Constantinopolitanum in discrimen deduceret. Cum Manichæis autem aliquando etiam Marcionistas aggreditur, qui parem de duobus principiis impietatem propugnabant; Valentinianos quoque, sed rarius, carpit. Alios item non semel aggreditur, qui putabant casu et fato quopiam ferri omnia, quos etiam in aliis operibus suis identidem aggreditur.

§ IV.

De Manuscriptis deque Editionibus, Saviliana, Commeliniana et Morelliana.

Homiliarum Chrysostomi in Matthæum manuscripti Codices bene multi exstant in bibliothecis Galliæ, Italiæ, cæterarumque Europæ partium, quorum si varias lectiones omnes, si amanuensium errata omnia recensere voluissemus, mirum quantum notas in ima pagina positas auxissemus; sed nullo fructu, imo cum dispendio suscepti operis. Quapropter cum delectu lectiones adhibuimus. Multaque loca in prius Editis vitiata laceraque sarsimus, nihilque neglexímus eorum quæ aliquid opis ad Græcam seriem restituendam conferre poterant. Ad eam rem prius Editis quoque usi sumus, Savilii nempe Editione, atque illa quæ paucis postea annis ex officina Commeliniana prodiit, ac demum Morelliana, quæ ad fidem Commelinianæ concinnata fuit. De quibus Editis quædam nobis incumbunt prælibanda atque tractanda.

Savilii Editio anno 1612 emissa [Etonæ], Græca solum sine Latina interpretatione complectitur, estque accurate omnino concinnata, Græca exhibet pura et emaculata, ita ut mendæ paucissimæ in illa occurrant, quas ope Manuscriptorum pro virili sustulimus. Præter notas vero, quas in margine exhibet Savilius, alias quoque notas in fine octavi Tomi adjicit, tum suas, tum Boisii et aliorum quorumdam. Inter illas vero notas, ut jam alias animadvertimus, Savilianæ sunt aliis sagaciores.

Anno 1617 altera prodiit Editio Græco-Latina Homiliarum Chrysostomi in Matthæum atque in Joannem ex officina Commeliniana Heidelbergæ. Qui autem illam publicandam Editionem curarunt *, Savilianam jam quinque ante annis emissam ne novisse quidem videntur; illa certe non usi sunt, nec ejus uspiam meminerunt; Græca ex Mss., ut credere est, Palatinis eruerunt: neque enim monuerunt unde desumserint. In serie Græca vitia multa deprehendimus, atque ope Manuscriptorum et

* [Fratres sunt Juda et Nicolaus Bonutii.]

Savilianæ Editionis emendavimus. Interpretationem Latinam e regione Græcorum posuerunt illam quæ in Editis Chrysostomi Latinis jamdiu posita fuerat; nempe ad octo priores homilias versionem Aniani, veteris interpretis Chrysostomo supparis, ad reliquas omnes interpretationem Latinam Georgii Trapezuntii, quæ jam in Editis, ut dixi, Latinis prioribus adhibita fuerat. Editio autem isthæc Parisina Morelli nonnihil emendatior habetur, et jure quidem; nam ad illius fidem Morelliana Editio, saltem quod ad Græca pertinet, concinnata fuit, ut mox dicetur.

Editio Parisina Claudii Morelli, anno 1636 data, Saviliana et Commeliniana inferior est, etsi ipse typographus admodum illam commendet in Monito suo. « Exemplaria, inquit, quibus in præsenti » Editione usi sumus, fuere: authenticum illud Anglicanæ Editionis, numquam satis laudatum, cui reli- » giose adhæsimus in corrigendo textu Græco, notatis prius suo quibusque loco mendis, quæ in calce » ejusdem Editionis accurate et fideliter habentur; alterum fuit Editio postrema Parisiensis Latine » tantum, a R. P. Frontone Ducæo, Societat. Jesu Theologo, recensita, et ad idem Anglicanæ Editionis » exemplar recognita, suppleta et correcta; nisi quod in Homiliis super Epistolas Pauli, maxime vero » postremas ad Timotheum, ad Titum, ad Philemonem, et eam quæ est ad Hebræos, quam plurima » in versione Latina locis pene innumeris deerant, quæ ex fide ejusdem exemplaris Græci supplevi- » mus. » Atqui quod ait ille se Anglicano exemplari, sive Saviliano, religiose adhæsisse, mirum quantum a vero aberrat: nam ab illo sæpissime ita dissonat, maxime vero quibusdam in locis, et quidem sat frequentibus, ut planum sit illum a labore hæc duo exemplaria conferendi vel omnino, vel saltem plerumque abstinuisse. Prorsus autem consonant Græca Morelli cum Græcis Commelinianis, ita ut etiam voces omnes, quæ uncinis includuntur in Commeliniana Editione, id quod passim occurrit, uncinis similiter includantur in Morelliana. Ad hæc vero Homilia 19 in duas dividitur in Morelliana Editione, ita ut secunda pars ejusdem vigesimam constituat contra fidem omnium Codicum Græcorum, qui hic unam tantum orationem habent, ut etiam series ipsa requirit. Hac autem in re Commelinianam sequitur Editionem Morellus; non autem Savilianam, quæ non duas hic, sed unam tantum homiliam habet, ut et series ipsa, et Codices omnes postulant. Unde facile crediderim operas Morelli typographicas ad Commelinianæ Editionis fidem Græca Chrysostomi edidisse. Et tamen nulla Commelinianæ Editionis mentio habetur in Monito Morelli. De Latinis secus dicendum: nam revera ex Latina Frontonis Ducæi Editione interpretationem Latinam Aniani in octo prioribus homiliis posuerunt, et in reliquis Georgii Trapezuntii, prout exstabant in illa Editione. Etenim Fronto Ducæus interpretationes illas sexcentis in locis mutaverat, ut melius quadrarent ad Græcam seriem. In hac porro Morelli Editione Græca quædam σφάλματα a typographis admissa sunt; sed non tanto numero, ut conferenti cum Editione Commeliniana palam erit.

§ V.

De Aniani interpretatione Latina.

Anianus hic idem ipse haud dubie est qui Homilias septem Chrysostomi de laudibus S. Pauli apostoli Latine transtulit, quas homilias una cum Aniani interpretatione Latina T. 2, p. 474 et seqq. edidimus Nec dubitamus hunc Anianum Celedensem illum esse diaconum Pelagianum, qui Diospolitanæ synodo interfuit, librosque pro asserenda Pelagiana hæresi scripsit, ut probavit Joannes Garnerius Dissert. post Marium Mercatorem Cap. 7, VII. Sane ex dictis ejus liquet illum ad tuendam hominis libertatem strenue concertavisse, et Augustinum Catholicosque impugnavisse, quos ille Manichæos et Traducianos appellat in Epistola sua ad Evangelum, quam Homiliis de laudibus Pauli apostoli præfiximus. Epistola vero, quam mox proferemus, ad Orontium dirigitur episcopum Pelagiano errori addictum, eaque de causa e sede pulsum. Estque prologus ad Homilias Chrysostomi in Matthæum Latine ab se conversas, ubi vehementer ille in Manichæos (sic orthodoxos vocat) invehitur. « Quid enim, inquit, ille (Joannes) » magis hominibus inculcat, quam venturam naturæ suæ nobilitatem, quæ adversus Manichæi rabiem » omnium recta sapientium consensu concentuque laudatur? Laudatur autem vel in admirabilis gloriam » Conditoris, vel ob concitanda studia virtutis, vel ad castiganda vitia voluptatis. Quid, inquam, pres- » sius ille commendat, quam ingenitæ nobis a Deo libertatis decus, cujus confessio præcipuum inter

» nos gentilesque discrimen est? Qui hominem, ad imaginem Dei conditum, tam infeliciter fati violentia, et peccandi putant necessitate devinctum, ut is etiam pecoribus invidere cogatur. Quid » ille adversus eosdem magistros potius insinuat, quam Dei esse possibilia mandata, et hominem totius » vel quæ jubetur, vel suadetur a Deo, capacem esse virtutis? Quo quidem solo, et iniquitas ab imperante propellitur, et prævaricanti reatus affigitur. Jam vero iste eruditorum decus, cum de Dei gratia disserit, quanta illam ubertate, quanta etiam cautione concelebrat! Non enim est in alterutro aut » incautus, aut nimius, sed in utroque moderatus. Sic liberas ostendit hominum voluntates, ut ad Dei » tamen mandata facienda divinæ gratiæ necessarium ubique fateatur auxilium: sic continuum divinæ gratiæ auxilium commendat, ut nec studia voluntatis interimat.» Sic ille et Catholicis, quos oppugnabat, damnabilem adscribit doctrinam, dum illos et libertatem negare, et fati violentiam in humanis actibus, atque peccandi necessitatem inducere mentitur; simulque Pelagianam sententiam suam ita obtegit, ut nihil iis, quæ de libertate et gratia postremo tradit, adscribi posse erroris videatur, quod ipsum etiam in Epistola ad Evangelum animadvertimus.

Certum igitur est, fatente Aniano, ipsum et Homilias de laudibus Pauli apostoli et hasce in Matthæum Homilias Latine transtulisse, ut tantum doctorem Latine loquentem Catholicis Latinis opponeret. Et jure quidem ac merito Chrysostomum in hanc palæstram vocasset, si adversarii sui talem extulissent sententiam; si a malo deo, sive a malo principio peccatum necessario oriri dixissent: siquidem Chrysostomus sæpe in hisce concionibus Manichæos talia deblaterantes refellit, et profligat; si item ex violento quodam fato hanc peccandi necessitatem oriri putassent, quod perinde confutat Chrysostomus noster. Verum id ille vel ex male percepta Catholicorum sententia, vel ut dolo quopiam, talem comminiscens disciplinam, ipsis invidiam pareret, hanc affinxit orthodoxis opinionem. Quodque animadvertendum est, Anianus cum hoc unum in scopo habeat, ut fatalem illam peccandi necessitatem Chrysostomi auctoritate depellat, quod utique perquam facile est, nusquam verba Chrysostomi, ut Pelagianæ faveat hæresi, in alium sensum detorquet, id quod etiam in Homiliis de laudibus Pauli apostoli jam annotavimus Tomo 2, p. 475.

Quæritur porro utrum Anianus Homilias omnes Chrysostomi in Matthæum Latine converterit, an octo tantum illas quæ in Editis comparent; vel plures quidem, sed non universas. Fateor quidem me olim dubitavisse an Homilias illas omnes, an partem illarum tantum Anianus transtulerit. Verum re accuratius perpensa, illum omnes omnino Chrysostomi Homilias in Matthæum Latine convertisse, ni fallor, deprehendi. Sane ille ipse in Epistola ad Orontium mox edenda, se totum Homiliarum in Matthæum librum Latine reddidisse non obscure innuit. Nam postquam initio dixerat: « Jubes enim, beatissime, » ut Commentarium sancti Joannis Constantinopolitani episcopi, quem in Matthæo evangelista nonaginta » et uno libro explicuit, in Latinam linguam quo possim sermone transfundam. Quod utinam tam a nobis commode fieri possit, quam a te et opportune et utiliter imperatur; » sic, inquam, orsus postquam se totas nonaginta et unam Homilias transferre jussum esse declaravit, se totum complevisse in fine Epistolæ significat his verbis: « Hunc igitur si satis minorem se in Latino apparere feci, non tam mihi, » Domine venerabilis, quam tibi imputare debes, qui me ad eum transferendum tanto et auctoritatis » imperio, et blandimento caritatis hortatus es, ut illi aliquid, imo vero plurimum de honore dumtaxat » styli auferre mallem, quam crimen in te diutius recusando committere. Sane pro qualicumque hac mea » opera amplissimum orationum tuarum munus reposco, etc. » Quid aliud dixit initio, quam se jussum esse nonaginta et unam homilias Chrysostomi Latine convertere? Quid aliud dicit in fine, quam se jussa complevisse? Certe si partem tantum homiliarum transtulisset, annon id dicturus erat in fine? an se librum illum transtulisse dixisset?

Nec desunt alia argumenta, quibus probatur totum Chrysostomi in Matthæum Commentarium jam a multis seculis in bibliothecis Latinis fuisse, ac sine dubio ex interpretatione Aniani. In Catalogo Bibliothecæ Pomposianæ, qui circa medium undecimi sæculi concinnatus fuit, quemque in Diario Italico totum retuli, aderat hic commentarius Latine, qui sic in Catalogo exprimitur p. 84: « Super Matthæum Joan» nis Chrysostomi. » Divus autem Thomas Aquinas, qui tam magnifica hunc Commentarium laude celebravit, qualem initio hujus Præfationis retulimus, ubi hunc Commentarium legere potuerat, nisi in Aniani versione, quæ tunc una ferebatur? Ad hæc autem in notis bibliothecarum Mss., quas ex Italia detuli, in Catalogo manuscriptorum Codicum Bibliothecæ S. Marci Florentiæ sequens nota legitur:

« In armario, ad dexteram num. 76. S. Joan. Chrysostomi in Matthæum cum præfatione Aniani ad » Orontium episcopum in charta Homiliæ 25 : pars prima. » Qua nota indicatur etiam partem secundam fuisse, et fortassis tertiam et quartam. In itinere autem Italico suo Mabillonius noster p. 164, de Bibliotheca sanctæ Crucis loquens, quæ est Minorum Conventualium, hoc habet : « Alius Codex sancti Joan» nis Chrysostomi in Matthæum homilias XXVI, Aniano interprete, subsequentes a Georgio Trapezun» tio in Latinum versas, complectitur.

Non dubito igitur quin Anianus totum Homiliarum in Matthæum librum Latine transtulerit. Et fortassis si omnium bibliothecarum manuscripti Codices excuterentur, posset hodieque tota Aniani versio erui. Sed ad quid tantum suscipere laborem, quando totum Homiliarum librum sartum et tectum, ut ab auctore profectus est, habemus? Ecqua illa foret nova accessio, nisi ut hunc Tomum operum jam satis amplum ultra modum augeret, idque nullo operæ pretio? Quod si dixeris aliquam hinc nobis afferri notitiam circa modum, quo veteres illi Græca Latine convertebant : ecce jam illam potes ex iis quæ in publicum proferuntur expiscari. Habes septem Chrysostomi Homilias de laudibus Pauli apostoli cum Aniani interpretatione, et Homilias octo priores ejusdem in Evangelium Matthæi.

Anianus vero etsi pro illa ætate non imperitus Græcorum interpres censeri debeat: septem enim Homilias de laudibus Pauli sat feliciter transtulit, ut diximus T. 2, p. 475; at in Homiliarum in Matthæum interpretatione Latina non pari felicitate processit : nam incassum sæpe verba multiplicat, et circuitione usus ea pluribus enuntiat, quæ poterant brevius et commodius exhiberi ; ut quisque videre possit. Nam octo priorum homiliarum interpretationem Aniani in ima pagina posuimus. Unum tamen est de quo lectorem monere non pigebit. In Homilia 5, p. 78, hæc de Jacobo fratre Domini narrantur : φασὶ δὲ αὐτὸν καὶ σκληραγωγίᾳ προσέχειν τοσαύτῃ, ὡς καὶ τὰ μέλη νεκρωθῆναι ἅπαντα, καὶ ἀπὸ τῆς συνεχοῦς εὐχῆς, καὶ τῆς διηνεκοῦς πρὸς τὸ ἔδαφος ὁμιλίας, τὸ μέτωπον οὕτως αὐτῷ κατεσκληκέναι, ὡς μηδὲν ἄμεινον γονάτων καμήλου διακεῖσθαι τῆς ἀντιτυπίας ἕνεκεν αὐτῆς : id est, ut nos convertimus : *Narrant autem illum tam aspere vitam duxisse, ut membra ejus omnia quasi emortua essent, atque ex precandi assiduitate, dum jugiter in pavimento procumberet, frontem ejus ita obduruisse, ut genuum cameli duritiem pene attingeret, ita frequenter illam solo applicuerat.* Anianus vero hunc locum ita convertit : *Aiunt autem genua ejus obduruisse callo, tantamque in eo fuisse carnis incuriam, ut adhuc viventis omnia fere membra morerentur : atque assiduitate orationis, jugique ad pavimentum prostratione corporis, frontem quoque ejus callo similiter obductam, ut nihil fere a cameli genibus, si duritiem spectes, discreparet.* Hic vides Anianum hæc addidisse, *genua ejus obduruisse callo*, id quod in nullis Chrysostomi Græcis exemplaribus lectum fuisse memoratur uspiam. Verum illud ex Hegesippo apud Eusebium Hist. Eccl. l. 2, c. 23, mutuatus videtur Anianus : ibi enim hoc tantum legitur : ὡς ἀπεσκληκέναι τὰ γόνατα αὐτοῦ δίκην καμήλου : *adeo ut genua ipsius instar cameli obduruerint.* In lectionibus, quæ in festo S. Jacobi Minoris recitantur, hoc habetur ex Hegesippo, ut videtur, desumtum : *Cui etiam assiduitas orandi ita callum genibus obduxerat, ut duritie cameli pellem imitaretur* : de frontis vero duritie nihil, de qua tantum hic loquitur Chrysostomus.

In hac autem ad Orontium Epistola, quæ prologi vicem agit, Anianus nonaginta unam Homilias in Matthæum numerat, perinde atque Editi priores pene omnes, in quibus decima nona homilia in duas dividitur, et secunda pars, in qua oratio Dominica, *Pater noster* etc., explicatur, vigesimam homiliam efficit, contra fidem omnium Græcorum Codicum, ubi una tantum oratio 19 totum complectitur, ut series omnino postulat. Cum isthæc homilia 19 in duas divisa fuisset, secunda pars ejus Homilia 20 inscripta fuit, et sequens, quæ vigesima erat, vigesima prima consignata est; atque ita quæ sequebantur omnes numerum auxerunt, ita ut quæ nonaginta numero erant, unam supra nonaginta postea efficerent. Utrum autem hæc mutatio ab ipso Aniano inducta fuerit, incertum est. Etsi enim in Epistola ad Orontium, quæ mox sequetur, XCI homiliæ numerentur, at potuit quispiam, facta post Aniani mortem hujusmodi mutatione, XC numero unum superaddere, quia videbat in exemplaribus Latinis nonaginta et unam homilias ferri. Certum quippe est a Latinis Homiliam 19 divisam fuisse ; in exemplaribus enim Græcis nusquam exstat hujusmodi divisio. Illam vero divisionem libentius crediderim post Aniani tempora inductam, atque cum in illius ad Orontium Epistola nonaginta prius homiliæ tantum memorarentur, a nescio quo postea, qui ob divisam in duas decimam nonam, nonaginta et unam homilias numerari videbat, in eamdem Epistolam XCI numerum inductum fuisse.

ANIANI
IN EXPOSITIONEM
DIVI JOANNIS CHRYSOSTOMI,
EPISCOPI CONSTANTINOPOLITANI,
SUPER
EVANGELIUM BEATI MATTHÆI,
PROLOGUS.

DOMINO VERE SANCTO ET BEATISSIMO ORONTIO EPISCOPO ANIANUS.

Piissimi patris affectum et sapientissimi artem magistri in me pariter exerces, quem inter has, quas pro fidei vobiscum amore perpetimur tentationum procellas, et a mœrore simul et a torpore subducis, animumque anxietate marcentem ad studium Scripturarum remittis. Jubes enim, beatissime, ut Commentarium sancti Joannis Constantinopolitani episcopi, quem in Matthæo evangelista nonaginta et uno libro explicuit, in Latinam linguam, quo possim sermone, transfundam. Quod utinam tam a nobis commode fieri possit, quam a te et opportune et utiliter imperatur. Quid enim vel ad prudentiam eruditius, vel ad exercitationem ignitius, vel ad dogma purgatius nostrorum auribus offeratur, quam præclara hæc tam insignis animi ingeniique monumenta? Et hoc maxime tempore, quo per occasionem quarumdam nimis difficilium quæstionum, ædificationi morum atque ecclesiasticæ disciplinæ satis insolenter obstrepitur. Pro qua certe beatus Joannes cum in aliis operibus, tum in hoc quoque tantus fere ubique, tamque alacer assurgit, ut evangelistæ dicta interpretando, pro evangelica perfectione nobiscum pugnare videatur. Quid enim ille magis hominibus inculcat, quam venturam suam nobilitatem, quæ adversus Manichæi rabiem omnium recte sapientium consensu concentuque laudatur? Laudatur autem vel in admirabilis gloriam Conditoris, vel ob concitanda studia virtutis, vel ad castiganda vitia voluptatis. Quid, inquam, pressius ille commendat, quam ingenitæ nobis a Deo libertatis decus, cujus confessio præcipuum inter nos gentilesque discrimen est? Qui hominem ad imaginem Dei conditum, tam infeliciter fati violentia, et peccandi putant necessitate devinctum, ut is etiam pecoribus invidere cogatur. Quid ille adversus eosdem magistros potius insinuat, quam Dei esse possibilia mandata, et hominem totius vel quæ jubetur vel suadetur a Deo capacem esse virtutis? Quo quidem solo, et iniquitas ab imperante propellitur, et prævaricanti reatus affigitur. Jam vero iste eruditorum decus, cum de Dei gratia disserit, quanta illam ubertate, quanta etiam cautione concelebrat! Non enim est in alterutro aut incautus, aut nimius, sed in utroque moderatus. Sic liberas ostendit hominum voluntates, ut ad Dei tamen mandata facienda divinæ gratiæ necessarium ubique fateatur auxilium: sic continuum divinæ gratiæ auxilium commendat, ut nec studia voluntatis interimat. Cum autem in cunctis fere doctrinæ partibus, tum præcipue in exhortatione morali, atque in omnibus ecclesiasticæ regulis disciplinæ, ita nostrorum concinit per universa sententiis, ut eos pene quos numquam vidit, omnino ad omnem Scripturarum intelligentiam informasse credatur. Quanto enim exhortandi, id est, emendandi, vel etiam exornandi homines amore teneatur, hoc præcipue opere declarat. In quo cum susceperit commentatoris officium, certam

uniuscujusque libri partem expositione complens, reliqua amica sibi, et quam perfectissima potest exhortatione, producit : in ipsis quoque expositionum locis, quæ quidem plena sunt acuminis, ponderis, consequentiæ, eruditionis, medullæ, nihil magis intendit aliud, quam ne vel exigua moralitatis puncta prætereat; quasi qui omnino pene solus consilium divinæ legis inspexerit. Quæ cum innumeris sit intexta causis, ad unum tamen finem omnia reducit, ut scilicet homines quibus data est, ad amorem Dei studiumque virtutis accendat. Quod vero istud non ad ostentationem quamdam faciat, et fœtentem illam gloriæ vanitatem cum tota et doctrinæ illius, et morum, qui etiam in scriptis ejus relucent, continentia, tum etiam vitæ finis ipse testatur : nempe omni ille sermone non solummodo emendat, sed etiam armat auditoris animum. Nempe tota ejus et principalis intentio est, non tam privatam istam, et inter prosperorum opaca latitantem honestatem docere, quam illam quotidie tamquam in acie dimicantem, et quæ absque ullo dispendio sui tribulationum et cædatur imbribus, et uratur ardoribus, instituere virtutem. Hanc ipsam ita ille insignis Ecclesiæ magister et verus Christi discipulus implevit, ut illa omnia, quæ de asserenda etiam per mortem virtute disseruit, non tam aliis, quam sibi omnino soli inculcasse videatur. Denique vitam illam omni ab adolescentia sanctitate fulgentem, et in sacerdotio mille insignibus perfectionis ornatam, etiam passionibus pro justitiæ amore decoravit. Quod certe alicui Ecclesiis in pace degentibus provenire, ingentis animi, proculque ab omni hominum gloria remotæ mentis, raræque omnino virtutis est. Quod autem in septimo istius libro operis indicatur, adhuc Antiochiæ presbyter hæc, quibus illam tunc Ecclesiam ædificabat, scripta composuit. Ex quo magis magisque perspicitur, illum non temeritate quadam, aut dissonante a suis moribus libertate, in regali postea urbe pontificatum tenentem, nota illa et maxima adversum se commovisse certamina : sed ita se instituisse semper, tamque constanter atque firmiter contra omnes iniquorum catervas, pro veritatis ac justitiæ parte jurasse, ut quamlibet adversus eum vel sacerdotum nomina, vel regum arma concurrerent, depellere quidem illum sacerdotali possent throno, nunquam tamen depellere possent veritate. Optimam itaque meditationem in occasione rebus exsequens, maluit pontificis honorem confessoris dignitate cumulare, quam adulatoris fœditate corrumpere. Jam vero illud quasi peculiare quoddam custodit, ac proprium, unde a te præcipue pro similitudine studii possit adamari, quod scilicet semper sollicitus, semper vigilans, semper noxiæ securitatis, vel potius mortiferi stuporis inimicus, ubique utilitatem compunctionis compunctus ipse commendat. Quocirca forsitan ejus oratio nusquam fere in pompam elevatur dicentis, sed tota ad utilitatem aptatur audientis. Est enim stylus ipse, quod quidem in suo opere magis animadverti potest, Ecclesiæ auribus accommodatissimus, priscum illud, sed eruditum dicendi genus exprimens : medius, æqualis, maturus, pudicus, alienus omni ab incuriæ culpa pompaque luxuriæ. Non squalidus quidem, nec tamen floridus : non impolitus, sed neque nimia subtilitate limatus : non asperitate horridus, nec tamen amœnitate lascivus : maximam ubique copiam admirabilemque indicans facultatem, nusquam tamen ambitionem loquendi : eo fit, ut illum magis simplex lector intelligat, et laudet disertus. Certe quod ab aliis quoque plurimis audire potuisti, omnes jam ecclesiasticæ Græcorum bibliothecæ, post tam varias veterum scriptorum splendidasque divitias, post tot insignium magistrorum tam clara lumina, hujus præcipue voluminibus ornantur. Denique et sancti Basilii admirabilem illam curam loquendi, et Antiochi plausibilem pompam, et sublimem illum Gregorii cothurnum, facile intelligas hac Joannis medietate superata. Ita enim stylum suum, inviolata, ut diximus, facultate regnantem, Scripturarum ubique et sapore imbuit, et tingit colore : ut illi quidem de apparatu eloquii * remittere, iste vero de majestate Scripturarum coruscare videatur. Solæ ab eo forsitan adolescentulorum minus blande mulceantur aures, quibus in ludo positis literarum non tam placent solida, quam picta, quique pulchra potius, quam utilia sectantur, nec tam agentia diligunt, quam sonantia, magisque gaudent florum amœnitate conspergi, quam frugum ubertate nutriri. Hunc igitur si satis minorem se in Latino apparere feci, non tam mihi, Domine venerabilis, quam tibi imputare debes : qui me ad eum transferendum tanto et auctoritatis imperio et blandimento caritatis hortatus es, ut illi aliquid, imo vero plurimum de honore dumtaxat styli auferre mallem, quam crimen in te diutius recusando committere. Sane pro qualicumque hac mea opera amplissimum orationum tuarum munus reposco, quo scilicet nos, ut exemplo, ita etiam precibus tuis juves, ut aliquid de illius viri virtute possimus imitari. Memor nostri esto semper in Christo, Domine merito beatissime.

* Forte *renitere*.

ΤΟΥ ΕΝ ΑΓΙΟΙΣ ΠΑΤΡΟΣ ΗΜΩΝ

ΙΩΑΝΝΟΥ

ΤΟΥ ΧΡΥΣΟΣΤΟΜΟΥ

ΤΑ ΕΥΡΙΣΚΟΜΕΝΑ ΠΑΝΤΑ.

SANCTI PATRIS NOSTRI

JOANNIS CHRYSOSTOMI

OPERA OMNIA.

*ΤΟΥ ΕΝ ΑΓΙΟΙΣ ΠΑΤΡΟΣ ΗΜΩΝ ΙΩΑΝΝΟΥ,

Ἀρχιεπισκόπου Κωνσταντινουπόλεως,

ΤΟΥ ΧΡΥΣΟΣΤΟΜΟΥ,

Ὑπόμνημα εἰς τὸν ἅγιον Ματθαῖον τὸν Εὐαγγελιστήν.

ΠΡΟΟΙΜΙΟΝ. ΟΜΙΛ. α'.

Ἔδει μὲν ἡμᾶς μηδὲ δεῖσθαι τῆς ἀπὸ τῶν γραμμάτων βοηθείας, ἀλλ' οὕτω βίον παρέχεσθαι καθαρὸν,

SANCTI PATRIS NOSTRI JOANNIS CHRYSOSTOMI,

ARCHIEPISCOPI CONSTANTINOPOLITANI,

A *Commentarius in sanctum Matthæum Evangelistam.*

PROOEMIUM. HOMIL. I.

Par esset quidem nos nulla egere literarum ope, sed ita puram exhibere vitam, ut Spiritus gratia

*Contulimus Codices Reg. 1934, 1940, 1942, Colbert. 166, 206, Coislinianum 66. Alium item Dom. Foucault, et Turonensem D. du Poirier medici eruditissimi.

S. JOANNIS CHRYSOSTOMI,

ARCHIEPISCOPI CONSTANTINOPOLITANI,

IN MATTHÆUM COMMENTARII,

ANIANO INTERPRETE. HOMILIA I.

Oportuerat quidem nihil nos indigere auxilio literarum, sed tam mundam exhibere vitam, ut librorum

librorum instar nobis esset: ac sicut libri atramento, sic corda nostra Spiritu ipso essent inscripta. Quia vero hujusmodi gratiam depulimus, age, secundum navigationis cursum suscipiamus. Certe primum illum cursum præstantiorem fuisse, et verbis et operibus ipsis ostendit Deus. Siquidem Noë et Abrahamo nepotibusque ejus, necnon Jobo ipsique Moysi, non per literas loquebatur, sed per se ipse, quod purum in ipsis animum reperiret. Postquam autem universus Hebræorum populus in profundum nequitiæ delapsus est, necesse demum fuit ut literis et tabulis ad eorum commonitionem uteretur; idque non in Veteris solum, sed in Novi etiam Testamenti sanctis factum comperimus. Neque enim apostolis scripto quidpiam tradidit Deus, sed pro literis Spiritus gratiam se daturum illis pollicitus est: nam *Ille*, ait, *suggeret vobis omnia*. Ut vero discas hoc longe melius fuisse, audi quid per prophetam dicat: *Disponam vobis testamentum novum, dans leges meas in mente eorum, et in cordibus eorum scribam eas, et erunt omnes docti a Deo*. Paulus quoque hanc declarans præstantiam, dicebat accepisse se legem, *Non in tabulis lapideis, sed in tabulis cordis carnalibus*. Quia vero post multum temporis alii circa dogmata, alii circa vitam et mores impegerunt, necessaria denuo fuit illa per literas institutio. Animadvertas velim, quantum illud malum sit; quod etsi cum tanta puritate vitam agere debeamus, ut

Libri Scripturæ cur dati.

Joan. 14. 26.

Jer. 31. 31. 33.

2. Cor. 3. 3.

ὡς τοῦ Πνεύματος τὴν χάριν ἀντὶ βιβλίων γενέσθαι ταῖς ἡμετέραις ψυχαῖς, καὶ καθάπερ ταῦτα διὰ μέλανος, οὕτω τὰς καρδίας τὰς ἡμετέρας διὰ Πνεύματος [a] ἐγγεγράφθαι. Ἐπειδὴ δὲ ταύτην διεκρουσάμεθα τὴν χάριν, φέρε, κἂν τὸν δεύτερον ἀσπασώμεθα πλοῦν. Ἐπεὶ ὅτι τὸ πρότερον ἄμεινον ἦν, καὶ δι' ὧν εἶπε, καὶ δι' ὧν ἐποίησεν, ἐδήλωσεν ὁ Θεός. Καὶ γὰρ τῷ Νῶε, καὶ τῷ Ἀβραὰμ, καὶ τοῖς γόνοις τοῖς ἐκείνου, καὶ τῷ Ἰὼβ, καὶ τῷ Μωϋσεῖ δὲ οὐ διὰ γραμμάτων διελέγετο· ἀλλ' αὐτὸς δι' ἑαυτοῦ, καθαρὰν εὑρίσκων αὐτῶν τὴν διάνοιαν. Ἐπειδὴ δὲ εἰς αὐτὸν τῆς κακίας ἐνέπεσε τὸν πυθμένα ἅπας τῶν Ἑβραίων [a] ὁ δῆμος, ἀναγκαίως λοιπὸν γράμματα καὶ πλάκες, καὶ ἡ διὰ τούτων ὑπόμνησις· καὶ τοῦτο, οὐχ ἐπὶ τῶν ἐν τῇ Παλαιᾷ ἁγίων, ἀλλὰ καὶ ἐπὶ τῶν ἐν τῇ Καινῇ συμβὰν ἴδοι τις ἄν. Οὐδὲ γὰρ τοῖς ἀποστόλοις ἔδωκέ τι γραπτὸν ὁ Θεὸς, ἀλλ' ἀντὶ γραμμάτων τὴν τοῦ Πνεύματος ἐπηγγείλατο δώσειν χάριν· Ἐκεῖνος γὰρ ὑμᾶς ἀναμνήσει, φησὶ, πάντα. Καὶ ἵνα μάθῃς ὅτι τοῦτο πολὺ ἄμεινον ἦν, ἄκουσον διὰ τοῦ προφήτου τί φησι· Διαθήσομαι ὑμῖν διαθήκην καινὴν, διδοὺς νόμους μου εἰς διάνοιαν αὐτῶν, καὶ ἐπὶ καρδίας γράψω αὐτοὺς, καὶ ἔσονται πάντες διδακτοὶ Θεοῦ. Καὶ ὁ Παῦλος δὲ ταύτην ἐνδεικνύμενος τὴν ὑπεροχὴν, ἔλεγεν εἰληφέναι νόμον, Οὐκ ἐν πλαξὶ λιθίναις, ἀλλ' ἐν πλαξὶ καρδίας σαρκίναις. Ἐπειδὴ δὲ πολλοῦ τοῦ χρόνου προϊόντος ἐξώκειλαν, οἱ μὲν δογμάτων ἕνεκεν, οἱ δὲ βίου καὶ τρόπων, ἐδέησε πάλιν τῆς ἀπὸ τῶν γραμμάτων ὑπομνήσεως. Ἐννόησον οὖν ἡλίκον ἐστὶ κακὸν, τοὺς οὕτως ὀφείλοντας ζῇν καθαρῶς, ὡς μηδὲ

[a] Duo habent γεγράφθαι. [Paulo infra Savil. in marg. δεῦτε pro φέρε]. Infra Morel. καὶ τοῖς ἐγγόνοις, alii ἐκγόνοις. Mox Morel. δὲ habet post Μωϋσεῖ. In aliis et in Savil. deest [Affertur in hujus marg.]

[a] Duo ὁ δῆμος, τότε λοιπόν. [Infra post ἁγίων Savil. addit μόνον uncis inclusum. Deest in Commelin.]

ANIANI INTERPRETATIO.

vice gratia Spiritus sancti uteremur: et sicut atramento illi, ita corda nostra inscriberentur a Spiritu. Quia vero hanc a nobis excussimus gratiam, age vel ad secundam navigationem animum adjiciamus. Equidem quod primum illud fuerit profecto sublimius et ex verbis suis Deus, et ex operibus ostendit. Nam et Noë et Abrahæ, ejusque posteris, et Job et Mosi, non per literas, sed per semetipsum loquutus est, quia scilicet munda eorum corda repererat. Postquam vero omnis populus Judæorum in vitiorum ima delapsus est, necessario jam inde literæ dantur, ac tabulæ, et ea quæ per has administratur admonitio. Et hoc non tantum Veteris Testamenti sanctis, sed etiam Novi accidisse perspicimus. Siquidem nec apostolis scriptum aliquid tradidit Christus, sed pro literis, sancti Spiritus se illis daturum gratiam repromisit: *Ille*, inquit, *suggeret vobis omnia*. Atque ut discas, quia hoc multo sit illo melius, audi Dominum per prophetam loquentem: *Et disponam*, inquit, *vobis testamentum novum. Dabo leges meas in mente eorum, et in corda eorum perscribam eas, et erunt omnes docibiles Dei*. Paulus quoque hanc eminentiam designando, dicebat se accepisse legem, *Non in tabulis lapideis, sed in tabulis cordis carnalibus*. Quia vero progrediente jam tempore, alii quidem propter dogmata, alii vero propter vitam et mores graviter impegerunt, ea rursus quæ constat literis admonitione fuit opus. Jam ergo considera quam sit extremæ omnino dementiæ, ut qui tanta deberemus vitæ perfectione pollere, ut nihil prorsus

Joan. 14. 26.

Jer. 31. 31. 33.

2. Cor. 3. 3.

δεῖσθαι γραμμάτων, ἀλλ' ἀντὶ βιβλίων παρέχειν τὰς
καρδίας τῷ Πνεύματι, ἐπειδὴ τὴν τιμὴν ἀπωλέσαμεν C
ἐκείνην, καὶ κατέστημεν εἰς τὴν τούτων χρείαν, μηδὲ
τῷ δευτέρῳ πάλιν κεχρῆσθαι φαρμάκῳ εἰς δέον. Εἰ
γὰρ ἔγκλημα τὸ γραμμάτων δεηθῆναι, καὶ μὴ τὴν τοῦ
[b] Πνεύματος ἐπισπάσασθαι χάριν, σκόπησον ἡλίκη κατηγορία, τὸ μηδὲ μετὰ τὴν βοήθειαν ταύτην ἐθέλειν
κερδαίνειν, ἀλλ' ὡς εἰκῇ καὶ μάτην κείμενα τὰ γράμματα περιορᾷν, καὶ μείζονα ἐπισπάσασθαι τὴν κόλασιν. Ὅπερ ἵνα μὴ γένηται, προσέχωμεν μετὰ ἀκριβείας τοῖς γεγραμμένοις, καὶ μάθωμεν πῶς μὲν ὁ πα- 3
λαιὸς ἐδόθη νόμος, πῶς δὲ καὶ ἡ Καινὴ Διαθήκη. Πῶς A
οὖν ὁ νόμος ἐκεῖνος ἐδόθη τότε; καὶ πότε καὶ ποῦ;
Μετὰ τὸν τῶν Αἰγυπτίων ὄλεθρον, ἐπὶ τῆς ἐρήμου, καὶ
ἐν τῷ ὄρει Σινᾶ, καὶ τοῦ καπνοῦ καὶ τοῦ πυρὸς ἀνιόν-
τος ἀπὸ τοῦ ὄρους, σάλπιγγος ἠχούσης, βροντῶν καὶ
ἀστραπῶν γενομένων, τοῦ Μωϋσέως εἰς αὐτὸν εἰσ-
ιόντος τὸν γνόφον. Ἐν τῇ Καινῇ δὲ οὐχ οὕτως· οὔτε
ἐν ἐρήμῳ, οὔτε ἐν ὄρει, οὔτε μετὰ καπνοῦ καὶ σκότους,
καὶ γνόφου, καὶ θυέλλης· ἀλλ' ἀρχομένης ἡμέρας, ἐν
οἰκίᾳ, πάντων συγκαθημένων, μετὰ πολλῆς τῆς ἡμερότητος πάντα ἐγίνετο. Τοῖς μὲν γὰρ ἀλογωτέροις καὶ
δυσηνίοις σωματικῆς ἔδει φαντασίας· οἷον ἐρημίας,
ὄρους, καπνοῦ, σάλπιγγος ἠχῆς, καὶ τῶν ἄλλων τοιού- B
των· τοῖς δὲ ὑψηλοτέροις καὶ καταπειθέσι, καὶ τὴν
τῶν σωμάτων [a] ἔννοιαν ὑπεραναβεβηκόσιν, οὐδενὸς ἦν
τούτων χρεία. Εἰ δὲ καὶ ἐπ' αὐτῶν ἦχος ἐγένετο, οὐ
διὰ τοὺς ἀποστόλους, ἀλλὰ διὰ τοὺς παρόντας Ἰουδαίους, δι' οὓς καὶ αἱ τοῦ πυρὸς ὤφθησαν γλῶσσαι.

ne libris quidem sit opus, sed librorum vice corda offerenda sint Spiritui sancto instituenda; postquam tantum honorem amisimus, atque eo redacti sumus, ut libris opus habeamus; ne hoc secundo quidem remedio ut par esset utamur. Nam si non culpa vacat literis egere, nec per se Spiritus gratiam attrahere; cogita quantum crimen sit ne hoc quidem auxilio uti velle, sed literas illas quasi frustra et temere positas despicere, et majorem in se attrahere pœnam. Quod ne accidat, Scripturis accurate adhibeamus animum, ac discamus quomodo vetus lex data fuerit, quomodo postea Novum Testamentum. Quo igitur modo lex illa data tum fuit? quando et ubinam? Post Ægyptiorum perniciem, in deserto, et in monte Sina, fumo et igne de monte erumpente, tuba clangente, frequentibus fulguribus atque tonitruis, Moyseque in ipsam caliginem intrante. In Novo autem non ita nec in deserto nec in monte, non cum fumo, tenebris, caligine atque procella, sed ineunte die, domi, omnibus una sedentibus, magna cum tranquillitate gesta sunt omnia. Ferocioribus quippe illis et effrenatioribus, corporea specie opus erat; nempe solitudine, monte, fumo, tubæ clangore et similibus; sublimioribus vero et obsequentioribus, qui corporeas cogitationes longe exsuperabant, hujusmodi rebus nihil opus erat. Quod si et apud illos sonus emissus est, id non apostolorum, sed Judæorum tunc præsentium

Lex quando et quomodo data.

Novum Testamentum quando et quomodo datum.

Act. 2. 41. et 4. 4.

[b] Unus πνεύματος ἐφέλκεσθαι χάριν.

[a] Sic duo Mss., et hanc puto veram esse lectionem. Editi ἀναβεβηκόσιν.

ANIANI INTERPRETATIO.

literis egeremus, sed scribenda Spiritui sancto corda pro paginis præberemus; quale, inquam, est, si, posteaquam primam illam perdidimus dignitatem, atque eo redacti sumus, ut scriptis indigeamus, ne secundo quidem remedio ad nostram utamur salutem. Si enim literis egere, et non gratia Spiritus sancti splendere culpabile est, vide quanti sit criminis nec per istud auxilium velle proficere, sed quasi frustra ac vane posita cælestia scripta despicere, et majus absque dubio subire supplicium. Quod ne accidat, diligenter hæc, quæ scripta sunt, ponderemus; et discamus quemadmodum vetus lex promulgata sit, quemadmodum etiam Novum conditum sit Testamentum. Quonam igitur tunc modo illa lex data est, et ubi, et quando? Post Ægyptiorum profecto perniciem, in eremo, in monte Sina, et fumo et igne ascendente de monte, et tuba terribiliter insonante, et tonitruo crebrius comminante, et coruscante fulgure, et Mose in ipsam caliginem nubis intrante. In Novo vero non ita. Non enim neque in eremo, neque in monte, non cum fumo et caligine, non cum tenebris et procellis: sed sumente initium die, in domo sedentibus cunctis, multa cum mansuetudine, universa fiebant. Siquidem adhuc illis ferocioribus et effrenioribus humano quodam terrore opus erat, ut solitudine, monte, igni, fumo, tubarum sono et cæteris talibus: sublimiores vero, ad perfectiora doceri faciles, et qui jam corporalium intellectum usu virtutis excesserant, horum quæ diximus, non egebant. Quod si et super apostolos factus esse sonus refertur, non propter ipsos tantum, sed ob præsentiam factus est Judæorum: propter quos et divisus ille in specie

Act. 2. 41. et 4. 4.

causa factum est, simulque igneæ linguæ visæ sunt.
Act. 2. 13. Nam si his ita gestis, ipsos musto plenos esse dicebant; multo magis id dicturi erant, si nihil horum vidissent. Et in veteri quidem lege, cum Moyses ascendisset, descendit Deus: hic vero postquam natura nostra in cælum, imo in solium regium evecta esset, Spiritus descendit. Si autem Spiritus minor esset, hæc non illis priscis majora mirabilioraque fuissent. Nam hæ tabulæ longe præstantiores sunt illis, ut et res gestæ splendidiores. Neque enim apostoli ex monte descenderunt tabulas manibus gestantes, ut Moyses; sed Spiritum in mente circumferentes, ac thesaurum quemdam et fontem dogmatum et donorum bonorumque omnium effundentes, sic quoquoversus circuibant, ipsi quoque libri viventes atque leges
Act. 2. 41. et 4. 4. per gratiam effecti: sic tria millia, sic quinque millia, sic universos orbis populos attraxerunt, Deo per eorum linguam accedentes alloquente. Quo duce etiam Matthæus Spiritu repletus hæc scripsit; Matthæus inquam ille publicanus: non enim pudet eum ab arte sua nuncupare; neque illum, neque alios. Hoc enim maxime et Spiritus gratiam et illorum virtutem commendat.

2. Opus autem suum jure Evangelium inscripsit. Siquidem sublatam ultionem, peccatorum veniam, justitiam, sanctificationem, redemtionem, adoptionem, cælorum hereditatem et cognationem
Evangelii vis. cum Filio Dei, omnibus annuntiatum venit, ini-

Εἰ γὰρ καὶ [b] μετὰ τοῦτο ἔλεγον, ὅτι Γλεύκους μεμεστωμένοι εἰσί· πολλῷ μᾶλλον, εἰ μηδὲν τούτων εἶδον, ταῦτα ἂν εἶπον. Καὶ ἐπὶ μὲν τῆς Παλαιᾶς, Μωϋσέως ἀναβάντος, οὕτως ὁ Θεὸς κατέβη· ἐνταῦθα δὲ τῆς φύσεως τῆς ἡμετέρας εἰς τὸν οὐρανὸν, μᾶλλον δὲ εἰς τὸν θρόνον τὸν βασιλικὸν ἀνενεχθείσης, οὕτω τὸ Πνεῦμα [c] κάτεισιν. Εἰ δὲ τὸ Πνεῦμα ἔλαττον, οὐκ ἂν μείζονα ἦν C τὰ γενόμενα καὶ θαυμαστότερα. Καὶ γὰρ αἱ πλάκες αὗται πολλῷ βελτίους ἐκείνων, καὶ τὰ κατορθώματα λαμπρότερα. Οὐ γὰρ ἐξ ὄρους κατῄεσαν στήλας φέροντες λιθίνας ἐπὶ τῶν χειρῶν οἱ ἀπόστολοι, καθάπερ Μωϋσῆς· ἀλλὰ τὸ Πνεῦμα ἐν τῇ διανοίᾳ περιφέροντες, καὶ θησαυρόν τινα καὶ πηγὴν δογμάτων καὶ χαρισμάτων καὶ πάντων τῶν ἀγαθῶν ἀναβλύζοντες, οὕτω πανταχοῦ περιῄεσαν, βιβλία καὶ νόμοι γινόμενοι διὰ τῆς 5 A χάριτος ἔμψυχοι· οὕτω τοὺς τρισχιλίους, οὕτω τοὺς πεντακισχιλίους, οὕτω τοὺς τῆς οἰκουμένης ἐπεσπάσαντο δήμους, τοῦ Θεοῦ διὰ τῆς ἐκείνων γλώττης τοῖς προσιοῦσιν ἅπασι διαλεγομένου. Ἀφ' οὗ καὶ ὁ Ματθαῖος τοῦ Πνεύματος ἐμπλησθεὶς ἔγραψεν ἅπερ ἔγραψε· Ματθαῖος ὁ τελώνης· οὐ γὰρ αἰσχύνομαι καλῶν αὐτὸν ἀπὸ τῆς τέχνης· οὔτε τοῦτον, οὔτε τοὺς ἄλλους. Τοῦτο γὰρ μάλιστα δείκνυσι καὶ τὴν τοῦ Πνεύματος χάριν, καὶ τὴν ἐκείνων ἀρετήν.

Εὐαγγέλιον δὲ αὐτοῦ τὴν πραγματείαν εἰκότως ἐκάλεσε. Καὶ γὰρ κολάσεως ἀναίρεσιν, καὶ ἁμαρτημάτων λύσιν, καὶ δικαιοσύνην, καὶ ἁγιασμὸν, καὶ B ἀπολύτρωσιν, καὶ υἱοθεσίαν, καὶ κληρονομίαν τῶν οὐρανῶν, καὶ συγγένειαν πρὸς τὸν Υἱὸν τοῦ Θεοῦ, πᾶσιν

[b] Savil. μετὰ τούτων, *cum his*, vel *inter hæc*, Morel. et alii μετὰ τοῦτο: Anianus *post hæc*.

[c] Sic Morel. et plurimi. Savil. vero κατῄει. Paulo post ἐκείνων deest in quibusdam. Infra Mss. pene omnes πηγὴν δογμάτων. Editi πηγὴν καὶ δογμάτων.

ANIANI INTERPRETATIO.

Act. 2. 13. linguarum ignis apparuit. Si enim post hæc etiam mirabilia dixerunt quod pleni essent musto apostoli: quanto magis ista dixissent si nihil tale vidissent? Et in Veteri quidem Testamento cum Moses ascendisset in montem, descendit Deus: in Novo vero cum nostra in cælum, imo in ipsum regalem thronum esset elevata natura, Spiritus sanctus descendit de cælo. Qui si esset minor (ut etiam blasphemat impietas), numquam illa, quæ adventu ejus facta sunt, majora essent, magisque miranda. Nam et tabulæ istæ sunt absque dubio meliores, et virtutum merita clariora. Non enim descenderunt apostoli de monte, tabulas lapideas afferentes in manibus sicut Moyses; sed sanctum Spiritum mente portantes, et thesaurum quemdam dogmatum donorumque gestantes, cunctorumque fontem ex se effundentes bonorum, omnia circuibant, vivi quidam libri, vivæque leges effecti per gratiæ largitatem. Sic tria millia, sic etiam quin-
Act. 2. 41. et 4. 4. que millia hominum, sic innumerabiles populos toto terrarum orbe attraxerunt, Deo per illorum linguam cunctis accedentibus disserente, a quo etiam Matthæus repletus Spiritu ista conscripsit: Matthæus ille publicanus; non enim ab arte sua illum erubuerim nuncupare, nec illum omnino, nec reliquos. Hoc est enim quod maxime ostendit Spiritus sancti gratiam, eorumque virtutem.

2. Evangelium vero, non abs re quidem, scriptionem suam vocavit. Siquidem pœnarum sublationem, veniam peccatorum, sanctificationem, atque justitiam, redemtionem, adoptionem etiam filiorum, et cælo-

ἦλθεν ἀπαγγέλλων· τοῖς ἐχθροῖς, τοῖς ἀγνώμοσι, τοῖς
[a] ἐν σκότῳ καθημένοις. Τί ποτ' οὖν ἴσον τῶν εὐαγγελίων τούτων γένοιτ' ἄν; Θεὸς ἐπὶ γῆς, ἄνθρωπος ἐν
οὐρανῷ· καὶ πάντα ἀναμὶξ ἐγένετο, ἄγγελοι συνεχό-
ρευον ἀνθρώποις, ἄνθρωποι τοῖς ἀγγέλοις ἐκοινώνουν,
καὶ ταῖς ἄλλαις ταῖς ἄνω δυνάμεσι· καὶ ἦν ἰδεῖν τὸν
χρόνιον λυθέντα πόλεμον, καὶ καταλλαγὰς Θεοῦ πρὸς
τὴν ἡμετέραν γεγενημένας φύσιν, διάβολον αἰσχυνόμενον, δαίμονας δραπετεύοντας, θάνατον δεδεμένον,
παράδεισον ἀνοιγόμενον, κατάραν ἠφανισμένην, ἁμαρ- C
τίαν ἐκ ποδῶν γεγενημένην, πλάνην ἀπεληλαμένην,
ἀλήθειαν ἐπανελθοῦσαν, τῆς εὐσεβείας τὸν λόγον πανταχοῦ κατασπειρόμενον καὶ κομῶντα, τὴν τῶν ἄνω
πολιτείαν ἐπὶ τῆς γῆς πεφυτευμένην, μετὰ ἀδείας
τὰς δυνάμεις ἐκείνας ὁμιλούσας ἡμῖν, καὶ τῇ γῇ συνεχῶς
ἀγγέλους ἐπιχωριάζοντας, καὶ πολλὴν ὑπὲρ τῶν μελλόντων τὴν ἐλπίδα οὖσαν. Διὰ τοῦτο εὐαγγέλιον τὴν
ἱστορίαν ἐκάλεσεν, ὡς τά γε ἄλλα πάντα ῥήματα μόνον ἐστὶ πραγμάτων ἔρημα· οἷον χρημάτων περιου- 5 A
σία, δυναστείας μέγεθος, καὶ ἀρχαὶ, καὶ δόξαι, καὶ
τιμαὶ, καὶ τὰ ἄλλα, ὅσα παρὰ ἀνθρώποις ἀγαθὰ εἶναι
νομίζεται· τὰ δὲ παρὰ τῶν ἁλιέων ἀπαγγελθέντα
γνησίως τε καὶ κυρίως εὐαγγέλια ἂν καλοῖντο· οὐχ
ἐπειδὴ βέβαια καὶ ἀκίνητα μόνον ἐστὶν ἀγαθὰ, καὶ
ὑπὲρ τὴν ἀξίαν τὴν ἡμετέραν, ἀλλ' ὅτι καὶ μετ' εὐκολίας ἁπάσης ἡμῖν ἐδόθη. Οὐδὲ γὰρ πονήσαντες καὶ
ἱδρώσαντες, οὐ καμόντες καὶ [a] ταλαιπωρηθέντες, ἀλλ'

micis, improbis, sedentibus in tenebris. Quid tam bono nuntio possit æquari? Deus in terra, homo in cælo: factaque omnium commixtione angeli cum hominibus choreas agebant, homines cum angelis aliisque supernis potestatibus versabantur: videreque erat diuturnum bellum solutum, et pacta a Deo cum natura nostra inita; diabolum pudore affectum, dæmonas fugatos, mortem devinctam, paradisum apertum, maledictionem ablatam, peccatum de medio sublatum, errorem depulsum, veritatem reversam, verbum pietatis ubique disseminatum et crescens, supernam vitæ rationem in terra insitam, virtutes illas familiariter nobiscum agentes, angelos frequenter in terra versantes, magnamque spem futurorum. Ideo historiam Evangelium vocavit: quasi scilicet alia omnia verba rebus sint vacua, ut opes multæ, vis potentiæ, principatus, gloria, honores, cæteraque omnia, quæ apud homines bona esse putantur; quæ autem a piscatoribus promissa fuere, vere ac proprie evangelia dicantur: non solum quia firma immobiliaque bona sunt, nostramque exsuperantia dignitatem, sed etiam quia cum omni facilitate nobis data sunt. Non enim ex labore et sudore nostro, non ex ærumnis, sed ex Dei erga nos amore hæc suscepimus. Cur porro cum tantus sit discipulorum nume-

[a] Morel. ἐν σκότῳ καὶ σκιᾷ. Sed καὶ σκιᾷ abest ab omnibus pene Manuscriptis, et a Savil. in textu, neque legit Anianus

[a] Quidam habent ταλαιπωρήσαντες. Paulo post ἐλάβομεν ἅπερ ἐλάβομεν, sic Savil. in textu, et Mss. maxima pars, atque ita legisse videtur Anianus. Morel. autem ἔλαβον ἅπερ ἔλαβον.

ANIANI INTERPRETATIO.

rum hereditatem, et cum Dei Filio fraternitatem, omnibus tum inimicis, tum improbis et in tenebris sedentibus nuntiavit. Num quid possit esse æquale his tam bonis nuntiis? Deus in terris, homo in cælo: facta est omnium una permixtio, angeli cum hominibus jungebant choros, homines choris addebantur angelicis, atque cælestibus aliis, supernisque virtutibus. Erat cernere antiquum repente prælium dissolutum, Deum hominibus reconciliatum, diabolum vero confusum: dæmones cum tremore fugientes, [a]mortem peremtam, paradisum apertum, maledictionem remotam, peccatum de medio sublatum, exagitatum errorem, veritatem reversam, pietatis sermonem ubique seminatum, ubique crescentem, cælestem conversationem in terræ regione plantatam, virtutes supernas familiariter nobiscum loquentes, et ad terras sæpe angelos ventitantes, exque his spem firmam futurorum. Propterea igitur Evangelium ista vocatur historia, quasi scilicet omnia alia verba inania doceantur ac vacua, quibus solent præsentia ista promitti: ut copia divitiarum, ut potentiæ magnitudo, ut principatus et gloriæ, vel honores, et quæcumque alia bona esse homines arbitrantur. Quæ vero piscatorum sunt annuntiata verbis, proprie ac vere evangelia nominantur, non tantum quia firma sunt, ac penitus immobilia, supraque nostram eminentia dignitatem: sed quia cum omni etiam facilitate nobis donata sunt. Non enim laboribus nostris, atque su-

(a) *Mortem peremtam.* θάνατον δεδεμένον, id est, *devinctam.* Forte legerit Anianus λελυμένον, *solutam* atque peremtam.

rus, duo tantum ex apostolis scribunt, et duo ex eorum sequacibus? Nam alter Pauli, alter Petri discipulus, cum Joanne et Matthæo Evangelia scripserunt. Quia nihil per ostentationem faciebant, sed omnia ad utilitatem. Quid igitur? annon sufficiebat unus evangelista, qui omnia narraret? Sufficiebat quidem: ac licet quatuor scripserint, neque eodem tempore, neque eodem in loco, neque congregati simul et ex mutuo congressu: et tamen cum quasi ex uno ore omnia pronuntient, hinc magna emergit veritatis demonstratio. Atqui, inquies, omnino contra accidit: sæpe enim inter se dissentire deprehenduntur. Certe illud ipsum magnum est pro veritate argumentum. Si enim omnia accurate consonassent et quantum ad tempus, et quantum ad loca, et quantum ad ipsa verba, ex inimicis nemo crediturus erat, sed ex mutuo humanoque consensu hæc scripta fuisse putassent, atque hujusmodi consonantiam non ex simplicitate, sinceritateque procedere. Jam vero illa quæ in exiguis rebus deprehendi videtur diversitas, omnem ab ipsis suspicionem depellit, scribentiumque fidem clare vindicat. Quod si quid circa tempora et loca varietatis protulerint, id nihil officit veritati narrationis; id quod, Deo dante, in sequentibus demonstrare conabimur. Præter autem supra dicta, illud etiam vos observare rogamus, in rebus præcipuis, quæ ad vitam nostram et ad

Evangelia cur aliquando inter se dissentire videantur.

ἀγαπηθέντες παρὰ τοῦ Θεοῦ μόνον, ἐλάβομεν ἅπερ
ἐλάβομεν. Καὶ τί δήποτε τοσούτων ὄντων τῶν μαθητῶν,
δύο γράφουσιν ἐκ τῶν ἀποστόλων μόνοι, καὶ δύο ἐκ
τῶν τούτοις ἀκολούθων; Ὁ μὲν γὰρ Παύλου, ὁ δὲ Πέ-
B τρου μαθητὴς ὢν, μετὰ Ἰωάννου καὶ Ματθαίου τὰ
Εὐαγγέλια ἔγραψαν. Ὅτι οὐδὲν πρὸς φιλοτιμίαν
ἐποίουν, ἀλλὰ πάντα πρὸς χρείαν. Τί οὖν; οὐκ ἤρκει
εἷς εὐαγγελιστὴς πάντα εἰπεῖν; Ἤρκει μέν· ἀλλὰ κἂν
τέσσαρες οἱ γράφοντες ὦσι, μήτε κατὰ τοὺς αὐτοὺς
καιροὺς, μήτε ἐν τοῖς αὐτοῖς τόποις, μήτε συνελθόντες
καὶ διαλεχθέντες ἀλλήλοις, εἶτα ὥσπερ ἀφ' ἑνὸς στόματος πάντα [b] φθέγγονται, μεγίστη τῆς ἀληθείας ἀπόδειξις τοῦτο γίνεται. Καὶ μὴν τοὐναντίον συνέβη, φη-
σί· πολλαχοῦ γὰρ διαφωνοῦντες ἐλέγχονται. Αὐτὸ μὲν
οὖν τοῦτο μέγιστον δεῖγμα τῆς ἀληθείας ἐστίν. Εἰ γὰρ
C πάντα συνεφώνησαν μετὰ ἀκριβείας, καὶ μέχρι καιροῦ, καὶ μέχρι τόπου, καὶ μέχρι ῥημάτων αὐτῶν, οὐδεὶς ἂν ἐπίστευσε τῶν ἐχθρῶν, ὅτι μὴ συνελθόντες ἀπὸ
συνθήκης τινὸς ἀνθρωπίνης ἔγραψαν ἅπερ ἔγραψαν· οὐ
γὰρ εἶναι τῆς ἁπλότητος τὴν τοσαύτην συμφωνίαν. Νυνὶ
δὲ καὶ ἡ δοκοῦσα ἐν μικροῖς εἶναι διαφωνία πάσης
ἀπαλλάττει αὐτοὺς ὑποψίας, καὶ λαμπρῶς ὑπὲρ τοῦ
τρόπου τῶν γραψάντων ἀπολογεῖται. Εἰ δέ τι περὶ καιρῶν ἢ τόπων διαφόρως ἀπήγγειλαν, τοῦτο οὐδὲν βλάπτει τῶν εἰρημένων τὴν ἀλήθειαν, ὡς, ἂν ὁ Θεὸς πα-
6 A ρέχῃ, πειρασόμεθα προϊόντες ἀποδεῖξαι· ἐκεῖνο μετὰ
τῶν εἰρημένων ἀξιοῦντες ὑμᾶς παρατηρεῖν, ὅτι ἐν τοῖς
κεφαλαίοις καὶ συνέχουσιν ἡμῶν τὴν ζωὴν, καὶ τὸ κή-

b [Savil. φθέγγωνται]

ANIANI INTERPRETATIO.

doribus, non doloribus et ærumnis: sed per Dei in nos tantummodo caritatem, tam grandia hæc promissa suscepimus. Sed principio requirendum est, quænam illa causa sit, quod cum tam multi sint discipuli, duo tantum ex apostolis scribant, et duo eorum qui apostolos sunt sequuti: unus enim Petri, alter Pauli discipulus, præter Joannem atque Matthæum Evangelia condiderunt. Quia scilicet nihil ambitione moti faciebant, sed omnia ad utilitatem referebant. Quid igitur? Non sufficiebat unus evangelista cuncta memorare? Sufficiebat quidem, sed cum quatuor sint qui Evangelia conscribant, nec eisdem certe temporibus, aut in eisdem locis, neque pariter congregati, neque mutuo colloquentes, et tamen quasi uno ore omnia pronuntiant: fit hoc sine dubio veritatis grande documentum. Verum e contrario, inquis, ista res accidit: in multis enim diversi inter se inveniuntur, ac dissoni. Imo hoc ipsum maximum est testimonium veritatis. Si enim ex toto et in omnibus consonarent, et cum nimia diligentia, atque cura, atque ad tempora, ac loca omnia, usque ad singula æqualiter verba concurrerent, nemo inimicus credidisset umquam quin illi communi ad decipiendum consilio congregati, quasi ex humana quadam conspiratione evangelium condidissent. Non enim simplicitatis fuisse tam sollicitam consonantiam judicarent. Nunc vero quæ videtur in rebus exiguis dissonantia, ab omni illos suspicione defendit, et satis clare scribentium existimationem tuetur. Si vero aliquid de temporibus ac locis varie dixerunt, nihil quidem dictorum præjudicat veritati. Sed tamen prout donaverit Deus progredientes, etiam ista declarare tentabimus: illud post hæc quæ diximus postulantes, ut diligenter notetis: quod in illis principalibus causis, in quibus et vita nostra et prædicationis summa consistit, nusquam aliquis illorum vel in minimo discrepare

ρυγμα συγκροτοῦσιν, οὐδαμοῦ τις αὐτῶν οὐδὲ μικρὸν διαφωνήσας εὑρίσκεται. Τίνα δὲ ταῦτά ἐστιν; Οἷον, ὅτι ὁ Θεὸς ἄνθρωπος ἐγένετο, ὅτι θαύματα ἐποίησεν, ὅτι ἐσταυρώθη, ὅτι ἐτάφη, ὅτι ἀνέστη, ὅτι ἀνῆλθεν, ὅτι μέλλει κρίνειν, ὅτι ἔδωκε σωτηριώδεις ἐντολὰς, ὅτι οὐκ ἐναντίον τῇ Παλαιᾷ νόμον εἰσήνεγκεν· ὅτι Υἱὸς, ὅτι Μονογενὴς, ὅτι γνήσιος, ὅτι τῆς αὐτῆς οὐσίας τῷ Πατρί· καὶ ὅσα τοιαῦτα. Περὶ γὰρ ταῦτα πολλὴν εὑρήσομεν οὖσαν αὐτοῖς συμφωνίαν. Εἰ δὲ ἐν τοῖς θαύμασι μὴ πάντες πάντα εἶπον, ἀλλ' ὁ μὲν ταῦτα, ὁ δὲ ἐκεῖνα, τοῦτό σε μὴ θορυβείτω· εἴτε γὰρ εἷς πάντα B εἶπε, περισσὸς ἦν ὁ τῶν λοιπῶν ἀριθμός· [a] εἴτε πάντες ἐξηλλαγμένα καὶ καινὰ πρὸς ἀλλήλους ἔγραψαν, οὐκ ἂν ἐφάνη τῆς συμφωνίας ἡ ἀπόδειξις. Διὰ τοῦτο καὶ [b] κοινῇ πολλὰ διελέχθησαν, καὶ ἕκαστος αὐτῶν ἴδιόν τι λαβὼν εἶπεν, ἵνα μή τι περισσὸς εἶναι δόξῃ καὶ προσερρῖφθαι ἁπλῶς, καὶ τῆς ἀληθείας τῶν λεγομένων ἀκριβῆ παράσχηται τὴν βάσανον ἡμῖν.

ipsam prædicationem tuendam pertinent, nullum eorum uspiam ab aliis vel minimum dissentire deprehendi. Quænam autem illa præcipua sunt? Deum hominem factum esse, miracula edidisse, crucifixum ac sepultum fuisse, resurrexisse, in cælum ascendisse, judicaturum esse, salutaria dedisse præcepta, legem veteri non contrariam induxisse: ipsum Filium esse, Unigenitum, genuinum, ejusdem cum Patre substantiæ: et his similia. Circa isthæc enim magnam inveniemus inter ipsos consonantiam. Si vero in miraculis non omnes omnia dixerunt, sed alius hæc, alius illa, ne ideo turberis: nam si unus omnia dixisset, superfluus esset reliquorum numerus; sin omnes diversa et nova scripsissent, nullum suppeteret consonantiæ argumentum. Ideo multa plures simul narrarunt, et singuli quidpiam sibi proprium scribendum susceperunt, ne quid superfluum vel temere projectum dixisse videantur, utque veritatis accuratam nobis probationem offerrent.

C Ὁ μὲν οὖν Λουκᾶς καὶ τὴν αἰτίαν φησὶ, δι' ἣν ἐπὶ τὸ γράφειν ἔρχεται· ἵνα ἔχῃς γὰρ, φησὶ, Περὶ ὧν κατηχήθης λόγων τὴν ἀσφάλειαν· τουτέστιν, ἵνα συνεχῶς ὑπομιμνησκόμενος, τὴν ἀσφάλειαν ἔχῃς, καὶ ἐν ἀσφαλείᾳ μένῃς. Ὁ δὲ Ἰωάννης, αὐτὸς μὲν ἐσίγησε τὴν αἰτίαν, [c] ὡς δὲ λόγος ἔχει ἄνωθεν καὶ ἐκ πατέρων εἰς ἡμᾶς καταβὰς, οὐδὲ αὐτὸς ἁπλῶς ἐπὶ τὸ γράφειν ἦλθεν, ἀλλ' ἐπειδὴ τοῖς τρισὶν ἡ σπουδὴ γέγονε τῷ τῆς οἰκονομίας ἐνδιατρῖψαι λόγῳ, καὶ τὰ τῆς θεότητος ἐκιν-

3. Lucas igitur etiam causam nobis profert, qua ad scribendum inductus est; *Ut habeas*, *Luc.* 1. 4.
inquit, *eorum verborum, de quibus institutus es, veritatem;* id est, Ut sæpe commonitus certus sis, persuasusque maneas. Joannes vero causam scribendi tacuit; ut autem jam olim a majoribus et patribus accepimus, non sine causa ad scribendum animum appulit: sed quia priorum trium hic scopus fuerat, ut de assumta carne pluribus

[a] Εἴτε πάντες ἐξηλλαγμένα. Sic Savil. et omnes pene Mss. atque ita legit Anianus recte. Morel. εἴτε πάντα ἐξηλλαγμένα.

[b] Ita recte Savil. et Manuscripti omnes, qui habent κοινῇ πολλὰ διελέχθησαν, atque ita legit Anianus. Morel. vero κοινῇ πάντα διελέχθησαν male. Paulo post quidam ἵνα μήτε περισσός. Forte melius μήτε περισσὸν, ut quadret cum sequentibus.

[c] Alii ὡς γὰρ λόγος φησὶν ἄνωθεν.

ANIANI INTERPRETATIO.

convincitur. Quæ vero ista sunt? Nempe quod Deus homo factus sit, quod mirabilia operatus, quod crucifixus, quod sepultus, quod resurrexit, quod ascendit in cælum, quod judicaturus est, quod salutaria præcepta constituit, quod non contrariam legem intulit priori, quod Filius Dei est, quod Unigenitus, quod germanus et verus, quod ejusdem cum Patre substantiæ, et quæcumque sunt talia. In his quippe omnibus maximam illorum inveniemus esse concordiam. Si vero in miraculis non omnes omnia dixerunt: sed hic quidem illa, alter vero alia narravit, nihil te omnino conturbet. Nam si unus universa dixisset, superfluus jam fuisset numerus cæterorum: sin varia omnes inter se scripsissent, ac nova omnia, nullum potuisset convenientiæ apparere documentum. Propterea et communiter multa dixerunt, et nihilominus quisque proprium aliquid ac speciale conscripsit, ut neque superfluus esse videretur et temere adjectus, ac simul veritatis dictorum exactum præberet nobis indicem.

3. Lucas igitur etiam causam ponit, propter quam venerit ad scribendum: *Ut habeas*, inquit, *eorum* *Luc.* 1. 4.
verborum, de quibus eruditus es, veritatem: id est, Ut sæpe commonitus certus sis, ac in certitudine permaneas. Joannes vero, ipse quidem causam scriptionis tacet: ut autem habet majorum sermo, et a patribus ad nos delatus, nec ipse ad scribendum absque certa ratione descendit. Sed quia illa jam trium

agerent, periculumque erat, ne divinitatis dogmata tacerentur, Christo demum movente ad Evangelium scribendum inductus est. Illud vero palam est ex ipsa historia et ex Evangelii exordio. Neque enim perinde atque alii ab inferioribus cœpit; sed a superioribus, id quod sibi in scopo erat. Ideoque totum librum edidit. Neque tantum in exordio, sed etiam in toto Evangelii decursu cæteris sublimior est. Narratur porro Matthæum, accedentibus rogantibusque Judæis qui crediderant, ea quæ verbis protulerat literis descripta iisdem reliquisse, et Hebraïce Evangelium scripsisse: Marcum item in Ægypto rogatu discipulorum idipsum fecisse. Idcirco Matthæus, utpote qui Hebræis scriberet, nihil aliud ostendere studuit, quam quod ab Abrahamo et Davide ortum duceret: Lucas vero, quippe qui omnibus simul loqueretur, altius sermonem extendit, et ad Adamum usque progreditur. Ille quidem a generatione ducit exordium: nihil quippe tam Judæo placere poterat, quam si Christum Abrahæ et Davidis disceret esse nepotem; hic vero secus; nam multis prius commemoratis, ad genealogiam deinde procedit. Illorum porro concordiam, orbe toto teste probabimus, qui illa suscepit; imo testes aderunt ipsi veritatis inimici. Siquidem multæ post illos hæreses pullularunt, contraria iis quæ dicta sunt opinantes, quarum aliæ omnia quæ scripta sunt acceperunt; aliæ vero partes tantum quasdam admiserunt, et apud se mutilas servant.

Matthæus qua occasione Evangelium scripserit.

7 A δύνανεν ἀποσιωπᾶσθαι δόγματα, τοῦ Χριστοῦ κινήσαντος αὐτὸν λοιπὸν, οὕτως ἦλθεν ἐπὶ τὴν εὐαγγελικὴν συγγραφήν. Καὶ τοῦτο δῆλον καὶ ἐξ αὐτῆς τῆς ἱστορίας, καὶ τῶν τοῦ Εὐαγγελίου προοιμίων. Οὐδὲ γὰρ ὁμοίως τοῖς λοιποῖς κάτωθεν ἄρχεται, ἀλλ' ἄνωθεν, πρὸς ὅπερ ἠπείγετο. Καὶ διὰ τοῦτο τὸ πᾶν βιβλίον συνέθηκεν. Οὐχ ἐν τοῖς προοιμίοις δὲ μόνον, ἀλλὰ καὶ διὰ παντὸς τοῦ Εὐαγγελίου τῶν ἄλλων ἐστὶν ὑψηλότερος. Λέγεται δὲ καὶ Ματθαῖος, τῶν ἐξ Ἰουδαίων πιστευσάντων προσελθόντων αὐτῷ καὶ παρακαλεσάντων, ἅπερ εἶπε διὰ ῥημάτων, ταῦτα ἀφεῖναι διὰ γραμμάτων αὐτοῖς, καὶ τῇ τῶν Ἑβραίων φωνῇ συνθεῖναι τὸ
B Εὐαγγέλιον· καὶ Μάρκος δὲ ἐν Αἰγύπτῳ, τῶν μαθητῶν παρακαλεσάντων αὐτὸν, αὐτὸ τοῦτο ποιῆσαι. Διὰ δὴ τοῦτο ὁ μὲν Ματθαῖος, ἅτε Ἑβραίοις γράφων, οὐδὲν πλέον ἐζήτησε δεῖξαι, ἢ ὅτι ἀπὸ Ἀβραὰμ καὶ Δαυὶδ ἦν· ὁ δὲ Λουκᾶς, ἅτε κοινῇ πᾶσι διαλεγόμενος, καὶ ἀνωτέρω τὸν λόγον ἀνάγει, μέχρι τοῦ Ἀδὰμ προϊών. Καὶ ὁ μὲν ἀπὸ τῆς γενήσεως ἄρχεται· οὐδὲν γὰρ οὕτως ἀνέπαυε τὸν Ἰουδαῖον, ὡς τὸ μαθεῖν αὐτὸν, ὅτι τοῦ Ἀβραὰμ καὶ τοῦ Δαυὶδ [a] ἔκγονος ἦν ὁ Χριστός· ὁ δὲ οὐχ οὕτως, ἀλλ' ἑτέρων πλειόνων μέμνηται πραγμάτων, καὶ τότε ἐπὶ τὴν γενεαλογίαν πρόεισι. Τὴν δὲ συμφωνίαν αὐτῶν καὶ ἀπὸ τῆς οἰκουμένης παραστή-
C σομεν, τῆς δεξαμένης τὰ εἰρημένα, καὶ ἀπ' αὐτῶν τῶν τῆς ἀληθείας ἐχθρῶν. Καὶ γὰρ πολλαὶ μετ' ἐκείνους αἱρέσεις ἐτέχθησαν, ἐναντία δοξάζουσαι τοῖς εἰρημένοις· καὶ αἱ μὲν πάντα κατεδέξαντο τὰ λεχθέντα· αἱ δὲ, μέρη τῶν εἰρημένων ἀποκόψασαι τῶν λοιπῶν, οὕτω παρ' ἑαυταῖς ἔχουσιν. Εἰ δὲ μάχη τις ἦν ἐν τοῖς

[a] Morel. ἔγγονος.

ANIANI INTERPRETATIO.

fuerat intentio, ut in suscepti morarentur hominis sacramento, et de ipsa deitate dogma periclitabatur taceri, ad scribendum Christo inspirante motus accessit: quod ex ipsa historia, et de Evangelii declaratur exordio. Neque enim ab inferioribus cœpit, ut cæteri: sed ad superiora continuo, ad quæ urgebatur, ascendit, propter quæ librum ipsum profecto composuit. Neque enim solum in principiis, sed per totius fere Evangelii textum grandior cæteris ingreditur, atque sublimior. Matthæus accedentibus iis qui ex Judæis Christo crediderant, et rogantibus, ut quæ verbis docuisset, hæc eis in literis servanda dimitteret, Hebræo dicitur Evangelium scripsisse sermone. Marcus quoque in Ægypto idipsum rogantibus traditur fecisse discipulis. Et idcirco Matthæus quidem, utpote Judæis scribens, nihil amplius studuit ostendere, quam quod ex Abrahæ et David Christus stirpe descenderat. Lucas vero, quippe qui omnibus in commune loqueretur, sermonem superius extendit, ad ipsum usque Adam generationes retrorsum numerando perveniens. Et ille quidem statim ab ipsa generatione Christi sumit exordium. Nihil enim magis delectare Judæum poterat, quam si Christum Abrahæ et Davidis nepotem esse diceret: hic vero diverse. Nam prius multa commemorat, et tunc demum generationum catalogum texit. Horum igitur omnium consonantiam, orbe quoque ipso teste monstramus: quia ea quæ sunt dicta suscepit, testibus quoque ipsis veritatis inimicis. Siquidem multæ post illos hæreses pullularunt, contraria iis quæ scripta sunt opinantes. Et earum quidem aliæ omnia, quæ evangelistæ scripserant, receperunt: aliæ vero quibusdam sententiis a reliquo opere amputatis, sic apud se scriptas conservant. Quod si

εἰρημένοις, οὔτ' ἂν αἱ τἀναντία λέγουσαι ἅπαντα ἂν ἐδέξαντο, ἀλλὰ μέρος τὸ δοκοῦν αὐταῖς συνᾴδειν· οὔτ' ἂν αἱ μέρος ἀπολαβοῦσαι, διελέχθησαν ἀπὸ τοῦ μέρους, 8 A ὡς μηδὲ τὰ κόμματα αὐτὰ λανθάνειν, ἀλλὰ βοᾷν τὴν πρὸς τὸ ὅλον σῶμα συγγένειαν. Καὶ καθάπερ ἂν ἀπὸ πλευρᾶς λάβῃς τι μέρος, καὶ ἐν τῷ μέρει τὰ πάντα εὑρήσεις, ἀφ' ὧν τὸ ὅλον ζῶον συνέστηκε, καὶ νεῦρα, καὶ φλέβας, καὶ ὀστᾶ, καὶ ἀρτηρίας, καὶ αἷμα, καὶ ὁλοκλήρου, ὡς ἂν εἴποι τις, τοῦ φυράματος δεῖγμα· οὕτω καὶ ἐπὶ τῶν Γραφῶν ἔστιν ἰδεῖν, ἑκάστῳ τῶν εἰρημένων μέρει τὴν τοῦ παντὸς συγγένειαν διαφαινομένην. Εἰ δὲ διεφώνουν, οὔτ' ἂν τοῦτο [a] ἐδέχθη· καὶ αὐτὸ πάλαι ἂν διελύθη τὸ δόγμα· Πᾶσα γὰρ βασιλεία, φησὶν, ἐφ' ἑαυτῆς μερισθεῖσα οὐ σταθήσεται. Νῦν δὲ κἀν τούτῳ τοῦ Πνεύματος ἡ ἰσχὺς λάμπει, πείσασα τοὺς ἀνθρώπους [b] περὶ τὰ ἀναγκαιότερα καὶ κατεπείγοντα γενομένους, μηδὲν ἀπὸ τῶν μικρῶν τούτων πα- B ραβλάπτεσθαι.

Ἔνθα μὲν οὖν ἕκαστος διατρίβων ἔγραψεν, οὐ σφόδρα ἡμῖν δεῖ ἰσχυρίσασθαι· ὅτι δὲ οὐδὲ κατ' ἀλλήλων ἔστησαν, τοῦτο διὰ πάσης τῆς πραγματείας πειρασόμεθα ἀποδεῖξαι. Σὺ δὲ ταὐτὸν ποιεῖς, διαφωνίαν αἰτιώμενος, ὥσπερ ἂν εἰ καὶ ῥήματα τὰ αὐτὰ ἐκέλευες εἰπεῖν, καὶ τρόπους λέξεων. Καὶ οὔπω λέγω ὅτι καὶ οἱ μέγα ἐπὶ ῥητορικῇ καὶ φιλοσοφίᾳ κομπάζοντες, πολλοὶ

Quod si pugna aliqua in dictis esset, illæ quæ ex adverso loquuntur hæreses non omnia recepissent, sed illam tantum partem quæ sibi favere videretur; neque illæ quæ partem acceperunt, de illa parte disputassent, quippe cum illæ excisæ partes non lateant, sed quasi clamitent suum cum toto libri corpore consensum. (Argumentum multis obnoxium difficultatibus.) Quemadmodum si ex latere aliquam partem sumas, in illa parte ea omnia invenies ex quibus constat totum animal, nervos, venas, ossa, arterias, sanguinem, et totius, ut ita dicam, massæ indicium et documentum: sic etiam in Scripturis videre est; conspicuam videlicet singulorum dictorum cum toto affinitatem. Si autem dissonarent, nequaquam receptæ fuissent: sed jam olim totum dogma solutum fuisset: nam *Omne regnum*, inquit, *in se divi-* (Luc. 11. 17.) *sum non stabit.* Nunc autem in hac ipsa re Spiritus virtus elucet, suadens hominibus, ut circa illa magis necessaria et urgentia versantes, nihil ab his minutis lædantur.

4. Ubinam autem illorum singuli scripserint, non est quod multum disquiramus: quod autem non alius adversus alium scripserit, id per totum operis decursum demonstrare conabimur. Tu vero qui dissonantiam illam objicis, perinde facis ac si eadem ipsa verba, eosdem loquendi modos proferre juberes. Necdum dicam, eos qui de rhe-

[a] Ἐδέχθη. Sic Savil. et Morel. recte. Manuscripti non pauci habent ἐδείχθη, male.

[b] Περὶ τά, sic omnes præter Morel. qui habet πρὸς τά.

Infra Savil. οὐ σφόδρα ἡμῖν δυνατὸν διισχυρίσασθαι, et sic Codex unus. Morel. et maxima pars Manuscriptorum οὐ σφόδρα ἡμῖν δεῖ ἰσχυρίσασθαι, atque ita legit Anianus.

ANIANI INTERPRETATIO.

pugna aliqua esset in dictis, neque istæ quæ ex adverso loquuntur hæreses omnia recepissent; sed tantummodo illam partem, quam sibi cernerent convenire: neque istæ quæ partem aliquam receperunt, [a] de eadem adversus alias disputassent. Quippe cum nec ipsæ clausulæ lateant, sed palam præ se ferant eam quæ est cum toto orationis corpore cognationem. Ut enim si partem aliquam sumas ex latere, et in exigua portione cuncta invenies, ex quibus totum constat animal; id est, et carnem, et ossa, et nervos, et venas, arterias, et sanguinem; et totius, ut ita dixerim, massæ vim atque naturam ex ipsius parte cognoscas; sic etiam in Scripturis, in unaquaque particula dictorum, totius potes cernere affinitatem. Si vero inter se evangelistarum sententiæ dissonarent, nequaquam hoc receptum fuisset, et olim jam ipsum dogma fuisset destructum: *Omne enim regnum*, inquit, *divisum adversus sese desolatur.* Nunc vero (Luc. 11. 17.) vel hoc ipso sancti Spiritus clarius majestas refulget, suadens hominibus, ut erga principalia illa magisque necessaria vacantes, nihil ab his minutis lædantur.

4. Ubi autem eorum unusquisque degens scripserit, non valde est cur contendamus: quod vero adversus se non scripserint, ex toto operis contextu docere tentabimus. Tu vero tale est quod facis semper hujusmodi dissonantia accusando, quale esset, si illos juberes per omnia eisdem uti eloquutionum modis, eademque verba semper proferre. Taceo quod hi ipsi, qui ad omnem pompam de rhetorica

(a) In Editione Parisina Latina anni 1581 notatur in quibusdam exemplaribus διελέγχθησαν legi. Sed omnes Mss. nostri, Savil. atque Morel. διελέχθησαν habent.

torica et de philosophia admodum gloriantur, quique multos libros iisdem de rebus scripserunt, non modo mutuo discrepasse, sed etiam contraria dixisse. Nam aliud est diverse loqui, aliud pugnantia dicere. At nihil horum dico : absit enim ne illorum insipientia utar ad parandam defensionem ; neque enim velim ex mendacio veritatem firmare : sed illud rogare velim, quomodo fidem meruissent ea quæ dissonarent? quo pacto superassent? quomodo si pugnantia loquuti fuissent, admirationem, fidem et celebritatem tantam per totum orbem obtinuissent? Atqui multi erant dictorum testes, ut et multi inimici et adversarii. Neque enim hæc in angulo scripta defoderunt, sed ubique terrarum et marium omnibus audientibus publicarunt : inimicis præsentibus hæc legebantur, quemadmodum et hodie ; et neminem umquam offenderunt, idque jure merito. Divina quippe virtus erat quæ hæc omnia operabatur apud universos. Etenim si non ita se res habuisset, quomodo publicanus, piscator et illiteratus hæc potuissent philosophari? Quæ enim ne per somnium quidem exteri imaginari potuerant, hæc cum auctoritate magna hi annuntiant et suadent, idque non modo in vivis agentes, sed etiam defuncti : non duobus vel viginti hominibus, non centenis vel millenis, vel decies millenis ; sed urbibus, gentibus, populis, terræ, mari, Græciæ, barbarorum regioni-

Piscatores et illiterati non nisi virtute divina ita potuere philosophari.

πολλὰ βιβλία γράψαντες περὶ τῶν αὐτῶν πραγμάτων, οὐ μόνον ἁπλῶς διεφώνησαν, ἀλλὰ καὶ ἐναντίως ἀλλήλοις εἶπον. Καὶ γὰρ ἕτερόν ἐστι διαφόρως εἰπεῖν, καὶ
C [a]μαχομένους εἰπεῖν. Ἀλλ' οὐδὲν τούτων λέγω· μή μοι γένοιτο ἐκ τῆς ἐκείνων παρανοίας συνθεῖναι τὴν ἀπολογίαν· οὐδὲ γὰρ ἀπὸ τοῦ ψεύδους τὴν ἀλήθειαν συστήσασθαι βούλομαι· ἀλλ' ἐκεῖνο ἡδέως ἂν ἐροίμην, πῶς
9 A ἐπιστεύθη τὰ διαφωνοῦντα; πῶς ἐκράτησε; πῶς ἐναντία λέγοντες ἐθαυμάζοντο, ἐπιστεύοντο, ἀνεκηρύττοντο πανταχοῦ τῆς οἰκουμένης; Καίτοι πολλοὶ οἱ μάρτυρες τῶν λεγομένων ἦσαν· πολλοὶ δὲ καὶ οἱ ἐχθροὶ καὶ πολέμιοι. Οὐ γὰρ ἐν γωνίᾳ μιᾷ γράψαντες αὐτὰ κατώρυξαν· ἀλλὰ [b]πανταχοῦ γῆς καὶ θαλάττης ἥπλωσαν ὑπὸ ταῖς πάντων ἀκοαῖς· καὶ ἐχθρῶν παρόντων ταῦτα ἀνεγινώσκετο, καθάπερ καὶ νῦν· καὶ οὐδένα οὐδὲν τῶν εἰρημένων ἐσκανδάλισε· καὶ μάλα εἰκότως. Θεία γὰρ δύναμις ἦν ἡ πάντα ἐπιοῦσα καὶ κατορθοῦσα παρὰ πᾶσιν. Ἐπεὶ εἰ μὴ τοῦτο ἦν, πῶς ὁ τελώνης, καὶ ὁ ἁλιεὺς, καὶ ὁ ἀγράμματος τοιαῦτα ἐφιλοσόφει; ἃ γὰρ οὐδὲ ὄναρ οἱ ἔξωθεν φαντασθῆναι ἠδυνήθησάν ποτε,
B ταῦτα οὗτοι μετὰ πολλῆς τῆς πληροφορίας καὶ ἀπαγγέλλουσι καὶ πείθουσι· καὶ οὐχὶ ζῶντες μόνον, ἀλλὰ καὶ τελευτήσαντες· οὐδὲ δύο καὶ εἴκοσιν ἀνθρώπους, οὐδὲ ἑκατὸν καὶ χιλίους καὶ μυρίους, ἀλλὰ πόλεις, καὶ ἔθνη, καὶ δήμους, καὶ γῆν, καὶ θάλασσαν, καὶ Ἑλλάδα, καὶ βάρβαρον, καὶ τὴν οἰκουμένην, καὶ τὴν ἀοίκητον· καὶ περὶ γραμμάτων σφόδρα τὴν ἡμετέραν ὑπερβαινόντων φύσιν. Τὴν γὰρ γῆν ἀφέντες, πάντα

[a] Μαχομένοις. Sic Morel. Alii et Savil. μαχομένους. Utraque lectio quadrat.

[b] Πανταχοῦ γῆς, sic aliquot Mss., recte, opinor, sine præpositione. Savil. et alii πανταχοῦ τῆς γῆς. Morel. πολλαχοῦ τῆς γῆς.

ANIANI INTERPRETATIO.

et philosophia gloriantur, multos et plurimos, et de eisdem causis scribentes libros, non modo simpliciter discreparunt, sed etiam sibi contraria pleraque dixerunt. Et certe aliud est diverso modo quid dicere, aliud adverso. Nihil, inquam, horum loquor; procul a me absit, de illorum insipientia pro evangelistis satisfactionem parare. Neque enim volo de mendacio adstruere veritatem. Illud sane libenter rogarim, quonam modo auctoritatem dissona meruissent, quonam pacto obtinere potuissent? unde admirationi essent pugnantia inter se atque adversa dicendo? Credebatur inaudita loquentibus, toto orbe laudabantur docentes. Cumque multi testes eorum prædicationis exsisterent, tam etiam inimici, hostesque plurimi : non enim in uno aliquo scribentes angulo, ea quæ scripserant occultaverunt : sed terras mariaque lustrantes, in conspectu et auribus omnium volumina sacra replicabant : quæ sicut etiam nunc fieri videmus, ipsis quoque præsentibus legebantur inimicis : nec quidquam tamen ex iis quæ dicta sunt, quemquam offendit : nec immerito. Erat enim divina virtus quæ aderat ubique, et apud omnes cuncta peragebat. Cæterum si non istud fuisset, unde publicanus, unde piscator, unde illiteratus quivisset umquam tam sublimiter philosophari? Quæ enim sapientes sæculi ne per somnum quidem aliquando imaginari potuerunt, hæc isti cum asseveratione manifesta annuntiant atque persuadent, idque faciunt non tantum in vivis agentes, sed etiam ubi fato functi sunt : et non duobus, non viginti hominibus, non centum aut mille, aut decem millibus : sed urbibus, et gentibus, et populis, et terræ

περὶ τῶν ἐν οὐρανοῖς διαλέγονται, ἑτέραν ἡμῖν ζωὴν
εἰσάγοντες καὶ βίον ἄλλον, καὶ πλοῦτον, καὶ πενίαν,
καὶ ἐλευθερίαν, καὶ δουλείαν, [καὶ ζωὴν, καὶ θάνατον, C
καὶ κόσμον, καὶ πολιτείαν, πάντα ἐξηλλαγμένα. Οὐ
καθάπερ Πλάτων, ὁ τὴν καταγέλαστον ἐκείνην πολιτείαν συνθεὶς, καὶ Ζήνων, καὶ εἴ τις ἕτερος πολιτείαν
[b] ἔγραψεν, ἢ νόμους συνέθηκεν. Καὶ γὰρ αὐτόθεν ἅπαντες ἐδείκνυντο οὗτοι, ὅτι πνεῦμα πονηρὸν, καὶ δαίμων
τις ἄγριος πολεμῶν ἡμῶν τῇ φύσει, καὶ σωφροσύνης
ἐχθρὸς, καὶ εὐταξίας πολέμιος, πάντα ἄνω καὶ κάτω
ποιῶν, ἐνήχησεν αὐτῶν τῇ ψυχῇ. Ὅταν γὰρ κοινὰς 10 A
πᾶσι τὰς γυναῖκας ποιῶσι, καὶ παρθένους γυμνώσαντες ἐπὶ τῆς παλαίστρας ἄγωσιν ἐπὶ θέαν ἀνθρώπων,
καὶ λαθραίους κατασκευάζωσι γάμους, [a] πάντα ὁμοῦ
μιγνύντες καὶ συνταράττοντες, καὶ τοὺς ὅρους τῆς φύσεως ἀνατρέποντες, τί ἕτερόν ἐστιν εἰπεῖν; Ὅτι γὰρ
δαιμόνων ἐκεῖνα ἅπαντα εὑρήματα καὶ παρὰ φύσιν τὰ
λεγόμενα, καὶ αὐτὴ μαρτυρήσειεν ἂν ἡμῖν ἡ φύσις,
οὐκ ἀνασχομένη τῶν εἰρημένων· καὶ ταῦτα οὐ μετὰ
διωγμῶν, οὐ μετὰ κινδύνων, οὐ μετὰ πολέμων, ἀλλὰ
μετὰ ἀδείας καὶ ἐλευθερίας ἁπάσης γραφόντων, καὶ
πολλοῖς πολλαχόθεν καλλωπιζόντων. Τὰ δὲ τῶν ἁλιέων, B
ἐλαυνομένων, μαστιζομένων, κινδυνευόντων, καὶ ἰδιῶται, καὶ σοφοὶ, καὶ δοῦλοι, καὶ ἐλεύθεροι, καὶ βασι-

bus, orbi et desertis; idque cum de scriptis ageretur naturam nostram admodum exsuperantibus.
Nam missa terra, de cælestibus omnia edisserunt:
aliam nobis inducentes vitam et vivendi rationem,
alias divitias, aliam paupertatem, libertatem, servitutem, aliam vitam atque mortem, alium mundum, aliud institutum, omnia denique mutata.
Non sicut Plato, qui ridiculam illam rempublicam
instituit, non sicut Zeno, et si qui alii de republica scripsere, legesque edidere. Siquidem vel
ex re ipsa conspicuum fuit, malignum spiritum,
dæmonemque quempiam ferum, naturæ nostræ
hostem, castitatis inimicum, honestatis adversarium, omnia susdeque vertentem, hæc illorum
animis inseruisse. Cum enim uxores omnibus
communes faciant, nudas virgines ad spectaculum virorum in palæstram ducant, clandestinas
nuptias apparent, omnia simul commiscentes et
conturbantes, naturæque terminos evertentes,
quid aliud de illis dici possit? Quod enim hæc
omnia sint dæmonum inventa et naturæ repugnantia, ipsa certe natura testificatur, quæ et
supra dictis abhorret: et illa non cum persequutionibus, non cum periculis vel præliis, sed cum
libertate omni et securitate scribentium, et ornatu sermonis multo sæpe utentium, [emissa sunt.]
Contra vero hæc quæ prædicata sunt a piscato-

Platonis ridicula respublica.

[b] Savil. συνέγραφεν. Alii et Morel. ἔγραψεν. Platonis de Republica opus ignorat nemo. De Zenone vero Eleate vide Diogenem Laërtium.

[a] Savil. πάντα ὁμοῦ πράγματα μιγνύντες καὶ συνταράττοντες. Morel. πάντα ὁμοῦ χρήματα μιγνύντες καὶ συντάττοντες. Mss. plurimi πάντα ὁμοῦ μιγνύντες, quibus succinit Anianus, *omnia simul miscentes et conturbantes*.

ANIANI INTERPRETATIO.

prorsus ac mari, Græciæ simul ac barbariæ, et habitabilibus partibus orbis, ipsique deserto. Et certe ea persuadebant quæ naturam nostram longe probantur excedere. Siquidem relinquentes omnino terram, de cælestibus disserebant, docentes nobis aliam superesse vitam, victumque alium, et divitias et paupertatem, et libertatem et servitutem aliam, sed et vitam aliamque mortem, alterum mundum, et conversationem novam, omniaque mutata. Non sicut Plato qui ridiculam illam condidit rempublicam, aut Zeno, vel si quis alius de republica conscripsit, legesque composuit. Siquidem hæc ipsa sunt, quibus facile monstratur, quoniam malignus spiritus, et dæmon quidem ferus, hostisque naturæ nostræ, et impugnator castitatis, totiusque honestatis inimicus, omnia sursum deorsumque permiscens, eorum mentibus inspiravit. Cum enim communes omnibus faciant conjuges, nudasque ad palæstram virgines ducant, ad spectaculum hominum, et libidinis irritamentum, cum occultas concilient nuptias, omnia simul miscentes et conturbantes, ac pervertentes leges, finesque naturæ: quid de his aliud pronuntiari potest? Nam quod omnia illa inventa sint dæmonum, et contra naturam probentur esse quæ dicunt, poterit nobis esse testis ipsa natura, quæ talia audire non patitur: cum ista non sub persequutionum metu, non cum periculis et præliis, sed cum omni securitate docentium licentiaque dicantur, multa insuper cura, ambituque magno sermonis ornata. Hæc vero quæ a piscatoribus prædicata sunt, exagitatis undique, sæpius

ribus, pulsis, verberibus cæsis, inter pericula versantibus, ineruditi, sapientes, servi, liberi, reges, milites, barbari, Græci, cum omni benevolentia excepere.

5. Neque vero dicere possis, hæc, quod parva essent et humilia, facile a cunctis suscepta fuisse. Siquidem hæc multo sublimiora sunt illis. Virginitatis enim illi ne nomen quidem vel per somnium imaginati sunt, non paupertatem, non jejunium, neque quampiam aliam rerum sublimium. Magistri vero nostri non modo concupiscentiam eliminant, non modo malum opus castigant, sed etiam aspectum impudicum, verba contumeliosa, risum immodestum, habitum, incessum, clamorem, et usque ad minima accuratam disciplinam extendunt, atque universum orbem virginitatis germine repleverunt. De Deo autem deque cælestibus ea philosophari suadent, quæ nulli eorum umquam in mentem venire potuerunt. Quomodo enim hæc cogitassent qui ferarum, serpentium aliorumque viliorum imagines in deorum numerum retulere? Attamen hæc sublimia dogmata suscepta et credita sunt, in diesque florent atque crescunt; illorum vero cultus abit et perit, atque aranearum telis facilius evanescit. Illudque merito: dæmones enim hæc prædicarunt: quapropter cum lascivia multam habent caliginem majoremque laborem. Quid enim magis ridiculum fuerit,

λεῖς, καὶ στρατιῶται, καὶ βάρβαροι, καὶ Ἕλληνες, μετὰ πάσης ἐδέξαντο τῆς εὐνοίας.

Καὶ οὐκ ἂν ἔχοις εἰπεῖν, ὅτι διὰ τὸ μικρὰ εἶναι ταῦτα καὶ χαμαίζηλα, εὐπαράδεκτα γέγονεν ἅπασι. Καὶ γὰρ πολλῷ ταῦτα ἐκείνων ὑψηλότερα. Παρθενίας μὲν γὰρ ἐκεῖνοι [b] οὐδὲ ὄναρ οὐδὲ ὄνομα ἐφαντάσθησαν, οὐδὲ ἀκτημοσύνης, οὐδὲ νηστείας, οὐδέ τινος ἄλλου τῶν ὑψηλῶν. Οἱ δὲ παρ' ἡμῖν οὐκ ἐπιθυμίαν ἐξορίζουσι C μόνον, οὐδὲ πρᾶξιν κολάζουσιν, ἀλλὰ καὶ ὄψιν ἀκόλαστον, καὶ ῥήματα ὑβριστικὰ, καὶ γέλωτα ἄτακτον, καὶ σχῆμα, καὶ βάδισμα, καὶ κραυγὴν, καὶ μέχρι τῶν μικροτάτων προάγουσι [c] τὴν ἀκρίβειαν, καὶ τὴν οἰκουμένην ἅπασαν τοῦ τῆς παρθενίας ἐνέπλησαν φυτοῦ. Καὶ περὶ Θεοῦ δὲ ταῦτα φιλοσοφεῖν πείθουσι, καὶ τῶν ἐν οὐρανοῖς πραγμάτων, ἃ μηδεὶς μηδέποτε ἐκείνων 11 μηδὲ εἰς νοῦν λαβεῖν ἴσχυσε. Πῶς γὰρ οἱ κνωδάλων καὶ A θηρίων χαμαὶ ἑρπόντων καὶ ἑτέρων ἀτιμοτέρων εἰκόνας θεοποιήσαντες; Ἀλλ' ὅμως καὶ ἐδέχθη καὶ ἐπιστεύθη τὰ ὑψηλὰ ταῦτα δόγματα, καὶ καθ' ἑκάστην ἀνθεῖ τὴν ἡμέραν, καὶ ἐπιδίδωσι· τὰ δὲ ἐκείνων οἴχεται καὶ ἀπόλωλεν, ἀραχνίων εὐκολώτερον ἀφανισθέντα. Καὶ μάλα εἰκότως· δαίμονες γὰρ ταῦτα διηγόρευον· διὸ καὶ μετὰ τῆς ἀσελγείας καὶ πολὺν ἔχει τὸν ζόφον, [a] καὶ πλείω τὸν πόνον. Τί γὰρ ἂν γένοιτο καταγελαστότερον τῆς πολιτείας ἐκείνης, ἐν ᾗ μετὰ τῶν εἰρημένων μυρίους ἀναλώσας στίχους ὁ φιλόσοφος, ὥστε

[b] Sic Savil. et Morel. et quidam Mss. Alii vero οὐδὲ ὄναρ ὄνομα.

[c] Sic omnes præter Morel., qui habet τὴν αὐτῶν ἀκρίβειαν.

[a] Savil. καὶ πλέον τὸ ἄτοπον. Morel. atque Mss. omnes καὶ πλείω τὸν πόνον, et ita legisse videtur Anianus.

ANIANI INTERPRETATIO.

verberatis, inter pericula jugiter constitutis, absque ullo loquentibus cultu et arte verborum; et imperiti et eruditi, et servi et liberi, et reges et milites, et Græci et barbari, omni cum reverentia susceperunt.

Neque vero dicere poteris, parva hæc esse, nimisque humilia, et ideo facile a cunctis suscepta: cum utique multo hæc sint illorum dogmatibus celsiora. Virginitatis enim illi nec in somno imaginati sunt dignitatem, nec contemtum habendi atque jejunia, nec quidquam aliud de sublimiore doctrina. Nostri autem magistri non solum opus turpe condemnant, neque tantummodo concupiscentiam prohibere contenti sunt: sed et aspectum impudicum, et inhonesta verba, risumque lascivum, sed et habitum inordinatum, incessum inconditum, atque clamorem; et omnino usque ad humilia præcepta deducunt diligentiam disciplinæ. Itaque universum prorsus orbem virginitatis plantatione complerunt, et de Deo rebusque cælestibus ea philosophari docent, quæ illorum nullus aliquando potuit vel mente concipere. Unde enim sapere hæc illi possent, qui monstrorum atque serpentium, aliorum etiam viliorum imagines, deitatis nomine consecrarunt? Attamen tam sublimia illa nostrorum dogmata et suscepta, et credita sunt, et florent quotidie, atque succrescunt? eorum vero exagitata sunt, passimque disperdita, et aranearum telis facilius dissoluta. Idque merito: siquidem dæmones illa prædicabant. Propter quod ibi, præter lasciviam morum, multa etiam dictorum obscuritas et caligo est, et ad intelligendum grandis afflictio. Quid

δυνηθῆναι δεῖξαι τί ποτέ ἐστι τὸ δίκαιον, μετὰ τῆς
μακρηγορίας, καὶ ἀσαφείας πολλῆς τὰ εἰρημένα ἐνέ-
πλησεν, ὅπερ εἰ καί τι συμφέρον εἶχε, σφόδρα ἄχρη- B
στον ἔμελλεν εἶναι τῷ τῶν ἀνθρώπων βίῳ; Εἰ γὰρ ὁ
γεωργὸς, καὶ ὁ χαλκοτύπος, καὶ ὁ οἰκοδόμος, καὶ ὁ κυβερνήτης, καὶ ἕκαστος ἀπὸ τῆς τῶν χειρῶν τρεφόμενος
ἐργασίας, μέλλοι τῆς τέχνης μὲν ἀφίστασθαι καὶ τῶν
δικαίων πόνων, ἀναλίσκειν δὲ ἔτη τόσα καὶ τόσα, ὥστε
μαθεῖν τί ποτέ ἐστι τὸ δίκαιον· καὶ πρὶν ἢ μαθεῖν
πολλάκις [b] φθάσῃ λιμῷ διαφθαρεὶς, καὶ ἀπελεύσεται
διὰ τὸ δίκαιον τοῦτο, μήτε τῶν ἄλλων τῶν χρησίμων
μηδὲν μαθὼν, καὶ βιαίῳ θανάτῳ καταλύσας τὸν βίον.
Ἀλλ' οὐ τὰ ἡμέτερα τοιαῦτα· ἀλλὰ καὶ τὸ δίκαιον, καὶ
τὸ πρέπον, καὶ τὸ συμφέρον, καὶ πᾶσαν τὴν ἄλλην
ἀρετὴν ἐν βραχέσι καὶ σαφέσι συλλαβῶν ῥήμασιν, ἐδί- C
δαξεν ἡμᾶς ὁ Χριστός· ποτὲ μὲν λέγων, ὅτι Ἐν δυσὶν
ἐντολαῖς ὁ νόμος καὶ οἱ προφῆται κρέμανται· τουτέστι,
τῇ τοῦ Θεοῦ ἀγάπῃ, καὶ τῇ τοῦ πλησίον· ποτὲ δὲ λέγων, Ὅσα ἂν θέλητε ἵνα ποιῶσιν ὑμῖν οἱ ἄνθρωποι,
καὶ ὑμεῖς ποιεῖτε αὐτοῖς. Οὗτος γάρ ἐστιν ὁ νόμος καὶ
οἱ προφῆται. Ἅπερ καὶ γηπόνῳ, καὶ οἰκέτῃ, καὶ γυναικὶ χήρᾳ, καὶ παιδὶ αὐτῷ, καὶ τῷ σφόδρα ἀνοήτῳ
δοκοῦντι εἶναι, πάντα εὐσύνοπτα καὶ ῥᾴδια καταμαθεῖν. Τοιαῦτα γὰρ τὰ τῆς ἀληθείας. Καὶ μαρτυρεῖ τῶν 12
πραγμάτων τὸ τέλος. Πάντες γοῦν ἔμαθον τὰ πρακτέα· A
καὶ οὐκ ἔμαθον μόνον, ἀλλὰ καὶ ἐζήλωσαν· καὶ οὐκ ἐν
ταῖς πόλεσι μόνον, οὐδὲ ἐν μέσαις ταῖς ἀγοραῖς· ἀλλὰ
καὶ ἐν ταῖς κορυφαῖς τῶν ὀρῶν. Καὶ γὰρ ἐκεῖ πολλὴν
ὄψει τὴν φιλοσοφίαν οὖσαν, καὶ χοροὺς ἀγγέλων ἐν
ἀνθρωπίνῳ σώματι λάμποντας, καὶ τὴν τῶν οὐρανῶν

quam disciplina illa, ubi, præter ea quæ dicta sunt, innumeris prolatis versibus philosophus, ut quid sit justum ostendat, tanta loquacitate et obscuritate dicta sua replet, ut si quid etiam boni haberent, admodum tamen inutilia essent hominum vitæ? Si enim agricola, vel ærarius faber vel architectus, aut gubernator, aut si quis alius eorum, qui diurno manuum opere victum parant, vellet ab arte sua justoque labore abstinere, in eaque re multos annos absumere, ut quid sit justum edisceret: sæpe priusquam illud edidicisset, fame consumtus, abiret justi discendi causa, et nulla comparata utili disciplina, violentam mortem obiret. Nostra vero non hujusmodi sunt; sed justum, honestum, utile, virtutesque omnes, paucis iisque perspicuis verbis Christus nos edocuit modo dicens: *In duobus mandatis lex et prophetæ pendent;* id est, in Dei et proximi caritate; aliquando autem: *Quæcumque vultis ut faciant vobis homines, et vos facite illis. Hæc est enim lex et prophetæ.* Quæ et agricolæ, et servo, et viduæ, et puero, imo etiam ei qui admodum bardus esse videatur, intellectu facilia omnino sunt. Hæc est enim veritatis conditio. Illud autem testificatur ipse rerum exitus. Siquidem omnes quæ agenda erant didicerunt, nec didicerunt modo, sed etiam exsequi studuerunt: non in urbibus tantum, nec in medio foro; sed et in montium verticibus. Ibi enim multam videas philosophiam, choros angelorum in humano

Matth. 22. 40.

Ibid. c. 7. 12.

De monachis in monte degentibus loquitur.

[b] Alii φθάσῃ, alii φθάσει.

ANIANI INTERPRETATIO.

enim irrisione magis dignum, quam illa est disciplina, in qua, ut cætera omittam, cum innumeris versibus philosophus disputaverit, multa et obscura oratione suam cumulat prolixitatem dicendi, ut quid sit justum, possit ostendere? Ita etiam ut si utile quid haberent, tantæ tamen obscuritatis titulo, valde id vitæ hominum esset incommodum. Si enim vel agricola, vel ærarius, si faber aliquis, vel nauta, aut quispiam cæterorum qui manuum suarum opere pascuntur, velit quidem ab arte propria, justoque labore discedere, ut consumtis tot annis studeat scire quid justum sit, et forte antequam discat, interimatur fame: peregrinabitur profecto propter hoc justum, neque aliquid aliud utile addiscens, et vitam violenta morte dissolvens. At non etiam nostra sunt talia, sed justum, honestum, utile, omnemque omnino virtutem in paucis syllabis, in brevibus verbis atque manifestis nos Christus edocuit: tum dicendo quoniam in duobus mandatis tota pendet lex et prophetæ: id est, in Dei et proximi caritate: tum jubendo, *Quæcumque vultis ut faciant vobis homines, hæc et vos facite illis. Hæc est enim lex et prophetæ.* Quæ certe et servo et rustico, et viduæ, et puero, et ei qui valde imprudens videatur esse, facilia ad intelligendum sunt, et prorsus exposita. Tales quippe sunt sententiæ veritatis: idque exitus rerum ipse testatur. Siquidem omnes fere quæ sunt agenda didicerunt, nec didicerunt modo, verum etiam quæ didicerant efficere curarunt: et non in urbibus solum, atque in medio foro, sed in ipsis quoque verticibus montium. Etenim ibi maxime evangelicam videas florere philosophiam, et angelorum choros in humano

Matth. 22. 40.

Ibid. c. 7. 12.

corpore fulgere, et institutum cæleste micare. Nam institutum vitæ nobis piscatores scripsere : non a puero institui jubentes ut illi philosophi, non certam ætatem virtutis studioso præscribentes, sed quamvis ætatem instituentes. Illa enim puerorum ludus sunt; hæc autem, rerum veritas. Huic instituto locum assignavere cælum, Deumque induxerunt ejus opificem ac legum latorem, ut par omnino erat. Instituti vero præmia, non lauri folia, non oleastri corona, non convivium in Prytaneo, non æreæ statuæ, non frigida isthæc et inania : sed vita finem non habitura, collata filiorum Dei conditio, choreæ cum angelis actæ, ante solium regium præsentia, perpetuum cum Christo consortium.

6. Hujus porro instituti doctores sunt publicani, piscatores et tentoriorum opifices, non qui modico tempore vixerint, sed qui æternam agant vitam. Ideoque etiam post mortem instituti sectatores juvare possint. Huic instituto bellum est, non adversus homines, sed adversus dæmones et incorporeas illas potestates. Ideoque dux illis est, non homo, non angelus, sed ipse Deus. Arma vero militum hujusmodi non ad belli rationem spectant : neque enim ex pellibus parantur aut

πολιτείαν ἐνταῦθα φαινομένην. Καὶ γὰρ πολιτείαν ἔγραψαν ἡμῖν οἱ ἁλιεῖς, οὐκ ἀπὸ παίδων κελεύσαντες λαμβάνεσθαι, καθάπερ ἐκεῖνοι· [a] οὐδὲ τόσων καὶ τόσων ἐτῶν νομοθετοῦντες εἶναι τὸ ἐνάρετον· ἀλλ' ἁπλῶς πάσῃ διαλεγόμενοι ἡλικίᾳ. Ἐκεῖνα μὲν γὰρ, παίδων παίγνια· ταῦτα δὲ, πραγμάτων ἀλήθεια. Καὶ τόπον B δὲ ἀπέδωκαν τῇ πολιτείᾳ ταύτῃ τὸν οὐρανὸν, [b] καὶ τεχνίτην αὐτῆς τὸν Θεὸν εἰσήγαγον, καὶ νομοθέτην τῶν ἐκεῖ νόμων· ὥσπερ οὖν καὶ ἐχρῆν. Τὰ δὲ ἔπαθλα τῆς πολιτείας, οὐ φύλλα δάφνης, οὐδὲ κότινος, οὐδὲ ἡ ἐν πρυτανείῳ σίτησις, οὐδὲ εἰκόνες χαλκαῖ, τὰ ψυχρὰ ταῦτα καὶ εὐτελῆ· ἀλλὰ ζωὴ τέλος οὐκ ἔχουσα, καὶ τὸ Θεοῦ γενέσθαι παῖδας, τὸ μετ' ἀγγέλων χορεύειν, καὶ τῷ θρόνῳ παρεστάναι τῷ βασιλικῷ, καὶ διηνεκῶς εἶναι μετὰ τοῦ Χριστοῦ.

Δημαγωγοὶ δὲ τῆς πολιτείας εἰσὶ ταύτης τελῶναι, καὶ ἁλιεῖς, καὶ σκηνοποιοί· οὐκ ἐν χρόνῳ ζήσαντες ὀλίγῳ, ἀλλὰ διὰ παντὸς ζῶντες. Διὰ τοῦτο καὶ μετὰ τε-C λευτὴν τοὺς πολιτευομένους τὰ μέγιστα ὀνῆσαι δύναιντ' ἄν. Ταύτῃ τῇ πολιτείᾳ πόλεμος οὐ πρὸς ἀνθρώπους, ἀλλὰ πρὸς δαίμονας καὶ τὰς ἀσωμάτους δυνάμεις ἐκείνας ἐστί. Διὸ καὶ στρατηγὸς αὐτοῖς οὐκ ἀνθρώπων, οὐδὲ ἀγγέλων οὐδεὶς, ἀλλ' αὐτὸς ὁ Θεός. Καὶ τὰ ὅπλα δὲ τῶν στρατιωτῶν τούτων οὐ μιμεῖται τοῦ πολέμου τὴν φύσιν· οὐδὲ γὰρ ἀπὸ δέρματος καὶ σιδή-

[a] Sic omnes præter Morel., qui habet *οὐδὲ τόσων ἐτῶν νομ.* [Mox Savil. in marg. *γρ. τὸν ἐνάρετον.*]

[b] Sic omnes fere præter Morel., qui habet *καὶ τῇ τέχνῃ αὐτῆς τὸν θεόν.* Ibidem Morel. *τῶν ἐκεῖ κειμένων*, in aliis *κειμένων* non habetur. Paulo post *οὐδὲ ἐν πρυτανείῳ σίτησις.* De Prytaneo hæc magnum Etymologicon, *πρυτανεῖον τόπος ἦν παρ' Ἀθηναίοις ἐν ᾧ κοιναὶ σιτήσεις τοῖς δημοσίοις εὐεργέταις ἐδίδοντο*, *Prytaneum locus erat ubi communes epulæ dabantur iis qui de publico bene meruerant.* Quod sequitur ibidem vocis etymon non mihi probatur.

ANIANI INTERPRETATIO.

corpore refulgere, conversationemque omnino cælestem in terris micare. Nobis siquidem piscatores disciplinam scripsere vivendi, non ex pueris eligi aliquos ad discendum jubentes, ut philosophis moris est, neque certum numerum annorum præfinientes ad consummanda studia virtutum : sed cunctis generaliter ætatibus disserentes. Illud enim puerorum ludus est, hoc veritatis. Locum quoque disciplinæ huic certum dederunt, cælum profecto : et informatorem ejus Deum proculdubio esse docuerunt. Qui etiam leges, quibus utimur, dedit, quales et oportuit. Præmia vero virtutum in hac disciplina, non ramus oleæ, nec corona oleastri foliis immixta, nec publice in prytaneo apparata convivia, nec æreæ statuæ, nec imagines coloribus adumbratæ, et frivola ista atque vanissima : sed vita nullo umquam fine claudenda, et filiorum Dei collata nobilitas, cumque angelorum choris jungenda lætitia, et ante regalem thronum secura præsentia, et perpetuum esse cum Christo.

6. Doctores vero istius disciplinæ ac principes, publicani sunt, et piscatores, pelliumque sutores, non qui exigua ætate vixerint, sed qui adhuc vivant, in æternumque permaneant. Et idcirco defuncti quoque multum valent prodesse discipulis. Huic itaque disciplinæ non cum hominibus bellum est, sed adversus sævissimos dæmones, contraque incorporeas illas potestates. Propter quod et dux talis exercitus nullus est hominum, nullus est angelorum, sed ipse proculdubio Deus. Arma quoque istorum militum naturam ipsius belli consequenter imitantur. Non enim ex ferro parantur ac pellibus, sed ex veritate, fide

ρου κατεσκευασμένα εἰσὶν, ἀλλ' ἐξ ἀληθείας, καὶ δικαιο- 13
A σύνης, καὶ πίστεως, καὶ φιλοσοφίας ἁπάσης. Ἐπεὶ οὖν
περὶ τῆς πολιτείας ταύτης καὶ τὸ βιβλίον τοῦτο γέγραπται, καὶ ἡμῖν πρόκειται νῦν εἰπεῖν, προσέχωμεν ἀκριβῶς τῷ Ματθαίῳ, περὶ ταύτης τρανῶς διαλεγομένῳ· οὐ
γὰρ αὐτοῦ, ἀλλὰ τοῦ τὴν πολιτείαν νομοθετήσαντος
Χριστοῦ πάντα ἐστὶ τὰ λεγόμενα. Προσέχωμεν δὲ, ἵνα
καὶ ἐγγραφῆναι δυνηθῶμεν εἰς αὐτὴν, καὶ λάμψαι μετὰ
τῶν ἤδη πολιτευσαμένων, καὶ τοὺς ἀμαράντους ἐκείνους ἐκδεχομένων στεφάνους. Καίτοι γε πολλοῖς εὔκολος
ὁ λόγος οὗτος εἶναι δοκεῖ, τὰ δὲ τῶν προφητῶν δυσκολίαν ἔχειν. Ἀλλὰ καὶ τοῦτο ἀγνοούντων ἐστὶ τὸ βάθος
B τῶν ἐναποκειμένων αὐτοῖς νοημάτων. Διὸ παρακαλῶ,
μετὰ πολλῆς ἡμῖν ἕπεσθαι τῆς σπουδῆς, ὥστε εἰς αὐτὸ
τὸ πέλαγος τῶν γεγραμμένων εἰσελθεῖν, τοῦ Χριστοῦ
προηγουμένου ταύτης ἡμῖν τῆς εἰσόδου. Ὥστε δὲ εὐ-
μαθέστερον γενέσθαι τὸν λόγον, δεόμεθα καὶ παρακαλοῦμεν, ὅπερ καὶ ἐπὶ τῶν ἄλλων Γραφῶν πεποιήκα-
μεν, προλαμβάνειν τὴν περικοπὴν τῆς Γραφῆς, ἣν ἂν
μέλλωμεν ἐξηγεῖσθαι· ἵνα τῇ *γνώσει ἡ ἀνάγνωσις
προοδοποιοῦσα ᾖ· ὃ καὶ ἐπὶ τοῦ εὐνούχου γέγονε· καὶ
πολλὴν παράσχοι τὴν εὐκολίαν ἡμῖν. Καὶ γὰρ τὰ ζητούμενα πολλὰ καὶ ἐπάλληλα. Ὅρα γοῦν εὐθέως ἐν
προοιμίοις τοῦ Εὐαγγελίου αὐτοῦ, πόσα ἄν τις ἐπα-
πορήσειε. Πρῶτον μὲν, τίνος ἕνεκεν ὁ Ἰωσὴφ γενεαλο-
C γεῖται, οὐκ ὢν τοῦ Χριστοῦ πατήρ. Δεύτερον δὲ,
πόθεν ἔσται δῆλος ἡμῖν ἀπὸ τοῦ Δαυὶδ κατάγων τὸ
γένος, τῆς Μαρίας ἀφ' ἧς ἐτέχθη τῶν προγόνων ἀγνο-
ουμένων· οὐδὲ γὰρ ἐγενεαλογήθη ἡ παρθένος. Τρίτον, τίνος ἕνεκεν ὁ μὲν Ἰωσὴφ, ὁ μηδὲν συντελῶν πρὸς

ferro, sed ex veritate, justitia, fide, philosophiaque
A omni. Quoniam igitur de hujusmodi disciplina hic
liber est conscriptus, de qua nobis dicere propositum est, Matthæum attente audiamus de illa perspicue disserentem: non enim ejus sunt dicta, sed
Christi, qui hanc disciplinam instituit. Animum
ergo adhibeamus, ut in illa mereamur adscribi,
ac fulgere cum iis qui hoc institutum emensi immortales illas accepere coronas. Multis certe
hæc facilia videntur esse, prophetarum vero dicta multum habere difficultatis. Verum ita
existimant ii, qui sententiarum ibi recondita-
B rum profunditatem ignorant. Quapropter rogo,
nos cum magno studio sequamini, ut Christo
duce in hoc scriptorum pelagus ingredi valeamus. Ut porro facilius hæc addiscere possitis,
rogamus et obsecramus, id quod etiam in aliis
Scripturarum libris fecimus, ut illam Scripturæ
clausulam, quam interpretaturi sumus, præli-
betis, ut lectio cognitionem præcedat; id quod
in eunucho contigit, quodque multam præbeat
facilitatem. Quæstiones enim plurimæ et frequentes occurrunt. Animadverte ergo statim in ipso
Evangelii exordio, quot et quanta quærenda occurrant. Primo, cur Josephi genealogia duca-
C tur, qui Christi pater non erat. Secundo, quomodo planum erit ipsum ex Davide originem ducere, cum ignoretur quinam Mariæ matris ejus
majores fuerint: neque enim Virginis genealogia
descripta fuit. Tertio, cur Josephi, qui nihil ad

* Sic Savil. [omissis ᾗ, et καὶ ante πολλὴν] et Mss. atque ita legit Interpres. Morel. ἵνα τῇ ἀναγνώσει ἡ ἀνάγνωσις.

Hic aliquam verborum elegantiam præ se ferunt Græca verba, quæ non potest Latine exprimi.

ANIANI INTERPRETATIO.

atque justitia, cæterisque virtutibus. Quoniam igitur de hujusmodi disciplina etiam hic liber est conscriptus, et nobis de ipsa disputare propositum est, diligentius audiamus Matthæum perspicue super eadem disserentem. Non enim sunt ejus dicta, sed Christi, qui ipsius informator est disciplinæ. Hanc ergo sollicite consideremus, ut in illa etiam mereamur adscribi, et in eorum fulgere numero, qui prius eam servando nituerunt, et immarcescibiles illas acceperunt coronas. Et multi quidem hunc librum satis apertum esse opinantur ac planum; solos prophetas intellectu putantes esse difficiles. Sed hoc quoque eorum est, qui altitudinem sensuum sibi penitus reconditorum prorsus ignorant. Propter quod obsecro, ut multo cum studio sequamini nos, ut ipsum Evangelii pelagus intremus, Christo nobis præbente in hoc itinere principatum. Ut autem sit facilior iste ad intelligendum liber, rogamus ac hortamur (quod in aliis quoque Scripturis facere consuevimus) ut præveniatis animo, atque volvatis eum qui a nobis elucidandus est locus, ut intellectui lectio viam parans, quod etiam in eunucho illo factum est, multam nobis conferant facultatem docendi. Etenim plurima sunt quæ inquiruntur, ac varia. Considera igitur quanta in ipso Evangelii principio quæstionum silva nascatur. Primo quidem, cujus rei gratia per Joseph generationum ordo decurrat, de quo non nascitur Christus. Secundo, unde manifestum sit, quod a David originem ducat, cum parentes Mariæ, ex qua certe natus est, habeantur incogniti: neque enim generationes ex Virginis parte numerantur. Tertio, quam ob causam Joseph qui-

generationem contulit, genealogia ducatur, Virgo autem quæ mater est, quo patre, avo et abavo orta sit non narretur. Ad hæc illud etiam inquirere par est, cur virorum genealogiam persequens mulieres tamen commemoravit : et quando id ita ipsi visum est, cur non omnes mulieres nominavit, sed missis iis quæ ob probitatem celebres erant, ut Sara et Rebecca, et similibus, illas tantum in medium protulit, quæ aliquo vitio celebres erant: si qua videlicet fornicaria aut adultera esset, et si qua extranea aut barbara. Nam uxorem Uriæ et Thamar et Ruth commemoravit; quarum alia alienigena erat, alia meretrix, alia a socero vitiata fuit, non lege connubii, sed furata concubitum et meretricis assumta specie : quod spectat autem Uriæ uxorem, ignorat nemo ob facinoris conspicuitatem. Attamen missis aliis omnibus, hasce tantum in genealogia posuit. Atqui si mulieres commemorare oportuit, omnes recensere par erat; si non omnes, certe aliquæ earum proferendæ erant, quæ virtute floruerant, non earum quarum peccata sunt manifesta. Videte quanta nobis attentione vel in exordio sit opus, etiamsi hoc exordium cæteris clarius, imo fortasse plurimis superfluum esse videatur, quia nomina tantum plurima complectitur. Post hæc autem illud inquirere par est, cur tres reges omiserit. Nam si eorum utpote admodum impiorum nomina tacuit, neque alios ipsis similes commemorare opor-

τὴν γέννησιν, γενεαλογεῖται, ἡ δὲ παρθένος ἡ καὶ
14 μήτηρ γενομένη, οὐ δείκνυται τίνων πατέρων, [b] καὶ
A πάππων, καὶ ἐπιπάππων ἐστί· Μετὰ τούτων, ἄξιον
κἀκεῖνο ζητῆσαι, τί δήποτε διὰ τῶν ἀνδρῶν προάγων
τὴν γενεαλογίαν, ἐμνήσθη καὶ γυναικῶν· καὶ ἐπειδὴ
τοῦτο δήπου αὐτῷ ἔδοξεν, οὐδὲ πάσας τέθεικε τὰς
γυναῖκας, ἀλλὰ τὰς εὐδοκίμους παραδραμὼν, οἷον τὴν
Σάῤῥαν, τὴν Ῥεβέκκαν, καὶ ὅσαι τοιαῦται, τὰς ἐπὶ
κακίᾳ βεβοημένας, ταύτας εἰς μέσον ἤγαγε μόνον·
οἷον εἴ τις πόρνη καὶ μοιχαλίς· εἴ τις ἐκ παρανόμων
γάμων· εἴ τις ἀλλόφυλος καὶ βάρβαρος ἦν. Καὶ γὰρ
καὶ τῆς τοῦ Οὐρίου, καὶ τῆς Θάμαρ, καὶ τῆς Ῥοὺθ
ἐμνημόνευσεν· ὧν ἡ μὲν ἀλλογενὴς ἦν, ἡ δὲ πόρνη, ἡ
δὲ τῷ κηδεστῷ προσεφθάρη· καὶ οὐδὲ τοῦτο νόμῳ γά-
B μου, ἀλλὰ κλέψασα τὴν μίξιν, καὶ πόρνης περιθεμένη
προσωπεῖον ἑαυτῇ· καὶ τὴν τοῦ Οὐρίου δὲ οὐδεὶς ἀγνοεῖ
διὰ τὴν περιφάνειαν τοῦ τολμήματος. Ἀλλ' ὅμως πάσας τὰς ἄλλας ἀφεὶς ὁ εὐαγγελιστὴς, ταύτας ἐνέθηκε τῇ γενεαλογίᾳ μόνας. Καίτοι εἰ μνησθῆναι γυναικῶν ἔδει, πασῶν ἐχρῆν· εἰ δὲ μὴ πασῶν, ἀλλ' ἐνίων
τῶν ἐν ἀρετῇ, οὐ τῶν ἐν ἁμαρτήμασι βεβοημένων.
Εἴδετε πόσης ἡμῖν δεῖ προσοχῆς ἐν τοῖς προοιμίοις
εὐθέως· καίτοι γε δοκεῖ σαφέστερον εἶναι τῶν ἄλλων
τὸ προοίμιον, τάχα δὲ πολλοῖς καὶ περισσὸν, διὰ τὸ
ὀνομάτων ἀριθμὸν εἶναι μόνον. Μετὰ τοῦτο ἄξιον κἀ-
C κεῖνο ζητῆσαι, τίνος ἕνεκεν τρεῖς παρέδραμε βασιλεῖς.
Εἰ γὰρ ὡς σφόδρα ἀσεβῶν ἀπεσιώπησε τὴν προσηγορίαν, οὐδὲ τῶν ἄλλων τῶν τοιούτων μνησθῆναι ἔδει.
Καὶ γὰρ καὶ τοῦτο ἕτερόν ἐστι ζήτημα. Δεκατέσσαρας

b Sic Savil. et Morel. In Mss. non paucis *καὶ πάππων καὶ προγόνων ἐστί.*

ANIANI INTERPRETATIO.

dem generatio, qui certe nihil ad generationem contulit Christi, tam diligenter asseritur : Virgo autem, quæ etiam mater ejus effecta est, non ostenditur ex quibus parentibus, avis, proavisque nascatur. Post hæc etiam illud inquirendum esse videtur, qua de causa generationes per viros nominans, meminerit etiam feminarum. Et quia semel id fieri placuit, cur non omnes feminas nominarit. Nam meliores quasque transcurrens, ut Saram et Rebeccam, earumque similes : eas tantummodo quæ de aliquo vitio celebratæ sunt, eduxit in medium : id est, si qua adultera, vel meretrix ; si qua etiam ex nuptiis non legitime copulata, si qua alienigena aut barbara fuit. Siquidem non modo Uriæ uxorem, sed etiam Thamar, et Ruth evangelista commemorat : quarum alia quidem erat alienigena, alia vero scortum, quæ cum affine rem habuit, non tantum non lege illi conjuncta conjugii, sed furata concubitum, et intra habitum meretricis abscondita. Uriæ quoque uxorem nullus ignorat, propter factum illud insignis audaciæ. Et tamen omnes alias evangelista præteriens, tantummodo istas generationum catalogo comprehendit. Quod si meminisse oportuit feminarum, cunctæ debuerant nominari ; si vero non omnes erant, sed aliquæ proferendæ, eas magis poni decuit, quæ non de peccatis, sed de virtute celebrantur. Vidisti nempe quanta nobis attentione opus sit etiam inter ipsa principia. Et certe supra cætera esse manifestum illud videbatur exordium, forte autem aliquibus etiam superfluum, quia solum ibi numerum putabant nominum contineri. Supra hæc etiam illud inquisitione dignum est, quæ causa compulerit, ut tres reges in enumerandis generationibus præteriret. Si enim quasi nimis impiorum nomina

γὰρ εἰπὼν γενεὰς, ἐν τῇ τρίτῃ μερίδι τὸν ἀριθμὸν οὐ διέσωσε. Καὶ τίνος ἕνεκεν ὁ μὲν Λουκᾶς ἑτέρων ἐμνημόνευσεν ὀνομάτων, καὶ οὐ μόνον οὐ τῶν αὐτῶν ἁπάντων, ἀλλὰ καὶ πολλῷ πλειόνων· ὁ δὲ Ματθαῖος, καὶ ἐλαττόνων, [b] καὶ ἑτέρων, καίτοι εἰς τὸν Ἰωσὴφ καὶ αὐ- 15
τὸς τελευτήσας, εἰς ὃν καὶ ὁ Λουκᾶς κατέληξεν. Ὁρᾶτε A
ὅσης ἀγρυπνίας ἡμῖν χρεία, οὐχ εἰς τὸ λῦσαι μόνον, ἀλλὰ καὶ εἰς τὸ μαθεῖν, τίνα χρὴ λῦσαι. Οὐδὲ γὰρ τοῦτο μικρὸν, τὸ τὰ διαπορούμενα δυνηθῆναι εὑρεῖν· καὶ γὰρ καὶ ἐκεῖνο ἄπορον, πῶς ἡ Ἐλισάβετ ἀπὸ τῆς Λευιτικῆς φυλῆς οὖσα, συγγενὴς ἦν τῆς Μαρίας.

Ἀλλ' ἵνα μὴ καταχώσωμεν ὑμῶν τὴν μνήμην, πολλὰ συνείροντες, ἐνταῦθα τέως τὸν λόγον στήσωμεν. Ἀρκεῖ γὰρ ὑμῖν εἰς τὸ διεγερθῆναι [a] καὶ τὰ ζητούμενα ἐνταῦθα μαθεῖν. Εἰ δὲ καὶ τῆς λύσεως ἐρᾶτε, καὶ τούτου πρὸ τῶν λόγων τῶν ἡμετέρων ὑμεῖς κύριοι. Ἂν μὲν γὰρ ἴδω διεγερθέντας καὶ ἐπιθυμοῦντας μαθεῖν,
πειράσομαι καὶ τὴν λύσιν ἐπαγαγεῖν· ἂν δὲ χασμω- B
μένους καὶ μὴ προσέχοντας, ἀποκρύψομαι καὶ τὰ ζητήματα καὶ τὴν λύσιν, θείῳ νόμῳ πειθόμενος· Μὴ δότε γὰρ, φησὶ, τὰ ἅγια τοῖς κυσὶ, μηδὲ ῥίψητε τοὺς μαργαρίτας ὑμῶν ἔμπροσθεν τῶν χοίρων, ἵνα μὴ καταπατήσωσι τοῖς ποσὶν αὐτῶν. Τίς δέ ἐστιν ὁ καταπατῶν; Ὁ μὴ τίμια ταῦτα ἡγούμενος, καὶ σεμνά.

tuit. Alia item quæstio exsurgit. Cum quatuordecim esse generationes dixisset, in tertia classe hunc numerum non servavit. Itemque cur Lucas alia nomina recensuit, et cur non solum non eosdem omnes, sed etiam multo plures commemoravit: Matthæus vero et alios et diversos, etiamsi ipse in Josephum desierit, in quo et Lucas finem fecit. Videte quantis nobis sit opus vigiliis non ad solvendum modo, sed etiam ad discendum quænam sint solvenda. Neque parum est ea invenire quæ possunt in dubium vocari; nam illud quoque in dubiis numeratur, quomodo Elisabet ex Levitica tribu, cognata sit Mariæ.

7. Sed ne multa simul congerentes memoriam vestram obruamus, hic loquendi finem faciemus. Sufficit enim vobis ut excitemini, si quæstiones illas ediscatis. Si vero solutionem desideratis, et illud quoque vel antequam loquamur, in vestra erit potestate situm. Si namque vos excitatos et discendi cupidos viderim, solutionem vobis afferre tentabo; sin oscitantes et non attentos conspexero, et quæstiones et solutionem
illarum occultabo, divinæ obsequens legi: *No-* Matth. 7. 6.
lite, inquit, *sanctum dare canibus, neque projiciatis margaritas vestras ante porcos, ne forte conculcent eas pedibus suis*. Quis est au-

[b] Sic recte Savil. et Mss. In Morel. καὶ πλειόνων ἑτέρων.

[a] Morel. καὶ τὸ τὰ ζητούμενα ἐνταῦθα μαθεῖν. Alii καὶ τὰ ζητούμενα μόνον μαθεῖν. Savil. et alii ut in textu.

ANIANI INTERPRETATIO.

reticere maluit, nec aliorum quidem similium meminisse debuerat. His additur etiam illa quæstio, quod generationes quatuordecim cum dixisset, in tertia parte numerum non servavit. Deinde quænam illa ratio persuaserit, ut Lucas quidem aliorum faceret nominum mentionem, et non modo non eorumdem omnium, sed multo etiam plurium. Matthæus vero non paucorum modo, verumetiam diversorum, cum utique adusque generationem Joseph numerum etiam ipse perducat, in quo finem fecit et Lucas. Jam ergo perspicite quanta nobis opus sit vigilantia, non solum ad exponendum evangelium, verumetiam ad discernendum quænam illa sint, quæ expositione indigeant. Nec parum est enim posse invenire ea quæ in dubio sunt, et de quibus controversia est. Illud quoque inter dubia numeratur, quomodo Elizabeth de Levitica exsistens tribu, Mariæ cognata dicatur.

7. Verum ne multa pariter colligentes, memoriam vestram subito quæstionum oneremus aggestu, hic sermoni nostro terminum statuamus. Sufficit enim nobis, et valde sufficit ad audiendi interim studium suscitandum, ut quæ in quæstionem solent venire discantur. Si vero etiam solutionem ipsam desideratis addiscere, et hæc, (*) nobis dicentibus, in vestra est potestate. Si enim vos intellexero suscitatos, et audire cupientes, etiam solutionem afferre tentabo. Si vero oscitantes videro, et ab intentione laxatos,
abscondam non solutionem solum, verumetiam quæstiones, divina lege commonitus: *Nolite*, inquit, Matth. 7. 6.
sanctum dare canibus, neque projiciatis margaritas vestras ante porcos, ne forte conculcent eas pedibus suis. Quis est modo, inquis, qui ista conculcet? Ille utique, qui non ea pretiosa credit esse,

(*) In Græco legitur, πρὸ τῶν ἡμετέρων, antequam loquamur.

tem qui conculcat? Qui hæc non pretiosa et honore digna esse censet. Ecquis, inquies, ita miser est, ut hæc non honore digna, nec omnium pretiosissima esse ducat? Is qui non illis tantum studium adhibet, quantum meretricibus mulieribus in satanicis theatris.

Contra theatralia spectacula.

Ibi enim plurimi totos dies transigunt, multaque in re domestica negligunt, ob intempestivam illam occupationem, diligenterque illa retinent, quæ ibidem audiunt, illaque in animæ suæ perniciem conservant. Hic autem ipso Deo loquente, ne minimum quidem temporis manere volunt. Ideoque nihil commune habemus cum cælo: sed verbo tenus vitæ institutum nostrum peragitur. Certe gehennam idcirco Deus comminatus est, non ut in eam nos conjiciat; sed ut per ea quæ audimus, perniciosam illam consuetudinem fugiamus. Nos vero e contrario agimus; audimus, et quotidie ad viam quæ illuc ducit accurrimus: Deoque jubente non solum audire, sed etiam dicta exsequi, nos ne quidem audire sustinemus. Quandonam igitur ea, quæ jubemur, agemus, et operibus manum admovebimus, quando ægre et indigne ferimus moras, hic ad brevissimum temporis spatium prolatas? Atqui nos cum de rebus frivolis verba facientes, eos qui nobiscum sedent non attendere advertimus, id contumeliæ loco habemus; Deum vero non putamus nos offendere, quando illum de tantis rebus loquentem despicimus et alio oculos convertimus? Certe senex quivis magnam emensus terræ partem,

Καὶ τίς οὕτως ἄθλιος, φησὶν, ὡς μὴ σεμνὰ ταῦτα καὶ
πάντων ἡγεῖσθαι τιμιώτερα; Ὁ μηδὲ τοσαύτην παρέχων αὐτοῖς σχολὴν, ὅσην ταῖς πόρναις γυναιξὶν ἐν τοῖς
σατανικοῖς θεάτροις. Ἐκεῖ μὲν γὰρ καὶ διημερεύουσιν
C οἱ πολλοὶ, καὶ πολλὰ τῶν ἐπὶ τῆς οἰκίας προδιδόασι,
διὰ τὴν ἄκαιρον ἀσχολίαν ταύτην, καὶ μετὰ ἀκριβείας
[b] ὅπερ ἂν ἀκούσωσι κατέχουσι, καὶ ταῦτα ἐπὶ λύμῃ τῆς
ἑαυτῶν ψυχῆς φυλάττοντες. Ἐνταῦθα δὲ τοῦ Θεοῦ
φθεγγομένου, οὐδὲ μικρὸν ἀνέχονται παραμεῖναι χρόνον. Διά τοι τοῦτο οὐδὲν κοινὸν ἔχομεν πρὸς τὸν οὐρα-
νόν· ἀλλὰ μέχρι ῥημάτων ἡμῖν ἡ πολιτεία. Καίτοι γε
16 καὶ γέενναν διὰ τοῦτο ἠπείλησεν ὁ Θεὸς, οὐχ ἵνα ἐμ-
A βάλῃ, ἀλλ' ἵνα πείσῃ φυγεῖν [a] τὴν χαλεπὴν συνήθειαν
ταύτην, δι' ὧν ἀκούομεν. Ἡμεῖς δὲ τοὐναντίον ποιοῦ-
μεν· ἀκούομεν, καὶ καθ' ἑκάστην ἡμέραν πρὸς τὴν
ἐκεῖ φέρουσαν ὁδὸν τρέχομεν· καὶ τοῦ Θεοῦ κελεύοντος,
μὴ μόνον ἀκούειν, ἀλλὰ καὶ ποιεῖν τὰ λεγόμενα, οὐδὲ
ἀκοῦσαι ἀνεχόμεθα. Πότε οὖν πράξομεν, εἰπέ μοι, τὰ
κελευόμενα καὶ τῶν ἔργων ἁψόμεθα, ὅταν μηδὲ τοὺς
ὑπὲρ τούτων λόγους ἀκούειν ἀνεχώμεθα, ἀλλὰ ἀσχάλλω-
μεν καὶ ἀλύωμεν πρὸς τὴν ἐνταῦθα διατριβὴν, καίτοι
βραχεῖαν οὖσαν σφόδρα; Εἶτα ἡμεῖς μὲν περὶ ψυχρῶν
B διαλεγόμενοι πραγμάτων, ἂν τοὺς συγκαθημένους μὴ
προσέχοντας ἴδωμεν, ὕβριν τὸ πρᾶγμά φαμεν· τὸν Θεὸν
δὲ οὐχ ἡγούμεθα παροξύνειν, ὅταν αὐτοῦ περὶ τοιούτων διαλεγομένου, καταφρονήσαντες τῶν λεγομένων,
ἑτέρωσε βλέπωμεν; Ἀλλ' ὁ μὲν γεγηρακὼς καὶ πολλὴν ἐπελθὼν γῆν, καὶ σταδίων ἀριθμὸν, καὶ πόλεων
θέσεις, καὶ σχήματα, καὶ λιμένας, καὶ ἀγορὰς, μετὰ
ἀκριβείας ἡμῖν ἀπαγγέλλει πάσης· αὐτοὶ δὲ οὐδὲ ὅσον

[b] Savil. ὥσπερ ἂν, Morel. et alii ὅπερ ἂν ἀκούσωσι, et sic legit Anianus, *quod audierint*.

[a] Quidam Mss. τὴν χαλεπὴν τυραννίδα ταύτην.

ANIANI INTERPRETATIO.

atque præclara. Et quis est, inquis, ita infelix, qui non hæc pretiosiora esse omnibus, et clariora fateatur? Ille sine dubio, qui non vel tanto studio eis vacat, quanto in diabolicis illis theatris meretricibus occupatur. Ibi enim plurimi totos etiam dies peragunt, propterque illam occupationem vanissimam multa etiam domi detrimenta patiuntur. Et tamen cum omni diligentia, quod audierint, memoriæ commendant, eaque ad animæ suæ perniciem penitus infixa custodiunt. Hic vero ubi loquitur Deus, ne exiguum quidem patienter tempus exspectant. Cur hoc? Quia nihil commune habemus cum cælo, sed omnis nostra religio verbo tenus peragitur. Et certe propter hoc Deus gehennam minatur, non ut eam nobis inferat, sed ut fugere persuadeat illam gravissimam consuetudinem. Nos vero econtrario cuncta agimus, et quotidie in illam viam, quæ illuc ducit, irruimus. Nam præcipiente nobis Deo, non modo ut audiamus quæ dicuntur, verum ut cum omni etiam devotione faciamus, nos nec audire curamus. Quando igitur ea quæ dicuntur, implebimus? Responde, quæso, quando incipiemus operari, cum nec sermonem quidem super his patienter audiamus, sed indignemur offendamurque hac exercitatione tametsi brevissima. Deinde nos quidem de frivolis sæpe rebus loquentes, nisi eos qui nobiscum sedent, viderimus attentos, incuriam illorum nostram arbitramur esse injuriam: Deum vero non putamus offendi, quando eo de tantis rebus loquente, ea quæ dicuntur contemnimus, facileque ducimur ad alia omnino, atque convertimur? Et

ἀπέχομεν τῆς ἐν τοῖς οὐρανοῖς πόλεως ἴσμεν· ἦ γὰρ ἂν καὶ ἐσπουδάσαμεν ἐπιτεμεῖν τὸ μῆκος, εἰ τὸ διάστημα ἔγνωμεν. Οὐ γὰρ τοσοῦτον ἡμῶν ἀφέστηκεν ἡ πόλις ἐκείνη, ὅσον οὐρανοῦ πρὸς τὴν γῆν τὸ μέσον· ἀλλὰ καὶ πολλῷ πλέον, ἐὰν ἀμελῶμεν· ὥσπερ οὖν ἐὰν σπουδάζωμεν, καὶ ἐν ἀκαρεῖ χρόνῳ ἐπὶ τὰς πύλας αὐτῆς ἥξομεν. Οὐ γὰρ μήκει τόπων, ἀλλὰ γνώμῃ τρόπων τὰ διαστήματα ταῦτα ὥρισται.

Σὺ δὲ τὰ μὲν τοῦ βίου πράγματα μετὰ ἀκριβείας οἶδας, καὶ τὰ νέα καὶ τὰ ἀρχαῖα καὶ τὰ παλαιὰ, καὶ ἄρχοντας ἀριθμεῖν δύνασαι, οἷς ἐστρατεύσω τὸν ἔμπροσθεν χρόνον, καὶ ἀγωνοθέτην [b] καὶ ἀθλοφόρους,
17 καὶ στρατηγοὺς, τὰ μηδέν σοι διαφέροντα. Τίς δὲ
A ἄρχων ἐν τῇ πόλει ταύτῃ γέγονεν, πρῶτος, ἢ δεύτερος, ἢ τρίτος, ἢ πόσον ἕκαστος χρόνον, ἢ τί κατορθώσας καὶ ἐργασάμενος, οὐδὲ ὄναρ ἐφαντάσθης ποτέ. Νόμων δὲ τῶν ἐν τῇ πόλει ταύτῃ κειμένων, οὐδὲ ἑτέρων λεγόντων ἀκοῦσαι καὶ προσέχειν ὑπομένεις. Πῶς οὖν, εἰπέ μοι, προσδοκᾷς [a] τεύξεσθαι τῶν ἐπηγγελμένων ἀγαθῶν, μηδὲ τοῖς λεγομένοις προσέχων; Ἀλλ' εἰ καὶ μὴ πρότερον, νῦν γοῦν τοῦτο ποιῶμεν. Καὶ γὰρ εἰς πόλιν μέλλομεν εἰσιέναι, ἐὰν ὁ Θεὸς ἐπιτρέπῃ, χρυσῆν, καὶ χρυσοῦ παντὸς τιμιωτέραν. Καταμάθωμεν

stadiorum numerum, urbium positionem et formam, portus ac forum diligentissime nobis describit: at nos ne quantum quidem procul simus ab illa cælesti urbe novimus; alioquin autem viæ
C longitudinem minuere curavissemus, si nempe illam distantiam teneremus. Non enim tantum dumtaxat a nobis distat civitas illa, quantum est inter cælum et terram interstitium; imo multo magis, si negligamus; ut e contrario, si studiosi simus, in momento temporis ad ejus januas pervenire poterimus. Non enim locorum longitudine, sed instituto morum hæc spatia metienda sunt.

8. Tu vero præsentis vitæ res diligenter nosti, et nova et antiqua et vetera, principesque numerare potes, sub quibus præterito tempore militasti: etiamque agonothetam, coronarum distributores, et duces, quæ res nihil tibi prodesse valent. Quis vero dux sit in hac de qua loquimur civitate, quis primus, quis secundus, quis tertius, vel quanto quisque tempore meruerit, quidve præclare gesserit, ne per somnium quidem cogitasti. De legibus vero hujus civitatis ne alios quidem loquentes sustines audire. Quomodo igitur, dic mihi, promissa bona te consequuturum speras, qui nec dictis ad illa spectantibus attendas? Verum si id non ante præstitimus, vel nunc facere curemus. Etenim si Deus id concesserit, urbem adituri sumus au-

[b] Alii καὶ θαλλοφόρους. Savil. et Morel. ἀθλοφόρους. Lectio tamen θαλλοφόρους non spernenda; sed ἀθλοφόρους hic melius quadrat.

[a] Alii τεύξεσθαι, recte; alii τεύξασθαι. Quam lectionem ut minus congruentem notat Savilius.

ANIANI INTERPRETATIO.

sæpe quidem aliquis e senibus qui multas circuierit terras, marisque regiones, non solum stadiorum numerum, sed et urbium situs, et formas, et portus, ac forum diligenter nobis enarrat: nos vero nec quam procul simus a cælesti urbe cognovimus. Nam profecto ad iter hoc superandum properassemus, si nota esset distantia. Non enim tantum a nobis civitas abest, quantum inter cælum terramque discrimen est: sed multo etiam longius distat, si utique negligamus: ut econtrario, si studium commodemus, etiam in exiguo tempore ad ipsas ejus januas pervenire poterimus. Non enim locorum longinquitate, sed instituto morum hæc spatia metienda sunt.

8. Sed tu præsentis quidem gesta vitæ diligenter tenes, nosti et nova et vetera, ac etiam prorsus antiqua potes enumerare, non solum principes, sub quibus anteactis temporibus militasti, sed etiam omnes militiæ duces: sed etiam editores munerum, et eos qui in spectaculis certaverunt, quique vicerunt, nihil utique ad te pertinentia, nihilque tuis utilitatibus profutura. Quis vero in hac, de qua loquimur, sit civitate princeps, quis apud eum primus, aut secundus, aut tertius, vel quanto quisque tempore, vel quid sit virtutis operatus, numquam vel per somnium cogitasti. Quæ vero leges in hac urbe sunt positæ, nec aliis quidem dicentibus sustines audire et attendere. Qua ergo fiducia, dic mihi, illis te aliquando speras promissis bonis potiturum, ad quorum magnitudinem nec quando promittuntur, intendis? Sed et si ante numquam, saltem nunc id facere curemus. Etenim si concedatur a Deo, au-

ream, et quovis auro pretiosiorem. Ejus ergo fundamenta discamus, ejus portas ex sapphiro et margaritis structas: ductorem quippe optimum habemus Matthæum. Per ipsius namque portam nunc intramus, multoque nobis studio est opus. Nam si quempiam viderit non attentum, ejiciet ex civitate. Est quippe urbs illa maxime regia et illustris, neque ut urbes nostræ, in forum et regiam distinguitur: sed ibi omnia regia sunt. Aperiamus itaque mentis januas, aperiamus aures, et cum tremore plurimo limina transgressuri, Regem illum adoremus: nam vel primus congressus sectatori terrorem incutere valet. Modo quidem portæ istæ nobis occlusæ sunt: quando autem istas apertas videbimus (hæc est enim quæstionum solutio), tunc multum intus fulgorem conspiciemus. Spiritus enim oculis ductus publicanus hic, omnia se tibi ostensurum esse pollicetur: ubinam Rex sedeat, quinam de exercitibus illi adsint; ubinam sint angeli, ubi archangeli: quis novis istius urbis civibus sit deputatus locus; quæ sit via istuc ducens; quam sortem acceperint ii, qui sunt primum istic cives admissi, et post hos secundi, ac deinde tertii: quot sint illorum civium ordines, quot senatum constituant, quot dignitatum discrimina. Ne itaque cum tumultu et strepitu ingrediamur, sed cum silentio mystico. Si enim in theatro cum magno silentio Imperatoris literæ leguntur: multo magis in hac urbe

οὖν αὐτῆς τὰ θεμέλια, τὰς πύλας τὰς ἀπὸ σαπφείρου
B καὶ μαργαριτῶν συγκειμένας· καὶ γὰρ ἔχομεν ἄριστον χειραγωγὸν τὸν Ματθαῖον. Διὰ γὰρ τῆς αὐτοῦ πύλης εἴσιμεν νῦν, καὶ δεῖ πολλῆς ἡμῖν τῆς σπουδῆς. Ἂν γὰρ ἴδῃ τινὰ μὴ προσέχοντα, ἐκβάλλει τῆς πόλεως. Καὶ γάρ ἐστι βασιλικωτάτη ἡ πόλις καὶ περιφανής· οὐχ ὥσπερ αἱ παρ' ἡμῖν, εἰς ἀγορὰν καὶ βασίλεια διῃρημένη· ἀλλὰ πάντα βασίλεια τὰ ἐκεῖ. Ἀναπετάσωμεν τοίνυν τὰς πύλας τῆς διανοίας, ἀναπετάσωμεν τὴν ἀκοὴν, καὶ μετὰ φρίκης πολλῆς μέλλοντες ἐπιβαίνειν τῶν προθύρων, προσκυνήσωμεν τὸν ἐν αὐτῇ βασιλέα· καὶ γὰρ εὐθέως ἡ πρώτη προσβολὴ καταπλῆξαι δύναται τὸν θεατήν. Κεκλεισμέναι μὲν νῦν εἰσιν ἡμῖν αἱ
C πύλαι· ὅταν δὲ ἴδωμεν αὐτὰς ἀναπετασθείσας (τοῦτο γάρ ἐστιν ἡ τῶν ζητημάτων λύσις), τότε ὀψόμεθα πολλὴν ἔνδον τὴν ἀστραπήν. Καὶ γὰρ τοῖς τοῦ Πνεύματος ὁδηγούμενος ὀφθαλμοῖς, πάντα σοι ἐπαγγέλλεται δεικνύναι ὁ τελώνης οὗτος· ποῦ μὲν ὁ βασιλεὺς κάθηται, καὶ * τίνα αὐτῷ τῶν στρατευμάτων παρεστήκασι· καὶ ποῦ μὲν ἄγγελοι, ποῦ δὲ ἀρχάγγελοι· καὶ τίς τοῖς νέοις πολίταις ἐν τῇ πόλει ταύτῃ τόπος ἀφώρισται·
18 A καὶ ποία ἡ ἐκεῖ φέρουσα ὁδός· καὶ τίνα ἔλαβον λῆξιν οἱ πρῶτον πολιτευσάμενοι ἐκεῖ, καὶ οἱ μετ' ἐκείνους, καὶ οἱ μετὰ τούτους· καὶ ὅσα τῶν δήμων ἐκείνων τὰ τάγματα, καὶ ὅσα τῆς βουλῆς, καὶ πόσαι ἀξιωμάτων διαφοραί. Μὴ τοίνυν μετὰ θορύβου καὶ ταραχῆς εἰσίωμεν, ἀλλὰ μετὰ σιγῆς μυστικῆς. Εἰ γὰρ ἐπὶ θεάτρου πολλῆς σιγῆς γενομένης, τότε τὰ τοῦ βασιλέως ἀναγινώσκεται γράμματα· πολλῷ μᾶλλον ἐπὶ

* Alii et Morel. τίνες.

ANIANI INTERPRETATIO.

ream ingrediemur urbem, imo facile omni auro pretiosiorem. Nunc ergo discamus fundamenta ejus, et portas ex sapphiro margaritisque compositas: habemus quippe optimum ducem, Matthæum profecto. Per ipsius namque portam nunc ingredimur, multoque nobis studio est opus. Si quidem enim aliquem non intentum viderit, continuo eum a civitate propellit. Est siquidem urbs ipsa maxime regia, et tota prorsus illustris, et non sicut videmus apud nos, in palatia, domos plateasque distincta: sed quidquid est illius urbis, aula regia est. Pandamus igitur portas animi, aperiamus auditum, cumque tremore plurimo primas æternæ urbis januas intraturi, regem qui in ea est suppliciter adoremus. Etenim primus ipse congressus potest cernentibus terrorem incutere. Modo quidem nobis portæ istæ occlusæ sunt: cum vero eas reseratas viderimus (hoc enim est solutio quæstionum), tunc plurimum omnino poterimus intus fulgorem aspicere. Etenim spiritus te oculis ducens, omnia tibi publicanus iste promittit: quod videlicet ostendat ubi rex ipse sedeat, quorumque illi militum assistant cohortes, ubi angeli, ubi vero habeantur archangeli, et quis novis civibus in hac urbe sit deputatus locus, et quonam illuc itinere pergatur: et quanto honore donandi sint ii, qui primi illius civitatis jus fuerint consequuti: quanto quoque ii, qui illos secundo sequuntur loco: quanto etiam ii qui tertio, et quot sint illorum ordines civium, quamque diversi in illo gradus distinguantur senatu, et quam variæ ibi splendeant differentiæ dignitatum. Non igitur cum tumultu ingrediamur, non cum turbatione, neque cum strepitu: sed cum silentio atque reverentia, quæ tantis est exhibenda mysteriis. Si enim in theatro, cum multum silentium ante præcesserit, tum demum literæ regis leguntur: multo magis in hac urbe omnes cohiberi oportet

τῆς πόλεως ταύτης ἅπαντας δεῖ κατεστάλθαι, [a] καὶ
ὀρθαῖς ταῖς ψυχαῖς καὶ ταῖς ἀκοαῖς ἑστάναι. Οὐ γὰρ
ἐπιγείου τινὸς, ἀλλὰ τοῦ τῶν ἀγγέλων Δεσπότου τὰ B
γράμματα ἀναγινώσκεσθαι μέλλει. Ἂν οὕτως ἑαυτοὺς
ῥυθμίσωμεν, καὶ αὐτὴ τοῦ Πνεύματος ἡ χάρις ὁδη-
γήσει μετὰ πολλῆς ἀκριβείας ἡμᾶς, καὶ πρὸς αὐτὸν
ἥξομεν τὸν θρόνον τὸν βασιλικὸν, καὶ πάντων ἐπιτευξόμεθα τῶν ἀγαθῶν, χάριτι καὶ φιλανθρωπίᾳ τοῦ Κυρίου ἡμῶν Ἰησοῦ Χριστοῦ, ᾧ ἡ δόξα καὶ τὸ κράτος
ἅμα τῷ Πατρὶ καὶ τῷ ἁγίῳ Πνεύματι, νῦν καὶ ἀεὶ,
καὶ εἰς τοὺς αἰῶνας τῶν αἰώνων. Ἀμήν.

omnia sedari oportet, atque arrectis animis et auribus standum est. Non enim terreni cujuspiam regis, sed angelorum Domini scripta legenda sunt Si ita nos componere voluerimus, ipsa Spiritus gratia cum magna diligentia nos deducet, ad ipsumque regium solium accedemus, bonaque omnia consequemur, gratia et benignitate Domini nostri Jesu Christi, cui gloria et imperium cum Patre et sancto Spiritu, nunc et semper, et in sæcula sæculorum. Amen.

[a] Alii καὶ ὀρθοὺς ταῖς ψυχαῖς καὶ ταῖς ἀκοαῖς, non male. In Morel. ταῖς ψυχαῖς καὶ deerat.

ANIANI INTERPRETATIO.

et comprimi, et erectis auribus atque animis adstare sollicitis. Non enim terreni regis, sed angelorum Domini scripta recitanda sunt. Si enim ita nos voluerimus aptare, ipsa nos Spiritus sancti gratia cum omni diligentia ad penetralia interiora perducet, atque ad ipsum Regis perveniemus thronum, ac bonis omnibus perfruemur, gratia et misericordia Domini nostri Jesu Christi, cui gloria et imperium, cum Patre et Spiritu sancto, in sæcula sæculorum. Amen.

ΟΜΙΛΙΑ β'.

Βίβλος γενέσεως Ἰησοῦ Χριστοῦ υἱοῦ Δαυὶδ, υἱοῦ Ἀβραάμ.

Ἆρα μέμνησθε τῆς παραγγελίας, [a] ἣν πρώην ἐποιη-
σάμεθα πρὸς ὑμᾶς, παρακαλοῦντες μετὰ σιγῆς ἁπάσης καὶ μυστικῆς ἡσυχίας ἀκούειν τῶν λεγομένων
ἁπάντων; [b] Καὶ νῦν μέλλομεν τῶν ἱερῶν σήμερον ἐπιβαίνειν προθύρων· διὸ καὶ τῆς παραγγελίας ἀνέμνησα.
Εἰ γὰρ Ἰουδαῖοι κεκαυμένῳ ὄρει, καὶ πυρὶ, καὶ γνόφῳ, 19
καὶ σκότῳ, καὶ θυέλλῃ προσιέναι μέλλοντες, μᾶλλον A
δὲ οὐδὲ προσιέναι, ἀλλὰ πόῤῥωθεν ταῦτα καὶ ὁρᾷν καὶ
ἀκούειν, πρὸ τριῶν ἡμερῶν ἐκελεύοντο γυναικὸς ἀπέ-

[a] Multi Manuscripti ἧς πρώην, quæ etiam lectio quadrat.

[b] Manuscripti plurimi καὶ γὰρ μέλλομεν. Savil. et Morel. καὶ νῦν μέλλομεν. Utraque lectio quadrat.

HOMILIA II.

Cap. I. v. 1. Liber generationis Jesu Christi filii David, filii Abraham.

1. An meministis admonitionis, qua nuper vos hortati sumus, ut cum omni silentio et mystica quiete dicta omnia audiretis? Nunc autem sacra limina hodie adituri sumus; ideoque vobis adhortationem illam in mentem revocavi. Nam si Judæi ad montem ardentem, ad ignem, ad caliginem, ad tenebras et procellam accessuri; imo non accessuri, sed ea audituri eminus et visuri, tribus ante diebus ab uxoribus abstinere jubeban-

ANIANI INTERPRETATIO.

HOMILIA SECUNDA EX CAPITE I.

Liber generationis Jesu Christi filii David, filii Abraham.

1. Igitur meministis admonitionis ejus qua ad vos superiori die sumus usi, cum hortaremur ut summo cum silentio et quiete tantis congruente mysteriis, omnibus Evangelii verbis commodaretis auditum. Siquidem jam incepimus cælestes adire januas, propter quod vos præteritæ denuntiationis admonui. Etenim si Judæi accessuri ad montem ardentem, et ignem, et caliginem, et tenebras, ac procellas, imo non accessuri ad illa, sed ea et audituri eminus et visuri, triduum ante se continere jubebantur a feminis, ac

tur, vestesque abluere; atque in timore ac tremore degebant, Moysesque cum ipsis : multo magis nos talia audituri verba, non procul a monte fumante stantes, sed ipsum ingressuri cælum, majorem debemus exhibere philosophiam, non vestimenta abluentes, sed animæ stolam abstergentes, et ab omni sæcularium rerum commixtione liberi. Non enim caliginem videbitis, non fumum, non procellam; sed ipsum Regem sedentem in solio ineffabilis illius gloriæ, angelosque et archangelos ipsi adstantes, sanctorumque populos cum innumerabili illorum cœtu. Talis quippe est civitas Dei, Ecclesiam primitivorum habens, spiritus justorum, angelorum frequentiam, sanguinem aspersionis, quo omnia copulantur, cælum terrena suscepit, et terra cælestia : et jam olim desiderata pax angelis atque sanctis donata est. In hac urbe crucis tropæum illustre illud et conspicuum erectum est : spolia Christo parta, exuviæ naturæ nostræ, manubiæ Regis nostri : quæ omnia ex evangeliis accurate discemus. Si cum congruenti quiete sequaris, poterimus te per cuncta circumducere, ostendereque tibi ubinam mors affixa jaceat, ubi peccatum suspensum sit, ubi plurimæ ac mirabiles ex hoc bello, ex hac pugna manubiæ. Videbis et tyrannum vinctum cum multitudine captivorum sequente, et arcem, ex qua impurus ille dæmon, præterito tempore, incursus in omnia faciebat :

Cælestis regni descriptio.

χεσθαι, καὶ τὰ ἱμάτια ἀποπλῦναι, καὶ ἐν τρόμῳ ἦσαν καὶ φόβῳ, καὶ αὐτοὶ, καὶ μετ' ἐκείνων Μωϋσῆς· πολλῷ μᾶλλον ἡμᾶς τοιούτων μέλλοντας [a] ἀκούειν λόγων, καὶ οὐ πόῤῥω ὄρους ἑστάναι καπνιζομένου, ἀλλ' εἰς αὐτὸν εἰσιέναι τὸν οὐρανὸν, πλείονα χρὴ ἐπιδείκνυσθαι φιλοσοφίαν, οὐχ ἱμάτια ἀποπλύνοντας, ἀλλὰ τὴν στολὴν τῆς ψυχῆς ἀποσμήχοντας, καὶ πάσης βιωτικῆς ἀπαλλαττομένους μίξεως. Οὐ γὰρ γνόφον ὄψεσθε, οὐδὲ καπνὸν, οὐδὲ θύελλαν· ἀλλ' αὐτὸν τὸν βασιλέα
B καθήμενον ἐπὶ τοῦ θρόνου τῆς ἀποῤῥήτου δόξης ἐκείνης, καὶ ἀγγέλους καὶ ἀρχαγγέλους παρεστῶτας αὐτῷ, καὶ τοὺς δήμους τῶν ἁγίων μετὰ τῶν ἀπείρων μυριάδων ἐκείνων. Τοιαύτη γὰρ [b] ἡ τοῦ Θεοῦ πόλις, τὴν Ἐκκλησίαν ἔχουσα τῶν πρωτοτόκων, τὰ πνεύματα τῶν δικαίων, τὴν πανήγυριν τῶν ἀγγέλων, τὸ αἷμα τοῦ ῥαντισμοῦ, δι' οὗ τὰ πάντα συνήφθη, καὶ οὐρανὸς ἐδέξατο τὰ ἀπὸ τῆς γῆς, καὶ γῆ τὰ ἀπὸ τοῦ οὐρανοῦ· καὶ ἡ πάλαι ποθουμένη καὶ ἀγγέλοις καὶ ἁγίοις παραγέγονεν εἰρήνη. Ἐν ταύτῃ τὸ τρόπαιον ἕστη τοῦ σταυροῦ τὸ λαμπρὸν καὶ περιφανές· τὰ λάφυρα τοῦ Χριστοῦ, τὰ ἀκροθίνια τῆς φύσεως τῆς ἡμετέρας, τὰ σκῦλα τοῦ βασιλέως ἡμῶν· ταῦτα γὰρ ἅπαντα ἀπὸ τῶν εὐαγγελίων εἰσόμεθα μετὰ ἀκριβείας. Κἂν ἀκολουθῇς μετὰ ἡσυχίας τῆς προσ-
C ηκούσης, δυνησόμεθά σε περιαγαγεῖν πανταχοῦ, καὶ δεῖξαι, ποῦ μὲν ὁ θάνατος ἀνεσκολοπισμένος κεῖται· ποῦ δὲ ἡ ἁμαρτία κρεμαμένη· ποῦ δὲ τὰ πολλὰ καὶ παράδοξα ἀπὸ τοῦ πολέμου τούτου, ἀπὸ τῆς μά-

[a] Alii ἀκούσεσθαι.

[b] Sic Mss. multi, atque ita legit Anianus. Savil. et Morel. ἡ τούτου πόλις.

ANIANI INTERPRETATIO.

vestes abluere, et tamen in timore erant maximo; tremoreque, [a] cum certe illos plurimum Mosis præsentia confoveret: multo magis nos qui talia incipimus audire verba, et non procul a monte fumante consistere, sed in ipsum omnino introire cælum, majorem philosophiam debemus ostendere, non indumenta corporis abluentes, sed stolas animæ candidantes, nosque ab omni sæculi hujus commixtione purgantes. Non enim caliginem hic, non fumum videbitis, non procellam, sed Regem sedentem super thronum illius ineffabilis gloriæ, et angelos ei atque archangelos pariter assistentes, et sanctorum populos innumeris illis angelorum cohortibus copulatos. Talis quippe est civitas Dei, habens Ecclesiam primitivorum, et spiritus justorum, et frequentias angelorum, et sanguinem aspersionis, per quem reconciliata sunt omnia. Nam et cælum ea quæ in terra sunt accepit, et terra ea quæ in cælo : et desiderata olim angelis atque sanctis pax aliquando donata est. In hac urbe tropæum constitit crucis, clarum scilicet atque conspicuum. In hac item spolia sunt Christo parta, humanæ scilicet naturæ exuviæ, Regis nostri præda : quæ omnia diligenter Evangelii lectione discetis. Et si cum silentio et moderata sequaris quiete, circumducere te per cuncta poterimus, ac diligenter ostendere, ubi quidem mors jaceat crucifixa, ubi peccatum suspensum, ubi plurima illa atque præclara ex hoc bello fulgeant monumenta victoriæ. Videbitis et hic tyrannum revinctum, et multitudinem captivorum sequentem, et arcem, ex qua sceleratus ille dæmon omni

(a) Interpretatio Aniani hic a Græco paulum deflectit.

χης ταύτης τὰ ἀναθήματα. Ὄψει καὶ τὸν τύραννον ἐνταῦθα δεδεμένον, καὶ τῶν αἰχμαλώτων τὸ πλῆθος ἑπόμενον· καὶ τὴν ἀκρόπολιν, ἀφ' ἧς ὁ μιαρὸς δαίμων ἐκεῖνος ἅπαντα κατέδραμε τὸν ἔμπροσθεν χρόνον· ὄψει τοῦ λῃστοῦ τὰς καταδύσεις καὶ τὰ σπήλαια, 20
A διεῤῥωγότα λοιπὸν καὶ ἀναπεπταμένα· καὶ γὰρ καὶ ἐκεῖ παρεγένετο ὁ βασιλεύς. Ἀλλὰ μὴ ἀποκάμῃς, ἀγαπητέ· οὐδὲ γὰρ εἰ πόλεμόν τις διηγεῖτο αἰσθητὸν, καὶ τρόπαια, καὶ νίκας, κόρον [a] ἐλάμβανες ἄν· ἀλλ' οὐδὲ σιτίων οὐδὲ ποτῶν πρὸ ταύτης ἂν ἔθου τῆς ἱστορίας. Εἰ δὲ ἐκείνη ποθητὴ ἡ διήγησις, πολλῷ μᾶλλον αὕτη. Ἐννόησον γὰρ ἡλίκον ἐστὶν ἀκοῦσαι, πῶς μὲν ἐκ τῶν οὐρανῶν καὶ τῶν θρόνων ἀναστὰς τῶν βασιλικῶν, καὶ εἰς τὴν γῆν, καὶ εἰς αὐτὸν τὸν ᾅδην ἥλατο ὁ Θεὸς, καὶ ἐπὶ τῆς παρατάξεως ἔστη· πῶς δὲ Θεῷ [b] ἀντιπαρετάξατο ὁ διάβολος, μᾶλλον δὲ οὐ Θεῷ γυμνῷ, ἀλλὰ Θεῷ ἀνθρωπίνῃ κρυπτομένῳ φύσει. Καὶ τὸ δὴ θαυμαστὸν, ὅτι θανάτῳ θάνατον ὄψει λυόμενον, καὶ κατάραν
B ἀφανιζομένην κατάρᾳ, καὶ δι' ὧν ἴσχυσεν ὁ διάβολος, διὰ τούτων αὐτοῦ καταλυομένην τὴν τυραννίδα. Διαναστῶμεν τοίνυν, καὶ μὴ καθεύδωμεν· ἰδοὺ γὰρ ὁρῶ τὰς πύλας ἡμῖν ἀνοιγομένας· ἀλλ' εἰσίωμεν μετὰ εὐταξίας ἁπάσης καὶ τρόμου, τῶν προθύρων αὐτῶν εὐθέως ἐπιβαίνοντες. Τίνα δέ ἐστι ταῦτα τὰ πρόθυρα; Βίβλος γενέσεως Ἰησοῦ Χριστοῦ υἱοῦ Δαυὶδ, υἱοῦ Ἀβραάμ. Τί λέγεις; περὶ τοῦ μονογενοῦς Υἱοῦ τοῦ Θεοῦ διαλέξασθαι ἐπηγγείλω, καὶ τοῦ Δαυὶδ μνημονεύεις, ἀνθρώπου μετὰ μυρίας γενεὰς γενομένου, καὶ αὐτὸν εἶναι

[a] Alii ἔλαβες ἄν. Mox iidem ἀλλ' οὐδὲ σιτίον οὐδὲ πότον. Infra quidam Mss. ἐκείνη ποθεινή.

[b] Sic Mss. pene omnes Savil. autem et Morel. ἀντεπαρετάξατο.

videbis etiam furis latibula et speluncas, diruptas quidem et patefactas : nam ibi quoque Rex adfuit. Verum ne fatiscas, dilecte : neque enim si quis bellum sub sensum cadens enarraret, si tropæa, si victorias, hæc cum fastidio exciperes; imo nec cibum, nec potum huic narrationi anteponeres. Quod si illa jucunda est narratio, multo magis hæc erit. Perpende enim quantum illud sit audire, quomodo Deus de cælo, deque regio solio surgens, in terram, inque ipsum infernum eruperit, et in acie steterit; quomodo diabolus aciem et ipse suam contra Deum instruxerit; imo non contra Deum nudum, sed Deum in natura absconditum humana. Quodque mirabile est, mortem morte solutam videbis, et maledictum maledicto sublatum; et per quæ diabolus ante valebat, per eadem ejus solutam tyrannidem. Exsurgamus igitur, et somnum depellamus : ecce portas video nobis apertas; sed cum omni modestia ac tremore ingrediamur, statim limina petentes. Quæ sunt isthæc limina? *Liber generationis Jesu Christi filii David, filii Abraham.* Quid dicis? de unigenito Dei Filio te loquuturum esse pollicebaris, et Davidem memoras, hominem post mille generationes natum, ipsumque dicis esse et patrem et proavum? Exspecta, ne simul omnia ediscere quæras; sed sensim atque paulatim. In limine solum stas, adhuc in ipso ostio; quid festinas ad interiora?

Cur David in genealogia Jesu Christi primus memoretur.

ANIANI INTERPRETATIO.

retro tempore in perniciem hominum procurrebat, repente subversam. Videbitis etiam revulsas latronis speluncas, antraque patefacta : nam ibi quoque præsentia Regis affulsit. Sed nihil est, dilectissime, quod horum fatigeris auditu. Neque enim si quis istius temporis bellum tibi et victorias, tropæaque recenseret, ulla umquam caperere satietate, sed neque cibum, neque potum illi narrationi aliquando præponeres. Quod si illa jucunda est narratio, multo magis hæc. Considera enim quam sit audire magnificum, quomodo Deus surgens de sede regali, e cælo venit ad terras, et ad ipsum descendit infernum : et in acie dimicans stetit; quemadmodum autem illi diabolus repugnavit : imo non Deo nudo, sed Deo in natura hominis abscondito. Quodque mirabile est, videbis mortem morte peremtam, et maledictum esse maledicto exstinctum : et per quæ diabolus jam ante maxime valebat, per ea ipsa tyrannidem illius esse destructam. Exsurgamus igitur, et somnum animi longius repellamus. Ecce enim video portarum nobis claustra reserata : sed tamen cum omni moderatione et tremore mentis ipsas continuo januas intremus. Quæ vero sunt istæ januæ? *Liber generationis,* inquit, *Jesu Christi filii David, filii Abraham.* Quid ais? de unigenito Dei Filio dicturum te esse promiseras, et David mentionem facis, ejusque illum filium esse commemoras, hominis qui post mille generationes natus traditur, ipsumque et patrem Christi dicis, et proavum? Verum cohibe te paulisper, et comprime, nec velis repente omnia simulque discere, sed sensim atque paulatim, siquidem adhuc in vestibulis constitisti, ante ipsa prorsus initia portarum. Quid igitur ad penetranda interiora festinas? Necdum bene omnia quæ foris sunt considerasti. Neque

Nondum exteriora omnia probe explorasti : neque enim illam tibi generationem adhuc recenseo; imo neque illam quæ post sequitur, quæ ineffabilis et arcana est. Hocque tibi ante me Isaias propheta denuntiat : siquidem ejus passionem prædicans, ipsiusque circa orbem terrarum providentiam : admirans quis cum esset quid factus sit, quove descenderit, magna et clara voce exclamando di-
Isai. 53. 8. xit : *Generationem ejus quis enarrabit?*

2. Non ergo de illa generatione nobis sermo est, sed de hac inferiore et terrena, quæ innumeros sui testes habet. De hac porro pro virili nostra secundum acceptam Spiritus gratiam, sic sermonem instituemus. Neque tamen hanc cum omni perspicuitate explicare possumus : nam et ipsa quoque admodum stupenda est. Ne itaque exigua te audire putes, dum hanc audis generationem; sed mentem excita, et statim exhorresce, Deum in terram venisse audiens. Illud enim sic admirandum, sic inexspectatum erat, ut angeli in chorum collecti super hac re pro toto orbe laudem gloriamque concinerent, et prophetæ jam olim de
Baruch. 3. 38. hac re obstupescerent, quod in terra visus et cum hominibus conversatus sit. Etenim admodum stupendum est audire, Deum ineffabilem, inenarrabilem, incomprehensibilem, Patri æqualem, per vir-

φῆς καὶ πατέρα καὶ πρόγονον; Ἐπίσχες, καὶ μὴ πάντα
C ἀθρόως ζήτει μαθεῖν, ἀλλ' ἠρέμα καὶ κατὰ μικρόν. Ἐν γὰρ τοῖς προθύροις ἕστηκας ἔτι, παρ' αὐτὰ τὰ προπύλαια· τί τοίνυν σπεύδεις πρὸς τὰ ἄδυτα; Οὔπω τὰ ἔξω καλῶς κατώπτευσας ἅπαντα· οὐδὲ γὰρ ἐκείνην σοι τέως διηγοῦμαι τὴν γέννησιν· μᾶλλον δὲ οὐδὲ τὴν μετὰ ταῦτα· ἀνέκφραστος γὰρ καὶ ἀπόῤῥητος. Καὶ πρὸ ἐμοῦ σοι τοῦτο ὁ προφήτης εἶπεν Ἡσαΐας· ἀνακηρύττων γὰρ αὐτοῦ τὸ πάθος καὶ τὴν πολλὴν ὑπὲρ τῆς
21 A οἰκουμένης [a] κηδεμονίαν, καὶ ἐκπληττόμενος τίς ὢν τί γέγονε, καὶ ποῦ κατέβη, ἀνεβόησε μέγα καὶ λαμπρὸν οὕτω λέγων· Τὴν γενεὰν αὐτοῦ τίς διηγήσεται;

Οὐ τοίνυν περὶ ἐκείνης ἡμῖν ὁ λόγος νῦν, ἀλλὰ περὶ ταύτης τῆς κάτω, τῆς ἐν τῇ γῇ γενομένης, τῆς μετὰ μυρίων μαρτύρων. Καὶ περὶ ταύτης δὲ, ὡς ἡμῖν δυνατὸν εἰπεῖν δεξαμένοις τὴν τοῦ Πνεύματος χάριν, οὕτω διηγησόμεθα. Οὐδὲ γὰρ ταύτην μετὰ σαφηνείας πάσης παραστῆσαι ἔνι· ἐπεὶ καὶ αὕτη φρικωδεστάτη. Μὴ τοίνυν μικρὰ νομίσῃς ἀκούειν, ταύτην ἀκούων τὴν γέννησιν· ἀλλ' ἀνάστησόν σου τὴν διάνοιαν, καὶ εὐ-
B θέως φρίξον, ἀκούσας ὅτι Θεὸς ἐπὶ γῆς ἦλθεν. Οὕτω γὰρ τοῦτο θαυμαστὸν καὶ παράδοξον ἦν, ὡς καὶ τοὺς ἀγγέλους χορὸν ὑπὲρ τούτων στήσαντας τὴν ὑπὲρ τῆς οἰκουμένης ἐπὶ τούτοις ἀναφέρειν εὐφημίαν, καὶ τοὺς προφήτας ἄνωθεν τοῦτο ἐκπλήττεσθαι, ὅτι Ἐπὶ τῆς γῆς ὤφθη, καὶ τοῖς ἀνθρώποις συνανεστράφη. Καὶ γὰρ καὶ σφόδρα παράδοξον ἀκοῦσαι, ὅτι Θεὸς [b] ἀπόῤῥητος, καὶ ἀνέκφραστος, καὶ ἀπερινόητος, καὶ τῷ Πατρὶ ἴσος, διὰ μήτρας ἦλθε παρθενικῆς, καὶ γενέσθαι ἐκ

[a] Κηδεμονίαν. Alii φιλανθρωπίαν.

[b] Savil. et quidam Mss. ἀπρόσιτος καὶ ἀνέκφραστος. Morel. et alii ἀπόῤῥητος καὶ ἀνέκφραστος, et hanc lectionem sequutus est Anianus, qui vertit *ineffabilis*.

ANIANI INTERPRETATIO.

enim nunc tibi ipsam generationem Domini conor exponere, imo vero nec cum ista narravero : est enim inexplicabilis tota, neque ulli prorsus effabilis : et hoc tibi ante me Esaias propheta denuntiat. Siquidem ipsius prædicans passionem, et plurimam pro toto orbe terrarum piissimamque curam, atque admiratus
Esai. 53. 8. quis cum esset, quid factus sit, quove descenderit, maximo sono vocis exclamavit et dixit : *Generationem ejus quis enarrabit?*

2. Verum nobis non de divina generatione nunc sermo est, sed de hac inferiore, quæ in terra facta est, quæque testibus celebratur innumeris. Sed super ista quoque prout accipientes sancti Spiritus gratiam, potuerimus effari, ita profecto narrabimus. Neque hanc enim perspicue satis explicari possibile est, quippe cum sit etiam ipsa maxime stupescenda. Non igitur exigua te aliqua opineris audire, cum hanc generationem audis edisseri : sed totam in te mentem prorsus exsuscita : et continuo totus horresce, cum Deum venisse audis super terras. Usque adeo enim istud mirabile erat, et nulli ante prorsus auditum, ut etiam angeli in chorum earum rerum gratia collecti, totius orbis nomine propter ista gloriam concinerent, faustamque attollerent acclamationem; et prophetæ porro ante cum admiratione prædicerent :
Baruch 3. 38. *Quoniam super terram visus est, et cum hominibus conversatus est.* Valde etenim audire mirabile est, quod ineffabilis Deus, et qui nec sermonibus explicari potest nec cogitationibus comprehendi, Patri-

γυναικὸς κατεδέξατο, καὶ σχεῖν προγόνους τὸν Δαυὶδ καὶ τὸν Ἀβραάμ. Καὶ τί λέγω τὸν Δαυὶδ καὶ τὸν Ἀβραάμ; Τὸ γὰρ δὴ φρικωδέστερον, τὰς γυναῖκας ἐκείνας [c] τὰς πόρνας, ὧν ἀρτίως ἐμνήσθημεν. Ταῦτα ἀκούων, C ἀνάστηθι, καὶ μηδὲν ταπεινὸν ὑποπτεύσῃς· ἀλλὰ καὶ διὰ τοῦτο αὐτὸ μάλιστα θαύμασον, ὅτι Υἱὸς ὢν τοῦ ἀνάρχου Θεοῦ, καὶ γνήσιος Υἱὸς, ἠνέσχετο ἀκοῦσαι καὶ Δαυὶδ υἱὸς, ἵνα σε ποιήσῃ Θεοῦ υἱόν· ἠνέσχετο πατέρα αὐτῷ γενέσθαι δοῦλον, ἵνα σοι τῷ δούλῳ πατέρα ποιήσῃ τὸν Δεσπότην. [d] Εἶδες ἐκ προοιμίων εὐθέως οἷα 22 τὰ εὐαγγέλια; Εἰ δὲ ἀμφιβάλλεις περὶ τῶν σῶν, ἀπὸ A τῶν ἐκείνου καὶ ταῦτα πίστευε. Πολὺ γὰρ δυσκολώτερον, ὅσον εἰς ἀνθρώπινον λογισμὸν, Θεὸν ἄνθρωπον γενέσθαι, ἢ ἄνθρωπον υἱὸν Θεοῦ χρηματίσαι. Ὅταν οὖν ἀκούσῃς, ὅτι ὁ Υἱὸς τοῦ Θεοῦ υἱὸς τοῦ Δαυίδ ἐστι καὶ τοῦ Ἀβραὰμ, μὴ ἀμφίβαλλε λοιπὸν, ὅτι καὶ σὺ, ὁ υἱὸς τοῦ Ἀδὰμ, υἱὸς ἔσῃ τοῦ Θεοῦ. Οὐδὲ γὰρ εἰκῇ καὶ μάτην τοσοῦτον ἑαυτὸν ἐταπείνωσεν, εἰ μὴ ἔμελλεν ἡμᾶς ἀνυψοῦν. Ἐγεννήθη μὲν γὰρ κατὰ σάρκα, ἵνα σὺ γεννηθῇς κατὰ πνεῦμα· ἐγεννήθη ἐκ γυναικὸς, ἵνα σὺ παύσῃ γυναικὸς ὢν υἱός. Διὰ τοῦτο διπλῆ γέγονεν ἡ γέννησις, καὶ ἐοικυῖα ἡμῖν, καὶ ὑπερβαίνουσα [e] τὴν ἡμετέραν. Τὸ μὲν γὰρ ἐκ γυναικὸς γεννηθῆναι ἡμῖν συνέβαινε· B τὸ δὲ μὴ ἐξ αἵματος, μηδὲ ἐκ θελήματος ἀνδρὸς, ἢ σαρκὸς, ἀλλ' ἐκ Πνεύματος ἁγίου, τὴν ὑπερβαίνουσαν ἡμᾶς καὶ τὴν μέλλουσαν προαναφωνεῖ γέννησιν, ἣν ἡμῖν ἔμελλεν ἐκ Πνεύματος χαρίζεσθαι. Καὶ πάντα δὲ τὰ ἄλλα τοιαῦτα ἦν. Καὶ γὰρ τὸ λουτρὸν τοιοῦτον ἦν· εἶχε γάρ τι τοῦ παλαιοῦ, εἶχέ τι καὶ τοῦ

gineam venisse vulvam, et ex muliere nasci dignatum esse, avosque habere Davidem et Abrahamum. Et quid dico Davidem et Abrahamum? Nam quod horribilius, etiam mulieres illas meretrices, quas paulo ante memoravi. Hæc audiens, animum erige, et nihil vile suspiceris: illudque maxime mirare, quod Filius, et genuinus Filius Dei sine principio exsistentis se filium Davidis audire passus sit, ut te faceret Dei filium: passus est se patrem habere servum, ut tibi servo patrem faceret Dominum. Viden' statim a principio quænam sint evangelia? Quod si de tuis dubitas, ab iis quæ ad ipsum spectant hæc ut credas inducaris. Longe enim difficilius est, quantum ad humanum intellectum pertinet, Deum hominem fieri, quam hominem Dei filium esse. Cum igitur audis Filium Dei filium esse Davidis et Abrahæ, dubitare jam desine, te filium Adæ filium Dei futurum esse. Neque enim frustra et incassum seipsum ita humiliasset, nisi nos exaltaturus esset. Natus est enim secundum carnem, ut tu nascereris secundum spiritum: natus est ex muliere, ut tu desineres filius esse mulieris. Ideoque duplex generatio fuit, et quæ similis nostræ esset, et quæ nostram exsuperaret. Etenim ex muliere nasci nobis competit; nasci autem non ex sanguine, non ex voluntate viri et carnis, sed ex Spiritu sancto, generationem nos exsuperantem et futuram prænuntiat, quæ ex Spiritu nobis concedenda erat. Quin et cætera

[c] Τὰς πόρνας deest in Manuscriptis plurimis.

[d] Morel. εἶδες πῶς ἐκ προοιμίων, male.

[e] Savil. et Morel. τὴν ἡμετέραν φύσιν. Sed φύσιν deest in omnibus pene Manuscriptis, nec exprimitur ab Aniano. Nam ἡμετέραν refertur ad γέννησιν supra.

ANIANI INTERPRETATIO.

que per omnia coæqualis, per Virginis ad nos venit uterum, et fieri ex muliere dignatus est, et habere progenitores David et Abraham. Et quid dico, David et Abraham? Etiam illas, quod horribilius est, feminas, quas paulo ante memoravi. Hæc igitur audiens, mente consurge: verum nihil humile suspiceris, sed potius propter hæc ipsa maxime mirare, quia cum germanus et verus Filius sempiterni esset Dei, etiam filius David esse dignatus est, ut te filium faceret Dei; servum patrem habere dignatus est, ut tibi servo patrem faceret Dominum. Vides arbitror ab ipso statim principio, quam læta sint hæc nuntia. Quod si ambigis de iis quæ ad tuum spectant honorem, de illius humilitate disce credere etiam quæ super tuam dignitatem dicuntur. Quantum enim ad cogitationes hominum pertinet, multo est difficilius Deum hominem fieri, quam hominem Dei filium consecrari. Cum ergo audieris quod Filius Dei filius sit et David et Abrahæ: dubitare jam desine, quod et tu qui filius es Adæ, futurus sis filius Dei. Non enim frustra nec vane ad tantam humilitatem ipse descendit, sed ut nos ex humili sublimaret. Natus est enim secundum carnem, ut tu nascerere spiritu: natus est ex muliere, ut tu desineres filius esse mulieris. Propterea duplex facta generatio est, hæc scilicet nostræ similis, illa nostram eminenter excedens. Quod enim natus ex femina est, et nobis competit: quod vero non ex sanguine, neque ex voluntate carnis aut viri, sed ex Spiritu sancto, aliam nobis sublimiorem futuramque et Spiritu consequendam ge-

quoque omnia hujusmodi erant. Etenim tale erat et lavacrum : quidpiam enim ex veteri, quidpiam etiam ex novo habebat. Nam a propheta baptizari, per illud vetus exprimebatur : Spiritum autem sanctum descendere, novum subindicabat. Ac quemadmodum si quis in medio stans, duos alios sejunctos, expansis suis arreptisque illorum utrinque manibus, conjunxerit : ita et ille fecit, Vetus Testamentum Novo adjungens, naturam divinam humanæ, sua nostris. Viden' urbis hujusce fulgorem, quantumque te a principio collustraverit? quomodo tibi regem statim ostendit in tua specie, quasi in medio exercitu? Neque enim ibi rex semper dignitatem suam ostendit, sed missa purpura et diademate, militarem sæpe vestem induit. Sed ibi quidem, ne notus cum sit, hostes ad se attrahat; hic contra, ne notus cum sit, hostem ex conflictus timore in fugam vertat, neve suos conturbet : salutem enim ipsis, non terrorem afferre studet. Ideo statim ipsum illo nomine vocavit, nempe Jesum. Hoc quippe nomen Jesus non est Græcum; sed Hebraïca lingua sic appellatur Jesus; id quod Græce significat, Σωτὴρ, Salvator : Salvator porro dicitur, quod salvum faciat populum suum.

Christus Vetus Testamentum Novo adjunxit.

3. Vides quomodo auditorem erexit, consueto more verba faciens, ac per ea quæ dicit, illa quæ spem superant nobis omnibus indicat? Nam utri-

καινοῦ. Τὸ μὲν γὰρ ὑπὸ τοῦ προφήτου βαπτισθῆναι,
καὶ τὸ παλαιὸν ἐδείκνυ· τῷ δὲ τὸ Πνεῦμα κατελθεῖν, τὸ
νέον [b] ὑπέγραφε. Καὶ καθάπερ τις ἐν μεταιχμίῳ στὰς, δύο
C τινῶν ἀλλήλων διεστηκότων, ἀμφοτέρας ἁπλώσας τὰς
χεῖρας ἑκατέρωθεν λαβὼν συνάψειεν· οὕτω καὶ αὐτὸς
ἐποίησε, τὴν Παλαιὰν τῇ Καινῇ συνάπτων, τὴν θείαν
φύσιν τῇ ἀνθρωπίνῃ, τὰ αὑτοῦ τοῖς ἡμετέροις. Εἶδες
τὴν ἀστραπὴν τῆς πόλεως, [c] ὅσῃ σε ἐκ προοιμίων κατηύγασε τῇ λαμπηδόνι; πῶς σοι τὸν βασιλέα ἔδειξεν
εὐθέως ἐν τῷ σῷ σχήματι, ὡσανεὶ ἐν τῷ στρατοπέδῳ;
Οὐδὲ γὰρ ἐκεῖ τὴν οἰκείαν ἀξίαν φαίνεται ἔχων διηνεκῶς ὁ βασιλεὺς, ἀλλὰ τὴν ἁλουργίδα ἀφεὶς καὶ τὸ
23
A διάδημα, στρατιώτου σχῆμα ὑπέδυ πολλάκις. Ἀλλὰ
ἐκεῖ μὲν, ἵνα μὴ γνώριμος γενόμενος ἐφ' ἑαυτὸν ἑλκύσῃ τοὺς πολεμίους· ἐνταῦθα δὲ τοὐναντίον, ἵνα μὴ
γνώριμος γενόμενος, φυγεῖν παρασκευάσῃ τῆς πρὸς αὐτὸν συμπλοκῆς τὸν ἐχθρὸν, καὶ τοὺς οἰκείους διαταράξῃ πάντας· σῶσαι γὰρ, οὐκ ἐκπλῆξαι, ἐσπούδασε.
Διὰ τοῦτο καὶ εὐθέως αὐτὸν ἀπὸ ταύτης ἐκάλεσε τῆς
προσηγορίας, Ἰησοῦν προσειπών. Τὸ γὰρ Ἰησοῦς τοῦτο
ὄνομα οὐκ ἔστιν Ἑλληνικὸν, ἀλλὰ τῇ Ἑβραίων φωνῇ
οὕτω λέγεται Ἰησοῦς· ὅ ἐστιν εἰς τὴν Ἑλλάδα γλῶτταν [a] ἑρμηνευόμενον, Σωτήρ· Σωτὴρ δὲ ἀπὸ τοῦ σῶσαι τὸν λαὸν αὐτοῦ.

B Εἶδες πῶς ἀνεπτέρωσε τὸν ἀκροατὴν, τά τε ἐν συνηθείᾳ φθεγξάμενος, καὶ δι' αὐτῶν τὰ ὑπὲρ ἐλπίδα πᾶσιν
ἡμῖν ἐμφήνας; Καὶ γὰρ ἀμφοτέρων τῶν ὀνομάτων τού-

b Aliquot Manuscripti ὑπέγραψε habent.

c Sic Savil. et Manuscripti plurimi. Morel. et alii ὅσῃ ἐκ πρ.

a Alii μεθερμηνευόμενον. Ibidem quidam Ἑλληνίδα γλῶτταν. Infra Savilius φθεγξάμενος, melius quam Morel. φθεγγόμενος.

ANIANI INTERPRETATIO.

nerationem promittit. Sed alia quoque omnia ex simili diversitate constabant. Nam et baptisma profecto tale suscepit, quod haberet quidem aliquid veteris, haberet et aliquid novi. Quod enim baptizatus est a propheta, expressit vetus : quod autem descendit Spiritus, adumbravit novum. Ac proinde ut si quispiam in arena consistens, duos aliquos invicem dissidentes, extenta manu utraque utrinque prendens conjungat : ita fecit et Christus veteri novum, divinam naturam humanæ, suis nostra jungendo. Vides nunc puto fulgorem urbis procul coruscantis, vides quanto inter ipsa principia splendore lucet, quomodo tibi regem ipsum humana specie, sic mortalibus velut exercitui admixtum ostendit. Neque enim in bello semper propriam habere rex cernitur dignitatem, sed purpura et diademate relictis, militis habitum frequenter induitur. Sed illic, ne cognitus hostes in se convertat; hic contra, ut ne agnitus ante congressum in fugam vertat hostem, suosque majestatis fulgur conturbet : salvare enim, non terrere studuit. Et idcirco illum hac appellatione continuo nominavit, Jesum utique nuncupando. Jesus enim non est Græci sermonis vocabulum, sed Hebraïca lingua Jesus dicitur, quod est in nostro sermone Salvator : Salvator autem ab eo, quod salutem populo suo præstaturus advenerit.

3. Jamne igitur intelligis, quemadmodum evangelista auditorem in excelsa subvexerit, et ea certe quæ in usu esse viderentur loquutus, per quæ tamen ipsa longe nos majora, quam omnes sperare potera-

τῶν πολλὴ ἡ γνῶσις παρὰ τοῖς Ἰουδαίοις ἦν. Ἐπειδὴ γὰρ παράδοξα ἦν τὰ μέλλοντα γίνεσθαι, καὶ οἱ τῶν ὀνομάτων προέδραμον τύποι· ὥστε ἄνωθεν πάντα καινοτομίας προαναιρεθῆναι θόρυβον. Καὶ γὰρ ὁ Ἰησοῦς, ὁ μετὰ Μωϋσέα, εἰσαγαγὼν τὸν λαὸν εἰς τὴν γῆν τῆς ἐπαγγελίας λέγεται. Εἶδες τὸν τύπον, βλέπε καὶ τὴν ἀλήθειαν. Ἐκεῖνος εἰς τὴν γῆν ἐπαγγελίας, οὗτος εἰς τὸν οὐρανὸν καὶ τὰ ἐν τοῖς οὐρανοῖς ἀγαθά· ἐκεῖνος μετὰ τὸ τελευτῆσαι Μωϋσέα, οὗτος μετὰ τὸ παύσασθαι τὸν νόμον· ἐκεῖνος ὡς δημαγωγὸς, οὗτος ὡς βασιλεύς. Ἀλλ' ἵνα μὴ Ἰησοῦν ἀκούσας διὰ τὴν ὁμωνυ- C
μίαν πλανηθῇς, ἐπήγαγεν· Ἰησοῦ Χριστοῦ υἱοῦ Δαυΐδ. Ἐκεῖνος δὲ οὐχ ἦν τοῦ Δαυΐδ, ἀλλ' ἑτέρας φυλῆς. Τίνος δὲ ἕνεκεν βίβλον αὐτὴν γενέσεως καλεῖ Ἰησοῦ Χριστοῦ; καίτοι γε οὐ τοῦτο ἔχει μόνον τὴν γέννησιν, ἀλλὰ πᾶσαν τὴν οἰκονομίαν. Ὅτι πάσης τῆς οἰκονομίας τὸ κεφάλαιον τοῦτο, καὶ ἀρχὴ καὶ ῥίζα πάντων ἡμῖν τῶν ἀγαθῶν γίνεται. Ὥσπερ οὖν βίβλον οὐρανοῦ καὶ γῆς καλεῖ Μωϋσῆς, καίτοιγε οὐ περὶ οὐρανοῦ καὶ γῆς δια- 24
λεχθεὶς μόνον, ἀλλὰ καὶ περὶ τῶν ἐν μέσῳ πάντων· A
οὕτω καὶ οὗτος, ἀπὸ τοῦ κεφαλαίου τῶν κατορθωμάτων τὸ βιβλίον ἐκάλεσε. Τὸ γὰρ ἐκπλήξεως γέμον, καὶ ὑπὲρ ἐλπίδα καὶ προσδοκίαν πᾶσαν, ἄνθρωπον γενέσθαι Θεόν· τούτου δὲ γενομένου, τὰ μετὰ ταῦτα ἅπαντα κατὰ λόγον καὶ ἀκολουθίαν ἕπεται. Τίνος δὲ ἕνεκεν οὐκ εἶπεν, υἱοῦ Ἀβραὰμ, καὶ τότε, υἱοῦ Δαυΐδ; Οὐχ ὥς τινες οἴονται κάτωθεν ἄνω βουλόμενος ἐλθεῖν· ἐπεὶ ἐποίησεν ἂν, ὅπερ καὶ ὁ Λουκᾶς· νῦν δὲ τοὐναντίον ποιεῖ. Τίνος οὖν ἕνεκεν τοῦ Δαυΐδ ἐμνημόνευσεν; [a] Ὅτι ἐν τοῖς πάντων στόμασιν ὁ ἄνθρωπος

usque nominis magna erat apud Judæos cognitio. Quia enim inexspectata quædam agenda erant, jam nominum figuræ præcesserant; ita ut jam olim omnis novitatis tumultus præreptus esset. Siquidem Jesus, qui post Moysem fuit, populum in terram promissionis introduxisse narratur. Vidisti figuram, vide et veritatem. Ille in terram promissionis; hic in cælum et in cælestia bona: ille post mortem Moysis; hic postquam lex cessavit: ille ut populi dux, hic ut rex. Sed ne Jesum audiens ex nominum similitudine decipiaris, aliud subdidit: *Jesu Christi filii David*. Ille vero non ex Davide, sed ex alia tribu erat. Sed cur librum vocat generationis Jesu Christi, cum tamen non solam generationem, sed totam dispensationem complectatur? Quia hoc totius dispensationis caput est, atque principium nobis et radix omnium bonorum. Quemadmodum librum cæli et terræ vocavit Moyses, etiamsi non de cælo et terra tantum loquatur, sed de iis etiam quæ in medio posita erant: ita et hic quoque ex capite bonorum ac præclare gestorum librum nuncupavit. Quod enim stupendum est omnemque spem exspectationemque superat, est hominem Deum fieri: quo facto omnia secundum rationem et consequentiam eveniunt. Cur autem non dixit, Filii Abraham, et postea, Filii David? Non, ut quidam opinantur, ab inferioribus volens ad superiora ascendere: alioquin id fecisset quod et Lucas; nunc autem e contrario facit. Cur ergo Davidem memoravit?

In Veteri Testamento figura, in Novo veritas.

[a] ὅτι deest in Savil. et in quamplurimis Mss., sed habetur in Morel., et in aliis, exprimiturque ab Aniano.

ANIANI INTERPRETATIO.

mus, edocuit. Utriusque igitur istius nominis apud Judæos erat celebrata notitia. Quia enim incredibilia erant quæ promittebantur futura: etiam nominum præcesserunt figuræ, ut porro ante omnis ex invidia novitatis tumultus oriturus exstingueretur. Jesus namque etiam ille dicitur, qui post Moysem populum in terram repromissionis induxit. Vides figuram, perspice veritatem. Ille in terram repromissionis, hic vero introduxit in cælum, et ea quæ sunt in cælis bona. Ille postquam Moyses mortuus est, iste postquam lex per Moysem lata cessavit. Ille ducis dignitate pollens, iste vero regis majestate præfulgens. Sed ne Jesum audiens, de societate nominum patereris errorem, continuo subjunxit et Christum, *Jesu Christi*, inquit, *filii David*. Ille enim non erat ex David, sed ex alia tribu. Cujus vero rei gratia librum ipsum generationis Christi vocat, ubi non sola utique generatio, sed tota prorsus ipsius mysterii dispensatio continetur? Quia totius scilicet dispensationis caput et radix, atque principium omnium nobis in hoc consistit bonorum. Ut enim Moyses librum cæli appellavit ac terræ, cum certe non de cælo solum terraque loqueretur, sed de cunctis quæ inter ipsa subsistunt: ita etiam evangelista ab ipso omnium fonte et capite bonorum librum vocavit. Omni siquidem admiratione plenissimum est, et super spem exspectationemque mortalium, quod Deus homo factus est. Hoc autem impleto, illa omnia quæ sequuntur, juxta ordinem et rationem consequuntur. Qua vero de causa non eum ante filium Abrahæ, et postea filium David nuncupavit? Non sicut opinantur aliqui, ab inferioribus volens ad superiora conscendere: alioqui fecisset

Davidis splendor. Quia ille in omnium ore ferebatur, tum ob gestorum splendorem, tum etiam temporis causa, quod non tot ante sæculis mortuus esset, quot Abraham. Etiamsi vero utrique pollicitus sit Deus, illud tamen quasi antiquius tacebatur; hoc autem utpote recentius, omnium ore circumferebatur. Ipsi namque dicunt (Joan. 7. 42.): *Nonne ex semine David et Bethlehem vico, ubi erat David, venit Christus?* Nemo illum filium Abrahæ, sed omnes filium David vocabant: nam ob temporis spatium, ut dixi, et ob regnum, in memoria hominum magis versabatur. Similiter et reges quos venerabantur, quique post illum fuere, ab illo cognominabant, nec ipsi solum, sed etiam Deus. Etenim Ezechiel et alii prophetæ dicunt venturum esse David et resurrecturum esse, non de Davide qui mortuus erat loquentes, sed de iis qui ejus virtutem sectarentur. Ezechiæ vero ait (4. Reg. 19. 34.): *Protegam civitatem hanc propter me et propter David puerum meum.* Salomoni vero dicebat (3. Reg. 11. 34.), se propter Davidem regnum vivente ipso [Salomone] non divisisse. Magna enim erat illius viri gloria et apud Deum et apud homines. Ideoque ab illo qui notior erat exordium ducit, et tunc ad antiquiorem parentem recurrit, superfluum ducens, quantum ad Judæos, superius sermonem ordiri. Hi enim maxime mirabiles erant: hic, utpote rex et propheta; ille, ut patriarcha et propheta. Et unde pro-

ἦν, ἀπό τε τῆς περιφανείας, ἀπό τε τοῦ χρόνου· οὐ γὰρ B πάλαι ἦν τετελευτηκὼς, ὥσπερ ὁ Ἀβραάμ. Εἰ δὲ ἀμφοτέροις ἐπηγγείλατο ὁ Θεὸς, ἀλλ' ὅμως ἐκεῖνο μὲν, ὡς παλαιὸν, ἐσιγᾶτο· τοῦτο δὲ ὡς πρόσφατον καὶ νέον ὑπὸ πάντων περιεφέρετο. Αὐτοὶ γοῦν λέγουσιν· Οὐκ ἐκ τοῦ σπέρματος Δαυὶδ καὶ ἀπὸ Βηθλεὲμ τῆς κώμης, ὅπου ἦν Δαυὶδ, ἔρχεται ὁ Χριστός; Καὶ οὐδεὶς αὐτὸν υἱὸν Ἀβραὰμ, ἀλλὰ πάντες υἱὸν Δαυὶδ ἐκάλουν· καὶ γὰρ διὰ τὸν χρόνον, ὡς ἔφθην εἰπὼν, καὶ διὰ τὴν βασιλείαν, μᾶλλον ἐν μνήμῃ πᾶσιν οὗτος ἦν. Οὕτω γοῦν καὶ οὓς ἐτίμων βασιλέας μετ' ἐκεῖνον ἐξ ἐκείνου ἅπαντας ἐκάλουν, καὶ αὐτοὶ καὶ ὁ Θεός. Καὶ γὰρ καὶ Ἰεζε- C κιὴλ, καὶ ἕτεροι δὲ προφῆται, λέγουσιν αὐτοῖς παραγίνεσθαι Δαυὶδ καὶ ἀνίστασθαι, οὐ περὶ ἐκείνου λέγοντες τοῦ τετελευτηκότος, ἀλλὰ τῶν ζηλούντων τὴν ἀρετὴν τὴν ἐκείνου. Καὶ * τῷ Ἐζεκίᾳ δέ φησιν· Ὑπερασπιῶ τῆς πόλεως ταύτης δι' ἐμὲ καὶ διὰ Δαυὶδ τὸν παῖδά μου. Καὶ τῷ Σολομῶνι δὲ ἔλεγεν, ὅτι διὰ τὸν Δαυὶδ [h] οὐ διέῤῥηξε ζῶντος αὐτοῦ τὴν βασιλείαν. Πολλὴ γὰρ ἡ δόξα τοῦ ἀνδρὸς ἦν καὶ παρὰ Θεῷ καὶ παρὰ A ἀνθρώποις. Διὰ τοῦτο εὐθέως ἀπὸ τοῦ γνωριμωτέρου τὴν ἀρχὴν ποιεῖται, καὶ τότε ἐπὶ τὸν πατέρα ἀνατρέχει, περιττὸν ἡγούμενος, ὅσον πρὸς Ἰουδαίους, ἀνωτέρω τὸν λόγον * ἀγαγεῖν. Οὗτοι γὰρ μάλιστα ἦσαν οἱ θαυμαζόμενοι· ὁ μὲν, ὡς προφήτης, καὶ βασιλεύς· ὁ δὲ, ὡς πατριάρχης καὶ προφήτης. Καὶ πόθεν δῆλον ὅτι ἐκ τοῦ Δαυίδ ἐστι; φησίν. Εἰ γὰρ ἐξ ἀνδρὸς οὐκ ἐγεννήθη, ἀλλ' ἀπὸ γυναικὸς μόνον, ἡ δὲ παρθένος οὐ

* [Savil. addit ὁ Θεός.]

h Aliquot Mss. οὐ διαῤῥήξω, non male. Ibidem quidam Mss. habent Σολομῶντι. Infra Savil. et aliquot Mss. ἐκ τοῦ γνωριμωτέρου.

* [Savil. γρ. ἀναγαγεῖν.]

ANIANI INTERPRETATIO.

quod fecit et Lucas; nunc autem e contrario facit: cur ergo commemoravit priorem David? Quia ipse proculdubio in omnium versabatur ore, ob insigne honoris et gloriæ, ob ipsius quoque temporis spatia junctiora. Non enim olim defunctus fuerat sicut Abraham. Etsi enim utrique promiserat Deus, sed tamen illud quasi antiquum reticebatur, hoc vero quasi novum et recens ab omnibus celebrabatur. Ipsi namque Judæi dicunt (Joan. 7. 42.): *Nonne ex semine David, et Bethlehem castello, ubi erat David, venit Christus?* Nemo igitur illum filium Abrahæ, sed omnes filium David nominabant. Etenim propter tempus, ut dixi, propterque regnum hic magis in hominum memoria vigebat. Simili etiam ratione honorabiliores quosque de sanctitate reges, qui post David fuisse referuntur, ab illo omnes vocabant. Nec ipsi solum, verum etiam Deus. Nam et Ezechiel et alii prophetæ dicunt David surrecturum esse eis, atque venturum: non de illo utique mortuo jam loquentes, sed de iis qui illius virtutem erant imitaturi. Et Ezechiæ quidem dicit (4. Reg. 19. 34.): *Protegam civitatem istam propter me, et propter David puerum meum.* Salomoni vero dicebat (3. Reg. 11. 34.): *Quoniam propter David regnum ejus ipso vivente non dirumperet.* Multa enim illius viri et coram Deo erat et coram hominibus gloria. Propterea igitur a notiore interim et celebratiore persona sumit exordium: et tum demum ad antiquiorem recurrit parentem, superfluum, quantum ad Judæos spectat, esse judicans, sermonem superius ordiri. Isti enim erant præcipue maximeque mirabiles: ille quidem quod esset rex et propheta, hic vero quod propheta et patriarcha. Et unde, inquis, manifestum est ex

γενεαλογεῖται, πῶς εἰσόμεθα ὅτι τοῦ Δαυὶδ ἔκγονος ἦν; Δύο γάρ ἐστι τὰ ζητούμενα· τίνος τε ἕνεκεν ἡ μήτηρ οὐ γενεαλογεῖται, καὶ τί δήποτε ὁ Ἰωσὴφ, [a] ὁ μηδὲν συντελῶν πρὸς τὴν γέννησιν, μνημονεύεται παρ' αὐτῶν· δοκεῖ γὰρ τὸ μὲν περιττὸν εἶναι, τὸ δὲ, ἐνδεές. Ποῖον οὖν πρότερον ἀναγκαῖον εἰπεῖν; Πῶς ἐκ τοῦ Δαυὶδ ἡ παρθένος. Πῶς οὖν εἰσόμεθα ὅτι ἐκ τοῦ Δαυίδ; Ἄκουσον τοῦ Θεοῦ λέγοντος τῷ Γαβριὴλ, ἀπελθεῖν πρὸς Τὴν παρθένον μεμνηστευμένην ἀνδρὶ, ᾧ ὄνομα Ἰωσὴφ, ἐξ οἴκου καὶ πατριᾶς Δαυίδ. Τί τοίνυν [b] βούλει τούτου σαφέστερον, ὅταν ἀκούσῃ ὅτι ἐξ οἴκου καὶ πατριᾶς Δαυὶδ ἦν ἡ παρθένος;

Ὅθεν δῆλον, ὅτι καὶ ὁ Ἰωσὴφ ἐκεῖθεν ἦν. Καὶ γὰρ νόμος ἦν ὁ κελεύων μὴ ἐξεῖναι γαμεῖν ἄλλοθεν, ἀλλ' ἢ ἐκ τῆς αὐτῆς φυλῆς. Καὶ ὁ πατριάρχης δὲ Ἰακὼβ ἀπὸ τῆς Ἰούδα φυλῆς ἀναστήσεσθαι αὐτὸν προύλεγεν, οὕτω λέγων· Οὐκ ἐκλείψει ἄρχων ἐξ Ἰούδα, οὐδὲ ἡγούμενος ἐκ τῶν μηρῶν αὐτοῦ, ἕως ἂν ἔλθῃ ᾧ ἀπόκειται· [c] καὶ αὐτὸς προσδοκία ἐθνῶν. Ἡ γὰρ προφητεία αὕτη, ὅτι μὲν ἐκ τῆς φυλῆς Ἰούδα γέγονε, δηλοῖ· ὅτι δὲ καὶ τοῦ γένους Δαυὶδ, οὐκέτι. Ἆρ' οὖν τῇ φυλῇ Ἰούδα οὐχὶ γένος ἓν ἦν μόνον τὸ τοῦ Δαυίδ; Ἀλλὰ καὶ πολλὰ ἕτερα· καὶ συνέβαινε τῆς μὲν φυλῆς εἶναι τοῦ Ἰούδα, οὐκ ἔτι δὲ καὶ τοῦ γένους Δαυίδ. Ἀλλ' ἵνα μὴ τοῦτο λέγῃς, ἀνεῖλέ σου τὴν ὑπόνοιαν ταύτην ὁ εὐαγγελιστὴς, 26 A εἰπὼν, ὅτι ἐξ οἴκου καὶ πατριᾶς ἦν Δαυίδ. Εἰ δὲ καὶ

batur, inquies, illum ex Davide ortum esse? Si enim non ex viro, sed ex muliere tantum natus est, virginis autem genealogia non texitur, quomodo sciemus ipsum ex Davide esse ortum? Duæ B namque sunt quæstiones: cur matris genealogia non texitur, et cur Joseph, qui nihil contulit ad generationem, ab illis memoratur: videtur enim hoc redundare, et illud desiderari. Quid ergo prius perquirendum est? Quomodo ex Davide Virgo orta fuerit. Quo pacto autem sciemus ex Davide ortam esse? Audi Deum Gabrieli præcipientem ut adiret *Virginem desponsatam viro, cui nomen erat Joseph, de domo et familia David*. Quid clarius postulas, cum audis de domo et familia David Virginem fuisse?

De genealogia Christi quæstio.

Luc. 1. 27.

4. Unde patet, Joseph etiam inde ortum fuisse. Lex quippe erat quæ vetaret uxores ducere, nisi ex propria tribu. Patriarcha vero Jacob illum ex tribu Juda exoriturum esse prædixit: *Non defi-* C *ciet princeps de Juda, neque dux de femoribus ejus, donec veniat cui repositum est: et ipse erit exspectatio gentium*. Certe hæc prophetia, quod ex tribu David fuerit, declarat; at non quod ex genere Davidis. Num igitur in tribu Juda non aliud erat genus quam Davidis? Imo multa alia, et contingere potuit ut esset ex tribu Juda, quin esset ex genere Davidis. Verum ne hoc diceres, hanc tibi suspicionem tollit evangelista, dicens illum fuisse ex domo et familia David. Quod

Gen. 49. 10.

[a] Alii ὁ μηδὲν κοινὸν ἔχων πρὸς τὴν γέννησιν.
[b] Quidam Mss. βούλει μαθεῖν τούτου. Alii ibidem σαφέστερον λοιπὸν ἀκούσας.
[c] Alii καὶ οὗτος προσδοκία ἐθνῶν.

ANIANI INTERPRETATIO.

David esse Christum? Si enim non ex viro, sed tantummodo est natus ex Virgine, de cujus certe generatione reticetur, quomodo scire poterimus illum ex David stirpe descendere? Duo sunt enim, quæ pariunt quæstionem: unum, quæ causa sit, ut in generationum catalogo Virgo sileatur; alterum vero, qua ratione Joseph memoretur ab eis, cui certe nihil cum Christi generatione est commune. Videtur enim et unum abundare, et alterum deesse. Quid ergo dicemus? Quod utique primum illud necesse fuerit memorari, quemadmodum ex David Virgo descenderit. Unde hoc itaque discemus? Audi ad Gabriel loquentem Dominum: *Vade ad Virginem desponsatam viro, cui nomen Joseph, ex domo et familia David*. Luc. 1. 27.
Quid igitur vis audire manifestius, cum ex domo et familia David illam Virginem esse cognoscas?

4. Unde patet quod inde utique erat etiam Joseph. Fuerat quippe in lege præceptum, ex diversis tribubus non licere usurpari conjugium. Sed et patriarcha Jacob de Judæ stirpe illum venturum esse prædixit: *Non deficiet*, inquit, *princeps de Juda, nec dux de femoribus ejus, donec veniat cui* Gen. 49. 10.
paratum est: et ipse erit exspectatio gentium. Hæc ergo prophetia ex tribu quidem Juda illum fuisse declarat, non tamen quod ex David genere descendat. Putasne igitur ex tribu Juda, unius familiæ tantum, id est solius David, propagatum genus ac non aliorum etiam multorum? Imo usuvenire videmus, ut quis sit ex tribu Juda, qui tamen a David genus non trahat. Sed ne istud hic diceres, præveniens evangelista prorsus exclusit suspicionem tuam, non solum ex domo, verum etiam ex familia David illum

si id aliunde etiam discere velis, non deerit alia probatio: non modo enim non licebat ex alia tribu uxorem ducere, sed neque ex alia familia, id est, ex alia cognatione. Itaque si illud, *Ex domo et familia David*, Virgini aptemus, dictum illud constabit; si Josepho, illud ipsum consequitur. Si enim ex domo et familia David erat Joseph, non aliunde accepit uxorem, quam ex cognatione sua. Quid vero, inquies, si legem transgressus sit? Sed idcirco præoccupans testificatus est, Joseph fuisse justum, ut ne hoc diceres, sed illius virtutem edoctus, nosses legem ab ipso non fuisse violatam. Qui enim ita humanus erat et a pravo hominis affectu vacuus, ut ne suspicione quidem urgente vellet de Virgine sumi supplicium, quomodo libidinis causa legem transgressus esset? Qui enim plus quam lex ferebat philosophabatur (nam dimittere et occulte dimittere, illud erat ultra legem philosophari), quomodo contra legem aliquid admitteret, idque nulla cogente necessitate? Verum ex genere David Virginem fuisse, ex jam dictis palam est. Jam vero operæ pretium fuerit dicere, cur non illius, sed Josephi genealogiam duxerit. Qua de causa igitur? Non erat mos apud Judæos mulierum genealogias texere. Ut igitur secundum morem ageret, nec videretur illum ab initio transgredi, utque simul nobis Virginis genus indicaret, ipsius majores reticens, Josephi genealogiam duxit. Si enim id de Virgine fecisset, novitatis notam non effugisset; si Josephum tacuisset, Virginis

Cur Josephi, non Mariæ, genealogia texatur.

ἑτέρωθεν τοῦτο βούλει μαθεῖν, οὐδὲ ἑτέρας ἀπορήσομεν ἀποδείξεως· οὐ γὰρ δὴ μόνον ἀπὸ φυλῆς οὐκ ἐξῆν ἑτέρας, ἀλλ' οὐδὲ ἀπὸ πατριᾶς ἑτέρας, τουτέστι, συγγενείας, γαμεῖν. Ὥστε ἄν τε τῇ παρθένῳ τὸ, Ἐξ οἴκου καὶ πατριᾶς Δαυὶδ, ἁρμόσωμεν, ἕστηκε τὸ εἰρημένον· ἄν τε τῷ Ἰωσὴφ, δι' ἐκείνου καὶ τοῦτο κατασκευάζεται. Εἰ γὰρ ἐξ οἴκου Δαυὶδ καὶ πατριᾶς ἦν ὁ Ἰωσὴφ, οὐκ ἂν ἄλλοθεν ἔλαβε τὴν γυναῖκα, ἢ ὅθεν καὶ αὐτὸς ἦν. Τί οὖν, εἰ παρέβη τὸν νόμον; φησί. Διὰ γὰρ τοῦτο προλαβὼν ἐμαρτύρησεν, ὅτι δίκαιος ἦν ὁ Ἰωσὴφ, ἵνα μὴ B τοῦτο λέγῃς, ἀλλὰ μαθὼν αὐτοῦ τὴν ἀρετὴν, κἀκεῖνο εἰδῇς, ὅτι οὐκ ἂν παρέβη τὸν νόμον. Ὁ γὰρ οὕτω [a] φιλάνθρωπος καὶ πάθους ἐκτὸς, ὡς μηδὲ ὑποψίας ἀναγκαζούσης βουληθῆναι ἐπιχειρῆσαι κολάσαι τὴν παρθένον, πῶς ἂν δι' ἡδονὴν παρέβη τὸν νόμον; Ὁ γὰρ ὑπὲρ νόμον φιλοσοφήσας (καὶ γὰρ τὸ ἀφιέναι καὶ λάθρᾳ ἀφιέναι, ὑπὲρ νόμον φιλοσοφοῦντος ἦν), πῶς ἂν [b] παράνομον ἔπραξέ τι, καὶ ταῦτα οὐδεμιᾶς ἀναγκαζούσης αἰτίας; Ἀλλ' ὅτι μὲν ἐκ τοῦ γένους τοῦ Δαυὶδ ἦν ἡ παρθένος, ἐκ τούτων δῆλον. Τίνος δὲ ἕνεκεν αὐτὴν οὐκ ἐγενεαλόγησεν, ἀλλὰ τὸν Ἰωσὴφ, ἀναγκαῖον εἰπεῖν. Τίνος οὖν C ἕνεκεν; Οὐκ ἦν νόμος παρὰ Ἰουδαίοις γενεαλογεῖσθαι γυναῖκας. Ἵν' οὖν καὶ τὸ ἔθος φυλάξῃ, καὶ μὴ δόξῃ παραχαράττειν ἐκ προοιμίων, καὶ τὴν κόρην ἡμῖν γνωρίσῃ, διὰ τοῦτο τοὺς προγόνους αὐτῆς σιγήσας, τὸν Ἰωσὴφ ἐγενεαλόγησεν. Εἴτε γὰρ ἐπὶ τῆς παρθένου τοῦτο ἐποίησεν, ἔδοξεν ἂν καινοτομεῖν· εἴτε τὸν Ἰωσὴφ ἐσίγησεν, οὐκ ἂν ἔγνωμεν τῆς παρθένου τοὺς προγόνους. Ἵν' οὖν μάθωμεν τὴν Μαρίαν, τίς ἦν, καὶ πό-
27 A θεν, καὶ τὰ τῶν νόμων ἀκίνητα μείνῃ, τὸν μνηστῆρα

[a] Alii φιλάρετος καὶ πάθους ἐκτός.

[b] Alii παρὰ νόμον disjuncta præpositione, non male.

ANIANI INTERPRETATIO.

esse confirmans. Si vero nunc aliunde quoque vis istud addiscere, nec altera probatione deserimur. Non solum enim de alia tribu, sed ne de familia quidem, hoc est cognatione altera fas erat conjugia copulari. Ita istud quod dicitur, ex domo esse et familia David, sive Virgini copuletur, constabit dictum, sive ipsi Joseph potius aptetur, illud idem conficitur. Si enim ex domo David atque familia erat, non aliunde accepit conjugem, nisi ex ea tribu, de qua etiam ipse descenderat. Quid vero, inquis, si legem ille transgressus est? Sed idcirco evangelista præveniens, Joseph justum esse testatus est, ne tu ei temere crimen impingeres: sed ut virtutem ejus potius agnoscens, suspicionem transgressionis abjiceres. Ille siquidem tam modestus, et prava cupiditate liber, ut ne suspicione cogente vellet in Virginis inquirere supplicium, quomodo propter libidinem præcepta legis violasset? Qui enim supra legem sapiebat; dimittere enim, et occulte dimittere, sine dubio erat supra legem profecti: quomodo contra legem aliquid admitteret, et hoc nullius causæ necessitate cogente? Sed quoniam quod ex genere David fuerit hæc Virgo, ex iis quæ dicta sunt, manifestum est: necessarium est dicere, cujus rei gratia Joseph in generationibus evangelista memorarit, cum Virginem prorsus omiserit. Quænam igitur hæc causa est? Non erat mos apud Hebræos generationum catalogum per feminas texere. Ut ergo et morem custodiret, neve in ipso statim principio videretur antiqua destruere, et nobis Virginem certius indicaret, parentes ejus reticens atque majores, de Joseph generatione non tacuit. Sive enim hæc fecisset in Virgine, novitatis non effu-

αὐτῆς ἐγενεαλόγησε, καὶ ἔδειξεν ὄντα ἐκ τῆς οἰκίας Δαυίδ. Τούτου γὰρ ἀποδειχθέντος, κἀκεῖνο συναποδέδεικται, τὸ καὶ τὴν παρθένον ἐκεῖθεν εἶναι· διὰ τὸ τὸν δίκαιον τοῦτον, καθάπερ ἔφθην εἰπὼν, μὴ ἀνασχέσθαι ἑτέρωθεν [a] ἀγαγέσθαι γυναῖκα. Ἔστι δὲ καὶ ἕτερον λόγον εἰπεῖν μυστικώτερον, δι' ὃν ἐσιγήθησαν οἱ τῆς παρθένου πρόγονοι, ὅνπερ οὐκ εὔκαιρον νῦν ἐκκαλύψαι διὰ τὸ πολλὰ εἶναι τὰ εἰρημένα. Διόπερ ἐνταῦθα στήσαντες τὸν περὶ τῶν ζητημάτων λόγον, κατέχωμεν τέως μετὰ ἀκριβείας τὰ ἐκκαλυφθέντα ἡμῖν· οἷον, διατί τοῦ Δαυὶδ ἐμνήσθη πρῶτον· διατί τὸ βιβλίον γε- B νέσεως ἐκάλεσε βιβλίον· διατί εἶπεν, Ἰησοῦ Χριστοῦ· πῶς ἡ γέννησις κοινὴ καὶ οὐ κοινή· πόθεν ὅτι ἡ Μαρία ἐκ τοῦ Δαυὶδ οὖσα ἐδείχθη· καὶ τίνος ἕνεκεν ὁ Ἰωσὴφ ἐγενεαλογήθη, σιγηθέντων τῶν ἐκείνης προγόνων. Ἂν μὲν γὰρ φυλάττητε ταῦτα, προθυμοτέρους ἡμᾶς καὶ πρὸς τὰ μέλλοντα ἐργάσεσθε· ἂν δὲ ἀποπτύσητε καὶ ἐκβάλητε αὐτὰ τῆς ψυχῆς, καὶ πρὸς τὰ λοιπὰ ὀκνηρότερον διακεισόμεθα. Οὐδὲ γὰρ γῆς τὰ πρότερα [b] διαφθειρούσης σπέρματα ἕλοιτ' ἂν ἐπιμελήσασθαι γεωργός. Διὸ παρακαλῶ ταῦτα στρέφειν. Ἀπὸ γὰρ τοῦ τὰ τοιαῦτα μεριμνᾷν μέγα τι τῇ ψυχῇ καὶ σωτήριον ἐγγίνεται ἀγαθόν. Καὶ γὰρ καὶ τῷ Θεῷ C δυνησόμεθα ἀρέσαι, ταῦτα φροντίζοντες, καὶ ὕβρεων καὶ αἰσχρολογίας καὶ λοιδοριῶν τὰ στόματα καθαρὰ ἔσται, πνευματικὰ μελετῶντα ῥήματα· καὶ δαίμοσιν ἐσόμεθα φοβεροὶ, καθοπλίζοντες ἡμῶν τὴν γλῶτταν τοιούτοις ῥήμασι· καὶ τοῦ Θεοῦ τὴν χάριν ἐπισπασόμεθα

progenitores non nossemus. Ut itaque discamus quæ esset Maria, et unde orta, legesque intactæ manerent, sponsi ejus genealogiam contexuit, et ex domo David ostendit esse. Hoc enim commonstrato, illud quoque simul ostenditur Virginem etiam inde ortam fuisse; quandoquidem, ut dixi, noluisset justus ille aliunde uxorem accipere. Superest et alia causa magis arcana et mystica, cur Virginis majores silentio missi fuerint, quam hic aperire minus opportunum esset, quia jam multa dicta sunt. Quamobrem hic quæstionum finem facientes, ea quæ nobis explicata sunt accurate retineamus: nempe, cur Davidis mentio primum facta fuerit; cur librum vocaverit librum generationis, quare dixerit, *Jesu Christi*; quare generatio sit communis et non communis; undenam Maria ex Davide orta esse ostendatur; cur illius majoribus silentio missis, genealogia Josephi ducta fuerit. Si enim hæc servaveritis, ad reliqua dicenda alacriores nos reddetis; si vero hæc respueritis et ex mentibus missa feceritis, ad cætera proferenda segniores erimus. Neque enim agricola terram, quæ semina corrumpat, libenter excoluerit. Quamobrem, rogo, hæc mente volvatis. Ex talium quippe rerum meditatione magnum quidpiam et salutare bonum animæ paritur. Nam et Deo placere poterimus, si hæc curemus, et ora nostra a contumeliis, obscœnis verbis et conviciis pura erunt, dum

[a] Alii ἀγαγεῖν.

[b] Morel. διαρθειρούσης. Savil. διαφθειράσης. Mox alii ἐπιμελεῖσθαι.

ANIANI INTERPRETATIO.

gisset invidiam: sive Joseph reticuisset, non agnovissemus ex qua tribu Virgo subsisteret. Ut ergo et nos discerneremus quæ esset Maria, vel unde, et consnetudo legis permaneret immobilis, generationum catalogum usque ad sponsum ejus perduxit, ac de domo illum David esse monstravit. Hoc enim declarato, illud quoque pariter ostendit quod scilicet inde esset et Virgo: quia utique nequaquam justus iste pateretur uxorem sibi aliunde, quam unde lex præcipiebat eligere. Possumus vero aliam quoque et altiorem quidem proferre rationem, ob quam parentes Virginis prætermissi sunt: quam nunc exponere minus opportunum videtur, eo quod multa jam dicta sunt. Et idcirco hic jam sermonem de quæstionibus terminantes, teneamus interim diligenter ea quæ nobis absoluta patuerunt: quam ob causam David nominaverit priorem, deinde qua ratione librum ipsum, librum generationis vocarit, vel etiam cur dixerit, *Jesu Christi*: deinde quomodo generatio ejus et communis sit, et non sit per cuncta communis: tum, unde Maria ad David pertinere monstretur: ad extremum, quam ob rem Joseph quidem generationum catalogo collocetur, Mariæ autem parentes omnino sileantur. Si enim custodieritis ista, promtiores nos facietis ad reliqua: sin vero hæc respueritis et expuleritis e mentibus, pigriores erimus in cæteris. Neque enim terræ quæ semina priora corruperit, curam adhibere delectabit agricolam: propter quod, obsecro, ut hæc quæ seminata sunt, versetis. De tali enim studio, talique cura ingens quoddam animabus bonum, ac salutare conquiritur. Nam et Deo placere possumus ista curando, et ab injuriosis obscœnisque sermonibus et a conviciis munda ora servabimus, dum spiritua-

spiritualibus exercebuntur eloquiis; dæmonibusque formidabiles esse poterimus, si linguam nostram talibus verborum armis muniamus: hinc oculorum nobis perspicacitas augetur. Nam et oculos, et os, et auditum ideo in nobis posuit, ut omnia ipsi membra servirent; ut quæ ipsius sunt loquamur, ut quæ ipsius sunt operemur, ut perpetuo hymnos ipsi canamus, ut gratiarum actiones emittamus, ac per hæc conscientiam nostram purgemus. Quemadmodum enim corpus puro fruens aere valentius evadet, sic et anima his exercitiis innutrita philosophiæ magis addicta erit.

μᾶλλον, καὶ διορατικώτερον ἡμῖν ἐργάσεται μᾶλλον τὸ ὄμμα. Καὶ γὰρ καὶ ὀφθαλμοὺς, καὶ στόμα, καὶ ἀκοὴν
28 διὰ τοῦτο ἡμῖν ἐνέθηκεν, ἵνα αὐτῷ πάντα δουλεύῃ τὰ
A μέλη· ἵνα τὰ αὐτοῦ φθεγγώμεθα, ἵνα τὰ αὐτοῦ πράττωμεν, ἵνα ᾄδωμεν αὐτῷ ὕμνους [a] διηνεκεῖς, ἵνα εὐχαριστίας ἀναπέμπωμεν, καὶ διὰ τούτων τὸ συνειδὸς ἑαυτῶν ἐκκαθάρωμεν. Ὥσπερ γὰρ σῶμα ἀέρος ἀπολαῦον καθαροῦ ὑγιεινότερον ἔσται, οὕτω καὶ ψυχὴ φιλοσοφωτέρα τοιαύταις [b] ἐντρεφομένη μελέταις.

5. Annon vides corporis oculos, dum in fumo versantur, lacrymas semper fundere, cum autem in puro aere, in prato, in fontibus, in hortis, et perspicaciores et saniores esse? Talis est et animæ oculus: si in prato spiritualium eloquiorum pascatur, purus, clarus et perspicax erit; sin fumum sæcularium negotiorum adeat, plurimum lacrymabitur ac flebit, et nunc et in futuro. Humana quippe negotia fumo sunt similia. Ideoque dicebat quis-
Psal. 101. 4. piam: *Defecerunt sicut fumus dies mei*. Sed ille quidem de brevitate et de fuga mobilis ævi loquitur: ego vero non de hac re tantum, sed etiam de perturbatione rerum præsentium hæc accipienda esse censeo. Nihil enim mentis oculum ita male afficit et turbat, ut sæcularium curarum tumultus, et

Οὐχ ὁρᾷς καὶ τοὺς τοῦ σώματος ὀφθαλμοὺς ὅταν μὲν ἐν καπνῷ διατρίβωσιν, διαπαντὸς δακρύοντας· ὅταν δὲ ἐν ἀέρι λεπτῷ, καὶ πηγαῖς, καὶ παραδείσοις, ὀξυτέρους τε γινομένους καὶ ὑγιεινοτέρους; Τοιοῦτος καὶ ὁ τῆς ψυχῆς ὀφθαλμός· ἂν μὲν γὰρ ἐν τῷ λειμῶνι τῶν πνευματικῶν βόσκηται λογίων, καθαρὸς
B ἔσται καὶ διαυγὴς καὶ ὀξυδερκῶν· ἂν δὲ εἰς τὸν καπνὸν τῶν βιωτικῶν ἀπίῃ πραγμάτων, δακρύσεται μυρία καὶ κλαύσεται, καὶ νῦν καὶ τότε. Καὶ γὰρ καπνῷ ἔοικε τὰ ἀνθρώπινα πράγματα. Διὰ τοῦτο καί τις ἔλεγεν· Ἐξέλειπον ὡσεὶ καπνὸς αἱ ἡμέραι μου. Ἀλλ' ἐκεῖνος μὲν πρὸς τὸ ὀλιγοχρόνιον ἰδὼν καὶ ἀνυπόστατον· ἐγὼ δὲ οὐκ εἰς τοῦτο μόνον, ἀλλὰ καὶ [c] εἰς τὸ ταραχῶδες εἴποιμι ἂν δεῖν ἐκλαμβάνειν τὰ εἰρημένα. Οὐδὲν γὰρ οὕτω λυπεῖ ψυχῆς ὀφθαλμὸν καὶ θολοῖ, ὡς

[a] Aliquot Mss. habent ὕμνους διηνεκῶς, et quidam infra ἐκκαθαίρωμεν.

[b] Alius habet ἐνστρεφομένη.

[c] Morel. εἰς τὸ ἀραχνῶδες, Savil. ταραχῶδες, et sic legit Anianus, qui vertit *ad turbulentiam*.

ANIANI INTERPRETATIO.

libus exercemur eloquiis: et dæmonibus terrori esse poterimus, linguam nostram talium armis muniendo verborum, et tunc majorem Dei gratiam valebimus promereri. Hinc enim mentis vestræ et acumen augetur, et lumen. Nam et oculos, et os, et auditum propterea posuit in nobis Deus, ut omnia ipsi membra servirent: ut quæ ipsius sunt audiamus, quæ ipsius, loquamur; quæ ipsius, semper operemur; eique laudes canamus assiduas, et gratias per cuncta referamus, perque hæc omnia conscientiæ nostræ secreta mundemus. Sicut enim corpus quod aeris puritate perfruitur, sanius fit: sic profecto etiam anima fit sapientior, tali meditatione innutrita.

5. Nonne vides etiam corporis oculos, cum in fumo forte remorantur, lacrymas semper effundere: si vero potiantur aere purgato, et florentibus pratis, et hortis virentibus, et fontibus inter amœna fluentibus, et saniores esse, multoque majore aciei fulgore rutilare? Talis profecto est et mentis oculus. Si enim in pratis spiritualis pascatur eloquii, erit totus sine dubio purus ac lucidus, et acutius cuncta perlustrans: si vero in fumum sæcularium negotiorum fuerit ingressus, ad innumera prorsus mala lacrymabitur, ac flebit, et in hoc quidem sæculo, sed multo amarius in futuro. Fumo enim sunt humana negotia compa-
Psal. 101. 4. randa. Propterea et ille ait: *Defecerunt sicut fumus dies mei*. Sed ille quidem de brevitate hoc, et fuga quadam hujus dixit ætatis. Ego vero non ad hoc solum, verum etiam ad turbulentiam rerum præsentium dici posse istud accipio. Nihil enim ita oculos animæ contristat ac turbat, ut sæcularium turba

ὁ τῶν βιωτικῶν φροντίδων ὄχλος, καὶ ὁ τῶν ἐπιθυμιῶν
ἑσμός. Ταῦτα γὰρ τοῦ καπνοῦ τούτου τὰ ξύλα. Καὶ
καθάπερ τὸ πῦρ, ὅταν ὑγρᾶς καὶ διαβρόχου τινὸς ἐπιλάβηται ὕλης, πολὺν ἀνάπτει τὸν καπνόν· οὕτω καὶ ἡ C
ἐπιθυμία ἡ σφοδρὰ αὕτη καὶ φλογώδης, ὅταν ὑγρᾶς
τινος καὶ διαλελυμένης ἐπιλάβηται ψυχῆς, πολὺν καὶ
αὐτὴ τίκτει τὸν καπνόν. Διὰ τοῦτο χρεία τῆς δρόσου
τοῦ Πνεύματος, καὶ τῆς αὔρας ἐκείνης, ἵνα τὸ πῦρ
σβέσῃ, καὶ τὸν καπνὸν διαχέῃ, καὶ πτηνὸν ποιήσῃ ἡμῖν
τὸν λογισμόν. Οὐ γάρ ἐστιν, οὐκ ἔστι, τοσούτοις βαρυ-
νόμενον κακοῖς πρὸς τὸν οὐρανὸν ἀναπτῆναι· ἀλλ' 19
ἀγαπητὸν, εὐζώνους ἡμᾶς ὄντας δυνηθῆναι ταύτην A
τεμεῖν τὴν ὁδόν· μᾶλλον δὲ οὐδὲ οὕτως δυνατὸν, ἂν
μὴ τοῦ Πνεύματος λάβωμεν τὸ πτερόν. Εἰ τοίνυν καὶ
κούφης ἡμῖν διανοίας καὶ πνευματικῆς χάριτος δεῖ,
ἵνα ἀναβῶμεν εἰς τὸ ὕψος ἐκεῖνο, ὅταν μηδὲν τούτων,
ἀλλὰ καὶ τἀναντία πάντα ἐφελκώμεθα καὶ βάρος σα-
τανικὸν, πῶς δυνησόμεθα ἀναπτῆναι, τοσούτῳ βάρει
καθελκόμενοι; Καὶ γὰρ εἴ τις ὥσπερ ἐν δικαίοις στα-
θμοῖς [a] τοὺς λογισμοὺς ἡμῶν στῆσαι ἐπιχειρήσειεν,
ἐν μυρίοις ταλάντοις βιωτικῶν λόγων μόλις εὑρήσει
δηνάρια ἑκατὸν ῥημάτων πνευματικῶν· μᾶλλον δὲ,
οὐδὲ ὀβολοὺς δέκα. Ἆρ' οὖν οὐκ αἰσχύνη καὶ γέλως B
ἔσχατος, οἰκέτην μὲν ἔχοντας, τὰ πλείονα εἰς τὰ ἀναγκαῖα κεχρῆσθαι αὐτῷ πράγματα, στόμα δὲ κεκτημένους, μηδὲ οἰκέτῃ ὁμοίως προσφέρεσθαι τῷ μέλει τῷ
ἡμετέρῳ, ἀλλ' ἀντιστρόφως εἰς ἄχρηστα καὶ παρέλκοντα πράγματα; Καὶ εἴθε εἰς παρέλκοντα μόνον·

concupiscentiarum turba. Hæc enim sunt fumi hujusce ligna. Ac quemadmodum ignis, cum humidam materiam corripit, multum excitat fumum: sic et concupiscentia, quæ fervens et ipsa ac quasi flammea est, cum humidam quamdam ac dissolutam corripit animam, multum et ipsa fumum parit. Idcirco opus est rore Spiritus, et aura illa, quæ ignem exstinguat, ac fumum dissipet, mentemque nostram volucrem reddat. Nec quis potest, nec potest utique, tot obrutus malis ad cælum volare: sed optandum est, nos expeditos hanc posse carpere viam; imo vero ne sic quidem possumus, nisi alas Spiritus assumamus. Si itaque expedita mente, ac spirituali gratia opus nobis est, ut ad tantam sublimitatem ascendere valeamus; cum eorum nihil, sed prorsus contraria pondusque satanicum contrahamus: quo pacto poterimus avolare, tanto onere depressi? Si quis enim quasi in justis stateris cogitatus nostros appendere velit, inter mille talenta sæcularium sermonum, vix denarios centum spiritualium verborum inveniet; imo, ne decem obolos. Annon ergo turpe omninoque ridiculum est, dum servum habentes, illo ut plurimum utimur ad res necessarias, nos ore, membro nostro, non perinde uti atque servo; sed contra, ad inutilia et superflua negotia? Atque utinam ad superflua tantum; sed etiam illo utimur ad contraria et noxia et nihil utilitatis habentia. Si enim

[a] Alii et Savil. τοὺς λόγους. Sed λογισμοὺς expressit Anianus *cogitatus*, et ita legit Morellus.

ANIANI INTERPRETATIO.

curarum, et quasi obvolitantia quædam multiplicis cupiditatis examina. Hæc enim sunt istius fumi ligna. Nam sicut ignis iste communis ubi humidam corripit conspersamque materiam, plurimum sine dubio fumum suscitat: sic etiam concupiscentia vehemens illa prorsus, ac flammea, quando humentem alicujus ac palustrem succendit animam, multum in ea fumum gignit, ac nutrit. Propter hoc etiam rore opus est sancti Spiritus, et potentis illius auræ flatu, ut hujusmodi exstinguat ignem, fumumque dispergat, et cogitationem nostram expeditam reddat, ac volucrem. Non potest enim quis omnino, non potest tantis prægravatus, atque in terram defixus malis, ad cælorum evolare fastigium. Et ideo studendum nobis est, ut parati semper, et accincti iter hoc conficere possimus: imo nec sic quidem possibile est, nisi alis Spiritus subvehamur. Si igitur mente levi et expedita, et spirituali opus est gratia, ut excelsum illud valeamus ascendere, cum nihil horum, sed et omnia quotidie adversa contrahamus, et diabolico nos pondere opprimimus: quonam, quæso, pacto sursum volare poterimus, tam importabili onere depressi? Etenim si quis in quibusdam justis stateris nostros velit cogitatus sistere, inter mille sæcularium sermonum talenta vix centum denarios spiritualium poterit invenire verborum, imo nec decem quidem obolos. An vero non turpe maximeque ridiculum sit, res necessarias certasque magna plerumque parte, servis quos habemus demandare: ori vero quod proprium nostrumque possidemus, viliora quam mancipiis, nempe inutilia quædam et supervacua committere: utinam vero supervacua tantum, non etiam damnosa et noxia, nihilque profutura? Nam si nobis utilia essent quæ loquimur, etiam Deo proculdubio

nobis ea quæ loquimur utilia essent, etiam Deo proculdubio placerent. Nunc autem ea omnia loquimur quæ diabolus suggesserit, modo ridentes, modo urbana loquentes, modo maledicta et contumelias proferentes, modo jurantes, mentientes, pejerantes; nunc ferocientes, nunc futilia et anilibus fabulis leviora, quæ nihil ad nos attinent, in medium afferentes. Quis enim vestrum, quæso, psalmum unum recitare rogatus, id dicere possit, vel aliam quampiam divinæ Scripturæ partem? Nemo sane. Neque illud solum grave est; sed quod circa spiritualia desides, circa satanica igne sitis ferventiores. Nam si quis vos interrogare velit de diabolicis canticis, de meretriciis et lascivis carminibus, multos inveniet qui hæc accurate sciant, et cum voluptate magna pronuntient. Sed quæ defensio ad talem criminationem? Non sum, inquit, monachus, sed uxorem et filios habeo, curamque domesticæ rei gero. Atqui illud est quod omnia pessumdat, quod ad monachos solum putetis pertinere lectionem divinarum Scripturarum, cum multo magis quam illis sit vobis necessaria. Illi enim qui in medio versantur, et quotidie vulnera excipiunt, multo magis medicamine egent. Itaque longe pejus est, quam non legere, superfluam rem esse putare. Hæc quippe verba satanica sunt commenta.

Linguæ moderandæ ratio.

νῦν δὲ εἰς ἐναντία καὶ βλαβερὰ, καὶ εἰς οὐδὲν ἡμῖν χρήσιμα. Εἰ γὰρ ἦν ἡμῖν χρήσιμα ἃ ἐφθεγγόμεθα, καὶ τῷ Θεῷ πάντως φίλα ἦν τὰ λεγόμενα. Νυνὶ δὲ ἅπερ ἂν ὁ διάβολος ὑποβάλλῃ, πάντα φθεγγόμεθα· νῦν μὲν γελῶντες, νῦν δὲ ἀστεῖα λέγοντες· νῦν μὲν καταρώμενοι καὶ ὑβρίζοντες, νῦν δὲ ὀμνύοντες, καὶ ψευδόμενοι, καὶ ἐπιορκοῦντες, καὶ νῦν μὲν
C
ἀποδυσπετοῦντες, νῦν δὲ βαττολογοῦντες, καὶ γραϊδίων ληροῦντες πλέον, τὰ μηδὲν πρὸς ἡμᾶς πάντα εἰς μέσον φέροντες. Τίς γὰρ ὑμῶν, εἰπέ μοι, τῶν ἐνταῦθα ἑστηκότων, ψαλμὸν ἕνα ἀπαιτηθεὶς εἰπεῖν δύναιτ' ἂν, ἢ ἄλλο τι μέρος τῶν θείων Γραφῶν; Οὐκ ἔστιν οὐδείς. Καὶ οὐ τοῦτο μόνον ἐστὶ τὸ δεινὸν, ἀλλ' ὅτι πρὸς τὰ πνευματικὰ ἀναπεπτωκότες, οὕτω πρὸς τὰ σατανικὰ πυρός ἐστε σφοδρότεροι. Καὶ γὰρ εἰ βουληθείη τις ὑμᾶς ᾠδὰς ἐξετάσαι διαβολικὰς, καὶ πορνικὰ
30 καὶ κατακεκλασμένα μέλη, πολλοὺς εὑρήσει μετὰ ἀκρι-
A βείας ταῦτα εἰδότας, καὶ μετὰ πολλῆς αὐτὰ ἀπαγγέλλοντας τῆς ἡδονῆς. Ἀλλὰ [a] τίς ἡ ἀπολογία τῶν ἐγκλημάτων τούτων; Οὐκ εἰμὶ, φησὶ, τῶν μοναχῶν, ἀλλὰ καὶ γυναῖκα ἔχω καὶ παιδία, καὶ οἰκίας ἐπιμελοῦμαι. Τοῦτο γάρ ἐστιν ὃ πάντα ἐλυμήνατο, ὅτι ἐκείνοις μόνοις νομίζετε προσήκειν τὴν ἀνάγνωσιν τῶν θείων Γραφῶν, πολλῷ πλέον ἐκείνων ὑμεῖς δεόμενοι. Τοῖς γὰρ ἐν μέσῳ στρεφομένοις, καὶ καθ' ἑκάστην ἡμέραν τραύματα δεχομένοις, τούτοις μάλιστα δεῖ φαρμάκων. Ὥστε τοῦ μὴ ἀναγινώσκειν πολλῷ χεῖρον τὸ καὶ περιττὸν εἶναι τὸ πρᾶγμα νομίζειν. Ταῦτα γὰρ σατανικῆς μελέτης τὰ ῥήματα.

[a] Alii τίς ἡ ἀπολογία τῶν ἐγκλημάτων; οὐκ εἰμί.

ANIANI INTERPRETATIO.

verba nostri oris placerent. Nunc vero quascumque hostis antiquus suggerit loquutiones loquimur, tum quidem ridentes ipsi, tum vero in aliorum risum faceta aliqua et urbana dicentes: et nunc quidem maledicta jaculantes et contumelias: nunc vero mentientes, jurantes, pejerantes: et nunc quidem nolentes loqui nunc vero multiloqua vanitate deliros omnes delirasque superantes, ea quæ ad nos omnino non pertinent, absque ulla in medium ratione proferimus. Quis enim vestrum, respondete, quæso, qui assistitis, unum, si exigatur, psalmum potest memoriter ediscere, aut Scripturarum sacrarum ullam aliam portionem? Nullus omnino est: nec tamen solum istud est malum; sed quoniam ad spiritualia desides ac remissi, ad diabolica prompti, ignem ipsum ardore superatis. Etenim si quis vos de theatralibus aliquid voluerit interrogare canticis, et meretricios illos fractosque modulos audire: multos, qui illa etiam diligentissime didicerint, poterit invenire, et qui ea cum maxima etiam pronuntient voluptate. Sed estne horum criminum tandem aliqua defensio? Non sum, inquit, ego monachus, uxorem habeo, et filios, et curam domus gero. Hoc enim est, quod omnia quasi una quadam peste corrumpit, quoniam lectionem divinarum Scripturarum ad solos putatis monachos pertinere, cum multo magis vobis quam illis sit necessaria. Qui enim versantur in medio, et vulnera quotidie accipiunt, magis indigent medicamine. Itaque multo est gravius atque deterius, rem superfluam esse legem Dei putare, quam illam omnino non legere. Hæc enim verba sunt, quæ de diabolica prorsus meditatione promuntur.

Οὐκ ἀκούετε Παύλου λέγοντος, ὅτι πρὸς νουθεσίαν
ἡμῶν ταῦτα πάντα ἐγράφη; Σὺ δὲ, ἂν μὲν εὐαγγέλιον
δέξασθαι δέῃ χερσὶν ἀνίπτοις, οὐκ ἂν ἕλοιο τοῦτο ποι- B
ῆσαι· τὰ δὲ ἔνδον ἐγκείμενα οὐχ ἡγῇ σφόδρα [b] ἀναγκαῖα εἶναι; Διὰ τοῦτο πάντα ἄνω καὶ κάτω γέγονεν.
Εἰ γὰρ βούλει μαθεῖν ὅσον τῶν Γραφῶν κέρδος, ἐξέτασον σεαυτὸν, τίς μὲν γίνῃ ψαλμῶν ἀκούων, τίς δὲ σατανικῆς ᾠδῆς· καὶ πῶς διάκεισαι ἐν ἐκκλησίᾳ διατρίβων, καὶ πῶς ἐν θεάτρῳ καθήμενος· καὶ ὄψει πολὺ τὸ
μέσον ταύτης κἀκείνης τῆς ψυχῆς, καίτοι γε μιᾶς οὔσης.
Διὰ τοῦτο ὁ Παῦλος ἔλεγε· Φθείρουσιν ἤθη χρηστὰ
ὁμιλίαι κακαί. Διὰ τοῦτο [c] συνεχῶν ἡμῖν δεῖ τῶν ἀπὸ
τοῦ Πνεύματος ἐπῳδῶν. Καὶ γὰρ τοῦτό ἐστιν ᾧ τῶν C
ἀλόγων πλεονεκτοῦμεν, ὡς τῶν γε ἄλλων ἕνεκεν καὶ
σφόδρα αὐτῶν ἐλαττούμεθα. Τοῦτό ἐστι τροφὴ ψυχῆς,
τοῦτο κόσμος, τοῦτο ἀσφάλεια· ὥσπερ οὖν τὸ μὴ
ἀκούειν, λιμὸς καὶ φθορά· Δώσω γὰρ, φησὶν, αὐτοῖς οὐ λιμὸν ἄρτου, οὐδὲ δίψαν ὕδατος, ἀλλὰ λιμὸν
τοῦ ἀκοῦσαι λόγον Κυρίου· τί γένοιτ' ἂν οὖν ἀθλιώτε- 31
ρον, ὅταν ὅπερ ὁ Θεὸς ἐν τάξει κολάσεως ἀπειλῇ, τοῦτο A
αὐτομάτως σὺ κατὰ τῆς σαυτοῦ κεφαλῆς ἕλκῃς τὸ
κακὸν, λιμόν τινα χαλεπὸν ἐπεισάγων τῇ ψυχῇ, καὶ
[a] πάντων αὐτὴν ἀσθενεστέραν ποιῶν; Ἀπὸ γὰρ λόγων
καὶ φθείρεσθαι καὶ σώζεσθαι πέφυκε. Καὶ γὰρ εἰς ὀργὴν τοῦτο αὐτὴν ἐξάγει, καὶ πραΰνει τὸ αὐτὸ τοῦτο
πάλιν, καὶ πρὸς ἐπιθυμίαν ἐξῆψε ῥῆμα αἰσχρὸν, καὶ
εἰς σωφροσύνην ἤγαγε λόγος σεμνότητος γέμων. Εἰ δὲ
[b] λόγος ἁπλῶς τοσαύτην ἔχει τὴν ἰσχὺν, πῶς τῶν Γραφῶν καταφρονεῖς; εἰπέ μοι. Εἰ γὰρ παραίνεσις το-

6. Non auditis Paulum dicentem, hæc omnia 1. *Cor.* 10. 11.
ad correptionem nostram scripta esse? Tu vero, si
Evangelium illotis manibus sumere oporteret, id *Lectio evangeliorum necessaria.*
utique nolles, et tamen putas ea quæ in illo conti-
nentur non esse admodum necessaria. Ideoque
omnia sus deque versa sunt. Quod si discere
velis quantum lucri reportetur ex Scripturis: te
ipsum examina, quo nempe in situ et statu sis cum
psalmos audis, et quo, cum satanicam cantilenam:
quo affectu sis in ecclesia versans, quo in theatro sedens: videbisque quantum sit discrimen
inter hanc et illam animam, licet una eademque
sit. Ideoque Paulus dicit: *Corrumpunt mo-* 1. *Cor.* 15. 33.
res bonos colloquia prava. Idcirco assiduis
Spiritus sancti cantibus egemus. Illud enim est
in quo brutis præstamus, licet in aliis quibusdam longe ipsis inferiores simus. Hoc est alimentum animæ, hoc ornamentum, hoc securitas; contra vero non audire, illud fames, illud corruptio
est: *Dabo enim eis*, inquit, *non famem pa-* *Amos.* 8. 11.
nis, neque sitim aquæ; sed famem audiendi
verbi Domini. Quid autem infelicius esse possit, quam, cum illud quod Deus ut pœnam comminatur, illud ipsum malum tu sponte in caput
tuum attrahis, dum gravissima fame afflicis animam tuam, illamque omnibus infirmiorem reddis?
Nam a verbis illa et corrumpi et sanari solet. Siquidem illis et in iram concitatur, et commota
mitigatur: ad concupiscentiam lascivum dictum

[b] Sic Mss. pene omnes, melius quam Savil. et Morel., qui habent ἀναγκαῖον.

[c] Ita Savil. et alii, Morel. vero συνεχῶς ἡμῶν δεῖ, minus recte.

[a] Alii πάντοθεν.

[b] Alius λόγος ἁπλοῦς.

ANIANI INTERPRETATIO.

6. Non audis Paulum loquentem: *Quoniam ad correptionem nostram hæc omnia scripta sunt?* Tu 1. *Cor.* 10. 11.
ergo Evangelium etiamsi illotis, ut aiunt, manibus contrectare daretur, ne attingere quidem cupias: tantum abest, ut penitus penetrare judices operæ pretium; itaque fit ut sursum hodie deorsum omnia ferantur. Quod si discere cupis quantus ex Scripturis divinis nascatur profectus, temetipsum diligenter examina: qualis quidem efficiaris cum psalmos audis, qualis item cum diabolicam cantilenam: et quemadmodum quidem affici soleas cum in ecclesia steteris, quemadmodum vero si sederis in theatro, et videbis quam sit grande istius animæ, illiusque discrimen, licet una semper in te anima sit: idcirco
enim apostolus ait: *Corrumpunt mores bonos colloquia mala.* Itaque assidue potentibus Spiritus Dei 1. *Cor.* 15. 33.
carminibus egemus. Etenim istud est quo irrationalibus præstamus animantibus, cum certe inferiores simus in cæteris. Hoc est enim nutrimentum animæ, hoc ornamentum, hoc securitas: ut e regione, Dei non audire verbum, fames atque internecies. *Dabo*, inquit, *eis non famem panis, neque sitim aquæ, sed fa-* *Amos.* 8. 11.
mem audiendi verbum Dei. Quid igitur infelicius esse possit, quam ut quod Deus in pœnam minatur, hoc tu jam sponte in caput tuum attrahens corroges malum, inferens animæ tuæ sævissimam famem, atque pestiferam, per quam miseriorem illam cunctis omnino rebus efficias? Verbis enim nunc sanari illa solet, nunc corrumpi. Nam et sæpe in iram sermone succenditur, et ab ipso incendio alio rursus sermone restinguitur: et ad concupiscentiam sermo illam obscœnus inflammat, et ad pudicitiam verbum honestatis

3.

incendit, et ad castitatem verbum honestum reducit. Si enim sermo solus tantam vim habet, cur,
quæso, Scripturas despicis? Si namque admoni-
tiones tantum valent, multo magis quando cum
admonitionibus adest Spiritus. Etenim verbum
ex Scripturis divinis prolatum induratam animam
igne vehementius emollit, et ad quælibet bona
aptam efficit. Sic cum Paulus Corinthios inflatos
et tumentes esse deprehendisset, compressit ac modestiores reddidit. De quibus enim pudore rubore-
que affici par erat, de iisdem altum sapiebant. Sed
postquam Pauli epistolam acceperant, audi illorum
mutationem, quam ipse doctor testificatus est his
2. Cor. 7. 11. verbis: *Hoc enim ipsum secundum Deum contristari, quantam in vobis operatur sollicitudinem: sed defensionem, sed indignationem, sed
æmulationem, sed vindictam.* Sic famulos, filios, uxores, amicos instituamus, et de inimicis
amicos facere curemus. Sic magni illi viri, Deo-
2 Reg. 12. 13. que amici, meliores effecti sunt. Etenim David
post peccatum, verbi fructu, in optimam illam
deductus est pœnitentiam: apostoli quoque sic tales evaserunt, quales novimus, et universum orbem attraxerunt. Ecquis fructus, inquies, si quis
audiat, et dicta non exsequatur? Non modicum
certe ex auditu accedet lucrum. Nam is seipsum
damnabit et ingemiscet, et eo aliquando deduce-
tur, ut quæ dicta sunt impleat. Qui vero nec quidem scit an peccaverit, quando a peccando desi-

σαῦτα δύναται, πολλῷ μᾶλλον ὅταν μετὰ Πνεύματος
B ὦσιν αἱ παραινέσεις. Καὶ γὰρ πυρὸς μᾶλλον τὴν πεπωρωμένην μαλάττει ψυχὴν, καὶ πρὸς ἅπαντα ἐπιτη-
δείαν κατασκευάζει τὰ καλὰ λόγος ἀπὸ τῶν θείων
ἐνηχούμενος Γραφῶν. Οὕτω καὶ Κορινθίους πεφυσιω-
μένους λαβὼν ὁ Παῦλος καὶ φλεγμαίνοντας, κατέστειλε
καὶ ἐπιεικεστέρους ἐποίησε. Καὶ γὰρ ἐφ' οἷς αἰσχύνεσθαι ἔδει καὶ ἐγκαλύπτεσθαι, ἐπὶ τούτοις μέγα ἐφρόνουν.
Ἀλλ' ἐπειδὴ τὴν ἐπιστολὴν ἐδέξαντο, ἄκουσον αὐτῶν
τὴν μεταβολὴν, ἣν αὐτὸς ὁ διδάσκαλος αὐτοῖς ἐμαρτύρησεν, οὕτω λέγων· Αὐτὸ γὰρ τοῦτο τὸ κατὰ Θεὸν λυ-
πηθῆναι ὑμᾶς, πόσην εἰργάσατο ἐν ὑμῖν σπουδήν·
ἀλλὰ ἀπολογίαν, ἀλλὰ ἀγανάκτησιν, ἀλλὰ φόβον,
C ἀλλὰ ἐπιπόθησιν, ἀλλὰ ζῆλον, ἀλλὰ ἐκδίκησιν. Οὕτω
καὶ οἰκέτας, καὶ παῖδας, καὶ γυναῖκας, καὶ φίλους
[c] ῥυθμίζωμεν, καὶ τοὺς ἐχθροὺς φίλους ποιῶμεν.
Οὕτω καὶ οἱ μεγάλοι ἄνδρες, καὶ τῷ Θεῷ φίλοι, βελτίους ἐγένοντο. Καὶ γὰρ ὁ Δαυῒδ μετὰ τὴν ἁμαρτίαν,
ἐπειδὴ λόγων ἀπήλαυσε, τότε εἰς τὴν καλλίστην ἐκείνην ἦλθε μετάνοιαν· καὶ οἱ ἀπόστολοι δὲ οὕτω γεγόνασιν ὅπερ γεγόνασι, καὶ τὴν οἰκουμένην ἅπασαν ἐπεσπά-
32 σαντο. Καὶ τί τὸ κέρδος, φησὶν, ὅταν ἀκούσῃ τις, καὶ
A μὴ ποιῇ τὰ λεγόμενα; Οὐ μικρὸν μὲν καὶ ἀπὸ τῆς
ἀκροάσεως ἔσται τὸ κέρδος. Καὶ γὰρ καταγνώσεται
ἑαυτοῦ καὶ στενάξει, καὶ ἥξει ποτὲ καὶ ἐπὶ τὸ ποιεῖν
τὰ λεγόμενα. Ὁ δὲ μηδ' ὅτι ἥμαρτεν εἰδὼς, πότε ἀποστήσεται τοῦ πλημμελεῖν; πότε καταγνώσεται ἑαυτοῦ;
Μὴ τοίνυν καταφρονῶμεν τῆς ἀκροάσεως τῶν θείων
Γραφῶν. Σατανικῆς γὰρ ταῦτα διανοίας, οὐκ ἀφιείσης

[c] ῥυθμίζωμεν... ποιῶμεν. Sic maxima pars Manuscriptorum, et sic legit Anianus. Savil. et Morel. ῥυθμίζομεν... ποιοῦμεν.

ANIANI INTERPRETATIO.

reducit. Si autem hoc facit sermo iste communis, responde, quare tu Scripturarum eloquia contemnas? Nam si admonitio sola tantum valet, quanto magis si etiam per Spiritus sancti gratiam ipsa admonitio proferatur? Ex Scripturis namque divinis sermo prolatus, ipso igne vehementius animam audientis accendit, atque in omnium illam præparat usum bonorum. Sic etiam Paulus Corinthios, quos inflatos esse cognoverat ac tumentes, castigatione sermonis reddidit mitiores. De quibus enim erubescere, seque occultare potius debuerant, ob ea ipsa superbum quiddam sublimeque sapiebant: sed postquam Pauli epistolam susceperunt, audi quanta illorum sit facta mutatio, de qua ipse certe illis testimonium reddit magi-
2. Cor. 7. 11. ster: *Hoc ipsum,* inquit, *secundum Deum contristari vos, quantam in vobis effecit sollicitudinem, imo defensionem, imo indignationem, imo timorem, imo desiderium, imo æmulationem, imo vindictam.* Ita ergo et servos, et filios, et conjuges moderemur, et amicos; ita et de inimicis quoque amicos
2. Reg. 12. 13. facere curemus. Sic etiam illi magni viri Deoque cari, facti sunt profecto meliores. Nam et David post peccatum, quoniam sermonem audivit Dei, ad salutarem illam pœnitentiam convolavit. Et apostoli eodem pacto facti sunt tales quales eos fuisse miramur: eodem pacto universum illi mundum attraxerunt. Et quid, ais, lucri est, quando quis audit, et non accedit ad implenda quæ dicta sunt? Non parvus est etiam ex ipso profectus auditu. Nam qui audit, et semetipsum reprehendet sæpe, et altius ingemiscet, et eo quandoque perveniet, ut studeat etiam implere quod didicit. Qui vero nec quod peccavit intelligit,

τὸν θησαυρὸν ἰδεῖν, ἵνα μὴ τὸν πλοῦτον κερδάνωμεν. Διὰ τοῦτο οὐδὲν εἶναί φησι τὴν ἀκρόασιν τῶν θείων νόμων, ἵνα μὴ τὴν πρᾶξιν ἀπὸ τῆς ἀκροάσεως ἴδῃ προσγενομένην ἡμῖν. Εἰδότες τοίνυν τὴν πονηρὰν ταύτην αὐτοῦ τέχνην, πάντοθεν ἑαυτοὺς ἀποτειχίζωμεν, B ἵνα τοῖς ὅπλοις τούτοις φραξάμενοι, αὐτοί τε ἀνάλωτοι μένωμεν, καὶ τὴν ἐκείνου βάλωμεν κεφαλὴν, καὶ οὕτω λαμπρὰ τὰ νικητήρια ἀναδησάμενοι τῶν μελλόντων ἐπιτύχωμεν ἀγαθῶν, χάριτι καὶ φιλανθρωπίᾳ τοῦ Κυρίου ἡμῶν Ἰησοῦ Χριστοῦ, ᾧ ἡ δόξα καὶ τὸ κράτος εἰς τοὺς αἰῶνας τῶν αἰώνων. Ἀμήν.

stet? quando peccata damnabit sua? Ne itaque contemnamus divinarum lectionem Scripturarum. Hæc enim diabolica est cogitatio quæ non permittit ut thesaurum videamus, ne divitias acquiramus. Ideo nihil esse dicit audire divinas leges, ne ex auditu nos ad effectum rem deducere videat. Scientes igitur, hanc ejus esse nequissimam artem, undique nos muniamus, ut his armis instructi, et nos invicti maneamus ejusque caput feriamus, sicque victoriæ insignibus coronati, futura consequamur bona, gratia et benignitate Domini nostri Jesu Christi, cui gloria et imperium in sæcula sæculorum. Amen.

ANIANI INTERPRETATIO.

quando a peccatis recedet? quando se ipse culpabit? quando etiam emendare conabitur? Non igitur contemnamus Scripturas audire divinas. Hæc enim diabolicæ inspirationis sunt, non sustinentis nos aspicere thesaurum, ne divitias acquiramus. Propterea ille suadet, nihil omnino esse commodi divinas audire leges, ne quando ex auditu sequi etiam videat actionem. Deprehendentes itaque hanc illius artem malignam, undique nos muro scientiæ muniamus, ut spiritualibus circumstipati armis, et ipsi permaneamus intacti, et caput dejiciamus inimici: sicque victoriæ insignibus adornati, futurorum gaudio potiamur bonorum, gratia et misericordia Domini nostri Jesu Christi, cui gloria cum Patre, et sancto Spiritu, in sæcula sæculorum. Amen.

ΟΜΙΛΙΑ γ'.

Βίβλος γενέσεως Ἰησοῦ Χριστοῦ, υἱοῦ Δαυὶδ, υἱοῦ Ἀβραάμ.

Ἰδοὺ τρίτη διάλεξις, καὶ τὰ ἐν προοιμίοις οὐδέπω A διελυσάμεθα. Οὐκ ἄρα μάτην ἔλεγον, ὅτι πολὺ τὸ βάθος ἔχει τῶν νοημάτων τούτων ἡ φύσις. Φέρε δὴ τὰ λειπόμενα σήμερον εἴπωμεν. Τί ποτ' οὖν ἐστι τὸ ζητούμενον νῦν; Τίνος ἕνεκεν ὁ Ἰωσὴφ γενεαλογεῖται, οὐδὲν πρὸς τὴν γέννησιν συντελῶν. Καὶ μίαν μὲν αἰτίαν εἰρήκαμεν ἤδη· ἀναγκαῖον δὲ καὶ τὴν ἑτέραν εἰπεῖν, τὴν μυστικωτέραν καὶ ἀποῤῥητοτέραν ἐκείνης.

HOMILIA III.

CAP. I, v. 1. *Liber generationis Jesu Christi, filii David, filii Abraham.*

1. Ecce jam tertiam dissertationem, et prœmia nondum absolvimus. Non ergo frustra dicebam, admodum profundam esse harum sententiarum naturam. Age hodie quæ residua sunt dicamus. Quid ergo jam quærimus? Cur Josephi genealogia ducatur, qui nihil ad generationem contulit. Jam unam causam diximus: operæ pretium est ut aliam dicamus, magis mysticam et arcanam. Quæ-

ANIANI INTERPRETATIO.

HOMILIA TERTIA EX CAPITE I.

Liber generationis Jesu Christi filii David, filii Abraham, etc.

1. Ecce jam tertia disputatio vertitur, et necdum a nobis sunt Evangelii absoluta principia. Non frustra ergo prædiximus, quoniam hujusmodi intellectuum natura multa continet profunda. Age vero hodie sequentia disseramus. Quid ergo nunc in quæstione versatur? Cujus videlicet rei gratia Joseph in generationum catalogo ponatur, cum ad nativitatem nihil conferat: et unam quidem causam jam recensuimus necesse vero et alteram magis arcanam illa priore magisque abditam edocere. Sed quæ ea

Cur Josephi, non Mariæ genealogia ducatur.

nam illa est? Nolebat Judæis notum esse ipso partus tempore ex Virgine nasci Christum. Sed ne turbemini de inexspectata responsione. Neque enim meus hic est sermo, sed patrum nostrorum admirandorum insigniumque virorum. Si enim multa subobscure ab initio loquutus est, Filium hominis sese vocans, nec ubique suam cum Patre æqualitatem clare revelans, quid miraris si hoc etiam adumbravit, magna quadam et mirabili usus œconomia? Ecquid hic mirabile? inquies. Ut servaret Virginem, et a prava suspicione liberaret. Si enim hæc Judæi ab initio audissent, maligne rem interpretantes Virginem lapidassent, atque ut adulteram damnassent. Nam si in aliis, quorum etiam exempla habebant in Veteri Testamento, impudenter palam se gerebant: si quando dæmonas ejecit, dæmoniacum vocabant, si quia in sabbato curavit, Deo adversarium putabant, etiamsi antea sabbatum sæpe solutum fuisset: quid non dicturi erant, hoc audientes? Etenim pro ipsis pugnasset totum præteritum tempus, ubi numquam quid simile gestum fuerat. Si namque post tot signa illum adhuc Josephi filium appellabant, quomodo ante illa signa ipsum ex Virgine natum credidissent? Ideo itaque ejus genealogia ducitur, Virginemque desponsat. Quando enim Joseph, vir justus et admirandus, multis opus habuit, ut quod gestum erat edisceret, angelo, visione per somnum, et prophetarum testimonio; quomodo Judæi per-

33 Τίς οὖν ἐστιν αὕτη; Οὐκ ἐβούλετο τοῖς Ἰουδαίοις
A εἶναι δῆλον [a] παρὰ τὸν τῶν ὠδίνων καιρὸν, ὅτι ἐκ
παρθένου γεγέννηται ὁ Χριστός. Ἀλλὰ μὴ θορυβεῖσθε
πρὸς τὸ παράδοξον τοῦ λεγομένου. Οὐδὲ γὰρ ἐμὸς ὁ
λόγος, ἀλλὰ πατέρων ἡμετέρων, θαυμαστῶν καὶ ἐπι-
σήμων ἀνδρῶν. Εἰ γὰρ πολλὰ συνεσκίασεν ἐξ ἀρχῆς,
Υἱὸν ἀνθρώπου καλῶν ἑαυτὸν, καὶ οὐδὲ τὴν πρὸς τὸν
Πατέρα ἰσότητα πανταχοῦ σαφῶς ἡμῖν ἐξεκάλυψε, τί
θαυμάζεις, εἰ καὶ τοῦτο συνεσκίασε τέως, θαυμαστόν
τι καὶ μέγα οἰκονομῶν; Καὶ ποῖον θαυμαστόν; φησί.
Τὸ διασωθῆναι τὴν παρθένον, καὶ ὑποψίας ἀπαλλαγῆναι πονηρᾶς. Εἰ γὰρ τοῦτο ἐξ ἀρχῆς τοῖς Ἰουδαίοις
B γέγονε κατάδηλον, κἂν κατέλευσαν τὴν παρθένον κακουργοῦντες τῷ λεγομένῳ, καὶ μοιχείας αὐτὴν ἔκριναν
ἄν. Εἰ γὰρ ὑπὲρ τῶν ἄλλων, ὧν πολλάκις καὶ ὑποδείγματα εἶχον ἐν τῇ Παλαιᾷ, φανερῶς ἠναισχύντουν·
καὶ γὰρ ἐπειδὴ δαίμονας ἐξέβαλε, δαιμονῶντα ἐκάλουν,
καὶ ἐπειδὴ ἐν σαββάτῳ ἐθεράπευσεν, ἀντίθεον εἶναι
ἐνόμιζον, καίτοι γε πολλάκις, καὶ πρότερον ἐλύθη τὸ
σάββατον· τί οὐκ ἂν εἶπον τούτου λεχθέντος; Καὶ γὰρ
εἶχον πάντα τὸν πρὸ τούτου συναγωνιζόμενον αὐτοῖς
καιρὸν, οὐδέποτέ τι τοιοῦτον ἐνεγκόντα. Εἰ γὰρ μετὰ
τοσαῦτα σημεῖα ἔτι αὐτὸν τοῦ Ἰωσὴφ ἐκάλουν υἱὸν, πῶς
C ἂν πρὸ τῶν σημείων ἐπίστευσαν, ὅτι καὶ ἐκ παρθένου
ἦν; Διὰ δὴ τοῦτο καὶ γενεαλογεῖται, καὶ μνηστεύεται
τὴν παρθένον. Ὅπου γὰρ ὁ Ἰωσὴφ, καὶ δίκαιος ὢν
καὶ θαυμαστὸς ἀνὴρ, πολλῶν ἐδεήθη, ὥστε δέξασθαι
τὸ γεγενημένον, καὶ ἀγγέλου, καὶ τῆς δι' ὀνειράτων
ὄψεως, καὶ τῆς ἀπὸ τῶν προφητῶν μαρτυρίας, πῶς ἂν

[a] Unus habet τὸν πρὸ τῶν ὠδίνων καιρόν.

ANIANI INTERPRETATIO.

est? Noluit evangelista recenti adhuc tempore novi illius admirandique partus Judæis esse manifestum, quod Christus natus fuisset ex Virgine. Sed nemo quasi de inusitata expositione turbetur. Neque enim proprius noster hic sermo est, sed a nobis de patrum, atque insignium virorum traditione susceptus. Si enim ipse Dominus multa in primis obumbravit atque operuit, filium se hominis vocans: nec illam quam cum Patre possidet æqualitatem, ubique nobis ad liquidum revelavit: quid miraris si hoc quoque interim texit, magnum quiddam atque mirabile dispensando? Et quidnam hoc est mirabile, inquies? Ut scilicet et salvaretur Virgo, et maligna suspicio pelleretur. Si enim ab initio Judæi ista audissent, lapidassent Virginem, indigne propter eam famam tractantes, et adulterii illam crimine condemnassent. Qui enim etiam illis operibus, quorum sæpe in Veteri Testamento exempla præcesserant, manifesta impudentia repugnabant, nunc dæmonia ejicientem, dæmonium habere dicentes: nunc in sabbato signa facientem quasi Dei adversarium judicantes: cum certe liquido constaret sabbatum sine crimine frequenter solutum: quid illi hoc audito dicere, quid facere aliquando dubitassent, cum utique omni occasione, quamquam nullam ille præbuisset, ad hujus calumniam abuterentur? Si enim etiam post tot signa adhuc illum Joseph filium nuncupabant, quomodo ante signa natum ex virgine credidissent? Propterea igitur Joseph in generationibus ponitur, Virginemque ducit. Nam si iste quoque, vir certe admirandus et justus, multis rebus indiguit, ut quod factum erat, verum esse susciperet, admonitus ab angelo, admonitus revelationibus somniorum, et prophetico testimonio confirmatus: quando illi pravi animo, et

οἱ Ἰουδαῖοι, καὶ σκαιοὶ ὄντες καὶ διεφθαρμένοι, καὶ πολεμίως οὕτω πρὸς αὐτὸν ἔχοντες, ταύτην ἂν παρεδέξαντο τὴν ὑπόνοιαν; Σφόδρα γὰρ αὐτοὺς ἔμελλε θορυβεῖν τὸ ξένον καὶ καινὸν, καὶ τὸ μηδέποτέ τι τοιοῦτον μηδὲ ἀκοῇ παραδέξασθαι ἐπὶ τῶν προγόνων συμβεβηκός. Ὁ μὲν γὰρ ἅπαξ πεισθεὶς, ὅτι τοῦ Θεοῦ Υἱός 34
A ἐστιν, οὐδὲ περὶ τούτου λοιπὸν ἀμφισβητεῖν εἶχεν· ὁ δὲ καὶ πλάνον καὶ ἀντίθεον αὐτὸν εἶναι νομίζων, πῶς οὐκ ἂν ἀπὸ τούτου καὶ ἐσκανδαλίσθη μειζόνως, καὶ πρὸς ἐκείνην ὡδηγήθη τὴν ὑπόνοιαν; [a] Διὰ τοῦτο οὐδὲ οἱ ἀπόστολοι παρὰ τὴν ἀρχὴν εὐθέως τοῦτο λέγουσιν, ἀλλ' ὑπὲρ μὲν τῆς ἀναστάσεως πολλὰ διαλέγονται καὶ πολλάκις, ἐπειδὴ ταύτης ὑποδείγματα ἦν ἐν τοῖς ἔμπροσθεν χρόνοις, εἰ καὶ μὴ τοιαῦτα· ὅτι δὲ ἐκ παρθένου γέγονεν, οὐ συνεχῶς λέγουσιν· ἀλλ' οὐδὲ αὐτὴ ἡ μήτηρ ἐξενεγκεῖν τοῦτο ἐτόλμησεν. Ὅρα γοῦν καὶ πρὸς αὐτὸν τί φησιν ἡ παρθένος· Ἰδοὺ ἐγὼ καὶ ὁ πατήρ σου ἐζητοῦμέν σε. Εἰ γὰρ τοῦτο ὑπωπτεύθη, οὐδ' ἂν τοῦ Δαυὶδ B
λοιπὸν ἐνομίσθη εἶναι υἱός· τούτου δὲ μὴ νομισθέντος, πολλὰ ἂν ἐτέχθη καὶ ἕτερα κακά. Διὰ τοῦτο οὐδὲ οἱ ἄγγελοι ταῦτα λέγουσιν, ἀλλὰ τῇ Μαρίᾳ μόνῃ καὶ τῷ Ἰωσὴφ διεσάφησαν [illegible] ποιμέσιν εὐαγγελιζόμενοι τὸ γεγεννημένον, οὐκέ[illegible]ο προσέθηκαν. Τίνος δὲ ἕνεκεν μνησθεὶς τοῦ Ἀβραὰμ, καὶ [illegible] ὅτι ἐγέννησε τὸν Ἰσαὰκ, καὶ ὁ Ἰσαὰκ τὸν Ἰακὼβ, καὶ οὐ μνημονεύσας τοῦ ἀδελφοῦ αὐτοῦ, ὅτε εἰς τὸν Ἰακὼβ ἦλθε, καὶ τοῦ Ἰούδα καὶ τῶν ἀδελφῶν τῶν τούτου μέμνηται;

Τινὲς μὲν οὖν φασι, διὰ τὸ δύστροπον τοῦ Ἡσαῦ C

versi et corrupti, et illi infensi, hanc excepissent opinionem? Admodum enim illos res tam nova, tam inexspectata perturbatura erat, eo quod progenitorum suorum ævo nihil hujusmodi gestum umquam fuisset. Etenim qui semel credidit illum esse Dei Filium, nihil hac de re ambigere debuit: qui vero illum seductorem et Deo adversarium existimaret, quomodo non hac de re magis offenderetur, qui in illam non deduceretur opinionem? Ideoque apostoli hoc statim ab initio non dicunt, sed de resurrectione multa sæpe disserunt, cujus jam exempla fuerant præteritis temporibus, etsi non huic similia: quod autem de Virgine natus sit, non ita frequenter dicunt; sed neque mater id est ausa proferre. Vide namque quid illi Virgo dicat: *Ecce ego et pater tuus quærebamus te.* Luc. 2. 48.
Nam si illud in suspicionem venisset, neque Davidis demum filius esse creditus fuisset: hac porro sublata opinione, multa alia suboritura mala erant. Propterea ne ipsi quidem angeli illud dicunt, sed Mariæ tantum et Josepho declararunt: cum vero pastoribus fausta nuntiarent, id minime adjecerunt. Cur Abraham memorato, cum dixisset, genuit Isaac, et Isaac Jacob, nec fratrem Jacobi nominasset, cum ad Jacobum postea venit, et Judam et fratres ejus commemorat?

2. Quidam dicunt, id ob pravos Esaü mores

[a] Quidam Mss. διὰ δὴ τοῦτο οὐδὲ οἱ ἀπόστολοι.
[b] Sic Morel. et quidam Mss. Alii cum Savil. οὐκ ἐμνημόνευσε τῶν ἀδελφῶν αὐτῶν. Ibidem Savil. ὅτι δέ, Morel. ὅτε δέ, alii melius ὅτι, sublato δέ.

ANIANI INTERPRETATIO.

corrupti, tamque hostiliter Christo repugnantes, hanc opinionem probassent? Valde enim ipsos perturbasset res insolens et nova, et quod numquam tale quidquam vel fando accepissent temporibus majorum suorum accidisse. Nam ille quidem qui cum Dei Filium semel credidisset, nihil de hoc possit ambigere: qui vero seductorem illum Deoque putaret esse contrarium, quomodo non ex hoc scandalizaretur magis, atque ad suspicionem illam turpissimam duceretur? Propterea et apostoli inter initia evangelii prædicandi non continuo istud annuntiant, sed fidem resurrectionis præcipue inculcant, cujus jam in prioribus præcesserant exempla temporibus, etsi non per omnia fuisse doceantur æqualia: quod vero natus sit ex Virgine, parumper occultant, sed nec ipsa quidem hoc mater temere est ausa proferre. Itaque considera quid etiam ad ipsum loquatur: *Ecce,* inquit, *ego et pater tuus quærebamus te.* Cæterum si hæc Luc. 2. 48.
passim fuisset opinio vulgata, nequaquam illum David filium credidissent: quod si non putaretur, mala etiam hinc plurima nascerentur. Idcirco istud ne angeli quidem, nisi ipsi Joseph tantummodo loquuntur et Mariæ: evangelizantes vero pastoribus, cum Dominum esse natum palam nuntient, quo tamen sit natus modo prorsus occultant. Cujus vero rei gratia cum meminisset Abrahæ, atque dixisset, quia genuerit Isaac, et Isaac Jacob, nec fratris ejus mentionem facere curasset, ad Jacob veniens, non solum Judam, sed etiam fratres ejus annumerat?

2. Quidam sane propter malignitatem morum Esaü et aliorum priorum id factum esse voluerunt:

et aliorum priorum factum esse. Ego vero illud non dixerim: nam si hoc esset, cur tales paulopost mulieres commemorat? Nam gloria ejus hic ex contrariis elucescit: non ex eo quod magnos habeat progenitores, sed potius exiguos et viles. Sublimi enim hæc magna gloria est, si possit demissus admodum et vilis apparere: cur itaque non commemoravit? Quia nihil commune habebant illi cum Israëlitico genere, nempe Saraceni, Ismaëlitæ et Arabes, et quotquot ab illis majoribus orti sunt. Ideoque illis silentio missis, ad ejus et Judaïci populi majores properat. Ideo ait: *Jacob autem genuit Judam et fratres ejus.* Hic jam Judæorum designatur populus. *Judas autem genuit Phares et Zaram de Thamar.* Quid facis, mi homo, dum historiam affers improbi coitus? Cur hæc loquitur? Certe si nudi hominis genus enarraremus, jure quis hæc tacuisset; si autem incarnati Dei, non modo hæc non tacenda, sed etiam magnifice expromenda sunt, ut ejus et providentia et potestas ostendatur. Ideo namque venit, non ut opprobria nostra fugiat; sed ut illa de medio tollat. Sicut non tam admiramur, quod mortuus sit, quam quod crucifixus; licet res probrosa sit: sed quo probrosior, tanto magis ejus erga homines amorem exhibet: sic de generatione ejus dicendum: non modo quod

[c] καὶ τῶν ἄλλων τῶν προτέρων. Ἐγὼ δὲ οὐκ ἂν τοῦτο φαίην· εἰ γὰρ τοῦτο ἦν, πῶς μικρὸν ὕστερον τοιούτων μέμνηται γυναικῶν; Ἀπὸ γὰρ τῶν ἐναντίων ἐνταῦθα ἡ δόξα αὐτοῦ φαίνεται· οὐκ ἀπὸ τοῦ μεγάλους ἔχειν προγόνους, ἀλλ' ἀπὸ τοῦ μικροὺς καὶ εὐτελεῖς. Τῷ γὰρ ὑψηλῷ δόξα πολλὴ, τὸ δυνηθῆναι ταπεινωθῆναι σφοδρῶς. Τίνος οὖν ἕνεκεν οὐκ ἐμνημόνευσεν; Ἐπειδὴ κοινὸν οὐδὲν εἶχον ἐκεῖνοι πρὸς τὸ τῶν Ἰσραηλιτῶν
35 A γένος, Σαρακηνοὶ καὶ Ἰσμαηλῖται, καὶ [a] Ἄραβες, καὶ ὅσοι γεγόνασιν ἐκ τῶν προγόνων ἐκείνων. Διὰ δὴ τοῦτο ἐκείνους μὲν ἐσίγησεν, ἐπείγεται δὲ πρὸς τοὺς αὐτοῦ προγόνους, καὶ τοῦ δήμου τοῦ Ἰουδαϊκοῦ. Διό φησιν· Ἰακὼβ δὲ ἐγέννησε τὸν Ἰούδαν, καὶ τοὺς ἀδελφοὺς αὐτοῦ. Ἐνταῦθα γὰρ τὸ τῶν Ἰουδαίων λοιπὸν χαρακτηρίζεται γένος. Ἰούδας δὲ ἐγέννησε τὸν Φαρὲς καὶ τὸν Ζαρὰ ἐκ τῆς Θάμαρ. Τί ποιεῖς, ὦ ἄνθρωπε, ἱστορίας ἡμᾶς [b] ἀναμιμνήσκων παράνομον μῖξιν ἐχούσης; Καὶ τί τοῦτό φησιν; Εἰ μὲν γὰρ ἀνθρώπου κατελέγομεν γένος ψιλοῦ, εἰκότως ἂν ταῦτά τις ἐσίγησεν· εἰ δὲ Θεοῦ σαρκωθέντος, οὐ μόνον οὐ σιγᾷν,
B ἀλλὰ καὶ ἐκπομπεύειν αὐτὰ χρὴ, δεικνύντας αὐτοῦ τὴν κηδεμονίαν καὶ τὴν δύ[illegible]ιά γὰρ τοῦτο ἦλθεν, οὐχ ἵνα φύγῃ τὰ ὀ[illegible] ἡμέτερα, ἀλλ' ἵνα αὐτὰ ἀνέλῃ. [illegible]σπερ οὖν οὐκ ἐπειδὴ ἀπέθανεν, ἀλλ' ἐπειδὴ καὶ [illegible]ρώθη μᾶλλον θαυμάζεται· καίτοι ἐπονείδιστον τὸ πρᾶγμα, ἀλλ' ὅσῳ ἐπονείδιστον, τοσούτῳ φιλάνθρωπον αὐτὸν δείκνυσιν· οὕτω καὶ ἐπὶ τῆς

[c] Duo Mss. καὶ τῶν ἄλλων τῆς πονηρίας αὐτοῦ τρόπων. Hanc vero lectionem incunctanter sequeremur, nisi Anianus illam sequutus esset, quæ in Editis et Manuscriptis plurimis legitur, nempe καὶ τῶν ἄλλων τῶν προτέρων.

[a] Morel. Ἄραβοι.

[b] Alii ἀναμιμνήσκων παλαιᾶς, παρ.

ANIANI INTERPRETATIO.

ego vero istud omnino non dixerim. Si enim hoc observandum putavit, qua ratione paulo post talium meminit feminarum? Hic enim a contrario refulget dignitas Christi: non quia magnos progenitores habeat ac potentes, sed quia potius exiguos ac viles. Sublimium quippe illa maxima gloria est, humiliari sponte submissius. Qua ergo de causa non meminit cæterorum? Quia scilicet nihil habebant cum Israëlitarum genere commune, Saraceni et Ismaëlitæ, et Arabes, et quotquot sunt ex illorum patribus procreati. Propterea igitur illos quidem reticuit: festinat vero ad eos, ex quibus nascitur Christus, et unde propagatur populus Judæorum. Propter quod ait: *Jacob autem genuit Judam, et fratres ejus.* Hic jam Judæorum designatur genus. *Judas autem genuit Phares et Zaram de Thamar.* Quid agis o homo? quid nobis talis recordationem infers historiæ, qua adulterium turpe continetur? Quid hoc vero rei est? Quia si nudi tantummodo hominis describeretur genus, merito hæc reticuisset: quia vero de incarnati mysterio scribimus Dei, non modo non tacere ista, verum ostentare debemus: ita subjicientes oculis tam curam quam pro nobis gerit, quam potentiam. Venit enim non ut nostra fugeret opprobria, sed ut ea potius exstingueret. Sicut enim admirabilis magis judicatur, non quia mortuus tantum, verum etiam quia crucifixus est: quamquam est certe res ista per se exprobratione plenissima; sed quanto magis exprobrabile istud est, tanto magis illum ostendit de misericordia gloriosum: sic etiam in generatione illius dici potest, quod non solum, quia suscepit carnem, et homo factus est, admiratione

γεννήσεώς ἐστιν εἰπεῖν· οὐκ ἐπειδὴ σάρκα ἀνέλαβε,
καὶ ἄνθρωπος ἐγένετο, θαυμάζειν αὐτὸν δίκαιον μόνον, ἀλλ' ὅτι καὶ τοιούτους συγγενεῖς κατηξίωσεν ἔχειν,
οὐδαμοῦ τὰ ἡμέτερα ἐπαισχυνόμενος κακά. Καὶ τοῦτο
ἐξ αὐτῶν τῆς γεννήσεως ἐκήρυττε τῶν προοιμίων, ὅτι C
οὐδὲν ἐπαισχύνεται τῶν ἡμετέρων, παιδεύων καὶ ἡμᾶς
διὰ τούτων, μηδέποτε ἐγκαλύπτεσθαι ἐπὶ τῇ τῶν προγόνων κακίᾳ, ἀλλ' ἓν μόνον ἐπιζητεῖν, τὴν ἀρετήν. Ὁ
γὰρ τοιοῦτος, κἂν ἀλλόφυλον ἔχῃ πρόγονον, κἂν πε-
πορνευμένην μητέρα, κἂν ὁτιοῦν ἕτερον οὖσαν, οὐδὲν
παραβλαβῆναι δυνήσεται. Εἰ γὰρ αὐτὸν τὸν πόρνον
μεταβληθέντα ὁ πρότερος [c] οὐδὲν αἰσχύνει βίος· πολλῷ
μᾶλλον τὸν ἐκ πόρνης καὶ μοιχαλίδος ἐνάρετον ὄντα
οὐδὲν ἡ τῶν προγόνων κακία καταισχῦναι δυνήσεται. 36
Οὐχ ἡμᾶς δὲ μόνον ταῦτα παιδεύων ἐποίει, ἀλλὰ καὶ A
Ἰουδαίων καταστέλλων τὸ φύσημα. Ἐπειδὴ γὰρ τῆς
κατὰ ψυχὴν ἀρετῆς ἀμελοῦντες ἐκεῖνοι, τὸν Ἀβραὰμ
ἄνω καὶ κάτω παρέφερον, νομίζοντες ἔχειν ἀπολογίαν
τὴν τῶν προγόνων ἀρετὴν, δείκνυσιν ἐξ αὐτῶν τῶν
προοιμίων, ὅτι οὐκ ἐπὶ τούτοις αὐχεῖν δεῖ, ἀλλ' ἐπὶ
τοῖς οἰκείοις κατορθώμασι. Μετὰ τοῦτο καὶ ἕτερον κατασκευάζει, τὸ δεῖξαι πάντας ὑπευθύνους ἁμαρτήμασιν ὄντας, καὶ τοὺς προγόνους αὐτούς. Ὁ γοῦν πατριάρχης αὐτῶν καὶ ὁμώνυμος οὐ μικρὸν φαίνεται
ἡμαρτηκώς· καὶ γὰρ ἐφέστηκεν ἡ Θάμαρ κατηγο-
ροῦσα αὐτοῦ τὴν πορνείαν· καὶ ὁ Δαυὶδ δὲ ἀπὸ τῆς
πορνευθείσης γυναικὸς τὸν Σολομῶνα ἐκτήσατο. Εἰ δὲ B
ὑπὸ τῶν μεγάλων ὁ νόμος οὐκ ἐπληρώθη, [a] πολλῷ
μᾶλλον ὑπὸ τῶν ἐλαττόνων· εἰ δὲ οὐκ ἐπληρώθη,

carnem susceperit admirandus est; sed etiam quod tales habere cognatos dignatus sit, nusquam de malis nostris susceptis erubescens. Illudque ex ipso generationis exordio prædicavit, se de nullo quod ad nos pertineat erubescere: per hæc nos edocens, ne umquam de majorum nostrorum nequitia erubescamus; sed unam solum quæramus virtutem. Nam qui illam sectatur, etiamsi alienigenam progenitorem habeat, etiamsi matrem meretricem, vel alio modo despiciendam, nihil hinc nocumenti passurus est. Nam si fornicatorem, qui resipuerit, nullo prior vita dedecore afficit: multo minus vir probus, ex meretrice vel adultera natus, parentum improbitate dehonestabitur. Sic porro se gerebat, non tantum ut nos institueret, sed etiam ut Judæorum tumorem deprimeret. Quia enim animi virtute neglecta, Abrahamum semper ore ferebant, putantes proavorum virtutem defensioni sibi esse, ab ipso initio ostendit, hinc minime gloriam aucupari oportere, sed de propriis recte factis. Post hæc illud quoque agit, ut ostendat omnes peccatis obnoxios fuisse, etiamque proavos ipsos. Nam ipse patriarcha, qui nomen indidit genti, non modicum in peccatum lapsus narratur: stat enim Thamar ejus fornicationem accusans; David quoque ex adulterata muliere Salomonem suscepit. Si porro lex ne a magnis quidem illis viris impleta est, multo minus ab exiguis; si autem impleta non est, omnes peccaverunt, ac ne-

De majorum nequitia non erubescendum.

[c] [E Commelin. et Savil. addidimus *οὐδέν*. Emendatores Veneti *οὐκ* correxerant.]

[a] Alii *πολλῷ μᾶλλον οὐδ' ὑπὸ τῶν ἐλαττόνων*.

ANIANI INTERPRETATIO.

sit dignus: sed quia etiam tales progenitores habere dignatus est, nihil ob nostra mala erubescens. Idque ex ipsis nascendi primordiis ostendit, quam nil hunc pudeat omnino eorum quæ nostra sunt: per ista proculdubio docens, ut nos quoque numquam erubescamus de vitiis parentum: sed unum quæramus illud, nempe virtutem: nam qui illam fuerit consequutus, etiamsi alienigenam habeat matrem, etiamsi fornicatione pollutam, vel quolibet ejusmodi dedecore sordidatam, nihil tamen de ejus aut vilitate fuscabitur, aut crimine polluetur. Quod si fornicatorem ipsum ad meliora conversum, nequaquam prior vita commaculat: multo magis e meretrice natus et adultera, si propria virtute decoretur, parentum suorum non decoloratur opprobriis. Neque vero, ut tantummodo nos doceret hoc fecit, sed etiam ut reprimeret Judæorum tumorem. Quia enim illius nobilitatis, quæ ad animam pertinet, insignia negligebant, nimiumque insolenter de Abrahæ stirpe gloriabantur, virtutem parentum defensionem suorum rati esse vitiorum: idcirco in ipso Evangelii principio docet, non alienis, sed propriis esse gloriandum virtutibus. Simul etiam illud agit, ut ostendat omnes, ipsos quoque progenitores eorum subditos esse peccatis. Siquidem patriarcha eorum ipse ille, a quo nomen accipiunt, non exiguum aliquod legitur admisisse delictum. Urget enim Thamar fornicationem ejus accusans. David quoque Salomonem ex muliere, quæ illi fuerat adulterio juncta, suscepit. Quod si a magnis illis custodita lex non est, multo potius a minoribus. Si ergo non est impleta lex, omnes utique peccaverunt, et necessaria

cessarius fuit Christi adventus. Propterea duodecim patriarchas commemoravit, inde quoque jactantiam illam de progenitorum nobilitate deprimens. Nam horum multi ex ancillis nati erant: et tamen parentum illa differentia differentiam inter filios non intulit. Omnes enim simul erant et patriarchæ et tribuum principes. Illa quippe est Ecclesiæ prærogativa: hæc apud nos est nobilitatis dignitatisque ratio, cujus olim figura præcessit. Ita sive servus, sive liber sis, nihil plus, nihil minus habeas, sed unum est quod quæritur, voluntas animique mores.

3. Præter ea quæ dicta sunt, alia causa fuit hæc commemorandi: neque enim sine causa post Phares

Cur Zara et Phares in genealogia Christi nominantur.

additus est et Zara. Erat enim redundans et superfluum post commemoratum Pharem, ex quo Christi genealogia ducitur, Zaræ etiam facere mentionem. Cur ergo et hunc memoravit? Cum hos paritura Thamar esset, adveniente partu, Zara primus manum emisit e vulva: hoc conspecto obstetrix, ut ille prior nasceretur, coccinea fascia manum ejus ligavit; ut porro ligata fuit, retraxit puer manum, quo facto egressus est Phares, et

Gen. 38. 29. postea Zara. Hoc conspecto obstetrix ait: *Quare propter te excisa est sepes?* Viden' mysteriorum ænigmata? Neque enim hæc sine causa scripta nobis fuere: neque ad historiæ dignitatem pertinebat ediscere, quid dixisset obstetrix: neque nar-

πάντες ἥμαρτον, καὶ ἀναγκαία γέγονεν ἡ τοῦ Χριστοῦ παρουσία. Διὰ τοῦτο καὶ τῶν δώδεκα πατριαρχῶν ἐμνημόνευσε, κἀντεῦθεν πάλιν τὸ ἐπὶ τῇ τῶν προγόνων εὐγενείᾳ φύσημα κατασπῶν. Καὶ γὰρ πολλοὶ τούτων ἀπὸ δουλίδων ἦσαν τεχθέντες γυναικῶν· ἀλλ' ὅμως ἡ τῶν γονέων διαφορὰ διαφορὰν τοῖς τεχθεῖσιν οὐκ ἐποίησε. Πάντες γὰρ ὁμοίως ἦσαν καὶ πατριάρχαι καὶ φύλαρχοι. [b] Τοῦτο γὰρ τῆς Ἐκκλησίας ἐστὶ τὸ προτέρημα· αὕτη τῆς παρ' ἡμῖν εὐγενείας ἡ προεδρία,
C ἄνωθεν τὸν τύπον λαμβάνουσα. Ὥστε κἂν δοῦλος ῇς, κἂν ἐλεύθερος, οὐδέν σοι πλέον, οὐδὲν ἔλαττον ἐντεῦθεν γίνεται, ἀλλ' ἕν ἐστι τὸ ζητούμενον, ἡ γνώμη καὶ ὁ τῆς ψυχῆς τρόπος.

Ἔστι δέ τι μετὰ τῶν εἰρημένων καὶ ἕτερον, διὸ καὶ τῆς ἱστορίας ταύτης ἐμνημόνευσεν· οὐδὲ γὰρ ἁπλῶς προσέῤῥιπται τῷ Φαρὲς ὁ Ζαρά. Καὶ παρέλκον ἦν καὶ περισσὸν, τοῦ Φαρὲς μεμνημένον, [c] ἀφ' οὗ τὸν
37 A Χριστὸν ἔμελλε γενεαλογεῖν, καὶ τοῦ Ζαρὰ μνησθῆναι πάλιν. Τίνος οὖν ἕνεκεν ἐμνήσθη; Ἡνίκα ἔμελλεν αὐτοὺς τίκτειν ἡ Θάμαρ, τῶν ὠδίνων παραγενομένων, ἐξήνεγκε [a] πρῶτον ὁ Ζαρὰ τὴν χεῖρα· εἶτα ἡ μαῖα θεασαμένη τοῦτο, ὥστε γνώριμον εἶναι τὸν πρῶτον, κοκκίνῳ τὴν χεῖρα ἔδησεν· ὡς δὲ ἐδέθη, συνέστειλε τὸ παιδίον τὴν χεῖρα, καὶ συστείλαντος ἐκείνου προῆλθεν ὁ Φαρὲς, καὶ τότε ὁ Ζαρά. Ταῦτα ἰδοῦσα ἡ μαῖά φησιν· Τί διεκόπη διὰ σὲ φραγμός; Εἶδες μυστηρίων αἰνίγματα; Οὐ γὰρ ἁπλῶς ταῦτα ἡμῖν ἀναγέγραπται· οὐδὲ γὰρ ἱστορίας ἄξιον ἦν τὸ μαθεῖν, τί ποτε ἐφθέγξατο ἡ μαῖα· οὐδὲ διηγήσεως τὸ γνῶναι,

[b] Alii τοῦτο δὲ τῆς.

[c] Sic Mss. multi, recte. Savil. ἀφ' οὗ τὸν Κύριον ἔμελλε. Morel. ἀπὸ τούτου τὸν Χριστὸν ὃν ἔμελλε.

[a] Alii πρῶτος, non male.

ANIANI INTERPRETATIO.

facta est Christi præsentia. Propterea igitur et duodecim patriarcharum intulit mentionem, ut hinc quoque humiliaret immodicam de progenitorum nobilitate jactantiam. Multi enim eorum ex ancillis matribus nati sunt, nec tamen differentia parentum fecit differentiam filiorum. Siquidem illi omnes similiter et patriarchæ, et tribuum principes exstiterunt: privilegium enim Ecclesiæ ista jam designabat æqualitas. Hæc quippe nostræ nobilitatis est prærogativa, cujus olim figura præcesserat, ut sive servus sit aliquis, sive nobilis, nihil huic plus minusve accedat. Sola enim hic requiritur voluntas, mentisque generositas.

3. Supra hæc vero quæ diximus, etiam aliud quiddam est, propter quod ipsam commemoravit historiam. Siquidem non otiose ad Phares addidit et Zaram. Erat enim abundans, atque omnino superfluum, commemorato Phares, per quem Christi erat decursura generatio, Zaræ quoque facere mentionem. Qua igitur illum ratione memoravit? Paritura istos cum esset Thamar, jamque partuum dolores adessent, prior Zara emisit manum ex utero: tunc obstetrix hoc videns, quo primogenitus notus esset, cocco ejus alligavit manum, quam ille vinctam retraxit. Quo toto jam intra alvum recepto, processit Phares, et

Gen. 38. 29. tum demum Zara. Quos cum obstetrix natos videret, dixit ad Phares: *Quare propter te incisa est sepes?* Vidistine signatissimam mysteriorum figuram? Non enim incassum hæc tanto ante scripta sunt, sed neque sacra dignum fuisset historia dicere, quid obstetrix fuisset loquuta: nec hujusmodi narra-

B ὅτι τὴν χεῖρα προήκατο πρῶτος ὁ δεύτερος ἐξελθών. Τί οὖν ἐστι τὸ αἴνιγμα; Πρῶτον ἀπὸ τῆς προσηγορίας τοῦ παιδίου μανθάνομεν τὸ ζητούμενον· τὸ γὰρ Φαρὲς διαίρεσίς ἐστι καὶ διακοπή. Ἔπειτα ἀπ' αὐτοῦ τοῦ συμβάντος· οὐδὲ γὰρ φυσικῆς ἀκολουθίας ἦν, τὴν χεῖρα ἐκβαλόντα συστεῖλαι πάλιν δεθέντα· οὐδὲ γὰρ κινήσεως ἦν λογικῆς [b] ταῦτα· οὐδὲ ἀπὸ φυσικῆς γέγονεν ἀκολουθίας. Προεκπεσούσης μὲν γὰρ τῆς χειρὸς, ἕτερον προεξελθεῖν, ἴσως φυσικόν· τὸ δὲ συστεῖλαι ταύτην, καὶ ἑτέρῳ δοῦναι πάροδον, οὐκέτι κατὰ τὸν τῶν τικτομένων νόμον ἦν· ἀλλ' ἡ τοῦ Θεοῦ χάρις παρῆν τοῖς παιδίοις ταῦτα οἰκονομοῦσα, καὶ εἰκόνα ἡμῖν τινα τῶν μελλόντων ὑπογράφουσα δι' αὐτῶν. C Τί οὖν φασί τινες τῶν ταῦτα ἀκριβῶς ἐξητακότων; Ὅτι τῶν δύο λαῶν τύπος ἐστὶ ταῦτα τὰ παιδία. Εἶτα ἵνα μάθῃς, ὅτι τοῦ δευτέρου λαοῦ ἡ πολιτεία [c] προεξέλαμψε τῆς τοῦ προτέρου γεννήσεως, τὴν χεῖρα ἐκτεινομένην ἔχον τὸ παιδίον οὐχ ὁλόκληρον ἑαυτὸ δείκνυσιν, ἀλλὰ καὶ αὐτὴν συστέλλει πάλιν· καὶ μετὰ τὸ ὁλόκληρον ἐξολισθῆσαι τὸν ἀδελφὸν, τότε καὶ αὐτὸς ὅλος φαίνεται· ὃ καὶ ἐπὶ τῶν λαῶν ἀμφοτέρων γέγονε. Τῆς γὰρ πολι-
38 A τείας τῆς ἐκκλησιαστικῆς ἐν τοῖς κατὰ τὸν Ἀβραὰμ χρόνοις φανείσης, εἶτα ἐν τῷ μέσῳ συσταλείσης, ἦλθεν ὁ Ἰουδαϊκὸς λαὸς καὶ ἡ νομικὴ πολιτεία, καὶ τότε ὁλόκληρος ὁ νέος ἐφάνη λαὸς μετὰ τῶν αὐτοῦ νόμων. Διὸ καὶ ἡ μαῖά φησιν· Τί διεκόπη διὰ σὲ φραγμός; ὅτι τὴν ἐλευθερίαν τῆς πολιτείας ἐπεισελθὼν ὁ νόμος διέκοψε. Καὶ γὰρ φραγμὸν ἀεὶ τὸν νόμον ἡ Γραφὴ καλεῖν εἴωθεν· ὥσπερ καὶ ὁ προφήτης Δαυίδ φησι· Καθεῖλες τὸν φραγμὸν αὐτῆς, καὶ τρυγῶσιν αὐτὴν πάντες οἱ παρα-

randum videbatur esse, quod manum extulerit primus is qui secundus egressus est. Quodnam igitur hoc ænigma est? Primo, ex ipso pueri nomine quæstionem solvimus: Phares enim est divisio et concisio. Secundo ex ipsa re gesta: neque enim ex naturali consequentia erat eum qui extulisset manum, ipsam postea retrahere ligatam; nec id rationi vel naturæ consonum videtur. Nam præmissa quidem unius manu, alterum egredi, id forte naturale fuerit; sed retracta manu, alteri transitum præbere, id non fit ex more nascentium: verum aderat Dei gratia quæ hæc circa pueros dispensaret, et per hæc futurorum quamdam imaginem adumbraret. Quid igitur aiunt quidam ex illis qui hæc exploraverunt? Hosce pueros duorum esse populorum figuram. Deinde ut discas, secundi populi institutum prioris ortui præluxisse, manum extendens puer non se totum exhibet, imo illam postea retrahit, et postquam totus frater egressus est, tunc et ipse totus apparet: id quod etiam in duobus populis gestum est. Nam cum ecclesiasticum institutum in diebus Abrahæ apparuisset, deindeque in medio suppressus fuisset, venit Judaïcus populus et institutum legale, et postea novus ille populus cum legibus suis. Ideoque ait obstetrix: *Cur excisa est propter te sepes?* quia instituti libertatem lex superveniens dissecuit. Etenim legem Scriptura sepem vocare

[b] Morel. ταῦτα, ἀλλ' ἀπό, minus recte. Mox quidam ἀκολουθίας προεξελθούσης.

[c] Sic Savil. et alii. Morel. vero προεξέλαμψε διὰ τῆς.

ANIANI INTERPRETATIO.

tionem decebat notam facere, quod manum ille protulerit, qui secundo egressus est. Quid igitur hoc ænigmate designatur? Prius de ipso pueri vocabulo quod latet in quæstione, discimus. Phares enim concisio est, atque divisio. Secundo autem ex ipsa novitate facti. Neque enim erat consequentiæ naturalis, ut is qui emisisset manum, eamdem, postquam esset vincta, revocaret. Neque enim consueti motus hoc fuit, ordinisve naturæ. Nam præmissa quidem hujus manu, alterum egredi, naturale fortasse sit: retrahi vero istam, et transitum alteri cedere, non jam fit lege nascentium, sed profecto ex Dei gratia, quæ tunc pueris aderat, ista dispensans, et nobis quamdam imaginem futurorum in eorum nativitate depingens. Quid igitur aiunt quidam, diligenter ista pensiculati? Duorum populorum typum esse hos puerulos, eoque pertinere, ut intelligas, posterioris populi rempublicam præluxisse ortui prioris. Manum prætentam habens, haud universum spectandum se præbet puerulus, sed et eam corripit rursus. Mox fratre toto effuso, apparet ipse quoque totus: quod ipsum in utroque contigit populo. Nam republica illa spirituali, quæ temporibus Abrahæ fuit, illucescente, et dein de medio cursu subito revocata, Judæorum populus venit et legalis respublica: rursus post legem, novus ille totus jam prodit populus una cum suis legibus, ob quod etiam obstetrix exclamat: *Cur rupta propter te sepes est?* quod illius reipublicæ libertatem subingressa legis, sepes, interclusit dissecuitque. Sepem enim Scriptura

Psal. 79. 13. solet; sicut David propheta dicit, *Sustulisti sepem ejus, et vindemiant eam omnes qui prætergrediuntur viam;* et Isaias, *Et sepem circumposui ei;* item Paulus, *Et medium parietem maceriæ solvens.*

Isai. 5. 2. Ephes. 2. 14.

4. Alii illud, *Cur excisa est propter te sepes?* de novo populo dictum putant. Hic quippe cum advenisset, legem abrogavit. Vides ipsum non levi de causa totam commemoravisse Judæ historiam? Idcirco etiam Ruth et Rahab meminit, quarum altera alienigena, altera meretrix erat, ut disceres ipsum venisse ut mala omnia nostra solveret. Ut medicus enim, non ut judex venit. Quemadmodum igitur hi fornicarias duxere mulieres, ita et Deus naturam fornicatam copulavit sibi: id quod olim prophetæ circa synagogam factum esse dixerunt. Sed illa quidem conjugi suo ingrata fuit, Ecclesia vero a patriis malis semel liberata, in sponsi amplexu permansit. Animadverte ea quæ ad Ruth spectant nostris esse similia. Hæc quippe alienigena erat, et ad extremam pauperiem deducta; attamen videns illam Booz, nec pauperiem despexit, neque ignobile contemsit genus: quemadmodum et Christus susceptam Ecclesiam, et alienigenam et magnorum penuria bonorum laborantem, in consortem admisit. Ac quemadmodum illa, nisi prius patrem dimisisset, domum contemsisset et genus et patriam et cognatos, num-

πορευόμενοι τὴν ὁδόν· καὶ ὁ Ἡσαΐας, [a] Καὶ φραγμὸν αὐτῇ περιέθηκα· καὶ ὁ Παῦλος, Καὶ τὸ μεσότοιχον B τοῦ φραγμοῦ λύσας.

Ἄλλοι δὲ τὸ, Τί διεκόπη διὰ σὲ φραγμός; ἐπὶ τοῦ νέου φασὶν εἰρῆσθαι λαοῦ. Οὗτος γὰρ παραγενόμενος, τὸν νόμον κατέλυσεν. Ὁρᾷς ὡς οὐκ ὀλίγων οὐδὲ μικρῶν ἕνεκεν ἐμνημόνευσε τῆς κατὰ τὸν Ἰούδαν ἱστορίας ἁπάσης; Διὰ τοῦτο καὶ τῆς Ῥοὺθ καὶ τῆς Ῥαὰβ [b] μέμνηται, τῆς μὲν ἀλλοφύλου, τῆς δὲ πόρνης, ἵνα μάθῃς ὅτι πάντα ἦλθε τὰ κακὰ λύσων τὰ ἡμέτερα. Ὡς γὰρ ἰατρὸς, οὐχ ὡς δικαστὴς παραγέγονεν. Ὥσπερ οὖν πόρνας ἔλαβον γυναῖκας οὗτοι, οὕτω καὶ ὁ Θεὸς τὴν φύσιν τὴν ἐκπορνεύσασαν ἡρμόσατο ἑαυτῷ· ὃ καὶ οἱ προφῆται ἄνωθεν προλέγουσιν ἐπὶ τῆς συναγωγῆς γεγονέναι. Ἀλλ' ἐκείνη μὲν ἀγνώμων γεγένηται C περὶ τὸν συνοικήσαντα· ἡ δὲ Ἐκκλησία ἅπαξ ἀπαλλαγεῖσα τῶν πατρῴων κακῶν, ἔμεινεν ἀσπαζομένη τὸν νυμφίον. Ὅρα γοῦν καὶ τὰ ἐπὶ τῆς Ῥοὺθ γενόμενα ἐοικότα τοῖς ἡμετέροις. Αὕτη γὰρ ἀλλόφυλός τε ἦν, καὶ εἰς ἐσχάτην κατηνέχθη πενίαν· ἀλλ' ὅμως ἰδὼν αὐτὴν ὁ Βοὸζ, οὔτε τῆς πενίας κατεφρόνησεν, οὔτε τὴν δυσγένειαν ἐβδελύξατο· ὥσπερ οὖν καὶ ὁ Χριστὸς τὴν Ἐκκλησίαν δεξάμενος, καὶ ἀλλόφυλον καὶ ἐν πενίᾳ πολλῇ τῶν μεγάλων ἀγαθῶν, ἔλαβεν αὐτὴν κοινωνόν. 89 Ἀλλ' ὥσπερ αὕτη, εἰ μὴ πρότερον ἀφῆκε πατέρα, καὶ A ἠτίμασεν οἰκίαν, καὶ γένος, καὶ πατρίδα, καὶ συγ-

[a] Morel. καὶ φραγμὸν αὐτήν. Mox unus καὶ ὁ πάνσοφος Παῦλος.

[b] In Morel. post Ῥαὰβ male additur καὶ τῆς Θάμαρ, ipsa serie lapsum indicante. Ibidem Morel. post πόρνης addit οὔσης, quod in aliis exemplaribus non habetur, et supervacaneum est. Mox τὰ κακὰ λύσων τὰ ἡμέτερα. Sic Savil. et Mss.: Morel. καταλύσων τὰ ἡμέτερα, perperam.

ANIANI INTERPRETATIO.

Psal. 79. 13. vocare legem solet, sicut et propheta inquit: *Sustulit sepem ejus, et vindemiant quotquot hac*
Esai. 5. 2. *faciunt iter.* Item, *Sepem circumposui ei;* et Paulus, *Interstitium maceriæ solvens.*
Ephes. 2. 14. 4. Alii vero totum hoc, *Cur rupta propter te sepes est?* de novo legemque sequuto populo intelligunt: veniens enim ille legem sustulit. Vides quod non ob exigua quædam et vilia, eam quæ de Juda est, commemoravit historiam. Nam Ruth et Rahab non frustra intulit mentionem, quarum unam alienigenam, aliam etiam meretricem fuisse constat: sed ut disceres idcirco venisse Christum, ut nostra mala deleret omnia. Non enim quasi judex, sed quasi medicus advenit. Sicut igitur illi conjuges accepere meretrices: sic etiam Deus fornicatricem hominum naturam sibi copulavit. Quod prophetæ quoque olim in synagoga dixerunt factum esse: sed illa quidem cohabitatori suo fuit ingrata semper: Ecclesia vero semel a malis patriis liberata, in sponsi amore permansit. Itaque considera etiam ea quæ in Ruth facta sunt, nostri figuram fuisse. Hæc enim erat alienigena, et in extremam delapsa pauperiem: sed videns eam Booz, nec ob ipsius paupertatem despexit, nec ob impietatem gentis exhorruit: sicut etiam et Christus Ecclesiam suscipiens, et alienigenam et magnorum laborantem egestate bonorum, suo consortio copulavit. Sed quemadmodum Ruth illa ex alienigenis mulier, nisi prius reliquisset parentes, nisi domum contemsisset, et gentem, et patriam, atque cognatos, numquam profecto tali fuisset nobilitata connubio: ita Ecclesia etiam

γενεῖς, οὐκ ἂν ἐπέτυχε τῆς ἀγχιστείας ταύτης· οὕτω καὶ ἡ Ἐκκλησία τὰ πατρῷα ἔθη καταλιποῦσα, τότε ἐπέραστος ἐγένετο τῷ νυμφίῳ. Ὅπερ οὖν, καὶ ὁ προφήτης αὐτῇ διαλεγόμενός φησιν· Ἐπιλάθου τοῦ λαοῦ σου, καὶ τοῦ οἴκου τοῦ πατρός σου, καὶ ἐπιθυμήσει ὁ βασιλεὺς τοῦ κάλλους σου· τοῦτο καὶ ἡ Ῥοὺθ ἐποίησε· διὰ τοῦτο καὶ μήτηρ ἐγένετο βασιλέων, ὥσπερ οὖν καὶ ἡ Ἐκκλησία· καὶ γὰρ ἐκ ταύτης ἐστὶν ὁ Δαυΐδ. Διὰ δὴ τούτων πάντων ἐντρέπων αὐτοὺς, καὶ πείθων μὴ μέγα φρονεῖν, τήν τε γενεαλογίαν συνέθηκε, καὶ τὰς γυναῖκας ταύτας εἰς μέσον ἤγαγε. Καὶ γὰρ τὸν βασιλέα τὸν μέγαν αὕτη διὰ τῶν μέσων ἐγέννησε· καὶ οὐκ αἰσχύ- B νεται ὁ Δαυῒδ ἐπὶ τούτοις. Οὐ γάρ ἐστιν, οὐκ ἔστιν οὔτε ἐξ ἀρετῆς, οὔτε ἀπὸ κακίας προγόνων εἶναι σπουδαῖον, ἢ φαῦλον, ἢ ἄσημον, ἢ λαμπρόν· ἀλλ' εἰ χρή τι καὶ παράδοξον εἰπεῖν, ἐκεῖνος [a] λάμπει μειζόνως, ὁ μὴ ἐκ τῶν σπουδαίων προγόνων ὢν, γινόμενος δὲ ἀγαθός. Μηδεὶς τοίνυν ἐπὶ τούτοις μέγα φρονείτω, ἀλλ' ἐννοήσας τοῦ Δεσπότου τοὺς προγόνους, τὸ φύσημα ἅπαν κενούτω, καὶ ἐπὶ κατορθώμασι μέγα φρονείτω· μᾶλλον δὲ μηδὲ ἐπὶ τούτοις. Οὕτω γὰρ καὶ ὁ Φαρισαῖος τοῦ τελώνου γέγονεν ὕστερος. Εἰ γὰρ βούλει μέγα δεῖξαι τὸ κατόρθωμα, μὴ μέγα φρόνει, καὶ τότε τοῦτο μεῖζον ἀπέφηνας· μὴ νομίσῃς τι πεποιηκέναι, καὶ C τὸ πᾶν εἰργάσω. Εἰ γὰρ ὅταν ἁμαρτωλοὶ ὦμεν, ἂν νομίσωμεν τοῦτο εἶναι, ὅπερ ἐσμὲν, δίκαιοι * γινόμεθα, ὥσπερ οὖν καὶ ὁ τελώνης· πόσῳ μᾶλλον ὅταν δίκαιοι ὄντες ἁμαρτωλοὺς ἑαυτοὺς εἶναι νομίζωμεν; Εἰ γὰρ ἐξ ἁμαρτωλῶν δικαίους ποιεῖ τὸ ταπεινοφρονεῖν, καίτοι γε

quam tali connubio dignata fuisset: sic Ecclesia patriis dimissis moribus, tunc amabilis sponso fuit. Quod et propheta ipsam alloquens declarat: *Obliviscere populum tuum, et domum patris* Psal. 44.
tui, et concupiscet rex decorem tuum: hoc et 11. 12.
Ruth fecit: ideo mater regum fuit, quemadmodum et Ecclesia: ex illa quippe ortus est David. Per hæc igitur omnia pudore illos afficiens, suadensque ne altum saperent, genealogiam texuit, mulieresque istas in medium protulit. Etenim magnum illa regem per nepotes genuit: neque ea de re erubescit David. Non potest enim, non potest utique quispiam ex virtute aut ex nequitia majorum aut probus aut improbus esse, aut gloriosus aut inglorius: verum si quid mirum dictu proferendum, ille majori fulget splendore, qui ex non probis majoribus ortus, probus tamen effectus est. Nemo igitur de iis altum sapiat, sed consideratis Domini progenitoribus, totum abjiciat tumorem, et de solis probe gestis glorietur; imo nec de illis. Ita enim Pharisæus publicano inferior fuit. Si vis enim magnum præstare facinus, ne altum sapias, et tunc majus facinus exhibuisti: ne putes te quidpiam fecisse, et tunc totum fecisti. Si enim quando peccatores sumus, cum nos esse putamus id quod sumus, justi efficimur, ut publicanus ille: quanto magis cum justi sumus, et nos esse peccatores arbitramur? Si enim humiliter sapere ex peccatoribus justos efficit, etiamsi illud

Nequitia parentum non nocet probis: parentum probitas non prodest improbis.

[a] Savil. et alii ἐκλάμπει, Morel. λάμπει. Utrumque quadrat.

* [Edebatur γενόμεθα.]

ANIANI INTERPRETATIO.

non ante amabilis efficitur sponso, quam priorem conversationem relinquat. Quod propheta quoque ad ipsam loquens, ait: *Obliviscere populum tuum et domum patris tui, et concupiscet rex decorem* Psal. 44.
tuum. Hoc Ruth etiam fecisse legitur, et idcirco in Ecclesiæ similitudinem mater regum effecta est. 11. 12.
Ipsius enim ex stirpe, David aliique reges fuerunt, qui de eadem familia germinarunt. His igitur omnibus eos pudore suffundens, ac suadens non altum sapere, et generationum catalogum texuit, et mulieres istas produxit in medium. Nam David regem certe illum magnum alienigena ista per suos posteros genuit: neque tamen ille ignobilitatem ejusmodi matris erubuit. Non est enim omnino, non est nec de virtute, nec de vitio parentum, aut laude aliquis dignus, aut culpa: nemo inde vere aut obscurus, aut clarus est: imo ut quod incredibile videtur, dicamus, nescio quomodo magis ille resplendet, qui ex parentibus a virtute prorsus alienis, ipse tamen fuerit de virtute mirabilis. Nullus igitur in superbiam de gloria parentum elevetur, sed considerans progenitores Domini, omnem reprimat mentis tumorem, et de solivirtutibus s glorietur, imo nec de ipsis quidem. Sic enim etiam Pharisæus publicano deterior effectus est. Si autem vis sublime aliquid ostendere virtutis, noli sapere sublime: et tunc illud quod egeris, esse monstrabis excelsius. Noli te putare quidquam fecisse cum feceris: sic absolutissimum erit opus. Si enim etiam cum peccatores simus, hoc nos arbitrando esse quod sumus, justificamur, sicut etiam publicanus: quanto magis si cum justi fuerimus, esse nos peccatores putemus? Siquidem ex peccatoribus quoque

non vere humilitas sit, sed justa existimatio: si igitur hæc justa existimatio tantum valet in peccatoribus, quid non aget humilitas in justis? Ne igitur labores tuos labefactes, neve sudorum meritum auferas, ne vane curras post mille decursa stadia omnem effundens laborem. Dominus enim longe te melius novit opera tua. Si vel potum aquæ frigidæ dederis, ne illud quidem despicit: si vel obolum profuderis, si ingemueris tantum, omnia ille cum magna benevolentia recipit, horum recordatur, et magna his præmia definit. Cur tua exploras, et sæpe in medium affers? An nescis si te laudes, Deum te non ultra laudaturum esse? quemadmodum et si te miserum dicas, non cessaturum te apud omnes prædicare? Non vult enim labores tuos in minore pretio haberi. Et quid dico in minore pretio haberi? Nihil non agit et molitur, ut vel ex parvis meritis coroneris, et circuit occasiones quærens, queis possis a gehenna liberari.

οὐδὲ [b] ταπεινοφροσύνη ἐκεῖνο, ἀλλ' εὐγνωμοσύνη· εἰ οὖν εὐγνωμοσύνη τοσοῦτον δύναται ἐπὶ ἁμαρτωλῶν, A ἡ ταπεινοφροσύνη σκόπησον ἐπὶ δικαίων τί οὐκ ἐργάσεται; Μὴ τοίνυν λυμήνῃ τοὺς πόνους, μηδὲ ὑπότεμνε τοὺς ἱδρῶτας, μηδὲ εἰκῇ δράμῃς μετὰ τοὺς μυρίους διαύλους πάντα κενῶν τὸν πόνον. Καὶ γάρ σου μᾶλλον οἶδε τὰ κατορθώματα ὁ Δεσπότης τὰ σά. Κἂν ποτήριον ψυχροῦ δῷς, οὐδὲ τοῦτο παρορᾷ· κἂν ὀβολὸν καταβάλῃς, κἂν στενάξῃς μόνον, μετὰ πολλῆς πάντα δέχεται τῆς εὐνοίας, καὶ μέμνηται, καὶ μεγάλους αὐτοῖς ὁρίζει μισθούς. Τίνος δὲ ἕνεκεν ἐξετάζεις τὰ σὰ, καὶ φέρεις ἡμῖν εἰς μέσον διηνεκῶς; Οὐκ οἶδας ὅτι ἐὰν ἐπαινέσῃς σαυτὸν, οὐκέτι σε ὁ Θεὸς ἐπαινέσεται; ὥσπερ οὖν ἂν ταλανίσῃς σαυτὸν, οὐ B παύσεταί σε παρὰ πᾶσιν ἀνακηρύττων; Οὐδὲ γὰρ βούλεταί σου τοὺς πόνους ἐλαττωθῆναι. Τί λέγω ἐλαττωθῆναι; Πάντα μὲν οὖν ποιεῖ καὶ πραγματεύεται, ὥστε καὶ ἀπὸ μικρῶν [a] στεφανωθῆναι, καὶ περίεισι προφάσεις ζητῶν δι' ὧν δυνήσῃ ἀπαλλαγῆναι τῆς γεέννης.

5. Ideoque etiamsi in undecima hora diei labo-
Ezech. 36. 22. 32. res, totam mercedem tribuet; ***Etiamsi nullam salutis ansam habeas***, inquit, ***propter me faciam, ne nomen meum profanetur;*** etiamsi tantum gemueris, vel lacrymaveris, hæc statim ille rapit in occasionem salutis tuæ. Ne itaque extollamur, sed nos dicamus inutiles, ut utiles efficia-

Διὰ τοῦτο κἂν ἑνδεκάτην ὥραν ἐργάσῃ τῆς ἡμέρας, ὁλόκληρον τὸν μισθὸν δίδωσι· Κἂν μηδεμίαν ἔχῃς ἀφορμὴν σωτηρίας, φησὶ, δι' ἐμὲ ποιῶ, ὅπως μὴ τὸ ὄνομά μου βεβηλωθῇ· κἂν στενάξῃς μόνον, κἂν δακρύσῃς, ἁρπάζει ταῦτα πάντα ταχέως εἰς ἀφορμὴν τῆς σῆς σωτηρίας αὐτός. Μὴ τοίνυν ἐπαιρώμεθα, ἀλλὰ καὶ λέγωμεν ἑαυτοὺς ἀχρείους, ἵνα γενώμεθα

[b] Savil. et quidam Mss. ταπεινοφροσύνη ἦν ἐκεῖνο. Sed ἦν hic non necessarium videtur. Illud porro, ἀλλ' εὐγνωμοσύνη, Anianus vertit, *sed vero confessio*, non male, nec contra Chrysostomi scopum, qui non omnino negat hic peccatoris compunctionem esse vere humilitatem, sed ait esse εὐγνωμοσύνην, *probitatem*, *justitiam*, *justam existimationem*, ut distinguat a sanctorum humilitate: εὐγνωμοσύνη autem aliquando *gratum animum* indicat, quandoque etiam *probitatem*.

[a] Alii στεφανῶσαι.

ANIANI INTERPRETATIO.

justos humilitas facit: cum tamen non sit illud humilitas, sed vera confessio. Si igitur tantum valet in peccatore confessio, considera quantum humilitas possit in justo. Noli itaque ipse tuorum corrumpere fructus laborum, noli sudores tuos in vacuum effundere, noli cursum in inane dirigere, ne post mille circuitus mercedem laboris amittas. Novit enim Dominus tuus, et quidem longe te melius, tuarum merita virtutum: etiam si calicem aquæ frigidæ dederis, nec hoc quidem irremuneratum relinquet. Nummum quoque si dones unum, vel si etiam, cum nihil omnino donare poteris, ingemiscas: omnia cum ingenti benignitate suscipiet, ac mercedem pro his largam parabit. Cujus autem rei gratia tua dijudicas, nobisque ea studes frequenter ingerere? An ignoras quod si te ipse laudaveris, nequaquam lauderis a Deo? Ita e regione, si te ipse quasi miserum lugeas, numquam te ille prædicare apud omnes cessabit. Non vult enim laborum tuorum fructus perire; quinimo omnia in tuum commodum facit, tibique rem augere festinat, ut etiam pro exiguis te coronet, undique occasiones requirens, per quas te de gehennæ possit liberare supplicio.

Ezech. 36. 22. 32. 5. Et idcirco etiamsi undecima diei opereris hora, integram tamen tibi est mercedem daturus. *Etsi nulla*, inquit, *fuerit tibi salutis occasio, propter meipsum faciam, ne nomen meum utique polluatur.* Et si ingemueris solum, atque lacrymaveris, rapit ista confestim in tuæ occasionem salutis. Non igitur in superbiam intumescamus, sed dicamus nosmetipsos inutiles, ut in partem utilium transeamus.

εὔχρηστοι. Ἂν μὲν γὰρ σὺ εἴπῃς σαυτὸν εὐδόκιμον, C
γέγονας ἄχρηστος, κἂν εὐδόκιμος ᾖς· ἂν δὲ ἀχρεῖον
ὀνομάσῃς, γέγονας εὔχρηστος, κἂν ἀδόκιμος ᾖς. Διὸ
ἀναγκαῖον ἐπιλαθέσθαι κατορθωμάτων. Καὶ πῶς
δυνατὸν τοῦτο, φησὶν, ἅπερ ἐπιστάμεθα, ταῦτα μὴ
εἰδέναι; Τί λέγεις; προσκρούων διηνεκῶς τῷ Δεσπότῃ,
τρυφᾷς καὶ γελᾷς, καὶ οὐδὲ οἶδας, ὅτι ἥμαρτες, λήθῃ
παραδοὺς πάντα· κατορθωμάτων δὲ οὐ δύνασαι ἐκ- 41
βαλεῖν τὴν μνήμην; Καίτοι ἰσχυρότερον ὁ φόβος. A
Ἡμεῖς δὲ τοὐναντίον ποιοῦμεν· καθ' ἑκάστην μὲν γὰρ
ἡμέραν προσκρούοντες, οὐδὲ εἰς νοῦν βαλλόμεθα· ἂν
δὲ μικρὸν ἀργύριον πένητι δῶμεν, ἄνω καὶ κάτω τοῦτο
στρέφομεν· ὅπερ ἐστὶν ἀνοίας, καὶ μεγίστη τοῦ συλ-
λέγοντος ζημία. Ἀσφαλὲς γὰρ ταμιεῖον κατορθωμάτων λήθη κατορθωμάτων. Καὶ καθάπερ τὰ ἱμάτια
καὶ ὁ χρυσὸς, ὅταν μὲν ἐπ' ἀγορᾶς ταῦτα προθῶμεν,
πολλοὺς [a] ἐπισπώμεθα τοὺς ἐπιβούλους, ἂν δ' ἀποθώμεθα οἴκοι καὶ κατακρύψωμεν, ἐν ἀσφαλείᾳ καταθή-
σομεν ἅπαντα· οὕτω δὴ καὶ τὰ κατορθώματα, ἂν
μὲν συνεχῶς ἐπὶ τῆς μνήμης φέρωμεν, παροξύνομεν B
τὸν Δεσπότην, τὸν ἐχθρὸν ὁπλίζομεν, ἐπὶ τὴν κλοπὴν
καλοῦμεν· ἂν δὲ μηδεὶς εἰδῇ αὐτὰ, ἀλλ' ὃν εἰδέναι χρὴ
μόνον, ἐν ἀσφαλείᾳ κείσεται. [b] Μὴ τοίνυν περίστρεφε
συνεχῶς, ἵνα μή τις αὐτὰ ἀφέληται, μηδὲ πάθῃς ὃ
καὶ ὁ Φαρισαῖος ἔπαθεν, ἐπὶ τῆς γλώττης αὐτὰ περι-
φέρων· ὅθεν καὶ ἥρπασεν αὐτὰ ὁ διάβολος· καίτοι γε
[c] μετ' εὐχαριστίας αὐτῶν ἐμέμνητο, καὶ τὸ πᾶν ἀνέ-
θηκεν τῷ Θεῷ. Ἀλλ' οὐδὲ τοῦτο ἤρκεσεν αὐτῷ. Οὐ γὰρ

mur. Nam si te laudabilem dixeris, inutilis evadis, etiamsi laudabilis vere fueris. Si te inutilem dicas, utilis evadis, etiamsi improbandus fueris. Quamobrem necessaria nobis est probe gestorum oblivio. Et quomodo possumus, inquies, quæ vere scimus ignorare? Quid dicis? cum assidue offendas Dominum, deliciaris et rides, ac neque scis te peccasse, atque omnia oblivioni tradis : probe gestorum vero non potes memoriam abjicere? Etiamsi vehementiore sit opus timore. Nos contra, cum quotidie peccemus, id ne in mente quidem retinemus; si vero tantillum pecuniæ pauperi demus, illud sus deque versamus : id quod extremæ est insipientiæ, maximumque colligentis detrimentum. Penus enim secura probe gestorum, est oblivio eorum. Ac quemadmodum cum vestimenta et aurum in foro pandimus, multos nobis insidiatores paramus, si vero domi deponamus et occultemus, in tuto omnia collocamus : ita et recte facta, si frequenter in memoria circumferamus, Dominum ad iram concitamus, hostemque armamus, et ad furtum invitamus; sin vero nemo id scierit, præter eum quem solum hæc nosse oportet, in tuto illa erunt. Ne itaque illa frequenter verses, ne quis illa diripiat, ne tibi accidat id quod Pharisæo, qui illa in ore ferebat : quapropter ea ipsa diabolus abripuit; etiamsi cum gratiarum actione illa commemoraret, omniaque re-

Peccata memoriæ, bona opera oblivioni tradenda.

Penus secura probe gestorum, est oblivio eorum.

[a] Alii ἐπισπασόμεθα.

[b] Alii μὴ τοίνυν περιστρέφωμεν συν.

[c] Μετ' εὐχαριστίας. Sic Savil. et alii, atque ita legit Anianus, *cum quadam gratiarum actione*. Morel. autem μετὰ χαρᾶς.

ANIANI INTERPRETATIO.

Si enim te laudandum esse dixeris, reprobus effectus es, etiamsi fueras ante laudabilis. Si vero inutilem te esse fatearis, factus es utilis, etiamsi fueras ante culpabilis : propter quod necessaria nobis est prætéritarum oblivio virtutum. Et quomodo, inquis, possumus ignorare quod novimus? Quid ais tu, cum quotidie offendas Dominum, nihilominus deliciaris ac rides, et inter magna peccata nec te peccasse nosti, oblivioni cuncta tradendo : solam vero non potes recte factorum abjicere memoriam? Et certe cum multo sit fortior pars timoris, nos econtrario quotidie offendentes Dominum, nec revocamus quidem ad memoriam peccata quæ fecimus; si vero parvam aliquam inopi porrigamus stipem, sursum id deorsumque jactamus : quod extremæ omnino dementiæ est, et grande illius, qui spiritualia debet colligere, detrimentum. Satis certus enim recte factorum est thesaurus, ipsa recte factorum oblivio. Quia sicut aurum, vestemque pretiosam cum in publico ponimus, plurimos ad insidias provocamus : si vero ea recondamus atque occulamus domi, in tuto cuncta servabimus : sic sunt etiam divitiæ virtutum, si eas in memoria quasi venales assidue portemus, irritamus Dominum, armamus hostem, et invitamus ad furtum. Sin vero nemo alter id scierit, nisi quem nulla occulta latere possunt, tutissimo in loco pretiosa consistent. Nequaquam igitur hujusmodi bona frequenter eventiles, ne quis ea forte diripiat. Quod etiam Pharisæus passus est, in lingua illa circumferens : unde ea et diabolus rapuit : quamquam certe illa cum quadam gratiarum actione memorabat, atque ad Dominum cuncta referebat. Sed ne hoc quidem

ferret Deo. Verum hoc non satis illi fuit. Non enim gratiarum actionis est alios vituperare, sibi ex plurimis gloriam quærere, et contra peccantes efferri. Si enim gratias Deo agis, hac sola re contentus esto, et ne id referas hominibus, neque judicium feras de proximo: id enim non est gratiarum actionis. Si gratiarum actionis modum vis
Dan. 3. 29. 27. 31. ediscere, audi tres pueros dicentes: *Peccavimus, injuste egimus: justus es, Domine, in omnibus quæ fecisti nobis, quia in vero judicio omnia induxisti.* Propria enim peccata confiteri, illud est gratias agere Deo confitentem, qui declarat se innumeris obnoxium esse peccatis, nec subire pœnam recusare: hic omnium maxime gratias agit. Caveamus igitur ne ad laudem nostram quid loquamur: id enim nos et hominibus odiosos et
Laus propria vitanda. Deo exsecrandos reddit. Idcirco quo majora fecerimus, eo minora de nobis dicamus; ita enim magnam consequemur gloriam cum apud homines, tum apud Deum, imo non tantum gloriam apud Deum, sed magnam mercedem. Ne igitur mercedem exigas, ut mercedem recipias. Confitere te per gratiam salutem consequi, ut tibi ille se debitorem esse confiteatur, non ob probe gesta tantum, sed ob gratum animum tuum. Cum enim recte operamur, operibus tantum debitorem ipsum habemus; cum non putamus nos aliquid recte fecisse, pro illo ipso affectu magis quam pro operibus debitorem habemus: ita ut id ipsis sit operibus æquiparandum.

εὐχαριστίας τὸ ὀνειδίζειν ἑτέροις, τὸ φιλοτιμεῖσθαι
ἐπὶ πολλῶν, τὸ κατεξανίστασθαι τῶν πεπλημμεληκότων. Εἰ γὰρ εὐχαριστεῖς τῷ Θεῷ, ἀρκέσθητι μόνον
αὐτῷ, καὶ μὴ ἐξενέγκῃς εἰς ἀνθρώπους, μηδὲ καταδι-
C κάσῃς τὸν πλησίον· οὐ γάρ ἐστι τοῦτο εὐχαριστίας. Εἰ
γὰρ βούλει μαθεῖν εὐχαριστίας λόγους, ἄκουσον τῶν
τριῶν παίδων λεγόντων· Ἡμάρτομεν, ἠνομήσαμεν,
δίκαιος εἶ, Κύριε, ἐπὶ πᾶσιν οἷς ἐποίησας ἡμῖν, ὅτι ἐν
ἀληθινῇ κρίσει πάντα ἐπήγαγες. Τὸ γὰρ τὰ οἰκεῖα
ἁμαρτήματα ὁμολογεῖν, τοῦτό ἐστιν εὐχαριστεῖν τῷ
Θεῷ ὁμολογοῦντα, ὅπερ δείκνυσιν μυρίων μὲν αὐτὸν
42 ὄντα ὑπεύθυνον, οὐκ ἀπαιτούμενον δὲ τὴν ἀξίαν δίκην·
A οὗτος μάλιστά ἐστιν ὁ εὐχαριστῶν. Φυλαξώμεθα τοίνυν τὸ περὶ ἑαυτῶν τι λέγειν· τοῦτο γὰρ καὶ παρὰ ἀνθρώποις μισητοὺς καὶ παρὰ Θεῷ [a] βδελυροὺς ἐργάζεται. Διὰ τοῦτο ὅσῳ ἂν μέγαλα κατορθώσωμεν, τοσούτῳ
μικρὰ περὶ ἑαυτῶν λέγωμεν· οὕτω γὰρ μεγίστην καρπωσόμεθα δόξαν, καὶ παρὰ ἀνθρώποις, καὶ παρὰ
Θεῷ· μᾶλλον δὲ οὐδὲ δόξαν μόνον παρὰ Θεῷ, ἀλλὰ
καὶ μισθὸν καὶ ἀντίδοσιν μεγάλην. Μὴ τοίνυν ἀπαίτει μισθὸν, ἵνα λάβῃς μισθόν. Χάριτι ὁμολόγει σώζεσθαι, ἵνα σοι αὐτὸς ὀφειλέτην ἑαυτὸν ὁμολογήσῃ,
οὐχὶ τῶν κατορθωμάτων μόνον, ἀλλὰ καὶ τῆς τοιαύτης εὐγνωμοσύνης. Ὅταν μὲν γὰρ κατορθῶμεν, τῶν
κατορθωμάτων ὀφειλέτην ἔχομεν μόνον· ὅταν δὲ μὴ
B ἡγώμεθά τι κατωρθωκέναι, καὶ αὐτοῦ τοῦ οὕτω [b] διακεῖσθαι, καὶ μειζόνως ἢ ἐκείνων· ὥστε ἀντίῤῥοπον τῶν
κατορθωμάτων τοῦτό ἐστιν. Ἂν γὰρ μὴ τοῦτο παρῇ,
οὐδὲ ἐκεῖνα φανεῖται μεγάλα. Καὶ γὰρ καὶ ἡμεῖς οἰκέ-

[a] Alii βδελυκτούς. Mox quidam καὶ παρὰ θεῷ καὶ παρὰ ἀνθρώποις.

[b] Διακεῖσθαι. Sic omnes præter Morel. qui habet διακείμεθα, male. Mox post παρῇ quidam addunt τὸ κατόρθωμα.

ANIANI INTERPRETATIO.

profecto suffecit ei. Non enim gratiarum actio est aliis exprobrare delicta, sibi a plurimis gloriam quærere, et super eos qui peccaverunt jactanter insurgere. Quod si gratias agis Deo, sufficiat tibi ipse solus, nec velis eas in hominum proferre notitiam, neque proximum judicare. Non est namque istud actio gratiarum. Vis autem quemadmodum veræ Deo gratiæ referantur, agnoscere? Audi tres pueros in medio
Dan. 3. 29. 27. 31. ignis loquentes: *Peccavimus, inique gessimus: justus es, Domine, in omnibus quæ fecisti nobis, quoniam in vero judicio omnia induxisti super nos.* Hoc est enim referre gratias Deo, peccata ei propria confiteri, ut cum mille se aliquis reum fateatur malorum, nulla tamen pro his magna satis se arbitretur ferre supplicia. Caveamus igitur de nobismetipsis dicere gloriosa: hoc enim nos et hominibus invisos, et Deo abominales facit. Et idcirco quanto majora fecerimus bona, tanto de nobis minora dicamus. Hoc enim modo maximam et coram Deo et coram hominibus gloriam consequemur: nec solum gloriam quæ a Deo est, verum etiam mercedem, retributionemque plenissimam. Noli ergo mercedem reposcere, ut merearis accipere. Tu salvari te Dei gratia confitere, ut se ille tibi debitorem fateatur, nec modo pro operibus tuis, verum etiam pro hac gratia, humilique sententia. Quando enim aliqua recte fecerimus, habemus eum proculdubio debitorem ob res bene gestas tantum: quando vero nihil arbitramur nos recte operatos, amplius etiam de tali meremur affectu, quam propter opera ipsa quæ fecimus. Mi-

τας ἔχοντες, τότε αὐτοὺς μάλιστα ἀποδεχόμεθα, ὅταν πάντα μετ' εὐνοίας διακονησάμενοι, μηδὲν ἡγῶνται πεποιηκέναι μέγα.

Ὥστε εἰ βούλει καὶ σὺ μεγάλα σου ποιῆσαι τὰ κατορθώματα, μὴ νόμιζε αὐτὰ εἶναι μεγάλα, καὶ τότε ἔσται μεγάλα. Οὕτω καὶ ὁ ἑκατοντάρχης ἔλεγεν· Οὐκ εἰμὶ ἱκανὸς, ἵνα μου ὑπὸ τὴν στέγην εἰσέλθῃς. Διὰ τοῦτο ἄξιος γέγονε, καὶ ὑπὲρ πάντας Ἰουδαίους ἐθαυ-
C
μάζετο. Οὕτω καὶ ὁ Παῦλός φησιν· Οὐκ εἰμὶ ἱκανὸς καλεῖσθαι ἀπόστολος. Διὰ τοῦτο καὶ πρῶτος πάντων ἐγένετο. Οὕτω καὶ Ἰωάννης· Οὐκ εἰμὶ ἱκανὸς λῦσαι αὐτοῦ τὸν ἱμάντα τοῦ ὑποδήματος. Διὰ τοῦτο καὶ φίλος ἦν τοῦ νυμφίου, καὶ τὴν χεῖρα, ἣν ἀναξίαν ἔφησεν εἶναι τῶν ὑποδημάτων, ταύτην ὁ Χριστὸς ἐπὶ τὴν κεφαλὴν εἵλκυσε τὴν ἑαυτοῦ. Οὕτω καὶ Πέτρος ἔλεγεν· Ἔξελθε ἀπ' ἐμοῦ, ὅτι ἀνὴρ ἁμαρτωλός εἰμι. Διὰ τοῦτο θεμέλιος τῆς Ἐκκλησίας γέγονεν. Οὐδὲν γὰρ οὕτω τῷ Θεῷ φίλον, ὡς τὸ μετὰ τῶν ἐσχάτων ἁμαρτωλῶν ἑαυτὸν ἀριθμεῖν. Τοῦτο φιλοσοφίας πάσης ἀρχή.
43 A
Ὁ γὰρ τεταπεινωμένος, καὶ συντετριμμένος, οὐ κενοδοξήσει, οὐκ ὀργιεῖται, οὐ φθονήσει τῷ πλησίον, οὐκ ἄλλο τι δέξεται πάθος. Οὐδὲ γὰρ χεῖρα συντετριμμένην, κἂν μυριάκις φιλονεικήσωμεν, εἰς ὕψος ἆραι δυνησόμεθα. Ἂν τοίνυν καὶ τὴν ψυχὴν οὕτω συντρίψωμεν, κἂν μυρία αὐτὴν ἐπάρῃ φυσῶντα τὰ πάθη, οὐδὲ μικρὸν ἀρθῆναι δυνήσεται. Εἰ γὰρ ὑπὲρ βιωτικῶν τις πενθῶν πραγμάτων, πάντα ἐξορίζει τὰ νοσήματα τῆς ψυχῆς· πολλῷ μᾶλλον ὁ ὑπὲρ ἁμαρτιῶν τοῦτο ποιῶν ἀπολαύσεται τῆς φιλοσοφίας. Καὶ τίς οὕτω δυνήσεται

Si hoc enim non adsit, illa opera non magna videbuntur. Siquidem et nos quoque tunc maxime famulos nostros acceptos habemus, quando omnia cum benevolentia agentes, nihil se magni præstitisse putant.

Itaque si vis opera tua bona magna esse, ne magna esse putes, tuncque magna erunt. Sic centurio dicebat, *Non sum dignus ut intres sub tectum meum;* ideoque dignus fuit, supraque omnes Judæos mirabilis. Ita et Paulus ait: *Non sum dignus vocari apostolus.* Ideoque primus omnium effectus est. Sic et Joannes: *Non sum dignus solvere corrigiam calceamenti ejus.* Ideo et amicus sponsi erat, et manum illam, quam indignam calceamentis putabat, Christus supra caput suum attraxit. Sic et Petrus dicebat: *Exi a me, quia homo peccator sum.* Idcirco fundamentum Ecclesiæ factus est. Nihil enim ita Deo gratum est, quam si quis se cum ultimis peccatoribus numeret. Hoc omnis philosophiæ principium est. Qui enim humilis et contritus est, non inani gloria efferetur, non irascetur, non proximo invidebit, non aliud quidpiam vitii admittet. Neque enim contritam manum, quantumvis contendamus, possumus in altum efferre. Si itaque sic animam conteramus, etiamsi cordis affectus innumeri illam inflare et extollere tentent, ne vel minimum poterit erigi. Si enim qui sæcularia damna deplorat, omnes a se fugat animæ languores: multo magis ille qui pro peccatis id agit, philosophia potietur. Et quis ita poterit, inquies, cor suum

Matth. 8. 8. 1. Cor. 15. 9. Marc. 1. 7. et Matth. 3. 11. Luc. 5. 8.

Humilitas est omnis philosophiæ principium.

ANIANI INTERPRETATIO.

nimum itaque de se sensisse, tam magnum est, quam maximas res fecisse. Quod si non adsit, nec illæ poterunt esse laudabiles. Nam nos quoque famulos habentes, tunc eos maxime comprobamus, quando cum bona gratia in omnibus obsequuti, nihil se grande arbitrantur egisse.

6. Itaque si bona tua magna vis facere, noli ea magna putare: aliter enim magna esse non possunt. Sic enim centurio dixit: *Non sum dignus, ut intres sub tectum meum*: et propterea dignus effectus est, supraque omnes Judæos jure mirabilis. Sic etiam Paulus ait: *Num sum dignus vocari apostolus*; ideo omnium primus inventus est. Sic et Joannes: *Non sum*, inquit, *idoneus solvere corrigiam calceamenti ejus*: et idcirco amicus factus est sponsi. Et manum quam indignam calceamentis esse dicebat, eam Christus ad caput suum sublevavit. Sic etiam Petrus ait: *Exi a me, Domine, quia homo peccator sum*: et propterea factus est Ecclesiæ fundamentum. Nihil enim sic est amicum Deo, quasi si quis se minimis annumeret: hoc est enim caput totius philosophiæ atque fastigium. Qui enim humiliatur corde atque conteritur, non efferetur inani gloria: non invidiæ livore, non iracundiæ furore vexabitur, non ullis aliis vitiis subjacebit. Namque ut contritam manum etiam si millies in altum levare velimus, non possumus: ita etiam si animam conteramus, quamlibet innumeræ illam inflando elevare voluerint passiones, ne tantulum quidem potuerit extolli. Si enim qui externarum luget damna rerum, omnes a se fugat animæ languores: multo magis qui hoc pro peccato facit, plena philosophiæ sanitate potietur. Et quis, inquis, ita conterere cor suum potest? Audi Davidem, qui per hoc præcipue refulsit,

Matth. 8. 8. 1. Cor. 15. 9. Marc. 1. 7. et Matth. 3. 11. Luc. 5. 8.

conterere? Audi Davidem, qui hac de causa maxime splendidus fuit, et vide ejus animi contritionem. Post innumera præclare gesta, cum proximum esset ut patria, domo et ipsa vita excideret, ipso calamitatis tempore, vilem abjectumque militem videns insultantem sibi et conviciantem, non solum vicem non reddidit, sed etiam ducem quempiam ipsum interimere volentem impedivit dicens:
2. Reg. 16. 11. *Dimittite illum, quia Dominus mandavit ei.*
Rursum sacerdotibus rogantibus, liceret sibi cum illo arcam circumferre, id non passus est: sed quid
2. Reg. 15. 25. 26. ait? *Reduc arcam Domini in civitatem, et stet*
in loco suo. Si invenero gratiam in conspectu Domini, et liberaverit me Deus de instantibus malis, videbo decorem ejus; sin dixerit mihi, Nolo te: ecce ego, faciat mihi quod est placitum in conspectu ejus. Illud vero quod erga Saülem et semel et bis et pluries fecit, quantum non philosophiæ culmen ostendit! Id enim et veterem legem superabat, et ad apostolica præcepta proxime accedebat. Ideo omnia quæ a Deo proficiscebantur amplectebatur, nec rationem exigebat eorum quæ accidebant, sed unum studebat, ut ubique ejus legibus obsequeretur. Et post tot tantaque præclara facinora, videns tyrannum, parricidam, fratricidam, contumeliosum, furiosum, qui regnum suum invaserat, ne illud quidem ipsi offendiculo fuit: sed, Si ita Deo placeat, inquit, pelli me, errare et fugere, illum autem in honore esse, id am-

συντρίψαι τὴν ἑαυτοῦ καρδίαν; φησίν. Ἄκουσον τοῦ
B Δαυὶδ τοῦ διὰ τοῦτο μάλιστα λάμψαντος, καὶ [a] βλέπε αὐτοῦ τὴν συντριβὴν τῆς ψυχῆς. Μετὰ γὰρ μυρία κατορθώματα, καὶ πατρίδος, καὶ οἰκίας, καὶ αὐτῆς μέλλων ἐκπίπτειν τῆς ζωῆς, παρ' αὐτὸν τὸν καιρὸν τῆς συμφορᾶς, στρατιώτην εὐτελῆ καὶ ἀπερριμμένον ὁρῶν ἐπεμβαίνοντα αὐτοῦ τῷ καιρῷ καὶ λοιδορούμενον, οὐ μόνον οὐκ ἀντελοιδόρησεν, ἀλλὰ καὶ τῶν στρατηγῶν τινα βουλόμενον αὐτὸν ἀνελεῖν διεκώλυσεν, εἰπών· Ἄφετε αὐτὸν, ὅτι Κύριος ἐνετείλατο αὐτῷ. Καὶ πάλιν, τῶν ἱερέων ἀξιούντων μετ' αὐτοῦ τὴν κιβωτὸν συμπεριφέρειν, οὐκ ἐδέξατο· [b] ἀλλὰ τί φησιν; Ἀπόστρεψον
C τὴν κιβωτὸν τοῦ Θεοῦ εἰς τὴν πόλιν, καὶ καθισάτω εἰς τὸν τόπον αὐτῆς. Ἐὰν εὕρω χάριν ἐνώπιον Κυρίου, καὶ ἀπαλλάξῃ με τῶν ἐν χερσὶ δεινῶν ὁ Θεὸς, ὄψομαι τὴν εὐπρέπειαν αὐτῆς· ἂν δὲ εἴπῃ μοι, οὐ τεθέληκά σε· ἰδοὺ ἐγὼ, ποιείτω μοι τὸ ἀρεστὸν ἐνώπιον αὐτοῦ. Τὸ δὲ ἐπὶ τοῦ Σαοὺλ καὶ ἅπαξ καὶ δὶς δὲ καὶ πολλάκις γεγενημένον, ποίαν οὐκ ἐνδείκνυται φιλοσοφίας ὑπερβολήν; Καὶ γὰρ καὶ τὸν παλαιὸν ὑπερέβη νόμον, καὶ τῶν ἀποστολικῶν ἐγγὺς ἐγένετο προσταγμάτων. Διὰ τοῦτο
44 A πάντα [a] ἔστεργε τὰ παρὰ τοῦ Δεσπότου, οὐ δικάζων τοῖς γινομένοις, ἀλλ' ἓν μόνον σπουδάζων, πανταχοῦ πείθεσθαι καὶ ἕπεσθαι τοῖς παρ' αὐτοῦ κειμένοις νόμοις. Καὶ ὁρῶν μετὰ τοσαῦτα αὐτοῦ κατορθώματα τὸν τύραννον, τὸν πατραλοίαν, τὸν ἀδελφοκτόνον, τὸν ὑβριστὴν τὸν μαινόμενον, ἀντ' αὐτοῦ τὴν αὐτοῦ ἔχοντα βασιλείαν, οὐδὲ οὕτως ἐσκανδαλίζετο· ἀλλ', ἂν τῷ Θεῷ ταῦτα δοκῇ, φησὶν, ἐμὲ μὲν ἐλαύνεσθαι καὶ πλα-

[a] Savil. καὶ εἴσῃ αὐτοῦ. Morel. καὶ βλέπε, Anianus *et vide.*

[b] Hic admodum variant exemplaria. Savil. et Morel. sic habent, ἀλλὰ τί φησιν; Ἀπόστρεψον τὴν κιβωτὸν etc. ut in textu: manuscripti vero multi Codices sic, ἀλλὰ τί φησιν, ἐπὶ τοῦ ναοῦ καθίσω (alii καθίσομαι), κἂν ἀπαλλάξῃ με τῶν ἐν χερσί. Anianus vero, *sed stet*, *inquit, in templo: et si liberaverit me Deus de instantibus malis, videbo pulchritudinem ejus*, etc.

[a] Alii ἔστεγε.

ANIANI INTERPRETATIO.

et vide quam ejus anima contrita sit. Nam post virtutes innumeras, cum domo excidisset et patria, et vitam ipsam postremo periclitaretur amittere, cum tempore ipso discriminis sui militem vilem et prorsus abjectum, insultantem sibi et maledicentem videret, non modo ipse non retulit maledictionis vicem, sed
2. Reg. 16. 11. etiam quemdam ducum suorum volentem eum interimere, non sivit, dicens: *Dimitte ut maledicat,*
quoniam Dominus mandavit ei: forsitan respiciet Deus humilitatem meam. Et rursus, cum sacer-
2. Reg. 15. 25. 26. dotes rogarent ut cum illo circumferretur arca, non passus est: sed *Stet*, inquit, *in templo: et si li-*
beraverit me Deus de instantibus malis, videbo pulchritudinem ejus: si vero dixerit mihi, Nolo te: ecce ego, faciat mihi quod placet in conspectu ejus. Illud vero erga Saülem semel iterumque et multoties factum, nonne cumulum philosophiæ ingentis ostendit? Veterem quippe superaverat legem, et prope ad apostolica præcepta pervenerat. Idcirco quæ Dei erant, per omnia diligebat: non ipse se de iis quæ fecerat laudans, sed unum et solum studet sequi ab ipso positas leges, eisque in omnibus obedire. Et post tot certe illa merita virtutum, cum illum tyrannum, fratricidam, parricidam, injuriosum atque furiosum pro se regnantem videret, nec sic quidem scandalum mente concepit: sed si, inquit, hoc visum fuerit Deo, me quidem exagitari et errare semper ac fugere, illum vero regnare, amplector atque

νᾶσθαι καὶ φεύγειν, ἐκεῖνον δὲ εἶναι ἐν τιμῇ, στέργω καὶ δέχομαι, καὶ χάριν ἔχω τῶν μυρίων αὐτοῦ κακῶν. Οὐχ ὡς πολλοὶ τῶν ἀναισχύντων καὶ ἰταμῶν, οὐδὲ τὸ πολλοστὸν κατορθοῦντες τῶν ἐκείνῳ κατορθουμένων, ἂν ἴδωσί τινας ἐν εὐημερίαις ὄντας, ἑαυτοὺς δὲ B μικρὰν ὑπομείνοντας ἀθυμίαν, μυρίαις τὰς ἑαυτῶν ψυχὰς ἀπολλύουσι βλασφημίαις. Ἀλλ' οὐχ ὁ Δαυὶδ τοιοῦτος, ἀλλὰ πᾶσαν ἐπεδείκνυτο ἐπιείκειαν. Διὸ καὶ ἔλεγεν ὁ Θεός· Εὗρον Δαυὶδ τὸν τοῦ Ἰεσσαὶ, ἄνδρα κατὰ τὴν καρδίαν μου. Τοιαύτην καὶ ἡμεῖς κτησώμεθα ψυχὴν, καὶ ὅπερ ἂν πάθωμεν, οἴσωμεν ῥᾳδίως, καὶ πρὸ τῆς βασιλείας ἐντεῦθεν καρπωσώμεθα τῆς ταπεινοφροσύνης τὴν πρόσοδον. Μάθετε γὰρ, φησὶν, ἀπ' ἐμοῦ, ὅτι πρᾶός εἰμι καὶ ταπεινὸς τῇ καρδίᾳ, καὶ εὑρήσετε ἀνάπαυσιν ταῖς ψυχαῖς ὑμῶν. Ἵν' οὖν ἀπολαύσωμεν ἀναπαύσεως, καὶ ἐνταῦθα, καὶ ἐκεῖ, μετὰ πολλῆς τῆς σπουδῆς τὴν πάντων μητέρα [b] τῶν ἀγαθῶν, τὴν ταπεινοφροσύνην λέγω, ἐν ταῖς ἑαυτῶν φυ- C τεύσωμεν πασῶν ψυχαῖς. Οὕτω γὰρ καὶ τὸ τοῦ βίου τούτου πέλαγος χωρὶς κυμάτων δυνησόμεθα διαβῆναι, καὶ εἰς τὸν γαληνὸν ἐκεῖνον καταπλεῦσαι λιμένα, χάριτι καὶ φιλανθρωπίᾳ τοῦ Κυρίου ἡμῶν Ἰησοῦ Χριστοῦ, ᾧ ἡ δόξα καὶ τὸ κράτος εἰς τοὺς αἰῶνας τῶν αἰώνων. Ἀμήν.

plector atque suscipio, et gratiam habeo pro malis innumeris. Non ut multi impudentes ac petulantes, qui ne minimam quidem partem probe gestorum ejus exsequuti sunt, quique si quos videant prospere agere, se vero parvam molestiam mœstitiamque subire, innumeris animas suas blasphemiis labefactant. At non iis similis David (Davidis modestia.) erat, qui fuit omni modestia præditus. Ideo dicebat Deus : *Inveni David filium Jessæ, virum secundum cor meum.* (Psal. 88.4. 21?) Talem et nos possideamus animam, et quidquid patimur, leniter feramus, et ante regnum, hic nobis pariamus humilitatis proventum. Nam ait : *Discite a me, quia* (Matth. 11. 29.) *mitis sum et humilis corde, et invenietis requiem animabus vestris.* Ut igitur et hic et illic requie fruamur, summa cura omnium bonorum matrem humilitatem in animabus nostris inseramus. Sic enim et hujus vitæ pelagus sine fluctibus trajicere poterimus, et ad tranquillum illum portum navigare, gratia et benignitate Domini nostri Jesu Christi, cui gloria et imperium in sæcula sæculorum. Amen.

b Manuscripti non pauci τῶν ἀρετῶν, quæ lectio optime quadraret; sed Anianus, qui vertit *bonorum*, ἀγαθῶν sine dubio legit.

ANIANI INTERPRETATIO.

suscipio : et habeo pro innumeris, quæ a Deo mihi inferuntur, tribulationibus gratiam. Longe aliter quam plurimi impudentes pariter et arrogantes, qui cum ne minimam quidem partem de illius virtute possideant, si quos videant prospere agentes, se vero parvam sufferre mœstitiam, mille animas suas non metuunt vulnerare blasphemiis. At non etiam David talis fuit, sed inter maximas tribulationum procellas, omnem modestiam ac patientiam mentis ostendit : propter quod dixit Deus : *Inveni* (Psal. 88.4. 21?) *David filium Jesse, virum secundum cor meum.* Talem igitur etiam nos possideamus animam : et quidquid patimur, facile feremus ac fortiter : atque ante regnum futurum, hic quoque fructum de humilitate capiemus. *Discite,* inquit Dominus, *a me, quia mitis sum et humilis corde, et invenietis* (Matth. 11. 29.) *requiem animabus vestris.* Ut ergo hic et ibi optata requie multa cum gloria perfruamur, humilitatem, matrem bonorum, nostris penitus mentibus inseramus. Sic enim et istius vitæ pelagus absque ullo tumore fluctuum transire poterimus, et ad tranquillissimum illum portum enavigare, gratia et misericordia Domini nostri Jesu Christi, cui est gloria et imperium, cum Patre et sancto Spiritu, in sempiterna sæcula sæculorum. Amen.

HOMILIA IV.

CAP. I. v. 17. *Omnes igitur generationes ab Abraham usque ad David, generationes quatuordecim; et a David usque ad transmigrationem Babylonis, generationes quatuordecim; et a transmigratione Babylonis usque ad Christum, generationes quatuordecim.*

1. Omnes generationes in tres partes divisit, ostendens illos etiam post reipublicæ formam pluries mutatam non evasisse meliores, sed sive aristocratiæ, sive regno, sive oligarchiæ parerent, in iisdem versatos malis esse: ac neque ducibus, neque sacerdotibus, neque regibus rem publicam administrantibus, majorem penes illos virtutis rationem fuisse. Cur autem in media parte tres prætermisit reges, in postrema autem parte generationibus duodecim tantum positis, quatuordecim ipsas esse dicit? Primam quæstionem vobis solvendam relinquo; non enim omnia solvere vobis necesse est, ne vobis fastidium generemus: secundam autem explanabimus. Mihi certe videtur captivitatis tempus hic pro una generatione numerari,

45 A

ΟΜΙΛΙΑ δ'.

Πᾶσαι οὖν αἱ γενεαὶ ἀπὸ Ἀβραὰμ ἕως Δαυὶδ, γενεαὶ δεκατέσσαρες· καὶ ἀπὸ Δαυὶδ ἕως τῆς μετοικεσίας Βαβυλῶνος, γενεαὶ δεκατέσσαρες· καὶ ἀπὸ τῆς μετοικεσίας Βαβυλῶνος ἕως τοῦ Χριστοῦ, γενεαὶ δεκατέσσαρες.

Εἰς τρεῖς διεῖλε μερίδας τὰς γενεὰς ἁπάσας, δεικνὺς ὅτι οὐδὲ τῶν πολιτειῶν μεταβληθεισῶν ἐγένοντο βελτίους, ἀλλὰ καὶ ἀριστοκρατούμενοι, καὶ βασιλευόμε-
B νοι, καὶ ὀλιγαρχούμενοι, ἐν τοῖς αὐτοῖς ἦσαν κακοῖς· καὶ οὔτε δημαγωγῶν, οὔτε ἱερέων, οὔτε βασιλέων αὐτοὺς διεπόντων, ἔσχον τι πλέον εἰς ἀρετῆς λόγον. Τίνος δὲ ἕνεκεν ἐν μὲν τῇ μέσῃ μερίδι τρεῖς παρέδραμε βασιλεῖς, ἐν δὲ τῇ ἐσχάτῃ δώδεκα θεὶς γενεὰς, δεκατέσσαρας αὐτὰς εἶναι ἔφησε; Τὸ μὲν πρότερον ὑμῖν ἀφίημι ζητεῖν· οὐδὲ γὰρ πάντα ἐπιλύειν ὑμῖν ἀναγκαῖον, ἵνα μὴ ἀναπέσητε· [a] τὸ δὲ δεύτερον ἡμεῖς ἐροῦμεν. Ἐμοὶ γὰρ ἐνταῦθα δοκεῖ καὶ τὸν χρόνον τῆς αἰχμαλωσίας ἐν τάξει γενεᾶς τιθέναι, καὶ αὐτὸν τὸν
C [b] Χριστὸν, πανταχόθεν συνάπτων ἡμῖν αὐτόν. Ἀναμιμνήσκει δὲ τῆς αἰχμαλωσίας ἐκείνης καλῶς, δηλῶν

[a] Post hæc verba, τὸ δὲ δεύτερον ἡμεῖς ἐροῦμεν, tres Manuscripti ita pergunt, μᾶλλον δὲ καὶ τὸ πρότερον ὑμῖν ἡμεῖς ἐροῦμεν, ὡς ἂν μὴ πράγματα etc. Ubi tres fere paginæ adjiciuntur, ut explicentur illæ quatuordecim generationes, quæ ante captivitatem numerantur, necnon quatuordecim aliæ, quæ post captivitatem. Quia vero hæc ab Aniano lecta non sunt, nec videntur esse Chrysostomi, in finem Commentariorum in Matthæum ablegata sunt, p. 846 — 848 hujus Tomi.

[b] Hic quædam a Morello omissa fuerant, quæ ex omnibus aliis exemplaribus restituuntur.

ANIANI INTERPRETATIO.

HOMILIA QUARTA EX CAPITE I.

Omnes igitur generationes ab Abraham usque ad David, generationes quatuordecim: et a David usque ad transmigrationem Babylonis, generationes quatuordecim: et a transmigratione Babylonis usque ad Christum, generationes quatuordecim.

1. Omnem ab Abraham usque ad Christum generationum seriem tres in partes evangelista divisit: ostendens quod nec commutatis quidem disciplinæ modis, ille umquam populus sit melior effectus: sed sive aristocratiæ, sive regno, sive oligarchiæ pareret, in eadem tamen morum pravitate permanserit: et neque cum ducum, neque cum regum, neque cum sacerdotum potestate regeretur, ad studium virtutis accesserit. Quanam igitur ratione suadente, tres pariter reges in media generationum parte præteriit: in ultima vero cum duodecim solummodo posuisset generationes, quatuordecim eas esse memorat? Prius quidem illud vobis potius inquirendum relinquo: neque enim omnia exposita atque absoluta debetis accipere, ne vobis ex nostro nascatur labore desidia. Alterum vero ipsi expedire tentabimus. Mihi enim videtur hoc loco etiam captivitatis tempus in generationum ordine collocare, sed et ipse Christus unius

ὅτι οὐδὲ ἐκεῖ κατελθόντες, ἐγένοντο σωφρονέστεροι· ὥστε πάντοθεν ἀναγκαίαν φανῆναι τὴν αὐτοῦ παρουσίαν. Τί οὖν ὁ Μάρκος, φησὶν, οὐ ποιεῖ τοῦτο, οὐδὲ γενεαλογεῖ τὸν Ἰησοῦν, ἀλλ' ἐπιτόμως ἅπαντα φθέγ-
46 A γεται; Ἐμοὶ δοκεῖ ὁ μὲν Ματθαῖος πρὸ τῶν ἄλλων ἦρχθαι τοῦ πράγματος· διὸ καὶ τὴν γενεαλογίαν τίθησι μετὰ ἀκριβείας, καὶ πρὸς τὰ κατεπείγοντα ἵσταται· ὁ δὲ Μάρκος μετ' ἐκεῖνον· διὸ ἐπὶ σύντομον ἦλθεν ὁδὸν, ἅτε τοῖς ἤδη λεχθεῖσι καὶ δήλοις γεγενημένοις ἐπιχειρῶν. Πῶς οὖν ὁ Λουκᾶς καὶ γενεαλογεῖ, καὶ διὰ πλειόνων τοῦτο ποιεῖ; Ἅτε τοῦ Ματθαίου προοδοποιήσαντος, βούλεταί τι τῶν εἰρημένων διδάξαι πλέον ἡμᾶς. Καὶ ἕκαστος δὲ ὁμοίως τὸν διδάσκαλον ἐμιμήσατο· ὁ μὲν τὸν Παῦλον, ὑπὲρ τοὺς ποταμοὺς ῥέοντα· ὁ δὲ τὸν Πέτρον, βραχυλογίας ἐπιμελούμενον. Καὶ τί δήποτε
B ἀρχόμενος ὁ Ματθαῖος οὐκ εἶπεν, ὥσπερ οἱ προφῆται· Ὅρασις ἣν εἶδον, καὶ, Ὁ λόγος ὁ γενόμενος πρός με; Ὅτι πρὸς εὐγνώμονας ἔγραφε, καὶ σφόδρα αὐτῷ προσέχοντας. Καὶ γὰρ καὶ τὰ γενόμενα θαύματα ἐβόα, καὶ οἱ δεχόμενοι σφόδρα ἦσαν πιστοί. Ἐπὶ δὲ τῶν προφητῶν οὔτε θαύματα ἦν τοσαῦτα αὐτοὺς ἀνακηρύττοντα, καὶ πολὺ τὸ τῶν ψευδοπροφητῶν [a] ἐκώμασεν ἔθνος, οἷς καὶ μᾶλλον προσεῖχεν ὁ τῶν Ἰουδαίων δῆμος. Διόπερ ἀναγκαῖος οὗτος τῶν προοιμίων ὁ τρόπος ἦν παρ' αὐτοῖς. Εἰ δέ ποτε καὶ ἐγένετο σημεῖα, τῶν βαρβάρων ἕνεκεν ἐγίνετο, ὥστε πολλοὺς γενέσθαι τοὺς
C προσηλύτους, καὶ εἰς ἔνδειξιν τῆς τοῦ Θεοῦ δυνάμεως, εἴ ποτε αὐτοὺς οἱ πολέμιοι λαβόντες, ὡς τῶν παρ' αὐτοῖς θεῶν ἰσχυρῶν ὄντων, ἐνόμισαν κεκρατηκέναι,

sed et ipsum Christum [alteram implere], quem ubique nobis conjungit. E re autem captivitatem illam commemorat, ostendens illuc deductos, non temperantiores evasisse; ita ut prorsus necessarius videatur fuisse Christi adventus. Quid ergo Marcus non idipsum agit, neque Jesu genealogiam recenset, sed compendio omnia refert? Mihi quidem videtur Matthæus ante omnes manum operi admovisse : quapropter genealogiam accurate ponit, et in iis quæ necessaria erant insistit; Marcus vero post ipsum scripsit, ideoque compendio studet, utpote qui jam dicta et nota recenseat. Cur ergo Lucas etiam genealogiam et quidem pluribus scribit? Quia Matthæus jam præcesserat viamque paraverat, voluit ille aliquid amplius nos edocere. Quisque discipulorum magistrum suum est imitatus; hic Paulum, ubertate flumina superantem; ille Petrum, brevitati studentem. Cur porro Matthæus in exordio non dixit, sicut et prophetæ, *Visio quam vidi*, vel, *Sermo qui factus est ad me?* Quoniam ad frugi homines scribebat, qui admodum dictis attenderent. Etenim jam patrata miracula clamabant, et qui evangelium accipiebant, plane fideles erant. Prophetarum vero tempore non tot erant miracula, quæ auctoritatem ipsis inderent, et magna tunc erumpebat pseudoprophetarum turba, quibus magis attendebant Judæi. Quamobrem hic procemiorum modus apud illos necessarius erat. Si vero

[a] Alii ἐπεκώμασεν, alii ἐκόμπαζεν.

ANIANI INTERPRETATIO.

numerum generationis implere, ut quem ex omni parte nobis conjungit. Bene autem etiam captivitatis Babylonicæ recordatur : ut scilicet doceat, populum Judæorum ne illa quidem castigatione correctum, modisque omnibus necessariam fuisse Christi præsentiam. Marcus vero alium scribendi ordinem texuit : nec enim generationes, quibus Christum annumeret, explicuit : quin etiam reliqua narrando, maximo perstrinxit cuncta compendio. Ego igitur existimo, primum omnium Matthæum Evangelium edidisse : propter quod etiam generationum catalogum diligenter enumerat, et plene cuncta atque instanter exsequitur. Marcus autem compendiosa post illum cucurrit via, utpote qui jam ab alio dicta et manifesta replicaret. Lucas sane non modo texit generationum catalogum, verum etiam pluribus eum texit extendendo nominibus : quippe qui Matthæi scriptione præventus, amplius aliquid docere nos studeat. Suum enim quisque probe est imitatus magistrum. Marcus quidem Petrum, verborum parcitate gaudentem : Lucas vero Paulum, fluminum copiam ubertate loquendi superantem. Cur vero Matthæus in ipso sermonis exordio non dixit quod prophetæ solebant : *Visio quam vidi*, vel, *Sermo qui ad me factus est?* Quia illis scribebat profecto, qui cum bona omnia voluntate susciperent, * quippe plurimum ab illius authoritate penderent : quin etiam facta per ipsum sæpe miracula testimonium dictis ferebant : et hi quibus Evangelium condebatur erant in fidei ratione firmissimi. Sub prophetis autem nec tanta erat multitudo signorum, per quam eorum merita lucerent, et maxima tunc pseudoprophetarum increbuerat turba quibus etiam promtius Judæorum populus obedire consueverat. Propter quod necessaria tunc erat prophetis formula ista principii Si vero aliquando etiam signa facta esse referuntur, occasione facta sunt

* f. quique.

signa quandoque fierent, barbarorum causa, ut multi proselyti accederent, edebantur. Fiebant quoque signa ad Dei potentiam exhibendam, quando adversarii subactis Judæis, deorum suorum vi et auxilio se vicisse putabant, ut in Ægypto contigit, unde promiscua turba profecta est: et postea in Babylone, quæ ad fornacem et somnia spectant. Erat etiam cum signa ederentur in deserto, quando sui juris erant, quemadmodum et apud nos: etenim apud nos cum ab errore emergeremus, signa multa exhibita sunt; post hæc autem, cum vera religio ubique disseminata esset, illa cessaverunt. Quod si post exitum ex deserto signa facta sunt, illa pauca et rariora fuerunt; ut cum sol substitit, vel cum retrorsum abivit. Signa quoque apud nos facta videre licuit: nam ætate nostra sub Juliano, qui omnes impietate superavit, multa mirabiliaque facta sunt. Cum enim Judæi templum Jerosolymitanum reædificare tentarent, ignis e fundamentis erumpens omnes deterruit; et cum Julianus furorem suum in vasa sacra exerceret, quæstor et Juliani avunculus ipsi cognominis plexi sunt: prior enim a vermibus corrosus interiit, alter vero medius diruptus est; peractisque ibidem sacrificiis fontes defecerunt, et fames quæ eodem imperante civitates invasit, maximum erat miraculum.

Signa sub Juliano apostata exhibita.

καθάπερ ἐν Αἰγύπτῳ, ὅθεν καὶ πολὺς ὁ σύμμικτος
ἀνέβη λαός· καὶ μετὰ ταῦτα ἐν Βαβυλῶνι τὰ κατὰ τὴν
κάμινον, καὶ τὰ ὀνείρατα. Ἐγένετο δὲ, καὶ ἡνίκα καθ'
ἑαυτοὺς ἦσαν, σημεῖα ἐν τῇ ἐρήμῳ, καθάπερ καὶ ἐφ'
47 ἡμῶν· καὶ γὰρ καὶ ἐφ' ἡμῶν, ἡνίκα τῆς πλάνης [b] ἐξή-
A ειμεν, πολλὰ θαύματα ἐδείχθη· μετὰ δὲ ταῦτα ἔστη,
τῆς εὐσεβείας πανταχοῦ φυτευθείσης. Εἰ δὲ καὶ μετὰ
ταῦτα γέγονεν, ὀλίγα καὶ σποράδην· οἷον, ἡνίκα ὁ
ἥλιος ἔστη τοῦ δρόμου, καὶ πάλιν ἀνεχαίτισεν εἰς τὰ
ὀπίσω. Ἴδοι δ' ἄν τις τοῦτο πάλιν καὶ ἐφ' ἡμῶν γεγενημένον. Καὶ γὰρ καὶ ἐν τῇ γενεᾷ τῇ ἡμετέρᾳ, ἐπὶ
τοῦ πάντας ἀσεβείᾳ νικήσαντος Ἰουλιανοῦ, πολλὰ καὶ
παράδοξα συνέβη. Καὶ γὰρ τῶν Ἰουδαίων τὸν ἐν Ἱεροσολύμοις ναὸν ἀναστῆσαι ἐπιχειρούντων, πῦρ τῶν
θεμελίων [a] ἐκπηδῆσαν ἅπαντας διεκώλυσε· καὶ ὅτε ἐπὶ
τὰ σκεύη τὰ ἱερὰ τὴν αὐτοῦ παροινίαν ἐπεδείξατο, ὅ
τε ταμίας, ὅ τε θεῖος καὶ ὁμώνυμος ἐκείνου, ὁ μὲν
σκωληκόβρωτος γενόμενος ἐξέψυξεν, ὁ δὲ ἐλάκησε μέ-
σος· καὶ τὸ τὰς πηγὰς δὲ ἐπιλιπεῖν, θυσιῶν ἐκεῖ γενο-
B μένων, καὶ τὸ μετ' αὐτοῦ τοῦ βασιλέως τὸν λιμὸν εἰς
τὰς πόλεις συνεμπεσεῖν, σημεῖον μέγιστον ἦν.

[b] Sic omnes præter Morel. qui habet ἐξίημεν. Ibidem alii τῆς εὐλαβείας πανταχοῦ.

[a] Alii ἀναπηδῆσαν. Paulo post pro παροινίαν alii παράνοιαν habent, et pro ὁμώνυμος, ἐπώνυμος, et pro ἐλάκησε, ἐλάκισε.

ANIANI INTERPRETATIO.

gentium barbararum, ut multi ex eis proselytorum numero jungerentur, et ut opportuno in tempore divinæ majestatis insigne claresceret, ne scilicet Dei populum adversarii subjugantes, potentia deorum suorum vicisse se crederent. Idcirco enim et in Ægypto signa facta sunt, unde cum Israëlitico exercitu magna illius populi profecta est multitudo: et postea in Babylone, et in fornacis ignibus, et interpretationibus somniorum maxima effulsere miracula. Copiosius vero signa micuerunt, cum essent in eremo a cunctis gentibus omnino separati. Verum his non utique rariora etiam tempore nostræ vocationis ostensa sunt. Nam tum quoque cum primum evangelio coruscante, vel Judæi vel gentes ad veritatem ab errore transirent, plurima eos et maxima mirabilia provocabant, quæ certe non ante cessarunt, quam annuntiata in Christum fides toto diffusa orbe regnaret. Quod si etiam post eremum facta sunt, pauca illa fuerunt et rara: ut cum sol a suo cursu destitit, vel cum etiam retrorsum cucurrit. Nec nostra quidem, si recordemur, ætate mirabilia defuerunt. Siquidem sub principe Juliano, qui omnes impietate superavit, signa frequenter ostensa sunt. Judæis enim templum Jerosolymis reædificare cupientibus, de fundamentis ignis exsiliens, a cœpta illos ædificatione deterruit. Et cum idem profanus sacrata Deo vasa temerando, ebrietatem suæ mentis ostendit, quæstor regalis ærarii per medium repente diruptus est. Tunc etiam ejusdem regis avunculus, nominis quoque illi communione conjunctus, vermibus exesus interiit: quando fontes quoque largorum prius fluminum more manantes pollutis per sacrificia regionibus aruerunt. Tunc etiam intolerabilis fames toto prorsus orbe cum impio rege dominata est. Quis neget signa hæc fuisse manifesta?

Ἔθος γὰρ τοιαῦτα ποιεῖν τῷ Θεῷ· ὅταν αὐξηθῇ τὰ κακὰ, καὶ τοὺς μὲν αὐτοῦ κακουμένους ἴδῃ, τοὺς δὲ ἐναντίους σφόδρα τῇ κατ' αὐτῶν τυραννίδι μεθύοντας, τότε τὴν οἰκείαν ἐπιδείκνυσθαι δυναστείαν. [b] Ὃ καὶ ἐν Περσίδι πεποίηκεν ἐπὶ τῶν Ἰουδαίων. Ὅτι μὲν οὖν οὐχ ἁπλῶς, οὐδὲ ὡς ἔτυχε ποιῶν, εἰς τρεῖς μοίρας τοὺς προγόνους διένειμε τοῦ Χριστοῦ, δῆλον ἐκ τῶν εἰρημένων. Σκόπει δὲ καὶ πόθεν ἄρχεται, καὶ ποῦ τελευτᾷ. C Ἀπὸ τοῦ Ἀβραὰμ εἰς τὸν Δαυΐδ· ἀπὸ τοῦ Δαυΐδ εἰς τὴν μετοικεσίαν Βαβυλῶνος· ἀπὸ ταύτης εἰς αὐτὸν τὸν Χριστόν. Καὶ γὰρ καὶ ἀρχόμενος τοὺς δύο τέθεικεν ἐφεξῆς, τόν τε Δαυΐδ, καὶ τὸν Ἀβραὰμ, καὶ ἀνακεφαλαιούμενος ἀμφοτέρων ἐμνημόνευσεν ὁμοίως. Καὶ γὰρ, ὅπερ ἔφθην εἰπὼν, πρὸς αὐτοὺς ἦσαν αἱ ἐπαγγελίαι 48 A γεγενημέναι. Τί δήποτε δὲ, ὥσπερ τῆς μετοικεσίας Βαβυλῶνος ἐμνήσθη, οὐκ ἐμνήσθη καὶ τῆς καθόδου τῆς εἰς Αἴγυπτον; Ὅτι ἐκείνους μὲν οὐκέτ' ἐδεδοίκεσαν, τούτους δὲ ἔτρεμον ἔτι· καὶ τὸ μὲν ἀρχαῖον ἦν, τὸ δὲ νεαρὸν, καὶ ἄρτι γεγενημένον· κἀκεῖ μὲν οὐ δι' ἁμαρτήματα κατηνέχθησαν, ἐνταῦθα δὲ διὰ παρανομίας [a] ἀπηνέχθησαν. Εἰ δέ τις καὶ τῶν ὀνομάτων αὐτῶν τὰς ἑρμηνείας μεταβαλεῖν ἐπιχειρήσειε, πολλὴν εὑρήσει τὴν θεωρίαν καὶ ἐντεῦθεν οὖσαν, καὶ μεγάλα πρὸς τὴν Καινὴν συντελοῦσαν Διαθήκην· οἷον, ἀπὸ τοῦ Ἀβραὰμ, ἀπὸ τοῦ Ἰακὼβ, ἀπὸ τοῦ Σολομῶντος, ἀπὸ τοῦ Ζοροβάβελ· οὐ γὰρ ἁπλῶς ταῦτα αὐτοῖς ἐπετίθετο τὰ ὀνόματα. Ἀλλ' ἵνα μὴ δόξωμεν πολὺ μῆκος ποιοῦντες B ἐνοχλεῖν, ταῦτα παρέντες ἐπὶ τὰ κατεπείγοντα ἴωμεν. Εἰπὼν τοίνυν τοὺς προγόνους ἅπαντας, καὶ τελευτή-

2. Solet enim Deus hæc exhibere : quando mala supra modum augentur, cum suos in ærumnis versari, adversariosque tyrannica vi debacchari videt, tunc suam ostendit potentiam. Id quod etiam in Perside circa Judæos præstitit. Quod ergo non sine causa Christi progenitores in tres partes distribuerit, ex supra dictis palam est. Animadvertas velim ubi incipiat et quo desinat. Ab Abraham in Davidem; a Davide in captivitatem Babylonis; ab hac in ipsum Christum. Nam initio ambos una serie posuit, Davidem et Abrahamum : deinde resumta genealogia utrumque memoravit. Nam, ut jam dixi, illis factæ fuerant promissiones. Cur porro, ut Babylonicam transmigrationem memoravit, non perinde descensus in Ægyptum mentionem fecit? Quia Ægyptios non ultra metuebant, Babylonios vero adhuc tremebant : illud enim priscum erat, hoc vero recens, et paulo ante gestum; atque illuc non ob peccata deducti erant, istuc vero scelerum causa translati fuerant. Si quis vero nominum interpretationem aggredi velit, multam ibi reperiet speculandi materiam, quæ ad Novi Testamenti intelligentiam maxime conferat; exempli causa ex nominibus Abrahami, Jacobi, Salomonis, Zorobabelis : non enim temere hæc illis nomina indita sunt. Sed ne longius excurrentes molestiam inferamus, missis illis, ad magis necessaria veniamus. Cum itaque progenitores omnes enumerasset, et in Josephum desiisset, non

[b] Morel. solus, male, ὁ καὶ Περσίδι. Paulo post idem perperam ἁπλῶς διὰ ὡς ἔτυχε.

[a] Savil. ἀπήχθησαν. Mox Morel. male αὐτῆς τὰς ἑρμηνείας, et infra συντελοῦντα pro συντελοῦσαν.

ANIANI INTERPRETATIO.

2. Mos siquidem Dei est iste, ut cum mala ad cumulum suum venerint, cumque viderit graviter et suos affligi, et adversarios tyrannide quadam contra se impietatis extolli, vel potius mentis ebrietate bacchari, tunc divinitatis suæ potentiam per signa declaret. Quod etiam propter Judæos in Babylone legitur implesse. Quod vero non frustra, nec absque certa ratione omnino tres in partes progenitores Christi evangelista diviserit, ex his quæ dicta sunt, perspicuum est. Diligenter itaque perpende, et unde ipse generationum numerus incipiat, et ubi finiat : ab Abraham nimirum usque ad David, et a David usque ad transmigrationem Babylonis, ab hac vero usque ad ipsum pervenit Christum. Nam in ipso exordio duos conjuncte posuit, David scilicet et Abraham. Ac rursus per ordinem digerendo, suo nihilominus loco utrumque memoravit. Siquidem, ut ante jam diximus, ad ipsos specialiter fuerant factæ promissiones. Cur autem sicut Babylonicæ captivitatis meminit, non etiam descensus in Ægyptum? Quia hos non timebant, Babylonios vero audire sine timore non poterant : et quod illud quidem esset antiquum, hoc vero recens, atque oculis semper occurrens : et illuc quidem non propter peccata abducti fuerant, huc vero ob scelera translati. Quod si quis nominum interpretationem discutere conetur, maximas in his quoque divitias sensuum latere mirabitur, et non parum ad intelligentiam Novi proficere Testamenti, ut in ipso Abraham, ut in Jacob, ut in Salomone, ut in Zorobabel. Non enim otiose, nec vacue hæc illis nomina reperimus imposita. Sed ne longius protrahendo sermonem, molestiam vobis inferre videamur, relinquentes ista, ad magis necessaria transeamus. Cum igitur progenitores nominasset omnes, et usque

hic stetit, sed addidit, *Joseph virum Mariæ*: ostendens se propter illam ejus genealogiam duxisse. Deinde ne audiens, *Virum Mariæ*, putares communi naturæ lege Christum natum esse : animadverte quomodo ea addat quæ opinionem istam corrigant. Audisti, inquit, virum, audisti matrem, audisti nomen puero datum; audi etiam generationis modum. 18. *Jesu Christi autem generatio sic erat*. Quam mihi, quæso, generationem narras? nam progenitores ejus jam dixisti. At volo etiam generationis modum exponere. Viden' quomodo auditorem excitaverit? Nam quasi novi quidpiam dicturus, se modum quoque explicaturum promittit. Et vide mihi optimam dictorum consequentiam. Non enim statim ad generationem venit : sed nos primum edocet, quotus esset ab Abrahamo, quotus a Davide et a transmigratione Babylonis, et diligentem auditorem per hæc ad temporum computationem invitat, ostendens hunc esse Christum a prophetis prædicatum. Cum enim generationes numeraveris, atque ex temporis computatione didiceris eumdem ipsum esse, facile excipies miraculum in ejus ortu patratum. Quia enim magnum quidpiam loquuturus erat, quod ex Virgine natus esset, priusquam tempus computet, subobscure loquitur, *Virum Mariæ* dicens, quin et generationis seriem intersecat : insuperque annos enumerat, admonens auditorem, hunc ipsum
Gen 49.10. esse, quem patriarcha Jacob, deficientibus de-

σας εἰς τὸν Ἰωσὴφ, οὐκ ἔστη μέχρι τούτου, ἀλλὰ προσέθηκεν, Ἰωσὴφ τὸν ἄνδρα Μαρίας· δεικνὺς, ὅτι δι' ἐκείνην καὶ τοῦτον ἐγενεαλόγησεν. Εἶτα ἵνα μὴ ἀκούσας, Ἄνδρα Μαρίας, τῷ κοινῷ νομίσῃς τετέχθαι τῆς φύσεως νόμῳ, σκόπει πῶς αὐτὸ διορθοῦται τῇ ἐπαγωγῇ. Ἤκουσας, φησὶν, ἄνδρα, ἤκουσας μητέρα, ἤκουσας ὄνομα τῷ παιδίῳ τεθέν· οὐκοῦν ἄκουε καὶ τὸν τρόπον τῆς γεννήσεως. Τοῦ δὲ Ἰησοῦ Χριστοῦ ἡ γέννησις οὕτως ἦν. Ποίαν μοι γέννησιν λέγεις; εἰπέ μοι.
C Καίτοι γε τοὺς προγόνους εἶπας. Ἀλλὰ βούλομαι καὶ τὸν τρόπον τῆς γεννήσεως εἰπεῖν. Εἶδες πῶς διανέστησε τὸν ἀκροατήν; Ὡς γὰρ μέλλων τι καινότερον ἐρεῖν, ἐπαγγέλλεται καὶ τὸν τρόπον λέγειν. Καὶ σκόπει τῶν εἰρημένων ἀκολουθίαν ἀρίστην. Οὐδὲ γὰρ εὐθέως ἐπὶ τὴν γέννησιν ἦλθεν, ἀλλ' ἀναμιμνήσκει πρῶτον ἡμᾶς, πόστος ἦν ἀπὸ τοῦ Ἀβραὰμ, πόστος ἀπὸ τοῦ Δαυὶδ, καὶ ἀπὸ τῆς μετοικεσίας Βαβυλῶνος, καὶ τὸν
49
A ἀκριβῆ διὰ τούτων ἀκροατὴν εἰς ἐξέτασιν ἐμβάλλει τῶν χρόνων, δεικνὺς ὅτι οὗτός ἐστιν ἐκεῖνος ὁ Χριστὸς ὁ διὰ τῶν προφητῶν κηρυχθείς. Ὅταν γὰρ ἀριθμήσῃς τὰς γενεὰς, καὶ μάθῃς ἀπὸ τοῦ χρόνου, ὅτι οὗτος ἐκεῖνός ἐστιν, εὐκόλως δέξῃ καὶ τὸ θαῦμα τὸ περὶ τὴν γέννησιν συμβάν. Ἐπειδὴ γὰρ ἔμελλε μέγα τι φθέγγεσθαι, ὅτι ἐκ παρθένου ἐτέχθη, πρὶν ἢ μὲν ἀριθμῆσαι τὸν χρόνον, συσκιάζει τὸ εἰρημένον, Ἄνδρα Μαρίας εἰπὼν, μᾶλλον δὲ καὶ [a] συντέμνει τὴν διήγησιν αὐτοῖς τῆς γεννήσεως· ἀριθμεῖ δὲ καὶ τὰ ἔτη λοιπὸν, ἀναμιμνήσκων τὸν ἀκροατὴν, ὅτι οὗτος ἐκεῖνός ἐστιν, ὃν ὁ πατριάρχης Ἰακὼβ, ἐπιλειπόντων λοιπὸν τῶν Ἰου-

[a] Morel. συντέμνειν εἰς τὴν διήγησιν, male.

ANIANI INTERPRETATIO.

ad Joseph enumerationem venisset, non tamen in eo fuit stare contentus : sed addidit, *Virum Mariæ* : proculdubio declarans, propter illam istum quoque generationum catalogo comprehensum. Deinde ne cum audires, *Virum Mariæ,* communi putares lege naturæ natum esse : considera quemadmodum id quod secus poterat intelligi, sequenti statim narratione correxerit. Audisti virum, inquit, audisti matrem, audisti quoque puero nomen impositum : audi itaque nunc etiam generationis modum. 18. *Jesu Christi autem generatio sic erat.* Responde, quæso, super qua generatione nunc disseras : quamquam jam id ipsum ex parte indicasse videaris, progenitores superius nominando. Sed volo, inquit, modum ipsum generationis exponere. Vides certe quemadmodum auditoris animum suscitarit : nam tamquam novum quiddam dicturus esset, promittit se modum quoque explicaturum. Sed considera, quæso, dictorum admirabilem consequentiam. Neque enim continuo ad ostendendam generationem ejus accessit, sed in primis quotus ab Abraham, quotus a David, quotque generationum gradibus a transmigratione Babylonis distaret edocuit : per quod studiosum auditorem ad temporum supputationem remisit : ostendens quod ille sit Christus, qui a prophetis est prædicatus. Cum enim generationum numerum percurreris, et didiceris a tempore ipsum esse qui porro ante promissus est, facile suscipies et miraculum quod in generatione ejus impletum est. Quia enim magnum quid loquuturus erat, atque mirabile, quod scilicet natus esset ex Virgine : priusquam tempus notet, obumbrat mysterium, virum Mariæ nominando : quin et generationis seriem intersecat, et præterea annos enumerat, admonens auditorem, quod hic ille sit quem patriarcha Jacob

δαϊκῶν ἀρχόντων, παρέσεσθαι ἔφησεν· ὃν ὁ προφήτης B Δανιὴλ μετὰ τὰς ἑβδομάδας τὰς πολλὰς ἐκείνας ἥξειν προανεφώνησε. Κἂν ἐθελήσῃ τις τὰ ἔτη ταῦτα τὰ ἐν ἑβδομάδων ἀριθμῷ παρὰ τοῦ ἀγγέλου εἰρημένα τῷ Δανιὴλ τὰ ἀπὸ τῆς οἰκοδομῆς τῆς πόλεως ἀριθμῶν καταβῆναι εἰς τὴν αὐτοῦ γέννησιν, ὄψεται ταῦτα ἐκείνοις συμφωνοῦντα. Πῶς οὖν ἐγεννήθη; εἰπέ· Μνηστευθείσης τῆς μητρὸς αὐτοῦ Μαρίας. Οὐκ εἶπε, παρθένου, ἀλλ' ἁπλῶς, Μητρὸς, ὥστε εὐπαράδεκτον γενέσθαι τὸν λόγον. Διὸ πρότερον παρασκευάσας προσδοκᾷν τὸν ἀκροατὴν ἀκούσεσθαί τι τῶν συνήθων, καὶ κατασχὼν [b] τοῦτο, τότε ἐκπλήττει τῇ τοῦ παραδόξου πράγματος ἐπαγωγῇ, λέγων, ὅτι Πρὶν ἢ συνελθεῖν C αὐτοὺς, εὑρέθη ἐν γαστρὶ ἔχουσα ἐκ Πνεύματος ἁγίου. Οὐκ εἶπεν, πρὶν ἢ ἀχθῆναι αὐτὴν εἰς τὴν οἰκίαν τοῦ νυμφίου· καὶ γὰρ ἔνδον ἦν. Ἔθος γὰρ τοῖς παλαιοῖς ὡς τὰ πολλὰ ἐν οἰκίᾳ τὰς μεμνηστευμένας ἔχειν, ὅπου γε καὶ νῦν τοῦτο γινόμενον ἴδοι τις ἄν· καὶ οἱ γαμβροὶ δὲ τοῦ Λὼτ ἔνδον ἦσαν μετ' αὐτοῦ. Ἔνδον οὖν καὶ αὐτὴ μετὰ τοῦ Ἰωσὴφ ἦν.

50 A Καὶ τίνος ἕνεκεν οὐ πρὸ τῆς μνηστείας ἐκύησεν; Ἵνα ὅπερ ἔφθην εἰπὼν ἐξ ἀρχῆς, συσκιασθῇ τὸ γινόμενον τέως· καὶ ἵνα πᾶσαν πονηρὰν διαφύγῃ ἡ παρθένος ὑπόνοιαν. Ὅταν γὰρ ὁ ζηλοτυπεῖν ὀφείλων μάλιστα πάντων [a] φαίνηται μὴ μόνον μὴ ἐκπομπεύων αὐτὴν, μηδὲ ἀτιμάζων, ἀλλὰ καὶ δεχόμενος, καὶ θεραπεύων μετὰ τὴν κύησιν, εὔδηλον ὅτι εἰ μὴ σαφῶς ἦν πεπεικὼς ἑαυτὸν, ὅτι ἐκ τῆς τοῦ Πνεύματος ἐνερ-

mum Judaïcis principibus, adfuturum dixit: quem
propheta Daniel post multas illas hebdomadas Dan. 9. 25.
venturum esse prædixit. Si quis autem voluerit —27.
annos illos per hebdomadarum numerum ab angelo Danieli dictos, ab ædificatione urbis enumerans, in ipsius ortum descendere, hæc cum illis consentire deprehendet. Dic ergo quomodo natus sit: *Cum esset desponsata mater ejus Maria.* Non dixit, Virgo, sed simpliciter, *Mater*, ut sermo facile caperetur. Ideo cum prius præparasset auditorem ad aliquid eorum, quæ ex more veniunt, audiendum, et in hac cogitatione retinuisset, tunc percellit, rem admirandam subjungens his verbis: *Antequam convenirent, inventa est in utero habens de Spiritu sancto.* Non dixit, Antequam duceretur in domum sponsi: intus enim jam erat. Nam mos priscis erat sponsas ut plurimum domi tenere, imo etiam nunc id videre est: et Loti generi cum ipso habitabant. Habitabat ergo et ipsa cum Josepho.

3. Sed cur non ante sponsalia concepit? Ut, quemadmodum dixi, res occultaretur, et ut Virgo pravam omnem suspicionem effugeret. Quando enim ille, qui plusquam omnes zelotypia corripi poterat, videbatur eam non modo non traducere, nec inhonorare, sed etiam in consortium accipere, ipsique ministrare prægnanti, palam est eum non sic facturum, nisi persuasum habuisset eam ex Spi-

[b] Forte legendum τούτῳ.

[a] Morel. φαίνεται, minus recte.

ANIANI INTERPRETATIO.

promisit, deficientibus ex Juda principibus affuturum: quem etiam Daniel propheta post multas illas Gen. 49. 10.
annorum hebdomadas venturum esse prædixit. Quod si aliquis illos hebdomadis annos, qui Danieli ab Dan. 9. 25.
angelo numerati atque prædicti sunt, ab instauratione Jerusalem voluerit supputare, et ad ipsum usque —27.
Christum numerando descendere, videbit hos annos illis qui a Daniele signati sunt convenire. Quomodo igitur natus est? *Cum esset*, inquit, *desponsata mater ejus Maria.* Non dixit, Virgo: sed simpliciter, *Mater*: ut sermo nihil in primis novi afferens, absque difficultate caperetur. Propter quod prius præparans auditorem, quasi ad aliquid eorum quæ ex more veniunt audiendum, et hac eum interim sibi exspectatione devinciens, tunc demum infert quod jure omnes queant et de novitate rei, et de majestate mirari, dicens: *Priusquam convenirent, inventa est in utero habens de Spiritu sancto.* Non dixit, Priusquam in sponsi adduceretur domum; intus enim jam erat. Hunc quippe morem plerumque tenebat antiquitas, ut sponsæ in sponsorum domibus haberentur: quod nunc quoque fieri interdum videmus: sed et generi Loth apud socerum leguntur habitasse cum sponsis nondum sibi copulatis lege conjugii: sic habitabat etiam Maria cum sponso.

3. Et eujus tandem rei gratia non antequam sponderetur, Virgo concepit? Ut videlicet, quod inter ipsa quoque initia significavimus, mysterium interim quasi obumbratum lateret, et ut Virgo omnem prorsus occasionem malignæ suspicionis effugeret. Quando enim ille qui præcipuo zelo posset ardere, cernitur non solum non abjicere sponsam, nec eam ignominia notare, sed etiam recipere in consortium, et inservire post conceptionem: profecto manifestum est, quod nisi aperte nosset ex operatione sancti

ritu sancto concepisse; alioquin illam nec apud se retinuisset, nec in aliis suo ministerio dignatus esset. Apposite autem et illud adjecit, ***Inventa est in utero habens;*** id quod dici solet in rebus stupendis, quæ præter spem et exspectationem omnem accidunt. Ne igitur ultra procedas, nequid quæras ultra ea quæ dicta sunt, neque dixeris, Quomodo Spiritus sanctus id ex Virgine operatus est? Si enim natura operante nemo potest formationis modum explicare, quomodo Spiritu mirabiliter agente, poterimus hæc explanare? Ne enim evangelistam vexares et importunis quæstionibus exagitares, ipse enuntiato miraculi auctore sese his omnibus liberavit. Nihil ultra scio, inquit, nisi hoc a Spiritu factum esse. Erubescant ii qui supernam generationem curiosius explorant. Si enim hanc quæ innumeris testibus celebratur, et ante tot sæcula prænuntiata fuerat quæ et oculis et tactui pervia fuit, nemo potest explicare : in quem non insaniæ cumulum deveniunt ii, qui arcanam illam curiose scrutantur et explorant? Neque enim Gabriel, neque Matthæus aliud quidpiam dicere potuerunt, nisi quod ex Spiritu natus sit; quomodo autem et qua ratione ex Spiritu natus sit, nullus eorum interpretatus est; neque enim id fieri poterat. Neque arbitreris te totum edidicisse cum audis, Ex Spiritu : nam postquam hoc edidicimus, multa adhuc ignoramus; exempli causa, quomodo

Spiritus operatio in Virgine non exploranda.

γείας τὸ γεγεννημένον, οὐκ ἂν κατέσχε, καὶ τἄλλα πάντα ὑπηρέτησε. Κυρίως δὲ σφόδρα καὶ τὸ, Εὑρέθη ἐν γαστρὶ ἔχουσα, τέθεικεν· ὅπερ ἐπὶ τῶν παραδόξων, καὶ παρ' ἐλπίδα πᾶσαν ἐκβαινόντων, καὶ οὐ προσδο-
B κωμένων λέγεσθαι εἴωθε. Μὴ τοίνυν περαιτέρω χώρει, μηδὲ ζήτει πλέον τι τῶν εἰρημένων, μηδὲ λέγε, καὶ πῶς τὸ Πνεῦμα εἰργάσατο τοῦτο ἐκ παρθένου; Εἰ γὰρ τῆς φύσεως ἐργαζομένης ἀδύνατον ἑρμηνεῦσαι τῆς διαπλάσεως τὸν τρόπον, πῶς τοῦ Πνεύματος θαυματουργοῦντος δυνησόμεθα ταῦτα εἰπεῖν; Ἵνα γὰρ μὴ σκώπτῃς τὸν εὐαγγελιστὴν, μηδὲ ἐνοχλῇς συνεχῶς ταῦτα ἐρωτῶν, εἰπὼν τὸν ἐργασάμενον τὸ θαῦμα, ἀπηλλάγη. Οὐδὲν γὰρ οἶδα, φησὶν, πλέον, ἀλλ' ἢ ὅτι ἐκ Πνεύματος γέγονε τὸ γεγεννημένον. Αἰσχυνέσθωσαν
C οἱ τὴν ἄνω περιεργαζόμενοι γέννησιν. Εἰ γὰρ ταύτην τὴν μυρίους ἔχουσαν μάρτυρας, καὶ πρὸ τοσούτων ἀνακηρυχθεῖσαν χρόνων, καὶ φανεῖσαν, καὶ ψηλαφηθεῖσαν, οὐδεὶς ἑρμηνεῦσαι δύναται· ποίαν καταλείπουσι μανίας ὑπερβολὴν οἱ τὴν ἀπόῤῥητον ἐκείνην περιεργαζόμενοι, καὶ πολυπραγμονοῦντες; Οὐδὲ γὰρ ὁ Γαβριὴλ, οὐδὲ ὁ Ματθαῖος ἐδυνήθησάν τι πλέον εἰπεῖν, [b] ἀλλ' ἢ ὅτι ἐκ Πνεύματος μόνον· τὸ δὲ, πῶς
51 ἐκ Πνεύματος, καὶ τίνι τρόπῳ, οὐδεὶς τούτων ἡρμή-
A νευσεν· οὐδὲ γὰρ δυνατὸν ἦν. Μηδὲ νομίσῃς τὸ πᾶν μεμαθηκέναι, ἐκ Πνεύματος ἀκούων· καὶ γὰρ πολλὰ ἀγνοοῦμεν ἔτι, καὶ τοῦτο μανθάνοντες· οἷον, [a] πῶς ὁ ἄπειρος ἐν μήτρᾳ ἐστίν· πῶς ὁ πάντα συνέχων κυοφορεῖται ὑπὸ γυναικός· πῶς τίκτει ἡ παρθένος, καὶ

[b] Ἀλλ' ἢ ὅτι, sic Savil. et alii recte. Morel. ἀλλ' ὅτι, perperam. [a] Quidam ὅπως ὁ ἄπειρος ἐν μήτρᾳ γίνεται.

ANIANI INTERPRETATIO.

Spiritus illum exstitisse conceptum, numquam vel apud se illam retinuisset, vel ei in omnibus quorum indiguit ministrasset. Satis autem proprie posuit, ***Inventa est in utero habens.*** Inventa est, inquit, quo sermone res quæ contra consuetudinem, et præter omnem spem exspectationemque proveniunt, notare consuevimus. Nequaquam igitur evageris ulterius, nec supra ea quæ dicta sunt, hinc quidquam requiras, neque dicas : At quomodo Spiritus ex Virgine istud operatus est? Si enim etiam cum solemni homines formantur more naturæ, impossibile est tamen modum formationis edicere : quonam istud pacto, Spiritu sancto inusitate atque ineffabiliter operante, eloqui aliquando poterimus? Ne enim tu evangelistam importuna sæpius inquisitione pulsares, neve illi molestiam parares sæpius sciscitando, dixit quis mirabile istud effecerit, seque a cunctis pariter quæstionibus compendio liberavit. Nihil enim, inquit, novi amplius, quam a sancto Spiritu factum esse quod natum est. Erubescant hoc loco, et confundantur omnes qui superiorem illam generationem temeraria curiositate rimantur. Si enim istam quæ mille celebrata testibus, et ex multis est prædicata temporibus, quæ oculis inspecta, manibusque contrectata est, interpretari tamen nullus potest : quem cumulum non excedunt furoris, qui ineffabilem illam generationem Dei humanis vel cogitationibus investigari putant, vel vocibus indicari? Non enim Gabriel archangelus, non evangelista Matthæus amplius quippiam significare potuerunt, nisi tantummodo quod esset ex Spiritu. Qualiter vero ex Spiritu, et quonam modo, horum certe nullus exposuit : neque enim erat omnino possibile. Neque enim existimes, cum ex Spiritu conceptum audiveris, continuo etiam omnia te didicisse. Etenim adhuc multa nescimus, et etiamsi illud perceperimus. Cujus generis

μένει παρθένος. Πῶς ἔπλασε, εἰπέ μοι, τὸ Πνεῦμα τὸν ναὸν ἐκεῖνον; πῶς οὐ πᾶσαν τὴν σάρκα ἀπὸ τῆς μητρὸς ἔλαβεν, ἀλλὰ μέρος αὐτῆς, καὶ ηὔξησε, καὶ διετύπωσεν; Ὅτι μὲν γὰρ ἀπὸ τῆς σαρκὸς τῆς παρθένου προῆλθεν, ἐδήλωσεν εἰπών· Τὸ γὰρ ἐν αὐτῇ γεννηθέν· καὶ ὁ Παῦλος, Γενόμενον ἐκ γυναικός· Ἐκ γυναικὸς, φησὶ, ἐπιστομίζων τοὺς λέγοντας, ὅτι [b] ὥσπερ διά τινος σωλῆνος παρῆλθεν ὁ Χριστός. Εἰ γὰρ τοῦτο ἦν, τίς χρεία τῆς μήτρας; Εἰ τοῦτο ἦν, οὐδὲν ἔχει κοινὸν πρὸς ἡμᾶς· ἀλλ' ἄλλη τίς ἐστιν B ἐκείνη ἡ σὰρξ, οὐ τοῦ φυράματος τοῦ ἡμετέρου. Πῶς οὖν ἐκ τῆς ῥίζης Ἰεσσαί; πῶς δὲ ῥάβδος; πῶς Υἱὸς ἀνθρώπου; [c] πῶς ἄνθος; πῶς δὲ μήτηρ ἡ Μαριάμ; πῶς ἐκ σπέρματος Δαυΐδ; πῶς μορφὴν δούλου ἔλαβε; πῶς Ὁ Λόγος ἐγένετο σάρξ; πῶς δὲ Ῥωμαίοις φησὶν ὁ Παῦλος· Ἐξ ὧν ὁ Χριστὸς τὸ κατὰ σάρκα, ὁ ὢν ἐπὶ πάντων Θεός; Ὅτι μὲν οὖν ἐξ ἡμῶν καὶ τοῦ φυράματος τοῦ ἡμετέρου, καὶ τῆς μήτρας τῆς παρθενικῆς, δῆλον ἐκ τούτων καὶ ἐξ ἑτέρων πλειόνων· τὸ δὲ πῶς, οὐκέτι δῆλον. [d] Μὴ τοίνυν μηδὲ σὺ ζήτει, ἀλλὰ δέχου C τὸ ἀποκαλυφθὲν, καὶ μὴ περιεργάζου τὸ σιγηθέν. Ἰωσὴφ δὲ ὁ ἀνὴρ αὐτῆς, δίκαιος ὢν, φησὶ, καὶ μὴ θέλων αὐτὴν παραδειγματίσαι, ἐβουλήθη λάθρᾳ ἀπολῦσαι αὐτήν. Εἰπὼν, ὅτι ἐκ Πνεύματος ἁγίου, καὶ συνουσίας χωρὶς, καὶ ἑτέρωθεν κατασκευάζει τὸν λόγον. Ἵνα γὰρ μή τις λέγῃ, πόθεν τοῦτο δῆλον; τίς 52 A εἶδε, τίς ἤκουσε τοιοῦτόν τί ποτε συμβεβηκός; μηδὲ ὑποπτεύσῃς τὸν μαθητὴν, ὡς χαριζόμενον τῷ διδα-

is qui immensus est, in vulva continetur; quomodo is qui omnia continet, in utero mulieris gestatur; quomodo Virgo pariat, et Virgo maneat. Quomodo, quæso te, Spiritus templum illud efformavit? quomodo non totam carnem ex matre sumsit, sed partem ejus, quam auxit et formavit? Nam quod ex carne Virginis prodierit, declaravit his verbis: *Quod enim in ea natum est*: et Paulus, *Factum ex muliere*: *Ex muliere*, inquit, (Gal. 4. 4.) ora obstruens eorum qui dicerent, quasi per quemdam canalem per eam transiisse Christum. Nam si hoc esset, quid utero opus fuisset? Si hoc esset, nihil haberet nobiscum commune; sed alia esset illa caro, non ex massa nostra. Quomodo ergo ex radice Jessæ? quomodo virga, vel Filius hominis? quomodo flos? quomodo Maria mater esset? quo pacto ex semine David? quomodo formam servi acceperit? quomodo *Verbum caro* (Joan. 1. 14.) *factum est*? qua ratione Paulus Romanis dixit: *Ex quibus Christus secundum carnem*, *qui* (Rom. 9. 5.) *est super omnia Deus*? Quod igitur ex nobis, ex massa nostra et ex utero Virginis prodierit, palam est ex dictis exque aliis plurimis: quomodo autem non item. Ne igitur id tu quæras, sed accipe id quod revelatur, et ne curiose scrutare id quod tacetur. 19. *Joseph autem vir ejus*, *cum esset justus*, inquit, *et nollet eam traducere*, *voluit occulte dimittere eam*. Cum dixisset, Ex

[b] Ὥσπερ διά τινος σωλῆνος, id Valentiniani dicebant, ut habet Epiphanius p. 172, ex Irenæo p. 189, τοῦτον τὸν διὰ Μαρίας διοδεύσαντα καθάπερ ὕδωρ διὰ σωλῆνος, per Mariam pertransisse velut aquam per tubum.

[c] Πῶς ἄνθος non legitur apud Savil. et a plurimis Mss. abest, sed habetur in Morel. et lectum est ab Aniano.

[d] Alii μηκέτι τοίνυν.

ANIANI INTERPRETATIO.

est, in utero qui sit, qui est infinitus: quemadmodum qui cuncta continet, a muliere gestetur: quemadmodum pariat Virgo, et maneat Virgo: quemadmodum templum illud, dic mihi, formaverit Spiritus; quemadmodum non totam carnem ex matre susceperit, sed partem hujus, eamque auxerit et figuraverit. Nam quod ex Virginis carne processerit, demonstravit ille qui dixit: *Quod enim in ea natum est*. (Gal. 4. 4.) Et beatus Paulus: *Factum*, inquit, *ex muliere*, *factum sub lege*: os quodammodo obstruens impiorum, qui dicunt quod tamquam per quemdam canalem Christus transierit per Mariam. Si enim ita res se haberet, quid ei opus fuisset utero Virginis? Si ita est, nihil ei nobisque commune est. Alia igitur illa caro est, non ex nostræ communione naturæ. Quemadmodum ergo de radice Jesse processit? quemadmodum virga? quemadmodum flos? quemadmodum Filius hominis? quemadmodum mater est Maria? quemadmodum ex David factus est semine? quemadmodum formam servi Dominus accepit? quemadmodum *Verbum caro factum est*? quemadmodum ad Romanos apostolus ait: *Ex quibus Christus secundum carnem, qui est super omnia Deus*? (Joan. 1. 14. Rom. 9. 5.) Quoniam igitur ex nobis, id est, ex nostra sit omnino natura, et ex utero virginali, et per ista quæ diximus, et per alia plura monstratur: at quomodo, non item. Noli igitur tu quidquam ulterius inquirere, sed suscipe quod revelatum est, et noli curiose indagare quod tacitum est. *Joseph autem cum esset justus*, *et nollet eam traducere* (inquit), *conatus est occulte dimittere eam*. Postquam dixit, quod esset ex Spiritu sancto, et absque ulla mixtione

Spiritu sancto, et sine ullo congressu, sermonem suum etiam aliunde confirmat. Ne quis enim diceret, Unde hoc manifestum est? quis novit, quis audivit tale quidpiam factum esse? ne suspicareris discipulum in gratiam magistri hoc commentum esse: inducit Josephum, per ea quæ passus est his fidem facientem, ac si diceret: Si mihi fidem non habes, si testimonium meum tibi suspectum est, crede viro illius. *Joseph* enim, ait, *vir ejus, cum esset justus*. Justum hic omni virtute præditum dicit: ad justitiam enim pertinet non esse avarum, estque justitia omnis virtus: et hoc maxime sensu Scriptura justitiæ voce uti-
Job. 1. 1. tur, ut quando dicit: *Homo justus, verax;* ac
Luc. 1. 6. rursum, *Erant ambo justi*.

4. *Justus* ergo *cum esset*, id est, benignus, moderatus, *voluit occulte dimittere eam*. Ideo id quod contigit enarrat ante notitiam datam, ut ne fidem deroges iis quæ re cognita gesta sunt. Certe si talis illa fuisset, non modo digna erat quæ traduceretur, sed etiam illam supplicio affici lex jubebat. Verum Joseph non modo ei quod majus, sed etiam ei quod minus erat consuluit, nempe pudori. Non modo enim punire nolebat, sed ne traducere quidem. Vidistin' philosophum virum, et tyrannico illo affectu vacuum? Nostis enim quantus morbus sit zelotypia. Quamobrem
Prov. 6. 34. is qui id probe sciebat dixit: *Plenus zelo est furor viri ejus; non parcet in die vindictæ;*
Cant. 8. 6. et, *Dura sicut infernus æmulatio*. Certe mul-

σκάλῳ, καὶ ταῦτα πλάττοντα, εἰσάγει τὸν Ἰωσὴφ, δι' ὧν ἔπαθε πρὸς τὴν τῶν εἰρημένων συντελοῦντα πίστιν, μονονουχὶ λέγων δι' ὧν ἀπαγγέλλει· εἰ ἀπιστεῖς ἐμοὶ, καὶ ὑποπτεύεις μου τὴν μαρτυρίαν, πίστευσον τῷ ἀνδρί. Ἰωσὴφ γὰρ, φησὶν, ὁ ἀνὴρ αὐτῆς, δίκαιος ὤν. Δίκαιον ἐνταῦθα τὸν ἐνάρετον ἐν ἅπασι λέγει· ἔστι μὲν γὰρ δικαιοσύνη καὶ τὸ μὴ πλεονεκτεῖν· ἔστι δὲ καὶ ἡ καθόλου ἀρετή· καὶ μάλιστα ἐπὶ τούτου τῇ τῆς δικαιοσύνης προσηγορίᾳ κέχρηται ἡ Γραφὴ, ὡς ὅταν λέγῃ· Ἄν-
B θρωπος δίκαιος, ἀληθινός· καὶ πάλιν, Ἦσαν δὲ δίκαιοι ἀμφότεροι.

Δίκαιος οὖν ὢν, τουτέστι, χρηστὸς καὶ ἐπιεικὴς, ἐβουλήθη λάθρᾳ ἀπολῦσαι αὐτήν. Διὰ τοῦτο λέγει τὸ συμβὰν πρὸ τῆς γνώσεως, ἵνα μὴ ἀπιστήσῃς τοῖς μετὰ τὴν γνῶσιν γεγενημένοις. Καίτοι γε οὐ παραδειγματισμοῦ μόνον ἦν ὑπεύθυνος ἡ τοιαύτη, ἀλλὰ καὶ κολάζεσθαι αὐτὴν ὁ νόμος ἐκέλευεν. Ἀλλ' ὁ Ἰωσὴφ οὐ μόνον τὸ μεῖζον ἐκεῖνο, ἀλλὰ καὶ τὸ ἔλαττον συνεχώρησεν, τὴν αἰσχύνην. Οὐ γὰρ μόνον οὐ κολάσαι, ἀλλ' οὐδὲ παραδειγματίσαι ἐβούλετο. Εἶδες φιλόσοφον ἄνδρα καὶ πάθους ἀπηλλαγμένον τοῦ τυραννικωτάτου; Ἴστε γὰρ
C ἡλίκον ζηλοτυπία. Διὰ τοῦτο καὶ ὁ ταῦτα σαφῶς εἰδὼς ἔλεγε· Μεστὸς γὰρ ζήλου θυμὸς ἀνδρὸς αὐτῆς· οὐ φείσεται ἐν ἡμέρᾳ κρίσεως· καὶ, Σκληρὸς ὡς ᾅδης ζῆλος. Καὶ ἡμεῖς δὲ πολλοὺς ἴσμεν τὴν ψυχὴν ἑλομένους προέσθαι μᾶλλον, ἢ εἰς ζηλοτυπίας ὑποψίαν ἐμπεσεῖν.

ANIANI INTERPRETATIO.

sexuum: sermonem suum etiam aliunde confirmat. Ne enim aliquis diceret: Et unde hoc potest esse manifestum? quis vidit? quis audivit aliquando tale aliquid contigisse? neque putares discipulum, quasi gratificatum magistro, ista confingere: introducit Joseph ex iis quæ passus est fidem dictis per cuncta facientem, ut plane hinc dicere evangelista videatur: Si non credis mihi, et testimonium tibi meum forte suspectum est, crede igitur vel marito. *Joseph* enim *vir ejus*, inquit, *cum esset justus*. Justum hic, in omni virtute dicit esse perfectum. Est enim justitia specialis quædam, et ex parte justitia, avaritiæ vitio non teneri: est vero justitia altera generalis, quæ ex cunctis omnino perficitur: juxta quem præ-
Job. 1. 1. cipue modum Scriptura solet appellare justitiam: ut cum dicit: *Homo justus, verax*: et rursus: *Erant*
Luc. 1. 6. *justi ambo in conspectu Dei*.

4. *Cum* igitur *esset justus*, hoc est, frugi bonusque vir, *voluit occulte dimittere eam*. Propterea vero evangelista dixit, quid justo illi acciderit ante notitiam, ut nequaquam de iis quæ post notitiam rei sunt facta, dubitares. Et certe si Maria talis fuisset, qualem illam suspicio fingebat, non modo publicari meruerat, verum etiam ex legis auctoritate puniri: sed Joseph non solum majus, verum id quoque quod erat minus, pariter indulsit, nempe pudorem. Non enim tantum eam damnare noluit, sed ne publicare quidem. Vidisti nempe virum sublimiter philosophantem, et tyrannicæ illius affectionis immunem.
Prov. 6. Nostis enim profecto, nostis quam impotens res sit zelotypia. Propter quod ille bene hujus rei non igna-
34. rus, aiebat: *Plenus est enim zelo furor viri ejus: non parcet in die vindictæ*. Et rursus idem:
Cant. 8. 6 *Durus*, inquit, *est sicut infernus zelus*. Et nos quidem plerosque novimus velle animam potius amit-

Ἐνταῦθα δὲ οὐδὲ ὑποψία ἦν, τοῦ τῆς γαστρὸς ὄγκου
διελέγχοντος. Ἀλλ' ὅμως οὕτως ἦν πάθους καθαρὸς, 63
* ὡς μὴ θελῆσαι μηδὲ ἐν τοῖς μικροτάτοις λυπῆσαι τὴν A
παρθένον. Ἐπειδὴ γὰρ τὸ μὲν κατέχειν ἔνδον παρανομίας εἶναι ἐδόκει, τὸ δὲ ἐκπομπεύειν, καὶ εἰς δικαστήριον ἄγειν, θανάτῳ παραδοῦναι ἠνάγκαζεν· οὐδὲν τούτων [a] ἐποίει, ἀλλ' ὑπὲρ νόμον ἤδη πολιτεύεται.
Ἔδει γὰρ τῆς χάριτος παραγενομένης πολλὰ λοιπὸν
εἶναι τὰ σημεῖα τῆς ὑψηλῆς πολιτείας. Καθάπερ γὰρ ὁ
ἥλιος καὶ μηδέπω τὰς ἀκτῖνας δείξας, πόῤῥωθεν τῷ
φωτὶ καταυγάζει τῆς οἰκουμένης τὸ πλέον· οὕτω καὶ ὁ
Χριστὸς μέλλων ἀνίσχειν ἀπὸ τῆς μήτρας ἐκείνης,
καὶ πρὶν ἢ ἐξελθεῖν, τὴν οἰκουμένην κατέλαμψεν ἅπασαν. Διὸ καὶ πρὸ τῶν ὠδίνων προφῆται ἐσκίρτων, καὶ
γυναῖκες τὰ μέλλοντα προὔλεγον, καὶ Ἰωάννης οὔπω B
τῆς νηδύος προελθὼν, ἀπὸ τῆς μήτρας αὐτῆς ἐπήδα.
Ἐντεῦθεν καὶ οὗτος πολλὴν [b] ἐνεδείκνυτο φιλοσοφίαν·
οὔτε γὰρ ἐνεκάλεσεν, οὔτε ὠνείδισεν, ἀλλ' ἐκβαλεῖν
ἐπεχείρησε μόνον. Ἐν τούτῳ τοίνυν τῶν πραγμάτων
ὄντων, καὶ πάντων ἐν ἀμηχανίᾳ καθεστώτων, παραγίνεται ὁ ἄγγελος πάντα λύων τὰ ἄπορα. Ἄξιον δὲ ἐξετάσαι, διὰ τί μὴ πρὸ τούτου [c] εἶπεν ὁ ἄγγελος, πρὸ τοῦ
διανοηθῆναι τὸν ἄνδρα τοῦτο, ἀλλ' ἐπειδὴ ἐνεθυμήθη,
τότε ἀφικνεῖται· Ταῦτα γὰρ αὐτοῦ, φησὶν, ἐνθυμηθέντος, ὁ ἄγγελος ἔρχεται· καίτοι γε αὐτὴν καὶ πρὸ
τοῦ συλλαβεῖν εὐαγγελίζεται, ὃ καὶ αὐτὸ πάλιν ἑτέραν
ἀπορίαν ἔχει. Εἰ γὰρ καὶ ὁ ἄγγελος οὐκ εἶπεν, τίνος C
ἕνεκεν ἡ παρθένος ἐσίγησεν, ἡ ἀκούσασα παρὰ τοῦ ἀγ-

tos novimus, qui malint animam amittere, quam in zelotypiæ suspicionem incidere. Hic porro non mera suspicio erat, cum uteri tumor rem palam faceret. Attamen ita erat ab hoc animi morbo liber, ut ne in minimis quidem vellet Virgini mœstitiam inferre. Quia ergo illam intus apud se retinere per legem non licere videbatur, traducere autem illam et in judicium trahere, id necessario erat ad mortem tradere: neutrum fecit, sed supra legem jam se gerere cœpit. Oportebat enim jam adveniente gratia, multa signa adesse sublimis hujusce instituti. Quemadmodum enim sol, nondum radios ostendens, eminus tamen partem maximam orbis illustrat: sic quoque Christus ex utero illo exoriturus, antequam egrederetur, orbem totum illuminavit. Idcirco vel ante partum prophetæ exsultabant, et mulieres futura prædicebant, et Joannes nondum e vulva egressus, ab utero exsultabat. Hic itaque multam Joseph ostendit philosophiam: neque enim accusavit illam, neque exprobravit illi, sed dimittere tantum cogitabat. In hoc rerum statu, et in hac negotiorum difficultate, advenit angelus qui anxietatem omnem tollat. Quærendum autem est cur angelus non ante venerit, quam vir ille hæc in animo versaret, sed cum hæc ille cogitaret, tunc venerit: nam ait: 20. *Hæc illo cogitante, angelus venit*: quamquam etiam antequam illa conciperet, nuntius accesserit, unde etiam alia

Josephi Mariæ sponsi laudes.

* Sic Savil. et alii, Morel. autem ὡς μὴ [δὲ] θελῆσαι.

a Quidam habent ποιεῖ.

b Quidam ἐπεδείκνυτο.

c Alii ἦλθεν ὁ ἄγγελος, non male. [Quod expressum est in versione Latina.] Paulo post quidam τότε ἀφῖκται. [Infra Savil. et Commelin. ἐσίγησεν, ἀκούσασα.]

ANIANI INTERPRETATIO.

tere, quam in tormentum zeli, atque hujusmodi suspicionis incidere. Quamquam hic quæ tandem diceretur esse suspicio, ubi ipse uteri tumor videbatur factum arguere: sed tamen ita erat ille vir ab hujusmodi passione mundus ac liber, ut ne in minimis quidem Virgini vellet inferre mœstitiam. Quia ergo et apud se illam retinere iniquum putabat, publicare vero atque in judicium trahere, nihil esse aliud quam in mortem trahere videbat: neutrum horum facit, sed adhuc sub lege vivens supra legem philosophatur. Siquidem adventante jam gratia, multa sublimioris disciplinæ documenta fulgere oportebat. Ut enim sol nondum radiis ostensis, eminus tamen splendore suo maximam partem orbis illuminat: ita et Christus ex utero Virginis jam jamque progressurus, universo orbi, etiam priusquam oriretur, illuxit. Denique ante illum quoque Virginis beatæ partum, et prophetæ in Spiritu repudiabant, et mulieres in Spiritu prædicebant futura, et Joannes nondum claustra egressus uteri, gaudia sua tradebat et matri. Propterea igitur et Joseph tantam philosophiam mentis ostendit. Neque enim aut in judicium tradidit sponsam, aut ipse saltem ei manifestum uteri exprobravit tumorem, sed tantummodo a se illam separare conatus est. Cum in his ergo omne negotium verteretur, atque in summa res difficultate consisteret, advenit repente angelus, qui omnia simul mœsta et adversa dissolveret. Inquisitione vero dignum videtur, cur non priusquam vir tale consilium ceperit, sed ubi hoc animo ille versavit, tunc iste id quod acciderat indicaverit. *Hæc*, inquit, *eo cogitante, ecce angelus Domini venit*. Et certe

quæstio oritur. Nam etsi angelus viro non dixerat, cur Virgo tacuit hæc ab angelo audita, et cum sponsum suum anxium videret, non ejus anxietatem sustulit? cur ergo antequam ille turbaretur, angelus non rem illi aperuit? nam operæ pretium est priorem quæstionem primo solvere. Quare rem illi non aperuit? Ne dicto fidem negaret, et idipsum accideret illi quod Zachariæ. Nam re oculis percepta, facile erat tunc credere : cum autem nondum cœpisset, non facile credi poterat. Ideo id angelus initio non dixit, et Virgo eadem de causa tacuit. Neque enim putasset sibi rem incredibilem nuntianti a sponso fidem esse habendam; imo timuisset se illum in iram concitaturam esse, quasi admissum peccatum tegentem. Si enim etiam ipsa quæ tantam gratiam perceptura erat, humanum
Luc. 1, 34. quid passa est et dixit : *Quomodo fiet istud, quoniam virum non cognosco?* multo magis ille dubitasset : cum maxime id audisset a muliere hinc sibi suspecta.

γέλου, καὶ τὸν μνηστῆρα ὁρῶσα θορυβούμενον, οὐκ ἔλυσεν αὐτοῦ τὴν ἀπορίαν; τίνος οὖν ἕνεκεν πρὸ τοῦ θορυβηθῆναι αὐτὸν, ὁ ἄγγελος οὐκ εἶπεν; καὶ γὰρ ἀναγκαῖον τὸ πρότερον λῦσαι πρῶτον. Τίνος οὖν ἕνεκεν οὐκ εἶπεν; Ἵνα μὴ ἀπιστήσῃ, καὶ πάθῃ τὸ αὐτὸ
54 A τῷ Ζαχαρίᾳ. Ὁρωμένου μὲν γὰρ τοῦ πράγματος, εὔκολος ἡ πίστις λοιπόν· μηδέπω δὲ ἀρχὴν λαβόντος, οὐχ ὁμοίως εὐπαράδεκτον ἦν τὸ λεγόμενον. Διὰ τοῦτο οὐκ εἶπεν ἐξ ἀρχῆς ὁ ἄγγελος, καὶ ἡ παρθένος δὲ τῆς αὐτῆς ἕνεκεν αἰτίας ἐσίγησεν. Οὐ γὰρ ἐνόμιζε πιστεύεσθαι παρὰ τῷ μνηστῆρι πρᾶγμα ἀπαγγέλλουσα ξένον· ἀλλὰ καὶ παροξύνειν μᾶλλον αὐτὸν, ὡς ἁμάρτημα γεγενημένον συσκιάζουσα. Εἰ γὰρ αὐτὴ ἡ ὑποδέχεσθαι μέλλουσα * τοσαύτην χάριν, ἀνθρώπινόν τι πάσχει, καί φησι· Πῶς ἔσται τοῦτο, ἐπεὶ ἄνδρα οὐ γινώσκω; πολλῷ μᾶλλον ἐκεῖνος ἀμφέβαλλεν ἄν· καὶ μάλιστα παρὰ γυναικὸς ἀκούων τῆς ὑποπτευομένης.

5. Ideo Virgo quidem nihil ipsi dicit: angelus vero tempore congruenti advenit. Quare, inquies, idipsum erga Virginem non fecit, nec post conceptionem ipsi rem nuntiavit? Ne in perturbatione magna foret. Nam timendum erat ne illa rei veritatem non clare sciens, de se quid acerbum decerneret, neu dedecus non ferens ad laqueum vel ad

Διὰ ταῦτα ἡ παρθένος μὲν οὐδὲν αὐτῷ λέγει· ὁ δὲ ἄγγελος τοῦ καιροῦ καλοῦντος ἐφίσταται. Τίνος οὖν
B ἕνεκεν, φησὶν, οὐχὶ ἐπὶ τῆς παρθένου τοῦτο ἐποίησεν, καὶ μετὰ τὴν κύησιν αὐτὴν εὐηγγελίσατο; Ἵνα μὴ ἐν ταραχῇ ᾖ [a] καὶ θορύβῳ πολλῷ. Καὶ γὰρ εἰκὸς ἦν, τὸ σαφὲς οὐκ εἰδυῖαν, καὶ βουλεύσασθαί τι περὶ ἑαυτῆς ἄτοπον, καὶ ἐπὶ βρόχον ἐλθεῖν, καὶ ἐπὶ ξίφος, οὐ φέ-

* [Savil. τοσαύτην τὴν χ.]

[a] Savil. καὶ φόβῳ πολλῷ. Morel. καὶ θορύβῳ πολλῷ. Anianus *mæstitia*.

ANIANI INTERPRETATIO.

Virgini ante conceptum denuntiat quod futurum est : quod quidem ipsum non effugit quæstionem. Nam etsi angelus non dixit viro, qua tamen ratione id Virgo celavit? quæ enim et ab angelo audierat, et virum turbatum videbat, cur eam difficultatem sermone non abstulit? Quanam ergo ratione non antequam turbaretur, hæc ei angelus revelavit? oportet enim ut quæ prius proposita sunt, priora solvantur. Cur hoc, inquam, angelus ante non dixit? Ne scilicet Joseph de rei novitate dubitaret, et tale quid forsitan pateretur, quale Zachariam legimus pertulisse. Facile quippe est credere verum esse quod dicitur, quando jam res ipsa oculis offertur; antequam vero incipiat fieri quod promissum est, laboriose prorsus dicta, et præsertim inusitata, creduntur. Propterea istud nec angelus indicavit, et Virgo id quod et audierat et sentiebat, abscondit. Neque enim sibi ullo modo a sponso credendum putavit, si ad eum rem nimis novam suspectamque deferret, quin immo magis eum in iram credidit concitandum, si quasi crimen admissum hoc videretur obumbrare figmento. Si enim etiam
Luc. 1, 34. ipsa Virgo, cui tanta erat gratia conferenda, aliquid tamen patitur humanum, et dicit : *Quomodo istud erit, quoniam virum non cognosco?* quanto magis ille dubitasset, maxime cum id audiret ab uxore suspecta?

5. Idcirco ei de hac re Virgo quidem ipsa nil loquitur, angelus vero tempore advenit congruente. Et cujus, inquies, rei gratia non idipsum custodivit in Virgine ut ad illam quoque post conceptum veniret? Ne scilicet stupentis ac verecundantis animum anxietas mœstitiaque consumeret. Valde enim fieri potuit, ut tanti ignara secreti, aliquid de se crudele decerneret : et quantum honestatis amans, tantum famæ

ρουσαν τὴν αἰσχύνην. Καὶ γὰρ θαυμαστὴ ἦν ἡ παρθένος, καὶ δείκνυσιν αὐτῆς τὴν ἀρετὴν ὁ Λουκᾶς λέγων· ὅτι ἐπειδὴ τὸν ἀσπασμὸν ἤκουσεν, οὐκ εὐθέως ἑαυτὴν [a] ἐξέχεεν, οὐδὲ ἐδέξατο τὸ λεχθέν· ἀλλ' ἐταράχθη ζητοῦσα τὸ ποταπὸς εἴη ὁ ἀσπασμός. Ἡ δὲ οὕτως οὖσα διηκριβωμένη, κἂν ἐξέστη τῇ ἀθυμίᾳ τὴν αἰσχύνην λογιζομένη, καὶ οὐ προσδοκῶσα ὅσα ἂν λέγῃ πείσειν τινὰ τῶν ἀκουόντων, ὅτι οὐ μοιχεία τὸ γεγενημένον. Ἵν' οὖν ταῦτα μὴ γένηται, ἦλθε πρὸ τῆς συλλήψεως ὁ ἄγγελος. Καὶ γὰρ ἔδει ταραχῆς ἐκτὸς εἶναι τὴν νηδὺν ἐκείνην, [b] ἧς ὁ πάντων δημιουργὸς ἐπέβη, καὶ παντὸς ἀπηλλάχθαι θορύβου τὴν ψυχὴν, τὴν καταξιωθεῖσαν τοιούτων γενέσθαι διάκονον μυστηρίων. Διὰ ταῦτα τῇ μὲν παρθένῳ πρὸ τῆς κυήσεως, τῷ δὲ Ἰωσὴφ ἐν τῷ καιρῷ τῶν ὠδίνων διαλέγεται. Ὃ πολλοὶ τῶν ἀφελεστέρων οὐ συνειδότες, διαφωνίαν ἔφασαν εἶναι· διὰ τὸ τὸν μὲν Λουκᾶν λέγειν, ὅτι τῇ Μαρίᾳ εὐηγγελίζετο, τὸν δὲ Ματθαῖον, ὅτι τῷ Ἰωσὴφ, οὐκ εἰδότες ὅτι ἀμφότερα γέγονεν. Ὅπερ ἀναγκαῖον παρὰ πᾶσαν τὴν ἱστορίαν παρατηρεῖν· καὶ γὰρ πολλὰς οὕτω λύσομεν δοκούσας εἶναι διαφωνίας. Ἔρχεται τοίνυν ὁ ἄγγελος, θορυβουμένου τοῦ Ἰωσήφ. Καὶ γὰρ καὶ τῶν εἰρημένων ἕνεκεν, καὶ ἵνα φανῇ αὐτοῦ ἡ φιλοσοφία, ἀναβάλλεται τὴν παρουσίαν. Ἐπειδὴ δὲ τὸ ἔργον ἔμελλεν ἐκβαίνειν, παραγίνεται λοιπόν. Ταῦτα δὲ αὐτοῦ ἐνθυμηθέντος, ἄγγελος κατ' ὄναρ φαίνεται τῷ Ἰωσήφ. [a] Ὁρᾷς τοῦ ἀνδρὸς τὴν ἐπιείκειαν; Οὐ μόνον ὅτι οὐκ ἐκόλασεν,

gladium properaret. Admiranda quippe Virgo erat, ejusque virtutem declarat Lucas cum ait, eam quando salutationem accepit, non statim gaudio perfusam fuisse, nec dicta suscepisse; sed turbatam quæsivisse qualis esset ista salutatio. C Quæ autem sic comparata erat, mœrore confecta fuisset, rei infamiam secum reputans, nec sperans posse se quempiam audientium ad credendum inducere, quod id non ex adulterio profectum esset. Ne itaque id eveniret, ante conceptionem venit 55 angelus. Etenim oportebat imperturbatum esse A uterum illum, in quem omnium Creator ingressurus erat, et omni tumultu vacuam animam illam, quæ mysteriorum tantorum ministra futura erat. Propterea Virgini ante conceptionem, Josepho autem, cum gestaret uterum Virgo, loquutus est. Quod multi simpliciorum non intelligentes, hic dissonantiam esse dixerunt: quoniam Lucas dixit Mariæ nuntium venisse, Matthæus autem Josepho: non advertentes utrumque gestum fuisse. Id quod etiam in omnibus historiis observandum est: sic enim multas dissonantias, ut quidem putantur, expediemus. Venit itaque angelus, perturbato Josepho. Nam et propter ea quæ supra dicta sunt, et ut ejus philosophia appareret, B adventum suum differt. Cum vero res jam esset implenda, advenit demum. *Hæc autem eo cogi-*

[a] Ἐξέχεεν, ad literam *effudit*; Anianus, *in gaudium relaxavit*.

[b] Alii ἣν ὁ πάντων δημ. Alii ᾗ ὁ πάντων δημ.

[a] Savil. et aliquot Mss. ὅρα τοῦ ἀνδρός. Infra quidam καὶ αὐτὴν παρθένον σπουδάζων.

ANIANI INTERPRETATIO.

turpis intolerans, vel ad laqueum subito, vel ad gladium convolaret. Erat enim illa Virgo per cuncta mirabilis, cujus virtutem evangelista Lucas declarans, refert: quod cum ab angelo verba satis honorificæ salutationis audisset, non semetipsam continuo, ut fit, in gaudium relaxavit, nec nimis credula nova dicta suscepit: sed honesta ac decenti trepidatione permota, cujusmodi esset salutatio illa quæsivit. Virgo igitur tanti et pudoris et ponderis, vel exanimari mœrore potuisset, si tam grande sibi imminere cogitasset opprobrium: cum præsertim neminem sibi quamlibet multa dicenti crediturum putaret, quod ille conceptus, qui de conjugio non erat, non de adulterio contigisset. Ne igitur ista sequerentur, venit angelus ante conceptum. Oportebat quippe imperturbatum illum esse uterum, quem hominum ingressurus erat Creator. Decebat illam profecto animam ab omni esse immunem cogitationum tumultu, quæ tanti electa est ministra mysterii. Propterea Virgini quidem ante conceptum, viro autem ipsi jam instantis partus tempore nuntiatur. Quod plerique parum intelligentes, ad evangelistarum discrepantiam retulerunt: quasi scilicet Lucas Mariæ, Matthæus vero Joseph asserat nuntiatum: ignorantes profecto utrumque id esse consequenter effectum; quod per omnem hanc historiam observare nos convenit, ut una hac regula, multa in quibus videntur evangelistæ dissonare, socientur. Venit itaque angelus ad Joseph satis anxium, satisque turbatum. Nam et propter illa quæ diximus, et ut magis justi viri philosophia claresceret, dilata est præsentia nuntiantis. Advenit autem cum res ipsa jam esset implenda. *Hæc autem eo cogitante, ecce angelus Domini in somnis apparuit ei*. Consideras certe mode-

tante, angelus in somnis apparuit Joseph. Viden' viri moderationem? Non modo non punivit, sed nemini dixit, ac ne illi quidem quæ in suspicionem veniebat; sed rem secum cogitabat, et secessus causam Virgini obtegere studebat. Neque enim dixit ipsum voluisse illam ejicere, sed dimittere : usque adeo benignus et moderatus vir erat. Hæc autem cogitanti in somnis apparet angelus. Et cur non aperte, ut pastoribus et Zachariæ visus est, necnon etiam Virgini? Admodum fidelis vir erat, neque egebat tali visione. Nam Virgo, cui annuntiabatur res tanta, et longe major quam Zachariæ, etiam ante rem ipsam egebat mirabili quadam visione : pastores vero, utpote qui agrestiores essent, apertiore visione opus habebant. Hic autem post partum, cum prava suspicione animi teneretur, et paratus tamen esset ad bonam spem facile reduci, si quis hac in re dux illi appareret, revelationem accipit. Ideo post suspicionem adest bonus nuntius, ut hoc ipsum illi foret vera dictorum demonstratio. Cum enim nemini dixisset, sed animo solum hæc cogitasset, et hac de re loquentem angelum audiret, indubitatum ipsi signum erat, angelum a Deo jussum, hæc dictum venisse : ipsius enim solius est cordis ar-

ἀλλ' ὅτι οὐδὲ ἐξεῖπέ τινι, οὐδὲ αὐτῇ τῇ ὑποπτευομένῃ·
ἀλλὰ καθ' ἑαυτὸν ἐλογίζετο, καὶ αὐτῇ τῇ παρθένῳ
σπουδάζων κρύψαι τὴν αἰτίαν. Οὐδὲ γὰρ εἶπεν, ἐκβαλεῖν αὐτὴν ἤθελεν, ἀλλ' ἀπολῦσαι· τοσοῦτον ἦν ἥμερος καὶ ἐπιεικὴς ὁ ἀνήρ. Ταῦτα δὲ [b] αὐτοῦ ἐνθυμουμέ-
νου, κατ' ὄναρ φαίνεται ὁ ἄγγελος. Καὶ διὰ τί μὴ
φανερῶς, καθὼς τοῖς ποιμέσι καὶ τῷ Ζαχαρίᾳ ὤφθη,
καὶ τῇ παρθένῳ; Σφόδρα πιστὸς ἦν ὁ ἀνὴρ, καὶ οὐκ
C ἐδεῖτο τῆς ὄψεως ταύτης. Ἡ μὲν γὰρ παρθένος, ἅτε
πολὺ μέγα εὐαγγελιζομένη, καὶ τοῦ Ζαχαρίου μεῖζον,
καὶ πρὸ τοῦ πράγματος ἔχρῃζε καὶ παραδόξου ὄψεως·
οἱ δὲ ποιμένες, ἅτε ἀγροικικώτερον διακείμενοι, [c] διὰ
τοῦτο φανερωτέρας ἐδέοντο τῆς ὄψεως. Οὗτος δὲ μετὰ
56 τὸν τόκον, τῆς ψυχῆς λοιπὸν ὑπὸ τῆς πονηρᾶς ὑποψίας
A καταληφθείσης, καὶ ἑτοίμου οὔσης πρὸς τὰς χρηστὰς
μεταθέσθαι ἐλπίδας, εἰ φανείη τις ὁ πρὸς τοῦτο ὁδη-
γῶν εὐκόλως, δέχεται τὴν ἀποκάλυψιν. Διὸ μετὰ τὴν
ὑποψίαν εὐαγγελίζεται, ἵνα αὐτὸ τοῦτο γένηται αὐτῷ
τῶν λεγομένων ἀπόδειξις. Τὸ γὰρ μηδενὶ ἐξειπεῖν,
ἀλλὰ κατὰ διάνοιαν [a] ἐνθυμηθῆναι ταῦτα, καὶ ἀκοῦσαι
λέγοντος τοῦ ἀγγέλου, ἀναμφισβήτητον αὐτῷ παρεῖχε
σημεῖον τοῦ παρὰ Θεοῦ λέγοντα ἀφῖχθαι· αὐτοῦ γὰρ
μόνου τὰ ἀπόρρητα τῆς καρδίας εἰδέναι ἐστίν. Ὅρα
γοῦν πόσα γίνεται· καὶ ἡ τοῦ ἀνδρὸς φιλοσοφία διαδείκνυται, καὶ πρὸς τὴν πίστιν αὐτῷ συμβάλλεται τὸ εὐ-

[b] Manuscripti quidam αὐτοῦ βουλευομένου. Infra ὤφθη post Ζαχαρίᾳ deest in Savil. et aliquot Mss.

[c] Hæc, διὰ τοῦτο φανερωτέρας ἐδέοντο τῆς ὄψεως, desunt in Savil. et in aliquot Mss. Mox Morel. ἀπὸ τῆς πονηρᾶς. Alii melius ὑπό. Quod autem hic dicere videtur, nempe hæc μετὰ τόκον, *post partum*, facta esse, cum Evangelio Matthæi pugnaret, ubi dicitur illum ante partum suspectam Virginem habuisse, et ab angelo monitum fuisse.

[a] Savil. et alii ἐνεθυμήθη : sed præstare videtur lectio Morelli.

ANIANI INTERPRETATIO.

stiam ac maturitatem viri : non modo non punivit aliunde gravidam, sed nec cuiquam mœroris sui causam retexit, ne illi quidem ipsi de qua eum suspicio mordebat; sed secum ipse cogitationum suarum fluctibus æstuando, ab ipsa etiam Virgine studuit abscondere tanti causam doloris. Neque enim dixit, Expellere eam de domo voluit, sed a se tacite dimittere. Tam mansuetus ille vir erat, tamque moderatus. *Hæc ergo eo cogitante, in somnis apparuit ei angelus.* Cur in somnis, et non potius aperte, sicut et pastoribus, et Zachariæ apparuerat, et Virgini? Quia scilicet erat vir prorsus fidelis, et manifestiori revelatione non indigens. Nam Virgo quidem, quippe cui tam et nova nuntiarentur et magna, multoque majora quam Zachariæ fuerant nuntiata, et ante rem ipsam doceri debuit et per apertissimam revelationem doceri. Pastores quoque tanto debuerunt instrui manifestius, quanto magis ab ejusmodi eruditione per agrestem erant vitam remoti. Hic vero post uteri indubitatum tumorem cum jam mœrore animi, et maligna suspicione tabesceret, et ad exspectationem jam jamque meliorem aliqua optaret ratione transferri : hoc jam erat in animo, ut si forte appareret quispiam, qui mœrentem in viam spei lætioris induceret, et facile revelationem susciperet et libenter. Et idcirco postquam suspicione cruciatus est, visione recreatur : ut hoc ipsum quod post suspicionem docetur, ea quæ dicuntur vera esse demonstret. Cum enim quod nulli fuerat ipse confessus, sed inclusum tantummodo mente volvebat, id etiam loquente sibi angelo recognoscit, certissimum et absque ulla ambiguitate prorsus documentum est, quod a Deo ad illum missus

καίρως λεχθέν· καὶ ὁ λόγος ἀνύποπτος γίνεται, δεικνὺς ὅτι ἔπαθεν ἅπερ εἰκὸς ἦν παθεῖν ἄνδρα.

Πῶς οὖν αὐτὸν πιστοῦται ὁ ἄγγελος; Ἄκουσον καὶ B
θαύμασον τὴν σοφίαν τῶν εἰρημένων. Ἐλθὼν γάρ φησιν· Ἰωσὴφ υἱὸς Δαυὶδ, μὴ φοβηθῇς παραλαβεῖν Μαριὰμ τὴν γυναῖκά σου. Εὐθέως αὐτὸν ἀναμιμνήσκει τοῦ Δαυὶδ, ὅθεν ὁ Χριστὸς ἔμελλεν ἔσεσθαι, καὶ οὐκ ἀφίησιν αὐτὸν διαταραχθῆναι, διὰ τῆς τῶν προγόνων προσηγορίας τῆς ἐπαγγελίας τῆς πρὸς τὸ ὅλον γένος γενομένης ἀναμνήσας. Ἐπεὶ τίνος ἕνεκεν υἱὸν Δαυὶδ αὐτὸν ἐκάλεσε; Μὴ φοβηθῇς· καίτοι γε ἀλλαχοῦ ὁ Θεὸς οὐχ οὕτω ποιεῖ, ἀλλὰ [b] βουλευομένου τινὸς περὶ γυναικὸς τοῦ Ἀβραὰμ ὅπερ οὐκ ἔδει, ἐπιπληκτικώτερον
καὶ μετὰ ἀπειλῆς τῷ λόγῳ κέχρηται· καίτοι γε τὸ C
πρᾶγμα καὶ ἐκεῖ ἀγνοίας ἦν· οὐδὲ γὰρ εἰδὼς ἔλαβε τὴν Σάῤῥαν ἐκεῖνος, ἀλλ' ὅμως ἐπέπληξεν· ἐνταῦθα δὲ ἡμερώτερον. Πολὺ γὰρ τὸ μέγεθος τῶν οἰκονομουμένων ἦν, καὶ τὸ μέσον ἑκατέρων τῶν ἀνδρῶν· διόπερ οὐδὲ [c] ἐπιπλήξεως ἔδει. Εἰπὼν δὲ, Μὴ φοβηθῇς, δείκνυσιν αὐτὸν δεδοικότα, μὴ προσκρούσῃ τῷ Θεῷ ὡς 57
μοιχαλίδα ἔχων· ὡς εἰ μὴ τοῦτο ἦν, οὐδ' ἂν ἐνενόησεν A
ἐκβαλεῖν. Διὰ πάντων τοίνυν δείκνυσιν, ὅτι παρὰ Θεοῦ ὁ ἄγγελος ἥκει, καὶ ἅπερ ἐνενόησε, καὶ ἅπερ ἔπαθε κατὰ διάνοιαν, ἅπαντα εἰς μέσον ἐκφέρων, καὶ

cana scire. Vide itaque quanta efficiantur; viri philosophia ostenditur, et illud opportune ab angelo prolatum ad fidem ejus firmandam confert, dictumque ipsum sine suspicione manet, quod ostendit ipsum ea passum esse, quæ vir quivis jure pati poterat.

6. Quomodo autem fidem ipsi facit angelus? Audi et mirare dictorum sapientiam. Accedens ait: *Joseph fili David, noli timere accipere Mariam conjugem tuam.* Statim Davidem in memoriam revocat, unde nasciturus erat Christus; neque sinit illum turbari, dum per majorum nomen promissionem universo generi factam in memoriam revocat. Sed cujus rei gratia filium David ipsum appellat? *Ne timeas*: quamquam alibi Deus non ita fecit: sed quodam de uxore Abrahæ secus quam oportuerat cogitante, terroribus minisque in loquendo usus Deus est; etiamsi ibi quoque res per ignorantiam fieret: neque enim rerum gnarus ille Saram acceperat: attamen perterrefecit eum; hic autem mitius agitur. Ingens enim erat rerum quæ agebantur magnitudo, magnumque inter virum utrumque discrimen: quapropter non erat increpatione opus. Cum autem dixit, *Ne timeas*, declarat ipsum metuere ne Deum offendat, si adulteram uxorem habeat: ita nisi hoc fuisset, illam dimittere ne cogitasset quidem. His igitur omnibus declaratur, a Deo ve-

[b] Sic Savil. et maxima pars Mss.; Morel. βουλομένου.

[c] Alii ἐπέπληξεν ὡς ἔδει.

ANIANI INTERPRETATIO.

advenerit. Ipsius enim est solummodo cordis arcana prospicere. Considera igitur quanta in hac dilatione compleantur. Nam et admiranda viri philosophia monstratur, et exspectata opportunitas temporis ad fidei proficit firmitatem, et historiæ veritas insuspecta servatur: quæ ostendit justum virum ea esse perpessum, quæ illum pati consequentia rerum ipsa cogebat.

6. Quemadmodum igitur angelus ei fidem suggerit ambigenti, audi atque mirare quanta in hoc philosophia sermone resplendeat. Cum enim venisset, dixit ad eum: *Joseph fili David, noli timere accipere Mariam conjugem tuam.* Principio satis necessario David intulit mentionem, unde utique Joseph Christum didicerat nasciturum: deinde tum non sinit eum conturbatione vexari, dum nomine progenitoris ingesto, illius eum promissionis admonet, quæ ad omne facta est genus Judæorum. Cæterum cujus rei gratia David eum filium nuncuparet ostendens: *Noli*, inquit, *timere.* Et certe alicubi Deus non idem facit, sed rege quodam de muliere secus quam oportuerat cogitante, castigatorio sermone utitur, et comminationis plenissimo, cum tamen ibi quoque ignorantia excusaret admissum. Neque enim sciens ille Saram alii copulatam, in usum uxoris acceperat, et tamen acrius eum increpavit: hic vero multo mitius agitur, ac lenius: quippe ubi et maximarum rerum dispensatio continetur, et ingens inter virum utrumque discrimen est. Propter quod nequaquam hujusmodi cogitatio correptionis indiguit. Dicendo enim, *Noli timere*, proculdubio eum demonstrat timuisse, ne scilicet offendat Dominum si adulteræ copuletur. Per quod ostenditur, quia nisi hic intercessisset metus, nec ille de ejus dimissione aliquid cogitasset. Ex his igitur omnibus illud profecto declarat, quod Dei ad Joseph venerit missus

nisse angelum, qui omnia quæ cogitavit et animo passus est Joseph, in medium attulit et exposuit. Virginis autem pronuntiato nomine, non hic stetit, sed addidit, *Conjugem tuam*, quam non ita vocasset, si vitiata fuisset. Conjugem vero hic sponsam vocat : quemadmodum et generos vocare solet Scriptura sponsos, ante nuptias. Quid vero significat illud, *Accipere?* Domi retinere : jam enim illam animo dimiserat. Hanc dimissam retine, quam tibi Deus tradit, non parentes : tradit autem non ad nuptias, sed ut cum illa habites ; tradit porro per vocem meam. Ut illam postea Christus tradidit discipulo, ita et nunc Josepho traditur. Deinde rem obscure indicans, pravam suspicionem non memoravit, sed honestiore congruentioreque modo conceptionis exposita causa, illam sustulit, ostendens eum, propter eamdem ipsam causam, qua timebat et illam dimittere volebat, jure illam recipere et retinere debere : sicque ex abundanti ejus mœstitiam resolvit. Non modo, inquit, illicito congressu pura est, sed etiam supra naturam uterum gestat. Ne igitur metum ponas tantum, sed in magnam erumpe lætitiam : *Quod enim in ea natum est, de Spiritu sancto est.* Stupendum dictum, humanam cogitationem superans, legesque naturæ transcendens. Quomodo igitur credet vir tales non expertus narrationes?

προτιθείς. Εἰπὼν δὲ αὐτῆς τὸ ὄνομα, οὐκ ἔστη μέχρι
τούτου, ἀλλ' ἐπήγαγε, Τὴν γυναῖκά σου, οὐκ ἂν οὕτω
καλέσας, εἰ διέφθαρτο. Γυναῖκα δὲ ἐνταῦθα τὴν μνη-
στὴν λέγει· ὥσπερ οὖν καὶ γαμβροὺς εἴωθεν ἡ Γραφὴ
λέγειν, καὶ πρὸ τοῦ γάμου τοὺς μνηστῆρας. Τί δέ ἐστι,
Παραλαβεῖν ; Ἔνδον κατέχειν· ἤδη γὰρ αὐτὴν τῇ διανοίᾳ ἀπολέλυτο. Ταύτην τὴν ἀπολελυμένην, φησὶ, κάτεχε, ἥν σοι παραδίδωσιν ὁ Θεὸς, οὐχ οἱ γονεῖς· πα-
B ραδίδωσι δὲ, οὐκ εἰς γάμον, ἀλλ' εἰς τὸ συνοικεῖν, καὶ
παραδίδωσι διὰ τῆς φωνῆς τῆς ἐμῆς. * Ὥσπερ αὐτὴν
ὁ Χριστὸς ὕστερον παρέδωκε τῷ μαθητῇ, οὕτω καὶ νῦν
τῷ Ἰωσήφ. Εἶτα καὶ τὴν ὑπόθεσιν αἰνιξάμενος, τὴν
μὲν πονηρὰν ὑποψίαν οὐκ εἶπε, σεμνότερον δὲ καὶ πρεπωδέστερον [a] τῇ τῶν ὠδίνων αἰτίᾳ κἀκείνην ἀνεῖλε,
δεικνὺς ὅτι δι' ὅπερ ἐδεδοίκει, καὶ ἐκβαλεῖν ἤθελε, δι'
αὐτὸ μὲν οὖν τοῦτο καὶ λαβεῖν, καὶ κατασχεῖν ἔνδον ἂν
εἴη δίκαιος, ἐκ περιουσίας λύων τὴν ἀγωνίαν. Οὐ γὰρ
μόνον παρανόμου, φησὶν, ἀπήλλακται μίξεως, ἀλλὰ
καὶ ὑπὲρ φύσιν κυεῖ. Μὴ τοίνυν τὸν φόβον ἐκλύσῃς
C μόνον, ἀλλὰ καὶ εὐφραίνου μειζόνως. Τὸ γὰρ ἐν αὐτῇ
γεννηθὲν ἐκ Πνεύματός ἐστιν ἁγίου. Παράδοξον τὸ εἰρημένον, ὑπερβαῖνον ἀνθρώπινον λογισμὸν, καὶ ἀνώτερον τῶν τῆς φύσεως νόμων. [b] Πῶς οὖν πιστεύσει ὁ
τούτων ἄπειρος τῶν διηγημάτων ἀνήρ; Ἀπὸ τῆς τῶν
παρελθόντων, φησὶν, ἀποκαλύψεως. Διὰ γὰρ τοῦτο τὰ
ἐν τῇ διανοίᾳ ἅπαντα ἐξεκάλυψεν, ἅπερ ἔπαθεν, ἅπερ
ἔδεισεν, ἅπερ ποιῆσαι ἐβουλεύσατο, ἵνα ἐξ ἐκείνων

* [Savil. ὥσπερ οὖν καὶ αὐτήν, quam lectionem sequitur Anianus.]

[a] Savil. et alii τῇ τῶν ὠδίνων. Morel. καὶ τῶν ὠδ.

[b] Alii πῶς οὖν ἵνα πιστεύσῃ. Infra ἀπὸ τῆς τῶν παρελθόντων, φησίν, ἀποκαλύψεως, sic Savil. et alii. Morel. ἀπὸ τῶν παρελθόντων, φησίν, ἀπὸ τῶν ἀποκαλύψεων.

ANIANI INTERPRETATIO.

imperio, cuncta quæ cogitavit, quæque perpessus est in animo, in medium proferendo. Nec vero nomen Virginis memorasse contentus, addidit *Conjugem*, haud ita vocaturus si corrupta fuisset. Conjugis autem nomine sponsam intellexit, sicut eos quoque qui adhuc sponsi sunt, generos appellare Scriptura consuevit. Quid autem est, *Accipere?* Domi profecto retinere. Jam enim illam mente dimiserat : sed dimissam, inquit, retineas, quam Deus tibi copulat, non parentes : copulat vero non in fœdus solemne conjugii, sed in consortium communis habitaculi, et copulat per meæ vocis officium. Sicut enim illam postea commendat Christus ipse discipulo, ita etiam nunc angelus sponso, solatium tantummodo ejus habituram absque fœdere nuptiarum. Deinde etiam rem ipsam involucro verborum tegens, de maligna quidem suspicione tacuit : honestius autem, multoque dignius causa partus exposita, suspicionem quoque prorsus restinxit : ostendens quod propter quod solum sponsam et secum habere metuebat, et a se dimittere cogitabat, ob hoc ipsum magis illam accipere debeat, secumque retinere, si in cœpta velit permanere justitia, per quod affatim trepidationem ejus mœstitiamque dissolvit. Non modo, inquit, illicito non est violata complexu, verum etiam supra naturam moremque fœcunda est. Noli igitur de tam felici partu sponsæ attrahere mœrorem, imo vero in majorem prorumpe lætitiam. *Quod enim in ea natum est, de Spiritu sancto est.* Novum dictum atque mirabile, et humanis cogitationibus supereminens, supra leges vadens omnino naturæ. Quonam igitur modo hæc ille vir crederet, qui nihil

58 A

καὶ τοῦτο πιστώσηται· μᾶλλον δὲ, οὐκ ἀπὸ παρελθόντων μόνον, ἀλλὰ καὶ ἀπὸ τῶν μελλόντων αὐτὸν ἐπάγεται. Τέξεται δὲ, φησὶν, υἱὸν, καὶ καλέσεις ὄνομα αὐτοῦ Ἰησοῦν. Μὴ γὰρ, ἐπειδὴ ἐκ Πνεύματός ἐστιν ἁγίου, νομίσῃς ἀλλότριόν σε τῆς διακονίας εἶναι τῆς κατὰ τὴν οἰκονομίαν. Εἰ γὰρ εἰς τὴν γέννησιν οὐδὲν συντελεῖς, ἀλλ' ἀνέπαφος ἔμεινεν ἡ παρθένος, ὅμως ὅπερ ἐστὶ πατρὸς ἴδιον, οὐ λυμαινόμενον τὸ τῆς παρθενίας ἀξίωμα, τοῦτό σοι δίδωμι, τὸ ὄνομα ἐπιθεῖναι τῷ τικτομένῳ. Σὺ γὰρ αὐτὸν καλέσεις. Εἰ γὰρ καὶ μὴ σὸς ὁ τόκος, ἀλλὰ * τὰ τοῦ πατρὸς ἐπιδείξῃ περὶ αὐτόν. Διὰ τοῦτό σε καὶ ἀπὸ τῆς τοῦ ὀνόματος θέσεως εὐθέως οἰκειῶ τῷ τικτομένῳ. Εἶτα ἵνα μὴ πάλιν ἐκ (B) τούτου πατέρα τις αὐτὸν ὑποπτεύσῃ, ἄκουσον τὰ ἑξῆς, πῶς μετὰ ἀκριβείας τίθησι. [a] Τέξεται γὰρ, φησὶν, υἱόν· οὐκ εἶπε, τέξεταί σοι, διὸ μετέωρον αὐτὸ τέθεικε· οὐ γὰρ αὐτῷ ἔτικτεν, ἀλλὰ τῇ οἰκουμένῃ πάσῃ.

Διὰ τοῦτο καὶ τὸ ὄνομα ἐκ τῶν οὐρανῶν ἦλθε κομίζων ὁ ἄγγελος, καὶ ἐντεῦθεν δεικνὺς θαυμαστὸν ὄντα τὸν τόκον, τῷ τὸν Θεὸν εἶναι τὸν τὴν προσηγορίαν ἄνωθεν πέμποντα διὰ τοῦ ἀγγέλου τῷ Ἰωσήφ. Οὐδὲ γὰρ οὐδὲ τοῦτο [b] ἁπλῶς ἦν, ἀλλὰ μυρίων ἀγαθῶν θησαυρός.

A præteritorum, inquit, revelatione. Ideo omnia quæ mente cogitabat, revelavit, quæ passus est, quæ timuit, quæ facere meditabatur, ut illis in medium adductis, etiam his fidem haberet; imo non ex præteritis tantum, sed etiam ex futuris ad credendum illum inducit. 21. *Pariet autem*, inquit, *filium, et vocabis nomen ejus Jesum.* Ne putes enim quia ex Spiritu sancto est, te ideo alienum esse a ministerio œconomiæ illius. Etiamsi enim nihil ad generationem conferas, sed intacta Virgo maneat; attamen quod est patri proprium, etsi virginitatis dignitatem non labefactet, hoc tibi confero, ut nato nomen imponas. Tu enim vocabis illum. Etsi namque filius tuus non sit, tu paternam erga illum geres curam. Ideo vel ab ipsa nominis impositione, nato te parentis loco adjungo. Deinde ne quis ideo eum patrem esse suspicaretur, audi quam accurate sequentia ponat: *Pariet*, inquit, *filium;* non dicit, Pariet tibi; sed indeterminate posuit: non enim ipsi peperit, sed universo orbi.

Joseph Christo patris loco fuit, quomodo.

7. Ideoque nomen ejus ex cælo detulit angelus, hinc ostendens mirabilem esse partum, quod Deus ipse nomen ejus de cælo per angelum Josepho miserit. Neque enim ipsum casu et sine causa datum fuit, sed est mille bonorum thesaurus. Id-

* [Commelin. et Savil. τὰ πατρός.]

a Sic Savil. et Mss. Morel. τέξεται μετέωρον αὐτὸ θεὶς· οὐ γὰρ, omissis interpositis. [Savil. post τέξεταί σοι addit ἀλλ' ἁπλῶς, Τέξεται, διὸ μετ.]

b Alii ἁπλοῦν ἦν. Paulo post alii ὑποτείνας, alii ὑποτείνων. Infra quidam πιστεύειν ἐπιθυμοῦμεν. Infra ἀπὸ τῶν μελλόντων deerat in Savil.

ANIANI INTERPRETATIO.

prius tale sermone conceperat? Ex eorum quæ jam peracta erant revelatione. Idcirco enim omnia quæ celabantur in ejus animo, angelus revelavit: memorando certe quæ patiebatur, quæ verebatur, quæque etiam meditabatur efficere: ut cum cognovisset ista, etiam illa susciperet. Neque vero de præcedentibus solum ad fidem ducit ambiguum, verum etiam de futuris. *Pariet enim*, inquit, *filium, et vocabis nomen ejus Jesum.* Non enim quia ex Spiritu sancto est, idcircò te a ministerio tantæ existimes dispensationis extraneum. Nam etsi nihil habeas in hac generatione commune, virgo quippe permansit intacta, tamen quod est proprium patris, quodque nihil infuscat Virginis dignitatem, hoc tibi facile concedo, ut scilicet nato nomen imponas: tu enim illum primum vocabis. Quamquam enim non sit filius tuus iste qui nascitur, tu tamen curam erga illum et sollicitudinem ostendes parentis: et propterea te illi ab ipsa statim nominis impositione conjungo. Deinde ne quis illum ex hoc patrem esse suspicaretur, audi quam caute quamque sollicite ea quæ sequuntur, addiderit. *Pariet*, inquit, *filium.* Non dixit, Pariet tibi: sed posuit illud indefinitum et suspensum. Non enim illi, sed universo prorsus orbi peperit Christum.

7. Propterea et nomen ejus de cælo angelum detulisse evangelista memoravit, ut hinc quoque ostenderet illum mirabilem esse partum, quo ejus nomen ad Joseph, et per angelum, et a Deo missum doceret. Nam et ipsum vocabulum non inaniter positum est, quod certe mille continet thesauros bonorum.

5.

circo ipsum angelus interpretatur, optimamque spem offert, et hac ratione fidem ipsi conciliat: nam propensius inclinamur ad res hujuscemodi; ideoque illis facilius credimus. Cum igitur ex omnibus ad fidem ei habendam præparasset, ex præteritis, ex futuris et ex præsentibus, necnon ab honore ipsi debito, inducit prophetam, opportune his omnibus calculum dantem. Priusquam vero ipsum inducat, bona per ipsum orbi conferenda prænuntiat. Quænam illa sunt? Ereptio a peccatis: *Ipse enim*, inquit, *salvum faciet populum suum a peccatis eorum*. Hic quoque stupendum quidpiam indicatur. Non enim a bellis sub sensum cadentibus, non a barbaris, sed quod longe majus erat, a peccatis liberandum populum ipsius annuntiat: id quod nemo ante facere potuerat. Et qua de causa, inquies, *Populum suum* dixit, neque gentes adjecit? Ne statim auditorem percelleret. Alioquin vero intelligentia præditus auditor hic gentes quoque subindicari perspicit. Populus enim ejus sunt non Judæi tantum, sed omnes qui accedunt, et ejus doctrinam cognitionemque suscipiunt. Animadverte autem quomodo ejus dignitatem nobis aperuerit, populum suum appellans populum Judaïcum. Hoc enim nihil aliud significat, quam eum, qui natus est, esse Filium Dei, ac de rege superno sermo ipsi est. Neque enim alia potestas peccata remittere valet, nisi ea quæ ad illam substantiam pertinet. Quoniam igitur tantum accepimus donum, nihil non agamus ne tan-

C Διὸ καὶ ἑρμηνεύει τοῦτο ὁ ἄγγελος, καὶ χρηστὰς ὑποτείνει ἐλπίδας, καὶ ταύτῃ πρὸς πίστιν αὐτὸν ἐπαγόμενος. Πρὸς γὰρ ταῦτα ἐπιῤῥεπέστερον εἰώθαμεν ἔχειν· διὸ καὶ μᾶλλον αὐτοῖς πιστεύειν φιλοῦμεν. Ἀπὸ πάντων τοίνυν κατασκευάσας τὴν πίστιν, ἀπὸ τῶν παρελθόντων, ἀπὸ τῶν μελλόντων, ἀπὸ τῶν ἐνεστώτων, ἀπὸ τῆς εἰς αὐτὸν τιμῆς, εἰσάγει καὶ τὸν προφήτην εὐκαίρως τούτοις ἅπασι ψηφιζόμενον. Πρὶν ἢ δὲ αὐτὸν εἰσαγαγεῖν, τὰ μέλλοντα τῇ οἰκουμένῃ δι' αὐτοῦ
69 συμβήσεσθαι ἀγαθὰ προαναφωνεῖ. Τίνα δὲ ταῦτά
A ἐστιν; Ἁμαρτιῶν ἀπαλλαγὴ καὶ ἀναίρεσις. Αὐτὸς γὰρ σώσει, φησὶ, τὸν λαὸν αὐτοῦ ἀπὸ τῶν ἁμαρτιῶν αὐτῶν. Καὶ ἐνταῦθα τὸ παράδοξον ἐνδείκνυται. Οὐ γὰρ πολέμων αἰσθητῶν, οὐδὲ βαρβάρων, ἀλλ' ὃ πολλῷ τούτων μεῖζον ἦν, ἁμαρτημάτων ἀπαλλαγὴν εὐαγγελίζεται· ὃ μηδενί ποτε ἔμπροσθεν ἐγένετο δυνατόν. Καὶ τίνος ἕνεκεν, φησὶ, Τὸν λαὸν αὐτοῦ εἶπε, καὶ οὐχὶ καὶ τὰ ἔθνη προσέθηκεν; Ἵνα μὴ πτοήσῃ τὸν ἀκροατὴν τέως. Τῷ γὰρ συνετῶς ἀκροωμένῳ καὶ τὰ ἔθνη ᾐνίξατο. Λαὸς γὰρ αὐτοῦ οὐχ οἱ Ἰουδαῖοι μόνον, ἀλλὰ καὶ πάντες οἱ προσιόντες καὶ
B δεχόμενοι τὴν παρ' αὐτοῦ γνῶσιν. Σκόπει δὲ πῶς αὐτοῦ καὶ τὸ ἀξίωμα ἡμῖν παρήνοιξε, λαὸν αὐτοῦ καλῶν τὸν δῆμον τὸν Ἰουδαϊκόν. Τοῦτο γὰρ οὐδὲν ἄλλο δεικνύντος ἐστὶν, ἢ ὅτι Θεοῦ παῖς ὁ τικτόμενος, καὶ περὶ τοῦ τῶν ἄνω βασιλέως ὁ λόγος ἐστὶν αὐτῷ. Οὐδὲ γὰρ ἁμαρτήματα ἀφιέναι ἑτέρας ἐστὶ δυνάμεως, ἀλλ' ἢ τῆς οὐσίας μόνης ἐκείνης. Ἐπεὶ οὖν τοσαύτης ἀπελαύσαμεν δωρεᾶς, πάντα ποιῶμεν, ὥστε μὴ τὴν εὐεργεσίαν [a] καθυβρίσαι τὴν τοσαύτην. Εἰ γὰρ καὶ πρὸ τῆς

[a] Alii ἐνυβρίσαι.

ANIANI INTERPRETATIO.

Propter quod illud etiam angelus interpretatur, bonis mœrentem spebus animando: et hoc quoque illum modo ad credendum quod loquitur, invitat. Facile namque sollicitamur ad prospera, et promtius fidem accommodamus secundis. Cum igitur ex omnibus construxisset fidem, a præcedentibus, a præsentibus, a futuris, ab honore ejus quem promiserat nasciturum, introduxit opportune etiam prophetam his omnibus calculum suum addentem. Priusquam vero ejus testimonium citet, singularia per ipsum bona universo orbi conferenda prænuntiat. Quænam igitur ista sunt? Remissio silicet, interitusque peccati. *Ipse enim*, inquit, *salvum faciet populum suum a peccatis eorum*. Hic quoque beneficii novitas indicatur. Non enim a bello visibili, neque a gladio barbarorum: sed quod his longe majus est, a peccato suo populum suum nuntiat liberandum: quod præstare nulli fuit hominum aliquando possibile. Et cujus, inquies, rei gratia quasi signate populum suum dixit, et non etiam omnes gentes pariter nominavit? Ne scilicet de inusitato nuntio scrupulum pateretur auditor, quamquam recte hæc percepturo etiam gentes designantur. Populus enim Christi non tantum natio Judæorum est, sed omnes quoque qui ad eum veniunt, ejusque donantur agnitione. Considera vero quemadmodum nobis ipsam etiam Christi patefecerit dignitatem, populum ejus appellans, quem per ipsum a peccatis dicit esse salvandum. Nihil enim hoc aliud est, quam ostendere Dei Filium esse qui nascitur, nec se de aliquo homine rege hunc proferre sermonem. Neque enim potest peccata dimittere, nisi solummodo divina natura. Tanta igitur cælestis mune-

τιμῆς ταύτης ἄξια κολάσεως τὰ γινόμενα ἦν, πολλῷ μᾶλλον μετὰ τὴν ἄφατον ταύτην εὐεργεσίαν. Καὶ ταῦτα οὐχ ἁπλῶς λέγω νῦν, ἀλλ' ἐπειδὴ πολλοὺς ὁρῶ μετὰ τὸ βάπτισμα ῥαθυμότερον τῶν ἀμυήτων διατελοῦντας, καὶ οὐδὲν ἔχοντας ἴδιον γνώρισμα πολιτείας. Διά τοι τοῦτο οὐκ ἐν ἀγορᾷ, οὐκ ἐν ἐκκλησίᾳ δυνατὸν εἰδέναι ταχέως, τίς μὲν ὁ πιστὸς, τίς δὲ [b] ὁ μὴ πιστός· πλὴν εἴ τις κατὰ τὸν καιρὸν ἐπισταίη τῶν μυστηρίων, καὶ ἴδοι τοὺς μὲν ἐκβαλομένους, τοὺς δὲ ἔνδον μένοντας. Ἐχρῆν δὲ οὐκ ἀπὸ τοῦ τόπου, ἀλλ' ἀπὸ τοῦ τρόπου γνωρίζεσθαι. Τὰ μὲν γὰρ τῶν ἔξωθεν ἀξιώματα εἰκότως ἀπὸ τῶν ἔξωθεν περικειμένων τεκμηρίων ἐστὶ κατάδηλα· τὰ δὲ ἡμέτερα ἀπὸ τῆς ψυχῆς εἶναι γνώριμα χρή. Τὸν γὰρ πιστὸν οὐκ ἀπὸ τῆς δωρεᾶς χρὴ φαίνεσθαι μόνον, ἀλλὰ καὶ ἀπὸ τῆς ζωῆς τῆς καινῆς. Τὸν πιστὸν φωστῆρα δεῖ εἶναι τοῦ κόσμου καὶ ἅλας. Ὅταν δὲ μηδὲ σαυτῷ φαίνῃς, μηδὲ τὴν οἰκείαν σηπεδόνα ἐπισφίγγῃς, πόθεν σε εἰσόμεθα λοιπόν; ὅτι τῶν ναμάτων ἐπέβης τῶν ἱερῶν; Ἀλλὰ τοῦτό σοι κολάσεως ἐφόδιον γίνεται. Τιμῆς γὰρ μέγεθος τοῖς οὐκ ἀξίως τῆς τιμῆς ζῆν προαιρουμένοις προσθήκη τιμωρίας ἐστί. Τὸν γὰρ πιστὸν οὐκ ἀφ' ὧν ἔλαβε παρὰ τοῦ Θεοῦ μόνον, ἀλλὰ καὶ ἀφ' ὧν αὐτὸς εἰσήνεγκε, λάμπειν δίκαιον, καὶ πανταχόθεν εἶναι γνώριμον, καὶ ἀπὸ τοῦ βαδίσματος, καὶ ἀπὸ τοῦ βλέμματος, καὶ ἀπὸ τοῦ σχήματος, καὶ ἀπὸ τῆς φωνῆς. Ταῦτα δὲ εἶπον, οὐχ ἵνα πρὸς ἐπίδειξιν, ἀλλ' ἵνα πρὸς ὠφέλειαν τῶν ὁρώντων ἑαυτοὺς ῥυθμί-

tum beneficium dehonestemus. Si enim ea quæ ante hunc honorem gesta sunt, digna ultione erant, multo magis post ineffabile illud beneficium. Hæc
C porro non sine causa nunc dico; sed quia multos video post baptisma segniores, quam ii qui nondum initiati sunt, neque ullam habentes instituti nostri notitiam. Ideoque nec in foro, nec in ecclesia potest distingui fidelis a non fideli, nisi quis adsit tempore mysteriorum, et videat qui ejiciantur, et qui maneant. Oporteret autem eos non a loco, sed a moribus distingui. Nam externæ
60 quidem dignitates, ab externis notis et ornamentis
A jure dignoscuntur: nostra vero ab ipsis animis nota esse oportet. Fidelem namque non a dono tantum, sed etiam a novo vitæ instituto agnosci par esset.

Fidelis ex vitæ instituto dignoscendus.

Fidelis et luminare et sal mundi esse debet. Cum autem nec tibi quidem ipsi luceas, nec propriam putredinem constringas, unde tandem te nosse poterimus? an quia in sacris fluentis ingressus es? Sed hoc te ad supplicium deducit. Magnitudo enim honoris, iis qui vitam hujusmodi honore dignam non agunt, additamentum supplicii est. Fidelem enim non ab iis tantum quæ a Deo accepit, sed etiam ab iis quæ ipse intulit fulgere par est,
B et undique se notum præstare, ab incessu, ab aspectu, ab habitu, a voce. Hæc autem dixi, non ut ad ostentationem, sed ut ad utilitatem videntium nos componamus. Nunc autem undecumque te voluero

[b] Alii ὁ ἄπιστος.

ANIANI INTERPRETATIO.

ris liberalitate donati, cuncta omnino faciamus, ne tam grandibus beneficiis irrogemus injuriam. Si enim etiam antequam hæc caperemus dona, merebamur tamen propter peccata puniri, quanto magis postquam tam ineffabilia sumus beneficia consequuti? Et hoc non frustra, nec absque certa nunc ratione commemoro: sed quod video plerosque desidiosius post acceptum baptismatis vivere sacramentum, quam eos qui nondum sunt illo mysterio consecrati. In plurimis enim nulla omnino signa christianæ invenio disciplinæ. Ideoque non in publicis locis atque communibus, non in ipsius ecclesiæ conciliabulis facile reperias, per quod inter fidelem infidelemque distinguas. Solo enim hoc celebrandi mysterii tempore dignosci potest, cum videlicet alios ex cludi videris, alios vero intus teneri. Oportebat autem uniuscujusque fidem non locis, sed moribus indicari. Nam sæcularium quidem decora dignitatum, consequenter ab extrinsecus positis cernuntur insignibus: nostra vero intelligi oportet ex mentibus. Fidelis enim non modo a communione mysterii, verum etiam de novitate vitæ debet agnosci. Fidelem enim sal esse convenit, et luminare mundi. Sin vero ne tibi quidem ipse luceas, et ne propriam quidem putredinem fœtoremque detergas, quibus te indiciis ego fidelem potero agnoscere? an quia sacrati aquas fontis ingressus es? At hoc ipsum quod datum tibi fuerat ad salutem, fit tibi gravioris causa supplicii. Honoris siquidem magnitudo iis qui non digne vivunt honore, cumulus incipit esse pœnarum. Igitur fidelem non ab iis tantum quæ accepit a Deo, verum etiam ab iis quæ obtulerit ipse Deo, convenit refulgere, et undique esse notum atque manifestum, et ab incessu, et ab aspectu, et a veste, et a voce. Et hæc dixerim, non ut nosmetipsos ad ostentationem nostri, sed ad ædificationem inspicientium nos utique aptemus. Nunc vero undecumque voluero te dignoscere, invenio te a con-

dignoscere, undique te invenio a contrariis dignosci. Si a loco qui sis velim ediscere, in circo te, in theatris, et iniquis occupationibus video dies transigere, in fori cœtibus improborum, in corruptorum hominum consortio; si a vultus compositione, assidue te cerno cachinnis deditum ac dissolutum, haud secus quam perditam meretricem aperto ore sese dehonestantem; si a vestibus, perinde te amictum video atque histrionem; si a clientibus, parasitos circumducis et adulatores; si a verbis, nihil sanum, nihil necessarium, nihil ad institutum vitæ nostrum conducens loquentem audio; si a mensa, major hinc accusationis materia orietur.

8. Undenam igitur, quæso, potero te fidelem agnoscere, cum supra dicta omnia contrarium arguant? Et quid dico fidelem? Neque enim si homo sis possum evidenter agnoscere. Nam cum calce impetas ut asinus, exsilias ut taurus, ad mulieres hinnias ut equus, voraciter edas ut ursus, carnem impinguare studeas ut mulus, injuriarum memor sis ut camelus, rapias ut lupus, irascaris ut serpens, ferias ut scorpio, versipellis sis ut vulpes, virus iniquitatis serves ut aspis et vipera; adversus fratres bellum geras, ut crudelis ille dæmon: quomodo te potero inter homines annumerare, cum humanæ naturæ characteres in te non videam? Quærebam differentiam catechumenum

σωμεν. Νῦν δὲ ὅθεν ἂν ζητήσω σε ἐπιγνῶναι, πανταχοῦ σε ἀπὸ τῶν ἐναντίων εὑρίσκω φαινόμενον. Ἄν τε γὰρ ἀπὸ τοῦ τόπου βουληθῶ σε καταμαθεῖν, ἐν ἱπποδρομίαις, καὶ θεάτροις, καὶ παρανομίαις ὁρῶ διημερεύοντα, ἐν πονηροῖς συλλόγοις τοῖς ἐν ἀγορᾷ, καὶ ἀνθρώπων συνουσίαις διεφθαρμένων· ἄν τε ἀπὸ τοῦ σχήματος τῆς ὄψεως, ἀνακαγχάζοντα βλέπω διηνεκῶς καὶ διαλελυμένον, καθάπερ [a] ἀνοικτὸν ἔχουσαν τὸ στόμα σεσηπυῖαν ἑταιρίδα καὶ ἀπολελυμένην· ἄν τε ἀπὸ
C τῶν ἱματίων, τῶν ἐπὶ σκηνῆς οὐδὲν ἄμεινον διακείμενον ὁρῶ· ἄν τε ἀπὸ τῶν ἑπομένων, παρασίτους περιφέρεις καὶ κόλακας· ἄν τε ἀπὸ τῶν ῥημάτων, οὐδὲν ὑγιὲς, οὐδὲ ἀναγκαῖον οὐδὲ συνέχον ἡμῶν τὴν ζωὴν ἀκούω φθεγγόμενον· ἄν τε ἀπὸ τῆς τραπέζης, μείζων ἐντεῦθεν ἡ κατηγορία φανεῖται.

Πόθεν οὖν, εἰπέ μοι, δυνήσομαί σε ἐπιγνῶναι τὸν
61 πιστὸν, τῶν εἰρημένων ἁπάντων τἀναντία ψηφιζομέ-
A νων; Καὶ τί λέγω τὸν πιστόν; Οὐδὲ γὰρ εἰ ἄνθρωπος εἶ, σαφῶς δύναμαι μαθεῖν. Ὅταν μὲν γὰρ λακτίζῃς μὲν ὥσπερ ὄνος, σκιρτᾷς δὲ ὥσπερ ταῦρος, χρεμετίζῃς δὲ ἐπὶ γυναιξὶν ὥσπερ ἵππος, καὶ γαστριμαργῇς μὲν ὥσπερ [a] ἄρκτος, πιαίνῃς δὲ τὴν σάρκα ὥσπερ ἡμίονος, μνησικακῇς δὲ ὥσπερ κάμηλος, καὶ ἁρπάζῃς μὲν ὡς λύκος, ὀργίζῃ δὲ ὡς ὄφις, πλήττῃς δὲ ὡς σκορπίος, ὕπουλος δὲ ἦς ὥσπερ ἀλώπηξ, ἰὸν δὲ πονηρίας διατηρῇς ὥσπερ ἀσπὶς καὶ ἔχις, [b] πολεμῇς καὶ κατὰ τῶν ἀδελφῶν ὥσπερ ὁ πονηρὸς δαίμων ἐκεῖνος· πῶς δυνήσομαί σε μετὰ τῶν ἀνθρώπων ἀριθμεῖν,
B οὐχ ὁρῶν ἐν σοὶ τῆς τοιαύτης φύσεως τοὺς χαρα-

[a] Morel. ἀνεκτὸν ἔχων τὸ στόμα σεσηρυῖαν, male.

[a] Alii ὥσπερ ἄρχος, quæ vox sæpe alibi reperitur sine τ.

[b] Savil. πολεμῇς δὲ κατά. [In marg. καί.] Utrumque bene.

ANIANI INTERPRETATIO.

trariis publicari. Si te ex loco scire curavero, proculdubio in circo te theatroque prospiciam totos prorsus dies in vanissimis illis cœtibus exigentem, vel in foro corruptis hominibus pestiferisque conjunctum. Sin vero ex ipsis motibus corporis notitiam tui habere quæsivero, videbo te horrentibus cachinnis, et fœdissima jucunditate resolutum, ut fluxam quamdam perditamque meretricem. Sin autem te a veste considerem, nihil te a scenico habitu distare cognoscam. Jam si te voluero a comitibus addiscere, inveniam te adulatoribus stipatum, atque parasitis. Si a sermone, nihil te audiam omnino sanum, nihil serium, quodque ad disciplinam nostram spectet, loquentem. Si a cibo, major hinc profecto materia accusationis orietur.

8. Unde igitur, responde mihi, fidelem te esse potero cognoscere, cum omnia ista quæ diximus, contrariam de te ferant sententiam, teque apertissime infidelem esse convincant? Et quid dicam utrum fidelis? Nec si homo vere sis, possum evidenter agnoscere. Quando enim ut asinus calcitras, ut taurus exsultas, libidine incensus sic hinnis ut equus, quando in epulis ursorum imitaris voratum, et pinguedine corpus mulorum more distendis; cum exercenda simultate camelum, lupum imiteris rapina; cum irascaris ut serpens, et atrocitate scorpionum percutias; cum subdole insidieris ut vulpes, cumque veneno malignitatis armeris ut coluber et vipera; cum quasi diabolus ipse adversus fratres crudelia bella suscipias: quonam umquam modo, qua ratione in hominum te possum numero collocare, nulla in te cernens humanæ signa naturæ? O rem plenam doloris atque lacrymarum! Fidelis et catechumeni distinctionem

κτῆρας; Κατηχουμένου γὰρ καὶ πιστοῦ διαφορὰν ζητῶν, κινδυνεύω μηδὲ ἀνδρὸς καὶ θηρίου εὑρεῖν διαφοράν. Τί γάρ σε εἴπω; Θηρίον; Ἀλλὰ τὰ θηρία ἑνὶ τούτων τῶν ἐλαττωμάτων κατέχεται· [c] σὺ δὲ ὁμοῦ συμφορήσας πάντα, πορρωτέρω τῆς ἐκείνων ἀλογίας ὁδεύεις. Ἀλλὰ δαίμονά σε προσείπω; Ἀλλὰ δαίμων οὔτε γαστρὸς δουλεύει τυραννίδι, οὔτε χρημάτων ἐρᾷ. Ὅταν οὖν καὶ θηρίων καὶ δαιμόνων ἐλαττώματα πλείονα ἔχῃς, πῶς σε ἄνθρωπον καλέσομεν, εἰπέ μοι; εἰ δὲ ἄνθρωπόν σε οὐκ ἔστιν εἰπεῖν, πῶς σε προσεροῦμεν πιστόν; Καὶ τὸ δὴ χαλεπώτερον, ὅτι οὕτω διακείμενοι κακῶς, οὐδὲ ἐννοοῦμεν τῆς ψυχῆς ἡμῶν τὴν ἀμορφίαν, οὐδὲ καταμανθάνομεν αὐτῆς τὸ δυσειδές. Ἀλλ' ἐν κουρείῳ μὲν καθήμενος, καὶ τὴν κόμην ἀποκείρων, [d] καὶ τὸ κάτοπτρον λαβὼν περισκοπεῖς μετὰ ἀκριβείας τὴν τῶν τριχῶν σύνθεσιν, καὶ τοὺς παρεστῶτας ἐρωτᾷς, καὶ τὸν ἀποκείραντα αὐτὸν, εἰ καλῶς τὰ πρὸς τῷ μετώπῳ συνέθηκε· καὶ γέρων ὢν, πολλάκις οὐκ αἰσχύνῃ νεωτερικαῖς φαντασίαις ἐπιμαινόμενος· τῆς δὲ ψυχῆς ἡμῶν, οὐκ ἀμόρφου μόνον, ἀλλὰ καὶ θηριομόρφου, καὶ Σκύλλης τινὸς ἢ Χιμαίρας κατὰ τὸν ἔξω μῦθον γεγενημένης, οὐδὲ μικρὸν αἰσθανόμεθα· καίτοι γε καὶ ἐνταῦθα κάτοπτρόν ἐστι πνευματικὸν, καὶ πολλῷ βέλτιον ἐκείνου καὶ χρησιμώτερον· οὐδὲ γὰρ δείκνυσι τὴν ἀμορφίαν μόνον, ἀλλὰ καὶ μετατίθησιν αὐτὴν πρὸς κάλλος ἀμήχανον, ἂν θέλωμεν. Τοῦτο δέ ἐστιν ἡ τῶν ἀγαθῶν ἀνδρῶν μνήμη, καὶ τῆς μακαρίας ζωῆς αὐ-

inter et fidelem, et periculum est ne invenire nequeam virum inter et feram discrimen. Ecquid te dicam esse? Feram? At feræ uno tantum vitio tenentur: tu vero qui omnia circumfers vitia, longe magis quam illæ rationis es expers. Sed dæmonem te vocabo? Atqui dæmon neque ventris tyrannidi subditus est, neque divitias amat. Cum ergo plura vitia, quam feræ et dæmones habeas, quomodo, quæso, te hominem vocabimus? si vero te hominem vocare non licet, quomodo fidelem appellabimus? Quod autem deterius est, cum ita male simus affecti, ne cogitamus quidem ani-
C mæ nostræ deformitatem, neque ejus fœditatem novimus. Sed apud tonsorem sedens, comam detondens, arrepto speculo cæsariem consideras, et adstantes ipsumque tonsorem interrogas, num ornate frontem concinnaverit: ac sæpe, senex cum sis, non vereris juvenilibus studiis insanire: animam vero nostram, non modo deformem, sed etiam ferinæ formæ esse, instar Scyllæ et Chimæræ, quæ in fabula feruntur, ne minimum quidem sentimus:
62 A quamquam tamen hic spirituale speculum habeamus longe melius et utilius illo. Non modo enim deformitatem monstrat, sed etiam mutat illam in pulchritudinem immensam, si quidem velimus. Hoc porro speculum est proborum virorum memoria, necnon beatæ ipsorum vitæ historia, Scripturarum lectio, leges a Deo datæ. Si vel semel

Vita Sanctorum speculum.

[c] Morel. σὺ καὶ ὁμοῦ.

[d] [Savil. un[illegible]inclusit καί.]

ANIANI INTERPRETATIO.

reperire cupiebam, sed nec inter homines et feras quod sit discrimen invenio. Quid enim te appellare debeo? Feram? Sed illæ uno aliquo horum vitio tenentur, tu vero simul in te omnia colligendo, longe ferarum irrationale stultumque transgrederis. An diabolum te potius appellem? Sed ille nec pecunias concupiscit, nec tyrannidi ventris obsequitur. Cum igitur plura in te vitia sint, quam in bestiis atque dæmonibus, responde, obsecro, unde te possum jure hominem nuncupare? Si vero te hominem appellare nequeo, quo tandem modo potero fidelem vocare? Verum hoc est multo deterrimum, quod tamen cum omnium vitiorum squalore turpemur, nec intelligimus quidem nostræ animæ fœditatem, nec ejus prorsus deforme cognoscemus. Nam tu quidem apud tonsorem residens et cæsariem detondens, adhibito etiam speculo multo cum studio, summaque cura æqualitatem consideras, et nitorem capilli: nec tamen in imagine tui temetipse inspexisse contentus, tum ipsum artificem, tum alios adstantes sollicite homo jam senex non vereris, juvenili stultitia insanus, interrogare, an alicubi incomtius manus properantis operata sit, an satis deceat frontem leniter attonsa cæsaries. Animæ vero nostræ quæ non solum deformis est, verum etiam ferarum omnino conformis, et quæ Scylla aliqua, vel Chimæra, ut fabula celebrat, effecta est, nulla nos cura, nulla sollicitudo umquam remordet: cum certe hic quoque speculum sit paratum proculdubio spiritale, et longe illo utilius speculo, longeque lucidius. Non enim ostendit tantummodo suam unicuique fœditatem, sed eam in maximum quoque, si volumus, convertit decorem. Hoc est enim virorum memoria sanctorum, ac beatæ illorum conversationis historia, et generaliter divinarum lectio Scripturarum, positæque a Deo legis agnitio. Si volueris saltem fixe intenteque cordis oculo fulgentes illas

volueris Sanctorum imagines contemplari, deformitatem animæ tuæ videbis: qua semel conspecta, nullo alio egebis ut ab hac turpitudine libereris. Ad hoc enim utile nobis est hoc speculum, facilemque nobis reddit hanc mutationem. Nemo itaque in brutorum forma maneat. Si enim servus in domum patris non intrat, cum feræ formam habeas, quomodo tu in limina illa ingredi poteris? Ecquid feram dico? Fera enim deterior est hujusmodi homo. Feræ enim etsi natura sua feroces sint, humana tamen arte sæpe mansuescunt: tu vero qui illarum naturalem feritatem in mansuetudinem, quæ contra naturam earum est, transmutas, quam habebis excusationem, qui mansuetudinem, quam ex natura habes, in feritatem, quæ contra naturam est, convertis, et qui quod ferum erat mite reddens, teipsum, natura mitem, contra naturam ferocem constituisti: ac qui leonem cicuras mansuetumque reddis, animum tuum leone ferociorem efficis? etiamsi duo illic impedimenta adsint, et quod fera illa sit rationis expers, et quod omnium sit ferocissima. Attamen vi inditæ tibi a Deo sapientiæ, naturam ipsam vincis. Tu igitur qui ferarum naturam vincis, cur in teipso et naturæ et voluntatis bonum prodis? Ac si quidem te alium hominem mitem reddere juberem, ne sic quidem tibi ea mandare viderer, quæ fieri nequirent: posses tamen tu objicere te non

τῶν ἱστορία, ἡ τῶν Γραφῶν ἀνάγνωσις, οἱ παρὰ τοῦ
Θεοῦ δοθέντες νόμοι. Κἂν βουληθῇς ἅπαξ μόνον ἰδεῖν
εἰς τὰς τῶν ἁγίων ἐκείνων εἰκόνας, καὶ τὸ δυσειδὲς
ὄψει τῆς διανοίας τῆς σῆς, καὶ ἰδὼν οὐδενὸς δεήσῃ λοι-
B πὸν ἑτέρου εἰς τὸ ἀπαλλαγῆναι τῆς αἰσχρότητος ταύτης. Καὶ γὰρ εἰς τοῦτο χρήσιμον ἡμῖν τὸ κάτοπτρον,
καὶ ῥᾳδίαν ποιεῖ τὴν μετάθεσιν. Μηδεὶς τοίνυν ἐν τῇ
τῶν ἀλόγων μενέτω μορφῇ. Εἰ γὰρ [a] ὁ δοῦλος εἰς τὴν
οἰκίαν τοῦ πατρὸς οὐκ εἰσέρχεται, ὅταν αὐτὸς καὶ θηρίον γένῃ, πῶς δυνήσῃ τῶν προθύρων ἐπιβῆναι ἐκείνων; Καὶ τί λέγω θηρίον; Θηρίου μὲν παντὸς χαλεπώτερος ὁ τοιοῦτός ἐστιν. Ἐκεῖνα μὲν γὰρ, καίτοι
κατὰ φύσιν ὄντα ἄγρια, ἀνθρωπίνης ἀπολαύσαντα τέχνης, [b] πολλάκις ἥμερα γίνεται· σὺ δὲ ὁ τὴν ἐκείνων
θηριωδίαν κατὰ φύσιν εἰς τὴν παρὰ φύσιν ἡμερότητα
μεταβαλὼν, ποίαν ἕξεις ἀπολογίαν τὴν σεαυτοῦ πραό-
C τητα τὴν κατὰ φύσιν εἰς τὴν παρὰ φύσιν θηριωδίαν
ἐξαγαγὼν, καὶ τὸ μὲν ἄγριον [c] φύσει δεικνὺς ἥμερον,
σαυτὸν δὲ τὸν ἥμερον φύσει παρὰ φύσιν ἄγριον ἱστὰς,
καὶ λέοντα μὲν τιθασσεύων καὶ χειροήθη ποιῶν, τὸν
δὲ θυμὸν τὸν σὸν λέοντος ἀγριώτερον κατασκευάζων;
Καίτοι δύο ἐκεῖ τὰ κωλύματα, καὶ τὸ λογισμοῦ ἐστε-
ρῆσθαι τὸ θηρίον, καὶ τὸ πάντων εἶναι θυμωδέστερον.
Ἀλλ' ὅμως τῇ περιουσίᾳ τῆς παρὰ τοῦ Θεοῦ δοθείσης
σοι σοφίας, καὶ τῆς φύσεως κρατεῖς. Ὁ τοίνυν ἐπὶ τῶν
θηρίων καὶ τὴν φύσιν νικῶν, πῶς ἐπὶ σαυτοῦ μετὰ τῆς
63 φύσεως καὶ τὸ τῆς προαιρέσεως προδίδως καλόν; Καὶ
A εἰ μὲν ἄλλον ἐκέλευον ἄνθρωπον ποιῆσαι πρᾶον, [a] οὐδὲ

[a] Morel. ὁ δοῦλος τὴν οἰκίαν.
[b] Alii πολλάκις ἡμερώτερα γέγονε.
[c] Alii φύσει ποιῶν ἥμερον.

[a] Sic Savil. et alii, Morel. autem οὐδὲν οὕτω μὲν ἀδύνατον. [Infra Savil. νυνὶ δὲ τὸ σαυτοῦ λέγω ποιῆσαι θηρίον ἥμερον, κ. ο. π. κ. ἀ.]

ANIANI INTERPRETATIO.

Sanctorum imagines intueri, totum continuo mentis tuæ deforme conspicies. Cumque istud agnoveris, nullius profecto rei indigebis alterius, per quam ab hujusmodi turpitudine libereris: tam nobis utile istud est speculum, tamque nos facili transformatione convertit. Nemo igitur diutius in ferarum effigie perseveret. Si enim servus nequaquam domum patris ingreditur: cum bestia etiam fueris effectus, quando poteris ipsum saltem introire vestibulum? Et quid dico bestia, quando unusquisque vitiosus omni bestia comprobetur immanior? Illæ quippe, quamquam naturaliter sæviant, si humana tamen arte palpentur, plerumque mansuescunt: tu autem qui illarum profecto naturalem feritatem in eam quæ contra naturam est mansuetudinem sæpe commutas, quam habebis excusationem, tuam mansuetudinem naturalem in feritatem, quæ naturæ tuæ est inimica, convertens: cumque naturaliter feram ad mansuetudinem trahis, te naturaliter mansuetum in ferarum rabiem natura repugnante perducis. Et leonem quidem mitigas, reddisque tractabilem: furorem vero animi tui omni prorsus efficis leone sæviorem. Et certe cum ibi sint duo impedimenta vel maxima, quod fera ipsa et ratione privatur, et longe omnium alterius generis animalium excedit furorem: tu tamen de copia donatæ tibi a Deo sapientiæ, ipsam superas arte naturam. Qui igitur naturam vincis in bestiis, cur in temetipso una cum natura etiam voluntatis bonum prodidisti? Itaque si te, ut alium hominem mansuefaceres, juberem, nihil hic quidem impossibile viderer imponere:

οὕτω μὲν ἀδύνατα ἔδοξα ἂν ἐπιτάττειν· πλὴν ἀλλ' ἐνῆν σοι προβαλέσθαι, τὸ μὴ κύριον εἶναι τῆς ἑτέρου γνώμης, μηδὲ ἐπὶ σοὶ κεῖσθαι τὸ πᾶν. Νυνὶ δὲ τὸ σαυτοῦ θηρίον, καὶ οὗ πάντως κύριος εἶ.

Τίνα οὖν ἔχεις ἀπολογίαν, τῆς φύσεως μὴ κρατῶν; [b] τίνα δὲ πρόφασιν εὐπρόσωπον προβαλέσθαι δυνήσῃ, λέοντα μὲν ποιῶν ἄνθρωπον, σαυτὸν δὲ περιορῶν ἐξ ἀνθρώπου γινόμενον λέοντα, κἀκείνῳ μὲν τὰ ὑπὲρ φύσιν χαριζόμενος, σαυτῷ δὲ οὐδὲ τὰ κατὰ φύσιν τηρῶν, ἀλλὰ τοὺς μὲν ἀγρίους θῆρας εἰς τὴν ἡμετέραν φιλονεικῶν [c] ἐνάγειν εὐγένειαν, σαυτὸν δὲ ἀπὸ τοῦ θρόνου τῆς βασιλείας καταστρέφων, καὶ εἰς τὴν μανίαν ἐξωθῶν τὴν ἐκείνων; Νόμισον γάρ, εἰ βούλει, καὶ τὸν θυμὸν θηρίον εἶναι· καὶ ὅσην περὶ τοὺς λέοντας ἕτεροι, τοσαύτην σὺ περὶ σαυτὸν ἐπίδειξαι τὴν σπουδήν· καὶ ποίησον ἥμερον καὶ πρᾶον εἶναι τὸν τοιοῦτον λογισμόν· καὶ γὰρ οὗτος χαλεποὺς ὀδόντας ἔχει καὶ ὄνυχας, κἂν μὴ ἡμερώσῃς αὐτόν, πάντα ἀπολῇ. Οὐδὲ γὰρ οὕτω λέων καὶ ἔχις τὰ σπλάγχνα διασπαράξαι δύναται, ὡς θυμός, τοῖς σιδηροῖς ὄνυξι διηνεκῶς τοῦτο ποιῶν. Οὐ γὰρ δὴ [d] τὸ σῶμα λυμαίνεται μόνον, ἀλλὰ καὶ αὐτὴν τῆς ψυχῆς διαφθείρει τὴν ὑγίειαν, κατεσθίων, σπαράττων, διαξαίνων τὴν δύναμιν αὐτῆς ἅπασαν, καὶ ἄχρηστον πρὸς πάντα τιθείς. Εἰ γὰρ σκώληκάς τις ἐν τοῖς ἐγκάτοις τρέφων, οὐδὲ ἀναπνεῖν δυνήσεται, πάντως τῶν ἔνδον αὐτοῦ δαπανωμένων, πῶς ὄφιν ἡμεῖς τηλικοῦτον ἔχοντες κατατρώγοντα πάντα τὰ ἔνδον, τὸν θυμὸν λέγω, δυνησόμεθά τι γενναῖον τεκεῖν; Πῶς οὖν ταύτης

dominum esse voluntatis alterius, nec penes te id totum esse. Nunc autem bellua tua est, in tuo posita arbitrio.

9. Quam ergo habes defensionem, dum naturam tuam non subigis? quem excusationis colorem proferre poteris, dum leonem in hominem convertis, teque ex homine leonem factum videns, id non curas, ac dum illi ea, quæ supra naturam ejus B sunt, largiris, tibi ne ea quidem servas, quæ ex natura habes, sed dum feras agrestes ad nobilitatem nostram deducere contendis, teipsum ex solio regni detrudis, et in belluarum furorem depellis? Cogita namque, si placet, iram esse feram : et quantam alii circa leones curam impendunt, tantam et tu impende circa teipsum, atque animum tuum mitem mansuetumque redde : nam et ille sævis dentibus et ungulis instructus est, ac nisi cicures ipsum, omnia perdet. Neque enim leo et vipera sic viscera lacerare possunt, ut ira, quæ ungulis ferreis assidue laniat. C Neque vero corpus tantum labefactat, sed et animæ sanitatem corrumpit, vim ejus omnem corrodens, dilanians, discerpens, et ad omnia inutilem reddens. Nam si is qui vermes in visceribus nutrit, ne respirare quidem poterit, cunctis intus corruptis, quomodo talem serpentem habentes, viscera omnia corrodentem, iram dico, generosum aliquid parere poterimus? Quomodo ergo poterimus ab hac peste

b Alii ποίαν δὲ τὴν πρόφασιν.

c Alii ἀγαγεῖν, alii ἀνάγειν εὐγένειαν.

d Alii τῷ σώματι. Infra quidam ἄχρηστον πρὸς πάντα ποιῶν. Mox quidam πάντων τῶν ἔνδον αὐτῷ δαπανωμένων.

ANIANI INTERPRETATIO.

quamquam excusare posses, non te esse dominum voluntatis alienæ, neque cuncta in tua potestate consistere. Nunc vero tua hæc proprie fera est, et cui certissimo jure domineris.

9. Quam igitur habes apologiam, quemve reperies honestum excusationis colorem, qui cum solerti studio hominem quodammodo facias de leone, tu tamen negligens leo efficiaris ex homine? Nam illi quidem donas supra suam aliquid habere naturam, tibi vero nec naturales quidem affectus reservas. Et qui bestias feras ad mansuetudinis provehis dignitatem, temetipsum de throno dejiciens et honore regali, ad irrationalium cogis furorem. Ponamus enim, si placet, iram quoque bestiam esse quamdam : quantum igitur ab aliis erga mitigandum leonem studium commodatur, tantam tu erga iracundiam impende curam, et effice hujusmodi cogitationem mitem atque mansuetam. Siquidem hæc fera et unguibus sævissimis armatur, et dentibus : et nisi illam sollicite mansuefeceris, cuncta simul disperdet, atque lacerabit. Nullus enim leo, nulla sic vipera viscera queunt laniare, ut hominis iracundia ferreis quibusdam unguibus universa confodiens. Neque enim solummodo corpori nocet, sed ipsius etiam corrumpit animæ sanitatem : cunctas siquidem ejus omnino vires discerpit ac devorat, eamque ad omnia inutilem facit. Si enim ii qui vermes in interioribus corporis nutriunt, ne respirare quidem sinuntur, vexatis profecto adesisque visceribus : quomodo nos venenatam hanc in nobis alentes viperam, iram dico, quæ omnia interiora hominis depascitur : quid umquam sanum aut forte poterimus cogitare aut parere? Quonam igitur modo ab hac tam noxia peste fugiemus? Si illam utique potionem bibamus, quæ omnes intra

liberari? Si illam potionem bibamus, quæ possit intus positos vermes et serpentes exstinguere. Ecqua potio illa est, inquis, quæ tantam vim habeat? Pretiosus sanguis Christi, si cum fiducia sumatur: morbos quippe omnes exstinguere poterit; huic adde divinarum Scripturarum lectioni attentionem, huicque adjicias eleemosynam: per hæc quippe omnia exstingui poterunt morbi animam labefactantes. Tuncque solum vivemus, cum jam non meliore conditione simus, quam mortui: nam illis viventibus, nos vivere nequimus, sed necessario perimus. Nisi enim hic illos occiderimus, illic nos omnino interficient: imo et ante extremum obitum de nobis hic ultionem sument. Etenim unusquisque morbus hujuscemodi, crudelis, tyrannicus et insatiabilis est, nec nos quotidie corrodendi finem facit: nam dentes leonum sunt dentes ipsorum, imo etiam longe sæviores. Leo quippe ubi exsatiatus fuerit, a cadavere discedit: hi vero morbi animi numquam satiantur, neque cessant, donec captum hominem diabolo proximum statuerint. Tanta enim illorum vis est, ut quam servitutem Christo Paulus exhibuit, ita ut propter illum et gehennam et regnum despiceret, eamdem ipsam a captivis suis exigant. Nam sive in corporum, sive in divitiarum, sive in gloriæ amorem quis inciderit, et gehennam deridet, et regnum contemnit, ut amata re potiatur. Ne igitur Paulo fidem negemus dicenti, se Christum ita amasse. Cum enim inveniantur quidam animi affectibus

Sanguis Christi morbos animi exstinguit.

64 ἀπαλλαγησόμεθα τῆς λύμης; Ἂν πίωμεν ποτὸν νε-
A κρῶσαι δυνάμενον τοὺς ἔνδον σκώληκας καὶ τοὺς ὄφεις. Καὶ ποῖον ἂν εἴη τὸ ποτὸν, φησὶ, τὸ τὴν ἰσχὺν ταύτην ἔχον; Τὸ τίμιον αἷμα τοῦ Χριστοῦ, εἰ μετὰ παῤῥησίας ληφθείη (πᾶσαν γὰρ νόσον σβέσαι δυνήσεται τοῦτο), καὶ μετὰ τούτου τῶν θείων Γραφῶν ἡ μετὰ ἀκριβείας ἀκρόασις, καὶ ἐλεημοσύνη τῇ ἀκροάσει προσγινομένη· διὰ γὰρ τούτων πάντων δυνήσεται νεκρωθῆναι τὰ λυμαινόμενα τὴν ψυχὴν ἡμῶν πάθη. Καὶ τότε ζησόμεθα μόνον· ὡς νῦν γε οὐδὲν τῶν τεθνεώτων ἄμεινον διακείμεθα· ἐπείπερ οὐκ ἔστι, ζώντων ἐκείνων, καὶ ἡμᾶς ζῆν, ἀλλ' ἀνάγκη ἡμᾶς ἀπολέσθαι. Ἂν γὰρ μὴ φθάσωμεν αὐτὰ ἀποκτείναντες [a] ἐνταῦθα, ἐκεῖ πάντως ἡμᾶς αὐτὰ ἀποκτενεῖ· μᾶλλον δὲ καὶ πρὸ ἐκείνου τοῦ θανά-
B του τὴν ἐσχάτην ἡμᾶς καὶ ἐνταῦθα ἀπαιτήσει δίκην. Καὶ γὰρ ἕκαστον τῶν παθῶν τῶν τοιούτων, καὶ ὠμὸν καὶ τυραννικὸν, καὶ ἀκόρεστον, καὶ καθ' ἑκάστην ἡμᾶς ἐσθίον τὴν ἡμέραν, οὐδέποτε ἵσταται. Ὀδόντες γὰρ λέοντος οἱ ὀδόντες αὐτῶν· μᾶλλον δὲ καὶ πολλῷ χαλεπώτεροι. Ὁ μὲν γὰρ λέων ὁμοῦ τε ἐκορέσθη, καὶ ἀπέστη τοῦ παραπεσόντος αὐτῷ σώματος· ταῦτα δὲ τὰ πάθη οὔτε ἐμπίμπλαται, οὔτε ἀφίσταται, ἕως ἂν ἐγγὺς τοῦ διαβόλου στήσῃ τὸν ἁλόντα ἄνθρωπον. Τοσαύτη γὰρ αὐτῶν ἡ δύναμις, ὡς τὴν δουλείαν, ἣν ὁ Παῦλος περὶ τὸν Χριστὸν ἐπεδείκνυτο, καὶ γεέννης καὶ βασιλείας δι'
C αὐτὸν καταφρονῶν, τὴν αὐτὴν καὶ παρὰ τῶν ἁλόντων [b] αὐτὸν ἀπαιτεῖν. Ἄν τε γὰρ σωμάτων ἔρωτι, ἄν τε χρημάτων, ἄν τε δόξης περιπέσῃ τις, καὶ γεέννης καταγελᾷ λοιπὸν, καὶ βασιλείας καταφρονεῖ, ἵνα τὸ θέλημα τούτων ἐργάσηται. Μὴ τοίνυν ἀπιστῶμεν Παύλῳ λέ-

[a] Hic post ἐνταῦθα Morel. addit ἀπελθεῖν, quæ vox in aliis non habetur.

[b] Αὐτόν deest in Savil. et in quibusdam aliis.

ANIANI INTERPRETATIO.

nos vermes serpentesque mortificet. Et quodnam, inquies, istud est poculum quod eam vim habeat? Pretiosus scilicet Christi sanguis, si cum fiducia utique sumatur: omnis enim hoc remedio morbus exstinguitur: post hoc sanctarum quoque Scripturarum diligens et devotus auditus et misericordia auditui copulata. Per hæc enim omnes mortificari illæ possunt, quæ animam nostram tabefaciunt passiones. Et tunc vere vita ac sanitate potiemur, qui certe nunc nihil fere a mortuis discrepamus. Neque enim possibile est nos vere vivere, nisi in nobis vitia omnino moriantur. Hæc necessario nos periment in futuro si nos vivere hic illa patiamur: quin immo etiam ante illam mortem hic exigunt a nobis horrenda supplicia. Siquidem universa hæc vitia et crudelitatis plena sunt et aviditatis, nosque quotidie devorare non desinunt. Itaque et dentes eorum non immerito esse dixerim dentes leonum, imo etiam sæviores. Nam leo quidem simul ut fuerit expletus, semesum continuo cadaver relinquit: hæc vero vitia nec satiantur aliquando, nec ab anima nostra usquam recedunt, captumque a se hominem diabolo simillimum faciunt. Quorum certe tanta vis est, ut servitium quod Christo Paulus inferum superumque tutus securusque exhibuit, idipsum a suis exigant captivis etiam. Nam si vel amore corporum, vel cupiditate pecuniarum, vel gloriæ aliquis delectatione capiatur, superos, inferos continuo contemnit, dummodo vitiis obsequatur. Nequaquam igitur dicenti Paulo fidem adhibere dubitemus, quod tanto Christi amore flagraverit. Quando enim inveniuntur aliqui ita desideriis suis ac vitiis servientes, cur ita Paulum

γοντι, ὅτι τὸν Χριστὸν οὕτως ἐφίλησεν. Ὅταν γὰρ εὑρεθῶσί τινες τοῖς πάθεσιν οὕτω δουλεύοντες, πῶς ἄπιστον ἐκεῖνο δόξει εἶναι λοιπόν; Καὶ γὰρ διὰ τοῦτο ὁ περὶ τὸν Χριστὸν πόθος ἀσθενέστερος, ἐπειδὴ πᾶσα ἡμῖν ἡ δύναμις εἰς τοῦτον καταναλοῦται τὸν ἔρωτα, καὶ ἁρπάζομεν, καὶ πλεονεκτοῦμεν, καὶ δόξῃ δουλεύο-
65 μεν κενῇ, ἧς τί γένοιτ' ἂν εὐτελέστερον; Κἂν γὰρ μυ-
A ριάκις γένῃ περίβλεπτος, οὐδὲν τῶν ἀτίμων ἔσῃ βελτίων, ἀλλὰ δι' αὐτὸ μὲν οὖν τοῦτο καὶ ἀτιμότερος. Ὅταν γὰρ οἱ βουλόμενοί σε δοξάζειν καὶ λαμπρὸν ἀποδεικνύναι, δι' αὐτὸ τοῦτό σε γελῶσιν, ὅτι τῆς παρ' αὐτῶν ἐπιθυμεῖς δόξης, πῶς οὐκ εἰς τὸ ἐναντίον [a] περιτραπήσεταί σοι τὰ τῆς τοιαύτης σπουδῆς; Καὶ γὰρ τῶν κατηγορουμένων τὸ πρᾶγμά ἐστιν.

Ὥσπερ γὰρ τὸν ἐπιθυμοῦντα μοιχεύειν ἢ πορνεύειν ἂν ἐπαινῇ τις καὶ κολακεύῃ, αὐτῷ τούτῳ μᾶλλον κατήγορος γίνεται ἢ ἐπαινέτης τοῦ τὰ τοιαῦτα ἐπιθυμοῦντος· οὕτω καὶ τὸν δόξης ἐπιθυμοῦντα, ὅταν ἐπαι-
B νῶμεν ἅπαντες, κατήγοροι μᾶλλόν ἐσμεν ἢ ἐπαινέται τῶν βουλομένων δοξάζεσθαι. Τί τοίνυν ἐφέλκεις τὸ πρᾶγμα, ἀφ' οὗ τὸ ἐναντίον σοι συμβαίνειν εἴωθεν; Εἰ γὰρ δοξάζεσθαι βούλει, καταφρόνει δόξης, καὶ πάντων ἔσῃ λαμπρότερος. Τί πάσχεις ὅπερ ἔπαθεν ὁ Ναβουχοδονόσορ; Καὶ γὰρ καὶ ἐκεῖνος εἰκόνα ἔστησεν, [b] ἀπὸ τοῦ ξύλου, καὶ τῆς ἀναισθήτου μορφῆς προσθήκην νομίζων ἑαυτῷ πορίζειν εὐφημίας, καὶ ὁ ζῶν ἀπὸ τοῦ μὴ ζῶντος λαμπρότερος ἤθελε φαίνεσθαι. Εἶδες τῆς μανίας τὴν ὑπερβολήν; Δοκῶν γὰρ ἑαυτὸν τιμᾷν, μᾶλλον ἐξύβρισεν. Ὅταν γὰρ φαίνηται τῷ ἀψύχῳ

ita servientes, cur illud incredibile nobis videatur? Etenim ideo amor erga Christum infirmior est, quia tota vis nostra in vitiorum amore consumitur: et rapimus, et avaritiæ dediti sumus, et vanæ gloriæ servimus, qua quid vilius fuerit? Etiamsi enim admodum sis conspicuus, nihilo melior eris iis qui infimæ sortis sunt; imo ob hoc ipsum illis inferior eris. Quando enim iidem ipsi, qui te gloriosum ac splendidum reddere student, ob hoc ipsum te derident, quod gloriam ab ipsis requiras, quomodo non hæc cupiditas tibi in contrarium vertetur? Nam illi, quidquid agant, accusatores tui sunt.

Affectus erga creaturas amorem Christi minuit.

10. Quemadmodum enim adulterio vel fornicationi deditum si quis laudaverit, vel ipsi adulatus fuerit, eo ipso potius accusator, quam laudator illius est : sic et vanæ gloriæ cupidum, cum laudamus omnes, accusatores potius ejus quam laudatores sumus. Cur ergo rem venaris, cujus contrarium tibi solet accidere? Nam si gloriam consequi vis, gloriam contemne, et omnium gloriosissimus eris. Cur id pateris quod passus est Nabuchodonosor? Nam et ille statuam erexit, ex ligno et ex insensibili forma putans se sibi famam conciliaturum esse, et qui vivus erat ex non vivente illustrior apparere cupiebat. Viden' ingentem insaniam? Dum sibi putat honorem conciliare, contumeliam potius sibi parit. Dum enim

Gloriam consequitur qui gloriam contemnit.

[a] Alii περιτρέπεται.

[b] Ἀπὸ τοῦ ξύλου καὶ τῆς. Hic memoria labi videtur Chrysostomus, cum dicit statuam illam a Nabuchodonore factam, ἀπὸ τοῦ ξύλου, id est, ligneam fuisse. Nam aurea illa in exemplaribus omnibus Hebraïcis, Græcis, Latinis fuisse dicitur. Ibid. unus καὶ διὰ τῆς ἀναισθήτου.

ANIANI INTERPRETATIO.

servisse Christo incredibile judicetur? Idcirco enim nos imbecilliorem in Christum habemus affectum, quia omnis nostra vis in vitiorum amore consumitur. Nam et avaritiæ deservimus, et aliena diripimus, et inani gloriæ libenter obsequimur : qua servitute quid umquam vilius aut contemtius esse possit? Etsi enim millies clarus habearis atque conspicuus, nihil hinc tamen inglorio aliquo melior exsistis : imo hoc ipso multo inhonoratior, multoque despectior. Quando enim illi iidem tui amici, qui te glorificare certatim student, clarumque monstrare, propter hoc teipsum rursus irrident, quod gloriam ab ipsis requiras : quomodo non tibi in contrarium hujusmodi studia vertuntur?

10. Usque adeo autem vitium istud notatur, ut sicut laudamus omnes eum qui non fornicationem, non adulterium concupiscit, ita etiam prædicemus istum, magisque miremur, qui amorem refugit gloriandi : cum e regione accusare potius quam laudare soleamus eos, qui hominum laudes requirunt. Quid igitur istam magnopere sectaris rem, cujus vice contraria ejus tibi semper occurrit? Si enim glorificari cupis, gloriam despice, et eris omnibus gloriosior. Nunc vero idipsum pateris omnino quod Nabuchodonosor legimus pertulisse. Nam ille statuam quondam erexit, a ligno et mortua corporis imagine magnam scilicet famam aucupaturus, ac vivus a re non viva claritatem mutuaturus. O ingentem insaniam! Quo se honorare est visus, deridendum præbuit. Nam qui re mortua nixus, magis quam seipso et mentis suæ

videtur inanimatæ rei magis fidere, quam sibi ipsi, et animæ suæ viventi, atque ideo lignum in tantum honoris culmen provehit, quomodo non fuerit risu dignus, dum non a moribus, sed ab asseribus ornari studet? Quemadmodum si quis ex pavimento domus aut ex pulchritudine scalæ suspici malit, quam ex eo quod homo sit : hujusmodi virum multi nunc imitantur. Quemadmodum enim ille ab imagine, sic alii a vestibus, alii ab ædibus, a mulis, a carpentis, a columnis quæ sunt in domibus, in admiratione haberi cupiunt. Nam cum illud, quod homines sint, amiserint, circumeunt, ut sibi aliunde gloriam multo risu dignam concilient. Verum generosi illi et magni Dei famuli non inde, sed ex quibus par erat, effulserunt. Etenim et captivi, et servi, et juvenes, et peregrini, et rebus omnibus domesticis vacui, multo clariores visi sunt, quam ii qui illis omnibus circumdati erant. Certe Nabuchodonosori nec tanta illa statua, nec satrapæ, nec duces, nec immensi exercitus, nec auri vis, nec quævis alia pompa, secundum concupiscentiam ejus fuere satis, ut magnus appareret; his vero qui illis omnibus destituti erant, sola philosophia satis fuit : quæ illo qui diademate et purpura ornatus, et tot aliis circumseptus erat, eos qui nihil eorum habebant, tanto splendidiores faciebat, quanto sol est margarita splendidior. Etenim in medium

C θαῤῥῶν μᾶλλον ἢ ἑαυτῷ καὶ τῇ ἐν αὐτῷ ζώσῃ ψυχῇ,
καὶ διὰ τοῦτο τὸ ξύλον ἐπὶ τοσαύτην ἄγῃ προεδρίαν,
πῶς οὐκ ἂν εἴη γέλωτος ἄξιος, οὐκ ἀπὸ τρόπων, ἀλλ'
ἀπὸ σανίδων καλλωπίζεσθαι σπεύδων; Ὥσπερ ἂν εἴ
τις * διὰ τὸ βάθρον τὸ ἐν τῇ οἰκίᾳ, καὶ διὰ τὴν κλίμακα καλὴν οὖσαν ἀξιοῖ μᾶλλον, ἢ διὰ τὸ ἄνθρωπος
εἶναι ἐναβρύνεσθαι· τοῦτον καὶ ἐφ' ἡμῶν πολλοὶ μι-
66 μοῦνται νῦν. Ὥσπερ γὰρ ἐκεῖνος ἀπὸ τῆς εἰκόνος,
A οὕτως ἀπὸ ἱματίων ἕτεροι, καὶ ἐξ οἰκίας ἄλλοι, καὶ ἐξ
ἡμιόνων, καὶ ὀχημάτων, καὶ ἀπὸ κιόνων τῶν ἐν ταῖς
οἰκίαις ἀξιοῦσι θαυμάζεσθαι. Ἐπειδὴ γὰρ τὸ ἄνθρωποι
εἶναι ἀπώλεσαν, περιέρχονται συλλέγοντες ἑαυτοῖς
ἑτέρωθεν τὴν πολλοῦ γέλωτος γέμουσαν δόξαν. Ἀλλ'
οὐχ οἱ γενναῖοι καὶ μεγάλοι τοῦ Θεοῦ θεράποντες ἐντεῦθεν, ἀλλ' ἀφ' ὧν ἔδει μάλιστα, ἐκ τούτων ἔλαμπον.
Καὶ γὰρ καὶ αἰχμάλωτοι, καὶ δοῦλοι, καὶ νέοι, καὶ ξένοι, καὶ πάντων τῶν οἴκοθεν ὄντες ἔρημοι, τοῦ πάντα
περιβεβλημένου ταῦτα σεμνότεροι πολλῷ τότε ἐφάνησαν. Καὶ τῷ μὲν Ναβουχοδονόσορ οὐχ εἰκὼν τοσαύτη,
οὐ σατράπαι, οὐ στρατηγοί, οὐ στρατόπεδα ἄπειρα, οὐ
B χρυσίου πλῆθος, οὐχ ἄλλη φαντασία πρὸς τὴν ἐπιθυμίαν
ἤρκεσε, καὶ τὸ δεῖξαι μέγαν· τούτοις δὲ τούτων πάντων
γεγυμνωμένοις ἤρκεσεν ἡ [a] φιλοσοφία μόνον, καὶ τοῦ
τὸ διάδημα καὶ τὴν πορφυρίδα ἔχοντος, καὶ τοιαῦτα
περιβεβλημένου, τοὺς οὐδὲν τούτων κεκτημένους λαμπροτέρους ἀπέφηνε τοσοῦτον, ὅσον [b] ὁ ἥλιός ἐστι μαρ-
γάρου λαμπρότερος. Καὶ γὰρ ἐν μέσῳ τῆς οἰκουμένης
ἁπάσης ἤγοντο, νέοι τε ὄντες καὶ αἰχμάλωτοι καὶ δοῦ-

* Διὰ τὸ βάθρον. Βάθρον sæpe pro fundamento domus accipitur. Hic de pavimento intelligi puto.

a Codices aliquot ἡ φιλοσοφία μόνη.

b Manuscripti non pauci ὁ ἥλιός ἐστι βορβόρου λαμπρότερος. Et sic Anianus.

ANIANI INTERPRETATIO.

viribus, lignum supra se dignatur, qui non sit ille, obsecro, risu maxime dignus, non a moribus, sed a tabulis et asseribus commendari volens? Ut si aliquis de magnitudine ac pulchritudine domus, de scalis potius gradibusque marmoreis se esse honorabiliorem putet, quam quod homo genitus, et rationis nobilitate donatus est. Hunc itaque plurimi etiam nunc inveniuntur imitari. Ut enim ille tunc de imagine aurea, sic modo alii de veste pretiosa, de equis alii vel curribus, de amplitudine columnarum, quæ sunt in ædibus, et picturis parietum, opinantur se esse meliores. Quia enim quod erant homines, perdiderunt, sollicite huc illucque circumeunt, aliunde sibi gloriam colligentes, omni sane irrisione dignissimam. At non etiam illi fortes Dei et laudabiles famuli hujuscemodi rebus, sed illis, quibus oportebat maxime, refulserunt. Siquidem cum adhuc adolescentes essent, et peregrini, imo etiam servi atque captivi, ac necessariarum rerum penitus indigentes, multo his clariores fuerunt, quos omnis copia rerum simul ac pompa comitatur. Et illi quidem Babylonio regi, non illa ingens et auro fulgens imago, non præfecti regionum, ducesque militiæ, non innumerabilis ac bellator exercitus, non auri argentique stupenda congestio, non aliud quidquam quod excogitare potuit, ejus ambitioni, et ad magnum illum efficiendum aliquid prodesse potuerunt : his vero cunctorum talium possessione nudis, sola philosophia sufficit. Et hæc nimirum fuit quæ illos omnibus non divitibus solum, verum etiam diademate purpuraque fulgentibus, tanto reddidit clariores, quanto amplius teterrimo aliquo cœno solis flamma resplendet. Du-

λοι, καὶ φανέντων εὐθέως ὁ βασιλεὺς πῦρ ἀπὸ τῶν ὀφθαλμῶν ἠφίει, καὶ στρατηγοὶ, καὶ τοπάρχαι, καὶ ὕπαρχοι, καὶ ἅπαν τοῦ διαβόλου τὸ θέατρον περιειστήκει, καὶ φωνὴ συρίγγων [c] πανταχόθεν, καὶ σαλπίγγων, καὶ πάσης μουσικῆς πρὸς τὸν οὐρανὸν φερομένη περιήχει τὰς ἐκείνων ἀκοάς. Καὶ κάμινος ἀνεκαίετο πρὸς ὕψος ἄπειρον, καὶ αὐτῶν ἡ φλὸξ ἥπτετο τῶν νεφελῶν, καὶ πάντα [d] φόβου καὶ ἐκπλήξεως ἦν ἀνάμεστα. Ἀλλ' ἐκείνους οὐδὲν τούτων ἐξέπληξεν· ἀλλ' ὥσπερ παίδων παιζόντων καταγελάσαντες, τὴν ἀνδρείαν καὶ τὴν ἐπιείκειαν ἐπεδείκνυντο, καὶ τῶν σαλπίγγων ἐκείνων λαμπροτέραν ἀφιέντες φωνὴν ἔλεγον· Γνωστὸν ἔστω σοι, βασιλεῦ. Οὐδὲ γὰρ μέχρι ῥήματος ὑβρίσαι ἐβούλοντο τὸν τύραννον, ἀλλὰ τὴν εὐσέβειαν ἐπιδείξασθαι μόνον. Διόπερ οὐδὲ μακροὺς ἀπετείναντο λόγους, ἀλλ' ἐν βραχεῖ πάντα ἐπιδείκνυνται· Ἔστι γὰρ, φησὶ, Θεὸς ἐν οὐρανῷ δυνατὸς ἐξελέσθαι ἡμᾶς. Τί μοι τὸ πλῆθος δεικνύεις; τί μοι τὴν κάμινον; [a] τί μοι τὰ ξίφη τὰ ἠκονημένα; τί τοὺς φοβεροὺς δορυφόρους; Πάντων τούτων ἀνώτερος ἡμῶν ὁ Δεσπότης, καὶ δυνατώτερος. Εἶτα ἐννοήσαντες ὅτι συμβαίνει τὸν Θεὸν βουληθῆναι, καὶ συγχωρῆσαι αὐτοὺς καυθῆναι, ἵνα μὴ τούτου γενομένου δόξωσι ψευδῆ λέγειν, προστιθέασι καὶ τοῦτο, λέγοντες, ὅτι Ἐὰν μὴ τοῦτο γένηται, γνωστὸν ἔστω σοι ὅτι τοῖς θεοῖς σου οὐ λατρεύομεν.

orbis universi adducebantur juvenes, captivi,
servi, iisque adductis statim rex ignem ab oculis
emittebat, adstantibus ducibus, toparchis, principibus ac toto diaboli theatro, dum vox fistularum ac tubarum omnisque musici instrumenti ad
C cælum usque ascendens, illorum auribus perso-
naret. Fornax succendebatur et flamma ad immensam altitudinem usque ad nubes ascendebat,
omnia metu terroreque plena erant. Verum illos
quidem nihil horum exterruit; sed adstantes
quasi ludentes pueros deriserunt, ac virtutem
mansuetudinemque suam ostenderunt, ipsisque
67 tubis clariorem emittentes vocem dicebant: *No-* Dan. 3. 18.
A *tum sit tibi, rex.* Neque enim verbis tyrannum
dehonestare volebant, sed tantum pietatem suam
exhibere. Quapropter non longis sermonibus sunt
usi, sed paucis cuncta declararunt: *Est,* inquiunt, Ibid. v. 17.
Deus in cælo, qui potest nos eruere. Quid nobis
tantam multitudinem ostendis? quid fornacem?
quid gladios acutos, quid terribiles illos satellites?
His omnibus superior et potentior est Dominus.
Deinde cogitantes contingere posse Deum ita velle,
ac permittere ut ipsi comburerentur; ne illo accidente viderentur mendacia loquuti esse, hoc etiam
B addunt: *Quod si hoc non fiat, notum sit tibi* Ibid. v. 18.
nos deos tuos non colere.

c Alius πάντοθεν.
d Alii φόβου καὶ φρίκης. Mox ἐξέπληξεν : alii ἐφόβησεν. Infra alii τὴν ἀνδρείαν καὶ τὴν φιλοσοφίαν ἐπιδείκνυνται.
a Morel. τί τε ξίφη, male. Savilium sequimur.

ANIANI INTERPRETATIO.

cebantur enim ad totius pene orbis spectaculum adolescentes, servi, iidemque captivi. Qui cum ante regem intrepidi constitissent, in conspectu eorum ignem continuo jussit accendi: et duces militum, et satrapæ, præfectique regionum, et omne illud diaboli circumstabat theatrum, et vox undique fistularum et tibiarum cantus, et clangor tubarum, totiusque musicæ artis sonus ferebatur in cælum, sanctorumque auribus obstrepebat, et fornax in immensam altitudinem fuerat accensa, ipsasque jam nubes flamma tangebat, omniaque metu et stupore erant plena. Verum illos nihil horum omnino deterruit: sed quasi pueriles quosdam frivolosque conatus ridendo despicerent, ita secure fortitudinem animi modestiamque monstrabant: et emittentes vocem omnibus illis buccinis clariorem, tota cum libertate dicebant:
Notum tibi sit, rex, quoniam diis tuis non servimus, et imaginem auream quam statuisti non ado- Dan. 3. 18.
ramus. Et considera in ipso tanti fervore certaminis modestiam relucentem, *Notum tibi sit, rex.* Non enim verbis quoque despicere regem atque inhonorare voluerunt: sed suam tantummodo erga Deum
monstrare pietatem, propter quod nec in longum extendere sermonem, sed paucis cuncta declarant. *Est,* Ibid. v. 17.
inquiunt, *Deus in cælo,* qui potest liberare nos de fornace ignis ardentis, et de manibus tuis, rex, eripere nos. Quid nobis igitur ostendis diffusas militum copias? quid fornacem inusitatis flammarum ardentem globis? quid micantes gladios? quid terribiles hastatorum catervas? His namque omnibus longe sublimior est Deus noster, ac fortior. Deinde intelligentes fieri posse, ut eos Deus permittat interim passioni subjici: ne si id accideret, videantur illi temere Dei omnipotentiam prædicasse, consequenter adjungunt, *Quod et si istud non fiat, notum tibi sit, rex, quod diis tuis non servimus.*

11. Si enim dixissent, Deus ob peccata non eruet nos, quod si non eripiat, fides ipsis non habita fuisset. Ideo hic illud tacent; id vero dicunt in fornace, frequentissime peccata commemorantes. Coram rege autem nihil hujusmodi; sed etiamsi comburendi sint, piam religionem se non proditurus esse dicunt. Non enim pro retributione atque mercede id agebant, sed ex sola caritate: etiamsi in captivitate et in servitute essent, nullo fruentes bono. Nam et patria et libertate et omnibus bonis exciderant. Ne mihi enim illos in regali aula commemores honores. Cum enim sancti et justi essent, sexcenties domi stipem cogere maluissent, et templi bonis frui: *Elegi* enim, inquit, *abjectus esse in domo Dei mei, magis quam habitare in tabernaculis peccatorum;* et, *Melior est dies una in atriis tuis super millia.* Longe potius ergo maluissent abjecti esse domi, quam in Babylone regnare. Id quod palam est ex iis quæ in fornace dectarant, ægre se ferre nempe habitationem Babylonicam. Etsi enim illic multo fruerentur honore, magno ipsis dolori erant cæterorum, quas ipsi videbant, calamitates: quod sanctis maxime proprium est, non gloriam, non honorem, non aliud quidquam proximorum saluti anteponere. Vide igitur quomodo in fornace pro omni populo supplicarent. Nos autem ne

Psal. 83. 11.
Ibid.
Sancti nihil saluti proximi anteponunt.

Εἰ γὰρ εἶπον, ὅτι δι' ἁμαρτήματα οὐ ῥύεται, κἂν μὴ ῥύσηται, ἠπιστήθησαν ἄν. Διὰ τοῦτο ἐνταῦθα μὲν τοῦτο σιγῶσι· λέγουσι δὲ αὐτὸ ἐπὶ τῆς καμίνου, ἄνω καὶ κάτω τὰ ἁμαρτήματα προβαλλόμενοι. Ἐπὶ δὲ τοῦ βασιλέως οὐδὲν τοιοῦτον· ἀλλ' ὅτι κἂν καίεσθαι μέλλωσι, τὴν εὐσέβειαν οὐ προδώσουσιν. Οὐ γὰρ ἐπ' ἀμοιβαῖς καὶ ἀντιδόσεσιν ἔπραττον ἅπερ ἔπραττον, ἀλλ' ἐξ [b] ἀγάπης μόνης· καίτοι γε ἐν αἰχμαλωσίᾳ ἦσαν, καὶ ἐν δουλείᾳ, καὶ οὐδενὸς ἀπολελαυκότες χρηστοῦ. Καὶ γὰρ καὶ πατρίδος καὶ ἐλευθερίας καὶ τῶν ὄντων C πάντων ἐξέπεσον. Μὴ γάρ μοι τὰς ἐν ταῖς βασιλικαῖς αὐλαῖς εἴπῃς τιμάς. Ὅσιοι γὰρ ὄντες καὶ δίκαιοι, μυριάκις ἂν εἵλοντο προσαιτεῖν οἴκοι, καὶ τῶν ἐν τῷ ναῷ καλῶν ἀπολαύειν· Ἐξελεξάμην γὰρ, φησὶ, παραῤῥιπτεῖσθαι ἐν τῷ οἴκῳ τοῦ Θεοῦ μου, μᾶλλον ἢ οἰκεῖν με ἐν σκηνώμασιν ἁμαρτωλῶν· καὶ, Κρείττων ἡμέρα μία ἐν ταῖς αὐλαῖς σου ὑπὲρ χιλιάδας. Μυριάκις οὖν ἂν εἵλοντο ἀπεῤῥίφθαι οἴκοι, ἢ βασιλεύειν ἐν Βαβυλῶνι. 68 Καὶ τοῦτο δῆλον ἐξ ὧν καὶ ἐν τῇ καμίνῳ δηλοῦσι, A βαρούμενοι τὴν αὐτόθι διατριβήν. Εἰ γὰρ καὶ αὐτοὶ πολλῆς ἀπέλαυον τιμῆς, τὰς τῶν ἄλλων ὁρῶντες συμφορὰς, σφόδρα ἐδάκνοντο· ὅπερ μάλιστά ἐστιν ἁγίων ἴδιον, μὴ δόξαν, μὴ τιμὴν, μηδὲν ἄλλο προτιμᾷν τῆς τοῦ πλησίον σωτηρίας. Ὅρα γοῦν πῶς ἐν καμίνῳ ὄντες, ὑπὲρ τοῦ δήμου παντὸς τὴν ἱκετηρίαν ἐποιοῦντο. Ἡμεῖς δὲ οὐδ' ἐν ἀνέσει ὄντες τῶν ἀδελφῶν μνημονεύομεν. Καὶ ἡνίκα δὲ τὰ ἐνύπνια ἐζήτουν, οὐ [a] τὸ

[b] Alii ἐξ ἀγάπης μόνον. Paulo post Morel. perperam ἀπολελαυκότες Χριστοῦ. Alii omnes ut in textu.

[a] Alii οὐ τὰ ἑαυτῶν ἐσκόπουν, ἀλλὰ τὰ τῶν πολλῶν.

ANIANI INTERPRETATIO.

11. Si enim dixissent, Propter nostra peccata non liberat, etiamsi non liberaverit, illis utique creditum non fuisset: existimassent quippe impii non potuisse Deum magis, quam noluisse defendere. Propterea hic interim istud tacent, quod certe in fornace sæpe congeminant, peccata sursum ac deorsum humiliter confitentes. Apud vero regem nihil tale prorsus commemorant, sed quod etiam si donentur incendio, nequaquam tamen a pietate discedant. Non enim hic pro retributione atque mercede, sed pro sola totum Dei caritate faciebant. Nam et servitutis premebantur jugo, et ærumnas captivitatis gemebant, et nulla rerum prosperitate fruebantur. Siquidem et patria, et libertate, et omnibus quibus ante potiebantur, exciderant. Non enim mihi illas in regali aula commemores dignitates: sancti illi quippe cum essent atque justi, millies in regione propria stipem petere maluissent, modo ut consecrati Deo templi jucunditate gauderent. *Elegi*, inquit, *abjectus esse in domo Dei mei, magis quam habitare in tabernaculis peccatorum:* et, *Melior est dies una in atriis tuis super millia.* Multo igitur magis elegissent abjecti esse in civitate Dei, quam in Babylonia regnare; idque præcipue ex vocibus illis approbatur, quas inter flammas frequenter emittunt, habitatione illius regionis gravati. Etsi enim ipsi ante hanc tentationis procellam plurimo apud illos honore fruerentur, cernentes tamen varia civium suorum et magna discrimina, vehementi nimirum mordebantur dolore. Quod utique proprium solet esse sanctorum, non scilicet gloriam propriam, non honorem, non quidquam aliud omnino anteferre proximorum saluti. Considera igitur quam diversus ab illis sit noster affectus. Illi enim in mediis quoque ignibus constituti, pro universo populo Dei supplicant: nos vero ne in securitate quidem maxima meminimus

Psal. 83. 11.
Ibidem.

ἑαυτῶν ἐσκόπουν, ἀλλὰ τὸ τῶν πολλῶν· ὅτι γὰρ θανάτου κατεφρόνουν, διὰ πολλῶν μετὰ ταῦτα ἔδειξαν. Πανταχοῦ δὲ ἑαυτοὺς προβάλλονται, τὸν Θεὸν δυσωπῆσαι βουλόμενοι. Εἶτα ἐπειδὴ οὐδὲ ἑαυτοὺς ἀρκεῖν ἡγοῦντο, ἐπὶ τοὺς πατέρας καταφεύγουσιν· αὐτοὶ δὲ οὐδὲν πλέον ἔφασαν εἰσφέρειν, ἀλλ' ἢ πνεῦμα συντετριμμένον. Τούτους δὴ καὶ ἡμεῖς ζηλώσωμεν. Καὶ γὰρ καὶ νῦν ἕστηκεν εἰκὼν χρυσῆ, ἡ τοῦ μαμωνᾶ τυραννίς. Ἀλλὰ μὴ προσέχωμεν τοῖς τυμπάνοις, μηδὲ τοῖς αὐλοῖς, μηδὲ ταῖς κινύραις, μηδὲ τῇ λοιπῇ τοῦ πλούτου φαντασίᾳ· ἀλλὰ κἂν εἰς κάμινον ἐμπεσεῖν δέῃ πενίας, ἑλώμεθα, ὥστε μὴ προσκυνῆσαι ἐκείνῳ, καὶ ἔσται δρόσος ἐν μέσῳ [b] διασυρίζουσα. Μὴ τοίνυν φρίττωμεν πενίαν, ἀκούοντες κάμινον. Καὶ γὰρ καὶ τότε οἱ μὲν ἐμπεσόντες εἰς τὴν κάμινον ἀπεδείχθησαν λαμπρότεροι· οἱ δὲ προσκυνήσαντες ἀνῃρέθησαν. Ἀλλὰ τότε μὲν ὁμοῦ πάντα ἐγένετο· νῦν δὲ τὰ μὲν ἐνταῦθα ἔσται, τὰ δὲ ἐκεῖ, τὰ δὲ καὶ ἐνταῦθα καὶ ἐν τῇ μελλούσῃ ἡμέρᾳ. Οἱ μὲν γὰρ ὑπὲρ τοῦ μὴ προσκυνῆσαι τὸν μαμωνᾶν πενίαν ἑλόμενοι, καὶ ἐνταῦθα καὶ τότε ἔσονται λαμπρότεροι· οἱ δὲ πλουτοῦντες ἐνταῦθα ἀδίκως, τότε τὴν ἐσχάτην δώσουσι δίκην. Ἀπὸ ταύτης καὶ Λάζαρος τῆς καμίνου ἐξῄει, τῶν παίδων ἐκείνων οὐχ ἧττον λαμπρός· ὁ δὲ ἐν τῇ τάξει τῶν προσκυνησάντων τὴν εἰκόνα πλούσιος ἐν γεέννῃ κατεδικάζετο. Καὶ γὰρ τὰ εἰρημένα τύπος ἐκεί-

quidem cum tranquille agimus, fratrum recordamur : et cum somnia explorarent, non sua, sed aliorum commoda in scopo habebant : quod enim
B mortem contemnerent, multis postea declararunt.
Ubi autem præsto sunt Deum placare studentes. Deinde quia se non ad id sufficere putabant, ad patres confugiunt : ipsi autem non aliud afferre dicunt, quam spiritum contritum. Hos itaque et nos imitemur. Nam etiam nunc stat aurea imago, mamonæ nempe tyrannis. Sed non attendamus tympanis, non tibiis, non cinyris, non reliquo divitiarum apparatui : verum etiamsi in paupertatis fornacem incidere oporteat, id potius deligamus, ut ne ipsum adoremus, et erit in medio
C fornacis ros sibilans. Ne itaque paupertatem horreamus, dum fornacem audimus. Nam tunc etiam ii qui in fornacem inciderunt illustriores effecti : qui autem statuam adoraverunt, occisi sunt. Sed tunc omnia simul facta sunt; nunc vero alia hic, alia in futuro sæculo, alia et hic et in futuro sæ-
69 culo. Nam qui, ne mamonam adorarent, pauper-
A tatem elegerunt, et hic et illic splendidiores erunt : qui vero hic injuste divitias possederunt, tunc extremas luent pœnas. Ex hac fornace Lazarus exiit, non minus conspicuus quam tres illi pueri; dives autem, qui adorantium statuam instar fuit,

[b] Sic Savil. et Mss. multi, Morel. vero *διασωρίζουσα*. Ibid. Savil. et aliquot Mss. *μὴ φρίττωμεν πενίας ἀκούοντες κάμινον* : sed præstare videtur lectio Morelli *μὴ φρίττωμεν πενίαν, ἀκούοντες κάμινον*.

ANIANI INTERPRETATIO.

proximorum. Sed et ad interpretandum regis somnium requisiti non propria aliqua commoda proposita habebant, sed quod ad cunctorum utilitatem civium pertineret : mortem vero quam facile contemnerent, clarissimi experimenti probatione docuerunt. Ubique autem se pie pro cunctis, atque humiliter opponunt, Deum per omnia placare cupientes. Deinde quoniam semetipsos ad impetrandam populo veniam sufficere non credunt, ad patrum merita confugiunt : ipsi vero nihil se amplius profitentur afferre, quam humiliatum spiritum, ac dolore contritum. Horum igitur virtutem nos quoque debemus imitari. Siquidem etiam nunc aurea imago proposita est, pecunia scilicet, in qua tyrannica quædam mammonæ formatur effigies, et ad serviendum sibi cupidorum corda sollicitat. Sed nequaquam nos aut sonitus tubarum, aut tibiarum, citharæque concentus, aut reliqua divitiarum incentiva commoveant, ut imaginem adoremus avaritiæ : sed etiamsi ardentem fornacem intrare cogamur, paupertatem dico, eam tamen præoptemus potius quam illam avaritiæ imaginem adoremus : tunc enim nos in medio flammarum blanda circumdabit roris aspersio. Ne igitur pauperiei fornacem horrescamus. Nam tum quoque in ignem conjecti, per ipsum ostensi clariores sunt : qui vero imaginem adoraverunt auream, subito ignis perierunt voratu. Sed tunc quidem omnia pariter impleta sunt : nunc autem alia quidem in hoc sæculo, alia vero et hic et in futuro sunt implenda judicio. Hi quippe qui ne mammonam adorent, eligunt sentire pauperiem; et hic quidem magna, sed multo majori in futuro claritate fulgebunt. Qui vero hic imaginem adorantes auream, de iniquitate ditantur, tunc profecto extrema supplicia persolvent. De hujusmodi enim fornace Lazarus non minus quam illi tres viri, clarus egressus est : at contra ille dives

ad gehennam damnatus est. Nam quæ dicta sunt, figura illorum erant. Ut igitur ii qui in fornacem inciderunt, nihil passi sunt; qui vero foris erant, magna cum vehementia sunt abrepti : sic et tunc erit; sancti qui per fluvium igneum incedunt, nihil ingratum patientur, sed læti apparebunt; qui autem imaginem adoraverunt, ignem videbunt in se quavis fera sævius irruentem, et intus attrahentem. Itaque si quis gehennam non credit, hanc videns fornacem, a præsentibus futura credere ediscat, ac ne timeat paupertatis fornacem, sed potius fornacem peccati. Hæc enim et flamma et dolor est; illa vero ros et requies. In illa fornace stat diabolus; in hac angeli excutientes flammam.

12. Hæc audiant divites, qui paupertatis flammam accendunt. Pauperibus enim nihil nocebunt, rore ipsis superveniente; se vero ipsos flammis tradent, quas ipsi propriis manibus accenderunt. Tunc angelus descendit ad pueros; jam vero nos ad eos, qui in fornace paupertatis sunt, descendamus, et per eleemosynam rorem pariamus, flammamque excutiamus, ut cum illis coronarum simus consortes; utque gehennæ flammam Christi vox
Matth. 25. 35. excutiat dicens, *Esurientem me vidistis, et pavistis.* Hæc enim vox tunc nobis pro rore aderit per mediam flammam sibilans. Descendamus itaque cum eleemosyna in fornacem paupertatis :

νων. Ὥσπερ οὖν ἐνταῦθα, οἱ μὲν [a] ἐμπεσόντες οὐδὲν ἔπαθον, οἱ δὲ ἔξω καθήμενοι μετὰ πολλῆς ἡρπάγησαν τῆς σφοδρότητος· οὕτω καὶ τότε ἔσται· οἱ μὲν ἅγιοι διὰ τοῦ ποταμοῦ τοῦ πυρὸς βαδίζοντες, οὐδὲν πείσονται ἀηδὲς, ἀλλὰ καὶ φαιδροὶ φανοῦνται· οἱ δὲ τὴν εἰκόνα προσκυνήσαντες, ὄψονται τὸ πῦρ αὐτοῖς θηρίου χαλε- B πώτερον παντὸς ἐπιπηδῶν, καὶ καθέλκον ἔνδον. Ὥστε εἴ τις [b] διαπιστεῖ τῇ γεέννῃ, ταύτην ἰδὼν τὴν κάμινον, ἀπὸ τῶν παρόντων πιστευέτω τοῖς μέλλουσι, καὶ μὴ φοβείσθω πενίας κάμινον, ἀλλὰ ἁμαρτίας κάμινον. Τοῦτο μὲν γὰρ φλὸξ καὶ ὀδύνη, ἐκεῖνο δὲ δρόσος καὶ ἄνεσις. Κἀκείνῃ μὲν τῇ καμίνῳ παρέστηκεν ὁ διάβολος· ταύτῃ δὲ ἄγγελοι τινάσσοντες τὴν φλόγα.

Ταῦτα ἀκουέτωσαν οἱ πλουτοῦντες, οἱ τὴν κάμινον τῆς πενίας ἀνάπτοντες. Ἐκείνους μὲν γὰρ οὐδὲν βλάψουσι, τῆς δρόσου παραγενομένης αὐτοῖς· ἑαυτοὺς δὲ εὐχειρώτους ἐργάσονται τῇ φλογὶ, ἣν [c] ἀπὸ τῶν ἰδίων ἀνῆψαν χειρῶν. Τότε μὲν οὖν ἄγγελος συγκατέβη τοῖς C παισὶν ἐκείνοις· νυνὶ δὲ ἡμεῖς τοῖς ἐν καμίνῳ πενίας οὖσι συγκαταβῶμεν, καὶ διὰ τῆς ἐλεημοσύνης ἐργασώμεθα δρόσον, καὶ ἐκτινάξωμεν τὴν φλόγα, ἵνα καὶ τῶν στεφάνων αὐτῶν γενώμεθα κοινωνοί· ἵνα καὶ τὴν φλόγα τῆς γεέννης ἡ τοῦ Χριστοῦ διασκεδάσῃ φωνὴ ἡ λέγουσα· Πεινῶντα ἐμὲ εἴδετε, καὶ ἐθρέψατε. Αὕτη γὰρ ἡ φωνὴ τότε ἀντὶ δρόσου παραστήσεται ἡμῖν διὰ μέσης συρίζουσα τῆς φλογός. Κατέλθωμεν τοίνυν μετὰ ἐλεημοσύ-

[a] Morel. et alii ἐκπεσόντες.
[b] Alii ἀπιστεῖ.

[c] Morel. et quidam alii ἐπὶ τῶν ἰδίων.

ANIANI INTERPRETATIO.

purpuratus ac splendidus, qui in parte adorantium imaginem jure numeratur, gehennæ est deputatus incendio. Quæ igitur superius dicta sunt, figuram manifeste exprimunt futurorum. Sicut enim ibi in ignem missi, nihil adversi omnino senserunt : qui vero foris steterunt, subito ac vehementi incendio concremati sunt : sic etiam tunc futurum est. Nam et sancti etiamsi flumen igneum transeant, nihil prorsus triste patientur, sed apparebunt absque dubio clariores : adoratores vero imaginis videbunt ignem omni in se fera sævius irruentem, seque ad pœnarum interiora rapientem. Si quis ergo non credit gehennam, ad fornacis illius flammam mente respiciat, et ex contemplatione præsentium credat futura, nec paupertatis, sed iniquitatis fornacem expavescat. Hic enim et ignis et dolor est : ibi vero et ros sentitur, ac requies. Et in illa quidem flamma diabolus medius assistit, in hac vero angeli incendia repellentes.

12. Audiant igitur ista divites qui fornacem iniquitatis accendunt, et qui pauperibus nihil nocent, divina illis virtute rorante : se vero in illius horribilis flammæ prædam sponte præcipitant, quam propriis certe manibus accendunt. Tunc itaque angelus descendit ad pueros, nunc vero nos descendamus ad eos qui in egestatis fornace torrentur, eisque refrigeria de misericordiæ rore præstemus: ut ab illis flammam inopiæ repellentes, possimus coronarum quoque eorum esse participes : atque ita flammam gehennæ
Matth. 25. 35. Christi a nobis vox illa depellat, quæ dicit : *Esurientem me vidistis, et pavistis : sitientem, et potum mihi dedistis.* Hæc enim tum nobis vox roris loco, fratres, erit, per mediam ad nos flammam relata. Descendamus, inquam, cum misericordia in fornacem inopiæ : intueamur illos qui securi per hujusmodi

70 A νης εἰς τὴν τῆς πτωχείας κάμινον· ἴδωμεν τοὺς φιλοσοφοῦντας βαδίζοντας ἐν αὐτῇ, [a] καὶ τοὺς ἄνθρακας πατοῦντας· ἴδωμεν τὸ θαῦμα τὸ καινὸν καὶ παράδοξον, ἄνθρωπον ἐν καμίνῳ ψάλλοντα, ἄνθρωπον ἐν πυρὶ εὐχαριστοῦντα, πενίᾳ προσδεδεμένον ἐσχάτῃ, καὶ πολλὴν φέροντα τὴν εὐφημίαν τῷ Χριστῷ. Καὶ γὰρ τοῖς παισὶν ἐκείνοις ἴσοι γίνονται οἱ πενίαν μετ' εὐχαριστίας φέροντες. Καὶ γὰρ πυρὸς φοβερώτερον ἡ πτωχεία, καὶ μᾶλλον ἐμπιπρᾷν εἴωθεν. Ἀλλὰ τοὺς παῖδας οὐκ ἐνέπρησεν ἐκείνους, ἀλλ' ἐπειδὴ χάριτας ὡμολόγησαν τῷ Δεσπότῃ, καὶ τὰ δεσμὰ εὐθέως αὐτοῖς διελύετο. Οὕτω καὶ νῦν, ἂν ἐμπεσὼν εἰς πενίαν εὐχαριστήσῃς, καὶ τὰ δεσμὰ λύεται, καὶ ἡ φλὸξ σβέννυται· κἂν μὴ σβεσθῇ, τὸ B πολλῷ θαυμαστότερον, ἀντὶ φλογὸς πηγὴ γίνεται· [b] ὃ δὴ καὶ τότε συνέβη· καὶ ἐν τῇ καμίνῳ μέσῃ δρόσου καθαρᾶς ἀπέλαυον. Τὸ μὲν γὰρ πῦρ οὐκ ἔσβεσε, τὸ δὲ καυθῆναι τοὺς ἐμβληθέντας διεκώλυσε. Τοῦτο καὶ ἐπὶ τῶν φιλοσοφούντων ἐστὶν ἰδεῖν· καὶ γὰρ ἐν πενίᾳ τῶν πλουτούντων ἀδεέστερον διάκεινται. Μὴ τοίνυν ἔξω τῆς καμίνου καθεζώμεθα, ἀνηλεῶς πρὸς τοὺς πένητας ἔχοντες, ἵνα μὴ πάθωμεν ὅπερ ἔπαθον τότε ἐκεῖνοι. Ἂν μὲν γὰρ καταβὰς πρὸς αὐτοὺς στήσῃ μετὰ τῶν παίδων, οὐκέτι σε οὐδὲν ἐργάσεται δεινὸν τὸ πῦρ· ἐὰν δὲ ἄνω καθήμενος περιίδῃς αὐτοὺς ἐν τῇ φλογὶ C τῆς πενίας, κατακαύσει σε ἡ φλόξ. Κατάβηθι τοίνυν εἰς τὸ πῦρ, ἵνα μὴ κατακαῇς ὑπὸ τοῦ πυρός·

videamus philosophantes illos qui in ipsa ambulant, et carbones calcant: videamus rem novam atque stupendam, hominem in fornace psallentem, hominem in igne gratias agentem, extrema inopia colligatum, et multas Christo laudes referentem. Etenim pueris illis pares sunt ii qui paupertatem cum gratiarum actione ferunt. Nam igne terribilior est mendicitas, magisque incendere solet. Sed flamma pueros illos non incendit, verum quia gratias Domino reddiderunt, vincula ipsorum subito soluta sunt. Ita et nunc, si in paupertatem lapsus gratias agas, vincula solvuntur et flamma exstinguitur; si non exstinguatur, id quod mirabilius est, pro flamma fons efficitur; quod tunc etiam contigit: nam in media fornace rore puro fruebantur. Ignem quidem non exstinxit, sed ne comburerentur qui eo injecti fuerant impedivit. Hoc etiam in philosophantibus videre est: etenim in paupertate timoris magis expertes sunt, quam divites. Ne itaque extra caminum sedeamus, nulla erga pauperes misericordia affecti, ne patiamur quod tunc illi passi sunt. Si enim descendens ad pueros cum illis steteris, nihil mali tibi inferet ignis: si autem superne sedens, despexeris illos in flamma paupertatis, te flamma comburet. Descende igitur in ignem, ne incendaris ab igne: ne sedeas

[a] Alii καὶ τοὺς ὑψαυχένας πατοῦντας. Infra quidam εὐφημίαν τῷ Θεῷ.

[b] Post πηγὴ γίνεται manuscripti Codices plurimi et Savil. in margine sic habent: ὃ καὶ ἐπὶ τῶν φιλοσοφούντων ἐστὶν ἰδεῖν, ὅτι ἐν πενίᾳ τῶν πλουτούντων ἀδεέστερον διάκεινται, καὶ ἐν καμίνῳ μέσῃ δρόσου καθαρᾶς ἀπολαύουσιν· ὅπερ καὶ τότε συνέβη· τὸ μὲν γὰρ πῦρ οὐ κατέσβεσε, τὸ δὲ καυθῆναι τοὺς ἐμβληθέντας διεκώλυσε. μὴ τοίνυν ἔξω τῆς.

ANIANI INTERPRETATIO.

gradiuntur ignem, ejusque fidentes ([a]) verticem calcant. Consideremus novum quiddam atque mirabile, hominem in fornace gratias suppliciter agentem, hominem in fornace dulci modulatione cantantem, hominem in extrema inopia colligatum, et plurimam tamen Deo gloriam laudesque referentem. Illis siquidem pueris inveniuntur æquales, quotquot paupertatem cum gratiarum actione patiuntur. Est enim terribilior pauperies igne, et amplius urere consuevit. Verum ut illos non adussit ignis, sed quoniam gratias Domino retulerunt, etiam vincula eorum continuo dissoluta sunt: sic etiam tibi, si paupertatem cum gratiarum actione sustinueris, vincula resolvuntur, et ignis exstinguitur: si vero non exstinguatur, multo majore miraculo fontis naturam ignis imitabitur: quod in iis certe conspici potest qui juxta evangelium philosophantur, quique libentius in paupertate, quam in suis opibus divites gloriantur. Nam et tunc illi qui in ardenti fornace constiterant purissimo rore fruebantur: et licet non fuerit ignis exstinctus, in medio sui tamen stantes omnino non attigit. Nequaquam igitur extra fornacem desideamus, necessitates pauperum immisericorditer negligendo, ne patiamur quod illi tunc regis pertulere ministri. Si enim in fornacem pauperum sponte descendas, cum tribus illis pueris profecto consistes, nihilque in te adversi ignis operabitur. Sin vero in egestatis ardore positos, quasi de consessu superiore despicias, continuo te flamma vorax consumet. Descende igitur in ignem, ne te horribilior ignis involvat: neque extra

([a]) In Græco legitur τοὺς ἄνθρακας, *carbones calcant*.

extra ignem, ne te flamma abripiat. Si enim te viderit cum pauperibus, a te abscedet; sin ab illis separatum, statim in te insiliet, teque abripiet. Ne igitur abscedas ab illis eo conjectis: sed cum diabolus jusserit eos qui aurum non adorent conjici in fornacem paupertatis, ne fueris ex injicientium, sed ex injectorum numero, ut sis ex servandorum, non ex urendorum numero. Nam vere ros est copiosus, non detineri concupiscentia divitiarum, et cum pauperibus versari. Hi omnium sunt opulentissimi, qui cupiditatem divitiarum conculcaverunt. Quandoquidem illi qui tunc regem contempserunt, ipso rege clariores sunt effecti. Et tu igitur si res hujus mundi despicias, toto mundo pretio-
Hebr. 11. 38. sior eris, ut et sancti illi, *Quibus dignus non erat mundus.* Ut itaque dignus fias cælestibus, deride præsentia. Ita enim et hic splendidior eris, et futuris bonis frueris, gratia et benignitate Domini nostri Jesu Christi, cui gloria et imperium in sæula sæculorum. Amen.

μὴ καθίσῃς ἔξω τοῦ πυρὸς, ἵνα μή σε ἁρπάσῃ ἡ φλόξ. Ἂν μὲν γὰρ ἴδῃ σε μετὰ τῶν πενήτων, ἀποστήσεταί σου· ἂν δὲ ἀλλοτριούμενον αὐτῶν, [c] ἐπιδραμεῖταί σοι ταχέως, καὶ ἁρπάσεταί σε. Μὴ τοίνυν
71 ἀποστῇς αὐτῶν ἐμβληθέντων, ἀλλ' ὅταν ὁ διάβολος κε-
A λεύῃ τοὺς μὴ προσκυνήσαντας τῷ χρυσῷ βαλεῖν εἰς τὴν κάμινον τῆς πενίας, μὴ τῶν ἐμβαλλόντων, ἀλλὰ τῶν ἐμβαλλομένων γίνου, ἵνα γένῃ τῶν σωζομένων, καὶ μὴ τῶν καιομένων. Καὶ γὰρ μεγίστη δρόσος, τὸ μὴ κατέχεσθαι ἐπιθυμίᾳ πλούτου, τὸ πένησιν ὁμιλεῖν. Οὗτοι πάντων εἰσὶν εὐπορώτεροι, οἱ τὴν ἐπιθυμίαν τοῦ πλούτου καταπατήσαντες. Ἐπεὶ καὶ ἐκεῖνοι καταφρονήσαντες τότε τοῦ βασιλέως, ἐγένοντο τοῦ βασιλέως λαμπρότεροι. Καὶ σὺ τοίνυν ἂν ὑπερίδῃς τῶν ἐν τῷ
B κόσμῳ πραγμάτων, τοῦ κόσμου παντὸς ἔσῃ τιμιώτερος, κατὰ τοὺς ἁγίους ἐκείνους, Ὧν οὐκ ἦν ἄξιος ὁ κόσμος. Ἵν' οὖν ἄξιος γένῃ τῶν [a] οὐρανίων, καταγέλασον τῶν παρόντων. Οὕτω γὰρ καὶ ἐνταῦθα ἔσῃ λαμπρότερος, καὶ τῶν μελλόντων ἀπολαύσεις ἀγαθῶν, χάριτι καὶ φιλανθρωπίᾳ τοῦ Κυρίου ἡμῶν Ἰησοῦ Χριστοῦ, ᾧ ἡ δόξα καὶ τὸ κράτος εἰς τοὺς αἰῶνας τῶν αἰώνων. Ἀμήν.

[c] Morel. minus recte ἐπιδραμεῖταί σου, et mox ἐκβληθέντων.

[a] Sic omnes Manuscripti, et sic legit Anianus, οὐρανίων, *cælestibus*. Savil. et Morel. τῶν οὐρανῶν.

ANIANI INTERPRETATIO.

ignem sederis, ne te subitus flammæ voratus arripiat. Si enim te cum pauperibus viderit, a læsione tui prorsus absistet; sin vero a pauperibus separatum, advolabit repente, teque rapiet ad pœnam. Noli ergo ab eis eo conjectis usquam omnino discedere, sed cum diabolus imperaverit eos in fornacem inopiæ contrudi, qui aurum contemserint adorare: noli tu ex illorum parte effici, qui conjiciunt, sed potius ex eorum, qui in tale conjiciuntur incendium: ut efficiaris quoque ex iis qui salvantur, non ex iis qui comburuntur. Etenim ros magnus est, nequaquam amore divitiarum ab inopum miseratione revocari: suntque omnibus ditiores, qui divitiis contemtis virtute claruerunt. Nam et illi tunc contemnendo regem, rege ipso effecti sunt clariores. Et tu itaque si mundi opes fideli mente despicias, toto eris mundo pre-
Hebr. 11. 38. tiosior: sicut etiam illi sancti, *Quibus dignus non erat mundus.* Ut igitur dignus cælestibus efficiaris bonis, deride præsentia. Hoc siquidem modo et hic claritate virtutum, et in futuro præmiorum honore fulgebis, gratia et misericordia Domini nostri Jesu Christi, cui gloria et imperium cum Patre et sancto Spiritu in sæcula sæculorum. Amen.

ΟΜΙΛΙΑ ε'.

Τοῦτο δὲ ὅλον γέγονεν, ἵνα πληρωθῇ τὸ ῥηθὲν ὑπὸ τοῦ Κυρίου διὰ τοῦ προφήτου λέγοντος· Ἰδοὺ ἡ παρθένος ἐν γαστρὶ ἕξει, καὶ τέξεται υἱὸν, καὶ καλέσουσι τὸ ὄνομα αὐτοῦ Ἐμμανουήλ.

Πολλῶν ἀκούω λεγόντων, ὅτι παρόντες μὲν καὶ τῆς ἀκροάσεως ἀπολαύοντες, συστελλόμεθα· ἐξελθόντες δὲ ἕτεροι πάλιν ἀνθ' ἑτέρων γινόμεθα, τὸ πῦρ τῆς προθυμίας σβεννύντες. Τί οὖν ἂν γένοιτο, ὅπως τοῦτο μὴ γίνηται; Σκοπήσωμεν ὅθεν γίνεται. Πόθεν οὖν γίνεται
ἡμῖν ἡ τοσαύτη μεταβολή; Ἀπὸ τῆς διατριβῆς τῆς μὴ 72
προσηκούσης, καὶ τῆς τῶν πονηρῶν [a] ἀνθρώπων συν- A
ουσίας. Οὐ γὰρ ἐχρῆν ἀπὸ τῆς συνάξεως ἀναχωροῦντας εἰς τὰ μὴ προσήκοντα τῇ συνάξει ἐμβάλλειν ἑαυτοὺς πράγματα· ἀλλ' εὐθέως οἴκαδε ἐλθόντας τὸ βιβλίον μεταχειρίζεσθαι, καὶ τὴν γυναῖκα καὶ τὰ παιδία πρὸς τὴν κοινωνίαν τῆς τῶν εἰρημένων καλεῖν συλλογῆς, καὶ τότε τῶν βιωτικῶν ἅπτεσθαι πραγμάτων. Εἰ γὰρ ἀπὸ βαλανείου οὐκ ἂν ἕλοιο εἰς ἀγορὰν ἐμβάλλειν, ὥστε μὴ τὴν ἐκεῖθεν ἄνεσιν λυμήνασθαι τοῖς ἐν ἀγορᾷ πράγμασι· πολλῷ μᾶλλον ἀπὸ συνάξεως τοῦτο ποιεῖν ἐχρῆν. Νῦν δὲ τοὐναντίον ποιοῦμεν· διὰ δὴ τοῦτο καὶ πάντα

HOMILIA V.

Cap. I. v. 22. *Hoc autem totum factum est, ut adimpleretur quod dictum est a Domino per prophetam dicentem :* 23. *Ecce Virgo in utero habebit, et pariet filium, et vocabunt nomen ejus Emmanuel.* Esai. 7. 14

1. Multos audio dicentes, Dum præsentes concioni sumus, et doctrina verbi fruimur, ad meliorem frugem reducimur; egressi vero, alii efficimur, ac fervoris ignem exstinguimus. Quid ergo agendum, ne id eveniat? Explorandum unde accidat. Quæ causa igitur nobis est talis mutationis? Quod loca frequentemus non convenientia, et quod cum improbis consortium habeamus. Non enim oportebat a concione egressos, in negotia nos ingerere concioni non congruentia : sed statim domum petentes librum accipere, atque uxorem et filios ad eorum quæ dicta fuerant collectionem evocare, ac tunc ad vitæ necessaria nos conferre. Si enim ex balneo nolis in forum te conferre, ne ex fori negotiis balnei recreationem et fructum labefactes : multo magis a concione egressum id facere oportebat. Jam vero contrarium facimus,

[a] Aliquot Mss. ἀνθρώπων ὁμιλίας. οὐ γάρ. Paulo post iidem τῇ συνάξει ἐπεμβάλλειν. Mox aliqui οἴκαδε ἐλθόντος, et sic Morel., male. Infra alii οὐκ ἂν ἀνάσχοιο εἰς ἀγορὰν ἀναχωρεῖν.

ANIANI INTERPRETATIO.

HOMILIA QUINTA.

Hoc autem totum factum est, ut adimpleretur quod dictum est a Domino per prophetam dicentem : Ecce Virgo in utero concipiet, et pariet filium, et vocabunt nomen ejus Emmanuel. Esai. 7. 14.

1. Multos audio qui dicunt, quod præsentes quidem et evangelicæ veritatis eloquiis perfruentes, dignum tantis rebus commodant auditum, animoque contrahuntur : egressi vero ecclesiam, cum loco et animum repente mutent, exstinguentes prorsus totum illum devotionis ignem, quem sermo in eis prædicationis accenderat. Quidnam igitur adhiberi congruit, ne istud eveniat? Si scilicet consideremus in primis unde contingat. Unde itaque vobis accidit tanta mutatio? De conversatione nimirum parum attenta, et vitiosorum hominum assiduo pestiferoque colloquio. Non enim oportebat omnino a cœtu ecclesiæ recedentes, contrariis huic studio negotiis implicari, sed domum continuo revertentes sacros replicare libros, et conjugem pariter liberosque ad eorum quæ dicta sunt collationem vocare, hisque altius animo ac penitus insertis, tum demum ad ea quæ huic vitæ sunt necessaria curanda procedere. Si enim balneum egressus, publica conventicula evitas, ne beneficium balnei fomento partum negotia molestiora corrumpant : quanto magis cum ab ecclesiæ congregatione regrederis, hoc te oportet efficere? Nunc vero contraria agentes, cuncta disperdimus : nondum quippe utilitate sermonis firmiter in mente

6.

Externarum rerum tumultus fructum concionis aufert.

ideoque omnia perdimus. Nam lectionis fructum in mente nondum probe defixum, externarum rerum tumultus incidens totum aufert et abripit. Ne itaque id fiat, ex concione egressus, nihil magis necessarium putes illa doctrinæ collectione. Etenim extremæ desidiæ fuerit, quinque sexve dies sæcularibus negotiis impendere, spiritualibus vero ne unam quidem diem, imo ne minimam quidem diei partem insumere. Annon videtis quotidie pueros nostros disciplinas quas acceperunt per totam diem meditantes? Idipsum et nos faciamus; alioquin nihil nobis supererit ex his conventibus, si dolio pertuso quotidie hauriamus, neque tantam custodiendæ doctrinæ sollicitudinem adhibeamus, quantam circa aurum et argentum exhibemus. Si quis enim denarios paucos acceperit, et in crumena reponit et sigillo munit; nos autem acceptis eloquiis et auro et gemmis pretiosioribus, perceptisque Spiritus sancti thesauris, non ea in animæ penu recondimus, sed negligenter omnino sinimus ex mente nostra effluere. Quis igitur ultra nostri miserebitur, cum nobis ipsis insidias paremus, et in tantam sponte incidamus paupertatem? Ne igitur id eveniat, scribamus nobis immotam legem, et uxoribus et filiis nostris, ut hanc unam hebdomadæ diem consecremus cum audiendæ doctrinæ, tum colligendis iis quæ audita sunt. Ita

ἀπόλλυμεν. Οὔπω γὰρ τῆς ὠφελείας τῶν λεχθέντων
B παγείσης καλῶς, ἡ πολλὴ ῥύμη τῶν ἔξωθεν προσπιπτόντων πάντα [b] παρασύρουσα οἴχεται. Ἵν' οὖν μὴ τοῦτο γίνηται, ἀπὸ συνάξεως ἀναχωρῶν, μηδὲν ποιοῦ τῆς τῶν εἰρημένων συλλογῆς ἀναγκαιότερον. Καὶ γὰρ ἐσχάτης ἀγνωμοσύνης ἂν εἴη, πέντε καὶ ἓξ ἡμέρας τοῖς βιωτικοῖς ἀπονέμοντας, τοῖς πνευματικοῖς μηδεμίαν ἡμέραν, [c] μᾶλλον δὲ μηδὲ μικρὸν τῆς ἡμέρας μέρος διδόναι. Οὐχ ὁρᾶτε τὰ παιδία τὰ ἡμέτερα, ὅτι τὰ μαθήματα, ἅπερ ἂν δέξωνται, ταῦτα δι' ὅλης μελετῶσι τῆς ἡμέρας; Τοῦτο δὴ καὶ ἡμεῖς ἐργασώμεθα· ἐπεὶ πλέον οὐδὲν ἡμῖν ἔσται τῆς ἐνταῦθα ἀφίξεως, εἰς πίθον τετρημένον ἀντλοῦσι καθ' ἑκάστην ἡμέραν, καὶ
C μηδὲ τοσαύτην παρεχομένοις σπουδὴν τῇ τῶν εἰρημένων φυλακῇ, ὅσην περὶ χρυσὸν καὶ ἄργυρον ἐπιδεικνύμεθα. Δηνάρια μὲν γάρ τις ὀλίγα λαβὼν, καὶ εἰς βαλλάντιον ἀποτίθεται, καὶ σφραγῖδα ἐπιτίθησιν· ἡμεῖς δὲ καὶ χρυσίου καὶ λίθων πολυτελῶν τιμιώτερα δεχόμενοι λόγια, καὶ τοὺς τοῦ Πνεύματος ὑποδεχόμενοι
73 θησαυροὺς, οὐκ εἰς τὰ ταμιεῖα τῆς ψυχῆς ἀποτιθέμεθα,
A ἀλλ' ἁπλῶς καὶ ὡς ἔτυχεν ἐῶμεν τῆς ἡμετέρας διανοίας ἐκρεῖν. Τίς οὖν ἡμᾶς ἐλεήσει λοιπὸν, ἐπιβουλεύοντας ἑαυτοῖς, καὶ εἰς τοσαύτην ἐμβάλλοντας πενίαν; Ἵν' οὖν μὴ τοῦτο γίνηται, γράψωμεν ἑαυτοῖς νόμον ἀκίνητον, καὶ ταῖς γυναιξὶ καὶ τοῖς παισὶ τοῖς ἡμετέροις, μίαν τῆς ἑβδομάδος ἡμέραν [a] ταύτην ὅλην ἀνατιθέναι καὶ ἀκροάσει, καὶ τῶν ἀκουσθέντων τῇ συλλογῇ. Οὕτω

[b] Sic Savil. et maxima pars Mss. : Morel. *παρασύρασα* Infra *ἐσχάτης ἀγνωμοσύνης*, *extremæ desidiæ*. *Ἀγνωμοσύνη* sæpe *ingratum animum* significat, aliquando *malum affectum*, *improbitatem*. Anianus hic vertit, *nimia indevotio*, nos per *desidiam* putamus recte exprimi posse.

[c] Morel. *μᾶλλον δὲ μικρόν*. Alii ut in textu. Ibidem alii *ἑαυτοῖς διδόναι*, alii *διδόναι αὐτοῖς*.

[a] Alii *ταύτην τὴν τῆς ἀκροάσεως, ὅλην ἀνατιθέναι τῇ τῶν εἰρημένων συλλογῇ*. [Savil. *ἀνατιθέναι τῇ ἀκρ*.]

ANIANI INTERPRETATIO.

defixa, plurimus irruens sæcularium impetus actionum, omnia pariter evellit. Quod ne accidat, quoties a sancta congregatione disceditis, nihil magis necessarium judicate, quam ea quæ audiendo didicistis conservare meditando. Nimia enim omnino indevotio, et prorsus extrema est, ut quinque et sex dies quidem in rebus carnalibus consumentes, unum spiritalibus diem, imo exiguam diei partem nolitis impendere. Nonne quotidie cernitis filios vestros, ea quæ dicenda suscipiunt, totius fere diei continuatione meditari? Quanto id magis nos in spiritalibus studiis præstare debemus : alioqui nihil huc nos proderit convenire, haurientes vase undique hiante rimis, atque undique perfluente : et ne tantum quidem studii in horum quæ diximus conservatione ponentes, quantum erga aurum argentumque solemus adhibere. Paucos enim plerumque nummos cum aliquis accipit, et sollicite reponit in sacculo, et diligenter obsignat sigillo : nos vero postquam longe auro, gemmisque pretiosiora suscepimus eloquia, et inæstimabiles spiritualium opes bonorum, nequaquam ea in thesauro animæ recondimus continenda, sed passim atque negligenter mentes nostras effluere permittimus. Quisnam igitur nostri aliquando miserebitur, cum ipsi nobis tam aperte inveniamur inimici, atque in tantam nos pauperiem sponte cogamus? Ne igitur ista contingant, legem hanc nobis scribamus immobilem, nec nobis modo, sed conjugibus etiam liberisque nostris, ut unum hunc totius hebdomadis diem, quo ad audiendum concurritur, totum in eorum

γὰρ καὶ εὐμαθέστεροι πρὸς τὰ μέλλοντα ῥηθήσεσθαι ἀπαντήσομεν, καὶ ἡμῖν ἐλάττων ὁ πόνος ἔσται, καὶ ὑμῖν τὸ κέρδος πλέον, ὅταν τὰ πρώην εἰρημένα φέροντες ἐπὶ μνήμης, οὕτω τὰ μετὰ ταῦτα ἀκούητε. Οὐ γὰρ μικρόν τι καὶ τοῦτο συντελεῖ πρὸς τὴν τῶν λεγομένων σύνεσιν, τὸ τὴν ἀκολουθίαν εἰδέναι μετὰ ἀκριβείας τῶν B παρ' ἡμῶν ὑφαινομένων ὑμῖν νοημάτων. Ἐπειδὴ γὰρ οὐκ ἔνι πάντα ἐν μιᾷ [b] καταβάλλειν ἡμέρᾳ, τὰ ἐν πολλαῖς ὑμῖν ἡμέραις κατατιθέμενα τῇ τῆς μνήμης συνεχείᾳ ὥσπερ σειράν τινα ποιήσαντες, οὕτω δὴ περιτίθεσθε τῇ ψυχῇ, ὥστε ὁλόκληρον φαίνεσθαι τὸ σῶμα τῶν Γραφῶν. Ἀναμνήσαντες τοίνυν τῶν ἔναγχος εἰρημένων ἑαυτούς, οὕτω καὶ σήμερον ἐπὶ τὰ προκείμενα ἴωμεν.

Τίνα δέ ἐστι τὰ προκείμενα σήμερον; Τοῦτο δὲ ὅλον γέγονεν, ἵνα πληρωθῇ τὸ ῥηθὲν ὑπὸ τοῦ Κυρίου διὰ τοῦ προφήτου λέγοντος. Ἀξίως τοῦ θαύματος ὡς αὐτῷ [c] δυνατὸν ἦν ἀνεβόησεν, εἰπών· Τοῦτο δὲ ὅλον γέγονεν. Ἐπειδὴ γὰρ εἶδε τὸ πέλαγος καὶ τὴν ἄβυσσον τῆς φιλανθρωπίας τοῦ Θεοῦ, καὶ τὸ μηδέποτε ἐλπισθὲν εἰς C ἔργον ἐλθόν, καὶ φύσεως λυθέντας νόμους, καὶ καταλλαγὰς γινομένας, καὶ τὸν πάντων ἀνώτερον πρὸς τὸν πάντων κατώτερον κατιόντα, καὶ τὰ μεσότοιχα λυόμενα, καὶ τὰ κωλύματα ἀναιρούμενα, καὶ πολλῷ πλείονα τούτων ἕτερα γινόμενα, ἑνὶ ῥήματι τὸ θαῦμα παρέστησεν, εἰπών· Τοῦτο δὲ ὅλον γέγονεν, ἵνα πληρωθῇ τὸ ῥηθὲν ὑπὸ τοῦ Κυρίου. Μὴ γὰρ νομίσῃς, φη- 74 σίν, ὅτι νῦν ταῦτα ἔδοξεν· πάλαι προετυποῦτο. Ὅπερ A καὶ ὁ Παῦλος πανταχοῦ δεῖξαι ἐσπούδασε. Καὶ παρα-

enim multo dociliores ad ea quæ dicenda sunt occurremus; nobisque labor minor, ac vobis majus lucrum accedet, cum ea quæ nuper dicta sunt memoria retinentes, sic sequentia audietis. Non enim id parum confert ad dictorum intelligen- B tiam, si seriem sententiarum nostrarum accurate teneatis. Quia enim non possumus omnia uno die complecti, si ea, quæ singulis vobis diebus proponimus, in memoriæ quadam serie quasi catenam teneatis, sic in mente reponite, ut totum Scripturæ corpus simul appareat. Revocatis igitur in mentem iis quæ nuper dicta sunt, sic hodie ad ea quæ proponenda sunt accedamus.

2. Quænam igitur nobis hodie proponenda sunt? *Hoc autem totum factum est ut impleretur quod dictum est a Domino per prophetam dicentem.* Digna miraculo voce pro viribus clamavit dicens : *Hoc autem totum factum est.* Quia C enim vidit pelagus et abyssum benignitatis Dei, et id quod numquam speratum fuerat evenisse, naturæ solutas leges, reconciliationem factam, et omnium supremum ad omnium infimum descendisse, medium murum sublatum, et impedimenta abacta, multoque plura his gesta alia, uno verbo miraculum declaravit dicens : *Hoc autem totum* 74 *factum est, ut impleretur quod dictum est a* A *Domino.* Ne existimes, inquit, id modo decretum esse; jam olim præfiguratum fuerat. Id quod etiam

[b] Alii καταβαλεῖν, alii καταλαβεῖν.

[c] Morel. solus male ὡς αὐτῷ ἄξιον ἦν ἀνεβόησεν.

ANIANI INTERPRETATIO.

quæ dicuntur meditatione ponamus. Sic enim et multo magis dociles vos ad ea quæ sunt dicenda venietis, et ipsi minus experiemur laboris. Sed etiam scientiæ vobis lucrum profecto majus eveniet, quando memoriter prius audita retinentes, paratius atque instructius ad recentia convolatis. Non enim parum ad eorum quæ dicuntur proficit intellectum, diligenter nosse sensuum consequentiam, quæ a nobis juncto lectionis tenore contexitur. Quia igitur impossibile est uno die cuncta transcurrere, idcirco multis ea vobis commendamus diebus, contextu memoriæ interrupta jungentes, et longam seriem rerum, quasi catenam quamdam nostræ circumligantes animæ, ut integrum Scripturarum corpus appareat. Recordantes igitur diligenter quæ a nobis paulo ante memorata sunt, pergamus ad reliqua.

2. Quænam vero illa sunt, de quibus hodie disserendum est? *Hoc autem*, inquit, *totum factum est, ut adimpleretur quod dictum est a Domino per prophetam, dicentem.* Digna prorsus voce tantum signavit miraculum, dicendo : *Hoc autem totum factum est.* Quia enim quoddam pelagus immensum, et inæstimabile misericordiæ Dei vidit profundum, atque in rem subito prodiisse quod ante in spe non fuerat, ac repente naturæ leges solutas, reconciliationem Dei hominumque factam, superiorem cunctis ad inferiorem cunctis descendisse substantiam, et destructum maceriæ interstitium, et impedimenta submota, multoque his plura esse completa, uno fere verbo magnitudinem exprimendo miraculi, ait : *Hoc autem totum factum est, ut adimpleretur quod dictum est a Domino.* Ne, inquit, æstimes, quod istud modo primum decretum sit : olim hoc ordinatum a Deo atque dispositum est. Quod et Paulus ubique

Cur Joseph ad Isaiam remittitur.

Paulus ubique demonstrare studuit. Jam vero Josephum ad Isaiam remittit, ut si experrectus verborum ipsius, utpote recens dictorum, oblitus esset, propheticorum, in quorum meditatione nutritus fuerat, semper recordatus, quæ dicta sibi erant retineret. Uxori autem nihil tale dixit, utpote quæ puella adhuc horum notitiam non haberet: viro autem utpote justo, qui prophetas meditaretur, hinc edisserit. Et antehac quidem dixerat: *Mariam conjugem tuam*: hic vero postquam prophetam adduxit in medium, nunc demum nomen virginitatis illi credidit et patefecit; neque enim tam imperturbato animo fuisset, audito Virginis nomine, nisi prius id ab Isaia audivisset. Nihil enim stupendum, sed rem sibi hæc multo tempore meditanti familiarem auditurus erat a propheta. Ideo angelus ut rem credibilem redderet, Isaiam in medium adducit. Neque hic gradum sistit, sed ad Deum hæc loquentem erigit eum; non enim prophetæ verba esse dixit, sed a Deo universorum prolata. Ideo non dixit, ut impleretur quod dictum est ab Isaia; sed, *Quod dictum est a Domino*: os quippe erat Isaiæ, oraculum vero e supernis delatum. Quid autem ait hoc oraculum: *Ecce Virgo in utero habebit, et pariet filium, et vocabunt nomen ejus Emmanuel*.

Isai. 7. 14.

Cur Christus non Emmanuel vulgo appellatus.

Cur ergo, dices, non vocatus est Emmanuel, sed Jesus Christus? Quia non dixit, Vocabis, sed, *Vocabunt*, nempe populi, et ipse rerum exitus.

πέμπει τὸν Ἰωσὴφ τῷ Ἡσαΐᾳ λοιπὸν, ἵνα κἂν τῶν αὐτοῦ ῥημάτων ἐπιλάθηται ἀφυπνισθεὶς, ἅτε πρόσφατον εἰρημένων, τῶν προφητικῶν, οἷς [a] συνανετράφη, διὰ παντὸς ἀναμνησθεὶς, καὶ τὰ παρ' αὐτοῦ λεχθέντα κατάσχῃ. Καὶ τῇ μὲν γυναικὶ οὐδὲν τούτων εἴρηκεν, ἅτε κόρῃ οὔσῃ καὶ ἀπείρως τούτων ἐχούσῃ· τῷ δὲ ἀνδρὶ, δικαίῳ τε ὄντι καὶ μελετῶντι προφήτας, ἐντεῦθεν διαλέγεται. Καὶ πρὸ μὲν τούτου Μαριὰμ τὴν γυναῖκά σου λέγει· ἐνταῦθα δὲ [b] ὅτε τὸν προφήτην εἵλκυσεν εἰς τὸ **B** μέσον, τότε αὐτῷ πιστεύει τὸ τῆς παρθενίας ὄνομα· οὐ γὰρ οὕτως ἀτάρακτος ἔμενε παρθένον παρ' αὐτοῦ ἀκούων, εἰ μὴ πρῶτον καὶ παρὰ Ἡσαΐου. Καὶ γὰρ οὐδὲν ξένον, ἀλλὰ τὸ σύνηθες καὶ τὸ ἐν πολλῷ χρόνῳ μελετηθὲν ἔμελλε ἀκούσεσθαι παρὰ τοῦ προφήτου. Διὰ τοῦτο ποιῶν εὐπαράδεκτον τὸ εἰρημένον ὁ ἄγγελος, παράγει εἰς μέσον τὸν Ἡσαΐαν. Καὶ οὐδὲ ἐνταῦθα ἵσταται, ἀλλ' ἐπὶ τὸν Θεὸν ἀναρτᾷ τὸν λόγον· οὐ γὰρ αὐτοῦ φησιν εἶναι τὸ εἰρημένον, ἀλλὰ τοῦ τῶν ὅλων Θεοῦ. Διὰ τοῦτο οὐκ εἶπεν, ἵνα πληρωθῇ τὸ ῥηθὲν ὑπὸ Ἡσαΐου, ἀλλὰ, Τὸ ῥηθὲν ὑπὸ τοῦ Κυρίου. Τὸ μὲν γὰρ στόμα ἦν Ἡσαΐου, ὁ δὲ χρησμὸς ἄνωθεν ἐφέρετο. Τί οὖν οὗτός **C** φησιν ὁ χρησμός; Ἰδοὺ ἡ παρθένος ἐν γαστρὶ ἕξει, καὶ τέξεται υἱὸν, καὶ καλέσουσι τὸ ὄνομα αὐτοῦ Ἐμμανουήλ. Πῶς οὖν οὐκ ἐκλήθη, φησὶ, τὸ ὄνομα αὐτοῦ Ἐμμανουὴλ, ἀλλὰ Ἰησοῦς Χριστός; Ὅτι οὐκ εἶπε, καλέσεις, ἀλλὰ, Καλέσουσιν, οἱ ὄχλοι τουτέστι, καὶ ἡ τῶν πραγμάτων ἔκβασις. Ἐνταῦθα γὰρ [c] τῷ συμβαίνοντι ὄνομα τίθησι· καὶ ἔθος τοῦτο τῇ Γραφῇ, τὰ συμβαίνοντα πράγματα ἀντὶ ὀνομάτων τιθέναι. Οὐδὲν

[a] Quidam συνανεστράφη.

[b] Morel. ὅτι καὶ τὸν προφήτην. Paulo post Mss. non pauci ἀτάραχος.

[c] Alii τὸ συμβαῖνον ὄνομα. Infra Savil. οὐδὲν οὖν ἄλλο δηλοῖ. Morel. οὐδὲν οὖν ἄλλο φησί.

ANIANI INTERPRETATIO.

studuit ostendere. Jam vero ipsum Joseph ad Esaiam remittit, ut si a somno experrectus, verborum illius esset oblitus, tamquam quæ recens dicta essent, propheticorum verborum, in quorum meditatione nutritus fuerat, commonefactus, ea etiam quæ ab ipso dicta essent, mente contineat. Et Virgini quidem nihil tale est prorsus loquutus, nimirum quæ adhuc puella cum esset, horum notitiam non haberet: viro autem, ac præsertim justo, et prophetica assidue scripta meditanti, consequenter hinc disserit. Et superius quidem ait, *Mariam conjugem tuam*: hic vero postquam prophetam adduxit in medium, tum demum ei credidit nomen virginitatis. Neque enim ante imperturbato quietoque animo et Virginem illam audisset et matrem esse: a propheta vero nihil erat auditurus novi, sed certe id quod longi erat temporis meditatione detritum. Ideoque ut quod dicitur facile credatur, in medium angelus adducit prophetam. Sed nec teste quidem tam claro contentus, ipsum sermonem ad Dei auctoritatem reducit. Non enim Esaiæ sed Dei omnium gubernatoris illud dictum esse confirmat. Idcirco non ait, quod dictum est ab Esaia: sed, *Quod dictum est a Domino*. Os quippe fuerat Esaiæ, per quod sermo ipse erat egressus, responsum vero divinum. Quid ergo hoc oraculo prædictum est? *Ecce Virgo in utero habebit, et pariet filium, et vocabunt nomen ejus Emmanuel*. Et cur, inquies, non est hoc nomine, id est, Emmanuel, sed Jesus Christus vocatus? Quia scilicet non dixit, Vocabis: sed, *Vocabunt*, populi sine dubio, et

Esai 7. 14.

οὖν ἄλλο δηλοῖ τὸ, Καλέσουσιν Ἐμμανουὴλ, ἢ ὅτι 75
ὄψονται Θεὸν μετὰ ἀνθρώπων· ἀεὶ μὲν γὰρ γέγονε A
μετὰ ἀνθρώπων, οὐδέποτε δὲ οὕτω σαφῶς. Εἰ δὲ ἀναι-
σχυντοῖεν Ἰουδαῖοι, ἐρησόμεθα αὐτούς· [a]πότε παιδίον
ἐκλήθη, Ταχέως σκύλευσον, ὀξέως προνόμευσον; Ἀλλ'
οὐκ ἂν ἔχοιεν εἰπεῖν. Πῶς οὖν ὁ προφήτης ἔλεγε· Κάλεσον τὸ ὄνομα αὐτοῦ, Ταχέως σκύλευσον; Ὅτι γεννηθέντος αὐτοῦ [b]προνομὴ σκύλων ἐγένετο καὶ διανομὴ,
διὰ τοῦτο τὸ ἐπ' αὐτοῦ πρᾶγμα συμβεβηκὸς ὡς ὄνομα
αὐτοῦ τίθησι. Καὶ ἡ πόλις δὲ, φησὶ, κληθήσεται πόλις δικαιοσύνης, μητρόπολις πιστὴ Σιών· καὶ οὐδαμοῦ εὑρίσκομεν ὅτι [c]δικαιοσύνη ἐκλήθη ἡ πόλις, ἀλλ'
ἔμεινεν Ἱεροσόλυμα καλουμένη· ἀλλ' ἐπειδὴ τοῦτο
ἐξέβη, πρὸς τὸ βέλτιον αὐτῆς μεταβληθείσης, διὰ
τοῦτο αὐτὴν οὕτω καλεῖσθαι ἔφησεν. Ὅταν γάρ τι
συμβῇ πρᾶγμα, ὃ τῆς προσηγορίας σαφέστερον γνω- B
ρίζει τὸν κατορθοῦντα αὐτὸ, ἢ καὶ ἀπολαύοντα αὐτοῦ,
ὄνομα αὐτῷ φησιν εἶναι τοῦ πράγματος τὴν ἀλήθειαν.
Εἰ δὲ ἐντεῦθεν ἐπιστομισθέντες ἕτερον ζητοῖεν, τὸ περὶ
τῆς παρθενίας λεχθὲν, καὶ προβάλλοιντο ἡμῖν ἑτέρους
ἑρμηνευτὰς, λέγοντες, ὅτι [d]οὐκ εἶπον παρθένον, ἀλλὰ
νεᾶνιν· πρῶτον μὲν ἐκεῖνο ἐροῦμεν, ὅτι τῶν ἄλλων
μᾶλλον ἁπάντων τὸ ἀξιόπιστον οἱ ἑβδομήκοντα ἔχοιεν
ἂν δικαίως. Οἱ μὲν γὰρ μετὰ τὴν τοῦ Χριστοῦ παρουσίαν ἡρμήνευσαν, Ἰουδαῖοι μείναντες, καὶ δικαίως ἂν
ὑποπτεύοιντο, ἅτε ἀπεχθείᾳ μᾶλλον εἰρηκότες, καὶ C

Hic rei quæ contigit nomen imponit : et hic est
mos Scripturæ, res quæ contingunt pro nomine
ponere. Nihil enim aliud est illud, *Vocabunt
Emmanuel*, quam, Videbunt Deum cum hominibus; nam semper cum hominibus fuit, sed
numquam ita manifeste. Quod si impudenter ob-
sistant Judæi, interrogabimus eos : Quandonam
vocatus est puer, *Cito prædare, velociter spolia
aufer?* Sed nihil respondere poterunt. Cur ergo
propheta dixit: *Voca nomen ejus, Cito prædare?* *Isai.* 8. 3.
Quoniam ipso nato depopulatio et spoliorum dire-
ptio facta est: ideoque rem quæ circa ipsum con-
tigit, quasi nomen ipsi imponit. *Et civitas*, inquit, *Isai.* 1. 26.
*vocabitur civitas justitiæ, metropolis fidelis
Sion* : et nusquam invenimus illam fuisse vocatam justitiam, sed nomen ipsi mansit Jerosolyma;
verum quia ipsa in melius commutata hoc ipsi accidit, ideo ipsam ita vocari dixit. Ubi enim contingit quoddam præclarum facinus, quod clarius quam
ipsum proprium nomen indicat auctorem ejus, aut
eum qui ejus fructum percepit, nomen ejus Scriptura dicit esse rei veritatem. Quod si hinc confutati aliud quærant, nempe de virginitate dictum, et
objiciant nobis alios interpretes, dicentes : Hi non
dixerunt Virginem, sed puellam : primo quidem
illud dicemus, jure Septuaginta interpretes aliis *Septuaginta*

[a] Morel. πότε τὸ παιδίον.

[b] Morel. προνομὴ καὶ σκύλων ἐγένετο διανομή.

[c] Alii non male δικαιοσύνης. Infra alii οὕτω καλεῖσθαι ἔφη.

[d] Alii οὐκ εἶπε. Qui vero νεᾶνιν verterunt sunt Aquila, Symmachus et Theodotio, ut videas in Hexaplis nostris Isai. 7, 14. Hac de re vide Hieronymum in Isaiam, qui probat vocem Hebraicam עלמה non modo *virginem*, sed et *abscohditam virginem* significare.

ANIANI INTERPRETATIO.

ipse exitus rerum. Hic enim ab effectu nomen imponitur. Est enim mos Scripturæ, eventus rerum ponere nominum loco. Quid enim est aliud, *Vocabunt nomen ejus Emmanuel*, nisi, Videbunt oculi mortalium Deum inter homines versantem : qui etsi ante cum hominibus fuit, non tamen tam aperte tamque manifeste? Quod si hoc loco Judæi impudenter repugnent, rogabimus eos, Quando igitur puer vocatus est, *Velociter spolia detrahe, cito prædare?* Nequaquam enim hic habent quod respondere possint. Cur
igitur propheta dicebat, *Voca nomen ejus, Velociter spolia detrahe, cito prædare?* Quoniam illo *Esai.* 8. 3.
utique nato, detractio spoliorum facta est, atque populatio. Merito igitur res quæ sub eo tam clara contigit, ipsi tamquam nomen imposuit. *Et civitas*, inquit, *vocabitur civitas justitiæ, mater civitatum*, *Esai.* 1. 26.
fidelis Sion. Nec tamen invenimus quod aliquando civitas justitiæ nominata sit, sed in Jerusalem semper appellatione permansit. Verum quia istud evenit in melius populi moribus conversis, civitatem ita prædixit vocandam. Cum enim tale aliquid acciderit, ut is per quem id effectum sit, aut qui ejus fructum perceperit, ex facto quam ex nomine clarius indicetur, nomen ejus appellat ipsam rei quæ facta est veritatem. Si vero hinc confutati atque convicti aliam moverint quæstionem, atque aliter appellationem Virginis intelligere conentur, aliosque nobis interpretes proferentes atque dicentes, Non dixerunt Virginem, sed puellam : primo quidem dicemus illud, quoniam ad faciendam vere translationis fidem, omnibus aliis jure Septuaginta interpretes sint digniores. Siquidem alii post adventum Domini interpretati

Interpretes cæteris interpretibus præferendi.

fide digniores haberi. Nam hi postremi post Christi adventum interpretati sunt, Judæique manserunt, unde in suspicionem cadant, utpote qui ex inimicitia sic potius dixerint, ac prophetias de industria obscure converterint : Septuaginta vero qui centum aut pluribus annis ante Christi adventum huic rei tot numero manum admoverunt, ab omni hujusmodi suspicione liberi sunt, ac tum ob tempus, tum ob multitudinem, tum ob mutuum consensum fide digni habendi sunt.

3. Sin autem recentiorum testimonium proferant, etiam hoc modo victoria penes nos erit : nam puellæ nomine solet Scriptura virginem vocare; idque non de mulieribus tantum, sed etiam

Psal. 148. 12.

de viris dicitur : nam ait, ***Juvenes et virgines, senes cum junioribus***. Ac rursum de puella loquens cujus virginitas impetitur dicit :

Deut. 22. 27.

Si clamaverit puella, id est, virgo, id vero confirmatur ex iis quæ supra dicta sunt. Neque enim simpliciter dixit, ***Ecce virgo in utero habebit;*** sed cum

Isai. 8. 14.

ante dixisset, ***Ecce dabit Dominus ipse vobis signum***, tunc subjecit, ***Ecce virgo in utero habebit***. Atqui nisi virgo fuisset illa quæ paritura erat, et si ex connubii lege id futurum erat, quod tandem id signum fuisset? Signum enim rerum communem ordinem debet excedere, atque omnino inexspectatum et insolitum esse; alioquin quomodo signum esset? **24.** ***Exsurgens autem Joseph a somno, fecit sicut præcepit ei angelus***

τὰς προφητείας συσκιάζοντες ἐπίτηδες· οἱ δὲ ἑβδομήκοντα πρὸ ἑκατὸν ἢ καὶ πλειόνων ἐτῶν τῆς τοῦ Χριστοῦ παρουσίας ἐπὶ τοῦτο ἐλθόντες καὶ τοσοῦτοι ὄντες,

78 A

πάσης τοιαύτης εἰσὶν ὑποψίας ἀπηλλαγμένοι, καὶ διὰ τὸν χρόνον, καὶ διὰ τὸ πλῆθος, καὶ διὰ τὴν συμφωνίαν μᾶλλον ἂν εἶεν πιστεύεσθαι δίκαιοι.

Εἰ δὲ καὶ τὴν ἐκείνων παράγοιεν μαρτυρίαν, καὶ οὕτω τὰ νικητήρια παρ' ἡμῖν. Καὶ γὰρ τὸ [a] τῆς νεανιότητος ὄνομα ἐπὶ τῆς παρθενίας εἴωθεν ἡ Γραφὴ τιθέναι· οὐκ ἐπὶ γυναικῶν δὲ μόνον, ἀλλὰ καὶ ἐπὶ ἀνδρῶν· Νεανίσκοι γὰρ, φησὶ, καὶ παρθένοι, πρεσβύτεροι μετὰ νεωτέρων. Καὶ [b] ἐπὶ κόρης δὲ ἐπιβουλευομένης διαλεγομένη πάλιν, φησίν· Ἐὰν φωνήσῃ ἡ νεᾶνις, τουτέστιν ἡ παρθένος, καὶ τὰ πρὸ τούτου δὲ εἰρημένα τοῦτον τὸν λόγον συνίστησιν. Οὐδὲ γὰρ ἁπλῶς εἶπεν, Ἰδοὺ ἡ παρθένος ἐν γαστρὶ ἕξει· ἀλλὰ πρότερον εἰπὼν, Ἰδοὺ δώ-

B

σει Κύριος αὐτὸς ὑμῖν σημεῖον, τότε ἐπήγαγεν· Ἰδοὺ ἡ παρθένος ἐν γαστρὶ ἕξει. Καίτοι εἰ μὴ παρθένος ἦν ἡ μέλλουσα κύειν, ἀλλὰ νόμῳ γάμου τοῦτο ἐγένετο, ποῖον ἂν εἴη σημεῖον τὸ γινόμενον; Τὸ γὰρ σημεῖον ὑπερβαίνειν δεῖ τὴν τῶν πολλῶν ἀκολουθίαν, καὶ ξένον εἶναι καὶ παρηλλαγμένον· ἐπεὶ πῶς ἂν εἴη σημεῖον; Διεγερθεὶς δὲ ὁ Ἰωσὴφ ἀπὸ τοῦ ὕπνου, ἐποίησεν ὡς προσέταξεν αὐτῷ ὁ ἄγγελος Κυρίου. Εἶδες ὑπακοὴν, καὶ καταπειθῆ διάνοιαν; εἶδες ψυχὴν διεγηγερμένην, καὶ

[a] Alii νεότητος.

[b] Alii περὶ κόρης.

ANIANI INTERPRETATIO.

sunt, Judæi siquidem permanentes, meritoque suspecti : quippe qui inimice et subdole multa corruperint, et data prorsus opera a prophetis mysteria prædicta celaverint. Septuaginta vero ante centum, et aliquando amplius Dominici adventus annos, ad interpretandum tot ac pariter accedentes, ab omni suspicione hujusmodi vindicantur. Atque ob ipsum temporis intervallum, et illorum numerum, ac consensum, magis fide digni utique fuerint.

3. Sin autem illorum qui postea interpretati sunt, testimonium proferre maluerint, sic quoque a nostra proveniet parte victoria; siquidem Scriptura adolescentulæ vel puellæ nomine virginem ap-

Psal. 148. 12. Deut. 22. 27.

pellare consuevit. Idque non in feminis solum, verum etiam in viris sæpe signatum est. ***Juvenes***, inquit, ***et virgines, senes cum junioribus***. Ac rursus de puella loquens quæ virginitatem corporis violenter oppressa perdiderit: ***Si***, inquit, ***proclamaverit adolescentula :*** id est virgo. Et ea quidem quæ superius dicta sunt, hunc sensum facile confirmant. Non enim simpliciter posuit, ***Ecce virgo***

Isai. 8. 14.

in utero habebit; sed cum ante dixisset, ***Ipse Dominus dabit vobis signum***, continuo subjecit, ***Ecce virgo in utero habebit***. Et certe nisi virgo maneret quæ in utero esset habitura, sed hoc communi fieret lege connubii, quod tandem id quod fiebat, signum fuisset? Signum quippe omnem prorsus consequentiam, et ordinem rerum debet excedere, et novum debet esse in omnibus, atque a solemni more diversum : aliter vero signum esse non poterit. ***Surgens autem Joseph a somno, fecit sicut præcepit ei***

ἐν ἅπασιν ἀδέκαστον; Οὔτε γὰρ ἡνίκα ὑπώπτευεν ἀηδές τι καὶ ἄτοπον, κατασχεῖν ἠνέσχετο τὴν παρθένον, οὐδὲ ἐπειδὴ ταύτης ἀπηλλάγη τῆς ὑποψίας, ἐκβαλεῖν ὑπέμεινεν· ἀλλὰ καὶ κατέχει, καὶ διακονεῖται τῇ οἰκο- C νομίᾳ πάσῃ. Καὶ παρέλαβε γὰρ, φησὶ, Μαριὰμ τὴν γυναῖκα αὐτοῦ. Εἶδες πῶς συνεχῶς τοῦτο τίθησι τὸ ὄνομα ὁ εὐαγγελιστὴς, οὐ βουλόμενος ἐκκαλυφθῆναι τὸ μυστήριον ἐκεῖνο τέως, καὶ τὴν πονηρὰν ἐκείνην ἀναιρῶν ὑποψίαν; Παραλαβὼν δὲ αὐτὴν, οὐκ ἐγίνωσκεν αὐτὴν ἕως οὗ ἔτεκε τὸν υἱὸν αὐτῆς τὸν πρωτότοκον. Τὸ, 77
Ἕως, ἐνταῦθα εἴρηκεν, οὐχ ἵνα ὑποπτεύσῃς ὅτι μετὰ A ταῦτα αὐτὴν ἔγνω, ἀλλ' ἵνα μάθῃς, ὅτι πρὸ τῶν ὠδίνων πάντως ἀνέπαφος ἦν ἡ παρθένος. Τίνος οὖν ἕνεκεν, φησὶ, τὸ, Ἕως, τέθεικεν; Ὅτι ἔθος τῇ Γραφῇ τοῦτο πολλάκις ποιεῖν, καὶ τὴν ῥῆσιν ταύτην μὴ ἐπὶ διωρισμένον τιθέναι χρόνον. Καὶ γὰρ καὶ ἐπὶ τῆς κιβωτοῦ φησιν· Οὐκ [a] ἐπέστρεψεν ὁ κόραξ ἕως οὗ ἐξηράνθη ἡ γῆ· καίτοι γε οὐδὲ μετὰ ταῦτα ὑπέστρεψε. Καὶ περὶ τοῦ Θεοῦ δὲ διαλεγομένη φησίν· Ἀπὸ τοῦ αἰῶνος καὶ ἕως τοῦ αἰῶνος σὺ εἶ· οὐχ ὅρους τιθεῖσα ἐνταῦθα· καὶ πάλιν εὐαγγελιζομένη καὶ λέγουσα· Ἀνατελεῖ ἐν ταῖς ἡμέραις αὐτοῦ δικαιοσύνη καὶ πλῆθος εἰρήνης, ἕως οὗ ἀνταναιρεθῇ ἡ σελήνη· οὐ πέρας δίδωσι τῷ καλῷ τούτῳ στοιχείῳ. Οὕτω δὴ καὶ ἐνταῦθα τὸ, Ἕως, εἶπε, [b] τὰ B πρὸ τῶν ὠδίνων ἀσφαλιζομένη, τὰ δὲ μετὰ ταῦτά σοι καταλιμπάνουσα συλλογίζεσθαι. Ὃ μὲν γὰρ ἀναγκαῖον ἦν παρ' αὐτοῦ σε μαθεῖν, τοῦτο αὐτὸς εἴρηκεν, ὅτι ἀνέπαφος ἦν ἡ παρθένος ἕως τοῦ τόκου· ὃ δὲ ἐκ τῶν εἰρημένων ἀκόλουθόν τε ἐφαίνετο, καὶ ὡμολογημένον,

Domini. Vidistin' obsequentiam et animum obtemperantem? vidistin' animam vigilem, et nulli personarum acceptioni obnoxiam? Neque enim cum triste quidpiam et turpe suspicabatur, illam apud se retinere voluit, neque amota suspicione, illam ultra dimittere sustinuit; imo vero illam retinuit, ac totius dispensationis minister effectus est. *Et accepit*, inquit, *Mariam conjugem suam*. Viden' quam frequenter hoc nomen proferat evangelista, quod nolit interim mysterium illud revelare, dum malam amovet suspicionem? 25. *Cum autem accepisset eam, non cognovit illam, donec peperit filium suum primogenitum;* illud *Donec* hic posuit, non ut suspiceris, illam postea cognovisse Josephum, sed ut scias Virginem usque ad partum intactam fuisse. Cur itaque ait, *Donec peperit?* Hic mos loquendi in Scriptura sæpe observatur; ita ut hæc vox non pro definito quodam tempore ponatur. Nam de arca loquens ait:
Non reversus est corvus, donec siccaretur terra, Gen. 8. 7.
etsi postea reversus non sit. De ipso etiam Deo sic loquitur: *A sæculo et usque in sæculum tu es;* nul- Psal. 89. 2.
los hic terminos ponens; rursusque prænuntians:
Orietur in diebus ejus justitia et abundantia Psal. 71. 7.
pacis, donec auferatur luna; nullum terminum pulchro huic elemento statuit. Ita et hoc loco, *Donec*, dixit, ut quæ partum antecedebant firmaret, et quæ sequebantur tibi consideranda relinqueret. Quod enim ab eo tibi discendum erat, hoc dixit,

[a] Manuscripti plurimi οὐχ ὑπέστρεψεν.

[b] Morel. τὸ πρὸ ὠδίνων.

ANIANI INTERPRETATIO.

angelus Domini. Vidisti certe obedientiam, vidisti animum facile sacris fidem sermonibus accommodantem, vidisti mentem omnino vigilantem, ac nulla prorsus corruptione violatam. Neque enim saltem ipso suspicionis suæ tempore triste aliquid et absurdum est molitus in Virginem: et nunc quoque cum eadem illa suspicione relevatus est, non modo illam non conatur expellere, sed et secum retinet, et totius dispensationis minister efficitur. *Et accepit Mariam conjugem suam*. Nempe consideras quam frequenter evangelista hoc Virgini nomen imponat, nolens interim mirabile illud revelare mysterium, sed tamen jam exstinguens suspicionem malignam. *Cum autem accepisset, non cognovit eam donec peperit filium suum primogenitum. Donec*, hic posuit non ut suspiceris quod vel postea aliquando cognoverit: sed ut discas quod etiam ante partum omnino intacta permanserit. Cujus igitur, inquies, rei gratia *Donec* hic positum est? Sæpe Scriptura divina hac uti eloquutione consuevit, ut dicendo, *Donec*, non definitum aliquod tempus includat. Nam et cum a Noë corvus ex arca esset emissus: *Non est*, inquit, Gen. 8. 7.
reversus donec siccaretur terra. Et certe nec postea invenitur redisse. De ipso etiam loquens Deo: *A sæculo*, inquit, *et usque in sæculum tu es*. Sed nullum hic profecto terminum posuit. Rursus altitudi- Psal. 89. 2.
nem pacis annuntians: *Orietur*, inquit, *justitia ejus, et abundantia pacis, donec auferatur luna*: Psal. 71. 7.
non tamen finem pulchro huic statuit elemento. Ita etiam hoc loco, *Donec* posuit, ut a suspicione illud quod ante partum tempus fuit, absolveret. Postea vero quod sequitur, tibi jam æstimandum reliquit. Quod enim ab eo tibi dicendum erat, hoc ipse dixit, quod intacta fuit usque ad partum Virgo: quod vero

nempe Virginem usque ad partum intactam man-
Maria post partum virgo mansit. sisse : quod autem ex dictis consequi et in confesso esse videbatur, hoc tibi intelligendum reliquit. Nempe virum illum justum, eam quæ sic mater effecta, ac tam novo et insolito puerperio dignata fuerat, tangere non ausum fuisse. Nam si cognovisset eam et uxoris loco habuisset, quomodo illam quasi nullum habentem virum discipulo commendasset, jubens eam in sua accipere? Quo pacto ergo, inquies, Jacobus et alii, ejus fratres appellantur? Quemadmodum et Joseph vir Mariæ esse existimabatur. Multa enim erant posita velamina, ut hujusmodi partus occultaretur :
Joan. 7. 5. ideoque Joannes illos sic vocabit his verbis, *Neque enim fratres ejus credebant in eum.* Attamen ii, qui prius non crediderant, admirandi et præclari postea exstiterunt. Quando ergo dogmatum causa Paulus Jerosolymam ascendebat, Jacobum statim adiit : qui ita admirandus erat, ut illius urbis episcopatum primus acciperet. Narrant autem illum tam aspere vitam duxisse, ut membra ejus omnia quasi emortua essent atque ex precandi assiduitate, dum jugiter in pavimento procumberet, frontem ejus ita obduruisse, ut genuum cameli duritiem pene attingeret, ita frequenter illam solo applicuerat. Hic quoque Paulum, qui denuo Jerosolymam ascenderat, fausta nuntians sic com-
Act. 21. 20. pellat : *Vides, frater, quot millia sunt qui con-*

τοῦτό σοι λοιπὸν ἀφίησι συνιδεῖν. Οἷον, [c] ὅτι οὐδὲ μετὰ ταῦτα τὴν οὕτω γενομένην μητέρα, καὶ καινῶν ὠδίνων, καὶ ξένων καταξιωθεῖσαν λοχευμάτων, οὐκ ἂν δίκαιος ὢν ἐκεῖνος ὑπέμεινε λοιπὸν γνῶναι. Εἰ γὰρ ἔγνω αὐτὴν, καὶ ἐν τάξει γυναικὸς εἶχε, πῶς ὡς ἀπροστάτευ-
C τον αὐτὴν καὶ οὐδένα ἔχουσαν τῷ μαθητῇ παρατίθεται, καὶ κελεύει αὐτῷ [d] εἰς τὰ ἴδια αὐτὴν λαβεῖν; Πῶς οὖν, φησὶν, ἀδελφοὶ αὐτοῦ χρηματίζουσιν οἱ περὶ Ἰάκωβον; Ὥσπερ καὶ αὐτὸς ἐνομίζετο ἀνὴρ τῆς Μαρίας ὁ Ἰωσήφ. Πολλὰ γὰρ ἐγένετο τὰ παραπετάσματα, ὥστε συσκιασθῆναι τέως τὸν τοιοῦτον τόκον. Διὸ καὶ ὁ Ἰωάννης οὕτως αὐτοὺς ἐκάλει λέγων· Οὐδὲ γὰρ οἱ ἀδελφοὶ αὐτοῦ ἐπίστευον εἰς αὐτόν. Ἀλλ' ὅμως οἱ μὴ πι-
78 στεύοντες πρότερον, θαυμαστοὶ καὶ περιφανεῖς γεγό-
A νασιν ὕστερον. Ὅτε γοῦν εἰς Ἱεροσόλυμα ἀνῆλθον οἱ περὶ Παῦλον δογμάτων ἕνεκεν, πρὸς Ἰάκωβον εὐθέως εἰσῆλθον· οὕτω γὰρ ἦν θαυμαστὸς, ὡς καὶ τὴν ἐπισκοπὴν ἐγχειρισθῆναι πρῶτος. [a] Φασὶ δὲ αὐτὸν καὶ σκληραγωγίᾳ προσέχειν τοσαύτῃ, ὡς καὶ τὰ μέλη νεκρωθῆναι ἅπαντα, καὶ ἀπὸ τῆς συνεχοῦς εὐχῆς, καὶ τῆς διηνεκοῦς πρὸς τὸ ἔδαφος ὁμιλίας τὸ μέτωπον οὕτως αὐτῷ κατεσκληκέναι, ὡς μηδὲν ἄμεινον γονάτων καμήλου διακεῖσθαι τῆς ἀντιτυπίας ἕνεκεν αὐτῆς· οὗτος καὶ τὸν Παῦλον μετὰ ταῦτα πάλιν εἰς τὰ Ἱεροσόλυμα ἀνελθόντα ῥυθμίζει λέγων· Θεωρεῖς, ἀδελφὲ, πόσαι μυριάδες εἰσὶ τῶν συνεληλυθότων; Τοσαύτη ἦν αὐτοῦ ἡ σύνεσις, καὶ ὁ ζῆλος· μᾶλλον δὲ τοσαύτη ἡ τοῦ
B Χριστοῦ δύναμις. Οἱ γὰρ διασύροντες αὐτὸν ζῶντα,

[c] Morel. ὅτι οὐκ ἂν οὐδὲ μετὰ ταῦτα.

[d] Alii εἰς τὰ ἴδια παραλαβεῖν. Paulo post ὁ Ἰωσὴφ deest in Savil. et in aliquot Mss.

[a] Aniani interpretatio refert, Jacobi genua obduruisse callo, id quod in Græco non habetur : versione tamen Aniani ducti non pauci id Chrysostomum de s. Jacobo dixisse putant. V. Præfat. § v.

ANIANI INTERPRETATIO.

ex præcedentibus consequens erat atque manifestum, tuo intellectui dereliquit; ut est certe istud : Quoniam nec postea quidem eam quæ tali modo mater effecta est, et novo illustrata partu, novoque puerperio, ille justus aliquando fuerit ausus attingere. Si enim cognovisset eam, et loco habuisset uxoris, quomodo illam Dominus quasi absque solatio, et neminem penitus habentem, discipulo commendare curasset, jubens ei ut eam reciperet in sua? Unde igitur, inquies, fratres ejus dicuntur Jacobus et Joannes? Non aliter omnino, quam quo ipse Joseph Mariæ putabatur maritus. Multa quippe sunt ad opacandum
Joan. 7. 5. illius partus mysterium obducta velamina, propter quod ita etiam eos Joannes vocabat dicens : *Neque enim fratres ejus credebant in eum.* Sed tamen hi ipsi qui parum ante crediderant, clari postea in fide ac mirabiles exstiterunt. Quando enim Jerosolymam Paulus ascendit, ut cum cæteris apostolis de dogmatum varietate conferret, continuo intravit ad Jacobum. Tam enim fuit ille mirabilis, ut episcopatum primus acciperet. Aiunt autem genua ejus obduruisse callo, tantamque in eo fuisse carnis incuriam, ut adhuc viventis omnia fere membra morerentur : atque assiduitate orationis, jugique ad pavimentum prostratione corporis, frontem quoque ejus callo similiter obductam, ut nihil fere a cameli genibus, si duritiem spectes, discreparet. Hic etiam Paulum, cum postea iterum Jerosolymam venisset, maturitatis
Act. 21. 20. suæ sermone moderatus est, dicens : *Vides frater, quot millia sunt credentium ex Judæis,* etc. Tantus

μετὰ τὸ ἀποθανεῖν οὕτως αὐτὸν ἐξεπλάγησαν, ὡς καὶ ἀποθανεῖν ὑπὲρ αὐτοῦ μετὰ πολλῆς τῆς προθυμίας· ἅπερ μάλιστα δείκνυσι τῆς ἀναστάσεως τὴν ἰσχύν. Διὰ γάρ τοι τοῦτο τὰ λαμπρότερα ὕστερον ἐτηρεῖτο, ἵνα ἀναμφισβήτητος αὕτη ἡ ἀπόδειξις γένηται. Εἰ γὰρ καὶ τῶν ἐν τῇ ζωῇ θαυμαζομένων παρ' ἡμῖν ἀπελθόντων ἐπιλανθανόμεθα, πῶς οἱ ζῶντα διαχλάζοντες τοῦτον, ὕστερον Θεὸν εἶναι ἐνόμισαν, εἰ τῶν πολλῶν εἷς ἦν; πῶς δ' ἂν ὑπὲρ αὐτοῦ καὶ σφαγῆναι κατεδέξαντο, εἰ μὴ σαφῆ τῆς ἀναστάσεως ἔλαβον τὴν ἀπόδειξιν;

venerunt? Tanta erat ejus prudentia, tantus zelus; imo vero tanta Christi virtus. Nam qui illum vituperabant viventem, ita post mortem ipsum admirati sunt, ut cum alacritate magna vitam pro ipso profunderent; quæ virtutem resurrectionis cum primis commonstrat. Ideoque illa, quæ clariora erant, ad extremum tempus reservabantur, ut hæc nulli dubio obnoxia esset demonstratio. Nam si illos etiam qui in vita sua admirandi erant, defunctos obliviscimur, quo pacto illi, qui viventem ipsum irridebant, Deum esse existimavissent, si hominem credidissent? quomodo pro ipso mortem subire voluissent, nisi perspicuam accepissent resurrectionis demonstrationem?

Ταῦτα δὲ οὐχ ἵνα ἀκούσητε μόνον λέγομεν, ἀλλ' C ἵνα καὶ μιμῆσθε τήν τε ἀνδρείαν, τήν τε παῤῥησίαν, τήν τε δικαιοσύνην ἅπασαν· ἵνα μηδεὶς ἑαυτοῦ ἀπογινώσκῃ, κἂν πρὸ τούτου ῥᾴθυμος ᾖν· ἵνα εἰς μηδὲν ἕτερον ἔχῃ τὰς ἐλπίδας, μετὰ τὸν ἔλεον τοῦ Θεοῦ, ἀλλ' εἰς ἀρετὴν οἰκείαν. Εἰ γὰρ οὗτοι τῆς [b] τοιαύτης 79 οὐδὲν ἀπώναντο συγγενείας, καὶ οἴκου, καὶ πατρίδος A τῆς αὐτῆς ὄντες τῷ Χριστῷ, ἕως ἀρετὴν ἐπεδείξαντο· τίνος δυνησόμεθα ἀπολαῦσαι συγγνώμης ἡμεῖς, συγγενεῖς καὶ ἀδελφοὺς δικαίους προβαλλόμενοι, ἂν μὴ σφόδρα ὦμεν ἐπιεικεῖς, καὶ ἐν ἀρετῇ βεβιωκότες; Καὶ γὰρ ὁ προφήτης αὐτὸ τοῦτο αἰνιττόμενος ἔλεγεν· Ἀδελφὸς οὐ λυτροῦται, λυτρώσεται ἄνθρωπος· κἂν Μωϋσῆς ᾖ, κἂν Σαμουὴλ, κἂν Ἱερεμίας. Ἄκουσον γοῦν τί φησι πρὸς αὐτὸν ὁ Θεός· Μὴ προσεύχου ὑπὲρ τοῦ λαοῦ

4. Hæc porro dicimus, non ut audiatis tantum, sed ut imitemini fortitudinem, dicendi fiduciam, justitiamque omnem; ut nemo de se desperet, etiamsi antehac segnis desidiosusque fuerit; utque nulla in re alia spem habeat, nisi post Dei misericordiam in morum sanctitate. Nam si nihil illis profuit quod ex cognatione, domo et patria Christi essent, donec virtute clarerent: qua venia digni erimus, dum cognatos et fratres justos ostendimus, nisi cum magna æquitate virtuteque vitam ducamus? Illud enim subindicans propheta dicebat: *Frater non redimit, redimet homo;* etiamsi Moyses fuerit, etiamsi Samuël, etiamsi Jeremias. Audi enim quid illi dicat Deus: *Noli precari pro populo hoc, quoniam non exaudiam te.* Et quid

Cognati justi non nisi resipiscenti peccatori prosunt.

Psal. 48. 7.

Jer. 11. 14.

[b] Sic Savil. et omnes pene Mss., Morel. autem τῆς τοσαύτης.

ANIANI INTERPRETATIO.

illius erat pro ædificatione Ecclesiæ zelus, tantaque prudentia, imo Dei in illo gratia de Christi virtute resplendens. Qui enim obtrectabant Domino in carne constituto, adhuc in carne passibili, ita eum et admirati sunt, et coluere post mortem, ut cum multa pro illo cupiditate morerentur: quæ certe maxime effectum resurrectionis ostendunt. Propterea quippe ad ultimum clariora servavit, ut absque ullo esset ambiguo virtutis tam grande documentum. Si enim nos eos quoque quos admiramur vivos tamen obliviscimur mortuos: quomodo illi quem audebant irridere viventem, Deum esse post mortem putarent, si eum nihil aliud esse quam hominem credidissent? Quomodo autem pro illo elegissent mortem etiam subire, nisi manifestum in ipso cognovissent resurrectionis exemplum?

4. Hæc vero dicimus, non ut audiatis solummodo, verum etiam ut quæ auditis imitemini, fortitudinem scilicet, constantiam, omnemque justitiam: ut nemo de se desperet, etiamsi antea desidiæ torpore languebat, ut unusquisque nostrum nulla in re alia spem suam, nisi post Dei misericordiam in morum sanctitate constituat. Nam si istis omnino nihil profuit vel patria, vel domo, vel propinquitate Christo fuisse conjunctos, antequam de propria fulgerent virtute: qua nos dignos venia putamus, qui de justis propinquis ac fratribus gloriamur, nisi eos ipsos fuerimus imitati? Nam et propheta idipsum significans ait: *Frater non redimit, redimet homo:* etiam si Moses fuerit, etiam si Samuel, etiam si Jeremias: audi tamen quid ad illum loquatur Deus: *Noli,* inquit, *orare pro populo isto: quoniam non*

Psal. 48. 7.

Jer. 11. 14.

Jer. 15. 1. miraris si te non audio? Nam si ipse Moyses, inquit, si Samuël adessent, eorum pro istis supplicationem non admitterem. Ezechiel etiamsi supplicet, B
Ezech. 14. 14. 16. hoc audiet : *Si steterint Noë et Job et Daniel, filios filiasque suas non liberabunt.* Etiamsi Abraham patriarcha pro iis qui incurabili morbo laborant, nec resipiscunt, supplicet, Deus abscedet et relinquet eum; ita ut eorum gratia emissam vocem non audiat. Etiamsi Samuël hoc ipsum fe-
1. Reg. 16. 1. cerit, dicet ipsi : *Ne fleveris pro Saüle.* Etiamsi pro sorore quispiam non opportune oraverit, id-
Num. 12. 14. ipsum audiet quod Moyses: *Si conspuens conspuisset pater ejus in faciem ejus.* Ne itaque aliorum
Precibus sanctorum non nimis fidendum. patrocinium hiante ore spectemus. Nam preces quidem sanctorum vim habent maximam; sed si C nos pœnitentiam agamus et resipiscamus. Quandoquidem Moyses, qui fratrem suum et sexcenta millia hominum ab imminente ira liberavit, sororem non potuit eripere; etiamsi non par peccatum esset : illa quippe Moysem contumelia affecerat; hi autem impium facinus admiserant. Verum hanc ego vobis quæstionem relinquo, sed illa graviorem solvere conabor. Quid enim de sorore dicamus, quando ipse etiam tanti populi dux, id quod 80 pro seipso rogabat impetrare non valuit, sed post A tot tantosque labores et ærumnas, postquam per annos quadraginta populo præfuerat, in terram toties promissam intrare prohibitus est? Qua de

τούτου, ὅτι οὐκ εἰσακούσομαί σου. Καὶ τί θαυμάζεις εἰ σοῦ οὐκ ἀκούω; Καὶ γὰρ αὐτὸς ὁ Μωϋσῆς, φησὶν, B εἰ παρῆν, καὶ Σαμουὴλ, οὐκ ἂν αὐτῶν ἐδεξάμην τὴν ὑπὲρ τούτων ἱκετηρίαν. Κἂν Ἰεζεκιὴλ ᾖ ὁ παρακαλῶν, ἀκούσεται, ὅτι Ἐὰν στῇ Νῶε, καὶ Ἰὼβ, καὶ Δανιὴλ, υἱοὺς αὐτῶν καὶ θυγατέρας οὐ μὴ ἐξελῶνται. Κἂν Ἀβραὰμ ὁ πατριάρχης ᾖ ὑπὲρ τῶν σφόδρα ἀνίατα νοσούντων καὶ μὴ μεταβαλλομένων δεόμενος, ἀπελεύσεται ὁ Θεὸς αὐτὸν καταλιμπάνων, ὥστε μὴ δέξασθαι τὴν ὑπὲρ τούτων φωνήν. Κἂν Σαμουὴλ πάλιν ᾖ ὁ τοῦτο ποιῶν, ἐρεῖ πρὸς αὐτόν· Μὴ πένθει περὶ τοῦ Σαούλ. Κἂν ὑπὲρ ἀδελφῆς τις παρακαλῇ μὴ προσηκόντως, ἀκούσεται πάλιν ὅπερ Μωϋσῆς· Εἰ ἐμπτύων ἐνέπτυσεν ὁ πατὴρ εἰς τὸ πρόσωπον αὐτῆς. Μὴ δὴ πρὸς C ἑτέρους ὦμεν κεχηνότες. Ἔχουσι μὲν γὰρ δύναμιν αἱ εὐχαὶ τῶν ἁγίων μεγίστην· ἀλλ' ὅταν καὶ ἡμεῖς μετανοῶμεν καὶ γινώμεθα βελτίους. Ἐπεὶ καὶ Μωϋσῆς τὸν ἀδελφὸν τὸν ἑαυτοῦ καὶ μυριάδας ἑξήκοντα [a] τῆς θεηλάτου ταύτης ὀργῆς ἐξαρπάσας, τὴν ἀδελφὴν οὐκ ἴσχυσεν ἐξελέσθαι· καίτοι γε οὐκ ἴσον τὸ ἁμάρτημα ἦν· ἐκείνη μὲν γὰρ τὸν Μωϋσέα ὕβρισεν· ἐνταῦθα δὲ ἀσέβεια ἦν [b] τὸ τολμηθέν. Ἀλλὰ τοῦτο μὲν ὑμῖν ἀφίημι τὸ ζήτημα· τὸ δὲ ἔτι τούτου χαλεπώτερον ἐπιλῦσαι πειράσομαι. Τί γὰρ χρὴ λέγειν τὴν ἀδελφήν; Ὁ γὰρ 80 A τοσούτου δήμου προστὰς, ἑαυτῷ ἀρκέσαι οὐκ ἴσχυσεν, ἀλλὰ μετὰ τοὺς μυρίους πόνους καὶ τὰς ταλαιπωρίας, καὶ τὴν ἐν τεσσαράκοντα ἔτεσι προσεδρίαν, ἐκωλύετο τῆς γῆς ἐπιβῆναι ὑπὲρ ἧς ἐπαγγελίαι τοσαῦται καὶ

a Alii τῆς θεηλάτου τότε ὀργῆς.

b Alii τὸ τόλμημα.

ANIANI INTERPRETATIO.

In Græco si te non audio? exaudiam te. Quid igitur miraris, * si non exaudiat supplicantem? Etiam si ipse, inquit, Moses adesset, atque Samuël, me tamen eorum pro talibus deprecantium non placaret oratio. Sed Ezechiel saltem
Ezech. 14. 14. 16 si supplicet, audietur. Verum ipsi quoque dicit Dominus, *Quoniam si assistat Noë et Job, et Daniel, filios suos et filias non liberabunt.* Etiam si Abraham patriarcha pro iis supplicet, qui in suis vitiis permanendo immedicabiliter ægrotant, abibit Deus relinquens rogantem, ne vocem pro talibus intervenientis exaudiat. Et si Samuël rursum exorans pro aliquo indigno deprecetur, continuo ad ipsum
1. Reg. 16. 1. clamabit Deus : *Usquequo tu luges Saül?* Etiam si pro sorore quispiam incompetenter oraverit, au-
Num. 12. 14. diet quod Moses : *Si conspuens conspuisset pater ejus in faciem ipsius, nonne esset immunda?* Non igitur quasi oscitantes et desides, ex aliorum meritis pendeamus. Habent enim vim pro nobis, et quidem maximam, orationes supplicationesque sanctorum : sed tunc profecto cum nos quoque idipsum per pœnitentiam postulamus, et ad studia meliora confugimus. Alioquin etiam Moses ipse, qui et fratrem suum, et sexcenta illa millia armatorum ab imminenti Dei liberavit ira, sororem tamen suam nequivit eruere. Et certe non erat æquale peccatum. Illa injuriosius de Mose fuerat quiddam loquuta : at vero omnis illa multitudo, quam diximus, rectam in Dominum impietatem commiserat. Sed hanc tamen vobis quæstionem potius relinquo, ipse vero id quod multo est difficilius, conabor absolvere. Quid enim jam de sorore dicamus, quando tanti ille dux populi sufficere sibiipsi quoque deprecando non valuit, sed post mille ærumnas laborum, et quadraginta annorum commendatum sibi a Domino principatum, prohibitus est a Domino terram repromissionis intrare, quam toties ei divinus fuerat sermo pollicitus? Quid

ὑποσχέσεις. Τί οὖν τὸ αἴτιον; Οὐκ ἦν λυσιτελοῦσα ἡ χάρις αὕτη, ἀλλὰ καὶ πολὺ τὸ βλάβος ἔχουσα, καὶ πολλοὺς τῶν Ἰουδαίων ὑποσκελίζειν ἔμελλεν. Εἰ γὰρ ἐπειδὴ τῆς Αἰγύπτου μόνης ἀπηλλάγησαν, τὸν Θεὸν ἀφέντες, Μωϋσέα ἐζήτουν, [a] καὶ αὐτῷ τὸ πᾶν ἐλογίζοντο· εἰ καὶ εἰσαγαγόντα εἶδον εἰς τὴν γῆν τῆς ἐπαγγελίας, ποῦ οὐκ ἂν ἐξώκειλαν ἀσεβείας; Διά τοι τοῦτο οὐδὲ ὁ τάφος αὐτοῦ κατάδηλος γέγονε. Καὶ Σαμουὴλ δὲ τὸν μὲν Σαοὺλ οὐκ ἴσχυσεν ἀπαλλάξαι τῆς ἄνωθεν B
ὀργῆς, τοὺς δὲ Ἰσραηλίτας πολλάκις διέσωσε. Καὶ ὁ Ἱερεμίας Ἰουδαίοις μὲν οὐκ ἤρκεσεν, ἕτερον δέ τινα [b] ἐκάλυψεν ἐν τῇ προφητείᾳ. Καὶ ὁ Δανιὴλ τοὺς μὲν βαρβάρους ἐξείλετο σφαττομένους, τοὺς δὲ Ἰουδαίους οὐκ ἐξείλετο αἰχμαλωτιζομένους. Καὶ ἐν τοῖς εὐαγγελίοις δὲ ὀψόμεθα, οὐκ ἐφ' ἑτέρων, ἀλλ' ἐπὶ τῶν αὐτῶν ἀμφότερα ταῦτα γινόμενα· καὶ τὸν αὐτὸν νῦν μὲν ἀρκέσαντα ἑαυτῷ, νῦν δὲ προδεδομένον. Ὁ γὰρ τὰ μυρία τάλαντα ὀφείλων, καὶ ἐξείλετο ἑαυτὸν τοῦ κινδύνου δεηθεὶς, καὶ πάλιν οὐκ ἴσχυσεν· ἕτερος δὲ ἀντιστρόφως πρότερον ἑαυτὸν προδοὺς, ὕστερον τὰ μέγιστα ἑαυτῷ βοηθῆσαι ἴσχυσε. Τίς δὲ οὗτός ἐστιν; C
Ὁ τὴν πατρῴαν καταφαγὼν οὐσίαν. Ὥστε ἐὰν μὲν ῥᾳθυμῶμεν, οὐδὲ δι' ἑτέρων δυνησόμεθα σώζεσθαι· ἐὰν δὲ νήφωμεν, καὶ δι' ἑαυτῶν τοῦτο ἰσχύσομεν, καὶ δι' ἑαυτῶν μᾶλλον, ἢ δι' ἑτέρων. Καὶ γὰρ ὁ Θεὸς ἡμῖν μᾶλλον δοῦναι βούλεται τὴν χάριν, ἢ ἑτέροις ὑπὲρ ἡμῶν· ἵνα καὶ παῤῥησίας ἀπολαύωμεν, καὶ βελτίους

causa? Non utilis hæc gratia fuisset, imo damni multum intulisset, Judæorumque multos supplantavisset. Si enim ex Ægypto tantum a Moyse liberati, Deo dimisso, Moysen requirebant ipsique totum referebant: si se vidissent ab illo introductos in terram promissionis, quo non prorupissent
impietatis? Ideoque sepulcrum ejus occultum man- *Deut.* 34. 6.
sit. Samuël vero Saülem liberare nequivit a di- 1. *Reg.* 16.
vina ira, qui tamen Israëlitas sæpe servavit. Je- 1.
remias Judæos servare non potuit, alteri tamen in
prophetia sua patrocinatus est. Daniel barbaros *Dan.* 2.
qui jugulabantur eripuit, nec Judæos ne in captivitatem abducerentur servare potuit. In Evangeliis quoque non in diversis, sed in iisdem ipsis utrumque conspicimus: eumdemque videmus salutem sibi parare, et postea salutem suam prodere. Nam qui decem millia talenta debebat, supplicando se ex periculo eripuit posteaque idipsum non potuit; alius contra, qui prius seipsum prodiderat, *Luc.* 15.
postea sibi ipsi plurimum prodesse potuit. Quis ille est? Is qui paternam substantiam devoraverat. Itaque si segnes et socordes fuerimus, ne per alios quidem servari poterimus; si autem vigilemus, per nosmetipsos id valebimus: imo magis nostra, quam aliorum opera. Mavult quippe Deus gratiam nobis ipsis dare, quam alio pro nobis precante: ut curantes ipsi iram placare,

[a] Morel. ἐζήτουν, ἀλλὰ καὶ αὐτῷ τὸ πᾶν ἐλογίζοντο· εἰ δὲ εἰσαγ.

[b] Alii ἔκρυψεν ἐν τῇ προφητείᾳ. Paulo post Morel. ἐξείλατο, et sic etiam infra καὶ ἐξείλατο ἑαυτὸν τοῦ κινδύνου.

ANIANI INTERPRETATIO.

igitur in causa est? Nequaquam utilis in illam terram sancti Mosis fuisset ingressus, sed cum magno damno conjunctus, et qui omnino plurimos Judæorum in maximam erroris ruinam supplantare potuisset. Si enim quia per illum fuerant de sola Ægypto liberati, relicto Deo, tantummodo Mosen requirebant, ipsius esse prorsus cuncta illa beneficia credentes: hunc si introductorem quoque in terram repromissionis habuissent, in quæ non illi impietatis prærupta cecidissent? Ut igitur omnis hujusmodi
amputaretur occasio, ipsum quoque ejus est occultatum sepulcrum. Et Samuël quidem Saülem ab ira *Deut.* 34. 6.
Dei liberare non potuit, Israëliticum vero sæpe populum salvavit. Jeremias quoque Judæos non eripuit 1. *Reg.* 16. 1.
ultioni, alium tamen quemdam salvasse memoratur. Daniel etiam sapientes Babyloniæ ab interitu libe- *Dan.* 2.
ravit, nec tamen Judæos jugo captivitatis absolvit. In Evangelio vero cernimus, non in aliis atque diversis, sed in eisdem ipsis fieri utrumque personis, et unum eumdemque hominem, nunc quidem sufficientem ad liberationem sui, nunc vero ipsum propriæ salutis effici proditorem. Nam ille quidem mille talentorum debitor, multis precibus supplicando semetipsum periculo liberavit, postea vero idipsum impetrare non valuit: alter vero econtrario, cum prius perditioni semetipsum totum dedisset, postea
tamen sibi plurimum profuit. Quis vero iste est? Qui scilicet bona patris absumserat. Ex quibus pro- *Luc.* 15.
fecto redolet, quod si negligentes fuerimus ac desides, nec per aliorum quidem possumus merita salvari. Si vero mente vigilemus, etiam per nosmetipsos istud valeamus efficere, et multo magis nostro, quam alieno tuti esse suffragio. Nam et Deus salutem nostram, non tam aliis rogantibus pro nobis vult donare, quam nobis: ut hoc ipso quo iram in nos ejus placare cupimus, ad studia meliora migremus,

cum fiducia agamus et resipiscamus. Sic Chananæam miseratus est; sic meretricem salute donavit, sic latronem, nullo interveniente mediatore et patrono.

Sanctorum invocatio. 5. Hæc autem dico, non ut sanctis non supplicemus, sed ne simus negligentes, neve in socordiam somnumque delapsi, aliis ipsisque solis res
Luc. 16. 9. nostras committamus. Nam cum dixisset, *Facite vobis amicos*, non hic stetit, sed addidit, *Ex iniquo mammona*: ut recte factum vere sit tuum. Nihil enim aliud hic, quam eleemosynam indicavit: quodque admirandum, nihil ultra a nobis exigit, si ab iniquitate abscedamus. Hoc enim vult significare: Inique adeptus es? Recte impende. Injuste collegisti? Juste disperge. Atqui quæ tandem hæc virtus est, de talibus donare? Attamen Deus, benignus cum sit, eo usque sese demittit. Si ita faciamus, bona nobis multa pollicetur. At nos ad tantum socordiam devenimus, ut ne quidem ex inique partis largiamur; sed innumeris aucti rapinis, si vel minimam partem dederimus, nos totum absolvisse putemus. Non audisti Paulum
2. Cor. 9. 6. dicentem, *Qui parce seminat, parce et metet?* Cur ergo parcis? num sumtus est illud? num expensa? Imo proventus et negotiatio. Ubi enim semen jacitur, ibi messis consequitur: ubi semen, ibi et multiplicatio. Tu vero, si terram haberes pinguem et fertilem, quæ plurima posset excipere

81 γινώμεθα, [c] σπουδάζοντες αὐτοὶ λῦσαι τὴν ὀργήν. Οὕ-
A τω τὴν Χαναναίαν ἠλέησεν· οὕτω τὴν πόρνην ἔσωσεν,
οὕτω τὸν λῃστὴν, οὐδενὸς γενομένου μεσίτου καὶ προστάτου.

Καὶ ταῦτα λέγω, οὐχ ἵνα μὴ ἱκετεύωμεν τοὺς ἁγίους, ἀλλ' ἵνα μὴ ῥᾳθυμῶμεν, μηδὲ ἀναπίπτοντες αὐτοὶ καὶ καθεύδοντες ἑτέροις τὰ καθ' ἡμᾶς ἐπιτρέπωμεν μόνοις. Καὶ γὰρ εἰπὼν, Ποιήσατε ὑμῖν φίλους, οὐ μέχρι τούτου ἔστη μόνον, ἀλλὰ προσέθηκεν, Ἐκ τοῦ ἀδίκου μαμωνᾶ· ἵνα πάλιν σὸν τὸ κατόρθωμα γένηται· οὐδὲν γὰρ ἕτερον ἢ ἐλεημοσύνην ἐνταῦθα ᾐνίξατο· καὶ τὸ δὴ θαυμαστὸν, [a] ὅτι οὐδὲν ἀκριβολογεῖται
B πρὸς ἡμᾶς, ἐὰν ἀποστῶμεν τῆς ἀδικίας. Ὃ γὰρ λέγει τοιοῦτόν ἐστιν· ἐκτήσω κακῶς; Ἀνάλωσον καλῶς. Συνέλεξας ἀδίκως; Σκόρπισον δικαίως. Καίτοι γε ποία τοῦτο ἀρετὴ τὸ ἐκ τῶν τοιούτων διδόναι; Ἀλλ' ὅμως ὁ Θεὸς, φιλάνθρωπος ὢν, καὶ μέχρι τούτου [b] συγκαταβαίνει. Κἂν οὕτω ποιῶμεν, πολλὰ ἡμῖν ἐπαγγέλλεται ἀγαθά. Ἀλλ' ἡμεῖς εἰς τοσοῦτον ἀναισθησίας ἥκομεν, ὡς μηδὲ ἐκ τοῦ ἀδίκου διδόναι· ἀλλὰ μυρία ἁρπάζοντες, ἂν πολλοστὸν μέρος καταβάλωμεν, τὸ πᾶν νομίζομεν πεπληρωκέναι. Οὐκ ἤκουσας Παύλου λέγοντος, ὅτι Ὁ σπείρων φειδομένως, φειδομένως καὶ θερίσει; Τίνος οὖν ἕνεκεν φειδῇ; μὴ γὰρ
C ἀνάλωμα τὸ πρᾶγμά ἐστι; μὴ γὰρ δαπάνη; Πρόσοδός ἐστι καὶ ἐμπορία. Ὅπου γὰρ σπόρος, ἐκεῖ καὶ ἀμητός· [c] ὅπου σπόρος, ἐκεῖ καὶ πλεονασμός. Σὺ δὲ, εἰ μὲν γῆν λιπαρὰν καὶ βαθεῖαν καὶ πολλὰ δυναμένην

[c] Alii σπουδάζοντες τοῦ λῦσαι.
[a] Alii ὅτι οὐκ ἀκριβ.
[b] Sic Savil., Morel. vero et Commelin. καταβαίνει.

[c] Savil. ὅπου ἐμπορία, ἐκεῖ καὶ πλεονασμός, id quod in nullo Ms. reperi.

ANIANI INTERPRETATIO.

et fiduciam bonæ conscientiæ colligamus. Sic enim Chananæam illam aliquando miseratus est; sic etiam meretrici donavit salutem; sic latronem a cruce in paradisum transtulit, nullius patroni, nullius precibus mediatoris inflexus.

5. Et hæc dicimus, non ut supplicandum esse sanctis negemus, sed ne nosmetipsos in otium ac desidiam resolvamus, et dormientes ipsi aliis tantummodo nostra curanda mandemus. Nam cum dixisset,
Luc. 16. 9. *Facite vobis amicos*, non hic restitit, sed adjecit, *Ex iniquo mammona*: ut scilicet tuum id esset ac proprium. Nihil quippe hic aliud quam misericordiæ opera signavit: quodque mirandum est, non exactam nobiscum rationem subducit, dummodo ab iniquitate desistamus. Quod enim dicit, hujusmodi est: Acquisisti antea male, impende jam bene: collegisti hactenus inique, disperge nunc juste. Atqui quæ tandem ista virtus est donare de talibus? Sed tamen amans hominem Deus eousque descendit, ut si ista faciamus, bona nobis magna promittat. Verum nos in tantum stultitiæ amentiæque processimus, ut nec ex iniqua aliquid possessione tribuamus: sed et cum rapinis mille ditati vel minimam partem forte dederimus, omnia nos jam implesse credimus. An non forte audisti apostolum pronuntiantem, quoniam
2. Cor. 9. 6. *Qui parce seminat, parce et metet?* Qua, quæso enim, ratione parcis ac retines? Non est istud impendere, sed augere: neque fructus ac negotiatio impensa dicenda est. Ubi enim semen est, ibi etiam multiplicatio fructuum consequitur. Tu vero si terram quidem pinguem ac fertilem coleres, et quæ plurimum

δέξασθαι σπέρματα γεωργεῖν ἔμελλες, καὶ τὰ ὄντα ἂν ἐξέβαλες, καὶ παρ' ἑτέρων ἂν ἐδανείσω, ζημίαν τὴν ἐν τοῖς τοιούτοις φειδὼ νομίζων εἶναι· τὸν δὲ οὐρανὸν μέλλων γεωργεῖν, τὸν οὐδεμιᾷ ἀνωμαλίᾳ ἀέρων ὑποκείμενον, ἀλλὰ πάντως ἀποδώσοντα μετὰ πλείονος προσθήκης τὰ καταβαλλόμενα, ὀκνεῖς καὶ ἀναδύῃ, 82
A καὶ οὐκ ἐννοεῖς ὅτι ἐστὶ φειδόμενον ἀπολέσαι, καὶ μὴ φειδόμενον κερδᾶναι. Σκόρπισον τοίνυν, ἵνα μὴ ἀπολέσῃς· μὴ κατάσχῃς, ἵνα κατάσχῃς· ἔκβαλε, ἵνα φυλάξῃς· ἀνάλωσον, ἵνα κερδάνῃς. Κἂν φυλάξαι αὐτὰ δέῃ, μὴ σὺ φύλαττε· πάντως γὰρ αὐτὰ ἀπολεῖς· [a] ἀλλὰ ἐπίτρεψον τῷ Θεῷ· οὐδεὶς γὰρ ἐκεῖθεν ἁρπάζει. Μὴ σὺ πραγματεύου· οὐδὲ γὰρ οἶσθα κερδαίνειν· ἀλλὰ δάνεισον τὸ πλεῖον τοῦ κεφαλαίου τῷ τὸν τόκον παρέχοντι. Δάνεισον ἔνθα μηδεὶς φθόνος, ἔνθα μηδεμία κατηγορία, μηδὲ ἐπιβουλὴ, μηδὲ φόβος. Δάνεισον τῷ μηδενὸς δεομένῳ, καὶ χρείαν ἔχοντι διὰ σέ· τῷ πάντας τρέφοντι, καὶ πεινῶντι, ἵνα σὺ μὴ λιμώξῃς· τῷ πενομένῳ, ἵνα σὺ πλουτήσῃς. Δάνεισον ὅθεν οὐκ ἔστι θάνατον, ἀλλὰ ζωὴν ἀντὶ θανάτου καρπώσασθαι. B
Οὗτοι μὲν γὰρ βασιλείαν, ἐκεῖνοι δὲ γέενναν προξενοῦσιν οἱ τόκοι· οἱ μὲν γὰρ [b] φιλαργυρίας, οἱ δὲ φιλοσοφίας εἰσί· καὶ οἱ μὲν ὠμότητος, οἱ δὲ φιλανθρωπίας. Τίνα οὖν ἕξομεν ἀπολογίαν, ὅταν καὶ πλείονα ἐξὸν λαβεῖν, καὶ μετὰ ἀσφαλείας, καὶ ἐν καιρῷ τῷ προσήκοντι, καὶ ἐν ἐλευθερίᾳ πολλῇ, καὶ σκωμμάτων χωρὶς, καὶ φόβων, καὶ κινδύνων, ἀφέντες ταῦτα κερδᾶναι, διώκωμεν ἐκεῖνα τὰ αἰσχρὰ, καὶ εὐτελῆ, καὶ σφαλερὰ, καὶ διαπίπτοντα, καὶ πολλὴν προξενοῦντα [c] τὴν κάμι-

semina, illam coleres, ac quæ suppeterent spargeres, et ab aliis commodato acciperes, parcimoniamque ea in re detrimentum esse putares: at cum cælum colere opus est, nulli aeris intemperiei obnoxium, sed cum fœnore maximo jacta semina redditurum, segnis es, refugis, neque cogitas, parce agentem perdere, affatim spargentem multum lucrari. Disperge itaque, ne perdas; ne retine, ut retineas; projice, ut custodias; impende, ut lucreris. Quod si servare illa oporteat, ne serves tu: nam illa prorsus perditurus es; sed Deo committas: inde namque nemo abripiet. Ne tu negotieris; nescis quippe lucrari; sed maximam totius partem fœnori dato ei qui usuram tibi præbiturus est. Ibi fœnus colloca, ubi nulla invidia, nulla accusatio, nullæ insidiæ, timor nullus. Fœnori dato ei qui nullo indiget, et propter te tamen opus habet; ei qui omnes alit, et esurit, ne tu fame premaris; ei qui pauper effectus est, ut tu ditescas. Fœnus ibi colloces, unde non mortem, sed vitam pro morte in fructum percipies. Hæc fœnora regnum, illa gehennam pariunt: hæc enim ad avaritiam, illa ad philosophiam pertinent: illa crudelitatem, hæc humanitatem arguunt. Quam defensionem habebimus, si cum possimus plura accipere, ac tuto inque tempore opportuno, cum libertate magna, tuti ab opprobriis, timoribus, periculis; hoc dimisso lucro, illa insequamur turpia, levia, fallacia, fluxa, quæ nos in fornacem

Eleemosynæ fructus.

[a] Alii ἀλλὰ πίστευσον τῷ Θεῷ. Alii ἀλλ' ἆρες.

[b] Alii φιλοξενίας, οἱ δὲ φιλοσοφίας. Paulo post pro ἀπολογίαν alii ἀφορμήν. Mox Savil. et Mss. ἐξόν, Morel. ἐξῇ.

[c] Alii τὴν φλόγα ἡμῖν;

ANIANI INTERPRETATIO.

esset opportuna seminibus, non tantum illam propria horrea seminando vacuares, verum etiam mutuaveris aliunde quod sereres. Maximum namque detrimentum putares, in re tali diligere parcitatem: cælum vero cum culturus sis, ubi nulla aeris inæqualitas, corruptio nulla ventorum est, sed plurimo ubique cum fœnore semina jacta proveniunt, cunctaris atque dissimulas, nec intelligis quia possimus et parcendo perdere, et spargendo colligere? Sparge ergo, ne perdas: noli retinere, ut magis congreges, sed fructuosissimo eroganda genere ut lucreris, impende. Et si servare illa oportet, noli ea tu servare; hoc enim modo universa dispereunt: sed Deo potius cuncta committe, et nemo quidquam poterit inde diripere. Noli igitur tu hic velle negotiari: neque enim nosti lucra colligere: sed eum potius fœnerare, qui longe majorem fœnore reddit usuram: ibi (inquam) potius fœnerare, ubi nulla invidia prorsus, nullus timor, nulla accusatio, nullæ versantur insidiæ: fœnerare nullius rei penitus indigentem, sed propter te tamen tamquam necessaria postulantem. Da pascenti omnes, et propter te esurienti, ne ipse egestate moriaris. Da ei qui idcirco pauper effectus est, ut te divitem faceret: fœnerare unde possis non mortem fructificare, sed vitam. Istæ namque usuræ regnum, illæ autem acquirunt gehennam; illæ enim avaritiæ sunt, istæ vero philosophiæ; et illæ quidem crudelitatis, istæ vero pietatis. Quam ergo satisfactionem parare poterimus, qui cum et amplius, et tutius, et opportunius possimus accipere, et cum libertate omni, et absque formidine, absque obtrectationibus ac periculis possidere, a talium lucrorum studio recedentes, vilia ista sectamur ac turpia,

Contra usuram.

ingentem dejiciant? Nihil enim, nihil certe præsenti usura turpius, nihil crudelius. Nam hujusmodi fœnerator in aliorum calamitatem negotiatur, et proventum sibi parat ex aliorum infelicitate, mercedemque humanitatis exigit: ac veluti metuens ne immisericors appareat, benignitatis specie foveam profundiorem fodit, dumque fert opem, pauperem opprimit, dum manum porrigit, dejicit, ac dum quasi in portum recipere videtur, in naufragium, in scopulum et in saxa latentia dejicit. Sed quid quæris? inquies; an ut collectam pecuniam, mihi utilem, alteri in usum dem, nec ullam inde mercedem reposcam? Absit: non ita loquor; imo cupio te hinc mercedem accipere, non vilem aut exiguam, sed multo majorem: pro auro te cælum in usuram accipere volo. Cur ergo te in paupertatem redigis, dum in terra volutaris, et parva pro magnis exigis? Illud enim est quid sint divitiæ nescire. Cum Deus pro exiguis illis pecuniis bona tibi cælestia promittit, tu vero dicis, Ne mihi cælum dederis, sed pro cælo aurum illud periturum: hoc est velle in pauperie manere. Ita qui veras divitias concupiscit, is manentia pro perituris, inexhausta pro fluxis, multa pro paucis, incorruptibilia pro corruptibilibus eliget: et sic illa etiam sequentur. Nam qui terram ante cælum quærit, ab illa prorsus excidet: qui autem cælum terræ

νον ἡμῖν; Οὐδὲν γὰρ, οὐδὲν τῶν ἐνταῦθα τόκων αἰσχρότερον, οὐδὲν ὠμότερον. Τὰς γὰρ ἀλλοτρίας ὁ C τοιοῦτος [d] πραγματεύεται συμφορὰς, καὶ πρόσοδον τὴν ἑτέρου δυσημερίαν ποιεῖται, καὶ μισθὸν ἀπαιτεῖ φιλανθρωπίας, καὶ καθάπερ δεδοικὼς μὴ ἀνελεήμων φανῇ, καὶ προσχήματι φιλανθρωπίας βαθύτερον ὀρύσσει τὸν βόθρον, ἐν τῷ βοηθεῖν ἐπιτρίβων τὴν πενίαν, καὶ ἐν τῷ χεῖρα ὀρέγειν ὠθῶν, καὶ δεχόμενος μὲν ὡς εἰς λιμένα, ναυαγίῳ δὲ περιβάλλων, ὡς ἐν σκοπέλῳ, 83 A καὶ ὑφάλῳ, καὶ σπιλάδι, τοῦτον. Ἀλλὰ τί κελεύεις; φησί· τὸ συλλεχθὲν ἀργύριον, καὶ ἐμοὶ χρήσιμον, ἑτέρῳ διδόναι εἰς ἐργασίαν, καὶ μηδένα μισθὸν ἀπαιτεῖν; Ἄπαγε· οὐ φημὶ τοῦτο ἐγὼ, ἀλλὰ καὶ σφόδρα βούλομαί σε μισθὸν λαβεῖν, οὐ μὴν εὐτελῆ καὶ μικρὸν, ἀλλὰ πολλῷ μείζονα· ἀντὶ γὰρ χρυσίου, τὸν οὐρανὸν βούλομαί σε τόκον λαβεῖν. Τί τοίνυν εἰς πτωχείαν σεαυτὸν κατακλείεις περὶ τὴν γῆν συρόμενος καὶ μικρὰ ἀντὶ μεγάλων ἀπαιτῶν; Τοῦτο γὰρ οὐκ εἰδότος ἐστὶ πλουτεῖν. Ὅταν γὰρ ὁ μὲν Θεὸς ἀντὶ χρημάτων ὀλίγων ἐπαγγέλληταί σοι τὰ ἐν τοῖς οὐρανοῖς ἀγαθὰ, σὺ δὲ λέγῃς, μὴ οὐρανόν μοι δῷς, ἀλλ' ἀντὶ τοῦ οὐρανοῦ χρυσίον τὸ ἀπολλύμενον· τοῦτο βουλομένου μένειν ἐστὶν B ἐν πενίᾳ. Οὕτως ὅ γε ἐπιθυμῶν πλούτου καὶ εὐπορίας, τὰ μένοντα πρὸ τῶν ἀπολλυμένων, τὰ ἀνάλωτα πρὸ τῶν δαπανωμένων, τὰ πολλὰ πρὸ τῶν ὀλίγων, τὰ ἀκήρατα πρὸ τῶν φθειρομένων αἱρήσεται· οὕτω γὰρ κἀκεῖνα ἕψεται. Ὁ μὲν γὰρ τὴν γῆν πρὸ τοῦ οὐρανοῦ ζητῶν,

[d] Alius καταπραγματεύεται. Ibid. ἑτέρου. Sic omnes pene Mss. atque ita legit Anianus, qui vertit *alterius*. Savil. et Morel. ἑταίρου. [Infra Savil. φανῇ, προσχήματι, omisso καί.] Infra Morel. et alii ὀρύσσει τὸ βάραθρον.

ANIANI INTERPRETATIO.

continuo peritura, ac maximum nobis paritura supplicium? Nihil enim præsenti usura turpius, nihilque crudelius. Siquidem hujusmodi fœnerator negotiatur aliena discrimina, et uberiores, ut putat, quæstus de alterius infelicitate consequitur, atque insuper quasi pietatis mercedem reposcit, velut metuens ne immisericors forte videatur: cum profecto prætextu miserendi, atque opem ferendi, majorem misero foveam crudelitatis effoderit, specie juvandi atterens inopem, ac manum porrigendo dejiciens, et quasi in portum ex tempestate suscipiens, sed improviso turbine in multo magis crudele naufragium, velut inter scopulos ac latentia saxa demergens. Quid igitur, inquis, hic præcipis? ut scilicet pecuniam congregatam, mihique utilem in usus alterius commodem, nec ullam inde prorsus mercedem reposcam? Absit. Non ego istud dico, sed satis cupio etiam te pro illa accipere mercedem: non hanc sane vilem et prorsus exiguam, sed longe utique majorem. Usuram enim tuam, non aurum volo esse, sed cælum. Cur ergo in paupertate teipsum concludis? Cur terræ totus affigeris, nimiumque in ea sordide volutaris, et repetis exigua pro magnis? Hoc enim illorum est qui ditari prorsus ignorant. Cum enim Deus pro parvula quadam pecunia, bona tibi cælestia et æterna promittat: tu vero dicas, Cælum mihi non det, sed pro cælo largiatur aurum, quod profecto periturum est: hoc est velle in pauperie remanere. Qui autem veras opes ac divitias concupiscunt, ea quæ mansura sunt potius eligunt, quam illa quæ pereunt: perennes opes potius ac inexhaustas, quam eas quæ consumuntur: hujusmodi enim præponunt magna parvis, et temporalibus sempiterna, fiuntque digni qui utraque percipiant. Qui enim cælum terræ amore contemnit, etiam istam profecto perdet: qui vero huic illud præponit, utrisque po-

καὶ ταύτης ἐκπεσεῖται πάντως· ὁ δὲ ἐκεῖνον ταύτης προτιθεὶς, ἀμφοτέρων ἀπολαύσεται μετὰ [a] πολλῆς τῆς ὑπερβολῆς. Ὅπερ ἵνα καὶ ἐφ' ἡμῶν γένηται, κατα- C φρονήσαντες τῶν ἐνταῦθα πάντων, ἑλώμεθα τὰ μέλλοντα ἀγαθά. Οὕτω γὰρ καὶ τούτων κἀκείνων τευξόμεθα, χάριτι καὶ φιλανθρωπίᾳ τοῦ Κυρίου ἡμῶν Ἰησοῦ Χριστοῦ, ᾧ ἡ δόξα καὶ τὸ κράτος εἰς τοὺς αἰῶνας τῶν αἰώνων. Ἀμήν.

prætulerit, utroque supra modum fruetur. Quod ut consequamur, præsentia omnia contemnentes, futura bona deligamus. Ita enim et his et illis fruemur, gratia et benignitate Domini nostri Jesu Christi, cui gloria et imperium in sæcula sæculorum. Amen.

[a] Πολλῆς τῆς ὑπερβολῆς. Alii πολλῆς τῆς περιουσίας.

ANIANI INTERPRETATIO.

tietur : et multo certe tutius, multoque jucundius. Quod ut etiam nobis fiat, despicientes cuncta omnino præsentia bona, potius eligamus futura. Ita enim et illis et istis fruemur, gratia et misericordia Domini nostri Jesu Christi, cui gloria cum Patre et sancto Spiritu in sæcula sæculorum. Amen.

ΟΜΙΛΙΑ ϛ'.

84

Τοῦ Ἰησοῦ γεννηθέντος ἐν Βηθλεὲμ τῆς Ἰουδαίας ἐν A ἡμέραις Ἡρώδου τοῦ βασιλέως, ἰδοὺ μάγοι ἀπὸ ἀνατολῶν παρεγένοντο εἰς Ἱεροσόλυμα, λέγοντες· ποῦ ἐστιν ὁ τεχθεὶς βασιλεὺς τῶν Ἰουδαίων; Εἴδομεν γὰρ αὐτοῦ τὸν ἀστέρα ἐν τῇ ἀνατολῇ, καὶ ἤλθομεν προσκυνῆσαι αὐτῷ.

Πολλῆς ἡμῖν δεῖ τῆς ἀγρυπνίας, πολλῶν τῶν εὐχῶν, ὥστε δυνηθῆναι ἐπεξελθεῖν τῷ παρόντι χωρίῳ, καὶ μαθεῖν, τίνες οἱ μάγοι οὗτοι, καὶ πόθεν ἦλθον, καὶ B πῶς, καὶ τίνος αὐτοὺς πείσαντος· καὶ τίς ὁ ἀστήρ. Μᾶλλον δὲ, εἰ βούλεσθε, πρότερον ἅ φασιν οἱ τῆς ἀληθείας ἐχθροὶ, ταῦτα εἰς μέσον ἀγάγωμεν. Καὶ γὰρ τοσοῦτον κατ' αὐτῶν ἔπνευσεν ὁ διάβολος, ὥστε καὶ ἐντεῦθεν αὐτοὺς ἐπιχειρεῖν ὁπλίζειν [a] κατὰ τῶν

HOMILIA VI.

CAP. II. 1. *Cum natus esset Jesus in Bethlehem Judææ in diebus Herodis regis, ecce magi ab oriente venerunt Jerosolymam,*
2. *dicentes : Ubi est qui natus est rex Judæorum? Vidimus enim stellam ejus in oriente, et venimus adorare eum.*

1. Multa nobis opus est vigilantia, multis precibus, ut præsentem locum explicare possimus, ac scire qui sint hi magi, unde, quomodo et quo suadente venerint; et quænam illa stella fuerit. Imo etiam, si vultis, ea primum in medium adducamus, quæ dicunt veritatis inimici. Etenim usque adeo diabolus illos afflavit, ut inde illis arma contra veritatem ministrare tentaverit. Quid

[a] Commelin. et Morel. κατὰ τὸν τῆς ἀληθείας λόγον, male.

ANIANI INTERPRETATIO.

HOMILIA SEXTA EX CAPITE II.

Cum autem natus esset Jesus in Bethlehem Judææ, in diebus Herodis regis, ecce magi ab oriente venerunt Jerosolymam, dicentes : Ubi est qui natus est rex Judæorum? Vidimus enim stellam ejus in oriente, et reliqua.

1. Multa nobis opus est vigilantia, multis precibus, ut præsentis difficultatem loci possimus absolvere : et discere quinam isti sint magi, et unde venerint; et quonam modo, quove suadente : quænam etiam illa fuerit stella, quæ magos ad Christum usque perduxerit. Quinimmo si placet, ea primum proferamus in medium, quæ de hoc loco disputant veritatis inimici. Siquidem tantum amentiæ illis diabolus inspirat, ut hinc quoque se contra virtutis rationem opinentur armari. Quidnam ergo proponunt?

Quidam magorum ex stella astrologiam asseri pugnabant.

igitur dicunt? Ecce, inquiunt, Christo nato stella apparuit, quod sane signum est astrologiam veram esse disciplinam. Quomodo ergo si illo ritu et modo natus est, astrologiam solvit, fatum sustulit, dæmonum ora obturavit, errorem expulit, et omnes hujuscemodi præstigias eliminavit? Quomodo etiam magi per hujusmodi stellam ediscunt ipsum esse regem Judæorum? cum certe non hujusmodi regni rex esset, ut ipse Pilato dicebat: *Regnum meum non est de hoc mundo.* (Joan. 18. 36.) Nihil quippe tale monstravit: non hastatos, non clypeatos, non equos, non mulorum jugum, neque quidpiam simile circum se habuit; sed vilem et pauperem vitam agebat, duodecim tantum viros, eosque despicatissimos circumducens. Sed etiamsi ipsum scirent esse regem, cur tandem illum adeunt? Neque enim illud astronomiam spectat, ut ex stellis cognoscantur ii qui nascuntur; sed ut ex hora qua nascuntur, prænuntientur ea quæ ipsis eventura sunt, uti quidem narrant. Hi vero neque parienti matri aderant, neque tempus noverant, quo natus est, neque inde initio ducto, ex stellarum motu quæ eventura erant prædixerunt: sed e contrario, cum stellam multo ante tempore in regione sua fulgentem vidissent, natum visuri accedunt: quod sane majoribus obnoxium difficultatibus est, quam id quod præcedit. Quænam illos ratio movit? qua spe fulti ex

τῆς ἀληθείας λόγων. Τί οὖν φασιν; Ἰδοὺ, φησὶ, καὶ τοῦ Χριστοῦ γεννηθέντος ἀστὴρ ἐφάνη, ὅπερ ἐστὶ σημεῖον τοῦ τὴν ἀστρολογίαν εἶναι βεβαίαν. Πῶς οὖν εἰ κατ' ἐκεῖνον ἐτέχθη τὸν νόμον, ἀστρολογίαν ἔλυσε, εἱμαρμένην ἀνεῖλε, καὶ δαίμονας ἐπεστόμισε, καὶ πλάνην ἐξέβαλε, καὶ πᾶσαν τοιαύτην μαγγανείαν ἀνέτρεψε; C [b] Τί δὲ καὶ οἱ μάγοι παρὰ τοῦ ἀστέρος αὐτοῦ μανθάνουσιν, ὅτι βασιλεὺς τῶν Ἰουδαίων ἦν; Καὶ μὴν οὐ ταύτης ἦν τῆς βασιλείας βασιλεὺς, καθὼς καὶ τῷ Πιλάτῳ ἔλεγεν· Ἡ βασιλεία ἡ ἐμὴ οὐκ ἔστιν ἐκ τοῦ κόσμου τούτου. Οὐδὲν γοῦν ἐπεδείξατο τοιοῦτον· οὐδὲ γὰρ δορυφόρους, οὔτε ὑπασπιστὰς, οὔτε ἵππους, οὔτε ἡμιόνων ζεῦγος, οὔτε ἄλλο τι τοιοῦτον ἔσχεν περὶ αὐτόν· ἀλλὰ τὸν εὐτελῆ τοῦτον βίον καὶ πτωχὸν μετῄει, δώδεκα εὐτελεῖς ἀνθρώπους μεθ' ἑαυτοῦ περιφέρων. Εἰ δὲ καὶ βασιλέα ᾔδεσαν ὄντα, τίνος ἕνεκεν παραγίνονται; 83 A Οὐ γὰρ δὴ τοῦτο ἀστρονομίας ἔργον ἐστὶν, ἀπὸ τῶν ἄστρων εἰδέναι τοὺς τικτομένους, ἀλλ' ἀπὸ τῆς ὥρας τῶν τικτομένων προαναφωνεῖν τὰ μέλλοντα ἔσεσθαι, ὥς φασιν. Οὗτοι δὲ [a] οὔτε ὠδινούσῃ τῇ μητρὶ παρῆσαν, οὔτε τὸν καιρὸν ἔγνωσαν, καθ' ὃν ἐτέχθη, οὔτε ἐντεῦθεν λαβόντες τὴν ἀρχὴν, συνέθηκαν ἀπὸ τῆς τῶν ἄστρων κινήσεως τὰ μέλλοντα ἔσεσθαι· ἀλλ' ἀντιστρόφως, ἀστέρα πρὸ πολλοῦ τοῦ χρόνου θεασάμενοι φανέντα ἐπὶ τῆς αὐτῶν χώρας, ἔρχονται ὀψόμενοι τὸν τεχθέντα· ὅπερ καὶ αὐτὸ τοῦτο τοῦ προτέρου σφόδρα [b] ἀπορώτερον ἂν εἴη. Τίς γὰρ αὐτοὺς ἔπεισε λόγος; ποίων ἀγαθῶν ἐλπὶς τὸν ἐκ τοσούτου διαστήματος

[b] Savil. τί δαί.

[a] Alii οὐδέ.

[b] Ἀπορώτερον. Alii ἀποῤῥητότερον.

ANIANI INTERPRETATIO.

Ecce, inquiunt, etiam Jesu nato sidus apparuit: quod certe grande documentum est, certissimam astronomiæ esse rationem. Porro id aperte falsum convincitur. Si enim secundum legem est natus astrorum, quomodo astronomiam solvit, fatumque destruxit, et dæmonum os obturavit, ac totum omnino exclusit errorem, omnemque vanissimam artis hujus obruit officinam? Quonam etiam pacto magi ex stella illa Judæorum regem illum esse didicerunt, cum certe non istius regni ille rex esset, sicut etiam Pilato ipse respondit: *Regnum*, inquit, *meum non est de hoc mundo?* (Joan. 18. 36.) Nihil quippe tale monstravit, quale mundi hujus reges habere conspicimus. Neque enim hastatas ille atque clypeatas ostendit militum catervas, non equos regalibus phaleris insignes, non currus auro ostroque fulgentes. Non enim istum, nec alium quempiam similem circa se habuit ornatum: sed vilem hanc prorsus vitam egit ac pauperem, duodecim tantummodo homines, eosque despicabiles secum circumducendo. Sed et si regem illum esse magi noverant, cujus rei tamen gratia ad eum venirent? Neque enim istud ad astrologiæ spectat artem, ut eos qui nascuntur, cognoscat stellis: sed ut ex hora punctove nascentium, ea quæ illis sunt eventura prædicat, ut aiunt. Isti vero neque parienti adstiterant matri, neque tempus quo rex noster natus esset agnoverant, ut hinc videantur præcinendi futura sumsisse principium: sed e contrario, cum multum ante tempus in regione sua stellam apparere vidissent, venerunt ad eum qui erat natus, videndum. Quod quidem ipsum, quantum ad rationem spectat humanam, multo esse inconsequentius comprobatur, quam id quod paulo ante præmissum est. Quænam enim magos ratio commovit? quænam etiam spes

προσκυνῆσαι βασιλέα; Εἰ μὲν γὰρ αὐτῶν ἔμελλε βασιλεύειν, μάλιστα μὲν οὐδὲ οὕτω λόγον εἶχε τὸ γινόμενον. Καὶ γὰρ εἰ μὲν ἐν βασιλικαῖς αὐλαῖς ἐτίκτετο, καὶ πατρὸς αὐτῷ βασιλέως παρόντος, εἰκότως ἄν τις ἔφη τούτους βουλομένους τὸν πατέρα θεραπεῦσαι προσκυνῆσαι τὸ τεχθὲν παιδίον, καὶ ταύτῃ πολλὴν ἑαυτοῖς ὑπόθεσιν προαποθέσθαι εὐνοίας. Νυνὶ δὲ μὴ αὐτῶν προσδοκῶντες ἔσεσθαι βασιλέα, ἀλλὰ ἔθνους ἀλλοκότου καὶ πολὺ τῆς αὐτῶν ἀφεστηκότος χώρας, οὔτε ἄνδρα ὁρῶντες ἤδη γενόμενον, [c] τίνος ἕνεκεν εἰς τοσαύτην στέλλονται ἀποδημίαν, καὶ δῶρα προσφέρουσι, καὶ ταῦτα μέλλοντες μετὰ κινδύνων ἅπαντα πράττειν; Καὶ γὰρ καὶ Ἡρώδης ἀκούσας διεταράχθη, καὶ ὁ δῆμος ἅπας ἐθορυβεῖτο, ταῦτα ἀκούσαντες παρ' αὐτῶν. Ἀλλ' οὐ προῄδεσαν οὗτοι ταῦτα; Ἀλλ' οὐκ ἂν ἔχοι λόγον. Εἰ γὰρ καὶ σφόδρα ἦσαν ἀνόητοι, τοῦτο οὐκ ἂν ἠγνόησαν, ὅτι εἰς πόλιν βασιλευομένην ἐλθόντες, καὶ τοιαῦτα κηρύξαντες, καὶ βασιλέα ἕτερον παρὰ τὸν τότε οἰκοῦντα δείξαντες, οὐχὶ μυρίους καθ' ἑαυτῶν ἂν ἐπεσπάσαντο θανάτους. Τί δὲ ὅλως καὶ προσεκύνουν ἐν σπαργάνοις ὄντα; Εἰ μὲν γὰρ ἀνὴρ ἦν, εἶχεν ἄν τις εἰπεῖν, ὅτι προσδοκῶντες τὴν παρ' αὐτοῦ βοήθειαν [a] εἰς προὖπτον ἑαυτοὺς ἔῤῥιψαν κίνδυνον· ὅπερ καὶ αὐτὸ ἐσχάτης ἀλογίας ἦν, τὸν Πέρσην, τὸν βάρβαρον, καὶ οὐδὲν κοινὸν ἔχοντα πρὸς τὸ Ἰουδαίων ἔθνος, βούλεσθαι μὲν τῆς οἰκείας ἀφίστασθαι, καὶ πατρίδα καὶ συγγενεῖς καὶ οἴκους ἀφιέναι, ἑτέρᾳ δὲ ἑαυτοὺς ὑποβάλλειν βασιλείᾳ.

B tanto terrarum spatio adoratum regem veniunt? Nam si quidem rex ipsorum futurus erat, ne sic etiam congruentem habuere rationem. Etenim si in regiis ædibus natus fuisset, rege patre præsente, jure quis diceret, ipsos ut patri placerent natum puerum adoravisse, ut hoc præmisso cultu, regis benevolentiam sibi conciliarent. Cum vero scirent ipsum regem suum non esse futurum, sed alienæ gentis, a regione sua longe remotæ, ipsumque ad viri ætatem nondum pervenisse, cur tantam peregrinationem suscipiunt, cur dona afferunt, quando maxime cum periculo hæc facturi
C erant? Siquidem hoc audito Herodes turbatus est, turbatus item populus totus, cum hæc ex illis audiret. At, inquies, hæc illi non præsciebant. Verum id cum ratione pugnat. Nam etsi admodum insipientes fuissent, ignorare non poterant, se in urbem regi subditam venientes, taliaque nuntiantes, aliumque ab eo qui tum regnabat re-
86 A gem esse monstrantes, sexcentis sese mortis periculis objicere. Cur autem pannis involutum adorarunt? Nam si vir saltem fuisset, dici potuisset illos, quod opem ejus exspectarent, se in apertum periculum conjecisse : quod tamen ipsum extremæ dementiæ fuisset, Persam, barbarum, qui nihil commune haberet cum Judæorum gente, a propria terra discedere velle, ac patriam, cognatos et domum relinquere, seque alteri regno subjicere.

[c] Τίνος ἕνεκεν τοσαύτην. Sic Savil. et quidam Mss. Ibidem quidam δῶρα προφέρουσι.

[a] Alii εἰς φανερὸν ἑαυτούς. Et paulo post alii habent τῆς οἰκείας γῆς ἀφ. Infra alii καὶ οἰκείους ἀφιέναι.

ANIANI INTERPRETATIO.

impulit præmiorum, ut ad regem adorandum venirent tam vasto præsertim a se terrarum spatio separatum? Quod et si super ipsos regnaturus fuisset, nec sic quidem haberet peregrinatio tam longa rationem. Nam si in regali fuisset aula natus ac patre regnante, consequenter forte quis diceret istos in honorem patris puerum adorare voluisse, et hoc sibi ad conciliandum regis animum suffragium comparasse: nunc vero cum illum nec suum regem sperent futurum, sed gentis alienæ, magnoque spatio ab illorum regione divisæ, neque patrem ejus regem esse videant : qua ratione tanti iter laboris arripiunt, et adorant parvulum in matris gremio pauperis collocatum, et offerunt munera, maximo certe cum periculo ista omnia facturi? Audiens enim hæc ab eis Herodes, pariterque populus, turbatus est. Verum hæc, inquis, minime isti præsciebant. At omni prorsus ratione nuda hæc probatur objectio. Nam etsi valde insipientes fuissent, istud tamen nequaquam ignorare potuissent, quod ingressi urbem in qua rex alter habitaret, talia prædicando, aliumque illius populi regem esse monstrando, non mille contra se gladios commoverent. Cur ergo etiam adorarunt pannis adhuc infantiæ colligatum? Nam si virilis jam fuisset ætatis, dicere quis forte potuisset, quod aliquod ab eo auxilium præstolantes, in apertum se periculum tradidissent. Quod tamen ipsum extremæ omnino fuisset dementiæ, ut Perses aliquis ac barbarus, nullumque habens cum Judæorum gente consortium, vellet a domo sua patriaque discedere, relinquere etiam famulos, amicos, propinquos, regnoque se alterius subjugare.

2. Quod si hoc stultum fuisset, quod sequitur longe stultius. Quidnam illud est? Quod tam longi spatium itineris emensi, postquam adoraverant, et tantum apud omnes tumultum excitaverant, statim reversi sint. Quæ tandem viderunt regni insignia? Tugurium, præsepe, puerulum in cunabulis, matrem pauperem. Cuinam munera obtulerunt, et qua de causa? An ea lex, is mos erat, ut omnibus per orbem nascentibus regibus id obsequii tribueretur? an semper terrarum orbem circuibant, ut quos scirent ex vilibus et pauperibus reges futuros, antequam in regium solium ascenderent, adorarent? Nemo sane illud dixerit. Cur ergo illum adorarunt? Si rerum præsentium causa, quid se sperare poterant a puerulo et inope matre accepturos? si futurorum gratia, unde scire poterant puerulum in cunabulis adoratum, eorum quæ tum gesta sunt recordaturum esse? Quod si mater illum admonitura erat, supplicio potius quam præmio digni erant, qui in apertum periculum illum conjecissent. Exinde enim Herodes turbatus, quærebat illum, scrutabatur, et interficere tentabat. Atque ubique terrarum, qui aliquem in tenella ætate privatum, regnaturum esse palam prædixerit, nihil aliud agit, quam quod ipsum neci tradat, vel contra illum bella excitet innumera. Viden' quanta hinc absurda nascantur, si secundum rerum humanarum

Εἰ δὲ τοῦτο ἀνόητον, τὸ μετὰ τοῦτο ἀνοητότερον πολλῷ πλέον. Ποῖον δὴ τοῦτο; Τὸ μακρὰν οὕτως ἀποδημίαν ἐλθόντας, καὶ προσκυνήσαντας, καὶ ταράξαντας B πάντας, ἀπελθεῖν εὐθέως. Τί δὲ ὅλως καὶ βασιλείας σύμβολον εἶδον, καλύβην, καὶ φάτνην, καὶ παιδίον ἐν σπαργάνοις, καὶ μητέρα πτωχὴν ἰδόντες; Τίνι δὲ καὶ τὰ δῶρα προσέφερον, καὶ τίνος ἕνεκεν; Ἆρα νόμος ἦν καὶ ἔθος, τοὺς πανταχοῦ τικτομένους βασιλέας οὕτω θεραπεύειν; καὶ πᾶσαν περιῄεσαν ἀεὶ τὴν οἰκουμένην, οὓς ᾔδεσαν ἐσομένους βασιλέας ἀπὸ μικρῶν καὶ εὐτελῶν πρὶν ἐπὶ τὸν θρόνον τὸν βασιλικὸν ἀναβῆναι προσκυνοῦντες; Ἀλλ' οὐκ ἂν ἔχοι τις τοῦτο εἰπεῖν. Τίνος δὲ ἕνεκεν καὶ προσεκύνουν; Εἰ μὲν τῶν παρόντων ἕνεκεν, καὶ τί προσεδόκων παρὰ παιδίου καὶ C μητρὸς εὐτελοῦς λήψεσθαι; εἰ δὲ τῶν μελλόντων ἕνεκεν, καὶ πόθεν ᾔδεσαν ὅτι ἀπομνημονεύσει τῶν τότε γενομένων ὁ παῖς ἐν σπαργάνοις; Εἰ δὲ ἡ μήτηρ ἔμελλεν ἀναμιμνήσκειν αὐτὸν, οὐδὲ οὕτω τιμῆς, ἀλλὰ κολάσεως ἦσαν ἄξιοι, εἰς προὖπτον ἐμβάλλοντες αὐτὸν κίνδυνον. Ἐντεῦθεν οὖν ὁ Ἡρώδης ταραχθεὶς, καὶ 87 ἐζήτει, καὶ περιειργάζετο, καὶ ἀνελεῖν ἐπεχείρει. Καὶ A πανταχοῦ δὲ ὁ τὸν μέλλοντα βασιλεύειν κατάδηλον ποιῶν, ἐκ πρώτης ἡλικίας ἰδιώτην ὄντα, οὐδὲν ἕτερον ἢ σφαγῇ παραδίδωσι, καὶ μυρίους ἀνάπτει πολέμους αὐτῷ. [a] Εἶδες πόσα τὰ ἄτοπα φαίνεται, εἰ κατὰ ἀνθρωπίνην ἀκολουθίαν καὶ κοινὴν συνήθειαν ταῦτα ἐξετάσαιμεν; Οὐδὲ γὰρ ταῦτα μόνον, ἀλλὰ καὶ πλείονα τούτων ἐνῆν εἰπεῖν, ζήτησιν ἔχοντα πλείω τῶν εἰρη-

[a] Alii εἶδες ὅσα τά. Infra quidam ἔχοντα μείζω τῶν εἰρημένων.

ANIANI INTERPRETATIO.

2. Si vero id stultum fuisset, multo id quod sequitur esse stultius comprobatur. Quid vero istud est, quod scilicet tam longi spatia itineris emensi, cum adorassent puerum, multosque adversum se excitassent tumultus, continuo sunt reversi? Quæ vero etiam regni vidisse feruntur insignia? Humile profecto tugurium, squalidumque præsepium, et parvulum pannis vilibus involutum, et matrem pauperculam. Cur vero ipsa obtulere munera? quave de causa? Putasne lex erat, aut mos aliquis, ut ubicumque terrarum regibus natis hujus tribueretur devotionis obsequium: et isti totum prorsus circumeuntes orbem, eos quos scirent ex vilibus atque pauperibus reges futuros, suppliciter adorarent, et hoc antequam illi solium regale conscenderent? Sed omnino nullus id dixerit. Cujus ergo illum adoraverunt rationis intuitu? Sed et si de præsentibus aliquid beneficiis cogitabant, quid tandem remunerationis a parvulo et matre inopi sperare potuerunt? An vero ut in posterum sibi apud regem gratiam collocarent? Et unde scire illi poterant quod ille non oblivisceretur tam properatæ adorationis jam maturus in regno, qui in ipsis adhuc fuisset incunabulis adoratus? Quod si illum crederent a matre admonendum, illi tamen supplicio essent quam præmio digniores, qui eum in tam apertum periculum, non tam adorando, quam prodendo tradiderant. Hinc siquidem Herodes profecto turbatus, omni puerum cura quærebat, omnique eum interimere cupiditate properabat. Ita enim se res habet, ut ubi quispiam regnante alio alterum regem dixerit futurum, eumque adhuc puerum et privatum notum fecerit, mille eum periculis exponat, atque in apertum tradat interitum. Videsne quanta hic absurda nascantur si juxta humanam consequen-

μένων. Ἀλλ' ἵνα μὴ συνάπτοντες ἀπορίας ἀπορίαις ἰλιγγιᾷν ὑμᾶς ποιῶμεν, φέρε δὴ λοιπὸν καὶ ἐπὶ τὴν λύσιν τῶν ζητουμένων ἔλθωμεν, ἀρχὴν τῆς λύσεως ἀπὸ τοῦ ἀστέρος αὐτοῦ ποιούμενοι. Ἂν γὰρ μάθωμεν τίς ὁ ἀστὴρ, καὶ ποταπὸς, καὶ εἰ τῶν πολλῶν εἷς, ἢ ξένος παρὰ τοὺς ἄλλους, καὶ εἰ φύσει ἀστὴρ, ἢ ὄψει B μόνον ἀστὴρ, εὐκόλως καὶ τὰ ἄλλα πάντα εἰσόμεθα. Πόθεν οὖν ταῦτα ἔσται δῆλα; Ἀπὸ τῶν γεγραμμένων αὐτῶν. Ὅτι γὰρ οὐ τῶν πολλῶν εἷς ὁ ἀστὴρ οὗτος ἦν, μᾶλλον δὲ οὐδὲ ἀστὴρ, ὡς ἔμοιγε δοκεῖ, ἀλλὰ δύναμίς τις ἀόρατος εἰς ταύτην [b] μετασχηματισθεῖσα τὴν ὄψιν, πρῶτον ἀπὸ τῆς πορείας αὐτῆς δῆλον. Οὐ γάρ ἐστιν, οὐκ ἔστιν ἀστήρ τις ταύτην βαδίζων τὴν ὁδόν· ἀλλὰ κἂν ἥλιον εἴπῃς, κἂν σελήνην, κἂν τοὺς ἄλλους ἅπαντας ἀστέρας, ἐξ ἀνατολῶν ἐπὶ δύσιν ὁρῶμεν χωροῦντας· οὗτος δὲ ἀπὸ ἄρκτου πρὸς μεσημβρίαν ἐφέρετο· οὕτω γὰρ ἡ Παλαιστίνη πρὸς τὴν Περσίδα κεῖται. Δεύτερον, καὶ ἀπὸ τοῦ καιροῦ C τοῦτό ἐστιν ἰδεῖν. Οὐ γὰρ ἐν νυκτὶ φαίνεται, ἀλλ' ἐν ἡμέρᾳ [c] μέσῃ, λάμποντος ἡλίου· ὅπερ οὐκ ἔστι δυνάμεως ἀστέρος, ἀλλ' οὐδὲ σελήνης· ἡ γὰρ τοσοῦτον πάντων ὑπερέχουσα, τῆς ἀκτῖνος φανείσης τῆς ἡλιακῆς, κρύπτεται εὐθέως καὶ ἀφανίζεται. Οὗτος δὲ τῇ τῆς οἰκείας λαμπρότητος ὑπερβολῇ καὶ τὰς ἀκτῖνας ἐνίκησε τὰς ἡλιακὰς, φανότερος ἐκείνων φανεὶς, καὶ ἐν το- 88 σούτῳ φωτὶ μεῖζον λάμψας. Τρίτον, ἀπὸ τοῦ φαίνεσθαι A καὶ πάλιν κρύπτεσθαι. [a] Τὴν μὲν γὰρ ἕως Παλαιστίνης

seriem, vulgaremque morem res exploretur? Neque tamen hæc tantum, sed etiam multo plura dici possent, quæ majores iis, quas supra diximus, parerent quæstiones. Sed ne difficultates difficultatibus nectentes, in caliginem obscuritatemque vos dejiciamus; age demum ad quæsitorum solutionem properemus, et a stella ducamus initium. Si enim discamus quæ vel qualis illa sit, an ex numero aliarum, an diversa ab illis, an natura sua, an specie tantum stella, tunc facile cætera omnia sciemus. Unde ergo hæc comperiamus? Ex ipsa Scriptura. Quod enim hæc stella non ex numero aliarum, imo ne stella quidem esset, ut mihi quidem videtur, sed invisibilis quædam virtus, quæ stellæ speciem præferret, primo ab ejus itinere arguitur. Nulla enim, nulla utique stella est quæ tali pergat via: nam et solem et lunam, et alias omnes stellas ab oriente videmus ad occidentem pergere: hæc vero stella a septentrione ad meridiem ferebatur: Palæstinæ quippe hic situs est si Persidem spectes. Secundo, illud etiam a tempore probari potest. Neque enim noctu apparet, sed in meridie, lucente sole; quam vim nec stella, imo ne luna quidem ipsa habet, quæ licet omnia astra superet, orto solis fulgore statim occultatur nec conspicitur. Hæc vero stella splendo-

Stella, quæ apparuit, non e numero cæterarum stellarum erat.

[b] Alii σχηματισθεῖσα. Paulo post alii ἀστὴρ εἰς ταύτην, alii εἰς τοσαύτην. Et postea quidam εἰς μεσημβρίαν ἐφαίνετο.

[c] Alii μέσῃ φαίνοντος ἡλίου.

[a] Quod hic dicit Chrysostomus, stellam magis usque in Palæstinam luxisse, et cum Jerosolymam advenissent, sese occultasse; non videtur consonare cum Evangelio Matth. 2, 9, 10, ubi legitur: *Et ecce stella, quam viderant in oriente, antecedebat eos... Videntes autem stellam gavisi sunt gaudio magno valde*, etc. Ibidem alii habent εἶτα πάλιν ἐπειδὴ τὸν Ἡρώδην.

ANIANI INTERPRETATIO.

tiam, moremque communem hæc esse intelligenda credamus? Nec tamen ista solum, sed plura etiam alia proferre possumus, majorem habentia quæstionem, quam ista quæ diximus. Sed ne obscuris obscura nectentes, fastidium vobis laboremque faciamus, age jam ad ea quæ proposita sunt explananda veniamus, ab ipsa sumentes stella absolutionis exordium. Cum enim didicerimus quænam sit illa stella, vel qualis: et utrum una de multis, an prorsus nova, et ab aliis discreta sideribus, et utrum naturaliter stella sit, an tantum stellæ speciem præ se ferat: cum, inquam, didicerimus ista, facile sciemus et reliqua. Unde ergo manifestius poterunt ista cognosci? De ipsa profecto evangelicæ lectionis historia. Quod enim non una fuerit hæc stella de pluribus, imo, ut ego arbitror, nec stella omnino, sed quædam invisibilis virtus in specie sideris figurata, ab ipso primum itinere monstratur. Non est enim stella, omnino non est, quæ per hanc cæli plagam cursum tenere doceatur: sed sive dixeris solem, sive dixeris lunam astraque cætera, ab oriente ferri omnia in occidentem videmus. Hæc vero a septentrione in meridiem stella veniebat. Sic enim secundum locorum situm Palæstina spectabat ad Persidem. Secundo vero etiam de tempore istud probari possibile est. Neque enim in nocte cernitur, sed lucente prorsus die, ac sole fulgente. Quam lucendi vim non modo stella nulla, sed nec ipsa quidem luna sortita est: quæ licet multo clarius omnibus coruscet astris, continuo tamen ortu solis absconditur: et quæ prius illustrabat omnia, sub multo clariore sidere vix ipsa conspicitur. Hæc vero stella ipsos etiam solis radios proprio quodam

ris sui vi etiam solis radios splendore superabat, majoresque emittebat radios. Tertio, probatur, quod ea modo lucem emitteret, modo cessaret. Nam venientibus in Palæstinam luxit: postquam autem Jerosolymam advenerant, sese occultavit; deinde Herode relicto, postquam illum de causa itineris certiorem fecerant, iter suscepturis apparuit: quod certe non stellæ motui competit, sed virtuti intelligentia præditæ. Neque enim proprium sibi cursum habebat, sed ubi pergendum
Exod. 13. erat, illa pergebat; ubi standum, stabat, secun-
Num. 9. dum opportunitatem omnia dispensans; sicut columna illa nubis quæ Judæis monstrabat, quando castra movere, quando sistere oporteret. Quarto, ab ipso lucendi modo id clare discitur. Non enim in alto cælo constituta, neque enim poterant illo modo dirigi, sed inferne demissa, locum monstrabat. Nostis enim non posse stellam locum ita parvum monstrare, qui tugurium contineret; imo locum qui corpus infantuli capere posset: quia enim immensa erat altitudo, non poterat stella tam angustum locum indicare volentibus invisere. Illud vero ex ipsa luna deprehendere est: quæ cum stellas omnes tantum superet, universis orbem incolentibus, et in tanta terræ latitudine diffusis, vicina esse videtur. Quomodo igitur, quæso, locum ita angustum præsepis et tugurii stella ostendisset; nisi relicta illa celsitudine ad inferiora

ὁδὸν ἐφαίνετο χειραγωγῶν· ἐπειδὴ δὲ ἐπέβησαν τῶν Ἱεροσολύμων, ἔκρυψεν ἑαυτόν· εἶτα πάλιν ὅτε τὸν Ἡρώδην ἀφέντες, καὶ διδάξαντες αὐτὸν ὑπὲρ ὧν ἦλθον, ἔμελλον ἀπιέναι, δείκνυσιν ἑαυτόν· ὅπερ οὐκ ἔστιν ἄστρου κινήσεως, ἀλλὰ δυνάμεώς τινος λογικωτάτης. Οὐδὲ γὰρ ἰδίαν τινὰ πορείαν εἶχεν, ἀλλ' ὅτε μὲν ἔδει βαδίσαι αὐτοὺς, ἐβάδιζεν· ὅτε δὲ στῆναι, ἵστατο, πρὸς τὸ δέον πάντα οἰκονομῶν· καθάπερ ὁ στῦλος τῆς νεφέλης, καὶ καθίζων καὶ ἐγείρων τὸ στρατόπεδον τῶν Ἰουδαίων, ἡνίκα ἐχρῆν. Τέταρτον ἀπὸ τοῦ τρό-
B που τῆς δείξεως τοῦτο ἄν τις καταμάθοι σαφῶς. Οὐ γὰρ ἄνω μένων τὸν τόπον ἐδείκνυ· οὐδὲ γὰρ δυνατὸν ἦν αὐτοῖς οὕτω μαθεῖν· ἀλλὰ κάτω καταβὰς τοῦτο ἐποίει. Ἴστε γὰρ, ὅτι τόπον οὕτω μικρὸν, καὶ ὅσον εἰκὸς καλύβην κατασχεῖν, μᾶλλον δὲ ὅσον εἰκὸς σῶμα παιδίου μικροῦ [b] κατέχειν, οὐχ οἷόν τε ἀστέρα γνωρίζειν. Ἐπειδὴ γὰρ ἄπειρον τὸ ὕψος, οὐκ ἤρκει οὕτω στενὸν τόπον χαρακτηρίσαι καὶ γνωρίσαι τοῖς βουλομένοις ἰδεῖν. Καὶ τοῦτο ἀπὸ τῆς σελήνης ἴδοι τις ἄν· ἣ τοσοῦτον ὑπερφερὴς οὖσα τῶν ἄστρων, πᾶσι τοῖς κατὰ τὴν οἰκουμένην οἰκοῦσι, καὶ εἰς τοσοῦτον πλάτος γῆς ἐκκεχυμένοις ἅπασιν, ἐγγὺς εἶναι δοκεῖ.
C Πῶς οὖν ὁ ἀστὴρ, εἰπέ μοι, τόπον οὕτω στενὸν φάτνης καὶ καλύβης ἐδείκνυ, εἰ μὴ τὸ ὑψηλὸν ἐκεῖνο ἀφεὶς κάτω κατέβη, καὶ ὑπὲρ αὐτῆς ἔστη τῆς κεφαλῆς τοῦ παιδίου; Ὅπερ οὖν καὶ ὁ εὐαγγελιστὴς αἰνιττόμενος ἔλεγεν· Ἰδοὺ ὁ ἀστὴρ προῆγεν αὐτοὺς, ἕως ἐλθὼν ἔστη ἐπάνω οὗ ἦν τὸ παιδίον. Ὁρᾷς δι' ὅσων

[b] Alii κατασχεῖν. Infra quidam ἴδοι τις ἄν· ἡ τοσοῦτον ὑπεραίρουσα τῶν ἄστρων, et paulo post γῆς ἐκκεχυμένης.

ANIANI INTERPRETATIO.

præcipuoque fulgore superabat, clarius illis profecto apparens, atque in tanto eorum lumine magis ipsa resplendens. Tertio autem ab ipsa interpolatione lucendi stellæ hujus novitas indicatur. Nunc enim occultabatur omnino, nunc toto prorsus fulgore radiabat. Nam usque ad Palæstinam venientibus magis, quasi dux itineris semper apparuit: cum vero Jerosolymam introissent, sese rursus abscondit. Deinde cum Herodi causam itineris indicassent, eoque relicto ad puerum pergerent adorandum, iterum se illis eadem stella monstravit. Hoc autem non agit motus sideris, sed virtus quædam plena rationis. Neque enim proprium quempiam illa tunc stella cursum tenebat, sed cum eos oporteret pergere, etiam ipsa pergebat: cum vero standum esset, stabat opportune ac decenter cuncta dispensans: sicut etiam illa
Exod. 13. quondam in eremo nubis columna pro opportunitate rerum nunc stabat loco, ibi castra figenda decla-
Num. 9. rans, nunc progrediens movebat exercitum. Quarto etiam ab ipso demonstrationis modo facile istud lucideque perspicitur. Non enim in excelso constituta cæli eum qui inquirebatur a magis ostendit locum, neque enim sic discere illi aliquando potuissent: sed descendens, et inferiorem aeris partem tenens, istud effecit. Nostis enim, quod tam exiguum et humilem locum, ac breve tugurium, quod, ut ita dixerim, corpusculum illuc parvuli continebat, nequiverit de cælo stella monstrare. Neque enim tantam illius brevitatem loci, tam inæstimabilis altitudo iis qui videre cupiebant, veluti certa nota designare potuisset, quod certe perfacile a lunari potest orbe cognosci. Luna enim cum sideribus tantum præcellat, in tam grandis latitudinem diffusa terræ, cunctis mundi habitatoribus creditur esse vicina. Quemadmodum igitur stella tam exiguum locum, tugurii scilicet atque præsepis, ostendit, nisi sublime illud re

δείκνυται οὐ τῶν πολλῶν [c] εἷς ὢν οὗτος ὁ ἀστὴρ, οὐδὲ 89 A κατὰ τὴν ἀκολουθίαν τῆς ἔξω γεννήσεως δεικνὺς ἑαυτόν;

Καὶ τίνος ἕνεκεν ἐφάνη; Ὥστε καθικέσθαι τῆς Ἰουδαίων ἀναισθησίας, καὶ πᾶσαν αὐτοῖς ἀποκλεῖσαι ἀπολογίας ἀφορμὴν ἀγνωμονοῦσιν. Ἐπειδὴ γὰρ ὁ παραγενόμενος, τὴν μὲν παλαιὰν [a] ἀναπαύειν ἔμελλε πολιτείαν, τὴν δὲ οἰκουμένην εἰς τὴν αὐτοῦ προσκύνησιν καλεῖν, καὶ ἐν γῇ καὶ ἐν θαλάττῃ προσκυνεῖσθαι πάσῃ, ἐκ προοιμίων εὐθέως τοῖς ἔθνεσιν ἀνοίγει τὴν θύραν, διὰ τῶν ἀλλοτρίων τοὺς οἰκείους παιδεῦσαι θέλων. Ἐπειδὴ γὰρ τῶν προφητῶν συνεχῶς ἀκούοντες λεγόντων περὶ τῆς αὐτοῦ παρουσίας, οὐ σφόδρα προσ- B εἶχον, ἐποίησε καὶ βαρβάρους ἐλθεῖν ἀπὸ γῆς μακρᾶς, τὸν παρ' αὐτοῖς βασιλέα ἐπιζητοῦντας, καὶ παρὰ Περσικῆς πρώτης φωνῆς μανθάνουσιν, ἃ παρὰ τῶν προφητῶν μαθεῖν οὐκ ἠνέσχοντο· ἵνα ἂν μὲν εὐγνωμονῶσι, μεγίστην ἔχωσι τοῦ πείθεσθαι πρόφασιν· ἐὰν δὲ φιλονεικῶσι, πάσης ὦσιν ἀπεστερημένοι λοιπὸν ἀπολογίας. Τί γὰρ ἂν ἔχοιεν εἰπεῖν, μὴ δεξάμενοι τὸν Χριστὸν μετὰ τοὺς τοσούτους προφήτας, ὅταν ἴδωσι μάγους ἀπ' ὄψεως ἑνὸς ἄστρου τοῦτον δεξαμένους, καὶ προσκυνήσαντας τὸν φανέντα; Ὅπερ οὖν ἐπὶ τῶν Νινευιτῶν ἐποίησε, πέμψας τὸν Ἰωνᾶν, καὶ, ὅπερ ἐπὶ τῆς Σαμαρείτιδος, καὶ τῆς Χαναναίας, τοῦτο καὶ ἐπὶ C

descendisset, et supra caput ipsum pueri stetisset? Quod subindicans evangelista dicebat: 9. *Ecce stella antecedebat eos, usque dum veniens staret supra ubi erat puer.* Viden' quot argumentis probatur hanc stellam non fuisse ex numero aliarum: neque secundum seriem externæ illius genesis apparuisse?

3. Cur ergo apparuit? Ut Judæorum stupiditatem incesseret, atque ingratis adimeret omnem defensionis ansam. Quia enim adveniens ille vetus institutum abrogaturus, orbemque ad unum eumdemque cultum deducturus, ipseque in mari et terra ubique adorandus erat, ab ipsis statim initiis ostium gentibus aperit, ut alienorum exemplo suos etiam erudiret. Quia enim cum prophetas frequenter audirent de ipsius adventu sæpe loquentes, non admodum attendebant, effecit ut barbari de terra longinqua venirent, qui regem apud ipsos natum inquirerent; et Persica voce primum ea ediscerent, quæ a prophetis discere noluerant: ut si probe se gererent, maximam arriperent ad obtemperandum ansam; sin vero contenderent, omni prorsus excusatione vacui essent. Quid enim dicere possint ii, qui Christum a tot prophetis annuntiatum non susceperunt, cum viderint magos ex unius stellæ visu ipsum suscipientes et adorantes? Quod igitur circa Ninivitas fecerat Jonam mittens, et quod circa Samaritanam et Chananæam, idipsum etiam per magos fecit.

Stella cur apparuit.

[c] Εἷς ὢν οὗτος ὁ ἀστήρ. Sic Savil. et Mss. plurimi. Morel. εἷς ὢν ὁ ἀστήρ. Infra alii ἀποκλεῖσαι ἀπολογίαν ἀγνωμ.

[a] Ἀναπαύειν. Alii παύειν. Mox alii ἐπὶ τὴν αὐτοῦ προσκύνησιν.

ANIANI INTERPRETATIO.

linquens ad inferiora venisset, superque ipsum fere caput pueri constitisset: quod etiam evangelista significans, *Ecce*, inquit, *stella quam viderant in oriente, præcedebat eos usque dum veniens staret supra ubi erat puer.* Nempe consideras quantis ex rebus evangelista doceat, quod non sit hæc stella una de cæteris, neque secundum consequentiam * astrologiæ puerum ostendat astrologis.

3. Cur igitur apparuit? Ut videlicet infidelitatem Judæorum magis magisque convinceret, et ingratis omnem prorsus aditum excusationis obstrueret. Quia enim Christus adveniens Veteri Testamento erat finem daturus, universum vero mundum ad se vocaturus adorandum: qui utique mari terraque esset colendus, ab ipsis statim initiis nativitatis ostium gentibus reserat, et sic quoque domesticos cultores suos erudit, dum invitat alienos. Quia enim audientes prophetas, qui adventum ejus sæpe promiserant, parum attente eorum verba pensabant, a longinquis regionibus venire fecit et barbaros, qui apud illos natum inquirerent regem, ut Persico primum sermone discerent quæ prophetis nuntiantibus discere noluerunt: ut si bonæ fuerint voluntatis, maxima juventur occasione credendi; si vero contra manifesta contenderint, omni prorsus excusatione priventur. Etenim non suscipientes Christum post tantorum de illo testimonia prophetarum, quo tandem impietatem suam obducere colore potuissent, quando vidissent magos unius apparitione stellæ, et inquisisse Christum, et inventum suppliciter adorasse? Quod igitur de Ninivitis fecit Deus, mittens ad eos Jonam: quod in Samaritana atque Chananæa, hoc etiam fecit in ma-

Matth. 12. 41. 42. Ideoque dicebat: *Viri Ninivitæ surgent et condemnabunt;* et, *Regina austri surget, et condemnabit generationem hanc*: quoniam illi minoribus crediderunt, hi vero neque majoribus. At cur illos, inquies, per talem visum adduxit? At quomodo oportuit? an prophetas mittere? Sed magi prophetis non credidissent. An vocem superne proferre? Verum non attendissent. An angelum mittere? Sed hunc quoque forsitan præteriissent. Quapropter illis omnibus omissis Deus, summa utens indulgentia, per consueta vocat illos, ostenditque stellam magnam ab aliis diversam, ut ipsos et ex magnitudine et ex pulchritudine spectaculi percelleret, necnon etiam ex cursus modo. Hæc et Paulus imitatus, ex ara cum Græcis disserendi occasionem accipit, et poetarum testimonia in medium adducit: Judæos vero circumcisionem memorans alloquitur, et eos qui sub lege viverent, a sacrificiis orsus, doctrina imbuit. Quia enim consuetum sibi quisque morem libenter sequitur, et Deus et viri a Deo ad orbis salutem missi, ita res tractant. Ne itaque indignum Deo putes, quod per stellam ipsos vocaverit: sic enim Judaïca quoque omnia improbabis, sacrificia nempe, purificationes, neomenias, arcam, ipsumque templum. Hæc quippe omnia ex gentium crassitudine ortum duxerunt. Attamen Deus ad errantium salutem his se passus est coli, quibus dæmonas gentiles illi colebant, illo tamen

τῶν μάγων. Διὰ τοῦτο καὶ ἔλεγεν· Ἄνδρες Νινευῖται
ἀναστήσονται, καὶ κατακρινοῦσι· καὶ, Βασίλισσα νότου ἀναστήσεται, καὶ κατακρινεῖ τὴν γενεὰν ταύτην·
ὅτι ἐκεῖνοι μὲν τοῖς ἐλάττοσιν ἐπίστευσαν, οὗτοι δὲ
οὐδὲ τοῖς μείζοσι. Καὶ τίνος ἕνεκεν διὰ τοιαύτης αὐτοὺς εἵλκυσεν ὄψεως; φησίν. Ἀλλὰ πῶς ἐχρῆν; προφήτας πέμψαι; Ἀλλ' οὐκ ἂν οἱ μάγοι προφητῶν ἠνέσχοντο. Ἀλλὰ φωνὴν ἄνωθεν ἀφεῖναι; Ἀλλ' οὐκ ἂν
προσέσχον. Ἀλλ' ἄγγελον ἀποστεῖλαι; Ἀλλὰ καὶ τοῦ-
90 τον ἂν παρέδραμον. Διὰ δὴ τοῦτο πάντα ἐκεῖνα ἀφεὶς
A ὁ Θεὸς, διὰ τῶν συνήθων αὐτοὺς καλεῖ, σφόδρα συγκαταβαίνων, καὶ δείκνυσιν ἄστρον μέγα καὶ ἐξηλλα-
γμένον, ὥστε καὶ τῷ μεγέθει καὶ τῷ κάλλει τῆς ὄψεως
αὐτοὺς ἐκπλῆξαι, καὶ τῷ τρόπῳ τῆς πορείας. Ταῦτα
καὶ ὁ Παῦλος μιμούμενος ἀπὸ βωμοῦ τοῖς Ἕλλησι διαλέγεται, καὶ ποιητῶν μαρτυρίας [a] ἄγει εἰς μέσον· καὶ
μετὰ περιτομῆς τοῖς Ἰουδαίοις δημηγορεῖ, καὶ ἀπὸ θυσιῶν πρὸς τοὺς ἐν νόμῳ ζῶντας τὴν ἀρχὴν ποιεῖται
τῆς διδασκαλίας. Ἐπειδὴ γὰρ ἑκάστῳ τὰ συνήθη φίλα,
καὶ ὁ Θεὸς καὶ οἱ παρ' αὐτοῦ πεμφθέντες ἄνθρωποι
πρὸς τὴν τῆς οἰκουμένης σωτηρίαν, οὕτω τὰ πράγματα μεταχειρίζουσι. Μὴ τοίνυν ἀνάξιον εἶναι νομί-
B σῃς αὐτοῦ, τὸ δι' ἀστέρος αὐτοὺς καλέσαι· ἐπεὶ οὕτω
καὶ τὰ Ἰουδαϊκὰ πάντα διαβαλεῖς, καὶ τὰς θυσίας,
καὶ τοὺς καθαρμοὺς, καὶ τὰς νεομηνίας, καὶ τὴν κιβωτὸν, καὶ τὸν ναὸν δὲ αὐτόν. Καὶ γὰρ ἐξ Ἑλληνικῆς
ταῦτα παχύτητος ἔλαβε τὴν ἀρχήν. Ἀλλ' ὅμως ὁ Θεὸς
διὰ τὴν τῶν πλανηθέντων σωτηρίαν ἠνέσχετο διὰ τούτων θεραπευθῆναι, δι' ὧν οἱ ἔξωθεν δαίμονας ἐθερά-

[a] Savil. et quidam Mss. παράγει εἰς μέσον. Mox Savil. δημηγορεῖ, Morel. ἐδημηγόρει.

ANIANI INTERPRETATIO.

gis, et idcirco dicebat: *Viri Ninivitæ surgent et condemnabunt*, et, *Regina austri surget, et condemnabit generationem istam*: quoniam illi quidem minoribus crediderunt, iste vero nec maximis. Et qua, inquis, ratione magos per stellam ducit ad Christum? At quonam modo oportuit? prophetasne mitti potius? Sed nequaquam magi credidissent prophetis. An voce aliqua desuper insonare? Nec hanc quidem curassent. An angelum mittere? Verum hunc quoque forsitan præteriissent. Propterea igitur omnia hujusmodi derelinquens Deus, per ea illos vocat, quæ familiaria eis consuetudo faciebat, mira quidem dispensatione pietatis ad hominum condescendens salutem. Ingens itaque magis et clarum ostendit astrum, quodque plurimum ab his quæ spectamus sideribus discreparet, ut eis de magnitudine, et de pulchritudine sideris, nec non etiam de ipsa novitate cursus admirationem moveret. Hæc itaque Paulus imitando, ab ara occasione sumta, cum gentibus disserit, ex domesticis in medium proferens testimonia poetis: Judæis aliquamdiu Christum absque interdicto circumcisionis annuntiat, et adhuc sub lege viventibus a sacrificiis sumit initia doctrinæ. Quia enim unusquisque consuetudinis suæ amicitia ligatur, et Deus, et missi ab ipso ad totius orbis salutem homines, de ipso cujusque more gentis materias sibi assumunt dicendi. Ne igitur opineris eo indignum, quod magi per stellam vocantur. Hoc enim modo omnes Judæorum ceremonias, omnesque ritus, et sacrificia, atque purificationes, et neomenias, et arcam, templumque ipsum reprobabis. Siquidem hæc omnia originem a gentium ruditate traxerunt. Sed Deus ob deceptorum salutem, per ea ipsa se coli passus est, per quæ illi dæmones ante coluerant, aliquamdiu

πευον, μικρὸν παραλλάξας αὐτὰ, ἵνα αὐτοὺς κατὰ μικρὸν τῆς συνηθείας ἀποσπάσας ἐπὶ τὴν ὑψηλὴν [b] ἀγάγῃ
φιλοσοφίαν. Ὃ δὴ καὶ ἐπὶ τῶν μάγων ἐποίησε, δι'
ὄψεως ἄστρου καλέσαι αὐτοὺς ἀνασχόμενος, ἵνα λοιπὸν
ὑψηλοτέρους ἐργάσηται. Ἐπεὶ οὖν ἤγαγε καὶ ἐχειρα- C
γώγησε, καὶ πρὸς τὴν φάτνην ἔστησεν, οὐκ ἔτι δι'
ἄστρου, ἀλλὰ [c] δι' ἀγγέλου λοιπὸν αὐτοῖς διαλέγεται·
οὕτω κατὰ μικρὸν βελτίους ἐγένοντο. Τοῦτο καὶ ἐπὶ
τῶν Ἀσκαλωνιτῶν καὶ Γαζαίων ἐποίησε. Καὶ γὰρ αἱ
πέντε πόλεις ἐκεῖναι, ἐπειδὴ τῆς κιβωτοῦ παραγενομένης ἐπλήγησαν καιρίαν πληγὴν, καὶ ἀπαλλαγὴν οὐδεμίαν εὕρισκον τῶν ἐπικειμένων κακῶν, τοὺς μάντεις
καλέσαντες, καὶ ἐκκλησίαν συναγαγόντες, ἐζήτουν λύσιν εὑρεῖν τῆς θεηλάτου πληγῆς ἐκείνης. Εἶτα τῶν 91
μάντεων εἰπόντων, ὅτι δαμάλεις ἀδαμάστους καὶ πρω- A
τοτοκούσας ὑποζεῦξαι τῇ κιβωτῷ χρὴ, καὶ μηδενὸς
χειραγωγοῦντος ἀφεῖναι βαδίζειν· οὕτω γὰρ ἔσται κατάδηλον, εἴτε θεήλατος ἦν ἡ πληγὴ, εἴτε ἐκ περιφο-
ρᾶς τινος ἡ νόσος· ἂν μὲν γὰρ, φησὶ, τὸν ζυγὸν ὑπὸ
τῆς ἀπειρίας συντρίψωσιν, ἢ πρὸς τὰς δαμάλεις μυ-
κωμένας ἐπιστραφῶσι, συντυχία τὸ γεγενημένον ἐστίν·
ἂν δὲ ὀρθὰ βαδίσωσι, καὶ οὔτε πρὸς τὸν μυκηθμὸν τῶν
παιδίων * πάθωσί τι, οὔτε ὑπὸ τῆς ἀγνοίας τῆς κατὰ
τὴν ὁδὸν πλανηθῶσιν, εὔδηλον ὅτι ἡ τοῦ Θεοῦ χεὶρ
ἐστιν ἡ ἁψαμένη τῶν πόλεων τούτων· ἐπεὶ οὖν ταῦτα
τῶν μάντεων εἰπόντων, ἐπείσθησαν οἱ τὰς πόλεις οἰκοῦντες ἐκείνας, καὶ ἐποίησαν ὡς ἐκελεύσθησαν, καὶ
ὁ Θεὸς τῇ τῶν μάντεων ἠκολούθησε γνώμῃ, συγκατα- B

cultu tantisper mutato, ut illos paulatim a consuetudine abductos, ad sublimem illam philosophiam deduceret. Id quod etiam circa magos effecit, cum illos per stellæ visum vocavit, ut deinde sublimiores redderet. Postquam igitur illos
ad præsepe quasi manu deduxerat, non per stellam deinde, sed per angelum ipsos alloquitur: sic
illi gradatim meliores effecti sunt. Hoc ipsum fecit circa Ascalonitas et Gazæos. Nam postquam 1. *Reg.* 5.
quinque illæ civitates, arca ad se veniente, letali
plaga percussæ sunt, cum nullum ingruentibus
malis remedium invenirent, vocatis vatibus et
congregato cœtu quomodo divinitus immissum
malum amoverent consultabant. Hinc vatibus di- 1. *Reg.* 6.
centibus, vaccas indomitas et primiparas arcæ
jungi oportere, ut nullo duce quo vellent irent;
hincque exploratum fore an divinitus, an casu
quopiam immissus morbus esset; nam si, aiebant,
jugum ex imperitia conterant, vel si ad mugientes vitulos vertantur, plaga casu acciderit; sin
recta pergant, neque vitulorum mugitum curent,
neque ex viæ ignorantia aberrent, conspicuum
erit ipsam Dei manum has urbes percussisse: quia
igitur vatum dictis paruerunt illarum civitatum
incolæ, Deus etiam, indulgentia usus, vatum sententiam sequutus est, nec majestate sua indignum
putavit, vatum prædictionem ad opus deducere,
et fidem dictis eorum conciliare. Eo major enim

[b] Alii ἀναγάγῃ.
[c] Aliqui δι' ἀγγέλων.

* [Πάθωσι dedimus e Savilio. Commelin. et Montf. πάσχουσι.]

ANIANI INTERPRETATIO.

illa in melius inflectens, ut eos paulatim et a consuetudine sua reduceret, et ad philosophiam perduceret altiorem. Hunc igitur ipsum dispensationis suæ morem servavit in magis, quos per stellæ apparitionem vocavit, ut eos inde efficeret celsiores. Postquam igitur adduxerat, et veluti manu ad præsepe ipsum stella præeunte deduxerat, eis non jam per stellam, sed per angelum loquitur, ita eos gradatim ad meliora perducit. Hoc etiam Ascalonitis, hoc legitur fecisse Gazensibus, horumque finitimis. Etenim istæ 1. *Reg.* 5.
quinque tunc urbes postquam letali plaga, arca ad se veniente, perculsæ sunt, nullamque ex tantis malis liberationem poterant invenire, vocatis vatibus et populi multitudine congregata, quemadmodum
illa Dei placari posset ira, quærebant. Tunc eorum respondere vates, ut juvencas indomitas adhuc et 1. *Reg.* 6.
primiparas ad plaustrum jungerent, quo arca veheretur, nulloque eas regente, quo vellent ire permitterent: sic appariturum esse dicentes, utrum a Deo plaga illa venisset, an communi quodam casu, atque
ægritudine deperissent. Si, inquiunt, jugum * superba cervice contriverint, atque mugientes ad vitulos * *In Græco pro imperitia.*
recurrerint, casu id factum esse manifestum est: si vero directo itinere contenderint, et neque ad mugitum tentaverint redire vitulorum, neque in aliam regionem ignotæ viæ errore detorserint, liquido patebit Dei manu has urbes fuisse percussas. Quoniam igitur vatibus ista dicentibus, illarum tunc regionum populi crediderunt: eorumque implevere præceptum, Deus quoque condescensione solita, vatum sententiam comprobavit: nec majestate sua putavit indignum, in effectum operis profanorum dicta perducere, idque agere ut illi fideliter viderentur ista suasisse. Ad majorem siquidem Dei gloriam perti-

res gesta videbatur, si Dei potentiam ipsi etiam inimici testificarentur, et si eorum doctores de illa calculum ferrent. Multa quoque similia Deum
1. Reg. 28. dispensantem animadvertimus. Nam ea etiam quæ ad pythonissam spectant eodem dispensata sunt modo: ut vos deinceps secundum jam dicta poteritis explicare. Hæc de stella a nobis dicta sunt;
Prov. 9 9. sed plura a vobis dici possint: nam *Da sapienti occasionem, et sapientior erit.*

4. Jam ad principium eorum quæ lecta sunt redeundum est. Quodnam est principium? *Cum natus esset Jesus in Bethlehem Judææ, in diebus Herodis regis, ecce magi ab oriente venerunt Jerosolymam.* Magi stellam ducem sequuti sunt; hi vero ne prophetis quidem annuntiantibus crediderunt. Cur autem nobis et tempus dicit et locum, dum ait, *In Bethlehem*, et, *In diebus Herodis regis?* qua vero de causa dignitatem etiam addidit? Dignitatem addidit, quoniam et alius fuit Herodes qui Joannem occidit; sed hic tetrarcha, ille rex erat. Locum autem scribit et tempus dum prophetias nobis veteres commemorat, quarum alteram Michæas emisit his verbis:
Mich. 5. 2. *Et tu Bethlehem terra Juda, nequaquam minima es in principibus Juda;* alteram patriarcha Jacob, qui nobis tempus exprimit, magnumque

βαίνων πάλιν, καὶ οὐκ ἐνόμισεν ἀνάξιον εἶναι αὐτοῦ τῶν μάντεων τὴν πρόῤῥησιν εἰς ἔργον ἐξαγαγεῖν, καὶ ποιῆσαι πιστοὺς εἶναι δοκεῖν ἐν οἷς τότε εἰρήκασι. Καὶ γὰρ μεῖζον τὸ κατορθούμενον ἦν, τῷ καὶ αὐτοὺς τοὺς ἐναντίους μαρτυρῆσαι τῇ τοῦ Θεοῦ δυνάμει, καὶ τὴν περὶ αὐτοῦ ψῆφον τοὺς αὐτῶν διδασκάλους ἐξενεγκεῖν. Καὶ ἕτερα δὲ πολλὰ τοιαῦτα ἴδοι τις ἂν οἰκονομοῦντα τὸν Θεόν. Καὶ γὰρ καὶ τὸ ἐπὶ τῆς ἐγγαστριμύθου τούτῳ προσέοικε τῆς οἰκονομίας τῷ τρόπῳ, ὃ καὶ ὑμεῖς λοιπὸν ἀπὸ τῶν εἰρημένων ἐπιλῦσαι δυνήσεσθε. Τοῦ μὲν οὖν ἀστέρος ἕνεκεν παρὰ μὲν ἡμῶν ταῦτα εἴ-
C ρηται· παρὰ δὲ ὑμῶν καὶ πλείονα λεχθῆναι δύναιτ' ἄν· Δίδου γάρ, φησί, σοφῷ ἀφορμήν, καὶ σοφώτερος ἔσται.

Δεῖ δὲ λοιπὸν ἐπὶ τὴν ἀρχὴν τῶν ἀναγνωσθέντων ἐλθεῖν. Τίς δὲ ἡ ἀρχή; Τοῦ δὲ Ἰησοῦ γεννηθέντος ἐν Βηθλεὲμ τῆς Ἰουδαίας, ἐν ἡμέραις Ἡρώδου τοῦ βασιλέως, ἰδοὺ μάγοι ἀπὸ ἀνατολῶν ἔρχονται εἰς Ἱεροσόλυμα. Μάγοι μὲν ἀστέρος [a] κατάρχοντος ἠκολούθησαν· οὗτοι δὲ οὐδὲ προφητῶν ἐνηχούντων ἐπίστευσαν. Τίνος δὲ ἕνεκεν ἡμῖν καὶ τὸν χρόνον λέγει, καὶ τὸν τό-
92 A πον, Ἐν Βηθλεὲμ εἰπών, καί, Ἐν ταῖς ἡμέραις Ἡρώδου τοῦ βασιλέως; τίνος δὲ ἕνεκεν καὶ τὸ ἀξίωμα προστίθησι; Τὸ ἀξίωμα μέν, ἐπειδὴ καὶ ἕτερος ἦν Ἡρώδης, ὁ τὸν Ἰωάννην ἀνελών· ἀλλ' ἐκεῖνος τετράρχης ἦν, οὗτος δὲ βασιλεύς. Τὸν τόπον δὲ καὶ τὸν χρόνον τίθησι, προφητείας ἡμᾶς ἀναμιμνήσκων παλαιάς, [a] ὧν τὴν μὲν ὁ Μιχαίας προεφήτευσε λέγων, Καὶ σὺ Βηθλεὲμ γῆ Ἰούδα, οὐδαμῶς ἐλαχίστη εἶ ἐν τοῖς ἡγεμόσιν Ἰούδα· τὴν δὲ ὁ πατριάρχης Ἰακώβ, ἀκριβῶς ἡμῖν χαρακτηρίζων τὸν χρόνον, [b] καὶ μέγα τὸ παρά-

[a] Ἀστέρος κατάρχοντος. Sic Savil. et multi Mss. Morel. ἀστέρος ἄρχοντος.

[a] [Savil. in marg. πλῆκτας.] Hic pessime Morel. ὧν τὴν μὲν Ἱερεμίας, τὴν δὲ ὁ Μιχαίας, ubi certe nihil de Jeremia habetur, qui nec ab Aniano exprimitur. Savilium sequimur.

[b] Alii τὸ μέγα καὶ παράδοξον.

ANIANI INTERPRETATIO.

nebat, si virtus ejus etiam inimicorum testimonio panderetur, et si ipsi quoque gentilitatis magistri consonam ferrent de veri Dei potestate sententiam. Multaque præterea horum similia Deum dispensare
1. Reg. 28. invenimus. Nam in pythonissa quoque hunc tenuit dispensationis tenorem: quod vos jam ipsi juxta prædictam regulam potestis absolvere. Occasione igitur stellæ hæc a nobis dicta esse sufficiat, de qua
Prov. 9 9. vos dicere jam plura poteritis. *Da* enim, inquit, *sapienti occasionem, et sapientior erit.*

4. Tempus vero est, ut ad principium eorum quæ sunt lecta redeamus. *Cum autem natus esset Jesus in Bethlehem Judææ, in diebus Herodis regis.* Et magi quidem stellam prælucentem sequuti sunt: Judæi autem nec prophetis quidem insonantibus crediderunt. Quanam vero ratione et locum designat et tempus, dicendo, *In Bethlehem*, et, *In diebus Herodis regis?* qua vero de causa addidit dignitatem? Quam certe idcirco signavit, quoniam erat et alius Herodes, qui interfecit Joannem: sed ille tetrarchæ honorem habuit, hic regis. Et locum ponit et tempus, ut nobis in memoriam revocet
Mich. 5. 2. antiquas prophetias: quarum unam Michæas aliquando prædixit: *Et tu*, inquit, *Bethlehem terra Juda, nequaquam minima es in principibus Juda;* alteram vero patriarcha Jacob, qui nobis olim

σημον τῆς αὐτοῦ παρουσίας τίθησιν· Οὐκ ἐκλείψει γὰρ, φησὶν, ἄρχων ἐξ Ἰούδα, οὐδὲ ἡγούμενος ἐκ τῶν μηρῶν αὐτοῦ, ἕως ἂν ἔλθῃ ᾧ ἀπόκειται· καὶ αὐτὸς προσδοκία B ἐθνῶν. Ἄξιον δὲ κἀκεῖνο ζητῆσαι, πόθεν εἰς τοιαύτην ἦλθον ἔννοιαν, καὶ τίς αὐτοὺς εἰς τοῦτο διήγειρεν. Οὐ γὰρ δὴ τοῦ ἀστέρος ἐμοὶ δοκεῖ τὸ ἔργον εἶναι μόνον, ἀλλὰ καὶ τοῦ Θεοῦ τοῦ τὴν ψυχὴν αὐτῶν κινήσαντος· ὅπερ καὶ ἐπὶ Κύρου πεποίηκε, παρασκευάζων αὐτὸν ἀφεῖναι τοὺς Ἰουδαίους· οὐχ οὕτως μέντοι τοῦτο εἰργάσατο, ὥστε τὸ αὐτεξούσιον λυμήνασθαι· ἐπεὶ καὶ Παῦλον καλέσας ἄνωθεν διὰ φωνῆς, καὶ τὴν αὐτοῦ χάριν καὶ τὴν ἐκείνου ὑπακοὴν δήλην ἐποίησε. Καὶ τίνος ἕνεκεν μὴ πᾶσι τοῖς μάγοις τοῦτο, φησὶν, ἀπεκάλυψεν; Ὅτι οὐδὲ πάντες πιστεύειν ἔμελλον, ἀλλ' οὗτοι τῶν ἄλλων ἦσαν ἐπιτηδειότεροι· ἐπεὶ καὶ μυρία C ἔθνη ἀπώλοντο, καὶ Νινευίταις ὁ προφήτης ἐπέμπετο μόνοις· καὶ δύο ἦσαν λῃσταὶ ἐν τῷ σταυρῷ, καὶ ὁ εἷς διεσώθη μόνος. Ὅρα γοῦν τούτων τὴν ἀρετήν· οὐχ ἀφ' ὧν ἦλθον, ἀλλὰ καὶ ἀφ' ὧν παῤῥησιάζονται. Καὶ γὰρ ἵνα μὴ δόξωσιν ὑποβολιμαῖοί τινες εἶναι, λέγουσι τὸν ὁδηγήσαντα, καὶ τῆς ὁδοῦ τὸ μῆκος, καὶ τὴν παῤῥησίαν [c] ἐλθόντες ἐνδείκνυνται· Ἤλθομεν γὰρ, φησὶ, προσκυνῆσαι αὐτῷ· καὶ οὔτε τοῦ δήμου τὸν θυμὸν, οὔτε 93 A τοῦ βασιλέως τὴν τυραννίδα ἐδεδοίκεισαν· ὅθεν ἐμοί γε δοκοῦσιν οὗτοι καὶ [a] οἶκοι διδάσκαλοι γενέσθαι τῶν ἐγχωρίων. Οἱ γὰρ ἐνταῦθα μὴ παραιτησάμενοι τοῦτο εἰπεῖν, πολλῷ μᾶλλον εἰς τὴν αὐτῶν ἐπαῤῥησιάσαντο,

signum adventus ejus apponit; nam ait: *Non auferetur princeps de Juda, nec dux de femoribus ejus, donec veniat cui repositum est: et ipse exspectatio gentium.* (Gen. 49. 10.) Sed illud quoque inquirendum est, quæ causa ipsis fuerit talia cogitandi, et quis illos ad talia agenda concitaverit. Neque enim mihi videtur hæc posse ad solam stellam referri; sed ad Deum qui eorum animos concitavit: id quod etiam in Cyro fecit, cum ejus (Paral 36.) animum induxit, ut Judæos dimitteret; neque tamen illud ita operatus est, ut liberum ejus arbitrium tolleret: (Liberum arbitrium.) quandoquidem et cum Paulum ex alto vocavit, (Act. 9.) et gratiam suam et ejus obsequentiam conspicuam effecit. At inquies, Cur non omnibus magis hoc ipsum revelavit? Quia non omnes credituri erant, hi vero erant aliis paratiores: siquidem cum innumeræ gentes perirent, ad Ninivitas solum propheta missus est: duoque erant in cruce latrones, et alter tantum salutem nactus est. Horum itaque virtutem perpende; non quod venerint, sed quod cum fiducia et simpliciter egerint. Etenim ne subdole missi videantur, et quo duce venerint, et viæ longitudinem narrant, et loquendi fiduciam exhibent: nam aiunt, *Venimus adorare eum;* neque populi furorem, neque regis tyrannidem reformidant: quapropter videntur mihi etiam contribulium suorum docto-

[c] [Ἐλθόντες, quod Commelin. uncis inclusit, omisit Savil.]

[a] Quidam οἰκεῖοι διδάσκαλοι. Infra alii λαβόντες ἀπῆλθον, καὶ τὴν παρὰ τοῦ προφ. Paulo post βασιλεὺς post Herodes notatur in marg. a Savilio, quia Anianus sic legisse videtur.

ANIANI INTERPRETATIO.

tempus ipsum diligenter expressit, et adventus Christi signum evidens posuit dicendo: *Non deficiet princeps ex Juda, nec dux de femoribus ejus, donec veniat cui reposita sunt: et ipse erit exspectatio gentium.* (Gen. 49. 10.) Sed et illud quoque inquisitione dignum puto: unde ad hunc illi potuerunt intellectum venire, et quis eos in hoc suscitasse credatur. Non enim mihi solius hoc esse stellæ videtur, verum etiam Dei, per quem illorum ad hoc anima commota est. Qui tale etiam aliquid in Cyro legitur (Paral. 36.) rege fecisse, præparans eum ut Judæorum populum a jugo captivitatis absolveret: non tamen sic istud operatus est, ut liberi arbitrii jura perfringeret. Siquidem etiam cum Paulum vocavit a cælo, (Act. 9.) non suam tantummodo gratiam, sed etiam illius fecit obedientiam relucere. Et cur, inquies, non hoc magis omnibus revelavit? Quia scilicet non omnes fuerant credituri. Erant quippe isti cunctis qui in illa versabantur arte, ad fidem paratiores. Nam et cum plurimæ aliæ gentes perirent, ad solos tamen Ninivitas propheta directus est: et duo latrones juxta Dominum pependerunt, sed unus tantum electus est in salutem. Considera igitur horum et admirare virtutem, non modo, quia tam longi itineris subiere laborem, sed etiam quia tam simpliciter ac libere egere cum rege. Etenim ne subdole missi ab aliquo putarentur, et ducem sui itineris produnt, et longinquitatem regionis fatentur, et fiduciam mentis ostendunt. *Venimus*, inquiunt, *adorare eum.* Et neque tumultum populi atque clamorem, neque potestatem reformidant tyranni: unde mihi videntur isti etiam in regione propria facti esse postea civium suorum

res domi fuisse. Nam qui istic illud dicere non dubitarunt, multo magis in patria sua ea de re loquuti libere fuerint, quippe qui et oraculum angeli accepissent, et prophetæ testimonium allatum. 3. *Audiens autem Herodes*, ait, *turbatus est, et omnis Jerosolyma cum illo.* Jure quidem Herodes, qui rex erat, sibi filiisque timebat: Jerosolyma vero quare turbata est, quandoquidem ipsum et servatorem, et beneficum, et liberatorem jam olim prophetæ prædixerant? Cur ergo turbati sunt? Eodem animo quo olim beneficum Deum aversabantur, et carnes illas Ægyptiacas commemorabant, dum tanta fruerentur libertate. Tu vero mihi perpende accurata prophetarum dicta. Nam illud ipsum jam olim prænuntiavit propheta his verbis: *Cupient si facti sunt igne combusti: quia puer natus est nobis, et filius datus est nobis.* Attamen perturbati, non curant videre quod gestum est, non magos sequuntur, non sciscitantur; ita nimirum contentiosi et simul socordes præ omnibus erant; cum par fuisset enim gloriari, quod rex ille apud se natus esset, quod Persarum regionem ad se traxisset, ac fore videretur ut omnes sibi subditi essent, quando res sic prospere caderent et in melius proficerent, ac vel a principio imperium ita splendidum esset: illi tamen ne sic quidem in meliora mutantur, etiamsi nuper fuerant a captivitate Persica libe-

Jerosolyma cur turbata est, cum audivit Christum natum.

Isai. 9. 5. 6.

ἅτε καὶ τὸν χρησμὸν τὸν παρὰ τοῦ ἀγγέλου λαβόντες, καὶ τὴν παρὰ τοῦ προφήτου μαρτυρίαν. Ἀκούσας δὲ ὁ Ἡρώδης, φησὶν, ἐταράχθη, καὶ πᾶσα Ἱεροσόλυμα μετ' αὐτοῦ. Ὁ μὲν Ἡρώδης εἰκότως, ἅτε βασιλεὺς ὢν, καὶ δεδοικὼς ὑπέρ τε αὐτοῦ καὶ τῶν παίδων· τὰ δὲ Ἱεροσόλυμα τίνος ἕνεκεν; Καίτοι γε σωτῆρα, καὶ εὐεργέτην, καὶ ἐλευθερωτὴν ἄνωθεν αὐτὸν οἱ προφῆται προὔλεγον. Τίνος οὖν ἕνεκεν ἐταράχθησαν; Ἀπὸ τῆς
B αὐτῆς γνώμης, ἀφ' ἧς καὶ ἔμπροσθεν καὶ τὸν Θεὸν εὐεργετοῦντα ἀπεστρέφοντο, καὶ τῶν Αἰγυπτιακῶν ἐμέμνηντο κρεῶν, τοσαύτης ἀπολαύοντες ἐλευθερίας. Σὺ δέ μοι σκόπει τῶν προφητῶν τὴν ἀκρίβειαν. Καὶ γὰρ καὶ αὐτὸ τοῦτο προανεφώνησεν ὁ προφήτης ἄνωθεν λέγων· Θελήσουσιν εἰ ἐγενήθησαν πυρίκαυστοι· ὅτι παιδίον ἐγεννήθη ἡμῖν, [b] καὶ υἱὸς ἐδόθη ἡμῖν. Ἀλλ' ὅμως ταραχθέντες, οὐ ζητοῦσι τὸ συμβὰν ἰδεῖν, οὐδὲ τοῖς μάγοις ἀκολουθοῦσι καὶ περιεργάζονται· οὕτως ὁμοῦ καὶ φιλόνεικοι καὶ ῥᾴθυμοι μάλιστα πάντων ἦσαν· δέον γὰρ [c] αὐτοὺς καὶ ἐγκαλλωπίζεσθαι, ὅτι παρ' αὐτοῖς ὁ βασιλεὺς ἐτέχθη, καὶ τὴν Περσῶν εἵλκυσε χώ-
C ραν, καὶ μέλλουσιν ἕξειν ἅπαντας ὑποχειρίους, ἅτε τῶν πραγμάτων ἐπὶ τὸ βέλτιον προελθόντων, καὶ ἀπὸ προοιμίου λαμπρᾶς τῆς ἀρχῆς οὕτω γενομένης, οὐδὲ ταύτῃ γίνονται ἀμείνους· καίτοι ἄρτι τῆς αἰχμαλωσίας ἦσαν τῆς ἐκεῖθεν ἀπαλλαγέντες. Καὶ εἰκὸς ἦν αὐτοὺς [d] ἐννοεῖν, εἰ καὶ μηδὲν τῶν ἀποῤῥήτων καὶ ὑψηλῶν ᾔδεσαν, ἀλλ' ἀπὸ τῶν παρόντων γοῦν ἐψηφίσαντο
94 A μόνον, ὅτι εἰ τεχθέντα οὕτω τρέμουσιν ἡμῶν τὸν βα-

[b] Mss. multi υἱὸς καὶ ἐδόθη.

[c] Morel. δέον γὰρ αὐτοῖς.

[d] Alii ἀγνοοῦντας. Mox alii ψηφίσασθαι.

ANIANI INTERPRETATIO.

magistri. Qui enim hic nequaquam ista dicere timuerunt, multo hæc ipsa liberius patriæ suæ hominibus prædicarunt: quippe præter stellæ indicium, habebant et angeli responsum, et prophetæ testimonium. *Audiens*, inquit, *Herodes rex, turbatus est, et omnis Jerosolyma cum illo.* Herodes quippe consequenter, utpote rex, et sibi pariter et liberis formidans, Jerosolyma vero quam tandem habuit causam timoris, cum certe illum audierit esse, quem salvatorem ejus, atque beneficum, et liberatorem prophetæ porro ante prædixerant? Quanam igitur ratione Judæi turbati sunt? De ipsa nimirum pravitate sententiæ, qua prius adversabantur Dominum beneficia conferentem: et tam gloriosæ quam consequuti fuerant ab eo libertati præferebant miserabilem illam, * quam in Ægypto sustinuerant, servitutem. Tu vero diligentiam considera prophetalem. Nam hoc quoque ipsum olim propheta prædixerat: *Et cupient si nati sint, esse igne combusti: quoniam puer natus est nobis, et filius datus est nobis.* Quamquam enim turbati, nequaquam tamen student videre quod factum est, neque ad adorandum euntes magos sequuntur: neque in tanta re, tamque mirabili aliquid curiositatis ostendunt: ita erant contentiosi pariter ac desides præ cæteris omnibus. Oportuerat namque eos continuo sentire, quantum sibi esset additum dignitatis, de tanti scilicet nativitate regis, qui Persarum ad se regionem ortu suo triumphante traxisset, et sub quo omnes populos possent legibus subjugare, utpote rebus in prosperiora surgentibus, et regno tam clare ab ipso regis sui fulgente principio. Qui tamen nec sic quidem in meliora mutantur, cum paulo ante captivitate fuissent Persica liberati. Erat enim omnino consequens eos

* In Græco Ægyptiacarum carnium comestionem

Isai. 9. 5. 6.

σιλέα, πολλῷ μᾶλλον αὐξηθέντα φοβηθήσονται, καὶ ὑπακούσουσι, καὶ [a] τῶν βαρβαρικῶν ἔσται λαμπρότερα τὰ ἡμέτερα. Ἀλλ' οὐδὲν τούτων αὐτοὺς διανίστησι· τοσαύτη ἦν αὐτῶν ἡ νωθεία, μετ' αὐτῆς δὲ καὶ ἡ βασκανία· ἅπερ ἀμφότερα δεῖ μετὰ ἀκριβείας ἐξορίζειν τῆς ἡμετέρας διανοίας, καὶ πυρὸς εἶναι σφοδρότερον τὸν μέλλοντα ἐπὶ τῆς τοιαύτης παρατάξεως ἵστασθαι. Διὸ καὶ ὁ Χριστὸς ἔλεγε· Πῦρ ἦλθον βαλεῖν ἐπὶ τὴν γῆν· καὶ τί ἤθελον εἰ ἤδη ἀνήφθη; Καὶ τὸ Πνεῦμα ἐν πυρὶ διὰ τοῦτο φαίνεται.

Ἀλλ' ἡμεῖς τέφρας ψυχρότεροι γεγόναμεν, καὶ τῶν τεθνηκότων νεκρότεροι, καὶ ταῦτα Παῦλον ὁρῶντες B ὑπὲρ τὸν οὐρανὸν ἱπτάμενον, καὶ τὸν οὐρανὸν τοῦ οὐρανοῦ, καὶ φλογὸς ἁπάσης σφοδρότερον ἅπαντα νικῶντα καὶ ὑπερβαίνοντα τὰ κάτω, τὰ ἄνω, τὰ παρόντα, τὰ μέλλοντα, τὰ ὄντα, τὰ οὐκ ὄντα. Εἰ δὲ μεῖζόν σου ἐκεῖνο τὸ ὑπόδειγμα, μάλιστα μὲν οὖν καὶ οὗτος νωθείας ὁ λόγος. Τί γάρ σου πλέον εἶχεν ὁ Παῦλος, ὅτι ἀδύνατον τὸν πρὸς ἐκεῖνόν σοι φῂς εἶναι ζῆλον; Πλὴν ἀλλ' ἵνα μὴ φιλονεικῶμεν, τὸν Παῦλον ἀφέντες, τοὺς πρώτους πιστεύσαντας ἐννοήσωμεν, οἳ καὶ χρήματα, καὶ κτήματα, καὶ [b] φροντίδα, καὶ διατριβὴν ἅπασαν βιωτικὴν ἐξέβαλον, καὶ ὅλους ἑαυτοὺς C ἀνέθηκαν τῷ Θεῷ, καθ' ἑκάστην νύκτα καὶ ἡμέραν

rati. Atqui par erat illos, etiamsi arcanorum et sublimium ignari fuissent, et ex præsentibus tantum calculum posuissent, hæc cogitare tamen: Si natum regem nostrum ita formidant, multo magis cum adoleverit ipsum pertimescent, ipsique obsequentur: nostraque barbaricis splendidiora futura sunt. Sed nihil hujusmodi ipsorum animos erigit: tanta scilicet erat illorum socordia cum livore conjuncta: quod utrumque vitium nos oportet diligenter arcere, eumque, qui adversus ista aciem instruet, igne ferventiorem esse. Quamobrem dicebat Christus: *Ignem veni mittere in* Luc. 12. 49.
terram; et quid volo, nisi ut accendatur? Ideoque Spiritus ignis specie apparuit.

5. Verum nos cinere frigidiores, et mortuis stupidiores facti sumus, licet Paulum videamus super cælum et cælum cæli volantem, et vehementius quam ipsa flamma omnia vincentem et superantem, superna, inferna; præsentia, futura, ea quæ sunt et ea quæ non sunt. Quod si hoc exemplum supra te est, jam torporis est iste obtentus. Quid enim plus quam tu habuit Paulus, ut dicas non posse te illum imitari? Verum ne quid contentiosius dicere videamur, Paulo dimisso primos fideles consideremus: qui et pecunias et possessiones, et curam et occupationes omnes sæculares repudiarunt, totosque se Deo consecrarunt, nocte dieque semper verbi doctrinæ atten-

[a] Sic cum Savil. plurimi Mss. Morel. τῶν βαρβάρων. Ibidem alii φαιδρότερα, et paulo post μετ' αὐτῆς καὶ ἡ.

[b] Alii φροντίδα καὶ σχολὴν ἅπασαν.

ANIANI INTERPRETATIO.

animo volvere, ut si nihil de occultioribus altioribusque didicissent, felicitatem tamen suam ex ipsa præsentium novitate perdiscerent, meritoque dicerent: Si jam regem nostrum Persæ natum adeo contremiscunt, quando eum magis poterunt timere firmatum, ejusque imperiis obedire? Erunt ergo profecto nostra omnium regnis gentium clariora: sed nihil prorsus hujusmodi desides animos suscitavit. Tantus siquidem illos torpor obsederat, eique conjuncta par invidia: quod utrumque vitium procul a nobis debemus arcere. Oportet enim eum qui adversus ista depugnat, ipso igne potiorem in se fervorem mentis accendere. Unde etiam Dominus ait: *Ignem veni mittere in terram; et quid volo, nisi ut* Luc. 12. 49.
accendatur? Propterea et sanctus Spiritus in specie ignis apparuit.

5. Verum nos cinere frigidiores, et mortuis insensibiliores facti sumus: et quidem cum ipsum Paulum beatum super cælum, adeoque cælum cæli volitare videamus, ipsoque igni ardentius transcendentem cuncta, et cuncta superantem, inferna scilicet ac superna, et tam præsentia quam futura, tam ea quæ sunt, quam ea quæ non sunt. Quod si supra te est illud exemplum, quamquam jam hic sermo torporis est (quid enim te amplius habuit Paulus, quia tibi illum impossibile credis imitari?), tamen ne aliquid contentiosius afferre videamur, prætereuntes Paulum, eos saltem qui primi in Christum crediderunt, consideremus. Qui certe et pecunias, et possessiones pariter et curas, atque occupationes vitæ hujus reliquerunt, seque totos tradiderunt Deo, cunctis prorsus diebus ac noctibus ipsius adhærendo sermoni.

Ignis spiritualis nullam rerum sæcularium cupiditatem relinquit.

dentes. Hæc est enim spiritualis ignis natura, ut nullam rerum sæcularium cupiditatem relinquat, sed in alium transferat amorem. Quapropter talium rerum cupidus, etiamsi omnia profundere, etiamsi voluptatem et gloriam irridere, ipsamque animam tradere oporteat, cum magna facilitate hæc
A omnia perficit. Nam illius ignis ardor in animam ingressus, torporem omnem abjicit, et penna leviorem efficit eum quem invadit, ita ut omnia quæ sub aspectum cadunt, despiciat. Qui talis est, in perpetua compunctione deinde perseverat, fontes lacrymarum frequenter effundens, multamque inde voluptatem excerpens. Nihil quippe Deo ita conglutinat et conjungit, ut lacrymæ hujusmodi. Vir talis etsi in mediis urbibus habitet, quasi in deserto, in montibus et speluncis versatur, rebus præsentibus non attendit, neque hujusmodi fletibus umquam satiatur, sive pro se, sive pro aliorum peccatis lacrymas effundat. Ideoque Christus hosce præ aliis beatos prædicat dicens,
Matth. 5. 5. *Beati qui lugent.* Cur vero Paulus dicit: *Gaudete*
Philipp. 4. 4. *in Domino semper?* Ut lacrymarum hujusmodi voluptatem declaret. Quemadmodum enim mundi gaudium mœrorem habet conjunctum, sic et lacrymæ illæ secundum Deum lætitiam pariunt perennem et quæ numquam deficiat. Sic meretrix illa virginibus clarior effecta est, hoc igne

τῇ τοῦ λόγου διδασκαλίᾳ προσεδρεύοντες. Τοιοῦτον γὰρ τὸ πῦρ τὸ πνευματικόν· οὐδεμίαν ἐπιθυμίαν ἀφίησιν ἔχειν τῶν ἐνταῦθα, ἀλλ' εἰς ἕτερον ἡμᾶς μεθίστησιν ἔρωτα. Διὰ τοῦτο ὁ τοιούτων ἐρῶν πραγμάτων, κἂν τὰ ὄντα προέσθαι δέῃ, κἂν τρυφῆς, κἂν δόξης καταγελάσαι, κἂν αὐτὴν ἐκδοῦναι τὴν ψυχὴν, μετὰ πάσης
95 εὐκολίας πάντα ταῦτα ποιεῖ. Ἡ γὰρ τοῦ πυρὸς ἐκεί-
A νου θερμότης εἰς τὴν ψυχὴν εἰσιοῦσα, πᾶσαν ἐκβάλλει νωθείαν, καὶ πτεροῦ ποιεῖ κουφότερον τὸν ἁλόντα, καὶ πάντων τῶν δρωμένων ὑπερορᾷν. Λοιπὸν ὁ τοιοῦτος ἐν κατανύξει μένει διηνεκεῖ, πηγὰς συνεχεῖς ἀφιεὶς δακρύων, καὶ πολλὴν ἐντεῦθεν καρπούμενος τὴν ἡδονήν. Οὐδὲν γὰρ οὕτως συγκολλᾷ καὶ ἑνοῖ τῷ Θεῷ, ὡς τὰ τοιαῦτα δάκρυα. Ὁ τοιοῦτος κἂν ἐν μέσαις πόλεσιν ᾗ κατοικῶν, ὡς ἐν ἐρημίᾳ διατρίβει [a] καὶ ὄρεσι, καὶ σπηλαίοις, οὐδ' ἕνα τῶν παρόντων ὁρῶν, οὐδὲ κόρον τῶν τοιούτων λαμβάνων θρήνων, ἄν τε ὑπὲρ ἑαυτοῦ, ἄν τε ὑπὲρ τῶν ἑτέροις πεπλημμελημένων δακρύῃ. Διὰ τοῦτο πρὸ τῶν ἄλλων τούτους ἐμακάριζεν
B [b] ὁ Χριστὸς, Μακάριοι οἱ πενθοῦντες, λέγων. Καὶ πῶς ὁ Παῦλός φησι· Χαίρετε ἐν Κυρίῳ πάντοτε; Τὴν ἐκ τῶν δακρύων τούτων λέγων ἡδονήν. Ὥσπερ γὰρ ἡ διὰ κόσμον χαρὰ λύπην ἔχει συγκεκληρωμένην, οὕτω τὰ κατὰ Θεὸν δάκρυα χαρὰν βλαστάνει διηνεκῆ καὶ ἀμάραντον. Οὕτω καὶ ἡ πόρνη παρθένων ἐγένετο σεμνοτέρα, τούτῳ κατασχεθεῖσα τῷ πυρί. Ἐπειδὴ γὰρ διεθερμάνθη τῇ μετανοίᾳ, ἐξεβακχεύθη λοιπὸν τῷ περὶ

[a] Alii καὶ ὄρεσι, καὶ νάπαις, οὐδένα. Infra πεπλημμελημένων, alii πεπλανημένων.

[b] Sic Mss. et ita legit Anianus. At Savil. et Morel. ὁ Θεός.

ANIANI INTERPRETATIO.

Hæc est enim spiritalis natura flammæ, ut nullam secum carnalium voluptatum ardere patiatur, sed in alium nos amorem semper traducat. Et idcirco talium rerum cupidus, etiam si cuncta quæ possidet cogatur impendere, si deridere gloriam, si exhorrere delicias, si ipsam postremo exponere vitam, cum ingenti omnia facilitate perficiet. Etenim præcipuus quidem illius ignis ardor cum alicujus mentem fuerit ingressus, totum inde torporem ignaviamque depellit: et eum cujus semel pectus invaserit, omni prorsus alite præstat esse leviorem. Jamque iste talis ea quæ videntur cuncta despiciens, in compunctione continua perseverat, largo assidue fluens fonte lacrymarum, multamque hinc capiens voluptatem. Nihil quippe ita conglutinat atque unit Deo, ut illæ lacrymæ quas et peccati dolor et amor virtutum effundit. Qui enim talis vitæ conservat tenorem, etiam si in medio urbis videatur habitare, quasi in eremi tamen vastitate requiescit, et inter solitudines montium, et secreta convallium. Nullo enim tumultu rerum, strepituque concutitur: nihil de præsentium avocatione conspiciens, neque ullam satietatem de hujusmodi luctu lacrymisque percipiens, sive propria peccata, sive etiam lamentetur aliena. Et idcirco Chri-
Matth. 5. 5. stus hos præ cæteris pronuntiavit beatos, *Beati*, inquiens, *qui lugent.* Et quemadmodum, inquies,
Philip. 4. 4. Paulus ait: *Gaudete in Domino semper?* Dixit hoc quidem ille, confiteor: sed eam proculdubio quæ ex his nascitur lacrymis significans voluptatem. Sicut enim mundi gaudium tristitiæ consortio copulatur, ita etiam secundum Dominum lacrymæ jugem pariunt certamque lætitiam. Sic etiam illa in evangelio meretrix virgines quoque ipsas honestate superavit, et incredibilis in Christum amoris igne succensa,

τὸν Χριστὸν πόθῳ, τὰς τρίχας λύουσα, καὶ τοὺς ἁγίους αὐτοῦ βρέχουσα πόδας τοῖς δάκρυσι, καὶ ταῖς ἰδίαις [c] αὐτοὺς ἀπομάσσουσα κόμαις, καὶ τὸ μύρον κενοῦσα. Καὶ ταῦτα μὲν ἅπαντα ἔξωθεν ἐγίνετο· τὰ δὲ ἐν τῇ διανοίᾳ τελούμενα πολλῷ τούτων θερμότερα ἦν, ἃ καὶ C μόνος αὐτὸς ἔβλεπεν ὁ Θεός. Διὰ δὴ τοῦτο ἕκαστος ἡμῶν ἀκούων, συγχαίρει τε αὐτῇ, καὶ εὐφραίνεται τοῖς ἐκείνης κατορθώμασι, καὶ πάντων ἀπαλλάττει τῶν ἐγκλημάτων αὐτήν. Εἰ δὲ ἡμεῖς οἱ πονηροὶ ταύτην φέρομεν τὴν ψῆφον, ἐννόησον τίνος ἀπήλαυσε παρὰ τοῦ φιλανθρώπου Θεοῦ, καὶ πόσα, καὶ πρὸ τῶν τοῦ 98 A Θεοῦ δωρεῶν, ἀπὸ τῆς μετανοίας ἐκαρπώσατο τὰ ἀγαθά. Καθάπερ γὰρ ὑετοῦ καταῤῥαγέντος σφοδροῦ αἰθρία γίνεται καθαρὰ, οὕτω καὶ δακρύων καταφερομένων γαλήνη γίνεται, καὶ εὐδία, καὶ τὸ ἐκ τῶν ἁμαρτημάτων ἀφανίζεται σκότος. Καὶ ὥσπερ ἐξ ὕδατος καὶ Πνεύματος, οὕτως ἀπὸ δακρύων καὶ ἐξομολογήσεως καθαιρόμεθα πάλιν, ἂν μὴ πρὸς ἐπίδειξιν τοῦτο ποιῶμεν καὶ πρὸς φιλοτιμίαν. Τὴν γὰρ οὕτω δακρύουσαν τῆς καλλωπιζομένης [a] ἐν ὑπογραφαῖς καὶ ἐπιτρίμμασι μᾶλλον κατηγορεῖσθαι φαίην ἂν εἶναι δίκαιον. Ἐγὼ γὰρ ἐκεῖνα ζητῶ τὰ δάκρυα τὰ μὴ πρὸς ἐπίδειξιν, ἀλλὰ πρὸς κατάνυξιν γινόμενα· τὰ λάθρᾳ καὶ ἐν τοῖς ταμιείοις, καὶ μηδενὸς ὁρῶντος, ἀλλ' ἠρέμα καὶ ἀψοφητὶ στάζοντα· B τὰ ἀπὸ βάθους διανοίας, τὰ ἐν τῷ θλίβεσθαι καὶ ὀδυνᾶσθαι, τὰ διὰ τὸν Θεὸν μόνον γινό-

succensa. Quia enim pœnitentiæ fervore correpta est, Christi amore postea exarsit, cum solutis capillis sacros illos pedes lacrymis rigavit, coma sua abstersit, atque unguentum effudit. Et hæc quidem extrinsecus gesta sunt : illa vero, quæ in animo agebantur, his longe ardentiora erant, quæ unus cernebat Deus. Quapropter quisque nostrum hæc audiens, congratulatur ipsi, ac de ejus recte factis lætatur, omnique crimine liberam illam putat. Quod si nos, qui mali sumus, hunc calculum ferimus, cogita quantam acceperit gratiam, et quanta ex pœnitentia, etiam antequam munera illa acciperet, a Deo consequuta sit bona. Sicut enim post vehementes imbres aer purus efficitur, sic post fusas lacrymas sequitur tranquillitas et serenitas, peccatorumque tenebræ fugantur. Et sicut ex aqua et Spiritu, sic ex lacrymis et confessione purgamur, modo non ad ostentationem et laudem captandam id faciamus. Nam quæ hac de causa lacrymatur, magis culpanda est, quam ea quæ fuco et pigmentis sese oblinit. Illas enim requiro lacrymas, quæ non ad ostentationem, sed ad compunctionem funduntur, quæ occulte in cubiculis nullo teste, quæ quiete sine strepitu manant, quæ ex intimo cordis, ex afflictione et dolore, quæ propter Deum emittun-

Lacrymæ bonæ et utiles quæ.

[c] Sic Savil. Morel. vero αὐτόν. Infra alii καὶ συνευφραίνεται.

[a] Ἐν ὑπογραφαῖς. Sic Savil. et maxima pars Manuscriptorum. Morel. καὶ ὑπογραφαῖς. Mox Savil., quem sequimur, φαίην, Morel. φημί.

ANIANI INTERPRETATIO.

et a maximis sordibus peccatorum largissimo lacrymarum fonte purgata. Quia enim perfecte incaluerat pœnitendo, bacchari, ut ita dixerim, cœpit, desiderio exagitata Christi. Siquidem continuo et crines resolvit, et sanctos pedes uberius diluens lacrymis, ac propriis extergens capillis, pretioso rigavit unguento. Et hæc quidem extrinsecus cuncta faciebat : ea vero quæ in secreto mentis agitabat, multo his erant ignitiora, multoque majora, quæ tantummodo Deus ipse cernebat. Et idcirco omnis hoc audiens congaudet illi, ac de ejus virtute lætatur, ab omnique illam crimine decernit alienam. Si igitur nos maligni hanc de illius ferimus conversione sententiam, intellige quanta jam benigni Dei liberalitate potiatur, quantorumque etiam ante illum diem remunerationis ex ipsa pœnitentia fructum sibi congregarit bonorum. Sicut enim post vehementes imbres, mundus aer ac purus efficitur : ita etiam lacrymarum pluvias serenitas mentis sequitur, atque tranquillitas, omnisque illa de peccatorum tenebris offusa caligo dissolvitur. Et sicut ex aqua et Spiritu, sic rursus ex lacrymis et confessione purgamur, modo ne ad ostentationem istud et laudem faciamus. Illa siquidem quæ hujusmodi deflet intuitu, magis etiam culpa digna est, quam quæ corporalis studio pulchritudinis coloratur fucis, stibioque depingitur. Illas, inquam, ego requiro lacrymas, quæ non ostentationi proficiunt, sed compunctioni : quæ funduntur occulte, quæque ex illo dolore profluunt, quæ intra conscientiæ thesaurum, et pectoris arcana celantur, quæ per afflictas genas nullo hominum teste volvuntur, quæ summo in silentio et quiete desiliunt, quæ ex intimo cordis ebulliunt, quæ ex tribulatione et dolore nascuntur, quæque solius Dei oculis offeruntur. Quales certe

1. Reg. 1. 13. tur : quales erant Annæ lacrymæ : *Ejus* enim *labia,* inquit Scriptura, *movebantur, et vox non audiebatur.* Verum lacrymæ solæ tuba clariorem emittebant vocem. Ideoque vulvam ejus aperuit Deus, et durum saxum in agrum fertilem vertit.

6. Si tu quoque sic lacrymeris, Domini tui imi-
Joan. 11. 35. tator effectus es. Nam et ipse lacrymatus est et
Luc. 19. 41. de Lazaro, et de civitate, et circa Judam turbatus est. Idipsum porro videre est sæpe facientem, C ridentem vero nusquam, imo ne subridentem quidem : nullus certe hoc evangelista narravit. Ideoque et Paulum flevisse, ac per triennium nocte et die idipsum fecisse, et ipse et alii de ipso narrant : quod autem riserit nec ipse, nec alius sanctorum de ipso dixit, imo nec de aliis ipsi similibus : de Sara tantum id narratur, quando 97 correpta fuit ; et de filio Noæ, quando ex libero A servus effectus est. Hæc autem dico, non ut risum
Risus dissolutus prohibetur. prorsus eliminem, sed ut dissolutionem auferam. Cur, quæso, ita gaudes et diffluis tot reddendis obnoxius rationibus, qui tremendo illi tribunali sistendus es, de tuis omnibus in hac vita gestis rationem accurate redditurus? Etenim de iis, quæ vel sponte, vel inviti fecimus, rationem red-
Matth. 10. 35. demus : *Qui enim,* inquit, *negaverit me coram*

μενα, οἷα [b] τὰ τῆς Ἄννης ἦν. Τὰ γὰρ χείλη αὐτῆς, φησὶν, ἐκινεῖτο, καὶ ἡ φωνὴ αὐτῆς οὐκ ἠκούετο. Ἀλλὰ τὰ δάκρυα μόνα σάλπιγγος λαμπροτέραν ἠφίει φωνήν. Διὰ δὴ τοῦτο καὶ τὴν μήτραν ἠνέῳξεν ὁ Θεὸς, καὶ τὴν σκληρὰν πέτραν ἁπαλὴν ἄρουραν εἰργάσατο.

Ἂν οὕτως καὶ αὐτὸς δακρύῃς, μιμητὴς τοῦ Δεσπότου σου γέγονας. Καὶ γὰρ αὐτὸς ἐδάκρυσε, καὶ ἐπὶ Λαζάρου, καὶ ἐπὶ τῆς πόλεως, καὶ ἐπὶ τοῦ Ἰούδα διεταράχθη. Καὶ τοῦτο μὲν πολλάκις ἐστὶν ἰδεῖν αὐτὸν ποιοῦντα, γελῶντα δὲ οὐδαμοῦ· ἀλλ' οὐδὲ μειδιῶντα ἠρέμα· οὐκοῦν τῶν εὐαγγελιστῶν οὐδεὶς τοῦτο εἴρηκε. Διὰ τοῦτο καὶ Παῦλος, ὅτι μὲν ἐδάκρυσεν καὶ τριετίαν νύκτα καὶ ἡμέραν τοῦτο ἐποίει, καὶ αὐτὸς περὶ ἑαυτοῦ, καὶ ἕτεροι περὶ αὐτοῦ τοῦτο λέγουσιν· ὅτι δὲ ἐγέλασεν, οὐδαμοῦ οὔτε αὐτὸς εἴρηκεν, οὐδὲ ἄλλος οὐδὲ εἷς τῶν ἁγίων, οὔτε [c] περὶ αὐτοῦ, οὔτε περὶ ἑτέρου τινὸς τοιούτου· ἀλλ' ἢ περὶ Σάῤῥας μόνης τοῦτο εἴρηκεν, ἡνίκα ἐπετιμήθη· καὶ περὶ τοῦ υἱοῦ Νῶε, ὅτε ἀντ' ἐλευθέρου δοῦλος γέγονε. Καὶ ταῦτα λέγω, οὐ τὸν γέλωτα ἐκκόπτων, ἀλλὰ τὴν [a] διάχυσιν ἀναιρῶν. Τίνος γὰρ ἕνεκεν, εἰπέ μοι, θρύπτῃ καὶ διαῤῥέεις τοσαύταις εὐθύναις ἔνοχος ὢν ἔτι, καὶ φοβερῷ μέλλων παρίστασθαι δικαστηρίῳ, καὶ πάντων παρέχειν λόγον μετὰ ἀκριβείας τῶν ἐνταῦθα γεγενημένων; Καὶ γὰρ ὧν ἑκόντες καὶ ὧν ἄκοντες ἡμάρτομεν, δώσομεν λόγον·

[b] Manuscripti pene omnes οἷα τὰ τῆς. Savil. et Morel. οἷα καὶ τῆς. Ibid. Savil. et Morel. ἐκινοῦντο, alii ἐκινεῖτο. Utrumque recte.

[c] Alii περὶ ἑαυτοῦ.

[a] Savil. et Morel. τὴν διάλυσιν ἀναιρῶν. Mss. pene omnes τὴν διάχυσιν ἀναιρῶν, quam postremam lectionem præferendam duco. Itaque prohibet Chrysostomus non risum, sed διάχυσιν, id est, *dissolutionem.* Sic etiam Homil. de Davide et Saüle T. 4, p. 769, E, de lascivis agens mulieribus quæ in theatris histrionicam exercebant, ait, καὶ πολλὴ ἡ διάχυσις, καὶ ἡ παρὰ τοῦ τόπου πρὸς ἀσέλγειαν παράκλησις. Ubi Erasmus vertit, *et multa confusio,* sed melius vertatur, *et multa dissolutio.* Infra παρίστασθαι, alii παραστήσεσθαι.

ANIANI INTERPRETATIO.

1. Reg. 1. 13. illæ erant Annæ aliquando lacrymæ, de qua dicitur : *Labia ejus movebantur, vox autem ejus non audiebatur.* At hæ lacrymæ vel solæ emittebant ad Dominum vocem omni buccina clariorem : et idcirco sterilitatem ejus in fecunditatem Deus mutavit, et quasi e duro quodam saxo agrum fertilem reddidit.

6. Si ergo tu quoque ejusmodi lacrymas fundas, etiam Domini tui efficieris imitator. Nam ipse flevit
Joan. 11. 35. et cum Lazarum suscitavit, et cum ad expugnandam respiceret civitatem. Sed etiam de Judæ proditione
Luc. 19. 41. simul ac perditione turbatus est. Itaque flentem quidem illum frequenter invenias, numquam vero ridentem, sed nec leviter saltem subridendo gaudentem. Nullus certe hoc evangelista memoravit. Nam quod et Paulus fleverit quidem, et per triennium noctibus id fecerit ac diebus, et alii de illo, et ipse de seipso testatur. Quod vero riserit, neque ipse usquam, neque de eo quispiam alius ostendit. Sed nec ullus sanctorum, vel de seipso vel de alio quopiam, tale quid aliquando significasse narratur. De sola sane Sara legimus hoc dictum, sed illico Dei voce correpta est. Et de filio Noë, sed propter illum risum servus factus est ex libero. Et hæc dico non ut risum prorsus abscindam, sed ut dissolutionem penitus exstinguam. Cujus etenim rei gratia in cachinnum solveris, et defluis, qui tantorum tibi sponte factus es causa mœrorum, ante tribunal Christi illud staturus terribile, et summa cum examinatione rationem pro cunctis actibus redditurus, cum utique non de iis solum judicandi simus, quæ voluntate atque proposito, sed
Matth. 10. 35. etiam quæ coacti aliquando committimus? *Qui enim,* inquit, *negaverit me coram hominibus, negabo*

Ὃς γὰρ ἂν ἀρνήσηταί με, φησὶν, ἔμπροσθεν τῶν ἀνθρώπων, κἀγὼ ἀρνήσομαι αὐτὸν ἔμπροσθεν τοῦ Πατρός μου τοῦ ἐν οὐρανοῖς. Καίτοι γε ἀκούσιος ἡ τοιαύτη
ἄρνησις, ἀλλ' ὅμως οὐ διαφεύγει τὴν κόλασιν, ἀλλὰ B
καὶ ταύτης δίδομεν εὐθύνας, καὶ ὧν ἴσμεν, καὶ ὧν
οὐκ ἴσμεν· Οὐδὲν γὰρ ἐμαυτῷ σύνοιδα, φησὶν, ἀλλ'
οὐκ ἐν τούτῳ δεδικαίωμαι· καὶ ὧν κατὰ ἄγνοιαν, καὶ
ὧν κατὰ γνῶσιν· Μαρτυρῶ γὰρ αὐτοῖς, φησὶν, ὅτι
ζῆλον Θεοῦ ἔχουσιν, ἀλλ' οὐ κατ' ἐπίγνωσιν. Ἀλλ'
ὅμως οὐκ ἀρκεῖ τοῦτο εἰς ἀπολογίαν αὐτοῖς. Καὶ Κορινθίοις δὲ ἐπιστέλλων ἔλεγεν· Φοβοῦμαι μή πως ὡς
ὁ ὄφις Εὔαν ἐξηπάτησεν ἐν τῇ πανουργίᾳ αὐτοῦ, οὕτω
φθαρῇ τὰ νοήματα ὑμῶν ἀπὸ τῆς ἁπλότητος τῆς εἰς
τὸν Χριστόν. Τοσούτων τοίνυν μέλλων διδόναι εὐθύνας, κάθῃ γελῶν καὶ ἀστεῖα λέγων, καὶ τρυφῇ προσέχων; Ἂν γὰρ μὴ ταῦτα ποιήσω, φησὶν, ἀλλὰ πεν- C
θήσω, τί τὸ ὄφελος; Μέγιστον μὲν οὖν, καὶ τοσοῦτον ὅσον οὐδὲ τῷ λόγῳ παραστῆσαι δυνατόν. Ἐπὶ
μὲν γὰρ τῶν ἔξωθεν δικαστηρίων, ὅσα ἂν δακρύσῃς,
οὐκ ἐκφεύξῃ τὴν κόλασιν μετὰ τὴν ἀπόφασιν· ἐνταῦθα δὲ, ἂν στυγνάσῃς μόνον, ἔλυσας τὴν ψῆφον, καὶ συγγνώμης ἀπήλαυσας. Διὰ τοῦτο πολλὰ
περὶ πένθους ἡμῖν ὁ Χριστὸς διαλέγεται, καὶ μακα- 98 A
ρίζει τοὺς πενθοῦντας, καὶ ταλανίζει τοὺς γελῶντας.
Οὐ γάρ ἐστι τὸ θέατρον τοῦτο γέλωτος, οὐδὲ διὰ τοῦτο
συνήλθομεν, ἵνα ἀνακαγχάζωμεν, ἀλλ' ἵνα στενάξω-
μεν, καὶ βασιλείαν ἐκ τοῦ στεναγμοῦ τούτου κληρονομήσωμεν. Σὺ δὲ βασιλεῖ μὲν παρεστὼς, οὐδὲ ἁπλῶς
μειδιᾶσαι ἀνέχῃ· τὸν δὲ τῶν ἀγγέλων Δεσπότην ἔχων

*hominibus, et ego negabo eum coram Patre
meo, qui in cœlis est.* Atqui illa negatio [ali-
quando] non voluntaria est, et tamen supplicium
non effugit, ejusque dabimus pœnas, et tam eorum
quæ scimus, quam eorum quæ nescimus: *Nihil* 1. Cor. 4. 4.
enim mihi conscius sum, inquit, *sed non in hoc
justificatus sum;* sive ignorantes sive scientes peccemus: *Testimonium enim illis perhibeo,* in- Rom. 10. 2.
quit, *quia æmulationem Dei habent, sed non
secundum scientiam.* Verum id illis ad purgationem non sufficit. Corinthiis autem scribens
aiebat: *Timeo ne sicut serpens Evam seduxit* 2. Cor. 11.
astutia sua, sic corrumpantur sensus vestri, 3.
et excidant a simplicitate quæ est in Christo.
Tot tantorumque facinorum rationem redditurus,
sedes ridens, urbanas facetias proferens, et voluptati indulgens? Sed si id non fecero, inquies, si
luxero, quæ mihi hinc utilitas? Multa sane, et
tanta quantam explicare non possim. In sæcularibus enim judiciis, quantumvis plores, non effugies supplicium post latam sententiam; hic vero,
si ingemiscas tantum, sententiam solvisti, et veniam consequeris. Ideoque de luctu sæpe Christus
nos admonet, et eos qui lugent beatos prædicat,
illos vero qui rident, miseros declarat. Hoc quippe
theatrum non risum admittit: neque ideo convenimus, ut cachinnos effundamus, sed ut gemamus,
atque ex hujusmodi gemitu regni hereditatem
nanciscamur. Tu vero si coram Imperatore steteris, ne subridere quidem audebis: et ipsum ange-

ANIANI INTERPRETATIO.

et ego eum coram Patre meo. Et certe plerumque contingit ut extorqueatur alicui negatio Dei, sed
tamen non effugit ista supplicium. Nam pro hac quoque pœnas luemus. Nec de his tantummodo puniendi
sumus, quæ scimus, verum etiam quæ nescimus. *Nihil,* inquit aspostolus, *mihi conscius sum, sed non* 1. Cor. 4. 4.
in hoc justificatus sum. Quin et pro iis quæ per ignorantiam et scientiam admittimus. *Testimonium,* Rom. 10. 2.
inquit, *illis perhibeo quia æmulationem Dei habent, sed non secundum scientiam.* Verumtamen
hoc eis ad purgationem omnino non sufficit. Sed et Corinthiis scribens, *Timeo,* inquit, *ne sicut serpens* 2. Cor. 11.
Evam seduxit astutia sua, ita corrumpantur sensus vestri, et excidant a simplicitate quæ est in 3.
Christo Jesu. Pro tantis igitur peccatis pœnas daturus, securus tui sedes, miserabili risu, lugendisque
facetiis te simul aliosque disperdens, et de sola deliciarum voluptate sollicitus, bona æterna contemnis. Si
ergo inquis, ista non fecero, sed ad luctum fuero lacrymasque conversus, quem tandem fructum capessam?
Profecto maximum, et omnino tantum, quantum sermo explicare non sufficit. In sæcularibus enim judiciis, quantumlibet post acceptam sententiam lamenteris et lugeas, non tamen effugies flendo supplicium:
hic vero si toto corde ingemueris ad Deum, solvisti repente sententiam, veniamque consequutus es.
Idcirco multa nobis de luctu loquitur Christus, et beatificando lugentes, et miseros pronuntiando ridentes. Non enim in theatrum, hoc est, ubi risus moveatur, neque in unum propterea sæpius convenimus,
ut indecentibus cachinnis resolvamur: sed ut gemamus potius, et regnum ex hoc gemitu here-
ditemus futurum. Nam tu quidem si conspectui terreni regis assistas, nec subridere prorsus audebis:

lorum Dominum domi habens non stas tremens cum modestia decenti, sed rides illo etiam sæpe irato? nec cogitas te illum magis ad iram concitare dum hæc agis, quam dum peccas? Non enim ita peccatores aversatur Deus, ut eos qui post peccatum non sese cohibent. Attamen ita sunt quidam omni sensu vacui, ut post hæc audita verba dicant: Absit, ut umquam lacrymas fundam, mihi vero id concedat Deus, ut semper rideam et ludam. Quid hujusmodi cogitatione infantius? Non enim Deus id dat ut ludamus, sed diabolus. Audi
Exod. 32. 6. igitur quid passi sint ii qui ludebant: *Sedit*, inquit, *populus manducare et bibere, et surrexerunt ludere*. Tales erant Sodomitæ, tales etiam illi tem-
Ezech. 16. 49. pore diluvii. Nam de illis dicitur, *In superbia, in prosperitate, et in saturitate panum deliciis affluebant*. Illi vero qui tempore Noæ erant, cum per tot annos construi arcam viderent, sine ulla cura vel sensu lætabantur, nihil de futuris rebus prospicientes; ideoque universos diluvium submersit, et commune orbis naufragium tunc effecit.

7. Ne itaque illa petas a Deo, quæ a diabolo accipis. Nam Dei est, dare cor contritum et humiliatum, animum vigilem, temperantem, continentem, pœnitentem, compunctum. Hæc illius dona sunt, quia illis potissimum indigemus. Certamen enim imminet grave, et adversus invisibiles pote-
Ephes. 6. 12. states lucta nobis est, adversus spiritualia nequitiæ

ἔνοικον [a] οὐχ ἕστηκας τρέμων καὶ μετὰ σωφροσύνης τῆς προσηκούσης, ἀλλὰ γελᾷς αὐτοῦ πολλάκις ὀργιζομένου; καὶ οὐκ ἐννοεῖς ὅτι τῶν ἁμαρτημάτων ταύτῃ μειζόνως παροξύνεις αὐτόν; Οὐ γὰρ οὕτω τοὺς ἁμαρτάνοντας ὡς τοὺς μετὰ τὴν ἁμαρτίαν μὴ συστελλομένους ἀποστρέφεσθαι εἴωθεν ὁ Θεός. Ἀλλ' ὅμως οὕτως εἰσὶν ἀναισθήτως τινὲς διακείμενοι, ὡς καὶ μετὰ ταῦτα τὰ ῥήματα λέγειν· ἐμοὶ δὲ μὴ γένοιτο δακρῦσαί ποτε, ἀλλὰ δῴη μοι γελᾷν καὶ παίζειν ὁ Θεὸς πάντα τὸν χρόνον. Καὶ τί ταύτης παιδικώτερον τῆς διανοίας γένοιτ' ἄν; Οὐ γὰρ ὁ Θεὸς δίδωσι παίζειν, ἀλλ' ὁ διάβολος. Ἄκουσον γοῦν, οἱ παίζοντες τί ἔπαθον· Ἐκάθισε, φησὶν, ὁ λαὸς φαγεῖν καὶ πιεῖν, καὶ ἀνέστησαν παίζειν. Τοιοῦτοι ἦσαν οἱ ἐν Σοδόμοις, τοιοῦτοι οἱ ἐπὶ τοῦ κατακλυσμοῦ. Καὶ γὰρ καὶ περὶ ἐκείνων φησὶν, ὅτι Ἐν ὑπερηφανίᾳ, καὶ ἐν εὐθηνίαις, καὶ ἐν πλησμονῇ ἄρτων ἐσπατάλων. Καὶ οἱ κατὰ τὸν Νῶε ὄντες τὴν κιβωτὸν [b] ἐπὶ τοσοῦτον ὁρῶντες κατασκευαζομένην χρόνον, ἀναλγήτως εὐφραίνοντο, μηδὲν τῶν μελλόντων προορώμενοι· διὰ τοῦτο καὶ πάντας αὐτοὺς ἐπελθὼν παρέσυρεν ὁ κατακλυσμὸς, καὶ τὸ κοινὸν τῆς οἰκουμένης ναυάγιον τότε εἰργάσατο.

Μὴ τοίνυν αἴτει παρὰ τοῦ Θεοῦ ταῦτα, ἃ παρὰ τοῦ διαβόλου λαμβάνεις. Τοῦ γὰρ Θεοῦ, δοῦναι συντετριμμένην καρδίαν καὶ τεταπεινωμένην, νήφουσαν, σωφρονοῦσαν καὶ κατεσταλμένην, μετανοοῦσαν καὶ κατανενυγμένην. Ταῦτα ἐκείνου τὰ δῶρα, ἐπειδὴ καὶ τούτων ἡμῖν χρεία μάλιστα. Καὶ γὰρ ἀγὼν ἐφέστηκε χαλεπὸς, καὶ πρὸς τὰς ἀοράτους ἡμῖν δυνάμεις ἡ πάλη,

[a] Aliquot Mss. οὐχ ἕστηκας μετὰ τρόμου καὶ μετὰ σωφ. ἔτεσι.
[b] Quidam Mss. ἐπὶ τοσούτοις ὁρῶντες κατασκευαζομένην

ANIANI INTERPRETATIO.

ipsum vero angelorum Dominum habens ubique præsentem, non ei cum tremore assistis maximaque reverentia; sed etiam illo et irascente, tu rides, nec vides quod amplius hinc eum commoveas, quam peccando commoveras. Neque enim ita peccantes aversatur Deus, quam eos qui post peccata securi sunt. Et tamen inveniuntur quidam tam insensibiles prorsus ac ferrei, ut post hæc verba etiam dicant: Mihi vero utinam haud umquam flere contingat, sed præstetur mihi potius a Deo ludere omni tempore, et ridere. Quidnam, obsecro, tali inveniatur mente puerilius? Non enim Deus dat ludere, sed diabolus. Audi igitur
Exod. 32. 6. quid passi fuerint aliquando ludentes. *Sedit*, inquit, *populus manducare et bibere, et surrexerunt ludere*. Tales erant quondam in Sodomis, tales etiam tempore fuere diluvii. Nam et de illis Dominus
Ezech. 16. 49. ait: *Quoniam superbia, et saturitate panum, et divitiis affluebant*. Illi quoque qui Noë tempore, cum per tot annos fabricari arcam viderent, fugiebant omnem compunctionis dolorem, et male blandæ tantum lætitiæ serviebant, nihil omnino erant providi futurorum: et propterea subita omnes illos mersit pœna diluvii, factumque est totius orbis commune naufragium.

7. Noli igitur hæc a Deo poscere quæ accipis a diabolo. Dei siquidem est humiliatam dare animam, trementem, pressam, pudicam, pœnitentem atque compunctam. Hæc enim sunt Dei munera, quia et nos
Ephes. 6. 12. talibus potissimum indigemus. Imminet namque nobis grande certamen, et adversus invisibiles lucta

πρὸς τὰ πνευματικὰ τῆς πονηρίας ἡ μάχη, πρὸς τὰς ἀρχὰς, πρὸς τὰς ἐξουσίας ὁ πόλεμος· καὶ ἀγαπητὸν σπουδάζοντας ἡμᾶς, καὶ νήφοντας, καὶ διεγηγερμένους, δυνηθῆναι τὴν ἀγρίαν [a] ἐκείνων φάλαγγα ἐνεγκεῖν. Ἂν δὲ γελῶμεν καὶ παίζωμεν, καὶ διὰ παντὸς ῥαθυμῶμεν, καὶ πρὸ τῆς συμβολῆς ὑπὸ τῆς οἰκείας καταπεσούμεθα ῥαθυμίας. Οὐ τοίνυν ἡμέτερον τὸ γελᾷν διηνεκῶς, καὶ θρύπτεσθαι, καὶ τρυφᾷν, ἀλλὰ τῶν ἐπὶ σκηνῆς, τῶν πορνευομένων γυναικῶν, τῶν εἰς τοῦτο ἐξευρημένων ἀνδρῶν, τῶν παρασίτων, τῶν κολάκων· οὐ τῶν ἐπὶ
B
τὸν οὐρανὸν κεκλημένων, οὐ τῶν εἰς τὴν ἄνω πόλιν ἐγγεγραμμένων, οὐ τῶν ὅπλα βασταζόντων πνευματικὰ, ἀλλὰ τῶν τῷ διαβόλῳ τελουμένων. Ἐκεῖνος γάρ ἐστιν, ἐκεῖνος ὁ καὶ τέχνην τὸ πρᾶγμα ποιήσας, ἵνα τοὺς στρατιώτας ἑλκύσῃ τοῦ Χριστοῦ, καὶ μαλακώτερα αὐτῶν ποιήσῃ τῆς προθυμίας τὰ νεῦρα. Διὰ τοῦτο καὶ θέατρα ᾠκοδόμησεν ἐν ταῖς πόλεσι, καὶ τοὺς γελωτοποιοὺς ἐκείνους ἀσκήσας διὰ τῆς ἐκείνων λύμης κατὰ τῆς πόλεως ἁπάσης [b] τὸν τοιοῦτον ἐγείρει λοιμόν· ἃ φεύγειν ὁ Παῦλος ἐκέλευσε, τὴν μωρολογίαν, καὶ τὴν εὐτραπελίαν φημὶ, ταῦτα διώκειν ἀναπείθων· καὶ
C
τὸ δὴ χαλεπώτερον τούτων ἡ τοῦ γέλωτός ἐστιν ὑπόθεσις. Ὅταν μὲν γὰρ βλάσφημόν τι εἴπωσιν ἢ αἰσχρὸν οἱ μῖμοι τῶν γελοίων ἐκείνων, τότε πολλοὶ τῶν ἀνοητοτέρων γελῶσι καὶ τέρπονται, ὑπὲρ ὧν αὐτοὺς λιθάζειν ἐχρῆν, ὑπὲρ τούτων κροτοῦντες, καὶ τὴν κάμινον τοῦ πυρὸς διὰ τῆς ἡδονῆς ταύτης κατὰ τῆς ἑαυτῶν ἕλκοντες κεφαλῆς. Οἱ γὰρ ἐπαινοῦντες τοὺς τὰ τοιαῦτα λέγοντας, οὗτοι μάλιστά εἰσιν οἱ λέγειν ἀναπείθοντες·

pugna, adversus principatus et potestates bellum: atque utinam diligenter agentes, vigiles et concitati, possimus hoc ferum agmen sustinere. Si vero rideamus et ludamus, ac semper socordes simus, etiam ante conflictum ex propria segnitie concidemus. Non nostrum itaque est perpetuo ridere, deliciari et convivari; sed eorum qui in scena ludunt, meretricum, virorum qui ad talia sunt adornati, parasitorum, adulatorum: non autem eorum qui ad cælum vocati sunt, non eorum qui in superna civitate sunt descripti, non eorum qui armis spiritualibus sunt instructi, sed eorum qui diabolo sunt initiati. Ille namque est, ille qui hac arte, hoc opere conatur Christi milites attrahere, illorumque animi molliores nervos efficere. Ideo theatra in urbibus struxit, et mimos illos exercens, illorum opera contra totam civitatem hanc pestem excitat: quam fugere Paulus jussit, stultiloquium *Ephes.* 5. 4.
nempe et scurrilitatem; quæ autem horum omnium gravissima risus illius occasio est. Quando quidpiam aut blasphemum aut turpe inter ridicula mimi dixerint, tunc ex insipientioribus quidam rident et lætantur; cum lapidibus ipsos impetere oporteret, plaudunt illi super his, et per hanc voluptatem caminum ignis contra caput suum attrahunt. Nam qui talia dicentes laudant, ii sunt qui maxime id dicere suadent: ideoque supplicio huic facinori debito justissime obnoxii erunt. Etenim si nullus esset spectator, nullus prodiret histrio:

Contra theatri spectacula.

[a] Alii ἐκείνην.

[b] Alii τὸν τοιοῦτον ἐνσκήπτει λοιμόν.

ANIANI INTERPRETATIO.

virtutes, adversus spiritualia nequitiæ, et contra hujusmodi principatus et potestates pugnandum est: beneque nobiscum agitur, si strenuam operam navantes, et sobrie viventes, et vigilantes possumus ferum ipsorum agmen sustinere. Quod si vero rideamus atque ludamus, jugem desidiam confoventes, facillime ante pugnam quoque proprio torpore vincemur. Non est nostrum ergo assidue ridere, resolvi cachinnis, molliri deliciis: sed eorum potius, et earum quæ spectantur in theatris, quæ in lupanaribus inquinantur, eorum qui ad hoc sunt facti parasitorum et adulatorum. Non est, inquam, hoc eorum qui ad æternum regnum vocati sunt, quique in cælesti illa civitate conscripti, non est spiritualia arma gestantium: quod certe proprium est diabolo militantium. Ille enim est, ille qui etiam in artem jocos ludosque digessit, ut per hæc ad se traheret milites Christi, virtutisque eorum nervos faceret molliores. Propterea in urbibus etiam theatra construxit, et illos risuum ac turpium voluptatum incentores paravit, et per illorum luem in universam urbem talem excitat pestem. Quæ nos fugere beatus præcipit Paulus, suadens ut et stultitiam, et scurrilitatem a nobis longius repellamus: ex quibus risus *Ephes.* 5. 4.
multo perniciosior est, multoque deterior. Quando enim mimi illi atque ridiculi blasphemum ac turpe quid dixerunt, tunc potissimum quique stolidiores solvuntur in risum: inde applaudentes magis, unde etiam illos lapidibus exagitare debuerant, qui fornacem ignis horribilis ex hujusmodi voluptate in suum ipsorum caput succendunt. Qui enim laudant ista dicentes, ipsi eis hæc exercere persuadent, et idcirco ipsi potius propter hæc merentur subire quod ob ista sancitum est supplicium. Si enim nullus esset talium

cum autem vos vident et officinas et artes, et quæstum hinc provenientem, atque uno verbo omnia relinquere, ut ad hæc spectacula accurratis, majori alacritate atque studio his operam adhibent. Hoc autem dico, non ut illos a crimine vindicem; sed ut discatis vos esse qui hujusmodi nequitiæ principium et radicem subministratis, qui totam diem his in rebus insumitis, honestum conjugii statum traducentes, et mysterium magnum dehonestantes. Neque enim histrio ille ita delinquit, ut tu, qui hæc fieri jubes; imo nec jubes modo, sed etiam curam adhibes, lætaris, rides, laudasque hujusmodi spectacula, omnique modo hanc foves dæmonum officinam. Quibusnam, quæso, oculis uxorem tuam domi postea videbis, quam ibi vidisti contumelia affectam? quomodo non erubescis dum conjugis tuæ recordaris, cum ibi sexum ejus dehonestari videris?

διὸ καὶ τῆς κολάσεως τῆς ἐπὶ τούτοις κειμένης δικαιότερον
100 ἂν εἶεν ὑπεύθυνοι. Εἰ γὰρ μηδεὶς ἦν ὁ τὰ τοιαῦτα
A θεώμενος, οὐδ' ἂν ὁ ἀγωνιζόμενος ἦν· ὅταν δὲ ἴδωσιν [a] ὑμᾶς καὶ ἐργαστήρια καὶ τέχνας, καὶ τὴν ἐκ τούτων πρόσοδον, καὶ πάντα ἁπλῶς ὑπὲρ τῆς ἐκεῖ διατριβῆς ἀφέντας, μείζονα δέχονται τὴν προθυμίαν, καὶ πλείονα περὶ ταῦτα ποιοῦνται σπουδήν. Καὶ ταῦτα οὐκ ἐκείνους ἀπαλλάττων ἐγκλημάτων λέγω, ἀλλ' ἵνα ὑμεῖς μάθητε, ὅτι τὴν ἀρχὴν καὶ τὴν ῥίζαν τῆς τοιαύτης παρανομίας ὑμεῖς μάλιστά ἐστε [b] οἱ παρέχοντες, οἱ τὴν ἡμέραν ἅπασαν εἰς ταῦτα ἀναλίσκοντες, καὶ τὰ σεμνὰ τοῦ γάμου πράγματα ἐκπομπεύοντες, καὶ τὸ μυστήριον τὸ μέγα παραδειγματίζοντες. Οὐδὲ γὰρ οὕτως ἐκεῖνος ὁ ταῦτα ὑποκρινόμενός ἐστιν ὁ πλημμελῶν, ὡς
B πρὸ ἐκείνου σὺ, ὁ ταῦτα κελεύων ποιεῖν· μᾶλλον δὲ οὐ κελεύων μόνον, ἀλλὰ καὶ σπουδάζων, καὶ εὐφραινόμενος, καὶ γελῶν, καὶ [c] ἐπαινῶν τὰ γινόμενα, καὶ παντὶ τρόπῳ συγκροτῶν τὰ τοιαῦτα ἐργαστήρια τῶν δαιμόνων. Ποίοις οὖν ὀφθαλμοῖς, εἰπέ μοι, λοιπὸν τὴν γυναῖκα ἐπὶ τῆς οἰκίας ὄψῃ, ἰδὼν αὐτὴν ὑβριζομένην ἐκεῖ; πῶς δὲ οὐκ ἐρυθριᾷς ἀναμιμνησκόμενος τῆς συνοίκου, ἡνίκα ἂν τὴν φύσιν αὐτὴν παραδειγματιζομένην ἴδῃς;

8. Ne mihi dixeris, rem simulatam et histrionicam hæc esse: hæc enim histrionica multos effecit adulteros, multasque familias evertit. Ideoque maxime gemo, quod illud ne malum quidem vobis esse videatur, sed plausus, clamor, risus mul-

Μὴ γάρ μοι τοῦτο εἴπῃς, ὅτι ὑπόκρισίς ἐστι τὰ γινόμενα· ἡ γὰρ ὑπόκρισις αὕτη πολλοὺς εἰργάσατο μοιχοὺς, καὶ πολλὰς ἀνέτρεψεν οἰκίας. Καὶ διὰ τοῦτο μά-
C λιστα στένω, ὅτι οὐδὲ [d] δοκεῖ πονηρὸν εἶναι τὸ γινόμενον, ἀλλὰ καὶ κρότοι, καὶ κραυγὴ, καὶ γέλως πο-

[a] Quidam ἡμᾶς.
[b] Οἱ παρέχοντες. Savilius suspicatur legendum οἱ προσέχοντες, sed ex incogitantia: nam παρέχοντες haud dubie legendum, ut habent omnia exemplaria. Ibid. quidam Mss. καταναλίσκοντες.
[c] Quidam ἐπαινῶν τὰ λεγόμενα, et postea παντὶ τόπῳ.
[d] Alii δοκεῖς.

ANIANI INTERPRETATIO.

spectator ac fautor, nec essent quidem qui aut dicere illa, aut agere curarent. Quando vero vos cernunt et artes proprias, et ipsa exercendi quotidiani operis loca, et illum quem ex his paratis quæstum, et prorsus omnia simul vanissimi illius spectaculi amore deserere, avidiori et illi ad hæc intentione rapiuntur, studiumque his majus impendunt. Et hæc dico non ut illos a crimine videar vindicare, sed ut vos discatis initium et caput iniquitatis hujus vos esse potissimum, qui totam prorsus diem in tam ridicula, tamque etiam perniciosa voluptate consumitis, et honestum conjugii nomen, ac reverendum in illud negotium publicatis. Non enim tam ille delinquit, qui illa simulat, quam tu præ illo qui hoc fieri jubes. Nec solum jubes, sed etiam exsultatione, risu, plausu adjuvas quæ geruntur, omnibusque prorsus modis hanc diabolicam confoves officinam. Quibus jam igitur oculis domi conjugem cernes, quam ibi in persona alterius tantæ vidisti injuriæ subjacere? quomodo autem non rubore suffunderis, quoties uxoris recordaris, quando eumdem sexum tam fœde ibi videris publicatum?

8. Neque vero istud mihi opponas, quod jam quidquid ibi fit, simulatio et fictum argumentum sit, non etiam veritas rerum. Etenim simulatio ista plurimos adulteros fecit, et multas domos subvertit. Propterea que maxime gemo, quod tam grande malum hoc, malum esse non creditur: sed quod est multo deterrimum, et favor, et clamor, et plausus adhibetur et risus, cum in communem perniciem adulterium

λὺς, μοιχείας τολμωμένης τοσαύτης. Τί λέγεις; ὑπόκρισις τὰ γενόμενα; Δι' αὐτὸ μὲν οὖν τοῦτο μυρίων ἂν
εἶεν ἐκεῖνοι θανάτων ἄξιοι, ὅτι ἃ φεύγειν οἱ νόμοι κελεύουσιν ἅπαντες, ταῦτα μιμεῖσθαι ἐσπουδάκασιν ἐκεῖνοι. Εἰ γὰρ αὐτὸ κακὸν, καὶ ἡ μίμησις τούτου κακόν.
Καὶ οὔπω λέγω, πόσους ἐργάζονται μοιχοὺς οἱ τὰ 101
A τοιαῦτα τῆς μοιχείας ὑποκρινόμενοι δράματα, πῶς
ἰταμοὺς καὶ ἀναισχύντους κατασκευάζουσι τοὺς τῶν
τοιούτων θεωρούς· οὐδὲν γὰρ πορνικώτερον, [a] οὐδὲ ἰταμώτερον ὀφθαλμοῦ τοιαῦτα βλέπειν ἀνεχομένου. Σὺ δὲ
ἐν ἀγορᾷ μὲν οὐκ ἂν ἕλοιο γυναῖκα γυμνουμένην ἰδεῖν·
μᾶλλον δὲ οὐδὲ ἐν οἰκίᾳ· ἀλλὰ καὶ ὕβριν τὸ πρᾶγμα
καλεῖς· ἐπὶ δὲ θέατρον ἀναβαίνεις, ἵνα τὸ κοινὸν τῶν
ἀνδρῶν καὶ τῶν γυναικῶν ἐνυβρίσῃς γένος, καὶ τοὺς
σαυτοῦ αἰσχύνῃς ὀφθαλμούς; Μὴ γὰρ δὴ τοῦτο εἴπῃς,
ὅτι πόρνη ἐστὶν ἡ γυμνουμένη, ἀλλ' ὅτι ἡ αὐτὴ φύσις
καὶ τὸ σῶμα τὸ αὐτὸ καὶ τῆς πόρνης καὶ τῆς ἐλευθέρας. Εἰ γὰρ οὐδὲν ἄτοπον τοῦτο, τίνος ἕνεκεν ἐφ' ἀγο-
B ρᾶς ἂν ἴδῃς τοῦτο γινόμενον, καὶ αὐτὸς ἀποπηδᾷς, καὶ
τὴν ἀσχημονοῦσαν ἐλαύνεις; [b] ἢ ὅταν διῃρημένοι ὦμεν,
τότε ἄτοπον τὸ τοιοῦτον· ὅταν δὲ συνηγμένοι καὶ πάντες ὁμοῦ καθήμενοι, οὐκέτι ὁμοίως αἰσχρόν; Ἀλλὰ γέλως ταῦτα καὶ ὄνειδος, καὶ ἐσχάτης παραπληξίας ῥή-
ματα· καὶ βέλτιον πηλῷ καὶ βορβόρῳ τὴν ὄψιν ἀνα-
χρῶσαι πᾶσαν, ἢ τοιαύτην θεωρῆσαι παρανομίαν.
Οὔτε γὰρ οὕτως ὀφθαλμῷ βλάβη βόρβορος, ὡς ἀκόλαστος ὄψις καὶ γεγυμνωμένης γυναικὸς θεωρία. Ἄκουσον γοῦν τί τὴν γύμνωσιν ἐποίησεν ἐξ ἀρχῆς, καὶ φοβήθητι τῆς ἀσχημοσύνης τῆς τοιαύτης τὴν ὑπόθεσιν.
Τί οὖν ἐποίησε τὴν γύμνωσιν; Ἡ παρακοὴ, καὶ ἡ τοῦ

tus adhibeatur, dum adulterii hujusmodi spectaculum offerre audent. Quid dicis ea esse histrionicam simulationem? Ideo illi sexcentis suppliciis digni sunt, quoniam ea quæ leges omnes vitare jubent, eadem ipsi imitari student. Nam si malum est illud, ejus est quoque repræsentatio mala. Nondum dico, quot adulteros efficiant histrionica hujusmodi adulterii spectacula, quam petulantes impudentesque efficiant spectatores; nihil enim lascivius, nihil petulantius oculo, qui hujusmodi spectacula ferre possit. Tu vero in foro quidem nudam mulierem aspicere nolis; imo neque domi: rem enim hujusmodi contumeliam vocas: in theatrum tamen ascendis, ut commune genus virorum mulierumque contumelia afficias, oculosque tuos deturpes? Ne mihi dixeris mulierem illam nudam, esse meretricem; utique idem ipse sexus, idem corpus est meretricis et liberæ. Si enim obscœni nihil ea in re est, cur cum in foro eadem ipsa videris, statim resilis, et inverecundam depellis? an cum disjuncti sumus, id obscœnum est; cum autem congregati una sedemus, non perinde turpe est? Verum hoc ridiculum ac dedecus est, et hæc verba extremam præ se ferunt dementiam: meliusque esset cœno atque luto oculos oblinere, quam ita fœdam et iniquam rem spectare. Neque enim tantum damni oculo infert lutum, quantum lascivus aspectus et nudæ mulieris spectaculum. Audi igitur quid nuditatem ab initio fecerit, et tantæ turpitudinis rationem metue. Quid

[a] Morel. καὶ ἰταμώτερον.

[b] Morel. ἢ ὅτε διῃρημένοι.

ANIANI INTERPRETATIO.

tam turpe committitur. Quid ergo ais, Simulatio est illa, non crimen? Et propterea mille illi mortibus digni sunt: quoniam quæ fugere cunctæ prorsus imperant leges, ea isti non verentur imitari. Si enim adulterium malum est, malum est sine dubio ejus imitatio. Et nondum dico quantos adulteros faciant, qui hujusmodi adulteria histrionica simulatione repræsentant, quemadmodum etiam impudentes horum spectatores efficiant. Nihil quippe obscœnius illo oculo, nihilque lascivius, qui spectare talia patienter potest; ne dicam libenter. Deinde quale illud est, ut cum in platea nudam feminam nolis aspicere, imo neque domi quidem, sed etiam si id forte contingat, in injuriam tui factum putes: cum vero ascendis theatrum, ut violes utriusque sexus pudorem, obtutusque proprios pariter incestes, nihil tibi inhonestum credas accidere? Non enim istud dicas, Meretrix est quæ nudata est: sed quia natura ipsa est, idemque corpus et meretricis et liberæ. Si enim nihil in tali re esse opinaris obscœnum, qua gratia cum idipsum in platea videris, a cœpto resilis incessu, et inverecundam severius exagitas? Nisi forte credis, eamdem rem non similiter esse turpem, cum separati simus, et cum congregati omnes una sedeamus. Verum istud risus est prorsus, ac dedecus, et extremæ omnino verba dementiæ: potiusque est luto atque cœno omnem suam turpare faciem, quam tantæ spectaculo fœditatis. Non enim ita cœnum oculis noxium est, ut impudicus ille vultus, et nudatæ meretricis aspectus. Audi igitur quid jam a principio generi hominum nuditatem induxerit, et vel hoc pacto turpitudinem illam metue. Quid igitur nudos fecit homi-

ergo nuditatem effecit? Inobedientia et diaboli insidiæ. Sic jam olim et ab initio hoc ejus fuit studium. Verum illos saltem pudebat quod nudi essent: vos autem id decori vobis esse putatis, Philipp. 3. 19. secundum illud apostoli, *Gloriam in turpitudine habentes*. Quibus ergo te oculis uxor aspiciet, a tam iniquo spectaculo redeuntem? quomodo te recipiet? quibus te verbis alloquetur, qui muliebrem sexum totum ita dehonestaveris, et ex tali spectaculo captivus et servus meretricis effectus sis? Si hæc audientes doletis, gratiam 2 Cor. 2. 2. vobis habeo maximam. *Quis enim est qui me lætificet, nisi is qui ob dicta mea tristatur?* Ne cessetis igitur de his ingemere et morderi: nam dolor de rebus hujusmodi principium vobis erit conversionis ad meliora. Ideoque vehementiori sermone sum usus, ut per profundiorem incisionem a putredine illa temulentorum hominum vos liberarem, et ad puram animi sanitatem reducerem: qua utinam nos omnes per omnia fruamur, et præmia bonis actibus reposita consequamur, gratia et misericordia Domini nostri Jesu Christi, cui gloria et imperium in sæcula sæculorum. Amen.

διαβόλου συμβουλή. Οὕτως ἄνωθεν καὶ ἐξ ἀρχῆς ἐκείνου C τοῦτο γέγονεν τὸ ἐπιτήδευμα. Ἀλλ' ἐκεῖνοι μὲν κἂν ᾐσχύνοντο γυμνοὶ ὄντες· ὑμεῖς δὲ καὶ ἐγκαλλωπίζεσθε κατὰ τὸ ἀποστολικὸν ἐκεῖνο· Ἐν τῇ αἰσχύνῃ τὴν δόξαν ἔχοντες. Πῶς οὖν ὄψεταί σε λοιπὸν ἡ γυνὴ ἀπὸ τῆς τοιαύτης ἐπανελθόντα [c] παρανομίας; πῶς δέξεται; πῶς προσερεῖ, οὕτως ἀτίμως τὸ κοινὸν τῆς γυναικείας παραδειγματίσαντα φύσεως, καὶ αἰχμάλωτον 101 A ὑπὸ τῆς τοιαύτης ὄψεως καὶ δοῦλον γεγενημένον τῆς πορνευθείσης γυναικός; Εἰ δὲ ἀλγεῖτε ταῦτα ἀκούοντες, χάριν ὑμῖν ἔχω πολλήν. Τίς γάρ ἐστιν ὁ εὐφραίνων με, εἰ μὴ ὁ λυπούμενος ἐξ ἐμοῦ; Μὴ δὴ παύσησθέ ποτε στένοντες ἐπὶ τούτοις [a] καὶ δακνόμενοι· καὶ γὰρ προοίμιον ὑμῖν ἔσται τῆς ἐπὶ τὸ κρεῖττον μεταβολῆς ἡ ἐκ τῶν τοιούτων ὀδύνη. Διὰ τοῦτο κἀγὼ σφοδρότερον τὸν λόγον ἐποιησάμην, ἵνα βαθυτέραν δοὺς τὴν τομὴν, ἀπαλλάξω τῆς σηπεδόνος [b] τῶν μεθυσκόντων ὑμᾶς· ἵνα πρὸς καθαρὰν ἐπαναγάγω ψυχῆς ὑγείαν· B ἧς γένοιτο πάντας ἡμᾶς ἀπολαύοντας διὰ πάντων, καὶ τῶν κειμένων ἐπάθλων τοῖς κατορθώμασι τούτοις ἐπιτυχεῖν, χάριτι καὶ φιλανθρωπίᾳ τοῦ Κυρίου ἡμῶν Ἰησοῦ Χριστοῦ, ᾧ ἡ δόξα καὶ τὸ κράτος εἰς τοὺς αἰῶνας τῶν αἰώνων. Ἀμήν.

[c] Quidam παροινίας habent.

[a] Morel. et quidam alii habent καὶ δακρυόμενοι. Sed δακνόμενοι legit etiam Anianus.

[b] Morel. τῶν μεθυόντων.

ANIANI INTERPRETATIO.

nes? Inobedientia et diaboli consilium; tam hoc illi jam a principio semperque studio fuit. Verum illos Philipp. 3. 19. quidem cum nudi essent, puduit tamen: vos eam rem laudi ducitis, juxta illud apostoli, *Gloriam in turpitudine ponentes*. Quonam igitur te pacto deinceps aspiciet uxor a tali contumelia redeuntem? quemadmodum suscipiet, et alloquetur tam indigne naturæ muliebris conditionem sexumque fœdantem, atque a tali spectaculo captivum servumque redeuntem mulieris fornicantis? Si igitur hæc audientes dole- 2. Cor. 2. 2. tis, maximas gratias vobis agere me, et debere confiteor. *Quis est enim qui me lætificat, nisi qui contristatur ex me?* Ne igitur desinatis supra hujusmodi licentia gemere, ac sæpius remorderi. Hic enim dolor fiet vobis conversionis ad meliora principium. Propterea et ego sermonem vehementius pressi, ut altiore quadam incisione ab eorum vos per quos inebriamini putredine liberarem atque ad puram revocarem animi sanitatem: qua quidem, et præmiis veræ pietati propositis, omnes nos potiri contingat, gratia et misericordia Domini nostri Jesu Christi, cui gloria cum Patre et sancto Spiritu, in sæcula sæculorum. Amen.

ΟΜΙΛΙΑ ζ'.

Καὶ συναγαγὼν πάντας τοὺς ἀρχιερεῖς καὶ γραμματεῖς τοῦ λαοῦ, ἐπυνθάνετο παρ' αὐτῶν, ποῦ ὁ Χριστὸς γεννᾶται. Οἱ δὲ εἶπον αὐτῷ· ἐν Βηθλεὲμ τῆς Ἰουδαίας.

Εἶδες ἅπαντα εἰς ἔλεγχον [c] γινόμενα Ἰουδαίων; A
Ἕως μὲν γὰρ αὐτὸν οὐκ ἐθεώρουν, οὐδὲ ὑπὸ τῆς βασκανίας ἡλίσκοντο, μετὰ ἀληθείας τὰς μαρτυρίας διη-
γόρευον· ἐπειδὴ δὲ εἶδον τὴν ἀπὸ τῶν θαυμάτων ἐγγινομένην δόξαν, ὑπὸ τοῦ φθόνου κατασχεθέντες λοιπὸν
προύδωκαν τὴν ἀλήθειαν. Ἀλλ' ἡ ἀλήθεια διὰ πάντων
ᾔρετο, καὶ ὑπὸ τῶν ἐχθρῶν μειζόνως συνεκροτεῖτο.
Ὅρα γοῦν καὶ ἐνταῦθα πῶς θαυμαστὰ καὶ παράδοξα
οἰκονομεῖται· πράγματα. Ὁμοῦ τε γὰρ καὶ μανθά-
νουσί τι πλέον παρ' ἀλλήλων, καὶ διδάσκουσιν ἀλ- 103
λήλους, οἵ τε βάρβαροι καὶ οἱ Ἰουδαῖοι. Οἱ μὲν γὰρ A
Ἰουδαῖοι παρὰ τῶν μάγων ἤκουον, ὅτι καὶ ἀστὴρ
αὐτὸν ἐπὶ τῆς Περσῶν ἐκήρυξε χώρας· οἱ δὲ μάγοι
παρὰ τῶν Ἰουδαίων ἐμάνθανον, ὅτι τοῦτον, ὃν ὁ
ἀστὴρ [a] ἀνεκήρυξε, καὶ προφῆται πρὸ πολλῶν ἄνωθεν διηγόρευον χρόνων· καὶ τῆς ἐρωτήσεως ἡ ὑπόθεσις διδασκαλίας σαφεστέρας τε καὶ ἀκριβεστέρας
ἑκατέροις ἀπόδειξις γέγονε· καὶ οἱ τῆς ἀληθείας ἐχθροὶ
τὰ ὑπὲρ τῆς ἀληθείας καὶ ἄκοντες ἀναγκάζονται ἀναγινώσκειν γράμματα, καὶ τὴν προφητείαν [b] ἑρμηνεύειν,

[c] Savil. et quidam Mss. γινόμενα ἰουδαίων. Morel. et alii γινόμενα ἰουδαϊκόν. Ibidem quidam αὐτὸν οὐχ ἑώρων. Infra omnes Mss. ἀπὸ τῶν θαυμάτων ἐγγινομένην δόξαν.

HOMILIA VII.

Cap. II. v. 4. *Et congregans omnes principes sacerdotum et scribas populi, sciscitabatur ab eis ubi Christus nasceretur.* 5. *At illi dixerunt ei : In Bethlehem Judææ.*

1. Vidistin' omnia ad Judæorum confutationem accidisse? Quamdiu enim non videbant eum, nec invidia corripiebantur, testimonia vere et ut erant proferebant : ubi autem viderunt gloriam ex miraculis partam, invidia demum correpti, veritatem prodiderunt. Sed veritas in omnibus eminebat, et ab inimicis magis magisque promulgabatur. Hic mihi vide quam mira, quam stupenda provideantur. Mutuas sibi commodabant notitias barbari et Judæi, ita ut singuli ab aliis quidpiam novi ediscant. Judæi namque a magis edidicerunt, quod stella ipsum in Persarum regione prædicaverit : magi a Judæis acceperunt, eum ipsum, quem stella prædicaverat, jam a multis retro temporibus per prophetas prænuntiatum fuisse : atque interrogationis occasio clarioris et accuratioris doctrinæ demonstratio utrisque fuit : certe veritatis inimici scripta veritatis testimonia vel inviti legere coguntur, et prophetiam interpretari, etiamsi non totam : cum enim Bethlehem

Savil. ἐπιγινομένην, Morel. ἐπειγομένην.
[a] Alii ἐκήρυξε.
[b] Quidam ἑρμηνεύουσιν.

ANIANI INTERPRETATIO.

HOMILIA SEPTIMA EX CAPITE II.

Et congregans omnes principes sacerdotum et scribas populi, sciscitabatur ab eis ubi Christus nasceretur. At illi dixerunt ei, In Bethlehem Judææ.

1. Vidisti certe, ut sermo superior ostendit, cuncta omnino quæ facta sunt, ad redargutionem proficere Judæorum : qui prius quam Christum viderent, ac veneno inficerentur invidiæ, simpliciter de illo testimonia prædicta recitabant : ubi vero aspexerunt gloriam ejus de miraculis coruscantem, livore correpti, supprimunt veritatem. Sed illa per hæc potius cuncta crescebat, et ab ipsis quoque juvabatur inimicis. Considera vero hoc loco etiam quam improvisa quamque miranda proveniant : quandoquidem et vicissim docent, et mutuo a se aliquid addiscunt, Judæi scilicet, et Persæ. Nam Judæi quidem a magis audiunt, quod stella eum in regione Persidis prædicarit : magi vero a Judæis discunt, quod ipsum Jesum, quem stella monstraverat, etiam prophetæ ante prædixerant. Quæ certe interrogationis occasio, fit diligentioris et manifestioris demonstratio doctrinæ. Ipsi quidem veritatis inimici pro veritate coguntur legere literas, et prophetiam de Christo nescientibus interpretari : licet non eam omnino totam voluerint publi-

dixissent, et inde exoriturum esse eum qui regeret Israëlem, non addiderunt id quod sequebatur, Mich. 5. 2. ut regi adularentur. Quid autem est illud? *Et egressus ejus ab initio ex diebus sæculi.* Et qua de causa, inquies, si inde oriturus erat, post partum in Nazaret mansit, et prophetiam obscuravit? Imo non obscuravit, sed clariorem effecit. Nam quod mater ejus, quæ illic habitabat, hoc in loco pepererit, id certe ostendit rem per providentiam factam fuisse. Quapropter non statim atque natus est, hinc exiit, sed ibi mansit per dies quadraginta, locum dans illis qui vellent curiosius inquirere, ut accurate examinarent omnia. Multa quippe erant quæ ad hanc perquisitionem moverent, si quidem attendere vellent. Etenim venientibus magis, concitata est universa civitas, et cum civitate rex ipse: propheta in medium adductus est, forum judiciale magnum collectum est; aliaque multa ibidem gesta sunt, quæ omnia narrat accurate Lucas; verbi gratia quæ ad Annam spectant, quæ ad Simeonem, ad Zachariam, ad angelos, ad pastores, quæ omnia poterant iis qui animum adhibere vellent occasionem dare, ut quod factum erat deprehenderent. Nam si magi ex Perside venientes locum non ignoraverunt, multo magis ii, qui istic versabantur, hæc poterant ediscere. Sese igitur ostendit ab initio per multa miracula: quia autem videre noluerunt, per aliquantum temporis

εἰ καὶ μὴ πᾶσαν· εἰπόντες γὰρ τὴν Βηθλεὲμ, καὶ ὅτι ἐξ αὐτῆς ἐξελεύσεται ὁ ποιμαίνων τὸν Ἰσραὴλ, λοιπὸν B οὐκ ἔτι προσέθηκαν τὸ ἑξῆς, κολακεύοντες τὸν βασιλέα. Τί δὲ τοῦτο ἦν; Ὅτι Αἱ ἔξοδοι αὐτοῦ ἀπ' ἀρχῆς ἐξ ἡμερῶν αἰῶνος. Καὶ τίνος ἕνεκεν, φησὶν, εἰ ἐκεῖθεν ἔμελλεν παραγενέσθαι, ἐν Ναζαρὲτ μετὰ τὸν τόκον διῆγε, καὶ συνεσκίαζε τὴν προφητείαν; Καὶ μὴν οὐ συνεσκίασεν, ἀλλὰ καὶ μᾶλλον ἐξεκάλυψε. Τὸ γὰρ, ἐκεῖ τῆς μητρὸς οἰκούσης διὰ παντὸς, ἐνταῦθα γεννηθῆναι, δείκνυσιν ἐξ οἰκονομίας τὸ πρᾶγμα γινόμενον. Διά τοι τοῦτο οὐδὲ εὐθέως τεχθεὶς ἐξῆλθεν ἐκεῖθεν, ἀλλ' ἐποίησεν ἡμέρας τεσσαράκοντα, τοῖς βουλομένοις περιεργάζεσθαι διδοὺς μετὰ ἀκριβείας ἐξετάζειν ἅπαντα. C Καὶ γὰρ πολλὰ ἦν τὰ κινοῦντα πρὸς τὴν τοιαύτην ζήτησιν, εἴ γε προσέχειν ἐβούλοντο. Καὶ γὰρ ἐλθόντων τῶν μάγων, ἀνεπτερώθη πᾶσα ἡ πόλις, καὶ μετὰ τῆς πόλεως ὁ βασιλεύς· καὶ ὁ προφήτης εἰς μέσον παρήγετο, καὶ δικαστήριον μέγιστον συνεκροτεῖτο· καὶ ἕτερα δὲ πλείονα γέγονεν αὐτόθι, ἅπερ ὁ Λουκᾶς μετὰ ἀκριβείας διηγεῖται ἅπαντα· οἷον τὰ κατὰ τὴν Ἄνναν, καὶ τὸν Συμεὼν, καὶ τὸν Ζαχαρίαν, καὶ τοὺς ἀγγέλους, καὶ τοὺς ποιμένας, ἅπερ ἅπαντα τοῖς προσέ- 104 χουσιν ἱκανὰ ἦν παρασχεῖν ἀφορμὰς τὸ γεγενημένον A εὑρεῖν. Εἰ γὰρ ἀπὸ Περσίδος ἐλθόντες οἱ μάγοι οὐκ ἠγνόησαν τὸν τόπον, πολλῷ μᾶλλον οἱ ἐκεῖ διατρίβοντες ταῦτα μαθεῖν ἠδύναντο. Ἔδειξε μὲν οὖν ἑαυτὸν ἐξ ἀρχῆς διὰ πολλῶν θαυμάτων· ἐπειδὴ δὲ οὐκ ἠθέλησαν ἰδεῖν, κρύψας τὸν μεταξὺ χρόνον ἑαυτὸν, πάλιν

ANIANI INTERPRETATIO.

care. Cum enim dixerint, quod ex Bethlehem processurus esset qui regeret Israël: nequaquam tamen id quod sequitur, addiderunt, in adulationem profecto regis: ut ad humanæ gratiæ lucrum, veritatis damna Mich. 5. 2. proficerent. Quid vero istud erat? *Et egressus*, inquit, *ejus a diebus æternitatis ab initio.* Et cujus, inquies, rei gratia, si inde erat, ut prædictum est, adventurus, aliquanto tempore in Nazareth moratus est, per quod etiam obscuravit prophetiæ ipsius veritatem? Quinimmo non obscuravit, sed magis etiam, si consideres, revelavit. Hoc enim ipsum quod in Nazareth semper mater habitarat, quæ illum in Bethlehem genuit, ratione et providentia rem ostendit impletam. Et idcirco non continuo ut natus est, in civitatem suam venit, sed in Bethlehem quadraginta est remoratus diebus: ut iis qui diligentius vellent de ipso cuncta rimari, occasionem inquisitionis ingereret. Etenim multa erant quæ manifestum efficerent quod latebat, si modo illi investigare voluissent. Siquidem venientibus propter illum ab extremo oriente magis, totus omnino populus in admirationem suspensus est: sed etiam rex ipse cum populo, et propheta in medium quasi testis adductus est, factaque est magna cujusdam pompa judicii. Sed et alia quoque plura tunc gesta sunt, quæ Lucas diligenter cuncta contexit, proferens et Annæ viduæ, et Simeonis justi, et Zachariæ sacerdotis, et angelorum psallentium, et pastorum exsultantium consonas de pueri majestate sententias: quæ omnia satis erant idonea intendentibus animum præstandi occasionem, ut quod factum fuerat disceretur. Si enim magi a Perside venientes non ignoraverunt eum in quo est ortus locum; quanto magis qui ibidem conversabantur discere universa potuerunt? Ostendit se igitur ab initio ortus sui multorum mirabilium testimonio. Quia vero illi videre tam lucentia noluerunt, per aliquantum se quidem

ἐξ ἑτέρας ἀπεκάλυψε λαμπροτέρας ἀρχῆς. Οὐδὲ γὰρ οἱ μάγοι λοιπὸν, οὐδὲ ὁ ἀστὴρ, ἀλλ' ὁ Πατὴρ ἄνωθεν ἀνεκήρυττεν ἐπὶ τῶν Ἰορδανείων ῥείθρων, καὶ τὸ Πνεῦμα ἐπεφοίτα, τὴν φωνὴν ἐκείνην ἕλκον ἐπὶ τὴν κεφαλὴν τοῦ βαπτιζομένου· καὶ ὁ Ἰωάννης μετὰ παῤῥησίας ἁπάσης πανταχοῦ τῆς Ἰουδαίας ἐβόα, τὴν οἰκουμένην, τὴν ἀοίκητον τῆς τοιαύτης διδασκαλίας πληρῶν· B καὶ ἡ τῶν θαυμάτων δὲ μαρτυρία, καὶ γῆ, καὶ θάλαττα, καὶ ἡ κτίσις ἅπασα λαμπρὰν ἠφίει ὑπὲρ αὐτοῦ φωνήν. Παρὰ δὲ τὸν καιρὸν τῶν ὠδίνων τοσαῦτα ἐγίνετο, ὅσα εἰκὸς ἠρέμα δεῖξαι τὸν παραγεγονότα. Ἵνα γὰρ μὴ λέγωσιν οἱ Ἰουδαῖοι, ὅτι οὐκ ἴσμεν πότε ἐτέχθη, οὐδὲ ἐν ποίῳ χωρίῳ, τά τε κατὰ τοὺς μάγους πάντα ᾠκονομήθη, καὶ τὰ ἄλλα ἅπερ εἰρήκαμεν, ὥστε οὐδεμίαν αἰτίαν ἂν ἔχοιεν εἰπεῖν, μὴ ζητήσαντες τὸ γεγενημένον.

Σκόπει δὲ καὶ τῆς προφητείας τὴν ἀκρίβειαν. Οὐ γὰρ εἶπεν, ὅτι ἐν Βηθλεὲμ μένει, ἀλλ', Ἐξελεύσεται. Ὥστε C καὶ τοῦτο προφητείας ἦν, τὸ γεγεννηθῆναι ἐκεῖ μόνον. Τινὲς δὲ αὐτῶν ἀναισχυντοῦντές φασι, περὶ τοῦ Ζοροβάβελ ταῦτα εἰρῆσθαι· καὶ πῶς ἂν ἔχοιεν λόγον; Οὐ γὰρ δὴ Αἱ ἔξοδοι αὐτοῦ ἀπ' ἀρχῆς ἐξ ἡμερῶν αἰῶνος. Πῶς δὲ τὸ ἐν ἀρχῇ λεχθὲν, ὅτι Ἐκ σοῦ ἐξελεύσεται, ἁρμόσειεν ἂν ἐκείνῳ; Οὐ γὰρ ἐν τῇ Ἰουδαίᾳ, ἀλλ' ἐν 106 τῇ Βαβυλῶνι ἐτέχθη· ὅθεν καὶ Ζοροβάβελ ἐκλήθη, A διὰ τὸ ἐκεῖ σπαρῆναι. Καὶ ὅσοι τὴν Σύρων ἴσασι γλῶτταν, ἴσασι τὸ λεγόμενον. Μετὰ δὲ τῶν εἰρημένων, καὶ ὁ μετὰ ταῦτα χρόνος ἅπας ἱκανὸς συστῆσαι τὴν μαρτυρίαν. Τί γάρ φησιν; Οὐδαμῶς ἐλαχίστη εἶ ἐν τοῖς ἡγεμό-

sese occultans, iterum se alio longe clariore ostendit modo. Non enim magi deinceps, non stella, sed Pater superne prædicavit in Jordanis fluentis, et Spiritus supervenit, vocem illam in baptizati caput afferens: et Joannes cum libertate omni per totam Judæam clamabat, habitabilem, inhabitatam terram hujusmodi doctrina replens: miraculorum quoque testimonium, terra, mare universaque creatura splendidam hac de re vocem emittebat. Ipso etiam partus tempore tot accidere signa, quæ possent indicare ipsum advenisse. Ne dicerent enim Judæi: Nescimus ubi vel quo loco natus sit, illa quæ magos spectant provisa fuere, itemque alia quæ diximus, ita ut nullam excusationem afferre possint, quod id quod gestum erat non perquisiverint.

Christi adventus quot indicia fuerint.

2. Perpende autem prophetiæ accurationem. Non enim dixit, In Bethlehem manebit, sed, *Exibit*. Itaque id tantum prophetia exprimebat, quod ibi nasciturus esset. Quidam autem eorum impudenter dicunt, hæc de Zorobabele prænuntiata fuisse: sed quomodo sic possunt intelligere? Non enim *Egressus ejus ab initio ex diebus sæculi.* Mich. 5. 2. Quomodo autem illud quod initio dicitur, *Ex te exibit*, in illum convenire possit? Non enim in Judæa, sed in Babylone natus est: unde etiam Zorobabel appellatus fuit, quia ibi ortum duxit. Quotquot Syrorum linguam sciunt, id quod dicimus non ignorant. Præter ea vero quæ diximus,

ANIANI INTERPRETATIO.

tempus occultavit: sed rursus alio semetipsum demonstravit modo, et quidem multo clarioris testimonio potestatis. Non enim jam illum magi, non stella, non angeli, sed Pater ipse cælitus prædicavit. Nam cum ad Jordanis fluenta consisteret, pervenit et Spiritus sanctus, vocem illam Patris super baptizati caput deferens, et Joannes omni cum libertate sermonis multitudinem ad se venientium cohortando, totam omnino Judæam, habitabilia loca atque deserta, lumine hujus prædicationis implebat. Testimonium quoque erat magnum signorum: nam et terra, et mare, cunctaque omnino creatura, clarissima pro Christo voce resonabat. Ipso quoque virginalis partus tempore ea sunt facta miracula, quæ abunde possent majestatem demonstrare nascentis. Ne enim dicerent, Ignoravimus, quando et in qua regione sit natus: et illa de magis impleta sunt, et alia, ut diximus, plurima, ut nullus prorsus excusationis relinqueretur color, qui id quod impletum fuerat inquirere noluissent.

2. Porro considera ipsam prophetæ diligentiam. Non enim dixit quod in Bethlehem permansurus esset: sed ex Bethlehem procedet, inquit: ut signanter prophetasse videatur, illum ibi tantummodo nasciturum. Quidam autem impudenter audaces aiunt de Zorobabel hæc fuisse prædicta. Sed qua tandem istud ratione defenditur? Non enim huic competit, ut *Egressus ejus a principio ex diebus æternitatis* esse dicatur. Quomodo autem saltem illud quod ante dictum est, *Ex te exiet dux*, de Zorobabel poterit convenire, qui non in Judæa, sed in Babylone ortus docetur? Unde etiam ipsum nomen accepit, quia scilicet ibi sit in sobolem seminatus? Quicumque habent Syri sermonis peritiam, intelligunt profecto quod loquimur. Supra hæc vero quæ diximus etiam exitus ipse rerum prædicti de Christo testimonii asserit

tempus totum subsequens hoc testimonium confirmare valet. Quid enim dicit? 6. ***Nequaquam minima es in principibus Juda***, et celebritatis causam adjicit his verbis, ***Quia ex te exibit***. Nullus autem alius hunc locum clarum conspicuumque fecit, nisi ipse solus. Post partum quippe illum ex finibus orbis veniunt visitatum præsepe et tugurii locum: id quod jam olim propheta præ-
Mich. 5. 2. nuntiavit dicens: ***Nequaquam minima es in*** B ***principibus Juda;*** id est, inter tribuum principes. Quibus verbis etiam Jerosolymam complectitur. Sed ne sic quidem animum adhibuerunt, etiamsi utilitas ad ipsos dimanaret. Ideo enim nusquam prophetæ de dignitate ejus in principio tantum loquuntur, quantum de beneficio quod ipsis præstitit. Etenim cum Virginis partus instaret ait, ***Vocabis nomen ejus Jesum;*** et adjicit: ***Ipse enim salvum faciet populum suum a peccatis eorum.*** Magi vero non dicebant, Ubi est Filius Dei, sed, *Qui natus est rex Judæo-* C *rum*. Hic quoque non dixit, Ex te exibit Filius Dei; sed, ***Dux, qui regat populum meum Israël.*** Oportebat quippe initio humiliore loquendi modo uti, ne hæc ipsis offendiculo essent, et ea dicere quæ ad salutem ipsorum spectabant, ut sic facilius attraherentur. Quotquot itaque prima proferuntur, quorum tempus ortum ejus spectat, nihil magnum vel sublime de illo dicunt, nec perinde atque ea quæ ad signa et miracula edita spectant:

σιν Ἰούδα, καὶ τὴν αἰτίαν προστίθησι τῆς περιφανείας, λέγων, Ὅτι ἐκ σοῦ ἐξελεύσεται. Οὐδεὶς δὲ ἕτερος [a] λαμπρὸν καὶ περιφανὲς ἐκεῖνο τὸ χωρίον ἐποίησεν, ἀλλ' ἢ μόνος αὐτός. Μετὰ γοῦν τὸν τόκον ἐκεῖνον, ἀπὸ τῶν περάτων τῆς οἰκουμένης ἔρχονται ὀψόμενοι τὴν φάτνην, καὶ τῆς καλύβης τὸν τόπον· ὅπερ ἄνωθεν ὁ προφήτης προανεφώνησε, λέγων· Οὐδαμῶς ἐλαχίστη εἶ ἐν τοῖς ἡγεμόσιν Ἰούδα· τουτέστιν, ἐν τοῖς φυλάρχοις. Τοῦτο δὲ εἰπὼν καὶ τὴν Ἱερουσαλὴμ περιέλαβεν. Ἀλλ' οὐδὲ οὕτω προσεῖχον, καίτοι τῆς ὠφελείας εἰς αὐτοὺς διαβαινούσης. Καὶ γὰρ διὰ τοῦτο οὐδαμοῦ περὶ τῆς ἀξίας αὐτοῦ διαλέγονται οἱ προφῆται ἐν ἀρχῇ τοσοῦτον, ὅσον περὶ τῆς εὐεργεσίας τῆς παρ' αὐτοῦ γενομένης εἰς αὐτούς. Καὶ γὰρ ἡνίκα ἔτικτεν ἡ παρθένος, Καλέσεις, φησὶ, τὸ ὄνομα αὐτοῦ Ἰησοῦ· καὶ ἐπάγει λέγων· Αὐτὸς γὰρ σώσει τὸν λαὸν αὐτοῦ ἀπὸ τῶν ἁμαρτιῶν αὐτῶν. Καὶ οἱ μάγοι δὲ οὐκ ἔλεγον, ποῦ ἐστιν ὁ υἱὸς τοῦ Θεοῦ, ἀλλ', Ὁ τεχθεὶς βασιλεὺς τῶν Ἰουδαίων. Καὶ ἐνταῦθα πάλιν οὐκ εἶπεν, ὅτι ἐκ σοῦ C ἐξελεύσεται ὁ Υἱὸς τοῦ Θεοῦ· ἀλλ', Ἡγούμενος, ὅστις ποιμανεῖ τὸν λαόν μου τὸν Ἰσραήλ. Ἔδει γὰρ καὶ συγκαταβατικώτερον διαλέγεσθαι ἐν προοιμίοις, ἵνα μὴ σκανδαλίζωνται, καὶ τὰ περὶ τῆς σωτηρίας αὐτῶν κηρύττειν, ἵνα τούτῳ μᾶλλον ἐνάγωνται. Ὅσαι γοῦν πρῶται προφέρονται μαρτυρίαι, καὶ ὧν εὐθέως παρὰ τὴν γέννησιν καιρὸς ἦν, οὐδὲν μέγα, οὐδὲ ὑψηλὸν περὶ αὐτοῦ λέγουσιν, οὐδὲ οἷον αἱ μετὰ τὴν τῶν σημείων [b] ἐπίδειξιν· ἐκεῖναι γὰρ τρανότερον περὶ τῆς αὐτοῦ ἀξίας διαλέγονται. Ὅτε γοῦν μετὰ πολλὰ θαύματα παι-

[a] λαμπρόν. Quidam habent φαιδρόν.

[b] Quidam habent ἀπόδειξιν, αὗται γάρ.

ANIANI INTERPRETATIO.

veritatem. Quid enim dicit? ***Nequaquam minima es in principibus Juda.*** Causam quoque quæ illam magnam atque illustrem faceret, adjungens: ***Egredietur***, inquit, ***ex te dux.*** Nemo enim alius omnino præter Christum, claram illam fecit nobilemque regionem. Post illum siquidem inusitatum admirandumque partum, ab extremis usque finibus mundi veniunt ad visendum illum tugurii ac præsepii locum. Quod
Mich. 5. 2. certe olim propheticus sermo signavit, icens: ***Nequaquam minima es in p ncipibus Juda:*** id est, inter tribuum principes. Hoc vero dicens, Jerusalem quoque pariter comprehendit. Sed nec sic quidem Judæi intendere voluerunt, et certe cum maxima ad illos deferretur utilitas. Idcirco enim inter initia non tam de dignitate illius loqui prophetæ inducuntur, quam de beneficio quod in eos maximum conferebat. Nam et cum Virginis partus instaret, ***Vocabis***, inquit, ***nomen ejus Jesum***, et intulit dicens: ***Ipse enim salvum faciet populum suum a peccatis eorum.*** Et magi quidem, non ubi est qui natus est Filius Dei: sed, ***Natus est***, inquiunt, ***rex Judæorum.*** Hic quoque propheta non dixit, Ex te procedet Filius Dei: sed, ***Dux***, inquit, ***qui regat populum meum Israël.*** Oportebat siquidem condescensorio et humiliore interim sermonis ingressu institui prædicationis exordia, ne tanti adhuc mysterii animos rudes subito patefacta veritas in scandalum concitaret. Et idcirco ea magis quæ ad salutem ipsorum pertinent prædicantur, ut ad suscipiendum interim regem beneficio sibi blandiente concurrant. Quæcumque igitur prima testimonia proferuntur, et quorum statim post nativitatem tempus erat, nihil de illo præcipuum dicunt, nihilque

δία εἰς αὐτὸν ὕμνους ᾖδον, ἄκουσον τί φησιν ὁ προ-
φήτης· Ἐκ στόματος νηπίων καὶ θηλαζόντων κατηρτίσω αἶνον· καὶ πάλιν, Ὅτι ὄψομαι τοὺς οὐρανοὺς
ἔργα τῶν δακτύλων σου· ὅπερ δημιουργὸν αὐτὸν δείκνυσι τοῦ παντὸς ὄντα. Καὶ ἡ μετὰ τὴν ἀνάληψιν δὲ
παραχθεῖσα μαρτυρία τὸ πρὸς τὸν Πατέρα ὁμότιμον
δηλοῖ· Εἶπε γὰρ, φησὶν, ὁ Κύριος τῷ Κυρίῳ μου,
κάθου ἐκ δεξιῶν μου. Καὶ ὁ Ἡσαΐας δέ φησιν, ὅτι Ὁ
ἀνιστάμενος ἄρχειν ἐθνῶν, ἐπ' αὐτῷ ἔθνη ἐλπιοῦσι.
Πῶς δέ φησι τὴν Βηθλεὲμ ἐν τοῖς ἡγεμόσιν Ἰούδα οὐκ
εἶναι ἐλαχίστην; Οὐδὲ γὰρ ἐν Παλαιστίνῃ μόνον, ἀλλὰ
καὶ ἐν τῇ οἰκουμένῃ πάσῃ περίβλεπτος γέγονεν ἡ κώ-
μη. Ἀλλὰ τέως πρὸς Ἰουδαίους ὁ λόγος· διὸ καὶ ἐπήγαγεν, Ποιμανεῖ τὸν λαόν μου τὸν Ἰσραήλ· καίτοι γε
τὴν οἰκουμένην ἐποίμανεν. [a] Ἀλλ', ὅπερ ἔφην, οὐ βούλεται σκανδαλίσαι τέως τὸν περὶ τῶν ἐθνῶν [b] καλύπτων λόγον. Καὶ πῶς οὐκ ἐποίμανε, φησὶ, τὸν λαὸν
τὸν Ἰουδαϊκόν; Μάλιστα μὲν καὶ αὐτὸ γέγονε· τὸν γὰρ
Ἰσραὴλ ἐνταῦθα εἰπὼν, τοὺς αὐτῷ πεπιστευκότας ἐξ
Ἰουδαίων ᾐνίξατο. Καὶ τοῦτο ἑρμηνεύων ὁ Παῦλος
ἔλεγεν· Οὐ γὰρ πάντες οἱ ἐξ Ἰσραὴλ, οὗτοι Ἰσραὴλ,
ἀλλ' ὅσοι διὰ πίστεως καὶ ἐπαγγελίας ἐγεννήθησαν. Εἰ
δὲ μὴ πάντας ἐποίμανε, τοῦτο αὐτῶν ἔγκλημα καὶ κατηγορία. Δέον γὰρ αὐτοὺς προσκυνῆσαι μετὰ τῶν μάγων, καὶ δοξάσαι τὸν Θεὸν, ὅτι ἐπέστη καιρὸς τοιοῦτος, πάντα [c] λύων αὐτῶν τὰ ἁμαρτήματα (καὶ γὰρ
οὐδὲν περὶ δικαστηρίων ἤκουσαν, οὐδὲ εὐθυνῶν, ἀλλὰ
περὶ ἡμέρου καὶ πράου ποιμένος), τοὐναντίον ποιοῦσι, καὶ ταράττονται, καὶ θορυβοῦσι, καὶ μυρίας μετὰ

106 A illa quippe clarius de ipsius dignitate loquuntur.
Quod itaque post multa miracula hymnos in illum
pueri canerent, audi quomodo dicat propheta:
Ex ore infantium et lactentium perfecisti lau- Psal. 8. 3.
dem; ac rursum: *Quoniam videbo cœlos tuos* Ibid. v. 4.
opera digitorum tuorum, id quod ipsum universi Creatorem declarat. Illud vero testimonium,
quod peractam assumtionem respicit, ejus cum
Patre æqualitatem ostendit his verbis: *Dixit* Psal. 109. 1.
Dominus Domino meo, Sede a dextris meis.
Isaias vero ait, *Qui consurgit imperare gentibus,* Isai. 11. 10.
B *in ipso gentes sperabunt.* Cur autem ait Bethlehem in principibus Juda non esse minimam? Neque enim in Palæstina tantum, sed etiam in toto
orbe illustris vicus effectus est. Sed ad Judæos
nunc sermo spectat, ideoque subjunxit, *Reget
populum meum Israël:* atqui orbem etiam rexit.
At, ut dixi, non vult offendiculo esse, ideoque de
gentibus verba non facit. Et quomodo, inquies,
non rexit populum Judaïcum? Imo illud quoque
factum est; cum enim Israëlem dicit, Judæos qui
in ipsum crediderunt subindicat. Et hoc interpretans Paulus ait: *Non enim omnes, qui ex Israël,* Rom. 9. 6.
C *sunt Israëlitæ; sed quicumque per fidem et
repromissionem nati sunt.* Quod si non omnes
rexit, id vocatorum crimen et culpa est. Cum de-
buissent enim adorare cum magis, et Deo gloriam
referre, quod tempus advenisset in quo omnia
ipsorum peccata solverentur (nihil enim de tri-

[a] Savil. notat in margine *ἀλλ' ὅμως, ὅπερ.*
[b] Manuscripti plurimi *ἐκκαλύπτων*, male, Savil. *ἐγκα-λύπτων*, Morel. *καλύπτων.*
[c] Alii *λύσων*, et mox *περὶ δικαστηρίων ἤκουσεν.*

ANIANI INTERPRETATIO.

sublime, nihil simile testimoniis post signorum demonstrationem exhibitis. Illa quippe de potestate
ejus et certius loquuntur, et clarius. Cum enim post mirabilia quæ fecit innumera, hymnos in illum pueri
canerent, audi quid dicat propheta: *Ex ore infantium et lactentium perfecisti laudem:* et rursus: Psal. 8. 3.
Quoniam videbo cœlos tuos opera digitorum tuorum: quod quidem Opificem eum universorum esse Ibid. v. 4.
ostendit. Illud etiam testimonium, * quo ejus in cælum signatur assumtio, æqualitatem cum Patre osten- * In Græco Quod post ejus assumtionem datum est.
dit. *Dixit*, inquit, *Dominus Domino meo, Sede a dextris meis.* Esaias vero ait: *Qui consurgit ut prin-*
ceps sit gentium, in eum gentes sperabunt. Quomodo autem dixit, Bethlehem non esse minimam in
principibus Juda? Quia profecto non in omni Palæstina tantum, sed in universo prorsus orbe factus est Psal. 109. 1.
ille vicus illustris. Sed ad Judæos videtur interim sermo aspicere, et idcirco subjunxit, *Qui reget popu-* Isai. 11. 10.
lum meum Israël. Cum certe totius sit orbis rector effectus: sed, ut dixi, nolens interim offendere Judæos, sermonem de gentilium vocatione celavit. Et quemadmodum, inquis, non rexit populum Judæorum?
Et istud quidem proprie factum est: sed hic tamen Israël illos appellat omnes, qui ei ex Judæorum et
gentilium populo crediderunt. Et hoc interpretans apostolus aiebat: *Non enim omnes qui ex Israël,* Rom. 9. 6.
hi sunt Israëlitæ; sed quicumque per fidem repromissionis nati sunt. Si vero non omnes rexit, vocatorum crimen est, non vocantis. Cum oporteret enim illos adorare cum magis, et glorificare Deum, quia
tale jam tempus instat in quo illorum omnia peccata solvantur; nihil namque in hoc loco audiunt de

bunali et de repetendis pœnis audierant, sed de miti et mansueto pastore), illi contra turbantur et turbant, et innumeras postea struunt insidias. 7. *Tunc Herodes clam vocatis magis, diligenter didicit ab eis tempus stellæ quæ apparuit eis* : puerum interficere cupiens : quod non furoris tantum, sed etiam extremæ dementiæ fuit. Etenim ea quæ dicta et gesta fuerant a tali conatu illum deterrere poterant. Neque enim humana erant ea quæ acciderant. Nam quod magos stella superne vocasset, quodque barbari tantam susciperent peregrinationem, ut in cunabulis et in præsepe jacentem adorarent, quod prophetæ jam olim hæc omnia prædicerent, aliaque omnia majora erant, quam quæ hominem spectarent : attamen nihil eorum ipsum cohibuit.

3. Hujusmodi namque est malignitas, in sese ipsa impingit, et res quæ perfici nequeunt semper aggreditur. Perpende stultitiam. Si prophetiæ credebat, illamque immotam firmamque putabat, palam est eum impossibilia conatum esse; quod si non credebat, nec putabat ea quæ dicebantur, eventura esse, metuere vel timere non oportuit, nec ea de causa puero insidiari : ex utraque igitur parte superfluus erat dolus. Illud quoque extremæ dementiæ erat, quod putaverit magos ipsum antelaturos esse puero, pro quo tantam susceperant peregrinationem. Nam si vel antequam

ταῦτα κατασκευάζουσιν ἐπιϐουλάς. Τότε Ἡρώδης καλέσας λάθρᾳ τοὺς μάγους, ἠκρίϐωσε παρ' αὐτῶν τὸν χρόνον τοῦ φαινομένου ἀστέρος· ἐπιχειρῶν ἀνελεῖν τὸ τεχθὲν, ὅπερ ἐσχάτης ἀνοίας ἦν, οὐχὶ μανίας μόνον.
107 Καὶ γὰρ τὰ εἰρημένα καὶ τὰ γεγενημένα ἱκανὰ ἦν ἀπο-
A στῆσαι αὐτὸν πάσης τῆς τοιαύτης ἐπιχειρήσεως. Οὐδὲ γὰρ κατὰ ἄνθρωπον ἦν τὰ συμϐάντα. Τὸ γὰρ ἀστέρα καλέσαι τοὺς μάγους ἄνωθεν, καὶ τὸ βαρϐάρους ἄνδρας τοσαύτην ἀποδημίαν στείλασθαι, ὥστε προσκυνῆσαι τὸν ἐν σπαργάνοις καὶ φάτνῃ κείμενον, καὶ τὸ προφήτας δὲ ἄνωθεν ταῦτα προαναφωνεῖν, καὶ τὰ ἄλλα πάντα, μείζονα ἢ κατὰ ἄνθρωπον ἦν· ἀλλ' ὅμως οὐδὲν αὐτὸν τούτων κατεῖχε.

Τοιοῦτον γὰρ ἡ πονηρία, ἑαυτῇ περιπίπτει, καὶ ἀνηνύτοις ἀεὶ πράγμασιν ἐπιχειρεῖ. Σκόπει δὲ τὴν
B ἄνοιαν. Εἰ μὲν ἐπίστευε τῇ προφητείᾳ, καὶ ἀκίνητον αὐτὴν εἶναι ἐνόμιζεν, εὔδηλον ὅτι [a] ἀνηνύτοις ἐπιχειρεῖ πράγμασιν· εἰ δὲ ἠπίστει πάλιν, καὶ οὐ προσεδόκα ἐκϐήσεσθαι τὰ λεγόμενα, δεδοικέναι καὶ φοϐεῖσθαι οὐκ ἐχρῆν, οὐδὲ διὰ τοῦτο ἐπιϐουλεύειν· ὥστε ἑκατέρωθεν περιττὸς ὁ δόλος ἦν. Καὶ τοῦτο δὲ ἀνοίας ἐσχάτης, τὸ νομίσαι τοὺς μάγους αὐτὸν προτιμήσειν τοῦ τεχθέντος, ὑπὲρ οὗ τοσαύτην ἦλθον ἀποδημίαν. Εἰ γὰρ πρὶν ἰδεῖν οὕτως ἦσαν ἐκκεκαυμένοι τῷ πόθῳ, μετὰ τὸ θεάσασθαι καὶ [b] πιστωθῆναι παρὰ τῆς προφητείας, πῶς

[a] Alii ὅτι ἀδυνάτοις ἐπιχείρει. Infra alii περιττὸς ὁ λόγος ἦν. Paulo post alii τοὺς μάγους αὐτοῦ προτιμήσειν.

[b] Morel. πιστευθῆναι.

ANIANI INTERPRETATIO.

terrore judicii, nihil de comminatione supplicii, sed de mansueto tantum mitique rectore; ex adverso conturbantur, atque conturbant, et mille post hæc moliuntur insidias. *Tunc Herodes*, inquit, *clam vocatis magis, diligenter didicit ab eis tempus stellæ quæ apparuit eis;* puerum proculdubio interficere cupiens : quod non furoris tantum, sed extremæ etiam stultitiæ fuit indicium. Nam et illa quæ facta sunt, et illa quæ dicta, satis idonea erant quæ ab omni illum possent deterrere tali conatu. Non enim ex hominibus erant illa quæ natum esse regem docebant. Siquidem et quod stella magos cælitus vocavit, et quod homines barbari longinquæ subierunt peregrinationis laborem, ut adorarent in pannis atque in præsepio collocatum : quod olim propheta omnia ista prædixit, aliaque ejusmodi longe majora erant quam ut secundum hominum potestatem fieri crederentur : sed illum tamen nihil horum omnino compescuit.

3. Tale quippe est vitium malignitatis, ut a nullo impulsa plerumque sese ipsa præcipitet, et quæ sæpe absque effectu operis, ærumnosa et impossibilia gestit efficere. Considera ergo vecordiam singularem. Si enim prophetiæ ipsi crediderat, eamque invictam putabat, clarum erat illum adversus impossibilia conari. Si vero minime credebat proventura esse quæ tanto ante prædicta sunt, nec sibi timere debuit, nec puero insidiari. Ex utroque igitur frustra susceptus dolus ipse convincitur. Sed et quod speravit magorum labefactari posse scientiam, ad eamdem mentis spectat insaniam. Erat enim extremæ omnino vecordiæ, ut se crederet a magis pluris æstimandum, quam illum in cujus vixdum nati honorem tot

ἤλπιζεν αὐτοὺς πεῖσαι, προδοῦναι τὸ παιδίον αὐτῷ; Ἀλλ' ὅμως καὶ τοσούτων ὄντων τῶν ἀπαγόντων αὐτὸν, C ἐπεχείρει, καὶ καλέσας λάθρᾳ τοὺς μάγους, ἐπυνθάνετο παρ' αὐτῶν· καὶ γὰρ ἐνόμιζεν Ἰουδαίους κήδεσθαι τοῦ παιδίου· καὶ οὐκ ἂν προσεδόκησεν εἰς τοῦτο μανίας ἐξολισθαίνειν αὐτοὺς, ὡς [c] διὰ τοῦτο τὸν προστάτην, καὶ Σωτῆρα, καὶ ἐπ' ἐλευθερίᾳ τοῦ ἔθνους παραγενόμενον βούλεσθαι ἐκδιδόναι τοῖς ἐχθροῖς. Διὰ τοῦτο καὶ λάθρᾳ καλεῖ, καὶ ζητεῖ τὸν χρόνον, οὐ τοῦ παιδίου, ἀλλὰ τοῦ ἀστέρος, ἐκ πολλῆς τῆς περιουσίας 108 A τιθεὶς τὸ θήραμα. Καὶ γὰρ πρὸ πολλοῦ χρόνου δοκεῖ μοι ὁ ἀστὴρ φανῆναι. Ἐπειδὴ γὰρ πολὺν κατὰ τὴν ὁδοιπορίαν ἔμελλον ἀναλίσκειν χρόνον οἱ μάγοι, ἵνα εὐθέως ἐπιστῶσι τῷ τεχθέντι (ἔδει γὰρ ἐν αὐτοῖς προσκυνηθῆναι τοῖς σπαργάνοις αὐτὸν, ὥστε τὸ θαυμαστὸν καὶ παράδοξον φανῆναι τοῦ πράγματος), πρὸ πολλοῦ τοῦ χρόνου δείκνυσιν ἑαυτὸν ὁ ἀστήρ. Εἰ γὰρ ἡνίκα ἐτέχθη ἐν Παλαιστίνῃ, τότε αὐτοῖς ὤφθη ἐν τῇ ἀνατολῇ, πολὺν κατὰ τὴν ὁδοιπορίαν διατρίβοντες χρόνον, οὐκ ἂν ἐν σπαργάνοις εἶδον αὐτὸν παραγενόμενοι. Εἰ δὲ ἀπὸ διετοῦς ἀναιρεῖ καὶ κατωτέρω, μὴ θαυμάσωμεν· ὁ γὰρ θυμὸς καὶ τὸ δέος ὑπὲρ πλείονος ἀσφα- B λείας καὶ πλείονα [a] προσετίθει χρόνον, ὥστε μηδένα διαφυγεῖν. Καλέσας οὖν αὐτοὺς, φησί· Πορευθέντες ἀκριβῶς ἐξετάσατε περὶ τοῦ παιδίου· ἐπὰν δὲ εὕρητε, ἀπαγγείλατέ μοι, ὅπως κἀγὼ ἐλθὼν προσκυνήσω αὐτῷ. Εἶδες τὴν ἄνοιαν; Εἰ μὲν γὰρ ἐξ ἀληθείας ταῦτα λέγεις, τίνος ἕνεκεν λάθρᾳ ἐρωτᾷς; εἰ δὲ [b] ἐπιβουλεύ-

illum vidissent, ita ardebant desiderio: postquam viderant et per prophetiam confirmati fuerant, quomodo sperabat se suadere illis posse, ut puerum sibi proderent? Attamen cum tot tantaque essent quæ ipsum a proposito abducerent, id conatus est, et clam vocatis magis, sciscitabatur ab eis: putabat enim Judæos de pueri salute sollicitos esse: neque credebat illos in tantum insaniæ devenisse, ut ideo vellent patronum et Servatorem, qui ad libertatem genti procurandam venerat, inimicis prodere. Ideo clam vocat, et tempus inquirit, non pueri, sed stellæ, venatum illum magna cum diligentia captans. Nam videtur mihi stella diu ante apparuisse. Quia enim multum temporis in itinere insumturi erant magi, ut nato statim adessent (oportebat quippe in cunabulis ipsum adorare, ut mirabilior res appareret); stella multum antea sese ostendit. Nam si eo ipso tempore quo natus est in Palæstina, stella apparuisset illis in oriente, post multum insumtum in itinere tempus, non vidissent eum in cunabulis. Quod autem a bimatu et infra occiderit, ne miremur; furor enim et timor ad majorem securitatem plus temporis adjecit, ut nullus effugeret. Vocatis igitur illis, ait: 8. *Euntes interrogate diligenter de puero, et cum inveneritis renuntiate mihi, ut et ego veniens adorem eum.* Vidistin' insipientiam? Si enim ex veritatis affectu loqueris,

[c] Alii διὰ τοῦτον.
[a] Morel. προετίθει.
[b] Alii ἀνελεῖν βουλόμενος.

ANIANI INTERPRETATIO.

regionum itinera confecerant. Si enim prius etiam quam viderant ita sunt in desiderium ejus effusi, jam cum vidissent et prophetæ essent prædictione firmati, quanam illos ratione futuros credebat pueri proditores? Et tamen cum tam multa sint quæ illum possent a noxia intentione deducere, conatur nihilominus cupita complere. Siquidem *Clam vocatis magis sciscitabatur ab eis.* Existimabat enim Judæos pro pueri salute sollicitos, nec in tantum illos furoris erumpere, ut protectorem et Salvatorem suum, et ad liberationem illius gentis ortum, vellent tradere manibus persequentis Idcirco secrete magos vocat, ac sollicite tempus inquirit, non pueri, sed stellæ: et crudelissimæ venationis avidus, multo cum ambitu tendit insidias. Consequenti vero ratione colligitur, stellam ipsam ante multum apparuisse tempus. Quia enim magi plurimum erant itineris longinquitate remorandi, ut possent mox nato puero assistere, quem, ut mirabilius rei dignitas eluceret, pannis adhuc infantiæ colligatum oportebat adorari, ante multum tempus stella se demonstrat. Si enim quando puer natus est in Palæstina, tunc illis stella apparuisset in Perside, plurimum in itinere tempus terentes, nequaquam illum adhuc in pannis invenire potuissent. Quod si a biennio, et infra, Herodes pueros interfecit, non mireris. Siquidem conveniens in eumdem tyrannum pavor et furor, pro abundantia cautionis et licentia persequutionis, majus etiam tempus includit: ne quis profecto ejus ætatis, et forte is potissimum propter quem alii interimuntur, effugiat. Cum igitur eos vocasset, *Euntes*, inquit, *interrogate diligenter de puero, et cum inveneritis, renuntiate mihi, ut et ego veniens adorem eum.* Nempe consideratis stultitiæ mistum dolum tyranni?

cur clam interrogas? sin insidias paras, cur non cogitas, magos cum te videant clam interrogare, dolum suspicaturos esse? Sed, ut dixi, anima semel malignitate correpta, omnium insipientissima evadit. Non dixit, Euntes interrogate de rege, sed, *De puero*: non enim imperii nomen proferre sustinuit. Magi vero, qui præ multa pietate nihil horum noverant (neque enim putabant illum in tantum nequitiæ prorupisse, ut tam mirabili œconomiæ insidiari tentaret), nihil hujusmodi suspicantes abeunt, sed ex affectu suo alios æstimant. 9. *Et ecce stella, quam viderant in oriente, antecedebat eos.* Ideo enim occultata fuerat, ut amisso duce, Judæos interrogare cogerentur, et sic res omnibus palam fieret. Postquam enim interrogaverant, et Judæos doctores habuerant, rursum illis apparet. Et consideres velim optimum rerum ordinem. Post stellam excipit eos Judaïcus populus, rexque ipse, prophetamque inducunt prænuntiantem id quod apparuerat. Post prophetam rursum angelus ipsos excipit, omniaque docet: interim vero Jerosolymis in Bethlehem a stella ducuntur: stella enim ab istinc viæ dux fuit: ut hinc quoque discas, non fuisse illam ex numero cæterarum stellarum: nulla quippe stella hanc habet naturam. Neque solum ibat, sed etiam antecedebat ducens et quasi manu trahens illos in medio die.

σαι βουλόμενος, πῶς οὐ συνεῖδες, ὅτι ἐκ τοῦ λάθρᾳ ἐρω-
τᾶσθαι δυνήσονται συνιδεῖν οἱ μάγοι τὸν δόλον; Ἀλλ',
ὅπερ ἔφην, ψυχὴ ὑπὸ πονηρίας ἁλοῦσα, πάντων ἀνοη-
τοτέρα γίνεται. Καὶ οὐκ εἶπεν, ἀπελθόντες μάθετε περὶ
τοῦ βασιλέως, ἀλλὰ, Περὶ τοῦ παιδίου· οὐδὲ γὰρ τὸ
C ὄνομα τῆς ἀρχῆς καλέσαι ἠνέσχετο. Ἀλλ' οἱ μάγοι
τούτων οὐδὲν συνιδόντες, ὑπὸ πολλῆς εὐλαβείας (οὐ γὰρ
ἂν προσεδόκησαν, ὅτι [c] εἰς τοσοῦτον πονηρίας ἐξῆλθεν
ἂν ἐκεῖνος, καὶ οὕτω θαυμαστῇ οἰκονομίᾳ ἐπιβουλεῦσαι
ἐπιχειρήσειεν), ἀπέρχονται, τούτων οὐδὲν ὑφορώμενοι, ἀλλ' ἐκ τῶν καθ' ἑαυτοὺς καὶ τὰ τῶν ἄλλων στο-
χαζόμενοι ἅπαντα. Καὶ ἰδοὺ ὁ ἀστὴρ, ὃν εἶδον ἐν τῇ
ἀνατολῇ, προῆγεν αὐτούς. Διὰ γὰρ τοῦτο καὶ ἐκρύβη,
ἵνα ἀπολέσαντες τὸν χειραγωγοῦντα, εἰς ἀνάγκην ἐμπέ-
109 σωσιν ἐρωτῆσαι τοὺς Ἰουδαίους, καὶ πᾶσι κατάδηλον
A τὸ πρᾶγμα γένηται. Ἐπειδὴ γὰρ ἠρώτησαν καὶ διδασκάλους ἔσχον τοὺς Ἰουδαίους, φαίνεται πάλιν αὐτοῖς. Καὶ σκόπει ἀκολουθίαν ἀρίστην γενομένην. Ἀπὸ
μὲν γὰρ τοῦ ἀστέρος δέχεται αὐτοὺς ὁ τῶν Ἰουδαίων
δῆμος, καὶ ὁ βασιλεὺς, καὶ τὸν προφήτην εἰσάγουσι
διδάσκοντα τὸ φαινόμενον. Ἀπὸ δὲ τοῦ προφήτου πάλιν ἄγγελος αὐτοὺς παραλαβὼν πάντα ἐδίδαξε· τέως
δὲ ἀπὸ Ἱεροσολύμων εἰς Βηθλεὲμ διὰ τοῦ ἀστέρος βα-
δίζουσιν· ὁ γὰρ ἀστὴρ πάλιν κἀκεῖθεν συνώδευεν· ἵνα
μάθῃς κἀντεῦθεν, ὅτι οὐ τῶν πολλῶν εἷς ἦν οὗτος· οὐδὲ
γὰρ ἔχει ταύτην τὴν φύσιν ἀστὴρ οὐδὲ εἷς. Καὶ οὐχ
ἁπλῶς ἐβάδιζεν, ἀλλὰ προῆγεν αὐτοὺς ἕλκων καὶ χει-
B ραγωγῶν ἐν ἡμέρᾳ μέσῃ.

[c] Quidam habent εἰς τοῦτο πονηρίας. Mox alius ἐπιβουλεῦσαι ἐπεχείρησεν.

ANIANI INTERPRETATIO.

Si enim hæc vere dicis, qua tandem ratione ductus latenter interrogas? sin autem ut fraudem specie consilii tegas, qui, cedo, istuc non intelligis, quod magis dolus ex ista occulta sciscitatione subolere possit? Verum, ut paulo ante præmisimus, anima semel malignitate capta, stultior cunctis efficitur. Non autem dixit, Euntes discite de rege: sed, *De puero*, inquit: ita ei etiam nomen potestatis inviderat. Sed magi præ multa pietate nihil mali penitus suspicantur. Non enim opinabantur quod in tantum malignitatis ille prorumperet, ut tam admirabili dispensatione nato moliri auderet insidias. Proficiscuntur itaque nihil horum penitus suspicantes, sed ex propriæ simplicitate mentis etiam cæteros æstimantes. *Et ecce stella quam viderant in oriente, præcedebat eos.* Propterea enim aliquamdiu fuerat abscondita, ut amittentes itineris sui ducem, interrogare Judæos de puero cogerentur, remque in notitiam omnium publicarent. Postquam vero interrogaverunt, et ipsos pueri inimicos ad cognoscendam dignitatem ejus habuerunt magistros, stella ejus rursus apparuit. Sed considera mirabilem prorsus ordinem rerum: a Perside illos usque Jerosolymam stella deducit, post stellam suscipit eos populus Judæorum, et rex Herodes, et prophetam adducunt, id quod illis apparuerat prædicantem. Post prophetam vero rursus excipiuntur ab angelo, ac de omnibus instruuntur: antea vero a Jerosolymis in Bethlehem ipsa duce perveniunt. Stella enim rursus illinc ipsos fuerat comitata: ut vel hinc discas quod non unum erat hoc sidus e cæteris. Nulla quippe hanc habet stella naturam. Neque enim ibat propter magos tantummodo, sed præibat quodammodo apprehensa manu trahens eos, viamque demonstrans, lucente prorsus die, ac sole rutilante.

Καὶ τί τοῦ ἀστέρος τούτου ἔδει, φησὶ, λοιπὸν τοῦ χωρίου γνωρισθέντος; Ἵνα καὶ τὸ παιδίον ὀφθῇ. Οὐδὲ γὰρ ἦν τι τὸ δηλοῦν αὐτό. Ἐπειδὴ μηδὲ ἡ οἰκία περιφανὴς ἦν, μήτε ἡ μήτηρ λαμπρὰ καὶ ἐπίσημος, ἔδει τοίνυν τοῦ ἀστέρος τοῦ [a] ἐπιστήσαντος αὐτοὺς τῷ τόπῳ. Διὸ καὶ ἀπὸ Ἱεροσολύμων ἐξελθοῦσι φαίνεται, καὶ οὐ πρότερον ἵσταται, ἕως τὴν φάτνην κατέλαβε, καὶ θαῦμα συνῆπτε τῷ θαύματι· καὶ γὰρ ἀμφότερα παράδοξα ἦν, καὶ τὸ τοὺς μάγους προσκυνεῖν, καὶ τὸ τὸν ἀστέρα [b] προσάγειν· καὶ ἱκανὰ καὶ τοὺς σφόδρα λιθίνους ἐπισπάσασθαι. Εἰ μὲν γὰρ εἶπον οἱ μάγοι, ὅτι προφητῶν ἤκουσαν ταῦτα λεγόντων, ἢ ὅτι ἄγγελοι C κατ' ἰδίαν αὐτοῖς διελέχθησαν, κἂν ἠπιστήθησαν· νῦν δὲ τῆς ὄψεως τοῦ ἀστέρος ἄνωθεν φαινομένης, καὶ οἱ σφόδρα ἀναισχυντοῦντες ἐπεστομίζοντο. Εἶτα ἐπειδὴ ἐπέστη τῷ παιδίῳ, ἔστη πάλιν ὁ ἀστήρ· ὅπερ καὶ αὐτὸ μείζονος δυνάμεως ἢ κατὰ ἀστέρα ἦν, τὸ νῦν μὲν κρύπτεσθαι, νῦν δὲ φαίνεσθαι, καὶ φανέντα ἵστασθαι. Ἐντεῦθεν κἀκεῖνοι προσθήκην πίστεως ἐλάμβανον· 110 A διὰ τοῦτο καὶ ἐχάρησαν, ὅτι ζητούμενον εὗρον, ὅτι ἄγγελοι ἀληθείας γεγόνασιν, ὅτι οὐκ εἰκῇ τοσαύτην ἦλθον ὁδόν· οὕτω πολύν τινα πόθον περὶ τὸν Χριστὸν εἶχον. Καὶ γὰρ ἐλθὼν κατ' αὐτῆς ἔστη τῆς κεφαλῆς, δεικνὺς ὅτι θεῖόν ἐστι τὸ γέννημα· καὶ σταθεὶς, ἐπὶ τὴν προσκύνησιν ἄγει, οὐχ ἁπλῶς βαρβάρους, ἀλλὰ τοὺς σοφωτέρους παρ' ἐκείνοις. Ὁρᾷς ὅτι εἰκότως ἀστὴρ ἐφάνη; Καὶ γὰρ καὶ μετὰ τὴν προφητείαν, καὶ μετὰ τὴν τῶν ἀρχιερέων καὶ

4. Et quid opus erat stella, inquies, cum jam notus locus esset? Ut puer videri posset. Nihil quippe erat quod ipsum ostenderet. Nam neque domus erat conspicua, neque mater ejus illustrem quamdam speciem præ se ferebat. Opus itaque erat stella quæ eos in ipso loco sisteret. Quamobrem Jerosolyma egredientibus apparet, nec stat prius quam ad præsepe pervenerit, et miraculum miraculo addiderit: nam utrumque mirabile erat, et quod magi adorarent, et quod stella ipsos sisteret: quæ sane possint vel lapideos animos attrahere. Si enim dixissent magi, se prophetas audivisse hæc dicentes, vel hæc sibi privatim ab angelis dicta fuisse, fides illis non fuisset habita: jam vero stella superne lucente, vel impudentium ora obstruebantur. Deinde cum puero immineret stella, stetit: id quod majoris erat potestatis, quam ut stellæ competat, quod silicet modo occultetur, modo appareat, et cum apparet, cursum sistat. Hinc illi incrementum fidei ceperunt: ideo lætati sunt, quia quod quærebant invenerunt, quia nuntii veritatis effecti sunt, quia non frustra tantum susceperunt iter: sic ardenti Christi desiderio flagrabant. Nam accedens stella, super ipsum pueri caput stetit, ostendens divinam esse prolem: cumque stetisset, ad adorandum adducit, non simpliciter barbaros, sed qui inter illos sapientissimi erant. Vides hanc stellam jure merito apparuisse? Siquidem

[a] Alii ἐπιστήσαντος αὐτοῦ τῷ.

[b] Alii παράγειν, alii προάγειν.

ANIANI INTERPRETATIO.

4. Et quidnam opus erat, inquis, hoc sidere, cum certe jam vicus ille fuisset repertus? Absque dubio ut videretur et puer. Neque enim erat præterea quidquam quod illum posset ostendere, cum nec esset ipsa domus conspicua, nec mater quasi clara quædam celebraretur, ac nobilis. Opus igitur fuit stella, quæ super ipsum prorsus tugurii culmen insisteret, propter quod et ab Jerosolymis proficiscentibus rursus apparuit, nec prius a cursu suo destitit, quam ad ipsum præsepium pervenirent. Duoque simul mirabilia junguntur: fuit enim utrumque mirandum, et quod magi adorarent puerum, et quod eos ad adorandum stella perduceret: quæ certe talia sunt, ut etiam lapideas mentes ad lumen Dei omnino attrahere queant. Si enim magi dixissent a prophetis se hoc accepisse, aut quod angeli peculiariter ipsis colloquuti essent, utique fides illis non fuisset habita. Nunc vero cum jubar stellæ superne rutilet, etiam impudentissimis os obturatur. Deinde postquam immineret puero, iterum stella sistit cursum suum: quod ipsum majoris erat virtutis quam stellæ natura insit, nunc videlicet occuli, nunc vero apparere, et ubi apparuit, sistere cursum. Hic proculdubio magi quoque incrementa fidei ceperunt. Propterea etiam gratulati sunt, quoniam quæsitum desideratumque repererant, quoniam effecti fuerant nuntii veritatis, et quia non frustra tam longæ viæ spatia confecerant: tam ardenti quippe erga Christum cupiditate flagrabant. Etenim ad locum stella perveniens, super ipsum pueri stetit caput, ostendens profecto Dei Filium esse qui natus est. Cumque ibi substitisset, ad adorandum adducit non simpliciter barbaros, sed eos qui inter illos longe utique sapientiæ dignitate præstabant. Videsne igitur quam hæc stella apparuerit merito? Siquidem et post

Marcion et Paulus Samosatenus ex stella confutati.

et post prophetiam, et post sacerdotum scribarumque interpretationem, adhuc illa utebantur duce. Erubescat Marcion, erubescat Paulus Samosatenus, qui noluerunt ea videre, quæ magi viderunt, Ecclesiæ progenitores: neque enim pudet me sic illos vocare. Erubescat Marcion, Deum videns in carne adoratum. Erubescat Paulus, videns illum non simpliciter ut hominem adorari. Nam quod in carne adoratus sit, id et panni ostendunt et præsepe: quod autem non quasi hominem purum adoraverint, declarant dum immaturæ ætati talia proferunt dona, quæ Deo offerri par erat. Erubescant cum illis et Judæi, dum barbaros et magos vident, qui ipsos præveniunt, nec post illos accedere volunt. Nam quæ tum facta sunt, futurorum erant figura: atque in exordio ipso declaratum est, gentes populum illum præventuras esse. Et cur, inquies, non
Matth. 28. 19. ab initio, sed postea dicebat, *Euntes docete omnes gentes?* Quia, ut jam dixi, quod tunc factum est, futurorum figura, et quasi prædictio erat. Consentaneum quippe erat, ut Judæi cæteros præcederent; quia vero præstitum sibi beneficium sponte respuerunt, res præpostere versa est: siquidem neque hic par erat, ut magi ante Judæos venirent; neque ut ii qui tanto spatio distabant, eos qui circa urbem ipsam habitabant antecederent, neque ut ii, qui nihildum audierant eos, qui inter tot prophetias innutriti fuerant, prævenirent; ve-

γραμματέων ἐξήγησιν, ἔτι τούτῳ προσεῖχον. Αἰσχυνέσθω Μαρκίων, αἰσχυνέσθω Παῦλος ὁ Σαμοσατεὺς, μὴ βουληθέντες ἰδεῖν ἅπερ οἱ μάγοι εἶδον,
B [a] οἱ τῆς Ἐκκλησίας πρόγονοι· οὐδὲ γὰρ αἰσχύνομαι οὕτως αὐτοὺς καλῶν. Αἰσχυνέσθω Μαρκίων, ὁρῶν Θεὸν ἐν σαρκὶ προσκυνούμενον. Αἰσχυνέσθω Παῦλος, ὁρῶν οὐχ ὡς ἄνθρωπον προσκυνούμενον ἁπλῶς. Ἀλλ' ὅτι μὲν ἐν σαρκὶ, τὰ σπάργανα δείκνυσι καὶ ἡ φάτνη· ὅτι δὲ οὐχ ὡς ψιλὸν ἄνθρωπον προσεκύνουν, δηλοῦσιν ἐν ἀώρῳ τῆς ἡλικίας τοιαῦτα δῶρα προσάγοντες, ἃ Θεῷ προσάγειν εἰκὸς ἦν. Αἰσχυνέσθωσαν μετ' αὐτῶν καὶ Ἰουδαῖοι, βαρβάρους καὶ μάγους ὁρῶντες αὐτοὺς φθάνοντας, καὶ οὐδὲ μετ' ἐκείνους ἐλθεῖν ἀνεχόμενοι. Καὶ γὰρ τύπος ἦν τῶν μελλόντων
C τὰ τότε γινόμενα· καὶ ἐξ αὐτῶν τῶν προοιμίων ἐδηλοῦτο, ὅτι φθάσει τὸν δῆμον τὸν ἐκεῖνον τὰ ἔθνη. Καὶ πῶς, φησὶν, οὐκ ἐξ ἀρχῆς, ἀλλὰ μετὰ ταῦτα ἔλεγεν, Πορευθέντες μαθητεύσατε πάντα τὰ ἔθνη; Ὅτι τοῦ μέλλοντος, ὅπερ ἔφην, γίνεσθαι τύπος ἦν τὸ συμβαῖνον, καὶ προαναφώνησίς τις. Τὸ μὲν γὰρ ἀκόλουθον ἦν, Ἰουδαίους προσελθεῖν πρώτους· ἐπειδὴ δὲ ἑκόντες προὔδωκαν τὴν οἰκείαν εὐεργεσίαν, ἀντιστρόφως τὰ
111 A πράγματα γέγονεν· ἐπεὶ οὐδὲ ἐνταῦθα πρὸ τῶν Ἰουδαίων ἔδει τοὺς μάγους ἐλθεῖν· οὐδὲ τοὺς ἐκ τοσούτου διαστήματος προλαβεῖν τοὺς παρ' αὐτὴν τὴν πόλιν καθημένους· οὐδὲ τοὺς οὐδὲν ἀκηκοότας φθάσαι τοὺς προφητείαις συντραφέντας τοσαύταις· ἐπειδὴ δὲ μεθ' ὑπερβολῆς τὰ οἰκεῖα ἠγνόησαν καλὰ, οἱ ἀπὸ Περσί-

[a] Οἱ τῆς Ἐκκλησίας πρόγονοι. Hic magi dicuntur Ecclesiæ progenitores, quia ipsi primi in regione sua, imo etiam in Judæa, Christum advenisse prædicarunt. Qua ratione auctores et fundatores Christianismi dici possunt.

ANIANI INTERPRETATIO.

prophetæ testimonium, et post sacerdotum scribarumque interpretationem, illa nihilominus utebantur magistra. Erubescat Marcion, erubescat et Samosatenus ille Paulus, qui nolunt videre quod magi viderunt, Ecclesiæ progenitores. Nequaquam sic erubuerim nuncupare eos. Confundatur, inquam, videns Dominum Marcion in assumtione carnis adorari: confundatur et Paulus, videns non sicut hominem adorari quem tantummodo hominem suspicatur. Nam quod in carne vera sit, ostendunt panni atque præsepe. Quod vero non nudum, id est, non solum adorent hominem, profecto declarat, quia adhuc ævi rudem his muneribus honorent, quæ offerri Deo solent. Confundatur cum ipsis etiam natio Judæorum, cernens ad credendum in Christum magos ac barbaros pervenire, ne post illos quidem venire sustinens: etenim quæ tunc facta sunt, futurorum expressere figuram. Ab ipso siquidem dominici adventus principio declaratum est, quoniam populum illum fides gentilium præveniret Et quomodo non ab initio, dices, sed in
Matth. 28. 19. fine ipso: *Euntes docete,* inquit, *omnes gentes?* Quia scilicet, ut paulo ante memoravimus, figura erat id quod tunc accidit, et quædam prædicatio futurorum. Erat quippe consequens, primos ad fidem Judæos potius accedere. Quoniam vero sponte oblatum sibi beneficium respuerunt, in contrarium versa res est. Cæterum nec ad parvulum adorandum magi priusquam Judæi accedere debuerant. Nimiæ siquidem coarguunt tarditatis, quos juxta ipsum omnino dominici ortus sedentes locum, post tot regionum spatia emensa præveniunt: et hi qui nihil prorsus de Christo audierant, præcurrunt eos quos ad eum suscipien-

δος τοὺς ἐν Ἱεροσολύμοις προλαμβάνουσιν· ὅπερ οὖν καὶ [a] ὁ Παῦλός φησιν· Ὑμῖν ἦν ἀναγκαῖον πρῶτον λαληθῆναι τὸν λόγον τοῦ Κυρίου· ἐπειδὴ δὲ ἀναξίους ἑαυτοὺς ἐκρίνατε, ἰδοὺ στρεφόμεθα εἰς τὰ ἔθνη. Εἰ γὰρ καὶ μὴ πρὸ τούτου ἐπείθοντο, παρὰ γοῦν τῶν μάγων ἀκούσαντας ἔδει δραμεῖν· ἀλλ' οὐκ ἠθέλησαν· διὰ τοῦτο, καθευδόντων ἐκείνων, οὗτοι προτρέχουσιν. B

Ἀκολουθήσωμεν τοίνυν καὶ ἡμεῖς τοῖς μάγοις, καὶ τῆς βαρβάρου συνηθείας ἀπαλλαγῶμεν, καὶ πολὺ τὸ διάστημα ποιήσωμεν, ἵνα ἴδωμεν τὸν Χριστόν· ἐπεὶ κἀκεῖνοι εἰ μὴ μακρὰν τῆς αὐτῶν ἐγένοντο χώρας, οὐκ ἂν αὐτὸν εἶδον. Ἀποστῶμεν τῶν γηΐνων πραγμάτων. Καὶ γὰρ οἱ μάγοι, ἕως μὲν ἦσαν ἐν τῇ Περσίδι, τὸν ἀστέρα ἑώρων· ἐπειδὴ δὲ ἀπέστησαν τῆς Περσίδος, τὸν ἥλιον τῆς δικαιοσύνης ἐθεάσαντο· μᾶλλον δὲ οὐδὲ τὸν ἀστέρα εἶδον ἄν, εἰ μὴ προθύμως ἐκεῖθεν ἀνέστησαν. Ἀναστῶμεν οὖν καὶ ἡμεῖς· κἂν πάντες ταράττωνται, ἡμεῖς ἐπὶ τὴν οἰκίαν τοῦ παιδίου τρέχωμεν· κἂν βασιλεῖς, κἂν δῆμοι, κἂν τύραννοι τὴν ὁδὸν C ταύτην ἐκκόπτωσι, μὴ καταλύωμεν τὸν πόθον. Οὕτω γὰρ πάντα τὰ ἐπικείμενα διακρουσόμεθα δεινά. Ἐπεὶ καὶ οὗτοι, εἰ μὴ τὸ παιδίον εἶδον, οὐκ ἂν τὸν κίνδυνον ἐξέφυγον τὸν παρὰ τοῦ βασιλέως. Πρὶν ἢ τὸ παιδίον ἰδεῖν, φόβοι, καὶ κίνδυνοι, καὶ ταραχαὶ πάντοθεν ἐπέκειντο· μετὰ δὲ τὴν προσκύνησιν, γαλήνη καὶ ἀσφάλεια· καὶ οὐκ ἔτι ἀστήρ, ἀλλ' ἄγγελος αὐτοὺς δέχεται, 112 ἱερέας ἀπὸ τῆς προσκυνήσεως γενομένους· καὶ A

rum quia in summa bonorum suorum ignorantia versabantur, qui in Perside, eos qui Jerosolymis sunt prævertunt; id quod etiam dicit Paulus : *Vobis oportebat annuntiare primum regnum* Act. 13. 46. *Dei : sed quia vos indignos judicastis, ecce convertimur ad gentes.* Etiamsi enim antea increduli erant, a magis saltem audientes accurrere oportebat; sed noluerunt : ideoque, illis dormientibus, hi præcurrunt.

5. Magos itaque sequamur, et a barbarorum tamen moribus multa intercapedine nos removeamus, ut Christum videamus : quandoquidem et ipsi nisi procul a sua regione recessissent, non illum visuri erant. Recedamus a terrenis negotiis. Etenim magi, dum in Perside essent, stellam videbant : cum autem a Perside recesserunt, Solem justitiæ conspexere; imo nec stellam ultra visuri erant, nisi promto animo inde profecti essent. Surgamus igitur et nos; etiamsi omnes perturbentur, ad domum pueri curramus : etsi reges, etsi populi, etsi tyranni hanc viam intercipere satagant, ne desiderium solvamus. Sic enim omnia ingruentia mala depellemus. Siquidem et hi quoque, nisi puerum vidissent, periculum, quod a rege metuebant, non effugissent. Antequam puerum viderent, timores, pericula, perturbationes undique instabant; post adorationem vero, tranquillitas atque securitas; neque ulterius stella, sed angelus ipsos excipit, ab adoratione sacerdotes

[a] Alii ὁ μακάριος Παῦλος.

ANIANI INTERPRETATIO.

dum tot prophetarum vaticinia concitabant. Quia igitur domestica illa præclaraque bona sua ignorarunt, mirum non est a Persis ea esse prærepta. Quod certe dicit et Paulus : *Vobis quidem oportebat* Act. 13. 46. *primum annuntiari verbum Dei, sed quoniam vos indignos judicastis, ecce convertimur ad gentes.* Etsi igitur antea permanebant increduli, tamen postquam idipsum a magis audierunt, confestim ad Christum debuerunt advolare. Sed utique noluerunt, et propterea, istis dormientibus, illi percurrunt.

5. Imitemur igitur nos saltem devotionem magorum, veroque amore philosophiæ barbaram consuetudinem subjugemus. Longo itinere curramus, ut Christum videre mereamur. Nam et illi nisi procul regionem propriam reliquissent, nequaquam utique Christum videre potuissent. Recedamus igitur a terrenis negotiis atque curis. Etenim magi illi cum adhuc morarentur in Perside, stellam videre tantummodo : quia vero a Perside recesserunt, Solem ipsum aspexere justitiæ : qui certe nec stellam quidem ipsam tamdiu videre meruissent, nisi cito a Perside fuissent profecti. Surgamus ergo etiam nos, et licet omnes turbentur, nos tamen alacres et promti ad pueri accurramus domum. Etsi rex, etsi populus, etsi tyrannus hujus velint cursum itineris impedire, nequaquam tamen accensi desiderii exstinguamus ardorem. Sic enim omnia adversa calcabimus : quoniam et illi nisi vidissent puerum, nec periculum quod intentabatur a rege vitassent. Prius enim quam puerum cernerent, undique illis opponebantur timores, conturbationes atque discrimina. Postquam vero adorarunt, securitas et tranquillitas subsequuta est. Nec jam stella eos, sed angelus suscipit : quia scilicet adorando facti fuerant sacerdotes, cum supplicatione

effectos : etenim munera obtulerunt. Dimissis itaque Judaïco populo, perturbata civitate, sanguinario tyranno, sæculari pompa, in Bethlehem cito perge, ubi domus panis spiritualis. Etsi enim pastor fueris, eoque adveneris, puerum in diversorio videbis. Etiamsi rex fueris, nec tamen adveneris, nihil tibi purpura proderit; etiamsi magus fueris, nihil te hoc impediet, si modo honoraturus adoraturusque accesseris, nec conculcaturus Filium Dei : si cum tremore simul et gaudio hoc egeris; hæc enim ambo possunt concurrere. Sed cave ne Herodi similis sis et dicas, *Ut veniens adorem eum*, veniensque occidere tentes. Illi enim similes sunt, qui indigne mysteriorum participes sunt. Nam qui hujusmodi est, *Reus erit*, inquit, *corporis et sanguinis Domini*. Nam qui hujusmodi sunt, habent in se tyrannum invidentem regno Christi, mamonam nempe Herode iniquiorem. Hic quippe imperare vult, mittitque cultores suos, qui simulate quidem adorent, sed adorando jugulent. Timeamus itaque, ne speciem supplicum et adoratorum habeamus, opere autem contraria exhibeamus. Omnia e manibus projiciamus adoraturi. Si aurum habeamus, ipsum offeramus, nec defodiamus. Si enim barbari illi ad honorem munera tunc obtulerunt, quis tu eris nisi tribuas indigenti? si illi tantam suscepere viam, ut natum viderent, quam excusationem habebis tu, qui ne

Qui indigne mysteria sumunt, Herodi sunt similes.

1. Cor. 11. 27.

γὰρ καὶ δῶρα προσέφερον. Ἀφεὶς τοίνυν καὶ σὺ τὸν Ἰουδαϊκὸν λαὸν, τὴν ταραττομένην πόλιν, τὸν φονῶντα τύραννον, τὴν βιωτικὴν φαντασίαν, σπεῦσον ἐπὶ τὴν Βηθλεὲμ, ὅπου ὁ οἶκος τοῦ ἄρτου τοῦ πνευματικοῦ. Κἂν γὰρ ποιμὴν ᾖς, καὶ ἐνταῦθα ἔλθῃς, ὄψει τὸ παιδίον ἐν καταλύματι. Κἂν βασιλεὺς ᾖς, καὶ μὴ παραγένῃ, οὐδέν σοι τῆς πορφυρίδος ὄφελος· κἂν μάγος ᾖς, οὐδέν σε κωλύσει τοῦτο, μόνον ἂν ἐπὶ τῷ τιμῆσαι ἔλθῃς καὶ προσκυνῆσαι, καὶ μὴ καταπατῆσαι τὸν Υἱὸν τοῦ Θεοῦ· ἂν μετὰ τρόμου καὶ χαρᾶς τοῦτο ποιῇς· ἔστι γὰρ ταῦτα ὁμοῦ συνελθεῖν ἀμφότερα. Ἀλλ' ὅρα μὴ κατὰ τὸν Ἡρώδην γένῃ, καὶ εἴπῃς, Ὅπως ἐλθὼν προσκυνήσω αὐτὸν, καὶ ἐλθὼν ἀνελεῖν
B βουληθῇς. Τούτῳ γὰρ ἐοίκασιν οἱ τῶν μυστηρίων ἀναξίως μετέχοντες. Ἔνοχος γὰρ ὁ τοιοῦτος ἔσται, φησὶ, τοῦ σώματος καὶ τοῦ αἵματος τοῦ Κυρίου. Καὶ γὰρ ἔχουσιν ἐν ἑαυτοῖς τὸν τύραννον ἀλγοῦντα τῇ βασιλείᾳ τοῦ Χριστοῦ, τὸν ἐκείνου τοῦ Ἡρώδου παρανομώτερον μαμωνᾶν. Οὗτος γὰρ βούλεται κρατεῖν, καὶ πέμπει τοὺς οἰκείους τοὺς ἑαυτοῦ, προσκυνήσοντας μὲν σχήματι, σφάττοντας δὲ ἐν τῷ προσκυνεῖν. Φοβηθῶμεν τοίνυν μή ποτε σχῆμα μὲν ἱκετῶν καὶ προσκυνητῶν ἔχωμεν, ἐν δὲ τῷ ἔργῳ τὰ ἐναντία [a] ἐπιδειξώμεθα. Καὶ πάντα ἀπὸ τῶν χειρῶν ῥίψωμεν, προσκυνεῖν
C μέλλοντες. Κἂν χρυσὸν ἔχωμεν, αὐτῷ προσενέγκωμεν, καὶ μὴ κατορύξωμεν. Εἰ γὰρ οἱ βάρβαροι τότε ἐκεῖνοι εἰς τιμὴν προσήνεγκαν, τίς ἔσῃ μηδὲ τῷ χρείαν ἔχοντι διδούς; εἰ ἐκεῖνοι τοσαύτην ἦλθον ὁδὸν, ἵνα

[a] Savil. et Mss. multi ἐπιδειξώμεθα, Morel. et alii ἐπιδεικνύμεθα : et ante hanc vocem quidam habent οἰκετῶν pro ἱκετῶν, male.

ANIANI INTERPRETATIO.

etiam muneribus oblatis. Et tu itaque Judaïcum populum repugnantem, urbem turbatam, cædis appetentem tyrannum, et fallacem istius sæculi umbram relinquens, in Bethlehem festinus accurre, ac domum spiritalis panis ingredere. Etsi enim pastor fueris, eoque adveneris, in diversorio puerum videbis. Etsi rex fueris, nec tamen devotus adveneris, nihil omnino proderit purpuræ fulgore circumdari. Etsi magus forte sis, nihil te ad hunc regem introire prohibebit, modo ut adoraturus atque honoraturus Dei Filium, et non quasi conculcaturus advenias : modo ut honorem ipsum cum gaudio ac tremore offeras : possunt enim utraque hæc pariter convenire. Sed cave ne Herodi efficiaris similis, et dicas, *Ut et ego veniens adorem eum :* cumque veneris, interimere coneris. Hujus etenim similes sunt, qui indigne abu-
1. Cor. 11. 27. tuntur communione mysterii. *Reus est* enim, inquit, iste *corporis et sanguinis Domini*. Qui enim ejusmodi sunt, habent in se tyrannum, et regno Christi jugiter invidentem, longe sane Herode illo nequiorem, mammonam scilicet. Hic enim in homines tenere imperium gestit, suosque cultores simulat, et mittit ad Christum, ut specie quidem adorare videantur : quantum vero in ipsis est, interimunt eum, quem adorare se simulant. Timeamus igitur, ne quando speciem supplicum atque adorantium geramus, opere vero exsistamus inimici. Igitur adoraturi Christum cuncta projiciamus e manibus. Si habuerimus aurum, offeramus ipsi, non terræ defodiamus. Si enim illi tunc barbari in honorem tantummodo Domini obtulerunt libenter aurum : qualis tu eris, si ei non tribuas indigenti? Illi tam longo itinere cucurrerunt ut natum viderent : tu vero qua tandem satisfactione poteris absolvi, qui ne brevis quidem plateæ

τεχθέντα ἴδωσι, ποίαν ἕξεις ἀπολογίαν σὺ, μήτε στενωπὸν ἕνα ἀπιὼν, [b] ἵνα ἀῤῥωστοῦντα ἐπισκέψῃ καὶ δεδεμένον; Καίτοι γε κάμνοντας, καὶ δεδεμένους καὶ 113 τοὺς ἐχθροὺς ἐλεοῦμεν· σὺ δὲ οὐδὲ τὸν εὐεργέτην τὸν A σὸν καὶ Δεσπότην; Κἀκεῖνοι μὲν χρυσίον προσήνεγκαν· σὺ δὲ ἄρτον μόλις δίδως; Ἐκεῖνοι εἶδον τὸν ἀστέρα καὶ ἐχάρησαν· σὺ δὲ αὐτὸν ὁρῶν τὸν Χριστὸν ξένον ὄντα καὶ γυμνὸν οὐκ ἐπικάμπτῃ; Τίς γὰρ ὑμῶν διὰ τὸν Χριστὸν τοσαύτην ἀποδημίαν ἀπεδήμησε τῶν μυρία εὐεργετηθέντων, ὅσην ἐκεῖνοι οἱ βάρβαροι, μᾶλλον δὲ [a] οἱ φιλοσόφων φιλοσοφώτεροι; Καὶ τί λέγω τοσαύτην ὁδόν; Πολλαὶ γὰρ τῶν γυναικῶν οὕτως ἡμῖν μαλακίζονται, ὡς μηδὲ ἄμφοδον ἓν ὑπερβῆναι, καὶ ἰδεῖν αὐτὸν [b] ἐπὶ τῆς φάτνης τῆς πνευματικῆς, εἰ μὴ ἡμιόνων ἐπιλάβοιντο. Ἕτεροι δὲ ἐπειδὴ βαδίζειν ἔχουσιν, οἱ μὲν βιωτικῶν πραγμάτων ὄχλον, οἱ δὲ θέατρα B τῆς ἐνταῦθα ἀφίξεως προτιθέασι. Καὶ οἱ μὲν βάρβαροι πρὶν ἰδεῖν αὐτὸν τοσαύτην ἤνυσαν ὁδὸν δι' αὐτόν· σὺ δὲ οὐδὲ μετὰ τὸ ἰδεῖν ἐκείνους ζηλοῖς, ἀλλὰ ἀφεὶς αὐτὸν μετὰ τὸ ἰδεῖν, τρέχεις ἵνα [c] τὸν μῖμον ἴδῃς (τῶν γὰρ αὐτῶν ἅπτομαι πάλιν ὧν καὶ πρῴην)· καὶ κείμενον τὸν Χριστὸν ὁρῶν ἐπὶ τῆς φάτνης, καταλιμπάνεις, ἵνα γυναῖκας ἐπὶ σκηνῆς ἴδῃς. Πόσων οὐκ ἄξια ταῦτα σκηπτῶν;

Εἰπὲ γάρ μοι, εἴ τίς σε εἰς βασίλεια εἰσαγαγεῖν [d] ἐπηγγέλλετο, καὶ δείξειν τὸν βασιλέα καθήμενον,

ad vicum quidem unum properas, ut infirmum, et in vinculis detentum visites? Atqui nos et infirmos, et vinctos, imo et inimicos miseramur; tu vero ne beneficum quidem et Dominum tuum? Illi aurum obtulerunt; tu panem vix dederis? Illi stellam viderunt, et gavisi sunt; tu vero Christum videns hospitem et nudum, non flecteris? Quis enim vestrum ex iis qui mille beneficia acceperunt, tantam pro Christo suscepit peregrinationem, quantam illi barbari, imo illi philosophis sapientiores? Et quid dico tantam viam? Multæ apud nos mulieres ita molles sunt, ut ne vicum unum transmeare velint, ut in spirituali præsepio ipsum videant, nisi mulis vehantur. Alii quibus inest ambulandi facultas, vel sæcularium negotiorum turbam, vel theatrorum frequentationem huic cœtui anteponunt. Et barbari quidem illi antequam illum viderent, tantum itineris emensi sunt, tu vero nec postquam vidisti imitaris illos; sed postquam vidisti, illo dimisso, ad mimum videndum accurris (iisdem enim insistam quibus nuper): Christum in præsepio jacentem relinquis, ut mulieres in scena videas. Quibus hæc fulminibus digna non fuerint?

Theatrorum obscœnitas.

6. Si quis, quæso, polliceretur, te in regiam introducere, Imperatoremque sedentem tibi osten-

[b] Ita Manuscripti pene omnes, et sic legit Anianus. Morel. et Savil. *ἵνα ἀῤῥωστοῦντας ἐπισκέψῃ καὶ δεδεμένους.*

[a] Alii *οἱ φιλοσόφων σοφώτεροι.*

[b] Sic omnes Mss., et sic legit Anianus, *in præsepio spiritali.* Savil. autem et Morel. *ἐπὶ τῆς πνευματικῆς τραπέζης.*

[c] Morel. *μῶμον.* Sed Savil. et alii *μῖμον*, et Anianus *mimum.*

[d] Alii *ἐπηγγείλατο* Infra vero quidam *πηγὴ πυρὸς πνευματικοῦ.* Paulo post *κατατρέχεις.* Alii *ἀποτρέχεις.*

ANIANI INTERPRETATIO.

spatium transis, ut visites ægritudine afflictum, et vinctum catenis? Et certe solemus ægrotantium atque vinctorum, etiamsi inimici sint, misereri: tu vero ne erga Dominum quidem tuum, et eum qui tantorum tibi est auctor bonorum, hoc permoveris affectu? Et illos quidem aurum legimus obtulisse, tu vero panem ipsum vix tribuis. Illi viderunt stellam, atque lætati sunt: tu autem ipsum aspiciens Christum peregrinum nudumque, non flecteris. Quis enim vestrum, qui innumeris estis Christi beneficiis obligati, tam longinquæ propter eum arripuit expeditionis laborem, quam illi barbari, imo sapientiores profecto sapientibus? Verum quid ego de spatio loquor itineris longioris, cum plurimæ feminarum tanta jam animi mollitudine resolvantur, ut nisi advectæ mulis, quamlibet exiguo spatio a domibus suis venire nequeant ad videndum Dominum in præsepio spiritali? Sed ex iis quoque qui certe ambulandi laborem ferunt, alii sæcularium negotiorum tumultus, alii theatrales turbas sanctis cœtibus anteponunt. Et barbari quidem illi priusquam Christum viderent, tam longam propter ipsum exsuperaverunt viam: tu vero nec posteaquam videris, illos probaris imitari. Nam et cum eum videris, ita eum relinquis, ut post illum curras ad theatra, ac mimum potius et videre et audire desideres. Atque ut eadem rursus attingam quæ antea sum insectatus, Christum quidem in spiritali situm præsepio derelinquis, properas vero jacentem in scena spectare meretricem. Hoc autem quibus tandem putamus dignum esse suppliciis?

6. Responde, obsecro, si se quispiam introducere te polliceretur ad regem, et ostenderet tibi illum

dere, an hujusmodi spectaculo theatrum anteferres, etiamsi nihil hinc lucri referre posses? Hic vero fons ignis spiritualis ex hac mensa scaturit: tu vero hac relicta ad theatrum accurris natantes mulieres spectaturus, ac sexum illum dehonestatum, Christumque relinquis fonti assidentem? Etenim nunc quoque juxta fontem sedet, non Samaritanam alloquens, sed totam civitatem: fortasse vero nunc quoque Samaritanam solam alloquitur. Nemo enim ipsi nunc adest, nisi quidam corpore tantum, alii autem ne corpore quidem. Attamen ipse non recedit; sed manet potum a nobis postulans, non aquam, sed sanctitatem: sancta quippe sanctis tribuit. Neque enim aquam ex hoc fonte præbet, sed sanguinem viventem, qui symbolum est mortis, sed vitæ causa est. Tu autem relicto fonte sanguinis, poculo illo tremendo, ad fontem pergis diabolicum, ut natantem meretricem conspicias, et naufragium animæ patiaris. Aqua enim illa pelagus est libidinis, non corpora submergens, sed animarum naufragia pariens. Sed illa natat nuda, tu vero videns demergeris in profundum libidinis. Talis quippe est diaboli sagena: non eos qui in aquam descendunt, sed illos potius qui sursum sedent, quam eos qui in aqua volutantur, submergere solet, sæviusque suffocat eos, quam Pharaonem, qui cum equis et curribus tunc demersus est. Et si quidem animas videre posse-

ἄρα ἂν εἵλου τὸ θέατρον ἀντὶ τούτων ἰδεῖν; Καίτοι γε
C οὐδὲν οὔτε ἐκεῖ κερδᾶναι ἦν. Ἐνταῦθα δὲ πηγὴ πυρὸς
πνευματικὴ ἀπὸ ταύτης ἀναβλύζει τῆς τραπέζης· καὶ
σὺ ταύτην ἀφεὶς, κατατρέχεις εἰς τὸ θέατρον, ἰδεῖν νηχομένας γυναῖκας, καὶ φύσιν παραδειγματιζομένην,
καταλιπὼν τὸν Χριστὸν παρὰ τὴν πηγὴν καθήμενον;
114 Καὶ γὰρ καὶ νῦν παρὰ τὴν πηγὴν κάθηται, οὐ Σαμα-
A ρείτιδι διαλεγόμενος, ἀλλ' ὁλοκλήρῳ πόλει· τάχα δὲ
καὶ νῦν Σαμαρείτιδι μόνῃ. Οὐδεὶς γὰρ αὐτῷ πάρεστιν
οὐδὲ νῦν· ἀλλ' οἱ μὲν τοῖς σώμασι μόνον, οἱ δὲ οὐδὲ
αὐτοῖς. Ἀλλ' ὅμως αὐτὸς οὐκ ἀναχωρεῖ, ἀλλὰ [a] μένει
καὶ παρ' ἡμῶν αἰτεῖ πιεῖν, οὐχ ὕδωρ, ἀλλ' ἁγιωσύνην·
τὰ γὰρ ἅγια τοῖς ἁγίοις δίδωσιν. Οὐδὲ γὰρ ὕδωρ ἀπὸ
ταύτης ἡμῖν παρέχει τῆς πηγῆς, ἀλλ' αἷμα ζῶν· καὶ
μὴν θανάτου ἐστὶ σύμβολον, ἀλλὰ ζωῆς γέγονεν αἴτιον.
Σὺ δὲ ἀφεὶς τὴν πηγὴν τοῦ αἵματος, τὸ ποτήριον τὸ
φρικῶδες, εἰς τὴν πηγὴν ἀπέρχῃ τὴν διαβολικὴν,
ὥστε νηχομένην πόρνην ἰδεῖν καὶ ναυάγιον ὑπομεῖναι
ψυχῆς. Τὸ γὰρ ὕδωρ ἐκεῖνο πέλαγος ἀσελγείας ἐστὶν,
B οὐ σώματα ποιοῦν ὑποβρύχια, ἀλλὰ ψυχῶν ναυάγια
ἐργαζόμενον. Ἀλλ' ἡ μὲν νήχεται γυμνουμένη τὸ σῶμα,
σὺ δὲ ὁρῶν καταποντίζῃ πρὸς τὸν τῆς ἀσελγείας βυθόν. Τοιαύτη γὰρ ἡ τοῦ διαβόλου σαγήνη· οὐκ εἰς αὐτὸ
κατιόντας τὸ ὕδωρ, ἀλλ' ἄνωθεν καθημένους τῶν ἐκεῖ
καλινδουμένων μᾶλλον ὑποβρυχίους ποιεῖ, καὶ χαλεπώτερον ἀποπνίγει τοῦ Φαραὼ τοῦ μετὰ τῶν ἵππων
καὶ τῶν ἁρμάτων καταποντισθέντος τότε. Καὶ εἴγε ἦν
ψυχὰς ἰδεῖν, πολλὰς ἂν ὑμῖν ἔδειξα ἐπιπλεούσας τοῖς

[a] Quidam ἀναμένει. Utraque lectio quadrat.

ANIANI INTERPRETATIO.

undique coruscantem, atque inter varios pompæ suæ ornatus sedentem, putasne theatrale spectaculum aulicæ præponeres dignitati, cum certe ne hinc quidem tibi aliquod commodum quæreretur? At vero ex hac mensa spiritualium fons emanat bonorum, et hanc tu statim relinquens curris ad theatrum, ut natantes feminas, et sexum illum publicis oculis intuearis expositum: ut, inquam, istud aspicias, sedentem juxta donorum cælestium fontem Christum relinquis. Nam et modo super fontem sedet non unam Samaritanam, sed universam alloquens civitatem. Forsan vero etiam nunc Samaritanæ tantum loquitur. Nam et nunc nullus ei assistit: nisi quod alii quidem solis adsunt corporibus, alii vero nec ipsis quidem profecto corporibus. Attamen ipse non recedit, sed manet, et a nobis postulat potum, non aquam, sed sanctimoniam. Sanctis enim Christus sancta distribuit. Non enim aquam de hoc nobis fonte largitur, sed sanguinem vivum, qui quamquam ad mortis dominicæ testimonium sumitur, nobis tamen causa fit vitæ. Tu vero relinquis hujus sanguinis fontem, calicemque reverendum, et ad diabolicum illum fontem festinus accurris, ut scilicet spectes meretricem natantem, et naufragium animæ patiaris. Aqua quippe illa pelagus quoddam est immane luxuriæ, quo non corpora submerguntur, sed naufragium infertur animabus. Nam illa quidem in mediis aquis nuda ludit natatu, tu vero de sublimi spectans gradu, in libidinis profunda demergeris. Hujusmodi enim diaboli retia, non tam in illam descendentes aquam, ibique se volutantes capiunt, quam sursum sedentes. Multo quippe hi sævius suffocantur quam Pharao ille quondam cum curribus suis equitibusque submersus est. Jam si aliquo fieri posset modo, ut vobis illis supernatantes

ὕδασι τούτοις, ὥσπερ τῶν Αἰγυπτίων τότε τὰ σώματα. Ἀλλὰ τὸ χαλεπώτερον ἐκεῖνό ἐστιν, ὅτι καὶ τέρψιν τὴν τοιαύτην πανωλεθρίαν καλοῦσι, καὶ τὸ πέλαγος τῆς ἀπωλείας ἡδονῆς εὔριπον ὀνομάζουσι. Καίτοι γε C εὐκολώτερον ἄν τις τὸ Αἰγαῖον καὶ Τυῤῥηνικὸν παραδράμοι πέλαγος μετὰ ἀσφαλείας, ἢ τὴν θεωρίαν ταύτην. Πρῶτον μὲν γὰρ δι' ὅλης νυκτὸς προλαμβάνει τῇ προσδοκίᾳ τὰς ψυχὰς ὁ διάβολος· εἶτα δείξας τὸ προσδοκηθὲν, ἔδησεν εὐθέως καὶ αἰχμαλώτους ἐποίησε. Μὴ γὰρ ἐπειδὴ μὴ ἐμίγης τῇ πόρνῃ, καθαρὸς εἶναι νομίσῃς τῆς ἁμαρτίας· τῇ γὰρ προθυμίᾳ τὸ πᾶν ἀπήρτι- 115
A σας. Εἰ μὲν γὰρ ὑπὸ ἐπιθυμίας κατέχῃ, μείζονα τὴν φλόγα ἀνῆψας· εἰ δὲ οὐδὲν πάσχεις πρὸς τὰ ὁρώμενα, μείζονος εἶ ἄξιος κατηγορίας, ἑτέροις σκάνδαλον γινόμενος, καὶ τῇ τῶν θεαμάτων τούτων προτροπῇ, καὶ τὴν σεαυτοῦ καταισχύνων ὄψιν, καὶ μετὰ τῆς ὄψεως τὴν ψυχήν. Ἀλλὰ γὰρ ἵνα μὴ μόνον ἐπιτιμῶμεν, φέρε καὶ τρόπον ἐπινοήσωμεν διορθώσεως. Τίς οὖν ὁ τρόπος ἔσται; Ταῖς γυναιξὶν ὑμᾶς παραδοῦναι βούλομαι ταῖς ὑμετέραις, ἵνα αὐταὶ ὑμᾶς παιδεύσωσιν. [a] Ἔδει μὲν, κατὰ τὸν τοῦ Παύλου νόμον, ὑμᾶς εἶναι τοὺς διδασκάλους· ἐπειδὴ δὲ ἡ τάξις ἀντεστράφη διὰ τῆς ἁμαρτίας, καὶ ἄνω μὲν τὸ σῶμα, κάτω δὲ ἡ κεφαλὴ
B γέγονε, κἂν ταύτην ἑλώμεθα τὴν ὁδόν. Εἰ δὲ αἰσχύνῃ διδάσκαλον ἔχων γυναῖκα, φεῦγε τὴν ἁμαρτίαν, καὶ δυνήσῃ ταχέως ἐπὶ τὸν θρόνον ἀναβῆναι τὸν παρὰ τοῦ Θεοῦ σοι δοθέντα. Ὡς ἕως ἂν πλημμελῇς, οὐχὶ [b] πρὸς γυναῖκας μόνον, ἀλλὰ καὶ πρὸς ἄλογά σε εὐτελέστατα πέμπει ἡ Γραφή· καὶ οὐκ αἰσχύνεται τὸν τῷ

mus, plurimas vobis ostenderem his aquis supernatantes, sicut tunc Ægyptiorum corpora. Sed quod gravius est, talem perniciem voluptatem appellant, et perditionis pelagus delectationis euripum vocant. Atqui facilius est Ægæum et Tyrrhenicum mare, quam hujusmodi spectaculum tuto trajicere. Nam primo per totam noctem diabolus rei exspectatione animos præoccupat: deinde postquam id quod exspectabatur ostendit, statim alligat et captivos efficit. Ne enim quia cum meretrice non coivisti, te putes a peccato immunem esse: ex concupiscentia quippe totum perfecisti. Nam si concupiscentia detineris, majorem flammam accendisti; sin autem hæc aspiciendo nihil moveris, majori culpæ obnoxius es, quod cæteris offendiculo sis, et quod spectaculis illectus, et oculos tuos et cum oculis ipsam animam deturpes. Verum ne simus increpatione sola contenti, age jam emendationis modum perquiramus. Quis ergo modus erit? Uxoribus vestris vos tradere volo, ut ipsæ vos erudiant. Oportebat quidem, secundum Pauli legem, vos doctores esse: quia vero per peccatum inversus ordo fuit, et corpus superius, caput vero inferius positum est, hanc saltem viam deligamus. Quod si magisterium mulieris erubescis, fuge peccatum, et cito poteris in solium a Deo tibi datum ascendere. Quamdiu certe peccaveris, non ad mulieres tantum, sed etiam ad brutorum animalium vilissima te

[a] Alii ἔδει γὰρ κατὰ τὸν τοῦ Παύλου λόγον.

[b] Alii πρὸς γυναῖκα, et mox εὐτελέστερα πέμπει.

ANIANI INTERPRETATIO.

undis animas ostenderem, haud profecto aliter apparerent, quam Ægyptiorum illa in fluctibus corpora volvebantur. Sed illud est multo utique periculosius, quod tantam illam perniciem nominant voluptatem, et immane illud perditionis pelagus, euripum delectationis appellant: cum certe facilius aliquis ac tutius Ægæum mare transeat atque Tyrrhenum, quam illius spectaculi horrenda discrimina. Nam primo quidem per totam noctem omni exspectatione nimis anxia, talium diabolus corda sollicitat: deinde id quod tam cupide fuerat exspectatum ostendit, quo continuo eos ligat ducitque captivos. Neque enim si mixtus meretrici non es, immunem te putes esse peccati, cum totum illud voluntate commiseris. Nam si ab hujusmodi concupiscentia possideris, majori flamma profecto succenderis. Sin vero hæc aspiciendo nil pateris, culpæ nihilominus teneris obnoxius, factus scilicet scandalum cæterorum, et talium adhortatione voluptatum, tuamque faciem ipse confundis, animamque cum facie. Verum ne sola tantum agere increpatione videamur, jam correctionis remedia suggeramus. Quisnam ergo hic est emendationis modus? Vestris vos trado erudiendos conjugibus, cum certe oporteret, secundum apostolum, vos potius esse uxorum magistros. Quia vero per peccatum ordo conversus est, et corpus quidem superius, caput vero inferius effectum, hac saltem via ad honesta redire non pigeat. Quod si magisterium mulieris erubescis, peccatum fuge, et cito poteris in thronum doctoris ascendere, qui tibi ordinatus est a Deo. Quamdiu vero peccaveris, non te ad mulierem tantum, sed etiam ad irrationales animantes et vilissimas Scriptura

mittit Scriptura: neque erubescit ratione præditum ad formicam discipulum mittere. Neque enim id Scripturæ culpa est, sed eorum qui sic nobilitatem prodidere suam. Hoc certe nos quoque faciemus : ac nunc quidem te mulieri trademus: si autem hanc despexeris, ad irrationabilium te magisterium mittemus, et ostendemus quot aves, quot pisces, quot quadrupedes, quot reptilia animalia te honestiora et temperantiora videantur. Quod si de comparatione erubescas, ascende ad pristinam nobilitatem, ac gehennæ pelagus fluviumque igneum in mentem revocans, fuge piscinam illam theatralem. Hæc enim piscina pelagus illud tibi conciliat, et illam flammæ abyssum succendit.

λόγῳ τετιμημένον τῷ μύρμηκι πέμπουσα μαθητήν. Οὐ γὰρ τῆς Γραφῆς τοῦτο κατηγορία, ἀλλὰ τῶν οὕτω τὴν ἑαυτῶν εὐγένειαν προδιδόντων. Τοῦτο δὴ καὶ ἡμεῖς ποιήσομεν · καὶ νῦν μέν σε τῇ γυναικὶ παραδώσομεν · ἂν δὲ ταύτης καταφρονήσῃς, καὶ εἰς τὸ τῶν ἀλόγων διδασκαλεῖον ἀποστελοῦμεν, καὶ δείξομεν πόσοι C μὲν ὄρνιθες, πόσοι δὲ ἰχθύες, πόσα δὲ τετράποδα καὶ ἑρπετὰ σοῦ σεμνότερα καὶ σωφρονέστερα φαίνεται. Εἰ δὲ αἰσχύνῃ καὶ ἐρυθριᾷς τὴν σύγκρισιν, ἀνάβηθι πρὸς τὴν οἰκείαν εὐγένειαν, καὶ τὸ τῆς γεέννης πέλαγος καὶ τὸν [c] τοῦ πυρὸς ποταμὸν λαβὼν κατὰ νοῦν, φεῦγε τὴν ἐν τῷ θεάτρῳ κολυμβήθραν. Αὕτη γὰρ ἡ κολυμβήθρα ἐκεῖνο τὸ πέλαγος προξενεῖ, καὶ τὴν ἄβυσσον ἐκείνην ἀνάπτει τῆς φλογός.

Matth. 5. 28. 7. Nam si, *Qui respicit mulierem ad concupiscendum, jam mœchatus est* : qui nudam omnino respicere non dubitat, quomodo non sexcenties captivus efficietur? Non ita diluvium tempore Noæ hominum genus perdidit, ut illæ natantes cum multa turpitudine spectatores omnes suffocant. Illa quippe pluvia etiamsi mortem corporum inferret, nequitiam tamen animæ auferebat : hæc contra, manente corpore animam interimit. Vos certe cum de primo consessu agitur, vos totum orbem præcedere contenditis, quoniam civitas vestra prima Christianorum nomen adhibuit ; cum autem de castitate agitur,

Antiochiæ primum in Christum credentes Christiani sunt appellati. Act. 11. 26.

Εἰ γὰρ Ὁ ἐμβλέπων εἰς γυναῖκα πρὸς τὸ ἐπιθυμῆσαι ἤδη ἐμοίχευσεν· ὁ καὶ γυμνὴν ἀναγκαζόμενος 116 A ἰδεῖν, πῶς οὐ μυριάκις αἰχμάλωτος γίνεται; Οὐχ οὕτως ὁ ἐπὶ τοῦ Νῶε κατακλυσμὸς τὸ τῶν ἀνθρώπων ἀπώλεσε γένος, ὡς αὗται αἱ νηχόμεναι ἅπαντας ἐκεῖ μετὰ πολλῆς ἀποπνίγουσι τῆς αἰσχύνης. Ἐκεῖνος μὲν γὰρ ὁ ὑετὸς εἰ καὶ θάνατον εἰργάσατο σώματος, ἀλλὰ τὴν τῆς ψυχῆς κακίαν ἀνέκοψεν · οὗτος δὲ τοὐναντίον ποιεῖ, τῶν σωμάτων μενόντων, τὴν ψυχὴν ἀπόλλυσιν. Ὑμεῖς δὲ ὅταν μὲν προεδρίας ᾖ λόγος, ἀξιοῦτε τῆς οἰκουμένης προκαθῆσθαι πάσης, ἐπειδὴ πρώτη ἡ πόλις ἡμῶν τὸ τῶν Χριστιανῶν ἀνεδήσατο ὄνομα · ἐν

[c] Quidam τοῦ πυρὸς ποταμὸν ἐννοούμενος, φεῦγε. Alii ἐννοήσας φεῦγε. Quæ lectiones idipsum exprimunt.

ANIANI INTERPRETATIO.

transmittit. Neque enim erubescit animal rationis honore donatum, apis atque formicæ discipulum facere : nec tamen Scripturæ culpa est, sed eorum qui nobilitatem propriam perdiderunt. Hoc ergo et nos facere curabimus. Et nunc quidem te mulieri assignamus docendum : sin vero illius monita contemseris, etiam ad irrationalium te magisterium relegabimus. Ostendemus enim quot te alites, ac pisces, quam multa etiam pecorum genera atque reptilium, honestate et castitate præcedant. Quod si ejusmodi animalibus te comparari pudeat, regredere ad propriæ nobilitatis insigne, et immensum illud gehennæ pelagus, flumenque igneum memoria repetens, fuge pestiferam illam piscinam theatri. Hæc est enim, quæ spectatores suos in flammeum illud pelagus mergit, quæque profundum illius ignis accendit.

7. Si enim ille qui absque his quoque irritamentis videt feminam, interdum tamen ad concupiscendum trahitur, et tantummodo concupiscendo mœchatur : qui non solum videt, sed etiam totam omnino nudam ac lascivientem videt, qui non millies libidinis captivus efficitur? Haud ita illud quod sub Noë legimus diluvium fuisse, hominum exstinxit genus, ut natatrices istæ omnes prorsus spectatores suos multo cum dedecore suffocant. Siquidem ille tunc imber, etiamsi mortem intulit corporum, vitia tamen simul delevit animarum. Hæc vero aqua diversum, manentibus in vita corporibus, animarum operatur interitum. Vos

Act 11.26. autem siquidem aliquod de honore certamen oriatur, omni ambitione contenditis, ut vel universo præsideatis orbi : illo scilicet vobis privilegio blandientes, quod hæc prima civitas fidelibus Christianorum nomen imposuit : cum vero de honestate et castitate certandum est, ne a vilissimis quidem viculis non

δὲ τῷ τῆς σωφροσύνης ἀγῶνι, [a] καὶ τῶν ἀγροικοτέρων πόλεων ἔλαττον φέροντες οὐκ αἰσχύνεσθε. Ναὶ, φησί· καὶ τί οὖν κελεύεις ποιεῖν; τὰ ὄρη καταλαμβάνειν καὶ μοναχοὺς γίνεσθαι; Διὰ γὰρ τοῦτο στένω, ὅτι μόνοις ἐκείνοις ἡγεῖσθε ἁρμόζειν κοσμιότητα καὶ σωφροσύνην· καίτοι γε ὁ Χριστὸς κοινοὺς τοὺς νόμους ἔθηκε. Καὶ γὰρ ὅταν λέγῃ, Ἐάν τις ἐμβλέψῃ γυναικὶ πρὸς τὸ ἐπιθυμῆσαι, οὐ τῷ μονάζοντι λέγει, ἀλλὰ καὶ τῷ γυναῖκα ἔχοντι· καὶ γὰρ τὸ ὄρος ἐκεῖνο τότε πάντων τῶν τοιούτων πεπληρωμένον ἦν. Ἐννόησον τοίνυν ἐκεῖνο τὸ θέατρον, καὶ μίσησον τοῦτο τὸ διαβολικὸν, καὶ μὴ καταγνῷς τοῦ λόγου βαρύτητα. Οὐδὲ γὰρ κωλύω γαμεῖν, οὐδὲ ἐμποδίζω τέρπεσθαι· ἀλλὰ μετὰ σωφροσύνης τοῦτο βούλομαι γίνεσθαι, οὐ μετὰ αἰσχύνης καὶ κατηγορίας καὶ μυρίων ἐγκλημάτων. Οὐ νομοθετῶ τὰ ὄρη καταλαμβάνειν καὶ τὰς ἐρημίας, ἀλλὰ χρηστὸν εἶναι καὶ ἐπιεικῆ καὶ σώφρονα, μέσην οἰκοῦντα τὴν πόλιν. Καὶ γὰρ πάντα ἡμῖν τὰ τῶν νόμων κοινὰ πρὸς τοὺς μοναχούς ἐστι, πλὴν τοῦ γάμου· μᾶλλον δὲ καὶ ἐν τούτῳ κελεύει ὁ Παῦλος ἐν ἅπασιν ἐξισοῦσθαι αὐτοῖς, λέγων· Παράγει γὰρ τὸ σχῆμα τοῦ κόσμου τούτου, ἵνα καὶ οἱ ἔχοντες γυναῖκας ὡς μὴ ἔχοντες ὦσιν. Ὥστε, φησὶν, οὐ κελεύω τὰς κορυφὰς τῶν ὀρέων καταλαμβάνειν· ἐβουλόμην μὲν γὰρ διὰ τὸ τὰς πόλεις μιμεῖσθαι τὰ ἐν Σοδόμοις γινόμενα· πλὴν οὐ καταναγκάζω τοῦτο. Μένε οἰκίαν ἔχων καὶ παιδία καὶ γυναῖκα· ἀλλὰ μὴ ὕβριζε τὴν γυναῖκα, μηδὲ παραδειγμάτιζε τὰ παιδία, μηδὲ εἴσαγε εἰς τὴν οἰκίαν τὴν ἀπὸ τῶν θεάτρων λύμην. Οὐκ ἀκούεις Παύλου λέγοντος·

ne ab agrestioribus quidem civitatibus superari
B erubescitis. Certe, inquies: quid igitur nos jubes facere? an montes ascendere, et monachos esse? Idcirco ingemo, quod illis tantum modestiam et castitatem competere putetis, licet Christus communes leges posuerit. Nam cum dicit,
Si quis respexerit mulierem ad concupiscen- Matth. 5.
dum eam, id non monacho dicit, sed conju- 28.
gato: nam mons ille tunc hujusmodi viris repletus erat. Cogita itaque theatrum illud, et hoc diabolicum theatrum aversare, ac noli quasi onerosum culpare sermonem. Neque enim prohibeo nuptias, nec voluptatem prorsus interdico; sed
C cum castitate id fieri peropto, non cum probro, culpa et sexcentis reatibus. Non præcipio montes et solitudines adire, sed benignum esse, modestum et castum eum, qui media in urbe habitat. Omnes quippe leges communes sunt nobis cum monachis, uno excepto conjugio; imo etiam hac in re conjugatos illis similes esse jubet Paulus:
Præterit enim figura hujus mundi, ut et qui 1. Cor. 7.
117 *habent uxores tamquam non habentes sint.* 29.
A Itaque, ait, non jubeo vos montium cacumina occupare: id vellem quidem, quia urbes Sodomitarum crimina imitantur; attamen ad id non cogo. Permane in domo tua cum liberis et uxore; sed ne contumelia uxorem afficias, neque filios traducas, neque theatri luem domum inducas. Non
audis Paulum dicentem, *Vir sui corporis pote-* 1. Cor. 7. 4.

[a] Morel. *καὶ τῶν ἀγροικοτέρων πλέον ἐλάττων*, male.

ANIANI INTERPRETATIO.

pudet superari? Certe, inquis. Quid ergo nos facere jubes? abire in montes remotos, et monachos fieri? Et quid ego aliud ingemisco, quam quod illis vos solis putatis honestam vitam ornatamque congruere? Et certe Christus communia omnibus præcepta constituit. Nam ubi dicit. *Si quis viderit mulierem ad con-* Matth. 5.
cupiscendum eam, jam mœchatus est eam in corde suo: non solum monacho dicitur, verum etiam 28.
marito. Siquidem ille tunc mons, in quo hæc Christus docebat, cunctis fere talibus implebatur. Considera ergo theatrum illud, ac diabolicos istos refuge conventus, et noli quasi onerosiorem culpare sermonem. Non enim interdico conjugia, nec impedio liberam voluptatem: sed cum honestate id fieri volo, non cum obscœnitate, vel crimine. Non ego te in montes ac solitudines ire præcipio: sed benignum esse, et honestum jugiter ac modestum, vel in medio si placet urbis habitantem. Omnia siquidem mandata legis nobis sunt monachisque communia, absque sola profecto pactione connubii: quamquam hic quoque beatus Paulus admonet, per cuncta monachis æquare nos cupiens. *Tempus*, inquit, *breve est: reliquum* 1. Cor. 7.
est ut et qui habent uxores, tamquam non habentes sint: præterit enim figura hujus mundi. Ac si 29.
diceret: Non jubeo vos in montium habitare verticibus, quamquam etiam id quidem vellem, eo quod urbes imitantur ea quæ in Sodomis perpetrata sunt: verumtamen ad istud nequaquam impello. Permane habens domum, conjugem, liberos, modo noli eos spectatores voluptatum efficere incestarum, noli introducere in domum tuam pestem theatri. Non audis Paulum dicentem: *Vir sui corporis non habet* 1. Cor. 7. 4.

statem non habet, sed mulier, ac communes utrique leges inducentem? Tu vero, si ecclesiam uxor frequentet, gravis accusator es; tu si in theatris dies exigas, non te culpandum putas? Sed de uxoris castitate sollicitus, hac in re superfluam immoderatamque curam adhibes, ita ut ne quidem necessarios exitus ei permittas: tibi vero omnia licere putas. At tibi hoc non permittit Paulus, qui eamdem dat uxori potestatem his verbis:
Ibid. v. 3. *Uxori vir debitam benevolentiam reddat*. Ecquis ille honor, dum illam in re præcipua dehonestas, dum corpus ejus meretricibus tradis? (nam corpus tuum ipsius est;) dum turbas et lites domum inducis? dum talia agis in foro, quæ cum domi narras, ad erubescendum cogis uxorem audientem, et pudore suffundis filiam præsentem, atque ante illas teipsum? Necesse enim est aut tacere, aut hoc modo dehonestari, pro quibus rebus vel domesticos verberibus excipi par est. Quam igitur, quæso, excusationem habebis, dum ea tanto studio conspicis, quæ ne narrare quidem fas est? Quæ ne memorare quidem licet, ea omnibus anteponis? Interim igitur, ne sim onerosior, hic finem loquendi faciam. Si autem in iisdem persistatis, acutiore ferro profundius vulnus infligam: neque cessabo, donec dissipato illo diabolico theatro, purum Ecclesiæ cœtum effecero. Ita enim a præsenti turpitudine libe-

Ὁ ἀνὴρ τοῦ ἰδίου σώματος οὐκ ἐξουσιάζει, ἀλλ' ἡ
γυνή· καὶ κοινοὺς ἀμφοτέροις τιθέντος νόμους; Σὺ δὲ,
ἂν μὲν εἰς ἐκκλησίαν συνεχῶς ἐμβάλῃ ἡ γυνὴ, βαρὺς
κατήγορος [a] γίνῃ· αὐτὸς δὲ εἰς θέατρα διημερεύων,
B οὐχ ἡγῇ κατηγορίας ἄξιος εἶναι; Ἀλλὰ περὶ μὲν τὴν
τῆς γυναικὸς σωφροσύνην οὕτως εἶ ἀκριβὴς, ὡς καὶ
περιττὸς εἶναι καὶ ἄμετρος, καὶ μηδὲ τὰς ἀναγκαίας
ἐξόδους συγχωρεῖν· σαυτῷ δὲ νομίζεις πάντα ἐξεῖναι.
Ἀλλ' οὐκ ἐπιτρέπει σοι Παῦλος, ὁ καὶ τῇ γυναικὶ
τὴν αὐτὴν ἐξουσίαν διδούς· καὶ γὰρ, Τῇ γυναικὶ, φησὶν,
ὁ ἀνὴρ τὴν ὀφειλομένην εὔνοιαν ἀποδιδότω. Ποία οὖν
αὕτη ἡ τιμὴ, ὅταν ἐν τοῖς καιρίοις αὐτὴν ὑβρίζῃς, καὶ
τὸ σῶμα αὐτῆς ταῖς πόρναις παρέχῃς; (τὸ γὰρ σὸν
ἐκείνης σῶμά ἐστιν·) ὅταν θορύβους καὶ πολέμους
εἰσάγῃς εἰς τὴν οἰκίαν; ὅταν τοιαῦτα ποιῇς ἐν ἀγορᾷ,
ἃ διηγούμενος ἐν οἰκίᾳ καταισχύνεις μὲν τὴν ἀκούου-
C σαν γυναῖκα, αἰσχύνεις δὲ τὴν παροῦσαν θυγατέρα,
καὶ πρό γε ἐκείνων σαυτόν; [b] Ἀνάγκη γὰρ ἢ σιγᾷν,
ἢ τοιαῦτα ἀσχημονεῖν, ἐφ' οἷς καὶ τοὺς οἰκέτας μαστί-
ζεσθαι δίκαιον. Τίνα οὖν ἕξεις ἀπολογίαν, εἰπέ μοι, ἃ
μηδὲ εἰπεῖν καλὸν, ταῦτα βλέπων μετὰ πολλῆς τῆς
σπουδῆς; ἃ μηδὲ διηγήσασθαι ἀνεκτὸν, ταῦτα πάντων
προτιθείς; Τέως μὲν οὖν, ὥστε μὴ γενέσθαι φορτικώ-
τερος, ἐνταῦθα καταλύσω τὸν λόγον. Ἐὰν δὲ τοῖς
αὐτοῖς ἐπιμείνητε, ὀξύτερον τὸ σιδήριον ποιήσας, βαθυτέραν δώσω τὴν τομήν· καὶ οὐ παύσομαι, ἕως ἂν
διασκεδάσας τοῦ διαβόλου τὸ θέατρον, καθαρὸν ποιήσω
118 A τῆς Ἐκκλησίας τὸν σύλλογον. Οὕτω γὰρ καὶ τῆς

[a] Γίνῃ Savil. et alii, γίνῃ Morel.
[b] Sic recte Savil. et Manuscripti. Morel. vero ἀνάγκη γὰρ σιγᾶν.

ANIANI INTERPRETATIO.

potestatem, sed mulier? Itaque communia huic quoque præcepta constituit. Tu vero, siquidem ecclesiam uxor frequentat, gravissimus illius accusator efficeris: ipse autem totum in theatris diem exigens, dignum te accusatione non credis: sed cum sis erga uxoris pudicitiam ita diligens, ut etiam superfluum te atque immoderatum esse non pudeat, quippe qui a necessariis processionibus sæpe contineas illam, tibi tamen cuncta prorsus arbitraris licere. Sed minime hoc tibi permiserit Paulus, qui eamdem etiam mulieri tribuit
Ibid. v. 3. potestatem: *Uxori*, inquit, *vir debitum reddat*. Quonam igitur modo a te honoratur uxor, quæ tam indigna suggillatur injuria, cum tu corpus, quod in illius potestate est, meretricibus copulas? Tuum quippe corpus uxoris est. Quem, inquam, illi tribuis honorem, cum tumultus ac lites in domum introducas tuam, cum talia designes in foro quæ dum domi narras, dedecoras quidem uxorem quæ audit ac præsentem filiam rubore suffundis, ac præ cæteris temetipsum? Multo enim erat tacere consultius, quam tam obscœna loqui, quæ etiam servos loquentes justum est verberari. Quam tu ergo satisfactionem parabis, responde, quæso, qui ea quæ nominari fas non est, spectas summo studio: quæque etiam memorare turpe est, ea cunctis honestis artibus sanctisque præponis? Ne igitur videar onerosior, hic jam terminabo sermonem. Si vero in eisdem perseveraveritis, acutiore ferro et altiore incisione discindam: nec umquam prorsus quiescam, quoadusque diabolicum illud dispergam theatrum, ut mundus Ecclesiæ cœtus purusque reddatur. Ita enim et a præsenti turpitudine liberabimur, et vitam acquiremus futuram,

παρούσης αἰσχύνης ἀπαλλαγησόμεθα, καὶ τὴν μέλλουσαν καρπωσόμεθα ζωὴν, χάριτι καὶ φιλανθρωπίᾳ τοῦ Κυρίου ἡμῶν Ἰησοῦ Χριστοῦ, ᾧ ἡ δόξα καὶ τὸ κράτος εἰς τοὺς αἰῶνας τῶν αἰώνων. Ἀμήν.

rabimur, et futuram consequemur vitam, gratia et misericordia Domini nostri Jesu Christi, cui gloria et imperium in sæcula sæculorum. Amen.

ANIANI INTERPRETATIO.

gratia et misericordia Domini nostri Jesu Christi, cui gloria et imperium cum Patre et Spiritu sancto in sæcula sæculorum. Amen.

ΟΜΙΛΙΑ η'.

[a] Καὶ εἰσελθόντες εἰς τὴν οἰκίαν, εἶδον παιδίον μετὰ Μαρίας τῆς μητρὸς αὐτοῦ, καὶ πεσόντες προσεκύνησαν αὐτῷ· καὶ ἀνοίξαντες τοὺς θησαυροὺς αὐτῶν, προσήνεγκαν αὐτῷ δῶρα, χρυσὸν, λίβανον καὶ σμύρναν.

Πῶς οὖν φησιν ὁ Λουκᾶς, ὅτι ἐπὶ τῆς φάτνης κείμενον ἦν; Ὅτι τεκοῦσα μὲν εὐθέως αὐτὸ κατέκλινεν ἐκεῖ. Ἅτε γὰρ πολλῶν συνιόντων διὰ τὴν ἀπογραφὴν, οὐκ ἦν οἰκίαν εὑρεῖν· ὅπερ οὖν καὶ ὁ Λουκᾶς ἐπισημαίνεται λέγων, Ὅτι διὰ τὸ μὴ εἶναι τόπον, ἀνέκλινεν αὐτόν. Μετὰ δὲ ταῦτα καὶ ἀνείλετο, καὶ ἐπὶ τῶν γονάτων εἶχεν. Ὁμοῦ τε γὰρ ἐπέβη τῆς Βηθλεὲμ, καὶ τὰς ὠδῖνας ἔλυσεν, ἵνα μάθῃς κἀντεῦθεν τὴν οἰκονομίαν ἅπασαν, καὶ ὅτι οὐχ ἁπλῶς οὐδὲ ὡς ἔτυχε ταῦτα ἐγίνετο, ἀλλὰ κατὰ πρόνοιάν τινα θείαν καὶ προφητείας ἀκολουθίαν, ταῦτα πάντα ἐπληροῦτο. Ἀλλὰ τί τὸ πεῖσαν αὐτοὺς προσκυνῆσαι; Οὔτε γὰρ ἡ παρθένος ἐπίσημος ἦν, οὔτε ἡ οἰκία περιφανὴς, οὔτε ἄλλο τι τῶν

HOMILIA VIII.

A Cap. II. v. 11. *Et intrantes domum, viderunt puerum cum Maria matre ejus, et procidentes adoraverunt eum: et apertis thesauris obtulerunt ei munera, aurum, thus et myrrham.*

1. Quomodo ergo ait Lucas, quod in præsepio positus esset? Quia statim atque pepererat eum ibi reclinavit. Confluentibus enim ad censum Judæis, nulla poterat reperiri domus : quod etiam Lucas significat cum ait, *Quia non erat locus, reclinavit illum*. Postea vero sustulit et supra genua collocavit. Nam statim atque in Bethlehem pervenit, filium peperit, ut hinc totam ediscas œconomiam, et non casu et sine consilio gesta, sed per providentiam quamdam divinam ac secundum prophetiæ seriem impleta hæc omnia fuisse. Verum quid illos ad puerum adorandum induxit? Neque enim Virgo insigne quidpiam præ

Luc. 2. 7.

B, C

Magis quid suasit, ut Christum adorarent.

[a] Quidam habent *καὶ ἐλθόντες εἰς τὴν οἰκίαν, εὗρον τό.* Longiorem autem hic titulum habet Morel. quam Savil., et recte quidem : nam hæc non repetuntur infra in serie.

ANIANI INTERPRETATIO.

HOMILIA OCTAVA EX CAPITE II.

Et cum intrassent domum, invenerunt puerum cum Maria matre ejus : et procidentes adoraverunt eum : et apertis thesauris suis obtulerunt ei munera, aurum, thus et myrrham.

1. Quemadmodum igitur Lucas ait, quod in præsepio positus esset? Quia scilicet cum fuisset enixa, ibi eum continuo reclinavit. Erat enim valde difficillimum vacantem reperire alicubi domum, propter conventum ac frequentiam Judæorum, quos in unum eadem tunc descriptionis causa collegerat : quod certe Lucas evidenter expressit dicens : *Et reclinavit eum in præsepio, quia non erat ei locus in diversorio.* Postea vero eum sustulit, et in suo gremio collocavit. Siquidem ut Bethlehem ingressa est, partum celeriter absolvit : ut hinc qnoque totam dispensationem agnosceres : quia scilicet non fortuito ista, nec simpliciter acciderunt, sed secundum providentiam Dei, et prophetiæ consequentiam universa completa sunt. Verum quid illud est quod magis puerum adorare persuaserit? Nam neque Virgo ipsa

Luc. 2. 7.

se ferebat, neque domus magnifica erat, neque istic aliquid aliud erat, quod posset illos vel percellere vel allicere. Illi vero non modo adorant, sed apertis thesauris suis munera offerunt, munera inquam, non quasi homini, sed quasi Deo. Thus enim et myrrha Dei maxime symbolum erat. Quid igitur hoc illis suasit? Idipsum quod excitavit illos, ut relicta domo tantum iter susciperent: nimirum stella et illustratio mentis a Deo ipsis indita; quæ paulatim illos ad perfectiorem notitiam deduxit. Nisi enim res ita se haberet, cum omnia quæ istic videbantur vilia essent, non ei tantum exhibuissent honorem. Ideo autem nihil eorum quæ sub sensum cadunt ibi magnum erat, sed præsepe, tugurium, mater inops, ut nudam magorum philosophiam perspicias, atque discas, eos non ut hominem purum, sed ut Deum et beneficum ipsum adiisse. Quapropter nullo eorum quæ extrinsecus videbantur offensi sunt, sed adorarunt et dona obtulerunt, quæ dona multum a Judaïca crassitie differebant. Neque enim oves et vitulos immolarunt, sed quæ ecclesiasticæ philosophiæ vicina erant: siquidem scientiam, obedientiam et dilectionem ipsi offerebant. **12.** ***Et responso accepto in somnis, ne redirent ad Herodem, per aliam viam reversi sunt in regionem suam.*** Hic mihi vide fidem ipsorum, quomodo non offendantur, sed sint quieti et obtemperantes, neque turbentur, neque talia mutuo

Magi Christum ut Deum habuere.

δρωμένων ἱκανὸν [b] ἐκπλῆξαι καὶ ἐπισπάσασθαι. Οἱ δὲ οὐ μόνον προσκυνοῦσιν, ἀλλὰ καὶ ἀνοίξαντες τοὺς θησαυροὺς αὐτῶν, δῶρα προσάγουσι, καὶ δῶρα, οὐχ ὡς ἀν-
119 θρώπῳ, ἀλλ' ὡς Θεῷ. Ὁ γὰρ λιβανωτὸς καὶ ἡ σμύρνα
A τούτου σύμβολον ἦν. Τί οὖν τὸ πεῖσαν αὐτούς; Τὸ παρασκευάσαν οἴκοθεν ἀναστῆναι καὶ τοσαύτην ἐλθεῖν ὁδόν· τοῦτο δὲ ἦν ὅ τε ἀστὴρ, καὶ ἡ παρὰ τοῦ Θεοῦ γενομένη τῇ διανοίᾳ αὐτῶν ἔλλαμψις, κατὰ μικρὸν αὐτοὺς πρὸς τὴν τελειοτέραν ὁδηγοῦσα γνῶσιν. Οὐδὲ γὰρ ἂν, εἰ μὴ τοῦτο ἦν, τῶν φαινομένων εὐτελῶν ὄντων ἁπάντων, τοσαύτην ἐπεδείξαντο τιμήν. Διὰ τοῦτο οὐδὲν τῶν αἰσθητῶν μέγα ἐκεῖ, ἀλλὰ φάτνη καὶ καλύβη, καὶ μήτηρ πτωχὴ, ἵνα γυμνὴν τῶν μάγων ἴδῃς τὴν φιλοσοφίαν, καὶ μάθῃς, ὅτι οὐχ ὡς ἀνθρώπῳ ψιλῷ, ἀλλ' ὡς Θεῷ προσῄεσαν [a] καὶ εὐεργέτῃ. Διόπερ
B οὐδενὶ τῶν δρωμένων ἔξωθεν ἐσκανδαλίζοντο, ἀλλὰ καὶ προσεκύνουν καὶ δῶρα προσῆγον, τῆς μὲν Ἰουδαϊκῆς ἀπηλλαγμένα παχύτητος. Οὐδὲ γὰρ πρόβατα καὶ μόσχους ἔθυσαν, τῆς δὲ ἐκκλησιαστικῆς ἐγγὺς ὄντα φιλοσοφίας· ἐπίγνωσιν γὰρ καὶ ὑπακοὴν καὶ ἀγάπην αὐτῷ προσῆγον. Χρηματισθέντες δὲ κατ' ὄναρ, μὴ ἀνακάμψαι πρὸς Ἡρώδην, δι' ἄλλης ὁδοῦ ἀνεχώρησαν εἰς τὴν χώραν αὐτῶν. Θέα κἀντεῦθεν τὴν πίστιν αὐτῶν, πῶς οὐκ ἐσκανδαλίσθησαν, ἀλλ' εἰσὶν εὐήνιοι καὶ εὐγνώμονες, καὶ οὐ θορυβοῦνται οὐδὲ διαλογίζονται πρὸς ἑαυτοὺς λέγοντες· καὶ μὴν εἰ μέγα τὸ παιδίον ἐστὶ τοῦτο, καὶ ἔχει τινὰ ἰσχὺν, τίς χρεία φυγῆς καὶ
C [b] λαθραίας ἀναχωρήσεως; καὶ τί δήποτε φανερῶς ἐλθόντας ἡμᾶς, καὶ μετὰ παῤῥησίας καὶ πρὸς δῆμον το-

[b] Alii καταπλῆξαι.

[a] Καὶ εὐεργέτῃ, alii καὶ δεσπότῃ.

[b] Morel. et quidam alii λαθραίου ἀναχωρήσεως.

ANIANI INTERPRETATIO.

erat nobilis, nec domus in qua habitabat illustris, nec quidquam ex iis omnibus quæ videbantur, ejusmodi erat quod magis admirationem faceret, eosque ad puerum alliceret adorandum. At vero illi non modo adorant, sed etiam apertis thesauris suis offerunt munera, et munera certe Deo quam homine digniora. Thus siquidem et myrrha ipsi potissimum congruebant. Quidnam igitur illud est, quod eis et domo et patria relicta, tanti itineris spatia transire persuaserit? Quod proculdubio fecit et stella quam viderant, et a Deo donata lux, quæ illorum mentibus quasi aliud quoddam sidus effulserat, eosque paulatim ad perfectiorem scientiam provehebat. Cum enim essent cuncta alia vilia, nisi istud eorum animos incitasset, numquam profecto tantum illi honoris parvulo detulissent. Idcirco nihil ibi de sensibilibus istis grande conspicitur, sed angustum tugurium, ac vile præsepium, et inops mater, ut melius nuda magorum philosophia claresceret: et ut discas quia non tamquam homini tantum, sed etiam tamquam Deo auctori omnium supplicarint bonorum. Propterea nullo eorum quæ extrinsecus videbantur offensi sunt, sed et puerum fideliter adorabant, et munera suppliciter offerebant, quæ tamen plurimum et a Judæorum ruditate distarent, et ecclesiasticæ philosophiæ convenirent. Siquidem scientiam isti et obedientiam et caritatem figuraliter offerebant: non oves, non vitulos. *Responso autem accepto*, inquit, *in somnis, ne redirent ad Herodem, per aliam viam reversi sunt in regionem suam*. Considera igitur etiam hoc loco admirabilem magorum fidem, qui in nullum hinc scandalum commoventur: sed ad cuncta acta obedientes permanent, atque flexibiles, nihilque omnino turbantur, neque ipsi secum disputant, dicentes :

σοῦτον καὶ πρὸς βασιλέως μανίαν στάντας, ὡς δραπέτας
καὶ φυγάδας ἐκπέμπει ὁ ἄγγελος τῆς πόλεως; Ἀλλ' οὐδὲν
τούτων οὔτε εἶπον, οὔτε ἐνενόησαν. Τοῦτο γὰρ μάλιστα
πίστεως, τὸ μὴ ζητεῖν εὐθύνας τῶν προστεταγμένων,
ἀλλὰ πείθεσθαι τοῖς ἐπιταττομένοις μόνον. Ἀναχωρησάντων δὲ αὐτῶν, ἰδοὺ ἄγγελος Κυρίου φαίνεται τῷ
Ἰωσὴφ κατ' ὄναρ, λέγων· ἐγερθεὶς παράλαβε τὸ παιδίον καὶ τὴν μητέρα αὐτοῦ, καὶ φεῦγε εἰς Αἴγυπτον.
Ἄξιον ἐνταῦθα διαπορῆσαι καὶ ὑπὲρ τῶν μάγων, καὶ
ὑπὲρ τοῦ παιδίου. Εἰ γὰρ καὶ ἐκεῖνοι μὴ ἐθορυβήθησαν, ἀλλὰ μετὰ πίστεως πάντα ἐδέξαντο· ἡμᾶς ἄξιον
ζητῆσαι, διατί μὴ παρόντες σώζονται ἐκεῖνοι καὶ τὸ
παιδίον· ἀλλ' οἱ μὲν εἰς Περσίδα, τὸ δὲ εἰς Αἴγυπτον
φυγαδεύεται μετὰ τῆς μητρός. Ἀλλὰ τί; ἔδει αὐτὸν
ἐμπεσεῖν εἰς τὰς χεῖρας τοῦ Ἡρώδου, καὶ ἐμπεσόντα
μὴ κατακόπτεσθαι; Ἀλλ' οὐκ ἂν ἐνομίσθη σάρκα
ἀνειληφέναι· οὐκ ἂν ἐπιστεύθη τῆς οἰκονομίας τὸ
μέγεθος. Εἰ γὰρ τούτων γενομένων, καὶ πολλῶν ἀν-
θρωπίνως οἰκονομουμένων, ἐτόλμησαν εἰπεῖν τινες
ὅτι μῦθος ἡ τῆς σαρκὸς ἀνάληψις, ποῦ οὐκ ἂν ἐξέπεσαν ἀσεβείας, εἰ πάντα θεοπρεπῶς καὶ κατὰ τὴν
αὐτοῦ δύναμιν ἔπραττε; Τοὺς δὲ μάγους ἐκπέμπει
ταχέως, ὁμοῦ μὲν διδασκάλους ἀποστέλλων τῇ Περσῶν χώρᾳ, ὁμοῦ δὲ ἐκκόπτων τοῦ τυράννου τὴν μανίαν, ἵνα μάθῃ, ὅτι ἀνηνύτοις ἐπιχειρεῖ πράγμασι,
καὶ τὸν θυμὸν σβέσῃ, καὶ τῆς ματαιοπονίας αὐτὸν
ἀπαγάγῃ ταύτης. Οὐ γὰρ δὴ τὸ μετὰ [a] παῤῥησίας
περιγενέσθαι τῶν ἐχθρῶν μόνον, ἀλλὰ καὶ τὸ μετ' εὐκολίας αὐτοὺς ἀπατᾷν, τῆς αὐτοῦ δυνάμεως ἄξιον.

loquantur : Sane si magnus hic puer est, et si
quam habet potentiam, quid opus fuga et occulto
discessu ? cur vero nos qui palam et cum fiducia
accessimus ad populum tantum, et coram furente
rege stetimus, quasi fugitivos ex civitate dimittit
angelus ? At nihil tale vel dixerunt vel cogitarunt.
120 Illud enim maxime ad fidem pertinet, ut nulla
A mandatorum ratio exquiratur, sed jussis tantum
obediatur. 13. *Qui cum abiissent, ecce angelus
Domini apparuit in somnis Joseph, dicens :
Surge et accipe puerum et matrem ejus, et fuge
in Ægyptum.* Hic subit in mentem quædam dubitatio circa magos, et circa puerum. Etsi enim
illi turbati non sint, sed fideliter omnia susceperint,
rint, nobis tamen quærendum incumbit, cur non
et illi et puer præsentes servantur; sed illi in Persidem, hic in Ægyptum cum matre fugatur. Sed
B quid? an oportebat illum incidere in manus Herodis, et captum non interfici? At non putatum
fuisset ipsum accepisse carnem, neque œconomiæ
magnitudo credita fuisset. Nam si his ita gestis,
postquam multa humano modo dispensata sunt,
quidam dicere ausi sunt carnis assumtionem esse
fabulam, quo impietatis non prorupissent, si
omnia divino modo et secundum suam potentiam
fecisset ? Magos autem celeriter emittit, simul
doctores mittens in Persarum regionem, et tyranni furorem prævertens, ut edisceret, se res quæ
fieri non possent aggredi, iramque ejus sedaret,

[a] Manuscripti non pauci *μετὰ περιουσίας*, quæ lectio non spernenda.

ANIANI INTERPRETATIO.

Si magnum quiddam esset hic puer, et potentiæ aliquid obtineret, nobis adoratoribus ejus quid opus esset fuga, occultusque discessus? Cur enim nos qui palam ac libere venimus, nec tanti populi fragorem, nec tyranni furorem paventes, quasi exsules quosdam atque fugitivos angelus civitate propellit ? Verum nihil omnino tale vel ore proferunt, vel mente concipiunt. Hoc est enim fidei insigne, ut absque controversia ulla obediant imperanti, nec ullam rationem exposcant imperii. *Qui cum discessissent, ecce angelus Domini apparuit in somnis Joseph, dicens : Surge et accipe puerum, et matrem ejus, et fuge in Ægyptum.* Dignum esse hoc loco judico, trepidationem quamdam mentis fateri, et dubitare de magis, pariter ac puero. Etsi enim illi turbati non sunt, sed fideliter omnia susceperunt, nos tamen scrutari dignum est, cur non et magi præsentes salventur, et puer : sed illi quidem in Persidem revertantur, hic autem cum matre in Ægyptum transfugiat : cum multo potius fuisse videatur in manus eum Herodis incidere : nec tamen cum incidisset interfici, sed claro prorsus divinitatis auxilio vindicari. Verum hoc modo rebus impletis, creditum non fuisset vere illum suscepisse carnem, tantique hodie mysterii sacramenta nutarent. Si enim etiam cum ista facta sint, et plurima juxta humanæ naturæ dispensata rationem; aliqui tamen ausi sunt dicere, quod fabula quædam fuerit carnis assumtio : in quæ non illi impietatis prærupta recidissent, si omnia juxta quod Deo dignum est, et juxta propriæ virtutis potentiam egisset ? Magos vero celeriter emittit, simul et Persarum regioni mittens magistros, et inefficacem reddens furorem tyranni : ut discat se impossibilia moliri, et conceptam exstinguat iram, seque ab studio vani laboris

et a vano labore retraheret. Ad ejus enim potentiam pertinet, non modo inimicos palam profligare, sed etiam ipsos facile decipere. Sic enim Ægyptios in Judæorum gratiam decepit, et cum posset illorum divitias in manus Hebræorum palam transferre, clam id et cum astutia fieri jubet: id quod illum non minus formidabilem hostibus reddebat, quam alia signa.

2. Ascalonitæ namque cæterique omnes postquam arcam ceperant, percussi deinde hortabantur suos ne pugnarent, neque adversum starent, ac cum cæteris miraculis hoc etiam in medium
1. Reg. 6.6. proferebant dicentes : *Quare aggravatis corda vestra, sicut aggravavit Ægyptus et Pharao? nonne postquam illusit, eis tunc dimisit populum suum, et abierunt?* Hæc dicebant, putantes hoc postremum signum non minus esse cæteris palam gestis, ad ejus demonstrandam potentiam atque magnitudinem. Id quod etiam hic factum est, poteratque tyrannum perterrefacere. Animadverte namque quanta passum, et quanto præfocatum mœrore Herodem fuisse verisimile sit, sic a magis deceptum et illusum. Quid enim, si non melior sit effectus? Id certe non ad eum qui hæc dispensavit referendum est, sed ad ingentem furorem illius qui non cessit iis, quæ ipsum consolari et a nequitia abducere debebant; sed ulterius processit, ut tantæ insaniæ graviores lueret pœnas. Et cur, inquies, in Ægyptum

C Οὕτω γοῦν καὶ τοὺς Αἰγυπτίους ἐπὶ τῶν Ἰουδαίων ἠπάτησε, δυνάμενος φανερῶς τὸν ἐκείνων πλοῦτον εἰς τὰς τῶν Ἑβραίων μεταστῆσαι χεῖρας, λάθρᾳ καὶ μετὰ ἀπάτης κελεύει τοῦτο ποιεῖν· ὅπερ οὐκ ἔλαττον τῶν ἄλλων σημείων [b] φοβερὸν αὐτὸν παρὰ τοῖς ἐναντίοις ἐποίησεν.

Οἱ γοῦν Ἀσκαλωνῖται καὶ οἱ λοιποὶ πάντες, ἡνίκα τὴν κιβωτὸν ἔλαβον, καὶ πληγέντες λοιπὸν παρῄνουν τοῖς οἰκείοις μὴ πολεμεῖν, μηδὲ ἐξ ἐναντίας ἵστασθαι, μετὰ τῶν ἄλλων θαυμάτων καὶ τοῦτο εἰς μέσον ἦγον
121 λέγοντες· Ἱνατί βαρύνετε τὰς καρδίας ὑμῶν, καθὼς
A ἐβάρυνεν Αἴγυπτος καὶ Φαραώ; οὐχ ὅτε ἐνέπαιξεν αὐτοῖς, τότε [a] ἐξαπέστειλε τὸν λαὸν αὐτοῦ καὶ ἀπῆλθον; Ταῦτα δὲ ἔλεγον, τῶν ἄλλων σημείων τῶν φανερῶς γινομένων οὐκ ἔλαττον καὶ τοῦτο νομίζοντες εἶναι, εἰς τὴν τῆς δυνάμεως αὐτοῦ καὶ τῆς μεγαλωσύνης ἀπόδειξιν. Ὃ δὴ καὶ ἐνταῦθα γέγονεν, ἱκανὸν ἐκπλῆξαι τὸν τύραννον. Ἐννόησον γὰρ οἷα πάσχειν εἰκὸς ἦν τὸν Ἡρώδην, καὶ πῶς ἀποπνίγεσθαι, ἀπατηθέντα παρὰ τῶν μάγων, καὶ οὕτω καταγελασθέντα. Τί γὰρ, εἰ μὴ γέγονε βελτίων; Οὐ τοῦ ταῦτα οἰκονομήσαντος ἔγκλημα, ἀλλὰ τῆς ἐκείνου μανίας ἡ ὑπερβολὴ, μηδὲ τοῖς δυναμένοις αὐτὸν παραμυθήσασθαι
B καὶ ἀποστῆσαι τῆς πονηρίας εἴκοντος, ἀλλ' ἐπεξιόντος περαιτέρω, ἵνα καὶ χαλεπωτέραν δέξηται δίκην τῆς [b] τοσαύτης ἀνοίας. Καὶ τίνος ἕνεκεν, φησὶν, εἰς Αἴγυπτον τὸ παιδίον πέμπεται; Μάλιστα μὲν καὶ ὁ

b Alii φανερὸν αὐτὸν παρά. Quæ etiam lectio quadrat. Sed Anianus vertit, *terribilem*, id quod Savilii et Morelli lectionem confirmat, φοβερόν.

a Alii ἐξαπέστειλαν. Mox quidam ἀπῆλθε, et postea γενομένων.

b Aliqui τῆς τοιαύτης.

ANIANI INTERPRETATIO.

abducat. Est autem divinitatis virtute dignum, non modo aperte conterere inimicos, verum etiam cum omni illos facilitate decipere. Sic enim et Ægyptios populi sui utilitate seduxit : cumque palam in Judæorum manus illorum posset transferre divitias, occulte hoc magis fieri, ac decipiendo percepit : quod certe illum apud inimicos non minus fecit quam alia signa terribilem.

2. Denique Ascalonitæ omnesque per circuitum alienigenæ, quando arcam Dei ceperunt, percussique plaga, suaserunt civibus suis ne adversus Dei repugnarent manum, cum cæteris mirabilibus hoc quoque
1. Reg. 6.6. in medium protulerunt, dicentes : *Quare gravatis corda vestra, sicut gravavit Ægyptus et Pharao cor suum? nonne postquam illusit eis, dimiserunt populum suum, et abiit?* Hæc vero dicebant, cum ad documentum virtutis Dei signis manifestius factis, nequaquam istud esse inferius judicarent. Id igitur etiam in præsenti causa factum est, quod certe facile posset tyranno incutere terrorem. Itaque considera quænam Herodem pati probabile fuerit : qui certe suffocari etiam præ indignationis magnitudine potuit, cum se ita illusum atque irrisum doleret. Quod si non est hinc melior effectus, non Deus qui ista dispensavit, in culpa est, sed nimia liventis insania : qui ne his quidem cessit, quæ utique consolari, et a tanta eum abducere malignitate potuerunt. Sed alio rursus aditu ac malignitate in ulteriora processit, ut multo graviorem stultitiæ suæ reciperet ultionem. Et cujus tandem, inquies, rei gratia in Ægyptum parvulus

εὐαγγελιστὴς τὴν αἰτίαν εἴρηκεν· Ἵνα πληρωθῇ γάρ, φησὶν, ὅτι Ἐξ Αἰγύπτου ἐκάλεσα τὸν υἱόν μου· ἅμα δὲ καὶ χρηστῶν προοίμια λοιπὸν ἐλπίδων τῇ οἰκουμένῃ [c] προανεφωνεῖτο. Ἐπειδὴ γὰρ Βαβυλὼν καὶ Αἴγυπτος μάλιστα τῆς γῆς ἁπάσης τῇ φλογὶ τῆς ἀσεβείας ἦσαν ἐκκεκαυμέναι, ἐκ προοιμίων δεικνὺς ὅτι ἀμφοτέρας διορθώσεται καὶ βελτίους ποιήσει, καὶ πείθων διὰ τούτων καὶ περὶ τῆς ὅλης οἰκουμένης τὰ χρηστὰ προσδοκᾷν, τῇ μὲν τοὺς μάγους ἀπέστειλε, τῇ δὲ αὐτὸς ἐπέβη μετὰ τῆς μητρός. Πρὸς δὲ τοῖς εἰρημέ- C νοις καὶ ἕτερον [d] ἐντεῦθεν παιδευόμεθα, οὐ μικρὸν εἰς φιλοσοφίαν ἡμῖν συντεῖνον. Ποῖον δὴ τοῦτο; Τὸ ἐκ προοιμίων πειρασμοὺς προσδοκᾷν καὶ ἐπιβουλάς. Ὅρα γοῦν καὶ ἀπὸ τῶν σπαργάνων εὐθέως τοῦτο γινόμενον. Καὶ γὰρ τεχθέντος αὐτοῦ, καὶ τύραννος μαίνεται, καὶ φυγὴ καὶ μετάστασις γίνεται πρὸς τὴν ὑπερορίαν, καὶ οὐδὲν ἀδικήσασα ἡ μήτηρ εἰς τὴν τῶν βαρβάρων φυ- 122
A γαδεύεται χώραν· ἵνα σὺ ταῦτα ἀκούων, ὅταν καταξιωθῇς διακονήσασθαί τινι πνευματικῷ πράγματι, εἶτα ἂν ἴδῃς σαυτὸν πάσχοντα ἀνήκεστα καὶ μυρίους ὑπομένοντα κινδύνους, μὴ διαταραχθῇς, μηδὲ εἴπῃς· τί ποτε τοῦτό ἐστι; καὶ μὴν στεφανοῦσθαί με ἔδει καὶ ἀνακηρύττεσθαι, καὶ λαμπρὸν εἶναι καὶ περιφανῆ, [a] πρόσταγμα πληροῦντα δεσποτικόν· ἀλλ' ἔχων τοῦτο τὸ ὑπόδειγμα, φέρῃς γενναίως, εἰδὼς ὅτι μάλιστα αὕτη τῶν πνευματικῶν ἡ ἀκολουθία ἐστὶ, τὸ πανταχοῦ πειρασμοὺς συγκεκληρωμένους ἔχειν. Ὅρα γοῦν [b] οὐκ ἐπὶ τῆς μητρὸς τοῦ παιδίου τοῦτο γινόμενον

[c] Sic Savil. et Mss. plurimi. Morel. προανεφωνεῖται.
[d] Aliqui ἐνταῦθα.

puer mittitur? Causam in primis protulit evangelista dicens: 15. *Ut impleretur illud: Ex Ægypto vocavi filium meum:* simulque bonæ spei prœmia toti orbi prænuntiabantur. Quia enim Babylon et Ægyptus plus quam reliquus orbis impietatis ardebant flamma, ab exordio declarans se ambas illas regiones emendaturum, et ad meliora deducturum, simulque per hæc indicans etiam toti terrarum orbi bona exspectanda esse, et magos misit, et ipse cum matre sua profectus est. Ad hæc vero aliud etiam inde docemur, quod non parum nos ad philosophiam incitet. Quodnam illud? Quod ab ipso initio tentationes et pericula sint exspectanda. Vide namque id ipsi ab incunabulis accidisse. Nam illo nato furit tyrannus; hinc fuga et transmigratio in exsilii locum, et insons mater in barbarorum regionem se proripit: ut tu hæc audiens aliquo spirituali ministerio dignatus, si videris te dira patientem, et inter sexcenta versantem pericula, ne turberis, neve dicas: Quidnam hoc est? oportebat utique me coronari, laudari, clarum et illustrem esse, qui mandatum Domini impleam: sed hoc exemplo fultus fortiter feras, gnarus, hanc cum primis esse spiritualium virorum sortem, ut ubique tentationibus impetantur. Animadverte igitur id non solum pueri matri accidere; sed etiam barbaris illis. Nam et illi clam discedunt quasi fugitivi; et hæc, quæ num-

Christus infans cur in Ægyptum missus.
Osee. 11. 1.

[a] Sic Savil. et Mss., Morel. autem πρᾶγμα.
[b] Alii οὐκ ἐπὶ τῆς μητρὸς καὶ τοῦ παιδίου, non male.

ANIANI INTERPRETATIO.

mittitur? Prima quidem illa causa est, quam evangelista signavit: Ut impleretur, inquit, quod scriptum est: *Ex Ægypto vocavi filium meum.* Simul etiam toti orbi denuntiantur optimæ spei in posterum procemia. Quia enim Babylon atque Ægyptus præ omnibus terris flamma impietatis ardebant, et ab ipsis statim principiis ostendit, quod utramque emendaturus esset, et igne potius fidei succensurus: ex his utique persuadens etiam de aliis mundi partibus speranda esse meliora. Nam Persidi quidem magos remittit, ipse vero cum matre in Ægyptum descendit. Supra vero ista quæ diximus, etiam hinc aliquid aliud addiscitur, quod certe non parum ad philosophiam pertinere doceatur. Quid vero istud est? Quod ab ipsis videlicet vitæ initiis ad tentationes debeamus atque insidias præparari. Cerne igitur ab ipsis omnino incunabulis Christi istud effectum. Nam statim ut ortus est, contra eum tyrannus furit, et ipse in Ægyptum fugit, et extra solum natale deportatur, et mater innoxia in regionem barbarorum fugatur: ut tu videlicet hæc audiens, cum dignus fueris spiritalis alicujus negotii minister effici, et videris te tribulationes varias, et mille sustinere discrimina, nihil omnino turberis, neque tecum ratiocineris, ac dicas: Quidnam istud est quod mihi infertur immerito? cui certe laus potius et corona congruit: quique esse deberem clarus ac nobilis, utpote dominica præcepta perficiens: sed ut isto munitus exemplo viriliter cuncta sustineas, sciens tribulationes maximas et inseparabiles quasdam comites esse virtutum. Perspice igitur istud non tantum in matre pueri, verum etiam in illis barbaris fuisse completum. Nam et illi exsulum more clam fugiunt: et ista quæ numquam domum suam fuerat egressa, tam ærumnosum

Osee. 11. 1.

quam e domo egressa fuerat, tam longum et ærumnosum iter suscipere jubetur, ob mirabilem hunc editum puerum et spiritualem partum. Rem iterum stupendam considera. Palæstina insidiatur, Ægyptus vero excipit et servat insidiis impetitum. Neque enim tantum in filiis patriarchæ, sed etiam in Domino typi et figuræ contigerunt. Per ea enim quæ ab ipso gesta sunt, multa prænuntiabantur eorum, quæ postea eventura erant: quod et in asina et in pullo factum est. Angelus igitur qui apparuit, non Mariam, sed Josephum alloquitur: et quid dicit? *Surgens accipe puerum et matrem ejus.* Hic non ultra dicit, *Con-*
Matth. 1. 20. *jugem tuam;* sed, *Matrem ejus.* Quia enim partus contigit, suspicio soluta est, et viro fides facta est, libere jam loquitur angelus, neque filium neque conjugem ejus dicens; sed, *Puerum et matrem ejus; et fuge in Ægyptum;* fugæque causam addit: *Futurum est enim,* inquit, *ut Herodes quærat animam pueri.*

3. His auditis Joseph non offensus est, neque
Matth. 1. 21. dixit: Ænigma est hoc. Tu nuper dicebas: *Salvum faciet populum suum:* nunc autem nec seipsum potest servare, sed fuga nobis est opus et peregrinatione ac loginqua transmigratione? Contraria sunt hæc promissioni tuæ. Sed nihil hujus-
Josephi laus. modi dixit; fidelis enim vir erat; neque rever-

μόνον, ἀλλὰ καὶ ἐπὶ τῶν βαρβάρων ἐκείνων. Καὶ
B γὰρ ἐκεῖνοι λάθρᾳ ἀναχωροῦσιν ἐν τάξει φυγάδων· καὶ αὕτη πάλιν, οὐδέποτε τὴν οἰκίαν ὑπερβᾶσα, μακρὰν οὕτω ταλαιπωρίας ὁδὸν ὑπομένειν κελεύεται, διὰ τὸν θαυμαστὸν τοῦτον τόκον καὶ τὰς πνευματικὰς ὠδῖνας. Καὶ θέα τὸ παράδοξον πάλιν. Παλαιστίνη μὲν ἐπιβουλεύει, Αἴγυπτος δὲ ὑποδέχεται, καὶ διασώζει τὸν ἐπιβουλευόμενον. Οὐ γὰρ δὴ μόνον ἐπὶ τῶν παίδων τοῦ πατριάρχου τύποι συνέβαινον, ἀλλὰ καὶ ἐπ' αὐτοῦ τοῦ Δεσπότου. Πολλὰ γοῦν διὰ τῶν ὑπ' αὐτοῦ γινομένων τότε προανεκηρύττετο, τῶν ὕστερον συμβαίνειν μελλόντων· ὅπερ οὖν καὶ ἐπὶ τῆς ὄνου καὶ ἐπὶ τοῦ πώλου γέγονε. Φανεὶς τοίνυν ὁ ἄγγελος, οὐχὶ τῇ
C Μαρίᾳ, ἀλλὰ τῷ Ἰωσὴφ διαλέγεται· καὶ τί φησιν; Ἐγερθεὶς παράλαβε τὸ παιδίον καὶ τὴν μητέρα αὐτοῦ. Ἐνταῦθα οὐκ ἔτι λέγει, Τὴν γυναῖκά σου· ἀλλὰ, Τὴν μητέρα αὐτοῦ. Ἐπειδὴ γὰρ ὁ τόκος ἐξέβη, καὶ ἡ ὑποψία ἐλύθη, καὶ ὁ ἀνὴρ [c] ἐπιστώθη, μετὰ παῤῥησίας λοιπὸν διαλέγεται ὁ ἄγγελος, οὔτε παιδίον, οὔτε γυναῖκα αὐτοῦ καλῶν· ἀλλὰ Τὸ παιδίον καὶ τὴν μητέρα αὐτοῦ· καὶ φεῦγε εἰς Αἴγυπτον· καὶ τὴν αἰτίαν λέγει τῆς φυγῆς· Μέλλει γὰρ ὁ Ἡρώδης, φησὶ, ζητεῖν τὴν ψυχὴν τοῦ παιδίου.

Ταῦτα ἀκούσας ὁ Ἰωσὴφ οὐκ ἐσκανδαλίσθη, οὐδὲ
123 εἶπεν· αἴνιγμα τὸ πρᾶγμά ἐστι. Σὺ πρώην ἔλεγες,
A ὅτι Σώσει τὸν λαὸν αὐτοῦ· καὶ νῦν οὐδὲ ἑαυτὸν σώζει, ἀλλὰ φυγῆς ἡμῖν χρεία, καὶ ἀποδημίας, καὶ μακρᾶς [a] μεταναστάσεως; Ἐναντία τῇ ὑποσχέσει τὰ γινόμενα. Ἀλλ' οὐδὲν τούτων λέγει· πιστὸς γὰρ ἦν ὁ ἀνήρ· οὐδὲ περιεργάζεται τῆς ἐπανόδου τὸν χρόνον, καὶ ταῦτα

[c] Savil. et alii ἐπιστώθη. Morel. ἐπιστεύθη, perperam. Infra quidam ζητεῖν τὸ παιδίον τοῦ ἀπολέσαι αὐτό· ταῦτα, etc.

[a] Μεταναστάσεως. Morel. μεταστάσεως. Infra Morel. τῆς ἀνόδου, alii τῆς ἐπανόδου.

ANIANI INTERPRETATIO.

conficere iter jubetur, propter partum illum mirabilem, ac spiritales parturigines. Sed considera rem prorsus novam, atque mirificam. Palæstina insidiatur, Ægyptus recipit ac servat eum cui tenduntur insidiæ. Non solum quippe in filiis patriarchæ, verum etiam in ipso Domino præcesserunt sequutorum figuræ. Siquidem multa etiam quæ in ipso tunc facta sunt, præcinebant ea quæ postea erant futura. Quod in asina quoque et pullo ejus impletum est. Apparuit igitur non angelus Mariæ, sed Joseph loquens: et
Matth. 1. 20. quid ait? *Surge et accipe puerum et matrem ejus.* Hic jam non dicit *Conjugem tuam*, sed *Matrem ejus:* quia absoluto partu, etiam explosa suspicio est, et absque ulla ambiguitate vir credidit, libere jam et aperte angelus disserit, neque filium, neque conjugem ejus appellans: sed, *Puerum,* inquit, *accipe, et matrem ejus, et fuge in Ægyptum.* Causam quoque jungit fugæ: *Futurum est enim,* inquit, *ut Herodes quærat animam pueri.*

3. Quæ cum audisset Joseph, nequaquam passus est scandalum: neque dixit, Incerta ista res est ac prorsus ambigua. Tu paulo ante dicebas, Quia salvabit populum suum, et nunc seipsum quidem non potest de periculis liberare, sed fuga nobis necessaria, et peregrinatio ac transmigratio longinqua: contraria omnino sunt facta promissis. Sed horum nihil prorsus opponit. Vir enim erat fidelis, neque curiose re-

τοῦ ἀγγέλου ἀδιορίστως αὐτὸν τεθεικότος· Ἕως γὰρ ἂν εἴπω σοι, ἴσθι ἐκεῖ. Ἀλλ' ὅμως οὐδὲ πρὸς τοῦτο ἐνάρκησεν, ἀλλ' ὑπακούει καὶ πείθεται, πάντας μετὰ χαρᾶς τοὺς πειρασμοὺς ὑπομένων. Καὶ γὰρ ὁ φιλάνθρωπος Θεὸς τοῖς ἐπιπόνοις τούτοις καὶ ἡδέα ἀνέμιξεν· ὅπερ καὶ ἐπὶ πάντων τῶν ἁγίων ποιεῖ, οὔτε τοὺς κινδύνους, οὔτε τὰς ἀνέσεις συνεχεῖς τιθεὶς, ἀλλὰ καὶ B διὰ τούτων καὶ δι' ἐκείνων ὑφαίνων τὸν τῶν δικαίων βίον· ὃ δὴ καὶ ἐνταῦθα πεποίηκε· σκόπει γάρ. Εἶδε κύουσαν τὴν παρθένον· εἰς ταραχὴν αὐτὸν ἐνέβαλε τοῦτο, [b] καὶ τὸν ἔσχατον θόρυβον· ἐπὶ μοιχείᾳ γὰρ τὴν κόρην ὑπώπτευεν· ἀλλ' εὐθέως ἐπέστη ὁ ἄγγελος, τήν τε ὑποψίαν λύων, καὶ τὸν φόβον ἀναιρῶν τοῦτον. Καὶ τὸ παιδίον τεχθὲν ὁρῶν, χαρὰν ἐκαρπώσατο μεγίστην· πάλιν τὴν χαρὰν ταύτην κίνδυνος οὐ μικρὸς διαδέχεται, τῆς πόλεως ταραττομένης, τοῦ βασιλέως μαινομένου, καὶ τὸν τεχθέντα ἐπιζητοῦντος. Ἀλλὰ τὸν θόρυβον τοῦτον ἑτέρα πάλιν διεδέξατο χαρά· ὁ ἀστὴρ, καὶ ἡ τῶν μάγων προσκύνησις. Πάλιν μετὰ C τὴν ἡδονὴν ταύτην φόβος καὶ κίνδυνος· ζητεῖ γὰρ, φησὶν, Ἡρώδης τὴν ψυχὴν τοῦ παιδίου. Καὶ πάλιν ὁ ἄγγελος μηνύει καὶ φυγεῖν καὶ [c] μετανίστασθαι ἀνθρωπίνως· θαυματουργεῖν γὰρ τέως οὐκ ἔδει. Εἰ γὰρ ἐκ πρώτης ἡλικίας θαύματα ἐπεδείξατο, οὐδ' ἂν ἐνομίσθη ἄνθρωπος εἶναι. Διά τοι τοῦτο οὐδὲ ἁπλῶς ναὸς πλάττεται, ἀλλὰ καὶ κύησις γίνεται, καὶ ἐννεαμηνιαῖος 124 A χρόνος, καὶ ὠδῖνες καὶ τόκος, καὶ γαλακτοτροφία, καὶ διὰ παντὸς ἡσυχία τοῦ χρόνου· καὶ ἀναμένει τὴν ἀνδράσι πρέπουσαν ἡλικίαν, ἵνα διὰ πάντων εὐπαρά-

sionis tempus inquirit, etiamsi angelus indefinite loquutus esset; nam ait: *Esto ibi, usquedum dicam tibi.* Verum ille non ideo segnior factus est, sed paret et obtemperat, tentationesque omnes cum gaudio tolerat. Enimvero benignus Deus his laboribus dulcia miscuit: id quod etiam in sanctis omnibus observat: neque pericula, neque quietem continuam præstat; sed et his et illis permixtim positis vitam justorum ordinat: id quod etiam hic fecit: idque perpendas velim. Videt ille Virginem uterum gestantem: ea de re turbatur, et admodum anxius est: adulteram enim puellam esse suspicabatur; sed statim adstitit angelus, qui suspicionem solveret ac metum eliminaret. Cum vidit natum puerum, gaudio magno perfusus est: rursumque gaudium hujusmodi periculum non parvum excipit, civitate perturbata, ac rege furente, puerumque perquirente. At perturbationem illam aliud gaudium excipit, stella nempe, et magorum adoratio. Rursus vero post hanc lætitiam, timor ac periculum: Quærit enim, inquit, Herodes animam pueri. Iterum angelus significat ipsi, fugiendum et transmigrandum esse humano more; nondum enim miracula edere oportebat. Nam si a prima ætate miracula edidisset, homo non creditus fuisset. Idcirco non simpliciter templum formatur, sed uteri tumor conspicitur, et novem mensium spatium, et partus, et lactis nutrimentum, quies per multum temporis; ætas vi-

b Alii καὶ τὸν ἔσχατον κίνδυνον.

c Morel. μεθίστασθαι.

ANIANI INTERPRETATIO.

versionis tempus inquirit, quod utique ab angelo non signate fuerat expressum. *Sed esto ibi,* inquit, *usquequo dicam tibi.* Verum ille nec per ista quidem factus est segnior, sed obedivit libenter, et credidit, omnes prorsus tribulationes cum gaudio sustinendo. Enimvero misericors Deus mœstis rebus quædam etiam jucunda permiscuit. Quod certe in sanctis omnibus facit, quos neque tribulationes neque jucunditates sinit habere continuas, sed tum de adversis, tum ex prosperis justorum vitam quasi admirabili varietate contexuit, quod hic quoque eum fecisse considera. Videndo quippe sanctus Joseph gravidam sponsam, in conturbationem incidit maximam, atque in horribilem quemdam cogitationis tumultum. Jugis enim illum de puella adulterii suspicio mordebat: sed affuit repente angelus suspicionem solvens malignam, et timorem hunc prorsus exstinguens: deinde videns puerum natum, maxima exsultatione repletus est: sed rursus huic etiam gaudio periculum grande successit, cum tota utique civitas turbaretur, ipse rex fureret, et ad necem puerum quæreret: sed et hunc tumultum alia rursus lætitia subsequuta est, apparitio videlicet stellæ, et adoratio magorum. Post hanc quoque jucunditatem, iterum periculum, iterumque formido. *Quærit,* inquit, *Herodes animam pueri*: et fugere necesse est, et in longinqua transire hominis instar. Nondum quippe opportunum erat, ut signorum miracula coruscarent. Si enim a prima prorsus infantia mirabilia monstrasset, homo proculdubio creditus non fuisset. Idcirco namque non simpliciter templum formatur, sed et tumor uteri cernitur, et novem mensium tempus volvitur, et ipse partus absolvitur, et nato nutrimentum lactis adhibetur: perque aliquot annos silentio res tanta ce-

rilis exspectatur, ut per omnia credibile redderetur œconomiæ mysterium. Qua ergo de causa, inquies, hæc ab initio facta sunt signa? Propter matrem, propter Josephum, propter Simeonem jamjam moriturum, propter pastores, propter magos, propter Judæos. Si enim iis quæ gerebantur accurate voluissent attendere, non parvum hinc ad futurum tempus fructum retulissent. Quod si prophetæ de magis nihil prædicant, ne ideo turberis; neque enim omnia prædixerunt, neque etiam omnia tacuerunt. Sicut enim nulla re ante audita, res hujusmodi gestas videre, magnum stuporem, magnamque perturbationem peperisset: sic si omnia didicissent auditores dormituri erant, nec quidquam evangelistis fuisset relictum. Quod si de prophetia ambigant Judæi dicentes, illud, *Ex Ægypto vocavi filium meum*, de seipsis dictum esse: respondebimus illis, hunc etiam esse prophetiæ morem, ut multa sæpe de aliis dicantur, et in aliis impleantur, quale illud de Symeon
Gen. 49. 7. et Levi dictum: *Dividam eos in Jacob, et dispergam eos in Israël*: id enim non in ipsis, sed in posteris eorum impletum est: et illud quod de Chanaan a Noë pronuntiatum est, Gabaonitis ex stirpe Chanaani contigit. Quod ipsum Jacobo etiam accidisse deprehenditur: benedictiones enim illæ,
Gen. 27. 29. *Esto dominus fratris tui, et adorent te filii patris*

δεκτον γένηται τῆς οἰκονομίας τὸ μυστήριον. Τίνος οὖν ἕνεκεν καὶ ταῦτα τὰ σημεῖα ἐγένετο, φησὶν, ἐξ ἀρχῆς; Διὰ τὴν μητέρα, διὰ τὸν Ἰωσὴφ, διὰ τὸν Συμεὼν μέλλοντα ἀπιέναι λοιπὸν, διὰ τοὺς ποιμένας, διὰ τοὺς μάγους, διὰ τοὺς Ἰουδαίους. Εἰ γὰρ ἐβούλοντο προσέχειν μετὰ ἀκριβείας τοῖς γινομένοις, οὐ μικρὰ καὶ ἐντεῦθεν ἂν πρὸς τὰ μέλλοντα ἐκαρπώσαντο. Εἰ δὲ μὴ λέγουσιν οἱ προφῆται τὰ περὶ τῶν μάγων, μὴ θορυβηθῇς· οὔτε γὰρ πάντα προεῖπον, οὔτε πάντα ἐσιώπησαν. Ὥσπερ γὰρ τὸ μηδὲν ἀκού-
B σαντας, ἰδεῖν παραγενόμενα τὰ πράγματα, πολλὴν ἐποίει τὴν ἔκπληξιν καὶ τὸν θόρυβον· οὕτω καὶ τὸ πάντα μαθεῖν καθεύδειν παρεσκεύαζε τὸν ἀκροατὴν, καὶ τοῖς εὐαγγελισταῖς οὐδὲν ἠφίει πλέον. Εἰ δὲ περὶ τῆς προφητείας ἀμφιβάλλοιεν Ἰουδαῖοι λέγοντες, τὸ, Ἐξ Αἰγύπτου ἐκάλεσα τὸν υἱόν μου, [a] ἐπ' αὐτῶν εἰρῆσθαι· εἴποιμεν ἂν πρὸς αὐτοὺς, ὅτι καὶ οὗτος προφητείας νόμος, τὸ πολλὰ πολλάκις λέγεσθαι μὲν ἐπ' ἄλλων, πληροῦσθαι δὲ ἐφ' ἑτέρων, οἷον τὸ ἐπὶ τοῦ Συμεὼν καὶ Λευὶ εἰρημένον ἐστί· Διαμεριῶ γὰρ αὐτοὺς, φησὶν, ἐν Ἰακὼβ, καὶ διασπερῶ
C αὐτοὺς ἐν Ἰσραήλ· καίτοι γε οὐκ ἐπ' αὐτῶν τοῦτο γέγονεν, ἀλλ' ἐπὶ τῶν ἐκγόνων· καὶ τὸ ἐπὶ τοῦ Χαναὰν δὲ παρὰ τοῦ Νῶε λεχθὲν * εἰς τοὺς Γαβαωνίτας τοὺς ἐκγόνους τοῦ Χαναὰν ἐξέβη. Καὶ τὸ ἐπὶ τοῦ Ἰακὼβ οὕτως ἴδοι τις ἂν συμβάν· αἱ γὰρ εὐλογίαι ἐκεῖναι αἱ λέγουσαι, Γίνου κύριος τοῦ ἀδελφοῦ σου, καὶ προσκυ-

[a] Morel. ἐπ' αὐτῶν εἰρῆσθαι. Savil. μὴ ἐπ' αὐτὸν εἰρῆσθαι. Utrumque bene. Nam secundum priorem lectionem Judæi dicebant illud, *Ex Ægypto vocavi filium meum*, de seipsis dici; secundum posteriorem vero dicebant, id non de Christo dici. Cum priore consonat Anianus.

* Quod hic de Gabaonitis dicit, jam dixerat Commentario in Isaiam supra Tom. 6, p. 19. Rem fusius explanatam habes eodem Tomo, p. 310.

ANIANI INTERPRETATIO.

latur, et virilis exspectatur ætas, ut per hæc omnia credibile efficiatur suscepti hominis sacramentum. Qua igitur ex causa hæc edita sunt signa, inquis, statim ab initio? Propter matrem, propter Joseph, propter Simeonem jam jamque moriturum, propter pastores, propter magos, propter ipsos quoque Judæos; si quidem voluissent ea quæ fiebant diligenter expendere, non parvum inde ad illa quæ sequutura erant, habuissent profectum. Quod si nihil prophetæ de magis loquuntur, nequaquam omnino turberis: nam neque omnia prædixerunt prophetæ, nec cuncta siluerunt. Quemadmodum enim si vidissent homines facta quæ numquam audissent futura, et conturbationis plurimum et stuporis habuissent: ita rursus si cuncta omnino ante didicissent, auditores inde negligentes ac securi facti fuissent, nec quidquam novum evangelistis fuisset relictum. Si vero de prophetia Judæi ambigerent, dicentes: *Ex Ægypto vocavi filium meum*, de se dictum potius quam de Christo esse prædictum: respondebimus profecto esse hunc quoque prophetiæ morem, ut multa sæpe de aliis dicantur quidem, sed in aliis impleantur: ut illud
Gen. 49. 7. quod de Simeone et Levi dicitur: *Dividam eos in Jacob, et dispergam eos in Israël.* Hoc enim non in ipsis, sed in eis etiam factum est, qui de illorum stirpe processerunt. Et quod in Chanaan a Noë dictum est, in Gabaonitis posteris ejus impletur. De Jacob quoque similiter intelligitur accidisse: siquidem
Gen. 27. 29. benedictio illa quæ dicit, *Esto dominus fratrum tuorum, et adorent te filii patris tui*, non in ipso

νησάτωσάν σοι υἱοὶ τοῦ πατρός σου, οὐκ ἐπ᾽ αὐτοῦ τέλος ἔσχον, (πῶς γὰρ, τοῦ δεδοικότος καὶ τρέμοντος, καὶ μυριάκις αὐτῷ προσκυνοῦντος;) ἀλλ᾽ ἐπὶ τῶν ἐκγόνων τῶν αὐτοῦ. Ὃ δὴ καὶ ἐνταῦθα εἴποι τις ἄν. Τίς 125 γὰρ ἀληθέστερον υἱὸς Θεοῦ λεχθείη· ὁ μόσχῳ προσκυ- A νῶν, καὶ τῷ Βεελφεγὼρ τελούμενος, καὶ τοὺς υἱοὺς θύων τοῖς δαιμονίοις· ἢ ὁ φύσει υἱὸς, καὶ τὸν γεγεννηκότα τιμῶν; Ὥστε εἰ μὴ παρεγένετο οὗτος, οὐκ ἂν ἡ προφητεία τέλος ἔλαβε τὸ προσῆκον.

tui, non in ipso finem acceperunt, (quomodo enim ad ipsum pertineat, qui fratrem timebat tremebatque, ac sexcenties ipsum adoravit?) sed de prole ejus dictum est. Quod etiam hoc loco dici possit. Quis enim verius Dei filius dicatur: an is qui vitulum adoravit, et Beelphegori initiatus est, quique filios suos dæmoniis immolavit; an is qui natura filius erat, et genitorem honoravit? Itaque nisi hic advenisset, prophetia dignum non habitura finem erat.

Ὅρα γοῦν πῶς αὐτὸ καὶ ὁ εὐαγγελιστὴς αἰνίττεται λέγων, Ἵνα πληρωθῇ, δεικνὺς ὅτι οὐκ ἂν ἐπληρώθη εἰ μὴ παραγέγονεν. Οὐχ ὡς ἔτυχε δὲ καὶ τὴν παρθένον λαμπρὰν τοῦτο ποιεῖ καὶ περιφανῆ. Ὅπερ γὰρ εἶχεν ὁ δῆμος ἅπας ἐν ἐγκωμίου τάξει, τοῦτο καὶ αὐτὴ λοιπὸν ἔχειν ἠδύνατο. Ἐπειδὴ γὰρ μέγα ἐφρόνουν ἐπὶ τῷ ἀνελθεῖν ἐξ Αἰγύπτου καὶ ἐκόμπαζον, (ὅπερ οὖν καὶ ὁ προφήτης αἰνιττόμενος ἔλεγε· Οὐχὶ τοὺς ἀλλοφύ- B λους [a] ἀνήγαγον ἐκ Καππαδοκίας, καὶ τοὺς Ἀσσυρίους ἐκ βόθρου;) ποιεῖ καὶ τῆς παρθένου τὸ προτέρημα τοῦτο εἶναι. Μᾶλλον δὲ καὶ ὁ λαὸς καὶ ὁ πατριάρχης καταβάντες καὶ ἀναβάντες ἐκεῖθεν, τὸν τῆς ἀνόδου ταύτης τύπον ἐπλήρουν. Καὶ γὰρ ἐκεῖνοι θάνατον φεύγοντες τὸν ἀπὸ τοῦ λιμοῦ, κατῄεσαν, καὶ οὗτος θάνατον τὸν ἐξ ἐπιβουλῆς. Ἀλλ᾽ ἐκεῖνοι μὲν ἐλθόντες ἐκ τοῦ λιμοῦ, τότε ἀπηλλάγησαν· οὗτος δὲ καταβὰς, τὴν χώραν πᾶσαν διὰ τῆς ἐπιβάσεως ἡγίασε. Σκόπει γοῦν πῶς μεταξὺ τῶν ταπεινῶν καὶ τὰ τῆς θεότητος ἐκκα-

4. Vide ergo quomodo hoc ipsum evangelista subindicet dicens, *Ut impleretur*, ostendens nisi venisset, non implendum illud fuisse. Hoc vero Virginem ipsam non mediocriter claram efficit et illustrem. Nam quod totus populus encomii loco habebat, hoc ipsum habere potuit et ipsa. Quod enim altum sapiebant et sese jactabant ob reditum ex Ægypto, (id quod subindicans propheta dicebat, *Nonne alienigenas adduxi de Cappado-* Amos. 9. 7.
cia, et Assyrios ex fovea?) illud ipsum prærogativam Virginis facit. Imo vero et populus et patriarcha descendentes et ascendentes inde, istius ascensus seu reditus typum implebant. Nam illi descenderunt, ut mortem ex fame imminentem effugerent; hic vero ut vitaret mortem insidiis paratam. At illi eo venientes ex fame, tunc liberati sunt; ille vero ut eo descendit, regionem totam per adventum suum sanctificavit. Consideres ita-

[a] Morel. ἀνήγαγεν. [Supra Commelin. ἐπὶ τὸ ἀνελθεῖν. Savil. ἐπὶ τῷ ἀν.]

ANIANI INTERPRETATIO.

habuit effectum, (quemadmodum enim id possit intelligi, cum e contrario iste timuerit fratrem, atque tremuerit, eumque millies adorarit?) sed utique in eis qui ex ejus stirpe descenderunt. Hoc igitur etiam in præsenti potest quæstione defendi. Quis enim magis ac proprie Dei filius esse dicitur? illene populus qui adorabat vitulum, qui Beelphegor initiabatur, quique filios suos dæmoniis immolabat: an vero Dominus Jesus Christus, qui natura Filius Dei est, et toto Patrem honore veneratur? Itaque nisi advenisset iste, nequaquam prophetia dignum finem habere potuisset.

4. Considera igitur quemadmodum istud ipse evangelista designet, dicendo: *Ut impleretur*. Ostendit enim quoniam nisi venisset iste, non utique fuisset impletum. Quod quidem ipsum beatam Virginem non mediocriter claram facit ac nobilem: quæ id habuit quod toti illi erat populo gloriosum, qui superbius se atque insolentius efferebant, quod deducente Deo de Ægypto fuissent reversi, idque ad gloriam suam sæpe jactabant. Hoc enim etiam propheta denotans ait: *Nonne alienigenas adduxi de Cappado-* Amos. 9. 7.
cia, et Syros ex fovea? Fecit etiam Virginis hunc esse primatum. Quinimmo et populus et patriarcha cum descenderent in Ægyptum, et inde rursus ascenderent, istius reversionis signabant figuram. Nam et illi fugiendo mortem, quam comminabatur fames, descenderunt in Ægyptum: et hic mortem fugit, quæ per insidias imminebat. Sed illi quidem a fame quæ tunc acciderat, liberati sunt: hic vero etiam descendens in Ægyptum, omnem illam regionem suo sanctificavit ingressu. Diligenter vero perpende,

que velim quomodo inter humilia quæ ad divinitatem pertinent revelentur. Etenim cum dixit angelus, ***Fuge in Ægyptum***, non promisit se itineris comitem futurum vel descendentibus vel redeuntibus, subindicans illos magnum habere comitem, recens natum puerum, qui statim atque apparuit, omnia mutavit, atque id effecit, ut inimici ad hanc œconomiam admodum inservirent. Etenim magi et barbari, paterna superstitione relicta, adoraturi veniunt; Augustus Bethlehemitico partui ministrat, dum censum fieri jubet; Ægyptus dum fugientem et insidiis appetitum excipit, servat ipsum, hincque quamdam familiaritatis cum ipso occasionem accipit, ut cum illum postea audiret ab apostolis prædicari, de his gloriaretur, quod ipsum prima excepisset. Atqui solius Palæstinæ erat hæc prærogativa: verum Ægyptus ferventior illa fuit. Nunc certe si pergas in desertum Ægypti, quovis paradiso præstantiorem solitudinem invenies, sexcentos angelorum choros humana forma, martyrum populos, cœtus virginum, solutam diaboli tyrannidem totam, Christi autem regnum coruscans. Illam vero quæ poëtarum, philosophorum et magorum mater erat, quæ omne præstigiarum genus invenerat, aliisque tradiderat, illam, inquam, videbis de piscatoribus gloriantem, et illa quidem vetera omnia despicientem, publicanum ve-

In Ægypto monachi et cœtus virginum.

λύπτεται. Καὶ γὰρ ὁ ἄγγελος εἰπὼν, **Φεῦγε εἰς Αἴ-**
C γυπτον, οὐκ ἐπηγγείλατο αὐτοῖς [b] συνοδοιπορεῖν, οὔτε
κατιοῦσιν, οὔτε ἀνιοῦσιν, αἰνιττόμενος ὅτι μέγαν ἔχουσι
συνοδοιπόρον τὸ τεχθὲν παιδίον· ὃς καὶ τὰ πράγματα
πάντα μετέβαλεν ὁμοῦ φανεὶς, καὶ τοὺς ἐχθροὺς παρεσκεύασε πολλὰ πρὸς τὴν οἰκονομίαν διακονήσασθαι
ταύτην. Καὶ γὰρ μάγοι καὶ βάρβαροι τὴν πατρῴαν
δεισιδαιμονίαν ἀφέντες, ἔρχονται προσκυνήσοντες·
126 καὶ ὁ Αὔγουστος ὑπηρετεῖται τῷ ἐν Βηθλεὲμ τόκῳ,
A διὰ τοῦ προστάγματος τῆς ἀπογραφῆς· ἡ Αἴγυπτος
διασώζει δεξαμένη φεύγοντα καὶ ἐπιβουλευόμενον, καὶ
λαμβάνει τινὰ τῆς πρὸς αὐτὸν οἰκειώσεως ἀφορμὴν,
ἵν' ὅταν μέλλῃ κηρυττόμενον αὐτὸν ἀκούειν παρὰ
τῶν ἀποστόλων, καὶ ἐπὶ τούτων καλλωπίζηται, ἅτε
αὐτὸν δεξαμένη πρώτη. Καὶ μὴν τῆς Παλαιστίνης ἦν
τὸ προτέρημα τοῦτο μόνης· ἀλλ' αὕτη θερμοτέρα
ἐκείνης γέγονε. Καὶ νῦν ἐλθὼν εἰς τὴν ἔρημον τῆς Αἰγύπτου, παραδείσου παντὸς βελτίω τὴν ἔρημον ταύτην ὄψει γεγενημένην, καὶ χοροὺς ἀγγέλων μυρίους
[a] ἐν ἀνθρωπίνῳ σχήματι, καὶ δήμους μαρτύρων, καὶ
B συλλόγους παρθένων· καὶ πᾶσαν μὲν τοῦ διαβόλου τὴν
τυραννίδα καταλελυμένην, τὴν δὲ τοῦ Χριστοῦ βασιλείαν [b] λάμπουσαν. Καὶ τὴν ποιητῶν καὶ φιλοσόφων
καὶ μάγων μητέρα, καὶ τὴν πᾶν εἶδος μαγγανείας
εὑροῦσαν, καὶ τοῖς ἄλλοις διαδοῦσαν, ταύτην ὄψει νῦν
ἐπὶ τοῖς ἁλιεῦσι καλλωπιζομένην, καὶ ἐκείνων μὲν κα-
ταφρονοῦσαν ἁπάντων, [c] τὸν δὲ τελώνην καὶ σκηνο-
ποιὸν πανταχοῦ περιφέρουσαν, καὶ τὸν σταυρὸν προ-

[b] Quidam Mss. *συνοδοιπορήσειν*.

[a] Alii *ἐν ἀνθρωπίνοις σχήμασι*.

[b] Alii *διαλάμπουσαν*. Mox *φιλοσόφων*, alii *σόφων*.

[c] *Τὸν δὲ τελώνην*. Sic Savil. melius quam Morel. *καὶ τὸν τελώνην*.

ANIANI INTERPRETATIO.

quemadmodum cum humanitatis humilibus, divinitatis excelsa clarescant. Nam cum dixit angelus, ***Fuge in Ægyptum***, nequaquam se socium itineris futurum esse pollicitus est, neque illuc scilicet euntibus, neque redeuntibus: proculdubio designans maximo ipsius propter quem fugiebant parvuli esse munitos comitatu, qui ubi certe primum paruit, in melius cuncta convertit, effecitque ut hostes multum huic œconomiæ inservirent. Nam et magi illi, et barbari superstitionem patriam relinquentes, ad verum Dominum veniunt adorandum: et Augustus ipse futuro in Bethlehem partui per descriptionis servit imperium, et Ægyptus suscipit ac tuetur insidias fugientem tyranni. Namque tactu ipso Domini gustum quemdam sanctificationis adipiscitur: ut cum illum audierit ab apostolis prædicari, hujus quasi privilegii honore decoretur, quod Dominum prima susceperit. Et certe solius hic Palæstinæ videbatur esse primatus: sed facta est postea ista ferventior. Denique si quis nunc ad Ægypti veniat solitudines, paradiso quovis omnem illam videbit eremum digniorem, et innumerabiles angelorum cœtus in corporibus fulgere mortalibus, et populos martyrum, et choros virginum: et omnem quidem tyrannidem diaboli dissolutam, Christi autem regnum coruscans, et illam poetarum et magorum quondam ac philosophorum parentem, et cujusque generis imposturarum repertricem, quæque etiam cæteris propria inventa tradiderat, videbit modo piscatorum magisterio gloriantem, et contemtis omnibus jam illis repudiatisque,

βαλλομένην. Καὶ ταῦτα οὐκ ἐν ταῖς πόλεσι μόνον τὰ ἀγαθὰ, ἀλλὰ καὶ ἐν ταῖς ἐρήμοις μᾶλλον ἢ ἐν ταῖς πόλεσι. Καὶ γὰρ ἔστιν ἰδεῖν πανταχοῦ τῆς χώρας ἐκείνης τοῦ Χριστοῦ τὸ στρατόπεδον, καὶ τὴν βασιλικὴν ἀγέ- C λην, καὶ τὴν τῶν ἄνω δυνάμεων πολιτείαν· καὶ ταῦτα οὐκ ἐν ἀνθρώποις μόνον, ἀλλὰ καὶ ἐν γυναικείᾳ φύσει κρατοῦντα εὕροι τις ἄν. Καὶ γὰρ καὶ ἐκεῖναι ἀνδρῶν οὐχ ἧττον φιλοσοφοῦσιν, οὐκ ἀσπίδα λαμβάνουσαι καὶ ἀναβαίνουσαι ἵππον, καθάπερ οἱ σεμνοὶ τῶν Ἑλλήνων [d] κελεύουσι νομοθέται καὶ φιλόσοφοι, ἀλλ' ἑτέραν πολὺ χαλεπωτέραν δεχόμεναι μάχην. Κοινὸς γὰρ αὐταῖς καὶ ἀνδράσιν ὁ πόλεμος πρὸς τὸν διάβολον καὶ τὰς ἐξουσίας τοῦ σκότους· καὶ οὐδαμοῦ τὸ τῆς φύσεως ἁπαλὸν ἐμπόδιον γίνεται ταῖς τοιαύταις συμβολαῖς· οὐ γὰρ σωμάτων φύσει, ἀλλὰ ψυχῆς προαιρέσει ταῦτα κρίνεται 127 A τὰ παλαίσματα. Διὰ τοῦτο καὶ γυναῖκες ἀνδρῶν μᾶλλον ἠγωνίσαντο πολλάκις, καὶ [e] φαιδρότερα τρόπαια ἔστησαν. Οὐχ οὕτως ἐστὶ λαμπρὸς ὁ οὐρανὸς τῷ ποικίλῳ τῶν ἄστρων χορῷ, ὡς ἡ ἔρημος Αἰγύπτου, τὰς σκηνὰς πανταχόθεν ἡμῖν δεικνύουσα τῶν μοναχῶν.

Εἴ τις τὴν παλαιὰν Αἴγυπτον ἐκείνην, τὴν θεομάχον καὶ μαινομένην, τὴν τῶν αἰλούρων δούλην, τὴν κρόμμυα δεδοικυῖαν καὶ τρέμουσαν εἶδεν, οὗτος εἴσεται καλῶς τοῦ Χριστοῦ τὴν ἰσχύν. Μᾶλλον δὲ οὐ χρεία ἡμῖν παλαιῶν διηγημάτων· ἔτι γὰρ καὶ νῦν τῆς ἀνοήτου ἐκείνης λείψανα μένει πρὸς ἀπόδειξιν τῆς προτέρας μανίας. Ἀλλ' ὅμως οὗτοι οἱ τὸ παλαιὸν πάντες B

ro et tentoriorum artificem ubique circumferentem, ac crucem præmonstrantem. Hæc porro non in urbibus tantum, sed etiam in deserto magis quam in urbibus. Per totam enim regionem istam videre est Christi exercitum, regiumque gregem, supernarumque virtutum vitam; idque non apud viros tantum, sed et in muliebri sexu reperias. Etenim illæ non minus quam viri philosophantur, non scutum accipientes, neque equum conscendentes, ut jubent clari illi Græcorum legislatores et philosophi; sed aliud longe gravius bellum suscipiunt. Commune enim et ipsis et viris bellum est contra diabolum et potestates tenebrarum: ad hujusmodi vero conflictus numquam illis sexus debilitas impedimento est; non enim corporis natura, sed animi proposito hujusmodi prælia decernuntur. Ideoque sæpe mulieres fortius quam viri pugnaverunt, et insigniora tropæa erexerunt. Non ita cælum splendidum est vario illo stellarum choro, ut Ægypti solitudo, quæ undique nobis exhibet tabernacula monachorum.

5. Si quis veterem illam Ægyptum novit, Dei inimicam et furentem, felium cultricem, quæ cepas formidabat et tremebat, hic optime Christi virtutem sciet. Imo vero non opus est nobis vetustis narrationibus: nam hodieque insanæ illius gentis monumenta supersunt, quæ priscam ipsius amentiam testificantur. Attamen hi qui olim omnes

[d] Savil. et omnes pene Mss. κελεύουσι. Morel. ποιοῦσι. Cod. unus κολακεύουσι.

[e] Savil. et maxima pars Mss. φαιδρότερα τρόπαια. Alii qui φαιδρά, Morel. σφοδρότερα. Præstat lectio Savilii. Infra τὴν τῶν αἰλούρων δούλην, τὴν κρόμμυα δεδοικυῖαν, Morel. κρόμυα, male. Ibid. unus τρέμουσαν οἶδεν [recte].

ANIANI INTERPRETATIO.

publicanum ubique ac sutorem pellium circumferentem, atque ad maximam fidei gloriam crucem Domini præferentem. Et hæc omnia bona non in urbibus solum, sed etiam in desertis magis florent locis quam in ipsis urbibus. Est enim cernere tota illa regione diffusum exercitum Christi, et admirabilem illum regium gregem, virtutumque cælestium conversationem in terris micantem. Atque hæc non in viris solum, verum etiam in feminis splendere conspicias. Nam illæ quoque non minori quam viri virtute decorantur: non clypeo arrepto in equum insilire callentes, ut honestissimi illi ac sapientissimi gentilium jubent magistri: sed multo certe vehementius bellum gerentes. Communis enim illis ac viris adversus diabolum pugna est, contraque hujus mundi potestates, nec uspiam teneritudo sexus his congressibus impares facit. Non enim natura corporis, sed voluntate animi exercentur ista certamina. Propterea sæpe in hujusmodi acie fortius viris feminæ decertarunt, ac tropæis insignibus claruerunt. Non ita variis astrorum choris cælum refulget, ut Ægypti eremus innumeris monachorum ac virginum distinguitur atque illustratur habitaculis.

5. Si quis illam Ægyptum veterem novit, rebellem Deo, ac magnitudine superstitionum furentem, adorantem irrationales animantes, porros etiam cepasque pavitantem: hic optime Christi potest nosse virtutem, per quem facta est tam admiranda mutatio. Nec sane antiquis testibus indigemus: adhuc enim stultissimæ illius gentis reliquiæ manent in testimonium prioris amentiæ. Sed tamen isti qui olim cuncti

in tantam proruperant amentiam, de cælo, deque cælestibus rebus philosophantur, paternosque mores derident, avos suos miseros prædicant, et philosophos illos nihili pendunt. Ex ipsis enim rebus edidicerunt priscas illas aniles fabulas ebriorum esse inventa, veram autem sapientiam cælis esse dignam. Hæc est quæ a piscatoribus annuntiata ipsis fuit. Ideoque cum accurata dogmatum veritate multam exhibent bene vivendi diligentiam. Siquidem exuti rebus cunctis præsentibus, mundoque crucifixi, ultra etiam procedunt, labore corporis utentes ad victum egenis comparandum. Neque enim quia jejunant et vigilant, se idcirco dedunt otio, sed noctes hymnis ac pervigiliis, dies precibus et operi manuum deputant, apostoli studium imitantes. Si enim, inquiunt, ille, toto orbe ad ipsum respiciente, ut inopes aleret, officinam habuit, et artem tractavit, insomnes interim noctes ducens: multo magis nos, qui in deserto habitamus, nihilque commune habemus cum urbium tumultibus, vacationis otio ad spiritualia opera uti par est. Erubescamus itaque omnes, et divites, et pauperes, quando illi nihil prorsus habentes, nisi corpus tantum et manus, conantur et contendunt ut hinc victum parent egentibus: nos vero, dum innumera domi recondita sunt, ne superflua quidem his adhibemus. Quam igitur, quæso, excusationem profere-

πρὸς τοσαύτην [b] ἀποῤῥαγέντες μανίαν, περὶ οὐρανοῦ καὶ τῶν ὑπὲρ τὸν οὐρανὸν φιλοσοφοῦσι πραγμάτων, καὶ καταγελῶσι τῶν πατρῴων ἐθῶν, καὶ τοὺς προγόνους ταλανίζουσι, καὶ τῶν φιλοσόφων οὐδένα ποιοῦνται λόγον. Ἔμαθον γὰρ διὰ τῶν πραγμάτων αὐτῶν, ὅτι τὰ μὲν ἐκείνων γραϊδίων μεθυόντων ἐστὶν εὑρήματα, ἡ δὲ [c] ὄντως σοφία καὶ τῶν οὐρανῶν ἀξία. Αὕτη ἐστὶν ἡ διὰ τῶν ἁλιέων αὐτοῖς καταγγελθεῖσα. Διὰ δὴ τοῦτο μετὰ τῆς τοσαύτης ἀκριβείας τῶν δογμάτων καὶ τὴν ἀπὸ τοῦ βίου πολλὴν ἐνδείκνυνται σπουδήν. Τὰ γὰρ ὄντα ἀποδυσάμενοι πάντα, καὶ τῷ κόσμῳ σταυρωθέντες παντὶ,
C καὶ περαιτέρω πάλιν ἐλαύνουσι τὴν τοῦ σώματος ἐργασίαν, πρὸς τὴν τῶν δεομένων ἀποχρώμενοι τροφήν. Οὐδὲ γὰρ ἐπειδὴ νηστεύουσι καὶ ἀγρυπνοῦσιν, ἀργεῖν μεθ' ἡμέραν ἀξιοῦσιν, ἀλλὰ τὰς μὲν νύκτας τοῖς ἱεροῖς ὕμνοις καὶ ταῖς παννυχίσι, τὰς δὲ ἡμέρας εἰς εὐχάς τε ὁμοῦ καὶ τὴν ἀπὸ τῶν χειρῶν ἐργασίαν καταναλίσκουσι, τὸν ἀποστολικὸν μιμούμενοι ζῆλον. Εἰ γὰρ ἐκεῖνος, τῆς οἰκουμένης πρὸς αὐτὸν βλεπούσης, ἵνα
128 τοὺς δεομένους διατρέφῃ, καὶ ἐργαστήριον κατέλαβε,
A καὶ τέχνην [d] μετεχείρισε, καὶ οὐδὲ τὰς νύκτας ἐκάθευδε τοῦτο ποιῶν· πολλῷ μᾶλλον ἡμᾶς, φησὶ, τοὺς ἔρημον κατειληφότας, καὶ οὐδὲν κοινὸν πρὸς τοὺς ἐν ταῖς πόλεσι θορύβους ἔχοντας, τῇ τῆς ἡσυχίας σχολῇ εἰς ἐργασίαν πνευματικὴν καταχρήσασθαι δίκαιον. Αἰσχυνώμεθα τοίνυν ἅπαντες, καὶ οἱ πλουτοῦντες, καὶ οἱ πενόμενοι, ὅταν ἐκεῖνοι μὲν μηδὲν ὅλως ἔχοντες, ἀλλ' ἢ [a] σῶμα μόνον καὶ χεῖρας, βιάζωνται καὶ φιλονει-

b Sic Savil. et Mss. Morel. vero *ἀποῤῥηγνύντες*.

c Alii *ἡ δὲ ὄντως φιλοσοφία*. Infra alii *πολλὴν ἐπιδείκνυνται σπουδήν*.

d Savil. et Morel. *μετεχείρησε*. Mss. pene omnes *μετεχείρισε*.

a Alii *σώματα*.

ANIANI INTERPRETATIO.

ad tantam insaniam præcipites ferebantur, de cælo, et his quæ in cælo sunt philosophantur, et patriis moribus obloquuntur, et progenitores suos sæpe miserantur, et philosophos nihili pendunt. Ipsis enim rerum vocibus eruditi sunt, quod illorum inventa verba sint anilium fabularum: veram autem, cæloque dignam hanc solam esse philosophiam, quæ illis a piscatoribus prædicata est. Propterea cum hac dogmatum veritate, plurimo etiam studio virtutis ornantur: cunctis quippe præsentibus rebus exuti, mundoque crucifixi, nihilominus ad perfectionis ulteriora contendunt: proprii siquidem opera corporis ad indigentium utuntur alimoniam. Neque enim quia jejunant, aut vigilant, idcirco otium sibi indulgent diurnum: sed noctes quidem sacris hymnis ac vigiliis, dies vero orationibus manuumque operibus exercent, apostolicæ cursum virtutis imitantes. Si enim ille, inquiunt, toto pene ad ipsum respiciente mundo, ut inopes pasceret, et opificem professus est, et usum pristinæ artis exercuit, idque faciens ne nocturno quidem sopori indulsit: quanto nos magis qui secreto eremi fruimur, ac nihil cum strepitu urbis habemus commune, vacatione quietis hujus ad spiritualem uti decet operam? Erubescant hoc loco locupletes omnes, sed in ipsis divitiis pauperes: quando illi quidem nihil præter corpus proprium possidentes, vim quamdam manibus suis afferunt, adnitentes omnino atque certantes fructus hinc egentibus invenire: nos vero cum plurimum opum occultemus interius, ad misericordiæ opera nec de superfluis aliquid attingimus. Quam igitur, responde quæso, excusationem poterimus invenire? quam veniam? Et certe

κῶσι πρόσοδον τοῖς δεομένοις ἐντεῦθεν εὑρεῖν· ἡμεῖς δὲ, μυρίων ἔνδον ἀποκειμένων, μηδὲ τῶν περιττῶν εἰς ταῦτα ἁπτώμεθα. Ποίαν οὖν ἕξομεν ἀπολογίαν; εἰπέ μοι· τίνα δὲ συγγνώμην; Καίτοι γε ἐννόησον, πῶς τὸ παλαιὸν ἦσαν οὗτοι καὶ φιλοχρήματοι, καὶ γαστρίμαργοι, μετὰ τῶν ἄλλων κακῶν. Ἐκεῖ γὰρ ἦσαν οἱ λέβητες τῶν κρεῶν, ὧν οἱ Ἰουδαῖοι μέμνηνται· ἐκεῖ ἡ πολλὴ τῆς γαστρὸς τυραννίς. Ἀλλ' ὅμως ἐπειδὴ ἐβουλήθησαν, μετεβάλοντο, καὶ τὸ πῦρ τοῦ Χριστοῦ δεξάμενοι, πρὸς τὸν οὐρανὸν ἀθρόον [b] μεθωρμίσαντο· καὶ θερμότεροι τῶν ἄλλων ὄντες, καὶ πρὸς ὀργὴν καὶ πρὸς ἡδονὴν σωμάτων προπετέστεροι, τὰς ἀσωμάτους δυνάμεις τῇ ἐπιεικείᾳ καὶ τῇ λοιπῇ τῆς φιλοσοφίας ἀπαθείᾳ μιμοῦνται. Καὶ εἴ τις ἐν τῇ χώρᾳ γέγονεν, οἶδεν ἃ λέγω. Εἰ δέ τις οὐδέποτε ἐπέβη τῶν σκηνῶν ἐκείνων, ἐννοείτω τὸν μέχρι νῦν ἐν τοῖς ἁπάντων στόμασιν ὄντα, ὃν μετὰ τοὺς ἀποστόλους ἡ Αἴγυπτος ἤνεγκε, τὸν μακάριον καὶ μέγαν Ἀντώνιον, καὶ λογιζέσθω ὅτι καὶ οὗτος ἐκείνῃ τῇ χώρᾳ γέγονεν ἐν ᾗ καὶ Φαραώ. Ἀλλ' ὅμως οὐδὲν παρεβλάβη, ἀλλὰ καὶ θείας ὄψεως κατηξιώθη· καὶ τοιοῦτον ἐπεδείξατο βίον, οἷον οἱ τοῦ Χριστοῦ νόμοι ζητοῦσι. [c] Καὶ τοῦτο εἴσεταί τις μετὰ ἀκριβείας ἐντυχὼν τῷ βιβλίῳ τῷ τὴν ἱστορίαν ἔχοντι τῆς ἐκείνου ζωῆς, ἐν ᾧ καὶ πολλὴν ὄψεται τὴν προφητείαν. Καὶ γὰρ περὶ τῶν τὰ Ἀρείου νοσούντων προανεφώνησέ τε καὶ εἶπε τὴν ἐξ ἐκείνων μέλλουσαν βλάβην γίνεσθαι, τοῦ Θεοῦ δείξαντος αὐτῷ τότε, καὶ πρὸ τῶν ὀφθαλμῶν τὰ μέλλοντα ὑπογράψαντος ἅπαντα· ὃ δὴ μάλιστα μετὰ τῶν ἄλλων

mus? quam consequemur veniam? Atqui cogites
velim quantum isti olim pecuniæ amatores erant,
quantum gulæ dediti, cum cæteris vitiis. Ibi enim
erant ollæ carnium, quas memorant Judæi: ibi *Exod.* 16. 3.
B magna ventris tyrannis. Attamen quia voluerunt,
mutati sunt, et igne Christi suscepto, in cælum
repente advolarunt: quique prius ardentiores aliis
erant, atque ad iram et ad corporis voluptatem
propensiores, incorporeas potestates mansuetudine et reliqua philosophiæ suæ tolerantia imitantur. Quisquis in hac regione fuit, quæ dico novit.
Si quis vero tabernacula illa numquam adiit, cogitet illum qui hactenus in omnium fertur ore,
quem post apostolos Ægyptus tulit beatum et magnum Antonium, et secum reputet illum in eadem
regione fuisse, in qua Pharao. Attamen nihil hinc
C detrimenti accepit, sed etiam divina visione dignatus est, et talem vitam exhibuit, qualem Christi leges postulant. Et hoc sciet quisquis accurate librum legerit, in quo est historia vitæ ejus, ubi multam deprehendet prophetiam. Nam illa quæ Arianico morbo captos spectabant, necnon detrimentum inde emersurum prænuntiavit, Deo utique revelante, et omnia quæ futura erant præ oculis ipsi ponente: id quod cum aliis etiam ad-
129 junctis maximum est veritatis argumentum, quod
A videlicet nulla hæresis talem habeat virum. Sed
ne ultra hæc a nobis audire pergatis, si librum
in quo hæc scripta sunt legatis, accurate omnia

Antonii Magni monachorum patris laudes.

[b] Sic Savil. Morel. vero et quidam alii *μεθωρμήσαντο*.

[c] Hic haud dubie loquitur de Vita S. Antonii per Athanasium archiepiscopum Alexandrinum, quam edidimus inter ejus opera, Tom. 2, p. 793—866.

ANIANI INTERPRETATIO.

considera, quod isti aliquando pecuniæ fuerint amatores, quin etiam cum cæteris vitiis ventris imperio servientes: ibi enim erant ollæ carnium, quarum Judæi in eremo recordantur: ibi multa tyrannis ventris *Exod.* 16. 3. et gutturis: sed tamen quia voluerunt, in contrarium repente mutati sunt, et Christi suscipientes ignem, in cælum subito subvolarunt. Quique prius ad iracundiam ardentiores omnibus fuerunt et ad libidinem corporis proniores; nunc incorporeas potestates temperantia cæterisque speciebus virtutum imitantur. Quisquis regionis illius gnarus est, ista quæ dicimus recognoscit. Si vero habitacula illa nondum novit, consideret virum per cunctorum usque hodie ora volitantem, quem apostolis proximum Ægyptus protulit, beatum dico et magnum illum, de quo sæpe audistis, Antonium: et respiciat quod hic quoque illius fuerit regionis indigena, cujus etiam Pharao, sed nihil sit inde vitiatus. Nam et visione Dei dignus est habitus, et talem vitam prorsus ostendit, qualem leges Christi requirunt. Hoc autem facile cognoverit, quisquis eum legerit librum, qui vitæ ejus texit historiam, in quo etiam prophetiam lucentem videbit. De his enim quos Ariana pestis invasit, manifestissime prophetavit; quantaque ecclesiis labes ab illis immineret, docuit, Deo utique revelante hæc, et cuncta ante oculos ejus figura pingente. Quod certe vel præcipuum catholicæ fidei documentum est, nullum videlicet hæreticorum talem posse monstrari. Sed ne a me hæc audire videamini, ipsum potius librum legentes diligentius cuncta discetis, ut maxima inde

ediscere poteritis, et multam inde haurire philosophiam. Hoc autem rogo non ut librum adeamus tantum, sed et ea quæ ibi scripta sunt imitemur, neque locum, vel educationem, vel majorum nostrorum nequitiam obtendamus. Si enim velimus attendere, nihil horum nobis impedimento erit. Nam Abraham impium patrem habuit, sed ejus nequitiam non excepit; Ezechias filius Achazi fuit, et tamen Dei amicus effectus est; Joseph vero in media Ægypto castitatis corona redimitus est; ac tres pueri in media Babylone, inque mediis ædibus, cum Sybaritica mensa apparata esset, summam exhibuere philosophiam; ut et Moyses in Ægypto et Paulus in orbe: nihilque his omnibus ad virtutis cursum fuit impedimento. Hæc itaque omnia cogitantes, occasiones et obtentus hujusmodi de medio tollamus, sudoresque pro virtute sectanda adeamus. Sic enim Deum ad majorem erga nos benevolentiam attrahemus, impetrabimusque ut in certaminibus nobis opituletur, atque æternis fruemur coronis: quas utinam omnes consequamur, gratia et benignitate Domini nostri Jesu Christi, cui gloria et imperium in sæcula sæculorum. Amen.

τῆς ἀληθείας ἐστὶν ἀπόδειξις [a] τῷ μηδένα τῶν ἔξωθεν
αἱρέσεων ἄνδρα τοιοῦτον ἔχειν. Ἀλλ' ἵνα μὴ παρ'
ἡμῶν ταῦτα ἀκούσητε, τοῖς γράμμασιν ἐγκύψαντες
τοῖς τοῦ βιβλίου, πάντα μαθήσεσθε μετὰ ἀκριβείας, καὶ
πολλὴν [b] παιδευθήσεσθε τὴν φιλοσοφίαν ἐκεῖθεν. Τοῦτο
δὲ παρακαλῶ, οὐχ ἵνα ἐπέλθωμεν τὰ γεγραμμένα
μόνον, ἀλλ' ἵνα καὶ ζηλώσωμεν, καὶ μήτε χώραν,
μήτε ἀνατροφὴν, μήτε προγόνων πονηρίαν προβαλλώ-
μεθα. Ἂν γὰρ θέλωμεν ἑαυτοῖς προσέχειν, οὐδὲν τού-
B των ἡμῖν [c] ἔσται κώλυμα. Ἐπεὶ καὶ Ἀβραὰμ ἀσεβῆ
πατέρα ἔσχεν, ἀλλ' οὐ διεδέξατο τὴν παρανομίαν· καὶ
ὁ Ἐζεχίας τὸν Ἄχαζ, ἀλλ' ὅμως οὗτος φίλος τῷ Θεῷ
ἐγένετο· καὶ ὁ Ἰωσὴφ δὲ ἐν μέσῃ τότε Αἰγύπτῳ τοὺς
τῆς σωφροσύνης ἀνεδήσατο στεφάνους· καὶ οἱ παῖδες
δὲ οἱ τρεῖς ἐν Βαβυλῶνι μέσῃ, καὶ ἐν οἰκίᾳ μέσῃ, Συ-
βαριτικῆς παρακειμένης τραπέζης, τὴν ἄκραν ἐπεδείξαντο φιλοσοφίαν· καὶ Μωϋσῆς δὲ ἐν Αἰγύπτῳ, καὶ ὁ
Παῦλος ἐν τῇ οἰκουμένῃ· καὶ οὐδὲν οὐδενὶ τούτων ἐγένετο κώλυμα πρὸς τὸν τῆς ἀρετῆς δρόμον. Ταῦτ' οὖν
καὶ ἡμεῖς πάντα ἐννοοῦντες, τὰς μὲν περιττὰς ταύτας
σκήψεις καὶ προφάσεις ἐκ μέσου ποιησώμεθα, τῶν δὲ
ὑπὲρ τῆς ἀρετῆς ἱδρώτων ἀψώμεθα. Οὕτω γὰρ καὶ τὸν
C Θεὸν ἐπὶ μείζονα ἐπισπασόμεθα εὔνοιαν, καὶ πείσομεν
συνεφάπτεσθαι τῶν ἀγώνων ἡμῖν, καὶ τῶν αἰωνίων
ἀπολαύσομεν στεφάνων· ὧν γένοιτο πάντας ἡμᾶς ἐπιτυχεῖν, χάριτι καὶ φιλανθρωπίᾳ τοῦ Κυρίου ἡμῶν Ἰησοῦ Χριστοῦ, ᾧ ἡ δόξα καὶ τὸ κράτος εἰς τοὺς αἰῶνας
τῶν αἰώνων. Ἀμήν.

[a] Alii τὸ μηδένα.
[b] Morel. male παιδεύσασθε. Mox Morel. παρέλθωμεν, alii ἐπέλθωμεν.
[c] Morel. ἐστι κώλυμα.

ANIANI INTERPRETATIO.

philosophiæ incitamenta capiatis. Obsecro autem, ut non solum meditemur scripta illa, sed ea quoque quæ exprimuntur, imitemur: neque vel locum, vel educationem, vel majorum nostrorum vitia prætexamus. Si enim nosipsos diligentius voluerimus excolere, nihil nos horum prorsus impediet. Siquidem et sanctus Abraham habuit patrem impium, neque tamen illius heres impietatis effectus est. Et Ezechias profanissimi Achaz filius fuit, sed Dei amicus esse promeruit. Et Joseph in media tum servivit Ægypto, sed gloriosam sibi texuit castitatis coronam. In medio quoque Babyloniæ tres pueri, in media quoque Chaldæorum domo inter illos deliciarum varios apparatus, in summa tamen arce philosophiæ constiterunt: et Moses in Ægypto, et Paulus in toto orbe terrarum: nec tamen his omnibus quidquam horum impedimento fuit quo minus cursum virtutis implerent. Et nos igitur cuncta hæc exempla cernentes, superflua quidem figmenta, et varias peccandi occasiones penitus amputemus, eumque quo virtus paratur, amplectamur laborem. Sic enim et Deum ad majorem in nos benevolentiam provocabimus, et merebimur ut nobis in spirituali certamine cooperetur, atque ita bonis potiemur æternis: quæ omnes nos percipere contingat, gratia et misericordia Domini nostri Jesu Christi, cui gloria et imperium cum Patre et sancto Spiritu, in sæcula sæculorum. Amen.

ΟΜΙΛΙΑ θ'.

180 A

Τότε Ἡρώδης ἰδὼν ὅτι ἐνεπαίχθη ὑπὸ τῶν μάγων, ἐθυμώθη λίαν· καὶ ἀποστείλας ἀνεῖλε πάντας τοὺς παῖδας τοὺς ἐν Βηθλεὲμ, καὶ ἐν πᾶσι τοῖς ὁρίοις αὐτῆς, ἀπὸ διετοῦς καὶ κατωτέρω, κατὰ τὸν χρόνον ὃν ἠκρίβωσε παρὰ τῶν μάγων.

Καὶ μὴν οὐκ ἐχρῆν θυμωθῆναι, ἀλλὰ φοβηθῆναι καὶ συσταλῆναι, καὶ ἰδεῖν ὅτι [a] ἀνηνύτοις ἐπιχειρεῖ πράγμασιν. Ἀλλ' οὐ καταστέλλεται. Ὅταν γὰρ ἀγνώμων ᾖ ψυχὴ καὶ ἀνίατος, οὐδενὶ εἴκει τῶν παρὰ τοῦ Θεοῦ δεδομένων φαρμάκων. Ὅρα γοῦν καὶ τοῦτον τοῖς προτέροις ἐπαγωνιζόμενον, καὶ φόνῳ φόνον συνάπτοντα, καὶ κατὰ κρημνοῦ πανταχοῦ φερόμενον. Ὥσπερ γὰρ ὑπό τινος δαίμονος τῆς ὀργῆς ταύτης καὶ τῆς βασκανίας ἐκβακχευθεὶς, οὐδενὸς ποιεῖται λόγον, ἀλλὰ καὶ κατὰ τῆς φύσεως αὐτῆς μαίνεται, καὶ τὴν ὀργὴν, τὴν κατὰ τῶν ἐμπαιξάντων μάγων, κατὰ τῶν οὐδὲν ἠδικηκότων παίδων ἀφίησι, συγγενὲς δρᾶμα [b] τῶν ἐν Αἰγύπτῳ γενομένων τότε ἐν Παλαιστίνῃ τολμῶν. Ἀποστείλας γὰρ, φησὶν, ἀνεῖλε πάντας τοὺς παῖδας τοὺς ἐν Βηθλεὲμ καὶ ἐν πᾶσι τοῖς ὁρίοις αὐτῆς, ἀπὸ διετοῦς καὶ κατωτέρω, κατὰ τὸν χρόνον ὃν ἠκρίβωσε παρὰ τῶν μάγων. Ἐνταῦθά μοι μετὰ ἀκριβείας προσέχετε. Καὶ γὰρ πολλοὶ πολλὰ φλυαροῦσιν ὑπὲρ τῶν παίδων τούτων, ἀδικίαν ἐγκαλοῦντες τοῖς γεγενημένοις· καὶ οἱ μὲν ἐπιεικέστερον ὑπὲρ αὐτῶν διαποροῦσιν, οἱ δὲ θρασύτερον καὶ μανικώτερον. Ἵν' οὖν τοὺς μὲν τῆς μανίας, τοὺς δὲ τῆς ἀπορίας ἀπαλλάξωμεν, ἀνάσχεσθε μικρὸν διαλεγομένων ἡμῶν [c] περὶ τῆς ὑποθέσεως ταύτης. Εἰ γὰρ δὴ τοῦτο ἐγκαλοῦσιν, ὅτι περιώφθη τὰ παιδία ἀναιρούμενα, ἐγκαλέσωσι καὶ τῇ τῶν στρατιωτῶν σφαγῇ τῶν τὸν Πέτρον φυλαττόντων. Ὥσπερ γὰρ ἐνταῦθα τοῦ παιδίου φυγόντος, ἕτερα παιδία ἀντὶ τοῦ ζητουμένου κατασφάττεται· οὕτω δὴ τότε καὶ τὸν Πέτρον τοῦ δεσμωτηρίου καὶ τῶν ἁλύσεων ἀπαλλάξαντος τοῦ ἀγγέλου, ὁμώνυμός τις τοῦ τυράννου τούτου καὶ ὁμότροπος ζητήσας αὐτὸν καὶ οὐχ εὑρὼν, τοὺς τηροῦντας αὐτὸν στρατιώτας ἀπέκτεινεν ἀντ' ἐκείνου. Καὶ τί τοῦτο; φησίν· τοῦτο γὰρ οὐ λύσις, ἀλλὰ προσθήκη τοῦ ζητουμένου. Οἶδα κἀγὼ, καὶ διὰ τοῦτο εἰς

HOMILIA IX.

Tunc Herodes videns quoniam illusus esset a magis, iratus est valde : et mittens occidit omnes pueros, qui erant in Bethlehem, et in omnibus finibus ejus, a bimatu et infra, secundum tempus quod exquisierat a magis. Cap. 2. 16.

1. Certe non oportebat illum irasci, sed potius B timere et comprimi, atque intelligere se rem tentare, quam non posset perficere. At ille non coercetur. Quando enim improbus animus et insanabilis est, nulli cedit a Deo concessæ medicinæ. Vide igitur illum prioribus insistentem, et cædem cædi jungentem, atque per præcipitia undique ruentem. Nam quasi a quodam iræ invidiæque dæmone percitus, nulla ratione frenatur, sed contra ipsam furit naturam, iramque, quam contra magos sibi illudentes conceperat, contra insontes pueros exonerat, simile facinus in Palæstina aggressus ei quod olim in Ægypto perpetratum fuerat. C Nam ait, *Mittens occidit omnes pueros in Bethlehem, et in omnibus finibus ejus, a bimatu et infra, secundum tempus quod exquisierat a magis.* Hic mihi diligenter attendite. Etenim multi plurima circa pueros istos nugantur, injustitiam facti criminantes; alii quidem modestius hac de re dubia proponunt; alii vero audacius et furiosius. Ut igitur hos ab amentia, alios a dubitatione liberemus, patienter nos audite de tali argumento breviter disputantes. Nam si ea de re criminantur, quod puerorum cædes neglecta fuerit, criminentur etiam ob militum Petrum custodientium necem. Quemadmodum enim hic puero D fugiente, alii pueri pro eo qui quærebatur interficiuntur : ita tunc cum Petrus ex carcere et ex catenis ab angelo liberatus esset, quidam tyranno nomine et moribus similis, cum eum quæsisset, nec invenisset, milites qui eum custodiebant pro illo interfecit. Et quid hoc? inquies; hæc non est solutio, sed additamentum ad quæstionem. Hoc bene novi ego : ideo hæc omnia in medium pro-

[a] Sic Savil. et omnes pene Manuscripti. Morel. ἀνοήτοις, et sic legisse videtur Georgius Trapezuntius qui vertit, *rem stultam*. Infra Morel. οὐδὲν ἥκει. Paulo post alii καὶ φόνῳ φόνους.

[b] Morel. τῶν ἐν Αἰγύπτῳ γενομένων. Savil. πεπραγμένων. Manuscripti τελουμένων.

[c] Alii ὑπὲρ τῆς ὑποθέσεως ταύτης. Infra Morel. τοῦ παιδίου φεύγοντος. Quod autem hic dicit Chrysostomus, Herodem, elapso Petro, milites custodes occidisse; cum Græco Actuum, 12, 19, consonat, ubi dicitur, ἐκέλευσεν ἀπαχθῆναι, id est, *jussit eos ad supplicium abduci*, et sic intelligendum videtur illud Vulgatæ, *jussit eos duci*.

fero, ut omnibus unam addam solutionem. Quænam igitur est illa solutio? et quam probabilem solutionem afferre possumus? Christum scilicet non fuisse ipsis necis causam, sed regis crudelitatem, quemadmodum neque illis Petrum, sed Herodis amentiam. Nam si effossum murum vidisset, vel portas eversas, jure forte potuisset milites, qui apostolum custodiebant, negligentiæ accusare: verum ibi omnia in suo statu manebant: januæ clausæ erant, catenæ custodientium manibus alligatæ (erant enim illi simul cum Petro vincti), poteratque ex his secum reputare, si quidem recte judicasset, quod gestum fuerat non humana virtute, neque fraude aliqua, sed divina quadam ac mirabili potentia factum fuisse, atque illum adorare, qui hæc fecisset, nec pœnas de custodibus expetere. Deus quippe ita omnia fecit, ut non modo custodes non proderet; sed etiam ut per illos regem ad veritatem adduceret. Si autem ille improbus ingratusque fuit, quid ad sapientem animarum medicum, qui omnia agebat ad beneficium præstandum ei, qui morbo inobsequentiæ laborabat? Idipsum hic quoque dicendum est. Cur, o Herodes, a magis illusus iratus es? non noveras divinum esse partum? annon tu principes sacerdotum advocaveras? annon scribas congregaveras? annon vocati illi prophetam, qui hæc olim prænuntiaverat, ad tribunal tuum adduxerunt? annon vidisti vetera novis consonare? annon audisti stellam his ministravisse? annon reveritus es barbarorum diligentiam? annon miratus es eorum fiduciam ac loquendi libertatem? annon horruisti ad veram prophetæ vocem? annon ex prioribus postrema sequi cogitasti? Cur non ex his omnibus tecum reputasti, non ex magorum fraude hæc evenisse, sed divina virtute omnia, ut par erat, providente? Etiamsi vero illusus fuisti a magis, quid illud ad pueros, qui nihil te læserant?

2. Recte, inquies; sed Herodem quidem omni defensione vacuum, et sanguinarium probe ostendisti: neque tamen adhuc solvisti objectionem circa facti injustitiam. Nam si ille injuste egit, cur Deus id permisit? Quid ergo ad hæc dixerim? Idipsum quod semper et in ecclesia, et in foro, et ubique dicere non desino, quod velim vos diligenter ob: vare: nam regula est ad omnem hujuscemodi quæstionem adhibenda. Quæ regula, quæve ratio est? Qui lædant multos, qui lædatur

Cur Deus permiserit infantes occidi.

μέσον πάντα φέρω τὰ τοιαῦτα, ἵνα πᾶσι μίαν ἐπαγάγω τὴν λύσιν. Τίς οὖν ἐστι τούτων ἡ λύσις; καὶ τίνα
E ἂν [d] ἔχοιμεν λόγον εὐπρόσωπον εἰπεῖν; Ὅτι οὐχ ὁ
Χριστὸς τῆς σφαγῆς αὐτοῖς αἴτιος γέγονεν, ἀλλ' ἡ
ὠμότης τοῦ βασιλέως· ὥσπερ οὖν οὐδὲ ἐκείνοις Πέτρος, ἀλλ' ἡ ἄνοια τοῦ Ἡρώδου. Εἰ μὲν γὰρ τοῖχον
131 διορυγέντα εἶδεν, ἢ θύρας ἀνατραπείσας, εἶχεν ἴσως
A ῥᾳθυμίαν ἐγκαλέσαι τοῖς φυλάττουσι τὸν ἀπόστολον
στρατιώταις· νυνὶ δὲ πάντων ἐπὶ σχήματος μενόντων,
καὶ τῶν θυρῶν ἀποκεκλεισμένων, καὶ τῶν ἁλύσεων ταῖς
χερσὶ τῶν φυλαττόντων συμβεβλημένων (καὶ γὰρ
ἦσαν αὐτοῦ συνδεδεμένοι), ἠδύνατο συλλογίσασθαι ἐκ
τούτων, εἴγε ὀρθῶς ἐδίκαζε τοῖς γενομένοις, ὅτι οὐκ
ἀνθρωπίνης δυνάμεως ἦν, οὐδὲ κακουργίας τὸ γινόμενον, ἀλλὰ θείας τινὸς καὶ παραδοξοποιοῦ δυνάμεως,
καὶ προσκυνῆσαι τὸν ποιήσαντα ταῦτα, ἀλλ' οὐ πολεμῆσαι τοῖς φυλάττουσιν. Οὕτω γὰρ ὁ Θεὸς ἐποίησεν
B ἅπερ ἐποίησεν ἅπαντα, ὡς μὴ μόνον τοὺς φύλακας μὴ
προδοῦναι, ἀλλὰ καὶ τὸν βασιλέα δι' αὐτῶν χειραγωγῆσαι
πρὸς τὴν ἀλήθειαν. Εἰ δὲ ἀγνώμων ἐκεῖνος ἐφάνη, τί πρὸς
τὸν σοφὸν τῶν ψυχῶν ἰατρὸν καὶ πάντα ἐπ' εὐεργεσίᾳ
πραγματευόμενον, τῆς τοῦ κάμνοντος ἀταξίας; Ὃ δὴ
καὶ ἐνταῦθά ἐστιν εἰπεῖν. Τίνος γὰρ ἕνεκεν ἐθυμώθης,
ὦ Ἡρώδη, παρὰ τῶν μάγων ἐμπαιχθείς; οὐκ ἔγνως
ὅτι θεῖος ὁ τόκος ἦν; οὐ σὺ τοὺς ἀρχιερεῖς ἐκάλεσας;
οὐ σὺ τοὺς γραμματέας συνήγαγες; οὐχὶ κληθέντες
ἐκεῖνοι καὶ τὸν προφήτην μεθ' ἑαυτῶν [a] ἤγαγον εἰς τὸ
σὸν δικαστήριον ταῦτα ἄνωθεν προαναφωνοῦντα; οὐκ
C εἶδες τὰ παλαιὰ τοῖς νέοις συμφωνοῦντα; οὐκ ἤκουσας
ὅτι καὶ ἀστὴρ τούτοις διηκονήσατο; οὐκ ᾐδέσθης τῶν
βαρβάρων τὴν σπουδήν; οὐκ ἐθαύμασας αὐτῶν τὴν
παῤῥησίαν; οὐκ ἔφριξας τοῦ προφήτου τὴν ἀλήθειαν;
[b] οὐκ ἐνενόησας ἀπὸ τῶν προτέρων καὶ τὰ ἔσχατα;
Τίνος ἕνεκεν οὐκ ἐλογίσω κατὰ σεαυτὸν ἐκ τούτων
ἁπάντων, ὅτι οὐ τῆς ἀπάτης τῶν μάγων ἦν τὸ γινόμενον, ἀλλὰ θείας δυνάμεως πάντα πρὸς τὸ δέον οἰ-
κονομούσης; Εἰ δὲ καὶ ἠπατήθης παρὰ τῶν μάγων,
τί πρὸς τὰ παιδία τὰ οὐδὲν ἠδικηκότα;

D Ναί, φησίν· ἀλλὰ τὸν μὲν Ἡρώδην καλῶς ἀπεστέρησας τῆς ἀπολογίας, καὶ μιαιφόνον ἔδειξας· οὐδέπω
δὲ τὸν περὶ τῆς ἀδικίας τῶν γεγενημένων ἔλυσας λόγον. Εἰ γὰρ καὶ ἐκεῖνος ἀδίκως ἔπραττε, τίνος ἕνεκεν
ὁ Θεὸς συνεχώρησε; Τί οὖν ἂν εἴποιμι πρὸς τοῦτο;
Ὅπερ ἀεὶ καὶ ἐν ἐκκλησίᾳ, καὶ ἐν ἀγορᾷ, καὶ πανταχοῦ λέγων οὐ [c] παύομαι· ὃ καὶ ὑμᾶς βούλομαι μετὰ
ἀκριβείας διατηρεῖν· κανὼν γάρ τίς ἐστι πρὸς ἅπασαν ἡμῖν τοιαύτην ἁρμόττων ἀπορίαν. Τίς οὖν οὗτος
ἐστιν ὁ κανών, καὶ τίς ὁ λόγος; Ὅτι οἱ μὲν ἀδικοῦν-

[d] Alii ἔχοιεν. Mox Morel. σφαγῆς αὐτῶν.

[a] Alii εἰσήγαγον.

[b] Morel. οὐκ ἐνόησας.

[c] Savil. et alii οὐ παύομαι. Morel. οὐ παύσομαι.

E τες πολλοὶ, ὁ δὲ ἀδικούμενος οὐδὲ εἷς. Καὶ ἵνα μὴ ἐπὶ πλέον ὑμᾶς τὸ αἴνιγμα ταράττῃ, καὶ τὴν λύσιν ἐπαγάγω ταχέως. Ὅπερ γὰρ ἂν πάθωμεν ἀδίκως παρ' ὁτουοῦν, ἢ εἰς ἁμαρτημάτων διάλυσιν ὁ Θεὸς ἡμῖν λογίζεται τὴν ἀδικίαν ἐκείνην, ἢ εἰς μισθῶν [d] ἀνταπόδοσιν. Καὶ ἵνα σαφέστερον γένηται τὸ λεγόμενον, ἐπὶ ὑποδείγματος τὸν λόγον ἀγάγωμεν. Θῶμεν γὰρ εἶναί τινα οἰκέτην πολλὰ ὀφείλοντα τῷ δεσπότῃ χρήματα· εἶτα παρὰ ἀδίκων ἀνδρῶν ἐπηρεασθῆναι τὸν οἰκέτην τοῦτον, καὶ ἀφαιρεθῆναί τινα τῶν αὐτοῦ. Ἂν τοίνυν ὁ δεσπότης ὁ κωλῦσαι δυνάμενος τὸν ἅρπαγα 132 A καὶ πλεονέκτην, ἐκεῖνα μὲν μὴ ἀποκαταστήσῃ τὰ χρήματα, εἰς δὲ τὰ ὀφειλόμενα αὐτῷ παρὰ τοῦ δούλου λογίσηται τὰ ἀφαιρεθέντα, ἆρα μὴ ἠδίκηται ὁ οἰκέτης; Οὐδαμῶς. Τί δὲ, ἂν καὶ πλείονα ἀποδῷ; ἆρα οὐχὶ καὶ μειζόνως ἐκέρδανε; Παντί που δῆλον. Τοῦτο τοίνυν καὶ ἐφ' ὧν ἡμεῖς πάσχομεν λογισώμεθα. Ὅτι γὰρ ὑπὲρ ὧν ἂν πάθωμεν κακῶς, ἢ ἁμαρτήματα διαλυόμεθα, ἢ λαμπροτέρους λαμβάνομεν στεφάνους, ἂν μὴ ἁμαρτήματα τοσαῦτα ἔχωμεν, ἄκουσον τοῦ Παύλου λέγοντος πρὸς τὸν πεπορνευκότα· [a] Παράδοτε τὸν τοιοῦτον τῷ σατανᾷ εἰς ὄλεθρον τῆς σαρκὸς, ἵνα τὸ πνεῦμα σωθῇ. Καὶ τί τοῦτό φησι; Περὶ γὰρ τῶν ἀδικουμένων παρ' ἑτέρων ὁ λόγος ἦν, οὐ περὶ τῶν παρὰ τῶν διδα- B σκάλων διορθουμένων. Μάλιστα μὲν οὐδὲν τὸ μέσον· τὸ γὰρ ζητούμενον ἦν, εἰ τὸ παθεῖν κακῶς οὐκ ἔστιν ἐπήρεια τῷ παθόντι. Ἀλλ' ἵνα καὶ [b] πρὸς τὸ ἐγγύτερον τοῦ ζητουμένου ἀγάγω τὸν λόγον, ἀναμνήσθητι τοῦ Δαυίδ, ὃς τὸν Σεμεῒ τότε ὁρῶν ἐπικείμενον καὶ ἐναλλόμενον αὐτοῦ τῇ συμφορᾷ, καὶ μυρίοις αὐτὸν ὀνείδεσι πλύνοντα, βουλομένων ἀνελεῖν τῶν στρατηγῶν, [c] διεκώλυσε λέγων· Ἄφετε αὐτὸν καταράσασθαι, ὅπως ἴδῃ Κύριος τὴν ταπείνωσίν μου, καὶ ἀνταποδῷ μοι ἀγαθὰ ἀντὶ τῆς κατάρας ταύτης ἐν τῇ ἡμέρᾳ ταύτῃ. Καὶ ἐν τοῖς Ψαλμοῖς δὲ ᾄδων ἔλεγεν· Ἴδε τοὺς ἐχθρούς μου ὅτι ἐπληθύνθησαν, καὶ μῖσος ἄδικον ἐμίσησάν με, καὶ ἄφες πάσας τὰς ἁμαρτίας μου. Καὶ ὁ Λάζαρος δὲ διὰ C τοῦτο ἀπήλαυσεν ἀνέσεως, ἐπειδὴ μυρία κατὰ τὸν βίον τοῦτον ἔπαθε κακά. Οὐκ ἄρα ἠδίκηνται οἱ ἀδικηθέντες, ἐὰν γενναίως ἐνέγκωσιν ἅπερ πάσχουσιν ἅπαντα, ἀλλὰ καὶ μειζόνως [d] κερδανοῦσιν, ἄν τε παρὰ τοῦ Θεοῦ πλήττωνται, ἄν τε παρὰ τοῦ διαβόλου μαστίζωνται. Καὶ ποίαν εἶχον ἁμαρτίαν τὰ παιδία, φησὶν, ἵνα ταύτην διαλύσωνται; περὶ μὲν γὰρ τῶν ἐν ἡλικίᾳ γενομένων καὶ πολλὰ πεπλημμεληκότων εἰκότως ἄν τις ταῦτα εἴποι· οἱ δὲ ἄωρον οὕτως ὑπομείναντες τελευτὴν, ποῖα D ἁμαρτήματα δι' ὧν κακῶς ἔπαθον ἀπέθεντο; Οὐκ

nullum esse. Et ne hoc ænigma vos conturbet, cito solutionem adhibebo. Nam eas quas a quovis homine injuste patimur injurias Deus nobis computat aut in peccatorum remissionem, aut in mercedis retributionem. Atque ut id quod dictum est clarius evadat, ad exemplum veniamus. Ponamus enim esse servum aliquem multas pecunias domino suo debentem: qui servus ab iniquis hominibus impetatur, ita ut bonorum parte aliqua mulctetur. Si ergo dominus qui raptorem cohibere potuit, raptas quidem pecunias non restituat, sed raptas tamen inter eas quæ sibi debebantur computet: an læsus fuit servus? Nequaquam. Quid vero si plura ipsi dominus dederit? annon plus lucratus est, quam perdiderit? Id omnibus palam est. Idipsum et nos putemus cum aliquid patimur. Quod enim per ærumnas illas, aut peccata diluamus, aut si non admodum peccatis obnoxii simus, splendidiores accipiamus coronas, audi Paulum dicentem de fornicario: *Tradite hujus-* 1. Cor. 5. 5. *modi satanæ in interitum carnis, ut spiritus salvus sit.* Et quid hoc? Nam de iis qui læduntur ab aliis sermo est, non de iis qui a doctoribus corriguntur. Certe nullum est inter illa medium: nam de dicto hujusmodi quærebatur, In ærumnis nullum patientis damnum est. Sed ut sermonem transferam ad id quod magis accedit ad quæstionem; recordare Davidis, qui Semei videns instantem et calamitati suæ insultantem, sexcentisque probris aspergentem, cum vellent eum duces exercitus interficere, cohibuit his verbis: *Dimittite* 2. Reg. 16. 11. 12. *illum maledicere, ut videat Dominus humilitatem meam, et retribuat mihi bona pro hoc maledicto in hac die.* Et in Psalmis canens dicebat: *Respice inimicos meos, quoniam multipli-* Psal. 24. 19. 18. *ti sunt, et odio iniquo oderunt me: et dimitte* Luc. 16. *omnia peccata mea.* Et Lazarus quietem consequutus est, quia innumera mala per hanc vitam perpessus est. Non ergo læduntur qui lædi videntur, si mala omnia fortiter ferant; imo majus lucrum reportant, sive a Deo percutiantur, sive a diabolo verberentur. Ecquod peccatum habuere pueri, inquies, quod eluerent? de iis enim qui ætatem assequuti peccata plurima perpetrarunt, jure quis hæc dixerit; qui vero tam immatura morte prærepti sunt, quæ peccata iis affecti malis deleverunt? Non audisti me dicentem, etiamsi nulla sint pec-

Qui mala fortiter ferunt, non læduntur, etsi lædi videantur.

[d] Quidam ἀντιδόσειν.

[a] Morel. παρέδωκε, male.

[b] Πρὸς τὸ ἐγγύτερον τοῦ ζητουμένου. Sic omnes pene Mss. atque ita legit Georgius Trapezuntius interpres. Savil. et Morel. τὸ ζητούμενον, minus recte. Mox aliqui Σεμεή.

[c] Alii διεκώλυε et καταρᾶσθαι. Infra alii κατάρας αὐτοῦ.

[d] Aliquot Mss. κερδαίνουσι, et infra διαλύσηται.

cata, mercedis retributionem ibi manere eos qui hic malis sunt affecti? Quid ergo detrimenti accepere pueri pro tali causa occisi, qui statim ad tranquillum portum appulerunt? At multa, inquies, forte bona edituri erant, si vixissent. Sed ideo non par ipsis merces reposita est, quod pro tali causa obierint. Alioquin vero non permisisset pueros prææmatura morte abripi, si magni futuri erant. Nam si eos qui in nequitia victuri sunt, cum tanta fert patientia, multo magis hos non sineret ita auferri, si magna quædam edituros prævideret?

3. Et hi quidem nostri sunt sermones; nec tamen hi soli possunt afferri, sed sunt etiam alii his longe abstrusiores, quos bene novit is qui hæc dispensavit. Ipsi itaque accuratiore harumce rerum comprehensione concessa, iis quæ sequuntur hæreamus, et ex aliorum calamitatibus ad omnia fortiter ferenda instituamur. Non parva enim tragœdia tunc Bethlehem occupavit, pueris ex ipsis matrum uberibus abreptis, et ad hanc iniquam cædem abductis. Quod si adhuc pusilli es animi, nec tantum potes philosophiam attingere, disce finem illius qui hæc ausus est, spiritumque resume. Celerrima quippe illum facinoris vindicta corripuit, tantique sceleris dignas dedit pœnas, dira morte et ea quam intulit miserabiliore vitam claudens, innumeraque alia passus mala: quæ discere poteritis si Josephi Historiam evolvatis, quam, ne longiore utamur sermone, neu seriem nostram intercipiamus, præsentibus non inserendam esse putavimus. 17. *Tunc impletum est quod dictum est per Jeremiam prophetam dicentem: 18. Vox in Rama audita est, ploratus, et fletus et ululatus multus; Rachel plorans filios suos, et noluit consolari, quia non sunt.* Quoniam enim auditorem replevit horrore, hac violenta, crudelissima et iniqua cæde narrata, ipsum consolatur, docens, hæc non ideo accidisse, quod Deus nec posset impedire, nec prævidisset, sed eum hæc et futura novisse, et prænuntiasse per prophetam. Ne itaque turberis, et concidas, in providentiam ejus ineffabilem respiciens, quam tum ex iis quæ operatur, tum ex iis quæ permittit videre est: id quod etiam alibi discipulos alloquiens subindicavit. Quia enim tribunalia, abductiones ad mortem, orbis bella inter-

Josephus in Historia sua Herodis vitam describit.

Jer. 31. 15.

ἤκουσάς μου λέγοντος, ὅτι κἂν ἁμαρτήματα μὴ ᾖ, μισθῶν [e] ἀνταπόδοσις ἐκεῖ γίνεται τοῖς πάσχουσι κακῶς ἐνταῦθα; Τί τοίνυν ἐβλάβη τὰ παιδία ἀναιρεθέντα ἐπὶ ὑποθέσει τοιαύτῃ, καὶ πρὸς τὸν ἀκύμαντον ταχέως ἀπενεχθέντα λιμένα; Ὅτι πολλὰ καὶ μεγάλα πολλάκις, φησὶν, ἔμελλον ζήσαντες κατορθοῦν. Ἀλλὰ διὰ τοῦτο οὐ μικρὸν αὐτοῖς προαποτίθεται τὸν μισθὸν, τὸ ἐπὶ ὑποθέσει τοιαύτῃ καταλῦσαι τὸν βίον. Ἄλλως δὲ οὐδ' ἂν εἴασεν, εἰ μεγάλοι τινὲς ἔμελλον ἔσεσθαι οἱ παῖ-
E δες, προαναρπασθῆναι. Εἰ γὰρ τοὺς ἐν πονηρίᾳ μέλλοντας ζῆν διηνεκῶς, μετὰ μακροθυμίας φέρει τοσαύτης, πολλῷ μᾶλλον τούτους οὐκ ἂν εἴασεν οὕτως ἀπενεχθῆναι, εἴ τινα μεγάλα προῄδει ἀνύσοντας.

Καὶ οὗτοι μὲν γὰρ οἱ [f] παρ' ἡμῶν λόγοι· οὐ μὴν
133 ἅπαντες οὗτοι, ἀλλ' εἰσὶ καὶ τούτων ἀποῤῥητό-
A τεροι ἕτεροι, οὓς μετὰ ἀκριβείας οἶδεν ὁ ταῦτα οἰκονομῶν αὐτός. Παραχωρήσαντες τοίνυν αὐτῷ τῆς ἀκριβεστέρας ἐν τούτῳ καταλήψεως, τῶν ἑξῆς ἡμεῖς ἐχώμεθα, καὶ ἐν ταῖς ἑτέρων συμφοραῖς παιδευώμεθα πάντα φέρειν γενναίως. Καὶ γὰρ οὐ μικρὰ τότε κατέλαβε τραγῳδία τὴν Βηθλεὲμ, τῶν παίδων ἁρπαζομένων ἀπὸ τῆς θηλῆς τῶν μητέρων, καὶ ἐπὶ τὴν ἄδικον ταύτην ἀγομένων σφαγήν. Εἰ δὲ ἔτι μικροψυχεῖς, καὶ ἐλάττων εἶ τῆς ἐπὶ τοιούτοις φιλοσοφίας, μάθε τοῦ ταῦτα τολμήσαντος τὸ τέλος, καὶ μικρὸν ἀνάπνευσον. Ταχίστη γὰρ αὐτὸν ὑπὲρ τούτων κατέλαβε δίκη, καὶ
B τοῦ μιάσματος τούτου τὴν προσήκουσαν ἐδίδου τιμωρίαν, θανάτῳ χαλεπῷ καὶ τοῦ νῦν τολμηθέντος [a] ἐλεεινοτέρῳ καταλύων τὸν βίον, καὶ ἕτερα μυρία πάσχων κακά· ἅπερ εἴσεσθε τὴν Ἰωσήπου περὶ τούτων ἱστορίαν ἐπελθόντες· ἣν, ἵνα μὴ μακρὸν ποιῶμεν τὸν λόγον καὶ τὴν συνέχειαν διακόπτωμεν, οὐκ ἀναγκαῖον εἶναι ἐνομίσαμεν τοῖς παροῦσιν ἐνθεῖναι. Τότε ἐπληρώθη τὸ ῥηθὲν [b] διὰ Ἱερεμίου τοῦ προφήτου λέγοντος· Φωνὴ ἐν Ῥαμᾶ ἠκούσθη, θρῆνος καὶ κλαυθμὸς καὶ ὀδυρμὸς πολύς· Ῥαχὴλ κλαίουσα τὰ τέκνα αὐτῆς, καὶ οὐκ ἤθελε παρακληθῆναι, ὅτι οὐκ εἰσίν. Ἐπειδὴ γὰρ φρίκης ἐνέπλησε τὸν ἀκροατὴν, ταύτην διηγησάμενος τὴν σφαγὴν τὴν βιαίαν, τὴν ἄδικον, τὴν ὠμοτάτην, τὴν παράνομον, παραμυθεῖται πάλιν αὐτὸν, λέγων,
C ὅτι οὐκ ἀδυνατοῦντος τοῦ Θεοῦ κωλῦσαι ταῦτα ἐγένετο, οὐδὲ ἀγνοοῦντος, ἀλλὰ καὶ προειδότος καὶ προανακηρύττοντος διὰ τοῦ προφήτου. Μὴ τοίνυν θορυβηθῇς, μηδὲ καταπέσῃς, εἰς τὴν ἀπόῤῥητον αὐτοῦ πρόνοιαν ἀφορῶν, ἣν καὶ δι' ὧν ἐνεργεῖ, καὶ δι' ὧν συγχωρεῖ, μάλιστά ἐστιν ἰδεῖν· ὅπερ οὖν καὶ ἀλλαχοῦ τοῖς μαθηταῖς διαλεγόμενος ᾐνίξατο. Ἐπειδὴ γὰρ τὰ

e Alii ἀντίδοσις.

f Alii παρ' ἡμῖν.

a Alii ἐλεεινότερον. Paulo post Savil. Ἰωσίππου, Morel. et omnes pene Mss. Ἰωσήπου.

b Morel. et Savil. διὰ Ἱερεμίου. Aliqui ὑπὸ Ἱερεμίου.

δικαστήρια, καὶ [c]τὰς ἀπαγωγὰς, τοὺς τῆς οἰκουμένης
πολέμους, καὶ τὴν ἄσπονδον μάχην αὐτοῖς προανεκή-
ρυττεν, ἀνέχων αὐτῶν τὴν ψυχὴν καὶ παραμυθούμε-
νός φησιν· Οὐχὶ δύο στρουθία ἀσσαρίου πωλεῖται, καὶ
ἓν ἐξ αὐτῶν οὐ πεσεῖται ἐπὶ τὴν γῆν ἄνευ τοῦ Πατρὸς
ὑμῶν τοῦ ἐν οὐρανοῖς; Ταῦτα δὲ ἔλεγε, δεικνὺς ὅτι οὐ- D
δὲν ἀγνοοῦντος αὐτοῦ γίνεται, ἀλλ' εἰδότος μὲν ἅπαντα, οὐ μὴν πάντα ἐνεργοῦντος. Μὴ τοίνυν, φησὶ, ταράττεσθε, μηδὲ θορυβεῖσθε. Ὁ γὰρ εἰδὼς ἃ πάσχετε
καὶ κωλῦσαι δυνάμενος, εὔδηλον ὅτι προνοῶν ὑμῶν
καὶ κηδόμενος οὐ κωλύει· ὅπερ καὶ ἐπὶ τῶν πειρασμῶν τῶν ἡμετέρων [d]ἐννοεῖν δεῖ· καὶ ἱκανὴν ἐντεῦθεν ληψόμεθα τὴν παράκλησιν. Καὶ τί, [e]φησὶ, κοινὸν
τῇ Ῥαχὴλ πρὸς τὴν Βηθλεέμ; ἴσως εἴποι τις ἄν· Ῥαχὴλ γὰρ, φησὶ, κλαίουσα τὰ τέκνα αὐτῆς. Τί δὲ τῇ
Ῥαμᾶ πρὸς τὴν Ῥαχήλ; Ἡ Ῥαχὴλ μήτηρ ἦν τοῦ Βεν- E
ιαμὶν, καὶ τελευτήσασαν δὲ αὐτὴν ἔθαψαν εἰς τὸν ἱπ-
πόδρομον τὸν πλησίον ὄντα τοῦ χωρίου τούτου. Ἐπεὶ
οὖν καὶ ὁ τάφος πλησίον, καὶ ὁ κλῆρος τοῦ παιδίου
τούτου ταύτης ἦν τοῦ Βενιαμίν· ἡ γὰρ Ῥαμᾶ τῆς Βεν-
ιαμίτιδος ἦν φυλῆς· ἀπό τε τοῦ φυλάρχου, ἀπό τε
τοῦ τόπου τῆς ταφῆς εἰκότως αὐτῆς τὰ παιδία τὰ
σφαγιασθέντα καλεῖ. Εἶτα δεικνὺς ὅτι ἀνίατον ἦν 134
τὸ συμβὰν ἕλκος καὶ ὠμὸν, φησίν· Οὐκ ἤθελε παρα- A
κληθῆναι, ὅτι οὐκ εἰσί. Πάλιν κἀντεῦθεν παιδευόμεθα
τοῦτο ὅπερ ἔμπροσθεν ἔλεγον, τὸ μηδέποτε θορυβεῖσθαι, ὅταν τῇ τοῦ Θεοῦ ὑποσχέσει τὰ γινόμενα ἐναντία
ᾖ. Ἰδοὺ γοῦν παραγενομένου αὐτοῦ ἐπὶ σωτηρίᾳ τοῦ
λαοῦ, μᾶλλον δὲ ἐπὶ σωτηρίᾳ τῆς οἰκουμένης, οἷα
γέγονε τὰ προοίμια; [a]Ἐν φυγῇ μὲν γὰρ ἡ μήτηρ,
συμφοραῖς δὲ ἀνηκέστοις ἡ πατρὶς περιπίπτει, καὶ
τολμᾶται φόνος πάντων φόνων ὁ πικρότατος, καὶ θρῆνος καὶ ὀδυρμὸς πολὺς, καὶ οἰμωγαὶ πανταχοῦ. Ἀλλὰ
μὴ ταραχθῇς· εἴωθεν γὰρ ἀεὶ διὰ τῶν ἐναντίων τὰς
οἰκονομίας τὰς ἑαυτοῦ πληροῦν, μεγίστην ἐντεῦθεν τῆς B
αὐτοῦ δυνάμεως παρεχόμενος ἡμῖν ἀπόδειξιν. Οὕτω
καὶ τοὺς μαθητὰς ἐνῆγε τοὺς ἑαυτοῦ, καὶ κατορθοῦν
πάντα παρεσκεύαζε, διὰ τῶν ἐναντίων τὰ ἐναντία οἰκονομῶν, ἵνα μεῖζον τὸ θαῦμα γένηται. Μαστιζόμενοι
γοῦν κἀκεῖνοι, καὶ ἐλαυνόμενοι, καὶ μυρία πάσχοντες δεινὰ, οὕτω τῶν μαστιζόντων καὶ ἐλαυνόντων περιεγένοντο. Τελευτήσαντος δὲ τοῦ Ἡρώδου, ἰδοὺ ἄγγελος Κυρίου κατ' ὄναρ φαίνεται τῷ [b]Ἰωσὴφ, λέγων·
ἐγερθεὶς παράλαβε τὸ παιδίον καὶ τὴν μητέρα αὐτοῦ,
καὶ πορεύου εἰς γῆν Ἰσραήλ. Οὐκ ἔτι φησὶ, Φεῦγε,
ἀλλὰ, Πορεύου.

Εἶδες πάλιν μετὰ τὸν πειρασμὸν ἄνεσιν; εἶτα μετὰ C

necinaque prælia ipsis prænuntiaverat, eorum ani-
mos erigens, et ut consoletur illos ait : *Nonne duo* Matth. 10.
passeres asse veneunt, et unus ex illis non ca- 29.
det super terram sine Patre vestro, qui in cæ-
lis est? Hoc autem dicebat, ostendens illo ignorante nihil fieri ; sed scire illum omnia, nec tamen cuncta facere. Ne igitur, inquit, turbemini,
nec commoveamini. Nam qui scit ea quæ sustine-
tis, et ea potest impedire, sine dubio non impedit
quia vestrum curam et providentiam gerit : quod
etiam in tentationibus cogitare oportet, hincque
non parvam consolationem accipiemus. Et quid
commune habet Rachel cum Bethlehem? dixerit
fortasse quispiam ; *Rachel*, inquit, *plorans filios*
suos. Quid item Rama cum Rachele? Rachel
mater erat Benjamini ; ipsamque mortuam sepe-
lierunt in hippodromo prope hunc locum. Quia
igitur sepulcrum prope erat, et hæc sors erat Benjamini filii ejus : nam Rama ad tribum Benjamin
pertinebat ; et a principe tribus, et a sepulcri loco,
mactatos pueros jure Rachelis filios vocat. Deinde
ostendens insanabile esse tam crudele vulnus, ait :
Noluit consolari, quia non sunt. His rursum
hoc ipsum docemur, quod prius dicebam, non
oportere turbari, cum ea quæ accidunt, Dei promissioni contraria videntur. Ecce enim cum advenit ipse ad salutem populi, imo ad salutem orbis,
quæ exordia fuere? Mater fugit, patria ejus intolerabilibus calamitatibus affligitur, cædes perpe-
tratur omnium acerbissima, ploratus et ululatus
multus atque ejulatus ubique. Verum ne turberis :
solet enim per contraria œconomiam suam implere, Deus per contraria sæpe œconomiam suam implet.
maximam inde virtutis suæ nobis præbens demon-
strationem. Sic discipulos suos induxit atque instituit, ut ita omnia peragerent, contraria contrariis dispensans, quo majus miraculum eluceret.
Flagellati itaque illi, et pulsi, et innumeras patientes ærumnas, sic flagellantibus atque pellen-
tibus superiores evaserunt. 19. *Defuncto autem*
Herode, ecce angelus Domini apparuit in
somnis Joseph, 20. *dicens : Surgens accipe*
puerum et matrem ejus, et vade in terram
Israël. Non jam dicit, *Fuge*, sed, *Vade*. Supra v. 13.

4. Viden' rursum quietem post tentationem?

[c] Morel. et quidam alii, male, τὰς ἐπαγωγάς. Hic de abductionibus ad mortem agitur, quæ vocantur ἀπαγωγαί.

[d] Savil. ἐννοεῖν δεῖ. Morel προνοεῖν δεῖ.

[e] [Savil. omisit φησί. Commelin. uncis inclusit.]

[a] Alii προοίμια; φεύγει μὲν ἡ μήτηρ.

[b] Post Ἰωσὴφ aliqui addunt ἐν Αἰγύπτῳ.

deinde post quietem rursus periculum? Nam post exsilium dimissus, et in suam regionem reversus est, viditque puerorum interfectorem exstinctum; ubi vero in patriam pervenit, reliquias iterum pristinorum periculorum reperit, filium tyranni viventem et regnantem. Et quomodo Archelaus regnabat in Judæa, cum Pontius Pilatus præses esset? Recens adhuc erat mors Herodis, necdum regnum in multas partes divisum fuerat: sed quia nuper Herodes obierat, interim filius Herodis imperium tenebat; frater quippe Archelai Herodes et ipse appellabatur: ideo addidit evangelista, 22. *Pro Herode patre suo.* Sed si Judæam adire formidabat propter Archelaum, oportebat et Galilæam metuere propter Herodem. Sed ubi locum mutavit, res postea in obscuro mansit: totus quippe impetus contra Bethlehem erat et fines ejus. Cæde itaque patrata, Archelaus filius rem peractam putabat, atque eum qui quærebatur inter multos occisum fuisse. Alioquin cum vidisset patrem tali morte consumtum, moderatior fuit, quam ut ulterius procederet, et de iniquitate contenderet. Venit itaque Joseph Nazaret, ut una et periculum fugeret, et dilectam patriam incoleret. Ut majori instrueretur fiducia, oraculum ab angelo hac de re accepit: quamquam Lucas non dicat ipsum per oraculum illo venisse; sed completa purificatione in Nazaret reversos illos esse. Quid igitur dicendum est? Quod scilicet Lucas hoc dicat, tempus describens illud, quod præcessit descensum in Ægyptum. Neque enim ante purificationem eos illuc deduxit, nequid contra legem admitteretur, sed exspectavit donec purificatio fieret, ac redirent Nazaret, tuncque descenderent in Ægyptum. Deinde ex Ægypto profectos jubet Nazaret redire. Antea vero non moniti oraculo fuerant, ut illo redirent; sed ex voluntate propria in dilectam patriam se contulerant. Quia enim non nisi pro descriptione et censu illo venerant, nec locus ibi manendi erat, re perfecta, pro qua venerant, reversi sunt Nazaret. Ideo angelus illos domum reducit, ut ibi manerent, neque illud sine causa, sed quod ita prophetia ferret:

τὴν ἄνεσιν κίνδυνον πάλιν; Τῆς μὲν γὰρ ὑπερορίας ἀφείθη, καὶ πρὸς τὴν οἰκείαν ἐπανῆλθε χώραν, καὶ τὸν φονέα τῶν παίδων σφαγιασθέντα εἶδεν· ἐπιβὰς δὲ τῆς [c] οἰκείας, πάλιν λείψανα τῶν προτέρων εὑρίσκει κινδύνων, τὸν υἱὸν τοῦ τυράννου ζῶντα καὶ βασιλεύοντα. Καὶ πῶς Ἀρχέλαος ἐβασίλευσε τῆς Ἰουδαίας, Ποντίου Πιλάτου ἡγεμονεύοντος; Πρόσφατος ἦν ἡ τελευτὴ γεγενημένη, καὶ οὐδέπω εἰς πολλὰ ἦν διαιρεθεῖσα ἡ βασιλεία· ἀλλ' ὡς ἄρτι καταλύσαντος ἐκείνου τὸν βίον,
D τέως ὁ υἱὸς τὴν ἀρχὴν κατεῖχεν ἀντὶ Ἡρώδου τοῦ πατρὸς αὐτοῦ· καὶ γὰρ καὶ τῷ ἀδελφῷ αὐτοῦ τοῦτο ὄνομα ἦν· [d] διὸ προσέθηκεν ὁ εὐαγγελιστὴς, Ἀντὶ Ἡρώδου τοῦ πατρὸς αὐτοῦ. Ἀλλ' εἰ τὴν Ἰουδαίαν ἐδεδοίκει, φησὶ, καταλαβεῖν διὰ τὸν Ἀρχέλαον, ἔδει καὶ τὴν Γαλιλαίαν διὰ τὸν Ἡρώδην φοβηθῆναι. Ἀλλ' εἰ τὸ χωρίον ἤμειψε, τὸ πρᾶγμα συνεσκιάζετο λοιπόν· ἡ γὰρ ὁρμὴ πᾶσα κατὰ τῆς Βηθλεὲμ ἦν καὶ τῶν ὁρίων αὐτῆς. Τῆς τοίνυν σφαγῆς γενομένης, ᾤετο λοιπὸν [e] ὁ παῖς Ἀρχέλαος ἐσχηκέναι τέλος τὸ πᾶν, καὶ ἐν τοῖς πολλοῖς καὶ τὸν ζητούμενον ἀναιρεῖσθαι. Ἄλλως δὲ καὶ τὸν πατέρα οὕτως καταλύσαντα τὸν βίον ἰδὼν, εὐλα-
E βέστερος πρὸς τὸ περαιτέρω προελθεῖν ἐγένετο, καὶ ἐπαγωνίσασθαι τῇ παρανομίᾳ. Ἔρχεται τοίνυν ὁ Ἰωσὴφ εἰς τὴν Ναζαρὲτ, ὁμοῦ τε τὸν κίνδυνον φεύγων, ὁμοῦ τε ἐμφιλοχωρῶν τῇ πατρίδι. Ἵνα μᾶλλον θαῤῥῇ, καὶ χρηματισμὸν δέχεται παρὰ τοῦ ἀγγέλου περὶ τούτου. Καὶ μὴν ὁ Λουκᾶς οὔ φησι [f] κατὰ χρηματισμὸν ἐληλυθέναι αὐτὸν ἐκεῖ, ἀλλ' ὅτι τὸν καθαρισμὸν πλη-
135 ρώσαντες πάντα, ὑπέστρεψαν εἰς Ναζαρέτ. Τί οὖν
A ἔστιν εἰπεῖν; Ὅτι τὸν χρόνον τὸν πρὸ τῆς καθόδου τῆς εἰς Αἴγυπτον ἱστορῶν ὁ Λουκᾶς ταῦτα λέγει. Οὐδὲ γὰρ ἂν πρὸ τοῦ καθαρμοῦ κατήγαγεν αὐτοὺς ἐκεῖσε, ὥστε μηδὲν γενέσθαι παράνομον, ἀλλ' ἔμενε καθαρθῆναι καὶ ἐλθεῖν εἰς Ναζαρὲτ, καὶ τότε καταβῆναι εἰς Αἴγυπτον. Εἶτα μετὰ [a] τὸ ἀνελθεῖν κελεύει αὐτοῖς εἰς τὴν Ναζαρὲτ ἐλθεῖν. Πρὸ δὲ τούτου οὐκ ἦσαν χρηματισθέντες ἐκεῖσε ἐλθεῖν, ἀλλ' ἐμφιλοχωροῦντες τῇ πατρίδι αὐτομάτως τοῦτο ἐποίουν. Ἐπειδὴ γὰρ δι' οὐδὲν ἕτερον ἢ διὰ τὴν ἀπογραφὴν ἀνέβησαν, καὶ [b] οὐδὲ ποῦ στῆναι εἶχον, πληρώσαντες δι' ὅπερ ἀνῆλθον, κατέβησαν εἰς τὴν Ναζαρέτ. Διὰ δὴ τοῦτο καὶ ὁ ἄγγελος
B αὐτοὺς λοιπὸν ἀναπαύων ἀποδίδωσι τῇ οἰκίᾳ, καὶ

[c] Alii τῆς οἰκίας, alii τῆς οἰκείας πατρίδος.

[d] Savil. διὰ τοῦτο προσέθηκεν, quod idipsum est.

[e] Alii ὁ υἱὸς Ἀρχέλαος, et infra ἀναιρεθῆναι. ἄλλως.

[f] Alii κατὰ χρησμόν, et infra τὸν καθαρμόν.

[a] Morel. μετὰ τὸ ἐλθεῖν. Infra quidam Mss. αὐτόματοι.

[b] Alii οὐδὲ στῆναί που εἶχον, et infra alii ἀποδίδωσι τὴν οἰκίαν. Paulo post Savil. μετὰ προφητείας ποιεῖ. Mox quidam διὰ τῶν προφητῶν. Hic ait Joannes Chrysostomus, prophetas illos, ubi hæc clausula, ὅτι Ναζωραῖος κληθήσεται, habebatur, Judæorum incuria amissos fuisse. Alii dicunt, hæc non ipsis quidem verbis, sed quod ad sensum referiri in prophetis, qui hodieque exstant. Nec desunt qui existiment, hæc verba respicere hunc locum Isaiæ II, 1, ubi in Hebraïco legitur, ונצר משרשיו יפרח, *et flos de radicibus ejus germinabit.* Ubi illud נצר, *neser*, Nazaræum exprimere existimant.

οὐδὲ τοῦτο ἁπλῶς, ἀλλὰ καὶ αὐτὸ μετὰ προφητείας· Ἵνα πληρωθῇ γὰρ, φησὶ, τὸ ῥηθὲν ὑπὸ τῶν προφητῶν, ὅτι Ναζωραῖος κληθήσεται. Καὶ ποῖος προφήτης
τοῦτο εἶπε; Μὴ περιεργάζου, μηδὲ πολυπραγμόνει.
Πολλὰ γὰρ τῶν προφητικῶν ἠφάνισται βιβλίων· καὶ
ταῦτα ἐκ τῆς ἱστορίας τῶν Παραλειπομένων ἴδοι τις
ἄν. Ῥᾴθυμοι γὰρ ὄντες οἱ Ἰουδαῖοι, καὶ εἰς ἀσέβειαν
συνεχῶς ἐμπίπτοντες, τὰ μὲν ἠφίεσαν ἀπόλλυσθαι, τὰ
δὲ αὐτοὶ κατέκαιον καὶ κατέκοπτον. Καὶ τὸ μὲν Ἱερεμίας διηγεῖται, τὸ δὲ ὁ τὴν τετάρτην συντιθεὶς τῶν Βασιλειῶν, λέγων μετὰ πολὺν χρόνον μόλις τὸ Δευτερο-
νόμιον εὑρῆσθαι [c] κατορωρυγμένον που καὶ ἠφανισμέ- C
νον. Εἰ δὲ οὐκ ὄντος βαρβάρου οὕτω τὰ βιβλία προύδωκαν, πολλῷ μᾶλλον τῶν βαρβάρων ἐπελθόντων.
Ἐπειδή γε προεῖπον οἱ προφῆται, καὶ οἱ ἀπόστολοι
πολλαχοῦ Ναζωραῖον αὐτὸν καλοῦσι. Τοῦτο οὖν συνεσκίαζε τὴν προφητείαν, φησὶ, τὴν περὶ τῆς Βηθλεέμ;
Οὐδαμῶς· ἀλλ' αὐτὸ μὲν οὖν τοῦτο μάλιστα ἐκίνει,
καὶ πρὸς τὴν ἔρευναν διήγειρε τῶν περὶ αὐτοῦ λεγομένων. Οὕτω γοῦν καὶ ὁ Ναθαναὴλ πρὸς τὴν ζήτησιν
ἔρχεται τὴν περὶ αὐτοῦ λέγων· Ἐκ Ναζαρὲτ δύναταί τι
ἀγαθὸν εἶναι; Καὶ γὰρ ἦν εὐτελὲς τὸ χωρίον· μᾶλλον
δὲ οὐ τὸ χωρίον μόνον, ἀλλὰ καὶ ἅπαν τὸ μέρος τῆς
Γαλιλαίας. Διὰ τοῦτο ἔλεγον οἱ Φαρισαῖοι· Ἐρώτη- D
σον, καὶ ἴδε, ὅτι ἐκ τῆς Γαλιλαίας προφήτης οὐκ ἐγήγερται. Ἀλλ' ὅμως αὐτὸς οὐδὲ ἐκεῖθεν ἐπαισχύνεται καλεῖσθαι, δεικνὺς ὅτι οὐδενὸς δεῖται τῶν ἀνθρωπίνων·
καὶ τοὺς μαθητὰς δὲ ἐκ τῆς Γαλιλαίας ἐκλέγεται,
πανταχοῦ τὰς σκήψεις περικόπτων τῶν ῥᾳθυμεῖν βουλομένων, καὶ δεικνὺς ὅτι οὐδενὸς ἡμῖν τῶν ἔξωθεν δεῖ,
ἐὰν ἀρετὴν ἀσκήσωμεν. Διὰ τοῦτο οὐδὲ οἰκίαν ἐκλέ-
γεται· Ὁ γὰρ Υἱὸς τοῦ ἀνθρώπου, φησὶν, οὐκ ἔχει
ποῦ τὴν κεφαλὴν κλίνῃ· καὶ Ἡρώδου ἐπιβουλεύοντος
φεύγει, καὶ ἐν φάτνῃ [d] τεθεὶς ἀνακλίνεται, καὶ ἐν κα- E
ταλύματι μένει, καὶ μητέρα εὐτελῆ λαμβάνει, διδάσκων ἡμᾶς μηδὲν τούτων αἰσχρὸν εἶναι νομίζειν, 126
καὶ τὸν ἀνθρώπινον καταπατῶν ἐκ προοιμίων τῦφον, A
καὶ μόνης εἶναι τῆς ἀρετῆς κελεύων.

Τί γὰρ ἐπὶ πατρίδι μέγα φρονεῖς, ὅταν πάσης τῆς
οἰκουμένης ξένον εἶναί σε κελεύω; φησίν· ὅταν ἐξῇ σοι
γενέσθαι τοιοῦτον, ὡς τὸν κόσμον ἅπαντα μὴ εἶναί σου
ἄξιον; Οὕτω γὰρ [a] ταῦτα εὐκαταφρόνητα, ὡς μηδὲ
παρὰ τοῖς φιλοσοφοῦσι τῶν Ἑλλήνων ἀξιοῦσθαι λόγου
τινὸς, ἀλλὰ τὰ ἐκτὸς καλεῖσθαι, καὶ τὴν ἐσχάτην χώραν κατέχειν. Καίτοι γε ὁ Παῦλος καταδέχεται, φησὶν,
οὕτω λέγων· Κατὰ δὲ τὴν ἐκλογὴν, ἀγαπητοὶ, διὰ
τοὺς πατέρας. Ἀλλ' εἰπὲ, πότε, καὶ περὶ τίνων, καὶ
πρὸς τίνας διαλεγόμενος. Πρὸς γὰρ τοὺς ἐξ ἐθνῶν B

nam ait : 23. ***Ut impleretur quod dictum est per prophetas, quoniam Nazaræus vocabitur.*** **Ecquis propheta hoc dixit? Ne curiosius inquiras** *Christus cur Nazaræus vocatus.*
vel scruteris. Multi enim prophetici libri perie-
runt : id quod ex historia Paralipomenon videre
est. Nam segnes cum essent Judæi, et frequenter
deciderent in impietatem, alios incuria perdiderunt, alios et ipsi combusserunt vel lacerarunt.
Horum alterum Jeremias narrat; alterum is qui *Jer. 36.*
quartum Regnorum librum edidit, dum ait, post *4. Reg. 22.*
multum temporis vix tandem Deuteronomium effossum fuisse antea perditum. Si porro nullo instante barbaro sic libros prodiderunt, multo magis postquam barbari irruperant. Cæterum quia
id prophetæ prædixerant, apostoli sæpe illum Na-
zarenum vocant. Hoc ergo est, inquies, quod prophetiam de Bethlehem obscuram reddidit? Nequaquam : sed illud ipsum maxime movebat et
ad exploranda ea quæ de illo dicta fuerant excitabat. Sic et Nathanael ad perquisitionem de illo faciendam venit dicens : *Ex Nazaret potest ali-* *Joan. 1. 46.*
quid boni esse? Nam viculus erat vilis; imo non
viculus ille tantum, sed tota Galilææ regio. Ideo
dicebant Pharisæi : *Interroga, et vide, quoniam* *Joan. 7. 52.*
ex Galilæa propheta non surrexit. Attamen ille
ex tali patria vocatus non erubescit, ostendens se
nulla re humana egere : discipulosque suos ex
Galilæa eligit, undique occasiones et obtentus succidens iis qui torpere vellent, ostendensque nos
externa nulla re egere, si virtutem exerceamus.
Ideoque ne domum quidem sibi delegit : nam ait :
Filius hominis non habet ubi caput reclinet; *Luc. 9. 58.*
atque Herode insidiante fugit, in præsepio collo-
catur, et in diversorio manet, matremque eligit
inopem, ut nos doceat, ne quidpiam hujusmodi
turpe esse putemus, dum in primordiis ipse humanum calcat fastum, et uni virtuti addictos esse
jubet.

5. Cur enim de patria altum sapis, quando
ego, inquit, in toto orbe te peregrinum esse jubeo?
quando licet tibi talem esse, ut totus mundus te
non sit dignus? Hæc enim ita contemnenda sunt,
ut ne a philosophis quidem Græcorum aliquo in
pretio habeantur, sed extranea vocentur, extre-
mumque locum occupent. Atqui Paulus hæc am-
plectitur, inquies, sic loquens: *Secundum electio-* *Rom. 11.*
nem, carissimi, propter patres. Sed dic, quando, *28.*
de quibus, et quos alloquens. Agit enim cum iis

[c] **Morel.** *κατωρυγμένον.*

[d] **Τεθείς, sic multi Mss. et hanc puto veram esse lectionem. Savil. et Morel.** *τεχθείς.* **Infra** *μηδὲν τούτων,* **alii** *μηδὲν τοιοῦτον,* **alii** *μηδὲν τῶν τοιούτων.*

[a] **Morel.** *ταῦτά σοι καταφρονητά.*

qui ex gentibus conversi, de fide altum sapiebant et tumebant, contra Judæos insurgebant, et hac de causa magis illos a se sequestrabant: reprimens igitur illorum tumorem, hos allicit, et ad idipsum studium excitat. Nam cum de magnis illis
Hebr. 11. 14.—16. ac strenuis viris loquitur, audi quid dicat: *Qui autem hæc dicunt, significant se patriam inquirere. Et si quidem illius meminissent, de qua exierant, habuissent tempus revertendi: nunc autem alteram meliorem appetunt.* Et
Ibid. v. 13. rursum: *Secundum fidem mortui sunt hi omnes, non reportantes promissiones, sed procul ipsas videntes et salutantes.* Joannes vero ad se venien-
Luc. 3. 8. tibus dicebat: *Ne velitis dicere, Patrem habemus*
Rom. 9 6. *Abraham.* Iterumque Paulus: *Non enim omnes qui ex Israël, hi sunt Israëlitæ, neque qui filii carnis, hi filii Dei.* Quid enim, quæso, profuit filiis Samuelis patris nobilitas, cujus non fuerunt virtutis heredes? Quod etiam lucrum filiis Mosis fuit, cujus diligentiam et virtutem non sunt imitati? Neque imperium post illum exceperunt: sed dum patrem ipsum inscriberent, populi præfectura ad alium transivit, qui virtute filius illius erat. Quid autem nocuit Timotheo, quod patre gentili natus esset? quid contra Noæ filius de virtute patris lucratus est, qui servus de libero factus est? Vidistin' quomodo patris nobilitas non satis idoneum sit filiorum patrocinium? Nam propositi nequitia naturæ leges vicit; nec modo illum ex nobilitate paterna, sed etiam ex libertate dejecit. Nonne et Esaü quoque filius erat Isaaci, qui sibi patrocinabatur? Etenim pater ejus id curabat, id cupiebat, ut benedictionum particeps esset, et pro hac re ipse quæ jubebantur omnia exsequebatur. Attamen quia pravus erat, nullum ex iis fructum percepit; sed etsi natu prior, etsi patrem haberet sibi in omnibus faventem, quia Deum non habuit opitulantem, omnibus excidit. Sed quid homines commemoro? Filii Dei fuere Judæi, et nihil ex tali nobilitate lucrati sunt. Si igitur quis filius Dei effectus, nisi nobilitate illa dignam virtutem exhibuerit, majore afficitur supplicio, quid mihi majorum et avorum nobilitatem profers in medium? Hoc autem non in Veteri tantum, sed etiam in Novo Testamento contigisse deprehendas: nam ait:
Joan. 1. 12. *Quotquot autem receperunt eum, dedit eis potestatem filios Dei fieri.* Attamen multis hujus-

Patrum nobilitas non juvat improbos: ignobilitas non nocet probis.

[b] μέγα φυσῶντας ἐπὶ τῇ πίστει, καὶ τῶν Ἰουδαίων κατεξανισταμένους, καὶ ταύτῃ μειζόνως αὐτοὺς ἀποῤῥηγνύντας· καταστέλλων μὲν ἐκείνων τὸ φύσημα, τούτους δὲ ἐφελκόμενος, καὶ πρὸς τὸν αὐτὸν διεγείρων ζῆλον. Ἐπεὶ ὅταν περὶ τῶν γενναίων ἐκείνων καὶ μεγάλων ἀνδρῶν λέγῃ, ἄκουσον πῶς φησιν· Οἱ δὲ ταῦτα λέγοντες ἐμφανίζουσιν ὅτι πατρίδα ἐπιζητοῦσι. Καὶ εἰ μὲν ἐκείνης ἐμνημόνευον, ἀφ' ἧς ἐξῆλθον, εἶχον ἂν καιρὸν ἀνακάμψαι· νῦν δὲ ἑτέρας κρείττονος ὀρέγονται. Καὶ πάλιν· Κατὰ πίστιν ἀπέθανον οὗτοι πάντες, μὴ κομισάμενοι τὰς ἐπαγγελίας, ἀλλὰ πόῤῥωθεν αὐτὰς ἰδόντες καὶ ἀσπασάμενοι. Καὶ Ἰωάννης δὲ τοῖς πρὸς αὐτὸν
C ἐρχομένοις ἔλεγε· Μὴ δόξητε λέγειν· ὅτι πατέρα ἔχομεν τὸν Ἀβραάμ. Καὶ ὁ Παῦλος πάλιν· Οὐ γὰρ πάντες οἱ ἐξ Ἰσραὴλ, οὗτοι Ἰσραὴλ, οὐδὲ τὰ τέκνα τῆς σαρκὸς, ταῦτα τέκνα τοῦ Θεοῦ. Τί γὰρ οἱ τοῦ Σαμουὴλ ἀπώναντο παῖδες, εἰπέ μοι, τῆς εὐγενείας τοῦ πατρὸς, μὴ γενόμενοι τῆς ἀρετῆς τοῦ πατρὸς κληρονόμοι; τί δὲ οἱ τοῦ Μωσέως ἐκέρδανον, μὴ ζηλώσαντες αὐτοῦ τὴν ἀκρίβειαν; Οὐκοῦν οὐδὲ διεδέξαντο τὴν ἀρχήν· ἀλλ' οὗτοι μὲν αὐτὸν ἐπεγράφοντο πατέρα, ἡ δὲ δημαγωγία πρὸς ἕτερον μετέβαινε, τὸν κατ' ἀρετὴν αὐτοῦ γενόμενον υἱόν. Τί δὲ ὁ Τιμόθεος πατρὸς Ἕλληνος ὢν
D ἐβλάβη; τί δ' αὖ πάλιν ὁ τοῦ Νῶε υἱὸς ἐκέρδανε ἐκ τῆς τοῦ πατρὸς ἀρετῆς, δοῦλος ἀντ' ἐλευθέρου γενόμενος; Εἶδες πῶς οὐκ ἀρκεῖ πατρὸς εὐγένεια [c] τοῖς γεννωμένοις εἰς προστασίαν; Ἡ γὰρ κακία τῆς προαιρέσεως τοὺς τῆς φύσεως ἐνίκησε νόμους, καὶ οὐ μόνον αὐτὸν τῆς εὐγενείας τῆς πρὸς τὸν γεγεννηκότα, ἀλλὰ καὶ τῆς ἐλευθερίας ἐξέβαλε. Τί δὲ, οὐχὶ καὶ ὁ Ἡσαῦ υἱὸς ἦν τοῦ Ἰσαὰκ, καὶ τὸν γεννήσαντα εἶχε προϊστάμενον αὐτοῦ; Καὶ γὰρ καὶ ὁ πατὴρ ἐσπούδαζε καὶ ἐπεθύμει μετασχεῖν [d] αὐτὸν τῶν εὐλογιῶν, καὶ αὐτὸς ὑπὲρ τούτου τὰ κελευσθέντα πάντα ἐποίει. Ἀλλ' ὅμως ἐπειδὴ
E σκαιὸς ἦν, οὐδὲν αὐτὸν τούτων ὤνησεν· ἀλλὰ καὶ τῇ φύσει [e] πρότερος ὢν, καὶ τὸν πατέρα μεθ' ἑαυτοῦ πάντα ὑπὲρ τούτου πράττοντα ἔχων, ἐπειδὴ τὸν Θεὸν οὐκ εἶχε μεθ' ἑαυτοῦ, πάντων ἐξέπεσε. Καὶ τί λέγω τοὺς ἀνθρώπους; Υἱοὶ τοῦ Θεοῦ γεγόνασιν οἱ Ἰουδαῖοι, καὶ
187 A οὐδὲν ἀπὸ τῆς εὐγενείας ταύτης ἐκέρδαναν. Εἰ δὲ υἱὸς τοῦ Θεοῦ τις γενόμενος, ἂν μὴ τῆς εὐγενείας ταύτης ἀρετὴν ἐπιδείξηται ἀξίαν λόγου, καὶ κολάζεται μειζόνως, τί μοι προγόνων καὶ πάππων εὐγένειαν προφέρεις εἰς μέσον; Οὐδὲ γὰρ ἐν τῇ Παλαιᾷ μόνον, ἀλλὰ καὶ ἐν τῇ Καινῇ τοῦτο κεκρατηκὸς εὕροι τις ἄν· ὅσοι γὰρ ἔλαβον αὐτὸν, φησὶν, ἔδωκεν αὐτοῖς ἐξουσίαν τέκνα Θεοῦ γενέσθαι. Ἀλλ' ὅμως τῶν τέκνων τούτων πολ-

[b] Sic Savil. et plurimi Mss. Morel. vero μεγάλα φυσῶντας.

[c] Τοῖς γεννωμένοις. Sic maxima pars Manuscriptorum, et hanc puto veram lectionem. Savil. et Morel. τοῖς γενομένοις.

[d] Alii αὐτοῦ.

[e] Alii πρῶτος ὤν.

λους ἔφησε μηδὲν ὠφελεῖσθαι παρὰ τοῦ πατρὸς ὁ Παῦλος· Ἐὰν γὰρ περιτέμνησθε, φησὶ, Χριστὸς ὑμᾶς οὐδὲν [a] ὠφελήσει. Εἰ δὲ Χριστὸς οὐδὲν ὠφελεῖ τοὺς μὴ βουλομένους ἑαυτοῖς προσέχειν, πῶς ἄνθρωπος προστήσεται; Μὴ τοίνυν μήτε ἐπ' εὐγενείᾳ, μήτε ἐπὶ πλούτῳ μέγα φρονῶμεν, ἀλλὰ καὶ καταφρονῶμεν τῶν οὕτω διακειμένων· μήτε ἐπὶ πενίᾳ καταπίπτωμεν, B ἀλλ' ἐκεῖνον ζητῶμεν τὸν πλοῦτον τὸν ἐν ἔργοις ἀγαθοῖς· ἐκείνην φεύγωμεν τὴν πενίαν, τὴν ἐν κακίᾳ καθιστῶσαν ἡμᾶς, δι' ἣν καὶ ὁ πλούσιος ἐκεῖνος πένης ἦν, δι' ὅπερ οὐδὲ σταγόνος ἐγένετο κύριος, καὶ ταῦτα πολλὴν θεὶς ἱκετηρίαν. Καίτοι τίς ἂν οὕτω γένοιτο πένης παρ' ἡμῖν, ὡς καὶ ὕδατος πρὸς ἀπόλαυσιν ἀπορεῖν; Οὐκ ἔστιν οὐδείς. Καὶ γὰρ καὶ οἱ ἐσχάτῳ λιμῷ τηκόμενοι, σταγόνος ἀπολαῦσαι δύνανται· καὶ οὐδὲ σταγόνος μόνης, ἀλλὰ καὶ πολλῷ πλείονος ἄλλης παραμυθίας. Ἀλλ' οὐχ ὁ πλούσιος ἐκεῖνος, ἀλλὰ καὶ μέχρι τούτου πένης ἦν· καὶ τὸ δὴ χαλεπώτερον, ὅτι οὐδὲ παραμυθήσασθαί ποθεν [b] τὴν πενίαν ἠδύνατο. Τί τοίνυν περὶ τὰ χρήματα κεχήναμεν, ὅταν εἰς τὸν C οὐρανὸν ἡμᾶς μὴ εἰσαγάγῃ; Εἰπὲ γάρ μοι· εἰ βασιλεύς τις τῶν ἐπὶ γῆς εἶπεν, ὅτι τὸν πλουτοῦντα ἀμήχανον ἐν βασιλείοις λάμψαι, ἢ τιμῆς ἀπολαῦσαί τινος, ἆρα οὐκ ἂν ἅπαντες ἀτιμάσαντες ἐῤῥίψατε τὰ χρήματα; Εἶτα, ἂν μὲν τῆς ἐν τοῖς κάτω βασιλείοις τιμῆς ἡμᾶς ἐκβάλλῃ, εὐκαταφρόνητα ἔσται· τοῦ δὲ τῶν οὐρανῶν βασιλέως καθ' ἑκάστην ἡμέραν βοῶντος καὶ λέγοντος, ὅτι [c] δύσκολον μετ' αὐτῶν ἐπιβῆναι τῶν προθύρων ἐκείνων τῶν ἱερῶν, οὐ προησόμεθα πάντα, καὶ ἀποστησόμεθα τῶν ὄντων, ἵνα μετὰ παῤῥησίας εἰς τὴν βασιλείαν εἰσέλθωμεν; D

Καὶ ποίας ἄξιοι συγγνώμης ἐσμὲν, τὰ ἀποτειχίζοντα τὴν ἐκεῖσε [d] εἴσοδον μετὰ πολλῆς περιβαλλόμενοι σπουδῆς, καὶ οὐ μόνον ἐν κιβωτίοις, ἀλλὰ καὶ ἐν γῇ κατακρύπτοντες, παρὸν τῇ τῶν οὐρανῶν παραδοῦναι φυλακῇ; Ὡς νῦν γε τὸ αὐτὸ ποιεῖς, οἷον ἂν εἴ τις γεωργὸς σῖτον λαβὼν ὥστε σπεῖραι λιπαρὰν ἄρουραν, ἀφεὶς τὴν ἄρουραν, εἰς λάκκον τὸν σῖτον πάντα κατορύξῃ, ἵνα μήτε αὐτὸς ἀπολαύσῃ, καὶ ὁ σῖτος διαφθαρεὶς ἀπόληται. Ἀλλὰ τίς ὁ πολὺς λόγος αὐτῶν, ὅταν ταῦτα ἐγκαλῶμεν ἡμεῖς; Οὐ μικράν τινα παραμυθίαν, φησὶ, φέρει τὸ εἰδέναι, ὅτι μετὰ ἀσφαλείας ἡμῖν ἀπόκειται ἔνδον ἅπαντα. E Τὸ μὴ εἰδέναι μὲν οὖν, ὅτι ἀπόκειται, παραμυθία. Εἰ γὰρ καὶ μὴ λιμὸν δέδοικας, ἀλλ' ἕτερα χαλεπώτερα διὰ τὴν ἀποθήκην ταύτην δεδοικέναι ἀνάγκη, θανάτους, πολέμους, ἐπιβουλάς. Εἰ 138 A δὲ λιμός ποτε καταλάβοι, πάλιν ὁ δῆμος ὑπὸ τῆς γα-

modi filiis, patrem nihil profuisse dicit Paulus : *Si enim circumcidamini*, inquit, *Christus vobis nihil proderit*. (Gal. 5. 2.) Si vero Christus nihil prodest iis qui sibi nolunt attendere, quo pacto ipsis patrocinabitur homo? Ne igitur vel de nobilitate, vel de divitiis altum sapiamus; imo eos qui ita sunt affecti despiciamus : neque ob paupertatem dejiciamur, sed illas quæramus divitias, quæ bonis operibus constant : illam fugiamus paupertatem, quæ nos in nequitiam conjicit, qua dives ille, pauper erat, qui ne stillam quidem aquæ impetravit, (Luc. 16. 24.) etsi multis adhibitis precibus. Quamquam quis inter nos ita pauper est, ut ne aquam quidem habeat? Nemo sane. Nam illi etiam qui extrema fame tabescunt, stillis aquæ frui possunt; nec stillis aquæ solum, sed etiam majore solatio. Secus autem dives ille, qui ad eam usque paupertatem devenit, ut nullum posset invenire paupertatis solatium. Cur itaque divitiis inhiamus, quæ nos in cælum inducere nequeunt? Dic mihi : si quis rex terrenus diceret, nullum divitem posse in regia fulgere, aut honore frui, annon cuncti divitias despiceretis et abjiceretis? Atqui, si ex terrenæ illius regiæ honore nos dejiciant, contemtui erunt; Rege autem cælorum quotidie clamante ac dicente, difficile esse cum divitiis in sacra illa atria ingredi, annon omnia projiciemus, annon opes amovebimus, ut in regiam illam libere ingrediamur?

6. Ecqua sumus venia digni, qui ea quæ nobis aditum illum præcludunt, tanto studio complectimur, et non solum in arcis, sed etiam in terra occultamus, dum licet ea in cælis custodienda recondere? Idipsum certe nunc facis, ac si quis agricola acceptum frumentum in fertili agro seminandum, dimisso agro, in lacum frumentum omne demergat, ut neque illo fruatur ipse, et frumentum corruptum pereat. Sed quam rationem proferunt, cum illos hac de re culpamus? Non parvam consolationem, inquis, id affert, quod sciamus hæc nobis tuto recondita esse. Quinimo nescire hæc recondita esse, id consolationem afferret. Etiamsi enim famem non timeas, multa alia graviora ob depositum tale timenda, mors, bellum, insidiæ. Si fames ingruat, populus a ventre compulsus armata dextera domum tuam

[a] Alii ὠφελεῖ.

[b] Morel. et quidam Mss. τὴν πενίαν δυνατόν. Infra Savil. μὴ εἰσάγῃ.

[c] Morel. et quidam alii δυσκόλως.

[d] Alii ὁδόν. Infra alii τῶν οὐρανῶν προδοῦναι αὐτὰ φυλ. Paulo post alii εἰς λιπαρὰν ἄρουραν.

invadet. Imo dum sic agis, famem in urbes invehis, te hoc fame gravius periculum in domum tuam inducis. Etenim famis calamitate nullos novi statim consumtos : multa quippe undique excogitari possunt ad tanti mali solatium; ob pecunias autem, divitias, resque hujuscemodi, plurimos indicare possim, seu clam, seu publice interemtos. Multis porro hujusmodi exemplis plenæ sunt viæ, plena judiciaria tribunalia et fora. Ecquid dico vias, judiciaria tribunalia et fora? Ipsum mare videbis sanguine plenum. Hæc quippe tyrannis non terram solum occupavit, sed etiam in pelago cum multo furore bacchata est. Et alius quidem navigat propter aurum, alius ob hoc ipsum jugulatur : eademque ipsa tyrannis hunc mercatorem, illum homicidam fecit. Quid magis infidum fuerit quam mamona, cum propter ipsum plurimi peregrinentur, periclitentur et occidantur? Sed *Quis miserebitur*, inquit, *incantatoris, quem serpens momordit?* (Eccli. 12. 13.) Oportebat enim diræ tyrannidis gnaros servitutem fugere, noxiumque amorem comprimere. Et quomodo, inquies, id fieri possit? Si alterum amorem induxeris, nempe cælorum. Nam qui concupiscit regnum, irridebit avaritiam : qui Christi servus effectus sit, non erit mamonæ servus, sed et ejus erit dominus : nam fugientem insequi solet, et persequentem fugere : neque ita persequentem honorat, ut se despicientem; nullum ita deridet, ut sui cupidum; neque irridet modo, sed innumeris constringit vinculis. Solvamus igitur vel sero tandem hasce noxias catenas. Quid rationabilem animam irrationali materiæ, innumerorum malorum matri, servire cogis? Sed o risu dignam rem! nos illam impugnamus verbis, illa nos impugnat re ipsa, et undique agit et circumfert quasi pretio emtos et mastigias; quo quid turpius, quid indignius? Si enim insensibilem materiam non superamus, quomodo incorporeas potestates profligabimus? si vilem materiam et abjectos lapides non despicimus, quomodo principatus et potestates subjiciemus? quomodo temperantiam exercebimus? Si argentum fulgens nos percellit, quomodo pulchram faciem prætercurrere poterimus? Etenim quidam huic tyrannidi usque adeo dediti sunt, ut ipsos vel auri aspectus afficiat, et facete hilariterque dicant, Oculos juvat numisma aureum oblatum. Verum ne ita ludas, mi

στρὸς καταναγκαζόμενος, τὴν δεξιὰν ὁπλίζει [a] κατὰ τῆς οἰκίας. Μᾶλλον δὲ ὅταν ταῦτα ποιῇς, σὺ καὶ τὸν λιμὸν εἰσφέρεις εἰς τὰς πόλεις, καὶ τοῦ λιμοῦ χαλεπώτερον τουτὶ τὸ βάραθρον τῇ σῇ κατασκευάζεις οἰκίᾳ. Λιμοῦ μὲν γὰρ ἀνάγκῃ οὐκ οἶδά τινας τετελευτηκότας ταχέως· καὶ γάρ ἐστι πολλὰ πολλαχόθεν ἐπινοῆσαι πρὸς τὴν τοῦ κακοῦ τούτου παραμυθίαν· διὰ δὲ χρήματα, καὶ πλοῦτον, καὶ τὰς τοιαύτας πραγματείας, πολλοὺς ἀνῃρημένους δείκνυμι, τοὺς μὲν λάθρα, τοὺς δὲ δημοσίᾳ. Καὶ πολλῶν μὲν τοιούτων παραδειγμάτων γέμουσιν αἱ ὁδοὶ, πολλῶν δὲ τὰ δικαστήρια καὶ αἱ ἀγοραί. B Καὶ τί λέγω τὰς ὁδοὺς καὶ τὰ δικαστήρια καὶ τὰς ἀγοράς; Καὶ γὰρ τὴν θάλατταν αὐτὴν ὄψει τῶν αἱμάτων ἐμπεπλησμένην. Οὐ γὰρ δὴ γῆς ἐκράτησε μόνον ἡ τυραννὶς αὕτη, ἀλλὰ καὶ εἰς τὸ πέλαγος μετὰ πολλῆς εἰσεκώμασε τῆς παροινίας. Καὶ ὁ μὲν πλεῖ διὰ χρυσόν· ὁ δὲ σφάττεται δι' αὐτὸ τοῦτο πάλιν· καὶ ἡ αὐτὴ τυραννὶς τὸν μὲν ἔμπορον ἐποίησε, τὸν δὲ ἀνδροφόνον. Τί τοίνυν ἀπιστότερον γένοιτ' ἂν τοῦ μαμωνᾶ, ὅταν δι' αὐτὸν ἀποδημῇ καὶ κινδυνεύῃ καὶ σφάττηται; Ἀλλὰ τίς ἐλεήσει, φησὶν, ἐπαοιδὸν ὀφιόδηκτον; Ἔδει γὰρ εἰδότας τὴν ὠμὴν τυραννίδα φεύγειν τὴν δουλείαν, καὶ καταλῦσαι τὸν χαλεπὸν ἔρωτα. Καὶ πῶς, φησὶ, τοῦτο δυνατόν; Ἂν ἕτερον εἰσαγάγῃς ἔρωτα, τὸν τῶν οὐρανῶν. Ὁ γὰρ ἐπιθυ- C μῶν βασιλείας, καταγελάσεται πλεονεξίας· ὁ γενόμενος τοῦ Χριστοῦ δοῦλος, [b] οὐκ ἔσται δοῦλος τοῦ μαμωνᾶ, ἀλλὰ καὶ δεσπότης· τὸν μὲν γὰρ φεύγοντα διώκειν εἴωθε, τὸν δὲ διώκοντα, φεύγειν· οὐχ οὕτω τὸν διώκοντα [c] τιμᾷ, ὡς τὸν καταφρονοῦντα αὐτοῦ· οὐδενὸς οὕτω καταγελᾷ, ὡς τῶν ἐπιθυμούντων αὐτοῦ· οὐ καταγελᾷ δὲ μόνον, ἀλλὰ καὶ μυρίοις αὐτοὺς περιβάλλει δεσμοῖς. Λύσωμεν οὖν ὀψέ ποτε τὰς χαλεπὰς ταύτας σειράς. Τί καταδουλοῖς τὴν λογικὴν ψυχὴν τῇ ἀλόγῳ ὕλῃ τῇ μητρὶ τῶν μυρίων κακῶν; Ἀλλ' ὢ τοῦ γέλω- D τος· ἡμεῖς μὲν γὰρ αὐτῷ πολεμοῦμεν λόγοις, αὐτὸς δὲ ἡμῖν πολεμεῖ διὰ τῶν ἔργων, καὶ ἄγει πανταχοῦ, καὶ περιφέρει καθάπερ ἀργυρωνήτους καὶ μαστιγίας ἀτιμάζων· οὗ τί γένοιτ' ἂν αἰσχρότερόν τε καὶ ἀτιμότερον; Εἰ γὰρ ὅλων ἀναισθήτων οὐ περιγινόμεθα, πῶς τῶν ἀσωμάτων περιεσόμεθα δυνάμεων; [d] εἰ τῆς εὐτελοῦς ὕλης οὐ καταφρονοῦμεν, καὶ λίθων ἀπεῤῥιμμένων, πῶς τὰς ἀρχὰς καὶ τὰς ἐξουσίας ὑποτάξομεν; πῶς σωφροσύνην ἀσκήσομεν; Εἰ γὰρ ἄργυρος καταλάμπων ἡμᾶς ἐκπλήττει, πότε κάλλος ὄψεως δυνησόμεθα παραδραμεῖν; Καὶ γὰρ οὕτω τινὲς ἐκδεδομένοι πρὸς ταύτην εἰσὶ τὴν τυραννίδα, ὡς καὶ πρὸς αὐτὴν πάσχειν τι τοῦ

[a] Alii κατὰ τῆς σῆς οἰκίας. Mox quidam τὸν λιμὸν εἰσάγεις.

[b] Alii οὐκ ἔστι.

[c] Aliqui τιμῶν, quæ lectio non prorsus rejicienda; sed τιμᾷ præstat.

[d] Quidam εἰ γῆς εὐτελοῦς οὐ καταφρονοῦμεν.

χρυσίου τὴν ὄψιν, καὶ χαριεντιζόμενοι λέγειν, ὅτι καὶ ὀφθαλμοὺς ὠφελεῖ νόμισμα χρυσοῦν φαινόμενον. Ἀλλὰ μὴ παῖζε τοιαῦτα, ἄνθρωπε· οὐδὲν γὰρ οὕτως ἀδικεῖ ὀφθαλμοὺς, καὶ τοὺς τοῦ σώματος καὶ τοὺς τῆς ψυχῆς, ὡς ἡ τούτων ἐπιθυμία. Οὗτος γοῦν ὁ χαλεπὸς ἔρως τῶν παρθένων ἐκείνων τὰς λαμπάδας ἔσβεσε, καὶ τοῦ νυμφῶνος ἐξέβαλεν. Αὕτη ἡ ὄψις, ἡ τοὺς ὀφθαλμοὺς ὠφελοῦσα, καθὼς ἔφης, τὸν ἄθλιον Ἰούδαν οὐκ ἀφῆκεν ἀκοῦσαι τῆς δεσποτικῆς φωνῆς, ἀλλὰ καὶ εἰς βρόχον ἤγαγε, καὶ μέσον λακῆσαι πεποίηκε, καὶ μετ' ἐκεῖνα πάντα εἰς γέενναν παρέπεμψε. Τί τοίνυν ταύτης παρανομώτερον γένοιτ' ἄν; τί δὲ [a] φρικωδέστερον; Οὐ τῆς ὕλης τῶν χρημάτων λέγω, ἀλλὰ τῆς ἐπιθυμίας αὐτῶν τῆς ἀκαίρου καὶ μανικῆς. Καὶ γὰρ αἱμάτων ἀνθρωπίνων στάζει, καὶ φόνιον βλέπει, καὶ θηρίου παντός ἐστι χαλεπωτέρα, καὶ σπαράττουσα τοὺς ἐμπεσόντας, καὶ ὃ πολλῷ χεῖρόν ἐστιν, οὐδὲ τῶν σπαραγμῶν ἀφίησιν αἰσθάνεσθαι τούτων. Δέον γὰρ οὕτω τοὺς τὰ τοιαῦτα πάσχοντας, καὶ πρὸς τοὺς παριόντας χεῖρα ἐκτείνειν, καὶ εἰς συμμαχίαν καλεῖν· οἱ δὲ καὶ χάριν ἔχουσι τούτων τῶν [b] ἑλκηθμῶν· οὗ τί γένοιτ' ἂν ἀθλιώτερον; Ταῦτα οὖν ἅπαντα ἐννοοῦντες, φύγωμεν τὴν ἀνίατον νόσον, θεραπεύσωμεν αὐτῆς τὰ [c] δήγματα, καὶ μακρὰν ἀποστῶμεν τῆς τοιαύτης λύμης, ἵνα καὶ ἐνταῦθα ἀσφαλῆ καὶ ἀτάραχον ζήσωμεν βίον, καὶ τῶν μελλόντων ἐπιτύχωμεν θησαυρῶν· ὧν γένοιτο πάντας ἡμᾶς ἐπιτυχεῖν, χάριτι καὶ φιλανθρωπίᾳ τοῦ Κυρίου ἡμῶν Ἰησοῦ Χριστοῦ, μεθ' οὗ τῷ Πατρὶ ἅμα τῷ ἁγίῳ Πνεύματι δόξα, κράτος, τιμὴ, νῦν καὶ ἀεὶ, καὶ εἰς τοὺς αἰῶνας τῶν αἰώνων. Ἀμήν.

homo; nihil enim sic lædit oculos, sive corporis, E sive animæ, ut horum concupiscentia. Hic certe noxius amor virginum illarum lampades exstinxit, illasque a sponsi thalamo exclusit. Hic aspectus, quem dicis oculos juvare, miserum Judam 139 non permisit audire dominicam vocem, sed in laqueum A duxit, atque id effecit ut medius crepuerit, ac post hæc omnia in gehennam misit. Quid ergo hac peste iniquius fuerit? quid horribilius? Non de materia pecuniarum loquor, sed de earum intempestiva et furiosa cupiditate. Nam humano distillat sanguine, cruento aspectu, et quavis fera immanior est, atque obvios quosque discerpit, quodque multo pejus est, ne sentire quidem laniatum sinit. Cum oporteret enim eos qui talia patiuntur, ad prætereuntes manum extendere, et ad auxilium vocare, illi contra de talibus ulceribus gratias habent : quo quid miserabilius? Hæc itaque omnia cogitantes, insanabilem illum morbum B fugiamus, ejus morsus curemus, et a tali peste procul fugiamus, ut et in præsenti tutam et perturbatione vacuam vitam ducamus, et futuros nanciscamur thesauros : quos utinam nos omnes assequamur, gratia et benignitate Domini nostri Jesu Christi, quicum Patri et simul Spiritui sancto gloria, imperium, honor, nunc et semper, et in sæcula sæculorum. Amen.

[a] Morel. et quidam Mss. *φιλονεικώτερον*. Infra *καὶ φόνιον βλέπει*, sic omnes pene Mss. et ita legendum, *et sanguinario more respicit*. Savil. et Morel. *καὶ φόνον βλέπει*. [Infra ante *ὃ πολλῷ* addidimus *καὶ* e Savil. Expressit Montf. in versione.]

[b] *Ἑλκηθμῶν*. Alii *ἑλκυσμῶν*, unus *σπαραγμῶν*.

[c] Alii *τὰ δεινὰ, καὶ μακράν*.

ΟΜΙΛΙΑ ι'. C HOMILIA X.

Ἐν ταῖς ἡμέραις ἐκείναις παραγίνεται Ἰωάννης ὁ βαπτιστὴς, κηρύσσων ἐν τῇ ἐρήμῳ τῆς Ἰουδαίας, καὶ λέγων· μετανοεῖτε, ἤγγικε γὰρ ἡ βασιλεία τῶν οὐρανῶν.

Cap. 3. 1. *In diebus illis venit Joannes Baptista prædicans in deserto Judææ,* 2. *et dicens : Pœnitentiam agite, appropinquavit enim regnum cælorum.*

Ποίαις ἡμέραις ἐκείναις; Οὐδὲ γὰρ τότε, ἡνίκα παῖς ἦν, καὶ εἰς Ναζαρὲτ ἦλθεν, ἀλλὰ μετὰ τριάκοντα ἔτη παραγίνεται ὁ Ἰωάννης, καθὼς καὶ ὁ Λουκᾶς μαρτυρεῖ. Πῶς οὖν φησιν, Ἐν ταῖς ἡμέραις ἐκείναις; Ἔθος ἀεὶ τῇ Γραφῇ τούτῳ κεχρῆσθαι τῷ τρόπῳ· οὐχ ὅταν τὰ ἐν τῷ ἑξῆς χρόνῳ συμβαίνοντα λέγῃ μόνον, ἀλλ' ὅταν καὶ τὰ πολλοῖς ὕστερον ἔτεσιν ἐκβησόμε-

1. De quibusnam diebus agit? Non enim quo tempore puer ille erat, et Nazaret venit, sed post D annos triginta venit Joannes, ut Lucas testificatur. Cur ergo dicit, *In diebus illis?* Mos est Scripturæ hoc uti modo; non solum cum ea narrat, quæ insequenti tempore mox gesta sunt, sed etiam cum illa dicit, quæ multis postea annis contigerint. Sic

etiam cum ad illum in Monte olivarum sedentem discipuli accesserunt, et de adventu ejus deque excidio Jerosolymorum sciscitati sunt; scitis autem quantum sit inter utraque tempora intervallum. Cum loquutus esset de excidio, et hac de re dicendi finem fecisset, de consummatione postea lo-
Matth. 24. quuturus, subjunxit, *Tunc* ista erunt : dicendo
Passim. autem *Tunc*, non conjunxit tempora, sed illud solum tempus indicavit, quo hæc eventura erant. Idipsum nunc facit cum ait : *In diebus illis*. Non enim insequentes statim dies significavit; sed illos in quibus contigere ea ad quæ narranda progreditur.
Cur Christus triginta annorum baptizatur. Et cur, inquies, post triginta annos ad baptismum venit Jesus? Post hunc baptismum legem soluturus erat : ideo ad illam usque ætatem, quæ potest peccata admittere omnia, in legis totius observatione mansit; ne quis diceret, ipsum legem solvisse, quod non posset eam implere. Non enim omnes pravi affectus, omnia vitia semper instant nobis : sed in primæva ætate imprudentia viget et imbecillitas animi; in sequenti vehementius instat libido; in ea, quæ hanc excipit, opum cupiditas. Propterea hanc totam ætatem emensus, et legem hoc toto tempore exsequutus, sic ad baptismum venit, quem postremum addidit, postquam alia præcepta impleverat. Quod enim hoc postremum ipsi fuerit ex operibus legalibus, audi eum dicen-
Matth. 3. 15. tem : *Sic enim decet nos implere omnem justitiam*. Quod autem dicit, hujusmodi est : Omnia legalia implevimus : nullum trangressi sumus mandatum. Quia igitur hoc unum superest, oportet illud quoque addere, sicque omnem justitiam implebimus. Justitiam enim hic vocat omnium mandatorum observationem. Christum igitur hac de causa ad baptismum venisse hinc conspicuum est. Qua de causa vero hoc baptisma ab ipso excogitatum est? Quod enim Zachariæ filius non a semetipso, sed Deo movente ad hoc venerit, id
Luc. 3. 2. Lucas declarat dicens, *Verbum Domini factum est ad eum*, id est, mandatum. Ipse quoque ait :
Joan. 1. 33. *Qui me misit baptizare in aqua, ille mihi dixit : Super quem videris Spiritum descendentem quasi columbam, et manentem super eum, hic est qui baptizat in Spiritu sancto*. Cur autem ad baptizandum missus est? Hoc item nobis
Ibid. v. 31. declarat Baptista : *Ego nesciebam eum; sed ut*

να. Οὕτω γοῦν καὶ ἡνίκα ἐπὶ τοῦ ὄρους τῶν ἐλαιῶν αὐτῷ καθημένῳ προσῆλθον οἱ μαθηταὶ, καὶ περὶ τῆς παρουσίας αὐτοῦ μαθεῖν ἐζήτουν, καὶ τῆς τῶν Ἱεροσολύμων ἁλώσεως· καίτοι γε ἴστε ὅσον τὸ μέσον ἑκατέρων τῶν καιρῶν. Εἰπὼν γὰρ τὴν κατασκαφὴν τῆς μητροπόλεως, καὶ τὸν περὶ τούτων ἀπαρτίσας λόγον, καὶ μέλλων εἰς τὸν περὶ τῆς συντελείας ἐκβαίνειν, ἐπή-
E γαγε, Τότε καὶ ταῦτα ἔσται· οὐ συνάγων τοὺς χρόνους τῷ Τότε εἰπεῖν, ἀλλ' ἐκεῖνον μόνον δηλῶν τὸν καιρὸν, ἐν ᾧ ταῦτα συμβήσεσθαι ἔμελλεν. Ὅπερ καὶ νῦν ποιεῖ λέγων· Ἐν ταῖς ἡμέραις ἐκείναις. Οὐ γὰρ τὰς ἑξῆς δηλῶν τοῦτο τέθεικε, ἀλλ' ἐκείνας, ἐν αἷς ταῦτα συμ-
140 βαίνειν ἔμελλε, ἃ διηγήσασθαι παρεσκευάζετο. Καὶ
A τίνος ἕνεκεν μετὰ τριάκοντα ἔτη, φησὶν, ἐπὶ τὸ βάπτισμα ἦλθεν ὁ Ἰησοῦς; Λύειν τὸν νόμον ἔμελλε μετὰ τὸ βάπτισμα τοῦτο λοιπόν· διὰ τοῦτο μέχρι ταύτης τῆς ἡλικίας τῆς πάντα δεχομένης τὰ ἁμαρτήματα μένει, αὐτὸν πληρῶν ἅπαντα, ἵνα μηδεὶς λέγῃ, ὅτι διὰ τὸ μὴ δύνασθαι αὐτὸν πληρῶσαι ἔλυσεν. Οὐδὲ γὰρ ἀεὶ πάντα ἡμῖν ἐπιτίθεται τὰ πάθη, ἀλλ' ἐν μὲν τῇ πρώτῃ ἡλικίᾳ πολὺ τὸ ἀνόητον [a] καὶ μικρόψυχον, ἐν δὲ τῇ μετ' ἐκείνην σφοδροτέρα ἡ ἡδονὴ, καὶ μετὰ ταύτην πάλιν ἡ τῶν χρημάτων ἐπιθυμία. Διὰ τοῦτο πᾶσαν τὴν ἡλικίαν ἀναμείνας, καὶ διὰ πάσης πληρώσας αὐτὸν, οὕτως ἐπὶ τὸ βάπτισμα ἔρχεται, ὕστερον αὐτὸ ἐπιτιθεὶς τῇ τῶν ἄλλων ἐντολῶν ἐκπληρώσει.
B Ὅτι γὰρ τοῦτο ἔσχατον ἦν αὐτῷ κατόρθωμα τῶν νομίμων, ἄκουσον τί φησιν· Οὕτω γὰρ πρέπον ἡμῖν ἐστι πληρῶσαι πᾶσαν δικαιοσύνην. Ὃ δὲ λέγει, τοιοῦτόν ἐστι· πάντα ἠνύσαμεν τὰ νομικὰ, οὐδεμίαν παρέβημεν ἐντολήν. Ἐπεὶ οὖν τοῦτο περιλείπεται μόνον, δεῖ καὶ τοῦτο προσθεῖναι, καὶ οὕτω πᾶσαν πληρώσομεν τὴν δικαιοσύνην. Δικαιοσύνην γὰρ ἐνταῦθα τὴν ἐκπλήρωσιν καλεῖ τῶν ἐντολῶν ἁπασῶν. Ἀλλ' ὅτι μὲν ὁ Χριστὸς διὰ τοῦτο ἐπὶ τὸ βάπτισμα ἦλθε, δῆλον ἐκ τούτου. Τίνος δὲ ἕνεκεν τὸ βάπτισμα αὐτῷ ἐπενοήθη τοῦτο; Ὅτι μὲν γὰρ οὐκ οἴκοθεν ὁ Ζαχαρίου παῖς, ἀλλὰ τοῦ Θεοῦ κινήσαντος αὐτὸν, ἐπὶ τοῦτο ἦλθε, καὶ ὁ Λουκᾶς αὐτὸ δηλοῖ λέγων, Ῥῆμα Κυρίου ἐγένετο
C [b] πρὸς αὐτὸν, τουτέστι, πρόσταγμα. Καὶ αὐτὸς δέ φησιν· Ὁ ἀποστείλας με βαπτίζειν ἐν ὕδατι, ἐκεῖνός μοι εἶπεν· ἐφ' ὃν ἂν ἴδῃς τὸ Πνεῦμα καταβαῖνον ὡσεὶ περιστερὰν, καὶ μένον ἐπ' αὐτὸν, οὗτός ἐστιν ὁ βαπτίζων ἐν Πνεύματι ἁγίῳ. Τίνος οὖν ἕνεκεν ἐπέμφθη βαπτίζειν; Πάλιν καὶ τοῦτο ὁ βαπτιστὴς δῆλον ἡμῖν ποιεῖ, λέγων, ὅτι Ἐγὼ οὐκ ᾔδειν αὐτόν· ἀλλ' ἵνα [c] φανε-

[a] Τὸ μικρόψυχον ad literam est *imbecillitas animi*; sed apud scriptores ecclesiasticos μικρόψυχον et μικροψυχία sæpissime significant *rixas*, *simultatesque*, quo usu etiam apud Chrysostomum hæ voces occurrunt : quare non sine scrupulo hic vertimus *imbecillitatem animi*. Vide quæ de voce μικροψυχία diximus in Onomastico Athanasiano.

[b] Alii ἐπ' αὐτόν.

[c] Mss. plurimi ἵνα φανῇ.

ρωθῇ τῷ Ἰσραὴλ, διὰ τοῦτο ἦλθον ἐν ὕδατι βαπτίζων. Καὶ εἰ αὕτη ἦν μόνη ἡ αἰτία, πῶς φησιν ὁ Λουκᾶς, ὅτι Ἦλθεν εἰς τὴν περίχωρον τοῦ Ἰορδάνου, κηρύσσων βάπτισμα μετανοίας εἰς ἄφεσιν ἁμαρτιῶν; Καί- D
τοι γε οὐκ εἶχεν ἄφεσιν, ἀλλὰ τοῦτο τὸ δῶρον τοῦ μετὰ ταῦτα δοθέντος βαπτίσματος ἦν· ἐν τούτῳ γὰρ συνετάφημεν, καὶ ὁ παλαιὸς ἡμῶν ἄνθρωπος τότε συνεσταυρώθη, καὶ πρὸ τοῦ σταυροῦ οὐδαμοῦ φαίνεται ἄφεσις οὖσα· πανταχοῦ γὰρ τῷ αἵματι αὐτοῦ τοῦτο λογίζεται. Καὶ ὁ Παῦλος δέ φησιν· Ἀλλ' ἀπελούσασθε, ἀλλ' ἡγιάσθητε, οὐ διὰ τοῦ βαπτίσματος Ἰωάννου, ἀλλ' ἐν τῷ ὀνόματι τοῦ Κυρίου ἡμῶν Ἰησοῦ Χριστοῦ, καὶ ἐν τῷ Πνεύματι τοῦ Θεοῦ ἡμῶν. Καὶ ἀλλαχοῦ δέ φησιν, Ἰωάννης μὲν ἐκήρυξε βάπτισμα μετανοίας· καὶ οὐ λέγει, ἀφέσεως· ἵνα πιστεύσωσιν εἰς τὸν ἐρχόμενον E
μετ' αὐτόν. Οὔπω γὰρ τῆς θυσίας προσενηνεγμένης, οὐδὲ τοῦ Πνεύματος καταβάντος, οὐδὲ τῆς ἁμαρτίας λυθείσης, οὐδὲ τῆς ἔχθρας ἀνῃρημένης, οὐδὲ τῆς κατάρας ἀφανισθείσης, πῶς ἔμελλεν ἄφεσις γίνεσθαι;

141 A
Τί οὖν ἐστι τὸ, Εἰς ἄφεσιν ἁμαρτιῶν; Ἀγνώμονες ἦσαν οἱ Ἰουδαῖοι, καὶ τῶν οἰκείων οὐδέποτε ᾐσθάνοντο ἁμαρτημάτων, ἀλλὰ τοῖς ἐσχάτοις ὄντες ὑπεύθυνοι κακοῖς, ἐδικαίουν ἑαυτοὺς πανταχοῦ· ὅπερ αὐτοὺς μάλιστα ἀπώλεσε, καὶ τῆς πίστεως ἀπήγαγε. Τοῦτο γοῦν καὶ ὁ Παῦλος ἐγκαλῶν αὐτοῖς ἔλεγεν, ὅτι Ἀγνοοῦντες τὴν τοῦ Θεοῦ δικαιοσύνην, καὶ τὴν ἰδίαν ζητοῦντες στῆσαι, τῇ δικαιοσύνῃ τοῦ Θεοῦ οὐχ ὑπετάγησαν. Καὶ πάλιν· Τί οὖν ἐροῦμεν; Ὅτι ἔθνη, τὰ μὴ διώκοντα δικαιοσύνην, κατέλαβε δικαιοσύνην· Ἰσραὴλ δὲ διώκων νόμον δικαιοσύνης, εἰς νόμον δικαιοσύνης οὐκ ἔφθασε. Διατί; Ὅτι οὐκ ἐκ πίστεως, ἀλλ' ὡς ἐξ ἔργων. B
Ἐπεὶ οὖν τοῦτο ἦν τὸ αἴτιον τῶν κακῶν, παραγίνεται ὁ Ἰωάννης, οὐδὲν ἕτερον ποιῶν, ἢ εἰς ἔννοιαν αὐτοὺς ἄγων τῶν οἰκείων ἁμαρτημάτων. Τοῦτο γοῦν καὶ τὸ σχῆμα αὐτοῦ ἐδήλου, μετανοίας καὶ ἐξομολογήσεως ὄν. Τοῦτο καὶ τὸ κήρυγμα ἐδείκνυ. Οὐδὲν γὰρ ἄλλο ἔλεγεν, ἀλλ' ἢ ὅτι Ποιήσατε καρποὺς ἀξίους τῆς μετανοίας. Ἐπεὶ οὖν τὸ μὴ καταγινώσκειν τῶν οἰκείων ἁμαρτημάτων, ὡς καὶ ὁ Παῦλος ἐδήλωσεν, ἀποσκιρτᾷν αὐτοὺς ἐποίησε τοῦ Χριστοῦ· τὸ δὲ εἰς ἔννοιαν ἔρχεσθαι, εἰς ἐπιθυμίαν [a] καθίστησιν τοῦ τὸν λυτρωτὴν ἐπιζητεῖν καὶ τῆς ἀφέσεως ἐπιθυμεῖν· τοῦτο ἦλθε κατασκευάζων Ἰωάννης, καὶ πείθων αὐτοὺς μετανοεῖν· οὐχ ἵνα κολασθῶσιν, ἀλλ' ἵνα τῇ μετανοίᾳ γενόμενοι C
ταπεινότεροι, καὶ καταγνόντες ἑαυτῶν, εἰς τὸ λαβεῖν τὴν ἄφεσιν δράμωσιν. Ὅρα γοῦν πῶς αὐτὸ τέθεικεν ἀκριβῶς. Εἰπὼν γὰρ, ὅτι Ἦλθε κηρύσσων βάπτισμα μετανοίας ἐν τῇ ἐρήμῳ τῆς Ἰουδαίας, ἐπήγαγεν, Εἰς

[a] Mss. alii καθίστη.

manifestaretur in Israël, ideo veni in aqua baptizans. Et si hæc sola causa erat, quomodo ait
Lucas, *Venit in regionem Jordanis, prædicans* Luc. 3. 3.
D *baptismum pœnitentiæ in remissionem peccatorum?* Quamquam remissionem non habebat, sed hoc donum erat baptismi, qui postea datus est; in hoc enim consepulti sumus, et vetus homo noster tunc una crucifixus est, et ante crucem nusquam remissio facta comperitur: ubique enim hoc sanguini ejus deputatur. Paulus vero ait: *Sed* 1. Cor. 6. 11.
abluti estis, sed sanctificati estis, non per baptisma Joannis, sed, *in nomine Domini nostri Jesu Christi, et in Spiritu Dei nostri.* Et alibi
ait, *Joannes quidem prædicavit baptismum pœ-* Act. 19. 4.
E *nitentiæ*, et non dicit, remissionis, *ut crederent in venientem post eum.* Cum enim nondum oblatum sacrificium esset, nec Spiritus descendisset, nec peccatum solutum esset, nec inimicitia sublata, nec maledictio deleta, quomodo remissio peccatorum facta esset?

2. Quid est igitur illud, *In remissionem pec-* Marc. 1. 4.
catorum? Improbi admodum erant Judæi, nec umquam in peccatorum suorum sensum venerant, sed extremis obnoxii malis, se ubique justos prædicabant: id quod præsertim ipsos perdidit, et a fide abduxit. Hac de re illos Paulus accusans dicebat: *Ignorantes Dei justitiam et suam quæren-* Rom. 10. 3.
tes statuere, justitiæ Dei non sunt subjecti. Et
rursus: *Quid ergo dicemus? Quod gentes quæ* Rom. 9. 30.—32.
non sectabantur justitiam, apprehenderunt justitiam: Israël autem sectando legem justitiæ,
B *in legem justitiæ non pervenit. Quare? Quia non ex fide, sed quasi ex operibus.* Quia igitur hæc causa malorum erat, advenit Joannes, nihil aliud agens, quam ut illos ad peccatorum suorum cognitionem deduceret: id quod etiam illius habitus ostendebat, qui utique ad pœnitentiam et confessionem compositus erat. Hoc ipsa quoque prædicatio demonstravit. Nihil enim aliud dice-
bat, quam, 8. *Facite fructus dignos pœnitentiæ.* Luc. 3. 8.
Quia igitur quod peccata sua non improbarent, ut Paulus declaravit, ideo a Christo resilierunt: peccata autem in mentem revocare, id efficit ut redemtor quæratur, et remissio desideretur: id
C præparaturus venit Joannes, et hortaturus illos ut pœnitentiam agerent: non ut punirentur; sed ut per pœnitentiam humiliores effecti, ac sese ipsos damnantes, ad remissionem impetrandam accurrerent. Vide igitur quam hæc diligenter expresse-

rit. Cum dixisset enim, *Venit prædicans baptismum pœnitentiæ in deserto Judææ*, addidit,
Marc. 1. 4. *In remissionem;* ac si diceret: Ideo illos hortatus sum ut confiterentur et pœnitentiam agerent, non ut punirentur, sed ut facilius postea remissionem acciperent. Nisi enim seipsos damnassent, gratiam non petiissent, non quærentes vero gratiam, neque remissionem assequuti essent. Itaque hoc
Act. 19. 4. baptisma ad illud viam parat: ideo dicebat, *Ut credant in eum qui venit post ipsum;* præter eam quam diximus, hanc quoque aliam baptismatis causam adjiciens. Neque enim perinde fuisset, si domos circumiisset, et Christum manu prehensum circumduxisset, dixissetque, In hunc credite; atque omnibus præsentibus ac videntibus, beatam illam efferri vocem, atque alia omnia perfici. Ideo venit ad baptisma. Nam et baptizantis existimatio et rei ipsius conditio, civitatem totam attrahebat, et ad Jordanem evocabat, magnumque fuit theatrum. Ideoque eos qui advenerant, reprimit, suadetque ne magnum quidpiam de se comminiscantur, ostendens eos extremorum reos malorum, nisi pœnitentiam egerint, missisque majoribus suis, depulsaque illa, quam inde conceperant, jactantia, eum qui advenerat, reciperint. Etenim obscurata fuerant interim ea quæ ad Christum spectabant, et apud multos exstincta videbantur esse ob cædem in Bethlehem perpetratam. Etiamsi enim cum duodecim annorum esset sese exhibuerit, at cito in priorem sese obscuritatem deduxit: ideoque splendidis exordiis et sublimiore principio opus habebat. Propterea tunc primum ea, quæ numquam audierant Judæi, vel a prophetis, vel ab aliis quibuslibet, illa, inquam, conspicua voce prædicat, cælos et regnum cælorum commemorans, nihilque de terra loquens. Regnum autem hic dicit adventum ejus, et priorem, et posteriorem. Et quid hoc ad Judæos, inquies, qui nesciebant quid diceret? Ideo sic loquor, inquiet ille, ut dictorum obscuritate excitati, veniant ad perquirendum illum qui prædicatur; ita ut et publicani et milites interrogent, quid faciendum, et quomodo instituenda vita sit: quod signum erat ipsos, missis sæcularibus rebus, alia majora respicere, et futura quasi per somnium imaginari. Etenim cuncta quæ videbant et audiebant, ad sublimium rerum sensum erigebant illos.

ἄφεσιν· ὡσανεὶ ἔλεγε· διὰ τοῦτο αὐτοὺς * ἔπειθον ὁμολογεῖν καὶ μετανοεῖν ἐπὶ τοῖς ἁμαρτήμασιν, οὐχ ἵνα κολασθῶσιν, ἀλλ' ἵνα εὐκολώτερον τὴν μετὰ ταῦτα ἄφεσιν δέξωνται. Εἰ μὴ γὰρ κατέγνωσαν ἑαυτῶν, οὐκ ἂν οὐδὲ τὴν χάριν ᾔτησαν· μὴ ζητοῦντες δὲ, οὐκ ἂν
D οὐδὲ τῆς ἀφέσεως ἔτυχον. Ὥστε τοῦτο ἐκείνῳ προοδοποιεῖ τὸ βάπτισμα· διὸ καὶ ἔλεγεν, Ἵνα πιστεύσωσιν εἰς τὸν ἐρχόμενον μετ' αὐτὸν, μετὰ τῆς εἰρημένης καὶ ταύτην ἑτέραν αἰτίαν τιθεὶς τοῦ βαπτίσματος. Οὐδὲ γὰρ ἴσον ἦν περιιέναι τὰς οἰκίας, καὶ περιάγειν τὸν Χριστὸν τῆς χειρὸς [b] λαβόμενον, καὶ λέγειν· εἰς τοῦτον πιστεύσατε· καὶ πάντων παραγινομένων καὶ ὁρώντων τὴν μακαρίαν ἐκείνην ἐνεχθῆναι φωνὴν, καὶ τὰ ἄλλα ἐπιτελεσθῆναι ἅπαντα. Διὰ τοῦτο ἔρχεται ἐπὶ τὸ βά-
E πτισμα. Καὶ γὰρ καὶ ἡ τοῦ [c] βαπτίζοντος ὑπόληψις, καὶ ἡ τοῦ πράγματος ὑπόθεσις, πᾶσαν τὴν πόλιν εἷλκε, καὶ πρὸς τὸν Ἰορδάνην ἐκάλει, καὶ θέατρον ἐγένετο μέγα. Διὰ τοῦτο αὐτοὺς καὶ παραγινομένους καταστέλλει, καὶ πείθει μηδὲν μέγα περὶ ἑαυτῶν φαντάζεσθαι, δεικνὺς τῶν ἐσχάτων ὄντας ὑπευθύνους κακῶν, εἰ μὴ μετανοήσαιεν, καὶ τοὺς προγόνους ἀφέντες, καὶ τὸ ἐπ'
142 ἐκείνοις ἀγάλλεσθαι, δέξωνται τὸν παραγινόμενον.
A Καὶ γὰρ συνεσκίαστο τὰ κατὰ τὸν Χριστὸν τέως, καὶ ἐδόκει τεθνάναι παρὰ πολλοῖς διὰ τὴν εἰς Βηθλεὲμ γεγενημένην σφαγήν. Εἰ γὰρ καὶ δώδεκα ἐτῶν γενόμενος ἐξέφηνεν ἑαυτὸν, ἀλλὰ ταχέως καὶ συνεσκίασε πάλιν· διὰ δὴ τοῦτο λαμπρῶν ἔδει τῶν προοιμίων καὶ ὑψηλοτέρας ἀρχῆς. Διὸ καὶ πρῶτον τότε ἃ μηδέποτε ἤκουσαν Ἰουδαῖοι, μήτε παρὰ προφητῶν, μήτε παρ' ἄλλων τινῶν, ἀνακηρύττει λαμπρᾷ τῇ φωνῇ, τῶν οὐρανῶν καὶ τῆς ἐκεῖ βασιλείας μεμνημένος, [a] οὐδὲν περὶ τῆς γῆς λέγων λοιπόν. Βασιλείαν δὲ ἐνταῦθα τὴν παρουσίαν αὐτοῦ, τήν τε προτέραν, καὶ τὴν ἐσχάτην λέγει. Καὶ τί τοῦτο πρὸς Ἰουδαίους; φησίν· οὐδὲ γὰρ ἴσασι τί * λέγεις. Διὰ γὰρ τοῦτο οὕτω λέγω, φησὶν, ἵνα ὑπὸ τῆς ἀσαφείας τῶν λεγομένων διεγειρόμενοι, ἔλθω-
B σιν εἰς τὸ ζητῆσαι τὸν κηρυττόμενον. Οὕτω γοῦν αὐτοὺς ἐπῆρε ταῖς χρησταῖς ἐλπίσι παραγενομένους, ὡς καὶ τελώνας καὶ στρατιώτας πολλοὺς ἐρωτᾷν, τί δεῖ πράττειν, καὶ πῶς τὸν ἑαυτῶν βίον οἰκονομεῖν· ὅπερ ἦν σημεῖον τοῦ τῶν βιωτικῶν λοιπὸν ἀπηλλάχθαι πραγμάτων καὶ πρὸς ἕτερα μείζονα ὁρᾷν, καὶ τὰ μέλλοντα ὀνειροπολεῖν. Καὶ γὰρ ἅπαντα αὐτοὺς καὶ τὰ δρώμενα καὶ τὰ λεγόμενα εἰς ὑψηλὸν ἦγε φρόνημα.

* [Ἔπειθον scripsimus cum Savil.; Commelin. et Montf. ἔπειθεν.]

b Λαβόμενον. Sic Savil. et Mss. Morel. λαμβανόμενον.

c Ita Savil. et Mss. Morel. vero βαπτίσματος.

a Alii καὶ οὐδέν.

* [Savil. λέγεις. Commelin. λέγει, quod reddidisse videtur Montf., sed vertit G. Trapezuntius: *Neque enim quid dicas intelligunt.*]

'Εννόησον γοῦν ἡλίκον ἦν ἰδεῖν ἄνθρωπον μετὰ τριάκοντα ἔτη καταβαίνοντα ἀπὸ τῆς ἐρήμου, ἀρχιερέως υἱὸν γενόμενον, μηδὲν δεηθέντα τῶν [b] ἀνθρωπί- C **νων πώποτε, καὶ πάντοθεν ὄντα αἰδέσιμον, καὶ τὸν** Ἡσαΐαν ἔχοντα μεθ' ἑαυτοῦ. Παρῆν γὰρ καὶ οὗτος αὐτὸν ἀνακηρύττων καὶ λέγων· οὗτός ἐστιν ὃν παρέσεσθαι ἔφην βοῶντα, καὶ κατὰ τὴν ἔρημον λαμπρᾷ τῇ φωνῇ κηρύττοντα ἅπαντα. Τοσαύτη γὰρ σπουδὴ τοῖς προφήταις περὶ τούτων ἐγένετο τῶν πραγμάτων, ὡς μὴ τὸν Δεσπότην τὸν ἑαυτῶν μόνον, ἀλλὰ καὶ τὸν μέλλοντα αὐτῷ διακονεῖσθαι ἐκ πολλοῦ προανακηρύττειν τοῦ χρόνου· καὶ μὴ μόνον αὐτὸν λέγειν, ἀλλὰ καὶ τὸν τόπον, ἐν ᾧ διατρίβειν ἔμελλε, καὶ τὸν τοῦ κηρύγματος τρόπον, ὃν διδάξαι παραγενόμενος εἶχε, καὶ τὸ D ἀπ' αὐτοῦ συμβαῖνον κατόρθωμα. Ὅρα γοῦν πῶς ἐπ' αὐτῶν ἔρχονται τῶν νοημάτων, εἰ καὶ μὴ ἐπ' αὐτῶν τῶν ῥημάτων, ὅ τε προφήτης καὶ ὁ βαπτιστής. Ὁ μὲν γὰρ προφήτης φησὶν, ὅτι παρέσται λέγων· Ἑτοιμάσατε τὴν ὁδὸν Κυρίου, εὐθείας ποιεῖτε τὰς τρίβους αὐτοῦ. Αὐτὸς δὲ παραγενόμενος ἔλεγε· Ποιήσατε καρποὺς ἀξίους τῆς μετανοίας· ὅπερ ἴσον ἐστὶ [c] τῷ, Ἑτοιμάσατε τὴν ὁδὸν Κυρίου. Ὁρᾷς ὅτι καὶ δι' ὧν ὁ προφήτης εἶπε, καὶ δι' ὧν αὐτὸς ἐκήρυττεν, ἓν τοῦτο δηλοῦται μόνον, ὅτι προοδοποιῶν παρεγένετο καὶ προ- E ετοιμάζων, οὐ τὴν δωρεὰν χαριζόμενος, ὅπερ ἦν ἡ ἄφεσις, ἀλλὰ προπαρασκευάζων τὰς ψυχὰς τῶν μελλόντων δέχεσθαι τὸν τῶν ὅλων Θεόν; Ὁ δὲ Λουκᾶς καὶ πλέον τί φησιν· οὐ γὰρ τὸ προοίμιον εἰπὼν ἀπηλλάγη, ἀλλὰ καὶ πᾶσαν τίθησι τὴν προφητείαν· Πᾶσα γὰρ φάραγξ, φησὶ, πληρωθήσεται, καὶ πᾶν ὄρος καὶ βουνὸς ταπεινωθήσεται· καὶ ἔσται τὰ σκολιὰ εἰς 143 εὐθεῖαν, καὶ αἱ τραχεῖαι εἰς ὁδοὺς λείας· καὶ ὄψεται A πᾶσα σὰρξ τὸ σωτήριον τοῦ Θεοῦ. Εἶδες πῶς προλαβὼν ὁ προφήτης πάντα εἶπε, καὶ τὴν τοῦ δήμου συνδρομὴν, καὶ τὴν τῶν πραγμάτων ἐπὶ τὸ βέλτιον μεταβολὴν, καὶ τὴν τοῦ κηρύγματος εὐκολίαν, καὶ τὴν αἰτίαν τῶν γενομένων ἁπάντων, εἰ καὶ τροπικώτερον ταῦτα τέθεικε; Καὶ γὰρ ἦν προφητεία τὸ λεγόμενον. Ὅταν γὰρ εἴπῃ· πᾶσα φάραγξ πληρωθήσεται, καὶ πᾶν ὄρος καὶ βουνὸς ταπεινωθήσεται, καὶ ἔσονται αἱ τραχεῖαι εἰς ὁδοὺς λείας· καὶ τοὺς ταπεινοὺς ὑψουμένους δείκνυσι, καὶ τοὺς ἀπονενοημένους ταπεινουμένους, καὶ τὴν τοῦ νόμου δυσκολίαν εἰς εὐκολίαν πίστεως B μεταβαλλομένην. Οὐκ ἔτι γὰρ ἱδρῶτες καὶ πόνοι, φησὶν, ἀλλὰ χάρις καὶ συγχώρησις ἁμαρτημάτων, πολλὴν [a] παρέχουσα τῆς σωτηρίας τὴν εὐκολίαν. Εἶτα τὸ αἴτιον τούτων τίθησι λέγων, ὅτι Ὄψεται πᾶσα σὰρξ τὸ σωτήριον τοῦ Θεοῦ· οὐκ ἔτι Ἰουδαῖοι καὶ προσήλυτοι μόνον, ἀλλὰ καὶ πᾶσα γῆ καὶ θάλαττα, καὶ ὅλη τῶν

3. Cogita igitur quantum id esset hominem videre post annos triginta ex deserto venientem, principis sacerdotum filium, qui nulla unquam rerum terrenarum eguerat; et omni ex parte venerandum, qui Isaiam secum habebat. Aderat quippe ipsi prædicans et dicens: Hic est quem adventurum esse prædixi clamantem, et in deserto clara voce omnia prædicantem. Tantum enim erat prophetarum circa res istas studium, ut non modo Dominum suum, sed etiam eum qui ipsi ministraturus erat, ante multum temporis prænuntiarent: nec illum modo, sed etiam locum prædicerent, in quo versaturus erat, necnon prædicationis modum quo ad docendum usurus erat, et quam præclarum hinc opus emersurum esset. Vide *Joannis Baptistæ cum Isaia consensus.* ergo quomodo ad eumdem sensum ambo prodeant, licet non iisdem verbis utantur, propheta nempe atque Baptista. Propheta namque ipsum adfuturum esse prædicit his verbis:
3. *Parate viam Domini, rectas facite semitas ejus.* Ille vero post- *Isai. 40. 3.*
quam advenit, dicebat: *Facite fructus dignos* *v. 8.*
pœnitentiæ; quod idem significat atque illud, *Parate viam Domini.* Viden' et per ea quæ propheta dixit, et per ea quæ ipse prædicavit, unum significari, ipsum scilicet, et ut præiret, et ut viam pararet, advenisse, non ut donum largiretur, scilicet remissionem, sed ut præpararet animas eorum, qui universorum Deum recepturi erant? Lucas vero amplius quid adjecit; nec satis habuit principium duntaxat afferre, sed totam affert prophetiam; nam ait: *Omnis vallis implebitur,* *Luc. 3. 5. 6.*
et omnis mons et collis humiliabitur: et erunt *Isai. 40. 4. 5.*
prava in directa, et aspera in vias planas: et videbit omnis caro salutare Dei. Viden' quomodo jam olim propheta omnia dixit, et populi concursum, et rerum in melius mutationem, et prædicationis facilitatem et rerum gerendarum omnium causam, etsi tropis hæc resperserit? Erat quippe prophetia futurorum. Cum enim ait: *Omnis vallis implebitur, et omnis mons et collis humiliabitur: et erunt aspera in vias planas:* humiles exaltandos, et arrogantes humiliandos esse prænuntiat, atque legis difficultatem in fidei facilitatem esse mutandam. Non ultra, inquit, sudores et labores; sed gratia et venia delictorum, quæ facillimam ad salutem viam paret. Deinde horum causam apponit dicens: *Videbit omnis caro salutare Dei:* non, ut olim, Judæi et proselyti tantum, sed et omnis caro et mare, uni-

b Morel. ἀνθρωπίνων ποτέ, et infra γὰρ καὶ αὐτὸς ἀνακηρύττων.

c Morel. τοῦ ἑτοιμάσαι

a Alii παρέχουσαι.

versaque hominum natura. Per prava enim et tortuosa, vitam quamlibet corruptam subindicavit: publicanos, fornicatores, latrones, magos, qui cum perversi prius essent, recta deinde via processerunt: quod etiam ipse dicebat: *Publicani et peccatores præcedent vos in regno Dei*, quia crediderunt. Idipsum aliis verbis sic indicavit propheta: *Tunc lupi et agni simul pascentur.* Sicut enim ibi per colles et valles inæqualitatem morum in unam philosophiæ æqualitatem commisceri dixit: ita et hic quoque, per brutorum diversam naturam varios hominum mores indicans, rursum eos in unum pietatis concentum jungi declaravit: et hic rursum causam adjiciens ait: *Erit qui consurget imperare gentibus, et in ipsum gentes sperabunt.* Quod ipsum ibi quoque dixit: *Videbit omnis caro salutare Dei:* ubique ostendens evangeliorum virtutem ac notitiam ad usque fines terræ diffundendam esse, quæ a ferinis moribus animisque asperis, in mansuetam et mitem indolem genus hominum transmutabit. 4. *Hic autem Joannes habebat vestimentum suum de pilis cameli, et zonam pelliceam circa lumbos suos.* Viden' alia prophetas prædixisse, alia evangelistis reliquisse narranda? Quapropter Matthæus et prophetias affert, et sua adjicit: neque extra rem putavit de justi vestibus loqui.

Matth. 21. 31.
Isai. 65. 25.
Isai. 11. 10.

ἀνθρώπων ἡ φύσις. Διὰ γὰρ τῶν σκολιῶν πάντα τὸν
διεφθαρμένον βίον ᾐνίξατο· τελώνας, καὶ [b] πόρνους,
καὶ λῃστὰς, καὶ μάγους, οἵτινες ὄντες διεστραμμένοι
πρότερον, τὴν ὀρθὴν ὕστερον ἐβάδισαν ὁδόν· ὅπερ οὖν
C καὶ αὐτὸς ἔλεγεν, ὅτι Τελῶναι καὶ πόρναι προάγουσιν
ὑμᾶς εἰς τὴν βασιλείαν τοῦ Θεοῦ, ὅτι ἐπίστευσαν. Καὶ
δι' ἑτέρων ἐδήλωσε ῥημάτων ὁ προφήτης πάλιν τὸ
αὐτὸ τοῦτο, οὕτω λέγων· Τότε λύκοι καὶ ἄρνες ἅμα
βοσκηθήσονται. Ὥσπερ γὰρ ἐνταῦθα διὰ τῶν βουνῶν
καὶ τῶν φαράγγων τὸ ἀνώμαλον ἦθος εἰς μίαν φιλοσοφίας
ἰσότητα κιρνᾶσθαι ἔφησεν· οὕτω καὶ ἐκεῖ τοῖς
τῶν ἀλόγων ἤθεσι τοὺς διαφόρους τῶν ἀνθρώπων ἐμφαίνων
τρόπους, πάλιν εἰς μίαν αὐτοὺς εὐσεβείας
συμφωνίαν συνάπτεσθαι ἔλεγε· καὶ ἐκεῖ πάλιν τὴν
αἰτίαν τιθείς. Αὕτη δέ ἐστιν· Ἔσται γὰρ, φησὶν, ὁ
ἀνιστάμενος ἄρχειν ἐθνῶν, καὶ ἐπ' αὐτῷ ἔθνη ἐλπιοῦσιν.
D Ὅπερ οὖν καὶ ἐνταῦθα ἔλεγεν, ὅτι Ὄψεται πᾶσα
σὰρξ τὸ σωτήριον τοῦ Θεοῦ· πανταχοῦ δηλῶν ὅτι πρὸς
τὰ πέρατα τῆς οἰκουμένης χυθήσεται τῶν εὐαγγελίων
τούτων ἡ δύναμις καὶ ἡ γνῶσις, ἀπὸ θηριώδους τρόπου
καὶ σκληρότητος γνώμης εἰς ἡμερότητα πολλὴν καὶ
[c] ἁπαλότητα μεταβάλλουσα τὸ τῶν ἀνθρώπων γένος.
Οὗτος δὲ ὁ Ἰωάννης εἶχε τὸ ἔνδυμα αὐτοῦ ἀπὸ τριχῶν
καμήλου, καὶ ζώνην δερματίνην περὶ τὴν ὀσφὺν αὐτοῦ.
Εἶδες πῶς τὰ μὲν οἱ προφῆται προεῖπον, τὰ δὲ τοῖς
εὐαγγελισταῖς κατέλειπον; Διόπερ καὶ ὁ Ματθαῖος καὶ
τὰς προφητείας τίθησι, καὶ τὰ παρ' ἑαυτοῦ προστίθησιν·
E οὐδὲ τοῦτο πάρεργον ἡγούμενος εἶναι, τὸ περὶ τῆς
στολῆς εἰπεῖν τοῦ δικαίου.

4. Erat quippe res mira et stupenda in humano corpore tantam videre tolerantiam: quod certe Judæos magis attrahebat, qui magnum Eliam in ipso respiciebant, et ex iis quæ tunc videbantur, beati illius viri memoriam revocabant; imo in majorem rapiebantur admirationem. Ille namque in urbibus et in domibus alebatur, hic autem ab incunabulis toto tempore in deserto versatus est. Oportebat enim præcursorem illius, qui vetera omnia soluturus erat, nempe laborem, maledictionem, dolorem atque sudorem, quædam habere symbola hujuscemodi doni, et damnatione illa superiorem esse. Itaque nec terram aravit, neque sulcos dissecuit, non in sudore vultus panem comedit, sed facile parabilis erat mensa ejus, et mensa facilior amictus, et habitaculum facilius amictu. Neque enim tecto, vel lecto, vel mensa, vel aliquo simili opus habuit; sed angelicam quamdam vitam in hac carne exhibuit. Ideo vestimentum ipsius ex pilis camelorum concinnatum

Joannis Baptistæ vivendi genus.

Καὶ γὰρ ἦν θαυμαστὸν καὶ παράδοξον ἐν ἀνθρωπίνῳ
σώματι τοσαύτην καρτερίαν ἰδεῖν· ὃ δὴ καὶ τοὺς Ἰουδαίους
μᾶλλον ἐφείλκετο, τὸν μέγαν Ἠλίαν ἐν αὐτῷ
βλέποντας, καὶ πρὸς τὴν τοῦ μακαρίου μνήμην ἐκείνου
παραπεμπομένους ἐκ τῶν δρωμένων τότε· μᾶλλον δὲ
144 καὶ πρὸς πλείονα ἔκπληξιν. Ἐκεῖνος μὲν γὰρ καὶ ἐν
A πόλεσι καὶ ἐν οἰκίαις ἐτρέφετο, οὗτος δὲ δι' ὅλου τὴν
ἔρημον ᾤκησεν ἐκ σπαργάνων αὐτῶν. Ἔδει γὰρ τὸν
πρόδρομον τοῦ μέλλοντος τὰ παλαιὰ λύειν ἅπαντα,
οἷον, τὸν πόνον, τὴν κατάραν, τὴν λύπην, τὸν ἱδρῶτα·
ἔχειν τινὰ καὶ αὐτὸν σύμβολα τῆς τοιαύτης δωρεᾶς,
καὶ ἀνωτέρω γενέσθαι λοιπὸν τῆς καταδίκης ἐκείνης.
Οὔτε γοῦν γῆν ἤροσεν, οὔτε αὔλακα ἔτεμεν, οὐκ ἐν
ἱδρῶτι τοῦ προσώπου τὸν ἄρτον ἔφαγεν, ἀλλ' ἦν
ἐσχεδιασμένη αὐτῷ ἡ τράπεζα, καὶ εὐκολωτέρα
τῆς τραπέζης ἡ περιβολὴ, καὶ ἀπραγμονεστέρα τῆς
περιβολῆς ἡ οἴκησις. Οὔτε γὰρ στέγης, οὔτε κλίνης,
B οὔτε τραπέζης, οὔτε ἄλλου τινὸς τούτων ἐδεήθη,
ἀλλ' ἀγγελικόν τινα βίον ἐν τῇ σαρκὶ ταύτῃ ἐπεδείκνυτο.
Διὰ τοῦτο καὶ τρίχινον ἱμάτιον αὐτῷ ἦν,

[b] Alii πόρνας.
[c] Morel. et quidam alii ἁπλότητα, *simplicitatem*, quæ lectio non absona esset. Mox alii αὐτός δὲ ὁ Ἰωάννης.

ἵνα διὰ τοῦ σχήματος παιδεύσῃ τῶν ἀνθρωπίνων ἀφί-
στασθαι, καὶ μηδὲν κοινὸν ἔχειν πρὸς τὴν γῆν, ἀλλ' ἐπὶ τὴν προτέραν ἐπανατρέχειν εὐγένειαν, ἐν ᾗ ἦν πρὶν ἢ δεηθῆναι ἱματίων καὶ περιβολῆς ὁ Ἀδάμ. Οὕτω καὶ βασιλείας καὶ μετανοίας εἶχε [a] σύμβολον τὸ σχῆμα ἐκεῖνο. Καὶ μή μοι λέγε· πόθεν αὐτῷ τρίχινον ἱμάτιον καὶ ζώνη, τὴν ἔρημον οἰκοῦντι; Εἰ γὰρ τοῦτο μέλλοις διαπορεῖν, καὶ ἕτερα πλείονα ζητήσεις· πῶς ἐν τοῖς χειμῶσι, πῶς ἐν τοῖς καύμασι διέτριβεν ἐπὶ τῆς ἐρη- C
μίας, καὶ ταῦτα ἐν ἁπαλῷ σώματι καὶ ἀώρῳ ἡλικίᾳ· πῶς ἤρκεσεν τῆς παιδικῆς σαρκὸς φύσις ἀνωμαλίᾳ ἀέρων τοσαύτῃ καὶ τραπέζῃ οὕτως ἐξηλλαγμένῃ, καὶ τῇ ἄλλῃ τῇ ἀπὸ τῆς ἐρημίας ταλαιπωρίᾳ. Ποῦ [b] νῦν εἰσιν οἱ τῶν Ἑλλήνων φιλόσοφοι, οἱ εἰκῇ καὶ μάτην τὴν κυνικὴν ἀναισχυντίαν ζηλώσαντες; (τί γὰρ ὄφελος τοῦ [c] κατακλείεσθαι ἐν πίθῳ, καὶ τοιαῦτα ἀσελγαίνειν ὕστερον;) οἳ καὶ δακτυλίους, καὶ φιάλας, καὶ θεράποντας, καὶ θεραπαινίδας, καὶ πολλὴν ἄλλην περιεβάλοντο φαντασίαν, εἰς ἑκατέραν ἀμετρίαν ἐκπίπτοντες; [d] Ἀλλ' οὐχ οὗτος τοιοῦτος· ἀλλ' ὥσπερ τὸν οὐρανὸν D
τὴν ἔρημον ᾤκησε, πᾶσαν ἀκριβῆ φιλοσοφίαν ἐπιδεικνύμενος· κἀκεῖθεν ὡς ἄγγελός τις ἐξ οὐρανῶν [e] ἐπὶ τὰς πόλεις κατέβαινεν, ἀθλητὴς εὐσεβείας ὢν, καὶ τῆς οἰκουμένης στεφανίτης, καὶ φιλόσοφος τῆς τῶν οὐρανῶν ἀξίας φιλοσοφίας. Καὶ ταῦτα ἦν, οὔπω τῆς ἁμαρτίας λυθείσης, οὔπω τοῦ νόμου παυσαμένου, οὔπω τοῦ θανάτου δεθέντος, οὔπω τῶν χαλκῶν πυλῶν κατακλασθεισῶν, ἀλλ' ἔτι τῆς παλαιᾶς κρατούσης πολιτείας. Τοιοῦτόν ἐστι γενναία ψυχὴ καὶ διεγηγερμένη· καὶ γὰρ πανταχοῦ προπηδᾷ, καὶ τὰ κείμενα ὑπερβαίνει σκάμματα· καθάπερ καὶ ὁ Παῦλος ἐπὶ τῆς καινῆς ἐποίει πολιτείας. Ἀλλὰ τίνος ἕνεκεν, φησὶ, καὶ [f] ζώνῃ E
μετὰ τοῦ ἱματίου ἐχρήσατο; Ἔθος τοῦτο τοῖς παλαιοῖς ἦν, πρὶν εἰς τὸ μαλακὸν τοῦτο καὶ διαῤῥέον σχῆμα ἐξελθεῖν. Οὕτω γοῦν καὶ ὁ Πέτρος φαίνεται ἐζωσμένος, καὶ ὁ Παῦλος· Τὸν γὰρ ἄνδρα, φησὶν, οὗ ἐστιν ἡ ζώνη αὕτη. Καὶ ὁ Ἠλίας δὲ οὕτως ἦν ἐσταλμένος, καὶ τῶν ἁγίων ἕκαστος, διὰ τὸ εἶναι ἐν ἔργῳ διηνε- 145
κῶς, ἤτοι ὁδοιπορίαις, [a] ἤτοι ἕτερόν τι τῶν ἀναγκαίων A
πονουμένους καὶ σπουδάζοντας· οὐ διὰ τοῦτο δὲ μόνον, ἀλλὰ καὶ διὰ τὸ τὸν καλλωπισμὸν ἅπαντα καταπατεῖν, καὶ σκληραγωγίαν ἅπασαν μελετᾷν· ὅπερ οὖν καὶ αὐτὸ μέγιστον ἀρετῆς ἐγκώμιον εἶναί φησιν ὁ Χριστὸς, οὕτω λέγων· Τί ἐξήλθετε ἰδεῖν; ἄνθρωπον ἐν μαλακοῖς ἱματίοις ἠμφιεσμένον; Ἰδοὺ οἱ τὰ μαλακὰ φοροῦντες, ἐν τοῖς οἴκοις τῶν βασιλέων εἰσίν.

Εἰ δὲ ἐκεῖνος ὁ καθαρὸς οὕτω καὶ τοῦ οὐρανοῦ λαμ-

erat, ut ex habitu nos institueret, ut ab humanis absisteremus, ac nihil cum terra commune haberemus; sed ad pristinam nobilitatem reverteremur, in qua degebat Adam, antequam vestimentis et amictu egeret. Sic et regni et pœnitentiæ vestis hujusmodi symbolum præ se ferebat. Nec mihi dicas: Unde illi cilicina vestis et zona, in deserto habitanti? Nam si ea de re quæstionem moveas, alia quoque multa quærere poteris: quomodo in hieme, quomodo in æstu in solitudine versabatur, maxime in tenero corpore et immatura ætate: quomodo potuit puerilis carnis natura versari in tanta aeris inæqualitate, cum tam singulari mensa, et cæteris vastæ solitudinis miseriis. Ubi nunc sunt Græcorum philosophi, qui frustra Cynicam impudentiam sectati sunt? (quid enim opus erat sese in dolio includere, et tali deinde lascivia uti?) qui annulis, phialis, famulis, ancillis, et reliqua pompa instructi erant, et in utrumque excessum prolapsi sunt? At hic talis non erat; sed desertum quasi cælum habitavit, accurate philosophiam omnem exhibens: indeque ceu quis angelus de cælo in urbes descendit, athleta pietatis, coronatus in orbe, et philosophus illa philosophia quæ cælis digna esset. Hæc porro erant, cum nondum solutum peccatum esset, cum nondum lex cessaret, morte nondum vincta, portis æreis nondum confractis, sed vigente adhuc veteri vivendi genere. Talis utique est fortis vigilque animus: nam ubique prosilit, positasque metas transcurrit; quemadmodum et Paulus in Novi Testamenti observatione faciebat. Sed cur, inquies, cum vestimento etiam zona utebatur? Id in more erat apud veteres, priusquam molle hoc et diffluens vestimenti genus induceretur. Sic itaque et Petrus et Paulus cincti inveniuntur: nam, *Virum*, inquit, *cujus hæc zona est*. Elias quoque sic vestitus erat, sic sanctorum singuli, quod sive in jugi opere versarentur, sive iter agerent, sive aliam quamvis rem necessariam cum labore curarent; nec ea de causa tantum, sed quod etiam ornatum omnem calcarent, et austeræ vitæ rationi studerent: quod ipsum magnum virtutis encomium esse Christus dicit his verbis: *Quid existis videre? hominem mollibus vestitum? Ecce qui mollibus vestiuntur, in domibus regum sunt.*

Zona olim in usu.

Act. 21. 11.

Luc. 7. 25.

5. Si porro ille ita purus, et cælo ipso splendi-

[a] Savil. et quidam Mss. σύμβολα.
[b] Morel. ποῦ τοίνυν.
[c] Alii κατακλεῖσθαι.
[d] Quidam ἀλλ' οὐχ οὕτως οὗτος.
[e] Alii εἰς τὰς πόλεις.
[f] Ζώνῃ, sic omnes præter Morel. qui habet ζώνην, male.
[a] Quidam ἢ καὶ περὶ ἕτερον.

dior, prophetis omnibus dignior, quo major fuit nemo, qui tantam habuit fiduciam, tam aspere vixit, diffluentem voluptatem tantopere despiciens, tam duram agens vitam: quam excusationem habebimus, qui post tanta beneficia, sexcentis peccatorum sarcinis onusti, ne minimam quidem partem pœnitentiæ illius exhibeamus, sed ebrietati et ventri dediti simus, unguentis fragrantes, nec meliores theatralibus illis meretricibus, undique mollitiei nos dedentes, diabolo captu faciles nos præbeamus? 5. *Tunc exibat ad eum omnis Judæa, et Jerosolyma, et omnis regio Jordanis,* 6. *et baptizabantur ab eo in Jordane, confitentes peccata sua.* Viden' quantum prophetæ præsentia voluit? quomodo totum populum excitavit? quomodo effecit ut peccata in memoriam revocarent? Nam admiratione dignum erat, videre illum in humano habitu talia exhibentem, et tanta utentem dicendi libertate, atque adversus omnes quasi contra pueros insurgentem, multaque in vultu gratia fulgentem. Ad stuporem conferebat quod post multum temporis propheta appareret; nam hæc gratia apud illos defecerat, et post diuturnum tempus reversa est. Prædicationis autem modus, novus et singularis erat. Nihil quippe consuetorum audiebant; futura nempe bella et prælia victoriasque terrenas, fames et pestes, Babylonios, Persas, urbis excidium, et alia quæ solebant; sed cælos et cæleste regnum, gehennæque supplicium. Propterea quamquam rebelles illi qui cum Juda et Theuda in deserto fuerant, non multo ante tempore trucidati fuissent, non ideo segnius eo se contulerunt. Non enim ad easdem res perpetrandas ipsos convocabat, ad tyrannidem scilicet, ad defectionem, ad res novandas; sed ut ad supernum regnum deduceret. Ideoque non detinuit secum in deserto, neque circumduxit, sed baptizatos et philosophiæ sermonibus instructos dimisit: per omnia docens terrena despicere, et ad futura tendere, ac quotidie sese concitare. Hunc et nos imitemur, ac cibis ebrietateque dimissis, ad arctam vitam nos transferamus. Nam confessionis tempus est et non initiatis et baptizatis: his quidem, ut post pœnitentiam peractam ad sacra veniant mysteria; illis vero, ut ablutis in baptismo maculis, pura conscientia ad mensam ac-

πρότερος ὢν, καὶ ὑπὲρ προφήτας πάντας, καὶ οὗ μείζων οὐδεὶς ἐγένετο, καὶ παῤῥησίαν ἔχων τοσαύτην,
οὕτως ἑαυτὸν ἐσκληραγώγει, τὴν μὲν διαῤῥέουσαν τρυ-
B φὴν ἀτιμάζων μετὰ πολλῆς τῆς περιουσίας, ἐπὶ δὲ τὸν
σκληρὸν τοῦτον ἄγων βίον ἑαυτὸν, τίνα ἕξομεν ἀπολογίαν οἱ μετὰ τοσαύτην εὐεργεσίαν καὶ τὰ μυρία φορτία
τῶν ἁμαρτημάτων μηδὲ τὸ πολλοστὸν μέρος τῆς ἐξομολογήσεως ἐπιδεικνύμενοι τῆς ἐκείνου, ἀλλὰ μεθύοντες καὶ γαστριζόμενοι καὶ μύρων ὄζοντες, καὶ τῶν ἐν
τῇ σκηνῇ πορνευομένων γυναικῶν οὐδὲν ἄμεινον διακείμενοι, καὶ πανταχόθεν ἑαυτοὺς καταμαλακίζοντες,
καὶ εὐχειρώτους τῷ διαβόλῳ ποιοῦντες; Τότε ἐξεπο-
ρεύετο πρὸς αὐτὸν πᾶσα ἡ Ἰουδαία, καὶ Ἱεροσόλυμα,
καὶ πᾶσα ἡ περίχωρος τοῦ Ἰορδάνου, καὶ ἐβαπτίζοντο
C [b] ἐν τῷ Ἰορδάνῃ ὑπ' αὐτοῦ, ἐξομολογούμενοι τὰς ἁμαρτίας αὐτῶν. Ὁρᾷς πόσον ἴσχυσεν ἡ παρουσία τοῦ προφήτου; πῶς πάντα τὸν δῆμον ἀνεπτέρωσε; πῶς αὐτοὺς εἰς ἔννοιαν ἤγαγε τῶν οἰκείων ἁμαρτημάτων;
Καὶ γὰρ θαύματος ἄξιον ἦν, ἰδεῖν ἐν ἀνθρωπίνῳ σχήματι τοιαῦτα ἐπιδεικνύμενον αὐτὸν, καὶ τοσαύτῃ κεχρημένον τῇ παῤῥησίᾳ, καὶ πάντων ὡς παίδων κατεξανιστάμενον, καὶ πολλὴν ἀπὸ τοῦ προσώπου τὴν χάριν
ἔχοντα ἀπολάμπουσαν. Συνετέλει δὲ εἰς ἔκπληξιν καὶ
τὸ διὰ πολλοῦ τοῦ χρόνου προφήτην φανῆναι· καὶ γὰρ
[c] ἐνέλιπεν αὐτοὺς τὸ χάρισμα, καὶ διὰ μακροῦ πρὸς
αὐτοὺς ἐπανῆλθε τοῦ χρόνου. Καὶ ὁ τοῦ κηρύγματος δὲ
D τρόπος ξένος καὶ παρηλλαγμένος. Οὐδὲν γὰρ τῶν συνήθων ἤκουον, οἷον, πολέμους καὶ μάχας, καὶ νίκας
τὰς κάτω, καὶ λιμοὺς καὶ λοιμοὺς, [d] καὶ Βαβυλωνίους,
καὶ Πέρσας, καὶ πόλεως ἅλωσιν, καὶ τὰ ἄλλα τὰ
συνήθη· ἀλλ' οὐρανοὺς καὶ τὴν ἐκεῖ βασιλείαν, καὶ τὴν
ἐν τῇ γεέννῃ κόλασιν. Διά τοι ταῦτα καὶ τῶν κατὰ τὴν
ἔρημον ἀποστατῶν σφαγέντων πάντων οὐ πρὸ πολλοῦ
τοῦ χρόνου, τῶν μετὰ Ἰούδα καὶ Θευδᾶ, οὐκ ἐγένοντο
ὀκνηρότεροι [e] οὗτοι πρὸς τὴν ἔξοδον τὴν ἐκεῖσε. Οὐδὲ
γὰρ ἐπὶ τοῖς αὐτοῖς αὐτοὺς ἐκάλει· οἷον, ἐπὶ τυραννίδι
καὶ ἀποστασίᾳ, καὶ νεωτεροποιΐᾳ· ἀλλ' ὥστε πρὸς
E τὴν ἄνω χειραγωγῆσαι βασιλείαν. Διόπερ οὐδὲ κατεῖχεν ἐν τῇ ἐρήμῳ μεθ' ἑαυτοῦ περιφέρων, ἀλλὰ βαπτίζων, καὶ τοὺς περὶ φιλοσοφίας παιδεύων λόγους,
ἀπέλυε· διὰ πάντων αὐτοὺς διδάσκων, τῶν μὲν ἐν τῇ
γῇ πάντων ὑπερορᾷν, πρὸς δὲ τὰ μέλλοντα αἴρεσθαι
καὶ καθ' ἑκάστην ἐπείγεσθαι τὴν ἡμέραν. Τοῦτον δὴ
146 καὶ ἡμεῖς ζηλώσωμεν, καὶ τὰς τρυφὰς καὶ τὴν μέθην
A ἀφέντες, ἐπὶ τὸν [a] συνεσταλμένον μεταθώμεθα βίον.
Καὶ γὰρ ἐξομολογήσεως ὁ καιρὸς καὶ τοῖς ἀμυήτοις

[b] Ἐν τῷ Ἰορδάνῃ deest in quibusdam.

[c] Alii καὶ ἐπέλιπεν.

[d] Alii καὶ τὰ κατὰ Βαβυλωνίους, καί.

[e] Οὗτοι deest in uno.

[a] Quidam κατεσταλμένον. Infra unus τοῖς δὲ, ἵνα ἀπονιψάμενοι τὴν μετὰ τὸ βάπτισμα κηλῖδα, quæ lectio etiam optime quadraret, et fortassis alteri substitueretur, nisi uno tantum Codice niteretur. Cum autem ait supra, non initiatos post pœnitentiam admittendos ad sacra mysteria, ad baptismum intelligit.

καὶ τοῖς βαπτισθεῖσι· τοῖς μὲν, ἵνα μετανοήσαντες τῶν ἱερῶν τύχωσι μυστηρίων, τοῖς δὲ, ἵνα ἀπονιψάμενοι ἐν τῷ βαπτίσματι τὰς κηλῖδας, καθαρῷ συνειδότι τῇ τραπέζῃ προσέλθωσιν. Ἀποστῶμεν τοίνυν τοῦ ὑγροῦ τούτου καὶ διαλελυμένου βίου. Οὐ γάρ ἐστιν, οὐκ ἔστιν ὁμοῦ καὶ ἐξομολογεῖσθαι καὶ τρυφᾷν. Καὶ ταῦτα διδασκέτω ὑμᾶς ὁ Ἰωάννης ἀπὸ τοῦ ἐνδύματος, ἀπὸ τῆς τροφῆς, ἀπὸ τῆς οἰκίας. Τί οὖν; οὕτω κελεύεις ἡμᾶς κατεστάλθαι; φησίν. Οὐ κελεύω, ἀλλὰ καὶ συμβουλεύω καὶ παραινῶ. Εἰ δὲ μὴ δυνατὸν ὑμῖν τοῦτο, B κἂν ἐν ταῖς πόλεσιν ὄντες ἐπιδειξώμεθα τὴν μετάνοιαν· καὶ γὰρ ἐπὶ θύραις τὸ δικαστήριον· εἰ δὲ καὶ μακροτέρω ἦν, οὐδὲ οὕτω θαῤῥεῖν ἔδει. Τὸ γὰρ ἑκάστου πέρας τῆς ζωῆς, τῆς συντελείας ἐπέχει δύναμιν τῷ καλουμένῳ. Ὅτι δὲ καὶ ἐπὶ θύραις, ἄκουσον τοῦ Παύλου λέγοντος· Ἡ νὺξ προέκοψεν, ἡ δὲ ἡμέρα ἤγγικε· καὶ πάλιν· Ἥξει γὰρ ὁ ἐρχόμενος, καὶ οὐ χρονιεῖ. Καὶ γὰρ τὰ σημεῖα λοιπὸν ἀπήρτισται τὰ καλοῦντα τὴν ἡμέραν ἐκείνην. Κηρυχθήσεται γὰρ, φησὶ, τοῦτο τὸ εὐαγγέλιον τῆς βασιλείας ἐν ὅλῳ τῷ κόσμῳ εἰς μαρτύριον πᾶσι τοῖς ἔθνεσι· καὶ τότε ἥξει τὸ τέλος.

Προσέχετε μετὰ ἀκριβείας τῷ λεγομένῳ. Οὐκ εἶ- C πεν, ὅταν πιστευθῇ παρὰ πάντων τῶν ἀνθρώπων· ἀλλ', ὅταν κηρυχθῇ παρὰ πᾶσι. Διὰ τοῦτο καὶ ἔλεγεν, Εἰς μαρτύριον τοῖς ἔθνεσι, δεικνὺς, ὅτι οὐκ ἀναμένει πιστεῦσαι πάντας, καὶ τότε παραγενέσθαι. Τὸ γὰρ, Εἰς μαρτύριον, τουτό ἐστιν, εἰς κατηγορίαν, εἰς ἔλεγχον, εἰς κατάκρισιν τῶν μὴ πιστευσάντων. Ἀλλ' ἡμεῖς ταῦτα ἀκούοντες καὶ ὁρῶντες, καθεύδομεν καὶ ὀνείρατα βλέπομεν, καθάπερ ἐν βαθυτάτῃ [b] νυκτὶ μέθῃ κεκαρωμένοι. Οὐδὲν γὰρ ὀνειράτων ἄμεινον τὰ παρόντα πράγματα, κἂν χρηστὰ ᾖ, κἂν λυπηρά. Διὸ δὴ D παρακαλῶ λοιπὸν ἀφυπνισθῆναι, καὶ πρὸς τὸν ἥλιον τῆς δικαιοσύνης ἀπιδεῖν. Οὐδεὶς γὰρ καθεύδων ἥλιον ἰδεῖν δύναται, οὐδὲ εὐφρᾶναι τὰς ὄψεις τῷ κάλλει τῆς ἀκτῖνος· ἀλλ' ἅπερ ἂν ἴδῃ, πάντα ὡς ἐν ὀνείρῳ βλέπει. Διὰ τοῦτο πολλῆς ἡμῖν δεῖ τῆς ἐξομολογήσεως καὶ πολλῶν τῶν δακρύων, καὶ ὅτι ἀναλγήτως διακείμεθα πλημμελοῦντες, καὶ ὅτι μεγάλα τὰ ἁμαρτήματα καὶ συγγνώμης μείζονα. Καὶ ὅτι οὐ ψεύδομαι, μάρτυρες οἱ πλείους τῶν ἀκουόντων. Ἀλλ' ὅμως εἰ καὶ συγγνώμης μείζονα, μετανοήσωμεν, καὶ στεφάνων ἀπολαυσόμεθα. Μετάνοιαν δὲ λέγω οὐ τὸ τῶν προτέρων ἀποστῆναι E κακῶν μόνον, ἀλλὰ καὶ τὸ ἄμεινον, ἐπιδείξασθαι καλά· Ποιήσατε γὰρ, φησὶ, καρποὺς ἀξίους τῆς μετανοίας. Πῶς δὲ ποιήσομεν; Ἂν τὰ ἐναντία πράττωμεν· οἷόν τι λέγω· ἥρπασας τὰ ἀλλότρια; Δὸς καὶ τὰ σὰ λοι-

cedant. Abscedamus igitur ab hac molli dissolutaque vita. Non possunt enim, non possunt utique una subsistere confessio et deliciæ : et hæc vos doceat Joannes a vestimento, a cibo, a domo. Quid igitur ? inquies : itane arctam jubes nos ducere vitam ? Non jubeo, sed suadeo et hortor. Quod si id facere non potestis, saltem in civitatibus degentes pœnitentiam exhibeamus ; nam judicium est in januis : etiamsi vero remotius esset, ne sic quidem securius agere oporteret. Nam finis vitæ singulorum eamdem vim erga quemque habet, quam consummatio sæculi. Quod autem in januis sit, audi Paulum dicentem : *Nox præcessit, dies autem appropinquavit* : ac rursus, *Qui venturus est, veniet, et non tardabit*. Etenim signa jam impleta sunt ea quæ diem illam evocant. Nam ait : *Prædicabitur hoc evangelium regni in universo mundo in testimonium omnibus gentibus : et tunc veniet consummatio*.

Confessio et deliciæ non possunt una consistere.

Rom. 13. 12.

Hebr. 10. 37.

Matth. 24. 14.

6. Dictis diligenter attendite. Non dixit, Cum creditum fuerit ab omnibus; sed, Cum fuerit apud omnes prædicatum. Propterea dicebat, *In testimonium gentibus*, declarans se non exspectaturum donec omnes credant, ut postea veniat. Illud enim, *In testimonium*, hoc est, in accusationem, in convictionem, in condemnationem eorum qui non crediderint. At nos, qui hæc audimus et videmus, dormitamus, somniamusque, et quasi in profundissima nocte ebrietate gravamur. Etenim res præsentes nihilo sunt somniis meliores, sive illæ bonæ sive molestæ sint. Propterea, obsecro, jam expergiscamini, et ad Solem justitiæ respiciatis. Nemo quippe dormiens solem potest videre, neque pulchritudine radiorum ejus oculos delectare ; sed si qua videt, quasi in somnio omnia videt. Ideo multa nobis opus est confessione, multis lacrymis, tum quia sine ullo sensu jacemus mala perpetrantes ; tum quia magna sunt peccata et venia indigna. Quod vero non mentiar, testes sunt plurimi ex præsentibus. Attamen licet venia indigna sint, pœnitentiam agamus, et coronis fruemur. Pœnitentiam autem voco, non a prioribus abstinere malis tantum, sed etiam, quod melius est, bona operari : nam ait, 8. *Facite fructus dignos pœnitentiæ*. Quomodo faciemus ? Si contraria fa-

Res præsentes non sunt somniis meliores.

[b] *Νυκτὶ* deest in uno Codice, et *μέθῃ* sequens in alio. Infra vero quidam habent *οὐδὲ εὐφραίνεται τὰς ὄψεις τῷ κάλλει*. Quod autem dicit infra, quædam peccata esse *συγγνώμης μείζονα*, *venia majora*, id est, *quorum venia non ita facile impetretur*, ut ille inferius explicat. Paulo post alii Codices *καὶ τὸ μείζονα ἐπιδείξασθαι καλά*.

ciamus : exempli causa : rapuisti aliena ? Jam tua largire. Longo tempore fornicatus es ? Ab uxore abstine statis diebus, continentiam exerce. Contumeliam intulisti, vel prætereuntes percussisti ? Contumeliam inferentibus deinceps benedic, et percutientibus te beneficia confer. Neque enim satis est ad sanitatem, si telum extrahamus ; sed vulneri etiam remedia adhibenda. Conviviis et ebrietati operam dedisti antehac ? Jejuna et aquæ potum adhibe. Attende ut inde ortam perniciem amoveas. Vidisti impudicis oculis alienam formam? Ne mulierem quidem ullam in posterum respicias,
Psal. 36. ut magis tuto verseris. *Declina*, inquit, *a malo*,
27. Psal. 33. *et fac bonum ;* ac rursum : *Prohibe linguam*
14. *tuam a malo, et labia tua ne loquantur do-*
Ibid. v. 15. *lum.* Sed bonum quoque dicito mihi : *Inquire pacem, et persequere eam ;* non eam quæ cum hominibus tantum, sed eam etiam quæ cum Deo habetur. Pulchre autem dixit, *Persequere :* nam expulsa illa et profligata est, ac relicta terra, in cælum abiit. Sed possumus illam reducere, si velimus, arrogantiam, superbiam et omnia impedimenta removere, ac puram temperantemque sectari vitam. Nihil enim ira ferociaque deterius. Hæc enim inflatos simul et serviles animos efficit, hinc ridiculos, inde odiosos reddens, et sibi contraria inducens mala, arrogantiam nempe et adulationem. Sed si affectus immoderationem exscindamus, et modeste humiles, et tuto sublimes erimus. Nam in corporibus etiam nostris ex redundantia malæ humorum commixtiones oriuntur : elementa quoque cum proprios sibi terminos transiliunt, et innumeros morbos, et funera gravia pariunt ; id quod etiam in anima accidere videmus.

7. Immoderationem itaque abscindamus, et salutare moderationis pharmacum potantes, in temperantia congruenti maneamus, precibusque diligenter incumbamus. Si postulatum non accipiamus, perseveremus, ut accipiamus; si accipiamus, ne ideo, quia accepimus, precari desistamus. Neque enim vult ille postulatum donum differri; sed cunctatione assiduitatem sagaciter parit. Ideo differt postulata concedere, ac sæpe tentationem incidere permittit, ut frequenter ad eum confugiamus, et sic perseveremus. Sic quoque faciunt patres et matres prolis amantes : cum parvulos suos viderint ab se discedere, ut cum æqualibus suis ludant,

147 A πόν. Πολὺν ἐπόρνευσας χρόνον; Ἀπόσχου καὶ τῆς γυναικὸς τῆς σῆς ὡρισμένας ἡμέρας, ἄσκησον ἐγκράτειαν. Ὕβρισας καὶ [a] ἔπληξας παριόντας; Εὐλόγει λοιπὸν τοὺς ὑβρίζοντας, καὶ εὐεργέτει τοὺς πλήττοντας. Οὐ γὰρ ἀρκεῖ εἰς ὑγείαν ἡμῖν τὸ βέλος ἐξελεῖν μόνον, ἀλλὰ δεῖ καὶ τῷ τραύματι φάρμακα ἐπιθεῖναι. Ἐτρύφησας καὶ ἐμεθύσθης τὸν ἔμπροσθεν χρόνον; Νήστευε [b] καὶ ὑδροπότει. Πρόσεχε ἵνα τὴν ἐκεῖθεν ἐγγινομένην λύμην ἀνέλῃς. Εἶδες ἀκολάστοις ὀφθαλμοῖς κάλλος ἀλλότριον; Μηδὲ ὅλως ἴδῃς γυναῖκα λοιπὸν, ἵν' ἐν πλείονι καταστῇς ἀσφαλείᾳ. Ἔκκλινον γὰρ, φησὶν, ἀπὸ κακοῦ, καὶ ποίησον ἀγαθόν· καὶ πάλιν·
B Παῦσον τὴν γλῶσσάν σου ἀπὸ κακοῦ, καὶ χείλη σου τοῦ μὴ λαλῆσαι δόλον. Ἀλλ' εἰπέ μοι καὶ τὸ ἀγαθόν· Ζήτησον εἰρήνην καὶ δίωξον αὐτήν· οὐ τὴν πρὸς ἀνθρώπους λέγω μόνον, ἀλλὰ καὶ τὴν πρὸς τὸν Θεόν. Καὶ καλῶς εἶπεν, Δίωξον· ἀπελήλαται γὰρ καὶ ἐκβέβληται, καὶ τὴν γῆν ἀφεῖσα εἰς τὸν οὐρανὸν [c] ἀπεδήμησεν. Ἀλλὰ [d] δυνάμεθα πάλιν αὐτὴν ἐπαναγαγεῖν, ἐὰν θέλωμεν, ἀπόνοιαν καὶ ἀλαζονείαν καὶ πάντα τὰ κωλύματα αὐτῆς ἐκβαλόντες, τὸν σώφρονα τοῦτον καὶ λιτὸν διώκειν βίον. Οὐδὲν γὰρ ὀργῆς χαλεπώτερον καὶ θρασύτητος. Αὕτη γὰρ καὶ τετυφωμένους καὶ δουλοπρεπεῖς ἐργάζεται, δι' ἐκείνου μὲν καταγελάστους, διὰ τούτου δὲ μισητοὺς ποιοῦσα, καὶ ἐναντίας εἰσά-
C γουσα κακίας, ἀπόνοιάν τε ὁμοῦ καὶ [e] κολακείαν. Ἀλλ' ἐὰν τὴν πλεονεξίαν τοῦ πάθους περικόψωμεν, καὶ ταπεινοὶ μετὰ ἀκριβείας, καὶ ὑψηλοὶ μετὰ ἀσφαλείας ἐσόμεθα. Καὶ γὰρ ἐν τοῖς σώμασι τοῖς ἡμετέροις ἀπὸ πλεονεξίας αἱ δυσκρασίαι γίνονται· καὶ ὅτε τοὺς οἰκείους ὅρους ἀφέντα τὰ στοιχεῖα εἰς ἀμετρίαν ἐξέλθῃ, τότε αἱ μυρίαι νόσοι καὶ οἱ χαλεποὶ τίκτονται θάνατοι· ὅπερ καὶ ἐπὶ τῆς ψυχῆς συμβαῖνον ἴδοι τις ἄν.

Περικόψωμεν τοίνυν τὴν ἀμετρίαν, καὶ τὸ σωτήριον τῆς συμμετρίας [f] πιόντες φάρμακον, μένωμεν ἐπὶ
D τῆς εὐκρασίας τῆς προσηκούσης, καὶ ταῖς εὐχαῖς μετὰ ἀκριβείας προσέχωμεν. Κἂν μὴ λάβωμεν, παραμένωμεν, ἵνα λάβωμεν· κἂν λάβωμεν, ἐπειδὴ ἐλάβομεν, [g] μὴ ἀποστῶμεν. Οὐδὲ γὰρ αὐτὸς βούλεται ἀναβάλλεσθαι τὴν δόσιν, ἀλλὰ τῇ μελλήσει τὴν προσεδρίαν ἡμῶν σοφίζεται. Διὰ τοῦτο καὶ ὑπερτίθεται τὴν αἴτησιν, καὶ πειρασμὸν συγχωρεῖ πολλάκις ἐπελθεῖν, ἵνα συνεχῶς πρὸς αὐτὸν καταφεύγωμεν, καὶ καταφεύγοντες μένωμεν. Οὕτω καὶ πατέρες φιλόστοργοι ποιοῦσι, καὶ μητέρες φιλόπαιδες· ἐπειδὰν γὰρ ἴδωσι τὰ παιδία τὴν πρὸς αὐτοὺς συνουσίαν ἀφέντα καὶ μετὰ τῶν ὁμηλίκων

[a] Savil. et alii καὶ ἐτύπτησας παριόντας.

[b] Alii καὶ ὑδροποσία πρόσεχε. Paulo post alii ἵν' ἐπὶ πλείοσι. Infra μὴ λαλῆσαι δόλον, omisso τοῦ.

[c] Alii ἐπεδήμησεν.

[d] Alii δυνησόμεθα.

[e] Κολακείαν, alii ἀκολασίαν.

[f] Quidam habent πίνοντες

[g] Alii μὴ ἀμελήσωμεν.

παίζοντα, πολλὰ τοὺς οἰκέτας ὑποκρίνασθαι παρασκευάζουσι φοβερὰ, ὥστε ὑπὸ τοῦ δέους καταναγκασθῆναι πρὸς τὸν μητρικὸν κόλπον καταφυγεῖν. Οὕτω καὶ ὁ Θεὸς ἀνατείνεται πολλάκις ἀπειλὴν, οὐχ ἵνα ἐπαγάγῃ, ἀλλ' ἵνα πρὸς αὐτὸν ἐφελκύσηται. Ὅταν γοῦν ἐπανέλθωμεν πρὸς αὐτὸν, λύει τὸν φόβον εὐθέως· ὡς εἴ γε ὅμοιοι ἦμεν ἐν πειρασμοῖς καὶ ἐν ἀνέσει, οὐδ' ἂν ἐδέησε πειρασμῶν. [a] Καὶ τί λέγω περὶ ἡμῶν; Καὶ γὰρ τοῖς ἁγίοις ἐκείνοις πολὺς ἐντεῦθεν ὁ σωφρονισμὸς ἦν. Διὰ τοῦτο καὶ ὁ προφήτης λέγει· Ἀγαθόν μοι ὅτι ἐταπείνωσάς με. Καὶ αὐτὸς δὲ τοῖς ἀποστόλοις ἔλεγεν· Ἐν τῷ κόσμῳ θλίψιν ἕξετε. Καὶ ὁ Παῦλος τοῦτο αὐτὸ αἰνίττεται, ὅταν λέγῃ· Ἐδόθη μοι σκόλοψ τῇ σαρκὶ, ἄγγελος σατᾶν, ἵνα με κολαφίζῃ. Διὸ καὶ δεηθεὶς ἀπαλλαγῆναι τοῦ πειρασμοῦ, οὐκ ἐπέτυχε, διὰ τὸ πολλὴν ἐξ αὐτοῦ τὴν ὠφέλειαν [b] ἐπιγίνεσθαι. Ἐὰν δὲ καὶ τοῦ Δαυὶδ τὸν βίον ἐπέλθωμεν ἅπαντα, εὑρήσομεν αὐτὸν ἐν τοῖς κινδύνοις λαμπρότερον ὄντα, καὶ αὐτὸν, καὶ τοὺς ἄλλους ἅπαντας τοὺς κατ' ἐκεῖνον. Καὶ γὰρ ὁ Ἰὼβ τότε μειζόνως ἔλαμψε, καὶ ὁ Ἰωσὴφ οὕτως ἐπὶ πλέον εὐδοκίμησε, καὶ ὁ Ἰακὼβ δὲ, καὶ ὁ τούτου πατὴρ, καὶ ὁ ἐκείνου, πάντες ὅσοι πώποτε [c] ἔλαμψαν καὶ λαμπροτέρους ἀνεδήσαντο στεφάνους, ἀπὸ θλίψεως καὶ πειρασμῶν καὶ ἐστεφανώθησαν, καὶ ἀνεκηρύχθησαν. Ἅπερ πάντα συνειδότες, κατὰ τὸν σοφὸν λόγον, Μὴ σπεύδωμεν ἐν καιρῷ ἐπαγωγῆς, ἀλλ' ἓν μόνον ἑαυτοὺς παιδεύσωμεν, [d] τὸ φέρειν πάντα γενναίως, καὶ μηδὲν πολυπραγμονεῖν, μηδὲ περιεργάζεσθαι τῶν γινομένων. Τὸ μὲν γὰρ εἰδέναι, πότε δεῖ λυθῆναι τὰς θλίψεις, τοῦ συγχωροῦντος αὐτὰς προσελθεῖν Θεοῦ· τὸ δὲ ἐπενεχθείσας μετὰ πάσης φέρειν εὐχαριστίας, τῆς ἡμῶν εὐγνωμοσύνης λοιπὸν ἔργον ἐστίν. Ὅπερ ἐὰν γένηται, πάντα ἕψεται τὰ ἀγαθά. Ἵν' οὖν ταῦτα ἕπηται, καὶ δοκιμώτεροι μὲν ἐνταῦθα, λαμπρότεροι δὲ ἐκεῖσε γενώμεθα, πᾶν ὅ ἐὰν ἐπενεχθῇ δεχώμεθα, χάριν εἰδότες ὑπὲρ πάντων τῷ εἰδότι μᾶλλον ἡμῶν τὸ συμφέρον, καὶ τῶν γεγεννηκότων σφοδρότερον ἡμᾶς φιλοῦντι· καὶ τούτους ἀμφοτέρους τοὺς λογισμοὺς καθ' ἕκαστον τῶν δεινῶν ἑαυτοῖς ἐπᾴδοντες, καταστέλλωμεν τὴν ἀθυμίαν, καὶ δοξάζωμεν ἐν πᾶσι τὸν πάντα ὑπὲρ ἡμῶν ποιοῦντα καὶ πραγματευόμενον Θεόν. Οὕτω γὰρ καὶ τὰς ἐπιβουλὰς διακρουσόμεθα ῥᾳδίως, καὶ τῶν ἀκηράτων ἐπιτευξόμεθα στεφάνων· [e] ὧν γένοιτο πάντας ἡμᾶς ἐπιτυχεῖν χάριτι καὶ φιλανθρωπίᾳ τοῦ Κυρίου ἡμῶν Ἰησοῦ Χριστοῦ, μεθ' οὗ τῷ Πατρὶ δόξα, κράτος, τιμὴ, σὺν ἁγίῳ Πνεύματι, νῦν καὶ ἀεὶ, καὶ εἰς τοὺς αἰῶνας τῶν αἰώνων. Ἀμήν.

E id curant ut domestici terricula multa simulent,
ut præ timore cogantur pueruli ad maternum sinum confugere. Sic et Deus sæpe minas intentat,
non ut mala infligat, sed ut ad se pertrahat. Cum
autem ad illum confugimus, statim metum solvit:
quod si tales essemus in tentationibus, quales in
A tranquillitate, non egeremus tentatione. Ecquid
148 de nobis loquor? Nam sanctis quoque illis magna
hinc proveniebat temperantiæ occasio. Ideo dicit
propheta : *Bonum mihi quia humiliasti me.* Psal. 118. 71.
Ipseque apostolis dicebat: *In mundo tribulatio-*
nem habebitis. Hoc porro Paulus subindicat, cum Joan. 16. 33.
ait : *Datus est mihi stimulus carnis, angelus* 2. Cor. 12. 7.
satanæ, qui me colaphizet. Ideo precatus ut a
tentatione liberaretur, id non impetravit, quia
inde magnam carpebat utilitatem. Si vero totam
Davidis vitam exploremus, inveniemus illum inter pericula clariorem, neque illum tantum, sed
etiam alios omnes ipsi similes. Etenim Job hoc pa-
B cto magis refulsit, Joseph sic magis magisque
claruit : Jacob item et pater ipsius, et avus, et
quotquot conspicui fuerunt, splendidioribusque
coronis sunt ornati, ex ærumnis atque tentationibus et coronati et proclamati sunt. Hæc cum sciamus omnia, secundum sapientem illum sermonem,
Ne festinemus in die invasionis, sed ad unum Eccli. 2. 2.
tantum nos instituamus, ut omnia fortiter feramus,
nec curiose inquiramus vel scrutemur ea quæ accidunt. Nam scire, quo tempore desituræ sint
ærumnæ, Dei est, qui permisit illas accidere;
illatas vero cum gratiarum actione ferre, id probi-
C tatis nostræ est opus. Quod si fiat, omnia sequentur bona; ut vero sequantur, utque hic probatio-
res, illic vero splendidiores efficiamur, quodcumque illatum fuerit excipiamus, gratias de omnibus
habentes ei, qui melius novit quam nos ipsi quid
nobis expediat, quique parentum erga nos vincit
amorem : et hoc utrumque ratiocinium in quibuslibet ærumnis nobis ipsis recantantes, comprima-
mus mœrorem, et gloriam referamus Deo, qui in
omnibus omnia ad nostram utilitatem dispensat.
D Sic enim et insidias facile depellemus, et immarcescibiles coronas consequemur : quas nos omnes
assequi contingat gratia et benignitate Domini nostri Jesu Christi, quicum Patri gloria, imperium,
honor, cum sancto Spiritu, nunc et semper, et in
sæcula sæculorum. Amen.

[a] Sic recte Savil. et aliquot Manuscripti. Alii vero et Morel. καὶ τί λέγω πειρασμῶν;

[b] Nonnulli habent ἐγγίνεσθαι.

[c] Hæc, ἔλαμψαν καί, desunt in quibusdam Codicibus.

[d] Τὸ ante φέρειν deest in uno.

[e] Hæc, ὧν γένοιτο... ἐπιτυχεῖν, desunt in uno.

HOMILIA XI.

Cap. 3. 7. *Videns autem multos Sadducæorum et Pharisæorum venientes ab baptismum suum, dixit eis : Genimina viperarum, quis demonstravit vobis fugere a ventura ira?*

1. Cur ergo ait Christus, eos non credidisse Joanni? Quia non erat illud credere, cum eum qui ab ipso prædicabatur, non acciperent. Nam et prophetis et legislatori attendere videbantur : et tamen dixit ille non attendisse, quia eum qui ab
Joan. 5. 46. illis prædicabatur non receperunt : *Si enim crederetis Moysi*, inquit, *crederetis utique et*
Matth. 21. 25. 26. *mihi.* Et postea interrogati a Christo, *Baptisma Joannis unde est?* dicebant : *Si dixerimus, De terra, timemus turbam; si vero dixerimus, De cælo, dicet nobis, Quare ergo non credidistis ei?* Ex his ergo omnibus palam est ipsos venisse et baptizatos fuisse, sed in fide prædicationis non mansisse. Etenim Joannes illorum nequitiam ostendit, quando illi ad Baptistam miserunt dicentes :
Joan. 1. 21. *Si tu es Elias, si tu es Christus;* quamobrem
Ibid. v. 24. intulit, *Qui autem missi fuerant, erant ex Pharisæis.* Quid igitur? annon turbæ populi idipsum putabant? Etiam : verum plebs simplici mente hæc suspicabatur; Pharisæi vero ipsum in sermone capere volebant. Quia enim in confesso erat Christum esse venturum ex vico Davidis, hic vero ex Levitica tribu erat, interrogando insidias ipsi parabant; ut si quid secus responderet, in illum insurgerent. Hoc enim etiam ex sequentibus declarat : nam cum nihil eorum quæ ipsi exspectabant respondisset, tamen ipsum culpantes dicunt :
Ibid. v. 25. *Quid ergo baptizas, si tu non es Christus?* Ut vero discas alia mente Pharisæos, alia plebem venisse, audi quomodo evangelista hoc etiam declaret. Cum nempe de populo ait, ipsos venisse et ab illo baptizatos esse confitentes peccata sua; de Pharisæis vero non similiter, sed his verbis : *Videns multos Sadducæorum et Pharisæorum venientes, dicebat : Genimina viperarum, quis vobis demonstravit fugere a ventura ira?* Papæ! quantam animi magnitudinem! Quomodo alloquitur homines sanguinem propheticum semper

ΟΜΙΛΙΑ ια'.

149 A Ἰδὼν δὲ πολλοὺς τῶν Σαδδουκαίων καὶ Φαρισαίων ἐρχομένους ἐπὶ τὸ βάπτισμα αὐτοῦ, εἶπεν αὐτοῖς· γεννήματα ἐχιδνῶν, τίς ὑπέδειξεν ὑμῖν φυγεῖν ἀπὸ τῆς μελλούσης ὀργῆς;

Πῶς οὖν φησιν ὁ Χριστὸς, ὅτι οὐκ ἐπίστευσαν Ἰωάννῃ; Ὅτι οὐκ ἦν τοῦτο πιστεῦσαι, τὸ τὸν κηρυττόμενον ὑπ' αὐτοῦ μὴ δέξασθαι. Ἐπεὶ καὶ τοῖς προφήταις [a] ἔδοξαν προσεσχηκέναι καὶ τῷ νομοθέτῃ· ἀλλ' ὅμως ἔφησεν αὐτοὺς μὴ προσεσχηκέναι, ἐπειδὴ τὸν παρ' ἐκείνων προφητευόμενον οὐκ ἐδέξαντο. Εἰ γὰρ ἐπιστεύσατε, φησὶ, Μωϋσῇ, ἐπιστεύσατε ἂν ἐμοί. Καὶ μετὰ ταῦτα δὲ ἐρωτώμενοι παρὰ τοῦ Χριστοῦ· Τὸ βάπτισμα Ἰωάννου πόθεν ἐστίν; ἔλεγον, ὅτι Ἐὰν εἴπωμεν, ἀπὸ γῆς, φοβούμεθα τὸν ὄχλον· ἐὰν εἴπωμεν, ἀπὸ οὐρανοῦ, ἐρεῖ ἡμῖν, πῶς οὖν οὐκ ἐπιστεύσατε αὐτῷ; Ὥστε ἐξ ἁπάντων τούτων δῆλον, ὅτι παρεγένοντο μὲν καὶ ἐβαπτίσθησαν· οὐ μὴν ἔμειναν ἐπὶ τῆς πίστεως τοῦ κηρύγματος. Καὶ γὰρ ὁ Ἰωάννης δείκνυσιν αὐτῶν τὴν πονηρίαν, ἐξ ὧν πρὸς τὸν βαπτιστὴν ἔπεμπον λέγοντες· Εἰ σὺ εἶ Ἠλίας; εἰ σὺ εἶ ὁ Χριστός; διὸ καὶ ἐπήγαγεν· Οἱ δὲ ἀπεσταλμένοι, ἦσαν [b] ἐκ τῶν Φαρισαίων. Τί οὖν; οὐχὶ καὶ οἱ ὄχλοι τὸ αὐτὸ τοῦτο ἐνόμιζον; Ναὶ, φησίν· ἀλλ' οἱ μὲν ὄχλοι ἀπὸ γνώμης ἀπλάστου τοῦτο ὑπώπτευον· οἱ δὲ Φαρισαῖοι, ἐπιλαβέσθαι βουλόμενοι. Ἐπειδὴ γὰρ ὡμολόγητο ἀπὸ τῆς κώμης τοῦ Δαυὶδ ἔρχεσθαι τὸν Χριστὸν, οὗτος δὲ ἀπὸ τῆς Λευιτικῆς φυλῆς ἦν, ἐνέδραν ἐτίθεσαν ἐκ τῆς ἐρωτήσεως, ἵνα εἴ τι τοιοῦτον εἴποι, ταχέως ἐπιθῶνται. Τοῦτο γοῦν καὶ ἐκ τῶν ἑξῆς ἐδήλωσε· μηδὲν γὰρ ὧν προσεδόκησαν ὁμολογήσαντος, καὶ οὕτως ἐπιλαμβάνονται λέγοντες· Τί οὖν βαπτίζεις, εἰ σὺ οὐκ εἶ ὁ Χριστός; Καὶ ἵνα μάθῃς, ὅτι ἑτέρᾳ μὲν οἱ Φαρισαῖοι, ἑτέρᾳ δὲ ὁ δῆμος παρεγένοντο γνώμῃ, ἄκουσον πῶς ὁ εὐαγγελιστὴς καὶ τοῦτο ἐδήλωσε. Περὶ μὲν τοῦ δήμου λέγων, ὅτι παρεγίνοντο καὶ ἐβαπτίζοντο ὑπ' αὐτοῦ, ἐξομολογούμενοι τὰς ἁμαρτίας αὐτῶν· περὶ δὲ τῶν Φαρισαίων οὐκ ἔτι ὁμοίως, ἀλλ' ὅτι Ἰδὼν πολλοὺς τῶν Σαδδουκαίων καὶ Φαρισαίων ἐρχομένους, ἔλεγε· γεννήματα ἐχιδνῶν, τίς ὑπέδειξεν ὑμῖν φυγεῖν ἀπὸ τῆς μελλούσης ὀργῆς; Βαβαὶ τῆς μεγαλονοίας. Πῶς διαλέγεται πρὸς ἀνθρώπους αἱμάτων ἀεὶ διψῶντας προφητικῶν, καὶ ὄφεων οὐδὲν ἄμεινον διακειμένους; πῶς καὶ

[a] Alii ἔδοξαν προσέχειν καὶ τῷ.

[b] Sic omnes præter Morel., qui habet ἦσαν τῶν φαρισαίων. Mox Morel. ναὶ, φησίν· ἀλλ' οἱ μὲν ἄλλοι, et sic quidam Mss. Savil. et alii ναὶ, ἐνόμιζον. Infra aliquot Mss. ἐνέδρα οὖν ἐτίθεσαν ἐκ τῆς πρώτης ἐρωτήσεως.

αὐτοὺς, καὶ τοὺς γεγεννηκότας μετὰ πολλῆς διαβάλλει τῆς παῤῥησίας; Ναὶ, φησίν· ἀλλ' ἡ μὲν παῤῥησία πολλή· τὸ δὲ ζητούμενον, εἰ λόγον ἔχει τινὰ ἡ παῤῥησία αὕτη. Οὐδὲ γὰρ ἁμαρτάνοντας εἶδεν, ἀλλὰ μεταβαλλομένους· διόπερ οὐδὲ ἐγκαλέσαι ἐχρῆν, ἀλλὰ καὶ ἐπαινέσαι καὶ ἀποδέξασθαι, ὅτι πόλιν ἀφέντες καὶ οἰκίας, ἔδραμον ἀκουσόμενοι τοῦ κηρύγματος. Τί οὖν ἂν εἴποιμεν; Ὅτι οὐ τοῖς παροῦσιν, οὐδὲ τοῖς γινομένοις προσεῖχεν, ἀλλὰ [a] τὰ ἀπόῤῥητα τῆς διανοίας αὐτῶν ἠπίστατο, τοῦτο ἐκκαλύψαντος τοῦ Θεοῦ. Ἐπεὶ οὖν μέγα ἐφρόνουν ἐπὶ τοῖς προγόνοις, καὶ τοῦτο αἴτιον αὐτοῖς τῆς ἀπωλείας ἐγένετο, καὶ εἰς ῥᾳθυμίαν ἐνέβαλε, τὴν ῥίζαν τῆς ἀπονοίας περικόπτει. Διὰ τοῦτο καὶ Ἡσαΐας ἄρχοντας Σοδόμων καλεῖ, λαὸν Γομόῤῥας· καὶ ἕτερος προφήτης φησίν· Οὐχ ὡς υἱοὶ Αἰθιόπων ὑμεῖς ἐστε; καὶ πάντες αὐτοὺς ταύτης ἀπάγουσι τῆς ὑπολήψεως, τὸ φύσημα αὐτῶν κενοῦντες, τὸ μυρίων αὐτοῖς αἴτιον γενόμενον κακῶν. Ἀλλ' οἱ μὲν προφῆται, φησὶν, εἰκότως· ἁμαρτάνοντας γὰρ ἑώρων· ἐνταῦθα δὲ τίνος ἕνεκεν καὶ διὰ τί πειθομένους ὁρῶν, τοῦτο αὐτὸ ποιεῖ; Ἵνα ἁπαλωτέρους ἐργάσηται. Εἰ δέ τις μετὰ ἀκριβείας προσέχει τοῖς λεγομένοις, καὶ ἐγκωμίῳ τὴν ἐπιτίμησιν ἐκέρασε. Θαυμάζων γὰρ αὐτοὺς, ὅτι ὀψὲ γοῦν ποτε τὰ ἀδύνατα αὐτοῖς σχεδὸν εἶναι δοκοῦντα ἠδυνήθησαν, ταῦτα ἔλεγεν. Ἐφελκομένου τοίνυν αὐτοὺς μᾶλλόν ἐστιν ἡ ἐπιτίμησις, καὶ παρασκευάζοντος ἀνανῆψαι. Ὅταν γὰρ φαίνηται ἐκπληττόμενος, καὶ τὴν ἔμπροσθεν δείκνυσιν αὐτῶν πονηρίαν πολλὴν οὖσαν, καὶ τὴν μεταβολὴν θαυμαστὴν καὶ παράδοξον. Τί γὰρ γέγονε, φησὶν, ὅτι παῖδες ὄντες ἐκείνων, καὶ οὕτω τραφέντες, κακῶς μετενόησαν; [b] πόθεν ἡ τοσαύτη γέγονε μεταβολή; τίς τὸ τραχὺ τῆς γνώμης ὑμῶν κατεμάλαξε; τίς διώρθωσε τὸ ἀνίατον; Καὶ ὅρα πῶς αὐτοὺς εὐθέως ἀπὸ τῶν προοιμίων ἐξέπληξε, τοὺς περὶ τῆς γεέννης [c] προκαταβαλλόμενος λόγους. Οὐ γὰρ εἶπε τὰ εἰωθότα· τίς ὑπέδειξεν ὑμῖν φυγεῖν τοὺς πολέμους, τὰς τῶν βαρβάρων ἐφόδους, τὰς αἰχμαλωσίας, τοὺς λιμοὺς, τοὺς λοιμούς; ἀλλ' ἄλλην τινὰ κόλασιν προανεκρούετο μηδέποτε αὐτοῖς φανερὰν γεγενημένην, οὕτω λέγων· Τίς ὑπέδειξεν ὑμῖν φυγεῖν ἀπὸ τῆς μελλούσης ὀργῆς;

Καλῶς δὲ αὐτοὺς καὶ γεννήματα ἐχιδνῶν ἐκάλεσε. Καὶ γὰρ ἐκεῖνο [d] τὸ θηρίον διαφθείρει τὴν ὠδίνουσαν,

sitientes, quique non erant serpentibus mitiores? cum quanta et illos et parentes illorum libertate criminatur? Etiam, inquies, loquendi libertas maxima est : sed quærendum an libertas hujusmodi aliqua ratione nitatur. Neque enim peccantes vi-
150 dit, sed resipiscentes : quapropter non culpare
A oportebat, sed laudare atque suscipere, quia relicta urbe et domo, accurrerant prædicationem auditum. Quid ergo dicamus? Ipsum videlicet, non præsentibus, neque rebus quæ palam gerebantur, attendisse, sed arcana mentis eorum novisse, id revelante Deo. Quoniam igitur de majoribus suis altum sapiebant, idque ipsis perniciei causa fuerat, ipsosque in desidiam conjecerat, arrogantiæ radicem succidit. Propterea Isaias illos principes *Isai. 1. 10.* Sodomorum, et populum Gomorrhæ vocat : et alter propheta dicit : *Nonne sicut filii Æthio-* *Amos. 9. 7.*
B *pum vos estis?* omnesque ab hac opinione deducunt illos, tumorem illorum evacuantes, qui innumerabilium ipsis malorum causa fuerat. At, inquies, id jure prophetæ faciebant, qui illos peccantes videbant : hic vero cur et qua de causa, cum illos videat obtemperantes, idipsum facit? Ut illos moderatiores reddat. Si quis autem accurate dictis attendat, laude increpationem temperavit. Admirans quippe illos, quod sero tandem ea facere potuissent, quæ numquam posse fieri videbantur, hæc dixit. Increpatio igitur allicientis illos potius esse videtur, et curantis ut resipiscant.
C Cum enim illos objurgare videtur, et magnam prius illorum nequitiam fuisse ostendit, et mutationem ipsorum mirabilem atque stupendam. Quomodo factum est, inquit, ut cum illorum filii sint, et tam male educati, pœnitentiam agant? unde hæc tanta facta est mutatio? quis asperitatem animi eorum sic emollivit? quis immedicabilia vulnera curavit? Et vide quomodo illos a principio statim increpavit, gehennæ sermones cæteris præmittens. Neque enim dixit ea, quæ dici consueverant : Quis ostendit vobis fugere bella, barbarorum in-
D cursus, captivitates, fames, pestilentias? sed aliud quoddam supplicium obtendit, quod numquam ipsis manifestum fuerat, ita dicens : *Quis demonstravit vobis fugere a ventura ira?*

Cur Joannes Bapt. Pharisæos increpaverit.

2. Jure autem illos genimina viperarum vocavit. Siquidem hoc serpentum genus parturientem

[a] Alii τὰ ἀπόῤῥητα τῆς καρδίας.

[b] Post μετενόησαν; Morel. habet [et Commelin. uncis inclusit] ἀλλὰ πρὸς ὑμᾶς, quæ ab omnibus aliis exemplaribus et a Savil. absunt, et huc temere invecta videntur. Mox alii αὐτῶν κατεμάλαξε, et ibidem τίς δὲ ὤρθωσε τὸ ἀνίατον; Mox quidam τοὺς περὶ τῆς μελλούσης ὀργῆς.

[c] Προκαταβαλλόμενος, sic omnes pene Manuscripti, recte. Savil. et Morel. καταβαλλόμενος.

[d] Alii τὸ θηρίον διαφθεῖρον.

se interficit, et viscera matris corrodens dicitur in lucem prodire: id quod et illi faciebant, patrum et matrum interfectores, qui doctores suos propriis manibus occidebant. Sed in correptione gradum non sistit, sed consilium adjicit: 8. *Facite*, inquit, *dignos fructus pœnitentiæ*. Non enim satis est fugere malum; sed et virtutem magnam exhibere oportet. Ne mihi enim contraria illa et consueta exhibeatis, nec modico vos tempore reprimentes, ad eamdem nequitiam referamini. Non enim ad eadem ipsa venimus, ad quæ priores prophetæ. Diversa sunt præsentia et sublimiora, quia ipse Judex et ipse regni Dominus advenit ad majorem deducens philosophiam, in cælum vocans, et ad illa trahens habitacula. Ideo de gehenna sermonem aperio: nam et bona et mala æterna sunt. Ne itaque in iisdem malis perseveretis, nec solitos obtentus proferatis, Abrahami, Isaaci, Jacobi, proavorum vestrorum nobilitatem. Hæc autem dicebat, non quo impediret illos ne se dicerent ex sanctis illis progenitos, sed cohibens illos ne huic generi confiderent, neu animæ virtutem negligerent; simul et quæ in mente versabant proferens, et futura prædicens. Nam et postea prodeunt dicentes:
Joan. 8. 33. *Nos patrem habemus Abraham, et nulli servivimus umquam*. Quoniam igitur hoc erat quod illos maxime in arrogantiam extulit et perdidit; hoc primum ipse reprimit. Vide autem quomodo post servatum patriarchæ debitum honorem, hos postea emendare nitatur. Cum dixisset enim, *Nolite dicere, Patrem habens Abraham*, non addidit, Nihil enim vos poterit patriarcha juvare; sed mitius et honestius hoc ipsum subindicavit dicens: *Potest enim Deus de lapidibus istis suscitare filios Abrahæ*. Quidam dicunt id de gentibus dici, quas lapides metaphorice vocat: ego vero et aliam dicti sententiam esse puto. Qualem illam? Ne putetis, inquit, si vos pereatis, patriarcham sine filiis fore. Non ita, non ita utique res se habet. Deus enim potest ex lapidibus filios ipsi dare, et ad ejus genus cognationemque illos deducere, siquidem hoc ipsum a principio factum est. Nam ex lapidibus homines fieri tale est, quale ex vulva sterili puellum prodire. Quod et pro-
Isai. 51. 1. 2. pheta subindicans dicebat: *Respicite in solidam petram, ex qua excisi estis, et ad foveam lacus, ex qua effossi estis: respicite in Abraham*

καὶ διατρώγον τὴν γαστέρα αὐτῆς οὕτω λέγεται προϊέναι εἰς φῶς· ὅπερ καὶ οὗτοι ἐποίουν, πατραλοῖαι καὶ μητραλοῖαι γινόμενοι, καὶ τοὺς διδασκάλους ταῖς ἑαυτῶν διαφθείροντες χερσίν. Ἀλλ' οὐχ ἵσταται μέχρι τῆς ἐπιτιμήσεως, ἀλλὰ καὶ συμβουλὴν εἰσάγει· Ποιήσατε, φησὶ, καρποὺς ἀξίους τῆς μετανοίας. Οὐ γὰρ ἀρκεῖ τὸ φυγεῖν τὴν πονηρίαν, ἀλλὰ καὶ ἀρετὴν δεῖ πολλὴν
E ἐπιδείξασθαι. Μὴ γάρ μοι τὰ ἐναντία τε καὶ συνήθη, ὅτι [e] πρὸς ὀλίγον συστελλόμενοι, ἐπὶ τὴν αὐτὴν πονηρίαν ἐνάγεσθε πάλιν. Οὐ γὰρ ἐπὶ τοῖς αὐτοῖς παραγεγόναμεν, ὡς καὶ οἱ ἔμπροσθεν προφῆται. Ἐξηλλαγμένα
151 γὰρ τὰ παρόντα, καὶ ὑψηλότερα, ἐπεὶ καὶ αὐτὸς πα-
A ραγίνεται λοιπὸν ὁ κριτὴς, καὶ αὐτὸς ὁ τῆς βασιλείας Δεσπότης, πρὸς μείζονα ἄγων φιλοσοφίαν, εἰς τὸν οὐρανὸν καλῶν, καὶ πρὸς [a] τὰς ἐκεῖ διατριβὰς ἀνέλκων. Διὰ τοῦτο καὶ τὸν περὶ τῆς γεέννης ἀνακαλύπτω λόγον· καὶ γὰρ καὶ τὰ ἀγαθὰ, καὶ τὰ λυπηρὰ, ἀθάνατα. Μὴ τοίνυν τοῖς αὐτοῖς ἐμμένετε [b] κακοῖς, μηδὲ τὰς εἰωθυίας προβάλλεσθε προφάσεις, τὸν Ἀβραὰμ, τὸν Ἰσαὰκ, τὸν Ἰακὼβ, τῶν προγόνων τὴν εὐγένειαν. Ταῦτα δὲ ἔλεγεν, οὐ κωλύων αὐτοὺς λέγειν ἐξ ἐκείνων εἶναι τῶν ἁγίων, ἀλλὰ κωλύων μὴ τούτῳ θαῤῥεῖν, τῆς κατὰ ψυχὴν ἀρετῆς ἀμελοῦντας, καὶ τὰ κατὰ διάνοιαν
B εἰς μέσον ἐκφέρων, καὶ τὰ μέλλοντα προφητεύων. Καὶ γὰρ μετὰ ταῦτα φαίνονται λέγοντες· Ἡμεῖς πατέρα ἔχομεν τὸν Ἀβραὰμ, καὶ οὐδενὶ δεδουλεύκαμεν πώποτε. Ἐπεὶ οὖν τοῦτο ἦν, ὃ μάλιστα αὐτοὺς εἰς ἀπόνοιαν ἦρε καὶ ἀπώλεσε, πρῶτον αὐτὸ καταστέλλει. Ὅρα δὲ πῶς μετὰ τῆς εἰς τὸν πατριάρχην τιμῆς, τὴν ὑπὲρ τούτων ποιεῖται διόρθωσιν. Εἰπὼν γὰρ, Μὴ δόξητε λέγειν, ὅτι πατέρα ἔχομεν τὸν Ἀβραὰμ, οὐκ εἶπεν, οὐδὲν γὰρ ὑμᾶς ὁ πατριάρχης ὠφελῆσαι δυνήσεται· ἀλλ' ἡμερώτερόν πως καὶ προσηνέστερον αὐτὸ τοῦτο ᾐνίξατο εἰπών· Δύναται γὰρ ὁ Θεὸς ἐκ τῶν λίθων τούτων ἐγεῖ-
C ραι τέκνα τῷ Ἀβραάμ. Τινὲς μὲν οὖν φασιν, ὅτι περὶ τῶν ἐθνῶν ταῦτα λέγει, λίθους αὐτοὺς μεταφορικῶς καλῶν· ἐγὼ δὲ καὶ ἑτέραν ἔννοιαν τὸ εἰρημένον φημὶ ἔχειν. Ποίαν δὴ ταύτην; Μὴ νομίζετε, φησὶν, ὅτι ἐὰν ὑμεῖς ἀπόλησθε, ἄπαιδα [c] ποιήσητε τὸν πατριάρχην. Οὐκ ἔστι τοῦτο, οὐκ ἔστι. Τῷ γὰρ Θεῷ δυνατὸν καὶ ἀπὸ λίθων ἀνθρώπους αὐτῷ δοῦναι, καὶ εἰς τὴν συγγένειαν ἐκείνην ἀγαγεῖν, ἐπεὶ καὶ ἐξ ἀρχῆς οὕτως ἐγένετο. Τὸ γὰρ ἐκ λίθων ἀνθρώπους γενέσθαι ὅμοιον ἦν τῷ ἀπὸ τῆς μήτρας ἐκείνης τῆς σκληρᾶς προελθεῖν παιδίον. Ὅπερ οὖν καὶ ὁ προφήτης αἰνιττόμενος ἔλεγεν· Ἐμβλέψατε εἰς τὴν στερεὰν πέτραν, ἐξ ἧς ἐλατομήθητε, καὶ [d] εἰς
D τὸν βόθυνον τοῦ λάκκου, ἐξ οὗ ὠρύχθητε· ἐμβλέψατε

[e] Sic Mss. quamplurimi. Savil. πρὸς ὀλίγον συνεσταλμένοι χρόνον, πρὸς τὴν αὐτὴν ἐπάνιτε πονηρίαν. οὐ γάρ. Morel. πρὸς ὀλίγον συστελλόμενοι πονηροὶ πάλιν. οὐ γάρ.

[a] Morel. et quidam alii τὰς ἐκείνου διατριβάς Mox aliqui ἀνακαλύπτει.

[b] Κακοῖς deest in quibusdam.

[c] Unus ποιήσετε. [Recte.]

[d] Alii εἰς τὸν βυθόν.

εἰς Ἀβραὰμ τὸν πατέρα ὑμῶν, καὶ εἰς τὴν Σάῤῥαν τὴν ὠδίνουσαν ὑμᾶς. Ταύτης τοίνυν τῆς προφητείας αὐτοὺς ἀναμιμνήσκων, καὶ δεικνὺς ὅτι καὶ ἐξ ἀρχῆς οὕτω [e] θαυμαστῶς αὐτὸν ἐποίησε πατέρα, ὡσανεὶ καὶ ἐκ λίθων αὐτὸν ἐποίησε, δυνατὸν καὶ νῦν τοῦτο γενέσθαι. Καὶ ὅρα πῶς καὶ φοβεῖ καὶ ἐκκόπτει. Οὐ γὰρ εἶπεν, ὅτι ἤγειρεν ἤδη, ἵνα μὴ ἀπογνῶσιν ἑαυτῶν· ἀλλ', ὅτι Δύναται ἐγεῖραι. Καὶ οὐκ εἶπεν, ὅτι δύναται ἀνθρώπους ποιῆσαι [f] ἀπὸ λίθων, ἀλλ' ὃ πολλῷ μεῖζον ἦν, καὶ συγγενεῖς καὶ παῖδας τοῦ Ἀβραάμ. Εἶδες πῶς τέως ἀπέστησεν αὐτοὺς τῆς περὶ τὰ σωματικὰ φαντασίας, [g] καὶ τῆς εἰς τοὺς προγόνους καταφυγῆς, ἵνα ἐν τῇ οἰκείᾳ μετανοίᾳ καὶ σωφροσύνῃ τὴν ἐλπίδα τῆς σωτηρίας ἔχωσιν; εἶδες πῶς τὴν τῆς σαρκὸς [h] ἐκβάλλων συγγένειαν, τὴν ἀπὸ τῆς πίστεως εἰσάγει;

Σκόπει τοίνυν πῶς καὶ διὰ τῶν ἑξῆς αὔξει τούτων τὸν φόβον, καὶ ἐπιτείνει τὴν ἀγωνίαν. Εἰπὼν γὰρ, ὅτι Δύναται ὁ Θεὸς ἐκ τῶν λίθων τούτων ἐγεῖραι τέκνα τῷ Ἀβραὰμ, ἐπήγαγε· Ἤδη δὲ καὶ ἡ ἀξίνη πρὸς τὴν ῥίζαν τῶν δένδρων κεῖται· διὰ πάντων τὸν λόγον φοβερὸν ποιῶν. Καὶ γὰρ καὶ αὐτὸς πολλὴν ἀπὸ τοῦ βίου τὴν παῤῥησίαν εἶχε, κἀκεῖνοι σφοδρᾶς ἐδέοντο τῆς ἐπιπλήξεως, πολὺν ἤδη χερσωθέντες χρόνον. Τί γὰρ λέγω, φησὶν, ὅτι [a] ἀποπίπτειν μέλλετε τῆς πρὸς τὸν πατριάρχην συγγενείας, καὶ ἑτέρους ὁρᾷν τοὺς ἀπὸ λίθων εἰς τὴν ὑμετέραν εἰσαγομένους προεδρίαν; Οὐδὲ γὰρ μέχρι τούτου τὰ τῆς τιμωρίας ὑμῖν, ἀλλὰ καὶ περαιτέρω προβήσεται τὰ τῆς κολάσεως. Ἤδη γὰρ, φησὶν, ἡ ἀξίνη πρὸς τὴν ῥίζαν τῶν δένδρων κεῖται. Οὐδὲν φοβερώτερον ταύτης τοῦ λόγου τῆς τροπῆς. [b] Οὐκέτι γὰρ δρέπανον πετόμενον, οὐδὲ φραγμοῦ καθαίρεσις, οὐδὲ τὸ καταπατεῖσθαι τὸν ἀμπελῶνα· ἀλλὰ ἀξίνη σφόδρα ἀκμάζουσα, καὶ τὸ δὴ χαλεπώτερον, ὅτι καὶ ἐπὶ θύραις αὕτη. Ἐπειδὴ γὰρ τοῖς προφήταις συνεχῶς ἀπιστοῦντες ἔλεγον· Ποῦ ἐστιν ἡ ἡμέρα Κυρίου; καὶ, Ἐλθέτω ἡ βουλὴ τοῦ ἁγίου Ἰσραὴλ, ἵνα γνῶμεν· διὰ τὸ μετὰ πολλὰ πολλάκις ἔτη ἐκβαίνειν τὰ λεγόμενα· καὶ ταύτης αὐτοὺς ἀπάγων τῆς παραμυθίας, ἐγγὺς αὐτῶν ἵστησι τὰ δεινά. Καὶ τοῦτο ἐδήλωσε τῷ εἰπεῖν, Ἤδη, καὶ τῷ τῇ ῥίζῃ αὐτὸν [c] προσαγαγεῖν. Οὐδὲν γὰρ τὸ μέσον λοιπὸν, φησὶν, ἀλλ' αὐτῇ γὰρ ἐπίκειται τῇ ῥίζῃ. Καὶ οὐκ εἶπε, τοῖς κλάδοις, οὐδὲ, τοῖς καρποῖς, ἀλλὰ, τῇ ῥίζῃ· δεικνὺς αὐτοὺς, εἰ ῥᾳθυμήσαιεν, ἀνίατα πεισομένους δεινὰ, καὶ οὐδὲ ἐλπίδα ἕξοντας θεραπείας. Οὐδὲ γὰρ δοῦλός ἐστιν ὁ παραγενόμενος, ὡς οἱ πρότερον· ἀλλ' αὐτὸς ὁ τῶν ὅλων Δεσπότης,

patrem vestrum, et in Saram quæ vos parturivit. Hanc ergo prophetiam illis revocat in memoriam, ostenditque sicut a principio illum sic mirabiliter patrem effecit, quasi ex lapidibus, sic et nunc quoque id posse fieri. Sed vide quomodo et terreat et exscindat. Non enim dixit, Jam excitavit, ne ipsi animum desponderent; sed, *Suscitare potest.* Neque dixit, Homines facere potest ex lapidibus, sed quod multo majus erat, et cognatos et filios Abrahæ. Viden' quomodo illos abduxit a
E carnali illa imaginatione et a præsidio proavorum, ut in propria pœnitentia temperantiaque spem salutis haberent? viden' quomodo cognationem carnis excludens, fidei cognationem inducit?

3. Perpende itaque quomodo in sequentibus
152 horum timorem augeat, et sollicitudinem inten-
A dat. Cum dixisset enim, *Potest Deus ex lapidibus istis suscitare filios Abrahæ*, subjunxit: 10. *Jam secûris ad radicem arborum posita est:* per omnia terribilem sermonem reddens. Nam ex vitæ genere magnam dicendi libertatem nactus erat; illi vero vehementi egebant increpatione, quia a multo jam tempore obduruerunt. Quid enim dico, inquit, fore ut excidatis a patriarchæ cognatione, et alios videatis ex lapidibus in vestram succedere dignitatem? Nam hic pœna vobis non subsistit, sed et ulterius adhuc procedet vindicta.
B *Jam* enim, inquit, *securis ad radicem arborum posita est.* Nihil terribilius hac loquendi figura. Jam quippe non ultra falcem volantem, non sepem destructam, non conculcatam vineam, cernere est; sed securim admodum exacutam, quodque gravius, jam ad januas positam. Quia enim prophetis non credentes, sæpe dicebant: *Ubi est dies
Domini? et, Veniat consilium sancti Israël,* Isai. 5. 19.
ut sciamus: eo quod ea, quæ prædicebantur, post multos annos sæpe acciderent: ut hac illos consolatione privaret, vicinam ipsis calamitatem
C constituit. Illud porro declaravit hæc vox, *Jam;* indicat item, quod jam securis radici admota sit. Nihil enim intermedium est, inquit, sed jam radici instat. Non dixit, Ramis, non, Fructibus, sed, Radici; ostendens ipsos, si segniter agant, immedicabilia mala passuros esse, sine ulla spe curationis. Neque enim servus est is qui advenit,

[e] Aliqui θαυμαστόν, male. [Infra ante δυνατόν Savil. addit φησί, quod agnoscit G. Trapezuntius reddens: *nunc quoque istud dicit esse possibile.*]
[f] Alius ἐκ λίθων.
[g] Morel., male, καὶ εἰς τοὺς προγ.
[h] Alii ἐκβαλών.
[a] Quidam ἐκπίπτειν.
[b] Morel. οὐ κεῖται γάρ, male.
[c] Alii προσάγειν.

ut ii qui antea; sed ipse universorum Dominus, qui vehementem et gravissimam infligit vindictam. Attamen postquam illos exterruit, non sinit in desperationem incidere; sed quemadmodum supra non dixit, Suscitavit, sed, *Potest suscitare filios Abrahæ*, terrorem simul et consolationem immittens: sic et hoc loco non dixit, Radicem attigit, sed, *Ad radicem posita est*, seu radici admota est; et nullam fore dilationem ostendit. Cæterum etsi illam ita prope admoverit, sectionem in vestro ponit arbitrio. Nam si convertamini, et in melius mutemini, nihil operata securis removebitur; si autem in iisdem studiis maneatis, radicitus arborem evellet. Ideo securis nec a radice amovetur, neque secat admota, tum ne decidatis, tum ut discatis, posse vos brevi tempore mutatos salutem consequi. Ideo undique timorem auget, ut excitet ipsos impellatque ad pœnitentiam. Nam et ab avorum dignitate excidere, et alios in sui locum inductos cernere, et mala in januis esse, et intolerabilia mala instare, quæ utraque per radicem et per securim indicavit; hæc, inquam, poterant, vel admodum in socordiam lapsos excitare, et sollicitos reddere. Hoc itaque declarans Paulus, dicebat: *Verbum abbreviatum faciet Dominus super universum orbem.* Sed ne timeas; imo potius time quidem, sed ne desperes. Nam adhuc spem mutationis habes; neque enim sententia in opus prodit, neque securis ad secandum venit. Quid enim ne secaret impediebat illam radici admotam? Sed ut te timore meliorem redderet, et ad ferendum fructum aptaret, admota fuit. Ideo intulit: *Omnis arbor quæ non facit fructum bonum excidetur, et in ignem mittetur.* Cum porro dicit, *Omnis*, amovet omnem nobilitatis prærogativam. Etiamsi enim ipsius Abrahæ nepos sis, inquit, etiamsi inter avos multos enumerare possis patriarchas, duplex supplicium lues, si sine fructu maneas. His verbis publicanos terruit, militum animum commovit, non in desperationem conjiciens, sed ab omni segnitie detrudens. Nam id quod dictum erat cum timore magnam adjunctam habebat consolationem. Cum dixit enim, *Quæ non facit fructum bonum*, ostendit illam, quæ fructum bonum profert, nulli supplicio esse obnoxiam.

Timor ad pœnitentiam ducit.

Rom. 9. 28.

4. Et quomodo, inquies, fructum ferre poterimus, instante sectione, et in tam angusto tempore,

σφοδρὰν ἐπάγων τὴν τιμωρίαν καὶ δυνατωτάτην. Ἀλλ' ὅμως καὶ φοβήσας πάλιν αὐτοὺς, οὐκ ἀφίησιν αὐτοὺς εἰς ἀπόγνωσιν ἐμπεσεῖν· ἀλλ' ὥσπερ ἀνωτέρω οὐκ εἶπεν, ὅτι ἤγειρεν, ἀλλ' ὅτι Δύναται ἐγεῖραι τέκνα
D τῷ Ἀβραὰμ, φοβῶν τε ὁμοῦ [d] καὶ παραμυθούμενος· οὕτω καὶ ἐνταῦθα οὐκ εἶπεν, ὅτι ἥψατο τῆς ῥίζης, ἀλλ' ὅτι ἐπίκειται, καὶ ὁμιλεῖ τῇ ῥίζῃ· καὶ οὐδεμίαν ἀναβολὴν ἐνδείκνυται. Πλὴν ἀλλὰ καὶ οὕτως ἐγγὺς αὐτὴν ἀγαγὼν, ὑμᾶς κυρίους ποιεῖ τῆς τομῆς. Ἂν μὲν γὰρ μεταβάλλησθε, καὶ γένησθε βελτίους, ἀπελεύσεται μηδὲν ἐργασαμένη ἡ ἀξίνη αὕτη· ἂν δὲ τοῖς αὐτοῖς ἐπιμείνητε, πρόῤῥιζον ἀνασπάσει τὸ δένδρον. Διά τοι τοῦτο οὔτε ἀφέστηκε τῆς ῥίζης, οὔτε ἐπικειμένη τέμνει, τὸ μὲν ἵνα μὴ ἀναπέσητε, τὸ δὲ ἵνα μάθητε, ὅτι δυνατὸν καὶ ἐν τῷ βραχεῖ χρόνῳ μεταβαλλομένους
E σωθῆναι. Διὸ καὶ πάντοθεν αὔξει τὸν φόβον, διεγείρων αὐτοὺς καὶ ὠθῶν πρὸς μετάνοιαν. Καὶ γὰρ καὶ τὸ τῶν προγόνων ἐκπεσεῖν, καὶ τὸ ἑτέρους ἀντεισαχθῆναι, καὶ τὸ ἐπὶ θύραις εἶναι τὰ δεινὰ, καὶ τὸ ἀνήκεστα πείσεσθαι, ἅπερ ἀμφότερα διὰ τῆς ῥίζης καὶ τῆς ἀξίνης ἐδήλωσεν, ἱκανὰ ἦν καὶ τοὺς σφόδρα ἀναπεπτωκότας διαναστῆσαι, καὶ ἐναγωνίους ἐργάσασθαι.
153 Τοῦτο γοῦν καὶ ὁ Παῦλος δηλῶν ἔλεγεν· Ὅτι λόγον συν-
A τετμημένον [e] ποιήσει Κύριος ἐπὶ τὴν οἰκουμένην ὅλην. Ἀλλὰ μὴ φοβηθῇς· μᾶλλον δὲ φοβήθητι μὲν, μὴ ἀπογνῷς δέ. Ἔτι γὰρ ἔχεις ἐλπίδα μεταβολῆς· οὐ γὰρ αὐτοτελὴς ἡ ἀπόφασις, οὐδὲ [a] ἐπὶ τὸ τέμνειν ἡ ἀξίνη ἦλθεν. Ἐπεὶ τί ἐκώλυεν αὐτὴν τεμεῖν ὁμιλοῦσαν τῇ ῥίζῃ; Ἀλλ' ἐπὶ τό σε τῷ φόβῳ τούτῳ ποιῆσαι βελτίονα, καὶ παρασκευάσαι καρπὸν ἐνεγκεῖν. Διὰ τοῦτο ἐπήγαγε· Πᾶν οὖν δένδρον μὴ ποιοῦν καρπὸν καλὸν, ἐκκόπτεται, καὶ εἰς πῦρ βάλλεται. Ὅταν δὲ εἴπῃ, Πᾶν, ἐκβάλλει
B πάλιν τὴν ἀπὸ τῆς εὐγενείας προεδρίαν. Κἂν γὰρ αὐτοῦ τοῦ Ἀβραὰμ ἔκγονος ᾖς, φησὶν, κἂν μυρίους ἔχῃς ἀριθμεῖν πατριάρχας, διπλῆν ὑποστήσῃ τὴν κόλασιν, ἄκαρπος μένων. Ἀπὸ τούτων τῶν ῥημάτων καὶ τελώνας ἐφόβησε, καὶ [b] στρατιωτῶν διάνοιαν κατέσεισεν, οὔτε εἰς ἀπόγνωσιν ἐμβαλὼν, καὶ ῥαθυμίας ἀπαλλάττων ἁπάσης. Μετὰ γὰρ τοῦ φόβου καὶ πολλὴν παράκλησιν ἔχει τὸ εἰρημένον. Τῷ γὰρ εἰπεῖν, Μὴ ποιοῦν καρπὸν καλὸν, ἔδειξεν ὅτι [c] τὸ ποιοῦν καρπὸν πάσης ἀπήλλακται τιμωρίας.

Καὶ πῶς δυνησόμεθα, φησὶ, ποιῆσαι καρπὸν, τῆς
C τομῆς ἐπικειμένης, καὶ τοῦ χρόνου οὕτως [d] στενοῦ

[d] Morel. et quidam alii καὶ προθυμούμενος.

[e] Morel. ποιήσῃ.

[a] Morel. ἐπὶ τὸ μένειν, male.

[b] Morel. et quidam alii στρατιωτικὴν διάνοιαν.

[c] Alii et Savil. τὸ ποιοῦν καλὸν, et ibidem alii ἀπαλλάττει.

[d] Sic maxima pars Manuscriptorum: Savil. et Morel. autem habent στενοῦντος. Prior lectio magis arridet.

ὄντος, καὶ τῆς προθεσμίας συντετμημένης; Δυνήσῃ, φησίν· οὐ γὰρ τοιοῦτος ὁ καρπὸς, οἷος ὁ τῶν δένδρων, χρόνον ἀναμένων πολὺν, καὶ ὡρῶν δουλεύων ἀνάγκαις, καὶ πολλῆς ἑτέρας δεόμενος πραγματείας· ἀλλ' ἀρκεῖ θελῆσαι, καὶ τὸ δένδρον εὐθέως ἐβλάστησε. Οὐ γὰρ ἡ φύσις τῆς ῥίζης [e] μόνον, ἀλλὰ καὶ ἡ τέχνη τοῦ γεωργοῦ πρὸς τὴν τοιαύτην τὰ μέγιστα συντελεῖ καρποφορίαν. Διὰ γάρ τοι τοῦτο, ἵνα μὴ ταῦτα λέγωσιν, ὅτι θορυβεῖς ἡμᾶς, καὶ κατεπείγεις, καὶ [f] ἄγχεις, ἀξίνην τε ἐπιτιθεὶς καὶ τομὴν ἀπειλῶν, καὶ προσόδους ἐν καιρῷ τιμωρίας αἰτῶν, ἐπήγαγε, δεικνὺς τὴν εὐκολίαν τῆς καρποφορίας· Ἐγὼ μὲν ὑμᾶς βαπτίζω ἐν ὕδατι· ὁ δὲ ὀπίσω μου ἐρχόμενος, ἰσχυρότερός μού ἐστιν, οὗ οὐκ εἰμὶ ἄξιος τὸν ἱμάντα τοῦ ὑποδήματος λῦσαι. Αὐτὸς ὑμᾶς βαπτίσει ἐν Πνεύματι ἁγίῳ καὶ πυρί· διὰ τούτων δεικνὺς, ὅτι γνώμης μόνης δεῖται καὶ πίστεως, οὐ πόνων καὶ ἱδρώτων· καὶ ὥσπερ εὔκολον βαπτισθῆναι, οὕτως εὔκολον μεταβληθῆναι καὶ γενέσθαι ἀμείνους. Κατασείσας τοίνυν αὐτῶν τὴν διάνοιαν τῷ φόβῳ τῆς κρίσεως καὶ τῇ προσδοκίᾳ τῆς κολάσεως, καὶ τῷ ὀνόματι τῆς ἀξίνης, καὶ τῇ ἀποβολῇ τῶν προγόνων, καὶ τῇ εἰσαγωγῇ τῶν ἑτέρων τέκνων, καὶ διπλῇ [g] τιμωρίᾳ, τῇ ἐκτομῇ, καὶ τῷ ἐμπρησμῷ, καὶ πάντοθεν αὐτῶν καταμαλάξας τὸ σκληρὸν, καὶ καταστήσας εἰς ἐπιθυμίαν τῆς ἀπαλλαγῆς τῶν τοσούτων κακῶν, τότε εἰσάγει τὸν περὶ τοῦ Χριστοῦ λόγον· καὶ οὐχ ἁπλῶς, ἀλλὰ μετὰ πολλῆς τῆς ὑπεροχῆς· εἶτα τὸ μέσον αὐτοῦ καὶ ἐκείνου τιθεὶς, ἵνα μὴ δόξῃ χαριζόμενος τοῦτο λέγειν, ἀπὸ τῆς συγκρίσεως τῶν παρ' ἑκατέρου διδομένων τοῦτο κατασκευάζει. Οὐ γὰρ εὐθέως εἶπεν, Οὐκ εἰμὶ ἄξιος αὐτοῦ λῦσαι τὸν ἱμάντα τοῦ ὑποδήματος, ἀλλὰ πρότερα τὸ εὐτελὲς τοῦ βαπτίσματος τοῦ ἑαυτοῦ θεὶς, καὶ δείξας ὡς οὐδὲν πλέον ἔχει τοῦ πρὸς μετάνοιαν αὐτοὺς ἀγαγεῖν (οὐ γὰρ εἶπεν, ὅτι ὕδατι ἀφέσεως, ἀλλὰ μετανοίας), τίθησι καὶ τὸ αὐτοῦ, τὸ τῆς ἀφάτου δωρεᾶς γέμον. Ἵνα γὰρ μὴ ἀκούσας, φησὶν, ὅτι μετ' ἐμὲ ἔρχεται, καταφρονήσῃς αὐτοῦ ὡς [h] ὑστέρου παραγενομένου, μάθε αὐτοῦ τῆς δωρεᾶς τὴν δύναμιν, καὶ εἴσῃ σαφῶς, ὅτι οὐδὲν ἄξιον εἴρηκα, οὐδὲ μέγα, εἰπὼν ὅτι Οὐκ εἰμὶ ἄξιος λῦσαι τὸν ἱμάντα τοῦ ὑποδήματος. Ὥστε ὅταν ἀκούσῃς, ὅτι Ἰσχυρότερός μού ἐστι, μὴ νομίσῃς κατὰ σύγκρισίν με τοῦτο εἰρηκέναι. Οὐδὲ γὰρ εἰς δούλους ἄξιός εἰμι τάττεσθαι ἐκείνου, οὐδὲ εἰς δούλους ἐσχάτους, οὐδὲ τὸ εὐτελὲς τῆς διακονίας ἀναδέξασθαι μέρος. Διὰ τοῦτο οὐχ ἁπλῶς εἶπε, τὰ ὑποδήματα, ἀλλ', οὐδὲ τὸν ἱμάντα· ὅπερ ἔσχατον πάντων ἐδόκει εἶναι. Εἶτα, ἵνα μὴ νομίσῃς ταπεινοφροσύνης εἶναι τὰ εἰρη-

cum statutus terminus sit ita proximus? Poteris, inquit; non enim talis est ille, qualis arborum fructus, qui multum postulat tempus, et est anni tempestatibus subditus, ac multa eget operatione; sed sufficit velle, et statim floret arbor. Neque enim radicis natura tantum, sed etiam ars agricolæ ad fructum ferendum maxime juvat. Idcirco ne dicerent: Nos turbas, urges, cogis, admota securi sectionem comminando, et in ipso supplicii tempore fructus proventum exigis; subjunxit, osten-
D dens afferendi fructus facilitatem: 11. *Ego vos baptizo in aqua: qui autem post me venit, fortior me est, cujus non sum dignus corrigiam calceamenti solvere. Ipse vos baptizabit in Spiritu sancto et in igne*: his declarans voluntate simul et fide opus esse, non laboribus sudoribusque; atque ut facile est baptizari, ita facile esse converti et meliores evadere. Postquam igitur illorum animos commoverat timore judicii et exspectatione supplicii, securis nomine, majorum amissione, aliorum inductione filiorum, duplici supplicio, sectionis et incendii, et postea horum omnium
E duritiem asperitatemque mitigaverat, ac malorum depulsionis desiderium induxerat: tunc demum de Christo verba facit, non simpliciter, sed excellentiam ejus extollens; deinde quantum intervalli esset inter se et illum declarans, ne videretur id ad gratiam dicere, ex comparatione donorum quæ ab utroque manarent, id peragit. Non enim statim dixit, *Cujus non sum dignus corrigiam calcea-*
154 *menti solvere*, sed postquam baptismi sui simpli-
A citatem posuit, et ostendit illum nihil plus habere, quam quod ad pœnitentiam ipsos deduceret (neque enim dixit, In aqua remissionis, sed, Pœnitentiæ), Christi baptismum ponit ineffabili dono refertum. Ne, inquit, cum audis, ipsum post me venire, illum despicias, quod postremus venerit: disce vim doni ipsius, et clare scies me nec dignius quidpiam vel magnum protulisse, cum dixi, *Cujus non sum dignus corrigiam calceamenti solvere.* Itaque cum audieris ipsum fortiorem me esse, ne putes id me per comparationem dixisse. Neque
B enim dignus sum inter servos ejus computari, imo ne inter ultimos servos neque ministerii vel vilissimam partem obire. Quamobrem non simpliciter dixit, Calceamenta, sed, Neque corrigiam, quod extremum omnium videtur esse. Deinde, ne putes hæc per humilitatem fuisse dicta, ex rebus

[e] Quidam habet ἀρκεῖ post μόνον.

[f] Ἄγχεις, quidam habent ἐλέγχεις.

[g] Quidam alii τιμωρίᾳ τῆς τε ἐκτομῆς καὶ τοῦ ἐμπρησμοῦ.

[h] Ὑστέρου Mss., Savil. ὕστερον, quæ lectio item quadrat. Morel. ὑπερτέρου, male.

ipsis demonstrationem adjicit: nam ait, *Ipse vos baptizabit in Spiritu sancto et in igne.* Viden' quanta sit Baptistæ sapientia? Quando ipse prædicat, terribilia omnia præfert quæ in anxietatem conjiciant; quando autem ad Christum mittit, bona annuntiat, quæ animos possint recreare. Neque enim securim, neque excisam arborem, vel combustam et in ignem conjectam, neque futuram iram in medium adducit, sed peccatorum remissionem, supplicii veniam, justitiam, sanctificationem, redemtionem, adoptionem, fraternitatem, hereditatis consortium, et Spiritus sancti copiosam largitionem. Hæc omnia subindicavit dicens, *Baptizabit vos in Spiritu sancto*, ipsa metaphora gratiæ copiam declarans. Non enim dixit, Dabit vobis Spiritum sanctum; sed, *Baptizabit vos in*
Gratiæ τὸ ἀκάθεκτον. *Spiritu sancto;* et ignis additione vehementiam et efficaciam gratiæ demonstrans.

5. Perpende igitur quo animo verisimile est tunc fuisse auditores, cogitantes se similes prophetis magnisque illis viris mox futuros esse. Ideo enim ignis mentionem fecit, ut illis ipsorum memoriam revocaret. Nam maxima pars earum, quas habuere, visionum, per ignem apparuere: sic Moysi in rubo loquutus est Deus, sic omni populo in monte Sina; sic Ezechieli cum Cherubinis. Animadverte porro quomodo auditorem excitet, primum statuens id quod post alia omnia futurum erat. Oportebat enim immolari Agnum, et peccatum deleri, inimicitiam solvi, sepulturam succedere et resurrectionem, et postea Spiritum sanctum advenire. At eorum nihil dicit; sed quod postremum erat, primum posuit, propter quod cætera omnia facta sunt, quodque maxime idoneum erat ad ejus prædicandam dignitatem: ut cum didicerit auditor, se tantum Spiritum accepturum esse, quærat apud semetipsum quomodo id futurum esset peccato late regnante; ut illum postea reperiens sollicitum, et ad audiendum paratum, sic de passione sermonem induceret, nemine postea in offendiculum labente ob diuturnam doni hujusmodi exspectationem. Ideo rursum clama-
Joan. 1. 29. bat: *Ecce agnus Dei, qui tollit peccatum mun-*

μένα, ἐπάγει καὶ τὴν ἀπὸ τῶν πραγμάτων ἀπόδειξιν· Ἐκεῖνος γάρ ὑμᾶς, φησὶ, βαπτίσει ἐν Πνεύματι ἁγίῳ καὶ πυρί. Εἶδες πόση τοῦ βαπτιστοῦ ἡ σοφία; Ὅταν γὰρ αὐτὸς κηρύττῃ, τὰ φοβερὰ πάντα λέγει, καὶ ἀγωνίαν ἐμβάλλοντα· ὅταν δὲ πρὸς ἐκεῖνον πέμπῃ, τὰ χρηστὰ καὶ ἀνακτήσασθαι ἱκανά. Οὐ γὰρ τὴν
C ἀξίνην, οὐδὲ τὸ δένδρον τὸ ἐκκοπτόμενον, καὶ καιόμενον, καὶ εἰς πῦρ βαλλόμενον, οὔτε τὴν μέλλουσαν ὀργὴν εἰς μέσον ἄγει, ἀλλ' ἁμαρτημάτων ἄφεσιν, καὶ τιμωρίας ἀναίρεσιν, καὶ δικαιοσύνην, καὶ ἁγιασμὸν, καὶ ἀπολύτρωσιν, καὶ υἱοθεσίαν, καὶ ἀδελφότητα, καὶ κληρονομίας κοινωνίαν, καὶ Πνεύματος ἁγίου δαψιλῆ χορηγίαν. Ταῦτα γὰρ πάντα ᾐνίξατο εἰπών· Βαπτίσει ὑμᾶς ἐν Πνεύματι ἁγίῳ· καὶ αὐτῇ τῇ μεταφορᾷ τῆς λέξεως τὸ δαψιλὲς τῆς χάριτος ἐμφαίνων. Οὐ γὰρ εἶπε, δώσει ὑμῖν Πνεῦμα ἅγιον, ἀλλὰ, Βαπτίσει ὑμᾶς ἐν Πνεύματι ἁγίῳ· καὶ τῇ ἐπεξηγήσει τοῦ πυρὸς πάλιν
D τὸ σφοδρὸν καὶ ἀκάθεκτον τῆς χάριτος [b] ἐνδεικνύμενος.

Ἐννόησον γοῦν τίνας εἰκὸς ἦν γενέσθαι τοὺς ἀκούοντας, λογιζομένους ὅτι κατὰ τοὺς προφήτας ἀθρόον ἔσονται καὶ κατὰ τοὺς μεγάλους ἐκείνους. Διὰ γάρ τοι τοῦτο καὶ πυρὸς ἐμνημόνευσεν, ἵνα εἰς ἔννοιαν αὐτοὺς τῆς μνήμης ἐκείνων ἀγάγῃ. Καὶ γὰρ ὅσαι σχεδὸν αὐτοῖς ὄψεις ἐφάνησαν, αἱ πλείους διὰ πυρὸς ἐφάνησαν· οὕτω τῷ Μωϋσῇ διελέχθη ἐν τῇ βάτῳ ὁ Θεός· οὕτω τῷ δήμῳ παντὶ ἐν τῷ ὄρει Σινᾷ· οὕτω τῷ Ἰεζεκιὴλ ἐπὶ τῶν Χερουβίμ. Σκόπει δὲ πῶς καὶ διεγείρει τὸν ἀκροατὴν, πρότερον μὲν θεὶς ὃ μετὰ πάντα ἔμελλεν
E γενέσθαι. Ἔδει γὰρ σφαγῆναι τὸν ἀμνὸν, καὶ τὴν ἁμαρτίαν ἀφανισθῆναι, καὶ καταλυθῆναι τὴν ἔχθραν, καὶ τὴν ταφὴν γενέσθαι, καὶ τὴν ἀνάστασιν, καὶ τότε τὸ Πνεῦμα παραγενέσθαι. Ἀλλὰ τούτων οὐδὲν λέγει τέως· ἀλλὰ πρῶτον τὸ τελευταῖον, καὶ δι' ὃ πάντα ἐκεῖνα ἐγίνετο, καὶ ὃ μάλιστα ἱκανὸν ἦν αὐτοῦ τὴν
155 ἀξίαν κηρῦξαι· ἵν' ὅταν ἀκούσῃ ὁ ἀκροατὴς, ὅτι
A Πνεῦμα λήψεται τοσοῦτον, [a] ζητήσῃ πρὸς ἑαυτὸν, πῶς καὶ τίνι τρόπῳ τοῦτο ἔσται, τῆς ἁμαρτίας οὕτω κρατούσης· ἵνα λαβὼν [b] αὐτὸν μεμεριμνημένον, καὶ ἐμπαράσκευον πρὸς τὴν ἀκρόασιν, οὕτω τὸν περὶ τοῦ πάθους εἰσαγάγῃ λόγον, μηδενὸς λοιπὸν σκανδαλιζομένου τῇ προσδοκίᾳ τῆς τοιαύτης δωρεᾶς. Διὸ πάλιν ἐβόα λέγων· Ἴδε ὁ ἀμνὸς τοῦ Θεοῦ, ὁ αἴρων τὴν ἁμαρτίαν τοῦ κόσμου. [c] Οὐκ εἶπεν, ἀφεὶς, ἀλλ' ὃ μείζονος

[b] Alii ἐνδειξάμενος. Gratia autem hic dicitur ἀκάθεκτος, *quæ retineri nequit. Efficaciam* vertimus.

[a] Ζητήσῃ Savil., ζητῇ Mss. quidam, ζητεῖ Morel., male.

[b] Αὐτὸν deest in Morel.

[c] Hic verborum significatio perspicua est: *Non dixit*, *Qui remittit*, *sed quod majoris erat curæ ac providentiæ*, Qui tollit. *Non enim æquale vel idipsum est simpliciter remittere*, *et ipsum resumere. Nam illud sine periculo fiebat*, *hoc autem per mortem.* Sed quæ vere sit mens Chrysostomi non ita facile est intelligere. Difficultas autem in his maxime verbis versatur, καὶ τὸν αὐτὸν ἀναλαβεῖν. Si τὴν αὐτὴν ἀναλαβεῖν legeretur, idque ad ἁμαρτίαν referri posset, tunc sic explicandum esset: *Non enim idipsum est peccatum dimittere*, *et ipsum de medio tollere. Nam illud sine periculo fiebat*, *hoc autem per mortem Christi.*

ἦν κηδεμονίας, Ὁ αἴρων. Οὐ γάρ ἐστιν ἴσον ἀφεῖναι ἁπλῶς, καὶ τὸν αὐτὸν ἀναλαβεῖν. Τὸ μὲν γὰρ [d] ἐξ ἀκινδύνου ἐγίνετο, τὸ δὲ μετὰ θανάτου. Καὶ πάλιν ἔλεγεν, ὅτι Υἱὸς τοῦ Θεοῦ ἐστιν. Ἀλλ' οὐδὲ τοῦτο B τρανὴν τοῖς ἀκούουσι τὴν ἀξίαν ἐδήλου. Οὐδὲ γὰρ ᾔδεσαν οὐδέπω γνήσιον αὐτὸν ἐννοεῖν Υἱόν· ἀπὸ δὲ τῆς τοσαύτης τοῦ Πνεύματος δόσεως κἀκεῖνο [e] συνίσταται. Διὰ δὴ τοῦτο καὶ ὁ Πατὴρ πέμπων τὸν Ἰωάννην, τοῦτο αὐτῷ δεῖγμα πρῶτον τῆς τοῦ παραγινομένου δέδωκεν ἀξίας, εἰπών· Ἐφ' ὃν ἂν ἴδῃς τὸ Πνεῦμα καταβαῖνον καὶ μένον, οὗτός ἐστιν ὁ βαπτίζων ἐν Πνεύματι ἁγίῳ. Διὸ καὶ αὐτός φησιν· Ἐγὼ ἑώρακα καὶ μεμαρτύρηκα, ὅτι οὗτός ἐστιν ὁ Υἱὸς τοῦ Θεοῦ, ὡς ἀπὸ τούτου κἀκείνου λοιπὸν σαφῶς συνισταμένου. Εἶτα, ἐπειδὴ τὰ χρηστὰ εἶπε, καὶ ἀνῆκε τὸν ἀκροατὴν καὶ ἐχάλασε, πάλιν ἐπισφίγγει, ὥστε μὴ γενέσθαι ῥᾴθυμον. Τοιοῦτον γὰρ τὸ γένος τὸ Ἰουδαϊ- C κόν· ὑπὸ τῶν χρηστῶν ἐχαυνοῦντο ῥᾳδίως καὶ χείρους ἐγίνοντο. Διόπερ πάλιν ἐπάγει τὰ φοβερὰ, λέγων· Οὗ τὸ πτύον ἐν τῇ χειρὶ αὐτοῦ. Ἀνωτέρω μὲν τὴν κόλασιν εἶπεν· ἐνταῦθα δὲ καὶ τὸν κριτὴν δείκνυσι, καὶ τὴν τιμωρίαν ἀθάνατον εἰσάγει· Κατακαύσει γὰρ, φησὶ, τὸ ἄχυρον πυρὶ ἀσβέστῳ. Ὁρᾷς αὐτὸν τὸν τῶν πραγμάτων Κύριον, καὶ αὐτὸν ὄντα τὸν γεωργὸν, κἂν τὸν Πατέρα ἀλλαχοῦ ταὐτὸ λέγῃ· Ὁ Πατήρ μου γὰρ, φησὶν, ὁ γεωργός [f] ἐστιν. Ἐπειδὴ γὰρ εἶπεν, Ἀξίνη, ἵνα μὴ νομίσῃς πόνου δεῖσθαι τὸ πρᾶγμα, καὶ δυσδιάκριτον εἶναι, ἐξ ἑτέρου παραδείγματος καὶ τὴν εὐκολίαν εἰσάγει, δεικνὺς πάντα αὐτοῦ ὄντα τὸν κό- D σμον· οὐ γὰρ ἂν τοὺς μὴ ἑαυτοῦ ἐκόλασε. Νῦν μὲν οὖν πάντα ἀναμέμικται. Κἂν γὰρ φαίνηται διαλάμπων ὁ σῖτος, ἀλλ' ὅμως μετὰ τῶν ἀχύρων κεῖται, ὡς ἐν ἅλωνι, οὐχ ὡς ἐν ἀποθήκῃ. Τότε δὲ πολλὴ ἔσται ἡ διάκρισις. Ποῦ νῦν εἰσιν οἱ τῇ γεέννῃ διαπιστοῦντες; Καὶ γὰρ δύο τέθεικε, καὶ ὅτι βαπτίσει Πνεύματι ἁγίῳ, καὶ ὅτι κατακαύσει τοὺς ἀπιστοῦντας. Εἰ τοίνυν ἐκεῖνο πιστὸν, καὶ τοῦτο πάντως. Διὰ τοῦτο ἐφεξῆς τὰς δύο προῤῥήσεις τέθεικεν, ἵνα ἀπὸ τῆς ἤδη γενομέ- E νης καὶ τὴν μηδέπω συμβᾶσαν πιστώσηται. Καὶ γὰρ καὶ ὁ Χριστὸς πολλαχοῦ τοῦτο ποιεῖ, πολλάκις μὲν 156 ἐπὶ τῶν αὐτῶν πραγμάτων, πολλάκις δὲ ἐπὶ τῶν A ἐναντίων, [*] τὰς δύο τιθεὶς προφητείας, καὶ τὴν μὲν ἐνταῦθα παρεχόμενος, τὴν δὲ ἐν τῷ μέλλοντι ὑπισχνούμενος, ἵνα ἀπὸ τῆς ἤδη γενομένης καὶ τῇ μηδέπω γενομένῃ πιστεύσωσιν οἱ φιλονεικότεροι. Καὶ γὰρ τοῖς

di. Non dixit, Qui remittit, sed quod majoris erat curæ ac providentiæ, *Qui tollit.* Non enim idipsum est simpliciter remittere, et postea resumere. Nam illud sine periculo fiebat, hoc autem per mortem. Rursus vero dicebat, quod Filius Dei esset. Verum neque illud clare dignitatem illius *Ibid. v. 34.*
audientibus exprimebat. Nondum enim sciebant ipsum esse genuinum Filium : ex dono autem Spiritus sancti id jam constabat. Ideoque Pater Joannem mittens, dignitatis ejus, qui adveniebat, hoc argumentum dedit, dicens : *Super quem vi- Ibid. v. 33.*
deris Spiritum descendentem et manentem, hic est qui baptizat in Spiritu sancto. Quapropter et ipse dicit : *Ego vidi et testimonium perhibui Ibid. v. 34.*
quia hic est Filius Dei, quasi ex hoc et illud quoque jam clarum evaderet. Deinde, quia bona dixit, auditoremque remisit atque laxavit, rursus illum restringit, ne in desidiam cadat. Tale quippe erat Judæorum genus : ex prosperis cito emolliebantur, deterioresque fiebant. Ideoque rursus terribilia inducit his verbis : 12. *Cujus ventilabrum in manu sua.* Superius jam supplicium memoraverat; hic vero Judicem inducit, immortaleque supplicium : nam ait : *Comburet paleas igne inexstinguibili.* Vides ipsum rerum omnium Dominum agricolam esse : quamquam Patrem hoc ipsum esse alibi dixerit : *Pater meus*, inquit, *Joan. 15. 1.*
agricola est. Quia enim dixit, *Securis*, ne putares rem labore opus habere, nec facile discerni posse, alio exemplo facilitatem inducit, ostendens mundum totum illius esse : non enim puniret alienos. Nunc vero omnia permixta sunt. Etiamsi enim frumentum luceat, attamen cum palea positum est, utpote in area, non in horreo. Tunc autem omnia discernentur. Ubi nunc sunt illi qui gehennam esse non credunt? Etenim duo posuit, et baptizaturum esse in Spiritu sancto, et combusturum non credentes. Si igitur illud credendum, et hoc etiam prorsus. Propter hoc enim utrumque prædixit, ut ab unius prædictionis eventu, alteri fides non negaretur. Nam et Christus id non raro facit : sæpe in iis ipsis rebus, sæpe etiam in contrariis, duas apponens prophetias, quarum unam exhibet impletam, alteram implendam promittit, ut ab ea, quæ jam evenit, alteram, quæ nondum

[d] Unus Codex ἔξω κινδύνου, et forte melius.

[e] Alii συνίστατο. Paulo post Morel. τοῦτο αὐτὸ δεῖγμα. Mox alii παραγενομένου.

[f] Savil. et quidam Manuscripti ἐστιν. εἶτα ἐπειδὴ εἶπεν. Infra Savil. εἶναι, ἐξ ἑτέρου παραδείγματος τὴν εὐκ. Morel. εἶναι ἐξαιρέτου πράγματος τήν. Paulo post alii τοὺς μὴ αὐτοῦ ἐκόλ. Mox quidam διαφαίνηται λαμπρὸς ὁ σῖτος. Paulo post Morel. ποῦ οὖν εἰσιν.

[*] [Apud Montf. vitiose cudebatur τὴν δύο τιθεὶς προφητείας. Veneti scripserunt τάς, sed articulum omittunt Commelin. et Savil.]

Matt. 10. 30. evenit, vel contentiosiores credant. Etenim iis qui propter ipsum omnia reliquerint, centuplum in præsenti sæculo se daturum pollicitus est, et vitam æternam in futuro, ex iis, quæ hic dantur, futura fide digna reddens. Id quod etiam fecit Joannes, utrumque ponens, et quod baptizet in Spiritu sancto, et quod comburat igne inexstinguibili.

6. Si itaque non baptizavit in Spiritu apostolos, neque illos, qui quotidie baptizari vellent, de illis etiam dubitandi locum haberes; si vero id quod majus et difficilius esse videbatur, et quod sermonem omnem superat, et factum est, et quotidie efficitur, quid causæ est cur id quod facile et secundum rationem est, verum esse dicas? Quia enim dixit: ***Baptizabit in Spiritu sancto et in igne***, et magna hic promisit bona, ne animo concideres, prioribus omnibus neglectis, ventilabrum induxit, et judicium sive delectum per hoc fieri solitum. Ne putetis enim, inquit, baptismum sufficere, si improbi postea fueritis; opus quippe nobis est et virtute et multa philosophia. Propterea lavacrum in gratiam ipsos a securi illa depellit et transfert: post gratiam autem a ventilabro et igne inexstinguibili terret, et nullam facit distinctionem eorum qui nondum baptizati sunt, sed generaliter ait: ***Omnis arbor, quæ non facit fructum bonum, excidetur***, infideles omnes puniens; post baptisma autem distinctionem quamdam efficit; quia multi eorum qui credidere, fide indignam vitam ducturi erant. Nemo itaque palea fiat, nemo sit fluctuans, neque pravis cupiditatibus sit addictus, ita ut ab illis facile undique jactetur. Si enim frumentum maneas, etiamsi tentatio ingruat, nihil mali passurus es: nam in area rotæ currus sulcandi facultatem habentes, frumentum non scindunt; si vero in paleæ fragilitatem incideris, et hic intoleranda patieris, ab omnibus concisus, et illic supplicium lues æternum. Qui enim tales sunt, antequam fornacem illam futuram adeant, irrationabilium affectuum hic esca efficiuntur, ut paleæ sunt brutorum cibus: et illic rursus materia et cibus ignis erunt. Si statim dixisset: Ipse judicabit de actibus; sermonem non ita probabilem reddidisset; cum autem parabolam admiscuit, et per eam omnia dispensavit, id ad persuadendum magis aptum erat; et cum majori consolatione auditorem trahebat. Idcirco illos sæpe hac ratione alloquitur, aream, messem, vineam, torcular, agrum, sagenam, piscium capturam,

δι' αὐτὸν ἀποδυομένοις τὰ ὄντα πάντα ἑκατονταπλασίονα ὑπέσχετο δώσειν ἐν τῷ παρόντι βίῳ, καὶ ζωὴν αἰώνιον ἐν τῷ μέλλοντι, ἀπὸ τῶν ἤδη δοθέντων καὶ τὰ μέλλοντα ἀξιόπιστα καθιστάς. Ὃ δὴ καὶ Ἰωάννης ἐνταῦθα πεποίηκε δύο θεὶς, ὅτι καὶ βαπτίσει Πνεύματι ἁγίῳ, καὶ κατακαύσει πυρὶ ἀσβέστῳ.

B Εἰ τοίνυν μὴ ἐβάπτισεν ἐν Πνεύματι τοὺς ἀποστόλους καὶ πάντας καθ' ἑκάστην ἡμέραν τοὺς βουλομένους, ἔχοις ἂν καὶ περὶ ἐκείνων ἀμφιβάλλειν· εἰ δὲ τὸ μεῖζον καὶ δυσκολώτερον εἶναι δοκοῦν, καὶ πάντα ὑπερβαῖνον λόγον καὶ γέγονε καὶ καθ' ἑκάστην γίνεται, πῶς τὸ εὔκολον καὶ κατὰ λόγον γινόμενον οὐ φῂς εἶναι ἀληθές; Ἐπειδὴ γὰρ εἶπεν, ὅτι Βαπτίσει ἐν Πνεύματι ἁγίῳ καὶ πυρὶ, καὶ μεγάλα [a] ἐνταῦθα ὑπέσχετο ἀγαθὰ, ἵνα μὴ ἀναπέσῃς τῶν προτέρων ἁπάντων ἀφεθεὶς, ἐπήγαγε τὸ πτύον, καὶ τὴν διὰ τούτου κρίσιν ἐμφαινομένην. Μὴ γὰρ δὴ νομίσητε, φησὶν, ἀρκεῖν τὸ βάπτισμα, εἰ φαῦλοι μετὰ ταῦτα γένοισθε· δεῖ γὰρ ἡμῖν καὶ ἀρετῆς καὶ πολλῆς τῆς C φιλοσοφίας. Διὰ τοῦτο εἰς μὲν τὴν χάριν καὶ [b] τὸ λουτρὸν ἀπὸ τῆς ἀξίνης αὐτοὺς ὠθεῖ· μετὰ δὲ τὴν χάριν, ἀπὸ τοῦ πτύου καὶ τοῦ πυρὸς τοῦ ἀσβέστου φοβεῖ, καὶ τῶν μὲν πρὸ τοῦ βαπτίσματος οὐδεμίαν ποιεῖται διάκρισιν, ἀλλ' ἁπλῶς, Πᾶν δένδρον μὴ ποιοῦν καρπὸν καλὸν ἐκκόπτεται, φησὶ, τοὺς ἀπίστους ἅπαντας κολάζων· μετὰ δὲ τὸ βάπτισμα διαίρεσίν τινα ἐργάζεται, ἐπειδὴ πολλοὶ τῶν πιστευσάντων ἀνάξιον ἔμελλον τῆς πίστεως ἐπιδείκνυσθαι βίον. Μηδεὶς τοίνυν γινέσθω ἄχυρον, μηδεὶς εὐρίπιστος ἔστω, μηδὲ ταῖς πονηραῖς ἐπιθυμίαις προκείσθω, πανταχοῦ ῥᾳδίως ὑπ' D αὐτῶν ἀναρριπιζόμενος. Ἂν μὲν γὰρ μείνῃς σῖτος, κἂν πειρασμὸς ἐπενεχθῇ, οὐδὲν πείσῃ δεινόν· καὶ γὰρ κατὰ τὴν ἅλω τῆς ἁμάξης οἱ τροχοὶ οἱ πριστηροειδεῖς τὸν σῖτον οὐ διατέμνουσιν· ἂν δὲ εἰς ἀχύρου μεταπέσῃς ἀσθένειαν, καὶ ἐνταῦθα ἀνήκεστα πείσῃ, κοπτόμενος ὑπὸ πάντων, καὶ ἐκεῖ τὴν ἀθάνατον ὑποστήσῃ κόλασιν. Οἱ γὰρ τοιοῦτοι πάντες καὶ πρὸ τῆς ἐκεῖ καμίνου τροφὴ τοῖς ἀλόγοις γίνονται ἐνταῦθα πάθεσιν, ὥσπερ τὸ ἄχυρον τοῖς ἀλόγοις ζώοις· καὶ ἐκεῖ πάλιν E ὕλη καὶ τροφὴ τῷ πυρί. Τὸ μὲν οὖν εἰπεῖν ἐξ εὐθείας, ὅτι αὐτὸς δικάσει τοῖς γινομένοις, οὐχ οὕτως ἐποίει εὐπαράδεκτον τὸν λόγον· τὸ δὲ ἀναμίξαι τὴν παραβολὴν, καὶ διὰ ταύτης κατασκευάσαι τὸ πᾶν, μᾶλλον ἔπειθε καὶ μετὰ πλείονος παραμυθίας ἐφείλκετο τὸν ἀκροατήν. Διὸ καὶ τὰ πλείονα οὕτως αὐτὸς αὐτοῖς δια- 157 λέγεται, ἅλωνα, καὶ ἀμητὸν, καὶ ἀμπελῶνα, καὶ λη- A νὸν, καὶ ἄρουραν, καὶ σαγήνην, καὶ [a] ἁλιείαν, καὶ πάντα τὰ συνήθη, καὶ ἐν οἷς ἐστρέφοντο, τοῖς λόγοις

[a] Alii ἐντεῦθεν, non male.

[b] Τὸ λουτρὸν ἀπὸ τῆς ἀξίνης αὐτοὺς ὠθεῖ, *Lavacrum a securi depellit eos*, id est, a comminatione securis.

[a] Savil. ἁλιείαν, alii ἀλείαν, alii ἅλαν. Ibidem quidam habent ἐτρέφοντο.

μιγνὺς τοῖς αὐτοῦ. Ὅπερ οὖν καὶ ὁ βαπτιστὴς ἐνταῦθα πεποίηκε, καὶ ἀπόδειξιν μεγίστην παρέσχετο τῶν εἰρημένων τὴν τοῦ Πνεύματος δόσιν. Ὁ γὰρ τοσαῦτα δυνάμενος, ὡς καὶ ἁμαρτήματα ἀφεῖναι, καὶ Πνεῦμα δοῦναι, καὶ ταῦτα πολλῷ μᾶλλον δυνήσεται, φησίν. Εἶδες πῶς ἤδη τὸ μυστήριον προκατεβάλλετο ἀκολούθως τῆς ἀναστάσεως καὶ τῆς κρίσεως; Καὶ τίνος ἕνεκεν, φησὶν, οὐκ εἶπεν τὰ εὐθέως ἐσόμενα παρ' αὐτοῦ σημεῖα καὶ τέρατα; Ὅτι τοῦτο μεῖζον ἁπάντων ἦν, καὶ διὰ τοῦτο πάντα ἐκεῖνα ἐγίνετο. Τὸ γὰρ κεφάλαιον θεὶς, πάντα περιέλαβε· [b] θανάτου B λύσιν, ἁμαρτημάτων ἀναίρεσιν, κατάρας ἀφανισμὸν, τῶν χρονίων πολέμων ἀπαλλαγὴν, τὴν εἰς τὸν παράδεισον εἴσοδον, τὴν εἰς οὐρανοὺς ἄνοδον, τὴν μετὰ ἀγγέλων πολιτείαν, τὴν τῶν μελλόντων ἀγαθῶν κοινωνίαν. Καὶ γὰρ οὗτος ἀῤῥαβὼν ἐκείνων ἐστίν. Εἰπὼν τοίνυν τοῦτο, εἶπε καὶ τὴν τῶν σωμάτων ἀνάστασιν, καὶ τὴν τῶν ἐνταῦθα σημείων ἐπίδειξιν, καὶ τὴν τῆς βασιλείας κοινωνίαν, καὶ τὰ ἀγαθὰ, Ἃ ὀφθαλμὸς οὐκ εἶδε, καὶ οὖς οὐκ ἤκουσε, καὶ ἐπὶ καρδίαν ἀνθρώπου οὐκ ἀνέβη. Ταῦτα γὰρ πάντα δι' ἐκείνου τοῦ χαρίσματος ἡμῖν παρέσχετο. Περιττὸν τοίνυν ἦν περὶ τῶν σημείων εἰπεῖν τῶν εὐθέως ἐκβησομένων, καὶ τῇ ὄψει C κρινομένων· ἀλλ' ὑπὲρ ἐκείνων ἔδει διαλεχθῆναι, ὧν ἀμφέβαλλον· οἷον, ὅτι Υἱὸς Θεοῦ ἐστιν, ὅτι ὑπερέχων τοῦ Ἰωάννου ἀσυγκρίτως, ὅτι αἴρει τὴν ἁμαρτίαν τοῦ κόσμου, ὅτι δίκην ἀπαιτήσει τῶν πεπραγμένων, ὅτι οὐ μέχρι τοῦ παρόντος τὰ ἡμέτερα, ἀλλ' ἐκεῖ τὴν ἀξίαν ἕκαστος ὑποστήσεται τιμωρίαν. Ταῦτα γὰρ ὄψει παραστῆσαι τέως οὐκ ἦν.

Ταῦτα οὖν εἰδότες, πολλῇ τῇ σπουδῇ χρώμεθα, ἕως ἂν ὦμεν ἐν τῇ ἅλωνι· καὶ γὰρ ἔξεστι καὶ ἐνταῦθα οὖσι καὶ ἐξ ἀχύρου μεταβάλλεσθαι εἰς σῖτον, ὥσπερ οὖν καὶ ἀπὸ σίτου πολλοὶ γεγόνασιν ἄχυρον. Μὴ D τοίνυν ἀναπέσωμεν, μηδὲ ἀνέμῳ παντὶ περιφερώμεθα, μηδὲ τῶν ἀδελφῶν ἀποσχιζώμεθα τῶν ἡμετέρων, κἂν μικροὶ δοκῶσιν εἶναι, καὶ εὐτελεῖς. Ἐπεὶ καὶ ὁ σῖτος τοῦ ἀχύρου κατὰ μὲν τὸ μέτρον ἐλάττων, κατὰ δὲ τὴν φύσιν, βελτίων. Μὴ δὴ τὰς ἔξωθεν φαντασίας ἴδῃς· τῷ πυρὶ γάρ εἰσι παρεσκευασμέναι· ἀλλὰ τὴν κατὰ Θεὸν ταπεινότητα, τὴν στεῤῥὰν ταύτην, καὶ ἀδιάλυτον, καὶ τμηθῆναι μὴ δυναμένην, μηδὲ ὑπὸ τοῦ πυρὸς καιομένην. Διὰ γὰρ τούτους καὶ τῷ ἀχύρῳ μακροθυμεῖ, ἵνα ἀπὸ τῆς πρὸς αὐτοὺς ὁμιλίας βελτίους γένωνται. Διὰ τοῦτο οὔπω κρίσις, ἵνα κοινῇ πάντες E στεφανωθῶμεν, ἵνα ἀπὸ πονηρίας [c] πολλοὶ μεταβληθῶσι πρὸς ἀρετήν. Φρίξωμεν τοίνυν, τῆς παραβολῆς

et omnia quæ in usu erant, et in quibus versabantur, verbis suis admiscens. Id quod etiam Baptista hic fecit, dictorumque maximam demonstrationem protulit, Spiritus sancti donum. Qui enim tantum posset, ut etiam peccata dimitteret, et Spiritum daret, hæc multo magis facere poterit, aiebat. Viden' quomodo jam præmitteretur mysterium resurrectionis et judicii? Et qua de causa, inquies, non prædixit ea quæ mox ab illo edenda erant signa et miracula? Quia hoc iis omnibus majus erat, et propter hoc illa omnia edita sunt. Nam cum caput poneret, omnia complectebatur, mortis solutionem, peccatorum destructionem; maledictionis amotionem, a diuturnis bellis liberationem, ingressum in paradisum, ascensum in cælum, vitam cum angelis ducendam, futurorum bonorum consortium. Nam hoc illorum pignus est. Cum ergo illud dixisset, dixit etiam corporum resurrectionem, signa hic edita, regni consortium, et bona, *Quæ oculus non vidit, auris non audivit, et in cor hominis non ascenderunt.* 1. Cor. 2. 9. Hæc quippe omnia per donum illud nobis præbebat. Superfluum itaque erat de signis loqui mox futuris, et oculorum judicio probandis; sed de illis erat loquendum de quibus dubitabant illi; nempe, quod Filius Dei esset, quod Joannem sine ulla comparatione præcederet, quod tolleret peccatum mundi, quod de operibus rationem exacturus esset, quod nostra non essent præsentibus rebus circumscripta, sed illic singuli dignum supplicium luituri essent. Hæc enim oculis subjicere tunc non licebat.

7. Hæc itaque cum sciamus, magnum adhibeamus studium, dum in area sumus: licet enim hic versantibus ex palea in triticum converti, quemadmodum ex tritico multi palea sunt facti. Ne itaque concidamus, neque omni vento circumferamur, neque scindamur a fratribus nostris, licet exigui et viles esse videantur. Nam et frumentum palea minus est, quantum ad mensuram, quantum ad naturam autem, melius. Ne sæculi pompas respicias: nam illæ igni sunt paratæ; sed eam quæ secundum Deum est humilitatem, solidam illam, indissolubilem, quæ scindi nequeat, neque ab igne comburi. Propter hos enim paleas patienter fert, ut ex illorum consortio meliores fiant. Ideo nondum judicium est, ut omnes pariter coronemur, ut a nequitia multi ad virtutem convertantur. Inhorrescamus igitur, hanc parabolam audientes.

Bonorum gratia Deus malos fert patienter.

[b] Alii *θανάτου κατάλυσιν*. Infra illud, *τὴν εἰς οὐρανοὺς ἄνοδον*, deest in uno Cod.

[c] Savil. et alii *πολλοὶ μεταβληθῶμεν*. Alii *πολὺ μεταβληθῶμεν*. Georgius Trapezuntius *μεταβληθῶσι* legit.

Etenim inexstinguibilis est ille ignis. Et quomodo inexstinguibilis? inquies. Annon vides hunc solem semper ardentem, et numquam exstinctum? annon vidisti rubum ardentem, et non combustum? Si itaque et ipse vis flammam effugere, immisericordem esse prius desiste, sicque nullum sumes ignis illius experimentum. Nam si hic ea quæ dicuntur, credideris, cum illuc transmigrabis, fornacem non videbis: si autem hic non credideris, illic expertus certo scies, quando effugere ultra non poteris. Inevitabile namque supplicium est iis qui recte vitam non instituerunt. Neque enim sufficit tantum credere; nam dæmones Deum horrentes timent, sed nihilominus cruciabuntur. Quamobrem multa nobis diligentia est opus ad vitam instituendam. Ideo namque hic vos frequenter congregamus, non ut huc ingrediamini tantum, sed ut ex hac statione aliquem fructum percipiatis: si vero semper accedatis, ac sine ullo fructu recedatis, nihil ex ingressu et consessu vobis lucri accedet. Etenim si cum pueros ad ludimagistros mittimus, si nihil eos inde fructus referre videamus, ludimagistros vehementer incusamus, et ad alios sæpe mittimus: quam excusationem proferemus si non eamdem in virtute, quam in terrenis rebus adhibeamus diligentiam, sed vacuas semper tabulas domum reportemus? Quamquam plures et majores hic magistri sunt. Nam prophetas et apostolos et patriarchas, et justos omnes in singulis conventibus adhibemus. At ne sic quidem aliquis profectus deprehenditur; sed postquam duos tresve psalmos * succinueritis, et consuetas orationes perfunctorie emiseritis, egressi deinde, putatis id vobis ad salutem esse satis. Non audistis prophetam, imo Deum per prophetam dicentem:
Isai. 29. 13. *Populus hic labiis me honorat: cor autem eorum longe est a me.* Ne igitur illud etiam nobis accidat, dele literas, sive potius characteres, quos diabolus impressit in anima tua, et affer mihi cor sæcularibus tumultibus vacuum, ut pro lubito quæ mihi placeant inscribam. Nunc quippe nihil ibi aliud agnosci potest, nisi illius literæ, rapinæ videlicet, avaritia, invidia, livor. Idcirco cum tabulas vestras accipio, ne legere quidem possum. Neque enim illas ibi invenio literas, quas nos diebus dominicis inscribentes ibi relinquimus; sed alias pro aliis, informes et distortas. Deinde cum, illis deletis, literas ex Spiritu profectas

ταύτης ἀκούοντες. Καὶ γὰρ ἄσβεστόν ἐστιν ἐκεῖνο τὸ πῦρ. Καὶ πῶς ἄσβεστον; φησίν. Οὐχ ὁρᾷς τουτονὶ τὸν 158 ἥλιον καιόμενον ἀεὶ, καὶ μηδέποτε σβεννύμενον; οὐκ εἶ- A δες τὴν βάτον καιομένην, καὶ μὴ κατακαιομένην; Εἰ τοίνυν καὶ αὐτὸς βούλει διαφυγεῖν τὴν φλόγα, [a] τὴν ἀνελεημοσύνην προαπόθου, καὶ οὕτως οὐδὲ πεῖραν λήψῃ τοῦ πυρὸς ἐκείνου. Ἂν μὲν γὰρ ἐνταῦθα πιστεύσῃς τοῖς λεγομένοις, οὐδὲ ὄψει τὴν κάμινον ταύτην, ἀπελθὼν ἐκεῖσε· ἐὰν δὲ ἀπιστήσῃς αὐτῇ νῦν, ἐκεῖ διὰ τῆς πείρας εἴσῃ καλῶς, ὅτε οὔτε διαφυγεῖν δυνατόν. Καὶ γὰρ ἀπαραίτητος ἡ κόλασις τοῖς οὐκ ὀρθὸν ἐπιδεδειγμένοις βίον. Οὐδὲ γὰρ ἀρκεῖ τὸ πιστεῦσαι μόνον, ἐπεὶ καὶ δαίμονες φρίττουσι τὸν Θεὸν, ἀλλὰ καὶ οὕτω τιμωρηθήσονται. Διὸ πολλῆς ἡμῖν τῆς κατὰ τὸν βίον ἐπιμελείας δεῖ. Διὰ γὰρ τοῦτο καὶ ἐνταῦθα ὑμᾶς συνεχῶς συνάγομεν, οὐχ ἵνα εἰσέλθητε μόνον, ἀλλ' ἵνα B τι καὶ καρπώσησθε ἀπὸ τῆς ἐνταῦθα διατριβῆς· ἂν δὲ παραγίνησθε μὲν ἀεὶ, μηδὲν δὲ ἐντεῦθεν καρπούμενοι ἀναχωρεῖτε, [b] οὐδὲ τῆς ἐνταῦθα εἰσόδου καὶ προσεδρείας ἔσται τι πλέον. Εἰ γὰρ παιδία πρὸς διδασκάλους πέμποντες, ἂν ἴδωμεν ἐκεῖθεν μηδὲν καρπούμενα, σφοδροὶ κατήγοροι τῶν διδασκάλων γινόμεθα, καὶ πρὸς ἑτέρους αὐτὰ μεθίσταμεν πολλάκις· τίνα ἕξομεν ἀπολογίαν, μηδὲ ὅσην ἐν τοῖς γηΐνοις τούτοις τοσαύτην τῇ ἀρετῇ παρέχοντες τὴν σπουδὴν, ἀλλὰ κενὰς ἀεὶ τὰς δέλτους οἴκαδε φέροντες; Καίτοι καὶ πλείους καὶ μείζους ἐνταῦθα οἱ διδάσκαλοι. Καὶ γὰρ προφήτας καὶ ἀποστόλους, καὶ πατριάρχας, καὶ δικαίους C ἅπαντας καθ' ἑκάστην ἐφιστῶμεν ἐκκλησίαν διδασκάλους. Καὶ οὐδὲ οὕτω γίνεταί τι πλέον· ἀλλὰ ἂν δύο ψαλμοὺς ἢ τρεῖς * ὑπηχήσαντες καὶ τὰς συνήθεις εὐχὰς ἁπλῶς καὶ ὡς ἔτυχε ποιούμενοι διαλυθῆτε, νομίζετε ἀρκεῖν τοῦτο εἰς σωτηρίαν ὑμῖν. Οὐκ ἠκούσατε τοῦ προφήτου λέγοντος, μᾶλλον δὲ τοῦ Θεοῦ διὰ τοῦ προφήτου, ὅτι Ὁ λαὸς οὗτος τοῖς χείλεσί με τιμᾷ, ἡ δὲ καρδία αὐτῶν πόῤῥω ἀπέχει ἀπ' ἐμοῦ; Ἵν' οὖν τοῦτο μὴ γένηται καὶ ἐφ' ἡμῶν, ἐξάλειψον τὰ γράμματα, μᾶλλον δὲ τὰ χαράγματα, ἅπερ ὁ διάβολος ἐνετύπωσέ D σου τῇ ψυχῇ, καὶ φέρε μοι καρδίαν βιωτικῶν ἀπηλλαγμένην θορύβων, ἵνα μετὰ ἀδείας ἃ βούλομαι ἐγγράψω. Ὡς νῦν γε οὐδὲν ἕτερόν ἐστι γινώσκειν, ἢ τὰ ἐκείνου γράμματα, ἁρπαγὰς, πλεονεξίας, φθόνον, βασκανίαν. Διὰ δὴ τοῦτο, ὅταν τὰς δέλτους λάβω τὰς ὑμετέρας, οὐδὲ ἀναγνῶναι δύναμαι. Οὐ γὰρ εὑρίσκω τὰ γράμματα, ἅπερ ἡμεῖς κατὰ κυριακὴν ἐγγράφοντες ὑμῖν ἀφίεμεν· ἀλλ' ἕτερα ἀντ' ἑτέρων, ἄσημα καὶ διεστραμμένα. Εἶτα, ὅταν [c] ἐξαλείψαντες αὐτὰ, γράψωμεν τὰ ἀπὸ τοῦ Πνεύματος, ἀπελθόντες ὑμεῖς, καὶ

[a] Alii τὴν ἐλεημοσύνην ἀπόθου.

[b] Savil. οὐδὲ τῆς ἐνταῦθα. Morel. οὐδὲν τῆς ἐνταῦθα.

* Vide quæ diximus Tom. 5, p. 129: nam ὑπηχεῖν idem est atque ὑπακούειν et ὑποψάλλειν, nimirum *respondere*, succinendo scilicet.

[c] Alii ἐξαλείψας αὐτὰ γράψω.

E ταῖς διαβολικαῖς ἐνεργείαις δόντες τὰς καρδίας ὑμῶν, παρέχετε ἐκείνῳ πάλιν τὰ ἑαυτοῦ ἀντεγγράφειν ὑμῖν. Τί οὖν ἔσται τούτων τὸ πέρας, κἂν ἐγὼ μὴ λέξω, τὸ ἑκάστου συνειδὸς οἶδεν. Ἐγὼ μὲν γὰρ οὐ παύσομαι τὸ ἐμαυτοῦ ποιῶν, καὶ τὰ ὀρθὰ γράμματα ἐγγράφων. Εἰ δὲ ὑμεῖς λυμαίνεσθε ἡμῶν τὴν σπουδὴν, ἡμῖν μὲν ὁ μισθὸς ἀκίνητος, ὑμῖν δὲ οὐ μικρὸς ὁ κίνδυνος· ἀλλ' 159 A οὐδὲν βούλομαι φορτικὸν εἰπεῖν.

Ἀλλὰ δέομαι πάλιν καὶ παρακαλῶ, κἂν τῶν παίδων τῶν μικρῶν μιμήσασθε τὴν περὶ ταῦτα σπουδήν. Καὶ γὰρ ἐκεῖνοι πρῶτον μὲν τὸν τύπον μανθάνουσι τῶν στοιχείων· ἔπειτα διεστραμμένα αὐτὰ [a] γινώσκειν μελετῶσι· καὶ τότε καὶ ἐπὶ τῆς ἀναγνώσεως ὁδῷ βαδίζουσι τῇ ἐξ ἐκείνων. Οὕτω δὴ καὶ ἡμεῖς ποιῶμεν· διελόμενοι τὴν ἀρετὴν, μανθάνωμεν πρότερον τὸ μὴ ὀμνύναι, μηδὲ ἐπιορκεῖν, μηδὲ [b] κακηγορεῖν· εἶτα, ἐπ' ἄλλο στοιχεῖον ἐπελθόντες, τὸ μὴ βασκαίνειν, μηδὲ σωμάτων ἐρᾷν, μὴ γαστρίζεσθαι, μὴ μεθύσκεσθαι· μὴ B ὠμοὶ, μὴ νωθεῖς· ἵνα ἀπὸ τούτων πάλιν εἰς τὰ πνευματικὰ μεταβάντες, μελετῶμεν ἐγκράτειαν, καὶ γαστρὸς ὑπεροψίαν, σωφροσύνην, δικαιοσύνην, τὸ δόξης εἶναι κρείττους, καὶ ἐπιεικεῖς, καὶ τῇ διανοίᾳ συντετριμμένους, καὶ συνάπτωμεν ταῦτα ἀλλήλοις, καὶ ἐγγράφωμεν ἡμῶν τῇ ψυχῇ. Καὶ ταῦτα ἐπὶ τῆς οἰκίας, ἐπὶ τῶν φίλων, ἐπὶ τῆς γυναικὸς, ἐπὶ τῶν παίδων γυμνάζωμεν ἅπαντα. Καὶ τέως ἀπὸ τῶν πρώτων ἀρχώμεθα τῶν εὐκολωτέρων· οἷον, ἀπὸ τοῦ μὴ ὀμνύναι, καὶ τοῦτο συνεχῶς μελετῶμεν τὸ στοιχεῖον ἐπὶ τῆς οἰκίας. Καὶ γὰρ πολλοὶ οἱ ἐμποδίζοντες οἴκοι τῇ μελέτῃ ταύτῃ· καὶ γὰρ οἰκέτης παροξύνει, καὶ γυνὴ λυποῦσα C εἰς ὀργὴν ἐμβάλλει, καὶ παιδίον ἀμαθαῖνον καὶ ἀτακτοῦν εἰς ἀπειλὴν καὶ ὅρκον ἐξάγει. Ἂν τοίνυν ἐπὶ τῆς οἰκίας συνεχῶς ὑπὸ τούτων παρακνιζόμενος κατορθώσῃς τὸ μὴ παρασύρεσθαι εἰς ὅρκους, εὐκόλως καὶ ἐπὶ τῆς ἀγορᾶς δυνήσῃ μεῖναι ἀνάλωτος· ἀλλὰ μὴν καὶ τὸ μὴ ὑβρίζειν κατορθώσεις, μήτε τὴν γυναῖκα ὑβρίζων, μήτε τὸν οἰκέτην, μήτε τῶν ἐπὶ τῆς οἰκίας ἕτερόν τινα. Καὶ γὰρ γυνὴ πολλάκις ἐπαινοῦσα τὸν δεῖνα, καὶ ταλανίζουσα ἑαυτὴν, ἐξάπτει εἰς τὸ κακῶς ἐκεῖνον εἰπεῖν. Ἀλλὰ σὺ μὴ ἀναγκασθῇς [c] κακηγορῆσαι τὸν ἐπαινού- D μενον, ἀλλὰ φέρε πάντα γενναίως· κἂν τοὺς οἰκέτας ἑτέρους ἐπαινοῦντας δεσπότας ἴδῃς, μὴ ταραχθῇς, ἀλλὰ στῆθι γενναῖος. Ἀγὼν ἔστω καὶ παλαίστρα ἀρετῆς ἡ οἰκία, ἵνα ἐκεῖ καλῶς γυμνασάμενος, μετὰ πολλῆς

E inscripsimus, abeuntes vos, et diaboli operationibus corda vestra tradentes, facultatem ipsi præbetis ut nostris contrarias literas rursum inscribat. Qui futurus sit horum finis etiamsi ego non dixerim, singulorum conscientia novit. Ego certe numquam cessabo quæ mei sunt officii præstare, rectasque 159 literas inscribere. Si autem vos diligentiam no- A stram labefactetis, nobis quidem merces nostra manet immobilis, vobis autem non parvum periculum; verum nihil volo gravius proferre.

8. Sed vos obsecro et oro, ut parvulorum saltem diligentiam hac in re imitemini. Nam illi primo quidem literarum formam ediscunt; deinde distortas illas agnoscere student; postea ad lectionem viam parant. Sic et nos faciamus: virtute in partes divisa, primo discamus non jurare, nec pejerare, neque maledicere; deinde, ad aliud elementum progressi, non invidere aliis, non corpora amare, non ventri indulgere, non inebriari, non inhuma- B nos, non socordes esse; ut hinc rursus ad spiritualia transeuntes, operam demus temperantiæ, ventris neglectui, castitati, gloriæ contemtui, modestiæ, cordis contritioni; et hæc simul omnia copulemus, et in anima nostra inscribamus. Atque hæc omnia domi, cum amicis, cum uxore, cum filiis exerceamus. A prioribus autem et facilioribus incipiamus; exempli causa, a juramentorum abstinentia: hoc elementum frequenter domi meditemur. Huic porro meditationi multa domi officiunt: nam fa- C mulus ad iracundiam provocat, uxor molesta iram excitat, filius immorigerus et inordinatus ad minas et juramentum deducit. Si itaque domi sæpius ab his concitatus, abstineas tamen a juramentis, facile poteris etiam in foro invictus perseverare: imo etiam id consequeris, ut nemini contumeliam inferas, non uxori, non famulo, non domesticorum cuipiam. Etenim uxor sæpe alium quempiam laudans, et sese miseram prædicans, virum incendit, ut illi maledicat. Tu vero ne iratus eo procedas, ut laudatum vituperes, sed omnia fortiter feras; etiamsi famulos tuos videas laudibus heros D alios efferre, ne turberis, sed viriliter sustine. Sit tibi domus palæstra et certaminis locus, ut ibi probe exercitatus, cum multa peritia in foro cum aliis congrediaris. Idipsum circa vanam gloriam facito. Si enim studueris a vana gloria abstinere

In virtute progressus qui fiat.

Contra juramenta.

Vana gloria vitanda.

[a] Quidam διαγινώσκειν.

[b] Manuscripti plurimi μηδὲ κακηγορεῖν, quæ vox Chrysostomo familiaris sæpe mutata fuit in κατηγορεῖν, quam postremam lectionem habent Savil. et Morel. Ibidem ἐπ' ἄλλο στοιχεῖον. Sic Savil., melius quam Morel. qui habet ἐπ' ἄλλον στίχον. Ibid. Morel. ἐπελθόντες, Savil. ἐλθόντες. Mox alii μηδὲ σώματος ἐρᾷν.

[c] Κακηγορῆσαι. Sic Mss. pene omnes, ut supra. Editi κατηγορῆσαι.

cum uxore et liberis, et famulis, apud neminem alium tali morbo facile capieris. Ubique enim hic morbus gravis tyrannicusque est, maxime vero cum adest uxor. Si ergo tunc illum superemus, nullo negotio alibi profligabimus. Circa alios etiam animi morbos idipsum præstemus, domique adversus illos nos exerceamus, quotidie palæstram illam adeuntes. Utque facilior exercitatio illa evadat, nobis ipsis castigationem assignemus, si in quopiam propositum transgrediamur. Sit porro castigatio illa non damnum, sed mercedem et lucrum multum afferens; exempli causa, si jejuniis asperis nos ipsos damnemus, si humi decumbamus, vel macerationem aliam adhibeamus. Sic enim multa undique nobis accedent lucra, et sic in virtute vitam suaviter agemus, futura consequemur bona, ac perpetuo Dei amici erimus. Sed ne eadem ipsa rursus eveniant, neu postquam ea quæ hic dicta sunt admirati fueritis, egressi, negligenter oscitanterque, abjecta mentis vestræ tabula, hæc delendi ansam diabolo præbeatis; unusquisque domum regressus, vocet uxorem, hæc illi denuntiet, ipsamque assumat adjutricem; ab hac autem die in pulchram illam palæstram descendat, oleo usus Spiritus sancti auxilio. Etsi vero semel, aut bis, aut pluries in tali exercitio concidas, ne desperes, sed sta rursum et decerta; nec ante prorsus absistas, quam splendidam contra diabolum victoriam reportaveris: et in tutissimo virtutis thesauro depositum recondas. Nam si huic pulchræ philosophiæ assuescas, non ultra poteris ex segnitie mandata quælibet transgredi, consuetudine naturæ firmitatem imitante. Quemadmodum enim facile est dormire, comedere, bibere, respirare, ita nobis facilia erunt ea quæ ad virtutem spectant, puramque illam assequemur voluptatem, in tuto portu constituti, et perpetua fruentes tranquillitate, navimque magnis opibus onustam in civitatem illam appellentes in die illa, coronas consequemur non fluxas: quas utinam nobis nancisci contingat, gratia et benignitate Domini nostri Jesu Christi, cui gloria et imperium, nunc et semper, et in sæcula sæculorum. Amen.

τῆς ἐπιστήμης τοῖς ἐν ἀγορᾷ προσβάλλῃς. Τοῦτο καὶ ἐπὶ τῆς κενοδοξίας ποίει. Ἂν γὰρ μελετήσῃς μὴ κενοδοξεῖν ἐπὶ τῆς γυναικὸς, καὶ τῶν τέκνων, καὶ τῶν οἰκετῶν, ἐπ' οὐδενὸς λοιπὸν ἑτέρου ῥᾳδίως ἁλώσῃ τούτῳ τῷ πάθει. Πανταχοῦ μὲν γὰρ τὸ νόσημα τοῦτο χαλεπὸν καὶ τυραννικὸν, μάλιστα δὲ ὅταν γυνὴ παρῇ. Ἂν τοίνυν ἐκεῖ καταλύσωμεν αὐτοῦ τὴν ἰσχὺν,
E ῥᾳδίως αὐτοῦ καὶ ἐν τοῖς ἄλλοις περιεσόμεθα. Καὶ ἐπὶ τῶν ἄλλων δὲ παθῶν τὸ αὐτὸ τοῦτο ποιῶμεν, ἐπὶ τῆς οἰκίας γυμναζόμενοι κατ' αὐτῶν καὶ καθ' ἑκάστην ἀλειφόμενοι τὴν ἡμέραν. Καὶ ἵνα εὐκολωτέρα ἡμῖν ἡ γυμνασία γένηται, καὶ ἐπιτίμιον καθ' ἑαυτῶν ἐκφέρωμεν, ὅταν
160 τι τῶν προκειμένων παραβῶμεν. Ἔστω δὲ καὶ τὸ ἐπι-
A τίμιον πάλιν μὴ ζημίαν, ἀλλὰ μισθὸν ἔχον, καὶ κέρδος προξενοῦν μέγιστον· τοῦτο δέ ἐστιν, ἂν νηστείαις ἐπιτεταμέναις ἑαυτοὺς καταδικάζωμεν, καὶ χαμευνίαις, καὶ ἑτέρᾳ τοιαύτῃ σκληραγωγίᾳ. Οὕτω γὰρ πάντοθεν ἡμῖν πολλὰ ἥξει τὰ κέρδη, καὶ ἐνταῦθα τὸν ἡδὺν τῆς ἀρετῆς βιωσόμεθα βίον, καὶ τῶν μελλόντων ἐπιτευξόμεθα ἀγαθῶν, καὶ τοῦ Θεοῦ διηνεκῶς ἐσόμεθα φίλοι. Ἀλλ' ὅπως * ἂν μὴ τὰ αὐτὰ γένηται πάλιν, καὶ θαυμάσαντες ἐνταῦθα τὰ εἰρημένα, ἀπελθόντες ἁπλῶς καὶ ὡς ἔτυχε τὴν δέλτον τῆς διανοίας ὑμῶν ῥίψαντες, παράσχητε τῷ διαβόλῳ ταῦτα ἐξαλεῖψαι, ἀναχωρήσας οἴκαδε ἕκαστος, καλείτω τὴν γυναῖκα τὴν ἑαυτοῦ,
B καὶ ἐπαγγελλέτω ταῦτα, καὶ λαμβανέτω βοηθὸν, καὶ ἀπὸ τῆς σήμερον ἡμέρας εἰς τὴν καλὴν ταύτην εἰσίτω παλαίστραν, ἐλαίῳ τῇ τοῦ Πνεύματος χρώμενος χορηγίᾳ. Κἂν ἅπαξ, κἂν δὶς, κἂν πολλάκις καταπέσῃς γυμναζόμενος, μὴ ἀπογνῷς, ἀλλὰ στῆθι πάλιν καὶ πάλαισον· καὶ μὴ πρότερον ἀποστῇς, ἕως ἂν λαμπρὸν ἀναδήσῃ κατὰ τοῦ διαβόλου τὸν στέφανον, καὶ ἐν ἀσύλῳ θησαυρῷ λοιπὸν τῆς ἀρετῆς ἀποθῇ τὴν κτῆσιν. Ἂν γὰρ ἐν συνηθείᾳ τῆς καλῆς ταύτης σαυτὸν καταστήσῃς φιλοσοφίας, οὐδὲ ῥᾳθυμῶν λοιπὸν δυνήσῃ παραβῆναί τι τῶν ἐπιτεταγμένων, τῆς συνηθείας τὴν τῆς
C φύσεως μιμουμένης στεῤῥότητα. Ὥσπερ γὰρ τὸ καθεύδειν εὔκολον, καὶ ἐσθίειν, καὶ πίνειν, καὶ ἀναπνεῖν, οὕτως ἔσται καὶ τὰ τῆς ἀρετῆς [a] ἡμῖν ῥᾴδια, καὶ τὴν εἰλικρινῆ καρπωσόμεθα ἡδονὴν, ἐν ἀκυμάντῳ λιμένι καθήμενοι, καὶ γαλήνης διηνεκοῦς ἀπολαύοντες, καὶ μετὰ πολλοῦ τοῦ φόρτου τὸ πλοῖον εἰς ἐκείνην ὁρμίζοντες τὴν πόλιν ἐν ἐκείνῃ τῇ ἡμέρᾳ, καὶ τῶν ἀκηράτων ἐπιτύχοιμεν στεφάνων· ὧν γένοιτο πάντας ἡμᾶς ἐπιτυχεῖν, χάριτι καὶ φιλανθρωπίᾳ τοῦ Κυρίου ἡμῶν Ἰησοῦ Χριστοῦ, ᾧ ἡ δόξα καὶ τὸ κράτος, νῦν καὶ ἀεὶ, καὶ εἰς τοὺς αἰῶνας τῶν αἰώνων. Ἀμήν.

* [Savil. et Commelin. ἂν uncis includunt.]

[a] Alius ὑμῖν ῥᾴδια.

ΟΜΙΛΙΑ ιβʹ.

Τότε παραγίνεται ὁ Ἰησοῦς ἀπὸ τῆς Γαλιλαίας [b] εἰς τὸν Ἰορδάνην πρὸς τὸν Ἰωάννην, τοῦ βαπτισθῆναι ὑπ' αὐτοῦ.

Μετὰ τῶν δούλων ὁ Δεσπότης, μετὰ τῶν ὑπευθύνων ὁ κριτὴς ἔρχεται βαπτισθησόμενος. Ἀλλὰ μὴ θορυβηθῇς· ἐν γὰρ τοῖς ταπεινοῖς τούτοις μάλιστα διαλάμπει αὐτοῦ τὸ ὑψηλόν. Ὁ γὰρ κυοφορηθῆναι τοσοῦτον χρόνον ἐν μήτρᾳ καταδεξάμενος παρθενικῇ, καὶ προελθεῖν ἐκεῖθεν μετὰ τῆς ἡμετέρας φύσεως, καὶ ῥαπισθῆναι, καὶ [c] σταυρωθῆναι, καὶ τὰ ἄλλα παθεῖν ἅπερ ἔπαθε, τί θαυμάζεις εἰ καὶ [d] βαπτισθῆναι κατεδέξατο, καὶ μετὰ τῶν ἄλλων ἐλθεῖν πρὸς τὸν δοῦλον; Τὸ γὰρ ἐκπλῆττον ἐκεῖνο ἦν, τὸ Θεὸν ὄντα βουληθῆναι γενέσθαι ἄνθρωπον· τὰ δὲ ἄλλα λοιπὸν κατὰ λόγον ἕπεται ἅπαντα. Διά τοι τοῦτο καὶ ὁ Ἰωάννης προλαβὼν ἔλεγεν ἐκεῖνα ἅπερ εἶπεν, ὅτι οὐκ ἔστιν ἄξιος λῦσαι τὸν ἱμάντα τοῦ ὑποδήματος, καὶ τὰ ἄλλα πάντα, οἷον ὅτι κριτής ἐστι, καὶ κατ' ἀξίαν ἀποδίδωσιν ἑκάστῳ, καὶ Πνεῦμα παρέξει δαψιλὲς ἅπασιν· ἵνα ὅταν ἴδῃς αὐτὸν ἐπὶ τὸ βάπτισμα ἐρχόμενον, μηδὲν ταπεινὸν ὑποπτεύσῃς. Διὰ τοῦτο καὶ παρόντα αὐτὸν διακωλύει λέγων· Ἐγὼ χρείαν ἔχω ὑπὸ σοῦ βαπτισθῆναι, καὶ σὺ ἔρχῃ πρός με; Ἐπειδὴ γὰρ τὸ βάπτισμα μετανοίας ἦν, καὶ εἰς κατηγορίαν τῶν πεπλημμελημένων ἐνῆγεν· ἵνα μή τις νομίσῃ, ὅτι καὶ αὐτὸς μετὰ τῆς τοιαύτης γνώμης ἐπὶ τὸν Ἰορδάνην ἔρχεται, [a] προδιορθοῦται αὐτὸ, τῷ τε ἀμνὸν καλέσαι, καὶ λυτρωτὴν τῆς κατὰ τὴν οἰκουμένην ἁμαρτίας ἁπάσης. Ὁ γὰρ τὰ παντὸς τοῦ τῶν ἀνθρώπων γένους ἁμαρτήματα δυνάμενος ἀνελεῖν, πολλῷ μᾶλλον αὐτὸς ἀναμάρτητος ἦν. Διὰ δὴ τοῦτο οὐκ εἶπεν· Ἴδε ὁ ἀναμάρτητος· ἀλλ' ὃ πολλῷ πλέον ἦν, Ὁ αἴρων τὴν ἁμαρτίαν τοῦ κόσμου, [b] ἵνα μετὰ τούτου κἀκεῖνο μετὰ πάσης δέξῃ πληροφορίας, καὶ δεξάμενος ἴδῃς, ὅτι ἑτερά τινα οἰκονομῶν ἐπὶ τὸ βάπτισμα ἔρχεται. Διὸ καὶ ἐλθόντι αὐτῷ ἔλεγεν· Ἐγὼ χρείαν ἔχω ὑπὸ σοῦ βαπτισθῆναι, καὶ σὺ ἔρχῃ πρός με; Καὶ οὐκ εἶπε, καὶ σὺ βαπτίζῃ ὑπ' ἐμοῦ· καὶ γὰρ καὶ τοῦτο ἔδεισεν εἰπεῖν· ἀλλὰ τί; Καὶ σὺ ἔρχῃ πρός με; Τί οὖν ὁ Χριστός; Ὅπερ ἐπὶ τοῦ Πέτρου πεποίηκεν ὕστερον, τοῦτο καὶ τότε ἐποίησε. Καὶ γὰρ καὶ ἐκεῖνος διεκώλυεν αὐτὸν νίψαι τοὺς πόδας· ἀλλ' ἐπειδὴ ἤκουσεν·

[b] Alii ἐπὶ τὸν Ἰορδάνην.

[c] Quidam post σταυρωθῆναι addunt καὶ ταφῆναι.

[d] Βαπτισθῆναι Savil., βαπτίσασθαι Morel.

D

HOMILIA XII.

Cap. III. v. 13. *Tunc venit Jesus a Galilæa in Jordanem ad Joannem, ut baptizaretur ab eo.*

1. Cum famulis Dominus, cum reis Judex ba-
ptizandus venit. Sed ne turberis: nam in humilibus
hujusmodi rebus celsitudo maxime resplendet.
Qui enim in virginali vulva tanto tempore gestari
passus est, et inde cum natura nostra prodire, ala-
E pis cædi et crucifigi, et alia perpeti quæ passus
est, quid miraris si baptizari dignatus sit, et cum
aliis ad servum accedere? Illud enim stupendum
erat, quod Deus cum esset, vellet homo fieri:
cætera vero deinceps secundum rectam rationem
consequuntur. Ideo enim Joannes statim dixit, se
non esse dignum corrigiam calceamenti ejus sol-
161 vere, cæteraque omnia, nempe quod judex sit,
A quod pro merito singulis reddat, quodque Spiritum affatim daturus sit omnibus; ut cum videris
eum ad baptismum venientem, nihil vile suspiceris.
Idcirco præsentem illum cohibet dicens: 14. *Ego
a te debeo baptizari, et tu venis ad me?* Quia
enim baptismus pœnitentiæ erat, et in accusationem peccatorum inducebat: ne quis putaret ipsum
eodem animo ad Jordanem venire, hanc cogitationem corrigit, dum agnum vocat, et peccatorum
per orbem omnium redemtorem. Qui enim totius
humani generis peccata tollere potest, multo magis
ipse impeccabilis erat. Ideoque non dixit: Ecce
B impeccabilis; sed quod multo majus erat, *Qui* Joan. 1. 29.
tollit peccata mundi, ut cum hoc et illud omnino
certum habeas, videasque illum alia quædam ad-
ministrantem ad baptismum venire. Idcirco ve-
nienti illi dicebat: *Ego a te debeo baptizari, et
tu venis ad me?* Neque dixit, Et tu baptizaris a
me: nam illud metuit dicere: sed quid? *Et tu
venis ad me?* Quid igitur Christus? Quod erga
Petrum postea, id tunc etiam fecit. Nam et ipse
cohibebat illum, ne pedes suos lavaret; sed cum
audisset: *Quod ego facio tu nescis, scies autem* Joan. 13. 7.
postea; et, *Non habebis partem mecum*: statim Ibid. v. 8.
C a contentione destitit, et in contrarium mutatus
est. Hic quoque similiter ut audivit: 15. *Sine*

[a] Savil. sic recte habet, Morel. προδιορθοῦται αὐτόν.

[b] Quidam ἵνα ἀπὸ τούτου.

modo : sic enim decet nos implere omnem justitiam : statim obsequutus est. Neque enim pertinaciter erant contentiosi, sed amorem simul et obedientiam exhibebant, in omnibusque Domino obtemperare studebant. Considera autem quomodo illum ab eo inducat, a quo maxime putabat non par esse ita fieri : non enim dixit, Sic justum est; sed, *Sic decet.* Quia enim indignum omnino esse putabat, si ille a servo baptizaretur, hoc maxime ipsi contra opposuit, ac si dixisset : Nonne id refugis et cohibes quasi indecorum? Propterea ergo *Sine*, quia admodum decorum est. Neque simpliciter dixit, *Sine;* sed addidit, *Nunc.* Non enim perpetuo ita erit, inquit : sed in eo statu me videbis, quo desideras; at nunc hoc exspecta. Deinde ostendit quomodo illud deceat. Quomodo igitur decet? Quia legem totam implemus; id quippe significavit dicendo, *Omnem justitiam.* Justitia enim est mandatorum observatio. Quia igitur, inquit, alia omnia mandata implevimus, hoc autem unum superest, et illud quoque adjungi oportet. Veni quippe solvere maledictum, ex transgressione legis impositum. Oportet igitur me ipsum, cum totam legem implevero, et vos a damnatione liberavero, sic illam abrogare. Decet ergo me totam implere legem : quia decet etiam maledictum solvere contra vos in lege inscriptum. Ideo carnem assumsi et adveni. *Tunc dimisit eum.* 16. *Et baptizatus Jesus, confestim ascendit de aqua, et ecce aperti sunt ei cæli : et vidit Spiritum Dei descendentem sicut columbam, et venientem super eum.*

Ὁ ποιῶ νῦν, σὺ οὐκ οἶδας, γνώσῃ δὲ μετὰ ταῦτα· καὶ ὅτι, Οὐκ ἔχεις μέρος μετ' ἐμοῦ· ταχέως ἀπέστη τοῦ τόνου, καὶ πρὸς τὸ ἐναντίον μετέστη. Καὶ οὗτος ὁμοίως πάλιν ἀκούσας· Ἄφες ἄρτι· οὕτω γὰρ πρέπον ἐστὶν ἡμῖν πληρῶσαι πᾶσαν δικαιοσύνην· εὐθέως ὑπήκουεν. Οὐ γὰρ ἀμέτρως ἦσαν φιλόνεικοι, ἀλλὰ καὶ τὴν ἀγάπην ἐπεδείκνυντο καὶ τὴν ὑπακοὴν, καὶ πάντα πείθεσθαι ἐμελέτων τῷ Δεσπότῃ. Σκόπει δὲ πῶς ἐντεῦθεν αὐτὸν ἐνάγει ἀφ' ὧν μάλιστα ὑπώπτευε τὸ γινόμενον· οὐδὲ γὰρ εἶπεν, οὕτω δίκαιόν ἐστιν· ἀλλ',
D Οὕτω πρέπον ἐστίν. Ἐπειδὴ γὰρ ἀνάξιον αὐτοῦ μάλιστα εἶναι [c] ἐνόμιζε τοῦτο, τὸ παρὰ τοῦ δούλου βαπτισθῆναι, τοῦτο μάλιστα τέθεικε τὸ πρὸς ἐκεῖνο ἀντιδιαστελλόμενον, ὡσανεὶ ἔλεγεν· οὐχ ὡς ἀπρεπὲς τοῦτο φεύγεις καὶ διακωλύεις; [d] Διὰ τοῦτο μὲν οὖν τοῦτο Ἄφες, ὅτι καὶ μάλιστα πρέπον ἐστίν. Καὶ οὐχ ἁπλῶς εἶπεν, Ἄφες· ἀλλὰ τὸ, Ἄρτι, προσέθηκε. Οὐ γὰρ διηνεκῶς ταῦτα ἔσται, φησὶν, ἀλλ' ὄψει με ἐν τούτοις οἷς ἐπιθυμεῖς· ἄρτι μέντοι ὑπόμεινον τοῦτο. Εἶτα καὶ δείκνυσι πῶς τοῦτο πρέπον ἐστί. Πῶς οὖν πρέπον ἐστί; Ὅτι τὸν νόμον πληροῦμεν ἅπαντα· ὅπερ οὖν δηλῶν
E ἔλεγε, Πᾶσαν δικαιοσύνην. Δικαιοσύνη γάρ ἐστιν ἡ τῶν ἐντολῶν ἐκπλήρωσις. Ἐπεὶ οὖν πάσας τὰς ἄλλας ἐντολὰς ἠνύσαμεν, φησὶ, τοῦτο δὲ [e] ὑπολείπεται μόνον, δεῖ προστεθῆναι καὶ τοῦτο. Καὶ γὰρ ἦλθον λῦσαι τὴν ἀρὰν τὴν ἐπὶ τῇ παραβάσει τοῦ νόμου κειμένην. Δεῖ τοίνυν πρότερόν με αὐτὸν πάντα πληρώσαντα, καὶ ἐξελόμενον ὑμᾶς τῆς καταδίκης, οὕτως αὐτὸν ἀναπαῦσαι. Πρέπον οὖν ἐστιν ἐμοὶ πληρῶσαι τὸν νόμον ἅπαν-
162
A τα· ἐπειδὴ καὶ πρέπον ἐστὶ λῦσαι τὴν καθ' ὑμῶν [a] ἐπὶ τῷ νόμῳ γεγραμμένην κατάραν. Διὰ γὰρ τοῦτο καὶ σάρκα ἀνέλαβον καὶ παρεγενόμην. Τότε ἀφίησιν αὐτόν. Καὶ βαπτισθεὶς ὁ Ἰησοῦς εὐθὺς ἀνέβη ἀπὸ τοῦ ὕδατος, καὶ ἰδοὺ ἀνεῴχθησαν αὐτῷ οἱ οὐρανοί· καὶ εἶδε τὸ Πνεῦμα τοῦ Θεοῦ καταβαῖνον ὡσεὶ περιστερὰν, καὶ ἐρχόμενον ἐπ' αὐτόν.

2. Quia enim multo majorem illo Joannem esse putabant, eo quod in deserto semper vixisset, et filius sacerdotis esset, talique indutus vestimento, atque omnes ad baptismum vocaret, exque sterili natus esset; Jesus vero ex obscura puella natus : partus enim ex Virgine nondum omnibus erat notus; quodque domi nutritus, cum omnibus versatus et vulgari veste esset indutus : minorem ipsum esse putabant, quia nihil adhuc ex arcanis illis viderant. Contigit autem et ipsum a Joanne baptizari : id quod illam maxime firmabat opinionem,

Christus cur Joanne minor putabatur.

Ἐπειδὴ γὰρ πολλῷ μείζονα αὐτοῦ τὸν Ἰωάννην εἶναι ἐνόμιζον, διὰ τὸ τὸν μὲν [b] ἐν ἐρήμῳ πάντα τραφῆναι τὸν χρόνον, καὶ υἱὸν ἀρχιερέως εἶναι, καὶ στολὴν περικεῖσθαι τοιαύτην, καὶ πάντας ἐπὶ τὸ βάπτισμα καλεῖν, καὶ ἀπὸ στείρας τετέχθαι· τὸν δὲ Ἰησοῦν καὶ
B ἀπὸ εὐτελοῦς κόρης εἶναι· ὁ γὰρ τῆς παρθενίας τόκος οὐδέπω πᾶσι κατάδηλος ἦν· καὶ διὰ τὸ ἐν οἰκίᾳ τραφῆναι, καὶ μετὰ πάντων ἀναστρέφεσθαι, καὶ τὴν κοινὴν ταύτην ἐσθῆτα περικεῖσθαι, [c] ἐλάττονα αὐτὸν εἶναι ὑπώπτευον, οὐδὲν οὐδέπω τῶν ἀποῤῥήτων εἰδότες ἐκείνων. Συνέβη δὲ καὶ βαπτισθῆναι αὐτὸν ὑπὸ τοῦ Ἰωάν-

[c] Nonnulli ἐνομίζετο.
[d] Alii δι' αὐτὸ μὲν οὖν τοῦτο.
[e] Quidam ὑπολέλειπται.
[a] Alii ἐν τῷ νόμῳ.

[b] Unus ἐν ἐρημίᾳ.
[c] Alii ἐλάττονα αὐτοῦ, forte melius. Utraque lectio quadrat.

νου· ὅπερ ταύτην μᾶλλον ἐβεβαίου τὴν ὑπόνοιαν, εἰ καὶ μηδὲν τῶν προτέρων ἦν. Ἐνενόουν γὰρ ὅτι οὗτος μὲν τῶν πολλῶν εἷς ἦν· οὐδὲ γὰρ εἰ μὴ τῶν πολλῶν εἷς ἦν, οὐκ ἂν μετὰ τῶν πολλῶν ἐπὶ τὸ βάπτισμα ἦλθεν· ἐκεῖνος δὲ μείζων αὐτοῦ καὶ πολλῷ θαυμαστότερος. Ἵν᾽ οὖν μὴ αὕτη κρατήσῃ παρὰ τοῖς πολλοῖς ἡ δόξα, καὶ οἱ οὐρανοὶ ἀνοίγονται, βαπτισθέντος αὐτοῦ, καὶ C τὸ Πνεῦμα κάτεισι, καὶ φωνὴ μετὰ τοῦ Πνεύματος κηρύττουσα τούτου τοῦ Μονογενοῦς τὴν ἀξίαν. Ἐπειδὴ γὰρ ἡ φωνὴ ἡ λέγουσα, Οὗτός ἐστιν ὁ Υἱός μου ὁ ἀγαπητὸς, παρὰ τοῖς πολλοῖς μᾶλλον ἁρμόττειν ἐδόκει τῷ Ἰωάννῃ· οὐ γὰρ προσέθηκεν, οὗτος ὁ βαπτιζόμενος, ἀλλ᾽ ἁπλῶς, Οὗτος· καὶ τῶν ἀκροατῶν ἕκαστος περὶ τοῦ βαπτίζοντος μᾶλλον, ἢ τοῦ βαπτιζομένου εἰρῆσθαι αὐτὸν ὑπενόει, διά τε αὐτὸ [d] τοῦ βαπτιστοῦ τὸ ἀξίωμα, διά τε τὰ εἰρημένα ἅπαντα· ἦλθε τὸ Πνεῦμα ἐν εἴδει περιστερᾶς τὴν φωνὴν ἕλκον ἐπὶ τὸν Ἰησοῦν, καὶ πᾶσι D δῆλον ποιοῦν, ὅτι τὸ, Οὗτος, οὐ περὶ Ἰωάννου τοῦ βαπτίζοντος, ἀλλὰ περὶ Ἰησοῦ τοῦ βαπτιζομένου εἴρηται. Καὶ πῶς, φησὶν, οὐκ ἐπίστευσαν τούτων γινομένων; Ὅτι καὶ ἐπὶ Μωσέως πολλὰ γέγονε θαύματα, εἰ καὶ μὴ τοιαῦτα· καὶ μετὰ πάντα ἐκεῖνα, καὶ τὰς φωνὰς, καὶ τὰς σάλπιγγας, καὶ τὰς ἀστραπὰς, καὶ μόσχον [e] ἐχάλκευον, καὶ τῷ Βεελφεγὼρ ἐτελέσθησαν. Καὶ αὐτοὶ δὲ οὗτοι οἱ τότε παρόντες, καὶ τὸν Λάζαρον ἀναστάντα ἰδόντες, τοσοῦτον ἀπέσχον πιστεῦσαι τῷ ταῦτα ἐργασαμένῳ, ὅτι καὶ αὐτὸν ἀνελεῖν ἐπεχείρησαν πολλάκις. Εἰ τοίνυν πρὸ ὀφθαλμῶν E ὁρῶντες νεκρῶν ἀνάστασιν, οὕτως ἦσαν πονηροὶ, τί θαυμάζεις, εἰ φωνὴν οὐκ ἐδέξαντο φερομένην ἄνωθεν; Ὅταν γὰρ ἀγνώμων ᾖ ἡ ψυχὴ, καὶ διεστραμμένη, καὶ τῷ τῆς βασκανίας κατεχομένη νοσήματι, [f] οὐδενὶ εἴκει τούτων· ὥσπερ οὖν ὅταν εὐγνώμων ᾖ, μετὰ πίστεως ἅπαντα δέχεται, καὶ τούτων οὐ σφόδρα 183 δεῖται. Μὴ τοίνυν τοῦτο εἴπῃς, ὅτι οὐκ ἐπίστευσαν· A ἀλλ᾽ ἐκεῖνο ζήτει, εἰ μὴ πάντα γέγονε, ἀφ᾽ ὧν αὐτοὺς πιστεῦσαι ἐχρῆν. Καὶ γὰρ διὰ τοῦ προφήτου ὑπὲρ τῶν καθ᾽ ἑαυτὸν ἁπάντων τούτων συντίθησι τὸν τρόπον τῆς ἀπολογίας ὁ Θεός. Ἐπειδὴ γὰρ ἀπόλλυσθαι ἔμελλον Ἰουδαῖοι, καὶ ἐσχάτῃ παραδίδοσθαι κολάσει, ἵνα μή τις ἀπὸ τῆς ἐκείνων πονηρίας τὴν αὐτοῦ διαβάλῃ πρόνοιαν, φησὶν, ὅτι Τί με ἔδει ποιῆσαι τῷ ἀμπελῶνι τούτῳ, καὶ οὐκ ἐποίησα; Τοῦτο δὴ καὶ ἐνταῦθα σκόπει, τί ἔδει γενέσθαι, καὶ οὐκ ἐγένετο. Καὶ εἴποτε δὲ [a] λόγοι γένοιντο περὶ τῆς τοῦ Θεοῦ προνοίας, τούτῳ κέχρησο τῷ τρόπῳ τῆς ἀπολογίας πρὸς τοὺς ἀπὸ τῆς τῶν B πολλῶν κακίας διαβάλλειν αὐτὴν ἐπιχειροῦντας. Ὅρα

etiam si nihil aliud ex dictis præcessisset. Cogitabant enim eum esse quempiam a vulgo: alioquin enim, nisi de vulgo esset, non cum turba ad baptismum venturus erat: Joannes vero major et longe mirabilior esse putabatur. Ne igitur illa apud multos sententia prævaleret, cum ipse baptizatus fuisset, cæli aperti sunt, Spiritus descendit, et vox cum Spiritu prædicans hujusce Unigeniti dignitatem. Quia enim hæc vox quæ dicebat, 17. *Hic est Filius meus dilectus*, multo magis Joanni competere apud plurimos visa fuisset; neque enim addiderat, Hic qui baptizatur, sed *Hic* simpliciter, et auditorum singuli id potius de baptizante, quam de baptizato dici suspicati fuissent, tum ob ipsam Baptistæ dignitatem, tum ob ea omnia quæ jam dicta sunt: venit Spiritus columbæ specie, qui vocem traheret ad Jesum, omnibusque declararet vocem illam, *Hic*, non de Joanne baptizante, sed de Jesu baptizato proferri. Et quare, inquies, his ita gestis non crediderunt? Quia etiam sub Moyse multa patrata sunt miracula, etiamsi non talia: et tamen post illa omnia, post voces et tubas, et fulgura, vitulum conflarunt, et Beelphegori initiati sunt. Ipsique etiam, qui tum præsentes erant, cum Lazarum suscitatum vidissent, tantum abfuit ut crederent talia patranti, ut etiam illum occidere sæpe tentarent. Si igitur præ oculis habentes mortuorum resurrectionem, ita erant increduli et pravi, quid miraris si vocem illam supernam non exceperunt? Cum enim improba et perversa est anima, livorisque morbo affecta, nulli cedit miraculo; contra vero cum proba est, omnia cum fide accipit, imo neque his admodum opus habet. Ne igitur quæras cur non crediderunt: illud tibi quærendum esset si non facta fuissent omnia, quæ ad credendum inducere debebant. Etenim per prophetam Deus super hæc omnia, quæ ab se præstari debuerunt, hunc defensionis modum affert. Quia enim futurum erat ut Judæi perirent, et extremo supplicio traderentur; ne quis ex ipsorum nequitia ejus providentiam culparet, ait: *Quid me oportuit facere* Isai. 5. 4. *vineæ huic, et non feci?* Idipsum hic consideres oportet, quid oportebat fieri, et non factum est. Et si quando de providentia Dei sermones moveantur, hoc defensionis modo utere adversus eos qui de multorum improbitate ipsam criminari conantur.

[d] Morel. et quidam τοῦ βαπτισμοῦ. Melius τοῦ βαπτιστοῦ, ut habet Savil.

[e] Alii ἐχάλκευσαν.

[f] Οὐδενὶ εἴκει, sic Savil. et Mss.; Morel. οὐδενὶ ἥκει, male. Ibidem Morel. ὅταν εὐγνώμων ᾖ καὶ πειθήνιος, τούτων οὐ σφόδρα δεῖται. Savilium et Mss. sequimur.

[a] Morel. λόγος ἐγίγνετο. Paulo post Savil. et quidam Mss. ἀπὸ τῆς πολλῆς κακίας. Interpres vetus legit ut Morel.; vertit enim *de multorum malitia*.

Perpende igitur quam mirabilia perpetrentur, et futurorum initia : non enim paradisus, sed cælum aperitur. Verum hæc contra Judæos oratio in aliud tempus differatur : nunc autem, Deo juvante, ad ea quæ jam tractamus sermo referatur : *Et baptizatus Jesus, ascendit confestim ex aqua; et ecce aperti sunt ei cæli.* Cur aperti sunt cæli? Ut discas, cum tu baptizaris, idipsum fieri, Deo te ad cælestem patriam vocante, et suadente ut nihil cum terra commune habeas. Quod si id non vides, ne tamen fidem neges. Nam in principiis semper admirandarum spiritualiumque rerum visiones apparent sensum moventes et signa hujusmodi, idque stupidorum hominum causa, qui sensili visione opus habent, neque possunt aliquam incorporeæ naturæ ideam admittere, sed ad visibilia tantum obstupescunt, ut etiamsi postea talia non eveniant, ea quæ semel et in principio facta sunt similia, ad fidem iis habendam deducant. Nam et super apostolos sonus factus est spiritus vehementis, et linguarum ignearum species apparuere, non propter apostolos, sed propter eos qui tunc præsentes erant Judæos. Attamen licet sensilia signa non fiant, quæ per illa semel demonstrata sunt admittimus. Nam et columba ideo tunc visa est, ut quasi digito quodam præsentibus et Joanni Filium Dei monstraret. Neque ideo tantum, sed etiam ut tu disceres, etiam super te baptizatum, Spiritum descendere.

Fides non opus habet visione.

3. Demum non opus nobis est sensili visione, cum fides vice omnium satis sit : signa quippe non credentibus, sed incredulis dantur. Cur autem in columbæ specie? Mansuetum est animal et mundum. Quia igitur Spiritus, mansuetudinis est Spiritus, ideo illa forma apparuit. Alioquin autem veterem historiam nobis in memoriam revocat. Nam cum olim communi naufragio totum orbem invadente, totum prorsus hominum genus periclitaretur, hoc animal apparuit, et tempestatis finem ostendit, ac ramum olivæ rostro tenens, communem orbis tranquillitatem nuntiavit : quæ omnia figura futurorum erant. Tunc enim multo deteriore conditione res hominum erant, ac multo majore illi erant supplicio digni. Ne desperes igitur, hanc tibi historiam in memoriam revocat. Nam tunc desperatis rebus, exitus tamen quidam et emendatio fuit : sed tunc per supplicium, nunc vero per gratiam et donum ineffabile. Ideoque

γοῦν οἷα παράδοξα γίνεται, καὶ τῶν μελλόντων προοίμια· οὐκ ἔτι γὰρ παράδεισος, ἀλλ' οὐρανὸς ἀνοίγεται. Ἀλλ' ὁ μὲν πρὸς Ἰουδαίους λόγος εἰς ἕτερον ἡμῖν ὑπερκείσθω καιρόν· νυνὶ δὲ, Θεοῦ συνεργοῦντος ἡμῖν, ἐπὶ τὰ προκείμενα τὸν λόγον ἀγάγωμεν. Καὶ βαπτισθεὶς ὁ Ἰησοῦς, εὐθὺς ἀνέβη ἀπὸ τοῦ ὕδατος· καὶ ἰδοὺ ἀνεῴχθησαν αὐτῷ οἱ οὐρανοί. Τίνος οὖν ἕνεκεν ἀνεῴχθησαν οἱ οὐρανοί; Ἵνα μάθῃς, ὅτι καὶ σοῦ βαπτιζομένου τοῦτο γίνεται, πρὸς τὴν ἄνω πατρίδα τοῦ Θεοῦ σε καλοῦντος, καὶ πείθοντος μηδὲν κοινὸν ἔχειν πρὸς τὴν γῆν. Εἰ δὲ μὴ ὁρᾷς, μὴ ἀπιστήσῃς. C Καὶ γὰρ ἐν προοιμίοις ἀεὶ τῶν παραδόξων καὶ πνευματικῶν πραγμάτων αἰσθηταὶ φαίνονται ὄψεις καὶ σημεῖα τοιαῦτα, διὰ τοὺς ἀνοητότερον διακειμένους καὶ χρῄζοντας ὄψεως αἰσθητῆς, καὶ μηδεμίαν ἔννοιαν ἀσωμάτου φύσεως λαβεῖν δυναμένους, πρὸς δὲ τὰ ὁρατὰ μόνον ἐπτοημένους, ἵνα κἂν μετὰ ταῦτα μὴ γένηται ταῦτα, τὰ ἐξ αὐτῶν δηλωθέντα ἅπαξ καὶ ἐν ἀρχῇ [b] παραδέξωνται τῇ πίστει. Καὶ γὰρ ἐπὶ τῶν ἀποστόλων ἦχος ἐγένετο πνοῆς βιαίας, καὶ ὄψεις γλωσσῶν πυρίνων ἐφάνησαν· ἀλλ' οὐ [illegible] τοὺς ἀποστόλους, ἀλλὰ διὰ τοὺς παρόντας τότε Ἰουδαίους. Ἀλλ' ὅμως εἰ καὶ μὴ αἰσθητὰ γίνεται σημεῖα, τὰ ἐξ αὐτῶν δηλωθέντα ἅπαξ καταδεχόμεθα. D Ἐπεὶ καὶ ἡ περιστερὰ διὰ τοῦτο τότε ἐφάνη, ἵν' ὥσπερ ἀντὶ δακτύλου τινὸς δείξῃ τοῖς παροῦσι καὶ τῷ Ἰωάννῃ τὸν Υἱὸν τοῦ Θεοῦ. Οὐ μόνον δὲ διὰ τοῦτο, ἀλλ' ἵνα καὶ σὺ μάθῃς, ὅτι καὶ ἐπὶ σὲ βαπτιζόμενον τὸ Πνεῦμα ἔρχεται.

Λοιπὸν δὲ ἡμῖν αἰσθητῆς οὐ χρεία ὄψεως, τῆς πίστεως ἀντὶ πάντων [c] ἀρκούσης· τὰ γὰρ σημεῖα οὐ τοῖς E πιστεύουσιν, ἀλλὰ τοῖς ἀπιστοῦσι. Διατί δὲ ἐν εἴδει περιστερᾶς; Ἥμερον τὸ ζῶον καὶ καθαρόν. Ἐπεὶ οὖν καὶ τὸ Πνεῦμα, πραότητός ἐστι Πνεῦμα, διὰ τοῦτο ἐν τούτῳ φαίνεται. Ἄλλως δὲ καὶ παλαιᾶς ἡμᾶς ἀναμιμνήσκει ἱστορίας. Καὶ γὰρ ναυαγίου π[illegible]ὲ κοινοῦ τὴν οἰκουμένην καταλαβόντος ἅπασαν, καὶ τοῦ γένους 164 A ἡμῶν κινδυνεύοντος ἀφανισθῆναι, τοῦτο ἐφάνη τὸ ζῶον, καὶ τὴν λύσιν τοῦ χειμῶνος ἔδειξε, καὶ κλάδον φέρον ἐλαίας, τὴν κοινὴν τῆς οἰκουμένης γαλήνην εὐηγγελίσατο· ἅπερ πάντα τύπος τῶν μελλόντων ἦν. Καὶ γὰρ τότε πολλῷ χεῖρον τὰ τῶν ἀνθρώπων διέκειτο, καὶ πολλῷ μείζονος τιμωρίας ἄξιοι ἦσαν. Ἵν' οὖν μὴ ἀπογνῷς, ἀναμιμνήσκει σε τῆς ἱστορίας ἐκείνης. Καὶ γὰρ τότε τῶν πραγμάτων ἀπογνωσθέντων, γέγονε λύσις τις καὶ διόρθωσις· ἀλλὰ τότε διὰ τιμωρίας, νῦν δὲ διὰ χάριτος καὶ δωρεᾶς ἀφάτου. Διὰ τοῦτο καὶ ἡ περιστερὰ φαίνεται, οὐ κλάδον ἐλαίας φέρουσα,

b Savil. παραδέξῃ τῇ πίστει. Morel. παραδέξωνται τῇ πίστει. Utraque lectio ferri potest.

c Morel. male ἀρχούσης. Mox aliqui ἀλλὰ τοῖς ἀπίστοις, quod idipsum est.

ἀλλὰ τὸν πάντων τῶν κακῶν ἐλευθερωτὴν ἡμῖν δει- B κνύουσα, καὶ χρηστὰς ὑποτείνουσα τὰς ἐλπίδας. Οὐδὲ γὰρ ἀπὸ κιβωτοῦ ἄνθρωπον ἐξάγει ἕνα, ἀλλὰ τὴν οἰκουμένην ἅπασαν εἰς τὸν οὐρανὸν ἀνάγει φανεῖσα, καὶ [a] ἀντὶ κλάδου ἐλαίας τὴν υἱοθεσίαν τῷ κοινῷ τῆς οἰκουμένης κομίζει γένει. Ἐννοήσας τοίνυν τὸ μέγεθος τῆς δωρεᾶς, μηδὲ ἐλάττονα αὐτοῦ τὴν ἀξίαν νομίσῃς εἶναι, διὰ τὸ ἐν τοιαύτῃ φανῆναι ὄψει. Καὶ γὰρ ἀκούω τινῶν λεγόντων, ὅτι [b] ὅσον ἀνθρώπου καὶ περιστερᾶς τὸ μέσον, τοσοῦτον τοῦ Χριστοῦ καὶ τοῦ Πνεύματος, ἐπειδὴ ὁ μὲν ἐν τῇ ἡμετέρᾳ φύσει, τὸ δὲ ἐν ὄψει περιστερᾶς ἐφάνη. Τί οὖν πρὸς ταῦτά ἐστιν εἰπεῖν; Ὅτι C ὁ μὲν Υἱὸς τοῦ Θεοῦ φύσιν ἀνθρώπου ἀνέλαβε· τὸ δὲ Πνεῦμα οὐ φύσιν ἀνέλαβε περιστερᾶς. Διὰ τοῦτο καὶ ὁ εὐαγγελιστὴς οὐκ εἶπεν, ὅτι ἐν φύσει περιστερᾶς, ἀλλ' ἐν εἴδει περιστερᾶς· οὐκοῦν οὐδὲ μετὰ ταῦτα ὤφθη ἐν τούτῳ τῷ σχήματι, ἀλλὰ τότε μόνον. Εἰ δὲ διὰ τοῦτο ἐλάττονα αὐτοῦ τὴν ἀξίαν φῂς εἶναι, εὑρεθήσεται καὶ τὰ Χερουβὶμ κατὰ τὸν λόγον τοῦτον ἀμείνω πολλῷ, καὶ τοσοῦτον ὅσον περιστερᾶς ἀετός· καὶ γὰρ [c] εἰς ταύτην κἀκεῖνα ἐσχηματίσθη τὴν ὄψιν· καὶ οἱ ἄγγελοι δὲ ἀμείνους πάλιν· καὶ γὰρ ἐν σχήματι ἀνθρώπων πολλάκις ἐφάνησαν. Ἀλλ' οὐκ ἔστι ταῦτα, οὐκ ἔστι. D Καὶ γὰρ ἕτερον οἰκονομίας ἀλήθεια, καὶ ὄψεως προσκαίρου συγκατάβασις. Μὴ τοίνυν ἀχάριστος γίνου περὶ τὸν εὐεργέτην, μηδὲ τοῖς ἐναντίοις ἀμείβου τὸν τὴν πηγήν σοι τῆς μακαριότητος δωρησάμενον. Ὅπου γὰρ υἱοθεσίας ἀξίωμα, ἐκεῖ καὶ ἡ τῶν κακῶν ἀναίρεσις, καὶ ἡ τῶν ἀγαθῶν ἁπάντων δόσις. Διὰ δὴ τοῦτο τὸ μὲν Ἰουδαϊκὸν παύεται βάπτισμα, τὸ δὲ ἡμέτερον ἀρχὴν λαμβάνει. Καὶ ὅπερ ἐπὶ τοῦ πάσχα γέγονε, τοῦτο καὶ ἐπὶ τοῦ βαπτίσματος συμβαίνει. Καὶ γὰρ καὶ ἐκεῖ ἀμφότερα μετελθὼν, τὸ μὲν [d] ἀνέπαυσε, τῷ E δὲ ἀρχὴν δέδωκε· καὶ ἐνταῦθα πάλιν πληρώσας τὸ Ἰουδαϊκὸν βάπτισμα, ὁμοῦ καὶ τοῦ τῆς Ἐκκλησίας τὰς θύρας ἀνοίγνυσιν, ὥσπερ ἐν μιᾷ τραπέζῃ τότε, οὕτως ἐν ἑνὶ ποταμῷ νῦν, καὶ τὴν σκιὰν ὑπογράψας, καὶ τὴν ἀλήθειαν προσθείς. Πνεύματος γὰρ χάριν τοῦτο ἔχει τὸ βάπτισμα μόνον· τὸ δὲ Ἰωάννου ταύτης ἔρημον τῆς δωρεᾶς ἦν. Διὰ δὴ τοῦτο ἐπὶ μὲν τῶν ἄλλων 165 A τῶν βαπτιζομένων οὐδὲν τοιοῦτον συνέβη· ἐπὶ δὲ αὐτοῦ μόνου τοῦ μέλλοντος τοῦτο παραδιδόναι, ἵνα μετὰ τῶν εἰρημένων καὶ τοῦτο μάθῃς ὅτι οὐχ [a] ἡ καθαρότης τοῦ βαπτίζοντος, ἀλλ' ἡ δύναμις τοῦ βαπτιζομένου τοῦτο ἐποίησε. Τότε γοῦν καὶ οἱ οὐρανοὶ ἀνεῴχθησαν, καὶ τὸ Πνεῦμα ἐπῆλθεν. Ἀπὸ γὰρ τῆς παλαιᾶς λοιπὸν ἐπὶ

B columba apparet, non ramum olivæ ferens, sed omnium malorum liberatorem nobis ostendens, bonamque spem exhibens. Neque enim ex arca unum educit hominem, sed cum apparet, totum orbem attollit in cælum, et pro olivæ ramo adoptionem filiorum communi orbis generi affert. Magnitudinem ergo doni tecum reputans, ne minorem ejus dignitatem existimes, quod in tali specie appareat. Nam quosdam audio dicentes, tantum esse hominem inter et columbam discrimen, quantum inter Christum et Spiritum, quia ille in natura nostra, hic in specie columbæ apparuit. Quid C ad hæc dicendum est? Scilicet Filium Dei naturam hominis assumsisse; Spiritum vero non naturam accepisse columbæ. Ideo evangelista non in natura, sed in specie columbæ dixit : neque postea umquam hac figura visus est, sed tunc tantum. Si porro ejus ideo dignitatem minorem dicas, hoc ratiocinandi modo Cherubini illo majores reperientur, et quantum aquila major est columba : nam illi hanc suscepere speciem; et angeli quoque præstantiores, qui hominum specie sæpe apparuerunt. D At non ita, non ita utique res se habet. Nam aliud est veritas œconomiæ, aliud temporaneæ visionis concessio. Ne itaque ingratus sis erga benefactorem, neque contrariam repende vicem ei qui tibi beatitudinis fontem donavit. Ubi enim est adoptionis dignitas, ibi et malorum depulsio, et bonorum omnium munus. Ideo Judaïcum quidem baptisma abrogatur, nostrum autem exordium habet : atque idipsum quod in Paschate, in baptismate quoque contigit. Nam cum utrumque pa- E scha celebraverit, alterum abrogavit, alteri vero principium dedit : et hic rursum, cum Judaïcum baptisma implevit, tunc et Ecclesiæ baptismatis januas aperit; sicut tunc in una mensa, sic nunc in uno flumine, et umbram delineans, et veritatem addens. Spiritus quippe gratiam hoc solum baptisma habet; Joannis vero baptisma hoc dono vacuum erat. Ideoque dum alii omnes baptizaren- tur, nihil tale contigit; sed in illo tantum qui illud traditurus erat; ut cum supradictis hoc quoque discas, non puritatem baptizantis, sed baptizati virtutem id fecisse. Tunc itaque et cæli aperti sunt, et Spiritus supervenit. Nam a veteri vivendi genere nos jam traducit ad novum, januas super-

Spiritus sanctus non minor Christo.

Christus Judæorum et baptisma et Pascha abrogat.

[a] Mss. multi ἀντὶ θάλλου ἐλαίας.

[b] Savil. et Morel. ὅσον ἀνθρώπου, καὶ περιστερᾶς. Mss. vero multi ὅσον οὐρανοῦ καὶ περιστερᾶς, quæ certe lectio quadrare posset; sed prior quoque bene habet, et sic legit Georgius Trapezuntius.

[c] Morel. et quidam alii εἰς αὐτήν.

[d] Tres Mss. τὸ μὲν ἔπαυσε. Mox πάλιν deest in quibusdam Mss. Infra unus τὴν ἀλήθειαν προτιθείς.

[a] Unus ἡ καθαρότης τοῦ βαπτίσματος.

nas aperiens, et Spiritum inde mittens ad illam patriam vocantem; nec tantum vocantem, sed et cum dignitate maxima. Non enim angelos et archangelos fecit, sed filios Dei et dilectos: sic nos ad illam sortem attrahit.

4. Hæc cogitans omnia, et dilectione vocantis, et consortio illo cælesti et collato honore dignam ducas vitam oportet; mundo crucifixus, et mundum in te crucifigens, cum omni diligentia cæleste institutum exhibe: neque quia corpus tuum nondum translatum est in cælum, putes te aliquid cum terra commune habere. Caput enim tuum habes in cælo sedens. Ideoque Dominus cum prius huc venisset, angelosque secum adduxisset, tunc te assumto illuc abiit, ut tu antequam illuc ascendas, ediscas posse te terram ut cælum incolere. Perseveremus itaque nobilitatem servare, quam ab initio suscepimus, regiamque illam cælestem quotidie quæramus, ac præsentia omnia umbram et somnium esse putemus. Neque enim si quispiam rex terrenus te mendicum et pauperem repente in filium adoptaret, tugurium tuum ejusque vilitatem ultra respiceres, etiamsi hæc non grandi intervallo separantur. Ne itaque hic quidpiam ex prioribus in mente verses: nam ad longe meliora vocatus es. Cum enim is qui vocat, angelorum Dominus sit, bona tibi collata rationem omnem et mentem superant. Non enim a terra in terram te transfert, ut ille rex; sed a terra in cælum, et a mortali natura in gloriam immortalem et ineffabilem, quæ tunc tantum clare poterit perspici, cum illa fruemur. Talia tamen consequuturus bona, pecunias mihi commemoras, terrenamque pompam retines? nec putas hæc omnia quæ sub aspectum cadunt, mendicorum pannis esse viliora? Et quomodo tanto honore dignus habearis? quam defensionem proferre possis? imo potius quas pœnas non lues, cum post tantum donum ad priorem vomitum curras? Non enim ultra ut homo, sed ut filius Dei peccatorum pœnas dabis, tibique honoris magnitudo ad majus supplicium viam parabit. Siquidem nos, peccantes servos, et filios delinquentes non pari supplicio plectimus, cum maxime illi magna sunt a nobis beneficia consequuti. Nam si is qui paradisum in sortem acceperat, quod semel transgressus esset, tanta post honorem

τὴν καινὴν ἐξάγει πολιτείαν ἡμᾶς, τάς τε πύλας ἡμῖν
ἀνοιγνὺς τὰς ἄνω, καὶ Πνεῦμα πέμπων ἐκεῖθεν, καλοῦν εἰς τὴν ἐκεῖ πατρίδα· καὶ οὐχ ἁπλῶς καλοῦν,
ἀλλὰ καὶ μετὰ ἀξιώματος τοῦ μεγίστου. Οὐ γὰρ ἀγγέλους καὶ ἀρχαγγέλους ἐποίησεν, ἀλλὰ υἱοὺς Θεοῦ κατασκευάσας καὶ ἀγαπητούς· οὕτως ἕλκει πρὸς ἐκείνην
B τὴν λῆξιν ἡμᾶς.

Ταῦτ' οὖν ἐννοήσας ἅπαντα, καὶ τῆς ἀγάπης τοῦ
καλοῦντος, καὶ τῆς πολιτείας τῆς ἐκεῖ καὶ τῆς τιμῆς
τῆς δοθείσης ἄξιον ἐπίδειξαι βίον· τῷ κόσμῳ σταυρω-
θεὶς, καὶ σταυρώσας [b] αὐτὸν σαυτῷ, τὴν τῶν οὐρανῶν
πολιτεύου πολιτείαν μετὰ ἀκριβείας ἁπάσης· μηδὲ
ἐπειδὴ τὸ σῶμά σου μὴ μετέστη πρὸς τὸν οὐρανὸν,
νομίσῃς ἔχειν τι κοινὸν πρὸς τὴν γῆν. Τὴν γὰρ κεφαλὴν ἄνω ἔχεις καθημένην. Καὶ διὰ τοῦτο δὲ πρότερον
ἐνταῦθα παραγενόμενος ὁ Δεσπότης, καὶ τοὺς ἀγγέλους
ἀγαγὼν, τότε σε ἀναλαβὼν ἀπῆλθεν ἐκεῖ, ἵνα καὶ πρὸ
C τῆς ἀνόδου τῆς ἐκεῖσε μάθῃς, ὅτι δυνατόν σοι τὴν γῆν
ὡς τὸν οὐρανὸν οἰκεῖν. Μένωμεν τοίνυν τὴν εὐγένειαν
τηροῦντες, ἣν ἐδεξάμεθα ἐξ ἀρχῆς, καὶ τὰ ἐκεῖ βασίλεια καθ' ἑκάστην τὴν ἡμέραν ἐπιζητῶμεν, καὶ
πάντα τὰ ἐνταῦθα σκιὰν καὶ ὄναρ εἶναι νομίζωμεν.
Οὐδὲ γὰρ εἰ βασιλεύς τις τῶν ἐπὶ γῆς πτωχόν ὄντα
καὶ προσαιτοῦντα λαβὼν, υἱὸν ἐξαίφνης ἐποιήσατό σε,
τὴν καλύβην, καὶ [c] τὴν εὐτέλειαν τῆς καλύβης τῆς σῆς
ἐνενόησας ἄν· καίτοι γε οὐ πολὺ τὸ μέσον ἐκεῖ. Μὴ
τοίνυν μηδὲ ἐνταῦθα λογίζου τι τῶν προτέρων· καὶ
γὰρ ἐπὶ πολλῷ μείζοσιν ἐκλήθης. Ὅταν γὰρ ὁ καλῶν
ὁ τῶν ἀγγέλων [d] Δεσπότης ᾖ· τὰ δὲ διδόμενα ἀγαθὰ,
καὶ λόγον καὶ διάνοιαν ὑπερβαίνει πᾶσαν. Οὐ γὰρ ἀπὸ
D γῆς εἰς γῆν σε μεθίστησι, καθάπερ ὁ βασιλεὺς, ἀλλ'
ἀπὸ γῆς εἰς οὐρανὸν, καὶ ἀπὸ φύσεως θνητῆς εἰς ἀθάνατον δόξαν καὶ ἄῤῥητον, τότε δυναμένην μόνον φανῆναι καλῶς, ὅταν αὐτῆς ἀπολαύσωμεν. Τοιούτων
τοίνυν μέλλων μετέχειν ἀγαθῶν, χρημάτων μοι μέμνησαι, καὶ τῆς ἐνταῦθα φαντασίας ἀντέχῃ; καὶ οὐ
νομίζεις ἅπαντα τὰ ὁρώμενα τῶν τοῦ προσαιτοῦντος
ῥακίων εὐτελέστερα εἶναι; Καὶ πῶς ἄξιος φανήσῃ
ταύτης τῆς τιμῆς; ποίαν δὲ ἕξεις ἀπολογίαν εἰπεῖν;
μᾶλλον δὲ ποίαν οὐ δώσεις δίκην μετὰ τοσαύτην δωρεὰν ἐπὶ τὸν πρότερον ἔμετον τρέχων; Οὐκ ἔτι γὰρ
E ὡς ἄνθρωπος ἁπλῶς, ἀλλ' ὡς υἱὸς Θεοῦ ἁμαρτὼν κολάζῃ, καὶ γίνεταί σοι τὸ τῆς τιμῆς μέγεθος ἐφόδιον
τιμωρίας μείζονος. Καὶ γὰρ καὶ ἡμεῖς οὐχ ὁμοίως
δούλους ἁμαρτάνοντας, καὶ υἱοὺς τὸ αὐτὸ πλημμε-
λοῦντας κολάζομεν· καὶ μάλιστα ὅταν μεγάλα παρ'
168 ἡμῶν [e] εὐεργετούμενοι τυγχάνωσιν. Εἰ γὰρ ὁ παρά-
A δεισον λαχὼν, διὰ μίαν παρακοὴν τοσαῦτα μετὰ τὴν

b Quidam αὐτὸν ἑαυτῷ.

c Alii τὴν εὐτέλειαν τῆς οἰκίας.

d Savil. et alii δεσπότης ᾖ. Morel. δεσπότης ἐστίν. Sed præstat lectio Savilii; solet enim Chrysostomus post ὅταν subjunctivum adhibere. [Mox Savil. ὑπερβαίνη.]

e Alii εὐεργετημένοι [sic] τύχωσι.

τιμὴν ὑπέστη δεινά· οἱ τὸν οὐρανὸν ἀπολαβόντες ἡμεῖς, καὶ τῷ Μονογενεῖ γενόμενοι συγκληρονόμοι, τίνα ἕξομεν συγγνώμην, τῷ ὄφει μετὰ τὴν περιστερὰν προστρέχοντες; Οὐκ ἔτι γὰρ, Γῆ εἶ, καὶ εἰς γῆν ἀπελεύσῃ, καὶ, Ἐργᾷ τὴν γῆν, καὶ τὰ πρότερα ἀκουσόμεθα ἐκεῖνα, ἀλλὰ τὰ πολλῷ τούτων χαλεπώτερα, τὸ σκότος τὸ ἐξώτερον, τὰ δεσμὰ τὰ ἄλυτα, τὸν σκώληκα τὸν ἰοβόλον, τὸν βρυγμὸν τῶν ὀδόντων· καὶ μάλα εἰκότως. Ὁ γὰρ μηδὲ εὐεργεσίᾳ τοσαύτῃ γενόμενος βελτίων, δικαίως ἂν τὴν ἐσχάτην καὶ χαλεπωτέραν [a]δοίη δίκην. Ἤνοιξέ ποτε καὶ ἔκλεισε τὸν οὐρανὸν Ἠλίας, ἀλλ' ὥστε ὑετὸν κατενεγκεῖν καὶ ἀναστεῖλαι· B σοὶ δὲ οὐχ οὕτως ἀνοίγεται ὁ οὐρανὸς, ἀλλ' ὥστε ἀναβῆναί σε ἐκεῖ· καὶ τὸ δὴ μεῖζον, οὐχ ὥστε ἀναβῆναι, ἀλλ' ὥστε καὶ ἑτέρους ἀναγαγεῖν, ἐὰν βουληθείης· τοσαύτην σοι παῤῥησίαν καὶ ἐξουσίαν [b]ἐν τοῖς ἑαυτοῦ ἔδωκεν ἅπασιν. Ἐπεὶ οὖν ἐκεῖ ἡμῶν ἡ οἰκία, ἐκεῖ πάντα ἀποθώμεθα, καὶ μηδὲν ἐνταῦθα καταλείπωμεν, ἵνα μὴ αὐτὰ ἀπολέσωμεν. Ἐνταῦθα μὲν γὰρ [c]κἂν κλεῖν ἐπιθῇς, κἂν θύρας, καὶ μοχλοὺς, κἂν μυρίους ἐπιστήσῃς οἰκέτας, καὶ πάντων περιγένῃ τῶν κακούργων, καὶ τοὺς τῶν βασκάνων διαφύγῃς ὀφθαλμοὺς, κἂν τοὺς σῆτας, κἂν τὴν ἀπὸ τοῦ χρόνου γινομένην ἀπώλειαν, ὅπερ ἀδύνατον, τὸν γοῦν θάνατον οὐ διαφεύξῃ C ποτὲ, [d]ἀλλ' ἀφαιρεθήσεται ἅπαντα ἐκεῖνα ἐν μιᾷ καιροῦ ῥοπῇ· καὶ οὐκ ἀφαιρεθήσεται μόνον, ἀλλὰ καὶ εἰς τὰς τῶν ἐχθρῶν πολλάκις παραπέμψεις χεῖρας. Ἂν δὲ εἰς ἐκείνην παραπέμψῃς τὴν οἰκίαν, πάντων ἀνώτερος ἔσῃ. Οὔτε γὰρ κλεῖν, οὔτε θύρας, καὶ μοχλοὺς ἐπιθεῖναι δεῖ· τοιαύτη τῆς πόλεως ἐκείνης ἡ δύναμις· οὕτως ἄσυλον τὸ χωρίον ἐστὶ, καὶ φθορᾷ καὶ πονηρίᾳ πάσῃ ἄβατον τοῦτο ὑφέστηκε.

Πῶς οὖν οὐκ ἐσχάτης ἀνοίας, ἔνθα μὲν ἀπόλλυται [e]καὶ διαφθείρεται τὰ ἀποτιθέμενα, σωρεύειν ἅπαντα, ἔνθα δὲ ἀνέπαφα μένει, καὶ πλείω γίνεται, ἐνταῦθα μηδὲ τὸ πολλοστὸν ἀποτίθεσθαι μέρος, καὶ ταῦτα τὸν D ἅπαντα μέλλοντας ἐκεῖ βιώσασθαι χρόνον; Διὰ τοῦτο καὶ Ἕλληνες ἀπιστοῦσι τοῖς παρ' ἡμῶν λεγομένοις· ἀφ' ὧν γὰρ πράττομεν, οὐκ ἀφ' ὧν λέγομεν, τὴν παρ' ἡμῶν ἀπόδειξιν λαμβάνειν ἐθέλουσι· καὶ ἐπειδὰν ἴδωσιν [f]οἰκίας οἰκοδομουμένους λαμπρὰς, καὶ παραδείσους κατασκευάζοντας καὶ λουτρὰ, καὶ ἀγροὺς ὠνουμένους, οὐκ ἐθέλουσι πιστεύειν, ὅτι πρὸς ἑτέραν παρεσκευασάμεθα πόλεως ἀποδημίαν. Εἰ γὰρ τοῦτο ἦν, φησὶν, ἅπαντα τὰ ἐνταῦθα ἂν ἐξαργυρίσαντες, ἐκεῖ προαπέθεντο· E καὶ τοῦτο ἀπὸ τῶν ἐνταῦθα γινομένων στοχάζονται. Καὶ γὰρ ὁρῶμεν τοὺς σφόδρα εὐπόρους ἐν ἐκείναις μάλιστα ταῖς πόλεσιν οἰκίας καὶ ἀγροὺς καὶ τὰ

pertulit mala; nos qui cælum accepimus, atque Unigeniti coheredes facti sumus, quam impetrabimus veniam, si ad serpentem relicta columba curramus? Non enim ultra audiemus, *Terra es, et* Gen. 3. 19.
in terram reverteris, neque *Operaberis terram*, Gen. 4. 12.
vel alia olim dicta, sed longe his graviora, tenebras exteriores, vincula insolubilia, vermem venenosum, stridorem dentium; et jure quidem. Qui enim nec post tantum beneficium melior evadit, jure extremas et gravissimas pœnas dabit. Aperuit olim et clausit cælum Elias, sed ita ut 3. Reg. 17.
pluviam aut demitteret aut retineret: tibi vero non ita cælum aperitur, sed ut illuc ascendas; quodque majus est, non ut ascendas solum, sed ut alios quoque tecum ducas, si velis, tantam tibi in suis omnibus fiduciam et potestatem dedit. Quoniam igitur ibi domus nostra est, illic omnia deponamus, et nihil hic relinquamus, ne illa perdamus. Hic enim etiamsi clavem adhibeas, et portas et vectes, si mille servos sistas, et insidiatores omnes declines, etiamsi invidorum oculos effugias, etsi tineas, etiamsi perniciem quam vetustas affert, quod tamen fieri nequit, mortem certe non effugies, unoque temporis momento hæc omnia auferentur: nec modo auferentur, sed etiam sæpe in manus inimicorum tradentur. Si vero in domum illam transmittas, omnibus his superior eris. Neque enim claves, vel portas, vel vectes adhibere oportet; usque adeo munita est illa civitas, tam inexpugnabilis locus, tam inaccessus corruptioni et malignitati.

5. Annon extremæ dementiæ est, ibi omnia accumulare ubi deposita pereunt et corrumpuntur, ubi vero intacta manent et augentur, ibi ne minimam eorum partem deponere, cum maxime ibi sine fine victuri simus? Ideo gentiles fidem negant iis quæ dicimus: nam ex factis, non ex dictis demonstrationem a nobis exigunt: ac cum vident nos ædes exstruere splendidas, hortos et balnea parare, agros emere, nolunt credere nos profectum in aliam civitatem parare. Nam si ita esset, aiunt, omnia quæ hic habent in argentum commutata, illic deponere præverterent; conjecturamque ducunt ex iis, quæ hic fieri solent. Opulentiores quippe videmus in illis maxime urbibus domos, agros, aliaque omnia comparare, in quibus sedes posituri sunt: sed nos contra facimus, terram,

[a] Alii δώσει δίκην.
[b] Morel. et quidam ἐν τοῖς αὐτοῦ.
[c] Quidam κἂν κλεῖς.
[d] Unus καὶ ἀφαιρεθήσῃ, et mox καὶ οὐκ ἀφαιρεθήσῃ.
[e] Morel. καὶ διέφθαρται.
[f] Unus οἰκίας οἰκοδομουμένας.

quam paulopost relicturi sumus, magno cum studio possidemus, nec pecunias modo, sed sanguinem etiam pro paucis terræ jugeribus et domibus fundimus; ad cælum vero comparandum ne superflua quidem erogare volumus, etiamsi illud parvo pretio ematur, et in sempiternum possideatur, si emamus. Propterea extremas dabimus pœnas, cum nudi et pauperes eo migrabimus; imo potius non ob paupertatem nostram, sed quod alios in hanc miseriam conjecerimus, intolerabili calamitati subjiciemur. Nam cum gentiles videant his studiis deditos tantis frui mysteriis: multo magis et ipsi præsentibus rebus addicentur, ingentem ignem supra caput nostrum accumulantes. Cum enim nos, qui præsentium rerum contemtum illos docere debemus, maxime omnium illarum in eis cupiditatem excitemus, quomodo salutem consequi poterimus, qui aliorum perniciei pœnas subire debeamus? Non audis Christum dicentem, se pro sale et lampadibus nos reliquisse in hoc mundo, ut voluptate diffluentes constringamus, et pecuniæ studiis obtenebratos illuminemus? Si ergo illos magis in tenebras conjiciamus, et molliores reddamus, quæ nobis spes salutis erit? Nulla: sed ejulantes et dentibus stridentes, ligatis pedibus manibusque in gehennæ ignem conjiciemur, postquam divitiarum sollicitudo nos plane confecerit. Hæc itaque cogitantes, omnia talis fallaciæ vincula solvamus, ne in illa incidamus quæ igni inexstinguibili nos traditura sunt. Nam qui divitiis servit, et catenis hic, et catenis illic perpetuo adstrictus erit: qui autem ab hac cupiditate liber est, utraque libertate potietur: quam ut nos quoque assequamur, contrito gravi illo avaritiæ jugo, ad cælum advolare contendamus, gratia et benignitate Domini nostri Jesu Christi, cui gloria et imperium in sæcula sæculorum. Amen.

ἄλλα πάντα κεκτημένους, ἐν αἷς διατρίβειν μέλλουσιν·
187 ἀλλὰ ἡμεῖς τοὐναντίον ποιοῦμεν· καὶ τὴν μὲν γῆν, ἣν
A μικρὸν ὕστερον ἀφιέναι μέλλομεν, μετὰ πολλῆς κτώμεθα τῆς σπουδῆς, οὐχὶ χρήματα μόνον, ἀλλὰ καὶ τὸ αἷμα αὐτὸ προϊέμενοι ὑπὲρ [a] πλέθρων γῆς καὶ οἰκημάτων ὀλίγων· ὑπὲρ δὲ τοῦ τὸν οὐρανὸν πριάσασθαι οὐδὲ τὰ περιττὰ τῆς χρείας ἀνεχόμεθα δοῦναι, καὶ ταῦτα ὀλίγης αὐτὸν μέλλοντες ὠνεῖσθαι τιμῆς καὶ διὰ παντὸς ἔχειν, εἴ γε αὐτὸν ὠνησαίμεθα. Διά τοι τοῦτο τὴν ἐσχάτην δώσομεν δίκην, γυμνοὶ καὶ πένητες ἀπιόντες ἐκεῖ· μᾶλλον δὲ οὐχ ὑπὲρ τῆς ἡμετέρας πτωχείας, ἀλλὰ καὶ ὑπὲρ ὧν ἄλλους τοιούτους ποιοῦμεν, τὰς ἀνηκέστους ὑποστησόμεθα συμφοράς. Ὅταν γὰρ ἴδωσιν
B Ἕλληνες περὶ ταῦτα σπουδάζοντας τοὺς τοσούτων ἀπολαύσαντας μυστηρίων, πολλῷ μᾶλλον αὐτοὶ τῶν παρόντων ἀνθέξονται, καὶ πολὺ καὶ ἐντεῦθεν ἐπὶ τὴν ἡμετέραν κεφαλὴν σωρεύοντες πῦρ. Ὅταν γὰρ οἱ διδάσκειν αὐτοὺς ὀφείλοντες ὑπεροψίαν τῶν φαινομένων ἁπάντων, αὐτοὶ μάλιστα πάντων αὐτοὺς εἰς τὴν τούτων ἐμβάλλωμεν ἐπιθυμίαν, πότε δυνησόμεθα σωθῆναι, τῆς ἑτέρων ἀπωλείας τὰς εὐθύνας ὑπέχοντες; Οὐκ ἀκούεις τοῦ Χριστοῦ λέγοντος, ὅτι ἀντὶ ἁλῶν καὶ λαμπάδων ἀφῆκεν ἡμᾶς εἶναι ἐν τῷ κόσμῳ τούτῳ, ἵνα καὶ τοὺς διαῤῥέοντας ὑπὸ τρυφῆς ἐπισφίγγωμεν, καὶ τοὺς τῇ μερίμνῃ τῶν χρημάτων ἐσκοτωμένους
C φωτίζωμεν; Ὅταν οὖν καὶ εἰς σκότος αὐτοὺς ἐμβάλλωμεν πλεῖον, καὶ χαυνοτέρους ποιῶμεν, τίς ἔσται σωτηρίας ἡμῖν ἐλπίς; Οὐκ ἔστιν οὐδεμία· [b] ἀλλ' οἰμώζοντες, καὶ τοὺς ὀδόντας βρύχοντες, καὶ δεδεμένοι πόδας καὶ χεῖρας εἰς τὸ τῆς γεέννης ἀπελευσόμεθα πῦρ, μετὰ τὸ κατεργασθῆναι καλῶς ταῖς τοῦ πλούτου φροντίσι. Ταῦτ' οὖν ἐννοήσαντες, ἅπαντα τὰ δεσμὰ λύσωμεν τῆς τοιαύτης ἀπάτης, ἵνα μηδὲ εἰς ἐκεῖνα ἐμπέσωμεν τὰ τῷ πυρὶ παραδιδόντα ἡμᾶς τῷ ἀσβέστῳ. Ὁ μὲν γὰρ χρήμασι δουλεύων, καὶ ταῖς ἐνταῦθα ἁλύσεσι, καὶ ταῖς ἐκεῖ διηνεκῶς ἔσται ὑπεύθυνος· ὁ δὲ ταύτης ἀπηλ-
D λαγμένος τῆς ἐπιθυμίας, ἑκατέρας τεύξεται τῆς ἐλευθερίας· ἧς ἵνα καὶ ἡμεῖς ἐπιτύχωμεν, τὸν χαλεπὸν τῆς φιλοχρηματίας συντρίψαντες ζυγὸν, πτερώσωμεν ἑαυτοὺς πρὸς τὸν οὐρανὸν, χάριτι καὶ φιλανθρωπίᾳ τοῦ Κυρίου ἡμῶν Ἰησοῦ Χριστοῦ, ᾧ ἡ δόξα καὶ τὸ κράτος εἰς τοὺς αἰῶνας τῶν αἰώνων. Ἀμήν.

[a] Morel. *πλέθρων καὶ οἰκημάτων*. Infra alii *πρίασθαι*.
[b] Quidam Mss. *ἀλλ' ἀνάγκῃ οἰμώζοντες*. Ibidem aliquot Mss. *ὀδόντας τρίζοντες*. Mox quidam *γεέννης ἀποπέμπεσθαι πῦρ*.

ΟΜΙΛΙΑ ιγ'.

Τότε ὁ Ἰησοῦς ἀνήχθη εἰς τὴν ἔρημον ὑπὸ τοῦ Πνεύματος, πειρασθῆναι ὑπὸ τοῦ διαβόλου.

E Τότε· πότε; Μετὰ τὴν τοῦ Πνεύματος κάθοδον, μετὰ τὴν φωνὴν τὴν ἐνεχθεῖσαν ἄνωθεν καὶ λέγουσαν· Οὗτός ἐστιν ὁ Υἱός μου ὁ ἀγαπητὸς, ἐν ᾧ ηὐδόκησα. Καὶ τὸ δὴ θαυμαστὸν, ὅτι ὑπὸ τοῦ Πνεύματος τοῦ ἁγίου· τοῦτο γὰρ αὐτὸν [c] ἀνάγει ἐνταῦθα, φησίν. Ἐπειδὴ γὰρ πάντα πρὸς διδασκαλίαν ἡμῶν ἔπραττέ τε καὶ ὑπέμενεν, ἀνέχεται καὶ τῆς ἐκεῖσε ἀναγωγῆς, 168 A καὶ τῆς πρὸς τὸν διάβολον [a] πάλης, ἵνα ἕκαστος τῶν βαπτιζομένων, εἰ μετὰ τὸ βάπτισμα μείζονας ὑπομείνειε πειρασμοὺς, μὴ ταράττηται, ὡς παρὰ προσδοκίαν τοῦ πράγματος γινομένου, ἀλλὰ μένῃ γενναίως πάντα φέρων, ὡς κατὰ ἀκολουθίαν τούτου συμβαίνοντος. Καὶ γὰρ διὰ τοῦτο ἔλαβες ὅπλα, οὐχ ἵνα ἀργῇς, ἀλλ' ἵνα πολεμῇς. Διὰ τοῦτο οὐδὲ ἐπιόντας κωλύει τοὺς πειρασμοὺς ὁ Θεός· πρῶτον μὲν ἵνα μάθῃς, ὅτι πολλῷ γέγονας ἰσχυρότερος· ἔπειτα ἵνα μένῃς μετριάζων, καὶ μηδὲ τῷ μεγέθει τῶν δωρεῶν ἐπαρθῇς, τῶν πειρασμῶν συστέλλειν σε δυναμένων· πρὸς τούτοις, ἵνα ὁ πονηρὸς δαίμων ἐκεῖνος, [b] ὁ τέως ἀμφιβάλλων περὶ τῆς σῆς ἀποστά- B σεως, ἀπὸ τῆς βασάνου τῶν πειρασμῶν πληροφορηθῇ, ὅτι τέλεον αὐτὸν ἐγκαταλιπὼν ἀπέστης· τὸ τέταρτον, ἵνα ἰσχυρότερος καὶ σιδήρου παντὸς εὐτονώτερος ταύτῃ κατασκευασθῇς· πέμπτον, ἵνα ἀπόδειξιν λάβῃς σαφῆ τῶν πιστευθέντων σοι θησαυρῶν. Οὐδὲ γὰρ ἂν ἐπῆλθεν ὁ διάβολος, εἰ μή σε ἐν μείζονι γενόμενον εἶδε τιμῇ. Ἐντεῦθεν γοῦν καὶ ἐξ ἀρχῆς ἐπανέστη τῷ Ἀδὰμ, ἐπειδὴ πολλῆς αὐτὸν εἶδεν ἀπολαύσαντα τῆς ἀξίας. Διὰ τοῦτο παρετάξατο πρὸς τὸν Ἰὼβ, ἐπειδὴ στεφανούμενον αὐτὸν καὶ ἀνακηρυττόμενον ἐθεάσατο παρὰ τοῦ τῶν ὅλων Θεοῦ. Καὶ πῶς οὖν φησιν, Εὔχεσθε μὴ εἰσελθεῖν εἰς πειρασμόν; Διὰ τοῦτο οὐκ ἀνιόντα αὐτὸν C ἁπλῶς δείκνυσί σοι τὸν Ἰησοῦν, ἀλλὰ ἀναγόμενον κατὰ τὸν τῆς οἰκονομίας λόγον, αἰνιττόμενος διὰ τούτων, ὅτι αὐτοὺς οὐκ ἐπιπηδᾷν χρὴ, ἀλλ' ἑλκομένους ἑστάναι γενναίως. Καὶ ὅρα ποῦ λαβὼν αὐτὸν τὸ Πνεῦμα ἀνήγαγεν· οὐκ εἰς πόλιν καὶ εἰς ἀγορὰν, ἀλλ' εἰς τὴν ἔρημον. Ἐπειδὴ γὰρ τὸν διάβολον ἐπισπάσασθαι ἐβούλετο, οὐ διὰ τῆς πείνης μόνον, ἀλλὰ καὶ διὰ τοῦ τόπου δίδωσιν αὐτῷ λαβήν. Τότε γὰρ μάλιστα ἐπιτίθεται ὁ διάβολος, ὅταν ἴδῃ μεμονωμένους καὶ καθ' ἑαυτοὺς

c [Savil. ἐνταῦθά φησιν ἀνάγειν.]

a Sic Savil. et multi alii. Morel. vero πλάνης, male. Infra Morel. ὑπομένει.

HOMILIA XIII.

Cap. IV. 1. *Tunc Jesus ductus est in desertum a Spiritu, ut tentaretur a diabolo.*

1. Tunc; quandonam? Post descensum illum Spiritus sancti, post vocem illam superne delatam et dicentem: *Hic est Filius meus dilectus, in* Matth. 3.
quo mihi complacui. Quodque mirum est, a 17.
Spiritu sancto: hic enim ipsum adduxit illuc. Quia enim omnia ad docendum nos fecit et passus est, illuc adduci, et cum diabolo pugnam committere voluit, ut unusquisque baptizatorum, si post baptismum majores sustineat tentationes, ne turbetur, quasi insperatam rem expertus, sed maneat fortiter omnia ferens, utpote re secundum rectam seriem accidente. Etenim ideo arma accepisti; non ut otieris, sed pugnes. Ideo ingruentes tentationes non impedit Deus: primo quidem ut discas te multo fortiorem factum; deinde ut moderate sapias, neque donorum magnitudine extollaris, cum te tentationes reprimant; ad hæc vero, ut malignus ille dæmon, an ab se discesseris dubitans, tentationum experimento certior fiat, te ipso prorsus relicto abscessisse; quarto ut fortior et ipso ferro solidior sic evadas; quinto ut thesauri tibi crediti certum habeas argumentum. Neque enim te invasisset diabolus, nisi te in majore positum honore vidisset. Hac de causa enim ab initio insurrexit in Adamum, quia multa illum frui videbat dignitate. Ideo et contra Jobum aciem instruxit, quia illum coronatum et ab universorum Deo
celebratum videbat. Et cur dicit, *Orate ne intre-* Matth. 26.
tis in tentationem? Propterea Jesum non ultro 41.
euntem exhibet, sed adductum secundum œconomiæ rationem: subindicans, non insiliendum esse, sed si adducamur, fortiter esse standum. Et considera quo illum Spiritus duxerit; non in urbem, nec in forum, sed in desertum. Quia enim diabolum ipsum volebat allicere, non ex fame tantum, sed etiam loco occasionem illi præbuit. Tunc enim maxime diabolus ingruit, cum solos videt ac seorsim agentes. Sic mulierem initio aggressus est, solam adiens, absente viro. Cum enim aliquos simul et congregatos videt, non audet inva-

b ὁ τέως ἀμφιβάλλων περὶ τῆς σῆς ἀποστάσεως, sic Savil. et aliquot Mss. Morel. ὅτε ὡς ἀμφιβάλλων περὶ τῆς σῆς ἀναστάσεως, male.

dere. Ideo oportet hac maxime de causa frequenter congregari, ne diabolo captu faciles simus. Invenit ergo illum diabolus in deserto, et in solitudine invia. Quod enim talis esset solitudo, Marcus significat his verbis: *Erat cum bestiis*. (Marc. 1. 13.) Perpende cum quanta vafritie et nequitia accedat, et quod tempus observet. Non enim jejunantem adit, sed esurientem: ut discas quantum bonum sit jejunium, quantumque sit contra diabolum telum; et quod post baptismum non deliciis, non ebrietati, non mensæ, sed jejunio opera sit danda. Propterea enim ille jejunavit, non quod jejunio opus haberet, sed ut nos erudiret. Quia peccata ante lavacrum ventris crapula intulerat: (Crapula radix vitiorum.) quemadmodum si quis ægrotum ad sanitatem ab se reductum jubeat non illa facere unde morbus illatus est: sic et ille post lavacrum induxit jejunium. Nam et Adamum intemperantia ventris ex paradiso ejecit, et diluvium tempore Noæ induxit, atque in Sodomitas fulmina immisit. Etiamsi enim utrobique fornicationis crimen erat, attamen utriusque supplicii radix inde prodiit: quod et Ezechiel indicans dicebat: (Ezech. 16. 49.) *Verumtamen hoc erat peccatum Sodomorum, quoniam in superbia et in saturitate panum, et in abundantia lasciviebant*. Sic et Judæi maxima perpetrarunt mala, ab ebrietate et ciborum deliciis in iniquitatem impingentes.

ὄντας. Οὕτω καὶ τῇ γυναικὶ παρὰ τὴν ἀρχὴν [c] ἐπέθετο, μόνην αὐτὴν ἀπολαβὼν, καὶ τοῦ ἀνδρὸς χωρὶς οὖσαν D εὑρών. Ὅταν μὲν γὰρ μεθ' ἑτέρων ὄντας ἴδῃ καὶ συγκεκροτημένους, οὐχ ὁμοίως θαῤῥεῖ, οὐδὲ ἔπεισι. Διὸ χρὴ μάλιστα καὶ διὰ τοῦτο μετ' ἀλλήλων ἀγελάζεσθαι συνεχῶς, ὥστε μὴ εὐχειρώτους εἶναι τῷ διαβόλῳ. Εὑρὼν τοίνυν αὐτὸν ἐν τῇ ἐρήμῳ, καὶ ἐρήμῳ ἀβάτῳ (ὅτι γὰρ τοιαύτη ἡ ἔρημος ἦν, ὁ Μάρκος ἐδήλωσεν εἰπὼν, ὅτι Μετὰ τῶν θηρίων ἦν), ὅρα μεθ' ὅσης προσέρχεται κακουργίας καὶ πονηρίας, καὶ ποῖον παρατηρεῖ καιρόν. Οὐδὲ γὰρ νηστεύοντι, ἀλλὰ πεινῶντι προσέρχεται· ἵνα σὺ μάθῃς, ἡλίκον ἡ νηστεία καλὸν, καὶ πῶς ὅπλον ἐστὶ κατὰ τοῦ διαβόλου μέγιστον, καὶ ὅτι μετὰ τὸ λουτρὸν οὐ τρυφῇ, καὶ μέθῃ, καὶ τραπέζῃ E πληθούσῃ, ἀλλὰ νηστείᾳ προσέχειν δεῖ. Διὰ γὰρ τοῦτο καὶ αὐτὸς ἐνήστευσεν, οὐκ [d] αὐτὸς ταύτης δεόμενος, ἀλλ' ἡμᾶς παιδεύων. Ἐπειδὴ γὰρ τὰ ἁμαρτήματα τὰ πρὸ τοῦ λουτροῦ τὸ γαστρὶ δουλεύειν εἰσήγαγεν· ὥσπερ 160 ἂν εἴ τις νοσοῦντα ὑγιῆ ποιήσας, κελεύοι μὴ ποιεῖν A ἐκεῖνα, ἐξ ὧν ἡ νόσος γέγονεν· οὕτω δὴ καὶ ἐνταῦθα καὶ αὐτὸς μετὰ τὸ λουτρὸν νηστείαν εἰσήγαγε. Καὶ γὰρ καὶ τὸν Ἀδὰμ ἡ ἀκρασία τῆς γαστρὸς ἐξέβαλε τοῦ παραδείσου, καὶ τὸν κατακλυσμὸν τὸν ἐπὶ τοῦ Νῶε αὕτη πεποίηκε καὶ τοὺς Σοδόμων κεραυνοὺς αὕτη κατήγαγε. Εἰ γὰρ καὶ πορνείας ἔγκλημα ἦν, ἀλλ' ὅμως ἑκατέρας τῆς κολάσεως ἡ ῥίζα ἐντεῦθεν ἐφύη· ὅπερ καὶ ὁ Ἰεζεκιὴλ αἰνιττόμενος ἔλεγε· Πλὴν τοῦτο τὸ ἀνόμημα Σοδόμων, ὅτι ἐν ὑπερηφανίᾳ καὶ πλησμονῇ ἄρτων, καὶ ἐν εὐθηνίαις ἐσπατάλων. Οὕτω καὶ Ἰουδαῖοι τὰ μέγιστα εἰργάσαντο κακὰ, ἀπὸ τῆς μέθης καὶ τῆς τρυφῆς ἐπὶ τὴν ἀνομίαν ἐξοκείλαντες.

2. Ideo et ipse jejunat quadraginta diebus, salutis nobis remedia ostendens, neque ulterius procedit, ne ob excessum miraculi, œconomiæ veritas non crederetur. Nunc enim minime illud timendum, quoniam Moyses et Elias Dei potentia fulti, ad illam jejunii diuturnitatem pertingere potuerunt. Si autem ulterius progressus fuisset, hinc plurimis incredibilis visa fuisset carnis assumtio. 2. *Cum jejunasset ergo quadraginta diebus et quadraginta noctibus, postea esuriit:* occasionem accedendi diabolo præbens, ut congressus ostenderet, quomodo oporteret superare ac vincere. Sic et athletæ faciunt: nam ut discipulos suos doceant quomodo vincere oporteat, ultro cum aliis in palæstra se complicant, in adversariorum corporibus spectaculum ipsis exhibentes,

B Διὰ δὴ τοῦτο καὶ αὐτὸς νηστεύει τεσσαράκοντα ἡμέρας, ἡμῖν τὰ φάρμακα τῆς σωτηρίας δεικνὺς, καὶ οὐ προέρχεται περαιτέρω, ὥστε μὴ πάλιν τῇ ὑπερβολῇ τοῦ θαύματος ἀπιστηθῆναι τῆς οἰκονομίας τὴν ἀλήθειαν. Νῦν μὲν γὰρ τοῦτο οὐκ ἂν ἐγένετο, ἐπειδὴ καὶ Μωϋσῆς καὶ Ἠλίας προλαβόντες εἰς τοσοῦτον ἴσχυσαν ἐξελθεῖν μῆκος, τῇ τοῦ Θεοῦ [a] κρατούμενοι δυνάμει. Εἰ δὲ περαιτέρω προέβη, πολλοῖς ἂν καὶ ἐντεῦθεν ἄπιστος ἔδοξεν εἶναι ἡ τῆς σαρκὸς ἀνάληψις. Νηστεύσας τοίνυν τεσσαράκοντα ἡμέρας καὶ νύκτας [b] τεσσαράκοντα, ὕστερον ἐπείνασε· λαβὴν αὐτῷ παρέχων εἰς τὸ προσελθεῖν, ἵνα συμπλακεὶς δείξῃ πῶς C δεῖ περιγενέσθαι καὶ νικᾷν. Οὕτω δὴ καὶ ἀθληταὶ ποιοῦσι· τοὺς γὰρ μαθητὰς τοὺς ἑαυτῶν διδάσκοντες περιγενέσθαι καὶ νικᾷν, ἑκόντες ἐν ταῖς παλαίστραις συμπλέκονται ἑτέροις, ἐν τοῖς τῶν ἀντιπάλων σώμασι

[c] Morel. et quidam ἐπετίθετο.

[d] Morel. αὐτὸς ταύτας, male. Infra vero idem ποιήσας κελεύει. Savilium et alios sequimur.

[a] Κρατούμενοι Savil. et Morel., κραταιούμενοι Mss. multi, et hæc quoque lectio quadrat.

[b] Καὶ νύκτας τεσσαράκοντα. Sic Mss. plurimi et textus Biblicus; Morel. et Savil. καὶ νύκτας τοσαύτας.

παρέχοντες τούτοις θεωρεῖν, καὶ παιδεύεσθαι τῆς νίκης τὸν τρόπον. Ὃ δὴ καὶ τότε ἐγένετο. Ἐπειδὴ γὰρ ἐβούλετο αὐτὸν ἐπισπάσασθαι εἰς τοῦτο, καὶ τὸ πεινῆν αὐτῷ κατάδηλον ἐποίησε, καὶ προσελθόντα ἐδέξατο, καὶ δεξάμενος ἅπαξ καὶ δὶς καὶ τρὶς, αὐτὸν κατέῤῥηξε μετ' εὐκολίας τῆς αὐτῷ προσηκούσης. Ἀλλ' ἵνα μὴ παρατρέχοντες τὰς νίκας ταύτας, λυμαινώμεθα ὑμῶν τὴν ὠφέλειαν, ἀπὸ τῆς πρώτης ἀρξάμενοι προσβολῆς ἑκάστην μετὰ ἀκριβείας ἐξετάζωμεν. Ἐπειδὴ γὰρ ἐπείνασε, φησί· Προσελθὼν ὁ πειράζων εἶπεν αὐτῷ· εἰ Υἱὸς εἶ τοῦ Θεοῦ, εἰπὲ ἵνα οἱ λίθοι οὗτοι ἄρτοι γένωνται. Ἐπειδὴ γὰρ ἤκουσε φωνῆς ἄνωθεν φερομένης καὶ λεγούσης· Οὗτός ἐστιν ὁ Υἱός μου ὁ ἀγαπητός· ἤκουσε δὲ καὶ Ἰωάννου τοσαῦτα περὶ αὐτοῦ μαρτυροῦντος· εἶτα εἶδε πεινῶντα· ἐν ἀμηχανίᾳ λοιπὸν ἦν, καὶ οὔτε ὅτι ἄνθρωπος ἦν ψιλὸς πιστεῦσαι ἠδύνατο, διὰ τὰ περὶ αὐτοῦ λεχθέντα· οὐδ' αὖ πάλιν παραδέξασθαι, ὅτι Υἱὸς ἦν τοῦ Θεοῦ, διὰ τὸ βλέπειν αὐτὸν πεινῶντα. Ὅθεν ἐν ἀμηχανίᾳ γενόμενος, ἀμφιβόλους ἀφίησι φωνάς. Καὶ ὥσπερ τῷ Ἀδὰμ προσελθὼν παρὰ τὴν ἀρχὴν, πλάττει τὰ μὴ ὄντα, ἵνα μάθῃ τὰ ὄντα· οὕτω δὴ καὶ ἐνταῦθα, οὐκ εἰδὼς σαφῶς τὸ ἀπόῤῥητον τῆς οἰκονομίας μυστήριον, καὶ τίς ποτέ ἐστιν ὁ παρὼν, ἕτερα ἐπιχειρεῖ πλέκειν δίκτυα, δι' ὧν ᾤετο εἴσεσθαι τὸ κεκρυμμένον καὶ [c] ἀσαφές· καὶ τί φησιν; Εἰ Υἱὸς εἶ τοῦ Θεοῦ, εἰπὲ ἵνα οἱ λίθοι οὗτοι ἄρτοι γένωνται. Οὐκ εἶπεν, ἐπειδὴ πεινᾷς· ἀλλ', Εἰ Υἱὸς εἶ τοῦ Θεοῦ· νομίζων ὑποκλέπτειν αὐτὸν τοῖς ἐγκωμίοις. Διὸ καὶ τὴν πεῖναν ἐσίγησεν, ἵνα μὴ δόξῃ [a] προσφέρειν αὐτῷ τοῦτο καὶ ὀνειδίζειν. Οὐ γὰρ εἰδὼς τῶν οἰκονομουμένων τὸ μέγεθος, αἰσχρὸν αὐτῷ τοῦτο ἐνόμιζεν εἶναι. Διὸ κολακεύων αὐτὸν, ὑπούλως τῆς ἀξίας μέμνηται μόνης. Τί οὖν ὁ Χριστός; Τὸν τῦφον αὐτοῦ [b] καθαιρῶν, καὶ δεικνὺς οὐκ αἰσχύνης ἄξιον ὂν τὸ συμβὰν, οὐδὲ ἀνάξιον τῆς αὐτοῦ σοφίας, ὅπερ κολακεύων αὐτὸν ἐκεῖνος ἀπεσίγησε, τοῦτο εἰς μέσον αὐτὸς προφέρει καὶ τίθησι, λέγων· Οὐκ ἐπ' ἄρτῳ μόνῳ ζήσεται ἄνθρωπος. Ὅθεν ἄρχεται ἀπὸ τῆς κατὰ τὴν γαστέρα ἀνάγκης. Σὺ δέ μοι σκόπει τοῦ πονηροῦ δαίμονος ἐκείνου τὴν κακουργίαν, καὶ πόθεν ἄρχεται τῶν παλαισμάτων, καὶ πῶς τῆς οἰκείας οὐκ ἐπιλανθάνεται τέχνης. Ἀφ' ὧν γὰρ καὶ τὸν πρῶτον ἐξέβαλεν ἄνθρωπον, [c] καὶ ἑτέροις μυρίοις περιέβαλε κακοῖς, ἀπὸ τούτων καὶ ἐνταῦθα πλέκει τὸν δόλον, τῆς κατὰ τὴν γαστέρα ἀκρασίας λέγω. Πολλῶν γοῦν καὶ νῦν ἔστιν ἀκοῦσαι ἀνοήτων, λεγόντων τὰ μυρία διὰ τὴν κοιλίαν κακά. Ἀλλ' ὁ Χριστὸς δεικνὺς, ὅτι τὸν ἐνάρετον οὐδὲ αὕτη ἡ τυραννὶς κατα-

ut vincendi modum ediscant. Quod tunc etiam factum est. Quia enim diabolum volebat ad certamen attrahere, famem notam ipsi fecit, accedentem excepit, exceptumque semel, bis et ter, ipsum cum facilitate sibi competente prostravit. Sed ne has victorias prætercurrentes, utilitati vestræ ali-
D quid detrahamus, a primo congressu orsi, singulos deinde accurate exploremus. Quoniam esuriit, ait: 3. *Accedens tentator dixit ei: Si Filius Dei es, dic ut lapides isti panes fiant.* Quia enim audierat vocem de cælo dicentem: *Hic est Filius meus dilectus;* (Matth. 3. 17.) audierat item Joannem tanta de ipso testificantem; deindeque vidit illum esurientem: incertus demum erat; neque enim ipsum hominem esse purum credere poterat, ob ea quæ de illo dicta fuerant, neque eum Filium Dei admittere, quod videret illum esurire. Quapropter
E dubius animi, dubias emittit voces. Ac quemadmodum Adamo in principio obviam veniens, quæ non erant fingit, ut quæ erant edisceret: ita et nunc, cum non clare cognosceret arcanum œconomiæ mysterium, nec quis esset ille tunc præsens, alia nectere retia molitur, queis putabat, id
170 quod absconditum obscurumque erat se discere pos-
A se. Ecquid ait? *Si Filius Dei es, dic ut lapides isti panes fiant.* Non dixit, Quoniam esuris; sed, *Si Filius Dei es:* putans se posse illum pellicere. Ideo famen tacuit, ne videretur illud ipsi proferre ut exprobraret. Cum non nosset enim rerum quæ dispensabantur magnitudinem, id illi probro fore putabat: quapropter adulantis more subdole dignitatem ejus solam memorat. Quid igitur Christus? Fastum ejus deprimens, ostendensque nec probrosum id esse quod acciderat, nec sapientia sua indignum, quod ille adulando tacuerat, hoc in medium profert ac dicit: 4. *Non in solo pane*
B *vivet homo.* Sic a necessitate ventris incipit. Tu vero mihi maligni dæmonis versutiam perpende, et unde certamen incipiat, et quomodo suæ non obliviscatur artis. Ab iis enim queis primum hominem dejecerat, ac sexcentis malis circumdederat, ab iisdem dolum nectit, de ventris intemperantia loquor. Multos etiam nunc stultos audire est, qui dicunt sexcenta per ventrem mala illata esse. At Christus ostendens virtute præditum non posse hac tyrannide compelli ad quædam contra decorem admittenda, et esurit, et jussui non pa-

[c] Καὶ ἀσαφές. Sic Savil. et Mss. multi. Morel. vero καὶ ἀφανές.
[a] Unus προφέρειν.
[b] Sic recte Savil. et Mss., Morel. vero καθαίρων.
[c] Unus καὶ ἑτέροις μυρίοις πολλοῖς περιέβ.

ret, docens in nullo obsequi diabolo nos oportere.
Quia enim primus homo hoc pacto Deum offenderat legem transgressus, ex abundanti te docet, etiamsi id, quod ille jubet, transgressio non sit, ne sic etiam obtemperandum esse. Ecquid transgressionem dico? Etsi quid utile dicant dæmones, inquit, ne sic quoque illis attendas. Sic
Luc. 4. 35. enim ille dæmonas loqui vetuit, prædicantes ipsum
Act. 16. 18. esse Dei Filium. Paulus item idipsum clamantes
increpavit, etiamsi id, quod dicebant, utile esset; sed illos magis magisque deprimens, eorumque contra nos insidias obstruens, etiam cum salutaria dogmata prædicarent, propulsabat, eorum obstruens ora, ipsisque silentium imperans. Idcirco neque hic Christus dictis annuit: sed quid ait? *Non in solo pane vivet homo.* Quod vero dicit, hujusmodi est: Potest Deus etiam verbo esurientem alere, ex Veteri Scriptura testimonium afferens, ac docens, quamvis esuriamus, quamvis aliud quidpiam patiamur, numquam a Domino absistendum esse.

3. Quod si quis dixerit, Certe oportebat id exhibere: respondebo ipsi, Cur, et qua de causa? Non enim, ut crederet, id ille dicebat; sed ut quantum opinabatur, de incredulitate ipsum convinceret. Quandoquidem primos homines sic decepit, et demonstravit ipsos non multum Deo credere. Nam contraria iis quæ Deus dixerat ipse pollicitus, inani eos spe inflans, atque in incredulitatem conjiciens, sic etiam ex iis quæ possidebant bonis dejecit. Verum Christus sese monstrat, neque diabolo, neque Judæis eadem quæ diabolus sentientibus obtemperantem, nos ubique docens, etiamsi possimus aliquid operari, nihil tamen temere et sine causa faciendum esse, imo nec si necessitas instet, diabolo esse obtemperandum. Quid igitur exsecrandus ille victus fecit? Postquam suadere non potuerat ut jussum exsequeretur, etiam tanta instante fame, ad aliud procedit dicens: 6. *Si Filius Dei es, mitte te deorsum. Scriptum est*
Psal. 90. 11. *enim: Quoniam angelis suis mandavit de te, et in manibus tollent te.* Cur singulis tentationibus hoc præmittit, *Si Filius Dei es?* Quod jam prius fecerat, id et nunc facit. Sicut enim tunc
Gen. 3. 5. Deo detrahebat his verbis, *Quacumque die comederitis, aperientur oculi vestri;* his osten-

ναγκάζει τι τῶν μὴ προσηκόντων ποιεῖν, καὶ πεινᾷ, καὶ οὐχ ὑπακούει τῷ ἐπιτάγματι, παιδεύων ἡμᾶς ἐν μηδενὶ πείθεσθαι τῷ διαβόλῳ. Ἐπειδὴ γὰρ ὁ πρῶτος
C ἄνθρωπος ἐντεῦθεν καὶ τῷ Θεῷ προσέκρουσε, καὶ νόμον παρέβη, ἐκ περιουσίας σε διδάσκει, κἂν μὴ παράβασις ᾖ τὸ παρ' αὐτοῦ κελευόμενον, μηδὲ οὕτω πείθεσθαι. Καὶ τί λέγω παράβασιν; Κἂν γάρ τι χρήσιμον λέγωσιν οἱ δαίμονες, φησὶ, μηδὲ οὕτως [d] πρόσεχε αὐτοῖς. Οὕτω γοῦν καὶ τοὺς δαίμονας ἐπεστόμισεν ἐκείνους, κηρύττοντας αὐτὸν Υἱὸν Θεοῦ. Καὶ ὁ Παῦλος δὲ πάλιν αὐτὸ τοῦτο βοῶσιν ἐπετίμησε· καίτοι τὸ λεγόμενον χρήσιμον ἦν· ἀλλ' ἐκ περιουσίας ἀτιμάζων αὐτοὺς καὶ ἀποτειχίζων τὴν καθ' ἡμῶν ἐπιβουλὴν, καὶ
D σωτήρια δόγματα κηρύττοντας ἤλαυνεν, ἐμφράττων αὐτῶν τὰ στόματα, καὶ σιγᾷν κελεύων. Καὶ διὰ τοῦτο οὐδὲ ἐνταῦθα τοῖς λεγομένοις ἐπένευσεν· [e] ἀλλὰ τί φησιν; Οὐκ ἐπ' ἄρτῳ μόνῳ ζήσεται ἄνθρωπος. Ὃ δὲ λέγει, τοιοῦτόν ἐστιν· ὅτι δύναται ὁ Θεὸς καὶ ῥήματι θρέψαι τὸν πεινῶντα, ἀπὸ τῆς Παλαιᾶς φέρων αὐτῷ μαρτυρίαν Γραφῆς, καὶ παιδεύων, κἂν λιμώττωμεν, κἂν ὁτιοῦν πάσχωμεν, μηδέποτε ἀφίστασθαι τοῦ Δεσπότου.

Εἰ δὲ λέγοι τις, ὅτι καὶ μὴν ἐπιδείξασθαι ἐχρῆν· ἐροίμην ἂν αὐτὸν, τίνος ἕνεκεν, καὶ διὰ τί; Οὐδὲ γὰρ
E ἵνα πιστεύσῃ, ταῦτα ἔλεγεν ἐκεῖνος, [f] ἀλλ', ὡς ᾤετο, ἵνα εἰς ἀπιστίαν ἐλέγξῃ. Ἐπεὶ καὶ τοὺς πρώτους οὕτως ἠπάτησε καὶ ἤλεγξεν, οὐ σφόδρα πιστεύοντας τῷ Θεῷ. Ἐναντία γὰρ ὧν εἶπεν ὁ Θεὸς, ἐκεῖνος ὑποσχόμενος, καὶ κεναῖς αὐτοὺς φυσήσας ἐλπίσι, καὶ εἰς ἀπιστίαν
171 ἐμβαλὼν, οὕτω καὶ ὧν εἶχον ἀγαθῶν ἐξέβαλεν. Ἀλλ'
A ὁ Χριστὸς δείκνυσιν ἑαυτὸν, μήτε τούτῳ τότε, μήτε ὕστερον τοῖς τὰ αὐτοῦ φρονοῦσιν Ἰουδαίοις σημεῖα αἰτοῦσιν [a] ἐπινεύοντα, πανταχοῦ παιδεύων ἡμᾶς, κἂν δυνώμεθά τι ποιεῖν, μηδὲν πράττειν εἰκῇ καὶ μάτην, μηδὲ ἀνάγκης ἐπικειμένης πείθεσθαι τῷ διαβόλῳ. Τί οὖν ὁ μιαρὸς οὗτος ἡττηθείς; Πεῖσαι γὰρ μὴ δυνηθεὶς τὸ κελευόμενον ποιῆσαι, καὶ ταῦτα πείνης ἐπικειμένης τοσαύτης, ἐφ' ἕτερον πρόεισι λέγων· Εἰ Υἱὸς εἶ τοῦ Θεοῦ, βάλε σεαυτὸν κάτω. Γέγραπται γάρ· Ὅτι τοῖς ἀγγέλοις αὐτοῦ ἐντελεῖται περὶ σοῦ, καὶ ἐπὶ χειρῶν ἀροῦσί σε. Τί δήποτε καθ' ἑκάστην πεῖραν τοῦτο
B προστίθησιν, Εἰ Υἱὸς εἶ τοῦ Θεοῦ; [b] Ὅπερ ἐπὶ τῶν προτέρων ἐποίησε, τοῦτο καὶ νῦν ποιεῖ. Ὥσπερ γὰρ τότε διέβαλε τὸν Θεὸν, λέγων, ὅτι Ἧ ἂν ἡμέρᾳ φάγητε, διανοιχθήσονται ὑμῶν οἱ ὀφθαλμοί· διὰ τούτων δεῖξαι βουλόμενος, ὅτι ἠπάτηνται καὶ παρελογίσθησαν, καὶ οὐδὲν εἰσιν εὐηργετημένοι· οὕτω δὴ καὶ ἐνταῦθα τὸ

[d] Quidam προσέχετε.
[e] Unus ἀλλ' ἠρέμα καὶ ἐλέγχει λέγων, οὐκ ἐπ' ἄρτῳ.
[f] Savil. ἀλλ' ἵνα ὡς ᾤετο [εἰς] ἀπιστίαν. Utraque lectio quadrare videtur.

[a] Unus ἐπινεύσας.
[b] Morel. ὁ ἐπί.

αὐτὸ τοῦτο αἰνίττεται λέγων, ὅτι εἰκῆ σε ἐκάλεσεν Υἱὸν, καὶ ἠπάτησε τῇ δωρεᾷ· ἐπεὶ εἰ μὴ τοῦτό ἐστι, παράσχου ἡμῖν ἀπόδειξιν τοῦ τῆς δυνάμεως εἶναι ἐκείνης. Εἶτα, ἐπειδὴ ἀπὸ Γραφῶν αὐτῷ διελέχθη, καὶ αὐτὸς τοῦ προφήτου παράγει μαρτυρίαν. Πῶς οὖν ὁ Χριστὸς οὐκ ἠγανάκτησεν, οὐ παρωξύνθη, ἀλλὰ μετὰ πολλῆς τῆς ἐπιεικείας πάλιν ἀπὸ τῶν Γραφῶν αὐτῷ C διαλέγεται λέγων· Οὐκ ἐκπειράσεις Κύριον τὸν Θεόν σου; Παιδεύων ἡμᾶς, ὅτι τοῦ διαβόλου οὐ διὰ σημείων, ἀλλὰ δι' ἀνεξικακίας καὶ μακροθυμίας περιγίνεσθαι χρὴ, καὶ μηδὲν πρὸς ἐπίδειξιν ποιεῖν καὶ φιλοτιμίαν ἁπλῶς. Σκόπει δὲ αὐτοῦ τὸ ἀνόητον καὶ ἀπὸ τῆς μαρτυρίας αὐτῆς ἧς παρήγαγεν. Αἱ μὲν γὰρ παρὰ τοῦ Κυρίου παρενεχθεῖσαι μαρτυρίαι σφόδρα ἁρμοδίως ἀμφότεραι εἴρηνται· αἱ δὲ παρ' ἐκείνου ἁπλῶς καὶ ὡς ἔτυχε, καὶ οὐδὲ τοῖς προκειμένοις τὸ προσῆκον [c] ἀντεπήγετο. Οὐ γὰρ δὴ τὸ γεγράφθαι, Ὅτι τοῖς ἀγγέλοις αὐτοῦ ἐντελεῖται περὶ σοῦ, παραινεῖ [d] ῥίπτειν D ἑαυτὸν καὶ κρημνίζειν· ἄλλως δὲ οὐδὲ περὶ τοῦ Κυρίου τοῦτο εἰρημένον ἐστίν. Ἀλλὰ τοῦτο μὲν τέως οὐκ ἤλεγξε, καίτοι γε καὶ ὑβριστικῶς αὐτοῦ χρησαμένου τῷ λόγῳ, καὶ σφόδρα ἐναντίως. Οὐδεὶς γὰρ παρὰ Υἱοῦ τοῦ Θεοῦ ταῦτα αἰτεῖ, ἀλλὰ [e] διαβόλου καὶ δαιμόνων τὸ βάλλειν ἑαυτὸν κάτω· τοῦ Θεοῦ δὲ καὶ τοὺς κειμένους ἀνιστᾷν. Εἰ γὰρ δύναμιν ἐπιδείξασθαι ἔδει, οὐχ ἑαυτὸν ῥιπτοῦντα εἰκῆ καὶ κρημνίζοντα, ἀλλ' ἑτέρους σώζοντα. [f] Τὸ δὲ ἑαυτοὺς ῥίπτειν εἰς φάραγγας καὶ κρημνοὺς, τῆς ἐκείνου φάλαγγός ἐστιν. Οὕτω γοῦν ὁ παρ' αὐτοῖς πλάνος ποιεῖ πανταχοῦ. Ἀλλ' ὁ Χριστὸς, E καὶ τούτων εἰρημένων, οὐδέπω ἑαυτὸν ἐκκαλύπτει, ἀλλ' ὡς ἄνθρωπος τέως αὐτῷ διαλέγεται. Τὸ γὰρ εἰπεῖν, Οὐκ ἐπ' ἄρτῳ μόνῳ ζήσεται ἄνθρωπος, καὶ τὸ, Οὐκ ἐκπειράσεις Κύριον τὸν Θεόν σου, οὐ σφόδρα ἑαυτὸν ἐκκαλύπτοντος ἦν, ἀλλ' ἕνα τῶν πολλῶν δεικνύντος. Μὴ θαυμάσῃς δὲ, εἰ τῷ Χριστῷ διαλεγόμενος 172 A περιτρέπεται πολλάκις. Καθάπερ γὰρ οἱ πυκτεύοντες, ὅταν καιρίας δέξωνται πληγὰς, αἵματι περιῤῥεόμενοι πολλῷ καὶ σκοτούμενοι περιφέρονται· οὕτω δὴ καὶ αὐτὸς ἀπὸ τῆς προτέρας καὶ δευτέρας πληγῆς σκοτωθεὶς, ἁπλῶς τὰ ἐπιόντα φθέγγεται, καὶ πρόεισιν ἐπὶ τὴν τρίτην προσβολήν. Καὶ ἀναγαγὼν αὐτὸν εἰς ὄρος ὑψηλὸν, δείκνυσιν αὐτῷ πάσας [a] τὰς βασιλείας, καί φησι· πάντα ταῦτά σοι δώσω, ἐὰν πεσὼν προσκυνήσῃς μοι. Τότε λέγει αὐτῷ· ὕπαγε ὀπίσω μου, σατανᾶ. Γέγραπται γάρ· Κύριον τὸν Θεόν σου προσκυνήσεις, καὶ αὐτῷ μόνῳ λατρεύσεις. Ἐπειδὴ γὰρ λοιπὸν εἰς τὸν Πατέρα ἡμάρτανε, τὰ ἐκείνου πάντα αὐτοῦ λέγων εἶναι, καὶ Θεὸν ἐσπούδαζεν ἑαυτὸν ἀποφῆναι, ὡς δη-

dere volens ipsos deceptos ac delusos fuisse, nihilque beneficii accepisse: ita et hic idipsum subindicans ait: Te frustra filium vocavit, ac dono te fefellit: certe si non ita se res habeat, ostendas nobis oportet te talem habere potestatem. Deinde, quoniam ex Scripturis ipsum alloquutus erat, ipse quoque prophetæ testimonium affert. Cur ergo Christus non indignatus, non exasperatus est, sed cum mansuetudine multa rursus ex Scripturis ipsum alloquitur, dicens: 7. *Non tentabis* Deut. 6. 16.
Dominum Deum tuum? Ut nos doceat, non per signa, sed per patientiam superandum diabolum esse, nihilque omnino ad ostentationem esse faciendum. Ejus porro stultitiam vel ab eo quod attulit testimonio perpende. Nam testimonia a Domino allata ambo admodum opportune adhibita sunt; quæ autem ab illo usurpantur, temere et inepte proferuntur, nec ad rem propositam accommodata sunt. Neque enim illud, *Scriptum est, Angelis suis mandavit de te,* suadet sese præcipitem dare: alioquin vero non de Domino hoc dicitur. Attamen hoc ille non refellit, etsi contumeliose diabolus dicto usus fuisset, valdeque contrario sensu. Nemo enim a Filio Dei hoc petit, sed diaboli et dæmonum consilium est se deorsum mittere: Dei vero, jacentes erigere. Nam si potentiam ostendere oporteret, non seipsum mittendo, vel præcipitando, sed alios servando, id fecisset. Seipsum enim in prærupta et præcipitia mittere, ad diaboli phalangem pertinet. Sic igitur ille seductor ubique agere solet. Sed his dictis, Christus non se tamen revelat, sed quasi homo ei interim loquitur. Nam quod dixit, *Non in solo pane vivet homo,* atque illud, *Non tentabis Dominum Deum tuum,* non sese admodum manifestantis erat, sed sese ex cæterorum hominum numero declarantis. Ne mireris porro si Christum alloquens, se circum sæpe vertat. Quemadmodum enim pugiles, cum letalia accipiunt vulnera, sanguinem circumemittentes, et vertigine capti circumferuntur: sic et ille a prima et secunda plaga obtenebratus, quæ in mentem veniunt simpliciter profert, et ad tertium congressum procedit. 8. *Et assumto eo in montem excelsum, ostendit ei omnia regna;* 9. *et dixit: Hæc omnia tibi dabo si cadens adoraveris me.* 10. *Tunc dicit ei: Vade retro me, satana. Scriptum est enim: Dominum Deum tuum adorabis, et illi soli ser-* Deut. 6. 13.

Diabolus per patientiam superatur.

[c] Morel., male, ἀντεπείγετο.
[d] Morel. ῥίπτειν αὐτόν, minus recte.
[e] Alii διαβόλων.
[f] Morel. τὸ δὲ αὐτούς.
[a] Post τὰς βασιλείας quidam addunt τοῦ κόσμου, καὶ τὴν δόξαν αὐτοῦ.

vies. Quia enim jam in Patrem ipsum peccaverat, omnia quæ illius erant sua esse dicens, et se deum profiteri studebat, ut creatorem universi, tunc increpavit; neque cum vehementia, sed simpliciter: *Vade retro me, satana*. Quod jussum magis erat, quam increpatio. Simul quippe dixit, *Vade*, et fugavit illum. Neque enim alias ipsi tentationes obtulit.

B μιουργὸν τοῦ παντὸς, τότε ἐπετίμησε· καὶ οὐδὲ τότε μετὰ σφοδρότητος, ἀλλ' ἁπλῶς· Ὕπαγε ὀπίσω μου, σατανᾶ. Ὅπερ πρόσταγμα μᾶλλον ἦν τι, ἢ ἐπιτίμησις. Ὁμοῦ τε γὰρ εἶπεν αὐτῷ, Ὕπαγε, καὶ δραπετεῦσαι αὐτὸν ἐποίησεν. Οὔτε γὰρ ἑτέρους πειρασμοὺς προσήγαγε.

Luc. 4. 13. 4. Et quomodo, inquies, Lucas ait, ipsum omnem tentationem consummavisse? Videtur mihi ut capita tentationum diceret, omnes dixisse, quasi aliis hoc numero comprehensis. Nam hæc mala, innumera alia complectuntur, ventri servire, ad vanam gloriam quid agere, furioso pecuniarum amore teneri. Quod cum sciret sceleratus ille, omnibus valentiorem, insatiabilem habendi cupiditatem, ultimam posuit; id jam ante et a principio parturiens, sed postremum servans, utpote validius cæteris. Hæc quippe ipsius certaminis lex est, ut quæ videntur ad supplantandum aptiora, postrema afferat. Quod etiam circa Jobum fecit. Idcirco hic orsus ab iis quæ videbantur infirmiora esse, ad valentius procedit. Quomodo autem hoc malum vincere oportet? Ut Christus docuit, ad Deum confugiendo: ita ut nec fame concidamus, credentes ei qui potest etiam verbo pascere, nec in bonis quæ accepimus, datorem tentemus; sed superna gloria contenti, humanæ nullam habeamus rationem, et ubique quod superfluum est, despiciamus. (Contra habendi cupiditatem.) Nihil enim ita diabolo subditum reddit, ut insatiabilis habendi cupiditas, et avaritia. Idque ex iis quæ nunc eveniunt cernere est. Sunt enim qui dicant: Hæc omnia tibi dabimus, si cadens adoraveris: homines quidem natura, sed instrumenta diaboli effecti. Nam et tunc non per se solum, sed per alia quædam ipsum aggressus est: quod declarans Lucas di-
Luc. 4. 13. cebat: *Ad tempus discessit ab illo;* declarans ipsum postea cum propriis sibi instrumentis accessisse. 11. *Et ecce angeli accesserunt, et ministrabant ei*. Cum enim conflictus erat, non sivit illos apparere, ne mox capiendum perterrefaceret: postquam autem illum per cuncta confutavit, et fugavit, tunc apparent illi: ut discas, te quoque, postquam illos viceris, ab angelis excipiendum esse plaudentibus, ac per omnia stipantibus. Sic enim et Lazarum post fornacem paupertatis, famis et angustiæ, angeli excipientes

Καὶ πῶς ὁ Λουκᾶς φησιν, ὅτι πάντα συνετέλεσε πειρασμόν; Ἐμοὶ δοκεῖ τὰ κεφάλαια τῶν πειρασμῶν εἰπὼν, πάντα εἰρηκέναι, ὡς καὶ τῶν ἄλλων ἐν τούτοις περιειλημμένων. Τὰ γὰρ μυρία συνέχοντα κακὰ, ταῦτά ἐστιν· τὸ γαστρὶ δουλεύειν, τὸ πρὸς κενοδοξίαν τι ποιεῖν, τὸ χρημάτων μανίᾳ ὑπεύθυνον εἶναι. Ὅπερ
C οὖν καὶ ὁ μιαρὸς οὗτος συνιδὼν, τὸ πάντων ἰσχυρότερον ὕστερον τέθεικε, τὴν τοῦ πλείονος ἐπιθυμίαν· ἄνωθεν μὲν καὶ ἐξ ἀρχῆς ὠδίνων ἐλθεῖν ἐπὶ τοῦτο, ἔσχατον δὲ τοῦτο τηρῶν, ὡς τῶν ἄλλων δυνατώτερον ὄν. Καὶ γὰρ οὗτος αὐτοῦ τῆς πάλης ὁ νόμος, [b] τὰ δοκοῦντα μᾶλλον ὑποσκελίζειν, ταῦτα προσάγειν ἔσχατον. Ὅπερ καὶ ἐπὶ τοῦ Ἰὼβ ἐποίησε. Διὸ δὴ καὶ ἐνταῦθα ἀπὸ τῶν δοκούντων εὐτελεστέρων εἶναι καὶ ἀσθενεστέρων ἀρξάμενος, ἐπὶ τὸ ἰσχυρότερον πρόεισι. Πῶς οὖν τούτου περιγενέσθαι δεῖ; Οὕτως ὡς ὁ Χριστὸς ἐπαίδευσεν, ἐπὶ τὸν Θεὸν καταφεύγοντας, καὶ μήτε ἐν λιμῷ ταπεινοῦσθαι,
D πιστεύοντας τῷ δυναμένῳ καὶ διὰ λόγου τρέφειν, μήτε ἐν οἷς ἂν λαμβάνωμεν ἀγαθοῖς πειράζειν τὸν δεδωκότα, ἀλλ' ἀρκεῖσθαι τῇ ἄνωθεν δόξῃ, τῆς ἀνθρωπίνης οὐδένα ποιουμένους λόγον, καὶ πανταχοῦ τῆς χρείας τὸ περιττὸν ἀτιμάζειν. Οὐδὲν γὰρ οὕτω τῷ διαβόλῳ ὑποπίπτειν ποιεῖ, ὡς τὸ τοῦ πλείονος ἐφίεσθαι, καὶ πλεονεξίας ἐρᾷν. Καὶ τοῦτο καὶ ἀπὸ τῶν νῦν γενομένων ἔστιν ἰδεῖν. Καὶ γὰρ καὶ νῦν εἰσιν οἱ λέγοντες· ταῦτά σοι πάντα δώσομεν, ἐὰν πεσὼν προσκυνήσῃς· ἄνθρωποι μὲν ὄντες τὴν φύσιν, ὄργανα δὲ ἐκείνου γενόμενοι.
E Ἐπεὶ καὶ τότε οὐ δι' ἑαυτοῦ μόνον, ἀλλὰ καὶ δι' ἑτέρων αὐτῷ προσῄει. Ὅπερ καὶ ὁ Λουκᾶς δηλῶν ἔλεγεν, ὅτι Ἕως καιροῦ ἀπέστη ἀπ' αὐτοῦ· δηλῶν ὅτι [c] μετὰ ταῦτα διὰ τῶν οἰκείων αὐτῷ ὀργάνων προσῄει. Καὶ ἰδοὺ ἄγγελοι προσῆλθον, καὶ διηκόνουν αὐτῷ. Ἡνίκα γὰρ τὰ τῆς προσβολῆς ἐγίνετο, οὐκ εἴασεν αὐτοὺς φαίνεσθαι, ὥστε μὴ ταύτῃ σοβῆσαι τὴν ἄγραν·
173 ἐπειδὴ δὲ αὐτὸν ἐν ἅπασιν ἤλεγξε, καὶ δραπετεῦσαι πα-
A ρεσκεύαζε, τότε φαίνονται ἐκεῖνοι· ἵνα μάθῃς καὶ σὺ, ὅτι καὶ σὲ μετὰ τὰς [a] κατ' ἐκείνων νίκας ἄγγελοι δέξονται κροτοῦντες καὶ δορυφοροῦντες ἐν ἅπασιν. Οὕτω γοῦν καὶ τὸν Λάζαρον μετὰ τὴν κάμινον τῆς πτωχείας καὶ τοῦ λιμοῦ, καὶ τῆς στενοχωρίας ἁπάσης, ἄγγελοι λαβόντες

[b] Savil. τὰ δυνάμενα μᾶλλον ὑποσκ. Morel. τὰ δοκοῦντα μᾶλλον ὑποσκ. Utra lectio melior, vix dixeris.

[c] Savil. μετὰ ταῦτα διὰ τῶν οἰκείων. Morel. μετὰ τῶν οἰκείων ὀργάνων.

[a] Savil. suspicatur legendum κατ' ἐκείνου. Sed κατ' ἐκείνων etiam quadrat, subaudito δαιμόνων, vel διαβόλων.

ἀπῆλθον. Ὅπερ γὰρ ἔφθην εἰπὼν, πολλὰ ὁ Χριστὸς ἐπιδείκνυται νῦν, ὧν καὶ ἡμεῖς ἀπολαύειν μέλλομεν. Ἐπεὶ οὖν ταῦτα πάντα διὰ σὲ γέγονε, ζήλωσον καὶ μίμησαι τὴν νίκην. Κἂν προσέλθῃ σοί τις τῶν τοῦ δαίμονος ἐκείνου θεραπευτῶν, καὶ τὰ ἐκείνου φρονούντων, ὀνειδίζων καὶ λέγων· εἰ θαυμαστὸς εἶ καὶ μέγας, μετάστησον τὸ ὄρος· μὴ ταραχθῇς, μηδὲ θορυβηθῇς· ἀλλὰ καὶ μετὰ ἐπιεικείας ἀπόκριναι, καὶ [b] εἰπὲ ὥσπερ τοῦ Δεσπότου σου ἤκουσας λέγοντος· Οὐκ ἐκπειράσεις Κύριον τὸν Θεόν σου. Κἂν ἐκεῖνος δόξαν καὶ δυναστείαν προβαλλόμενος, καὶ χρημάτων πλῆθος ἄπειρον, κελεύσῃ προσκυνεῖν, στῆθι πάλιν γενναίως. Οὐδὲ γὰρ ἐπὶ τοῦ κοινοῦ Δεσπότου πάντων ἡμῶν τοῦτο πεποίηκεν ὁ διάβολος μόνον, ἀλλὰ καὶ καθ' ἑκάστην ἡμέραν ἐφ' ἑκάστου τῶν ἐκείνου δούλων ταύτας προσάγει τὰς μηχανάς· οὐκ ἐν ὄρεσι μόνον καὶ ἐν ἐρημίαις, [c] ἀλλὰ καὶ ἐν πόλεσι, καὶ ἐν ἀγοραῖς, καὶ ἐν δικαστηρίοις, καὶ οὐδὲ δι' ἑαυτοῦ, ἀλλὰ καὶ διὰ τῶν συγγενῶν ἡμῖν ἀνθρώπων. Τί οὖν δεῖ ποιεῖν; Ἀπιστεῖν αὐτῷ καθόλου, καὶ τὰς ἀκοὰς ἀποφράττειν, καὶ κολακεύοντα μισεῖν, καὶ ὅταν μείζονα ἐπαγγέλληται, τότε μειζόνως ἀποστρέφεσθαι. Ἐπεὶ καὶ τὴν Εὔαν, ὅτε μάλιστα ἐπῆρε ταῖς ἐλπίσι, τότε κατέβαλε, καὶ τὰ μέγιστα εἰργάσατο κακά. Καὶ γὰρ ἐχθρός ἐστιν ἄσπονδος, καὶ πόλεμον ἀκήρυκτον [d] ἀνεδέξατο πρὸς ἡμᾶς. Καὶ οὐχ οὕτως ἡμεῖς σπουδάζομεν ὑπὲρ τῆς ἑαυτῶν σωτηρίας, ὡς ἐκεῖνος ὑπὲρ τῆς ἀπωλείας τῆς ἡμετέρας. Ἀποστραφῶμεν τοίνυν αὐτὸν, μὴ ῥήμασι μόνον, ἀλλὰ καὶ ἔργοις· μὴ διανοίᾳ, ἀλλὰ καὶ πράξεσι, καὶ μηδὲν ποιῶμεν τῶν ἐκείνῳ δοκούντων· οὕτω γὰρ πάντα ποιήσομεν τὰ τῷ Θεῷ δοκοῦντα. Καὶ γὰρ καὶ ἐπαγγέλλεται πολλὰ, οὐχ ἵνα δῷ, ἀλλ' ἵνα λάβῃ. Ἐπαγγέλλεται ἐξ ἁρπαγῆς, ἵνα ἀφέληται βασιλείαν καὶ δικαιοσύνην· καὶ τίθησιν ὥσπερ τινὰς παγίδας καὶ θήρατρα θησαυροὺς ἐν τῇ γῇ, ἵνα καὶ τούτων καὶ τῶν ἐν τοῖς οὐρανοῖς ἀποστερήσῃ θησαυρῶν· [e] καὶ βούλεται ἐνταῦθα πλουτεῖν, ἵνα μὴ πλουτήσωμεν ἐκεῖ. Κἂν μὴ δυνηθῇ διὰ πλούτου τῆς ἐκεῖ λήξεως ἡμᾶς ἐκβαλεῖν, ἑτέραν ἔρχεται τὴν διὰ τῆς πενίας ὁδόν· ὅπερ ἐπὶ τοῦ Ἰὼβ πεποίηκεν. Ἐπειδὴ γὰρ εἶδεν, ὅτι οὐδὲν αὐτὸν ὁ πλοῦτος ἠδίκησε, διὰ τῆς πενίας πλέκει τὰ δίκτυα, ἐκεῖθεν αὐτοῦ περιέσεσθαι προσδοκῶν· οὗ τί γένοιτ' ἂν ἀνοητότερον; Ὁ γὰρ πλοῦτον δυνηθεὶς ἐνεγκεῖν σωφρόνως, πολλῷ μᾶλλον πενίαν οἴσει γενναίως· καὶ ὁ παρόντων οὐκ ἐπιθυμῶν χρημάτων, οὐδὲ ἀπόντα [f] ζητήσειεν, ὥσπερ οὖν οὐδὲ ὁ μακάριος τότε ἐκεῖνος· ἀλλ' ἀπὸ τῆς πενίας λαμπρότερος ἐγίνετο πάλιν. Τὰ μὲν γὰρ χρήματα ἴσχυσεν ἀφελέσθαι ὁ πονηρὸς δαίμων ἐκεῖνος·

abierunt. Siquidem, ut jam dixi, multa Christus nunc ostendit, quibus nos fruemur. Quia igitur hæc omnia propter te facta sunt, hanc imitare et æmulare victoriam. Et si quis ex illius dæmonis ministris te adeat, qui talia sapiat, exprobrans tibi ac dicens: Mirabilis magnusque es, montem transfer: ne turberis, ne movearis; sed cum mansuetudine responde, ut Dominum audisti dicentem:
B *Non tentabis Dominum Deum tuum.* Sin ille gloriam potentiamque offerens atque immensam vim divitiarum, adorare te jubeat, sta fortiter. Non enim contra communem Dominum nostrum omnium tantum hoc fecit diabolus; sed etiam quotidie in singulos ejus servos has admovet machinas; non tantum in montibus, in desertis, sed etiam in urbibus, in foris, in tribunalibus; neque per se solum, sed et per homines cognatos nostros. Quid igitur faciendum? Non credendum ei, auresque sunt obstruendæ, adulatorque odio habendus: et cum majora promittit, tum magis aver-
C sari eum oportet. Siquidem et Evam cum spe majore extulit, tunc dejecit, maximaque ipsi intulit mala. Hostis quippe est inexorabilis, bellumque contra nos suscepit implacabile. Nec ita nos saluti nostræ studemus, ut ille nostræ perniciei. Aversemur itaque illum, non verbis tantum, sed etiam operibus; non mente solum, sed actibus, nihilque quod ipsi placitum sit faciamus: sic omnia quæ Deo placita sunt faciemus. Nam multa ille pollicetur, non ut det, sed ut accipiat. Ex rapina pollicetur, ut auferat regnum et justitiam; thesauros
D in terra ceu laqueos tendens atque casses, ut et his et cælestibus privet thesauris: vult nos hic ditescere, ne illic ditescamus. Sin non possit nos per divitias ab illa sorte ejicere, alteram, per paupertatem nempe, viam init: quod in Job fecit. Cum videret enim nihil ei nocuisse divitias, per paupertatem retia nectit, hac via sperans se victoriam reportaturum esse: quo quid stultius esse possit? Qui enim divitias temperanter ferre potuit, multo magis paupertatem fortiter feret: et qui præsentes divitias non concupivit, absentes non quæret, quemadmodum neque beatus ille; sed ex paupertate
E rursum splendidior effectus est. Nam divitias quidem auferre potuit malignus ille dæmon; caritatem vero erga Deum non modo auferre non potuit, sed etiam ferventiorem reddidit, ipsumque nudatum omnibus, pluribus curavit splendere bonis;

Job in tentationibus splendidior.

[b] Quidam. εἰπὲ ὅπερ.

[c] Hæc transposita erant in Morel. Nunc porro suo restituuntur loco, ad fidem Manuscriptorum et Savilii.

[d] Morel. ἐδέξατο. Alii ἀνεδέξατο.

[e] Unus καὶ βούλεται ἡμᾶς.

[f] Quidam Mss. ζητήσει.

ideoque quid consilii caperet nesciebat. Quo plures enim infligebat plagas, eo valentiorem cernebat. Ideoque omnibus tentatis et adhibitis, quia nihil magis proficiebat, ad vetus illud telum currit, uxorem nempe, et assumta providentiæ larva, calamitates ejus miserabiliter et tragice describit, et simulat se perniciosum illud dare consilium, ut ille a malis prorsus liberetur. Sed neque ita prævaluit: vir enim ille admirandus ejus escam animadvertit, ac cum multa prudentia uxori, ejus suasu loquenti, os obstruxit.

5. Id quod etiam nos facere convenit; etiamsi fratris, etiamsi amici, etsi uxoris vel alterius cujusque personam induens, non congruentia loquatur, non ex persona loquentis consilium excipere, sed ratione perniciosi consilii hæc dicentem aversari debemus. Siquidem nunc etiam similia multa facit, et commiserationis larvam assumit; ac dum benevolus videtur, perniciosa et quovis veneno deteriora fundit verba. Nam ad nocumentum adulari, diaboli; ad bonum præstandum corripere, Dei est. Ne itaque decipiamur, neque per omnem modum tranquillam sectemur vitam. *Quem enim diligit Deus, castigat*, inquit. Cum itaque improbe viventes rebus prosperis fruimur, tunc maxime doleamus: peccantes enim semper timere oportet: tum vero maxime cum triste nihil patimur. Quando enim per partes Deus pœnas exigit, leviorem parat vindictam; quando autem scelera singula fert patienter, in magnam nos in iis perseverantes reservat ultionem. Nam si probis necessaria est afflictio, multo magis peccantibus. Vide namque quantam Dei patientiam expertus Pharao, extremum denique pro omnibus luit supplicium; quot criminum reus Nabuchodonosor, omnium tandem pœnas luit; dives item quia nihil hic ærumnarum passus erat, ideo maxime miser fuit; quia in hac vita deliciatus, illuc abiit omnium pœnas daturus, ubi nullam in malis consolationem reperire erat. Attamen quidam sunt ita frigidi et stulti, ut præsentia tantum semper quærant, et hæc ridicula verba proferant: Interim præsentibus fruar omni-

Adulari, diaboli; corripere, Dei est.

Prov. 3. 12.

174 A τὴν δὲ ἀγάπην τὴν πρὸς τὸν Θεὸν οὐ μόνον ἀφελεῖν οὐκ ἠδυνήθη, ἀλλὰ καὶ δυνατωτέραν ἐποίησε, καὶ πάντων αὐτὸν γυμνώσας, πλείοσιν ἐποίησε κομᾷν ἀγαθοῖς· διὸ καὶ ἐν ἀμηχανίᾳ ἦν. Ὅσῳ γὰρ πλείους ἐπήγαγε πληγὰς, τοσούτῳ τότε δυνατώτερον ἑώρα γινόμενον. Διὸ δὴ πάντα ἐπελθὼν καὶ [a] διακωδωνίσας, ἐπειδὴ πλέον οὐδὲν ἤνυσεν, ἐπὶ τὸ παλαιὸν ὅπλον ἔδραμε, τὴν γυναῖκα, καὶ προσωπεῖον ὑποδύεται κηδεμονίας, καὶ τὰς συμφορὰς ἐκτραγῳδεῖ τὰς ἐκείνου σφόδρα ἐλεεινῶς, καὶ προσποιεῖται ὑπὲρ ἀπαλλαγῆς τῶν ἐκείνου κακῶν τὴν ὀλεθρίαν ἐκείνην [b] εἰσάγειν συμβουλήν.
B Ἀλλ' οὐδὲ οὕτως ἐκράτησε· καὶ γὰρ συνεῖδεν αὐτοῦ τὸ δέλεαρ ὁ θαυμαστὸς ἐκεῖνος ἀνὴρ, καὶ μετὰ πολλῆς τῆς συνέσεως τὴν ἐξ ἐκείνου φθεγγομένην γυναῖκα ἐπεστόμισεν.

Ὃ δὴ καὶ ἡμᾶς χρὴ ποιεῖν· κἂν ἀδελφὸν, κἂν φίλον γνήσιον, κἂν γυναῖκα, κἂν ὀντιναοῦν τῶν ἀναγκαιοτάτων ἡμῖν ὑποδὺς, [c] φθέγγηταί τι τῶν οὐ προσηκόντων, μὴ ἀπὸ τοῦ προσώπου τοῦ ταῦτα λέγοντος δέχεσθαι τὴν συμβουλὴν, ἀλλ' ἀπὸ τῆς συμβουλῆς τῆς ὀλεθρίας τὸν ταῦτα λέγοντα ἀποστρέφεσθαι. Καὶ γὰρ καὶ νῦν πολλὰ τοιαῦτα ποιεῖ, καὶ συμπαθείας προβάλλεται προσωπεῖον· καὶ δοκεῖ μὲν εὔνους εἶναι, τὰ δὲ
C ὀλέθρια καὶ δηλητηρίων χαλεπώτερα ἐνίησι ῥήματα. Τὸ μὲν γὰρ ἐπὶ βλάβῃ κολακεύειν, ἐκείνου· τὸ δὲ ἐπὶ τῷ συμφέροντι [d] παιδεύειν, Θεοῦ. Μὴ δὴ παραλογιζώμεθα, μηδὲ ἐκ παντὸς τρόπου τὸν ἄνετον ἐπιζητῶμεν βίον. Ὃν γὰρ ἀγαπᾷ Κύριος, παιδεύει, φησίν. Ὥστε ὅταν εὐημερίας ἀπολαύωμεν ἐν πονηρίᾳ ζῶντες, τότε μάλιστα ἀλγῶμεν. Ἀεὶ μὲν γὰρ ἁμαρτάνοντας δεδοικέναι χρή· μάλιστα δὲ, ὅταν μηδὲν πάσχωμεν δεινόν. Ὅταν μὲν γὰρ κατὰ μέρος ἀπαιτῇ τὰς τιμωρίας ὁ Θεὸς, κούφην ἡμῖν [e] ποιεῖται τὴν ὑπὲρ τούτων ἔκτισιν· ὅταν δὲ ἐφ' ἑκάστου τῶν πλημμελουμένων μακροθυμῇ,
D εἰς μεγάλην ἡμᾶς τοῖς τοιούτοις ἐπιμένοντας ταμιεύεται δίκην. Εἰ γὰρ τοῖς κατωρθωκόσιν ἀναγκαῖον ἡ θλίψις, πολλῷ μᾶλλον τοῖς ἁμαρτάνουσιν. Ὅρα γοῦν πόσης μακροθυμίας ἀπολαύσας ὁ Φαραὼ, ἐσχάτην ὕστερον ὑπὲρ ἁπάντων ἔδωκε δίκην· πόσα ὁ Ναβουχοδονόσορ πλημμελήσας, πρὸς τῷ τέλει τὸ πᾶν ἐξέτισε, καὶ ὁ πλούσιος, ἐπεὶ μηδὲν ἔπαθεν ἐνταῦθα δεινὸν, δι' αὐτὸ τοῦτο μάλιστα γέγονεν ἄθλιος, ὅτι τρυφήσας ἐν τῷ παρόντι βίῳ, ἀπῆλθεν ἐκεῖ πάντων τούτων δώσων δίκην, ἔνθα οὐδὲ παραμυθίαν ἦν εὑρεῖν τοῦ κακοῦ. Ἀλλ' ὅμως εἰσί τινες οὕτω ψυχροὶ καὶ ἀνόητοι, ὡς τὰ ἐν-

[a] Διακωδωνίσας, *omnibus tentatis et adhibitis cum conatu*, a κώδων, κώδωνος, *tintinnabulum*, *crepitaculum*. Hæc vox a Chrysostomo usurpatur etiam infra Hom. XI in Joan.

[b] Unus εἰσάγων.

[c] Φθέγγηται, sic recte alii, Morel. vero φθέγγεται.

[d] Morel. παιδεύειν, οὐκέτι. Infra idem τὸν ἄνεκτον ἐπιζητῶμεν, male.

[e] Alii ποιεῖ, et infra τοῖς αὐτοῖς ἐπιμένοντας, et mox τοῖς κατορθοῦσι.

E ταῦθα [f] ἐπιζητεῖν ἀεὶ μόνον, καὶ τὰ καταγέλαστα ἐκεῖνα λέγειν ῥήματα· ἀπολαύσω τῶν παρόντων τέως πάντων· καὶ τότε σκέψομαι περὶ τῶν ἀδήλων· χαρίσομαι τῇ γαστρὶ, δουλεύσω ταῖς ἡδοναῖς, παραχρήσομαι καὶ τῷ παρόντι βίῳ. Δίδου μοι τὴν σήμερον, καὶ λάμβανε τὴν αὔριον. Ὢ ὑπερβολὴ ἀνοίας. Καὶ τί τράγων καὶ χοίρων οἱ ταῦτα λέγοντες διαφέρουσιν; Εἰ γὰρ τοὺς ἐπὶ τὴν γυναῖκα τοῦ πλησίου χρεμετίζοντας οὐκ A ἀφίησιν ὁ προφήτης ἀνθρώπους νομίζεσθαι, τίς ἡμῖν ἐγκαλέσει τούτους τράγους καὶ χοίρους καὶ ὄνων ἀνοητοτέρους εἶναι [a] νομίζουσιν, οἳ τὰ τῶν ὁρωμένων φανερώτερα ταῦτα ἄδηλα εἶναι νομίζουσιν; Εἰ γὰρ μηδενὶ τῶν ἄλλων πιστεύεις, παράστηθι δαίμοσι μαστιζομένοις, τοῖς ἐπὶ τῇ βλάβῃ τῇ ἡμετέρᾳ ἅπαντα καὶ λέγειν καὶ πράττειν μεμελετηκόσιν. Οὐ γὰρ δὴ πρὸς τοῦτο ἀντερεῖς, ὅτι οὐ πάντα ὥστε αὐξῆσαι τὴν ῥᾳθυμίαν ἡμῶν πράττουσι, καὶ τὸν τῆς γεέννης ἐκλῦσαι φόβον, καὶ ἀπιστηθῆναι τὰ ἐκεῖ δικαστήρια. Ἀλλ' ὅμως οἱ ταῦτα [b] βουλόμενοι, βοῶντες καὶ ὀλολύζοντες πολλάκις, τὰς ἐκεῖ βασάνους ἀνακηρύττουσι. Πόθεν οὖν ταῦτα λέ- B γουσι, καὶ ἐναντία ὧν βούλονται φθέγγονται; Οὐδαμόθεν ἄλλοθεν, ἀλλ' ἐκ τοῦ πλείονα ὑπομένειν ἀνάγκην. Οὐ γὰρ ἂν ἠβουλήθησαν ἑκόντες ὁμολογεῖν, οὐδ' ὅτι ὑπὸ νεκρῶν ἀνθρώπων βασανίζονται, οὐδ' ὅτι ὅλως πάσχουσί τι δεινόν. Πρὸς τί οὖν μοι ταῦτα εἴρηται; Ὅτι δαίμονες ὁμολογοῦσι γέενναν, οἱ βουλόμενοι ἀπιστεῖσθαι γέενναν· σὺ δὲ, ὁ τοσαύτης ἀπολαύων τιμῆς, καὶ ἀποῤῥήτων κοινωνήσας μυστηρίων, οὐδὲ ἐκείνους μιμῇ, ἀλλὰ καὶ τούτων ἀγνωμονέστερος γέγονας. Καὶ τίς ἦλθεν ἐκ τῶν ἐν ᾅδου, φησὶ, καὶ ταῦτα ἀπήγγειλε; Ἀπὸ γὰρ τῶν οὐρανῶν τίς παρεγένετο, καὶ εἶπεν ὅτι Θεός ἐστιν ὁ τὰ πάντα δημιουργήσας; Ὅτι δὲ ψυχὴν ἔχομεν, πόθεν δῆλον; Εἰ γὰρ δὴ τοῖς ὁρωμένοις μέλ- C λεις πιστεύειν, καὶ περὶ Θεοῦ, καὶ περὶ ἀγγέλων, καὶ περὶ νοῦ καὶ περὶ ψυχῆς [c] ἀμφιβάλλεις, καὶ οὕτω σοι πάντα οἰχήσεται τὰ τῆς ἀληθείας δόγματα. Καίτοι γε εἰ τοῖς φανεροῖς πιστεύειν βούλει, τοῖς ἀοράτοις μᾶλλον ἢ τοῖς ὁρωμένοις πιστεύειν δεῖ. Εἰ καὶ παράδοξον τὸ εἰρημένον, ἀλλ' ὅμως ἀληθὲς, καὶ παρὰ τοῖς νοῦν ἔχουσι σφόδρα ὡμολογημένον. Οἱ μὲν γὰρ ὀφθαλμοὶ πολλὰ σφάλλονται, οὐκ ἐν τοῖς ἀοράτοις [d] μόνοις (ἐκεῖνα γὰρ οὐδὲ ἴσασιν), ἀλλὰ καὶ ἐν αὐτοῖς οἷς δοκοῦσιν ὁρᾷν, καὶ διαστήματος, καὶ ἀέρος, καὶ διανοίας ἀλλαχοῦ τε- D τραμμένης, καὶ θυμοῦ, καὶ φροντίδος, καὶ μυρίων ἑτέρων ἐμποδιζόντων αὐτῶν τὴν ἀκρίβειαν· ὁ δὲ τῆς ψυχῆς λογισμὸς, ἂν τὸ φῶς δέξηται τῶν θείων Γραφῶν,

bus; tunc de incertis prospiciam; ventri indulgebo, voluptatibus serviam, abutar præsenti vita. Da mihi hodiernum diem, et accipe crastinum. O ingentem stultitiam! In quo ab hircis et porcis differunt qui talia loquuntur? Nam si eos, qui ad uxorem proximi sui hinniunt, non sinit propheta homines *Jer.* 5. 8.
178 reputari, quis nos culpabit si hos hircos, porcos et asinis insipientiores esse existimemus, qui clariora iis, quæ oculis videntur, incerta esse putant? Si enim nulli alii credis, dæmonibus saltem adsta dum verberantur; iis scilicet qui in perniciem nostram nihil non dicunt et agunt. Neque enim hoc negaturus es, ipsos nempe nihil non agere ut desidiam nostram augeant, gehennæ metum auferant, efficiantque ut futuro judicio fidem negemus. Attamen qui hæc cupiunt, clamantes et ululantes sæpe, tormenta illic adhibita prædicant. Unde igitur hæc dicunt, et contra quam volunt loquuntur? Non alia de causa, quam quod majori cruciatu cogantur. Neque enim vellent sponte confiteri, vel se a mortuis hominibus torqueri, vel se omnino grave quidpiam pati. Qua ergo de causa hæc a me dicta sunt? Quia dæmones, qui nolunt credi gehennam, tamen gehennam confitentur: tu vero qui tanto dignaris honore, quique ineffabilium consors es mysteriorum, nec illos imitaris, sed etiam illis deterior factus es. Ecquis, inquies, ab inferno venit, et hæc nuntiavit? Sed et de cælis quis venit, dixitque Deum esse qui omnia creavit? Quod autem animam habeamus unde palam est? Si enim illa solum quæ sub aspectum cadunt crediturus es, ac de Deo, de angelis, de mente et de anima dubitas, sic tibi omnia veritatis dogmata pessum ibunt. Atqui si sub sensum cadentibus tantum vis credere, invisibilibus magis quam visibilibus credas oportet. Quod si stupendum videatur id quod dixi, attamen verum et apud mente præditos in confesso est. Oculi enim sæpe falluntur, non in invisibilibus tantum (hæc quippe non norunt), sed in illis etiam quæ cernere sibi videntur; obstante scilicet aut distantia, aut aere, aut mente alio intenta, aut ira, aut sollicitudine, aut sexcentis aliis obicibus accurationem tollentibus: animæ autem cogitatio, si divinarum Scripturarum luce perfundatur, accuratius ac certius rerum judicium feret. Ne itaque nos ipsos frustra

[f] Morel. ἐπιζητεῖν ἄμεινον, male. Infra idem σκέψομαι et παραχρήσω καὶ τῷ παρ.

[a] Morel. νομίζοντας, recte Savil. νομίζουσιν. Mox Savil. φανερώτερα ταῦτα, Morel. φανώτερα ἄδηλα.

[b] Mss. non pauci βουλευόμενοι. Quæ hic de dæmoniacis dicuntur, observatu digna sunt.

[c] Savilius legendum suspicatur ἀμφιβαλεῖς, quæ vox quadraret; sed ἀμφιβάλλεις non displicet.

[d] Aliqui habent μόνον.

decipiamus, neve præter vitæ segnitiem hujusmodi dogmatibus partam, etiam pro ipsis dogmatibus graviorem nobis vim ignis accumulemus. Certe si judicium non est, neque pœnas dabimus scelerum, neque laborum præmia consequemur. Perpendite, quæso, quo tendant blasphemiæ vestræ, cum dicitis, Deum justum, mitem, tot labores sudoresque despicere. Et quomodo hæ rationi consona fuerint?

6. Etsi enim non aliunde, saltem ex iis quæ in domo tua geruntur hæc explora, et tunc quam absurda hæc sint deprehendes. Etiamsi enim admodum inhumanus sis ac crudelis, imo ipsis feris immanior, nolles certe servum tuum benevolum tibi moriens sine præmio relinquere, sed et libertate donas, et pecuniæ munere; et quia tu decedens nihil potes ultra ipsi conferre boni, id apud heredes tuos curas, rogans nihilque non agens, ut ne ille sine mercede maneat. Atqui si tu nequam homo, ita humanus benignusque es erga famulum, an immensa Dei bonitas, ineffabilis benignitas, tanta illa mansuetudo, famulos suos, Petrum, Paulum, Jacobum et Joannem, quotidie propter illum esurientes, vinctos, flagellatos, fluctibus demersos, feris objectos, morti traditos, aliaque innumera passos, incoronatos relinquet? Agonotheta sane victorem in Olympicis prædicat et coronat, herus servum, rex militem honorat, et quisque demum illum qui sibi ministraverit quibus potest bonis remunerat: Deusque solus, post tantos sudores et labores, nec parvum nec magnum ipsis bonum confert, sed justi illi ac pii viri, qui omne virtutis genus adierunt, eadem erunt conditione, qua mœchi, parricidæ, homicidæ murorumque effossores? Ecqua insit in his ratio? Si enim nihil ultra est post discessum ex hac vita, et si nostra sint præsentis vitæ limitibus circumscripta, in eodem sunt statu et hi et illi; imo non eodem in statu. Si enim, secundum te, posthac eodem in statu sint: at hic, illi in tranquillitate, hi in supplicio toto tempore versati sunt. Ecquis tyrannus immanis, quis homo crudelis et inhumanus servos subditosque suos sic excepit? Viden' ingentem absurditatem, et qui finis sit talis ratio-

ἀκριβέστερον καὶ ἀνεξαπάτητον τῶν ὄντων ἔσται κριτήριον. Μὴ δὴ μάτην ἑαυτοὺς ἀπατῶμεν, μηδὲ [e] πρὸς τῇ ῥαθυμίᾳ τοῦ βίου, τῇ διὰ τῶν τοιούτων τικτομένῃ δογμάτων, καὶ ὑπὲρ αὐτῶν τῶν δογμάτων χαλεπώτερον ἑαυτοῖς ἐπισωρεύσωμεν πῦρ. Εἰ γὰρ μὴ ἔστι κρίσις, μηδὲ εὐθύνας δώσομεν τῶν πεπραγμένων, οὐδὲ τιμὰς τῶν πεπονημένων ληψόμεθα. Ἐννόησον οἷ τείνει τὰ τῆς βλασφημίας ὑμῶν, ὅταν λέγητε τὸν δίκαιον
E Θεὸν καὶ φιλάνθρωπον καὶ ἥμερον τοσούτους πόνους καὶ ἱδρῶτας ὑπερορᾷν. Καὶ πῶς ἂν ἔχοι ταῦτα λόγον;

Εἰ γὰρ μηδαμόθεν ἄλλοθεν, ἀπὸ γοῦν τῶν κατὰ τὴν
176 οἰκίαν τὴν σὴν ταῦτα συλλογίζου, καὶ τότε ὄψει τὸ
A ἄτοπον. Κἂν γὰρ μυριάκις ᾖς αὐτὸς ὠμὸς, καὶ ἀπάνθρωπος, καὶ θηρίων αὐτῶν [a] ἀγριώτερος, οὐκ ἂν ἕλοιο τὸν οἰκέτην τὸν εὔνουν γενόμενον τελευτῶν ἀφεῖναι ἄτιμον, ἀλλὰ καὶ ἐλευθερίᾳ ἀμείβεις, καὶ χρημάτων δωρεᾷ· καὶ ἐπειδὴ αὐτὸς λοιπὸν ἀπιὼν οὐδὲν δύνασαι εἰς αὐτὸν ἐργάσασθαι ἀγαθὸν, τοῖς μέλλουσί σου [b] κληρονομεῖν τὴν οὐσίαν ἐπισκήπτεις ὑπὲρ αὐτοῦ, δεόμενος, παρακαλῶν, πάντα ποιῶν, ὥστε μὴ μεῖναι αὐτὸν ἀγέραστον. Εἶτα σὺ μὲν, ὁ πονηρὸς, οὕτω χρηστὸς καὶ φιλάνθρωπος γίνῃ πρὸς τὸν οἰκέτην· ἡ δὲ ἄπειρος ἀγαθό-
B της, ὁ Θεὸς, ἡ ἄφατος φιλανθρωπία, ἡ τοσαύτη χρηστότης, τοὺς οἰκέτας τοὺς ἑαυτοῦ τοὺς περὶ Πέτρον, καὶ Παῦλον, καὶ Ἰάκωβον, καὶ Ἰωάννην, τοὺς καθ' ἑκάστην ἡμέραν δι' αὐτὸν λιμώξαντας, δεσμευθέντας, μαστιχθέντας, καταποντισθέντας, θηρίοις παραδοθέντας, ἀποθνήσκοντας, τοσαῦτα παθόντας ἃ [c] μηδὲ ἀριθμῆσαι ἔνι, ἀστεφανώτους περιόψεται; Καὶ ὁ μὲν ἀγωνοθέτης τὸν Ὀλυμπιονίκην ἀνακηρύττει καὶ στεφανοῖ, καὶ ὁ δεσπότης τὸν οἰκέτην, καὶ ὁ βασιλεὺς τὸν στρατιώτην, καὶ ἕκαστος ἁπλῶς τὸν θεραπεύσαντα αὐτὸν, οἷς δύναται ἀμείβει καλοῖς· ὁ δὲ Θεὸς μόνος, μετὰ τοὺς τοσούτους ἱδρῶτας καὶ πόνους, οὐ μικρὸν, οὐ μέγα αὐ-
C τοῖς ἀγαθὸν ἀποδίδωσιν, ἀλλ' οἱ δίκαιοι καὶ εὐσεβεῖς ἐκεῖνοι, καὶ πᾶσαν ἀρετὴν ἐπελθόντες, ἐν τοῖς αὐτοῖς κείσονται τοῖς μοιχοῖς, καὶ πατραλοίαις, καὶ ἀνδροφόνοις, καὶ [d] τοιχωρύχοις; Καὶ ποῦ ταῦτα ἔχοιεν ἂν λόγον; Εἰ γὰρ μηδὲν μετὰ τὴν ἐντεῦθεν ἀποδημίαν ἐστὶν, ἀλλὰ μέχρι τῶν παρόντων τὰ ἡμέτερα, ἐν τοῖς αὐτοῖς ἐκεῖνοι τούτοις· μᾶλλον δὲ οὐδὲ ἐν τοῖς αὐτοῖς. Εἰ γὰρ καὶ μετὰ ταῦτα ἐν τοῖς αὐτοῖς, κατὰ τὸν σὸν λόγον, ἀλλ' ἐνταῦθα ἐν ἀνέσει μὲν οὗτοι, ἐν κολάσει δὲ ἐκεῖνοι τὸν πάντα γεγόνασι χρόνον. Καὶ ποῖος τοῦτο τύραννος, [e] ποῖος ὠμὸς ἄνθρωπος καὶ ἀπη-

[e] Morel. πρὸς τὴν ῥαθυμίαν, secus quam alii pene omnes.

[a] Savil. et quidam Mss. ἀγριώτερος. Morel. et alii ἀλογώτερος.

[b] Morel. κληρονόμοις τῆς οὐσίας. Savil. melius κληρονομεῖν τὴν οὐσίαν.

[c] Morel. μηδὲ ἀριθμήσαιεν, ἀστεφανώτους. Savil. melius μηδὲ ἀριθμῆσαι ἔνι ἀστεφανώτους. Mox unus ἀγωνοθετῶν.

[d] Alii τυμβωρύχοις; καὶ πῶς ταῦτα.

[e] Savil. et alii τίς ὠμὸς ἄνθρωπος. Morel. et non pauci ποῖος ὠμός.

νῆς οὕτως περὶ τῶν αὐτοῦ ποτε ἐβουλεύσατο θεραπόντων καὶ ὑπηκόων; Εἶδες τῆς ἀτοπίας τὴν ὑπερβολὴν, καὶ ποῦ τελευτᾷ ὁ λόγος οὗτος; Οὐκοῦν εἰ καὶ μηδαμόθεν ἄλλοθεν βούλει, ἀπὸ τούτων τῶν λογισμῶν παιδευθεὶς, ἀπαλλάγηθι τῆς πονηρᾶς ταύτης [f] ὑπονοίας, καὶ φεῦγε κακίαν, καὶ τῶν ὑπὲρ τῆς ἀρετῆς ἀντέχου πόνων· καὶ τότε εἴσῃ σαφῶς, ὅτι οὐ μέχρι τοῦ παρόντος βίου τὰ ἡμέτερα ἕστηκε. Κἂν τις ἔρηταί σε, τίς ἐλθὼν ἐκεῖθεν ἀπήγγειλε τὰ ἐκεῖ; εἰπὲ πρὸς αὐτόν· ἀνθρώπων μὲν οὐδείς· ἢ γὰρ ἂν καὶ ἠπιστήθη πολλάκις, ἅτε κομπάζων καὶ ἐπαίρων τὸ πρᾶγμα· ὁ δὲ τῶν ἀγγέλων Δεσπότης πάντα μετὰ ἀκριβείας ἐκεῖνα ἀπήγγειλε. Τί τοίνυν ἡμῖν δεῖ ἀνθρώπου, τοῦ μέλλοντος ἡμᾶς εὐθύνας ἀπαιτεῖν καθ' ἑκάστην βοῶντος τὴν ἡμέραν, ὅτι καὶ γέενναν ἡτοίμασε, καὶ βασιλείαν παρεσκεύασε, καὶ τούτων ἡμῖν ἀποδείξεις παρασχομένου σαφεῖς; Εἰ γὰρ μὴ ἔμελλε κρίνειν, οὐδ' ἂν ἐνταῦθα δίκην ἀπῄτησε. Καὶ γὰρ καὶ αὐτὸ τοῦτο πῶς ἂν ἔχοι λόγον, τὸ τῶν πονηρῶν τοὺς μὲν κολάζεσθαι, τοὺς δὲ μὴ κολάζεσθαι; Εἰ γὰρ μὴ προσωπολήπτης ἐστὶν ὁ Θεὸς, ὥσπερ οὖν οὐδὲ ἔστι, τί δήποτε τὸν μὲν ἀπῄτησε δίκην, τὸν δὲ ἀφῆκεν ἀτιμώρητον ἀπελθεῖν; Τοῦτο γὰρ τοῦ προτέρου πάλιν ἐστὶν ἀπορώτερον. Ἀλλ' εἰ βούλεσθε μετ' εὐγνωμοσύνης ἀκούειν τῶν λεγομένων, καὶ ταύτην διαλύσομεν τὴν ἀπορίαν. Τίς οὖν ἐστιν ἡ λύσις; Οὐδὲ πάντας ἐνταῦθα ἀπαιτεῖ δίκην, [a] ἵνα μὴ ἀπογνῷς τὴν ἀνάστασιν, καὶ ἀπελπίσῃς τὴν κρίσιν, ὡς πάντων ἐνταῦθα διδόντων λόγον· οὐδὲ πάντας ἀφίησιν ἀτιμωρητὶ ἀπελθεῖν, ἵνα μὴ πάλιν ἀπρονόητα εἶναι τὰ πάντα νομίσῃς· ἀλλὰ καὶ κολάζει καὶ οὐ κολάζει. Δι' ὧν μὲν κολάζει, δείκνυσιν ὅτι καὶ ἐκεῖ τοὺς κολασθέντας ἐνταῦθα ἀπαιτήσει λόγον· δι' ὧν δὲ οὐ κολάζει, [b] παρασκευάζων σε πιστεύειν, ὅτι ἐστί τι μετὰ τὴν ἐντεῦθεν ἀποδημίαν κριτήριον φοβερόν. Εἰ δὲ καθ' ὅλου τῶν προτέρων ἠμέλει, οὐδ' ἂν ἐκόλασέ τινας ἐνταῦθα, οὐδ' ἂν εὐηργέτησε· νῦν δὲ ὁρᾷς αὐτὸν διὰ σὲ καὶ οὐρανὸν τείνοντα, καὶ ἥλιον ἀνάπτοντα, καὶ γῆν θεμελιοῦντα, καὶ θάλατταν χέοντα, καὶ ἀέρα ἁπλοῦντα, [c] καὶ σελήνης τάττοντα δρόμους, καὶ ταῖς ὥραις τοῦ ἔτους ἀκινήτους τιθέντα νόμους, καὶ τὰ ἄλλα δὲ ἅπαντα τῷ νεύματι τῷ ἐκείνου τὸν ἑαυτῶν μετὰ ἀκριβείας ἀνύοντα δρόμον. Καὶ γὰρ ἡ φύσις ἡ ἡμετέρα, καὶ ἡ τῶν ἀλόγων, τῶν ἑρπόντων, τῶν βαδιζόντων, τῶν πετομένων, τῶν νηχομένων, τῶν ἐν λίμναις, τῶν ἐν πηγαῖς, τῶν ἐν ποταμοῖς, τῶν ἐν ὄρεσι, τῶν ἐν νάπαις, τῶν ἐν οἰκίαις, τῶν ἐν ἀέρι, τῶν ἐν πεδίοις, καὶ φυτὰ, καὶ σπέρματα, καὶ δένδρα

D cinii? Itaque si nullo alio, hoc saltem ratiocinio eruditus, hanc pessimam opinionem repudia, fuge malitiam, et labores pro virtute suscipe, et tunc scies nostra non esse præsentis vitæ limitibus circumscripta. Si quis autem quærat a te: Ecquis inde veniens illa nuntiavit? responde illi: Homo quidem nullus: nam si homo esset, non illi creditum sæpe fuisset, utpote qui res exaggeraret amplificaretque: angelorum vero Dominus illa omnia accurate nuntiavit. Quid ergo opus homine, cum is qui pœnas a nobis exacturus est, quo-
E tidie clamet se gehennam paravisse, et regnum concessurum esse, horumque nobis argumenta clara præbeat? Nam si non judicaturus esset, ne hic quidem umquam pœnas exegisset. Etenim id quoque quomodo cum ratione consonet, ex facinorosis alios puniri, alios minime? Nam si Deus personas non accipit, quod verum certe est, cur
177 A hunc ultus est, hunc impune abire sivit? Hoc enim majorem quam supra dicta difficultatem movet. Sed si bono me animo audire volueritis, hanc quoque solvemus quæstionem. Quænam ergo solutio est? Nec ab omnibus hic pœnas exigit, ne de resurrectione desperes et de futuro judicio, quasi omnes hic pœnas dederint: neque omnes impune sinit abire; ne putes omnia sine ulla providentia geri: sed et punit, et non punit. Cum punit autem, ostendit, se etiam ab illis qui hic plexi sunt pœnas illic exacturum esse; cum vero non punit, te ad credendum inducit, esse post excessum ex hac vita tribunal horrendum. Si porro priora omnino negligeret, nullos hic puniret, nullos bene-
B ficiis afficeret: nunc autem vides illum propter te et cælum extendisse, et solem accendisse, et terram fundasse, et mare fudisse, et aerem pandisse, et lunæ cursus disposuisse, et anni tempestatibus immotas statuisse leges, cæteraque omnia ipsius nutu accurate cursum suum perficere. At enim natura nostra, natura quoque irrationabilium, serpentium, gradientium, volantium, natantium, eorum quæ in stagnis, in fontibus, in fluminibus, in montibus, in saltibus, in domibus, in aere, in campis, plantæ, semina, arbores seu silvestres, seu sativæ, fructuosæ vel infructuosæ, omnia demum ab indefessa illa manu mota vitam nostram
C fovent, non ad usum tantum, sed etiam ad liberalitatem exercendam et ad famulatum ministerium suum nobis præbentia. Tantum itaque videns re-

Merces et pœna in futuro paratæ.

[f] Alius ὑποψίας. Infra βίου post παρόντος deerat in Morel.

[a] Unus ἵνα μὴ ἀπογνῶμεν καὶ ἀπελπίσωμεν.

[b] Idem Codex παρασκευάζει σε.

[c] Idem καὶ σελήνην. Paulo post omnes fere præter Morel. τῷ νεύματι τῷ ἐκείνου. Morel. τῷ πνεύματι.

rum ordinem etsi exiguam solum ejus partem referamus, dicere audes, eum qui tot tantaque propter te operatus est, in extremis te neglecturum esse, et cum asinis et porcis mortuum dimissurum jacentem; ac postquam te tanto religionis dono honoravit, quo te angelis æqualem fecit, te post sexcentos labores et sudores despecturum? Ecquid rationi minus consonum? Hæc quippe, etsi nos taceamus, lapides clamabunt, ita sunt clara et manifesta, magis quam ipsi solares radii. Hæc igitur omnia cogitantes, et in animis nostris certa statuentes, nempe post decessum ex hac vita, nos horrendo tribunali sistendos esse, rationem reddituros de gestis omnibus, pœnas daturos, et ultionem experturos, si in peccatis maneamus; contra vero coronis et ineffabilibus bonis donandos, si parvo tempore nobis ipsis attendere voluerimus; eorum qui his contraria dicere audent ora obstruamus, et ipsi veritatis viam eligamus, ut cum fiducia competenti ad tribunal illud accedentes, bona nobis promissa consequamur, gratia et benignitate Domini nostri Jesu Christi, cui gloria et imperium, nunc et semper, et in sæcula sæculorum. Amen.

δρα, τά τε ἄγρια, τά τε ἥμερα, [d]τά τε ἔγκαρπα καὶ
ἄκαρπα, καὶ πάντα ἁπλῶς ὑπὸ τῆς ἀκαμάτου κινούμενα
χειρὸς ἐκείνης, τὴν ἡμετέραν οἰκονομεῖ ζωὴν, οὐ πρὸς
χρείαν μόνον, ἀλλὰ καὶ πρὸς φιλοτιμίαν τὴν διακονίαν
ἡμῖν ἐξ αὐτῶν παρεχόμενα. Τοσαύτην τοίνυν ὁρῶν εὐταξίαν, καίτοι γε οὐδὲ τὸ πολλοστὸν εἴπομεν μέρος, τολμᾷς
εἰπεῖν, ὅτι ὁ τοσαῦτα καὶ τηλικαῦτα ἐργασάμενος διὰ σὲ,
ἐν τοῖς καιρίοις σε παρόψεται, καὶ μετὰ τῶν ὄνων
καὶ τῶν χοίρων [e]ἀφίησι τελευτήσαντα κεῖσθαι, καὶ
D δώρῳ σε τιμήσας τοσούτῳ, τῷ τῆς εὐσεβείας, ᾧ καὶ
τῶν ἀγγέλων ἐποίησεν ἴσον, περιόψεταί σε μετὰ τοὺς
μυρίους πόνους καὶ ἱδρῶτας; Καὶ πῶς ἂν ἔχοι ταῦτα
λόγον; Ταῦτα γὰρ, κἂν ἡμεῖς σιγήσωμεν, οἱ λίθοι κε-
κράξονται· οὕτω σαφῆ καὶ δῆλα, [f]καὶ τῆς ἀκτῖνος αὐτῆς ἐστι φανότερα. Ταῦτα οὖν ἅπαντα λογισάμενοι, καὶ
πείσαντες τὴν ἑαυτῶν ψυχὴν, ὅτι μετὰ τὴν ἐντεῦθεν
ἀποδημίαν καὶ βήματι παραστησόμεθα φοβερῷ, καὶ
λόγον δώσομεν τῶν πεπραγμένων ἁπάντων, καὶ εὐθύνας ὀφέξομεν, καὶ δίκην ὑποστησόμεθα, ἂν μένωμεν πλημμελοῦντες, καὶ στεφάνων [g]ἀπολαυσόμεθα καὶ
E ἀγαθῶν ἀποῤῥήτων, ἂν μικρὸν ἑαυτοῖς προσέχειν βουληθῶμεν, τούς τε ἀντιλέγοντας ἐπὶ τούτοις ἐπιστομί-
ζωμεν, καὶ αὐτοὶ τὴν τῆς ἀρετῆς ὁδὸν ἑλώμεθα, ἵνα
178 μετὰ παῤῥησίας τῆς προσηκούσης εἰς ἐκεῖνο τὸ δικα-
A στήριον ἀπελθόντες, ἐπιτύχωμεν τῶν ἐπηγγελμένων
ἡμῖν ἀγαθῶν, χάριτι καὶ φιλανθρωπίᾳ τοῦ Κυρίου
ἡμῶν Ἰησοῦ Χριστοῦ, ᾧ ἡ δόξα καὶ τὸ κράτος, νῦν καὶ
ἀεὶ, καὶ εἰς τοὺς αἰῶνας τῶν αἰώνων. Ἀμήν.

[d] *Τά τε ἔγκαρπα καὶ ἄκαρπα, καὶ πάντα.* Sic Mss. multi et quidem recte. In Morel. et Savil. *καὶ ἄκαρπα* deest. Ibid. quidam *ὑπὸ τῆς ἀκινήτου κινούμενα.*

[e] Alii *ἀφήσει τελευτήσαντα.*

[f] Sic legendum recte suspicatus est Savilius. Ita quippe legitur in aliquot Mss. quos ipse non vidit. In textu Savilii et Morelli legitur *καὶ τῆς ἀκτῖνος αὐτῆς ἀνώτερα.*

[g] Alii *ἀπολαύσομεν.*

HOMILIA XIV.

CAP. IV. v. 12. *Cum audisset Jesus, quod Joannes traditus esset, secessit in Galilæam,* etc.

1. Cur rursum secessit? Ut nos doceret, ne ultro tentationes adeamus, sed cedamus potius ac declinemus. Neque enim crimen est, non sese in periculum conjicere, sed in periculo non fortiter stare. Hoc igitur docens, et Judaïcæ invidiæ paulum concedens, secedit in Capernaum, simul prophetiam implens, et doctores orbis quasi piscatu capere festinans: quia ibi sedes habebant sua utentes arte. Tu vero mihi perpendas velim, quomodo gentes aditurus, a Judæis semper occasiones

ΟΜΙΛΙΑ ιδ'.

Ἀκούσας δὲ ὁ Ἰησοῦς, ὅτι Ἰωάννης παρεδόθη, ἀνεχώρησεν εἰς τὴν Γαλιλαίαν, καὶ τὰ ἑξῆς.

Τίνος ἕνεκεν ἀνεχώρησε πάλιν; Παιδεύων ἡμᾶς,
B μὴ ὁμόσε χωρεῖν τοῖς πειρασμοῖς, ἀλλ' εἴκειν καὶ παραχωρεῖν. Οὐ γὰρ ἔγκλημα τὸ μὴ ῥίπτειν ἑαυτὸν εἰς
κίνδυνον, ἀλλὰ τὸ ἐμπεσόντα μὴ στῆναι γενναίως.
Τοῦτο τοίνυν διδάσκων, καὶ τὸν φθόνον τὸν Ἰουδαϊκὸν
παραμυθούμενος, ἀναχωρεῖ εἰς τὴν Καπερναοὺμ, ὁμοῦ
μὲν τὴν προφητείαν πληρῶν, ὁμοῦ δὲ καὶ τοὺς διδασκάλους τῆς οἰκουμένης ἁλιεῦσαι σπεύδων, ἐπειδὴ ἐκεῖ
διέτριβον τῇ τέχνῃ χρώμενοι. Σὺ δέ μοι σκόπει, πῶς
πανταχοῦ μέλλων ἐπὶ τὰ ἔθνη ἀπιέναι, παρὰ Ἰου-

δαίων λαμβάνει τὰς αἰτίας. Καὶ γὰρ ἐνταῦθα ἐπιβουλεύσαντες τῷ προδρόμῳ, καὶ εἰς δεσμωτήριον ἐμβαλόντες, ὠθοῦσιν αὐτὸν εἰς τὴν Γαλιλαίαν τῶν ἐθνῶν. Ὅτι γὰρ οὔτε ἀπὸ μέρους λέγει τὸ ἔθνος τὸ Ἰουδαϊκὸν, C οὔτε πάσας αἰνίττεται τὰς φυλὰς, σκόπει πῶς διορίζει τὸ χωρίον ἐκεῖνο ὁ προφήτης, οὕτω λέγων· [a] Γῆ Ζαβουλὼν καὶ γῆ Νεφθαλὶμ, ὁδὸν θαλάσσης πέραν τοῦ Ἰορδάνου, Γαλιλαία τῶν ἐθνῶν· ὁ λαὸς ὁ καθήμενος ἐν σκότει, φῶς εἶδε μέγα· σκότος ἐνταῦθα οὐ τὸ αἰσθητὸν καλῶν, ἀλλὰ τὴν πλάνην καὶ τὴν ἀσέβειαν. Διὸ καὶ ἐπήγαγε· Τοῖς καθημένοις ἐν χώρᾳ καὶ σκιᾷ θανάτου, φῶς ἀνέτειλεν αὐτοῖς. Ἵνα γὰρ μάθῃς, ὅτι οὔτε φῶς, οὔτε σκότος αἰσθητόν φησι, περὶ μὲν τοῦ φωτὸς διαλεγόμενος, οὐχ ἁπλῶς φῶς ἐκάλεσεν, ἀλλὰ φῶς μέγα, ὅπερ ἀλλαχοῦ ἀληθινόν φησιν· τὸ δὲ [b] σκότος ἐπεξηγούμενος, D σκιὰν θανάτου ὠνόμασεν. Εἶτα δεικνὺς ὅτι οὐκ αὐτοὶ ζητήσαντες εὗρον, ἀλλ' ὁ Θεὸς αὐτοῖς ἄνωθεν ἐπεφάνη, φησὶ, Φῶς ἀνέτειλεν αὐτοῖς, τουτέστιν, αὐτὸ τὸ φῶς ἀνέτειλε καὶ ἔλαμψεν· οὐκ αὐτοὶ πρότεροι τῷ φωτὶ προσέδραμον. Καὶ γὰρ ἐν ἐσχάτοις τὰ ἀνθρώπινα ἦν πρὸ τῆς Χριστοῦ παρουσίας. [c] Οὐδὲ γὰρ ἐβάδιζον ἐν σκότει, ἀλλ' ἐκάθηντο ἐν σκότει· ὅπερ σημεῖον ἦν τοῦ μηδὲ ἐλπίζειν αὐτοὺς ἀπαλλάττεσθαι· ὥσπερ γὰρ οὐδὲ εἰδότες, ποῦ δεῖ προβῆναι, οὕτω κα- E ταληφθέντες ὑπὸ τοῦ σκότους ἐκάθηντο, μὴ δυνάμενοι μηδὲ στῆναι λοιπόν. Ἀπὸ τότε ἤρξατο ὁ Ἰησοῦς κηρύσσειν καὶ λέγειν· μετανοεῖτε, ὅτι ἤγγικεν ἡ βασιλεία τῶν οὐρανῶν. Ἀπὸ τότε, πότε; Ἐξ οὗ ἐνεβλήθη Ἰωάννης. Καὶ διατί μὴ ἐξ ἀρχῆς αὐτοῖς ἐκήρυξε· τί δὲ ὅλως Ἰωάννου ἔδει, τῆς τῶν ἔργων μαρτυρίας αὐτὸν 179 A κηρυττούσης; Ἵνα κἀντεῦθεν μάθῃς αὐτοῦ τὴν ἀξίαν· ὅτι καθάπερ ὁ Πατὴρ, οὕτω καὶ αὐτὸς προφήτας ἔχει· ὅπερ καὶ ὁ Ζαχαρίας ἔλεγε· Καὶ σὺ, παιδίον, προφήτης Ὑψίστου κληθήσῃ· καὶ ἵνα μηδεμίαν τοῖς ἀναισχύντοις αἰτίαν [a] καταλείπῃ Ἰουδαίοις· ὅπερ οὖν καὶ αὐτὸς τέθεικε λέγων· Ἦλθεν Ἰωάννης μήτε ἐσθίων, μήτε πίνων, καὶ λέγουσι· δαιμόνιον ἔχει. Ἦλθεν ὁ Υἱὸς τοῦ ἀνθρώπου ἐσθίων καὶ πίνων, καὶ λέγουσιν· ἰδοὺ ἄνθρωπος φάγος, καὶ οἰνοπότης, φίλος τελωνῶν καὶ ἁμαρτωλῶν. Καὶ ἐδικαιώθη ἡ σοφία ἀπὸ τῶν τέκνων αὐτῆς. Ἄλλως δὲ καὶ ἀναγκαῖον ἦν παρ' ἑτέρου πρότερον λεχθῆναι τὰ περὶ αὐτοῦ καὶ μὴ παρ' αὐτοῦ. B Εἰ γὰρ καὶ μετὰ τοσαύτας καὶ τηλικαύτας μαρτυρίας τε καὶ ἀποδείξεις ἔλεγον· σὺ μαρτυρεῖς περὶ σεαυτοῦ, ἡ μαρτυρία σου οὐκ ἔστιν ἀληθής· εἰ μηδὲν εἰρηκότος Ἰωάννου παρελθὼν εἰς μέσους πρῶτος αὐτὸς ἐμαρτύ-

accipiat. Nam hic Prodromo insidias struentes, captumque carceri mancipantes, ipsum in Galilæam gentium compellunt. Quod autem nec Judaïcam C gentem ex parte commemoret, nec omnes subindicet tribus, vide quomodo locum illum distinguat propheta his verbis : 15. *Terra Zabulon et terra* (Isai. 9. 1.) *Nephthalim, via maris trans Jordanem, Galilæa gentium* : 16. *populus qui sedebat in tenebris, vidit lucem magnam* : tenebras hic non sensiles illas vocans, sed errorem impietatemque. Quamobrem intulit : *Habitantibus in regione et umbra mortis, lux orta est eis.* Ut enim disceres, eum neque de luce, neque de tenebris sensilibus loqui, lucem memorans, non simpliciter lucem D vocavit, sed lucem magnam, quam alibi veram appellat; de tenebris autem verba faciens, umbram mortis vocavit. Deinde ostendens non ipsos quærentes invenisse, sed Deum ipsis superne apparuisse, ait : *Lux orta est eis*, hoc est, ipsa lux orta est et refulsit : non ipsi priores ad lucem accurrerunt. Etenim ante Christi adventum in extremis sitæ res hominum erant. Neque enim ambulabant in tenebris, sed sedebant in tenebris : E quod signum erat ipsos nec sperasse quidem se liberandos esse : quasi enim nescirent, quo procedendum esset, sic a tenebris comprehensi sedebant, cum ne stare quidem possent. 17. *Exinde cœpit Jesus prædicare et dicere : Pœnitentiam agite, appropinquavit enim regnum cælorum.* 179 *Exinde*, quandonam? Ex quo Joannes in carcerem A trusus est. Cur autem non a principio prædicavit illis? et quid opus erat Joanne, cum operum testimonia ipsum prædicarent? (Cur Joannes ante Christum prædicavit.) Ut inde etiam discas ejus dignitatem, quoniam quemadmodum Pater, ipse quoque prophetas habet : quod et Zacharias dicebat : *Et tu, puer, propheta Altissimi vocaberis;* (Luc. 1. 76.) et ut nullam impudentibus Judæis ansam relinqueret : quod ipse quoque indicavit dicens : *Venit Joannes neque manducans, neque bibens, et dicunt : Dæmonium habet. Venit Filius* (Matth. 11. 18. 19.) *hominis manducans et bibens, et dicunt : Ecce* B *homo vorax et vini potator, publicanorum et peccatorum amicus. Et justificata est sapientia a filiis suis.* Alioquin necessarium erat, ut ea quæ ipsum spectabant, ab alio prius dicerentur, quam ab ipso. Si enim post tot tantaque testimonia

[a] Sic Mss. Ζαβουλὼν καὶ γῆ deest in Savil. et Morel.

[b] Unus σκότος ἐξηγούμενος.

[c] Οὐδὲ γὰρ ἐβάδιζον, etc. *Neque enim ambulabant in tenebris, sed sedebant in tenebris.* Atqui in Hebraïco legitur : העם ההלכיםבחשך, et Vulgata recte vertit : *Populus qui ambulabat in tenebris.* Verum Chrysostomus, concionatorum more, verba ut erant in τοῖς Ο' discutit, et ad argumentum suum pro lubito usurpat.

[a] Morel. solus καταλείπηται.

Joan. 8. 13. et argumenta dicebant : *Tu testimonium perhibes de teipso, testimonium tuum non est verum* : si nihil prius dixisset Joannes, et ipse in medium progressus, primus de se testimonium perhibuisset, quid non dicturi erant? Propterea neque prædicavit ante illum, neque signa edidit, donec in carcerem ille truderetur, ne sic multitudo scinderetur in partes. Idcirco nullum signum fecit Joannes, ut hac ratione multitudinem ad Jesum alliceret, dum miracula ad ipsum turbam attraherent. Si enim post tot tantarumque rerum dispensationem, et ante et postquam Joannes in carcerem trusus est, discipuli Joannis invidia quadam erga Jesum moti videbantur; si multi porro non ipsum, sed Joannem Jesum esse arbitrabantur : si nihil horum factum esset, quid non eventurum erat? Ideo Matthæus significat ipsum eo tempore prædicare cœpisse, et initio idipsum docuit quod Joannes prædicaverat : necdum quidquam de seipso; sed eadem tantum quæ ille jam dixerat. Nam optandum erat ut illud interim admitteretur, quandoquidem nondum congruentem de ipso habebant opinionem.

ρησε, τί οὐκ ἂν ἐφθέγξαντο; Διὰ τοῦτο οὔτε ἐκήρυξε πρὸ ἐκείνου, οὔτε ἐθαυματούργησεν, ἕως ἐνέπεσεν εἰς τὸ δεσμωτήριον ἐκεῖνος, ἵνα μὴ ταύτῃ τὸ πλῆθος σχίζηται. Διὰ τοῦτο οὐδὲ σημεῖον οὐδὲν ἐποίησεν Ἰωάννης, ἵνα καὶ ἐντεῦθεν τὸ πλῆθος τῷ Ἰησοῦ παραδῷ, τῶν θαυμάτων πρὸς ἐκεῖνον ἑλκόντων αὐτούς. Εἰ γὰρ καὶ
C τοσούτων οἰκονομηθέντων, καὶ πρὸ τοῦ δεσμωτηρίου, καὶ μετὰ τὸ δεσμωτήριον, ζηλοτύπως πρὸς αὐτὸν εἶχον οἱ μαθηταὶ Ἰωάννου· καὶ οἱ πολλοὶ δὲ οὐχὶ αὐτὸν, ἀλλὰ τὸν Ἰωάννην ὑπώπτευον εἶναι τὸν Ἰησοῦν· εἰ μηδὲν τούτων ἐγένετο, τί οὐκ ἂν συνέβη; Διὰ τοῦτο καὶ ὁ Ματθαῖος ἐπισημαίνεται, ὅτι ἀπὸ τότε ἤρξατο κηρύσσειν, καὶ ἀρξάμενος τὸ κήρυγμα, ὃ ἐκεῖνος ἐκήρυττε, τοῦτο καὶ αὐτὸς ἐδίδασκε, καὶ οὐδὲν οὐδέπω * περὶ ἑαυτοῦ, ἀλλὰ τὸ κήρυγμα ὃ ἐκήρυττε λέγει. Καὶ γὰρ καὶ τοῦτο τέως ἀγαπητὸν ἦν παραδεχθῆναι, ἐπεὶ μη-
D δέπω τὴν προσήκουσαν περὶ αὐτοῦ δόξαν εἶχον.

2. Ideoque in principio nihil molestum et grave dixit, ut ille, non securim, non lignum sectum, non ventilabrum, aream vel ignem inextinguibilem memoravit; sed a bonis orsus, cælos memorat et regnum illic paratum audientibus. 18. *Et ambulans juxta mare Galilææ, vidit duos fratres, Simonem qui cognominabatur Petrus, et Andream fratrem ejus, mittentes rete in mare : erant enim piscatores,* 19. *et ait illis : Venite post me, et faciam vos piscatores hominum.* 20. *Hi autem relictis retibus, sequuti sunt eum.* Atqui Joannes ait eos alio modo fuisse vocatos : unde palam est, hanc secundam fuisse vocationem : idipsumque sæpe videre est. Ibi namque dicitur, cum nondum Joannes conjectus fuisset in carcerem, ipsos accessisse; hic vero, postquam conjectus fuerat. Illic Andreas vocabat Petrum; hic ambos Jesus. Et Joannes quidem ait :
Joan. 1. 42. *Videns Jesus Simonem venientem, dixit : Tu es Simon filius Jonæ; tu vocaberis Cephas, quod interpretatur Petrus.* Matthæus vero ait, jam sic fuisse vocatum : *Videns*, inquit, *Simonem, qui dicebatur Petrus*. Sed etiam a loco, ex

Διὰ τοῦτο καὶ ἀρχόμενος οὐδὲ φορτικόν τί φησι καὶ ἐπαχθὲς, οἷον ἐκεῖνος, ἀξίνην, καὶ δένδρον κοπτόμενον, καὶ πτύου καὶ ἅλωνος καὶ πυρὸς ἀσβέστου μνημονεύων· ἀλλὰ χρηστὰ προοιμιάζεται, [b] τοὺς οὐρανοὺς καὶ τὴν βασιλείαν τὴν ἐκεῖ τοῖς ἀκούουσιν εὐαγγελιζόμενος. Καὶ περιπατῶν παρὰ τὴν θάλασσαν τῆς Γαλιλαίας, εἶδε δύο ἀδελφοὺς, Σίμωνα τὸν ἐπικαλούμενον Πέτρον, καὶ Ἀνδρέαν τὸν ἀδελφὸν αὐτοῦ, βάλλοντας
E ἀμφίβληστρον εἰς τὴν θάλασσαν· ἦσαν γὰρ ἁλιεῖς· καὶ λέγει αὐτοῖς· δεῦτε ὀπίσω μου, καὶ ποιήσω ὑμᾶς ἁλιεῖς ἀνθρώπων. [c] Οἱ δὲ ἀφέντες τὰ δίκτυα, ἠκολούθησαν αὐτῷ. Καίτοι Ἰωάννης φησὶν ἑτέρως αὐτοὺς κεκλῆσθαι. Ὅθεν δῆλον, ὅτι δευτέρα αὕτη ἡ κλῆσις ἦν· καὶ πολλαχόθεν τοῦτο ἄν τις συνίδοι. Ἐκεῖ μὲν γάρ φησιν, ὅτι οὔπω βληθέντος Ἰωάννου εἰς τὴν φυλακὴν προσῆλθον· ἐνταῦθα δὲ, μετὰ τὸ ἐμπεσεῖν αὐτόν.
180 Κἀκεῖ μὲν ὁ Ἀνδρέας [d] ἐκάλει τὸν Πέτρον· ἐνταῦθα δὲ
A ἀμφοτέρους ὁ Ἰησοῦς. Καὶ Ἰωάννης μέν φησιν, ὅτι ἰδὼν ὁ Ἰησοῦς τὸν Σίμωνα ἐρχόμενον, λέγει· Σὺ εἶ Σίμων ὁ υἱὸς Ἰωνᾶ· σὺ κληθήσῃ Κηφᾶς, ὃ ἑρμηνεύεται Πέτρος. Ὁ δὲ Ματθαῖός φησιν, ὅτι ἤδη τοῦτο ἦν [a] κεκλημένος τὸ ὄνομα· Ἰδὼν γὰρ, φησὶ, Σίμωνα τὸν λεγόμενον Πέτρον. Καὶ ἀπὸ τοῦ τόπου δὲ, ὅθεν ἐκλήθησαν, καὶ

* [Savil. περὶ ἑαυτοῦ κηρύττων λέγει. καὶ γὰρ κ. τ.]

b Morel. τοὺς ἀνθρώπους καὶ τὴν βασιλείαν. Quidam Mss. τοῖς ἀνθρώποις. Savilius τοὺς οὐρανοὺς, quæ vera esse lectio censetur.

c Alii οἱ δὲ εὐθέως ἀρέντες. [Recte. Sic etiam Biblia. Vide pag. seq. A.]

d Alii καλεῖ.

a Quidam προντελημένος.

πολλαχόθεν ἄλλοθεν ἄν τις τοῦτο συνίδοι, καὶ ἐκ τοῦ ῥᾳδίως ὑπακοῦσαι, καὶ ἐκ τοῦ πάντα ἀφεῖναι. Ἤδη γὰρ ἦσαν προπεπαιδευμένοι καλῶς. Ἐκεῖ μὲν γὰρ εἰς οἰκίαν φαίνεται ὁ Ἀνδρέας ἐρχόμενος, καὶ πολλὰ ἀκούων· ἐνταῦθα δὲ ψιλὸν ῥῆμα ἀκούσαντες, εὐθέως ἠκολούθησαν. Καὶ γὰρ εἰκὸς ἀκολουθήσαντας ἐξ ἀρχῆς ἀφεῖναι πάλιν, τόν τε Ἰωάννην ἰδόντας εἰς δεσμωτήριον ἐμπεσόντα [b] καὶ αὐτοὺς ἀναχωρῆσαι, καὶ ἐπὶ τὴν οἰκείαν πάλιν τέχνην ἐπανελθεῖν. Οὕτω γοῦν αὐτοὺς εὑρίσκει ἁλιεύοντας. Αὐτὸς δὲ οὔτε βουλομένους ἀναχωρῆσαι τὴν ἀρχὴν ἐκώλυσεν, οὔτε ἀναχωρήσαντας εἰς τέλος ἀφῆκεν· ἀλλ' ἐνδοὺς ὅτε ἀπεπήδησαν, ἔρχεται πάλιν αὐτοὺς ἀνακτησόμενος· ὅπερ μέγιστος τρόπος ἁλείας ἐστίν. Σκόπει δὲ αὐτῶν καὶ τὴν πίστιν καὶ τὴν ὑπακοήν. Καὶ γὰρ ἐν μέσοις τοῖς ἔργοις ὄντες (ἴστε δὲ πῶς λίχνον ἡ ἁλεία), ἀκούσαντες αὐτοῦ κελεύοντος, οὐκ ἀνεβάλλοντο, οὐχ ὑπερέθεντο· οὐκ εἶπον, ὑποστρέψαντες οἴκαδε διαλεχθῶμεν τοῖς προσήκουσιν· ἀλλὰ πάντα ἀφέντες εἵποντο, καθάπερ καὶ Ἐλισσαῖος ἐποίησεν ἐπὶ Ἠλίου. Τοιαύτην γὰρ ὁ Χριστὸς ὑπακοὴν ζητεῖ παρ' ἡμῶν, ὥστε μήτε ἀκαριαῖον ἀναβάλλεσθαι χρόνον, κἂν σφόδρα τι τῶν ἀναγκαιοτάτων ἡμᾶς [c] κατεπείγῃ. Διὸ καὶ ἕτερόν τινα προσελθόντα καὶ ἀξιοῦντα θάψαι τὸν ἑαυτοῦ πατέρα, οὐδὲ τοῦτο ποιῆσαι ἀφῆκε, δεικνὺς ὅτι πάντων τὴν ἀκολούθησιν τὴν ἑαυτοῦ προτιμᾷν δεῖ. Εἰ δὲ λέγοις, ὅτι μεγίστη ἡ ὑπόσχεσις· καὶ διὰ τοῦτο μάλιστα αὐτοὺς θαυμάζω, ὅτι μηδέπω σημεῖον ἰδόντες, μεγέθει τοσούτῳ ἐπαγγελίας ἐπίστευσαν, καὶ πάντα δεύτερα ἔθεντο τῆς ἀκολουθήσεως ἐκείνης. Καὶ γὰρ δι' ὧν ἡλιεύθησαν λόγων, ἐπίστευσαν ὅτι καὶ ἑτέρους διὰ τούτων ἁλιεύειν δυνήσονται. Τούτοις μὲν οὖν τοῦτο ὑπέσχετο· τοῖς δὲ περὶ Ἰάκωβον καὶ Ἰωάννην οὐδὲν τοιοῦτόν φησιν. Ἡ γὰρ τῶν [d] φθασάντων ὑπακοὴ προωδοποίησε λοιπὸν τούτοις. Ἄλλως δὲ καὶ πολλὰ ἦσαν πρότερον ἀκηκοότες περὶ αὐτοῦ. Θέα δὲ πῶς καὶ τὴν πενίαν αὐτῶν ἡμῖν μετὰ ἀκριβείας αἰνίττεται. Εὗρε γὰρ αὐτοὺς ῥάπτοντας τὰ δίκτυα αὐτῶν. Τοσαύτη ἦν τῆς πτωχείας ἡ ὑπερβολὴ, ὡς τὰ πεπονηκότα διορθοῦν, μὴ δυναμένους ὠνήσασθαι ἕτερα. Οὐ μικρὰ δὲ τέως καὶ αὕτη ἔνδειξις ἀρετῆς, τὸ πενίαν φέρειν εὐκόλως, τὸ ἀπὸ δικαίων πόνων τρέφεσθαι, τὸ συνδεδέσθαι ἀλλήλοις τῇ τῆς ἀγάπης δυνάμει, τὸ τὸν πατέρα ἔχειν μεθ' ἑαυτῶν καὶ θεραπεύειν. Ἐπειδὴ τοίνυν αὐτοὺς ἡλίευσε, τότε ἄρχεται παρόντων θαυματουργεῖν, δι' ὧν ἐποίει τὰ ὑπὸ Ἰωάννου περὶ αὐτοῦ εἰρημένα βεβαιῶν. Συνεχῶς δὲ ταῖς συναγωγαῖς ἐπεχωρίαζε, καὶ ἐντεῦθεν αὐτοὺς παιδεύων, ὅτι οὐκ ἔστιν ἀντίθεός τις καὶ πλάνος, ἀλλὰ

quo vocati sunt, quod etiam alibi sæpe videre est:
hinc liquet etiam, quod facile obediant, et omnia
relinquant; jam enim probe prius eruditi fuerant.
Illic enim exhibetur Andreas in domum veniens, et
multa audiens; hic autem, uno audito verbo,
B statim sequuti sunt. Verisimile quippe est illos
cum a principio sequuti fuissent, dimissos postea
fuisse; cum autem vidissent Joannem in carcerem
trusum fuisse, ipsos tunc recessisse, atque ad
suam artem rediisse. Sic itaque illos piscantes invenit. Ipse vero neque illos cum abire vellent initio
prohibuit, neque cum recessissent usque in finem
dimisit; sed postquam recedere sivisset, venit
rursum ipsos repetiturus: qui egregius est pisca-
tionis modus. Perpende autem illorum et fidem et
obedientiam. Etenim in medio opere (scitis autem
quam avida res sit piscatio) illum jubentem au-
C dientes, non distulerunt, neque cunctati sunt:
non dixerunt, Reversi domum, propinquos allo-
quemur: sed relictis omnibus sequuti sunt, quemadmodum et Elisæus fecit cum Elia. Talem quippe
Christus obedientiam quærit a nobis, ita ut ne
momento quidem temporis differamus, etiamsi
quid ex admodum necessariis urgere videatur. Idcirco alium venientem et rogantem sibi liceret sepelire patrem suum, ne illud quidem facere permisit, ostendens, sequendi Christum officium
esse omnibus anteferendum. Si vero dixeris: Maxima erat promissio: ideo maxime miror illos,
D quod cum nondum signum vidissent, tantæ promissioni fidem habuerint, et omnia postposuerint
ut Christum sequerentur: nam crediderunt se
posse per eadem verba, queis capti fuerant, alios
piscari. His itaque illud promisit: Jacobo autem
et Joanni nihil simile dixit. Nam priorum obsequentia his viam paravit. Alioquin vero jam plurima de ipso audierant. Vide porro quam accurate
nobis illorum paupertatem indicet. Invenit enim
illos reficientes retia sua. Tanta erat egestas, ut
E vetera restaurarent, quod non possent alia emere.
Nec minima interim hæc est virtutis demonstratio,
pauperta-em ita facile ferre, ex justis laboribus
victum parare, mutua invicem caritate connecti,
patrem secum habere, ipsique famulari. Postquam
igitur illos piscatus fuisset, tunc cœpit illis præsentibus miracula edere, perque ea quæ a Joanne
181 de ipso dicta fuerant confirmabat. Synagogas porro
A frequentabat, hinc Judæos docens se non esse Deo
adversarium, vel seductorem, sed cum Patre con-

Christo sine mora obtemperandum.

Matth. 8. 21. 22.

[b] Sic Savil. et plurimi Manuscripti. Morel. καὶ αὐτὸν ἀναχωροῦντα ἐπὶ τὴν οἰκίαν πάλιν τέχνην ἀπελθεῖν.

[c] Morel. κατεπείγει.

[d] Aliqui habent προφθασάντων.

sentientem advenisse. Cum autem in locis versaretur, non modo prædicabat, sed etiam signa edebat.

3. Ubique enim, si quando res insolita et inopinata accidat, si novum inducatur vitæ institutum, signa solet Deus facere, potentiæ suæ pignora præbens iis qui leges suscepturi sunt. Sic itaque cum hominem facturus erat, mundum totum creavit, tuncque ipsi legem illam in paradiso dedit. Et cum Noæ leges positurus erat, magna rursum exhibuit miracula, per quæ totam restauravit creaturam, et horrendum illud pelagus per annum totum obtinere curavit, per quæ etiam justum illum in tanta tempestate servavit. Abrahæ quoque multa signa præstitit; verbi causa, victoriam in bello, plagam Pharaoni immissam, a periculis ereptionem. Cumque Judæis leges statuturus esset, miracula illa fecit, et prodigia magna, tuncque legem dedit. Ita et nunc excelsum quodpiam institutum inducturus, eaque dicturus illis quæ nunquam audierant, mirabilium operatione dicta sua confirmat. Quoniam enim regnum illud, quod prædicabatur, non apparebat, ex iis quæ sub aspectum cadebant, id quod occultum erat manifestum fecit. Et vide mihi quantum superflua vitet evangelista, quomodo non singulos eorum qui sanati sunt commemoret, sed brevi sermone innumera signa prætercurrat. Nam ait: 24. *Obtulerunt ei omnes male habentes variis languoribus, et tormentis correptos, dæmonia habentes, lunaticos, paralyticos, et sanavit eos.* Verum ab illo inquiritur, cur a nullo eorum fidem exegit? Neque enim dixit, id quod postea dixisse narratur: Creditis me illud facere posse? (Matth. 9. 28.) quia nondum potestatis suæ documenta dederat. Alioquin vero ex eo quod ad eum accederent, aliosque inducerent, non modicam exhibebant fidem. Nam ex longinquo ægros afferebant, non allaturi, nisi magnam de illo concepissent opinionem. Et nos quoque illum sequamur: nam multis animi morbis laboramus, et hos ille præcipue vult curare. Ideo enim illa mala curat, ut hæc expellat ex animabus nostris. Accedamus igitur ad eum, nihilque sæculare petamus, sed remissionem peccatorum: etenim etiam nunc dat, si diligenter agamus. Tunc enim in Syriam ejus fama volarat; nunc vero per totum orbem. Et illi quidem audientes, ipsum dæmonia-

συμφωνῶν τῷ Πατρὶ παραγέγονεν. Ἐπιχωριάζων δὲ, οὐκ ἐκήρυττε μόνον, ἀλλὰ καὶ σημεῖα ἐπεδείκνυτο.

Καὶ γὰρ πανταχοῦ εἴ πού τι ξένον γίγνεται καὶ παράδοξον, καὶ πολιτείας τινὸς εἰσαγωγὴ, σημεῖα ποιεῖν εἴωθεν ὁ Θεὸς, ἐνέχυρα τῆς αὐτοῦ δυνάμεως παρέχων τοῖς τοὺς νόμους δέχεσθαι μέλλουσιν. Οὕτω γοῦν ὅτε τὸν ἄνθρωπον ποιεῖν ἔμελλε, τὸν κόσμον ἔκτισεν ἅπαντα, καὶ τότε αὐτῷ [a] τὸν νόμον ἐκεῖνον ἔδωκε τὸν ἐν τῷ παραδείσῳ. Καὶ ὅτε τῷ Νῶε νομοθετεῖν ἔμελλε, B πάλιν μεγάλα ἐπεδείξατο θαύματα, δι' ὧν ἅπασαν ἀνεστοιχείου τὴν κτίσιν, καὶ τὸ φοβερὸν ἐκεῖνο πέλαγος ἐπ' ἐνιαυτὸν ὁλόκληρον ἐποίει κρατεῖν, καὶ δι' ὧν ἐν τοσαύτῃ ζάλῃ τὸν δίκαιον ἐκεῖνον διέσωσε. Καὶ ἐπὶ τοῦ Ἀβραὰμ δὲ πολλὰ σημεῖα παρέσχετο· οἷον, τὴν νίκην τὴν ἐν τῷ πολέμῳ, τὴν πληγὴν τὴν κατὰ τοῦ Φαραὼ, τὴν ἐκ τῶν κινδύνων ἀπαλλαγήν. Καὶ Ἰουδαίοις νομοθετεῖν μέλλων, τὰ [b] θαύματα ἐκεῖνα καὶ μεγάλα τεράστια ἐπεδείξατο, καὶ τότε τὸν νόμον ἔδωκεν. Οὕτω δὴ καὶ ἐνταῦθα μέλλων ὑψηλήν τινα εἰσάγειν πολιτείαν, καὶ ἃ μηδέποτε ἤκουσαν λέγειν αὐτοῖς, τῇ τῶν θαυμάτων ἐπιδείξει βεβαιοῖ τὰ λεγόμενα. Ἐπειδὴ γὰρ ἡ κηρυττομένη βασιλεία οὐκ ἐφαίνετο, C ἀπὸ τῶν φαινομένων τὴν ἄδηλον ποιεῖ φανεράν. Καὶ σκόπει τὸ ἀπέριττον τοῦ εὐαγγελιστοῦ, πῶς οὐ καθ' ἕκαστον ἡμῖν διηγεῖται τῶν θεραπευομένων, ἀλλὰ βραχέσι ῥήμασι νιφάδας παρατρέχει σημείων. Προσήνεγκαν γὰρ αὐτῷ, φησὶ, πάντας τοὺς κακῶς ἔχοντας ποικίλαις νόσοις, καὶ βασάνοις συνεχομένους, καὶ δαιμονιζομένους, καὶ σεληνιαζομένους, καὶ παραλυτικοὺς, καὶ ἐθεράπευσεν αὐτούς. Ἀλλὰ τὸ ζητούμενον ἐκεῖνό ἐστι, τί δήποτε παρ' οὐδενὸς αὐτῶν πίστιν [c] ἐπεζήτησεν; Οὐδὲ γὰρ εἶπεν ὃ μετὰ ταῦτα φαίνεται λέγων· Πιστεύετε ὅτι δύναμαι τοῦτο ποιῆσαι; D ὅτι οὐδέπω τῆς αὐτοῦ δυνάμεως ἀπόδειξιν ἦν δεδωκώς. Ἄλλως δὲ καὶ αὐτῷ τῷ προσιέναι καὶ προσάγειν οὐ τὴν τυχοῦσαν ἐπεδείκνυντο πίστιν. Καὶ γὰρ πόῤῥωθεν αὐτοὺς ἔφερον, οὐκ ἂν ἐνεγκόντες, εἰ μὴ μεγάλα ἦσαν περὶ αὐτοῦ πεπεικότες ἑαυτούς. Ἀκολουθήσωμεν τοίνυν αὐτῷ καὶ ἡμεῖς· καὶ γὰρ νοσήματα πολλὰ ἔχομεν ψυχῶν, καὶ ταῦτα προηγουμένως βούλεται θεραπεύειν. Διὰ γὰρ τοῦτο κἀκεῖνα διορθοῦται, ἵνα ταῦτα ἐξορίσῃ τῆς ψυχῆς τῆς ἡμετέρας. Προσέλθωμεν τοίνυν E αὐτῷ, καὶ μηδὲν βιωτικὸν αἰτῶμεν, ἀλλ' ἁμαρτημάτων ἄφεσιν· καὶ γὰρ δίδωσι καὶ νῦν, ἐὰν σπουδάζωμεν. Τότε μὲν γὰρ εἰς τὴν Συρίαν ἐξῆλθεν αὐτοῦ ἡ ἀκοή· νῦν δὲ εἰς τὴν οἰκουμένην ὅλην. Κἀκεῖνοι μὲν

[a] Quidam Mss. τὸν κόσμον ἐκεῖνον ἔδωκε, minus recte.
[b] Quidam Mss. θαυμαστὰ ἐκεῖνα.
[c] Savil. et quidam alii ἐπεζήτησεν. Utraque lectio quadrat.

ἀκούσαντες, ὅτι δαιμονῶντας ἐθεράπευσε, συνέτρεχον· σὺ δὲ πολλῷ πλείονα πεῖραν αὐτοῦ λαβὼν τῆς δυνάμεως καὶ μείζονα, οὐδ' ἀνίστασαι καὶ τρέχεις; Ἀλλ' ἐκεῖνοι μὲν καὶ [d] πατρίδα ἀφῆκαν, καὶ φίλους, καὶ 182
συγγενεῖς· σὺ δὲ οὐδὲ οἰκίαν ἀφεῖναι ἀνέχῃ ὑπὲρ τοῦ A
προσελθεῖν, καὶ πολλῷ μειζόνων τυχεῖν; Μᾶλλον δὲ οὐδὲ τοῦτο ἀπαιτοῦμεν παρὰ σοῦ· ἀλλὰ συνήθειαν ἄφες πονηρὰν μόνον, καὶ μένων οἴκοι μετὰ τῶν σεαυτοῦ δυνήσῃ σωθῆναι ῥᾳδίως. Νῦν δὲ ἂν μὲν σωματικὸν ἔχωμεν πάθος, πάντα ποιοῦμεν καὶ πραγματευόμεθα, ὥστε ἀπαλλαγῆναι τοῦ λυποῦντος ἡμᾶς· τῆς δὲ ψυχῆς ἡμῶν κακῶς διακειμένης, μέλλομεν καὶ ἀναδυόμεθα. Διὰ τοῦτο οὐδὲ ἐκείνων ἀπαλλασσόμεθα· ἐπειδὴ τὰ μὲν [a] ἀναγκαῖα ἡμῖν πάρεργα γίνεται, τὰ δὲ πάρεργα ἀναγκαῖα· καὶ τὴν πηγὴν τῶν κακῶν ἀφέντες τοὺς B
ῥύακας ἐκκαθαίρειν ἐθέλομεν. Ὅτι γὰρ τῶν ἐν τῷ σώματι κακῶν ἡ πονηρία τῆς ψυχῆς αἰτία, καὶ ὁ παραλελυμένος τριάκοντα καὶ ὀκτὼ ἔτη, καὶ ὁ διὰ τοῦ στέγους χαλασθεὶς, καὶ πρὸς τούτων δὲ ὁ Κάϊν ἐδήλωσε· καὶ πολλαχόθεν δὲ ἑτέρωθεν τοῦτο ἄν τις [b] ἴδοι. Ἀνέλωμεν τοίνυν τῶν κακῶν τὴν πηγὴν, καὶ πάντα στήσεται τῶν νοσημάτων τὰ ῥεύματα. Οὐ γὰρ τὸ παραλελύσθαι μόνον νόσημα, ἀλλὰ καὶ τὸ ἁμαρτάνειν· καὶ τοῦτο μᾶλλον ἢ ἐκεῖνο, ὅσῳ καὶ ψυχὴ σώματος ἀμείνων. Προσέλθωμεν τοίνυν αὐτῷ καὶ νῦν, παρακαλέσωμεν ἵνα σφίγξῃ τὴν ψυχὴν ἡμῶν παραλελυμένην, καὶ τὰ βιωτικὰ ἀφέντες πάντα [c] τῶν πνευματικῶν μό- C
νον ποιώμεθα λόγον. Εἰ δὲ καὶ τούτων ἀντέχῃ, μετ' ἐκεῖνα αὐτῶν φρόντιζε. Μηδ' ὅτι οὐκ ἀλγεῖς ἁμαρτάνων καταφρόνει, ἀλλὰ δι' αὐτὸ μὲν οὖν τοῦτο [d] μάλιστα στέναξον, ἐπειδὴ οὐκ αἰσθάνῃ τῆς ὀδύνης τῶν πλημμελημάτων. Οὐ γὰρ παρὰ τὸ μὴ δάκνειν τὴν ἁμαρτίαν τοῦτο γίνεται, ἀλλὰ παρὰ τὸ ἀναίσθητον εἶναι τὴν πλημμελοῦσαν ψυχήν. Ἐννόησον γοῦν τοὺς αἰσθανομένους τῶν οἰκείων ἁμαρτημάτων, πῶς τῶν τεμνομένων καὶ καιομένων πικρότερον ὀλολύζουσι, πόσα πράττουσι, πόσα πάσχουσι, πόσα πενθοῦσι καὶ ὀδύρονται, ὥστε ἀπαλλαγῆναι τοῦ πονηροῦ συνειδότος· ὅπερ οὐκ ἂν ἐποίησαν, εἰ μὴ σφόδρα ἤλγουν D
κατὰ ψυχήν.

Τὸ μὲν οὖν ἄμεινον, τὸ μηδὲ ὅλως ἁμαρτάνειν· τὸ δὲ μετ' ἐκεῖνο, τὸ ἁμαρτάνοντας αἰσθάνεσθαι καὶ διορθοῦσθαι. Εἰ δὲ μὴ τοῦτο ἔχοιμεν, πῶς δεησόμεθα τοῦ Θεοῦ καὶ ἄφεσιν αἰτησόμεθα ἁμαρτημάτων, οἱ τούτων μηδένα ποιούμενοι λόγον; Ὅταν γὰρ σὺ αὐτὸς ὁ πεπλημμεληκὼς, μηδὲ αὐτὸ τοῦτο, ὅτι ἥμαρτες εἰδέναι [e] ἐθέλῃς, ὑπὲρ ποίων παρακαλέσεις τὸν Θεὸν

cos curavisse, concurrebant: tu vero multo majorem potestatis ipsius experientiam nactus non surgis, non curris? Sed illi quidem et patriam reliquerunt et amicos et cognatos; tu vero ne domo quidem exire sustines, ut accedas, et longe meliora consequaris? Imo non hoc a te postulamus; sed malam solum depone consuetudinem, et domi manens cum tuis salutem facile consequi poteris. Jam vero si morbo corporeo laboremus, omnia facimus, omnia movemus, ut ab illa molestia eruamur: anima vero nostra male se habente, cunctamur et refugimus. Ideo neque ab illis liberamur; quoniam quæ necessaria sunt, minoris momenti facimus, quæ vero minoris momenti, necessaria ducimus: et malorum fonte dimisso, rivulos purgare volumus. Quod enim morborum corporis animæ malignitas causa sit, paralyticus ille triginta octo annorum, ille alius per tectum demissus, ad hæc vero Caïn demonstravit: sæpeque alibi quivis hoc ipsum videat. Tollamus itaque malorum fontem, et morborum fluenta statim siccabuntur. Non paralysis solum malum est, sed etiam peccatum; imo hoc majus quam illud, quanto scilicet anima melior est corpore. Accedamus igitur et nunc ad ipsum, rogemus ut resolutam animam nostram constringat, et sæcularibus missis omnibus, spiritualium tantum rationem habeamus. Si vero hæc obtineas, illa cures postea. Nec quia in peccando non doles, ideo contemnas, sed propterea maxime ingemisce, quia nullum habes de peccatis dolorem. Illud vero inde evenit, non quod peccatum non mordeat, sed quod anima sceleribus assueta sensum non habeat. Cogita ergo illos qui propria peccata sentiunt, quomodo acerbius ejulent quam ii qui secantur vel uruntur, quantaque patiantur, quantum lugeant et ingemiscant, ut a mala conscientia liberentur, quod numquam facerent, nisi animo admodum dolerent.

Joan. 5.
Luc. 5.

Peccatum maximum malum.

4. Utique melius esset numquam peccare; quod sequitur autem est, peccata sentire et corrigere. Si vero id non habeamus, quo pacto Deo supplicabimus et peccatorum remissionem postulabimus, qui horum nullam rationem habemus? Cum enim tu ipse qui peccasti, ne idipsum quidem quod peccaveris scire velis, pro quibus peccatis Deum ro-

d Quidam habent πατρίδας.

a Alii ἀναγκαῖα ἡμῖν, τὰ δὲ πάρεργα. Ibidem Morel. male τὸ δὲ πάρεργα.

b Alii κατίδοι.

c Savil. et quidam Mss. ὑπὲρ τῶν πνευματικῶν.

d Quidam habent μᾶλλον, et mox τῆς ὀδύνης τῶν ἁμαρτημάτων.

e Morel. ἐθέλεις, male.

gabis, quæ ne quidem nosti? et quomodo noveris beneficii magnitudinem? Dic itaque peccata tua speciatim, ut discas quorumnam remissionem accipis, ut ita erga beneficum gratus sis. Tu vero cum hominem offenderis, amicos, vicinos et ostiarios rogas, pecunias expendis, multosque dies insumis in accedendo et supplicando, etiamsi semel, bis, sexcentiesque ab offenso repulsam tuleris, non concidis, sed magis sollicitus, supplicationes adauges: cum vero universorum Deus offensus est, oscitamus, negligimus, deliciamur, inebriamur, et pro solito more omnia facimus: et quandonam illum placare poterimus? quomodo non eo ipso modo magis irritemus? Non dolere enim de peccato magis ad indignationem et iram ipsum provocat, quam ipsum peccatum. Quapropter in ipsam terram sese detrudere oporteret, nec solem aspicere, vel respirare, quando tam placabilem Dominum habentes, illum irritamus, et irritantes non pœnitentiam agimus: etiamsi ille neque cum iratus est, nos odio habeat vel aversetur, sed iratus sit, ut nos vel sic ad se pertrahat. Nam si vel contumelia affectus perpetuo beneficia conferret, ipsum magis despiceres. Ne autem id eveniat, ad tempus avertit faciem, ut te semper secum habeat. Ejus itaque benignitati fidamus, et pœnitentiam sollicite exhibeamus, priusquam dies ille veniat, in quo nihil nobis pœnitentia proderit. Nunc enim in nobis tota res sita est; tunc vero Judex solus erit judicii et calculi ferendi dominus. *Præoccupemus* igitur *faciem ejus in confessione*, fleamus, lugeamus. Si enim poterimus ante definitam illam diem placare Judicem, ut nobis peccata remittat, non ultra introitu nobis opus erit: ut e converso, si non hoc ita fiat, toto orbe præsente, quisque nostrum ad tribunal adducetur, et nulla nobis ultra spes veniæ supererit. Nullus enim eorum qui adsunt, qui peccata sua non abluerit, cum illuc advenerit, poterit pœnas iis debitas effugere: sed quemadmodum illi qui ex carceribus his ad tribunal catenis onusti adducuntur, sic et animæ omnes, cum hinc abierint, variis peccatorum suorum constrictæ catenis, ad terribile illud tribunal adducentur. Nam hæc vita carcere nihilo melior est; sed sicut cum in domicilium illud introimus, omnes videmus catenis circumdatos: ita et nunc, si abjecta illa externarum rerum imaginatione, in singulorum vitam

Non dolere de peccato magis irritat Deum, quam ipsum peccatum.

Psal. 94. 2.

πλημμελημάτων, ὑπὲρ ὧν οὐκ οἶδας; καὶ πῶς εἴσῃ
τῆς εὐεργεσίας τὸ μέγεθος; Εἰπὲ τοίνυν σοῦ τὰ πλημμελήματα κατ' εἶδος, ἵνα μάθῃς τίνων λαμβάνεις
συγχώρησιν, ἵν' οὕτως εὐγνώμων γένῃ περὶ τὸν εὐερ-
E γέτην. Σὺ δὲ ἄνθρωπον μὲν παροξύνων, καὶ φίλους,
καὶ γείτονας, καὶ θυρωροὺς παρακαλεῖς, καὶ χρήματα
δαπανᾷς, καὶ πολλὰς ἀναλίσκεις ἡμέρας προσιὼν καὶ
δεόμενος, κἂν ἅπαξ, κἂν δὶς, κἂν μυριάκις σε δια-
κρούσηται ὁ παροξυνθεὶς, οὐκ ἀναπίπτεις, ἀλλ' ἐνα-
γώνιος μᾶλλον γενόμενος, πλείονα τὴν ἱκετηρίαν [f] τί-
183 θης· τοῦ δὲ τῶν ὅλων Θεοῦ παροξυνομένου, χασμώ-
A μεθα, καὶ ἀναπίπτομεν, καὶ τρυφῶμεν, καὶ μεθύομεν,
καὶ τὰ κατὰ συνήθειαν πάντα πράττομεν· καὶ πότε
αὐτὸν δυνησόμεθα ἵλεων ποιῆσαι; πῶς δὲ οὐκ αὐτῷ
τούτῳ μειζόνως παροξυνοῦμεν; Τοῦ γὰρ ἁμαρτάνειν
τὸ μηδὲ ἀλγεῖν ἁμαρτάνοντας μᾶλλον ἀγανακτεῖν αὐτὸν ποιεῖ καὶ ὀργίζεσθαι. Διόπερ εἰς αὐτὴν λοιπὸν
ἄξιον καταδῦναι τὴν γῆν, καὶ μηδὲ τὸν ἥλιον ὁρᾷν
τοῦτον, μηδὲ ἀναπνεῖν ὅλως, ὅτι οὕτως εὐκατάλλα-
κτον Δεσπότην ἔχοντες, παροξύνομέν τε αὐτὸν, καὶ
παροξύνοντες οὐδὲ μετανοοῦμεν· καίτοι γε αὐτὸς,
B οὐδὲ ὅταν ὀργίζηται μισῶν καὶ ἀποστρεφόμενος ἡμᾶς
τοῦτο ποιεῖ, ἀλλ' ἵνα κἂν οὕτως ἡμᾶς ἐπισπάσηται πρὸς ἑαυτόν. Εἰ γὰρ ὑβριζόμενος διηνεκῶς
εὐηργέτει, μᾶλλον ἂν κατεφρόνησας. Ἵν' οὖν μὴ
τοῦτο γένηται, ἀποστρέφεται πρὸς ὀλίγον, ἵνα διαπαντὸς σὲ ἔχῃ μεθ' ἑαυτοῦ. Θαῤῥήσωμεν τοίνυν αὐτοῦ
τῇ φιλανθρωπίᾳ, καὶ μετάνοιαν ἐπιδειξώμεθα [a] μεμεριμνημένην, πρὶν ἢ τὴν ἡμέραν ἐπιστῆναι τὴν οὐκ
ἐῶσαν ἡμᾶς κερδᾶναι ἐκ τούτου. Νῦν μὲν γὰρ ἐφ'
ἡμῖν τὸ πᾶν κεῖται· τότε δὲ ὁ δικάζων μόνος τῆς ψήφου γίνεται κύριος. Προφθάσωμεν τοίνυν τὸ πρόσωπον αὐτοῦ ἐν ἐξομολογήσει, κλαύσωμεν, θρηνήσωμεν.
C Ἂν γὰρ δυνηθῶμεν παρακαλέσαι τὸν δικαστὴν πρὸ
τῆς κυρίας ἀφεῖναι ἡμῖν τὰ ἁμαρτήματα, οὐδὲ εἰσόδου χρεία λοιπόν· ὥσπερ οὖν ἐὰν μὴ τοῦτο γένηται,
δημοσίᾳ τῆς οἰκουμένης παρούσης, ἕκαστος ἡμῶν εἰσ-
αχθήσεται, καὶ οὐδεμία ἡμῖν ἔσται λοιπὸν συγγνώμης ἐλπίς. Οὐδεὶς γὰρ τῶν ἐνταῦθα, μὴ διαλυσάμενος
τὰ ἁμαρτήματα, ἀπελθὼν ἐκεῖ δυνήσεται τὰς ἐπὶ τούτοις εὐθύνας διαφυγεῖν· ἀλλ' ὥσπερ οἱ ἀπὸ τῶν δεσμωτηρίων τούτων μετὰ τῶν ἁλύσεων προσάγονται εἰς
τὸ δικαστήριον, οὕτω καὶ αἱ ψυχαὶ πᾶσαι, ὅταν ἐντεῦθεν ἀπέλθωσι, τὰς ποικίλας περικείμενοι σειρὰς τῶν
ἁμαρτημάτων, ἐπὶ τὸ βῆμα ἄγονται τὸ φοβερόν. Καὶ
γὰρ δεσμωτηρίου οὐδὲν ἄμεινον ὁ παρὼν βίος διάκει-
D ται· ἀλλ' ὥσπερ εἰς τὸ οἴκημα εἰσελθόντες ἐκεῖνο,
πάντας ὁρῶμεν [b] ἁλύσεις περικειμένους· οὕτω καὶ νῦν,

[f] Morel. τιθεὶς.

[a] Μεμεριμνημένην Savil. et Mss., μεμεριαμένην Morel.

[b] Quidam habent ἁλύσεσι. Paulo post εἰς ante τὴν ἑκάστου ψυχὴν deest in Morel. solo.

ἂν τῆς φαντασίας τῆς ἔξωθεν ἑαυτοὺς ἀποστήσαντες, εἰς τὸν ἑκάστου βίον εἰσέλθωμεν, εἰς τὴν ἑκάστου ψυχὴν ὀψόμεθα σιδήρου χαλεπώτερα δεσμὰ περικειμένην· καὶ μάλιστα ἂν εἰς τὰς τῶν πλουτούντων εἰσέλθῃς ψυχάς· ὅσῳ γὰρ ἂν πλείονα ὦσι περιβεβλημένοι, τοσούτῳ μᾶλλόν εἰσι δεδεμένοι. Ὥσπερ οὖν τὸν δεσμώτην ἐπειδὰν ἴδῃς [c] καὶ ἐπὶ τοῦ νώτου, καὶ ἐπὶ τῶν χειρῶν, πολλάκις δὲ καὶ ἐπὶ τῶν ποδῶν σεσιδηρωμένον, διὰ τοῦτο μάλιστα ταλανίζεις· οὕτω καὶ τὸν πλούσιον, ὅταν θεάσῃ μυρία περιβεβλημένον πράγματα, μὴ διὰ ταῦτα πλούσιον, ἀλλὰ δι' αὐτὰ μὲν E οὖν ταῦτα ἄθλιον εἶναι νόμιζε· μετὰ γὰρ τῶν δεσμῶν τούτων καὶ δεσμοφύλακα ἔχει χαλεπὸν, τὸν πονηρὸν ἔρωτα τῶν χρημάτων· ὃς οὐκ ἀφίησιν ὑπερβῆναι τοῦτο τὸ δεσμωτήριον, ἀλλὰ μυρίας αὐτῷ κατασκευάζει πέδας καὶ φυλακὰς, καὶ θύρας, καὶ μοχλοὺς, καὶ εἰς τὴν ἐνδοτέραν αὐτὸν ἐμβαλὼν φυλακὴν, πείθει καὶ 184 A ἥδεσθαι τοῖς δεσμοῖς τούτοις, ἵνα μηδὲ ἐλπίδα τινὰ ἀπαλλαγῆς εὕρῃ τῶν ἐπικειμένων κακῶν. Κἂν ἀποκαλύψῃς τῷ λογισμῷ τὴν ψυχὴν ἐκείνου, οὐ δεδεμένην μόνον, ἀλλὰ καὶ αὐχμῶσαν καὶ ῥυπῶσαν καὶ φθειρῶν γέμουσαν ὄψει. Οὐδὲν γὰρ ἐκείνων ἀμείνους αἱ τῆς τρυφῆς ἡδοναὶ, ἀλλὰ καὶ βδελυρώτεραι, καὶ μᾶλλον τὸ σῶμα αὐτῶν λυμαίνονται μετὰ καὶ τῆς ψυχῆς, καὶ τούτῳ κἀκείνῃ μυρίας [a] ἐπιφέρουσι νοσημάτων πληγάς. Διὰ δὴ ταῦτα πάντα τὸν λυτρωτὴν τῶν ψυχῶν τῶν ἡμετέρων παρακαλέσωμεν, ἵνα καὶ τὰ δεσμὰ διαῤῥήξῃ, καὶ τὸν χαλεπὸν ἡμῶν τοῦτον ἀποστήσῃ φύλακα, καὶ τοῦ φορτίου τῶν σιδηρῶν ἐκείνων ἁλύσεων ἀπαλλάξας, πτεροῦ κουφότερον ἡμῖν ποιήσῃ τὸ φρό- B νημα. Παρακαλοῦντες δὲ αὐτὸν, καὶ τὰ παρ' ἑαυτῶν εἰσενέγκωμεν, σπουδὴν καὶ προθυμίαν ἀγαθήν. Οὕτω γὰρ δυνησόμεθα καὶ ἐν βραχεῖ καιρῷ τῶν κατεχόντων ἡμᾶς ἀπαλλαγῆναι κακῶν, καὶ μαθεῖν ἐν οἷς ἦμεν τὸ πρότερον, καὶ τῆς προσηκούσης ἀντιλαβέσθαι ἐλευθερίας· ἧς γένοιτο πάντας ἡμᾶς ἐπιτυχεῖν, χάριτι καὶ φιλανθρωπίᾳ τοῦ Κυρίου ἡμῶν Ἰησοῦ Χριστοῦ, ᾧ ἡ δόξα καὶ τὸ κράτος εἰς τοὺς αἰῶνας τῶν αἰώνων. Ἀμήν.

ingrediamur, ipsorum animas videbimus ferro durioribus vinculis constrictas: maxime vero si in animas divitum intraveris: nam quanto pluribus illos videris divitiis circumdatos, tanto magis sunt alligati. Quemadmodum igitur si vinctum videris manibus, dorso, sæpe etiam pedibus alligatum ferreis catenis, illum maxime miseraris: sic divitem cum videris multis circumfluentem rebus, ne ideo divitem, sed potius ideo miserum existimato: nam cum his vinculis sævum habet carceris custodem, pravum pecuniarum amorem: qui non permittit illi ex isto carcere exsilire, sed sexcentos ipsi parat compedes, custodias, portas, vectes, et in interiorem carcerem trudens, suadet illi ut istis vinculis delectetur, ut ne quidem evadendi ab instantibus malis spem ullam habeat. Et si cogitatione tua animam illius denudaveris, non vinctam modo videbis, sed etiam squalentem, putidam, pediculis onustam. Nihil enim illis meliores sunt voluptatis deliciæ, imo horribiliores; atque etiam corpus cum ipsa anima labefactant, et huic et illi innumeras infligunt morborum plagas. Propter hæc omnia Redemtorem animarum nostrarum precemur, ut et vincula rumpat, et sævum hunc custodem a nobis amoveat, atque a pondere ferrearum catenarum liberatis, alis leviorem in nobis mentem perficiat. Dum autem illum precabimur, quæ nostra sunt etiam afferamus, sollicitudinem, animum, alacritatem. Sic enim poterimus brevi tempore a malis, quibus detinemur, eripi, et ediscere quo in statu prius eramus, congruentemque nobis recipere libertatem: quam utinam omnes consequamur, gratia et benignitate Domini nostri Jesu Christi, cui gloria et imperium in sæcula sæculorum. Amen.

Animæ peccatis deditæ deformitas.

c Savil. et quidam Mss. *καὶ ἐπὶ τοῦ τραχήλου*, Morel. *καὶ ἐπὶ τοῦ νώτου*.

a Alii *ἐπεισάγουσι*.

HOMILIA XV.

C

CAP. V. 1. *Videns autem Jesus turbas, ascendit in montem. Et cum sedisset, accesserunt ad eum discipuli ejus : 2. et aperiens os suum docebat eos, dicens : Beati pauperes spiritu, quoniam ipsorum est regnum cælorum.*

1. Vide quam a fastu et ambitione sit alienus. Neque enim secum circumduxit eos, sed cum morbi curandi erant, ipse circuibat undique, et urbes et loca visitans : quando autem turba aderat, uno in loco campestri sedet, non in urbe aut in medio foro, sed in monte, in deserto, ut doceat nos nihil ad ostentationem faciendum esse, et a mediis tumultibus abscedendum, cum maxime philosophari oportet, deque necessariis rebus disserere. Cum ascendisset autem atque sedisset, accesserunt discipuli. Viden' eorum in virtute profectum, et quomodo repente meliores sunt effecti? Multi namque miraculorum spectatores erant; hi vero magnum quidpiam et excelsum audire cupiebant : quod etiam illum ad docendum induxit, utque hos ordiretur sermones effecit. Neque enim corpora tantum curabat, sed etiam animas emendabat, ac rursum ab hac cura ad illam redibat, sic utilia varians, et verborum doctrinæ operum documenta miscens, sicque impudentia hæreticorum obstruens ora, dum utriusque substantiæ curam gereret, ostenderetque se animalis totius esse Creatorem. Ideo utriusque naturæ providentiam gerebat, nunc hanc, nunc illam emendans. Quod tunc etiam faciebat. Nam *Aperiens*, inquit, *os suum docebat eos*. Et qua de causa hic addit, *Aperiens os suum?* Ut discas eum etiam tacentem docuisse, nec modo loquentem; sed nunc os aperuisse, nunc per opera ipsa vocem emisisse. Cum audis vero, *Docebat eos*, ne putes ipsum solos discipulos alloqui; sed per illos, alios omnes. Quia enim turba popularis erat, ex eorum numero qui humi repebant, discipulorum chorum ante se constituens, ad illos sermonem dirigit, verba sua ita temperans, ut cæteris omnibus, qui in his admodum rudes erant, philosophiæ doctrina non molesta esset. Quod

Contra Manichæos.

ΟΜΙΛΙΑ ιε'.

Ἰδὼν δὲ ὁ Ἰησοῦς τοὺς ὄχλους, ἀνέβη εἰς τὸ ὄρος. Καὶ καθίσαντος αὐτοῦ, προσῆλθον αὐτῷ οἱ μαθηταὶ αὐτοῦ· καὶ ἀνοίξας τὸ στόμα αὐτοῦ ἐδίδασκεν αὐτούς, λέγων· [b] μακάριοι οἱ πτωχοὶ τῷ πνεύματι, ὅτι αὐτῶν ἐστιν ἡ βασιλεία τῶν οὐρανῶν.

Ὅρα τὸ ἀφιλότιμον καὶ ἀκόμπαστον. Οὐ γὰρ περιῆ-
D γεν αὐτοὺς μεθ' ἑαυτοῦ, ἀλλ' ὅτε μὲν θεραπεῦσαι ἔδει,
αὐτὸς περιῄει πανταχοῦ, καὶ πόλεις καὶ χώρας ἐπισκοπούμενος· ὅτε δὲ πολὺς ὄχλος γέγονεν, ἐν ἑνὶ καθέζεται χωρίῳ, καὶ οὐκ ἐν πόλει καὶ ἀγορᾷ μέσῃ, ἀλλ' ἐν ὄρει καὶ ἐρημίᾳ, παιδεύων ἡμᾶς μηδὲν πρὸς ἐπίδειξιν ποιεῖν, καὶ τῶν ἐν μέσῳ θορύβων ἀπαλλάττεσθαι, καὶ μάλιστα ὅταν φιλοσοφεῖν δέῃ, καὶ περὶ ἀναγκαίων διαλέγεσθαι πραγμάτων. Ἀναβάντος δὲ αὐτοῦ καὶ καθίσαντος, προσῆλθον οἱ μαθηταί. Εἶδες αὐτῶν τὴν ἐπίδοσιν τῆς ἀρετῆς, καὶ πῶς ἀθρόον βελτίους ἐγένοντο; Οἱ μὲν γὰρ πολλοὶ τῶν θαυμάτων ἦσαν θεαταί· οὗτοι
E δὲ καὶ ἀκοῦσαί τι λοιπὸν ἐπεθύμουν μέγα καὶ ὑψηλόν· ὅπερ οὖν αὐτὸν καὶ εἰς τὴν διδασκαλίαν ἐνέβαλε, καὶ τῶν λόγων ἄρξασθαι τούτων ἐποίησεν. Οὐδὲ γὰρ σώματα ἐθεράπευε μόνον, ἀλλὰ καὶ ψυχὰς διώρθου, καὶ πάλιν ἀπὸ τῆς τούτων ἐπιμελείας ἐπὶ τὴν ἐκείνων μετέβαινεν ἐπιμέλειαν, ποικίλλων τε ὁμοῦ τὴν ὠφέλειαν, καὶ ἀναμιγνὺς τῇ τῶν λόγων διδασκαλίᾳ τὴν ἀπὸ τῶν ἔργων ἐπίδειξιν, καὶ τὰ ἀναίσχυντα τῶν αἱρετι-
185 κῶν ἐμφράττων στόματα, δι' ὧν ἑκατέρας οὐσίας ἐκή-
A δετο, δεικνὺς ὅτι ὁλοκλήρου τοῦ ζώου αὐτός ἐστι δημιουργός. Διὸ καὶ πολλῆς ἑκατέρᾳ τῇ φύσει μετεδίδου προνοίας, νῦν μὲν ἐκείνην, νῦν δὲ ταύτην διορθούμενος. Ὃ δὴ καὶ τότε ἐποίει. Ἀνοίξας γάρ, φησί, τὸ στόμα αὐτοῦ ἐδίδαξεν αὐτούς. Καὶ τίνος ἕνεκεν [a] πρόσκειται τό, Ἀνοίξας τὸ στόμα αὐτοῦ; Ἵνα μάθῃς ὅτι καὶ σιγῶν ἐπαίδευεν, οὐχὶ φθεγγόμενος μόνον, ἀλλὰ νῦν μὲν τὸ στόμα ἀνοίγων, νῦν δὲ τὴν ἀπὸ τῶν ἔργων ἀφιεὶς φωνήν. Ὅταν δὲ ἀκούσῃς, ὅτι Ἐδίδασκεν αὐτούς, μὴ τοῖς μαθηταῖς αὐτὸν νόμιζε διαλέγεσθαι μόνον, ἀλλὰ καὶ δι' ἐκείνων ἅπασιν. Ἐπειδὴ γὰρ τὸ πλῆθος δημῶδες
B ἦν, ἔτι δὲ καὶ * τῶν χαμαὶ ἐρχομένων, τῶν μαθητῶν τὸν χορὸν ὑποστησάμενος, πρὸς ἐκείνους ποιεῖται τοὺς λόγους, ἐν τῇ πρὸς αὐτοὺς διαλέξει καὶ τοῖς λοιποῖς ἅπασι τοῖς σφόδρα ἀποδέουσι τῶν λεγομένων ἀνεπαχθῆ

[b] Hæc, μακάριοι οἱ πτωχοὶ etc., non habentur in Savil. in titulo.

[a] Quidam habent πρόκειται.

* Legendum videtur τῶν χαμαὶ ἑρπομένων, vel ἑρπόντων.

γίνεσθαι παρασκευάζων τῆς φιλοσοφίας τὴν διδασκαλίαν. Ὅπερ οὖν καὶ ὁ Λουκᾶς αἰνιττόμενος ἔλεγεν, ὅτι τὸν λόγον ἀπέστρεψε πρὸς αὐτούς· καὶ ὁ Ματθαῖος δὲ αὐτὸ τοῦτο δηλῶν ἔγραφεν, ὅτι Προσῆλθον αὐτῷ οἱ μαθηταὶ αὐτοῦ, καὶ αὐτοὺς ἐδίδασκεν. Οὕτω γὰρ καὶ οἱ λοιποὶ προσέχειν ἔμελλον προθυμότερον, ἢ εἰ πρὸς ἅπαντας ἀπετείνατο αὐτόν. Πόθεν οὖν ἄρχεται, καὶ ποῖα θεμέλια τίθησι τῆς καινῆς πολιτείας ἡμῖν; Ἀκούσωμεν μετὰ ἀκριβείας τῶν λεγομένων· εἴρηται μὲν γὰρ πρὸς ἐκείνους, ἐγράφη δὲ καὶ διὰ τοὺς μετὰ ταῦτα ἅπαντας. Διὰ δὴ τοῦτο [b] προσέχει μὲν τοῖς μαθηταῖς δημηγορῶν· οὐκ εἰς ἐκείνους δὲ περιίστησι τὰ λεγόμενα, ἀλλ' ἀδιορίστως προσάγει τοὺς μακαρισμοὺς ἅπαντας. Οὐδὲ γὰρ εἶπε, μακάριοί ἐστε ὑμεῖς ἐὰν πτωχοὶ γένησθε, ἀλλὰ, Μακάριοι οἱ πτωχοί. Καίτοι καὶ εἰ εἰς ἐκείνους εἰρήκει, κοινὰ τὰ τῆς συμβουλῆς ἔμελλε γίνεσθαι. Καὶ γὰρ ὅταν λέγῃ· Ἰδοὺ μεθ' ὑμῶν εἰμι πάσας τὰς ἡμέρας ἕως τῆς συντελείας τοῦ αἰῶνος· οὐ πρὸς ἐκείνους διαλέγεται μόνους, ἀλλὰ καὶ δι' ἐκείνων πρὸς τὴν οἰκουμένην ἅπασαν· καὶ ὅταν αὐτοὺς μακαρίζῃ διωκομένους καὶ ἐλαυνομένους καὶ τὰ ἀνήκεστα πάσχοντας, οὐκ ἐκείνοις μόνοις μόνον, ἀλλὰ καὶ πᾶσι τοῖς τὰ αὐτὰ κατορθοῦσι πλέκει τὸν στέφανον. Πλὴν ἀλλ' ἵνα καὶ σαφέστερον τοῦτο γένηται, καὶ μάθῃς ὅτι πρὸς σὲ ἔχει κοινωνίαν πολλὴν τὰ λεγόμενα, καὶ πρὸς τὴν φύσιν δὲ ἅπασαν τὴν ἀνθρωπίνην, εἴ τις βούλοιτο προσέχειν, ἄκουσον πῶς τῶν [c] θαυμαστῶν τούτων ἄρχεται λόγων. Μακάριοι οἱ πτωχοὶ τῷ πνεύματι, ὅτι αὐτῶν ἐστιν ἡ βασιλεία τῶν οὐρανῶν. Τί ἐστιν, Οἱ πτωχοὶ τῷ πνεύματι; Οἱ ταπεινοὶ καὶ συντετριμμένοι τὴν διάνοιαν. Πνεῦμα γὰρ ἐνταῦθα τὴν ψυχὴν καὶ τὴν προαίρεσιν εἴρηκεν. Ἐπειδὴ γάρ εἰσι πολλοὶ ταπεινοὶ, οὐχ ἑκόντες, ἀλλ' ὑπὸ τῆς τῶν πραγμάτων ἀνάγκης βιαζόμενοι, ἀφεὶς ἐκείνους (οὐδὲ γὰρ [d] ἂν εἴη τοῦτο ἐγκώμιον), τοὺς ἀπὸ προαιρέσεως ἑαυτοὺς ταπεινοῦντας καὶ καταστέλλοντας μακαρίζει πρώτους. Καὶ τίνος ἕνεκεν οὐκ εἶπεν, οἱ ταπεινοὶ, ἀλλ', Οἱ πτωχοί; Ὅτι τοῦτο ἐκείνου πλέον. Τοὺς γὰρ κατεπτηχότας ἐνταῦθά φησι, καὶ τρέμοντας τοῦ Θεοῦ [a] τὰ ἐπιτάγματα, οὓς καὶ διὰ Ἡσαΐου τοῦ προφήτου σφόδρα ἀποδεχόμενος ὁ Θεὸς, ἔλεγεν· Ἐπὶ τίνα ἐπιβλέψω, ἀλλ' ἢ ἐπὶ τὸν πρᾶον, καὶ ἡσύχιον, καὶ τρέμοντά μου τοὺς λόγους;

[b] Καὶ γὰρ πολλοὶ τῆς ταπεινοφροσύνης οἱ τρόποι· καὶ ὁ μέν ἐστι ταπεινὸς συμμέτρως, ὁ δὲ μεθ' ὑπερβολῆς ἁπάσης. Ταύτην καὶ ὁ μακάριος προφήτης ἐπαινεῖ τὴν ταπεινοφροσύνην, οὐ τὴν ἁπλῶς κατεσταλμένην ἡμῖν διάνοιαν ὑπογράφων, ἀλλὰ τὴν σφόδρα συντεθραυ-

etiam Lucas subindicans dicebat, ipsum sermonem ad eos convertisse: et Matthæus idipsum significans, dixit: *Accesserunt ad eum discipuli ejus, et docebat eos.* Ita enim cæteri attentius audituri erant, quam si ad omnes verba direxisset. Unde ergo incipit, et quæ novi instituti fundamenta nobis ponit? Audiamus diligenter ea quæ dicuntur: C illis namque dicta sunt, et scripta sunt pro omnibus post futuris. Idcirco concionansquidem discipulos alloquitur; neque tamen in illis dicta circumscribit, sed indeterminate beatitudines omnes profert. Non enim dixit, Beati estis vos, si pauperes fueritis; sed, *Beati pauperes*. Certe etiamsi illis speciatim dixisset, communia tamen consilia futura erant. Etenim cum diceret: *Ecce ego vobiscum sum omnibus diebus usque ad consummationem sæculi*: non illos solum alloquitur, sed et per illos totum orbem: et cum illos beatos prædicat persequutionem patientes, pulsos, et intolerabilia susti- D nentes; non illis tantum, sed etiam omnibus talia fortiter ferentibus coronam nectit. Cæterum ut id clarius evadat, et discas ea quæ dicta sunt tibi communia esse, necnon toti humanæ naturæ, si attendere voluerint, audi quomodo hunc mirabilem sermonem ordiatur. 3. *Beati pauperes spiritu, quoniam ipsorum est regnum cælorum.* Qui sunt *Pauperes spiritu*? Humiles, et animo contriti. Spiritum enim hic dicit animam et voluntatis propositum. Quia enim multi sunt humiles, non sponte sua, sed rerum necessitate coacti, illos mittens (neque enim id laudi est), eos qui ex E voluntatis proposito sese humiliant ac deprimunt, primos beatos appellat. Et cur non dixit, Humiles, sed, Pauperes? Quia hoc illo præstantius est. Nam hic dicit eos, qui Dei præcepta metuunt et contremiscunt: quos et per Isaiam prophetam se valde acceptos habere Deus declarat: *Ad quem* 186 A *respiciam, nisi ad mansuetum et quietum, et trementem verba mea?*

2. Etenim multi sunt humilitatis modi: et alius quidem est moderate humilis, alius vero supra modum. Hanc porro humilitatem laudat beatus propheta, non depressum simpliciter animum describens, sed omnino contritum, cum ait: *Sacri-*

Luc. 6. 27.

Christus discipulos alloquens totum orbem alloquitur. *Matth.* 28. 20.

Isai. 66. 2.

Multi humilitatis modi.

Psal. 50 19.

[b] Alii προσεῖχε, et mox quidam προάγει. Infra Savil. καίτοι καὶ εἰ ἐκείνοις.

[c] Alii θαυμασίων. Infra quidam τίνες εἰσὶν οἱ πτωχοὶ τῷ πνεύματι; Ibidem quidam οἱ συντετριμμένοι τὴν καρδίαν.

[d] Alii ἂν ἦν τοῦτο.

[a] Quidam habent τὰ ἐντάλματα.

[b] Alii absque articulis καὶ γὰρ πολλοὶ ταπεινοφροσύνης τρόποι.

ficium Deo spiritus contribulatus, cor contritum et humiliatum, Deus, non despicies. Hanc et tres pueri pro magno sacrificio Deo offerunt, dicentes :
Dan. 3. 39 *Sed in anima contrita, et spiritu humiliato suscipiamur*. Hanc et Christus beatam nunc prædicat. Quia enim maxima mala quæ totum orbem labefactant ex superbia prodierunt; quandoquidem diabolus, qui talis ante non fuerat, sic diabolus effectus est : quod etiam Paulus dicebat :
1. Tim. 3. 6. *Ne inflatus in judicium incidat diaboli*. Primus quoque homo hac a diaboli inflatus spe præcipitatus et mortalis factus est : cum enim sperasset se deum fore, etiam id quod habebat perdidit. Quod et Deus ipsi exprobrans, et insipientiam ejus
Gen. 3. 22. traducens, dicebat : *Ecce Adam factus est sicut unus ex nobis*. Singuli autem qui post fuerunt, hinc in impietatem collapsi sunt, se Deo æquales imaginantes. Quoniam igitur hæc malorum arx erat, itemque radix et fons omnis nequitiæ: morbo congruens remedium apparans, quasi fundamentum firmum et tutum hanc primam posuit legem. Hac enim posita, tuto cætera omnia superponit architectus : hac vero sublata, si quis ex instituto vitæ vel ad cælum pertingat, omnia facile ruunt, et in pessimum finem desinunt. Etsi jejunium, etsi orationem, etsi eleemosynam, etsi castitatem, etsi aliud quidvis bonum collegeris, abs-
Luc. 18. que humilitate, diffluunt omnia, et pereunt. Id etiam Pharisæo accidit. Nam cum ad ipsum culmen pertigisset, omnibus amissis delapsus est, quia matrem bonorum non habuit. Quemadmodum enim superbia fons omnis nequitiæ est, sic humilitas philosophiæ omnis principium. Quamobrem hinc incipit, ex auditorum animis arrogantiam evellens radicitus. Ecquid hoc ad discipulos, inquies, qui omnino humiles erant? Nullam enim arrogantiæ ansam habebant, piscatores cum essent, pauperes, obscuri, et idiotæ. Etsi hæc ad discipulos non spectarent, sed ad eos qui præsentes erant hæc pertinere poterant, necnon ad eos qui postea ipsos excepturi erant, ne propterea ipsos despicerent; imo vero ad discipulos hæc dicta erant. Etiamsi enim non tunc, at postea opus habituri erant illa utili cautione, post signa nempe et miracula, post tantum in orbe honorem, et tantam in Deo fiduciam. Neque enim divitiæ, neque potentia, neque regnum ita quempiam po-

σμένην, δι' ὧν φησι· Θυσία τῷ Θεῷ πνεῦμα συντετριμμένον, καρδίαν συντετριμμένην καὶ τεταπεινωμένην
B ὁ Θεὸς οὐκ ἐξουδενώσει. Καὶ οἱ παῖδες δὲ οἱ τρεῖς ταύτην ἀντὶ θυσίας μεγάλης προσάγουσι τῷ Θεῷ, λέγοντες· Ἀλλ' ἐν ψυχῇ συντετριμμένῃ καὶ πνεύματι ταπεινώσεως προσδεχθείημεν. Ταύτην καὶ ὁ Χριστὸς μακαρίζει νῦν. Ἐπειδὴ γὰρ τὰ μέγιστα τῶν κακῶν καὶ τὴν οἰκουμένην [c] λυμαινόμενα ἅπασαν ἐξ ἀπονοίας εἰσῆλθεν· ὅ τε γὰρ διάβολος οὐκ ὢν πρὸ τούτου τοιοῦτος, οὕτω διάβολος γέγονεν· ὅπερ οὖν καὶ ὁ Παῦλος δηλῶν ἔλεγεν· Ἵνα μὴ τυφωθεὶς εἰς κρίμα ἐμπέσῃ τοῦ διαβόλου· ὅ τε πρῶτος ἄνθρωπος ταύταις παρὰ τοῦ διαβόλου φυσηθεὶς ταῖς ἐλπίσιν ἐξετραχηλίσθη καὶ [d] θνητὸς ἐγένετο· προσδοκήσας γὰρ ἔσεσθαι θεὸς, καὶ
C ὅπερ εἶχεν ἀπώλεσεν. Ὅπερ οὖν καὶ ὁ Θεὸς ὀνειδίζων αὐτῷ, καὶ τὴν ἄνοιαν αὐτοῦ κωμῳδῶν, ἔλεγεν· Ἰδοὺ Ἀδὰμ γέγονεν ὡς εἷς ἐξ ἡμῶν. Καὶ ἕκαστος δὲ τῶν μετὰ ταῦτα ἐντεῦθεν εἰς ἀσέβειαν ἐξώκειλεν, ἰσοθεΐαν φαντασθείς. Ἐπεὶ οὖν αὕτη ἡ ἀκρόπολις τῶν κακῶν ἦν, καὶ ἡ ῥίζα καὶ ἡ πηγὴ τῆς πονηρίας ἁπάσης, τῷ νοσήματι τὸ κατάλληλον κατασκευάζων φάρμακον, ὥσπερ θεμέλιον ἰσχυρόν τινα καὶ ἀσφαλῆ τοῦτον πρῶτον [e] κατεβάλετο τὸν νόμον. Ταύτης γὰρ ὑποκειμένης, μετὰ ἀσφαλείας ἅπαντα τὰ ἄλλα ἐπιτίθησιν ὁ οἰκοδόμων· ταύτης δὲ ἀνῃρημένης, κἂν μέχρι τῶν οὐρανῶν φθάσῃ πολιτευόμενος, ἅπαντα ὑποσύρεται ῥᾳδίως, καὶ εἰς χαλεπὸν καταστρέφει τέλος. Κἂν νηστείαν, κἂν
D εὐχὴν, κἂν ἐλεημοσύνην, [f] κἂν σωφροσύνην, κἂν ἄλλο τι οὖν συνάγῃς ἀγαθὸν, ταπεινοφροσύνης χωρὶς, διαρῥεῖ, καὶ ἀπόλλυται ἅπαντα. Ὅπερ οὖν καὶ ἐπὶ τοῦ Φαρισαίου γέγονε. Καὶ γὰρ μετὰ τὸ φθάσαι εἰς αὐτὴν τὴν κορυφὴν, πάντα ἀπολέσας κατέβη, ἐπειδὴ τὴν μητέρα τῶν ἀγαθῶν οὐκ εἶχεν. Ὥσπερ γὰρ ἡ ἀπόνοια πηγὴ κακίας ἁπάσης ἐστὶν, οὕτως ἡ ταπεινοφροσύνη φιλοσοφίας ἁπάσης ἀρχή. Διὸ καὶ ἐντεῦθεν ἄρχεται πρόῤῥιζον ἀνασπῶν τὴν ἀλαζονείαν ἐκ τῆς τῶν ἀκουόντων ψυχῆς. Καὶ τί τοῦτο πρὸς τοὺς μαθητὰς, φησὶ, τοὺς πάντοθεν ὄντας ταπεινούς; Οὐδὲ γὰρ εἶχον ἀφορμὴν
E ἀπονοίας τινὰ, ἁλιεῖς ὄντες καὶ πένητες, καὶ ἄσημοι καὶ ἰδιῶται. Εἰ καὶ μὴ πρὸς τοὺς μαθητὰς ταῦτα, ἀλλὰ πρός γε τοὺς παρόντας τότε, καὶ τοὺς μετὰ ταῦτα μέλλοντας αὐτοὺς ὑποδέχεσθαι, ἵνα μὴ διὰ ταῦτα αὐτῶν καταφρονῶσι· μᾶλλον δὲ καὶ πρὸς τοὺς μαθη-
187 τάς. Εἰ γὰρ καὶ μὴ τότε, ἀλλ' ὕστερον ἔμελλον δεῖσθαι
A τῆς ὠφελείας ταύτης, μετὰ τὰ σημεῖα καὶ τὰ θαύματα, καὶ τὴν τῆς οἰκουμένης τιμὴν, καὶ τὴν πρὸς Θεὸν παῤῥησίαν. Οὔτε γὰρ πλοῦτος, οὔτε δυναστεία, οὐχ

[c] Quidam Mss. λυμηναμένα. Hæc longa periodus imperfecta videtur, quod et alias videre est apud Chrysostomum.

[d] Unus θνητὸς γέγονε.

[e] Alii κατεβάλλετο, alii προκαταβάλλεται.

[f] Κἂν σωφροσύνην in Morel. solo deerat.

αὐτὴ ἡ βασιλεία οὕτως ἐπᾶραι ἦν ἱκανὴ, ὡς [a] τὰ ἐκείνοις ὑπάρξαντα ἅπαντα. Ἄλλως δὲ καὶ πρὸ τῶν σημείων εἰκὸς ἦν αὐτοὺς καὶ τότε ἐπαρθῆναι, τὸ πλῆθος ὁρῶντας καὶ τὸ θέατρον ἐκεῖνο τὸ περιεστηκὸς τὸν διδάσκαλον, καὶ παθεῖν τι ἀνθρώπινον. Διόπερ αὐτῶν εὐθέως καταστέλλει τὸ φρόνημα. Καὶ οὐκ εἰσάγει ἐν τάξει [b] παραινέσεως τὰ λεγόμενα καὶ ἐπιταγμάτων, ἀλλ' ἐν τάξει μακαρισμοῦ, ἀνεπαχθέστερον τὸν λόγον ποιῶν, καὶ πᾶσιν ἀνοίγων τὸ τῆς διδασκαλίας στάδιον. Οὐ γὰρ εἶπεν, ὁ δεῖνα καὶ ὁ δεῖνα, ἀλλ' οἱ B ταῦτα ποιοῦντες μακάριοι πάντες. Ὥστε κἂν δοῦλος ᾖς, κἂν πτωχὸς, κἂν πένης, κἂν ξένος, κἂν ἰδιώτης, οὐδέν ἐστι τὸ κωλύον [c] ἔσεσθαί σε μακάριον, ἂν τὴν ἀρετὴν ταύτην ζηλώσῃς. Ἀρξάμενος τοίνυν ἐντεῦθεν, ὅθεν μάλιστα ἐχρῆν, πρόεισιν ἐφ' ἑτέραν ἐντολὴν, [d] ἀπεναντίας δοκοῦσαν εἶναι τῇ τῆς οἰκουμένης ψήφῳ. Ἁπάντων γὰρ τοὺς χαίροντας ζηλωτοὺς εἶναι νομιζόντων, τοὺς δὲ ἐν ἀθυμίᾳ, καὶ πενίᾳ, καὶ πένθει ἀθλίους, αὐτὸς τούτους ἀντ' ἐκείνων μακαρίζει, λέγων οὕτως· Μακάριοι οἱ πενθοῦντες. Καίτοι γε πάντες αὐτοὺς ταλανίζουσι· διὰ C γάρ τοι τοῦτο προλαβὼν, τὰ σημεῖα εἰργάσατο, ἵνα τοιαῦτα νομοθετῶν ἀξιόπιστος ᾖ. Καὶ ἐνταῦθα δὲ πάλιν οὐχ ἁπλῶς τοὺς πενθοῦντας τέθεικεν, ἀλλὰ τοὺς ὑπὲρ ἁμαρτημάτων τοῦτο ποιοῦντας· ὡς τό γε ἕτερον καὶ σφόδρα ἐστὶ κεκωλυμένον, τὸ ἐπί τινι τῶν βιωτικῶν θρηνεῖν. Ὅπερ οὖν καὶ ὁ Παῦλος ἐδήλου λέγων· Ὅτι ἡ μὲν τοῦ κόσμου λύπη θάνατον κατεργάζεται· ἡ δὲ κατὰ Θεὸν [e] λύπη μετάνοιαν εἰς σωτηρίαν ἀμεταμέλητον κατεργάζεται.

Τούτους τοίνυν καὶ αὐτὸς ἐνταῦθα μακαρίζει τοὺς D οὕτω λυπουμένους· καὶ οὐδὲ ἁπλῶς τοὺς λυπουμένους τέθεικεν, ἀλλὰ τοὺς μετ' ἐπιτάσεως. Δι' ὅπερ οὐδὲ εἶπεν, οἱ λυπούμενοι, ἀλλὰ, Οἱ πενθοῦντες· καὶ γὰρ καὶ αὕτη πάλιν ἡ ἐντολὴ πάσης ἐστὶ φιλοσοφίας διδάσκαλος. Εἰ γὰρ οἱ παῖδας, καὶ γυναῖκα, ἢ ἄλλον τινὰ τῶν προσηκόντων [f] ἀπελθόντα θρηνοῦντες, οὐ χρημάτων, οὐ σωμάτων ἐρῶσι κατ' ἐκεῖνον τῆς ὀδύνης τὸν καιρὸν, οὐ δόξης ἐφίενται, οὐχ ὕβρεσι παροξύνονται, οὐχ ὑπὸ βασκανίας ἁλίσκονται, οὐχ ὑπὸ ἄλλου πολιορκοῦνταί τινος πάθους, ἀλλὰ τοῦ πένθους γινόμενοι μόνον· πολλῷ μᾶλλον οἱ τὰ ἁμαρτήματα E πενθοῦντες τὰ ἑαυτῶν, ὡς πενθεῖν ἄξιον, μείζονα ταύτης ἐπιδείξονται φιλοσοφίαν. Εἶτα, τί τὸ [g] ἔπαθλον αὐτοῖς; Ὅτι αὐτοὶ παρακληθήσονται, φησίν. Εἰπέ

terant efferre, ut ea omnia quæ apostolis suppetebant. Alioquin autem fieri poterat ut etiam ante miracula efferrentur, tantam multitudinem cernentes, et theatrum illud quod doctorem suum circumdabat; certe humanum quidpiam pati poterant. Idcirco illos statim reprimit ne altum sapiant. Neque dicta sua admonitionis vel præceptorum more profert, sed propositæ beatitudinis forma, sic gratiorem ordiens sermonem, et doctrinæ stadium omnibus aperiens. Non enim dixit, Hic vel ille, sed, Qui hæc faciunt, beati omnes erunt. Ita ut sive servus sis, sive mendicus, sive pauper, sive peregrinus, sive idiota, nihil te impediat quin sis beatus, si hanc virtutem colueris. Hinc itaque orsus, unde maxime par erat, ad aliud mandatum procedit, quod videtur totius orbis oppugnare sententiam. Cum enim omnes putent eos qui gaudent et lætantur esse beatos, eos vero qui in mœrore, paupertate et luctu versantur, esse miseros, hos ille præ aliis beatos prædicat, dicens: 5. *Beati qui lugent.* Atqui ab omnibus hi infelices esse dicuntur: sed ideo ille signa præmisit, ut leges afferens tales fide dignus esset. Hic autem rursus non simpliciter lugentes posuit, sed eos qui de peccatis lugerent: ut et aliud quoque luctus genus admodum prohibetur, nempe de rerum sæcularium dispendio lugere. Quod significabat et Paulus dicens: *Quia sæculi quidem tristitia mortem operatur: quæ autem secundum Deum est tristitia,* 2. Cor. 7. 10.
pœnitentiam in salutem stabilem operatur.

3. Hos igitur ille, qui sic lugent, beatos prædicat: neque simpliciter lugentes ponit, sed qui impense lugent. Quapropter non dixit, Qui mœrent, sed, *Qui lugent:* nam hoc præceptum totius est philosophiæ magisterium. Si enim qui filios, uxorem, vel alium quempiam cognatum defunctum lugent, non pecuniarum, non corporum amore tenentur illo doloris tempore, non gloriam appetunt, non injuriis moventur, non invidia corripiuntur, neque alio quopiam animi morbo obsidentur: sed prorsus luctui addicti sunt: multo magis qui peccata sua lugent, sicut ea lugenda sunt, hac majorem exhibebunt philosophiam. Deinde, quod eorum præmium erit? *Quoniam ipsi consolabuntur*, inquit. Ubi vero, dic mihi,

[a] Alii τὰ ἐκείνης.
[b] Alii παραινέσεων.
[c] Ἔσεσθαί σε. Illud σε deest in Morel.
[d] Quidam habent ὑπεναντίαν.
[e] Λύπη in quibusdam Mss. deest.
[f] Savil. et quidam alii ἀπελθόντα πενθοῦντες. Paulo post hæc, οὐχ ὑπὸ βασκανίας ἁλίσκονται, deerant in Morel. Sed habentur in Savil. et aliis, et ab Interprete lecta sunt. [Infra Savil. ante τοῦ πένθους omisit ἀλλά.] Infra quidam οἱ τὰ ἁμαρτήματα θρηνοῦντες.
[g] Αὐτοῖς post ἔπαθλον deest in Morel. tantum.

consolabuntur? Et hic, et illic. Quia enim præceptum grave admodum erat et onerosum, hoc se promisit daturum, quod illud maxime leve posset efficere. Itaque si velis consolationem accipere, luge. Et ne putes ænigma esse id quod dictum est.
Consolatio a Deo profecta quanta. Cum enim Deus consolatur, etiamsi mille tristia accidant, omnibus superior eris. Etenim multo majores dat semper Deus laborum mercedes : id quod etiam hic fecit, cum dixit beatos esse eos qui lugent, non secundum rei meritum, sed secundum ipsius benignitatem; non ex operis scilicet dignitate, sed ex ejus erga homines amore. Nam qui lugent, peccata sua lugent; his vero sufficit si veniam impetrent et excusationem. Quoniam autem ille magno erga homines amore tenetur, neque in supplicii remissione, neque in peccatorum venia mercedem sistit, sed etiam beatos efficit, et multam affert consolationem. Lugere autem nos jubet, non de peccatis tantum nostris, sed etiam de alienis. Hujusmodi vero erant sanctorum animæ, ut Moysis, ut Pauli, ut Davidis : nam hi aliorum sæpe peccata luxerunt. *4. Beati mites, quoniam ipsi possidebunt terram.* Dic mihi, quam terram? Terram quidam intelligibilem dicunt. Verum non ita se res habet. Nusquam enim in Scriptura reperimus terram intelligibilem. Sed quid sibi vult illud? Sensibile præmium statuit, sicut et Paulus.
Ephes. 6. 2. 3. Cum dixisset enim, *Honora patrem tuum et matrem tuam*, subjunxit, *Sic enim eris longævus super terram.* Et ipse Dominus latroni :
Luc. 23. 43. *Hodie mecum eris in paradiso.* Neque enim ob futura solum bona cohortatur, sed etiam ob præsentia propter illos auditores, qui crassiores hæc prius quam futura quærunt. Ideo et in sequenti-
v. 25. bus dicit : *Esto consentiens adversario tuo.* Deinde hujusmodi philosophiæ præmium statuit, et ait : *Ne tradat te adversarius judici, et judex ministro.* Viden' unde terruit? A sensilibus scilicet, et quæ sæpe contingunt. Et rursus : *Quicum-*
v. 22. *que dixerit fratri suo, Raca, reus erit concilio.* Paulus quoque frequentissime sub sensum cadentia præmia proponit, et a præsentibus hortatur; ut cum de virginitate disserit : nihil quippe de cælis commemorat, sed ex præsentibus horta-
1. Cor. 7. 26. tur his verbis, *Propter instantem necessitatem;*
Ibid. v. 28. Ibid. v. 32. et, *Ego autem vobis parco;* et, *Volo autem vos*

μοι, ποῦ παρακληθήσονται οὗτοι; Καὶ ἐνταῦθα καὶ ἐκεῖ. Ἐπειδὴ γὰρ τὸ ἐπίταγμα σφόδρα ἦν φορτικὸν καὶ ἐπαχθὲς, ὃ μάλιστα αὐτὸ κοῦφον ἐποίει, τοῦτο
188 A ὑπέσχετο δώσειν. Ὥστε εἰ θέλεις παρακαλεῖσθαι, πένθει. Καὶ μὴ νομίσῃς [a] αἴνιγμα εἶναι τὸ εἰρημένον. Ὅταν γὰρ ὁ Θεὸς παρακαλῇ, κἂν μυρίαι νιφάδες ἐπέλθωσι λυπηρῶν, πάντων ἀνώτερος ἔσῃ. Καὶ γὰρ πολλῷ μείζους ἀεὶ δίδωσι τῶν πόνων ὁ Θεὸς τὰς ἀμοιβάς· ὃ δὴ καὶ ἐνταῦθα πεποίηκε, μακαρίους ἀποφαίνων τοὺς πενθοῦντας, οὐ κατὰ τὴν τοῦ πράγματος ἀξίαν, ἀλλὰ κατὰ τὴν αὐτοῦ φιλανθρωπίαν· ὅπερ οὐ τῆς τοῦ πράγματος ἀξίας, ἀλλὰ τῆς αὐτοῦ φιλανθρωπίας ἐστίν. Οἱ γὰρ πενθοῦντες, πλημμελήματα πενθοῦσι· τοῖς δὲ τοιούτοις ἀρκεῖ καὶ τὸ συγγνώμης ἀπο-
B λαῦσαι καὶ ἀπολογίας τυχεῖν. Ἀλλ' ἐπειδὴ αὐτὸς σφόδρα ἐστὶ φιλάνθρωπος, οὐδὲ ἐν τῇ τῶν κολάσεων ἀναιρέσει, οὐδὲ ἐν τῇ τῶν ἁμαρτημάτων ἀπαλλαγῇ τὴν ἀντίδοσιν ἵστησιν, ἀλλὰ καὶ μακαρίους ποιεῖ, καὶ πολλῆς μεταδίδωσι παρακλήσεως. Πενθεῖν δὲ ἡμᾶς οὐχ ὑπὲρ τῶν οἰκείων μόνον, ἀλλὰ καὶ ὑπὲρ τῶν ἀλλοτρίων κελεύει πλημμελημάτων· οἷαι τῶν ἁγίων ἦσαν αἱ ψυχαί· οἵα ἦν ἡ τοῦ Μωσέως· οἵα ἡ τοῦ Παύλου· οἵα ἡ τοῦ Δαυίδ· καὶ γὰρ καὶ οὗτοι πάντες ἀλλότρια πολλάκις ἐπένθησαν κακά. Μακάριοι οἱ πραεῖς, ὅτι αὐτοὶ κληρονομήσουσι τὴν γῆν. Ποίαν γῆν; εἰπέ μοι. Τινὲς νοητήν φασιν. Ἀλλ' οὐκ ἔστι τοῦτο· [b] οὐδαμοῦ γὰρ εὑ-
C ρίσκομεν ἐν τῇ Γραφῇ γῆν νοητήν. Ἀλλὰ τί ποτέ ἐστι τὸ εἰρημένον; Αἰσθητὸν τίθησιν ἔπαθλον, ὥσπερ καὶ ὁ Παῦλος. Εἰπὼν γὰρ, Τίμα τὸν πατέρα σου καὶ τὴν μητέρα σου, ἐπήγαγεν, Οὕτω γὰρ ἔσῃ μακροχρόνιος ἐπὶ τῆς γῆς. Καὶ αὐτὸς τῷ λῃστῇ πάλιν· Σήμερον μετ' ἐμοῦ ἔσῃ ἐν τῷ παραδείσῳ. Οὔτε γὰρ ἀπὸ τῶν μελλόντων ἀγαθῶν προτρέπει μόνον, ἀλλὰ καὶ ἀπὸ τῶν παρόντων, διὰ τοὺς παχυτέρους τῶν ἀκροωμένων καὶ πρὸ τῶν μελλόντων ἐκεῖνα ζητοῦντας. Διὰ τοῦτο γοῦν καὶ προϊὼν ἔλεγεν· Ἴσθι εὐνοῶν τῷ ἀντιδίκῳ σου. Εἶτα τῆς τοιαύτης φιλοσοφίας τὸ ἔπαθλον τίθησι, καί φησι· Μή ποτέ σε παραδῷ ὁ ἀντίδικος τῷ κριτῇ, καὶ ὁ κρι-
D τὴς τῷ ὑπηρέτῃ. Ὁρᾷς πόθεν ἐφόβησεν; Ἀπὸ τῶν αἰσθητῶν, ἀπὸ τῶν παρὰ πόδας συμβαινόντων. Καὶ πάλιν· Ὃς ἐὰν εἴπῃ τῷ ἀδελφῷ αὐτοῦ, ῥακὰ, ἔνοχος ἔσται τῷ συνεδρίῳ. [c] Καὶ ὁ Παῦλος δὲ αἰσθητὰ τιθεὶς ἔπαθλα, πολύς ἐστι καὶ ἀπὸ τῶν παρόντων προτρέπων· οἷον ὡς ὅταν περὶ παρθενίας διαλέγηται· οὐδὲν γὰρ περὶ τῶν οὐρανῶν εἰπὼν ἐκεῖ τέως, ἀλλ' ἀπὸ τῶν παρόντων ἐνάγει, λέγων· Διὰ τὴν ἐνεστῶσαν ἀνάγκην,

[a] Morel. fere solus αἴνιγμα τὸ πρᾶγμα εἶναι.

[b] Nescio cur dicat Chrysostomus, nusquam in Scriptura reperiri γῆν νοητήν, seu *terram spiritualem*, siquidem terra promissionis intelligitur spiritualiter; nisi forte significare velit hanc vocem γῆν solam numquam in Scriptura occurrere pro γῆν νοητήν. Quod verum esse videtur.

[c] Alii καὶ ὁ Παῦλος δὲ πολλάκις αἰσθητὰ ἐπιτίθησιν ἔπαθλα, καὶ ἀπὸ τῶν παρόντων προτρέπων.

καὶ, Ἐγὼ δὲ ὑμῶν φείδομαι· καὶ, Θέλω δὲ ὑμᾶς ἀμερίμνους εἶναι. Οὕτω δὴ καὶ ὁ Χριστὸς τοῖς πνευματικοῖς τὰ αἰσθητὰ ἀνέμιξεν. Ἐπειδὴ γὰρ νομίζεται ὁ πρᾶος ἅπαντα ἀπολλύναι τὰ ἑαυτοῦ, τὸ ἐναντίον ὑπι- E σχνεῖται λέγων, ὅτι οὗτος μὲν οὖν ἐστιν ὁ μετὰ ἀσφαλείας τὰ ὄντα κεκτημένος, ὁ μὴ θρασὺς, μηδὲ ἀλαζών· ὁ δὲ τοιοῦτος καὶ τῶν πατρῴων ἐκστήσεται πολλάκις, καὶ αὐτῆς τῆς ψυχῆς. Ἄλλως δὲ καὶ ἐπειδὴ ἐν τῇ Πα- 189 A λαιᾷ συνεχῶς ὁ προφήτης, Οἱ γὰρ πραεῖς κληρονομήσουσι γῆν, ἔλεγεν, ἀπὸ τῶν συντρόφων αὐτοῖς ῥημάτων ἐνυφαίνει τὸν λόγον, ὥστε μὴ πανταχοῦ ξενοφωνεῖσθαι. Ταῦτα δὲ λέγει, οὐ μέχρι τῶν παρόντων ἱστὰς τὰς ἀμοιβὰς, ἀλλὰ μετὰ τούτων κἀκεῖνα παρέχων. Ἄν τε γὰρ πνευματικὸν εἴπῃ τι, οὐκ ἀφαιρεῖται τὰ ἐν τῷ παρόντι βίῳ· ἄν τε τῶν ἐν τῷ βίῳ τι πάλιν ὑπόσχηται, [a] οὐ μέχρι τούτων τὴν ὑπόσχεσιν ἵστησι. Ζητεῖτε γὰρ, φησὶ, τὴν βασιλείαν τοῦ Θεοῦ, καὶ ταῦτα πάντα προστεθήσεται ὑμῖν. Καὶ πάλιν· Ὅστις ἀφῆκεν οἰκίας, ἢ ἀδελφοὺς, ἢ πατέρα, ἢ μητέρα, ἢ γυναῖκα, ἢ τέκνα, ἢ ἀγροὺς, ἕνεκεν τοῦ ὀνόματός μου, ἑκατονταπλασίονα λήψεται ἐν τῷ αἰῶνι τούτῳ, καὶ ἐν τῷ μέλ- B λοντι ζωὴν αἰώνιον κληρονομήσει. Μακάριοι οἱ πεινῶντες καὶ διψῶντες τὴν δικαιοσύνην; Ποίαν δικαιοσύνην; Ἢ τὴν καθόλου φησὶν ἀρετὴν, ἢ τὴν μερικὴν ταύτην τὴν ἀπεναντίας τῇ πλεονεξίᾳ κειμένην. Ἐπειδὴ γὰρ μέλλει περὶ ἐλεημοσύνης ἐπιτάττειν, [b] δείκνυσι πῶς ἐλεεῖν χρή· οἷον ὅτι οὐκ ἐξ ἁρπαγῆς, οὐδὲ ἐκ πλεονεξίας μακαρίζει τοὺς δικαιοσύνης ἀντιποιουμένους.

Καὶ ὅρα μεθ' ὅσης αὐτὸ τίθησι τῆς ὑπερβολῆς. Οὐ γὰρ εἶπε, μακάριοι οἱ δικαιοσύνης ἀντεχόμενοι· ἀλλὰ, Μακάριοι οἱ πεινῶντες καὶ διψῶντες τὴν δικαιοσύνην, ἵνα μὴ ἁπλῶς, ἀλλὰ μετὰ ἐπιθυμίας ἁπάσης αὐτὴν μετίωμεν. Ἐπειδὴ γὰρ τοῦτο μάλιστα ἴδιον τῆς πλεο- C νεξίας ἐστὶ, καὶ οὐχ οὕτως ἐρῶμεν σιτίων καὶ ποτῶν, ὡς τὸ πλείονα κτῆσθαι καὶ περιβάλλεσθαι, τὴν ἐπιθυμίαν ταύτην περὶ τὸ μὴ πλεονεκτεῖν μεταθεῖναι ἐκέλευσεν. Εἶτα πάλιν αἰσθητὸν τὸ ἔπαθλον ὁρίζει λέγων· Ὅτι αὐτοὶ χορτασθήσονται. Διὰ γὰρ τὸ νομίζεσθαι τὴν πλεονεξίαν εὐπόρους ποιεῖν τοὺς πολλοὺς, λέγει ὅτι τοὐναντίον μὲν οὖν ἐστιν· ἡ γὰρ δικαιοσύνη τοῦτο ἐργάζεται. Μὴ τοίνυν δίκαια πράττων φοβοῦ πενίαν, μηδὲ τρέμε λιμόν. Οἱ γὰρ ἁρπάζοντες, οὗτοι μάλιστά εἰσιν οἱ πάντων ἐκπίπτοντες· ὡς ὅ γοῦν δικαιοσύνης D ἐρῶν, [c] τὰ πάντα αὐτὸς ἔχει μετὰ ἀσφαλείας. Εἰ δὲ οἱ τῶν ἀλλοτρίων μὴ ἐφιέμενοι τοσαύτης ἀπολαύουσιν εὐπορίας, πολλῷ μᾶλλον οἱ τὰ αὐτῶν προϊέμενοι. Μακάριοι οἱ ἐλεήμονες. Ἐνταῦθα οὐ τοὺς διὰ χρημάτων

sine sollicitudine esse. Sic igitur et Christus spiritualibus sensibilia miscuit. Quia enim mitis quisque putare possit se sua omnia perdere, contrarium ille pollicetur dicens, hunc ipsum esse qui sua tutissime possideat, qui nec audax, nec ostentator sit: nam qui talis fuerit, paternis etiam bonis sæpe excidet, et ipsius animæ jacturam faciet. Alioquin autem quia in Veteri Testamento propheta dixerat: *Mites autem hereditabunt terram*, a verbis jam familiaribus sermonem texit, ut non ubique inusitatis utatur verbis. (Psal. 36. 11.) Hæc porro dicit, non in præsentibus præmia circumscribens, sed cum his illa quoque suppeditans. Nam si quidpiam spirituale dicat, non aufert tamen præsentia; si vero aliquid in præsenti vita promittat, non in his tantum promissionem sistit: nam *Quærite*, inquit, *regnum Dei, et hæc omnia adjicientur vobis.* (Matth. 6. 33.) Et rursum: *Quicumque dimiserit domum, aut fratres, aut patrem, aut matrem, aut uxorem, aut filios, aut agros propter nomen meum, centuplum accipiet in sæculo isto, et in futuro vitam æternam possidebit.* (Matth. 19. 29. et Marc. 10. 29. 30.) 6. *Beati qui esuriunt et sitiunt justitiam.* Quam justitiam? Aut virtutem illam in genere, aut speciem illam justitiæ innuit, quæ avaritiæ opposita est. Quia enim de eleemosyna præceptum daturus est, docet quomodo illam exercere oporteat; videlicet, non ex rapina, non ex avaritia beatos prædicat eos, qui justitiæ dant operam.

4. Et animadvertas velim cum quanta vehementia id expresserit. Non enim dixit, Beati qui justitiam sectantur; sed, *Beati qui esuriunt et sitiunt justitiam*, ut non perfunctorie, sed cum omni cupiditate ipsam adeamus. Quia enim illud avaritiæ maxime proprium est, neque ita cibum atque potum desideramus, ut plurima possidere et acquirere, talem cupiditatem, in contrariam avaritiæ virtutem transferre jussit. Deinde rursus sensibile præmium definit dicens: *Quoniam ipsi saturabuntur.* Quia enim putatur avaritia multos divites facere, dicit contrarium omnino esse: id enim præstat justitia. Ne itaque cum justa operaris, paupertatem timeas, neve famem metuas. Nam qui aliena rapiunt, hi maxime ab omnibus excidunt; ut qui justitiam amat, omnia tuto possidet. Si autem ii qui aliena non cupiunt, tot fruuntur divitiis, multo magis ii qui sua largiuntur. 7. *Beati misericordes.* Hic non tantum pecuniæ largitores dicere mihi videtur, sed etiam eos qui operibus

[a] Savil. οὐ μέχρι τούτου.

[b] Savil. δεικνύς. Paulo post quidam τοὺς δικαιοσύνης ἀντεχομένους. καὶ ὅρα.

[c] Morel. τῶν πάντων, male.

misericordiam exercent. Varii enim sunt miserendi modi, et latum est præceptum. Quod igitur illorum est præmium? *Quoniam ipsi misericordiam consequentur*. Et videtur quidem æqualis esse retributio; sed est ipso bono opere longe major. Ipsi namque miserentur ut homines, sed misericordiam consequuntur ab universorum Deo. Non sunt autem æquales humana miseratio et divina, sed quantum inter malitiam et bonitatem discrimen est, tantum inter hoc et illud. 8 *Beati mundo corde, quoniam ipsi Deum videbunt*. Ecce rursus spirituale præmium. Mundos autem hic vocat eos qui universalem virtutem possident, nulliusque sibi mali conscii sunt, sive eos qui in continentia vivunt: nulla enim nobis ita opus est ad Deum videndum, ut illa virtute. Ideo et Paulus dicebat: *Pacem sectamini cum omnibus et sanctimoniam, sine qua nemo videbit Dominum*. Visionem porro hic dicit, quæ homini sit possibilis. Quia enim multi sunt qui miserentur, nec rapiunt, nec avaritiæ student, sed fornicantur et libidini se dedunt, ostendens illud primum non satis esse, hoc etiam addidit. Quod etiam Paulus Macedonibus testificatus est in Epistola ad Corinthios, quod non modo eleemosyna divites essent, sed etiam aliis virtutibus: loquutus enim de liberalitate eorum in erogandis pecuniis, addit, illos sese dedisse Domino, *Et nobis*. 9. *Beati pacifici*. Hic non modo dissensiones mutuas, et inimicitias prohibet, sed aliud quidpiam insuper exigit, ut et alios dissidentes ad concordiam revocemus, ac rursus spirituale præmium offert. Quale illud est? *Quoniam ipsi filii Dei vocabuntur*. Siquidem Unigeniti opus illud fuit, disjuncta copulare, pugnantia conciliare. Deinde ne putes pacem ubique esse bonum, subjunxit: 10. *Beati qui persequutionem patiuntur propter justitiam;* hoc est, virtutis causa, pro aliorum defensione, pro pietate. Virtutem enim semper solet vocare totam animæ philosophiam. 11. *Beati estis, cum exprobraverint vobis homines, et persequuti vos fuerint, et dixerint omne malum verbum adversum vos mentientes, propter me*. 12. *Gaudete et exsultate.* Ac si diceret: Si vos præstigiatores, si seductores, si maleficos, si quovis alio nomine vocent, beati estis. Quid his præceptis insolentius fuerit, cum hæc desideranda dicit, quæ aliis fugienda putantur? Nempe mendicare, lugere, per-

Hebr. 12. 14.

2. Cor. 8. 5.

Virtus est tota animæ philosophia.

ἐλεοῦντας μόνον ἐμοὶ δοκεῖ λέγειν, ἀλλὰ καὶ τοὺς [d] διὰ πραγμάτων. Ποικίλος γὰρ ὁ τῆς ἐλεημοσύνης τρόπος, καὶ πλατεῖα αὕτη ἡ ἐντολή. Τί οὖν αὐτῆς τὸ ἔπαθλον; Ὅτι αὐτοὶ ἐλεηθήσονται. Καὶ δοκεῖ μὲν ἀντίδοσις εἶναί
E τις ἴση· ἔστι δὲ πολὺ μεῖζον τοῦ κατορθώματος. Αὐτοὶ μὲν γὰρ ἐλεοῦσιν ὡς ἄνθρωποι, ἐλεοῦνται δὲ παρὰ τοῦ τῶν ὅλων Θεοῦ. Οὐκ ἔστι δὲ ἴσον ἀνθρώπινος ἔλεος καὶ θεῖος, ἀλλ' ὅσον πονηρίας καὶ ἀγαθότητος τὸ μέσον, τοσοῦτον οὗτος ἐκείνου διέστηκε. Μακάριοι οἱ καθαροὶ τῇ καρδίᾳ, ὅτι αὐτοὶ τὸν Θεὸν ὄψονται. Ἰδοὺ πάλιν πνευματικὸν τὸ ἔπαθλον. Καθαροὺς δὲ ἐνταῦθά φησιν ἤτοι τοὺς καθολικὴν ἀρετὴν κεκτημένους, καὶ μηδὲν
190 A ἑαυτοῖς συνειδότας πονηρὸν, ἢ τοὺς ἐν σωφροσύνῃ διάγοντας· οὐδενὸς γὰρ ἡμῖν οὕτω δεῖ πρὸς τὸ τὸν Θεὸν ἰδεῖν, ὡς τῆς ἀρετῆς ταύτης. Διὸ καὶ ὁ Παῦλος ἔλεγεν· Εἰρήνην διώκετε μετὰ πάντων καὶ τὸν ἁγιασμὸν, οὗ χωρὶς οὐδεὶς ὄψεται τὸν Κύριον. Ὄψιν δὲ ἐνταῦθά φησιν, ἣν ἀνθρώπῳ δυνατὸν ἰδεῖν. Ἐπειδὴ γὰρ πολλοὶ ἐλεοῦσι μὲν, καὶ οὐχ ἁρπάζουσιν, οὐδὲ πλεονεκτοῦσι, πορνεύουσι δὲ καὶ ἀσελγαίνουσι, δεικνὺς ὅτι οὐκ ἀρκεῖ τὸ πρότερον, καὶ τοῦτο προσέθηκεν. [a] Ὅπερ δὴ καὶ ὁ Παῦλος Μακεδόσιν ἐμαρτύρησε, Κορινθίοις ἐπιστέλλων, ὅτι οὐ μόνον ἐλεημοσύνῃ ἐπλούτουν, ἀλλὰ καὶ ἐν
B τῇ ἄλλῃ ἀρετῇ· εἰπὼν γὰρ περὶ τῆς φιλοτιμίας αὐτῶν τῆς ἐν τοῖς χρήμασι, φησὶν, ὅτι καὶ Ἑαυτοὺς ἔδωκαν τῷ Κυρίῳ καὶ ἡμῖν. Μακάριοι οἱ εἰρηνοποιοί. Ἐνταῦθα οὐ τὸ μὴ [b] στασιάζειν ἑαυτοῖς μόνον καὶ ἀπεχθάνεσθαι πρὸς ἀλλήλους ἀναιρεῖ, ἀλλὰ καὶ ἕτερόν τι πλέον ἐπιζητεῖ, ἵνα καὶ ἑτέρους στασιάζοντας συνάγωμεν, καὶ πάλιν πνευματικὸν ἐπάγει τὸ ἔπαθλον. Ποῖον δὴ τοῦτο; Ὅτι αὐτοὶ υἱοὶ Θεοῦ κληθήσονται. Καὶ γὰρ τοῦ Μονογενοῦς ἔργον ἐγένετο τοῦτο, συναγαγεῖν τὰ διεστῶτα, καὶ καταλλάξαι τὰ ἐκπεπολεμωμένα. Εἶτα ἵνα μὴ νομίσῃς, ὅτι πανταχοῦ ἡ εἰρήνη καλὸν, ἐπήγαγε· Μακάριοι οἱ δεδιωγμένοι ἕνεκεν δικαιοσύνης· τουτέστι, τῆς
C ἀρετῆς ἕνεκεν, τῆς ὑπὲρ ἑτέρων προστασίας, [c] τῆς εὐσεβείας. Δικαιοσύνην γὰρ εἴωθεν ἀεὶ τὴν ἅπασαν λέγειν τῆς ψυχῆς φιλοσοφίαν. Μακάριοί ἐστε, ὅταν ὀνειδίσωσιν ὑμᾶς, καὶ διώξωσι, καὶ εἴπωσι πᾶν πονηρὸν ῥῆμα καθ' ὑμῶν ψευδόμενοι, ἕνεκεν ἐμοῦ. Χαίρετε καὶ ἀγαλλιᾶσθε. Οἷον, κἂν γόητας, κἂν πλάνους, κἂν λυμεῶνας, κἂν ὁτιοῦν ἕτερον καλέσωσι, μακάριοί ἐστε, φησί. Τί τούτων καινότερον γένοιτ' ἂν τῶν ἐπιταγμάτων, ὅταν τὰ τοῖς ἄλλοις φευκτὰ, ταῦτα ποθεινὰ εἶναι λέγῃ· Τὸ πτωχεύειν λέγω, καὶ πενθεῖν, καὶ διώκεσθαι, καὶ κακῶς ἀκούειν. Ἀλλ' ὅμως καὶ εἶπε, καὶ ἔπεισεν, οὐχὶ δύο, καὶ δέκα, καὶ εἴκοσι, καὶ ἑκατὸν, καὶ χιλίους
D ἀνθρώπους, ἀλλὰ τὴν οἰκουμένην ἅπασαν. Καὶ ἀκούον-

[d] Unus διὰ ῥημάτων.

[a] Quidam ὥσπερ οὖν καὶ Παῦλος.

[b] Quidam στασιάζειν ἑαυτούς.

[c] Εὐσέβεια sæpe intelligitur de vera religione, ut alias videbimus: hic vero pietatem et omnimodam virtutem significat.

τες τὰ φορτικὰ καὶ ἐπαχθῆ καὶ ἀπεναντίας τῇ τῶν πολλῶν συνηθείᾳ, ἐξεπλήττοντο οἱ ὄχλοι. Τοσαύτη [d] ἡ τοῦ λέγοντος δύναμις ἦν.

Πλὴν ἀλλ' ἵνα μὴ νομίσῃς, ὅτι τὸ κακῶς ἀκούειν ἁπλῶς μακαρίους ποιεῖ, δύο τέθεικε διορισμοὺς, ὅταν καὶ δι' αὐτὸν, καὶ ψευδῆ ᾖ τὰ λεγόμενα. Ἐπεὶ ἐὰν μὴ ταῦτα προσῇ, οὐ μόνον οὐ μακάριος, ἀλλὰ καὶ ἄθλιος ὁ κακῶς ἀκούων. Εἶτα ὅρα τὸ ἔπαθλον πάλιν· Ὅτι ὁ μισθὸς ὑμῶν πολὺς ἐν τοῖς οὐρανοῖς. Σὺ δὲ εἰ καὶ μὴ
E καθ' ἕκαστον τῶν μακαρισμῶν βασιλείαν ἀκούεις δωρουμένην, μὴ ἀθύμει. Εἰ γὰρ καὶ διαφόρως ὀνομάζει τὰς ἀμοιβὰς, ἀλλὰ πάντας εἰς τὴν βασιλείαν εἰσάγει. Καὶ γὰρ ὅταν εἴπῃ, παρακληθήσονται οἱ πενθοῦντες, καὶ ἐλεηθήσονται [e] οἱ ἐλεοῦντες, καὶ τὸν Θεὸν ὄψονται οἱ καθαροὶ τῇ καρδίᾳ, καὶ υἱοὶ Θεοῦ κληθήσονται οἱ
191 A εἰρηνοποιοὶ, οὐδὲν ἄλλο ἢ τὴν βασιλείαν διὰ τούτων ἁπάντων αἰνίττεται· οἱ γὰρ τούτων ἀπολαύοντες, ἐκείνης ἐπιτεύξονται πάντως. Μὴ τοίνυν τῶν τῷ πνεύματι πτωχῶν μόνων νόμιζε εἶναι τὸ ἔπαθλον, ἀλλὰ καὶ τῶν πεινώντων τὴν δικαιοσύνην, καὶ τῶν πρᾴων καὶ τῶν ἄλλων ἁπάντων ἁπαξαπλῶς. Διὰ γὰρ τοῦτο ἐπὶ πάντων τὸν μακαρισμὸν ἔθηκεν, ἵνα μηδὲν αἰσθητὸν ἀναμένῃς. Οὐδὲ γὰρ ἂν εἴη μακάριος ὁ ἐν τούτοις στεφανούμενος, ἃ τῷ παρόντι συγκαταλύεται βίῳ, καὶ σκιᾶς ταχύτερον παρατρέχει. Εἰπὼν δὲ, Ὅτι ὁ μισθὸς ὑμῶν πολὺς, ἐπήγαγε καὶ ἑτέραν παράκλησιν, λέγων· Οὕτω
B γὰρ ἐδίωξαν τοὺς προφήτας τοὺς πρὸ ὑμῶν. Ἐπειδὴ γὰρ ἐκεῖνο ἔμελλε, τὸ τῆς βασιλείας, καὶ ἐν ἐλπίσιν ἦν, ἐντεῦθεν αὐτοῖς παρέχεται τὴν παραμυθίαν, ἀπὸ τῆς κοινωνίας τῶν πρὸ αὐτῶν πεπονθότων κακῶς. Μὴ γὰρ νομίσητε, φησὶν, ὅτι ἐναντία τινὰ λέγοντες καὶ νομοθετοῦντες ταῦτα πάσχετε· ἢ ὅτι πονηρῶν δογμάτων ὄντες διδάσκαλοι, μέλλετε ἐλαύνεσθαι παρ' αὐτῶν. Οὐ γὰρ τῆς πονηρίας τῶν λεγομένων, ἀλλὰ τῆς κακίας τῶν ἀκουόντων αἱ ἐπιβουλαὶ καὶ οἱ κίνδυνοι. Ὅθεν [a] οὐδὲ ὑμᾶς τοὺς κακῶς πάσχοντας διαβάλλουσιν, ἀλλὰ τοὺς κακῶς ποιοῦντας ἐκείνους. Καὶ μαρτυρεῖ τούτοις ἅπας ὁ ἔμπροσθεν χρόνος. Οὐδὲ γὰρ τοῖς προφήταις παρανομίαν καὶ ἀντίθεον φρόνημα ἐγκαλοῦντες, τοὺς μὲν ἐλί-
C θαζον, τοὺς δὲ ἤλαυνον, τοὺς δὲ [b] μυρίοις ἑτέροις περιέβαλλον κακοῖς. Μὴ δὴ τοῦτο θορυβείτω ὑμᾶς. Ἀπὸ γὰρ τῆς αὐτῆς γνώμης καὶ τὰ νῦν ἅπαντα πράττουσι. Εἶδες πῶς τὰ φρονήματα αὐτῶν ἀνέστησεν, ἐγγὺς τῶν περὶ Μωσέα καὶ Ἠλίαν στήσας αὐτούς; Οὕτω καὶ ὁ Παῦλος Θεσσαλονικεῦσι γράφων, φησίν· Ὑμεῖς γὰρ

sequutionem pati, male audire. Attamen et dixit, et suasit, non duobus, vel decem, vel viginti, vel centum, vel mille hominibus, sed universo orbi. Et audientes illa onerosa, molesta, vulgari consuetudini contraria, stupebant turbæ. Tanta erat dicentis virtus.

5. Cæterum ne putes, male audire solum beatos efficere, duas apposuit distinctiones, quando scilicet vel propter ipsum prolata, vel mendacia fuerint dicta illa. Nam si hæc non adsint, non modo non beatus, sed etiam miser est is qui male audit. Deinde vide rursus præmium: *Quoniam merces vestra multa est in cœlis.* Tu vero etsi non ad singulas beatitudines regnum dari audias, ne animo deficias. Etiamsi enim præmia diverso appellet nomine, tamen omnes ad regnum introducit. Nam cum dicit, Lugentes consolationem, et misericordes misericordiam consequentur, et mundi corde Deum videbunt, et pacifici filii Dei vocabuntur, nihil aliud per hæc omnia indicat, quam regnum cælorum; qui enim his fruuntur, id consequentur omnino. Ne igitur mercedem illam putes ad solos pauperes spiritu pertinere, sed etiam ad esurientes justitiam, ad mites et ad alios omnes. Ideo enim in singulis beatitudinem apposuit, ut ne quid sensibile exspectes. Neque enim beatus erit ille qui iis coronabitur, quæ in præsenti vita dissolvuntur, et umbra celerius prætercurrunt. Cum dixisset autem, *Merces vestra multa,* aliam subjunxit consolationem his verbis: *Sic enim persequuti sunt et prophetas, qui fuerunt ante vos.* Quia enim venturum erat regnum, et in spe repositum erat: hinc illis consolationem præbet, ex societate nimirum eorum, qui ante ipsos male passi fuerant. Ne putetis, inquit, vos hæc ideo pati, quia contraria dicitis et lege statuitis; vel vos quasi pravorum dogmatum magistros ab illis pellendos esse. Non enim ex dictorum nequitia, sed ex malignitate audientium, insidiæ et pericula prodibunt. Quare non vobis male patientibus maledicent, sed illis male agentibus. His testimonium præbet totum præteritum tempus. Neque enim prophetas de iniquitate vel de impia doctrina accusabant, cum alios lapidarent, alios pellerent, alios sexcentis Hebr. 11. 35.—37.
aliis afficerent malis. Ne itaque hoc vos perturbet. Nam eodem animo etiam nunc omnia perpetrant. Vidistin' quomodo eorum sensus excitarit, illos prope Moysen et Heliam constituens? Sic et Pau-

[d] Alii ἡ τοῦ λόγου δύναμις. Infra Morel. καὶ ψευδῆ ἦσαν τὰ λεγόμενα.

[e] Quidam οἱ ἐλεήμονες.

[a] Quidam Mss. οὐδὲ ἡμᾶς.

[b] Morel. μυρίοις περιέβαλλον, omisso ἑτέροις.

1. Thess. 2. 14. 15. lus ad Thessalonicenses scribens ait : *Vos enim imitatores facti estis Ecclesiarum Dei, quæ sunt in Judæa. Etenim et vos eadem passi estis a propriis contribulibus, sicut et illi a Judæis, qui occiderunt Dominum Jesum et proprios prophetas, et nos persequuti sunt, et Deo non placent, et omnibus hominibus adversantur.* Quod hic quoque Christus instituit. Et in aliis quidem beatitudinibus dicebat, *Beati pauperes, beati misericordes* : hic vero non indefinite posuit; sed ad illos sermonem convertit dicens : *Beati estis cum vobis exprobraverint, et persequuti vos fuerint, et dixerint omne malum verbum contra vos* : ostendens hoc in illis esse præcipuum, et doctoribus præ aliis omnibus id esse proprium. Simul etiam hic dignitatem suam subindicat, et æqualem sibi cum Patre honorem.

Filius Patri æqualis honore.

Quemadmodum enim illi propter Patrem, inquit, ita et vos propter me hæc patiemini. Cum autem dicit, *Prophetas qui fuerunt ante vos*, declarat ipsos jam prophetas fuisse factos. Hinc ostendens illud maxime ipsis utile esse, et splendorem afferre, non dixit, Maledicent vobis et vos persequentur, sed ego illud impediam; non enim quod male non audiant, sed quod male audiendo fortiter ferant, et per opera ipsos arguant, vult eos in tuto versari : hoc quippe illo longe majus est : quemadmodum percuti, et nihil percussum pati, multo majus est, quam non percuti. Hic igitur dicit : *Merces vestra multa est in cœlis;* Lucas vero ipsum et intensius, et cum majori consolationis cumulo hoc dixisse narrat. Neque enim tantum eos qui propter Deum male audiunt beatos prædicat, sed etiam eos qui ab omnibus bene audiunt, mi-

Luc. 6. 26. seros dicit : nam ait, *Væ vobis cum bene vobis dixerint omnes homines.* Atqui apostolis benedicebant; sed non omnes. Ideo non dixit, Cum bene vobis dixerint homines; sed, *Cum omnes.* Neque enim fieri potest ut ii qui virtutem colunt,

Ibid. v. 22. 23. apud omnes bene audiant. Rursumque ait : *Cum ejecerint nomen vestrum tamquam malum, gaudete et exsultate.* Neque enim tantum periculis, quæ subibant, sed etiam maledictis, magnam statuit mercedem. Ideo non dixit, Cum vos expulerint et occiderint; sed, *Cum exprobraverint, et dixerint omne malum.* Nam maledicta acerbius mordent, quam res ipsæ. In periculis enim multa sunt quæ laborem faciant leviorem;

μιμηταὶ ἐγενήθητε τῶν Ἐκκλησιῶν τοῦ Θεοῦ, τῶν οὐσῶν ἐν τῇ Ἰουδαίᾳ. Καὶ γὰρ καὶ ὑμεῖς τὰ αὐτὰ ἐπάθετε ὑπὸ τῶν ἰδίων συμφυλετῶν, καθάπερ κἀκεῖνοι
D ὑπὸ τῶν Ἰουδαίων, τῶν καὶ τὸν Κύριον ἀποκτεινάντων Ἰησοῦν καὶ τοὺς ἰδίους προφήτας, καὶ ἡμᾶς ἐκδιωξάντων, καὶ Θεῷ μὴ ἀρεσκόντων, καὶ πᾶσιν ἀνθρώποις ἐναντίων. Ὃ δὴ καὶ ἐνταῦθα [c] κατεσκεύασεν ὁ Χριστός. Καὶ ἐπὶ μὲν τῶν ἄλλων μακαρισμῶν ἔλεγε, Μακάριοι οἱ πτωχοὶ, καὶ, Οἱ ἐλεήμονες· ἐνταῦθα δὲ οὐκ ἀδιορίστως αὐτὸ τέθεικεν, ἀλλὰ πρὸς αὐτοὺς τρέπει τὸν λόγον, λέγων· Μακάριοί ἐστε, ὅταν ὀνειδίσωσιν ὑμᾶς καὶ διώξωσι, καὶ εἴπωσι πᾶν πονηρὸν ῥῆμα καθ' ὑμῶν· δεικνὺς ὅτι αὐτῶν τοῦτο μάλιστα ἐξαίρετόν ἐστι, καὶ ὑπὲρ τοὺς ἄλλους ἅπαντας τῶν διδασκάλων ἴδιον τοῦτο. Ὁμοῦ δὲ καὶ τὸ αὐτοῦ ἀξίωμα ἐνταῦθα αἰνίττεται,
E καὶ τὴν πρὸς τὸν γεγεννηκότα ὁμοτιμίαν. Ὥσπερ γὰρ ἐκεῖνοι διὰ τὸν Πατέρα, φησὶν, οὕτω καὶ ὑμεῖς δι' ἐμὲ ταῦτα πείσεσθε. Ὅταν δὲ εἴπῃ, Τοὺς προφήτας τοὺς πρὸ ὑμῶν, δείκνυσι καὶ αὐτοὺς προφήτας ἤδη γεγενημένους. Εἶτα δηλῶν ὅτι τοῦτο μάλιστα αὐτοὺς ὠφελεῖ καὶ ποιεῖ λαμπροὺς, οὐκ εἶπεν, ὅτι κακῶς μὲν
182 A ἐροῦσι καὶ διώξουσιν, ἐγὼ δὲ κωλύσω τοῦτο· οὐ γὰρ ἐν τῷ μὴ ἀκούειν κακῶς, ἀλλ' ἐν τῷ κακῶς ἀκούοντας φέρειν γενναίως, καὶ διὰ τῶν ἔργων αὐτοὺς ἐλέγχειν, τὴν ἀσφάλειαν αὐτοῖς βούλεται εἶναι· πολλῷ γὰρ τοῦτο ἐκείνου μεῖζον· ὥσπερ τοῦ μὴ πλήττεσθαι τὸ πληττόμενον μηδὲν πάσχειν δεινὸν πολλῷ μεῖζόν ἐστιν. Ἐνταῦθα μὲν οὖν φησιν· Ὅτι ὁ μισθὸς ὑμῶν πολὺς ἐν τοῖς οὐρανοῖς· ὁ δὲ Λουκᾶς καὶ ἐπιτεταμένως καὶ μετὰ πλείονος [a] αὐτὸν παραμυθίας τοῦτο εἰρηκέναι φησίν. Οὐ γὰρ δὴ μόνον τοὺς κακῶς διὰ τὸν Θεὸν ἀκούοντας μακαρίζει, ἀλλὰ καὶ τοὺς παρὰ πάντων καλῶς ἀκούοντας ταλανίζει· Οὐαὶ γὰρ ὑμῖν, φησὶν, ὅταν καλῶς ὑμᾶς εἴπωσι πάντες οἱ ἄνθρωποι. Καίτοι καὶ τοὺς ἀποστόλους καλῶς ἔλεγον· ἀλλ' οὐ πάντες. Διὰ τοῦτο οὐκ
B εἶπεν, ὅταν καλῶς ὑμᾶς εἴπωσιν οἱ ἄνθρωποι· ἀλλ', Ὅταν πάντες. Οὐδὲ γὰρ δυνατὸν τοὺς ἐν ἀρετῇ ζῶντας παρὰ πάντων ἀκούειν καλῶς. Καὶ πάλιν φησίν· Ὅταν ἐκβάλωσι τὸ ὄνομα ὑμῶν ὡς πονηρὸν, χαίρετε καὶ [b] σκιρτήσατε. Οὐδὲ γὰρ τῶν κινδύνων μόνον, ὧν ὑπέμενον, ἀλλὰ καὶ τῆς κακηγορίας πολλὴν ὁρίζει τὴν ἀντίδοσιν. Διὰ τοῦτο οὐκ εἶπεν, ὅταν ἐλάσωσιν ὑμᾶς καὶ ἀποκτείνωσιν· ἀλλ', Ὅταν ὀνειδίσωσι, καὶ εἴπωσι πᾶν πονηρόν. Μάλιστα γὰρ τῶν πραγμάτων αὐτῶν χαλεπώτερον δάκνουσιν αἱ κακηγορίαι. Ἐν μὲν γὰρ τοῖς κινδύνοις πολλὰ τὰ κουφίζοντα τὸν πόνον ἐστίν· οἷον, τὸ
C παρὰ πάντων ἀλείφεσθαι, τὸ πολλοὺς ἔχειν τοὺς κροτοῦντας, καὶ στεφανοῦντας, καὶ ἀνακηρύττοντας. Ἐν-

[c] Κατεσκεύασεν. Sic Savil. et multi alii. Morel. παρεσκεύασεν.

[a] Alii αὐτὸν παῤῥησίας. Paulo post quidam μακαρίζειν, et postea ταλανίζειν.

[b] Alii καὶ σκιρτᾶτε.

ταῦθα δὲ ἐν τῇ κακηγορίᾳ καὶ αὕτη ἀνῄρηται ἡ παραμυθία. Οὐ γὰρ δοκεῖ τι μέγα εἶναι τὸ κατόρθωμα, καὶ μᾶλλον τῶν κινδύνων δάκνει τὸν ἀγωνιζόμενον. Πολλοὶ γοῦν καὶ ἐπὶ βρόχον ἦλθον, πονηρὰν οὐ φέροντες δόξαν. Καὶ τί θαυμάζεις [c] ἐπὶ τῶν ἄλλων; Τὸν γὰρ προδότην ἐκεῖνον, τὸν ἀναίσχυντον, καὶ μιαρὸν, καὶ πρὸς πάντα ἀπερυθριάσαντα ἁπλῶς, τοῦτο μάλιστα ἐπὶ βρόχον ὁρμῆσαι παρεσκεύασε. Καὶ ὁ Ἰὼβ δὲ, ὁ ἀδάμας, καὶ πέτρας στεῤῥότερος, ἡνίκα μὲν τὰ χρήματα ἀφῄρητο καὶ τὰ ἀνήκεστα ἔπασχε δεινὰ, καὶ ἄπαις ἐξαίφνης ἐγένετο, καὶ πηγὴν σκωλήκων τὸ σῶμα ἀναβλύζον ἑώρα, [d] καὶ τὴν γυναῖκα ἐπικειμένην, διεκρούσατο μετ' εὐκολίας ἅπαντα· ἐπειδὴ δὲ εἶδε τοὺς φίλους ὀνειδίζοντας καὶ ἐπεμβαίνοντας, καὶ πονηρὰν δόξαν περὶ αὐτοῦ ἔχοντας, καὶ λέγοντας ὑπὲρ ἁμαρτημάτων ταῦτα πάσχειν, καὶ κακίας διδόναι δίκην, τότε ἐθορυβήθη, τότε ἐταράχθη [e] ὁ γενναῖος καὶ μέγας ἀνήρ.

Καὶ ὁ Δαυῒδ δὲ πάντα ἀφεὶς ἅπερ ἔπαθεν, ἀντὶ τῆς κακηγορίας ἐκείνης ἀμοιβὴν ἐζήτει παρὰ τοῦ Θεοῦ· Ἄφες γὰρ αὐτὸν καταράσασθαι, φησὶ, τὸν Δαυῒδ, ὅτι Κύριος ἐνετείλατο αὐτῷ, ὅπως ἴδῃ Κύριος τὴν ταπείνωσίν μου, καὶ ἀνταποδῷ μοι ἀγαθὰ ἀντὶ τῆς κατάρας τῆς ἐν τῇ ἡμέρᾳ ταύτῃ. Καὶ ὁ Παῦλος δὲ οὐχὶ τοὺς κινδυνεύοντας μόνον, οὐδὲ τοὺς ἀφαιρουμένους τὰ ὄντα, ἀλλὰ καὶ τούτους ἀνακηρύττει οὕτω λέγων· Ἀναμιμνήσκεσθε τὰς πρότερον ἡμέρας, ἐν αἷς φωτισθέντες πολλὴν ἄθλησιν ὑπεμείνατε παθημάτων· τοῦτο μὲν ὀνειδισμοῖς καὶ θλίψεσι θεατριζόμενοι, τοῦτο δὲ κοινωνοὶ τῶν οὕτως ἀναστρεφομένων γενηθέντες. Διὰ δὴ τοῦτο καὶ τὸν μισθὸν πολὺν τέθεικεν ὁ Χριστός. Εἶτα ἵνα μή τις λέγῃ, ἐνταῦθα οὐκ ἀμύνεις, οὐδὲ ἀποῤῥάπτεις αὐτῶν τὰ στόματα, κἀκεῖ μισθὸν δίδως; τέθεικε τοὺς προφήτας, δεικνὺς, ὅτι οὐδὲ ἐκεῖ ἤμυνεν ὁ Θεός. Εἰ δὲ ὅπου παρὰ πόδας ἦσαν αἱ ἀντιδόσεις, ἀπὸ τῶν μελλόντων αὐτοὺς ἤλειψε· πολλῷ μᾶλλον νῦν, ὅτε τρανοτέρα αὕτη γέγονεν ἡ ἐλπὶς, καὶ μείζων ἡ φιλοσοφία. Θέα δὲ καὶ μετὰ πόσας ἐντολὰς αὐτὸ τέθεικεν. Οὐδὲ γὰρ ἁπλῶς αὐτὸ πεποίηκεν, ἀλλὰ δηλῶν ὅτι οὐκ ἔνι τὸν μὴ πᾶσιν ἐκείνοις κατασκευασμένον καὶ συγκεκροτημένον πρὸς τούτους ἐκβῆναι τοὺς ἀγῶνας. Διά τοι τοῦτο ἀπὸ τῆς προτέρας ἀεὶ τῇ ἐπιούσῃ προοδοποιῶν ἐντολῇ, [a] σειρὰν ἡμῖν ἐκ χρυσοῦ ὕφηνεν. Ὅ τε γὰρ ταπεινὸς, καὶ τὰ οἰκεῖα πάντως πενθήσει ἁμαρτήματα· ὁ πενθῶν, καὶ πρᾶος ἔσται, καὶ ἐπιεικὴς, καὶ ἐλεήμων· ὁ ἐλεήμων, καὶ δίκαιος καὶ κατανενυγμένος

verbi causa, cum ab omnibus excitamur, et multos habemus plaudentes, coronantes, prædicantes. Hic vero in maledictis hæc consolatio amovetur. Non enim magna esse virtus putatur, etiamsi magis hæc quam pericula certantem commoveant. Multi namque ad laqueum accurrerunt, malam non ferentes famam. Et quid hoc in aliis mireris? Proditorem illum impudentem et exsecrandum, qui de nulla re erubescebat, hoc maxime ad laqueum ire compulit. Job quoque ipse adamas, et
D petra firmior, cum opes amisit et intoleranda passus est, filiis orbus repente factus, cum videret corpus suum vermibus scatere, instantemque uxorem, omnia facile passus est; cum autem vidit amicos sibi exprobrantes insultantesque, pravamque de se existimationem habentes, dicentesque ipsum propter peccata sua hæc perpeti, et nequitiæ suæ pœnas dare, tunc turbatus est vir ille fortis et magnus.

6. David quoque mittens omnia quæ passus
fuerat, pro maledicto retributionem a Deo petebat:
Sine, inquit, *illum maledicere Davidi, quia* 2. Reg. 16.
Dominus præcepit illi, ut videat Dominus 11. 12.
E *humiliationem meam, et retribuat mihi bona pro maledicto in die hac*. Et Paulus non periclitantes modo, neque bonis spoliatos, sed etiam maledicta ferentes prædicat his verbis:
Recordamini dierum priorum, in quibus illu- Hebr. 10.
193 *minati magnum certamen sustinuistis passio-* 32. 33.
A *num: et in altero quidem opprobriis et tribulationibus spectaculum facti, in altero autem socii taliter conversantium effecti*. Propterea mercedem magnam posuit Christus. Deinde ne quis dicat: Hic ergo non vindicas, neque eorum ora consuis, sed ibi mercedem das? prophetas memoravit, ostendens neque tunc ipsos Deum ultum esse. Si vero tunc cum prope erant retributiones, spe futurorum fovebat illos: multo magis nunc, quando spes illa clarior effecta est, et philosophia major. Vide autem post quot mandata hoc statuat.
B Non enim casu quopiam hoc fecit; sed ut ostendat, non posse eum, qui non ad hæc omnia paratus et instructus sit, in hæc certamina prodire. Ideo a priori semper ad sequens mandatum viam parans, catenam nobis auream texuit. Cum enim quis humilis fuerit, etiam sua omnino lugebit peccata; qui lugebit, mitis erit, modestus et

[c] Quidam περὶ τῶν ἄλλων.
[d] Unus τὴν γυναῖκα εἶχεν ἐπικειμένην.
[e] Nonnulli habent ὁ γενναῖος καὶ μέγας ἀθλητής. Paulo post Savil. κακηγορίας μόνης ἀμοιβήν.

[a] Alii σειρὰν ἡμῖν τινα χρυσῆν. Paulo post quidam πρᾶος ἔσται, καὶ δίκαιος, καὶ ἐλεήμων, et infra καὶ καθαρὸς τῇ καρδίᾳ.

misericors; misericors vero, justus erit, compunctus et mundus corde: qui talis erit, etiam pacificus futurus est. Qui porro hæc omnia assequutus fuerit, ad pericula etiam paratus erit, neque male audiens turbabitur, neque si innumera patiatur mala. Postquam ergo eos ad ea quæ consentanea erant hortatus est, rursus eos laudibus solatur. Quia enim sublimia præcepta erant, multoque majora quam in veteri lege, ne turbarentur ac trepidarent, dicerentque: Quomodo hæc implere poterimus? audi quid dicat: 13. *Vos estis sal terræ*, ostendens se necessario hæc præcepta dare. Non enim pro vestra vita, sed pro toto orbe, inquit, verbum vobis committitur. Neque in duas urbes vos mitto, vel decem vel viginti; neque in unam vos mitto gentem, sicut prophetas olim, sed in terram, in mare et in universum orbem, et hunc pessime affectum. Cum dixit enim, *Vos estis sal terræ*, ostendit universam hominum naturam infatuatam, et a peccatis corruptam esse. Ideo has in illis maxime virtutes requirit, quæ sunt ad multorum sollicitudinem gerendam magis necessariæ et utiles. Etenim qui mitis est, modestus, misericors et justus, non in se tantum bona opera concludit, sed etiam id curat ut egregii illi fontes ad aliorum manent utilitatem. Rursum qui mundus est corde, pacificus et pro veritate pulsus, vitam suam ad communem utilitatem dirigit. Ne putetis, inquit, vos ad levia quædam certamina trahi, neque de rebus exiguis apud vos agi: *Vos estis sal terræ*. Quid igitur? num illi putrida restaurarunt? Nequaquam. Non possunt enim jam putrefacta salis permixtione juvare. Non hoc certe fecerunt: sed renovata prius, et sibi tradita, et a fœtore illo liberata, tunc cum sale miscebant, atque in illa novitate servabant, quam a Domino acceperant. Nam liberari a fœtore peccatorum, Christi virtutis opus fuit; at non ad illum fœtorem reverti, id illorum diligentiæ et laboris opus erat. Viden' quomodo paulatim ostendit ipsos prophetis esse meliores? Non enim Palæstinæ doctores esse ait, sed totius orbis terræ; nec modo doctores, sed etiam doctores tremendos. Quod enim mirum est, non adulantes, neque palpantes, sed aspere acriterque agentes sicut sal, sic desiderabiles omnibus fuerunt. Nolite ergo mirari, inquit, si aliis relictis, vos alloquar, et ad tanta vos pericula pertraham. Considerate enim quot

πάντως καὶ καθαρὸς τὴν καρδίαν· ὁ δὲ τοιοῦτος, καὶ
εἰρηνοποιός. Ὁ δὲ πάντα ταῦτα κατωρθωκὼς, καὶ
πρὸς κινδύνους ἔσται παρατεταγμένος, καὶ οὐ ταρα-
C χθήσεται ἀκούων κακῶς, [b] καὶ τὰ μυρία πάσχων δεινά.
Παραινέσας τοίνυν ἃ προσῆκε, πάλιν ἀναπαύει τοῖς
ἐγκωμίοις αὐτούς. Ἐπειδὴ γὰρ ὑψηλὰ τὰ ἐπιτάγματα
ἦν, καὶ πολλῷ μείζονα τῶν ἐν τῇ Παλαιᾷ, ἵνα μὴ
θορυβῶνται καὶ ταράττωνται, καὶ λέγωσι· πῶς δυνησόμεθα ταῦτα κατορθοῦν; ἄκουσον τί φησιν· Ὑμεῖς
ἐστε τὸ ἅλας τῆς γῆς, δεικνὺς ὅτι ἀναγκαίως ταῦτα
ἐπιτάττει. Οὐ γὰρ ὑπὲρ τῆς καθ' ἑαυτοὺς ζωῆς, ἀλλ'
ὑπὲρ τῆς οἰκουμένης, φησὶν, ἁπάσης ὁ λόγος ἔσται
ὑμῖν. Οὐδὲ γὰρ εἰς δύο πόλεις, οὐδὲ δέκα, καὶ εἴκοσιν, οὐδὲ εἰς ἓν ἔθνος ὑμᾶς ἀποστέλλω, καθάπερ τοὺς
D προφήτας, ἀλλ' εἰς γῆν καὶ θάλατταν καὶ τὴν οἰκουμένην ἅπασαν, καὶ ταύτην κακῶς διακειμένην. [c] Τῷ
γὰρ εἰπεῖν, Ὑμεῖς ἐστε τὸ ἅλας τῆς γῆς, ἔδειξε
μωρανθεῖσαν ἅπασαν τὴν ἀνθρωπίνην φύσιν, καὶ κα-
τασαπεῖσαν ὑπὸ ἁμαρτημάτων. Διά τοι τοῦτο ταύτας παρ' αὐτῶν ζητεῖ τὰς ἀρετὰς, αἳ μάλιστα πρὸς
τὴν τῶν πολλῶν ἐπιμέλειάν εἰσιν ἀναγκαῖαι καὶ χρήσιμοι. Ὅ τε γὰρ πρᾶος, καὶ ἐπιεικὴς, καὶ ἐλεήμων,
καὶ δίκαιος, οὐκ εἰς αὐτὸν συγκλείει τὰ κατορθώματα
μόνον, ἀλλὰ καὶ εἰς τὴν τῶν ἑτέρων ὠφέλειαν τὰς
καλὰς ταύτας ὑπορρεῖσθαι πηγὰς παρασκευάζει. [d] Ὁ
E δ' αὖ καθαρὸς τὴν καρδίαν καὶ εἰρηνοποιὸς, καὶ ἐλαυνόμενος ὑπὲρ τῆς ἀληθείας, πάλιν πρὸς τὸ κοινῇ συμφέρον τὸν βίον καθίσταται. Μὴ τοίνυν νομίσητε, φησὶν, ἐπὶ τοὺς τυχόντας ἀγῶνας ἕλκεσθαι, μηδὲ ὑπὲρ
μικρῶν τινων εἶναι τὸν λόγον ὑμῖν· Ὑμεῖς ἐστε τὸ
ἅλας τῆς γῆς. Τί οὖν; τὰ σεσηπότα αὐτοὶ διώρθωσαν;
Οὐδαμῶς. Οὔτε γὰρ δυνατὸν τὰ διεφθορότα ἤδη ἐπι-
194 πάσσοντας ἅλας ὠφελεῖν. Οὐ δὴ τοῦτο ἐποίουν· ἀλλὰ
A ἀνανεωθέντα πρότερον καὶ παραδοθέντα αὐτοῖς, καὶ
τῆς δυσωδίας ἀπαλλαγέντα ἐκείνης, τότε ἥλιζον, κατέχοντες καὶ διατηροῦντες ἐν τῇ νεαρότητι ταύτῃ, ἣν
παρὰ τοῦ Δεσπότου παρέλαβον. Τὸ μὲν γὰρ ἀπαλλαγῆναι τῆς σηπεδόνος τῶν ἁμαρτημάτων, τοῦ Χριστοῦ
κατόρθωμα γέγονε· τὸ δ' αὖ πάλιν μηκέτι ἐπ' ἐκείνην
ἐπανελθεῖν, τῆς τούτων σπουδῆς καὶ ταλαιπωρίας ἔργον
ἦν. Ὁρᾷς πῶς κατὰ μικρὸν δείκνυσι καὶ τῶν προφητῶν ὄντας βελτίους; Οὐ γὰρ τῆς Παλαιστίνης διδασκάλους εἶναί φησιν, ἀλλὰ τῆς γῆς ἁπάσης· καὶ οὐχ
ἁπλῶς διδασκάλους, ἀλλὰ καὶ φοβερούς. Τὸ γὰρ δὴ
θαυμαστὸν, τοῦτό ἐστιν, ὅτι οὐ κολακεύοντες, οὐδὲ
θεραπεύοντες, ἀλλ' ἐπιστύφοντες ὥσπερ τὸ ἅλας, οὕτω
ποθεινοὶ πᾶσι γεγόνασι. Μὴ τοίνυν θαυμάσητε, φησὶν,
B εἰ τοὺς ἄλλους ἀφεὶς ὑμῖν διαλέγομαι, καὶ πρὸς τοσού-

[b] Alii κἂν μυρία, non male.

[c] Τῷ γὰρ εἰπεῖν. Sic Mss.; Morel. et Savil. τὸ γὰρ εἰπεῖν. Infra Savil. et alii ἐπιζητεῖ τάς.

[d] Morel. ὅ τε οὖν καθαρός.

τους ἕλκω κινδύνους. Ἐννοήσατε γὰρ ὅσαις πόλεσι καὶ δήμοις καὶ ἔθνεσι μέλλω πέμπειν ὑμᾶς ἐπιστάτας. Διὰ τοῦτο οὐχ ὑμᾶς εἶναι βούλομαι φρονίμους μόνον, ἀλλὰ καὶ ἑτέρους τοιούτους ποιεῖν. Τοὺς δὲ τοιούτους πολὺ δεῖ συνετοὺς εἶναι, ἐν οἷς ἡ τῶν ἄλλων [a] κινδυνεύεται σωτηρία, καὶ τοσαύτην αὐτοῖς τὴν περιουσίαν εἶναι τῆς ἀρετῆς, ὡς καὶ ἄλλοις μεταδιδόναι τῆς ὠφελείας. Εἰ γὰρ τοιοῦτοι μὴ γένησθε, οὐδὲ ὑμῖν αὐτοῖς ἀρκέσετε.

Μὴ τοίνυν δυσχεράνητε, ὡς ἐπαχθῶν ὄντων τῶν λεγομένων. Τοῖς μὲν γὰρ ἄλλοις μωρανθεῖσι δυνατὸν ἐπανελθεῖν δι' ὑμᾶς· ὑμεῖς δὲ, εἰ τοῦτο πάθοιτε, μεθ' ἑαυτῶν καὶ ἑτέρους προσαπολεῖτε. Ὥστε ὅσῳ μεγάλα ἐγχειρίζεσθε [b] πράγματα, τοσούτῳ καὶ μείζονος δεῖσθε σπουδῆς. Διό φησιν· Ἂν δὲ τὸ ἅλας μωρανθῇ, ἐν τίνι ἁλισθήσεται; Εἰς οὐδὲν ἰσχύει ἔτι, εἰ μὴ βληθῆναι ἔξω καὶ καταπατεῖσθαι ὑπὸ τῶν ἀνθρώπων. Οἱ μὲν γὰρ ἄλλοι μυριάκις πίπτοντες, δύνανται τυχεῖν συγγνώμης· ὁ δὲ διδάσκαλος ἐὰν τοῦτο πάθῃ, πάσης ἀπεστέρηται ἀπολογίας, καὶ τὴν ἐσχάτην δώσει τιμωρίαν. Ἵνα γὰρ μὴ ἀκούσαντες, Ὅταν ὀνειδίσωσιν ὑμᾶς καὶ διώξωσι, καὶ εἴπωσι πᾶν πονηρὸν ῥῆμα καθ' ὑμῶν, δειλιάσωσιν εἰς μέσον προελθεῖν, λέγει, ὅτι ἂν μὴ πρὸς ταῦτα ἦτε παρατεταγμένοι, εἰκῆ ἐξελέγητε. Οὐ γὰρ τὸ κακῶς ἀκούειν χρὴ δεδοικέναι, ἀλλὰ τὸ συνυποκρινομένους φαίνεσθαι· τότε γὰρ μωρανθήσεσθε καὶ καταπατηθήσεσθε. Ἐὰν δὲ μένητε [c] αὐτοὺς ἐπιστύφοντες, εἶτα κακῶς ἀκούητε, χαίρετε. Τοῦτο γὰρ ἁλὸς ἔργον ἐστὶ, τὸ δάκνειν καὶ λυπεῖν τοὺς χαύνους. Ὥστε ἀναγκαίως ἡ κακηγορία ἕπεται, οὐδὲν ὑμᾶς βλάπτουσα, ἀλλὰ καὶ μαρτυροῦσα ὑμῶν τῇ στεῤῥότητι. Ἂν δὲ φοβηθέντες αὐτὴν προδῶτε τὴν προσήκουσαν ὑμῶν σφοδρότητα, πολλῷ χαλεπώτερα πείσεσθε, καὶ κακῶς ἀκούοντες καὶ καταφρονούμενοι παρὰ πάντων. Τοῦτο γάρ ἐστι, [d] καταπατηθήσεσθε. Εἶτα ἐφ' ἕτερον ὑψηλότερον ἄγει παράδειγμα· Ὑμεῖς ἐστε τὸ φῶς τοῦ κόσμου. Πάλιν τοῦ κόσμου, οὐχ ἔθνους ἑνὸς, οὐδὲ εἴκοσι πόλεων, ἀλλὰ τῆς οἰκουμένης ἁπάσης· καὶ φῶς νοητὸν, καὶ τῆς ἀκτῖνος ταύτης πολὺ βέλτιον, ὥσπερ οὖν καὶ ἅλας πνευματικόν. Καὶ πρότερον ἅλας, καὶ τότε φῶς, ἵνα μάθῃς ἡλίκον τῶν κατεστυμμένων ῥημάτων τὸ κέρδος, καὶ τῆς σεμνῆς διδασκαλίας τὸ ὄφελος. Καὶ γὰρ σφίγγει, καὶ οὐκ ἀφίησι διαῤῥεῦσαι, καὶ διαβλέψαι ποιεῖ πρὸς ἀρετὴν χειραγωγοῦσα. Οὐ δύναται πόλις κρυβῆναι ἐπάνω ὄρους κειμένη· οὐδὲ καίουσι λύχνον καὶ τιθέασιν αὐτὸν ὑπὸ τὸν μόδιον. Πάλιν αὐτοὺς διὰ τούτων εἰς ἀκρίβειαν ἄγει βίου, παιδεύων ἐναγωνίους εἶναι, ὡς ὑπὸ τοῖς ἁπάντων ὀφθαλμοῖς κειμένους, καὶ

[a] Quidam κινδυνεύει σωτηρία.

[b] Alii προστάγματα.

quantisque civitatibus, populis, gentibus vos præfectos missurus sim. Ideoque non vos tantum prudentes esse volo, sed ut alios similes faciatis. Illos autem qui hujusmodi sunt, admodum sagaces esse oportet, in quibus nempe et aliorum salus periclitatur, et tantam in illis inesse virtutem, ut eam ad aliorum utilitatem impertire possint. Nisi enim tales fueritis, ne vobis quidem ipsis sufficere poteritis.

7. Ne itaque ægre feratis, quasi molesta sint ea C quæ dicuntur. Nam alii quidem infatuati, ministerio vestro resipiscere possunt: vos autem, si in illud malum incidatis, alios vobiscum in perniciem trahitis. Itaque quanto majora vobis committuntur negotia, tanto majore studio opus habetis. Quapropter ait: *Si autem sal infatuatum fuerit, in quo salietur? Ad nihilum valet ultra, nisi ut mittatur foras, et conculcetur ab hominibus.* Nam alii quidem si sexcenties cadant, veniam consequi possunt: doctor autem si id patiatur, omni defensione privatur, et extremo afficietur supplicio. Ne enim audientes, *Cum expro-* D *braverint vos et persequuti vos fuerint, et dixerint omne malum verbum adversum vos*, in medium prodire timeant, dicit: Nisi ad hæc parati fueritis, frustra electi estis. Non enim maledicta sunt timenda, at metuendum ne simulatores videamini: tunc enim infatuati eritis et conculcati. Si autem perseveretis aspere cum illis agere, si postea male audiatis, gaudete. Illud enim salis est opus, ut molles mordeat et E pungat. Itaque maledicta necessario sequuntur, neque in aliquo vos lædunt, sed vestram testificantur firmitatem. Si vero illa metuentes, ab illa vobis congruente vehementia destiteritis, multo graviora passuri estis, apud omnes male audituri, et omnibus contemtui eritis: illud enim est conculcari. Deinde ad aliud sublimius pergit exemplum. 195 A 14. *Vos estis lux mundi.* Iterum mundi, non gentis unius, vel viginti civitatum, sed totius orbis: lux intelligibilis, his solaribus radiis præstantior, quemadmodum et sal spirituale. Primo sal, deinde lux, ut discas quantum ex acri sermone lucrum proveniat, quanta ex gravi doctrina utilitas. Stringit enim, nec sinit diffluere, et ad virtutem ducens respiciendi vim indit. *Non potest civitas abscondi supra montem posita: 15. neque accendunt lucernam, et ponunt eam sub modio.* Rursus per hæc illos ad accuratam

[c] Alii ἑαυτοὺς ἐπιστύφοντες.

[d] Quidam καταπατεῖσθαι.

vitæ rationem excitat, docens eos, ut sollicite sibi caveant, utpote qui sub omnium oculis versentur, et in medio totius orbis theatro decertent. Nolite, inquit, id reputare animo, vos jam hic sedere, et in exigua anguli parte versari : ita enim conspicui omnibus eritis, ut civitas in montis cacumine posita, ut lucerna in domo supra candelabrum
Christi potentia asseritur. lucens. Ubi sunt nunc illi qui Christi potentiæ non credunt ? Hæc audiant, et de prophetiæ vi stupentes, adorent ejus fortitudinem. Perpende enim quanta polliceatur iis qui ne in sua quidem regione noti erant; videlicet ipsos in terra et in mare celebrandos, et fama ad terminos orbis perventuros esse; imo non fama tantum, sed et beneficii efficacia. Non enim illos fama volans notos reddidit ubique, sed ipsa operum celebritas. Nam ceu volucres velocius quam solis radii terram omnem peragrarunt, piæ religionis lucem emittentes. Hic autem mihi videtur illos ad fiduciam sumendam cohortari : cum enim dicit, *Non potest civitas abscondi supra montem posita*, potentiam declarat suam ; sicut enim illa civitas abscondi nequit, sic prædicatio taceri et latere non potest. Quia enim loquutus erat de persequutionibus, de maledictis, de insidiis, de bellis ; ne putarent hæc illis posse os obstruere, fiduciam illis indens ait, prædicationem non modo non latere posse, sed et totum orbem illustraturam esse. Ideoque illi etiam erunt conspicui et insignes. Hinc igitur potentiam suam ostendit; ex sequentibus vero fiduciam ab illis exigit his verbis : *Neque accendunt lucernam, et ponunt eam sub modio, sed super candelabrum, ut luceat omnibus qui in domo sunt.* 16. *Sic luceat lux vestra coram hominibus, ut videant opera vestra bona, et glorificent Patrem vestrum qui in cælis est.* Ego enim, inquit, lucem accendi : ut vero perseveret ardens, id ad vestram diligentiam pertinet; non vestri tantum causa, sed et illorum gratia qui hac potientur luce, et ad veritatem deducentur. Neque enim poterunt maledicta vestrum obscurare splendorem : si vos accurate vitam instituatis, atque illo modo, ut qui totum orbem convertere debeatis. Dignam igitur tanta gratia exhibete vitam, ut sicut illa ubique prædicatur, sic et hæc cum illa concurrat. Deinde aliud post hominum salutem lucrum ponit, quod pos-

B ἐν μέσῳ τῷ τῆς οἰκουμένης ἀγωνιζομένους θεάτρῳ. Μὴ γὰρ δὴ τοῦτο [a] εἰδῆτε, φησὶν, ὅτι ἐνταῦθα καθήμεθα νῦν, καὶ ἐν μικρῷ γωνίας ἐσμὲν μέρει· οὕτω γὰρ κατάδηλοι ἔσεσθε πᾶσιν, ὡσανεὶ πόλις ὑπὲρ κορυφῆς ὄρους κειμένη, ὡσανεὶ λύχνος ἐν οἰκίᾳ ὑπὲρ τῆς λυχνίας φαίνων. Ποῦ νῦν οἱ τῇ δυνάμει τοῦ Χριστοῦ διαπιστοῦντες; Ἀκουέτωσαν ταῦτα καὶ τῆς προφητείας τὴν δύναμιν ἐκπλαγέντες, προσκυνείτωσαν αὐτοῦ τὴν ἰσχύν. Ἐννόησον γὰρ ἡλίκα ὑπέσχετο τοῖς οὐδὲ ἐν τῇ χώρᾳ γνωρίμοις οὖσι τῇ αὐτῶν· ὅτι γῆ καὶ θάλαττα αὐτοὺς εἴσεται, καὶ πρὸς τὰ πέρατα τῆς οἰκουμένης ἥξουσι τῇ φήμῃ· μᾶλλον δὲ οὐδὲ τῇ φήμῃ, ἀλλὰ καὶ τῇ τῆς εὐεργεσίας
C [b] ἐνεργείᾳ. Οὐδὲ γὰρ ἡ φήμη φέρουσα πανταχοῦ δήλους αὐτοὺς ἐποίησεν, ἀλλὰ καὶ αὐτὴ ἡ διὰ τῶν ἔργων ἐπίδειξις. Καθάπερ γὰρ ὑπόπτεροι γενόμενοι, τῆς ἀκτῖνος σφοδρότερον τὴν γῆν ἐπέδραμον ἅπασαν, [c] σπείροντες τῆς εὐσεβείας τὸ φῶς. Ἐνταῦθα δέ μοι αὐτοὺς καὶ πρὸς παῤῥησίαν ἀλείφειν δοκεῖ· τὸ μὲν γὰρ εἰπεῖν, Οὐ δύναται πόλις κρυβῆναι ἐπάνω ὄρους κειμένη, τὴν αὐτοῦ δύναμίν ἐστιν ἐμφαίνοντος· ὥσπερ γὰρ ἐκείνην κρυβῆναι ἀμήχανον, οὕτω τὸ κήρυγμα ἀδύνατον σιγηθῆναι καὶ λαθεῖν. Ἐπειδὴ γὰρ εἶπε διωγμοὺς, καὶ κακηγορίας, καὶ ἐπιβουλὰς, καὶ πολέμους, ἵνα μὴ νομίσωσιν ὅτι ταῦτα αὐτοὺς ἐπιστομίσαι δυνήσεται, θαῤῥύνων αὐτούς φησιν, ὅτι οὐ μόνον οὐ λήσεται, ἀλλὰ καὶ καταλάμψει τὴν οἰκουμένην
D ἅπασαν. Καὶ δι' αὐτὸ μὲν οὖν τοῦτο ἔσονται λαμπροὶ καὶ ἐπίσημοι. Τούτῳ μὲν οὖν τὴν ἑαυτοῦ δύναμιν ἐνδείκνυται· τῷ δὲ ἑξῆς τὴν παῤῥησίαν ἀπαιτεῖ τὴν παρ' αὐτῶν, οὕτω λέγων· Οὐδὲ καίουσι λύχνον καὶ τιθέασιν ὑπὸ τὸν μόδιον, ἀλλ' ἐπὶ τὴν λυχνίαν, καὶ λάμπει πᾶσι τοῖς ἐν τῇ οἰκίᾳ. Οὕτως λαμψάτω τὸ φῶς ὑμῶν ἔμπροσθεν τῶν ἀνθρώπων, ὅπως ἴδωσιν ὑμῶν τὰ καλὰ ἔργα, καὶ δοξάσωσι τὸν Πατέρα ὑμῶν τὸν ἐν τοῖς οὐρανοῖς. Ἐγὼ μὲν γὰρ ἧψα τὸ φῶς, φησίν· τὸ δὲ μεῖναι καιόμενον, τῆς ὑμετέρας γενέσθω
E σπουδῆς· οὐ δι' ὑμᾶς αὐτοὺς μόνον, ἀλλὰ καὶ διὰ τοὺς [d] μέλλοντας τῆς αὐγῆς ἀπολαύειν ταύτης, καὶ πρὸς τὴν ἀλήθειαν χειραγωγεῖσθαι. Οὐ γὰρ δὴ δυνήσονται αἱ κακηγορίαι συσκιάσαι ὑμῶν τὴν λαμπηδόνα, ἐὰν ὑμεῖς ἦτε μετὰ ἀκριβείας βιοῦντες, καὶ οὕτως ὡς μέλ-
196 λοντες ἅπασαν ἐπιστρέφειν τὴν οἰκουμένην. Ἄξιον
A τοίνυν τῆς χάριτος [a] ἐπιδείξασθε βίον, ἵν' ὥσπερ ἐκείνη πανταχοῦ κηρύττεται, οὕτω καὶ αὕτη ἐκείνῃ συντρέχῃ. Εἶτα καὶ ἕτερον κέρδος τίθησι μετὰ τῆς τῶν ἀνθρώπων σωτηρίας, ἱκανὸν αὐτοὺς ἐναγωνίους ποιῆ-

[a] Alii ἴδητε.

[b] In Morel. ἐνεργείᾳ deerat.

[c] Σπείροντες τῆς εὐσεβείας τὸ φῶς, *piæ religionis lucem spargentes*, vel *mittentes*. Εὐσέβεια, ut supra diximus, aliquando virtutem et probitatem, aliquando piam et veram religionem significat, ut hoc loco.

[d] Quidam habent μέλλοντας τῆς αὐτῆς ἀπολαύειν λαμπρότητος καί.

[a] Morel. ἐπιδείξασθαι, male.

σαι καὶ εἰς πᾶσαν ἀγαγεῖν σπουδήν. Οὐ γὰρ δὴ τὴν οἰκουμένην διορθώσετε, φησὶ, μόνον, ὀρθῶς βιοῦντες, ἀλλὰ καὶ τὸν [b] Θεὸν δοξάζεσθαι παρασκευάσετε· ὥσπερ οὖν τὰ ἐναντία ποιοῦντες, καὶ τοὺς ἀνθρώπους ἀπολεῖτε, καὶ τοῦ Θεοῦ τὸ ὄνομα βλασφημεῖσθαι ποιήσετε.

Καὶ πῶς, φησὶν, ὁ Χριστὸς δοξασθήσεται δι' ἡμῶν, εἴ γε μέλλοιεν ἡμᾶς οἱ ἄνθρωποι κακηγορεῖν; Ἀλλ' οὐ πάντες· κἀκεῖνοι δὲ αὐτοὶ, [c] ἀπὸ βασκανίας· καὶ οἱ ἐν βασκανίᾳ τοῦτο ποιοῦντες κατὰ τὸ συνειδὸς ὑμᾶς θαυμάσονται καὶ ἀποδέξονται· ὥσπερ οὖν οἱ φανερῶς κολακεύοντες τοὺς ἐν πονηρίᾳ ζῶντας κατὰ νοῦν διαβάλλουσι. Τί οὖν κελεύεις; πρὸς ἐπίδειξιν ἡμᾶς ζῆν καὶ πρὸς φιλοτιμίαν; Ἄπαγε, [d] οὐ τοῦτό φημι. Οὐδὲ γὰρ εἶπον, σπουδάζετε ὑμεῖς εἰς μέσον φέρειν τὰ κατορθώματα ὑμῶν· οὐδὲ εἶπον, δείξατε αὐτά· ἀλλὰ, Λαμψάτω τὸ φῶς ὑμῶν· τουτέστι, πολλὴ ἔστω ἡ ἀρετὴ, δαψιλὲς ἔστω τὸ πῦρ, καὶ τὸ φῶς ἄφατον. Ὅταν γὰρ τοσαύτη ᾖ ἡ ἀρετὴ, ἀδύνατον αὐτὴν λαθεῖν, κἂν μυριάκις ὁ μετιὼν αὐτὴν συσκιάσῃ. Ἄληπτον τοίνυν ἑαυτοῖς παράσχεσθε βίον, καὶ μηδεμίαν ἐχέτωσαν ἀληθῆ κατηγορίας ἀφορμήν· κἂν μυρίοι οἱ κατηγοροῦντες ὦσιν, οὐδεὶς ὑμῖν ἐπισκιάσαι δυνήσεται. Καὶ καλῶς εἶπε, Τὸ φῶς. Οὐδὲν γὰρ οὕτως ἐπίσημον ἄνθρωπον ποιεῖ, κἂν μυριάκις λανθάνειν βούληται, ὡς ἀρετῆς ἐπίδειξις. Ὥσπερ γὰρ αὐτὴν τὴν ἀκτῖνα περιβεβλημένος, οὕτως αὐτῆς φαιδρότερος λάμπει, οὐκ εἰς γῆν τὰς μαρμαρυγὰς ἀφιεὶς, ἀλλὰ καὶ αὐτὸν ὑπερβαίνων τὸν οὐρανόν. Ἐντεῦθεν καὶ παραμυθεῖται αὐτοὺς μειζόνως. Εἰ γὰρ ἀλγεῖτε, φησὶ, βλασφημούμενοι, ἀλλ' ἕξετε πολλοὺς τοὺς καὶ δι' ὑμᾶς θαυμάζοντας τὸν Θεόν. Ἑκατέρωθεν δὲ ὁ μισθὸς συλλέγεται, καὶ δοξαζομένου τοῦ Θεοῦ δι' ὑμᾶς, καὶ βλασφημουμένων ὑμῶν διὰ τὸν Θεόν. Ἵνα γὰρ μὴ ἐπιτηδεύωμεν κακῶς ἀκούειν, μαθόντες ὅτι μισθὸν ἔχει τὸ πρᾶγμα, οὔτε ἐκεῖνο ἁπλῶς τέθεικε, ἀλλὰ μετὰ δύο διορισμῶν· οἷον ὅταν ψευδῆ λέγηται, [e] καὶ ὅταν διὰ τὸν Θεόν· καὶ δείκνυσιν, ὅτι οὐκ ἐκεῖνο μόνον, ἀλλὰ καὶ τὸ καλῶς ἀκούειν πολὺ φέρει τὸ κέρδος, τῆς δόξης εἰς τὸν Θεὸν διαβαινούσης· καὶ χρηστὰς αὐτοῖς ὑποτείνει τὰς ἐλπίδας. Οὐ γὰρ τοσοῦτον, φησὶν, ἰσχύει ἡ κακηγορία τῶν πονηρῶν, ὡς καὶ τοῖς ἄλλοις ἐπισκοτεῖν εἰς τὸ ἰδεῖν ὑμῶν τὸ φῶς. [f] Ὅταν γὰρ μωρανθῆτε, τότε ὑμᾶς καταπατήσουσι μόνον, οὐχ ὅταν τὰ ὀρθὰ πράττοντες διαβάλλησθε. Τότε γὰρ καὶ πολλοὶ ἔσονται οἱ θαυμάζοντες οὐχ ὑμᾶς μόνον, ἀλλὰ δι' ὑμᾶς καὶ τὸν Πατέρα τὸν ὑμέτερον. Καὶ οὐκ εἶπε, τὸν

set illos ad majorem sollicitudinem omnimodumque studium excitare. Nam si recte vivatis, inquit, non modo totum orbem emendabitis, sed etiam id efficietis ut Deus glorificetur : si vero contra feceritis, et homines perdetis, idque efficietis ut Deus blasphemetur.

7. Et quomodo, inquies, per nos glorificabitur
B Christus, si nobis homines maledicturi sint? At non omnes; imo qui id facient, id ex invidia facient : invidi autem illi in conscientia sua vos mirabuntur atque suspicient : quemadmodum et ii qui palam improbis adulantur, mente eosdem criminantur. Quid ergo præcipis? an ut ad ostentationem et honoris aucupium vivamus? Absit, non id dico. Neque enim dixi, Id studete, ut bona opera vestra in medium proferatis : neque dixi, Exhibete illa; sed, *Luceat lux vestra;* multa sit virtus, copiosus ignis, lux ineffabilis. Cum enim tanta
C virtus sit, fieri non potest ut lateat, etiamsi is qui illam possidet, omnimodo eam obscuram esse velit. (Virtus magna latere nequit.) Irreprehensibilem igitur illis exhibete vitam, nullamque veram habeant accusandi occasionem; etiamsi sexcenti accusatores adsint, nemo vos obscurare poterit. Pulchre dixit, *Lux*. Nihil enim hominem sic illustrem efficit, etiamsi prorsus latere velit, ut virtutis splendor. Sicut enim ipso solari radio circumdatus, ita etiam clarius refulget, non in terram tantum radios emittens, sed ipsum cælum transcendens. Hinc illos admodum consolatur. Nam si de maledictis, inquit, doletis,
D multi etiam erunt qui propter vos Deum admirentur. Utrinque vero colligitur merces, et cum propter vos Deus glorificatur, et cum propter Deum vos maledictis incessimini. Etenim ne male audire studeamus, quod didicerimus hinc præmium reportari, non illud simpliciter posuit, sed cum duabus distinctionibus; nempe cum falsa dicuntur, et cum propter Deum maledicimur : ostenditque non illud tantum, sed etiam bene audire multum afferre lucrum, gloria in Deum transeunte : bonaque illos spe fulcit. Non enim tantam vim habent, inquit, iniquorum maledicta,
E ut alios ita obtenebrare possint, ut lucem vestram non videant. Cum enim infatuati fueritis, tunc tantum vos conculcabunt; non vero cum recta facientes accusamini. Tunc enim multi erunt, qui mirabuntur non vos tantum, sed pro-

[b] Δοξάζεσθαι deest in Morel.

[c] Nonnulli habent ἀπὸ βασκανίας. ἀλλ' ὅμως καὶ οἱ βασκανίᾳ. Infra quidam τί οὖν πρὸς ἐπίδειξιν κελεύεις ἡμᾶς ζῆν;

[d] Morel. οὐ τοῦτό φησι, minus recte.

[e] Morel. καὶ διὰ τὸν Θεόν, omisso ὅταν.

[f] Quidam ὅταν γοῦν μωρ.

pter vos et Patrem vestrum. Nec dixit, Deum, sed, Patrem, jam semina jaciens nobilitatis illius ipsis conferendæ. Deinde honoris æqualitatem declarans, cum superius dixisset : Ne contristemini cum male audieritis; sufficit enim vobis quod propter me ista audiatis: hoc loco Patrem ponit, æqualitatem ubique declarans. Cum igitur sciamus quantum lucri ex hac diligentia reportemus, et quantum ex socordia periculum creetur (nostra quippe pernicie multo pejus est, quod Dominus noster blasphemetur propter nos), sine offensione simus et Judæis et gentibus, et Ecclesiæ Dei, vitamque sole splendidiorem exhibeamus, et si maledicere quis velit, ne doleamus, si male audiamus, sed si merito male audiamus. Si enim in nequitia vivamus, etsi nemo sit qui maledicat, omnium miserrimi sumus; si autem virtutem colamus, etiamsi totus orbis nobis maledicat, erimus omnium beatissimi, et eos omnes qui salutem consequi velint, ad nos pertrahemus: non enim maledictis improborum animum adhibebunt, sed vitæ cum virtute actæ. Etenim tuba clariora sunt opera bona, ipsa luce lucidior vita pura, etiamsi innumeri sint ii qui obloquantur. Si enim omnia supradicta habeamus, si mites, humiles ac misericordes simus, si item puri et pacifici, ac male audientes non referamus injuriam, imo etiam gaudeamus, non minus quam per miracula spectatores ad nos pertrahemus, libenterque omnes ad nos accedent, sive fera quis fuerit, sive dæmon, aut quidvis aliud. Si quidam maledicant, ne ideo turberis, neque cures si te palam contumelia afficiant; sed eorum conscientiam explora, et videbis illos plaudentes, mirantes, et mille intus laudibus ornantes. Vide igitur quo pacto Nabuchodonosor pueros in fornace laudet, etiamsi hostis inimicusque esset : sed quia vidit fortiter stantes, illos prædicat et coronat, non alia de causa, nisi quia ipsi non obtemperantes, legem Dei audierant. Diabolus enim, cum videt se nihil proficere, demum abscedit, timens ne plures nobis coronas conciliet. Cum autem ille discesserit, quantumvis facinorosus et scelestus quis fuerit, sublata illa caligine virtutem agnoscet. Quod si homines a recto ratiocinio deflectant, a Deo majorem admirationem laudemque referes.

Filius æqualis Patri.

Dan. 3.

8. Ne doleas itaque, neque animo concidas : nam et apostoli aliis quidem erant odor mortis,

2. Cor. 2. 16.

197 Θεὸν, ἀλλὰ, τὸν πατέρα, τῆς μελλούσης δίδοσθαι αὐ-
A τοῖς εὐγενείας ἤδη προκαταβάλλων τὰ σπέρματα. Εἶτα δεικνὺς τὸ ὁμότιμον, ἀνωτέρω μὲν ἔλεγε· μὴ λυπεῖσθε ὅταν κακῶς ἀκούητε· ἀρκεῖ γὰρ ὑμῖν τὸ δι' ἐμὲ ταῦτα ἀκούειν· ἐνταῦθα δὲ τὸν Πατέρα τίθησι, [a] πανταχοῦ τὸ ἴσον δηλῶν. Εἰδότες τοίνυν τὸ ἀπὸ τῆς σπουδῆς ταύτης κέρδος, καὶ τῆς ῥᾳθυμίας τὸν κίνδυνον (τῆς γὰρ ἡμετέρας ἀπωλείας πολλῷ χεῖρον τὸ τὸν Δεσπότην τὸν ἡμέτερον βλασφημεῖσθαι δι' ἡμᾶς), ἀπρόσκοποι γινώμεθα καὶ Ἰουδαίοις καὶ Ἕλλησι, καὶ τῇ Ἐκκλησίᾳ τοῦ Θεοῦ, τόν τε βίον ἡλίου λαμπρότερον παρεχόμενοι, κἂν τις βούληται κακηγορεῖν, μὴ τὸ κακῶς ἀκούειν ἀλγοῦντες, ἀλλὰ τὸ δικαίως ἀκούειν κα-
B κῶς. Ἂν μὲν ἐν πονηρίᾳ ζῶμεν, κἂν μηδεὶς ὁ κακηγορῶν ᾖ, πάντων ἐσμὲν ἀθλιώτεροι· ἂν δὲ ἀρετῆς ἐπιμελώμεθα, κἂν ἡ οἰκουμένη λέγῃ κακῶς, τότε πάντων ἐσόμεθα ζηλωτότεροι, καὶ πάντας ἐπισπασόμεθα τοὺς σώζεσθαι προαιρουμένους· οὐδὲ γὰρ τῇ κακηγορίᾳ τῶν πονηρῶν, ἀλλὰ τῇ ἀρετῇ τοῦ βίου προσέξουσι. Καὶ γὰρ σάλπιγγος ἁπάσης λαμπροτέρα ἡ διὰ τῶν ἔργων ἐπίδειξις, [b] καὶ τοῦ φωτὸς αὐτοῦ φανερώτερος βίος καθαρὸς, κἂν μυρίοι οἱ διαβάλλοντες ὦσιν. Ἂν γὰρ τὰ προειρημένα ἅπαντα ἔχωμεν, καὶ πρᾶοι, καὶ ταπεινοὶ, καὶ ἐλεήμονες ὦμεν, καὶ καθαροὶ, καὶ εἰρηνοποιοὶ, καὶ κακῶς ἀκούοντες μὴ ἀνθυβρίζωμεν, ἀλλὰ
C καὶ χαίρωμεν, τῶν σημείων οὐκ ἔλαττον ἐπισπασόμεθα τοὺς θεωροῦντας ἡμᾶς, καὶ ἡδέως ἅπαντες πρὸς ἡμᾶς ἥξουσι, κἂν θηρίον, κἂν δαίμων ᾖ τις, κἂν ὁτιοῦν. Εἰ δὲ εἶέν τινες οἱ κακηγοροῦντες, μηδὲν θορυβηθῇς ἐντεῦθεν, μηδ' ὅτι σε δημοσίᾳ ὑβρίζουσιν ἴδῃς, ἀλλ' ἐξέτασον αὐτῶν τὸ συνειδὸς, καὶ ὄψει κροτοῦντάς σε καὶ θαυμάζοντας, καὶ μυρίους ἀριθμοῦντας ἐπαίνους. Ὅρα γοῦν πῶς ὁ Ναβουχοδονόσορ ἐπαινεῖ τοὺς παῖδας τοὺς ἐν τῇ καμίνῳ· καίτοι γε ἐχθρὸς ἦν καὶ πολέμιος· ἀλλ' ἐπειδὴ εἶδε γενναίως ἑστῶτας,
D ἀνακηρύττει καὶ στεφανοῖ, δι' ἕτερον μὲν οὐδὲν, ὅτι δὲ αὐτοῦ παρήκουσαν, καὶ τοῦ νόμου ἤκουσαν τοῦ Θεοῦ. Ὁ γὰρ διάβολος, ὅταν ἴδῃ ἑαυτὸν μηδὲν ἀνύοντα, ἀφίσταται λοιπὸν, δεδοικὼς μὴ πλειόνων ἡμῖν στεφάνων αἴτιος γένηται. Ἐκείνου δὲ ἀποστάντος, κἂν μιαρὸς ᾖ τις καὶ διεφθαρμένος, γνώσεται τὴν ἀρετὴν, τῆς ἀχλύος ἐκείνης ἀναιρεθείσης. Ἂν δὲ καὶ ἄνθρωποι παραλογίσωνται, παρὰ τοῦ Θεοῦ ἕξεις τὸν ἔπαινον καὶ τὸ θαῦμα μεῖζον.

E Μὴ τοίνυν ἄλγει, μηδὲ κατάπιπτε· ἐπεὶ καὶ οἱ ἀπόστολοι τοῖς μὲν ὀσμὴ θανάτου ἦσαν, τοῖς δὲ ὀσμὴ ζωῆς.

[a] Nonnulli τὸ πανταχοῦ ἴσον δηλῶν.

[b] Quidam τοῦ φωτὸς αὐτοῦ καθαρώτερος, καὶ φανερώτερος βίος. Et paulo post ἂν οὖν τὰ προειρημένα.

Ἂν γὰρ σὺ μηδεμίαν παράσχῃς λαβὴν, πάντων ἀπήλλαξαι τῶν ἐγκλημάτων· μᾶλλον δὲ καὶ μακαριώτερος γέγονας. Λάμπε τοίνυν κατὰ τὸν βίον, καὶ τῶν κακηγορούντων μηδένα ποιοῦ λόγον. Οὐ γὰρ ἔστιν, οὐκ ἔστιν, ἀρετῆς [c] ἐπιμελόμενον μὴ πολλοὺς ἔχειν ἐχθρούς. Ἀλλ' οὐδὲν τούτων πρὸς τὸν ἐνάρετον· διὰ γὰρ τῶν 198 A τοιούτων λαμπρότερος ἔσται μειζόνως. Ταῦτ' οὖν ἐννοοῦντες, ἓν μόνον σκοπῶμεν, [a] μετὰ ἀκριβείας τὸν ἑαυτῶν οἰκονομεῖν βίον· οὕτω γὰρ πρὸς τὴν ἐκεῖ χειραγωγήσομεν ζωὴν τοὺς ἐν σκότῳ καθημένους. Τοιαύτη γὰρ τοῦ φωτὸς τούτου ἡ δύναμις, ὡς μὴ ἐνταῦθα μόνον λάμπειν, ἀλλὰ καὶ ἐκεῖ ἐφοδηγεῖν τοὺς ἑπομένους. Ὅταν γὰρ ἴδωσι πάντων τῶν παρόντων καταφρονοῦντας, καὶ πρὸς τὸ μέλλον παρασκευαζομένους, πρὸ λόγου παντὸς τοῖς ἔργοις ἡμῶν πεισθήσονται. Τίς γὰρ οὕτως ἀνόητος, ὡς ὁρῶν τὸν χθὲς καὶ πρώην τρυφῶντα καὶ πλουτοῦντα, πάντα ἀποδυόμενον, καὶ πτερούμενον, καὶ πρὸς λιμὸν καὶ πενίαν, καὶ πρὸς σκληραγωγίαν ἅπασαν, καὶ πρὸς κινδύνους, καὶ πρὸς B αἷμα, καὶ πρὸς σφαγὴν, καὶ πρὸς πάντα τὰ δοκοῦντα εἶναι δεινὰ παρατεταγμένον, μὴ σαφῆ λαβεῖν τῶν μελλόντων ἐντεῦθεν ἀπόδειξιν; Ἂν δὲ τοῖς παροῦσιν ἑαυτοὺς ἐμπλέκωμεν, καὶ ἐνδοτέρω [b] ὠθῶμεν, πῶς δυνήσονται πεισθῆναι, ὅτι πρὸς ἀποδημίαν ἐπειγόμεθα ἑτέραν; Τίς δὲ ἡμῖν ἔσται ἀπολογία λοιπὸν, ὅταν ὅσον ἴσχυσεν ἡ ἀνθρωπίνη δόξα παρὰ τοῖς Ἑλλήνων φιλοσόφοις, μὴ ἰσχύσῃ παρ' ἡμῖν ὁ τοῦ Θεοῦ φόβος; Καὶ γὰρ ἐκείνων τινὲς καὶ χρήματα ἀπεδύσαντο, καὶ θανάτου κατεφρόνησαν, ἵνα ἀνθρώποις ἐπιδείξωνται· διὸ καὶ κεναὶ γεγόνασιν αὐτῶν αἱ ἐλπίδες. Τίς οὖν ἡμᾶς ἐξαιρήσεται λόγος, ὅταν τοσούτων προκειμένων, C καὶ τοσαύτης τῆς φιλοσοφίας ἡμῖν ἀνοιχθείσης, μηδὲ τὰ αὐτὰ δυνηθῶμεν ἐκείνοις, ἀλλὰ καὶ ἑαυτοὺς καὶ ἑτέρους προσαπόλλυμεν; Οὐδὲ γὰρ οὕτω βλάπτει [c] Ἕλλην παράνομα πράσσων, ὡς Χριστιανὸς ταῦτα ποιῶν· καὶ μάλα εἰκότως. Ἐκείνων μὲν γὰρ διεφθαρμένη ἡ δόξα· ἡ δὲ ἡμετέρα διὰ τὴν τοῦ Θεοῦ χάριν καὶ παρὰ τοῖς ἀσεβέσι σεμνὴ καὶ περιφανής. Διὸ ὅταν μάλιστα ἡμῖν ὀνειδίσαι βούλωνται, καὶ τὴν κακηγορίαν αὐξῆσαι, τοῦτο ἐπιλέγουσιν, οἷον, [d] ὁ Χριστιανός· οὐκ ἂν εἰπόντες, εἰ μὴ μεγάλην περὶ τοῦ D δόγματος ἔσχον ὑπόνοιαν. Οὐκ ἤκουσας πόσα ὁ Χριστὸς ἐπέταξε καὶ ἡλίκα; Πότε οὖν δυνήσῃ μίαν ἐκείνων ἀνύσαι τῶν ἐντολῶν, ὅταν πάντα ἀφεὶς, περιέρχῃ τόκους συλλέγων, δανείσματα ῥάπτων, πρα-

aliis autem odor vitæ. Nam si tu nullam ansam dederis, ab omni crimine liberaris; imo beatior effectus es. Resplende igitur in vita, et maledicos ne cures. Non potest enim, non potest sane qui virtutem colit non multos habere inimicos. Sed nihil horum probo nocere potest: per hæc enim longe splendidior erit. Hæc itaque cogitantes, unum tantum scopum habeamus, cum diligentia nostram dispensare vitam: sic enim eos qui in tenebris sedent, ad supernam vitam quasi manu ducemus. Tanta scilicet hujus lucis vis est, ut non hic tantum fulgeat, sed et sequentes se illo deducat. Cum enim nos viderint præsentia omnia despicientes et ad futura præparatos, operibus magis quam verbis obtemperabunt. Quis enim est ita stultus, qui videns hominem heri et nudius tertius deliciantem et divitem, jam exutum omnibus et ceu volucrem effectum, ad famem, et paupertatem, ad macerationem omnem, ad pericula, ad sanguinem fundendum, ad necem atque ad omnia quæ dura reputantur paratum, non hinc clarum accipiat futurorum argumentum? Si vero præsentibus nos implicemus, atque in illis nos immergamus, quomodo credere poterunt, nos ad aliam festinare patriam? Quæ vero nobis demum erit excusatio, cum non tantum valeat apud nos Dei timor, quantum valuit apud Græcorum philosophos humana gloria? Nam illorum quidam pecunias abjecerunt, et mortem contemserunt, ut sese hominibus ostentarent: ideoque vana fuit illorum spes. Quænam ergo nos defensio liberabit, cum post tanta nobis proposita bona, et post tantam nobis apertam ad philosophandum viam, ne paria quidem illis exsequi possimus, sed et nos et alios pessumdemus? Neque enim ita nocet Græcus inique agens, ut Christianus idipsum faciens: et jure quidem. Illorum enim putrida est doctrina et opinio; nostra vero per Dei gratiam etiam apud impios venerabilis est et illustris. Idcirco quando maxime nobis exprobrare volunt et maledicta augere, id subjungunt, Christianus; non id dicturi certe, nisi magnam de doctrina nostra haberent opinionem. Non audisti qualia et quanta Christus jusserit? Quando ergo poteris vel unum ejus implere præceptum, cum missis omnibus,

Philosophi quidam et pecunias et mortem spreverunt.

Christiani nomen apud Gentiles probro dabatur.

• Quidam habent ἐπιμελούμενον. Mox Morel. et Mss. οὐδὲν τούτων. Savil. οὐδὲν τοῦτο.

[a] Sic Savil. et Mss.; Morel. καὶ μετὰ ἀκριβείας τὸν ἑαυτῶν οἰκονομῶμεν βίον.

[b] ὠθοῦμεν quidam.

[c] Ἕλλην hic videtur gentilem et idololatram significare; sed quia hic agitur de Græcorum philosophis, Græcum vertimus. Ibidem quidam τοιαῦτα ποιῶν.

[d] ὁ Χριστιανός, *Christianus*. Ergo tempore Chrysostomi etiam Christiani nomen probro erat apud gentiles, quemadmodum Tertulliani ævo, ut ait ipse libro primo Ad Nationes. Quidam Mss. hic κατηγορίαν habent.

circumeas usuras colligens, fœnus fœnori addens,
negotiationes instituens, servorum greges emens,
argentea vasa comparans, agros, domos, supellectilem immensam? Et utinam id solum ageres.
Cum vero his intempestivis injustitiam quoque
addas, terram finitimis abstrahas, domos spolies,
pauperes atteras, famem augeas, quando poteris
ad hæc limina accedere? Verum quandoque pauperum misereris. Id et ego novi : sed hic quoque multa pernicies est. Aut enim cum fastu, aut
ad vanam gloriam id agis, ut nec in bonis quidem operibus aliquid lucreris : quo quid miserabilius umquam fuerit, cum in portu ipso naufragium patiaris? Ne igitur id eveniat, cum boni
aliquid operatus es, ne quæras a me gratiam, ut
Luc. 6. 35. Deum habeas debitorem, qui ait : *Mutuum date
iis a quibus non speratis vos accepturos.* Habes
debitorem; cur illo relicto, a me exposcis, homine paupere et misero? Num indignatur hic
debitor, cum debitum exigitur? num pauper est?
num solvere recusat? Non vides ejus ineffabiles
thesauros? non vides illam inenarrabilem liberalitatem? Ab illo igitur exige et exposce. Sic rogatus gaudet. Nam si viderit ab alio exigi id quod
ipse debet, contumelia affectum se putabit, nec
tibi postea reddet, imo te juste accusabit. In quo
me ingratum, inquiet, deprehendisti? mene pauperem putas, qui me prætermisso alios adeas?
alii mutuum dedisti, et ab alio exigis? Etsi namque homo acceperit, Deus dare jussit : ipse primus debitor et sponsor esse vult, innumeras tibi
præbens ab eo petendi occasiones. Ne igitur tanta
facilitate tantaque abundantia prætermissa, a me
accipere quæras qui nihil habeo. Qua de causa te
mihi ostentas, cum pauperi erogas? Num ego
dixi tibi, Da? num a me audisti, ut a me exigas?
Prov. 19. 17. Ipse dixit : *Qui miseretur pauperi, fœneratur
Deo.* Deo fœneratus es? Ab illo exige. At non totum nunc reddit? Verum id ad utilitatem tuam
facit. Est quippe talis debitor, qui non solum id
quod mutuo datum est, ut multi faciunt, reddere festinet; sed etiam id agat, ut id quod datum est, in tuto depositum sit. Ideo quæ hic
debita sunt reddit; quæ illic, reservat.

γματείας συντιθεὶς, ἀγέλας ἀνδραπόδων ὠνούμενος, ἀργυρᾶ σκεύη κατασκευάζων, ἀγροὺς καὶ οἰκίας καὶ ἔπιπλα ἀγοράζων μυρία; Καὶ εἴθε τοῦτο μόνον. Ὅταν δὲ ταῖς ἀκαίροις [c] ταύταις σπουδαῖς καὶ ἀδικίαν προ-
E τιθῇς, γῆν ἀποτεμνόμενος, οἰκίας ἀποσπῶν, πενίαν ἐπιτρίβων, λιμὸν αὔξων, πότε δυνήσῃ τῶν προθύρων ἐπιβῆναι τούτων; Ἀλλ' ἔστιν ὅτε καὶ πένητας ἐλεεῖς. Οἶδα κἀγώ· ἀλλὰ καὶ ἐκεῖ πολλὴ πάλιν ἡ λύμη. Ἢ
199 γὰρ μετὰ τύφου, ἢ μετὰ κενοδοξίας τοῦτο ποιεῖς, ἵνα
A μηδὲ ἐν τοῖς ἀγαθοῖς κερδάνῃς· οὗ τί γένοιτ' ἂν [a] ἀθλιώτερον, ὅταν καὶ ἐν τῷ λιμένι ναυαγῇς; Ἵν' οὖν μὴ τοῦτο γένηται, ποιήσας τι καλὸν, μὴ ζήτει παρ' ἐμοῦ τὴν χάριν, ἵνα τὸν Θεὸν ἔχῃς ὀφειλέτην· Δανείζετε γὰρ, φησὶ, παρ' ὧν μὴ προσδοκᾶτε λήψεσθαι. Ἔχεις χρεώστην· τί ἐκεῖνον ἀφεὶς, ἐμὲ ἀπαιτεῖς, ἄνθρωπον πένητα καὶ ταλαίπωρον; Μὴ γὰρ ἀγανακτεῖ ὁ χρεώστης ἀπαιτούμενος; μὴ γὰρ πένης ἐστί; μὴ γὰρ οὐ βούλεται καταθεῖναι; Οὐχ ὁρᾷς αὐτοῦ τοὺς ἀφάτους θησαυρούς; οὐχ ὁρᾷς τὴν ἀνεκδιήγητον φιλο-
B τιμίαν; Αὐτὸν τοίνυν κάτασχε καὶ [b] ἀπαίτησον. Οὕτω γὰρ ἀπαιτούμενος χαίρει. Ἂν γὰρ ἕτερον ἀπαιτούμενον ἴδῃ ἀνθ' ὧν αὐτὸς ὀφείλει, ὡς ὑβρισθεὶς οὕτω διακείσεται· καὶ οὐκέτι σοι ἀποδίδωσιν, ἀλλὰ καὶ ἐγκαλεῖ δικαίως. Ποίαν γάρ μου ἀγνωμοσύνην κατέγνως; φησί· ποίαν μοι πενίαν σύνοιδας, ὅτι παραδραμὼν ἐμὲ ἐφ' ἑτέρους ἔρχῃ; ἄλλῳ ἐδάνεισας, καὶ ἄλλον ἀπαιτεῖς; Εἰ γὰρ καὶ ἄνθρωπος ὑπεδέξατο, ἀλλ' ὁ Θεὸς ἐκέλευσε καταβαλεῖν· καὶ αὐτὸς καὶ πρωτότυπος ὀφειλέτης καὶ ἐγγυητὴς εἶναι βούλεται, μυρίας σοι παρέχων ἀφορμὰς τοῦ πάντοθεν αὐτὸν ἀπαιτεῖν.
C Μὴ δὴ οὖν τοσαύτην εὐκολίαν καὶ εὐπορίαν ἀφεὶς, παρ' ἐμοῦ ζήτει λαβεῖν τοῦ μηδὲν ἔχοντος. Τίνος γὰρ ἕνεκεν ἐμοὶ ἐπιδείκνυσαι ἐλεῶν πένητα; Μὴ γὰρ ἐγώ σοι εἶπον, δός; μὴ γὰρ παρ' ἐμοῦ ἤκουσας, ἵνα καὶ παρ' ἐμοῦ ἀπαιτήσῃς; Αὐτὸς εἶπεν· Ὁ ἐλεῶν πένητα, δανείζει Θεῷ. Θεῷ ἐδάνεισας; Αὐτῷ [c] ἀπαίτει. Ἀλλ' οὐκ ἀποδίδωσι τὸ πᾶν νῦν; Καὶ τοῦτο ὑπὲρ σοῦ ποιεῖ. Τοιοῦτος γὰρ ὁ ὀφειλέτης· οὐχ ὡς πολλοὶ τὸ δανεισθὲν σπουδάζουσιν ἀποδοῦναι μόνον, ἀλλ' ὥστε καὶ τὸ δοθὲν ἐν ἀσφαλείᾳ καταθεῖναι, πάντα πραγματεύεται καὶ ποιεῖ. Διὰ τοῦτο τὰ μὲν ἐνταῦθα καταβάλλει, τὰ
D δὲ ἐκεῖ ταμιεύεται.

9. Hæc cum sciamus, misericordiæ magnam demus operam, multamque humanitatem exerceamus, et pecuniis et operibus. Et si videamus ali-

Ταῦτ' οὖν εἰδότες πολὺν ποιῶμεν τὸν ἔλεον, καὶ πολλὴν τὴν φιλανθρωπίαν ἐπιδειξώμεθα, [d] καὶ διὰ χρημάτων, καὶ διὰ πραγμάτων. Κἂν ἴδωμέν τινα

[c] Morel. ταύτης, male. Infra Savil. τῶν θυρῶν. Morel. τῶν προθύρων, et sic legit Georgius Trapezuntius.

[a] Unus ἐλεεινότερον, ὅταν.

[b] Unus ἐπαίτησον.

[c] Alii αὐτῷ ἐπίδες, alii αὐτῷ περίθες, alii αὐτῷ ἀπαίτει.

[d] Alii habent, καὶ διὰ ῥημάτων, non male. Mox Morel. καλῶς πάσχοντα, quæ lectio minus quadrat.

κακῶς πάσχοντα καὶ τυπτόμενον ἐν ἀγορᾷ, κἂν ἀργύριον δυνατὸν καταβαλεῖν, ποιῶμεν· κἂν λόγοις δυνατὸν διαλῦσαι, μὴ ὀκνῶμεν. Ἔστι γὰρ καὶ λόγου μισθός· μᾶλλον δὲ καὶ στεναγμῶν· καὶ τοῦτο ὁ μακάριος Ἰὼβ ἔλεγεν· Ἐγὼ δὲ ἔκλαυσα ἐπὶ παντὶ ἀδυνάτῳ· ἐστέναξα δὲ ἰδὼν ἄνδρα ἐν ἀνάγκαις. Εἰ δὲ δακρύων καὶ στεναγμῶν ἐστι μισθὸς, ὅταν καὶ λόγοι καὶ σπουδὴ, καὶ πολλὰ ἕτερα προσῇ, ἐννόησον E ἡλίκη ἡ ἀντίδοσις γίνεται. Καὶ γὰρ καὶ ἡμεῖς ἐχθροὶ ἦμεν τῷ Θεῷ· καὶ ὁ Μονογενὴς ἡμᾶς κατήλλαξε, μέσον ἑαυτὸν ἐμβαλὼν, καὶ πληγὰς ὑπὲρ ἡμῶν δεξάμενος, καὶ θάνατον ὑπὲρ ἡμῶν ὑπομείνας. Σπουδάσωμεν τοίνυν καὶ ἡμεῖς τοὺς ἐμπίπτοντας μυρίων ἀπαλλάττειν κακῶν, ἀλλὰ μὴ, ὡς νῦν ποιοῦμεν, καὶ περιβάλλειν, ἐπειδὰν ἴδωμέν τινας συγκρουομένους καὶ συῤῥηγνυμένους ἀλλήλοις, [c] ἱστάμενοι καὶ εὐφραι-
200 A νόμενοι ταῖς ἑτέρων ἀσχημοσύναις, καὶ θέατρον περιιστῶντες διαβολικόν· οὗ τί γένοιτ' ἂν ὠμότερον; Ὁρᾷς κακῶς ἀκούοντας, διαῤῥηγνυμένους, κατατέμνοντας τὴν ἐσθῆτα, συγκοπτομένους τὸ πρόσωπον, καὶ ὑπομένεις ἡσυχῇ παρεστάναι; Μὴ γὰρ ἄρκτος ἐστὶν ὁ μαχόμενος; μὴ γὰρ θηρίον; μὴ γὰρ ὄφις; Ἄνθρωπός ἐστιν ὁ πανταχοῦ σοι κοινωνῶν, ἀδελφός ἐστι, μέλος ἐστί. Μὴ θεώρει, ἀλλὰ διάλυε· μὴ τέρπου, ἀλλὰ διόρθου· μὴ ἑτέρους παρακίνει ἐπὶ τὴν ἀσχημοσύνην, ἀλλὰ καὶ τοὺς συνειλεγμένους ἀποσόβει
B καὶ διάλυε. Ἀναισχύντων γὰρ καὶ οἰκοτρίβων τὸ χαίρειν ταῖς τοιαύταις συμφοραῖς, καὶ καθαρμάτων [a] καὶ ἀνθρώπων ἀλόγων. Ὁρᾷς ἄνθρωπον ἀσχημονοῦντα, καὶ οὐχ ἡγῇ αὐτὸς ἀσχημονεῖν; οὐδὲ εἰσέρχῃ μέσος, καὶ διασκεδάζεις τοῦ διαβόλου τὴν φάλαγγα, καὶ τὰ ἀνθρώπινα διαλύεις κακά; Ἵνα καὶ αὐτὸς πληγὰς λάβω; φησί· καὶ σὺ τοῦτο κελεύεις; Μάλιστα μὲν οὐδὲ τοῦτο πείσῃ· ἂν δὲ καὶ τοῦτο πάθῃς, μαρτύριόν σοι τὸ πρᾶγμά ἐστι· διὰ γὰρ τὸν Θεὸν ἔπαθες. Εἰ δὲ πληγὰς ὀκνεῖς λαβεῖν, ἐννόησον ὅτι ὁ Δεσπότης σου σταυρὸν οὐκ ὤκνησεν ὑπομεῖναι διὰ σέ. Ἐκεῖνοι μὲν γὰρ μεθύουσι καὶ ἐσκότωνται, τοῦ θυμοῦ τυραννοῦντος καὶ στρατηγοῦντος αὐτοῖς, δέονταί τι-
C νος ὑγιαίνοντος, τοῦ βοηθήσοντος αὐτοῖς, ὅ τε ἀδικῶν, ὅ τε ἀδικούμενος· ὁ μὲν, ἵνα ἀπαλλαγῇ πάσχων κακῶς, ὁ δὲ, ἵνα παύσηται ποιῶν κακῶς. [b] Πρόσελθε τοίνυν καὶ χεῖρα ὄρεξον, νήφων τῷ μεθύοντι. Ἔστι γὰρ καὶ ὀργῆς μέθη, καὶ τῆς ἐκ τοῦ οἴνου χαλεπωτέρα. Οὐχ ὁρᾷς τοὺς ναύτας, οἳ ὅταν ναυαγίῳ τινὰς περιπεσόντας ἴδωσι, πῶς τὰ ἱστία πετάσαντες μετὰ πολλῆς ἀπέρχονται σπουδῆς, ὥστε τοὺς ὁμοτέχνους ἐξαρπάσαι τοῦ

quem male mulctatum et cæsum in foro, si argentum possumus deponere, deponamus; si verbis rem possumus terminare, ne pigeat. Est enim etiam pro sermone merces; imo etiam pro gemitibus; idque beatus Job dicebat: *Ego autem flebam* Job. 30. 25.
super omnem infirmum: ingemui autem videns virum in necessitatibus. Si autem pro lacrymis et gemitibus merces est, quando etiam sermones et sollicitudo multaque alia adhibentur, cogita quanta sit retributio. Etenim et nos inimici Dei eramus; et Unigenitus nos reconciliavit, sese medium conjiciens, et plagas pro nobis excipiens, mortemque patiens. Studeamus itaque et nos, eos qui in hæc incidunt a malis innumeris liberare; non vero, quod nunc facimus, in mala eos immittere: cum quospiam videmus in se mutuo irruere, alterumque ab altero male affici; adstantes enim gaudemus de aliorum dedecore, theatrumque diabolicum circum statuimus: quo quid immanius umquam fuerit? Vides male audientes, se mutuo discerpentes, vestem discindentes, faciem cædentes, et quiete stare sustines? Num ursus est is qui pugnat? num fera? num serpens? Homo est tecum semper communicans, frater est, membrum tuum est. Ne spectator sis, sed solve rixam; ne læteris, sed corripe; ne alios excites ad tantum dedecus, sed confligentes arce et dirime. Impudentium enim et otiosorum est talibus gaudere calamitatibus, nefariorum et irrationalium hominum. Vides hominem turpiter agentem, nec advertis te etiam turpiter agere? neque in medium irruis, ut diaboli phalangem dissipes, et humana mala solvas? At, inquies, ut et ego plagas accipiam, ita jubes? Atqui id tu non patieris; si vero patiaris, id tibi martyrii loco erit: propter Deum enim passus es. Si vero plagas accipere cunctaris, cogita Dominum tuum crucem propter te passum esse. Illi enim velut ebrii et obtenebrati sunt, furore duce et tyrannidem exercente, opus autem habent sanæ mentis homine, qui ipsis auxilietur, tam nempe lædens, quam patiens: hic quidem, ut male patiens liberetur; ille vero, ut mala inferre desinat. Accede igitur, et manum porrige sobrius temulento. Ira quippe ebrietatem parit, vini temulentia deteriorem. Non vides nautas, cum aliquos cernunt incidere in naufragium, quomodo vela expandentes, cum magna diligentia

[c] Sic Savil. et aliquot Mss., Morel. ἀλλήλοις, ἑστήκαμεν εὐφραινόμενοι. Paulo post quidam τί γένοιτ' ἂν ἀνοητότερον.

[a] Savil. et quidam Mss. καὶ ὄνων ἀλόγων. Morel. et alii καὶ ἀνθρώπων ἀλόγων, quam lectionem sequitur Interpres. Utraque ferri potest.

[b] Savil. et Morel. πάρελθε Manuscripti non pauci πρόσελθε, quæ lectio anteferenda videtur.

properent, ut socios ex fluctibus eruant? Si vero artis ejusdem consortes tantum sibi mutuo præstant auxilium, multo magis ejusdem naturæ consortes hæc omnia facere par est. Nam hic quoque naufragium est illo perniciosius. Aut enim ille læsus blasphemavit, et omnia bona evacuavit; aut pejeravit, ira cogente, atque in gehennam incidit; vel plagam infert atque necem, et hoc ipsum patitur naufragium. Perge igitur, malum illud seda, demersos extrahe, in ipsum tempestatis pelagus descendens, ac soluto diaboli theatro, seorsim singulos admone, flammam exstingue, fluctusque comprime. Si vero majus fuerit incendium, fornaxque ardentior, ne formides : multi enim adsunt qui tibi opitulentur, manumque porrigant, si solum incipias, atque præ omnibus Deus pacis. Et si prior flammam excusseris, multi alii sequentur, sicque eorum, quæ ipsi recte fecerint, tu mercedem accipies. Audi quid Christus Judæis humi repen-
Exod. 23. 5. tibus præceperit. *Si videris*, inquit, *jumentum inimici tui lapsum, ne prætercurras, sed erige illud.* Atqui longe facilius est sese mutuo verberantes homines separare, quam jumentum erigere. Si vero inimicorum asinum, multo magis amicorum animas oportet erigere : cum maxime deterior est ruina; neque enim in cœnum, sed in gehennam ignis incidunt, quod iræ pondus grave non sustinuerint. Tu vero videns fratrem sub sarcina jacentem, et diabolum instantem ac rogum succendentem, inhumaniter crudeliterque prætercurris, quod ne erga bruta quidem sine periculo admittitur.

Luc. 10. 33. sqq. 10. Samaritanus quidem ille saucium videns ignotum, nihilque ad eum pertinentem, et stetit, et jumento suo imposuit, inque diversorium deduxit, ac medicum mercede conduxit, argentumque partim dedit, partimque pollicitus est. Tu vero dum hominem vides qui incidit, non in latrones, sed in dæmoniorum cohortes, quique furore correptus est, non in deserto, sed in medio foro, non pecuniam impensurus, nec jumentum conducturus, vel aliquem procul missurus, sed verba tantum prolaturus, cunctaris ac refugis, atque sine misericordia prætercurris? Et quomodo speras te

κλύδωνος; Εἰ δὲ τέχνης κοινωνοὶ τοσαύτην ἐπιδείκνυνται προστασίαν, [c] πολλῷ μᾶλλον τοὺς τῆς φύσεως κοινωνοὺς ταῦτα πάντα ποιεῖν δίκαιον. Καὶ γὰρ καὶ
D ἐνταῦθα ναυάγιόν ἐστιν ἐκείνου χαλεπώτερον. Ἢ γὰρ ἐβλασφήμησεν ἐπηρεασθεὶς, καὶ πάντα ἐκένωσεν· ἢ ἐπιώρκησεν [d] ὑπὸ τοῦ θυμοῦ τυραννούμενος, καὶ πάλιν εἰς γέενναν ἐνέπεσεν· ἢ πληγὴν δίδωσι καὶ φόνον ἐργάζεται, καὶ τὸ αὐτὸ τοῦτο πάλιν ὑπομένει ναυάγιον. Ἄπελθε τοίνυν, καὶ στῆσον τὸ κακὸν καὶ καταποντιζομένους ἀνάσπασον, εἰς αὐτὸ τῆς ζάλης τὸ πέλαγος καταβὰς, καὶ διαλύσας τοῦ διαβόλου τὸ θέατρον, καὶ κατ' ἰδίαν λαβὼν ἕκαστον παραίνεσον, κατάστειλαι τὴν φλόγα, καὶ τὰ κύματα κοίμισαι. Εἰ δὲ μείζων ἡ πυρὰ καὶ χαλεπωτέρα γίνεται ἡ κάμινος, μὴ φοβηθῇς· πολλοὺς γὰρ ἔχεις τοὺς συν-
E εφαπτομένους, καὶ χεῖρα ὀρέγοντας, ἂν ἀρχὴν παράσχῃς μόνον, καὶ πρό γε πάντων τὸν τῆς εἰρήνης Θεόν. [e] Κἂν πρῶτος διατινάξῃς τὴν φλόγα, πολλοὶ καὶ ἕτεροι ἀκολουθήσουσι, καὶ τῶν ὑπ' ἐκείνων κατορθουμένων αὐτὸς λήψῃ τὸν μισθόν. Ἄκουσον τί παρῄνεσεν
201 [f] ὁ Χριστὸς τοῖς Ἰουδαίοις τοῖς χαμαὶ ἕρπουσιν· Ἂν
A τὸ ὑποζύγιον ἴδῃς τοῦ ἐχθροῦ σου, φησὶ, καταπῖπτον, μὴ παραδράμῃς, ἀλλὰ [a] ἀνάστησον. Καίτοι τοῦ κείμενον ὑποζύγιον ἀναστῆσαι πολὺ κουφότερον τὸ μαχομένους ἀνθρώπους διαλῦσαι καὶ διαλλάξαι. Εἰ δὲ ἐχθρῶν ὄνον, πολλῷ μᾶλλον φίλων ψυχὰς [b] συνδιαναστῆσαι χρή· καὶ μάλιστα ὅταν χαλεπώτερον ᾖ τὸ πτῶμα· οὐ γὰρ εἰς βόρβορον αὗται πίπτουσιν, ἀλλ' εἰς τὸ τῆς γεέννης πῦρ, τὸ φορτίον οὐ φέρουσαι τοῦ θυμοῦ. Σὺ δὲ ὁρῶν τὸν ἀδελφὸν ὑπὸ τὸν γόμον κείμενον, καὶ τὸν διάβολον ἐφεστῶτα, καὶ τὴν πυρὰν ἀνάπτοντα, παρατρέχεις ὠμῶς καὶ ἀνιλεῶς· ὅπερ
D οὐδὲ [c] ἐπ' ἀλόγων ποιῆσαι ἀκίνδυνον.

Καὶ ὁ μὲν Σαμαρείτης τραυματίαν ἰδὼν ἀγνῶτα, καὶ οὐδὲν αὐτῷ προσήκοντα, καὶ ἐπέστη, καὶ ἐπὶ ὑποζύγιον ἀνεβίβασε, καὶ εἰς τὸ πανδοχεῖον κατήγαγε, καὶ ἰατρὸν ἐμισθώσατο, καὶ τὸ μὲν ἔδωκεν ἀργύριον, τὸ δὲ ὑπέσχετο. Σὺ δὲ οὐ λῃσταῖς περιπεσόντα βλέπων, ἀλλὰ δαιμονίων φάλαγγι καὶ θυμοῦ πολιορκίᾳ, οὐκ ἐν ἐρημίᾳ, ἀλλ' ἐν ἀγορᾷ μέσῃ χρήματα ἀναλίσκειν μέλλων, οὐδὲ ὑποζύγιον μισθοῦσθαι, οὐδὲ [d] μακρὰν πέμπειν ὁδὸν, ἀλλὰ ῥήματα φθέγγεσθαι μόνον, ὀκνεῖς καὶ ἀναδύῃ, καὶ παρατρέχεις ὠμῶς καὶ ἀνιλεῶς; Καὶ πῶς προσδοκᾷς τὸν Θεὸν καλῶν ἵλεώ ποτε
C ἕξειν; Εἴπω δὲ καὶ πρὸς ὑμᾶς τοὺς ἀσχημονοῦντας

[c] Alii πόσῳ μᾶλλον.

[d] Sic Savil., melius quam Morel., qui habet ἀπὸ τοῦ θυμοῦ.

[e] Ita Savil., recte; Morel. vero καὶ πρῶτος διατινάξεις.

[f] [Vertit G. Trapezuntius : *Audi quid aliquando Judæis præceperit Deus*. Recte. Pro ὁ Χριστὸς legendum ὁ Θεός : verba enim quæ sequuntur, desumpta sunt ex Veteri Testamento.]

[a] Alii συγκατάστησον.

[b] Alii διαναστῆσαι.

[c] Savil. et Morel. ἐπ' ἀλόγων. Mss. multi ἐπ' ἀλόγῳ.

[d] Mss. multi μακρὰν προπέμπειν ὁδόν.

δημοσίᾳ, πρὸς τὸν ἐπηρεάζοντα καὶ ἀδικοῦντα. Πληγὰς [e] ἐντείνεις, εἰπέ μοι, καὶ λακτίζεις, καὶ δά-
κνεις; Ὗς ἄγριος ἐγένου, καὶ ὄνος ἄγριος; Καὶ οὐκ
αἰσχύνῃ, οὐδὲ ἐρυθριᾷς, ἐκθηριούμενος, καὶ τὴν οἰκείαν εὐγένειαν προδιδούς; Εἰ γὰρ πένης εἶ, ἀλλ' ἐλεύ-
θερος· εἰ γὰρ χειροτέχνης εἶ, ἀλλὰ Χριστιανός. Δι'
αὐτὸ μὲν οὖν τοῦτο ὅτι πένης εἶ, ἀναγκαῖον ἡσυχάζειν. Τῶν γὰρ πλουτούντων ἐστὶ τὸ μάχεσθαι, οὐ τῶν
πενήτων· τῶν πλουτούντων, τῶν πολλὰς ἐχόντων
ἀνάγκας πολέμων. Σὺ δὲ τὴν ἡδονὴν οὐκ ἔχων τοῦ
πλούτου, τὰ κακὰ τοῦ πλούτου περιέρχῃ, συνάγων
σεαυτῷ ἔχθρας καὶ φιλονεικίας, καὶ μάχας· καὶ ἀπο- D
πνίγεις τὸν ἀδελφὸν, [f] καὶ ἄγχεις, καὶ καταβάλλεις
δημοσίᾳ ἁπάντων ὁρώντων· καὶ οὐχ ἡγῇ αὐτὸς μᾶλλον ἀσχημονεῖν, τῶν ἀλόγων μιμούμενος τὰς ὁρμὰς,
μᾶλλον δὲ καὶ ἐκείνων χείρων γινόμενος; Πάντα γὰρ
ἐκείνοις κοινὰ, καὶ συναγελάζονται ἀλλήλοις, καὶ
συμβαδίζουσιν· ἡμῖν δὲ οὐδὲν κοινὸν, ἀλλὰ πάντα
ἄνω καὶ κάτω, μάχαι, καὶ φιλονεικίαι, λοιδορίαι,
καὶ ἀπέχθειαι, καὶ ὕβρεις. Καὶ οὔτε τὸν οὐρανὸν
αἰδούμεθα, εἰς ὃν ἐκλήθημεν κοινῇ ἅπαντες, οὐδὲ τὴν
γῆν ἣν [g] κοινῇ πᾶσιν ἀνῆκεν, οὐκ αὐτὴν τὴν φύσιν· E
ἀλλὰ πάντα ὁ θυμὸς καὶ ὁ τῶν χρημάτων ἔρως πα-
ρασύρας οἴχεται. Οὐκ εἶδες ἐκεῖνον τὸν τὰ μυρία τάλαντα ὀφείλοντα, εἶτα μετὰ τὴν ἐκείνων ἄφεσιν ἀπο-
πνίγοντα τὸν ἑαυτοῦ σύνδουλον ὑπὲρ ἑκατὸν δηναρίων, 202
A ὅσα ὑπέστη κακὰ, καὶ πῶς ἀθανάτῳ παρεδόθη κολάσει; Οὐ δέδοικας τὸ ὑπόδειγμα; οὐ φοβῇ μὴ καὶ αὐτὸς τὰ αὐτὰ πάθῃς; Καὶ γὰρ καὶ ἡμεῖς ὀφείλομεν τῷ
Δεσπότῃ πολλὰ καὶ μεγάλα ὀφλήματα· ἀλλ' ὅμως
ἀνέχεται καὶ μακροθυμεῖ, καὶ οὐδὲ ἐπίκειται, καθάπερ ἡμεῖς τοῖς συνδούλοις, οὔτε ἄγχει καὶ ἀποπνίγει·
καίτοι γε εἰ καὶ τὸ πολλοστὸν μέρος αὐτῶν ἡμᾶς ἐβουλήθη ἀπαιτῆσαι, πάλαι ἂν ἀπολώλειμεν. Ταῦτ' οὖν
ἐννοοῦντες, ἀγαπητοὶ, ταπεινωθῶμεν, καὶ χάριν ἔχωμεν τοῖς ὀφείλουσιν ἡμῖν· γίνονται γὰρ ἡμῖν, ἂν φιλοσοφῶμεν, ἀφορμαὶ συγχωρήσεως μεγίστης, καὶ
ὀλίγα διδόντες, πολλὰ ληψόμεθα. Τί τοίνυν ἀπαιτεῖς B
μετὰ βίας, δέον, εἰ καὶ ἐκεῖνος ἐβούλετο δοῦναι,
αὐτὸν συγχωρῆσαι, ἵνα παρὰ τοῦ Θεοῦ τὸ πᾶν λάβῃς; Νυνὶ δὲ πάντα ποιεῖς, καὶ βιάζῃ καὶ φιλο-
νεικεῖς, ὥστε σοι μηδὲν ἀφεθῆναι τῶν σῶν· καὶ δοκεῖς μὲν ἐπηρεάζειν τῷ πλησίον, κατὰ δὲ σαυτοῦ τὸ
ξίφος ὠθεῖς, αὔξων τὴν ἐν τῇ γεέννῃ κόλασιν· εἰ δὲ
μικρὸν ἐνταῦθα φιλοσοφήσεις, ἡμέρους σαυτῷ τὰς εὐθύνας ποιεῖς. Καὶ γὰρ ὁ Θεὸς διὰ τοῦτο ἡμᾶς βούλεται ἄρχεσθαι τῆς τοιαύτης φιλοτιμίας, ἵνα ἀφορμὴν
λάβῃ τοῦ πλείονα ἡμῖν ἀντιδοῦναι. Ὅσους τοίνυν
ὀφειλέτας ἔχεις καὶ χρημάτων καὶ ἁμαρτημάτων, πάν-

Deum umquam propitium habiturum esse? Jam vos alloquar qui in foro indecore agitis, eumque qui lædit et inique agit. Dic mihi, plagas incutis, calcibus impetis, et mordes? Susne silvester es, vel onager? Nec te pudet, nec erubescis, ita efferatus, qui nobilitatem tuam prodidisti? Si enim pauper es, at liber es; si artifex es, sed Christianus. Eo ipso quod pauper es, quiescere debes. Nam divitum est litigare, non pauperum; divitum, inquam, qui multas habent jurgiorum causas. Tu vero qui divitiarum voluptatem non habes, mala tamen divitiarum quæris, inimicitias tibi, contentiones et rixas attrahens, fratrem præfocas et angis, et publice sub omnium oculis prosternis: nec te putas magis indecore agere, dum ferarum impetum imitaris, quinetiam illis deterior effectus es. Omnia quippe illis communia sunt, simul congregantur, una incedunt; nobis vero nihil commune est, sed omnia sus deque posita sunt, rixæ, contentiones, convicia, inimicitiæ, contumeliæ. Sed neque cælum ipsum reveremur, quo omnes simul vocati sumus, neque terram quæ nobis omnibus obvenit, neque naturam ipsam: sed omnia simul ira et amor pecuniarum dissipavit. Non vides illum qui decem millia talenta debebat, postquam illa sibi remissa fuerant, conservum suum suffocantem pro centum denariis, quot mala subiit et quomodo æterno traditus sit supplicio? Non times exemplum? non metuis ne tu eadem patiaris? Etenim nos quoque Domino plurima magnaque debemus; ille tamen exspectat et patienter agit: non instat, ut nos conservis nostris: non nos angit et suffocat: certe si vel minimam partem vellet a nobis exigere, jam olim periissemus. Hæc itaque cogitantes, dilecti, humiliemur, et debitoribus nostris gratiam habeamus: sunt enim nobis, si philosophemur, occasio maximæ indulgentiæ: et pauca dantes, plurima accipiemus. Quid igitur violenter ab eo exigis, cum oporteret, etiamsi ipse solvere vellet, debitum remittere, ut totum a Deo acciperes? Nunc vero nihil non agis, vim infers, contendis, ut tibi nihil ex debitis tuis remittatur; et videris quidem proximo tuo molestiam inferre, dum gladium tibi admoves, et gehennæ supplicium auges; si autem vel tantillum hic philosopheris, leviores efficis rationes pœnasque tuas. Etenim Deus ideo vult ut apud nos hujusmodi liberalitas oriatur, ut occasionem hinc captet plurima nobis donandi. Quotquot igitur debitores tibi sunt, sive de pecu-

Contra eos qui rixantur et sese mutuo verberant.

Matth. 18. 28. sqq.

[e] Alii ἐπιτείνεις, et paulo post τὴν οἰκείαν συγγένειαν.

[f] Quidam Mss. καὶ ἀπάγχεις. Infra γινόμενος post χεί-ρων deest in Morel.

[g] Alii κοινὴν πᾶσιν.

niis, sive de offensis agatur, hos omnes dimitte liberos, et a Deo postula, ut tantæ magnanimitatis tibi vices rependantur. Donec enim ipsos debitores habebis, Deum debitorem non habebis; sin illos liberos dimiseris, poteris a Deo exigere cum instantia magna tantæ philosophiæ mercedem. Si enim homo præteriens, vidensque te debitorem tenere, juberet te ipsum dimittere, et abs se debitum reposcere, non certe ingratus illi foret post remissionem, utpote qui in se totum transtulerit: quomodo Deus non plura alia, imo millies plura reddet, cum ejus præcepto obtemperantes, debitores nostros, nec parvum, nec magnum ab eis expostulantes, dimiserimus prorsus liberos? Ne temporaneam illam voluptatem attendamus, quam debita repetentes accipimus; sed damnum illud tantum, quod in futuro exspectamus, in nobis immortalibus nos ipsos lædentes. Omnibus ergo superiores facti, largiamur et pecunias et offensas debitoribus nostris, ut leviores nobis rationes reddendas paremus; et quod non potuimus per alias virtutes assequi, per oblivionem injuriarum consequentes, æterna adipiscamur bona, gratia et misericordia Domini nostri Jesu Christi, cui gloria et imperium, nunc et semper, et in sæcula sæculorum. Amen.

τας ἀφεὶς ἐλευθέρους, τὸν Θεὸν ἀπαίτει τῆς τοιαύτης C μεγαλοψυχίας τὴν ἀμοιβήν. Ἕως μὲν γὰρ ἂν ἐκεῖνοί σοι μένωσιν ὀφείλοντες, οὐχ ἕξεις τὸν Θεὸν ὀφειλέτην· ἐὰν δὲ ἐκείνους ἀφῇς, δυνήσῃ τὸν Θεὸν κατασχεῖν, καὶ ἀπαιτῆσαι μετὰ πολλῆς τῆς φιλοτιμίας τῆς τοσαύτης φιλοσοφίας τὴν ἀμοιβήν. Εἰ γὰρ ἄνθρωπος παρελθὼν καὶ ἰδών σε τὸν ὑπεύθυνον κατέχοντα, καὶ κελεύσας ἐκεῖνον μὲν ἀφεῖναι, πρὸς δὲ αὐτὸν ἔχειν τὸν ὑπὲρ ἐκείνου λόγον, οὐκ ἂν ἕλοιτο ἀγνωμονῆσαι μετὰ τὴν ἄφεσιν, [a] ἅτε ἐφ' ἑαυτὸν τὸ πᾶν μεταθείς· πῶς ὁ Θεὸς οὐ πολλαπλασίονα καὶ μυριοπλασίονα ἀποD δώσει, ὅταν διὰ τὸ αὐτοῦ πρόσταγμα τοὺς ὑπευθύνους ἡμῖν ὄντας, μὴ μικρὸν, μὴ μέγα ἐγκαλέσαντες, ἀφῶμεν ἀπελθεῖν ἀνευθύνους γενομένους; Μὴ δὴ τὴν πρόσκαιρον ἐννοῶμεν ἡδονὴν τὴν ἐγγινομένην ἡμῖν ἐκ τοῦ τοὺς ὑπευθύνους ἀπαιτεῖν, ἀλλὰ τὴν ζημίαν, ὅσην εἰς τὸ μέλλον ἐντεῦθεν ὑπομενοῦμεν, ἐν τοῖς ἀθανάτοις ἀγαθοῖς ἑαυτοὺς καταβλάπτοντες. Πάντων οὖν ἀνώτεροι γενόμενοι, χαρισώμεθα καὶ χρήματα καὶ πλημμελήματα τοῖς ὑπευθύνοις ἡμῖν, ἵνα ἡμέρους αὐτοῖς ἡμῖν τὰς εὐθύνας κατασκευάσωμεν· καὶ ὅπερ οὐκ ἰσχύσαμεν διὰ τῆς ἄλλης ἀρετῆς ἀνύσαι, [b] τούτου διὰ τοῦ μὴ μνησικακεῖν τοῖς πλησίον ἐπιτυχόντες, τῶν E αἰωνίων ἀπολαύσωμεν ἀγαθῶν, χάριτι καὶ φιλανθρωπίᾳ τοῦ Κυρίου ἡμῶν Ἰησοῦ Χριστοῦ, ᾧ ἡ δόξα καὶ τὸ κράτος, νῦν καὶ ἀεὶ, καὶ εἰς τοὺς αἰῶνας τῶν αἰώνων. Ἀμήν.

[a] Alii ἂν ἐφ' ἑαυτὸν τὸν πᾶν μετατιθῇς. Mox Morel. ὅταν καὶ διὰ τὸ αὐτοῦ πρ. Καί non habetur in aliis.
[b] Savil. et Morel. τοῦτο διὰ τοῦ. Mss. multi τούτου διὰ τοῦ, et sic suspicatur legendum Savilius, ac vere hunc casum regit ἐπιτυχόντες.

HOMILIA XVI.

A 203

ΟΜΙΛΙΑ ιϛ'.

Cap. V. v. 17. *Nolite putare, quod venerim solvere legem, aut prophetas.*

1. Quis enim id fuerat suspicatus? aut quis objecerat, ut huic objectioni occurreret? Neque enim ex dictis talis suspicio oriebatur: nam quod juberet mites esse, modestos, misericordes, mundos corde et pro justitia decertare, nihil simile indicabat; imo huic rei oppositum erat. Qua ergo de causa hoc dixit? Non incassum, nec frustra; sed quia veteribus præceptis majora laturus erat, dicens: *Audistis, quia dictum est antiquis, Non occides; ego autem dico vobis, Ne irascamini;*

Μὴ νομίσητε, ὅτι ἦλθον καταλῦσαι τὸν νόμον ἢ τοὺς προφήτας.

Τίς γὰρ τοῦτο ὑπώπτευσεν; ἢ τίς ἐνεκάλεσεν, ἵνα πρὸς τοῦτο ποιήσηται τὴν ἀπάντησιν; Οὐδὲ γὰρ ἐκ τῶν εἰρημένων τοιαύτη τις ὑποψία ἐτίκτετο· τὸ γὰρ κελεύειν πράους εἶναι, καὶ ἐπιεικεῖς, καὶ ἐλεήμονας, καὶ καθαροὺς τῇ καρδίᾳ, καὶ ὑπὲρ δικαιοσύνης ἀγωνίζεσθαι, οὐδὲν τοιοῦτον ἐνεδείκνυτο, ἀλλὰ καὶ τοὐναντίον ἅπαν. Τί δήB ποτε οὖν τοῦτο εἴρηκεν; Οὐχ ἁπλῶς, οὐδὲ εἰκῇ. ἀλλ' ἐπειδὴ μείζονα τῶν παλαιῶν ἔμελλε νομοθετεῖν [a] παραγγέλματα, λέγων· Ἠκούσατε, ὅτι ἐῤῥέθη τοῖς ἀρχαίοις, οὐ φονεύσεις· ἐγὼ δὲ λέγω ὑμῖν, μηδὲ ὀργίζε-

[a] Savil. et Morel. παραγγελμάτων. Mss. παραγγέλματα, melius. Infra Savil. et alii μηδὲ ὀργίζεσθε, Morel. ὀργίζεσθαι. Utrumque quadrat. Infra quidam καὶ διαστασιάζειν παρασκευάσῃ.

σθε· καὶ θείας τινὸς καὶ ἐπουρανίου πολιτείας τέμνειν ὁδὸν, ἵνα μὴ τὸ ξένον ταράξῃ τῶν ἀκουόντων τὰς ψυχὰς, καὶ διστάζειν παρασκευάσῃ πρὸς τὰ λεγόμενα, ταύτῃ κέχρηται τῇ προδιορθώσει. Εἰ γὰρ καὶ μὴ ἐπλήρουν τὸν νόμον, ἀλλ' ὅμως πολλῇ κατείχοντο πρὸς αὐτὸν συνειδήσει, καὶ τοῖς πράγμασι καθ' ἑκάστην αὐτὸν παραλύοντες τὴν ἡμέραν, τὰ γράμματα ἤθελον μένειν ἀκίνητα, καὶ μηδένα προσθεῖναι πλέον αὐτοῖς· μᾶλλον δὲ προστιθέντων μὲν ἠνείχοντο τῶν ἀρχόντων, οὐκ ἐπὶ τὸ κρεῖττον δὲ, ἀλλ' ἐπὶ τὸ χεῖρον. Καὶ γὰρ τὴν εἰς τοὺς γονέας τιμὴν οὕτω παρέλυον ταῖς ἑαυτῶν προσθήκαις· καὶ ἕτερα δὲ πλείονα τῶν ἐγκειμένων ἐξέλυον τοῖς ἀκαίροις τούτοις πλεονασμοῖς. Ἐπεὶ οὖν ὁ Χριστὸς οὔτε ἐξ ἱερατικῆς φυλῆς ἐτύγχανεν ὢν, καὶ ἅπερ ἔμελλεν εἰσηγεῖσθαι, προσθήκη τις ἦν, οὐ μὴν ἐλαττοῦσα, ἀλλ' ἐπιτείνουσα τὴν ἀρετήν· προειδὼς ἀμφότερα ταῦτα μέλλοντα αὐτοὺς ταράττειν, πρὶν ἢ τοὺς θαυμαστοὺς ἐκείνους ἐγγράψαι νόμους, ἐκβάλλει τὸ μέλλον αὐτῶν ὑφορμεῖν τῇ διανοίᾳ. Τί δὲ ἦν τὸ ὑφορμοῦν καὶ ἀντικροῦον; Ἐνόμιζον αὐτὸν ταῦτα λέγοντα ἐπ' ἀναιρέσει τῶν παλαιῶν νομίμων ποιεῖν. Ταύτην τοίνυν ἰᾶται τὴν ὑπόνοιαν. Καὶ οὐχ ἐνταῦθα μόνον τοῦτο ποιεῖ, ἀλλὰ καὶ ἑτέρωθι πάλιν. Ἐπειδὴ γὰρ καὶ ἀντίθεον ἐντεῦθεν αὐτὸν ἐνόμιζον εἶναι, ἀπὸ τοῦ τὸ σάββατον μὴ τηρεῖν, θεραπεύων αὐτῶν τὴν τοιαύτην ὑποψίαν, κἀκεῖ πάλιν τίθησιν ἀπολογίας, τὰς μὲν ἑαυτῷ πρεπούσας, ὥσπερ ὅταν λέγῃ, Ὁ Πατήρ μου ἐργάζεται, κἀγὼ ἐργάζομαι· τὰς δὲ πολὺ τὸ συγκαταβατικὸν ἐχούσας, οἷον ὡς ὅταν εἰς μέσον παραγάγῃ πρόβατον ἀπολλύμενον ἐν σαββάτῳ, καὶ δεικνύῃ διὰ τὴν ἐκείνου σωτηρίαν τὸν νόμον κινούμενον, καὶ περιτομῆς μνημονεύῃ τὸ αὐτὸ τοῦτο [b] ποιούσης πάλιν. Διὸ δὴ καὶ ταπεινότερα φθέγγεται πολλάκις ῥήματα, ἵνα τὸ δοκεῖν εἶναι ἀντίθεος ἀνέλῃ. Διὰ τοῦτο ὁ μυρίους νεκροὺς ἐγείρας λόγῳ μόνῳ, ἡνίκα τὸν Λάζαρον ἐκάλει, καὶ εὐχὴν προσέθηκεν· εἶτα, ἵνα μὴ τοῦτο ἐλάττονα αὐτὸν δείξῃ τοῦ γεγεννηκότος, διορθούμενος τὴν ὑπόνοιαν ἐπήγαγεν, ὅτι Ταῦτα εἶπον διὰ τὸν ὄχλον τὸν περιεστῶτα, ἵνα πιστεύσωσιν ὅτι σύ με ἀπέστειλας. Καὶ οὔτε πάντα ὡς αὐθεντῶν ἐργάζεται, ἵνα τὴν ἐκείνων ἀσθένειαν διορθώσηται· οὔτε πάντα εὐχόμενος ποιεῖ, ἵνα μὴ τοῖς μετὰ ταῦτα καταλίπῃ πονηρᾶς ὑποψίας ὑπόθεσιν, ὡς ἀσθενῶν καὶ ἀδυνάτως ἔχων, ἀλλὰ μίγνυσι ταῦτα ἐκείνοις, κἀκεῖνα τούτοις. Καὶ οὐδὲ τοῦτο ἁπλῶς ποιεῖ, ἀλλὰ μετὰ τῆς αὐτῷ προσηκούσης συνέσεως. Τὰ γὰρ μείζονα ἐξουσιαστικῶς ποιῶν, ἐν τοῖς ἐλάττοσιν εἰς τὸν οὐρανὸν [a] ἀναβλέπει. Ἁμαρτήματα μὲν γὰρ λύων, καὶ τὰ ἀπόρρητα ἀποκαλύπτων, καὶ παράδεισον ἀνοιγνὺς, καὶ δαίμονας ἀπελαύνων, καὶ λεπροὺς καθαρίζων, καὶ θάνατον χαλινῶν, καὶ νεκροὺς ἐγείρων μυρίους, ἐξ ἐπι-

ut divinam quamdam ac cælestem viam aperiret, ne rei novitas auditorum animos turbaret, et ad dubitandum de dictis adduceret, hac utitur prævia cautione. Etiamsi enim legem non implerent, magno tamen erga illam tenebantur affectu, ac licet ipsam quotidie violarent, literas tamen volebant immotas manere, nihilque ipsis adjici; imo vero quædam a principibus suis addita tuebantur, quæ C certe non ad melius, sed ad pejus vergebant. Etenim honorem parentibus debitum his additamentis solverunt, et alia plurima importunis additionibus pessumdederunt. Quoniam ergo Christus ex sacerdotali tribu non erat, et quæ ipse inducturus erat, additamentum erat quodpiam, quod virtutem non minueret, sed augeret: hæc ambo prævidens, quæ ipsos turbatura erant, antequam admirandas illas leges scripto tradi curaret, illud rejicit quod illis in mentem venturum erat. Quid D vero illud erat quod subreperet et objici posset? Putabant illum hæc dicere ad legalia vetera abroganda. Hanc itaque sanat opinionem. Neque hic solum hoc facit, sed et alibi quoque. Quia enim illum adversarium Deo credebant, eo quod sabbatum non servaret, ut hanc illorum suspicionem amoveat, illic quoque defensiones expromit, illasque sibi congruentes: ut cum dicit: *Pater meus operatur, et ego operor;* alias vero demissiore modo prolatas, ut cum ovem in medium affert in sabbato perditam, et ostendit ad ejus salutem legem fuisse solutam, circumcisionem quoque id- E ipsum facientem commemorat. Ideo scilicet humilioribus sæpe verbis loquitur, ut opinionem illam, qua putabatur ipse Deo adversari, eliminaret. Idcirco qui verbo solo innumeros mortuos suscita- 204 A verat, cum Lazarum vocavit, et orationem adjecit; deinde, ne hinc Patre suo minor ostenderetur, et ut hanc suspicionem emendaret, subjunxit: *Hæc dixi propter turbam circumstantem, ut credant quia tu me misisti.* Neque omnia quasi sua auctoritate facit, ut infirmitati eorum se attemperet; neque etiam omnia præmissis precibus facit, ne posteris relinqueret suspicionis argumentum, quasi scilicet infirmus et impotens sit, sed hæc illis et illa his admiscet. Illud autem non sine temperamento facit, sed cum decenti sibi prudentia. Nam et majora facit quasi potestatem habens, et in minoribus ad cælum respicit. Siquidem cum peccata dimittit, cum secreta revelat, B et paradisum aperit, cum dæmonas pellit, cum leprosos mundat, cum mortem frenat, cum mortuos

Christus non solvit legem.

Joan. 5. 17.

Matth. 12. 11. 12.

Joan. 11. 41.

Ibid. v. 42.

Cur Christus non omnia quasi auctoritate sua faciat.

[b] Morel ποιούσης πάλιν.

[a] Quidam habent ἀποβλέπει, minus recte.

suscitat innumeros, jussu omnia facit; cum autem, quod multo minus erat, panes ex paucis multos fecit, tunc in cælum respexit, per omnia ostendens se non ex infirmitate hoc facere. Nam qui majora poterat cum potestate facere, quomodo in minoribus prece opus habuisset? Sed, quod jam dixi, ut illorum impudentiam coerceat hoc facit. Idipsum existimato, cum vides eum humilia verba proferre. Nam et verborum et operum hujusmodi multæ sunt causæ; exempli gratia, ne a Deo putetur esse alienus, quod omnes erudiat et sanet, quod humilitatem doceat, quod carne circumdetur, quod non possint Judæi omnia confertim audire, quod doceat ne quis magnum quid de seipso loquatur. Ideoque sæpe multa humilia de seipso dicens, magna aliis relinquit dicenda.

2. Nam ipse cum Judæis loqueretur dicebat :
Joan. 8.58. *Antequam Abraham fieret, ego sum;* discipu-
Joan. 1. 1. lus autem ejus non ita, sed, *In principio erat*
Verbum, et Verbum erat apud Deum, et Deus
erat Verbum. Rursum, quod cælum, terram,
mare ipse fecerit, nec non visibilia et invisibi-
lia omnia, ipse numquam clare dixit; discipulus
vero cum libertate magna nihil supprimens, se-
Ibid. v. 3. mel, bis et pluries id ait : *Omnia per ipsum facta*
Ibid. v. 10. *sunt, et sine ipso factum est nihil;* et, *In mundo*
erat, et mundus per ipsum factus est. Ecquid
miraris, si alii majora de illo dixerunt, quam
ipse, quando multa per opera exhibens, per verba
clare non dicebat? Quod enim hominem ipse fecerit, ostendit clare per cæcum; cum autem de
formatione in principio facta sermo ipsi erat, non
Matth. 19. 4. Gen. 1. 27. dixit, Ego feci; sed, *Qui fecit, masculum et fe-*
minam fecit eos. Et quod mundum creaverit, et
ea quæ in ipso sunt, per pisces, per vinum, per
panes, per tranquillitatem in mari, per radios quos
emisit in Thabore, perque plurima alia monstravit; verbis tamen numquam clare dixit : sed discipuli id sæpe dicunt, Joannes, Paulus, Petrus. Nam si isti qui nocte dieque ipsum loquentem audiebant, et miracula patrantem videbant, quibus seorsim multa solvebat, et tantam dederat potestatem, ut et mortuos suscitarent, atque ita

τάγματος πάντα ἐποίει. Ἡνίκα δὲ, ὃ πολλῷ τούτων ἔλαττον ἦν, ἄρτους ἐξ ὀλίγων πολλοὺς παρεσκεύαζε πηγάζειν, τότε εἰς οὐρανὸν ἀνέβλεπε, δεικνὺς ὅτι οὐ δι' ἀσθένειαν τοῦτο ἐργάζεται. Ὁ γὰρ τὰ μείζονα δυνηθεὶς μετ' ἐξουσίας ποιῆσαι, πῶς ἂν ἐν τοῖς ἐλάττοσιν εὐχῆς ἐδεήθη; Ἀλλ', ὅπερ ἔφθην εἰπὼν, ἵνα ἐκείνων ἐπιστομίσῃ τὴν ἀναισχυντίαν, τοῦτο ποιεῖ. Τὸ αὐτὸ τοίνυν καὶ ἐν τοῖς ῥήμασιν, ὅταν ἀκούσῃς αὐτοῦ ταπεινὰ φθεγγομένου, λογίζου. Καὶ γὰρ πολλαὶ καὶ τῶν ῥημάτων καὶ τῶν πραγμάτων τῶν τοιούτων εἰσὶν αἰ-
C τίαι· οἷον, τὸ μὴ νομίζεσθαι ἀλλότριον εἶναι τοῦ Θεοῦ, τὸ πάντας παιδεύειν αὐτὸν καὶ θεραπεύειν. Τὸ ταπεινοφροσύνην διδάσκειν, τὸ σάρκα περικεῖσθαι, τὸ μὴ δύνασθαι Ἰουδαίους πάντα ἀθρόως ἀκούειν, τὸ διδάσκειν μηδὲν μέγα περὶ ἑαυτῶν φθέγγεσθαι. Διὰ τοῦτο πολλὰ ταπεινὰ [b] αὐτὸς περὶ ἑαυτοῦ πολλάκις εἰπὼν, τὰ μεγάλα ἑτέροις ἀφίησι λέγειν.

Αὐτὸς μὲν γὰρ Ἰουδαίοις διαλεγόμενος ἔλεγε, Πρὸ τοῦ Ἀβραὰμ γενέσθαι, ἐγώ εἰμι, ὁ μαθητὴς δὲ αὐτοῦ
D οὐχ οὕτω, ἀλλ', Ἐν ἀρχῇ ἦν ὁ Λόγος, καὶ ὁ Λόγος ἦν πρὸς τὸν Θεὸν, καὶ Θεὸς ἦν ὁ Λόγος. Πάλιν, ὅτι οὐρανὸν, καὶ γῆν, καὶ θάλατταν αὐτὸς ἐποίησε, καὶ τὰ ὁρώμενα καὶ τὰ ἀόρατα πάντα, αὐτὸς μὲν οὐδαμοῦ σαφῶς εἴρηκεν· ὁ δὲ μαθητὴς μετὰ πολλῆς τῆς παῤῥησίας οὐδὲν ὑποστειλάμενος, καὶ ἅπαξ καὶ δὶς καὶ πολλάκις τοῦτό φησι, Πάντα δι' αὐτοῦ ἐγένετο γράφων, καὶ χωρὶς αὐτοῦ ἐγένετο οὐδὲ ἕν· καὶ, Ἐν τῷ κόσμῳ ἦν, καὶ ὁ κόσμος δι' αὐτοῦ ἐγένετο. Καὶ τί θαυμάζεις, εἰ ἕτεροι μείζονα περὶ αὐτοῦ εἰρήκασιν ὧν αὐτὸς εἴρηκεν, ὅπου γε
E πολλὰ διὰ τῶν πραγμάτων ἐπιδεικνύμενος, διὰ τῶν ῥημάτων σαφῶς οὐκ ἔλεγεν; Ὅτι γὰρ τὸν ἄνθρωπον αὐτὸς ἐποίησεν, ἔδειξε σαφῶς καὶ διὰ τοῦ τυφλοῦ· ἡνίκα δὲ περὶ τῆς ἐν ἀρχῇ πλάσεως ὁ λόγος ἦν αὐτῷ, οὐκ εἶπεν, ὅτι ἐγὼ ἐποίησα· ἀλλ', Ὁ ποιήσας, ἄρσεν καὶ θῆλυ ἐποίησεν αὐτούς. Πάλιν, ὅτι τὸν κόσμον ἐδημιούργησε καὶ τὰ ἐν αὐτῷ, διὰ τῶν ἰχθύων, διὰ τοῦ
206 οἴνου, διὰ τῶν ἄρτων, διὰ τῆς γαλήνης τῆς ἐν τῇ θα-
A λάσσῃ, διὰ τῆς ἀκτῖνος ἧς ἀπήστραψεν [a] ἐν τῷ Θαβὼρ, διὰ πλειόνων ἑτέρων ἀπέδειξε, ῥήμασι δὲ οὐδαμοῦ τοῦτο σαφῶς εἶπεν, ἀλλ' οἱ μαθηταὶ συνεχῶς τοῦτο φθέγγονται, καὶ Ἰωάννης, καὶ Παῦλος, καὶ Πέτρος. Εἰ γὰρ ἐκεῖνοι, οἱ νύκτωρ καὶ μεθ' ἡμέραν ἀκούοντες αὐτοῦ διαλεγομένου, καὶ θαυματουργοῦντα βλέποντες, καὶ οἷς κατ' ἰδίαν πολλὰ ἐπέλυσε, καὶ τοσαύτην ἔδωκε

[b] Morel. ταπεινὰ αὐτοῖς, perperam.

[a] Unus ἐν τῷ Θαβὼρ, alii omnes Mss., Savil. et Morel. ἐν τῷ σταυρῷ, atque ita etiam legit Georgius Trapezuntius. Hic fateor me aliquamdiu hæsisse, quod tantam cernerem exemplarium auctoritatem. Verum re accuratius perpensa, lectionem illam, διὰ τῆς ἀκτῖνος ἧς ἀπήστραψεν ἐν τῷ σταυρῷ, omnino stare non posse animadverti. Sensus enim esset, *per radios quibus effulsit in cruce.* Perperam enim Georgius vertit, *et eo sole quem crucifixus tenebris obduxit* : ad literam enim sic vertendum, ut vel tironibus liquidum est, *per radium quo refulsit in cruce.* Quod autem in cruce refulserit, nullus evangelistarum dixit. Quapropter lectionem ἐν τῷ Θαβὼρ amplectimur.

δύναμιν, ὡς καὶ νεκροὺς ἐγείρειν, καὶ οὕτως ἀπηρτισμένους εἰργάσατο, ὡς πάντα ἀφεῖναι δι' αὐτὸν, μετὰ τὴν τοσαύτην ἀρετὴν καὶ φιλοσοφίαν οὐκ ἴσχυον τὰ πάντα βαστάσαι πρὸ τῆς τοῦ Πνεύματος χορηγίας· πῶς δῆμος Ἰουδαϊκὸς, καὶ συνέσεως ἄμοιρος, καὶ τῆς τοσαύτης ἀρετῆς ἀπολιμπανόμενος, καὶ ἐκ τοῦ παρατυγχάνοντος παραγινόμενος τοῖς γινομένοις ἢ τοῖς λεγομένοις ποτὲ, μὴ ἀλλότριον αὐτὸν εἶναι τοῦ τῶν ὅλων Θεοῦ ἐπείσθη, εἰ μὴ συγκαταβάσει τοσαύτῃ διὰ πάντων ἐχρήσατο; Διὰ γάρ τοι τοῦτο, καὶ ὅτε τὸ σάββατον ἔλυεν, οὐ προηγουμένως τὴν τοιαύτην εἰσῆγε νομοθεσίαν, ἀλλὰ ποικίλας καὶ πολλὰς πρότερον συντίθησιν ἀπολογίας. Εἰ δὲ μίαν ἐντολὴν [b] μέλλων ἀπολύειν, τοσαύτῃ κέχρηται λόγων οἰκονομίᾳ, ἵνα μὴ πλήξῃ τοὺς ἀκούοντας· πολλῷ μᾶλλον προσθεὶς ὁλοκλήρῳ τῷ νόμῳ ὁλόκληρον ἑτέραν νομοθεσίαν, πολλῆς ἐδεῖτο τῆς κατασκευῆς καὶ τῆς θεραπείας, ὥστε μὴ θορυβῆσαι τοὺς ἀκροωμένους τότε. Διὰ δὴ τοῦτο οὐδὲ περὶ τῆς θεότητος τῆς ἑαυτοῦ πανταχοῦ φαίνεται [c] σαφῶς παιδεύων. Εἰ γὰρ ἡ τοῦ νόμου προσθήκη τοσοῦτον αὐτοὺς ἐθορύβει, πολλῷ μᾶλλον τὸ Θεὸν ἑαυτὸν ἀποφαίνειν. Διὰ τοῦτο πολλὰ καταδεέστερα τῆς οἰκείας φθέγγεται ἀξίας. Καὶ ἐνταῦθα, μέλλων ἐκβαίνειν εἰς τὴν τοῦ νόμου προσθήκην, πολλῇ τῇ προδιορθώσει κέχρηται. Οὐδὲ γὰρ ἅπαξ εἶπεν, ὅτι οὐ λύω τὸν νόμον, ἀλλὰ καὶ δεύτερον αὐτὸ ἀνέλαβε· πάλιν καὶ ἕτερον προσέθηκε μεῖζον. Εἰπὼν γὰρ, Μὴ νομίσητε ὅτι ἦλθον καταλῦσαι τὸν νόμον, ἐπήγαγεν, ὅτι Οὐκ ἦλθον καταλῦσαι, ἀλλὰ πληρῶσαι. Τοῦτο δὲ οὐκ Ἰουδαίων ἐμφράττει τὴν ἀναισχυντίαν μόνον, ἀλλὰ καὶ τῶν αἱρετικῶν ἀποῤῥάπτει τὰ στόματα, τῶν ἐκ τοῦ διαβόλου λεγόντων εἶναι τὴν Παλαιάν. Εἰ γὰρ καταλῦσαι τὴν ἐκείνου τυραννίδα παρεγένετο ὁ Χριστὸς, πῶς ταύτην οὐ μόνον οὐ καταλύει, ἀλλὰ καὶ πληροῖ; Οὐ γὰρ μόνον εἴρηκεν, ὅτι οὐ καταλύω· καίτοι ἤρκει τοῦτο· ἀλλ', ὅτι καὶ πληρῶ· ὅπερ οὐ μόνον οὐκ ἐναντιουμένου ἦν, ἀλλὰ καὶ συγκροτοῦντος αὐτήν. Καὶ πῶς οὐ κατέλυσε; φησι· πῶς δὲ καὶ ἐπλήρωσεν, ἢ τὸν νόμον, ἢ τοὺς προφήτας; Τοὺς προφήτας μὲν, δι' ὧν τὰ περὶ αὐτοῦ λεχθέντα ἅπαντα τοῖς ἔργοις ἐβεβαίωσε· δι' ὃ καὶ καθ' ἕκαστον ὁ εὐαγγελιστὴς ἔλεγεν· Ἵνα πληρωθῇ τὸ ῥηθὲν ὑπὸ τοῦ προφήτου· καὶ ἡνίκα ἐτέχθη, καὶ ἡνίκα τὰ παιδία τὸν θαυμαστὸν ὕμνον ᾖδεν εἰς αὐτὸν, καὶ ἡνίκα ἐπὶ τῆς ὄνου ἐκάθισε, καὶ ἐφ' ἑτέρων δὲ πλειόνων τὸ αὐτὸ τοῦτο ἐπλήρωσεν· ἅπερ πάντα ἀπλήρωτα ἔμελλον εἶναι, εἰ μὴ παρεγένετο. Τὸν δὲ νόμον οὐχ ἑνὶ μόνον, ἀλλὰ καὶ δευτέρῳ καὶ τρίτῳ ἐπλήρωσε τρόπῳ. Ἑνὶ μὲν, [a] τῷ μηδὲν παραβῆναι τῶν νομίμων. Ὅτι γὰρ πάντα αὐτὸν ἐπλήρωσεν, ἄκουσον τί φησι τῷ Ἰωάννῃ· Οὕτω γὰρ πρέπον

perfectos reddiderat, ut omnia pro ipso relinquerent; post tantam virtutem et philosophiam, non potuerunt omnia portare, antequam Spiritum sanctum acciperent: quomodo populus Judaïcus,
B intelligentiæ expers, qui ad tantam virtutem non pervenerat, qui nonnisi fortuito casu ejus et gestis et dictis aderat, ipsum alienum a Deo universorum esse non credidisset, nisi tanta demissione et indulgentia per omnia usus esset? Ideo namque, cum sabbatum solveret, non antea legem hujusmodi suam induxerat; sed varias et multas prius affert purgationes. Quod si mandatum unum soluturus, tanta utitur verborum cautione, ne auditores percellat: multo magis cum legi integræ integram adderet legem, plurimo egebat apparatu atque cura, ne auditores turbaret. Idcirco non
C ubique de divinitate sua clare loquitur et docet. Si enim, quod legi quidpiam adjiceret, illos tantum turbavit, multo magis turbasset si se Deum esse declaravisset. Ideoque multo sua divinitate longe inferiora loquitur. Hic vero de additione legi facienda verba facturus, multa præcautione utitur. Neque enim semel tantum dixit se legem non solvere, sed id secundo repetiit, majusque aliud rursus adjecit. Cum dixisset enim, *Nolite putare, quoniam veni solvere legem*, adjecit, *Non veni solvere, sed adimplere.* Illud vero non
D modo Judæorum impudentiam coercet, sed etiam hæreticorum ora consuit, qui veterem legem ex diabolo esse dicunt. Nam si ejus tyrannidem destructurus Christus advenit, quo pacto eam non modo non solvit, sed etiam implet? Non enim tantum dixit, Non solvo; quod satis certe fuisset; sed et adjecit, Impleo; quod non modo non adversarii legis erat, sed etiam defensoris. Et quomodo non solvit, inquies, quomodo implevit aut legem, aut prophetas? Prophetas quidem, quod omnia quæ de ipso dicta erant ab eis, operibus confirmaverit; quapropter evangelista ad singula
E dicebat: *Ut impleretur quod dictum est per prophetam;* et cum natus est, et cum pueri mirabilem hymnum de ipso canebant, et quando asinæ insidebat, necnon etiam in pluribus aliis hoc ipsum implevit; quæ omnia non implenda umquam
206 A erant, nisi advenisset. Legem autem non uno tantum, sed secundo etiam ac tertio modo implevit. Uno quidem, quod ex legalibus nihil transgrederetur. Quod enim totam legem impleverit, audi quid dicat Joanni: *Sic enim nos decet implere* Matth. 3. 15.

Cur Christus aliquando non se clare Deum dicat.

Contra Manichæos.

[b] Quidam Mss. μέλλων ἀναπαύειν.

[c] Aliqui habent σαφῶς λέγων.

[a] Morel. τὸ μηδὲν, minus recte.

Joan. 8.46. *omnem justitiam.* Et Judæis dicebat : *Quis ex*
vobis arguet me de peccato? Ac discipulis rur-
Joan. 14. 30. sum : *Venit princeps mundi hujus, et in me*
Isai. 53. 9. *non habet quidquam.* Propheta quoque supra
dixit, ipsum peccatum non habere. Hoc itaque
uno primoque modo legem implevit. Secundo autem implevit modo, quod id propter nos fecerit.
Nam quod mirum est, non modo ipse implevit, B
sed illud quoque largitus est ut nos impleremus.
Rom. 10. 4. Quod Paulus sic declarat : *Quoniam finis legis*
Christus ad justitiam omni credenti. Et pec-
Rom. 8. 4. catum illum damnasse dicit in carne : *Ut justi-*
ficatio legis impleretur in nobis, qui non se-
Rom. 3. 31. *cundum carnem ambulamus.* Et rursum : *Le-*
gem ergo destruimus per fidem? Absit. Sed
legem statuimus. Quia enim lex studebat hominem facere justum, sed infirmabatur; veniens
ipse, et modum justitiæ inducens, nempe per fidem, legis voluntatem statuit; et quod illa non
potuerat per literas, id ipse per fidem perfecit.
Propterea inquit : *Non veni solvere legem.* C

3. Si quis vero diligenter exploret, alium quoque tertium modum inveniet, quo id factum est.
Christi præcepta sunt complementum legis veteris. Quem illum? Per præcepta quæ daturus erat.
Neque enim erat abrogatio priorum, sed extensio
et complementum erant ea quæ dicebantur. Nam
non occidendi præceptum non abrogatur a præcepto non irascendi; sed complementum est ad majorem cautionem : et idem dicatur de cæteris
omnibus. Ideoque cum horum semina sine aliqua
suspicione prius sparsisset, quando clarius ex
comparatione veterum et novorum legalium ut ad- D
versans legi in suspicionem vocandus erat, prævia illa cautione usus est. Etenim jam illa ænigmatice fundata erant per ea quæ dicta fuerant.
Illud enim, *Beati pauperes spiritu*, idipsum est
quod, *Ne irascimini* : et illud, *Beati mundo*
corde, simile huic præcepto est, non respiciendam
esse mulierem ad concupiscendum eam : et illud,
non thesaurizandum esse thesauros in terra, huic
accinit : *Beati misericordes*; et illud, lugere, E
persequutionibus et opprobriis impeti, tale est,
quale intrare per angustam portam; et illud, esurire et sitire justitiam, nihil aliud est quam id,
Matth. 7. 12. quod postea dicit : *Quæcumque vultis ut faciant*
vobis homines, et vos facite illis. Et cum pacificum appellasset beatum, idipsum prope dixit, 207
quod cum jussit relinquere donum, et festinare ad A

ἐστὶν ἡμῖν πληρῶσαι πᾶσαν δικαιοσύνην. Καὶ Ἰουδαίοις δὲ ἔλεγε· Τίς ἐξ ὑμῶν ἐλέγχει με περὶ ἁμαρτίας; Καὶ τοῖς μαθηταῖς δὲ πάλιν· Ἔρχεται ὁ ἄρχων τοῦ κόσμου τούτου, καὶ ἐν ἐμοὶ [b] οὐκ ἔχει οὐδέν. Καὶ ὁ προφήτης δὲ ἄνωθεν ἔλεγεν, Ὅτι ἁμαρτίαν οὐκ ἐποίησεν. Ἑνὶ μὲν οὖν αὐτὸν ἐπλήρωσε τούτῳ τῷ τρόπῳ· ἑτέρῳ δὲ, τῷ καὶ δι' ἡμῶν τοῦτο ποιῆσαι. Τὸ γὰρ θαυμαστὸν τοῦτό ἐστιν, ὅτι οὐ μόνον αὐτὸς ἐπλήρωσεν, ἀλλὰ καὶ ἡμῖν ἐχαρίσατο τοῦτο. Ὅπερ καὶ ὁ Παῦλος δηλῶν ἔλεγεν· Ὅτι τέλος νόμου Χριστὸς εἰς δικαιοσύνην παντὶ τῷ πιστεύοντι. Καὶ τὴν ἁμαρτίαν δὲ αὐτὸν ἔλεγε κρῖναι ἐν τῇ σαρκί· Ἵνα τὸ δικαίωμα τοῦ νόμου πληρωθῇ ἐν ἡμῖν τοῖς μὴ κατὰ σάρκα περιπατοῦσι. Καὶ πάλιν· Νόμον οὖν καταργοῦμεν διὰ τῆς πίστεως; Μὴ γένοιτο. Ἀλλὰ νόμον ἱστῶμεν. Ἐπειδὴ γὰρ ὁ νόμος τοῦτο ἐσπούδαζε, δίκαιον ποιῆσαι τὸν ἄνθρωπον, ἠτόνει δὲ, ἐλθὼν αὐτὸς, καὶ τρόπον εἰσαγαγὼν δικαιοσύνης, τὸν διὰ τῆς πίστεως, ἔστησε τοῦ νόμου τὸ βούλημα· καὶ ὅπερ οὐκ ἴσχυσε διὰ γραμμάτων ἐκεῖνος, τοῦτο αὐτὸς διὰ τῆς πίστεως ἤνυσε. Διὰ τοῦτό φησιν· Οὐκ ἦλθον καταλῦσαι τὸν νόμον.

Εἰ δέ τις ἀκριβῶς ἐξετάσειε, καὶ ἕτερον τρίτον τρόπον [c] εὑρήσει, καθ' ὃν τοῦτο γέγονε. Ποῖον δὴ τοῦτον; Τὸν τῆς μελλούσης νομοθεσίας, ἥνπερ ἔμελλε παραδιδόναι. Οὐ γὰρ ἀναίρεσις τῶν προτέρων, ἀλλ' ἐπίτασις καὶ πλήρωσις ἦν τὰ λεγόμενα. Τοῦ γὰρ μὴ φονεύειν οὐκ ἀναίρεσις τὸ μὴ ὀργίζεσθαι, ἀλλὰ πλήρωσις καὶ πλείων ἀσφάλεια· καὶ ἐπὶ τῶν ἄλλων ἁπάντων. Διὸ δὴ καὶ τὰ σπέρματα τούτων [d] προκαταβαλόμενος ἀνυπόπτως τότε, ὅτε σαφέστερον ἔμελλεν ἐκ τῆς παραθέσεως τῶν παλαιῶν καὶ νέων νομίμων ἐπὶ ἐναντιώσει ὑποπτεύεσθαι, τῇ προδιορθώσει κέχρηται. Αἰνιγματωδῶς μὲν γὰρ αὐτὰ καὶ ἤδη κατεβάλετο διὰ τῶν εἰρημένων. Τὸ γὰρ, Μακάριοι οἱ πτωχοὶ τῷ πνεύματι, ταὐτόν ἐστι τῷ μὴ ὀργίζεσθαι· καὶ τὸ, Μακάριοι οἱ καθαροὶ τῇ καρδίᾳ, τῷ μὴ ἐμβλέψαι εἰς γυναῖκα πρὸς ἐπιθυμίαν· καὶ τὸ μὴ θησαυρίζειν θησαυροὺς ἐπὶ τῆς γῆς, τῷ, Μακάριοι οἱ ἐλεήμονες, συνᾴδει· καὶ τὸ πενθεῖν δὲ, καὶ τὸ διώκεσθαι, καὶ [e] ὀνειδίζεσθαι, ἴσον ἐστὶ τῷ διὰ τῆς στενῆς πύλης εἰσιέναι· καὶ τὸ πεινᾶν καὶ διψᾶν τὴν δικαιοσύνην, οὐδὲν ἕτερόν ἐστιν, ἀλλ' ἢ ἐκεῖνο, ὃ μετὰ ταῦτά φησιν, ὅτι Ὅσα θέλητε ἵνα ποιῶσιν ὑμῖν οἱ ἄνθρωποι, καὶ ὑμεῖς ποιεῖτε αὐτοῖς. Καὶ τὸν εἰρηνοποιὸν μακαρίσας, πάλιν τὸ αὐτὸ σχεδὸν εἴρηκεν, ὅτε ἐκέλευσεν ἀφεῖναι τὸ δῶρον, καὶ [f] ἐπὶ τὴν καταλλαγὴν σπεύδειν τοῦ λελυπημένου, καὶ τὸ εὐνοεῖν τῷ ἀντιδίκῳ. Ἀλλ' ἐκεῖ μὲν τὰ ἔπαθλα τῶν κατορθούντων τέθεικεν· ἐνταῦθα δὲ τῶν μὴ ποιούντων

[b] Alii οὐχ εὑρίσκει οὐδέν.
[c] Morel. εὑρήσεις.
[d] Morel. προκαταβαλλόμενος, et infra κατεβάλλετο.
[e] Morel. ὀνειδίζεσθε, male.
[f] Alii ἐπὶ τῇ καταλλαγῇ.

τὰς τιμωρίας. Διόπερ ἐκεῖ μὲν ἔλεγεν, ὅτι οἱ πραεῖς κληρονομήσουσι γῆν· ἐνταῦθα δὲ, ὁ μωρὸν καλῶν τὸν ἀδελφὸν αὐτοῦ, ἔνοχος ἔσται τῇ γεέννῃ τοῦ πυρός. Καὶ ἐκεῖ μὲν, ὅτι τὸν Θεὸν ὄψονται οἱ καθαροὶ τῇ καρδίᾳ· ἐνταῦθα δὲ, ὅτι μοιχός ἐστιν ἀπηρτισμένος ὁ ἀκολάστως ἰδών· καὶ τοὺς εἰρηνοποιοὺς υἱοὺς Θεοῦ καλέσας ἐκεῖ, ἐνταῦθα δὲ ἑτέρωθεν φοβεῖ λέγων· Μή ποτέ σε παραδῷ ὁ ἀντίδικος τῷ κριτῇ. Οὕτω καὶ τοὺς πενθοῦντας καὶ τοὺς διωκομένους μακαρίζων ἐν τοῖς ἔμπροσθεν, ἐν τοῖς μετὰ ταῦτα τὸ αὐτὸ τοῦτο κατασκευάζων, ἀπώλειαν ἀπειλεῖ τοῖς μὴ ταύτην ἐρχομένοις τὴν ὁδόν· οἱ γὰρ διὰ τῆς πλατείας βαδίζοντες, φησὶν, [a] ἐκεῖ καταστρέφουσι. B Καὶ τὸ, Οὐ δύνασθε Θεῷ δουλεύειν καὶ μαμωνᾷ, ἴσον εἶναί μοι δοκεῖ τῷ, Μακάριοι οἱ ἐλεήμονες, καὶ, Οἱ πεινῶντες τὴν δικαιοσύνην. Ἀλλ', ὅπερ ἔφθην εἰπὼν, ἐπειδὴ μέλλει τρανότερον αὐτὰ λέγειν, καὶ οὐ τρανότερον μόνον, ἀλλὰ καὶ πλείονα τῶν εἰρημένων προστιθέναι πάλιν (οὐκέτι γὰρ ἐλεήμονα ζητεῖ μόνον, ἀλλὰ καὶ τοῦ χιτωνίσκου ἐξίστασθαι κελεύει· οὐδὲ πρᾶον ἁπλῶς, ἀλλὰ καὶ τὴν ἑτέραν σιαγόνα στρέφειν τῷ βουλομένῳ ῥαπίζειν), τὴν δοκοῦσαν ἀντίθεσιν εἶναι πρότερον ἀναιρεῖ. Διὰ δὴ τοῦτο, ὅπερ ἔφθην εἰπὼν, οὐδὲ ἅπαξ τοῦτο εἴρηκεν, ἀλλὰ καὶ δεύτερον. Εἰπὼν γὰρ, Μὴ νομίσητε, ὅτι ἦλθον καταλῦσαι, ἐπήγαγεν· Οὐκ ἦλθον καταλῦσαι, ἀλλὰ πληρῶσαι. Πάλιν φησίν· Ἀμὴν γὰρ λέγω C ὑμῖν, [b] ἕως ἂν παρέλθῃ ὁ οὐρανὸς καὶ ἡ γῆ, ἰῶτα ἓν ἢ μία κεραία οὐ μὴ παρέλθῃ τοῦ νόμου, ἕως ἂν πάντα γένηται. Ὃ δὲ λέγει, τοιοῦτόν ἐστιν· ἀμήχανον ἀτέλεστον μεῖναι, ἀλλὰ καὶ τὸ βραχύτατον αὐτοῦ πληρωθῆναι δεῖ. Ὅπερ αὐτὸς ἐποίησε, μετὰ ἀκριβείας αὐτὸν ἁπάσης ἀπαρτίσας. Ἐνταῦθα δὲ ἡμῖν αἰνίττεται, ὅτι καὶ ὁ κόσμος ἅπας [c] μετασχηματίζεται. Καὶ οὐχ ἁπλῶς αὐτὸ τέθεικεν, ἀλλ' ἵνα ὑπάρῃ τὸν ἀκροατὴν, καὶ δείξῃ δικαίως ἑτέραν εἰσαγαγὼν πολιτείαν· εἴ γε μέλλοι καὶ τὰ τῆς κτίσεως ἅπαντα μετασχηματίζε- D σθαι, καὶ τὸ τῶν ἀνθρώπων γένος πρὸς ἑτέραν καλεῖσθαι πατρίδα, καὶ βίου παρασκευὴν [d] ὑψηλοτέρου. Ὃς ἐὰν οὖν λύσῃ μίαν τῶν ἐντολῶν τούτων τῶν ἐλαχίστων, καὶ διδάξῃ οὕτω τοὺς ἀνθρώπους, ἐλάχιστος κληθήσεται ἐν τῇ βασιλείᾳ τῶν οὐρανῶν. Ἐπειδὴ γὰρ ἀπήλλαξεν ἑαυτὸν τῆς πονηρᾶς [e] ὑπονοίας, καὶ τοὺς βουλομένους ἀντιλέγειν ἐπεστόμισε, τότε λοιπὸν καὶ φοβεῖ καὶ ἀπειλὴν τίθησι μεγίστην ὑπὲρ τῆς μελλούσης νομοθεσίας. Ὅτι γὰρ οὐχ ὑπὲρ τῶν παλαιῶν νόμων τοῦτο εἴρηκεν, ἀλλ' ὑπὲρ ὧν αὐτὸς ἔμελλε νομοθετεῖν, ἀκου-

offensum fratrem sibi reconciliandum, et benevolum esse adversario. Sed ibi quidem præmia recte operantium posuit: hic vero non recte operantium supplicia. Quapropter ibi quidem dicebat, mites terram possessuros esse; hic vero ait, eum qui fratrem suum fatuum vocaverit, reum fore gehennæ ignis. Illic item dixit mundos corde Deum esse visuros; hic vero, eum qui impudicis oculis respexerit, esse vere mœchum; ac cum illic pacificos filios Dei vocasset, hic alia ratione deterret dicens: *Ne forte tradat te adversarius judici.* Sic et lugentes et persequutionem patientes cum beatos superius prædicasset, in sequentibus idipsum tractans, perniciem interminatur iis qui non eadem ipsa via incedunt: nam qui per spatiosam viam ambulant, inquit, illic pereunt. Sed et illud, *Non potestis Deo servire et mamonæ*, huic Matth. 6. 24.
dicto simile mihi videtur: *Beati misericordes*, et, *Qui esuriunt justitiam.* Verum, ut præmonui, quia hæc clarius dicturus est, nec clarius modo dicturus, sed etiam plura dictis adjecturus (non enim jam misericordem tantum quærit, sed etiam tunica te exui jubet; nec mitem solummodo, sed et ut aliam maxillam convertas percutere volenti), illam, quæ videbatur esse, repugnantiam et contrarietatem prius tollit. Ideoque, ut supra dixi, non semel tantum hoc protulit, sed bis. Cum dixisset enim, *Nolite putare, quod venerim solvere legem*, adjecit: *Non veni solvere, sed adimplere.* Rursum ait: 18. ***Amen quippe dico vobis, donec transeat cælum et terra, iota unum aut unus apex non præteribit a lege, donec omnia fiant.*** Quod autem dicit, hujusmodi est: Impossibile est non impletam manere, sed vel minimum quodque ejus impleri oportet. Quod ipse fecit qui accurate omnia implevit. Hic autem nobis subindicat totius mundi figuram immutandam esse. Nec sine causa id posuit, sed ut erigeret auditorem, ostenderetque se jure aliam inducere disciplinam: si omnia quæ in mundo sunt mutanda sint, et si hominum genus ad aliam patriam sit vocandum, sublimiorem præparari vitam. 19. ***Quicumque ergo solverit unum de mandatis istis minimis, et docuerit sic homines, minimus vocabitur in regno cælo-***

[a] Ἐκεῖ καταστρέφουσι. Ad literam, *illic desinunt*, *illic finem habent.* Ibidem οὐ δύνασθε, sic recte Mss., at Morel. et Savil. οὐ δύνασθαι.

[b] Alii ἐὰν παρέλθῃ, et mox μὴ παρέλθῃ ἀπὸ τοῦ νόμου. Mox alii ἀτέλεστον εἶναι.

[c] Savil. suspicatur legendum μετασχηματισθήσεται, sed μετασχηματίζεται, præsens, hic pro futuro potest accipi. Mox Morel. et quidam Mss. ὑπάρῃ, Savil. et alii ἐπάρῃ.

[d] Alii ὑψηλοτέραν.

[e] Alii ὑποψίας.

rum. Postquam enim se a mala suspicione vindicavit, et eorum qui contradicere vellent ora obstruit, tunc demum et terret, et minas graviter intentat super futura lege. Quod enim id non de antiquis legibus dixerit, sed de illis quas ipse laturus erat, audi sequentia. 20. *Dico enim vobis : Nisi abundaverit justitia vestra plusquam scribarum et Pharisæorum, non intrabitis in regnum cælorum*. Quod si circa veterem legem minaretur, cur dixisset, *Nisi abundaverit?* Ii enim qui eadem ipsa, quæ illi, faciebant, non poterant secundum justitiæ rationem abundare. Sed quid erat illud quod abundabat? Non irasci, mulierem non impudice respicere.

E σον τῶν ἑξῆς. Λέγω γάρ, φησίν, ὑμῖν· ἐὰν μὴ περισσεύσῃ
ἡ δικαιοσύνη ὑμῶν πλέον τῶν γραμματέων καὶ Φαρισαίων, οὐ μὴ εἰσέλθητε εἰς τὴν βασιλείαν τῶν οὐρανῶν.
Εἰ δὲ περὶ τῶν παλαιῶν ἠπείλει νόμων, πῶς ἔλεγεν, Ἐὰν
208 μὴ περισσεύσῃ; Τοὺς γὰρ [f] τὰ αὐτὰ ποιοῦντας, ἅπερ
A ἐκεῖνοι ἐποίουν, οὐκ ἦν περισσεῦσαι, κατὰ τὸν τῆς δικαιοσύνης λόγον. Ἀλλὰ ποῖον ἦν τὸ περισσόν; Τὸ μὴ
ὀργισθῆναι, τὸ μηδὲ ἐμβλέψαι εἰς γυναῖκα ἀκολάστως.

4. Cur ergo minimas illas vocavit leges, etiamsi tantæ tamque sublimes sint? Quia ipse legem inducturus erat. Sicut enim se humiliat, et modeste sæpe de seipso loquitur : sic etiam circa legem suam agit; ut nos quoque hic doceat in omnibus modeste agere. Alioquin autem quia innovationis suspicio quædam esse videbatur, demissiore interim loquendi genere utitur. Cum vero audis minimum in regno cælorum, ne aliud suspiceris quam gehennam atque supplicium. Regnum enim solet appellare, non usumfructum modo, sed etiam resurrectionis tempus, et adventum illum terribilem. Nam quomodo rationi consentaneum esset, eum qui fratrem stultum vocat, et qui mandatum unum violat, in gehennam incidere; illum vero qui omnia præcepta solverit, et alios ad idipsum induxerit, in regno locari? Non igitur hoc dicit, sed illum eo tempore minimum futurum, id est, abjectum, ultimum. Ultimus autem tunc in gehennam incidet. Etenim utpote Deus multorum negligentiam prævidebat, et quosdam futuros esse qui illa per hyperbolen solum dicta esse putarent, et qui circa leges ratiocinarentur et dicerent : Si ergo quis fatuum vocaverit, punitur? si mulierem simpliciter respexerit, mœchus efficitur? Ideo illam tollens socordiam, minas intentat maximas utrisque, et transgredientibus, et alios ad hoc inducentibus. Minas itaque cernentes, neque ipsi transgrediamur, neque hæc servare volentes avertamus. *Qui autem fecerit et docuerit*, inquit, *magnus vocabitur*. Non enim nobis tantum, sed et aliis utiles esse debemus. Neque enim par merces est ei qui se ad recte faciendum comparat, et ei qui

Τίνος οὖν ἕνεκεν ἐλαχίστας αὐτὰς ἐκάλεσε, καίτοι
οὕτω μεγάλας καὶ ὑψηλὰς οὔσας; Ἐπειδὴ αὐτὸς τὴν
νομοθεσίαν εἰσάγειν ἔμελλεν. Ὥσπερ γὰρ ἑαυτὸν ἐταπείνωσε, καὶ μέτρια περὶ ἑαυτοῦ πολλαχοῦ φθέγγεται·
οὕτω καὶ [a] περὶ τῆς ἑαυτοῦ νομοθεσίας, παιδεύων ἡμᾶς
κἂν τούτῳ πανταχοῦ μετριάζειν. Ἄλλως δὲ καὶ ἐπειδὴ
καινοτομίας ἐδόκει τις ὑποψία εἶναι ὑπεσταλμένως
τέως κέχρηται τῷ λόγῳ. Ὅταν δὲ ἀκούσῃς ἐλάχιστον
B ἐν τῇ βασιλείᾳ τῶν οὐρανῶν, μηδὲν ἄλλο ὑπόπτευε ἢ
γέενναν καὶ κόλασιν. Βασιλείαν γὰρ οἶδεν οὐχὶ τὴν ἀπόλαυσιν μόνον λέγειν, ἀλλὰ καὶ τὸν καιρὸν τῆς ἀναστάσεως, καὶ τὴν παρουσίαν ἐκείνην τὴν φοβεράν. Ἐπεὶ πῶς
ἂν ἔχοι λόγον, τὸν μὲν εἰπόντα τὸν ἀδελφὸν μωρὸν, καὶ
μίαν παραβάντα ἐντολὴν εἰς τὴν γέενναν ἐμπεσεῖν·
τὸν δὲ ὅλας λύοντα, καὶ ἑτέρους εἰς τοῦτο ἐνάγοντα, ἐν
τῇ βασιλείᾳ εἶναι; Οὐ τοίνυν τοῦτό φησιν, ἀλλ' ὅτι ἐν
ἐκείνῳ τῷ καιρῷ [b] ἐλάχιστος ἔσται, τουτέστιν, ἀπεῤ-
ῥιμμένος, ἔσχατος. Ὁ δὲ ἔσχατος πάντως εἰς τὴν γέενναν ἐμπεσεῖται τότε. Καὶ γὰρ Θεὸς ὢν προῄδει τὴν
τῶν πολλῶν ῥᾳθυμίαν, καὶ ὅτι μέλλουσί τινες ὑπερβο-
C λῆς νομίζειν εἶναι τὰ εἰρημένα μόνης, καὶ συλλογίζεσθαι τοὺς νόμους καὶ λέγειν· ἐὰν οὖν τις μωρὸν καλέσῃ, κολάζεται; ἐὰν οὖν ἴδῃ τις ἁπλῶς [c] γυναῖκα,
μοιχὸς γίνεται; Διὸ δὴ ταύτην προαναιρῶν τὴν ὀλιγωρίαν, ἀπειλὴν τέθεικε μεγίστην ἑκατέροις, καὶ τοῖς παραβαίνουσι, καὶ τοῖς ἑτέρους εἰς τοῦτο ἐνάγουσιν. [d] Ἰδόντες τοίνυν τὴν ἀπειλὴν, μήτε αὐτοὶ παραβαίνωμεν,
μήτε τοὺς βουλομένους ταῦτα φυλάττειν ἐκλύωμεν. Ὃς
δ' ἂν ποιήσῃ καὶ διδάξῃ, φησὶ, μέγας κληθήσεται. Οὐ
γὰρ [e] ἑαυτοῖς δεῖ χρησίμους εἶναι μόνον, ἀλλὰ καὶ ἑτέ-
D ροις. Οὐδὲ γὰρ ἴσος ὁ μισθὸς τῷ ἑαυτὸν κατορθοῦντι,
καὶ τῷ μεθ' ἑαυτοῦ ἕτερον προστιθέντι. Ὥσπερ γὰρ τὸ
διδάσκειν ἄνευ τοῦ ποιεῖν κρίνει τὸν διδάσκοντα, (Ὁ

[f] Quidam τὰ τοιαῦτα.

[a] Aliqui περὶ αὐτῆς τῆς νομοθεσίας.

[b] Alii ἐλάχιστος κληθήσεται. Infra Morel. καὶ γὰρ ὁ Θεὸς προῄδει.

[c] Γυναῖκα deest in Savil.

[d] Alii εἰδότες.

[e] Morel. ἑαυτοῖς ἤδη χρησίμους, male.

γὰρ διδάσκων, φησὶν, ἕτερον, σεαυτὸν οὐ διδάσκεις;) οὕτω τὸ ποιεῖν μὲν, ἑτέροις δὲ μὴ ὑφηγεῖσθαι, ἐλαττοῖ τὸν μισθόν. Δεῖ τοίνυν ἐν ἑκατέροις ἄκρον εἶναι, καὶ πρότερον ἑαυτὸν κατορθώσαντα, οὕτω καὶ ἐπὶ τὴν τῶν ἄλλων ἐκβαίνειν ἐπιμέλειαν. Διὰ γὰρ τοῦτο καὶ αὐτὸς τὴν ποίησιν πρὸ τῆς διδασκαλίας ἔθηκε, δεικνὺς ὅτι οὕτω μάλιστά τις διδάξαι δυνήσεται, ἑτέρως δὲ οὐδαμῶς. Ἀκούσεται γὰρ, Ἰατρὲ, θεράπευσον σεαυτόν. Ὁ γὰρ ἑαυτὸν διδάξαι μὴ δυνηθεὶς, καὶ ἑτέρους ἐπιχειρῶν διορθοῦν, πολλοὺς ἕξει τοὺς κωμῳδοῦντας αὐτόν· μᾶλλον δὲ οὐδὲ διδάξαι ὁ τοιοῦτος δυνήσεται, τῶν πραγμάτων ἀντιφθεγγομένων αὐτῷ. Ἂν δὲ ἑκατέρωθεν ἀπηρτισμένος ᾖ, μέγας κληθήσεται ἐν τῇ βασιλείᾳ τῶν οὐρανῶν· Λέγω γὰρ ὑμῖν, ἐὰν μὴ περισσεύσῃ ἡ δικαιοσύνη ὑμῶν πλέον τῶν γραμματέων καὶ Φαρισαίων, οὐ μὴ εἰσέλθητε εἰς τὴν βασιλείαν τῶν οὐρανῶν. Ἐνταῦθα δικαιοσύνην τὴν πᾶσαν ἀρετὴν λέγει, ὥσπερ καὶ περὶ τοῦ Ἰὼβ διαλεγόμενος ἔλεγε· Καὶ ἦν ἄνθρωπος ἄμεμπτος, δίκαιος. Κατὰ τοῦτο καὶ ὁ Παῦλος τὸ σημαινόμενον δίκαιον ἐκεῖνον ἐκάλεσεν, ᾧ μηδὲ κεῖσθαι νόμον ἔλεγε· Δικαίῳ γὰρ νόμος οὐ κεῖται, φησί. [a] Καὶ πολλαχοῦ δὲ ἀλλαχοῦ τοῦτο τὸ ὄνομα ἐπὶ τῆς ἀρετῆς τῆς καθόλου κείμενον εὕροι τις [illegible]. Σὺ δέ μοι σκόπει τῆς χάριτος τὴν ἐπίδοσιν, ὅπου τοὺς μαθητὰς τοὺς νεήλυδας τῶν ἐν τῇ Παλαιᾷ διδασκάλων κρείττους εἶναι βούλεται. Γραμματέων γὰρ ἐνταῦθα καὶ Φαρισαίων οὐχ ἁπλῶς εἶπε τῶν παρανόμων, ἀλλὰ τῶν κατορθούντων· οὐ γὰρ εἰ μὴ κατώρθουν, ἔφησεν αὐτοὺς ἔχειν δικαιοσύνην, οὐδὲ ἂν παρέβαλε τὴν οὐκ οὖσαν τῇ οὔσῃ. Ὅρα δὲ καὶ ἐνταῦθα πῶς συνίστησι τὴν Παλαιὰν, σύγκρισιν ποιούμενος ταύτης πρὸς ἐκείνην· ὅπερ δείκνυσιν ὁμόφυλον αὐτὴν οὖσαν καὶ συγγενῆ· τὸ γὰρ πλέον καὶ ἔλαττον τοῦ αὐτοῦ γένους ἐστίν. Οὐ τοίνυν διαβάλλει τὴν Παλαιὰν, ἀλλ' ἐπιταθῆναι αὐτὴν βούλεται. Εἰ δὲ ἦν [b] πονηροῦ, οὐκ ἂν τὸ πλέον ἐζήτησεν, οὐδ' ἂν αὐτὴν διώρθωσεν, ἀλλ' ἐξέβαλεν ἄν. Καὶ πῶς, φησὶν, εἰ τοιαύτη ἐστὶν, εἰς τὴν βασιλείαν οὐκ εἰσάγει νῦν; Οὐκ εἰσάγει τοὺς μετὰ τὴν τοῦ Χριστοῦ παρουσίαν πολιτευομένους, ἅτε δὴ πλείονος ἀπολελαυκότας δυνάμεως, καὶ μείζονα ὀφείλοντας ἀγωνίζεσθαι· ἐπεὶ τούς γε αὐτῆς τροφίμους εἰσάγει ἅπαντας. Καὶ γὰρ πολλοὶ ἀπὸ ἀνατολῶν καὶ δυσμῶν ἥξουσι, φησὶ, καὶ ἀνακλιθήσονται εἰς τοὺς κόλπους Ἀβραὰμ καὶ Ἰσαὰκ καὶ Ἰακώβ. Καὶ ὁ Λάζαρος δὲ τῶν μεγάλων ἀπολαύων ἐπάθλων, ἐν τοῖς ἐκείνου κόλποις φαίνεται ἐνδιαιτώμενος. Καὶ πάντες ὅσοι μεθ' ὑπερβολῆς ἔλαμψαν ἐν τῇ Παλαιᾷ, διὰ ταύτης ἔλαμψαν ἅπαντες. Καὶ ὁ Χριστὸς δὲ, εἰ πονηρά τις ἦν καὶ ἀλλοτρία, οὐκ

secum alium ad id adducit. Quemadmodum enim
docere et non facere, condemnat docentem, (nam
ait : *Qui doces alium, teipsum non doces?*) Rom. 2. 21.
sic facere, nec alios ad faciendum inducere, mercedem minuit. Oportet igitur in utroque supremum esse, et cum te priorem ad benefaciendum
induxeris, ad aliorum curam transeundum est.
Idcirco enim ipse opera ante doctrinam posuit,
E ostendens sic optime quemvis se ad docendum
comparare, neque alio modo umquam. Auditurus
esset enim, *Medice, cura teipsum.* Qui enim Luc. 4. 23.
209 cum seipsum docere non potuerit, alios emendare
A conatur, a multis irridebitur; imo ne docere quidem ille poterit, ipsis operibus contraria testifi-
cantibus. Si vero in utroque perfectus fuerit, magnus vocabitur in regno cælorum. *Dico enim vobis, Nisi abundaverit justitia vestra plusquam
scribarum et Pharisæorum, non intrabitis in
regnum cælorum.* Hic justitiam, omnem vocat
virtutem; ut etiam de Jobo narrans dicebat : *Et* Job. 1. 1.
erat homo irreprehensibilis, justus. Secundum
hanc justificationem justum illum Paulus vocabat,
cui legem non positam esse dicebat : *Justo enim lex* 1. Tim. 1. 9.
non posita est, inquit. Sæpeque alibi hoc nomen
B pro generali virtute positum reperire est. Tu vero
mihi perpende gratiæ augmentum, quando discipulos adhuc rudes vult veteris legis doctoribus esse
meliores. Scribas autem et Pharisæos hic non improbos commemorat, sed probos : nisi enim probi
essent, nequaquam eos diceret habere justitiam, neque justitiam non existentem cum existente compararet. Perpende autem hoc loco quomodo esse veterem legem commendet, dum eam comparat cum
nova : quod sane declarat illam huic esse cognatam
et affinem : nam plus et minus ejusdem generis
sunt. Non igitur veteri obtrectat, sed illam augeri
vult et extendi : quæ si a malo prodiret, non am-
C plius quid in illa quæreret, neque illam perfectiorem reddidisset, sed explosisset. Et quomodo,
inquies, si talis est, in regnum jam non inducit?
Non inducit certe eos qui post Christi adventum
vitam instituerunt, utpote qui majorem consequuti
virtutem, majora debent adire certamina : nam
alumnos suos omnes eo introducit. *Multi enim* Matth. 8. 11.
venient ab oriente et occidente, inquit, *et recumbent in sinu Abrahæ et Isaaci et Jacobi.*
Lazarus certe, qui magnis fruitur præmiis, in Luc. 16
D ejus sinu versans apparet. Et quotquot in veteri

[a] Jam olim ab antiquis δικαιοσύνη in genere pro omni virtute habita fuit : sic Empedocles apud Aristotelem, *ἐν δὲ δικαιοσύνῃ συλλήβδην πᾶσ' ἀρετή ἐστιν, in justitia omnis virtus comprehenditur.*

[b] Alii ἦν πονηρά.

lege admodum refulsere, id per illam assequuti sunt. Christus vero', si lex illa mala et aliena fuisset, non illam omnem implevisset. Nam si id solum fecisset ut Judæos attraheret, non autem ut ostenderet eam cognatam esse et affinem novæ legi, cur non etiam gentilium leges et mores implevisset, ut gentiles pertraheret?

5. Undique ergo palam est eam a Christo non induci, non quod mala sit, sed quod majorum sit præceptorum tempus. Etiamsi vero imperfectior sit quam nova, id certe non probat ipsam esse malam : alioquin autem nova in eamdem incideret conditionem. Siquidem hujus scientia, si cum futuræ vitæ scientia comparetur, exigua et imperfecta est, atque illa veniente evacuatur.
1. Cor. 13. 10. Nam *Cum venerit*, inquit, *quod perfectum est, tunc evacuabitur quod ex parte est* : quod per Novam Vetus perpessa est. Nec tamen propterea illam criminabimur, licet illa cesset, cum nos regno potiemur : *Tunc* enim *evacuabitur quod ex parte est*, inquit : illam tamen magnam dicimus. Cum itaque majora sint præmia, ampliorque Spiritus virtus, jure majora requiruntur certamina. Non jam terra lacte et melle manans promittitur, non senectus vivida, non multitudo filiorum, non frumentum et vinum, non greges et armenta; sed cælum et cælestia bona, adoptio et fraternitas cum Unigenito, hereditatis consortium, gloriæ et regni societas, innumeraque illa præmia. Quod autem majori auxilio fruamur, audi Pau-
Rom. 8. 1. 2. lum dicentem : *Nihil ergo jam damnationis est iis qui sunt in Christo Jesu, qui non secundum carnem ambulant, sed secundum spiritum. Lex enim spiritus vitæ liberavit me a lege peccati et mortis*. Comminatus itaque transgressoribus, et magna pollicitus præmia recte agentibus, ut ostendit plus a nobis jure exigi, quam mensuras priores, demum leges statuere incipit, non simpliciter, sed facta cum antiquis legalibus comparatione; hæc duo volens ostendere, se videlicet non priora impugnantem, sed cum illis admodum consonantem, has statuere leges, ac jure opportuneque hæc nova veteribus adjungere. Quod ut clarius evadat, ipsa legislatoris verba audiamus. Quid igitur ait ille? 21. *Audistis quia*
Exod. 20. 15. *dictum est antiquis, Non occides*. Atqui is qui illa dedit, ipse est; sed interim impersonaliter

ἂν αὐτὴν ἐπλήρωσεν ἐλθὼν ἅπασαν. [c] Εἰ γὰρ ὑπὲρ τοῦ τοὺς Ἰουδαίους ἐπισπάσασθαι τοῦτο ἐποίει μόνον, καὶ οὐχ ὥστε δεῖξαι συγγενῆ ταύτην οὖσαν τῇ Καινῇ καὶ συμβαίνουσαν, τίνος ἕνεκεν οὐχὶ καὶ τὰ τῶν Ἑλλήνων ἐπλήρου νόμιμά τε καὶ ἔθη, ἵνα καὶ Ἕλληνας ἐπισπάσηται;

Ὥστε πανταχόθεν δῆλον, ὅτι οὐ διὰ τὸ πονηρὰν εἶναι οὐκ εἰσάγει, ἀλλὰ διὰ τὸ μειζόνων ἐντολῶν εἶναι καιρόν. Εἰ δὲ ἀτελεστέρα ἐστὶ τῆς Καινῆς, οὐδὲ τοῦτο δείκνυσιν αὐτὴν πονηράν· ἐπεὶ κατὰ τοῦτο καὶ ἡ
E Καινὴ τὸ αὐτὸ τοῦτο πείσεται. Καὶ γὰρ ἡ ταύτης γνῶσις πρὸς τὴν μέλλουσαν συγκρινομένη, μερική τίς ἐστι καὶ ἀτελής, καὶ καταργεῖται ἐκείνης ἐλθούσης· Ὅταν γὰρ ἔλθῃ, φησὶ, τὸ τέλειον, τότε τὸ ἐκ μέρους καταργηθήσεται· ὅπερ ἔπαθεν ἡ Παλαιὰ [d] διὰ τῆς Καινῆς. Ἀλλ' οὐ διὰ τοῦτο αὐτὴν διαβάλλομεν, καίτοι
210 καὶ αὕτη ὑπεξίσταται, ὅταν τῆς βασιλείας ἐπιτύχω-
A μεν· Τότε γὰρ τὸ ἐκ μέρους καταργηθήσεται, φησίν· ἀλλ' ὅμως μεγάλην αὐτὴν εἶναί φαμεν. Ἐπεὶ οὖν καὶ μείζονα τὰ ἔπαθλα, καὶ πλείω ἡ παρὰ τοῦ Πνεύματος δύναμις, εἰκότως καὶ μείζονα ἀπαιτεῖ τὰ [a] χαρίσματα. Οὐκ ἔτι γὰρ γῆ ῥέουσα γάλα καὶ μέλι, οὐδὲ γῆρας λιπαρὸν, οὐδὲ πολυπαιδία, οὐδὲ σῖτος καὶ οἶνος, καὶ ποίμνια καὶ βουκόλια· ἀλλ' οὐρανὸς, καὶ τὰ [b] ἐν οὐρανοῖς ἀγαθὰ, καὶ υἱοθεσία, καὶ ἀδελφότης ἡ πρὸς τὸν Μονογενῆ, καὶ κοινωνία κληρονομίας, καὶ τὸ συνδοξασθῆναι, καὶ συμβασιλεῦσαι καὶ τὰ μυρία ἔπαθλα ἐκεῖνα. Ὅτι δὲ καὶ πλείονος βοηθείας ἀπελαύσαμεν,
B ἄκουσον τοῦ Παύλου λέγοντος· Οὐδὲν ἄρα κατάκριμα νῦν τοῖς ἐν Χριστῷ Ἰησοῦ, μὴ κατὰ σάρκα περιπατοῦσιν, ἀλλὰ κατὰ πνεῦμα. Ὁ γὰρ νόμος τοῦ πνεύματος τῆς ζωῆς ἠλευθέρωσέ με ἀπὸ τοῦ νόμου τῆς ἁμαρτίας καὶ τοῦ θανάτου. Ἀπειλήσας τοίνυν τοῖς παραβαίνουσι, καὶ μεγάλα ἔπαθλα θεὶς τοῖς κατορθοῦσι, καὶ δείξας ὅτι δικαίως πλέον ἡμᾶς ἀπαιτεῖ τῶν προτέρων μέτρων, ἄρχεται τῆς νομοθεσίας λοιπὸν, οὐχ ἁπλῶς, ἀλλὰ κατὰ σύγκρισιν τῶν παλαιῶν νομίμων· δύο ταῦτα δεῖξαι βουλόμενος, ὅτι τε οὐ μαχόμενος τοῖς προτέροις, ἀλλὰ καὶ σφόδρα συμφωνῶν ταῦτα νομοθετεῖ, καὶ ὅτι εἰκότως καὶ σφόδρα εὐκαίρως τὰ δεύ-
C τερα ἐκείνοις προστίθησιν. Ὅπερ ἵνα καὶ σαφέστερον γένηται, αὐτῶν ἐπακούσωμεν τῶν τοῦ νομοθέτου ῥημάτων. Τί οὖν αὐτός φησιν; Ἠκούσατε ὅτι ἐῤῥέθη τοῖς ἀρχαίοις, Οὐ φονεύσεις. Καίτοι ὁ καὶ ἐκεῖνα δοὺς, αὐτός ἐστιν· ἀλλὰ τέως ἀπροσώπως αὐτὰ τίθησιν. Εἴτε γὰρ εἶπεν, ὅτι ἠκούσατε ὅτι εἶπον τοῖς ἀρχαίοις,

[c] Quidam εἰ γὰρ ἐπὶ τῷ τούς.

[d] Aliqui παρὰ τῆς καινῆς.

[a] Τὰ παλαίσματα Morel., τὰ χαρίσματα Savil. et Mss. Utraque lectio quadrare posset; verum Savilianam amplectendam esse series ipsa suadet. Ibid. pro οὐκ ἔτι Morel. et quidam alii οὐκ ἔστι.

[b] Alii ἐν οὐρανῷ.

δυσπαράδεκτος ὁ λόγος ἐγίνετο, καὶ πᾶσιν ἂν προσέστη τοῖς ἀκούουσιν· εἴτε αὖ πάλιν εἰπὼν, ὅτι ἐῤῥέθη τοῖς ἀρχαίοις παρὰ τοῦ Πατρός μου, ἐπήγαγεν, ἐγὼ δὲ λέγω, μείζων ἂν ἔδοξεν εἶναι ὁ αὐθαδιασμός. Διὸ δὴ ἁπλῶς αὐτὸ τέθεικεν, ἓν μόνον ἀπ' αὐτοῦ κατασκευάζων, τὸ δεῖξαι ὅτι εἰς καιρὸν ἦλθε τὸν προσήκοντα ταῦτα λέγων. Τὸ γὰρ εἰπεῖν, Ὅτι ἐῤῥέθη τοῖς ἀρ- D χαίοις, ἐνέφηνε πολὺν τὸν χρόνον, ἐξ οὗ τὴν ἐντολὴν ταύτην ἔλαβον. Τοῦτο δὲ ἐποίησεν, ἵνα ἐντρέψῃ τὸν ἀκροατὴν τὸν ἀναδυόμενον πρὸς τὰ ὑψηλότερα ἐκβῆναι τῶν ἐπιταγμάτων· ὡσανεὶ διδάσκαλος παιδίῳ ῥαθυμοῦντι λέγοι· οὐκ οἶσθα πόσον ἀνήλωσας χρόνον συλλαβὰς μελετῶν; Τοῦτο δὴ καὶ αὐτὸς αἰνιττόμενος τῷ τῶν ἀρχαίων ὀνόματι, ἐκκαλεῖται λοιπὸν αὐτοὺς πρὸς τὰ μείζονα τῶν διδαγμάτων, ὡσανεὶ ἔλεγεν· ἀρκοῦντα ἔχετε τὸν χρόνον ταῦτα μελετῶντες, καὶ δεῖ λοιπὸν πρὸς τὰ ὑψηλότερα τούτων ἐπείγεσθαι. [c] Εὖ δὲ καὶ τὸ μὴ συγχεῖν τὴν τάξιν τῶν ἐντολῶν, ἀλλ' E ἀπὸ τῆς προτέρας ἄρξασθαι πρώτης, ἀφ' ἧς καὶ ὁ νόμος ἤρξατο· καὶ γὰρ καὶ τοῦτο δεικνύντος ἐστὶ τὴν συμφωνίαν. Ἐγὼ δὲ λέγω ὑμῖν, ὅτι ὁ ὀργιζόμενος τῷ ἀδελφῷ αὐτοῦ εἰκῆ, ἔνοχος ἔσται τῇ κρίσει. Εἶδες ἐξουσίαν ἀπηρτισμένην; [d] εἶδες σχῆμα νομοθέτῃ πρέπον; Τίς γὰρ προφητῶν οὕτως ποτὲ ἐφθέγξατο; τίς 211 δικαίων; τίς πατριαρχῶν; Οὐδείς· ἀλλὰ, Τάδε λέγει A Κύριος. Ἀλλ' οὐχ [a] ὁ Υἱὸς οὕτως. Ἐκεῖνοι γὰρ τὰ τοῦ Δεσπότου διήγγελλον, οὗτος δὲ τὰ τοῦ Πατρός. Ὅταν δὲ εἴπω τὰ τοῦ Πατρὸς, τὰ αὐτοῦ λέγω. Τὰ γὰρ ἐμὰ, φησὶ, σά ἐστι, καὶ τὰ σὰ, ἐμά. Καὶ οἱ μὲν τοῖς ὁμοδούλοις ἔλεγον· ὁ δὲ τοῖς αὐτοῦ δούλοις ἐνομοθέτει. Ἐρωτήσωμεν τοίνυν τοὺς τὸν νόμον ἐκβάλλοντας, τὸ μὴ ὀργίζεσθαι τοῦ μὴ φονεύειν ἐναντίον, ἢ μᾶλλον ἐκείνου τελείωσις τοῦτο καὶ κατασκευή; Εὔδηλον ὅτι τοῦτο ἐκείνου πλήρωσις, καὶ μεῖζον τούτου ἕνεκεν. Ὁ γὰρ πρὸς ὀργὴν οὐκ ἐκφερόμενος, πολλῷ μᾶλλον φόνου ἀφέξεται· καὶ ὁ θυμὸν χαλινῶν, πολλῷ μᾶλλον τὰς B χεῖρας καθέξει παρ' ἑαυτῷ. Ῥίζα γὰρ τοῦ φόνου ὁ θυμός. Ὁ τοίνυν τὴν ῥίζαν ἐκκόπτων, πολλῷ μᾶλλον ἀναιρήσει τοὺς κλάδους· μᾶλλον δὲ οὐδὲ φῦναι τὴν ἀρχὴν ἐάσει.

Οὐκοῦν οὐκ ἐπ' ἀναιρέσει τοῦ νόμου, ἀλλ' ἐπὶ πλείονι ταῦτα ἐνομοθέτει φυλακῇ. Τί γὰρ βουλόμενος ὁ νόμος ταῦτα ἐπέταξεν; Οὐχ ἵνα μηδεὶς φονεύῃ τὸν πλησίον; Οὐκοῦν τοῦ μαχομένου τῷ νόμῳ τὸ κελεύειν φονεύειν ἦν· τὸ γὰρ φονεύειν [b] τοῦ μὴ φονεύειν ἐναντίον· εἰ δὲ μηδὲ ὀργίζεσθαι ἐπιτρέπει, ὅπερ ὁ νόμος ἐβούλετο, μᾶλλον ἵστησιν. Οὐ γὰρ ὁμοίως ἀφέξεται

hæc ponit. Si enim dixisset, Audistis me dixisse antiquis, non acceptus fuisset hic sermo, nec audientibus probatus; si vero dixisset: Audistis quia dictum est antiquis a Patre meo, deindeque intulisset, Ego autem dico, major arrogantia visa fuisset. Quapropter hoc simpliciter posuit ad hoc unum spectans, ut ostenderet se jam opportuno tempore hoc dicere. Cum enim ait, *Quia dictum est antiquis*, multum intercessisse temporis declaravit, ex quo hoc præceptum acceperant. Hoc vero fecit, ut auditorem pudefaceret, ad sublimiora illa adire præcepta cunctantem; uti solet magister puero dicere negligenti: An nescis quantum temporis in syllabarum meditatione consumseris? Hoc et ipse antiquorum nomine subindicans, evocat illos ad præcepta meliora, ac si diceret: A satis longo tempore hæc meditamini: oportet demum ad sublimiora pergere. Bene autem agitur quod præceptorum ordo non confundatur, sed a priore incipiatur, a quo lex incepit: etenim illud ipsum concordiam ostendit. 22. *Ego autem dico vobis, quoniam qui irascitur fratri suo temere, reus erit judicio.* Vidisti perfectam potestatem? vidisti modum legislatori competentem? Quis enim prophetarum sic umquam loquutus est? quis justorum? quis patriarcharum? Nullus sane; sed, *Hæc dicit Dominus.* Verum non ita Filius. Illi quippe Domini verba pronuntiant, hic Patris. Cum autem ea quæ Patris, ea quæ illius sunt dico. *Mea* enim, inquit, *tua sunt, et tua mea* Joan. 17. *sunt.* Illi conservis legem ferebant, hic servis suis. 10. Interrogemus igitur eos qui veterem legem explodunt. Contra Manichæos. Non irasci et non occidere contrariane sunt, annon potius hoc illius est perfectio et complementum? Palam est hoc illius esse complementum, ideoque majus. Nam qui in iram non concitatur, multo magis a cæde abstinebit: et qui iram frenat, multo magis manus retinebit. Radix enim cædis, ira. Qui ergo radicem exscindit, multo magis ramos auferet: imo vero neque nasci sinet.

6. Non igitur ad legis abrogationem, sed ad majorem facilioremque ejus custodiam, has afferebat leges. Quid enim volebat lex cum hæc præciperet? Annon ut nemo proximum suum occideret? Igitur impugnatorem legis homicidia oportuerat imperare: nam occidere et non occidere contraria sunt; si vero ne irasci quidem permit-

[c] Alii καλὸν δὲ καὶ, alii κρεῖττον δὲ καί. Paulopost Savil. ἄρξασθαι πρῶτον, Morel. πρώτης. Utraque lectio quadrat.

[d] Alii εἶδες κήρυγμα.

[a] Quidam ὁ υἱὸς οὗτος, male.

[b] Alius τῷ μὴ φονεύειν.

tat, illud perfectius statuit quod lex volebat. Non enim perinde abstinebit a cæde, qui non occidere meditatur, atque ille qui iram sustulit; hic quippe longius abest a tali facinore. Ut autem illos alio modo confutemus, ea quæ dicunt proferamus in
Matth. 5. 45. medium. Quænam dicunt igitur? Deum qui mundum fecit, qui solem oriri facit super iniquos et bonos, qui pluit super justos et injustos, esse malum. Qui vero moderatiores apud illos sunt hoc repudiant; dum autem dicunt illum esse justum, bonum tamen esse negant. Alium vero quemdam, qui vere nullus est, et qui nihil creavit, Christo dant Patrem. Et illum quidem non bonum in rebus ad se pertinentibus manere, et sua conservare dicunt: bonum autem in aliena irruere, eorumque, quorum ipse creator non est, repente velle servatorem esse. Vidistin' diaboli filios, quomodo ex patris sui fontibus loquantur, quando creationem
Joan. 1. 11. a Deo alienant, cum tamen Joannes clamet: *In propria venit, et mundus per ipsum factus est?* Deinde legem examinantes veterem, qua jubetur oculum pro oculo, dentem pro dente evelli, statim irrumpunt et dicunt: Et quomodo possit is qui hæc dicit, esse bonus? Quid igitur ad hæc dicamus? Hanc maximam esse benignitatis speciem. Non enim ut nos vicissim oculos eruamus, hanc posuit legem; sed ut metu paris infligendæ pœnæ, abstineamus et tali erga alios facinore. Quemadmodum etiam Ninivitis excidium comminatus est, non ut illos perderet (nam si id voluisset, tacere oportuerat); sed ut metu meliores factos videns, iram sedaret: sic etiam iis, qui temere in aliorum oculos involant, supplicium addixit; ut si ex bono proposito noluerint a tali crudelitate abstinere, metu tamen coerceantur ne oculos proximi lædant. Si porro illud crudelitas sit, crudele item erit, homicidam cohibere, et mœchum arcere. At stultorum hæc verba sunt, et extremo furore captorum. Ego enim tantum abest ut dicam hæc esse crudelitatem, ut his contraria secundum humanum ratiocinium affirmem iniqua esse. Tu enim dicis ideo crudelem esse, quod jusserit oculum pro oculo eruere; ego autem dico, si non hoc jussisset, tunc videretur multis is esse, quem tu ais. Supponamus enim totam legem abrogatam fuisse, neminemque timere supplicium in illa indictum: sed licere facinoro-

φόνου ὁ μελετῶν μὴ φονεύειν τῷ καὶ τὴν ὀργὴν ἀνῃρηκότι· πορρωτέρω γὰρ οὗτος ἕστηκε τοῦ τολμήματος.
C Ἵνα δὲ καὶ ἑτέρως αὐτοὺς ἕλωμεν, εἰς μέσον ἃ λέγουσιν ἀγάγωμεν ἅπαντα. Τίνα οὖν ἐστιν ἅ φασι; Λέγουσιν, ὅτι ὁ τὸν κόσμον ποιήσας θεὸς, ὁ τὸν ἥλιον ἀνατέλλων ἐπὶ πονηροὺς καὶ ἀγαθοὺς, ὁ βρέχων ἐπὶ δικαίους καὶ ἀδίκους, πονηρός τίς ἐστιν. Οἱ δὲ ἐπιεικέστεροι δῆθεν αὐτῶν τοῦτο μὲν παραιτοῦνται· δίκαιον δὲ αὐτὸν λέγοντες εἶναι ἀποστεροῦσι τοῦ εἶναι ἀγαθόν. Ἕτερον δέ τινα, τὸν οὐκ ὄντα, οὔτε ποιήσαντά τι τῶν ὄντων, Πατέρα διδόασι τῷ Χριστῷ. Καὶ τὸν μὲν οὐκ ἀγαθὸν ἐν τοῖς ἑαυτοῦ μένειν, καὶ τὰ αὑτοῦ διατη-
D ρεῖν φασι· τὸν δὲ ἀγαθὸν, τῶν ἀλλοτρίων ἐφίεσθαι, καὶ ὧν οὐκ ἐγένετο δημιουργὸς τούτων ἐξαίφνης βούλεσθαι γενέσθαι σωτῆρα. Εἶδες τοῦ διαβόλου τὰ τέκνα, πῶς ἀπὸ τῆς πηγῆς τοῦ πατρὸς αὐτῶν φθέγγονται, ἀλλοτριοῦντες τοῦ Θεοῦ τὴν δημιουργίαν, τοῦ Ἰωάννου βοῶντος, ὅτι Εἰς τὰ ἴδια ἦλθε, καὶ ὁ κόσμος δι' αὐτοῦ ἐγένετο; Εἶτα τὸν νόμον ἐξετάζοντες τὸν ἐν τῇ Παλαιᾷ, τὸν κελεύοντα ὀφθαλμὸν ἀντὶ ὀφθαλμοῦ καὶ ὀδόντα ἀντὶ ὀδόντος ἐκβάλλειν, ἐπεμβαίνουσιν εὐθέως λέγοντες· καὶ πῶς ἂν
E δύναιτο ἀγαθὸς εἶναι ὁ ταῦτα λέγων; Τί οὖν πρὸς ταῦτά φαμεν; Ὅτι μέγιστον εἶδος φιλανθρωπίας ἐστίν. Οὐ γὰρ ἵνα τοὺς ἀλλήλων ἐκκόπτωμεν ὀφθαλμοὺς, τὸν νόμον ἔθηκε τοῦτον· ἀλλ' ἵνα φόβῳ τοῦ μὴ παθεῖν ὑφ' ἑτέρων, ἀπεχώμεθα τοῦ δρᾶσαί τι τοιοῦτον ἑτέρους. Ὥσπερ οὖν τοῖς Νινευίταις ἠπείλησε καταστρο-
212 A φὴν, οὐχ ἵνα αὐτοὺς ἀνέλῃ (εἰ γὰρ τοῦτο ἐβούλετο, σιγᾷν ἐχρῆν), ἀλλ' ἵνα τῷ φόβῳ βελτίους ποιήσας, παύσῃ τὴν ὀργήν· οὕτω καὶ τοῖς προχείρως ἐπιπηδῶσι τοῖς ἑτέρων ὀφθαλμοῖς τιμωρίαν ἔθηκεν, ἵνα κἂν ἀπὸ προαιρέσεως ἀγαθῆς μὴ βούλωνται ἀπέχεσθαι τῆς ὠμότητος, ἀπὸ τοῦ φόβου κωλυθῶσι λυμαίνεσθαι ταῖς τῶν πλησίον ὄψεσιν. Εἰ δὲ ἐκεῖνο [a] ὠμότης, καὶ τὸ κατέχεσθαι τὸν ἀνδροφόνον, καὶ τὸ κωλύεσθαι τὸν μοιχόν. Ἀλλ' ἀνοήτων ταῦτα τὰ ῥήματα, καὶ τὴν ἐσχάτην μαινομένων μανίαν. Ἐγὼ γὰρ [b] τοσούτου δέω ταῦτα ὠμότητος εἶναι λέγειν, ὡς τἀναντία τούτοις
B φάναι εἶναι παράνομα κατὰ ἀνθρώπινον λογισμόν. Σὺ μὲν γὰρ λέγεις, ὅτι ἐπειδὴ ὀφθαλμὸν ἀντὶ ὀφθαλμοῦ ἐκβάλλειν ἐκέλευσε, διὰ τοῦτο ὠμός· ἐγὼ δὲ λέγω, ὅτι εἰ μὴ τοῦτο ἐκέλευσε, τότε ἂν ἔδοξε παρὰ τοῖς πολλοῖς τοῦτο εἶναι ὃ σὺ φῄς. Θῶμεν γὰρ τῷ λόγῳ λελύσθαι τὸν νόμον ἅπαντα, καὶ μηδένα τὴν ἐκ τούτου δεδοικέναι τιμωρίαν, ἀλλ' ἐξεῖναι τοῖς πονηροῖς ἅπασι μετὰ ἀδείας ἁπάσης [c] αὐτῶν κεχρῆσθαι τῷ τρόπῳ, καὶ τοῖς μοιχοῖς, καὶ τοῖς ἀνδροφόνοις, καὶ

[a] Savil. et quidam Mss. *ὠμότητος*. Morel. et alii *ὠμότης*. Hic *ἀποσιώπησιν* observo; post *τὸν μοιχόν*, addendum, vel subintelligendum *ὠμότης ἔσται*.

[b] Savil. et tres Mss. *τοσούτου δέω*. Unus *τοσούτου ἀποδέω*. Morel. *τοσούτου δέδοικα*.

[c] Savil. *τοῖς ἑαυτῶν κεχρῆσθαι τρόποις*.

τοῖς κλέπταις, καὶ τοῖς ἐπιόρκοις, καὶ τοῖς πατραλοίαις· ἆρα οὐκ ἂν πάντα ἄνω καὶ κάτω γέγονε, καὶ μυρίων μιασμάτων καὶ φόνων πόλεις, καὶ ἀγοραὶ, καὶ οἰκίαι, καὶ γῆ, καὶ θάλαττα, καὶ πᾶσα ἐνεπλήσθη C ἡ οἰκουμένη; Παντί που δῆλον. Εἰ γὰρ νόμων ὄντων καὶ φόβου καὶ ἀπειλῆς, μόλις αἱ πονηραὶ ἐπέχονται γνῶμαι· εἰ καὶ αὕτη ἀνῄρητο ἡ ἀσφάλεια, τί τὸ κωλύον [d] αἱρεῖσθαι τὴν κακίαν; πόση δὲ οὐκ ἂν εἰσεκώμασεν εἰς ἀνθρώπινον βίον ἡ λύμη; Οὐδὲ γὰρ τοῦτο ὠμότητος μόνον, τὸ συγχωρεῖν τοῖς κακοῖς ἃ βούλονται πράττειν· ἀλλὰ καὶ ἕτερον οὐκ ἔλαττον τούτου, τὸ τὸν ἠδικηκότα μὲν οὐδὲν, κακῶς δὲ πάσχοντα εἰκῆ καὶ μάτην, περιορᾷν ἀπρονόητον. Εἰπὲ γάρ μοι, εἴ τις ἀνθρώπους μοχθηροὺς πανταχόθεν συναγαγὼν, καὶ ξίφεσιν ὁπλίσας, ἐκέλευσε κατὰ τὴν πόλιν περιιέναι D πᾶσαν, καὶ τοὺς ἀπαντῶντας κατασφάττειν ἅπαντας, ἆρα ἂν ἦν [e] τι τούτου θηριωδέστερον; Τί δὲ, εἴ τις ἕτερος τοὺς μὲν ὑπ' ἐκείνου καθοπλισθέντας ἔδησε καὶ καθεῖρξε μετὰ σφοδρότητος πάσης, τοὺς δὲ ἀποσφάττεσθαι μέλλοντας τῶν ἀνόμων ἐκείνων ἐξήρπασε χειρῶν, ἆρα ἂν ἦν τι τούτου φιλανθρωπότερον; Ταῦτα τοίνυν καὶ ἐπὶ τὸν νόμον μετάθες τὰ ὑποδείγματα. Ὁ μὲν γὰρ κελεύων ὀφθαλμὸν ἀντὶ ὀφθαλμοῦ ἐξορύττειν, ὥσπερ τινὰ δεσμὸν ἰσχυρὸν τὸν φόβον ταῖς τῶν πονηρῶν ἐνέβαλε ψυχαῖς, κἀκείνῳ προσέοικε τῷ τοὺς ξιφήρεις ἐκείνους κατειργνύντι· [f] ὁ δὲ μηδεμίαν αὐτοῖς τιμωρίαν τιθεὶς, μονονουχὶ ὁπλίζει τῇ ἀδείᾳ, κἀκεῖ- E νον μιμεῖται τὸν ἐγχειρίσαντα αὐτοῖς τὰ ξίφη, καὶ κατὰ τῆς πόλεως ἀφέντα πάσης.

Ὁρᾷς πῶς οὐ μόνον [g] οὐκ ὠμότητος, ἀλλὰ καὶ πολλῆς φιλανθρωπίας ἐστὶ τὰ ἐπιτάγματα; Εἰ δὲ βαρὺν καλεῖς διὰ ταῦτα τὸν νομοθέτην, καὶ φορτικὸν, ποῖον 215 A ἐπιπονώτερον, εἰπέ μοι, καὶ βαρύτερον, τὸ μὴ φονεύειν, ἢ τὸ μηδὲ ὀργίζεσθαι; τίς σφοδρότερος, ὁ τοῦ φόνου δίκας ἀπαιτῶν, ἢ καὶ ὁ τῆς ὀργῆς; ὁ τὸν μοιχὸν μετὰ τὴν πρᾶξιν ὑποβάλλων τῇ τιμωρίᾳ, ἢ ὁ καὶ τῆς ἐπιθυμίας αὐτῆς κελεύων δίκας διδόναι, καὶ δίκας ἀθανάτους; Ὁρᾶτε, ὅτι εἰς τοὐναντίον αὐτοῖς ὁ λόγος περιετράπη. Καὶ ὁ μὲν τῆς Παλαιᾶς Θεὸς, ὃν φασιν ὠμὸν εἶναι, εὑρεθήσεται ἥμερος καὶ πρᾶος· ὁ δὲ τῆς Καινῆς, ὃν ἀγαθὸν ὁμολογοῦσι, φορτικὸς καὶ βαρὺς κατὰ τὴν ἐκείνων ἄνοιαν. Ἡμεῖς γὰρ ἕνα καὶ τὸν αὐτόν φαμεν ἑκατέρων τῶν Διαθηκῶν νομοθέτην πρὸς τὸ δέον πάντα οἰκονομήσαντα, καὶ τῇ τῶν καιρῶν διαφορᾷ B τὴν διαφορὰν ἑκατέρας τῆς νομοθεσίας ἁρμόσαντα. Οὐκοῦν

sis omnibus cum libertate moribus uti suis; mœchis nempe, homicidis, furibus, perjuris, parricidis: nonne omnia sus deque verterentur, et innumeris facinoribus atque cædibus urbes, fora, domus, mare, terra et totus orbis replerentur? Hoc nemini non notum est? Si enim stantibus legibus et timore atque minis, vix malignæ voluntates coercentur: si hæc ablata fuisset cautio, quid impediret ne malitia dominaretur? quanta non pestis in humanam vitam grassaretur? Neque enim id solum crudele esset, si facinorosi quæ vellent agere permitterentur; sed et aliud illo non minus perniciosum foret, si qui nihil læsisset, et sine causa male passus esset, sine auxilio maneret et negligeretur. Dic enim mihi, si quis sceleratos viros undique colligens et gladiis muniens, juberet urbem totam circumire et obvios quosque trucidare, an quid posset immanius excogitari? Contra vero si quis alius, armatos illos vinculis constrictos in carcerem cum vehementia traderet, illos autem qui mox interficiendi erant, ex iniquorum manibus abriperet, num illo humanius quidpiam dici possit? Hæc igitur ad legem transfer exempla. Nam qui jubet oculum pro oculo eruere, ceu vinculum quoddam firmum in facinorosorum animos conjecit, eique similis est, qui gladiis armatos illos coercuit: qui vero nulli adduceret supplicio, hac licentia pene illum armaret, illumque imitaretur, qui armatos gladiis viros per totam urbem mitteret.

Scelera lex juste plectit.

7. Viden' quomodo non crudelitate, sed benignitate magna plena sint præcepta? Si vero propterea legislatorem molestum onerosumque vocas, quid molestius, quæso, et quid onerosius sit, non occidere, an non irasci? Quis severior, qui homicidii pœnas repetit, an qui iracundiæ? qui mœchum post peractam rem, supplicio subjicit, an qui ipsius concupiscentiæ jubet dare pœnas et pœnas immortales? Videte, in contrarium illis conversum esse sermonem. Nam veteris legis Deus, quem ipsi dicunt crudelem esse, mansuetus invenietur; novæ autem legis Deus, quem esse bonum ipsi fatentur, molestus et onerosus secundum illorum stultitiam. Nos quippe unum eumdemque dicimus utriusque Testamenti legislatorem, qui omnia ut decebat dispensavit, et temporum

Unus idemque est utriusque Testamenti legislator.

[d] Savil. et Morel. αἰρεῖσθαι, cum spiritu leni. Αἱρεῖσθαι cum aspero hic non quadrat, at forte melius αἰρεσθαι. Savilius autem de industria spiritum lenem reliquit, ut ex marginali nota asseritur. [In marg. Savil. legitur: γρ. αἰρεῖσθαι. ἄλλ. αἴρεσθαι.]

[e] Unus τί τούτου χαλεπώτερον.

[f] Morel. ὁ μηδεμίαν, omisso δέ. [Modo Savil. καθειργνύντι.]

[g] Quidam οὐκ ὠμότης.

discrimini utriusque legis differentiam aptavit. Igitur nec illa præcepta crudelia, neque hæc onerosa vel molesta, sed utraque ab una eademque providentia proficiscuntur. Quod enim ipse veterem quoque legem dederit, audi prophetam dicentem; seu ut majus quidpiam dicamus, et illum et pro-
Jer. 31. 31. 32. phetam : *Disponam vobis testamentum, non secundum testamentum, quod disposui patribus vestris.* Quod si hoc non recipiat is qui Manichæorum morbo laborat, audiat Paulum hoc
Galat. 4. 22. 24. ipsum rursus dicentem : *Abraham enim duos filios habuit; unum de ancilla, et unum de libera. Hæc autem sunt duo testamenta.* Quemadmodum ergo illic diversæ sunt mulieres, unus autem vir : sic et hoc loco duo Testamenta, unus legislator. Et ut discas, unam eamdemque fuisse utrobique mansuetudinem : illic quidem dixit, *Oculum pro oculo;* hic autem : *Si quis te percusserit in maxillam dexteram, verte illi et alteram.* Quemadmodum enim illic timore supplicii lædentem retinet; hic quoque eodem modo. Et quomodo, inquies, cum jubeat illum et aliam præbere? Quid hoc tandem? Non enim ut metum solvat hoc præcipit, sed jubet præberi ipsi modum se prorsus satiandi; neque dixit illum impune fore, verum tu ne punias; simul percussorem si persistat magis terrens, et percussum consolans. Verum hæc, ut si quis in transcursu de omnibus præceptis loquatur, a nobis dicta sunto. Jam ad propositum redire necesse est, necnon seriem prius dictorum repetere. *Qui irascitur fratri suo* temere, *reus erit judicio,* inquit. Non enim prorsus rem sustulit : primo, quia non potest homo animi affectibus prorsus liberari; sed illos retinere quidem possumus, absque illis omnino esse non possumus; deinde, quia ille animi motus utilis est, si illo sciamus opportune uti. Perpende enim quanta bona attulerit Pauli ira contra Corinthios. Nam et illos a magna peste liberavit; Galatarum item gentem lapsam per hanc recuperavit, aliosque multos. Quod ergo tempus iræ opportunum est? Quando non nos ipsos ulciscimur, sed alios petulantes reprimimus, desides convertimus. Quod tempus non opportunum? Quando nos ipsos ulciscentes id facimus. Quod
Rom. 12. 19. Paulus cohibens dicebat : *Non vosmetipsos vindicantes, dilecti, sed date locum iræ.* Quando

οὔτε ἐκεῖνα ὠμὰ τὰ ἐπιτάγματα, οὔτε ταῦτα ἐπαχθῆ καὶ φορτικὰ, ἀλλὰ μιᾶς καὶ τῆς αὐτῆς κηδεμονίας ἅπαντα. Ὅτι γὰρ καὶ τὴν Παλαιὰν αὐτὸς δέδωκεν, ἄκουσον τί φησιν ὁ προφήτης· μᾶλλον δέ [a] τι χρὴ λέγειν, ἐκεῖνος καὶ οὗτος· Διαθήσομαι ὑμῖν διαθήκην, οὐ κατὰ τὴν διαθήκην, ἣν διεθέμην τοῖς πατράσιν ὑμῶν. Εἰ δὲ οὐ δέχεται ταῦτα ὁ τὰ Μανιχαίων νοσῶν, ἀκουέτω τοῦ Παύλου λέγοντος τὸ αὐτὸ τοῦτο πάλιν· Ἀβραὰμ γὰρ δύο υἱοὺς ἔσχεν, ἕνα ἐκ τῆς παιδίσκης, καὶ ἕνα
C ἐκ τῆς ἐλευθέρας. Αὗται δέ εἰσι δύο διαθῆκαι. Ὥσπερ οὖν ἐκεῖ διάφοροι μὲν αἱ γυναῖκες, εἷς δὲ ὁ ἀνήρ· οὕτω καὶ ἐνταῦθα δύο μὲν αἱ Διαθῆκαι, εἷς δὲ ὁ νομοθέτης. Καὶ ἵνα μάθῃς, ὅτι μιᾶς καὶ τῆς αὐτῆς ἡμερότητος ἦν· κἀκεῖ μέν φησιν, Ὀφθαλμὸν ἀντὶ ὀφθαλμοῦ· ἐνταῦθα δὲ, Ἐάν τίς σε ῥαπίσῃ εἰς τὴν σιαγόνα τὴν δεξιὰν, στρέψον αὐτῷ καὶ τὴν ἄλλην. Ὥσπερ γὰρ ἐκεῖ τῷ φόβῳ τοῦ πάθους σωφρονίζει τὸν ἀδικοῦντα, οὕτω καὶ ἐνταῦθα. Καὶ πῶς, φησὶν, ὁ κελεύων αὐτῷ καὶ τὴν ἄλλην παρέχειν; Καὶ τί τοῦτο; Οὐ γὰρ τὸν φόβον ἐκλύων τοῦτο ἐπέταξεν, ἀλλὰ αὐτῷ κελεύων παρέχειν
D τοῦ παντὸς ἐμφορεῖσθαι· οὐδὲ εἶπεν, ὅτι ἀτιμώρητος ἐκεῖνος μένει, ἀλλὰ σὺ μὴ κολάσῃς· ὁμοῦ καὶ τὸν πλήττοντα μειζόνως φοβῶν ἐπιμένοντα, καὶ τὸν πληττόμενον παραμυθούμενος. Ἀλλὰ ταῦτα μὲν, ὡς ἄν τις ἐν παρόδῳ περὶ πασῶν εἴποι τῶν ἐντολῶν, ἡμῖν εἰρήσθω. Ἀναγκαῖον δὲ ἐπὶ τὸ προκείμενον ἐλθεῖν, καὶ τῆς ἀκολουθίας ἔχεσθαι τῶν ἔμπροσθεν εἰρημένων. Ὁ ὀργιζόμενος τῷ ἀδελφῷ αὐτοῦ εἰκῇ, ἔνοχος ἔσται τῇ κρίσει, φησίν. Οὐ γὰρ πάντῃ τὸ πρᾶγμα ἀνεῖλε· πρῶτον μὲν, ὅτι οὐκ ἔστιν ἄνθρωπον ὄντα, παθῶν ἀπηλλά-
E χθαι· ἀλλὰ κρατεῖν μὲν δυνατὸν, ἐκτὸς δὲ αὐτῶν παντελῶς εἶναι ἀμήχανον· ἔπειτα δὲ, [b] ὅτι καὶ χρήσιμον ταυτὶ τὸ πάθος, ἂν μετὰ τοῦ προσήκοντος οἴδαμεν αὐτῷ χρῆσθαι καιροῦ. Σκόπει γοῦν ἡλίκα εἰργάσατο ἀγαθὰ ἡ τοῦ Παύλου ὀργὴ, ἡ κατὰ Κορινθίων τότε γενομένη. Καὶ γὰρ ἐκείνους αὕτη μεγάλης λύμης ἀπήλλαξε· καὶ τὸ Γαλατῶν δὲ ἔθνος ταύτῃ πάλιν ἐκπεπτω-
214 κὸς ἀνεκτήσατο, καὶ ἑτέρους δὲ πλείους τούτων. Τίς
A οὖν ὁ προσήκων τῆς ὀργῆς καιρός; Ὅταν μὴ ἑαυτοῖς ἀμύνωμεν, ἀλλ᾽ ἑτέρους σκιρτῶντας [a] ἄγχωμεν, καὶ ῥαθυμοῦντας ἐπιστρέφωμεν. Τίς δὲ ὁ μὴ προσήκων; Ὅταν ἑαυτοὺς ἐκδικοῦντες τοῦτο ποιῶμεν. Ὅπερ οὖν καὶ ὁ Παῦλος κωλύων ἔλεγεν· Μὴ ἑαυτοὺς ἐκδικοῦντες, ἀγαπητοὶ, ἀλλὰ δότε τόπον τῇ ὀργῇ. Ὅταν περὶ χρημάτων μαχώμεθα. Καὶ γὰρ καὶ τοῦτο ἀνεῖλεν εἰπών· Διατί οὐ μᾶλλον ἀδικεῖσθε; διατί οὐ μᾶλλον ἀποστερεῖσθε; Ὥσπερ γὰρ αὕτη

[a] Morel. *μᾶλλον δὲ, τι χρὴ καὶ λέγειν ἐκεῖνος καὶ οὗτος.* [Savil. *μᾶλλον δὲ τί, χρὴ λέγειν, ἐκ. κ. οὗτος.*] Mox unus, *διαθήσω.* Manichæi porro, de quibus mox loquitur Chrysostomus, Vetus Testamentum non admittebant.

[b] Savil. *ὅτι καὶ χρήσιμον ταύτης τὸ πάθος.* Suspicatur autem ille legendum *ταυτὶ τὸ πάθος.* Morel. *ταυτί.*

[a] *Ἄγχωμεν.* Quidam *ἀνέχωμεν,* alii *ἐπέχωμεν.*

περιττὴ, οὕτως ἐκείνη ἀναγκαία καὶ λυσιτελής. Ἀλλ' οἱ πολλοὶ τοὐναντίον ποιοῦσιν, ἐκθηριούμενοι B μὲν, ἡνίκα ἂν ἀδικῶνται, ἐκλυόμενοι δὲ καὶ μαλακιζόμενοι, ἡνίκα ἂν ἕτερον [b] ἐπηρεαζόμενον βλέπωσιν· ἅπερ ἂν ἀμφότερα ἀπεναντίας ἐστὶ τοῖς νόμοις τοῖς εὐαγγελικοῖς. Οὐ τοίνυν τὸ ὀργίζεσθαι παράνομον, ἀλλὰ τὸ ἀκαίρως τοῦτο ποιεῖν. Διὰ τοῦτο καὶ ὁ προφήτης ἔλεγεν· Ὀργίζεσθε καὶ μὴ ἁμαρτάνετε. Ὃς δ' ἂν εἴπῃ τῷ ἀδελφῷ αὐτοῦ, ῥακὰ, ἔνοχος ἔσται τῷ συνεδρίῳ. Συνέδριον ἐνταῦθα τὸ δικαστήριον τῶν Ἑβραίων φησί. Τέθεικε δὲ αὐτὸ νῦν, ἵνα μὴ πανταχοῦ δόξῃ ξενίζειν καὶ καινοτομεῖν. Τὸ Ῥακὰ τοῦτο οὐ μεγάλης ἐστὶν ὕβρεως ῥῆμα, ἀλλὰ μᾶλλον καταφρονήσεως καὶ ὀλιγωρίας τινὸς τοῦ λέγοντος. Καθάπερ γὰρ ἡμεῖς ἢ C οἰκέταις, ἤ τισι τῶν καταδεεστέρων ἐπιτάττοντες λέγομεν· [c] ἄπελθε σὺ, εἰπὲ τῷ δεῖνι σύ· οὕτω καὶ οἱ τῇ Σύρων κεχρημένοι γλώττῃ ῥακὰ λέγουσιν, ἀντὶ τοῦ, σὺ, τοῦτο τιθέντες. Ἀλλ' ὁ φιλάνθρωπος Θεὸς καὶ τὰ μικρότατα ἀνασπᾷ, καθηκόντως ἡμᾶς κεχρῆσθαι ἀλλήλοις κελεύων, καὶ μετὰ τῆς προσηκούσης τιμῆς, καὶ ἵνα διὰ τούτων καὶ τὰ μείζονα ἀναιρῆται. Ὃς δ' ἂν εἴπῃ, μωρὲ, ἔνοχος ἔσται εἰς τὴν γέενναν τοῦ πυρός. Πολλοῖς τοῦτο βαρὺ καὶ φορτικὸν ἔδοξεν εἶναι τὸ ἐπίταγμα, εἴ γε ῥήματος ψιλοῦ τοσαύτην μέλλομεν [d] διδόναι τιμωρίαν· Καί τινες αὐτὸ καὶ ὑπερβολικῶς μᾶλλον εἰρῆσθαί φασιν. Ἀλλὰ δέδοικα μὴ λόγοις ἑαυτοὺς D ἐνταῦθα ἀπατήσαντες, τοῖς ἔργοις ἐκεῖ τὴν ἐσχάτην [e] ὑπομένωμεν τιμωρίαν.

Διατί γὰρ, εἰπέ μοι, φορτικὸν εἶναι δοκεῖ τὸ ἐπίταγμα; Οὐκ οἶσθα, ὅτι αἱ πλείους τῶν τιμωριῶν καὶ τῶν ἁμαρτιῶν ἀπὸ ῥημάτων ἔχουσι τὴν ἀρχήν; Καὶ γὰρ διὰ ῥημάτων βλασφημίαι, [f] καὶ ἀρνήσεις διὰ ῥημάτων, καὶ λοιδορίαι, καὶ ὕβρεις, καὶ ἐπιορκίαι, καὶ τὸ ψευδομαρτυρεῖν καὶ ἀναιρεῖν. Μὴ τοίνυν ὅτι ῥῆμα ψιλόν ἐστιν ἴδῃς· ἀλλ' εἰ μὴ πολὺν ἔχει τὸν κίνδυνον, τοῦτο ἐξέταζε. Ἢ ἀγνοεῖς, ὅτι ἐν τῷ τῆς ἔχθρας καιρῷ, τῆς ὀργῆς ἐκκαιομένης, καὶ τῆς ψυχῆς ἐμπιπραμένης, E καὶ τὸ μικρότατον μέγα φαίνεται, καὶ τὸ μὴ λίαν ὑβριστικὸν φορτικὸν εἶναι δοκεῖ; Καὶ πολλάκις τὰ μικρὰ ταῦτα καὶ φόνον ἔτεκε, καὶ πόλεις ὁλοκλήρους ἀνέστρεψεν. [g] Ὥσπερ γὰρ, φιλίας οὔσης, καὶ τὰ ἐπαχθῆ κοῦφα· οὕτως, ἔχθρας ὑποκειμένης, καὶ τὰ μικρὰ ἀφόρητα φαίνεται. Κἂν ἁπλῶς λεχθῇ, μετὰ πονηρᾶς ὑπονοίας εἰρῆσθαι νομίζεται. Καὶ καθάπερ ἐπὶ πυρὸς, 215 A ἂν μὲν μικρὸς σπινθὴρ ᾖ, κἂν μυρία παράκεηται ξύλα, οὐ ῥᾳδίως αὐτῶν ἐπιλαμβάνεται· ἂν δὲ σφοδρὰ καὶ ὑψηλὴ γένηται ἡ φλὸξ, οὐ ξύλων μόνον, ἀλλὰ καὶ λίθων καὶ πάσης εὐκόλως τῆς ἐμπεσούσης ὕλης ἀντέ-

de pecuniis litigamus. Nam et hoc his verbis sustulit : *Quare non magis injuriam accipitis?* *1. Cor. 6. 7.* *quare non magis fraudem patimini?* Sicut enim hæc ira supervacanea est, sic illa necessaria et utilis. Verum multi e contrario faciunt, efferati, cum injuria afficiuntur, resoluti et molles, cum læsum alium vident : quæ ambo contraria sunt evangelicis legibus. Non ergo irasci iniquum est, sed inopportune irasci. Ideo propheta dicebat : *Irascimini, et nolite peccare. Qui autem dixerit* *Psal. 4. 5.* *fratri suo, raca, reus erit concilio.* Concilium hic, judicium Hebræorum vocat. Quod ideo nunc posuit, ne ubique videretur nova et peregrina dicere. Illud autem, *Raca*, non magnæ contumeliæ vox est, sed potius contemtus et negligentiæ. Quemadmodum enim nos famulis aliisque infimi gradus imperantes dicimus : Vade tu, dic tu illi : sic qui Syrorum lingua utuntur, voce Raca uti solent Tu significantes. Sed benignus Deus vel minima evellit, jubens nos reverenter mutuo agere, etcum honore decenti, ut per hæc etiam majora tollantur. *Qui autem dixerit, fatue, reus erit gehennæ ignis.* Hoc præceptum multis grave et onerosum visum est : si pro uno simplici verbo tantum debeamus supplicium luere. Quidam vero hoc ipsum hyperbolice dictum existimant. Sed vereor ne verbis hic nos decipientes, reipsa extremum subeamus supplicium.

8. Cur, quæso, onerosum videtur esse præceptum? An nescis pleraque supplicia et peccata a verbis initium ducere? Per verba enim blasphemiæ et abnegatio Dei; per verba convicia et contumeliæ, perjuria, falsa testimonia, ipsa homicidia. Ne igitur id attendas, quod unum sit verbum; sed an multum habeat periculi, hoc examina. An ignoras, inimicitiarum tempore, cum ira succenditur animus et inflammatur, rem minimam magnam videri, et modicum convicium molestum esse? Sæpeque hæc parva et homicidiorum causa *Ira cur reprimenda.* fuere, et civitates integras subverterunt. Sicut enim inter amicos etiam quæ molesta sunt, levia ducuntur : sic, inimicitia suborta, vel minima intolerabilia videntur. Etiamsi simpliciter dicta sint, malo animo prolata existimantur. Ac quemadmodum in igne, si parva scintilla sit, etiamsi innumera ligna adjaceant, non facile inflammantur; si vero jam in altum flamma consurgat, non ligna modo, sed etiam lapides aliamque in-

[b] Alii ἐπηρεαζόμενον ἴδωσι.

[c] Alii ἄπελθε οὖν, εἰπέ.

[d] Alii διδόναι δίκην.

[e] Quidam ὑπομείνωμεν, et mox δοκεῖς pro δοκεῖ.

[f] Hic quædam deerant in Morel., quæ ex Savil. et Mss. adjecta sunt.

cidentem materiam facile corripit; et per quæ restingui solet, per hæc violentius ardet (quidam enim dicunt non lignum modo, stuppam aliaque ignis alimenta, sed etiam immissam aquam magis vim ignis excitare): sic et in ira accidit: quidquid dixeris, alimentum maligni incendii statim efficitur. Quæ omnia Christus ante comprimens, eum qui temere irascitur, judicio condemnavit (ideo dixit, *Qui irascitur, reus erit judicio*), dicentem vero, raca, reum esse ait concilio. Sed hæc nondum magna sunt: in hoc enim sæculo puniuntur. Ideoque ei qui fatuum apellaverit, gehennæ ignem adjecit; nuncque primum gehennæ vocem protulit. Prius enim multa de regno loquutus, tunc eam memoravit; ostendens illud quidem benignitatis et voluntatis suæ esse, hanc vero nostræ socordiæ. Ac vide quomodo paulatim procedat in suppliciis, quasi fere sese apud te purgaret, ostendens, se quidem nullas similes minas intentare velle, nos autem illum ad tales denuntiationes compellere. Animadverte enim. Dixi, ne frustra irascaris, nam reus eris judicio; primum illud contemsisti. Vide quid pepererit ira: ad contumeliam inferendam te statim pertraxit. Raca enim vocasti fratrem tuum; rursus aliam constitui pœnam, nempe concilii. Si hac etiam despecta, ad aliud procedas gravius, non ultra te moderatis hisce pœnis ulciscar, sed immortali gehennæ supplicio, ne demum ad cædem etiam prosilias. Nihil

Contumelia nihil intolerabilius.

est enim, nihil est utique contumelia intolerabilius, nec quod magis possit humanum mordere animum. Quod si dictum illud contumeliosius et acrius fuerit, tum duplex fit incendium. Ne igitur leve existimes esse aliquem vocare fatuum. Quando enim illo, quo a brutis differimus, et quo maxime homines sumus, mente scilicet atque prudentia fratrem spolias, omni illum nobilitate privasti. Ne itaque verbis solum attendamus, sed res ipsas et affectum considerantes, cogitemus quantam hoc verbum plagam inferat,

1. Cor. 6. 10.

et in quantum malum perveniat. Ideo Paulus non mœchos tantum et molles, verum etiam maledicos a regno exclusit: et jure quidem. Nam contumeliosus caritatis bonum pessumdat, ac sexcentis proximum involvit malis, perpetuas fovet inimicitias, Christi membra discerpit, pacem illam Deo optabilem quotidie pellit, latam diabolo per contumelias parans viam, illumque ef-

χεται· καὶ δι' ὧν εἴωθε σβέννυσθαι, διὰ τούτων ἀνάπτεται μειζόνως (τινὲς γάρ φασιν, ὅτι τὸ τηνικαῦτα οὐχὶ ξύλα μόνον καὶ στυππεῖον καὶ τὰ ἄλλα [a] τὰ καυστικὰ, ἀλλὰ καὶ ὕδωρ ἐξακοντιζόμενον μᾶλλον αὐτῆς ἀναῤῥιπίζει τὴν δύναμιν)· οὕτω δὴ καὶ ἐπὶ τῆς ὀργῆς· ὅπερ ἂν φθέγξηταί τις, τροφὴ γέγονεν εὐθέως τῇ πονηρᾷ ταύτῃ πυρᾷ. Ἅπερ ἅπαντα προαναστέλλων ὁ

B Χριστὸς, τὸν μὲν ὀργιζόμενον εἰκῆ κατεδίκασε τῇ κρίσει (διὰ τοῦτο εἴρηκεν, Ὁ ὀργιζόμενος ἔνοχος ἔσται τῇ κρίσει), τὸν δὲ λέγοντα ῥακὰ, τῷ συνεδρίῳ. Ἀλλ' οὔπω ταῦτα μεγάλα· ἐνταῦθα γὰρ αἱ τιμωρίαι. Διὰ τοῦτο τῷ μωρὸν ὀνομάζοντι τὸ τῆς γεέννης προσέθηκε πῦρ, νῦν πρῶτον ὄνομα γεέννης εἰπών. Πρότερον γὰρ πολλὰ περὶ βασιλείας διαλεχθεὶς, τότε ταύτης ἐμνήσθη· δεικνὺς, ὅτι ἐκείνη μὲν τῆς αὐτοῦ φιλανθρωπίας καὶ γνώμης ἐστὶν, αὕτη δὲ τῆς ἡμετέρας ῥᾳθυμίας. Καὶ ὅρα πῶς κατὰ μικρὸν πρόεισιν ἐν ταῖς τιμωρίαις, μονονουχὶ ἀπολογούμενός σοι, καὶ δεικνὺς ὅτι αὐτὸς μὲν οὐδὲν βούλεται τοιοῦτον ἀπειλεῖν, ἡμεῖς δὲ αὐτὸν

C εἰς τὰς τοιαύτας ἕλκομεν ἀποφάσεις. Σκόπει γάρ. Εἶπον, φησὶ, μὴ ὀργισθῇς μάτην, ἐπεὶ [b] ἔνοχος ἔσῃ τῇ κρίσει· κατεφρόνησας τοῦ προτέρου. Ὅρα τί ἔτεκεν ἡ ὀργή· εἰς ὕβριν σε εὐθέως ἐξήγαγε. Ῥακὰ γὰρ ἐκάλεσας τὸν ἀδελφόν· πάλιν ἔθηκα ἑτέραν τιμωρίαν, τὸ συνέδριον. Ἂν καὶ ταύτην παριδὼν ἐπὶ τὸ χαλεπώτερον προέλθῃς, οὐκ ἔτι σε τοῖς συμμέτροις τούτοις τιμωροῦμαι, ἀλλὰ τῇ τῆς γεέννης ἀθανάτῳ κολάσει, ἵνα μὴ λοιπὸν καὶ πρὸς φόνον ἀποπηδήσῃς. Οὐ γάρ ἐστιν, οὐκ ἔστιν οὐδὲν ὕβρεως ἀφορητότερον, καὶ ὃ μάλιστα δύναται δάκνειν ἀνθρώπου ψυχήν. Ὅταν δὲ καὶ αὐτὸ

D τὸ ῥῆμα τῆς ὕβρεως πληκτικώτερον ᾖ, διπλῆ γίνεται ἡ πυρά. Μὴ τοίνυν τὸ τυχὸν νομίσῃς εἶναι τὸ καλέσαι μωρόν. Ὅταν γὰρ ᾧ τῶν ἀλόγων διεστήκαμεν, καὶ ᾧ μάλιστά ἐσμεν ἄνθρωποι, τῷ νῷ καὶ τῇ συνέσει, τοῦτο ἀφέλῃ τὸν ἀδελφὸν, πάσης αὐτὸν ἀπεστέρησας τῆς εὐγενείας. Μὴ δὴ τοῖς ῥήμασιν ἁπλῶς προσέχωμεν, ἀλλ' ἐπὶ τῶν πραγμάτων αὐτῶν γενόμενοι καὶ τοῦ πάθους, λογισώμεθα ὅσην ἐργάζεται τὸ ῥῆμα τοῦτο πληγὴν, καὶ εἰς ὅσον πρόεισι κακόν. Διὰ τοῦτο καὶ ὁ Παῦλος οὐ τοὺς μοιχοὺς μόνον καὶ τοὺς μαλακοὺς,

E ἀλλὰ καὶ τοὺς λοιδόρους τῆς βασιλείας ἐξέβαλε· καὶ μάλα εἰκότως. Ὁ γὰρ ὑβριστὴς [c] τὸ τῆς ἀγάπης καλὸν λυμαίνεται, καὶ μυρίοις τὸν πλησίον περιβάλλει δεινοῖς, καὶ διηνεκεῖς ἀπεχθείας ἐργάζεται, καὶ τὰ τοῦ Χριστοῦ διασπᾷ μέλη, καὶ τὴν τῷ Θεῷ ποθεινὴν εἰρήνην καθ' ἑκάστην ἀπελαύνει τὴν ἡμέραν, πολλὴν τῷ διαβόλῳ διὰ τῶν ὕβρεων διδοὺς τὴν εὐρυχωρίαν, καὶ ἰσχυρότερον ἐκεῖνον ποιῶν. Διὰ τοῦτο καὶ

[a] Quidam τὰ ἀναπτικὰ, ἀλλά. Paulo post Morel. ἀναῤῥιπίζει, sed Savil. et alii ἀναῤῥιπίζει, melius.

[b] Quidam ἔνοχος εἶ. Alius post τοῦ προτέρου addit ὕβρισας.

[c] Quidam τὸ τῆς ἀγάπης κάλλος.

ὁ Χριστὸς τὰ νεῦρα τῆς ἐκείνου δυνάμεως ἐκκόπτων, [216 A] τοῦτον τὸν νόμον εἰσήγαγε. Καὶ γὰρ πολὺς αὐτῷ τῆς ἀγάπης ὁ λόγος. Ἡ γὰρ τῶν ἀγαθῶν μήτηρ ἁπάντων, καὶ τὸ τῶν μαθητῶν γνώρισμα, καὶ ἡ πάντα συνέχουσα [a] τὰ καθ' ἡμᾶς, αὕτη μάλιστα πάντων ἐστίν. Εἰκότως οὖν τὰς ῥίζας τῆς λυμαινομένης αὐτὴν ἀπεχθείας καὶ τὰς πηγὰς μετὰ πολλῆς ἀναιρεῖ τῆς σφοδρότητος. Μὴ τοίνυν ὑπερβολῆς τινος εἶναι νόμιζε τὰ λεγόμενα, ἀλλ' ἐννοήσας τὰ ἐξ αὐτῶν κατορθούμενα, θαύμασον τῶν νόμων τούτων τὴν ἡμερότητα. Οὐδὲν γὰρ οὕτω Θεῷ περισπούδαστον, ὡς τὸ ἡνῶσθαι καὶ συνδεδέσθαι ἡμᾶς ἀλλήλοις. Διὰ τοῦτο καὶ δι' ἑαυτοῦ [B] καὶ διὰ τῶν μαθητῶν αὐτοῦ, καὶ τῶν ἐν τῇ Καινῇ καὶ τῶν ἐν τῇ Παλαιᾷ, πολὺν ὑπὲρ τῆς ἐντολῆς ταύτης ποιεῖται τὸν λόγον, καὶ σφοδρός ἐστιν ὁ ἔκδικος καὶ τιμωρὸς τῶν τοῦ πράγματος καταφρονούντων. Καὶ γὰρ οὐδὲν οὕτω τὴν πονηρίαν εἰσάγει πᾶσαν καὶ ῥιζοῖ, ὡς ἡ τῆς ἀγάπης ἀναίρεσις. Διὰ τοῦτο καὶ ἔλεγεν· Ὅταν πληθυνθῇ ἡ ἀνομία, ψυγήσεται ἡ ἀγάπη τῶν πολλῶν. Οὕτως ὁ Κάϊν ἀδελφοκτόνος ἐγένετο, οὕτως ὁ Ἡσαῦ, οὕτως οἱ τοῦ Ἰωσὴφ ἀδελφοί· οὕτω τὰ μυρία εἰσεκώμασε κακὰ, ταύτης διασπωμένης. Διὰ δὴ τοῦτο καὶ αὐτὸς τὰ λυμαινόμενα ταύτην μετὰ πολλῆς πάντοθεν ἀναιρεῖ τῆς ἀκριβείας.

[C] Καὶ οὐδὲ μέχρι τῶν εἰρημένων ἵσταται μόνον, ἀλλὰ καὶ ἕτερα τῶν εἰρημένων ἐπάγει πλείονα, δι' ὧν δείκνυσιν ὅσον αὐτῆς ποιεῖται λόγον. Ἀπειλήσας γὰρ διὰ τοῦ συνεδρίου, καὶ τῆς κρίσεως, καὶ τῆς γεέννης, ἐπήγαγεν ἕτερα πάλιν συνῳδὰ τοῖς προτέροις, οὕτω λέγων· Ἐὰν προσφέρῃς τὸ δῶρόν σου ἐπὶ τὸ θυσιαστήριον, καὶ ἐκεῖ μνησθῇς ὅτι ὁ ἀδελφός σου ἔχει τι κατὰ σοῦ, ἄφες τὸ δῶρόν σου ἔμπροσθεν τοῦ θυσιαστηρίου, [b] καὶ ἄπελθε, πρῶτον διαλλάγηθι τῷ ἀδελφῷ σου, καὶ τότε ἐλθὼν πρόσφερε τὸ δῶρόν σου. Ὢ τῆς ἀγαθότητος, ὢ τῆς φιλανθρωπίας τῆς πάντα λόγον ὑπερβαλλούσης. [D] Τῆς εἰς αὐτὸν καταφρονεῖ τιμῆς ὑπὲρ τῆς εἰς τὸν πλησίον ἀγάπης· δεικνὺς, ὅτι οὐδὲ τὰ πρότερα, ἅπερ ἠπείλησεν, ἐξ ἀπεχθείας τινὸς, οὐδὲ ἐπιθυμίᾳ κολάσεως ἠπείλησεν, ἀλλὰ φιλοστοργίας πολλῆς. Τί γὰρ ἂν γένοιτο τούτων ἡμερώτερον τῶν ῥημάτων; [c] Ἐκκοπτέσθω, φησὶν, ἡ ἐμὴ λατρεία, ἵνα ἡ σὴ ἀγάπη μείνῃ· ἐπεὶ καὶ τοῦτο θυσία, ἡ πρὸς τὸν ἀδελφὸν καταλλαγή. Διὰ γὰρ τοῦτο οὐκ εἶπε, μετὰ τὸ προσενεγκεῖν, ἢ πρὶν ἢ προσενεγκεῖν· ἀλλ' αὐτοῦ τοῦ δώρου κειμένου, καὶ τῆς θυσίας ἀρχὴν ἐχούσης, πέμπει διαλλαγησόμενον τῷ ἀδελφῷ· καὶ οὔτε συνελόντα τὰ προκείμενα, οὔτε πρὶν ἢ προθεῖναι, ἀλλ' ἐν τῷ μέσῳ [E] κειμένης κελεύει τρέχειν ἐκεῖσε. [d] Τίνος οὖν ἕνεκεν οὕτω

ficiens fortiorem. Ideo Christus nervos illius potentiæ exscindens, hanc legem induxit. Magna quippe est illi caritatis cura. Hæc quippe est omnium mater bonorum, certa discipulorum nota, quæ omnia nostra continet. Jure ergo radices et fontes inimicitiæ quæ illam pessumdat cum vehementia multa Christus amputat et tollit. Ne igitur hæc per hyperbolen dicta putes, sed cogitans quanta bona parere possint, harum mansuetudinem legum mirare. Nihil enim ita curat Deus, ut nos mutuis vinculis colligari. Ideo et per seipsum et per discipulos suos, tam in Novo quam in Veteri Testamento, multo hoc præceptum sermone commendat, et vehemens vindex est eorum qui hæc despiciunt. Etenim nihil ita malitiam omnem inducit et fundat, ut caritatis remotio. Ideo dicebat, *Cum abundaverit iniquitas, refrigescet caritas multorum.* Sic Caïn fratricida factus est, sic Esaü, sic fratres Josephi; sic innumera exorta sunt mala, avulsa caritate. Ideo ille ea, quæ ipsam pessumdare possunt, cum magna accuratione removet.

Matth. 24. 12.

9. Neque in supradictis gradum sistit, sed alia plura adhibet, queis ostendit quantam ejus habeat rationem. Nam cum per concilium, per judicium et per gehennam ignis comminatus esset, alia adjecit præcedentibus consona, nempe : 23. *Si offers munus tuum ad altare, et ibi recordatus fueris quia frater tuus habet aliquid adversum te*, 24. *relinque munus tuum ante altare, et vade, prius reconciliare fratri tuo, et tunc veniens offer munus tuum.* O bonitatem, o benignitatem, quæ omnem sermonem superat! Honorem suum despicit pro caritate erga proximum; ostendens, se prius comminatum esse, non ex inimicitia quadam, vel ex cupiditate inferendi supplicii, sed ex amore ferventi. Quid enim hisce verbis mansuetius fingi possit? Interrumpatur, inquit, cultus meus, ut caritas tua maneat. Nam vere sacrificium est reconciliatio cum fratre. Ideo non dixit, Postquam obtuleris, vel, Antequam offeras; sed ipso munere præsente, et jam sacrificio incipiente mittit eum, ut se cum fratre reconciliet, nec sublato jacente munere, nec antequam munus attulerit, sed illo in medio jacente jubet illuc accurrere. Cur ergo sic jubet id

Reconciliatio cum fratre vere sacrificium est.

a Morel. τὸ καθ' ἡμᾶς, male.

b Nonnulli καὶ ὕπαγε, πρῶτον.

c Morel. et quidam Mss. ἐκκοπτέσθω, Savil. et alii ἐγκοπτέσθω.

d Morel. τίνος ἕνεκεν.

agere, et qua de causa? Hæc ambo, ut mihi quidem videtur, subindicans, et agens : unum quidem, ut jam dixi, ut ostendat se caritatem magni facere, et illam esse putare maximum omnium sacrificium, seque sine caritate sacrificium non admittere; secundum autem, ut reconciliationis inevitabilem necessitatem afferat. Nam qui jussus est non prius offerre, quam reconciliaretur, etiamsi non ex amore proximi, saltem ne sacrificium imperfectum maneat, properabit ad offensum fratrem, ut inimicitiam solvat. Ideoque omnia emphaticis expressit verbis, terrens illum excitansque. Cum dixisset enim, *Relinque munus tuum*, non ibi substitit, sed subjunxit, *Ante altare*, et postquam ex loco in horrorem quemdam conjecit, *Et vade*. Nec tantum dixit, *Vade*, sed adjunxit, *Prius, et tunc veniens offer munus tuum;* per hæc omnia declarans, hanc mensam non admittere eos qui inimicitias mutuo exercent. Audiant initiati, qui cum inimicitiis accedunt; audiant et qui nondum sunt initiati : nam ad hos quoque sermo quodammodo pertinet. Offerunt enim et ipsi donum et sacrificium, orationem dico et eleemosynam. Quod enim hæc sacrificium sint, audi prophetam dicentem : *Sacrificium laudis honorificabit me;* et rursum, *Immola Deo sacrificium laudis;* et, *Elevatio manuum mearum sacrificium vespertinum.* Itaque si orationem cum tali affectu proferas, melius est relinquere orationem, et ad te cum fratre reconciliandum properare, tuncque orationem offerre. Propter hoc enim, omnia facta sunt : propter hoc Deus homo factus est, et omnia illa est operatus, ut nos congregaret. Hic igitur lædentem ad læsum misit; in oratione vero læsum ducit ad lædentem, ac reconciliat. Illic enim ait : Dimittite hominibus debita; hic vero : Si habet aliquid contra te, vade ad eum. Imo vero hic mihi videtur læsum mittere; quapropter non dicit, Reconcilia teipsum fratri tuo, sed, *Reconciliare* : et videtur quidem hoc de lædente dici; sed totum ex persona læsi dicitur. Si enim illi reconciliatus fueris, inquit, per tuam erga eum caritatem, me etiam habebis propitium, et cum multa fiducia poteris sacrificium offerre. Si vero adhuc indignaris, considera me libenter contemni mea jubere, ut vos amici evadatis. Et hæc tibi sit in ira consolatio. Non dixit, Cum

Nondum initiatorum sacrificia quæ.

Psal. 49. 23.
Ibid. v. 14.
Psal. 140. 2.

Matth. 6. 14.

κελεύει τοῦτο ποιεῖν, καὶ διὰ τί; Δύο ταῦτα, ὡς ἐμοὶ
δοκεῖ, διὰ τούτων αἰνιττόμενος, καὶ κατασκευάζων· ἓν
μὲν, ὅπερ ἔφην, δεῖξαι θέλων, ὅτι πολλοῦ τιμᾶται τὴν
ἀγάπην, καὶ ταύτην μεγίστην ἡγεῖται εἶναι τὴν θυσίαν,
καὶ ταύτης ἄνευ οὐδὲ ἐκείνην προσδέχεται· ἕτερον δὲ,
ἀνάγκην ἐπιτιθεὶς ἀπαραίτητον τῆς καταλλαγῆς. Ὁ
217 γὰρ κελευσθεὶς μὴ πρότερον προσενεγκεῖν, ἕως ἂν κα-
A ταλλαγῇ, κἂν μὴ διὰ τὴν πρὸς τὸν πλησίον ἀγάπην,
διὰ γοῦν τὸ μὴ κεῖσθαι ἀτέλεστον, ἐπειχθήσεται δραμεῖν πρὸς τὸν λελυπημένον, καὶ καταλῦσαι τὴν
ἔχθραν. Διὰ τοῦτο καὶ [a] ἐμφαντικώτατα ἅπαντα εἴρηκε,
φοβῶν αὐτὸν καὶ διεγείρων. Εἰπὼν γὰρ, Ἄφες τὸ δῶρόν σου, οὐκ ἔστη μέχρι τούτου, ἀλλ' ἐπήγαγεν, Ἔμπροσθεν τοῦ θυσιαστηρίου, καὶ ἀπὸ τοῦ τόπου πάλιν
εἰς φρίκην αὐτὸν ἐμβαλὼν, Καὶ ἄπελθε. Καὶ οὐχ ἁπλῶς
εἶπεν, Ἄπελθε, ἀλλὰ προσέθηκε, Πρῶτον, καὶ τότε
ἐλθὼν πρόσφερε τὸ δῶρόν σου· διὰ πάντων [b] τούτων
δηλῶν, ὅτι οὐ δέχεται τοὺς ἀπεχθῶς πρὸς ἀλλήλους
ἔχοντας αὕτη ἡ τράπεζα. Ἀκουέτωσαν οἱ μεμυημένοι,
B ὅσοι μετὰ ἔχθρας προσέρχονται· ἀκουέτωσαν καὶ οἱ
ἀμύητοι· καὶ γὰρ πρὸς τούτους ἔχει τι κοινὸν ὁ λόγος.
Προσάγουσι γὰρ καὶ αὐτοὶ δῶρον καὶ θυσίαν, εὐχὴν
λέγω καὶ ἐλεημοσύνην. Ὅτι γὰρ καὶ τοῦτο θυσία,
ἄκουσον τί φησιν ὁ προφήτης· Θυσία αἰνέσεως δοξά-
σει με· καὶ πάλιν· Θῦσον τῷ Θεῷ θυσίαν αἰνέσεως·
καὶ, Ἔπαρσις τῶν χειρῶν μου θυσία ἑσπερινή. Ὥστε
κἂν εὐχὴν μετὰ τοιαύτης γνώμης προσάγῃς, βέλτιον
ἀφεῖναι τὴν εὐχὴν, καὶ ἐπὶ τὴν καταλλαγὴν ἐλθεῖν τοῦ
ἀδελφοῦ, καὶ τότε τὴν εὐχὴν προσφέρειν. Διὰ γὰρ
τοῦτο πάντα ἐγένετο· διὰ τοῦτο καὶ ὁ Θεὸς ἄνθρωπος
γέγονε, καὶ πάντα ἐκεῖνα ἐπραγματεύσατο, ἵνα ἡμᾶς
συναγάγῃ. Ἐνταῦθα μὲν οὖν τὸν ἠδικηκότα πέμπει
C πρὸς τὸν ἠδικημένον· ἐν δὲ τῇ εὐχῇ τὸν ἠδικημένον
ἄγει πρὸς τὸν ἠδικηκότα, καὶ καταλλάσσει. Ἐκεῖ μὲν
γάρ φησιν· ἄφετε τοῖς ἀνθρώποις τὰ ὀφειλήματα αὐ-
τῶν· ἐνταῦθα δέ· ἐὰν ἔχῃ τι κατὰ σοῦ, ἄπελθε πρὸς
αὐτόν. Μᾶλλον δὲ κἀνταῦθά μοι δοκεῖ τὸν ἠδικημένον
ἀποστέλλειν· δι' ὅπερ οὐδὲ εἶπεν, κατάλλαξον σεαυτὸν τῷ ἀδελφῷ σου, ἀλλὰ, Καταλλάγηθι· καὶ δοκεῖ
μὲν ὑπὲρ τοῦ λελυπηκότος εἶναι τὸ λεγόμενον· τὸ δὲ
πᾶν ὑπὲρ τοῦ λελυπημένου ἐστίν. Ἂν γὰρ ἐκείνῳ καταλλαγῇς, φησὶ, διὰ τῆς εἰς ἐκεῖνον ἀγάπης, καὶ ἐμὲ
ἕξεις ἵλεων, καὶ μετὰ πολλῆς δυνήσῃ τῆς παῤῥησίας
D τὴν θυσίαν προσαγαγεῖν. Εἰ δὲ [c] φλεγμαίνοις ἔτι, ἐννόησον ὅτι κἀγὼ ἡδέως τὰ ἐμὰ καταφρονεῖσθαι κελεύω,
ἵνα ὑμεῖς φίλοι γένησθε. Καὶ ταῦτά σοι γενέσθω παραμυθία τῆς ὀργῆς. Καὶ οὐκ εἶπεν, ὅταν τὰ μεγάλα
ἠδικημένος ᾖς, τότε καταλλάγηθι· ἀλλὰ, κἂν τὸ τυχὸν

[a] Alii ἐκφαντικώτατα.
[b] Quidam τοῦτο δηλῶν.

[c] Morel. φλεγμαίνῃς. Paulo post Morel. φίλοι μου γένησθε: sed μου redundat.

ἔχῃ τι κατὰ σοῦ. Καὶ οὐ προσέθηκεν, εἴτε δικαίως, εἴτε ἀδίκως· ἀλλ' ἁπλῶς, ἐὰν ἔχῃ τι κατὰ σοῦ. Κἂν γὰρ δικαίως, οὐδὲ οὕτως ἐπιτείνειν δεῖ τὴν ἔχθραν· ἐπεὶ καὶ ὁ Χριστὸς δικαίως ἡμῖν ὠργίζετο, ἀλλ' ὅμως ἑαυτὸν ὑπὲρ ἡμῶν ἐξέδωκεν εἰς σφαγὴν, μὴ λογισάμενος ἡμῖν ἐκεῖνα τὰ παραπτώματα.

Διὰ τοῦτο καὶ ὁ Παῦλος ἑτέρῳ τρόπῳ ἐπὶ τὰς καταλλαγὰς ἐπείγων ἡμᾶς, ἔλεγεν· Ὁ ἥλιος μὴ ἐπιδυέτω ἐπὶ τῷ παροργισμῷ ὑμῶν. Ὥσπερ γὰρ ἐντεῦθεν ἀπὸ τῆς θυσίας ὁ Χριστὸς, οὕτως ἀπὸ τῆς ἡμέρας ἐκεῖ συνωθεῖ πρὸς τὸ αὐτὸ τοῦτο ὁ Παῦλος. Καὶ γὰρ δέδοικε τὴν νύκτα, μή ποτε μόνον ἀπολαβοῦσα τὸν πεπληγότα, μεῖζον τὸ ἕλκος ἐργάσηται. Ἐν ἡμέρᾳ μὲν γὰρ πολλοὶ οἱ περισπῶντες καὶ ἀνθέλκοντες· ἐν νυκτὶ δὲ, ἐπειδὰν μόνος γένηται, καὶ καθ' ἑαυτὸν ἀναλογίζηται, ὀγκοῦται τὰ κύματα, καὶ μείζων ἡ ζάλη γίνεται. Διὰ τοῦτο οὖν προκαλαμβάνων ὁ Παῦλος, καταλλαγέντα βούλεται παραδοῦναι τῇ νυκτὶ, ἵνα μηδεμίαν ἀπὸ τῆς ἠρεμίας ἀφορμὴν ἔχῃ λοιπὸν ὁ διάβολος εἰς τὸ τὴν κάμινον ἀνάψαι τῆς ὀργῆς, καὶ ποιῆσαι σφοδροτέραν. Οὕτω καὶ ὁ Χριστὸς οὐκ ἀφίησιν οὐδὲ μικρὸν ὑπερτίθεσθαι, ἵνα μὴ τῆς θυσίας πληρωθείσης, ῥᾳθυμότερος ὁ τοιοῦτος γένηται, ἡμέραν ἐξ ἡμέρας ἀναβαλλόμενος. Οἶδε γὰρ τὸ πάθος πολλῆς δεόμενον τῆς ταχυτῆτος· καὶ καθάπερ σοφὸς ἰατρὸς οὐ μόνον τὰ προφυλακτικὰ τῶν νοσημάτων τίθησιν, ἀλλὰ καὶ τὰ διορθωτικὰ δείκνυσιν· οὕτω καὶ αὐτὸς ποιεῖ. Τὸ μὲν γὰρ κωλύειν καλεῖν μωρὸν, προφυλακτικόν ἐστι τῆς ἔχθρας· τὸ δὲ κελεύειν καταλλαγῆναι, τῶν μετὰ τὴν ἔχθραν γενομένων νοσημάτων ἀναιρετικόν. Καὶ ὅρα ἑκάτερον πῶς μετὰ σφοδρότητος κεῖται. Ἐκεῖ μὲν γὰρ γέενναν ἠπείλησεν, ἐνταῦθα δὲ τὸ δῶρον οὐ δέχεται πρὸ τῆς καταλλαγῆς, πολλὴν ἐνδεικνύμενος τὴν ὀργὴν, [a] καὶ διὰ τούτων πάντων καὶ τὴν ῥίζαν καὶ τὸν καρπὸν ἀναιρῶν. Καὶ πρῶτον μέν φησι, μὴ ὀργίζου· μετὰ δὲ ταῦτα, μὴ λοιδόρει. Καὶ γὰρ ἀμφότερα ταῦτα δι' ἀλλήλων αὔξεται· ἀπὸ τῆς ἔχθρας ἡ λοιδορία, ἀπὸ τῆς λοιδορίας ἡ ἔχθρα. Διὰ δὴ τοῦτο νῦν μὲν τὴν ῥίζαν, νῦν δὲ τὸν καρπὸν ἰᾶται, κωλύων μὲν καὶ φῦναι τὴν ἀρχὴν τὸ κακόν· ἂν δ' ἄρα βλαστήσῃ καὶ καρπὸν ἐνέγκῃ τὸν πονηρότατον, πάντοθεν [b] αὐτὸ κατακαίων μειζόνως. Διά τοι τοῦτο καὶ κρίσιν εἰπὼν, καὶ συνέδριον, καὶ γέενναν, καὶ περὶ τῆς αὐτοῦ θυσίας διαλεχθεὶς, καὶ ἕτερα προστίθησι πάλιν οὕτω λέγων· Ἴσθι εὐνοῶν τῷ ἀντιδίκῳ σου ταχὺ, ἕως ὅτου [c] εἶ ἐν τῇ ὁδῷ μετ' αὐτοῦ. Ἵνα γὰρ μὴ λέγῃς· τί οὖν, ἂν ἀδικῶμαι; τί οὖν, ἂν ἁρπάζωμαι, καὶ εἰς δικαστήριον ἕλκωμαι;

graviter offensus es, tum reconciliare; sed, Etiamsi leve quidpiam contra te habuerit. Neque adjecit, Sive juste, sive injuste; sed simpliciter, Si habuerit aliquid adversum te. Etiamsi enim juste, neque sic decet inimicitiam diutius fovere: quandoquidem et Christus juste nobis irascebatur, attamen seipsum pro nobis dedit occidendum, non imputans nobis illa peccata.

10. Ideo Paulus alio modo nos ad reconciliationem agens, dicebat: *Sol non occidat super iracundiam vestram*. Quemadmodum enim hic a sacrificio Christus, ita illic Paulus a die ad idipsum hortatur. Timet quippe noctem, ne forte solum excipiens sauciatum, majus ulcus efficiat. In die namque multi sunt qui avellunt et distrahunt; in nocte vero, cum solus sit, et hæc animo verset, intumescunt fluctus, et major fit tempestas. Ideo hæc præveniens Paulus, reconciliatum vult nocti tradere, ut nullam ex quiete possit diabolus ansam arripere ad iræ fornacem accendendam, et vehementiorem efficiendam. Sic etiam Christus non permittit vel tantillum differre, ne completo sacrificio, negligentior ille foret, exque die in diem differret. Novit enim hunc animi morbum multa egere celeritate; atque ut sapiens medicus non modo quæ præservent a morbis adhibere occupat, sed etiam quæ mederi possint ostendit: sic et ille agit. Nam cum prohibet ne quis fatuus appelletur, id prævium remedium est ad inimicitiam vitandam; cum vero præcipit reconciliationem, id morbos, qui post inimicitiam suboriri solent, præcidit. Vide autem quam vehementer utrumque ponatur. Illic enim gehennam comminatus est; hic vero donum non recipit ante reconciliationem, vehementem iracundiam esse monstrans, ac per hæc omnia et radicem et fructum avellens. Et primo quidem ait: Ne irascaris: postea vero, Ne convicieris. Nam hæc ambo sese mutuo fovent et augent: ab inimicitia convicium, a convicio inimicitia. Ideoque nunc radici, nunc fructui remedium admovet, ut impediat ne malum oriatur: si vero germinaverit et fructum ferat pessimum, illum undique comburit. Ideo postquam dixit judicium, concilium et gehennam, ac de suo sacrificio disseruit, alia rursum addit his verbis: 25. *Esto consentiens adversario tuo cito, dum es cum illo in via*. Ne enim diceres: Quid igitur si injuriam patiar? quid si bonis spolier, et ad judicium trahar? hanc quoque ansam

Ephes. 4. 26.

[a] Καὶ ante διὰ deest in Morel.

[b] Alii αὐτὸν κατακαίων.

[c] Morel. solus ὅτου ἡ

et excusationem removit : jubet enim te ne sic quidem inimicitias aliquando suscipere. Deinde quia illud magnum erat præceptum, a præsentibus dat consilium, quæ certe magis, quam futura, crassiores retinere solent. Quid enim dicis, inquit, ipsum potentiorem esse, et tibi nocere? Magis ergo tibi nocebit, nisi ipsum placaveris, et si coactus fueris in carcerem ire. Tunc enim illo sedato pecuniis amissis, corpus liberum habebis : contra vero si sub judicis sententia positus sis, vinculis constringeris, extremasque dabis pœnas. Sin autem jurgium illud fugeris, duo assequere bona : et quod nihil ingratum patiaris, et quod bonum opus tuum tibi, non illius violentiæ debeatur. Quod si dictis obtemperare non velis, non illi tantum nocebis quantum tibi ipsi. Perpende autem hic quomodo ipsum hortetur : postquam enim dixit, *Esto consentiens adversario tuo*, subjunxit, *Cito;* nec contentus hoc additamento, aliud celeritatis quæsivit augmentum dicens, *Dum es cum illo in via;* his impellens ipsum et magna cum vehementia urgens. Nihil enim ita vitam nostram evertit, ut si cunctemur et differamus in bonorum operatione. Sæpe namque illud in causa fuit ut ab omnibus excideremus : quemadmodum et Paulus ait : Priusquam sol occidat, iram solve; et superius ipse Christus : Priusquam oblationem perficias, reconciliare. Sic et hoc loco dicit, *Cito, dum es cum illo in via*, priusquam ad judicii fores accedas, priusquam ad tribunal sistaris, et sub judicis demum potestate positus sis. Ante ingressum enim penes te sunt omnia; verum in illa ingressus limina, quantumvis te verses, non poteris tua ad nutum tuum disponere, sub alterius potestate redactus. Quid autem est esse consentientem? Vel id significat, Potius damnum patiaris; vel illud, Judicium ferto, ac si illius personam ageres, ne ex amore tui jura violes : sed de alieno, ac si tuum esset, negotio deliberans, ita sententiam feras. Quod si grande illud est, ne mireris. Ideo enim illas omnes protulit beatitudines, ut complanato ac præparato auditoris animo, aptiorem illum efficeret ad has omnes leges recipiendas.

In boni operatione non cunctandum.

Ephes. 4. 26.

11. Quidam porro per adversarium illum intelligi volunt diabolum, et hic juberi putant, ne quid illius prorsus habeatur; idque esse ei con-

D καὶ ταύτην ἀνεῖλε τὴν ἀφορμὴν καὶ τὴν πρόφασιν. κελεύει γὰρ μηδὲ οὕτως ἐχθραίνειν. Εἶτα, ἐπειδὴ τοῦτο μέγα ἦν τὸ ἐπίταγμα, ἀπὸ τῶν παρόντων ποιεῖται τὴν συμβουλὴν, ἃ καὶ τοὺς παχυτέρους μᾶλλον τῶν μελλόντων κατέχειν εἴωθε. Τί γὰρ λέγεις, φησὶν, ὅτι δυνατώτερός ἐστι, καὶ ἀδικεῖ; Οὐκοῦν μᾶλλόν σε ἀδικήσει, ἐὰν μὴ καταλύσῃς, [d] ἀλλὰ ἀναγκασθῇς εἰς δεσμωτήριον ἐλθεῖν. Τότε μὲν γὰρ χρημάτων ἀποστὰς, τὸ σῶμα ἕξεις ἐλεύθερον· ὑπὸ δὲ τῇ ψήφῳ γενόμενος τοῦ δικαστοῦ, καὶ δεσμευθήσῃ, καὶ τὴν ἐσχάτην δώ- E σεις δίκην. Ἂν δὲ φύγῃς τὴν ἐκεῖ μάχην, δύο καρπώσῃ καλά· καὶ τὸ μηδὲν παθεῖν ἀηδὲς, καὶ τὸ σὸν γενέσθαι τὸ κατόρθωμα λοιπὸν, καὶ μηκέτι τῆς ἐκείνου βίας. Εἰ δὲ οὐ βούλει πεισθῆναι τοῖς λεγομένοις, οὐκ ἐκεῖνον [c] ἀδικήσεις τοσοῦτον, ὅσον σαυτόν. Ὅρα δὲ καὶ 219 ἐνταῦθα πῶς αὐτὸν ἐπείγει· εἰπὼν γὰρ, Ἴσθι εὐνοῶν A τῷ ἀντιδίκῳ σου, ἐπήγαγε, Ταχύ· καὶ οὐκ ἠρκέσθη τούτῳ, ἀλλὰ καὶ ταύτης τῆς ταχύτητος ἑτέραν ἐζήτησεν ἐπίτασιν, εἰπών· Ἕως ὅτου εἶ ἐν τῇ ὁδῷ μετ' αὐτοῦ· διὰ τούτων ὠθῶν αὐτὸν καὶ κατεπείγων μετὰ πολλῆς τῆς σφοδρότητος. Οὐδὲν γὰρ οὕτω τὸν βίον ἀνατρέπει τὸν ἡμέτερον, ὡς τὸ μέλλειν καὶ ἀναβάλλεσθαι ἐν τῇ τῶν ἀγαθῶν ἐργασίᾳ. Πολλάκις γοῦν τοῦτο καὶ ἐκπεσεῖν ἡμᾶς τοῦ παντὸς ἐποίησεν· ὥσπερ οὖν καὶ ὁ Παῦλός φησιν· πρὶν ἢ τὸν ἥλιον δῦναι, λῦσον τὴν ἔχθραν· καὶ ἐν τοῖς ἔμπροσθεν αὐτός· πρὶν ἢ τὴν προσφορὰν [a] ἀπαρτίσαι, καταλλάγηθι. Οὕτω καὶ B ἐνταῦθά φησι, Ταχὺ, ἕως ὅτου εἶ ἐν τῇ ὁδῷ μετ' αὐτοῦ, πρὶν ἐπὶ τὰς θύρας ἐλθεῖν τοῦ δικαστηρίου, πρὶν ἢ τῷ βήματι παραστῆναι, καὶ γενέσθαι λοιπὸν ὑπὸ τῇ τοῦ δικάζοντος ἐξουσίᾳ. Πρὸ μὲν γὰρ τῆς εἰσόδου, σὺ κύριος εἶ τοῦ παντός· ἐὰν δὲ ἐπιβῇς ἐκείνων τῶν προθύρων, οὐδὲ σφόδρα σπουδάζων δυνήσῃ τὰ καθ' ἑαυτὸν ὡς βούλει διαθεῖναι, ὑπὸ τὴν ἑτέρου γενόμενος ἀνάγκην. Τί δέ ἐστιν εὐνοεῖν; Ἢ τοῦτό φησιν, ὅτι καταδέχου μᾶλλον ἀδικεῖσθαι· ἢ οὕτως, δίκασον τῇ δίκῃ, ὡσανεὶ τὴν ἐκείνου τάξιν ἔχων, ἵνα μὴ τῇ φιλαυτίᾳ τὸ δίκαιον διαφθείρῃς· [b] ἀλλ' ὡς περὶ οἰκείου βουλευόμενος τοῦ ἀλλοτρίου πράγματος, ἵνα ταύτην C ἐξενέγκῃς τὴν ψῆφον. Εἰ δὲ μέγα τοῦτο, μὴ θαυμάσῃς. Διὰ γὰρ τοῦτο πάντας ἐκείνους ἔθηκε τοὺς μακαρισμοὺς, ἵνα προλεάνας καὶ προπαρασκευάσας τοῦ ἀκροατοῦ τὴν ψυχὴν, ἐπιτηδειοτέραν ἐργάσηται πρὸς τὴν ὑποδοχὴν τῆς νομοθεσίας ταύτης ἁπάσης.

Τινὲς μὲν οὖν τὸν διάβολον αὐτὸν αἰνίττεσθαί φασι τῇ τοῦ ἀντιδίκου προσηγορίᾳ, καὶ κελεύειν μηδὲν ἔχειν τῶν ἐκείνου· τοῦτο γὰρ εἶναι τὸ εὐνοεῖν αὐτῷ,

[d] Sic Savil. et Mss. Morel. ἀλλ' ἀναγκάσει.

[c] Ἀδικήσεις Morel., ἀδικεῖς Savil. Mox Morel. et quidam Mss. ἐπείγει, Savil. et alii, ἐπάγει. Utraque lectio quadrat.

[a] Alii ἀπαρτισθῆναι.

[b] Morel. ἀλλ' ὥσπερ οἰκείου βουλόμενος. Savil. et Mss. multi ἀλλ' ὡς περὶ οἰκείου βουλευόμενος. Aliqui ἀλλ' ὡς ὑπὲρ οἰκείου βουλευόμενος.

ὡς οὐκ ἐνὸν διαλύσασθαι μετὰ [c] τὴν ἐντεῦθεν ἀπαλλαγὴν, τῆς ἀπαραιτήτου λοιπὸν ἐκδεχομένης ἡμᾶς κολάσεως. Ἐμοὶ δὲ περὶ τῶν ἐνταῦθα δοκεῖ λέγειν δικαστῶν, [d] καὶ τῆς ἐπὶ τὸ δικαστήριον ὁδοῦ, καὶ τοῦ δεσμωτηρίου τούτου. Ἐπειδὴ γὰρ ἀπὸ τῶν ὑψηλοτέρων D ἐνέτρεψε, καὶ τῶν μελλόντων, καὶ ἀπὸ τῶν ἐν τῷ παρόντι βίῳ φοβεῖ. Ὅπερ οὖν καὶ ὁ Παῦλος ἐργάζεται, ἀπό τε τῶν μελλόντων, ἀπό τε τῶν παρόντων ἐνάγων τὸν ἀκροατήν. Οἷον ὡς ὅταν ἀπάγων κακίας, τὸν ἄρχοντα ὁπλιζόμενον [e] δεικνύῃ τῷ πονηρευομένῳ, οὕτω λέγων· Ἐὰν δὲ τὸ κακὸν ποιῇς, φοβοῦ· οὐ γὰρ εἰκῇ τὴν μάχαιραν φορεῖ· Θεοῦ γὰρ διάκονός ἐστι. Καὶ πάλιν κελεύων ὑποτάσσεσθαι αὐτῷ, οὐ τὸν τοῦ Θεοῦ φόβον τίθησι μόνον, ἀλλὰ καὶ τὴν ἀπειλὴν τὴν ἐκείνου, καὶ τὴν κηδεμονίαν· Ἀνάγκη γὰρ ὑποτάσσεσθαι, οὐ μόνον διὰ τὴν ὀργὴν, ἀλλὰ καὶ διὰ τὴν συνείδησιν. Τοὺς γὰρ ἀλογωτέρους, ὅπερ ἔφθην εἰπὼν, ταῦτα μᾶλλον εἴωθε διορθοῦν τὰ φαινόμενα καὶ παρὰ E πόδας. Διὸ καὶ ὁ Χριστὸς οὐ γεέννης μόνον ἐμνημόνευσεν, ἀλλὰ καὶ δικαστηρίου, [f] καὶ ἀπαγωγῆς, καὶ δεσμωτηρίου, καὶ τῆς ἐκεῖ ταλαιπωρίας ἁπάσης, διὰ 220 πάντων τούτων τὰς ῥίζας ἀναιρῶν τοῦ φόνου. Ὁ γὰρ A μήτε λοιδορούμενος, μήτε δικαζόμενος, μήτε τὴν ἔχθραν ἐκτείνων, πῶς φονεύσει ποτέ; Ὥστε κἀντεῦθεν δῆλον, ὅτι ἐν τῷ τοῦ πλησίον συμφέροντι τὸ ἡμέτερον κεῖται συμφέρον. Ὁ γὰρ τῷ ἀντιδίκῳ εὐνοῶν, [a] πολλῷ μείζονα ἑαυτὸν ὠφελήσει, δικαστηρίων καὶ δεσμωτηρίων καὶ τῆς ἐκεῖ ταλαιπωρίας ἑαυτὸν ἀπαλλάττων. Πειθώμεθα τοίνυν τοῖς λεγομένοις, καὶ μὴ ἀντιτείνωμεν, μηδὲ ἀντιφιλονεικῶμεν· μάλιστα μὲν γὰρ καὶ πρὸ τῶν ἐπάθλων ἐν ἑαυτοῖς ἔχει τὴν ἡδονὴν καὶ τὴν ὠφέλειαν τὰ ἐπιτάγματα ταῦτα. Εἰ δὲ τοῖς πολλοῖς ἐπαχθῆ εἶναι δοκεῖ, καὶ πολὺν παρέχειν τὸν πόνον, ἐννόησον ὅτι διὰ τὸν Χριστὸν ταῦτα ποιεῖς, καὶ τὸ B λυπηρὸν ἔσται ἡδύ. Ἐὰν γὰρ τὸν λογισμὸν τοῦτον ἔχωμεν διὰ παντὸς, οὐδενὸς πειρασόμεθα φορτικοῦ, ἀλλὰ πολλὴν πάντοθεν καρπωσόμεθα τὴν ἡδονήν. Ὁ γὰρ πόνος οὐκ ἔτι πόνος φανεῖται, ἀλλ' ὅσῳ περ ἂν ἐπιτείνηται, τοσούτῳ γλυκύτερος καὶ ἡδίων γίνεται. Ὅταν τοίνυν [b] ἐπιμένῃ ἡ συνήθειά σε τῶν κακῶν γοητεύουσα, καὶ ἡ τῶν χρημάτων ἐπιθυμία, ἀντιστράτευσον αὐτῇ τὸν λογισμὸν ἐκεῖνον τὸν λέγοντα, ὅτι πολὺν ληψόμεθα τὸν μισθὸν, τῆς προσκαίρου καταφρονήσαντες ἡδονῆς, καὶ εἰπὲ πρὸς τὴν ψυχήν· πάνυ ἀθυ- C μεῖς, ὅτι σε ἡδονῆς ἀποστερῶ· [c] ἀλλ' εὐφραίνου, ὅτι

sentire, utpote cum post excessum ex hac vita non liceat ab illo nos expedire, cum nos inevitabile supplicium excipiet. Mihi vero de judicibus hujus sæculi agi videtur, ac de via quæ ad judicium ducit et de carcere. Postquam enim a sublimioribus hortatus est, et a futuris, a vitæ præsentis terret negotiis. Id quod etiam Paulus facit, a futuris et a præsentibus auditorem commovens. Ut cum a nequitia abducens, principem armatum male operanti ostendit his verbis : *Quod si malefeceris,* Rom. 13. 4.
time : non enim sine causa gladium portat : Dei enim minister est. Iterumque jubens Deo subjectos esse, non modo Dei timorem, sed etiam ejus minas affert et providentiam : *Necesse est* Ibid. v. 5.
esse subjectos, non solum propter iram, sed et propter conscientiam. Nam insipientiores, ut jam dixi, hæc quæ apparent et quæ e vestigio sequuntur, magis solent emendare. Quamobrem Christus non modo gehennam memoravit, sed etiam judicii tribunal, abductionem ad mortem, carcerem ejusque miserias omnes, per hæc ipsas cædium radices exscindens. Qui enim neque conviciis impetitur, nec in jus trahitur, neque iram intendit, quomodo occidet umquam? Itaque hinc palam est, in proximi commodo nostrum quoque commodum reperiri. Nam qui cum adversario consentit, multo magis sibi ipsi erit utilis, liber a tribunalibus, a carceribus eorumque miseriis. Dictis igitur obtemperemus, nec contendamus, nec rixemur : cum maxime hæc præcepta, etiam ante præmia illa, voluptatem et utilitatem in se contineant. Quod si quibusdam onerosa esse et multum præbere laboris videantur, cogita te propter Christum hæc agere, et quod molestum est, suave videbitur. Si enim hanc cogitationem semper præsentem habeamus, nihil molesti experiemur, sed multam undique assequemur voluptatem. Labor enim non ultra labor esse videbitur, sed quanto magis intendetur, tanto dulcior suaviorque erit. Quando igitur instabit consuetudo malorum te demulcens, quando pecuniarum cupiditas, oppone illi ratiocinium illud, quod sic habet : nos magnam accepturos mercedem esse, si temporalem voluptatem despiciamus; et dic animæ tuæ : Multum tristaris, quod te voluptate privem; at lætare, quia tibi cælum

[c] Quidam τὴν ἐντεῦθεν ἀποδημίαν.

[d] Morel. καὶ τῆς εἰς τὸ δεσμωτήριον, minus recte. Infra Morel. ὑψηλοτέρων ἐπέτρεψε.

[e] Morel. δείκνυσι τῷ πορνευομένῳ, male. Paulo post quidam habent θεοῦ γὰρ ἔκδικός ἐστι.

[f] Καὶ ἀπαγωγῆς Savil. recte. Morel. et omnes pene Mss. ἐπαγωγῆς. Sed hic agitur de abductione reorum ad necem, quam ἀπαγωγὴν perpetuo vocat Chrysostomus, ut jam alibi annotavimus.

[a] Alii πολλῷ μεῖζον.

[b] Alii ὑπομένῃ.

[c] Quidam habent ἀλλὰ μὴ ἀθύμει.

provideo. Non propter hominem, sed propter Deum operaris. Paulum igitur exspecta, et videbis quantum lucrum assequare. Persevera per hanc vitam, et fiduciam obtinebis ineffabilem. Si talibus ipsam alloquamur, et si non tantum virtutis pondus et molestiam, sed etiam quam ex illa consequimur coronam in mente habeamus, cito illam ab omni nequitia retrahemus. Nam si diabolus, ostendens D temporaneam voluptatem, dolorem vero perpetuum, tamen prævalet et vincit: cum hæc in contrarium versa respexerimus, laborem quidem temporaneum, voluptatem vero utilitatemque immortalem, qua ratione excusari poterimus, si post tantam consolationem, virtutem non adeamus? Sufficit nobis præ omnibus argumentum et causa suscepti laboris, si omnino persuasi simus nos propter Deum hæc omnia pati. Nam si quis Imperatorem sibi debitorem habeat, se per totam vi- E tam tutissimam cautionem habere putat: cogita quantus sit is, qui benignum semperque viventem Deum et minimorum et simul magnorum frugi operum sibi debitorem constituit. Ne itaque mihi labores objicias et sudores: neque enim sola futurorum spe, sed et alio modo facilem esse virtutem 221 curavit Deus, nobis ubique auxilium patrocinium- A que suum præstando. Si volueris modicam adhibere diligentiam, cætera omnia sequentur. Propterea enim te vult parum præstare laboris, ut et victoria tua sit. Ac quemadmodum rex vult filium suum in acie stare, jacula vibrare, et conspicuum esse, ut ipsi tropæum adscribi possit, licet ipse totum bellum conficiat: sic Deus in bello contra diabolum facit. Unum quippe tantum a te requirit, ut contra illum vere inimicitiam exhibeas; et si hoc ipsi concedas, ipse totum bellum conficiet. Etsi ira, etsi pecuniarum cupiditate ferveas, etsi B tyrannicus quis alius animæ morbus adsit; si viderit te solum contra illum expeditum et paratum, cito facilia omnia reddet, teque flamma superiorem constituet, ut pueros illos in fornace Babylonica: nam et illi nihil aliud attulere quam voluntatem. Ut igitur et nos, omnem illicitæ voluptatis fornacem hic declinantes, gehennam illic effugiamus, hæc quotidie et deliberemus, et curemus, et agamus, tum ex pio boni agendi proposito, tum frequentibus orationibus Dei benevolentiam nobis attrahentes. Sic enim ea quæ nunc intolerabilia videntur, facilia, levia amabiliaque erunt. Quamdiu

Coronæ cælestis spes a mala consuetudine avocat.

Dei auxilio et opera nostra est opus.

σοι τὸν οὐρανὸν προξενῶ. Οὐ δι' ἄνθρωπον ποιεῖς, ἀλλὰ διὰ τὸν Θεόν. Ἀνάσχου τοίνυν μικρὸν, καὶ ὄψει τὸ κέρδος ἡλίκον. Καρτέρησον κατὰ τὸν παρόντα βίον, καὶ λήψῃ παῤῥησίαν ἄφατον. Ἂν γὰρ τοιαῦτα αὐτῇ διαλεγώμεθα, καὶ μὴ μόνον τὸ φορτικὸν ἐννοῶμεν τῆς ἀρετῆς, ἀλλὰ καὶ τὸν ἐξ αὐτῆς λογιζώμεθα στέφανον, ταχέως αὐτὴν κακίας ἀποστήσομεν ἁπάσης. Εἰ γὰρ ὁ διάβολος, δεικνὺς τὸ μὲν ἡδὺ πρόσκαιρον, τὸ δὲ ὀδυνηρὸν διηνεκὲς, ὅμως ἰσχύει καὶ περιγίνεται· ὅταν ἀντιστρόφως παρ' ἡμῖν [d] ταῦτα φαίνηται, τὸ μὲν ἐπίπονον πρόσκαιρον, τὸ δὲ ἡδὺ καὶ χρήσιμον καὶ ἀθάνατον, τίς ἡμῖν ἐστι λόγος μὴ μετιοῦσιν ἀρετὴν μετὰ τοσαύτην παραμυθίαν; Ἀρκεῖ γὰρ ἡμῖν ἀντὶ πάντων ἡ τῶν πόνων ὑπόθεσις, καὶ τὸ πεπεῖσθαι σαφῶς ὅτι διὰ τὸν Θεὸν ὑπομένομεν ταῦτα πάντα. Εἰ γὰρ τὸν βασιλέα ἔχων τις ὀφειλέτην, ἀρκοῦσαν εἰς πάντα νομίζει τὸν βίον ἀσφάλειαν ἔχειν· ἐννόησον ἡλίκος ἐστὶν ὁ τὸν φιλάνθρωπον καὶ ἀεὶ ζῶντα Θεὸν καὶ μικρῶν καὶ μεγάλων κατορθωμάτων χρεώστην ἑαυτῷ καταστήσας. Μὴ τοίνυν προβάλλου μοι πόνους καὶ ἱδρῶτας· οὐδὲ γὰρ τῇ τῶν μελλόντων ἐλπίδι μόνον, ἀλλὰ καὶ ἑτέρῳ τρόπῳ κούφην τὴν ἀρετὴν ἐποίησεν ὁ Θεὸς, συνεφαπτόμενος ἡμῖν πανταχοῦ καὶ συναντιλαμβανόμενος. Κἂν βουληθῇς μόνον ὀλίγην εἰσενεγκεῖν προθυμίαν, τὰ ἄλλα πάντα ἕπεται. Διὰ γὰρ τοῦτο βούλεται καὶ σὲ μικρὰ πονεῖν, ἵνα καὶ σὴ ἡ νίκη γένηται. Καὶ καθάπερ βασιλεὺς βούλεται μὲν τὸν ἑαυτοῦ παῖδα παρεῖναι ἐπὶ τῆς παρατάξεως, καὶ τοξεύειν, καὶ φαίνεσθαι, ὥστε αὐτῷ λογισθῆναι τὸ τρόπαιον, τὸ δὲ πᾶν αὐτὸς ἀνύει· οὕτω καὶ ὁ Θεὸς ἐν τῷ πολέμῳ τῷ κατὰ τοῦ διαβόλου ποιεῖ. Ἓν γὰρ ἀπαιτεῖ παρὰ σοῦ μόνον, ὥστε ἔχθραν πρὸς ἐκεῖνον ἐπιδείξασθαι γνησίαν· [a] κἂν ταῦτα αὐτῷ παράσχῃς, αὐτὸς πάντα ἀνύει τὸν πόλεμον. Κἂν ὀργὴ [b] φλεγμαίνῃ, κἂν χρημάτων ἐπιθυμία, κἂν ὁτιοῦν ἕτερον πάθος τυραννικὸν παραγίνηται, ταχέως ἂν ἴδῃ σε μόνον πρὸς αὐτὸν ἀποδυόμενον καὶ παρεσκευασμένον, καὶ ῥᾴδια πάντα ποιεῖ, καὶ ἀνώτερον ἵστησι τῆς φλογὸς καθάπερ τοὺς παῖδας τότε ἐκείνους ἐπὶ τῆς Βαβυλωνίας καμίνου· καὶ γὰρ ἐκεῖνοι πλέον οὐδὲν τῆς γνώμης εἰσήνεγκαν. Ἵν' οὖν καὶ ἡμεῖς πᾶσαν κάμινον ἡδονῆς ἀτάκτου καταλύσαντες ἐνταῦθα, τὴν ἐκεῖ διαφύγωμεν γέενναν, ταῦτα καθ' ἑκάστην ἡμέραν καὶ [c] βουλευώμεθα, καὶ μεριμνῶμεν, καὶ πράττωμεν, τῇ τε περὶ τὰ ἀγαθὰ προθέσει, καὶ ταῖς πυκναῖς εὐχαῖς τοῦ Θεοῦ τὴν εὔνοιαν ἐπισπώμενοι. Οὕτω γὰρ καὶ τὰ δοκοῦντα ἀφόρητα εἶναι νῦν, ῥᾷστα ἔσται, καὶ κοῦφα, καὶ ἐπέραστα. Ἕως μὲν γὰρ ἐν τοῖς πάθεσιν ὦμεν,

[d] Alii ταῦτα γένηται. Infra quidam τίς ἡμῖν ἔσται λόγος.

[a] Nonnulli κἂν ταύτην αὐτῷ παράσχῃς.

[b] Savil. κἂν ὀργὴ φλεγμαίνῃ, κἂν χρημάτων ἐπιθυμία. Morel. κἂν ὀργῇ φλέγῃ, κἂν χρημάτων ἐπιθυμίᾳ. Prior lectio præstat. Paulo post Morel. ἂν ἴδῃ σε ταχέως μόνον.

[c] Quidam βουλώμεθα.

τραχεῖαν [d] καὶ δύσκολον καὶ ἀνάντη τὴν ἀρετὴν εἶναι C νομίζομεν, τὴν δὲ κακίαν ποθεινήν τε καὶ ἡδίστην· ἂν δὲ μικρὸν ἀποστῶμεν τούτων, τότε κἀκείνη φανεῖται βδελυρὰ καὶ δυσειδὴς, καὶ αὕτη ῥᾳδία, καὶ εὔκολος, καὶ ποθεινή. Καὶ ταῦτα ἐκ τῶν κατορθωκότων ἐστὶ σαφῶς μαθεῖν. Ἄκουσον γοῦν πῶς ὁ Παῦλος ἐκεῖνα μὲν καὶ μετὰ τὴν ἀπαλλαγὴν αἰσχύνεται λέγων· Τίνα γὰρ καρπὸν εἴχετε τότε ἐφ' οἷς νῦν ἐπαισχύνεσθε; Ταύτην δὲ καὶ μετὰ τὸν πόνον κούφην εἶναί φησι, τὸ παραυτίκα τῆς θλίψεως, καὶ τὸ ἐπίπονον ἐλαφρὸν καλῶν, καὶ χαίρων ἐν τοῖς παθήμασι, καὶ ἀγαλλόμενος ἐν ταῖς θλίψεσι, καὶ μέγα φρονῶν ἐπὶ τοῖς στίγμασι τοῖς διὰ D Χριστόν. Ἵν' οὖν καὶ ἡμεῖς ἐν ταύτῃ καταστῶμεν τῇ ἕξει, τοῖς εἰρημένοις καθ' ἑκάστην ἡμέραν ἑαυτοὺς ῥυθμίζοντες, καὶ τῶν μὲν ὄπισθεν ἐπιλανθανόμενοι, πρὸς δὲ τὰ ἔμπροσθεν ἐπεκτεινόμενοι, διώκωμεν ἐπὶ τὸ βραβεῖον τῆς ἄνω κλήσεως· οὗ γένοιτο πάντας ἡμᾶς ἐπιτυχεῖν, χάριτι καὶ φιλανθρωπίᾳ τοῦ Κυρίου ἡμῶν Ἰησοῦ Χριστοῦ, ᾧ ἡ δόξα καὶ τὸ κράτος εἰς τοὺς αἰῶνας τῶν αἰώνων. Ἀμήν.

[d] Alii καὶ δύσκολον καὶ ἐναντίαν.

enim in pravis affectibus versamur, virtutem asperam, difficilem, inaccessamque esse putamus, nequitiamque desiderabilem et dulcissimam; si vero paululum a vitiis discedamus, tunc illa abominabilis et deformis videbitur, hæc vero facilis et amabilis. Hæc porro discere facile possumus ex iis qui recto vitæ instituto claruerunt. Audi quomodo Paulus vitia etiam post conversionem pudori esse dicat : *Quem enim fructum habebatis* Rom. 6. 21.
tunc in illis, de quibus nunc erubescitis? Virtutem autem post laborem levem facilemque dicit, momentaneam tributationem, et laborem di- 2. Cor. 4. 17.
cens facilitate levem, gaudensque in passionibus, Col. 1. 24.
et exsultans in tribulationibus, altumque sapiens Rom. 5. 3.
in stigmatibus propter Christum susceptis. Ut igi- Gal. 6. 17.
tur et nos in hoc statu maneamus, iis quæ supra dicta sunt nos quotidie exornantes, et præteritorum obliviscentes, ad ea vero quæ ante nos sunt nos semper extendentes, supernæ vocationis bravium sequamur : quod nos omnes assequi contingat, gratia et benignitate Domini nostri Jesu Christi, cui gloria et imperium in sæcula sæculorum. Amen.

ΟΜΙΛΙΑ ιζ'.

221
A

HOMILIA XVII.

Ἠκούσατε ὅτι ἐῤῥέθη τοῖς ἀρχαίοις· οὐ μοιχεύσεις. Ἐγὼ δὲ λέγω ὑμῖν, ὅτι πᾶς [a] ὁ ἐμβλέπων γυναικὶ πρὸς τὸ ἐπιθυμῆσαι αὐτὴν, ἤδη ἐμοίχευσεν αὐτὴν ἐν τῇ καρδίᾳ αὐτοῦ.

Cap. V. v. 27. *Audistis quia dictum est antiquis: Non mœchaberis.* 28. *Ego autem dico vobis, quia omnis qui viderit mulierem ad concupiscendum eam, jam mœchatus est eam in corde suo.*

Ἀπαρτίσας τὴν προτέραν ἐντολὴν, καὶ [b] εἰς ἄκρον φιλοσοφίας αὐτὴν ἐκτείνας, ὁδῷ καὶ τάξει προβαίνων, λοιπὸν ἐπὶ τὴν δευτέραν πρόεισι, κἀνταῦθα τῷ νόμῳ B πειθόμενος. Καὶ μὴν οὐ δευτέρα αὕτη, φασὶν, ἀλλὰ τρίτη. Οὐ γὰρ προτέρα ἐστὶν, Οὐ φονεύσεις· ἀλλὰ, Κύριος ὁ Θεός σου, Κύριος εἷς ἐστι. Διὸ καὶ ζητῆσαι ἄξιον, τίνος ἕνεκεν οὐκ ἐκεῖθεν ἤρξατο. Τίνος οὖν ἕνεκεν; Ὅτι ἀρχόμενον ἐκεῖθεν, ἔδει καὶ αὐτὴν αὐξῆσαι, καὶ ἑαυτὸν [c] συνεισαγαγεῖν. Οὔπω δὲ καιρὸς ἦν περὶ ἑαυτοῦ διδάσκειν τι τοιοῦτον. Ἄλλως δὲ καὶ τὸν ἠθικὸν τέως ἐγύμναζε λόγον, ἐντεῦθεν βουλόμενος πρῶτον, καὶ ἐκ τῶν θαυμάτων, πεῖσαι τοὺς ἀκούοντας, ὅτι Υἱὸς ἦν τοῦ Θεοῦ. Τὸ μὲν οὖν εὐθέως πρὶν ἤ τι φθέγξασθαι καὶ

[a] Alii ὁ βλέπων γυναῖκα. Unus ὁ ἐμβλέψας γυναικί. Ibidem quidam ἐπιθυμῆσαι αὐτῆς.

1. Postquam primum mandatum explicandi finem fecit, illudque ad summum philosophiæ extendit, ordine procedens, ad secundum provehitur, in hoc quoque legi obsequutus. Atqui hoc non secundum præceptum est, inquies, sed tertium. Non enim
primum præceptum est, *Non occides;* sed : *Domi-* Deut. 6. 4.
nus Deus tuus, Dominus unus est. Quamobrem quærendum est, cur non inde cœperit. Qua de causa igitur? Quia si inde cœpisset, oportebat et illam augere, et semetipsum in explicatione complecti. Nondum autem tempus erat de seipso hujusmodi quidpiam docere. Alioquin autem moralem interim sermonem habebat, et hinc et ex

[b] Alii εἰς ἄκραν φιλοσοφίαν.

[c] Morel. συναγαγεῖν.

miraculis volens auditoribus persuadere se Filium Dei esse. Si enim antequam aliud quidpiam loqueretur, aut faceret, statim dixisset : Audistis quia dictum est antiquis : Ego Dominus Deus tuus, et præter me non est alius; ego autem dico vobis, ut et me adoretis, sicut et illum : id effecisset, ut omnes illum quasi furentem haberent. Si enim post tantam doctrinam et post tanta signa,
Joan. 8.52 et 10. 20. cum nondum hæc ille clare dixisset, dæmoniacum illum vocabant : si ante illa omnia simile quid dicere tentavisset, quid non dixissent? quid non cogitassent? At vero doctrinam hujusmodi ad tempus opportunum reservasse, id facilem parabat viam ut hoc dogma a multis susciperetur. Quamobrem nunc illud prætermisit; postquam vero per signa perque doctrinam optimam ad id præparasset, verbis demum idipsum revelavit. Nunc certe et signis et ipso doctrinæ modo, paulatim et sensim illud declarat. Nam cum potestate leges illas statuere vel reformare, id utique eum qui attenderet et mente valeret ad veri dogmatis rationem deducebat.
Matth. 7. 29. Marc. 1. 22. Obstupescebant enim, ait, quia non sicut scribæ eorum docebat. A generalibus quippe vitiis orsus, ab ira nempe et concupiscentia (hæc enim maxime tyrannidem in nobis exercent, et naturæ sunt magis consona), cum auctoritate multa, quantum decebat legislatorem, hæc emendavit, et cum omni accuratione ordinavit. Neque enim dixit tantum mœchum pœnas esse daturum : sed idipsum hic facit quod circa homicidam fecerat, impudico etiam aspectui pœnas denuntians, ut discas quid sit illud quod ultra scriptas leges requiritur. Ideo dicit : *Qui respexerit mulierem ad concupiscendum eam, jam mœchatus est eam in corde suo;* id est, qui solet venusta corpora curiosius intueri, faciesque formosas venari, et hoc spectaculo animum pascere, oculosque defigere in formosos vultus. Non enim corpus tantum venit a malis actibus liberare, sed et animam ante corpus. Quia enim in corde Spiritus gratiam accipimus, cor primum expurgat. Et quomodo possumus, inquies, a concupiscentia liberari? Maxime quidem, si velimus, possumus eam exstinguere, et ne erumpat continere. Alioquin autem hic non modo concupiscentiam tollit, sed etiam illam concupiscentiam quæ ex aspectu pro-

ποιῆσαι λέγειν· ἠκούσατε ὅτι ἐῤῥέθη τοῖς ἀρχαίοις.
C ἐγὼ Κύριος ὁ Θεός σου, καὶ πλὴν ἐμοῦ οὐκ ἔστιν ἄλλος· ἐγὼ δὲ λέγω ὑμῖν, καὶ ἐμὲ προσκυνεῖν, ὡς ἐκεῖνον· ἐποίει πάντας ὡς μαινομένῳ προσέχειν αὐτῷ. Εἰ γὰρ καὶ μετὰ τὴν διδασκαλίαν, καὶ τὰ τοσαῦτα σημεῖα, οὐδέπω φανερῶς αὐτοῦ τοῦτο λέγοντος, δαιμονῶντα ἐκάλουν, εἰ πρὸ τούτων ἁπάντων ἐπεχείρησέ τι τοιοῦτον εἰπεῖν, τί οὐκ ἂν εἶπον; [d] τί οὐκ ἂν ἐνενόησαν; Τῷ δὲ ἐν καιρῷ τῷ προσήκοντι τὴν περὶ τούτων τηρῆσαι διδασκαλίαν, εὐπαράδεκτον ἐποίει τοῖς πολλοῖς γίνεσθαι τὸ δόγμα. Διόπερ νῦν μὲν αὐτὸ
D παρέδραμεν, ἀπὸ δὲ τῶν σημείων αὐτὸ πανταχοῦ κατασκευάσας, καὶ τῆς ἀρίστης διδασκαλίας, ὕστερον αὐτὸ καὶ διὰ ῥημάτων ἐξεκάλυψε. Νῦν μέντοι τῇ τῶν σημείων ἐπιδείξει, καὶ αὐτῷ τῆς διδασκαλίας τῷ τρόπῳ κατὰ μικρὸν καὶ ἠρέμα αὐτὸ [e] παραδείκνυσι. Τὸ γὰρ μετ᾽ ἐξουσίας τὰ τοιαῦτα νομοθετεῖν, καὶ διορθοῦν, τὸν προσέχοντα καὶ νοῦν ἔχοντα ἀνήγαγε καὶ κατὰ τὸν τοῦ δόγματος λόγον. Ἐξεπλήττοντο γὰρ αὐτὸν, φησὶν, ὅτι οὐχ ὡς οἱ γραμματεῖς αὐτῶν ἐδίδασκεν. Ἀρξάμενος γὰρ ἀπὸ τῶν γενικωτάτων ἐν
E ἡμῖν παθῶν, θυμοῦ λέγω καὶ ἐπιθυμίας (ταῦτα γάρ ἐστι μάλιστα τὰ τυραννοῦντα ἐν ἡμῖν, καὶ τῶν ἄλλων ὄντα φυσικώτερα), μετὰ πολλῆς τῆς αὐθεντίας, καὶ ὅσης νομοθέτῃ προσῆκον ἦν, διώρθωσέ τε αὐτὰ, καὶ [f] μετὰ πάσης ἐκόσμησε τῆς ἀκριβείας. Οὐδὲ γὰρ
273 εἶπεν, ὅτι ὁ μοιχὸς κολάζεται μόνον, ἀλλ᾽ ὅπερ
A ἐποίησεν ἐπὶ τοῦ φονεύοντος, τοῦτο καὶ ἐνταῦθα ποιεῖ, καὶ τὴν ἀκόλαστον ὄψιν [a] κολάζων, ἵνα μάθῃς τὸ πλέον τῶν γραμματέων ποῦ τίθεται. Διόπερ φησίν· Ὁ ἐμβλέψας γυναικὶ πρὸς τὸ ἐπιθυμῆσαι, ἤδη ἐμοίχευσεν αὐτὴν ἐν τῇ καρδίᾳ αὐτοῦ· τουτέστιν, ὁ ποιούμενος ἔργον τὰ λαμπρὰ σώματα περιεργάζεσθαι, καὶ τὰς εὐμόρφους ὄψεις θηρᾷν, καὶ ἑστιᾷν τῇ θέᾳ τὴν ψυχὴν, καὶ προσηλοῦν τὰ ὄμματα τοῖς καλοῖς προσώποις. Οὐ γὰρ τὸ σῶμα ἦλθεν ἀπαλλάξαι τῶν πονηρῶν πράξεων μόνον, ἀλλὰ καὶ τὴν ψυχὴν πρὸ ἐκείνου. Ἐπειδὴ γὰρ τῇ καρδίᾳ τὴν τοῦ Πνεύματος δεχόμεθα χάριν, αὐτὴν
B ἐκκαθαίρει πρώτην. Καὶ πῶς δυνατὸν ἐπιθυμίας, φησὶν, ἀπηλλάχθαι; Μάλιστα μὲν, εἰ βουληθείημεν, δυνατὸν [b] καὶ αὐτὴν νεκρωθῆναι, καὶ ἀνενέργητον μένειν. Ἄλλως δὲ ἐνταῦθα οὐχ ἁπλῶς τὴν ἐπιθυμίαν ἀναιρεῖ, ἀλλὰ τὴν ἐκ τῆς ὄψεως ἐπιγινομένην ἐπιθυμίαν. Ὁ γὰρ σπουδάζων ὁρᾷν τὰς εὐμόρφους ὄψεις, αὐτὸς μάλιστα τὴν κάμινον ἀνάπτει τοῦ πάθους, καὶ τὴν ψυχὴν αἰχμάλωτον ποιεῖ, καὶ ταχέως καὶ ἐπὶ τὴν

[d] Morel. τί δὲ οὐκ, sed δὲ abest ab aliis. Infra etiam post ὕστερον in Morel. δὲ additur.

[e] Duo Mss. παρανοίγνυσι. Mox alii τὸν προσέχοντα κ. ν. ἔ. ἀνῆγε, alii ἐνῆγε καὶ κατὰ τόν.

[f] Alii non pauci μετὰ πάσης ἐκόλασε τῆς ἀκριβείας, quæ lectio non spernenda.

[a] Quidam habent κολάζει.

[b] Nonnulli καὶ ταύτην. Infra quidam ἐκ τῆς ὄψεως ἐγγινομένην.

πρᾶξιν ἔρχεται. Διὰ δὴ τοῦτο οὐκ εἶπεν, [c] ὃς ἐὰν ἐπιθυμήσῃ πρὸς τὸ μοιχεῦσαι· ἀλλ', ὃς ἂν ἴδῃ πρὸς τὸ ἐπιθυμῆσαι. Καὶ ἐπὶ μὲν τῆς ὀργῆς διορισμόν τινα τέθεικεν, εἰπὼν τὸ Εἰκῇ καὶ μάτην· ἐνταῦθα δὲ οὐχ οὕτως, ἀλλὰ καθάπαξ τὴν ἐπιθυμίαν ἀνεῖλε· C καίτοι γε ἀμφότερα ἔμφυτα, καὶ χρησίμως ἡμῖν ἀμφότερα ἔγκειται, καὶ ὀργὴ, καὶ ἐπιθυμία· ἡ μὲν, ἵνα τοὺς πονηροὺς κολάζωμεν, καὶ τοὺς ἀκοσμοῦντας διορθῶμεν· ἡ δὲ, ἵνα παιδοποιῶμεν, καὶ τὸ γένος ἡμῖν συγκρατῆται ταῖς τοιαύταις διαδοχαῖς.

dit. Nam qui formosas intueri facies studet, ille præcipue vitii fornacem accendit, animamque captivam efficit, et cito ad opus quoque accedet. Propterea non dixit, Qui concupierit mœchari; sed, *Qui respexerit ad concupiscendum.* Et cum de ira loqueretur, distinctionem quamdam posuit, *Temere*, vel *Sine causa* dicendo; hic vero non ita, sed semel totam concupiscentiam sustulit: etiamsi hæc ambo innata nobis sint, et utiliter utraque nobis insint, ira nempe et concupiscentia; illa ut improbos puniamus, et incompositos emendemus; hæc ut liberos suscipiamus, et genus nostrum successione propagetur.

Τίνος οὖν ἕνεκεν οὐκ ἔθηκε διορισμὸν καὶ ἐνταῦθα; Μέγιστον μὲν οὖν, ἐὰν προσέχῃς, ὄψει καὶ ἐνταῦθα [d] διορισμὸν ἐγκείμενον. Οὐ γὰρ ἁπλῶς εἶπεν, ὃς ἂν ἐπιθυμήσῃ· ἐπεὶ ἔστι καὶ ὄρεσι καθήμενον ἐπιθυμεῖν· D ἀλλ', ὃς ἂν ἐμβλέψῃ πρὸς τὸ ἐπιθυμῆσαι· τουτέστιν, ὁ ἑαυτῷ τὴν ἐπιθυμίαν συλλέγων, ὁ μηδενὸς ἀναγκάζοντος τὸ θηρίον ἐπεισάγων ἠρεμοῦντι τῷ λογισμῷ. Τοῦτο γὰρ οὐκ ἔτι τῆς φύσεως γίνεται, ἀλλὰ τῆς ῥᾳθυμίας. Τοῦτο καὶ ἡ Παλαιὰ διορθοῦται ἄνωθεν λέγουσα· Μὴ καταμάνθανε κάλλος ἀλλότριον. Εἶτα, ἵνα μή τις λέγῃ· τί οὖν, ἐὰν καὶ καταμάθω, καὶ μὴ ἁλῶ; κολάζει τὴν ὄψιν, ἵνα μὴ τῇ ἀδείᾳ ταύτῃ θαῤῥῶν, καταπέσῃς ποτὲ εἰς τὸ ἁμαρτάνειν. Τί οὖν, ἐὰν ἴδω, φησὶ, καὶ ἐπιθυμήσω μὲν, μηδὲν δὲ [e] πράξω πονηρόν; E Καὶ οὕτω μετὰ τῶν μοιχῶν ἕστηκας. Ἀπεφήνατο γὰρ ὁ νομοθέτης, καὶ οὐδὲν δεῖ περιεργάζεσθαι πλέον. Ἅπαξ μὲν γὰρ καὶ δὶς καὶ τρὶς οὕτως ἰδὼν, ἴσως δυνήσῃ κρατεῖν· ἂν δὲ συνεχῶς τοῦτο ποιῇς, καὶ ἀνάπτῃς τὴν κάμινον, ἁλώσῃ πάντως· οὐ γὰρ ἔξω τῆς ἀνθρωπίνης ἕστηκας φύσεως. Ὥσπερ οὖν ἡμεῖς, ἐὰν ἴδωμεν 274 A παιδίον μάχαιραν κατέχον, κἂν μὴ πληγὲν ἴδωμεν, μαστιγοῦμεν καὶ ἀπαγορεύομεν αὐτὸ μηδέποτε αὐτὴν κατασχεῖν· οὕτω καὶ ὁ Θεὸς τὴν ἀκόλαστον ὄψιν καὶ πρὸ τῆς πράξεως ἀναιρεῖ, μή ποτε καὶ εἰς πρᾶξιν ἐμπέσῃ. Ὁ γὰρ τὴν φλόγα ἀνάψας ἅπαξ, καὶ ἀπούσης τῆς ὀφθείσης γυναικὸς, πλάττει παρ' ἑαυτῷ διηνεκῶς εἴδωλα πραγμάτων αἰσχρῶν, καὶ ἀπ' αὐτῶν πολλάκις καὶ ἐπὶ τὸ ἔργον πρόεισι. Διὰ τοῦτο καὶ τὴν διὰ τῆς καρδίας συμπλοκὴν ὁ Χριστὸς ἀναιρεῖ. Τί τοίνυν εἴποιεν ἂν οἱ [a] τὰς συνοικούσας ἔχοντες παρθένους; Ἀπὸ γὰρ τῆς τοῦ νόμου θέσεως, μυρίων ἂν εἶεν μοιχειῶν ὑπεύθυνοι, καθ' ἑκάστην ἡμέραν μετὰ ἐπι-

2. Cur ergo non hic etiam distinctionem posuit? Maximam certe, si attendas, hic distinctionem percipies. Non enim simpliciter dixit, Qui concupiverit; potest enim quivis etiam in montibus sedem habens, concupiscere; sed, *Qui respexerit ad concupiscendum*; id est, qui sibi ipsi concupiscentiam accersit, qui nemine cogente feram illam in sedatum animum immittit. Illud enim non jam ex natura proficiscitur, sed ex desidia. Hoc quippe in veteri lege jam olim vetitum fuit, quæ sic habet: *Noli discere pulchritudinem alienam.* Eccli. 9. 8. Deinde ne quis diceret: Quid ergo, si didicero, et non capiar? cohibet aspectum, ne hac fidenter usus licentia, in peccatum aliquando incidas. Quid igitur si videam, et concupiscam, nihilque mali agam? Etiam sic cum mœchis numeraris. Sententiam tulit legislator, neque debes ultra curiose inquirere. Cum enim semel aut bis aut ter sic respexeris, te forte poteris continere; si vero frequenter id facias, et fornacem accendas, profecto capieris: non enim extra humanam situs es naturam. Quemadmodum ergo nos cum puerum videmus gladium tenentem, etiamsi nondum vulneratum cernamus, verberamus tamen prohibemusque ne sic umquam attingat: sic quoque Deus impudicum aspectum ante opus tollit, ne forte in opus ipsum incidamus. Nam qui semel flammam accendit, etiam absente illa, quam respexit, muliere, rerum turpium imagines sibi ipsi frequenter fingit, et ex ipsis imaginibus in opus sæpe deducitur. Ideoque Christus etiam illum, qui in animo fingitur, coitum de medio tollit. Quid igitur dixe-

[c] Alii ὃς ἄν.

[d] Alii διορισμὸν κείμενον.

[e] Alii διαπράξω, alii διαπράξομαι.

[a] Alii τὰς συνοίκους. In illos qui συνοικούσας παρθένους, id est, *habitantes secum virgines*, habent, librum edidit Chrysostomus, qui cusus fuit Tomo primo ejus Operum p. 248, ubi titulus sic habet, περὶ τοῦ μὴ τὰς κανονικὰς συνοικεῖν ἀνδράσιν,, *quod canonicæ, sive regulares, cum viris habitare non debeant.* Ubi per canonicas illas, virgines intelligit, ut in toto libelli decursu videre est. Canonicæ autem virgines illæ vocabantur, quia statum quemdam in Ecclesia ordinem tenebant.

rint ii qui secum habitantes habent virgines? Etenim secundum hanc legem, sexcentis rei fuerint fornicationibus, quotidie illas cum concupiscentia
Job. 31. 9. intuentes. Ideoque beatus Job hanc sibi legem a principio posuit, se ubique cohibens a tali spectaculo. Nam certe post aspectum ne fruaris illa quam amas, majus est certamen : neque tantam ab aspectu percipimus voluptatem, quantam a cupiditatis augmento experimur perniciem, dum hosti fortitudinem accersimus, et diabolo majus nocendi spatium et locum damus : ut neque possimus illi resistere, postquam in intima cordis illum induximus, et apertum ipsi animum expandimus. Idcirco ait : Noli mœchari oculis, et animo non mœchaberis. Est enim et alius aspiciendi modus, ut casti scilicet aspiciunt. Ideoque non simpliciter aspectum sustulit, sed aspectum cum concupiscentia. Nisi enim id sibi voluisset, dixisset utique, Qui respicit mulierem, simpliciter: non sic autem dixit, sed, Qui respexerit ad concupiscendum, qui respexerit, ut aspectum delectet. Non enim ideo tibi Deus oculos dedit, ut illis ad fornicationem inducendam utaris, sed ut ejus creaturas videns, Creatorem mireris. Quemadmodum ergo fieri potest ut temere irascaris: ita fieri potest ut temere aspicias, cum nempe ad concupiscentiam
Impudici aspectus damna. aspexeris. Si enim respicere et delectari velis, respice uxorem tuam, illamque perpetuo ama : nulla id lex prohibet. Si vero alienam formam curiose intueri volueris, et illam lædis, alio oculos avertens; et hanc quam respicis, si illicite illam contingas. Etiamsi enim illam manu non contigeris, at oculis contigisti; ideoque illud pro adulterio reputatur, et ante supplicium illud destinatum, aliud non leve supplicium inducit. Nam tumultu et perturbatione omnia interiora replet; magna adest tempestas, gravissimus dolor, nec meliore conditione erit ille qui hæc patitur, quam ii qui vinculis et catenis constricti sunt. Et illa, quæ telum emisit, sæpe avolat, vulnusque tamen manet. Imo vero non illa telum emisit, sed tu ipse tibi letalem plagam inflixisti, qui impudice intuitus es. Et hæc dico, ut pudicas ab accusatione eximam. Si qua vero sese ita exornat, ut omnium oculos ad se convertat, etiamsi nullum obvium confoderit, extremas dabit pœnas. Pharmacum enim apparavit, et virus composuit, etsi nemini

B θυμίας ὁρῶντες αὐτάς. Διὰ τοῦτο καὶ ὁ μακάριος Ἰὼβ τοῦτον ἐξ ἀρχῆς ἐτίθει τὸν νόμον, ἀποτειχίζων ἑαυτῷ πανταχοῦ τὴν [b] τοιαύτην θεωρίαν. Καὶ γὰρ μείζων ὁ ἀγὼν μετὰ τὸ ἰδεῖν, καὶ μὴ ἀπολαῦσαι τῆς ἐρωμένης· καὶ οὐ τοσαύτην ἀπὸ τῆς ὄψεως καρπούμεθα τὴν ἡδονὴν, ὅσην ἀπὸ τοῦ τὴν ἐπιθυμίαν αὐξῆσαι ταύτην ὑπομένομεν τὴν λύμην, [c] ἰσχυρὸν ποιοῦντες τὸν ἀνταγωνιστὴν, καὶ πλείονα διδόντες τὴν εὐρυχωρίαν τῷ διαβόλῳ, καὶ οὐκ ἔτι ἰσχύοντες αὐτὸν ἀποκρούσασθαι, ὅταν εἰς τὰ ἐνδότατα εἰσαγάγωμεν, καὶ ἀναπετάσωμεν αὐτῷ τὴν διάνοιαν. Διὰ τοῦτό φησι, μὴ μοιχεύσῃς
C τοῖς ὀφθαλμοῖς, καὶ οὐ μοιχεύσεις τῇ διανοίᾳ. Ἔστι γὰρ καὶ ἄλλως ἰδεῖν, ὡς οἱ σώφρονες βλέπουσι. Διὰ τοῦτο οὐχ ἁπλῶς τὴν ὄψιν ἀνεῖλεν, ἀλλὰ τὴν μετὰ ἐπιθυμίας ὄψιν. Εἰ δὲ μὴ τοῦτο ἐβούλετο, εἶπεν ἂν, ὁ βλέπων γυναῖκα, ἁπλῶς· νῦν δὲ οὐχ οὕτως εἶπεν, ἀλλ', ὁ βλέπων πρὸς τὸ ἐπιθυμῆσαι, ὁ βλέπων ὥστε τέρψαι τὴν ὄψιν. Οὐδὲ γὰρ εἰς τοῦτό σοι τοὺς ὀφθαλμοὺς ἐποίησεν ὁ Θεὸς, ἵνα διὰ τούτων μοιχείαν εἰσαγάγῃς, ἀλλ' ἵνα αὐτοῦ τὰ κτίσματα βλέπων, θαυμάζῃς τὸν δημιουργόν. Ὥσπερ οὖν ἔστιν εἰκῇ ὀργίζεσθαι,
D οὕτως ἔστιν εἰκῇ ὁρᾷν, ὅταν πρὸς ἐπιθυμίαν τοῦτο ποιῇς. Εἰ γὰρ βούλει ὁρᾷν, καὶ τέρπεσθαι, ὅρα τὴν σαυτοῦ γυναῖκα, καὶ ταύτης ἔρα διηνεκῶς· [d] οὐδεὶς κωλύει νόμος. Εἰ δὲ τὰ ἀλλότρια μέλλεις περιεργάζεσθαι κάλλη, κἀκείνην ἀδικεῖς ἀλλαχοῦ μετεωρίζων ὀφθαλμοὺς, καὶ ταύτην ἣν εἶδες, ἁπτόμενος αὐτῆς παρανόμως. Εἰ γὰρ καὶ μὴ ἧψω τῇ χειρὶ, ἀλλ' ἐψηλάφησας τοῖς ὀφθαλμοῖς· διὰ τοῦτο καὶ τοῦτο μοιχεία νενόμισται, καὶ πρὸ τῆς κολάσεως ἐκείνης κόλασιν οὐ
E τὴν τυχοῦσαν ἐπάγει. Καὶ γὰρ θορύβου καὶ ταραχῆς πάντα τὰ ἔνδον πληροῦται, καὶ πολλὴ μὲν ἡ ζάλη, χαλεπωτάτη δὲ ἡ ὀδύνη, καὶ τῶν αἰχμαλώτων καὶ δεδεμένων οὐδὲν ἄμεινον ὁ ταῦτα παθὼν διακείσεται. Καὶ ἡ μὲν τὸ βέλος ἀφεῖσα πολλάκις ἀπέπτη· ἡ δὲ πληγὴ καὶ οὕτω μένει. [e] Μᾶλλον δὲ οὐκ ἐκείνη τὸ
225 A βέλος ἀφῆκεν, ἀλλὰ σὺ καιρίαν ἔδωκας ἑαυτῷ τὴν πληγὴν, ἀκολάστως ἰδών. Καὶ ταῦτα λέγω, τὰς σωφρονούσας ἀπαλλάττων τῆς κατηγορίας. Ὡς εἴγε τις καλλωπίζοιτο, καὶ καλοῖ πρὸς ἑαυτὴν [a] τοὺς τῶν ἁπάντων ὀφθαλμοὺς, κἂν μὴ πλήξῃ τὸν ἐντυγχάνοντα, δίκην δίδωσι τὴν ἐσχάτην. Τὸ γὰρ φάρμακον ἐκέρασε, καὶ τὸ κώνειον κατεσκεύασεν, εἰ καὶ μὴ τὴν κύλικα προσήγαγε· μᾶλλον δὲ καὶ τὴν κύλικα προσήγαγεν, εἰ καὶ μηδεὶς ὁ πίνων εὑρέθη. Τί οὖν; οὐχὶ καὶ πρὸς αὐτὰς διαλέγεται; φησίν. Ὅτι κοινοὺς τοὺς νόμους πανταχοῦ τίθησι, [b] κἂν πρὸς τοὺς ἄνδρας

[b] Morel. τοσαύτην.
[c] Quidam ἰσχυρότερον, et sic legisse videtur Interpres.
[d] Savil. οὐδεὶς κωλύει. Morel. vero καὶ οὐδεὶς κωλύει.
[e] Savil. μᾶλλον δὲ οὐδέ.

[a] Alii τοὺς τῶν ἀνθρώπων ὀφθαλμούς. Mox Savil. τὸν ἐντυχόντα, δίκην δώσει τὴν ἐσχάτην.
[b] Savil. εἰ καὶ πρὸς τοὺς ἄνδρας. [Recte]. Paulo post quidam κοινὴν καὶ πρός.

ἀποτείνεσθαι δοκεῖ μόνους· τῇ γὰρ κεφαλῇ διαλεγόμενος, κοινῇ καὶ πρὸς τὸ σῶμα ἅπαν ποιεῖται τὴν παραίνεσιν. Γυναῖκα γὰρ καὶ ἄνδρα ἓν οἶδε ζῶον, καὶ οὐδαμοῦ διαιρεῖ τὸ γένος.

Εἰ δὲ καὶ ἰδίως ἀκοῦσαι βούλει τῆς κατ' αὐτῶν ἐπιπλήξεως, ἄκουσον [c] τοῦ Ἠσαΐου πολλὰ πρὸς αὐτὰς ἀποτεινομένου, καὶ κωμῳδοῦντος αὐτῶν τὸ σχῆμα, τὸ βλέμμα, τὴν βάδισιν, τοὺς συρομένους χιτῶνας, τοὺς παίζοντας πόδας, τοὺς διακλωμένους τραχήλους. Ἄκουσον μετ' ἐκείνου καὶ τοῦ μακαρίου Παύλου πολλοὺς αὐταῖς τιθέντος νόμους, καὶ ὑπὲρ ἱματίων, καὶ ὑπὲρ χρυσίων, καὶ ὑπὲρ τριχῶν πλοκῆς, καὶ ὑπὲρ σπατάλης, C καὶ ὑπὲρ τῶν ἄλλων τῶν τοιούτων σφοδρῶς ἐπιτιμῶντος τῷ γένει τούτῳ. Καὶ ὁ Χριστὸς δὲ διὰ τῶν ἑξῆς αἰνιγματωδῶς αὐτὸ τοῦτο ἐνέφηνεν· ὅταν γὰρ λέγῃ, ἔξελε καὶ ἔκκοψον τὸν σκανδαλίζοντα, τὴν πρὸς ἐκείνας ὀργὴν ἐνδεικνύμενός φησι. Διὰ τοῦτο καὶ ἐπήγαγεν· Ἐὰν ὁ ὀφθαλμός σου ὁ δεξιὸς σκανδαλίζῃ σε, ἔξελε αὐτὸν καὶ βάλε ἀπὸ σοῦ. Ἵνα γὰρ μὴ λέγῃς· τί οὖν, ἐὰν συγγενὴς ᾖ; τί οὖν, ἐὰν ἄλλως μοι προσήκῃ; [d]διὰ τοῦτο ταῦτα προσέταξεν, οὐ περὶ μελῶν διαλεγόμενος, ἄπαγε· οὐδαμοῦ γὰρ τῆς σαρκὸς τὰ ἐγκλήματα εἶναί φησιν· ἀλλὰ πανταχοῦ τῆς γνώμης τῆς πονηρᾶς ἡ κατηγορία. Οὐ γὰρ ὁ ὀφθαλμός σού ἐστιν ὁ ὁρῶν, D ἀλλ' ὁ νοῦς καὶ ὁ λογισμός. Πολλάκις γοῦν ἀλλαχοῦ τετραμμένων ἡμῶν ὁ ὀφθαλμὸς τοὺς παρόντας οὐ βλέπει· ὥστε οὐκ ἔστιν αὐτοῦ τῆς ἐνεργείας τὸ πᾶν. Εἰ γὰρ περὶ μελῶν ἔλεγεν, οὐκ ἂν περὶ ἑνὸς εἶπεν ὀφθαλμοῦ, οὐδ' ἂν τοῦ δεξιοῦ μόνου, ἀλλὰ περὶ ἀμφοτέρων. Ὁ γὰρ ὑπὸ τοῦ δεξιοῦ σκανδαλιζόμενος, εὔδηλον ὅτι καὶ ὑπὸ τοῦ ἀριστεροῦ τὸ αὐτὸ τοῦτο πείσεται. Τίνος οὖν ἕνεκεν τὸν δεξιὸν ὀφθαλμὸν ἔθηκε, καὶ τὴν χεῖρα προσέθηκεν; Ἵνα μάθῃς, ὅτι οὐ περὶ μελῶν ὁ λόγος, ἀλλὰ περὶ τῶν οἰκείως πρὸς ἡμᾶς ἐχόντων. Ἂν γάρ τινα οὕτω φιλῇς, φησὶν, ὡς ἐν χώρᾳ τιθέναι δεξιοῦ ὀφθαλ- E μοῦ, ἢ οὕτω χρήσιμον εἶναι νομίσῃς, ὡς ἐν τάξει ἔχειν χειρὸς, καὶ βλάπτει σου τὴν ψυχὴν, καὶ τοῦτον ἀπότεμε. Καὶ ὅρα τὴν ἔμφασιν. Οὐ γὰρ εἶπεν, ἀπόστηθι· ἀλλὰ τὸν πολὺν χωρισμὸν ἐμφαίνων, Ἔξελε, 226 A φησὶ, καὶ βάλε ἀπὸ σοῦ. Εἶτα ἐπειδὴ ἀποτόμως ἐκέλευσε, δείκνυσι καὶ τὸ κέρδος ἑκατέρωθεν, ἀπό τε τῶν ἀγαθῶν, ἀπό τε τῶν κακῶν, ἐπιμένων τῇ μεταφορᾷ·

poculum porrexerit; imo porrexit, etsi nemo qui biberet, accesserit. Quid ergo? num etiam mulieres B alloquitur? Quia leges ubique communes statuit, etiamsi viros tantum alloqui videatur, capiti loquens, communem toti corpori admonitionem profert. Mulierem namque et virum unum novit esse animal, et nusquam genus illud dividit.

Contra luxum mulierum. Isai. 3. 16.

3. Quod si velis increpationem in illas prolatam speciatim audire, Isaiam audi pluribus in illas invehentem, traducentemque ipsarum habitum, aspectum, incessum, tunicas humi defluentes, lascivientes pedes, colla fracta mollitie. Audi cum illo beatum Paulum multas ipsis leges statuentem, et de vestibus, et de aureis ornatibus, et de calamistratis capillis, et de lascivia, et de aliis similibus hunc sexum vehementer corripientem. Christus etiam in sequentibus ænigmatice hoc ipsum declarat; cum enim dicit, Erue, exscinde id quod te scandalizat, iram adversus illas concitatam exhibet. Ideo subjunxit: 29. *Si oculus tuus dexter scandalizat te, erue eum et projice abs te.* Ne enim diceres, Quid ergo, si cognata mea sit? quid, si aliqua mihi necessitudine juncta? ideo hæc præcipit, non de membris loquens, absit: nusquam enim dixit crimina ad carnem pertinere; sed accusatio pravam semper voluntatem spectat. Neque enim oculus tuus est, qui videt, sed mens et cogitatio. Sæpe namque nobis alio conversis, eos qui præsentes sunt non videt oculus: itaque totum non est illius actui adscribendum. Si enim de membris loqueretur, non de uno diceret oculo, neque dextrum solum posuisset, sed ambos. Nam qui a dextro scandalizatur, idipsum haud dubie patietur a sinistro. Cur ergo dextrum oculum posuit, et manum adjecit? Ut discas non de membris sermonem esse, sed de iis qui nobis amicitia junguntur. Si quempiam ita amas, inquit, ut eum dexteri oculi loco ponas, aut ita tibi utilem putas, ut pro manu illum habeas, si lædit animam tuam, et hunc abscinde. Et vim dicti perpende. Non enim dixit, Abscede; sed maximam separationem indicans, *Erue*, inquit, *et projice abs te*. Deinde quia severe præceperat, utrinque lucrum esse docet, et ex bonis et ex malis, in eadem metaphora insistens: *Expedit enim tibi*, inquit, *ut pereat*

1. Tim. 2 9.

[c] Morel. τοῦ Ἠσαΐου λέγοντος πολλὰ, etc., male. Quæ sequuntur autem, καὶ κωμῳδοῦντος αὐτῶν τὸ σχῆμα, τὸ βλέμμα, τὴν βάδισιν, etc., sic exprimuntur in τοῖς Ο'. Isaiæ 3, 16: ἀνθ' ὧν ὑψώθησαν αἱ θυγατέρες Σιὼν, καὶ ἐπορεύθησαν ὑψηλῷ τραχήλῳ, καὶ ἐν νεύμασιν ὀφθαλμῶν, καὶ τῇ πορείᾳ τῶν ποδῶν ἅμα σύρουσαι τοὺς χιτῶνας, καὶ τοῖς ποσὶν ἅμα παίζουσαι. Quæ clare verbisque tantillum mutatis recenset Chrysostomus, hoc uno excepto, quod ὑψηλῷ τραχήλῳ sic exprimat, τοὺς διακλωμένους τραχήλους, unde suspicio oriatur, vel alio modo legisse Chrysostomum, vel mendum in hac clausula irrepsisse.

[d] Alii διὰ τοῦτο πάντα προσέταξεν.

unum membrorum tuorum, et non totum corpus tuum mittatur in gehennam. Cum enim neque seipsum servet, et te secum perdat, quæ humanitas esset ambo perdere, cum liceat iis separatis (Rom 9. 3.) unum servare? Cur enim Paulus optabat anathema esse? Non ita ut nihil inde lucri accederet, sed ut alios servaret. Hic autem utriusque damnum est : quapropter non dixit tantum, *Erue;* sed etiam, *projice abs te,* ita ut numquam repetas, si talis manserit. Sic enim et illum majori crimine liberabis, et teipsum a pernicie eripies. Ut autem clarius legis utilitatem perspicias, si placet, in corpore exempli causa id quod dictum est exploremus. Si enim optio daretur, ac necesse esset aut oculum habentem conjici in fossam et perire, aut illo eruto, reliquum corpus servari : annon postremum malles? Id nemini non manifestum est. Illud enim non esset oculum odisse, sed reliquum corpus amare. Hoc porro et de viris cogita et de mulieribus. Nam si is, qui te lædit amando, incurabilis manet, et si abscissus sit, te ab omni pernicie liberabit : sic et ipse a majoribus eripietur criminibus, neque ultra cum peccatorum suorum ratione, rationem etiam perniciei tuæ daturus. Vide quanta mansuetudine plena lex est, quanta providentia? et quæ a multis nimia severitas esse videtur, quantam exhibet benignitatem? Hæc audiant ii qui ad theatra properant, et sese quotidie mœchos præstant. Nam si consuetudine junctum, sed damnosum, lex jubet abscindere, quam purgationem habeant qui nondum sibi notos, ibi commorando, (Contra theatrorum spectacula.) quotidie pertrahunt, et sexcentas sibi comparant excidii ansas? Non modo enim impudice respicere non concedit; sed quia hujusce rei damnum monstravit, legem ulterius extendit, abscindere jubens, longeque projicere : et hæc ille lege statuit, qui de caritate sexcenties loquutus est, ut utrinque ejus providentiam ediscas, et quomodo undique utilitatem tuam requirat. 31. *Dictum est autem :* (Deut. 24. 1.) *Quicumque dimiserit uxorem suam, det illi libellum repudii.* 32. *Ego autem dico vobis : Quicumque dimiserit uxorem suam, excepta causa fornicationis, facit eam mœchari : et qui dimissam duxerit, mœchatur.*

4. Non prius ad ulteriora progreditur, nisi priora probe expurgaverit. Ecce enim aliam nobis rursus ostendit adulterii speciem. Quænam est illa? Lex

Συμφέρει γάρ σοι, φησὶν, ἵνα ἀπόληται ἓν τῶν μελῶν σου, καὶ μὴ ὅλον τὸ σῶμά σου βληθῇ εἰς γέενναν. Ὅταν γὰρ μήτε [a] ἑαυτὸν διασώζῃ, καὶ σὲ προσαπολλύῃ, ποία φιλανθρωπία ἀμφοτέρους καταποντίζεσθαι, ἐξὸν χωρισθέντων κἂν ἕνα σωθῆναι; Τί οὖν ὁ Παῦλος [b] εὔχετο, φησὶν, ἀνάθεμα γενέσθαι; Οὐχ ὥστε μηδὲν κερδᾶναι, ἀλλ' ὥστε ἑτέρους σωθῆναι. Ἐνταῦθα δὲ ἀμφοτέρων ἡ βλάβη γίνεται· δι' ὅπερ οὐκ εἶπεν, Ἔξελε, μόνον· B ἀλλὰ καὶ, Βάλε ἀπὸ σοῦ, ὥστε μηκέτι λαμβάνειν, ἐὰν τοιοῦτος μένῃ. Οὕτω γὰρ κἀκεῖνον μείζονος ἀπαλλάξεις ἐγκλήματος, καὶ σαυτὸν ἀπωλείας ἐλευθερώσεις. Ἵνα δὲ καὶ σαφέστερον ἴδῃς τοῦ νόμου τὸ κέρδος, εἰ δοκεῖ, καὶ ἐπὶ σώματος καθ' ὑπόθεσιν ἐξετάσωμεν τὸ εἰρημένον. Εἰ γὰρ αἵρεσις προὔκειτο, καὶ ἀνάγκη ἦν ἢ τὸν ὀφθαλμὸν ἔχοντα ἐμβληθῆναι εἰς ὄρυγμα καὶ ἀπολέσθαι, ἢ ἐξελόντα τὸ λοιπὸν σῶσαι σῶμα· ἆρα οὐκ ἂν τὸ δεύτερον ἐδέξω; Παντί που δῆλόν ἐστιν. Οὐ γὰρ μισοῦντος ἦν τοῦτο τὸν ὀφθαλμὸν, ἀλλὰ τὸ λοιπὸν φιλοῦντος σῶμα. Τοῦτο δὴ καὶ ἐπ' ἀνδρῶν λογίζου καὶ C γυναικῶν. Εἰ γὰρ ὁ βλάπτων σε τῇ φιλίᾳ ἀνίατος μένοι, καὶ σὲ λύμης ἀπαλλάξει πάσης ἐκκοπτόμενος οὕτω, καὶ αὐτὸς τῶν μειζόνων ἀπαλλαγήσεται ἐγκλημάτων, οὐκέτι μετὰ τῶν αὐτοῦ κακῶν, καὶ τῆς σῆς ἀπωλείας τὸν λόγον ὑπέχων. Ἴδε ὅσης ἡμερότητος ὁ νόμος γέμει καὶ κηδεμονίας· καὶ ἡ δοκοῦσα παρὰ τοῖς πολλοῖς ἀποτομία εἶναι, πόσην ἐνδείκνυται φιλανθρωπίαν; Ἀκουέτωσαν τούτων οἱ πρὸς τὰ θέατρα σπεύδοντες, καὶ μοιχοὺς ἑαυτοὺς καθ' ἑκάστην ποιοῦντες τὴν ἡμέραν. Εἰ γὰρ τὸν οἰκειωθέντα ἐπὶ βλάβῃ ἐκκόπτειν ὁ νόμος κελεύει, τίνα ἂν ἔχοιεν ἀπολογίαν οἱ D τοὺς οὐδέπω γενομένους γνωρίμους διὰ τῆς ἐκεῖ διατριβῆς καθ' ἑκάστην ἐπισπώμενοι τὴν ἡμέραν, καὶ μυρίας κατασκευάζοντες ἑαυτοῖς ἀπωλείας ἀφορμάς; Οὐ γὰρ μόνον ἀκολάστως ἰδεῖν οὐ συγχωρεῖ λοιπόν· ἀλλ' ἐπειδὴ τὴν ἐκ τοῦ πράγματος ἔδειξε βλάβην, καὶ ἐπιτείνει τὸν νόμον προϊὼν, ἐκκόπτειν κελεύων καὶ ἀποτέμνειν, [c] καὶ πόῤῥω που βάλλειν· καὶ ταῦτα ὁ μυρίους περὶ ἀγάπης κινήσας λόγους νομοθετεῖ, ἵνα ἑκατέρωθεν αὐτοῦ μάθῃς τὴν πρόνοιαν, καὶ πῶς πανταχόθεν τὸ συμφέρον ζητεῖ. Ἐῤῥέθη δέ· ὃς ἂν ἀπολύσῃ τὴν γυναῖκα αὐτοῦ, [d] δότω αὐτῇ βιβλίον ἀποστασίου. Ἐγὼ δὲ λέγω ὑμῖν, ὅτι ὃς ἂν ἀπολύσῃ τὴν γυναῖκα αὐτοῦ, παρεκτὸς λόγου πορνείας, ποιεῖ αὐτὴν μοι- E χευθῆναι· καὶ ὃς ἂν ἀπολελυμένην γαμήσῃ, μοιχᾶται.

Οὐ πρότερον ἐπὶ τὰ ἔμπροσθεν πρόεισιν, ἕως τὰ πρότερα ἐκκαθάρῃ καλῶς. Ἰδοὺ γὰρ καὶ ἕτερον δείκνυσιν ἡμῖν πάλιν μοιχείας εἶδος. Τί δὲ τοῦτό ἐστι;

[a] Morel. ἑαυτήν, male.

[b] Morel. εἵλκετο, male. Mox quidam μηδένα κερδᾶναι, ἀλλ' ὥστε ἀμφοτέρους σωθῆναι.

[c] Alii καὶ πόῤῥω τοῦτο βάλλειν.

[d] Unus δότω αὐτῇ ἀποστάσιον, et infra μοιχᾶσθαι pro μοιχευθῆναι.

Νόμος ἦν κείμενος παλαιὸς, τὸν μισοῦντα τὴν γυναῖκα
τὴν ἑαυτοῦ ἐξ οἱασδήποτε αἰτίας, μὴ κωλύεσθαι ἐκβάλ- 227
λειν, καὶ ἑτέραν ἀντ' ἐκείνης εἰσάγειν. Οὐ μὴν τοῦτο A
ἁπλῶς ποιεῖν ὁ νόμος ἐκέλευσεν, ἀλλὰ δόντα βιβλίον
ἀποστασίου τῇ γυναικὶ, ὥστε μὴ εἶναι κυρίαν πάλιν
ἐπ' αὐτὸν ἐπανελθεῖν, ἵνα κἂν τὸ σχῆμα μένῃ τοῦ γάμου. Εἰ γὰρ μὴ τοῦτο ἐπέταξεν, ἀλλ' ἐξῆν ἐκβάλλειν
τε αὐτὴν καὶ ἑτέραν λαμβάνειν, εἶτα τὴν προτέραν
ἐπαναγαγεῖν, πολλὴ ἡ σύγχυσις ἔμελλεν εἶναι, συνεχῶς τὰς ἀλλήλων λαμβανόντων ἁπάντων, καὶ μοιχεία
τὸ πρᾶγμα λοιπὸν ἦν σαφής. Διόπερ οὐ μικρὰν ἐπενόησε παραμυθίαν, τὸ βιβλίον τοῦ ἀποστασίου. Ἐγένετο δὲ ταῦτα δι' ἑτέραν πολλῷ μείζονα κακίαν. Εἰ γὰρ
ἠνάγκασε καὶ μισουμένην κατέχειν ἔνδον, ἔσφαξεν ἂν
ὁ μισῶν· τοιοῦτον γὰρ τῶν Ἰουδαίων [a] τὸ ἔθνος. Οἱ B
γὰρ παίδων μὴ φειδόμενοι, καὶ προφήτας ἀναιροῦντες,
καὶ ὡς ὕδωρ αἷμα ἐκχέοντες, πολλῷ μᾶλλον γυναικῶν
οὐκ ἂν ἐφείσαντο. Διὰ τοῦτο τὸ ἔλαττον συνεχώρησε,
τὸ μεῖζον ἐκκόπτων. Ἐπεὶ ὅτι οὐ [b] προηγούμενος οὗτος
ὁ νόμος ἦν, ἄκουσον αὐτοῦ λέγοντος· Μωϋσῆς πρὸς τὴν
σκληροκαρδίαν ὑμῶν ταῦτα ἔγραψεν, ἵνα μὴ ἔνδον
σφάττητε, ἀλλ' ἔξω ἐκβάλλητε. Ἐπειδὴ δὲ αὐτὸς τὴν
ὀργὴν πᾶσαν ἀνεῖλεν, οὐχὶ τὸν φόνον μόνον, ἀλλὰ καὶ
τὸ ἁπλῶς θυμοῦσθαι κωλύσας, μετ' εὐκολίας καὶ τοῦτον εἰσάγει τὸν νόμον. Διὰ τοῦτο καὶ τῶν προτέρων
ἀεὶ ῥημάτων ἀναμιμνήσκει, ἵνα δείξῃ, ὅτι οὐκ ἐναντία
ἐκείνοις, ἀλλὰ συμβαίνοντα λέγει· ἐπιτείνων αὐτὰ, C
οὐκ ἀνατρέπων· καὶ διορθούμενος, οὐ λύων. Ὅρα δὲ
αὐτὸν πανταχοῦ τῷ ἀνδρὶ διαλεγόμενον. Ὁ γὰρ ἀπολύων, φησὶ, τὴν γυναῖκα αὐτοῦ, ποιεῖ αὐτὴν μοιχευθῆ-
ναι· καὶ ὁ γαμῶν ἀπολελυμένην, μοιχᾶται. Ὁ μὲν
γὰρ, κἂν ἑτέραν μὴ λάβῃ, τούτῳ αὐτῷ κατέστησεν
ἑαυτὸν ἐγκλήματος ὑπεύθυνον, μοιχαλίδα ποιήσας ἐκεί-
νην· ὁ δὲ, τῷ τὴν ἀλλοτρίαν λαβεῖν, μοιχὸς γέγονε
πάλιν. Μὴ γάρ μοι τοῦτο εἴπῃς, ὅτι ἐξέβαλεν ἐκεῖνος·
καὶ γὰρ ἐκβληθεῖσα μένει τοῦ ἐκβαλόντος οὖσα γυνή.
Εἶτα ἵνα μὴ τὸ ὅλον ἐπὶ τὸν ἐκβάλλοντα ῥίψας, αὐθα-
δεστέραν ἐργάσηται τὴν γυναῖκα, καὶ τὰς τοῦ δεχομέ- D
νου μετὰ ταῦτα ἀπέκλεισεν αὐτῇ θύρας, τῷ μὲν εἰπεῖν, Ὃς ἂν ἀπολελυμένην γαμήσῃ, μοιχᾶται, τὴν
γυναῖκα καὶ ἄκουσαν σωφρονίζων, καὶ τὴν [c] πρὸς ἕτερον ἄνδρα πάντως ἀποτειχίζων εἴσοδον αὐτῇ, καὶ οὐκ
ἐπιτρέπων ἀφορμὰς παρέχειν μικροψυχίας. Ἡ γὰρ μα-
θοῦσα, ὅτι πᾶσα ἀνάγκη, ἢ τὸν ἐξ ἀρχῆς κληρωθέντα
ἔχειν, ἢ τῆς οἰκίας ἐκπεσοῦσαν ἐκείνης, μηδεμίαν ἑτέραν ἔχειν καταφυγὴν, καὶ ἄκουσα ἠναγκάζετο στέρ-

[a] Alii τὸ ἔθος, quæ lectio non spernenda.

[b] Alii προηγουμένως. Paulo post quidam ἵνα μὴ ἔνδον ταύτας φυλάττητε.

[c] Morel. τὴν πρὸς πάντας ἀποτειχίζων, minus recte.

erat vetus, eum, qui quacumque ex causa uxorem suam odisset, illam repudiare, et aliam ducere non prohiberi. Neque illud tamen simpliciter facere lex jubebat, sed post datum uxori libellum repudii, ita ut non posset iterum ad illum revertere, ut saltem matrimonii figura maneret. Nisi enim hoc præcepisset, et si licuisset illam repudiare et aliam accipere, deindeque priorem reducere, magna futura confusio erat, omnibus alienas uxores alternis vicibus frequenter accipientibus, adulteriumque manifestum id prorsus fuisset. Quapropter non parvam consolationem excogitavit, libellum nempe repudii. Hoc porro factum est ad aliam multo majorem vitandam nequitiam. Si enim exosam præcepisset retineri, is qui oderat occidisset: talis quippe erat Judæorum natio. Nam qui ne filiis quidem parcebant, prophetas interficiebant, sanguinemque ut aquam fundebant, multo minus uxoribus pepercissent. Ideo quod minus erat permisit, ut quod majus erat exscinderet. Quod enim hæc lex non e præcipuis esset, audi quid Servator dicat: ***Moyses ad duritiam cordis vestri hæc scripsit***, ne intus mactaretis, sed ejiceretis. Quia vero ille iram omnem sustulit, non cædem modo vetans, sed iram etiam excludens: facile hanc inducit legem. Ideoque priorum semper verborum meminit, ut ostendat, se non contraria illis, sed consona dicere: illa extendens, non evertens; emendans, non solvens. Perpende autem illum semper ad virum sermonem referre. *Qui dimittit*, inquit, *uxorem suam, facit eam mœchari; et qui dimissam ducit, mœchatur*. Ille enim, etsi alteram non duxerit, hoc ipso se criminis reum constituit, quod eam adulteram faciat: hic vero, quod alienam ducat, mœchus et ipse fit. Ne mihi enim dicas, Ille ejecit: nam ejecta adhuc manet ejicientis uxor. Deinde ne totum conjiciens in ejicientem, arrogantiorem faceret uxorem, ipsam accipere volenti januam claudit dicens, *Qui dimissam duxerit, mœchatur*, uxorem vel invitam pudicam reddens, et ad alium virum aditum ipsi claudens, nec permittens simultatis ansam præbere. Illa namque cum didicerit, prorsus necessarium esse, aut virum qui sibi ab initio sorte contigerat habere; aut si e domo illa egrediatur, nullum sibi aliud superesse refugium, vel invita cogetur conjugem amare

Cur libellum repudii lex vetus permiserit.

Matth. 19. 8.

Paulo post *μικροψυχίας, simultatis, jurgii, litis*. Hoc usu vox illa frequenter occurrit apud ecclesiasticos scriptores.

suum. Si vero nihil ipsi hæc de re loquatur, ne mireris : infirmior enim mulier est. Quapropter illa dimissa, viros minis terrendo mulierem quoque emendat. Ut si quis filium habens lascivum, illo dimisso, illis interminetur, qui talem ipsum effecerunt, vetetque ne illum ultra adeant, vel conveniant. Quod si hoc onerosum videatur, in mentem revoca illa quæ supra dicta sunt, cum beatos prædicaret audientes; remque et possibilem et facilem invenies. Mitis enim, pacificus, pauper spiritu, et misericors, quomodo uxorem repudiabit? et qui alios reconciliat, quo pacto dissidebit cum conjuge sua? Non hoc vero tantum, sed alio quoque modo legem fecit levem. Nam relinquit ei unum repudii modum, dicens, *Excepta causa fornicationis :* siquidem in eadem perstat decori ratione. Si enim jussisset cum pluribus mixtam retinere, rursus in adulterium res convertebatur. Viden' quomodo hæc cum prioribus consonent? Qui enim uxorem alienam impudicis oculis non respicit, non fornicabitur; si non fornicetur, viro repudiandæ uxoris suæ ansam non præbebit. Ideo libere constringit, et timorem firmat, magnum viro periculum, si ejiciat, intentans : nam fornicationis illius sese reum constituit. Etenim ne cum audis, Erue oculum, putes id etiam de uxore dici, opportune hanc cautionem induxit : uno tantum modo, nec alio quovis permittens illam repudiare. 33. ***Iterum audistis quia dictum est antiquis : Non pejerabis : reddes autem Domino juramenta tua.* 34. *Ego autem dico vobis, non jurare omnino.*** Cur non statim venit ad furtum, sed ad falsum testimonium, illudque mandatum præterivit? Quoniam qui furatur, aliquando jurat; qui vero neque jurare neque mentiri novit, multo magis a furto abstinebit. Itaque per hoc etiam illud peccatum evertit : nam mendacium ex furto oritur. Quid autem est, ***Reddes Domino juramenta tua?*** Id est, Jurans verum dices. ***Ego autem dico vobis, non jurare omnino.***

5. Deinde ut magis magisque avertat eos, ne per Deum jurent, ait, ***Neque per cælum, quia thronus Dei est :*** 35. ***neque per terram, quia scabellum est pedum ejus; neque per Jerusalem, quia civitas est magni regis.*** Ex prophetis adhuc loquitur, et ostendit se non antiquis adversari; nam in more illis erat per hæc jurare, et in fine hujus Evangelii hunc fuisse morem ostendit.

γειν τὸν σύνοικον. Εἰ δὲ μηδὲν αὐτῇ περὶ τούτων [d] διαλέγεται, μὴ θαυμάσῃς· ἀσθενέστερον γὰρ ἡ γυνή. Διὰ
E τοῦτο αὐτὴν ἀφεὶς, ἐν τῇ κατὰ τῶν ἀνδρῶν ἀπειλῇ
τὴν αὐτῆς διορθοῦται ῥᾳθυμίαν. Ὥσπερ ἂν εἴ τις παῖδα
ἄσωτον ἔχων, ἐκεῖνον ἀφεὶς, τοῖς ποιοῦσιν αὐτὸν τοιοῦτον ἐπιπλήττοι, κἀκείνοις ἀπαγορεύοι μὴ συγγίνεσθαι,
μηδὲ πλησιάζειν αὐτῷ. Εἰ δὲ φορτικὸν τοῦτο, ἀναμνή-
228 σθητί μοι τῶν ἔμπροσθεν εἰρημένων, ἐφ' οἷς ἐμακάρισε
A τοὺς ἀκούοντας, καὶ ὄψει πολὺ δυνατὸν καὶ εὔκολον
ὄν. Ὁ γὰρ πρᾶος, καὶ εἰρηνοποιὸς, καὶ πτωχὸς τῷ πνεύματι, καὶ ἐλεήμων, πῶς ἐκβαλεῖ τὴν γυναῖκα; καὶ ὁ
ἑτέρους καταλλάττων, πῶς αὐτὸς διαστασιάσει πρὸς
τὴν ἑαυτοῦ; Οὐ ταύτῃ δὲ μόνον, ἀλλὰ καὶ ἑτέρῳ τρόπῳ κοῦφον ἐποίησε τὸν νόμον. Καὶ γὰρ καὶ τούτῳ καταλιμπάνει τρόπον ἕνα ἀφέσεως, εἰπὼν, Παρεκτὸς λόγου πορνείας· ἐπεὶ πάλιν εἰς τὸ αὐτὸ περιίστατο. Εἰ
γὰρ ἐκέλευσε καὶ πολλοῖς συγγινομένην κατέχειν ἔνδον, πάλιν εἰς μοιχείαν τὸ πρᾶγμα κατέστρεφεν. Ὁρᾷς
πῶς συμβαίνουσι ταῦτα τοῖς ἔμπροσθεν; Ὁ γὰρ μὴ
B βλέπων ἑτέραν γυναῖκα ἀκολάστοις ὀφθαλμοῖς, οὐ πορ-
νεύσει· μὴ πορνεύων δὲ, οὐ παρέξει τῷ ἀνδρὶ ἀφορμὴν ἐκβαλεῖν τὴν ἑαυτοῦ γυναῖκα. Διὰ δὴ τοῦτο μετὰ
ἀδείας ἐπισφίγγει, καὶ τὸν φόβον ἐπιτειχίζει, μέγαν
ἐπισείων τῷ ἀνδρὶ τὸν κίνδυνον, εἴ γε ἐκβάλοι· τῆς γὰρ
μοιχείας τῆς ἐκείνης ὑπεύθυνον ἑαυτὸν ποιεῖ. Ἵνα γὰρ
μὴ ἀκούσας, Ἔξελε τὸν ὀφθαλμὸν, νομίσῃς καὶ περὶ
γυναικὸς ταῦτα λέγεσθαι, εὐκαίρως ἐπήγαγε τὴν ἐπι-
διόρθωσιν ταύτην, ἑνὶ τρόπῳ μόνῳ συγχωρῶν ἐκβάλλειν αὐτὴν, ἑτέρῳ δὲ οὐδενί. Πάλιν ἠκούσατε, ὅτι ἐῤῥέθη τοῖς ἀρχαίοις· οὐκ ἐπιορκήσεις· ἀποδώσεις δὲ τῷ
Κυρίῳ τοὺς ὅρκους σου. Ἐγὼ δὲ λέγω ὑμῖν, μὴ ὀμό-
C σαι ὅλως. Τίνος ἕνεκεν οὐκ εὐθέως ἦλθεν ἐπὶ τὴν κλοπὴν, ἀλλ' ἐπὶ τὴν ψευδομαρτυρίαν, ὑπερβὰς ἐκείνην
τὴν ἐντολήν; Ὅτι ὁ μὲν κλέπτων, ἔστιν ὅτε [a] καὶ
ὀμνύει· ὁ δὲ μήτε ὀμνύναι, μήτε ψεύδεσθαι εἰδὼς, πολλῷ
μᾶλλον οὐχ αἱρήσεται κλέπτειν. Ὥστε διὰ ταύτην κἀκείνην ἀνέτρεψε τὴν ἁμαρτίαν· τὸ γὰρ ψεῦδος, ἀπὸ τοῦ
κλέπτειν. Τί δέ ἐστιν, Ἀποδώσεις τῷ Κυρίῳ τοὺς ὅρκους σου; Τοῦτ' ἔστιν, ἀληθεύσεις ὀμνύς. Ἐγὼ δὲ λέγω
ὑμῖν, μὴ ὀμόσαι ὅλως.

Εἶτα περαιτέρω αὐτοὺς ἀπάγων τοῦ κατὰ Θεοῦ ὀμνύναι, φησὶ, [b] Μήτε κατὰ τοῦ οὐρανοῦ, ὅτι θρόνος ἐστὶ
τοῦ Θεοῦ· μήτε ἐν τῇ γῇ, ὅτι ὑποπόδιόν ἐστι τῶν πο-
D δῶν αὐτοῦ· μήτε κατὰ Ἱερουσαλὴμ, ὅτι πόλις ἐστὶ
τοῦ μεγάλου βασιλέως· ἀπὸ τῶν προφητικῶν ἔτι φθεγγόμενος, καὶ δεικνὺς ἑαυτὸν οὐκ ἐναντιούμενον τοῖς πα-
λαιοῖς· καὶ γὰρ ἔθος εἶχον κατὰ τούτων ὀμνύναι· καὶ
δείκνυσι πρὸς τῷ τέλει τοῦ Εὐαγγελίου τοῦτο τὸ ἔθος.

[d] Morel. ἀπολέγεται, alii omnes διαλέγεται. Infra Morel. παῖδα ἄωπτον, male, pro ἄσωτον.

[a] Unus habet καὶ ὀμεῖται.

[b] Aliqui μήτε ἐν τῷ οὐρανῷ, et paulo post μήτε εἰς Ἱεροσόλυμα.

Σὺ δέ μοι θέα πόθεν ἐπαίρει τὰ στοιχεῖα. Οὐκ ἀπὸ τῆς οἰκείας φύσεως· ἀλλ' ἀπὸ τῆς τοῦ Θεοῦ πρὸς αὐτὰ σχέσεως τῆς [c] κατὰ συγκατάβασιν εἰρημένης. Ἐπειδὴ γὰρ πολλὴ ἡ τῆς εἰδωλολατρείας τυραννὶς ἦν, ἵνα μὴ δόξῃ τὰ στοιχεῖα δι' ἑαυτὰ εἶναι τίμια, ταύτην τέθεικε τὴν αἰτίαν ἣν εἰρήκαμεν, καὶ πάλιν εἰς τὴν τοῦ Θεοῦ δόξαν διέβαινεν. Οὐδὲ γὰρ εἶπεν, ἐπειδὴ καλὸς καὶ μέγας ὁ οὐρανός· οὐδὲ, ἐπειδὴ χρησίμη ἡ γῆ· ἀλλ', ἐπειδὴ τοῦ Θεοῦ ὁ μέν ἐστι θρόνος, ἡ δὲ ὑποπόδιον, πανταχόθεν αὐτοὺς ἐπὶ τὸν Δεσπότην συνωθῶν. Μήτε κατὰ τῆς κεφαλῆς σου, φησὶν, ὅτι οὐ δύνασαι μίαν τρίχα λευκὴν ποιῆσαι, ἢ μέλαιναν. Πάλιν ἐνταῦθα οὐ θαυμάζων τὸν ἄνθρωπον, ἐπήγαγε τὸ μηδὲ κατὰ κεφαλῆς ὀμνύναι· [a] καὶ γὰρ ἂν καὶ αὐτὸς προσεκυνήθη· ἀλλὰ τὴν δόξαν ἐπὶ τὸν Θεὸν ἀνάγων, καὶ δεικνὺς, ὅτι οὐδὲ σαυτοῦ εἶ κύριος, οὐκοῦν οὐδὲ τῶν κατὰ τῆς κεφαλῆς ὅρκων. Εἰ γὰρ τὸ παιδίον οὐκ ἄν τις δοίη τὸ ἑαυτοῦ ἑτέρῳ, πολλῷ μᾶλλον ὁ Θεὸς τὸ ἔργον τὸ ἑαυτοῦ οὐ προήσεταί σοι. Εἰ γὰρ καὶ σὴ ἡ κεφαλὴ, ἀλλ' ἑτέρου τὸ κτῆμα· καὶ τοσοῦτον ἀφέστηκας τοῦ κύριος εἶναι, ὅτι οὐδὲ τὸ πάντων ἔσχατον ἐργάσασθαι ἐν αὐτῇ δυνήσῃ. Οὐ γὰρ εἶπεν, οὐ δύνασαι ἐξενεγκεῖν τρίχα· ἀλλ', οὐδὲ ἀλλάξαι αὐτῆς τὴν ποιότητα. Τί οὖν, ἂν ἀπαιτῇ τις ὅρκον, φησὶ, καὶ ἀνάγκην ἐπάγῃ; Ὁ τοῦ Θεοῦ φόβος τῆς ἀνάγκης ἔστω δυνατώτερος. Ἐπεὶ εἰ μέλλοις τοιαύτας προβάλλεσθαι προφάσεις, οὐδὲν φυλάξεις τῶν ἐπιταχθέντων. Καὶ γὰρ καὶ ἐπὶ τῆς γυναικὸς ἐρεῖς· τί οὖν, ἐὰν μάχιμος ᾖ καὶ δαπανηρά; Καὶ ἐπὶ τοῦ ὀφθαλμοῦ τοῦ δεξιοῦ· [b] τί οὖν, ἐὰν ἀφελῶ αὐτὸν, καὶ διακαίωμαι; Καὶ ἐπὶ τῆς ὄψεως τῆς ἀκολάστου· τί οὖν, δύναμαι μὴ ὁρᾷν; Καὶ ἐπὶ τῆς πρὸς τὸν ἀδελφὸν ὀργῆς· τί οὖν, ἐὰν προπετὴς ὦ, καὶ μὴ δύνωμαι γλώττης κρατεῖν; καὶ πάντα ἁπλῶς οὕτω καταπατήσεις τὰ εἰρημένα. Καίτοι γε ἐπὶ τῶν νόμων τῶν ἀνθρωπίνων οὐδαμοῦ τοῦτο τολμᾷς προβαλέσθαι, οὐδὲ εἰπεῖν· τί οὖν, ἐὰν τὸ καὶ τό; ἀλλὰ καὶ ἑκὼν καὶ ἄκων καταδέχῃ τὰ γεγραμμένα. Ἄλλως δὲ οὐδὲ ἀνάγκην ὑποστήσῃ ποτέ. Ὁ γὰρ τῶν ἔμπροσθεν μακαρισμῶν ἀκούσας, καὶ τοιοῦτον ἑαυτὸν παρασκευάσας, οἷον ἐπέταξεν ὁ Χριστὸς, οὐδεμίαν παρ' οὐδενὸς ὑποστήσεται τοιαύτην ἀνάγκην, αἰδέσιμος ὢν παρὰ πᾶσι καὶ σεμνός. [c] Ἔστω δὲ ὁ λόγος ὑμῶν τὸ ναὶ, ναὶ, καὶ τὸ οὔ, οὔ· τὸ δὲ περισσὸν τούτων, ἐκ τοῦ πονηροῦ ἐστι. Τί οὖν ἐστι τὸ περισσὸν τοῦ ναὶ, καὶ τοῦ οὔ; Ὁ ὅρκος, οὐ τὸ

Tu vero mihi considera unde extollat elementa. Non ex propria natura; sed ex Dei erga elementa affectu demisse et secundum captum nostrum expresso. Quia enim multa erat idololatriæ tyran-
E nis, ne viderentur elementa ex se honoranda esse, hanc quam diximus causam posuit, rursusque ad Dei gloriam transivit. Neque enim dixit, Quia pulchrum magnumque cælum est, neque, Quia utilis terra; sed, Quia Dei illud thronus est, hæc scabellum, undique ipsos ad Dominum compellens.
229 36. *Neque per caput tuum*, inquit, *quia non po-*
A *tes unum capillum album facere, aut nigrum.* Rursus non hominem admirans, subjunxit, neque per caput ejus esse jurandum, alioquin enim ipse homo adoratus fuisset; sed gloriam Deo referens, et ostendens, te ne quidem tui dominum esse, ergo neque juramentorum per caput emissorum. Si enim nemo filium suum alteri dederit, multo minus Deus opus suum tibi concedet. Etiamsi enim caput tuum sit, sed alterius est possessio: tantumque abest ne dominus ejus sis, ut ne minimum quidem possis in illo operari. Non enim dixit, Non potes producere capillum; sed, Neque
B ejus qualitatem mutare. Quid igitur, si quis, inquies, juramentum exigat, et necessitatem inducat? Dei timor necessitate sit potentior. Nam si velis hujusmodi causas objicere, nullum ex præceptis servabis. Nam et de uxore dicturus es: Quid igitur, si litigiosa et sumtuosa sit? Et de oculo dextro: Quid igitur, si eruam eum, et urar? Et de impudico aspectu: Quid igitur, an possum non videre? Et de ira in fratrem: Quid igitur, si præceps sim, et linguam tenere non possim? Et sic prorsus omnia supra dicta calcabis. Atqui in legibus humanis hæc obtendere non ausis, neque
C dicere, Quid igitur, si hoc, vel illud? sed seu sponte seu invitus ea quæ scripta sunt accipis. Alioquin autem numquam vim necessitatemve patieris. Nam qui beatitudines prius enuntiatas audivit, ac seipsum ita composuit, ut Christus jussit, nullam a quovis homine hujusmodi necessitatem patietur, cum sit apud omnes admirandus et honorabilis. 37. *Sit autem sermo vester, est, est, et non, non: quod autem ultra adjungitur,*

[c] Κατὰ συγκατάβασιν, *demisse et secundum captum nostrum*. Perpensa serie hunc esse puto sensum. Georgius Trapezuntius, *ex ordine et subjectione dictum*, quæ verba nihil prorsus significare videntur.

[a] Καὶ γὰρ ἂν καὶ αὐτὸς προσεκυνήθη, *alioquin ipse homo adoratus fuisset*. Hæc non alio posse modo intelligi videntur. Georgius Trapezuntius, *nam et ipse adoratus est*, quod est ἀπροσδιόνυσον.

[b] Τί οὖν, ἐὰν ἀφελῶ αὐτὸν καὶ διακαίωμαι; Sic Savil. ἐὰν deest in Morel. Manuscripti autem aliquot habent: τί οὖν, ἐὰν ἀφελῶ αὐτὸν, δεδικαίωμαι; non male. Savilii lectionem retinemus, sensusque erit: *Quid igitur, si eruam eum, et urar*, sive, *dolore afficiar*?

[c] Sic Savil. et Manuscripti, Morel. autem ἔστω δὲ ὑμῶν τό.

ex malo est. Quid igitur supervacaneum illud est, ultra, *Est et non?* Juramentum, non autem perjurium. Hoc enim in confesso est, et nemo est quin didicerit, a malo esse, nec supervacaneum esse, sed contrarium : supervacaneum autem est, quod ultra et cum redundantia adjicitur, taleque est juramentum. Quidnam vero dicit a malo esse? et si a malo erat, cur jubebatur in lege? Idipsum etiam de uxore dices : Cur jam fornicatio reputatur id quod olim permittebatur? Quid ad hæc dicendum? Hæc tunc dicta fuisse secundum infirmitatem eorum qui leges accipiebant : nam et nidore victimarum coli indignum admodum Deo est, sicut balbutire indignum philosopho. Adulterium ergo nunc reputatur illud; et a malo est jurare, quando aucta et perfecta virtus est. Si vero hæ ab initio diaboli leges fuissent, non utique tantum profecissent. Etenim nisi illa præivissent, non ita facile hæc nunc accepta fuissent. Noli igitur eorum requirere virtutem, quando eorum usus præterivit : tunc enim tempus id petebat; imo vero, si vis, etiam nunc. Nam eorum virtus ostenditur ex eo ipso quo magis accusatur. Quod enim hæc talia nunc videantur, eorum maxima laus est. Nisi enim nos pulchre nutrivisset, et ad majora recipienda idoneos reddidisset, non talia viderentur esse. Quemadmodum mamilla, cum suum implevit officium, et ad perfectiorem mensam puer mittitur, demum inutilis videtur. Parentes vero qui illam prius puero necessariam esse putabant, mille postea illam irrisionibus prosequuntur; multi autem non verbis solum illam traducunt, sed etiam amaris illam oblinunt unguentis; ut si non possint verba importunum hujusmodi pueri affectum removere, res ipsæ desiderium avertant.

ἐπιορκεῖν. Ἐκεῖνο γὰρ καὶ ὡμολογημένον ἐστὶ, καὶ οὐ-
D δεὶς δεῖται μαθεῖν, ὅτι ἐκ τοῦ πονηροῦ ἐστι, καὶ οὐ περιττὸν, ἀλλ' ἐναντίον· τὸ δὲ περιττὸν, τὸ πλέον καὶ ἐκ περιουσίας προσκείμενον, ὅπερ ἐστὶν ὁ ὅρκος. Τί οὖν, φησὶν, ἐκ τοῦ πονηροῦ ἦν; καὶ εἰ ἐκ τοῦ πονηροῦ ἦν, πῶς νόμος ἦν; Τὸ αὐτὸ δὴ τοῦτο καὶ περὶ τῆς γυναικὸς ἐρεῖς· πῶς μοιχεία νῦν νενόμισται τὸ πρότερον ἐπιτετραμμένον; Τί οὖν πρὸς ταῦτα ἔστιν εἰπεῖν; Ὅτι τῆς ἀσθενείας τῶν δεχομένων τοὺς νόμους ἦν τὰ λεγόμενα τότε· ἐπεὶ καὶ τὸ κνίσσῃ θεραπεύεσθαι σφόδρα ἀνάξιον Θεοῦ· ὥσπερ καὶ τὸ ψελλίζειν ἀνάξιον φιλοσόφου. Μοιχεία τοίνυν ἐνομίσθη νῦν
E τὸ τοιοῦτον· καὶ ἐκ τοῦ πονηροῦ τὸ ὀμνύναι, ὅτε ἐπέδωκε [d] τὰ τῆς ἀρετῆς. Εἰ δὲ διαβόλου ταῦτα ἐξ ἀρχῆς ἦσαν νόμοι, οὐκ ἂν τοσοῦτον κατώρθωσε. Καὶ γὰρ εἰ μὴ ἐκεῖνα πρῶτον προέδραμεν, οὐκ ἂν οὕτως εὐκόλως
230 ἐδέχθη τὰ νῦν. Μὴ τοίνυν αὐτῶν ἀπαίτει τὴν ἀρετὴν,
A ὅτε παρῆλθεν αὐτῶν ἡ χρεία· ἀλλὰ τότε ὁ καιρὸς αὐτὰ ἐκάλει· μᾶλλον δὲ, εἰ βούλει, καὶ νῦν. Καὶ γὰρ καὶ νῦν ἡ ἀρετὴ αὐτῶν δείκνυται, καὶ διὰ τοῦτο μάλιστα παρ' αὐτῶν διαβάλλεται. Τὸ γὰρ [a] τοιαῦτα αὐτὰ φαίνεσθαι νῦν, ἐγκώμιον αὐτῶν μέγιστόν ἐστιν. Εἰ γὰρ μὴ καλῶς ἡμᾶς ἔθρεψε, καὶ πρὸς τὴν τῶν μειζόνων ὑποδοχὴν ἐπιτηδείους ἐποίησεν, οὐκ ἂν ἐφάνη τοιαῦτα. Ὥσπερ οὖν ὁ μαστὸς, ὅταν τὸ αὐτοῦ πληρώσῃ πᾶν, καὶ πρὸς τὴν τελειοτέραν τράπεζαν τὸ παιδίον παραπέμπῃ, λοιπὸν ἄχρηστος φαίνεται. Καὶ οἱ πρότερον ἀναγκαῖον αὐτὸν εἶναι νομίζοντες τῷ παιδίῳ γονεῖς, μυρίοις αὐτὸν διαβάλλουσι σκώμμασι· πολλοὶ δὲ οὐδὲ
B ῥήμασιν αὐτὸν μόνον διαβάλλουσιν, ἀλλὰ καὶ πικροῖς ἐπιχρίουσι φαρμάκοις· ἵν' ὅταν μὴ ἰσχύσῃ τὰ ῥήματα τὴν ἄκαιρον περὶ αὐτὸν διάθεσιν ἀνελεῖν τοῦ παιδίου, τὰ πράγματα σβέσῃ τὸν πόθον.

6. Sic Christus a malo hæc esse dixit, non ut ostenderet veterem legem a diabolo prodiisse, sed ut vehementius a veteri vilitate revocaret. Et discipulis quidem hæc dicit; sed Judæis stupidis et in iisdem perseverantibus, ceu quadam amaritudine, captivitatis metu urbem circumlinitam inaccessam reddidit. Quia vero ne id quidem potuit ipsos retinere, sed eam rursus videre optabant quasi pueri ad mamillam accurrentes, demum illam occultavit, illa ipsa diruta, et plerisque eorum procul abductis : quemadmodum

Οὕτω καὶ ὁ Χριστὸς ἐκ τοῦ πονηροῦ ἔφησεν αὐτὰ εἶναι, οὐχ ἵνα δείξῃ τοῦ διαβόλου τὴν Παλαιὰν οὖσαν, ἀλλ' ἵνα μετὰ πολλῆς τῆς ὑπερβολῆς ἀπαγάγῃ τῆς παλαιᾶς εὐτελείας. Καὶ πρὸς μὲν αὐτοὺς ταῦτα λέγει· ἐπὶ δὲ τῶν ἀναισθήτων Ἰουδαίων, καὶ ἐπιμενόντων τοῖς αὐτοῖς, καθάπερ πικρίᾳ τινὶ τῷ τῆς αἰχμαλωσίας φόβῳ τὴν πόλιν περιχρίσας, ἄβατον ἐποίησεν. Ἐπειδὴ δὲ οὐδὲ τοῦτο ἴσχυσεν αὐτοὺς κατέχειν, ἀλλὰ πάλιν
C αὐτὴν ἐπεθύμουν ἰδεῖν, [b] ὥσπερ παιδίον ἐπὶ τὴν θηλὴν κατατρέχοντες, τέλεον αὐτὴν ἀπέκρυψε, καθελών τε αὐτὴν, καὶ τοὺς πλείονας πόῤῥω ταύτης ἀπαγαγών·

[d] Ita Savil. et alii, Morel. vero τὸ τῆς ἀρετῆς.

[a] Morel. τοιαῦτα φαίνεσθαι. Melius Savil. et alii, quos sequimur.

[b] Alii ὥσπερ παιδία ἐπὶ, et mox pro κατατρέχοντες aliqui habent κατέχοντες.

καθάπερ ἐπὶ τῶν βοῶν πολλοὶ τὰς δαμάλεις ἀποκλείοντες, τῷ χρόνῳ πείθουσιν ἀποστῆναι τῆς παλαιᾶς τοῦ γάλακτος συνηθείας. Εἰ δὲ τοῦ διαβόλου ἦν ἡ Παλαιὰ, οὐκ [ἂν τῆς εἰδωλολατρείας ἀπήγαγεν, ἀλλὰ τοὐναντίον ἐνῆγεν ἂν εἰς αὐτὴν καὶ ἐνέβαλε· τοῦτο γὰρ ὁ διάβολος ἤθελε. Νῦν δὲ τοὐναντίον ὁρῶμεν ὑπὸ τῆς Παλαιᾶς γινόμενον. Καὶ αὐτὸ δὲ τοῦτο ὁ ὅρκος τὸ παλαιὸν διὰ τοῦτο ἐνομοθετήθη, ἵνα μὴ κατὰ τῶν εἰδώλων ὀμνύωσιν. Ὀμεῖσθε γὰρ, φησὶ, τὸν Θεὸν τὸν ἀληθινόν. D Οὐ τοίνυν μικρὰ κατώρθωσεν ὁ νόμος, ἀλλὰ καὶ σφόδρα μεγάλα. Τὸ γὰρ ἐπὶ τὴν στερεὰν αὐτοὺς ἐλθεῖν τροφὴν, τῆς ἐκείνου σπουδῆς γέγονεν ἔργον. Τί οὖν; οὐχὶ τοῦ πονηροῦ, φησὶν, ἐστὶ τὸ ὀμνύναι; Καὶ σφόδρα μὲν οὖν τοῦ πονηροῦ· ἀλλὰ νῦν μετὰ τὴν τοσαύτην φιλοσοφίαν· τότε δὲ οὔ. Καὶ πῶς ἂν τὸ αὐτὸ γένοιτο, φησὶ, νῦν μὲν καλὸν, νῦν δὲ οὐ καλόν; Ἐγὼ δὲ τοὐναντίον λέγω· πῶς δὲ οὐκ ἂν γένοιτο καλὸν καὶ οὐ καλὸν, τῶν πραγμάτων ἁπάντων αὐτὰ βοώντων, τῶν τεχνῶν, τῶν καρπῶν, τῶν ἄλλων ἁπάντων; Ὅρα γοῦν ἐπὶ τῆς φύσεως τῆς ἡμετέρας αὐτὸ πρῶ- E τον συμβαῖνον. Τὸ γὰρ βαστάζεσθαι ἐν μὲν τῇ πρώτῃ ἡλικίᾳ καλὸν, μετὰ δὲ ταῦτα ὀλέθριον· τὸ μεμασημένην τροφὴν ἐσθίειν ἐν μὲν προοιμίοις τῆς ζωῆς ἡμῶν καλὸν, μετὰ δὲ ταῦτα [c] βδελυγμίας γέμει· τὸ γαλακτοτροφεῖσθαι καὶ πρὸς τὴν θηλὴν φεύγειν ἐν ἀρχῇ μὲν χρήσιμον καὶ σωτήριον, μετὰ δὲ ταῦτα 231 ὀλέθριον καὶ βλαβερόν. A Ὁρᾷς πῶς τὰ αὐτὰ πράγματα ὑπὸ τῶν καιρῶν καλὰ, καὶ οὐ τοιαῦτα φαίνεται πάλιν; Καὶ γὰρ τὸ ἱμάτιον φορεῖν παιδικὸν μειρακίῳ μὲν ὄντι καλὸν, ἀνδρὶ δὲ γενομένῳ πάλιν αἰσχρόν. Βούλει δὲ καὶ ἐκ τῶν ἐναντίων μαθεῖν, πῶς τῷ παιδὶ τὰ τοῦ ἀνδρὸς ἀνάρμοστα πάλιν; Δὸς τῷ παιδὶ ἱμάτιον ἀνδρικὸν, καὶ πολὺς ἔσται ὁ γέλως, καὶ μείζων ὁ κίνδυνος ἐν τῷ βαδίζειν, οὕτω περιτρεπομένου πολλάκις. Δὸς αὐτῷ μεταχειρίζειν πράγματα πολιτικὰ, καὶ ἐμπορεύεσθαι, καὶ σπείρειν, καὶ ἀμᾶσθαι, καὶ πάλιν πολὺς ἔσται ὁ γέλως. Καὶ τί λέγω ταῦτα; Ὁ B γὰρ φόνος ὁ παρὰ πᾶσιν ὡμολογημένος εὕρεμα εἶναι τοῦ πονηροῦ, οὗτος ἐπιλαβόμενος καιροῦ τοῦ προσήκοντος, τὸν ἐργασάμενον αὐτὸν Φινεὲς ἱερωσύνῃ τιμηθῆναι ἐποίησεν. Ὅτι γὰρ ὁ φόνος ἔργον ἐκείνου, ἄκουσον τί φησιν· Ὑμεῖς τὰ ἔργα τοῦ πατρὸς ὑμῶν θέλετε ποιεῖν· ἐκεῖνος ἀνθρωποκτόνος ἦν ἀπ' ἀρχῆς. Ἀλλ' ἐγένετο ἀνθρωποκτόνος ὁ Φινεὲς, Καὶ ἐλογίσθη αὐτῷ εἰς δικαιοσύνην, φησίν. Ὁ δὲ Ἀβραὰμ οὐκ ἀνθρωποκτόνος μόνον, ἀλλὰ καὶ παιδοκτόνος (ὃ καὶ πολλῷ χεῖρον ἦν) γενόμενος, μειζόνως εὐδοκίμησε πάλιν. Καὶ ὁ Πέτρος δὲ διπλοῦν εἰργάσατο φόνον, ἀλλ' ὅμως πνευ- C ματικὸν τὸ γενόμενον ἦν. Μὴ τοίνυν ἁπλῶς τὰ πράγματα ἐξετάζωμεν, ἀλλὰ καὶ καιρὸν, καὶ αἰτίαν, καὶ

[c] Alii βδελυρίας.

plurimi vitulos, a vaccis abductos inclusosque, tempore assuefaciunt; ut a lactis consuetudine abscedant. Nam si diaboli vetus lex esset, non ab idololatria abduxisset, imo contra in illam conjecisset: id enim volebat diabolus. Nunc autem contrarium prorsus videmus a veteri lege effici. Et ipsum quoque juramentum ideo in veteri statutum fuit, ne per idola jurarent. *Jurate*, inquit, *per Deum verum*. Non igitur parva quædam lex effecit, sed magna utique. Nam ad solidum cibum accedere, id Servatoris fuit opus. Quid igitur? annon a malo est jurare? A malo est utique; sed nunc post tantam philosophiam; tunc autem minime. Et quomodo, inquies, idipsum possit esse nunc bonum, nunc minime bonum? Ego autem e contrario dico, quomodo non sit et bonum et non bonum, rebus omnibus sic clamantibus, artibus, fructibus, aliisque omnibus? Primum id videas in natura nostra contingere. Gestari enim in prima ætate bonum est, postea vero perniciosum; præmansis uti cibis in primo vitæ tempore bonum, postea vero horrore plenum; lacte ali et ad mammam confugere initio utile est et salutare, postea vero perniciosum et noxium. Viden' quomodo eædem res secundum tempora bonæ sint, et postea non tales appareant? Nam puerile pallium gestare puero quidem honestum, viro autem turpe. Visne etiam ex contrariis idipsum discere, quomodo quæ viro competunt, puero apta non sint? Da puero pallium virile, hinc plurimus sequetur risus, majusque in incedendo periculum, ita sæpe huc illuc vertetur. Da etiam illi civilia negotia tractanda, vel mercaturam, vel serendi metendique artem, et ridiculum hoc videbitur. Et cur hæc dico? Nam cædes, quam inventum esse diaboli in confesso apud omnes est, opportuno tempore facta, interfectorem Phineem sacerdotii honore decoravit. Quod enim cædes sit opus diaboli, audi quomodo dicat ipse: *Vos opera patris vestri vultis facere: ille homicida erat a principio*. Sed homicida fuit etiam Phinees, *Et reputatum est ei ad justitiam*, inquit. Abraham vero non homicida solum, sed etiam filii interfector factus, quod pejus erat, sic magis Deo placuit. Petrus vero duplicem cædem fecit, attamen spirituale erat id quod factum est. Ne itaque simpliciter res examinemus, sed etiam tempus et causam et voluntatem et personarum differentiam, et illa omnia quæ una concurrunt accurate exploremus: neque enim potest veritas alio attingi modo: studeamusque, si velimus regnum as-

Jer. 4. 2.

Juramentum cur in nova lege prohibeatur.

Res secundum tempora malæ vel bonæ esse possunt.

Num. 25.

Joan. 8. 41. 44.

Psal. 105. 31.

Act. 5.

sequi, supra vetera præcepta aliquid operari, quia non possumus aliter cælestia obtinere. Nam si ad mensuram tantum veterum perveniamus, extra limina stabimus. *Nisi abundaverit justitia vestra plusquam scribarum et Pharisæorum, non intrabitis in regnum cælorum.* Attamen post comminationem hujusmodi quidam sunt qui non modo justitiam illam non superant, sed longe post illam relinquuntur. Non modo enim juramenta non fugiunt, sed etiam pejerant; non modo impudicum aspectum non devitant, sed etiam in ipsum turpem actum proruunt, aliaque omnia prohibita impune audent: unum tantum exspectantes supplicii diem, quando pro sceleribus suis extremas dabunt pœnas: quod unum repositum est iis qui in nequitia vitam obeunt. De illis quippe desperandum est, et nihil aliud exspectandum, quam supplicium. Qui enim hic adhuc supersunt, facile possunt et pugnare, et vincere, et coronari.

Plus requiritur in nova, quam in veteri lege.

Matth. 5. 20.

7. Ne itaque concidas, mi homo, neque bonam illam alacritatem amittas. Neque enim onerosa sunt ea quæ jubentur. Quis, quæso, labor in vitando juramento? num pecuniarum impensa est? num sudor et ærumna? Sufficit tantum velle, et totum factum est. Si vero consuetudinem mihi objicias, ob hoc ipsum maxime dico facilem esse emendationem. Nam si in aliam te consuetudinem transferas, jam totum perfecisti. Cogita enim multos apud gentiles esse, qui balbi cum essent, multo studio offendentem linguam correxerunt; alios qui cum humeros frequenter et indecenter agitarent moverentque, apposito gladio, dehinc ab hoc abstinuerunt. Quia enim Scripturis non obtemperatis, ab externorum exemplis vos admonere cogor. Hoc etiam Deus Judæis faciebat his verbis: *Abite in insulas Chetiim, et in Cedar mittite: et discite si mutaverint gentes deos suos: et ipsi non sunt dii.* Imo ad irrationabilia sæpe mittit, dicens: *Vade ad formicam, piger, et æmulare vias ejus, et vade ad apem.* Hoc itaque et ego nunc vobis dico: Considerate Græcorum philosophos, et tunc scietis quanto sint digni supplicio ii qui di-

Jer. 2. 10. 11.

Prov. 6. 6.

γνώμην, καὶ προσώπων διαφορὰν, καὶ ὅσα ἂν αὐτοῖς ἕτερα συμβαίνοι πάντα μετὰ ἀκριβείας ζητῶμεν· οὐδὲ γὰρ ἔστιν ἑτέρως ἐφικέσθαι τῆς ἀληθείας· καὶ σπουδάζωμεν, εἰ βουλοίμεθα βασιλείας ἐπιτυχεῖν, πλέον τι τῶν παλαιῶν ἐπιδείξασθαι ἐπιταγμάτων, [d] ὡς οὐκ ἔνι ἄλλως ἐπιλαβέσθαι τῶν οὐρανίων. Ἂν γὰρ εἰς τὸ αὐτὸ μέτρον τῶν παλαιῶν φθάσωμεν, ἔξω τῶν προθύρων στησόμεθα τούτων. Ἂν γὰρ μὴ περισσεύσῃ ἡ δικαιο- D σύνη ὑμῶν πλέον τῶν γραμματέων καὶ Φαρισαίων, οὐ δύνασθε εἰσελθεῖν εἰς τὴν βασιλείαν τῶν οὐρανῶν. Ἀλλ' ὅμως, καὶ τοσαύτης ἀπειλῆς κειμένης, εἰσί τινες, οἳ οὐ μόνον οὐχ ὑπερβαίνουσι τὴν δικαιοσύνην ἐκείνην, ἀλλὰ καὶ ὑστεροῦσιν αὐτῆς. Οὐ γὰρ μόνον ὅρκους οὐ φεύγουσιν, ἀλλὰ καὶ ἐπιορκοῦσιν· οὐ μόνον ἀκόλαστον ὄψιν οὐκ ἐκκλίνουσιν, ἀλλὰ καὶ εἰς αὐτὴν τὴν πονηρὰν ἐμπίπτουσι πρᾶξιν, καὶ τὰ ἄλλα πάντα ἀναλγήτως τὰ κεκωλυμένα τολμῶσιν· ἓν μόνον ἀναμένοντες, τῆς κολάσεως τὴν ἡμέραν, καὶ πότε τὴν ἐσχάτην τῶν πεπλημμελημένων δώσουσι δίκην· ὃ τῶν ἐν πονηρίᾳ καταλυσάντων τὸν βίον ἐστὶ μόνον. Ἐκεί- E νους γὰρ ἀπογινώσκειν χρὴ, καὶ μηδὲν ἕτερον ἢ τὴν κόλασιν λοιπὸν ἀναμένειν. Οἱ γὰρ ἐνταῦθα ὄντες ἔτι, καὶ μαχήσασθαι δυνήσονται, καὶ νικῆσαι, καὶ στεφανωθῆναι ῥᾳδίως.

Μὴ τοίνυν ἀναπέσῃς, ἄνθρωπε, μηδὲ τὴν καλὴν καταλύσῃς προθυμίαν. Οὐδὲ γὰρ φορτικὰ τὰ ἐπιταττόμενα. Ποῖος πόνος, εἰπέ μοι, ὅρκον φεύγειν; μὴ γὰρ χρημάτων δαπάνη ἐστί; μὴ γὰρ ἱδρὼς καὶ ταλαιπωρία; Ἀρκεῖ θελῆσαι μόνον, καὶ τὸ πᾶν γέγονεν. Εἰ δὲ 232 τὴν συνήθειάν μοι προβάλλῃ, δι' αὐτὸ μὲν οὖν τοῦτο A μάλιστα εὔκολον εἶναί φημι τὸ κατόρθωμα. Ἂν γὰρ εἰς ἑτέραν σαυτὸν καταστήσῃς συνήθειαν, τὸ πᾶν κατώρθωσας. Ἐννόησον γοῦν ὅτι παρ' Ἕλλησι πολλοὶ, οἱ μὲν τραυλίζοντες, μελέτῃ πολλῇ χωλεύουσαν αὐτοῖς τὴν γλῶσσαν διώρθωσαν· οἱ δὲ τοὺς ὤμους ἀτάκτως [a] ἀναφερομένους καὶ κινουμένους συνεχῶς, ξίφος ἐπιτιθέντες ἀπέστησαν. Ἐπειδὴ γὰρ ἀπὸ Γραφῶν οὐ πείθεσθε, ἀπὸ τῶν ἔξωθεν ἀναγκάζομαι ἐντρέπειν. Τοῦτο καὶ ὁ Θεὸς πρὸς Ἰουδαίους ἐποίει λέγων· Πορεύθητε εἰς νήσους Χετιεὶμ, καὶ εἰς Κηδὰρ ἀποστείλατε, καὶ γνῶτε εἰ ἀλλάξονται ἔθνη θεοὺς αὐτῶν· καὶ B αὐτοὶ οὐκ εἰσὶ θεοί. Καὶ πρὸς τὰ ἄλογα δὲ πέμπει πολλάκις, οὕτω λέγων· Ἴθι πρὸς τὸν μύρμηκα, ὦ ὀκνηρὲ, καὶ ζήλωσον τὰς ὁδοὺς αὐτοῦ, καὶ πορεύθητι πρὸς τὴν μέλισσαν. Τοῦτο τοίνυν καὶ ἐγὼ νῦν ὑμῖν ἐρῶ· ἐννοήσατε τοὺς Ἑλλήνων φιλοσόφους, καὶ τότε εἴσεσθε [b] πόσης εἰσὶν ἄξιοι κολάσεως οἱ τῶν νόμων τῶν θείων παρακούοντες· ὅταν ἐκεῖνοι

[d] Sic Savil. Morel. autem. *ὡς οὐκ ἐνὸν ἁπλῶς ἐπιλαβέσθαι τῶν οὐρανίων.*

[a] Alii *φερομένους.*

[b] Alii *πόσης ἐσμὲν ἄξιοι*, et sic legit Georgius Trapezuntius, *quanto simus digni supplicio.* Res est exigui momenti.

μὲν ὑπὲρ εὐσχημοσύνης ἀνθρωπίνης μυρία ὥσι πεπονηκότες, ὑμεῖς δὲ μηδὲ [c] ὑπὲρ τῶν οὐρανίων τὴν αὐτὴν παρέχησθε σπουδήν. Εἰ δὲ καὶ μετὰ ταῦτα λέγοις, ὅτι δεινὸν ἡ συνήθεια κλέψαι καὶ τοὺς σφόδρα σπουδάζοντας, ὁμολογῶ μὲν τοῦτο κἀγώ· πλὴν κἀκεῖνο μετὰ τούτου φημὶ, ὅτι ὥσπερ δεινὸν ἀπατῆ- C σαι, οὕτω καὶ εὔκολον διορθωθῆναι. Ἂν γὰρ ἐπιστήσῃς ἐπὶ τῆς οἰκίας πολλοὺς σαυτῷ φύλακας, οἷον τὸν οἰκέτην, τὴν γυναῖκα, τὸν φίλον, ῥᾳδίως ὑπὸ πάντων συνωθούμενός τε καὶ συνελαυνόμενος, ἀποστήσῃ τῆς πονηρᾶς συνηθείας. Κἂν δέκα ἡμέρας μόνον αὐτὸ κατορθώσῃς, οὐκ ἔτι δεήσῃ λοιπὸν ἑτέρου χρόνου, ἀλλὰ κείσεταί σοι μετὰ ἀσφαλείας τὸ πᾶν, τῇ τῆς καλλίστης συνηθείας στεῤῥότητι πάλιν ῥιζωθέν. Ὅταν οὖν ἄρξῃ τοῦτο διορθοῦν, κἂν ἅπαξ, κἂν δεύτερον παραβῇς τὸν νόμον, κἂν τρίτον, κἂν εἰκοστὸν, μὴ ἀπογνῷς· ἀλλὰ πάλιν ἀνάστηθι, καὶ ἐπιλαβοῦ τῆς αὐτῆς σπουδῆς, καὶ περιέσῃ πάντως. Οὐδὲ γὰρ τὸ τυχὸν ἐστι κακὸν ἡ ἐπιορκία. Εἰ δὲ τὸ ὀμνύναι τοῦ πονηροῦ, τὸ D ἐπιορκεῖν πόσην οἴσει τὴν τιμωρίαν; Ἐπηνέσατε τὰ εἰρημένα; Ἀλλ' ἐμοὶ κρότων οὐ δεῖ, οὐδὲ θορύβων, οὐδὲ ἠχῆς. Ἓν βούλομαι μόνον, μεθ' ἡσυχίας καὶ ἐπιστήμης ἀκούοντας, ποιεῖν τὰ λεγόμενα. Τοῦτό μοι κρότος, τοῦτο ἐγκώμιον. Ἂν δὲ ἐπαινῇς μὲν τὰ εἰρημένα, μὴ ποιῇς δὲ ἅπερ ἐπαινεῖς, μείζων μὲν ἡ κόλασις, πλείων δὲ ἡ κατηγορία, [d] καὶ ἡμῖν αἰσχύνη καὶ γέλως. Οὐδὲ γὰρ θέατρόν ἐστι τὰ παρόντα, οὐ τραγῳδοὺς κάθησθε θεώμενοι νῦν, ἵνα κροτῆτε μόνον. Διδασκαλεῖόν ἐστι τὰ ἐνταῦθα πνευματικόν. Διὸ καὶ τὸ E σπουδαζόμενόν ἐστιν ἓν, ὥστε κατορθῶσαι τὰ εἰρημένα, καὶ διὰ τῶν ἔργων ἐπιδεῖξαι τὴν ὑπακοήν. Τότε γὰρ τὸ πᾶν ἐσόμεθα ἀπειληφότες· ὡς νῦν γε καὶ ἀπηγορεύσαμεν λοιπόν. Καὶ γὰρ καὶ τοῖς ἰδίᾳ συντυγχάνουσιν οὐ διέλιπον ταῦτα παραινῶν, καὶ ὑμῖν κοινῇ 238 διαλεγόμενος, καὶ οὐδὲν ὅμως ὁρῶ γεγενημένον πλέον, A ἀλλ' ἔτι τῶν προτέρων ὑμᾶς ἐχομένους στοιχείων· ὅπερ ἱκανὸν τῷ διδάσκοντι πολὺν ἐντεῖναι τὸν ὄκνον. Ὅρα γοῦν καὶ Παῦλον διὰ τοῦτο δυσανασχετοῦντα, ὅτι πολὺν χρόνον τοῖς προτέροις ἐνδιέτριβον μαθήμασιν οἱ ἀκροαταί. Καὶ γὰρ ὀφείλοντες εἶναι, φησὶ, διδάσκαλοι διὰ τὸν χρόνον, [a] πάλιν χρείαν ἔχετε τοῦ διδάσκεσθαι ὑμᾶς, τίνα τὰ στοιχεῖα τῆς ἀρχῆς τῶν λογίων τοῦ Θεοῦ. Διὸ καὶ ἡμεῖς θρηνοῦμεν καὶ ὀδυρόμεθα. Κἂν ἐπιμένοντας ἴδω, [b] ἀπαγορεύσω λοιπὸν τῶν ἱερῶν τούτων ἐπιβῆναι προθύρων, καὶ ὑμῖν τῶν ἀθα- B νάτων μετασχεῖν μυστηρίων, ὥσπερ τοῖς πορνεύουσι, καὶ μοιχεύουσι, καὶ ἐπὶ φόνοις ἐγκαλουμένοις. Καὶ γὰρ βέλτιον μετὰ δύο καὶ τριῶν τοὺς τοῦ Θεοῦ φυλαττόν-

vinas leges transgrediuntur: cum illi pro humana hac honestate labores innumeros pertulerint, vos vero ne pro cælestibus quidem bonis parem exhibere diligentiam velitis. Si porro post hæc dixeris, posse consuetudinem intercipere etiam illos qui admodum sibi cavent, id etiam ego fateor; unum id adjicio: ut facile intercipi potes, ita facile potes te emendare. Si enim multos tibi domi custodes statuas, servum videlicet, uxorem, amicum, ab omnibus pulsus atque agitatus, facile a prava consuetudine absistes. Si per decem dies ita agendo perseveres, non erit diuturniore tempore opus; sed tibi res in tuto posita erit, consuetudinis optimæ firmitate jam radices mittente. Cum ergo cœperis id corrigere, etiamsi semel aut bis legem transgrediaris, etiamsi ter vigesiesque, ne desperes: sed resurge, eamdemque curam suscipe, planeque superabis. Neque enim leve malum est perjurium. Si enim jurare a malo est, pejerare quanto supplicio erit obnoxium? Hæc dicta laudastis? Sed plausibus, tumultu et sonitu non opus est mihi. Unum volo tantum, ut cum quiete et sagaci attentione quæ dicuntur audientes, dicta exsequamini. Hoc mihi plausus et laudis loco est. Si vero ea quæ dicuntur audias, et non facias ea quæ laudas, majus erit supplicium, gravior accusatio, nobisque pudor et irrisio. Non enim theatrum sunt hæc, non tragœdos nunc spectatis, ut solum plaudatis. Magisterium est hic spirituale. Quapropter unum studium est, ut quæ dicuntur opere compleatis, et obedientiam gestis commonstretis. Tunc enim omnia assequuti erimus: at nunc pene desperare cogor. Nam et privatim eos, qui me convenerunt, hæc monere non cessavi, et vobis in commune loquutus, nihil tamen hinc fructus hactenus perceptum video: sed vos primis adhuc elementis hærentes cerno: quod sane maximum potest docenti fastidium generare. Vide igitur et Paulum id moleste ferentem, quod auditores multo tempore in priore disciplinæ gradu manerent. *Nam cum deberetis*, inquit, *magistri esse propter tempus, rursum indigetis ut doceamini, quænam elementa sint principii sermonis Dei.* Ideo et nos lugemus et plangimus. Ac si perseverantes vos videro, vos demum sacrorum liminum aditu interdicam, nec non participatione immortalium mysteriorum, quemadmodum fornicatores, adulteros, et eos qui de cædibus accusantur. Melius namque est cum duobus vel tribus le-

Pravæ consuetudinis eliminandæ modus.

Plausum rejicit Chrysostomus.

Hebr. 5. 12.

[c] Alii ὑπὲρ τῶν οὐρανῶν.

[d] Morel. καὶ ταύτῃ ἡμῖν αἰσχύνη.

[a] Morel. et quidam alii πάλιν χρόνων δεῖσθε τοῦ διδάσκεσθαι.

[b] Quidam ἀπαγορεύω.

ges Dei observantibus consuetas afferre preces, quam cœtum congregare improborum, qui cæteros corrumpunt. Ne quis dives, ne quis e primoribus infletur, vel supercilia attollat. Hæc omnia mihi fabula sunt, umbra et somnium. Nullus enim eorum, qui nunc opulentiores sunt, mihi tunc patrocinabitur, cum accusabor et rationes dare cogar, quod non cum debita vehementia leges Dei vindicaverim. Hoc enim, hoc certe admirandum illum C senem, Heli dico, perdidit, etsi irreprehensibilem duxerat vitam : attamen quia, cum conculcatas Dei leges videret, id neglexit, cum filiis punitus est, et grave supplicium subiit. Si autem ubi tanta naturæ tyrannis erat, is, qui non debita severitate cum filiis suis est usus, ita graves dedit pœnas, qua nos venia donabimur ab illa tyrannide liberati, qui tamen omnia adulatione corrumpimus ? Ne itaque et nos et vos ipsos perdatis, obtemperate, obsecro, ut innumeros vobis exploratores et monitores constituentes, a juramento- D rum consuetudine liberemini, ut hinc pergentes, aliam quoque virtutem cum facilitate magna impleatis, et futuris fruamini bonis : quæ nos omnes assequi contingat, gratia et misericordia Domini nostri Jesu Christi, cui gloria et imperium nunc et semper, et in sæcula sæculorum. Amen.

των νόμους τὰς συνήθεις ἀναφέρειν εὐχὰς, ἢ πλῆθος ἐπισύρεσθαι παρανομούντων καὶ τοὺς ἄλλους διαφθειρόντων. Μή μοι τις πλούσιος, μή μοι τις δυνάστης ἐνταῦθα φυσάτω, καὶ τὰς ὀφρῦς ἀνασπάτω. Πάντα μοι ταῦτα μῦθος, καὶ σκιὰ, καὶ ὄναρ. Οὐδεὶς γὰρ τῶν νῦν πλουτούντων ἐκεῖ μου προστήσεται, ὅταν [c] ἐγκαλῶμαι καὶ κατηγορῶμαι ὡς μὴ μετὰ τῆς προσηκούσης σφοδρότητος τοὺς τοῦ Θεοῦ διεκδικήσας νόμους. Τοῦτο γὰρ, τοῦτο καὶ τὸν θαυμαστὸν ἐκεῖνον πρεσβύτην, τὸν Ἠλὶ λέγω, ἀπώλεσε, καίτοι βίον παρεχόμενον ἄληπτον· ἀλλ' ὅμως, ἐπειδὴ τοὺς τοῦ Θεοῦ νόμους πατουμένους ὑπερεῖδεν, ἐκολάζετο μετὰ τῶν παίδων, καὶ τὴν χαλεπὴν ἐδίδου τιμωρίαν. Εἰ δὲ ἔνθα τοσαύτη τῆς φύσεως ἦν ἡ τυραννὶς, ὁ μὴ μετὰ τῆς προσηκούσης ἀνδρείας τοῖς ἑαυτοῦ παισὶν χρησάμενος οὕτω χαλεπὴν ἔδωκε δίκην, τίνα ἕξομεν συγγνώμην ἡμεῖς, καὶ τῆς τυραννίδος ἐκείνης ἀπηλλαγμένοι, καὶ κολακείᾳ τὸ πᾶν διαφθείροντες; Ἵν' οὖν μὴ καὶ ἡμᾶς καὶ ὑμᾶς αὐτοὺς προσαπολέσητε, πείσθητε, παρακαλῶ, καὶ μυρίους ἐξεταστὰς καὶ λογιστὰς ἑαυτοῖς καταστήσαντες, ἀπαλλάγητε τῆς τῶν ὅρκων συνηθείας, ἵνα ὁδῷ προβαίνοντες ἐντεῦθεν, καὶ τὴν ἄλλην ἀρετὴν μετ' εὐκολίας κατορθώσητε πάσης, καὶ τῶν μελλόντων ἀπολαύσητε ἀγαθῶν· ὧν γένοιτο πάντας ἡμᾶς ἐπιτυχεῖν, χάριτι καὶ φιλανθρωπίᾳ τοῦ Κυρίου ἡμῶν Ἰησοῦ Χριστοῦ, ᾧ ἡ δόξα καὶ τὸ κράτος νῦν καὶ ἀεὶ, καὶ εἰς τοὺς αἰῶνας τῶν αἰώνων. Ἀμήν.

[c] Morel. ἐγκαλοῦμαι καὶ κατηγοροῦμαι.

---

284 A

HOMILIA XVIII.

Cap. V. v. 38. *Audistis quia dictum est : Oculum pro oculo, et dentem pro dente. 39. Ego autem dico vobis, non resistere malo : sed si quis percusserit te in dexteram maxillam, præbe ei et alteram. 40. Et volenti tecum in judicio contendere, et tunicam tuam tol-* B *lere, dimitte ei et pallium.*

1. Vides eum non de oculo priora dixisse, cum juberet oculum eruere qui nobis offendiculo esset, sed de eo qui per amicitiam nos læderet, et in perniciei barathrum conjiceret? Nam qui tanta hic hyperbole utitur, neque alterius, qui nobis oculum eruisset, oculum eruere permittit, quomodo suum eruere lege sanxisset ? Quod si quis veterem redarguat legem, quæ jubeat se ita ulcisci, is admodum mihi videtur sapientiam, quæ legislatorem decet, igno- C

ΟΜΙΛΙΑ ιη'.

Ἠκούσατε ὅτι ἐῤῥέθη· ὀφθαλμὸν ἀντὶ ὀφθαλμοῦ, καὶ ὀδόντα ἀντὶ ὀδόντος. Ἐγὼ δὲ λέγω ὑμῖν, μὴ ἀντιστῆναι τῷ πονηρῷ· ἀλλ' ὅστις σε ῥαπίσει εἰς τὴν δεξιὰν σιαγόνα, στρέψον αὐτῷ καὶ τὴν ἄλλην. Καὶ τῷ θέλοντί σοι κριθῆναι, καὶ τὸν χιτῶνά σου λαβεῖν, ἄφες αὐτῷ καὶ τὸ ἱμάτιον.

Ὁρᾷς ὅτι οὐ περὶ ὀφθαλμοῦ τὰ πρότερα ἔλεγεν, ἡνίκα ἐνομοθέτει ὀφθαλμὸν ἐκκόπτειν τὸν σκανδαλίζοντα, ἀλλὰ περὶ τοῦ διὰ φιλίας βλάπτοντος ἡμᾶς, καὶ εἰς τὸ τῆς ἀπωλείας ἐμβάλλοντος βάραθρον; Ὁ γὰρ τοσαύτην ἐνταῦθα ποιούμενος τὴν ὑπερβολὴν, καὶ μηδὲ ἑτέρου ἐξορύττοντος τὸν ὀφθαλμὸν ἐπιτρέπων ἐκκόψαι τὸν ἐκείνου, πῶς ἂν τὸν ἑαυτοῦ ἐκκόπτειν ἐνομοθέτησεν; Εἰ δέ τις τοῦ παλαιοῦ κατηγορεῖ νόμου, διὰ τὸ κελεύειν οὕτως ἀμύνεσθαι, σφόδρα μοι δοκεῖ

σοφίας νομοθέτῃ πρεπούσης ἄπειρος εἶναι, καὶ καιρῶν δύναμιν ἀγνοεῖν, καὶ συγκαταβάσεως κέρδος. Ἂν γὰρ ἐννοήσῃς, τίνες ἦσαν οἱ ταῦτα ἀκούοντες, καὶ πῶς διακείμενοι, καὶ πότε τὴν νομοθεσίαν ἐδέξαντο ταύτην, σφόδρα [a] ἀποδέξῃ τοῦ νομοθέτου τὴν σοφίαν, καὶ ὄψει ὅτι εἷς καὶ ὁ αὐτὸς ὁ ἐκεῖνα καὶ ταῦτα νομοθετήσας ἐστὶ, καὶ σφόδρα χρησίμως ἑκάτερα, καὶ μετὰ τοῦ προσήκοντος γράψας καιροῦ. Καὶ γὰρ εἰ παρὰ τὴν ἀρχὴν τὰ ὑψηλὰ ταῦτα καὶ ὑπέρογκα εἰσήγαγε παραγγέλματα, οὔτ' ἂν ταῦτα ἐδέξαντο, οὔτε ἐκεῖνα· νυνὶ δὲ ἐν καιρῷ τῷ προσήκοντι ἑκάτερα διαθεὶς, τὴν οἰκουμένην δι' ἀμφοτέρων κατώρθωσεν ἅπασαν. Ἄλλως δὲ καὶ τοῦτο ἐκέλευσεν, οὐχ ἵνα τοὺς ἀλλήλων ἐκκόπτωμεν ὀφθαλμοὺς, ἀλλ' ἵνα παρ' ἑαυτοῖς τὰς χεῖρας κατέχωμεν. Ἡ γὰρ ἀπειλὴ τοῦ παθεῖν τὴν ἐπὶ τὸ δρᾶσαι ὁρμὴν [b] διεκώλυε. Καὶ οὕτω δὴ πολλὴν ἠρέμα ὑποσπείρει τὴν φιλοσοφίαν, ὅπου γε παθόντα τοῖς ἴσοις ἀμύνεσθαι κελεύει· καίτοι γε μείζονος κολάσεως ἄξιος ἦν ὁ τῆς παρανομίας ταύτης κατάρξας· καὶ τοῦτο ὁ τοῦ δικαίου λόγος ἀπαιτεῖ. Ἀλλ' ἐπειδὴ καὶ φιλανθρωπίαν ἐβούλετο κεράσαι τῷ δικαίῳ, τὸν μείζονα πλημμελήσαντα ἐλάττονι τῆς ἀξίας καταδικάζει τιμωρίᾳ, παιδεύων καὶ ἐν τῷ πάσχειν πολλὴν ἐπιδείκνυσθαι τὴν ἐπιείκειαν. Εἰπὼν τοίνυν τὸν παλαιὸν νόμον, καὶ ἀναγνοὺς αὐτὸν ἅπαντα, δείκνυσι πάλιν οὐ τὸν ἀδελφὸν ὄντα τὸν ταῦτα ἐργασάμενον, ἀλλὰ τὸν πονηρόν. Διὰ τοῦτο καὶ ἐπήγαγεν· Ἐγὼ δὲ λέγω ὑμῖν, μὴ ἀντιστῆναι [c] τῷ πονηρῷ. Οὐκ εἶπε, μὴ ἀντιστῆναι τῷ ἀδελφῷ· ἀλλὰ, Τῷ πονηρῷ, δεικνὺς ὅτι ἐκείνου κινοῦντος ταῦτα τολμᾶται, καὶ ταύτῃ τὸ πολὺ τῆς ὀργῆς τῆς πρὸς τὸν πεποιηκότα χαλῶν καὶ ὑποτεμνόμενος, τῷ τὴν αἰτίαν ἐφ' ἕτερον μεταθεῖναι. Τί οὖν; οὐ χρὴ ἡμᾶς ἀνθίστασθαι τῷ πονηρῷ; φησί. Δεῖ μὲν, οὐ τούτῳ δὲ τῷ τρόπῳ· ἀλλ' ὡς αὐτὸς ἐπέταξε, τῷ παρέχειν ἑαυτὸν πάσχειν κακῶς· οὕτω [a] γὰρ αὐτοῦ περιέσῃ. Οὐδὲ γὰρ πυρὶ σβέννυται πῦρ, ἀλλ' ὕδατι πῦρ. Ἵνα δὲ μάθῃς ὅτι καὶ ἐν τῷ παλαιῷ νόμῳ ὁ παθὼν κρατεῖ μᾶλλον, καὶ οὗτός ἐστιν ὁ στεφανούμενος, ἐξέτασον αὐτὸ τὸ γινόμενον, καὶ ὄψει πολλὴν αὐτοῦ τὴν προεδρίαν οὖσαν. Ὁ μὲν γὰρ ἄρξας χειρῶν ἀδίκων, ἀμφοτέρους τε αὐτὸς ἔσται ἀνῃρηκὼς τοὺς ὀφθαλμοὺς, καὶ τὸν τοῦ πλησίον, καὶ τὸν αὐτοῦ. Διὸ καὶ μισεῖται παρὰ πάντων δικαίως, [b] καὶ μυρίαις βάλλεται κατηγορίαις. Ὁ δὲ ἠδικημένος, καὶ μετὰ τὸ τοῖς ἴσοις ἀμύνεσθαι, οὐδὲν ἔσται δεινὸν πεποιηκώς. Διὸ καὶ πολλοὺς ἔχει τοὺς συναλγοῦντας, ἅτε καθαρὸς ὢν καὶ μετὰ τὸ ποιῆσαι ταύτης τῆς πλημμελείας.

rare, necnon temporum rationem et indulgentiæ utilitatem. Si cogitaveris enim, quinam essent ii qui talia audirent, quomodo affecti, et quando has leges acceperint, legislatoris sapientiam multum laudabis, videbisque unum et eumdem esse qui hæc et illa statuerit, et valde utiliter utraque, ac congruenti tempore scripserit. Nam si ab initio hæc sic alta et sublimia præcepta intulisset, neque hæc neque illa recepissent; jam vero cum opportuno utraque tempore statuerit, per utraque totum or-

Cur præcepta legis veteris non ita sublimia essent.

D bem correxit. Alioquin autem hæc jussit, non ut mutuo nobis oculos eruamus, sed ut potius manus nostras contineamus. Nam rependendæ vicis comminatio impetum inferendæ injuriæ coercuit. Atque ita sensim multam disseminat philosophiam: quando læsum parem rependere vicem jubet; quamquam majore dignus erat supplicio is a quo iniquitas hujusmodi cepisset exordium: illud enim æquitatis ratio postulabat. Sed quia benignitatem volebat justitia temperare, eum, qui iniquius se gesserat, minori, quam merebatur,

E damnat supplicio, docens ut in patiendo magnam servemus moderationem. Cum ergo priorem legem protulisset, illamque totam legisset, ostendit postea non fratrem esse qui talia perpetravit, sed malignum, ideoque subjunxit: *Ego autem dico vobis, non resistere malo*. Non dixit, Non resistere fratri; sed, *Malo*, ostendens illo instigante talia perpetrari, atque sic magnam iræ partem adversus eum qui injuriam intulit conceptam sedans et succi-

235 dens, cum causam in alterum transfert. Quid igi-

A tur? annon debemus, inquies, resistere malo? Debetis, sed non hoc modo: verum ut ipse præcepit: ut scilicet parati simus ad recipiendas injurias; sic enim illum superabis. Neque enim igne ignis exstinguitur, sed aqua. Ut autem discas, etiam in veteri lege eum qui pateretur vicisse, coronatumque fuisse, id diligenter explora, et videbis eum longe anteferri. Nam qui prior manus iniquas intulit, duos ipse oculos eruisse deprehenditur, et proximi sui et suum. Ideoque jure ab omnibus odio habetur, et mille criminationibus impetitur. Qui vero læsus est, præterquam quod pari pœna vin-

B dicatur, nihil mali intulit. Ideoque multos habet seu commiseratione dolentes, utpote purus, etiamsi ultio facta fuerit. Calamitas par est in utrisque, gloria vero non par apud Deum et homines. Quapropter neque

[a] Quidam Mss. ἀποδέξηται. Infra unus τοῦ προσήκοντος ἔγραψε καιροῦ.

[b] Alii διεκώλυσε.

[c] Hic quædam deerant in Morel. quæ ex Manuscriptis et ex Savil. restituta sunt.

[a] Morel. γὰρ αὐτὸ περιέσῃ, male.

[b] Morel. καὶ μυριάκις βάλλεται. Savil. et Mss. plurimi καὶ μυρίαις. Ibidem Morel. καὶ μὴ τοῖς ἴσοις, perperam.

calamitas deinceps par est. Principio itaque dixit, *Qui irascitur fratri suo sine causa, et qui illum fatuum appellat, reus erit gehennæ ignis;* hic vero majorem etiam requirit philosophiam, non modo quiescere jubens eum qui talia passus sit, sed etiam cum cædente officio certare, ipsique alteram maxillam præbere. Hoc autem dicit, non pro illo injuriæ genere tantum legem ferens, sed ad talem in aliis omnibus tolerantiam nos instituens.

2. Quemadmodum enim cum dicit, *Qui vocat fratrem suum fatuum, reus erit gehennæ ignis,* non de hoc uno verbo hoc dicit, sed de qualibet contumelia: ita hic quoque legem statuit, non tantum ut colaphis cæsi, id fortiter feramus, sed ut quidvis aliud patientes, ne turbemur. Propterea et ibi extremam selegit injuriam, et hic eam, quæ probrosa et contumeliosa maxime videbatur, maxillæ percussionem. Id vero jussit, et percutientis et percussi rationem habens. Nam qui injuria afficitur, nihil se grave passum arbitrabitur, sic philosophia præmunitus: neque enim contumeliæ sensum ullum habebit, ut qui certet potius quam percutiatur; qui vero injuriam infert, pudore suffusus non secundum colaphum impinget, etiamsi fera quavis ferocior sit; imo etiam de priore sese damnabit. Nihil enim ita lædentes cohibet, ut cum læsi injuriam modeste ferunt; neque modo retinet impetum, ne ulterius procedatur, sed etiam id efficit, ut de facto se pœniteat, et alii moderationem admirantes secedant; imo, neque solum amicos ex inimicis, sed familiares reddit et servos: sicut, e converso, ultio sumta contraria omnia parit, utrumque dedecorat, et pejorem efficit, majorem iræ flammam excitat, ac sæpe cæde terminatur malum ad ulteriora progressum. Idcirco percussum non modo jubet non irasci, sed etiam percutientis implere cupiditatem præcipit, ut ne videaris priorem plagam invitus accepisse. Sic enim impudentem opportuniore plaga percutere poteris, quam si manu percussisses, et impudentem mansuetiorem efficies. *Qui voluerit tecum judicio contendere, et tunicam tuam tollere, dimitte illi et pallium.* Neque enim in plagis tantummodo, sed etiam in pecuniis vult talem tolerantiam exhiberi. Ideo rursum simili utitur hyperbole. Sicut enim illic jubet patiendo vincere, ita et

Patiendo vincere oportet.

Καὶ τὰ μὲν τῆς συμφορᾶς ἴσα ἀμφοτέροις· τὰ δὲ τῆς δόξης οὐκ ἴσα, οὐδὲ παρὰ Θεῷ, οὔτε παρὰ ἀνθρώποις. Διόπερ λοιπὸν οὔτε τὰ τῆς συμφορᾶς ἴσα. Ἀρχόμενος μὲν οὖν ἔλεγεν· Ὁ ὀργιζόμενος τῷ ἀδελφῷ αὐτοῦ εἰκῆ, καὶ ὁ μωρὸν καλῶν, ἔνοχος ἔσται τῇ γεέννῃ τοῦ πυρός· ἐνταῦθα δὲ καὶ πλείονα ἀπαιτεῖ φιλοσοφίαν, οὐ μόνον κελεύων ἡσυχάζειν τὸν πάσχοντα κακῶς, ἀλλὰ καὶ ἀντιφιλοτιμεῖσθαι μειζόνως, τὴν ἑτέραν παρέχοντα σιαγόνα. Τοῦτο δὲ λέγει, οὐ περὶ τῆς τοιαύτης πληγῆς C νομοθετῶν μόνον, ἀλλὰ καὶ τὴν ἐν ἅπασι τοῖς ἄλλοις ἀνεξικακίαν παιδεύων ἡμᾶς.

Ὥσπερ γὰρ ὅταν λέγῃ, ὅτι Ὁ καλῶν τὸν ἀδελφὸν αὐτοῦ μωρὸν, ἔνοχος ἔσται [b] τῇ γεέννῃ τοῦ πυρὸς, οὐ περὶ τοῦ ῥήματος τούτου λέγει μόνον, ἀλλὰ καὶ περὶ λοιδορίας ἁπάσης· οὕτω δὴ καὶ ἐνταῦθα, οὐχ ἵνα ῥαπιζόμενοι μόνον φέρωμεν γενναίως, νομοθετεῖ, ἀλλ' ἵνα καὶ πᾶν ὁτιοῦν πάσχοντες μὴ θορυβώμεθα. Διὰ τοῦτο κἀκεῖ τὴν ἐσχάτην ὕβριν [c] ἐπελέξατο, καὶ ἐν- D ταῦθα τὴν μάλιστα δοκοῦσαν εἶναι πληγὴν ἐπονείδιστον, τὴν ἐπὶ σιαγόνος, καὶ πολλὴν ἔχουσαν τὴν ὕβριν τέθεικε. Κελεύει δὲ τοῦτο, ὑπέρ τε τοῦ πλήττοντος, ὑπέρ τε τοῦ πληττομένου τὸν λόγον ποιούμενος. Ὅ τε γὰρ ὑβρισμένος, οὐδὲν ἡγήσεται πάσχειν δεινὸν, οὕτω παρεσκευασμένος φιλοσοφεῖν· οὐδὲ γὰρ τῆς ὕβρεως αἴσθησιν λήψεται, ἅτε ἀγωνιζόμενος μᾶλλον ἢ τυπτόμενος· ὅ τε ἐπηρεάζων καταισχυνθεὶς οὐκ ἔτι δευτέραν ἐπάξει πληγὴν, κἂν θηρίου παντὸς χαλεπώτερος ᾖ, ἀλλὰ καὶ ἐπὶ τῇ προτέρᾳ σφόδρα ἑαυτοῦ καταγνώσεται. Οὐδὲν γὰρ οὕτω κατέχει τοὺς ἀδικοῦντας, ὡς τὸ φέρειν τοὺς ἀδικουμένους ἐπιεικῶς τὰ γινόμενα· οὐ E κατέχει δὲ μόνον τῆς [d] προσωτέρω ῥύμης, ἀλλὰ καὶ ἐπὶ τοῖς φθάσασι μετανοῆσαι παρασκευάζει, καὶ θαυμάζοντας τὴν ἐπιείκειαν ἀναχωρεῖν, καὶ οἰκειοτέρους καθίστησι, καὶ δούλους, οὐχὶ φίλους μό- 236 νον, ἀντὶ ἐχθρῶν καὶ πολεμίων ποιεῖ· ὥσπερ οὖν A τὸ ἀμύνεσθαι, τὰ ἐναντία ἅπαντα· ἀμφοτέρους τε γὰρ καταισχύνει, καὶ χείρους κατασκευάζει, καὶ τὴν ὀργὴν εἰς μείζονα ἀνάγει φλόγα· πολλάκις δὲ καὶ εἰς θάνατον καταστρέφει περαιτέρω τὸ δεινὸν προβαῖνον. Διὰ τοῦτο οὐ μόνον ῥαπιζόμενον ἐκέλευσε μὴ ὀργίζεσθαι, ἀλλὰ καὶ ἐμπιπλᾶν αὐτοῦ τὴν ἐπιθυμίαν ἐπέταξεν, ἵνα μηδὲ τὸ πρότερον δόξῃς ἄκων ὑπομεμενηκέναι. Οὕτω γὰρ καὶ ἀναίσχυντον ὄντα [a] καιρίᾳ δυνήσῃ πλῆξαι πληγῇ μᾶλλον, ἢ εἰ τῇ χειρὶ ἔπληξας, καὶ ἀναισχυντότερον ὄντα ἐπιεικέστερον ποιήσεις. Τῷ θέλοντί σοι κριθῆναι, καὶ τὸν χιτῶνά σου λαβεῖν, ἄφες B αὐτῷ καὶ τὸ ἱμάτιον. Οὐδὲ γὰρ [b] ἐπὶ πληγῶν μόνον, ἀλλὰ καὶ ἐπὶ χρημάτων βούλεται τὴν τοιαύτην ἀνεξι-

[b] In Manuscriptis multis τοῦ πυρὸς post γεέννῃ deest.

[c] Unus ἐπεξελέξατο, forte melius. Savilius tamen et Morel. habent ἐπελέξατο.

[d] Quidam πορρωτέρω.

[a] Alii καιρίαν... πληγήν

[b] Alius ἐπὶ πληγῆς.

κακίαν παρέχεσθαι. Διὸ πάλιν τὴν αὐτὴν τίθησιν ὑπερβολήν. Ὥσπερ γὰρ ἐκεῖ κελεύει νικᾷν ἐν τῷ πάσχειν, οὕτω καὶ ἐνταῦθα τῷ ἀφαιρεῖσθαι πλείονα ὧν [c] ὁ πλεονεκτῶν προσεδόκησε. Πλὴν οὐχ ἁπλῶς αὐτὸ τέθεικεν, ἀλλὰ μετὰ προσθήκης. Οὐ γὰρ εἶπε, δὸς τῷ αἰτοῦντι τὸ ἱμάτιον, ἀλλὰ, Τῷ θέλοντί σοι κριθῆναι· τουτέστιν, ἐὰν εἰς δικαστήριον ἕλκῃ καὶ πράγματά σοι παρέχῃ. Καὶ ὥσπερ εἰπὼν, μὴ καλεῖν μωρὸν, μηδὲ ὀργίζεσθαι εἰκῆ, προϊὼν πλέον ἀπῄτησεν, ἡνίκα ἐκέλευσε καὶ τὴν δεξιὰν σιαγόνα παρέχειν· οὕτω καὶ ἐνταῦθα εἰπὼν, εὐνοεῖν τῷ ἀντιδίκῳ, πάλιν ἐπιτείνει τὸ C ἐπίταγμα. Οὐ γὰρ δὴ μόνον ἃ βούλεται λαβεῖν κελεύει δοῦναι, ἀλλὰ καὶ πλείονα ἐπιδείξασθαι φιλοτιμίαν. Τί οὖν; γυμνὸς μέλλω περιιέναι; φησίν. Οὐκ ἂν ἦμεν γυμνοὶ, εἰ τούτοις ἐπειθόμεθα μετὰ ἀκριβείας· ἀλλὰ καὶ πολλῷ πλείονα ἁπάντων ἂν ἦμεν περιβεβλημένοι. Πρῶτον μὲν γὰρ οὐδεὶς ἂν οὕτω διακείμενος [d] ἐπέθετο· δεύτερον δὲ, εἰ καὶ ἔτυχέ τις οὕτως ἄγριος καὶ ἀνήμερος, ὡς καὶ μέχρι τοσούτου προελθεῖν, ἀλλὰ πολλῷ πλείους ἂν ἐφάνησαν οἱ τὸν οὕτω φιλοσοφοῦντα οὐχ ἱματίοις μόνον, ἀλλὰ καὶ τῇ σαρκὶ τῇ ἑαυτῶν, εἴ γε οἷόν τε ἦν, περιβάλλοντες.

D Εἰ δὲ καὶ ἐχρῆν γυμνὸν περιιέναι διὰ τοιαύτην φιλοσοφίαν, οὐδὲ οὕτως αἰσχρὸν ἦν. Ἐπεὶ καὶ ὁ Ἀδὰμ γυμνὸς ἦν ἐν τῷ παραδείσῳ, καὶ οὐκ ᾐσχύνετο· καὶ ὁ Ἡσαΐας γυμνὸς καὶ ἀνυπόδετος, καὶ πάντων Ἰουδαίων λαμπρότερος ἦν· καὶ ὁ Ἰωσὴφ δὲ, ὅτε ἀπεδύσατο, τότε μάλιστα ἔλαμψεν. Οὐ γὰρ τὸ οὕτω γυμνοῦσθαι κακὸν, ἀλλὰ τὸ οὕτως ἐνδύεσθαι, καθάπερ νῦν ἡμεῖς ἱματίοις πολυτελέσι. Τοῦτο καὶ αἰσχρὸν καὶ καταγέλαστον. Διά τοι τοῦτο ἐκείνους μὲν ὁ Θεὸς ἐπῄνεσε, τούτοις δὲ ἐγκαλεῖ, καὶ διὰ προφητῶν καὶ δι' ἀποστόλων. Μὴ τοίνυν ἀδύνατα εἶναι νομίζωμεν τὰ ἐπιτάγματα. Καὶ γὰρ μετὰ τοῦ συμφέροντος σφό- E δρα ἐστὶν εὔκολα, ἐὰν νήφωμεν· καὶ τοσοῦτον ἔχει τὸ κέρδος, ὡς μὴ μόνον ἡμᾶς, ἀλλὰ καὶ ἐκείνους τοὺς ἐπηρεάζοντας τὰ μέγιστα ὠφελεῖν. Καὶ τοῦτο μάλιστα αὐτῶν ἐστι τὸ ἐξαίρετον, ὅτι πείθοντες ἡμᾶς πάσχειν κακῶς, διὰ τῶν αὐτῶν καὶ τοὺς ποιοῦντας διδάσκουσι 237 A φιλοσοφεῖν. Ὅταν γὰρ ἐκεῖνος μὲν ἡγῆται μέγα τὸ τὰ ἑτέρων λαμβάνειν, σὺ δὲ αὐτῷ δείξῃς, ὅτι σοι κοῦφον καὶ ἃ μὴ αἰτεῖ δοῦναι, καὶ ἀντίῤῥοπον φιλοτιμίαν εἰσαγάγῃς τῆς ἐκείνου [a] πτωχείας, καὶ φιλοσοφίαν τῆς ἐκείνου πλεονεξίας, ἐννόησον ὅσης ἀπολαύσεται διδασκαλίας, οὐ διὰ ῥημάτων, ἀλλὰ διὰ τῶν ἔργων αὐτῶν παιδευόμενος καταφρονεῖν μὲν κακίας, ἐφίεσθαι δὲ ἀρετῆς. Οὐδὲ γὰρ ἑαυτοῖς χρησίμους ἡμᾶς εἶναι μόνον βούλεται ὁ Θεὸς, ἀλλὰ καὶ τοῖς πλησίον ἅπασιν.

hic in concedendo plura, quam raptor exspectabat. Verum hoc non simpliciter posuit, sed cum additamento. Non enim dixit, Da petenti pallium, sed, *Ei qui voluerit tecum judicio contendere*; hoc est, si te ad judicium traxerit, ac negotia tibi exhibeat. Quemadmodum vero cum dixisset, Ne voces fatuum, et ne irascaris sine causa, deinceps plura exegit, cum jussit etiam dexteram maxillam præbere: ita et hic cum dixisset, Esto consentiens cum adversario tuo, rursum gravius præceptum addit. Non enim modo jubet illa dare quæ ille vult auferre, sed majorem etiam liberalitatem exhibere. Quid igitur? inquies, nudusne circuiturus sum? Nunquam essemus nudi, si his præceptis diligenter obtemperaremus; sed multo pluribus quam alii omnes vestibus induti essemus. Primo enim nemo tali animo præditus invaderet: secundo, si quispiam occurreret ita ferox et inhumanus, ut eo usque procederet, multo plures reperirentur qui tantæ philosophiæ virum non vestibus modo, sed et carne sua, si fieri posset, operirent.

3. Si autem etiam propter talem philosophiam nudum incedere oporteret, neque id etiam turpe esset. Nam et Adam nudus erat in paradiso, nec erubescebat; Isaias etiam nudus et discalceatus, Judæorum omnium splendidissimus erat; Joseph vero cum exutus est, tunc maxime claruit. Neque enim malum est ita nudari, sed ita indui, ut nunc nos induimur vestimentis pretiosis. Hoc et turpe et ridiculum est. Ideo illos quidem Deus laudavit; hos vero per prophetas et per apstolos sæpe incusat. Ne itaque præcepta impossibilia esse putemus. Quæ utique et utilia nobis sunt, et valde facilia, si vigilemus: tantumque afferunt lucrum, ut non nos solum, sed etiam eos, qui nos lædunt, maxime juvent. Et hoc est in eis eximium, quod dum suadent nobis, ut mala patiamur, eadem opera eos, qui nos lædunt, docent philosophari. Dum enim ille putat magnum esse aliena auferre, tu vero ostendis ipsi, tibi in promtu esse illa etiam dare quæ ipse non petit, et pronam alacritatem ejus inopiæ philosophiamque ejus rapacitati opponis, considera quantam ille percipiet doctrinam, non ex verbis, sed ex operibus eruditus ad parvipendendam nequitiam, et virtutem assequendam. Non enim vult Deus ut nobis tantum utiles simus, sed omnibus proximis. Si igitur dederis, et non judicio

Gen. 2. 25.

Isai. 20. 3.

[c] ὁ πλεονεκτῶν, sic Morel. et omnes pene Mss., Savil. vero ὁ πλεονεκτεῖν θέλων.

[d] Ἐπέθετο Savil., ἐπείθετο Morel., ἐπίθοιτο alii.

[a] Quidam Mss. habent πτωχείας τε καὶ πλεονεξίας φιλοτιμίαν ὁμοῦ καὶ πλεονεξίαν, ἐννόησον ὅσης.

contenderis, quod tibi utile erat tantum quæsivisti; si vero aliud dono addideris, illum meliorem effectum dimittis. Hujusmodi est sal, ut vult Dominus discipulos esse: quod et seipsum servat, et alia corpora, quibuscum mixtum est, firmat: talis est oculus, qui sibi ipsi lucet et aliis. Quia igitur eorum te vice constituit, illumina eum, qui in tenebris sedet, et doce illum, nec primum quidem rapuisse violenter, nec te læsisse omnino. Sic enim et tu venerabilior clariorque eris, si ostendas, dedisse te, non raptum amisisse. Fac igitur per mansuetudinem tuam, ut ejus peccatum liberalitas tua sit. Si vero hoc esse magnum putas, exspecta, et clare videbis, te nondum ad perfectionem venisse. Non enim hic gradum sistit is qui patientiæ leges dedit, sed ulterius procedit, ita dicens: 41. *Si quis te angariaverit milliarium unum, vade cum illo et duo.* Vidistin' philosophiæ excellentiam? Post datam tunicam et pallium, si adhuc nudo corpore uti velit adversarius ad laborem et miseriam ferendam, ne sic quidem illum coercere oportet, inquit. Omnia enim nos communiter vult possidere, corpora, pecunias, et egenis pariter injuriamque inferentibus illa præbere: hoc enim fortitudinis, illud benignitatis est. Ideo dicebat: *Si quis te angariaverit milliarium unum, vade cum illo et duo,* sublimius te rursum erigens, atque eamdem ipsam liberalitatem ostendere jubens. Si enim illa, quæ in principio dicebat, his longe minora, tot tamen beatitudines habeant, cogita quanta sors hæc majora operantes exspectet, atque etiam quales illi vel ante præmia evadant, in humano et passibili corpore impassibilitatem omnem exhibentes. Cum enim neque calumniis, neque plagis, neque pecuniarum direptione mordeantur, neque ulli rei simili umquam cedant, imo potius ærumnis fortiores evadant, considera qualis anima eorum efficiatur. Propterea quod in plagis, quod in pecuniis jubet, hoc et in hac re quoque facere præcepit. Quid loquor, inquit, de contumeliis, de pecuniis? Si etiam ipso corpore tuo uti velit ad laborem et defatigationem, illudque injuste, rursus vincito, et illius iniquam cupiditatem exsuperato. Angariare enim est inique trahere, et sine ulla prorsus ratione vim inferre. Attamen ad hoc etiam paratus esto, ut amplius patiaris, quam ille velit exigere. 42. *Petenti*

Perfecti viri ærumnis fortiores evadunt.

Ἂν μὲν οὖν δῷς, καὶ μὴ δικάσῃ, τὸ σαυτοῦ συμφέ- B ρον ἐζήτησας μόνον· ἂν δὲ προσδῷς καὶ ἕτερον, κἀκεῖνον βελτίω ποιήσας ἐξέπεμψας. Τοιοῦτόν ἐστι τὸ ἅλας, ὅπερ αὐτοὺς εἶναι βούλεται· καὶ γὰρ ἑαυτῷ συγκροτεῖ, καὶ τὰ ἄλλα διακρατεῖ σώματα, οἷς ἂν ὁμιλήσῃ· [b] τοιοῦτός ἐστιν ὁ ὀφθαλμός· καὶ γὰρ ἑαυτῷ καὶ τοῖς ἄλλοις φαίνει. Ἐπεὶ οὖν ἐν τάξει σε τούτων κατέστησε, φώτισον καὶ τὸν ἐν σκότῳ καθήμενον, καὶ δίδαξον αὐτὸν, ὅτι οὐδὲ τὸ πρότερον βίᾳ ἔλαβε· πεῖσον ὅτι οὐκ ἐπηρέασεν. Οὕτω γὰρ καὶ αὐτὸς αἰδεσιμώτερος ἔσῃ καὶ σεμνότερος, ἐὰν [c] δείξῃς, ὅτι ἐχαρίσω, καὶ οὐχ ἡρπάγης. Ποίησον τοίνυν αὐτοῦ τὴν ἁμαρτίαν διὰ τῆς σῆς ἐπιεικείας φιλοτιμίαν σήν. Εἰ δὲ μέγα C τοῦτο εἶναι νομίζεις, ἀνάμεινον, καὶ ὄψει σαφῶς, ὅτι οὐδέπω πρὸς τὸ τέλειον ἀπήντηκας. Οὐδὲ γὰρ ἐνταῦθα ἵσταταί σοι ὁ τοὺς περὶ ἀνεξικακίας τιθεὶς νόμους, ἀλλὰ καὶ περαιτέρω πρόεισιν, οὕτω λέγων· Ἐάν τίς σε ἀγγαρεύσῃ μίλιον ἓν, ὕπαγε μετ' αὐτοῦ δύο. Εἶδες ὑπερβολὴν φιλοσοφίας; Μετὰ γοῦν τὸ δοῦναι τὸν χιτῶνα καὶ τὸ ἱμάτιον, [d] οὐδὲ εἰ γυμνῷ τῷ σώματι χρῆσθαι βούλοιτο ὁ ἐχθρὸς πρὸς ταλαιπωρίας καὶ πόνους, οὐδὲ οὕτως αὐτὸν δεῖ κωλύειν, φησί. Πάντα γὰρ βούλεται κεκτῆσθαι ἡμᾶς κοινὰ, καὶ τὰ σώματα, καὶ τὰ χρήματα, καὶ τοῖς δεομένοις παρέχειν καὶ τοῖς ὑβρίζουσι· τὸ μὲν γὰρ ἀνδρείας, τὸ δὲ φιλανθρωπίας D ἐστί. Διὰ τοῦτο ἔλεγεν· Ἐάν τίς σε ἀγγαρεύσῃ μίλιον ἓν, ὕπαγε μετ' αὐτοῦ δύο, ἀνωτέρω σε ἀνάγων πάλιν, καὶ τὴν αὐτὴν φιλοτιμίαν ἐπιδείκνυσθαι κελεύων. Εἰ γὰρ ἅπερ ἀρχόμενος ἔλεγεν, ἐλάττονα ὄντα τούτων πολλῷ, τοσούτους ἔχει μακαρισμοὺς, ἐννόησον οἷα λῆξις τοὺς ταῦτα κατορθοῦντας ἀναμένει, καὶ τίνες πρὸ τῶν ἐπάθλων γίνονται, ἐν ἀνθρωπίνῳ σώματι καὶ παθητῷ ἀπάθειαν ἅπασαν κατορθοῦντες. Ὅταν γὰρ μηδὲ ὕβρεσι καὶ πληγαῖς, μήτε χρημάτων ἀφαιρέσει E [e] δάκνωνται, μήτε ἄλλῳ μηδενὶ εἴκωσι τοιούτῳ, ἀλλὰ καὶ ἐπιδαψιλεύωνται τῷ πάθει μᾶλλον, σκόπησον οἷα αὐτοῖς κατασκευάζεται ἡ ψυχή. Διὰ δὴ τοῦτο ὅπερ ἐπὶ τῶν πληγῶν, ὅπερ ἐπὶ τῶν χρημάτων, τοῦτο καὶ ἐνταῦθα ἐκέλευσε ποιεῖν. Τί γὰρ λέγω, φησὶν, ὕβριν 238 καὶ χρήματα; Κἂν αὐτῷ τῷ σώματί σου βούληται εἰς A πόνον χρήσασθαι καὶ κάματον, καὶ τοῦτο ἀδίκως, πάλιν νίκησον καὶ ὑπέρβηθι τὴν ἄδικον ἐπιθυμίαν ἐκείνου. Τὸ γὰρ ἀγγαρεῦσαι τοῦτό ἐστι, τὸ ἀδίκως ἑλκύσαι, καὶ ἄνευ λόγου τινὸς, καὶ ἐπηρεάζοντα. Ἀλλ' ὅμως καὶ πρὸς τοῦτο ἔσο παρατεταγμένος, ὥστε πλεῖον παθεῖν, ἢ ἐκεῖνος βούλεται ποιῆσαι. Τῷ αἰτοῦντί σε δίδου, καὶ τὸν θέλοντα δανείσασθαι ἀπὸ σοῦ μὴ ἀπο-

[b] Alii τοιοῦτόν ἐστι τὸ φῶς. Infra φώτισον. Alii ὠφέλησον. Paulo post quidam τὸ πρῶτον βίᾳ.

[c] Morel. ἐὰν δείξῃς, ὅτι ἐχαρίσω.

[d] Morel. οὐδὲ ἐν γυμνῷ, et paulo post πρὸς τιμωρίας καὶ πόνους.

[e] Morel. et quidam alii δάκνονται, et mox μηδενὶ ἥκωσι, pauloque postea ἐπιδαψιλεύονται.

στραφῆς. Ταῦτα ἐκείνων ἐλάττονα· ἀλλὰ μὴ θαυμάσῃς· τοῦτο γὰρ εἴωθεν ἀεὶ ποιεῖν, [a] ἀναμιγνὺς τοῖς μεγάλοις τὰ μικρά. Εἰ δὲ ταῦτα μικρὰ πρὸς ἐκεῖνα, ἀκουέτωσαν οἱ τὰ ἑτέρων λαμβάνοντες, οἱ πόρναις τὰ ἑαυτῶν διανέμοντες, καὶ διπλῆν ἑαυτοῖς ἀνάπτοντες πυρὰν, καὶ διὰ τῆς προσόδου τῆς ἀδίκου, καὶ διὰ τῆς δαπάνης τῆς ὀλεθρίας. Δάνεισμα δὲ ἐνταῦθα οὐ τὸ μετὰ τῶν τόκων λέγει συμβόλαιον, ἀλλὰ τὴν χρῆσιν ἁπλῶς. Ἀλλαχοῦ δὲ αὐτὸ καὶ ἐπιτείνει, λέγων ἐκείνοις διδόναι, παρ' ὧν οὐ προσδοκῶμεν [b] ἀπολαμβάνειν. Ἠκούσατε ὅτι ἐῤῥέθη· ἀγαπήσεις τὸν πλησίον σου, καὶ μισήσεις τὸν ἐχθρόν σου. Ἐγὼ δὲ λέγω ὑμῖν, ἀγαπᾶτε τοὺς ἐχθροὺς ὑμῶν, καὶ εὔχεσθε ὑπὲρ τῶν ἐπηρεαζόντων καὶ διωκόντων ὑμᾶς· εὐλογεῖτε τοὺς καταρωμένους ὑμᾶς, καλῶς ποιεῖτε τοῖς μισοῦσιν ὑμᾶς, ὅπως [c] γένησθε ὅμοιοι τοῦ Πατρὸς ὑμῶν τοῦ ἐν τοῖς οὐρανοῖς· ὅτι ἀνατέλλει τὸν ἥλιον αὐτοῦ ἐπὶ πονηροὺς καὶ ἀγαθοὺς, καὶ βρέχει ἐπὶ δικαίους καὶ ἀδίκους. Ὅρα τὴν κορωνίδα τῶν ἀγαθῶν πῶς ἐπέθηκεν ἐσχάτην. Διὰ γὰρ τοῦτο παιδεύει, μὴ μόνον ῥαπιζομένους φέρειν, ἀλλὰ καὶ παρέχειν τὴν δεξιὰν σιαγόνα, μηδὲ μόνον τῷ χιτῶνι τὸ ἱμάτιον προστιθέναι, ἀλλὰ καὶ δύο συνοδεύειν μίλια τῷ ἐν ἀγγαρεύοντι, ἵνα τὸ πολλῷ πλέον τούτων μετ' εὐκολίας δέξῃ πάσης. Καὶ τί τούτων πλέον ἐστί; φησί. Τὸ τὸν ποιοῦντα ταῦτα μηδὲ ἐχθρὸν ἔχειν· μᾶλλον δὲ καὶ τούτου ἕτερόν τι πλέον. Οὐ γὰρ εἶπε, μὴ μισήσῃς, ἀλλὰ, ἀγάπησον· οὐκ εἶπεν, μὴ ἀδικήσῃς, ἀλλὰ, καὶ καλῶς ποίησον.

te da, et volentem a te mutuari, ne averseris. Hæc minora illis sunt; sed ne mireris: sic enim solet semper facere, magnis parva miscens. Si vero hæc minora sint illis, audiant qui aliena rapiunt, qui meretricibus sua largiuntur, et duplex sibi parant incendium, et per iniquum aditum, et per sumtus perniciosos. Mutuum autem hic non usurarium illud fœnus appellant, sed usum simplicem. Alibi vero idipsum intendit, dicens, illis dandum esse, a quibus nihil recepturos nos speramus. 43. *Audistis quia dictum est: Diliges proximum tuum, et odio habebis inimicum tuum.* 44. *Ego autem dico vobis: Diligite inimicos vestros, et orate pro calumniantibus et persequentibus vos; benedicite maledicentibus vobis, benefacite iis qui vos oderunt,* 45. *ut sitis similes Patris vestri, qui est in cælis, qui solem suum oriri facit super bonos et malos, et pluit super justos et injustos.* Vide quomodo ultimam bonorum coronidem posuit. Propterea enim docet, non modo colaphis cædentes ferre, sed etiam dexteram maxillam præbere, neque tantum tunicæ pallium adjicere, sed cum angariante ad unum milliarium per duo milliaria incedere, ut quod his longe majus erat cum omni facilitate susciperes. Et quid, inquies, his majus est? Illum qui hæc faciat non inimicum habere: imo et aliquid aliud majus. Non enim ait, Ne odio habeas, sed, Dilige: non dixit, Ne lædas, sed, Benefacito.

Εἰ δέ τις ἀκριβῶς ἐξετάσειε, καὶ τούτων αὐτῶν ἑτέραν ὄψεται προσθήκην πολλῷ μείζονα τούτων. Οὐδὲ γὰρ ἁπλῶς ἐκέλευσεν ἀγαπᾷν, ἀλλὰ καὶ [d] εὔχεσθαι. Εἶδες ὅσους ἀνέβη βαθμοὺς, καὶ πῶς εἰς αὐτὴν ἡμᾶς τὴν κορυφὴν ἔστησε τῆς ἀρετῆς; Σκόπει δὲ ἄνωθεν ἀριθμῶν. Πρῶτός ἐστι βαθμὸς, μὴ ἄρχειν ἀδικίας· δεύτερος, μετὰ τὸ [e] ἄρξασθαι, τὸν ἀδικοῦντα τοῖς ἴσοις μὴ ἀμύνεσθαι· τρίτος, μὴ δρᾶσαι τὸν ἐπηρεάζοντα ταῦτα ἃ ἔπαθεν, ἀλλ' ἡσυχάσαι· τέταρτος, τὸ καὶ παρασχεῖν ἑαυτὸν εἰς τὸ παθεῖν κακῶς· πέμπτος, τὸ καὶ πλέον παρασχεῖν ἢ ἐκεῖνος βούλεται ὁ ποιήσας· ἕκτος, τὸ μὴ μισῆσαι τὸν ταῦτα [f] ἐργαζόμενον· ἕβδομος, τὸ καὶ ἀγαπῆσαι· ὄγδοος, τὸ καὶ εὐεργετῆσαι· ἔνατος, τὸ καὶ τὸν Θεὸν ὑπὲρ αὐτοῦ παρακαλεῖν. Εἶδες ὕψος φιλοσοφίας; Διά τοι τοῦτο καὶ λαμπρὸν τὸ ἔπαθλον ἔχει. Ἐπειδὴ γὰρ μέγα ἦν τὸ ἐπίταγμα, καὶ νεανικῆς

4. Si quis vero hæc accurate exploraverit, aliud videbit additamentum his longe majus. Non enim solum jussit diligere, sed et pro iis orare. Viden' quos ascenderit gradus, et quomodo nos in ipsum virtutis culmen constituerit? Consideres velim eos a principio enumerans. Primus gradus est, non injuriam inferre; secundus, ubi incepta est injuria, non illam pari vice ulcisci; tertius, non inferre in lædentem idipsum quod passus es, sed quiescere; quartus, seipsum offerre ad malum patiendum; quintus, plura illi præbere, quam ipse velit qui malum intulit; sextus, non odio habere illum qui talia egerit; septimus, ipsum etiam diligere; octavus, ipsi benefacere; nonus, Deum etiam pro ipso precari. Vidistin' philosophiæ culmen? Ideo etiam splendidum ille præmium habet. Quia

Novem Christiani erga inimicos officii gradus.

[a] Savil. et pauciores Mss. ἀναμίγνυσι, sed Morelli lectio ἀναμιγνὺς melius quadrat.

[b] Morel. et Savil. ἀπολαμβάνειν. Quidam Mss. λαμβάνειν.

[c] Morel. γένησθε υἱοί, sed infra idem ipse legit γένησθε ὅμοιοι.

[d] Alii προσεύχεσθαι.

[e] Ἄρξαι, τὸν ἀδικοῦντα Savil.; ἄρξασθαι, τὸν ἀδικοῦντα Morel.

[f] Quidam ἐργασάμενον.

enim magnum præceptum erat, ac strenuo opus habebat animo, magnaque diligentia, mercedem illi constituit talem, qualem nulli priorum. Non enim terram hic commemorat, ut cum de mitibus ageret; non consolationem et misericordiam, ut cum de lugentibus et de misericordibus; non de regno cælorum : sed quod omnium mirabilissimum erat, quod fierent Dei similes, quantum possunt homines ipsi esse similes. *Ut sitis*, inquit, *similes Patris vestri qui in cœlis est.* Tu vero observes velim, ipsum neque hic, neque in superioribus Patrem suum vocare; sed illic quidem Deum et regem magnum, cum de juramentis agit; hic vero Patrem ipsorum. Id vero agit hos loquendi modos in opportunum tempus reservans. Deinde in progressu similitudinem illam declarat: *Qui solem suum oriri facit super bonos et malos, et pluit super justos et injustos.* Etenim illos non modo non odit, inquit, sed etiam beneficio afficit eos qui se injuria afficiunt. Quamquam nulla sit hac in re æqualitas, non solum propter beneficii magnitudinem, sed etiam propter dignitatis eminentiam. Tu enim a conservo despiceris, ille autem a servo quem sexcentis beneficiis affecit; et tu quidem verba donas, dum pro illo precaris, ille vero res admodum magnas et mirabiles, solem accendens et annuos imbres suppeditans. Attamen sic concedo te æqualem esse, quantum potest homo. Ne itaque odio habeas hominem qui te malo afficit, cum tibi tot bona conciliet, et ad tantum te honorem ducat; ne maledicas ei qui te damno afficit : alioquin et laborem sustinebis, et ejus fructu privaberis; damnum feres, et mercedem perdes; quod extremæ est dementiæ, quod scilicet cum graviora sustinuerimus, minora non feramus. Et quomodo, inquies, potest hoc fieri? Cum Deum videas hominem factum tantum descendisse, et tanta pro te passum esse, interrogas adhuc et ambigis, quomodo possumus injurias conservis remittere? Non audis illum in cruce dicentem, *Dimitte illis; non enim sciunt quid faciunt?* Non audis Paulum dicentem: *Qui ascendit sursum, et sedet in dextera, interpellat pro nobis?* Non vides quoniam post crucem et ascensionem Judæis, qui se interfecerant, miserit apostolos, qui sexcenta ipsis afferrent bona, idque cum mille ab ipsis passuri essent mala? At tu læ-

Christus exemplum patientiæ et caritatis.

Luc. 23. 34.

Rom. 8. 34.

239 δεόμενον ψυχῆς, καὶ πολλῆς τῆς σπουδῆς, καὶ μισθὸν
A αὐτῷ τίθησι τοιοῦτον, οἷον οὐδενὶ τῶν προτέρων. Οὐ γὰρ γῆς ἐνταῦθα μέμνηται, καθάπερ ἐπὶ τῶν πράων· οὔτε παρακλήσεως καὶ ἐλέου, καθάπερ ἐπὶ τῶν πενθούντων καὶ ἐλεημόνων· οὔτε βασιλείας οὐρανῶν· ἀλλ' ὃ πάντων τούτων ἦν φρικωδέστερον, τὸ γενέσθαι ὁμοίους τῷ Θεῷ, ὡς ἀνθρώπους γενέσθαι εἰκός. Ὅπως γένησθε, φησὶν, ὅμοιοι τοῦ Πατρὸς ὑμῶν τοῦ ἐν οὐρανοῖς. Σὺ δέ μοι παρατήρει, πῶς οὐδὲ ἐνταῦθα, οὐδὲ ἐν τοῖς ἔμπροσθεν Πατέρα ἑαυτοῦ καλεῖ· ἀλλ' ἐκεῖ μὲν Θεὸν καὶ βασιλέα μέγαν, ὅτε περὶ τῶν ὅρκων διελέγετο· ἐνταῦθα δὲ Πατέρα αὐτῶν. Ποιεῖ δὲ τοῦτο, τῷ προσή-
B κοντι καιρῷ τοὺς περὶ τούτων τηρῶν λόγους. [a] Εἶτα ἐπεξηγούμενος τὴν ὁμοιότητα, φησὶν, Ὅτι τὸν ἥλιον αὐτοῦ ἀνατέλλει ἐπὶ πονηροὺς καὶ ἀγαθοὺς, καὶ βρέχει ἐπὶ δικαίους καὶ ἀδίκους. Καὶ γὰρ καὶ αὐτοὺς οὐ μόνον οὐ μισεῖ, φησὶν, ἀλλὰ καὶ εὐεργετεῖ τοὺς ὑβρίζοντας. Καίτοι γε [b] οὐδαμοῦ τὸ γινόμενον ἴσον, οὐ μόνον διὰ τὴν τῆς εὐεργεσίας ὑπερβολὴν, ἀλλὰ καὶ διὰ τὴν τῆς ἀξίας ὑπεροχήν. Σὺ μὲν γὰρ παρὰ τοῦ ὁμοδούλου καταφρονῇ, ἐκεῖνος δὲ παρὰ τοῦ δούλου καὶ μυρία εὐεργετηθέντος· καὶ σὺ μὲν ῥήματα χαρίζῃ εὐχόμενος ὑπὲρ αὐτοῦ, αὐτὸς δὲ πράγματα πολὺ μεγάλα καὶ θαυμαστὰ, τὸν ἥλιον ἀνάπτων, καὶ τοὺς ἐτησίους [c] ὄμ-
C βρους διδούς. Ἀλλ' ὅμως καὶ οὕτω δίδωμι ἴσον εἶναι, ὡς ἄνθρωπον ἐγχωρεῖ εἶναι. Μὴ τοίνυν μίσει τὸν ποιοῦντα κακῶς, τοιούτων ὄντα σοι πρόξενον ἀγαθῶν, καὶ εἰς τοσαύτην ἄγοντά σε τιμήν· μὴ καταρῶ τῷ ἐπηρεάζοντι· ἐπεὶ τὸν μὲν πόνον ὑπέστης, τοῦ δὲ καρποῦ ἀπεστερήθης· καὶ τὴν μὲν ζημίαν οἴσεις, τὸν δὲ μισθὸν ἀπολεῖς· ὅπερ ἐσχάτης ἐστὶν ἀνοίας, τὸ χαλεπώτερον ὑπομείναντας, τὸ ἔλαττον τούτου μὴ φέρειν. Καὶ πῶς ἔνι τοῦτο γενέσθαι; φησί. Θεὸν ἰδὼν ἄνθρωπον γενόμενον, καὶ τοσοῦτον καταβάντα, καὶ τοσαῦτα
D παθόντα διὰ σὲ, ἐρωτᾷς ἔτι καὶ ἀμφιβάλλεις, πῶς δυνατὸν τοῖς ὁμοδούλοις ἀφεῖναι τὰς ἀδικίας; Οὐκ ἀκούεις αὐτοῦ ἐν τῷ σταυρῷ λέγοντος· Ἄφες αὐτοῖς· οὐ γὰρ οἴδασι τί ποιοῦσιν; Οὐκ ἀκούεις Παύλου λέγοντος, ὅτι ὁ ἀναβὰς ἄνω καὶ καθήμενος ἐν δεξιᾷ ἐντυγχάνει ὑπὲρ ἡμῶν; Οὐχ ὁρᾷς ὅτι καὶ μετὰ τὸν σταυρὸν, καὶ μετὰ τὴν ἀνάληψιν τοῖς ἀνῃρηκόσιν Ἰουδαίοις ἔπεμπε τοὺς ἀποστόλους τὰ μυρία οἴσοντας ἀγαθὰ, καὶ ταῦτα μέλλοντας μυρία παρ' αὐτῶν πάσχειν δεινά; Ἀλλὰ σὺ μεγάλα ἠδίκησαι; Καὶ τί τοιοῦτον πέπονθας,
E οἷον ὁ σὸς Δεσπότης, δεσμούμενος, ῥαπιζόμενος, μαστιζόμενος, παρὰ οἰκετῶν ἐμπτυόμενος, θάνατον ὑπομένων, καὶ θάνατον τὸν θανάτων πάντων αἴσχιστον,

[a] Hic magna occurrit exemplarium varietas, licet ubique idem sensus servetur. Savilius habet εἶτα ἐπεξηγούμενος τὴν ὁμοιότητα ἐπάγει, ὅτι τὸν ἥλιον. Codex unus εἶτα καὶ προσάγων τὴν ὁμοιότητα, φησὶν, ὅτι. Morel. εἶτα καὶ προϊὼν τὴν ὁμοιότητά φησιν ὅτι. Savilii lectionem prætulimus.

[b] Quidam οὐδαμοῦ τοῦτο γινόμενον ἴσον.

[c] Unus habet ἐτησίους φόρους διδούς, non male.

μετὰ τὰς μυρίας εὐεργεσίας; Εἰ δὲ καὶ μεγάλα ἠδίκησαι, καὶ διὰ τοῦτο μάλιστα εὐεργέτησον, ἵνα καὶ σαυτῷ λαμπρότερον ποιήσῃς τὸν στέφανον, καὶ τὸν ἀδελφὸν τῆς ἐσχάτης ἀπαλλάξῃς ἀῤῥωστίας. Ἐπεὶ καὶ οἱ ἰατροί, ὅταν λακτίζωνται καὶ ὑβρίζωνται παρὰ τῶν μαινομένων, τότε μάλιστα αὐτοὺς ἐλεοῦσι, καὶ παρασκευάζονται πρὸς τὴν ἐκείνων διόρθωσιν, εἰδότες ὅτι τῆς ὑπερβολῆς τοῦ νοσήματος ἡ ὕβρις ἐστί. Καὶ σὺ τοίνυν ταύτην περὶ τῶν ἐπιβουλευόντων ἔχε τὴν γνώμην, καὶ οὕτω κέχρησο τοῖς ἀδικοῦσιν· ἐκεῖνοι γάρ εἰσι μάλιστα οἱ νοσοῦντες, καὶ τὴν βίαν [a] ὑπομένοντες ἅπασαν. Ἀπάλλαξον τοίνυν αὐτὸν τῆς χαλεπῆς ταύτης ἐπηρείας, καὶ δὸς ἀφεῖναι τὴν ὀργὴν, καὶ δαίμονος ἐλευθέρωσον χαλεποῦ, τοῦ θυμοῦ. Καὶ γὰρ δαιμονῶντας ἐὰν ἴδωμεν, δακρύομεν, οὐχὶ καὶ αὐτοὶ δὲ σπουδάζομεν δαιμονᾷν. Τοῦτο καὶ νῦν ποιῶμεν ἐπὶ τῶν ὀργιζομένων· καὶ γὰρ ἐκείνοις ἐοίκασιν οἱ θυμούμενοι· μᾶλλον δὲ κἀκείνων εἰσὶν ἀθλιώτεροι, μετὰ αἰσθήσεως μαινόμενοι. Διὸ καὶ ἀσύγγνωστος αὐτῶν ἡ παραπληξία.

Μὴ τοίνυν ἐπέμβαινε κειμένῳ, ἀλλὰ καὶ ἐλέει. Καὶ γὰρ ἂν ὑπὸ χολῆς τινα ἐνοχλούμενον καὶ σκοτοδινιῶντα, καὶ ἐμέσαι ἐπειγόμενον τὸν πονηρὸν τοῦτον χυμὸν ἴδωμεν, χεῖρα ὀρέγομεν, καὶ διαβαστάζομεν [b] σπαραττόμενον, κἂν τὸ ἱμάτιον μολύνωμεν, οὐκ ἀποστρεφόμεθα· ἀλλ' ἓν μόνον ζητοῦμεν, ὅπως ἐκεῖνον ἀπαλλάξωμεν τῆς χαλεπῆς ταύτης στενοχωρίας. Τοῦτο τοίνυν καὶ ἐπὶ τούτων ποιῶμεν, καὶ διαβαστάζωμεν ἐμοῦντας καὶ σπαραττομένους· μὴ δὴ πρότερον ἀφῶμεν, ἕως ἂν ἅπασαν ἀπόθηται τὴν πικρίαν. Καὶ τότε σοι χάριν εἴσεται μεγίστην, ἐπειδὰν παύσηται· τότε γνώσεται σαφῶς, ὅσης αὐτὸν ἀπήλλαξας ταραχῆς. Καὶ τί λέγω τὴν παρ' ἐκείνου χάριν; Ὁ γὰρ Θεός σε εὐθέως στεφανώσει, καὶ μυρίοις ἀμείψεται καλοῖς, ὅτι σοῦ τὸν ἀδελφὸν νοσήματος ἠλευθέρωσας χαλεποῦ· κἀκεῖνος δὲ ὡς δεσπότην τιμήσει, διὰ παντὸς αἰδούμενός σου τὴν ἐπιείκειαν. Οὐχ ὁρᾷς τὰς τικτούσας γυναῖκας, πῶς δάκνουσι τὰς παρεστώσας, καὶ οὐκ ἀλγοῦσιν ἐκεῖναι; Μᾶλλον δὲ ἀλγοῦσι μὲν, φέρουσι δὲ γενναίως, καὶ συναλγοῦσι ταῖς ὀδυνωμέναις καὶ διακοπτομέναις ὑπὸ τῆς ὠδῖνος. Ταύτας καὶ σὺ ζήλωσον, καὶ μὴ γίνου σὺ μαλακώτερος γυναικῶν. Ἐπειδὰν γὰρ τέκωσιν αἱ γυναῖκες αὗται ([c] γυναικῶν γάρ εἰσι μικροψυχότεροι),

sus admodum es? Et quid tantum passus es, quantum Dominus tuus, vinctus, colaphis cæsus, flagellatus, a servis consputus, mortem passus, mortem
160 inquam omnium turpissimam, idque post mille
A ipsis illata beneficia? Si porro multum læsus sis, ideo maxime beneficia confer, ut et tibi splendidiorem nectas coronam, et fratrem a gravissimo morbo liberes. Nam et medici, quando ab ægro furente calcibus et injuriis impetuntur, tunc maxime ipsos miserantur, et ad sanitatem ipsis restituendam sese apparant, gnari contumeliam illam a violentia morbi proficisci. Et tu itaque hanc circa insidiatores teneto sententiam, sicque erga lædentes te geras: illi namque sunt qui vere morbo laborant et vim patiuntur omnem. Libera igitur eum a gravi isto damno, et da operam ut iram remittat; a
B sævo dæmone, nempe furore, eripe. Nam cum dæmoniacos videmus, lacrymamur, neque studemus ipsi a dæmone agitari. Hoc igitur erga iratos nunc faciamus; nam iis similes sunt iracundi; imo illis miseriores sunt, qui sensibus integris insaniunt. Quamobrem illorum amentia veniam non meretur.

5. Ne itaque jacentem invadas, imo potius ipsum miserare. Nam si quempiam videamus a bile exagitatum et vertigine captum, ac pravum illum humorem evomere festinantem, manum porrigimus, et sic agitatum sustentamus, etiamsi pallium inquinemus, non aversamur; sed id solum curamus, ut illum a gravi hujusmodi angustia eruamus. Hoc itaque erga istos etiam agamus, sustentemus vomentes et agitatos, neque prius di-
C mittamus, quam hanc amaritudinem omnem deposuerint. Et tunc tibi gratias habebunt maximas, cum quieverint; tunc is clare cognoscet, a quanta illum perturbatione erueris. Et quid dico ab illo tibi gratiam esse referendam? Nam te Deus statim coronabit, et innumeris remunerabit bonis, quia fratrem tuum a gravi morbo liberasti: sed etiam ille te ut dominum honorabit, tuam omnino reveritus moderationem. Annon vides parientes mulieres, quomodo vicinas sibi mordeant, et il-
D læ tamen non dolent? Imo dolent, sed illud fortiter ferunt, et commiseratione ducuntur erga dolentes et a partu dissectas. Has tu quoque imitare, neque sis ipsis mulieribus mollior. Cum enim

[a] Unus *ὑπομένουσιν*.

[b] Quidam *ταραττόμενον*, et paulo post *οὐκ ἐπιστρεφόμεθα*.

[c] *Γυναικῶν γάρ εἰσι μικροψυχότεροι*. Georgius Trapezuntius vertit: *nam revera mulieribus magis sunt pusillanimes*, ubi, ni fallor, aberrat ab auctoris mente. In hac certe voce *μικρόψυχος*, itemque in illa *μικροψυχία*, interpretes multi labuntur, qui pusillanimitatem his exprimi putant. At apud scriptores maxime ecclesiasticos *μικροψυχία* est ut plurimum *simultas*, *rixa*, et *μικρόψυχος* *rixis* vel *simultatibus deditus*. Sic in hoc Basilii loco, Epist. 74, *ὁ μὲν γὰρ παρ' ἡμῶν λόγος ὕποπτος*

pepererint mulieres istæ (mulieribus quippe sunt illi rixis movendis promtiores), tunc te virum esse cognoscent. Quod si gravia hæc præcepta sunt, cogita ideo venisse Christum, ut hæc in animis nostris insereret, ut nos et amicis et inimicis utiles efficeret. Ideo amborum curam gerere jubet; fratrum, cum dicit, *Si offers munus tuum;* inimicorum, cum lege statuit ut ipsos diligas, et pro ipsis ores. Neque Dei tantum exemplo ad hoc hortatur, verum etiam ex contrario: nam, *46. Si dilexeritis,* inquit, *eos qui vos diligunt, quam mercedem habebitis? nonne et publicani hoc*
Hebr. 12. 4. *faciunt?* Hoc et Paulus ait: *Nondum usque ad sanguinem restitistis contra peccatum pugnantes.* Si igitur hoc feceris, cum Deo stas; si hæc reliqueris, cum publicanis. Viden' quomodo non tanta sit præceptorum magnitudo, quanta personarum differentia? Ne itaque cogitemus difficile præceptum esse, sed mercedem in mentem revocemus, consideremusque cui similes efficiamur, si recte nos gesserimus, et quibus exæquemur, si peccemus. Fratrem itaque jubet reconciliari, nec prius abscedere, donec inimicitiam auferamus; cum autem de omnibus disserit, non ultra nos tali subjicit necessitati, sed nostra tantum requirit, hocque pacto legem facilem efficit. Quia enim dixit, *Persequuti sunt prophetas, qui ante vos erant,* ne propterea ipsis infensi essent, jubet non modo illos hæc agentes tolerare, sed etiam diligere. Viden' quomodo iram, et concupiscentiam sive corporum, sive pecuniarum, sive gloriæ, sive rerum ad præsentem vitam spectantium radicitus auferat? Hoc enim fecit ab initio, multoque magis nunc. Nam qui pauper, qui mitis est, qui luget, iram prorsus evacuat; qui justus et misericors, pecuniarum cupiditatem excludit; qui corde mundus, a concupiscentia mala liber est; qui persequutionem patitur et injurias sustinet, etiamsi male audiat, præsentium omnium rerum contemtum obtinet, atque a fastu et vana gloria liberatur. Auditore igitur ab hisce vinculis soluto, et ad certamina inuncto, rursus alio modo et cum majori diligentia hæc vitia evellit. Orsus enim ab ira, hujusque vitii nervis omnino succisis; postquam dixit, Qui ira-

τότε σε τὸν ἄνδρα εἴσονται. Εἰ δὲ βαρέα τὰ ἐπιτάγματα, ἐννόησον ὅτι διὰ τοῦτο παρεγένετο ὁ Χριστὸς, ἵνα ταῦτα ἐν τῇ ἡμετέρᾳ καταφυτεύσῃ διανοίᾳ, ἵνα καὶ ἐχθροῖς καὶ φίλοις χρησίμους κατασκευάσῃ. Διὰ τοῦτο καὶ ἑκατέρων τούτων ἐπιμελεῖσθαι κελεύει· τῶν μὲν ἀδελφῶν, ἡνίκα ἂν λέγῃ, Ἐὰν προσφέρῃς τὸ δῶρόν σου· τῶν δὲ ἐχθρῶν, ἐπειδὰν νομοθετῇ φιλεῖν τε καὶ
E εὔχεσθαι ὑπὲρ αὐτῶν. Καὶ οὐχ ἀπὸ τοῦ ὑποδείγματος τοῦ κατὰ τὸν Θεὸν ἐνάγει μόνον εἰς τοῦτο, ἀλλὰ καὶ
241 ἐκ τοῦ ἐναντίου. Ἐὰν γὰρ ἀγαπήσητε, φησὶ, τοὺς ἀγα-
A πῶντας ὑμᾶς, τίνα μισθὸν ἔχετε; οὐχὶ καὶ οἱ τελῶναι τὸ αὐτὸ τοῦτο ποιοῦσι; Τοῦτο καὶ ὁ Παῦλός φησιν· Οὔπω μέχρις αἵματος ἀντικατέστητε πρὸς τὴν ἁμαρτίαν ἀνταγωνιζόμενοι. Ἂν μὲν οὖν ταῦτα ποιῇς, μετὰ τοῦ Θεοῦ ἕστηκας· ἂν δὲ ἐγκαταλιμπάνῃς αὐτὰ, μετὰ τῶν τελωνῶν. Εἶδες πῶς οὐ τοσοῦτον τῶν ἐντολῶν [a] τὸ μέγεθος, ὅσον τῶν προσώπων τὸ διάφορον; Μὴ τοίνυν τοῦτο λογιζώμεθα, ὅτι δυσχερὲς τὸ ἐπίταγμα, ἀλλὰ καὶ τὸ ἔπαθλον ἐννοήσωμεν, καὶ λογισώμεθα τίνος ὅμοιοι γινόμεθα κατορθώσαντες, καὶ τίνος ἴσοι διαμαρτάνοντες. Τῷ μὲν οὖν ἀδελφῷ κελεύει καταλλάττεσθαι, καὶ μὴ πρότερον ἀφίστασθαι, ἕως ἂν τὴν ἔχθραν ἀνέλωμεν· ὅταν δὲ περὶ πάντων διαλέγηται, οὐκ ἔτι
B ταύτῃ ἡμᾶς ὑποβάλλει τῇ ἀνάγκῃ, ἀλλὰ τὰ παρ' ἡμῶν ἀπαιτεῖ μόνον, εὔκολον καὶ ταύτῃ ποιῶν τὸν νόμον. Ἐπειδὴ γὰρ εἶπεν, ὅτι Ἐδίωξαν τοὺς προφήτας τοὺς πρὸ ὑμῶν· ἵνα μὴ διὰ ταῦτα αὐτὰ ἀηδῶς πρὸς αὐτοὺς ἔχωσι, κελεύει μὴ μόνον φέρειν ταῦτα ποιοῦντας, ἀλλὰ καὶ ἀγαπᾷν. Ὁρᾷς πῶς πρόῤῥιζον τὸν θυμὸν καὶ τὴν ἐπιθυμίαν τὴν περὶ τὰ σώματα, τὴν περὶ τὰ χρήματα, τὴν περὶ τὴν δόξαν, τὴν περὶ τὸν παρόντα βίον ἀναιρεῖ; Τοῦτο γὰρ ἐποίησεν μὲν ἐξ ἀρχῆς, πολλῷ πλέον δὲ νῦν. [b] Ὅ τε γὰρ πτωχὸς, καὶ ὁ πρᾶος, καὶ ὁ πενθῶν, κενοῖ τὴν ὀργήν· ὅ τε δίκαιος καὶ ἐλεήμων κενοῖ τὴν
C τῶν χρημάτων ἐπιθυμίαν· ὁ καθαρὸς τὴν καρδίαν, ἀπήλλακται ἐπιθυμίας πονηρᾶς· ὁ δεδιωγμένος καὶ φέρων τὰς ὕβρεις, καὶ κακῶς ἀκούων, πᾶσαν ἀσκεῖ λοιπὸν τῶν παρόντων πραγμάτων ὑπεροψίαν, καὶ τύφου καὶ κενοδοξίας ἐστὶ καθαρός. Λύσας τοίνυν τῶν δεσμῶν τούτων τὸν ἀκροατὴν, καὶ εἰς τοὺς ἀγῶνας ἀλείψας, πάλιν ἑτέρως ἀνασπᾷ ταῦτα τὰ πάθη, καὶ μετὰ πλείονος τῆς ἀκριβείας. Ἀρξάμενος γὰρ ἀπὸ τῆς ὀργῆς, καὶ πάντοθεν ἐκκόψας τοῦ πάθους τούτου τὰ νεῦρα, καὶ εἰπὼν, ὁ ὀργιζόμενος τῷ ἀδελφῷ [c] αὐτοῦ,

ἐστι τοῖς πολλοῖς, ὡς τάχα διά τινας ἰδιωτικὰς φιλονεικίας τὴν μικροψυχίαν πρὸς αὐτοὺς ἑλομένων, quæ sic male Interpres: *Quæ nos enim loquimur, multis suspecta sunt, quasi propter privatas quasdam contentiones metum ac pusillanimitatem illis incutere velimus.* Ubi vertendum erat: *Quasi propter privatas quasdam contentiones, simultatem cum illis suscipere velimus.* Sic etiam hoc loco intelligendum, ubi de iracundis agitur, qui sunt ipsis mulieribus impotentiores.

[a] Alii τὸ μέσον ὅσον τῶν προσ. Mox Morel. et quidam Mss. μὴ τοίνυν τὸ πρᾶγμα λογιζώμεθα.

[b] Unus ὅ τε γὰρ πρᾶος καὶ πτωχὸς τῷ πνεύματι καὶ ὁ πενθῶν.

[c] Αὐτοῦ deest in quibusdam Mss.

καὶ ὁ μωρὸν καλῶν, καὶ ὁ ῥακὰ, κολαζέσθω· καὶ ὁ προσφέρων τὸ δῶρον, μὴ πρότερον προσίτω τῇ τρα- D πέζῃ, ἕως ἂν καταλύσῃ τὴν ἔχθραν· καὶ ὁ ἀντίδικον ἔχων, πρὶν ἢ τὸ δικαστήριον ἰδεῖν, φίλον ποιείτω τὸν ἐχθρόν· ἐπὶ τὴν ἐπιθυμίαν μεταβαίνει πάλιν. Καὶ τί φησιν; Ὁ ἐμβλέπων ἀκολάστοις ὀφθαλμοῖς, ὡς μοιχὸς τιμωρείσθω· ὁ σκανδαλιζόμενος ὑπὸ γυναικὸς ἀκολάστου, ἢ ὑπὸ ἀνδρὸς, ἢ ὑπὸ ἄλλου τινὸς τῶν αὐτῷ προσηκόντων, ἅπαντας ἐκκοπτέτω τούτους· ὁ νόμῳ γάμου κατέχων γυναῖκα, [d] μηδέποτε αὐτὴν ἐκβαλλέτω, καὶ πρὸς ἑτέραν βλεπέτω. Διὰ γὰρ τούτων τῆς πονηρᾶς ἐπιθυμίας τὰς ῥίζας ἀνεῖλεν. Εἶτα ἐντεῦθεν τῶν E χρημάτων τὸν ἔρωτα ἀναστέλλει, κελεύων μήτε ὀμνύναι, μήτε ψεύδεσθαι, μήτε [e] αὐτοῦ ἀντέχεσθαι τοῦ χιτωνίσκου, ὃν ἄν τις ἐνδεδυμένος τύχῃ· ἀλλὰ καὶ τὸ ἱμάτιον προΐεσθαι τῷ βουλομένῳ, καὶ τὴν τοῦ σώματος χρῆσιν, ἐκ πολλῆς περιουσίας τὸν περὶ τὰ χρήματα ἀναιρῶν πόθον.

Καὶ τότε μετὰ ταῦτα πάντα καὶ τὸν ποικίλον τῶν 242 A ἐπιταγμάτων τούτων στέφανον ἐπάγει, λέγων· Εὔχεσθε ὑπὲρ τῶν ἐπηρεαζόντων ὑμᾶς, ἐπ' αὐτὴν ἄνω τὴν ἀκροτάτην τῆς φιλοσοφίας ἀνάγων τὴν κορυφήν. Ὥσπερ γὰρ τοῦ πρᾶον εἶναι μεῖζον τὸ ῥαπίζεσθαι, καὶ τοῦ ἐλεήμονα εἶναι τὸ καὶ τὸ ἱμάτιον [a] προΐεσθαι μετὰ τοῦ χιτωνίσκου, καὶ τοῦ δίκαιον εἶναι τὸ καὶ ἀδικούμενον φέρειν, καὶ τοῦ εἰρηνοποιὸν εἶναι τὸ καὶ ῥαπιζόμενον καὶ ἀγγαρευόμενον ἕπεσθαι· οὕτω καὶ τοῦ διώκεσθαι τὸ διωκόμενον εὐλογεῖν. Ὁρᾷς πῶς κατὰ μικρὸν εἰς αὐτὰς ἡμᾶς ἀνάγει [b] τοῦ οὐρανοῦ τὰς ἀψῖδας; Τίνος οὖν ἂν εἴημεν ἄξιοι, οἱ πρὸς τὸν Θεὸν κελευόμενοι τὸν ζῆλον ἔχειν, καὶ τάχα μηδὲ τῶν τελωνῶν γινόμενοι ἴσοι; Εἰ γὰρ τὸ φιλεῖν τοὺς φιλοῦντας, τελωνῶν B καὶ ἁμαρτωλῶν καὶ ἐθνικῶν· ὅταν μηδὲ τοῦτο ποιῶμεν (οὐ γὰρ ποιοῦμεν αὐτὸ βασκαίνοντες εὐδοκιμοῦσι τοῖς ἀδελφοῖς), ποίαν οὐχ ὑποστησόμεθα δίκην, ὑπερβαίνειν τοὺς γραμματεῖς κελευόμενοι, καὶ τῶν ἐθνικῶν ἑστῶτες κατώτεροι; Πῶς οὖν ὀψόμεθα βασιλείαν, εἰπέ μοι; πῶς ἐπιβησόμεθα τῶν ἱερῶν προθύρων ἐκείνων, οὐδὲν τῶν τελωνῶν ἀμείνους γινόμενοι; Τοῦτο γὰρ ᾐνίξατο εἰπών· Οὐχὶ καὶ οἱ τελῶναι τὸ αὐτὸ ποιοῦσιν; Ὃ καὶ μάλιστα θαυμάσαι αὐτοῦ τῆς διδασκαλίας ἐστὶν, ὅτι πανταχοῦ τὰ ἔπαθλα [c] τῶν ἀγώνων τιθεὶς μετὰ πολλῆς τῆς περιουσίας· οἷον καὶ τὸν Θεὸν ὁρᾷν, καὶ βασιλείαν οὐρανῶν κληρονομεῖν, καὶ τὸ υἱοὺς Θεοῦ γενέσθαι, καὶ τὸ ὁμοίους Θεοῦ, καὶ τὸ ἐλεεῖσθαι, καὶ τὸ παρακαλεῖσθαι, [d] καὶ τὸ ἐν οὐρανοῖς ἔχειν πολὺν τὸν C

scitur fratri suo, et qui fatuum vocat, et qui raca dicit, puniatur : et qui offert donum, ne prius accedat ad mensam, quam solverit inimicitiam; et qui adversarium habet, priusquam judicium videat, amicum sibi eum ex inimico faciat : ad concupiscentiam rursus transit. Et quid ait? Qui respicit impudicis oculis, ut mœchus puniatur; qui offendiculum patitur ab impudica muliere, aut a viro, aut a quopiam alio eorum qui sibi necessitudine juncti sunt, hos omnes penitus abscindat; qui lege connubii uxorem habet, numquam illam repudiet, nec ad aliam respiciat. Per hæc enim malæ concupiscentiæ radices evulsit. Deinde pecuniarum amorem coercet, jubens neque jurare, neque mentiri, neque tunicam retinere, qua quis induitur; imo etiam volenti pallium offerre, et corporis sui operam : omni studio pecuniarum amorem auferens.

6. Post hæc autem omnia variam horumce præceptorum coronam inducit, dicens : *Orate pro calumniantibus vos*, ad supremum philosophiæ cacumen attollens. Quemadmodum enim colaphos pati majus est, quam esse mitem, et pallium cum tunica dimittere præstantius, quam misericordem esse; et injurias ferre, quam justum esse; et alapas ferre et ad sequendum cogi, quam pacificum esse : sic persequenti se benedicere perfectius est, quam persequutionem pati. Vides quomodo paulatim nos ad ipsos cælorum fornices attollat? Quonam igitur digni supplicio sumus, qui ad Deum imitandum studium ponere jussi, ne publicanis quidem pares forte simus? Si enim amicos diligere publicanorum, peccatorum atque ethnicorum sit : quando ne id quidem facimus (non enim facimus quando laude florentibus fratribus invidemus), quas non dabimus pœnas, qui scribas superare jussi, etiam ethnicis inferiores sumus? Quomodo, quæso, regnum videbimus? quomodo sacra illa adibimus vestibula, non meliores publicanis? Illud enim subindicavit his verbis, *Nonne et publicani hoc faciunt?* In quo maxime ejus doctrina est admiranda, quod cum ubique præmia certaminum superabundanter ponat, scilicet Deum videre, regnum cælorum hereditate accipere, filios Dei fieri, ei similes esse, misericordiam consequi, consolationem accipere, in cælis magnam

Cacumen virtutis est pro inimicis orare.

[d] Alii μηδέπω.

[e] Quidam αὐτοῦ φείδεσθαι τοῦ χιτωνίσκου.

[a] Aliqui προέσθαι.

[b] Alii τῶν οὐρανῶν.

[c] Morel. τὰ ἔπαθλα τῶν ἀγαθῶν, minus retec.

[d] Morel. καὶ μισθὸν τὸν πολύν. Hæc tantum. Infra quidam τέθεικε λόγοις. καί τοῦτο δέ τισιν ὑπεστήσατο ὡς καὶ ἐντρεπτικώτερον.

repositam habere mercedem; si quando tristium mentio habenda sit, id parcius facit; gehennæ quippe nomen semel tantum in tot sermonibus posuit; et in aliis quibusdam remissius, hortando magis quam comminando, auditorem corrigit dicens: *Nonne et publicani hoc faciunt?* et, *Si sal infatuatum fuerit;* et, *Minimus vocabitur in regno cælorum.* Est etiam cum peccata ponit pro pœnis, supplicii pondus auditori subintelligendum proferens; ut cum dicit: *Mœchatus est eam in corde suo;* et, *Qui dimittit, facit eam mœchari;* et, *Quod his abundantius est, a malo est.* Nam mente præditis pro supplicii nomine sufficit ad emendationem peccati magnitudo. Quamobrem hic quoque ethnicos et publicanos in medium adducit, ex personæ conditione discipulum pudore afficiens. Quod et Paulus faciebat dicens:

1. Thess. 4. 12. 5.

Nolite contristari sicut et cæteri, qui spem non habent; et, *Sicut gentes, quæ ignorant Deum.* Et ostendens se nihil ita eximium petere, sed paulo amplius solito, ait: *Nonne et ethnici hoc faciunt?* Attamen non hic finem dicendi facit, sed in præmia et in bonam spem desinit his verbis: 48. *Estote ergo perfecti, sicut et Pater vester cælestis.* Sæpeque cælorum nomen ubique disseminat, a loco etiam sensus eorum erigens. Hactenus enim infirmiores crassioresque erant. Omnia igitur quæ dicta sunt mente volventes, magnam etiam erga inimicos caritatem exhibeamus: et ridiculam illam consuetudinem ejiciamus, quam multi ex iis, qui minus ratione valent, sustinent, exspectantes ut qui obviam veniunt se prius salutent: id quod multam beatudinem continet negligentes; quod autem ridiculum est exigentes.

Alter alterum salutando prævertat.

Qua ergo de causa non illum prior salutas? Quia hoc exspectat, inquies. Atqui ideo maxime festinare oportebat, ut tu coronam acciperes. Non, inquies; quia hoc ipsum ille quæsivit. Et quid hac amentia deterius? Quia enim id ille quæsivit, inquis, ut mercedis mihi fieret occasio, nolo hanc arripere occasionem. At si ille te prior salutet, nihil tibi plus erit si salutem reddas; si vero tu prior properes ad salutandum, fastum ejus intercepisti, et largum ex ejus arrogantia fructum messuisti. Quomodo igitur non extremæ dementiæ fuerit, cum ex nudis verbis tantum capere fructum valeamus, lucrum per-

μισθόν· εἴ που δὲ καὶ λυπηρῶν μνησθῆναι ἔδει, ὑφειμένως τοῦτο ποιεῖ· τὸ μὲν γὰρ τῆς γεέννης ὄνομα ἅπαξ ἐν τοσούτοις τέθεικε λόγοις· καὶ ἑτέροις δέ τισιν ὑπεσταλμένως, καὶ ἐντρεπτικώτερον μᾶλλον ἢ ἀπειλητικώτερον κεχρημένος τῷ λόγῳ, διορθοῦται τὸν ἀκροατὴν λέγων· Οὐχὶ καὶ οἱ τελῶναι τὸ αὐτὸ ποιοῦσι; καὶ, Ἐὰν τὸ ἅλας μωρανθῇ· καὶ, Ἐλάχιστος κληθήσεται ἐν τῇ βασιλείᾳ τῶν οὐρανῶν. Ἔστι δὲ ὅπου καὶ τὰ ἁμαρτήματα ἀντὶ κολάσεως τίθησι, τὸ φορτικὸν τῆς
D κολάσεως τῷ ἀκροατῇ διδοὺς συνιδεῖν, ὡς ὅταν λέγῃ· Ἐμοίχευσεν αὐτὴν ἐν τῇ καρδίᾳ αὐτοῦ· καὶ, Ὁ ἀπολύων ποιεῖ αὐτὴν μοιχευθῆναι· καὶ, Τὸ περισσὸν τούτου ἐκ τοῦ πονηροῦ ἐστι. Τοῖς γὰρ νοῦν ἔχουσιν ἀντὶ τοῦ τῆς κολάσεως ὀνόματος ἀρκεῖ καὶ τὸ τῆς ἁμαρτίας μέγεθος εἰς σωφρονισμόν. Διὸ δὴ καὶ ἐνταῦθα τοὺς ἐθνικοὺς καὶ τοὺς τελώνας εἰς μέσον ἄγει, τῇ ποιότητι τοῦ προσώπου τὸν μαθητὴν ἐντρέπων. Ὃ καὶ ὁ Παῦλος ἐποίει λέγων· Μὴ λυπεῖσθε ὡς καὶ οἱ λοιποὶ οἱ μὴ ἔχοντες ἐλπίδα· καὶ, Καθάπερ τὰ ἔθνη τὰ μὴ εἰδότα τὸν Θεόν. Καὶ, δεικνὺς ὅτι οὐδὲν ὑπέρογκον ἀπαιτεῖ,
E ἀλλὰ μικρῷ πλέον τοῦ εἰωθότος, φησίν· Οὐχὶ καὶ οἱ ἐθνικοὶ τὸ αὐτὸ ποιοῦσιν; Ἀλλ' ὅμως οὐχ ἵστησιν ἐνταῦθα τὸν λόγον, ἀλλ' εἰς τὰ ἔπαθλα αὐτὸν καταλύει καὶ τὰς χρηστὰς ἐλπίδας, λέγων· Γίνεσθε οὖν τέλειοι, ὡς καὶ ὁ Πατὴρ ὑμῶν ὁ οὐράνιος. Καὶ πολὺ τὸ τῶν οὐρανῶν ὄνομα διασπείρει πανταχοῦ, καὶ ἀπὸ τοῦ τόπου
263 τὰ φρονήματα αὐτῶν διεγείρων. Τέως γὰρ ἀσθενέ-
A στερον καὶ παχύτερόν πως ἦσαν διακείμενοι. Ἅπαντα οὖν ἐννοοῦντες τὰ εἰρημένα, πολλὴν καὶ πρὸς τοὺς ἐχθροὺς ἐπιδειξώμεθα τὴν ἀγάπην· καὶ τὸ καταγέλαστον ἐκεῖνο ἔθος ἐκβάλωμεν, ὅπερ πολλοὶ τῶν ἀλογωτέρων ὑπομένουσιν, ἀναμένοντες τοὺς ἀπαντῶντας πρώτους προσειπεῖν, ὃ μὲν ἔχει πολὺν μακαρισμὸν μὴ ζηλοῦντες, ὃ δέ ἐστι καταγέλαστον τοῦτο διώκοντες. Τίνος οὖν ἕνεκεν οὐ προσερεῖς αὐτὸν πρότερος; Ἐπειδὴ τοῦτο ἀναμένει, φησίν. Οὐκοῦν δι' αὐτὸ τοῦτο μάλιστα ἐπιπηδᾷν ἔδει, ἵνα σὺ λάβῃς τὸν στέφανον. Οὔ, φησίν·
B ἐπειδὴ τοῦτο ἐσπούδακε. Καὶ τί [a] ταύτης τῆς ἀλογίας χεῖρον γένοιτ' ἄν; Ἐπειδὴ γὰρ τοῦτο ἐσπούδακε, φησὶ, μισθοῦ μοι γενέσθαι πρόξενος, οὐ βούλομαι ἐπιλαβέσθαι τῆς ὑποθέσεως ταύτης. Ἂν μὲν οὖν ἐκεῖνός σε προσείπῃ πρότερος, οὐδέν σοι γίνεται πλέον καὶ προσειπόντι· ἐὰν δὲ σὺ πρότερος ἐπιπηδήσῃς τῇ προσρήσει, ἐπραγματεύσω τὸν τῦφον ἐκείνου, καὶ δαψιλῆ τινα ἐκ τῆς ἀπονοίας αὐτοῦ τὸν καρπὸν ἐτρύγησας. Πῶς οὖν οὐκ ἐσχάτης ἀνοίας, τοσαῦτα μέλλοντας καρποῦσθαι ἀπὸ ψιλῶν ῥημάτων, προδιδόναι τὸ κέρδος, καὶ κατα-

[a] Alii ταύτης τῆς ἀπολογίας. Quæ sequuntur, aliquid videntur habere difficultatis. ἐπειδὴ γὰρ τοῦτο ἐσπούδακε, φησὶ, μισθοῦ μοι γενέσθαι πρόξενος, οὐ βούλομαι ἐπιλαβέσθαι τῆς ὑποθέσεως: id est, ni fallor, *quia id ille curavit, ut mihi mercedis occasio esset;* id est, *ut me primo salutem dicente, ipse reddendæ salutis mercedem tribueret, nolo hanc arripere occasionem.*

γινώσκοντας αὐτοῦ, τοῖς αὐτοῖς περιπίπτειν; Εἰ γὰρ διὰ τοῦτο αὐτὸν αἰτιᾷ, ὅτι πρότερος ἀναμένει [b] τὴν παρ' ἑτέρου πρόσρησιν, τίνος ἕνεκεν ζηλοῖς ὅπερ ἐγκαλεῖς, καὶ ὅπερ ἔφης εἶναι πονηρὸν, τοῦτο ὡς ἀγαθὸν μιμεῖσθαι ἐσπούδασας; Ὁρᾷς πῶς οὐδὲν ἀνθρώπου κακίᾳ συζῶντος ἀνοητότερον; Διὸ παρακαλῶ, φύγωμεν τὸ πονηρὸν τοῦτο ἔθος καὶ καταγέλαστον. Καὶ γὰρ μυρίας ἀνέτρεψε φιλίας τὸ νόσημα τοῦτο, καὶ πολλὰς ἔχθρας εἰργάσατο. Διὰ δὴ τοῦτο φθάνωμεν αὐτοὺς ἡμεῖς. Οἱ γὰρ ῥαπίζεσθαι, καὶ ἀγγαρεύεσθαι, καὶ γυμνοῦσθαι παρ' ἐχθρῶν κελευόμενοι, καὶ φέρειν, ποίας ἂν εἴημεν συγγνώμης ἄξιοι, ἐν προσρήσει ψιλῇ τοσαύτην ἐπιδεικνύμενοι φιλονεικίαν; Καταφρονούμεθα γὰρ, φησὶ, καὶ διαπτυόμεθα, ὅταν αὐτῷ χαρισώμεθα τοῦτο. Καὶ ἵνα μὴ καταφρονήσῃ ἄνθρωπος, προσκρούεις Θεῷ; καὶ ἵνα μὴ καταφρονήσῃ σου ὁ μαινόμενος ὁμόδουλος, καταφρονεῖς τοῦ Δεσπότου, τοῦ τοσαῦτά σε [c] εὐεργετηκότος; Εἰ γὰρ ἄτοπον τὸ καταφρονεῖν σου τὸν ὁμότιμον, πολλῷ μᾶλλον τό σε καταφρονεῖν τοῦ σε πεποιηκότος Θεοῦ. Μετὰ δὲ τούτου κἀκεῖνο σκόπει, ὅτι ὅταν σου καταφρονήσῃ, τότε σοι μείζονος μισθοῦ γίνεται πρόξενος. Διὰ γὰρ τὸν Θεὸν ταῦτα ὑπομένεις, ἐπειδὴ [d] τῶν αὐτοῦ νόμων ἤκουσας. Τοῦτο δὲ ποίας οὐκ ἂν εἴη τιμῆς ἀντάξιον; πόσων διαδημάτων; Ἐμοὶ γένοιτο καὶ ὑβρίζεσθαι, καὶ καταφρονεῖσθαι διὰ τὸν Θεὸν, ἢ τιμᾶσθαι παρὰ βασιλέων ἁπάντων· οὐδὲν γὰρ, οὐδὲν τῆς δόξης ταύτης ἴσον. Ταύτην τοίνυν διώκωμεν οὕτως, ὡς αὐτὸς ἐκέλευσε, καὶ τῶν ἀνθρωπίνων μηδένα [e] ποιούμενοι λόγον, ἀλλὰ τὴν ἀκριβῆ φιλοσοφίαν ἐπιδεικνύμενοι διὰ πάντων, οὕτω τὸν ἑαυτῶν βίον οἰκονομῶμεν. Καὶ γὰρ τῶν οὐρανίων καὶ τῶν ἐκεῖσε στεφάνων ἐντεῦθεν ἤδη καρπωσόμεθα τὰ ἀγαθὰ, ὡς ἄγγελοι μετὰ ἀνθρώπων βαδίζοντες, ὡς [a] αἱ τῶν ἀγγέλων δυνάμεις ἐν τῇ γῇ περιπολοῦντες, καὶ πάσης μὲν ἐπιθυμίας, πάσης δὲ ἐκτὸς μένοντες ταραχῆς· καὶ μετὰ τούτων δὲ πάντων καὶ τὰ ἀπόρρητα ἀποληψόμεθα ἀγαθά· ὧν γένοιτο πάντας ἡμᾶς ἐπιτυχεῖν, χάριτι καὶ φιλανθρωπίᾳ τοῦ Κυρίου ἡμῶν Ἰησοῦ Χριστοῦ, ᾧ ἡ δόξα καὶ τὸ κράτος καὶ ἡ προσκύνησις σὺν τῷ ἀνάρχῳ Πατρὶ καὶ τῷ ἁγίῳ καὶ ἀγαθῷ Πνεύματι, νῦν καὶ ἀεὶ, καὶ εἰς τοὺς αἰῶνας τῶν αἰώνων. Ἀμήν.

dere, et cum illum improbemus, in eadem incidere? Si enim illum ideo culpas quod prior aliorum C salutationem exspectet, cur imitaris id quod improbas; et quod malum esse dicis, hoc ut bonum æmularis? Viden' nihil stultius esse homine in nequitia vivente? Quamobrem obsecro, hanc improbam et ridiculam consuetudinem fugiamus. Hic quippe morbus mille amicitias evertit, multasque peperit inimicitias. Ideo nos præveniamus alios. Nam qui jubemur ferre ut alapis percutiamur, iter coacti suscipiamus, nudemur ab inimicis, qua venia digni erimus, si in simplici salutatione tantam adhibeamus contentionem? Despicimur, inquies, et conspuimur, cum hoc ipsi D concedimus. Et ne te despiciat homo, Deum offendis? ne te contemnat conservus furens, Dominum contemnis, qui tanta tibi beneficia contulit? Si enim absurdum est te æqualem contemnere, multo magis absurdum contemnere te Deum, qui te fecit. Ad hæc consideres velim, cum te ille despicit, tunc majorem tibi mercedem conciliare. Propter Deum enim hæc pateris, quia leges ejus audisti. Hoc autem quo non honore dignum sit? quibus non diadematibus? Contingat mihi et contumeliis affici et contemni propter Deum, potius quam E honorari ab omnibus regibus: nihil enim, nihil utique huic honori par est. Hunc itaque consectemur ut ille jussit; humanosque honores nihili facientes, sed veram philosophiam per omnia 264 exhibentes, sic vitam ordinemus nostram. Nam A cælestium coronarum jam hic fructum percipiemus, quasi angeli cum hominibus versantes, tamquam angelicæ potestates in terra circumeuntes, omni cupiditate omnique perturbatione exemti; et cum his omnibus ineffabilia consequemur bona: quæ utinam nos omnes adipiscamur, gratia et benignitate Domini nostri Jesu Christi, cui gloria, imperium et adoratio cum principii experte Patre et sancto bonoque Spiritu, nunc et semper, et in sæcula sæculorum. Amen.

b Unus τὴν παρὰ σοῦ πρόσρησιν. [Infra pro καταφρονούμεθα γὰρ, φησί, Savil. ἀλλὰ καταφρ., φ.]

c Quidam εὐεργετήσοντος [sic].

d Alii τὸν αὐτοῦ νόμον ἤκουσας.

e Aliqui ποιώμεθα λόγον, et postea διὰ πάντων τούτων.

a Alii αἱ τῶν οὐρανῶν δυνάμεις ἐν τῇ γῇ περιπατοῦντες, καὶ πάσης μὲν ἀθυμίας.

HOMILIA XIX.

Cap. VI. v. 1. *Attendite ne eleemosynam vestram faciatis coram hominibus, ut videamini ab eis.*

1. Omnium maxime tyrannicum jam eliminat animi morbum, rabiem, inquam, illam et furorem circa vanam gloriam, quæ homines etiam probe agentes invadit. A principio quidem nihil hac de re loquuutus est. Nam superfluum fuisset, priusquam bona opera edere suaderet, docere quomodo illa facienda et adeunda essent. Postquam autem in philosophiam induxit, tunc demum eam, quæ subrependo ipsam inficere solet, pestem auferre nititur. Neque enim utcumque gignitur hic morbus, sed postquam multa præcepta egregie implevimus. Oportebat igitur prius virtutem inserere, et tunc illum animi affectum auferre, qui ejus fructum labefactat. Ac vide unde exordium sumat : a jejunio, oratione et eleemosyna. In his enim maxime recte factis versari solet. Nam Pharisæus inde inflatus dicebat : *Jejuno bis in hebdomada, decimas do omnium quæ possideo:* in ipsa oratione vanam captabat gloriam, et ad ostentationem precabatur. Quia enim nullus alius aderat, publicanum indicabat dicens : *Non sum sicut cæteri hominum, neque sicut hic publicanus.* Et vide quomodo Servator cœperit, ac si de fera immani et astuta ageret, quæ non admodum vigilem capere posset : nam ait : *Attendite ne eleemosynam vestram.* Sic et Paulus Philippensibus dicit : *Videte canes.* Clam enim ingreditur fera, et omnia sine strepitu inflat, atque omnia quæ intra nihil sentientem sunt aufert. Quia igitur plurimum fecit de eleemosyna sermonem, Deumque in medium adduxit, *Qui solem suum oriri facit super malos et bonos,* et undique ad id cohortatus est, et donorum largitate conspicuos esse suasit, demum omnia tollit, quæ huic pulchræ oleæ nocere possent. Quapropter ait : *Attendite ne eleemosynam vestram faciatis coram hominibus.* Nam illa prius memorata, Dei est eleemosyna. Cum vero dixisset, *Ne*

Vana gloria probos etiam invadit.

Luc. 18. 12.

Ibid. v. 11.

Philip. 3. 2.

B

ΟΜΙΛΙΑ ιθ'.

Προσέχετε τὴν ἐλεημοσύνην ὑμῶν μὴ ποιεῖν ἔμπροσθεν τῶν ἀνθρώπων, πρὸς τὸ θεαθῆναι αὐτοῖς.

Τὸ τυραννικώτερον πάντων λοιπὸν ἐξορίζει πάθος, τὴν λύσσαν καὶ τὴν μανίαν τὴν περὶ [b] τὴν κενὴν δόξαν ἐγγινομένην τοῖς κατορθοῦσιν. Ἐξ ἀρχῆς μὲν γὰρ οὐδὲν περὶ αὐτοῦ διελέχθη. Καὶ γὰρ ἦν περιττὸν, πρὶν ἢ πεῖσαι ποιεῖν τι τῶν δεόντων, πέρὶ τοῦ πῶς δεῖ ποιεῖν αὐτὰ καὶ μετιέναι διδάσκειν. Ἐπειδὴ δὲ ἐνῆγεν εἰς φιλοσοφίαν, τότε λοιπὸν καὶ [c] τὴν παρυφισταμένην αὐτῇ C καθαίρει λύμην. Οὐδὲ γὰρ ἁπλῶς τίκτεται τοῦτο τὸ νόσημα, ἀλλ' ὅταν πολλὰ κατορθώσωμεν τῶν ἐπιταττομένων. Ἔδει τοίνυν πρότερον φυτεῦσαι τὴν ἀρετὴν, καὶ τότε τὸ ἐπηρεάζον αὐτῆς τὸν καρπὸν ἀνελεῖν πάθος. Καὶ ὅρα πόθεν ἄρχεται· ἀπὸ νηστείας, καὶ εὐχῆς, καὶ ἐλεημοσύνης. Τούτοις γὰρ μάλιστα ἐμφιλοχωρεῖν εἴωθε τοῖς κατορθώμασι. Ὁ γοῦν Φαρισαῖος ἐντεῦθεν ἐφυσᾶτο λέγων· Νηστεύω δὶς τῆς ἑβδομάδος, D ἀποδεκατῶ μου τὰ ὑπάρχοντα· καὶ ἐν αὐτῇ δὲ ἐκενοδόξει τῇ εὐχῇ, πρὸς ἐπίδειξιν αὐτὴν ποιούμενος. Ἐπειδὴ γὰρ οὐδεὶς ἄλλος παρῆν, [d] τῷ τελώνῃ ἐνεδείκνυτο λέγων· Οὐκ εἰμὶ ὡς οἱ λοιποὶ τῶν ἀνθρώπων, οὐδὲ ὡς οὗτος ὁ τελώνης. Καὶ σκόπει πῶς ἤρξατο, ὡς περὶ θηρίου τινὸς δυσφορωτάτου διαλεγόμενος καὶ δεινοῦ, κλέψαι τὸν μὴ σφόδρα ἐγρηγορότα. Προσέχετε γὰρ, φησὶ, τὴν ἐλεημοσύνην ὑμῶν. Οὕτω καὶ ὁ Παῦλος λέγει Φιλιππησίοις· Βλέπετε τοὺς κύνας. Καὶ γὰρ λάθρᾳ ἐπεισέρχεται τὸ θηρίον, καὶ πάντα ἐκφυσᾷ ἀψοφητὶ, E καὶ ἀνεπαισθήτως ἐκφέρει τὰ ἔνδον ἅπαντα. Ἐπεὶ οὖν πολὺν περὶ τῆς ἐλεημοσύνης ἐποιήσατο λόγον, καὶ τὸν Θεὸν εἰς μέσον ἤγαγε τὸν ἀνατέλλοντα τὸν ἥλιον ἐπὶ πονηροὺς καὶ ἀγαθοὺς, καὶ πανταχόθεν προέτρεψεν εἰς τοῦτο, καὶ κομᾷν ἔπεισε τῇ δαψιλείᾳ τῆς χορηγίας, ἀναιρεῖ λοιπὸν καὶ τὰ ἐνοχλοῦντα τῇ 246 καλῇ ταύτῃ ἐλαίᾳ πάντα. Διό φησι· Προσέχετε τὴν A ἐλεημοσύνην ὑμῶν μὴ ποιεῖν ἔμπροσθεν τῶν ἀνθρώπων. Ἐκείνη γὰρ ἡ ἔμπροσθεν εἰρημένη, τοῦ Θεοῦ ἐστιν ἐλεημοσύνη. Καὶ εἰπὼν, Μὴ ποιεῖν ἔμπροσθεν τῶν ἀνθρώπων, ἐπήγαγε, Πρὸς τὸ θεαθῆναι αὐτοῖς. Καὶ δοκεῖ μὲν [e] πρότερον εἰρῆσθαι τὸ αὐτό· ἂν δέ τις ἀκριβῶς προσέχῃ, οὐκ ἔστι τὸ αὐτὸ, ἀλλ' ἕτερον

b Unus κενοδοξίαν ἐγγινομένην.

c Τὴν παρυφισταμένην, vox opinor singularis, qua significatur, pestem illam vanæ gloriæ subrepere, et bonum opus corrumpere.

d Aliquot Manuscripti τὸν τελώνην ἐδείκνυε.

e Alii δεύτερον εἰρῆσθαι.

ἐκεῖνο, καὶ πολλὴν ἔχει τὴν ἀσφάλειαν, καὶ ἄφατον τὴν κηδεμονίαν, καὶ τὴν φειδώ. Ἔστι γὰρ καὶ ἔμπροσθεν τῶν ἀνθρώπων ποιοῦντα, μὴ πρὸς τὸ θεαθῆναι ποιεῖν· καὶ μὴ ποιοῦντα πάλιν ἔμπροσθεν, πρὸς τὸ θεαθῆναι ποιεῖν. Διόπερ οὐχ ἁπλῶς τὸ γινόμενον, ἀλλὰ τὴν γνώμην κολάζει καὶ στεφανοῖ. Εἰ γὰρ μὴ αὕτη ἡ ἀκρίβεια [b] προσκειμένη ἦν, πολλοὺς ἂν τοῦτο ὀκνηροτέρους ἐποίησε περὶ τὴν τῆς ἐλεημοσύνης δόσιν, διὰ τὸ μὴ πανταχοῦ πάντως δυνατὸν εἶναι λανθανόντως ποιεῖν. Διὰ τοῦτο ἀπολύων σε τῆς ἀνάγκης ταύτης, οὐ τῷ τέλει τοῦ πράγματος, ἀλλὰ τῇ προαιρέσει τοῦ ποιοῦντος, καὶ τὴν ζημίαν καὶ τὸν μισθὸν ὁρίζει. Ἵνα γὰρ μὴ λέγῃς· τί γὰρ ἐγὼ πάθω ἂν ἕτερος ἴδῃ; οὐ τοῦτο ζητῶ, φησὶν, ἀλλὰ τὴν διάνοιαν τὴν σὴν, καὶ τὸν τρόπον τοῦ γινομένου. Τὴν γὰρ ψυχὴν διαπλάσαι βούλεται, καὶ παντὸς ἀπαλλάξαι νοσήματος. Ἀπαγορεύσας τοίνυν τὸ πρὸς ἐπίδειξιν ποιεῖν, καὶ τὴν ἐκ τούτου ζημίαν διδάξας, τὸ μάτην καὶ εἰκῇ τοῦτο ποιεῖν, πάλιν αὐτῶν [c] ἐγείρει τὰ φρονήματα, τοῦ Πατρὸς ἀναμνήσας καὶ τοῦ οὐρανοῦ, ἵνα μὴ τῇ ζημίᾳ μόνῃ καθάψηται, ἀλλὰ καὶ τῇ μνήμῃ τοῦ γεγεννηκότος ἐντρέψῃ. Οὐκ ἔχετε γὰρ μισθὸν, φησὶ, παρὰ τῷ Πατρὶ ὑμῶν τῷ ἐν οὐρανοῖς. Καὶ οὐδὲ ἐνταῦθα ἵστη, ἀλλὰ καὶ περαιτέρω πρόεισι, καὶ δι' ἑτέρων πολλὴν τὴν ἀποτροπὴν ἐργαζόμενος. Ὥσπερ γὰρ [d] ἀνωτέρω τελώνας καὶ ἐθνικοὺς τέθεικε, τῇ ποιότητι τοῦ προσώπου καταισχύνων τοὺς μιμουμένους· οὕτω καὶ ἐνταῦθα τοὺς ὑποκριτάς. Ὅταν οὖν ποιῇς, φησὶν, ἐλεημοσύνην, μὴ σαλπίσῃς ἔμπροσθέν σου, ὥσπερ οἱ ὑποκριταί. Οὐχ ὅτι σάλπιγγας εἶχον ἐκεῖνοι, τοῦτο λέγει, ἀλλὰ τὴν πολλὴν ἐπιδεῖξαι βούλεται μανίαν, τῇ λέξει τῆς μεταφορᾶς ταύτης [e] κωμῳδῶν καὶ ἐκπομπεύων αὐτούς. Καὶ καλῶς ὑποκριτὰς εἶπε. Τὸ μὲν γὰρ προσωπεῖον, ἐλεημοσύνης ἦν· ἡ δὲ διάνοια, ὠμότητος καὶ ἀπανθρωπίας. Οὐ γὰρ διὰ τὸ τὸν πλησίον ἐλεεῖν ποιοῦσιν, ἀλλὰ διὰ τὸ δόξης ἀπολαύειν αὐτούς· ὅπερ ἐσχάτης ἦν ὠμότητος, ἑτέρου λιμῷ διαφθειρομένου φιλοτιμίαν ζητεῖν, καὶ μὴ λύειν τὴν συμφοράν. [f] Οὐκ ἄρα τὸ δοῦναι ἐλεημοσύνην, ἀλλὰ τὸ ὡς χρὴ δοῦναί ἐστι τὸ ζητούμενον, καὶ διὰ τοῦτο δοῦναι.

Κωμῳδήσας [g] τοίνυν αὐτοὺς ἱκανῶς, καὶ καθαψάμενος αὐτῶν, ὡς καὶ αἰσχυνθῆναι τὸν ἀκροατὴν, διορθοῦται πάλιν τὴν τὰ τοιαῦτα νοσοῦσαν γνώμην, καὶ εἰπὼν πῶς δεῖ μὴ ποιεῖν, δείκνυσι πάλιν πῶς δεῖ ποιεῖν. Πῶς οὖν δεῖ ποιεῖν; Μὴ γνώτω, φησὶν, ἡ ἀριστερά

faciatis coram hominibus, subjunxit, *Ut videamini ab eis.* Et videtur quidem idipsum jam ante dixisse : si quis vero diligenter attendat, non idipsum est; sed aliud hoc, aliud illud est : multamque adhibet cautionem, ineffabilemque provi-
B dentiam atque indulgentiam. Potest enim is qui coram hominibus id facit, non ut videatur id facere : et rursus qui coram id non facit, ut videatur, facere. Quamobrem non simpliciter rem, sed voluntatem vel punit vel coronat. Nisi enim ea adhiberetur accuratio, hoc multos ad eleemosynam erogandam segniores reddidisset, quia id non ubique clam fieri potest. Ideo ab hac te absolvens necessitate, non fini operis, sed voluntati facientis, et pœnam et mercedem decernit. Ne dicas enim, Quid interest mea si alius videat? Non hoc quæro, inquit, sed mentem tuam et modum
C faciendæ rei. Animam quippe vult efformare, et ab omni morbo liberare. Postquam igitur edixit, ne ad ostentationem fiat, et damnum docuit emergens, si temere et inconsiderate fiat, rursus auditorum animos erigit, Patrem commemorans atque cælum, ne damnum solum tangeret, sed etiam Patris memoria coerceret. ***Non habebitis***, inquit, ***mercedem apud Patrem vestrum qui in cælis est.*** Neque hic gradum sistit, sed ultra procedit; magnamque eis hujus vitii aversionem indit. Quemadmodum enim supra publicanos ethnicosque
D posuit, ut conditione personarum illos qui hæc imitarentur pudore afficeret : ita hic quoque hypocritas memorat. 2. *Cum facis*, inquit, *eleemosynam, noli tuba canere ante te, sicut hypocritæ faciunt.* Hoc dicit, non quod illi tubas haberent, sed ut magnam insaniam ostendat, hac metaphora illos deridet et traducit; atque probe hypocritas vocat. Larva quippe eleemosynæ erat : mens vero immanitatem crudelitatemque meditabatur. Non enim id agebant quod proximos miserarentur, sed ut ipsi gloria fruerentur : quod extremæ erat crudelitatis, alio fame pereunte, honorem captare, non ejus inopiæ consulere. Vera ergo eleemosyna non est largiri tantum, sed ut oportet dare, et propter inopiam dare. Vera eleemosyna quæ.

E 2. Postquam igitur satis illos traduxit et notavit, ut auditorem pudore afficeret, jam corrigit mentem hoc morbo laborantem : cumque ostendisset quomodo non fieri deberet, rursus quomodo fieri debeat ostendit. Quomodo igitur fieri debet?

b Alii προκειμένη. Infra quidam λανθάνοντας ποιεῖν.
c Alii ἐγείρει τὰ νοήματα.
d Alii ἄνω.
e Morel. κωμῳδῶν ταύτῃ καὶ ἐκπομπεύων.
f Morel. οὐκ ἄρα δοῦναι.
g Alii τοίνυν ἐκείνους.

3. *Nesciat sinistra tua quid facit dextera tua.* Rursus hic non manus subindicat; sed hyperbolice id posuit. Nam si fieri posset, inquit, ut tu ipse ignorares, illud etiam curandum esset, etiam si posset fieri ipsas manus ministrantes latere deberet. Non ut quidam dicunt, id pravis occultandum oportere hominibus: cunctis enim jussit abscondi. Deinde cogita quanta sit merces. Postquam enim supplicium edixerat, ostendit hinc decerpendum honorem, utrinque eos impellens et ad sublimem agens doctrinam. Docet quippe ut sciant ubique Deum esse præsentem, resque nostras non esse præsentis vitæ limitibus circumscriptas, sed terribilius hinc nos excepturum esse tribunal, et rationes reddendas fore actuum omnium; hincque vel honores vel supplicia, ac nec parvum nec magnum opus latere posse, licet homines latere videatur. Hæc quippe omnia subindicavit dicens: 4. *Pater tuus, qui videt in abscondito, reddet tibi in manifesto:* magnum et honorabile theatrum ipsi constituens, ubi id quod concupiscit, ei abunde admodum dabitur. Quid vis? inquiet: annon aliquos habere gestorum spectatores? Ecce habes, non angelos et archangelos tantum, sed et universorum Deum: si etiam homines habere spectatores concupiscis, ne hoc quidem desiderium fructu vacuum erit tempore opportuno; imo id tibi cum majori cumulo præstabitur. Nunc enim si te ostentaveris, apud decem vel viginti, vel centum homines tantum ostentare te poteris; sin studeas nunc latere, tunc te ipse Deus prædicabit, toto præsente orbe. Itaque si tantopere velis homines gesta tua videre, absconde nunc illa, ut cum majori honore tuo illa omnes tunc videant, Deo ipsa manifesta reddente, extollente, et apud omnes prædicante. Nunc autem te qui viderint damnabunt, ut vanæ gloriæ cupidum: cum porro te coronatum videbunt, non modo non damnabunt, sed etiam mirabuntur omnes. Cum itaque et merces parata sit, et admirationi futurus sis, si paulum temporis exspectes, cogita quantæ stultitiæ esset utrumque simul amittere, dum et a Deo merces petitur, et Deo vidente homines evocantur gestorum spectatores. Si enim nos ostentare volumus, Patri ante omnia sese ostendere oportet; maxime vero cum et coronandi et puniendi dominus sit Pater. Certe etiamsi nullum hinc sequeretur damnum, non oporteret glo-

Ostentationis damnum.

248 σου, τί ποιεῖ ἡ δεξιά σου. Πάλιν ἐνταῦθα οὐ χεῖρας A αἰνίττεται, ἀλλ' ὑπερβολικῶς αὐτὸ τέθεικεν. Εἰ γὰρ οἷόν τέ ἐστι, φησὶ, καὶ σεαυτὸν ἀγνοῆσαι, περισπούδαστον ἔστω σοι τοῦτο, κἂν αὐτὰς δυνατὸν ᾖ τὰς διακονουμένας χεῖρας λαθεῖν. Οὐχ ὥς τινές φασιν, ὅτι τοὺς σκαιοὺς δεῖ κρύπτειν ἀνθρώπους· πάντας γὰρ ἐνταῦθα λανθάνειν ἐκέλευσεν. Εἶτα καὶ ὁ μισθὸς ἐννόησον ὅσος. Ἐπειδὴ γὰρ εἶπε τὴν ἐκεῖθεν κόλασιν, δείκνυσι καὶ τὴν [a] ἐντεῦθεν τιμὴν, ἑκατέρωθεν αὐτοὺς ὠθῶν, καὶ εἰς ὑψηλὰ ἄγων διδάγματα. Καὶ γὰρ πείθει εἰδέναι, ὅτι πανταχοῦ πάρεστιν ὁ Θεὸς, καὶ ὅτι οὐ μέχρι τοῦ παρόντος βίου ἕστηκε τὰ ἡμέτερα, ἀλλὰ καὶ φοβερώτερον ἡμᾶς ἐντεῦθεν ἐκδέξεται δικαστήριον, B καὶ αἱ τῶν πεπραγμένων εὐθῦναι ἁπάντων, καὶ τιμαὶ, καὶ κολάσεις, καὶ ὅτι οὐδὲν, οὐ μικρὸν, οὐ μέγα τις ποιῶν λήσεται, κἂν δόξῃ τοὺς ἀνθρώπους λανθάνειν. Ταῦτα γὰρ ἅπαντα ᾐνίξατο εἰπών· Ὁ Πατήρ σου, ὁ βλέπων ἐν τῷ κρυπτῷ, ἀποδώσει σοι ἐν τῷ φανερῷ· μέγα καὶ σεμνὸν αὐτῷ καθίζων θέατρον, καὶ ὅπερ ἐπιθυμεῖ, τοῦτο μετὰ πολλῆς αὐτῷ διδοὺς τῆς περιουσίας. Τί γὰρ βούλει; φησίν· οὐχὶ [b] θεατὰς ἔχειν τῶν γινομένων τινάς; Ἰδοὺ τοίνυν ἔχεις, οὐχὶ ἀγγέλους καὶ ἀρχαγγέλους, ἀλλὰ τὸν τῶν ὅλων Θεόν· εἰ δὲ καὶ ἀνθρώπους ἐπιθυμεῖς ἔχειν θεωρούς, οὐδὲ ταύτης σε ἀποστερεῖ τῆς ἐπιθυμίας καιρῷ τῷ προσήκοντι, ἀλλὰ C καὶ μετὰ πλείονός σοι αὐτὸ παρέχει τῆς ὑπερβολῆς. Νῦν μὲν γὰρ ἂν ἐπιδείξῃ, δέκα, καὶ εἴκοσιν, ἢ καὶ ἑκατὸν ἀνθρώποις ἐπιδείξασθαι δυνήσῃ μόνοις· ἂν δὲ σπουδάζῃς νῦν λανθάνειν, τότε σε αὐτὸς ὁ Θεὸς ἀνακηρύξει, τῆς οἰκουμένης παρούσης ἁπάσης. Ὥστε μάλιστα εἰ βούλει ἀνθρώπους ἰδεῖν σου τὰ κατορθώματα, κρύψον αὐτὰ νῦν, ἵνα μετὰ πλείονος τιμῆς τότε αὐτὰ πάντες θεάσωνται, τοῦ Θεοῦ φανερὰ ποιοῦντος, καὶ ἐπαίροντος, καὶ παρὰ πᾶσιν ἀνακηρύττοντος. Νῦν μὲν γάρ σου καὶ καταγνώσονται οἱ ὁρῶντες, ὡς κενοδόξου· D στεφανούμενον δὲ ἰδόντες, οὐ μόνον οὐ καταγνώσονται, ἀλλὰ καὶ θαυμάσονται ἅπαντες. Ὅταν οὖν καὶ [c] μισθὸν ᾖ λαβεῖν, καὶ θαῦμα καρπώσασθαι μεῖζον, ὀλίγον ἀναμείναντα χρόνον, ἐννόησον ἡλίκης ἀνοίας ἐστὶν ἀμφοτέρων ἐκπεσεῖν τούτων, καὶ παρὰ τοῦ Θεοῦ τὸν μισθὸν [d] αἰτοῦντας, καὶ τοῦ Θεοῦ ὁρῶντος, τοὺς ἀνθρώπους καλεῖν πρὸς τὴν ἐπίδειξιν τῶν γινομένων. Εἰ γὰρ ἐπιδείκνυσθαι δεῖ, τῷ Πατρὶ πρὸ πάντων ἐπιδείκνυσθαι χρή· καὶ μάλιστα ὅταν καὶ τοῦ στεφανῶσαι E καὶ τοῦ ζημιῶσαι κύριος ὁ Πατὴρ ᾖ. Καίτοι εἰ καὶ ζημία μὴ ἦν, οὐκ ἔδει τὸ θέατρον τοῦτο [e] ἀφιέντας, ἀνταλλάξασθαι τὸ τῶν ἀνθρώπων, τὸν δόξης ἐπιθυμοῦντα. Τίς γὰρ οὕτως ἄθλιος, ὡς τοῦ βασιλέως

[a] Quidam ἐνταῦθα, et paulo post εἰς ὑψηλὰ ἀνάγων.
[b] Alii θεατὰς ἔχεις.
[c] Quidam μισθὸν δέῃ λαβεῖν.
[d] Alii αἰτοῦντα, alii αἰτοῦντας.
[e] Quidam ἀφιέντα, alii ἀφιέντας.

σπεύδοντος ἐπὶ τὴν θεωρίαν τῶν αὐτοῦ κατορθωμάτων ἐλθεῖν, ἐκεῖνον μὲν ἀφιέναι, ἀπὸ δὲ τῶν πτωχῶν καὶ τῶν προσαιτῶν καθίζειν αὐτοῦ τὸ θέατρον; Διὰ δὴ τοῦτο οὐχὶ μόνον οὐκ ἐπιδείκνυσθαι κελεύει, ἀλλὰ καὶ σπουδάζειν λανθάνειν. Οὐδὲ γάρ ἐστιν ἴσον, μὴ σπουδάσαι φανῆναι, καὶ σπουδάσαι λαθεῖν. Καὶ ὅταν προσεύχησθε, φησὶν, οὐκ ἔσεσθε ὥσπερ οἱ ὑποκριταί· ὅτι φιλοῦσιν ἐν ταῖς συναγωγαῖς καὶ ἐν ταῖς γωνίαις τῶν πλατειῶν ἑστῶτες προσεύχεσθαι, ὅπως ἂν φανῶσι τοῖς ἀνθρώποις. Ἀμὴν λέγω ὑμῖν, ἀπέχουσι τὸν μισθὸν αὐτῶν· σὺ δὲ ὅταν προσεύχῃ, εἴσελθε εἰς τὸ ταμιεῖόν σου, καὶ κλείσας τὴν θύραν σου, πρόσευξαι τῷ Πατρί σου τῷ ἐν τῷ κρυπτῷ. Πάλιν καὶ τούτους ὑποκριτὰς καλεῖ, καὶ μάλα εἰκότως· ὅτι Θεῷ προσποιούμενοι προσεύχεσθαι, ἀνθρώπους περισκοποῦσιν, οὐχ ἱκετῶν περικείμενοι σχῆμα, ἀλλ' ἀνθρώπων καταγελάστων. Ὁ γὰρ μέλλων ἱκετεύειν, ἅπαντας ἀφεὶς, πρὸς ἐκεῖνον μόνον ὁρᾷ τὸν κύριον ὄντα δοῦναι τὴν αἴτησιν. Ἂν δὲ τοῦτον ἀφεὶς περιέρχῃ πλανώμενος καὶ πανταχοῦ περιφέρων τοὺς ὀφθαλμοὺς, κεναῖς ἀπελεύσῃ χερσί. Τοῦτο γὰρ αὐτὸς ἐβουλήθης. Διὰ τοῦτο οὐκ εἶπεν, ὅτι οὐ λήψονται μισθὸν οἱ τοιοῦτοι, ἀλλ' ὅτι ἀπέχουσι· τουτέστιν, ὅτι λήψονται μὲν, [a] παρ' ὧν δὲ ἐπιθυμοῦσιν αὐτοί. Οὐ γὰρ ὁ Θεὸς τοῦτο βούλεται, ἀλλ' αὐτὸς μὲν τὴν παρ' αὐτοῦ παρέχειν ἤθελεν ἀμοιβήν. Ἐκεῖνοι δὲ τὴν παρὰ τῶν ἀνθρώπων ζητοῦντες, οὐκέτ' ἂν εἶεν δίκαιοι λαβεῖν παρ' ἐκείνου, δι' ὃν οὐδὲν πεποιήκασι. Σὺ δέ μοι σκόπει τοῦ Θεοῦ τὴν φιλανθρωπίαν, ὅταν καὶ ὑπὲρ ὧν [b] αἰτεῖται παρ' ἡμῶν ἀγαθῶν, ἐπαγγέλληται μισθὸν παρέξειν. Διαβαλὼν τοίνυν τοὺς οὐ προσηκόντως τῷ πράγματι χρωμένους καὶ ἀπὸ τοῦ τόπου, καὶ ἀπὸ τῆς διαθέσεως, καὶ δείξας σφόδρα καταγελάστους ὄντας, εἰσάγει τὸν ἄριστον τῆς προσευχῆς τρόπον, καὶ πάλιν τὸν μισθὸν δίδωσιν, εἰπών· Εἴσελθε εἰς τὸ ταμιεῖόν σου.

Τί οὖν; ἐν ἐκκλησίᾳ, φησὶν, οὐ δεῖ προσεύχεσθαι; Καὶ σφόδρα μὲν, ἀλλὰ μετὰ γνώμης τοιαύτης. Πανταχοῦ γὰρ ὁ Θεὸς τὸν σκοπὸν ζητεῖ τῶν γινομένων. Ἐπεὶ κἂν εἰς τὸ ταμιεῖον εἰσέλθῃς, καὶ ἀποκλείσας, πρὸς ἐπίδειξιν αὐτὸ ἐργάσῃ, οὐδέν σοι τῶν θυρῶν ὄφελος. Ὅρα γοῦν καὶ ἐνταῦθα πῶς ἀκριβῆ τὸν διορισμὸν τέθεικεν, εἰπὼν, Ὅπως φανῶσι τοῖς ἀνθρώποις. Ὥστε κἂν τὰς θύρας ἀποκλείσῃς, τοῦτο πρὸ τῆς τῶν θυρῶν ἀποκλείσεως κατορθῶσαί σε βούλεται, καὶ τὰς τῆς διανοίας ἀποκλείειν θύρας. Κενοδοξίας γὰρ πανταχοῦ μὲν ἀπηλλάχθαι καλόν· μάλιστα δὲ ἐν εὐχῇ. Εἰ γὰρ καὶ τούτου χωρὶς πλανώμεθα καὶ περιφερόμεθα, ἂν

riæ cupidum, hoc relicto theatro, hominum expetere theatrum. Quis enim ita miser esset, ut rege festinante ad recte factorum ejus spectaculum
247 accedere, illo relicto, pauperum atque mendi-
A corum sibi spectaculum statueret? Ideo non modo præcipit ut nos non ostentemus, sed etiam ut latere studeamus. Non enim æquale est, non se ostentandi studium habere, et latebras quærere. 5. *Et cum oratis, nolite fieri sicut hypocritæ, qui amant in synagogis et in angulis platearum stantes orare, ut videantur ab hominibus. Amen dico vobis, receperunt mercedem suam.* 6. *Tu autem cum oraveris, intra in cubiculum tuum, et clauso ostio, ora Pa-*
B *trem tuum qui est in absoondito.* Rursum hos hypocritas vocat, et jure quidem: quia cum se Deum orare simulant, homines circumspiciunt, non supplicum veste induti, sed ridiculorum hominum. Qui enim ad supplicandum se præparat, omnibus relictis, illum intuetur unum, qui potest postulata dare. Quod si illo relicto, circumeas errans, et undique circumspiciens, vacuis manibus abscedes. Hoc enim tu voluisti. Ideo non dixit, tales homines mercedem non accepturos esse, sed recepisse; id est, recipient quidem, sed a quibus desiderant. Non enim hoc Deus volebat, sed cupiebat ipse suam præbere mercedem. Illi vero
C mercedem ab hominibus quærentes, non ab illo merentur accipere, propter quem nihil fecerunt. Tu vero mihi consideres velim Dei benignitatem, quando de quibus a nobis rogatur bonis, mercedem se daturum pollicetur. Vituperans igitur illos, qui non ut decet hoc officio utuntur, tum a loco, tum ab affectu, cum ostendisset illos admodum ridiculos esse, optimum orationis modum inducit, et rursus mercedem tribuit, dicens: *Intra in cubiculum tuum.*

3. Quid igitur, inquit, in ecclesia non orandum? Sane quidem orandum, sed cum voluntate tali.
D Nam Deus ubique cum sit, gestorum scopum requirit. Alioquin si in cubiculum ingressus sis, januamque claudas, idque ad ostentationem facias, nihil tibi januis opus est. Vide igitur et hic quam accuratam distinctionem posuerit dicens, *Ut appareant hominibus.* Itaque etiamsi januas clauseris, id te vult antequam claudas recte facere, nempe ut etiam mentis tuæ januas claudas. Nam vana gloria semper vacuum esse optimum est; maxime vero in oratione. Si enim absque hoc vi-

[a] Sic recte Savil. et quidam alii. In Morel. vero δὲ desideratur.

[b] Alii αἰτῆται, alii αἰτῇ.

tio mente erramus, et circumferimur; si cum hoc morbo ingrediamur, quandonam ea quæ dicimus audiemus? sin nos qui supplicamus et obsecramus, non audimus, quomodo Deum ut audiat rogamus? Attamen quidam sunt qui post tot tantaque præcepta ita turpiter in oratione se gerunt, ut etiamsi corpore occulti sint, voce omnibus se faciunt manifestos, scurriliter clamantes, et habitu voceque sese ridiculos exhibentes. Annon vides etiam in foro, si quis ita se gerat, et cum clamore supplicet, quomodo illum etiam quem rogat amoveat; si autem quiete et cum decenti habitu, tum maxime inflectat eum qui gratiam conferre potest?

Oratio cum voluntatis studio emittenda.

Ne itaque habitu corporis, neque vocis clamore, sed voluntatis studio orationes emittamus; neque cum strepitu et sonitu, vel ad ostentationem, ne proximos nobis expellamus, sed cum modestia omni, animi contritione, et lacrymis interioribus. Sed doles animo, nec potes non clamare? Imo maxime dolentis est sic orare, et obsecrare ut dixi. Nam et Moyses dolebat, sicque orabat, et

Exod. 14. 15.

audiebatur: ideoque dixit illi Deus: *Quid clamas ad me?* Anna quoque rursum, cum vox non

1. Reg. 1.

Precantis non vox requiritur.

audiretur, omnia quæ voluit impetravit, quia cor ejus clamabat. Abel vero non silens modo, sed etiam moriens precabatur, et sanguis ejus tuba clariorem emittebat vocem. Ingemisce igitur et tu

Joël. 2. 13.

similiter ut ille sanctus: id non impedio. Scinde, ut propheta jussit, cor tuum, et non vestimenta

Psal. 129. 1.

tua. De profundis invoca Deum; nam ait ille, *De profundis clamavi ad te, Domine:* ex intimo cordis tui vocem attrahe, fac orationem tuam esse mysterium. Non vides in aulis regiis tumultum omnem eliminari, et multum undique esse silentium? Et tu itaque quasi in regiam ingrediens non terrenam, sed in multo terribiliorem, nempe cælestem, magnam exhibe modestiam. Nam et cum angelis choreas agis, et archangelorum es socius, et cum Seraphim canis. Omnes porro isti cœtus magnum exhibent ordinem, cum horrore multo mysticum illud melos et sacros hymnos canentes regi universorum Deo. His itaque te admisceas in precando, mysticumque ipsorum ornatum imitare. Neque enim hominibus precaris; sed Deo ubique præsenti, antequam vocem emittas audienti, qui novit arcana mentis. Si sic oraveris, multam recipies mercedem. *Pater,* inquit,

καὶ ταύτην εἰσερχώμεθα τὴν νόσον ἔχοντες, πότε ἀκουσόμεθα τῶν [c] παρ' ἡμῶν λεγομένων; εἰ δὲ ἡμεῖς E οἱ δεόμενοι καὶ παρακαλοῦντες οὐκ ἀκούομεν, πῶς τὸν Θεὸν ἀξιοῦμεν ἀκούειν; Ἀλλ' ὅμως εἰσί τινες, οἱ μετὰ τοιαῦτα καὶ τοσαῦτα παραγγέλματα οὕτως ἀσχημονοῦντες ἐν τῇ εὐχῇ, ὡς καὶ τοῦ σώματος κρυπτομένου, διὰ τῆς φωνῆς πᾶσι καταδήλους ἑαυτοὺς ποιεῖν, συρφετωδῶς βοῶντες, καὶ τῷ σχήματι καὶ τῇ φωνῇ καταγελάστους ποιοῦντες ἑαυτούς. Οὐχ ὁρᾷς ὅτι καὶ ἐν ἀγορᾷ, ἂν μὲν τοιαῦτα προέλθῃ τις ποιῶν, καὶ 248 A μετὰ βοῆς ἱκετεύων, [a] σοβήσει τὸν ἱκετευόμενον· ἂν δὲ ἡσυχῇ καὶ μετὰ τοῦ προσήκοντος σχήματος, τότε ἐπισπᾶται μᾶλλον τὸν δυνάμενον δοῦναι τὴν χάριν; Μὴ τοίνυν τῷ σχήματι τοῦ σώματος, μηδὲ τῇ κραυγῇ τῆς φωνῆς, ἀλλὰ τῇ προθυμίᾳ τῆς γνώμης τὰς εὐχὰς ποιώμεθα· μήτε μετὰ ψόφου καὶ ἠχῆς, καὶ πρὸς ἐπίδειξιν, ὡς καὶ τοὺς πλησίον [b] ἐκκρούειν, ἀλλὰ μετὰ ἐπιεικείας πάσης καὶ τῆς κατὰ διάνοιαν συντριβῆς, καὶ δακρύων τῶν ἔνδοθεν. Ἀλλ' ἀλγεῖς τὴν ψυχὴν, καὶ οὐκ ἂν δύναιο μὴ βοᾷν; Καὶ μὴν τοῦ σφόδρα ἀλγοῦντός ἐστι τὸ οὕτως εὔχεσθαι, καὶ παρακαλεῖν ὥσπερ εἶπον. Ἐπεὶ καὶ Μωϋσῆς ἤλγει, καὶ οὕτως ηὔχετο, καὶ B ἠκούετο· διὰ τοῦτο καὶ ἔλεγε πρὸς αὐτὸν ὁ Θεός· Τί βοᾷς πρός με; Καὶ ἡ Ἄννα δὲ πάλιν, τῆς φωνῆς αὐτῆς οὐκ ἀκουομένης, πάντα ἤνυσεν ὅσα ἠθέλησεν, ἐπειδὴ ἡ καρδία αὐτῆς ἐβόα. Ὁ δὲ Ἄβελ οὐχὶ σιγῶν, ἀλλὰ καὶ τελευτῶν ηὔχετο, καὶ τὸ αἷμα αὐτοῦ σάλπιγγος λαμπροτέραν ἠφίει φωνήν. Στέναξον τοίνυν καὶ σὺ οὕτως ὡς ὁ ἅγιος ἐκεῖνος· οὐ κωλύω. Διάῤῥηξον, ὡς ὁ προφήτης ἐκέλευσε, τὴν καρδίαν σου, καὶ μὴ τὰ ἱμάτια. Ἐκ βαθέων κάλεσον τὸν Θεόν· Ἐκ βαθέων γὰρ, φησὶν, ἐκέκραξά σοι, Κύριε· κάτωθεν ἀπὸ τῆς καρδίας σου ἕλκυσον φωνὴν, μυστήριον ποίησόν σου τὴν εὐχήν. C Οὐχ ὁρᾷς ὅτι καὶ ἐν τοῖς βασιλείοις θόρυβος ἐκποδὼν ἅπας, καὶ πολλὴ πανταχόθεν ἡ σιγή; Καὶ σὺ τοίνυν ὡς εἰς βασίλεια εἰσιὼν, οὐ τὰ ἐν τῇ γῇ, ἀλλὰ τὰ πολλῷ φρικωδέστερα τούτων, τὰ ἐν τοῖς οὐρανοῖς, πολλὴν ἐπιδείκνυσο τὴν εὐσχημοσύνην. Καὶ γὰρ καὶ ἀγγέλων εἶ συγχορευτὴς, καὶ ἀρχαγγέλων κοινωνὸς, καὶ [c] μετὰ τῶν Σεραφὶμ ᾄδεις. Πάντες δὲ οὗτοι οἱ δῆμοι πολλὴν ἐπιδείκνυνται τὴν εὐταξίαν, μετὰ πολλῆς τῆς φρίκης τὸ μυστικὸν ἐκεῖνο μέλος καὶ τοὺς ἱεροὺς ὕμνους ᾄδοντες τῷ βασιλεῖ τῶν ὅλων Θεῷ. Τούτοις τοίνυν ἐγκατάμιξον σαυτὸν εὐχόμενος, καὶ τὸν μυστικὸν αὐτῶν ζήλωσον κόσμον. Οὐδὲ γὰρ ἀνθρώποις εὔχῃ, D ἀλλὰ Θεῷ τῷ πανταχοῦ παρόντι, τῷ [d] καὶ πρὸ τῆς φωνῆς ἀκούοντι, τῷ τὰ ἀπόῤῥητα τῆς διανοίας ἐπιστα-

c Unus τῶν ἐν ἐκκλησίᾳ λεγομένων. Paulo post Morel. οἱ μετὰ τοιαῦτα παραγγέλματα.

a Alii ἀποσοβήσει, alii ἀποσοβεῖ.

b Alii ἐγκρούειν.

c Alii συγκοινωνὸς, καὶ τὰ τῶν Σεραφὶμ, non male.

d Quidam καὶ πρὸ τῆς εὐχῆς ἀκούοντι.

μένῳ. Ἂν οὕτως εὔχῃ, πολὺν ἀπολήψῃ τὸν μισθόν. Ὁ Πατήρ γάρ σου, φησὶν, ὁ βλέπων ἐν τῷ κρυπτῷ, ἀποδώσει σοι ἐν τῷ φανερῷ. Οὐκ εἶπε, χαριεῖταί σοι, ἀλλ', Ἀποδώσει σοι. Καὶ γὰρ χρεώστην ἑαυτόν σοι κατέστησε, καὶ μεγάλῃ σε καὶ ἐντεῦθεν ἐτίμησε τιμῇ. Ἐπειδὴ γὰρ αὐτός ἐστιν ἀόρατος, καὶ τὴν εὐχήν σου τοιαύτην εἶναι βούλεται. Εἶτα λέγει καὶ τὰ ῥήματα αὐτὰ τῆς εὐχῆς. Προσευχόμενοι γὰρ, φησὶ, μὴ [e] βαττολογῆτε, ὥσπερ οἱ ἐθνικοὶ ποιοῦσιν. Ὅτε μὲν γὰρ E
περὶ τῆς ἐλεημοσύνης διελέγετο, τὴν ἀπὸ τῆς κενοδοξίας λύμην ἀπέστησε μόνον, καὶ οὐδὲν πλέον προσέθηκεν, οὐδὲ εἶπε, πόθεν ἐλεημοσύνην δεῖ ποιεῖν· οἷον ἀπὸ δικαίων πόνων, ἀλλὰ μὴ ἐξ ἁρπαγῆς, [f] μηδὲ ἀπὸ πλεονεξίας. Καὶ γὰρ σφόδρα ἦν ὡμολογημένον παρὰ πᾶσι. Καὶ ἀνωτέρω δὲ τοῦτο προδιεκάθαρεν, ὅτε τοὺς πεινῶντας τὴν δικαιοσύνην ἐμακάρισεν. Ἐπὶ δὲ τῆς 249
A εὐχῆς καὶ ἕτερόν τι προστίθησι πλέον, τὸ μὴ βαττολογεῖν· καὶ ὥσπερ ἐκεῖ τοὺς ὑποκριτὰς, οὕτως ἐνταῦθα τοὺς ἐθνικοὺς κωμῳδεῖ, πανταχοῦ τῇ τῶν προσώπων εὐτελείᾳ μάλιστα ἐντρέπων τὸν ἀκροώμενον. Ἐπειδὴ γὰρ ὡς τὰ πολλὰ τοῦτο μάλιστα δάκνει καὶ καθάπτεται, τὸ δοκεῖν ἀπεγνωσμένοις ἀνθρώποις ἐξομοιοῦσθαι, ἐντεῦθεν αὐτοὺς ἀποτρέπει, βαττολογίαν ἐνταῦθα τὴν φλυαρίαν λέγων· οἷον ὅταν τὰ μὴ προσήκοντα αἰτῶμεν παρὰ τοῦ Θεοῦ, δυναστείας καὶ δόξας, καὶ τὸ ἐχθρῶν περιγενέσθαι, καὶ χρημάτων περιουσίας, καὶ ἁπλῶς τὰ μηδὲν ἡμῖν διαφέροντα. Οἶδε γὰρ, φησὶν, ὧν χρείαν ἔχετε. B

Μετὰ δὲ τούτων δοκεῖ μοι κελεύειν ἐνταῦθα μηδὲ μακρὰς ποιεῖσθαι τὰς εὐχάς· μακρὰς δὲ οὐχὶ τῷ χρόνῳ, ἀλλὰ τῷ πλήθει καὶ μήκει τῶν λεγομένων. Παραμένειν μὲν γὰρ χρὴ τὰ αὐτὰ αἰτοῦντας· Τῇ γὰρ εὐχῇ, φησὶ, προσκαρτεροῦντες. Καὶ αὐτὸς δὲ διὰ τοῦ παραδείγματος ἐκείνου τοῦ κατὰ τὴν χήραν, ἣ τὸν ἀνελεῆ καὶ ὠμὸν ἐπέκαμψεν ἄρχοντα τῇ συνεχείᾳ τῆς ἐντεύξεως· καὶ τοῦ κατὰ τὸν φίλον, τὸν ἀωρὶ τῶν νυκτῶν παραγενόμενον, καὶ τὸν καθεύδοντα ἀπὸ τῆς κλίνης ἀναστήσαντα, οὐ διὰ τὴν φιλίαν, ἀλλὰ [a] διὰ τὴν προσεδρείαν· οὐδὲν ἕτερον ἢ τὸ συνεχῶς ἐντυγχάνειν αὐτῷ ἅπαντας ἐνομοθέτησεν, οὐ μὴν μυρίων στί- C
χων εὐχὴν συντιθέντας αὐτῷ προσιέναι καὶ ἀπαγγέλλειν ἁπλῶς κελεύει. Τοῦτο γὰρ ᾐνίξατο, εἰπών· Δοκοῦσι γὰρ, ὅτι ἐν τῇ πολυλογίᾳ αὐτῶν εἰσακουσθήσονται. Μὴ οὖν ὁμοιωθῆτε αὐτοῖς. Οἶδε γὰρ ὁ Πατὴρ ὑμῶν ὧν χρείαν ἔχετε, πρὸ τοῦ ὑμᾶς αἰτῆσαι αὐτόν. Καὶ εἰ οἶδε, φησὶν, ὧν χρείαν ἔχομεν, τίνος ἕνεκεν εὔχεσθαι δεῖ; Οὐχ ἵνα διδάξῃς, ἀλλ' ἵνα ἐπικάμψῃς· ἵνα οἰκειωθῇς τῇ συνεχείᾳ τῆς ἐντεύξεως, ἵνα ταπεινωθῇς, ἵνα ἀναμνησθῇς τῶν ἁμαρτημάτων τῶν σῶν.

tuus, qui videt in abscondito, reddet tibi in manifesto. Non ait, Donabit tibi, sed, *Reddet.* Debitorem se quippe tibi constituit, teque magno pro hoc etiam honore donavit. Quia enim ipse invisibilis est, ideo vult orationem tuam hujusmodi esse. Deinde verba ipsa orationis refert. 7. *Orantes*, inquit, *nolite multum loqui, sicut ethnici faciunt.* Nam cum de eleemosyna loquebatur, vanæ gloriæ pestem tantum semovit, nihilque amplius adjecit, neque dixit, undenam eleemosynam facere oporteret; verbi causa ex justis laboribus, non ex rapina, vel ex avaritia. Illud namque in confesso apud omnes erat. Superius autem illud jam expurgaverat, cum esurientes justitiam beatos prædicavit. Circa orationem vero aliquid amplius adjicit, multiloquium esse vitandum: ac quemadmodum ibi hypocritas, ita et hic ethnicos irridet, ubique ex personarum vilitate auditorem pudore afficiens. Quia enim ut plurimum hoc maxime mordet et angit, cum quis desperatis hominibus comparatur, hinc illos abducit, multiloquium hic futilem loquacitatem vocans; ut cum non consentanea a Deo petimus, nempe potentiam et gloriam, victoriam de inimicis, divitiarum facultates, demumque ea quæ nihil nobis profutura sunt. *Scit enim*, inquit, *quibus opus habeatis.*

4. Post hæc autem videtur mihi longas orationes vetare; longas non tempore, sed multitudine *In oratione perseverandum.*
et longitudine verborum. Perseverandum enim est eadem ipsa petendo: *Orationi*, inquit, *instantes.* *Rom. 12. 12.*
Et ipse Christus exemplo viduæ, quæ immisericordem et crudelem principem orationis instantia *Luc. 18.*
flexit; exemploque amici illius qui intempesta no- *Luc. 11.*
cte venit, et dormientem a lecto suscitavit, non ex amicitia, sed ex perseverantia: nihil aliud præscribit, quam omnes ipsi supplicare assidue oportere, non per orationem mille versibus constantem, sed simpliciter rem efferre jubet. Illud enim subindicavit his verbis: *Putant enim, quod in multiloquio suo exaudiantur.* 8. *Ne similes estote illis. Scit enim Pater vester quid vobis opus sit, antequam ab illo petatis.* Et si novit, inquies, quibus opus habemus, cur oportet orare? Non ut eum doceas, sed ut inflectas; ut supplicationis frequentia illi familiaris evadas, ut humilieris, ut peccatorum tuorum recorderis. 9. *Sic igitur orate*, ait: *Pater noster qui es cælis, san-*

[e] Manuscripti non pauci [et Bibl.] μὴ βαττολογήσητε.
[f] Multi Codices μηδὲ πλεονεξίας.

[a] Alii et Morel. διὰ τὴν προεδρείαν, minus recte.

ctificetur nomen tuum. Vide quomodo statim auditorem erexit, et omne beneficii genus in prœmiis memoravit. Nam qui Patrem Deum appellavit, et peccatorum remissionem, et supplicii abrogationem, et justitiam, et sanctificationem, et redemtionem, et filiorum adoptionem, et hereditatem, et fraternitatem cum Unigenito, et Spiritus dona, hac una denominatione confessus est. Neque enim Deum Patrem quis appellare potest, nisi hæc omnia bona consequutus. Duplici igitur modo eorum animos erigit; et ex dignitate ejus quem Patrem vocant, et ex magnitudine eorum, quæ accepere, beneficiorum. Cum autem dicit, *In cœlis*, non ibi Deum hoc dicendo concludit, sed precantem de terra abducit, et in excelsis locis supernisque habitaculis affigit. Docet autem communem pro fratribus orationem emittere. Non enim dicit, Pater meus, qui es in cælis; sed, *Pater noster*, pro communi corpore supplicationes emittens, nec umquam propria commoda spectans, sed ubique proximi. Hoc autem verbo inimicitias de medio tollit et arrogantiam reprimit, invidiamque eliminat; matrem vero omnium bonorum caritatem inducit, humanarumque rerum inæqualitatem expellit, et multam regis cum paupere honoris æqualitatem ostendit; siquidem in maximis et omnino necessariis omnes communione juncti sumus. Quid enim nocumenti ex terrena cognatione, cum secundum supernam omnes conjuncti simus, et nemo plus altero quidpiam habeat, non dives paupere, non herus servo, non princeps subdito, non rex milite, non philosophus barbaro, nec sapiens idiota? Omnibus quippe unam largitus est nobilitatem, cum omnium similiter Pater vocari dignatus sit. Postquam igitur hanc nobilitatem memoravit, necnon supernum donum, honoris inter fratres paritatem, atque caritatem, postquam a terra abduxit et cælo affixit, videamus quid deinceps petere jubeat: nam hoc quoque dictum omnis virtutis doctrinam inserere valet. Nam qui Patrem vocavit Deum, et Patrem communem, jure talem exhibeat vitam, qua hac nobilitate indignus non

Æque nobiles sunt qui Deum Patrem esse suum dicere possunt.

Οὕτως οὖν προσεύχεσθε ὑμεῖς, φησί· [b] Πάτερ ἡμῶν ὁ
D ἐν τοῖς οὐρανοῖς, ἁγιασθήτω τὸ ὄνομά σου. Ὅρα πῶς
εὐθέως ἀνέστησε τὸν ἀκροατὴν, καὶ πάσης ἀνέμνησε
τῆς εὐεργεσίας ἐν προοιμίοις. Ὁ γὰρ Πατέρα εἰπὼν
τὸν Θεὸν, καὶ ἁμαρτημάτων ἄφεσιν, καὶ κολάσεως
ἀναίρεσιν, καὶ δικαιοσύνην, καὶ ἁγιασμὸν, καὶ ἀπολύτρωσιν, καὶ υἱοθεσίαν, καὶ κληρονομίαν, καὶ ἀδελφότητα τὴν πρὸς τὸν Μονογενῆ, καὶ Πνεύματος χορηγίαν,
διὰ τῆς μιᾶς ταύτης ὡμολόγησε προσηγορίας. Οὐδὲ
γὰρ δυνατὸν καλέσαι Πατέρα τὸν Θεὸν, μὴ πάντων
ἐκείνων ἐπιτυχόντα τῶν ἀγαθῶν. Διπλῇ τοίνυν αὐτῶν
διεγείρει τὸ φρόνημα, καὶ τῷ ἀξιώματι τοῦ καλουμέ-
νου, καὶ τῷ μεγέθει τῶν εὐεργετημάτων ὧν ἀπήλαυσαν.
E Τὸ δὲ, Ἐν τοῖς οὐρανοῖς, ὅταν εἴπῃ, οὐκ ἐκεῖ τὸν
Θεὸν συγκλείων τοῦτό φησιν, ἀλλὰ τῆς γῆς ἀπάγων
τὸν εὐχόμενον, καὶ τοῖς ὑψηλοῖς προσηλῶν χωρίοις,
καὶ ταῖς ἄνω διατριβαῖς. Παιδεύει δὲ καὶ κοινὴν ὑπὲρ
250 τῶν ἀδελφῶν ποιεῖσθαι τὴν εὐχήν. Οὐ γὰρ λέγει, ὁ
A Πατήρ μου ὁ ἐν τοῖς οὐρανοῖς· ἀλλ', ὁ Πατὴρ ἡμῶν,
ὑπὲρ τοῦ κοινοῦ σώματος τὰς δεήσεις ἀναφέρων, καὶ
οὐδαμοῦ σκοπῶν τὸ ἑαυτοῦ, ἀλλὰ πανταχοῦ τὸ τοῦ
πλησίον. Ἀπὸ δὲ τούτου καὶ ἔχθραν ἀναιρεῖ, καὶ ἀπόνοιαν καταστέλλει, καὶ βασκανίαν ἐκβάλλει, καὶ τὴν
μητέρα τῶν ἀγαθῶν ἁπάντων ἀγάπην εἰσάγει, καὶ
τὴν ἀνωμαλίαν τῶν ἀνθρωπίνων ἐξορίζει πραγμάτων,
καὶ πολλὴν δείκνυσι τῷ βασιλεῖ πρὸς τὸν πτωχὸν τὴν
ὁμοτιμίαν, εἴγε ἐν τοῖς μεγίστοις καὶ ἀναγκαιοτάτοις
[a] κοινωνοῦμεν ἅπαντες. Τί γὰρ βλάβος ἐκ τῆς κάτω
συγγενείας, ὅταν κατὰ τὴν ἄνω ἅπαντες ὦμεν συνημμένοι, καὶ μηδεὶς ἑτέρου πλεῖον ἔχῃ μηδὲν, μήτε ὁ
B πλούσιος τοῦ πένητος, μήτε ὁ δεσπότης τοῦ δούλου,
μήτε ὁ ἄρχων τοῦ ἀρχομένου, μήτε ὁ βασιλεὺς τοῦ
στρατιώτου, μήτε ὁ φιλόσοφος τοῦ βαρβάρου, μήτε ὁ
σοφὸς τοῦ ἰδιώτου; Πᾶσι γὰρ μίαν [b] ἐχαρίσατο εὐγένειαν, πάντων ὁμοίως κληθῆναι καταξιώσας Πατήρ.
Ἀναμνήσας τοίνυν τῆς εὐγενείας ταύτης, καὶ τῆς ἄνωθεν δωρεᾶς, καὶ τῆς πρὸς τοὺς ἀδελφοὺς ὁμοτιμίας,
καὶ τῆς ἀγάπης, καὶ τῆς γῆς ἀποστήσας, καὶ τοῖς
οὐρανίοις προσηλώσας, ἴδωμεν τί κελεύει λοιπὸν αἰ-
τεῖν· μάλιστα μὲν γὰρ καὶ αὐτὴ ἡ λέξις ἱκανὴ πάσης ἀρετῆς διδασκαλίαν ἐνθεῖναι. Ὁ γὰρ Πατέρα
καλέσας τὸν Θεὸν, καὶ Πατέρα κοινὸν, δίκαιος ἂν εἴη

[b] Πάτερ ἡμῶν, etc. Hæc tituli more jacent in Editionibus Commelini et Morelli, quia in Latinis Editis homilia hæc, quæ in Græcis Manuscriptis una serie ponitur ut a Chrysostomo habita fuit, in duas divisa fuit. Latini porro, ut videtur, quo in unam Orationem Dominicam Homiliam Chrysostomi haberent, hanc in duas partes diviserunt, quarum postrema Orationis Dominicæ explicationem complectitur, et hanc postremam partem Homiliam vigesimam inscripserunt; secundum quem numerum, sequentes homiliarum numeri concinnantur. Qui numeri quia a scriptoribus Chrysostomi loca afferentibus semper adhibiti fuerunt, postquam decimæ nonæ suam seriem restituimus, posito vero genuinoque singularum numero, veterem illum adjecimus. Exempli causa : *vigesima*, al. *vigesima prima*.

[a] Morel. κοινωνοῦμεν αὐτῷ ἅπαντες. Mox unus ἐκ τῆς κάτω δυσγενείας. Infra Morel. habet πλεῖον ἔχει, alii πλεῖον ἔχῃ.

[b] Morel. ἐχαρίσατο συγγένειαν, minus recte.

C τοιαύτην ἐπιδείκνυσθαι πολιτείαν, ὡς μὴ [c] τῆς εὐγενείας ταύτης ἀνάξιος φανῆναι, καὶ ἴσην τῇ δωρεᾷ παρέχεσθαι τὴν σπουδήν. Πλὴν ἀλλ' οὐκ ἀρκεῖται τούτῳ, ἀλλὰ καὶ ἑτέραν προστίθησιν, οὕτω λέγων· [*] Ἁγιασθήτω τὸ ὄνομά σου. Ἀξία τοῦ τὸν Θεὸν Πατέρα καλοῦντος ἡ εὐχὴ, μηδὲν αἰτεῖν πρὸ τῆς τοῦ Πατρὸς δόξης, ἀλλὰ πάντα δεύτερα ἡγεῖσθαι τῆς εἰς ἐκεῖνον εὐφημίας. Τὸ γὰρ, Ἁγιασθήτω, τοῦτ' ἔστι, δοξασθήτω. Τὴν μὲν γὰρ οἰκείαν ἔχει δόξαν πεπληρωμένην, καὶ ὡσαύτως ἀεὶ μένουσαν. Ἀξιοῦν δὲ κελεύει τὸν εὐχόμενον, καὶ διὰ τῆς ἡμετέρας αὐτὸν δοξάζεσθαι [d] ζωῆς· ὅπερ καὶ ἔμπροσθεν ἔλεγε· Λαμψάτω
D τὸ φῶς ὑμῶν ἔμπροσθεν τῶν ἀνθρώπων, ὅπως ἴδωσι τὰ καλὰ ὑμῶν ἔργα, καὶ δοξάσωσι τὸν Πατέρα ὑμῶν τὸν ἐν τοῖς οὐρανοῖς. Καὶ γὰρ τὰ Σεραφὶμ δοξάζοντα οὕτως ἔλεγον· Ἅγιος, ἅγιος, ἅγιος. Ὥστε τὸ, Ἁγιασθήτω, τοῦτ' ἔστι, δοξασθήτω. Καταξίωσον γὰρ, φησὶν, οὕτως ἡμᾶς βιοῦν καθαρῶς, ὡς δι' ἡμῶν ἅπαντάς σε δοξάζειν. Ὅπερ πάλιν ἀπηρτισμένης ἐστὶ φιλοσοφίας, τὸ οὕτω βίον ἄληπτον παρέχεσθαι ἐν πᾶσιν, ὡς ἕκαστον τῶν ὁρώντων τῷ Δεσπότῃ τὴν ὑπὲρ τούτων ἀναφέρειν εὐφημίαν. Ἐλθέτω ἡ βασιλεία σου. Καὶ τοῦτο πάλιν παιδὸς εὐγνώμονος τὸ
E ῥῆμα, τὸ μὴ προσηλῶσθαι τοῖς ὁρωμένοις, μηδὲ μέγα τι τὰ παρόντα ἡγεῖσθαι, ἀλλ' ἐπείγεσθαι πρὸς τὸν πατέρα, καὶ τῶν μελλόντων ἐφίεσθαι, ὅπερ ἀπὸ συνειδότος ἀγαθοῦ γίνεται, καὶ ψυχῆς ἀπηλλαγμένης τῶν ἐν τῇ γῇ πραγμάτων.

C videatur, et par dono studium præstet. Verum hoc non sat illi fuit; sed aliud addit ita loquens: *Sanctificetur nomen tuum.* Digna precatio ejus qui Deum vocat Patrem, ut nihil petat ante Patris gloriam, sed omnia postponat ejus laudibus. Illud enim, *Sanctificetur*, hoc sibi vult, glorificetur. Sibi namque propriam habet gloriam plenam, sic semper manentem. Orantem vero jubet precari, ut per vitam nostram glorificetur: quod etiam supra dicebat: *Luceat lux vestra coram hominibus, ut videant opera bona vestra, et glori-* Matth. 5. 16.
D *ficent Patrem vestrum qui in cælis est.* Nam Seraphini glorificantes Deum, sic dicebant: *Sanctus, sanctus, sanctus.* Itaque illud, *Sanctificetur*, id est, glorificetur. Largire nobis, inquit, ut ita pure vivamus, ut per nos te omnes glorificent. Id quod rursus philosophiæ est perfectæ, vitam ita irreprehensibilem in omnibus exhibere, ut videntes singuli Domino pro his laudem referant. 10. *Adveniat regnum tuum.* Hoc quoque grati probique filii dictum est, qui non hæreat rebus sub aspectum cadentibus, neque præsentia magni quidpiam esse putet; sed ad patrem semper tendat, et futura exspe-
E ctet, quod ex conscientia bona oritur, et ex anima a terrenis rebus expedita.

Isai. 6. 3.

251
A Τοῦτο γοῦν καὶ ὁ Παῦλος καθ' ἑκάστην ἐπεθύμει τὴν ἡμέραν· διὰ τοῦτο καὶ ἔλεγεν, ὅτι Καὶ αὐτοὶ τὴν ἀπαρχὴν τοῦ πνεύματος ἔχοντες στενάζομεν, υἱοθεσίαν ἀπεκδεχόμενοι, τὴν ἀπολύτρωσιν τοῦ σώματος ἡμῶν. Ὁ γὰρ τοῦτον ἔχων τὸν ἔρωτα, οὔτε ὑπὸ τῶν χρηστῶν [a] τοῦ βίου τούτου δύναται φυσηθῆναι, οὔτε ὑπὸ τῶν λυπηρῶν ταπεινωθῆναι· ἀλλ' ὡς ἐν αὐτοῖς διατρίβων τοῖς οὐρανοῖς, ἑκατέρας ἀπήλλακται τῆς ἀνωμαλίας. Γενηθήτω τὸ θέλημά σου ὡς ἐν οὐρανῷ καὶ ἐπὶ τῆς γῆς. Εἶδες ἀκολουθίαν ἀρίστην; Ἐπιθυμεῖν μὲν γὰρ ἐκέλευσε τῶν μελλόντων, καὶ πρὸς ἐκείνην ἐπείγεσθαι τὴν ἀποδημίαν· ἕως δ' ἂν τοῦτο μὴ γίνηται, καὶ ἐνταῦθα διατρίβοντας τέως σπουδάζειν τὴν αὐτὴν τοῖς
B ἄνω πολιτείαν ἐπιδείκνυσθαι. Ἐπιθυμεῖν μὲν γὰρ δεῖ

A 5. Hoc enim Paulus singulis diebus desiderabat, ideoque dicebat: *Et ipsi primitias spiritus habentes ingemiscimus, adoptionem filiorum exspectantes, redemtionem corporis nostri.* Qui enim hoc amore captus est, neque hujus vitæ bonis inflari potest, neque rebus adversis dejici: sed ac si in cælis versaretur, ab utraque hac inæqualitate immunis est. *Fiat voluntas tua sicut in cœlo et in terra.* Vidistin' optimam seriem? Jussit enim futura concupiscere, et ad illam peregrinationem festinare: donec autem id eveniat, hic degentes curare, ut par cælesti vivendi genus exhibeamus.
B Nam cælum quidem, inquit, et cælestia concupiscamus oportet: sed et antequam in cælum conce- Rom. 8. 23.

[c] Morel. τῆς συγγενείας.

[*] Ἁγιασθήτω τὸ ὄνομά σου. ἀξία τοῦ τὸν Θεὸν παρακαλοῦντος ἡ εὐχή. Sic omnes Editi (Savil., Commelin. et Morel.) et manuscripti Codices præter eum quo usus est Georgius Trapezuntius, qui ita vertit: *Sanctificetur nomen tuum. Digna prorsus eo qui eum Patrem appellavit oratio.* Legit ergo ille ἀξία τοῦ τὸν Θεὸν Πατέρα καλοῦντος ἡ εὐχή, quam esse veram lectionem certissimum est. Unde autem πατέρα καλοῦντος in παρακαλοῦντος mutatum sit, haud difficile est augurari. In Manuscriptis quippe omnibus πατέρα καλοῦντος sic scribitur πρα καλοῦντος, unde παρακαλοῦντος facile factum sit.

[d] Alii δοξάζεσθαι βούλεται, sed βούλεται non habetur in Savil. et haud dubie invectum est.

[a] Τοῦ βίου τούτου δύναται φυσηθῆναι, sic Savil. et Mss. In Morel. pro δύναται legitur ἐστί. Alius δυνήσεται.

damus, ex terra cælum nos facere jubet, et in terra versantes ac si in cælo degeremus, sic omnia facere et dicere, atque hac de causa Dominum precari oportere. Nihil enim impedit quominus, etsi in terra habitemus, ad supernarum virtutum sedulitatem ac diligentiam attingamus : sed possumus hic habitantes, quasi jam in cælo essemus omnia facere. Quod igitur dicit, hujusmodi est : quemadmodum ibi omnia sine impedimento fiunt, neque angeli modo audiunt, modo jussa contemnunt, sed in omnibus cedunt et obsequuntur; nam ait, *Potentes virtute, facientes verbum illius :* sic etiam nobis hominibus largire ut non ex dimidio voluntatem tuam faciamus, sed omnia ut vis impleamus. Viden' quomodo modeste agere doceat, ostendens virtutem non ex nostro studio tantum, sed etiam ex superna gratia pendere? Itemque totius orbis sollicitudinem, nos qui oramus singulos gerere præcipit. Neque enim dixit, Fiat voluntas tua in me, aut in nobis; sed, Ubique terrarum, ut error avellatur et veritas inseratur, omnisque nequitia eliminetur, virtus revertatur, atque in illa colenda nihil deinceps differat cælum a terra. Nam si illud fiat, inquit, nihil superna ab inferioribus discrepabunt, etiamsi natura differant, cum scilicet angelos alios nobis terra exhibebit. 11. *Panem nostrum quotidianum da nobis hodie.* Quid est, Panem ἐπιούσιον? Id est, quotidianum. Quia enim dixerat, *Fiat voluntas tua, sicut in cælo et in terra :* hominesque alloquebatur carne indutos, et necessitati naturæ subjectos, qui non possint eamdem quam angeli impassibilitatem habere : præcepta quidem nos exsequi jubet, perinde atque ea implent et illi; sed infirmitati naturæ deinceps sese accommodat. Nam diligentiam, inquit, in vitæ instituto parem expeto, sed non impassibilitatem; neque enim id permittit naturæ tyrannis : opus enim habet necessario cibo. Tu vero mihi consideres velim, etiam in corporalibus plurimum spiritualitatis inesse. Neque enim pro pecuniis, neque pro deliciis, neque pro vestium sumtibus, vel pro alio quopiam simili, sed pro pane tantum jussit orationem emitti, et pro pane quotidiano, ita ut de crastino solliciti non simus. Ideoque addidit, *Panem* ἐπιούσιον, id est, quotidianum. Neque hoc contentus fuit verbo, sed et aliud addidit, *Da nobis hodie*, ita ut non ulteriori diei crastinæ cura nos torqueamus. Cujus enim diei nescis an spatium visurus sis, cur solli-

Psal. 102. 20.

Virtus non ex studio nostro tantum, sed etiam ex superna gratia pendet.

τῶν οὐρανῶν, φησὶ, καὶ τῶν ἐν τοῖς οὐρανοῖς· πλὴν καὶ πρὸ τοῦ οὐρανοῦ τὴν γῆν οὐρανὸν ἐκέλευσε ποιῆσαι, καὶ ἐν αὐτῇ διατρίβοντας ὡς ἐκεῖ πολιτευομένους, οὕτω πάντα ποιεῖν καὶ λέγειν, ὡς καὶ ὑπὲρ τούτων παρακαλεῖν τὸν Δεσπότην. Οὐδὲν γὰρ τὸ κωλύον φθάσαι τὴν τῶν ἄνω δυνάμεων ἀκρίβειαν διὰ τὸ τὴν γῆν οἰκεῖν· ἀλλ' ἔνι καὶ ἐνταῦθα διατρίβοντα ὡς ἄνω γενόμενον ἤδη πάντα ποιεῖν. Ὃ λέγει τοίνυν, τοιοῦτόν ἐστιν· ὥσπερ ἐκεῖ πάντα ἀκωλύτως γίνεται, καὶ οὐ τὰ μὲν ὑπακούουσιν οἱ ἄγγελοι, τὰ δὲ παρακούουσιν, ἀλλὰ πάντα εἴκουσι καὶ πείθονται· Δυνατοὶ γὰρ, φη- C σὶν, ἰσχύϊ, ποιοῦντες τὸν λόγον αὐτοῦ· οὕτω καὶ ἡμᾶς καταξίωσον τοὺς ἀνθρώπους μὴ ἐξ ἡμισείας τὸ θέλημά σου ποιεῖν, ἀλλὰ πάντα καθάπερ θέλεις πληροῦν. Εἶδες πῶς καὶ μετριάζειν ἐδίδαξε, δηλώσας ὅτι οὐ τῆς ἡμετέρας σπουδῆς ἡ ἀρετὴ μόνον, ἀλλὰ καὶ τῆς ἄνωθεν χάριτος; Καὶ πάλιν τὴν [b] ὑπὲρ τῆς οἰκουμένης πρόνοιαν ἕκαστον ἡμῶν τῶν προσευχομένων ἀναδέχεσθαι ἐπέταξεν. Οὐδὲ γὰρ εἶπε, γενηθήτω τὸ θέλημά σου ἐν ἐμοὶ, ἢ ἐν ἡμῖν· ἀλλὰ, πανταχοῦ τῆς γῆς, ὥστε λυθῆναι τὴν πλάνην καὶ φυτευθῆναι τὴν ἀλήθειαν, καὶ ἐκβληθῆναι κακίαν ἅπασαν, καὶ ἐπανελθεῖν D ἀρετὴν, καὶ μηδὲν ταύτῃ διαφέρειν λοιπὸν τὸν οὐρανὸν τῆς γῆς. Εἰ γὰρ τοῦτο γένοιτο, φησὶν, οὐδὲν διοίσει τὰ κάτω τῶν ἄνω, εἰ καὶ τῇ φύσει διέστηκεν, ἀγγέλους ἑτέρους τῆς γῆς ἡμῖν ἐπιδεικνυμένης. Τὸν ἄρτον ἡμῶν τὸν ἐπιούσιον δὸς ἡμῖν σήμερον. Τί ἐστι, [c] Τὸν ἄρτον τὸν ἐπιούσιον; Τὸν ἐφήμερον. Ἐπειδὴ γὰρ εἶπεν, οὕτω Γενηθήτω τὸ θέλημά σου, ὡς ἐν οὐρανῷ, καὶ ἐπὶ τῆς γῆς· ἀνθρώποις δὲ διελέγετο σάρκα περικειμένοις, καὶ ἀνάγκῃ φύσεως ὑποκειμένοις, καὶ οὐ δυναμένοις τὴν αὐτὴν ἔχειν ἀπάθειαν τοῖς ἀγγέλοις· τὰ μὲν ἐπιτάγματα ὁμοίως κελεύει γίνεσθαι καὶ παρ' ἡμῶν, καθάπερ αὐτὰ κἀκεῖνοι πληροῦσι· συγκαταβαί- E νει δὲ καὶ τῇ τῆς φύσεως ἀσθενείᾳ λοιπόν. Ἀκρίβειαν μὲν γὰρ, φησὶ, πολιτείας [d] ἀπαιτῶ τοσαύτην, οὐ μὴν ἀπάθειαν· οὐδὲ γὰρ ἐπιτρέπει τῆς φύσεως ἡ τυραννίς· 282 δεῖται γὰρ τροφῆς τῆς ἀναγκαίας. Σὺ δέ μοι σκόπει A πῶς καὶ ἐν τοῖς σωματικοῖς πολὺ τὸ πνευματικόν. Οὐ γὰρ ὑπὲρ χρημάτων, οὐδὲ ὑπὲρ τρυφῆς, οὐδὲ ὑπὲρ πολυτελείας ἱματίων, οὐδὲ ὑπὲρ ἄλλου οὐδενὸς τῶν τοιούτων, ἀλλ' ὑπὲρ ἄρτου μόνον ἐκέλευσε τὴν εὐχὴν ποιεῖσθαι, καὶ ὑπὲρ ἄρτου τοῦ ἐφημέρου, ὥστε μὴ ὑπὲρ τῆς αὔριον μεριμνᾷν. Διὰ τοῦτο προσέθηκε, Τὸν ἄρτον τὸν ἐπιούσιον, τουτέστι, τὸν ἐφήμερον. Καὶ οὐδὲ τούτῳ ἠρκέσθη τῷ ῥήματι, ἀλλὰ καὶ ἕτερον μετὰ τοῦτο προσέθηκεν, εἰπὼν, Δὸς ἡμῖν σήμερον, ὥστε μὴ περαιτέρω συντρίβειν ἑαυτοὺς τῇ φροντίδι τῆς ἐπιούσης ἡμέρας. Ἧς γὰρ οὐκ οἶδας εἰ τὸ διάστημα ὄψει

[b] Manuscripti multi ὑπὲρ τῆς οἰκείας προνοίας.

[c] Morel. τὸν ἄρτον ἡμῶν τὸν ἐπ.

[d] Manuscripti aliquot ἀπαιτῶν.

τίνος ἕνεκεν ὑπομένεις τὴν μέριμναν; Τοῦτο καὶ προϊὼν διὰ πλειόνων ἐπέταξε, λέγων· Μὴ μεριμνή- B σητε εἰς τὴν αὔριον. Καὶ γὰρ βούλεται πάντοθεν ἡμᾶς εὐζώνους εἶναι καὶ ἐπτερωμένους, τοσοῦτον εἴκοντας τῇ φύσει, [a] ὅσον ἡ τῆς χρείας ἀνάγκη παρ' ἡμῶν ἀπαιτεῖ. Εἶτα ἐπειδὴ συμβαίνει καὶ μετὰ τὸ λουτρὸν τῆς παλιγγενεσίας ἁμαρτάνειν, πολλὴν καὶ ἐνταῦθα τὴν φιλανθρωπίαν αὐτοῦ ἐπιδεικνύμενος, κελεύει περὶ τῆς τῶν ἁμαρτημάτων τούτων ἀφέσεως προσιέναι τῷ φιλανθρώπῳ Θεῷ, καὶ λέγειν οὕτως· Ἄφες ἡμῖν τὰ ὀφειλήματα ἡμῶν, ὡς καὶ ἡμεῖς ἀφίεμεν τοῖς ὀφειλέταις ἡμῶν. Εἶδες φιλανθρωπίας ὑπερβολήν; Μετὰ τοσούτων κακῶν ἀναίρεσιν, καὶ δωρεᾶς μέγεθος ἄφατον, πάλιν ἁμαρτάνοντας ἀξιοῖ συγγνώμης. Ὅτι γὰρ C πιστοῖς αὕτη ἡ προσευχὴ προσήκει, καὶ οἱ νόμοι τῆς Ἐκκλησίας διδάσκουσι, καὶ τὸ προοίμιον [b] τῆς εὐχῆς. Ὁ γὰρ ἀμύητος οὐκ ἂν δύναιτο Πατέρα καλεῖν τὸν Θεόν. Εἰ τοίνυν πιστοῖς προσήκει ἡ εὐχὴ, εὔχονται δὲ οὗτοι ἁμαρτήματα ἑαυτοῖς ἀφεθῆναι δεόμενοι· δῆλον ὅτι οὐδὲ μετὰ τὸ λουτρὸν ἀνῄρηται τῆς μετανοίας τὸ κέρδος. Εἰ γὰρ μὴ τοῦτο ἐβούλετο δεῖξαι, οὐδ' ἂν τοῦτο ἐνομοθέτησεν εὔχεσθαι. Ὁ δὲ καὶ ἁμαρτημάτων ἀναμιμνήσκων, καὶ κελεύων αἰτεῖν ἄφεσιν, καὶ διδάσκων ὅπως ἂν [c] ἐπιτύχωμεν τῆς ἀφέσεως, καὶ εὔκολον ταύτῃ ποιῶν τὴν ὁδὸν, εὔδηλον ὅτι εἰδὼς καὶ δεικνὺς D ὅτι καὶ μετὰ τὸ λουτρὸν ἔστιν ἀπονίψασθαι τὰ πεπλημμελημένα, τοῦτον τῆς ἱκετηρίας τὸν νόμον εἰσήνεγκε· τῷ μὲν ὑπομνῆσαι τῶν ἁμαρτημάτων, μετριάζειν πείθων· τῷ δὲ ἑτέροις ἀφεῖναι κελεῦσαι, μνησικακίας ἁπάσης ἀπαλλάττων ἡμᾶς· τῷ δὲ ἀντὶ τούτων καὶ ἡμῖν ἐπαγγέλλεσθαι συγχωρεῖν, χρηστὰς ὑποτείνων ἐλπίδας, καὶ περὶ τῆς ἀφάτου τοῦ Θεοῦ φιλανθρωπίας φιλοσοφεῖν ἡμᾶς παιδεύων.

Ὃ δὲ μάλιστα χρὴ παρατηρῆσαι, τοῦτό ἐστιν· ὅτι καθ' ἕκαστον τῶν εἰρημένων ὁλοκλήρου μνημονεύσας E [d] τῆς ἀρετῆς, καὶ ταύτῃ καὶ τὸ μνησικακεῖν περιλαβών· καὶ γὰρ τὸ ἁγιασθῆναι τὸ ὄνομα αὐτοῦ ἀπηρτισμένης ἐστὶ πολιτείας ἀκρίβεια· καὶ τὸ γενηθῆναι τὸ θέλημα αὐτοῦ τὸ αὐτὸ τοῦτο πάλιν δηλοῖ· καὶ τὸ Πατέρα δύνασθαι καλεῖν τὸν Θεὸν ἀμώμου πολιτείας 253 A ἐπίδειξίς ἐστιν· ἐν οἷς ἅπασι συνείληπτο καὶ τὸ δεῖν ἀφεῖναι τοῖς πεπλημμεληκόσι τὴν ὀργήν· ἀλλ' ὅμως οὐκ ἠρκέσθη τούτοις, ἀλλὰ δεῖξαι βουλόμενος ὅσην ὑπὲρ τοῦ πράγματος ποιεῖται τὴν σπουδὴν, [a] καὶ ἰδι-

citudinem habes? Hoc pluribus in sequentibus B præcipit dicens: *Nolite solliciti esse in crastinum.* Infra v. 34. Vult enim nos semper accinctos et quasi ad volatum expeditos esse, tantum concedentes naturæ, quantum necessitas a nobis exigit. Deinde quia contingit, etiam post lavacrum regenerationis, ut peccemus: multam hic quoque benignitatem exhibens, jubet pro peccatorum remissione ad misericordem Deum accedere, et sic dicere: 12. *Dimitte nobis debita nostra, sicut et nos dimittimus debitoribus nostris.* Vidistin' misericordiæ cumulum? Post tot sublata mala, post ineffabilem donorum magnitudinem, rursum pec- C cantes venia dignatur. Quod autem hæc oratio fidelibus competat, leges Ecclesiæ docent, necnon orationis exordium. Nondum quippe initiatus non potest Deum vocare Patrem. Si itaque fidelibus hæc competit oratio, orantque supplices ut peccata sibi dimittantur: hinc palam est, neque post lavacrum tolli pœnitentiæ lucrum. Nisi enim hoc demonstrare vellet, non sane docuisset orare. Qui vero peccata memorat, jubetque eorum remissionem petere, ac docet quomodo hanc remissionem consequamur, facilemque ad illam parat viam, hic D ut palam est, quod noverit et doceat posse nos etiam post lavacrum peccata abluere, hanc supplicationis legem induxit; ita ut dum peccata memorat, nos ad modeste agendum inducat; dum vero jubet aliis remittere, omnem injuriarum memoriam a nobis eliminet; dum autem pro his omnibus se nobis veniam concessurum esse pollicetur, bona nos spe fulciat, ac circa ineffabilem Dei misericordiam nos philosophari doceat.

6. Hoc autem maxime observandum est, eum, E cum in supradictis singulis omnem virtutem commemoret, in hac etiam injuriarum recordationem complecti; nam sanctificari per nos nomen ejus ad perfectum et accuratissimum vitæ institutum pertinet; et voluntatem ejus fieri idipsum rursus significat; et Patrem posse Deum vocare inculpatæ 253 A vitæ demonstratio est; in quibus omnibus hoc comprehenditur, quod oporteat iram de injuriis conceptam remittere; attamen his contentus non fuit; sed ostendere volens quantam hac de re ge-

[a] Morel. ὅσην, male.

[b] Alii τῆς προσευχῆς.

[c] Alii ἐπιτύχοιμεν.

[d] Quidam Mss. totum hunc locum sic habent: *τῆς ἀρετῆς, ταύτῃ καὶ τὸ μνησικακεῖν περιέλαβε. καὶ γάρ... τὸ αὐτὸ τοῦτο πάλιν καὶ τὸ πατέρα δύνασθαι καλεῖν τὸν θεὸν, ἀμώμου πολιτείας ἐπίδειξις. ἐν οἷς ἅπασι.* [Savil. in notis: «*Τὸ μὴ μνησικακεῖν* magis placet Boisio.» Sic vertit Georgius Trapezuntius: *Quoniam singulis quibusque sententiis perfectionem virtutis includens, etiam in præcedentibus injuriæ nos prohibuerit recordari.* Veneti in translatione Montfauconi pro *recordationem* scripserunt *oblivionem*.]

[a] Morel. cum repetitione *τὴν σπουδὴν, οὐκ ἠρκέσθη μόνον τούτοις, ἀλλὰ καὶ ἰδικῶς.* Sed hæc emendata sunt ex Savil. et Mss.

rat sollicitudinem, idipsum specialiter repetit; ac post orationem nullum aliud quam istud memorat

Infra v. 14. præceptum, sic dicens: *Si enim dimiseritis hominibus peccata eorum, dimittet vobis et Pater vester cœlestis.* Itaque a nobis principium est, et judicium de nobis ferendum in nostra situm est potestate. Nam ne vel ex stupidis quispiam possit vel in parva vel in magna re conqueri dum judicatur, te, reum, calculi ferendi dominum facit; et Quemadmodum, inquit, tu de te ipso judicaveris, ego de te judicabo. Si conservo dimiseris, a me parem referes gratiam, quamquam res non paris sit conditionis.

Ut aliis dimittimus, sic dimittitur nobis.

Tu enim quod remissione egeas, remittis, Deus vero cum nullo opus habeat; tu conservo, Deus servo; tu sexcentorum reus peccatorum, Deus vero impeccabilis cum sit. Attamen sic ille misericordiam suam ostendit. Nam cum posset sine hac posita conditione omnia tibi peccata condonare; vult tamen te inde etiam beneficium accipere, mille tibi undique mansuetudinis et humanitatis occasiones ministrans, et quod in te belluinum est eliminans, iram exstinguens, et undique te membro tuo conglutinans. Quid ergo dicere possis? an te mali quidpiam a proximo injuste passum esse? Hæc quippe sunt peccata; nam si juste, peccatum nullum est. At tu talium vere peccatorum veniam impetraturus accedis, imo et multo majorum. Et ante veniam, non minimam consequutus es gratiam, edoctus te humanam habere animam, et ad omnem mansuetudinem institutus. Post hæc vero magna etiam tibi merces illic recondita erit, quod nullæ a te peccatorum rationes postulentur. Quo igitur digni supplicio erimus, si tali accepta potestate, salutem nostram prodamus? quomodo autem in aliis nos exaudiri rogamus, cum nolimus, dum penes nos est, nobis ipsis parcere? 13. *Et ne nos inducas in tentationem, sed libera nos a malo. Quia tuum est regnum, et potentia, et gloria in sæcula, amen.* Hic jam nos vilitatem nostram clare docet, et tumorem reprimit: hortans ne certamina fugiamus, sed ne in ea insiliamus. Ita enim et nobis victoria splendidior erit, et diaboli clades magis ridebitur. Cum trahimur enim, fortiter standum est; non vocatos autem quiescere oportet, ac tempus certaminum exspectare, ut et vanæ gloriæ expertes et strenuos nos exhibeamus. Malum autem hic diabolum vocat, jubens nos cum illo

κῶς αὐτὸ τίθησι, καὶ μετὰ τὴν εὐχὴν οὐδεμίας ἄλλης ἐντολῆς μέμνηται ἢ ταύτης, οὕτω λέγων· Ἐὰν γὰρ ἀφῆτε τοῖς ἀνθρώποις τὰ παραπτώματα αὐτῶν, ἀφήσει ὑμῖν καὶ ὁ Πατὴρ ὑμῶν ὁ οὐράνιος. Ὥστε παρ' ἡμῶν ἡ ἀρχὴ, καὶ κύριοι τῆς κρίσεως τῆς περὶ ἡμῶν ἡμεῖς. Ἵνα γὰρ μηδὲ τῶν ἀναισθήτων μηδεὶς ἐγκαλεῖν ἔχῃ δικαζόμενος μὴ μικρὸν, μὴ μέγα, σὲ τὸν ὑπεύθυνον κύριον ποιεῖ τῆς ψήφου· καὶ ὡς ἂν αὐτὸς ἐδί- B κασας σαυτῷ, φησὶν, οὕτως σοι δικάσω κἀγώ. Κἂν ἀφῇς τῷ συνδούλῳ, καὶ παρ' ἐμοῦ τῆς αὐτῆς τεύξῃ χάριτος· καίτοι γε οὐκ ἴσον τοῦτο ἐκείνῳ. Σὺ μὲν γὰρ δεόμενος [b] ἀφίης, ὁ δὲ Θεὸς μηδενὸς χρείαν ἔχων· σὺ τῷ ὁμοδούλῳ, ὁ δὲ Θεὸς τῷ δούλῳ· σὺ ὑπεύθυνος ὢν μυρίοις κακοῖς, ὁ δὲ Θεὸς ἀναμάρτητος ὤν. Ἀλλ' ὅμως καὶ οὕτω τὴν αὐτοῦ φιλανθρωπίαν [c] ἐνδείκνυται. Ἠδύνατο μὲν γὰρ καὶ χωρὶς τούτου πάντα σοι ἀφεῖναι τὰ πεπλημμελημένα, ἀλλὰ βούλεταί σε καὶ ἐντεῦθεν εὐεργετεῖσθαι, μυρίας σοι πανταχόθεν παρέχων ἡμερότητος καὶ φιλανθρωπίας ἀφορμὰς, καὶ τὸ ἐν σοὶ θηριῶδες ἐκβάλλων, καὶ τὸν θυμὸν σβεννὺς, καὶ παν- C ταχόθεν σε [d] συγκολλῶν τῷ μέλει τῷ σῷ. Τί γὰρ ἂν ἔχοις εἰπεῖν; ὅτι ἀδίκως ἔπαθές τι κακὸν παρὰ τοῦ πλησίον; Ταῦτα γάρ ἐστι τὰ ἁμαρτήματα· ὡς εἰ δικαίως, οὐδὲ ἁμάρτημα τὸ πρᾶγμά ἐστιν. Ἀλλὰ καὶ σὺ τοιούτων προσέρχῃ ληψόμενος ἄφεσιν, καὶ πολλῷ μειζόνων. Καὶ πρὸ τῆς ἀφέσεως δὲ, οὐ μικρᾶς ἀπήλαυσας δωρεᾶς, διδασκόμενος ἀνθρωπίνην ἔχειν ψυχὴν, καὶ πᾶσαν παιδευόμενος ἡμερότητα. Καὶ [e] μετὰ τούτων καὶ μισθός σοι μέγας κείσεται ἐκεῖ, τὸ μηδενὸς ἀπαιτηθῆναι λόγον τῶν πεπλημμελημένων. Ποίας οὖν οὐκ ἂν εἴημεν κολάσεως ἄξιοι, ὅταν τὴν ἐξουσίαν λα- D βόντες, προδῶμεν ἡμῶν τὴν σωτηρίαν; πῶς δὲ ἐν τοῖς ἄλλοις πράγμασιν ἀξιώσομεν ἀκούεσθαι, αὐτοὶ μὴ θέλοντες, ἐν οἷς ἐσμεν κύριοι, φείδεσθαι ἑαυτῶν; Καὶ μὴ εἰσενέγκῃς ἡμᾶς εἰς πειρασμὸν, ἀλλὰ ῥῦσαι ἡμᾶς ἀπὸ τοῦ πονηροῦ. Ὅτι σοῦ ἐστιν ἡ βασιλεία, καὶ ἡ δύναμις, καὶ ἡ δόξα εἰς τοὺς αἰῶνας, ἀμήν. Ἐνταῦθα ἡμᾶς τὴν ἡμετέραν παιδεύει σαφῶς εὐτέλειαν, καὶ καταστέλλει τὸ φύσημα, διδάσκων [f] οὐ παραιτεῖσθαι τοὺς ἀγῶνας, ἀλλὰ μὴ ἐπιπηδᾷν. Οὕτω γὰρ καὶ ἡμῖν ἡ νίκη λαμπροτέρα ἔσται, καὶ ἡ ἧττα τῷ διαβόλῳ καταγελαστοτέρα. Ἑλκυσθέντας μὲν γὰρ E δεῖ γενναίως ἑστάναι· μὴ καλουμένους δὲ, ἡσυχάζειν, καὶ τὸν καιρὸν ἀναμένειν τῶν ἀγώνων, ἵνα καὶ τὸ ἀκενόδοξον καὶ τὸ γενναῖον ἐπιδειξώμεθα. Πονηρὸν δὲ 254 A ἐνταῦθα τὸν διάβολον καλεῖ, κελεύων ἡμᾶς ἄσπονδον πρὸς αὐτὸν ἔχειν πόλεμον, καὶ δεικνὺς ὅτι οὐ φύσει τοιοῦτός ἐστιν. Οὐ γὰρ τῶν ἐκ φύσεως, ἀλλὰ τῶν ἐκ

b Morel. ἀφεὶς.

c Alii ἐπιδείκνυται.

d Quidam Mss. συνάπτων τῷ μέλει.

e Morel. solus μετὰ τοῦτο.

f Savil. μήτε παραιτεῖσθαι τοὺς ἀγῶνας, μήτε μὲν ἐπιπηδᾷν, quod eodem recidit.

προαιρέσεως ἐπιγενομένων ἐστὶν ἡ πονηρία. Κατ' ἐξοχὴν δὲ οὕτως ἐκεῖνος καλεῖται, διὰ τὴν ὑπερβολὴν τῆς κακίας. Καὶ ἐπειδὴ μηδὲν παρ' ἡμῶν ἀδικηθεὶς ἄσπονδον πρὸς ἡμᾶς ἔχει τὸν πόλεμον, διὰ τοῦτο οὐδὲ εἶπεν, ῥῦσαι ἡμᾶς ἀπὸ τῶν πονηρῶν, ἀλλ', Ἀπὸ τοῦ πονηροῦ, παιδεύων ἡμᾶς μηδαμοῦ πρὸς τοὺς πλησίον ἀηδῶς ἔχειν ἐν οἷς ἂν πάθωμεν παρ' αὐτῶν κακῶς, ἀλλ' ἀπὸ τούτων πρὸς ἐκεῖνον μεταθεῖναι τὴν ἔχθραν, ὡς πάντων αὐτὸν αἴτιον τῶν κακῶν ὄντα. Ἐναγωνίους τοίνυν ποιήσας τῇ μνήμῃ τοῦ ἐχθροῦ, καὶ τὴν ῥᾳθυμίαν ἡμῶν ἅπασαν ἐκκόψας, πάλιν θαῤῥύνει καὶ ἀνίστησι τὰ φρονήματα, τοῦ βασιλέως ἀναμνήσας, ὑφ' ᾧ ταττόμεθα, καὶ δείξας πάντων αὐτὸν ὄντα δυνατώτερον. Σοῦ γάρ ἐστι, φησὶν, ἡ βασιλεία, καὶ ἡ δύναμις, καὶ ἡ δόξα. Οὐκοῦν εἰ αὐτοῦ ἐστιν ἡ βασιλεία, οὐδένα δεδοικέναι χρὴ, ἅτε οὐδενὸς ὄντος τοῦ ἀνθισταμένου, καὶ [a] πρὸς αὐτὸν τὴν ἀρχὴν διανεμομένου. Ὅταν γὰρ εἴπῃ, Σοῦ ἐστιν ἡ βασιλεία, δείκνυσι καὶ ἐκεῖνον τὸν πολεμοῦντα ἡμῖν ὑποτεταγμένον, κἂν ἐναντιοῦσθαι δοκῇ, τοῦ Θεοῦ συγχωροῦντος τέως. Καὶ γὰρ καὶ αὐτὸς τῶν δούλων ἐστὶν, εἰ καὶ τῶν ἠτιμωμένων καὶ προσκεκρουκότων· καὶ οὐκ ἂν τολμήσειεν οὐδενὶ τῶν ὁμοδούλων ἐπιθέσθαι, μὴ πρότερον ἄνωθεν τὴν ἐξουσίαν λαβών. Καὶ τί λέγω τῶν ὁμοδούλων; Οὐδὲ χοίρων κατατολμῆσαι ὑπέμεινεν, ἕως ὅτε αὐτὸς ἐπέτρεψεν· οὔτε ποιμνίων, οὔτε βουκολίων, ἕως ὅτε τὴν ἐξουσίαν ἄνωθεν ἔλαβε καὶ τὴν δύναμιν. Οὐκοῦν κἂν μυριάκις ἀσθενὴς ᾖς, δίκαιος ἂν εἴης θαῤῥεῖν τοιοῦτον ἔχων τὸν βασιλεύοντα, πάντα εὐκόλως καὶ διὰ σοῦ κατορθοῦν δυνάμενον. Καὶ ἡ δόξα εἰς τοὺς αἰῶνας, ἀμήν.

[b] Οὐδὲ γὰρ ἀπαλλάττει σε τῶν ἐπιόντων δεινῶν μόνον, ἀλλὰ καὶ ἔνδοξον δύναται ποιεῖν, καὶ λαμπρόν. Ὥσπερ γὰρ ἡ δύναμις αὐτοῦ πολλὴ, οὕτω καὶ ἡ δόξα ἄφατος· καὶ ταῦτα πάντα ἀπέραντα, καὶ τέλος αὐτῶν οὐδέν. Εἶδες πῶς πανταχόθεν ἤλειψε τὸν ἀθλητὴν, καὶ θαῤῥεῖν παρεσκεύασεν; Εἶτα, ὅσπερ ἔφθην εἰπὼν, δεῖξαι βουλόμενος ὅτι πάντων μάλιστα μνησικακίαν ἀποστρέφεται καὶ μισεῖ, καὶ μάλιστα πάντων τὴν ἐναντίαν [c] τῇ κακίᾳ ταύτῃ ἀποδέχεται ἀρετὴν, καὶ μετὰ τὴν εὐχὴν πάλιν αὐτοῦ τοῦ κατορθώματος ὑπέμνησε, καὶ ἀπὸ τῆς κειμένης κολάσεως, καὶ ἀπὸ τῆς ὡρισμένης τιμῆς τὸν ἀκροατὴν ἐνάγων εἰς τὴν τῆς ἐντολῆς ταύτης ὑπακοήν. Ἐὰν γὰρ ἀφῆτε, φησὶ, τοῖς ἀνθρώποις, καὶ ὁ Πατὴρ ὑμῶν ὁ οὐράνιος ἀφήσει ὑμῖν· ἐὰν δὲ μὴ ἀφῆτε, οὐδὲ αὐτὸς ὑμῖν ἀφήσει. Διὰ τοῦτο τῶν οὐρανῶν πάλιν καὶ τοῦ Πατρὸς ἐμνημόνευ-

bellum inexpiabile gerere, et ostendens ipsum non natura talem esse. Malitia enim non ex natura, sed ex voluntate gignitur. Ille autem præcipue sic vocatur ob ingentem malitiæ magnitudinem: et quia nihil læsus a nobis inexpiabile contra nos bellum gerit, ideo non dixit, Libera nos a malis, sed, *A malo*, ut nos moneat ne contra proximum amaro animo simus, etiamsi male patiamur ab illis, sed ab illis ipsis ad diabolum transferendam inimicitiam esse, utpote malorum omnium causam. Inimici itaque commemoratione ad certamen nos præparans, et segnitiem omnem a nobis exscindens, rursus fiduciam ingerit et sensus erigit, Regem commemorans, sub quo in acie stamus, et ostendens ipsum esse omnium potentissimum. *Tuum est*, inquit, *regnum, et potentia, et gloria.* Si ergo illius est regnum, nemo timendus est, cum nemo sit qui obsistere possit, et qui contra illum imperium teneat. Cum enim dicit, *Tuum est regnum*, ostendit etiam eum, qui nos impugnat, ipsi subditum esse, etiamsi contra stare videatur, Deo interim id permittente. Nam et ipse ex servorum numero est, licet infamium et reproborum; nec ausit conservorum quempiam invadere, nisi prius desuper acceperit potestatem. Ecquid dico conservorum? Ne porcos quidem ausus est invadere, donec ipse permisit; neque ovium boumque greges, donec licentiam et potestatem accepisset. Itaque etiamsi longe infirmior esses, jure consideres tanto imperante rege, qui potest per te præclara facile opera edere. *Et gloria in sæcula, amen.*

7. Non enim te potest solum ab ingruentibus malis eruere, sed etiam gloriosum splendidumque reddere. Sicut enim virtus ejus magna, ita est gloria ejus ineffabilis: et hæc omnia perpetua sunt, finisque eorum nullus est. Vidistin' quomodo undique athletam inunxit, ipsique fiduciam indidit? Deinde, ut jam dixi, ut ostendat se injuriarum recordationem maxime aversari et odio habere, itemque huic oppositam virtutem maxime omnium acceptam habere, post orationem rursus hoc bonum opus memoravit, et a proposito supplicio, et a constituto præmio auditorem inducens ad obsequendum huic præcepto. Nam ait: 14. *Si dimiseritis hominibus, etiam Pater vester cælestis dimittet vobis;* 15. *si autem non remiseritis, neque ipse vobis remittet.* Ideo

[a] Morel. *πρὸς αὐτήν*. Paulo post quidam Mss. habent *ὑποταττόμενον ἡμῖν*. Infra *μὴ* ante *πρότερον* deerat in Morel., sed in reliquis habetur.

[b] Morel. *οὐδὲ γὰρ ἀπαλλάττεσθαι τῶν*.

[c] *Τῇ κακίᾳ* deest in Mss. multis.

rursus cælos et Patrem commemorat, ut ex hoc quoque auditorem pudore afficiat, si tanti Patris filius cum sit, ferus evadat, et ad cælum vocatus, terrenum sæcularemque sensum habeat. Non enim gratia solum, sed etiam operibus filios Dei esse oportet. Nihil autem sic Deo similem efficit ut malignis atque lædentibus esse placabilem; quemadmodum et ante docuit, cum diceret ipsum solem suum oriri facere super malos et bonos. Propterea per singula verba communes jubet facere orationes, *Pater noster* dicens, et, *Fiat voluntas tua, sicut in cælo, et in terra*, et, *Panem da nobis*, et, *Dimitte nobis debita nostra*, et, *Ne nos inducas in tentationem*, et, *Libera nos*: plurali nos semper numero uti jubens, ut ne vestigium quidem iræ adversus proximum retineamus. Quanto itaque digni supplicio fuerint ii qui post hæc omnia non modo ipsi non remittunt, sed etiam Deum ad vindictam inimicorum invocant, et quasi ex diametro hanc legem transgrediuntur, et hoc cum ille nihil non faciat et operetur, ut ne mutuis nos dissidiis disjungamus? Quia enim radix bonorum omnium est caritas, ea quæ ipsam pessumdant tollit, et undique nos copulare studet. Nullus enim est, nullus certe, sive pater, sive mater, sive amicus, sive quivis alius, qui nos ita dilexerit, ut qui fecit nos Deus. Illudque palam omnino est et ex beneficiis quæ quotidie confert, et ex præceptis quæ constituit. Quod si ærumnas mihi objicias, si dolores cæteraque vitæ mala; cogita quantis illum quotidie offendas, neque ultra miraberis, si etiam plura his mala te invadant; sed si bono aliquo fruaris, tunc sane stupeas ac mireris. Nunc porro irruentes clamitates conspicimus, offensas autem, quas quotidie admittimus, non in mentem vocamus: ideoque indigne ferimus. Quod si unius diei peccata nostra accurate recogitaremus, tunc clare nossemus, quantorum rei essemus malorum. Atque ut, missis aliis quæ quisque vestrum admittit, illa peccata quæ hodie facta sunt recenseam, etiamsi non norim in quo vestrum singuli peccaverint: attamen tanta est delictorum copia, ut is etiam, qui accurate omnia non novit, possit tamen ex iis multa carpere. Quis ergo nostrum non segnis fuit in orando? quis non in superbiam incidit? quis non in vanam gloriam? quis non de fratris sui fama detraxit, nec malam concupiscentiam admisit? quis

Non gratia solum, sed etiam operibus filios Dei esse oportet.

Deus nos plus quam pater et mater diligit.

σεν, ὥστε καὶ τούτῳ τὸν ἀκροατὴν ἐντρέψαι, εἴ γε τοιούτου Πατρὸς ὢν, ἐκθηριοῦσθαι μέλλοι, καὶ πρὸς
235 τὸν οὐρανὸν κληθεὶς, γήϊνόν τι καὶ βιωτικὸν ἔχοι φρό-
A νημα. Οὐ γὰρ δὴ χάριτι δεῖ γίνεσθαι παῖδας μόνον, ἀλλὰ καὶ τοῖς ἔργοις. Οὐδὲν δὲ οὕτως ὁμοιοῖ τῷ Θεῷ, ὡς τὸ τοῖς πονηροῖς καὶ τοῖς ἀδικοῦσιν εἶναι συγγνωμονικόν· ὥσπερ οὖν καὶ ἔφθη διδάξας, [a] ἡνίκα ἔλεγετο τὸν ἥλιον ἀνατέλλειν ἐπὶ πονηροὺς καὶ ἀγαθούς. Διὰ δὴ τοῦτο καὶ καθ' ἕκαστον τῶν ῥημάτων κοινὰς κελεύει ποιεῖν τὰς εὐχὰς, Πάτερ ἡμῶν λέγων, καὶ, Γενηθήτω τὸ θέλημά σου, ὡς ἐν οὐρανῷ, καὶ ἐπὶ τῆς γῆς, καὶ, Δὸς ἡμῖν τὸν ἄρτον, καὶ, Ἄφες ἡμῖν τὰ ὀφειλήματα ἡμῶν, καὶ, Μὴ εἰσενέγκῃς ἡμᾶς εἰς πειρασμὸν, καὶ, Ῥῦσαι ἡμᾶς· πανταχοῦ τῷ πληθυντικῷ ῥήματι τούτῳ κελεύων κεχρῆσθαι, ἵνα μηδὲ ἴχνος ὀργῆς πρὸς τὸν πλησίον ἔχωμεν. Πόσης οὖν ἂν εἶεν
B κολάσεως ἄξιοι οἱ μετὰ ταῦτα πάντα μὴ μόνον [b] αὐτοὶ μὴ ἀφέντες, ἀλλὰ καὶ τὸν Θεὸν ἐπὶ τὴν ἄμυναν τῶν ἐχθρῶν παρακαλοῦντες, καὶ ὥσπερ ἐκ διαμέτρου τινὸς τὸν νόμον τοῦτον παραβαίνοντες, καὶ ταῦτα αὐτοῦ πάντα ποιοῦντος καὶ πραγματευομένου, ὥστε μὴ διαστασιάζειν ἡμᾶς πρὸς ἀλλήλους; Ἐπειδὴ γὰρ ῥίζα πάντων τῶν ἀγαθῶν ἐστιν ἡ ἀγάπη, τὰ λυμαινόμενα αὐτὴν [c] ἀναιρεῖ, πάντοθεν ἡμᾶς πρὸς ἀλλήλους συνάγει συγκολλῶν. Οὐ γάρ ἐστιν, οὐκ ἔστιν οὐδεὶς, κἂν πατὴρ ᾖ, κἂν μήτηρ, κἂν φίλος, κἂν ὁστισοῦν, ὃς οὕτως ἡμᾶς ἠγάπησεν, ὡς ὁ ποιήσας ἡμᾶς Θεός. Καὶ ταῦτα μάλιστα καὶ ἐξ ὧν εὐεργετεῖ καθ' ἑκάστην ἡμέραν, καὶ ἐξ ὧν ἐπιτάττει δῆλον. Εἰ δὲ τὰς λύπας μοι
C λέγεις, καὶ τὰς ὀδύνας, καὶ τὰ τοῦ βίου κακὰ, ἐννόησον ὅσα αὐτῷ προσκρούεις καθ' ἑκάστην ἡμέραν, καὶ οὐκ ἔτι θαυμάσῃ, κἂν πλείονα τούτων ἐπέλθῃ κακά· ἀλλ' ἂν ἀγαθοῦ τινος ἀπολαύσῃς, τότε καὶ θαυμάσῃ καὶ ἐκπλαγήσῃ. Νῦν δὲ εἰς μὲν τὰς συμφορὰς ὁρῶμεν τὰς ἐπιούσας, τὰ δὲ προσκρούσματα, ἃ καθ' ἑκάστην προσκρούομεν τὴν ἡμέραν, οὐκ ἐννοοῦμεν· διὰ τοῦτο ἀλύομεν. Ὡς εἴγε μιᾶς ἡμέρας μόνον μετὰ ἀκριβείας τὰ ἁμαρτήματα ἡμῶν ἐλογισάμεθα, [d] τότε ἂν ἔγνωμεν καλῶς, πόσων ἂν εἴημεν ὑπεύθυνοι κα-
D κῶν. Καὶ ἵνα τὰ ἄλλα ἀφεὶς τὰ ἰδίᾳ πεπλημμελημένα ἑκάστῳ, τὰ σήμερον εἴπω γινόμενα· καίτοι γε οὐκ οἶδα τί ποτε ἕκαστος ἡμῶν ἥμαρτεν· ἀλλ' ὅμως τοσαύτη ἡ περιουσία τῶν πλημμελημάτων, ὡς μηδὲ τὸν ἀκριβῶς ἅπαντα εἰδότα δύνασθαι καὶ ἐκ τούτων ἑλεῖν. [e] Τίς οὖν ἡμῶν οὐκ ἐῤῥαθύμησεν εὐχόμενος; τίς οὐκ ἀπενοήθη; τίς οὐκ ἐκενοδόξησε; τίς οὐ κακῶς εἶπε τὸν ἀδελφὸν, οὐδὲ ἐδέξατο πονηρὰν ἐπιθυμίαν; οὐκ

[a] Mss. non pauci ἡνίκα ἔλεγε τὸ, non male.

[b] Αὐτοὶ deest in Manuscriptis plurimis.

[c] Quidam habent ἀναιρῶν.

[d] Aliqui τοῦτο ἂν ἔγνωμεν.

[e] Alii τίς οὖν ὑμῶν. Fortasse vero hæc germana lectio fuerit, ut etiam supra ἕκαστος ὑμῶν. Sed nostra quoque lectio stare potest.

εἶδεν ἀκολάστοις ὀφθαλμοῖς; οὐκ ἐμνήσθη [f] μετὰ πάθους ἐχθροῦ, καὶ οἰδαίνειν τὴν καρδίαν ἐποίησεν; Εἰ
δὲ ἐν ἐκκλησίᾳ ὄντες, καὶ ἐν καιρῷ βραχεῖ τοσούτοις
ὑπεύθυνοι γεγόναμεν κακοῖς, τίνες ἐσόμεθα ἐξελθόντες E
ἐντεῦθεν; εἰ ἐν τῷ λιμένι τοσαῦτα τὰ κύματα, ὅταν
ἐξέλθωμεν εἰς τὸν εὔριπον τῶν κακῶν, τὴν ἀγορὰν
λέγω καὶ τὰ πολιτικὰ πράγματα, καὶ τὰς ἐν οἰκίᾳ 256
φροντίδας, ἆρα ἑαυτοὺς γοῦν [g] ἐπιγνῶναι δυνησόμεθα; A
Ἀλλ' ὅμως τῆς τῶν τοσούτων καὶ τηλικούτων ἁμαρτημάτων ἀπαλλαγῆς ἔδωκεν ἡμῖν σύντομον καὶ ῥᾳδίαν
ὁδὸν καὶ παντὸς ἀπηλλαγμένην πόνου ὁ Θεός. Ποῖος
γὰρ πόνος ἀφεῖναι τῷ λελυπηκότι; [a] Πόνου μὲν οὖν τὸ
μὴ ἀφεῖναι, ἀλλὰ καὶ κατέχειν τὴν ἔχθραν· ὥς τό γε
ἀπαλλαγῆναι θυμοῦ καὶ ἄνεσιν πολλὴν ἐμποιεῖ, καὶ
σφόδρα εὔκολον τῷ βουλομένῳ.

Οὐδὲ γὰρ πέλαγος διαβῆναι δεῖ, οὐδὲ ὁδὸν ἀπο-
δημῆσαι μακρὰν, οὐδὲ ὀρῶν ὑπερβῆναι κορυφὰς,
οὐδὲ χρήματα δαπανῆσαι, οὐδὲ κατατεῖναι τὸ σῶμα, ἀλλ' ἀρκεῖ τὸ θελῆσαι μόνον, καὶ πάντα λέλυ-
ται τὰ ἁμαρτήματα. Ἂν δὲ μὴ μόνον αὐτὸς μὴ B
ἀφῇς, ἀλλὰ καὶ τῷ Θεῷ κατ' αὐτοῦ [b] ἐντυγχάνῃς,
τίνα λοιπὸν ἕξεις σωτηρίας ἐλπίδα, ὅταν ἡνίκα ἐξι-
λεοῦσθαι αὐτὸν δέῃ, καὶ τότε αὐτὸν παροξύνῃς, ἱκέτου
μὲν σχῆμα περικείμενος, θηρίου δὲ φωνὰς ἀφιεὶς, καὶ
καθ' ἑαυτοῦ τὰ βέλη τοῦ πονηροῦ ἐξακοντίζων ἐκεῖνα;
Διὰ τοῦτο καὶ ὁ Παῦλος εὐχῆς μεμνημένος, οὐδὲν οὕτως ἐξήτησεν ὡς τῆς ἐντολῆς ταύτης τὴν φυλακήν·
Ἐπαίροντας γὰρ ὁσίους χεῖρας, φησὶ, χωρὶς ὀργῆς
καὶ διαλογισμοῦ. Εἰ γὰρ ὅτε ἐλέους χρείαν ἔχεις, οὐδὲ
τότε [c] ἀφίης τὴν ὀργὴν, ἀλλὰ καὶ σφόδρα αὐτῆς μέμνησαι, καὶ ταῦτα εἰδὼς ὅτι κατὰ σεαυτοῦ τὸ ξίφος
ὠθεῖς, πότε δυνήσῃ γενέσθαι φιλάνθρωπος, καὶ τὸν
πονηρὸν ἀποβλῦσαι τῆς πονηρίας ταύτης ἰόν; Εἰ δὲ C
οὐδέπω τῆς ἀτοπίας ταύτης εἶδες τὸ μέγεθος, ἐπ' ἀνθρώπων αὐτὸ λογίζου γινόμενον, καὶ τότε ὄψει τῆς
ὕβρεως τὴν ὑπερβολήν. Εἰ γὰρ ἀνθρώπῳ σοι ὄντι προσ-
ῆλθέ τις ἀξιῶν ἐλεηθῆναι, εἶτα μεταξὺ κείμενος ἐπὶ
τῆς γῆς εἶδεν ἐχθρὸν, καὶ ἀφεὶς σε ἱκετεῦσαι ἐκεῖνον
ἔτυπτεν, ἆρα οὐκ ἂν μείζονα [d] ἐποιήσω τὴν ὀργήν;
Τοῦτο λογίζου καὶ ἐπὶ τοῦ Θεοῦ συμβαίνειν. Καὶ γὰρ
καὶ σὺ τὸν Θεὸν ἱκετεύων, μεταξὺ τὴν ἱκετηρίαν ἀφεὶς,
τὸν ἐχθρὸν τοῖς ῥήμασι τύπτεις, καὶ τοὺς τοῦ Θεοῦ νόμους ὑβρίζεις, τὸν νομοθετήσαντα πᾶσαν ὀργὴν ἀφιέναι
κατὰ τῶν λελυπηκότων καλῶν, καὶ ἀξιῶν ἐναντία τοῖς D
ἑαυτοῦ προστάγμασι ποιεῖν. Οὐκ [e] ἄρα ἀρκεῖ εἰς τιμωρίας σοι λόγον, ὅτι σὺ παραβαίνεις τὸν νόμον τὸν τοῦ
Θεοῦ, ἀλλὰ καὶ αὐτὸν τοῦτο παρακαλεῖς ποιεῖν; Μὴ

non impudicis oculis respexit? quis non inimici cum animi motu recordatus est? quis non cor suum tumore replevit? Quod si in ecclesia cum simus, brevique tempore tot malorum rei facti sumus, quinam erimus, inde egressi? si in portu tot fluctus, cum egressi fuerimus in euripum malorum, in forum dico, et urbana negotia, domesticasque curas, an poterimus vel nos ipsos agnoscere? Attamen ad tot tantaque eluenda peccata compendiosam nobis et facilem nobis Deus viam dedit, omnique labore vacuam. Quis labor enim, injuriam inferenti dimittere? Labor utique est in non remittendo, sed retinendo inimicitiam; ut e contrario si ira deponatur, id magnam parit tranquillitatem, resque admodum est volenti facilis.

8. Neque enim opus est maria transfretare, neque longam peregrinationem suscipere, neque montium juga conscendere, neque pecunias impendere, neque corpus macerare, sed velle tantum sufficit, et omnia peccata solvuntur. Si vero non solum ipse non remittas, sed etiam Deum contra illum preceris, quam postea spem salutis habebis, ubi quando illum placare oportuit, tunc ipsum exasperasti; supplicis habitu feræ vocem emittens, et tela maligni illius contra teipsum ejaculans? Ideo Paulus eum de oratione mentionem faceret, nihil magis requisivit, quam legis hujus observationem: *Levantes*, inquit, *puras manus sine ira et disceptatione*. Si enim cum misericordia opus habes, ne tunc quidem iram remittis, sed illam memoria retines, etsi scias te contra teipsum gladium impellere, quando poteris esse misericors, et hoc malum nequitiæ venenum evomere? Quod si nondum absurditatis hujusce magnitudinem videas, idipsum apud homines factum cogita, et tunc videbis contumeliæ vim magnam. Si enim te hominem adiret quispiam supplicans, ut ejus miserearis, deinde, cum humi stratus jaceret, inimicum videret, et te precari desinens, illum percuteret, annon hinc majorem iram conciperes? Hoc cogita et in Deo accidere. Nam tu quoque dum Deo supplicas, supplicatione interim relicta, inimicum dictis verberas, et Dei leges contumelia afficis, dum illum qui lege præcepit, ut iram adversus eos qui nos injuria affecerint deponamus, invocas, rogasque ut præceptis suis contraria faciat. Non ergo tibi ad vindictam satis est, quod

Precari contra inimicus quam mala res.

1. Tim. 2. 8.

[f] Quidam μετὰ τοῦ πάθους.
[g] Alii γνῶναι.
[a] Alii πόνος μὴν οὖν.
[b] Morel. ἐντυγχάνεις, male.
[c] Morel. ἀφεὶς, perperam.
[d] Quidam ἐποίησας.
[e] In quibusdam ἄρα deest.

legem Dei transgrediaris, sed et ipsum hoc ut faciat precaris? Numquid eorum quæ præcepit oblitus est? numquid enim homo est qui hæc dixit? Deus est, qui omnia novit, qui vult leges suas accurate servari : tantumque abest ut faciat illa quæ postulas, ut etiam te qui hæc dicis, tantum quia dicis aversetur, odioque habeat, extremamque abs te pœnam repetat. Quomodo igitur ab illo consequi postulas, ea quæ summo studio vitare ipse præcipit? Sed quidam sunt qui ad tantam amentiam processerunt, ut non modo contra inimicos precentur, sed etiam filiis ipsorum mala imprecentur, atque etiam si liceret ipsorum carnes degustare vellent, imo et degustent. Ne mihi dixeris, te dentes non infixisse in corpus ejus qui læsit : nam multo ferocius, quantum in te fuit, in illum sæviisti, rogans desuper iram in illum immitti, et immortali tradi supplicio, cumque tota domo everti. Quibus hæc morsibus graviora non sunt? quibus telis non acerbiora? Non hæc te docuit Christus; non sic os cruentare jussit. Nam hujusmodi linguæ cruentatis humano sanguine buccis sunt deteriores. Quomodo igitur fratrem amplecteris? quomodo sacrificium tanges? quomodo sanguinem dominicum degustabis, tam dirum animo venenum servans? Quando enim dicis, Discerpe illum, ejus domum everte, omnia perde, et exitia mille imprecaris, nihil ab homicida differs, nec a fera humanas carnes vorante.

γὰρ ἐπελάθετο ὧν ἐπέταξε; μὴ γὰρ ἄνθρωπός ἐστιν ὁ
ταῦτα εἰπών; Θεός ἐστιν, ὁ τὰ πάντα εἰδὼς, καὶ μετὰ
ἀκριβείας ἁπάσης τοὺς ἑαυτοῦ βουλόμενος φυλάττεσθαι
νόμους, καὶ τοσοῦτον ἀπέχων τοῦ ποιῆσαι ταῦτα ἅπερ
ἀξιοῖς, ὅτι καὶ σὲ τὸν ταῦτα λέγοντα καὶ ὑπὲρ τοῦ λέγειν μόνον ἀποστρέφεται, καὶ μισεῖ, καὶ δίκην ἀπαιτεῖ
E τὴν ἐσχάτην. Πῶς οὖν ἀξιοῖς παρ' αὐτοῦ τυχεῖν ὧν αὐτὸς μετὰ πολλῆς ἀπέχεσθαί σε κελεύει σπουδῆς; Ἀλλὰ
γάρ εἰσί τινες, οἳ καὶ εἰς τοσοῦτον ἀλογίας ἥκασιν, ὡς
257 μὴ μόνον τῶν ἐχθρῶν κατεύχεσθαι, ἀλλὰ καὶ τέκνοις
A ἐπαρᾶσθαι τοῖς ἐκείνων, καὶ αὐτῶν εἴγε ἐνῆν ἀπογεύ-
σασθαι τῶν [f] σαρκῶν προαιρεῖσθαι, μᾶλλον δὲ καὶ ἀπο-
γευόμενοι. Μὴ γάρ μοι τοῦτο εἴπῃς, ὅτι τοὺς ὀδόντας
οὐκ ἐνέπηξας τῷ σώματι τοῦ λελυπηκότος· πολὺ γὰρ
χαλεπώτερον ἐποίησας, τό γε εἰς σὲ ἧκον, ἀξιῶν ἄνωθεν ὀργὴν ἐπενεχθῆναι κατ' αὐτοῦ, καὶ ἀθανάτῳ παραδοθῆναι κολάσει, καὶ μετὰ τῆς οἰκίας ἀνατραπῆναι
ἁπάσης. [a] Ποίων γὰρ ταῦτα οὐ χαλεπώτερα δηγμάτων;
ποίων βελῶν οὐ πικρότερα; Οὐ ταῦτά σε ἐπαίδευσεν ὁ
Χριστός· οὐχ οὕτω τὸ στόμα αἱμάττειν ἐκέλευσε. Καὶ
γὰρ ᾑμαγμένων στομάτων ἀπὸ σαρκῶν ἀνθρωπίνων
χαλεπώτεραι αἱ τοιαῦται γλῶτται. Πῶς οὖν ἀσπάσῃ
B τὸν ἀδελφόν; πῶς ἅψῃ τῆς θυσίας; πῶς ἀπογεύσῃ τοῦ
αἵματος τοῦ δεσποτικοῦ, τοσοῦτον ἔχων ἐπὶ τῆς διανοίας τὸν ἰόν; Ὅταν γὰρ εἴπῃς, κατάρραξον αὐτὸν,
καὶ τὴν οἰκίαν ἀνάτρεψον, καὶ πάντα ἀπόλεσον, καὶ
μυρίους αὐτῷ ὀλέθρους κατεύχῃ, οὐδὲν ἀνθρωποκτό-
νου διενήνοχας, μᾶλλον δὲ ἀνθρωποφάγου θηρίου.

9. Hunc itaque morbum deponamus atque furorem, et benevolentiam, ut jussit, exhibeamus erga illos qui nos læserunt, ut similes simus Patris nostri qui in cælis est. Deponemus autem, si peccata nostra in memoriam revocemus; si delicta omnia nostra diligenter examinemus, quæ intus, quæ foris, quæ in foro, quæ in ecclesia. Nam si non aliam ob causam, ob negligentiam tamen, quam hic exhibemus, extremis digni sumus pœnis. Nam prophetis psallentibus, apostolis hymnos canentibus, Deo loquente, foris vagamur, et sæcularium rerum tumultum in nos inducimus; neque tantum quietis et silentii adhibemus ad Dei leges audiendas, quantum in theatris spectatores adhibent, dum imperatoriæ literæ leguntur. Illic enim et consules et præfecti, et senatus et populus stant omnes cum quiete omnia audientes; et si quis inter altum illud silentium repente insiliens clama-

Παυσώμεθα τοίνυν τῆς νόσου ταύτης καὶ τῆς μανίας, καὶ τὴν φιλοφροσύνην, ἣν ἐκέλευσεν, ἐπιδειξώμεθα περὶ τοὺς λελυπηκότας, ἵνα γενώμεθα ὅμοιοι τοῦ
Πατρὸς ἡμῶν τοῦ ἐν τοῖς οὐρανοῖς. Παυσόμεθα δὲ, ἂν
τῶν οἰκείων ἀναμνησθῶμεν ἁμαρτημάτων· ἂν μετὰ
ἀκριβείας ἅπαντα ἐξετάσωμεν τὰ πεπλημμελημένα
C ἡμῖν, τὰ ἔνδον, τὰ ἔξω, τὰ ἐν ἀγορᾷ, τὰ ἐν ἐκκλησίᾳ.
Εἰ γὰρ μηδενὸς ἑτέρου, τῆς γοῦν ἐνταῦθα ὀλιγωρίας
τὴν ἐσχάτην ἄξιοί ἐσμεν δίκην ὑποσχεῖν. Καὶ γὰρ προφητῶν ψαλλόντων, καὶ ἀποστόλων ὑμνούντων, καὶ Θεοῦ
διαλεγομένου, ἔξω πλανώμεθα, καὶ βιωτικῶν πραγμάτων [b] ἐπεισαγόμεθα θόρυβον· καὶ οὐδὲ τοσαύτην ἀπονέ-
μομεν τοῖς τοῦ Θεοῦ νόμοις τὴν ἡσυχίαν, ὅσην τοῖς τοῦ
βασιλέως γράμμασιν ἐν τοῖς θεάτροις οἱ θεαταὶ παρέ-
χουσι τὴν σιγήν. Ἐκεῖ μὲν γὰρ τῶν γραμμάτων τούτων ἀναγινωσκομένων, καὶ ὕπατοι, καὶ ὕπαρχοι, καὶ
βουλὴ, καὶ δῆμος ὀρθοὶ πάντες ἑστήκασι μεθ' ἡσυχίας
ἀκούοντες τῶν λεγομένων· κἂν μεταξὺ τῆς ἡσυχίας τῆς

f Quidam σαρκῶν βούλεσθαι μᾶλλον.

a Morel. ποιῶν οὖν ταῦτα, ποίων οὐ χαλεπώτερα.

b Alii ἐπεισάγομεν.

βαθυτάτης ἐκείνης ἀθρόον ἄν τις πηδήσας καταβοήσῃ, ὥστε εἰς τὸν βασιλέα ὑβρικῶς, τὴν ἐσχάτην δίδωσι δίκην· ἐνταῦθα δὲ τῶν ἐκ τοῦ οὐρανοῦ γραμμάτων ἀναγινωσκομένων, πολὺς πανταχόθεν ὁ θόρυβος γίνεται· καίτοι καὶ ὁ πέμψας τὰ γράμματα πολὺ τοῦ βασιλέως τούτου μείζων ἐστὶ, καὶ τὸ θέατρον σεμνότερον· οὐ γὰρ ἀνθρώπων μόνον, ἀλλὰ καὶ ἀγγέλων ἐστί· [c] καὶ τὰ ἐπινίκια ταῦτα, ἃ τὰ γράμματα εὐαγγελίζεται, πολλῷ τῶν ἐν τῇ γῇ φρικωδέστερα. Διόπερ οὐχ ἄνθρωποι μόνον, ἀλλὰ καὶ ἄγγελοι, καὶ ἀρχάγγελοι, καὶ οἱ τῶν οὐρανῶν δῆμοι, καὶ οἱ ἐν τῇ γῇ πάντες, εὐφημεῖν κελευόμεθα· Εὐλογεῖτε γὰρ, φησὶ, τὸν Κύριον, πάντα τὰ ἔργα αὐτοῦ. Καὶ γὰρ οὐ μικρὰ τὰ κατορθούμενα, ἀλλὰ πάντα ὑπερβαίνει λόγον, καὶ νοῦν, καὶ διάνοιαν ἀνθρωπίνην. Καὶ ταῦτα καθ' ἑκάστην ἡμέραν ἀνακηρύττουσιν οἱ προφῆται, διαφόρως ἕκαστος τὸ λαμπρὸν τοῦτο τρόπαιον ἀναγορεύων. Ὁ μὲν γὰρ, Ἀνέβης εἰς ὕψος, φησὶ, ᾐχμαλώτευσας αἰχμαλωσίαν, καὶ ἔλαβες δόματα ἐν ἀνθρώποις· καὶ, Κύριος κραταιὸς καὶ δυνατὸς ἐν πολέμῳ. Ὁ δέ φησι, Τῶν ἰσχυρῶν [a] μεριεῖται τὰ σκῦλα. Καὶ γὰρ διὰ τοῦτο ἦλθεν, ὥστε κηρῦξαι αἰχμαλώτοις ἄφεσιν, καὶ τυφλοῖς ἀνάβλεψιν, καὶ κατὰ τοῦ θανάτου τὴν ἐπινίκιον ἀλαλάζων φωνὴν ἔλεγε· Ποῦ σου, θάνατε, τὸ νῖκος; ποῦ σου, ᾅδη, τὸ κέντρον; Ἕτερος δὲ αὖ πάλιν τὴν βαθυτάτην εἰρήνην εὐαγγελιζόμενος ἔλεγε· [b] Συντρίψουσι τὰς μαχαίρας αὐτῶν εἰς ἄροτρα, καὶ τὰς ζιβύνας αὐτῶν εἰς δρέπανα. Καὶ ὁ μὲν τὴν Ἱερουσαλὴμ καλεῖ λέγων· Χαῖρε σφόδρα, θύγατερ Σιὼν, ὅτι ἰδοὺ ὁ βασιλεύς σου ἔρχεταί σοι πρᾶος, ἐπιβεβηκὼς ἐπὶ ὑποζύγιον καὶ πῶλον νέον. Ὁ δὲ καὶ τὴν δευτέραν αὐτοῦ ἀνακηρύττει παρουσίαν, οὕτω λέγων· Ἥξει Κύριος, ὃν ὑμεῖς ζητεῖτε, καὶ τίς ὑπομενεῖ ἡμέραν εἰσόδου αὐτοῦ; Σκιρτήσατε ὡς μοσχάρια ἐκ δεσμῶν ἀνειμένα. Καὶ ἕτερος πάλιν τοιαῦτα ἐκπληττόμενος ἔλεγεν· Οὗτος ὁ Θεὸς ἡμῶν· οὐ λογισθήσεται ἕτερος πρὸς αὐτόν. Ἀλλ' ὅμως καὶ τούτων καὶ πολλῷ πλειόνων λεγομένων, δέον φρίττειν, καὶ μηδὲ ἐπὶ γῆς νομίζειν εἶναι, ἀλλ' ὡς ἐν ἀγορᾷ μέσῃ θορυβοῦμεν, ταράττομεν, τὰ μηδὲν πρὸς ἡμᾶς ὄντα διαλεγόμενοι, ἅπαντα ἀναλίσκομεν τῆς συνάξεως τὸν καιρόν. Ὅταν οὖν καὶ ἐν μικροῖς καὶ ἐν μεγάλοις, καὶ ἐν ἀκροάσει καὶ ἐν πράξει, καὶ ἔξω καὶ ἔνδον ἐν ἐκκλησίᾳ, οὕτως ὦμεν ῥᾴθυμοι, καὶ μετὰ τούτων ἁπάντων καὶ κατ' ἐχθρῶν [c] εὐχώμεθα· πόθεν ἕξομεν σωτηρίας ἐλπίδα, τοῖς τοσούτοις ἁμαρτήμασι προσθήκην ἑτέραν χαλεπὴν, καὶ τούτων ἀντίῤῥοπον, τὴν παράνομον ταύτην προστιθέντες εὐχήν; [d] Εἰ οὖν θαυμάζειν δίκαιον, ἂν συμβῇ τι

verit, utpote qui Imperatorem injuria affecerit,
extremas luit pœnas : hic vero dum cælestes illæ
D literæ leguntur, multus undique oritur tumultus,
cum is qui literas misit, longe major sit Imperatore, et theatrum honorabilius : non modo enim
homines, sed et angeli adstant; et victoriæ præmia, quæ hisce literis nuntiantur, longe majora
terrenis illis triumphis. Quapropter non homines
tantum, sed et angeli, archangeli, et cælestes populi, et quotquot etiam in terra sunt, laudare jubentur : *Benedicite*, inquit, *Domino*, *omnia* Psal. 102.
E *opera ejus*. Etenim non exigua sunt illa quæ fe- 22.
cit, sed omnem sermonem superant, atque mentem intelligentiamque humanam. Et hæc quotidie
prædicant prophetæ, diverse singuli splendidum
illud tropæum celebrantes. Nam hic ait : *Ascen-* Psal. 67.
dens in altum captivam duxisti captivitatem, 19.
258 *cepisti dona in hominibus*; et, *Dominus fortis* Psal. 23.8.
A *et potens in prælio*. Hic vero dicit, *Et fortium* Isai. 53.
dividet spolia. Ad hoc enim venit, ut prædicaret 12.
captivis remissionem, et cæcis visus restitutionem,
et de victa morte triumphali voce jubilans dicebat : *Ubi est, mors, victoria tua? ubi, inferne*, 1. Cor. 15.
stimulus tuus? Alius rursum profundam pacem 55.
evangelizans dicebat : *Confringent gladios suos* Isai. 2. 4.
in aratra, et lanceas suas in falces. Et hic qui- Joel. 3.10.
dem Jerusalem sic alloquitur : *Lætare multum*, Zach. 9. 9.
filia Sion, quia ecce rex tuus venit tibi man-
suetus, *sedens super subjugalem et pullum*
novellum. Alius vero secundum ejus adventum
B prædicat his verbis : *Veniet Dominus, quem vos* Malach. 3.
quæritis, et quis sustinebit diem ingressus ejus? 1. 2. et 4. 2.
Exsultate sicut vituli a vinculis absoluti. Et
alter rursus de his obstupescens dicebat : *Hic est* Baruch. 3.
Deus noster; *nec reputabitur alter cum illo*. 36.
Attamen cum hæc et multo plura dicantur, cum
par esset horrere, et putare nos in terra non esse;
quasi in medio foro tumultuamur, turbamus, de
iis quæ nihil ad nos spectant garrientes, totum
insumimus collectæ tempus. Cum itaque et in exiguis et in magnis, et in auditu et in actu, et foris et
C intra ecclesiam, ita simus desides, præter hæc
omnia etiam contra inimicos precemur : unde spem
salutis habebimus, cum tot tantisque peccatis additamentum aliud gravissimum, par prioribus,
iniquam nempe illam orationem adjiciamus? An

[c] Quidam καὶ τὰ ἐπινίκια ταῦτα τὰ γράμματα.

[a] Alii μεριεῖ τὰ σκῦλα.

[b] Alii συγκόψουσι.

[c] Morel. εὐχόμεθα, male.

[d] Εἰ οὖν θαυμάζειν, sic Morel. Εἶτ' οὖν θαυμάζειν, ita Savil. Ἔτι οὖν θαυμάζειν, sic Mss. quidam. Quæ omnes lectiones perinde quadrare videntur.

ergo mirandum, si quid nobis mali inexspectatum accidit, cum contra mirandum esset si non acciderit? Illud enim ex consequentia rerum est; hoc autem præter rationem et exspectationem esset. Etenim præter rationem esset, inimicos Dei effectos, illumque ad iram provocantes sole frui et pluviis aliisque omnibus, homines immanitate feras superantes, et alios contra alios stantes, ac proximi sui morsu laniati sanguine linguam cruentantes; post mensam illam spiritualem, et tot beneficia, innumeraque præcepta. Hæc itaque cogitantes, virus evomamus, solvamus inimicitias, et preces, quæ consentaneæ nobis sint, fundamus, ac vice dæmoniacæ illius feritatis angelorum mansuetudinem assumamus: et quantiscumque injuriis simus affecti, quæ ipsorum sunt nostra esse cogitantes, necnon mercedem nobis pro hoc servato præcepto repositam, sedemus iram, fluctus reprimamus, ut præsentem vitam sine perturbatione emetiamur, et illuc advenientes talem experiamur Dominum, quales nos erga conservos fuerimus. Quod si grave illud et terribile sit, leve idipsum et desiderabile faciamus, et splendidas fiduciæ erga illum nostræ januas aperiamus; ac quod non potuimus assequi abstinendo a peccatis, hoc assequamur per mansuetudinem nostram erga eos qui in nos peccaverunt; neque enim grave illud vel molestum est; ac beneficia inimicis nostris conferentes, multam nobis conciliemus misericordiam. Sic enim et in præsenti vita ab omnibus amabimur, et præ cæteris omnibus Deus ipse nos amabit et coronabit: nosque futuris omnibus bonis dignabitur: quæ utinam omnes assequi possimus gratia et benignitate Domini nostri Jesu Christi, cui gloria et imperium in sæcula sæculorum. Amen.

τῶν ἀδοκήτων ἡμῖν καὶ λυπηρῶν, δέον ὅταν μὴ συμβῇ θαυμάζειν; Ἐκεῖνο μὲν γὰρ τῆς τῶν πραγμάτων ἀκολουθίας· τοῦτο δὲ ὑπὲρ λόγον πάντα καὶ προσδοκίαν. Καὶ γὰρ ὑπὲρ λόγον, ἐχθροὺς τοῦ Θεοῦ γενομένους, καὶ παροργίζοντας αὐτὸν ἀπολαύειν ἡλίου καὶ ὑετῶν καὶ τῶν D ἄλλων ἁπάντων, ἀνθρώπους θηρίων ὠμότητα νικῶντας, καὶ κατ' ἀλλήλων ἱσταμένους, καὶ τοῖς τῶν πλησίον δήγμασι τὴν γλῶτταν αἱμάττοντας, μετὰ τὴν τράπεζαν τὴν πνευματικὴν, καὶ τὰς τοσαύτας εὐεργεσίας, καὶ τὰ μυρία παραγγέλματα. Ταῦτ' οὖν ἐννοοῦντες, ἐμέσωμεν τὸν ἰὸν, καταλύσωμεν τὰς ἔχθρας, καὶ τὰς ἡμῖν πρεπούσας εὐχὰς ποιώμεθα, καὶ ἀντὶ δαιμόνων θηριωδίας ἀγγέλων λάβωμεν ἡμερότητα· καὶ ὅσα ἂν ὦμεν ἠδικημένοι, [e] τὰ αὐτῶν ἡμέτερα ἐννοήσαντες, καὶ τὸν ὑπὲρ ταύτης τῆς ἐντολῆς κείμενον ἡμῖν μισθὸν, μαλάξωμεν τὴν ὀργὴν, καταστείλωμεν τὰ κύματα, ἵνα E καὶ τὸν παρόντα βίον ἀταράχως διέλθωμεν, καὶ ἀπελθόντες ἐκεῖ τοιούτου τύχωμεν τοῦ Δεσπότου, οἷοι περὶ τοὺς συνδούλους γεγόναμεν. Εἰ δὲ βαρὺ τοῦτο καὶ φοβερὸν, ποιήσωμεν αὐτὸ [f] κοῦφον καὶ ποθεινὸν, καὶ τὰς τῆς παῤῥησίας τῆς πρὸς αὐτὸν λαμπρὰς ἀνοίξωμεν θύρας· καὶ ὅπερ οὐκ ἰσχύσαμεν ἀνύσαι διὰ τοῦ 259 A τῶν ἁμαρτημάτων ἀπέχεσθαι, τοῦτο ἀνύσωμεν διὰ τοῦ γενέσθαι τοῖς ἡμαρτηκόσιν εἰς ἡμᾶς ἥμεροι· οὐδὲ γὰρ βαρὺ τοῦτο, [a] οὐδὲ ἐπαχθές· καὶ τοὺς ἐχθροὺς εὐεργετοῦντες τοὺς ἡμετέρους, πολὺν ἑαυτοῖς προαποθώμεθα ἔλεον. Οὕτω γὰρ καὶ κατὰ τὸν παρόντα βίον ἅπαντες ἡμᾶς ἀγαπήσουσι, καὶ πρὸ τῶν ἄλλων ἁπάντων ὁ Θεὸς καὶ φιλήσει, καὶ στεφανώσει, καὶ τῶν μελλόντων ἡμᾶς πάντων ἀξιώσει ἀγαθῶν· ὧν γένοιτο πάντας ἡμᾶς ἐπιτυχεῖν χάριτι καὶ φιλανθρωπίᾳ τοῦ Κυρίου ἡμῶν Ἰησοῦ Χριστοῦ, ᾧ ἡ δόξα καὶ τὸ κράτος εἰς τοὺς αἰῶνας τῶν αἰώνων. Ἀμήν.

[e] Savil. et Morel. τὰ ἡμέτερα αὐτῶν. Codex unus τὰ αὐτῶν ἡμέτερα. Alius τὰ ἡμῶν αὐτῶν ἐννοήσαντες, non male.

[f] Alii κοῦφον καὶ ἐλαφρὸν καί.

[a] Quidam οὐδὲ φορτικόν· καὶ τούς.

HOMILIA XX. al. XXI.

B

ΟΜΙΛΙΑ κ'.

Cap. VI. v. 16. *Cum autem jejunatis, nolite fieri sicut hypocritæ tristes. Exterminant enim facies suas, ut appareant hominibus jejunantes.*

Ὅταν δὲ νηστεύητε, μὴ γίνεσθε ὥσπερ οἱ ὑποκριταὶ σκυθρωποί. Ἀφανίζουσι γὰρ τὰ πρόσωπα ἑαυτῶν, ὅπως φανῶσι τοῖς ἀνθρώποις νηστεύοντες.

1. Hic acerbe gemere et ejulare nos convenit.

Καλὸν ἐνταῦθα στενάξαι μέγα καὶ [b] οἰμῶξαι πικρόν.

[b] Alii ἀνοιμῶξαι.

Οὐ γὰρ μόνον τοὺς ὑποκριτὰς μιμούμεθα, ἀλλὰ καὶ ἐκείνους παρεληλύθαμεν. Οἶδα πολλοὺς, οὐχὶ νηστεύοντας καὶ ἐπιδεικνυμένους μόνον, ἀλλὰ καὶ μὴ νηστεύοντας, καὶ τὰ τῶν νηστευόντων προσωπεῖα περικειμένους, καὶ ἀπολογίαν χείρονα τῆς ἁμαρτίας προβαλλομένους. Ἵνα γὰρ μὴ σκανδαλίσω, φησὶ, τοὺς πολλοὺς, τοῦτο ποιῶ. Τί λέγεις; Νόμος ἐστὶ θεῖος ὁ ταῦτα κελεύων, καὶ σκανδάλου μέμνησαι; καὶ φυλάττων μὲν αὐτὸν, σκανδαλίζειν νομίζεις, παραβαίνων δὲ, ἀπαλλάττειν σκανδάλου; καὶ τί [c] ταύτης τῆς ἀπολογίας χεῖρον γένοιτ' ἄν; Οὐ παύσῃ καὶ τῶν ὑποκριτῶν χείρων γινόμενος, καὶ διπλῆν τὴν ὑπόκρισιν ἐργαζόμενος, καὶ πολλὴν τῆς κακίας ταύτης τὴν ὑπερβολὴν ἐννοῶν; οὐκ αἰσχυνθήσῃ τῆς λέξεως ταύτης τὴν ἔμφασιν; Οὐδὲ γὰρ εἶπεν, ὅτι ὑποκρίνονται ἁπλῶς, ἀλλὰ καὶ μειζόνως καθάψασθαι βουλόμενός φησιν, Ἀφανίζουσι γὰρ τὰ πρόσωπα ἑαυτῶν, τουτέστι, διαφθείρουσιν, ἀπολλύουσιν. Εἰ δὲ τοῦτο ἀφανισμὸς προσώπου, τὸ πρὸς κενοδοξίαν ὠχρὸν φαίνεσθαι, τί ἂν εἴποιμεν περὶ τῶν ἐπιτρίμμασι καὶ ὑπογραφαῖς [d] διαφθειρουσῶν τὰ πρόσωπα γυναικῶν, ἐπὶ λύμῃ τῶν ἀκολάστων νέων; Ἐκεῖνοι μὲν γὰρ ἑαυτοὺς βλάπτουσι μόνον· αὗται δὲ καὶ ἑαυτὰς καὶ τοὺς ὁρῶντας. Διὸ χρὴ φεύγειν καὶ ταύτην κἀκείνην τὴν λύμην ἐκ πολλοῦ τοῦ περιόντος. Οὐδὲ γὰρ μόνον μὴ ἐπιδείκνυσθαι, ἀλλὰ καὶ σπουδάζειν λανθάνειν ἐκέλευσεν· ὅπερ καὶ ἔμπροσθεν ἐποίησε. Καὶ ἐπὶ μὲν τῆς ἐλεημοσύνης οὐχ ἁπλῶς αὐτὸ τέθεικεν, ἀλλ' εἰπὼν, Προσέχετε μὴ ποιεῖν ἔμπροσθεν τῶν ἀνθρώπων, προσέθηκε, Πρὸς τὸ θεαθῆναι αὐτοῖς· ἐπὶ δὲ τῆς νηστείας καὶ τῆς προσευχῆς οὐδὲν τοιοῦτον διώρισε. Τί δήποτε; Ὅτι ἐλεημοσύνην μὲν ἀδύνατον πάντῃ λαθεῖν· εὐχὴν δὲ καὶ νηστείαν, δυνατόν. Ὥσπερ οὖν εἰπὼν, Μὴ γνώτω ἡ ἀριστερά σου τί ποιεῖ ἡ δεξιά σου, οὐ περὶ χειρῶν ἔλεγεν, ἀλλὰ [a] περὶ τοῦ δεῖν μετὰ ἀκριβείας ἅπαντας λανθάνειν· καὶ κελεύσας εἰς τὸ ταμιεῖον εἰσιέναι, οὐ πάντως, οὐδὲ προηγουμένως ἐκεῖ μόνον ἐπέταξεν εὔχεσθαι, ἀλλὰ τὸ αὐτὸ πάλιν ᾐνίξατο· οὕτω καὶ ἐνταῦθα ἀλείφεσθαι κελεύσας, οὐχ ἵνα ἀλειφώμεθα πάντως ἐνομοθέτησεν· ἐπεὶ πάντες εὑρεθησόμεθα τὸν νόμον παραβαίνοντες τοῦτον, καὶ πρό γε πάντων οἱ μάλιστα αὐτὸν φυλάττειν ἐσπουδακότες, οἱ τῶν μοναχῶν δῆμοι, οἱ τὰ ὄρη κατειληφότες. Οὐ τοίνυν τοῦτο ἐπέταξεν· ἀλλ' ἐπειδὴ τοῖς παλαιοῖς ἔθος ἀλείφεσθαι συνεχῶς ἦν εὐφραινομένοις καὶ χαίρουσι, καὶ τοῦτο ἀπὸ τοῦ Δαυῒδ καὶ ἀπὸ τοῦ Δανιὴλ ἄν τις κατίδοι σαφῶς, εἶπεν ἀλείφεσθαι, οὐχ ἵνα πάντως τοῦτο ποιῶμεν, ἀλλ' ἵνα διὰ πάντων σπουδάζωμεν μετὰ ἀκριβείας [b] κρύπτειν τὸ κτῆμα τοῦτο. Καὶ ἵνα μάθῃς

Non solum enim hypocritas imitamur, sed etiam
superamus illos. Novi enim, novi certe multos,
C non qui jejunant et sese ostentant, sed etiam qui
jejunant et jejunantium personam præ se ferunt,
peccatoque ipso graviorem excusationem afferunt.
Hoc facio, inquiunt, ne multis offendiculo sim.
Quid dicis? Divina lex est quæ hoc præcipit, et
tu offendiculum memoras? et si custodias illam,
offendiculo esse putas, si non custodias, secus?
ecquid sit hac purgatione deterius? Annon desines hypocritis esse pejor, duplicemque hypocrisin
usurpare, ac tantum vitii cacumen excogitare?
num sine pudore dicti hujus emphasim percipies?
Non solum enim, inquit, simulant, sed ut illos vehementius pungat, *Exterminant enim facies suas*,
D id est, corrumpunt, perdunt. Si autem hoc est faciei exterminatio, ad vanam gloriam sese pallidum exhibere, quid dicendum de mulieribus, quæ
facies suas pigmentis et fucis corrumpunt ad perniciem impudicorum juvenum? Illi enim sibi
ipsis tantum nocent: hæ vero et sibi et iis qui
ipsas conspiciunt. Quapropter et hanc et illam
pestem omnino fugere par est. Non solum enim
jussit non sese ostentare, sed etiam id studere, ut
lateant: quod et ipse antea fecerat. De eleemosyna porro, non simpliciter ita posuit; sed cum
dixisset: *Attendite ne eleemosynam faciatis*
E *coram hominibus*, adjecit, *Ut videamini ab eis;*
de jejunio autem et oratione nihil simile decrevit.
Cur illud? Quia eleemosyna latere nequit, jejunium autem et oratio occultari potest. Sicut itaque cum dixit, *Nesciat sinistra tua quid facit*
260 *dextera tua*, non de manibus loquutus est, sed
A significat oportere omnes celari; et cum jussit in
cubiculum intrare, non illud præsertim præcipit
ut ibi precemur, sed idipsum etiam subindicavit:
sic et hoc loco cum jejunantem sese ungere jussit, non omnino præcipit, ut nos inungamus,
nam omnes hanc transgredi legem deprehenderemur; maximeque ii in primis qui jejunium servare student, monachorum populi, qui montes
occupant. Non itaque hoc præcipit; verum quia
apud veteres mos fuit, ut sese ungerent cum in
gaudio et lætitia versarentur, quod in Davide et
B in Daniele clare discitur, ungere se oportere dixit,
non ut hoc omnino faciamus, sed ut cum omni
studio atque diligentia hoc bonum servemus. Atque ut discas rem ita se habere: ille ipse qui hoc

Quo pacto intelligendum illud, *Unge caput tuum*.

[c] Quidam Mss. ταύτης τῆς ἀλογίας χεῖρον, non male. Infra alii ἐργαζόμενος, ὅση τῆς κακίας ταύτης ἡ ὑπερβολή.
[d] Morel. διαφθειρόντων, male.

[a] Quidam περὶ τοῦ δεῖν σπουδάζειν μετὰ, quæ etiam lectio stare potest.
[b] Morel. κρύβειν, sic.

verbis præceperat, et de facto exsequutus est; cum per quadraginta dies jejunavit, jejunando latuit, neque sese unxit, neque sese abluit : et tamen etiamsi hoc non fecerit, sine vana gloria maxime omnium totum perfecit: quod etiam nobis præcipit, hypocritis in medium adductis, et auditoribus duplici præcepto in contrarium avocatis; aliquid etiam per illud nomen, hypocritarum videlicet, subindicavit. Neque enim solum quod res esset ridicula, neque quod damnum inferret maximum, sed etiam quod hujusmodi fallacia temporanea exhibeatur, a prava illa concupiscentia abducit. Hypocrita enim tamdiu clarior apparet, quamdiu theatrum sederit: imo vero neque tunc apud omnes. Norunt enim plurimi spectatorum qui cum sint illi qualia simulent. Cæterum soluto theatro, manifestissime omnibus revelantur. Hoc igitur gloriæ cupidos pati necessarium prorsus est. Imo etiam plurimis palam est, non esse illos id quod esse videntur; sed larva solum obtegi. Multo magis autem postea capientur, quando omnia nuda et aperta erunt. Aliunde autem rursum illos ab hypocritis abducit, cum ostendit non onerosum esse præceptum. Neque enim jejunium extendit, neque longius fieri jubet; sed ne ejus corona pereat insistit. Itaque quod solum onerosum videtur, et nobis et hypocritis commune est : nam et illi jejunant; quod autem est levissimum ipsisque proprium, ne scilicet laborantes corona priventur, illud est, inquit, quod jubeo : laboribus nihil addens, mercedesque vobis colligens cum tutissima cautela, nec sinens incoronatos abire, sicut illi abeunt, qui nolunt eos, qui in Olympicis ludis decertant, imitari, qui, tanto populo, tot principibus sedentibus, uni volunt placere qui coronam ipsis tribuat, licet ille longe sit inferior; tu vero cum duas habeas victoriæ ipsi monstrandæ causas, tum quod ille præmia distribuat, tum quod spectantes omnes sine ulla comparatione superet, aliis te ostentas, qui non modo nihil tibi prodesse possunt, sed qui te maxime lædunt.

2. Attamen, inquit, ne hoc quoque impedio. Nam si hominibus te ostendere velis, exspecta; nam hoc ego tibi abundantius præstabo, et cum

ὅτι τοῦτό ἐστιν, αὐτὸς τοῦτο, ὅπερ διὰ τῶν λόγων ἐπέταξε, διὰ τῶν ἔργων ἐπιδειξάμενος, καὶ νηστεύσας τεσσαράκοντα ἡμέρας, καὶ μετὰ τοῦ λαθεῖν νηστεύσας, οὔτε ἠλείψατο, οὔτε ἐνίψατο· ἀλλ' ὅμως καὶ ταῦτα μὴ ποιήσας, μάλιστα πάντων χωρὶς κενοδοξίας τὸ πᾶν ἤνυσεν· ὃ δὴ ἡμῖν ἐπιτάττει, καὶ τοὺς ὑποκριτὰς εἰς μέσον ἀγαγὼν, καὶ διπλῇ παραγγελίᾳ τοὺς ἀκούοντας ἀποτρέψας· καὶ ἕτερόν τι διὰ τῆς προσηγορίας C ταύτης ᾐνίξατο, τῆς τῶν ὑποκριτῶν λέγω. Οὐ γὰρ μόνον τῷ τὸ πρᾶγμα εἶναι καταγέλαστον, [c] οὐδὲ τῷ ζημίαν ἔχειν ἐσχάτην, ἀλλὰ καὶ τῷ πρόσκαιρον δεῖξαι τὴν τοιαύτην ἀπάτην, ἀπάγει τῆς πονηρᾶς ἐπιθυμίας. Ὁ γὰρ ὑποκριτὴς μέχρι τότε φαίνεται λαμπρότερος, ἕως ἂν τὸ θέατρον κάθηται· μᾶλλον δὲ οὐδὲ τότε παρὰ πᾶσιν. Ἴσασι γὰρ οἱ πλείους τῶν θεωμένων, τίς ὢν τίνα ὑποκρίνεται. Πλὴν ἀλλὰ τοῦ θεάτρου λυθέντος, σαφέστερον ἅπασιν ἐκκαλύπτεται. Τοῦτο τοίνυν καὶ τοὺς κενοδόξους ὑπομένειν ἀνάγκη πᾶσα. Καὶ ἐνταῦθα μὲν γὰρ τοῖς πλείοσίν εἰσι κατάδηλοι, ὅτι οὐκ εἰσὶ τοῦτο ὅπερ φαίνονται, ἀλλὰ προσωπεῖον περίκεινται D μόνον. Πολλῷ δὲ πλέον μετὰ ταῦτα ἁλώσονται, ὅτε πάντα γυμνὰ καὶ τετραχηλισμένα φαίνεται. Καὶ ἑτέρωθεν δὲ πάλιν αὐτοὺς ἀπάγει τῶν ὑποκριτῶν, τῷ δεῖξαι κοῦφον τὸ ἐπίταγμα ὄν. Οὐ γὰρ τὴν νηστείαν ἐπιτείνει, οὐδὲ μείζονα ἐπιδείξασθαι κελεύει· ἀλλὰ μὴ τὸν ἐξ αὐτῆς ἀπολέσαι στέφανον [d] ἀσφαλίζεται. Ὥστε ὃ μὲν δοκεῖ φορτικὸν εἶναι, κοινὸν ἡμῖν καὶ τοῖς ὑποκριταῖς· νηστεύουσι γὰρ κἀκεῖνοι· ὃ δέ ἐστι κουφότατον, καὶ ἴδιον μόνοις, τὸ κάμνοντας μὴ ἀπολέσαι τὸν μισθὸν, τοῦτό ἐστιν ὃ κελεύω, φησίν· τοῖς μὲν πόνοις οὐδὲν προστιθεὶς, τοὺς δὲ [e] μισθοὺς ἡμῖν συνάγων μετὰ E ἀσφαλείας ἁπάσης, καὶ οὐκ ἀφιεὶς ἀστεφανώτους ἀπελθεῖν, καθάπερ ἐκείνους. [f] Καὶ οὐδὲ τοὺς ἐν τοῖς Ὀλυμπιακοῖς ἀγῶσι παλαίοντας μιμεῖσθαι ἐθέλουσιν, οἳ, τοσούτου καθημένου δήμου καὶ ἀρχόντων τοσούτων, 261 A ἑνὶ βούλονται ἀρέσαι τῷ βραβεύοντι τὴν νίκην αὐτοῖς, καίτοι πολλῷ ὄντι καταδεεστέρῳ· σὺ δὲ διπλῆν ἔχων τὴν ἀφορμὴν τοῦ τὴν νίκην ἐπιδείκνυσθαι ἐκείνῳ, [a] τῷ καὶ αὐτὸν εἶναι τὸν βραβεύοντα, καὶ τῷ πάντων ἀσυγκρίτως ὑπερέχειν τῶν ἐν τῷ θεάτρῳ καθημένων, ἑτέροις ἐπιδείκνυσαι τοῖς οὐ μόνον οὐδὲν ὠφελοῦσιν, ἀλλὰ καὶ τὰ μέγιστά σε παραβλάπτουσι.

Πλὴν οὐδὲ τοῦτο κωλύω, φησίν. Εἰ δὲ καὶ ἀνθρώποις ἐπιδείξασθαι βούλει, ἀνάμεινον, καὶ ἐγώ σοι καὶ τοῦτο μετὰ πλείονος παρέξομαι τῆς περιουσίας, καὶ

c Morel. οὐδὲ τὸ ζημίαν ἔχειν, et infra ἀλλὰ καὶ τὸ πρόσκαιρον. Paulo post quidam et Savil. in textu habent τότε φαίνεται λαμπρός.

d Ἀσφαλίζεται deest in quibusdam Mss., potestque sine dispendio abesse. [Paulo post κἀκεῖνοι scripsimus cum Savilio. Commelin. et Montf. ἐκεῖνοι.] Infra post κουφότατον quæ Morel. e Commelin. addit, καὶ ἴδιον μόνοις, desunt in Savil.

e Alii μισθοὺς ἡμῖν ταμιεύων.

f [Georgius Trapezuntius vertit : *atque illorum nos esse imitatores volens, qui* etc., ac si scriptum esset : ἐκείνους, καὶ τοὺς... ἐθέλων. Montf. οἱ οὐδὲ legisse videtur.]

a Morel. τὸ καὶ αὐτόν, et mox καὶ τὸ πάντων.

πολλοῦ τοῦ κέρδους. Νῦν μὲν γάρ σε ἀποῤῥήγνυσι τῆς πρός με δόξης τοῦτο, ὥσπερ οὖν συγκολλᾷ τὸ τούτων ὑπεροραν· τότε δὲ [b] πάντων ἀπολαύσῃ μετὰ ἀδείας ἁπάσης, οὐ μικρὸν καὶ πρὸ ἐκείνων καὶ ἐνταῦθα καρπωσόμενος, τὸ πᾶσαν καταπατῆσαι τὴν ἀνθρωπίνην δόξαν, καὶ τῆς χαλεπῆς τῶν ἀνθρώπων ἐλευθερωθῆναι δουλείας, καὶ γνήσιον γενέσθαι τῆς ἀρετῆς ἐργάτην. Ὡς νῦν γε οὕτω διακείμενος, ἂν ἐν ἐρημίᾳ γένῃ, πάσης ἔρημος ἔσῃ τῆς ἀρετῆς, οὐκ ἔχων τοὺς θεωροῦντας. Ὃ καὶ αὐτὴν ὑβρίζοντός ἐστι τὴν ἀρετὴν, εἴγε μὴ δι' αὐτὴν, ἀλλὰ διὰ τὸν σχοινοστρόφον, καὶ τὸν χαλκοτύπον, τὸν πολὺν τῶν ἀγοραίων δῆμον μέλλοις αὐτὴν μετιέναι· ἵνα καὶ οἱ κακοὶ, καὶ οἱ πόῤῥω ταύτης ὄντες σε θαυμάσωσι, καὶ τοὺς ἐχθροὺς αὐτῆς καλεῖς ἐπὶ τὴν ἐπίδειξιν αὐτῆς καὶ τὴν θεωρίαν· ὥσπερ ἂν εἴ τις σωφρονεῖν ἕλοιτο, μὴ διὰ τὸ τῆς σωφροσύνης καλὸν, ἀλλ' ἵνα ἐπιδείξηται τοῖς ἡταιρηκόσι. Καὶ σὺ τοίνυν οὐκ [c] ἂν εἵλου τὴν ἀρετὴν, εἰ μὴ διὰ τοὺς ἐχθροὺς τῆς ἀρετῆς· δέον αὐτὴν καὶ ἐντεῦθεν θαυμάσαι, ὅτι καὶ τοὺς ἐχθροὺς ἐπαινέτας ἔχει· θαυμάσαι δὲ, ὡς χρὴ, μὴ δι' ἑτέρους, ἀλλὰ δι' αὐτήν. Ἐπεὶ καὶ ἡμεῖς, ὅταν μὴ δι' ἑαυτοὺς, ἀλλὰ δι' ἑτέρους φιλώμεθα, ὕβριν τὸ πρᾶγμα νομίζομεν. Τοῦτο τοίνυν καὶ ἐπὶ τῆς ἀρετῆς λογίζου· καὶ μηδὲ δι' ἑτέρους αὐτὴν δίωκε, μήτε δι' ἀνθρώπους ὑπάκουε τῷ Θεῷ, ἀλλὰ διὰ τὸν Θεὸν ἀνθρώποις· ὡς ἂν τὸ ἐναντίον ποιῇς, κἂν μετιέναι δοκῇς ἀρετὴν, ὁμοίως τῷ μὴ μετιόντι παρώξυνας· ὥσπερ γὰρ ἐκεῖνος τῷ μὴ ποιῆσαι παρήκουσεν, οὕτω καὶ σὺ τῷ παρανόμως ποιῆσαι. Μὴ θησαυρίζετε ὑμῖν θησαυροὺς ἐπὶ τῆς γῆς. Ἐπειδὴ γὰρ τὸ τῆς κενοδοξίας ἐξέβαλε νόσημα, εὐκαίρως λοιπὸν καὶ τὸν περὶ ἀκτημοσύνης εἰσάγει λόγον. Οὐδὲν γὰρ οὕτω χρημάτων ἐρᾷν παρασκευάζει, ὡς [d] ὁ τῆς κενοδοξίας ἔρως. Διὰ γοῦν τοῦτο καὶ τὰς τῶν ἀνδραπόδων ἀγέλας, καὶ τὸν ἑσμὸν τῶν εὐνούχων, καὶ τοὺς χρυσοφοροῦντας ἵππους, καὶ τὰς ἀργυρᾶς τραπέζας, καὶ τὰ ἄλλα τὰ καταγελαστότερα ἐπινοοῦσιν ἄνθρωποι, οὐχ ἵνα χρείαν πληρώσωσιν, οὐδ' ἵνα ἡδονῆς ἀπολαύσωσιν, ἀλλ' ἵνα τοῖς πολλοῖς ἐπιδείξωνται. Ἀνωτέρω μὲν οὖν, ὅτι ἐλεεῖν δεῖ μόνον, ἔλεγεν· ἐνταῦθα δὲ καὶ πόσον ἐλεεῖν χρὴ δείκνυσιν, εἰπὼν, Μὴ θησαυρίζετε. Ἐπειδὴ γὰρ οὐκ ἐνῆν ἐξ ἀρχῆς ἀθρόον τὸν περὶ [a] τῆς ὑπεροψίας τῶν χρημάτων εἰσαγαγεῖν λόγον διὰ τὴν τυραννίδα τοῦ πάθους, κατὰ μικρὸν αὐτὸν διατεμὼν καὶ ἐλευθερώσας, ἐνίησιν ἐν τῇ τῶν ἀκροατῶν διανοίᾳ, ὥστε εὐπαράδεκτον γενέσθαι. Διὰ δὴ τοῦτο πρῶτον μὲν ἔλεγε, Μακάριοι οἱ ἐλεήμονες· μετὰ δὲ τοῦτο, Ἴσθι εὐνοῶν τῷ ἀντιδίκῳ

magno lucro. Nunc enim te hoc ab ea quæ apud me est gloria divellit, sicut id despicere te mecum copulat; tunc vero omnibus frueris cum li-
B bertate omni, nec parvum ante fructum hic excepturus es, quod nempe omnem humanam gloriam conculces, et a gravi illa hominum servitute libereris, veræ virtutis exercitio præstans. Nunc contra si illo affectus sis modo, et si in deserto sis, omni vacuus virtute eris, non habens spectatores. Quod certe est virtuti magnam inferre contumeliam, si non propter ipsam, sed propter funarios, ærarios, aliudque forense vulgus illam adeas; ut et improbi, et qui ab illa longe distant te admirentur, inimicosque ejus vocas ad ostentationem et spectaculum: ac si quis pudice agere velit, non propter
C ipsum pudicitiæ bonum, sed ut placeat impudicis. Et tu ergo virtutem non elegisses, nisi ob virtutis inimicos: cum oporteret eam vel inde mirari, quod inimicos suos etiam laudatores habeat. Admirari ergo illam oportet, ut par est, non propter alios, sed propter ipsam: quandoquidem nos etiam, quando non propter nos ipsos, sed propter alios amamur, contumeliam id esse putamus. Hoc ipsum itaque de virtute etiam reputa; neque propter alios eam sequare, neque propter homines Deo obsequaris, sed propter Deum hominibus; si
D vero contrarium facias, licet virtutem adire videaris, perinde illum in iram concitasti, ac si quis illam non adiret: quemadmodum enim ille eo quod non faceret, inobsequens fuit, sic et tu eo quod non rite facias. 19. *Nolite thesaurizare vobis thesauros in terra.* Quia enim vanæ gloriæ morbum expulit, opportune jam de divitiarum contemtu sermonem inducit. Nihil enim ita ad divitiarum amorem concitat, ut vanæ gloriæ
E cupiditas. Ideo namque servorum greges, eunuchorum agmina, equos aureo ornatu insignes, argenteas mensas, aliaque magis ridenda excogitant homines, non ut necessitatem expleant, neque ut voluptate fruantur, sed ut plurimis sese ostentent. Superius igitur tantum dixit misericordem esse
262 A oportere; hic vero docet quantum misereri oporteat his verbis: *Nolite thesaurizare.* Quia enim non ita facile erat initio divitiarum contemtus doctrinam inducere propter vim morbi, postquam paulatim id vitii resecuerat et ad libertatem homines revocaverat, id in mentem auditorum immittit, ut jam facilius accipiant. Propterea primo

Contra simulatam virtutem.

[b] Quidam πάντως ἀπολαύσῃ. Ibidem quidam καρπωσάμενος, non male.

[c] Morel. ἂν εἵλω. In quibusdam αὐτήν sequens deest.

[d] Morel. ὁ τῆς δόξης ἔρως. Mox idem διὰ γοῦν τούτων, cæteri pene omnes διὰ γοῦν τοῦτο.

[a] Quidam τῆς ὑποψίας.

Matth. 5. 7. Ibid v. 25. 40. dixit, *Beati misericordes*; postea autem, *Esto consentiens adversario tuo*; deinde, *Si quis voluerit tecum judicio contendere, et tunicam tuam tollere, da ei et pallium;* hic vero illis omnibus majus quidpiam effert. Illic enim dixit, Si litem intentari videas, hoc fac: melius enim est non retinere et a lite liberari, quam retinere et litigare. Hic vero nec adversarium, nec lite contendentem ponens, neque alium quempiam similem memorans, divitiarum contemtum dumtaxat docet, ostendens se non tam propter eos qui ex aliorum misericordia allevantur, quam propter eos qui largiuntur, has leges ferre: ut etiamsi nemo injuriam inferat, nemo ad judicium trahat, quæ adsunt bona comtemnamus, egenisque tradamus. Neque hic totum confertim posuit, sed paulatim: etsi vero in deserto certamina has circa res cum vi magna exhibuisset, attamen id non affert, neque in medium adducit: nondum enim tempus erat hæc revelare; sed ratiocinia quædam excutit, consulentis potius quam legislatoris munus obiens. Cum dixisset enim, *Nolite thesaurizare in terra*, subjunxit: *Ubi ærugo et tinea demolitur, et ubi fures effodiunt et furantur*. Nunc ostendit terreni thesauri noxam, et cælestis utilitatem, tum a loco, tum ab ipsa rerum excellentia. Neque hic gradum sistit, sed aliud inducit ratiocinium; et quidem primo ab illis, quæ maxime timent, cohortans illos. Quid, inquit, times? ne insumantur pecuniæ si dederis eleemosynam? Da ergo eleemosynam, et tunc non absumentur: quodque majus est, non modo non absumentur, sed etiam additamentum majus accipient: etenim bona cælestia adjicientur. Verum id adhuc non dicit, sed sub hæc adjicit.

3. Interim vero id quod illos maxime cohortari poterat, in medium adducit, nempe thesaurum intactum servari, et utrinque illos attrahit. Non enim dicit tantum, Si eleemosynam erogaveris, ea servatur, sed contrarium comminatur: Si non dederis, perit tibi. Et vide ineffabilem prudentiam. Non dixit, Aliis illa dimittes: quia sæpe illud hominibus suave est; attamen illos aliunde terret, ostendens divitias ne illius quidem, qui possidet, esse; licet enim homines iis non noceant, erunt tamen omnino qui noceant, tinea scilicet et ærugo. Quamvis enim vitari facile posse videatur hæc pernicies, attamen inexpugnabilis est, nec

σου· καὶ μετ' ἐκεῖνο πάλιν, [b] Ἐάν τίς σοι θέλει κριθῆναι, καὶ τὸν χιτῶνά σου λαβεῖν, δὸς αὐτῷ καὶ τὸ ἱμάτιον· ἐνταῦθα δὲ τὸ πολλῷ μεῖζον πάντων ἐκείνων. Ἐκεῖ μὲν γὰρ εἶπεν, ὅτι ἂν [c] δίκην ἴδῃς ἐπικειμένην, τοῦτο ποίησον· τοῦ γὰρ μάχεσθαι ἔχοντα βέλτιον τὸ μὴ B ἔχοντα ἀπηλλάχθαι μάχης. Ἐνταῦθα δὲ οὔτε ἀντίδικον, οὔτε τὸν κρινόμενον θεὶς, οὔτε ἄλλου οὐδενὸς τοιούτου μνημονεύσας, αὐτὴν καθ' ἑαυτὴν διδάσκει τὴν τῶν χρημάτων ὑπεροψίαν, δεικνὺς ὅτι οὐ διὰ τοὺς ἐλεουμένους τοσοῦτον, ὅσον διὰ τὸν διδόντα νομοθετεῖ· ἵνα κἂν μηδεὶς ᾖ ὁ ἀδικῶν, καὶ ἕλκων εἰς δικαστήριον, καὶ οὕτω καταφρονῶμεν τῶν ὄντων, παρέχοντες αὐτὰ τοῖς δεομένοις. Καὶ οὐδὲ ἐνταῦθα τὸ ὅλον τέθεικεν, ἀλλὰ καὶ ἐνταῦθα ἠρέμα· καίτοι γε τοὺς ἀγῶνας τοὺς περὶ τούτων μετὰ πολλῆς ἐν τῇ ἐρήμῳ τῆς ὑπερβολῆς ἐπιδειξάμενος, ἀλλ' ὅμως οὐ τίθησι τοῦτο, οὐδὲ εἰς C μέσον ἄγει· οὐδέπω γὰρ ἐκκαλύψαι καιρὸς ἦν· ἀλλὰ λογισμοὺς ἐξετάζει τέως, συμβούλου μᾶλλον ἢ νομοθέτου τάξιν ἐν τοῖς περὶ τούτων φυλάττων λόγοις. Εἰπὼν γὰρ, Μὴ θησαυρίζητε ἐπὶ τῆς γῆς, ἐπήγαγεν· Ὅπου σὴς καὶ βρῶσις ἀφανίζει, καὶ ὅπου κλέπται διορύττουσι καὶ κλέπτουσι. Τέως δείκνυσι τοῦ ἐνταῦθα θησαυροῦ τὴν βλάβην, καὶ τοῦ ἐκεῖ τὴν ὠφέλειαν, καὶ ἀπὸ τοῦ τόπου, καὶ [d] ἀπὸ τῶν ὑπερεχομένων. Καὶ οὐδὲ μέχρι τούτου ἵσταται, ἀλλὰ καὶ ἕτερον ἐπάγει λογισμόν· καὶ πρῶτον, ἀφ' ὧν μάλιστα δεδοίκασιν, ἀπὸ τούτων αὐτοὺς προτρέπει. Τί γὰρ δέδοικας; φησί· μὴ D ἀναλωθῇ τὰ χρήματα, ἐὰν ἐλεημοσύνην δῷς; Οὐκοῦν δὸς ἐλεημοσύνην, καὶ τότε οὐκ ἀναλωθήσεται· καὶ τὸ δὴ μεῖζον, ὅτι οὐ μόνον οὐκ ἀναλωθήσεται, ἀλλ' ὅτι καὶ προσθήκην [e] λήψεται πλείονα· καὶ γὰρ τὰ ἐν τοῖς οὐρανοῖς προστίθεται. Ἀλλὰ τέως αὐτὸ οὐ λέγει, ἀλλ' ὕστερον αὐτὸ τίθησι.

Τέως δὲ ὃ μάλιστα αὐτοὺς προτρέψαι ἠδύνατο, τοῦτο εἰς μέσον ἄγει, τὸ μένειν ἀνάλωτον αὐτοῖς τὸν θησαυρὸν, καὶ ἑκατέρωθεν αὐτοὺς ἐφέλκεται. Οὐδὲ γὰρ εἶπεν, ὅτι ἐὰν δῷς ἐλεημοσύνην τηρεῖται μόνον, ἀλλὰ καὶ τὸ ἐναντίον ἠπείλησεν· ὅτι καὶ ἐὰν μὴ δῷς, ἀπόλ- E λυται. Καὶ ὅρα τὴν ἄφατον σύνεσιν. Οὐδὲ γὰρ εἶπεν, ὅτι καὶ ἑτέροις αὐτὰ καταλιμπάνεις· ἐπεὶ καὶ τοῦτο [f] πολλάκις ἡδὺ τοῖς ἀνθρώποις· ἀλλ' ὅμως ἑτέρωθεν αὐτοὺς φοβεῖ, δεικνὺς ὅτι οὐδὲ τούτου τυγχάνουσι· κἂν γὰρ ἄνθρωποι μὴ ἀδικήσωσιν, εἰσὶν οἱ ἀδικοῦντες πάντως, ὁ σὴς καὶ ἡ βρῶσις. Εἰ γὰρ καὶ σφόδρα εὐάλωτος εἶναι δοκεῖ αὕτη ἡ λύμη, ἀλλ' ὅμως ἄμαχός ἐστι

[b] Alii ἐάν τίς σοι θέλῃ. Paulo post Morel. τῷ πολλῷ μεῖζον.

[c] Unus δίκην ἐπιδεικνυμένην ἴδῃς.

[d] Alii ἀπὸ τῶν λυμαινομένων, alii ἀπὸ τῶν λυομένων.

[e] Nonnulli λήψεται μείζονα

[f] Πολλάκις deest in Mss. plurimis.

καὶ ἀκάθεκτος· κἂν ὁτιοῦν [a] ἐπινοῇς, οὐ δυνήσῃ ταύ- 263 A την ἐπισχεῖν τὴν βλάβην. Τί οὖν; τὸ χρυσίον σὴς ἀφανίζει; Εἰ καὶ μὴ σὴς, ἀλλὰ κλέπται. Τί οὖν; ἅπαντες ἐσυλήθησαν; Εἰ καὶ μὴ πάντες, ἀλλ' οἱ πλείους. Διὰ δὴ τοῦτο καὶ ἕτερον, ὅπερ ἔφθην εἰπὼν, ἐπάγει λογισμὸν, λέγων· Ὅπου ὁ θησαυρὸς τοῦ ἀνθρώπου, ἐκεῖ καὶ ἡ καρδία αὐτοῦ. Κἂν γὰρ μηδὲν τούτων γένηται, φησὶν, οὐ μικρὰν ὑποστήσῃ βλάβην, τοῖς κάτω προσηλωμένος, καὶ δοῦλος ἀντ' ἐλευθέρου γινόμενος, καὶ [b] τῶν οὐρανίων ἐκπίπτων, καὶ μηδὲν τῶν ὑψηλῶν ἐννοῆσαι δυνάμενος, ἀλλὰ πάντα χρήματα, καὶ τόκους, καὶ δανείσματα, καὶ κέρδη, καὶ καπηλείας ἀνελευθέρους· οὗ τί γένοιτ' ἂν ἀθλιώτερον; [c] Καὶ γὰρ B ἀνδραπόδου παντὸς ὁ τοιοῦτος χαλεπωτάτην ἐπισπᾶται τὴν δουλείαν, καὶ τὸ πάντων καιριώτατον, προδοὺς τὴν εὐγένειαν τοῦ ἀνθρώπου καὶ τὴν ἐλευθερίαν. Ὅσα γὰρ ἄν τις σοι διαλέγηται, τῆς διανοίας προσηλωμένης τοῖς χρήμασιν, οὐδὲν ἀκοῦσαι δυνήσῃ τῶν σοι προσηκόντων· ἀλλ' ὥσπερ κύων τάφρῳ προσδεδεμένος, ἁλύσεως ἁπάσης χαλεπώτερον τῇ τῶν χρημάτων τυραννίδι, κατὰ τῶν προσιόντων ἁπάντων ὑλακτῶν, ἓν ἔργον τοῦτο ἔχεις διηνεκὲς, τὸ τηρεῖν ἑτέροις τὰ κείμενα· οὗ τί γένοιτ' ἂν ἀθλιώτερον; Ἀλλ' ὅμως ἐπειδὴ τοῦτο ὑψηλότερον ἦν τῆς τῶν ἀκροωμένων διανοίας· C καὶ οὔτε ἡ βλάβη αὐτοῦ τοῖς πολλοῖς εὐσύνοπτος, οὔτε τὸ κέρδος φανερὸν, ἀλλὰ φιλοσοφωτέρας ἐδεῖτο γνώμης, ὥστε ἑκάτερα ταῦτα συνιδεῖν· τέθεικε μὲν αὐτὸ μετ' ἐκεῖνα τὰ δῆλα, εἰπών· Ὅπου ὁ θησαυρὸς τοῦ ἀνθρώπου, ἐκεῖ καὶ ἡ καρδία αὐτοῦ. Ποιεῖ δὲ αὐτὸ [d] τοῦτο σαφέστερον πάλιν, ἀπὸ τῶν νοητῶν ἐπὶ τὰ αἰσθητὰ ἐξάγων τὸν λόγον, καὶ λέγων· Ὁ λύχνος τοῦ σώματός ἐστιν ὁ ὀφθαλμός. Ὃ δὲ λέγει, τοιοῦτόν ἐστι· μὴ κατορύξῃς χρυσίον ἐν τῇ γῇ, μηδὲ ἄλλο τι τῶν τοιούτων μηδέν· τῷ γὰρ σητὶ καὶ τῇ βρώσει καὶ τοῖς κλέπταις αὐτὰ D συνάγεις. Ἐὰν δὲ καὶ ταύτας διαφύγῃς τὰς βλάβας, τὸ δουλωθῆναί σου τὴν καρδίαν, καὶ προσηλωθῆναι τοῖς κάτω πᾶσιν, οὐ διαφεύξῃ· Ὅπου γὰρ ἂν ᾖ ὁ θησαυρὸς, ἐκεῖ καὶ ἡ καρδία σου. [e] Ὥσπερ οὖν εἰς τὸν οὐρανὸν ἀποτιθέμενος, οὐ τοῦτο καρποῦσαι μόνον, τὸ τυχεῖν τῶν ἐπὶ τούτοις ἐπάθλων, ἀλλ' ἐντεῦθεν ἤδη τὸν μισθὸν λαμβάνεις, ἐκεῖ μεθορμιζόμενος, καὶ τὰ ἐκεῖ φρονῶν, καὶ ὑπὲρ τῶν ἐκεῖ μεριμνῶν· ὅπου γὰρ ἀπέθου τὸν θησαυρὸν, εὔδηλον ὅτι καὶ τὴν διάνοιαν μετατίθης. Οὕτως ἂν ἐπὶ τῆς γῆς τοῦτο ποιήσῃς, τἀναντία πείσῃ. Εἰ δὲ ἀσαφές σοι τὸ εἰρημένον, ἄκουσον τῶν ἑξῆς. Ὁ E λύχνος τοῦ σώματός ἐστιν ὁ ὀφθαλμός. Ἐὰν οὖν ὁ

impediri potest; et quantumvis cogites non poteris hoc arcere damnum. Quid igitur? aurumne a tinea corrumpitur? Si non a tinea, a furibus certe asportatur. Quid ergo? an omnes spoliati a furibus sunt? Si non omnes, at plurimi. Ideoque aliud, de quo jam dixi, inducit ratiocinium dicens: 22. *Ubi thesaurus hominis, ibi et cor ejus.* Etiamsi nihil horum accidat, inquit, non parum accipies nocumenti, si terrenis affixus sis, et ex libero servus effectus, et si ex cælestibus excidas, nihilque ex sublimibus possis cogitare, sed pecunias semper, usuras, fœnora, lucra, cauponarias illiberales: quo quid miserabilius fuerit? Etenim qui hujusmodi est in graviorem cadit servitutem quam servus quilibet, quodque funestius est, prodit hominis nobilitatem atque libertatem. Nam quantacumque tibi dicantur, si mens pecuniis affixa fuerit, nihil tibi profuturum audire poteris; sed quemadmodum canis in fossa ligatus, pecuniarum tyrannide gravius quam catena quapiam constrictus, contra adeuntes te omnes oblatrabis, hoc unum perpetuo opus exsequens, ut deposita conserves aliis: quo quid umquam miserius fuerit? Attamen quia hoc sublimius erat, quam ut posset auditorum mens attingere; neque inde ortum damnum a multis facile poterat intelligi, neque lucrum ex contemtu ortum percipi, sed philosophia opus erat, ut hoc utrumque perspici posset: hoc post illa manifestiora posuit, dicens: *Ubi est thesaurus hominis, ibi est et cor ejus.* Illud etiam postea clarius efficit a spiritualibus ad sensibilia sermonem traducens his verbis: 22. *Lucerna corporis tui est oculus tuus.* Quod autem dicit, hujusmodi est: Ne defodias aurum in terra, nec quidpiam simile: nam tineæ, ærugini et furibus hæc congregas. Etiamsi vero hæc damna effugeris, id tamen non effugies, quod cor tuum in servitutem redigatur, et terrenis infigatur: *Ubi enim fuerit thesaurus tuus, ibi erit et cor tuum.* Si porro in cælo deponas, non hunc modo fructum percipis, quod præmia pro his parata consequaris; verum hic jam mercedem accipis, quod illo translatus sis, quod cælestia sapias et de illis sollicitus sis: palam enim est te illo animum transtulisse, ubi thesaurum deposuisti. Cæterum si in terra deposueris, contraria experieris.

Pecuniæ quam difficile servantur.

[a] Codices non pauci ἐπινοήσῃς.

[b] Alii τῶν οὐρανῶν.

[c] Savil. et quidam alii καὶ γὰρ ἀνδραπόδου παντὸς ὁ τοιοῦτος διακείσεται χεῖρον, τυραννίδα χαλεπωτάτην ἐπισπώμενος. Morelli lectio, quam retinemus, perinde quadrat: utra sit melior, asserere difficile est. Infra quidam habent ὥσπερ κύων τάφῳ, quæ lectio non spernenda.

[d] In aliis non paucis τοῦτο omittitur.

[e] Alii ὥσπερ ὁ εἰς τόν, et mox καρπώσεται, posteaque ἄθλων, ἀλλ'.

Quod si tibi jam dicta obscura sint, audi sequentia. *Lucerna corporis tui est oculus. Si igitur oculus tuus simplex fuerit, totum corpus tuum lucidum erit;* **20.** *si vero oculus tuus fuerit nequam, totum corpus tuum tenebrosum erit. Si ergo lumen, quod in te est, tenebræ sint, ipsæ tenebræ quantæ erunt?* Ad magis sensilia sermonem deducit. Quia enim de mente jam loquutus erat, ut in servitutem redacta et captiva, id quod a multis non facile poterat intelligi, ad externa et oculis subjecta sermonem transfert, ut ab his illa intelligere possent. Nam si non nosti, inquit, quid sit mentis damnum, a corporeis hoc edisce: quod enim oculus est corpori, hoc mens est animæ. Quemadmodum enim numquam optes auro ornari, et sericis indui vestibus, simulque excæcari oculis, sed horum incolumitatem toti hujusmodi apparatui anteponendam existimes: nam si visum perdas, nihil tibi reliqua vita prodest (sicut enim excæcatis oculis, reliquorum fere membrorum operatio abscedit, exstincta luce: sic corrupta semel mente innumeris vita malis replebitur): quemadmodum ergo in corpore hoc curamus, ut oculus sit sanus, sic de mentis sanitate curandum. Si hanc excæcemus quæ aliis lucem ministrare debet, unde jam aspicere poterimus? Sicut enim qui fontem aufert, fluvium exsiccat: sic qui mentem obruit, omnes ejus in hac vita operationes obscuravit. Ideo ait, *Si lumen, quod in te est, tenebræ sint, ipsæ tenebræ quantæ?* Nam cum gubernator submergitur, et lucerna exstinguitur, et dux capitur, quæ spes postea subditis?

Quod oculus corpori est, id anima homini.

4. Quapropter missis insidiis per divitias structis, pugnis, litibus (hæc enim superius subindicavit dicens, *Tradit te adversarius judici, et judex ministro*), his omnibus sæviora proferens, sic abducit a mala concupiscentia. Etenim longe deterius est mentem huic morbo subjici, quam in carcere degere: et alterum quidem non semper accidit, alterum vero est semper cum pecuniarum cupiditate conjunctum. Quamobrem hoc post illud ponit, utpote gravius et omnino subsequens. Nam Deus, inquit, mentem nobis indidit, ut ignorantiam dissipemus, et rerum judicium rectum teneamus, atque contra omnia molesta noxiaque hoc quasi telo et lumine utentes, in tuto maneamus. Nos vero donum hoc prodimus ob quædam

Matth. 5. 25.

ὀφθαλμός σου ἁπλοῦς ᾖ, ὅλον τὸ σῶμά σου φωτεινὸν ἔσται· ἐὰν δὲ ὁ ὀφθαλμός σου πονηρὸς ᾖ, ὅλον τὸ σῶμά σου σκοτεινὸν ἔσται. [f] Εἰ οὖν τὸ φῶς τὸ ἐν σοὶ [264 A] σκότος ἐστὶ, τὸ σκότος πόσον; Ἐπὶ τὰ αἰσθητότερα ἐξάγει τὸν λόγον. Ἐπειδὴ γὰρ ἐμνημόνευσε τοῦ νοῦ, ὡς καταδουλουμένου καὶ αἰχμαλωτιζομένου· τοῦτο δὲ οὐ πολλοῖς εὐσύνοπτον ἦν· ἐπὶ τὰ ἔξω καὶ πρὸ τῶν ὀφθαλμῶν κείμενα τὴν διδασκαλίαν μετατίθησιν, ἵνα ἀπὸ τούτων καὶ περὶ ἐκείνων νοήσωσιν. Εἰ γὰρ μὴ οἶσθα, φησὶ, τί ποτέ ἐστι βλάβη νοῦ, ἀπὸ τῶν σωματικῶν τοῦτο καταμάνθανε· ὅπερ γάρ ἐστιν ὀφθαλμὸς τῷ σώματι, τοῦτο ὁ νοῦς τῇ ψυχῇ. Ὥσπερ οὖν οὐκ ἂν ἕλοιο χρυσοφορεῖν, καὶ σηρικὰ περιβεβλῆσθαι ἱμάτια, [B] καὶ πεπηρῶσθαί σου τοὺς ὀφθαλμοὺς, ἀλλὰ τὴν ὑγείαν τὴν τούτων ἁπάσης τῆς τοιαύτης περιουσίας ποθεινοτέραν εἶναι νομίζεις· ἂν γὰρ αὐτὴν ἀπολέσῃς καὶ διαφθείρῃς, οὐδέν σοι τῆς λοιπῆς ὄφελος ζωῆς (ὥσπερ [a] γὰρ τῶν ὀφθαλμῶν τυφλωθέντων, τὸ πολὺ τῆς τῶν λοιπῶν μελῶν ἐνεργείας οἴχεται, τοῦ φωτὸς αὐτοῖς σβεσθέντος· οὕτω καὶ τῆς διανοίας διαφθαρείσης, μυρίων ἡ ζωή σου κακῶν ἐμπλησθήσεται)· καθάπερ οὖν ἐν σώματι τοῦτο σκοποῦμεν, ὥστε τὸν ὀφθαλμὸν ἔχειν ὑγιῆ, οὕτω καὶ ἐν τῇ ψυχῇ τὸν νοῦν. Ἂν δὲ τοῦτον πηρώσωμεν, τὸν καὶ τοῖς ἄλλοις παρέχειν ὀφείλοντα [C] τὸ φῶς, πόθεν διαβλέψωμεν λοιπόν; Ὥσπερ γὰρ ὁ τὴν πηγὴν ἀνελὼν, καὶ τὸν ποταμὸν ἐξήρανεν· οὕτως ὁ τὸν νοῦν ἀφανίσας, πᾶσαν αὐτοῦ τὴν ἐν τῇ ζωῇ ταύτῃ πρᾶξιν ἐθόλωσε. Διό φησιν, Εἰ τὸ φῶς τὸ ἐν σοὶ σκότος, τὸ σκότος πόσον; Ὅταν γὰρ ὁ κυβερνήτης ὑποβρύχιος γένηται, καὶ ὁ λύχνος σβεσθῇ, καὶ ὁ ἡγεμὼν [b] αἰχμάλωτος γένηται, ποία λοιπὸν ἔσται τοῖς ὑπηκόοις ἐλπίς;

Διὰ δὴ τοῦτο ἀφεὶς εἰπεῖν νῦν τὰς ἐπιβουλὰς τὰς διὰ τὸν πλοῦτον, τὰς μάχας, τὰς δίκας (ᾐνίξατο μὲν γὰρ αὐτὰς ἀνωτέρω εἰπών· Παραδώσει σε ὁ ἀντίδικος [D] τῷ κριτῇ, καὶ ὁ κριτὴς τῷ ὑπηρέτῃ), τὰ πάντων χαλεπώτερα τούτων συμβαίνοντα πάντως θεὶς, οὕτως ἀπάγει τῆς πονηρᾶς ἐπιθυμίας. Τοῦ γὰρ τὸ δεσμωτήριον οἰκῆσαι πολλῷ χαλεπώτερον τὸ δεδουλῶσθαι τὸν νοῦν τῷ νοσήματι τούτῳ· καὶ [c] τὸ μὲν οὐ πάντως συμβαίνει, τὸ δὲ ἐφεξῆς συγκεκλήρωται τῇ τῶν χρημάτων ἐπιθυμίᾳ. Διόπερ αὐτὸ μετ' ἐκεῖνο τίθησιν, ἅτε χαλεπώτερον ὂν, καὶ πάντως συμβαῖνον. Ὁ γὰρ Θεὸς, φησὶν, ἔδωκεν ἡμῖν νοῦν, ἵνα τὴν ἄγνοιαν διασκεδάσωμεν, καὶ τὴν τῶν πραγμάτων κρίσιν ὀρθὴν ἔχωμεν, καὶ πρὸς τὰ λυποῦντα πάντα καὶ ἐπιβλαβῆ τούτῳ ὥσπερ ὅπλῳ τινὶ καὶ φωτὶ χρώμενοι, μένωμεν ἐν [E]

[f] Sic omnes Mss. et Savil.; Morel. εἰ τὸ φῶς.

[a] Γάρ et infra μελῶν desunt in quibusdam. Ibid. quidam ὥσπερ γὰρ τούτων τυφλωθέντων.

[b] Alii αἰχμάλωτος ἄγηται, quidam αἰχμάλωτος ἕλκηται.

[c] Alii τὸ μὲν τούτου (al. τούτῳ) πάντως.

ἀσφαλείᾳ. Ἡμεῖς δὲ προδίδομεν τὴν δωρεὰν διὰ τὰ περιττὰ καὶ ἀνόνητα. Τί γὰρ ὄφελος στρατιωτῶν χρυσοφορούντων, ὅταν ὁ στρατηγὸς [d] αἰχμάλωτος γένηται; τί δὲ κέρδος νηὸς καλλωπιζομένης, ὅταν ὁ κυβερνήτης ὑποβρύχιος γένηται; τί δὲ σώματος εὖ συγκειμένου πλέον, ὅταν οἱ ὀφθαλμοὶ τῆς ὄψεως ὦσιν ἐκκεκομμένοι; Ὥσπερ οὖν τὸν ἰατρὸν τὸν ὀφείλοντα ὑγιαίνειν, ἵνα λύῃ τὰς νόσους, ἄν τις ἐμβαλὼν εἰς νόσον, εἰς ἀργυρᾶν κελεύσῃ κεῖσθαι κλίνην, καὶ χρυσοῦν θάλαμον, οὐδὲν ὄφελος ἔσται τοῖς κάμνουσιν· οὕτως ἂν τὸν νοῦν διαφθείρας τὸν δυνάμενον λύειν τὰ πάθη θησαυρῷ παρακαθίσῃς, οὐ μόνον οὐδὲν ὤνησας, ἀλλὰ τὰ μέγιστα ἐζημίωσας καὶ πᾶσαν ἔβλαψας τὴν ψυχήν. Εἶδες πῶς δι' ὧν μάλιστα ἐπιθυμοῦσιν ἄνθρωποι τῆς πονηρίας πανταχοῦ, διὰ τούτων αὐτοὺς μάλιστα ἐκείνης ἀπάγει, καὶ πρὸς ἀρετὴν ἐπανάγει; Τίνος γὰρ ἕνεκεν ἐπιθυμεῖς χρημάτων; φησίν· οὐχ ἵνα ἡδονῆς ἀπολαύσῃς καὶ τρυφῆς; Τοῦτο μὲν οὖν μάλιστα οὐκ ἔσται σοι ἐντεῦθεν, ἀλλὰ τοὐναντίον ἅπαν. Εἰ γὰρ ὀφθαλμῶν ἐκκοπέντων οὐδενὸς αἰσθανόμεθα τῶν ἡδέων, διὰ τὴν συμφορὰν τὴν ἐκεῖθεν· πολλῷ μᾶλλον ἐν τῇ τοῦ νοῦ διαστροφῇ καὶ πηρώσει τοῦτο πεισόμεθα. Τίνος δὲ ἕνεκεν κατορύττεις ἐν τῇ γῇ; ἵνα φυλάττηται μετὰ ἀσφαλείας; Ἀλλὰ κἀνταῦθα πάλιν τοὐναντίον, φησίν. Ὥσπερ οὖν τὸν νηστεύοντα, καὶ ἐλεοῦντα, καὶ προσευχόμενον πρὸς κενοδοξίαν, ἀφ' ὧν ἐπιθυμεῖ μάλιστα, ἀπὸ τούτων αὐτὸν [a] ἐπεσπάσατο εἰς τὸ μὴ κενοδοξεῖν (τίνος γὰρ ἕνεκεν οὕτως εὔχῃ, καὶ ἐλεεῖς; φησίν· [b] οὐχὶ τῆς παρὰ τῶν ἀνθρώπων δόξης ἐρῶν; οὐκοῦν μὴ οὕτως εὔχου, φησὶ, καὶ τότε αὐτῆς τεύξῃ κατὰ τὴν ἡμέραν τὴν μέλλουσαν)· οὕτω καὶ τὸν φιλάργυρον, ἀφ' ὧν μάλιστα ἐσπούδακεν, ἀπὸ τούτων εἷλε. Τί γὰρ βούλει; φησί· [c] τὰ χρήματά σοι φυλάττεσθαι; οὐ διὰ τὸ τρυφᾶν, καὶ δοξάζεσθαι, καὶ ἡδονῆς ἀπολαύειν; Ταῦτά σοι ἀμφότερα παρέξομαι μετὰ πολλῆς τῆς περιουσίας, ἐὰν ἐκεῖ καταθῇς τὸ χρυσίον, ὅπου κελεύω. Σαφέστερον μὲν οὖν ἐν τοῖς μετὰ ταῦτα τὴν τοῦ νοῦ βλάβην τὴν [d] ἐντεῦθεν γινομένην ἐπέδειξεν, ὅτε τῶν ἀκανθῶν ἐμνημόνευσεν· τέως δὲ καὶ ἐνταῦθα οὐχ ὡς ἔτυχε τοῦτο ᾐνίξατο, δείξας ἐσκοτωμένον τὸν περὶ ταῦτα μαινόμενον. Καὶ καθάπερ οἱ ὄντες ἐν σκότῳ οὐδὲν ὁρῶσι σαφὲς, ἀλλ' ἄν τε σχοῖνον ἴδωσι, ὄφιν εἶναι νομίζουσιν, ἄν τε ὄρη καὶ φάραγγας, ἀποτεθνήκασι τῷ δέει· οὕτω καὶ οὗτοι τὰ μὴ φοβερὰ τοῖς ὁρῶσιν, ταῦτα δι' ὑποψίας ἔχουσι· καὶ γὰρ πενίαν τρέμουσι· μᾶλλον δὲ οὐχὶ πενίαν μόνον, ἀλλὰ καὶ τὴν τυχοῦσαν ζημίαν. Καὶ γὰρ ἂν μικρόν τι παραπολέσωσι, τῶν τῆς ἀναγκαίας ἀπορούντων τρο-

supervacanea et inutilia. Quid enim opus militibus auro onustis, quando dux captivus est? quod lucrum ex ornatissima navi, quando gubernator submersus est? quid plus habeas corpore recte constituto, si oculi sint excæcati? Quemadmodum igitur medicum, quem bene valere oportet, ut aliorum curet morbos, si quis in morbum conjiciat, et in argenteo lecto aureoque thalamo jacere jubeat, 263 prorsus inutilem ægris reddit: sic si postquam A mentem corruperis, quæ animi morbis mederi possit, thesauro assidere curaveris, non modo nihil illam juvasti, sed damno affecisti, et toti animæ tuæ nocuisti. Vidistin' quomodo per quæ homines ad nequitiam ubique cupiditate feruntur, per hæc maxime ab illa abstrahat, et ad virtutem reducat? Cur, inquit, pecunias concupiscis? nonne ut voluptate deliciisque fruaris? Id certe tibi non inde proveniet, sed contrarium prorsus. Quemadmodum enim oculis avulsis nihil suave sensu percipimus, ob hujusmodi calamitatem: mul- B to magis in mentis eversione et cæcitate hæc patiemur. Qua de causa defodis in terram? ut tuto servetur? Verum hic etiam contrarium accidet, inquit. Sicut enim eum qui propter vanam gloriam jejunat, dat eleemosynam, et precatur, ab iis ipsis quæ maxime cupit, a vana gloria retraxit (nam cur, inquit, ita precaris, et das eleemosynam? annon quia hominum gloriam diligis? noli ergo sic orare, et tunc illam consequeris, in futuro nempe die): sic et pecuniæ cupidum, per ea quibus maxime studebat, per eadem et cepit. Quid vis? inquit; pecunias tibi servari? annon ut deliciis, gloria et voluptate fruaris? Hæc ambo C tibi copiosissime præbebo, si illic deponas aurum, ubi jubebo. Apertius autem in sequentibus damnum inde menti illatum ostendit, cum spinarum mentionem fecit; interim vero ipsum hic non perfunctorie subindicavit, cum ostendit obtenebratum esse eum qui circa hæc fureret. Ac quemadmodum ii qui in tenebris sunt nihil clare vident, sed si funem viderint, putant esse serpentem, si montes et valles, pavore moriuntur: sic et isti quæ videntibus formidabilia non sunt, suspecta habent: nam paupertatem metuunt; imo non pau- D pertatem tantum, sed vel leve quodpiam detrimentum. Etenim si modicum quid amiserint, magis lugent ac cruciantur, quam ii qui necessario

Divitiæ quo pacto fructum pariant.

[d] Alii αἰχμάλωτος ἅληται;

[a] Quidam ἀνεσπάσατο.

[b] Οὐχί deest in quibusdam. Paulo post alii ἡμέραν ἐκείνην. οὕτω.

[c] Nonnulli τὰ χρήματά σου. Ibidem hæc, οὐ διὰ τὸ τρυφᾶν καὶ δοξάζεσθαι, desunt in quibusdam.

[d] Alii ἐκεῖθεν γινομένην, et infra δείξας σκοτούμενον.

cibo egent. Multi certe ex hujusmodi divitibus, tale non ferentes infortunium, ad laqueum accurrerunt. Contumeliæ autem et damna ita illis intolerabilia videntur, ut ea de causa item multi ex hac vita abrepti fuerint. Ad omnia quippe molles divitiæ reddiderunt, præterquam ad illarum ministerium. Quando enim illæ ipsos ut sibi serviant compellunt, tunc illi audacter pericula mortis adeunt, verbera, opprobria omneque ignominiæ genus. Quod sane extremæ genus est miseriæ, ubi philosophari oporteret, mollissimos esse; ubi autem pios et verecundos esse par esset, ibi impudentissimos et sævissimos exhiberi. Etenim idipsum illis contingit, ut si quis post bona indecenter absumta male patiatur. Ille namque, instante tempore, quo necessaria est expensa, cum nihil possit ultra impendere, intolerabilia patitur mala, cum jam omnia male absumta fuerint.

5. Ac quemadmodum in scena histriones in malis quibusdam artibus instructi, in his multa stupenda et periculosa sustinent, in aliis vero utilibus necessariisque rebus prorsus inepti ac ridiculi sunt: sic et hi de quibus agimus. Etenim histriones illi qui per tensum funem ambulant, et tantam ibi fortitudinem exhibent; quando quidpiam ex necessariis rebus audaciam requirit ac fortitudinem: ne cogitare quidem aliquid possunt. Sic divites, qui omnia propter pecunias audent, ad philosophandum nec magnum nec parvum quidpiam pati possunt. Ac sicut illi lubricam et infructuosam rem tractrant: sic et hi pericula multa tolerant et præcipitia adeunt, quæ omnia inutili fine clauduntur; ac duplici caligine involvuntur, tum quod eversa mente excæcati sint, tum quod ex fallaci sollicitudinum mole tenebris obruantur. Quapropter ne respicere quidem facile possunt. Nam qui in tenebris est tantum, sole illucescente, ab iis liberatur; qui vero oculis excæcatus est, neque sole lucente videt: id quod et ipsi patiuntur. Neque enim Sole justitiæ fulgente et hortante audiunt, divitiis oculos ipsorum claudentibus. Quapropter duplicem sustinent cæcitatem: aliam, ex seipsis, aliam, quod Magistro suo non attendant. Attendamus itaque diligenter dictis illius, ut sero tandem videamus. Et quomodo videre possumus? Si discas quomodo excæcatus sis. Quomodo igitur excæcatus es? A mala concupiscentia. Sicut enim malignus hu-

Funambuli.

φῆς μᾶλλον ἀλγοῦσι καὶ διακόπτονται. Πολλοὶ γοῦν τῶν πλουτούντων τούτων καὶ ἐπὶ βρόχον ἦλθον, τὴν τοιαύτην οὐκ ἐνεγκόντες δυσημερίαν. Καὶ τὸ ὑβρίζεσθαι δὲ καὶ τὸ ἐπηρεάζεσθαι οὕτως ἀφόρητον αὐτοῖς εἶναι δοκεῖ, ὡς καὶ διὰ τοῦτο πάλιν τῆς παρούσης [a] πολλοὺς ἀπαλλαγῆναι ζωῆς. Πρὸς γὰρ πάντα μαλακοὺς αὐτοὺς ὁ πλοῦτος ἐποίησε, πλὴν τῆς αὐτοῦ διακονίας. Ὅταν γὰρ αὐτῷ δουλεύειν κελεύῃ, καὶ φόνων κατα-
E τολμῶσι, καὶ μαστίγων, καὶ ὀνειδῶν, καὶ αἰσχύνης ἁπάσης. Ὅπερ τῆς ἐσχάτης ἐστὶν ἀθλιότητος, ἐν μὲν οἷς δεῖ φιλοσοφεῖν, πάντων εἶναι μαλακωτέρους· ἐν δὲ
286 οἷς εὐλαβεστέρους εἶναι ἐχρῆν, ἀναισχυντοτέρους πά-
A λιν καὶ ἰταμωτέρους γίνεσθαι. Καὶ γὰρ τὸ αὐτὸ συμβαίνει τούτοις, οἷον ἂν εἴ τις πάθοι τὰ ὄντα πάντα ἀναλώσας εἰς τὰ μὴ δέοντα. Ὁ γὰρ τοιοῦτος, τοῦ καιροῦ τῆς ἀναγκαίας δαπάνης ἐπιστάντος, οὐδὲν ἔχων ἐπιδοῦναι, τὰ ἀνήκεστα πάσχει δεινὰ, πάντων τῶν αὐτοῦ προαναλωθέντων κακῶς.

Καὶ καθάπερ οἱ ἐπὶ τῆς σκηνῆς τὰς πονηρὰς τέχνας εἰδότες ἐκείνας, ἐν μὲν ταύταις πολλὰ τῶν παραδόξων, καὶ ἐπικινδύνων ὑπομένουσιν, ἐν δὲ ἑτέροις [b] χρησίμοις καὶ ἀναγκαίοις πράγμασι πάντων εἰσὶ κα-
B ταγελαστότεροι· οὕτω καὶ οὗτοι. Καὶ γὰρ οἱ ἐπὶ σχοίνου τεταμένης βαδίζοντες, τοσαύτην ἀνδρείαν [b] ἐν ἐκείνῃ ἐπιδεικνύμενοι, ἡνίκα ἄν τι τῶν ἀναγκαίων τόλμαν ἀπαιτῇ καὶ ἀνδρείαν, οὐδὲ ἐννοῆσαί τι δύνανται ἢ ἀνέχονται τοιοῦτον. Οὕτω δὴ καὶ οἱ πλουτοῦντες, πάντα ὑπὲρ χρημάτων τολμῶντες, ὑπὲρ τοῦ φιλοσοφεῖν οὐ μικρὸν, οὐ μέγα τι τοιοῦτον ὑπομεῖναι ἀνέχονται. Καὶ καθάπερ [c] ἐκεῖνοι καὶ σφαλερὸν καὶ ἀκερδὲς πρᾶγμα μεταχειρίζουσιν· οὕτω καὶ οὗτοι κινδύνους μὲν ὑπομένουσι πολλοὺς καὶ κρημνοὺς, εἰς οὐδὲν δὲ χρήσιμον ἀπαντῶσι τέλος, καὶ διπλοῦν ὑπομένουσι σκότος, ἀπό τε τῆς τοῦ νοῦ διαστροφῆς πεπηρωμένοι, ἀπό τε τῆς
C τῶν φροντίδων ἀπάτης πολλὴν τὴν ἀχλὺν ὑπομένοντες. Διόπερ οὐδὲ διαβλέψαι ῥᾳδίως δύνανται. Ὁ μὲν γὰρ ἐν σκότει ὢν μόνον, τοῦ ἡλίου φανέντος, ἀπαλλάττεται τοῦ σκότους· ὁ δὲ τὰς ὄψεις πεπηρωμένος, οὐδὲ ἡλίου φανέντος· ὃ δὴ καὶ οὗτοι πεπόνθασι. Οὐδὲ γὰρ τοῦ ἡλίου [d] τῆς δικαιοσύνης λάμψαντος καὶ παραινοῦντος ἀκούουσιν, ἀποκλείσαντος αὐτοῖς τοὺς ὀφθαλμοὺς τοῦ πλούτου. Διὸ καὶ διπλοῦν σκότος ὑπομένουσι· τὸ μὲν, ἐξ αὐτῶν, τὸ δὲ, ἐκ τοῦ μὴ προσέχειν τῷ διδασκάλῳ. Προσέχωμεν τοίνυν αὐτῷ μετὰ ἀκριβείας, ἵνα ὀψὲ γοῦν ποτε ἀναβλέψωμεν. Καὶ πῶς ἀναβλέψαι δυνατόν; Ἐὰν μάθῃς πῶς ἐτυφλώθης. Πῶς οὖν ἐτυ-
D φλώθης; Ἀπὸ τῆς πονηρᾶς ἐπιθυμίας. Καθάπερ γὰρ κόρῃ ὀφθαλμοῦ καθαρᾷ χυμὸς ἐπιῤῥεύσας πονηρὸς, ὁ

[a] Alii πολλοὺς ἀποῤῥαγῆναι. Infra suspicatur Savilius legendum ὅταν γὰρ ἑαυτῷ δουλεύειν.

[b] Morel. male χρησίμοις ἀναγκαίοις καὶ πράγμασι.

[b] Ἐν ἐκείνῃ deest in quibusdam.

[c] Quidam ἐκεῖνοι σφαλερόν.

[d] Τῆς δικαιοσύνης deest in aliquibus.

τῶν χρημάτων ἔρως πυκνὴν τὴν νεφέλην ἐποίησεν. Ἀλλὰ καὶ διασκεδασθῆναι καὶ [c] ῥαγῆναι τὴν νεφέλην ταύτην ῥᾴδιον, ἐὰν τὴν ἀκτῖνα τῆς τοῦ Χριστοῦ δεξώμεθα διδασκαλίας· ἂν ἀκούσωμεν αὐτοῦ παραινοῦντος καὶ λέγοντος· Μὴ θησαυρίζητε ὑμῖν θησαυροὺς ἐπὶ τῆς γῆς. Καὶ τί μοι, φησὶ, πλέον ἀπὸ τῆς ἀκροάσεως, ὅταν ὑπὸ τῆς ἐπιθυμίας κατέχωμαι; Μάλιστα μὲν οὖν καὶ τὴν ἐπιθυμίαν ἡ συνεχὴς ἀκρόασις καταλῦσαι δυνήσεται. Ἂν δ' ἄρα ἐπιμείνῃς κατεχόμενος, ἐννόησον ὅτι E οὐδὲ ἐπιθυμία τὸ πρᾶγμά ἐστι. Ποία γὰρ ἐπιθυμία, χαλεπῶς δουλεύειν, καὶ ὑποκεῖσθαι τυραννίδι, καὶ δεδέσθαι πανταχόθεν, καὶ ἐν σκότῳ διατρίβειν, καὶ θορύβου γέμειν, καὶ πόνους ὑπομένειν ἀκερδεῖς, καὶ ἑτέροις φυλάττειν τὰ χρήματα, πολλάκις δὲ ἐχθροῖς; Ποίας ταῦτα ἐπιθυμίας ἄξια; ποίας δὲ οὐ φυγῆς καὶ δρόμων; Ποία ἐπιθυμία θησαυρὸν ἀποτίθεσθαι μεταξὺ κλεπτῶν; Εἰ 267 A γὰρ ὅλως ἐπιθυμεῖς χρημάτων, μετάθες ἔνθα δύναται μένειν ἀσφαλῆ καὶ ἀνεπηρέαστα. Ὡς ἅ γε νῦν ποιεῖς, οὐ χρημάτων ἐπιθυμοῦντός ἐστι, ἀλλὰ δουλείας, καὶ ἐπηρείας, καὶ ζημίας, καὶ ὀδύνης διηνεκοῦς. Σὺ δὲ, ἂν μέν τις ἀνθρώπων ἐπὶ τῆς γῆς τόπον ἀνεπηρέαστόν σοι δείξῃ, κἂν εἰς αὐτὴν ἐξαγάγῃ τὴν ἔρημον, ὑποσχόμενος ἀσφάλειαν τῇ φυλακῇ τῶν χρημάτων, οὐ κατοκνεῖς, οὐδὲ ἀναδύῃ, ἀλλὰ καὶ ἐμπιστεύεις, [a] καὶ ἐκβάλλεις ἐκεῖ τὰ χρήματα· τοῦ Θεοῦ δὲ ἀντὶ ἀνθρώπων ὑπισχνουμένου σοι τοῦτο, καὶ οὐχὶ τὴν ἔρημον, ἀλλὰ τὸν οὐρανὸν προτιθέντος, τὰ ἐναντία καταδέχῃ· καίτοι γε κἂν μυριάκις ἐν ἀσφαλείᾳ κεῖται κάτω, τῆς B φροντίδος οὐδέποτε ἐλεύθερος γενήσεσθαι δυνήσῃ. Κἂν γὰρ μὴ ἀπολέσῃς, τοῦ φροντίζειν οὐδέποτε ἀπαλλαγήσῃ. [b] Ἐκεῖ δὲ οὐδὲν ὑποστήσῃ τούτων· καὶ τὸ δὴ πλέον, ὅτι οὐ κατορύττεις τὸ χρυσίον μόνον, ἀλλὰ καὶ φυτεύεις. Τὸ γὰρ αὐτὸ καὶ θησαυρός ἐστι καὶ σπόρος· μᾶλλον δὲ ἑκατέρων τούτων πλέον. Ὁ μὲν γὰρ σπόρος οὐ μένει διὰ παντὸς, τοῦτο δὲ μένει διηνεκῶς. Πάλιν ὁ θησαυρὸς οὐ βλαστάνει, οὗτος δὲ ἀθανάτους σοι φέρει καρπούς. Εἰ δὲ τὸν χρόνον μοι λέγεις, καὶ τὴν ἀναβολὴν τῆς ἀποδόσεως, ἔχω μὲν καὶ ἐγὼ δεῖξαι, καὶ εἰπεῖν ὅσα καὶ ἐνταῦθα ἀπολαμβάνεις· χωρὶς δὲ τούτων, C καὶ ἀπ' αὐτῶν τῶν βιωτικῶν σε ἐλέγξαι πειράσομαι μάτην ταῦτα προφασιζόμενον.

Πολλὰ γὰρ καὶ ἐν τῷ παρόντι βίῳ κατασκευάζεις, ὧν οὐ μέλλεις αὐτὸς ἀπολαύειν· κἂν ἐγκαλῇ τις, τοὺς παῖδας καὶ τοὺς ἐκείνων παῖδας προβαλλόμενος, ἱκανὴν δοκεῖς παραμυθίαν τῶν περιττῶν εὑρηκέναι πόνων. Ὅταν γὰρ ἐν ἐσχάτῳ γήρᾳ γενόμενος οἰκοδομῇς λαμπρὰς οἰκίας, ὧν πρὸ τοῦ τέλους ἀπελεύσῃ πολλά-

mor in pupillam oculi puram influens, sic pecuniarum amor densam nubem in mente tua fecit. Verum hanc nubem dissipare et dirumpere facile est, si Christi doctrinæ radium excipiamus; si audiamus illum monentem ac dicentem: *Nolite thesaurizare vobis thesauros in terra.* Et quid mihi proderit doctrinam audire, cum a cupiditate detinear? Sane quidem frequens doctrinæ auditus cupiditatem dissolvere poterit. Quod si detentus permaneas, cogita rem illam non esse amplius cupiditatem. Quæ enim cupiditatis durissimæ servituti esse subjectum, tyrannidi subjacere, et undique alligari, in tenebris versari et tumultu plenum esse, labores ferre infructuosos, aliis pecunias servare, sæpe autem inimicis? Qua ergo hæc concupiscentia digna sunt? imo qua non fuga et cursu sunt relinquenda? Quæ concupiscentia thesauros inter fures recondere? Si enim omnino pecunias concupiscis, illas eo transfer ubi possunt tutæ et integræ manere. Certe quæ nunc facis non sunt concupiscentis pecunias, sed servitutem, damna, mulctas, doloremque perpetuum. Tu vero, si quis tibi homo locum in terra inviolabilem ostenderet, etiamsi te in desertum educeret, promittens pecuniis tuis securitatem: non cunctareris, neque recusares, sed pecunias ibi cum fiducia deponeres: Deo autem, non homine id tibi promittente, nec desertum, sed cælum proponente, contraria accipis: quamquam etiamsi tutissime jaceant repositæ, tu numquam sollicitudine vacuus esse possis. Etiamsi enim non perdas, numquam a sollicitudine liberaberis. Illic autem nihil prorsus tale patieris: atque quod est majus, aurum non defodis tantum, sed seminas. Idipsum enim est et thesaurus et semen; imo utroque majus. Semen quippe non manet semper, ille vero thesaurus manet perpetuo. Rursum thesaurus hic non germinat, ille vero immortales tibi fructus parit. Quod si tempus mihi objicias, et dilationem reditus: possum ego tibi demonstrare quanta etiam hic accipias; præter hæc autem ex ipsis sæcularibus te confutare tentabo, et ostendere te frustra hæc objicere.

Divitiarum verus usus.

6. Multa enim in præsenti vita paras, quibus numquam frueris; et si quis te hac de re arguat, filios et nepotes proferens, idoneam tibi videris superfluorum laborum consolationem reperisse. Cum enim in extrema senectute splendidas construis ædes, te antequam perficiantur sæpe tu de-

[c] Quidam Mss. διαῤῥαγῆναι.

[a] Alii καὶ ἐμβάλλεις. Paulo post alii, προστιθέντος, τὰ ἐναντία κατέχῃ. Mox alii ἐν ἀσφαλείᾳ γένηται κάτω.

[b] Unus ἐκεῖνος δὲ οὐδὲν ὑποστήσεται τούτων.

cedis, et arbores seris, quæ post multos annos fructum allaturæ sunt; cum in agro arbores plantas, quæ post multa annorum curricula fructum ferent; cum prædia et emis hereditates, quorum dominium multo post tempore habiturus es, aliaque multa paras, quorum numquam frueris: an pro te vel pro successoribus hæc agis? Quomodo igitur non extremæ dementiæ est, hic non ægre ferre temporis dilationem, etsi per illam dilationem a mercede laborum nos privandos esse exspectemus; cum de cælo autem agitur, propter dilationem torpere, cum tamen illa dilatio majus tibi lucrum afferat, nec ad alios bona transmittat, sed tibi dona tradenda custodiat? Præter hæc autem non longa est ista dilatio. Nam ad fores res ipsæ sunt: nec scimus num forte in hac generatione omnia nostra finem habitura sint, et dies ille tremendus sit adventurus, horrendum illud, et nullam personarum acceptionem habens tribunal ostensurus. Nam pleraque signa jam perfecta sunt, ac demum evangelium per totum orbem prædicatum fuit, ac bella, terræ motus et fames evenerunt, nec magnum jam intervallum est. Sed signa non vides? Et hoc ipsum magnum signum est. Neque enim qui Noæ tempore erant prooemia generalis interitus viderunt; sed interim ludentes, edentes, uxores ducentes, consuetaque omnia agentes, sic a terribili illa ultione deprehensi sunt. Similiterque in Sodomis, deliciis operam dantes, nihilque eorum quæ postea facta sunt suspicantes, ab immissis fulminibus combusti sunt. Quæ omnia cogitantes, ad profectionem hinc parandam nos convertamus. Etiam communis ille consummationis non instet dies; uniuscujusque finis in januis est, sive senex sive juvenis sit; neque tunc oleum emere licebit, neque petentes impetrare veniam, etsi Abraham precetur, etsi Noë, etsi Job, etsi Daniel. Donec igitur tempus habemus, multam nobis paremus fiduciam, oleum nobis copiosum comparemus, omnia transferamus in cælum, ut in opportuno tempore, quo maxime his egemus, omnibus fruamur, gratia et benignitate Domini nostri Jesu Christi, cui gloria et imperium nunc et semper, et in sæcula sæculorum. Amen.

Suspicatur Chrysostomus finem mundi adventare.

κις, καὶ δένδρα φυτεύῃς, ἃ μετὰ πολλὰ ἔτη τὸν καρπὸν οἴσει· [c] ὅταν φυτεύῃς ἐν χωρίῳ δένδρα, ὧν μετὰ
μυρία ἔτη ὁ καρπὸς ἥξει, καὶ οὐσίας ἀγοράζῃς καὶ
D κλήρους, ὧν μετὰ πολὺν δέξῃ χρόνον τὴν δεσποτείαν,
καὶ ἕτερα πολλὰ τοιαῦτα φιλοπονῇς, ὧν οὐ καρπώσῃ
τὴν ἀπόλαυσιν· ἆρα διὰ σεαυτὸν ἢ διὰ τοὺς μετὰ ταῦτα
ποιεῖς; Πῶς οὖν οὐκ ἐσχάτης ἀνοίας, ἐνταῦθα μὲν μηδὲν ἀλύειν πρὸς τὴν τοῦ χρόνου μέλλησιν, καὶ ταῦτα
[d] μέλλοντας ἐκ τῆς μελλήσεως ταύτης ἁπάσης τῶν
πόνων ἐκπίπτειν τῆς ἀμοιβῆς· ἐκεῖ δὲ διὰ τὴν ἀναβολὴν ναρκᾷν, καὶ ταῦτα πλέον σοι φερούσης τὸ κέρδος,
καὶ οὐκ εἰς ἑτέρους παραπεμπούσης τὰ ἀγαθὰ, ἀλλὰ
E σοὶ κομιζούσης τὰς δωρεάς; Χωρὶς δὲ τούτων οὐδὲ
ἡ ἀναβολὴ πολλή. Καὶ γὰρ ἐπὶ θύραις τὰ πράγματα,
καὶ οὐκ ἴσμεν μή ποτε καὶ ἐν τῇ ἡμετέρᾳ γενεᾷ τέλος
ἕξει τὰ καθ' ἡμᾶς ἅπαντα, καὶ ἡ φοβερὰ παραγένηται ἡμέρα ἐκείνη, τὸ φρικῶδες ἡμῖν ἐνδεικνυμένη,
268 [e] καὶ ἀδέκαστον δικαστήριον. Καὶ γὰρ τὰ πλείονα τῶν
A σημείων ἀπήρτισται, καὶ τὸ εὐαγγέλιον λοιπὸν πανταχοῦ τῆς οἰκουμένης κεκήρυκται, καὶ τὰ τῶν πολέμων,
καὶ τὰ τῶν σεισμῶν, καὶ τὰ τῶν λιμῶν ἐξέβη, καὶ οὐ πο-
λὺ τὸ μέσον. Ἀλλ' οὐχ ὁρᾷς τὰ σημεῖα; Καὶ τοῦτο αὐτὸ
μέγιστον σημεῖον. Οὐδὲ γὰρ οἱ ἐπὶ Νῶε εἶδον προοίμια
τῆς πανωλεθρίας ἐκείνης, ἀλλὰ μεταξὺ παίζοντες,
ἐσθίοντες, γαμοῦντες, τὰ συνήθη πράττοντες ἅπαντα,
οὕτω κατελήφθησαν ὑπὸ τῆς φοβερᾶς δίκης ἐκείνης.
Καὶ οἱ ἐν Σοδόμοις δὲ ὁμοίως, τρυφῶντες, καὶ οὐδὲν
ὑφορώμενοι τῶν γεγενημένων, ὑπὸ κεραυνῶν κατεφλέ-
χθησαν τῶν τότε κατενεχθέντων. Ἅπερ οὖν ἅπαντα
B ἐννοοῦντες, ἐπιστρέψωμεν ἑαυτοὺς πρὸς τὴν τῆς ἐντεῦθεν ἀποδημίας παρασκευήν. Κἂν γὰρ ἡ κοινὴ τῆς
συντελείας ἡμέρα [a] μηδέπω ἐπιστῇ, τὸ ἑκάστου τέλος
ἐπὶ θύραις, κἂν γεγηρακώς τις ᾖ, κἂν νέος· καὶ οὐκ
ἔστιν ἐντεῦθεν ἀπελθόντας οὔτε ἔλαιον πρίασθαι λοιπὸν,
οὔτε δεηθέντας ἐπιτυχεῖν συγγνώμης, κἂν Ἀβραὰμ ὁ
[b] παρακαλῶν ᾖ, κἂν Νῶε, κἂν Ἰὼβ, κἂν Δανιήλ.
Ἕως οὖν καιρὸν ἔχωμεν, προαποθώμεθα ἑαυτοῖς πολλὴν τὴν παῤῥησίαν, συναγάγωμεν ἔλαιον δαψιλὲς, με-
ταθῶμεν ἅπαντα εἰς τὸν οὐρανὸν, ἵνα ἐν καιρῷ τῷ
προσήκοντι, [c] καὶ ᾧ μάλιστα αὐτῶν δεόμεθα, πάντων
ἀπολαύσωμεν, χάριτι καὶ φιλανθρωπίᾳ τοῦ Κυρίου
C ἡμῶν Ἰησοῦ Χριστοῦ, ᾧ ἡ δόξα καὶ τὸ κράτος νῦν
καὶ ἀεὶ, καὶ εἰς τοὺς αἰῶνας τῶν αἰώνων. Ἀμήν.

[c] Alii ὅταν γὰρ φυτεύσῃς.

[d] Aliqui μέλλοντα.

[e] Sic Savil., Morel. et Mss. quidam, cæteri vero καὶ ἀδέκαστον κριτήριον.

[a] Quidam μηδέποτε ἐπιστῇ.

[b] Sic Savil. et Mss. multi. Morel. vero παρακαλούμενος ᾖ. Ibid. pro Ἰὼβ unus habet Ἰακώβ.

[c] Mss. non pauci καὶ ὅτε μάλιστα.

ΟΜΙΛΙΑ κα΄.

Οὐδεὶς δύναται δυσὶ κυρίοις δουλεύειν· ἢ γὰρ τὸν ἕνα μισήσει, καὶ τὸν ἕτερον ἀγαπήσει· ἢ ἑνὸς ἀνθέξεται, καὶ τοῦ ἑτέρου καταφρονήσει.

Ὁρᾷς πῶς κατὰ μικρὸν τῶν ὄντων ἀφίστησι, καὶ διὰ πλειόνων [d] τὸν περὶ τῆς ἀκτημοσύνης εἰσάγει λόγον, καὶ τὴν τῆς φιλαργυρίας καταβάλλει τυραννίδα; Οὐδὲ γὰρ ἠρκέσθη τοῖς ἔμπροσθεν, καίτοι πολλοῖς καὶ μεγάλοις οὖσιν· ἀλλὰ καὶ ἕτερα προστίθησι πλείονα καὶ φοβερώτερα. Τί γὰρ τῶν νῦν εἰρημένων φοβερώτερον, εἴγε μέλλοιμεν τῆς τοῦ Χριστοῦ δουλείας ἐκπίπτειν διὰ τὰ χρήματα; τί δὲ ποθεινότερον, εἴγε μέλλοιμεν αὐτῶν ὑπεριδόντες ἀκριβῆ τὴν πρὸς αὐτὸν εὔνοιαν ἔχειν καὶ τὴν ἀγάπην; Ὅπερ γὰρ ἀεὶ λέγω, τοῦτο καὶ νῦν ἐρῶ, [e] ὅτι δι' ἑκατέρων ὠθεῖ τὸν ἀκροατὴν εἰς τὴν ὑπακοὴν τῶν λεγομένων, καὶ διὰ τῶν ὠφελίμων, καὶ διὰ τῶν βλαβερῶν· καθάπερ ἰατρὸς ἄριστος, καὶ τὴν ἐκ τῆς ἀπροσεξίας νόσον, καὶ τὴν ἀπὸ τῆς ὑπακοῆς ὑγείαν ἐνδεικνύμενος. Ὅρα γοῦν οἷον πάλιν δείκνυσι τὸ κέρδος τοῦτο, καὶ πῶς κατασκευάζει τὸ συμφέρον ἀπὸ τῆς τῶν ἐναντίων ἀπαλλαγῆς. Οὐ γὰρ τοῦτο μόνον ὑμᾶς βλάπτει, φησὶ, ὁ πλοῦτος, ὅτι ληστὰς 269 ὁπλίζει καθ' ὑμῶν, οὐδ' ὅτι τὸν νοῦν σκοτοῖ μετ' ἐπιτάσεως ἁπάσης· ἀλλ' ὅτι καὶ τῆς δουλείας ὑμᾶς ἐκβάλλει τοῦ Θεοῦ, αἰχμαλώτους τῶν ἀψύχων χρημάτων ποιῶν, καὶ ἑκατέρωθεν βλάπτων, [a] καὶ τῷ δούλους ποιεῖν ὧν κρατεῖν ἔδει, καὶ τῷ τῆς δουλείας ἐκβάλλειν τοῦ Θεοῦ, ᾧ μάλιστα πάντων δουλεύειν ἀναγκαῖον ὑμῖν. Ὥσπερ γὰρ ἐκεῖ διπλῆν ἔδειξε τὴν βλάβην, τῷ καὶ ἐνταῦθα τιθέναι, ὅπου σὴς ἀφανίζει, καὶ ἐκεῖ μὴ τιθέναι, ἔνθα ἀνάλωτος ἡ φυλακή· οὕτω καὶ ἐνταῦθα διπλῆν δείκνυσι τὴν ζημίαν, καὶ δι' ὧν ἀφέλκει τοῦ Θεοῦ, καὶ δι' ὧν ὑποτάττει τῷ μαμωνᾷ. Ἀλλ' οὐκ εὐθέως αὐτὸ τίθησιν, ἀλλ' ἀπὸ κοινῶν αὐτὸ πρῶτον κατασκευάζει λογισμῶν, οὕτω λέγων· Οὐδεὶς δύναται δυσὶ κυρίοις δουλεύειν· δύο τοὺς τὰ ἐναντία ἐπιτάττοντας λέγων ἐνταῦθα. Ἐπεὶ [b] εἰ μὴ τοῦτο εἴη, οὐδὲ δύο ἂν εἶεν. Καὶ γὰρ Τοῦ πλήθους τῶν πιστευσάντων ἦν ἡ καρδία καὶ ἡ ψυχὴ μία· καίτοι εἰς πολλὰ σώματα ἦσαν διῃρημένοι, ἀλλ' ὅμως ἡ ὁμόνοια τοὺς πολλοὺς ἓν ἐποίησεν. Εἶτα ἐπιτείνων [c] αὐτὰ, φησίν·

[d] Morel. τῶν περὶ τῆς, male. Mox Savil. καταστέλλει τυραννίδα, Morel. καταβάλλει, alius ἐκβάλλει, quæ lectiones omnes perinde quadrant.

[e] Sic Savil. At Morel. ὅτι δὴ καὶ ἑτέρωθεν ὠθεῖν τόν.

[a] Alii καὶ τό, bis.

[b] Quidam εἰ μὴ τοῦτο ἦν.

[c] Savil. αὐτό, et mox δουλεύει.

HOMILIA XXI. al. XXII.

Cap. VI. v. 24. *Nemo potest duobus dominis servire: aut enim unum odio habebit, et alterum diliget; aut unum sustinebit, et alterum contemnet.*

1. Vides ut paulatim a præsentibus rebus abducat, ac pluribus de contemtu divitiarum sermonem instituat, et tyrannidem cupiditatis dejiciat? Neque enim contentus iis, quæ superius dixit, etiamsi multa et præclara illa sint, alia adjicit plura et terribiliora. Quid enim is quæ nunc dicuntur terribilius, si propter pecunias a Christi servitute excidere debeamus? quid desiderabilius, si iis contemtis strictam erga eum benevolentiam et caritatem habituri simus? Quod enim semper dico, hoc et nunc dicam, ipsum per utraque auditorem acuere ad obsequendum dictis, et per utilia et per noxia: quemadmodum optimus medicus, et morbum ex negligentia, et sanitatem ex obedientia commonstrans. Vide igitur, quantum hic lucrum rursus ostendat, et quomodo utilia paret, dum contraria tollit. Neque enim inquit, Divitiæ ideo tantum nocent vobis, quod fures contra vos armis instruant, neque quod mentem omnino tenebris offundant; sed etiam quod ex servitute Dei vos dejiciant, inanimatis pecuniis vos captivos tradentes, et utrinque nocentes, et quod servos efficiant eorum quibus imperare deberemus, et quod vos a servitute Dei dejiciant, cui maxime servire necesse vobis est. Quemadmodum enim illic etiam duplex esse nocumentum ostendit, et quod ibi deponantur, ubi ærugo corrodit, et quod ibi non deponantur, ubi tuta custodia: sic et hoc loco duplicem noxam ostendit, et quod a Deo abstrahant, et quod mamonæ subjiciant. Sed non statim id ponit, sed id prius ex communibus parat ratiociniis, sic dicens: *Nemo potest duobus dominis servire:* duos hic dicens qui contraria præcipiant. Nam si id non esset, non duo forent. Nam *Multitudinis credentium erat cor unum et anima una:* licet enim essent in plura corpora divisi, attamen concordia plurimos unum

Christus utilia parat dum contraria tollit.

Act. 4. 32.

efficiebat. Deinde illa cumulans, dicit : Non modo non serviet, sed etiam odio habebit et aversabitur : *Aut enim unum odio habebit*, inquit, *et alterum diliget ; aut unum sustinebit, et alterum contemnet.* Ac videtur quidem bis idipsum dixisse ; sed non sine causa sic rem concinnavit, sed ut ostenderet facilem esse mutationem in melius. Ne diceres enim, Semel servus factus sum, divitiarum tyrannide oppressus : ostendit posse in aliam converti partem : et sicut ex ista in illam, sic ex illa in istam venire. Cum ergo hoc indefinite dixisset, quo auditori suaderet, ut æquum se dictorum judicem gereret, et ex ipsa rerum natura calculum ferret, postquam illum sibi consentientem habuit, tunc seipsum revelat ; subjunxit enim : *Non potestis Deo servire et mamonæ.* Exhorrescamus cogitantes quid Christum dicere coegimus, ita ut cum Deo aurum poneret. Quod si illud horribile, longe horribilius est hoc reipsa fieri, et Dei timori auri tyrannidem anteferri. Quid igitur? annon apud veteres idipsum fieri potuit? Minime. Quomodo ergo Abraham, quomodo Job virtute claruere? Ne mihi divites memores, sed divitiis servientes. Nam Job dives quidem erat, sed non serviebat mamonæ ; divitias habebat et tenebat, ac dominus, non servus erat. Etenim sicut alienarum pecuniarum dispensator, sic illa omnia possidebat : non modo aliena non rapiens, sed etiam sua egentibus largiens. Quodque majus est : nec de præsentibus gaudebat, ut
Job. 31. 25. ille declarat dicens : *Si lætatus sum, quod multæ mihi essent divitiæ ;* ideoque illis amissis non doluit. At non tales hodie divites sunt ; sed captivis quibuslibet deterius affecti, mamonæ, quasi tyranno cuidam acerbo tributa pendentes. Nam quasi arcem quamdam ipsorum animum amor pecuniarum invasit, et mandata omni plena iniquitate inde ipsis mittit quotidie : nemoque est qui ipsi non obtemperet. Ne itaque in vanum philosopheris. Nam semel Deus sententiam tulit, dixitque non posse hanc et illam servitutem una concurrere. Ne dicas ergo tu, posse concurrere. Cum enim ille rapere, hic sese exspoliare jubeat ; hic castum esse, ille fornicari ; hic inebriari et mensæ deliciis frui, ille ventrem moderari ; hic despicere præsentia, ille iis hærere ; ille ipse mar-

οὐ μόνον οὐ δουλεύσει, ἀλλὰ καὶ μισήσει καὶ ἀποστραφήσεται· Ἢ γὰρ τὸν ἕνα μισήσει, φησὶ, καὶ τὸν ἕτερον ἀγαπήσει· ἢ τοῦ ἑνὸς ἀνθέξεται, καὶ τοῦ ἑτέρου καταφρονήσει. Καὶ δοκεῖ μὲν [d] δεύτερον εἰρῆσθαι τὸ
C αὐτό· οὐ μὴν ἁπλῶς οὕτως αὐτὸ συνέθηκεν, ἀλλ' ἵνα δείξῃ ῥᾳδίαν οὖσαν τὴν ἐπὶ τὸ βέλτιον μεταβολήν. Ἵνα γὰρ μὴ λέγῃς, ἐδουλώθην ἅπαξ, ἐτυραννήθην ὑπὸ τῶν χρημάτων· δείκνυσιν ὅτι δυνατὸν μεταθέσθαι, καὶ ὥσπερ ἐκεῖθεν ἐπὶ τοῦτο, οὕτω καὶ ἐντεῦθεν ἐπ' ἐκεῖνο ἐλθεῖν. Εἰπὼν τοίνυν [e] ἀδιορίστως, ἵνα πείσῃ τὸν ἀκροατὴν ἀδέκαστον κριτὴν γενέσθαι τῶν λεγομένων, καὶ ἀπ' αὐτῆς τῶν πραγμάτων τῆς φύσεως τὴν ψῆφον ἐξενεγκεῖν, ὅτε ἔλαβεν αὐτὸν συμφωνοῦντα, τότε καὶ ἑαυτὸν ἀποκαλύπτει· ἐπήγαγε γοῦν· Οὐ δύνασθε Θεῷ δουλεύειν καὶ μαμωνᾷ. Φρίξωμεν ἐννοήσαντες τί παρεσκευάσαμεν τὸν Χριστὸν εἰπεῖν, καὶ μετὰ Θεοῦ θεῖ-
D ναι τὸν χρυσόν. Εἰ δὲ τοῦτο φρικτὸν, τὸ διὰ τῶν ἔργων γίνεσθαι καὶ προτιμᾶσθαι τοῦ φόβου τοῦ Θεοῦ τὴν [f] τοῦ χρυσοῦ τυραννίδα πολλῷ φρικωδέστερον. Τί οὖν; ἐπὶ τῶν παλαιῶν οὐκ ἦν τοῦτο δυνατόν; Οὐδαμῶς. Πῶς οὖν ὁ Ἀβραὰμ, φησὶ, πῶς ὁ Ἰὼβ εὐδοκίμησε; Μή μοι τοὺς πλουτοῦντας εἴπῃς, ἀλλὰ τοὺς δουλεύοντας. Ἐπεὶ καὶ ὁ Ἰὼβ πλούσιος ἦν· ἀλλ' οὐκ ἐδούλευε τῷ μαμωνᾷ, ἀλλ' εἶχεν αὐτὸν καὶ ἐκράτει, καὶ δεσπότης, οὐ δοῦλος ἦν. Ὥσπερ οὖν ἀλλοτρίων οἰκονόμος ὢν χρημάτων, οὕτω πάντα ἐκεῖνα ἐκέκτητο, οὐ μόνον
E τὰ ἑτέρων οὐχ ἁρπάζων, ἀλλὰ καὶ ἴδια προϊέμενος τοῖς δεομένοις. Καὶ τὸ δὴ μεῖζον, ὅτι οὐδὲ παροῦσιν ἔχαιρεν· ὃ καὶ ἐδήλου λέγων· Εἰ καὶ εὐφράνθην πολλοῦ πλούτου μοι γενομένου· διὰ τοῦτο οὐδὲ ἤλγησεν ἀπελθόντος. Ἀλλ' οὐχὶ νῦν τοιοῦτοι οἱ πλουτοῦντές
270 εἰσιν· ἀλλὰ καὶ παντὸς ἀνδραπόδου χεῖρον διακείμε-
A νοι, καθάπερ τυράννῳ τινὶ χαλεπῷ φόρους ἄγοντες. Ὥσπερ γὰρ ἀκρόπολίν τινα αὐτῶν καταλαβὼν τὴν διάνοιαν ὁ τῶν χρημάτων ἔρως, τὰ πάσης παρανομίας γέμοντα ἐπιτάγματα ἐκεῖθεν αὐτοῖς καθ' ἑκάστην πέμπει ποιεῖν τὴν ἡμέραν· [a] καὶ ὁ παρακούων οὐδείς. Μὴ τοίνυν περιττὰ φιλοσόφει. Καὶ γὰρ ἀπεφήνατο ἅπαξ ὁ Θεὸς, καὶ εἶπεν ἀδύνατον εἶναι ταύτην κἀκείνην συμβῆναι τὴν δουλείαν. Μὴ τοίνυν σὺ λέγε, ὅτι δυνατόν. [b] Ὅταν γὰρ ὁ μὲν ἁρπάζειν κελεύῃ, ὁ δὲ τὰ ὄντα ἀποδύεσθαι· ὁ μὲν σωφρονεῖν, ὁ δὲ πορνεύειν· ὁ μὲν μεθύειν καὶ τρυφᾷν, ὁ δὲ γαστρὸς κατέχειν· καὶ
B ὁ μὲν ὑπερορᾷν τῶν ὄντων, ὁ δὲ προσηλῶσθαι τοῖς παροῦσιν· ὁ μὲν θαυμάζειν μάρμαρα καὶ τοίχους, καὶ

[d] δεύτερον Savil. et Mss., ἕτερον Morel.

[e] Sic Savil. Morel. autem ἀορίστως, unus ἀμεταορίστως. Infra quidam habent μαμμωνᾷ. φρίξωμεν ἐννοοῦντες.

[f] Morel. pessime τοῦ Χριστοῦ.

[a] Alii καὶ ὁ παρακούσας.

[b] Morel. ὅταν μὲν γὰρ ὁ μέν. Mox quidam κελεύει.

ὀρόφους, ὁ δὲ ταῦτα ἀτιμάζειν, τιμᾶν δὲ φιλοσοφίαν, πῶς δυνατὸν ταῦτα συμβῆναι;

Κύριον δὲ ἐνταῦθα τὸν μαμωνᾶν ἐκάλεσεν, οὐ διὰ τὴν οἰκείαν φύσιν, ἀλλὰ διὰ τὴν τῶν ὑποκλινομένων αὐτῷ ταλαιπωρίαν. Οὕτω καὶ τὴν κοιλίαν θεὸν καλεῖ, οὐκ ἀπὸ τοῦ τῆς δεσποίνης ἀξιώματος, ἀλλ' ἀπὸ τῆς τῶν δουλευόντων ἀθλιότητος· ὃ πάσης κολάσεως χεῖρόν ἐστι, καὶ πρὸ τῆς κολάσεως ἱκανὸν τιμωρήσασθαι τὸν ἁλόντα. Ποίων γὰρ καταδίκων οὐκ ἂν εἶεν ἀθλιώτεροι οἱ τὸν Θεὸν δεσπότην ἔχοντες, καὶ ἀπὸ τῆς ἡμέρου βασιλείας ἐκείνης ἐπὶ τὴν χαλεπὴν αὐτομολοῦντες τυραννίδα, καὶ ταῦτα τοσαύτης ἀπὸ τοῦ πράγματος βλάβης καὶ ἐνταῦθα γινομένης; Καὶ γὰρ ζημία ἄφατος ἀπὸ τοῦ πράγματος, καὶ δίκαι, καὶ ἐπήρειαι, καὶ ἀγῶνες, καὶ πόνοι, καὶ ψυχῆς πήρωσις, καὶ τὸ πάντων χαλεπώτερον, [c] ὅτι τῶν ἀγαθῶν ἐκπίπτειν ποιεῖ τῶν ἀνωτάτω ἡ τοῦ μαμωνᾶ δουλεία. Δείξας τοίνυν διὰ πάντων τὸ συμφέρον τῆς τῶν χρημάτων ὑπεροψίας, καὶ πρὸς αὐτὴν τῶν χρημάτων τὴν φυλακὴν, καὶ πρὸς τὴν τῆς ψυχῆς ἡδονὴν, καὶ πρὸς τὴν τῆς φιλοσοφίας κτῆσιν, καὶ πρὸς τὴν τῆς εὐσεβείας ἀσφάλειαν, κατασκευάζει λοιπὸν, ὅτι καὶ δυνατὴ αὕτη ἡ παραίνεσις. Τοῦτο γὰρ μάλιστα νομοθεσίας ἀρίστης, τὸ μὴ τὰ συμφέροντα μόνον ἐπιτάττειν, ἀλλὰ καὶ δυνατὰ αὐτὰ ποιεῖν. Διὰ τοῦτο καὶ ἐπάγει, λέγων· Μὴ μεριμνήσητε τῇ ψυχῇ ὑμῶν, τί φάγητε. Ἵνα γὰρ μὴ λέγωσι, [d] τί οὖν; ἂν πάντα ῥίψωμεν, πῶς δυνησόμεθα ζῆσαι; πρὸς ταύτην λοιπὸν ἵσταται τὴν ἀντίθεσιν σφόδρα εὐκαίρως. Ὥσπερ γὰρ εἰ παρὰ τὴν ἀρχὴν εἶπε, Μὴ μεριμνήσητε, ἐδόκει βαρὺς εἶναι ὁ λόγος· οὕτως ἐπειδὴ ἔδειξε τὴν λύμην τὴν ἐγγινομένην ἀπὸ τῆς φιλαργυρίας, εὐπαράδεκτον λοιπὸν ποιεῖ τὴν παραίνεσιν. Διόπερ οὐδὲ νῦν ἁπλῶς εἶπε, Μὴ μεριμνήσητε, ἀλλὰ τὴν αἰτίαν προσθεὶς, οὕτως τοῦτο ἐπέταξε. Μετὰ γὰρ τὸ εἰπεῖν, Οὐ δύνασθε Θεῷ δουλεύειν καὶ μαμωνᾷ, ἐπήγαγε· Διὰ τοῦτο λέγω ὑμῖν, μὴ μεριμνήσητε. [e] Τοῦτο, ποῖον; Τὸ τῆς ζημίας ἄφατον. Οὐδὲ γὰρ ἐν χρήμασι μόνον ὑμῖν ἡ βλάβη, ἀλλὰ καὶ ἐν τοῖς καιριωτάτοις ἡ πληγὴ, καὶ τῇ τῆς σωτηρίας ὑμῶν ἀνατροπῇ. Τοῦ γὰρ ποιήσαντος ὑμᾶς καὶ κηδομένου καὶ φιλοῦντος ἐκβάλλει Θεοῦ. Διὰ τοῦτο λέγω ὑμῖν, μὴ μεριμνήσητε. Ἐπειδὴ γὰρ τὴν βλάβην ἔδειξεν ἄφατον, ἐπιτείνει λοιπὸν τὸ ἐπίταγμα. Οὐδὲ γὰρ τὰ ὄντα κελεύει ῥίπτειν μόνον, ἀλλὰ μηδὲ ὑπὲρ τῆς ἀναγκαίας μεριμνᾶν τροφῆς, λέγων· Μὴ μεριμνήσητε τῇ ψυχῇ ἡμῶν, τί φάγητε. Οὐκ ἐπειδὴ ἡ ψυχὴ τροφῆς δεῖται· [a] ἀσώματος γάρ ἐστι· ἀλλὰ κατὰ τὴν κοινὴν ἐφθέγξατο συνήθειαν. Εἰ

mora mirari et ornatos parietes atque laquearia; hic illa despicere et philosophiam colere: quomodo possunt hæc convenire?

2. Hic porro dominum mamonam vocavit, non quod natura talis sit, sed ob eorum qui sese illi subjecere miseriam. Sic etiam ventrem deum vocat, non a dignitate dominantis, sed a servientium miseria; quod omni supplicio pejus est, et ante supplicium potest captivum ulcisci. Quibus enim damnatis miseriores non fuerint ii, qui Deum dominum habentes, C a tam mansueto illo regno ad gravissimam se tyrannidem transferunt subigendi, cum tantum hinc detrimentum etiam in terra accipiant? Nam hinc damnum ingens, lites, molestiæ, concertationes, labores, animæ cæcitas, et quod omnium gravissimum est, illa mamonæ servitus a supernis bonis nos dejicit. Cum igitur ex iis omnibus ostendisset quanta utilitas ex pecuniarum contemtu proveniret et ad ipsam pecuniarum custodiam, et ad animæ voluptatem, et ad philosophiæ possessionem, et ad pietatis tutelam, D demum probat, ipsam rem, de qua admonet, posse fieri. Hæc enim legis ferendæ optima ratio est, non modo utilia præcipere, sed etiam possibilia reddere; ideoque sic pergit: 25. *Nolite solliciti esse animæ vestræ, quid manducetis.* Ne enim dicerent, Quid ergo? si omnia projiciamus, quomodo vivere poterimus? huic objectioni opportune occurrit. Sicut enim si a principio dixisset, *Nolite solliciti esse*, molestus sermo visus esset: sic postquam ostendit perniciem ex amore pecuniæ partam, captu facilem postea hortationem adhibet. Ideoque non modo dixit, *Nolite solliciti esse*, sed addita E causa, sic præceptum extulit. Cum enim dixisset, *Non potestis Deo servire et mamonæ*, subjunxit: *Propterea dico vobis, nolite solliciti esse. Propterea*, quare? Propter ingens damnum. Neque enim in pecuniis tantum noxa est, sed etiam in præcipuis plaga infligitur, etiam ex salutis amis-
271 sione. Nam vos a Deo creatore, curatore, amatore
A dejiciunt. *Propterea dico vobis, Nolite solliciti esse.* Quoniam enim ingens nocumentum ostendit, præceptum extendit. Non modo enim bona ejicere jubet, sed etiam de necessario cibo sollicitos esse vetat, dicens: *Nolite solliciti esse animæ vestræ, quid manducetis.* Non quod anima cibo egeat, incorporea enim est; sed communi loquendi more usus est. Etiamsi enim cibo non

Damna ex divitiis parta.

[c] Alii ὅτι τῶν ἀγαθῶν ἐκπίπτει τῶν ἀνωτάτω, ὅπερ ἐστὶν ἡ τοῦ θεοῦ δουλεία. διδάξας τοίνυν. Ibidem Morel. τῆς τῶν χρησίμων ὑπεροψίας. Melius χρημάτων, ut alii habent.

[d] Quidam τί οὖν ἅπαντα ῥίψωμεν.

[e] Unus διὰ τοῦτο· ποῖον.

[a] Alii ἀσώματος γάρ· ἀλλά.

egeat, non potest in corpore manere, nisi ipsum nutriatur. Postquam hoc dixit, non simpliciter loquitur, sed hic etiam utitur ratiociniis; quorum alia ex iis quæ apud nos sunt, alia ex aliis exemplis sumuntur. Ex iis quæ apud nos sunt sic ait: *Nonne anima plus est quam esca, et corpus plus quam vestimentum?* Qui igitur id quod majus est dedit, quomodo quod minus est non dabit? qui carnem quæ alitur efformavit, quomodo ipsi escam non præbebit? Ideo non simpliciter dixit: *Nolite solliciti esse, quid manducetis, aut quo induamini;* sed addit, *Corpori*, et, *Animæ;* quia ex ipsis erat exempla sumturus, per comparationem procedens. Sed animam quidem semel dedit, et manet illa ut data est; corpus vero dat quotidie. Quod utrumque ut ostendit, et illius immortalitatem, hujusque fluxam naturam declaravit, hæc subjungit: 27. *Quis potest ex vobis adjicere staturæ suæ cubitum unum?* De anima tacens, quæ incrementa non caperet, de corpore tantum disseruit: ex quo illud ostendit, nempe non cibo illud augeri, sed Dei providentia. Quod etiam per alia Paulus demonstrans dicebat:
1. Cor. 3. 7. *Igitur neque qui plantat, neque qui rigat, est aliquid, sed qui incrementum dat, Deus.* Ab iis igitur quæ in nobis sunt ita cohortatus est: ab aliis vero exemplis: 26. *Aspicite volatilia cæli*, inquit. Ne quis diceret, utile nobis esse si solliciti simus, et a majori et a minori ipsos dehortatur; a majori nempe, ab anima et corpore; a minori, ab avibus. Si enim etiam de longe inferioribus tantam gerit curam, quomodo vobis non idipsum præstabit; inquit. Et hæc quidem illis; erat quippe turba populi; diabolo autem non sic
Matth. 4. 4. respondit, sed quomodo? *Non in solo pane vivet homo, sed in omni verbo quod procedit de ore Dei.* Hic autem volatilia memorat, sed modo ad cohortandum optimo, qui in admonitione maximam vim habeat. Sed in tantum insipientiæ quidam impii venerant, ut exemplum reprehenderent. Neque enim oportuit, inquiebant, eum qui voluntates excitaret, ex naturalium rerum exemplis id agere, quippe quæ id habeant ex natura.

3. Quid igitur ad hæc dicamus? Etiamsi id ex natura insit illis, posse id etiam nobis ex studio voluntatis accedere. Non enim dixit, Respicite volatilia quomodo volent, quod non potest homo, sed quod sine sollicitudine alantur: quod nobis etiam licet, si volumus. Idque comprobarunt ii qui id opere exhibuerunt. Quapropter summe

γὰρ καὶ μὴ δεῖται τροφῆς, ἄλλως οὐκ ἂν ἀνάσχοιτο μένειν ἐν τῷ σώματι, ἀλλ' ἢ τρεφομένου αὐτοῦ. Καὶ τοῦτο εἰπὼν, οὐχ ἁπλῶς αὐτὸ τίθησιν, ἀλλὰ καὶ ἐνταῦθα λογισμοὺς ἀνακινεῖ· [b] τοὺς μὲν ἐκ τῶν ὑπηρ-
B γμένων ἡμῖν ἤδη, τοὺς δὲ ἐξ ἑτέρων παραδειγμάτων. Ἀπὸ μὲν τῶν ὑπηργμένων, οὕτω λέγων· Οὐχὶ πλεῖόν ἐστιν ἡ ψυχὴ τῆς τροφῆς, καὶ τὸ σῶμα τοῦ ἐνδύματος; ὁ τοίνυν τὸ μεῖζον δοὺς, πῶς τὸ ἔλαττον οὐ δώσει; ὁ τὴν τρεφομένην σάρκα διαπλάσας, πῶς τὴν τροφὴν οὐ παρέξει; Διόπερ οὐδὲ ἁπλῶς εἶπε, Μὴ μεριμνήσητε, τί φάγητε, καὶ τί ἐνδύσησθε, ἀλλὰ, Τῷ σώματι, καὶ, Τῇ ψυχῇ· ἐπειδὴ ἀπ' αὐτῶν ἔμελλε τὰς ἀποδείξεις ποιεῖσθαι, κατὰ σύγκρισιν τὸν λόγον προάγων. Ἀλλὰ τὴν μὲν ψυχὴν ἅπαξ ἔδωκε, καὶ μένει τοιαύτη· τὸ δὲ σῶμα καθ' ἑκάστην ἐπιδίδωσι τὴν ἡμέραν. Ἅπερ οὖν ἀμ-
C φότερα ἐνδεικνύμενος, καὶ τῆς μὲν τὸ ἀθάνατον, [c] τοῦ δὲ τὸ ἐπίκηρον, ἐπήγαγε λέγων· Τίς δύναται ἐξ ὑμῶν προσθεῖναι ἐπὶ τὴν ἡλικίαν αὐτοῦ πῆχυν ἕνα; Καὶ τὴν ψυχὴν σιγήσας, ἅτε οὐ λαμβάνουσαν ἐπίδοσιν, περὶ τοῦ σώματος διελέχθη μόνον· ἀπὸ τούτου κἀκεῖνο δηλῶν, ὅτι οὐχ ἡ τροφὴ αὐτὸ αὔξει, ἀλλ' ἡ τοῦ Θεοῦ πρόνοια. Ὃ καὶ δι' ἄλλων ὁ Παῦλος δηλῶν ἔλεγεν· Ὥστε οὔτε ὁ φυτεύων, οὔτε ὁ ποτίζων ἐστί τι, ἀλλ' ὁ αὐξάνων Θεός. Ἀπὸ μὲν οὖν τῶν ὑπηργμένων οὕτω προέτρεψεν· ἀπὸ δὲ ἑτέρων παραδειγμάτων· Ἐμβλέψατε εἰς τὰ πετεινὰ τοῦ οὐρανοῦ, λέγων. Ἵνα γὰρ μὴ λέγῃ τις, ὅτι ὠφελοῦμεν μεριμνῶντες, καὶ ἀπὸ τοῦ μείζονος καὶ
D ἀπὸ τοῦ ἐλάττονος αὐτοὺς ἀποτρέπει· τοῦ μείζονος μὲν, τῆς ψυχῆς καὶ τοῦ σώματος· τοῦ ἐλάττονος δὲ, τῶν πετεινῶν. Εἰ γὰρ τῶν σφόδρα καταδεεστέρων τοσοῦτος λόγος αὐτῷ, πῶς ὑμῖν οὐ δώσει; φησίν. Καὶ πρὸς μὲν τούτους οὕτως· ὄχλος γὰρ ἦν τέως δημώδης· τῷ διαβόλῳ δὲ οὐχ οὕτως· ἀλλὰ πῶς; Οὐκ ἐπ' ἄρτῳ μόνον ζήσεται ἄνθρωπος, ἀλλ' ἐπὶ παντὶ ῥήματι ἐκπορευομένῳ διὰ στόματος Θεοῦ. Ἐνταῦθα δὲ τῶν ὀρνίθων μέμνηται, καὶ σφόδρα ἐντρεπτικῶς· ὅπερ μεγίστην εἰς παραινέσεως λόγον ἔχει τὴν ἰσχύν. Ἀλλὰ γὰρ εἰς τοσοῦτον ἀνοίας ἦλθόν τινες τῶν ἀσεβῶν, ὡς
E καὶ ἐπιλαβέσθαι τοῦ παραδείγματος. Οὐ γὰρ ἔδει, φησὶ, προαίρεσιν ἀλείφοντα, ἀπὸ φυσικῶν πλεονεκτημάτων εἰς τοῦτο ἐνάγειν· ἐκείνοις γὰρ τοῦτο κατὰ φύσιν πρόσεστι, φησί.

Τί οὖν πρὸς τοῦτο ἂν εἴποιμεν; Ὅτι εἰ καὶ κατὰ φύσιν ἐκείνοις πρόσεστιν, ἀλλὰ δυνατὸν καὶ ἡμῖν ἐκ
272 προαιρέσεως [d] προσγενέσθαι τοῦτο. Οὐδὲ γὰρ εἶπεν,
A ὅτι ἐμβλέψατε, ὅτι πέτεται τὰ πετεινὰ, ὅπερ ἀδύνατον ἦν ἀνθρώπῳ· ἀλλ' ὅτι τρέφεται χωρὶς μερίμνης, ὅπερ, ἂν θέλωμεν, καὶ ἡμῖν εὔκολον κατορθωθῆναι. Καὶ τοῦτο ἔδειξαν οἱ διὰ τῶν ἔργων αὐτὸ ἀνύσαντες. Διὸ

[b] Alii οὓς μὲν... οὓς δέ.
[c] Alii τοῦτο δέ.

[d] Quidam habent γενέσθαι.

δὴ ἄξιον μάλιστα θαυμάσαι τὴν τοῦ νομοθέτου σύνεσιν, ὅτι ἐξ ἀνθρώπων ἔχων τὸ ὑπόδειγμα παρασχεῖν, καὶ δυνάμενος εἰπεῖν τὸν Ἠλίαν, καὶ τὸν Μωσέα, καὶ τὸν Ἰωάννην, καὶ ἑτέρους τοιούτους μὴ μεριμνήσαντας, ἵνα αὐτῶν καθάψηται [a] μᾶλλον, τῶν ἀλόγων ἐμνημόνευσεν. Εἰ μὲν γὰρ εἶπε τοὺς δικαίους ἐκείνους, εἶχον οὗτοι λέγειν, ὅτι οὐδέπω κατ' ἐκείνους γεγόναμεν. Νυνὶ δὲ σι- B γήσας αὐτοὺς, καὶ τὰ πετεινὰ τοῦ οὐρανοῦ παραγαγὼν, πᾶσαν αὐτῶν ἐξέκοψε πρόφασιν, καὶ ἐνταῦθα παλαιὸν μιμούμενος νόμον. Καὶ γὰρ ἡ παλαιὰ Διαθήκη καὶ πρὸς τὴν μέλισσαν πέμπει, καὶ πρὸς τὸν μύρμηκα, καὶ πρὸς τὴν τρυγόνα, καὶ πρὸς τὴν χελιδόνα. Οὐ μικρὸν δὲ καὶ τοῦτο δεῖγμα τιμῆς, ὅταν ἅπερ ἐκεῖνα ἀπὸ φύσεως ἔχῃ, ταῦτα δυνώμεθα ἡμεῖς κατορθοῦν τῇ προαιρέσει. Εἰ τοίνυν τῶν δι' ἡμᾶς τοσαύτην [b] ποιεῖται πρόνοιαν, πολλῷ μᾶλλον ἡμῶν· εἰ τῶν δούλων, πολλῷ μᾶλλον τοῦ δεσπότου. Διὰ τοῦτο ἔλεγεν· Ἐμβλέψατε εἰς τὰ πετεινά· καὶ οὐκ εἶπεν, ὅτι οὐ καπηλεύουσιν, C οὐδὲ ἐμπορεύονται· ταῦτα γὰρ τῶν σφόδρα ἀπειρημένων ἦν· [c] ἀλλ', Ὅτι οὐ σπείρουσιν, οὐδὲ θερίζουσι. Τί οὖν; οὐ δεῖ σπείρειν; φησίν. Οὐκ εἶπεν, ὅτι σπείρειν οὐ δεῖ, ἀλλ' ὅτι μεριμνᾷν οὐ δεῖ· οὐδ' ὅτι ἐργάζεσθαι οὐ χρὴ, ἀλλ' ὅτι μὴ μικρόψυχον εἶναι, καὶ κατατείνειν ἑαυτὸν ταῖς φροντίσιν οὐ χρή. Ἐπεὶ καὶ τρέφεσθαι ἐκέλευσεν, ἀλλὰ μὴ [d] μεριμνῶντας. Τοῦτον καὶ ὁ Δαυὶδ ἄνωθεν προκαταβάλλεται τὸν λόγον, αἰνιγματωδῶς οὕτω λέγων· Ἀνοίγεις σὺ τὴν χεῖρά σου, καὶ ἐμπιπλᾷς πᾶν ζῶον εὐδοκίας· καὶ πάλιν, Τῷ διδόντι D τοῖς κτήνεσι τροφὴν αὐτῶν, καὶ τοῖς νεοσσοῖς τῶν κοράκων τοῖς ἐπικαλουμένοις αὐτόν. Τίνες οὖν οὐκ ἐμερίμνησαν; φησίν. Οὐκ ἤκουσας πόσους παρήγαγον τῶν δικαίων; οὐχ ὁρᾷς τὸν Ἰακὼβ μετ' ἐκείνων ἀπὸ τῆς πατρῴας οἰκίας γυμνὸν ἁπάντων ἀναχωροῦντα; οὐκ ἀκούεις αὐτοῦ εὐχομένου καὶ λέγοντος· Ἐὰν δώῃ μοι Κύριος ἄρτον φαγεῖν, καὶ ἱμάτιον περιβαλέσθαι; Ὅπερ οὐχὶ μεριμνῶντος, ἀλλὰ παρὰ τοῦ Θεοῦ [e] τὸ πᾶν ζητοῦντος ἦν. Τοῦτο καὶ οἱ ἀπόστολοι κατώρθωσαν, ἅπαντα ῥίψαντες, καὶ μὴ μεριμνήσαντες· καὶ οἱ πεντακισχίλιοι, καὶ οἱ τρισχίλιοι. Εἰ δὲ οὐκ ἀνέχῃ, τοσούτων E ἀκούων ῥημάτων, ἀπολῦσαι σαυτὸν τῶν χαλεπῶν τούτων δεσμῶν, τὸ ἀνόνητον τοῦ πράγματος ἐννοήσας, κατάλυσον τὴν φροντίδα· Τίς γὰρ ἐξ ὑμῶν, φησὶ, μεριμνῶν δύναται προσθεῖναι ἐπὶ τὴν ἡλικίαν αὐτοῦ πῆχυν ἕνα; [f] Ἴδε πῶς ἀπὸ τοῦ φανεροῦ καὶ τὸ ἀφανὲς κατάδηλον ἐποίησεν. Ὥσπερ γὰρ τῷ σώματι, φησὶν, οὐδὲ μικρὸν προσθεῖναι δυνήσῃ μεριμνῶν· οὕτως οὐδὲ τροφὴν συν-

admiranda est Legislatoris prudentia, qui cum ex hominibus proferre posset exemplum, et in medium adducere Heliam, Moysem, Joannem, aliosque similes qui de cibo non solliciti fuerant; ut illos magis perstringeret, irrationabilia animalia memoravit. Si enim justos illos allegasset, dicere potuissent, Nondum ad illorum virtutem pertigimus. Nunc autem cum illos tacuit, et volatilia cæli induxit, omnem illis occasionem succidit, hac in re veterem legem imitatus. Nam Vetus Testamentem ad apem mittit, ad formicam, ad turturem, ad hirundinem. Nec parvum hoc est homini honoris argumentum, quando quæ illa ex natura habent, nos possumus ex voluntatis arbitrio nancisci. Si igitur illorum quæ propter nos creata sunt, tantam gerit providentiam, quanto magis nostrum? si servorum, quanto magis herorum? Ideo dicebat: *Respicite volatilia:* nec addidit, quod non cauponentur vel negotientur: hæc quippe admodum reprobata erant; sed quod non serant, neque metant. Quid igitur? inquies, annon serendum erit? Non dixit, non esse serendum, sed non sollicitum esse oportere: neque dixit, non operandum, sed non pusillanimum esse, neque sese sollicitudinibus macerare. Nam alimenta sumere præcipit, sed absque sollicitudine. Hunc porro sermonem jam præmittit David, sic ænigmatice
loquens: *Aperis tu manum tuam, et imples omne* Psal. 144.
animal benedictione: et rursus, *Qui dat jumen-* 16.
tis escam ipsorum, et pullis corvorum invocanti- Psal. 146.
bus eum. 9.
Et quinam sunt, inquies, qui non solliciti fuerunt? Non audisti quot viros protulerim? annon cum illis jam memoratis vidisti Jacobum nudum ex paterna domo profectum? non audis
eum precantem ac dicentem: *Si dederit mihi* Gen. 28. 20.
Deus panem ad manducandum, et vestimentum quo operiar? Id quod non solliciti, sed a Deo totum quærentis erat. Hoc et apostoli fortiter egerunt, omnibus relictis nihil solliciti: sic illa quinque millia, sic tria millia hominum. Si vero his auditis, non sustines adhuc hæc dura vincula solvere, cognita saltem curæ inutilitate, solve sollicitudinem: 27. *Quis enim ex vobis,* inquit, *sollicite cogitans potest adjicere ad staturam suam cubitum unum?* Vide quomodo ex eo quod manifestum, id quod occultum erat cla-

[a] Μᾶλλον deest in quibusdam.

[b] Morel. ποιεῖ.

[c] Manuscripti multi ἀλλὰ τί, et sic legerat Interpres. [Infra μὴ ante μικρόψυχον uncis inclusit Commelin., omittit Savil.]

[d] Morel. male μεριμνῶντες.

[e] Alii τὸ πᾶν αἰτοῦντος. Illi quinque mille et ter mille homines, de quibus infra loquitur, memorantur sub initium libri Actuum apostolorum.

[f] Quidam ἴδες πῶς.

rum effecerit. Quemadmodum enim corpori, inquit, ne minimum quidem staturæ adjicere cogitans poteris : sic nec alimenta congregare, etiamsi te posse existimes. Hinc autem planum est, non curam nostram, sed Dei providentiam in iis etiam quæ opera nostra fieri putamus, totum perficere: ita ut si nos ille relinqueret, nec cura, nec sollicitudo, nec labor, nec aliud quidpiam simile successurum esset, sed omnia pessum abirent.

Præcepta Dei impleri possunt. 4. Ne itaque putemus præcepta impleri non posse : multi enim nunc etiam sunt, qui illa sequuntur. Si tu hoc ignoras, nihil mirum, siquidem Helias se solum esse putabat; sed audivit :
3. Reg. 19. 18. *Reliqui mihi septem millia virorum*. Unde planum est, etiam nunc esse qui apostolicam ducant vitam, quemadmodum et tunc ter mille et quinquies mille homines. Si autem non credimus, non quia desunt qui recte vivant, sed quia longe ab illis absumus, ita affecti sumus. Sicut is qui ebrius est, non facile credat esse hominem qui ne aquam quidem degustet : etiamsi hoc nostro tempore multi monachorum fecerint; et qui cum innumeris coit mulieribus, non credet facile esse virginitatem servare; nec qui aliena rapit, credet esse quempiam qui sua facile largiatur : sic neque ii qui se quotidie mille sollicitudinibus macerant, facile hanc suscipient doctrinam. Quod autem multi sint qui ad hanc perfectionem devenerint, ab illis ipsis demonstrare possumus, qui ætate nostra hanc sunt philosophiam professi. Sed vobis interim satis erit si discatis non avaritiæ studere, bonamque esse eleemosynam; si discatis ex bonis nostris erogandum esse. Hæc enim si exsequaris, dilecte, cito ad illa pervenies. Interim ergo superfluam illam pompam deponamus, mediocritate contenti simus, et discamus ex justis laboribus omnia, quæ habituri sumus, acquirenda esse : quandoquidem beatus Joannes, cum eos qui in
Luc. 3. telonio sedebant et milites alloquebatur, illis ut contenti suis stipendiis essent præcipiebat. Volebat quidem illos ad majorem aliam philosophiam deducere; quia vero nondum ad id erant idonei, minora dicit, quia si subliminora disseruisset, non illis attendissent, et ex his minoribus excidissent. Idcirco etiam nos in hisce inferioribus vos exercemus. Interimque scimus facultatum deponendarum onus fortius esse, quam ut vos ferre possitis; et quantum distat cælum a terra, tantum vos

273 A αγαγεῖν, εἰ καὶ οὕτω νομίζεις. Ἀπὸ τούτου δῆλον, ὅτι οὐχὶ ἡ ἡμετέρα σπουδὴ, ἀλλ' ἡ τοῦ Θεοῦ πρόνοια, καὶ ἐν οἷς δοκοῦμεν ἐνεργεῖν, τὸ πᾶν ἀνύει· [a] ὡς ἂν εἰ ἐκεῖνος ἡμᾶς ἐγκαταλίπῃ, οὐ φροντὶς, οὐ μέριμνα, οὐ πόνος, οὐχ ἄλλο τι τῶν τοιούτων οὐδὲν φανεῖταί ποτε, ἀλλὰ πάντα οἰχήσεται.

Μὴ τοίνυν νομίζωμεν ἀδύνατα εἶναι τὰ ἐπιτάγματα· πολλοὶ γάρ εἰσιν οἱ κατορθοῦντες αὐτὰ καὶ νῦν. Εἰ δὲ ἀγνοεῖς, θαυμαστὸν οὐδέν· ἐπεὶ καὶ Ἠλίας ἐνόμιζεν εἶναι μόνος, ἀλλ' ἤκουσεν, ὅτι Κατέλιπον ἐμαυ-
B τῷ ἑπτακισχιλίους ἄνδρας. Ὅθεν δῆλον, ὅτι καὶ νῦν πολλοί εἰσι τὸν ἀποστολικὸν ἐπιδεικνύμενοι βίον, καθάπερ καὶ οἱ τρισχίλιοι τότε, καὶ οἱ πεντακισχίλιοι. Εἰ δὲ οὐ πιστεύομεν, οὐ παρὰ τὸ μὴ εἶναι τοὺς κατορθοῦντας, ἀλλὰ παρὰ τὸ πολὺ τοῦ πράγματος ἀπέχειν. Ὥσπερ οὖν ὁ μεθύων οὐκ ἂν εὐκόλως πιστεύσειεν, ὅτι ἐστὶν ἄνθρωπός τις οὐδὲ ὕδατος ἀπογευόμενος· καίτοι γε καὶ τοῦτο πολλοὶ κατώρθωσαν ἐφ' ἡμῶν μοναχοί· καὶ ὁ μυρίαις γυναιξὶ μιγνύμενος, ὅτι εὔκολον παρθενεύειν· οὐδ' ὁ τὰ ἀλλότρια ἁρπάζων, ὅτι καὶ τὰ αὐτοῦ τις ῥᾳδίως προήσεται· οὕτως οὐδὲ οἱ καθ' ἑκάστην ἡμέραν μυρίαις φροντίσιν ἑαυτοὺς [b] κα-
C τατήκοντες οὐκ εὐκόλως ἂν τοῦτο παραδέξωνται. Ὅτι μὲν οὖν πολλοὶ οἱ τοῦτο κατωρθωκότες εἰσὶν, ἀπ' αὐτῶν δυνατὸν ἡμῖν δεῖξαι τῶν ταῦτα φιλοσοφούντων καὶ ἐπὶ τῆς ἡμετέρας γενεᾶς. Ἀλλ' ὑμῖν τέως ἀρκεῖ τὸ μὴ πλεονεκτεῖν μαθεῖν, καὶ ὅτι καλὸν ἡ ἐλεημοσύνη, καὶ τὸ εἰδέναι ὅτι χρὴ τῶν ὄντων μεταδιδόναι. Ταῦτα γὰρ ἂν κατορθώσῃς, ἀγαπητὲ, ταχέως καὶ ἐπ' ἐκεῖνα βαδιεῖς. Τέως τοίνυν τὴν πολυτέλειαν ἀποθώμεθα τὴν περιττήν· καὶ ἀνασχώμεθα τῆς συμμετρίας, καὶ μάθωμεν ἀπὸ δικαίων πόνων κτᾶσθαι ἅπαντα ἅπερ μέλ-
D λομεν ἔχειν· ἐπεὶ καὶ ὁ μακάριος Ἰωάννης, ὅτε διελέγετο τοῖς περὶ τὴν τελωνίαν ἐσχολακόσι καὶ τοῖς στρατευομένοις, ἀρκεῖσθαι [c] τοῖς ὀψωνίοις ἐπέταττεν. Ἐβούλετο μὲν γὰρ καὶ ἐφ' ἑτέραν μείζονα αὐτοὺς ἀγαγεῖν φιλοσοφίαν· ἐπειδὴ δὲ οὐδέπω πρὸς ταῦτα ἦσαν ἐπιτήδειοι, τὰ ἐλάττονα λέγει, ὡς εἰ τὰ ὑψηλότερα τούτων εἶπεν, οὔτ' ἂν ἐκείνοις προσέσχον, καὶ τούτων ἐξέπεσον ἄν. Διὰ δὴ τοῦτο καὶ ἡμεῖς ἐν τοῖς καταδεεστέροις ὑμᾶς γυμνάζομεν. Καὶ γὰρ τέως ἴσμεν, ὅτι μεῖζον ὑμῶν τῆς ἀκτημοσύνης τὸ φορτίον, καὶ
E ὅσον ἀφέστηκεν ὁ οὐρανὸς τῆς γῆς, τοσοῦτον ὑμῶν ἡ φιλοσοφία ἐκείνη. Οὐκοῦν κἂν τῶν ἐσχάτων ἐπιλαβώμεθα ἐπιταγμάτων· οὐδὲ γὰρ αὕτη μικρὰ παρα-

[a] Alii ὡς ἐὰν ἐκεῖνος.

[b] Quidam habent ἑαυτοὺς κατατείνοντες, non male. Mox Morel. et Mss. quidam παραδέξονται. Savil. et alii παραδέξοιντο.

[c] Morel. τοῖς ὀψωνίοις ὑμῶν ἐπέταττεν. Savil. τοῖς ὀψωνίοις ἐπέταττεν. Alii προσέταττεν.

μυθία· καίτοι γε παρ' Ἕλλησί τινες καὶ τοῦτο κατώρθωσαν, εἰ καὶ μὴ μετὰ τῆς προσηκούσης γνώμης, καὶ τὰ ὄντα ἅπαντα ἀπεδύσαντο. Ἀλλ' ὅμως ἡμεῖς 274 A ἀρκούμεθα ἐφ' ὑμῶν τῷ τὴν ἐλεημοσύνην δαψιλῆ παρέχεσθαι παρ' ὑμῶν· ταχέως γὰρ καὶ ἐπ' ἐκεῖνα ἥξομεν, ἂν οὕτω προβαίνωμεν. Εἰ δὲ μηδὲ τοῦτο ποιῶμεν, τίνος ἂν εἴημεν συγγνώμης ἄξιοι, οἱ τοὺς ἐν τῇ Παλαιᾷ ὑπερβῆναι κελευόμενοι, καὶ τῶν παρ' Ἕλλησι φιλοσόφων ἐλάττους φαινόμενοι; Τί ἂν εἴποιμεν, ὅταν ὀφείλοντες εἶναι ἄγγελοι καὶ υἱοὶ Θεοῦ, μηδὲ τὸ ἄνθρωποι εἶναι διατηρῶμεν; Τὸ γὰρ ἁρπάζειν καὶ πλεονεκτεῖν οὐ τῆς ἀνθρώπων ἡμερότητος, ἀλλὰ τῆς τῶν θηρίων ὠμότητος· μᾶλλον δὲ καὶ ἐκείνων χείρους οἱ τοῖς ἀλλοτρίοις ἐπιτιθέμενοι. Τοῖς μὲν γὰρ [a] θηρίοις B ἀπὸ φύσεως τοῦτο πρόσεστιν· ἡμεῖς δὲ οἱ λόγῳ τιμηθέντες, καὶ πρὸς τὴν παρὰ φύσιν καταπίπτοντες δυσγένειαν, τίνος ἀπολαυσόμεθα συγγνώμης; Ἐννοήσαντες τοίνυν τὰ μέτρα τῆς προκειμένης ἡμῖν φιλοσοφίας, κἂν εἰς τὰ μέσα φθάσωμεν, ἵνα καὶ τῆς μελλούσης ἀπαλλαγῶμεν κολάσεως, καὶ ὁδῷ προβαίνοντες ἐπ' αὐτὴν ἔλθωμεν τὴν κορυφὴν τῶν ἀγαθῶν· ὧν γένοιτο πάντας ἡμᾶς ἐπιτυχεῖν, χάριτι καὶ φιλανθρωπίᾳ τοῦ Κυρίου ἡμῶν Ἰησοῦ Χριστοῦ, ᾧ ἡ δόξα καὶ τὸ κράτος εἰς τοὺς αἰῶνας τῶν αἰώνων. Ἀμήν.

distare ab illa philosophia. Itaque ultima saltem præcepta servemus; neque enim hæc parva consolatio est: etiamsi apud Græcos quidam illud, quod diximus, exsequuti sunt, omniaque reliquerunt, licet non eo, quo par erat, proposito. Attamen sat nobis erit si eleemosynam large spargatis: cito enim postea ad illa perveniemus, si ita procedamus. Sin ne hoc quidem faciamus, qua erimus venia digni, qui jussi sanctos veteris legis superare, Græcis philosophis minores videamur? Quid dixerimus, si cum angeli et filii Dei esse debeamus, ne homines quidem esse videamur? Nam rapere et aliena expetere non ad hominum mansuetudinem, sed ad ferarum immanitatem pertinet; imo feris deteriores sunt qui aliena invadunt. Feris namque id a natura inditum est: nos autem qui ratione ornati sumus, et præter naturam in ignobilitatem delabimur, qua fruemur venia? Considerantes igitur propositæ nobis philosophiæ mensuras, saltem ad media perveniamus, ut et a futuro supplicio liberemur, et progressi ad ipsum bonorum culmen ascendamus: quæ omnia utinam assequamur, gratia et benignitate Domini nostri Jesu Christi, cui gloria et imperium in sæcula sæculorum. Amen.

[a] θηρίοις deest in Manuscriptis plurimis.

ΟΜΙΛΙΑ κβ'. C HOMILIA XXII. al. XXIII.

Καταμάθετε τὰ κρίνα τοῦ ἀγροῦ, πῶς αὐξάνει· οὐ κοπιᾷ, οὐδὲ νήθει. Λέγω δὲ ὑμῖν, ὅτι οὐδὲ Σολομῶν ἐν πάσῃ τῇ δόξῃ αὐτοῦ [b] περιεβάλετο ὡς ἓν τούτων.

Cap. VI. v. 28. *Considerate lilia agri, quomodo crescunt; non laborant, neque nent. Dico autem vobis quoniam nec Salomon in omni gloria sua vestitus erat sicut unum ex istis.*

Εἰπὼν περὶ τῆς ἀναγκαίας τροφῆς, καὶ δείξας ὅτι οὐδὲν ὑπὲρ ταύτης χρὴ μεριμνᾷν, ἐπὶ τὸ κουφότερον μεταβαίνει λοιπόν. Οὐδὲ γὰρ οὕτως ἀναγκαῖον ἔνδυμα, ὡς τροφή. Τίνος οὖν ἕνεκεν οὐ κέχρηται καὶ ἐνταῦθα τῷ αὐτῷ ὑποδείγματι τῷ τῶν ὀρνίθων, οὐδὲ λέγει τὸν D ταῶνα ἡμῖν, καὶ τὸν κύκνον, καὶ τὰ πρόβατον; Καὶ γὰρ πολλὰ τοιαῦτα παραδείγματα ἐκεῖθεν ἦν λαβεῖν. Ὅτι βούλεται ἑκατέρωθεν δεῖξαι τὴν ὑπερβολὴν, ἀπό τε τῆς εὐτελείας τῶν τῆς τοιαύτης μετασχόντων εὐπρεπείας, ἀπό τε τῆς φιλοτιμίας τοῦ καλλωπισμοῦ τῆς δοθείσης τοῖς κρίνοις. Διὰ τοῦτο ὅτε αὐτὰ κατεσκεύασεν, οὐδὲ κρίνα αὐτὰ καλεῖ λοιπὸν, ἀλλὰ χόρτον

1. Postquam de necessario cibo dixit, et ostendit non oportere de illo sollicitos esse, ad leviora transit. Neque enim ita necessaria vestis est, ut alimentum. Cur itaque hic non eodem utitur exemplo volucrum, neque affert nobis pavonem, aut cycnum, aut ovem? Nam plurima hinc exempla mutuari licebat. Quia utrinque rei magnitudinem vult ostendere, tum a vilitate eorum quæ tanto decore fulgent, tum ab excellentia ornatus liliis tributi. Ideo postquam hanc descriptionem concinnavit, non amplius lilia vocat ipsa, sed 30. *Fœnum agri.* Neque hoc nomine contentus

[b] Quidam habent περιεβάλλετο.

est, sed aliam adjicit vilitatem, dicens, *Quod hodie est.* Neque addit, Cras non est, sed quod longe vilius, *In clibanum mittitur.* Neque simpliciter dixit, Vestit, sed, *Sic vestit.* Vides ubique multos ad ulteriora et majora progressus? Id porro agit ut illos perstringat : ideoque subjunxit, *Quanto magis vos?* Illud quippe magnam emphasim continet. Nam, *Vos*, nihil aliud subindicat, quam ipsum genus humanum magno honore, magna cura dignatum fuisse : ac si diceret : Vos, quibus animam dedit, quibus corpus efformavit, ad quorum usum visibilia omnia creavit, propter quos prophetas misit et legem dedit, innumeraque bona contulit; propter quos unigenitum Filium tradidit, et millia per ipsum munera largitus est. Et postquam hæc clare ostenderat, tunc illos increpat, dicens: ***Modicæ fidei.*** Talis quippe est qui consilia sua offert : postquam rem clare demonstravit, non modo hortatur, sed etiam pungit, ut magis ad parendum dictis excitet. His autem nos docet non modo ut ne solliciti simus, sed ut ne admiratione capiamur cum magnifica vestimenta conspicimus. Nam hic decor florum est, herbarumque pulchritudo; imo pretiosius fœnum est hoc vestimento. Quid igitur magnum sapis de re, in qua ab herba longe superaris? Et vide quomodo a principio præceptum leve facileque esse ostendat, dum illos rursum a contrariis et ab iis quæ maxime timent, deducit. Cum enim dixisset, *Considerate lilia agri*, subjunxit : *Non laborant.* Itaque nos a laboribus eripere volens, hæc præcepit. Non ergo labor has res non curare, sed curare et sollicitum esse. Ac quemadmodum cum dixit, *Non serunt*, non sementem sustulit, sed curam nimiam : sic cum ait, *Non laborant, neque nent*, non opus sustulit, sed sollicitudinem. Si autem Salomon illorum decore superatus est, neque semel aut bis, sed per totum regni sui tempus (neque enim potest quis dicere ipsum nunc sic, nunc alio modo indutum fuisse; sed neque uno die tanto decore fulsit : id enim indicavit dicens, *In toto regno suo*), neque uni tantum flori cessit, alterum vero imitatus est, sed omnibus simul cessit (quapropter dixit, *Sicut unum ex istis :* quantum enim distat veritas a mendacio, tantum est inter vestimenta illa, et hos flores intervallum) : si ergo ille se victum con-

ἀγροῦ. Καὶ οὐ τῷ ὀνόματι ἀρκεῖται τούτῳ, ἀλλὰ πάλιν ἑτέραν εὐτέλειαν προστίθησιν, εἰπὼν, Σήμερον
E ὄντα. Καὶ οὐκ εἶπεν, αὔριον οὐκ ὄντα, ἀλλὰ τὸ πολλῷ πάλιν καταδεέστερον, Εἰς κλίβανον [c] βαλλόμενον. Καὶ οὐκ εἶπεν ἁπλῶς, ἀμφιέννυσιν, ἀλλ', Οὕτως ἀμφιέννυσιν. Ὁρᾷς πανταχοῦ πολλὰς τὰς ὑπερβολὰς καὶ ἐπιτάσεις; Ποιεῖ δὲ τοῦτο, ἵνα αὐτῶν καθάψηται· διὰ δὴ τοῦτο καὶ ἐπήγαγεν· Οὐ πολλῷ μᾶλλον ὑμᾶς; Καὶ γὰρ πολλὴν καὶ τοῦτο ἔχει τὴν ἔμφασιν. Τὸ γὰρ, Ὑμᾶς, οὐδὲν ἕτερον ἐστὶν αἰνιττομένου, ἢ τὸ πολυ-
275 τίμητον καὶ περισπούδαστον τοῦ γένους· ὡσανεὶ ἔλεγεν·
A ὑμᾶς, οἷς ψυχὴν ἔδωκεν, οἷς σῶμα διέπλασε, δι' οὓς τὰ δρώμενα ἅπαντα ἐποίησε, δι' οὓς προφήτας ἔπεμψε καὶ νόμον ἔδωκε, καὶ τὰ μυρία εἰργάσατο ἀγαθά· δι' οὓς τὸν μονογενῆ Παῖδα ἐξέδωκε, [a] καὶ τὰ μυρία δι' αὐτοῦ χαρίσματα ἐδωρήσατο. Ἐπειδὴ δὲ ἀπέδειξε σαφῶς, τότε καὶ ἐπιπλήττει λέγων· Ὀλιγόπιστοι. Τοιοῦτος γὰρ ὁ συμβουλεύων· οὐ μόνον παραινεῖ, ἀλλὰ καὶ καθάπτεται, ἵνα διεγείρῃ πλέον πρὸς τὴν πειθὼ τῶν λεγομένων. Ἀπὸ τούτων ἡμᾶς οὐχὶ μὴ μεριμνᾷν διδάσκει μόνον, ἀλλὰ μηδὲ ἐπτοῆσθαι πρὸς τὴν πολυτέλειαν τῶν ἱματίων. Χλόης γὰρ ἡ εὐπρέπεια,
B καὶ πόας τὸ κάλλος· μᾶλλον δὲ καὶ τιμιώτερος ὁ χόρτος τῆς τοιαύτης στολῆς. Τί τοίνυν μέγα φρονεῖς, ἐν οἷς τὰ νικητήρια παρὰ τῇ βοτάνῃ μετὰ πολλῆς τῆς περιουσίας; Καὶ ὅρα πῶς ἀπὸ τῶν προοιμίων κοῦφον δείκνυσι τὸ ἐπίταγμα, πάλιν ἀπὸ τῶν ἐναντίων αὐτοὺς καὶ ἀφ' ὧν δεδοίκασιν, ἀπὸ τούτων ἀπάγων. Εἰπὼν γὰρ, Καταμάθετε τὰ κρίνα τοῦ ἀγροῦ, ἐπήγαγεν, Οὐ κοπιῶσιν. Ὥστε κόπων ἡμᾶς ἀπαλλάξαι βουλόμενος, ταῦτα ἐκέλευσεν. Οὐ τοίνυν τὸ μὴ μεριμνᾷν ταῦτα πόνος, ἀλλὰ τὸ μεριμνᾷν. Καὶ καθάπερ εἰπὼν, Οὐ σπείρουσιν, οὐ τὸν σπόρον ἀνέτρεψεν, ἀλλὰ τὴν
C φροντίδα· οὕτως εἰπὼν, Οὐ κοπιῶσιν, οὐδὲ νήθουσιν, οὐ τὸ ἔργον ἀνεῖλεν, ἀλλὰ τὴν μέριμναν. Εἰ δὲ Σολομῶν ἡττήθη τοῦ κάλλους αὐτῶν, καὶ οὐχ ἅπαξ οὐδὲ δὶς, ἀλλὰ δι' ὅλης τῆς βασιλείας αὐτοῦ (οὐδὲ γὰρ [b] ἔχει τις εἰπεῖν, ὅτι νῦν μὲν τοιαῦτα περιεβάλετο, μετὰ δὲ ταῦτα οὐκ ἔτι· ἀλλὰ οὐδὲ ἐν μιᾷ ἡμέρᾳ οὕτως ἐκαλλωπίσατο· τοῦτο γὰρ ἐδήλωσεν εἰπὼν, Ἐν πάσῃ τῇ βασιλείᾳ αὐτοῦ), καὶ οὐχ ὑπὸ τούτου μὲν ἡττήθη τοῦ ἄνθους, τὸ δὲ ἕτερον ἐμιμήσατο, ἀλλὰ πᾶσιν ὁμοῦ παρεχώρησε (δι' ὃ καὶ ἔλεγεν, Ὡς ἓν τούτων· ὅσον γὰρ τῆς ἀληθείας πρὸς τὸ ψεῦδος, τοσοῦτον τῶν ἱματίων ἐκείνων καὶ τῶν ἀνθῶν τούτων τὸ μέσον)· εἰ
D τοίνυν ἐκεῖνος ὡμολόγησε τὴν ἧτταν, ὁ πάντων βασιλέων τῶν πώποτε γενομένων λαμπρότερος, πότε σὺ

[c] Quidam habent *βαλλόμενα*. Ibidem *καὶ* et postea *ἁπλῶς*, itemque illud, *ἀλλ' οὕτως ἀμφιέννυσιν*, necnon *πολλὰς* sequens, hæc, inquam, omnia desunt in quibusdam Mss.

[a] Hæc quoque, *καὶ τὰ μυρία δι' αὐτοῦ χαρίσματα ἐδωρήσατο*, in quibusdam desiderantur.

[b] Quidam habent *ἔχοι τις*.

περιγενέσθαι δυνήσῃ, μᾶλλον δ' ἐγγὺς γενέσθαι κἂν μικρὸν τῆς τοιαύτης εὐμορφίας; Ἐντεῦθεν ἡμᾶς παιδεύει μηδ' ὅλως ἐφίεσθαι τοῦ τοιούτου καλλωπισμοῦ. Ὅρα γοῦν αὐτοῦ τὸ τέλος· μετὰ τὴν νίκην, εἰς κλίβανον βάλλεται. Εἰ δὲ περὶ τὰ εὐτελῆ καὶ οὐδενὸς λόγου ἄξια, καὶ τὴν τυχοῦσαν παρεχόμενα χρείαν, τοσαύτην πρόνοιαν ὁ Θεὸς ἐπεδείξατο, [c] πῶς σὲ προήσεται τὸ πάντων ἀναγκαιότερον ζῶον; Τίνος οὖν ἕνεκεν οὕτω καλὰ αὐτὰ ἐποίησεν; Ἵνα τὴν αὐτοῦ σοφίαν ἐπιδείξηται, καὶ τὴν περιουσίαν τῆς δυνάμεως, ἵνα πανταχόθεν αὐτοῦ τὴν δόξαν μάθωμεν. Οὐ γὰρ Οἱ οὐρανοὶ μόνοι διηγοῦνται τὴν δόξαν τοῦ Θεοῦ, ἀλλὰ καὶ ἡ γῆ· [d] καὶ τοῦτο ὁ Δαυὶδ δηλῶν ἔλεγεν· Αἰνεῖτε τὸν Κύριον, ξύλα καρποφόρα, καὶ πᾶσαι κέδροι. Τὰ μὲν γὰρ διὰ τοῦ καρποῦ, τὰ δὲ διὰ τοῦ μεγέθους, τὰ δὲ διὰ τοῦ 176 κάλλους ἀναπέμπει τῷ ποιήσαντι τὴν εὐφημίαν. Πολλῆς γὰρ καὶ τοῦτο σοφίας καὶ περιουσίας σημεῖον, ὅταν καὶ εἰς τὰ σφόδρα εὐτελῆ (τί γὰρ εὐτελέστερον τοῦ σήμερον ὄντος, καὶ αὔριον οὐκ ὄντος;) τοσοῦτον ἐκχέῃ τὸ κάλλος. Εἰ τοίνυν τῷ χόρτῳ τὸ μὴ ἐν χρείᾳ δέδωκε, (τί γὰρ αὐτοῦ τὸ κάλλος πρὸς τὴν τοῦ πυρὸς τροφὴν συντελεῖ;) πῶς σοὶ τὸ ἐν χρείᾳ [a] οὐ δίδωσιν; Εἰ τὸ πάντων εὐτελέστερον ἐκαλλώπισεν ἐκ περιουσίας, καὶ ταῦτα οὐ πρὸς χρείαν, ἀλλὰ πρὸς φιλοτιμίαν τοῦτο ποιῶν· πολλῷ μᾶλλον σὲ τῶν ἁπάντων τιμιώτερον ἐν τοῖς κατὰ τὴν χρείαν [b] τιμήσει.

Ἐπειδὴ τοίνυν ἀπέδειξε πολλὴν τοῦ Θεοῦ τὴν πρόνοιαν οὖσαν, καὶ ἔδει καὶ ἐπιπλῆξαι λοιπὸν, καὶ ἐνταῦθα κέχρηται τῇ φειδοῖ, οὐκ ἀπιστίαν, ἀλλ' ὀλιγοπιστίαν αὐτοῖς ἐγκαλῶν. Εἰ γὰρ τὸν χόρτον, φησὶ, τοῦ ἀγροῦ ὁ Θεὸς οὕτως ἀμφιέννυσι, πολλῷ μᾶλλον ὑμᾶς, ὀλιγόπιστοι. Καίτοι γε ταῦτα πάντα αὐτὸς ἐργάζεται· Πάντα γὰρ δι' αὐτοῦ ἐγένετο, καὶ χωρὶς αὐτοῦ ἐγένετο οὐδὲ ἕν· ἀλλ' ὅμως οὐδαμοῦ ἑαυτοῦ μέμνηται τέως. Ἤρκει γὰρ εἰς τὸ δεῖξαι τὴν [c] αὐθεντίαν τέως, τὸ λέγειν καθ' ἑκάστην τῶν ἐντολῶν· Ἠκούσατε ὅτι ἐῤῥέθη τοῖς ἀρχαίοις· ἐγὼ δὲ λέγω ὑμῖν. Μὴ τοίνυν θαυμάσῃς, ὅταν καὶ ἐν τοῖς μετὰ ταῦτα κρύπτῃ ἑαυτὸν, ἢ ταπεινόν τι περὶ ἑαυτοῦ φθέγγηται. Ἓν γὰρ ἐσπούδαζε τέως, εὐπαράδεκτον αὐτοῖς γενέσθαι τὸν λόγον, καὶ διὰ πάντων ἀποδεῖξαι, οὐκ ἀντίθεόν τινα ὄντα, ἀλλ' ὁμονοοῦντα καὶ συμβαίνοντα τῷ Πατρί. Ὃ δὴ καὶ ἐνταῦθα ποιεῖ. Τοσούτους γὰρ ἀναλώσας λόγους συνεχῶς αὐτὸν ἐν τῷ μέσῳ τίθησι, τὴν σοφίαν

fessus est, omnium qui umquam fuere regum splendidissimus, quandonam tu vincere poteris, aut ad illum decorem vel tantillum accedere? Hinc nos instituit ut ne hujusmodi decorem umquam ambiamus. Vide ergo finem ejus: post victoriam, in clibanum mittitur. Quod si erga isthæc et ad nullius momenti usum Deus tantam exhibet providentiam, quomodo te negliget omnium maxime necessarium animal? Quare ergo tam pulchra fecit illa? Ut suam ostenderet sapientiam, et et vim potentiæ suæ, quo undique ejus gloriam ediscamus. Neque enim *Cæli* tantum *enarrant gloriam Dei*, sed etiam terra: idque significans David dicebat: *Laudate Dominum, ligna fructifera, et omnes cedri.* Alia enim per fructum, alia per magnitudinem, alia per pulchritudinem Creatori laudem emittunt. Magnæ quoque illud sapientiæ est et potestatis signum, cum etiam ea quæ vilissima sunt (quid enim vilius illo quod hodie est, cras minime?) tanta decorat pulchritudine. Si igitur fœno, quod nullius usus est, id dederit, (quid enim pulchritudo ejus ad ignis alimentum confert?) quomodo tibi, qui opus habes, non dabit? Si quod omnium vilissimum est abundanter ornavit, et hoc non ad aliquem usum, sed ad magnificentiam: multo magis te omnium pretiosissimum in iis, quæ ad usum pertinent, honorabit.

Rerum creatarum pulchritudo sapientiam Dei prædicat.

Psal. 18. 2.

Psal. 148. 9.

2. Quoniam igitur multam ostendit Dei providentiam, et increpare illos postea oportebat, hic tamen lenitate utitur, non incredulitatem, sed modicam fidem illis imputans. *Si enim fœnum agri*, inquit, *Deus sic vestit, multo magis vos, modicæ fidei.* Atqui hæc omnia ipse operatur; nam *Omnia per ipsum facta sunt, et sine ipso factum est nihil:* attamen nihil usquam de se commemorat. Sufficiebat enim interim ad demonstrandam auctoritatem suam, quod diceret ad singula præcepta: *Audistis quia dictum est antiquis: ego autem dico vobis.* Ne itaque mireris cum in sequentibus sese occultat, aut humile quidpiam de se loquitur. Unum quippe interim curabat, ut acceptus et probabilis illis sermo esset, ac per omnia ostenderet, se non esse Deo adversarium, sed cum Patre consentientem et concordem. Quod etiam hic facit. Post tot enim sermones

Joan. 1. 3.

Matth. 5. 21. 22. sqq.

[c] Morel. πῶς οὐ σὲ προνοήσεται. Savil. et alii ut in textu. Ibidem quidam Mss. ἀναγκαιότατον ζῶον.

[d] Quidam καὶ τοῦτο καὶ ὁ Δαυΐδ. Paulo post γὰρ ante διὰ deest in aliquibus. Infra nonnulli περιουσίας καὶ σοφίας. Infra Morel. ἐκχέει τὸ κάλλος.

[a] Alii οὐ δώσει;

[b] Alii τιμήσειεν. Paulo post unus οὖσαν, ἔδει δὲ καὶ, forte melius; sed alii omnes καὶ ἔδει καί.

[c] Ita Savil. Morel. autem αὐθεντείαν.

frequenter illum in medium adducit, admirans ejus sapientiam, providentiam in omnibus, in majoribus et in minoribus. Nam cum de Jerosolyma diceret, civitatem magni regis ipsam vocavit : et cum cælum commemoraret, solium Dei appellavit : cum de mundi administratione verba faceret, ipsi rursum
Ibid. v. 45. omnia adscribit dicens : *Qui solem suum oriri facit super malos et bonos, et pluit super justos et injustos*. Et in oratione sic dicere docuit : *Quia ejus est regnum, et potentia, et gloria*. Hic quoque de illius providentia disserens, et ostendens ipsum vel in parvis optimum opificem esse, ait, *Fœnum agri vestit*. Ac nusquam patrem suum vocat, sed illorum : ut et hoc honore permoveret, et cum patrem suum postea diceret, non indignarentur. Si vero de vilibus et necessariis sollicitum esse non oporteat, qua excusatione digni sunt qui de magnificis curam habent? imo potius qua excusatione digni sunt, qui non dormiunt, ut aliena bona rapiant? 31. *Nolite ergo solliciti esse dicentes : Quid manducabimus, aut quid bibemus, aut quo operiemur? 32. Hæc enim omnia mundi gentes inquirunt*. Viden' quomodo rursus illos et magis increpaverit, et declaraverit, se nihil onerosum vel durum præcepisse? Sicut igi-
Matth. 5. 46 47. tur cum diceret, *Si diligitis diligentes vos, nihil magnum facitis; nam et ethnici hoc faciunt*, ab ethnicorum commemoratione ipsos ad meliora excitavit : sic et nunc illos in medium adducit, perstringens eos, et ostendens, se necessarium a nobis debitum exigere. Si enim plus quam scribas et Pharisæos exhibere oporteat, qua pœna digni erimus, qui non modo illos non superamus, sed et in ethnicorum vilitate manemus, et illorum pusillanimitatem imitamur? Nec satis habuit increpasse, sed cum perstrinxisset illos, excitasset ac pudore affecisset cum vehementia, aliunde illos consolatur dicens : *Scit enim Pater vester cælestis, quia his omnibus indigetis*. Non dixit, Scit Deus, sed, *Scit Pater*, ut illos ad majorem spem erigat. Si enim pater est, et pater talis, non poterit despicere filios in extremis malis versantes : quando ne homines quidem patres hoc patiuntur. Aliudque postea inducit ratiocinium. Quodnam illud? *Quia his omnibus indigetis*. Hoc autem vult significare. Num superflua sunt hæc, ut despiciat? Atqui ne in superfluis quidem despexit, ut in fœno : nunc autem et necessaria

αὐτοῦ θαυμάζων, τὴν πρόνοιαν, τὴν κηδεμονίαν τὴν διὰ πάντων, καὶ τῶν μεγάλων, καὶ τῶν μικρῶν. Καὶ γὰρ ὅτε περὶ τῆς Ἱερουσαλὴμ ἔλεγε, πόλιν τοῦ μεγάλου βασιλέως αὐτὴν ἐκάλεσε· καὶ ὅτε τοῦ οὐρανοῦ ἐμνημόνευσε, θρόνον πάλιν ὠνόμασε τοῦ Θεοῦ· καὶ ὅτε
D περὶ τῆς κατὰ τὸν κόσμον οἰκονομίας διελέγετο, αὐτῷ πάλιν τὸ πᾶν ἀνατίθησι λέγων· Ὅτι τὸν ἥλιον αὐτοῦ ἀνατέλλει ἐπὶ πονηροὺς καὶ ἀγαθοὺς, καὶ βρέχει ἐπὶ δικαίους καὶ ἀδίκους. Καὶ ἐν τῇ εὐχῇ δὲ ἐδίδασκε λέγειν, Ὅτι αὐτοῦ ἐστιν ἡ βασιλεία, καὶ ἡ δύναμις, καὶ ἡ δόξα. Καὶ ἐνταῦθα περὶ τῆς προνοίας [d] αὐτοῦ διαλεγόμενος, καὶ δεικνὺς πῶς καὶ ἐν τοῖς μικροῖς ἀριστοτέχνης ἐστὶ, φησὶν, ὅτι Τὸν χόρτον τοῦ ἀγροῦ ἀμφιέννυσι. Καὶ οὐδαμοῦ ἑαυτοῦ πατέρα καλεῖ, ἀλλ' ἐκείνων, ἵνα καὶ τῇ τιμῇ καθάψηται, καὶ ὅταν ἑαυτοῦ
E λέγῃ πατέρα, μηκέτι ἀγανακτῶσιν. Εἰ δὲ ὑπὲρ ψιλῶν καὶ ἀναγκαίων οὐ δεῖ μεριμνᾷν, τίνος ἂν εἶεν ἄξιοι συγγνώμης οἱ ὑπὲρ τῶν πολυτελῶν μεριμνῶντες; μᾶλλον δὲ τίνος ἂν εἶεν συγγνώμης ἄξιοι, οἱ μηδὲ καθεύδοντες, ἵνα τὰ τῶν ἄλλων λάβωσι; Μὴ οὖν μεριμνήσητε λέγοντες· τί φάγωμεν, ἢ τί πίωμεν, ἢ τί περιβαλώμεθα; Πάντα γὰρ ταῦτα τὰ ἔθνη τοῦ κόσμου
277 ἐπιζητεῖ. Εἶδες πῶς πάλιν αὐτοὺς καὶ ἐνέτρεψε μει-
A ζόνως, καὶ παρεδήλωσεν, ὅτι οὐδὲν φορτικὸν, οὐδὲ ἐπαχθὲς ἐπέταξεν; Ὥσπερ οὖν ὅτε ἔλεγεν, Ἐὰν ἀγαπᾶτε τοὺς ἀγαπῶντας ὑμᾶς, οὐδὲν μέγα ποιεῖτε· καὶ γὰρ οἱ ἐθνικοὶ τὸ αὐτὸ ποιοῦσιν, ἀπὸ τῆς μνήμης τῶν ἐθνικῶν αὐτοὺς διήγειρε πρὸς τὸ μεῖζον· οὕτω καὶ νῦν ἐκείνους εἰς μέσον ἄγει, καθαπτόμενος, καὶ δεικνὺς, ὅτι ἀναγκαῖον ἀπαιτεῖ παρ' ἡμῶν [a] ὀφείλημα. Εἰ γὰρ τῶν γραμματέων καὶ Φαρισαίων πλέον ἐπιδείξασθαι χρὴ, τίνος ἂν εἴημεν ἄξιοι οἱ μὴ μόνον ἐκείνους μὴ ὑπερβαίνοντες, ἀλλὰ καὶ ἐν τῇ τῶν ἐθνικῶν εὐτελείᾳ μένοντες, καὶ τὴν αὐτῶν μικροψυχίαν ζηλοῦντες; Οὐ μὴν μέχρι τῆς ἐπιπλήξεως ἔστη, ἀλλὰ [b] καθαψάμενος
B ἐντεῦθεν, καὶ διεγείρας αὐτοὺς, καὶ ἐντρέψας μεθ' ὑπερβολῆς ἁπάσης, καὶ ἑτέρωθεν παρακαλεῖ λέγων· Οἶδε γὰρ ὁ Πατὴρ ὑμῶν ὁ οὐράνιος, ὅτι χρῄζετε τούτων ἁπάντων. Οὐκ εἶπεν, οἶδεν ὁ Θεὸς, ἀλλ', Οἶδεν ὁ Πατὴρ, ὥστε αὐτοὺς εἰς μείζονα ἐλπίδα ἀγαγεῖν. Εἰ γὰρ πατήρ ἐστι, καὶ πατὴρ τοιοῦτος, οὐ δυνήσεται περιιδεῖν τοὺς υἱοὺς ἐν ἐσχάτοις ὄντας κακοῖς· ὅπου γε οὐδὲ ἄνθρωποι πατέρες ὄντες τοῦτο ὑπομένουσι. Καὶ ἕτερον δὲ [c] μετὰ τοῦτο πάλιν ἐπάγει λογισμόν. Ποῖον δὴ τοῦτον; Ὅτι χρῄζετε τούτων ἁπάντων. Ὃ δὲ λέγει, τοιοῦτόν ἐστι. Μὴ γὰρ περιττά ἐστι ταῦτα, ἵνα καταφρονήσῃ; Καίτοι γε οὐδὲ ἐν τοῖς περισσοῖς
C κατεφρόνησεν, ἐπὶ τοῦ χόρτου· νυνὶ δὲ καὶ ἀναγκαῖά

[d] Unus προνοίας αὐτοῖς δικλ.

[a] Quidam ὄφλημα.

[b] Alii καθαψάμενος αὐτοὺς ἐντεῦθεν.

[c] Alii μετὰ τοῦτον.

ἐστιν. Ὥστε ὃ νομίζεις αἴτιον εἶναί σοι τῆς φροντίδος, τοῦτο ἱκανὸν εἶναί φημι τῆς φροντίδος σε ταύτης ἀπαγαγεῖν. Εἰ [d] δὲ λέγοις, ὅτι διὰ τοῦτό με χρὴ μεριμνᾷν, ἐπειδὴ ἀναγκαῖά ἐστι· τοὐναντίον ἐγώ φημι, ὅτι δι' αὐτὸ μὲν οὖν τοῦτο μὴ μεριμνήσῃς, ἐπειδὴ ἀναγκαῖά ἐστιν. Εἰ γὰρ περιττὰ ἦν, οὐδ' οὕτως ἀπογινώσκειν, ἀλλὰ θαῤῥεῖν ὑπὲρ τῆς αὐτῶν χορηγίας ἐχρῆν· ἐπειδὴ δὲ ἀναγκαῖά ἐστιν, οὐκέτι ἀμφιβάλλειν δεῖ. Ποῖος γάρ ἐστι πατὴρ, ὃς ὑπομένει μηδὲ τὰ ἀναγκαῖα παρασχεῖν τοῖς παισίν; Ὥστε καὶ διὰ τοῦτο πάντως παρέξει ὁ Θεός. Καὶ γὰρ δημιουργὸς τῆς φύ- D σεως αὐτός ἐστι, καὶ τὴν χρείαν αὐτῆς μετὰ ἀκριβείας αὐτὸς ἐπίσταται. Οὐδὲ γὰρ τοῦτο ἂν ἔχοις εἰπεῖν, ὅτι πατὴρ μέν ἐστι, καὶ ἀναγκαῖά ἐστι τὰ ζητούμενα, ἀγνοεῖ δὲ ὅτι ἐν χρείᾳ αὐτῶν καθεστήκαμεν. Ὁ γὰρ τὴν φύσιν αὐτὴν εἰδὼς, καὶ δημιουργὸς αὐτῆς γεγενημένος, καὶ τοιαύτην αὐτὴν διαπλάσας, εὔδηλον ὅτι καὶ τὴν χρείαν αὐτῆς ἐπίσταται σοῦ μᾶλλον τοῦ ἐν χρείᾳ [e] αὐτοῦ καθεστῶτος. Καὶ γὰρ αὐτῷ τοῦτο ἔδοξεν, ὥστε ἐν τοιαύτῃ χρείᾳ εἶναι αὐτήν. Οὐ τοίνυν ἐναντιώσεται οἷς ἠθέλησε, καταστήσας μὲν ἐν ἀνάγκῃ τοσαύτῃ τῆς χρείας, ἀποστερῶν δὲ αὖ πάλιν τῆς E χρείας καὶ τῶν ἀναγκαίων αὐτήν.

Μὴ τοίνυν φροντίζωμεν· οὐδὲν γὰρ ἡμῖν περιέσται πλέον, ἢ τὸ κατατείνειν ἑαυτούς. [f] Ὅταν γὰρ καὶ μεριμνώντων ἡμῶν καὶ μὴ μεριμνώντων παρέχῃ, καὶ μᾶλλον μὴ μεριμνώντων, τί σοι πλέον ἀπὸ τῆς φροντίδος, ἢ τὸ δίκην σαυτὸν περιττὴν ἀπαιτεῖν; Οὐδὲ 218 A γὰρ ἐπὶ δαψιλὲς ἀπιέναι μέλλων ἄριστόν τις, ὑπὲρ τροφῆς ἀνέξεται μεριμνᾷν· οὐδὲ ὁ ἐπὶ πηγὴν βαδίζων, ὑπὲρ τοῦ πίνειν [a] φροντίσει. Μὴ τοίνυν μηδὲ ἡμεῖς, καὶ πηγῆς ἁπάσης καὶ μυρίων δείπνων παρεσκευασμένων δαψιλεστέραν ἔχοντες χορηγίαν τοῦ Θεοῦ τὴν πρόνοιαν, μεριμνῶμεν, μηδὲ μικροψυχῶμεν. Μετὰ γὰρ τῶν εἰρημένων καὶ ἕτερον λογισμὸν πάλιν ὑπὲρ τοῦ θαῤῥεῖν περὶ τῶν τοιούτων τίθησι λέγων· [b] Ζητεῖτε τὴν βασιλείαν τῶν οὐρανῶν, καὶ ταῦτα πάντα προστεθήσεται ὑμῖν. Ἐπειδὴ γὰρ ἀνῆκε τῆς φροντίδος τὴν ψυχὴν, τότε καὶ τῶν οὐρανῶν ἐμνημόνευσε. Καὶ γὰρ τὰ παλαιὰ ἀναλύσων παραγέγονε, καὶ πρὸς μείζονα B καλέσων πατρίδα. Διὰ τοῦτο πάντα ποιεῖ, ὥστε τῶν περιττῶν ἡμᾶς ἀπαλλάττειν καὶ τῆς πρὸς τὴν γῆν συμπαθείας. Διὰ τοῦτο καὶ τῶν ἐθνικῶν ἐμνημόνευσεν, εἰπὼν ὅτι τὰ ἔθνη ἐπιζητεῖ ταῦτα, οἷς ὁ πόνος ἅπας κατὰ τὸν παρόντα βίον, οἷς λόγος οὐδεὶς περὶ τῶν μελλόντων, οὐδὲ ἔννοια τῶν οὐρανῶν. Ὑμῖν δὲ

sunt. Itaque quod putas causam esse sollicitudinis, id dico idoneum esse ad abigendam tibi hanc sollicitudinem. Quod si dicas, Ideo me sollicitum esse oportet, quia necessaria sunt : ego contra respondeo : ideo ne sollicitus sis, quia necessaria sunt. Si enim superflua essent, neque sic desperandum esset, sed confidendum ea tibi suppeditari posse : quia vero necessaria sunt, non ultra ambigere oportet. Quis enim pater negligat filiis suis necessaria præbere? Ideoque omnino Deus id daturus est. Nam ipse naturæ creator est, et quid ipsi necessarium sit accurate novit. Neque enim dicere possis, ipsum quidem esse patrem, et necessaria esse ea quæ requiruntur, sed ignorare cum nos ipsis egemus. Nam qui naturam novit, et creator ejus est, illamque hoc modo formavit, necessitatem ejus, ut palam est, melius novit quam tu, qui in necessitate constitutus es. Nam ipsi sic placuit, ut in hujusmodi necessitate esses. Non ergo contrarius erit iis quæ voluit, ita ut te in necessitate constituat, et a necessariis privet.

Qui ea quæ videntur superflua dat Deus, necessaria dabit.

3. Ne itaque solliciti simus; neque enim quid amplius consequemur, quam quod nos curis distendamus. Cum enim nobis sive sollicitis, imo potius non sollicitis, id præstet, quid tibi amplius ex sollicitudine manebit, quam quod pœnas a teipso superfluas exegeris? Neque enim quis ad lautum convivium accessurus, de cibis umquam sollicitus erit; neque is qui ad fontem accedit, de potu erit anxius. Ne itaque nos, quibus affluentior adest rerum copia, quam in mille fontibus et conviviis, nempe Dei providentia, solliciti vel pusillanimes simus. Cum supradictis enim aliud in cunctis rebus fidendi argumentum suggerit dicens : 33. *Quærite regnum cælorum, et hæc omnia adjicientur vobis*. Postquam enim animum a curis levavit, tunc cælos etiam commemoravit. Venit quippe vetera soluturus, et ad meliorem vocaturus patriam. Propterea nihil non agit, ut nos a supervacaneis et a terrenarum rerum affectu liberet. Idcirco ethnicos memoravit, cum ait gentes ea inquirere, quarum omnis labor et studium circa præsentem vitam versatur, quibus nulla futurorum vel cælorum ratio. Vobis

[d] Manuscripti multi *εἰ γὰρ λέγοις*.

[e] Alii *ἐν χρείᾳ αὐτῶν*.

[f] Morel. *ὅταν γὰρ καὶ μεριμνώντων παρέχῃ καὶ μᾶλλον*, omissis interpositis. Infra Morel. *δίκην αὐτὸν ἀπ.*

[a] Savil. *φροντίζει*. Infra quidam *πρόνοιαν, πτωχεύωμεν, μηδέ*.

[b] Manuscripti nonnulli sic textum efferunt : *ζητεῖτε δὲ πρῶτον τὴν βασιλείαν τοῦ θεοῦ καὶ τὴν δικαιοσύνην αὐτοῦ, καὶ ταῦτα*, etc.

autem non hæc sunt præcipua, sed alia. Neque
enim ideo creati sumus ut comedamus, bibamus
et vestibus operiamur; sed ut placeamus Deo, et
futura consequamur bona. Sicut igitur hæc perfunctorie curanda, ita et perfunctorie petenda
sunt. Ideoque dicebat : *Quærite regnum cælo-*
rum, et hæc omnia adjicientur vobis. Non dixit, Dabuntur, sed, *Adjicientur*, ut discas, inter ea quæ dantur, præsentia nihil esse, si cum
magnitudine futurorum comparentur. Ideo non
illa petere, sed alia postulare jubet, et confidere
hæc prioribus esse addenda. Quære igitur futura,
et præsentia accipies; ne quæras visibilia, et prorsus illa consequeris. Nam indignum te est Dominum adire pro rebus hujusmodi. Etenim qui omne
studium, omnem curam adhibere debes pro ineffabilibus illis bonis, teipsum dedecoras, dum in
cupiditate fluxarum rerum teipsum consumis. Cur
ergo, inquies, jussit panem petere? Sed addidit,
Luc. 11. 3. *Quotidianum*, et hoc rursum addit, *Hodie:*
quod ipsum hic etiam observat. Non enim solum
dixit, Nolite solliciti esse; sed, 34. *Nolite solli-*
citi esse in crastinum: simul nobis libertatem do-
nans, et animam nostram rebus magis necessariis
addiscens. Nam illa petere ideo jussit, non quod
Dei auxilio bona agimus omnia. Deus admonitu indigeret, sed ut discamus, nos
ejus auxilio bona agere omnia, et ut assiduitate
petendi nos ei familiares reddamus. Viden' quomodo per hæc suadeat, doceatque ipsos præsentia quoque accepturos esse? Qui enim majora præbet, multo magis minora dabit. Non ideo enim,
inquit, præcepi ne solliciti sitis, vel ne petatis,
ut miseri sitis et nudi ambuletis, sed ut hæc quoque abundanter suppetant : id quod certe maxime
illos attrahere poterat. Sicut ergo in eleemosyna
eroganda, vetans sese hominibus ostentare, hac
ratione maxime suadebat illis, hæc sibi cum majori copia et magnificentia reddenda esse (nam
ait, *Pater tuus, qui videt in abscondito, red-*
det tibi in manifesto) : sic et hoc loco abstrahens eos a perquisitione præsentium, illud maxime suadet, hæc non quærentibus cum majore
abundantia promitti. Ideo, inquit, jubeo non
quærere, non ne accipias, sed ut abundanter accipias; ut accipias modo tibi competenti, cum utilitate congruenti : ne sollicitus et discissus harumce
rerum curis, et iis ipsis rebus et spiritualibus te

οὐχὶ ταῦτά ἐστι τὰ προηγούμενα, [c] ἀλλ' ἕτερα. Οὐ γὰρ
διὰ τοῦτο ἐγενόμεθα, ἵνα φάγωμεν, καὶ πίωμεν, καὶ
περιβαλώμεθα· ἀλλ' ἵνα ἀρέσωμεν Θεῷ, καὶ τῶν
μελλόντων ἐπιτύχωμεν ἀγαθῶν. Ὥσπερ οὖν ἐν τῇ
σπουδῇ πάρεργα ταῦτα, οὕτω καὶ ἐν τῇ αἰτήσει πά-
C ρεργα ἔστω. Διὰ τοῦτο καὶ ἔλεγε· Ζητεῖτε τὴν βασιλείαν τῶν οὐρανῶν, καὶ ταῦτα πάντα προστεθήσεται
ὑμῖν. Καὶ οὐκ εἶπε, δοθήσεται, ἀλλὰ, Προστεθήσεται,
ἵνα μάθῃς, ὅτι [d] οὐδὲν μετὰ τῶν διδομένων τὰ παρόντα ἐστὶ πρὸς τὸ μέγεθος τῶν μελλόντων. Διὰ δὴ
τοῦτο οὐδὲ αἰτεῖν αὐτὰ κελεύει, ἀλλ' αἰτεῖν μὲν ἕτερα,
θαῤῥεῖν δὲ ὡς καὶ τούτων ἐκείνοις προστιθεμένων.
Ζήτει τοίνυν τὰ μέλλοντα, καὶ λήψῃ τὰ παρόντα· μὴ
ζήτει τὰ ὁρώμενα, καὶ πάντως αὐτῶν ἐπιτεύξῃ. Καὶ
γὰρ ἀνάξιόν σου τὸ περὶ τοιούτων προσιέναι τῷ Δεσπότῃ. Ὁ γὰρ τὴν ἅπασαν σπουδὴν καὶ τὴν μέριμναν
ὑπὲρ τῶν ἀποῤῥήτων ἀγαθῶν ἐκείνων ὀφείλων ποιεῖ-
D σθαι, σφόδρα σεαυτὸν καταισχύνεις, εἰς τὴν τῶν ῥεόν-
των πραγμάτων ἐπιθυμίαν καταναλίσκων σαυτόν.
[e] Πῶς οὖν, φησὶν, ἐκέλευσε τὸν ἄρτον αἰτεῖν; Ἀλλὰ,
Τὸν ἐπιούσιον, προσέθηκε, καὶ τούτῳ πάλιν τὸ, Σή-
μερον· ὅπερ οὖν καὶ ἐνταῦθα ποιεῖ. Οὐ γὰρ εἶπε, μὴ
μεριμνήσητε· ἀλλὰ, Μὴ μεριμνήσητε ὑπὲρ τῆς αὔ-
ριον· ὁμοῦ καὶ τὴν ἐλευθερίαν ἡμῖν παρέχων, καὶ τὴν
ψυχὴν ἡμῶν προσηλῶν [f] τοῖς ἀναγκαιοτέροις. Καὶ γὰρ
ἐκεῖνα αἰτεῖν διὰ τοῦτο ἐκέλευσεν, οὐχ ὡς τοῦ Θεοῦ
δεομένου τῆς παρ' ἡμῶν ὑπομνήσεως, ἀλλ' ἵνα μάθωμεν, ὅτι μετὰ τῆς αὐτοῦ βοηθείας κατορθοῦμεν ἅπερ ἂν
E κατορθώσωμεν, καὶ ἵνα οἰκειωθῶμεν τῇ συνεχεῖ περὶ
τούτων αἰτήσει. Εἶδες πῶς καὶ ἐντεῦθεν ἔπεισεν, ὅτι
λήψονται τὰ παρόντα πάντως; Ὁ γὰρ τὰ μείζω παρέχων, πολλῷ μᾶλλον τὰ ἐλάττω δώσει. Οὐ γὰρ διὰ
τοῦτο, φησὶν, εἶπον, μὴ μεριμνᾷν, μηδὲ αἰτεῖν, ἵνα
ταλαιπωρῆτε καὶ γυμνοὶ περιέρχησθε, ἀλλ' ἵνα καὶ
279 τούτων ἐν ἀφθονίᾳ ἦτε· ὃ δὴ μάλιστα πάντων ἱκανὸν
A ἦν αὐτοὺς ἐφελκύσασθαι. Ὥσπερ οὖν ἐπὶ τῆς ἐλεημοσύνης ἀποτρέπων αὐτοὺς ἐπιδείκνυσθαι τοῖς ἀνθρώποις, τούτῳ μάλιστα ἔπειθε τῷ μετὰ πλείονος αὐτὸ
παρέξειν ὑποσχέσθαι τῆς φιλοτιμίας αὐτοῖς (Ὁ γὰρ
Πατήρ σου, φησὶν, ὁ βλέπων ἐν τῷ κρυπτῷ, ἀποδώσει σοι ἐν τῷ φανερῷ)· οὕτω καὶ ἐνταῦθα ἀφέλκων
αὐτοὺς τοῦ [a] μὴ ζητεῖν αὐτὰ, τοῦτο μάλιστα πείθει,
τὸ μὴ ζητοῦσι μετὰ πλείονος ὑποσχέσθαι παρέχειν
τῆς περιουσίας. Διὰ γὰρ τοῦτο κελεύω, φησὶ, μὴ
ζητεῖν, οὐχ ἵνα μὴ λάβῃς, ἀλλ' ἵνα λάβῃς δαψιλῶς·
B ἵνα λάβῃς μετὰ τοῦ σοὶ προσήκοντος σχήματος,
μετὰ τῆς ἁρμοζούσης σοι λυσιτελείας· ἵνα μὴ με-

[c] Ἀλλ' ἕτερα deest in Morel.

[d] Οὐδὲν μετὰ τῶν. Hic locus non videtur sanus esse. Savilius suspicatur legendum οὐδὲν μέγα. Sed hac facta mutatione locus non melius habere videtur.

[e] Alii πῶς οὖν ἐκέλευσε.

[f] Alii τοῖς ἀναγκαιοτάτοις.

[a] Quidam μὴ ζητεῖν αὐτό.

ριμνῶν, [b] μηδὲ σχιζόμενος εἰς τὴν τούτων φροντίδα, ἀνάξιον σαυτὸν καὶ τούτων καὶ τῶν πνευματικῶν καταστήσῃς· ἵνα μὴ ταλαιπωρίαν περιττὴν ὑπομείνῃς, καὶ τοῦ προκειμένου πάλιν ἐκπέσῃς. Μὴ οὖν μεριμνήσητε περὶ τῆς αὔριον· ἀρκετὸν γὰρ τῇ ἡμέρᾳ ἡ κακία αὐτῆς· τουτέστιν, ἡ ταλαιπωρία αὐτῆς, ἡ συντριβή. Οὐκ ἀρκεῖ σοι τὸ ἐν ἱδρῶτι τοῦ προσώπου σου ἐσθίειν τὸν ἄρτον σου; τί καὶ ἑτέραν [c] προστιθεὶς τὴν ἀπὸ τῆς φροντίδος ταλαιπωρίαν, μέλλων λοιπὸν καὶ τῶν προτέρων ἀπολύεσθαι κόπων;

C Κακίαν δὲ ἐνταῦθά φησιν οὐ τὴν πονηρίαν, μὴ γένοιτο, ἀλλὰ τὴν ταλαιπωρίαν, καὶ τὸν πόνον, καὶ τὰς συμφοράς· ὥσπερ οὖν καὶ ἀλλαχοῦ φησιν· Εἰ ἔστι κακία ἐν πόλει, ἣν Κύριος οὐκ ἐποίησεν· [d] οὐχ ἁρπαγὰς λέγων, οὐδὲ πλεονεξίας, οὐκ ἄλλο τι τῶν τοιούτων οὐδὲν, ἀλλὰ τὰς ἄνωθεν φερομένας πληγάς. Καὶ πάλιν, Ἐγὼ, φησὶ, ποιῶν εἰρήνην καὶ κτίζων κακά. [e] Οὐ γὰρ ἐνταῦθα τὴν κακίαν φησὶν, ἀλλὰ τοὺς λιμοὺς καὶ τοὺς λοιμοὺς, τὰ δοκοῦντα εἶναι κακὰ παρὰ τοῖς πολλοῖς. Ἔθος γὰρ τοῖς πολλοῖς ταῦτα λέγειν κακά. Οὕτω γοῦν καὶ οἱ τῶν πέντε σατραπειῶν ἐκείνων ἱερεῖς καὶ μάντεις, ἡνίκα τὰς βοῦς ὑποζεύξαντες τῇ κιβωτῷ χωρὶς τῶν δαμάλεων ἀφῆκαν βαδίζειν, κακίαν τὰς θεηλάτους D ἐκάλουν πληγὰς ἐκείνας καὶ τὴν ἐξ αὐτῶν ἀθυμίαν καὶ ὀδύνην ἐγγινομένην αὐτοῖς. Τοῦτο τοίνυν καὶ ἐνταῦθα δηλοῖ λέγων· Ἀρκετὸν τῇ ἡμέρᾳ ἡ κακία αὐτῆς. Οὐδὲν γὰρ οὕτως ἀλγύνει ψυχὴν, ὡς μέριμνα καὶ φροντίς. Οὕτω καὶ ὁ Παῦλος εἰς παρθενίαν ἐνάγων συνεβούλευε, λέγων· Θέλω δὲ ὑμᾶς ἀμερίμνους εἶναι. Ὅταν δὲ λέγῃ, ὅτι ἡ αὔριον μεριμνήσει περὶ ἑαυτῆς, οὐχ ὡς τῆς ἡμέρας μεριμνώσης ταῦτά φησιν, ἀλλ' ἐπειδὴ πρὸς δῆμον ἀτελέστερον ὁ λόγος ἦν αὐτῷ, βουλόμενος ἐμφαντικώτερον ποιῆσαι τὸ λεγόμενον, προσωποποιεῖται τὸν καιρὸν, κατὰ τὴν τῶν πολλῶν συνήθειαν φθεγγόμενος πρὸς αὐτούς. Καὶ ἐνταῦθα μὲν συμβουλεύει, E προϊὼν δὲ αὐτὸ καὶ νομοθετεῖ λέγων, Μὴ κτήσησθε [f] χρυσίον, μηδὲ ἀργύριον, μήτε πήραν εἰς ὁδόν. Ἐπειδὴ γὰρ διὰ τῶν ἔργων αὐτὸ ἐπεδείξατο, τότε λοιπὸν καὶ τὴν ἀπὸ τῶν ῥημάτων εἰσάγει νομοθεσίαν εὐτονωτέραν, ὅθεν καὶ εὐπαράδεκτος ὁ λόγος ἐγένετο, τοῖς ἔρ-280 A γοις τοῖς ἑαυτοῦ πρότερον βεβαιωθείς. Ποῦ οὖν ἔδειξε διὰ τῶν ἔργων; Ἄκουσον αὐτοῦ λέγοντος· Ὁ Υἱὸς τοῦ ἀνθρώπου οὐκ ἔχει ποῦ τὴν κεφαλὴν [a] κλίνῃ. Καὶ οὐδὲ τούτῳ ἀρκεῖται μόνῳ, ἀλλὰ καὶ ἐν τοῖς μαθηταῖς παρέχεται τὴν ὑπὲρ τούτων ἀπόδειξιν, καὶ αὐτοὺς οὕτω σχηματίσας, καὶ οὐκ ἀφεὶς οὐδενὸς δεηθῆναι. Σκόπει δὲ αὐτοῦ καὶ τὴν κηδεμονίαν, πῶς παντὸς

indignum constituas; ne superfluam patiaris ærumnam, et a re proposita excidas. *Nolite ergo solliciti esse in crastinum. Sufficit enim diei malitia ejus*, id est, miseria atque contritio. Non sufficit tibi in sudore vultus tui comedere panem tuum? cur aliam adjicis ex sollicitudine miseriam, qui a prioribus es laboribus liberandus? Gen. 3. 19.

Malitia aliquando pro ærumna accipitur.

4. Malitiam autem hic vocat non improbitatem, absit, sed miseriam, laborem, ærumnas; sicut et alibi ait: *Si est malitia in civitate, quam Dominus non fecerit*: non rapinas significat, non avaritiam, neque quidpiam simile, sed plagas divinitus immissas. Amos. 3. 6. Ac rursum, *Ego*, inquit, *faciens pacem, et creans malum*. Isai. 45. 7. Neque enim hic malitiam dicit, sed famem, pestilentias, quæ mala esse existimantur a vulgo. Mos quippe est, ut multi ea esse dicant mala. Sic enim illi quinque Satrapiarum sacerdotes et vates, cum vaccas arcæ junctas sine vitulis quo vellent ire permiserunt, divinitus immissas plagas illas mœroremque ac dolorem inde partum malitiam vocabant. 1 Reg. 6. 9. Idipsum itaque significat dicens: *Sufficit diei malitia sua*. Nihil enim perinde animum cruciat, atque cura et sollicitudo. Sic et Paulus ad virginitatem hortans, consilium ita efferebat: *Volo autem vos sine sollicitudine esse*. 1. Cor. 7. 32. Cum porro dicit diem crastinam sibi sollicitam fore, non id ait, quod dies ipsa de se sollicita sit, sed quia ad imperitam plebem sermo erat, cum vellet hæc cum emphasi proferre, tempus personæ more repræsentat, secundum plurimorum morem ipsos alloquens. Et hic quidem consilium profert, progressus autem idipsum ut legem statuit dicens: *Nolite possidere aurum, neque argentum, neque peram in via*. Matth. 10. 9. 10. Postquam enim idipsum operibus exhibuerat, tunc demum verbis legem statuit firmiorem, unde et sermo acceptus et comprobatus erat, ipsius nempe operibus jam firmatus. Ubinam igitur operibus demonstravit? Audi ipsum dicentem: *Filius hominis non habet ubi caput reclinet*. Matth. 8. 20. Neque hoc tamen dixisse contentus, in discipulis suis horum exemplum suppeditat, cum ipsos ad hanc formam redegit, et nullo egere permisit. Perpende autem ejus providentiam, quæ omnem patris cu-

[b] Aliqui μηδὲ σχηματιζόμενος.

[c] Alii προστίθης.

[d] Alii οὐχ ἁρπαγὰς γὰρ λέγων, οὐδὲ δυναστείας.

[e] Savil. οὐδὲ γάρ. Paulo post Morel. παρὰ τοῖς πολλοῖς τὸ ταῦτα.

[f] Quidam habent χρυσόν.

[a] Morel. κλίνει.

jusvis affectum superat. Hoc jubeo, inquit, non aliam ob causam, quam ut vos ab omni supervacua sollicitudine expediam. Nam si hodie sollicitus sis de crastino, cras rursum sollicitus eris. Quid ea in re supervacaneum? Cur cogis diem majori, quam ipse sortitus sit, miseria affligi; et cum propriis sibi laboribus etiam sequentis diei onus imponis, et hoc, cum per additamentum hujusmodi sequentis diei sarcinam non minuas, sed labores tantum laboribus adjicias. Ut enim illos magis perstringeret, tempus ipsum quasi animatum et læsum induxit, contra ipsos clamans ob superfluam molestiam. Nam diem accepisti, ut quæ ad ipsum pertinent cures. Cur sequentis diei curas ipsi adjicis? annon sufficiens ipsi est onus sollicitudo sui? cur ergo illi majus imponis onus? Cum autem Legislator sit is qui sic loquitur, et ipse de nobis judicaturus sit, cogita quam bonam nobis spem proponat, cum ipse testificetur, hanc vitam esse miseram et laboriosam, ita ut unius diei sollicitudo sufficiat ad afflictionem contritionemque nostram. Attamen cum tot tantaque dicta sint, nos de his solliciti sumus, cælestia autem non curamus, sed ordinem invertimus, utrinque contra supra dicta pugnantes. Perpende namque: dicit ille: Ne omnino præsentia quæratis; nos autem illa assidue quærimus. Quærite cælestia, inquit; nos autem ne parvo quidem horæ unius spatio illa quærimus; sed quantam de sæcularibus sollicitudinem exhibemus, tantam in spiritualibus negligentiam ostendimus, imo multo majorem: sed non semper hæc nobis prospere procedent; neque semper ita possunt evenire. Ecce decem diebus contemnimus, ecce viginti, ecce centum. Annon necesse prorsus est obire, et in judicantis manus incidere? Sed dilatio consolationem affert. Et quæ consolatio, cum quotidie exspectatur supplicium et ultio? Si velis enim ex hac dilatione consolationem aliquam accipere, accipe eam, quæ pœnitentiæ fructus est, emendationem. Nam si ex eo quod ultio differatur, aliquam prodire putas consolationem, multo majus lucrum est non incidere in ultionem. Utamur ergo hac dilatione, ut omnino ab imminentibus pœnis liberemur. Ex iis enim quæ præcepta sunt nibil vel onerosum vel molestum est; sed omnia ita pervia et

Dilatio supplicii consolationemne afferat.

πατρὸς ὑπερβαίνει φιλοστοργίαν. Τοῦτο γὰρ κελεύω, φησὶ, δι' ἕτερον μὲν οὐδὲν, ἵνα δὲ ὑμᾶς ἀπαλλάξω περιττῶν φροντίδων. Κἂν γὰρ σήμερον μεριμνήσῃς ὑπὲρ τῆς αὔριον, καὶ πάλιν αὔριον μεριμνήσεις. Τί οὖν τὸ περιττόν; Τί καταναγκάζεις τὴν ἡμέραν πλέον τῆς συγκεκληρωμένης αὐτῇ ταλαιπωρίας καταδέχε-
B σθαι, καὶ μετὰ τῶν οἰκείων πόνων καὶ τὸ τῆς ἐπιούσης [b] προστιθεὶς αὐτῇ φορτίον, καὶ ταῦτα οὐδὲν τὴν ἑτέραν μέλλων ἀπὸ τῆς προσθήκης τῆς γινομένης ἐπικουφίζειν, ἀλλὰ πλεονεξίαν μόνον περιττῶν ἐπιδείκνυσθαι πόνων; Ἵνα γὰρ μειζόνως αὐτῶν καθάψηται, μονονουχὶ τὸν καιρὸν αὐτὸν ψυχώσας ὡς ἀδικούμενον εἰσάγει, καὶ καταβοῶντα αὐτῶν ὑπὲρ τῆς περιττῆς ἐπηρείας. Καὶ γὰρ ἔλαβες τὴν ἡμέραν, ἵνα τὰ αὐτῆς φροντίζῃς. Τίνος οὖν ἕνεκεν καὶ τὰ τῆς ἑτέρας αὐτῇ [c] προστιθεὶς; μὴ γὰρ οὐκ ἀρκοῦν ἔχει φορτίον τὴν ἑαυτῆς φροντίδα; τί τοίνυν βαρύνεις αὐτὴν μειζόνως; Ὅταν δὲ ὁ νομοθέτης ταῦτα λέγῃ, καὶ ὁ μέλλων ἡμῖν δικά-
C ζειν, ἐννόησον πῶς ἡμῖν χρηστὰς ὑποτείνει τὰς ἐλπίδας, ὅταν αὐτὸς μαρτυρῇ, ὅτι ταλαίπωρος ὁ βίος οὗτος καὶ ἐπίμοχθος, ὡς καὶ τὴν τῆς μιᾶς ἡμέρας φροντίδα ἀρκεῖν εἰς τὸ κακοῦν ἡμᾶς καὶ συντρίβειν. Ἀλλ' ὅμως [d] τοσούτων εἰρημένων καὶ τηλικούτων, ἡμεῖς ὑπὲρ μὲν τούτων μεριμνῶμεν, ὑπὲρ δὲ τῶν ἐν τοῖς οὐρανοῖς οὐκ ἔτι, ἀλλ' ἀντεστρέψαμεν τὴν τάξιν, ἑκατέρωθεν μαχόμενοι τοῖς λεγομένοις. Σκόπει γάρ· μὴ ζητεῖτε τὰ παρόντα, φησὶ, καθόλου· ἡμεῖς δὲ ζητοῦμεν ταῦτα διηνεκῶς. Ζητεῖτε τὰ ἐπουράνια, φησίν· ἡμεῖς δὲ οὐδὲ
D μικρὰν ὥραν ἐκεῖνα ζητοῦμεν, [e] ἀλλ' ὅσην ὑπὲρ τῶν βιωτικῶν ἐπιδεικνύμεθα τὴν μέριμναν, τοσαύτην ἐν τοῖς πνευματικοῖς ἔχομεν τὴν ὀλιγωρίαν, μᾶλλον δὲ καὶ πολλῷ πλείονα· ἀλλ' οὐκ ἀεὶ ταῦτα προχωρεῖ, οὐδὲ ἀεὶ ταῦτα ἐνδέχεται. Ἰδοὺ δέκα ἡμέρας καταφρονοῦμεν, ἰδοὺ εἴκοσι, ἰδοὺ ἑκατόν. [f] Οὐκ ἀνάγκη πάντως ἀπελθεῖν, καὶ ἐμπεσεῖν εἰς τὰς τοῦ δικάζοντος χεῖρας; Ἀλλ' ἔχει παραμυθίαν ἡ ἀναβολή. Καὶ ποία παραμυθία, τὸ καθ' ἑκάστην ἡμέραν προσδοκᾷν κόλασιν καὶ τιμωρίαν; Εἰ γὰρ βούλει παραμυθίαν λαβεῖν τινα ἀπὸ τῆς ἀναβολῆς ταύτης, λάβε τὴν ἀπὸ τῆς μετανοίας καρπούμενος διόρθωσιν. Καὶ γὰρ εἰ τὸ μέλλειν τὴν τι-
E μωρίαν παραψυχήν τινα εἶναι νομίζεις, πολλῷ μᾶλλον κέρδος τὸ [g] μὴ περιπεσεῖν τῇ τιμωρίᾳ. Καταχρησώμεθα τοίνυν τῇ μελλήσει ταύτῃ πρὸς τὸ ἀπαλλαγῆναι παντελῶς τῶν ἐπικειμένων δεινῶν. Οὐδὲ γὰρ φορτικὸν, οὐδ' ἐπαχθές τι τῶν ἐπιταχθέντων ἐστίν· ἀλλ'
281
A οὕτως εὔκολα πάντα καὶ ῥᾴδια, ὡς προαίρεσιν μόνον

b Alii προστίθῃς, et mox multi προσθήκης τῆς ἐπιγινομένης. Paulo post quidam ἀλλὰ πλεονεξίας μόνον περιττὸν ἐπιδείκνυσθαι πόνον; et paulo post εἰσάγει, καὶ αὐτὰς τὰς ἡμέρας καταβοώσας αὐτῶν.

c Quidam habent προστιθῇς.

d Savil. τοιούτων, Morel. et alii τοσούτων.

e Alii ἀλλ' ὅσην ἐπὶ τῶν.

f Morel. οὐκ οὖν ἀνάγκη.

g Alii μὴ μένειν τὴν τιμωρίαν.

εἰσενεγκόντας γνησίαν πάντα δυνηθῆναι ἀνύσαι, κἂν μυρίων ὦμεν ὑπεύθυνοι πλημμελημάτων. Καὶ γὰρ ὁ Μανασσῆς μιάσματα ἄπειρα ἦν τετολμηκώς· καὶ γὰρ κατὰ τῶν ἁγίων τὰς χεῖρας ἐξέτεινε, καὶ τὰ βδελύγματα εἰς τὸν ναὸν εἰσήγαγε, καὶ φόνων τὴν πόλιν ἐνέπλησε, καὶ πολλὰ ἕτερα εἰργάσατο συγγνώμης μείζονα· ἀλλ' ὅμως μετὰ τὴν τοσαύτην καὶ τηλικαύτην παρανομίαν, ἅπαντα ἀπενίψατο ἐκεῖνα. Πῶς καὶ τίνι τρόπῳ; Μετανοίᾳ καὶ γνώμῃ.

Οὐ γάρ ἐστιν, οὐκ ἔστιν οὐδὲν ἁμάρτημα, ὅπερ οὐκ εἴκει καὶ παραχωρεῖ τῇ τῆς μετανοίας δυνάμει, μᾶλλον δὲ τῇ τοῦ Χριστοῦ χάριτι. Καὶ γὰρ ἂν [a] μεταβαλ- B λώμεθα μόνον, αὐτὸν ἔχομεν συνεφαπτόμενον ἡμῖν· κἂν θελήσῃς γενέσθαι καλὸς, οὐδεὶς ὁ κωλύων· μᾶλλον δὲ ἔστι μὲν ὁ διάβολος, οὐ μὴν δὲ ἰσχύει, σοῦ τὰ ἄριστα προαιρουμένου, καὶ ταύτῃ τὸν Θεὸν ἐπισπωμένου πρὸς συμμαχίαν. Ἂν δὲ σὺ μὴ βουληθῇς, ἀλλ' ἀποπηδήσῃς, πῶς σου προστήσεται; Οὐδὲ γὰρ ἀνάγκῃ καὶ βίᾳ, ἀλλ' ἑκόντα βούλεται σώζεσθαι. Εἰ γὰρ αὐτὸς οἰκέτην ἔχων μισοῦντά σε καὶ ἀποστρεφόμενον, καὶ συνεχῶς ἀποπηδῶντα, καὶ φεύγοντα, οὐκ ἂν ἕλοιο κατέχειν, καὶ ταῦτα δεόμενος αὐτοῦ τῆς διακονίας· πολλῷ μᾶλλον ὁ Θεὸς, ὁ μὴ διὰ τὴν οἰκείαν χρείαν, ἀλλὰ διὰ τὴν σὴν σωτηρίαν πάντα ποιῶν, οὐκ ἂν ἕλοιτό σε πρὸς βίαν κα- C τέχειν. Ὥσπερ οὖν ἐὰν προαίρεσιν ἐπιδείξῃ μόνον, οὐκ ἂν ἕλοιτό σέ ποτε πρόεσθαι· οὐδ' ἂν ὁτιοῦν ὁ διάβολος ποιῇ. Ὥστε ἡμεῖς αἴτιοι τῆς ἀπωλείας τῆς ἡμετέρας ἐσμέν. Οὐδὲ γὰρ προσερχόμεθα αὐτῷ, οὐδὲ ἐντυγχάνομεν, οὐδὲ παρακαλοῦμεν, ὡς χρή· ἀλλὰ κἂν προσέλθωμεν, τοῦτο ποιοῦμεν οὐχ ὡς ὀφείλοντες λαβεῖν, οὐδὲ μετὰ τῆς προσηκούσης πίστεως, οὐδὲ ὡς ἀπαιτοῦντες, ἀλλὰ χασμώμενοι [b] καὶ ἀναπεπτωκότες πάντα ποιοῦμεν. Καίτοι γε βούλεται ἀπαιτεῖσθαι παρ' ἡμῶν ὁ Θεὸς, καὶ χάριν ἔχει σοι τούτου πολλήν. Μό- D νος γὰρ οὗτος ὁ χρεώστης, ὅταν ἀπαιτῆται χάριν ἔχει, καὶ ἃ μὴ ἐδανεισάμεν δίδωσι. Κἂν μὲν σφοδρῶς ἴδῃ ἐπικείμενον τὸν ἀπαιτοῦντα, καὶ ἃ μὴ ἔλαβε παρ' ἡμῶν καταβάλλει· ἂν δὲ νωθρῶς, καὶ αὐτὸς διαναβάλλεται, οὐ διὰ τὸ μὴ βούλεσθαι δοῦναι, ἀλλ' ἐπειδὴ παρ' ἡμῶν ἡδέως ἔχει ἀπαιτεῖσθαι. Διὰ τοῦτό σοι καὶ ὑπόδειγμα εἶπεν ἐκείνου τοῦ φίλου τοῦ νύκτωρ παραγενομένου καὶ ἄρτον [c] αἰτοῦντος, καὶ τοῦ δικαστοῦ τοῦ τὸν Θεὸν μὴ φοβουμένου, μηδὲ ἀνθρώπους ἐντρεπομένου. Καὶ οὐκ ἔστη μέχρι τῶν παραδειγμάτων, ἀλλὰ καὶ ἐπ' αὐτῶν αὐτὸ τῶν ἔργων ἔδειξεν, E ἡνίκα [d] τὴν Φοινίκισσαν ἐκείνην γυναῖκα τῆς μεγάλης

facilia, ut si promtam solum voluntatem afferamus, omnia valeamus perficere, etiamsi millibus simus peccatis obnoxii. Manasses enim exsecranda facinora ausus, qui adversus sancta manus extenderat, et abominationes in templum induxerat, cædibusque urbem repleverat, multaque alia fecerat quæ veniam non merebantur: attamen post talem tantamque iniquitatem, omnia illa scelera abluit. Quomodo et qua ratione? Per pœnitentiam ac bonum propositum.

4. Reg. 21.

Non est peccatum quod pœnitentiæ non cedat.

5. Non est enim, non est certe peccatum, quod non cedat vi pœnitentiæ; imo potius gratiæ Christi. Nam si modo convertamur, ille nobis adest opitulator: ac si velis bonus esse, nemo impedit; imo potius est qui impedire conetur diabolus, neque potest, te optima eligente, sicque Deum ad patrocinium attrahente. Sin tu nolueris, sed resilieris, quomodo tibi patrocinabitur? Neque enim vi aut necessitate, sed libentem te vult salutem consequi. Nam si tu servum haberes te odio habentem et aversantem, sæpeque recedentem ac fugientem, nolles certe retinere, etsi ejus ministerio opus haberes: multo magis Deus, qui non ob suam aliquam necessitatem, sed ob salutem tuam omnia facit, nollet te vi retinere. Cum contra si voluntatem tantum exhibeas, numquam te ille deseret, quantumlibet diabolus adversum nitatur. Itaque nos causa perniciei nostræ sumus. Neque enim ad illum accedimus, neque supplices adimus, neque rogamus ut par esset: sed etiamsi accedamus, hoc ita facimus quasi non impetraturi, nec cum fide congruenti, neque quasi exigentes; sed oscitantes ac torpentes omnia facimus. Atqui Deus vult nos quasi exigentes precari, et tunc gratias tibi magnas habet. Hic quippe solus debitor, quando exigimus, gratias habet, et ea quæ non mutuo dedimus reddit. Et si valde instantem viderit eum qui exigit, etiam ea, quæ non accepit a nobis, solvit; si vero segnius, ille differt, non quod dare nolit, sed quia libenter videt nos ab ipso exigere. Ideoque tibi exemplum attulit amici illius noctu accedentis, et panem petentis, necnon judicis qui nec Deum timebat, nec homines reverebatur. Neque in exemplis substitit, sed id ipse quoque operibus exhibuit, quando Phœnissam illam mulierem magno honoratam dono remisit. In hac vero ostendit, se etiam illa, quæ

[a] Quidam μεταβαλώμεθα. Infra post οὐ μὴν in quibusdam δὲ deest.

[b] Καὶ ante ἀναπεπτωκότες deerat in Morel.

[c] Alii ἀπαιτοῦντος.

[d] Savil. Φοίνισσαν, Morel. Φοινίκισσαν, alii Χαναναίαν. Infra Morel. τοῖς ἀπαιτοῦσι δίδωσιν σφοδρῶς ἔδειξεν.

non congruere videntur, instanter petentibus largiri. *Non est*, inquit, *bonum tollere panem filiorum, et projicere canibus.* Attamen dedit quia illa vehementer petebat. Per Judæos autem significavit, se desidiosis ne illa quidem dare, quæ ad ipsos pertinebant. Itaque illi nihil acceperunt, sed etiam sua perdiderunt. Et hi quidem, quia non petierunt, ne sua quidem accepere: illa vero quia vehementer institit, aliena potuit sibi vindicare, et quæ filiorum erant catellus accepit. Tantum bonum est assiduitas. Etsi enim canis fueris, si frequenter instes, filio desidi anteponeris: quæ enim non perfecit amicitia, id perfecit assuiduitas precandi. Ne dicas igitur, Inimicus mihi est Deus, nec exaudiet me. Cito tibi respondebit, si frequenter illum interpelles et urgeas; et si non ob amicitiam, certe ob assiduitatem: ac neque inimicitia, neque importunitas, neque aliud quidpiam impedimento esse poterit. Ne dicas, Non sum dignus, ideo non precor: nam talis erat Syrophœnissa. Ne dicas, Multum peccavi, nec possum iratum rogare: non enim dignitatem Deus spectat, sed voluntatem. Nam si principem illum qui nec Deum timebat, nec homines reverebatur, vidua inflexit: multo magis bonum sibi attrahet assidua supplicatio. Ita ut etiamsi non amicus sis, etiamsi non debita exigas, etiamsi paterna bona absumseris, multoque tempore absens fueris, etiamsi degener omniumque postremus, etiamsi iratum indignantemque convenias; in animum inducas tantum precari atque ad illum redire, et omnia accipies, atque iram damnationemque statim exstingues. Atqui precor, inquies, et nihil proficio. Sed non precaris ut illi, ut Syrophœnissa, dico, ut amicus intempesta nocte veniens, ut vidua quæ frequenter judicem urgebat, ut filius qui paterna bona absumserat. Nam si hoc orares, cito impetrares. Etenim etiamsi contumelia affectus sit; at pater est: etiamsi iratus est, at filios amat: atque unum tantum quærit, non de contumeliis pœnas exigere, sed te conversum et supplicantem videre.

Matth. 15. 26.

Assiduitas quantum bonum.

6. Utinam nos ita arderemus, ut viscera illa ad dilectionem erga nos inflammantur. Sed ignis ille occasionem solum requirit: et si parvam illi scintillam præbeas, ingentem beneficiorum flammam accendis. Neque enim quod contumelia affectus sit, indignatur, sed quia tu contumeliosus es, et ut ebrius furis. Si enim nos mali cum simus,

δωρεᾶς ἐμπλήσας ἐξέπεμψε. Διὰ μὲν γὰρ ταύτης, ὅτι καὶ τὰ μὴ προσήκοντα τοῖς ἀπαιτοῦσι σφοδρῶς δίδωσιν, ἔδειξεν. Οὐ γὰρ καλόν ἐστι, φησὶ, λαβεῖν τὸν ἄρτον τῶν τέκνων, καὶ βαλεῖν τοῖς κυναρίοις. Ἀλλ' ὅμως
282 ἔδωκεν, ἐπειδὴ σφόδρα αὐτὴ ἀπῄτησε. Διὰ δὲ τῶν
A Ἰουδαίων ἐδήλωσεν, ὅτι τοῖς ῥαθυμοῦσιν οὐδὲ τὰ αὐτῶν δίδωσιν. Οὐκοῦν ἔλαβον ἐκεῖνοι οὐδὲν, ἀλλὰ καὶ τὰ αὐτῶν ἀπώλεσαν. Καὶ οὗτοι μὲν, [a] ἐπειδὴ μὴ ᾔτησαν, οὐδὲ τὰ ἴδια ἔλαβον· ἐκείνη δὲ ἐπειδὴ σφοδρῶς ἐπετέθη, καὶ τὰ ἀλλότρια ἴσχυσεν ἐκδικῆσαι, καὶ τὰ τῶν τέκνων ἔλαβε τὸ κυνάριον. Τοσοῦτον ἡ [b] προσεδρία ἀγαθόν. Κἂν γὰρ κύων ᾖς, προσεδρεύων προτιμηθήσῃ τοῦ τέκνου ῥαθυμοῦντος· ὅσα γὰρ οὐκ ἀνύει ἡ φιλία, τοσαῦτα ἤνυσεν ἡ προσεδρία. Μὴ τοίνυν λέγε, ὅτι ἐχθρός μού ἐστιν ὁ Θεὸς, καὶ οὐκ εἰσακούσεταί
B μου. Εὐθέως σοι ἀποκρίνεται συνεχῶς ἐνοχλοῦντι· εἰ καὶ μὴ διὰ τὸ * μὴ εἶναι φίλον, ἀλλὰ διὰ τὸ προσεδρεύειν· καὶ οὔτε ἡ ἔχθρα, οὔτε ἡ ἀκαιρία, οὔτε ἄλλο οὐδὲν γίνεται κώλυμα. Μὴ εἴπῃς, οὐκ εἰμὶ ἄξιος, καὶ οὐκ εὔχομαι· καὶ γὰρ ἡ Συροφοινίκισσα τοιαύτη ἦν. Μὴ εἴπῃς, ὅτι πολλὰ ἥμαρτον, καὶ οὐ δύναμαι παρακαλέσαι τὸν ὠργισμένον· οὐ γὰρ τὴν ἀξίαν ὁ Θεὸς σκοπεῖ, ἀλλὰ τὴν γνώμην. Εἰ γὰρ τὸν ἄρχοντα τὸν Θεὸν μὴ φοβούμενον, καὶ ἀνθρώπους μὴ αἰσχυνόμενον ἔκαμψεν ἡ χήρα· πολλῷ μᾶλλον τὸν ἀγαθὸν ἐπισπάσεται ἡ συνεχὴς ἔντευξις. Ὥστε κἂν μὴ φίλος ᾖς, [c] κἂν μὴ
C τὰ ὀφειλόμενα ἀπαιτῇς, κἂν τὰ πατρῷα κατεδηδοκὼς ᾖς καὶ καταναλωκὼς, καὶ πολὺν χρόνον ἐξ ὄψεως γενόμενος, κἂν ἄτιμος, κἂν πάντων ἔσχατος, κἂν ὀργιζομένῳ, κἂν ἀγανακτοῦντι προσέλθῃς, θέλησον μόνον εὔξασθαι, καὶ ἐπανελθεῖν, καὶ πάντα ἀπολήψῃ, καὶ τὴν ὀργὴν, καὶ τὴν καταδίκην σβέσεις εὐθέως. Ἀλλ' ἰδοὺ εὔχομαι, φησὶ, καὶ οὐδὲν γίνεται πλέον. Οὐδὲ γὰρ εὔχῃ κατ' ἐκείνους· οἷον τὴν Συροφοινίκισσαν λέγω, καὶ τὸν φίλον τὸν ἀωρὶ παραγινόμενον, καὶ τὴν χήραν τὴν συνεχῶς ἐνοχλοῦσαν τὸν δικαστὴν, καὶ τὸν υἱὸν τὸν τὰ πατρῷα καταναλώσαντα. Εἰ γὰρ οὕτως ηὔχου, ταχέως ἐπετύγχανες. Καὶ γὰρ εἰ καὶ ὑβρίσθη,
D πατήρ ἐστι· καὶ εἰ ὠργίσθη, φιλόπαις ἐστί· καὶ ἓν ζητεῖ μόνον, οὐ δίκην λαβεῖν τῶν ὕβρεων, ἀλλ' ἰδεῖν σε [d] μεταβαλλόμενον, καὶ παρακαλοῦντα.

Ὄφελον καὶ ἡμεῖς οὕτω διεθερμάνθημεν, ὡς ἐκεῖνα τὰ σπλάγχνα πρὸς τὴν ἀγάπην διανίσταται τὴν ἡμετέραν. Ἀλλ' ἀφορμὴν ἐπιζητεῖ μόνον τοῦτο τὸ πῦρ· κἂν μικρὸν αὐτῷ παράσχῃς σπινθῆρα, ὁλόκληρον [e] ἀνάπτεις φλόγα εὐεργεσίας. Οὐδὲ γὰρ ἐπειδὴ ὕβρισται, ἀγανακτεῖ, ἀλλ' ἐπειδὴ σὺ ὁ ὑβρίζων εἶ, καὶ ταύτῃ γινόμενος πάροινος. Εἰ γὰρ ἡμεῖς πονηροὶ ὄντες,

[a] Savil. ἐπειδὴ ῥαθύμως ᾔτησαν.
[b] Morel. προσεδρεία hic et infra. Savil. προσεδρία.
* [Savil. μὴ ante εἶναι uncis inclusit.]
[c] Morel. male κἂν τὰ ὠφελλόμενα.
[d] Alii μεταμελόμενον.
[e] Savil. ἀνάπτει.

τῶν παίδων ὑβριζόντων, ὑπὲρ ἐκείνων ἀλγοῦμεν· πολ-
λῷ μᾶλλον ὁ Θεὸς, ὁ μηδὲ ὑβρισθῆναι δυνάμενος, E
ὑπὲρ σοῦ [f] τοῦ ὑβρικότος ἀγανακτεῖ. Εἰ ἡμεῖς οἱ φύσει
ἀγαπῶντες, πολλῷ μᾶλλον ὁ ὑπὲρ φύσιν φιλόστοργος.
Εἰ γὰρ καὶ [g] ἐπιλανθάνοιτο γυνὴ, φησὶ, τὰ ἔκγονα
τῆς κοιλίας αὐτῆς, ἀλλ' ἐγὼ οὐκ ἐπιλήσομαί σου, λέγει
Κύριος. Προσέλθωμεν τοίνυν αὐτῷ καὶ εἴπωμεν· Ναὶ,
Κύριε· καὶ γὰρ καὶ τὰ κυνάρια ἐσθίει ἀπὸ τῶν ψιχίων 283
τῶν πιπτόντων ἀπὸ τῆς τραπέζης τῆς κυρίων αὐτῶν. A
Προσέλθωμεν [a] τοίνυν εὐκαίρως καὶ ἀκαίρως· μᾶλλον
δὲ οὐδέποτέ ἐστιν ἀκαίρως προσελθεῖν· ἄκαιρον γὰρ τὸ
μὴ διηνεκῶς προσιέναι. Τὸν γὰρ [b] ἐπιθυμοῦντα διδόναι
διὰ παντὸς εὔκαιρον αἰτεῖς. Ὥσπερ γὰρ τὸ ἀναπνεῖν
οὐδέποτε ἄκαιρον, οὕτως οὐδὲ τὸ αἰτεῖν, ἀλλὰ τὸ μὴ
αἰτεῖν ἄκαιρον. Καὶ γὰρ καθάπερ τῆς ἀναπνοῆς δεόμεθα ταύτης, οὕτω καὶ τῆς παρ' αὐτοῦ βοηθείας· κἂν
θέλωμεν, ῥᾳδίως αὐτὸν ἐπισπασόμεθα. Καὶ τοῦτο δηλῶν ὁ προφήτης, καὶ δεικνὺς τῆς εὐεργεσίας τὸ ἀεὶ παρεσκευασμένον, ἔλεγεν· Ὡς ὄρθρον ἕτοιμον εὑρήσομεν
αὐτόν. Ὁσάκις γὰρ ἂν προσέλθωμεν, ἀναμένοντα τὰ
παρ' ἡμῶν ὀψόμεθα. Εἰ δὲ οὐδὲν ἀπὸ τῆς πηγαζούσης B
αὐτοῦ ἀρετῆς ἀρυόμεθα, ἡμέτερον τὸ ἔγκλημα ἅπαν.
Τοῦτο γοῦν καὶ Ἰουδαίοις ἐγκαλῶν ἔλεγε· Τὸ δὲ ἔλεός
μου ὡς νεφέλη πρωϊνὴ, καὶ ὡς δρόσος ὀρθρινὴ παρα-
πορευομένη. Ὃ δὲ λέγει, τοιοῦτόν ἐστιν· ἐγὼ μὲν τὰ
παρ' ἐμαυτοῦ ἅπαντα παρέσχον· ὑμεῖς δὲ, ὥσπερ
ἥλιος θερμὸς ἐπιὼν καὶ τὴν νεφέλην καὶ τὴν δρόσον
διακρούεται καὶ ἀποκρύπτει, οὕτω διὰ τῆς πολλῆς
πονηρίας τὴν ἄφατον ἀνεστείλατε φιλοτιμίαν. Ὃ καὶ
αὐτὸ πάλιν προνοίας ἐστίν. Ὅταν γὰρ καὶ ἀναξίους
ἴδῃ τοῦ παθεῖν εὖ, ἐπέχει τὰς εὐεργεσίας, ἵνα μὴ ῥᾳθύμους ἡμᾶς ἐργάσηται. Ἂν δὲ μεταβαλώμεθα μικρὸν,
καὶ τοσοῦτον ὅσον γνῶναι ὅτι ἡμάρτομεν, ὑπὲρ τὰς
πηγὰς ἀναβλύζει, ὑπὲρ τὸ πέλαγος χεῖται· καὶ ὅσῳ C
ἂν πλείονα λάβῃς, τοσούτῳ μᾶλλον χαίρει· καὶ ταύτῃ
πρὸς τῷ πλείονα δοῦναι διανίσταται πάλιν. Καὶ γὰρ
πλοῦτον οἰκεῖον τὴν ἡμετέραν ἡγεῖται σωτηρίαν, καὶ
τὸ δοῦναι δαψιλῶς τοῖς αἰτοῦσιν· [c] ὅπερ οὖν καὶ ὁ
Παῦλος δηλῶν ἔλεγε· Πλουτῶν εἰς πάντας, καὶ ἐπὶ
πάντας τοὺς ἐπικαλουμένους αὐτόν. Ὅταν γὰρ μὴ αἰτήσωμεν, τότε ὀργίζεται· ὅταν μὴ αἰτήσωμεν, τότε
ἀποστρέφεται. Διὰ τοῦτο ἐπτώχευσεν, ἵνα ἡμᾶς πλουσίους ἐργάσηται· διὰ τοῦτο πάντα ὑπέστη ἐκεῖνα, ἵνα
ἡμᾶς ἐκκαλέσηται πρὸς τὸ αἰτεῖν. Μὴ τοίνυν ἀπο- D
γνῶμεν· ἀλλ' ἔχοντες τοσαύτας ἀφορμὰς καὶ χρηστὰς
ἐλπίδας, κἂν καθ' ἑκάστην τὴν ἡμέραν ἁμαρτάνωμεν,
προσίωμεν παρακαλοῦντες, δεόμενοι, τὴν ἄφεσιν τῶν

si contumeliosi sint filii, pro illis dolemus: quan-
to magis Deus, qui injuria affici nequit, pro te-
ipso contumelioso indignatur? Si nos, qui natura
diligimus: multo magis ille, qui ultra naturam
diligit. Nam, *Etsi obliviscatur*, inquit, *mulier* Isai. 49. 15.
infantum uteri sui, sed ego non obliviscar tui,
dicit Dominus. Accedamus igitur ad eum et dicamus: *Etiam, Domine; nam et catelli edunt* Matth. 15.
de micis, quæ cadunt de mensa dominorum suo- 27.
rum. Accedamus itaque opportune et importune;
imo vero numquam possumus importune accede-
re: importunum quippe est non assidue adire. Nam Ad Deum
eum, qui dare gestit, opportunum est semper ro- accedentes,
gare. Quemadmodum enim respirare numquam im- importuni numquam
portunum est, sic et petere numquam, sed non pe- sunt.
tere est importunum. Etenim sicut hac respiratione
opus habemus, sic et ejus auxilio: ac si velimus, facile ipsum ad nos attrahemus. Et hoc indicans propheta, declaransque Deum ad beneficia præstanda
semper paratum, dicebat: *Sicut diluculum para-* Osee. 6. 3.
tum inveniemus eum. Quoties enim ad eum ac-
cesserimus, nostra exspectantem videbimus. Quod
si nihil ex ejus virtute ceu fons scaturiente hauriamus, nostra culpa est omnino. Hoc enim Judæos
incusans dicebat: *Misericordia autem mea ut* Ibid. v. 4.
nubes matutina, et sicut ros mane pertransiens.
Quod autem dicit, hujusmodi est: Ego quidem
quæ mea erant omnia præstiti; vos vero, quemadmodum sol ardens superveniens et nubem et rorem dissipat et occultat, sic ob multam nequitiam
ineffabilem reprimitis liberalitatem. Id quod tamen providentiæ est. Nam cum indignos videt
nos qui bonis afficiamur, beneficia retinet, ne nos
desides efficiat. Si autem vel parum convertamur,
tantum videlicet quantum opus est ut cognosca-
mus nos peccasse, plus quam fontes scaturit, plus
quam pelagus diffluit: et quanto majora acceperis,
tanto magis gaudet: hincque ad plura danda se
comparat. Nam divitias suas nostram putat esse
salutem, et ipsam dandi petentibus largitatem:
quod etiam Paulus sic declarabat: *Dives in omnes,* Rom. 10.
et super omnes qui invocant illum. Cum enim 12.
non petimus, tunc irascitur; cum non petimus,
tunc aversatur. Ideo pauper fuit, ut nos divites
essemus; ideo illa omnia pertulit, ut nos ad petendum vocaret. Ne itaque desperemus: sed has
occasiones et bonam spem habentes, etiamsi per

f Quidam τοῦ ὑβρίζοντος.

g Alius Codex ἐπιλάθοιτο, et ibidem τὰ ἔγγονα.

a In Savil. τοίνυν deest. [Paulo ante Savil. in marg. e var. lect. et Bibl. τῶν κυρίων.]

b Ita melius Savil. et alii. In Morel. vero legitur ἐπιθυμοῦντα διὰ παντὸς διδόναι, εὔκαιρον αἰτεῖν.

c Unus ὥσπερ οὖν. [Paulo ante Savil. in textu πρὸς τὸ πλείονα δοῦναι, sed in marg. γρ. τῷ.]

singulos dies peccamus, accedamus rogantes, obsecrantes, peccatorum remissionem petentes. Sic enim et ad peccandum tardiores efficiemur, et diabolum depellemus, ac Dei misericordiam provocabimus, futuraque consequemur bona, gratia et benignitate Domini nostri Jesu Christi, cui gloria et imperium in sæcula sæculorum. Amen.

πλημμελημάτων αἰτοῦντες. Οὕτω γὰρ καὶ πρὸς τὸ ἁμαρτάνειν ὀκνηρότεροι λοιπὸν ἐσόμεθα, καὶ τὸν διάβολον ἀποσοβήσομεν, καὶ τοῦ Θεοῦ τὴν φιλανθρωπίαν ἐκκαλεσόμεθα, καὶ τῶν μελλόντων ἀγαθῶν ἐπιτευξόμεθα, χάριτι καὶ φιλανθρωπίᾳ τοῦ Κυρίου ἡμῶν Ἰη-
E σοῦ Χριστοῦ, ᾧ ἡ δόξα καὶ τὸ κράτος εἰς τοὺς αἰῶνας τῶν αἰώνων. Ἀμήν.

HOMILIA XXIII. al. XXIV.

284 A

ΟΜΙΛΙΑ κγ΄.

Cap. VII. v. 1. *Nolite judicare, ne judicemini.*

Μὴ κρίνετε, ἵνα μὴ κριθῆτε.

1. Quid igitur? non oportet peccantes accusare? Nam et Paulus hoc ipsum dicit; imo et
Rom. 14. 10. Christus per Paulum, his verbis : *Tu, quid judi-*
cas fratrem tuum? et tu, quid spernis fratrem
Ibid. v. 4. *tuum?* Et, *Tu, quis es, qui judicas alienum ser-*
1. Cor. 4. 5. *vum?* Et iterum : *Nolite ante tempus judicare,*
quoadusque veniat Dominus. Cur autem alibi
2. Tim. 4. 2. dicit : *Argue, obsecra, increpa?* et alibi, *Pec-*
1. Tim. 5. 20. *cantes coram omnibus argue?* et Christus Petro :
Matth. 18. 15.—17. *Vade, corripe illum inter te et ipsum solum :*
si non audierit, alium tecum adjunge; si vero
neque sic cesserit, Ecclesiæ nuntia? et tam
multos constituit increpantes, nec solum increpantes, sed etiam punientes? Nam eum qui nullum horum audisset, jussit haberi quasi ethnicum et publicanum. Cur autem illis claves dedit? Nam si judicaturi non sunt, nullam habebunt auctoritatem, et frustra ligandi atque solvendi auctoritatem acceperunt. Et alioquin, si hoc obtineat, omnia pessum ibunt, et in ecclesiis, et in civitatibus, et in domibus. Nam dominus servum et domina ancillam, pater filium, amicus amicum nisi judicaverint, nequitia augebitur. Et quid dico, amicus amicum? Inimicos si non judicemus, numquam poterimus inimicitias solvere, sed sus deque omnia vertentur. Quid ergo sit hoc quod dicitur diligenter attendamus, ne remedia salutis et leges pacis putet quispiam esse leges subversionis et confusionis. Nam iis qui intelligentia valent, in sequentibus maxime hujusce legis virtutem ostendit
v. 3. dicens : *Quid vides festucam in oculo fratris*
tui, trabem autem quæ est in oculo tuo non
Illud, No- *consideras?* Quod si multis tardiorum dictum ad-

Τί οὖν; οὐ χρὴ τοῖς ἁμαρτάνουσιν ἐγκαλεῖν; Καὶ γὰρ ὁ Παῦλος τὸ αὐτὸ τοῦτό φησι· μᾶλλον δὲ κἀκεῖ ὁ Χριστὸς διὰ Παύλου, λέγων· Σὺ τί κρίνεις τὸν ἀδελφόν σου; καὶ σὺ, τί ἐξουθενεῖς τὸν ἀδελφόν σου; Καὶ, Σὺ τίς εἶ, ὁ κρίνων ἀλλότριον οἰκέτην; Καὶ πάλιν·
B Ὥστε μὴ πρὸ καιροῦ κρίνητε, ἕως ἂν ἔλθῃ ὁ Κύριος. Πῶς οὖν [a] ἑτέρωθί φησιν· Ἔλεγξον, ἐπιτίμησον, παρακάλεσον; καὶ πάλιν, Τοὺς ἁμαρτάνοντας ἐνώπιον πάντων ἔλεγχε; καὶ ὁ Χριστὸς δὲ τῷ Πέτρῳ· Ὕπαγε, ἔλεγξον αὐτὸν μεταξύ σου καὶ αὐτοῦ μόνου· κἂν παρακούσῃ, καὶ ἕτερον σαυτῷ πρόσθες· ἂν δὲ μηδὲ οὕτως ἐνδῷ, καὶ τῇ Ἐκκλησίᾳ [b] κατάγγειλον; καὶ τοσούτους ἐπέστησε τοὺς ἐπιτιμῶντας, καὶ οὐ μόνον τοὺς ἐπιτιμῶντας, ἀλλὰ καὶ κολάζοντας; Τὸν γὰρ οὐδενὸς τούτων ἀκούσαντα, ἐκέλευσεν [c] ὡς ἐθνικὸν εἶναι, καὶ τελώνην. Πῶς δὲ αὐτοῖς καὶ τὰς κλεῖς ἔδωκεν; Εἰ γὰρ μὴ μέλλουσι κρίνειν, ἁπάντων ἔσονται ἄκυροι, καὶ
C μάτην τὴν ἐξουσίαν τοῦ δεσμεῖν καὶ τοῦ λύειν εἰλήφασι. Καὶ ἄλλως δὲ, εἰ τοῦτο κρατήσειεν, ἅπαντα οἰχήσεται, καὶ τὰ ἐν ταῖς ἐκκλησίαις, καὶ τὰ ἐν ταῖς πόλεσι, καὶ τὰ ἐν ταῖς οἰκίαις. [d] Καὶ γὰρ ὁ δεσπότης τὸν οἰκέτην, καὶ ἡ δέσποινα τὴν θεραπαινίδα, καὶ ὁ πατὴρ τὸν υἱὸν, καὶ ὁ φίλος τὸν φίλον ἐὰν μὴ κρίνωσιν, ἐπιδώσει τὰ τῆς κακίας. Καὶ τί λέγω, ὁ φίλος τὸν φίλον; Τοὺς ἐχθροὺς ἐὰν μὴ κρίνωμεν, οὐδέποτε καταλῦσαι δυνησόμεθα τὴν ἔχθραν, ἀλλ' ἄνω καὶ κάτω πάντα γενήσεται. Τί ποτ' οὖν ἐστι τὸ εἰρημένον, προσέχωμεν μετὰ ἀκριβείας, ἵνα μὴ τὰ φάρμακα τῆς σωτηρίας καὶ τοὺς τῆς εἰρήνης νόμους νομίζῃ τις ἀνα-
D τροπῆς εἶναι καὶ συγχύσεως νόμους. Μάλιστα μὲν γὰρ καὶ διὰ τῶν ἑξῆς ἐνεδείξατο τοῖς νοῦν ἔχουσι τοῦ νόμου τούτου τὴν ἀρετὴν, εἰπών· Τί βλέπεις τὸ κάρφος τὸ ἐν τῷ ὀφθαλμῷ τοῦ ἀδελφοῦ σου, τὴν δὲ δοκὸν τὴν ἐν τῷ

[a] Savil. ἑτέρωθι, Morel. ἑτέρωθεν. Prior lectio anteponenda. [Paulo ante Savil. et Bibl. ὥστε μὴ πρὸ καιροῦ τι κρίνετε.]

[b] Alii ἀνάγγειλον.

[c] Morel. ὡς τὸν ἐθνικὸν καὶ τὸν τελώνην, minus recte.

[d] Unus καὶ ὁ δεσπότης.

σῷ ὀφθαλμῷ οὐ κατανοεῖς; Εἰ δὲ πολλοῖς [e] τῶν ῥαθυμοτέρων τὸ εἰρημένον ἀσαφέστερον ἔτι εἶναι δοκεῖ, ἄνωθεν αὐτὸ διαλῦσαι πειράσομαι. Ἐνταῦθα γὰρ, ὥς ἔμοιγε δοκεῖ, οὐχ ἁπλῶς ἅπαντα τὰ ἁμαρτήματα κελεύει μὴ κρίνειν, οὐδὲ ἁπλῶς ἀπαγορεύει τὸ τοιοῦτον ποιεῖν, ἀλλὰ τοῖς μυρίων γέμουσι κακῶν, καὶ ἄλλοις ὑπὲρ τῶν τυχόντων ἐπεμβαίνουσιν. Δοκεῖ δέ μοι καὶ Ἰουδαίους ἐνταῦθα αἰνίττεσθαι, ὅτι πικροὶ τῶν πλησίον ὄντες κατήγοροι, μικρῶν ἕνεκεν καὶ οὐδαμινῶν, E αὐτοὶ τὰ μεγάλα ἀνεπαισθήτως ἡμάρτανον· ὃ καὶ πρὸς τῷ τέλει ὀνειδίζων αὐτοὺς ἔλεγεν, ὅτι Δεσμεύετε φορτία βαρέα καὶ δυσβάστακτα· ὑμεῖς δὲ τῷ δακτύλῳ οὐ θέλετε [f] κινῆσαι αὐτά· καὶ, Ἀποδεκατοῦτε τὸ ἡδύοσμον 285 καὶ τὸ ἄνηθον, καὶ [a] κατελείψατε τὰ βαρύτερα τοῦ νόμου, A τὴν κρίσιν, καὶ τὸν ἔλεον, καὶ τὴν πίστιν. Δοκεῖ μὲν οὖν καὶ πρὸς τούτους ἀποτείνεσθαι, προαναστέλλων αὐτοὺς ἐν οἷς ἔμελλον τῶν μαθητῶν κατηγορεῖν. Εἰ γὰρ καὶ μηδὲν ἥμαρτον ἐκεῖνοι τοιοῦτον, ἀλλ' ὅμως ἐκείνοις πλημμελήματα ἐνομίζετο εἶναι· οἷον, τὸ σάββατον μὴ τηρεῖν, τὸ χερσὶν ἀνίπτοις ἐσθίειν, τὸ μετὰ τελωνῶν κατακεῖσθαι· ὃ καὶ ἀλλαχοῦ φησιν· Οἱ τὸν κώνωπα διυλίζοντες, καὶ τὴν κάμηλον καταπίνοντες. Πλὴν καὶ κοινὸν τὸν περὶ τούτων τίθησι νόμον. Καὶ Κορινθίοις δὲ ὁ Παῦλος οὐχ ἁπλῶς ἐκέλευσε μὴ κρίνειν, ἀλλὰ τοὺς ὑπὲρ ἑαυτοὺς μὴ κρίνειν, καὶ δι' ὑπόθεσιν ὡμολογημένην, ἀλλὰ περὶ τῶν κρυπτῶν, καὶ B ἀδήλων, οὐχ ἁπλῶς τοὺς ἁμαρτάνοντας μὴ διορθοῦν. Καὶ οὐδὲ ἀδιορίστως ἅπασι τότε ἐπετίμα, ἀλλὰ μαθηταῖς περὶ διδασκάλων τοῦτο ποιοῦσιν ἐπέπληττε, καὶ τοῖς μυρίων κακῶν ὑπευθύνοις οὖσι, τοὺς ἀνευθύνους διαβάλλουσιν· ὅπερ οὖν καὶ ὁ Χριστὸς ἐνταῦθα ᾐνίξατο, καὶ οὐχ ἁπλῶς ᾐνίξατο, ἀλλὰ καὶ πολὺν ἐπέστησε τὸν φόβον καὶ τὴν κόλασιν ἀπαραίτητον. Ἐν ᾧ γὰρ κρίματι κρίνετε, φησὶ, κριθήσεσθε. Οὐ γὰρ ἐκεῖνον [b] καταδικάζεις, φησὶν, ἀλλὰ σαυτὸν, καὶ φοβερόν σοι ποιεῖς τὸ δικαστήριον, καὶ ἀκριβεῖς τὰς εὐθύνας. Ὥσπερ οὖν ἐν τῇ τῶν ἁμαρτημάτων ἀφέσει παρ' ἡμῶν αἱ ἀρχαὶ, οὕτω καὶ ἐν ταύτῃ τῇ κρίσει παρ' ἡμῶν τὰ μέτρα τῆς καταδίκης τίθεται. Οὐδὲ γὰρ ὀνειδίζειν δεῖ, οὐδὲ ἐπεμβαίνειν, ἀλλὰ νουθετεῖν· C οὐ κακηγορεῖν, ἀλλὰ συμβουλεύειν· οὐδὲ μετὰ ἀπονοίας ἐπιτίθεσθαι, ἀλλὰ μετὰ φιλοστοργίας διορθοῦν. Οὐ γὰρ ἐκεῖνον, ἀλλὰ σαυτὸν [c] παραδώσεις ἐσχάτῃ τιμωρίᾳ, μὴ φειδόμενος αὐτοῦ, ἡνίκα ἂν δεήσῃ ψηφίζεσθαι περὶ τῶν πεπλημμελημένων [d] αὐτῷ.

huc obscurius esse videatur, rem a principio solvere tentabo. (*lite judicare, quomodo intelligendum.*) Hic certe, ut mihi quidem videtur, non omnia peccata jubet non judicare, neque omnino vetat illud agere, sed illos respicit qui innumeris onusti vitiis, aliis ob levia quæque insultant. Videtur autem hic Judæos subindicare, qui cum acerbi essent de rebus minimis nulliusque momenti proximi sui accusatores, magna illi sine ullo sensu crimina admittebant : quod etiam in fine exprobrans illis dicebat : *Alligatis onera gravia et importabilia : vos autem non vultis ea digito movere;* (*Matth. 23. 4.*) et, *Decimatis mentham et anethum, et dereliquistis ea quæ graviora sunt legis, judicium, misericordiam et fidem.* (*Ibid. v. 23.*) Judæos igitur videtur in animo habere, jam ante illos reprimens ob ea de quibus discipulos accusaturi erant. Etsi enim illi nihil tale peccaverant, quædam tamen ipsis peccata videbantur esse, ut, sabbatum non observare, illotis manibus manducare, cum publicanis recumbere; quod et alibi ait : *Excolantes culicem, et deglutientes camelum.* (*Ibid. v. 24.*) Cæterum communem de his legem constituit. Corinthiis vero scribens Paulus, non simpliciter prohibet judicare, sed eos qui ipsis præerant judicare vetat, etiam in re manifesta, itemque in occultis et incertis, nec simpliciter vetat peccantes emendare. Neque tunc omnes sine discrimine increpabat; sed discipulos qui magistros arguerent coercebat, nec non eos qui innumerorum rei malorum, innoxios criminabantur : id quod etiam hic Christus subindicavit, nec modo subindicavit, sed et multum incussit timorem, indixitque supplicium inevitabile. 2. *In quo enim judicio*, inquit, *judicaveritis, judicabitur de vobis.* Non enim illum condemnas, inquit, sed teipsum, et formidandum tibi paras tribunal, accuratioremque reddendam rationem. Quemadmodum enim in remissione peccatorum, principia a nobis petuntur, sic et in hoc judicio, damnationis mensuræ ponuntur a nobis. Non enim exprobrare oportet vel insultare, sed admonere : non maledicere, sed consilium dare : nec arroganter insurgere, sed cum dilectione corrigere. Non enim illum, sed te extremo trades supplicio, dum non parcis illi quando oportuit de illius delictis ferre sententiam.

[e] Τῶν ῥαθυμοτέρων deest in quibusdam Mss., et τὸ εἰρημένον in aliis.

[f] Morel. νικῆσαι, male.

[a] Morel. κατελείπατε.

[b] Aliqui καταδικάζεις κρίνων, φησί. Infra quidam ἐν ταύτῃ τῇ κατακρίσει. Paulo post Morel. κατηγορεῖν.

[c] Alii παραδίδως.

[d] Morel. αὐτῶν, minus recte. Paulopost hæc, τοῖς πειθομένοις, desunt in quibusdam Mss.

2. Viden' quomodo hæc duo præcepta et levia
sint, et magnorum obsequentibus causæ bonorum,
ut et malorum non attendentibus? Nam et qui proximo dimittit, se magis quam illum sine ullo labore reatibus liberat; et qui indulgenter peccata aliorum examinat, magnum sibi veniæ fœnus ex tali
allato calculo parat. Quid igitur, inquies, si fornicatus fuerit? non dicam malam rem esse fornicationem, neque corripiam lascivientem? Corripe quidem, sed non ut hostis vel inimicus ultionem ex-
poscens, sed ut medicus remedia apparans. Neque
enim dixit, Ne cohibeas peccantem, sed, Ne judices: id est, Ne acerbus sis judex. Alioquin autem non de magnis rebus aut prohibitis, ut dixi,
sed de iis quæ non videntur esse crimina, hoc
dictum fuit. Quamobrem dicebat: 3. *Quid vides
festucam in oculo fratris tui?* Etenim multi
nunc id faciunt, qui si viderint monachum su-
perfluo vestitu indutum, legem illi dominicam
objiciunt, licet ipsi millia abripiant, ac quotidie
divitias accumulent: et si viderint largiore uti
cibo, acerbi instant accusatores, licet quotidie
ipsi crapulæ et ebrietati dent operam, ignorantes
se propriis onustos peccatis, majorem hinc sibi
ignem colligere, ac sese omni excusatione privare.
Quod enim tua accurate sint examinanda, tu prius
hanc legem posuisti, cum ita de proximo tuo ju-
dicasti. Ne itaque illud grave esse existimes, si
tales et ipse pœnas daturus sis. 5. *Hypocrita,
ejice primo trabem ex oculo tuo.* Hic iram vult
exhibere plurimam, quam concipit erga illos qui
tali se gerunt modo. Nam quotiescumque vult
ostendere magnum esse peccatum, multamque pœnam et ultionem ipsi paratam, a convicio orditur.
Quemadmodum et contra illum qui centum dena-
Matth. 18. 32. rios exigebat, indignans dicebat: *Serve nequam,
omne debitum illud dimisi tibi:* sic et hoc loco
dicit, *Hypocrita.* Non enim curam æqui hæc sententia exhibet, sed inhumanitatem; et larvam quidem humanitatis præ se fert, extremam vero nequitiam exercet, dum superflua proximo opprobria
atque crimina affingit, et locum magistri invadit,
qui non dignus est esse discipulus: quamobrem
hypocritam illum vocavit. Nam qui in alienis ita
acerbus es, ut etiam exigua videas, quomodo in
tuis ita negligens fuisti, ut etiam magna transcur-
reres? *Ejice primum trabem de oculo tuo.* Viden' quod non vetet judicare, sed jubeat primum

Ὁρᾷς πῶς αὗται αἱ δύο ἐντολαὶ καὶ κοῦφαι, καὶ
μεγάλων αἴτιαι ἀγαθῶν τοῖς πειθομένοις, ὥσπερ οὖν
καὶ κακῶν τοῖς μὴ προσέχουσιν; Ὅ τε γὰρ ἀφιεὶς τῷ
πλησίον, ἑαυτὸν πρὸ ἐκείνου τῶν ἐγκλημάτων ἀπήλ-
D λαξεν οὐδὲν καμών· ὅ τε μετὰ φειδοῦς καὶ συγγνώμης τὰ πεπλημμελημένα ἑτέροις ἐξετάσας, πολὺν
ἑαυτῷ τῆς συγγνώμης [e] τὸν ἔρανον ἀπὸ τῆς ψήφου
προαπέθετο. Τί οὖν, ἂν πορνεύῃ, φησὶ, μὴ εἴπω ὅτι
κακὸν ἡ πορνεία, μηδὲ διορθώσομαι τὸν ἀσελγαίνοντα;
Διόρθωσον μὲν, ἀλλὰ μὴ ὡς πολέμιος, μηδὲ ὡς
ἐχθρὸς ἀπαιτῶν δίκην, ἀλλ' ὡς ἰατρὸς φάρμακα κατασκευάζων. Οὐδὲ γὰρ εἶπε, μὴ παύσῃς ἁμαρτάνοντα,
ἀλλὰ, Μὴ κρίνῃς· τουτέστι, μὴ πικρὸς γίνου δικαστής. Ἄλλως δὲ οὐδὲ περὶ τῶν μεγάλων, καὶ ἀπηγο-
ρευμένων, ὅπερ ἔφθην εἰπὼν, ἀλλὰ περὶ τῶν οὐδὲ
E δοκούντων εἶναι πλημμελημάτων τοῦτο εἴρηται. Διὸ
καὶ ἔλεγε· Τί βλέπεις τὸ κάρφος τὸ ἐν τῷ ὀφθαλμῷ
τοῦ ἀδελφοῦ σου; [f] Καὶ γὰρ καὶ πολλοὶ νῦν τοῦτο
286 ποιοῦσι· κἂν ἴδωσι μοναχὸν περιττὸν ἱμάτιον ἔχοντα,
A τὸν νόμον αὐτῷ προβάλλονται τὸν δεσποτικὸν, αὐτοὶ
μυρία ἁρπάζοντες καὶ καθ' ἑκάστην πλεονεκτοῦντες
τὴν ἡμέραν· κἂν ἴδωσι δαψιλεστέρας τροφῆς ἀπολαύοντα, πικροὶ γίνονται κατήγοροι, καθ' ἡμέραν
αὐτοὶ μεθύοντες καὶ κραιπαλῶντες, οὐκ εἰδότες ὅτι
μετὰ τῶν οἰκείων ἁμαρτημάτων μεῖζον ἑαυτοῖς ἐντεῦθεν συνάγουσι τὸ πῦρ, καὶ πάσης ἑαυτοὺς ἀποστεροῦσι τῆς ἀπολογίας. Ὅτι μὲν γὰρ δεῖ μετὰ ἀκριβείας
ἐξετάζειν τὰ σὰ, σὺ πρῶτος νόμον ἔθηκας, οὕτω τοῖς
τοῦ πλησίον δικάσας. Μὴ τοίνυν βαρὺ εἶναι νόμιζε, εἰ
καὶ αὐτὸς μέλλεις τοιαύτας ὑπέχειν εὐθύνας. Ὑπο-
κριτὰ, ἔκβαλε πρῶτον τὴν δοκὸν ἐκ τοῦ ὀφθαλμοῦ σου.
B Ἐνταῦθα τὴν ὀργὴν ἐνδείξασθαι βούλεται τὴν πολλὴν,
ἣν ἔχει πρὸς τοὺς τὰ τοιαῦτα ποιοῦντας. Καὶ γὰρ ὅπουπερ ἂν βουληθῇ δεῖξαι τὸ ἁμάρτημα μέγα ὂν, καὶ
πολλὴν τὴν ἐπ' αὐτῷ κόλασιν καὶ ὀργὴν, ἀπὸ ὕβρεως
ἄρχεται. Ὥσπερ οὖν καὶ πρὸς ἐκεῖνον τὸν [a] τὰ ἑκατὸν
δηνάρια ἀπαιτοῦντα ἀγανακτῶν ἔλεγε· Πονηρὲ δοῦλε,
πᾶσαν τὴν ὀφειλὴν ἐκείνην ἀφῆκά σοι· οὕτω καὶ ἐνταῦθα, Ὑποκριτά. Οὐ γὰρ κηδεμονίας ἡ τοιαύτη ψῆφος, ἀλλὰ μισανθρωπίας ἐστί· καὶ προσωπεῖον μὲν
φιλανθρωπίας προβάλλεται, ἔργον δὲ ἐσχάτης πονηρίας πληροῖ, ὀνείδη περιττὰ καὶ ἐγκλήματα προστρι-
C βόμενος τοῖς πλησίον, καὶ διδασκάλου τάξιν ἁρπάζων,
οὐδὲ μαθητὴς ἄξιος ὢν εἶναι· [b] διὸ καὶ ὑποκριτὴν
αὐτὸν ἐκάλεσεν. Ὁ γὰρ ἐν τοῖς ἑτέρων οὕτως ὢν πικρὸς, ὡς καὶ τὰ μικρὰ ἰδεῖν, πῶς ἐν τοῖς σοῖς οὕτω
γέγονας ῥᾴθυμος, ὡς καὶ τὰ μεγάλα παραδραμεῖν;
Ἔκβαλε πρῶτον τὴν δοκὸν ἐκ τοῦ ὀφθαλμοῦ σου.

[e] Alii τὸν ἔλεον ἀπὸ τῆς.

[f] Morel. καὶ γὰρ πολλοί. Ibid. περιττὸν ἱμάτιον, *vestitu*, sive *pallio elegantiore*, quod monachum non deceat.

[a] Morel. τὰ ἑκατὸν τάλαντα, perperam.

[b] Unus διὰ τοῦτο ὑποκριτήν.

῾Ορᾷς, ὅτι οὐ κωλύει τὸ κρίνειν, ἀλλὰ κελεύει [a] ἐκβαλεῖν πρῶτον τὴν δοκὸν ἐκ τοῦ ὀφθαλμοῦ, καὶ τότε τὰ τῶν ἄλλων διορθοῦν; Καὶ γὰρ τὰ ἑαυτοῦ τις μᾶλλον οἶδεν, ἢ τὰ ἑτέρων, καὶ τὰ μείζονα μᾶλλον ὁρᾷ, ἢ τὰ ἐλάττω· καὶ ἑαυτὸν μᾶλλον φιλεῖ, ἢ τὸν πλησίον. ῞Ωστε εἰ κηδόμενος ποιεῖς, σαυτοῦ κήδου πρότερον, D ἔνθα καὶ σαφέστερον καὶ μεῖζον τὸ ἁμάρτημα. Εἰ δὲ σαυτοῦ καταφρονεῖς, εὔδηλον ὅτι καὶ τὸν ἀδελφόν σου οὐ κηδόμενος κρίνεις, ἀλλὰ μισῶν καὶ ἐκπομπεῦσαι βουλόμενος. Εἰ γὰρ καὶ δέοι τοῦτον κρίνεσθαι, παρὰ τοῦ μηδὲν τοιοῦτον ἁμαρτάνοντος, οὐ παρὰ σοῦ. ᾿Επειδὴ γὰρ μεγάλα καὶ ὑψηλὰ φιλοσοφίας ἐνέθηκε δόγματα, ἵνα μή τις λέγῃ, ὅτι τὰ τοιαῦτα φιλοσοφεῖν λόγοις εὔκολον, δεῖξαι βουλόμενος τὴν παῤῥησίαν, καὶ τὸ μηδενὶ τῶν εἰρημένων ὑπεύθυνον εἶναι, ἀλλὰ πάντα κατορθωκέναι, ταύτην εἶπε τὴν παραβολήν. Καὶ γὰρ E καὶ αὐτὸς ἔμελλε κρίνειν μετὰ ταῦτα, Οὐαὶ ὑμῖν, γραμματεῖς καὶ Φαρισαῖοι, ὑποκριταὶ, λέγων· ἀλλὰ οὐκ ἦν ὑπεύθυνος τοῖς εἰρημένοις· οὔτε γὰρ κάρφος ἐξέβαλεν, οὔτε δοκὸν εἶχεν ἐπὶ τῶν ὀμμάτων, ἀλλὰ πάντων τούτων ὢν καθαρὸς, οὕτω τὰ πάντων διώρθου πλημμελήματα. Οὐδὲ γὰρ δεῖ, φησὶ, κρίνειν ἑτέρους, ὅταν τις τῶν αὐτῶν ὑπεύθυνος ᾖ. Καὶ τί θαυμάζεις, εἰ τὸν 287 A νόμον τοῦτον αὐτὸς ἔθηκεν, ὅπου γε καὶ ὁ λῃστὴς αὐτὸν ἐγίνωσκεν ἐπὶ τοῦ σταυροῦ, τῷ ἑτέρῳ λῃστῇ λέγων· Οὐδὲ φοβῇ σὺ τὸν Θεὸν, ὅτι ἐν τῷ αὐτῷ κρίματί ἐσμεν· τὰ αὐτὰ τῷ Χριστῷ νοήματα λέγων; Σὺ δὲ τὴν μὲν σαυτοῦ δοκὸν οὐ μόνον οὐκ ἐκβάλλεις, ἀλλ' οὐδὲ ὁρᾷς· τὸ δὲ ἑτέρου κάρφος οὐ μόνον ὁρᾷς, ἀλλὰ καὶ κρίνεις, καὶ ἐκβάλλειν ἐπιχειρεῖς· ὥσπερ εἴ τις ὑδέρῳ συνεχόμενος χαλεπῷ, [a] ἢ καὶ ἑτέρῳ νοσήματι ἀνιάτῳ, τούτου μὲν ἀμελοίη, ἐγκαλοίη δὲ ἑτέρῳ φυσήματος ἀμελοῦντι μικροῦ. Εἰ δὲ κακὸν τὸ μὴ ὁρᾷν τὰ ἑαυτοῦ ἁμαρτήματα, διπλοῦν καὶ τριπλοῦν κακὸν τὸ καὶ [b] ἑτέρους δικάζειν, αὐτοὺς ἀναλγήτως ἐπὶ τῶν B ὀφθαλμῶν περιφέροντας τὰς δοκούς. Καὶ γὰρ δοκοῦ βαρύτερον ἁμαρτία.

῝Ο τοίνυν ἐκέλευσε διὰ τῶν εἰρημένων, τοῦτό ἐστι, τὸν ὑπεύθυνον ὄντα μυρίοις κακοῖς μὴ πικρὸν εἶναι δικαστὴν τῶν ἑτέροις πλημμελουμένων, καὶ μάλιστα ὅταν μικρὰ ταῦτα ᾖ· οὐ τὸ ἐλέγχειν, οὐδὲ τὸ διορθοῦν ἀνατρέπων, ἀλλὰ τὸ τῶν οἰκείων ἀμελεῖν κωλύων, [c] καὶ τὸ τοῖς ἀλλοτρίοις ἐνάλλεσθαι. Καὶ γὰρ εἰς μεγάλην ἐπιδιδόναι κακίαν ἐποίει τοῦτο, διπλῆν πονηρίαν εἰσάγον. ῾Ο γὰρ μελετήσας ἀμελεῖν μὲν τῶν ἑαυτοῦ μεγάλων ὄντων, ἐξετάζειν δὲ τὰ ἑτέρων πικρῶς μικρὰ

ejicere trabem ex oculo tuo, et tunc aliorum errata corrigere. Nam sua quisque magis novit quam aliena, et majora videt plus quam minora, seque magis amat quam proximum. Itaque si curam gerens id facis, tui curam gere prius, ubi et clarius et majus est peccatum. Quod si temetipsum contemnis, palam est te non ideo de fratre tuo judicare, quod ejus curam geras, sed quod odio habeas et diffamare velis. Si enim oporteat de illo judicari, ab eo judicium ferendum, qui nihil tale commisit, non a te. Quia enim magna et sublimia posuit philosophiæ dogmata, ne quis diceret, in illis sermone philosophari facile esse, ut fidenter ostendat, se in supra dictorum nullo rationi reddendæ obnoxium esse, sed omnia perfecisse: hanc parabolam dixit. Nam ipse quoque postea erat judicaturus: *Væ vobis, scribæ et Pharisæi hypocritæ*, inquit; at ille non erat illis, quæ dicebat, obnoxius: neque enim festucam ejecerat, neque trabem in oculis habebat; sed in his omnibus insons et purus, sic omnium peccata corrigebat. Neque enim debet is de cæteris judicare, qui iisdem culpis ipse sit obnoxius. Et quid miraris, si hanc ipse legem posuerit, quando latro in cruce ipsam agnovit, cum alteri latroni diceret: *Neque tu times Deum: quod nos in eadem damnatione sumus*: Christi sententiæ consona dicens? Tu vero trabem tuam non modo non ejicis, sed ne vides quidem; fratris vero festucam non modo vides, sed judicas, illamque ejicere conaris: ac si quis aut hydropisi, aut alio morbo incurabili admodum laborans, id negligeret, incusaretque alium qui levem aliquem tumorem non curaret. Si vero malum est sua peccata non videre, duplex triplexque malum est de aliis judicare eos, qui sine ullo doloris sensu trabes in oculis suis gestant. Peccatum quippe trabe gravius est.

Matth. 23. 14.

Luc. 23. 40.

3. Hoc igitur per ea quæ dicta sunt præcepit, nempe eum qui sexcentis vitiis sit obnoxius, alienæ culpæ non severum esse judicem oportere, si maxime aliorum peccata sint levia: non quod vetet arguere et emendare, sed quod prohibeat propria mala negligere et alienis insultare. Etenim illud in magnum vergeret nequitiæ augmentum, duplicemque inveheret malitiam. Nam qui peccatis suis, etsi gravibus, neglectis,

[a] Quidam ἐκβάλλειν.

[a] Alii ἢ καὶ ἑτέρῳ τινὶ νοσήματι.

[b] Alii ἑτέρους, alii ἑτέροις.

[c] Sic Mss. In Editis τό post καί desideratur. Paulo post εἰσάγον. Sic Codicum omnium emendatissimus, et sic legendum recte suspicabatur Savilius. Editi εἰσάγων. Infra διπλῆ ante διεφθείρετο ex Manuscriptis et Savilio restituitur, in Morel. autem desideratur. [Infra Savil. et Bibl. μὴ δῶτι.]

aliorum vitia parva leviaque acerbius discutere
studeret, in duplicem incurreret labem; et quod
propria peccata negligeret contemneretque, et quod
omnium offensionem inimicitiamque in se concitaret, atque in extremam inhumanitatem ferita-
temque quotidie procederet. His itaque omnibus
per hanc pulchram legem sublatis, hoc aliud sub-
Matth. 10. 27. jungit præceptum : 6. *Nolite sancta dare canibus, neque projiciatis margaritas vestras ante
porcos.* Atqui in sequentibus, inquies, præcipit,
Et quod in aure auditis, prædicate super tecta.
Verum hoc priori non est contrarium. Neque illic
omnibus jubet prædicare, sed iis quibus prædicandum est, cum fiducia id facere. Canes autem
hic vocat qui in impietate vitam ducunt incurabili,
et in quibus spes nulla mutationis in melius. Porcos vero illos qui luxuria perditam semper vitam
agunt, quos omnes hujusmodi doctrina dicebat
indignos. Hoc enim etiam Paulus significat his
1. Cor. 2. 14 verbis : *Animalis autem homo non percipit ea
quæ Spiritus sunt : stultitia enim est illi.* Alibi
quoque sæpe dicit vitæ corruptionem in causa
esse cur perfectiora dogmata non recipiantur.
Quare vetat ipsis januas aperiri : siquidem postquam didicerint, ferociores evadunt. Hæc quidem
probis ac mente valentibus revelata, veneranda
videntur : socordibus vero magis honorantur igno-
rata. Iis igitur quia non possunt ex natura illa
ediscere, occultentur, inquit, ut saltem ex ignorantia illa revereantur. Neque enim porcus novit
quid sit margarita. Quia igitur non novit, ne videat quidem, ne conculcet ea quæ non novit. Nihil enim accedit iis qui ita sunt affecti si audiant,
nisi majus damnum. Etenim sancta ab iis teme-
rantur, utpote illa ignorantibus : et ipsi ferocius
contra nos insurgunt armati. Hoc enim significat
illud : *Ne conculcent eas, et conversi dirumpant vos.* Sed ita fortiter hærere debebant, ut semel tradita invicta manerent, nec ansam illis
contra nos præberent. Non præbent autem illa ansam, sed hi qui porci sunt : quemadmodum margarita pedibus calcata, non quod spernenda sit
conculcatur, sed quia in porcos incidit. Ac pulchre
dixit : *Conversi dirumpant vos.* Modestiam quippe simulant, ut discant; postquam vero didicerunt, alii ex aliis effecti illudunt nobis, traducunt et irrident nos quasi deceptos. Ideoque Pau-
2. Tim. 4 15 lus Timotheo dicebat : *Quem et tu devita :
valde enim restitit verbis nostris ;* rursusque

ὄντα καὶ εὐτελῆ, διπλῇ διεφθείρετο· τῷ τε τῶν οἰκείων
C καταφρονεῖν, τῷ τε ἔχθρας καὶ ἀπεχθείας πρὸς ἅπαντας ἀναδέχεσθαι, καὶ εἰς ἐσχάτην ὠμότητα καὶ τὸ
ἀσυμπαθὲς καθ' ἑκάστην ἀλείφεσθαι τὴν ἡμέραν.
Ταῦτ' οὖν ἅπαντα ἀνελὼν διὰ τῆς καλῆς ταύτης νομοθεσίας, ἐπήγαγε πάλιν ἕτερον παράγγελμα, λέγων·
Μὴ δότε τὰ ἅγια τοῖς κυσὶ, μηδὲ ῥίψητε τοὺς μαργαρίτας ὑμῶν ἔμπροσθεν τῶν χοίρων. Καίτοι γε προϊὼν
ἐκέλευσε, φησίν· Καὶ ὃ ἠκούσατε εἰς τὸ οὖς, κηρύξατε ἐπὶ τῶν δομάτων. Ἀλλ' οὐδὲ γὰρ τοῦτο ἐναντίον
ἐστὶ τῷ προτέρῳ. Οὐδὲ γὰρ ἐκεῖ πᾶσιν ἁπλῶς ἐπέ-
D ταξεν εἰπεῖν, ἀλλ' οἷς δεῖ εἰπεῖν, μετὰ παῤῥησίας εἰπεῖν. Κύνας δὲ ἐνταῦθα τοὺς ἐν ἀσεβείᾳ ζῶντας
ἀνιάτῳ, καὶ μεταβολῆς τῆς ἐπὶ τὸ κρεῖττον οὐκ [d] ἔχοντας ἐλπίδα ᾐνίξατο, καὶ χοίρους τοὺς ἐν ἀκολάστῳ βίῳ
διατρίβοντας διὰ παντὸς, οὕσπερ ἅπαντας ἀναξίους
ἔφησεν εἶναι τῆς τοιαύτης ἀκροάσεως. Τοῦτο γοῦν καὶ
ὁ Παῦλος δηλῶν ἔλεγε· Ψυχικὸς δὲ ἄνθρωπος οὐ δέχεται τὰ τοῦ Πνεύματος· μωρία γὰρ αὐτῷ ἐστι.
Καὶ πολλαχοῦ δὲ ἑτέρωθι βίου διαφθορὰν αἰτίαν φησὶν εἶναι τοῦ μὴ δέχεσθαι τὰ τελειότερα δόγματα.
Διὸ κελεύει [e] μὴ ἀναπετάσαι τὰς θύρας αὐτοῖς·
E καὶ γὰρ θρασύτεροι γίνονται μετὰ τὸ μαθεῖν. Τοῖς
μὲν γὰρ εὐγνώμοσι καὶ νοῦν ἔχουσιν ἐκκαλυπτόμενα,
σεμνὰ φαίνεται· τοῖς δὲ ἀναισθήτοις, ὅταν ἀγνοῆται
μᾶλλον. Ἐπειδὴ οὖν ἀπὸ τῆς φύσεως οὐ δύνανται αὐτὰ
καταμαθεῖν, καλυπτέσθωσαν, φησὶν, ἵνα κἂν ἀπὸ τῆς
288 ἀγνοίας αἰδεσθῶσιν. Οὐδὲ γὰρ ὁ χοῖρος οἶδε, τί ποτέ
A ἐστι μαργαρίτης. Οὐκοῦν ἐπειδὴ οὐκ οἶδε, μηδὲ ὁράτω, ἵνα μὴ καταπατήσῃ ἃ οὐκ οἶδεν. Οὐδὲν γὰρ γίνεται πλέον ἢ βλάβη μείζων τοῖς οὕτω διακειμένοις
καὶ ἀκούουσι. Καὶ γὰρ τὰ ἅγια ἐμπαροινεῖται παρ'
ἐκείνων, οὐκ εἰδότων τίνα ἐστὶ ταῦτα· καὶ ἐκεῖνοι
μᾶλλον ἐπαίρονται καὶ ὁπλίζονται καθ' ἡμῶν. Τοῦτο
γάρ ἐστι· Μὴ καταπατήσωσι, καὶ στραφέντες ῥήξωσιν ὑμᾶς. Καὶ μὴν οὕτως ἰσχυρὰ ἔδει εἶναι, φησὶν, ὡς
καὶ μετὰ τὸ μαθεῖν ἀνάλωτα μένειν, καὶ μὴ παρέχειν
ἑτέροις λαβὰς καθ' ἡμῶν. Ἀλλ' οὐκ ἐκεῖνα παρέχει,
ἀλλὰ τὸ χοίρους εἶναι τούτους· ὥσπερ οὖν καὶ ὁ μαρ-
B γαρίτης καταπατούμενος, οὐκ ἐπειδὴ εὐκαταφρόνητός
ἐστι, καταπατεῖται, ἀλλ' ἐπειδὴ εἰς χοίρους ἐνέπεσε.
Καὶ καλῶς εἶπε· Στραφέντες ῥήξωσιν ὑμᾶς. Ὑποκρίνονται γὰρ ἐπιείκειαν, ὥστε μαθεῖν· εἶτα ἐπειδὰν
μάθωσιν, ἕτεροι ἀνθ' ἑτέρων γενόμενοι κωμῳδοῦσι,
χλευάζουσι, [a] γελῶσιν ὡς ἀπατηθέντας ἡμᾶς. Διὰ
τοῦτο καὶ ὁ Παῦλος ἔλεγε τῷ Τιμοθέῳ· Ὃν καὶ σὺ
φυλάσσου· λίαν γὰρ ἀνθέστηκε τοῖς ἡμετέροις λόγοις·
καὶ πάλιν ἀλλαχοῦ, Τοὺς τοιούτους ἀποτρέπου· καὶ,
Αἱρετικὸν ἄνθρωπον μετὰ μίαν καὶ δευτέραν νουθεσίαν

[d] Alii ἔχοντας ἐλπίδας.

[e] Morel. μὴ ἀναπετᾶσθαι, minus recte.

[a] Alii καταγελῶσιν.

παραιτοῦ. Οὐ τοίνυν παρ' ἐκείνων ὁπλίζονται, ἀλλ' αὐτοὶ ἀνόητοι ταύτῃ γίνονται, πλείονος [b] ἀπονοίας πληρούμενοι. Διὰ τοῦτο οὐ μικρὸν κέρδος τὸ ἐν ἀγνοίᾳ C μένειν αὐτούς· οὐδὲ γὰρ [c] οὕτω καταφρονοῦσιν. Ἂν δὲ μάθωσι, διπλῆ ἡ ζημία. Αὐτοί τε γὰρ ἐντεῦθεν οὐδὲν καρπώσονται, ἀλλὰ καὶ βλαβήσονται μειζόνως, καὶ σοὶ μυρία παρέξουσι πράγματα. Ἀκουέτωσαν οἱ πᾶσιν ἀναιδῶς συμπλεκόμενοι, καὶ τὰ σεμνὰ εὐκαταφρόνητα ποιοῦντες. Καὶ γὰρ τὰ μυστήρια διὰ τοῦτο [d] τὰς θύρας κλείσαντες ἐπιτελοῦμεν, καὶ τοὺς ἀμυήτους εἴργομεν, οὐκ ἐπειδὴ ἀσθένειαν κατέγνωμεν τῶν τελουμένων, ἀλλ' ἐπειδὴ ἀτελέστερον οἱ πολλοὶ πρὸς αὐτὰ ἔτι διάκεινται. Διὰ δὴ τοῦτο καὶ αὐτὸς ἐν παραβολαῖς πολλὰ τοῖς Ἰουδαίοις διελέγετο, ἐπειδὴ βλέποντες οὐκ ἔβλε- D πον. Διὰ τοῦτο καὶ ὁ Παῦλος ἐκέλευσεν εἰδέναι πῶς δεῖ ἑνὶ ἑκάστῳ ἀποκρίνεσθαι. Αἰτεῖτε καὶ δοθήσεται ὑμῖν· ζητεῖτε, καὶ εὑρήσετε· κρούετε, καὶ ἀνοιγήσεται ὑμῖν. Ἐπειδὴ γὰρ μεγάλα καὶ θαυμαστὰ ἐπέταξε, καὶ πάντων ἐκέλευσε τῶν παθῶν εἶναι ἀνωτέρους, καὶ πρὸς αὐτὸν ἤγαγε τὸν οὐρανὸν, καὶ σπουδάζειν ἐπέταξεν, οὐκ ἀγγέλοις, οὐδὲ ἀρχαγγέλοις, ἀλλ' [e] αὐτῷ τῷ Δεσπότῃ κατὰ τὸ ἐγχωροῦν ὁμοίους γίνεσθαι. Τοὺς δὲ μαθητὰς οὐκ αὐτοὺς μόνους ταῦτα κατορθοῦν, ἀλλὰ καὶ ἑτέρους διορθοῦν ἐκέλευσε, καὶ διακρίνειν τοὺς πονηροὺς, καὶ τοὺς οὐ τοιούτους, τοὺς κύνας, καὶ τοὺς E οὐ κύνας (πολὺ δὲ τὸ ἐπικεκρυμμένον ἐν ἀνθρώποις), ἵνα μὴ λέγωσιν, ὅτι χαλεπὰ ταῦτα, καὶ ἀφόρητα. Καὶ γὰρ ἐν τοῖς μετὰ ταῦτα ὁ Πέτρος ἐφθέγξατό τι τοιοῦτον εἰπών· Τίς δύναται σωθῆναι; Καὶ πάλιν· Εἰ οὕτως ἐστὶν ἡ αἰτία τοῦ ἀνθρώπου, οὐ συμφέρει γαμῆσαι.

Ἵνα οὖν μὴ ταῦτα λέγωσι καὶ νῦν, μάλιστα μὲν καὶ 289 A διὰ τῶν ἔμπροσθεν ἀπέδειξεν εὔκολα ὄντα, λογισμοὺς τιθεὶς πολλοὺς καὶ συνεχεῖς, τοὺς δυναμένους πεῖσαι· λοιπὸν δὲ καὶ τὴν κορωνίδα ἐπάγει τῆς εὐκολίας, οὐ τὴν τυχοῦσαν ἐπινοῶν παραμυθίαν τοῖς πόνοις, τὴν ἀπὸ τῶν [a] εὐχῶν τῶν ἐπιμόνων συμμαχίαν. Οὐ γὰρ αὐτοὺς σπουδάζειν δεῖ μόνους, φησὶν, ἀλλὰ καὶ τὴν ἄνωθεν καλεῖν βοήθειαν· καὶ πάντως ἥξει καὶ παρέσται, καὶ συνεφάψεται τῶν ἀγώνων ἡμῖν, καὶ πάντα ποιήσει ῥᾴδια. Διὰ τοῦτο καὶ αἰτεῖν ἐκέλευσε, [b] καὶ τὴν δόσιν ἐνηγγυήσατο. Πλὴν οὐχ ἁπλῶς αἰτεῖν ἐκέλευσεν, ἀλλὰ μετὰ προσεδρίας πολλῆς καὶ εὐτονίας. Τοῦτο γάρ ἐστι τὸ, Ζητεῖτε. Καὶ γὰρ ὁ ζητῶν, πάντα ἐκβαλὼν τῆς διανοίας, πρὸς ἐκεῖνο γίνεται μόνον τὸ B ζητούμενον, καὶ οὐδένα τῶν παρόντων ἐννοεῖ. Καὶ

alibi, *Et hos devita;* et, *Hæreticum hominem* 2. Tim. 3. 5.
post unam et alteram admonitionem devita. Tit. 3. 10.
Non igitur ab illis armantur, sed eorum occasione stulti evadunt, majori arrogantia repleti. Ideoque non parum lucri inde accedit, si in sua ignorantia maneant: sic enim non ita despicient. Si vero discant, duplex emergit damnum. Illi enim inde nihil fructus percipient, imo magis lædentur, tibique mille negotia suscitabunt. Audiant ii qui impudenter omnibus se admiscent, et veneranda quæque spernenda reddunt. Nam mysteria ideo januis clausis celebramus, et non initiatos abigimus, non quod infirmitatem quamdam in illis deprehendamus, sed quia multi imperfectiores sunt, quam ut ipsis possint adesse. Ideo ille multa in parabolis loquebatur Judæis, quia videntes non videbant. Quapropter Paulus scire jussit quomodo oporteat unicuique respondere.

Mysteria cur januis clausis celebrarentur.

7. *Petite, et dabitur vobis; quærite, et invenietis; pulsate, et aperietur vobis.* Quia enim magna et admiranda præcepit, omnibus jussit affectibus esse superiores, ad ipsum cælum adduxit, ac studere præcepit, non ut angelis et archangelis, sed ipsi Domino, quantum fieri licet, similes simus. Discipulos vero non hoc solum perficere, sed et alios emendare jussit, ac discernere inter malos et bonos, inter canes et non canes (multa autem sunt in hominibus occulta), ne dicerent hæc dura et intolerabilia esse.
Nam in sequentibus hæc Petrus loquitur: *Quis* Matth. 19.
potest salvus esse? Et rursus: *Si ita est causa* 25. 10.
hominis, non expedit nubere.

4. Ne igitur hæc etiam nunc dicant, cum jam in præcedentibus ostendisset illa esse facilia, ratiociniis frequentibus adductis, quæ id suadere possent, demum facilitatis coronidem apponit, non vulgari excogitata in laboribus consolatione, nempe assiduarum precum auxilio. Non satis enim esse dicit, si id perficere curemus, sed supernum esse auxilium implorandum: quod utique veniet et aderit, inque certaminibus nos juvabit, et omnia facilia reddet. Ideo petere jussit, ac se daturum spopondit. Verum postulare jussit non obiter, sed cum assiduitate et contentione magna. Hoc enim significat illud, *Quærite.* Nam qui quærit, aliis omnibus ex mente eliminatis, rei tantum quæsitæ dat operam, nullamque præsen-

[b] Quidam ἀνοίας.

[c] Unus οὕτω φρονοῦσι.

[d] Alii τὰς θύρας κλείοντες. Infra κατέγνωμεν, alii καὶ ἔγνωμεν. Infra unus διὰ δὴ τοῦτο καὶ αὐτοῖς, male.

[e] Morel. αὐτῷ τῷ δεσπότῃ. Savil. τῷ τῶν ὅλων δεσπ. Alii τῷ τῶν ἀγγέλων δεσπότῃ.

[a] Alii εὐχῶν τῶν καρτερικῶν.

[b] Unus καὶ τὴν εὐχὴν ἐνηγγ.

tium habet rationem. Norunt certe illud quotquot vel auro vel servis amissis, hæc postea quærunt. Illud indicat per vocem illam, *Quærite;* cum vero dicit, *Pulsate*, vehementer et ardenti animo accedendum esse significat. Ne itaque concidas, mi homo, neque minorem de virtute curam exhibeas, quam de pecuniis. Has quippe sæpe quærens non invenisti; et tamen cum probe scias te forte non inventurum, omnem exploras quærendi modum: hic vero sponsionem habens te prorsus accepturum esse, ne minimam quidem illius studii partem exhibes. Si vero non statim accipias, ne desperes. Ideo enim dixit, *Pulsate*, ut ostendat, quamvis non statim aperiat, manendum tamen esse. Si autem meæ non credas sponsioni, saltem huic exemplo crede. 9. *Quis ex vobis est*, inquit, *pater, cui si filius petat panem, numquid lapidem dabit ei?* Apud homines quidem, si id frequenter facias, molestus et onerosus videris: apud Deum autem, si hoc non facias, magis ad iram commoves. Si autem petendo permaneas, etiamsi non

Perseverandum in oratione.

statim accipias, accipies tamen. Ideo namque clausa est janua, ut te ad pulsandum inducat. Ideo non statim annuit, ut petas: mane igitur id agens, et procul dubio accipies. Ne enim dicas: Quid igitur, si petam, et non accipiam? per parabolam te in spe firmavit, ratiociniis rursum usus, atque humanis exemplis te ad fiduciam ea in re sumendam inducens, dum per hæc ostendit, non modo petendum esse, sed quæ petenda sint. *Quis enim ex vobis est pater, cui si filius petat panem, numquid lapidem dabit illi?* Itaque si non accipis, ideo non accipis, quia lapidem petis. Etiamsi enim filius sis, id non sufficit ad accipiendum: imo illud ipsum impedit, quominus accipias, quod, filius cum sis, illa petas quæ non tibi expediant. Et tu itaque nihil mundanum petas, sed spiritualia omnia; et certo accipies. Etenim Salomon quia illa petiit quæ petere oportebat, vide quam cito acceperit. Duo igitur observare oportet orantem, ut et vehementer petat, et ea petat quæ sibi expediunt: quandoquidem et vos, inquit, etiamsi patres sitis, filios vestros petere sinitis; et si damnosum sit illud quod petunt, negatis; sin utile sit, annuitis et datis. Tu igitur hæc cogitans, ne absistas, donec acceperis; ne recedas, donec inveneris; ne studium remittas, donec aperiatur janua. Si enim hoc animo accesseris, dixerisque, Nisi recipiam, non abeo, prorsus accipies, si tamen illa petas, quæ

ἴσασι τοῦτο ὃ λέγω, ὅσοι ἢ χρυσίον ἢ οἰκέτας ἀπολέσαντες ἐπιζητοῦσιν. Ἀπὸ μὲν οὖν τοῦ ζητεῖν, τοῦτο· ἀπὸ δὲ τοῦ κρούειν, τὸ μετὰ σφοδρότητος [c] προσιέναι καὶ θερμῆς διανοίας ἐδήλωσε. Μὴ τοίνυν καταπέσῃς, ἄνθρωπε, μηδὲ ἐλάττονα ἐπιδείξῃ περὶ τὴν ἀρετὴν σπουδὴν τῆς περὶ τὰ χρήματα ἐπιθυμίας. Ἐκεῖνα μὲν γὰρ πολλάκις ζητήσας οὐχ εὗρες· ἀλλ' ὅμως καὶ ταῦτα εἰδὼς, ὅτι οὐ πάντως εὑρήσεις, πάντα κινεῖς ἐρεύνης τρόπον· ἐνταῦθα δὲ καὶ ἐπαγγελίαν ἔχων ὅτι λήψῃ πάντως, οὐδὲ τὸ πολλοστὸν τῆς σπουδῆς ἐκείνης ἐπι-
C δείκνυσαι μέρος. Εἰ δὲ μὴ εὐθέως λαμβάνεις, μηδὲ οὕτως ἀπογνῷς. Διὰ γὰρ τοῦτο εἶπε, Κρούετε, ἵνα δείξῃ, ὅτι κἂν εὐθέως μὴ ἀνοίξῃ τὴν θύραν, παραμένειν δεῖ. Εἰ δὲ ἀπιστεῖς μου τῇ ἀποφάσει, κἂν τῷ ὑποδείγματι πίστευσον. Τίς γάρ ἐστιν ἐξ ὑμῶν, φησὶ, [d] πατὴρ, ὃν ἐὰν ὁ υἱὸς αὐτοῦ αἰτήσῃ ἄρτον, μὴ λίθον ἐπιδώσει αὐτῷ; Ἐπ' ἀνθρώπων μὲν γὰρ, ἂν συνεχῶς τοῦτο ποιῇς, καὶ ὀχληρὸς καὶ βαρὺς εἶναι δοκεῖς· ἐπὶ δὲ τοῦ Θεοῦ, ὅταν μὴ τοῦτο ποιῇς, τότε παροξύνεις μειζόνως. Ἂν δὲ ἐπιμείνῃς αἰτῶν, κἂν μὴ εὐθέως λάβῃς, λήψῃ πάντως. Διὰ γὰρ τοῦτο κέκλεισται ἡ θύρα,
D ἵνα σε εἰς τὸ κρούειν ἐναγάγῃ. Διὰ τοῦτο οὐκ εὐθέως ἐπινεύει, ἵνα αἰτήσῃς. Μένε τοίνυν ταῦτα ποιῶν, καὶ λήψῃ πάντως. Ἵνα γὰρ μὴ λέγῃς· τί οὖν, ἂν αἰτήσω καὶ μὴ λάβω; ἐπετείχισέ σοι τὴν παραβολὴν, λογισμοὺς πάλιν τιθεὶς, καὶ ἀπὸ τῶν ἀνθρωπίνων πραγμάτων εἰς τὸ περὶ τούτων θαῤῥεῖν ἐνάγων, δεικνὺς διὰ τούτων, ὅτι οὐκ αἰτεῖν χρὴ μόνον, ἀλλὰ καὶ ἃ χρὴ αἰτεῖν. Τίς γάρ ἐστιν ἐξ ὑμῶν πατὴρ, ὃν ἐὰν ὁ υἱὸς αὐτοῦ αἰτήσῃ ἄρτον, μὴ λίθον ἐπιδώσει αὐτῷ; Ὥστε ἂν μὴ
E λάβῃς, ἐπειδὴ λίθον αἰτεῖς, οὐ λαμβάνεις. Εἰ γὰρ καὶ υἱὸς εἶ, οὐκ ἀρκεῖ τοῦτο εἰς τὸ λαβεῖν· ἀλλὰ καὶ αὐτὸ μὲν οὖν τοῦτο κωλύει τὸ λαβεῖν, τὸ, υἱὸν ὄντα, ἃ μὴ συμφέρει αἰτεῖν. Καὶ σὺ τοίνυν μηδὲν αἰτήσῃς κοσμικὸν, ἀλλὰ πνευματικὰ πάντα, καὶ λήψῃ πάντως. Καὶ γὰρ ὁ Σολομῶν, ἐπειδήπερ ᾔτησεν ἅπερ αἰτῆσαι ἐχρῆν,
290 ὅρα πῶς ταχέως ἔλαβε. Δύο τοίνυν εἶναι χρὴ τῷ εὐ-
A χομένῳ, καὶ τὸ αἰτεῖν σφοδρῶς, καὶ τὸ ἃ χρὴ αἰτεῖν· ἐπεὶ καὶ ὑμεῖς, φησὶ, κἂν πατέρες ἦτε, μένετε αἰτῆσαι τοὺς υἱούς· κἂν ἀσύμφορόν τι παρ' ὑμῶν αἰτήσωσι, κωλύετε τὴν δόσιν· ὥσπερ οὖν ἐὰν συμφέρον, ἐπινεύετε καὶ παρέχετε. [a] Τοίνυν καὶ σὺ ταῦτα ἐννοῶν, μὴ ἀποστῇς, ἕως ἂν λάβῃς· ἕως ἂν εὕρῃς, μὴ ἀναχωρήσῃς· μὴ καταλύσῃς τὴν σπουδὴν, ἕως ἂν ἀνοιχθῇ ἡ θύρα. Ἐὰν γὰρ μετὰ ταύτης προσέλθῃς τῆς διανοίας, καὶ εἴπῃς, ἐὰν μὴ λάβω, οὐκ ἀπέρχομαι, λήψῃ πάντως, ἐὰν τοιαῦτα αἰτῇς, οἷα καὶ τῷ αἰτουμένῳ δοῦναι πρέπει, καὶ σοὶ τῷ αἰτοῦντι συμφέρει. Τίνα δέ ἐστι
B ταῦτα; Τὸ τὰ πνευματικὰ ζητεῖν ἅπαντα· τὸ ἀφέντα

c Unus προσεῖναι.

d Πατὴρ in quibusdam deest

a Τοίνυν deest in Manuscriptis multis.

τοῖς πεπλημμεληκόσιν, οὕτω [b] προσιέναι τὴν ἄφεσιν αἰτοῦντα· τὸ χωρὶς ὀργῆς καὶ διαλογισμῶν χεῖρας ἐπαίρειν ὁσίους. Ἂν οὕτως αἰτῶμεν, ληψόμεθα. Ὡς νῦν γε γέλως ἐστὶν ἡ αἴτησις ἡμῶν, καὶ μεθυόντων ἀνθρώπων, ἢ νηφόντων. Τί οὖν, φησὶν, ὅταν καὶ πνευματικὰ αἰτήσω, καὶ μὴ λάβω; Οὐ μετὰ σπουδῆς ἔκρουσας πάντως, ἢ σαυτὸν ἀνάξιον παρεσκεύασας τοῦ λαβεῖν, ἢ ταχέως [c] ἀπέστησας. Καὶ τίνος ἕνεκεν, φησὶ, μὴ εἶπεν ἃ χρὴ αἰτεῖν; Καὶ μὴν εἶπεν ἅπαντα ἐν τοῖς ἔμπροσθεν, καὶ ἔδειξεν ὑπὲρ τίνων χρὴ προσιέναι. Μὴ τοίνυν λέγε, ὅτι προσῆλθον, καὶ οὐκ ἔλα- C βον. Οὐδαμοῦ γὰρ [d] παρὰ τῷ Θεῷ τὸ μὴ λαβεῖν τῷ οὕτω φιλοῦντι, ὡς καὶ πατέρας τοσοῦτον νικῆσαι, ὅσον τὴν πονηρίαν ταύτην ἡ ἀγαθότης. Εἰ γὰρ ὑμεῖς, πονηροὶ ὄντες, οἴδατε δόματα ἀγαθὰ διδόναι τοῖς τέκνοις ὑμῶν, πόσῳ μᾶλλον ὁ Πατὴρ ὑμῶν ὁ οὐράνιος; Ταῦτα δὲ ἔλεγεν, οὐ διαβάλλων τὴν ἀνθρωπίνην φύσιν· ἄπαγε· οὐδὲ χακίζων τὸ γένος· ἀλλὰ πρὸς ἀντιδιαστολὴν τῆς ἀγαθότητος τῆς αὐτοῦ, τὴν φιλοστοργίαν τὴν πατρικὴν πονηρίαν καλῶν· τοσαύτη αὐτοῦ τῆς φιλανθρωπίας ἡ ὑπερβολή.

et ei a quo petis et tibi expedit ut dentur. Quænam porro sunt hæc? Si spiritualia petas omnia; si postquam offensas remisisti, sic accedas remissionem petens; si absque ira et disceptationibus sanctas manus attollamus. Si sic petamus, accipiemus. Nunc vero nostra petitio irrisio est, potiusque ebriorum hominum, quam sobriorum. Quid igitur, inquies, si spiritualia petam, nec accipiam? Non studiose proculdubio postulasti, vel teipsum indignum fecisti qui acciperes, aut citius quam par erat abscessisti. Et cur, inquies, non dixit quæ oporteat petere? Certe jam omnia prius dixit, et ostendit pro quibus accedere oporteat. Ne itaque dicas, Accessi et non accepi. Non enim per Deum stetit quominus acceperis, qui adeo diligit, ut patres hac in re tantum vincat, quantum hanc nequitiam bonitas superat. 11. *Si enim vos, cum sitis mali, nostis bona data dare filiis vestris, quanto magis Pater vester cœlestis?* Hæc porro dixit, non vituperans humanam naturam, nec genus nostrum malum esse pronuntians; absit: sed amorem paternum, si cum bonitate Dei comparetur, malitiam appellans: tanta scilicet inest illi benignitas.

1. Tim. 2. 8.

Εἶδες λογισμὸν [e] ἀναντίῤῥητον, ἱκανὸν καὶ τὸν σφόδρα ἀπεγνωκότα πρὸς χρηστὰς διαναστῆσαι ἐλπίδας; D Ἐνταῦθα μὲν οὖν ἀπὸ τῶν πατέρων τὴν ἀγαθότητα δείκνυσιν· ἐν δὲ τοῖς ἔμπροσθεν ἀπὸ τῶν μειζόνων ὧν ἔδωκεν, ἀπὸ τῆς ψυχῆς, ἀπὸ τοῦ σώματος· καὶ οὐδαμοῦ τὸ κεφάλαιον τῶν ἀγαθῶν τίθησιν, οὐδὲ εἰς μέσον παράγει τὴν ἑαυτοῦ παρουσίαν· ὁ γὰρ οὕτω τὸν Υἱὸν πρὸς σφαγὴν [f] ἐκδοῦναι σπεύσας, πῶς οὐ πάντα ἡμῖν χαριεῖται; Οὐδέπω γὰρ ἦν ἐκβεβηκός. Ἀλλ' ὁ μὲν Παῦλος τοῦτο τίθησιν, οὕτω λέγων· Ὅς γε τοῦ ἰδίου Υἱοῦ οὐκ ἐφείσατο, πῶς οὐχὶ καὶ σὺν αὐτῷ τὰ πάντα ἡμῖν χαρίσεται; Αὐτὸς δὲ ἀπὸ τῶν ἀνθρωπίνων αὐτοῖς ἔτι διαλέγεται. Εἶτα δεικνὺς ὅτι οὔτε εὐχῇ δεῖ θαῤῥεῖν, E ἀμελοῦντας τῶν καθ' ἑαυτοὺς, οὔτε σπουδάζοντας τῇ οἰκείᾳ μόνον πιστεύειν σπουδῇ, ἀλλὰ καὶ τὴν ἄνωθεν ἐπιζητεῖν βοήθειαν, καὶ τὰ παρ' ἑαυτῶν συνεισφέρειν, συνεχῶς τοῦτο κἀκεῖνο τίθησι. Καὶ γὰρ παραινέσας πολλὰ καὶ εὔχεσθαι ἐδίδαξε, καὶ διδάξας εὔχεσθαι πά- 291 A λιν ἐπὶ τὴν παραίνεσιν τῶν πρακτέων ἦλθεν· εἶτα ἀπ' ἐκείνου πάλιν ἐπὶ τὸ δεῖν εὔχεσθαι συνεχῶς, εἰπών· Αἰτεῖτε, καὶ ζητεῖτε, καὶ κρούετε· καὶ ἐντεῦθεν πάλιν ἐπὶ τὸ δεῖν καὶ αὐτοὺς σπουδαίους εἶναι· [a] Πάντα οὖν, φησὶν, ὅσα ἐὰν θέλητε ἵνα ποιῶσιν ὑμῖν

5. Vidistin' invictum argumentum, quod possit etiam desperantem in bonam spem revocare? Hic quidem exemplo patrum bonitatem Dei ostendit: superius autem ex donis suis majoribus, ex anima, ex corpore; et nusquam caput bonorum affert, neque ipsius adventum in medium adducit: nam qui filium occidendum dedit, quomodo nobis non omnia donabit? Hæc vero nondum evenerant. Sed Paulus illud affert his verbis: *Qui proprio* Rom. 8. 32.
filio non pepercit, quomodo non etiam cum eo omnia nobis donabit? Ipse vero Christus ex humanis adhuc cum illis disserit. Deinde ostendens, nec orationi fidendum esse, si ea quæ in nobis sunt negligamus, neque si illa curemus, nostræ curæ ac diligentiæ tantum fidendum esse, sed supernum esse requirendum auxilium, et nostra simul afferenda esse, et hoc et illud frequenter apponit. Nam post multa monita modum orandi docuit, et postquam id docuerat, rursus ad agendum cohortatus est; abhinc iterum monuit orandum esse frequenter, cum dixit, *Petite, quærite, pulsate;* sub hæc rursum, virtutis studiosos esse oportere; nam ait, 12. *Omnia ergo quæcumque vultis*

[b] Unus προσεῖναι. Paulo post Morel ἂν οὕτως αἰτώμεθα.
[c] Alii ἀπέστης.
[d] Alii παρὰ τοῦ Θεοῦ οὕτω λαβεῖν τὸν οὕτω φιλοῦντα. Ibidem Morel. ὡς καὶ πατέρας νικῆσαι, ὅσον.
[e] Alii ἀπόῤῥητον.
[f] Alii ἐκδοῦναι θελήσας.
[a] Savil. πάντα οὖν, recte. Morel. πάντα γάρ.

ut faciant vobis homines, et vos facite illis; in brevi spatio cuncta resumens, ostendensque, compendiosam, facilem, omnibusque notam esse virtutem. Neque simpliciter dixit, Quæcumque vultis; sed, *Omnia ergo quæcumque vultis.* Nam illud, *Ergo*, non sine causa adjecit, sed hoc subindicans : Si vultis, inquit, audiri, cum illis, quæ dixi, et hæc facite. Quænam illa? *Quæcumque vultis ut faciant vobis homines.* Viden' quomodo ostenderit, cum oratione etiam probo vitæ instituto nobis opus esse? Neque dixit, Quæcumque volueris tibi a Deo fieri, hæc fac et proximo : ne diceres, Et quomodo hoc effici potest? ille Deus est, et ego homo; sed, Quæcumque volueris tibi fieri a conservo, hæc et tu proximo tuo exhibeas. Quid hac re levius? quid justius? Deinde ante præmia grande encomium. *Hæc est enim lex, et prophetæ.* Unde manifestum est secundum naturam nobis inesse virtutem, et nos a nobis ipsis quid sit agendum scire, neque posse ad ignorantiæ excusationem umquam confugere. 13. *Intrate per angustam portam, quoniam lata est porta, et spatiosa via est, quæ ducit ad perditionem, et multi sunt, qui ingrediuntur per eam : 14. et arcta est porta, et angusta via, quæ ducit ad vitam, et pauci sunt, qui*
Matth. 11. 30. *inveniunt eam.* Atqui postea dicit : *Jugum meum suave est, et onus meum leve;* atque etiam in iis, quæ paulo ante dicta sunt, idipsum subindicavit : quomodo autem hic arctam illam angustamque dicit esse? Certe si attenderis, hic etiam declarat illam admodum esse levem et faci-
Via arcta quomodo facilis evadat. lem. Et quomodo, inquies, illa, quæ arcta et angusta, facilis erit? Quia via est, et porta; sicut etiam illa alia, etsi lata et spatiosa, via est et ipsa. In his autem nihil manet, sed transeunt omnia ad hanc vitam pertinentia, sive tristia, sive prospera. Nec ideo tantum facilis est virtus; sed a fine etiam facilior redditur. Neque enim tantum quod labores et sudores transeant, sed etiam quod bono fine, vita nempe, terminentur, id consolationem decertantibus parere debet. Itaque et brevitas laborum et æternitas coronarum, et quod hæc sint priora, illa vero posteriora; hæc certe omnia maximam in laboribus afferant consolationem. Quapropter Paulus levem tribulationem vocavit, non ob naturam accidentium rerum, sed ob prom-

οἱ ἄνθρωποι, καὶ ὑμεῖς ποιεῖτε αὐτοῖς· ἐν βραχεῖ πάντα ἀνακεφαλαιούμενος, καὶ δεικνὺς ὅτι [b] σύντομον ἡ ἀρετὴ, καὶ ῥᾳδία, καὶ πᾶσι γνώριμος. Καὶ οὐδὲ ἁπλῶς εἶπε, πάντα ὅσα ἂν θέλητε· ἀλλὰ, Πάντα οὖν ὅσα ἂν θέλητε. Τὸ γὰρ, Οὖν, τοῦτο οὐχ ἁπλῶς προσέθηκεν, ἀλλ' αἰνιττόμενος· εἰ βούλεσθε, φησὶν,
B ἀκούεσθαι, μετ' ἐκείνων, ὧν εἶπον, καὶ ταῦτα ποιεῖτε. Ποῖα δὴ ταῦτα; Ὅσα ἂν βούλησθε ἵνα ποιῶσιν ὑμῖν οἱ ἄνθρωποι. Εἶδες πῶς ἔδειξε καὶ ἐντεῦθεν, ὅτι μετὰ τῆς εὐχῆς καὶ πολιτείας ἡμῖν ἀκριβοῦς δεῖ; Καὶ οὐκ εἶπεν, [c] ὅσα ἂν θέλῃς γενέσθαι σοι παρὰ τοῦ Θεοῦ, ταῦτα ποίει εἰς τὸν πλησίον· ἵνα μὴ λέγῃς, καὶ πῶς δυνατόν; ἐκεῖνος Θεὸς, ἐγὼ δὲ ἄνθρωπος· ἀλλ', ὅσα ἂν θέλῃς γενέσθαι σοι παρὰ τοῦ ὁμοδούλου, ταῦτα καὶ αὐτὸς περὶ τὸν πλησίον ἐπιδείκνυσο. Τί τούτου κουφότερον; τί δικαιότερον; Εἶτα καὶ τὸ ἐγκώμιον πρὸ τῶν ἐπάθλων μέγιστον. Οὗτος γάρ ἐστιν ὁ νόμος, καὶ οἱ προφῆται. Ὅθεν δῆλον, ὅτι κατὰ φύσιν ἡμῖν ἡ ἀρετὴ, καὶ οἴκοθεν τὰ δέοντα ἅπαντες ἴσμεν, καὶ οὐχ οἷόν τε
C εἰς ἄγνοιαν οὐδέποτε καταφυγεῖν. Εἰσέλθετε διὰ τῆς στενῆς πύλης, ὅτι πλατεῖα ἡ πύλη, καὶ εὐρύχωρος ἡ ὁδὸς ἡ ἀπάγουσα εἰς τὴν ἀπώλειαν, καὶ πολλοί εἰσιν οἱ εἰσερχόμενοι δι' αὐτῆς· καὶ στενὴ ἡ πύλη, καὶ τεθλιμμένη ἡ ὁδὸς ἡ ἀπάγουσα εἰς τὴν ζωὴν, καὶ ὀλίγοι εἰσὶν οἱ εὑρίσκοντες αὐτήν. Καὶ μὴν μετὰ ταῦτα ἔλεγεν· Ὁ ζυγός μου χρηστὸς, καὶ τὸ φορτίον μου ἐλαφρόν ἐστι· καὶ ἐν τοῖς ἔναγχος δὲ εἰρημένοις τὸ αὐτὸ ᾐνίξατο· πῶς οὖν ἐνταῦθα στενὴν αὐτὴν εἶναί φησι, καὶ τεθλιμμένην; Μάλιστα μὲν ἐὰν προσέχῃς, καὶ ἐνταῦθα δείκνυσι πολὺ κούφην οὖσαν, καὶ ῥᾳδίαν, καὶ εὔκολον. Καὶ πῶς, φησὶν, ἡ στενὴ καὶ τεθλιμμένη ῥᾳ-
D δία; Ὅτι ὁδός ἐστι, καὶ πύλη· ὥσπερ οὖν καὶ ἡ ἑτέρα, κἂν πλατεῖα, κἂν εὐρύχωρος, [d] καὶ αὐτὴ ὁδὸς, καὶ πύλη. Τούτων δὲ οὐδὲν μόνιμον, ἀλλὰ πάντα παροδεύεται, καὶ τὰ λυπηρὰ καὶ τὰ χρηστὰ τοῦ βίου. Καὶ οὐ ταύτῃ μόνον ῥᾴδια τὰ τῆς ἀρετῆς, ἀλλὰ καὶ τῷ τέλει πάλιν εὐκολώτερα γίνεται. Οὐ γὰρ [e] τὸ παροδεύεσθαι τοὺς πόνους, καὶ τοὺς ἱδρῶτας, ἀλλὰ καὶ τὸ εἰς χρηστὸν τέλος ἀπαντᾷν (εἰς ζωὴν γὰρ τελευτᾷ) ἱκανὸν παραμυθήσασθαι τοὺς ἀγωνιζομένους. Ὥστε καὶ τὸ πρόσκαιρον τῶν πόνων, καὶ τὸ διηνεκὲς τῶν στεφάνων, καὶ τὸ ταῦτα μὲν εἶναι πρῶτα, ἐκεῖνα δὲ μετὰ ταῦτα, με-
E γίστη τῶν πόνων γένοιτ' ἂν παραμυθία. Διὸ καὶ ὁ Παῦλος ἐλαφρὰν τὴν θλίψιν ἐκάλεσεν, οὐ διὰ τὴν φύσιν τῶν γινομένων, ἀλλὰ διὰ τὴν προαίρεσιν τῶν ἀγωνιζομένων, καὶ τὴν τῶν μελλόντων ἐλπίδα. Τὸ [f] γὰρ ἐλαφρὸν τῆς θλίψεως, φησὶ, καθ' ὑπερβολὴν αἰώνιον

[b] Alii *σύντομος*, et sic Morel.

[c] Morel. *ὅσα θέλῃς*.

[d] Morel. *κἂν αὐτὴ ὁδός*. Savil. ibidem *καὶ εὐρύχωρος*.

[e] Alii *τὸ παρέρχεσθαι*, et paulo post *καταντᾷν* pro *ἀπαντᾷν*.

[f] Quidam [et Bibl.] *τὸ γὰρ παραυτίκα ἐλαφρόν*, et mox *καθ' ὑπερβολὴν* in aliquibus deest. Unus porro habet [ut Bibl.] *καθ' ὑπερβολὴν εἰς ὑπερβολήν*.

βάρος δόξης κατεργάζεται, μὴ σκοπούντων ἡμῶν τὰ 292 βλεπόμενα, A ἀλλὰ τὰ μὴ βλεπόμενα. Εἰ γὰρ τὰ κύματα καὶ τὰ πελάγη τοῖς ναύταις, καὶ αἱ σφαγαὶ καὶ τὰ τραύματα τοῖς στρατιώταις, καὶ οἱ χειμῶνες καὶ οἱ κρυμοὶ τοῖς γεωργοῖς, καὶ τοῖς πυκτεύουσιν αἱ δριμεῖαι πληγαὶ, κοῦφα καὶ φορητὰ πάντα διὰ τὴν ἐλπίδα τῶν ἐπάθλων τῶν ἐπικήρων καὶ ἀπολλυμένων· πολλῷ μᾶλλον ὅταν ὁ οὐρανὸς προκείμενος ᾖ, καὶ τὰ ἀπόῤῥητα ἀγαθὰ, καὶ τὰ ἀθάνατα ἔπαθλα, οὐδενός τις αἰσθήσεται τῶν παρόντων δεινῶν.

Εἰ δέ τινες αὐτὴν καὶ οὕτως ἐπίπονον εἶναι νομίζουσι, τῆς αὐτῶν ῥᾳθυμίας ἡ ὑπόνοια μόνον. Ὅρα γοῦν πῶς καὶ ἑτέρωθεν αὐτὴν εὔκολον ποιεῖ, κελεύων B μὴ συμπλέκεσθαι τοῖς κυσὶ, μηδὲ ἐκδιδόναι ἑαυτοὺς τοῖς χοίροις, καὶ φυλάττεσθαι ἀπὸ τῶν ψευδοπροφητῶν, καὶ πανταχόθεν αὐτοὺς ἐναγωνίους ἐργαζόμενος. Καὶ αὐτὸ δὲ τὸ στενὴν καλέσαι μέγιστον εἰς τὸ ποιῆσαι αὐτὴν εὔκολον συνεβάλετο· νήφειν γὰρ αὐτοὺς παρεσκεύαζεν. Ὥσπερ οὖν ὁ Παῦλος, ὅταν λέγῃ, Οὐκ ἔστιν ἡμῖν ἡ πάλη πρὸς αἷμα καὶ σάρκα, οὐχ ἵνα καταβάλῃ, ἀλλ' ἵνα διεγείρῃ τὰ φρονήματα τῶν στρατιωτῶν, τοῦτο ποιεῖ· οὕτω δὴ καὶ αὐτὸς ἀφυπνίζων τοὺς ὁδοιπόρους, τραχεῖαν ἐκάλεσε τὴν ὁδόν. Καὶ οὐ ταύτῃ μόνον νήφειν παρεσκεύασεν, ἀλλὰ καὶ τῷ προσθεῖναι, ὅτι πολλοὺς ἔχει τοὺς ὑποσκελίζοντας· καὶ τὸ δὴ χαλεπώ- C τερον, ὅτι οὐδὲ φανερῶς [a] προσβάλλουσιν, ἀλλὰ κρύπτοντες ἑαυτούς· τοιοῦτον γὰρ τῶν ψευδοπροφητῶν τὸ γένος. Ἀλλὰ μὴ τοῦτο ἴδῃς, φησὶν, ὅτι τραχεῖα καὶ στενὴ, ἀλλὰ ποῦ τελευτᾷ· μηδ' ὅτι πλατεῖα καὶ εὐρύχωρος ἡ ἐναντία, ἀλλὰ ποῦ καταστρέφει. Ταῦτα δὲ πάντα λέγει, διεγείρων ἡμῶν τὴν προθυμίαν· ὥσπερ οὖν καὶ ἀλλαχοῦ ἔλεγεν, ὅτι Βιασταὶ ἁρπάζουσιν αὐτήν. Ὁ γὰρ ἀγωνιζόμενος, ἐπειδὰν ἴδῃ σαφῶς τὸν ἀγωνοθέτην θαυμάζοντα τὸ ἐπίπονον [b] τῶν ἀγωνισμάτων, προθυμότερος γίνεται. Μὴ τοίνυν ἀλύωμεν, ὅταν πολλὰ ἡμῖν ἐντεῦθεν συμβαίνῃ λυπηρά. Τεθλιμμένη γὰρ ἡ ὁδὸς, καὶ στενὴ ἡ πύλη, ἀλλ' οὐχ ἡ πόλις. D Διὰ δὴ τοῦτο οὐδὲ ἐνταῦθα ἄνεσιν χρὴ προσδοκᾷν, οὐδὲ ἐκεῖ λυπηρόν τι λοιπὸν ἐκδέχεσθαι. Εἰπὼν δὲ, ὅτι Ὀλίγοι εἰσὶν οἱ εὑρίσκοντες αὐτὴν, πάλιν καὶ ἐνταῦθα τὴν τῶν πολλῶν ῥᾳθυμίαν ἐδήλωσε, καὶ τοὺς ἀκούοντας ἐπαίδευσε μὴ ταῖς τῶν πολλῶν εὐημερίαις προσέχειν, ἀλλὰ τοῖς τῶν ὀλίγων πόνοις. Οἱ γὰρ πλείους, φησὶν, οὐ μόνον αὐτὴν οὐ βαδίζουσιν, ἀλλ' οὐδὲ αἱροῦνται· ὅπερ ἐσχάτης [c] ἀνοίας ἐστίν. Ἀλλ' οὐ τοῖς πολλοῖς δεῖ προσέχειν, οὐδὲ ἐντεῦθεν θορυβεῖσθαι, ἀλλὰ ζηλοῦν τοὺς ὀλίγους, καὶ πανταχόθεν ἑαυτοὺς συγκρο-

tam voluntatem certantium, et spem futurorum. *Leve tribulationis*, inquit, *supra modum*, 2. Cor. 4. 17. 18. *æternum gloriæ pondus operatur, non considerantibus nobis quæ videntur, sed quæ non videntur.* Nam si fluctus et maria nautis, ac cædes vulneraque militibus, hiems atque gelu agricolis, pugilibusque frequentes plagæ, leves tolerabilesque videntur, ob spem præmiorum, quæ tamen fluxa perituraque sunt: multo magis quando cælum nobis, ineffabilia bona, præmiaque immortalia proponuntur, nullum quis præsentium malorum sensum percipiat.

6. Quod si qui iis etiam positis, viam illam laboriosam esse putant, ex illorum desidia tantum oritur hæc suspicio. Vide enim quam levem illam alio modo efficiat, cum jubet non commisceri canibus, neque porcis se tradere, et cavere a pseudoprophetis, dumque eos undique sollicitos reddit. Hoc ipsum vero, quod illam arctam appellat, maxime confert ad eam facilem reddendam, admonens illos ut vigilent. Sicut enim Paulus, cum dixit, *Non est nobis colluctatio adversus sanguinem et carnem*, Ephes. 6. 12. non ut dejiciat, sed ut erigat militum animos, id dicit: sic ipse Dominus ut viatores a somno excitet, asperam dicit viam: neque hoc tantummodo ad vigilandum inducit, sed etiam cum adjicit, multos esse qui supplantare studeant; quodque gravius est, non aperte irrumpunt, sed sese occultant: hujusmodi namque est pseudoprophetarum genus. Sed ne illud consideres, inquit, quod sit aspera et arcta, sed quo desinat perpende; neque quod contraria via sit lata et spatiosa, sed quem finem habeat. Hæc porro omnia dicit, ut nobis animum erigat, ut et alibi dicebat: *Violenti rapiunt illud.* Matth. 11. 12. Nam qui ad certamen ingreditur, ubi clare videt agonothetam certaminum laborem admirantem, alacrior efficitur. Ne igitur animum despondeamus, cum multa nobis hinc tristia acciderint. Arcta enim est via, et angusta porta: at non civitas illa. Ideoque non hic speranda quies est, neque illic putandum aliquid inesse triste. Cum dixit autem, *Pauci sunt qui inveniunt eam*, rursus multorum hic ignaviam declarat, et auditores instituit, ne multorum rebus prosperis animum adhibeant, sed paucorum laboribus. Plurimi namque, ait, non modo per illam viam non incedunt, sed nec illam eligunt quidem; quod extremum insipientiæ est. Verum non est multitudini attendendum; neque inde

[a] Morel. προβάλλουσι, alii cum Savil. προσβάλλουσι.
[b] Aliqui τῶν ἀγώνων.
[c] Alii ἐσχάτης κατηγορίας ἐστί.

turbari oportet, sed paucos illos imitari, et undique sese colligentes sic per eum incedere. Nam præterquam quod angusta illa est, multi sunt qui supplantare student, ne illo intretur; quamobrem subjunxit : 15. *Attendite a falsis prophetis. Venient enim ad vos in vestimentis ovium: intrinsecus autem sunt lupi rapaces.* Ecce cum canibus et porcis aliud insidiarum genus, multo periculosius illo. Illi enim sunt manifesti, et palam aggrediuntur; hi vero occulti. Ideo ab illis quidem abstinere jussit, ab his vero diligentissime cavere, ac si difficile sit ad primum illos congressum explorare : ideoque dixit, *Attendite,* ut ad illos internoscendos redderet diligentiores. Deinde ne audientes, in arcta et angusta multisque contraria via incedendum esse, a porcis et canibus cavendum, insuperque a maligniori genere, nempe luporum; ne tristium rerum multitudine concidant, in contrariam multis incessuri viam, præterea que his de rebus solliciti futuri, quædam tempore patrum suorum gesta memoravit, pseudoprophetas in medium adducens; prisce namque talia contigerunt.
Luc. 21. 9. *Nolite ergo terreri*, inquit : nihil enim novum, nihil inauditum accidet. Veritati namque fallaciam semper substituit diabolus.
Veritati fallaciam substituit diabolus. Pseudoprophetas autem hic non hæreticos mihi subindicare videtur, sed eos, qui cum corrupti moribus et vita sint, virtutis larvam circumferunt, quos seductores vocare multi solent. Quamobrem subjunxit dicens, 16. *Ex fructibus eorum cognoscetis eos.* Nam apud hæreticos quidem honesta vita sæpe reperitur; apud hos autem, quos dixi, numquam. Quid igitur, inquies, si mores fingant honestos? Sed facile capientur. Talis quippe est hujus viæ natura, qua incedere jussi, laboriosa nempe et dura. Hypocrita vero laborem ferre nolit, sed simulare tantum; ideoque facile deprehenditur. Quia enim dixit, *Pauci sunt qui inveniunt eam*, secernit eos ab illis, qui cum non invenerint, invenisse tamen se simulant, jubens non ad illos, qui larvam circumferunt, respicere, sed ad illos qui vere et ex animo in illa incedunt. Et qua de causa, inquies, non illos notos fecit, sed nos in explorandi curam conjecit? Ut vigilemus, et solliciti semper simus, dum cavemus non modo ab inimicis illis qui palam tales sunt, sed ab iis etiam qui sese oc-

E τοῦντας οὕτως αὐτὴν βαδίζειν. Καὶ γὰρ πρὸς τὸ στενὴν αὐτὴν εἶναι, πολλοὶ καὶ οἱ ὑποσκελίζοντές εἰσι τὴν ἐκεῖσε φέρουσαν εἴσοδον. Διὸ καὶ ἐπήγαγε· Προσέχετε ἀπὸ τῶν ψευδοπροφητῶν. Ἐλεύσονται γὰρ πρὸς ὑμᾶς ἐν ἐνδύμασι προβάτων· ἔσωθεν δέ εἰσι λύκοι ἅρπαγες. Ἰδοὺ μετὰ τῶν κυνῶν καὶ χοίρων ἕτερον εἶδος ἐνέδρας
293 καὶ ἐπιβουλῆς, πολὺ χαλεπώτερον ἐκείνου. Οἱ μὲν γὰρ
A ὡμολογημένοι καὶ φανεροὶ, οὗτοι δὲ συνεσκιασμένοι. Διὸ καὶ ἐκείνων μὲν ἀπέχεσθαι ἐκέλευσε, τούτους δὲ καὶ διασκέπτεσθαι μετὰ ἀκριβείας, ὡς οὐκ ἐνὸν ἐκ πρώτης αὐτοὺς ἰδεῖν προσβολῆς. Διὸ καὶ ἔλεγε, Προσέχετε, πρὸς τὴν διάγνωσιν αὐτῶν ἀκριβεστέρους ποιῶν. Εἶτα, ἵνα μὴ στενὴν ἀκούσαντες καὶ τεθλιμμένην, καὶ ὅτι τὴν ἐναντίαν τοῖς πολλοῖς δεῖ βαδίζειν, καὶ χοίρους φυλάττεσθαι καὶ κύνας, καὶ μετὰ τούτων καὶ ἕτερον πονηρότερον γένος τοῦτο τὸ τῶν λύκων· ἵνα μὴ τῷ πλήθει τῶν λυπηρῶν καταπέσωσι, μέλλοντες καὶ ἐναντίαν τοῖς πολλοῖς ἰέναι, καὶ μετὰ τούτων πά-
B λιν, καὶ τὴν ὑπὲρ τούτων ἔχειν φροντίδα, ἀνέμνησε τῶν ἐπὶ τῶν πατέρων αὐτῶν γενομένων, ψευδοπροφήτας καλέσας· καὶ γὰρ τότε τοιαῦτα συνέβαινε. Μὴ τοίνυν θορυβεῖσθε, φησίν· οὐδὲν γὰρ καινὸν οὐδὲ ξένον συμβήσεται. Τῇ γὰρ ἀληθείᾳ παρυφίστησιν ἀεὶ τὴν ἀπάτην ὁ διάβολος. Ψευδοπροφήτας δὲ ἐνταῦθα οὐ τοὺς αἱρετικοὺς αἰνίττεσθαί μοι δοκεῖ, ἀλλὰ τοὺς βίου μὲν ὄντας διεφθαρμένου, προσωπεῖον δὲ ἀρετῆς περικειμένους, οὓς τῇ τῶν ἐπιθετῶν προσηγορίᾳ καλεῖν εἰώθασιν οἱ πολλοί. Διὸ καὶ ἐπήγαγε λέγων· Ἀπὸ τῶν καρπῶν αὐτῶν ἐπιγνώσεσθε αὐτούς. Παρὰ γὰρ αἱρετικοῖς ἔστι πολλάκις * βίον εὑρεῖν· παρὰ δὲ τούτοις, οὓς
C εἶπον, οὐδαμῶς. Τί οὖν, φησὶν, ἂν καὶ ἐν τούτοις ὑποκρίνωνται; Ἀλλὰ ἁλώσονται ῥᾳδίως. Τοιαύτη γὰρ ἡ τῆς ὁδοῦ ταύτης φύσις, ἣν ἐκέλευσα βαδίζειν, [a] ἐπίπονος καὶ μοχθηρά. Ὁ δὲ ὑποκριτὴς πονεῖν οὐκ ἂν ἕλοιτο, ἀλλ' ἐπιδείκνυσθαι μόνον· διὸ καὶ ἐλέγχεται ῥᾳδίως. Ἐπειδὴ γὰρ εἶπεν, ὅτι Ὀλίγοι εἰσὶν οἱ εὑρίσκοντες αὐτὴν, ἐκκαθαίρει πάλιν αὐτοὺς ἀπὸ τῶν οὐχ εὑρισκόντων μὲν, ὑποκρινομένων δὲ, κελεύων μὴ τοὺς τὰ προσωπεῖα περικειμένους μόνον ὁρᾷν, ἀλλὰ καὶ τοὺς μετὰ ἀληθείας μετιόντας αὐτήν. Καὶ τίνος ἕνεκεν οὐ
D καταδήλους αὐτοὺς ἐποίησε, φησὶν, ἀλλ' ἡμᾶς εἰς τὴν ἔρευναν ἐνέβαλεν; Ἵνα γρηγορῶμεν, καὶ ἐναγώνιοι διὰ παντὸς ὦμεν, μὴ τοὺς φανεροὺς μόνους, ἀλλὰ καὶ τοὺς κρυπτομένους ἐχθροὺς [b] φυλαττόμενοι· οὕσπερ οὖν καὶ ὁ Παῦλος αἰνιττόμενος ἔλεγεν, ὅτι Τῇ χρηστολογίᾳ ἐξαπατῶσι τὰς καρδίας τῶν ἀκάκων. Μὴ τοίνυν

* [Savil. πολλάκις καὶ β.ε. Post βίον emendatores Veneti ex interpretatione Latina addunt ἐνάρετον, quo nil opus.]

a Alii ἐπίπονος καὶ λυπηρά. ὁ δέ.

b Morel. φυλαττομένους, male. Ibidem Mss. non pauci ὥσπερ οὖν καὶ Παῦλος.

θορυβώμεθα, ἐπειδὰν πολλοὺς τοιούτους καὶ νῦν ὄντας ἴδωμεν. Καὶ γὰρ καὶ τοῦτο προεῖπεν ἄνωθεν ὁ Χριστός.

Καὶ ὅρα τὴν ἡμερότητα. Οὐδὲ γὰρ εἶπε, κολάσατε αὐτοὺς, ἀλλὰ, μὴ βλαβῆτε παρ' αὐτῶν, μὴ ἀφύλακτοι αὐτοῖς περιπέσητε. E Εἶτα, ἵνα μὴ λέγῃς, ὅτι ἀδύνατον ἐπιγνῶναι τοὺς τοιούτους, πάλιν λογισμὸν ἀπὸ παραδείγματος ἀνθρωπίνου τίθησιν, οὕτω λέγων· Μήτι συλλέγουσιν ἀπὸ ἀκανθῶν σταφυλὴν, ἢ ἀπὸ τριβόλων σῦκα; Οὕτω πᾶν δένδρον ἀγαθὸν καρποὺς καλοὺς ποιεῖ· τὸ δὲ σαπρὸν δένδρον καρποὺς πονηροὺς ποιεῖ. Οὐ δύναται δένδρον ἀγαθὸν καρποὺς πονηροὺς ποιεῖν, οὐδὲ δένδρον σαπρὸν καρποὺς καλοὺς ποιεῖν. 294 A Ὃ δὲ λέγει, τοιοῦτόν ἐστιν· οὐδὲν ἔχουσιν ἥμερον, οὐδὲ γλυκύ· μέχρι τῆς δορᾶς τὸ πρόβατον· διὸ καὶ εὔκολος ἡ διάγνωσις. Καὶ ἵνα μὴ τὸ τυχὸν [a] ἐνδοιάζῃς, φυσικαῖς ἀνάγκαις παραβάλλει τὰ οὐκ ἐγχωροῦντα ἄλλως γενέσθαι. Ὅπερ καὶ ὁ Παῦλος ἔλεγε· [b] Τὸ γὰρ φρόνημα τῆς σαρκὸς, θάνατος· τῷ γὰρ νόμῳ τοῦ Θεοῦ οὐχ ὑποτάσσεται· οὐδὲ γὰρ δύναται. Εἰ δὲ δεύτερον τὸ αὐτὸ τίθησιν, οὐκ ἔστι ταυτολογία. Ἵνα γὰρ μή τις εἴπῃ, ὅτι τὸ πονηρὸν δένδρον φέρει μὲν καρποὺς πονηροὺς, φέρει δὲ καὶ ἀγαθοὺς, καὶ δύσκολον ποιεῖ τὴν διάγνωσιν, διπλῆς τῆς φορᾶς οὔσης· [c] οὐκ ἔστι, φησὶ, τοῦτο· πονηροὺς γὰρ φέρει μόνον, καὶ ἀγαθοὺς οὐκ ἄν ποτε ἐνέγκοι· ὥσπερ οὖν καὶ τὸ ἐναντίον. Τί οὖν; οὐκ B ἔστιν ἀνὴρ ἀγαθὸς, γινόμενος πονηρός; Καὶ τοὐναντίον πάλιν ἐστὶ, καὶ πολλῶν ὁ βίος τοιούτων γέμει παραδειγμάτων. Ὁ δὲ Χριστὸς οὐ τοῦτο λέγει, ὅτι τὸν πονηρὸν ἀμήχανον μεταβάλλεσθαι, [d] ἢ τὸν ἀγαθὸν ἀδύνατον μεταπεσεῖν· ἀλλ' ὅτι, ἕως ἂν ᾖ πονηρίᾳ συζῶν, οὐ δυνήσεται καρπὸν ἀγαθὸν ἐνεγκεῖν. Μεταβάλλειν μὲν γὰρ εἰς ἀρετὴν δύναται πονηρὸς ὤν· μένων δὲ ἐν πονηρίᾳ, καρπὸν οὐκ οἴσει καλόν. Τί οὖν ὁ Δαυῒδ ἀγαθὸς ὢν πονηρὸν καρπὸν ἤνεγκεν; Οὐχὶ μένων ἀγαθὸς, ἀλλὰ μεταβληθείς· ὡς εἴγε ἔμεινεν ὅπερ ἦν διηνεκῶς, οὐκ ἂν καρπὸν τοιοῦτον ἤνεγκεν. Οὐ γὰρ δὴ μένων [e] ἐν τῇ τάξει τῆς ἀρετῆς ἐτόλμησεν ἅπερ C ἐτόλμησε. Ταῦτα δὲ καὶ διὰ τοὺς ἁπλῶς διαβάλλοντας ἐπιστομίζων ἔλεγε, καὶ τῶν κακηγόρων χαλινῶν τὰ στόματα. Ἐπειδὴ γὰρ πολλοὶ τοὺς ἀγαθοὺς ἀπὸ τῶν πονηρῶν ὑποπτεύουσι, πάσης ἀποστερῶν αὐτοὺς ἀπολογίας τοῦτο εἴρηκεν. Οὐδὲ γὰρ ἂν ἔχοις εἰπεῖν, ὅτι ἠπάτημαι, καὶ παρελογίσθην· καὶ γὰρ ἀκριβῆ σοι παρέσχον τὴν ἀπὸ τῶν ἔργων διάγνωσιν, προστάξας

cultant: quos subindicans Paulus dicebat: *Et* Rom. 16
per dulces sermones seducunt corda innocen- 18.
tium. Ne itaque turbemur, cum multos hujuscemodi etiam nunc videmus. Nam et illud supra Christus prædixit.

7. Et perpende ejus mansuetudinem. Non enim dixit, Punite illos, sed, Cavete ne ab illis lædamini, ne incauti in illos incidatis. Deinde, ne dicas non posse hujusmodi homines internosci, ab hominum exemplo rursus ratiocinium adhibet dicens: *Numquid colligunt de spinis uvas, aut de tribulis ficus? 17. Sic omnis arbor bona, bonos fructus facit; mala autem arbor, fructus malos facit. 18. Non potest arbor bona fructus malos facere, nec arbor mala fructus bonos facere.* Quod autem dicit hujusmodi est: Nihil habent mite vel dulce; pellem solum ovis gestant, ideo facile internoscuntur. Et ne vel minimum dubites, naturalibus necessitatibus comparat ea quæ aliter fieri non possunt. Quod etiam Paulus
dicebat: *Sapientia enim carnis, mors est: legi* Rom. 8. 6.
enim Dei non subjicitur: neque enim potest. 7.
Quod autem illud secundo ponat, non est superflua repetitio verborum. Ne quis enim diceret, Arbor mala fructus quidem fert malos, sed fert etiam bonos; et cum duplices ferat, difficile est illos internoscere: At res, inquit, non ita se habet; malos tantum affert, bonos numquam; ut et e contrario. Quid igitur? Annon est vir bonus, qui malus efficiatur? Ac vicissim dicendum e contrario: multis hujusmodi exemplis plenum est hominum genus. Sed Christus non illud dicit, nempe non posse malum hominem mutari, neque bonum cadere: verum donec in nequitia perseverat, bonum non afferet fructum. Mutari enim potest, et ex improbo bonus effici; sed in nequitia manens, fructum non afferet bonum. Quomodo ergo David, bonus cum esset, fructum malum tulit? Non manens bonus, sed mutatus: qui si perpetuo mansisset qualis erat, numquam talem fructum tulisset. Nam si in virtutis gradu mansisset, non ausus esset talia perpetrare. Hæc autem dicebat, ut temere obloquentium et criminantium ora frenaret. Quia enim plurimi bonos ex improbis æstimant, ut illis omnem excusationem adimeret, hoc dixit. Neque enim dicere possis, Circumventus sum atque deceptus: nam accuratam tibi dedi ex ope-

[a] Quidam habent ἐνδυάζῃς.
[b] Alii τὸ φρόνημα.
[c] Alii οὐκ ἔστι, φησὶ, πονηροὺς φέρει μόνον.
[d] Mss. plurimi ἢ τὸν ἀγαθὸν οὐκ ἔνι μεταπεσεῖν

[e] Alii ἐν τῇ ἕξει τῆς ἀρετῆς, et mox post ἅπερ ἐτόλμησε sic prosequuntur: κέχρηται δὲ τῷ λόγῳ ὁμοῦ μὲν καὶ τοὺς ἀντιλέγοντας καὶ τοὺς ἁπλῶς. [Savil. διὰ ante τοὺς ἁπλῶς διαβάλλοντας omittit.]

ribus notitiam, jubens per ipsos actus procedere, neque omnia temere turbare. Deinde quia non eos ulcisci jussit, sed cavere ab illis ut eos qui ab illis læderentur consoletur, simulque ut lædentes deterreat et in meliora convertat, pœnam ab se ipsis D infligendam statuit et firmavit, dicens : 19. *Omnis arbor, quæ non facit fructum bonum, excidetur, et in ignem mittetur.* Deinde sermonem aliquantulum temperans, intulit : 20. *Igitur ex fructibus eorum cognoscetis eos.* Ne autem comminationem maxime videretur inducere, quasi per admonitionem et consilium videtur illorum animum movere. Hic vero mihi Judæos subindicare videtur, qui tales proferebant fructus. Ideoque Joannis dicta memoravit, per eadem ipsa nomina supplicium illis describens. Nam et ille hæc E dicebat, securim, arborem excidendam et ignem inexstinguibilem illis commemorans. Videturque una tantum pœna esse, nempe combustio; si vero quis hæc accurate exploret, duplex hic supplicium 295 est. Nam qui comburitur, a regno excidit omnino; A hæc vero pœna major est. Novi certe multos ex gehennæ tantum nomine horrere; ego tamen multo graviorem esse pœnam duco a gloria illa excidere, quam gehennam subire. Si vero id non possit sermone monstrari, nihil mirum. Neque enim novimus bonorum illorum beatitudinem, ut perditæ ipsius miseriam æstimemus : siquidem Paulus, qui hæc probe noverat, sciebat excidere e gratia Christi rem esse omnium gravissimam. Et hoc nos quoque sciemus, cum in rei experimentum inciderimus.

Matth. 3. 10.

Major pœna est gloria privari, quam gehennæ tradi.

Gal. 5. 4?

βαδίζειν ἐπὶ τὰς πράξεις, καὶ μὴ πάντα ἁπλῶς συνταράττειν. Εἶτα ἐπειδὴ κολάζειν μὲν αὐτοὺς οὐκ ἐκέλευσε, φυλάττεσθαι δὲ μόνον, ὁμοῦ καὶ τοὺς ἐπηρεαζομένους παρ' αὐτῶν παραμυθούμενος, κἀκείνους φοβῶν καὶ μεταβάλλων, ἐπετείχισεν αὐτοῖς τὴν παρ' αὐτοῦ κόλασιν, εἰπὼν, ὅτι Πᾶν δένδρον μὴ ποιοῦν καρπὸν καλὸν, ἐκκόπτεται, καὶ εἰς πῦρ βάλλεται. Εἶτα ἀνεπαχθέστερον ποιῶν τὸν λόγον, ἐπήγαγεν· Ἄρα οὖν ἀπὸ τῶν καρπῶν αὐτῶν ἐπιγνώσεσθε αὐτούς. Ἵνα δὲ μὴ προηγουμένην τὴν ἀπειλὴν δόξῃ εἰσάγειν, ἐν τάξει παραινέσεως καὶ συμβουλῆς κατασείει αὐτῶν τὴν διάνοιαν. Ἐνταῦθά μοι καὶ Ἰουδαίους αἰνίττεσθαι δοκεῖ, τοιούτους καρποὺς ἐπιδεικνυμένους. Διὸ καὶ τῶν Ἰωάννου ῥημάτων [f] ὑπέμνησε, διὰ τῶν αὐτῶν ὀνομάτων τὴν τιμωρίαν αὐτοῖς ὑπογράψας. Καὶ γὰρ καὶ ἐκεῖνος ταῦτα ἔλεγεν, ἀξίνης καὶ δένδρου κοπτομένου καὶ πυρὸς ἀσβέστου πρὸς αὐτοὺς μεμνημένος. Καὶ δοκεῖ μὲν μία τις εἶναι τιμωρία, τὸ κατακαίεσθαι· εἰ δέ τις ἀκριβῶς ἐξετάσειε, δύο αὗται κολάσεις εἰσίν. Ὁ γὰρ καιόμενος καὶ τῆς βασιλείας ἐκπίπτει πάντως· αὕτη δὲ ἐκείνης χαλεπωτέρα ἡ τιμωρία. Καὶ οἶδα μὲν, ὅτι πολλοὶ τὴν γέενναν μόνον πεφρίκασιν· ἐγὼ δὲ τὴν ἔκπτωσιν τῆς δόξης ἐκείνης πολὺ [a] τῆς γεέννης πικροτέραν εἶναί φημι. Εἰ δὲ μὴ δυνατὸν παραστῆσαι τῷ λόγῳ, θαυμαστὸν οὐδέν. Οὐδὲ γὰρ ἴσμεν ἐκείνων τῶν ἀγαθῶν τὴν μακαριότητα, ἵνα καὶ τὴν ἀθλιότητα τὴν ἀπὸ τῆς στερήσεως αὐτῶν σαφῶς εἰδῶμεν· ἐπεὶ καὶ Παῦλος ὁ ταῦτα σαφῶς εἰδὼς, οἶδεν ὅτι τὸ ἐκπεσεῖν τῆς δόξης τοῦ Χριστοῦ πάντων ἐστὶ χαλεπώτερον. Καὶ τοῦτο καὶ ἡμεῖς εἰσόμεθα τότε, [b] ὅταν εἰς αὐτὴν τὴν πεῖραν ἐμπέσωμεν.

8. Sed faxis ne hoc patiamur, o unigenite Dei Fili, neque intolerandi istius supplicii umquam B experimentum sumamus. Quantum enim sit malum a bonis illis excidere, clare cognosci nequit. Attamen pro virili mea conabor atque contendam, hoc vobis per exemplum saltem tantillum monstrare. Supponamus esse puellum mirabilem, qui virtute florens totius etiam orbis imperium obtineat, tantaque virtute præditum, ut possit omnium affectum in se ita commovere, ut universi illum paterno diligant amore. Quid non putatis patrem ejus passurum esse, ne talis filii privetur colloquio? quid aut parvum aut magnum mali non C susceptarum, ut illum videat, illoque perfruatur? Hoc igitur et de gloria illa cogitemus. Neque enim

Ἀλλὰ μήποτε τοῦτο πάθοιμεν, ὦ μονογενὲς τοῦ Θεοῦ Παῖ, μηδὲ λάβοιμέν ποτέ τινα πεῖραν τῆς ἀνηκέστου ταύτης κολάσεως. Ὅσον γάρ ἐστι κακὸν ἐκπεσεῖν τῶν ἀγαθῶν ἐκείνων, σαφῶς μὲν εἰπεῖν οὐκ ἔνι· πλὴν, ὡς ἂν οἷός τε ὦ, βιάσομαι καὶ φιλονεικήσω δι' ὑποδείγματος ὑμῖν αὐτὸ κἂν κατὰ μικρὸν ποιῆσαι φανερόν. [c] Ὑποθώμεθα γὰρ εἶναι παιδίον θαυμαστὸν, καὶ μετὰ τῆς ἀρετῆς καὶ τὴν βασιλείαν τῆς οἰκουμένης ἔχειν, καὶ οὕτως εἶναι ἐνάρετον πανταχοῦ, ὡς δύνασθαι ἅπαντας αὐτῷ ἐν φιλοστοργίᾳ πατρικῆς καταστῆσαι διαθέσεως. Τί τοίνυν οὐκ ἂν οἴεσθε τὸν πατέρα τὸν τούτου παθεῖν ἂν ἡδέως, ὥστε μὴ ἐκπεσεῖν αὐτοῦ τῆς ὁμιλίας; τί δὲ ἢ μικρὸν ἢ μέγα κακὸν οὐκ ἂν [d] δέξασθαι, ὥστε ὁρᾷν καὶ ἀπολαύειν αὐτοῦ; Τοῦτο τοίνυν καὶ ἐπὶ τῆς δόξης ἐκείνης λογιζώμεθα. Οὐ γὰρ οὕτω

[f] Hæc, ὑπέμνησε, διὰ τῶν αὐτῶν ὀνομάτων, desunt in Morel.

[a] Τῆς γεέννης deest in Morel.

[b] Morel. et quidam ὅτι εἰς αὐτήν, et mox quidam ἀλλὰ μηδέποτε τοῦτο.

[c] Morel ὑποθῶμεν, et infra ἐνάρετον ἅπαντα.

[d] Quidam ἐδέξασθε.

πατρὶ παιδίον, κἂν μυριάκις ἐνάρετον ᾖ, ποθεινόν ἐστι καὶ ἐπέραστον, ὡς τῶν ἀγαθῶν ἡ λῆξις ἐκείνων, καὶ τὸ ἀναλῦσαι, καὶ σὺν Χριστῷ εἶναι. Ἀφόρητον καὶ ἡ γέεννα, καὶ ἡ κόλασις ἐκείνη. Πλὴν κἂν μυρίας τις θῇ γεέννας, οὐδὲν τοιοῦτον ἐρεῖ, οἷον τὸ τῆς μακαρίας ἐκείνης ἐκπεσεῖν δόξης, τὸ μισηθῆναι παρὰ τοῦ Χριστοῦ, τὸ ἀκοῦσαι, ὅτι οὐκ οἶδα ὑμᾶς, τὸ ἐγκληθῆναι, ὅτι πεινῶντα αὐτὸν ἰδόντες οὐκ ἐθρέψαμεν. Καὶ γὰρ βέλτιον μυρίους ὑπομεῖναι κεραυνοὺς, ἢ τὸ πρόσωπον ἐκεῖνο τὸ ἥμερον ἰδεῖν ἀποστρεφόμενον ἡμᾶς, καὶ τὸν γαληνὸν ὀφθαλμὸν οὐκ ἀνεχόμενον εἰς ἡμᾶς βλέπειν. Εἰ γὰρ αὐτὸς ἐχθρὸν ὄντα με καὶ μισοῦντα αὐτὸν καὶ ἀποστρεφόμενον οὕτως [c] ἐδεξιώσατο, ὡς μηδὲ ἑαυτοῦ φείσασθαι, ἀλλ' ἐκδοῦναι ἑαυτὸν εἰς θάνατον· ὅταν μετὰ πάντα ἐκεῖνα μήτε ἄρτου ἀξιώσω αὐτὸν λιμώττοντα, ποίοις λοιπὸν αὐτὸν ὀφθαλμοῖς ὄψομαι; Σκόπει δὲ αὐτοῦ καὶ ἐνταῦθα τὴν ἡμερότητα. Οὐδὲ γὰρ λέγει τὰς εὐεργεσίας, οὐδ' ὅτι τὸν τοσαῦτα ὠφελήσαντα ὑπερεῖδες. Οὐδὲ γὰρ λέγει· ἐμὲ τὸν ἐκ τοῦ μὴ ὄντος εἰς τὸ εἶναί σε παραγαγόντα, τὴν ψυχὴν ἐμπνεύσαντα, καὶ ἐπιστήσαντά σε πᾶσι τοῖς ἐν τῇ γῇ, τὸν διὰ σὲ γῆν, καὶ οὐρανὸν, καὶ θάλατταν, καὶ ἀέρα, καὶ πάντα τὰ ὄντα ποιήσαντα, τὸν ἀτιμασθέντα παρὰ σοῦ, καὶ τοῦ διαβόλου ἀτιμότερον εἶναι δόξαντα, καὶ μηδὲ οὕτως ἀποστάντα, ἀλλὰ μυρία μετὰ ταῦτα ἐπινοήσαντα, τὸν ἑλόμενον γενέσθαι δοῦλον, τὸν ῥαπισθέντα, καὶ ἐμπτυσθέντα, τὸν σφαγέντα, καὶ ἀποθανόντα τὸν αἴσχιστον θάνατον, τὸν καὶ ἄνω ὑπὲρ σοῦ ἐντυγχάνοντα, τὸν Πνεῦμά σοι χαριζόμενον, τὸν βασιλείας σε καταξιοῦντα, τὸν τοιαῦτα ἐπαγγελλόμενον, τὸν κεφαλήν σου βουληθέντα εἶναι, καὶ νυμφίον, καὶ ἱμάτιον, καὶ οἶκον, καὶ ῥίζαν, καὶ τροφὴν, καὶ πόμα, καὶ ποιμένα, καὶ βασιλέα, καὶ ἀδελφὸν, καὶ κληρονόμον [a] καὶ συγκληρονόμον σε ἑλόμενον, τὸν ἀπὸ σκότους εἰς ἐξουσίαν φωτὸς ἀγαγόντα. Ταῦτα γὰρ καὶ πλείονα τούτων ἔχων εἰπεῖν, οὐδὲν τούτων λέγει. Ἀλλὰ τί; Μόνον αὐτὸ τὸ ἁμάρτημα. Καὶ ἐνταῦθα δείκνυσι τὴν ἀγάπην, καὶ τὸν πόθον ὃν ἔχει περὶ σὲ ἐνδείκνυται. Οὐδὲ γὰρ εἶπε, πορεύεσθε εἰς τὸ πῦρ τὸ ἡτοιμασμένον ὑμῖν, ἀλλὰ, Τὸ ἡτοιμασμένον τῷ διαβόλῳ. Καὶ πρότερον λέγει ἃ ἠδίκησαν, καὶ οὐδὲ οὕτως ὑπομένει πάντα εἰπεῖν, ἀλλ' ὀλίγα. Καὶ πρὸ τούτων ἐκείνους καλεῖ τοὺς κατωρθωκότας, ἵνα δείξῃ καὶ ἐντεῦθεν δίκαια ἐγκαλῶν. Πόσης οὖν κολάσεως τὰ ῥήματα ταῦτα οὐ χαλεπώτερα; Εἰ γὰρ [b] ἄνθρωπόν τις εὐεργέτην λιμώττοντα ἰδὼν, οὐκ ἂν περιίδοι· εἰ δὲ καὶ πε-

filius quantalibet virtute decoretur, ita patri desiderabilis et amabilis est, ut sortem illam bonorum accipere, ac resolvi, et esse cum Christo. Intolerabilis quippe est illa gehenna, illaque pœna. Attamen licet mille quis gehennas proposuerit, nihil tale dicturus est, quale est ex beata illa excidere gloria, Christo exosum esse, audire ab illo, *Non novi vos*, accusari, quod esurientem D illum cum videremus, cibum negaverimus. Etenim melius est mille fulminibus obrui, quam vultum illum mansuetum videre nos aversantem, et placidum oculum nos aspicere non sustinentem. Nam si me ille inimicum se odio habentem et aversantem ita excepit, ut nec sibi ipsi parceret, sed se ad mortem traderet; cum post illa omnia, nec esurienti quidem panem porrigere dignatus fuero, quibus demum oculis ipsum respiciam? Hic vero perpende ejus mansuetudinem. Neque enim beneficia sua commemorat, neque te, cui tot E bona contulit, illum despicere queritur. Neque enim dicit: Mene despicis, qui te ex nihilo produxi, qui tibi animam insufflavi, qui te omnibus, quæ in terra sunt, præfeci, qui propter te cælum, terram, mare, aerem, et omnia quæ exsistunt feci, qui a te inhonoratus sum et diabolo vilior existimatus, qui neque sic destiti, sed millia post 296 A hæc in tui gratiam excogitavi, qui servus esse volui, qui alapis cæsus, consputus et occisus sum, mortem passus turpissimam, qui etiam in cælo pro te supplico, qui Spiritum tibi largitus sum, qui te regno dignatus sum, qui talia promisi tibi, qui caput tuum esse volui, qui sponsus sum, vestis, domus, radix, esca, potus, pastor, rex, frater, qui te heredem et coheredem elegi, qui ex tenebris ad potestatem lucis te eduxi. Cum hæc et his plura dicere posset, nihil tale dixit. Sed quid? Solum illud protulit peccatum. Hic vero dilectionem ostendit et amorem, quo te prosequitur. Neque enim dixit, Ite in ignem paratum vobis, sed, B *Paratum diabolo*. Priusque dicit quænam illi peccaverint, neque tamen omnia dicere sustinet, sed pauca. Et ante hos illos vocat qui bona fecerunt, ut hinc ostenderet se recte accusare. Quanto ergo supplicio hæc verba non sint sæviora? Si quis enim hominem a quo beneficio affectus sit esurientem videns, non despiciat; quod si despiciat,

Philipp. 1. 23.

Matth. 25. 12.

Christus nobis omnia est.

Matth. 25. 41.

[c] Quidam habent ἐδίωξεν, contraria omnino sententia. Infra Savil. *μηδὲ ἄρτου*, et quibusdam interpositis, Savil. et quidam Mss. *οὐδὲ γὰρ καταλέγει*, Morel. et alii *οὐδὲ γὰρ λέγει*. Mox Morel. et Savil. *ὑπερεῖδες*, alii *περιεῖδες*.

[a] *Καὶ συγκληρονόμον* deerat in Morel., sed in aliis omnibus habetur. Paulo post Savil. et Morel. *εἰς ἐξουσίαν φωτός*. Alii *εἰς μετουσίαν φωτός*, non male, *in participationem lucis*.

[b] Quidam *ἀνθρώπων τις*, male.

exprobratus potius eligat in terram defodi, quam duobus vel tribus amicis testibus talia audire: quid nos patiemur toto orbe teste talia audientes, quæ ne quidem tunc ille diceret, nisi causam ipse suam defendere vellet? Quod enim non exprobrans id ille dicat, sed sese purgans, et ut ostendat se non frustra vel sine causa dicere, *Discedite a me*, palam est ex ejus ingentibus beneficiis. Nam si exprobrare voluisset, illa omnia in medium adduxisset: nunc autem ea solum dicit quæ passus est.

9. Timeamus itaque, dilecti, hæc audire verba. Non est lusus hæc vita; imo potius hæc vita lusus est, futura vero non lusus sunt. Forte autem non lusus tantum est vita, sed lusu deterior. Non enim desinit in risum, sed magnum infert damnum iis, qui non diligenter mores suos componere volunt. In quo enim, quæso, a pueris ludentibus et domos ædificantibus differimus, qui splendidas construimus ædes? quæ differentia inter illos prandentes et nos laute convivantes? Nulla, nisi in quantum nos supplicio plectendi id facimus. Quod si nondum harumce rerum vilitatem perspicimus, non est mirandum; nondum enim ad virorum maturitatem pervenimus: cum autem pervenerimus, intelligemus hæc omnia puerilia esse. Nam et illa quando viri sumus irridemus, quæ cum pueri essemus putabamus alicujus esse momenti: testas et lutum aggerentes, non minus altum sapiebamus, quam ii qui magna septa construunt. Verum hæc statim pereunt et cadunt, neque si starent, nobis utilia essent, quemadmodum neque illæ ædes splendidæ. Nam illæ cæli civem capere non possent, neque in illis habitare dignaretur qui supernam obtinet patriam: verum ut nos pedibus puerilia illa destruimus, sic ille animo tales ædes subvertit. Et quemadmodum nos, dum pueri de ruina plorant, ridemus: sic et isti, nobis de subversione mœrentibus, non modo rident, sed etiam plorant: quoniam eorum viscera commiseratione plena sunt, ac quia multum nobis inde oritur detrimentum. Simus ergo viri. Usquequo humi serpemus, in lapidibus et lignis altum sapientes? usquequo ludemus? Atque utinam solum luderemus: nunc autem nostram prodimus salutem; ac quemadmodum pueri, cum neglectis literis in his ludis otium consumunt, durissimis verberibus subjacent: sic et nos qui in his totum studium consumimus, cum a nobis di-

ρίδοι, ὀνειδιζόμενος ἕλοιτο μᾶλλον καταδῦναι εἰς τὴν
γῆν, ἢ ἐπὶ δύο ἢ καὶ τριῶν φίλων ταῦτα ἀκοῦσαι· τί
πεισόμεθα ἡμεῖς ἐπὶ τῆς οἰκουμένης ἁπάσης ταῦτα
ἀκούοντες, ἅπερ οὐδ' ἂν τότε εἶπεν, εἰ μὴ ὑπὲρ τῶν
C καθ' ἑαυτὸν ἀπολογήσασθαι ἔσπευδεν; Ὅτι γὰρ οὐκ
ὀνειδίζων αὐτὰ προέφερεν, ἀλλ' ἀπολογούμενος, καὶ
ὑπὲρ τοῦ δεῖξαι, ὅτι οὐ μάτην οὐδὲ εἰκῇ πρὸς αὐτοὺς
ἔλεγε, Πορεύεσθε ἀπ' ἐμοῦ, δῆλον ἐκ τῶν ἀφάτων
εὐεργεσιῶν. Εἰ γὰρ ἐβούλετο ὀνειδίσαι, πάντα ἂν ἐκεῖνα
εἰς μέσον ἤγαγε· νυνὶ δὲ ἅπερ ἔπαθε λέγει μόνον.

Φοβηθῶμεν τοίνυν, ἀγαπητοὶ, τὸ ταῦτα ἀκοῦσαι
τὰ ῥήματα. Οὐκ ἔστι παίγνιον ὁ βίος· μᾶλλον δὲ [c] ὁ
μὲν παρὼν βίος παίγνιον, τὰ δὲ μέλλοντα οὐ παίγνια.
Τάχα δὲ οὐδὲ παίγνιον μόνον ὁ βίος, ἀλλὰ καὶ τούτου
D χείρων. Οὐ γὰρ εἰς γέλωτα τελευτᾷ, ἀλλὰ καὶ πολλὴν
φέρει τὴν βλάβην τοῖς μὴ μετὰ ἀκριβείας τὰ καθ'
ἑαυτοὺς οἰκονομεῖν βουλομένοις. Τί γὰρ παίδων, εἰπέ
μοι, διεστήκαμεν τῶν παιζόντων καὶ οἰκίας οἰκοδο-
μούντων ἡμεῖς οἱ τὰς λαμπρὰς οἰκίας οἰκοδομοῦντες;
τί δὲ ἀριστοποιουμένων αὐτῶν ἡμεῖς οἱ τρυφῶντες;
Οὐδὲν, πλὴν ὅσον μετὰ κολάσεως ταῦτα πράττομεν.
Εἰ δὲ οὐδέπω συνορῶμεν τὴν εὐτέλειαν τῶν γινομένων,
θαυμαστὸν οὐδέν· οὔπω γὰρ ἄνδρες γεγόναμεν· ὅταν
δὲ γενώμεθα, εἰσόμεθα ὅτι πάντα ταῦτα παιδικά.
Ἐπεὶ καὶ ἐκείνων γινόμενοι ἄνδρες καταγελῶμεν· παῖ-
E δες δὲ ὄντες, νομίζομεν περισπούδαστα εἶναι, καὶ
ὄστρακα καὶ πηλὸν συνάγοντες, τῶν τοὺς μεγάλους
ἀνιστώντων περιβόλους οὐκ ἔλαττον φρονοῦμεν. Ἀλλ'
ὅμως εὐθέως ἀπόλλυται καὶ καταπίπτει, καὶ οὔτε
ἑστῶτά που χρήσιμα γένοιτ' ἂν ἡμῖν, ὥσπερ οὖν οὐδὲ
αὗται αἱ λαμπραὶ οἰκίαι. Τὸν γὰρ τοῦ οὐρανοῦ πολί-
297 την οὐκ ἂν δύναιντο δέξασθαι, οὐδ' ἂν ἀνάσχοιτο μεί-
A νας ἐν αὐταῖς ὁ τὴν ἄνω πατρίδα ἔχων· ἀλλ' ὥσπερ ἡμεῖς τοῖς ποσὶ ταῦτα καθαιροῦμεν, οὕτω κἀκεῖνος τῷ φρονήματι καταστρέφει. Καὶ καθάπερ ἡμεῖς
τῶν παίδων ἐπὶ τῇ καταστροφῇ κλαιόντων καταγελῶ-
μεν· οὕτω καὶ οὗτοι, ταῦτα ὀδυρομένων ἡμῶν, οὐ γελῶσι μόνον, ἀλλὰ καὶ κλαίουσιν· ἐπειδὴ καὶ συμ-
παθῆ αὐτῶν τὰ σπλάγχνα, καὶ πολλὴ ἐντεῦθεν ἡ βλάβη. Γενώμεθα τοίνυν ἄνδρες. Μέχρι τίνος χαμαὶ συρό-
μεθα, ἐπὶ λίθοις, καὶ ξύλοις μέγα φρονοῦντες; μέχρι
τίνος παίζομεν; Καὶ εἴθε μόνον ἐπαίζομεν· νυνὶ δὲ καὶ
τὴν ἑαυτῶν προδίδομεν σωτηρίαν· καὶ καθάπερ τὰ
B παιδία, ὅταν τὴν ἐν τούτοις σχολὴν ἄγῃ τῶν γραμμάτων ἀμελήσαντα, ἐσχάτας ὑπομένουσι πληγάς· οὕτω
καὶ ἡμεῖς [a] ἐν τούτοις ἅπασαν τὴν σπουδὴν καταναλίσκοντες, καὶ τὰ πνευματικὰ ἀπαιτούμενοι [b] μαθήματα
τότε διὰ τῶν ἔργων, καὶ οὐκ ἔχοντες παρασχεῖν, τὴν

c Morel. ὁ παρὼν βίος, omisso μέν.

a Morel. ἐν τούτοις ἅπασι.

b Sic Savil. et omnes Mss., Morel. vero μαθήματα τὰ τέλεια τῶν ἔργων, male. Infra quidam habent οὐδεὶς ἔσται

ἐσχάτην τιμωρίαν δώσομεν. Καὶ οὐδεὶς ὁ ἐξαιρούμενος·
κἂν πατὴρ ᾖ, κἂν ἀδελφὸς, κἂν ὁστισοῦν. Ἀλλὰ ταῦτα
μὲν οἰχήσεται πάντα, ἡ δὲ ἐξ αὐτῶν γινομένη βάσανος
ἀθάνατος μένει καὶ διηνεκής· ὅπερ οὖν καὶ ἐπὶ τῶν
παίδων γίνεται, τὰ μὲν παιδικὰ ἀθύρματα τοῦ πατρὸς
διὰ τὴν ῥᾳθυμίαν αὐτῶν τέλεον ἀφανίζοντος, αὐτοὺς
δὲ εἰς τὸ διηνεκῶς κλαίειν καθιστῶντος. Καὶ ἵνα μά- C
θῃς, ὅτι ταῦτα τοιαῦτά ἐστιν, ὃ μάλιστα πάντων εἶναι
δοκεῖ περισπούδαστον, τὸν πλοῦτον εἰς μέσον ἀγάγωμεν,
καὶ ἀντιθῶμεν αὐτῷ ψυχῆς ἀρετὴν ἣν ἂν θέλῃς, καὶ τότε
αὐτοῦ μάλιστα ὄψει τὴν εὐτέλειαν. Θῶμεν τοίνυν ἀνθρώπους εἶναι δύο· καὶ οὔπω λέγω περὶ πλεονεξίας,
ἀλλὰ περὶ δικαίου πλούτου τέως· καὶ τῶν δύο τούτων,
ὁ μὲν συναγαγέτω χρήματα, καὶ πλείτω θάλατταν,
καὶ γεωργείτω γῆν, καὶ πολλοὺς ἑτέρους ἐμπορίας εὑ-
ρισκέτω τρόπους· καίτοι γε οὐκ οἶδα εἰ ταῦτα ποιῶν δύναται δικαίως κερδαίνειν· πλὴν ἀλλ' ἔστω καὶ ὑποκείσθω δίκαια κέρδη κερδαίνειν αὐτόν· καὶ ἀγροὺς ὠνεί-
σθω, καὶ ἀνδράποδα, καὶ ὅσα τοιαῦτα, καὶ μηδεμία D
προσέστω τούτοις ἀδικία· ὁ δὲ ἕτερός τις τοσαῦτα κεκτημένος, πωλείτω ἀγροὺς, πωλείτω οἰκίας, καὶ σκεύη
χρυσᾶ καὶ ἀργυρᾶ, καὶ παρεχέτω τοῖς δεομένοις, ἐπαρ-
κείτω [c] τοῖς πενομένοις, θεραπευέτω νοσοῦντας, τοὺς
ἐν ἀνάγκῃ λυέτω, τοὺς ὑπὸ δεσμὰ ἐκβαλλέτω, τοὺς ἐν
μετάλλοις ἐλευθερούτω, τοὺς ἐπὶ βρόχον καταγέτω,
τοὺς αἰχμαλώτους λυέτω τῆς τιμωρίας. Τίνος οὖν βούλεσθε μερίδος εἶναι; Καὶ οὐδέπω τὰ μέλλοντα, ἀλλὰ
τέως τὰ ἐνταῦθα εἰρήκαμεν. Τίνος οὖν εἶναι βούλεσθε;
τοῦ συνάγοντος χρυσίον, ἢ τοῦ λύοντος συμφοράς; τοῦ
τοὺς ἀγροὺς ὠνουμένου, ἢ τοῦ λιμένα κατασκευάζον- E
τος ἑαυτὸν τῇ τῶν ἀνθρώπων φύσει; τοῦ τὸ πολὺ περιβεβλημένου χρυσίον, ἢ τοῦ μυρίαις εὐφημίαις ἐστεφα-
νωμένου; Οὐχ ὁ μὲν ἀγγέλῳ τινὶ προσέοικεν ἐξ οὐρανοῦ καταβάντι πρὸς τὴν τῶν λοιπῶν ἀνθρώπων διόρθωσιν, ὁ δὲ οὐδὲ ἀνθρώπῳ, ἀλλὰ παιδίῳ τινὶ μάτην καὶ 298
ἁπλῶς πάντα [a] συνάγοντι; Εἰ δὲ τὸ δικαίως χρημα- A
τίζεσθαι οὕτω καταγέλαστον, καὶ ἀνοίας ἐσχάτης· ὅταν
μηδὲ τὸ δικαίως προσῇ, πῶς οὐ πάντων ἀθλιώτερος ὁ
τοιοῦτος; Εἰ δὲ ὁ γέλως τοσοῦτος, ὅταν καὶ γέεννα
προσῇ, καὶ βασιλείας ἔκπτωσις, πόσων ἂν εἴη θρήνων
ἄξιος, καὶ ζῶν, καὶ τετελευτηκώς;

Ἀλλὰ καὶ ἕτερον, [b] εἰ βούλει, τῆς ἀρετῆς μεταχειρισώμεθα μέρος. Οὐκοῦν ἀγάγωμεν πάλιν ἕτερον ἄν-

sciplinarum ratio per opera exigetur, quia reddere non poterimus, extremum luemus supplicium. Nemoque erit qui liberet, etiamsi pater, etiamsi frater vel quivis alius. Sed hæc omnia abscedent, pœna autem ex illis parta æterna ac perpetua manebit : id quod etiam pueris accidit, ob
C quorum negligentiam patres ludicra illa puerilia de medio tollunt, ipsosque ad assiduas lacrymas compellunt. Ut autem discas ita rem se habere : id quod maxime studia hominum occupare videtur, nempe divitias, in medium adducamus, ipsisque opponamus quamcumque volueris animi virtutem, et tunc maxime earum vilitatem agnitūrus es. Ponamus ergo duos esse homines; necdum loquar de avaritia, sed de divitiis juste partis : ex hisce duobus alius congreget divitias, mare navibus transmeet, terram colat, multosque alios negotiationis modos inveniat; etiamsi
D nesciam utrum hæc faciens possit juste lucrari; attamen supponamus hæc lucra legitima esse : agros emat, servos, et similia multa, nullaque sit in his rebus injustitia : alter vero æque dives, vendat domos et vasa aurea argenteaque, egenis largiatur, pauperesque foveat, ægros curet, in necessitate positos solvat, alios a vinculis eximat, ad metalla damnatos liberet, laqueo se suspendentes dejiciat, captivos a pœnis liberet. Cujus ergo partis esse mavultis? Nondum tamen de futuris, sed de præsentibus loquuti sumus. Quam
E igitur partem amplecti mavultis? an aurum congregantis, an aliorum calamitates solventis? an agros ementis, an ejus qui sese portum humano generi constituit? ejus qui multo circumdatur auro, an ejus qui mille laudibus coronatur? An
298 non ille quidem angelus est, qui de cælo ad cæ-
A terorum emendationem descendit, hic vero non homine, sed puero cuidam similis, omnia frustra colligenti? Si vero etiam juste pecunias colligere, res adeo ridicula et extremæ dementiæ est : quando quis non juste colligit, quomodo non omnium miserrimus fuerit? Si autem res adeo sit ridicula, cum etiam his accedat et gehenna et regni amissio, quot ille lacrymis dignus fuerit et vivus et mortuus?

10. Sed aliam quoque, si vis, virtutis partem exploremus. Rursus alium in medium agamus

ὁ ἐξαιρούμενος. Paulo post in Manuscriptis plurimis sic scribitur : κἂν ὅστις οὖν. Infra unus τὰ μὲν παιδικὰ ἀθύρματα τοῦ πατρὸς διὰ τὴν ἀρετὴν αὐτῶν τέλεον.

[c] Sic Savil. et unus recte, Morel. et alii τοῖς δεομένοις repetunt. Mox quidam ἀπὸ δεσμῶν, et paulo post ἀπὸ βρόχων.

[a] Quidam συναγαγόντι.

[b] In Morel. εἰ deest ante βούλει.

hominem, in potentia constitutum, omnibus imperantem, dignitate magna stipatum, præconem splendidum habentem, balteum item, lictores, magnumque clientium numerum. Annon hoc magnum videtur esse et felicitate plenum? Age, et illi rursum opponamus alterum patientem, mitem, humilem, et magnanimum: hic vero injuriis impetatur, vapulet, et hæc patienter ferat, atque hæc inferentibus benedicat. Uter, quæso, mirabilis, illene inflatus et tumens, an hic ita dejectus? Annon hic similis est cælestibus virtutibus, quæ nullo animi motu turbantur, ille autem vesicæ inflatæ, aut homini hydropico, atque admodum tumenti? nonne hic medico spirituali, ille autem puero buccam inflanti et ridiculo? Cur altum sapis, o homo? an quod sublimis in curru veheris? an quod te trahit mulorum jugum? Ecquid hoc? Idipsum in lignis et in saxis videre est. An quia magnifico fulges vestitu? Sed respice illum virtute vestimentorum vice amictum, et te videbis fœno putrido similem, illum vero arbori pulchrum emittenti fructum, qui multam spectantibus lætitiam afferat. Tu quidem vermium escam circumfers, atque tinearum, quæ, si te aggrediantur, cito te hoc nudatum ornatu reddent. Nam vestimentum, aurum et argentum, aliud quidem vermium filis constat, aliud terra et pulvis est, iterumque terra, et præterea nihil; qui autem virtute circum ornatur, talem habet vestem, quam non modo tinea, sed ne mors quidem ipsa labefactare valeat; et jure quidem merito. Neque enim hæ animi virtutes ex terra exordium ducunt, sed sunt fructus spiritus; quapropter vermium ori non patent: nam in cælo hujusmodi vestimenta texuntur, ubi nec tinea, nec vermis, nec aliquid simile est. Quid igitur, quæso, melius, divitem, an pauperem esse? an potentem, an inhonoratum esse? lauta frui mensa, an famem experiri? Proculdubio, in honore, deliciis, divitiisque vivere. Si ergo res ipsas, non nomina velis, terra atque terrenis relictis, in cælum te transfer: siquidem præsentia umbra sunt, illa vero, res immotæ, firmæ, quæ non abripi possint. Hæc nos igitur cum studio deligamus, ut et a tumultu præsentium rerum liberemur, et ad tranquillum portum appellentes, cum multis sarcinis et ineffabilibus eleemosynæ opibus

Quam præstet vir humilis viro potenti et inflato.

θρωπον, ἐν δυναστείᾳ ὄντα, πᾶσιν ἐπιτάττοντα, ἀξίωμα περιβεβλημένον μέγα, κήρυκα ἔχοντα λαμπρὸν, καὶ
B ζώνην, καὶ ῥαβδούχους, καὶ πολὺν τὸν τῆς θεραπείας χορόν. Οὐχὶ δοκεῖ τοῦτο μέγα εἶναι καὶ μακαριστόν; Φέρε οὖν, καὶ τούτῳ ἀντιθῶμεν πάλιν ἕτερον, τὸν ἀνεξίκακον, καὶ πρᾶον, καὶ ταπεινὸν, καὶ μακρόθυμον· καὶ οὗτος ὑβριζέσθω, τυπτέσθω, καὶ φερέτω εὐκόλως, καὶ τοὺς τὰ τοιαῦτα ποιοῦντας εὐλογείτω. Τίς οὖν ὁ θαυμαστὸς, εἰπέ μοι, ὁ πεφυσιωμένος καὶ φλεγμαίνων, ἢ ὁ κατεσταλμένος; Οὐχὶ ὁ μὲν ἔοικε πάλιν ταῖς ἄνω δυνάμεσι ταῖς πολλὴν ἐχούσαις τὴν ἀπάθειαν, ὁ δὲ φύσῃ σπωμένῃ, ἢ ὕδερον ἀνθρώπῳ ἔχοντι, καὶ πολλὴν τὴν φλεγμονήν; καὶ ὁ μὲν ἰατρῷ πνευματικῷ, ὁ δὲ
C τὰς γνάθους φυσῶντι παιδίῳ καταγελάστῳ; Τί γὰρ μέγα φρονεῖς, ἄνθρωπε; ὅτι ὑψηλὸς ἐπὶ ὀχήματος φέρῃ; [c] ὅτι σε ζεῦγος ἡμιόνων ἕλκει; Καὶ τί τοῦτο; Τοῦτο γὰρ καὶ ἐπὶ ξύλων καὶ ἐπὶ λίθων γινόμενον ἴδοι τις ἄν. Ἀλλ' ὅτι ἱμάτια καλὰ περιβέβλησαι; Ἀλλ' ὅρα τὸν ἀρετὴν ἀντὶ ἱματίων ἐνδεδυμένον, καὶ ὄψει σαυτὸν μὲν χόρτῳ ἐοικότα σηπομένῳ, ἐκεῖνον δὲ δένδρῳ θαυμαστὸν φέροντι καρπὸν, καὶ πολλὴν τοῖς ὁρῶσι παρέχοντι τὴν εὐφροσύνην. Σὺ μὲν γὰρ τροφὴν σκωλήκων περιφέρεις, καὶ σητῶν, οἳ, ἂν ἐπιθῶνταί σοι, ταχέως σε γυμνὸν ποιήσουσι τοῦ κόσμου τούτου. Καὶ
D γὰρ καὶ ἱμάτια, καὶ χρυσὸς, καὶ ἄργυρος, τὰ μὲν σκωλήκων νήματα, τὰ δὲ γῆ, καὶ κόνις, καὶ πάλιν γῆ, καὶ πλέον οὐδέν· ὁ δὲ ἀρετὴν περιβεβλημένος, τοιαύτην ἔχει στολὴν, ἣν [d] οὐ μόνον οὐ σῆτες, ἀλλ' οὐδὲ αὐτὸς ὁ θάνατος λυμήνασθαι δύναται· καὶ μάλα εἰκότως. Οὐ γὰρ ἀπὸ γῆς ἔχουσι τὴν ἀρχὴν αὗται τῆς ψυχῆς αἱ ἀρεταὶ, ἀλλὰ πνεύματός εἰσι καρπός· διὸ οὐδὲ σκωλήκων ὑπόκεινται στόμασι· καὶ γὰρ ἐν οὐρανῷ τὰ ἱμάτια ταῦτα ὑφαίνονται, ὅπου οὐδὲ σὴς, οὐδὲ σκώληξ, οὐκ ἄλλο τῶν τοιούτων οὐδέν. Τί τοί-
E νυν, εἰπέ μοι, βέλτιον, πλουτεῖν, ἢ πένεσθαι; ἐν δυναστείᾳ εἶναι, ἢ ἐν ἀτιμίᾳ; [e] ἐν τρυφῇ, ἢ ἐν λιμῷ; Εὔδηλον, ὅτι ἐν τιμῇ, καὶ τρυφῇ, καὶ πλούτῳ. Οὐκοῦν εἰ τὰ πράγματα βούλει, καὶ μὴ τὰ ὀνόματα, τὴν γῆν ἀφεὶς, καὶ τὰ ἐν αὐτῇ, μεθορμίζου πρὸς τὸν οὐρανόν· τὰ μὲν γὰρ ἐνταῦθα σκιὰ, τὰ δὲ ἐκεῖ πράγματα ἀκίνητα, καὶ πεπηγότα, καὶ πᾶσιν ἀχείρωτα. Ἑλώμεθα τοίνυν αὐτὰ μετὰ ἀκριβείας ἁπάσης, ἵνα
299 καὶ τοῦ θορύβου τῶν ἐνταῦθα ἀπαλλαγῶμεν, καὶ πρὸς
A τὸν γαληνὸν ἐκεῖνον καταπλεύσαντες λιμένα, μετὰ πολλῶν τῶν φορτίων φανῶμεν, καὶ ἀφάτου τοῦ τῆς ἐλεημοσύνης πλούτου· οὗ γένοιτο πάντας ἡμᾶς πλήρεις ἐπὶ τοῦ φοβεροῦ βήματος παραστάντας, τῆς τῶν οὐρανῶν βασιλείας ἐπιτυχεῖν, χάριτι καὶ φιλανθρωπίᾳ

[c] Morel. ὅτι ζεῦγος, omisso σε.

[d] Οὐ μόνον οὐ σῆτες. Sic quidam Mss., melius quam Savil. et Morel., ubi postremum οὐ desideratur. Paulo post quidam Mss. ἔχουσι τὴν γέννησιν αὗται etc., non male.

[e] Ἐν τρυφῇ, ἢ ἐν λιμῷ. Apud Chrysostomum sæpe τρυφή pro *mensæ deliciis* occurrit.

τοῦ Κυρίου ἡμῶν Ἰησοῦ Χριστοῦ, ᾧ ἡ δόξα καὶ τὸ κράτος εἰς τοὺς αἰῶνας τῶν αἰώνων. Ἀμήν.

illic appareamus : quibus utinam omnes pleni ad horrendum tribunal adducti, regnum cælorum consequamur gratia et misericordia Domini nostri Jesu Christi, cui gloria et imperium in sæcula sæculorum. Amen.

ΟΜΙΛΙΑ κδ'.

Οὐ πᾶς ὁ λέγων μοι, Κύριε, Κύριε, εἰσελεύσεται εἰς τὴν βασιλείαν τῶν οὐρανῶν, ἀλλ' ὁ ποιῶν τὸ θέλημα τοῦ Πατρός μου τοῦ ἐν οὐρανοῖς.

Διὰ τί μὴ εἶπεν, ἀλλ' ὁ ποιῶν τὸ θέλημα τὸ ἐμόν; Ὅτι τέως ἀγαπητὸν ἦν καὶ τοῦτο πρότερον δέξασθαι. Καὶ γὰρ πολὺ τοῦτο μέγα ἦν πρὸς τὴν ἀσθένειαν τὴν ἐκείνων. Ἄλλως δὲ καὶ τοῦτο δι' ἐκείνου ᾐνίξατο. Μετὰ δὲ τούτων κἀκεῖνό ἐστιν εἰπεῖν, ὅτι οὐδέ ἐστι θέλημα ἕτερον τὸ [a] τοῦ Υἱοῦ παρὰ τὸ τοῦ Πατρός. Ἐνταῦθα δέ μοι τῶν Ἰουδαίων μάλιστα καθάπτεσθαι δοκεῖ ἐν τοῖς δόγμασι τιθεμένων τὸ πᾶν, καὶ τοῦ βίου πρόνοιαν οὐδεμίαν ποιουμένων. Διὸ καὶ ὁ Παῦλος ἐγκαλεῖ λέγων· Ἴδε σὺ Ἰουδαῖος ἐπονομάζῃ, καὶ ἐπαναπαύῃ τῷ νόμῳ, καὶ καυχᾶσαι ἐν Θεῷ, καὶ γινώσκεις τὸ θέλημα. Ἀλλ' οὐδέν σοι πλέον ἐντεῦθεν, ὅταν ἡ τοῦ βίου καὶ τῶν ἔργων ἐπίδειξις [b] μὴ παρῇ. Αὐτὸς δὲ οὐδὲ μέχρι τούτων ἔστη, ἀλλὰ καὶ τὸ πολλῷ πλέον εἶπεν· Πολλοὶ γὰρ ἐροῦσί μοι ἐν ἐκείνῃ τῇ ἡμέρᾳ, Κύριε, Κύριε, οὐ τῷ σῷ ὀνόματι προεφητεύσαμεν; Οὐ γὰρ δὴ μόνον, φησὶν, ὁ πίστιν ἔχων, τοῦ βίου [c] ἠμελημένου, τῶν οὐρανῶν ἐκβάλλεται, ἀλλὰ κἂν μετὰ τῆς πίστεως σημεῖα πολλὰ πεποιηκὼς ᾖ, καὶ οὐδὲν ἀγαθὸν ἐργασάμενος, καὶ οὗτος ὁμοίως τῶν ἱερῶν εἴργεται θυρῶν ἐκείνων. Πολλοὶ γὰρ ἐροῦσί μοι ἐν ἐκείνῃ τῇ ἡμέρᾳ, Κύριε, Κύριε, οὐ τῷ σῷ ὀνόματι προεφητεύσαμεν; Ὁρᾷς πῶς λανθανόντως ἑαυτὸν συνεισάγει λοιπὸν, ἐπειδὴ τὴν πᾶσαν ἀπήρτισε δημηγορίαν, καὶ δείκνυσιν ἑαυτὸν ὄντα κριτήν; Ὅτι μὲν γὰρ κόλασις ἐκδέξεται τοὺς ἁμαρτάνοντας, ἐν τοῖς ἔμπροσθεν ἔδειξε· τίς δὲ ὁ κολάζων, ἐνταῦθα λοιπὸν ἐκκαλύπτει· καὶ οὐκ εἶπε φανερῶς, ὅτι ἐγώ εἰμι· ἀλλὰ, Πολλοὶ ἐροῦσί μοι, τὸ αὐτὸ τοῦτο πάλιν κατασκευάζων. Εἰ γὰρ [d] μὴ αὐτὸς ἦν ὁ κριτὴς, πῶς ἂν πρὸς αὐτοὺς εἶπε· Καὶ τότε ὁμολογήσω αὐτοῖς, ἀποχωρεῖτε ἀπ' ἐμοῦ, οὐδέποτε ἔγνων ὑμᾶς. Οὐχὶ μόνον ἐν τῷ

[a] Ἕτερον τὸ τοῦ υἱοῦ. Sic Mss. Τό deest in Editis Savil. et Morel.

[b] Sic quidam Mss. cum Morel. Alii cum Savil. μὴ προσῇ, quod idipsum est.

HOMILIA XXIV. al. XXV.

CAP. VII. v. 21. *Non omnis qui dicit mihi, Domine, Domine, intrabit in regnum cælorum, sed qui facit voluntatem Patris mei qui in cælis est.*

1. Cur non dixit, Sed qui facit voluntatem meam? Quia hoc interim poterant libentius accipere. Illud enim perpensa illorum infirmitate tunc magnum admodum erat. Alioquin vero per illud hoc ipsum etiam subindicavit. Ad hæc autem illud insuper dicendum, non esse aliam Filii, aliam Patris voluntatem. Hic vero mihi maxime videtur Judæos perstringere, qui in dogmatibus summam rerum ponebant, nec de vita probe agenda curabant. Ideo illos Paulus coarguit dicens : *Ecce tu Judæus cognominaris, et requiescis in lege, et gloriaris in Deo, et nosti voluntatem.* Verum nihil tibi ex illa accedit, quando vitæ et operum exemplum non adest. Ille autem non hic substitit, sed quod multo majus erat dixit : 22. *Multi enim dicent mihi in die illa, Domine, Domine, nonne in nomine tuo prophetavimus?* Non enim solum, inquit, qui fidem habet, si vita negligatur, ex cælis excluditur; sed etiamsi cum fide multa signa ediderit, nec boni quidpiam fecerit, a sacris similiter portis repelletur. *Multi enim mihi dicent in die illa, Domine, Domine, nonne in nomine tuo prophetavimus?* Viden' quomodo sese latenter postea simul inducat, postquam totam absolvit concionem, se quoque judicem ostendit? Nam quod ultio peccatores sit invasura, jam prius ostenderat; quis autem ultor futurus esset, hic demum revelat; nec clare dixit, Ego sum; sed, *Multi dicent mihi*, idipsum rursus indicans. Nisi enim ipse judex esset, quomodo dixisset eis : 23. *Et tunc confitebor eis, Discedite a me, numquam*

Non alia Filii, alia Patris voluntas.

Rom. 2. 17. 18.

[c] Morel. ἠμελημένην, male. Paulo post quidam τῶν ἱερῶν εἴργεται προθύρων.

[d] Morel. μὴ καὶ αὐτός.

novi vos? Non solum in die judicii, sed neque etiam cum miracula edideritis. Ideoque discipulis
Luc. 10. 20. dicebat : *Nolite gaudere, quia dæmonia vobis subjiciuntur, sed quia nomina vestra scripta sunt in cælis.* Et ubique multam jubet vitæ curam agere. Neque enim fieri umquam potest, ut homo recte vitam instituens, et omnibus animi morbis liberatus, despiciatur; sed etsi aliquando erraverit, cito illum Deus ad notitiam veritatis pertrahet. Verum quidam sunt qui dicunt, ipsos ita dixisse mentiendo, ideoque salutem non esse consequutos.
Signorum operatio sine virtute nihil prodest operanti. Ergo contra, quam voluerat, adstruit. Illud quippe vult hic ostendere, fidem nihil sine operibus valere. Deinde id extendens, signa addidit : ostendens non modo fidem, sed etiam signorum operationem operanti prodesse nihil sine virtute. Nisi autem illi signa fecissent, quomodo hæc stare hoc loco potuissent? Alioquin autem non ausi fuissent, præsente judicio, his illum alloqui. Ipsa autem responsio, tum etiam quod ipsi interrogando loquantur, ostendit ipsos id vere fecisse. Quia enim exspectationi suæ contrarium finem esse videbant, et hic mirabilia patrando conspicui, illic se supplicio plectendos cernebant, stupefacti et mirantes dicunt: *Domine, Domine, nonne in nomine tuo prophetavimus?* quomodo ergo nunc nos aversaris? quid sibi vult inexspectatus ille finis? Sed illi quidem mirantur, quod post talia edita opera puniantur : tu vero ne mireris. Omnis quippe gratia ex dantis munere prodit : illi vero nihil a seipsis attulerunt, ideoque jure supplicio traduntur, eo quod erga eum qui sic illos honoraverat, ut indignis talem gratiam tribueret, ingrati fuerint. Cur ergo, inquies, iniquitati dantes operam, talia signa edebant? Sunt qui dicant, eos quo tempore miracula patrabant, inique non egisse, sed postea mutatos, mala fuisse operatos. Verum si hoc ita esset, non posset stare sententia. Nam quod Christus demonstrare volebat, hoc erat : neque fidem, neque miracula valere, vita non
1. Cor. 13. 2. consentiente : quod et Paulus dicebat : *Si habuero fidem, ita ut montes transferam, et novero mysteria omnia, et omnem notitiam, caritatem autem non habeam, nihil sum.* Quinam igitur, inquies, isti sunt? Multi credentium dona acceperant; qualis erat ille, qui cum ipsum non sequeretur, tamen dæmonia ejiciebat : qualis erat Ju-

E καιρῷ τῆς κρίσεως, ἀλλ' οὐδὲ τότε, ἡνίκα ἐθαυματουργεῖτε, φησί. Διὰ τοῦτο καὶ τοῖς μαθηταῖς ἔλεγε· Μὴ χαίρετε, ὅτι τὰ δαιμόνια ὑμῖν ὑποτάσσεται, ἀλλ' ὅτι τὰ ὀνόματα ὑμῶν γέγραπται ἐν τοῖς οὐρανοῖς. Καὶ
300 πανταχοῦ πολλὴν κελεύει τοῦ βίου σπουδὴν ποιεῖσθαι.
A Οὐ γάρ ἐστιν ἄνθρωπον ὀρθῶς βιοῦντα, καὶ πάντων ἀπηλλαγμένον τῶν παθῶν, περιοφθῆναί [a] ποτε· ἀλλὰ κἂν πλανώμενος τύχῃ, ταχέως αὐτὸν ὁ Θεὸς πρὸς τὴν ἀλήθειαν ἐπισπάσεται. Ἀλλ' εἰσί τινες οἵ φασιν, ὅτι ψευδόμενοι οὗτοι ταῦτα ἔλεγον· διόπερ οὐδὲ ἐσώθησαν, φησίν. Οὐκοῦν [b] τὸ ἐναντίον οὗ βούλεται κατασκευάζει. Καὶ γὰρ βούλεται ἐνταῦθα δεῖξαι, ὅτι ἡ πίστις οὐδὲν ἰσχύει χωρὶς τῶν ἔργων. Εἶτα ἐπιτείνων αὐτὸ, προσέθηκε καὶ τὰ σημεῖα· δηλῶν ὅτι οὐ μόνον ἡ πίστις, ἀλλ' οὐδὲ ἡ τῶν σημείων ἐπίδειξις ὀνίνησί τι τὸν θαυματουργοῦντα ἀρετῆς χωρίς. Εἰ δὲ μὴ ἐποίησαν,
B πῶς ἂν [c] ἐδυνήθη ταῦτα συστῆναι ἐνταῦθα; Ἄλλως δὲ οὐδ' ἂν ἐτόλμησαν, τῆς κρίσεως παρούσης, πρὸς αὐτὸν ταῦτα εἰπεῖν. Καὶ αὐτὴ δὲ ἡ ἀπόκρισις, καὶ τὸ κατ' ἐρώτησιν λέγειν, δείκνυσιν αὐτοὺς πεποιηκότας. Ἐπειδὴ γὰρ ἐναντίον τῇ προσδοκίᾳ τὸ τέλος εἶδον, καὶ ἐνταῦθα μὲν θαυμαστοὶ ἦσαν παρὰ πᾶσι θαυματουργοῦντες, ἐκεῖ δὲ [d] ὁρῶσιν ἑαυτοὺς λοιπὸν κολαζομένους, ὡς ἐκπληττόμενοι καὶ θαυμάζοντες λέγουσι· Κύριε, Κύριε, οὐχὶ ἐν τῷ σῷ ὀνόματι προεφητεύσαμεν; πῶς οὖν ὑμᾶς ἀποστρέφῃ νῦν; τί βούλεται τὸ ξένον καὶ παράδοξον τοῦτο τέλος; Ἀλλ' ἐκεῖνοι μὲν θαυμάζουσιν, ὅτι τοιαῦτα θαυματουργή-
C σαντες ἐκολάσθησαν· σὺ δὲ μὴ θαύμαζε. Ἡ γὰρ χάρις πᾶσα τῆς τοῦ δεδωκότος δωρεᾶς· ἐκεῖνοι δὲ οὐδὲν παρ' ἑαυτῶν εἰσήνεγκαν· διὸ καὶ κολάζεσθαι δίκαιοι, ὅτι περὶ τὸν οὕτω τιμήσαντα, ὡς καὶ ἀναξίοις δοῦναι τὴν χάριν, ἀγνώμονες γεγόνασι καὶ ἀναίσθητοι. Τί οὖν, φησὶν, ἐργαζόμενοι τὴν ἀνομίαν, τοιαῦτα ἐποίουν; Καὶ τινὲς μέν φασιν, ὅτι οὐκ ἐν τῷ καιρῷ, ἐν ᾧ ταῦτα ἐθαυματούργουν καὶ ἠνόμουν, ἀλλ' ὕστερον [e] μετεβάλλοντο, καὶ τὴν ἀνομίαν ἐποίουν. Ἀλλ' ἐὰν τοῦτο ᾖ, πάλιν τὸ σπουδαζόμενον οὐχ ἵσταται. Ὃ γὰρ δεῖξαι ἐσπούδακε, τοῦτό ἐστιν· ὅτι οὔτε πίστις, οὔτε θαύ-
D ματα ἰσχύει, βίου μὴ παρόντος· ὅπερ οὖν καὶ ὁ Παῦλος ἔλεγεν· Ἐὰν ἔχω πίστιν, ὥστε ὄρη μεθιστάνειν, καὶ εἰδῶ τὰ μυστήρια πάντα, καὶ πᾶσαν τὴν γνῶσιν, ἀγάπην δὲ μὴ ἔχω, οὐδέν εἰμι. Τίνες οὖν εἰσιν οὗτοι; φησί. Πολλοὶ τῶν πιστευσάντων ἔλαβον χαρίσματα, οἷος ἦν ὁ τὰ δαιμόνια ἐκβάλλων, καὶ οὐκ ὢν μετ' αὐτοῦ, οἷος ἦν ὁ Ἰούδας· καὶ γὰρ καὶ οὗτος, πονηρὸς ὢν, [f] χάρισμα εἶχε. Καὶ ἐν τῇ Παλαιᾷ δὲ τοῦτο εὕροι τις

[a] Morel. ποτε, κἂν πλανώμενος.
[b] Alii ἐναντίον τοῦ πράγματος βούλεται κατασκευάζειν.
[c] Quidam ἐδυνήθη τοῦτο στῆναι.
[d] Quidam habent ὁρῶντες. Paulo post multi Κύριε, semel.
[e] Manuscripti non pauci μετεβάλλοντο.
[f] Unus χαρίσματα εἶχε.

ἂν, εἰς ἀναξίους τὴν χάριν ἐνεργήσασαν πολλάκις, ἵνα ἑτέρους εὐεργετήσῃ. Ἐπειδὴ γὰρ οὐ πάντες πρὸς πάντα ἐπιτηδείως εἶχον, ἀλλ' οἱ μὲν ἦσαν βίου καθαροῦ, πίστιν δὲ οὐ τοσαύτην εἶχον, οἱ δὲ τοὐναντίον· κἀκεί- (E) νους διὰ τούτων προτρέπει, ὥστε πολλὴν ἐπιδείξασθαι πίστιν, καὶ τούτους διὰ τῆς ἀφάτου ταύτης δωρεᾶς ὥστε γενέσθαι βελτίους ἐξεκαλεῖτο.

Διὸ καὶ μετὰ πολλῆς τῆς δαψιλείας τὴν χάριν ἐδίδου. Δυνάμεις γάρ, φησί, πολλὰς ἐποιήσαμεν. Ἀλλ' (301) ὁμολογήσω αὐτοῖς τότε, ὅτι οὐκ οἶδα ὑμᾶς. Νῦν μὲν (A) γὰρ νομίζουσιν [a] εἶναί μοι φίλοι· τότε δὲ εἴσονται, ὅτι οὐχ ὡς φίλοις ἔδωκα. Καὶ τί θαυμάζεις εἰ ἀνδράσι πεπιστευκόσι μὲν εἰς αὐτόν, βίον δὲ οὐκ ἔχουσι τῇ πίστει συμβαίνοντα, τὰ χαρίσματα δέδωκεν, ὅπου γε καὶ εἰς τοὺς ἀμφοτέρων τούτων ἐκπεπτωκότας εὑρίσκεται ἐνεργῶν; Καὶ γὰρ ὁ Βαλαὰμ καὶ πίστεως καὶ πολιτείας ἀρίστης ἀλλότριος ἦν· ἀλλ' ὅμως ἐνήργησεν εἰς αὐτὸν ἡ χάρις διὰ τὴν ἑτέρων οἰκονομίαν. Καὶ ὁ Φαραὼ τοιοῦτος· ἀλλ' ὅμως κἀκείνῳ τὰ μέλλοντα ἔδειξε. Καὶ ὁ Ναβουχοδονόσορ παρανομώτατος, καὶ τούτῳ πάλιν τὰ μετὰ πολλὰς ὕστερον [b] ἐσόμενα γενεὰς ἀπε- (B) κάλυψε. Καὶ τῷ παιδὶ πάλιν τῷ ἐκείνου νικῶντι τὸν πατέρα τῇ παρανομίᾳ, τὰ μέλλοντα ἔδειξε, θαυμαστὰ καὶ μεγάλα οἰκονομῶν πράγματα. Ἐπεὶ οὖν καὶ τότε ἀρχὰς τὸ κήρυγμα εἶχε, καὶ πολλὴν ἔδει γενέσθαι τῆς δυνάμεως αὐτοῦ τὴν ἐπίδειξιν, πολλοὶ καὶ τῶν ἀναξίων δῶρα ἐλάμβανον. Ἀλλ' ὅμως ἀπὸ τῶν σημείων τούτων οὐδὲν ἐκέρδαινον ἐκεῖνοι, ἀλλὰ καὶ μᾶλλον κολάζονται. Διὸ καὶ τὸ φοβερὸν ἐκεῖνο ῥῆμα εἶπεν αὐτοῖς· Οὐδέποτε ἔγνων ὑμᾶς. Πολλοὺς γὰρ καὶ ἐντεῦθεν ἤδη μισεῖ, καὶ [c] πρὸ τῆς κρίσεως ἀποστρέφεται. Φοβηθῶμεν τοίνυν, ἀγαπητοί, καὶ πολλὴν ἐπιμέλειαν ποιησώμεθα βίου, μηδὲ νομίζωμεν ἔλαττον ἔχειν, (C) ἐπειδὴ σημεῖα οὐ ποιοῦμεν νῦν. Οὐδὲν γὰρ ἐκ τούτου πλέον ἔσται ἡμῖν [d] ποτε, ὥσπερ οὖν οὐδὲ ἔλαττον ἐκ τοῦ μὴ ποιεῖν, ἐὰν ἀρετῆς ἐπιμελώμεθα πάσης. Τῶν μὲν γὰρ σημείων οὐκ αὐτοὶ ὀφειλέται ἐσμέν, τοῦ δὲ βίου καὶ τῶν πράξεων τὸν Θεὸν ἔχομεν ὀφειλέτην. Ἐπειδὴ τοίνυν πάντα ἀπήρτισε, καὶ περὶ ἀρετῆς διελέχθη μετὰ ἀκριβείας ἁπάσης, καὶ τοὺς ὑποκρινομένους αὐτὴν ἔδειξε διαφόρους ὄντας, τούς τε νηστεύοντας πρὸς ἐπίδειξιν καὶ εὐχομένους, τούς τε ἐν δορᾷ προβάτων παραγενομένους, τούς τε λυμαινομένους αὐτήν, οὓς καὶ χοίρους καὶ κύνας ἐκάλεσε, δεικνὺς λοιπὸν πόσον μὲν τῆς ἀρετῆς καὶ ἐνταῦθα τὸ κέρδος, πόσον δὲ τῆς κακίας τὸ βλάβος, φησί· Πᾶς οὖν ὅστις ἀκούει μου τοὺς (D)

das: nam hic quoque, cum malus esset, donum acceperat. In veteri quoque lege id reperire est, gratiam nempe in indignis sæpe operantem, ut aliis beneficia conferret. Quia enim non omnes ad omnia idonei erant; sed alii quidem vitam puram agebant, neque tanta fide præditi erant, alii vero e contrario: et his utitur, ut illos moneat, ut multam fidem exhibeant, et illos per ineffabile hoc donum evocat, ut meliores evadant.

2. Ideoque abundantissime gratiam dabat. *Virtutes*, inquiunt, *multas fecimus. Sed confitebor illis tunc, Non novi vos.* Nunc quidem se amicos meos esse putant; tunc vero cognoscent me illis non ut amicis dedisse. Ecquid miraris si viris quidem in ipsum credentibus, sed vitam non habentibus consonam, munera illa dedit, quando in iis quoque qui utroque hujusmodi bono vacui erant, invenitur operatus? Balaam quippe et a fide et a *Num.* 24. bona vita alienus erat; attamen gratia in illo ad aliorum res providendas operata est. Etiamque Pharao talis erat; et tamen ipsi quoque futura ostendit. Et Nabuchodonosori iniquissimo ea quæ *Dan.* 2. post multas generationes futura erant revelavit. Ipsius quoque filio, qui patrem iniquitate supera- *Dan.* 5. bat, futura ostendit; mirabiles magnasque res ita dispensans. Quia igitur prædicationis exordia tum erant, multaque oportebat ejus potentiæ argumenta monstrari, multi ex indignorum etiam numero dona accipiebant. Attamen illi ex istiusmodi signis nihil lucrabantur, sed etiam graviori supplicio puniuntur. Ideoque hanc terribilem vocem emisit ipsis: *Numquam novi vos.* Multos enim hic odit, et ante judicium aversatur. Timeamus itaque, dilecti, et multam instituendæ vitæ curam impendamus; neque putemus minus nos habere, quia signa nunc non facimus. Nihil enim umquam amplius ex signis nobis reddetur, sicut nihil minus eo quod signa non edamus si virtutibus omnibus demus operam. Signorum quippe debitores non sumus, pro bona autem vita et operibus, Deum habemus debitorem. Quia igitur ille cuncta perfecit, et de virtute accuratissime disseruit, ac virtutem simulantes a probis diversos esse ostendit; illos nempe qui jejunarent vel orarent ad ostentationem, eos qui sub pelle ovium accederent, eos qui virtutem labefactarent, quos et porcos et canes vocavit, ostendens demum quantum esset vel in hac vita virtutis lucrum,

[a] Quidam εἶναί μου φίλοι.

[b] Morel. ἐσομένας γενεάς, male. Infra quidam τότε καὶ ἀρχάς, et tribus interpositis lineis, ἐκέρδαιναν.

[c] Καὶ πρὸ τῆς κολάσεως, sic quidam Manuscripti.

[d] Alii τότε, et sic legit Interpres. Utraque lectio quadrat.

quantumque emergeret ex improbitate nocumentum, dicit : 24. *Omnis qui audit verba mea hæc, et facit ea, assimilabitur viro sapienti.* Nam qui verba ejus non observant, etiamsi signa faciant, quæ passuri sint audistis : sciatis autem oportet, quibus fruentur bonis ii qui dictis omnibus obsequuntur, non in futuro tantum sæculo, sed etiam in præsenti. *Omnis*, inquit, *qui audit verba mea hæc, et facit ea, assimilabitur viro sapienti.* Vides quomodo sermonem variet, modo dicens, *Non omnis qui dicit mihi, Domine, Domine*, seseque revelans; modo autem, *Qui facit voluntatem Patris mei*, et rursus se judicem declarans, *Multi dicent mihi in illa die : Domine, Domine, nonne in nomine tuo prophetavimus? Et dicam eis, Non novi vos.* Hic quoque ostendit se omnium potestatem habere : quapropter dicebat, *Qui audit verba mea hæc.* Quia enim omnia de futuris disseruit, et regnum memorans, et mercedem ineffabilem, et consolationem et similia, vult eos hinc proferre fructus suos, et ostendere quanta sit in præsenti vita virtutis vis. Quæ ergo est virtutis vis? Cum securitate vivere, nullis cedere ærumnis, lædentibus omnibus superiorem esse : cui quid par esse possit? Illud enim ne is quidem qui diademate redimitur, sibi potest comparare, sed ille solus qui

Virtutis prærogativæ.

virtuti dat operam. Ipse quippe solus hæc cum magno cumulo possidet, in hoc præsentium rerum euripo multa fruens tranquillitate. Nam quod mirabile est, cum nulla serenitas sit, sed tempestas vehemens et multa perturbatio, plurimæque tentationes, non potest ipse vel tantillum nutare. Nam ait, 25. *Descendit pluvia, venerunt flumina, flaverunt venti, et irruerunt in domum illam, et non cecidit : fundata enim erat supra petram* : pluviam hic et flumina, et ventos metaphorice vocans humanas calamitates et ærumnas, videlicet calumnias, insidias, luctus, mortes, domestica damna, molestias ab alienis creatas, omniaque cætera mala in præsentem vitam ingruentia. Sed hujusmodi anima, inquit, nulli rei cedit : hujus autem rei causa est, quod sit supra petram fundata. Petram autem vocat doctrinæ suæ firmitatem. Etenim petra fortiora sunt præcepta, hominemque faciunt humanis omnibus fluctibus

λόγους τούτους, καὶ ποιεῖ αὐτοὺς, ὁμοιωθήσεται ἀνδρὶ
φρονίμῳ. [e] Οἱ μὲν γὰρ μὴ ποιοῦντες, κἂν σημεῖα ἐργάζωνται, πείσονται ἃ ἀκηκόατε· δεῖ δὲ ὑμᾶς εἰδέναι,
καὶ τίνων οἱ πειθόμενοι τοῖς εἰρημένοις ἅπασιν ἀπολαύσονται, οὐκ ἐν τῷ μέλλοντι αἰῶνι μόνον, ἀλλὰ καὶ
ἐνταῦθα. Πᾶς γὰρ, φησὶν, ὅστις ἀκούει μου τοὺς λόγους τούτους, καὶ ποιεῖ αὐτοὺς, ὁμοιωθήσεται ἀνδρὶ
φρονίμῳ. Εἶδες πῶς ποικίλλει τὸν λόγον, ποτὲ μὲν
E λέγων, Οὐ πᾶς ὁ λέγων μοι, Κύριε, Κύριε, καὶ
ἑαυτὸν ἐκκαλύπτων· ποτὲ δὲ λέγων, Ὁ ποιῶν τὸ θέλημα τοῦ Πατρός μου, καὶ πάλιν κριτὴν ἑαυτὸν εἰσ-
άγων· Πολλοὶ γὰρ ἐροῦσί μοι ἐν ἐκείνῃ τῇ ἡμέρᾳ,
Κύριε, Κύριε, οὐ τῷ σῷ ὀνόματι προεφητεύσαμεν;
302 Καὶ ἐρῶ, οὐκ οἶδα ὑμᾶς. Καὶ ἐνταῦθα πάλιν δείκνυσιν
A ἑαυτὸν τὴν ἐξουσίαν ἔχοντα τοῦ παντός· διὸ καὶ ἔλεγεν·
Ὅστις ἀκούει μου τοὺς λόγους τούτους. Ἐπειδὴ γὰρ
πάντα περὶ τῶν μελλόντων διελέχθη, καὶ βασιλείαν
λέγων, καὶ μισθὸν ἄφατον, καὶ παράκλησιν, καὶ ὅσα
τοιαῦτα, βούλεται καὶ ἐντεῦθεν αὐτοῖς δοῦναι τοὺς
καρποὺς, καὶ [a] δεῖξαι πόση καὶ κατὰ τὸν παρόντα
βίον ἡ ἰσχὺς τῆς ἀρετῆς. Τίς οὖν ἐστιν ἡ ἰσχὺς τῆς
ἀρετῆς; Τὸ μετὰ ἀσφαλείας ζῆν, τὸ μηδενὶ τῶν δεινῶν εὐχείρωτον εἶναι, τὸ πάντων ἀνώτερον ἑστάναι
τῶν ἐπηρεαζόντων· οὗ τί γένοιτ' ἂν ἴσον; Τοῦτο γὰρ
οὐδὲ αὐτὸς ὁ τὸ διάδημα περικείμενος ἑαυτῷ [b] κατασκευάσαι δύναιτ' ἂν, ἀλλ' ὁ ἀρετὴν μετιών. Αὐτὸς
γὰρ μόνος μετὰ πολλῆς κέκτηται τῆς περιουσίας, ἐν
B τῷ τῶν παρόντων εὐρίπῳ πραγμάτων πολλῆς ἀπολαύων γαλήνης. Τὸ γὰρ δὴ θαυμαστὸν, τοῦτό ἐστιν,
ὅτι οὐκ εὐδίας οὔσης, ἀλλὰ σφοδροῦ τοῦ χειμῶνος,
καὶ πολλῆς τῆς ταραχῆς, καὶ [c] πολλῶν τῶν πειρασμῶν,
αὐτὸς οὐδὲ μικρὸν σαλευθῆναι δύναται. Κατέβη γὰρ,
φησὶν, ἡ βροχὴ, ἦλθον οἱ ποταμοὶ, ἔπνευσαν οἱ ἄνεμοι, καὶ προσέπεσαν τῇ οἰκίᾳ ἐκείνῃ, καὶ οὐκ ἔπεσε·
τεθεμελίωτο γὰρ ἐπὶ τὴν πέτραν· βροχὴν ἐνταῦθα καὶ
ποταμοὺς καὶ ἀνέμους μεταφορικῶς τὰς ἀνθρωπίνας
λέγων συμφορὰς καὶ δυσπραγίας, οἷον συκοφαντίας,
ἐπιβουλὰς, πένθη, θανάτους, [d] οἰκείων ἀπωλείας,
C ἀλλοτρίων ἐπηρείας, πάντα ὅσα ἂν εἴποι τις τὰ ἐν
τῷ παρόντι βίῳ κακά. Ἀλλ' οὐδενὶ εἴκει, φησὶν, ἡ
τοιαύτη ψυχή· τὸ δὲ αἴτιον, ὅτι ἐπὶ τῆς πέτρας τεθε-
μελίωται. Πέτραν δὲ τὴν ἀσφάλειαν τῆς ἑαυτοῦ διδασκαλίας [e] καλεῖ. Καὶ γὰρ πέτρας ἰσχυρότερα τὰ
προστάγματα, ὑψηλότερον πάντων ποιοῦντα τῶν ἀνθρωπίνων κυμάτων. Ὁ γὰρ ταῦτα μετὰ ἀκριβείας
φυλάττων, οὐκ ἀνθρώπων περιέσται μόνον ἐπηρεαζόν-

[e] Multi ἃ μὲν γὰρ οἱ μὴ ποιοῦντες.

[a] Quidam habent δεῖξαι προσήκουσαν τῷ παρόντι βίῳ τὴν ἰσχὺν τῆς ἀρετῆς.

[b] Nonnulli καταστῆσαι δύναιτ' ἄν.

[c] Alii καὶ συνεχῶν τῶν πειρασμῶν.

[d] Aliqui οἰκείων ἀποβολάς.

[e] Morel. καλῶν. Ibidem post προστάγματα quidam habent ἰσχυρότερον πάντων.

των, ἀλλὰ καὶ αὐτῶν τῶν δαιμόνων ἐπιβουλευόντων αὐτῷ.

Καὶ ὅτι [f] οὐ κόμπος τὰ εἰρημένα, μάρτυς ἡμῖν ὁ Ἰὼβ πάσας δεξάμενος τοῦ διαβόλου τὰς προσβολὰς, καὶ μείνας ἀκίνητος· μαρτυρήσειαν δ' ἂν καὶ οἱ ἀπόστολοι, τῶν κυμάτων τῆς οἰκουμένης προσρηγνυμένων αὐτοῖς, καὶ δήμων, καὶ τυράννων, καὶ οἰκείων, καὶ ἀλλοτρίων, καὶ δαιμόνων, καὶ διαβόλου, καὶ πάσης μηχανῆς κινηθείσης, πέτρας στεῤῥότερον στάντες, καὶ ταῦτα πάντα διαλύσαντες. Τί τοίνυν τοῦ βίου τούτου μακαριώτερον γένοιτ' ἄν; Τοῦτο γὰρ οὐ πλοῦτος, οὐ σώματος ἰσχὺς, οὐ δόξα, οὐ δυναστεία, οὐκ ἄλλο οὐδὲν ὑποσχέσθαι δυνήσεται, ἀλλ' ἡ τῆς ἀρετῆς κτῆσις μόνη. Οὐ γάρ ἐστιν, οὐκ ἔστι βίον εὑρεῖν ἕτερον κακῶν ἐλεύθερον ἁπάντων, ἀλλ' ἢ τοῦτον μόνον. [g] Καὶ μάρτυρες ὑμεῖς, οἱ τὰς ἐν τοῖς βασιλείοις εἰδότες ἐπιβουλὰς, οἱ τοὺς θορύβους καὶ τὰς ταραχὰς τὰς ἐν ταῖς τῶν πλουτούντων οἰκίαις. Ἀλλ' ἐν τοῖς ἀποστόλοις τοιοῦτον οὐδέν. Τί οὖν; οὐδὲν γέγονε τοιοῦτον, οὐδ' ἔπαθόν τι δεινὸν παρ' οὐδενὸς ἐκεῖνοι; Τὸ γὰρ θαυμαστὸν τοῦτο μάλιστα πάντων ἐστὶν, ὅτι πολλὰς μὲν ὑπέμειναν ἐπιβουλὰς, καὶ πολλοὶ κατεῤῥάγησαν [a] ἐπ' αὐτοὺς οἱ χειμῶνες, τὴν δὲ ψυχὴν αὐτῶν οὐ περιέτρεψαν, οὐδὲ εἰς ἀθυμίαν ἐνέβαλλον· ἀλλὰ καὶ γυμνοῖς σώμασι παλαίοντες ἐκράτησαν, καὶ περιεγένοντο. Καὶ σὺ τοίνυν ἐὰν θέλῃς ταῦτα ποιεῖν μετὰ ἀκριβείας, πάντων καταγελάσῃ· κἂν γὰρ ᾖς ὠχυρωμένος τῇ τῶν παραινέσεων τούτων φιλοσοφίᾳ, οὐδέν σε λυπῆσαι δυνήσεται. Τί γάρ σε βλάψει ὁ βουλόμενος ἐπιβουλεύειν; [b] χρήματά σου ἀφαιρεθήσεται; Ἀλλὰ καὶ πρὸ τῆς ἀπειλῆς τῆς ἐκείνου ἐκελεύσθης αὐτῶν καταφρονεῖν, καὶ μετὰ τοσαύτης ἀπέχεσθαι τῆς ὑπερβολῆς, ὡς μηδὲ παρὰ τοῦ Δεσπότου τί ποτε τοιοῦτον αἰτεῖν. Ἀλλ' εἰς δεσμωτήριον ἐμβάλλει; Ἀλλὰ πρὸ τοῦ δεσμωτηρίου οὕτω ζῆν ἐκελεύσθης, ὡς καὶ παντὶ ἐσταυρῶσθαι τῷ κόσμῳ. Ἀλλὰ λέγει κακῶς; Ἀλλὰ καὶ ταύτης ἀπήλλαξέ σε τῆς ὀδύνης ὁ Χριστὸς, πολύν σοι ἀπονητὶ τῆς ἀνεξικακίας ἐπαγγελλόμενος μισθὸν, καὶ οὕτως σε καθαρὸν τῆς ἐντεῦθεν ὀργῆς καὶ λύπης ποιήσας, ὡς καὶ [c] κελεῦσαι ὑπὲρ ἐχθρῶν εὔχεσθαι. Ἀλλ' ἐλαύνει καὶ μυρίοις σε περιβάλλει κακοῖς; Ἀλλὰ λαμπρότερόν σοι ποιεῖ τὸν στέφανον. Ἀλλ' ἀναιρεῖ καὶ κατασφάττει; Καὶ διὰ τούτου τὰ μέγιστά σε ὠφελεῖ πάλιν, τὰ τῶν μαρτύρων σοι ἔπαθλα κατασκευάζων, καὶ ταχύτερον εἰς τὸν ἀκύμαντον λιμένα παραπέμπων, καὶ μείζονος ἀμοιβῆς ὑπόθεσίν σοι παρέχων, καὶ τὴν κοινὴν δίκην πραγματεύεσθαί σε παρασκευάζων. Ὃ δὴ καὶ μά-

superiorem. Qui enim hæc diligenter observat, non modo hominibus nocere tentantibus superior erit, sed etiam ipsis dæmonibus insidiantibus.

3. Quod autem hæc non per jactantiam sint dicta, testis nobis est Job, qui omnes diaboli impetus excepit, immotusque mansit : testificari possunt et apostoli, qui omnibus orbis fluctibus in se irrumpentibus, populis item, tyrannis, domesticis et alienis, dæmonibus, diabolo, omnique admota machina, his solutis omnibus, petra firmiores steterunt. Quid igitur hujusmodi vita beatius esse possit? Hoc enim non divitiæ, non corporis robur, non gloria, non potentia, neque aliud quidpiam, sed sola virtutis possessio poterit conciliare. Non potest enim, non potest certe alia reperiri vita malis omnibus libera, nisi hæc una tantum. Vos quoque testes estis, qui videtis in regia insidias, qui tumultus et perturbationes conspicitis in divitum ædibus. Sed apud apostolos nihil simile. Quid igitur? an nihil tale experti sunt? nihilne molestum ab aliquo sunt perpessi? 303 Sed hoc omnium mirabilissimum est, quod multas passi sint insidias, quod multæ tempestates in eos irruperint, quæ ipsorum animum non everterunt, neque illorum constantiam fregerunt; imo etiam nudis corporibus pugnantes vicerunt, superioresque evaserunt. Et tu itaque si velis hæc accurate observare, omnia deridebis : modo enim harum adhortationum philosophia munitus sis, nihil te in mœrorem conjicere poterit. In quo enim te lædet is qui insidias struxerit? an pecunias auferet? Sed ante minas illius jussus es illas contemnere, et ita ab illis animum abducere, ut numquam a Domino hujusmodi quidpiam petas. Sed te in carcerem conjiciet? At ante carcerem ita te vivere præcepit, ut mundo omnino crucifixus sis. Sed male de te loquitur? Verum hoc te dolore liberavit Christus, dum tibi multam, citra laborem, patientiæ pollicitus est mercedem, atque ita te purum ab hujusmodi ira et labore reddidit, ut jusserit etiam pro inimicis orare. Sed pellit te et innumeris obsidet malis? At splendidiorem tibi parat coronam. Sed te occidit et jugulat? Sic ideo maxime tibi beneficium præstat, martyrum tibi præmia parans, et citius te mittens in tranquillum portum, majorisque tibi retributionis dans occasionem, ac tibi providens, ut a communi illa reddenda ratione te expedias. Idque maxime

Probo nullus potest nocere.

[f] Morel. οὐ κόμπος ταῦτα εἴρηται.

[g] Unus καὶ γὰρ μάρτυρες.

[a] Alii ἐπ' αὐτῶν.

[b] Alii male χρημάτων σου ἀφαιρήσεται.

[c] Alii non pauci ἐκέλευσέ σε εὔχεσθαι ὑπὲρ αὐτοῦ... καὶ μυρίοις περιβάλλει... καὶ διὰ τοῦτο.

omnium mirandum est, quod nempe non modo nihil lædant insidiatores, sed etiam splendidiores illos reddant quos impetunt. Cui bono quid par umquam fuerit, quando talis deligitur vita, qualis hæc sola exsistit? Quia enim dixerat arctam et angustam esse viam, hinc laboris consolationem afferens, ostendit magnam in illa esse securitatem, magnam voluptatem, sicut in contraria magnam pravitatem, ingens damnum. Quemadmodum enim hinc virtutis præmia monstravit, sic et nequitiæ retributionem. Nam quod dicere consuevi, hoc etiam nunc dicam, ex utroque salutem auditorum ubique operatur, ex virtutis studio, et ex odio nequitiæ. Quia enim quidam futuri erant qui dicta quidem mirarentur, neque tamen bona exhiberent opera, illos præveniens terret ac dicit: etiamsi pulchra sint ea quæ dicuntur, non sufficere tamen auditum ad salutem, sed oportere per opera obsequi: totum autem hac in re præcipue versatur. Atque hic sermonem concludit, validumque ipsis timorem relinquit. Quemadmodum enim, cum de virtute ageretur, non solum ex futuris incitabat, regnum memorans, cælos, mercedem ineffabilem, consolationem, innumeraque bona, sed etiam a præsentibus, dum firmitatem immobilitatemque petræ ostendit: sic et cum de malitia agitur, non modo terret ab iis quæ exspectantur, ut ab excisa arbore, igne inexstinguibili, ingressu regni intercluso, ab hoc dicto, *Non novi vos;* sed etiam ex præsentibus, nempe ex ruina domus. Ideoque cum majori emphasi sermonem instituit, parabola illum exornans. Non enim satis erat dixisse, virtute præditum invictum fore, improbum captu facilem; sed petram posuit, domum, flumina, pluviam et ventum, ac similia. 26. *Omnis*, inquit, ***qui audit sermones hos meos, et non facit eos, assimilabitur viro stulto, qui ædificavit domum suam super arenam.*** Recte autem stultum hunc vocavit. Quid enim stultius fuerit homine super arenam ædificante, et laborem quidem ferente, fructu vero et requie sese privante, proque hac re supplicium sustinente? Quod autem ii qui nequitiæ se dedunt laborent, nemini non notum est: nam raptor, adulterus, sycophanta, multum laborant multaque sustinent, ut malitiam suam ad finem deducant; sed non modo nullum referunt fructum,

Improbi multos sustinent labores.

λιστα πάντων ἐστὶ θαυμαστότερον, ὅτι οὐ μόνον οὐδὲν παραβλάπτουσιν οἱ ἐπιβουλεύοντες, ἀλλὰ καὶ εὐδοκιμωτέρους ποιοῦσι τοὺς ἐπηρεαζομένους. Οὗ τί γένοιτ' ἂν ἴσον, τοιοῦτον ἑλέσθαι βίον, οἷος [d] μόνος οὗτός ἐστιν; Ἐπειδὴ γὰρ εἶπε στενὴν καὶ τεθλιμμένην τὴν ὁδὸν, κἀντεῦθεν παραμυθούμενος τοὺς πόνους, δείκνυσι πολλὴν αὐτῆς οὖσαν τὴν ἀσφάλειαν, πολλὴν τὴν ἡδονὴν, ὥσπερ οὖν καὶ τῆς ἐναντίας πολλὴν [e] τὴν σαθρότητα, καὶ τὴν ζημίαν. Καθάπερ γὰρ τῆς ἀρετῆς κἀν-
D τεῦθεν ἔδειξε τὰ ἔπαθλα, οὕτω καὶ τῆς κακίας τὰ ἐπίχειρα. Καὶ γὰρ ὅπερ ἀεὶ λέγω, τοῦτο καὶ νῦν ἐρῶ, δι' ἀμφοτέρων πανταχοῦ κατασκευάζει τῶν ἀκροατῶν τὴν σωτηρίαν, διά τε τοῦ ζήλου τῆς ἀρετῆς, διά τε τοῦ τῆς κακίας μίσους. Ἐπειδὴ γὰρ ἔμελλόν τινες εἶναι, τὰ μὲν λεγόμενα θαυμάζοντες, τὴν δὲ διὰ τῶν ἔργων οὐ παρέχοντες ἐπίδειξιν, προκαταλαμβάνων αὐτοὺς φοβεῖ λέγων, ὅτι εἰ καὶ καλὰ τὰ εἰρημένα, οὐκ ἀρκεῖ εἰς ἀσφάλειαν ἡ ἀκρόασις, ἀλλὰ δεῖ καὶ τῆς διὰ τῶν ἔργων ὑπακοῆς, καὶ τὸ πᾶν ἐν τούτῳ μά-
E λιστά ἐστι. Καὶ ἐνταῦθα καταλύει τὸν λόγον, τὸν φόβον αὐτοῖς [f] ἀκμάζοντα ἀφείς. Ὥσπερ γὰρ ἐπὶ τῆς ἀρετῆς οὐκ ἀπὸ τῶν μελλόντων προέτρεψε μόνον, βασιλείαν εἰπὼν, καὶ οὐρανοὺς, καὶ μισθὸν ἄφατον, καὶ παράκλησιν, καὶ τὰ μυρία ἀγαθὰ, ἀλλὰ καὶ ἀπὸ τῶν παρόντων, τὸ στεῤῥὸν καὶ ἀκίνητον ἐνδειξάμενος τῆς
304 πέτρας· οὕτω καὶ ἐπὶ τῆς κακίας οὐκ ἀπὸ τῶν προσ-
A δοκωμένων φοβεῖ μόνον, οἷον τοῦ κοπτομένου δένδρου, καὶ τοῦ πυρὸς τοῦ ἀσβέστου, καὶ τοῦ μὴ εἰσελθεῖν εἰς τὴν βασιλείαν, καὶ τοῦ λέγειν, Οὐκ οἶδα ὑμᾶς· ἀλλὰ καὶ ἀπὸ τῶν παρόντων, τῆς πτώσεως λέγω τῆς κατὰ τὴν οἰκίαν. Διὸ καὶ ἐμφαντικώτερον τὸν λόγον ἐποίησεν, ἐπὶ παραβολῆς αὐτὸν γυμνάζων. Οὐδὲ γὰρ ἦν εἰπεῖν ἴσον, ὅτι ἀχείρωτος ἔσται ὁ ἐνάρετος, καὶ εὐάλωτος ὁ πονηρὸς, καὶ πέτραν θεῖναι, καὶ οἰκίαν, καὶ ποταμοὺς, καὶ βροχὴν, καὶ ἄνεμον, καὶ ὅσα τοιαῦτα. Καὶ πᾶς ὁ ἀκούων μου τοὺς λόγους τούτους, φησὶ, καὶ μὴ ποιῶν αὐτοὺς, ὁμοιωθήσεται ἀνδρὶ μωρῷ, ὅστις ᾠκο-
B δόμησε τὴν οἰκίαν αὐτοῦ ἐπὶ τὴν ψάμμον. Καλῶς δὲ μωρὸν ἐκάλεσε τοῦτον. Τί γὰρ ἂν γένοιτο ἀνοητότερον τοῦ οἰκίαν οἰκοδομοῦντος ἐπὶ τῆς ψάμμου, καὶ τὸν μὲν πόνον ὑπομένοντος, τοῦ δὲ καρποῦ καὶ τῆς ἀναπαύσεως ἀποστερουμένου, καὶ ἀντὶ τούτου κόλασιν ὑπομένοντος; Ὅτι γὰρ καὶ οἱ κακίαν μετιόντες κάμνουσι, παντί που δῆλόν ἐστι· καὶ γὰρ καὶ ὁ ἅρπαξ, καὶ ὁ μοιχὸς, καὶ ὁ συκοφάντης, [a] πολλὰ πονοῦσι καὶ ταλαιπωροῦνται, ὥστε τὴν αὐτῶν κακίαν εἰς τέλος ἀγαγεῖν· ἀλλ' οὐ μόνον οὐδὲν ἀπὸ τῶν πόνων τούτων καρποῦν-

[d] Morel. μόνος οὗτος ὁ τοιοῦτος.

[e] Unus τὴν θρασύτητα καὶ τὴν ζημίαν.

[f] Manuscripti non pauci ἐνακμάζοντα.

[a] Manuscripti multi πολλὰ πονοῦσι, et sic legit Georgius Trapezuntius, qui vertit, *multum laborant*: hancque puto veram esse lectionem. Savil. et Morel. πολλὰ ποιοῦσι. Mox Morel. εἰς τέλος εἰσάγειν.

ται κέρδος, ἀλλὰ καὶ πολλὴν ὑπομένουσι τὴν ζημίαν. Ἐπεὶ καὶ ὁ Παῦλος τὸ αὐτὸ αἰνιττόμενος ἔλεγεν· Ὁ σπείρων εἰς τὴν σάρκα αὐτοῦ, ἐκ τῆς σαρκὸς αὐτοῦ θερίσει φθοράν. Τούτῳ ἐοίκασι καὶ οἱ ἐπὶ ψάμμου οἰκοδομοῦντες· οἷον οἱ ἐπὶ πορνείᾳ, οἱ ἐπὶ ἀσελγείᾳ, [b] οἱ ἐπὶ μέθῃ, οἱ ἐπὶ θυμῷ, οἱ ἐπὶ τοῖς ἄλλοις ἅπασι.

Τοιοῦτος ἦν ὁ Ἀχαάβ· ἀλλ' οὐ τοιοῦτος ὁ Ἠλίας. Καὶ γὰρ παράλληλα θέντες τὴν ἀρετὴν καὶ τὴν κακίαν, ἀκριβέστερον εἰσόμεθα τὸ διάφορον. Ὁ μὲν γὰρ ἐπὶ τῆς πέτρας ᾠκοδόμησεν, ὁ δὲ ἐπὶ τῆς ψάμμου· διὸ καὶ βασιλεὺς ὢν ἐδεδοίκει καὶ ἔτρεμε τὸν προφήτην, τὸν τὴν μηλωτὴν ἔχοντα μόνον. Τοιοῦτοι οἱ Ἰουδαῖοι· ἀλλ' οὐχ οἱ ἀπόστολοι· διὸ καὶ ὀλίγοι ὄντες καὶ δεδεμένοι, τῆς πέτρας ἐνεδείκνυντο τὸ στεῤῥόν· ἐκεῖνοι δὲ καὶ πολλοὶ καὶ ὡπλισμένοι, τῆς ψάμμου τὸ ἀσθενές [c]. Καὶ γὰρ ἔλεγον· Τί ποιήσομεν τοῖς ἀνθρώποις τούτοις; Ὁρᾷς ἐν ἀπορίᾳ ὄντας, οὐ τοὺς ὑποχειρίους καὶ δεδεμένους, ἀλλὰ τοὺς κατέχοντας καὶ δεσμεύοντας; οὗ τί γένοιτ' ἂν καινότερον; Σὺ κατέχεις καὶ διαπορεῖς; Καὶ μάλα εἰκότως. Ἐπειδὴ γὰρ ἐπὶ τῆς ψάμμου πάντα ᾠκοδόμησαν, διὰ τοῦτο καὶ ἀσθενέστεροι πάντων ἦσαν. Διὰ τοῦτο καὶ πάλιν ἔλεγον· Τί ποιεῖτε βουλόμενοι ἐπαγαγεῖν ἐφ' ἡμᾶς τὸ αἷμα τοῦ ἀνθρώπου τούτου; Τί φησι; Σὺ μαστίζεις, καὶ σὺ φοβῇ; σὺ ἐπηρεάζεις, καὶ [d] σὺ δέδιας; σὺ κρίνεις, καὶ σὺ τρέμεις; Οὕτως ἀσθενὴς ἡ κακία. Ἀλλ' οἱ ἀπόστολοι οὐχ οὕτως· Οὐ δυνάμεθα ἡμεῖς ἃ εἴδομεν καὶ ἠκούσαμεν μὴ λαλεῖν. Εἶδες φρόνημα ὑψηλόν; εἶδες πέτραν κυμάτων καταγελῶσαν; εἶδες οἰκίαν ἄσειστον; Καὶ τὸ δὴ θαυμαστότερον, ὅτι οὐ μόνον οὐδὲ ἐγίνοντο αὐτοὶ δειλοὶ δι' ὧν ἐπεβουλεύοντο, ἀλλ' ὅτι καὶ πλεῖον ἐλάμβανον θάρσος, κἀκείνους εἰς μείζονα ἐνέβαλον ἀγωνίαν. Καὶ γὰρ ὁ τὸν ἀδάμαντα πλήττων, αὐτός ἐστιν ὁ πληττόμενος· καὶ [a] ὁ πρὸς τὰ κέντρα λακτίζων, αὐτός ἐστιν ὁ κεντούμενος, καὶ τὰ χαλεπὰ δεχόμενος τραύματα· καὶ ὁ τοῖς ἐναρέτοις ἐπιβουλεύων, αὐτός ἐστιν ὁ κινδυνεύων. Ἡ γὰρ κακία τοσούτῳ μᾶλλον ἀσθενεστέρα γίνεται, ὅσωπερ ἂν πρὸς τὴν ἀρετὴν παρατάττηται. Καὶ καθάπερ ὁ πῦρ ἐν ἱματίῳ δεσμῶν, τὴν μὲν φλόγα οὐκ ἔσβεσε, τὸ δὲ ἱμάτιον ἐδαπάνησεν· οὕτως ὁ τοῖς ἐναρέτοις ἐπηρεάζων, καὶ κατέχων, καὶ δεσμεύων, ἐκείνους μὲν λαμπροτέρους εἰργάσατο, ἑαυτὸν δὲ ἠφάνισε. Καὶ γὰρ [b] ὅσῳ ἂν δεινὰ πάθῃς ἐπιεικῶς ζῶν, τοσούτῳ γέγονας ἰσχυρότερος· ὅσῳ γὰρ ἂν τιμῶμεν φιλοσοφίαν, τοσούτῳ μᾶλλον οὐδενὸς δεησόμεθα· καὶ ὅσῳ ἂν μηδενὸς δεηθῶμεν, τοσούτῳ μᾶλλον ἰσχυροὶ

verum etiam damnum grande patiuntur. Nam et Paulus idipsum subindicans dicebat: *Qui seminat in carne sua, de carne sua metet corruptionem.* (Galat. 6. 8.) Huic similes sunt qui super arenam ædificant; verbi gratia qui in fornicatione, qui in luxuria, qui in ebrietate, qui in iracundia, qui in aliis omnibus.

4. Talis erat Achab; sed non talis Elias. Etenim e regione ponentes virtutes et vitia, illorum differentiam accuratius agnoscemus. Ille namque super petram ædificavit, hic vero super arenam: ideoque rex cum esset prophetam metuebat et formidabat, qui propheta melote tantum erat indutus. Tales erant Judæi; sed non apostoli: quamobrem hi pauci cum essent et vincti, firmitatem petræ ostendebant; illi vero etsi multi et armati, infirmitatem arenæ. Dicebant enim: *Quid faciemus hominibus istis?* (Act. 4. 16.) Viden' illos in angustia versari; non autem eos qui captivi erant et vincti, sed qui detinebant et vinxerant? quo quid insolentius videatur? Tu detines et dubitas? Jure quidem. Quia enim omnia super arenam ædificaverant; ideo infirmiores omnibus erant. Idcirco dicebant denuo: *Quid facitis volentes inducere super nos sanguinem hominis hujus?* (Act. 5. 28.) Quid dicit? Tu cædis, terres, lædis, et tu times? tu judicas, et tu tremis? Sic infirma est malitia. Sed apostoli non sic: *Non possumus nos quæ audivimus et vidimus non loqui.* (Apostolorum fiducia et firmitas. Act. 4. 20.) Vidistin' animum sublimem? vidistin' petram fluctus ridentem? vidistin' domum immobilem? 305 Quodque mirabilius, non modo timidi non erant, quod insidiæ ipsis pararentur, sed etiam majorem fiduciam capiebant, illosque in majorem angustiam conjiciebant. Nam qui adamantem percutit, ipse est qui percutitur; et qui contra stimulum calcitrat, ipse est qui pungitur, et gravia accipit vulnera; et qui virtute præditis insidiatur, ipse est qui periclitatur. Malitia quippe tanto infirmior efficitur, quanto magis contra virtutem aciem instruit. Ac quemadmodum qui ignem ligat in vestimento, flammam quidem non exstinguit, sed vestimentum consumit: sic qui virtute præditos lædit, detinet, ligat; illos quidem splendidiores efficit, sese vero perdit. Etenim quanto graviora passus fueris, dum probe vitam ducis, tanto fortior evadis; quanto magis enim philosophiam colemus, tanto magis nullius egebimus; et quanto

b Sic Savil. et Mss. Οἱ ἐπὶ μέθῃ deest in Morel., qui paulo post οὐ τοιοῦτος ἦν ὁ Ἠλίας.

c Post ἀσθενές quidam addunt εἶχον.

d Alii σὺ δέδοικας. Mox quidam οἱ ἀπόστολοι οὐχ οὕτως, ἀλλὰ πῶς; οὐ. Unus ἀλλ' ἁπλῶς, οὐ δυνάμεθα.

a Savil. ὁ τὰ κέντρα λακτίζων.

b Ὅσῳ ἂν, sic Savil. Morel. autem ὅσα ἄν. Mox Savil. ὅσῳ ἂν ἐπιτείνωμεν φιλοσοφίαν. Utraque lectio quadrat.

magis nullo egebimus, tanto fortiores erimus, et omnibus superiores. Talis erat Joannes. Quamobrem nemo illi molestiam creabat, ille autem molestus erat Herodi; et qui nihil habebat, adversus regnantem insurrexit; qui diademate, purpura, multoque ornatu fulgens, omnibus nudatum timebat formidabatque, neque illum capite truncatum poterat sine metu respicere. Quod enim etiam post mortem non parvo ti-
Luc. 9. 9. more affectus esset, audi quid dicat : *Hic est Joannes, quem occidi ego.* Illud autem, *Occidi*, non est vox sese efferentis, sed metum suum solantis, et turbato animo suadentis, ut recordaretur homicidii in illum perpetrati. Tanta est virtutis fortitudo, ut etiam post mortem videntibus sit potentior. Ideoque ad eum dum viveret, qui multis erant pecuniis instructi, accedentes dice-
Luc. 3. 10. bant : *Quid faciemus?* Tot habetis, et ab eo qui nihil habet vultis ediscere viam vestræ felicitatis? a paupere divites? ab eo, qui ne domum quidem habet, milites? Talis quoque erat Helias : quamobrem cum eadem libertate ac fiducia populo lo-
Matth. 3. 7. quebatur. Ille namque dicebat, *Genimina vipe-*
3. Reg. 18. 21. *rarum;* hic vero, *Usquequo claudicatis utroque*
3. Reg. 21. 19. *poplite vestro?* Hic item dicebat, *Occidisti, et pos-*
sedisti; ille vero, *Non licet tibi habere uxorem*
Matth. 14. 4. *Philippi fratris tui.* Vidistin' petram? vidistin' arenam quomodo facile decidat? quomodo calamitatibus cedat, quomodo subvertatur, etsi apud regem, etsi apud populum sit, etsi cum potentia? Illos enim qui se adeunt omnium stolidissimos reddit. Neque solum decidit, sed et cum multa calamitate. Etenim 27. *Facta est*, inquit, *ruina ejus magna valde*. Neque enim in re vilis pretii periculum est, sed de anima agitur, de amissione cælorum, et bonorum immortalium. Imo vero etiam ante illa omnia miseriorem hic vitam ducet ille malitiæ sectator, in mœroribus, assiduis timoribus, sollicitudinibus, certaminibus vitam agens : quod sa-
Prov. 28. 1. piens quispiam subindicans dicebat : *Fugit impius, nemine persequente.* Hujusmodi quippe homines umbras tremunt, amicos suspectos habent, hostes, servos, notos sibi, ignotos, et ante supplicium hic extremas dant pœnas. Hæc porro omnia significans Christus dicebat : *Fuit ruina illius magna valde :* consentaneo fine hæc pul-

γινόμεθα, καὶ πάντων ἀνώτεροι. [c] Οὕτως ἦν ὁ Ἰωάννης. Διὸ ἐκεῖνον μὲν οὐδεὶς ἐλύπει, αὐτὸς δὲ ἐλύπει τὸν Ἡρώδην· καὶ ὁ μὲν μηδὲν ἔχων, κατεξανέστη τοῦ κρατοῦντος· ὁ δὲ διάδημα καὶ ἁλουργίδα καὶ μυρίαν φαντασίαν περιβεβλημένος, τρέμει καὶ δέδοικε τὸν
C πάντων γεγυμνωμένον, καὶ οὐδὲ ἀποτετμημένον τὴν κεφαλὴν ἀδεῶς [d] ἰδεῖν ἐδύνατο. Ὅτι γὰρ καὶ μετὰ τὴν τελευτὴν ἀκμάζοντα εἶχε τὸν φόβον, ἄκουσον τί φησιν· Οὗτός ἐστιν ὁ Ἰωάννης, ὃν ἀνεῖλον ἐγώ. Τὸ δὲ, Ἀνεῖλον, οὐκ ἐπαιρομένου ἦν, ἀλλὰ τὸν φόβον παραμυθουμένου, καὶ πείθοντος τὴν ψυχὴν τὴν ταραττομένην ἀναμνησθῆναι, ὅτι αὐτὸς αὐτὸν ἔσφαξε. Τοσαύτη τῆς ἀρετῆς ἡ ἰσχὺς, ὅτι καὶ μετὰ τελευτὴν τῶν ζώντων ἐστὶ δυνατωτέρα. Διὰ δὴ τοῦτο καὶ ἡνίκα ἔζη, οἱ τὰ πολλὰ κεκτημένοι χρήματα πρὸς αὐτὸν ἐρχόμενοι ἔλεγον· Τί ποιήσομεν; Τοσαῦτα ἔχετε, καὶ παρὰ τοῦ μηδὲν ἔχοντος βούλεσθε μαθεῖν τῆς ὑμετέρας εὐημερίας τὴν ὁδόν; παρὰ τοῦ πένητος οἱ πλουτοῦντες; παρὰ
D τοῦ [e] οὐδὲ οἰκίαν ἔχοντος οἱ στρατευόμενοι; Τοιοῦτος καὶ ὁ Ἡλίας ἦν· διὸ καὶ μετὰ τῆς αὐτῆς παῤῥησίας τῷ δήμῳ διελέγετο. Ὁ μὲν γὰρ ἔλεγε, Γεννήματα ἐχιδνῶν· οὗτος δὲ, Ἕως πότε χωλανεῖτε ἐπ' ἀμφοτέραις ταῖς ἰγνύαις ὑμῶν; [f] Καὶ ὁ μὲν ἔλεγεν, Ἐφόνευσας καὶ ἐκληρονόμησας· ὁ δὲ ἔλεγεν, Οὐκ ἔξεστί σοι ἔχειν τὴν γυναῖκα Φιλίππου τοῦ ἀδελφοῦ σου. Εἶδες τὴν πέτραν; εἶδες τὴν ψάμμον, πῶς εὐκόλως καταπίπτει; πῶς εἴκει ταῖς συμφοραῖς; πῶς περιτρέπεται, κἂν μετὰ βασιλέως, κἂν μετὰ πλήθους ᾖ, κἂν μετὰ δυναστείας; Ἁπάντων γὰρ τοὺς μετιόντας αὐτὴν ἀναισθη-
E τοτέρους ποιεῖ. Καὶ οὐδὲ ἁπλῶς καταπίπτει, ἀλλὰ μετὰ πολλῆς τῆς συμφορᾶς. Καὶ γὰρ ἦν, φησὶν, ἡ πτῶσις αὐτῆς μεγάλη σφόδρα. Οὐδὲ γὰρ ὑπὲρ τῶν τυχόντων ὁ κίνδυνος, ἀλλ' ὑπὲρ ψυχῆς, ὑπὲρ ἐκπτώσεως οὐρανῶν καὶ τῶν ἀθανάτων [g] ἐκείνων ἀγαθῶν. Μᾶλλον δὲ καὶ πρὸ ἐκείνων πάντων ἀθλιώτερον ὁ ταύ-
306 την διώκων βιώσεται βίον, ἀθυμίαις διηνεκέσι, δει-
A λίαις, φροντίσιν, ἀγωνίαις συζῶν· ὅπερ οὖν καί τις σοφὸς αἰνιττόμενος ἔλεγε· Φεύγει ἀσεβὴς, οὐδενὸς διώκοντος. Οἱ γὰρ τοιοῦτοι τὰς σκιὰς τρέμουσι, τοὺς φίλους ὑποπτεύουσι, τοὺς ἐχθροὺς, τοὺς οἰκέτας, τοὺς εἰδότας, τοὺς οὐκ εἰδότας αὐτοὺς, καὶ πρὸ τῆς κολάσεως ἐνταῦθα τὴν ἐσχάτην [a] τίνουσι κόλασιν. Καὶ ταῦτα πάντα δηλῶν ὁ Χριστὸς ἔλεγε· Καὶ ἦν ἡ πτῶσις αὐτῆς μεγάλη σφόδρα· εἰς τὸ προσῆκον τέλος κατακλείων τὰ καλὰ ταῦτα παραγγέλματα, καὶ τοὺς σφόδρα [b] ἀπίστους πείθων καὶ ἀπὸ τῶν παρόντων, φεύγειν κακίαν.

[c] Quidam τοιοῦτος ἦν ὁ Ἰωάννης.

[d] Morel. et quidam alii ἰδεῖν δύναται

[e] Alii μηδὲ οἰκίαν.

[f] Savil. in marg. post καὶ ὁ μὲν ἔλεγε sic habet : εὕρηκάς με ὁ ἐχθρός μου. Tres autem Codices Mss. εὕρηκάς με ὁ ἐχθρός μου. Morellum et Savilii textum sequimur.

[g] Savil. ἐκείνων ἀγαθῶν, Morel. ἐκείνων καλῶν, Mss. ἐκείνων στεφάνων.

[a] Alii τίνουσι δίκην.

[b] Alii ἀπίστους ἐνάγων ἀπὸ τῶν παρόντων φεύγειν. εἰ γάρ.

Εἰ γὰρ καὶ μείζων ὁ περὶ τῶν μελλόντων λόγος, ἀλλὰ τοὺς παχυτέρους οὗτος μᾶλλον ἱκανὸς ἦν κατασχεῖν, B καὶ ἀπαγαγεῖν τῆς πονηρίας. Διὸ καὶ εἰς αὐτὸν κατέληξεν, ὥστε ἔναυλον εἶναι τὴν ὠφέλειαν αὐτοῖς. Πάντα τοίνυν ταῦτα συνιδόντες, καὶ τὰ παρόντα καὶ τὰ μέλλοντα, φύγωμεν τὴν κακίαν, ζηλώσωμεν ἀρετὴν, ἵνα μὴ μάτην μηδὲ εἰκῇ κάμνωμεν, ἀλλὰ καὶ τῆς ἐνταῦθα ἀπολαύσωμεν ἀσφαλείας, καὶ τῆς ἐκεῖ μετάσχωμεν δόξης· ἧς γένοιτο πάντας ἡμᾶς ἐπιτυχεῖν, χάριτι καὶ φιλανθρωπίᾳ τοῦ Κυρίου ἡμῶν Ἰησοῦ Χριστοῦ, ᾧ ἡ δόξα καὶ τὸ κράτος εἰς τοὺς αἰῶνας τῶν αἰώνων. Ἀμήν.

chra præcepta claudens, et vel admodum incredulis suadens etiam ex præsenti rerum statu, ut fugiant nequitiam. Etiamsi enim major sit de futuris sermo, attamen hic magis idoneus sermo est ad crassiores homines cohibendos et a nequitia abducendos. Ideoque tali fine sermo clausus est, ut menti hærentem hinc utilitatem carperent. Hæc itaque omnia scientes, tam præsentia quam futura, fugiamus malitiam, virtuti studeamus, ne frustra laboremus, sed et hic securitate fruamur, et illic gloriæ consortes simus : quam utinam omnes consequamur, gratia et benignitate Domini nostri Jesu Christi, cui gloria et imperium in sæcula sæculorum. Amen.

ΟΜΙΛΙΑ κε'. C

Καὶ ἐγένετο, ὅτε ἐτέλεσεν ὁ Ἰησοῦς τοὺς λόγους τούτους, ἐξεπλήσσοντο οἱ ὄχλοι ἐπὶ τῇ διδαχῇ αὐτοῦ.

Καὶ μὴν ἀκόλουθον ἦν ἀλγεῖν αὐτοὺς πρὸς τὸ φορτικὸν τῶν εἰρημένων, καὶ ναρκᾷν πρὸς τὸ ὕψος τῶν ἐπιτεταγμένων· νῦν δὲ τοσαύτη ἡ ἰσχὺς τοῦ διδάσκοντος ἦν, ὡς πολλοὺς αὐτῶν καὶ ἑλεῖν, καὶ εἰς θαῦμα μέγιστον ἐμβαλεῖν, καὶ πεῖσαι διὰ τὴν ἡδονὴν τῶν εἰρημένων, μηδὲ [c] παυομένου τοῦ λέγειν ἀποστῆναι D λοιπόν. Οὐδὲ γὰρ ἐπειδὴ ἐκ τοῦ ὄρους κατέβη, ἀπέστησαν οἱ ἀκροαταὶ, ἀλλὰ καὶ οὕτω τὸ θέατρον ἅπαν ἠκολούθησε· τοσοῦτον ἐνέθηκεν αὐτοῖς τῶν εἰρημένων ἔρωτα. Ἐξεπλήσσοντο δὲ αὐτοῦ μάλιστα τὴν ἐξουσίαν. Οὐ γὰρ εἰς ἕτερον ἀναφέρων, ὡς ὁ προφήτης Μωϋσῆς, ἔλεγεν ἅπερ ἔλεγεν, ἀλλὰ πανταχοῦ ἑαυτὸν ἐνδεικνύμενος εἶναι [d] τὸν τὸ κῦρος ἔχοντα. Καὶ γὰρ νομοθετῶν συνεχῶς προσετίθει· Ἐγὼ δὲ λέγω ὑμῖν· καὶ τῆς ἡμέρας ἀναμιμνήσκων ἐκείνης, ἑαυτὸν ἐδείκνυ τὸν δικάζοντα εἶναι, καὶ διὰ τῶν κολάσεων, καὶ διὰ τῶν τι- E μῶν. Καίτοι καὶ ἐντεῦθεν θορυβηθῆναι εἰκὸς ἦν. Εἰ γὰρ διὰ τῶν ἔργων ὁρῶντες ἐπιδεικνύμενον αὐτὸν τὴν ἐξουσίαν ἐλίθαζον οἱ γραμματεῖς καὶ ἤλαυνον· ὅπου ῥήματα ἦν μόνον τοῦτο ἐμφαίνοντα, πῶς οὐκ εἰκὸς ἦν αὐτοὺς σκανδαλίζεσθαι, καὶ μάλιστα ὁπότε ἐν 307 προοιμίοις ταῦτα ἐλέγετο, καὶ πρὶν ἢ πεῖραν αὐτὸν A

HOMILIA XXV. al. XXVI.

CAP. VII. v. 28. *Et factum est, cum consummasset Jesus sermones istos, mirabantur turbæ super doctrina ejus.*

1. Certe consequens erat, ut de oneroso sermone dolerent, torperentque ob præceptorum sublimitatem; jam vero tanta erat docentis virtus, ut multos eorum caperet, atque in admirationem ingentem abriperet, suaderetque propter voluptatem ex sermone partam, ut ne, postquam finem dicendi fecerat, ab illo discederent. Neque enim cum ex monte descendit, auditores abcesserunt, sed totum auditorum theatrum sequutum est : tantum illis indiderat doctrinæ suæ amorem. Admirabantur autem maxime illius potestatem. Non enim ad alium dicta referens loquebatur, ut Moyses, sed ubique ostendebat seipsum esse qui auctoritatem haberet. Nam cum leges sæpe pronuntiaret, adjiciebat, *Ego autem dico vobis :* et cum diem illam commemoraret, seipsum monstrabat judicem, et per supplicia et per præmia. Atqui hinc consequens videbatur esse, ut illi turbarentur. Nam si scribæ, qui viderant illum per opera potentiam suam ostendere, lapidibus eum impetierunt et expulerunt : quomodo ubi verba tantum erant, quæ illam exhiberent, non verisimile erat

[c] Quidam παυσαμένου. Quod hic dicit de Christo cum potestate loquente, jam ante neque semel dixit, ubi etiam ait illum quemadmodum prophetas non de alio, sed de seipso loquutum fuisse. Illud porro, ὡς ὁ προφήτης Μωϋσῆς, Manuscripti non pauci sic efferunt : ὁ προφήτης καὶ Μωϋσῆς, quæ lectio si vera sit, intelligatur oportet, Propheta, nempe David, et Moyses legislator.

[d] Alii τὸν τὸ κράτος ἔχοντα.

hæc illis offendiculo fore, cum maxime hæc in exordio dicerentur, priusquam ille potentiæ suæ experimentum dedisset? Attamen nihil horum patiebantur: quando enim animus probus et frugi est, veritatis doctrinæ facile obtemperat. Quapropter illi quidem, etiamsi ejus potentiam signa prædicarent, offendebantur; hi vero sermonem tantum audientes, obtemperabant et sequebantur. Hoc enim subindicans evangelista dicebat, *Sequutæ sunt eum turbæ multæ*, non aliqui ex principum et scribarum numero, sed quotquot a nequitia liberi erant, sinceroque animo. Per totum autem evangelium hos vides ipsi hærentes. Nam cum loqueretur, silentes audiebant, non interrumpentes, non interpellantes loquentem, non tentantes, nec occasionem captantes, quemadmodum Pharisæi: post habitam porro concionem admirabundi sequebantur. Tu vero mihi consideres velim Domini prudentiam, quomodo variet ad audientium utilitatem, quomodo a miraculis ad verba, et mox a verbis ad miracula transeat. Nam priusquam ad montem ascenderet, multos curavit, ut iis quæ dicenda erant viam pararet. Et postquam hanc longam quæstionem absolverat, rursus ad miracula venit, factis dicta confirmans. Quia enim

Christus ostentationem fugiebat.

29. *Tamquam potestatem habens* docebat, ne hic docendi modus fastum saperet aut ostentationem, operibus idipsum facit, et tamquam potestatem habens morbos curat, ut ne ultra turbarentur ipsum videntes ita docentem, cum miracula

Cap. VIII.

sic ederet. 1. *Cum descendisset* enim *de monte, sequutæ sunt eum turbæ multæ.* 2. *Et accessit leprosus dicens: Domine, si vis, potes me mundare.* Magna prudentia et fides accedentis. Neque enim doctrinam interpellavit, neque auditorum theatrum secuit, sed opportunum exspectavit tempus, et ubi Christus descendisset accessit. Nec perfunctorie, sed multo cum fervore, et an-

Marc. 1. 40.

te genua ejus ipsi supplicat, ut ait alter evangelista, ac cum sincera fide, et congruenti circa illum opinione. Neque enim dixit, Si Deum precatus fueris, neque, Si oraveris; sed, *Si vis, potes me mundare.* Neque dixit, Domine, munda me; sed ipsi cuncta committit, atque curandi dominum illum esse et potestatem ejus summam testi-

δεδωκέναι τῆς ἑαυτοῦ δυνάμεως; Ἀλλ' ὅμως οὐδὲν τούτων ἔπασχον· ὅταν γὰρ ψυχὴ καὶ διάνοια [a] εὐγνώμων ᾖ, ῥᾳδίως πείθεται τοῖς τῆς ἀληθείας λόγοις. Διὰ δὴ τοῦτο ἐκεῖνοι μὲν, καὶ τῶν σημείων ἀνακηρυττόντων αὐτοῦ τὴν δύναμιν, ἐσκανδαλίζοντο· [b] οὗτοι δὲ λόγον ἀκούοντες ψιλὸν, ἐπείθοντο καὶ ἠκολούθουν. Τοῦτο γοῦν καὶ ὁ εὐαγγελιστὴς αἰνιττόμενος ἔλεγεν, ὅτι Ἠκολούθησαν αὐτῷ ὄχλοι πολλοί· οὐχὶ τῶν ἀρχόντων τινὲς καὶ τῶν γραμματέων, ἀλλ' ὅσοι κακίας ἦσαν ἀπηλλαγμένοι, καὶ γνώμην εἶχον ἀδέκαστον. Διὰ παντὸς δὲ τοῦ εὐαγγελίου τούτους ὁρᾷς αὐτῷ προσηλωμένους. Καὶ γὰρ ἡνίκα ἔλεγε, μετὰ σιγῆς ἤκουον, οὐδὲν παρεμβάλλοντες, οὔτε διακόπτοντες τὴν ἀκολουθίαν, οὐδὲ ἀποπειρώμενοι, καὶ λαβὴν ἐπιθυμοῦντες εὑρεῖν, καθάπερ οἱ Φαρισαῖοι· καὶ μετὰ τὴν δημηγορίαν ἠκολούθουν πάλιν θαυμάζοντες. Σὺ δέ μοι σκόπει τοῦ Δεσπότου τὴν σύνεσιν, πῶς ποικίλλει τὴν ὠφέλειαν τῶν παρόντων, ἀπὸ θαυμάτων εἰς λόγους [c] ἐμβαίνων, καὶ πάλιν ἀπὸ τῆς τῶν λόγων διδασκαλίας εἰς θαύματα μεταβαίνων. Καὶ γὰρ πρὶν ἢ ἀναβῆναι εἰς τὸ ὄρος, πολλοὺς ἐθεράπευσε προοδοποιῶν τοῖς λεγομένοις, καὶ μετὰ τὸ τὴν μακρὰν ταύτην ἀπαρτίσαι δημηγορίαν, πάλιν ἐπὶ θαύματα ἔρχεται, βεβαιῶν ἐκ τῶν γινομένων τὰ εἰρημένα. Ἐπειδὴ γὰρ Ὡς ἐξουσίαν ἔχων ἐδίδασκεν, ἵνα μὴ νομισθῇ κόμπος εἶναι καὶ αὐθαδιασμὸς οὗτος τῆς διδασκαλίας ὁ τρόπος, καὶ ἐν τοῖς ἔργοις τὸ αὐτὸ τοῦτο ποιεῖ, καὶ ὡς ἐξουσίαν ἔχων [d] θεραπεύει, ἵνα μηκέτι θορυβῶνται ὁρῶντες αὐτὸν οὕτω διδάσκοντα, ὁπότε καὶ τὰ θαύματα οὕτως ἐποίει. Καταβάντι γὰρ αὐτῷ ἀπὸ τοῦ ὄρους, ἠκολούθησαν αὐτῷ ὄχλοι πολλοί. Καὶ προσῆλθε λεπρὸς λέγων· Κύριε, ἐὰν θέλῃς, δύνασαί με καθαρίσαι. Πολλὴ ἡ σύνεσις καὶ ἡ πίστις τοῦ προσελθόντος. Οὐ γὰρ διέκοψε τὴν διδασκαλίαν, οὐδὲ ἔτεμε τὸ θέατρον, [e] ἀλλ' ἔμενε τὸν προσήκοντα καιρὸν, καὶ καταβάντι αὐτῷ προσέρχεται. Καὶ οὐχ ἁπλῶς, ἀλλὰ καὶ μετὰ πολλῆς τῆς θερμότητος, καὶ πρὸ τῶν γονάτων αὐτὸν παρακαλεῖ, ὥς ἕτερός φησιν εὐαγγελιστὴς, καὶ μετὰ γνησίας τῆς πίστεως, καὶ τῆς προσηκούσης περὶ αὐτοῦ δόξης. Οὐδὲ γὰρ εἶπεν, ἐὰν ἀξιώσῃς τὸν Θεόν· οὐδὲ, ἐὰν εὔξῃ· ἀλλ', Ἐὰν θέλῃς, δύνασαί με καθαρίσαι. Οὐδὲ εἶπε· Κύριε, καθάρισον· ἀλλ' αὐτῷ τὸ πᾶν ἐπιτρέπει, καὶ κύριον [f] ποιεῖται τῆς διορθώσεως, καὶ τὴν ἐξουσίαν αὐτῷ μαρτυρεῖ ἅπασαν. Τί οὖν, φησίν, εἰ ἐσφαλμένη ἡ δόξα τοῦ λεπροῦ ἦν; Καταλῦσαι αὐτὴν ἐχρῆν, καὶ ἐπιτιμῆσαι, καὶ διορθῶσαι.

[a] Εὐγνώμων aliquando *gratus et beneficiorum memor* explicatur; sed apud Chrysostomum sæpe *bonus et probus*; ut et ἀγνώμων perinde de *improbo* generatim et *ingrato* dicitur.

[b] Mss. aliquot οὗτοι δὲ λόγων ἀκούοντες ψιλῶν.

[c] Quidam ἐμβάλλων.

[d] Alii θεραπεύειν, quæ etiam lectio quadrat.

[e] ἀλλ' ἔμενε Morel., ἀλλ' ἔμεινε quidam Mss., ἀλλ' ἀνέμενε Savil. Mox Savil. πρὸς τῶν γονάτων, Morel. πρὸ τῶν γονάτων.

[f] Quidam ποιεῖ.

Ἆρ' οὖν τοῦτο ἐποίησεν; Οὐδαμῶς· ἀλλὰ καὶ τοὐναντίον ἅπαν, καὶ συνίστησι καὶ βεβαιοῖ τὸ εἰρημένον. Διά τοι τοῦτο οὐδὲ εἶπε, καθάρθητι· ἀλλὰ, Θέλω, καθαρίσθητι· ἵνα μηκέτι τῆς ὑπονοίας τῆς ἐκείνου, ἀλλὰ τῆς γνώμης τῆς αὐτοῦ τὸ δόγμα γένηται. Ἀλλ' οὐχ οἱ ἀπόστολοι οὕτως· ἀλλὰ πῶς; Ἐπειδὴ ὁ δῆμος ἐξεπλήττετο ἅπας, ἔλεγον· Τί προσέχετε ἡμῖν ὡς ἰδίᾳ δυνάμει ἢ ἐξουσίᾳ πεποιηκόσι τοῦ περιπατεῖν αὐτόν; Ὁ δὲ Δεσπότης, καίτοι πολλὰ μέτρια φθεγξάμενος πολλάκις, καὶ καταδεέστερα τῆς αὐτοῦ δόξης, ὥστε πῆξαι τὸ δόγμα, ἐνταῦθα τῶν ἐκπληττομένων αὐτὸν ἐπὶ τῇ ἐξουσίᾳ [a] τί φησι; Θέλω, καθαρίσθητι. Καίτοι τοσαῦτα καὶ τηλικαῦτα ποιήσας σημεῖα, οὐδαμοῦ φαίνεται τοῦτο εἰρηκὼς τὸ ῥῆμα.

Ἐνταῦθα μέντοι ὥστε κυρῶσαι τὴν ὑπόνοιαν καὶ τοῦ δήμου παντὸς καὶ τοῦ λεπροῦ τὴν περὶ τῆς ἐξουσίας, διὰ τοῦτο προσέθηκε, Θέλω. Καὶ οὐκ εἶπε μὲν τοῦτο, οὐκ ἐποίησε δέ· ἀλλὰ καὶ τὸ ἔργον εὐθέως ἠκολούθησεν. Εἰ δὲ μὴ καλῶς ἔλεγεν, ἀλλὰ βλασφημία ἦν τὸ εἰρημένον, ἔδει διακοπῆναι τὸ ἔργον. Νυνὶ δὲ καὶ εἶξεν ἡ φύσις ἐπιταττομένη, καὶ μετὰ τοῦ προσήκοντος τάχους, καὶ μείζονος, ἢ ὁ εὐαγγελιστὴς εἶπε. Καὶ γὰρ τὸ, Εὐθέως, πολὺ βραδύτερόν ἐστι τοῦ τάχους τοῦ κατὰ τὸ ἔργον γεγενημένου. Οὐχ ἁπλῶς δὲ εἶπε, Θέλω, καθαρίσθητι· ἀλλὰ καὶ, Τὴν χεῖρα ἐκτείνας [b] ἥψατο αὐτοῦ· ὃ δὴ μάλιστα ἄξιον ζητήσεως. Τίνος γὰρ ἕνεκεν θελήματι καθαίρων αὐτὸν καὶ λόγῳ, τὴν τῆς χειρὸς προσέθηκεν ἁφήν; Ἐμοὶ δοκεῖ δι' οὐδὲν ἕτερον, ἀλλ' ἵνα δείξῃ καὶ ἐντεῦθεν, ὅτι οὐχ ὑπόκειται τῷ νόμῳ, ἀλλ' ἐπίκειται· καὶ ὅτι τῷ καθαρῷ λοιπὸν οὐδὲν ἀκάθαρτον. Διὰ δὴ τοῦτο Ἑλισσαῖος μὲν οὐδὲ ἑώρα τὸν [c] Νεαιμὰν, ἀλλὰ καὶ σκανδαλισθέντα ἰδὼν, ἐπειδὴ μὴ ἐξῆλθε, μηδὲ ἥψατο, τηρῶν τοῦ νόμου τὴν ἀκρίβειαν, οἴκοι μένει, καὶ πέμπει πρὸς τὸν Ἰορδάνην αὐτὸν λουσόμενον. Ὁ δὲ Δεσπότης δείκνυσιν, ὅτι οὐχ ὡς δοῦλος, ἀλλ' ὡς κύριος θεραπεύει, καὶ ἅπτεται. Οὐ γὰρ ἡ χεὶρ ἀπὸ τῆς λέπρας ἐγένετο ἀκάθαρτος, ἀλλὰ τὸ σῶμα τὸ λεπρὸν ἀπὸ τῆς χειρὸς τῆς ἁγίας καθίστατο καθαρόν. Οὐ γὰρ δὴ μόνον σώματα παρεγένετο θεραπεύσων, ἀλλὰ καὶ ψυχὴν [d] εἰς φιλοσοφίαν ἐνάξων. Ὥσπερ οὖν καὶ χερσὶν ἀνίπτοις ἐσθίειν οὐκ ἔτι λοιπὸν ἐκώλυε, τὸν ἄριστον ἐκεῖνον εἰσάγων νόμον, τὸν περὶ τῆς τῶν βρωμάτων ἀδιαφορίας· οὕτω δὴ καὶ ἐνταῦθα λοιπὸν παιδεύων, ὅτι τῆς ψυχῆς ἐπιμελεῖσθαι χρὴ, καὶ τῶν ἔξωθεν ἀπαλλαγέντας καθαρμῶν ἐκείνην ἀποσμήχειν, καὶ τὴν αὐτῆς λέπραν δεδοικέναι μόνον, ὅπερ ἐστὶν ἁμαρτία (τὸ γὰρ λεπρὸν εἶναι οὐδὲν κώλυμα εἰς ἀρετὴν), πρῶτος

ficatur. Quid igitur, inquies, si falsa erat leprosi opinio? Illam confutare oportuit, ipsumque increpare ac corrigere. Num igitur illud fecit? Nequaquam: imo dictum confirmat et roborat. Ideoque non dixit, Mundare, sed, 3. *Volo, mundare;* ut non illius opinione, sed Christi sententia dogma 308 A firmaretur. At non sic apostoli: sed quomodo? Quia populus totus stupebat, dicebant illi: *Quid nobis attenditis, quasi propria virtute vel potestate fecerimus hunc ambulare?* Act. 3. 12. Dominus vero, etsi multa modeste sæpe dixerat, quæ gloriæ suæ inferiora essent, idque ut veritatis doctrinam firmaret, quid dicit hic iis qui de potestate ipsius stupebant? *Volo, mundare.* Etsi cum tot tantaque signa fecisset, numquam sic loquutus fuisse videatur.

2. Hic vero, ut et populi et leprosi de potestate sua opinionem firmaret, ideo præmisit, *Volo.* Neque dixit, ut non faceret; sed statim opus sequutum est. Si vero ille non bene dixisset, si B blasphemiam protulisset, cohibendum erat opus. Nunc autem jussa natura cessit cum ea qua par erat celeritate, imo majore, quam evangelista expresserit. Nam illud *Statim*, longe tardius est, quam operis celeritas fuit. Neque solum dixit, *Volo, mundare;* sed etiam, *Extendens manum apprehendit eum:* quod magis inquisitione dignum est. Cur enim voluntate ac verbo curans illum, manus tactum adjecit? Non alia de causa, arbitror, quam ut indicaret, se non legi subjectum, sed supra legem esse; ac mundo deinceps nihil immundum fore. Elisæus quippe legi obsequens, Neæmanum ne respexit 4. Reg. 5. C quidem; ut autem offensum audivit, quod non egressus esset, nec se tetigisset, ut legem accurate servaret, domi manens, misit eum ad Jordanem, ut sese ablueret. Dominus vero ostendit se non ut servum, sed ut dominum curare, tangitque leprosum. Neque enim manus per lepram immunda facta est, sed leprosum corpus a sancta manu mundatum est. Non enim corpora curaturus tantum advenerat, sed animam quoque ad philosophiam deducturus. Sicut ergo non lotis manibus D manducare, non ultra prohibitum esse dicit, cum optimam illam de ciborum indifferentia legem inducit: sic et hoc loco agit, docetque animam oportere curari, sublatisque externis illis purificationibus, illam esse abstergendam, ipsiusque tantum lepram esse timendam, quæ est peccatum (nam

a Τί deest in quibusdam.

b Ἥψατο αὐτοῦ deest in nonnullis.

c Alii Νεεμᾶν.

d Alii ἐπὶ φιλοσοφίαν ἀνάξων.

leprosum esse nullum ad salutem impedimentum affert), primus ipse leprosum tangit, et nemo criminatur. Neque enim corruptum erat tribunal, neque invidia correpti spectatores erant. Ideoque non modo non calumniati sunt, sed stupore perculsi de miraculo, cesserunt, ex dictis et factis invictam ejus potentiam adorantes. Cum corpus ergo curasset, præcepit, 4. ut nemini diceret, sed ostenderet se sacerdoti, et munus offerret, *Quod præcepit Moyses, in testimonium illis*. Quidam dicunt, ideo illum præcepisse ut nemini diceret, ne maligne agerent circa mundationis examen; sed hæc insipienter admodum suspicantur. Neque enim ita mundavit, ut aliquis maneret de mundatione dubitandi locus : sed nemini dicere jubet, docens ut a fastu et ambitione abstineatur. Certe noverat ille, ipsum non esse taciturum, sed benefactorem esse celebraturum : attamen quod penes se erat fecit. Cur ergo, inquies, alibi publicare jussit? Non secum pugnans, neque contraria jubens, sed ut doceret gratos esse oportere. Neque enim ibi præcepit ut se celebrarent, sed ut darent gloriam Deo : per hunc quidem leprosum docens nos, ut sine fastu simus et vanam gloriam fugiamus; per illum vero, ut grati et beneficiorum memores : atque nos instituens ubique ut laudem Domino referamus. Quia enim homines, ut plurimum, cum morbo laborant, Dei recordantur, morbo autem depulso, segniores evadunt : jubens et ægros et sanos assidue in mente Dominum habere, dicit : *Da gloriam Deo*. Cur autem præcepit ut ostenderet se sacerdoti, et donum offerret? Ut hic legem impleret. Neque enim ubique solvebat illam, ut nec semper servabat; sed modo illud, modo aliud : illud, ut futuræ philosophiæ viam pararet; istud, ut impudentem interim Judæorum linguam coerceret, et ad illorum infirmitatem se demitteret. Ecquid miraris, si in principio id egerit, quando et apostoli postquam jussi sunt ad gentes migrare, et portas aperire ad doctrinam per totum orbem spargendam, legem excludere, præcepta renovare, vetera abrogare omnia; modo legem servare, modo illam transgredi deprehenduntur? Et quid hoc, inquies, ad legis custodiam confert, quod dicat, *Ostende te sacerdoti*? Non parum confert. Erat quippe lex vetus, ut leprosus mun-

Joan. 9. 24?

Christus modo legem servabat, modo non servabat.

Lev. 14.

αὐτὸς ἅπτεται τοῦ λεπροῦ, καὶ οὐδεὶς ἐγκαλεῖ. Οὐδὲ γὰρ ἦν διεφθαρμένον τὸ δικαστήριον, οὐδὲ ὑπὸ φθόνου κατεχόμενοι [a] οἱ θεαταί. Διὰ τοῦτο οὐ μόνον οὐκ ἐπέσκηψαν, ἀλλὰ καὶ ἐξεπλάγησαν τὸ θαῦμα, καὶ παρεχώ-
E ρησαν, ἀπό τε τῶν εἰρημένων, ἀπό τε τῶν γινομένων τὴν ἄμαχον αὐτοῦ δύναμιν προσκυνήσαντες. Θεραπεύσας τοίνυν αὐτοῦ τὸ σῶμα, κελεύει μηδενὶ εἰπεῖν· ἀλλὰ δεῖξαι ἑαυτὸν τῷ ἱερεῖ, καὶ προσενεγκεῖν Τὸ δῶρον, ὃ προσέταξε Μωϋσῆς, εἰς μαρτύριον αὐτοῖς. Τινὲς μὲν οὖν φασιν, ὅτι διὰ τοῦτο ἐκέλευσε μηδενὶ μηδὲν εἰ-
309 πεῖν, ἵνα μὴ κακουργήσωσι περὶ τὴν διάκρισιν τοῦ
A καθαρμοῦ, σφόδρα [a] ἀνοήτως ὑποπτεύοντες. Οὐ γὰρ οὕτως ἐκάθηρεν, ὡς καὶ ἀμφισβητήσιμον εἶναι τὸν καθαρμόν· ἀλλὰ μηδενὶ εἰπεῖν κελεύει, διδάσκων τὸ ἀκόμπαστον καὶ ἀφιλότιμον. Καίτοι γε ᾔδει, ὅτι οὐ πεισθήσεται ἐκεῖνος, ἀλλ' ἀνακηρύξει τὸν εὐεργέτην· ἀλλ' ὅμως τὸ αὐτοῦ ποιεῖ. Πῶς οὖν ἀλλαχοῦ κελεύει εἰπεῖν; φησίν. Οὐχὶ ἑαυτῷ περιπίπτων, οὐδὲ ἐναντιούμενος, ἀλλὰ παιδεύων εὐγνώμονας εἶναι. Οὐδὲ γὰρ ἐκεῖ ἀνακηρύττειν ἑαυτὸν ἐκέλευσεν, ἀλλὰ δοῦναι δόξαν τῷ Θεῷ· διὰ μὲν τοῦ λεπροῦ τούτου ἀτύφους ἡμᾶς παρασκευάζων καὶ ἀκενοδόξους· διὰ δὲ ἐκείνου, εὐχαρίστους καὶ εὐγνώμονας εἶναι, καὶ παιδεύων πανταχοῦ τῶν γινομένων τὴν εὐφημίαν ἀναφέρειν τῷ Δε-
B σπότῃ. Ἐπειδὴ γὰρ ὡς τὰ πολλὰ οἱ ἄνθρωποι νοσοῦντες μὲν μέμνηνται τοῦ Θεοῦ, τῆς δὲ ἀῤῥωστίας ἀπαλλαγέντες ῥᾳθυμότεροι γίνονται, κελεύων διηνεκῶς καὶ νοσοῦντας καὶ ὑγιαίνοντας προσέχειν τῷ Δεσπότῃ, φησί· Δὸς δόξαν τῷ Θεῷ. Τίνος δὲ ἕνεκεν καὶ δεῖξαι ἑαυτὸν ἐκέλευσε τῷ ἱερεῖ, καὶ δῶρον προσενεγκεῖν; Πάλιν τὸν νόμον ἐνταῦθα ἀναπληρῶν. Οὐδὲ γὰρ πανταχοῦ αὐτὸν παρέλυεν, ὥσπερ οὐδὲ πανταχοῦ ἐφύλαττεν· ἀλλὰ ποτὲ μὲν τοῦτο ἐποίει, ποτὲ δὲ ἐκεῖνο· τοῦτο μὲν, [b] τῇ μελλούσῃ φιλοσοφίᾳ προοδοποιῶν· ἐκεῖνο δὲ, τὴν ἀναίσχυντον τῶν Ἰουδαίων τέως κα-
C τέχων γλῶτταν, καὶ συγκαταβαίνων αὐτῶν τῇ ἀσθενείᾳ. Καὶ τί θαυμάζεις, εἴγε ἐν προοιμίοις αὐτὸς τοῦτο ἐποίησεν, ὅπου γε καὶ οἱ ἀπόστολοι μετὰ τὸ κελευσθῆναι εἰς τὰ ἔθνη ἀπελθεῖν, καὶ τὰς θύρας ἀνοιγῆναι τῆς κατὰ τὴν οἰκουμένην διδασκαλίας, καὶ τὸν νόμον ἐκκλεισθῆναι, καὶ ἀνανεωθῆναι τὰ προστάγματα, καὶ τὰ παλαιὰ [c] ἀναπαύσασθαι ἅπαντα, φαίνονται ποτὲ μὲν τηροῦντες τὸν νόμον, ποτὲ δὲ αὐτὸν παρατρέχοντες; Καὶ τί τοῦτο, φησὶ, πρὸς τὴν τοῦ νόμου συντελεῖ φυλακὴν, τὸ εἰπεῖν, Δεῖξον σεαυτὸν τῷ ἱερεῖ; Οὐ τὸ τυχόν. Καὶ γὰρ νόμος ἦν παλαιὸς, τὸν λεπρὸν καθαρ-

[a] Savil. οἱ ἀκροαταί. Morel. οἱ θεαταί. Mss. partim pro alia, partim pro altera lectione stant. Infra Savil. τὴν ἀμήχανον αὐτοῦ δύναμιν, Morel. τὴν ἄμαχον, melius ut existimo.

[a] Savil. et quidam Mss. ἀνοήτως τοῦτο ὑποπτεύοντες. Ibidem variant Mss. Alii καθαρισμὸν, alii καθαρμὸν habent.

[b] Alii τῇ μελλούσῃ σοφίᾳ.

[c] Quidam παύσασθαι.

θέντα μὴ ἑαυτῷ τὴν δοκιμασίαν ἐπιτρέπειν τοῦ καθαρισμοῦ, ἀλλὰ φαίνεσθαι τῷ ἱερεῖ, καὶ τοῖς ὀφθαλμοῖς τοῖς ἐκείνου παρέχειν τὴν ἀπόδειξιν, καὶ ἀπὸ τῆς ψήφου ταύτης ἐγκρίνεσθαι τοῖς καθαροῖς. Εἰ γὰρ μὴ εἶπεν ὁ ἱερεὺς, ὅτι [d] κεκαθάρισται ὁ λεπρὸς, ἔτι μετὰ τῶν ἀκαθάρτων ἔμενεν ἔξω τῆς παρεμβολῆς. Διό φησι, Δεῖξον σεαυτὸν τῷ ἱερεῖ, καὶ προσένεγκε τὸ δῶρον, ὃ προσέταξε Μωϋσῆς. Οὐκ εἶπεν, [e] ὃ προσέταξα ἐγώ· ἀλλὰ τέως παραπέμπει τῷ νόμῳ, πανταχόθεν ἀποῤῥάπτων αὐτῶν τὰ στόματα. Ἵνα γὰρ μὴ λέγωσιν, ὅτι τῶν ἱερέων τὴν δόξαν ἥρπασε, τὸ μὲν ἔργον αὐτὸς ἐπλήρωσε, τὴν δὲ δοκιμασίαν ἐκείνοις ἐπέτρεψε, καὶ κριτὰς αὐτοὺς ἐκάθισε τῶν οἰκείων θαυμάτων. Τοσοῦτον γὰρ [f] ἀπέχω μάχης, φησὶν, ἢ Μωϋσῇ, ἢ τοῖς ἱερεῦσιν, ὅτι καὶ τοὺς παρ' ἐμοῦ εὐεργετηθέντας εἰς τὸ πείθεσθαι ἐκείνοις ἐνάγω.

Τί δέ ἐστιν, Εἰς μαρτύριον αὐτοῖς; Εἰς ἔλεγχον, εἰς ἀπόδειξιν, εἰς κατηγορίαν, ἐὰν ἀγνωμονῶσιν. Ἐπειδὴ γὰρ ἔλεγον, ὡς πλάνον καὶ ἀπατεῶνα διώκομεν, ὡς ἀντίθεον καὶ παράνομον· σύ μοι μαρτυρήσεις, φησὶ, κατ' ἐκεῖνον τὸν καιρὸν, ὅτι οὐ παράνομος ἐγώ· καὶ γὰρ θεραπεύσας σε παραπέμπω τῷ νόμῳ καὶ τῇ τῶν ἱερέων δοκιμασίᾳ· ὅπερ τιμῶντος ἦν τὸν νόμον, καὶ θαυμάζοντος τὸν Μωϋσέα, καὶ οὐκ ἐναντιουμένου τοῖς παλαιοῖς δόγμασιν. Εἰ δὲ μηδὲν ἔμελλον κερδαίνειν, κἀντεῦθεν μάλιστα τὴν πρὸς τὸν νόμον αὐτοῦ καταμαθεῖν ἔστι τιμὴν, ὅτι καὶ προειδὼς οὐδὲν καρπωσομένους, τὰ αὐτοῦ πάντα ἐπλήρου. Καὶ γὰρ προῄδει τοῦτο αὐτὸ καὶ προεῖπεν. Οὐδὲ γὰρ εἶπεν, εἰς διόρθωσιν αὐτῶν, οὐδὲ, εἰς διδασκαλίαν· ἀλλ', Εἰς μαρτύριον αὐτοῖς, τουτέστιν, εἰς κατηγορίαν, καὶ εἰς ἔλεγχον, καὶ εἰς μαρτυρίαν, ὅτι σοὶ παρ' ἐμοῦ πάντα ἐγένετο. Καὶ προειδὼς ἀδιορθώτους μένοντας, οὐδὲ οὕτως ἐνέλειπον ἅπερ ποιῆσαι ἐχρῆν· ἐκεῖνοι δὲ τὴν οἰκείαν ἔμενον διατηροῦντες κακίαν. Τοῦτο γοῦν καὶ ἀλλαχοῦ· Κηρυχθήσεται γὰρ, φησὶ, τὸ εὐαγγέλιον τοῦτο ἐν ὅλῳ τῷ κόσμῳ, εἰς μαρτύριον πᾶσι τοῖς ἔθνεσι, καὶ τότε ἥξει τὸ τέλος· τοῖς ἔθνεσι, τοῖς οὐχ ὑπακούουσι, τοῖς οὐ πειθομένοις. Ἵνα γὰρ μή τις λέγῃ, καὶ τίνος ἕνεκεν πᾶσι [a] κηρύττεις, ἐπεὶ μὴ πάντες μέλλουσι πείθεσθαι; Ἵνα τὰ ἐμὰ πάντα φανῶ πεποιηκὼς, καὶ μηδεὶς ἔχῃ μετὰ ταῦτα ἐγκαλεῖν, ὡς οὐκ ἀκηκοώς. Καταμαρτυρήσει γὰρ αὐτῶν αὐτὴ ἡ κήρυξις, καὶ οὐκ ἂν ἔχοιεν μετὰ ταῦτα εἰπεῖν, ὅτι οὐκ ἠκούσαμεν· πρὸς

D datus ne sibi probandæ mundationis auctoritatem arrogaret; sed se ostenderet sacerdoti, ipsiusque rei demonstrationem præberet, ut ipsius calculo mundis annumeraretur. Nisi enim sacerdos dixisset, mundatum fuisse leprosum, is cum immundis extra castra mansisset. Ideo ait, *Ostende te sacerdoti, et offer donum, quod præcepit Moyses.* Non dixit, Quod præcepi ego; sed interim ad legem remittit, ut undique os ipsorum claudat. Ne dicerent enim, ipsum sibi sacerdotum honorem rapuisse, opus ipse implevit, probationem ipsis
E remisit, et illos miraculorum suorum judices constituit. Tantum abest, inquit, ut pugnem vel cum Moyse, vel cum sacerdotibus, ut eos, qui a me beneficio affecti sunt, mittam, qui illis obtemperent.

3. Quid porro illud est, *In testimonium illis?* In redargutionem, in accusationem, si non probe
310 A se gesserint. Quia enim dicebant, Ut seductorem et deceptorem persequimur, ut Deo adversarium et legis transgressorem: Tu mihi, inquit, testis eris illo tempore, me non esse legis transgressorem: nam postquam te curavi, te ad legem remitto, atque ad sacerdotum probationem; id quod erat colentis legem, et Moysem honorantis, nec antiquis dogmatibus adversantis. Quod si nihil inde lucri percipere debebant, hinc maxime tamen discas quantus penes illum sit legis honor, quia cum præsciret illos nihil inde fructus percepturos esse, tamen quæ penes se erant omnia implebat. Nam hoc ipsum præsciebat et prædicebat. Neque enim di-
B cebat, In emendationem eorum, neque, In doctrinam eorum; sed, *In testimonium illis*, id est, In accusationem, in confutationem et in testimonium, quod tibi a me omnia facta sint. Cum præscirem eos sine emendatione mansuros, ne sic quidem quæ facere oportebat omisi; illi vero in malitia sua perstiterunt. Hoc et alibi dicitur: *Prædicabitur hoc evangelium in universo mundo, in testimonium omnibus gentibus, et tunc veniet finis:* gentibus scilicet, non obedientibus, non obtemperantibus. Ne quis enim diceret, Cur omnibus prædicas, cum non omnes credituri sint? Ut omnia mea, ait, præstitisse videar, et nemo me postea incusare possit, quod non audierit. Nam
C ipsa prædicatio testimonium contra feret: nec po-

Matth. 24. 14.

[d] Alius κεκάθαρται.

[e] Savil. et quidam Mss. ἃ προστάσσω. Postea alii πάντοθεν.

[f] Savil. et alii quidam ἀπέχω μάχεσθαι. Paulo post quidam ἀνάγω. τί.

[a] Savil. κηρύττεις, εἰ μὴ πάντες, et mox ἵνα τὰ ἐμαυτοῦ πάντα φανῶ.

Psal. 18.5. terunt postea dicere, Non audivimus : nam sermo pietatis in fines orbis terræ progressus est.

Hæc igitur nos quoque cogitantes, quæ nostra sunt omnia erga proximum impleamus, Deoque semper gratias agamus. Etenim absurdum esset, cum quotidie ejus beneficiis fruamur, ne verbo quidem ejus gratiam confiteri, cum maxime confessio illa magnam nobis utilitatem afferat. Neque enim ille rebus eget nostris, sed nos ejus opibus egemus. Nam gratiarum actio illi quidem nihil adjicit, sed nos ipsi magis familiares facit. Nam si hominum beneficia in mentem revocemus, magis eorum amore succendimur : multo magis si Domini erga nos beneficia assidue in mente versemus, ad ejus mandata servanda studiosiores erimus. Ideo Paulus dicebat : *Grati estote*. Beneficii enim optima custodia est beneficii memoria, et assidua gratiarum actio. Ideoque horrenda illa mysteria, tam salutaria quæ in singulis collectis celebramus, Eucharistia appellantur, quia beneficiorum multorum commemoratio sunt, caputque ipsum divinæ providentiæ ostendunt, nosque per omnia apparant ad gratias agendas. Nam si ex virgine nasci magnum est miraculum, ac stupore perculsus evangelista dicebat, *Hoc autem totum factum est* : immolari pro nobis in quo, quæso, statuemus loco? Nam si nasci *Totum* vocatur, crucifigi, et sanguinem pro nobis effundere, ac seipsum dare in cibum et convivium spirituale, quo nomine appellandum? Gratias ergo illi assidue agamus; hoc præcedat et verba et opera nostra. Gratias autem agamus non pro nostris tantum, sed etiam pro alienis bonis; ita enim et invidiam tollere poterimus, caritatemque fovere, sincerioremque facere. Neque enim poteris deinceps invideri in iis, de quibus gratias agis Domino. Idcirco sacerdos pro orbe, pro iis qui ante fuerunt, pro iis qui nunc sunt, pro iis qui jam nati, pro futuris, nos gratias agere jubet, sacrificio illo proposito. Hoc enim nos et a terra liberat, et in cælum transfert, angelosque ex hominibus facit. Nam et illi, statuto choro, pro beneficiis nobis collatis gratias agunt Deo, dicentes : *Gloria in excelsis Deo, et in terra pax, in hominibus beneplacitum*. Et quid ad nos, inquies, qui nec in terra, nec homines sumus? Imo maxime ad nos : nam ita instituti sumus, ut conservos di-

Coloss. 3. 15.

Beneficii custodia, est ejus memoria.

Euchari-stia cur sic appelletur.

Matth. 1. 22.

Liturgia.

Luc. 2. 14.

γὰρ τὰ πέρατα τῆς οἰκουμένης ὁ λόγος [b] ἐξῆλθεν τῆς εὐσεβείας.

Ταῦτα οὖν ἐννοοῦντες καὶ ἡμεῖς, τὰ παρ' ἑαυτῶν ἅπαντα πληρῶμεν εἰς τοὺς πλησίον, καὶ τῷ Θεῷ διὰ παντὸς εὐχαριστῶμεν. Καὶ γὰρ ἄτοπον, ἔργῳ τῆς εὐεργεσίας αὐτοῦ καθ' ἑκάστην ἀπολαύοντας τὴν ἡμέραν, μηδὲ λόγῳ τὴν χάριν ὁμολογεῖν, καὶ ταῦτα [c] τῆς ὁμολογίας πολλὴν ἡμῖν τὴν ὠφέλειαν φερούσης. Οὐδὲ γὰρ D αὐτὸς δεῖται τῶν ἡμετέρων τινὸς, ἀλλ' ἡμεῖς δεόμεθα τῶν ἐκείνου ἁπάντων. Καὶ γὰρ ἡ εὐχαριστία ἐκείνῳ μὲν οὐδὲν προστίθησιν, ἡμᾶς δὲ οἰκειοτέρους αὐτῷ κατασκευάζει. Εἰ γὰρ ἀνθρώπων εἰς μνήμην λαβόντες εὐεργεσίας, θερμαινόμεθα μειζόνως τῷ φίλτρῳ· πολλῷ μᾶλλον τοῦ Δεσπότου μεμνημένοι διηνεκῶς τῶν κατορθωμάτων τῶν εἰς ἡμᾶς, σπουδαιότεροι πρὸς τὰς ἐντολὰς τὰς ἐκείνου ἐσόμεθα. Διὰ τοῦτο καὶ ὁ Παῦλος ἔλεγεν· Εὐχάριστοι γίνεσθε. Φυλακὴ γὰρ εὐεργεσίας ἀρίστη ἡ τῆς εὐεργεσίας μνήμη, καὶ διηνεκὴς εὐχαριστία. Διὰ δὴ τοῦτο καὶ τὰ φρικώδη μυστήρια, καὶ πολλῆς γέμοντα σωτηρίας, τὰ καθ' ἑκάστην τελούμενα λέγω σύναξιν, εὐχαριστία καλεῖται, ὅτι πολλῶν ἐστιν E εὐεργετημάτων ἀνάμνησις, καὶ τὸ κεφάλαιον τῆς τοῦ Θεοῦ προνοίας ἐνδείκνυται, καὶ ὅτι διὰ πάντων [d] παρασκευάζει εὐχαριστεῖν. Εἰ γὰρ τὸ γεννηθῆναι ἐκ παρθένου θαῦμα μέγα, καὶ ἐκπληττόμενος ὁ εὐαγγελιστὴς ἔλεγε, Τοῦτο δὲ ὅλον γέγονε· τὸ καὶ σφαγῆναι ποῦ θήσο- 311 A μεν; εἰπέ μοι. Εἰ γὰρ τὸ γεννηθῆναι Τοῦτο ὅλον καλεῖται, τὸ σταυρωθῆναι, καὶ τὸ αἷμα ἐκχεῖν δι' ἡμᾶς, καὶ τὸ ἑαυτὸν δοῦναι ἡμῖν εἰς ἑστίασιν καὶ εὐωχίαν πνευματικὴν, τί ἂν κληθείη; Εὐχαριστῶμεν τοίνυν αὐτῷ διηνεκῶς, καὶ ῥημάτων καὶ ἔργων τῶν ἡμετέρων προηγείσθω τοῦτο. Εὐχαριστῶμεν δὲ μὴ ὑπὲρ τῶν οἰκείων μόνων, ἀλλὰ καὶ ὑπὲρ τῶν ἀλλοτρίων ἀγαθῶν· οὕτω γὰρ καὶ τὴν βασκανίαν ἀνελεῖν δυνησόμεθα, καὶ τὴν ἀγάπην ἐπισφίγξαι καὶ γνησιωτέραν ποιῆσαι. Οὐδὲ γὰρ δυνήσῃ βασκῆναι λοιπὸν ἐκείνοις ὑπὲρ ὧν εὐχαριστεῖς τῷ Δεσπότῃ. Διὸ δὴ καὶ ὁ ἱερεὺς ὑπὲρ τῆς οἰκουμένης, ὑπὲρ τῶν προτέρων, ὑπὲρ τῶν νῦν, ὑπὲρ B τῶν γεννηθέντων τῶν ἔμπροσθεν, ὑπὲρ τῶν μετὰ ταῦτα ἐσομένων εἰς ἡμᾶς εὐχαριστεῖν κελεύει, τῆς θυσίας προκειμένης ἐκείνης. Τοῦτο γὰρ ἡμᾶς καὶ τῆς γῆς ἀπαλλάττει, καὶ πρὸς τὸν οὐρανὸν μετατίθησι, καὶ ἀγγέλους ἐξ ἀνθρώπων ποιεῖ. Καὶ γὰρ καὶ ἐκεῖνοι χορὸν στησάμενοι, ὑπὲρ τῶν εἰς ἡμᾶς ἀγαθῶν εὐχαριστοῦσι τῷ Θεῷ, λέγοντες· Δόξα ἐν ὑψίστοις Θεῷ, καὶ ἐπὶ γῆς εἰρήνη, ἐν ἀνθρώποις εὐδοκία. [a] Καὶ τί πρὸς ἡμᾶς τοὺς οὐχ ἐπὶ γῆς, οὐδὲ ἀνθρώπους; Μάλιστα μὲν

[b] Alii ἐξέβη.

[c] Quidam τῆς ὁμολογίας πάλιν ἡμῖν.

[d] Quidam παρασκευάζει ἡμᾶς εὐχαριστεῖν.

[a] Sic Savil. et Mss., Morel. autem πρὸς ὑμᾶς. Ibidem Savil. post ἡμᾶς addit φησὶ, sed φῄς legendum esse suspicatur; sed sive φησὶ, sive φῄς legas, idipsum est; si utrumque omittas, id nihil ad sensum.

τοὺν πρὸς ἡμᾶς· οὕτω γὰρ ἐπαιδεύθημεν τοὺς συνδούλους φιλεῖν, ὡς καὶ τὰ ἐκείνων ἀγαθὰ ἡμέτερα εἶναι νομίζειν.

Διὸ καὶ Παῦλος πανταχοῦ τῶν ἐπιστολῶν ὑπὲρ τῶν τῆς οἰκουμένης εὐχαριστεῖ κατορθωμάτων. Καὶ ἡμεῖς C τοίνυν ὑπὲρ τῶν οἰκείων, καὶ ὑπὲρ τῶν ἀλλοτρίων, καὶ ὑπὲρ μικρῶν, καὶ ὑπὲρ μεγάλων διηνεκῶς [b] εὐχαριστῶμεν. Κἂν γὰρ μικρὸν ᾖ τὸ δοθὲν, μέγα γίνεται τῷ παρὰ τοῦ Θεοῦ δεδόσθαι· μᾶλλον δὲ οὐδὲν μικρὸν τῶν παρ' ἐκείνου, οὐ τῷ παρ' ἐκείνου μόνον παρέχεσθαι, ἀλλὰ καὶ αὐτῇ τῇ φύσει. Καὶ ἵνα τὰ ἄλλα πάντα παρῶ, ἃ [c] τὴν ἄμμον νικᾷ τῷ πλήθει· τί ἴσον τῆς ὑπὲρ ἡμῶν γενομένης οἰκονομίας; Ὃ γὰρ ἦν αὐτῷ τιμιώτερον ἁπάντων, ὁ μονογενὴς Παῖς, τοῦτον ἔδωκεν ὑπὲρ ἡμῶν τῶν ἐχθρῶν· καὶ οὐκ ἔδωκε μόνον, ἀλλὰ καὶ D μετὰ τὸ δοῦναι τράπεζαν ἡμῖν αὐτὸν παρέθηκε, πάντα αὐτὸς τὰ ὑπὲρ ἡμῶν ποιῶν, καὶ τὸ δοῦναι, καὶ τὸ εὐχαρίστους ὑπὲρ τούτων ποιῆσαι. Ἐπειδὴ γὰρ ὡς τὰ πολλὰ ἀχάριστός ἐστιν ὁ ἄνθρωπος, πανταχοῦ αὐτὸς ἀναδέχεται καὶ κατασκευάζει τὰ ὑπὲρ ἡμῶν. Καὶ ὅπερ ἐπὶ τῶν Ἰουδαίων ἐποίησεν, ἀπὸ τόπων καὶ χρόνων καὶ ἑορτῶν ἀναμιμνήσκων αὐτοὺς τῶν εὐεργεσιῶν, τοῦτο καὶ ἐνταῦθα εἰργάσατο, ἀπὸ τοῦ τρόπου τῆς θυσίας εἰς διηνεκῆ τῆς ὑπὲρ τούτων εὐεργεσίας μνήμην ἡμᾶς ἐμβάλλων. Οὕτως οὐδεὶς ἐσπούδακε δοκίμους γενέσθαι, καὶ μεγάλους, καὶ διὰ πάντων εὐγνώμονας, ὡς ὁ ποιήσας ἡμᾶς Θεός. Διὰ E τοῦτο καὶ ἄκοντας ἡμᾶς εὐεργετεῖ πολλάκις καὶ ἀγνοοῦντας τὰ πλείονα. Εἰ δὲ θαυμάζεις τὸ εἰρημένον, οὐκ ἐπὶ τῶν τυχόντων τινὸς, ἀλλ' ἐπὶ τοῦ μακαρίου Παύλου δείκνυμί σοι τοῦτο συμβάν. Καὶ γὰρ ὁ μακάριος ἐκεῖνος πολλὰ κινδυνεύων καὶ θλιβόμενος, πολλά- 312 κις παρεκάλει τὸν Θεὸν, [a] ἀποστῆσαι αὐτοῦ τοὺς πει- A ρασμούς· ἀλλ' ὅμως οὐ τῇ αἰτήσει αὐτοῦ, ἀλλὰ τῇ λυσιτελείᾳ προσεῖχεν ὁ Θεός· καὶ τοῦτο δεικνὺς ἔλεγεν· Ἀρκεῖ σοι ἡ χάρις μου· ἡ γὰρ δύναμίς μου ἐν ἀσθενείᾳ τελειοῦται. Ὥστε πρὶν εἰπεῖν αὐτῷ τὴν αἰτίαν, ἄκοντα εὐεργετεῖ, καὶ οὐκ εἰδότα. Τί οὖν μέγα αἰτεῖ, ἀντὶ τῆς τοσαύτης κηδεμονίας εὐχαρίστους κελεύων εἶναι; Πειθώμεθα τοίνυν, καὶ πανταχοῦ τοῦτο διατηρῶμεν. Καὶ γὰρ τοὺς Ἰουδαίους οὐδὲν οὕτως ἀπώλεσεν, ὡς τὸ ἀχαρίστους εἶναι, καὶ τὰς πολλὰς καὶ ἐπαλλήλους ἐκείνας πληγὰς οὐδὲν ἕτερον ἢ τοῦτο ἐπήγαγε· μᾶλλον δὲ καὶ πρὸ τῶν πληγῶν τὴν ψυχὴν αὐτῶν τοῦτο ἀπώλεσε καὶ διέφθειρεν. Ἀχα- B ρίστου γὰρ ἐλπὶς ὡς πάχνη [b] χειμέριος, φησίν· οὕτω ναρκᾷν καὶ νεκροῦσθαι τὴν ψυχὴν ποιεῖ, ὥσπερ ἐκείνη τὰ σώματα. Τοῦτο δὲ γίνεται ἐξ ἀπονοίας, καὶ τοῦ νομίζειν ἑαυτὸν ἄξιον εἶναί τινος. Ὁ δὲ συντετριμ-

ligamus, ita ut illorum bona, nostra esse existimemus.

4. Ideo et Paulus in Epistolis suis ubique pro orbis totius bonis gratias agit. Nos itaque pro nostris, pro alienis, pro parvis, pro magnis assidue gratias agamus. Etiamsi enim parvum sit id quod datur; vel hinc magnum efficitur quod a Deo datum sit; imo vero nihil parvum ab illo datur, non solum quod ab illo præbeatur, sed etiam ipsa natura sua. Ut autem alia omnia mittam, quæ arenam numero vincunt: quid par est pro nobis factæ œconomiæ, sive incarnationi? Quod enim illi pretiosissimum omnium erat, unigenitum Filium pro nobis inimicis dedit: nec dedit modo nobis, sed et illum in mensam nobis apposuit, omnia pro nobis faciens, et dando, et nos pro his gratos efficiendo. Quia enim ut plurimum ingratus est homo, ubique ipse suscipit et apparat ea quæ ad nostram sunt utilitatem. Et quod in Judæis agebat, ex locis, temporibus et festis beneficia ipsis in memoriam revocans, idipsum etiam hic fecit, ex sacrificii modo ad perennem beneficii hujusce memoriam nos inducens. Sic nemo ita studuit, nos probos, magnos et per omnia gratos efficere, ut qui nos fecit Deus. Quapropter nos et invitos sæpe et plurima ignorantes beneficiis afficit. Si autem id quod dictum est miraris; non in obscuro quopiam viro, sed in beato Paulo id contigisse ostendam. Etenim beatus ille multis periculis et ærumnis exercitatus, sæpe rogabat Deum, ut ab se tentationes auferret: verumtamen non ad petitionem, sed ad utilitatem ejus respexit Deus; idque declarans ait: *Sufficit tibi gratia mea: nam virtus mea in* 2. Cor. 12. 9.
infirmitate perficitur. Itaque priusquam illi causam explicaret, invitum afficiebat beneficio, etiam ignorantem. Quid igitur magnum poscit, cum de tanta providentia gratos nos esse jubet? Obtemperemus itaque, et hoc ubique servemus. Etenim Judæos nihil sic perdidit, quam quod ingrati essent: multasque illas et frequentes plagas nihil aliud quam hoc induxit: imo etiam ante plagas animam eorum perdidit et labefactavit. *Ingrati enim spes* Sap. 16. 29.
ut hibernalis pruina, inquit: ita torpere et emori cogit animam, ut illa corpora. Hoc vero procedit ex arrogantia, quod se quis putet dignum beneficio. Contritus autem, non pro bonis tantum, sed etiam pro iis quæ adversa putantur, gratias habebit Deo, et quantumvis patiatur, non se tamen

[b] Alii εὐχαριστοῦμεν.
[c] Aliqui τὴν ψάμμον.

[a] Manuscripti quidam ἀποστῆναι ἀπ' αὐτοῦ.
[b] Quidam habent χειμερίνη.

aliquid indigne passum putabit. Et nos itaque
quanto magis in virtute proficiemus, tanto magis
nos ipsos conteramus : etenim hoc maxime virtus
est. Sicut enim quanto acutius videmus, tanto magis ediscimus quantum a cælo distemus : sic
quanto magis in virtute proficimus, tanto magis
docemur quantum sit inter Deum et nos intervallum. Nec sane minima pars est philosophiæ, cum
meritum nostrum dignoscere possumus. Hic enim
seipsum maxime novit, qui se nihil esse existimat.
Ideoque David et Abraham, cum ad summum virtutis fastigium ascendissent, tunc maxime hanc
Gen. 18. 27. exercuere virtutem : et hic quidem se pulverem
Psal. 21. 7. et cinerem, ille vero se vermem vocabat : ac similiter omnes sancti se miseros prædicant : contra
vero is qui arrogantia extollitur, sese maxime
omnium ignorat. Quamobrem de superbis vulgo
dicere solemus : Non se novit, se prorsus ignorat.
Qui vero se ignorat, quem novit? Quemadmodum
enim qui seipsum noverit, omnia cognoscet : sic
qui se ignorat, neque alia noverit. Talis ille erat
Isai. 14. 13. qui dicebat : *Supra cælos ponam solium meum.*
Quia enim seipsum ignoravit, cætera quoque
omnia ignoravit. At non Paulus, qui se aborti-
1. Cor. 15. 8. 9. vum et minimum sanctorum appellabat, neque
post tot tantaque præclara opera se apostoli nomine dignum esse putabat. Hunc itaque æmulemur et imitemur. Imitabimur autem si a terra ac
terrenis negotiis liberemur. Nihil enim ita ignorantiam sui parit, ut sæcularium rerum affectus :
nihilque ita sæcularium rerum affectum parit, ut
ignorantia sui : siquidem unum pendet ab altero.
Sicut enim is qui externam gloriam amat et præsentia magna esse putat, etiamsi id millies tentaverit, huic non seipsum nosse conceditur : sic qui
seipsum despicit, se facile cognoscet. Cum vero
sese didicerit, ad cæteras omnes virtutis partes
procedet. Ut igitur pulchram hanc scientiam adipiscamur, liberati a rebus fluxis omnibus, quæ
magnam in nobis succendunt flammam, et vilitatem nostram notam habentes, omnem exhibeamus humilitatem atque philosophiam, ut et præsentia et futura bona consequamur, gratia et misericordia Domini nostri Jesu Christi, quicum Pa-

μένος, οὐχ ὑπὲρ ἀγαθῶν μόνον, ἀλλὰ καὶ ὑπὲρ τῶν ἐναντίων δοκούντων εἶναι, [c] εὐχαριστίας εἴσεται τῷ Θεῷ, καὶ ὅσα ἂν πάθῃ, οὐδὲν ἡγήσεται ἀνάξιον πεπονθέναι. Καὶ ἡμεῖς τοίνυν, ὅσῳ ἂν πρὸς ἀρετὴν ἐπιδῶμεν, τοσούτῳ μᾶλλον ἑαυτοὺς συντρίψωμεν· ἐπεὶ καὶ τοῦτο μάλιστα ἀρετή. Ὥσπερ καὶ ὅσῳπερ ἂν ὀξύτερον ἴδωμεν, τοσούτῳ μᾶλλον μανθάνομεν ὅσον
C διεστήκαμεν τοῦ οὐρανοῦ· οὕτως ὅσῳ ἂν ἐπιδῶμεν πρὸς ἀρετὴν, τοσούτῳ μᾶλλον παιδευόμεθα εἰδέναι τοῦ Θεοῦ τὸ μέσον τὸ πρὸς ἡμᾶς. Οὐ μικρὸν δὲ μέρος τοῦτο φιλοσοφίας, δυνηθῆναι συνιδεῖν τὴν ἀξίαν τὴν ἡμετέραν. Οὗτος γὰρ μάλιστά ἐστιν ὁ ἑαυτὸν εἰδὼς, ὁ μηδὲν εἶναι ἑαυτὸν νομίζων. Διὰ δὴ τοῦτο καὶ ὁ Δαυῒδ καὶ ὁ Ἀβραὰμ, ὅτε πρὸς τὴν ἄκραν ἀνέβησαν τῆς ἀρετῆς κορυφὴν, τότε μάλιστα τοῦτο κατώρθωσαν· καὶ ὁ μὲν γῆν καὶ σποδὸν, ὁ δὲ σκώληκα ἑαυτὸν ἐκάλει· καὶ πάντες δὲ οἱ ἅγιοι ὁμοίως τούτοις ἑαυτοὺς ταλανίζουσιν· ὡς ὅ γε πρὸς ἀλαζονείαν αἰρόμενος, ἐκεῖνός ἐστιν ὁ μάλιστα πάντων ἑαυτὸν
D ἀγνοῶν. Διὸ καὶ κατὰ τὴν κοινὴν συνήθειαν ἔθος ἡμῖν λέγειν περὶ τῶν ὑπερηφάνων· οὐκ οἶδεν ἑαυτὸν, ἀγνοεῖ ἑαυτόν. Ὁ δὲ ἑαυτὸν ἀγνοῶν, τίνα γνώσεται; Ὥσπερ γὰρ ὁ ἑαυτὸν εἰδὼς, ἅπαντα εἴσεται· οὕτως ὁ τοῦτο μὴ εἰδὼς, οὔτε τὰ ἄλλα εἴσεται. Τοιοῦτος ἦν ἐκεῖνος ὁ λέγων· Ἐπάνω τῶν οὐρανῶν θήσω τὸν θρόνον μου. Ἐπειδὴ γὰρ ἠγνόησεν ἑαυτὸν, καὶ τὰ ἄλλα πάντα ἠγνόησεν. [d] Ἀλλ' οὐχ ὁ Παῦλος· ἀλλ' ἔκτρωμα ἑαυτὸν καὶ τῶν ἁγίων ἔσχατον ἐκάλει, καὶ οὐδὲ τῆς προσηγορίας ἄξιον ἑαυτὸν εἶναι ἐνόμιζε τῶν ἀποστόλων μετὰ τοσαῦτα καὶ τηλικαῦτα κατορθώματα.
E Τοῦτον τοίνυν ζηλώσωμεν καὶ μιμησώμεθα. Μιμησόμεθα δὲ, ἂν τῆς γῆς καὶ τῶν ἐν τῇ γῇ ἀπαλλαγῶμεν πραγμάτων. Οὐδὲν γὰρ οὕτως ἀγνοεῖν ἑαυτὸν ποιεῖ, ὡς τὸ τοῖς βιωτικοῖς [e] προσηλῶσθαι· οὐδὲν οὕτω πάλιν τοῖς βιωτικοῖς προσηλῶσθαι πράγμασι παρασκευάζει, ὡς τὸ ἀγνοεῖν ἑαυτόν· ἀλλήλων γὰρ ταῦτα ἐξήρτηται. Ὥσπερ γὰρ ὁ τῆς δόξης ἐρῶν τῆς ἔξωθεν, καὶ μεγάλα τὰ παρόντα ἡγούμενος, κἂν μυρία φιλονεικῇ,
813 A οὐ συγχωρεῖται ἑαυτὸν κατιδεῖν· οὕτως ὁ τούτων ὑπερορῶν ῥᾳδίως ἑαυτὸν εἴσεται. Ἑαυτὸν δὲ μαθὼν, ὁδῷ καὶ ἐπὶ τὰ ἄλλα πάντα βαδιεῖται μέρη τῆς ἀρετῆς. Ἵν' οὖν τὴν καλὴν ταύτην μάθωμεν ἐπιστήμην, ἀπαλλαγέντες τῶν ἐπικήρων ἁπάντων τῶν πολλὴν ἐν ἡμῖν [a] ποιούντων τὴν φλόγα, καὶ μαθόντες ἑαυτῶν τὴν εὐτέλειαν, πᾶσαν ἐπιδειξώμεθα ταπεινοφροσύνην καὶ φιλοσοφίαν, ἵνα καὶ τῶν παρόντων καὶ τῶν μελλόντων ἐπιτύχωμεν ἀγαθῶν, χάριτι καὶ φιλανθρωπίᾳ τοῦ Κυρίου ἡμῶν Ἰησοῦ Χριστοῦ, μεθ' οὗ τῷ Πατρὶ
B δόξα, κράτος, τιμὴ, σὺν τῷ ἁγίῳ καὶ ἀγαθῷ καὶ

[c] Alii εὐχαριστήσει τῷ Θεῷ.
[d] Quidam ἀλλ' οὐχ ὁ Παῦλος οὕτως.
[e] Alii ἐνασχολεῖσθαι.
[a] Alii ἐμποιούντων.

ζωοποιῷ Πνεύματι, νῦν καὶ ἀεὶ καὶ εἰς τοὺς αἰῶνας τῶν αἰώνων. Ἀμήν.

tri gloria, imperium, honor, cum sancto, bono et vivifico Spiritu, nunc et semper et in sæcula sæculorum. Amen.

ΟΜΙΛΙΑ κϛʹ.

Εἰσελθόντι δὲ αὐτῷ εἰς Καπερναοὺμ, προσῆλθεν αὐτῷ ἑκατόνταρχος, παρακαλῶν αὐτὸν, καὶ λέγων· Κύριε, ὁ παῖς μου βέβληται ἐν τῇ οἰκίᾳ [b] παραλελυμένος, δεινῶς βασανιζόμενος.

Ὁ μὲν λεπρὸς καταβάντι ἀπὸ τοῦ ὄρους προσῆλθεν· C ὁ δὲ ἑκατόνταρχος οὗτος εἰσελθόντι εἰς τὴν Καπερναούμ. Τίνος οὖν ἕνεκεν οὔτε οὗτος, οὔτε ἐκεῖνος εἰς τὸ ὄρος ἀνέβησαν; Οὐ διὰ ῥαθυμίαν· καὶ γὰρ [c] ἀμφοτέρων ἡ πίστις θερμή· ἀλλ' ὥστε μὴ ἐγκόψαι τὴν διδασκαλίαν. Προσελθὼν δέ φησιν· Ὁ παῖς μου βέβληται ἐν τῇ οἰκίᾳ παραλυτικὸς, δεινῶς βασανιζόμενος. Τινὲς μὲν οὖν φασιν, ὅτι ἀπολογούμενος καὶ τὴν αἰτίαν εἴρηκε, δι' ἣν αὐτὸν οὐκ ἤγαγεν. Οὐδὲ γὰρ δυνατὸν ἦν, φησὶ, παραλελυμένον καὶ βασανιζόμενον, καὶ πρὸς ἐσχάτας ὄντα ἀναπνοὰς φοράδην κομίζειν. Ὅτι γὰρ καὶ ἀποπνεῖν ἔμελλεν, ὁ Λουκᾶς φησιν, ὅτι καὶ Ἔμελλε τελευτᾷν. Ἐγὼ δὲ τοῦ D μεγάλην αὐτὸν ἔχειν πίστιν τοῦτο σημεῖον εἶναί φημι, καὶ πολλῷ μείζονα τῶν διὰ τοῦ στέγους χαλασάντων. Ἐπειδὴ γὰρ ᾔδει σαφῶς, ὅτι καὶ ἐπίταγμα ἀρκεῖ μόνον εἰς τὴν ἀνάστασιν τοῦ κειμένου, περιττὸν εἶναι ἐνόμισεν αὐτὸν ἀγαγεῖν. Τί οὖν ὁ Ἰησοῦς; Ὃ μηδαμοῦ πρότερον ἐποίησεν, ἐνταῦθα ποιεῖ. Πανταχοῦ γὰρ ἑπόμενος τῇ προαιρέσει τῶν ἱκετευόντων, ἐνταῦθα καὶ ἐπιπηδᾷ, καὶ οὐχὶ θεραπεῦσαι ἐπαγγέλλεται μόνον, ἀλλὰ καὶ παραγενέσθαι εἰς τὴν οἰκίαν. Ποιεῖ δὲ τοῦτο, ἵνα μάθωμεν τὴν ἀρετὴν τοῦ ἑκατοντάρχου. Εἰ γὰρ μὴ τοῦτο ἐπηγγείλατο, ἀλλ' εἶπεν, Ὕπαγε, ἰαθήτω ὁ παῖς σου· οὐδὲν ἂν τούτων ἔγνωμεν. Τοῦτο γοῦν καὶ ἐπὶ [d] τῆς Φοινικίσσης ἀπεναντίας ἐποίησε γυναικός. Ἐνταῦθα μὲν γὰρ μὴ καλούμενος E εἰς τὴν οἰκίαν, αὐτεπάγγελτός φησιν ἥξειν, ἵνα μάθῃς τοῦ ἑκατοντάρχου τὴν πίστιν, καὶ τὴν πολλὴν ταπεινοφροσύνην· ἐπὶ δὲ τῆς Φοινικίσσης καὶ ἀρνεῖται τὴν δόσιν, καὶ ἐπιμένουσαν ἐξαπορεῖ. Σοφὸς γὰρ ὢν καὶ εὐμήχανος ἰατρὸς, διὰ τῶν ἐναντίων τὰ ἐναντία κατασκευάζειν οἶδε. Καὶ ἐνταῦθα μὲν διὰ τῆς αὐτεπαγγέλτου παρουσίας, ἐκεῖ δὲ διὰ τῆς ἐπιτεταμένης 314 A ὑπερθέσεως καὶ παραιτήσεως τὴν πίστιν [a] ἐκκαλύπτει τῆς γυναικός. Οὕτω καὶ ἐπὶ τοῦ Ἀβραὰμ ποιεῖ λέγων·

HOMILIA XXVI. al. XXVII.

Cap. VIII. v. 5. *Cum autem ingressus esset Capernaum, accessit ad eum centurio, rogans eum,* 6. *et dicens : Domine, puer meus jacet in domo paralyticus, et male torquetur.*

1. Leprosus quidem, cum descendisset de monte, accessit : hic vero centurio, postquam intrasset in Capernaum. Cur ergo, neque hic neque ille in montem accesserunt? Non ob segnitiem : nam uterque fide ardebat; sed ne docentem interpellarent. Accedens autem dixit : *Puer meus jacet in domo paralyticus, et male torquetur.* Quidam dicunt eum, ut sese excusaret, causam dixisse, cur eum non adduxisset. Non enim poterat, inquiunt, paralyticus qui torquebatur, et extremum jam efflabat halitum, gestari. Nam eum jam in extremis fuisse narrat ita Lucas : *Et moriturus* Luc. 7. 2. *erat.* Ego vero id puto signum esse magnæ illius fidei, et multo majoris, quam eorum qui per Marc. 2. 4. tectum demiserunt. Quia enim probe sciebat solo Domini præcepto jacentem surgere posse, superfluum putabat esse ipsum adducere. Quid igitur Jesus? Quod nusquam fecerat, hic fecit. Cum enim ubique supplicantium voluntatem sequeretur, hic prosilit, nec se curaturum tantum, sed domum quoque venturum pollicetur. Id vero facit, ut centurionis virtutem discamus. Nisi enim hoc promisisset, sed dixisset, Vade, sanetur puer tuus : nihil horum cognosceremus. Idipsum etiam erga Phœnissam mulierem fecit, etsi contrario modo. Marc. 7. 26. sqq. Hic enim nec vocatus in domum, se esse venturum sponte dicit, ut discas centurionis fidem multamque humilitatem : in Phœnissa vero donum denegat, ipsamque perseverantem in dubium conjicit. Nam cum sagax et peritus sit medicus, contraria contrariis elicere novit. Et hic quidem per spontaneum adventum, illic vero per diuturnam dilationem, et repulsam fidem mulieris aperit. Sic etiam erga Abrahamum fecit dicens: *Non* Gen. 18. 17. *celabo puerum meum Abraham* : ut discas illius amorem, et quantam de Sodomis providentiam ge-

[b] Alii παραλυτικός.

[c] Quidam ἀμφοτέρωθεν ἡ πίστις ὀρθή.

[d] Savil. bis τῆς Φοινίσσης. Alius τῆς Συροφοινικίσσης.

[a] Morel. et quidam Mss. ἐγκαλύπτει.

reret. Et qui ad Lotum missi erant, ingredi domum ejus nolunt, ut justi hospitalitatem edisceres. Quid igitur ait centurio? 8. *Domine, non sum dignus, ut intres sub tectum meum.* Audiamus quotquot volumus Christum excipere, ut nunc etiam possumus. Audiamus et imitemur, ac cum pari illum studio excipiamus: cum enim pauperem, esurientem et nudum excipis, illum et excepisti et aluisti. *Sed tantum dic verbo, et sanabitur puer meus.* Vide centurionem perinde atque leprosum veram de Christo habuisse opinionem. Nam et ipse quoque non dixit, Roga; non dixit, Precare, supplica; sed solum, Impera. Deinde timens, ne per modestiam renueret, dixit: 9. *Nam et ego homo sum sub potestate constitutus, habens sub me milites; et dico huic, Vade, et vadit: et alii, Veni, et venit: et servo meo, Fac hoc, et facit.* Et quid inde, inquies, si centurio sic suspicatus sit? Nam id quæritur, si hoc Christus protulerit, et confirmaverit. Pulchre et admodum prudenter dicis. Ergo hoc ipsum videamus: nam inveniemus idipsum quod in leproso hic factum esse. Quemadmodum enim leprosus, *Si vis,* dixit (neque ex leproso tantum confirmatur Christi potentia, sed etiam ex Christi voce: non modo enim ejus opinionem non refutavit, sed etiam confirmavit, cum id quod superfluum videbatur esse adjecit, et dixit, *Volo, mundare,* ut ejus sententiam firmaret): sic et hoc loco explorandum est, num quid simile factum sit: nam inveniemus idipsum hic accidisse. Cum enim centurio talia dixisset, et tantæ potestati testimonium dedisset, non modo non reprehendit, sed et approbavit, imo amplius quidpiam fecit. Neque solum dixit evangelista, Christum ejus dicta laudasse; sed et laudis sublimitatem indicans dixit, eum admiratum esse, neque tantum admiratum esse, sed etiam omni præsente populo, aliis exemplum dedisse, ut illum imitarentur. Viden' quomodo singuli qui testificabantur ipsi, potentiam ipsius mirabantur? Et stupebant turbæ de doctrina ejus, quia tamquam potestatem habens docebat; nec solum non reprehendit, sed etiam cum eis de monte descendit, ac leproso mundato, illorum de se opinionem firmavit. Dicebat ille, *Si vis, potes me mundare;* nec modo illum non increpavit, sed etiam ut ipse dixerat, sic ille curavit. Rursum hic centenarius

Centurionis fides.

Οὐ μὴ κρύψω ἀπὸ τοῦ παιδός μου Ἀβραάμ· ἵνα μάθῃς ἐκείνου τὴν φιλοστοργίαν, καὶ τὴν ὑπὲρ Σοδόμων πρόνοιαν. Καὶ ἐπὶ τοῦ Λὼτ [b] ἀρνοῦνται εἰσελθεῖν πρὸς αὐτὸν οἱ πεμφθέντες, ἵνα τοῦ δικαίου μάθῃς τῆς φιλοξενίας τὸ μέγεθος. Τί οὖν ὁ ἑκατόνταρχός φησιν; Οὐκ εἰμὶ ἱκανὸς, ἵνα μου ὑπὸ τὴν στέγην εἰσέλθῃς. Ἀκούσωμεν ὅσοι τὸν Χριστὸν μέλλομεν ὑποδέχεσθαι· δυνατὸν γὰρ αὐτὸν ὑποδέχεσθαι καὶ νῦν. Ἀκούσωμεν B καὶ ζηλώσωμεν, καὶ μετὰ τοσαύτης [c] δεξώμεθα τῆς σπουδῆς· καὶ γὰρ ὅταν πένητα ὑποδέξῃ πεινῶντα καὶ γυμνὸν, ἐκεῖνον καὶ ὑπεδέξω καὶ ἔθρεψας. Ἀλλ' εἰπὲ λόγῳ μόνον, καὶ ἰαθήσεται ὁ παῖς μου. Ὅρα τοῦτον ὥσπερ τὸν λεπρὸν τὴν προσήκουσαν περὶ αὐτοῦ δόξαν ἔχοντα. Οὐδὲ γὰρ οὗτος εἶπε, παρακάλεσον· οὐδὲ εἶπεν, εὖξαι καὶ ἱκέτευσον· ἀλλ', ἐπίταξον, μόνον. Εἶτα δεδοικὼς, μὴ μετριάζων ἀνανεύσῃ, φησί· Καὶ γὰρ καὶ ἐγὼ ἄνθρωπός εἰμι ὑπὸ ἐξουσίαν, ἔχων ὑπ' ἐμαυτὸν στρατιώτας· καὶ λέγω τούτῳ, πορεύθητι, καὶ πορεύεται· καὶ ἄλλῳ, ἔρχου, καὶ ἔρχεται· καὶ τῷ δούλῳ μου, ποίησον τοῦτο, καὶ ποιεῖ. Καὶ τί τοῦτο, φησὶν, εἰ ὁ ἑκατοντάρχης C ὑπώπτευσεν οὕτως; Τὸ γὰρ ζητούμενον, εἰ ὁ Χριστὸς [d] τοῦτο ἀπεφήνατο καὶ ἐκύρωσε. Καλῶς καὶ σφόδρα συνετῶς λέγεις. Οὐκοῦν ἴδωμεν τοῦτο αὐτό· καὶ γὰρ εὑρήσομεν ὅπερ ἐπὶ τοῦ λεπροῦ γέγονε, τοῦτο καὶ ἐνταῦθα γεγενημένον. Ὥσπερ γὰρ ὁ λεπρὸς εἶπεν, Ἐὰν θέλῃς (καὶ οὐκ ἀπὸ τοῦ λεπροῦ διισχυριζόμεθα μόνον περὶ τῆς ἐξουσίας, ἀλλὰ καὶ ἀπὸ τῆς Χριστοῦ φωνῆς· οὐ γὰρ μόνον οὐ κατέλυσε τὴν ὑπόνοιαν, ἀλλὰ καὶ ἐβεβαίωσε μειζόνως, ὃ περιττὸν ἦν εἰπεῖν προσθεὶς, καὶ εἰπὼν, Θέλω, καθαρίσθητι, ἵνα κυρώσῃ τὸ δόγμα τὸ ἐκείνου), οὕτω δὴ καὶ ἐνταῦθα σκοπεῖν δίκαιον, εἴ τι τοιοῦτον γέγονε· καὶ γὰρ εὑρήσομεν τὸ αὐτὸ τοῦτο D πάλιν συμβεβηκός. [e] Τοιαῦτα γὰρ τοῦ ἑκατοντάρχου εἰρηκότος, καὶ μαρτυρήσαντος ἐξουσίαν τοσαύτην, οὐ μόνον οὐκ ἐνεκάλεσεν, ἀλλὰ καὶ ἀπεδέξατο, καὶ πλέον τι ἐποίησεν [f] ἢ ἀπεδέξατο. Οὐδὲ γὰρ εἶπεν ὁ εὐαγγελιστὴς, ὅτι ἐπῄνεσε τὸ εἰρημένον μόνον, ἀλλὰ καὶ ἐπίτασιν δηλῶν τοῦ ἐπαίνου φησὶν, ὅτι καὶ ἐθαύμασε, καὶ οὐδὲ ἁπλῶς ἐθαύμασεν, ἀλλὰ καὶ τοῦ δήμου παντὸς παρόντος, καὶ τοῖς ἄλλοις ὑπόδειγμα δέδωκεν, ὥστε αὐτὸν ζηλοῦν. Ὁρᾷς πῶς ἕκαστος τῶν μαρτυρησάντων αὐτῷ ἐξουσίαν θαυμάζεται; * Καὶ ἐξεπλήττοντο οἱ ὄχλοι ἐπὶ τῇ διδαχῇ αὐτοῦ, ὅτι ὡς ἐξουσίαν ἔχων ἐδίδασκε· καὶ οὐ μόνον οὐκ ἐνεκάλεσεν, ἀλλὰ E καὶ λαβὼν αὐτοὺς κατῆλθε, καὶ δι' ὧν τὸν λεπρὸν ἐκάθηρεν ἐκύρωσεν αὐτῶν τὴν γνώμην. Πάλιν ἔλεγεν ἐκεῖνος· Ἐὰν θέλῃς, δύνασαί με καθαρίσαι· καὶ οὐ μόνον

[b] Alii ἀρνοῦνται τοῦ εἰσελθεῖν. Paulo post τῆς φιλοξενίας τὸ πέλαγος.

[c] Quidam δεξώμεθα τῆς πίστεως καί. Infra quidam, εἰπὲ λόγον.

[d] Nonnulli τοῦτο ἀπεδέξατο.

[e] Alii τοσαῦτα.

[f] Unus εἰ ἀπεδέξατο.

* [Savil. καὶ ἐξ. δὲ οἱ ὄχλοι]

οὐκ ἐπετίμησεν, ἀλλὰ καὶ θεραπεύων αὐτὸν οὕτως, ὡς ἐκεῖνος εἶπεν, ἐκάθηρε. Πάλιν ὁ ἑκατοντάρχης [a] οὗτός φησιν· Εἰπὲ λόγῳ μόνον, καὶ ἰαθήσεται ὁ παῖς 315
μου· καὶ θαυμάζων αὐτὸν ἔλεγεν· Οὐδὲ ἐν τῷ Ἰσραὴλ A
τοσαύτην πίστιν εὗρον.

Ἵνα δὲ καὶ ἐκ τοῦ ἐναντίου τοῦτο μάθῃς· ἐπειδὴ ἡ Μάρθα τούτων οὐδὲν εἶπεν, ἀλλὰ τοὐναντίον, ὅτι Ὅσα ἂν αἰτήσῃ τὸν Θεὸν, δώσει σοι· οὐ μόνον οὐκ ἐπῃνέθη, καίτοι καὶ γνώριμος οὖσα καὶ ἀγαπητὴ, καὶ τῶν σφόδρα περὶ αὐτὸν ἐσπουδακότων, ἀλλὰ καὶ ἐπετιμήθη καὶ διωρθώθη παρ' αὐτοῦ, ὡς οὐ καλῶς εἰρηκυῖα. Καὶ γὰρ ἔλεγεν αὐτῇ· Οὐκ εἶπόν σοι, ὅτι ἐὰν πιστεύσῃς, ὄψει τὴν δόξαν τοῦ Θεοῦ; ὡς μηδέπω πιστευσάσῃ ἐγκαλῶν. Καὶ πάλιν, ἐπειδὴ ἔλεγεν, ὅτι Ὅσα ἂν αἰτήσῃ τὸν Θεὸν, δώσει σοι· ἀπάγων τῆς τοιαύτης ὑπονοίας αὐτὴν, καὶ διδάσκων ὅτι παρ' ἑτέρου οὐ [a] δέε- B
ται λαβεῖν, ἀλλ' αὐτός ἐστιν ἡ πηγὴ τῶν ἀγαθῶν, φησίν· Ἐγώ εἰμι ἡ ἀνάστασις καὶ ἡ ζωή. Τουτέστιν, οὐκ ἀναμένω δέξασθαι ἐνέργειαν, ἀλλ' οἴκοθεν πάντα ἐργάζομαι. Ὅθεν τὸν μὲν ἑκατοντάρχην καὶ θαυμάζει, καὶ τοῦ δήμου παντὸς προτίθησι, καὶ τῇ τῆς βασιλείας δόσει τιμᾷ, καὶ τοὺς ἄλλους εἰς τὸν αὐτὸν ζῆλον καλεῖ. Καὶ ἵνα μάθῃς, ὅτι διὰ τοῦτο ταῦτα εἶπεν, ἵνα καὶ τοὺς ἄλλους παιδεύσῃ πιστεύειν οὕτως, ἄκουσον τοῦ εὐαγγελιστοῦ τὴν ἀκρίβειαν, πῶς αὐτὸ ᾐνίξατο· Στραφεὶς γὰρ, φησὶν, ὁ Ἰησοῦς, εἶπε τοῖς ἀκολουθοῦσιν αὐτῷ·
οὐδὲ ἐν τῷ Ἰσραὴλ τοσαύτην πίστιν εὗρον. Ἄρα τὸ C
μεγάλα περὶ αὐτοῦ φαντάζεσθαι, τοῦτο μάλιστα πίστεως καὶ βασιλείας καὶ τῶν ἄλλων πρόξενον ἀγαθῶν. Οὐδὲ γὰρ μέχρι λόγων αὐτῷ γέγονεν ὁ ἔπαινος, ἀλλὰ καὶ τὸν νοσοῦντα ὑγιῆ ἀπέδωκεν ἀντὶ τῆς πίστεως, καὶ λαμπρὸν πλέκει [b] αὐτῷ τὸν στέφανον, καὶ μεγάλας ἐπαγγέλλεται δωρεὰς, οὕτω λέγων· Πολλοὶ ἀπὸ ἀνατολῶν καὶ δυσμῶν ἥξουσι, καὶ [c] ἀνακλιθήσονται μετὰ Ἀβραὰμ, καὶ Ἰσαὰκ, καὶ Ἰακώβ· οἱ δὲ υἱοὶ τῆς βασιλείας ἐκβληθήσονται ἔξω. Ἐπειδὴ γὰρ πολλὰ ἐπεδείξατο θαύματα, μετὰ πλείονος λοιπὸν αὐτοῖς διαλέγεται παῤῥησίας. Εἶτα, ἵνα μή τις νομίσῃ κολακείας D
εἶναι τὰ ῥήματα, ἀλλὰ μανθάνωσιν ἅπαντες, ὅτι οὕτω διέκειτο ὁ ἑκατοντάρχης, φησίν· Ὕπαγε· ὡς ἐπίστευσας, γενηθήτω σοι. Καὶ εὐθέως τὸ ἔργον ἠκολούθησε μαρτυροῦν τῇ προαιρέσει. Καὶ ἰάθη ὁ παῖς αὐτοῦ [d] ἀπὸ τῆς ὥρας ἐκείνης. Ὅπερ καὶ ἐπὶ τῆς Συροφοινικίσσης συνέβη· καὶ γάρ φησιν ἐκείνῃ· Ὦ γύναι, μεγάλη σου ἡ πίστις· γενηθήτω σοι ὡς θέλεις. Καὶ ἰάθη ἡ θυγάτηρ αὐτῆς. Ἐπειδὴ δὲ καὶ Λουκᾶς τοῦτο τὸ θαῦμα ἀπαγγέλλων παρεντίθησιν ἕτερα πλείονα, ἃ

dicebat : *Dic verbo tantum, et sanabitur puer meus :* et admirans ipsum dicebat : 10. *Non inveni tantam fidem in Israël.*

2. Ut autem contrario exemplo illud ediscas : quoniam Martha nihil horum dixerat, sed contrarium, *Quodcumque poposceris a Deo, dabit tibi:* Joan. 11.
non modo non laudata est, etiamsi nota Christo 22.
esset ab eoque diligeretur, et ipsa admodum coleret eum; sed etiam ab ipso emendata fuit ut quæ non bene dixisset. Nam dicebat illi : *Nonne* Ibid. v. 40.
dicebam tibi : Si credideris, videbis gloriam Dei? sic illam reprehendens quod nondum credidisset. Ac rursum quia dicebat : *Quæcumque pet'eris a Deo, dabit tibi Deus* : illam a tali opinione abducens docensque, sibi non opus esse ut ab alio acciperet, sed esse se bonorum fontem, dixit : *Ego sum resurrectio et vita.* Id est, Non ab Ibid. v. 25.
alio operandi vim exspecto, sed ex meipso omnia facio. Propterea centurionem miratur, totique populo ipsum anteponit, regni honore donat, aliosque ad eum imitandum provocat. Ut vero discas ipsum ideo hæc dixisse, ut cæteros ad fidem similem institueret, audi evangelistæ diligentiam, quomodo nempe idipsum subindicaverit : nam ait, *Conversus Jesus, sequentibus se dixit : Non inveni tantam fidem in Israël.* Ergo magna de illo existimare, id maxime et fidem, et regnum cælorum, et alia bona conciliat. Neque enim verborum tenus ipsum laudavit, sed propter fidem ejus ægrum ipsi sanum restituit, splendidamque ipsi nectit coronam, ac magna promittit dona his verbis : 11. *Multi ab oriente et occidente venient, et recumbent cum Abraham et Isaac et Jacob :* 12. *filii autem regni ejicientur foras.* Quia enim multa exhibuerat miracula, cum majori deinceps fiducia et libertate ipsos alloquitur. Deinde, ne quis putaret se ex adulatione illa dixisse, utque omnes discerent, illo vere animo fuisse centurionem, ait : 13. *Vade; ut credidisti, fiat tibi.* Statimque ipsum opus sequutum est, quod illius animum et voluntatem testificaretur. *Et sanatus est puer ejus ab hora illa.* Quod etiam in Syrophœnissa contigit : nam dixit illi :
O mulier, magna est fides tua; fiat tibi sicut Matth. 15.
vis. Et sanata est filia ejus. Quia vero Lucas 28.
Luc. 7.

[a] Alii οὕτως φησίν.

[a] Δέεται. Savil. legendum suspicatur δεῖται. Utrumque quadrare potest.

[b] Morel. πλέκει αὐτοῦ.

[c] Alii ἀνακλιθήσονται εἰς κόλπους Ἀβραάμ. Paulo post iidem ἐκβληθήσονται εἰς τὸ σκότος τὸ ἐξώτερον. Infra Morel. κολακείας τὰ ῥήματα.

[d] Alii ἐν τῇ ὥρᾳ ἐκείνῃ.

hoc miraculum narrans, alia multa inserit, quæ videntur aliquam offerre differentiam; hæc excutienda et solvenda nobis sunt. Quid ergo dicit Lu- E cas? Ipsum misisse seniores Judæorum, rogantes ut veniret. Matthæus vero ait accedentem ipsum dixisse, *Non sum dignus.* Quidam vero dicunt non esse eumdem ipsum, etsi multa sint utrinque
Luc. 7. 5. similia. De illo namque dicit: *Synagogam nobis ædificavit, et gentem diligit;* de hoc autem dicit 316
Jesus: *Neque in Israël tantam fidem inveni.* A De illo autem non dixit, *Multi venient ab oriente,* unde verisimile sit ipsum Judæum fuisse. Quid ergo dicemus? Sic facilem esse solutionem: quæritur autem, utrum sit vera. Mihi certe videtur eumdem ipsum esse. Quomodo ergo, inquies, Matthæus dicentem illum perhibet, *Non sum dignus ut intres sub tectum meum:* Lucas vero ait, misisse vocatum ut veniret? Videtur mihi Lucas adulationem Judaïcam subindicare, hominesque in calamitate versantes instabiles esse, subindeque consilium mutare. Verisimile quippe est centurionem cum abire vellet detentum fuisse a B Judæis adulantibus dicentibusque: Nos ibimus et adducemus eum. Vide itaque adhortationem illorum adulatione plenam. *Diligit enim,* inquiunt, *gentem nostram, et synagogam nobis construxit.* Neque sciunt unde virum laudare par sit. Nam cum oportuisset dicere, Voluit ipse ire rogatum, nos autem retinuimus, calamitatem considerantes et corpus illud domi jacere videntes; atque sic ejus fidei magnitudinem exponere: illi utique hoc non dicunt; neque enim volebant, invidia nempe moti, viri fidem declarare: sed ma- C luerunt ejus virtutem obtegere, pro quo supplices accedebant, ne videretur magnus esse is qui rogaret, neu fidem ejus prædicantes, sic rem, pro
Livor mentem excæcat. qua venerant, perficerent. Livor enim mentem excæcare solet. Sed qui secreta novit, invitis illis virum celebravit. Quod autem illud verum sit, audi Lucam ipsum interpretem qui sic ait: illo non longe distante, misisse illum qui diceret:
Luc. ibid. v 6. *Domine, noli vexari: non enim sum dignus ut sub tectum meum intres.* Cum enim a Judæorum molestia liber fuit, tunc misit qui dicerent: Ne putes me ex segnitie non venisse; sed me non D dignum existimavi, qui te reciperem domi.

δοκεῖ διαφωνίαν ἐμφαίνειν, ἐπιλῦσαι καὶ ταῦτα ἀναγκαῖον ὑμῖν. Τί οὖν φησιν ὁ Λουκᾶς; Ἔπεμψε πρεσβυτέρους τῶν Ἰουδαίων πρὸς αὐτὸν, παρακαλῶν αὐτὸν ἐλθεῖν. Ὁ δὲ Ματθαῖός φησιν, ὅτι αὐτὸς προσελθὼν ἔλεγεν, ὅτι Οὐκ εἰμὶ ἄξιος. Καί τινες μέν φασιν, ὅτι οὐκ ἔστιν οὗτος ἐκεῖνος, εἰ καὶ πολλὰ ἔχει ἐοικότα. Περὶ μὲν γὰρ ἐκείνου φησὶν, ὅτι Καὶ συναγωγὴν ἡμῶν ἔκτισε, καὶ τὸ ἔθνος ἀγαπᾷ· περὶ δὲ τούτου αὐτός φησιν ὁ Ἰησοῦς· Οὐδὲ ἐν τῷ Ἰσραὴλ τοσαύτην πίστιν εὗρον. Καὶ ἐπ' ἐκείνου μὲν οὐκ εἶπεν, Ὅτι πολλοὶ ἥξουσιν [a] ἀπὸ ἀνατολῶν, ὅθεν εἰκὸς Ἰουδαῖον αὐτὸν εἶναι. Τί οὖν ἐροῦμεν; Ὅτι μὲν αὕτη εὔκολος ἡ λύσις· τὸ δὲ ζητούμενον, εἰ ἀληθής. Ἐμοὶ γὰρ δοκεῖ οὗτος ἐκεῖνος εἶναι. Πῶς οὖν, φησὶν, ὁ μὲν Ματθαῖος λέγει, ὅτι αὐτὸς εἶπεν, Οὐκ εἰμὶ ἄξιος ἵνα μου ὑπὸ τὴν στέγην εἰσέλθῃς· ὁ δὲ Λουκᾶς, ὅτι ἔπεμψεν ἵνα ἔλθῃ; Ἐμοὶ δοκεῖ τὴν κολακείαν τὴν Ἰουδαϊκὴν αἰνίττεσθαι ἡμῖν ὁ Λουκᾶς, καὶ ὅτι οἱ ἐν συμφορᾷ ἀκατάστατοι ὄντες πολλὰ μεταβουλεύονται. Εἰκὸς γὰρ τὸν ἑκατόνταρχον βουλόμενον ἀπελθεῖν κωλυθῆναι ὑπὸ τῶν Ἰουδαίων, κολακευόντων αὐτὸν καὶ λεγόντων, ὅτι ἡμεῖς ἀπελθόντες ἄξομεν αὐτόν. Ὅρα γοῦν αὐτῶν καὶ παράκλησιν κολακείας μεστὴν οὖσαν. Ἀγαπᾷ γὰρ τὸ ἔθνος ἡμῶν, φησὶ, καὶ τὴν συναγωγὴν αὐτὸς ᾠκοδόμησεν. Οὐδὲ ἴσασιν ὅθεν ἐπαινοῦσι τὸν ἄνδρα. Δέον γὰρ εἰπεῖν, ὅτι ἐβουλήθη μὲν αὐτὸς [b] ἀπελθεῖν καὶ παρακαλέσαι, ἡμεῖς δὲ ἐκωλύσαμεν, τὴν συμφορὰν εἰδότες, καὶ τὸ πτῶμα τὸ ἐπὶ τῆς οἰκίας κείμενον· καὶ οὕτω παραστῆσαι τῆς πίστεως αὐτοῦ τὸ μέγεθος· τοῦτο μὲν οὐ λέγουσιν· οὐδὲ γὰρ ἤθελον διὰ τὸ βασκαίνειν ἐκκαλύψαι τοῦ ἀνδρὸς τὴν πίστιν· ἀλλ' ᾑροῦντο μᾶλλον συσκιάσαι τὴν ἀρετὴν, ὑπὲρ οὗ τὴν ἱκεσίαν ἦλθον ποιησόμενοι, ἵνα μὴ δόξῃ μέγας τις εἶναι ὁ παρακαλούμενος, ἢ τὴν πίστιν ἀνακηρύξαντες τὴν ἐκείνου, ἀνύσαι τοῦτο, διόπερ ἦσαν ἀφιγμένοι. Ἱκανὸν γὰρ βασκανία πηρῶσαι διάνοιαν. Ἀλλ' ὁ τὰ ἀπόρρητα εἰδὼς, καὶ ἀκόντων αὐτῶν ἐκεῖνον ἀνεκήρυξε. Καὶ ὅτι τοῦτό ἐστιν ἀληθὲς, ἄκουσον αὐτοῦ τοῦ Λουκᾶ πάλιν αὐτὸ ἑρμηνεύοντος. Αὐτὸς γὰρ οὕτως φησὶν, ὅτι οὐ μακρὰν ἀπέχοντος αὐτοῦ ἔπεμψε λέγων· Ὦ Κύριε, μὴ σκύλλου· οὐ γάρ εἰμι ἄξιος, ἵνα μου ὑπὸ τὴν στέγην εἰσέλθῃς. Ὅτε γὰρ ἀπηλλάγη τῆς ἐπαχθείας αὐτῶν, τότε πέμπει, λέγων· μὴ νομίσῃς ὅτι δι' ὄκνον οὐ παρεγενόμην, ἀλλ' ἐμαυτὸν ἀνάξιον εἶναι ἐνόμισα τοῦ δέξασθαί σε ἐν τῇ οἰκίᾳ.

[a] Mss. plurimi ἀπὸ ἀνατολῶν καὶ δυσμῶν, et infra εἰ ἀληθής.

[b] Savil. ἐλθεῖν, et mox τὴν συμφορὰν ἰδόντες. Ibidem καὶ τὸ πτῶμα τὸ ἐπὶ τῆς οἰκίας κείμενον. Hæc non intellexit Georgius Trapezuntius, qui vertit, *causam ejus et calamitatis magnitudinem considerantes*, forte *casum ejus* verterit, non *causam;* sed πτῶμα hic, ut sæpe alias, est *corpus*, sive *cadaver*, quale erat pueri paralytici, qui ceu mortuus jacebat.

Εἰ δὲ ὁ Ματθαῖός φησι μὴ διὰ τῶν φίλων, ἀλλὰ δι' ἑαυτοῦ τοῦτο αὐτὸν εἰρηκέναι, οὐδὲν τοῦτο ποιεῖ· τὸ γὰρ ζητούμενον, εἰ τὴν προθυμίαν ἑκάτερος παρέστησε τοῦ ἀνδρὸς, καὶ ὅτι τὴν προσήκουσαν περὶ τοῦ Χριστοῦ δόξαν εἶχεν. Εἰκὸς δὲ καὶ αὐτὸν μετὰ τὸ πέμψαι τοὺς φίλους παραγενόμενον ταῦτα εἰπεῖν. Εἰ δὲ μὴ τοῦτο εἶπεν ὁ Λουκᾶς, ἀλλ' οὐδὲ ἐκεῖνο ὁ Ματθαῖος· ὅπερ οὐ μαχομένων ἑαυτοῖς ἦν, ἀλλὰ τὰ ὑπ' ἀλλήλων [c] παραλειπόμενα ἀναπληρούντων μᾶλλον. Ὅρα δὲ αὐτοῦ πῶς καὶ ἑτέρωθεν τὴν πίστιν ἀνεκήρυξεν ὁ Λουκᾶς εἰπὼν, ὅτι Ἔμελλε τελευτᾷν ὁ παῖς. Ἀλλ' ὅμως οὐδὲ τοῦτο εἰς ἀπόγνωσιν αὐτὸν ἐνέβαλεν, οὐδὲ ἀπελπίσαι παρεσκεύασεν· ἀλλὰ καὶ οὕτως ἤλπισε περιέσεσθαι. Εἰ δὲ ὁ μὲν Ματθαῖός φησι τὸν Χριστὸν εἰρηκέναι, Οὐδὲ ἐν τῷ Ἰσραὴλ τοσαύτην πίστιν εὗρον, καὶ ταύτῃ δηλοῦν οὐκ ὄντα αὐτὸν Ἰσραηλίτην· ὁ δὲ Λουκᾶς, ὅτι ᾠκοδόμησε τὴν συναγωγήν· οὐδὲ τοῦτο ἐναντίον. Δυνατὸν γὰρ καὶ Ἰουδαῖον οὐκ ὄντα καὶ τὴν συναγωγὴν οἰκοδομῆσαι, καὶ τὸ ἔθνος ἀγαπᾷν. Σὺ δέ μοι μὴ ἁπλῶς ἐξέταζε τὰ εἰρημένα παρ' αὐτοῦ, ἀλλὰ καὶ τὴν ἀρχὴν αὐτοῦ προστίθει, καὶ τότε ὄψει τὴν ἀρετὴν τοῦ ἀνδρός. Καὶ γὰρ πολὺς ὁ τῦφος τῶν ἐν ἀρχαῖς ὄντων, καὶ οὐδὲ ἐν συμφοραῖς καταβαίνουσιν. Ὁ γοῦν παρὰ τῷ Ἰωάννῃ κείμενος ἕλκει αὐτὸν πρὸς τὴν οἰκίαν, καί φησι· Κατάβηθι· μέλλει γάρ μου τὸ παιδίον τελευτᾷν. Ἀλλ' οὐχ οὕτως οὗτος· ἀλλὰ καὶ ἐκείνου καὶ τῶν [a] διὰ τοῦ στέγους καθέντων τὴν κλίνην πολὺ βελτίων. Οὐ γὰρ σωματικὴν παρουσίαν ἐπιζητεῖ, οὐδὲ ἐγγὺς τοῦ ἰατροῦ τὸν κάμνοντα ἤνεγκεν, ὅπερ οὐ μικρὰ φανταζομένου ἦν περὶ αὐτοῦ· ἀλλὰ θεοπρεπῆ τὴν ὑπόνοιαν ἔχων, φησίν· Εἰπὲ λόγῳ μόνον. Καὶ οὐδὲ ἐν ἀρχῇ λέγει, Εἰπὲ λόγῳ· ἀλλὰ μόνον τὸ πάθος διηγεῖται· οὐδὲ γὰρ προσεδόκησεν ἀπὸ πολλῆς ταπεινοφροσύνης εὐθέως ἐπινεύσειν τὸν Χριστὸν, καὶ τὴν οἰκίαν ἐπιζητήσειν. Διὰ τοῦτο, ὅτε ἤκουσεν αὐτοῦ λέγοντος, Ἐγὼ ἐλθὼν θεραπεύσω αὐτὸν, τότε φησὶν, Εἰπὲ λόγῳ. Καὶ οὐδὲ τὸ πάθος αὐτὸν συνέχεεν, ἀλλὰ καὶ ἐν συμφορᾷ φιλοσοφεῖ, οὐ πρὸς τὴν ὑγίειαν τοσοῦτον ὁρῶν τοῦ παιδὸς, ὅσον πρὸς τὸ μὴ δόξαι μηδὲν ἀνευλαβὲς ποιεῖν. Καίτοι γε οὐκ αὐτὸς ἠνάγκασεν, ἀλλ' ὁ Χριστὸς ἐπηγγείλατο· ἀλλὰ καὶ οὕτω δέδοικε μή ποτε δόξῃ τὴν ἀξίαν ὑπερβαίνειν τὴν ἑαυτοῦ, καὶ βαρὺ πρᾶγμα ἐφέλκεσθαι. Εἶδες αὐτοῦ τὴν σύνεσιν; Σκόπει τῶν Ἰουδαίων τὴν ἄνοιαν λεγόντων· Ἄξιός ἐστιν ᾧ παρέξει τὴν χάριν. Δέον γὰρ ἐπὶ τὴν φιλανθρωπίαν καταφυγεῖν τοῦ Ἰησοῦ· οἱ δὲ τὴν ἀξίαν τούτου προβάλλονται, καὶ οὐδὲ ὅθεν [b] προβάλλεσθαι δεῖ ἴσασιν. Ἀλλ' οὐκ ἐκεῖνος οὕτως· ἀλλὰ καὶ σφόδρα ἑαυτὸν ἀνάξιον ἔφη εἶναι, οὐ μόνον τῆς εὐεργεσίας, ἀλλὰ καὶ τοῦ τῇ οἰκίᾳ δέξασθαι

3. Etsi vero Matthæus dicat non per amicos, sed illum ipsum hæc dixisse, nihil id ad rem facit: quæritur enim solum num uterque viri studiosam voluntatem declaraverit, consentaneamque circa Christum ejus opinionem. Verisimile autem est, postquam amicos misisset, venisse ipsum illudque dixisse. Quod si hoc non dixerit Lucas, at neque illud Matthæus: non quod mutuo in narratione pugnent, sed quod alter prætermissa ab altero narret. Vide autem quo pacto fidem ejus Lu-
E cas alio modo prædicet dicens: *Moriturus erat puer*. Attamen neque hoc illum in desperationem conjecit, nec a spe detrusit; sed sic etiam superstitem fore speravit. Quod si Matthæus quidem narret Christum dixisse, se tantam in Israël non
317 invenisse fidem, quo declarat ipsum Israëlitam
A non fuisse; Lucas vero, ipsum synagogam ædificasse: neque hæc pugnantia sunt. Potuit enim non Judæus synagogam struere, gentemque diligere. Tu vero ne perfunctorie dicta ejus explores, sed præfecturam ejus adjice, et tunc viri virtutem perspicies. Etenim tantus vulgo est eorum qui præfecturas gerunt fastus, ut ne quidem in calamitatibus sese deprimant. Nam is, qui apud Joannem memoratur, illum in domum trahit et dicit: *Descende, priusquam filius meus moriatur*. Joan. 4. 49.
Hic vero non ita: sed tam illo, quam iis, qui per tectum lectulum demiserunt, præstantior est. Non
B enim corporalem præsentiam requirit, neque prope medicum ægrotum detulit; id quod tamen non parvam existimationem præ se ferret; sed ea quæ Deum decebat opinione fultus ait: *Dic verbo solum*. Neque initio dicit, *Dic verbo*, sed ægritudinem tantum declarat: ob magnam quippe humilitatem non putabat Christum statim rem concessurum, et domum petiturum esse. Ideo cum ipsum audivit dicentem, *Ego veniens curabo eum*, tunc ait, *Dic verbo*. Neque illum ita mœror turbavit, sed etiam in calamitate philosophabatur, non tam respiciens ad pueri valetudinem, quam ne quid ipse minus decenter faceret. Quamquam non ipse petebat, sed Christus sese obtulit: attamen
C sic quoque timuit ne ultra quam dignitas sua postularet acciperet, neve rem gravem subiret. Vidistin' ejus prudentiam? Perpende Judæorum stultitiam dicentium, *Dignus est cui gratiam* Luc. 7. 4.
conferas. Cum oporteret ad misericordiam Jesu confugere, illi dignitatem obtendunt, neque quo pacto obtendere oportuit sciunt. Verum non ita

[c] Savil. παραλιμπανόμενα in margine ponit.

[a] Alii διὰ τοῦ στέγους χαλασάντων τὴν κλίνην πολὺ βελτίων.

[b] Alii προβάλεσθαι.

ille; sed se omnino indignum dicebat esse, non modo beneficii, sed etiam qui Christum domi reciperet. Quamobrem cum dixisset, ***Puer meus jacet***, non subjunxit, Dic, metuens, ne indignus esset tali dono: sed calamitatem solum declaravit. Quia vero vidit Christum sese ad eumdum parantem, ne sic quidem ille in rem oblatam insiliit, sed adhuc in gradu sibi congruenti mansit. Si quis vero dicat, Cur Christus illum non pariter honoravit? dixerim ego, magnum ipsi honorem retulisse. Primo quidem, quod animum pronamque voluntatem ostenderit, quæ maxime apparuit, quia ipse in domum ejus non venit; secundo, quod illum in regnum introduxerit, eumque toti Judaïcæ genti præposuerit. Quia enim se indignum judicaverat qui Christum domi reciperet, etiam regno dignus effectus est, et eadem quæ Abraham consequutus est bona. Et qua de causa, inquies, leprosus, qui his majora exhibuerat, non laudatus est? Neque enim dixit ille, ***Dic verbo;*** sed quod longe majus erat, Velis tantummodo: id quod de Patre ait propheta: *Omnia, quæcumque voluit, fecit.* (Psal. 113. 3. (11).) Verum ille quoque laudatus est. Cum enim dixit, ***Offer donum, quod præcepit Moyses, in testimonium illis***, nihil aliud erat quam dicere, Tu accusabis illos, quia credidisti. Alioquin non perinde erat Judæum, atque extraneum gentilem credere. Quod enim centurio Judæus non esset, id liquet vel ex eo quod centurio esset, et quod Christus dixerit: ***Neque in Israël tantam fidem inveni.*** (Centurionis fides.)

τὸν Κύριον. Διὰ τοῦτο καὶ εἰπὼν, Ὁ παῖς μου βέβληται, οὐκ ἐπήγαγεν, εἰπὲ, δεδοικὼς μὴ ἀνάξιος εἴη τοῦ τυχεῖν τῆς δωρεᾶς· ἀλλὰ τὴν συμφορὰν ἀπήγγειλε D μόνον. Ἐπειδὴ δὲ εἶδε τὸν Χριστὸν φιλοτιμούμενον, οὐδὲ οὕτως ἐπεπήδησεν, ἀλλ' ἔτι μένει τὸ ἑαυτῷ προσῆκον διατηρῶν μέτρον. Εἰ δὲ λέγοι τις, τίνος ἕνεκεν οὐκ ἀντετίμησεν αὐτὸν ὁ Χριστός; ἐκεῖνο ἂν εἴποιμεν, ὅτι καὶ σφόδρα αὐτὸν ἀντετίμησε. Πρῶτον μὲν, τῷ δεῖξαι τὴν γνώμην, ὅπερ ἐκ τοῦ μάλιστα μὴ ἐλθεῖν αὐτὸν εἰς τὴν οἰκίαν ἐφάνη· δεύτερον δὲ, τῷ εἰς τὴν βασιλείαν αὐτὸν εἰσαγαγεῖν, καὶ προτιμῆσαι παντὸς τοῦ ἔθνους τοῦ Ἰουδαϊκοῦ. Ἐπειδὴ γὰρ καὶ τοῦ δέξασθαι τὸν Χριστὸν εἰς τὴν οἰκίαν [d] ἀνάξιον ἑαυτὸν εἶναι ἐνόμισε, καὶ βα- E σιλείας γέγονεν ἄξιος, καὶ τοῦ τῶν καλῶν ἐπιτυχεῖν ὧν ἀπήλαυσεν ὁ Ἀβραάμ. Καὶ τίνος ἕνεκεν ὁ λεπρὸς, φησὶν, μείζονα τούτων ἐπιδειξάμενος, οὐκ ἐπῃνέθη; Οὐδὲ 318 γὰρ εἶπεν ἐκεῖνος, Εἰπὲ λόγῳ, ἀλλ' ὃ πολλῷ μεῖζον A ἦν, θέλησον μόνον· ὃ περὶ τοῦ Πατρός φησιν ὁ προφήτης, ὅτι Πάντα, ὅσα ἠθέλησεν, ἐποίησεν. Ἀλλὰ κἀκεῖνος ἐπῃνέθη. Ὅταν γὰρ εἴπῃ, Προσένεγκε τὸ δῶρον, ὃ προσέταξε Μωϋσῆς, εἰς μαρτύριον αὐτοῖς, οὐδὲν ἕτερόν φησιν ἢ ὅτι σὺ κατηγορήσεις αὐτῶν, ἐξ ὧν ἐπίστευσας. Ἄλλως δὲ οὐκ ἦν ἴσον Ἰουδαῖον ὄντα πιστεῦσαι, καὶ ἔξωθεν ὄντα τοῦ ἔθνους. Ὅτι γὰρ οὐκ ἦν Ἰουδαῖος ὁ ἑκατοντάρχης, καὶ ἀπὸ τοῦ ἑκατοντάρχης εἶναι [a] δῆλος ἦν, καὶ ἀπὸ τοῦ εἰρῆσθαι, Οὐδὲ ἐν τῷ Ἰσραὴλ τοσαύτην πίστιν εὗρον.

4. Eratque profecto res magna, hominem qui extra Judæorum catalogum erat, tanta de Christo cogitasse. Nam, ut mihi videtur, supernos ille exercitus mente conceperat; morbosque, mortem aliaque omnia ita Christo subjecta esse, ut milites sibi. Quamobrem dicebat: ***Nam ego homo sum sub potestate constitutus;*** hoc est, Tu Deus, ego homo: ego sub potestate, tu non sub potestate. Si ego igitur, homo et sub potestate, tanta possum: multo magis ipse, qui et Deus est et sub potestate non est; vult enim ex summa præeminentia hoc illi suadere, se non simile exemplum affere, sed rei longe sublimioris. Nam si ego, inquit, qui par subjectis sum, et sub potestate constitutus, ob parvam tamen præfecturæ auctoritatem, tanta possum nemine repugnante; sed quæ impero omnia, diversa licet sint, exsequutioni mandantur; ***Alii enim dico, Vade, et vadit: alii, Veni, et venit***: longe

Καὶ πολὺ μέγα ἦν, ἄνθρωπον ἐκτὸς ὄντα τοῦ Ἰουδαϊκοῦ καταλόγου τοσαύτην λαβεῖν ἔννοιαν. Καὶ γὰρ B ἐφαντάσθη, ὡς ἔμοιγε δοκεῖ, τὰς ἐν οὐρανῷ στρατιάς· ἢ ὅτι αὐτῷ τὰ πάθη οὕτως ἐστὶν ὑποτεταγμένα, καὶ θάνατος, καὶ τὰ ἄλλα πάντα, ὡς αὐτῷ οἱ στρατιῶται. Διὸ καὶ ἔλεγε· Καὶ γὰρ ἐγὼ ἄνθρωπός εἰμι ὑπὸ ἐξουσίαν τασσόμενος· τουτέστι, σὺ Θεὸς, ἐγὼ ἄνθρωπος· ἐγὼ ὑπὸ ἐξουσίαν, σὺ δὲ οὐχ ὑπὸ ἐξουσίαν. Εἰ τοίνυν ἐγὼ, ἄνθρωπος καὶ ὑπὸ ἐξουσίαν ὢν, τοσαῦτα δύναμαι· πολλῷ μᾶλλον αὐτὸς ὁ καὶ [b] Θεὸς ὢν καὶ οὐχ ὑπὸ ἐξουσίαν. Μετὰ γὰρ ὑπερβολῆς θέλει αὐτὸν πεῖσαι, ὅτι οὐχ ὡς ὅμοιον διδοὺς ὑπόδειγμα ταῦτα λέγει, ἀλλὰ σφόδρα ὑπερέχον. Εἰ γὰρ ἐγὼ ὁμότιμος ὢν τοῖς ἐπιταττομένοις, φησὶ, καὶ ὑπ' ἐξουσίαν ὢν, ὅμως C διὰ τὴν μικρὰν τῆς ἀρχῆς ὑπεροχὴν τοσαῦτα δύναμαι, καὶ οὐδεὶς ἀντερεῖ, ἀλλ' ἅπερ ἐπιτάσσω, ταῦτα γίνεται, κἂν διάφορα ᾖ τὰ ἐπιτάγματα· Λέγω γὰρ τούτῳ, πορεύου, καὶ πορεύεται· καὶ ἄλλῳ, ἔρχου, καὶ ἔρχε-

[d] Alii ἀνάξιον ἑαυτὸν ἐποίησε καί.
[a] Quidam habent δῆλον ἦν.

[b] Alii Θεὸς ὢν καὶ ἐξουσίᾳ μὴ ὑποκείμενος.

ται· πολλῷ μᾶλλον αὐτὸς δυνήσῃ. Τινὲς δὲ καὶ οὕτως ἀναγινώσκουσι τουτὶ τὸ χωρίον· Εἰ γὰρ ἐγὼ ἄνθρωπος ὢν, καὶ μεταξὺ στίξαντες ἐπάγουσιν, Ὑπὸ ἐξουσίαν ἔχων ὑπ' ἐμαυτοῦ στρατιώτας. Σὺ δέ μοι σκόπει, πῶς ἔδειξεν ὅτι καὶ θανάτου κρατεῖν δύναται ὡς δούλου, καὶ ἐπιτάττειν ὡς δεσπότης. Ὅταν γὰρ εἴπῃ, [c] ὅτι Ἔρχου, καὶ ἔρχεται, καὶ, Πορεύου, καὶ πορεύεται, τοῦτο λέγει, ὅτι ἐὰν κελεύσῃς μὴ ἐλθεῖν τὴν τελευτὴν ἐπ' αὐτὸν, D οὐχ ἥξει. Εἶδες πῶς ἦν πιστός; Ὃ γὰρ ἔμελλεν ἅπασιν ὕστερον φανερὸν ἔσεσθαι, τοῦτο αὐτὸς ἤδη κατάδηλον κατέστησεν, ὅτι καὶ θανάτου καὶ ζωῆς ἐξουσίαν ἔχει, καὶ [d] κατάγειν εἰς πύλας ᾅδου καὶ ἀνάγειν. Καὶ οὐ περὶ στρατιωτῶν εἶπε μόνον, ἀλλὰ καὶ περὶ δούλων· ὅπερ ἦν μείζονος ὑπακοῆς. Ἀλλ' ὅμως καὶ τοσαύτην πίστιν ἔχων, ἔτι ἀνάξιον ἑαυτὸν εἶναι ἐνόμιζεν· ὁ δὲ Χριστὸς δεικνὺς, ὅτι ἄξιος ἦν τοῦ εἰσελθεῖν εἰς τὴν οἰκίαν αὐτοῦ, πολλῷ μείζονα ἐποίησε, θαυμάζων αὐτὸν, καὶ ἀνακηρύττων, καὶ πλείονα διδοὺς ὧν ᾔτησε. E Καὶ γὰρ ἦλθεν ὑγίειαν ζητῶν τῷ παιδὶ σωματικὴν, καὶ βασιλείαν λαβὼν ἀπῆλθεν. Εἶδες πῶς ἤδη ἐπεπλήρωτο τὸ, Ζητεῖτε τὴν βασιλείαν τῶν οὐρανῶν, καὶ ταῦτα πάντα προστεθήσεται ὑμῖν; Ἐπεὶ γὰρ πολλὴν πίστιν ἐπεδείξατο καὶ ταπεινοφροσύνην, καὶ τὸν οὐρανὸν ἔδωκε, καὶ τὴν ὑγίειαν αὐτῷ προσέθηκε· καὶ οὐ 319 A τούτῳ μόνον ἐτίμησεν, ἀλλὰ καὶ τῷ δεῖξαι, τίνων ἐκβαλλομένων, αὐτὸς εἰσάγεται. Καὶ γὰρ ἐντεῦθεν ἤδη λοιπὸν πᾶσι ποιεῖ γνώριμον, ὅτι ἀπὸ πίστεως ἡ σωτηρία, οὐκ ἀπὸ ἔργων τῶν κατὰ νόμον. Διόπερ οὐκ Ἰουδαίοις μόνον, ἀλλὰ καὶ ἔθνεσι τὸ τῆς δωρεᾶς ταύτης προκείσεται· καὶ ἐκείνοις μᾶλλον ἢ τούτοις. Μὴ γὰρ δὴ νομίσητε, φησὶν, ὅτι ἐπὶ τούτου γέγονε τοῦτο μόνον· καὶ γὰρ καὶ ἐπὶ τῆς οἰκουμένης ἁπάσης τοῦτο ἔσται. Τοῦτο δὲ ἔλεγε, περὶ τῶν ἐθνῶν προφητεύων, καὶ χρηστὰς αὐτοῖς ὑποτείνων ἐλπίδας. Καὶ γὰρ ἦσαν καὶ ἀπὸ Γαλιλαίας ἀκολουθοῦντες τῆς τῶν ἐθνῶν. Ταῦτα δὲ ἔλεγε, τούς τε ἐθνικοὺς οὐκ ἀφιεὶς ἀπογνῶναι, τῶν τε Ἰουδαίων [a] καθαιρῶν τὰ φρονήματα. Ὥστε δὲ μὴ B προστῆναι τὸ λεγόμενον τοῖς ἀκούουσι, μηδὲ παρασχεῖν αὐτοῖς λαβὴν μηδεμίαν, οὔτε προηγουμένως τὸν περὶ τῶν ἐθνῶν εἰσάγει λόγον, ἀλλ' ἀφορμὴν λαβὼν ἀπὸ τοῦ ἑκατοντάρχου, οὔτε γυμνὸν τὸ ὄνομα τῶν ἐθνῶν τίθησιν. Οὐ γὰρ εἶπε, πολλοὶ τῶν ἐθνῶν· ἀλλὰ, Πολλοὶ ἀπὸ ἀνατολῶν καὶ δυσμῶν· ὅπερ ἦν δηλοῦντος τὰ ἔθνη, οὐ προσίστατο δὲ οὕτω τοῖς ἀκούουσι· συνεσκιασμένον γὰρ ἦν τὸ λεχθέν. Οὐ ταύτῃ δὲ μόνον παραμυθεῖται τὴν δοκοῦσαν εἶναι τῆς διδασκαλίας καινοτομίαν, ἀλλὰ καὶ τῷ τοὺς κόλπους Ἀβραὰμ ἀντὶ τῆς

majora tu poteris. Quidam hunc locum ita legunt: *Si enim ego homo cum sim*, et interpunctione posita subjungunt, *sub potestate habens sub me milites*. Tu vero consideres velim, quomodo ostendat ipsum etiam morti ut servo imperare, et præcipere ut dominum. Cum enim dicit, *Veni, et venit*, et, *Vade, et vadit*, id significat: Si jusseris non venire mortem super eum, non veniet. Viden' quam fidelis esset? Quod enim omnibus postea clarum futurum erat, omnibusque notum, hic jam palam facit, ipsum nempe habere potestatem mortis et vitæ, posseque ad portas mortis deducere ac reducere. Neque de militibus solum dixit, sed etiam de servis, quod majoris obsequentiæ erat. Attamen tantam habens fidem, se indignum putabat; Christus autem ostendens dignum illum esse, cujus domum intraret, multo majora ei contulit, ipsum admirans atque prædicans, pluraque dans quam petierat. Venit enim corporis salutem puero quærens, et accepto regno discessit. Viden' quomodo jam impletum erat illud, *Quærite regnum* Matth. 6. 33.
cælorum, et hæc omnia adjicientur vobis? Quia enim multam fidem et humilitatem exhibuerat, et cælum dedit, et pueri sanitatem adjecit: nec ipsum illo tantum modo honoravit, sed etiam cum ostendit quibus ejectis ille introduceretur. Atque exinde omnibus notum facit, ex fide salutem esse, non ex iis quæ secundum legem erant operibus. Quapropter non Judæis tantum, sed etiam gentibus hoc donum propositum erit; imo his potius quam illis. Ne putetis enim, inquit, id in centurione tantum factum esse, sed in toto orbe idipsum erit. Hoc autem dixit, per prophetiam de gentibus loquens, ipsisque bonam spem offerens. Etenim ex Galilæa gentium erant qui sequebantur eum. Hæc porro dicebat, gentes non sinens animum despondere, Judæorumque fastum deprimens. Ne autem his dictis offenderet auditores, neve occasionem præberet ullam; non prius de gentibus loquutus, sed occasione capta ex centurione, ne nomen quidem gentium aperte ponit. Neque enim dixit, Multi ex gentibus; sed, *Multi ex oriente et occidente*, quod gentes utique significabat, neque tamen offendebat auditores; involutum enim erat dictum. Neque hoc tantum modo lenit hanc novam insolitamque doctrinam, sed quod sinum Abrahæ pro regno posuerit. Neque enim hoc ipsis notum

[c] ὅτι deest in quibusdam Mss.

[d] Alii κατάγει, et mox ἀνάγει.

[a] Morel. male καθαίρων. Mox ὥστε δὲ μὴ προστῆναι. Suspicatur Savilius legendum esse προσστῆναι, quod significat *contra stare, offendere*. Ibidem Morel. male τὸν λεγόμενον. Infra post ἑκατοντάρχου Morel. διὸ οὔτε γυμνόν.

nomen erat : magisque illos mordebat Abraham in medium adductus. Quapropter Joannes nihil statim de gehenna dixit; sed quod magis illos Matth. 3. 9. pungebat attulit, *Nolite dicere, Patrem habemus Abraham.* Cum his aliud etiam providet, ne videatur veteri vivendi instituto contrarius esse. Nam qui patriarchas admiratur, eorumque sinus sortem bonorum appellat, hanc suspicionem omnino et radicitus tollit. Nemo itaque unam esse putet comminationem : duplex quippe est, et illis supplicium, et his lætitia : illis quidem, non quod exciderint tantum, sed quod ex propriis exciderint; his vero non quod sortem acceperint, sed quod quam non exspectabant acceperint : his tertia adjicitur, quod hi ea quæ ad illos pertinebant acceperint. Filios autem regni vocat illos, quibus regnum paratum erat; quod maxime illos dolore afficiebat. Postquam ostendit enim illos ex promissione in sinu Abrahæ esse, hinc illos statim excludit. Deinde, quia hoc dictum lata sententia erat, id signo confirmat, quemadmodum et signa ex prædictione rerum quæ postea evenerunt asseruntur.

5. Qui igitur non credit tunc sanatum puerum fuisse, is vel ex prophetia, quæ jam impleta fuit, inducatur ut credat. Nam prophetia ante eventum ex signo tunc facto nota omnibus fuit. Ideoque cum hæc ante prædixisset, tunc paralyticum erexit, ut futura ex præsentibus assererentur, et a majori minus firmaretur. Nam quod virtute præditi bonis fruantur, hisque oppositi pœnas luant, id a verisimilitudine non abhorret : imo et rationi et legum æquitati consentaneum est; paralyticum autem firmare et curare, majus quam natura ferret erat. Attamen ad rem illam magnam atque mirabilem non parum contulit centurio; id quod etiam Christus declarans dicebat : *Vade, et sicut credidisti fiat tibi.* Vidistin' quomodo restituta puero sanitas et Christi potentiam et centurionis fidem prædicaverit, et quod futurum erat confirmaverit? Imo vero omnia Christi potentiam prædicabant. Non enim corpus tantum pueri sanavit, sed etiam centurionis animam in fidem per miracula attraxit. Tu vero ne id tantum perpendas, quod hic crediderit, ille sanatus sit, sed rei celeritatem mirare; nam hoc evangelista delaravit : *Et sanatus est puer in illa hora :*

βασιλείας εἰπεῖν. Οὐδὲ γὰρ ἐκεῖνο γνώριμον αὐτοῖς τὸ C ὄνομα ἦν· καὶ μειζόνως αὐτοὺς ἔδακνεν ὁ Ἀβραὰμ εἰς τὸ μέσον τεθείς. Διὸ καὶ ὁ Ἰωάννης οὐδὲν εὐθέως περὶ γεέννης εἶπεν· ἀλλ' ὃ μάλιστα αὐτοὺς ἐλύπει φησίν· Μὴ δόξητε λέγειν, [b] ὅτι πατέρα ἔχομεν τὸν Ἀβραάμ. Μετὰ δὲ τούτων καὶ ἕτερον κατασκευάζει, τὸ μὴ δόξαι ἐναντίος τις εἶναι τῇ παλαιᾷ πολιτείᾳ. Ὁ γὰρ τοὺς πατριάρχας θαυμάζων, καὶ λῆξιν ἀγαθῶν τοὺς ἐκείνων κόλπους καλῶν, ἐκ πολλῆς τῆς περιουσίας καὶ ταύτην ἀναιρεῖ τὴν ὑπόνοιαν. Μηδεὶς οὖν μίαν εἶναι νομιζέτω [c] τὴν ἀπειλήν· διπλῆ γάρ ἐστι, καὶ τούτοις ἡ κόλασις, D κἀκείνοις ἡ εὐφροσύνη· τούτοις μὲν, οὐχ ὅτι ἐξέπεσον, ἀλλ' ὅτι τῶν ἰδίων ἐξέπεσον· ἐκείνοις δὲ, οὐχ ὅτι ἐπέτυχον, ἀλλ' ὅτι καὶ ὧν οὐ προσεδόκων ἐπέτυχον· καὶ τρίτη μετὰ τούτων, ὅτι τὰ ἐκείνων ἔλαβον οὗτοι. Υἱοὺς δὲ βασιλείας φησὶν, οἷς ἡ βασιλεία ἦν ἡτοιμασμένη· ὃ καὶ μάλιστα αὐτοὺς ἔδακνε. Δείξας γὰρ εἰς κόλπους ὄντας τῇ ἐπαγγελίᾳ καὶ τῇ ὑποσχέσει, τότε ἐξάγει. Εἶτα, ἐπειδὴ ἀπόφασις ἦν τὸ εἰρημένον, πιστοῦται αὐτὸ τῷ σημείῳ, ὥσπερ οὖν καὶ τὰ σημεῖα ἀπὸ τῆς προῤῥήσεως [d] τῆς μετὰ ταῦτα γεγενημένης δείκνυσιν.

Ὁ τοίνυν ἀπιστῶν τῇ ὑγιείᾳ τῇ γενομένῃ τῷ παιδὶ E τότε, ἀπὸ τῆς προφητείας τῆς ἐξελθούσης σήμερον πιστευέτω κἀκείνῳ. Καὶ γὰρ καὶ ἡ προφητεία καὶ πρὸ τῆς ἐκβάσεως ἀπὸ τοῦ σημείου τοῦ τότε δήλη πᾶσιν ἐγένετο. Διά τοι τοῦτο πρότερον ταῦτα προαναφωνήσας, τότε τὸν παραλελυμένον ἀνέστησεν, ἵνα τὰ μέλλοντα [e] ἀπὸ τῶν παρόντων πιστώσηται, καὶ τὸ ἔλαττον ἀπὸ τοῦ μείζονος. Τὸ μὲν γὰρ ἐναρέτους ἀπολαύειν 320 A τῶν ἀγαθῶν, καὶ τοὺς ἐναντίους τὰ λυπηρὰ ὑπομένειν, οὐδὲν ἀπεικὸς, ἀλλὰ καὶ κατὰ λόγον, καὶ κατὰ ἀκολουθίαν νόμων ἐγένετο· τὸ δὲ παρειμένον σφίγξαι, καὶ νεκρὸν ἀναστῆσαι, μεῖζον ἢ κατὰ φύσιν ἦν. Ἀλλ' ὅμως εἰς τὸ μέγα τοῦτο καὶ θαυμαστὸν οὐ μικρὸν καὶ ὁ ἑκατοντάρχης συνεισήνεγκεν· ὅπερ οὖν καὶ ὁ Χριστὸς δηλῶν ἔλεγεν· Ὕπαγε· καὶ ὡς ἐπίστευσας γενηθήτω σοι. Εἶδες πῶς [a] ἐκήρυξεν ἡ τοῦ παιδὸς ὑγίεια καὶ τὴν τοῦ Χριστοῦ δύναμιν, καὶ τὴν τοῦ ἑκατοντάρχου πίστιν, καὶ τὸ μέλλον ἐπιστώσατο; Μᾶλλον δὲ πάντα τὴν τοῦ Χριστοῦ δύναμιν ἀνεκήρυττεν. Οὐ γὰρ τὸ σῶμα διωρθώσατο μόνον τοῦ παιδὸς, ἀλλὰ καὶ τὴν τοῦ ἑκατον- B τάρχου ψυχὴν εἰς τὴν πίστιν διὰ τῶν θαυμάτων αὐτὸς ἐφειλκύσατο. Σὺ δὲ μὴ τοῦτο σκόπει μόνον, ὅτι οὗτος ἐπίστευσε, καὶ ὅτι ἐκεῖνος ἰάθη, ἀλλὰ καὶ τὸ τάχος θαύμασον· καὶ γὰρ τοῦτο δηλῶν ὁ εὐαγγελιστὴς ἔλεγε·

[b] Alii ὅτι παῖδές ἐσμεν τοῦ Ἀβραάμ.

[c] Ἀπειλὴ hic pro *minis* et *promissis* simul accipitur, ut etiam sæpe apud veteres.

[d] Alii τοῖς μετὰ ταῦτα γεγενημένα, quidam γεγενημένοις.

[e] Morel. ἀπὸ τῶν πρώτων, male.

[a] Quidam ἀνεκήρυξεν.

Καὶ ἰάθη ὁ παῖς αὐτοῦ [b] ἐν τῇ ὥρᾳ ἐκείνῃ· ὥσπερ οὖν καὶ ἐπὶ τοῦ λεπροῦ εἶπεν, ὅτι Εὐθέως ἐκαθαρίσθη. Οὐδὲ γὰρ τῷ θεραπεύειν, ἀλλὰ καὶ τῷ παραδόξως τοῦτο ποιεῖν, καὶ ἐν ἀκαρεῖ ῥοπῇ, τὴν δύναμιν ἐπεδείκνυτο. Καὶ οὐ ταύτῃ μόνον ὠφέλει, ἀλλὰ καὶ τῷ συνεχῶς ἐν τῇ τῶν θαυμάτων ἐπιδείξει τοὺς περὶ τῆς βασιλείας παρανοίγειν λόγους, καὶ πάντας ἐφέλκεσθαι πρὸς αὐτήν. Καὶ γὰρ οὓς ἐκβάλλειν ἠπείλει, οὐχ ἵνα [c] ἐκβάλλῃ ἠπείλει, ἀλλ' ἵνα τῷ φόβῳ πρὸς αὐτὴν διὰ τῶν ῥημάτων ἐπισπάσηται. Εἰ δὲ μηδὲν μηδὲ ἐντεῦθεν C ἐκέρδανον, αὐτῶν τὸ ἔγκλημα ἅπαν, καὶ πάντων τῶν τὰ τοιαῦτα νοσούντων. Οὐδὲ γὰρ ἐπὶ Ἰουδαίων μόνον τοῦτο συμβὰν ἴδοι τις ἄν, ἀλλὰ καὶ ἐπὶ τῶν πιστευσάντων. Καὶ γὰρ ὁ Ἰούδας υἱὸς βασιλείας ἦν, καὶ ἤκουσε μετὰ τῶν μαθητῶν, Ἐπὶ δώδεκα θρόνους καθιεῖσθε· ἀλλὰ γέγονεν υἱὸς γεέννης· ὁ δὲ Αἰθίοψ, βάρβαρος ἄνθρωπος ὢν, καὶ τῶν ἀπὸ ἀνατολῶν καὶ δυσμῶν, μετὰ Ἀβραὰμ καὶ Ἰσαὰκ καὶ Ἰακὼβ ἀπολαύσεται τῶν στεφάνων. Τοῦτο καὶ ἐφ' ἡμῶν γίνεται νῦν. Πολλοὶ γὰρ ἔσονται, φησὶ, πρῶτοι ἔσχατοι, καὶ D οἱ ἔσχατοι πρῶτοι. Τοῦτο δὲ ἔλεγεν, ἵνα μήτε ἐκεῖνοι ῥαθυμῶσιν, ὡς οὐ δυνάμενοι [d] ἐπανελθεῖν, μήτε οὗτοι θαῤῥῶσιν, ὡς ἑστῶτες. Τοῦτο καὶ ὁ Ἰωάννης ἄνωθεν προαναφωνῶν ἔλεγε· Δύναται ὁ Θεὸς ἐκ τῶν λίθων ἐγεῖραι τέκνα τῷ Ἀβραάμ. Ἐπειδὴ γὰρ τοῦτο ἔμελλε γίνεσθαι, προανακηρύττεται πόῤῥωθεν, ὥστε μηδένα τῷ ξένῳ τοῦ πράγματος θορυβηθῆναι. Ἀλλ' ἐκεῖνος μὲν ὡς ἐνδεχόμενον αὐτὸ λέγει· [e] ἄνθρωπος γὰρ ἦν· ὁ δὲ Χριστὸς ὡς πάντως ἐσόμενον, τὴν ἀπὸ τῶν ἔργων E ἀπόδειξιν παρέχων. Μὴ τοίνυν θαῤῥῶμεν οἱ ἑστῶτες, ἀλλὰ λέγωμεν ἑαυτοῖς· Ὁ δοκῶν ἑστάναι, βλεπέτω μὴ πέσῃ· μηδὲ ἀπογινώσκωμεν οἱ κείμενοι, ἀλλὰ λέγωμεν ἑαυτοῖς· Μὴ ὁ πίπτων οὐκ [f] ἀνίσταται; Καὶ γὰρ πολλοὶ εἰς αὐτὴν τὴν κορυφὴν ἀνελθόντες τοῦ οὐρανοῦ, καὶ πᾶσαν τὴν καρτερίαν ἐπιδειξάμενοι, καὶ τὰς 321 A ἐρήμους κατειληφότες, καὶ οὐδὲ γυναῖκα ὄναρ [a] ἰδόντες, ῥαθυμήσαντες μικρὸν ὑπεσκελίσθησαν, καὶ πρὸς αὐτὸ ἦλθον τῆς κακίας τὸ βάραθρον· ἕτεροι δὲ πάλιν ἐκεῖθεν πρὸς τὸν οὐρανὸν ἀνέβησαν, καὶ ἀπὸ τῆς σκηνῆς καὶ ἀπὸ τῆς ὀρχήστρας πρὸς τὴν ἀγγελικὴν μετετάξαντο πολιτείαν· καὶ τοσαύτην ἐπεδείξαντο τὴν ἀρετὴν, ὡς δαίμονας ἀπελάσαι, καὶ πολλὰ ἄλλα σημεῖα τοιαῦτα ἐργάσασθαι. Καὶ τούτων μὲν πλήρεις εἰσὶν αἱ Γραφαὶ, πλήρης δὲ ὁ βίος τῶν παραδειγμάτων ἡμῖν. Καὶ πόρνοι καὶ μαλακοὶ [b] τὰ Μανιχαίων ἐμφράττουσι στόματα, οἱ τὴν κακίαν ἀκίνητον εἶναί φασι, τῷ διαβόλῳ τελούμενοι, καὶ τὰς τῶν σπουδάζειν βουλο- B

quod etiam de leproso dicebat, *Confestim mundatus est.* Non enim curando solum, sed etiam id inexspectato modo et in momento faciendo, potentiam ostendebat. Neque hoc modo tantum juvat utilisque est, sed quod etiam frequenter dum miracula patrat, de regno sermonem aperiat et omnes ad illud attrahat. Etenim cum se Judæos ejecturum minabatur, non ut ejiceret minabatur; sed ut metu illos in regnum per verba sua pertraheret. Quod si nihil hinc lucri fecerunt, id ipsorum crimen est, omniumque qui pari morbo laborarunt. Non enim Judæis solum id accidit, sed multis etiam eorum qui crediderunt. Nam Judas filius regni erat et audivit cum discipulis, *Sedebitis super sedes duodecim;* sed factus est *Matth.* 19. 28. gehennæ filius; Æthiops autem ille, barbarus cum esset, ex numero eorum qui ab oriente et occidente venerunt, cum Abraham, Isaac et Jacob corona donabitur. Id et nunc agitur. *Multi* enim, *Ibid.* v. 30 inquit, *erunt primi novissimi, et novissimi primi.* Hoc autem dicebat, ut neque hi negligant, ac si non possint redire, neque illi quasi stantes confidant. Hoc et Joannes ab exordio prænuntiabat dicens: *Potest Deus ex lapidibus his suscitare filios Abrahæ.* *Matth.* 3. 9. Quia enim hoc eventurum erat, diu ante prænuntiatur, ut nemo de rei insolentia turbaretur. Verum ille, utpote homo, secundum captum suum hæc dicebat; Christus autem, rem quasi futuram operibus et exemplis confirmavit. *Qui stat, ne confidat tamen.* Ne igitur fidamus, etsi stemus, sed nobis ipsis dicamus: *Qui videtur stare, videat ne cadat:* *1. Cor.* 10. 12. ne desperemus, qui prostrati jacemus; sed dicamus: *Numquid qui cadit, non resurget?* *Jer.* 8. 4. Etenim multi qui ad ipsum cæli verticem ascenderant, qui patientiam magnam exhibuerant, desertum occupaverant, mulierem ne in somnis quidem viderant, ex parva negligentia supplantati sunt, et in ipsum nequitiæ barathrum dejecti; alii contra ex eodem barathro in cælum ascenderunt, atque a scena et orchestra ad angelicam vitam conversi sunt; tantamque virtutem exhibuerunt, ut dæmonas pellerent, multaque alia similia signa ederent. His exemplis plenæ sunt Scripturæ, plena hominum vita. *Contra Manichæos.* Jam fornicarii et molles Manichæorum ora comprimunt, qui dicunt malitiam esse immotam, diaboli rem agentes, et eorum qui virtuti operam dare vellent manus

[b] Unus ἀπὸ τῆς ὥρας ἐκείνης.
[c] Alii ἐκβάλῃ.
[d] Quidam ἀπελθεῖν, et mox ἀνεστῶτες.
[e] Manuscripti plurimi πρῶτος γὰρ ἦν· ὁ δὲ Χριστὸς.
[f] Aliqui ἀναστήσεται.
[a] Alii ἰδόντες, alii cum Savil. εἰδότες.
[b] Morel. τῶν Μανιχαίων.

dissolventes, vitamque omnem evertentes. Nam qui hæc persuadere conantur, non futura tantum pessumdant; sed præsentia quoque pro virili sua deque vertunt. Quomodo enim in nequitia vivens quispiam, virtuti operam dare studeat, si se ad illam revertere non posse putet, si non credat se in melius posse mutari? Nam si nunc, stantibus legibus, indictis suppliciis, proposita gloria, quæ multos excitare possit; cum et gehenna exspectetur, et regnum promittatur, cum improbi dedecore, boni laudibus afficiantur, vix quipiam velint virtutis sudores adire : his sublatis, quid impediet quominus omnia pessum eant?

6. Videntes itaque fraudem nequitiamque diabolicam, ipsosque necnon eos qui fati leges statuere satagunt, adversa sentire, et contraria legislatoribus externorum, et Dei oraculis, et naturæ ratiociniis, et communi omnium opinioni, barbaris, et Scythis, et Thracibus, demumque cæteris hominibus, vigilemus, dilecti, atque illis omnibus vale dicentes, incedamus per angustam viam cum fiducia et timore; cum timore quidem, ob præcipitia utrinque posita; cum fiducia vero, ob ducem viæ Jesum. Iter agamus sobrii ac vigiles. Nam si vel paululum quis dormitet, statim se præcipitem dat. Non enim sumus perfectiores Davide, qui ex parva negligentia in peccati barathrum ruit, sed statim surrexit. Ne ergo peccantem solum respicias, sed etiam peccatum abluentem. Non enim ideo tantum hæc historia scripta est, ut lapsum respicias, sed ut surgentem mireris : ut discas post lapsum, quomodo resurgere oporteat. Quemadmodum enim medici gravissimos morbos in libellis describunt, atque ita medendi methodum alios docent, ut in majoribus exercitati, minores ægritudines facilius superent : sic et Deus gravissima peccata in medium adduxit, ut qui in exiguis lapsi essent, eorum exemplo faciliorem emendandi rationem invenirent. Si enim majora remedium habuerunt, multo facilius minora. Videamus igitur qua ratione ægrotaverit, qua valetudinem recuperaverit vir ille beatus. Quæ igitur morbi ratio fuit? Mœchatus est, et occidit. Non enim vereor hæc magna voce publicare. Nam si Spiritus sanctus non turpe existimavit esse, hanc totam historiam publicare, multo magis nos illam non obscure referre debemus. Quapropter non modo hæc præ-

Cum fiducia et timore per angustam viam incedendum.

μένων χεῖρας ἐκλύοντες, καὶ τὴν ζωὴν ἅπασαν ἀνατρέποντες. Οἱ γὰρ ταῦτα πείθοντες, οὐ πρὸς τὰ μέλλοντα παραβλάπτουσι μόνον, ἀλλὰ καὶ ἐνταῦθα ἄνω καὶ κάτω πάντα ποιοῦσι, τό γε μέρος αὐτῶν. Πότε γὰρ ἐπιμελήσεταί τις ἀρετῆς τῶν ἐν κακίᾳ ζώντων, ὅταν ἀδύνατον τὴν πρὸς ἐκείνην ἐπάνοδον εἶναι νομίζῃ, καὶ τὴν ἐπὶ τὸ βέλτιον μεταβολήν; Εἰ γὰρ νῦν, καὶ νόμων ὄντων, καὶ κολάσεων ἠπειλημένων, καὶ δόξης [c] τῆς τοὺς πολλοὺς διεγειρούσης, καὶ γεέννης προσδοκωμένης, καὶ βασιλείας ἐπηγγελμένης, καὶ τῶν κακῶν ὀνειδιζομένων, καὶ τῶν καλῶν ἐγκωμιαζομένων, μόλις αἱροῦνταί τινες τοὺς ὑπὲρ τῆς ἀρετῆς ἱδρῶτας· ἂν
C ταῦτα πάντα ἀνέλῃς, τί τὸ κωλύον τὰ πάντα ἀπολέσθαι καὶ διαφθαρῆναι;

Συνιδόντες οὖν τὴν κακουργίαν τὴν διαβολικὴν, καὶ ὅτι καὶ τοῖς ἔξω νομοθέταις, καὶ τοῖς [d] τοῦ Θεοῦ χρησμοῖς, καὶ τοῖς τῆς φύσεως λογισμοῖς, καὶ τῇ κοινῇ πάντων ἀνθρώπων δόξῃ, καὶ βαρβάροις, καὶ Σκύθαις, καὶ Θρᾳξὶ, καὶ πᾶσιν ἁπλῶς ἀπεναντίας οὗτοι καὶ οἱ τὰ τῆς εἱμαρμένης δόγματα νομοθετεῖν [e] ἐπιχειροῦντες φρονοῦσι, νήφωμεν, ἀγαπητοὶ, καὶ πᾶσιν ἐκείνοις ἐῤῥῶσθαι εἰπόντες, ὁδεύωμεν διὰ τῆς στενῆς ὁδοῦ, καὶ
D θαῤῥοῦντες, καὶ δεδοικότες· δεδοικότες μὲν, διὰ τοὺς ἑκατέρωθεν κρημνούς· θαῤῥοῦντες δὲ, διὰ τὸν προηγούμενον ἡμῶν Ἰησοῦν. Ὁδεύωμεν νήφοντες, καὶ ἐγρηγορότες. Κἂν γὰρ μικρόν τις [f] ἀπονυστάξῃ, κατηνέχθη ταχέως. Οὐ γάρ ἐσμεν ἀκριβέστεροι τοῦ Δαυῒδ, ὃς μικρὸν ὀλιγωρήσας πρὸς αὐτὸ κατεκρημνίσθη τῆς ἁμαρτίας τὸ βάραθρον, ἀλλ' ἀνέστη ταχέως. Μὴ τοίνυν ὅτι ἥμαρτεν ἴδῃς μόνον, ἀλλ' ὅτι καὶ τὴν ἁμαρτίαν ἀπενίψατο. Διὰ γὰρ τοῦτο τὴν ἱστορίαν ἐκείνην ἀνέγραψεν, οὐχ ἵνα πεσόντα θεάσῃ, ἀλλ' ἵνα ἀναστάντα
E θαυμάσῃς· ἵνα μάθῃς ἐπειδὰν πέσῃς, πῶς ἀνίστασθαι χρή. Καθάπερ γὰρ οἱ ἰατροὶ τῶν νοσημάτων τὰ χαλεπώτατα ἐκλεγόμενοι ταῖς βίβλοις ἐγγράφουσι, καὶ τῆς τοιαύτης διορθώσεως τὴν μέθοδον διδάσκουσιν, ἵνα ἐν τοῖς μείζοσι γυμνασάμενοι, ῥᾳδίως τῶν ἐλαττόνων περιγένωνται· οὕτω δὴ καὶ ὁ Θεὸς τὰ μέγιστα τῶν ἁμαρτημάτων εἰς μέσον ἤγαγεν, ἵνα καὶ οἱ τὰ μικρὰ
322 A πταίοντες δι' ἐκείνων ῥᾳδίαν τὴν τούτων διόρθωσιν εὕρωσιν. Εἰ γὰρ ἐκεῖνα ἔσχεν ἴασιν, πολλῷ μᾶλλον τὰ ἐλάττονα. Ἴδωμεν τοίνυν πῶς καὶ ἠῤῥώστησε, πῶς καὶ ἀνέστη ταχέως ὁ μακάριος ἐκεῖνος. Τίς οὖν τῆς ἀῤῥωστίας ὁ τρόπος ἦν; Ἐμοίχευσε καὶ ἐφόνευσεν. Οὐδὲ γὰρ ἐγκαλύπτομαι λαμπρᾷ ταῦτα ἀνακηρύττων τῇ φωνῇ. Εἰ γὰρ τὸ Πνεῦμα τὸ ἅγιον οὐκ ἐνόμισεν αἰσχύνην, ταύτην ἀναθεῖναι πᾶσαν τὴν ἱστορίαν, πολλῷ μᾶλλον οὐδὲ ἡμᾶς συσκιάζειν χρή. Διόπερ οὐ μόνον

[c] Quidam τῆς τοὺς πολλοὺς ἐκκαλουμένης.
[d] Alii τοῖς τοῦ Χριστοῦ χρησμοῖς. [Paulo ante Savil. συνειδότες.]
[e] Morel. ἐκχειροῦντες, et mox cum aliis ἔῤῥωσθε.
[f] Morel. ἀποστυνάξῃ, mendose.

αὐτὰ ἀνακηρύττω, ἀλλὰ καὶ ἕτερον προστίθημι. Καὶ γὰρ ὅσοι ταῦτα κρύπτουσιν, οὗτοι μάλιστα τὴν ἀρετὴν συσκιάζουσι τὴν ἐκείνου· καὶ ὥσπερ οἱ τὸν πόλεμον B σιγῶντες τοῦ Γολιὰθ, οὐ μικρῶν αὐτὸν ἀποστεροῦσι στεφάνων, οὕτω καὶ οἱ ταύτην παρατρέχοντες τὴν ἱστορίαν. Ἆρα οὐ δοκεῖ παράδοξον εἶναι τὸ λεγόμενον; Οὐκοῦν ἀναμείνατε μικρὸν, τότε εἴσεσθε ὅτι δικαίως ταῦτα ἡμῖν εἴρηται. Διὰ γὰρ τοῦτο αὔξω τὸ ἁμάρτημα, καὶ παραδοξότερον ποιῶ τὸν λόγον, ἵνα ἐκ πλείονος περιουσίας τὰ φάρμακα κατασκευάσω. Τί οὖν ἐστιν, ὃ προστίθημι; Τὴν ἀρετὴν τοῦ ἀνδρός· ὃ μεῖζον ποιεῖ καὶ τὸ ἔγκλημα. Οὐ γὰρ ὁμοίως πάντα ἐπὶ πάντων κρίνεται· Δυνατοὶ γὰρ, φησὶ, δυνατῶς ἐτασθήσονται· καὶ, Ὁ εἰδὼς τὸ θέλημα τοῦ κυρίου C αὐτοῦ, καὶ μὴ ποιῶν, δαρήσεται πολλάς. Ὥστε ἡ πλείων γνῶσις πλείονος κολάσεώς ἐστιν ὑπόθεσις. Διὰ δὴ τοῦτο ὁ ἱερεὺς τὰ αὐτὰ τοῖς ἀρχομένοις ἁμαρτάνων, οὐ τὰ αὐτὰ πείσεται, ἀλλὰ τὰ πολλῷ χαλεπώτερα. Τάχα ὁρῶντες τὴν κατηγορίαν αὐξανομένην, τρέμετε καὶ δεδοίκατε, καὶ θαυμάζετέ με ὡς κατὰ κρημνῶν ἐρχόμενον. Ἀλλ' ἐγὼ οὕτω θαῤῥῶ ὑπὲρ τοῦ δικαίου, ὅτι καὶ περαιτέρω πρόειμι· ὅσῳ γὰρ [a] ἂν αὐξήσω τὸ ἔγκλημα, τοσούτῳ μᾶλλον δεῖξαι δυνήσομαι τὸ ἐγκώμιον τοῦ Δαυίδ. Καὶ τί τούτων [b] πλεῖόν ἐστι, φησὶν, εἰπεῖν; Πάνυ γε πλέον. Ὥσπερ γὰρ ἐπὶ τοῦ Κάϊν οὐ φόνος μόνον τὸ γενόμενον ἦν, ἀλλὰ καὶ πολλῶν φόνων D χεῖρον· οὐ γὰρ ἀλλότριον, ἀλλ' ἀδελφὸν, καὶ ἀδελφὸν οὐκ ἠδικηκότα, ἀλλ' ἠδικημένον ἐφόνευσεν· οὐ μετὰ πολλοὺς φονέας, ἀλλὰ πρῶτος τὸ μύσος εὑρών· οὕτω δὴ καὶ ἐνταῦθα οὐ φόνος ἦν μόνον [c] τὸ τόλμημα· οὐ γὰρ ὁ τυχὼν ἦν ἀνὴρ ὁ πεποιηκὼς, ἀλλ' ὁ προφήτης· καὶ οὐ τὸν ἠδικηκότα, ἀλλὰ τὸν ἠδικημένον ἀναιρεῖ· καὶ γὰρ ἠδίκητο ἐν τοῖς καιρίοις, τῆς γυναικὸς ἁρπαγείσης· ἀλλ' ὅμως μετ' ἐκεῖνο καὶ τοῦτο προσέθηκεν. Εἴδετε πῶς οὐκ ἐφεισάμην τοῦ δικαίου; πῶς οὐδὲ μεθ' ὑποστολῆς τινος εἶπον τὰ πεπλημμελημένα αὐτῷ; E Ἀλλ' ὅμως οὕτως ὑπὲρ τῆς ἀπολογίας θαῤῥῶ, ὅτι μετὰ τοσοῦτον ὄγκον τοῦ ἁμαρτήματος ἐβουλόμην παρεῖναι καὶ Μανιχαίους τοὺς μάλιστα ταῦτα κωμῳδοῦντας, καὶ τοὺς τὰ Μαρκίωνος νοσοῦντας, ἵνα ἐκ περιουσίας αὐτῶν ἐμφράξω τὰ στόματα. Ἐκεῖνοι μὲν 323 A γὰρ λέγουσιν, ὅτι ἐφόνευσε καὶ ἐμοίχευσεν· ἐγὼ δὲ οὐ τοῦτο λέγω μόνον, ἀλλὰ καὶ διπλοῦν τὸν φόνον ἀπέφηνα, ἀπό τε τοῦ ἠδικημένου, ἀπό τε τῆς ποιότητος τοῦ προσώπου τοῦ πεπλημμεληκότος.

Οὐ γάρ ἐστιν ἴσον Πνεύματος ἀξιωθέντα, καὶ τοσαῦτα εὐεργετηθέντα, καὶ τηλικαύτην ἐσχηκότα παῤ-

dicabo, sed aliud quoque adjiciam. Etenim qui hæc occultant, viri illius virtutem obscurant: ac sicut ii qui ejus cum Goliatho pugnam tacerent, non exiguam ipsi coronam adimerent, perinde facerent qui hanc historiam prætercurrerent. Annon rem vobis inexspectatam dico? Sed tantillum præstolamini, et scietis nos hæc jure in medium protulisse. Ideo namque peccatum amplifico, idque inexspectata loquendi via, ut pharmaca parem copiosiora. Quid itaque propono? Virtutem viri; id quod gravius crimen efficit. Non enim par est in omnibus et circa omnes hac in re judicium: ***Potentes*** enim, inquit, ***potenter tormenta*** *Sap. 6. 7.* ***patientur***; et, ***Qui novit voluntatem domini*** *Luc. 12. 47.* ***sui, et non facit, vapulabit multis.*** Itaque major cognitio majoris est causa supplicii. Ideo sacerdos qui in paria, atque subditi, incidit peccata, non pares, sed multo graviores dabit pœnas. Fortasse dum me videtis amplificare crimen, tremitis et formidatis, et me quasi per præcipitia incedentem miramini. Ego vero tantum circa justi virtutem et merita confido, ut etiam ulterius progrediar: quanto enim magis crimen augebo, tanto majoribus Davidem laudibus celebrare potero. Et quid his majus, inquies, proferre possis? Multo certe majora. Quemadmodum enim Caïni crimen non cædes modo erat, sed multis cædibus pejus; non enim alienum, sed fratrem; et fratrem, non lædentem, sed læsum occidit; non post multas patratas cædes, sed ipse exsecrandum scelus prior invenit: sic in hoc quo de agimus exemplo, non cædes modo facinus hoc erat; non enim vir e trivio homicida erat, sed propheta; non lædentem, sed læsum occidit: læsus quippe fuerat ex adulterio cum uxore: atque hoc etiam scelus addidit. Videtisne quomodo justo viro non parcam, et sine ullo temperamento scelera ejus recenseam? Attamen ita de illius purgatione confido, ut post tantum scelerum culmen, optem adesse Manichæos, qui hæc maxime traducunt, et Marcionistas, ut illorum ora egregie claudam. Illi namque dicunt ipsum et occidisse et mœchatum fuisse; ego vero non id tantum dico, sed duplicem fuisse cædem demonstravi, tum quod ille jam ante læsus sit, tum quod tantæ dignitatis esset is qui occidit.

Contra Manichæos et Marcionistas.

7. Non enim par est crimen virum Spiritu sancto dignatum, tot beneficiis affectum, qui

[a] Multi habent ἂν αὔξω.

[b] Morel. male πλεῖός ἐστι, φησὶν, πλέον εἰπεν. Infra plurimi Mss. ἀδελφὸν, καὶ ἀδελφόν, quæ lectio præferenda videtur. In Savil. et Morel. καὶ ἀδελφόν deerat

[c] Alii τὸ ἔγκλημα.

tantam potestatem erat adeptus, in tali ætate hæc facinora aggredi, atque idipsum perpetrari a viro, cui nihil eorum competat. Attamen hinc mirabilior evadit vir ille fortis, quod in profundum nequitiæ lapsus, non animo defecerit, non desperarit, non seipsum supinum projecerit, letali vulnere confossus a diabolo, sed cito, imo statim, magna cum vehementia majus inflixerit vulnus, quam acceperat. Perinde atque si in acie barbarus quispiam in cor vel in hepar strenui viri hastam infixerit, et secundam magis letalem plagam addiderit, tum ille lapsus plagarumque sanguine circumfusus, cito surrexerit, hastamque vibrans hostem confoderit, et occisum statim humi prostratum reliquerit : sic et nunc, quo majorem Davidis plagam dixeris, eo mirabiliorem confossi animum ostendis, quod post vulnus tam grave, potuerit et surgere, et in fronte valli stare, hostemque prosternere. Hoc vero quantum sit, sciunt omnes qui in gravia lapsi sunt peccata. Non enim ita fortis strenuique animi est recta incedentem præcurrere (is enim comitem habet spem bonam concitantem nervos et alacritatem addentem), ut post mille coronas, tropæa, victorias, graviter lapsum, eumdem denuo cursum repetere. Ut autem id quod dico clarius evadat, aliud priore non minus exemplum in medium vobis proferre tentabo. Cogita mihi gubernatorem maria mille emensum, post tantam navigationem, post multas tempestates, scopulos, fluctus, multis instructum mercium sarcinis, in ipso portus ostio demersum, qui vix e tanto naufragio nudus effugere potuerit : quo ille animo fuerit erga navigationem et marina pericula? num ille voluerit umquam, nisi animi sit admodum strenui, vel litus, vel portum, vel navem ullam respicere? Non utique puto : sed occultatus jacebit, diem in noctem vertens, omnique spe destitutus; maletque vitam mendicus agere, quam pristinos adire labores. At non talis fuit hic vir beatus : sed post tantum naufragium, post tot labores et sudores, non mansit occultus; sed navim extraxit, expansisque velis, et accepto gubernaculo, labores adiit, et majores quam prius divitias adeptus est. Quod si stare et lapsum non semper jacere mirabile est, denuo excitari et talia perficere, quot coronis dignum non erit? Atqui

Davidis post peccatum virtus quanta.

ρησίαν, καὶ ἐν τοιαύτῃ ἡλικίᾳ τοιαῦτα τολμᾷν, καὶ τούτων πάντων χωρὶς τὸ αὐτὸ τοῦτο ποιεῖν. Ἀλλ' ὅμως καὶ ταύτῃ μάλιστα θαυμαστός ἐστιν ὁ γενναῖος ἐκεῖνος ἀνὴρ, ὅτι εἰς αὐτὸν τὸν πυθμένα τῆς κακίας καταπεσὼν, B οὐκ ἀνέπεσεν, οὐδὲ ἀπέγνω, οὐδὲ ἔῤῥιψεν ἑαυτὸν ὕπτιον, οὕτω παρὰ τοῦ διαβόλου καιρίαν λαβὼν πληγὴν, ἀλλὰ ταχέως, μᾶλλον δὲ εὐθέως, καὶ μετὰ πολλῆς τῆς σφοδρότητος καιριωτέραν ἔδωκεν ἢ ἔλαβε τὴν πληγήν. Καὶ ταὐτὸν γέγονεν, οἷον ἂν εἰ ἐν πολέμῳ καὶ παρατάξει βαρβάρου τινὸς εἰς ἀριστέως καρδίαν ἐμπήξαντος δόρυ, ἢ κατὰ τοῦ ἥπατος ἀφέντος βέλος, καὶ δεύτερον τῷ προτέρῳ [a] τραῦμα προστιθέντος ἐκείνου καιριώτερον πεσὼν, καὶ αἵματι πολλῷ περιῤῥεόμενος πάντοθεν ὁ τὰς χαλεπὰς ταύτας λαβὼν πληγὰς, καὶ ἀνασταίη ταχέως, καὶ δόρυ κατὰ τοῦ τοξεύσαντος ἀφεὶς νεκρὸν ἐπὶ τοῦ πεδίου δείξειεν εὐθέως· οὕτω δὴ C καὶ ἐνταῦθα, ὅσῳ ἂν μείζονα εἴπῃς τὴν πληγὴν, τοσούτῳ θαυμαστοτέραν δεικνύεις τοῦ πληγέντος τὴν ψυχὴν, ὅτι ἴσχυσε μετὰ τὸ χαλεπὸν τοῦτο τραῦμα καὶ ἀναστῆναι ἐν αὐτῷ τῷ τῆς φάλαγγος μετώπῳ, καὶ τὸν τρώσαντα κατενεγκεῖν. Τοῦτο δὴ ἡλίκον ἐστὶ, ἴσασι μάλιστα ὅσοι χαλεπαῖς περιπίπτουσιν ἁμαρτίαις. Οὐ γὰρ οὕτω γενναίας καὶ νεανικῆς ἐστι ψυχῆς ὀρθὰ [b] βαδίζοντα δι' ὁδοῦ προτρέχειν (ἔχει γὰρ ὁ τοιοῦτος συνοδοιπόρον τὴν ἀγαθὴν ἐλπίδα, ἀλείφουσαν, διεγείρουσαν, νευροῦσαν, προθυμότερον ἐργαζομένην), ὡς τὸ μετὰ τοὺς μυρίους στεφάνους, καὶ τὰ πολλὰ τρόπαια, καὶ τὰς νίκας, τὴν ἐσχάτην ὑπομένοντα ζημίαν, δυνηθῆναι D πάλιν ἐπιλαβέσθαι τῶν αὐτῶν δρόμων. Καὶ ἵνα σαφέστερον ὃ λέγω γένηται, καὶ ἕτερον οὐδὲν ἔλαττον τοῦ προτέρου παραδείγματος εἰς μέσον ὑμῖν ἀγαγεῖν πειράσομαι. Ἐννόησον γάρ μοί τινα κυβερνήτην μυρία διαλαβόντα πελάγη, μετὰ τὸ τὴν θάλασσαν διαπλεῦσαι ἅπασαν, μετὰ τοὺς πολλοὺς χειμῶνας, καὶ τοὺς σκοπέλους, καὶ τὰ κύματα, πολὺν ἔχοντα φόρτον, ἐν αὐτῷ καταποντιζόμενον τῷ στόματι τοῦ λιμένος, καὶ γυμνῷ μόλις τῷ σώματι τὸ χαλεπὸν τοῦτο [c] διαφυγόντα ναυάγιον· πῶς πρὸς τὴν θάλασσαν διακεῖσθαι εἰκὸς, καὶ τὴν ναυτιλίαν, καὶ τοὺς τοιούτους πόνους; E ἆρα αἱρήσεταί ποτε ὁ τοιοῦτος, εἰ μὴ σφόδρα γενναίας εἴη ψυχῆς, αἰγιαλὸν ἰδεῖν, ἢ πλοῖον, ἢ λιμένα; Οὐχ ἔγωγε οἶμαι· ἀλλ' ἐγκαλυψάμενος κείσεται, νύκτα τὴν ἡμέραν ὁρῶν, καὶ πρὸς πάντα ἀπαγορεύων· καὶ μᾶλλον αἱρήσεται προσαιτῶν ζῆν, ἢ τῶν αὐτῶν ἅψασθαι πόνων. Ἀλλ' οὐχ ὁ μακάριος οὗτος τοιοῦτος· ἀλλὰ τοιοῦτον ναυάγιον ὑπομείνας, μετὰ τοὺς μυρίους πόνους 324 A καὶ τοὺς ἱδρῶτας ἐκείνους, οὐκ ἔμεινεν [d] ἐγκεκαλυμ-

[a] Morel. τραυματισθέντος, Savil. τραῦμα προστιθέντος, alii προσθέντος, et infra κατὰ τοῦ τοξεύσαντος ἀφεὶς μικρόν.

[b] Alii βαδίζοντα καὶ δι' ὁδοῦ τρέχειν. ἔχει γὰρ ἡ τοιαύτη. Paulo post Morel. ὥστε μετὰ τοὺς, et mox ὑπομείναντα ζημίαν.

[c] Alii διαφυγόντα κλυδώνιον, et post tres lineas σφόδρα στεῤῥᾶς εἴη ψυχῆς.

[d] Unus κεκαλυμμένος.

μένος, ἀλλὰ καὶ τὸ πλοῖον καθείλκυσε, καὶ τὰ ἱστία πετάσας, καὶ τὸ πηδάλιον μεταχειρίσας, τῶν αὐτῶν ἥπτετο πόνων, καὶ πλείονα τῶν πρώτων τὸν πλοῦτον εἰργάσατο πάλιν. Εἰ δὲ τὸ στῆναι [b] θαυμαστὸν, καὶ τὸ μὴ κεῖσθαι δι' ὅλου πεσόντα, καὶ τὸ ἀναστῆναι, καὶ τοιαῦτα ἐργάζεσθαι, πόσων οὐκ ἂν εἴη στεφάνων ἄξιον; Καίτοι γε πολλὰ ἦν τὰ εἰς ἀπόγνωσιν αὐτὸν ἐμβάλλοντα· καὶ πρῶτον, τὸ μέγεθος τοῦ ἁμαρτήματος· δεύτερον, τὸ μὴ ἐν προοιμίοις τῆς ζωῆς, ὅτε καὶ πλείους αἱ ἐλπίδες, ἀλλὰ πρὸς τῷ τέλει ταῦτα παθεῖν. Οὐδὲ γὰρ ὁ ἔμπορος ἀπὸ λιμένος [c] ἐξελθὼν, καὶ ναυάγιον εὐθέως ὑπομείνας, ὁμοίως ἀλγεῖ τῷ μετὰ μυρίας ἐμπορίας προσαράσσοντι σκοπέλῳ. Τρίτον, ἤδη τὸν πολὺν συνειληχότα πλοῦτον τοῦτο παθεῖν· καὶ γὰρ οὐ μικρὰ ἀπέκειτο αὐτῷ φορτία τότε· οἷον τὰ κατὰ τὴν πρώτην ἡλικίαν, ἡνίκα ἐποίμαινε· τὰ κατὰ τὸν Γολιὰθ, ὅτε τὸ λαμπρὸν τρόπαιον ἔστησε· τὰ κατὰ τὴν φιλοσοφίαν τὴν ἐπὶ τοῦ Σαοὺλ. Καὶ γὰρ τὴν εὐαγγελικὴν ἐπεδείκνυτο μακροθυμίαν, μυριάκις τὸν ἐχθρὸν εἰς χεῖρας ἑλὼν, καὶ φεισάμενος διηνεκῶς· καὶ μᾶλλον ἑλόμενος ἐκπεσεῖν πατρίδος, καὶ ἐλευθερίας, καὶ αὐτῆς τῆς ζωῆς, ἢ τὸν ἀδίκως ἐπιβουλεύοντα ἀνελεῖν. Καὶ μετὰ τὴν βασιλείαν δὲ οὐ μικρὰ ἦν αὐτῷ [d] τὰ κατορθώματα. Μετὰ δὲ τῶν εἰρημένων, καὶ ἡ παρὰ τῶν πολλῶν ὑπόληψις, καὶ τὸ λαμπρᾶς οὕτω δόξης ἐκπεσεῖν, οὐ τὸν τυχόντα ἐποίει θόρυβον. Οὐδὲ γὰρ οὕτως αὐτὸν ἐκαλλώπιζεν ἡ πορφύρα, ὡς κατῄσχυνεν ἡ τῆς ἁμαρτίας ταύτης κηλίς.

Ἴστε δὲ πάντως ἡλίκον ἐστὶν ἁμαρτήματα ἐκπομπεύεσθαι, καὶ πῶς μεγάλης δεῖται ψυχῆς ὁ τοιοῦτος, ὥστε μετὰ τὴν τῶν πολλῶν κατηγορίαν, καὶ τὸ μάρτυρας ἔχειν τοσούτους τῶν οἰκείων πλημμελημάτων, μὴ ἀναπεσεῖν. Ἀλλ' ὅμως ἅπαντα ταῦτα ὁ γενναῖος ἐκεῖνος τῆς ψυχῆς ἐξελκύσας τὰ βέλη, οὕτως ἔλαμψε μετὰ ταῦτα, οὕτως ἔσμηξε τὴν κηλῖδα, οὕτως ἐγένετο καθαρὸς, ὡς τῶν [e] ἐκγόνων τῶν αὐτοῦ καὶ τελευτήσας τὰ ἁμαρτήματα παραμυθήσασθαι· καὶ ὅπερ ἐλέγετο περὶ τοῦ Ἀβραὰμ, καὶ περὶ τούτου φαίνεται ὁ Θεὸς λέγων· μᾶλλον δὲ πολλῷ πλέον περὶ τούτου. Ἐπὶ μὲν γὰρ τοῦ πατριάρχου φησὶν, ὅτι Ἐμνήσθην τῆς διαθήκης τῆς πρὸς τὸν Ἀβραάμ· ἐνταῦθα δὲ οὒ, Τῆς διαθήκης, φησὶν, ἀλλὰ πῶς; Διὰ Δαυὶδ τὸν παῖδά μου ὑπερασπιῶ τῆς πόλεως ταύτης. Καὶ τὸν Σολομῶνα δὲ διὰ τὴν πρὸς ἐκεῖνον εὔνοιαν οὐκ ἀφῆκε τηλικαύτην ἁμαρτήσαντα ἁμαρτίαν τῆς βασιλείας ἐκπεσεῖν. Καὶ τοσαύτη ἦν ἡ δόξα τοῦ ἀνδρὸς, ὥστε τὸν Πέτρον μετὰ τοσαῦτα ἔτη [f] πρὸς Ἰουδαίους δημηγοροῦντα οὕτω λέγειν· Ἐξὸν εἰπεῖν μετὰ παῤῥησίας πρὸς ὑμᾶς περὶ τοῦ

multa erant quæ ipsum in desperationem conjicerent; primo, peccati magnitudo; secundo, quod non in primæva ætate, quando major erat spes reversionis, sed declinante jam ætate id passus esset. Neque enim mercator, qui ex portu egressus statim naufragium patitur, perinde afficitur dolore, atque is qui post multas peractas negotiationes in scopulum impingit. Tertio, quod post tantas collectas divitias id passus sit: etenim non parvæ illi tunc aderant mercium sarcinæ; nempe illa quæ in primæva ætate gesserat, cum pastor
B esset; pugna contra Goliathum, cum splendidum
erexit tropæum: philosophia illa quam exhibuit erga Saülem. Evangelicam enim ostendit magnanimitatem, cum sexcenties hostem præ manibus habuerit, cui semper pepercit; maluitque patriam, libertatem, imo vitam amittere, quam sibi injuste insidiantem interficere. Post adeptum quoque regnum non parva recte gessit. Supra memoratis addenda ejus apud omnes existimatio, nam quod a tanta gloria excidisset, non parvum animi motum excitare poterat. Non enim tantum ornabat purpuræ decus, quantum pudore suffundebat pec-
C cati tanti macula.

8. Scitis porro quam amarum sit cum peccata evulgantur, et quanto sit opus animo, ut a multis accusatus vir, totque habens scelerum testes, non prorsus concidat. Attamen strenuus ille vir, tela isthæc omnia ab anima sua evulsit, deindeque ita
D claruit, ita maculas eluit, ita mundus apparuit,
ut etiam post mortem nepotum suorum peccata
obtegeret: et quod de Abrahamo dixerat Deus,
id etiam de illo proferret; imo multo magis de
Davide. De patriarcha enim ait: ***Recordatus sum*** Exod. 2.
testamenti mei quod fuit ad Abraham; hic vero 24?
non loquitur de testamento: sed quid? ***Propter*** Isai. 37.
David puerum meum protegam hanc civitatem. 35.
Salomonem etiam qui tanta scelera admisit, ob
suam erga Davidem benevolentiam non permisit
Deus e regno excidere. Tantaque erat viri existi-
E matio, ut post tot annos Petrus in concione ad
Judæos diceret: ***Liceat audenter dicere ad vos*** Act. 2. 29.
de patriarcha David, quoniam defunctus est
et sepultus. Christus quoque Judæos alloquens,

[b] Alii τὸ στῆναι θαυμαστὸν οὕτω.

[c] Alii ἐξελθὼν εὐθέως καὶ ναυάγιον.

[d] Quidam Mss. τὰ κατωρθωμένα.

[e] Alii ἐγγόνων. Mox quidam ἁμαρτήματα παραιτήσασθαι, διὸ καὶ ὅπερ.

[f] Morel. et Savil. πρὸς ἰουδαίους. Alii τοῖς ἰουδαίοις.

ostendit eum etiam post peccatum ita Spiritus gratia dignatum, ut etiam de ipsius divinitate prophetiam emittere meruerit : indeque ipsorum ora obturans dicebat : *Quomodo ergo David in spiritu vocat eum Dominum, dicens, Dixit Dominus Domino meo, Sede a dextris meis?* (Matth. 22. 43.) Et quod in Moyse factum est, hoc etiam in Davide. (Davidis virtus.) Quemadmodum enim Mariam, invito etiam Moyse, castigavit Deus, eo quod fratrem contumelia affecisset, quia nempe sanctum illum admodum diligebat : sic, et hoc nolente, filium rebellem ultus est. Hæc cum aliis, imo præ aliis, viri virtutem satis declarant. Nam cum Deus fert sententiam, nihil ultra explorandum. Si vultis autem ejus philosophiam minutatim ediscere, licet percurrentibus historiam eorum quæ post peccatum gessit, videre quantam ille apud Deum fiduciam habuerit, quanta ejus benevolentia dignatus sit, quantum in virtute profecerit, quam recte ad ultimum usque spiritum vixerit. His igitur exemplis instituti, vigilemus, caveamusque ne labamur : quod si quando labi contingat, ne prostrati jaceamus. Neque enim peccata Davidis exposui, ut vos in segnitiem conjiciam; sed ut timorem incutiam. Nam si justus ille, quia parum neglexit, tot excepit vulnera, quid passuri sumus nos, qui quotidie segnes sumus? Ne cogites ergo lapsum illum esse, ut hinc negligens evadas; sed tecum reputa quot quantaque postea fecerit, quot fletus, quantam pœnitentiam nocte dieque exhibuerit, fontes lacrymarum emittens, iisque lavans lectum suum; et hæc sacco indutus. Si autem ille tanta eguerit conversione, qua ratione poterimus nos salutem consequi, post tot peccata nullo compuncti dolore? Nam qui multis operibus bonis instructus est, facile possit hinc peccata sua obtegere : qui autem nudus est, quocumque telo impetatur, letalem plagam accipit. Ne igitur hoc accidat, nos bonis operibus muniamus, et si quod peccatum admittatur, confestim nos abluamus; ut hac vita ad Dei gloriam peracta, futura illa fruamur vita : quam nos omnes assequi contingat, gratia et benignitate Domini nostri Jesu Christi, cui gloria et imperium in sæcula sæculorum. Amen.

πατριάρχου Δαυὶδ, ὅτι καὶ ἐτελεύτησε καὶ ἐτάφη. Καὶ ὁ Χριστὸς δὲ πρὸς Ἰουδαίους διαλεγόμενος, δείκνυσιν αὐτὸν μετὰ τὴν ἁμαρτίαν Πνεύματος ἠξιωμένον τοσούτου, (325 A) ὡς καὶ περὶ τῆς αὐτοῦ θεότητος ἀξιωθῆναι προφητεῦσαι πάλιν· καὶ ἐντεῦθεν αὐτοὺς ἐπιστομίζων ἔλεγε· Πῶς οὖν ὁ Δαυὶδ ἐν πνεύματι Κύριον αὐτὸν καλεῖ, λέγων, Εἶπεν ὁ Κύριος τῷ Κυρίῳ μου, κάθου ἐκ δεξιῶν μου; Καὶ ὅπερ ἐπὶ τοῦ Μωϋσέως γέγονε, τοῦτο καὶ ἐπὶ τοῦ Δαυίδ. Καθάπερ γὰρ τὴν Μαρίαν, καὶ ἄκοντος τοῦ Μωϋσέως, ἐκόλασεν ὁ Θεὸς, διὰ τὴν εἰς τὸν ἀδελφὸν ὕβριν, ἐπειδὴ σφόδρα ἐφίλει τὸν ἅγιον· οὕτω καὶ τούτῳ παρὰ τοῦ παιδὸς ὑβρισθέντι ταχέως ἤμυνε, καὶ ταῦτα μὴ βουλομένῳ. Ἱκανὰ μὲν οὖν καὶ ταῦτα, μᾶλλον δὲ [a] πρὸ τῶν ἄλλων ταῦτα ἱκανὰ δεῖξαι (B) τὴν ἀρετὴν τοῦ ἀνδρός. Ὅταν γὰρ ὁ Θεὸς ψηφίζηται, οὐδὲν δεῖ περιεργάζεσθαι πλέον. Εἰ δὲ βούλεσθε καὶ κατ' εἶδος αὐτοῦ τὴν φιλοσοφίαν μαθεῖν, ἔξεστιν ὑμῖν ἐπελθοῦσι τὴν ἱστορίαν τὴν μετὰ τὴν ἁμαρτίαν, ἰδεῖν αὐτοῦ τὴν παῤῥησίαν τὴν πρὸς τὸν Θεὸν, τὴν εὔνοιαν, τὴν τῆς ἀρετῆς ἐπίδοσιν, τὴν εἰς ἐσχάτας ἀναπνοὰς ἀκρίβειαν. Ταῦτα οὖν ἔχοντες τὰ παραδείγματα, νήφωμεν, καὶ σπουδάζωμεν μὴ καταπίπτειν· εἰ δέ ποτε καὶ πέσοιμεν, μὴ κεῖσθαι. Οὐδὲ γὰρ ἵνα ὑμᾶς εἰς ῥᾳθυμίαν [b] ἐμβάλω, τὰ τοῦ Δαυὶδ ἁμαρτήματα εἶπον· ἀλλ' ἵνα πλείονα φόβον ἐργάσωμαι. Εἰ γὰρ ὁ δίκαιος ἐκεῖνος (C) ῥᾳθυμήσας μικρὸν, τοιαῦτα ἐδέξατο πάθη καὶ τραύματα, τί πεισόμεθα ἡμεῖς καθ' ἑκάστην ὀλιγωρήσαντες; Μὴ τοίνυν ὅτι ἔπεσεν ἴδῃς, καὶ ῥᾳθυμήσῃς· ἀλλ' ἐννόησον πόσα καὶ μετὰ ταῦτα εἰργάσατο, πόσους θρήνους ἐπεδείξατο, πόσην μετάνοιαν τὰς νύκτας ταῖς ἡμέραις προστιθεὶς, πηγὰς δακρύων [c] ἀφιεὶς, τὴν κλίνην λούων τοῖς δάκρυσι· πρὸς τούτοις σάκκον περιβαλλόμενος. Εἰ δὲ ἐκεῖνος τοσαύτης ἐδεήθη τῆς ἐπιστροφῆς, πότε δυνησόμεθα σωθῆναι ἡμεῖς, μετὰ τοσαῦτα ἁμαρτήματα ἀναλγήτως διακείμενοι; Ὁ μὲν γὰρ (D) πολλὰ ἔχων κατορθώματα ῥᾳδίως ἂν καὶ ἐντεῦθεν τὰ ἁμαρτήματα συσκιάσειεν· ὁ δὲ γυμνὸς, ὅπου ἂν δέξηται βέλος, καιρίαν δέχεται πληγήν. Ἵν' οὖν μὴ τοῦτο γένηται, ὁπλίσωμεν ἑαυτοὺς [d] ἀγαθοῖς ἔργοις, κἂν προσγένηταί τι πλημμέλημα, ἀπονιψώμεθα· ἵνα καταξιωθῶμεν εἰς δόξαν τοῦ Θεοῦ ζήσαντες τὸν παρόντα βίον, τῆς μελλούσης ἀπολαῦσαι ζωῆς· ἧς γένοιτο πάντας ἡμᾶς ἐπιτυχεῖν, χάριτι καὶ φιλανθρωπίᾳ τοῦ Κυρίου ἡμῶν Ἰησοῦ Χριστοῦ, ᾧ ἡ δόξα καὶ τὸ κράτος εἰς τοὺς αἰῶνας τῶν αἰώνων. Ἀμήν.

[a] Morel. πρὸς τῶν ἄλλων.
[b] Ita Savil., Morel. autem ἐμβάλλω.
[c] Morel. ἀφεὶς.
[d] In Morel. solo ἀγαθοῖς ἔργοις deerat.

ΟΜΙΛΙΑ κζ.

326 A

Καὶ ἐλθὼν ὁ Ἰησοῦς εἰς τὴν οἰκίαν Πέτρου, εἶδε τὴν πενθερὰν αὐτοῦ βεβλημένην, καὶ πυρέσσουσαν· καὶ ἥψατο τῆς χειρὸς αὐτῆς, καὶ ἀφῆκεν αὐτὴν ὁ πυρετός· καὶ ἠγέρθη, [a] καὶ διηκόνει αὐτῷ.

Ὁ δὲ Μάρκος καὶ, Εὐθέως, φησὶ, βουλόμενος καὶ τὸν χρόνον δηλῶσαι· οὗτος δὲ μόνον τὸ σημεῖον τέθεικε, τὸν χρόνον οὐκ ἐπισημηνάμενος. Καὶ οἱ μὲν B ἄλλοι φασὶν, ὅτι καὶ παρεκάλεσεν αὐτὸν ἡ κατακειμένη· οὗτος δὲ καὶ τοῦτο ἐσίγησε. Τοῦτο δὲ οὐκ ἔστι διαφωνίας, ἀλλὰ τὸ μὲν συντομίας, τὸ δὲ ἀκριβοῦς ἐξηγήσεως. Ἀλλὰ τίνος ἕνεκεν εἰσῆλθεν εἰς τὴν οἰκίαν τοῦ Πέτρου; Ἐμοὶ δοκεῖ, τροφῆς μεταληψόμενος· τοῦτο γοῦν ἐδήλωσεν εἰπών· Ἀνέστη, καὶ διηκόνει αὐτῷ. [b] Παρὰ γὰρ τοῖς μαθηταῖς κατήγετο, ὥσπερ καὶ παρὰ Ματθαίῳ, ὅτε αὐτὸν ἐκάλεσε, τιμῶν αὐτοὺς καὶ προθυμοτέρους ταύτῃ ποιῶν. Σὺ δέ μοι σκόπει καὶ ἐνταῦθα τοῦ Πέτρου τὴν αἰδῶ τὴν πρὸς αὐτόν. Ἔχων γὰρ τὴν πενθερὰν οἴκοι κειμένην, καὶ πυρέσσουσαν σφοδρῶς, οὐχ εἵλκυσεν αὐτὸν εἰς τὴν οἰκίαν, ἀλλ' ἀνέμενε καὶ τὴν C διδασκαλίαν ἀπαρτισθῆναι, καὶ τοὺς ἄλλους θεραπευθῆναι πάντας, καὶ τότε αὐτὸν εἰσελθόντα [c] παρακαλέσαι. Οὕτως ἐξ ἀρχῆς ἐπαιδεύετο τὰ τῶν ἄλλων ἑαυτοῦ προτιθέναι. Οὐκοῦν οὐκ αὐτὸς αὐτὸν εἰσάγει, ἀλλ' αὐτὸς αὐτομάτως ἐπέβη, μετὰ τὸ εἰπεῖν τὸν ἑκατόνταρχον· Οὐκ εἰμὶ ἄξιος, ἵνα μου ὑπὸ τὴν στέγην εἰσέλθῃς· δεικνὺς ὅσον ἐχαρίζετο τῷ μαθητῇ. Καίτοι ἐννόησον οἷα ἦν τὰ δώματα τῶν ἁλιέων τούτων· ἀλλ' ὅμως οὐκ ἀπηξίου ὑπὸ τὰς καλύβας αὐτῶν εἰσιέναι τὰς εὐτελεῖς, παιδεύων σε διὰ πάντων τὸν ἀνθρώπινον καταπατεῖν τῦφον. Καὶ ποτὲ μὲν λόγοις θεραπεύει μόνον, ποτὲ δὲ D καὶ τὴν χεῖρα ἐκτείνει, ποτὲ δὲ ἀμφότερα ταῦτα ποιεῖ, εἰς ὄψιν ἄγων τὴν ἰατρείαν. Οὐ γὰρ ἐβούλετο ἀεὶ μεθ' ὑπερβολῆς θαυματουργεῖν. Ἔδει γὰρ τέως λανθάνειν, καὶ μάλιστα ἐπὶ τῶν μαθητῶν· καὶ γὰρ ἐκ πολλῆς ἡδονῆς πάντα ἂν ἐκήρυξαν. Καὶ τοῦτο δῆλον ἐξ ὧν μετὰ τὸ ἐλθεῖν εἰς τὸ ὄρος ἐδέησε τοῦ παραγγεῖλαι αὐτοῖς, ἵνα μηδενὶ εἴπωσιν. Ἁψάμενος τοίνυν τοῦ σώματος, οὐχὶ τὸν πυρετὸν ἔσβεσε μόνον, ἀλλὰ καὶ καθαρὰν τὴν ὑγίειαν ἀπέδωκεν· ἐπειδὴ γὰρ τὸ νόσημα εὐτελὲς ἦν, τῷ τρόπῳ τῆς ἰατρείας τὴν δύναμιν ἐπεδείκνυτο· E

[a] Quidam καὶ διηκόνει αὐτοῖς. Initium autem Homiliæ in quibusdam sic legitur: ὁ μὲν Μάρκος καὶ εὐθέως προσέθηκε, φησί.

HOMILIA XXVII. al. XXVIII.

Cap. VIII. v. 14. *Et cum venisset Jesus in domum Petri, vidit socrum ejus jacentem et febricitantem:* 15. *et tetigit manum ejus, et reliquit eam febris: et surrexit et ministrabat ei.*

1. Marcus ut tempus significaret, dixit, *Statim:* hic vero signum solummodo posuit, tempus- Marc. 1. 31.
que non notavit. Alii autem dicunt, ægram decumbentem rogasse illum: hic porro illud etiam tacuit. In qua re tamen nulla est discrepantia; sed aliud est brevitatis, aliud plenioris narrationis. Sed cur ingressus est in domum Petri? Mihi quidem videtur, ut cibum sumeret: id quod significat, cum ait: *Surrexit, et ministrabat ei.* Nam apud discipulos divertebat, ut et apud Matthæum, quando illum vocavit, honore illos afficiens ut studiosiores redderet. Tu vero hic mihi consideres velim Petri erga illum reverentiam. Cum enim socrum haberet domi jacentem et admodum febricitantem, non traxit eum domum, sed exspectavit donec doctrinæ prædicatio absolveretur, cæterique omnes sanarentur, et tunc demum cum intrasset, illum rogavit. Sic ab initio instituebatur, ut res aliorum suis anteponeret. Itaque non Petrus ipsum induxit, sed ipse sponte intravit, postquam centurio dixerat: *Non sum dignus, ut intres sub tectum meum;* declarans quantum gratificaretur discipulo. Atqui consideres velim quales essent piscatorum horumce ædes; attamen in illorum tuguria intrare non dedignatus est; quo nos doceret ut in omnibus fastum calcemus humanum. Et modo quidem verbis tantum sanat, modo manum porrigit, modo utrumque præstat, medicinam ob oculos ducens. Non enim volebat semper stupendo modo miracula edere. Oportebat quippe interim latere, maxime præsentibus discipulis, qui ex nimio gaudio omnia prædicassent. Illud vero hinc palam est, quod postquam venisset in montem, præciperet discipulis, ne cui id dicerent. Tetigit ergo corpus, neque modo febrim exstinxit, sed et valetudinem

[b] Hæc, παρὰ γὰρ τοῖς μαθηταῖς κατήγετο, ὥσπερ καὶ, deerant in Morel.

[c] Savil. παρεκάλεσεν, Morel. παρακαλέσαι.

plene restituit : quia enim levis erat morbus, ex medendi modo potentiam suam ostendit; id quod ars medicinæ non fecisset. Scitis cessante febre multo tempore opus esse, ut ægri in pristinam valetudinem restituantur. Sed tunc omnia simul facta sunt. Non hic autem solum, sed etiam in mari. Illic enim non ventos tantum et tempestatem sedavit, sed etiam motum fluctuum statim compressit, quod ipsum etiam insolitum erat : etiamsi enim tempestas cesset, multo postea tempore undæ fluctuant. Sed non ita Christi jussio operatur : omnia enim statim cessant, ut in muliere factum est. Et hoc declarans evangelista dicebat : *Surrexit, et ministrabat ei;* quod Christi virtutis signum erat, necnon affectus mulieris, quem erga Christum exhibuit. Aliud quoque hinc perspicimus, nempe aliorum fidei Christum aliorum curationem concedere. Nam hic alii ipsum rogabant, ut etiam in puero centurionis. Hujusmodi vero gratiam aliorum rogatu concedebat (dummodo is qui curabatur crederet), cum non poterat æger ipsum convenire, vel cum propter ignorantiam non magnum quid sentiebat de Christo, vel cum ætas ægri immatura erat. 16. *Vespere autem facto, obtulerunt ei multos dæmonia habentes, et ejiciebat spiritus eorum ab eis verbo, et omnes male habentes curabat,* 17. *ut adimpleretur quod*
Isai. 53.4. *dictum est per Isaiam prophetam : Ipse infirmitates nostras accepit, et ægritudines portavit.* Viden' multitudinis fidem deinceps adauctam? Neque enim, urgente licet tempore, recedere volebant, neque intempestivum putabant si vespere ægrotos suos adducerent. Tu vero mihi perpende, quantam multitudinem eorum qui sanitatem acceperunt prætercurrant evangelistæ, non sigillatim recensentes, sed uno verbo miraculorum pelagus immensum referentes. Deinde ne miraculi magnitudo incredulitatem pareret, quod tantum populum tam variis affectum morbis in momento temporis solverit et curaverit, rei testem adducit prophetam, magnam ubique ex Scripturis rerum prædictionem ostendens, signis ipsis non inferiorem : Hæc, inquit, Isaias dicit : *Infirmitates nostras accepit, et ægritudines portavit.* Non dixit, Solvit; sed, *Accepit et portavit :* quod de peccatis potius mihi dictum a propheta videtur, quam de morbis, et cum hoc Joannis di-

Christus celeriter morbos auferebat.

[a] ὅπερ οὐκ ἂν εἰργάσατο τέχνη ἰατρική. Ἴστε γὰρ ὅτι καὶ μετὰ τὴν ἀπαλλαγὴν τῶν πυρετῶν πολλοῦ δεῖ χρόνου πάλιν τοῖς κάμνουσιν, ὥστε εἰς τὴν προτέραν ὑγίειαν ἐπανελθεῖν. Ἀλλὰ τότε ὁμοῦ πάντα ἐγένετο. Καὶ οὐκ ἐνταῦθα μόνον, ἀλλὰ καὶ ἐπὶ τῆς θαλάττης. Οὐδὲ γὰρ ἐκεῖ τοὺς ἀνέμους ἔπαυσε μόνον καὶ τὸν χει- 327
A μῶνα, ἀλλὰ καὶ τὸν σάλον εὐθέως ἔστησεν, ὅπερ καὶ τοῦτο ξένον ἦν· εἰ γὰρ καὶ ἡ ζάλη λήξειε, μέχρι πολλοῦ μένει τὰ ὕδατα σαλευόμενα. Ἀλλ' οὐκ ἐπὶ τοῦ Χριστοῦ οὕτως· ἀλλ' ὁμοῦ πάντα ἐλύετο, ὅπερ οὖν καὶ ἐπὶ τῆς γυναικὸς γέγονε. Καὶ τοῦτο ἐμφαίνων ὁ εὐαγγελιστὴς ἔλεγεν· Ἀνέστη, καὶ διηκόνει αὐτῷ· ὃ τῆς τοῦ Χριστοῦ δυνάμεως σημεῖον ἦν, καὶ τῆς διαθέσεως τῆς γυναικὸς, ἣν περὶ τὸν Χριστὸν ἐπεδείκνυτο. Καὶ ἕτερον δέ τι μετὰ τούτων ἐντεῦθεν ἂν κατίδοιμεν, ὅτι καὶ τῇ ἑτέρων πίστει χαρίζεται ὁ Χριστὸς τὴν ἑτέρων διόρθωσιν (καὶ γὰρ ἐνταῦθα ἕτεροι αὐτὸν παρεκάλεσαν, ὡς καὶ ἐπὶ τοῦ παιδὸς τοῦ ἑκατοντάρχου), χαρίζεται
B δὲ, ὅταν μὴ ἀπιστῇ ὁ θεραπεύεσθαι μέλλων, ἀλλ' ἢ διὰ νόσον μὴ δύνηται πρὸς αὐτὸν ἰέναι, ἢ δι' ἄγνοιαν μηδὲν μέγα περὶ αὐτοῦ φαντάζηται, ἢ δι' ἡλικίαν ἄωρον. Ὀψίας δὲ γενομένης, προσήνεγκαν αὐτῷ δαιμονιζομένους πολλοὺς, καὶ ἐξέβαλε τὰ πνεύματα αὐτῶν ἀπ' αὐτῶν λόγῳ, καὶ πάντας τοὺς κακῶς ἔχοντας ἐθεράπευσεν, ὅπως πληρωθῇ τὸ ὑπὸ τοῦ προφήτου Ἡσαΐου λεχθὲν, ὅτι τὰς ἀσθενείας ἡμῶν ἀνέλαβε, καὶ τὰς νόσους ἐβάστασεν. Εἶδες τὸ πλῆθος εἰς πίστιν [a] αὐξόμενον λοιπόν; Οὐδὲ γὰρ τοῦ καιροῦ κατεπείγοντος ἀναχωρεῖν ἠνείχοντο, οὐδὲ ἄκαιρον εἶναι ἐνόμιζον ἐν ἑσπέρᾳ προσάγειν τοὺς ἀῤῥώστους αὐτῶν. Σὺ δέ μοι σκόπει,
C πόσον πλῆθος θεραπευομένων παρατρέχουσιν οἱ εὐαγγελισταὶ, οὐχὶ καθ' ἕνα λέγοντες ἡμῖν καὶ διηγούμενοι, ἀλλ' ἑνὶ ῥήματι [b] πέλαγος ἄφραστον θαυμάτων ὑπερβαίνοντες. Εἶτα ἵνα μὴ πάλιν τὸ μέγεθος τοῦ θαύματος εἰς ἀπιστίαν ἐμβάλῃ, εἴγε δῆμον τοσοῦτον καὶ ποικίλα νοσήματα ἐν μιᾷ καιροῦ ῥοπῇ ἔλυσε καὶ διώρθωσεν, ἐπάγει τὸν προφήτην μαρτυροῦντα τοῖς γινομένοις, μεγάλην πανταχοῦ τὴν ἀπὸ τῶν Γραφῶν ἀπόδειξιν οὖσαν δεικνὺς, καὶ τῶν σημείων αὐτῶν οὐκ ἐλάττονα, καί φησιν, ὅτι καὶ Ἡσαΐας ταῦτα εἶπεν, ὅτι
D Τὰς ἀσθενείας ἡμῶν ἔλαβε, καὶ τὰς νόσους ἐβάστασεν. Οὐκ εἶπεν, ἔλυσεν· ἀλλ', Ἔλαβεν καὶ ἐβάστασεν· ὃ

[a] Morel. ὥσπερ οὐκ ἂν εἰργάσατο.
[a] Quidam habent αὐξανόμενον. Ibid. Morel. οὐ δὲ γὰρ ἄκαιρον. Mox Savil. τοὺς ἀῤῥώστους αὐτῷ, Morel. αὐτῶν.
[b] Alii πέλαγος ἄφατον.

περὶ ἁμαρτιῶν μᾶλλον εἰρῆσθαί μοι δοκεῖ τῷ προφήτῃ συμφώνως Ἰωάννῃ τῷ λέγοντι· Ἴδε ὁ ἀμνὸς τοῦ Θεοῦ, ὁ αἴρων τὴν ἁμαρτίαν τοῦ κόσμου.

Πῶς οὖν περὶ νοσημάτων αὐτὸ ἐνταῦθα τίθησιν ὁ εὐαγγελιστής; Ἢ κατὰ [c] ἱστορίαν τὴν μαρτυρίαν ἀναγινώσκων, ἢ δηλῶν ὅτι τὰ πλείονα τῶν νοσημάτων ἐξ ἁμαρτημάτων ἐστὶ ψυχικῶν. Εἰ γὰρ τὸ κεφάλαιον αὐτὸς ὁ θάνατος ἐξ ἁμαρτίας ἔσχε τὴν ῥίζαν καὶ τὴν ὑπόθεσιν, πολλῷ μᾶλλον καὶ τῶν νοσημάτων τὰ πολλά· ἐπεὶ καὶ αὐτὸ τὸ παθητοὺς εἶναι ἡμᾶς ἐκεῖθεν γέγονεν. Ἰδὼν δὲ ὁ Ἰησοῦς πολλοὺς ὄχλους περὶ αὐτὸν, ἐκέλευσεν ἀπελθεῖν εἰς τὸ πέραν. Εἶδες πάλιν τὸ ἀκόμπαστον; Οἱ μὲν γὰρ ἄλλοι φασὶν, ὅτι τοῖς δαίμοσιν ἐπετίμα, ἵνα μὴ εἴπωσιν, ὅτι αὐτός ἐστιν· οὗτος δέ φησιν, ὅτι τοὺς ὄχλους διωθεῖται. Ἐποίει δὲ τοῦτο, [d] ὁμοῦ τε μετριάζειν ἡμᾶς παιδεύων, ὁμοῦ τε τὸν φθόνον παραμυθούμενος τὸν Ἰουδαϊκὸν, καὶ διδάσκων ἡμᾶς μηδὲν πρὸς ἐπίδειξιν ποιεῖν. Οὐ γὰρ δὴ σώματα [a] ἐθεράπευε μόνον, ἀλλὰ καὶ τὴν ψυχὴν διώρθου, καὶ φιλοσοφεῖν ἐπαίδευε, δι' ἀμφοτέρων ἑαυτὸν δεικνὺς, καὶ τῷ λύειν τὰ νοσήματα, καὶ τῷ μηδὲν πρὸς ἐπίδειξιν ποιεῖν. Καὶ γὰρ ἦσαν αὐτῷ προσηλωμένοι φιλοῦντες αὐτὸν καὶ θαυμάζοντες, καὶ ὁρᾷν εἰς αὐτὸν ἀεὶ βουλόμενοι. Τίς γὰρ ἂν ἀπέστη τοιαῦτα θαυματουργοῦντος; τίς δ' οὐκ ἂν καὶ τὸ πρόσωπον ἠθέλησεν ἁπλῶς ἰδεῖν, καὶ τὸ στόμα τὸ τοιαῦτα φθεγγόμενον; Οὐδὲ γὰρ θαυματουργῶν ἦν θαυμαστὸς μόνον, ἀλλὰ καὶ φαινόμενος ἁπλῶς πολλῆς ἔγεμε χάριτος· καὶ τοῦτο ὁ προφήτης δηλῶν ἔλεγεν· Ὡραῖος κάλλει παρὰ τοὺς υἱοὺς τῶν ἀνθρώπων. Εἰ δὲ ὁ Ἡσαΐας λέγει, Οὐκ εἶχεν εἶδος οὐδὲ κάλλος, ἢ πρὸς τὴν τῆς θεότητος δόξαν τὴν ἀπόῤῥητον καὶ ἄφραστον τοῦτό φησιν· ἢ τὰ ἐν τῷ πάθει συμβάντα διηγούμενος, καὶ τὴν ἀτιμίαν ἣν ὑπέμεινεν ἐν τῷ καιρῷ τοῦ σταυροῦ, καὶ τὴν εὐτέλειαν ἣν παρὰ πάντα τὸν βίον ἐπεδείξατο διὰ πάντων. Οὐ πρότερον δὲ ἐκέλευσεν ἀπελθεῖν εἰς τὸ πέραν, ἕως οὗ ἐθεράπευσεν. Ἢ γὰρ ἂν οὐδὲ ἠνέσχοντο. Ὥσπερ οὖν ἐν τῷ ὄρει οὐχὶ δημηγοροῦντι παρέμενον μόνον, ἀλλὰ καὶ σιγῆς οὔσης ἠκολούθουν· οὕτω καὶ ἐνταῦθα οὐχὶ θαυματουργοῦντι προσήδρευον, ἀλλὰ καὶ παυσαμένῳ πάλιν, καὶ ἀπὸ τοῦ προσώπου πολλὴν τὴν ὠφέλειαν δεχόμενοι. Εἰ γὰρ Μωϋσῆς δεδοξασμένον τὸ πρόσωπον εἶχε, καὶ Στέφανος ὡς ἀγγέλου, ἐννόησον τὸν κοινὸν Δεσπότην οἷον εἰκὸς ἦν φαίνεσθαι τότε. Τάχα πολλοὶ νῦν εἰς ἐπιθυμίαν [b] ἐνέπεσον τοῦ τὴν εἰκόνα ἐκείνην ἰδεῖν· ἀλλ' ἂν ἐθέλωμεν, πολλῷ βελτίονα ὀψόμεθα ἐκείνης. Ἂν γὰρ μετὰ παῤῥησίας τὸν παρόντα διανύσωμεν βίον, ἐπὶ τῶν νεφελῶν αὐτὸν δεξόμεθα,

[c] Quidam ἱστορίαν τινὰ μαρτυρίαν.

[d] Sic recte Savil. et maxima pars exemplarium, Morel. vero ὁμοῦ μετριάζων ἡμᾶς καὶ παιδεύων.

cto consonat; *Ecce agnus Dei, qui tollit peccatum mundi.* Joan. 1. 29.

2. Quomodo ergo idipsum de morbis hic ponit evangelista? Vel quod historico more et ad literam hoc testimonium legat, vel ut ostendat plerosque morbos ex peccatis animæ proficisci. Nam si mors, quæ caput est omnium, ex peccato origi- E nem occasionemque habuit, multo magis ægritudines hinc ortæ sunt : quandoquidem hinc etiam evenit, ut nos passibiles simus. 18. *Videns Jesus turbas multas circum se, jussit transfretare.* Viden' rursum quam sit ab ostentatione alienus? Nam cæteri dicunt, ipsum dæmones increpasse ne 328 dicerent quis esset : hic vero ait, ipsum amovisse A turbas. Illud autem agebat, tum ut nos institueret doceretque modestiam, tum ut invidiam sedaret Judaïcam, doceretque nihil ad ostentationem esse faciendum. Non enim corpora tantum curabat, sed etiam emendabat animam, ipsamque ad philosophiam instituebat : sese utroque modo exhibens, et morbos curantem, et nihil ex fastu agentem. Multi quippe ipsi hærebant amore admirationeque ducti, atque ipsum semper videre cupientes. Quis enim abscessisset, dum ille tanta miracula patraret? aut quis noluisset faciem et os talia loquentis aspicere? Neque enim ex prodigiis tantum ad- *Christi conspectus gratia multa plenus.* B mirandus, sed ipsius solum conspectus gratia multa plenus erat : id quod indicans propheta dicebat : *Speciosus forma præ filiis hominum :* Psal. 44. 3. Quod si Isaias dicat, *Non habebat speciem neque decorem,* Isai. 53. 2. aut illud de divinitatis gloria ineffabili intelligit; aut ea quæ in passione gesta sunt narrat, ignominiamque illam quam crucis tempore sustinuit, aut tenuitatem illam quam toto vitæ tempore in omnibus exhibuit. Non autem prius transfretare jussit, quam morbos curasset. Alioquin non id ferre potuissent. Ut enim in monte non concionanti modo aderant, sed etiam silen- C tem sequebantur : sic etiam nunc non miracula edenti tantum hærebant; sed etiam post edita signa, vel ex ejus vultu et conspectu magnam carpebant utilitatem. Nam si Moyses gloria splendentem, Stephanus angelicum vultum habuit, cogita qualem tunc apparuisse communem Dominum verisimile est. Forte vero multi jam ejus videndæ imaginis cupiditate incensi sunt : sed si velimus, longe splendidiorem ipsa videbimus. Nam si cum

[a] Alii ἐθεράπευσε.... ἐπαίδευσε.

[b] Ἐνέπεσον deerat in Morel.

fiducia et virtute vitam peragamus, in nubibus
ipsum excipiemus, obviam ipsi venientes in im-
Christi lenitas. mortali et incorruptibili corpore. Perpende autem
quam leniter ipsos amoveat, nec deterreat. Non
enim dixit, Recedite; sed transfretare jubet, spem
faciens se illo trajecturum esse. Sic turbæ quidem
multum exhibebant amoris, et cum affectu magno
sequebantur; unus autem pecuniarum servus, ar-
rogantiaque plenus accessit ac dixit : 19. *Magister, sequar te quocumque ieris.* Vidistin' quanta
arrogantia? Ac si non dignaretur se cum turba
annumerare, seque ostentans quasi non in vulgi
turba computandus, sic accedit. Tales sunt Judaïci mores, intempestiva pleni fiducia. Sic et alius
Matth. 22. 36 postea silentibus omnibus insiliens, ait : *Quod
est primum mandatum?* Attamen Dominus im-
portunam libertatem non corripuit, ut nos ad hujusmodi homines ferendos institueret. Ideo non
palam redarguit eos qui mala cogitarent : sed eorum opinioni respondet, ipsis solis confutationem
inspiciendam relinquens, duplicemque ipsis parans utilitatem, ut nempe sciant se conscientiæ secreta nosse, utque post datum indicium illud adhuc lateat, dans locum ad resipiscendum, si velint : id quod nunc etiam fecit. Hic enim multa
signa videns, turbamque affluentem, sperabat se
ex tot miraculis ditandum esse, ideoque illum
sequi cupiebat. Undenam hoc nobis patebit? Ex
responsione Christi, qui non verbis loquentis, sed
menti respondet. Quid enim? inquit; an pecunias
te collecturum speras, si me sequaris? annon vides mihi ne diversorium quidem esse quale ipsis
avibus est? Nam ait, 20. *Vulpes foveas habent,
et volucres cœli nidos; Filius autem hominis
non habet ubi caput reclinet.* Hæc non repel-
lentis erant, sed malam mentem redarguentis, et
potestatem dantis cum tali spe sequi, si vellet. Ut
autem ejus nequitiam ediscas, vide quid faciat.
His auditis et sic confutatus, non dixit, Ad sequendum paratus sum.

3. Alibi quoque sæpe idipsum Christus facit;
non aperte redarguit, sed ex responsione accedentium mentem aperit. Nam et illi qui dicebat :
Luc. 18. 18. *Magister bone*, et ex adulatione sperabat se illum allecturum esse ad suam sententiam, respon-
Ibid. v. 19. dit : *Cur me dicis bonum? Nemo bonus, nisi
Matth. 12. 47. unus Deus.* Et cum dicerent ei, *Ecce mater tua*

ἀπαντήσαντες ἐν ἀθανάτῳ καὶ ἀφθάρτῳ σώματι.
Θέα δὲ πῶς αὐτοὺς οὐχ ἁπλῶς ἐλαύνει, ἵνα μὴ πλήξῃ.
Οὐ γὰρ εἶπεν, ἀναχωρήσατε· ἀλλ' εἰς τὸ πέραν ἐκέ-
D λευσεν ἀπελθεῖν, προσδοκίαν διδοὺς τοῦ πάντως ἥξειν
ἐκεῖ. Καὶ οἱ μὲν ὄχλοι τοσαύτην [c] ἐπεδείκνυντο τὴν
ἀγάπην, καὶ μετὰ πολλῆς ἠκολούθουν τῆς διαθέσεως·
εἷς δέ τις χρημάτων δοῦλος, καὶ πολλὴν ἔχων τὴν ἀπόνοιαν, προσελθών φησιν· Διδάσκαλε, ἀκολουθήσω σοι,
ὅπου δ' ἂν ἀπέρχῃ. Εἶδες πόσος ὁ τῦφος; Ἅτε γὰρ οὐκ
ἀξιῶν μετὰ τοῦ ὄχλου ἀριθμεῖσθαι, ἀλλ' ἐνδεικνύμενος
ὅτι ὑπὲρ τοὺς πολλούς ἐστιν αὐτὸς, οὕτω πρόσεισι.
Τοιαῦτα γὰρ τὰ ἤθη τὰ Ἰουδαϊκὰ, ἀκαίρου παῤῥησίας
E ἐστὶν ἀνάπλεα. Οὕτω καὶ ἄλλος μετὰ ταῦτα πάντων
σιγώντων αὐτὸς ἀναπηδήσας, φησί· Ποία ἐντολὴ πρώτη; Ἀλλ' ὅμως οὐκ ἐπετίμησεν ὁ Δεσπότης τῇ ἀκαίρῳ
παῤῥησίᾳ, παιδεύων ἡμᾶς καὶ τοὺς τοιούτους φέρειν.
Διὰ τοῦτο οὐκ ἐλέγχει φανερῶς τοὺς πονηρὰ βουλευο-
μένους· πρὸς δὲ τὴν [d] ὑπόνοιαν αὐτῶν ἀποκρίνεται,
329 μόνοις αὐτοῖς καταλιμπάνων εἰδέναι τὸν ἔλεγχον, καὶ
A διπλῇ αὐτοὺς ὠφελῶν, τῷ τε δηλῶσαι ὅτι οἶδε τὰ ἐν
τῷ συνειδότι, καὶ τῷ μετὰ τὴν ἐπίδειξιν ταύτην χαρίσασθαι τὸ λαθεῖν, καὶ δοῦναι πάλιν, εἰ βούλοιντο, ἑαυτοὺς ἀνακτήσασθαι· ὃ δὴ καὶ ἐπὶ τούτου ποιεῖ. Οὗτος
γὰρ ἰδὼν τὰ πολλὰ σημεῖα, καὶ πολλοὺς ἐπισυρομέ-
νους, προσεδόκησε χρηματίζεσθαι ἐκ τῶν τοιούτων
θαυμάτων· διόπερ καὶ ἀκολουθῆσαι ἔσπευδε. Καὶ πόθεν
τοῦτο δῆλον; Ἀπὸ τῆς ἀποκρίσεως, ἧς ὁ Χριστὸς ποιεῖται, οὐ πρὸς τὴν ἐρώτησιν τῶν ῥημάτων, ἀλλὰ πρὸς τὴν
γνώμην τῆς διανοίας ἀπαντῶν. Τί γάρ; φησί· χρήματα
B προσδοκᾷς ἀκολουθῶν ἐμοὶ συλλέγειν; εἶτα οὐχ ὁρᾷς
ὅτι οὔτε καταγώγιόν μοί ἐστιν, οὐδὲ τοσοῦτον ὅσον
ταῖς ὄρνισιν; Αἱ γὰρ ἀλώπεκες, φησὶ, φωλεοὺς ἔχουσι,
καὶ τὰ πετεινὰ τοῦ οὐρανοῦ κατασκηνώσεις· ὁ δὲ Υἱὸς
τοῦ ἀνθρώπου οὐκ ἔχει ποῦ τὴν κεφαλὴν [a] κλῖναι.
Ταῦτα δὲ οὐκ ἦν ἀποτρεπομένου, ἀλλ' ἐλέγχοντος μὲν
τὴν πονηρὰν γνώμην, παρέχοντος δὲ, εἰ βούλοιτο,
μετὰ τῆς τοιαύτης προσδοκίας ἀκολουθεῖν. Καὶ ἵνα
μάθῃς αὐτοῦ τὴν πονηρίαν, [b] ὅρα τί ποιεῖ. Ἀκούσας
ταῦτα καὶ ἐλεγχθεὶς οὐκ εἶπεν, ἕτοιμός εἰμι ἀκολουθῆσαι.

Καὶ πολλαχῇ δὲ ἀλλαχοῦ τοῦτο φαίνεται ποιῶν ὁ
Χριστός· φανερῶς μὲν οὐκ ἐλέγχει, ἀπὸ δὲ τῆς ἀπο-
C κρίσεως δηλοῖ τὴν γνώμην τῶν προσιόντων. Καὶ γὰρ
ἐκείνῳ τῷ λέγοντι, Διδάσκαλε ἀγαθὲ, καὶ προσδοκή-
σαντι διὰ τῆς κολακείας αὐτὸν ἐπισπάσασθαι πρὸς τὴν
γνώμην, ἀπεκρίνατο λέγων· Τί με λέγεις ἀγαθόν; Οὐδεὶς ἀγαθὸς, εἰ μὴ εἷς ὁ Θεός. Καὶ ὅτε ἔλεγον αὐτῷ,

[c] Quidam habent ἐπεδείξαντο.

[d] Alii ἀπόνοιαν. Paulo post Morel. διπλῶς pro διπλῇ.

[a] Quidam habent κλίνῃ.

[b] In aliis ὅρα τί ποιεῖ deest. Paulo post omnes fere Mss. πολλαχῇ δὲ ἀλλαχοῦ, quæ videtur esse vera lectio ad vitandam ingrati soni repetitionem, quæ observatur in πολλαχοῦ δὲ ἀλλαχοῦ, quam lectionem habent Savil et Morel.

Ἰδοὺ ἡ μήτηρ σου καὶ οἱ ἀδελφοί σου ζητοῦσί σε, ἐπειδὴ ἀνθρώπινόν τι ἔπασχον, οὐκ ἀκοῦσαί τι τῶν χρησίμων βουλόμενοι, ἀλλ' ἐπιδείξασθαι, ὅτι προσήκουσιν αὐτῷ, καὶ ταύτῃ κενοδοξῆσαι, ἄκουσον τί φησιν· Τίς ἐστιν ἡ μήτηρ μου, καὶ τίνες εἰσὶν οἱ ἀδελφοί μου; Καὶ αὐτοῖς πάλιν τοῖς ἀδελφοῖς λέγουσιν αὐτῷ, Φανέρωσον σεαυτὸν τῷ κόσμῳ, καὶ βουλομένοις ἐντεῦθεν κενοδοξεῖν, ἔλεγεν· Ὁ ὑμέτερος καιρὸς, φησὶν, ἀεὶ ἕτοιμος, ὁ δὲ ἐμὸς οὔπω πάρεστι. Καὶ ἀπὸ τῶν D ἐναντίων δὲ τοῦτο ποιεῖ, ὡς ἐπὶ τοῦ Ναθαναὴλ, λέγων· Ἴδε ἀληθῶς Ἰσραηλίτης, ἐν ᾧ δόλος οὐκ ἔστι. Καὶ πάλιν, Πορευθέντες ἀπαγγείλατε Ἰωάννῃ ἃ ἀκούετε καὶ βλέπετε. Οὐδὲ γὰρ ἐνταῦθα πρὸς τὰ ῥήματα, ἀλλὰ πρὸς τὴν γνώμην τοῦ πέμψαντος ἀπεκρίνατο. Καὶ τῷ δήμῳ δὲ πάλιν ὁμοίως πρὸς τὸ συνειδὸς διαλέγεται, λέγων· Τί ἐξήλθετε ἰδεῖν εἰς τὴν ἔρημον; Ἐπειδὴ γὰρ εἰκὸς αὐτοὺς ὡς περὶ εὐκόλου καὶ εὐριπίστου [c] τινὸς διακεῖσθαι τοῦ Ἰωάννου, ταύτην διορθούμενος τὴν ὑποψίαν, φησίν· Τί ἐξήλθετε εἰς τὴν ἔρημον ἰδεῖν; κάλαμον ὑπὸ ἀνέμου σαλευόμενον, ἢ ἄνθρωπον ἐν μαλακοῖς ἱματίοις ἠμφιεσμένον; δι' ἀμφοτέρων δηλῶν, ὅτι οὔτε οἴκοθέν ἐστιν εὐρίπιστος, οὔτε ἀπὸ E τρυφῆς τινος μαλακισθήσεται. Οὕτω τοίνυν καὶ ἐνταῦθα πρὸς τὴν γνώμην τὴν ἀπόκρισιν ποιεῖται. Καὶ ὅρα πῶς καὶ ἐν τούτῳ πολὺ τὸ μέτριον ἐνδείκνυται. Οὐδὲ γὰρ εἶπεν, ὅτι ἔχω μὲν, καταφρονῶ δέ· ἀλλ', ὅτι οὐκ ἔχω. Εἶδες ὅση μετὰ τῆς συγκαταβάσεως ἡ ἀκρίβεια; [a] Ὡς ὅταν ἐσθίῃ καὶ πίνῃ, ὅταν φαίνηται ἀπ' 330 A ἐναντίας τῷ Ἰωάννῃ ποιῶν. Καὶ τοῦτο τῆς τῶν Ἰουδαίων σωτηρίας ἕνεκεν ποιεῖ, μᾶλλον δὲ τῆς οἰκουμένης ἁπάσης, ὁμοῦ μὲν τῶν αἱρετικῶν ἐμφράττων τὰ στόματα, ὁμοῦ δὲ [b] καὶ τοὺς τότε ἐκ περιουσίας βουλόμενος ἐπισπάσασθαι. Ἕτερος δέ τις, φησὶν, εἶπεν αὐτῷ· Κύριε, ἐπίτρεψόν μοι πρῶτον ἀπελθεῖν, καὶ θάψαι τὸν πατέρα μου. Εἶδες τὸ διάφορον; Καὶ πῶς ὁ μὲν ἀναισχύντως φησὶν, Ἀκολουθήσω σοι, ὅπου ἂν ἀπέρχῃ· οὗτος δὲ, καίτοι ὅσιον πρᾶγμα αἰτῶν, φησιν, Ἐπίτρεψόν μοι; Ἀλλ' οὐκ ἐπέτρεψεν· ἀλλὰ τί φησιν; Ἄφες τοὺς νεκροὺς θάψαι τοὺς ἑαυτῶν νεκροὺς, σὺ δέ B μοι ἀκολούθει. Πανταχοῦ γὰρ τῇ γνώμῃ προσεῖχε. Καὶ τίνος ἕνεκεν οὐκ ἐπέτρεψε; φησίν. Ὅτι καὶ οἱ ἐκεῖνο [c] πληρώσοντες ἦσαν, καὶ οὐκ ἔμελλεν ἄταφος μένειν· καὶ τοῦτον τῶν ἀναγκαιοτέρων ἀπάγεσθαι οὐκ ἐχρῆν. Εἰπὼν δὲ, Τοὺς ἑαυτῶν νεκροὺς, δείκνυσιν ὅτι οὗτος οὐκ ἔστιν αὐτοῦ νεκρός. Καὶ γὰρ τῶν ἀπίστων, ὡς ἔγωγε οἶμαι, ἦν ὁ τετελευτηκώς. Εἰ δὲ θαυμάζεις τὸν

et fratres tui quærentes te, quia illi humanum
quid patiebantur, neque utilia sibi audire volebant,
sed ostendere se ipsi genere proximos esse, hincque vanam gloriam carpere, audi quid dicat :
Quæ est mater mea, et qui sunt fratres mei? Ibid. v. 48.
Ipsisque demum fratribus suis dicentibus, *Osten-* Joan. 7. 4.
de teipsum mundo, ut hinc vanam sibi gloriam
parerent, dicebat : *Vestrum tempus semper est* Ibid. v. 6.
paratum, meum autem nondum adest. Per contraria quoque idipsum facit, cum de Nathanaële
ait : *Ecce vere Israëlita, in quo dolus non est.* Joan. 1. 47.
Et rursus, *Euntes annuntiate Joanni quæ au-* Luc. 7. 22.
distis et vidistis. Neque enim hic verbis, sed
menti mittentis respondit. Rursumque populo secundum illius conscientiam sic loquitur : *Quid* Ibid. v. 24.
existis in desertum videre? Qui enim videbat
eos de Joanne quasi de levi et versatili quodam
homine cogitare, hanc eorum opinionem corrigens
dicit : *Quid existis in desertum videre? arun-*
dinem vento agitatam, aut hominem mollibus
vestitum? per utrumque significans, ipsum neque ex se versatilem esse, neque voluptate quapiam emolliendum. Sic itaque nunc secundum
mentem loquentis respondet. Ac vide quantam nunc
quoque moderationem exhibeat. Neque enim dicit, Habeo quidem, sed despicio; verum dicit,
Non habeo. Vidistin' quantam accurationem cum
indulgentia conjunctam ostendat? Ut etiam cum
comederet et biberet, ac contrariam, ut videbatur,
Joanni vitæ rationem teneret. Illud autem facit
pro Judæorum, imo totius orbis salute, hæreticorum simul ora comprimens, aliosque qui aderant insuper attrahere cupiens. Alius quispiam,
ait, dicebat illi. 21. *Domine, permitte mihi pri-*
mum abire, et sepelire patrem meum. Viden'
differentiam? Et quomodo impudens ille dicebat,
Sequar te, quocumque ieris; hic vero, etsi rem
sanctam petens, ait, *Permitte mihi;* verum non
permisit; sed quid ait? 22. *Sine mortuos sepe-*
lire mortuos suos, tu autem me sequere. Ubique enim voluntatem inspiciebat. Sed cur, inquies,
non permisit? Quia erant qui hoc munus implerent, neque insepultus mansurus erat : atque hunc
ex rebus magis necessariis avelli non opus erat.
Cum dicit autem, *Mortuos suos*, ostendit hunc
non esse mortuum suum : nam hic, ut existimo,

[c] Quidam τινὸς λογίζεσθαι τοῦ.

[a] Sic Savil. et plurimi Mss. Morel. vero ὥστε ὅταν ἐσθίῃ καὶ πίνῃ, ἀπ' ἐναντίας τῷ Ἰωάννῃ ποιεῖ, καὶ ὅταν φαίνηται λέγων, καί.

[b] Alii καὶ τούτους τότε. Infra Morel. ἀναισχύντος, quidam ἀναισχυντῶν. Mox aliqui αἰτῶν, ὅμως ἄξιοι λέγων, ἐπιτρ.

[c] Πληρώσαντες Morel., πληρώσοντες Savil., melius.

mortuus ex infidelium numero erat. Si porro juvenem miraris, quod pro re tam necessaria Jesum rogaverit, neque sponte abierit : multo magis mirare, quod prohibitus manserit. Annon, inquis, ingratissimi filii erat, patris exsequiis non interesse? Si id ex negligentia fecisset, ingrati animi futurum erat; si autem res magis necessaria instabat, improbitatis summæ fuerit abiisse. Nam Jesus id prohibuit ipsi non quod juberet honorem parentibus debitum contemnere, sed ut ostenderet, nihil nobis æque necessarium esse, atque res cælestes, iisque summa cum diligentia esse incumbendum, nec vel tantillum differendum, etiamsi admodum urgentia videantur esse ea quæ alio trahunt. Quid enim magis necessarium, quam sepelire patrem? quid facilius? Neque enim multum temporis insumendum erat. Si porro non tantum temporis insumere licet quantum ad sepeliendum patrem est necessarium, et si ne tantillo quidem tempore spiritualia relinquere tutum est : cogita quibus simus digni pœnis, qui ea quæ ad Christum spectant toto ferme tempore deserimus, et necessariis vilissima anteponimus, nullaque re urgente desides sumus. Inde porro doctrinæ hujusce philosophiam mirari oportet, quod juvenem verbo Dei affixerit, ad hæc etiam multis eripuerit malis, fletibus, luctui, aliisque inde sequentibus. Nam post sepulturam opus erat testamentum excutere, sortes hereditatis distribuere, et alia quæ hæc sequebantur omnia facere : sicque fluctibus alios fluctus excipientibus, procul a veritatis portu ille abductus fuisset. Ideo ipsum attrahit, et sibi jungit. Quod si adhuc miraris et ægre fers, quod prohibitus fuerit paterno adesse funeri ; illud cogites velim, multos esse qui cum sciant quospiam molestius funera laturos esse, seu patris, seu matris, seu filii, seu alterius cujuscumque, non permittere ea ipsis nuntiari, neque ipsos ad sepulcrum venire : neque ideo ipsos crudelitatis inhumanitatisve accusamus : et jure quidem. Nam contra facere inhumanum esset, nempe sic affectos ad luctum educere.

4. Quod si propinquos ita lugere et animum atteri malum est, longe pejus est a spiritualibus
Luc. 9. 62. abduci verbis. Ideoque alibi dicit : *Nemo mittens manum suam ad aratrum, et conversus ad posteriora, aptus est ad regnum cælorum.*

νεανίσκον, ὅτιπερ ὑπὲρ πράγματος [d] οὕτω ἀναγκαίου τὸν Ἰησοῦν ἠρώτησε, καὶ οὐκ αὐτομάτως ἀπῆλθε· πολλῷ πλέον θαύμασον, ὅτι καὶ κωλυθεὶς ἔμεινεν.
C Ἆρ' οὖν οὐκ ἦν ἀχαριστίας ἐσχάτης, φησὶ, τὸ μὴ παραγενέσθαι θαπτομένου τοῦ πατρός; Εἰ μὲν ἀπὸ ῥᾳθυμίας ἐποίησεν, ἀχαριστίας ἦν· εἰ δὲ, ὥστε μὴ ἐγκόψαι ἔργον ἀναγκαιότερον, τὸ ἀπελθεῖν μάλιστα ἀγνωμοσύνης ἦν τῆς ἐσχάτης. Καὶ γὰρ ὁ Ἰησοῦς ἐκώλυσεν αὐτὸν, οὐχὶ καταφρονεῖν τῆς εἰς τοὺς γεγεννηκότας τιμῆς κελεύων, ἀλλὰ δεικνὺς, ὅτι οὐδὲν τῶν οὐρανίων πραγμάτων ἡμῖν ἀναγκαιότερον εἶναι χρὴ, καὶ ὅτι μετὰ σπουδῆς τούτων ἁπάσης ἔχεσθαι δεῖ, καὶ οὐδὲ μικρὸν ἀναβάλλεσθαι, [e] κἂν σφόδρα ἀπαραίτητα καὶ κατεπείγοντα ᾖ τὰ ἐφέλκοντα. Τί γὰρ ἀναγκαιότε-
D ρον ἂν εἴη τοῦ θάψαι πατέρα; τί δὲ εὐκολώτερον; Οὐδὲ γὰρ χρόνον πολὺν ἀναλῶσαι ἦν. Εἰ δὲ μηδὲ ὅσον εἰς ταφὴν πατρὸς καιρὸν ἀναλῶσαι [f] δεῖ, οὐδὲ τοσοῦτον ἀπολιμπάνεσθαι τῶν πνευματικῶν ἀσφαλές· ἐννόησον τίνος ἂν εἴημεν ἄξιοι οἱ πάντα τὸν χρόνον ἀφιστάμενοι τῶν τῷ Χριστῷ προσηκόντων πραγμάτων, καὶ τὰ σφόδρα εὐτελῆ τῶν ἀναγκαίων προτιθέντες, καὶ μηδενὸς κατεπείγοντος ῥᾳθυμοῦντες. Καὶ ἐντεῦθεν δὲ τῆς διδασκαλίας τὴν φιλοσοφίαν θαυμάζειν χρὴ, ὅτι σφόδρα αὐτὸν προσήλωσε τῷ λόγῳ, καὶ μετὰ τούτου μυρίων ἀπήλλαξε κακῶν, οἷον θρήνων, καὶ πένθους, καὶ τῶν
E ἐντεῦθεν ἐκδεχομένων. Μετὰ γὰρ τὸ θάψαι ἀνάγκη λοιπὸν ἦν καὶ διαθήκας περιεργάζεσθαι, καὶ κλήρου διανομὴν, καὶ τὰ ἄλλα ὅσα τούτοις ἕπεται ἅπαντα· καὶ οὕτω κύματα ἐκ κυμάτων αὐτὸν διαδεχόμενα πορρωτάτω τοῦ τῆς ἀληθείας ἀπήγαγε λιμένος. Διὰ τοῦτο αὐτὸν ἕλκει, καὶ ἑαυτῷ προσηλοῖ. Εἰ δὲ ἔτι θαυμάζεις
331 καὶ θορυβῇ, ὅτι οὐ συνεχωρήθη παραγενέσθαι τῇ
A ταφῇ τοῦ πατρὸς, ἐννόησον ὅτι πολλοὶ τοὺς κακῶς ἔχοντας, κἂν πατὴρ, κἂν μήτηρ ᾖ, κἂν παιδίον, κἂν ἄλλος ὁστισοῦν τῶν προσηκόντων ὁ τετελευτηκὼς, οὐκ ἀφιᾶσι μαθεῖν, οὐδὲ ἐπὶ τὸ μνῆμα ἀκολουθῆσαι· καὶ οὐκ ἐγκαλοῦμεν [a] ταύτῃ αὐτοῖς ὠμότητα, οὐδὲ ἀπανθρωπίαν· καὶ μάλα εἰκότως. Τοὐναντίον γὰρ ἂν ὠμότητος ἦν τὸ οὕτω διακειμένους ἐπὶ τὸ πένθος ἐξάγειν.

Εἰ δὲ τὸ τοὺς προσήκοντας πενθῆσαι καὶ συντριβῆναι τὴν διάνοιαν κακὸν, πολλῷ μᾶλλον τὸ τῶν πνευματικῶν ἀπάγεσθαι λόγων. Διὰ δὴ τοῦτο καὶ ἀλλαχοῦ
B ἔλεγεν· Οὐδεὶς βαλὼν τὴν χεῖρα αὐτοῦ ἐπ' ἄροτρον, καὶ στραφεὶς εἰς τὰ ὀπίσω, εὔθετός ἐστιν [b] ἐν τῇ βασι-

[d] Alii οὕτω [et ibidem Savil. ὅτι ὑπὲρ πρ.], et paulo post αὐτόματος ἀπῆλθε· πολλῷ μᾶλλον θαύμασον.
[e] Morel. κἂν γὰρ σφόδρα, male.
[f] Alii δεῖ, ποτε ἀπολιμπ.

[a] Morel. ταῦτα. Paulo post quidam ἐπὶ τὸν τάφον ἐξαγαγεῖν.
[b] Savil. εἰς τὴν βασιλείαν.

λείᾳ τῶν οὐρανῶν. Καὶ γὰρ πολλῷ βέλτιον βασιλείαν ἀνακηρύττειν, καὶ ἑτέρους ἀνασπᾷν ἀπὸ θανάτου, ἢ τὸν οὐδὲν ὠφελούμενον νεκρὸν θάπτειν· καὶ μάλιστα ὅταν ὦσιν οἱ ταῦτα [c] πληρώσοντες ἅπαντα. Οὐδὲν οὖν ἕτερον ἐντεῦθεν μανθάνομεν, ἀλλ' ἢ ὅτι οὐδὲ τὸν τυχόντα καιρὸν παραπολλύναι χρὴ, κἂν μυρία τὰ κατεπείγοντα ᾖ, ἀλλὰ πάντων καὶ τῶν ἀναγκαιοτάτων τὰ πνευματικὰ προτιθέναι, καὶ εἰδέναι, τί μὲν ζωὴ, τί δὲ θάνατος. Πολλοὶ γὰρ καὶ τῶν ζῆν δοκούντων νεκρῶν οὐδὲν διαφέρουσιν, ὅταν ἐν κακίᾳ ζῶσιν· μᾶλλον δὲ καὶ ἐκείνων οὗτοι χείρους. Ὁ μὲν γὰρ ἀποθανὼν, φησὶν, δεδικαίωται C ἀπὸ τῆς ἁμαρτίας· οὗτος δὲ δουλεύει τῇ ἁμαρτίᾳ. Μὴ γάρ μοι τοῦτο εἴπῃς, ὅτι ὑπὸ σκωλήκων οὐ κατεσθίεται, οὐδὲ ἐν λάρνακι κεῖται, οὐδὲ ἀπέκλεισε τοὺς ὀφθαλμοὺς, οὐδὲ κειρίαις δέδεται. Καὶ γὰρ τὰ χαλεπώτερα ὑπομένει τοῦ τετελευτηκότος, οὐ σκωλήκων αὐτὸν κατεσθιόντων, ἀλλὰ θηρίων σφοδρότερον τῶν παθῶν τῆς ψυχῆς αὐτὸν σπαραττόντων. Εἰ δὲ ἀνεῴγασιν οἱ ὀφθαλμοὶ, καὶ τοῦτο πολὺ χεῖρον πάλιν τοῦ μεμυκέναι. Οἱ μὲν γὰρ τοῦ νεκροῦ οὐδὲν ὁρῶσι πονηρόν· οὗτος δὲ μυρίας ἑαυτῷ συνάγει νόσους, ἀνεῳγμένων αὐτοῦ τῶν ὀφθαλμῶν. Καὶ ὁ μὲν ἐν λάρνακι κεῖται, πρὸς πάντα ἀκίνητος ὤν· οὗτος δὲ ἐν τῷ D τάφῳ μυρίων κατορώρυκται νοσημάτων. Ἀλλὰ [d] τὸ σῶμα αὐτῷ σηπόμενον οὐχ ὁρᾷς; Καὶ τί τοῦτο; Πρὸ γὰρ τοῦ σώματος αὐτῷ ἡ ψυχὴ διέφθαρται, καὶ ἀπόλωλε, καὶ πλείονα ὑπομένει τὴν σηπεδόνα. Ὁ μὲν γὰρ δέκα ὄδωδεν ἡμέρας· οὗτος δὲ πάντα τὸν βίον δυσωδίας ἀναπνεῖ, στόμα ἔχων ὀχετῶν ἀκαθαρτότερον. Ὥστε τοσοῦτον αὐτοῦ διενήνοχεν ἐκεῖνος, ὅσον ὁ μὲν τὴν ἀπὸ τῆς φύσεως ὑπομένει μόνον διαφθορὰν, οὗτος δὲ μετ' ἐκείνης καὶ τὴν ἀπὸ τῆς ἀσωτίας ἐπεισάγει σηπεδόνα, μυρίας καθ' ἑκάστην ἡμέραν ἐπινοῶν ὑπο- E θέσεις διαφθορᾶς. Ἀλλ' ἐφ' ἵππου φέρεται; Καὶ τί τοῦτο; Καὶ γὰρ ἐκεῖνος ἐπὶ κλίνης· καὶ τὸ δὴ χαλεπώτερον, λυόμενον μὲν ἐκεῖνον καὶ σηπόμενον οὐδεὶς ὁρᾷ, ἀλλ' ἔχει τὴν λάρνακα παραπέτασμα. Οὗτος δὲ ζῶν καὶ ὀδωδὼς πανταχοῦ περίεισι, καθάπερ ἐν τάφῳ 332 A τῷ σώματι νενεκρωμένην ψυχὴν περιφέρων. Καὶ εἴ γε ἦν ψυχὴν ἰδεῖν ἀνδρὸς τρυφῇ καὶ κακίᾳ [a] συζῶντος, εἶδες ἂν ὅτι πολὺ βέλτιον ἐν τάφῳ κεῖσθαι δεδεμένον, ἢ ταῖς τῶν ἁμαρτιῶν σφίγγεσθαι σειραῖς· καὶ λίθον ἔχειν ἐπικείμενον, ἢ τὸ βαρὺ τῆς ἀναισθησίας πῶμα. Διὸ δὴ μάλιστα τοὺς τούτοις προσήκοντας τοῖς νεκροῖς, ἐπειδὴ οὕτως ἀναλγήτως διάκεινται, προσιέναι δεῖ περὶ αὐτῶν τῷ Ἰησοῦ, καθάπερ ἡ Μαρία τότε ἐποίησεν ἐπὶ τοῦ Λαζάρου. Κἂν ὀδωδὼς ᾖ, κἂν τεταρταῖος ᾖ, μὴ ἀπογνῷς, ἀλλὰ πρόσελθε, καὶ τὸν λίθον ἄνελε

Nam longe melius est regnum prædicare, aliosque a morte retrahere, quam nihil juvantem mortuum sepelire; cum maxime supersunt alii qui possint hoc officium implere. Nihil igitur aliud inde discimus, quam quod ne minimum quidem temporis terere oporteat: etiamsi sexcenta alia urgeant, spiritualia sunt semper cæteris vel maxime necessariis anteponenda, sciendumque est, quid vita, quid mors sit. Multi enim etiam ex iis, qui vivere videntur, a mortuis nihil differunt, si in nequitia vivant; imo deteriores etiam mortuis sunt. *Nam qui mortuus est*, inquit, *justificatus est a peccato;* hic autem nequitiæ servit. Ne mihi dixeris, illum a vermibus non corrodi, non in sandapila jacere, non oculos clausisse, neque institis ligatum esse. Nam graviora patitur, quam mortuus, non vermibus corrodentibus, sed feris immanioribus animi affectibus ipsum discerpentibus. Si autem apertos habeat oculos, hoc item longe pejus est, quam si clausi essent. Etenim oculi mortui nihil mali vident; hic autem apertis oculis innumeros sibi attrahit morbos. Ille jacet in sandapila ad omnia immobilis; hic in sepulcro morborum mille onere obrutus est. At non vides corpus ejus putridum? Et quid hoc? Hic quippe, antequam corpus ejus putrescat, animam habet corruptam, perditam, fœtore plurimo labefactatam. Ille quidem per decem dies fœtet, hic vero per totam vitam fœtorem emittit, os habens cloacis ipsis immundius. Uno verbo tantum ab hoc ille differt, quantum ille quidem corruptionem naturæ debitam patitur, hic vero cum illa putredine, eam etiam quæ ex perdita oritur vita sibi attrahit; sexcentas sibi quotidie excogitans corruptionis species. Sed ille equo fertur? Quid hoc est? Nam hic in lecto decumbit; quodque gravius est, dum illum corruptum et fœtentem nemo videt, cum arcam habeat velo opertam; hic vivens ac fœtidus circumquaque vagatur, mortuam animam in corpore quasi in sepulcro circumferens. Ac si posset anima conspici viri in deliciis et in nequitia viventis, videres longe melius esse in sepulcro ligatum jacere, quam catenis peccatorum constringi; ac lapidem superpositum habere, quam grave illud insensibilitatis operculum. Quapropter convenit ut mortuorum horumce propinqui, quoniam illi sic sine sensu jacent, ad Jesum accedant pro illis, ut olim Maria pro Lazaro. Etiamsi

Quæ ad salutem spectant sunt cæteris anteponenda.

Rom. 6. 7.

Vir in nequitia vivens, est mortuo deterior.

[c] Savil. πληρώσοντες, Morel. πληρώσαντες.

[d] Sic Savil. et Morel. Alii vero τὸ σῶμα αὐτοῦ, et infra τοῦ σώματος αὐτοῦ. Infra Savil. solus δυσωδίας ἀποπνεῖ.

[a] Morel. ζῶντος. Infra pro τῆς ἀναισθησίας πῶμα alius πτῶμα, alius σῶμα: sed prior lectio anteponenda. Infra quidam ἐπειδὴ οὗτοι ἀναλγήτως.

fœtidus, etiamsi quatriduanus sit, ne desperes: sed accede, et lapidem prius remove. Nam tunc videbis jacentem, quasi in sepulcro, et fasciis ligatum. Et si placet, in medium quempiam ex viris illustribus adducamus. At ne timeatis; tacito quippe nomine exemplum proferam; imo, si nomen dicerem, ne sic quidem metuendum esset. Quis enim umquam mortuum timuit? Si quid enim fecerit, mortuus tamen manet; mortuus vero viventem lædere nullo pacto potest. Videamus itaque caput ejus ligatum. Nam cum crebro sint ebrii, perinde atque mortui multis velaminibus et fasciis, sic omnes istorum sensus occluduntur et ligantur. Si lubet etiam manus videre, illas conspicias ventri alligatas, ut defunctorum manus, et vinctas, non fasciis, sed avaritiæ vinculis, quod longe deterius est; neque enim permittit illa ut ad eleemosynam, vel ad aliud quodpiam opus bonum extendantur; sed inutiliores efficit, quam mortuorum manus. Visne ut etiam pedes similiter vinctos videamus? Illos quoque respice curis constrictos, qui ideo non possint ad ecclesiam Dei properare. Vidisti mortuum? Pollinctorem vide. Quis horum pollinctor est? Diabolus qui diligenter ipsos constringit, nec sinit ut homo vere homo appareat, sed lignum aridum. Ubi enim nec oculus nec manus, nec pedes, nec aliud hujusmodi est, quomodo esse posse homo videatur? Sic ipsorum animam fasciis devinctam conspicere est, idolum magis quam animam. Quoniam igitur ipsi sine sensu jacent mortui, pro illis ad Jesum accedamus, precemur ut resurgant, amoveamus lapidem, solvamus fascias. Si enim abstuleris lapidem, id est, illam in malis sensuum privationem, cito illos e sepulcro eduxeris: eductos vero facilius a vinculis liberabis. Tunc te Christum agnoscet, cum surrexeris; cum solutus fueris, tunc te ad cœnam suam vocabit. Quotquot igitur Christi amici estis, quotquot discipuli, quotquot mortuum diligitis, ad Jesum supplices accedite et supplicate. Etiamsi enim summopere fœtidus sit, attamen non debent propinqui ejus ipsum deserere, sed tanto magis accedere, quanto magis putredo augetur: ut tunc fecerunt Lazari sorores; neque ante discedere, rogantes, precantes, supplicantes, quam illum viventem receperimus. Nam si sic res no-

πρῶτον. Καὶ γὰρ τότε ὄψει κείμενον, ὥσπερ ἐν τάφῳ, καὶ ταῖς κειρίαις δεδεμένον. Καὶ εἰ βούλεσθε, τῶν με-
B γάλων τούτων τινὰ καὶ περιφανῶν εἰς μέσον ἀγάγωμεν. Ἀλλὰ μὴ δείσητε· ἀνωνύμως γὰρ ἐρῶ τὸ ὑπόδειγμα· μᾶλλον δὲ, εἰ καὶ τὴν προσηγορίαν ἔλεγον, οὐδὲ οὕτως δεδοικέναι ἐχρῆν. Τίς γάρ ποτε νεκρὸν δέδοικε; Καὶ γὰρ ὅσα ἂν πράξῃ, μένει νεκρὸς ὤν· νεκρὸς δὲ ζῶντα οὐ μικρὸν, οὐ μέγα ἀδικῆσαι δύναται. Ἴδωμεν τοίνυν τὴν κεφαλὴν αὐτῶν δεδεμένην. Καὶ γὰρ ὅταν μεθύωσι διηνεκῶς, καθάπερ οἱ νεκροὶ τοῖς πολλοῖς ἐπιβλήμασιν ἐκείνοις καὶ ταῖς κειρίαις, οὕτω πάντα τὰ αἰσθητήρια [b] ἀποκλείεται καὶ δεσμεῖται. Εἰ δὲ βούλει καὶ τὰς χεῖρας ἰδεῖν, ὄψει καὶ αὐτὰς τῇ γαστρὶ προσδεδεμένας, καθάπερ τῶν οἰχομένων, καὶ πε-
C ριεσφιγμένας, οὐ κειρίαις, ἀλλ' ὃ πολλῷ χαλεπώτερόν ἐστι, τοῖς τῆς πλεονεξίας δεσμοῖς· οὐ γὰρ ἀφίησιν αὐτὰς ἐκταθῆναι πρὸς ἐλεημοσύνην ἐκείνη, οὐδὲ πρὸς ἄλλο τι τῶν τοιούτων κατορθωμάτων· ἀλλὰ τῶν νενεκρωμένων ἀχρηστοτέρας ἐργάζεται. Βούλει καὶ τοὺς πόδας ἰδεῖν συνδεδεμένους; Ὅρα πάλιν αὐτοὺς περιεσφιγμένους φροντίσι, καὶ διὰ τοῦτο οὐδέποτε δυναμένους εἰς οἶκον Θεοῦ δραμεῖν. Εἶδες τὸν νεκρόν; Βλέπε καὶ τὸν ἐνταφιαστήν. Τίς οὖν ἐστιν ὁ ἐνταφιαστὴς τούτων; [c] Ὁ διάβολος, ὁ ἀκριβῶς αὐτοὺς περισφίγγων, καὶ οὐκ ἀφιεὶς λοιπὸν τὸν ἄνθρωπον ἄνθρωπον φαίνεσθαι, ἀλλὰ ξύλον ξηρόν. Ὅπου γὰρ οὐκ ὀφθαλμὸς, οὐ
D χεῖρες, οὐ πόδες, οὐκ ἄλλο τῶν τοιούτων οὐδὲν, πῶς ἂν ὁ τοιοῦτος ἄνθρωπος φανείη; Οὕτω καὶ τὴν ψυχὴν αὐτῶν ἐσπαργανωμένην ἔστιν ἰδεῖν, καὶ εἴδωλον μᾶλλον ἢ ψυχὴν οὖσαν. Ἐπεὶ οὖν ἀναισθήτως αὐτοὶ διάκεινταί πως νεκροὶ γεγενημένοι, προσέλθωμεν ὑπὲρ αὐτῶν τῷ Ἰησοῦ, παρακαλέσωμεν ἀναστῆσαι, ἀνέλωμεν τὸν λίθον, λύσωμεν τὰς κειρίας. Ἂν γὰρ τὸν λίθον ἀνέλῃς, τουτέστι, τὴν ἀναισθησίαν τὴν ἐπὶ τοῖς κακοῖς, ταχέως καὶ ἐξαγαγεῖν αὐτοὺς δυνήσῃ τοῦ μνήματος· ἐξαγαγὼν δὲ, εὐκολώτερον τῶν δεσμῶν ἀπαλλάξεις. Τότε σε εἴσεται ὁ Χριστὸς, ὅταν ἀναστῇς· ὅταν λυθῇς, τότε σε καὶ ἐπὶ τὰ δεῖπνα [d] καλέσει τὰ
E ἑαυτοῦ. Ὅσοι τοίνυν τοῦ Χριστοῦ φίλοι, ὅσοι μαθηταὶ, ὅσοι τὸν ἀπελθόντα φιλεῖτε, προσέλθετε τῷ Ἰησοῦ καὶ δεήθητε. Εἰ γὰρ καὶ μυρίας γέμει τῆς δυσωδίας, ἀλλ' ὅμως τοὺς προσήκοντας οὐδὲ οὕτως αὐτὸν
333 [e] καταλιμπάνειν χρὴ, ἀλλὰ τοσοῦτον μᾶλλον προσιέναι,
A ὁπόσον ἡ φθορὰ ἐπιδίδωσιν· ὅπερ οὖν καὶ αἱ ἀδελφαὶ τοῦ Λαζάρου τότε ἐποίησαν· καὶ μὴ πρότερον ἀφίστασθαι παρακαλοῦντας, δεομένους, ἱκετεύοντας,

[b] Morel. ἀποκλείονται καὶ δεσμοῦνται. Mox unus καὶ ταύτας τῇ γαστρί.

[c] Ὁ διάβολος deest in Morel. Paulo post idem τὸν ἄνθρωπον φαίνεσθαι, ubi legendum cum aliis τὸν ἄνθρωπον ἄνθρωπον φαίνεσθαι.

[d] Savil. et Morel. καλέσῃ, quidam Codices καλέσει, et hanc, quam recepi, puto veram esse lectionem.

[e] Morel. et Mss. quidam ἐγκαταλιμπάνειν. Savil. et alii καταλιμπάνειν.

ἕως ἂν αὐτὸν ζῶντα λάβωμεν. Ἂν γὰρ οὕτω τὰ καθ' ἑαυτοὺς καὶ τὰ τῶν πλησίον διοικῶμεν, καὶ τῆς μελλούσης ταχέως ἐπιτευξόμεθα ζωῆς· ἧς γένοιτο πάντας ἡμᾶς ἐπιτυχεῖν, χάριτι καὶ φιλανθρωπίᾳ τοῦ Κυρίου ἡμῶν Ἰησοῦ Χριστοῦ, ᾧ ἡ δόξα εἰς τοὺς αἰῶνας τῶν αἰώνων. Ἀμήν.

stras et proximorum curemus, futuram cito vitam consequemur: qua utinam nos frui contingat, gratia et benignitate Domini nostri Jesu Christi, cui gloria in sæcula sæculorum. Amen.

ΟΜΙΛΙΑ κη'.

Καὶ ἐμβάντι αὐτῷ εἰς τὸ πλοῖον, ἠκολούθησαν αὐτῷ οἱ μαθηταὶ αὐτοῦ. Καὶ ἰδοὺ σεισμὸς ἐγένετο μέγας ἐν τῇ θαλάσσῃ, ὥστε τὸ πλοῖον καλύπτεσθαι ὑπὸ τῶν κυμάτων· αὐτὸς δὲ ἐκάθευδεν. B

Ὁ μὲν οὖν Λουκᾶς, ἀπαλλάττων ἑαυτὸν τοῦ ἀπαιτηθῆναι τῶν χρόνων τὴν τάξιν, οὕτως εἶπεν· Ἐγένετο δὲ ἐν μιᾷ τῶν ἡμερῶν, καὶ αὐτὸς ἐνέβη εἰς πλοῖον, καὶ οἱ μαθηταὶ αὐτοῦ. Καὶ ὁ Μάρκος ὁμοίως. Οὗτος δὲ οὐχ οὕτως, ἀλλὰ καὶ ἀκολουθίαν ἐνταῦθα διατηρεῖ. Οὐδὲ γὰρ οὕτω πάντες πάντα ἔγραφον· C ταῦτα δέ μοι καὶ ἔμπροσθεν εἴρηται, ἵνα μὴ τῇ παραλείψει διαφωνίαν τις εἶναι νομίσῃ. Τοὺς μὲν οὖν ὄχλους προέπεμψε, τοὺς δὲ μαθητὰς μεθ' ἑαυτοῦ ἔλαβε· καὶ γὰρ τοῦτο ἐκεῖνοι λέγουσι. Παρέλαβε δὲ οὐ μάτην, οὐδὲ εἰκῇ, ἀλλ' ὥστε ποιῆσαι θεατὰς τοῦ μέλλοντος ἔσεσθαι θαύματος. Καθάπερ γάρ τις παιδοτρίβης ἄριστος, εἰς ἀμφότερα αὐτοὺς ἤλειφεν, εἴς τε τὸ ἀκαταπλήκτους εἶναι ἐν τοῖς δεινοῖς, εἴς τε τὸ μετριάζειν ἐν ταῖς τιμαῖς. Ἵνα γὰρ μὴ μέγα φρονῶσιν, ὅτι τοὺς ἄλλους ἐκπέμψας, αὐτοὺς κατέσχεν, ἀφίησι κλυδωνισθῆναι, τοῦτό τε κατορθῶν, καὶ γυμνάζων πειρασμοὺς φέρειν γενναίως. Μεγάλα μὲν γὰρ καὶ τὰ D πρότερα θαύματα ἦν, ἀλλὰ τοῦτο καὶ γυμνασίαν τινὰ εἶχεν οὐ μικρὰν, καὶ τοῦ παλαιοῦ συγγενὲς σημεῖον ἦν. Διὰ τοῦτο μόνους τοὺς μαθητὰς ἄγει μεθ' ἑαυτοῦ. Ἔνθα μὲν γὰρ θαυμάτων ἐπίδειξις ἦν, καὶ τὸν δῆμον ἀφίησι παρεῖναι· ἔνθα δὲ πειρασμῶν καὶ φόβων ἐπανάστασις, τοὺς ἀθλητὰς τῆς οἰκουμένης, οὓς γυμνάζειν ἔμελλε, τούτους παραλαμβάνει μόνους. Καὶ ὁ μὲν Ματθαῖος ὅτι ἐκάθευδεν εἶπεν ἁπλῶς, [a] ὁ δὲ Λουκᾶς ὅτι ἐν προσκεφαλαίῳ φησὶ, δεικνύς τε τὸ ἄτυφον, καὶ πολλὴν ἐντεῦθεν ἡμᾶς παιδεύων φιλοσοφίαν. Τοῦ κλυδωνίου τοίνυν διεγερθέντος, καὶ τῆς θαλάσσης μαι- E νομένης, διεγείρουσιν αὐτὸν λέγοντες· Κύριε, σῶσον ἡμᾶς, ἀπολλύμεθα. Ὁ δὲ αὐτοῖς ἐπετίμα πρὸ τῆς θαλάσ-

HOMILIA XXVIII. al. XXIX.

Cap. VIII. v. 23. *Et ascendente eo in naviculam, sequuti sunt eum discipuli ejus.* 24. *Et ecce motus magnus factus est in mari, ita ut navicula operiretur fluctibus: ipse vero dormiebat.*

1. Lucas, ne quis ab ipso temporum ordinem exigeret, sic ait: *Factum est in una dierum, et ipse ascendit in naviculam, et discipuli ejus.* (Luc. 8. 22.) Marcus quoque similiter. Hic vero non item, sed temporum quamdam servat seriem. Neque enim omnia omnes eodem modo describunt: id quod a me jam supra dictum est, ne quis ex omissione dissonantiam inter ipsos esse putaret. (Nulla inter evangelistas dissonantia.) Turbis itaque præmissis, discipulos secum assumsit: nam hoc illi dicunt. Assumsit autem non frustra, nec sine causa, sed ut futuri miraculi spectatores essent. Quemadmodum enim palæstræ magister optimus, ad utrumque illos exercebat, ut in malis imperterriti essent, et in honoribus modesti. Ne altum enim saperent, quod, missis aliis, ipsos retinuisset, tempestatem permittit, tum ut hoc efficeret, tum ut eos ad ferendas fortiter ærumnas exerceret. Nam magna quidem erant priora signa, sed præsens signum non parvam quamdam exercitationem afferebat, ac veteri cuidam signo simile erat. Ideoque solos secum adducit discipulos. Nam ubi miracula edebantur, populum sinit adesse: ubi vero pericula et terrores, discipulos, athletas nempe orbis, quos exercitaturus erat, solos secum assumit. Matthæus solum dicit, ipsum dormivisse, Lucas vero addit, in cervicali, ostendens quam esset a fastu alienus, et ad magnam inde philosophiam nos instituens. Oborta itaque tempestate cum fureret mare, illum excitant dicentes: 25. *Domine, salva nos, perimus.* Ipse vero illos primum, deinde mare increpavit. Nam,

[a] ὁ δὲ Λουκᾶς ὅτι ἐν προσκεφαλαίῳ φησὶ, sic omnes Editi et manuscripti Codices, et ita legit Georgius Trapezuntius. Atqui non Lucas, sed Marcus est, qui habet, 4, 38: ἐπὶ τὸ προσκεφάλαιον, ubi Vulgata vertit, *super cervical dormiens*.

ut dixi, exercitationis causa hæc permittebantur,
et figuræ erant tentationum, quæ ipsos erant invasuræ. Etenim postea sæpe permisit eos in graviores negotiorum procellas incidere, animumque
2. Cor. 1. 8. ipsis indidit. Unde Paulus dicebat: *Nolo autem
vos ignorare, fratres, quoniam valde gravati
sumus supra vires, ita ut nos tæderet etiam*
Ibid v. 10. *vivere;* et postea, *Qui ex tot mortibus nos eri-
puit*. Ut ostendat igitur, fiducia uti oportere, etiamsi magni concitentur fluctus, ipsumque omnia utiliter dispensare, primum ipsos increpat. Nam quod turbati fuerint, id illis utile fuit, ut majus esse miraculum videretur, et perpetua servaretur rei memoria. Quando enim inexspectatum quidpiam futurum est, multa præparantur servandæ rei memoriæ opportuna, ne editum postea miraculum in oblivionem veniat. Sic Moyses serpentem primo formidavit, nec modo formidavit, sed cum magno animi terrore, tuncque vidit stupendum illud prodigium. Ita et discipuli, cum jam de salute ferme desperassent, tunc liberantur, ut periculum confessi, miraculi magnitudinem ediscerent. Ideoque dormit: nam si vigilante illo id factum esset, vel non timuissent, vel non rogassent, vel non putassent posse illum id efficere. Ideo dormit, ut det timendi occasionem, et validiorem ipsis præsentium sensum efficiat. Neque enim quis perinde videt ea quæ in alienis corporibus fiunt, atque ea quæ in corpore suo. Quia igitur omnes videbant beneficio affectos fuisse, se vero nihil accepisse beneficii, quasi supini manebant; neque enim claudi erant, vel alio affecti corporis vitio: oportebatque tamen illos beneficiorum sensu affici; tempestatem oriri concedit, ut ea liberati, clariorem beneficii sensum perciperent. Ideoque non præsentibus turbis id agit, ne ut modicæ fidei damnarentur; sed solos emendat, et increpando prius mentis ipsorum quam aquarum tempestatem sedat, dicens: 26. *Quid timidi estis, modicæ fidei?* simulque docet, timorem non ab immissis tentationibus, sed ab animi infirmitate oriri. Quod si quis dixerit, non ex timore vel ex modica fide motos discipulos illum excitasse; respondebo illud maxime signum esse, eos non congruentem de illo opinionem habuisse. Sciebant quidem ipsum expergefactum increpare posse; dormientem vero nondum putabant. Et quid miraris si nunc timeant, quando post multa etiam

σης. Καὶ γὰρ, ὅπερ ἔφην, γυμνασίας ἕνεκεν ταῦτα συνεχωρεῖτο, καὶ τύπος ἦν τῶν μελλόντων καταλήψεσθαι αὐτοὺς πειρασμῶν. Καὶ γὰρ καὶ μετὰ ταῦτα πολλάκις
334 ἀφῆκεν αὐτοὺς εἰς χαλεπωτέρους χειμῶνας πραγμάτων
A ἐμπεσεῖν, καὶ * ἐμακροθύμησε. Διὸ καὶ Παῦλος ἔλεγεν· Οὐ θέλω δὲ ὑμᾶς ἀγνοεῖν, ἀδελφοὶ, ὅτι καθ' ὑπερβολὴν ἐβαρύνθημεν ὑπὲρ δύναμιν, ὥστε ἐξαπορηθῆναι ἡμᾶς καὶ τοῦ ζῆν· καὶ μετὰ ταῦτα πάλιν, Ὃς ἐκ τηλικούτων θανάτων ἐῤῥύσατο ἡμᾶς. ᵃ Δεικνὺς τοίνυν ἐντεῦθεν, ὅτι θαῤῥεῖν χρὴ, κἂν μεγάλα διεγείρηται τὰ κύματα, καὶ ὅτι πάντα συμφερόντως οἰκονομεῖ, πρῶτον αὐτοῖς ἐπιτιμᾷ. Καὶ γὰρ αὐτὸ τὸ θορυβηθῆναι, συμφερόντως ἐγένετο, ὥστε μεῖζον φανῆναι τὸ θαῦμα, καὶ διηνεκῆ γενέσθαι τοῦ συμβάντος τὴν μνήμην. Ὅταν γὰρ παράδοξόν τι γενέσθαι μέλλῃ, ᵇ πολλὰ προκατασκευάζε-
B ται πρότερον μνήμης ποιητικὰ, ἵνα μὴ μετὰ τὸ παρελθεῖν τὸ θαῦμα εἰς λήθην ἐμπέσωσιν. Οὕτω καὶ Μωϋσῆς πρότερον φοβεῖται τὸν ὄφιν, καὶ φοβεῖται οὐχ ἁπλῶς, ἀλλὰ καὶ μετὰ πολλῆς τῆς ἀγωνίας, καὶ τότε ὁρᾷ τὸ παράδοξον ἐκεῖνο γινόμενον. Οὕτω καὶ οὗτοι, προσδοκήσαντες ἀπόλλυσθαι πρότερον, τότε ἐσώθησαν, ἵνα ὁμολογήσαντες τὸν κίνδυνον, μάθωσι τοῦ θαύματος τὸ μέγεθος. Διὰ τοῦτο καὶ καθεύδει· εἰ γὰρ ἐγρηγορότος ἐγένετο, ἢ οὐκ ἂν ἐφοβήθησαν, ἢ οὐκ ἂν παρεκάλεσαν, ἢ οὐδ' ἂν ἐνόμισαν αὐτὸν δύνασθαι τοιοῦτόν τι ποιεῖν. Διὰ τοῦτο καθεύδει, διδοὺς καιρὸν τῇ δειλίᾳ, καὶ τρανοτέραν αὐτοῖς ποιῶν τὴν αἴσθησιν τῶν
C γινομένων. Οὐ γὰρ ὁμοίως τις ὁρᾷ τὰ ἐν τοῖς ἀλλοτρίοις σώμασι γινόμενα, καὶ τὰ ἐν ἑαυτῷ. Ἐπεὶ οὖν πάντας εἶδον εὐεργετηθέντας, ἑαυτοὺς δὲ οὐδενὸς ἀπολελαυκότας, καὶ ὕπτιοι ἦσαν· ᶜ οὔτε γὰρ χωλοὶ, οὔτε ἄλλο τι τοιοῦτον νόσημα ἔχοντες ἦσαν· ἔδει δὲ αὐτοὺς διὰ τῆς οἰκείας αἰσθήσεως ἀπολαῦσαι τῶν εὐεργεσιῶν· συγχωρεῖ τὸν χειμῶνα, ἵνα διὰ τῆς ἀπαλλαγῆς σαφεστέραν λάβωσιν αἴσθησιν τῆς εὐεργεσίας. Διὰ τοῦτο οὐδὲ παρόντων τῶν ὄχλων τοῦτο ποιεῖ, ὥστε μὴ καταγνωσθῆναι ὀλιγοπιστίας· ἀλλ' αὐτοὺς μόνους λαβὼν διορθοῦται, καὶ πρὸ τοῦ χειμῶνος τῶν ὑδάτων τὸν χειμῶνα τῆς ψυχῆς αὐτῶν λύει ἐπιτιμῶν, καὶ λέ-
D γων· Τί δειλοί ἐστε, ὀλιγόπιστοι; καὶ παιδεύων ὁμοῦ, ὅτι τὸν φόβον οὐχ ἡ τῶν πειρασμῶν ἐργάζεται ἐπαγωγὴ, ἀλλὰ τὸ τῆς διανοίας ἀσθενές. Εἰ δὲ λέγοι τις, ὅτι δειλίας οὐκ ἦν, οὐδὲ ὀλιγοπιστίας, τὸ προσελθόντας ἐγεῖραι, ἐκεῖνο ἂν εἴποιμι, ὅτι τοῦτο αὐτὸ μάλιστα σημεῖον ἦν τοῦ μὴ τὴν προσήκουσαν περὶ αὐτοῦ δόξαν ἔχειν. Ὅτι μὲν γὰρ δύναται ἐπιτιμᾶν ἐγερθεὶς, ᾔδεσαν· ὅτι δὲ καὶ καθεύδων, οὐδέπω. Καὶ τί θαυμάζεις, εἰ νῦν, ὅπου γε καὶ μετὰ πολλὰ ἕτερα θαύματα ἀτε-

* Ἐμακροθύμησε hic activam significationem habere videtur, *animum indidit ad patiendum et tolerandum.*

ᵃ Quidam δείξας τοίνυν.

ᵇ Morel. solus πολλὰ κατασκευάζεται.

ᶜ Alii οὔτε γὰρ χωλοὶ ἦσαν, quam vocem omittunt deinceps post ἔχοντες.

λέστερον ἔτι διέκειντο; Διὸ καὶ ἐπιτιμῶνται πολλάκις, ὡς ὅταν λέγῃ, Ἀμὴν καὶ ὑμεῖς ἀσύνετοί ἐστε; Μὴ τοίνυν θαυμάσῃς, εἰ τῶν μαθητῶν ἀτελέστερον διακειμένων οἱ ὄχλοι οὐδὲν μέγα περὶ αὐτοῦ ἐφαντάζοντο· ἐθαύμαζον γὰρ λέγοντες· Ποταπός ἐστιν ὁ ἄνθρωπος οὗτος, ὅτι καὶ ἡ θάλασσα καὶ οἱ ἄνεμοι αὐτῷ ὑπακούουσιν; Ὁ δὲ Χριστὸς οὐκ ἐπετίμησεν, ὅτι ἄνθρωπον αὐτὸν ἐκάλουν, ἀλλ' ἀνέμενε διὰ τῶν σημείων αὐτοὺς διδάσκων, ὅτι πεπλανημένη ἦν αὕτη αὐτῶν ἡ ὑπόληψις. Πόθεν δὲ ἄνθρωπον αὐτὸν ἐνόμιζον; Ἀπό τε τῆς ὄψεως, ἀπό τε τοῦ ὕπνου, καὶ τοῦ πλοίῳ κεχρῆσθαι. Διὰ δὴ τοῦτο εἰς ἀμηχανίαν ἐξέπιπτον λέγοντες· Ποταπός ἐστιν οὗτος; Ὁ μὲν γὰρ ὕπνος [a] καὶ τὸ φαινόμενον ἄνθρωπον ἐδείκνυ· ἡ δὲ θάλαττα καὶ ἡ γαλήνη Θεὸν ἐνέφηνεν.

Ἐπειδὴ γὰρ καὶ Μωσῆς ἐποίησέ τι τοιοῦτόν ποτε, καὶ ἐντεῦθεν δείκνυσι τὴν ὑπεροχήν· καὶ ὅτι ὁ μὲν ὡς δοῦλος, ὁ δὲ ὡς δεσπότης ἐθαυματούργει. Οὐ γὰρ ῥάβδον ἔτεινεν ὥσπερ ἐκεῖνος, οὐδὲ χεῖρας ἐξέτεινεν εἰς τὸν οὐρανὸν, οὐδὲ εὐχῆς ἐδεήθη· ἀλλ' ὥσπερ εἰκὸς δεσπότην ἐπιτάττοντα θεραπαινίδι, καὶ δημιουργὸν κτίσματι, οὕτως αὐτὴν κατέστειλέ τε καὶ ἐχαλίνωσε λόγῳ καὶ ἐπιτάγματι μόνον· καὶ πᾶσα εὐθέως ἐλύετο ἡ ζάλη, καὶ οὐδὲ ἴχνος ἀπέμενε τῆς ταραχῆς. Τοῦτο γὰρ ἐδήλωσεν ὁ εὐαγγελιστὴς εἰπών· Καὶ ἐγένετο γαλήνη μεγάλη. Καὶ ὃ περὶ τοῦ Πατρὸς ὡς μέγα εἴρητο, τοῦτο αὐτὸς διὰ τῶν ἔργων ἐπεδείξατο πάλιν. Τί δὲ εἴρητο περὶ αὐτοῦ; Εἶπε, φησὶ, καὶ ἔστη πνεῦμα καταιγίδος. Οὕτω καὶ ἐνταῦθα εἶπε, Καὶ ἐγένετο γαλήνη μεγάλη. Διὸ μάλιστα καὶ ἐθαύμαζον οἱ ὄχλοι αὐτὸν, οὐκ ἂν θαυμάσαντες, εἴπερ οὕτως ἐποίησεν [b] ὡς ἐκεῖνος. Ἐπειδὴ δὲ ἀπέβη τῆς θαλάττης, διαδέχεται θαῦμα ἕτερον φοβερώτερον. Δαιμονῶντες γὰρ καθάπερ δραπέται πονηροὶ δεσπότην ἰδόντες, ἔλεγον· Τί ἡμῖν καὶ σοὶ, Ἰησοῦ Υἱὲ τοῦ Θεοῦ; Ἦλθες ὧδε πρὸ καιροῦ βασανίσαι ἡμᾶς. Ἐπειδὴ γὰρ ἄνθρωπον [c] αὐτὸν ὡμολόγησαν οἱ ὄχλοι, ἦλθον οἱ δαίμονες τὴν θεότητα αὐτοῦ ἀνακηρύττοντες· καὶ οἱ τῆς θαλάττης κυμαινούσης καὶ πάλιν ἡσυχαζούσης οὐκ ἀκούσαντες, ἤκουον τῶν δαιμόνων ταῦτα βοώντων, ἅπερ ἐκείνη διὰ τῆς γαλήνης ἔκραξεν. Εἶτα ἵνα μὴ δόξῃ κολακείας τὸ πρᾶγμα εἶναι, ἀπὸ τῆς πείρας τῶν πραγμάτων βοῶσι λέγοντες· Ἦλθες ὧδε πρὸ καιροῦ βασανίσαι ἡμᾶς. Διὰ δὴ τοῦτο πρότερον ὁμολογεῖται ἡ ἔχθρα, ἵνα μὴ ὕποπτος αὐτῶν ἡ ἱκετηρία γένηται. Καὶ γὰρ ἐμαστίζοντο ἀοράτως, καὶ τῆς θαλάττης ἐχειμάζοντο μᾶλλον, κεντούμενοι καὶ ἐμπιπράμενοι, καὶ τὰ ἀνήκεστα πάσχοντες [d] ἀπὸ τῆς παρουσίας ἐκείνης. Ἐπειδὴ γὰρ

alia miracula infirmiores adhuc erant? Quapro-
E pter sæpe increpantur, ut quando dicit: *Adhuc* Matth. 15.
et vos insipientes estis? Ne itaque mireris, cum 16.
disciputi tam imbecilles erant, si turbæ nihil magnum de ipso opinabantur; mirabantur quippe
dicentes: 27. *Qualis est hic homo, quia et mare*
et venti obediunt ei? Christus vero non corri-
335 puit eos, quod hominem esse ipsum dicerent; sed
A exspectabat interim per miracula docens illos falsam hanc opinionem esse. Undenam hominem illum esse putabant? Ex aspectu, ex somno, quod
navi uteretur. Idcirco in stuporem conjiciebantur
dicentes: *Qualis est hic?* Somnus quippe et quidquid apparebat hominem indicabat: mare et parta
tranquillitas Deum declarabat.

2. Quamquam enim Moyses aliquid simile olim Christus
fecerat, vel hinc Christi eminentia declarabatur, ut domi-
quod ille ut servus, hic ut dominus miracula pa- nus, Moy-
traret. Non enim virgam extendit ut ille, neque ses ut ser-
B manus expandit versus cælum, neque precatione vus, mira-
opus habuit: sed ut par est dominum ancillæ, et cula patra-
creatorem opificio præcipere, sic illam sedavit et baut.
frenavit verbo et præcepto tantum: atque omnis
subito soluta tempestas est, nec vestigium procellæ mansit. Illud enim declaravit evangelista
dicens: *Et facta est tranquillitas magna.* Quod
de Patre quasi res grandis dictum fuerat, id ipse
operibus exhibuit. Quid de Patre dictum fuerat?
Dixit et stetit spiritus procellæ. Sic et hoc loco Psal. 106.
dixit, *Et facta est tranquillitas magna.* Pro- 25.
pterea turbæ illum summe mirabantur: quæ non
ita miratæ fuissent, si fecisset ut Moyses. Post-
C quam a mari discessisset, aliud terribilius miraculum subsequitur. Dæmoniaci enim, quemadmodum fugitivi improbi videntes dominum, dicebant: 29. *Quid nobis et tibi, Jesu Fili Dei?*
Venisti huc ante tempus torquere nos. Quia enim
turbæ ipsum hominem esse confitebantur, venerunt dæmones divinitatem ejus prædicantes: et
qui agitato posteaque sedato mari non audierant,
dæmonas hoc clamantes audierunt, quod mare
tranquillum factum prædicaverat. Deinde ne hoc
per adulationem dictum videretur, ex rerum ex-
D perimento clamant his verbis: *Venisti huc ante*
tempus torquere nos. Ideo prius inimicitiam fatentur, ne suspecta eorum supplicatio videretur.
Etenim invisibiliter verberabantur, et plus quam
mare fluctuabant confixi, combusti, atque ex tali

[a] Quidam habent καὶ τὸ φαινόμενον ἐδείκνυ τῆς ἀνθρωπότητος. Paulo post quidam ἐνέργησεν pro ἐνέφηνεν.
[b] Ὡς ἐκεῖνος alii ὡς ὁ Μωϋσῆς.

[c] Savil. αὐτὸν ἔλεγον οἱ.
[d] Alii ἀπὸ τῆς παρουσίας μόνης.

præsentia intolerabilia patientes. Quia enim dæmoniacos illos nemo offerre audebat, Christus illos adit. Et Matthæus quidem scribit dixisse illos : *Venisti huc ante tempus torquere nos;* alii vero addiderunt, eos adjurasse ac rogasse illum ne se in abyssum conjiceret : putabant enim jam instare sibi supplicium, et timebant quasi jam in

Luc. 8.

tormenta demissi. Quod si Lucas unum tantum memoret; hic autem duos, neque sic dissonantia aliqua indicatur. Si enim dixisset, unum tantum fuisse, nec alterum exstitisse, tunc videretur a Matthæo differre : cum vero ille unum, hic duos memorat, non pugna hæc est, sed differentia nar-

Evangelistæ numquam alii cum aliis pugnant.

randi. Mihi enim videtur Lucas acriorem hic memorandum suscepisse; quapropter magis tragicam describit calamitatem, quod nempe vincula et catenas dirumpens, per desertum erraret : Marcus vero dicit ipsum sese lapidibus percussisse. Verba autem eorum immanitatem impudentiamque declarant. *Venisti enim huc ante tempus torquere nos*, inquiunt. Non poterant enim dicere se non peccasse; rogant vero ne ante tempus pœnas luant. Quia enim deprehendit eos intolerabilia et iniqua operatos, ac creaturas suas omni prorsus modo subvertentes et cruciantes, putabant eum ob facinorum atrocitatem non exspectaturum esse supplicii tempus : idcirco rogabant et supplicabant : et qui ne ferreis quidem vinculis detineri poterant, ligati veniunt; qui montes percurrebant, in campos exeunt; qui alios a transitu arcebant, cum illum viam sibi obstruentem viderent, steterunt. Sed cur in sepulcris libenter versantur? Ut perniciosam doctrinam multorum mentibus inserant;

Quidam putabant animas mortuorum dæmonas fieri.

nempe animas mortuorum dæmonas fieri; quod ne cogitet quispiam absit. Sed quid dicas, inquiunt, de præstigiatoribus multis, qui captos pueros jugulant, ut animam postea sibi ministrantem habeant? Sed unde hoc patet? Nam quod jugulent, hoc multi dicunt; quod autem cæsorum animæ cum ipsis sint, unde, quæso, nosti? Ipsi, inquiunt, dæmoniaci hoc dicunt : Ego sum anima illius cujuspiam. Verum hæc fraus et fallacia diabolica est. Neque enim anima mortui est quæ clamat, sed dæmon qui hoc simulat ut auditores decipiat. Nam si posset anima in dæmonis substan-

οὐδεὶς αὐτοὺς προσενεγκεῖν ἐτόλμα, αὐτὸς πρὸς αὐτοὺς ἀπέρχεται ὁ Χριστός. Καὶ ὁ μὲν Ματθαῖός φησιν αὐτοὺς εἰρηκέναι· Ἦλθες ὧδε πρὸ καιροῦ βασανίσαι ἡμᾶς· οἱ δὲ ἄλλοι προσέθηκαν, καὶ ὅτι παρεκάλουν αὐτὸν καὶ ὥρκιζον, ἵνα μὴ εἰς τὴν ἄβυσσον αὐτοὺς ἐμβάλῃ· ἐνόμισαν γὰρ ἤδη τὴν κόλασιν αὐτοῖς ἐφεστάναι, καὶ ἔδεισαν ὡς ἤδη εἰς τιμωρίαν ἐμπεσούμενοι. Εἰ δὲ οἱ

E περὶ τὸν Λουκᾶν ἕνα φασὶν αὐτὸν εἶναι, οὗτος δὲ δύο, οὐδὲ τοῦτο διαφωνίαν ἐμφαίνει. Εἰ μὲν γὰρ εἶπον, ὅτι εἷς μόνος ἐστὶν, ἕτερος δὲ οὐκ ἦν, [a] ἐδόκουν ἀμφιβάλλειν τῷ Ματθαίῳ· εἰ δὲ, ὁ μὲν περὶ τοῦ ἑνὸς, ὁ δὲ περὶ τῶν δύο διελέχθη, οὐ μάχης τὸ εἰρημένον, ἀλλὰ δια-

336 φόρου διηγήσεως. Καὶ γὰρ ἐμοί γε δοκεῖ τὸν χαλεπώ-

A τερον τούτων ἐπιλεξάμενος ὁ Λουκᾶς εἰρηκέναι· διὸ καὶ τραγικώτερον ἀπαγγέλλει τὴν συμφοράν· οἷον, ὅτι τὰ δεσμὰ καὶ τὰς ἁλύσεις διαῤῥήσσων κατὰ τὴν ἔρημον ἐπλανᾶτο· ὁ δὲ Μάρκος ὅτι καὶ τοῖς λίθοις ἑαυτὸν ἔκοπτέ φησι· καὶ τὰ ῥήματα δὲ αὐτῶν ἱκανὰ [a] τὸ ἀπηνὲς καὶ τὸ ἀναίσχυντον ἐπιδείξασθαι. Ἦλθες γὰρ ὧδε πρὸ καιροῦ βασανίσαι ἡμᾶς, φησίν. Ὅτι μὲν γὰρ οὐχ ἥμαρτον, οὐκ εἶχον εἰπεῖν· ἀξιοῦσι δὲ μὴ πρὸ καιροῦ δοῦναι τὴν δίκην. Ἐπειδὴ γὰρ κατέλαβεν αὐτοὺς τὰ ἀνήκεστα δεινὰ καὶ παράνομα ἐκεῖνα ἐργαζομένους, καὶ τὸ πλάσμα τὸ ἑαυτοῦ παντὶ διαστρέφοντας τρόπῳ καὶ τιμωρουμένους, καὶ ἐνόμιζον αὐτὸν

B δι' ὑπερβολὴν τῶν γενομένων οὐκ ἀναμένειν τὸν καιρὸν τῆς κολάσεως, διὰ τοῦτο παρεκάλουν καὶ ἐδέοντο· καὶ οἱ μηδὲ δεσμῶν ἀνεχόμενοι σιδηρῶν, ἔρχονται δεδεμένοι· καὶ οἱ τὰ ὄρη κατατρέχοντες, εἰς τὰ πεδία ἐξῄεσαν· καὶ οἱ τοὺς ἄλλους κωλύοντες διαβαίνειν, τὸν ἀποτειχίζοντα τὴν ὁδὸν αὐτοῖς ἰδόντες, ἔστησαν. Τί δήποτε δὲ καὶ τοῖς τάφοις ἐμφιλοχωροῦσιν; Ὀλέθριον δόγμα τοῖς πολλοῖς ἐνθεῖναι βουλόμενοι· οἷον [b] ὅτι αἱ ψυχαὶ τῶν ἀπελθόντων δαίμονες γίνονται· ὃ μηδέποτε γένοιτο μηδὲ μέχρις ἐννοίας λαβεῖν. Τί οὖν, φησὶν, ἂν εἴποις, ὅταν πολλοὶ τῶν γοήτων καὶ παῖδας λαβόντες

C ἀποσφάττωσιν, ὥστε αὐτοῖς μετὰ ταῦτα συμπράττουσαν τὴν ψυχὴν ἔχειν; Καὶ πόθεν τοῦτο δῆλον; Ὅτι μὲν γὰρ ἀποσφάττουσι, πολλοὶ λέγουσιν· ὅτι δὲ αἱ ψυχαὶ τῶν σφαγέντων μετ' αὐτῶν εἰσι, πόθεν ἔγνως; εἰπέ μοι. Αὐτοὶ, φησὶν, οἱ δαιμονῶντες βοῶσιν, ὅτι ψυχὴ τοῦ δεῖνος ἐγώ. Ἀλλὰ καὶ τοῦτο σκηνή τις καὶ ἀπάτη διαβολική. Οὐ γὰρ ἡ ψυχὴ τοῦ τετελευτηκότος ἐστὶν ἡ βοῶσα, ἀλλ' ὁ δαίμων ὁ ὑποκρινόμενος ταῦτα ὥστε ἀπατῆσαι τοὺς ἀκούοντας. [c] Εἰ γὰρ εἰς δαίμο-

[a] Ἐδόκουν ἐναντία λέγειν τῷ Ματθαίῳ. Sic Manuscripti quidam. Paulo post quidam *οὐ μάχη τὸ εἰρημένον*.

[a] Alii *τὸ ἀναιδὲς καὶ ἀναίσχυντον ἐνδείξασθαι*.

[b] *ὅτι αἱ ψυχαὶ τῶν ἀπελθόντων δαίμονες γίνονται*. Idipsum dicit Chrysostomus Hom. 2 de Lazaro, Tom. 1, p. 727, E. nempe secundum quorumdam opinionem animas morientium dæmonas fieri. Sed id ibi solum dicitur de illis, qui violenta morte decesserunt : illudque forte hoc etiam loco subintelligendum est : non verisimile enim est, id eos de animabus decedentium omnium existimasse.

[c] Morel. minus recte *εἰ γὰρ εἰς ἕτερον σῶμα ψυχὴν εἰ*

νος οὐσίαν δυνατὸν ψυχὴν εἰσελθεῖν, πολλῷ μᾶλλον εἰς τὸ σῶμα τὸ ἑαυτῆς. Ἄλλως δὲ οὐδὲ ἂν ἔχοι λόγον D τὴν ἠδικημένην ψυχὴν συμπράττειν τῷ ἠδικηκότι· ἢ ἄνθρωπον δύνασθαι δύναμιν ἀσώματον εἰς ἑτέραν μεταβαλεῖν οὐσίαν. Εἰ γὰρ ἐπὶ τῶν σωμάτων τοῦτο ἀμήχανον, καὶ οὐκ ἄν τις ἀνθρώπου σῶμα ὄνου σῶμα ἐργάζεται, πολλῷ μᾶλλον ἐπὶ τῆς ἀοράτου ψυχῆς τοῦτο ἀδύνατον, καὶ οὐκ ἄν τις ἰσχύσειεν εἰς δαίμονος οὐσίαν αὐτὴν μετενεγκεῖν.

Ὥστε γραϊδίων μεθυόντων ταῦτα τὰ ῥήματα, καὶ παίδων μορμολύκεια. Οὐδὲ γὰρ ἔνι ψυχὴν ἀποῤῥαγεῖσαν τοῦ σώματος ἐνταῦθα πλανᾶσθαι λοιπόν. Ψυχαὶ γὰρ δικαίων ἐν χειρὶ Θεοῦ· εἰ δὲ αἱ τῶν δικαίων, καὶ αἱ τῶν παίδων· οὐδὲ γὰρ ἐκεῖναι πονηραί. Καὶ αἱ τῶν E ἁμαρτωλῶν δὲ εὐθέως ἐντεῦθεν ἀπάγονται. Καὶ δῆλον ἀπὸ τοῦ Λαζάρου καὶ τοῦ πλουσίου· καὶ ἀλλαχοῦ δέ φησιν ὁ Χριστός· Σήμερον τὴν ψυχήν σου ἀπαιτοῦσιν ἀπὸ σοῦ. Καὶ οὐχ οἷόν τε ψυχὴν ἐξελθοῦσαν τοῦ σώματος ἐνταῦθα πλανᾶσθαι· καὶ μάλιστα εἰκότως. 337 A Εἰ γὰρ ἐν γῇ βαδίζοντες τῇ συνήθει καὶ γνωρίμῳ, καὶ σῶμα περικείμενοι, ὅταν ξένην ὁδὸν ὁδεύωμεν, ποίαν ἐλθεῖν δεῖ οὐκ ἴσμεν, ἂν μὴ τὸν χειραγωγοῦντα ἔχωμεν· πῶς ἡ τοῦ σώματος ἀποῤῥαγεῖσα ψυχὴ, καὶ τῆς συνηθείας ἐξελθοῦσα πάσης, εἴσεται ποῦ δεῖ βαδίζειν ἄνευ τοῦ καθοδηγοῦντος αὐτήν; Καὶ πολλαχόθεν δὲ ἑτέρωθεν ἄν τις κατίδοι, ὅτι οὐκ ἔνι ψυχὴν ἐξελθοῦσαν ἐνταῦθα μεῖναι. Καὶ γὰρ ὁ Στέφανός φησι· Δέξαι τὸ πνεῦμά μου· Καὶ ὁ Παῦλος, Τὸ ἀναλῦσαι καὶ σὺν Χριστῷ εἶναι πολλῷ μᾶλλον κρεῖττον. Καὶ περὶ τοῦ πατριάρχου δέ φησιν ἡ Γραφή· Καὶ προσετέθη πρὸς τοὺς πατέρας αὐτοῦ, τρα- B φεὶς ἐν γήρει καλῷ. Ὅτι δὲ οὐδὲ αἱ τῶν ἁμαρτωλῶν ψυχαὶ διατρίβειν ἐνταῦθα δύνανται, ἄκουσον τοῦ πλουσίου πολλὰ ὑπὲρ τούτου παρακαλοῦντος, καὶ οὐκ ἐπιτυγχάνοντος· ὡς εἴ γε ἦν δυνατὸν, αὐτὸς ἂν ἦλθε, καὶ [a] ἀνήγγειλε τὰ ἐκεῖ γεγενημένα. Ὅθεν δῆλον, ὅτι μετὰ τὴν ἐντεῦθεν ἀποδημίαν εἰς χώραν τινὰ ἀπάγονται αἱ ψυχαὶ, οὐκ ἔτι κυρίαι οὖσαι ἐπανελθεῖν, ἀλλὰ τὴν φοβερὰν ἐκείνην ἡμέραν ἀναμένουσαι. Εἰ δὲ λέγοι τις, καὶ τίνος ἕνεκεν ὅπερ ἠξίωσαν οἱ δαίμονες ἐποίησεν ὁ Χριστὸς, εἰς τὴν ἀγέλην τῶν χοίρων ἐπιτρέψας C αὐτοῖς ἀπελθεῖν; ἐκεῖνο ἂν εἴποιμι, ὅτι οὐκ ἐκείνοις πειθόμενος τοῦτο ἐποίησεν, ἀλλὰ πολλὰ ἐντεῦθεν οἰκονομῶν· ἓν μὲν, τὸ διδάξαι τοὺς ἀπαλλαγέντας τῶν πονηρῶν τυράννων ἐκείνων τὸ μέγεθος [b] τῆς λύμης τῶν ἐπιβουλευόντων αὐτοῖς· δεύτερον δὲ, ἵνα μάθωσι πάντες, ὅτι οὐδὲ χοίρων κατατολμῶσιν, εἰ μὴ αὐτὸς

tiam ingredi, multo facilius in corpus suum ingrederetur. Præterea quis ratione præditus credere possit animam læsam, se lædenti sociare? aut hominem posse vim incorpoream in alteram mutare substantiam? Nam si in corporibus id fieri nequeat, nec quispiam possit corpus hominis in corpus asini mutare; multo magis in anima invisibili id fieri nequit, nec quis possit illam in dæmonis substantiam vertere.

3. Itaque aniculærum ebriarum hæc verba sunt et puerorum terricula. Neque enim licet animæ semel a corpore sejunctæ hic deinceps vagari. Nam *Justorum animæ in manu Dei sunt;* si justorum, etiam quoque puerorum animæ: non enim illæ malæ sunt. (Sap. 3. 1.) Peccatorum autem animæ statim hinc abducuntur. Id palam est ex Lazaro et divite; et alibi Christus ait: *Hodie animam tuam repetent a te.* (Luc. 12. 20.) Neque fieri potest, ut anima ex corpore egressa, hinc erret et vagetur; neque id injuria. Nam si cum iter facimus in nota nobis et assueta terra, cum corpore amicti sumus, cum peregrinam viam adimus, nescimus qua transire oporteat, nisi ducem habeamus: quomodo anima ex corpore avulsa, nihil jam assuetum et cognitum habens, sine duce sciet quo sit eundum? Multisque aliis argumentis deprehendere est, non posse animam ex corpore egressam hic manere. Nam Stephanus ait: *Suscipe spiritum meum;* (Act. 7. 58.) et Paulus, *Dissolvi et cum Christo esse multo melius est.* (Philipp. 1. 23.) De patriarcha quoque Scriptura dicit: *Et appositus est ad patres suos, provectus in senectute bona.* (Gen. 25. 8.) Quod autem neque peccatorum animæ possint hic versari, audi divitem multa hac de re rogantem, nec impetrantem, qui si potuisset venisset ipse, et quæ illic fierent nuntiasset. Unde palam est, post decessum ex hac vita animas in quamdam regionem deferri, nec posse huc reverti, sed terribilem illum diem exspectare. Si quis vero dixerit, Cur id quod petebant dæmones Christus fecit, cum in porcorum gregem ipsos intrare permisit? responderim ego, ipsum non id fecisse in gratiam illorum; sed ut multa sic dispensaret; primo, ut doceret eos qui a malignis hujusmodi tyrannis liberati essent, quantam perniciem afferrent insidiatores hujusmodi; secundo, ut discerent omnes, dæmonas ne quidem porcos invadere posse, nisi ipse permiserit; tertio, ipsos graviora in homines, quam

Animæ post mortem in aliquam regionem ducem.

δυνατὸν εἰσελθεῖν. Singularis admodum illa opinio erat, a præstigiatoribus occisos pueros fuisse, ut ipsorum animæ sibi ministrarent.

[a] Quidam ἀπήγγειλε.

[b] Alii τῆς λύσεως τῶν, et postea ἕτερον δὲ, ἵνα μάθωσι πάντες. Paulo post quidam συγχωρήσῃ et postea ἐκείνοις ἄν.

in porcos, perpetraturos fuisse, nisi in calamitate per magnam illam Dei providentiam servati fuissent. Nam quod magis nos quam bruta animalia odio habeant, nulli non manifestum est. Itaque qui porcis non pepercerunt, et in momento temporis omnes præcipitarunt, multo magis hominibus id fecissent, quos tenebant in desertum adducentes et abducentes, nisi in ipsa etiam tyrannide ipsos magna Dei cura frenasset et coercuisset, ne perniciosiora facerent. Inde liquet, neminem esse, quin Dei providentia fruatur. Quod si non omnes uno eodemque modo, hoc quoque magnum providentiæ genus est. Nam ut cuique utile esse potest ratio providentiæ accommodatur. Ad hæc vero quæ dicta sunt, aliud inde discimus : quod scilicet non tantum omnibus simul provideat, sed etiam singulis seorsim; quod etiam discipulis indicavit dicens : *Vestri capilli capitis omnes numerati sunt*. Exque dæmoniacis id clare videre est, qui jam olim suffocati fuissent, nisi summe curante Deo servarentur. Propterea permisit eos abire in gregem porcorum, ut qui regionem incolebant, ejus potentiam discerent. Ubi namque nomen ipsius notum erat, ibi non valde se ostendebat : ubi vero nemo ipsum noverat, stolidusque populus erat, ibi miraculis magis fulgebat, ut illos ad divinitatis suæ cognitionem pertraheret. Quod autem stolidi essent ii qui civitatem illam incolebant, ex iis quæ in fine gesta sunt liquet. Cum oportuisset enim illum adorare, ejusque potentiam mirari, illum repulerunt, et rogarunt abscedere a finibus suis. Sed cur dæmones porcos occiderunt? Semper dæmones id curant ut homines in mœrorem conjiciant, semperque de illorum pernicie gaudent. Hoc item Jobo diabolus fecit, quia ibi etiam id Deus permisit : verum neque ibi diabolo obtemperavit, sed quod famulum suum vellet splendidiorem reddere, dæmonique omnem impudentiæ ansam præcidere, atque sua in justum facinora in caput ipsius retorquere. Et nunc quoque contra accidit, quam dæmones volebant. Nam Christi potentia clarius prædicabatur, ac nequitia dæmonum, ex qua ille eruit omnes qui ab ipsis detinebantur, manifestius apparuit, notumque fuit, illos ne in porcos quidem habere potestatem, nisi id permiserit universorum Deus.

Nemo est quin Dei providentia fruatur.

Matth. 10. 30.

συγχωρήσεις· τρίτον, ὅτι χαλεπώτερα τῶν χοίρων
ἐκείνους ἂν εἰργάσαντο, εἰ μὴ καὶ ἐν τῇ συμφορᾷ
πολλῆς ἀπήλαυον τῆς τοῦ Θεοῦ προνοίας. Ὅτι γὰρ
ἡμᾶς τῶν ἀλόγων μᾶλλον μισοῦσι, παντί που δῆλόν
ἐστιν. Ὥστε οἱ τῶν χοίρων μὴ φειδόμενοι, ἀλλ' ἐν
D μιᾷ καιροῦ ῥοπῇ πάντας αὐτοὺς καταχρημνίσαντες,
πολλῷ μᾶλλον ἂν τοὺς ἀνθρώπους ταῦτα εἰργάσαντο,
οὓς εἶχον ἐπ' ἐρημίας ἄγοντες καὶ ἀπάγοντες, εἰ μὴ
καὶ ἐν αὐτῇ τῇ τυραννίδι [c] πολλὴ ἦν ἡ τοῦ Θεοῦ κηδεμονία, χαλινοῦσα καὶ ἐπέχουσα τὴν περαιτέρω ῥύμην
αὐτῶν. Ὅθεν δῆλον, ὅτι οὐκ ἔστιν οὐδεὶς, ὃς οὐκ ἀπολαύει τῆς τοῦ Θεοῦ προνοίας. Εἰ δὲ μὴ πάντες ὁμοίως,
μηδὲ καθ' ἕνα τρόπον, καὶ τοῦτο προνοίας μέγιστον
εἶδός ἐστι. Πρὸς γὰρ τὸ ἑκάστῳ λυσιτελοῦν καὶ τὸ
τῆς προνοίας ἐπιδείκνυται. Πρὸς τοῖς εἰρημένοις καὶ
E ἕτερον ἐκ τούτου μανθάνομεν, ὅτιπερ οὐ κοινῇ πάντων
προνοεῖ μόνον, ἀλλὰ καὶ ἰδίᾳ ἑκάστου· ὃ καὶ ἐπὶ τῶν
μαθητῶν ἐδήλωσεν εἰπών· Ὑμῶν δὲ αἱ τρίχες τῆς
κεφαλῆς πᾶσαι ἠριθμημέναι εἰσί. Καὶ ἀπὸ τῶν δαιμονώντων δὲ τοῦτο ἄν τις κατίδοι σαφῶς, οἳ πάλαι ἂν
ἀπεπνίγησαν, εἰ μὴ πολλῆς τῆς ἄνωθεν κηδεμονίας
ἀπήλαυον. Διὰ δὴ ταῦτα ἐπέτρεψεν ἀπελθεῖν αὐτοὺς
εἰς τὴν ἀγέλην τῶν χοίρων, ἵνα καὶ οἱ τὰ χωρία οἰ-
338 κοῦντες ἐκεῖνα μάθωσιν αὐτοῦ τὴν δύναμιν. Ἔνθα μὲν
A γὰρ [d] πολὺ τὸ ὄνομα αὐτοῦ ἐστιν, οὐ σφόδρα ἐπιδεί-
κνυται· ἔνθα δὲ μηδεὶς αὐτὸν οἶδεν, ἀλλ' ἔτι ἀναισθήτως διάκεινται, ἐκλάμπειν ἐποίει τὰ θαύματα, ὥστε
αὐτοὺς εἰς τὴν ἑαυτοῦ θεογνωσίαν ἐπισπάσασθαι. Ὅτι
γὰρ ἀναίσθητοί τινες ἦσαν οἱ τὴν πόλιν ἐκείνην οἰκοῦντες, δῆλον ἀπὸ τοῦ τέλους. Δέον γὰρ αὐτοὺς
προσκυνῆσαι καὶ θαυμάσαι τὴν δύναμιν, οἱ δὲ ἀπέ-
πεμπον, καὶ παρεκάλουν ἀπελθεῖν ἐκ τῶν ὁρίων αὐτῶν. Ἀλλὰ τίνος ἕνεκεν ἀνεῖλον τοὺς χοίρους οἱ δαίμονες; Πανταχοῦ τοὺς ἀνθρώπους εἰς ἀθυμίαν ἐμβαλεῖν [a] οἱ δαίμονες ἐσπουδάκασι, καὶ πανταχοῦ χαίρουσι τῇ αὐτῶν ἀπωλείᾳ. Τοῦτο γοῦν ὁ διάβολος καὶ
ἐπὶ τοῦ Ἰὼβ ἐποίησε· καίτοι καὶ ἐκεῖ ὁ Θεὸς ἐπέτρε-
B ψεν· ἀλλ' οὐδὲ ἐκεῖ πειθόμενος τῷ διαβόλῳ, ἀλλὰ τὸν
αὐτοῦ θεράποντα θέλων ἀποφῆναι λαμπρότερον, καὶ
τῷ δαίμονι πᾶσαν ἀναισχυντίας ἐκκόπτων πρόφασιν,
καὶ εἰς τὴν αὐτοῦ περιτρέπων κεφαλὴν τὰ κατὰ τοῦ
δικαίου γινόμενα. Ἐπεὶ καὶ νῦν τοὐναντίον, ἤπερ
ἤθελον οὗτοι, γέγονε. Καὶ γὰρ ἡ τοῦ Χριστοῦ δύναμις
λαμπρῶς ἀνεκηρύττετο, καὶ ἡ πονηρία τῶν δαιμόνων,
ἧς ἀπήλλαξε τοὺς ὑπ' αὐτῶν κατεχομένους, σαφέστερον διεδείκνυτο, καὶ ὅτι οὐδὲ χοίρων εἰσὶν ἅπτεσθαι
κύριοι, μὴ τοῦ τῶν ὅλων ἐπιτρέποντος Θεοῦ.

c [Cum Savilio scripsimus πολλὴ, quod expressit G. Trapezuntius, cujus versionem restituimus. Commelin. et Montf. πολλῇ. Verterat Montf. : *nisi etiam in hac ipsa magna quam exercebant tyrannide, Dei cura illos frenasset*, etc. Infra Savil. ὅτι οὐ κοινῇ.]

d [Adjecimus πολὺ e Savilio. Agnoscit G. Trapezuntius vertens : *Nam ubi magna fama de ipso erat.*]

a Οἱ δαίμονες deest in Morel.

Εἰ δέ τις καὶ κατὰ ἀναγωγὴν ταῦτα ἐκλάβοι, τὸ κωλύον οὐδέν· ἡ μὲν γὰρ ἱστορία αὕτη. Δεῖ δὲ εἰδέναι σαφῶς, ὡς οἱ χοιρώδεις τῶν ἀνθρώπων εὐεπιχείρητοι ταῖς τῶν δαιμόνων ἐνεργείαις εἰσί. Καὶ ἄνθρωποι μὲν ὄντες οἱ ταῦτα πάσχοντες, δύνανται καὶ περιγενέσθαι πολλάκις· ἂν δὲ χοῖροι τὸ ὅλον γένωνται, οὐ δαιμονίζονται μόνον, ἀλλὰ καὶ κατακρημνίζονται. Καὶ ἄλλως δὲ, ἵνα μή τις σκηνὴν εἶναι νομίσῃ τὰ γενόμενα, ἀλλὰ πιστεύσῃ σαφῶς, [b] ὅτι ἐξῆλθεν ὁ δαίμων, ἀπὸ τοῦ θανάτου τῶν χοίρων τοῦτο γίνεται κατάδηλον. Σκόπει δὲ αὐτοῦ καὶ τὸ πρᾶον μετὰ τῆς δυνάμεως. Ἐπειδὴ γὰρ τοιαῦτα εὐεργετηθέντες ἀπήλαυνον αὐτὸν οἱ τὴν χώραν οἰκοῦντες ἐκείνην, οὐκ ἀντέτεινεν, D ἀλλὰ καὶ ἀνεχώρησε, καὶ τοὺς ἀναξίους ἀποφήναντας ἑαυτοὺς τῆς αὐτοῦ διδασκαλίας κατέλιπε, τοὺς ἐλευθερωθέντας τῶν δαιμόνων δοὺς διδασκάλους, καὶ τοὺς συβώτας, ὥστε παρ' ἐκείνων μαθεῖν πάντα τὰ γεγενημένα· καὶ αὐτὸς ἀναχωρήσας τὸν φόβον ἀφίησιν αὐτοῖς ἐνακμάζοντα. Καὶ γὰρ τῆς ζημίας τὸ μέγεθος διεδίδου τοῦ γεγενημένου τὴν φήμην, καὶ καθικνεῖτο [c] τῆς διανοίας αὐτῶν τὸ συμβάν. Καὶ πολλαχόθεν ἐφέροντο φωναὶ, ἀνακηρύττουσαι τοῦ θαύματος τὸ παράδοξον, ἀπὸ τῶν θεραπευθέντων, ἀπὸ τῶν καταποντισθέντων, E ἀπὸ τῶν δεσποτῶν τῶν χοίρων, ἀπὸ τῶν ποιμαινόντων ἀνθρώπων αὐτούς. Ταῦτα καὶ νῦν γινόμενα ἴδοι τις ἂν, καὶ πολλοὺς ἐν τοῖς μνημείοις δαιμονιζομένους, οὓς οὐδὲν κατέχει τῆς μανίας, οὐ σίδηρος, οὐχ ἅλυσις, οὐκ ἀνθρώπων πλῆθος, οὐ παραίνεσις, οὐ νουθεσία, οὐ φόβος, οὐκ ἀπειλὴ, οὐκ ἄλλο τῶν τοιούτων οὐδέν. Καὶ γὰρ ὅταν τις ἀκόλαστος ᾖ πρὸς [d] πάντα σώματα ἐπτοημένος, οὐδὲν διενήνοχε τοῦ δαιμονῶντος· ἀλλὰ 379 A γυμνὸς ὢν ἐκεῖνος περιέρχεται, ἱμάτια μὲν ἐνδεδυμένος, τῆς δὲ ἀληθοῦς περιβολῆς ἀπεστερημένος, καὶ τῆς αὐτῷ προσηκούσης δόξης γεγυμνωμένος, οὐ λίθοις ἑαυτὸν κόπτων, ἀλλὰ ἁμαρτήμασι πολλῶν λίθων χαλεπωτέροις. Τίς οὖν τὸν τοιοῦτον δῆσαι δυνήσεται καὶ παῦσαι ἀσχημονοῦντα καὶ οἰστρούμενον, καὶ οὐδέποτε ἐν ἑαυτῷ γινόμενον, ἀλλ' ἀεὶ παρὰ τὰ μνήματα φοιτῶντα; Τοιαῦτα γὰρ τῶν [*] πόρνων τὰ καταγώγια πολλῆς τῆς δυσωδίας γέμοντα, πολλῆς τῆς σηπεδόνος. Τί δὲ ὁ φιλάργυρος; οὐχὶ τοιοῦτος; [a] τίς δὲ αὐτὸν ἰσχύει δῆσαί ποτε; οὐχὶ φόβοι καὶ ἀπειλαὶ καθημεριναὶ, καὶ παραινέσεις, καὶ συμβουλαί; Ἀλλὰ πάντα ταῦτα διακόπτει τὰ δεσμά· κἂν ἔλθῃ τις αὐτὸν ἀπαλλάξαι τῶν δεσμῶν, ὁρκίζει ὥστε μὴ ἀπαλλαγῆναι, βάσανον ἡγούμενος εἶναι μεγίστην τὸ μὴ εἶναι ἐν τῇ B βασάνῳ· οὗ [b] τί γένοιτο χαλεπώτερον; Ἐκεῖνος μὲν

4. Si quis autem hæc anagogice velit accipere, C id utique licet, sed historia sic habet. Sciendum porro est homines porcorum instar viventes, dæmonibus esse captu faciles. Qui autem hæc patiuntur, homines cum sint, sæpe possunt illos superare; si vero porci omnino fuerint, non modo a dæmonibus exagitantur, sed etiam præcipitantur. Insuperque ne quis hoc rem esse fictam putaret, sed quisque crederet dæmonem vere exivisse, ex porcorum morte id manifestum efficitur. Hic vero perpende ejus mansuetudinem cum potestate conjunctam. Cum enim regionis incolæ, tot D ab eo acceptis beneficiis, illum ab se discedere cogerent, non restitit, sed discessit, eosque qui se doctrina ipsius indignos declarabant, reliquit, doctores assignans illis eos, qui a dæmonibus liberati fuerant, necnon subulcos, a quibus quæcumque gesta fuerant ediscere poterant: recedens porro ingentem ipsis timorem reliquit. Damni quippe magnitudo rei gestæ famam evulgabat, resque tanta ipsorum animos perculerat. Undique rumores afferebantur, hæc gesta stupenda prædicantes, ab E iis qui curati fuerant, a præcipitatis porcis, a porcorum dominis, a subulcis. Hæc porro nunc etiam videre est, multos in sepulcris dæmoniacos, quos nihil ab insania cohibet, non ferrum, non catena, non multitudo hominum, non monita, non terror, non minæ, non quid simile. Cum quis enim lascivus corporum forma capitur, nihil differt a dæmo- 379 niaco: sed nudus ut ille circumvagatur, vestibus A quidem indutus, sed vero amictu spoliatus, et gloria sibi debita nudatus, non lapidibus sese percutiens, sed peccatis lapide longe durioribus. Quis igitur hunc hominem ligare poterit sedareque, tam turpiter agentem, petulantem, numquam sui compotem, sed semper sepulcra adeuntem? Talia quippe sunt meretricum diversoria multo fœtore plena, multa putredine. Quid de avaro dicamus? nonne et ipse talis est? quis eum ligare umquam poterit? Non terrores, non minæ, non monita, non consilia: verum hæc omnia ille vincula rumpit: et si quis soluturus a vinculis accedat, adjurat eum ne solvatur, cruciatum maximum existimans non esse in cruciatu: quo quid mise- B rabilius dicatur? Ille namque dæmon, etsi homines despiceret, at Christi jussui cessit, et cito a corpore abscessit; hic vero non cedit præcepto

b Alii ὅτι ἐξῆλθον οἱ δαίμονες.

c Aliqui τῆς ἀγνοίας αὐτῶν. Paulo post πολλαχόθεν, alii πανταχόθεν.

d Quidam πάντα τὰ σώματα.

* [Savil. in marg. γρ. πορνῶν.]

a Alius τίς γὰρ αὐτὸν ἴσχυσε.

b Aliquot Mss. τί γένοιτο ἀθλιώτερον; Infra iidem καὶ ταχέως ἀπεδήμησε τοῦ. Paulo post quidam Mss. οὐ ζύναται θεῷ, et postea ἀνηκέστους βασάνους· καὶ οὐ.

Matth. 6. 24. Nam licet quotidie audiat illum dicentem, *Non potestis Deo servire et mamonæ*, etsi gehennam comminetur et intolerabilia supplicia, non obtemperat tamen, non quod Christo sit fortior, sed quod Christus nos non invitos ad resipiscentiam ducat. Ideoque illi quasi in desertis versantur, etiamsi in mediis sint urbibus. Quis enim mente valens possit cum hujusmodi hominibus versari? Mallem certe cum sexcentis dæmoniacis habitare, quam cum uno hoc laborante morbo: quodque ita loquens non aberrem, probatur ex iis quæ utrique

Avari descriptio. patiuntur. Hi namque eum qui se nihil læsit, inimicum sibi putant, voluntque eum qui liber est servum suum esse, ut in malis innumeris involvant; dæmoniaci vero nihil aliud mali faciunt, quam quod morbum in se retineant. Illi multas subvertunt domos, idque peragunt, ut nomen Dei blasphemetur, ac pernicies sunt et urbis et orbis universi; hi vero a dæmonibus exagitati, miseratione et lacrymis digni sunt. Hi certe sine ullo sensu multa faciunt; illi ratione præditi impingunt, in mediis urbibus debacchantes, et novo quodam furore correpti. Quid enim tale faciunt dæmoniaci omnes, quale ausus est Judas, extremam aggressus iniquitatem? Certe omnes qui illum imitantur, sunt quasi feræ immanes ex carceribus elapsæ, civitates perturbant, nemine cohibente. Hi tamen vinculis undique constringuntur, qualia sunt, judicum terror, legum comminationes, vulgi maledicta, et alia plurima: his tamen illi diruptis omnia sus deque vertunt. Quod si quis hæc vincula auferet, is dæmonem illos occupantem clare cognosceret, qui certe multo et acrior et ferocior est eo qui nunc egressus narratur.

5. Verum quia id fieri nequit, verbo tamen tenus ista fingamus, et catenas ejus omnes auferamus; tunc ejus furorem liquido sciemus. At feram a nobis nudatam ne formidetis: in verbo namque tota scena consistit, neque in rei veritate idipsum conspicimus. Sit itaque homo quispiam, ignem ab oculis emittens, niger, qui in utroque humero dracones pendentes loco brachiorum habeat; os habeat in quo pro dentibus gladii sint infixi, pro lingua fons virus venenumque emittens; venter

γὰρ ὁ δαίμων, εἰ καὶ ἀνθρώπων κατεφρόνησεν, ἀλλὰ τῷ προστάγματι εἶξε τοῦ Χριστοῦ, καὶ ταχέως ἀπεπήδησε τοῦ σώματος· οὗτος δὲ οὐδὲ τῷ προστάγματι εἴκει. Ἰδοὺ γοῦν καθ' ἑκάστην ἡμέραν ἀκούει αὐτοῦ λέγοντος, Οὐ δύνασθε Θεῷ δουλεύειν καὶ μαμωνᾷ, καὶ γέενναν ἀπειλοῦντος, καὶ τὰς ἀνηκέστους κολάσεις· καὶ οὐ πείθεται, οὐχ ὅτι ἰσχυρότερος τοῦ Χριστοῦ, ἀλλ' ὅτι ἄκοντας ἡμᾶς Χριστὸς οὐ σωφρονίζει. Διὰ C τοῦτο ὡς ἐν ἐρήμοις οἱ τοιοῦτοι διατρίβουσι, κἂν ἐν μέσαις πόλεσιν ὦσι. Τίς γὰρ ἂν ἕλοιτο νοῦν ἔχων τοιούτοις συγγίνεσθαι ἀνθρώποις; Μᾶλλον ἂν ἔγωγε κατεδεξάμην μετὰ μυρίων δαιμονώντων οἰκεῖν, ἢ μετὰ ἑνὸς ταύτην νοσοῦντος τὴν νόσον· καὶ ὅτι οὐ σφάλλομαι ταῦτα λέγων, δῆλον ἐξ ὧν ἑκάτεροι πάσχουσιν. Οὗτοι μὲν γὰρ τὸν οὐδὲν ἠδικηκότα ἐχθρὸν ἡγοῦνται, καὶ βούλονται καὶ δοῦλον λαβεῖν τὸν ἐλεύθερον ὄντα, καὶ μυρίοις περιβάλλουσιν κακοῖς· [c] οἱ δὲ δαιμονῶντες οὐδὲν ἄλλο ἐργάζονται, ἀλλ' ἐν ἑαυτοῖς τὴν νόσον τρέφουσι. D Καὶ οὗτοι μὲν πολλὰς οἰκίας ἀνατρέπουσι, καὶ τὸ ὄνομα τοῦ Θεοῦ βλασφημεῖσθαι παρασκευάζουσι, καὶ λύμη πόλεως καὶ τῆς οἰκουμένης ἁπάσης εἰσίν· οἱ δὲ ὑπὸ δαιμόνων ἐνοχλούμενοι, ἐλεεῖσθαι μᾶλλόν εἰσιν ἄξιοι καὶ δακρύεσθαι. Καὶ οἱ μὲν ἐν ἀναισθησίᾳ τὰ πλείονα πράττουσι· οἱ δὲ μετὰ λογισμοῦ παραπαίουσιν, ἐν μέσαις πόλεσι βακχευόμενοι, καὶ καινήν τινα μαινόμενοι μανίαν. Τί γὰρ τοιοῦτον ἐργάζονται οἱ δαιμονῶντες ἅπαντες, οἷον Ἰούδας ἐτόλμησε, τὴν ἐσχάτην παρανομίαν ἐπιδειξάμενος; Καὶ πάντες δὲ οἱ ἐκεῖνον ζηλοῦντες, καθάπερ θηρία χαλεπὰ ἀπὸ γαE λεάγρας φυγόντα, τὰς πόλεις θορυβοῦσιν, οὐδενὸς κατέχοντος. Περίκειται μὲν γὰρ καὶ τούτοις δεσμὰ πανταχόθεν· οἷον, ὁ τῶν δικαστῶν φόβος, ἡ τῶν νόμων ἀπειλὴ, ἡ παρὰ τῶν πολλῶν κατάγνωσις, καὶ ἕτερα πλείονα τούτων· ἀλλ' ὅμως καὶ ταῦτα διαῤῥηγνύντες πάντα ἄνω καὶ κάτω ποιοῦσι. Καὶ εἴ τις αὐτὰ τέλεον 340 αὐτῶν ἀφεῖλε, τότε ἂν ἔγνω σαφῶς τὸν ἐν αὐτοῖς δαίA μονα πολὺ τοῦ νῦν ἐξελθόντος ἀγριώτερον ὄντα καὶ μανικώτερον.

Ἀλλ' ἐπειδὴ τοῦτο οὐκ ἔνι, τῷ λόγῳ [a] τέως αὐτὸ ὑποθώμεθα, καὶ πάσας αὐτοῦ περιέλωμεν τὰς ἁλύσεις· καὶ τότε αὐτοῦ σαφῶς εἰσόμεθα τὴν λαμπρὰν μανίαν. Ἀλλὰ μὴ δείσητε τὸ θηρίον, ὅταν αὐτὸ ἐκκαλύψωμεν· ἐν γὰρ τῷ λόγῳ ἡ σκηνὴ, οὐκ ἐν τῇ ἀληθείᾳ τὸ πρᾶγμα. Ἔστω τοίνυν τις ἄνθρωπος πῦρ ἀπὸ τῶν ὀφθαλμῶν ἀφιεὶς, μέλας, ἐξ ἑκατέρων τῶν ὤμων δράκοντας ἀντὶ χειρῶν ἔχων ἐξηρτημένους· ἔστω δὲ [b] αὐτῷ καὶ στόμα, ἀντὶ μὲν ὀδόντων ξίφη ὀξέα ἔχον ἐμπεπηγότα, B ἀντὶ δὲ γλώσσης ἰοῦ καὶ δηλητηρίου φαρμάκου πηγὴν

[c] Quidam Mss. οἱ δὲ ἄλλοι δαιμονῶντες οὐδὲν τοιοῦτον ἐργάζονται.... τὴν νόσον στρέφουσιν· οὗτοι δὲ πολλάς.

[a] Morel. τέως αὐτὸ ἀποθώμεθα, Savil. autem ὑποθώμεθα.

[b] Alii αὐτῷ ἀντὶ μὲν ὀδόντων ξίφη ὀξέα πεπηγότα.

ἀναβλύζουσαν· γαστὴρ δὲ, καμίνου πάσης δαπανητικωτέρα, τὰ ἐμβαλλόμενα ἀναλίσκουσα ἅπαντα· καὶ πόδες ὑπόπτεροί τινες καὶ φλογὸς ἁπάσης σφοδρότεροι· καὶ τὸ πρόσωπον δὲ αὐτῷ ἀπὸ κυνὸς καὶ λύκου κατεσκευασμένον ἔστω· καὶ φθεγγέσθω μηδὲν ἀνθρώπινον, ἀλλ' ἀπηχές τι, καὶ ἀηδὲς, καὶ φοβερόν· ἐχέτω δὲ καὶ ἐν χερσὶ φλόγα. Τάχα φοβερὰ δοκεῖ εἶναι ὑμῖν τὰ εἰρημένα· ἀλλ' οὐδέπω κατ' ἀξίαν αὐτὸν ἐσχηματίσαμεν· μετὰ γὰρ τούτων καὶ ἕτερα δεῖ προσθεῖναι. Καὶ γὰρ καὶ τοὺς ἀπαντῶντας σφαττέτω, κατεσθιέτω, τῶν σαρκῶν αὐτῶν ἀπτέσθω. Ἀλλὰ καὶ τούτου πολλῷ χαλεπώτερος ὁ φιλάργυρος, πᾶσιν ἐπιὼν C ὥσπερ ᾅδης, [c] πάντα καταπίνων, κοινὸς πολέμιος περιερχόμενος τοῦ τῶν ἀνθρώπων γένους. Καὶ γὰρ βούλεται μηδένα ἄνθρωπον εἶναι, ἵνα τὰ πάντα κατέχῃ. Καὶ οὐδὲ ἐνταῦθα ἵσταται, ἀλλ' ὅταν πάντας ἀπολέσῃ τῇ ἐπιθυμίᾳ, καὶ τῆς γῆς τὴν οὐσίαν ἀφανίσαι ἐπιθυμεῖ, καὶ χρυσὸν αὐτὴν οὖσαν ἰδεῖν· οὐ τὴν γῆν δὲ μόνον, ἀλλὰ καὶ ὄρη, καὶ νάπας, καὶ πηγὰς, καὶ πάντα ἁπλῶς τὰ φαινόμενα. Καὶ ἵνα μάθητε, ὅτι οὐδέπω τὴν μανίαν παρεστήσαμεν τὴν ἐκείνου, μηδεὶς ἔστω ὁ ἐγκαλῶν καὶ δεδιττόμενος, ἀλλ' ἄνελε τὸν ἐκ τῶν νόμων φόβον τῷ λόγῳ τέως, καὶ ὄψει αὐτὸν ξίφος ἁρπά- D σαντα καὶ πάντας διαχρώμενον, καὶ οὐδ' ἑνὸς φειδόμενον, οὐ φίλου, οὐ συγγενοῦς, οὐκ ἀδελφοῦ, οὐκ αὐτοῦ τοῦ γεγεννηκότος. Μᾶλλον δὲ οὐδὲ ὑποθέσεως ἐνταῦθα χρεία· ἀλλ' ἐρώμεθα αὐτὸν, εἰ μὴ τοιαύτας πλάττει ἀεὶ [d] καθ' ἑαυτοῦ φαντασίας, καὶ πάντας ἔπεισιν, ἀναιρῶν τῷ λογισμῷ, καὶ φίλους, καὶ συγγενεῖς, καὶ αὐτοὺς τοὺς γεγεννηκότας. Μᾶλλον δὲ οὐδὲ ἐρωτήσεως χρεία· [e] καὶ γὰρ πάντες ἴσασιν ὅσοι τούτῳ κατεχόμενοί εἰσι τῷ νοσήματι, ὅτι καὶ γῆρας βαρύνονται πατρὸς, καὶ τὸ γλυκὺ καὶ πᾶσιν ἐπέραστον, τὸ παῖδας E ἔχειν, βαρὺ καὶ ἐπαχθὲς εἶναι νομίζουσι. Πολλοὶ γοῦν καὶ ἀτοκίαν διὰ τοῦτο ὠνήσαντο, καὶ τὴν φύσιν ἐπήρωσαν, οὐκ ἀνελόντες [f] μόνον τεχθέντας παῖδας, ἀλλὰ μηδὲ φῦναι τὴν ἀρχὴν συγχωρήσαντες. Μὴ τοίνυν θαυμάσητε, εἰ τὸν φιλάργυρον οὕτως ἐσχηματίσαμεν· 341 καὶ γὰρ πολὺ χεῖρόν ἐστι τῶν εἰρημένων. Ἀλλὰ A σκοπήσωμεν πῶς τοῦ δαίμονος αὐτὸν ἀπαλλάξωμεν. Πῶς οὖν ἀπαλλάξομεν; Εἰ μάθοι σαφῶς, ὅτι ἡ φιλαργυρία πρὸς αὐτὸ τοῦτο [a] μάλιστα ἡμῖν ἐναντιοῦται, πρὸς τὸ πορίζειν χρήματα· ἀεὶ γὰρ οἱ τὰ μικρὰ κερδαίνειν βουλόμενοι, μεγάλας ὑπομένουσι

ejus omni fornace sit voracior, quæ omnia injecta deglutiat; pedes alis instructi et flamma quavis vehementiores; vultus ejus canis et lupi speciem referat: non humanam vocem emittat, sed quid insuave, injucundum, terribile: in manibusque flammas habeat. Horrenda forsan vobis hæc videantur; sed nondum illum uti par erat depinximus: his quippe alia sunt addenda. Obvios quosque jugulet ac devoret, carnes laceret. Hoc monstro deterior est avarus, quasi infernus omnes invadit, omnia devorans, communis humani generis hostis circumiens. Nullum quippe vult superesse hominem, ut omnia possideat. Neque hic tamen sistit gradum, sed postquam omnes cupiditate sua perdidit, terræ substantiam cupit abolere, illamque in aurum versam videre: neque tantum terram, sed montes, saltus, fontes et omnia quæ sub aspectum cadunt. Atque ut discatis, nos nondum ejus furorem totum demonstravisse: nemo sit qui illum accuset et terreat; sed tolle formidinem legum, et videbis illum arrepto gladio omnes trucidantem, nemini parcentem, non amico, non cognato, non fratri, non patri. Immo vero non opus est nobis illa hypothesi; sciscitemur ab eo, annon ille hujusmodi res in cogitatione verset, annon omnes animo invadat, annon trucidet amicos, cognatos et progenitores. Imo vero nulla interrogandi necessitas, cum nemo nesciat eos, qui hoc tenentur morbo, senectutem patris sui ægre ferre, et quod aliis dulce optabileque est, nempe filios habere, onerosum existimare. Multi enim hac de causa orbitatem sunt adepti, naturamque sterilem reddiderunt, non modo natos occidentes, sed etiam ne nascerentur efficientes. Ne miremini itaque, si avarum illa forma depinxerimus: nam longe adhuc deterior est, quam diximus. Sed videamus quo pacto eum ab hoc dæmone liberare poterimus. Quomodo liber erit? Si clare didicerit avaritiam vel ad pecunias comparandas contrariam esse: nam qui parva lucrari volunt, semper magna patiuntur damna: id quod etiam in proverbium versum est. Multi certe cum mutuum magno fœnore darent, non exploratis accipientis facultatibus, sortem ipsam cum usu- Proverbium.

[c] Alii *πάντας καταπίνων*.

[d] Savil. *καθ' ἑαυτόν*, Morel. *καθ' ἑαυτοῦ*.

[e] Hic variant exemplaria. Mss. non pauci sic habent: *καὶ γὰρ πάντες ἴσασιν ὡς οἱ τούτῳ κατεχόμενοι τῷ νοσήματι, καὶ γῆρας βαρύνονται πατρὸς*, etc. Hoc est: *sciunt quippe omnes eos qui hujusmodi morbo laborant, senum parentum vitam ægre ferre*, etc. Quam lectionem sequutus est Georgius Trapezuntius interpres, et sane videtur anteferenda lectioni Savilii et Morelli quæ sic habet: *καὶ γὰρ πάντες ἴσασιν ὅσοι τούτῳ κατεχόμενοί εἰσι τῷ νοσήματι, ὅτι καὶ γῆρας βαρύνονται πατρός*, *nam sciunt omnes qui hoc morbo laborant, se patrum senum vitam ægre ferre*. Minus recte, ni fallor.

[f] *Μόνον* abest a quibusdam Mss.

[a] Alii *μάλιστα αὐτῷ ἐναντιοῦται*.

ris amiserunt. Rursum alii in periculis, cum nollent pauca proferre, vitam cum opibus perdiderunt. Item alii, cum dignitates pecuniarias, vel similia adipisci possent, cum parcimoniæ nimis studerent, a toto exciderunt. Quoniam enim serere nesciunt, sed metere tantum student, a messe frequenter excidunt. Nemo enim semper metere potest, sicut nec semper lucrari. Quia igitur impendere nolunt, nec lucrari sciunt, sed et si uxorem ducere oporteat, in idem incidunt damnum, dum vel inopem pro divite ducunt, vel si divitem accipiant, et illa mille vitiis sit affecta, in majus incidunt detrimentum. Non enim opulentia, sed virtus divitias parit. Nam quæ ex divitiis utilitas, si illa prodiga sit et sumtuosa, et si quasi ventus omnia dissipet? quid si lasciva sit, ac sexcentos amatores attrahat? quid si ebriosa? annon brevi conjugem suum ad inopiam rediget? Non in uxore ducenda tantum, sed etiam in emendo falluntur, dum servos, non probos ac strenuos, sed eos qui vili pretio dantur, comparant. Hæc itaque omnia cogitantes (nondum enim de gehenna et de regno verba audire potuistis), et detrimenta in mentem revocantes, quæ sæpe ab avaritia passi estis, in fœnoribus, vel in emendo, vel in ducenda uxore, in patrociniis, in aliisque omnibus, ab amore pecuniarum abscedite. Sic enim poteritis et præsentem vitam tuto transigere, et paululum aucti sermones de philosophia audire, atque acutius videntes, ipsum justitiæ solem respicere, promissaque ejus consequi: quorum utinam consortes simus omnes, gratia et benignitate Domini nostri Jesu Christi, cui gloria et imperium, in sæcula sæculorum. Amen.

ζημίας· ὅθεν δὴ καὶ παροιμία εἰς αὐτὸ τοῦτο ἐξενήνεκται. Πολλοὶ γοῦν πολλάκις ἐπὶ μεγάλοις δανεῖσαι βουλόμενοι τόκοις, τῇ προσδοκίᾳ τοῦ κέρδους οὐκ ἐξετάσαντες τοὺς λαβόντας, μετὰ τῶν τόκων καὶ τοῦ κεφαλαίου παντὸς ἐξέπεσαν. Πάλιν εἰς κινδύνους περιπεσόντες ἕτεροι, καὶ οὐ βουληθέντες ὀλίγα προέσθαι, B καὶ τὴν ψυχὴν μετὰ τῆς οὐσίας ἀπώλεσαν. Καὶ παρὸν πάλιν, ἢ ἀξιώματα κερδαλέα, ἢ ἄλλο τι τοιοῦτον ὠνήσασθαι, [b] μικρολογήσαντες τὸ πᾶν ἀπώλεσαν. Ἐπειδὴ γὰρ οὐκ ἴσασι σπείρειν, ἀλλὰ θερίζειν μεμελετήκασι, καὶ τοῦ ἀμητοῦ συνεχῶς ἐκπίπτουσιν. Οὐδεὶς γὰρ ἀεὶ θερίζειν δύναται, ὥσπερ οὐδὲ ἀεὶ κερδαίνειν. Ἐπεὶ οὖν οὐ βούλονται δαπανᾷν, οὐδὲ κερδαίνειν ἴσασιν. Ἀλλὰ κἂν γυναῖκα δέῃ λαβεῖν, πάλιν τὸ αὐτὸ τοῦτο ὑπομένουσιν· ἢ γὰρ ἐξηπατήθησαν ἄπορον ἀντ' εὐπόρου λαβόντες· ἢ καὶ πλουσίαν εἰσαγαγόντες, καὶ μυρίων γέμουσαν ἐλαττωμάτων, πλείονα πάλιν τὴν ζημίαν C ὑπέμειναν. Οὐ γὰρ ἡ περιουσία, ἀλλ' ἡ ἀρετὴ τὸν πλοῦτον ἐργάζεται. Τί γὰρ ὄφελος τοῦ πλούτου, ὅταν δαπανηρὰ ᾖ καὶ ἄσωτος, καὶ πάντα ἀνέμου σφοδρότερον [c] ἐκφορῇ; τί δὲ ἂν ἀσελγὴς, καὶ μυρίους ἐραστὰς ἐφέλκηται; τί δὲ ἂν μέθυσος; οὐ πάντων ταχέως πενέστερον τὸν ἄνδρα ἐργάσεται; Οὐ γαμοῦσι δὲ μόνον, ἀλλὰ καὶ ὠνοῦνται ἐπισφαλῶς, ὑπὸ τῆς ἐπιθυμίας τῆς πολλῆς οὐ τὰ σπουδαῖα τῶν ἀνδραπόδων, ἀλλὰ τὰ εὔωνα περιεργαζόμενοι. Ταῦτ' οὖν ἅπαντα ἀναλογισάμενοι (τῶν γὰρ περὶ τῆς γεέννης καὶ τῆς βασιλείας οὐδέπω λόγων ἀκούειν δύνασθε), καὶ τὰς ζημίας ἐννοήσαντες, ἃς ὑπεμείνατε πολλάκις [d] ὑπὸ D τῆς φιλοχρηματίας, καὶ ἐν δανείσμασι, καὶ ἐν ὠνίοις, καὶ ἐν γάμοις, καὶ ἐν προστασίαις, καὶ ἐν τοῖς ἄλλοις ἅπασιν, ἀπόστητε τοῦ χρημάτων ἔρωτος. Οὕτω γὰρ δυνήσεσθε καὶ τὸν παρόντα βίον μετὰ ἀσφαλείας ζῆν, καὶ μικρὸν ἐπιδόντες καὶ τῶν περὶ φιλοσοφίας ἀκοῦσαι λόγων, καὶ μικρὸν διαβλέποντες εἰς αὐτὸν τῆς δικαιοσύνης ἰδεῖν τὸν ἥλιον, καὶ τῶν ἐπηγγελμένων παρ' αὐτοῦ ἐπιτυχεῖν· ὧν γένοιτο πάντας [e] ἡμᾶς μετασχεῖν, E χάριτι καὶ φιλανθρωπίᾳ τοῦ Κυρίου ἡμῶν Ἰησοῦ Χριστοῦ, ᾧ ἡ δόξα καὶ τὸ κράτος, εἰς τοὺς αἰῶνας τῶν αἰώνων. Ἀμήν.

[b] Morel. μικρολογήσαντες, Savil. μικρολογησάμενοι. Paulo post alii ἀλλ' ἀεὶ θερίζειν μεμελ.... οὐδεὶς γὰρ ἀεὶ κερδαίνειν δύναται, ὥσπερ οὐδὲ ἀεὶ θερίζειν. Ibidem Morel. οὐ βούλοιντο.

[c] Morel. ἐκφέρῃ, Savil. et Mss. multi ἐκφορῇ.

[d] Alii ἀπὸ τῆς φιλοχρ.

[e] Savil. et Morel. ἡμᾶς ἐπιτυχεῖν. Mss. plurimi ἡμᾶς μετασχεῖν, quos sequimur ad vitandam repetitionem.

ΟΜΙΛΙΑ κθ'.

342 A

Καὶ ἐμβὰς εἰς τὸ πλοῖον, διεπέρασε, καὶ ἦλθεν εἰς τὴν ἰδίαν πόλιν. Καὶ ἰδοὺ προσέφερον αὐτῷ παραλυτικὸν ἐπὶ κλίνης βεβλημένον. Καὶ ἰδὼν ὁ Ἰησοῦς τὴν πίστιν αὐτῶν, εἶπε τῷ παραλυτικῷ· θάρσει, τέκνον, ἀφέωνταί σοι αἱ ἁμαρτίαι σου.

Ἰδίαν αὐτοῦ πόλιν ἐνταῦθα τὴν Καπερναοὺμ λέγει· ἡ μὲν γὰρ ἤνεγκεν αὐτὸν, ἡ Βηθλεέμ· ἡ δὲ ἔθρεψεν, B ἡ Ναζαρέτ· ἡ δὲ εἶχεν [a] οἰκοῦντα, ἡ Καπερναούμ. Ὁ μέντοι παραλυτικὸς ἕτερος οὗτός ἐστι παρὰ τὸν ἐν τῷ Ἰωάννῃ κείμενον. [b] Ὁ μὲν γὰρ ἐν τῇ κολυμβήθρᾳ κατέκειτο· οὗτος δὲ ἐν τῇ Καπερναούμ· καὶ ὁ μὲν τριακονταοκτὼ εἶχεν ἔτη· περὶ τούτου δὲ οὐδὲν τοιοῦτον εἴρηται· καὶ ὁ μὲν ἐν ἐρημίᾳ τῶν προστησομένων ἦν· οὗτος δὲ εἶχε τοὺς ἐπιμελομένους, οἳ καὶ βαστάζοντες αὐτὸν ἔφερον. Καὶ τούτῳ μέν φησι· Τέκνον, [c] ἀφέωνταί σοι αἱ ἁμαρτίαι· ἐκείνῳ δέ φησι, Θέλεις ὑγιὴς γενέσθαι; Καὶ τὸν μὲν ἐν σαββάτῳ ἐθεράπευσε· τοῦτον δὲ οὐκ ἐν σαββάτῳ· ἢ γὰρ ἂν ἐνεκάλεσαν καὶ τοῦτο Ἰουδαῖοι· καὶ ἐπὶ τούτου μὲν ἐσίγησαν, ἐπ' ἐκείνου δὲ ἐπέκειντο διώκοντες. Ταῦτα δέ μοι οὐχ ἁπλῶς C εἴρηται, ἀλλ' ἵνα μή τις διαφωνίαν εἶναι νομίζῃ, ἕνα καὶ τὸν αὐτὸν ὑποπτεύσας παραλυτικόν. Σὺ δέ μοι σκόπει τὸ ἄτυφον καὶ τὸ ἐπιεικὲς τοῦ Δεσπότου. Καὶ γὰρ καὶ πρὸ τούτου τοὺς ὄχλους διεκρούσατο· καὶ ὑπὸ τῶν [d] ἐν Γαδάροις δὲ ἐκβληθεὶς, οὐκ ἀντέτεινεν, ἀλλ' ἀνεχώρησε μὲν, οὐ μὴν δὲ μακράν. Καὶ πάλιν εἰς τὸ πλοῖον ἐμβὰς, διέβαινε, δυνάμενος καὶ πεζῇ διαβαίνειν. Οὐ γὰρ ἀεὶ παραδοξοποιεῖν ἐβούλετο, ὥστε μὴ τῷ τῆς οἰκονομίας λυμήνασθαι λόγῳ. Ὁ μὲν οὖν Ματθαῖός φησιν, ὅτι Προσέφερον αὐτόν· οἱ δὲ ἄλλοι, ὅτι D καὶ τὴν στέγην διατεμόντες, αὐτὸν καθῆκαν καὶ προύθηκαν τῷ Χριστῷ τὸν κάμνοντα, λέγοντες μὲν οὐδὲν, αὐτῷ δὲ τὸ πᾶν ἐπιτρέποντες. Ἐν ἀρχῇ μὲν γὰρ καὶ αὐτὸς περιῄγε, καὶ οὐ τοσαύτην παρὰ τῶν προσιόντων ᾔτει τὴν πίστιν· ἐνταῦθα δὲ καὶ προσῄεσαν, καὶ πίστιν ἀπῃτοῦντο· Ἰδὼν γὰρ, φησὶ, τὴν πίστιν αὐτῶν, [e] τουτέστι, τῶν χαλασάντων. Οὐ γὰρ πανταχοῦ παρὰ τῶν καμνόντων μόνον ζητεῖ τὴν πίστιν· οἷον, ὅταν παραπαίωσιν, ἢ ἑτέρως ὑπὸ τοῦ νοσήματος ὦσιν ἐξεστηκότες. Μᾶλλον δὲ ἐνταῦθα καὶ τοῦ κάμνοντος ἦν ἡ πίστις· οὐ γὰρ ἂν ἠνέσχετο χαλασθῆναι μὴ πιστεύων.

HOMILIA XXIX. al. XXX.

CAP. IX. v. 1. *Et ascendens Jesus in naviculam, transfretavit, et venit in civitatem suam.*
2. *Et ecce offerebant ei paralyticum in lecto jacentem. Et videns Jesus fidem illorum, dixit paralytico: Confide, fili, remittuntur tibi peccata tua.*

1. Civitatem suam hic Capernaum appellat: nam quæ tulit ipsum Bethlehem fuit; quæ educavit, Nazaret; quæ inhabitantem habuit, Capernaum. Paralyticus autem hic alius est ab eo, qui memoratur a Joanne. Ille quippe in piscina jacebat; hic autem in Capernaum: et ille quidem triginta octo annis paralyticus fuit; de hoc vero nihil simile dictum est: ille nullos habebat, qui sui curam gererent; hic contra habuit qui se ad Jesum deferrent. Huic porro dixit: *Fili, remittuntur tibi peccata;* illi vero, *Vis sanus esse?* Illum in sabbato curavit, hunc non in sabbato; alioquin autem illum hac de re Judæi accusassent, qui hic tacent, illic vero instant, ipsumque persequuntur. Hæc non sine causa dicta sunt a me; sed ne quis unum eumdemque esse suspicans paralyticum, dissonantiam hic esse putaret. Tu vero perpendas quam modestus, quam mansuetus sit Dominus. Nam et antea turbas amoverat, et a Gadarenis pulsus non obstitit, sed secessit, etsi non procul. Rursumque, cum ascendisset in naviculam, trajecit, cum posset pedes transire. Neque enim semper mirabilia patrare volebat, ne œconomiæ suæ rationem labefactaret. Matthæus igitur ait, *Attulerunt eum:* alii vero dicunt ægrum per diruptum tectum demissum fuisse et ante Christum positum, nihil dicentibus illis qui attulerant, sed totum ipsi permittentibus. Nam initio quidem ille circuibat, neque tantam ab accedentibus postulabat fidem: hic autem et accesserunt, et fides ab ipsis requisita est; nam ait, *Videns fidem illorum,* id est, eorum qui demiserant paralyticum. Neque enim ubique ægrotorum requirit fidem, ut cum desipiunt, vel alio modo mente capti sunt. Hic vero ægroti fides erat magna; alioquin enim non ita se demitti permisisset. Quoniam

Paralytici duo in Evangeliis. Joan. 5. 6.

[a] Alii οἰκοῦντα διηνεκῶς.
[b] Alii ἐκεῖνος μὲν γάρ.
[c] Alii ἀφέωνταί σου.
[d] Alii ἐν Γαδάροις δὲ διωχθεὶς, οὐκ.
[e] Τουτέστι in aliis deest.

igitur tantam exhibuere fidem, exhibet et ipse potentiam suam, cum omni potestate peccata solvens, ac per omnia demonstrans se Patri æqualem esse. Hic vero perpende : superius id ostendebat ille, cum docebat eos tamquam potestatem habens; per leprosum, cum dixit, ***Volo, mundare***; per centurionem, cum dicente illo, ***Tantum dic verbo, et sanabitur puer meus***, miratus est, ipsumque plusquam omnes laudibus extulit; per mare, cum ipsum verbo tantum frenavit; per dæmonas, quando ipsum judicem esse confitebantur, et cum potestate magna ipsos ejecit. Hic rursum majori modo inimicos suos æqualitatem illam confiteri cogit, et per ipsorum verba id conspicuum reddit. Ipse namque se ab ambitione alienum commonstrans (nam magnum spectantium theatrum aderat, qui ingressu arcebant, ideo paralyticum superne demiserunt), non statim ad corpus quod videbatur curandum se contulit, sed ab illis occasione sumta, quod non apparebat primum curavit, nempe animam, cum peccata dimisit : id quod paralytico salutem præbebat, ipsi vero non multum gloriæ apud illos attulit. Illi enim a nequitia sua exagitati, cum vellent occasiones maledicendi quærere, illud inviti effecerunt, ut res clarior evaderet. Sagax enim cum esset, ipsorum invidia est usus ad signum celebrandum. Quoniam igitur turbabantur, et dicebant : 3. ***Hic blasphemat; quis potest peccata dimittere, nisi solus Deus?*** videamus quod ipse ait. Num opinionem illam rejecit? Atqui si non æqualis Deo erat, dicere debuit : Quid de me non consentaneam opinionem habetis? Procul absum a tanta potestate. Verum nihil simile dicit; imo vero illam opinionem confirmavit et asseruit, tam voce, quam miraculo. Quia enim de seipso quædam proferre auditoribus importunum esse videbatur, per alios illa quæ ad se spectant confirmat : quodque mirum fuit, non per amicos tantum, sed etiam per inimicos : quod ex sapientiæ ejus culmine procedit. Per amicos quidem, cum dixit, ***Volo, mundare***, itemque cum ait, ***Non inveni tantam fidem in Israël***: per inimicos autem nunc; cum dixissent enim, ***Nemo potest dimittere peccata, nisi solus Deus***, intulit ipse : 6. ***Ut autem sciatis, quia potestatem habet Filius hominis dimittere peccata super***

Filius se Patri æqualem demonstrat.

Matth. 8. 3.

Ibid. v. 8.

Marc. 2. 7.

Matth. 8. 10.

Ἐπεὶ οὖν τοσαύτην [f] ἐπεδείξαντο πίστιν, ἐπιδείκνυ-
E ται καὶ αὐτὸς τὴν αὐτοῦ δύναμιν, μετ' ἐξουσίας ἁπάσης λύων τὰ ἁμαρτήματα, καὶ δεικνὺς διὰ πάντων, ὅτι ὁμότιμός ἐστι τῷ γεγεννηκότι. Σκόπει δέ· ἄνωθεν ἔδειξε διὰ τῆς διδασκαλίας, ὅτε ἐδίδαξεν αὐτοὺς ὡς
343 ἐξουσίαν ἔχων· διὰ τοῦ λεπροῦ, ὅτε εἶπε, Θέλω, κα-
A θαρίσθητι· διὰ τοῦ ἑκατοντάρχου, ὅτε εἰπόντα, Εἰπὲ λόγῳ μόνον, καὶ ἰαθήσεται ὁ παῖς μου, ἐθαύμασε καὶ ὑπὲρ πάντας ἀνεκήρυξε· διὰ τῆς θαλάττης, ὅτε αὐτὴν ἐχαλίνωσε λόγῳ μόνῳ· διὰ τῶν δαιμόνων, ὅτε αὐτὸν κριτὴν ἀνωμολόγουν, καὶ μετὰ πολλῆς τῆς ἐξουσίας αὐτοὺς ἐξέβαλεν. Ἐνταῦθα πάλιν ἑτέρῳ μείζονι τρόπῳ [a] τοὺς ἐχθροὺς αὐτοῦ καταναγκάζει ὁμολογῆσαι τὴν ὁμοτιμίαν, καὶ διὰ τοῦ στόματος αὐτῶν αὐτὸ καθίστησι φανερόν. Αὐτὸς μὲν γὰρ τὸ ἀφιλότιμον δεικνὺς (καὶ γὰρ καὶ πολὺ περιειστήκει τὸ θέατρον τὴν εἴσο-
B δον ἀποτειχίζον, διὸ καὶ ἄνωθεν αὐτὸν καθῆκαν), οὐκ ἐπέδραμεν εὐθέως τῇ τοῦ σώματος θεραπείᾳ τοῦ φαινομένου, ἀλλὰ παρ' ἐκείνων λαμβάνει τὴν ἀφορμήν· καὶ τὸ ἄδηλον πρῶτον ἐθεράπευσε, τὴν ψυχὴν, τὰ ἁμαρτήματα ἀφείς· ὅπερ ἐκεῖνον μὲν ἔσωζεν, αὐτῷ δὲ οὐ πολλὴν δόξαν ἔφερεν. Ἐκεῖνοι μὲν γὰρ [b] ὑπὸ πονηρίας ἐνοχλούμενοι, καὶ ἐπισκῆψαι βουλόμενοι, ἐκλάμψαι τὸ γεγενημένον καὶ ἄκοντες παρεσκεύασαν. Καὶ γὰρ εὐμήχανος ὢν αὐτὸς, τῇ βασκανίᾳ αὐτῶν εἰς τὴν τοῦ σημείου φανέρωσιν [c] ἀπεχρήσατο. Ἐπεὶ οὖν ἐθορυβοῦντο καὶ ἔλεγον· Οὗτος βλασφημεῖ· τίς δύναται ἀφιέναι
C ἁμαρτίας, εἰ μὴ μόνος ὁ Θεός; ἴδωμεν τί φησιν αὐτός. Ἆρα ἀνεῖλε τὴν ὑπόνοιαν; Καίτοι γε εἰ μὴ ἴσος ἦν, ἐχρῆν εἰπεῖν· τί μοι [d] προσάπτετε μὴ προσήκουσαν ὑπόληψιν; Πόῤῥω ταύτης ἐγὼ τῆς δυνάμεως. Νῦν δὲ τούτων μὲν οὐδὲν εἶπε· τοὐναντίον δὲ ἅπαν καὶ ἐβεβαίωσε καὶ ἐκύρωσε, τῇ τε παρ' ἑαυτοῦ φωνῇ, καὶ τῇ τοῦ θαύματος ἐπιδείξει. Ἐπειδὴ γὰρ τὸ αὐτόν τινα περὶ ἑαυτοῦ λέγειν ἐδόκει προσίστασθαι τοῖς ἀκροωμένοις, διὰ τῶν ἄλλων βεβαιοῖ [e] τὰ περὶ ἑαυτοῦ· καὶ τὸ δὴ θαυμαστὸν, ὅτι οὐ διὰ τῶν φίλων μόνον, ἀλλὰ καὶ διὰ τῶν ἐχθρῶν· τοῦτο γὰρ ἡ περιουσία τῆς αὐτοῦ σοφίας. Διὰ μὲν τῶν
D φίλων, ὅτε εἶπε, Θέλω, καθαρίσθητι, καὶ ὅτε εἶπεν, Οὐδὲ ἐν τῷ Ἰσραὴλ τοσαύτην πίστιν εὗρον· διὰ δὲ τῶν ἐχθρῶν νῦν· ἐπειδὴ γὰρ εἶπον, ὅτι Οὐδεὶς δύναται ἀφιέναι ἁμαρτίας, εἰ μὴ μόνος ὁ Θεὸς, ἐπήγαγεν· Ἵνα δὲ εἰδῆτε, ὅτι ἐξουσίαν ἔχει ὁ Υἱὸς τοῦ ἀνθρώπου ἀφιέναι ἁμαρτίας ἐπὶ τῆς γῆς, τότε λέγει τῷ παραλυτικῷ· ἐγερθεὶς [f] ἆρόν σου τὸν κράββατον, καὶ ὕπαγε εἰς τὸν οἶκόν σου. Οὐκ ἐνταῦθα δὲ μόνον, ἀλλὰ καὶ ἀλ-

[f] Morel. et quidam Mss. ἐπεδείξατο, Savil. et alii ἐπεδείξαντο.

[a] Morel. τοὺς ἐχθροὺς αὐτούς.

[b] Quidam ὑπὸ πονηρίας παρακνιζόμενοι.

[c] Alii ἐπεχρήσατο.

[d] Alii τί μοι προστρίβετε.

[e] Quidam τὰ περὶ ἑαυτόν.

[f] Alius ἆρόν σου τὴν κλίνην. Infra quidam ἀλλὰ καὶ πολλαχοῦ πάλιν.

λαχοῦ πάλιν αὐτῶν λεγόντων· Περὶ καλοῦ ἔργου οὐ λιθάζομέν σε, ἀλλὰ περὶ βλασφημίας, καὶ ὅτι σὺ ἄνθρωπος ὢν ποιεῖς σαυτὸν θεόν· οὐδὲ ἐκεῖ τὴν δόξαν E ταύτην κατέλυσεν, [g] ἀλλὰ πάλιν αὐτὴν ἐκύρωσεν, εἰπών· Εἰ μὴ ποιῶ τὰ ἔργα τοῦ Πατρός μου, μὴ πιστεύετέ μοι· εἰ δὲ ποιῶ, κἂν ἐμοὶ οὐ πιστεύητε, τοῖς ἔργοις πιστεύσατε.

Ἐνταῦθα μέντοι καὶ ἕτερον σημεῖον τῆς ἑαυτοῦ θεότητος δείκνυσιν οὐ μικρὸν, καὶ τῆς πρὸς τὸν Πατέρα ὁμοτιμίας. Ἐκεῖνοι μὲν γὰρ ἔλεγον, [h] ὅτι λύειν ἁμαρτήματα Θεοῦ μόνου ἐστίν· οὗτος δὲ οὐ λύει μόνον ἁμαρτή- 344 A ματα, ἀλλὰ καὶ πρὸ τούτου ἕτερόν τι ἐπιδείκνυται, ὃ Θεοῦ μόνου ἦν, τὸ τὰ ἐν τῇ καρδίᾳ ἀπόῤῥητα ἐκφέρειν. Οὐδὲ γὰρ ἐξήνεγκαν εἰς μέσον ὅπερ ἐνενόουν. Ἰδοὺ γάρ τινες τῶν γραμματέων, φησὶν, ἐν ἑαυτοῖς εἶπον· οὗτος βλασφημεῖ. [a] Καὶ εἰδὼς ὁ Ἰησοῦς τὰς ἐνθυμήσεις αὐτῶν, εἶπε· τί ἐνθυμεῖσθε ὑμεῖς πονηρὰ ἐν ταῖς καρδίαις ὑμῶν; Ὅτι δὲ Θεοῦ μόνου ἐστὶ τὸ τὰ ἀπόῤῥητα εἰδέναι, ἄκουσον τί φησιν ὁ προφήτης· Σὺ ἐπίστασαι καρδίας μονώτατος· καὶ πάλιν, Ἐτάζων καρδίας καὶ νεφροὺς ὁ Θεός. Καὶ ὁ Ἱερεμίας δέ φησι· [b] Βαθεῖα ἡ καρδία παρὰ πάντα, καὶ ἄνθρωπός ἐστι, καὶ τίς γνώσεται αὐτόν; καὶ, Ἄνθρωπος ὄψεται εἰς πρόσωπον, ὁ δὲ Θεὸς εἰς καρδίαν. Καὶ διὰ πολλῶν ἔστιν ἰδεῖν, ὅτι B Θεοῦ μόνου ἐστὶ τὸ κατὰ διάνοιαν εἰδέναι. [c] Δεικνὺς τοίνυν, ὅτι Θεός ἐστιν· ἴσος τῷ γεγεννηκότι, ἅπερ ἐν ἑαυτοῖς ἐλογίζοντο (δεδοικότες γὰρ τὸ πλῆθος, οὐκ ἐτόλμων αὐτῶν τὴν γνώμην εἰς τὸ μέσον ἐξενεγκεῖν), [d] ταῦτα ἐκκαλύπτει καὶ δῆλα ποιεῖ, πολὺ καὶ ἐνταῦθα τὸ ἀνεπαχθὲς ἐνδεικνύμενος. Ἵνα τί γὰρ, φησὶν, ἐνθυμεῖσθε πονηρὰ ἐν ταῖς καρδίαις ὑμῶν; Καίτοι γε εἰ ἀγανακτῆσαι ἐχρῆν, τὸν κάμνοντα ἀγανακτῆσαι ἔδει [e] ὡς διαπατηθέντα, καὶ εἰπεῖν· ἕτερον ἐλθὼν θεραπεῦσαι, ἕτερον διορθοῦσαι; πόθεν γὰρ δῆλον, ὅτι ἀφέωνταί μου αἱ ἁμαρτίαι; Νυνὶ δὲ ἐκεῖνος μὲν οὐδὲν φθέγγεταί τι τοιοῦτον, ἀλλὰ δίδωσιν ἑαυτὸν τῇ τοῦ C θεραπεύοντος ἐξουσίᾳ· οὗτοι δὲ περιττοὶ ὄντες καὶ βάσκανοι, ταῖς ἑτέρων ἐπιβουλεύουσιν εὐεργεσίαις. Διὸ ἐπισκήπτει μὲν αὐτοῖς, μετ' ἐπιεικείας δέ. Εἰ γὰρ ἀπιστῆτε, φησὶ, τῷ προτέρῳ, καὶ κόμπον εἶναι νομίζετε τὸ λεχθὲν, ἰδοὺ καὶ [f] ἕτερον ἐκείνῳ προστίθημι, τὸ τὰ ἀπόῤῥητα ὑμῶν ἐκκαλύψαι· καὶ μετ' ἐκεῖνο πάλιν ἕτε-

terram, tunc dixit paralytico : Surgens tolle grabbatum tuum, et vade in domum tuam. Neque solum hic, sed etiam alibi cum dicerent illi : *De bono opere non lapidamus te, sed de blasphemia, et quia homo cum sis, facis teipsum Deum* : neque tunc hanc opinionem confutavit, sed illam confirmavit dicens : *Si non facio opera Patris mei, ne mihi credatis; si autem facio, etiamsi mihi non creditis, saltem operibus credite.* Joan. 10. 33. Ibid. 37. 38.

2. Hic porro divinitatis suæ aliud signum non parvum exhibet, necnon suæ cum Patre æqualitatis. Illi namque dicebant, peccata dimittere unius Dei esse : hic vero non modo peccata dimittit, sed antea aliud quidpiam exhibet, quod unius Dei est, quod nempe secreta cordis revelet. Neque enim id quod cogitabant in medium protulerunt. 3. *Ecce*, inquit, *quidam de scribis dixerunt intra se : Hic blasphemat.* 4. *Et sciens Jesus cogitationes eorum, dixit : Quid vos cogitatis mala in cordibus vestris?* Quod autem unius Dei sit secreta nosse, audi prophetam dicentem : *Tu nosti corda solus;* et rursum, *Scrutans corda et renes Deus.* Jeremias vero ait : *Profundum cor est præ omnibus, et homo est, et quis noscet eum?* et, *Homo videt in facie, Deus autem in corde.* In multis quoque aliis videre est, Deum unum esse qui mentes noverit. Ostendens itaque se Deum esse, æqualem Patri, quæ ipsi in se cogitabant, ac timore multidinis in medium proferre non audebant, ipse revelavit et manifesta reddidit, magnam hic quoque animi lenitatem ostendens. Nam ait : *Quid cogitatis mala in cordibus vestris?* Certe si indignari quempiam oportebat, ægrum quasi delusum par fuit indigne ferre, ac dicere : Ad aliud sanandum venisti, aliud tu curas? undenam mihi liquidum erit, dimissa mihi esse peccata? Nunc autem ille nihil dicit hujusmodi, sed in curantis potestatem se tradit; hi autem perversi et invidi, aliorum beneficiis insidiantur. Ideo ipsos cum omni tamen lenitate corripit. Nam si non creditis, inquit, dicto primo, jactantiamque id esse putatis, ecce jam aliud huic adjungo, quod secreta vestra revelem; ad hæc tertium adjicio. Quodnam illud? Quod

Unius Dei est secreta cordis nosse et revelare.

2 Paral. 6. 30. Psal. 7. 10. Jer. 17. 9. 1. Reg. 16. 7.

[g] Morel. ἀλλὰ πάλιν ταύτην.

[h] Alii ὅτι τὸ λύειν ἁμαρτήματα θεοῦ μόνου ἦν.

[a] Alius καὶ ἰδὼν ὁ Ἰησοῦς τ. ἐ. αὐ., εἶπεν, ἵνα τί.

[b] Quidam Mss. βαρεῖα.

[c] Morel. δείκνυσι τοίνυν. [Savil. δεικνὺς τ. Savilium sequimur. Cum Commelino Montf. sequentia sic exhibet, ἐλογίζοντο. δεδ. γ. τ. πλ., ἃ οὐκ ἐτόλμων εἰς τὸ μ. ἐξ., ταῦτα.]

[d] Quidam habent ταύτην ἐκκαλύπτει, καὶ δήλην ποιεῖ.

[e] Savil. ὡς δὴ ἀπατηθέντα, non male. Mox Morel. θεραπεῦσαι, Savil. θεραπευθῆναι.

[f] Alii ἕτερον σημεῖον ἐκείνῳ.

paralytici corpus firmum reddam. Ac quando paralyticum alloquebatur, non clare potestatem suam sic declaravit, nec dixit, Dimitto tibi peccata; sed, *Dimittuntur tibi peccata*. Illis autem cogentibus, clarius suam enuntiat potestatem, dicens: *Ut sciatis, quia potestatem habet Filius hominis in terra dimittendi peccata*. Viden' quantum abest, ut nolit æqualis Patri reputari? Non enim dixit: Filius hominis alio opus habet; neque dicit, Dedit illi potestatem; sed, *Potestatem habet*. Neque illud ex fastu dicit: Sed ut vobis persuadeam, inquit, me non blasphemare, cum me facio æqualem Patri. Ubique enim vult demonstrationes præbere claras firmasque, ut cum dicit: *Vade, ostende te sacerdoti*: (Matth. 8. 4) socrumque Petri exhibet ministrantem, ac porcos præcipitari jubet. Sic et nunc, remissionis peccatorum signum statuit corporis valetudinem; valetudinis vero, quod grabbatum tollat, ne putaretur id quod gestum erat phantasma esse. Neque prius illud fecit, quam ipsos interrogasset. 5. *Quid est*, inquit, *facilius dicere: Dimittuntur tibi peccata, an dicere, Tolle grabbatum tuum, et vade in domum tuam*? Quod autem dicit, hujusmodi est: Quid vobis videtur facilius esse, corpus dissolutum firmare, aut animæ peccata dimittere? Corpus firmare certe. Quando enim anima præstantior est corpore, tanto peccata dimittere majus est corporis curatione: sed quia illud occultum, hoc vero manifestum est, adjicio id quod minus est, sed apertius, ut id quod majus occultumque est, per hoc factum demonstretur, jam prius operibus revelans id quod Joannes dixerat, *Qui tollit peccata mundi*. (Joan. 1. 29.)

3. Cum itaque jussu ipsius surrexisset, domum illum remisit: hic rursum ostendens, quam a fastu esset alienus, remque illam phantasma non fuisse: hos enim et morbi et sanitatis testes adhibet. Ego quidem optassem, inquit, per morbum tuum eos, qui sani quidem videntur, sed anima ægrotant, sanare: quia vero id nolunt, *Vade in domum*, ut eos qui ibi sunt emendes. Vides quomodo ostendat se et animæ et corporis esse creatorem? Utriusque enim substantiæ paralysin sanat, et quod occultum erat, ex eo quod manifestum est, notum facit. Attamen illi adhuc humi repebant: nam 8. *Glorificaverunt Deum*, inquit,

ρον. Ποῖον δὴ τοῦτο; Τὸ σφίγξαι τὸ σῶμα τοῦ παραλελυμένου. Καὶ ὅτε μὲν εἶπε τῷ παραλυτικῷ, οὐ σαφῶς τὴν ἐξουσίαν τὴν ἑαυτοῦ δηλῶν ἔλεγεν· οὐ γὰρ εἶπεν, ἀφίημί σοι τὰς ἁμαρτίας· ἀλλ', Ἀφέωνταί σου D αἱ ἁμαρτίαι. Ἐπειδὴ δὲ ἐκεῖνοι ἠνάγκασαν, τρανοτέραν αὐτοῦ δείκνυσι τὴν ἐξουσίαν, λέγων· Ἵνα δὲ εἰδῆτε, ὅτι ἐξουσίαν ἔχει ὁ Υἱὸς τοῦ ἀνθρώπου ἐπὶ τῆς γῆς ἀφιέναι ἁμαρτίας. Ὁρᾷς ὅσον ἀπεῖχε τοῦ μὴ θέλειν νομίζεσθαι ἴσος τῷ Πατρί; Οὐδὲ γὰρ εἶπεν, ὅτι δεῖται ἑτέρου ὁ Υἱὸς τοῦ ἀνθρώπου, ἢ ὅτι ἔδωκεν αὐτῷ ἐξουσίαν, ἀλλ' ὅτι Ἐξουσίαν ἔχει. Καὶ οὐδὲ αὐτὸ πρὸς φιλοτιμίαν λέγει· ἀλλ' ἵνα ὑμᾶς πείσω, φησὶν, ὅτι οὐ βλασφημῶ ἴσον ἑαυτὸν ποιῶν [g] τῷ Πατρί. Πανταχοῦ γὰρ ἀποδείξεις βούλεται παρέχειν σαφεῖς καὶ ἀναντιῤῥήτους, ὡς ὅταν λέγῃ· Ὕπαγε, σαυτὸν δεῖξον τῷ ἱε- E ρεῖ· καὶ τὴν πενθερὰν Πέτρου δεικνύει διακονοῦσαν, καὶ τοὺς χοίρους [h] ἐπιτρέπει κατακρημνίζεσθαι. Οὕτω δὴ καὶ ἐνταῦθα, τῆς μὲν τῶν ἁμαρτημάτων ἀφέσεως τεκμήριον, τὴν τοῦ σώματος σφίγξιν ποιεῖται· τῆς δὲ σφίγξεως, τὸ βαστάσαι τὸν κράββατον, ὥστε μὴ νομισθῆναι φαντασίαν εἶναι τὸ γεγενημένον. Καὶ οὐ πρό- 345 τερον τοῦτο ποιεῖ, ἕως αὐτοὺς ἠρώτησε. Τί γὰρ, φησὶν, A [a] εὐκολώτερόν ἐστιν εἰπεῖν, ἀφέωνταί σου αἱ ἁμαρτίαι· ἢ εἰπεῖν, ἆρον τὸν κράββατόν σου, καὶ ὕπαγε εἰς τὸν οἶκόν σου; Ὃ δὲ λέγει, τοιοῦτόν ἐστι· τί δοκεῖ ῥᾷον ὑμῖν εἶναι, σῶμα [b] σφίγξαι παρειμένον, ἢ ψυχῆς ἁμαρτήματα λῦσαι; Εὔδηλον ὅτι σῶμα σφίγξαι. Ὅσῳ γὰρ ψυχὴ σώματος βελτίων, τοσούτῳ τὸ ἁμαρτήματα λῦσαι τούτου μεῖζον· ἀλλ' ἐπειδὴ τὸ μὲν ἀφανὲς, τὸ δὲ φανερὸν, προστίθημι τὸ καταδεέστερον μὲν, φανερώτερον δέ· ἵνα καὶ τὸ μεῖζον καὶ τὸ ἀφανὲς διὰ τούτου λάβῃ τὴν ἀπόδειξιν, διὰ τῶν ἔργων προαποκαλύπτων ἤδη τὸ ὑπὸ τοῦ Ἰωάννου εἰρημένον, ὅτι αὐτὸς αἴρει τὰς B ἁμαρτίας τοῦ κόσμου.

Ἀναστήσας τοίνυν αὐτὸν, εἰς τὴν οἰκίαν πέμπει· πάλιν ἐνταῦθα τὸ ἄτυφον δεικνὺς, καὶ ὅτι οὐ φαντασία ἦν τὸ γεγενημένον· τοὺς γὰρ τῆς ἀῤῥωστίας μάρτυρας, τούτους ποιεῖται καὶ τῆς ὑγιείας. Ἐγὼ μὲν γὰρ ἐβουλόμην, φησὶ, διὰ τοῦ σοῦ πάθους καὶ τοὺς δοκοῦντας ὑγιαίνειν, νοσοῦντας δὲ τὴν διάνοιαν, θεραπεῦσαι· ἐπειδὴ δὲ οὐ βούλονται, ἄπιθι οἴκαδε, τοὺς ἐκεῖ διορθωσόμενος. Ὁρᾷς πῶς δείκνυσι καὶ ψυχῆς καὶ σώματος αὐτὸν ὄντα δημιουργόν; Ἑκατέρας γὰρ οὐσίας τὴν παράλυσιν ἰᾶται, καὶ τὸ ἀφανὲς ἐκ τοῦ φανεροῦ δῆλον ποιεῖ. Ἀλλ' ὅμως ἔτι χαμαὶ σύρονται· Ἐδόξασαν γὰρ C τὸν Θεὸν, φησὶ, τὸν δόντα ἐξουσίαν τοιαύτην τοῖς ἀνθρώποις· προσίστατο γὰρ αὐτοῖς ἡ σάρξ. Αὐτὸς δὲ αὐ-

g Alii τῷ Θεῷ.

h Alii χοίρους συγχωρεῖ.

a Quidam habent εὐκοπώτερον.

b Σφίγξαι παρειμένον. Sic unus Codex ex nostris cum alio, vel aliis, quorum lectionem Savilius affert in margine, et hæc lectio Editorum anteponenda lectioni, quæ sic habet, σφίγξαι διωρισμένον.

τοῖς οὐκ ἐπετίμα, ἀλλὰ πρόεισι, διὰ τῶν ἔργων ἐγείρων αὐτοὺς, καὶ ὑψηλὸν τὸ φρόνημα ποιῶν. Τέως γὰρ οὐκ ἦν μικρὸν τὸ νομίζεσθαι πάντων τῶν ἀνθρώπων εἶναι μείζω, καὶ παρὰ τοῦ Θεοῦ ἥκειν. Εἰ γὰρ ταῦτα καλῶς ἐβεβαίωσαν, ὁδῷ προβαίνοντες ἔγνωσαν ἂν, ὅτι καὶ Θεοῦ Υἱὸς ἦν. Ἀλλ' οὐ κατέσχον ταῦτα σαφῶς· διὰ τοῦτο οὐδὲ * προσελθεῖν ἠδυνήθησαν. c Ἔλεγον γὰρ πάλιν· Οὗτος ὁ ἄνθρωπος οὐκ ἔστι παρὰ τοῦ Θεοῦ· πῶς ἐστιν οὗτος παρὰ τοῦ Θεοῦ; Καὶ συνεχῶς αὐτὰ ἔστρεφον, τῶν οἰκείων παθῶν ταῦτα προβαλλόμενοι προκαλύμματα· ὃ πολλοὶ καὶ νῦν ποιοῦσι, καὶ τὸν Θεὸν δοκοῦντες ἐκδικεῖν, οἰκεῖα πληροῦσι πάθη, δέον μετ' ἐπιεικείας ἅπαντα μετιέναι. Καὶ γὰρ ὁ τῶν ὅλων Θεὸς, σκηπτὸν δυνάμενος ἀφιέναι ἐπὶ τοὺς βλασφημοῦντας αὐτὸν, τὸν ἥλιον ἀνατέλλει, καὶ τοὺς ὄμβρους ἀφίησι, καὶ τὰ ἄλλα πάντα μετὰ δαψιλείας παρέχει· ὃν χρὴ καὶ ἡμᾶς μιμουμένους παρακαλεῖν, παραινεῖν, νουθετεῖν μετὰ πραότητος, οὐκ ὀργιζομένους, οὐδὲ ἐκθηριουμένους. Οὐδὲ γὰρ βλάβη τις εἰς τὸν Θεὸν ἀπὸ τῆς βλασφημίας ἐκβαίνει, ἵνα θυμωθῇς· ἀλλ' ὁ βλασφημήσας αὐτὸς καὶ τὸ τραῦμα ἔλαβεν. Οὐκοῦν στέναξον, θρήνησον· καὶ γὰρ δακρύων ἄξιον τὸ πάθος, καὶ τὸν τραυματισθέντα δὲ οὐδὲν οὕτως ὡς ἐπιείκεια θεραπεῦσαι δύναται. Ἐπιείκεια γὰρ πάσης βίας δυνατωτέρα. Ὅρα γοῦν πῶς ἡμῖν αὐτὸς ὁ ὑβρισμένος διαλέγεται καὶ ἐπὶ τῆς Παλαιᾶς, καὶ ἐπὶ τῆς Καινῆς· ἐκεῖ μὲν λέγων, Λαός μου, τί ἐποίησά σοι; ἐνταῦθα δὲ, Σαῦλε, Σαῦλε, τί με διώκεις; Καὶ ὁ Παῦλος δὲ ἐν πραότητι κελεύει παιδεύειν τοὺς ἀντιδιατιθεμένους. Καὶ αὐτὸς δὲ, ἡνίκα προσήεσαν οἱ μαθηταὶ ἀξιοῦντες πῦρ καταβῆναι ἐκ τοῦ οὐρανοῦ, σφόδρα ἐπετίμησε αὐτοῖς λέγων· Οὐκ οἴδατε a ποίου πνεύματός ἐστε ὑμεῖς. Καὶ ἐνταῦθα δὲ οὐκ εἶπεν, ὦ μιαροὶ καὶ γόητες ὑμεῖς· ὦ βάσκανοι καὶ τῆς τῶν ἀνθρώπων σωτηρίας ἐχθροί· ἀλλὰ, Τί ἐνθυμεῖσθε πονηρὰ ἐν ταῖς καρδίαις ὑμῶν; Δεῖ τοίνυν μετ' ἐπιεικείας ἐξαίρειν τὸ νόσημα. Ὁ γὰρ φόβῳ γενόμενος ἀνθρωπίνῳ βελτίων, ταχέως ἐπανήξει πρὸς τὴν πονηρίαν πάλιν. Διὰ τοῦτο καὶ τὰ ζιζάνια ἀφεθῆναι ἐκέλευσε, διδοὺς προθεσμίαν μετανοίας. b Πολλοὶ γοῦν οὕτω μετενόησαν, καὶ γεγόνασι σπουδαῖοι, πρότερον ὄντες φαῦλοι, οἷον ὁ Παῦλος, ὁ τελώνης, ὁ λῃστής· καὶ γὰρ ζιζάνια ὄντες, οὕτως σῖτος γεγόνασιν ὥριμος. Ἐπὶ μὲν γὰρ τῶν σπερμάτων τοῦτο ἀμήχανον· ἐπὶ δὲ τῆς προαιρέσεως, ῥᾴδιόν τε καὶ εὔκολον· οὐ γὰρ φύσεως ὅροις αὕτη δέδεται, ἀλλ' ἐλευθερίᾳ προαιρέσεως τετίμηται. Ὅταν τοίνυν ἴδῃς ἐχθρὸν τῆς ἀληθείας, θεράπευσον, ἐπιμέλησαι, πρὸς

***qui dedit potestatem talem hominibus;* ipsis enim caro resistebat. Ille vero non increpavit eos,** sed prodest tamen illis, per opera excitans, eorumque animum in sublime erigens. Interim vero non parvum erat, quod omnium hominum maximus haberetur, quodque a Deo venire putaretur. Nam si hæc firmiter mente tenuissent, paulum proficientes agnovissent ipsum esse Dei Filium.
D Sed hæc non firmiter retinuerunt, ideoque accedere non potuerunt. Rursum enim dicebant : *Hic homo non est a Deo;* et, *Quomodo hic a Deo est?* Hæcque frequenter versabant, illa vitiorum suorum tegmina obtendentes : quod etiam nunc multi faciunt, qui dum Deum vindicare videntur, suis indulgent affectibus, cum oporteret omnia cum mansuetudine tractare. Etenim universorum Deus, qui fulmen vibrare potest in eos qui ipsum blasphemiis impetunt, solem suum oriri curat,
E imbres emittit, cæteraque omnia largiter suppeditat : quem imitari nos oportet, rogare nempe, monere, instituere cum mansuetudine, non irasci, nec efferari. Neque enim ex blasphemia quid nocumenti ad Deum accedit, ut tu excandescas; sed qui
346 A blasphemavit ipse vulnus accepit. Itaque ingemisce, lacrymare : lacrymis enim dignum est hoc vitium, cui curando nullum mansuetudine melius remedium. Mansuetudo quippe omni violentia potentior est. Vide igitur quomodo is ipse, qui injuria afficitur, et in veteri et in nova lege loquatur : ibi quidem dicens : *Popule meus, quid feci tibi?* in nova autem, *Saule, Saule, quid me persequeris?* Paulus item jubet adversarios cum mansuetudine corripere. Ipse quoque Christus, quando accesserunt discipuli, rogantes ut ignem de cælo emitteret, vehementer increpavit eos dicens, *Nescitis*
B *cujus spiritus estis vos.* Hic autem non dicit ipse, O exsecrandi et præstigiatores! o invidi et hominum salutis inimici! sed, *Quid cogitatis mala in cordibus vestris?* Oportet igitur cum mansuetudine morbum removere. Nam qui ex humano timore melior efficitur, cito ad pravitatem redibit. Ideoque zizania relinqui jussit, dans tempus ad pœnitentiam. Multi namque sic pœnitentiam egerunt, et probi facti sunt, qui perversi prius erant, quemadmodum Paulus, publicanus, latro : nam postquam zizania fuerant, in triticum maturum mutati sunt. In seminibus certe id fieri ne-

Joan. 9. 16.
Mich. 6. 3.
Act. 9. 4.
2. Tim. 2. 24.
Luc. 9. 54.
Timor non diuturni magister officii.
Matth. 13. 30.

* [Savil. conjicit προσελθεῖν. Interpres : *ad excellentiora progredi.*]

c Morel. male ἔλεγον γὰρ οὕτως· οὐκ ἔστιν παρά. Mox quidam ante πῶς ἐστιν addunt καὶ πάλιν.

a Morel. male ποίου πατρός.

b Alii πολλοὶ γοῦν αὐτῶν οὕτως. Infra quidam ὄντες οὗτοι σῖτες.

quit; in proposito et voluntate id certe facile est: non enim naturæ terminis ipsa alligatur, sed libertate arbitrii honorata fuit. Cum ergo videris veritatis hostem, obsequium illi præbe, curam illius habe, ad virtutem reduc, exemplum vitæ optimum præbens, sermone utens inculpato, patrocinium ipsi et curam impendens, modum omnem emendationis admovens, imitando medicos optimos, qui non una tantum medicinæ ratione utuntur, sed cum vident ulcus priori pharmaco non cedere, aliud adjiciunt, et post illud rursum aliud; et nunc secant, nunc alligant. Et tu itaque animarum medicus effectus, omni utaris curandi ratione secundum Christi leges, ut et salutarium operum tuorum et aliorum partæ salutis mercedem accipias, ad Dei gloriam omnia faciens, et inde tibi gloriam concilians: nam ait,
1. Reg. 2. 30. *Glorificantes me glorificabo, et qui contemnunt me, contemnentur.* Omnia itaque ad ejus gloriam faciamus, ut beatam illam sortem consequamur: quam utinam omnes adipiscamur, gratia et benignitate Domini nostri Jesu Christi, cui gloria et imperium, in sæcula sæculorum. Amen.

ἀρετὴν ἐπανάγαγε, βίον ἐπιδεικνύμενος ἄριστον, [c] τὸν C λόγον παρεχόμενος ἀκατάγνωστον, προστασίαν καὶ κηδεμονίαν παρέχων, πάντα τρόπον κινῶν διορθώσεως, τοὺς ἀρίστους τῶν ἰατρῶν μιμούμενος. Οὐδὲ γὰρ ἐκεῖνοι καθ' ἕνα τρόπον θεραπεύουσι μόνον, ἀλλ' ὅταν ἴδωσιν οὐκ εἶκον τὸ ἕλκος τῷ προτέρῳ φαρμάκῳ, προστιθέασιν ἕτερον, καὶ μετ' ἐκεῖνο πάλιν ἄλλο· καὶ νῦν μὲν τέμνουσι, νῦν δὲ [d] δεσμοῦσι. Καὶ σὺ τοίνυν ψυχῆς ἰατρὸς γενόμενος, πάντα κίνει θεραπείας τρόπον κατὰ τοὺς τοῦ Χριστοῦ νόμους, ἵνα καὶ τῆς σαυτοῦ σωτηρίας καὶ τῆς ἑτέρων ὠφελείας λάβῃς μισθὸν, εἰς δόξαν D Θεοῦ πάντα ποιῶν, καὶ ταύτῃ καὶ αὐτὸς δοξαζόμενος· Τοὺς δοξάζοντας γάρ με δοξάσω, φησί· καὶ οἱ ἐξουθενοῦντές με ἐξουθενωθήσονται. Πάντα τοίνυν εἰς δόξαν αὐτοῦ πράττωμεν, ἵνα τῆς μακαρίας ἐκείνης ἐπιτύχωμεν λήξεως· ἧς γένοιτο πάντας ἡμᾶς ἐπιτυχεῖν, χάριτι καὶ φιλανθρωπίᾳ τοῦ Κυρίου ἡμῶν Ἰησοῦ Χριστοῦ, ᾧ ἡ δόξα καὶ τὸ κράτος, εἰς τοὺς αἰῶνας τῶν αἰώνων. Ἀμήν.

c Quidam τὸν λόγον προτεινόμενος ἀκατ.

d Savil. ἐπιδεσμοῦσι.

HOMILIA XXX. al. XXXI.

347 A

ΟΜΙΛΙΑ λ'.

Cap. IX. v. 9. *Et cum transiret inde Jesus, vidit hominem sedentem in telonio, Matthæum nomine. Et ait illi: Sequere me. Et surgens sequutus est eum.*

Καὶ παράγων ὁ Ἰησοῦς ἐκεῖθεν, εἶδεν ἄνθρωπον καθήμενον ἐπὶ τὸ τελώνιον, Ματθαῖον λεγόμενον. Καὶ λέγει αὐτῷ· ἀκολούθει μοι. Καὶ ἀναστὰς ἠκολούθησεν αὐτῷ.

1. Peracto miraculo, non ibi mansit, ne illo præsente invidia magis arderet; sed in gratiam ipsorum recessit, ut morbus ille mitigaretur. Illud quoque nos faciamus, non simul versantes cum insidiantibus, sed eorum ulceri indulgeamus, cedentes et contentionem vitantes. Sed cur non cum Petro, Joanne et aliis vocavit eum? Ut tunc illuc venit, cum sciret homines obtemperaturos esse: sic tunc Matthæum vocavit, cum sequuturum eum esse noverat. Propterea etiam Paulum post resurrectionem piscatus est. Nam qui corda novit, et occulta mentium perspicit, sciebat quandonam quisque eorum obsequuturus esset. Ideoque non initio vocavit illum, cum adhuc duriore esset animo, sed

Ποιήσας [a] τὸ θαῦμα, οὐκ ἐπέμενεν, ἵνα μὴ τὸν ζῆλον ἐξάψῃ πλέον δρώμενος· ἀλλὰ χαρίζεται αὐτοῖς ἀναχωρῶν, καὶ τὸ πάθος παραμυθούμενος. Τοῦτο δὴ καὶ ἡμεῖς ποιῶμεν, [b] μὴ ὁμόσε χωροῦντες τοῖς ἐπιβου- B λεύουσιν, ἀλλὰ παραμυθώμεθα αὐτῶν τὸ ἕλκος, ἐνδιδόντες καὶ χαλῶντες αὐτῶν τὸν τόνον. Ἀλλὰ τίνος ἕνεκεν οὐ μετὰ Πέτρου καὶ Ἰωάννου καὶ τῶν ἄλλων ἐκάλεσεν αὐτόν; [c] Ὥσπερ ἐκεῖ τότε παρεγένετο, ὅτε ᾔδει τοὺς ἀνθρώπους πεισθησομένους· οὕτω καὶ τὸν Ματθαῖον τότε ἐκάλεσεν, ὅτε ἠπίστατο ἕξοντα. Διὰ δὴ τοῦτο καὶ Παῦλον μετὰ τὴν ἀνάστασιν ἡλίευσεν. Ὁ γὰρ τὰς καρδίας ἐπιστάμενος, καὶ τὰ ἀπόῤῥητα τῆς ἑκάστου διανοίας εἰδὼς, ᾔδει καὶ πότε ἔμελλεν ἕκαστος τούτων ὑπακούσεσθαι. Διὰ τοῦτο οὐκ ἐν προοιμίοις

a Morel. ποιήσας γὰρ τό.

b Morel. μὴ ὅμως ἐγχωροῦντες.

c Sic recte Savil., Morel. ὥσπερ ποτὲ παρ.

αὐτὸν ἐκάλει, ὅτε σκληρότερον ἔτι διέκειτο, ἀλλὰ μετὰ τὰ μυρία θαύματα, καὶ τὴν πολλὴν περὶ αὐτοῦ φήμην, ὅτε καὶ ἐπιτηδειότερον ᾔδει πρὸς τὴν ὑπακοὴν C γεγενημένον. Ἄξιον δὲ καὶ τοῦ [d] ἀποστόλου θαυμάσαι τὴν φιλοσοφίαν, πῶς οὐκ ἀποκρύπτεται αὐτοῦ τὸν ἔμπροσθεν βίον, ἀλλὰ καὶ τὸ ὄνομα τίθησι, τῶν ἄλλων κρυψάντων αὐτὸ προσηγορίᾳ ἑτέρᾳ. Τίνος δὲ ἕνεκεν εἶπεν, ὅτι Ἐπὶ τὸ τελώνιον καθήμενον; Δεικνὺς τοῦ καλέσαντος τὴν δύναμιν, ὅτι οὐ καταλήξαντα, οὐδὲ ἀποστάντα τῆς πονηρᾶς ταύτης καπηλείας, ἀλλ' ἐκ μέσων αὐτὸν ἀνέσπασε τῶν κακῶν. Καθάπερ οὖν καὶ τὸν μακάριον Παῦλον μαινόμενον, καὶ λυττῶντα, καὶ πῦρ ἀφιέντα μετέστησεν· ὅπερ οὖν καὶ αὐτὸς δεῖγμα ποιούμενος τῆς τοῦ καλέσαντος δυνάμεως, φησὶ Γαλά- D ταις· Ἠκούσατε τὴν ἐμὴν ἀναστροφήν ποτε ἐν τῷ Ἰουδαϊσμῷ, ὅτι καθ' ὑπερβολὴν ἐδίωκον τὴν Ἐκκλησίαν τοῦ Θεοῦ· καὶ τοὺς ἁλιέας δὲ ἐν μέσοις τοῖς ἔργοις ὄντας ἐκάλεσεν· [e] ἀλλ' ἐκείνων μὲν τέχνη τις ἦν οὐ διαβεβλημένη μὲν, ἀνθρώπων δὲ ἀγροικότερον διακειμένων, καὶ ἀμίκτων, καὶ πολὺ τὸ ἀφελὲς κεκτημένων· τοῦτο δὲ ἐπιτήδευμα ἀναισχυντίας γέμον ἦν καὶ ἰταμότητος, καὶ κέρδος οὐκ ἔχον πρόφασιν εὔλογον, καὶ ἐμπορία ἀναιδὴς, καὶ [f] ἁρπαγὴ σχῆμα ἔχουσα ἔννομον· ἀλλ' ὅμως οὐδὲν τούτων ἐπῃσχύνετο ὁ καλέσας. Καὶ τί λέγω, εἰ τελώνην οὐκ ἐπαισχύνεται, ὅπου E γε οὐδὲ πόρνην γυναῖκα οὐ μόνον καλέσαι οὐκ ἐπῃσχύνθη, ἀλλὰ [g] καὶ φιλῆσαι τοὺς πόδας αὐτοῦ καὶ βρέξαι τοῖς δάκρυσι παρεῖχεν αὐτῇ; Καὶ γὰρ καὶ διὰ 394 τοῦτο παραγέγονεν, οὐχ ἵνα σῶμα θεραπεύσῃ μόνον, A ἀλλ' ἵνα ψυχῆς κακίαν ἰάσηται. Ὃ καὶ ἐπὶ τοῦ παραλυτικοῦ πεποίηκε· καὶ δείξας σαφῶς, ὅτι δύναται ἀφιέναι ἁμαρτίας, τότε ἐπὶ τοῦτον ἔρχεται, ἵνα μηκέτι θορυβῶνται τελώνην ὁρῶντες εἰς τὸν τῶν μαθητῶν ἐγκρινόμενον χορόν. Ὁ γὰρ κύριος ὢν λῦσαι τὰ πεπλημμελημένα πάντα, τί θαυμάζεις εἰ καὶ τοῦτον ἀπόστολον ποιεῖ; Ἀλλ' ὥσπερ εἶδες τοῦ καλέσαντος τὴν δύναμιν, οὕτω καταμάνθανε καὶ τοῦ κληθέντος τὴν ὑπακοήν. Οὐ γὰρ ἀντέτεινεν, οὐδὲ ἀμφισβητῶν εἶπε· τί τοῦτο; ἆρα μὴ ἀπατηλῇ κλήσει ἐμὲ τὸν τοιοῦτον καλεῖ; Καὶ γὰρ ἄκαιρος αὕτη πάλιν ἡ ταπεινοφροσύνη. Ἀλλ' εὐθέως ὑπήκουσε, καὶ οὐδὲ οἴκαδε ἀπελθεῖν B ἠξίωσε, καὶ τοῖς αὐτοῦ περὶ τούτων κοινώσασθαι, ὥσπερ οὖν οὐδὲ οἱ ἁλιεῖς· ἀλλ' ὃν τρόπον ἐκεῖνοι τὸ

post sexcenta miracula, cum fama sua percrebuisset, quando illum noverat ad obtemperandum aptiorem esse. Non abs re autem fuerit apostoli philosophiam mirari, qui anteactam vitam non occultavit, sed et nomen suum posuit, quod alii in aliud nomen mutando occultavere. Cur porro dixit ipsum sedisse in telonio? Vocantis vim ostendens, quod cum nondum destitisset et improbo telonio hæreret, ex mediis ipsum malis extraxerit. Quemadmodum enim beatum Paulum furentem et rabie percitum convertit : id quod ipse vocantis virtutem demonstrans ait ad Galatas scribens : *Audistis conversationem meam aliquando in Judaismo, quia supra modum persequebar Ecclesiam Dei* : sic et piscatores in mediis operibus vocavit : sed illi artem exercebant non vituperabilem quidem, sed quæ erat hominum agrestium, non urbanorum, atque omnino simplicium; hæc autem lucrandi ratio, impudentia plena erat, ac petulantia, quæstus iniquus et mercatura illiberalis : attamen nihil horum erubuit is qui vocavit. Nec mirum, si publicanum non erubescat, quando nec meretricem vocare non modo non erubuit, sed pedes suos osculari, lacrymisque rigare permisit Etenim ideo venit, non ut corpus curaret solum, sed ut animæ morbis mederetur. Quod etiam paralytico præstitit : et postquam clare ostenderat, se posse peccata dimittere, ad hunc postea accessit, ut non turbarentur videntes publicanum in discipulorum chorum adscribi. Nam qui potest peccata omnia solvere, quid mirum si et hunc apostolum faciat? Sed ut didicisti vocantis potestatem, sic disce vocati obedientiam. Neque enim repugnavit, neque dubitans dixit : Quid hoc est? num me hominem hujusmodi fraudulenter vocat? Nam certe intempestiva fuisset hujusmodi humilitas. Sed statim obedivit : neque petiit ut domum ire liceret, ut rem cum suis communicaret, quemadmodum etiam piscatores fecerunt : ut enim illi retia, naviculam, et patrem, ita et hic teloniariam mensam et lucrum reliquit, ut sequeretur, ad omnia paratum animum exhibens : et a rebus omnibus sæcularibus se statim abscindens,

Matthæi virtus.

Gal. 1. 13.

[d] Alii *καὶ τοῦ εὐαγγελιστοῦ θαυμάσαι τὴν φιλοσοφίαν*. Savil. et Morel. *σοφίαν*. Sed *φιλοσοφία* hic melius quadrare videtur : nam philosophia apud Chrysostomum pro *virtute*, *modestia* et *humilitate* accipitur. Hic porro Matthæum laudat, qui publicanus cum esset, ideoque male audiret apud Judæos, nomen suum tamen non occultaverit, sed sese Matthæum appellaverit, neque nomen suum mutaverit, quod tamen fecerunt alii evangelistæ, qui ipsum Levi appellarunt.

[e] Quidam *ἀλλ' ἐκεῖνο*.

[f] Morel. *καὶ ὀργῆς*. [Commelin. et Savil. in marg *ἁρπαγῆς*.]

[g] *Καὶ φιλῆσαι αὐτῇ τοὺς πόδας αὐτοῦ* Morel., qui postea non addit *αὐτῇ* post *παρεῖχεν*. Mox quidam Mss. [illegible]

per obedientiam perfectam testificabatur, quam tempestive vocatus fuisset. Et cur, inquies, non de aliis dixit, quomodo vocati fuerint, sed de Petro tantum, Jacobo, Joanne et Philippo, de cæteris vero nusquam? Quia hi maxime erant, qui humiles vel turpes artes exercebant; neque enim quidpiam est publicano deterius, vel piscatore vilius. Quod porro Philippus etiam inter ignobiles censeretur, ex patria liquet. Idcirco hos maxime cum artibus suis prædicant, his declarantes sibi etiam in rebus splendidis fidem esse habendam. Cum enim nihil prætereant eorum quæ vituperabilia vel vilia sunt, sed hæc præ aliis accurate prædicent, sive illa magistrum, sive discipulos spectent, cur in splendidis conspicuisque suspecti fuerint, cum maxime signa et miracula multa prætercurrant, et quæ ad crucem spectant, quæ certe probrosa videntur accurate prædicent, discipulorum item artes, vilemque sortem, magistri quoque progenitores, qui vel ex peccatis, vel ex vili conditione noti erant, clara voce in medium præferunt? Unde manifestum est, ipsos magnam veritatis habuisse rationem, ac neque ad gratiam, neque ad ostentationem scripsisse.

2. Vocatum itaque Matthæum magno affecit honore ad mensam admittens, quo illum de futuro bene sperare curat, et majorem indit fiduciam. Non enim in sananda ejus iniquitate multum temporis adhibuit, sed illud statim factum est; neque cum illo tantum recumbit ad mensam, sed cum aliis multis: quamquam id illi crimini dabatur, quod peccatores non abigeret. Verum id non celant evangelistæ; illi autem accusandi occasiones captabant, ejus explorantes opera. Conveniunt porro publicani, quasi ad artis consortem; nam honori sibi ducens quod Christus ad se venisset, omnes convocavit. Etenim omne curationis genus Christus adhibebat, nec modo cum concionaretur, cum curaret, cum inimicos redargueret, sed etiam cum convivaretur, multos male affectos emendabat: his nos docens omne tempus omneque opus posse nobis utilitatem afferre. Quamvis autem ea quæ tunc apposita erant, iniquitate et avaritia parta essent: non recusavit ta-

δίκτυον καὶ τὸ πλοῖον, καὶ τὸν πατέρα, οὕτω καὶ οὗτος τὴν τελωνείαν καὶ τὸ κέρδος ἀφεὶς εἵπετο, παρεσκευασμένην πρὸς ἅπαντα τὴν γνώμην ἐπιδεικνύμενος, καὶ πάντων ἀθρόον ἑαυτὸν ἀποῤῥηγνὺς τῶν βιωτικῶν, ἐμαρτύρει τῇ εὐκαιρίᾳ τοῦ καλέσαντος διὰ τῆς ἀπηρτισμένης ὑπακοῆς. Καὶ τί δήποτε, φησὶν, οὐχὶ καὶ περὶ τῶν ἄλλων εἶπεν ἡμῖν, πῶς καὶ τίνα τρόπον ἐκλήθησαν, ἀλλὰ περὶ Πέτρου, καὶ Ἰακώβου, καὶ Ἰωάννου, καὶ Φιλίππου, περὶ δὲ τῶν ἄλλων οὐδαμοῦ; Ὅτι οὗτοι μάλιστα ἦσαν ἐν τοῖς ἀτόποις καὶ ταπει- C νοῖς ἐπιτηδεύμασιν· οὔτε γὰρ τελωνείας τι χεῖρον, οὔτε ἁλιείας εὐτελέστερον. Ὅτι δὲ καὶ Φίλιππος τῶν σφόδρα ἀσήμων ἦν, ἀπὸ τῆς πατρίδος δῆλον. Διὰ τοῦτο τούτους μάλιστα [a] ἀνακηρύττουσι μετὰ τῶν ἐπιτηδευμάτων, δηλοῦντες ὅτι καὶ ἐν τοῖς λαμπροῖς τῶν διηγημάτων τούτοις πιστεύειν χρή. Οἱ γὰρ τῶν δοκούντων ἐπονειδίστων εἶναι μηδὲν αἱρούμενοι παραλιπεῖν, ἀλλὰ πρὸ τῶν ἄλλων ταῦτα μετὰ ἀκριβείας ἀνακηρύττοντες, καὶ ἐπὶ τοῦ διδασκάλου, καὶ ἐπὶ τῶν μαθητῶν, πῶς ἂν εἶεν ἐπὶ τῶν σεμνῶν ὕποπτοι, καὶ μάλιστα ὅταν σημεῖα μὲν πολλὰ [b] καὶ θαύματα παρατρέχωσι, D τὰ δὲ ἐπὶ τοῦ σταυροῦ δοκοῦντα εἶναι ὀνείδη μετὰ ἀκριβείας βοῶσι, καὶ τῶν μαθητῶν τὰ ἐπιτηδεύματα καὶ τὰ ἐλαττώματα, καὶ τοῦ διδασκάλου τοὺς προγόνους τοὺς ἐπὶ ἁμαρτήμασι καὶ ταπεινότητι βεβοημένους λαμπρᾷ [c] ἐκκαλύπτωσι τῇ φωνῇ; Ὅθεν δῆλον, ὅτι πολὺν τῆς ἀληθείας ἐποιοῦντο τὸν λόγον, καὶ οὐδὲν πρὸς χάριν οὐδὲ πρὸς ἐπίδειξιν ἔγραφον.

Καλέσας τοίνυν αὐτὸν, καὶ τιμῇ μεγίστῃ τετίμηκε, τραπέζης αὐτῷ κοινωνήσας εὐθέως· ταύτῃ γὰρ αὐτὸν E καὶ ὑπὲρ τῶν μελλόντων εὔελπιν ἐποίει, καὶ εἰς πλείονα παῤῥησίαν ἐνῆγεν. Οὐ γὰρ χρόνῳ μακρῷ, ἀλλ' ἀθρόον ἰάσατο τὴν κακίαν· καὶ οὐκ αὐτῷ συνανάκειται μόνον, ἀλλὰ καὶ ἑτέροις πολλοῖς· καίτοι καὶ τοῦτο ἐδόκει αὐτοῦ ἔγκλημα εἶναι, ὅτι οὐκ ἀπεσόβησε τοὺς ἁμαρτωλούς. Ἀλλ' οὐδὲ τοῦτο κρύπτουσι· [d] οἱ δὲ ἐπισκήπτειν ἐπιχειροῦσι τοῖς παρ' αὐτοῦ γινομένοις. Συνέρ- 349 A χονται δὲ οἱ τελῶναι ὡς πρὸς ὁμότεχνον· ἐγκαλλωπιζόμενος γὰρ τῇ εἰσόδῳ τῇ τοῦ Χριστοῦ, πάντας αὐτοὺς συνεκάλεσε. Καὶ γὰρ πᾶν εἶδος θεραπείας ὁ Χριστὸς ἐκίνει, καὶ οὐχὶ διαλεγόμενος μόνον, οὐδὲ θεραπεύων, οὐδὲ ἐλέγχων τοὺς ἐχθροὺς, ἀλλὰ καὶ ἀριστῶν διώρθου πολλοὺς τῶν κακῶς διακειμένων· διὰ τούτων διδάσκων ἡμᾶς, ὅτι πᾶς καιρὸς καὶ πᾶν ἔργον δύναται παρέχειν ἡμῖν τὴν ὠφέλειαν. Καίτοι γε τὰ παρακείμενα τότε ἐξ ἀδικίας ἦν καὶ πλεονεξίας· ἀλλ' οὐ παρῃτήσατο ὁ Χριστὸς αὐτῶν μετασχεῖν, ἐπειδὴ μέγα τὸ κέρδος ἐντεῦθεν ἔμελλε γίνεσθαι, ἀλλὰ καὶ ὁμωρόφιος

[a] Nonnulli ἀνακηρύττουσιν ἡμῖν μετά.

[b] Alii καὶ θαυμαστά.

[c] Sic omnes pene Mss, Savil. autem et Morel. ἐκκαλύπτουσι.

[d] Savil. οὐκ ἐπισκήπτειν.

καὶ ὁμοτράπεζος γίνεται τοῖς τὰ τοιαῦτα πεπλημμεληκόσι. [a] Τοιοῦτος γὰρ ὁ ἰατρὸς, ἂν μὴ ἀνάσχηται τῆς σηπεδόνος τῶν καμνόντων, οὐκ ἀπαλλάττει τῆς ἀῤῥωστίας αὐτούς. Καίτοι γε πονηρὰν ἐντεῦθεν ἔλαβε δόξαν, καὶ τῷ μετ' αὐτοῦ φαγεῖν, καὶ τῷ ἐν τῇ οἰκίᾳ τῇ ἐκείνου, καὶ τῷ μετὰ πολλῶν τελωνῶν. Ὅρα γὰρ αὐτοὺς τοῦτο ὀνειδίζοντας· Ἰδοὺ ἄνθρωπος φάγος καὶ οἰνοπότης, τελωνῶν φίλος καὶ ἁμαρτωλῶν. Ἀκουέτωσαν ὅσοι μεγάλην ἐπὶ νηστείᾳ δόξαν ἑαυτοῖς περιτιθέναι σπουδάζουσιν, καὶ ἐννοείτωσαν ὅτι ὁ Δεσπότης ἡμῶν φάγος καὶ οἰνοπότης ἐκλήθη, καὶ οὐκ ᾐσχύνετο, ἀλλὰ πάντων ὑπερεώρα τούτων, ἵνα τὸ προκείμενον ἀνύσῃ· ὅπερ οὖν καὶ ἐγένετο. Καὶ γὰρ καὶ μετεβάλετο ὁ τελώνης, καὶ βελτίων οὕτως ἐγένετο. Καὶ ἵνα μάθῃς, ὅτι μέγα τοῦτο ἤνυσε τὸ κοινωνῆσαι αὐτῷ τῆς τραπέζης, ἄκουσον τί φησιν ὁ Ζακχαῖος ἕτερος πάλιν τελώνης. Ἐπειδὴ γὰρ ἤκουσε τοῦ Χριστοῦ λέγοντος· Σήμερον ἐν τῷ οἴκῳ σου δεῖ με μεῖναι, ὑπὸ τῆς ἡδονῆς πτερωθεὶς, Τὰ ἡμίση [b] τῶν ὑπαρχόντων μοι δίδωμι πτωχοῖς, φησὶ, καὶ εἴ τινός τι ἐσυκοφάντησα, ἀποδίδωμι τετραπλάσιον. Καὶ πρὸς αὐτὸν ὁ Ἰησοῦς φησι· Σήμερον σωτηρία τῷ οἴκῳ τούτῳ ἐγένετο. Οὕτω διὰ πάντων ἔνεστι παιδεύειν. Καὶ πῶς ὁ Παῦλος, φησὶ, κελεύει· Ἐάν τις, ἀδελφὸς ὀνομαζόμενος, ᾖ πόρνος, ἢ πλεονέκτης, τῷ τοιούτῳ μηδὲ συνεσθίειν; Μάλιστα μὲν οὖν οὔπω δῆλον, εἰ καὶ διδασκάλοις ταῦτα παραινεῖ, ἀλλ' οὐχὶ ἀδελφοῖς μόνοις. Ἔπειτα οὗτοι οὔπω τῶν ἀπηρτισμένων ἦσαν, οὐδὲ ἀδελφῶν γεγενημένων. Πρὸς δὲ τούτοις ὁ Παῦλος καὶ τοὺς ἀδελφοὺς γεγενημένους τότε ἀποστρέφεσθαι κελεύει, ὅταν ἐπιμένωσιν· οὗτοι δὲ ἦσαν παυσάμενοι λοιπὸν καὶ μεταβαλόμενοι. Ἀλλ' οὐδὲν τούτων τοὺς Φαρισαίους ἐνέτρεψεν, ἀλλ' ἐγκαλοῦσι τοῖς μαθηταῖς λέγοντες· Διατί μετὰ τελωνῶν καὶ ἁμαρτωλῶν ἐσθίει ὁ διδάσκαλος ὑμῶν; Καὶ ὅταν [c] μὲν αὐτοὶ δοκῶσιν ἁμαρτάνειν, αὐτῷ ἐντυγχάνουσι λέγοντες· Ἰδοὺ οἱ μαθηταί σου ποιοῦσιν ὃ οὐκ ἔξεστι ποιεῖν ἐν σαββάτῳ· ἐνταῦθα δὲ πρὸς αὐτοὺς αὐτὸν διαβάλλουσιν. Ἅπερ πάντα κακουργούντων ἦν καὶ βουλομένων ἀποῤῥῆξαι τοῦ διδασκάλου τὸν χορὸν τῶν μαθητῶν. Τί οὖν ἡ ἄπειρος σοφία; Οὐ χρείαν ἔχουσι, φησὶν, οἱ ἰσχύοντες ἰατροῦ, ἀλλ' οἱ κακῶς ἔχοντες. Ὅρα πῶς αὐτῶν εἰς τοὐναντίον περιέτρεψε τὸν λόγον. Ἐκεῖνοι μὲν γὰρ [d] ἐγκλήματα ἐποιοῦντο τὸ συγγίνεσθαι αὐτὸν τούτοις· αὐτὸς δὲ τοὐναντίον φησὶν, ὅτι τὸ μὴ συγγίνεσθαι ἀνάξιον αὐτοῦ, καὶ τῆς αὐτοῦ φιλανθρωπίας· καὶ οὐ μόνον ἐγκλήματος ἐκτὸς τὸ τοὺς τοιούτους διορθοῦν, ἀλλὰ προηγούμενον καὶ ἀναγκαῖον, καὶ μυρίων ἄξιον ἐπαίνων. Εἶτα, ἵνα μὴ δόξῃ καταισχύνειν

men Christus his convivari : quia magnum inde lucrum eventurum erat; sed contubernalis et convictor est eorum qui hujusmodi iniquitati se dediderant. Hujusmodi quippe medicus, nisi ægrorum putredinem ferat, non eos a morbo eruit : quamquam inde malam sibi famam attraheret, et quod cum illo ederet, et quod in domo ejus cum publicanis multis. Vide autem quomodo id illi probro
vertant : *Ecce homo edax et vini potator, publi-* Matth. 11.
canorum amicus et peccatorum. Audiant illi 19.
qui magnam sibi famam ex jejunio parere satagunt : cogitentque Dominum nostrum voracem et vini potatorem vocatum fuisse, neque erubuisse; sed hæc omnia despexisse, ut rem sibi propositam perficeret; id quod etiam evenit. Nam et publicanus conversus est et melior effectus. Ut autem discas, quantum boni accederet iis qui ejusdem cum eo mensæ participes essent, audi quid dicat Zacchæus alius publicanus. Quia enim audivit Christum dicentem, *Hodie in domo tua oportet me* Luc. 19. 5.
manere, gaudio perfusus, dixit : *Dimidium bo-* Ibid. v. 8.
norum meorum do pauperibus, et si quid aliquem defraudavi, reddo quadruplum. Cui respondit Jesus : *Hodie salus domui huic facta est.* Ibid. v. 9.
Sic ex omnibus alios instituere licet. Et quomodo, inquies, Paulus præcipit : *Si quis, cum frater no-* 1. Cor. 5.
minetur, sit fornicarius, aut avarus, cum eo ne 11.
comedere quidem oportet? At non patet, an illud etiam magistris præcipiatur, neque solum fratribus. Deinde illi nondum perfecti auctique erant, neque fratribus annumerabantur. Ad hæc vero Paulus, jam illos in fratrum numerum adscitos aversari jubet, si in malis perseverent : hi autem male agere cessaverant conversi. Verum nihil horum Pharisæos compressit, sed criminantes aggrediuntur discipulos his verbis : 11. *Cur cum publicanis et peccatoribus manducat magister vester?* Et cum discipuli peccare videntur, Christum sic alloquuntur : *Ecce discipuli tui faciunt quod non licet* Matth. 12.
in sabbato facere; hic vero apud discipulos 2.
Christum criminantur. Quæ omnia malignantium erant, et volentium discipulorum chorum a magistro avellere. Quid igitur immensa illa sapientia? 12. *Non indigent*, inquit, *sani medico, sed qui male habent.* Vide quomodo sermonem eorum in contrarium vertit. Illi namque crimini dabant ipsi, quod cum illis versaretur; ille contrarium profert, indignum benignitate sua esse si

Contra eos qui famam sibi ex jejunio parere curant.

---

[a] Alii οὕτω καὶ ἰατρὸς ποιεῖ· ἂν γὰρ μή.

[b] Morel. ὑπαρχόντων μου. Paulo post quidam τετραπλοῦν.

[c] Alii μὲν οἱ μαθηταὶ δοκῶσιν.

[d] Savil. ἔγκλημα.

non cum illis versetur; ac non modo se crimine
vacuum esse cum illos emendaret, sed rem esse
præcipuam, et necessariam, et mille laudibus dignam. Deinde ne videretur vocatos pudore afficere, cum diceret, *Qui male habent*, vide quomodo leniat illud, cum illos increpat et dicit:
Osee 6. 6. 13. *Euntes, discite quid est, Misericordiam volo, et non sacrificium.* Hoc autem dicebat, Scripturarum ignorantiam ipsis vitio vertens. Quamobrem
acrius loquitur, non iratus; absit; sed ne illi dubii manerent. Quamquam dicere poterat: Non cogitatis, quomodo paralytico peccata dimiserim?
quomodo corpus ejus firmaverim? At nihil horum dicit: verum a communibus ratiociniis illos
aggreditur primum, et postea a Scripturis. Cum
dixisset enim, *Non est opus valentibus medicus, sed male habentibus*, et seipsum esse medicum subobscure declarasset: tunc dixit, *Euntes,
discite quid est, Misericordiam volo, et non
sacrificium.* Hoc et Paulus facit. Primo enim a
1. Cor 9. 7. communibus exemplis sic orsus: *Quis pascit gregem, et ex lacte ejus non comedit?* tunc Scri-
Ibid. v. 9. pturas inducit, et ait: *In lege namque Moysis
Deut. 25. 4. scriptum est, Non alligabis os bovi trituranti;*
1. Cor. 9. 14. ac rursum, *Sic Dominus constituit, ut qui
evangelium annuntiant, ex evangelio vivant.*
Ad discipulos autem non sic; sed signa sua in me-
Matth. 16. 9. moriam reducit hoc pacto: *Non meministis quinque panum, et hominum quinque millium, et
quot cophinos collegistis?*

τοὺς κληθέντας τῷ λέγειν, Οἱ κακῶς ἔχοντες, ὅρα
πῶς αὐτὸ παραμυθεῖται πάλιν, ἐπιτιμῶν αὐτοῖς
καὶ λέγων· Πορευθέντες δὲ μάθετε τί ἐστιν, Ἔλεον
θέλω, καὶ οὐ θυσίαν. Τοῦτο δὲ ἔλεγε, τὴν τῶν Γραφῶν ἄγνοιαν αὐτοῖς ὀνειδίζων. Διὸ καὶ πληκτικώτερον
κέχρηται τῷ λόγῳ, οὐχὶ αὐτὸς ὀργιζόμενος· μὴ γέ-
B νοιτο· [b] ἀλλ' ὥστε ἐκείνους μὴ ἐξαπορηθῆναι. Καίτοι
γε ἠδύνατο εἰπεῖν· οὐκ ἐνενοήσατε, πῶς ἔλυσα τὰς
ἁμαρτίας τοῦ παραλυτικοῦ; πῶς τὸ σῶμα ἔσφιγξα;
Ἀλλ' οὐ λέγει τούτων οὐδέν· ἀλλ' ἀπὸ τῶν κοινῶν
λογισμῶν πρῶτον αὐτοῖς διαλέγεται, καὶ τότε ἀπὸ
τῶν Γραφῶν. Εἰπὼν γὰρ, Οὐ χρείαν ἔχουσιν οἱ ἰσχύοντες ἰατροῦ, ἀλλ' οἱ κακῶς ἔχοντες, καὶ λανθανόντως
δείξας ἑαυτὸν ὄντα τὸν ἰατρὸν, τότε εἶπε· Πορευθέντες
μάθετε τί ἐστιν, Ἔλεον θέλω, καὶ οὐ θυσίαν. Οὕτω
καὶ ὁ Παῦλος ποιεῖ. Πρότερον γὰρ ἀπὸ τῶν κοινῶν
παραδειγμάτων τὸν λόγον κατασκευάσας, καὶ εἰπών·
C Τίς ποιμαίνει ποίμνην, καὶ ἐκ τοῦ γάλακτος αὐτῆς
οὐκ ἐσθίει; τότε καὶ τὰς Γραφὰς ἐπήγαγε λέγων· Ἐν
γὰρ τῷ νόμῳ Μωσέως γέγραπται, Οὐ φιμώσεις βοῦν
ἀλοῶντα· καὶ πάλιν, Οὕτως ὁ Κύριος διέταξε τοῖς τὸ
εὐαγγέλιον καταγγέλλουσιν, ἐκ τοῦ εὐαγγελίου ζῇν.
Πρὸς δὲ τοὺς μαθητὰς οὐχ οὕτως· ἀλλὰ τῶν σημείων
ἀναμιμνήσκει οὕτω λέγων· Οὔπω μνημονεύετε τοὺς
πέντε ἄρτους τῶν πεντακισχιλίων, καὶ πόσους κοφίνους
ἐλάβετε;

3. Sed non ita se gerit cum istis; verum communem infirmitatem commemorat, ostenditque ipsos
etiam ex infirmorum numero esse, qui nec Scripturas sciebant, et omnem virtutem negligentes,
in sacrificiis totum constituebant: quod subindicans ipse, id quod a prophetis omnibus dictum
Osee 6. 6. fuerat, paucis refert dicens: *Discite quid est,
Misericordiam volo, et non sacrificium.* His
enim ostendit, non se inique agere, sed ipsos; ac
si diceret, Cur accusatis me? an quia peccatores
emendo? Ergo et Patrem meum hac de re accusa-
Joan. 5. 17. bitis. Quod et alibi eadem mente dicebat: *Pater
meus usque modo operatur, et ego operor;* et
hic rursum: *Euntes discite quid est, Misericordiam volo, et non sacrificium.* Quemadmodum
enim hoc ille vult, sic et ego. Viden' quomodo
illa quidem superflua sint, hæc vero necessaria?
Neque enim dixit, Misericordiam volo et sacrifi-

Ἀλλ' οὐ πρὸς τούτους οὕτως· ἀλλὰ τῆς ἀσθενείας
D ἀναμιμνήσκει τῆς κοινῆς, καὶ δείκνυσι καὶ αὐτοὺς
ὄντας τῶν ἀσθενούντων, οἵ γε οὐδὲ τὰς Γραφὰς ᾔδεσαν,
καὶ πάσης τῆς λοιπῆς ἀμελοῦντες ἀρετῆς, ἐν ταῖς
θυσίαις τὸ πᾶν ἐτίθεντο· ὃ καὶ σφόδρα [c] αὐτὸς αἰνιττόμενος, τὸ διὰ τῶν προφητῶν πάντων εἰρημένον ἐν
βραχεῖ τίθησι, λέγων· Μάθετε τί ἐστιν, Ἔλεον θέλω,
καὶ οὐ θυσίαν. Διὰ γὰρ τούτων δείκνυσιν οὐκ αὐτὸν
ὄντα τὸν παρανομοῦντα, ἀλλ' ἐκείνους· ὡς ἂν εἰ ἔλεγε·
τίνος ἕνεκεν ἐγκαλεῖτέ μοι; ὅτι ἁμαρτωλοὺς διορθοῦ-
μαι; Οὐκοῦν καὶ τῷ Πατρί μου τοῦτο ἐγκαλέσετε.
Ὅπερ οὖν καὶ ἀλλαχοῦ τοῦτο κατασκευάζων ἔλεγεν·
Ὁ Πατήρ μου ἕως ἄρτι ἐργάζεται, κἀγὼ ἐργάζομαι·
E καὶ ἐνταῦθα πάλιν· Πορευθέντες μάθετε τί ἐστιν, Ἔλεον
θέλω, καὶ οὐ θυσίαν. Ὥσπερ γὰρ ἐκεῖνος τοῦτο βούλεται, φησὶν, οὕτω καὶ ἐγώ. Ὁρᾷς πῶς ἐκεῖνα μὲν
περιττὰ, ταῦτα δὲ ἀναγκαῖα; Οὐδὲ γὰρ εἶπεν, Ἔλεον
θέλω καὶ θυσίαν· ἀλλ', Ἔλεον θέλω, καὶ οὐ θυσίαν.

[b] *ἀλλ' ὥστε ἐκείνους μὴ ἐξαπορηθῆναι.* Hæc sic convertenda esse putavimus, *ne illi dubii manerent.* Qui Scripturas ob socordiam negligentiamque ignorabant, ut ignorantiam dubiumque omne auferat, acrius ipsos alloquitur.

[c] Morel. *αὐτούς*, male.

Τὸ μὲν γὰρ ἐνέκρινε, τὸ δὲ ἐξέβαλε· καὶ ἀπέδειξεν οὐ 351 μόνον οὐ κεκωλυμένον ὅπερ ἐνεκάλουν, ἀλλὰ καὶ νενο- A μοθετημένον, καὶ μᾶλλον ἢ τῆς θυσίας· καὶ τὴν Παλαιὰν αὐτὴν εἰσάγει [a] συνῳδὰ τούτων φθεγγομένην καὶ νομοθετοῦσαν. Καθαψάμενος τοίνυν αὐτῶν καὶ ἀπὸ τῶν κοινῶν ὑποδειγμάτων, καὶ ἀπὸ τῶν Γραφῶν, ἐπάγει λέγων· Οὐκ ἦλθον καλέσαι δικαίους, ἀλλ' ἁμαρτωλοὺς εἰς μετάνοιαν. Ταῦτα δὲ εἰρωνευόμενος [b] πρὸς αὐτοὺς λέγει, ὡς ὅταν λέγῃ· Ἰδοὺ Ἀδὰμ γέγονεν ὡς εἷς ἐξ ἡμῶν· καὶ πάλιν, Ἐὰν πεινάσω, οὐ μή σοι εἴπω. Ὅτι γὰρ οὐδεὶς δίκαιος ἦν ἐπὶ τῆς γῆς, Παῦλος ἐδήλωσεν εἰπών· Πάντες γὰρ ἥμαρτον, καὶ ὑστεροῦνται τῆς δόξης τοῦ Θεοῦ. Τοῦτο δὲ καὶ ἐκείνους παρεμυθήσατο τοὺς κεκλημένους. Τοσοῦτον γὰρ ἀπέ- B χω, φησὶ, τοῦ βδελύξασθαι ἁμαρτωλοὺς, ὅτι καὶ δι' αὐτοὺς παραγέγονα μόνους. Εἶτα, ἵνα μὴ ὑπτιωτέρους ἐργάσηται, εἰπὼν ἁμαρτωλοὺς, οὐκ ἐσίγησεν, ἀλλὰ προσέθηκεν, Εἰς μετάνοιαν. Οὐ γὰρ ὥστε ἁμαρτωλοὺς μεῖναι παρεγενόμην, ἀλλ' ὥστε μεταβαλέσθαι καὶ γενέσθαι βελτίους. Ἐπεὶ οὖν πάντοθεν ἐπεστόμισε, καὶ ἀπὸ τῶν Γραφῶν, καὶ ἀπὸ τῆς τῶν πραγμάτων ἀκολουθίας, καὶ οὐδὲν ἔσχον εἰπεῖν, ὑπεύθυνοι [c] τοῖς ἐγκλήμασιν, οἷς ἐπήγαγον αὐτῷ φανέντες, καὶ ἐναντίοι τῷ νόμῳ καὶ τῇ Παλαιᾷ, ἀφέντες αὐτὸν, πάλιν ἐπὶ τοὺς μαθητὰς τὸ ἔγκλημα μεταφέρουσι. Καὶ ὁ μὲν Λουκᾶς φησιν, ὅτι οἱ Φαρισαῖοι εἶπον, οὗτος δὲ, ὅτι οἱ μαθηταὶ Ἰωάννου· εἰκὸς δὲ καὶ ἀμφοτέρους ταῦτα C εἰρηκέναι. Ἐξαπορηθέντες γὰρ ἐκείνους, ὡς εἰκὸς, μεθ' ἑαυτῶν λαμβάνουσιν, ὅπερ καὶ ἐπὶ τῶν Ἡρωδιανῶν ὕστερον ἐποίησαν. Καὶ γὰρ ζηλοτύπως ἀεὶ πρὸς αὐτὸν εἶχον οἱ Ἰωάννου μαθηταὶ, καὶ [d] ἀπεναντίας αὐτῷ διελέγοντο· τότε μόνον ταπεινωθέντες, ὅτε ἐν ἀρχῇ τὸ δεσμωτήριον ᾤκησεν ὁ Ἰωάννης. Ἐλθόντες γοῦν τότε ἀνήγγειλαν τῷ Ἰησοῦ· μετὰ δὲ ταῦτα ἐπὶ τὴν προτέραν ἐπανῆλθον βασκανίαν. Τί οὖν οὗτοί φασι; Διατί ἡμεῖς καὶ οἱ Φαρισαῖοι νηστεύομεν πολλὰ, οἱ δὲ μαθηταί σου οὐ νηστεύουσι; Τοῦτό ἐστι τὸ νόσημα, ὃ πάλαι ἐξέκοπτεν ὁ Χριστὸς, λέγων· Ὅταν νηστεύῃς, D ἄλειψόν σου τὴν κεφαλὴν καὶ τὸ πρόσωπόν σου νίψαι, τὰ ἐξ αὐτοῦ τικτόμενα κακὰ προειδώς. Ἀλλ' οὐδὲ τούτοις ἐπιτιμᾷ, οὐδὲ λέγει· ὦ κενόδοξοι καὶ περιττοί· ἀλλὰ μετὰ ἐπιεικείας ἁπάσης αὐτοῖς διαλέγεται, λέγων· [e] Οὐ δύνανται οἱ υἱοὶ τοῦ νυμφῶνος νηστεύειν, ἕως ἂν ᾖ μετ' αὐτῶν ὁ νυμφίος. Ὅτε μὲν γὰρ ὑπὲρ ἑτέρων ὁ λόγος ἦν, τῶν τελωνῶν λέγω, ἵνα αὐτῶν παραμυθήσηται πληγεῖσαν τὴν ψυχὴν, σφοδρότερον ἐπετίμησε τοῖς ὀνειδίσασιν· ἔνθα δὲ αὐτὸν καὶ τοὺς μαθητὰς ἔσκωπτον, μετὰ ἐπιεικείας ἁπάσης ποιεῖται τὴν ἀπάν- E

cium; sed, *Misericordiam volo, et non sacrificium.* Alterum enim comprobavit, alterum reprobavit; demonstravitque id quod criminabantur non modo non vetitum, sed etiam lege præceptum esse, magis quam sacrificia: ipsamque legem veterem inducit his consona loquentem et præcipientem. Illos itaque perstringens et ex communibus exemplis, et ex Scripturis, adjecit: *Non veni vocare justos, sed peccatores ad pœnitentiam.* Id vero ironice loquitur, ut cum dicit: *Ecce* Gen. 3. 22.
Adam factus est sicut unus ex nobis; ac rursum, *Si esuriero, non dicam tibi.* Quod enim Psal. 49. 12.
nullus esset justus in terra, Paulus declaravit his verbis: *Omnes enim peccaverunt, et egent* Rom. 3. 23.
gloria Dei. Id etiam eis qui vocati sunt consolationi erat. Tantum abest, inquit, ut peccatores abominationi habeam, ut etiam propter illos tantum advenerim. Deinde, ne illos supinos redderet, cum peccatores memoravit, non jam tacuit, sed adjecit, *Ad pœnitentiam.* Non enim ideo adveni ut illi peccatores manerent, sed ut mutarentur et meliores evaderent. Cum autem illorum ora prorsus clausisset, tum ex Scripturis, tum ex ipsa rerum serie, et nihil ultra dicere possent, quod ipsi iis criminibus obnoxii probarentur, quæ ipsi obtulerant, insuperque legi veteri adversantes, illo misso, in discipulos crimen transferunt. Lucas quidem ait Pharisæos hoc dixisse, Matthæus vero, Luc. 5. 33.
discipulos Joannis: verisimile autem est hæc utrosque dixisse. Cum enim illi in dubio versarentur, verisimiliter et illos secum assumserunt, quod et cum Herodianis postea fecerunt. Invidebant enim semper Christo Joannis discipuli, et contra illum disputabant; tunc demum humiliores effecti, cum Joannes in carcerem trusus est. Nam tunc id venerunt nuntiatum Jesu Christo: postea vero in priorem rursum invidiam sunt reversi. Quid igitur hi dicunt? 14. *Quare nos et Pharisæi multum jejunamus: discipuli vero tui non jejunant?* Hic morbus est, quem olim absciderat Christus cum ait: *Cum jejunaveris, unge caput* Matth. 6. 17.
tuum, et faciem tuam lava; cum præsciret ea quæ inde nascitura erant mala. Sed hos ille non increpat, neque dixit: O vanæ gloriæ cupidi, et futiles homines! sed cum omni mansuetudine ipsos alloquitur dicens: 15. *Non possunt filii sponsi jejunare, quamdiu cum illis est sponsus.* Quando enim pro aliis loquebatur, pro publicanis nem-

Joannis discipuli Christo invidebant.

[a] Alii συνῳδὰ αὐτῷ.

[b] Quidam habent πρὸς αὐτοὺς ἀποτείνεται, ὡς ὅταν.

[c] Mss. multi τοῖς ἐγκλήμασι φανέντες οἷς ἐπήγαγον αὐτῷ.

[d] Morel. et quidam alii ἀπεναντίας αὐτῶν.

[e] Alii [et Bibl.] hæc sic habent: μὴ δύνανται οἱ υἱοὶ τοῦ νυμφῶνος πενθεῖν ἐφ' ὅσον μετ' αὐτῶν ἐστιν ὁ νυμφίος;

pe, ut eorum animos vulneratos solaretur, exprobrantes vehementius increpavit: cum autem ipsum
et discipulos carpebant, cum omni mansuetudine
occurrit ipsis. Quod autem dicunt illi, hujusmodi
est: Esto, tu utpote medicus hoc facias: sed cur
discipuli tui, misso jejunio, hujusmodi mensis ac-
cumbunt? Deinde ut majorem accusationem facerent, se primos ponunt, posteaque Pharisæos, comparatione volentes crimen augere; nam *Et nos*,
inquiunt, *et Pharisæi multum jejunamus*. Nam
jejunabant, illi a Joanne edocti, hi vero a lege;
quemadmodum item Pharisæus dicebat: *Jejuno*
Luc. 18. 12. *bis in hebdomada*. Quid igitur dicit Jesus? *Num*
possunt filii sponsi jejunare, quamdiu cum illis
est sponsus? Primo quidem sese medicum vocavit, hic vero sponsum, secreta mysteria per hæc
nomina revelans: quamquam poterat illos acrius
refellere dicens: Vos non habetis auctoritatem hujusmodi leges ponendi: quæ enim utilitas ex jejunio, quando anima iniquitate plena est, cum de
aliis accusamini, cum damnamini, cum trabes fertis in oculis, et ad ostentationem omnia facitis?
Ante hæc enim omnia vanam gloriam ejicere oportuerat, atque alia omnia recte operari, caritatem,
mansuetudinem, fratrum amorem. Verum nihil
Joan. 3. 29. horum dicit, sed cum omni mansuetudine: *Non*
possunt filii sponsi jejunare, quamdiu cum eis
est sponsus: verba Joannis memorans isthæc: *Qui*
habet sponsam sponsus est: amicus autem spon-
si, est qui stat: et audiens eum, gaudio gaudet
propter vocem sponsi. Quod autem dicit, hujusmodi est: Præsens tempus gaudii et lætitiæ est.
Ne itaque tristia inducas. Tristis quippe res est
jejunium, non natura sua, sed illis tantum qui infirmius affecti sunt; at iis qui philosophari volunt,
res admodum dulcis est et desiderabilis. Quemadmodum enim corpore bene valente, multa lætitia
est: sic anima bene affecta, major est voluptas.
Isai. 58. 3. Sed ad illorum mentem hæc respondit. Sic et Isaias
de jejunio loquens, humilitatem animi vocat illud:
Num. 30. 14. et Moyses similiter.

4. Neque hinc tantum illos reprimit Dominus,
sed aliunde etiam his verbis: *Venient dies, quando*
auferetur ab eis sponsus, et tunc jejunabunt.
His enim ostendit non gulæ causa non jejunasse,
sed ex quadam dispensatione mirabili: simul vero de passione sua quædam præmittit, et illis re-
spondendo discipulos instituit et exercitat in meditatione rerum quæ onerosæ et tristes esse vide-

τησιν. Ὃ δὲ λέγουσι, τοιοῦτόν ἐστιν· ἔστω, σὺ, φησὶν,
ὡς ἰατρὸς ταῦτα ποιεῖς· τί καὶ οἱ μαθηταὶ τὸ νηστεύειν
ἀφέντες ταῖς τοιαύταις τραπέζαις προσέχουσιν; Εἶτα
ἵνα μείζω ποιήσωσι τὴν κατηγορίαν, πρώτους ἑαυτοὺς
τιθέασι, καὶ τότε τοὺς Φαρισαίους, τῇ συγκρίσει τὸ
552 ἔγκλημα αὐξῆσαι βουλόμενοι. Καὶ γὰρ καὶ ἡμεῖς,
A φησὶ, καὶ οἱ Φαρισαῖοι νηστεύομεν πολλά. Καὶ γὰρ
καὶ ἐνήστευον, οἱ μὲν ἀπὸ Ἰωάννου μαθόντες, οἱ δὲ
ἀπὸ τοῦ νόμου· ὥσπερ οὖν καὶ ὁ Φαρισαῖος ἔλεγε·
Νηστεύω δὶς τῆς ἑβδομάδος. Τί οὖν φησιν ὁ Ἰησοῦς;
Μὴ δύνανται οἱ υἱοὶ τοῦ νυμφῶνος νηστεύειν, ἐφ' ὅσον
μετ' αὐτῶν ἐστιν ὁ νυμφίος; Πρότερον μὲν ἰατρὸν
ἑαυτὸν ἐκάλεσεν, ἐνταῦθα δὲ νυμφίον, τὰ ἀπόῤῥητα
μυστήρια διὰ τῶν ὀνομάτων τούτων ἐκκαλύπτων·
καίτοι γε ἐνῆν [a] ἐπιπληκτικώτερον πρὸς αὐτοὺς εἰπεῖν,
ὅτι οὐκ ἐστὲ τούτων ὑμεῖς κύριοι, ὥστε τοιαῦτα νομο-
θετεῖν· τί γὰρ ὄφελος τῆς νηστείας, ὅταν πονηρίας ᾖ
B ἡ διάνοια γέμουσα; ὅταν ἑτέροις ἐγκαλῆτε; ὅταν κατα-
κρίνητε, δοκοὺς περιφέροντες ἐπὶ τῶν ὀφθαλμῶν, καὶ
πρὸς ἐπίδειξιν πάντα ποιῆτε; Πρὸ γὰρ τούτων ἁπάντων κενοδοξίαν ἐκβάλλειν ἐχρῆν, καὶ τὰ ἄλλα κατορθοῦν ἅπαντα, ἀγάπην, πραότητα, φιλαδελφίαν. Ἀλλ'
οὐδὲν τούτων φησὶν, ἀλλὰ μετ' ἐπιεικείας πάσης· Οὐ
δύνανται οἱ υἱοὶ τοῦ νυμφῶνος νηστεύειν, ἐφ' ὅσον μετ'
αὐτῶν ἐστιν ὁ νυμφίος· ἀναμιμνήσκων αὐτοὺς τῶν
Ἰωάννου ῥημάτων, δι' ὧν ἔλεγεν· Ὁ ἔχων τὴν νύμφην νυμφίος ἐστίν· ὁ δὲ φίλος τοῦ νυμφίου ὁ ἑστηκώς·
καὶ ἀκούων αὐτοῦ, χαρᾷ χαίρει διὰ τὴν φωνὴν τοῦ
νυμφίου. Ὃ δὲ λέγει, τοιοῦτόν ἐστι· χαρᾶς ὁ παρὼν
C καιρὸς καὶ εὐφροσύνης. Μὴ τοίνυν ἐπείσαγε τὰ σκυ-
θρωπά. Καὶ γὰρ σκυθρωπὸν ἡ νηστεία, οὐ τῇ φύσει,
ἀλλ' ἐκείνοις τοῖς ἀσθενέστερον ἔτι διακειμένοις· ὡς
τοῖς γε φιλοσοφεῖν ἐθέλουσι καὶ σφόδρα ἡδὺ τὸ πρᾶγμα
καὶ ποθεινόν. Ὥσπερ γὰρ τοῦ σώματος ὑγιαίνοντος,
πολλὴ ἡ εὐφροσύνη· οὕτω τῆς ψυχῆς εὖ διακειμένης,
μείζων ἡ ἡδονή. Ἀλλὰ πρὸς τὴν ὑπόνοιαν ἐκείνων
ταῦτά φησιν. Οὕτω καὶ Ἡσαΐας περὶ αὐτῆς διαλεγόμενος, ταπείνωσιν ψυχῆς αὐτὴν καλεῖ, καὶ Μωϋσῆς δὲ
ὁμοίως.

Οὐ μὴν ἐντεῦθεν αὐτοὺς ἐπιστομίζει μόνον, ἀλλὰ
καὶ ἑτέρωθεν λέγων· Ἐλεύσονται ἡμέραι, ὅταν ἀπαρθῇ ἀπ' αὐτῶν ὁ νυμφίος, καὶ τότε νηστεύσουσι. Διὰ
D γὰρ τούτων δείκνυσιν, ὅτι οὐ γαστριμαργίας τὸ γινόμενον ἦν, ἀλλ' οἰκονομίας τινὸς θαυμαστῆς· ἅμα δὲ
καὶ τὸν περὶ τοῦ πάθους προκαταβάλλεται λόγον, ἐν
ταῖς πρὸς ἑτέρους ἀντιλογίαις παιδεύων τοὺς μαθητὰς,
καὶ γυμνάζων μελετᾷν ἤδη ἐν τοῖς δοκοῦσιν εἶναι σκυ-

[a] Alii πληκτικώτερον.

θρώποις. Πρὸς μὲν γὰρ αὐτοὺς ἤδη τοῦτο εἰπεῖν, φορτικὸν ἦν καὶ ἐπαχθὲς, ὅπου γε καὶ μετὰ ταῦτα λεχθὲν αὐτοὺς ἐθορύβησε· πρὸς δὲ ἑτέρους λεγόμενον, ἀνεπαχθέστερον τούτοις μᾶλλον ἐγίνετο. Ἐπειδὴ δὲ εἰκὸς ἦν αὐτοὺς καὶ ἐπὶ τῷ πάθει Ἰωάννου μέγα φρονεῖν, καὶ τοῦτο ἐντεῦθεν καταστέλλει τὸ φύσημα· [b] τὸν δὲ περὶ τῆς ἀναστάσεως οὔπω προτίθησι λόγον· οὐδέπω γὰρ ἦν καιρός. Τοῦτο μὲν γὰρ κατὰ φύσιν ἦν, τὸ ἄνθρωπον νομιζόμενον εἶναι ἀποθανεῖν, ἐκεῖνο δὲ ὑπὲρ φύσιν. Εἶτα ὅπερ ἔμπροσθεν ἐποίησε, τοῦτο καὶ ἐνταῦθα ποιεῖ. Ὥσπερ γὰρ ἐπιχειροῦντας αὐτὸν δεῖξαι ἐν ἐγκλήμασιν ὄντα ὑπεύθυνον τῷ μετὰ ἁμαρτωλῶν ἐσθίειν, ἔπεισε τοὐναντίον, ὅτι οὐ μόνον οὐκ ἔγκλημα, ἀλλὰ καὶ ἔπαινος τὸ γινόμενον· οὕτω καὶ ἐνταῦθα βουλομένους αὐτοὺς ἀποφῆναι αὐτὸν, ὅτι οὐκ οἶδε κεχρῆσθαι τοῖς μαθηταῖς, δείκνυσιν ὅτι τὸ ταῦτα λέγειν οὐκ εἰδότων ἐστὶ κεχρῆσθαι [a] τοῖς ἑπομένοις, ἀλλ' ἁπλῶς ἐγκαλούντων. Οὐδεὶς γὰρ ἐπιβάλλει, φησὶν, ἐπίβλημα ῥάκους ἀγνάφου ἐπὶ ἱματίῳ παλαιῷ. Πάλιν ἀπὸ τῶν κοινῶν ὑποδειγμάτων κατασκευάζει τὸν λόγον. Ὃ δὲ λέγει, τοιοῦτόν ἐστιν· οὔπω γεγόνασιν ἰσχυροὶ οἱ μαθηταὶ, ἀλλ' ἔτι πολλῆς δέονται τῆς συγκαταβάσεως· οὔπω διὰ τοῦ Πνεύματος ἀνεκαινίσθησαν. Οὕτω δὲ διακειμένοις οὐ χρὴ βάρος ἐπιτιθέναι ἐπιταγμάτων. Ταῦτα δὲ ἔλεγε, νόμους [b] ἐπιτιθεὶς καὶ κανόνας τοῖς ἑαυτοῦ μαθηταῖς, ἵν' ὅταν μέλλωσι μαθητὰς λαμβάνειν τοὺς ἐκ τῆς οἰκουμένης ἅπαντας, μετὰ πολλῆς αὐτοῖς προσφέρωνται τῆς ἡμερότητος. Οὐδὲ βάλλουσιν οἶνον νέον εἰς ἀσκοὺς παλαιούς. Εἶδες τὰ ὑποδείγματα τῇ Παλαιᾷ ἐοικότα; τὸ ἱμάτιον, τοὺς ἀσκούς; Καὶ γὰρ ὁ Ἱερεμίας περίζωμα τὸν λαόν φησι, καὶ πάλιν ἀσκῶν μέμνηται καὶ οἴνου. Ἐπειδὴ γὰρ περὶ γαστριμαργίας ἦν ὁ λόγος καὶ τραπέζης, ἀπὸ τῶν αὐτῶν λαμβάνει τὰ ὑποδείγματα. Ὁ δὲ Λουκᾶς καὶ πλέον τί φησιν, ὅτι καὶ τὸ καινὸν σχίζεται, ἐὰν ἐπιβάλῃς αὐτὸ τῷ παλαιῷ. Ὁρᾷς ὅτι οὐ μόνον οὐδὲν γίνεται ὄφελος, ἀλλὰ καὶ πλέων ἡ ζημία; Καὶ λέγει μὲν τὸ παρὸν, προαναφωνεῖ δὲ τὸ μέλλον· οἷον ὅτι καινοὶ μετὰ ταῦτα ἔσονται· ἕως δ' ἂν τοῦτο γένηται, οὐδὲν αὐστηρὸν αὐτοῖς ἐπιτάττειν χρὴ καὶ βαρύ. Ὁ γὰρ πρὸ καιροῦ ζητῶν, φησὶ, τοῦ προσήκοντος τὰ ὑψηλὰ [c] ἐπιτιθέναι δόγματα, οὐδὲ τοῦ καιροῦ καλοῦντος λοιπὸν ἐπιτηδείους εὑρήσει, ἀχρήστους ἐργασάμενος ἅπαξ. Τοῦτο δὲ οὐ παρὰ τὸν οἶνον συμβαίνει, οὐδὲ παρὰ τοὺς ὑποδεχομένους ἀσκοὺς, ἀλλὰ παρὰ τὴν ἀκαιρίαν τῶν ἐμβαλλόντων. Ἐντεῦθεν ἡμᾶς καὶ τὴν αἰτίαν ἐδίδαξε τῶν ταπεινῶν ῥημάτων, ὧν συνεχῶς πρὸς αὐτοὺς διελέγετο. Διὰ γὰρ τὴν ἀσθένειαν αὐτῶν πολλὰ ἔλεγε καταδεέστερα τῆς ἀξίας τῆς

[b] Savil. τὸν μέντοι περὶ τῆς ἀναστάσεως. Ibidem quidam legunt προστίθησι.

[a] Quidam Mss. τοῖς ἐπαίνοις.

[b] Alii τιθείς. Infra τῆς οἰκουμένης ἅπαντας, Savilius legendum suspicatur ἁπάσης.

[c] Savil. ἐντιθέναι.

bantur. Illis enim hoc jam dicere molestum fuisset, quandoquidem cum postea dictum illis fuit, ipsos conturbavit: cum autem aliis diceretur, minus illis onerosum erat. Quia porro verisimile erat illos de passione Joannis altum sapere, hunc ipsorum tumorem inde sedat: nec tamen de resurrectione sermonem inducit; nondum enim tempus
E erat. Hoc quippe secundum naturam erat, quod homo cum putaretur, moriturus esset; illud vero supra naturam. Deinde id quod ante fecerat, hic quoque facit. Quemadmodum enim cum conarentur eum crimini obnoxium ostendere, quod cum peccatoribus comederet, contrarium ille probavit,
353 id nempe non crimen esse, sed laudandum: sic et
A hoc loco cum volunt probare, ipsum non uti par est discipulos instituere, ostendit eos qui illud dicerent, ignorare quo pacto sectatoribus utendum esset, sed temere accusare: 16. *Nullus enim,* inquit, *immittit commissuram panni novi in vestimentum vetus.* Rursus a communibus exemplis sermonem concinnat. Quod autem dicit, hujusmodi est: Nondum fortes sunt discipuli, sed adhuc multa egent indulgentia: nondum enim per Spiritum renovati sunt. Sic autem affectis non oportet gravia præceptorum onera imponere. Hæc autem dicebat, leges et regulas imponens discipu-
B lis suis, ut cum illi in discipulos adscribent omnes qui in orbe terrarum sunt, cum magna illos mansuetudine tractent. 17. *Neque immittunt vinum novum in utres veteres.* Viden' exempla in veteri lege usurpata? vestimentum, utres? Jeremias populum vocat perizoma, itemque utres memorat atque vinum. Quia enim de mensa et de gula sermo erat, ex ipsis exempla desumit. Lucas vero aliquid amplius dicit, novum nempe scindi, si illud veteri junxeris. Viden' non modo nullam utilitatem, sed majus detrimentum hinc oriri? Et præsentia quidem narrat, futura vero prædicit; nempe illos novos postea futuros esse: et antequam id
C eveniat, nihil austerum et grave ipsis præceptum iri. Nam qui ante opportunum tempus, inquit, sublimia dogmata constituere quærit, suo postea tempore non idoneos reperiet, quod illos semel inutiles reddiderit. Illud porro non ex vino procedit, neque ex utribus vinum excipientibus, sed ex eorum qui infuderunt festinatione. Hinc nobis causam exponit, cur illos alloquens humilibus verbis frequenter uteretur. Nam propter ipsorum infirmi-

Jer. 13. 10. 12.

Luc. 5. 36.

Sublimia dogmata non statim efferenda.

tatem multa dicebat minus sublimia quam pro sua dignitate: quod ipsum quoque dixisse sic refert Joannes: *Multa habeo vobis dicere, sed non potestis portare modo.* Ne putarent enim illa solum esse quæ dixit, utque alia longe majora mente conciperent, infirmitatem eorum in medium adduxit, pollicitus ea se dicturum, cum fortiores fuerint: id quod hic etiam dicit: *Venient dies, cum auferetur ab eis sponsus, et tunc jejunabunt.* Ne itaque nos omnia ab omnibus in principio exigamus, sed quanta possunt fieri, et cito procedemus ultra. Si autem premis et festinas, ideo ne premas, ut festines. Quod si hoc tibi ænigma videtur esse, ab ipsa rerum natura disce, et tunc dicti vim omnem percipies: nec te moveant ii qui importune accusant; nam hic et Pharisæi accusabant, et discipulis exprobrabant.

Joan. 16. 12.

5. Attamen nihil horum Christum a sententia dimovit, neque dixit ille: Pudor est hos jejunare et hos non jejunare. Sed ut optimus gubernator non commotis fluctibus, sed arti suæ intentus est: ita et Christus tunc fecit. Etenim pudor erat, non quod illi non jejunarent, sed quod propter jejunium letalia vulnera acciperent, discinderentur, dirumperentur. Quæ etiam nos animo reputantes, sic erga nostros nos geramus. Si uxorem habeas, ornatibus, fuco et pigmentis deditam et his inhiantem, deliciis affluentem, loquacem, et prorsus inutilem; quamquam difficile est in una muliere hæc omnia concurrere; fingamus tamen esse talem. Sed cur, inquies, mulierem, non virum depingis? Sunt certe viri hujusmodi muliere deteriores. Sed quia gubernandi officium viris traditum est, hic interim mulierem describamus: non quod in feminis major sit nequitia; multa quippe et apud viros reperire est, quæ mulieribus non competunt; ut homicidia, sepulcrorum effossiones, et similia. Ne putetis ergo nos ex sexus hujusmodi contemtu hæc effari: absit a me; sed ad rem nunc juvat imago hujusmodi. Supponatur ergo nobis mulier talis, virque ejus omni modo studeat ipsam emendare. Quomodo emendabit? Non omnia simul præcipiendo, sed leviora primum, quibus illa non multum angatur. Nam si totum a principio

Mulieres quomodo a luxu revocandæ.

ἑαυτοῦ· ὅπερ οὖν καὶ ὁ Ἰωάννης ἐνδεικνύμενος αὐτὸν
D εἰρηκέναι φησίν· Πολλὰ ἔχω λέγειν ὑμῖν, ἀλλ' οὐ δύνασθε βαστάζειν ἄρτι. Ἵνα γὰρ μὴ νομίζωσι ταῦτα εἶναι μόνον ἅπερ εἶπεν, ἀλλὰ καὶ ἕτερα πολλῷ μείζονα φαντάζωνται, τὴν ἀσθένειαν αὐτῶν εἰς τὸ μέσον τέθεικεν, ἐπαγγειλάμενος, ὅταν γένωνται ἰσχυροὶ, κἀκεῖνα ἐρεῖν· ὅπερ οὖν καὶ ἐνταῦθά φησιν· Ἐλεύσονται ἡμέραι, ὅταν ἀπαρθῇ ἀπ' αὐτῶν ὁ νυμφίος, καὶ τότε νηστεύσουσι. Μὴ τοίνυν μηδὲ ἡμεῖς πάντα παρὰ πάντων ἀπαιτῶμεν ἐν προοιμίοις, ἀλλ' ὅσα δυνατὸν, καὶ ταχέως καὶ ἐπ' ἐκεῖνα ἥξομεν. Εἰ δὲ ἐπείγῃ καὶ σπεύδεις, δι' αὐτὸ τοῦτο μὴ ἐπείγου, ἐπειδὴ σπεύδεις. Εἰ δὲ
E αἴνιγμά σοι τὸ εἰρημένον δοκεῖ εἶναι, ἀπ' αὐτῆς αὐτὸ τῶν πραγμάτων μάνθανε τῆς φύσεως, καὶ τότε ὄψει αὐτοῦ τὴν δύναμιν πᾶσαν· καὶ μηδείς σε τῶν ἀκαίρως ἐγκαλούντων κινείτω· ἐπεὶ καὶ ἐνταῦθα Φαρισαῖοι οἱ ἐγκαλοῦντες ἦσαν, καὶ μαθηταὶ οἱ ὀνειδιζόμενοι.

354 Ἀλλ' ὅμως [d] οὐδὲν τῶν τοιούτων ἔπεισε τὸν Χριστὸν
A μεταθεῖναι τὴν δόξαν, οὐδὲ εἶπεν· αἰσχύνη ἐστὶ τούτους νηστεύειν καὶ τούτους μὴ νηστεύειν. Ἀλλ' ὥσπερ ὁ ἄριστος κυβερνήτης οὐ τοῖς ταραττομένοις κύμασιν, ἀλλὰ τῇ οἰκείᾳ τέχνῃ προσέχει· οὕτω καὶ ὁ Χριστὸς τότε [a] ποιεῖ. Καὶ γὰρ αἰσχύνη ἦν, οὐ τὸ μὴ νηστεύειν αὐτοὺς, ἀλλὰ τὸ διὰ τὴν νηστείαν ἐν τοῖς καιρίοις πληγῆναι, καὶ [b] διασχισθῆναι, καὶ διαῤῥαγῆναι. Ἅπερ οὖν καὶ ἡμεῖς ἐννοοῦντες, οὕτω τοῖς οἰκείοις χρώμεθα πᾶσι. Κἂν γυναῖκα φιλόκοσμον ἔχῃς, πρὸς ἐπιτρίμματα κεχηνυῖαν καὶ ἀνεπτερωμένην, καὶ πολλῇ τῇ τρυφῇ διαχεομένην, καὶ λάλον, καὶ ἀνόητον· καίτοι γε οὐκ ἔνι ταῦτα πάντα εἰς γυναῖκα μίαν [c] συμπεσεῖν·
B πλὴν ἀλλὰ διαπλάσωμεν τῷ λόγῳ τοιαύτην γυναῖκα. Τί οὖν ὅτι γυναῖκα, φησὶν, καὶ οὐχὶ ἄνδρα διαπλάττεις; Εἰσὶ καὶ ἄνδρες ταύτης χείρους τῆς γυναικός. Ἀλλ' ἐπειδὴ ἀνδράσιν ἡ ἐπιστασία ἐγκεχείρισται, διὰ τοῦτο γυναῖκα διαπλάττομεν τέως· οὐχ ὡς ἐκεῖ τῆς κακίας πλεοναζούσης· πολλὰ γὰρ καὶ παρὰ ἀνδράσιν ἔστιν εὑρεῖν, ἃ παρὰ γυναιξὶν οὐκ ἔστιν, οἷον [d] ἀνδροφονίαι, τυμβωρυχίαι, καὶ πολλὰ τοιαῦτα. Μὴ τοίνυν νομίσητε τὸ γένος ἡμᾶς ἐξευτελίζοντας ταῦτα ποιεῖν· οὐκ ἔστι ταῦτα, οὐκ ἔστιν· ἀλλ' οὕτω χρήσιμον τέως ὑπογράψαι τὴν εἰκόνα. Ὑποκείσθω τοίνυν ἡμῖν γυνὴ τοιαύτη, καὶ σπουδαζέτω παντὶ τρόπῳ αὐτὴν διορθοῦ-
C σθαι ὁ ἀνήρ. Πῶς οὖν αὐτὴν διορθώσεται; Μὴ πάντα ἀθρόον ἐπιτάττων, ἀλλὰ τὰ κουφότερα πρότερον, καὶ

d Savil. οὐδὲν τούτων ἔπεισε. Mox alii οὐδὲ εἶπεν.

a Alii τότε ἐποίησεν.

b Alii ἀποσχισθῆναι. Infra πρὸς ἐπιτρίμματα κεχηνυῖαν, καὶ ἀνεπτερωμένην, ac si dicas, *in illa advolantem;* quæ vox familiaris Chrysostomo est. Sic infra post initium Homiliæ sequentis de muliere sanguinis fluxum patiente dicit, τῇ πίστει ἦν ἐπτερωμένη, *fide quasi alis ad volatum instructa erat.*

c Savil. συνεμπεσεῖν.

d Ἀνδροφονίαι, τυμβωρυχίαι. Alii habent ἀνδροφονίαν, τυμβωρυχίαν, et quidam numero pauci, quos sequitur Savilius, addunt θηριομαχίαι, et unus θηριομαχίαν, quæ vox meo judicio non quadrat ad hunc locum.

οἷς οὐ σφόδρα κατέχεται. Ἂν γὰρ τὸ πᾶν ἐπείξῃς αὐτὴν κατορθῶσαι ἐξ ἀρχῆς, τὸ πᾶν ἀπώλεσας. Μὴ τοίνυν περιέλῃς τὰ χρυσία εὐθέως, ἀλλ' ἄφες ἔχειν καὶ περικεῖσθαι τέως· δοκεῖ γὰρ τοῦτο ἔλαττον εἶναι κακὸν τῶν ἐπιτριμμάτων καὶ τῶν ὑπογραφῶν. Πρότερον τοίνυν ἐκεῖνα ἀναιρείσθω· καὶ μηδὲ ἐκεῖνα φόβῳ καὶ ἀπειλῇ, ἀλλὰ πειθοῖ καὶ προσηνείᾳ, καὶ διὰ τῆς ἑτέρων κατηγορίας, καὶ διὰ τῆς σῆς ψήφου καὶ γνώμης. Καὶ λέγε πρὸς αὐτὴν συνεχῶς, ὅτι σοι οὐκ ἔστιν D ἐπέραστος ἡ ὄψις οὕτω καλλωπιζομένη, ἀλλὰ καὶ σφόδρα ἀηδής· καὶ πεῖθε, ὅτι σε μάλιστα τοῦτο λυπεῖ. Καὶ μετὰ τὴν σὴν ψῆφον, καὶ τὴν παρ' ἑτέρων δόξαν εἴσαγε, καὶ λέγε, ὅτι καὶ τὰς εὐμόρφους τοῦτο ἀφανίζειν εἴωθεν, ἵνα τὸ πάθος ἐξέλῃς. Καὶ μηδέπω περὶ γεέννης εἴπῃς, μηδὲ περὶ βασιλείας· εἰκῇ γὰρ ταῦτα ἐρεῖς. Καὶ πεῖσον αὐτὴν, ὅτι σε τέρπει μᾶλλον γυμνὸν ἐπιδεικνῦσα τοῦ Θεοῦ τὸ ἔργον· ἡ δὲ βασανίζουσα τὴν ὄψιν, καὶ κατατείνουσα, καὶ κονιῶσα, οὐδὲ παρὰ τοῖς πολλοῖς φαίνεται καλὴ καὶ εὐειδής. Πρότερον δὲ παραινῶν τοῖς κοινοῖς λογισμοῖς καὶ ταῖς πάν- E των ψήφοις τὸ νόσημα ἔκβαλλε· καὶ ὅταν τούτοις καταμαλάξῃς τοῖς λόγοις, καὶ ἐκεῖνα προστίθει. Κἂν ἅπαξ εἴπῃς, καὶ μὴ πείσῃς, κἂν δεύτερον, [c] καὶ τρίτον, καὶ πολλάκις τὰ αὐτὰ ἐπαντλῶν ῥήματα μὴ ἀποκάμῃς, μὴ μέντοι μετὰ [f] ἐπαχθείας τινὸς, ἀλλὰ μετὰ 355 A χαριεντισμοῦ· καὶ νῦν μὲν ἀποστρέφου, νῦν δὲ κολάκευε, καὶ θεράπευε. Οὐχ ὁρᾷς τοὺς ζωγράφους πόσα ἐξαλείφουσι, πόσα παρεγγράφουσιν, [a] ὅταν ὄψιν ποιῶσι καλήν; Μὴ γένῃ τοίνυν ἐκείνων χείρων. Εἰ γὰρ ἐκεῖνοι σώματος εἰκόνα γράφοντες τοσαύτῃ κέχρηνται τῇ σπουδῇ· [b] πολλῷ μᾶλλον ἡμᾶς ψυχὴν διαπλάττοντας πᾶσαν ἂν εἴη δίκαιον κινεῖν μηχανήν. Ἂν γὰρ καλῶς τῆς ψυχῆς ταύτης διαπλάσῃς [c] τὴν ὄψιν, οὐκ ὄψει τὸ τοῦ σώματος ἀσχημονοῦν πρόσωπον, οὐδὲ ᾑμαγμένα χείλη, οὐδὲ στόμα ἄρκτου αἵματι πεφοινιγμένῳ προσ- B εοικὸς, οὐδὲ ἠσβολωμένας ὀφρῦς ὡς ἀπὸ χύτρας τινὸς, οὐδὲ κεκονιαμένας παρειὰς κατὰ τοὺς τοίχους τῶν τάφων. Πάντα γὰρ ταῦτα ἀσβόλη, καὶ τέφρα, καὶ κόνις, καὶ ἐσχάτης δυσωδίας γνωρίσματα.

Ἀλλὰ γὰρ οὐκ οἶδα, πῶς ἔλαθον εἰς τούτους ἐξενεχθεὶς τοὺς λόγους, καὶ ἑτέρῳ παραινῶν ὥστε διδάσκειν μετ' ἐπιεικείας, αὐτὸς εἰς ὀργὴν ἐξεκυλίσθην. Οὐκοῦν ἐπανίωμεν πάλιν πρὸς τὴν ἡμερωτέραν παραίνεσιν, καὶ πάντα φέρωμεν τὰ ἐλαττώματα τῶν γυναικῶν, ἵνα κατορθώσωμεν ὃ βουλόμεθα. Οὐχ ὁρᾷς πῶς τὰ παιδία φέρομεν κλαίοντα, ὅταν αὐτὰ τῆς θηλῆς ἀπάγειν βουλώμεθα· καὶ πάντα ὑπομένομεν δι' C

emendare festines, totum perdes. Ne ergo statim ei aurea ornamenta auferas; sed hæc interim habeat, iisque utatur: nam minus malum videtur illud esse, quam pigmenta et fucus. Illa primum auferantur, non ex comminatione vel timore, sed ex suasione et lenitate, ex accusatione in alias mulieres injecta, ex propria tua sententia atque gustu. Dic illi frequenter: Facies cum tali ornatu non amabilis est, imo injucunda: illique suade, ideo maxime id tibi displicere. Post tuam autem opinionem, aliorum quoque sententiam adduc in medium, dicque, id formosas deformare solere, ut morbum de medio tollas. Nihil adhuc de gehenna loquaris, vel de regno: nam frustra hæc dixeris. Persuade ipsi, majori tibi voluptati esse, si ipsa Dei opus nudum ostendat: illam enim quæ faciem perfricat, tendit, depingit, multis non formosam videri. Primum communibus ratiociniis et omnium calculis morbum abigere tenta; et postquam illam hujusmodi verbis emollieris, illa alia adjice. Si semel dixeris, nec suaseris, secundo, tertio, et sæpius dicas; hæc repetere ne graveris, non odiosa quadam ratione, sed placide, nunc avertendo te, nunc adulando et colendo. Annon vides pictores modo delere, modo picturæ superaddere, ut formosam faciem depingant? Ne sis ergo minus sagax illis. Nam si illi corporis imaginem pingentes, tanta utuntur diligentia: multo magis nos animam efformantes, omnem machinam movere par est. Nam si hujus animæ faciem pulchre efformaveris, non videbis corporis deformatam faciem, non rubricata labia, non os ursæ ori cruentato simile, non atra supercilia, quasi ex ollæ fuligine, non illitas genas, ut sepulcrorum parietes. Hæc quippe omnia fuligo, pulvis et cinis, extremique fœtoris signa.

6. Verum nescio quo pacto in hujusmodi verba delapsus sim, et dum alios hortor ut cum mansuetudine moneant, in iracundiam ipse devolutus sim. Revertamur itaque ad mitiorem admonitionem, omniaque feramus mulierum vitia, ut quæ in optatis sunt perficiamus. Annon vides quomodo ferimus infantes vagientes cum a mamma sunt abstrahendi: omniaque toleramus, ad id solum,

[c] Alii κἂν τρίτον, κἂν π.
[f] Savil. et quidam habent ἀπεχθείας.
[a] [Savil. ἕως ὅταν.]
[b] Savil. πόσῳ μᾶλλον.
[c] Quidam habent τὴν εἰκόνα, οὐκ ὄψει τὸ τοῦ σώματος ἀσχημονοῦντος πρόσωπον.

ut illis suadeamus priorem despicere mensam? Ita et nunc faciamus: cætera omnia feramus, ut hoc assequamur. Cum enim illud emendatum fuerit, aliud recte procedere videbis, atque ad aurea ornamenta venies, eodemque modo de his etiam loqueris: et sic paulatim uxorem concinnans, eris pictor optimus, fidelis servus, agricola strenuus. Post hæc autem, in mentem ipsi revoca antiquas illas mulieres, Saram, Rebeccam, formosas et deformes, et ostende illi omnes illas fuisse temperantes et frugi. Nam Lia patriarchæ uxor, cum formosa non esset, numquam tale quidpiam excogitavit, sed deformis cum esset, nec multum amaretur a viro, nihil hujusmodi adhibuit, neque faciem suam vitiavit, sed mansit integra conservans lineamenta, etiamsi fuisset a gentilibus educata. Tu vero quæ fidelis es, cujus caput Christus, satanicam nobis machinam inducis? nec recordaris aquæ illius, quæ faciei tuæ circumfusa fuit, sacrificii, quod labia tua ornavit, sanguinis, qui linguam tuam cruentavit? Si enim hæc omnia tecum reputares, quantumvis ornatibus hujusmodi dedita esses, non auderes pulverem illum cineremque adhibere. Disce te Christo desponsatam esse, et hoc dedecus aversare. Neque enim ille talibus delectatur picturis; sed aliam quærit pulchritudinem, quam vehementer amat, animæ decorem dico. Hunc te propheta quærere jubet his
Psal. 44. 12. verbis: *Et concupiscet rex decorem tuum*. Ne itaque superflua et indecora quæramus: neque enim opus Dei quodpiam imperfectum est, ut tua egeat correctione. Nam si quis imperatoriæ imagini erectæ aliquid de suo adjicere tentaret, non tutus esset conatus, sed extremo periculo foret obnoxius. Atqui homo illam operatus est, et nihil adjicis: hic vero Deus auctor, et emendas? Non cogitas gehennæ ignem? non animam neglectam? Ideo namque illa neglecta est, quia tota cura in carnem collata fuit. Ecquid de anima loquor? Nam ipsi quoque carni contraria contingunt iis quæ vos optatis. Hic vero attende. Vis formosa apparere? Hoc te deformem ostendit. Vis placere viro? Id illum mœrore afficit: ac neque illum solum, sed externos omnes tibi accusatores efficit. Vis junior apparere? Hoc te citius in senectutem ducet. Vis ornari? Hoc tibi dedecori est. Nam hujusmodi mulier non æquales modo, sed ancillas conscias et domesticos scientes

ἐκεῖνο μόνον, ἵνα αὐτὰ πείσωμεν καταφρονεῖν τῆς προτέρας τραπέζης; Οὕτω καὶ ἐνταῦθα ποιῶμεν· πάντων ἀνεχώμεθα τῶν ἄλλων, ἵνα τοῦτο κατορθώσωμεν. Ὅταν γὰρ τοῦτο διορθωθῇ, ὄψει [d] καὶ τὸ ἕτερον ὁδῷ προβαῖνον, καὶ ἐπὶ τὰ χρυσία πάλιν ἥξεις, καὶ τῷ αὐτῷ τρόπῳ καὶ περὶ τούτων ὁμοίως διαλέξῃ· καὶ οὕτω κατὰ μικρὸν ῥυθμίζων τὴν γυναῖκα, ἔσῃ ζωγράφος κάλλιστος, δοῦλος πιστὸς, γεωργὸς ἄριστος. Μετὰ δὲ τούτων ἀναμίμνησκε αὐτὴν καὶ τῶν παλαιῶν γυναικῶν, τῆς Σάρας, τῆς Ῥεβέκκας, καὶ τῶν εὐμόρφων D καὶ τῶν οὐ τοιούτων, καὶ * δεῖκνυ πάσας ὁμοίως σωφρονούσας. Καὶ γὰρ Λεία ἡ τοῦ πατριάρχου γυνὴ, οὐκ οὖσα εὔμορφος, οὐκ ἠναγκάσθη τοιοῦτον οὐδὲν ἐπινοῆσαι, ἀλλὰ καὶ δυσειδὴς οὖσα, καὶ οὐ σφόδρα [e] φιλουμένη παρὰ τοῦ συνοικοῦντος, οὔτε ἐπενόησέ τι τοιοῦτον, οὔτε τὴν ὄψιν διέφθειρεν, ἀλλ' ἔμεινεν ἀκεραίους διατηροῦσα τοὺς χαρακτῆρας, καὶ ταῦτα ὑπὸ Ἑλλήνων τραφεῖσα. Σὺ δὲ ἡ πιστὴ, ἡ τὸν Χριστὸν ἔχουσα κεφαλὴν, σατανικὴν ἐπεισάγεις ἡμῖν μηχανήν; καὶ οὐκ ἀναμιμνήσκῃ τοῦ ὕδατος τοῦ περικλύσαντός σου τὴν ὄψιν, τῆς θυσίας τῆς κοσμούσης σου τὰ χείλη, τοῦ αἵματος τοῦ φοινίξαντός σου τὴν γλῶτταν; Ἂν γὰρ ταῦτα πάντα ἐννοήσῃς, κἂν μυριάκις [f] φιλόκοσμος E ἦς, οὐ τολμήσεις, οὐδὲ ἀνέξῃ τὸν κονιορτὸν καὶ τὴν τέφραν ἐκείνην ἐπιλαβεῖν. Μάθε ὅτι τῷ Χριστῷ ἡρμόσθης, καὶ ἀπόστηθι τῆς ἀσχημοσύνης ταύτης. Οὐδὲ γὰρ τέρπεται τοῖς χρώμασι τούτοις, ἀλλ' 356 A ἕτερον ἐπιζητεῖ κάλλος, οὗ καὶ σφοδρός ἐστιν ἐραστὴς, τὸ ἐν τῇ ψυχῇ λέγω. Τοῦτό σοι καὶ ὁ προφήτης ἀσκεῖν ἐκέλευσε, καὶ ἔλεγε· Καὶ ἐπιθυμήσει ὁ βασιλεὺς τοῦ κάλλους σου. Μὴ τοίνυν περιττὰ ἀσχημονῶμεν. Οὐδὲ γὰρ ἀτελές τι τῶν ἔργων ἐστὶ τοῦ Θεοῦ, οὐδὲ διορθώσεως δεῖται τῆς παρὰ σοῦ. Οὐδὲ γὰρ εἰ βασιλικῇ τις εἰκόνι μετὰ τὸ ἀναστῆσαι προσθεῖναι ἐπιχειρήσειε τὰ παρ' ἑαυτοῦ, ἀσφαλὴς ἡ ἐπιχείρησις ἔσται, ἀλλὰ τὸν ἔσχατον ὑποστήσεται κίνδυνον. Εἶτα ἄνθρωπος μὲν ἐργάζεται, καὶ οὐ προστιθεῖς· Θεὸς ἐργάζεται, καὶ διορθοῦσαι; Καὶ οὐκ ἐννοεῖς τῆς γεέννης τὸ πῦρ; οὐκ ἐννοεῖς τῆς ψυχῆς τὴν ἐρημίαν; Διὰ γὰρ τοῦτο ἠμέληται ἐκείνη, ἐπειδὴ πᾶσα εἰς τὴν σάρκα B ἡ σπουδὴ κενοῦται. Καὶ τί λέγω τὴν ψυχήν; Καὶ γὰρ αὐτῇ τῇ σαρκὶ τἀναντία συμβαίνει ἅπαντα, ὧν ἐσπουδάκατε. Σκόπει δέ. Βούλει καλὴ φαίνεσθαι; Τοῦτό σε ἄμορφον δείκνυσι. Βούλει ἀρέσαι τῷ ἀνδρί; Τοῦτο αὐτὸν μᾶλλον λυπεῖ· καὶ οὐκ αὐτὸν μόνον, ἀλλὰ * καὶ τοὺς ἔξω κατηγόρους παρασκευάζει γενέσθαι. Βούλει νέα φαίνεσθαι; Τοῦτό σε ταχέως εἰς γῆρας

[d] Alii καὶ τὸ ἕτερον, καὶ οὕτως ὁδῷ προβαῖνον, et infra ζωγράφος ἄριστος..... γεωργὸς βέλτιστος.

* [Savil. ἴσ. δείκνυε.]

[e] Savil. et quidam Mss. φιλουμένη, Morel. et alii ποθουμένη. Paulo post Savil. ἀκέραιον διατηροῦσα τὸν χαρακτῆρα.

[f] Alii φιλόνεικος ἦς. Mox Morel. et quidam Mss. ἐπιλαβεῖν. Savil. et alii ἐπιβαλεῖν. Utraque lectio bene habet.

ἄξει. Βούλει καλλωπίζεσθαι; Τοῦτό σε αἰσχύνεσθαι ποιεῖ. Ἡ γὰρ τοιαύτη οὐχὶ τὰς ὁμοτίμους μόνον, ἀλλὰ καὶ τῶν θεραπαινίδων τὰς συνειδυίας καὶ τῶν οἰκετῶν τοὺς ἐπισταμένους αἰσχύνεται· καὶ πρό γε πάντων ἑαυτήν. Ἀλλὰ τί δεῖ ταῦτα λέγειν; Τὸ γὰρ πάντων χαλεπώτερον παρῆκα νῦν, ὅτι τῷ Θεῷ προσ- C
κρούεις, ὅτι σωφροσύνην ὑπορύττεις, ὅτι ζηλοτυπίας ὑπανάπτεις φλόγας, ὅτι τὰς ἐπὶ τοῦ στέγους ζηλοῖς [a] πορνευομένας γυναῖκας. Ταῦτ' οὖν ἅπαντα ἐννοοῦσαι, καταγελάσατε τῆς σατανικῆς πομπῆς καὶ τῆς διαβολικῆς τέχνης, καὶ τὸν κόσμον τοῦτον ἀφεῖσαι, μᾶλλον δὲ τὴν ἀκοσμίαν, τὸ κάλλος ἐκεῖνο κατασκευάσατε ἐν ταῖς ἑαυτῶν ψυχαῖς, ὃ καὶ ἀγγέλοις ἐπέραστον, καὶ Θεῷ ποθεινὸν, καὶ τοῖς συνοικοῦσιν ἡδὺ, ἵνα καὶ τῆς παρούσης καὶ τῆς μελλούσης ἐπιτύχητε δόξης· ἧς γένοιτο πάντας ἡμᾶς ἐπιτυχεῖν, χάριτι καὶ φιλανθρωπίᾳ τοῦ Κυρίου ἡμῶν Ἰησοῦ Χριστοῦ, ᾧ ἡ δόξα καὶ τὸ κράτος, εἰς τοὺς αἰῶνας τῶν αἰώνων. D
Ἀμήν.

pudore afficit; multoque magis seipsam. Sed cur hæc dicam? Nam quod omnium gravissimum est prætermisi: te nempe Deum offendere, castitatem suffodere, zelotypiæ flammas accendere, prostituta sub fornice scorta imitari. Hæc itaque omnia cogitantes, satanicam pompam, diabolicamque artem contemnite, dimissoque illo ornatu, imo dedecore, pulchritudinem illam in animabus vestris apparate, quæ angelis amabilis, Deo optabilis et consortibus suavis est, ut et præsentem et futuram gloriam consequamini: quam utinam nos omnes adipiscamur, gratia et benignitate Domini nostri Jesu Christi, cui gloria et imperium, in sæcula sæculorum. Amen.

[a] Quidam habent *πορνευούσας γυναῖκας. ταῦτ' οὖν ἅπαντα λογισάμεναι.*

ΟΜΙΛΙΑ λα'.

Ταῦτα αὐτοῦ λαλοῦντος, ἰδοὺ ἄρχων εἰσελθὼν προσεκύνει αὐτῷ, λέγων, ὅτι ἡ θυγάτηρ μου ἄρτι ἐτελεύτησεν· ἀλλὰ ἐλθὼν ἐπίθες τὴν χεῖρά σου ἐπ' αὐτὴν, καὶ ζήσεται. Καὶ ἐγερθεὶς ὁ Ἰησοῦς ἠκολούθησεν αὐτῷ, καὶ οἱ μαθηταὶ αὐτοῦ.

Κατέλαβε τοὺς λόγους τὸ ἔργον, ὥστε [b] πλέον τοὺς E
Φαρισαίους ἐπιστομισθῆναι· καὶ γὰρ ὁ ἐλθὼν ἀρχισυνάγωγος ἦν, καὶ τὸ πένθος δεινόν· καὶ γὰρ μονογενὲς ἦν τὸ παιδίον, καὶ ἐτῶν δώδεκα γεγονὸς, αὐτὸ τῆς ἡλικίας τὸ ἄνθος· [c] διὸ δὴ μάλιστα καὶ εὐθέως αὐτὸ ἀνέστησεν. Εἰ δὲ ὁ Λουκᾶς λέγει, ὅτι ἦλθον λέ- 337
γοντες· Μὴ σκύλλε τὸν διδασκάλον, τέθνηκε γάρ· A
ἐκεῖνο ἐροῦμεν, ὅτι τὸ, Ἄρτι ἐτελεύτησε, στοχαζομένου ἦν ἀπὸ τοῦ καιροῦ τῆς ὁδοιπορίας, ἢ αὔξοντος τὴν συμφοράν. Καὶ γὰρ ἔθος τοῖς δεομένοις ἐπαίρειν τῷ λόγῳ τὰ οἰκεῖα κακὰ, καὶ πλέον τι τῶν ὄντων λέγειν, ὥστε μᾶλλον ἐπισπάσασθαι τοὺς ἱκετευομένους. Ὅρα δὲ αὐτοῦ τὴν παχύτητα. Δύο γὰρ ἀπαιτεῖ παρὰ τοῦ Χριστοῦ, καὶ παραγενέσθαι αὐτὸν, καὶ τὴν χεῖρα ἐπιθεῖναι· ὅπερ σημεῖον ἦν τοῦ καταλιπεῖν αὐτὴν ἐμ-

HOMILIA XXXI. al. XXXII.

Cap. IX. v. 18. *Hæc illo loquente, ecce princeps ingressus adorabat eum dicens: Filia mea modo defuncta est; sed veni, impone manum tuam super eam, et vivet.* 19. *Et surgens Jesus sequutus est eum, et discipuli ejus.*

1. Opus sermones sequutum est, ita ut magis Pharisæorum ora comprimerentur: nam qui accessit synagogæ princeps erat, luctusque gravis: unica enim puella erat, annorumque duodecim, quod flos erat ætatis: et statim illam suscitavit.
Quod si Lucas narrat venisse qui dicerent: *Noli* Luc. 8. 49.
vexare magistrum; mortua enim est: dicemus illud, *Modo defuncta est*, a tempore in itinere insumto conjicientis fuisse, vel calamitatem augentis. Mos enim supplicum est, mala sua verbis extollere, et plusquam vere sit dicere, ut facilius rogatos exorent. Vide autem quam rudis sit. Duo enim postulat a Christo, ut veniat, et manum imponat: quod signum erat ipsum eam adhuc spirantem reliquisse. Hoc et Syrus ille

[b] Sic Savil. et plurimi Mss., Morel. vero *πλέον αὐτοὺς ἐπιστομηθῆναι*, male.

[c] Morel. *ὃ δὴ καὶ εὐθέως.* [Savil. *αὐτὸ τῆς ἡλ. ἄγον τὸ ἄνθος· διό.*]

4. Reg. 5. 11. Neeman a propheta petebat his verbis : ***Exibit, et manum suam imponet.*** Nam visu et rebus sub sensum cadentibus opus habent ii qui rudioris
Marc. 5. 37. Luc. 8. 51. animi sunt. Marcus porro dicit ipsum tres assumsisse discipulos, Lucasque similiter; hic vero discipulos simpliciter. Cur ergo Matthæum non accepit, qui nuper accesserat? Ut illum in majorem cupiditatem injiceret, et quod imperfectior adhuc esset. Ideo enim illos honorat, ut hi illos imitentur. Matthæo autem satis erat, quod sanguinis fluxu laborantem vidisset, et quod eadem mensa dignatus fuisset, ejusdem salis participatione. Surgentem porro multi sequuti sunt, quasi ad magnum miraculum, et ob dignitatem accedentis, tum etiam quia multi adhuc rudiores non tam animæ curam, quam corporis sanitatem quærebant : et confluebant, alii suis compulsi morbis, alii curationis aliorum spectatores esse cupientes; doctrinæ autem causa pauci interim ad eum accedebant. Nec concessit eos domum ingredi, sed discipulos tantum, neque omnes, ubique nos instituens ad vulgi existimationem depellendam. 20. *Et ecce mulier quæ sanguinis fluxum patiebatur a duodecim annis, accessit retro; et tetigit fimbriam vestimenti ejus.* 21. *Dicebat enim intra se : Si tetigero tantum vestimentum ejus, salva ero.* Cur non fidenter ad illum accessit? Quod puderet de morbo; sese namque immundam putabat. Nam si menstruata non munda putabatur, multo magis illa quæ tali morbo laborabat id credere poterat : hujusmodi enim immunditIes magna secundum legem putabatur esse. Ideo sese abdit et occultat. Alioquin vero nondum illa consentaneam et perfectam de illo opinionem habebat : neque enim putasset se latere posse. Prima vero hæc mulier publice accedit : etenim audivit, ipsum etiam mulieres curare, et puellam mortuam adire. In domum autem vocare non ausa est, etsi dives esset : neque publice accessit, sed clam cum fide vestimenta tetigit. Non dubitavit, neque in scipsa dixit : Num liberabor a morbo, necne? sed de sanitate recuperanda confidens accessit : *Dicebat enim*, inquit, *intra se : Si solum tetigero vestimentum ejus, salva ero.* Noverat enim ex qua egrederetur domo, nempe publicanorum, et quinam sequerentur, nimirum peccatores et publicani : hæc vero omnia fidem ipsi indebant. Quid igitur Christus? Non permi-

πνέουσαν ἔτι. Τοῦτο καὶ ὁ Σύρος ἐκεῖνος ὁ Νεεμὰν τὸν προφήτην ἀπῄτει. Ἔλεγε γὰρ, ὅτι καὶ Ἐξελεύσεται, καὶ τὴν χεῖρα ἐπιθήσει αὐτοῦ. Καὶ γὰρ [a] ὄψεως δέονται καὶ αἰσθητῶν πραγμάτων οἱ παχύτερον διακεί- B μενοι. Καὶ ὁ μὲν Μάρκος φησὶν, ὅτι τοὺς τρεῖς ἔλαβε μαθητὰς, καὶ ὁ Λουκᾶς· οὗτος δὲ ἁπλῶς φησι τοὺς μαθητάς. Τίνος οὖν ἕνεκεν τὸν Ματθαῖον οὐ παρέλαβε, καίτοι γε ἄρτι προσελθόντα; Εἰς πλείονα αὐτὸν ἐπιθυμίαν ἐμβάλλων, καὶ διὰ τὸ ἀτελέστερον ἔτι διακεῖσθαι. Διὰ γὰρ τοῦτο ἐκείνους τιμᾷ, ἵνα οὗτοι κατ' ἐκείνους γένωνται. Τούτῳ δὲ ἤρκει τέως τὸ κατὰ τὴν αἱμοῤῥοοῦσαν ἰδεῖν, καὶ τὸ τραπέζῃ τιμηθῆναι, [b] καὶ κοινωνίᾳ ἁλῶν. Ἀναστάντι δὲ ἠκολούθουν πολλοὶ, ὡς ἐπὶ θαύματι μεγάλῳ, καὶ διὰ τὸ πρόσωπον τὸ παραγεγονὸς, καὶ ὅτι οἱ πλείους παχύτερον διακείμενοι οὐχ οὕτω ψυχῆς ἐπιμέλειαν, ὡς σώματος ἰατρείαν C ἐζήτουν· καὶ συνέῤῥεον, οἱ μὲν ὑπὸ τῶν οἰκείων συνωθούμενοι παθῶν, οἱ δὲ τῆς τῶν ἀλλοτρίων διορθώσεως θεαταὶ σπεύδοντες γενέσθαι· λόγων δὲ ἕνεκεν καὶ διδασκαλίας προηγουμένως ὀλίγοι [c] οἱ παρ' αὐτὸν φοιτῶντες ἦσαν τέως. Οὐ μὴν εἴασεν αὐτοὺς εἰς τὴν οἰκίαν εἰσελθεῖν, ἀλλὰ τοὺς μαθητὰς μόνον, καὶ οὐδὲ τούτους πάντας, πανταχοῦ παιδεύων ἡμᾶς τὴν παρὰ τῶν πολλῶν [d] ἀποκρούεσθαι δόξαν. Καὶ ἰδοὺ γυνὴ, φησὶν, ἐν ῥύσει αἵματος δώδεκα ἔτη ἔχουσα, προσῆλθεν ὄπισθεν, καὶ ἥψατο τοῦ κρασπέδου τοῦ ἱματίου αὐτοῦ. Ἔλεγε γὰρ ἐν ἑαυτῇ· ἐὰν ἅψωμαι μόνον τοῦ ἱματίου αὐτοῦ, σωθήσομαι. Τίνος ἕνεκεν οὐ μετὰ παῤῥησίας D αὐτῷ προσῆλθεν; Ἠσχύνετο διὰ τὸ πάθος, ἀκάθαρτος εἶναι νομίζουσα. Εἰ γὰρ ἡ ἐν καταμηνίοις οὖσα οὐκ ἐδόκει εἶναι καθαρὰ, πολλῷ μᾶλλον [e] ἡ τοιαῦτα νοσοῦσα, τοῦτο ἂν ἐνόμισε· καὶ γὰρ πολλὴ παρὰ τῷ νόμῳ ἀκαθαρσία τοῦτο εἶναι τὸ πάθος ἐνομίζετο. Διὰ τοῦτο λανθάνει καὶ κρύπτεται. Ἄλλως τε οὐδέπω οὐδὲ αὐτὴ τὴν προσήκουσαν καὶ ἀπηρτισμένην περὶ αὐτοῦ δόξαν εἶχεν· ἐπεὶ οὐκ ἂν ἐνόμισε λανθάνειν. Καὶ πρώτη προσέρχεται [f] δημοσίᾳ αὕτη ἡ γυνή· καὶ γὰρ ἤκουσεν, ὅτι καὶ γυναῖκας θεραπεύει, καὶ ὅτι ἐπὶ τὸ E θυγάτριον ἀπέρχεται τὸ τετελευτηκός. Καὶ εἰς τὴν οἰκίαν μὲν αὐτὸν καλέσαι οὐκ ἐτόλμησε, καίτοι γε εὔπορος οὖσα· ἀλλ' οὔτε δημοσίᾳ προσῆλθε, λάθρᾳ δὲ μετὰ πίστεως τῶν ἱματίων ἥψατο. Οὐδὲ γὰρ ἀμφέβαλεν, οὐδὲ εἶπεν ἐν ἑαυτῇ· ἆρα ἀπαλλαγήσομαι τοῦ νοσήματος; ἆρα οὐκ ἀπαλλαγήσομαι; ἀλλὰ θαῤῥήσασα περὶ τῆς 388 A ὑγιείας οὕτω προσῆλθεν. Ἔλεγε γὰρ, φησὶν, ἐν ἑαυτῇ· ἐὰν μόνον ἅψωμαι τοῦ ἱματίου αὐτοῦ, σωθήσομαι. Καὶ γὰρ εἶδεν ἐκ ποίας ἐξῆλθεν οἰκίας, τῆς τῶν τελωνῶν, καὶ τίνες ἦσαν οἱ ἑπόμενοι, ἁμαρτωλοὶ καὶ τελῶναι·

[a] Morel. et quidam alii καὶ ὄψεων δέονται.
[b] Alii minus recte καὶ κοινωνῆσαι ἁλῶν.
[c] Alii παρ' αὐτῶν.
[d] Quidam διακρούεσθαι.
[e] Alii ἡ τοιαύτην νοσοῦσα νόσον. Infra vero quidam κρύπτεται, οὐδέπω γὰρ οὐδέ.
[f] Aliqui δημοσίᾳ θαῤῥοῦσα.

καὶ ταῦτα πάντα [a] εὔελπιν αὐτὴν ἐποίησε. Τί οὖν ὁ Χριστός; Οὐκ ἀφῆκεν αὐτὴν λαθεῖν, ἀλλ' εἰς μέσον ἄγει, καὶ δήλην καθίστησι πολλῶν ἕνεκεν. Καίτοι γέ τινες τῶν ἀναισθήτων φασὶ, δόξης αὐτὸν ἐρῶντα τοῦτο ποιεῖν. Διὰ τί γὰρ, φησὶν, οὐκ ἀφῆκεν αὐτὴν λαθεῖν; Τί λέγεις, ὦ μιαρὲ καὶ παμμίαρε; ὁ κελεύων σιγᾷν, ὁ μυρία παρατρέχων θαύματα, οὗτος δόξης ἐρᾷ; Τίνος B οὖν ἕνεκεν εἰς μέσον ἄγει; Πρῶτον λύει τὸ δέος τῆς γυναικὸς, ἵνα μὴ ὑπὸ τοῦ συνειδότος κεντουμένη καθάπερ κεκλοφυῖα τὴν δωρεὰν, ἐν ἀγωνίᾳ διατρίβῃ. Δεύτερον, αὐτὴν διορθοῦται, ἐπειδὴ ἐνόμισε λανθάνειν. Τρίτον, πᾶσι τὴν πίστιν αὐτῆς ἐπιδείκνυται, ὥστε καὶ τοὺς ἄλλους ζηλῶσαι· καὶ τοῦ στῆσαι τὰς πηγὰς τοῦ αἵματος οὐκ ἔλαττον σημεῖον παρέχεται, τὸ δεῖξαι ὅτι πάντα ἐπίσταται. Ἔπειτα τὸν ἀρχισυνάγωγον μέλλοντα διαπιστεῖν, καὶ ταύτῃ τὸ πᾶν διαφθείρειν, κατορθοῖ διὰ τῆς γυναικός. Καὶ γὰρ οἱ ἐλθόντες ἔλεγον· Μὴ σκύλλε τὸν διδάσκαλον, ὅτι τέθνηκε τὸ κοράσιον. Καὶ οἱ ἐν τῇ οἰκίᾳ κατεγέλων αὐτοῦ C εἰπόντος, ὅτι καθεύδει· καὶ εἰκὸς ἦν καὶ τὸν πατέρα τοιοῦτόν τι πεπονθέναι.

Διὰ τοῦτο προδιορθούμενος ταύτην τὴν ἀσθένειαν, ἄγει τὸ γύναιον εἰς μέσον. Ὅτι γὰρ τῶν σφόδρα παχυτέρων ἐκεῖνος ἦν, ἄκουσον τί φησι πρὸς αὐτόν· Μὴ φοβοῦ, σὺ μόνον πίστευε, καὶ σωθήσεται. Καὶ γὰρ τὸν θάνατον ἐπίτηδες ἔμενεν ἐπελθεῖν, καὶ τότε παραγενέσθαι, ὥστε σαφῆ γενέσθαι τῆς ἀναστάσεως τὴν ἀπόδειξιν. Διὰ τοῦτο καὶ σχολαιότερον βαδίζει, καὶ διαλέγεται τῇ γυναικὶ πλείονα, ἵνα συγχωρήσῃ τε- D λευτῆσαι ἐκείνην, καὶ παραγενέσθαι τοὺς ταῦτα ἀπαγγέλλοντας καὶ λέγοντας· Μὴ σκύλλε τὸν διδάσκαλον. Τοῦτο γοῦν καὶ [b] ὁ εὐαγγελιστὴς αἰνιττόμενος ἐπισημαίνεται λέγων, ὅτι Ἔτι λαλοῦντος αὐτοῦ, ἦλθον οἱ ἀπὸ τῆς οἰκίας λέγοντες· τέθνηκεν ἡ θυγάτηρ σου, μὴ σκύλλε τὸν διδάσκαλον. Ἐβούλετο γὰρ πιστευθῆναι τὸν θάνατον, ἵνα μὴ ὑποπτευθῇ ἡ ἀνάστασις. Καὶ τοῦτο πανταχοῦ ποιεῖ. Οὕτω καὶ ἐπὶ τοῦ Λαζάρου, καὶ μίαν καὶ δευτέραν καὶ τρίτην ἡμέραν ἔμεινε. Διὰ δὴ ταῦτα πάντα ἄγει αὐτὴν εἰς μέσον, καί φησι· Θάρσει, θύγα- E τερ· ὥσπερ καὶ τῷ [c] παραλυτικῷ ἔλεγε· Θάρσει, τέκνον. Καὶ γὰρ περιδεὴς ἦν ἡ γυνή· Διὰ τοῦτό φησι, Θάρσει, καὶ θυγατέρα καλεῖ· ἡ γὰρ πίστις αὐτὴν θυγατέρα ἐποίησεν· εἶτα καὶ τὸ ἐγκώμιον· Ἡ πίστις σου σέσωκέ σε. Ὁ δὲ Λουκᾶς καὶ πλείονα τούτων ἡμῖν ἕτερα ἀπαγγέλλει περὶ τῆς γυναικός. Ἐπειδὴ γὰρ προσῆλθε, φησὶ, καὶ τὴν ὑγίειαν ἔλαβεν, οὐκ εὐθέως αὐτὴν ἐκάλεσεν ὁ Χριστὸς, ἀλλὰ πρότερόν φησι· Τίς 339 ἐστιν ὁ ἀψάμενός μου; Εἶτα τοῦ Πέτρου καὶ τῶν μετ' A

sit eam latere, sed in medium adduxit, et multis de causis illam manifestam esse voluit. Quamquam quidam stolidi dicant, hoc ipsum ideo fecisse, quod gloriam amaret. Cur enim, inquiunt, non permisit illam latere? Quid dicis, exsecrande? qui jubet tacere, qui sexcenta miracula prætercurrit, gloriam amat? Cur ergo illam in medium adducit? Primo solvit mulieris timorem, ne conscientiæ stimulis agitata, utpote quæ gratiam illam suffurata esset, scrupulo laboraret. Secundo, ipsam corrigit, quod se latere putaret. Tertio, fidem ejus omnibus notam reddit, ut alii eam imitarentur: neque minus signum edit, cum ostendit se omnia scire, quam cum fluxum sanguinis cohibet. Deinde archisynagogum, cujus fides periclitabatur, quo pacto omnia perdidisset, per mulierem illam confirmabat. Nam venerant qui dicerent: *Noli vexare magistrum; nam mortua est puella.* Qui autem in domo erant irridebant eum, quod diceret illam dormire; verisimileque erat patrem etiam quidpiam simile passum esse.

Christus homo non gloriam amabat.

Luc. 8. 49.

2. Ideo illam infirmitatem prius emendans, mulierculam adducit in medium. Quod enim admodum rudis ille esset, audi quid ipsi dicat: *Ne timeas, tu solum crede, et salva erit.* Nam de industria morabatur, ut tunc accederet, cum mortua esset, ut clara resurrectio esset. Idcirco tardius incedit, et mulieri multa loquitur, ut interim illa moreretur, et accederent qui hæc nuntiarent, ac dicerent: *Noli vexare magistrum.* Hoc et evangelista subindicat dicens: *Adhuc eo loquente, venerunt de domo dicentes: Mortua est filia tua: noli vexare magistrum.* Volebat enim evulgari et credi mortem, ne resurrectio suspecta esset. Et hoc ubique facit. Sic et in morte Lazari, post primam, secundam tertiamque diem accessit. Ideoque illam in medium adducit et ait: 22. *Confide, filia;* sicut et paralytico dicebat, *Confide, fili.* Formidolosa quippe mulier erat, ideoque dicit, *Confide*, et filiam vocat: nam fides illam filiam effecerat; hinc in laudem ejus dicit: *Fides tua te salvam fecit.* Lucas vero plura alia nobis de muliere narrat. Cum enim accessisset, inquit, et curata fuisset, non statim illam Christus vocavit, sed prius dixit: *Quis me tetigit?* Deinde Petro et aliis dicentibus: *Præceptor, turbæ te constringunt et comprimunt, et dicis, Quis me tetigit?* quod maximum si-

Ibid. v. 50.

Matth. 9. 2.

Luc. 8. 45.

[a] Quidam habent εὔελπιν, alii εὐέλπιδα.
[b] Alii ὁ Λουκᾶς αἰνιττόμενος.
[c] Morel. παραλύτῳ.

gnum erat, ipsum carne vere circumdatum fuisse,
et fastum omnem calcasse : neque enim procul
sequebantur, sed undique comprimebant; ille vero,
Ibid. v. 46. inquit, dicere perstitit : ***Tetigit me aliquis : novi***
enim virtutem ex me exivisse; rudiorem respon-
sionem pro auditorum captu et opinione concinnans. Hæc autem dicebat, ut illam ad confitendum induceret. Ideoque non statim illam arguit,
quo ostendens, se omnia perfecte scire, suaderet illi
ut omnia sua sponte declararet, et quod factum erat
prædicaret, ne si ipse dixisset, suspectus videretur.
Fides mulieris sanguinis fluxum patientis. Viden' mulierem archisynagogo præstantiorem?
Non retinuit, non apprehendit; sed summis tantum
digitis tetigit, et cum ultima venisset, prior sanata
discessit. Ille medicum adduxit domum; huic ta-
ctus solus satis fuit: nam etsi ægritudine ligaretur,
fide ceu alis attollebatur. Perpende autem quomodo illam consoletur dicens : ***Fides tua te salvam***
fecit. Atqui si ostentationis causa in medium illam
produxisset, nequaquam illud adjecturus erat;
sed hæc dixit ut archisynagogum ad credendum
institueret, et mulierem commendaret, atque his
verbis voluptatem ipsi utilitatemque præberet
corporis curatione non minorem. Quod autem
ad mulierem celebrandam cæterosque emendan-
dos id fecerit, non autem sui ostentandi causa,
vel hinc conspicuum est, quod ipse, hoc etiam
demto signo, nihilo minus admirandus futurus
esset, cum nivales imbres miracula numero supe-
rarent, et longe majora fecisset facturusque esset :
mulier vero, nisi id ita factum esset, latens et tantis
vacua laudibus abscessisset. Ideoque ipsam in medium adductam celebravit, ejusque timorem de-
Ibid. v. 47. pulit : nam ***Tremens accessit***, inquit, ipseque illi
fiduciam indidit, et cum corporis valetudine, alia
Ibid. v. 48. ipsi viatica dedit, dicens, ***Vade in pace.*** **23.** ***Ve-***
niens autem in domum principis, vidensque
tibicines et turbam tumultuantem, **24.** ***dixit :***
Discedite : non est enim mortua puella, sed
dormit. Et deridebant eum. Pulchra certe ar-
chisynagogorum indicia, cum post mortem tibiæ
et cymbala ad fletum moverent. Quid igitur Christus? Alios omnes expulit, parentes autem introduxit, ne dici posset alium curavisse : et antequam
suscitet, voce illud efficit, cum ait, ***Non est mor-***
tua puella, sed dormit. Multis quoque aliis in
locis hoc facit : ac sicut in mari primum discipulos increpavit : sic et hoc loco ex præsentium

αὐτοῦ λεγόντων· Ἐπιστάτα, οἱ ὄχλοι συνέχουσί σε
καὶ ἀποθλίβουσι, καὶ λέγεις, τίς ὁ ἁψάμενός μου;
[a] ὃ μέγιστον ἦν σημεῖον τοῦ καὶ σάρκα αὐτὸν ἀληθῆ
περικεῖσθαι, καὶ πάντα τῦφον καταπατεῖν· οὐδὲ γὰρ
πόῤῥωθεν εἵποντο, ἀλλὰ συνεῖχον πάντοθεν αὐτόν·
αὐτὸς δὲ ἐπέμενε, φησὶ, λέγων, ὅτι Ἥψατό μού τις·
ἐγὼ γὰρ ἔγνων δύναμιν ἐξ ἐμοῦ ἐξελθοῦσαν· πρὸς
τὴν ὑπόνοιαν τῶν ἀκουόντων παχύτερον ἀποκρινόμενος. Ταῦτα δὲ ἔλεγεν, ἵνα καὶ ἐκείνην ἀφ' ἑαυτῆς ὁμολογῆσαι πείσῃ. Διὰ γὰρ τοῦτο οὐδὲ εὐθέως αὐτὴν
B ἤλεγξεν, ἵνα δείξας, ὅτι πάντα οἶδε σαφῶς, αὐτόματον
πείσῃ πάντα ἐξειπεῖν, καὶ αὐτὴν ἀνακηρῦξαι τὸ γεγενημένον παρασκευάσῃ, καὶ μὴ λέγων ὕποπτος εἶναι
δόξῃ. Εἶδες τοῦ ἀρχισυναγώγου βελτίονα τὴν γυναῖκα;
Οὐ κατέσχεν, οὐκ ἐκράτησεν· ἀλλ' ἄκροις τοῖς δακτύ-
λοις ἥψατο μόνον, καὶ ὑστέρα ἐλθοῦσα, προτέρα θερα-
πευθεῖσα ἀπῆλθε. Καὶ ἐκεῖνος μὲν ὅλον ἦγε τὸν ἰατρὸν εἰς τὴν οἰκίαν· ταύτῃ δὲ ἤρκεσε καὶ ἀφὴ μόνον·
εἰ γὰρ καὶ τῷ πάθει ἦν συνδεδεμένη, ἀλλὰ τῇ πίστει
ἦν ἐπτερωμένη. Σκόπει δὲ πῶς αὐτὴν παραμυθεῖται
λέγων· Ἡ πίστις σου σέσωκέ σε. Καίτοι γε εἰ ἐπιδεί-
D ξεως ἕνεκεν αὐτὴν εἵλκυσεν εἰς τὸ μέσον, οὐκ ἂν τοῦτο
προσέθηκεν· [b] ἀλλὰ παιδεύων τὸν ἀρχισυνάγωγον πιστεῦσαι, ταῦτά φησι, καὶ τὴν γυναῖκα ἀνακηρύττων,
καὶ οὐκ ἐλάττω τῆς τοῦ σώματος ὑγιείας διὰ τῶν ῥημάτων τούτων παρέχων αὐτῇ τὴν ἡδονὴν καὶ τὴν
ὠφέλειαν. Ὅτι δὲ ἐκείνην δοξάσαι βουλόμενος ταῦτα
ἐποίει, καὶ ἑτέρους διορθῶσαι, ἀλλ' οὐχ ἑαυτὸν ἀποφῆναι
λαμπρὸν, δῆλον ἐντεῦθεν· αὐτὸς μὲν γὰρ ὁμοίως ἔμελλεν
εἶναι θαυμαστὸς καὶ τούτου χωρίς· ὑπὲρ γὰρ τὰς νιφάδας αὐτὸν ὑπέῤῥει τὰ θαύματα, καὶ πολλῷ τούτων
μείζονα καὶ εἰργάσατο καὶ ποιήσειν ἔμελλεν· ἡ δὲ
C γυνὴ, εἰ μὴ τοῦτο γέγονε, λαθοῦσα ἂν ἀπῆλθε, τῶν
μεγάλων τούτων ἀπεστερημένη ἐπαίνων. Διὰ τοῦτο
αὐτὴν εἰς μέσον ἀγαγὼν ἀνεκήρυξε, καὶ τὸ δέος ἐξέ-
βαλε· καὶ γὰρ Τρέμουσα προσῆλθε, φησὶ, καὶ θαῤῥεῖν αὐτὴν παρεσκεύασε, καὶ μετὰ τῆς ὑγιείας τοῦ
σώματος καὶ ἕτερα αὐτῇ δέδωκεν ἐφόδια, εἰπὼν,
Πορεύου ἐν εἰρήνῃ. Ἐλθὼν δὲ εἰς τὴν οἰκίαν τοῦ ἄρχοντος, καὶ ἰδὼν τοὺς αὐλητὰς, καὶ τὸν ὄχλον θορυβούμενον, ἔλεγεν· ἀποχωρεῖτε· οὐ γὰρ ἀπέθανε τὸ
κοράσιον, ἀλλὰ καθεύδει. Καὶ κατεγέλων αὐτοῦ. Καλά
γε τῶν ἀρχισυναγώγων τὰ τεκμήρια, μετὰ τὸ ἀποθανεῖν αὐλοὶ καὶ κύμβαλα θρῆνον ἐγείροντες. Τί οὖν ὁ
E Χριστός; Τοὺς μὲν ἄλλους ἅπαντας ἐξέβαλε, τοὺς δὲ
γεγεννηκότας εἰσήγαγεν, ὥστε μὴ ἐγγενέσθαι εἰπεῖν,
ὅτι ἄλλος ἐθεράπευσε· καὶ πρὸ τῆς ἀναστάσεως δὲ
ἐγείρει τῷ λόγῳ, λέγων· Οὐ τέθνηκε τὸ κοράσιον,

[a] Morel. ὁ μέγιστον σημεῖον, omisso ἦν. Infra aliqui ἀλλὰ συνείχοντο.

[b] Savil. in margine et aliquot Mss. ἀλλ' ὁμοῦ παιδεύων. Ibid. ἀρχισυνάγωγον πιστεῦσαι, *archisynagogi fidem confirmare*, vel ipsum *ad credendum instituere* : nam πιστεῦσαι hic active sumitur.

ἀλλὰ καθεύδει. Καὶ πολλαχοῦ δὲ τοῦτο ποιεῖ. Καὶ ὥσπερ ἐπὶ τῆς θαλάττης ἐπιτιμᾷ τοῖς μαθηταῖς πρῶτον· οὕτω δὴ καὶ ἐνταῦθα τὸν θόρυβον ἐκβάλλει τῆς δια- 360
A νοίας τῶν παρόντων, ὁμοῦ καὶ δεικνὺς, ὅτι εὔκολον αὐτῷ τοὺς τεθνηκότας ἐγεῖραι (ὃ δὴ καὶ ἐπὶ τοῦ Λαζάρου πεποίηκε, λέγων· Λάζαρος ὁ φίλος ἡμῶν κεκοίμηται), καὶ ἅμα παιδεύων, μὴ δεδιέναι τὸν θάνατον· οὐ γὰρ εἶναι θάνατον αὐτὸ, ἀλλ' ὕπνον λοιπὸν γεγενῆσθαι. Ἐπειδὴ γὰρ καὶ αὐτὸς ἔμελλεν ἀποθνήσκειν, ἐν τοῖς ἑτέρων σώμασι [a] προπαρασκευάζει τοὺς μαθητὰς θαῤῥεῖν, καὶ πράως φέρειν τὴν τελευτήν. Καὶ γὰρ αὐτοῦ παραγενομένου, λοιπὸν ὕπνος ὁ θάνατος ἦν. Ἀλλ' ὅμως κατεγέλων αὐτοῦ· αὐτὸς δὲ οὐκ ἠγανάκτησεν ἀπιστούμενος ἐφ' οἷς [b] μικρὸν ὕστερον ἔμελλε θαυματουργεῖν· οὐδὲ ἐπετίμησε τῷ γέλωτι, ἵνα καὶ αὐτὸς, καὶ οἱ αὐλοὶ, καὶ τὰ κύμβαλα, καὶ τὰ ἄλλα πάντα ἀπόδειξις γένηται τοῦ θανάτου.

B Ἐπειδὴ γὰρ ὡς τὰ πολλὰ μετὰ τὸ γενέσθαι τὰ θαύματα ἀπιστοῦσιν ἄνθρωποι, προκαταλαμβάνει ταῖς οἰκείαις ἀποκρίσεσιν αὐτούς· ὃ δὴ καὶ ἐπὶ τοῦ Λαζάρου γέγονε καὶ ἐπὶ τοῦ Μωϋσέως. Καὶ γὰρ Μωϋσῇ φησι· Τί τοῦτο τὸ ἐν τῇ χειρί σου; ἵν' ὅταν ἴδῃ ὄφιν γεγενημένον, μὴ ἐπιλάθηται, ὅτι ῥάβδος ἦν πρὸ τούτου, ἀλλὰ τῆς οἰκείας ἀναμνησθεὶς φωνῆς, ἐκπλαγῇ τὸ γινόμενον. Καὶ ἐπὶ τοῦ Λαζάρου φησί· Ποῦ τεθείκατε αὐτόν; ἵνα οἱ εἰπόντες, Ἔρχου καὶ ἴδε, καὶ ὅτι Ὄζει, τεταρταῖος γάρ ἐστι, μηκέτι ἀπιστεῖν ἔχωσιν, ὅτι νεκρὸν ἀνέστησεν. Ἰδὼν τοίνυν τὰ κύμβαλα καὶ τοὺς ὄχλους, ἐξήγαγεν ἅπαντας, καὶ παρόντων τῶν γο-
C νέων θαυματουργεῖ, οὐχ ἑτέραν ἐπεισάγων ψυχὴν, ἀλλ' αὐτὴν τὴν ἐξελθοῦσαν ἐπανάγων, καὶ ὥσπερ ἐξ ὕπνου διεγείρων. Κατέχει δὲ τῆς χειρὸς, πληροφορῶν τοὺς ὁρῶντας, ὥστε προοδοποιῆσαι διὰ τῆς ὄψεως τῇ πίστει τῆς ἀναστάσεως. Ὁ μὲν γὰρ πατὴρ ἔλεγεν, Ἐπίθες τὴν χεῖρα· [c] αὐτὸς δέ τι πλέον ποιεῖ· οὐ γὰρ ἐπιτίθησιν, ἀλλὰ καὶ κατασχὼν ἀνίστησι, δεικνὺς ὅτι πάντα αὐτῷ ἕτοιμα. Καὶ οὐκ ἀνίστησι μόνον, ἀλλὰ καὶ τροφὴν κελεύει δοῦναι, ἵνα μὴ δόξῃ φάντασμα εἶναι τὸ γεγενημένον. Καὶ οὐκ αὐτὸς δίδωσιν, ἀλλ' ἐκείνοις κελεύει· ὥσπερ καὶ ἐπὶ τοῦ Λαζάρου λέγει· Λύσατε αὐ-
D τὸν, καὶ ἄφετε ὑπάγειν, καὶ μετὰ ταῦτα κοινωνὸν ποιεῖ τῆς τραπέζης. Καὶ γὰρ ἀμφότερα ἀεὶ κατασκευάζειν εἴωθε, καὶ τοῦ θανάτου τὴν ἀπόδειξιν καὶ τῆς ἀναστάσεως μετὰ ἀκριβείας ἁπάσης ποιούμενος. Σὺ δέ μοι μὴ τὴν ἀνάστασιν σκόπει μόνον, ἀλλ' ὅτι καὶ παρήγγειλε [d] μηδενὶ εἰπεῖν· καὶ τοῦτο μάλιστα διὰ πάντων παιδεύου, τὸ ἄτυφον καὶ ἀκενόδοξον· καὶ μετὰ τοῦτο κἀκεῖνο μάνθανε, ὅτι τοὺς κοπτομένους ἔξω τῆς οἰκίας

mentibus perturbationem ejicit, simul ostendens, facile sibi esse mortuos suscitare (quod etiam in Lazaro fecit dicens: *Lazarus amicus noster* Joan. 11. 11.
dormit), una docens non timendam esse mortem: neque enim jam esse mortem, sed somnum. Nam quia ipse moriturus erat, aliorum corpora suscitando discipulos præparabat ad fiduciam sumendam, mortemque suam leniter ferendam. Postquam enim ipse advenerat, mors jam nonnisi somnus erat. Attamen deridebant eum: ipse vero non indigne tulit, cum non crederent iis quæ mox ipse mirabiliter operaturus erat: neque increpavit ridentes, ut et risus et tibiæ et cymbala aliaque omnia, mortis essent testimonia.

3. Quia enim sæpe miracula patrata non credunt homines, sua ipsorum responsione illos prævenit, ut et in Lazaro et in Moyse factum est. Moysi namque dixit: *Quid hoc est in manu* Exod. 4. 2.
tua? ut cum vidisset serpentem factum, non oblivisceretur, virgam prius fuisse; sed vocis propriæ recordatus, de re gesta obstupesceret. Et de Lazaro ait: *Ubi posuistis eum?* ut qui dixe- Joan. 11. 34. 39.
runt, *Veni, et vide*; et, *Jam fætet, quatriduanus enim est*, non dubitare possent, quin ipsum mortuum suscitavisset. Videns igitur cymbala et turbas, omnes ejicit, et in præsentia parentum miraculum operatur, non aliam inducens animam, sed illam ipsam quæ exierat reducens, et quasi ex somno excitans. Apprehendit vero manum, ut spectatores certiores fierent, et hoc exemplo viam pararet ad fidem resurrectionis. Pater namque dicebat: *Impone manum;* ille vero plus facit; non Supra v. 18.
imponit enim, sed apprehendit, et suscitat mortuam, ostendens omnia ipsi promta parataque esse. Neque modo suscitat, sed cibum ipsi dare jubet, ne videretur res esse phantasma. Neque ipse dat, sed alios dare jubet: quemadmodum et de Lazaro ait: *Solvite illum, et sinite abire*, et postea Joan. 11. 44.
mensæ consortem efficit. Etenim semper utrumque comprobare solet, et mortem et resurrectionem accuratissime assertam. Tu vero ne solam resurrectionem perpendas velim, sed etiam quod præceperit ut nemini dicerent; et per omnia discas, fastum vanamque gloriam esse omnino vitandam; illudque præterea discas, ipsum lugentes

Fastus et vana gloria omnino vitanda.

[a] Morel. προσκευάζει.
[b] Morel. μικρὸν ἔμελλε.
[c] Morel. μειζόνως, at Savil. αὐτὸς δέ τι πλέον ποιεῖ.
[d] Morel. male μηδὲν εἰπεῖν. Mox Savil. παιδεύων, Morel. παιδεύου, utrumque recte. Ibidem quidam habent μετὰ τοῦτου.

extra domum ejecisse, atque velut indignos tali spectaculo declarasse. Tu vero ne exeas cum tibicinibus; sed mane cum Petro, Joanne et Jacobo. Nam si tunc illos foras ejecit, multo magis nunc id faciat. Tunc enim nondum palam erat mortem jam somnum esse factam : nunc autem ipso sole clarius est. At nunc non filiam tuam suscitavit? Sed suscitabit illam cum majore gloria. Illa enim quæ surrexit, iterum mortua est; tua vero cum surrexerit, manebit immortalis. Nemo itaque deinceps lugeat, neque lamentetur, nemo hoc Christi opus calumnietur. Vicit enim ille mortem. Quid ergo frustra ploras? Mors somnus effecta est. Quid lamentaris et luges? Illud enim si gentiles facerent, irridendi essent : cum autem fidelis hoc turpiter fecerit, quam habebit excusationem? quæ venia erit hæc insipienter agentibus post tantum temporis et claram resurrectionis probationem? Tu vero, ac si studeas hoc peccatum amplificare, præficas nobis gentiles adducis, luctum excitans et fornacem incendens : nec audis Paulum dicentem : *Quæ societas Christi cum Belial? aut quæ portio fidelis cum infideli?* Certe gentiles, qui nihil de resurrectione sciunt, consolandi tamen rationes inveniunt, dicentes : Fortiter feras; neque poteris id quod factum est, infectum reddere, vel lamentis rem mutare; tu vero qui sublimioris utiliorisque philosophiæ præcepta audis, non erubescis turpiora quam illi agens? Neque enim dicimus nos : Fortiter feras; non possumus enim quod factum est infectum reddere; sed, Fortiter feras; nam omnino resurget; dormit enim puella, non mortua est : quiescit, nec periit. Illam excipiet resurrectio, vita sempiterna, immortalitas, sors angelica. Non audis Psalmum dicentem, *Convertere, anima mea, in requiem tuam, quia Dominus benefecit tibi?* Deus mortem beneficium vocat, et tu luges? Et quid amplius faceres si defuncti inimicus et hostis esses? Si lugendum, diabolo lugendum est. Ille lugeat, ille lamentetur, quia ad majora bona pergimus. Illius nequitia digna est hujusmodi lamentatio; secus tu, qui ad coronam et requiem vocaris. Nam portus tranquillus mors est. Perpende igitur quot malis plena sit vita præsens : cogita quoties ipsi maledixeris. Nam in

Præficæ ad funebrem luctum adhibitæ.

2. Cor. 6. 15.

Psal. 114. 7.

Vita præsens, quot malis referta.

ἐξέβαλε, καὶ ὡς ἀναξίους τῆς τοιαύτης θεωρίας ἀπέφηνε. Καὶ μὴ ἐξέλθῃς μετὰ τῶν αὐλούντων, [e] ἀλλὰ μένε μετὰ Πέτρου καὶ Ἰωάννου καὶ Ἰακώβου. Εἰ
E γὰρ τότε ἐξέβαλεν ἐκείνους ἔξω, πολλῷ μᾶλλον καὶ νῦν. Τότε μὲν γὰρ οὔπω δῆλος ὁ θάνατος ἦν ὕπνος γεγενημένος· νῦν δὲ καὶ αὐτοῦ τοῦ ἡλίου τοῦτο φανερώτερον. Ἀλλ' οὐχ ἤγειρέ σου τὸ θυγάτριον νῦν; [f] Ἀλλ' ἐγερεῖ πάντως, καὶ μετὰ πλείονος τῆς δόξης. Ἐκεῖνο μὲν γὰρ ἀναστὰν πάλιν ἀπέθανεν· τὸ δὲ σὸν ἐὰν ἀνα-
381 στῇ, μένει λοιπὸν ἀθάνατον. Μηδεὶς τοίνυν κοπτέσθω
A λοιπὸν, μηδὲ θρηνείτω, μηδὲ τὸ κατόρθωμα τοῦ Χριστοῦ διαβαλλέτω. Καὶ γὰρ ἐνίκησε τὸν θάνατον. Τί τοίνυν περιττὰ θρηνεῖς; Ὕπνος τὸ πρᾶγμα γέγονε. Τί ὀδύρῃ καὶ κλαίεις; Τοῦτο γὰρ εἰ καὶ Ἕλληνες ἐποίουν, [a] καταγελᾷν δεῖ· ὅταν δὲ ὁ πιστὸς ἐν τούτοις ἀσχημονῇ, ποία ἀπολογία; τίς ἔσται συγγνώμη τοιαῦτα ἀνοηταίνουσι, καὶ ταῦτα μετὰ χρόνον τοσοῦτον καὶ σαφῆ τῆς ἀναστάσεως ἀπόδειξιν; Σὺ δὲ ὥσπερ αὐξῆσαι τὸ ἔγκλημα σπεύδων, καὶ [b] θρηνῳδοὺς ἡμῖν ἄγεις Ἑλληνίδας γυναῖκας, ἐξάπτων τὸ πένθος καὶ τὴν κάμινον διεγείρων, καὶ οὐκ ἀκούεις τοῦ Παύλου λέγοντος·
B Τίς συμφώνησις Χριστῷ πρὸς Βελίαρ; ἢ τίς μερὶς πιστῷ μετὰ ἀπίστου; Καὶ παῖδες μὲν Ἑλλήνων οἱ μηδὲν περὶ ἀναστάσεως εἰδότες, ὅμως εὑρίσκουσι λόγους παραμυθίας, λέγοντες· φέρε γενναίως· καὶ γὰρ ἀναλῦσαι τὸ γεγενημένον οὐκ ἔνι, οὐδὲ διορθώσασθαι τοῖς θρήνοις· σὺ δὲ ὁ φιλοσοφώτερα καὶ χρηστότερα τούτων ἀκούων, οὐκ αἰσχύνῃ μείζονα ἐκείνων ἀσχημονῶν; Οὐδὲ γὰρ λέγομεν· φέρε γενναίως, ἐπειδὴ τὸ γεγενημένον ἀναλῦσαι οὐκ ἔνι· ἀλλὰ, φέρε γενναίως· καὶ γὰρ ἀναστήσεται πάντως· καθεύδει τὸ παιδίον, καὶ οὐ τέθνηκεν· ἡσυχάζει, καὶ οὐκ ἀπόλωλεν. Ἀνάστασις
C γὰρ αὐτὸ διαδέξεται, καὶ ζωὴ αἰώνιος, καὶ ἀθανασία, καὶ λῆξις ἀγγελική. Οὐκ ἀκούεις τοῦ ψαλμοῦ λέγοντος, Ἐπίστρεψον, ἡ ψυχή μου, εἰς τὴν ἀνάπαυσίν σου, ὅτι Κύριος εὐεργέτησέ σε; Εὐεργεσίαν ὁ Θεὸς τὸ πρᾶγμα καλεῖ, καὶ σὺ θρηνεῖς; Καὶ τί πλέον ἂν ἐποίησας, εἰ πολέμιος καὶ ἐχθρὸς τοῦ τετελευτηκότος ἦς; Εἰ γὰρ δεῖ θρηνεῖν, τὸν διάβολον δεῖ θρηνεῖν. Ἐκεῖνος κοπτέσθω, ἐκεῖνος ὀδυρέσθω, ὅτι πρὸς τὰ μείζονα ὁδεύομεν ἀγαθά. Τῆς ἐκείνου πονηρίας ἀξία αὕτη ἡ οἰμωγή· οὐχὶ σοῦ τοῦ στεφανοῦσθαι μέλλοντος καὶ ἀναπαύεσθαι. Καὶ γὰρ λιμὴν εὔδιος ὁ θάνατος. Σκόπει γοῦν [c] ὅσων γέμει κακῶν ὁ παρὼν βίος· ἐννόησον ὁσάκις αὐτὸς
D κατηράσω τὴν παροῦσαν ζωήν. Καὶ γὰρ ἐπὶ τὸ

[e] Pro ἀλλὰ μένε quidam habent ἵνα μένῃς.

[f] Savil. et quidam alii ἀλλὰ πάντως ἐγερεῖ, Morel. ἐγείρει. Infra post ἀθάνατον Morel. addit ὄν.

[a] Savil. καταγελᾷν ἔδει.

[b] Θρηνῳδοὺς Ἑλληνίδας γυναῖκας, *præficas*, more gentilium. Præfica autem apud Hesychium ἠλεμίστρια vocatur, itemque alibi θρηνήτρια dicitur, et a Platone ἐγχυτρίστρια. De præfica egimus Antiquit. Tom. 5, p. 14, et formam præficæ dedimus in Supplemento Tom. 5, p. 14. Ibidem τὸ πένθος, alii τὸ πάθος.

[c] Savil. πόσων, et mox ποσάκις pro ὁσάκις.

χεῖρον τὰ πράγματα· πρόεισι, καὶ ἐξ ἀρχῆς δὲ οὐ μικρᾷ συνεκληρώθης καταδίκῃ. Ἐν γὰρ λύπαις τέξῃ τέκνα, φησὶ, καὶ, Ἐν ἱδρῶτι τοῦ προσώπου σου φάγῃ τὸν ἄρτον σου· καὶ, Ἐν τῷ κόσμῳ θλίψιν ἕξετε. Ἀλλ' οὐ περὶ τῶν ἐκεῖ τοιοῦτον οὐδὲν εἴρηται, ἀλλὰ τοὐναντίον ἅπαν· ὅτι Ἀπέδρα ὀδύνη, λύπη καὶ στεναγμός· καὶ ὅτι Ἀπὸ ἀνατολῶν καὶ δυσμῶν ἥξουσι, καὶ ἀνακλιθήσονται εἰς τοὺς κόλπους Ἀβραὰμ, καὶ Ἰσαὰκ, καὶ Ἰακώβ· καὶ ὅτι ὁ νυμφὼν τὰ ἐκεῖ πνευματικὸς, καὶ φαιδραὶ λαμπάδες, καὶ μετάστασις πρὸς τὸν οὐρανόν.

E Τί τοίνυν καταισχύνεις τὸν ἀπελθόντα; τί παρασκευάζεις τοὺς ἄλλους δειδίττεσθαι θάνατον, καὶ τρέμειν; τί ποιεῖς πολλοὺς κατηγορεῖν τοῦ Θεοῦ, ὡς μεγάλα ἐργασαμένου δεινά; μᾶλλον δὲ τί μετὰ ταῦτα πένητας καλεῖς, καὶ παρακαλεῖς ἱερέας εὔξασθαι; Ἵνα εἰς ἀνάπαυσιν ἀπέλθῃ, φησὶν, ὁ τετελευτηκὼς, ἵνα
362 ἵλεω σχῇ τὸν δικαστήν. Ὑπὲρ τούτων οὖν θρηνεῖς καὶ
A ὀλολύζεις; Οὐκοῦν σαυτῷ μάχῃ καὶ πολεμεῖς, ὑπὲρ ὧν εἰς λιμένας ἀπῆλθεν ἐκεῖνος, χειμῶνας αὐτῷ κατασκευάζων. Καὶ τί πάθω; φησί· τοιοῦτον ἡ φύσις. Οὐκ ἔστι φύσεως τὸ ἔγκλημα, οὐδὲ τῆς τοῦ πράγματος ἀκολουθίας· ἀλλ' ἡμεῖς οἱ πάντα ἄνω καὶ κάτω ποιοῦντές ἐσμεν, οἱ καταμαλακιζόμενοι, καὶ τὴν οἰκείαν προδιδόντες εὐγένειαν, καὶ τοὺς ἀπίστους χείρους ποιοῦντες. Πῶς γὰρ ἑτέρῳ περὶ ἀθανασίας διαλεξόμεθα; πῶς πείσομεν τὸν ἐθνικὸν, ὅταν μᾶλλον ἐκείνου τὸν θάνατον φοβώμεθα καὶ φρίττωμεν; Πολλοὶ γοῦν παρ' Ἕλλησι, καίτοι γε οὐδὲν περὶ ἀθανασίας εἰ-
B δότες, [a] ἐστεφανώθησαν, τῶν παίδων αὐτοῖς ἀπελθόντων, καὶ λευχειμονοῦντες ἐφαίνοντο, ἵνα τὴν παροῦσαν καρπώσωνται δόξαν· σὺ δὲ οὐδὲ διὰ τὴν μέλλουσαν παύῃ γυναικιζόμενος καὶ κοπτόμενος. Ἀλλὰ κληρονόμον οὐκ ἔχεις, οὐδὲ διάδοχον τῶν ὄντων; Καὶ τί μᾶλλον ἐβούλου, τῶν σῶν αὐτὸν εἶναι κληρονόμον, ἢ τῶν οὐρανῶν; τί δὲ ἐπεθύμεις, τὰ ἀπολλύμενα αὐτὸν διαδέχεσθαι, ἃ καὶ μικρὸν ὕστερον ἀφιέναι ἔμελλεν, ἢ τὰ μένοντα καὶ ἀκίνητα; Οὐκ ἔσχες κληρονόμον αὐτὸν, ἀλλ' ἀντὶ σοῦ ἔσχεν αὐτὸν ὁ Θεός· οὐκ ἐγένετο τῶν ἀδελφῶν τῶν ἰδίων συγκληρονόμος, ἀλλ' ἐγένετο τοῦ Χριστοῦ.
C Καὶ τίνι, φησὶ, τὰ ἱμάτια, τίνι τὰ οἰκήματα, τίνι τὰ ἀνδράποδα καὶ τοὺς ἀγροὺς καταλιμπάνομεν; Αὐτῷ πάλιν, καὶ ἀσφαλέστερον, ἢ εἰ ἔζη· τὸ γὰρ κωλύον οὐδέν. Εἰ γὰρ καὶ βάρβαροι συγκατακαίουσι τοῖς ἀπελθοῦσι τὰ ὄντα, πολλῷ μᾶλλον σὲ συναποστεῖλαι τῷ τετελευτηκότι δίκαιον τὰ αὐτοῦ, οὐχ ἵνα τέφρα γένηται, καθάπερ ἐκεῖνα, ἀλλ' ἵνα πλείονα τούτῳ περιβάλῃ δόξαν, καὶ εἰ μὲν ἁμαρτωλὸς ἀπῆλθεν, ἵνα τὰ ἁμαρτήματα

pejus semper res vertuntur, atque a principio non
modicam damnationem sortitus es. *In doloribus,* Gen. 3. 16.
inquit, *paries filios* : et, *In sudore vultus tui* Ib. v. 17.
comedes panem tuum : et, *In mundo tribula-* Joan. 16. 33.
tionem habebitis. At de futuris rebus nihil hujusmodi dicitur, imo contrarium prorsus : *Effu-* Isai. 35. 10.
git dolor, tristitia et gemitus : et, *Ab oriente* Matth. 8. 11.
et occidente venient, et recumbent in sinu
Abrahæ, et Isaac, et Jacob : et illic sponsus spiritualis, lucernæ fulgidæ, translatio in cælum.

4. Cur ergo mortuum deturpas? cur aliis timorem tremoremque mortis accersis? cur occasionem multis præbes incusandi Deum, utpote qui magna fecerit mala? Imo vero cur postea pauperes vocas, et sacerdotes rogas ad precandum? Ut in requiem abeat, inquies, is qui mortuus est, ut propitium habeat judicem. Ea igitur de causa ploras et ingemiscis? Ergo tecum ipse pugnas, cum illi tempestates paras qui ad portum abiit. Et quid faciam? inquies : id natura exigit. Non est naturæ culpa neque rerum seriei; sed nos qui omnia sus deque vertimus, molles nimium sumus, nostram prodimus nobilitatem, et infideles deteriores facimus. Quomodo enim cum alio de immortalitate disseremus? qua ratione gentilem ad illam credendam inducemus, cum magis quam ille mortem horreamus et timeamus? Multi certe ex gentilibus, qui immortalitatem non credebant, mortuis filiis, imposita sibi corona, vestem candidam induerunt, ut præsentem gloriam aucuparentur; tu vero ne ob futuram quidem gloriam cessas effeminato more lamentari, et plangere. Sed heredem non habes, neque successorem? Quid vero malis, bonorum tuorum heredem esse, an cælorum? quid malis, an ut ille tua excipiat bona, quæ brevi relinquenda erunt, an manentia æternaque bona? Illum heredem non habuisti, sed habuit Deus : non fuit coheres fratrum suorum, sed fuit Christi. Et cui vestes, inquies, cui ædes, cui servos et agros relinquemus? Ipsi profecto, et sic tutius repones, quam si viveret; nihil quippe te impedit. Nam si barbari una cum defunctis res ipsorum cremare solent, multo magis te par est ad defunctum mittere ea quæ ad ipsum pertinent, non ut in cinerem reducantur ut illa, sed ut majorem illi gloriam pariant; et si peccator decessit, ut peccata eluantur; si justus, ut illi mercedis ac retributionis augmen-

[a] Savil. ἐστεφανώθησαν, et in margine variam lectionem affert ἐστεφανώσαντο. De Xenophonte dicitur, ipsum cum coronatus sacrificaret, ut audivit filium in Mantinæa pugna cecidisse, coronam deposuisse, ubi vero acriter pugnantem corruisse comperit, coronam iterum capiti imposuisse.

tum accedat. At videre ipsum desideras? Eamdem igitur quam ipse vitam transige, et cito illa sacra visione frueris. Illud etiam cogita, te si nos non audieris, in futuro id omnino experturum esse. Verum nulla tibi merces erit: nam a temporis diuturnitate consolatio illa tibi accedet. Si porro nunc philosophari volueris, duo præcipua lucraberis; te quippe a malis circumstantibus erues, et splendidiore corona a Deo donaberis. Eleemosynam enim multasque alias virtutes superat calamitatum tolerantia. Cogita ipsum Dei Filium mortuum esse; ille pro te mortuus est, tu pro
Matth. 26. 39. teipso. Dixit autem: *Si possibile est, transeat a me calix iste:* ac tristitia mœroreque affectus mortem non effugit, sed etiam plurimis tortus cruciatibus, mortem subiit non vulgarem, sed omnium turpissimam: et ante mortem flagella, ante flagella vero convicia, derisiones, contumelias, te instituens ad omnia fortiter ferenda. Sed post mortem, postquam corpus deposuerat, illud cum majore gloria resumsit, teque bona spe fulcit. Hæc si non fabula sunt, ne plores: hæc si credibilia putas, ne lacrymeris; si vero fleveris, quomodo poteris gentilibus persuadere te vere credere?

5. At tibi adhuc intolerabilis casus ille videtur? Ergo non lugendus ideo ille est, qui a tot calamitatibus jam est liber. Ne itaque ipsi invideas.
Mortui non sine modo lugendi. Nam tibi ob immaturum ejus obitum mortem optare, lugereque, quia non vivit, ut talia multa patiatur, invidi certe est. Noli ergo cogitare ipsum numquam domum esse rediturum, sed te brevi ad illum esse migraturum. Ne cogites ipsum non ultra huc esse venturum, sed cogita hæc visibilia non ita ut sunt mansura, sed transformanda esse. Nam cælum, terra, mare et omnia transmutantur, tuncque omnia cum majore gloria accipiet filius tuus. Et si quidem peccator abiit, nequitiæ cursus interceptus fuit; neque enim si mutandum illum fore Deus prævidisset, illum ante pœnitentiam abripuisset; si vero justus discessit, in tuto bona sua possidet. Unde manifestum est lacrymas tuas non esse lacrymas amoris, sed irrationabilis affectus. Nam si defunctum amares, gaudere oporteret et lætari, quod a præsentibus fluctibus sit ereptus. Quid enim amplius, quæso, videre est? quid insolitum et novum? Nonne eadem ipsa quo-

λύσῃ· εἰ δὲ δίκαιος, ἵνα προσθήκη γένηται μισθοῦ καὶ ἀντιδόσεως. Ἀλλ' ἰδεῖν αὐτὸν ἐπιθυμεῖς; Οὐκοῦν τὸν αὐτὸν αὐτῷ βίου βίον, καὶ ταχέως ἀπολήψῃ τὴν ἱερὰν
D ἐκείνην ὄψιν. Μετὰ δὲ τούτων κἀκεῖνο λογίζου, ὅτι κἂν ἡμῶν μὴ ἀκούσῃς, τῷ χρόνῳ πάντως [b] πιστωθήσῃ. Ἀλλ' οὐδεὶς τότε σοι ὁ μισθός· τοῦ γὰρ πλήθους τῶν ἡμερῶν γίνεται ἡ παραμυθία. Ἂν δὲ νῦν βουληθῇς φιλοσοφεῖν, δύο κερδανεῖς τὰ μέγιστα· καὶ σαυτὸν τῶν ἐν μέσῳ κακῶν ἀπαλλάξεις, καὶ παρὰ τοῦ Θεοῦ λαμπρότερον ἀναδήσῃ τὸν στέφανον. Καὶ γὰρ ἐλεημοσύνης καὶ τῶν ἄλλων πολλῷ μεῖζον τὸ πράως συμφορὰν ἐνεγκεῖν. Ἐννόησον ὅτι καὶ ὁ Υἱὸς τοῦ Θεοῦ ἀπέθανε· καὶ ἐκεῖνος μὲν διὰ σὲ, σὺ δὲ διὰ σαυτόν. Καὶ εἰπὼν, Εἰ δυνατὸν, παρελθέτω ἀπ' ἐμοῦ τὸ ποτήριον τοῦτο,
E καὶ λυπηθεὶς, καὶ ἀγωνιάσας, ὅμως οὐ παρέδραμε τὴν τελευτὴν, ἀλλὰ καὶ μετὰ πολλῆς αὐτὴν ὑπέστη τῆς τραγῳδίας· οὐδὲ γὰρ ἁπλῶς θάνατον ὑπέμεινεν, ἀλλὰ τὸν αἴσχιστον· καὶ πρὸ τοῦ θανάτου μάστιγας, καὶ πρὸ τῶν μαστίγων ὀνείδη, καὶ σκώμματα, καὶ λοιδορίας, σὲ παιδεύων πάντα φέρειν γενναίως. Ἀλλ' ὅμως ἀποθανὼν, καὶ τὸ σῶμα ἀποθέμενος, πάλιν αὐτὸ ἀνέ-
363 λαβε μετὰ μείζονος δόξης, καὶ ἐνταῦθά σοι χρηστὰς
A ὑποτείνων ἐλπίδας. Ταῦτα εἰ μὴ μῦθος, μὴ θρήνει· ταῦτα εἰ πιστὰ νομίζεις εἶναι, μὴ δάκρυε· εἰ δὲ δακρύεις, πῶς δυνήσῃ πεῖσαι τοὺς Ἕλληνας, ὅτι πιστεύεις;

Ἀλλὰ καὶ οὕτως ἀφόρητον ἔτι σοι φαίνεται τὸ συμβάν; Οὐκοῦν δι' αὐτὸ τοῦτο οὐκ ἄξιον ἐκεῖνον θρηνεῖν· πολλῶν γὰρ τοιούτων ἀπηλλάγη συμφορῶν ἐκεῖνος. Μὴ τοίνυν αὐτῷ φθόνει, μηδὲ βάσκαινε. [a] Τὸ γὰρ ἑαυτῷ μὲν θάνατον αἰτεῖν διὰ τὴν ἄωρον αὐτοῦ τελευτὴν, πενθεῖν δὲ ἐκεῖνον, ὅτι μὴ ζῇ, ἵνα πολλὰ ὑπομένῃ
B τοιαῦτα, φθονοῦντος μᾶλλόν ἐστι, καὶ βασκαίνοντος. Μὴ δὴ τοῦτο ἐννόει, ὅτι οὐκ ἔτι ἐπαναστρέψει εἰς τὴν οἰκίαν, ἀλλ' ὅτι καὶ αὐτὸς ἀπελεύσῃ μικρὸν ὕστερον πρὸς αὐτόν. Μὴ τοῦτο λογίζου, ὅτι οὐκ ἔτι ἐπανέρχεται ἐνταῦθα, ἀλλ' ὅτι οὐδὲ αὐτὰ ταῦτα τὰ ὁρώμενα μένει τοιαῦτα, ἀλλὰ καὶ ταῦτα μετασχηματίζεται. Καὶ γὰρ καὶ οὐρανὸς, καὶ γῆ, καὶ θάλαττα καὶ πάντα [b] μεθαρμόζεται, καὶ τότε ταῦτα ἀπολήψεταί σου τὸ παιδίον μετὰ πλείονος δόξης. Καὶ εἰ μὲν ἁμαρτωλὸς ἀπῆλθεν, ἔστη τὰ τῆς κακίας· οὐδὲ γὰρ ἂν, εἰ μεταβαλλόμενον ὁ Θεὸς ᾔδει, προανήρπασε τῆς μετανοίας· εἰ δὲ δίκαιος ὢν κατέλυσεν, ἐν ἀσφαλείᾳ τὰ ἀγαθὰ κέκτηται.
C Ὅθεν δῆλον, ὅτι οὐκ ἔστι φιλοστοργίας σου τὰ δάκρυα, ἀλλὰ πάθους ἀλογίστου. Ἐπεὶ εἰ τὸν ἀπελθόντα ἐφίλεις, χαίρειν ἔδει καὶ εὐφραίνεσθαι, ὅτι τῶν παρόντων ἀπηλλάγη κυμάτων. Τί γὰρ τὸ πλέον; εἰπέ μοι·

[b] Savil. πεισθήσῃ.

[a] Morel. τὸ γὰρ αὐτὸν μὲν θανόντα ἀλγεῖν διὰ τὴν, male.

[b] Savil. μεθαρμόζεται, recte. Morel. μεθορμίζεται. Ibid. καὶ τότε ἀπολήψῃ σου τὸ παιδίον μετὰ πλείονος δόξης. Sic Savil., Morel. vero καὶ τότε ταῦτα ἀπολήψεταί σου τὸ παιδίον μετὰ πλείονος δόξης. Utraque lectio potest admitti.

**τί δὲ τὸ ξένον καὶ καινόν; οὐχὶ τὰ αὐτὰ καθ' ἑκάστην
ἡμέραν ὁρῶμεν ἀνακυκλούμενα; Ἡμέρα καὶ νὺξ, νὺξ
καὶ ἡμέρα· χειμὼν καὶ θέρος, θέρος καὶ χειμὼν, καὶ
πλέον οὐδέν. Καὶ ταῦτα μὲν ἀεὶ τὰ αὐτά· τὰ δὲ κακὰ**
ξένα καὶ καινότερα. Ταῦτα οὖν αὐτὸν [c] ἀντλεῖν καθ'
ἑκάστην ἐβούλου τὴν ἡμέραν, καὶ μένειν ἐνταῦθα, καὶ
νοσεῖν, καὶ πενθεῖν, καὶ δεδοικέναι, καὶ τρέμειν, καὶ
τὰ μὲν ὑπομένειν τῶν δεινῶν, τὰ δὲ μή ποτε ὑπομείνῃ
φοβεῖσθαι; Οὐδὲ γὰρ ἐκεῖνο ἂν ἔχοις εἰπεῖν, ὅτι τὸ D
μακρὸν τοῦτο διαπλέοντα πέλαγος, δυνατὸν ἦν ἀθυμίας, καὶ φροντίδων καὶ τῶν ἄλλων ἀπηλλάχθαι τῶν
τοιούτων. [d] Μετὰ δὲ τούτων κἀκεῖνο λογίζου, ὅτι οὐκ
ἀθάνατον ἔτεκες· καὶ ὅτι εἰ μὴ νῦν ἐτελεύτησε, μικρὸν
ὕστερον ἂν τοῦτο ὑπέμεινεν. Ἀλλ' οὐκ ἐνεπλήσθης αὐτοῦ; Ἀλλὰ ἀπολαύσῃ πάντως ἐκεῖ. Ἀλλὰ καὶ ἐνταῦθα
ἐπιθυμεῖς ὁρᾷν; Καὶ τί τὸ κωλῦον; Ἔξεστι γὰρ καὶ
ἐνταῦθα, ἐὰν νήφῃς· ἡ γὰρ ἐλπὶς τῶν μελλόντων,
ὄψεως φανερωτέρα. Σὺ δὲ, εἰ μὲν ἐν βασιλείοις ἦν,
οὐκ ἄν ποτε αὐτὸν [e] ἐζήτησας ἰδεῖν, ἀκούουσα εὐδοκι- E
μοῦντα· πρὸς δὲ τὰ πολλῷ βελτίω ὁρῶσα ἀποδεδη-
μηκότα, ὑπὲρ ὀλίγου χρόνου μικροψυχεῖς, καὶ ταῦτα
ἔχουσα ἀντ' ἐκείνου τὸν συνοικοῦντα; Ἀλλὰ οὐκ ἔχεις
ἄνδρα; Ἀλλ' ἔχεις παραμυθίαν, τὸν Πατέρα τῶν ὀρφα-
364 νῶν καὶ κριτὴν τῶν χηρῶν. Ἄκουσον καὶ Παύλου ταύτην
A μακαρίζοντος [f] τὴν χηρείαν, καὶ λέγοντος· Ἡ δὲ ὄντως
χήρα καὶ μεμονωμένη ἤλπισεν ἐπὶ Κύριον. Καὶ γὰρ εὐδο-
κιμωτέρα ἡ τοιαύτη φανεῖται, πλείονα ἐπιδεικνυμένη
τὴν ὑπομονήν. Μὴ τοίνυν θρήνει ὑπὲρ οὗ στεφανοῦσαι,
ὑπὲρ οὗ μισθὸν ἀπαιτεῖς. Καὶ γὰρ ἀπέδωκας τὴν παρακαταθήκην, εἰ ὅπερ ἐνεπιστεύθης παρέστησας. Μηκέτι
φρόντιζε λοιπὸν, [g] ἐν ἀλῃστεύτῳ τὸ κτῆμα ἀποθεμένη
θησαυρῷ. Εἰ δὲ καὶ μάθοις, τίς μὲν ὁ παρὼν βίος, τίς
δὲ ἡ μέλλουσα ζωὴ, καὶ ὅτι οὗτος μὲν ἀράχνη καὶ
σκιὰ, τὰ δὲ ἐκεῖ πάντα ἀκίνητα καὶ ἀθάνατα, οὐ δεήσῃ
λοιπὸν ἑτέρων λόγων. Νῦν μὲν γὰρ πάσης τὸ παιδίον
ἀπήλλακται μεταβολῆς· ἐνταῦθα δὲ ὢν, ἴσως μὲν χρη-
B στὸς, ἴσως δὲ οὐ τοιοῦτος ἔμενεν ἄν. Ἢ οὐχ ὁρᾷς,
ὅσοι τοὺς ἑαυτῶν ἀποκηρύττουσι παῖδας; ὅσοι τῶν
ἀποκηρυττομένων χείρους ὄντας ἀναγκάζονται οἴκοι
κατέχειν; Ταῦτ' οὖν ἅπαντα λογιζόμενοι φιλοσοφῶ-
μεν· οὕτω γὰρ καὶ τῷ τετελευτηκότι χαριούμεθα, καὶ
παρὰ ἀνθρώπων πολλῶν ἀπολαύσομεν τῶν ἐπαίνων,
καὶ παρὰ τοῦ Θεοῦ τοὺς μεγάλους τῆς ὑπομονῆς ἀποληψόμεθα μισθοὺς, καὶ τῶν αἰωνίων ἐπιτευξόμεθα
ἀγαθῶν· ὧν γένοιτο πάντας ἡμᾶς ἐπιτυχεῖν, χάριτι
καὶ φιλανθρωπίᾳ τοῦ Κυρίου ἡμῶν Ἰησοῦ Χριστοῦ,
ᾧ ἡ δόξα καὶ τὸ κράτος, εἰς τοὺς αἰῶνας τῶν αἰώνων.
Ἀμήν.

tidie revolvi videmus? Diem nox excipit, noctem dies, hiemem æstas, æstatem hiems, et nihil amplius. Et hæc quidem semper eadem : mala vero semper insolita et nova. Hæc ergo volebas illum quotidie haurire, et hic manere, ægrotare, lugere, timere, tremere, et alia mala pati, alia formidare? Neque enim dicere ausis, potuisse illum longum hoc pelagus trajicientem, mœroribus sollicitudinibusque vacuum esse. Ad hæc perpende te non genuisse immortalem; ac si non jam mortuus esset, paulo postea moriturum fuisse. At non satiatus eras illius consuetudine? Sed ibi semper illo frueris. At velles hic ipsum videre? Et quid vetat? Licet tibi illum videre, si sapias : spes enim futurorum ipso visu clarior est. Tu vero si in regia esset, ibique floreret, non quæsisses, illum videre : ac cum ad longe meliorem sortem abierit, propter parvum absentiæ tempus animo deficis, cum maxime consortem tecum habeas? Sed virum non habes? At consolatorem habes Patrem orphanorum et Judicem viduarum. Audi Paulum hanc viduitatem beatam prædicantem, ac dicentem : *Quæ autem vere vidua est et solitaria* 1. Tim. 5. 5.
speravit in Domino. Etenim hæc probatior erit, quæ majorem exhibuerit patientiam. Noli igitur lugere de ea re quæ tibi coronam parat, de qua mercedem postulas. Reddidisti enim depositum, si id quod tibi creditum erat exhibuisti. Ne sis ergo sollicita, si in thesauro inviolabili quod possidebas deposuisti. Si porro didiceris, quæ sit præsens vita, quæ futura; quodque hæc sit aranea et umbra, omnia vero quæ in illa sunt, immota immortaliaque, non alio egebis sermone. Nunc enim filius tuus ab omni mutatione ereptus est : si autem hic mansisset, forte bonus, forte malus futurus erat. Annon vides, quot homines filios suos abdicant? et quot pejores abdicatis coguntur domi retinere? Hæc itaque in mente versantes philosophemur : ita enim et defuncto grati erimus, et apud homines multis laudibus fruemur, atque a Deo magnam patientiæ mercedem referemus, æternaque bona consequemur; quæ utinam nos omnes adipiscamur, gratia et benignitate Domini nostri Jesu Christi, cui gloria et imperium, in secula seculorum. Amen.

c Alii αὐτὸν ὁρᾷν καθ'.
d Savil. μετὰ δὲ τούτων. Morel. μετὰ δὲ τοῦτο.
e Quidam ἐπεζήτησας.
f Morel. τὴν χήραν. Savil. τὴν χηρείαν.
g Alii ἐν ἀσύλῳ, quod idipsum est.

HOMILIA XXXII. al. XXXIII.

CAP. IX. v. 27. *Et proficiscente inde Jesu, sequuti sunt eum duo cæci, clamantes et dicentes : Miserere nostri, fili David.* 28. *Et cum venisset in domum, accesserunt ad eum duo cæci : et dicit eis Jesus : Creditis quia hoc possum facere? Dicunt ei, Utique, Domine.* 29. *Tunc tetigit oculos eorum dicens, Secundum fidem vestram fiat vobis.* 30. *Et aperti sunt oculi eorum.*

1. Cur illos clamantes protrahit? Hic rursum nos instituit ad vanam gloriam fugiendam. Quia enim domus e vicino erat, illuc duxit eos, ut seorsim sanaret. Idque palam est ex eo quod præceperit, ut nemini dicerent. Neque parum Judæi inde culpantur, quod hi, quibus nullus oculorum usus erat, ex auditu solo fidem amplexi sint : illi autem miracula videntes, ac testes habentes ipsos oculos, contra quam cæci faciant. Vide autem illorum animi ardorem tum a clamore, tum ab ipsa precandi ratione. Non enim simpliciter accesserunt; sed magna voce clamantes, nihil aliud quam *Miserere* proferentes. Filium autem Davidis appellabant, quia honorificum nomen videbatur
Ezech. 34. 23. esse. Sæpe namque prophetæ reges illos, quos ho-
Zach. 12. 8. norare magnosque prædicare volebant, sic appellabant. Domum vero adductos, secundo interrogat. Ut plurimum enim studebat supplicantes sanare, ne quis putaret ipsum ad miracula patranda per ostentationem insilire: neque ea solum de causa, sed etiam ut ostenderet dignos illos esse qui curarentur; et ne quis diceret, si ex misericordia tantum sanabat, oportuisse omnes sanare: habet enim misericordia quamdam rationem ex fide rogantium petitam. Neque ideo tantum fidem ab illis exigit; sed quia dixerant, *Fili David*, ut illos ad quid sublimius erigeret, et doceret quid de se existimandum esset, interrogavit : *Creditis quia hoc possum facere?* Non dixit, Creditis quod possim rogare Patrem meum, vel, Quod possim precari; sed, *Quod ego possim hoc facere.* Quid autem illi? *Utique, Domine.* Non jam illum filium David vocant, sed ad sublimiora volant, et

C ΟΜΙΛΙΑ λβ'.

Καὶ παράγοντι ἐκεῖθεν τῷ Ἰησοῦ, ἠκολούθησαν αὐτῷ δύο τυφλοὶ κράζοντες, καὶ λέγοντες· ἐλέησον ἡμᾶς, υἱὲ Δαυΐδ. Ἐλθόντι δὲ αὐτῷ εἰς τὴν οἰκίαν, προσῆλθον αὐτῷ οἱ δύο τυφλοὶ, καὶ λέγει αὐτοῖς ὁ Ἰησοῦς· πιστεύετε ὅτι δύναμαι τοῦτο ποιῆσαι; Λέγουσιν αὐτῷ, ναὶ, Κύριε. Τότε ἥψατο τῶν ὀφθαλμῶν αὐτῶν, [b] λέγων, κατὰ τὴν πίστιν ὑμῶν γενηθήτω ὑμῖν. Καὶ ἀνεῴχθησαν αὐτῶν οἱ ὀφθαλ-
D μοί.

Τί δήποτε παρέλκει αὐτοὺς κράζοντας; Πάλιν ἐνταῦθα παιδεύων ἡμᾶς τὴν παρὰ τῶν πολλῶν διωθεῖσθαι δόξαν. Ἐπειδὴ γὰρ πλησίον ἦν ἡ οἰκία, ἄγει αὐτοὺς ἐκεῖ κατ' ἰδίαν θεραπεύσων. Καὶ τοῦτο δῆλον ἐξ ὧν καὶ παρήγγειλε, μηδενὶ εἰπεῖν. Οὐ μικρὰ δὲ αὕτη τῶν Ἰουδαίων ἡ [c] κατηγορία, ὅταν οὗτοι μὲν, τῶν ὀφθαλμῶν αὐτοῖς ἐκκεκομμένων, ἐξ ἀκοῆς μόνης τὴν πίστιν δέχωνται· ἐκεῖνοι δὲ θεωροῦντες τὰ θαύματα, καὶ τὴν ὄψιν μαρτυροῦσαν τοῖς γινομένοις ἔχοντες, τὰ
E ἐναντία πάντα ποιῶσιν. Ὅρα δὲ αὐτῶν καὶ τὴν προθυμίαν, καὶ ἀπὸ τῆς κραυγῆς, καὶ ἀπ' αὐτῆς τῆς ἐντεύξεως. Οὐδὲ γὰρ ἁπλῶς προσῆλθον, ἀλλὰ μεγάλα βοῶντες, καὶ οὐδὲν ἕτερον ἀλλ' [d] ἢ τὸ, Ἐλέησον, προβαλλόμενοι. Υἱὸν δὲ Δαυΐδ ἐκάλουν, ἐπειδὴ τὸ ὄνομα τιμῆς εἶναι ἐδόκει. Πολλαχοῦ γοῦν καὶ οἱ προφῆται
365 τοὺς βασιλέας, οὓς ἐβούλοντο τιμᾷν, καὶ μεγάλους
A ἀποφαίνειν, οὕτως ἐκάλουν. Καὶ ἀγαγὼν αὐτοὺς εἰς τὴν οἰκίαν, δευτέραν ἐρώτησιν προσάγει. Πολλαχοῦ γὰρ [a] ἐσπούδαζεν ἱκετευόμενος ἰᾶσθαι, ἵνα μή τις νομίσῃ διὰ φιλοτιμίαν αὐτὸν τοῖς θαύμασι τούτοις ἐπιπηδᾷν· καὶ οὐ διὰ τοῦτο μόνον, ἀλλ' ἵνα καὶ δείξῃ, ὅτι καὶ ἄξιοι ἦσαν θεραπείας· καὶ ἵνα μή τις λέγῃ, ὅτι [b] εἰ ἐλεῶν μόνον ἔσωζε, πάντας σώζεσθαι ἔδει· ἔχει γάρ τινα καὶ ἡ φιλανθρωπία λόγον τὸν ἀπὸ τῆς πίστεως τῶν σωζομένων. Οὐ διὰ ταῦτα δὲ μόνον τὴν πίστιν αὐτοὺς ἀπαιτεῖ, ἀλλ' ἐπειδὴ εἶπον, Υἱὲ Δαυΐδ, ἀνάγων αὐτοὺς ἐπὶ τὸ ὑψηλότερον, καὶ παιδεύων ἃ χρὴ περὶ αὐτοῦ φαν-
B τάζεσθαι, φησί· Πιστεύετε ὅτι δύναμαι τοῦτο ποιῆσαι; Οὐχ εἶπεν, ὅτι πιστεύετε ὅτι δύναμαι παρακαλέσαι τὸν Πατέρα μου, ἢ, ὅτι δύναμαι εὔξασθαι· ἀλλ' Ὅτι ἐγὼ δύναμαι τοῦτο ποιῆσαι. Τί οὖν ἐκεῖνοι; Ναὶ, Κύριε. Οὐκ ἔτι Δαυΐδ υἱὸν αὐτὸν καλοῦσιν, ἀλλ' ὑψηλότερον ἀνίπτανται, καὶ τὴν δεσποτείαν ὁμολογοῦσι. Καὶ τότε

[b] *Λέγων, κατὰ* etc. Hæc et quæ sequuntur Scripturæ verba desiderabantur in Morel.

[c] Savil. *κατηγορία*, Morel. *κακηγορία*.

[d] Alii *ἢ ἔλεον προβ.*

[a] Quidam habent *ἐσπούδακεν*.

[b] Unus *εἰ ἐλεῶν μόνον*, non male.

λοιπὸν καὶ αὐτὸς ἐπιτίθησι τὴν χεῖρα, λέγων· Κατὰ τὴν πίστιν ὑμῶν γενηθήτω ὑμῖν. Ποιεῖ δὲ τοῦτο, τὴν πίστιν αὐτῶν ῥωννὺς, καὶ δεικνὺς μεριστὰς ὄντας τοῦ κατορθώματος, καὶ μαρτυρῶν, ὅτι οὐ κολακείας τὰ ῥήματα ἦν. Οὐδὲ γὰρ εἶπεν, ἀνοιχθήτωσαν ὑμῶν οἱ ὀφθαλμοί· C ἀλλὰ, Κατὰ τὴν πίστιν ὑμῶν γενηθήτω ὑμῖν· ὃ πολλοῖς τῶν προσελθόντων λέγει, [c] πρὸ τῆς τῶν σωμάτων ἰατρείας τὴν ἐν τῇ ψυχῇ πίστιν προανακηρῦξαι σπεύδων, ὥστε καὶ ἐκείνους εὐδοκιμωτέρους ποιῆσαι, καὶ ἑτέρους σπουδαιοτέρους κατασκευάσαι. Οὕτω καὶ ἐπὶ τοῦ παραλυτικοῦ [d] ποιεῖ· καὶ γὰρ πρὸ τοῦ σφίγξαι τὸ σῶμα, τὴν ψυχὴν ἀνίστησι κειμένην, λέγων· Θάρσει, τέκνον, ἀφέωνταί σου αἱ ἁμαρτίαι· καὶ τὸ κοράσιον δὲ ἀναστήσας κατέσχε, καὶ διὰ τῆς τραπέζης ἐδίδαξεν αὐτὴν τὸν εὐεργέτην· καὶ ἐπὶ τοῦ ἑκατοντάρχου δὲ ὁμοίως ἐποίησε, τῇ πίστει τὸ πᾶν ἐπιτρέψας· καὶ τοὺς μαθητὰς δὲ ἀπαλλάττων τοῦ χειμῶνος τῆς θαλάσσης, D τῆς ὀλιγοπιστίας πρῶτον ἀπήλλαττεν. Οὕτω δὴ καὶ ἐνταῦθα· ᾔδει μὲν γὰρ καὶ πρὸ τῆς ἐκείνων φωνῆς αὐτὸς τὰ ἀπόρρητα τῆς διανοίας· ἵνα δὲ καὶ ἑτέρους εἰς τὸν αὐτὸν ζῆλον ἀγάγῃ, καὶ τοῖς ἄλλοις καταδήλους αὐτοὺς ποιεῖ, διὰ τοῦ τέλους τῆς ἰατρείας τὴν κρυπτομένην αὐτῶν πίστιν ἀνακηρύττων. Εἶτα μετὰ τὴν ἰατρείαν κελεύει, μηδενὶ εἰπεῖν· καὶ οὐχ ἁπλῶς κελεύει, ἀλλὰ καὶ μετὰ πολλῆς τῆς σφοδρότητος· Ἐνεβριμήσατο γὰρ αὐτοῖς, φησὶν, ὁ Ἰησοῦς, λέγων· ὁρᾶτε, μηδεὶς γινωσκέτω. Οἱ δὲ ἐξελθόντες, διεφήμισαν αὐτὸν ἐν ὅλῃ τῇ γῇ ἐκείνῃ. Οὐ μὴν ἠνέσχοντο ἐκεῖνοι, ἀλλ' ἐγένοντο κήρυκες καὶ εὐ- E αγγελισταί· καὶ κελευόμενοι κρύπτειν τὸ γεγενημένον, οὐκ ἠνέσχοντο. Εἰ δὲ ἀλλαχοῦ φαίνεται λέγων· Ἄπελθε, καὶ διηγοῦ τὴν δόξαν τοῦ Θεοῦ· οὐκ ἔστιν ἐναντίον ἐκεῖνο τούτῳ, ἀλλὰ καὶ σφόδρα συμβαῖνον. Παιδεύει γὰρ ἡμᾶς αὐτοὺς μὲν περὶ ἑαυτῶν μηδὲν λέγειν, ἀλλὰ καὶ τοὺς βουλομένους ἡμᾶς ἐγκωμιάζειν κωλύειν· εἰ δὲ εἰς τὸν Θεὸν [e] ἡ δόξα ἀναφέροιτο, μὴ 366 A μόνον μὴ κωλύειν, ἀλλὰ καὶ ἐπιτάττειν τοῦτο ποιεῖν. Τούτων ἀπελθόντων, προσήνεγκαν αὐτῷ ἄνθρωπον κωφὸν, δαιμονιζόμενον. Οὐ γὰρ τῆς φύσεως ἦν τὸ πάθος, ἀλλὰ τοῦ δαίμονος ἡ ἐπιβουλή. Διὸ καὶ ἑτέρων δεῖται τῶν προσαγόντων. Οὐδὲ γὰρ δι' ἑαυτοῦ παρακαλέσαι ἠδύνατο, ἄφωνος ὢν, οὐδὲ ἑτέρους ἱκετεῦσαι, τοῦ δαίμονος δήσαντος τὴν γλῶτταν, καὶ τὴν ψυχὴν μετὰ τῆς γλώττης πεδήσαντος. Διὰ τοῦτο οὐδὲ ἀπαιτεῖ πίστιν αὐτὸν, ἀλλ' εὐθέως διορθοῦται τὸ νόσημα. Ἐκβληθέντος γὰρ τοῦ δαίμονος, φησὶν, ἐλάλησεν ὁ κωφός. Οἱ δὲ ὄχλοι ἐθαύμαζον λέγοντος· οὐδέποτε ἐφάνη οὕτως ἐν τῷ Ἰσραήλ. Ὃ δὴ μάλιστα ἠνία τοὺς B Φαρισαίους, ὅτι πάντων αὐτὸν προυτίθεσαν, οὐ τῶν

Dominum illum confitentur. Ac tunc demum manum imposuit dicens, *Secundum fidem vestram fiat vobis.* Id vero facit, ut fidem eorum confirmet, ostendatque ipsos in partem operis venisse, ac testificetur, non adulationis hæc verba fuisse. Neque enim dixit, Aperiantur oculi vestri; sed, *Secundum fidem vestram fiat vobis :* id quod etiam multis accedentibus dicit, ante corporis curationem fidem in animis statuere volens, ut et illos celebriores, et alios studiosiores redderet. Ita et in paralytico facit : antequam corpus firmaret, animam jacentem erigit dicens : *Confide, fili, remittuntur tibi peccata tua;* puellam vero ab se resuscitatam apprehendit, et per cibum docuit quis ipsi beneficium contulisset; in centurione similiter fecit, fidei totum attribuens; cum autem discipulos ex maris tempestate eruit, primo illos ex fidei infirmitate liberavit. Ita et hic fecit : sciebat enim secreta cordis eorum antequam ipsi loquerentur; ut autem alios quoque ad idem studium incenderet, ipsis hos conspicuos reddit, in fine curationis occultam fidem illorum prædicans. Deinde post factam curationem præcipit, ut nemini dicant, nec simpliciter præcipit, sed vehementissime vetat: nam *Acriter illis interminatus est,* inquit, *Jesus, dicens : Cavete, ne quis sciat.* 31. *Illi vero egressi, prædicaverunt eum in tota terra illa.* Non se continere illi potuerunt, sed fuere præcones et evangelistæ, jussique tacere id quod factum fuerat, obsequi non potuerunt. Quod si alibi dicat, *Vade, et narra gloriam Dei,* illud jam dictis non repugnat, imo illis admodum consonat. His enim nos instituit, ut ne prædicemus nos ipsos, imo coerceamus eos qui nos celebrare vellent : si vero ad Deum gloria referatur, non modo non impediamus, imo id agere aliis præcipiamus. 32. *Ipsis autem egressis, obtulerunt ei hominem mutum, dæmonium habentem.* Non enim morbus ex natura prodierat, sed ex dæmonis insidiis. Quapropter aliis qui ipsum adducerent opus habuit. Neque enim ipse rogare poterat, mutus cum esset, neque aliis supplicare, cum dæmon linguam ejus alligasset, animamque cum lingua vinxisset. Ideoque illius fidem non exigit, sed statim morbum curat. 33. *Ejecto autem dæmone,* inquit, *loquutus est mutus. Turbæ autem admiratæ sunt dicentes : Numquam visum est simile in Israël.* Id quod maxime Pharisæos mordebat, quod ipsum omnibus anteponerent, non vi-

Jactantia fugienda.

[c] Morel. solus πρὸς τῆς. Infra σπουδαιοτέρους κατασκευάσαι Savil., παρασκευάσαι Morel.

[d] In Savil. ποιεῖ deest.

[e] Savil. ἡ δόξα ἀναφέροιτο, Morel. φέροιτο.

vis solum, sed etiam qui ante fuissent : anteponebant vero, non quod curaret modo, sed quod facile, cito, innumerasque ægritudines insanabiles. Sic quidem populus.

2. Pharisæi contra non modo facta calumniantur, sed sibi ipsis contraria dicentes, non erubescunt. Hujusmodi est nequitia. Quid enim dicunt? 34. *In principe dæmoniorum ejicit dæmonia.*
Marc. 3. 23. Quo quid stultius? Nam, ut postea dicit, non potest dæmon ejicere dæmonem : nam ille sua conservare et firmare solet, non destruere. Ipse vero non modo dæmonas ejiciebat, sed etiam leprosos mundabat, mortuos suscitabat, mare frenabat, peccata dimittebat, regnum prædicabat, ad Patrem adducebat : id quod numquam dæmon facere velit, neque possit. Nam dæmones ad idola adducunt, a Deo avertunt, suadentque ne futuræ vitæ credatur. Dæmon contumelia affectus non beneficium præstat, imo ne quidem affectus injuria nocet iis qui ipsum colunt et honorant. Ille contra, post tot injurias et contumelias, 35. *Circuibat urbes omnes et vicos, docens in synagogis eorum, et prædicans evangelium regni, curans omnem morbum et omnem infirmitatem.* Nec modo illos non puniebat ingratos, sed ne increpabat quidem : simul mansuetudinem suam ostendens, et hanc calumniam confutans : insuperque per sequentia signa volens plura præbere argumenta, ac deinde verbis arguere. Circuibat itaque et per civitates, et per vicos, perque synagogas
Maledicta non maledictis, sed beneficiis refellenda. eorum : docens nos, sic maledicta non maledictis, sed beneficiis majoribus refellenda esse. Nam si non propter homines, propter Deum certe conservis beneficia præstas, quidquid illi agant, ne cesses bene facere, ut major sit merces : ita ut qui post calumniam illatam bene facere desinit, ostendat, se non propter Deum, sed propter hominum laudem hanc exercere virtutem. Ideo Christus, ut nos doceret, se ex sola benignitate id agere, non solum non exspectabat ægros ad se venire, sed ad illos contendebat, duo maxima ipsis bona conferens, evangelium regni, et morborum omnium curationem. Nullam urbem despiciebat, nullum vicum prætercurrebat, sed omnem adibat locum. Sed neque hic gradum sistit, verum aliam quoque providentiam exhibet. 36. *Cum videret enim turbas, miseratus est illos, quia vexati erant, et abjecti quasi oves non habentes pastorem.*

τότε ὄντων, ἀλλὰ καὶ τῶν πώποτε γεγενημένων· προυτίθεσαν δὲ, οὐχ ὅτι ἐθεράπευσεν, ἀλλ' ὅτι ῥᾳδίως, καὶ ταχέως, καὶ ἄπειρα νοσήματα, καὶ ἀνιάτως ἔχοντα. Καὶ ὁ μὲν δῆμος οὕτως.

[a] Οἱ Φαρισαῖοι δὲ τοὐναντίον ἅπαν· οὐ γὰρ μόνον διαβάλλουσι τὰ γεγενημένα, ἀλλὰ καὶ ἐναντία λέγοντες ἑαυτοῖς οὐκ αἰσχύνονται. Τοιοῦτον γὰρ ἡ πονηρία. Τί γάρ φασιν; Ἐν τῷ ἄρχοντι τῶν δαιμονίων ἐκβάλλει τὰ δαιμόνια. Οὗ τί γένοιτ' ἂν ἀνοητότερον; Μάλιστα μὲν γὰρ, ὃ καὶ προϊὼν φησιν, ἀμήχανον δαίμονα ἐκ-
C βάλλειν δαίμονα· τὰ γὰρ ἑαυτοῦ συγκροτεῖν εἴωθεν, [b] οὐκ ἀναλύειν ἐκεῖνος. Αὐτὸς δὲ οὐχὶ δαίμονας ἐξέβαλε μόνον, ἀλλὰ καὶ λεπροὺς ἐκάθηρε, καὶ νεκροὺς ἤγειρε, καὶ θάλατταν ἐχαλίνου, καὶ ἁμαρτήματα ἔλυε, καὶ βασιλείαν ἐκήρυττε, καὶ τῷ Πατρὶ προσῆγεν· ἅπερ οὔτ' ἂν ἕλοιτό ποτε δαίμων, οὔτ' ἂν δυνηθείη ποτὲ ἐργάσασθαι. Οἱ γὰρ δαίμονες εἰδώλοις προσάγουσι, καὶ Θεοῦ ἀπάγουσι, καὶ τῇ μελλούσῃ ζωῇ ἀπιστεῖν πείθουσιν. Ὁ δαίμων ὑβριζόμενος οὐκ εὐεργετεῖ, ὅπου γε καὶ μὴ ὑβριζόμενος βλάπτει τοὺς θεραπεύοντας αὐτὸν καὶ τιμῶντας. Αὐτὸς δὲ τοὐναντίον
D ποιεῖ· μετὰ γὰρ τὰς ὕβρεις ταύτας, καὶ τὰς λοιδορίας Περιῆγε, φησὶ, τὰς πόλεις πάσας καὶ τὰς κώμας, διδάσκων ἐν ταῖς συναγωγαῖς αὐτῶν, καὶ κηρύσσων τὸ εὐαγγέλιον τῆς βασιλείας, καὶ θεραπεύων πᾶσαν νόσον, καὶ πᾶσαν [c] μαλακίαν. Καὶ οὐ μόνον αὐτοὺς οὐκ ἐκόλασεν ἀναισθητοῦντας, ἀλλ' οὐδὲ ἁπλῶς ἐπετίμησεν· ὁμοῦ τε τὴν πραότητα ἐπιδεικνύμενος, καὶ ταύτην τὴν κακηγορίαν ἐλέγχων· ὁμοῦ τε βουλόμενος διὰ τῶν ἑξῆς σημείων πλείονα παρασχεῖν τὴν ἀπόδειξιν, καὶ τότε καὶ τὸν ἀπὸ τῶν λόγων ἔλεγχον ἐπάγειν. Περιῆγε τοίνυν καὶ ἐν πόλεσι, καὶ ἐν χώραις, καὶ ἐν ταῖς συναγωγαῖς αὐτῶν·
E παιδεύων ἡμᾶς οὕτως ἀμείβεσθαι τοὺς κακηγόρους, οὐ κακηγορίαις ἑτέραις, ἀλλ' εὐεργεσίαις μείζοσιν. Εἰ γὰρ μὴ δι' ἀνθρώπους, ἀλλὰ [d] διὰ τὸν Θεὸν εὐεργετεῖς τοὺς ὁμοδούλους, ὅσα ἂν ποιῶσι, μὴ ἀποστῇς εὐεργετῶν, ἵνα μείζων ὁ μισθὸς ᾖ· ὡς ὅ γε μετὰ τὴν κακηγορίαν ἀφιστάμενος τῆς εὐεργεσίας, δείκνυσιν, ὅτι διὰ τὸν ἐκείνων ἔπαινον, ἀλλ' οὐ διὰ τὸν Θεὸν τῆς
367 τοιαύτης ἐπιλαμβάνεται ἀρετῆς. Διὰ τοῦτο ὁ Χριστὸς
A παιδεύων ἡμᾶς, ὅτι ἐξ ἀγαθότητος μόνης ἐπὶ τοῦτο [a] ᾔει, οὐ μόνον οὐκ ἀνέμενε πρὸς αὐτὸν ἐλθεῖν τοὺς κάμνοντας, ἀλλὰ καὶ αὐτὸς πρὸς ἐκείνους ἠπείγετο, δύο τὰ μέγιστα αὐτοῖς κομίζων ἀγαθά· ἓν μὲν, τῆς βασιλείας τὸ εὐαγγέλιον· ἕτερον δὲ, τὴν πάντων τῶν νοσημάτων διόρθωσιν. Καὶ οὐδὲ πόλιν παρεώρα, οὐδὲ κώμην παρέτρεχεν, ἀλλὰ πάντα ἐπῄει τόπον. Καὶ οὐδὲ

[a] Savil. οἱ Φαρισαῖοι δέ. Morel. ἐκεῖνοι δέ.
[b] Nonnulli οὐ καταλύειν.
[c] Post μαλακίαν quidam addunt ἐν τῷ λαῷ.
[d] Sic Mss. recte. Savil. et Morel. δι' αὐτὸν Θεόν.
[a] In aliquot Mss. ἧκει pro ᾔει legitur.

μέχρι τούτου ἵσταται, ἀλλὰ καὶ ἑτέραν πρόνοιαν ἐπιδείκνυται. Ἰδὼν γάρ, φησὶ, τοὺς ὄχλους, ἐσπλαγχνίσθη περὶ αὐτῶν, ὅτι ἦσαν [b] ἐσκυλμένοι, καὶ ἐῤῥιμμένοι ὡς πρόβατα μὴ ἔχοντα ποιμένα. Τότε λέγει τοῖς μαθηταῖς· ὁ μὲν θερισμὸς πολὺς, οἱ δὲ ἐργάται ὀλίγοι. **Δεήθητε οὖν τοῦ Κυρίου τοῦ θερισμοῦ, ἵνα ἐκβάλῃ ἐργάτας εἰς τὸν θερισμὸν αὐτοῦ.** Ὅρα πάλιν τὸ ἀκενόδοξον. Ἵνα γὰρ μὴ ἅπαντας πρὸς ἑαυτὸν ἐπισύρηται, ἐκπέμπει τοὺς μαθητάς. Οὐ διὰ τοῦτο δὲ μόνον, ἀλλ' ἵνα αὐτοὺς καὶ παιδεύσῃ, καθάπερ ἔν τινι παλαίστρᾳ τῇ Παλαιστίνῃ μελετήσαντας, οὕτω πρὸς τοὺς ἀγῶνας τῆς οἰκουμένης ἀποδύσασθαι. Διὰ δὴ τοῦτο καὶ μείζονα τὰ γυμνάσια τῶν ἀγώνων τίθησι, καὶ ὅσον εἰς τὴν αὐτῶν ἧκεν ἀρετὴν, ἵνα εὐκοπώτερον τῶν μετὰ ταῦτα ἀγώνων ἅψωνται, καθάπερ τινὰς νεοσσοὺς ἁπαλοὺς πρὸς τὸ πτῆναι προάγων ἤδη. Καὶ τέως αὐτοὺς ἰατροὺς σωμάτων ποιεῖ, ὕστερον ταμιευόμενος τὴν τῆς ψυχῆς διόρθωσιν τὴν προηγουμένην. Καὶ σκόπει πῶς εὔκολον τὸ πρᾶγμα δείκνυσι καὶ ἀναγκαῖον. Τί γάρ φησιν; Ὁ μὲν θερισμὸς πολὺς, οἱ δὲ ἐργάται ὀλίγοι. Οὐ γὰρ ἐπὶ τὸν σπόρον ὑμᾶς, φησὶν, ἀλλ' ἐπὶ τὸν ἀμητὸν πέμπω. Ὅπερ ἐν τῷ Ἰωάννῃ ἔλεγεν· Ἄλλοι κεκοπιάκασι, καὶ ὑμεῖς εἰς τὸν κόπον αὐτῶν εἰσεληλύθατε. Ταῦτα δὲ ἔλεγε, καὶ τὸ φρόνημα αὐτῶν καταστέλλων, καὶ θαῤῥεῖν παρασκευάζων, καὶ δεικνὺς ὅτι ὁ μείζων προέλαβε πόνος. Θέα δὲ καὶ ἐνταῦθα ἀπὸ φιλανθρωπίας ἀρχόμενον, οὐκ ἐξ ἀμοιβῆς τινος. Ἐσπλαγχνίσθη γὰρ, ὅτι ἦσαν ἐσκυλμένοι, καὶ ἐῤῥιμμένοι ὡς πρόβατα μὴ ἔχοντα ποιμένα. Αὕτη τῶν ἀρχόντων [c] τῶν Ἰουδαίων ἡ κατηγορία, ὅτι ποιμένες ὄντες τὰ τῶν λύκων ἐπεδείκνυντο. Οὐ γὰρ μόνον οὐ διωρθοῦντο τὸ πλῆθος, ἀλλὰ καὶ ἐλυμαίνοντο αὐτῶν τὴν προκοπήν. Ἐκείνων γοῦν θαυμαζόντων, καὶ λεγόντων, Οὐδέποτε ἐφάνη οὕτως ἐν τῷ Ἰσραήλ· οὗτοι τὰ ἐναντία ἔλεγον, ὅτι Ἐν τῷ ἄρχοντι τῶν δαιμονίων ἐκβάλλει τὰ δαιμόνια. Ἀλλὰ τίνας ἐργάτας ἐνταῦθά φησι; Τοὺς δώδεκα μαθητάς. Τί οὖν; εἰπὼν, Οἱ δὲ ἐργάται ὀλίγοι, προσέθηκεν αὐτοῖς; Οὐδαμῶς· ἀλλ' αὐτοὺς ἔπεμψε. Τίνος οὖν ἕνεκεν ἔλεγε, Δεήθητε τοῦ Κυρίου τοῦ θερισμοῦ, ἵνα ἐκβάλῃ ἐργάτας εἰς τὸν θερισμὸν αὐτοῦ, καὶ οὐδένα αὐτοῖς προσέθηκεν; Ὅτι καὶ δώδεκα ὄντας πολλοὺς ἐποίησε λοιπὸν, οὐχὶ τῷ ἀριθμῷ προσθεὶς, ἀλλὰ δύναμιν χαρισάμενος.

Εἶτα δεικνὺς ἡλίκον τὸ δῶρόν ἐστι, φησὶ, Δεήθητε οὖν τοῦ Κυρίου τοῦ θερισμοῦ, καὶ λανθανόντως ἑαυτὸν ἐμφαίνει τὸ κῦρος ἔχοντα. Εἰπὼν γὰρ, Δεήθητε τοῦ Κυρίου τοῦ θερισμοῦ, οὐδὲν δεηθέντων αὐτῶν, οὐδὲ εὐξαμένων, αὐτὸς αὐτοὺς εὐθέως χειροτονεῖ, ἀναμιμνήσκων αὐτοὺς καὶ τῶν Ἰωάννου ῥημάτων, καὶ τῆς ἅλω, καὶ τοῦ λικμῶνος, καὶ τοῦ ἀχύρου, καὶ τοῦ

[b] Alii ἦσαν ἐκλελυμένοι.

[c] Alius male τῶν ἰουδαϊκῶν.

37. *Tunc dixit discipulis: Messis quidem multa, operarii autem pauci.* 38. *Rogate ergo Dominum messis, ut mittat operarios in messem suam.* Vide rursum quam sit ab inani gloria alienus. Ne enim omnes ad se pertraheret, discipulos emittit. Neque hac solum de causa, sed illos instituens, ut in Palæstina, ceu in quadam palæstra sese exercentes, sic ad certamina per orbem suscipienda se præpararent. Idcirco majora certaminum exercitia ponit, et quanta virtus ipsorum ferre poterat, ut facilius sequentia certamina adirent: ipsos quasi teneras aviculas ad volatum exercens. Interimque illos medicos corporum constituit, reservans ipsis in posterum medelam animarum quæ præcipua est. Ac perpende quomodo rem hanc et facilem et necessariam ostendat. Quid enim ait? *Messis quidem multa, operarii autem pauci.* Non enim mitto vos, inquit, ad sementem, sed ad messem. Quod etiam in Evangelio Joannis dixit: *Alii laboraverunt, et vos in laborem eorum introistis.* Joan. 4. 38. Hæc porro dicebat, et eorum sublimiorem sensum reprimens, et ad fiduciam sumendam instruens, ostendensque majorem jam præcessisse laborem. Vide autem et hic illum a misericordia incipere, non a spe mercedis. *Misertus est* enim, *quod essent vexati, et projecti quasi oves non habentes pastorem.* Hæc principum Judæorum accusatio est, qui pastores cum essent, sese lupos exhibebant. Non modo enim plebem non emendabant, sed ne proficerent in melius impediebant. Illis itaque mirantibus ac dicentibus, *Numquam simile visum est in Israël;* illi contra: *In principe dæmoniorum ejicit dæmonia.* Sed quosnam hic operarios dicit? Duodecim discipulos. Num cum dixerit, *Operarii pauci,* alios adjecit? Minime: sed illos emisit. Cur ergo dicit, *Rogate Dominum messis, ut mittat operarios in messem suam,* et nullum ipsis adjicit? Quia cum duodecim essent, multos postea effecit, non aucto numero, sed virtutem largitus.

3. Deinde ostendens quantum esset donum, ait, *Rogate ergo Dominum messis,* obscurius declarat se auctoritatem habere. Cum dicit enim, *Rogate Dominum messis,* ipsos nihil precantes, vel rogantes statim ordinat, Joannis verba ipsis commemorans, aream, ventilabrum, paleam, frumentum. Unde patet, ipsum esse agricolam, messis

Dominum, necnon prophetarum. Nam si ad metendum misit, palam est eum non aliena metere, sed ea quæ per prophetas seminavit. Neque hinc solum fiduciam illis dedit, quod ministerium eorum messem vocaret, sed quod illis ad hujusmodi ministerium potestatem indiderit. (Cap. x.) 1. *Et convocatis*, ait, *duodecim discipulis suis, dedit eis potestatem spirituum immundorum, ut ejicerent eos, et curarent omnem languorem et omnem infirmitatem*. Atqui nondum Spiritus erat datus : (Joan. 7. 39.) *Nondum enim*, inquit, *Spiritus erat datus, quia Jesus nondum erat glorificatus*. Quomodo ergo ejiciebant spiritus ? Ex ejus præcepto atque potestate. Perpende autem mihi apostolatus opportunitatem. Non enim a principio misit illos, sed cum jam ipsum idoneo tempore sequuti essent, ac vidissent mortuum suscitatum, mare increpatum, pulsos dæmonas, paralyticum sanatum, peccata remissa, leprosum mundatum, ac sufficientia potestatis illius argumenta et per verba et per opera accepissent : tunc illos mittit ; non ad res periculosas, nondum enim in Palæstina periculum erat; sed contra calumnias tantum pugnandum erat. Attamen pericula illis prædicit, anteque tempus illos præparat, et frequenti prædictione illos ad certamina instituit. Deinde quia duos apostolos dixerat nobis, Petrum et Joannem, et post illos Matthæum vocatum ostenderat, et de aliorum apostolorum vocatione ac nomine nihil dixerat : hic necessario eorum catalogum, numerum nominaque ponit, sic dicens : 2. *Duodecim autem apostolorum nomina sunt hæc ; primus, Simon, qui dicitur Petrus*. Nam alius Simon erat, qui Cananæus vocabatur. Et Judas Iscariotes, et Judas Jacobi. Et Jacobus Alphæi, et Jacobus Zebedæi. (Marc. 3. 18.) Marcus vero secundum dignitatem posuit illos : etenim post duos coryphæos, Andream numerat. Hic vero non sic, sed alio ordine, imo et Thomam se multo inferiorem sibi anteponit. (Apostolorum nomina.) Sed eorum catalogum a principio videamus. *Primus Simon, qui dicitur Petrus, et Andreas frater ejus*. Neque parva laus hæc est : illum a virtute, hunc a nobilitate morum laudavit. 3. *Deinde Jacobus Zebedæi, et Joannes frater ejus*. Viden' quomodo non secundum dignitatem ponat ? Mihi namque videtur, non aliis modo, sed et fratre quoque suo Joannem esse majorem. Deinde cum dixisset,

σίτου. Ὅθεν δῆλον, ὅτι αὐτός ἐστιν ὁ γεωργὸς, αὐτὸς ὁ τοῦ θερισμοῦ Κύριος, αὐτὸς ὁ τῶν προφητῶν Δεσπότης. Εἰ γὰρ θερίζειν ἔπεμψε, δῆλον ὅτι οὐ τὰ ἀλλότρια, ἀλλ' ἃ διὰ τῶν προφητῶν ἔσπειρεν. Οὐ ταύτῃ δὲ μόνον αὐτοὺς [a] παρεθάῤῥυνε, τῷ θερισμὸν καλέσαι τὴν αὐτῶν διακονίαν, ἀλλὰ καὶ τῷ ποιῆσαι δυνατοὺς πρὸς τὴν διακονίαν. Καὶ προσκαλεσάμενος, φησὶ, B τοὺς δώδεκα μαθητὰς αὐτοῦ, ἔδωκεν αὐτοῖς ἐξουσίαν πνευμάτων ἀκαθάρτων, ὥστε αὐτὰ ἐκβάλλειν, καὶ θεραπεύειν πᾶσαν νόσον, καὶ πᾶσαν μαλακίαν. Καίτοι οὔπω ἦν Πνεῦμα δεδομένον· Οὔπω γὰρ ἦν, φησὶ, Πνεῦμα ἅγιον, ὅτι Ἰησοῦς οὐδέπω ἐδοξάσθη. Πῶς οὖν ἐξέβαλον τὰ πνεύματα; Ἀπὸ τῆς ἐπιταγῆς τῆς αὐτοῦ, ἀπὸ τῆς ἐξουσίας. Σκόπει δέ μοι καὶ τὸ εὔκαιρον τῆς ἀποστολῆς. Οὐ γὰρ ἐκ προοιμίων αὐτοὺς ἔπεμψεν, ἀλλ' ὅτε ἱκανῶς τῆς ἀκολουθήσεως ἦσαν ἀπολελαυκότες, [b] καὶ εἶδον καὶ νεκρὸν ἐγερθέντα, καὶ θάλατταν ἐπιτιμηθεῖσαν, καὶ δαίμονας ἐλαθέντας, καὶ παραλυτικὸν σφιγγέντα, καὶ ἁμαρτήματα λυθέντα, καὶ λεπρὸν C καθαρθέντα, καὶ ἀρκοῦσαν αὐτοῦ τῆς δυνάμεως ἀπόδειξιν ἔλαβον, καὶ δι' ἔργων, καὶ διὰ λόγων· τότε καὶ αὐτοὺς ἐκπέμπει· καὶ οὐκ εἰς ἐπικίνδυνα πράγματα· οὐδεὶς γὰρ ἐν Παλαιστίνῃ τέως κίνδυνος ἦν· ἀλλὰ πρὸς κακηγορίας ἔδει ἵστασθαι μόνον. Πλὴν καὶ τοῦτο αὐτοῖς προλέγει, τὸ περὶ τῶν κινδύνων, προπαρασκευάζων αὐτοὺς καὶ πρὸ τοῦ καιροῦ, καὶ εὐαγωνίους ποιῶν τῇ συνεχεῖ περὶ τούτων προῤῥήσει. Εἶτα ἐπειδὴ δύο συζυγίας ἡμῖν εἶπεν ἀποστόλων, τὴν Πέτρου καὶ Ἰωάννου, καὶ μετ' ἐκείνους τὸν Ματθαῖον ἔδειξε κληθέντα, περὶ δὲ τῆς τῶν ἄλλων ἀποστόλων κλήσεώς τε καὶ προσηγορίας οὐδὲν ἡμῖν διελέχθη· D ἐνταῦθα ἀναγκαίως τὸν κατάλογον αὐτῶν καὶ τὸν ἀριθμὸν τίθησι, καὶ τὰ ὀνόματα δῆλα ποιεῖ, λέγων οὕτως· Τῶν δώδεκα ἀποστόλων τὰ ὀνόματά ἐστι ταῦτα· πρῶτος, Σίμων ὁ λεγόμενος Πέτρος. Καὶ γὰρ ἕτερος Σίμων ἦν, ὁ λεγόμενος Κανανίτης. Καὶ Ἰούδας, καὶ ὁ Ἰσκαριώτης, καὶ Ἰούδας ὁ Ἰακώβου. Καὶ Ἰάκωβος ὁ τοῦ Ἀλφαίου, καὶ Ἰάκωβος ὁ τοῦ Ζεβεδαίου. Ὁ μὲν οὖν Μάρκος καὶ κατ' ἀξίαν αὐτοὺς τίθησι· μετὰ γὰρ τοὺς δύο κορυφαίους τότε τὸν Ἀνδρέαν ἀριθμεῖ· οὗτος δὲ οὐχ οὕτως, ἀλλὰ διαφόρως, μᾶλλον δὲ καὶ Θωμᾶν τὸν πολὺ καταδεέστερον ἑαυτοῦ προτίθησιν. [c] Ἀλλ' ἴδωμεν αὐτῶν ἄνωθεν τὸν κατάλογον. E Πρῶτος, Σίμων ὁ λεγόμενος Πέτρος, καὶ Ἀνδρέας ὁ ἀδελφὸς αὐτοῦ. Οὐ μικρὸν καὶ τοῦτο τὸ ἐγκώμιον· τὸν μὲν γὰρ ἀπὸ τῆς ἀρετῆς, τὸν δὲ [d] ἀπὸ τῆς εὐγενείας τῆς κατὰ τὸν τρόπον ἐπῄνεσεν. Εἶτα Ἰάκωβος ὁ τοῦ

[a] Manuscripti non pauci παρεθάῤῥυνεν ἐν τῷ. Ibidem quidam τὴν αὐτοῦ διακονίαν.

[b] Quidam habent ὅτε εἶδον, et paulo post δαίμονας ἀπελαθέντας.

[c] Morel. ἴδωμεν αὐτόν, minus recte.

[d] Morel. ἀπὸ τῆς συγγενείας τῆς, perperam. Ibidem quidam κατὰ τὸν τρόπον ὠνόμασεν.

Ζεβεδαίου, καὶ Ἰωάννης ὁ ἀδελφὸς αὐτοῦ. Ὁρᾷς πῶς οὐ κατὰ τὴν ἀξίαν τίθησιν; Ἐμοὶ γὰρ δοκεῖ ὁ Ἰωάννης οὐχὶ τῶν ἄλλων μόνον, ἀλλὰ καὶ τοῦ ἀδελφοῦ μείζων εἶναι. Εἶτα εἰπὼν, Φίλιππος, καὶ Βαρθολο- 369
μαῖος, ἐπήγαγε· Θωμᾶς, καὶ Ματθαῖος ὁ τελώνης. A
Ἀλλ' οὐχ ὁ Λουκᾶς οὕτως· ἀλλ' ἀντιστρόφως, καὶ προτίθησιν αὐτὸν τοῦ Θωμᾶ. Εἶτα Ἰάκωβος ὁ τοῦ Ἀλφαίου. Ἦν γὰρ, ὡς ἔφθην εἰπὼν, καὶ ὁ τοῦ Ζεβεδαίου. Εἶτα εἰπὼν Λεββαῖον [a] τὸν καὶ Θαδδαῖον, καὶ Σίμωνα τὸν ζηλωτὴν, ὃν καὶ Κανανίτην καλεῖ, ἐπὶ τὸν προδότην ἔρχεται· καὶ οὐχ ὡς ἐχθρός τις καὶ πολέμιος, ἀλλ' ὡς ἱστορίαν γράφων οὕτω διηγήσατο. Οὐκ εἶπεν, ὁ μιαρὸς καὶ παμμίαρος, ἀλλ' ἀπὸ τῆς πόλεως αὐτὸν ἐκάλεσεν, Ἰούδας ὁ Ἰσκαριώτης. Ἦν γὰρ καὶ ἕτερος Ἰούδας ὁ Λεββαῖος, ὁ καὶ ἐπικληθεὶς Θαδδαῖος, ὃν Ἰακώβου φησὶν εἶναι ὁ Λουκᾶς λέγων, Ἰούδας Ἰακώβου. Ἀπὸ τούτου τοίνυν αὐτὸν διαιρῶν, φησίν· Ἰούδας ὁ Ἰσκαριώτης, ὁ καὶ παραδοὺς αὐτόν. B
Καὶ οὐκ αἰσχύνεται λέγων, Ὁ καὶ παραδοὺς αὐτόν. Οὕτως οὐδὲν οὐδέποτε οὐδὲ τῶν δοκούντων ἐπονειδίστων εἶναι ἀπέκρυπτον. Πρῶτος δὲ πάντων καὶ κορυφαῖος, ὁ ἀγράμματος καὶ ἰδιώτης. Ἀλλ' ἴδωμεν ποῦ καὶ πρὸς τίνας αὐτοὺς πέμπει. Τούτους τοὺς δώδεκα, φησὶν, ἀπέστειλεν ὁ Ἰησοῦς. Ποίους τούτους; Τοὺς ἁλιέας, τοὺς τελώνας· καὶ γὰρ τέσσαρες ἦσαν ἁλιεῖς, καὶ δύο τελῶναι, Ματθαῖος καὶ Ἰάκωβος· ὁ δὲ εἷς καὶ προδότης. Καὶ τί πρὸς αὐτούς φησιν; Εὐθέως παραγγέλλει αὐτοῖς λέγων· Εἰς ὁδὸν ἐθνῶν μὴ ἀπέλθητε, καὶ εἰς πόλιν Σαμαρειτῶν μὴ εἰσέλθητε· πορεύεσθε δὲ μᾶλλον πρὸς τὰ πρόβατα τὰ ἀπολωλότα οἴκου C
Ἰσραήλ. Μὴ γὰρ δὴ νομίσητε, φησὶν, [b] ἐπειδή με ὑβρίζουσι, καὶ δαιμονῶντα καλοῦσι, ὅτι μισῶ αὐτοὺς καὶ ἀποστρέφομαι. Καὶ γὰρ πρώτους αὐτοὺς διορθῶσαι ἐσπούδακα, καὶ πάντων ὑμᾶς ἀπάγων τῶν ἄλλων, τούτοις πέμπω διδασκάλους καὶ ἰατρούς. Καὶ οὐ μόνον πρὸ τούτων ἄλλοις καταγγεῖλαι κωλύω, ἀλλ' οὐδὲ ὁδοῦ ἅψασθαι τῆς ἐκεῖ φερούσης ἐπιτρέπω, μηδὲ [c] εἰς πόλιν τοιαύτην εἰσελθεῖν.

Καὶ γὰρ καὶ οἱ Σαμαρεῖται ἐναντίως πρὸς Ἰουδαίους διάκεινται· καίτοι γε εὐκολώτερα τὰ ἐκείνων ἦν· πολὺ γὰρ ἐπιτηδειότερον πρὸς τὴν πίστιν εἶχον· τὰ δὲ D
τούτων χαλεπώτερα· ἀλλ' ὅμως ἐπὶ τὰ δυσκολώτερα πέμπει, τὴν κηδεμονίαν τὴν περὶ αὐτοὺς ἐνδεικνύμενος, καὶ τὰ στόματα τῶν Ἰουδαίων ἀποφράττων, καὶ προοδοποιῶν τῇ διδασκαλίᾳ τῶν ἀποστόλων, ἵνα μὴ πάλιν [d] ἐγκαλοῦντες ὦσιν, ὅτι πρὸς ἀκροβύστους Ἀσσυρίους εἰσῆλθον, καὶ δικαίαν δόξωσιν ἔχειν αἰτίαν

Philippus et Bartholomæus, subjunxit: *Thomas, et Matthæus publicanus*. Verum non sic Lucas, sed inverso ordine, ponitque illum ante Thomam. (Luc. 6. 14.) Deinde sequitur Jacobus Alphæi. Erat enim, ut dixi, alius Zebedæi filius. Postea cum dixisset Lebbæum, qui et Thaddæus vocabatur, et Simonem Zeloten, quem Cananæum vocat, ad proditorem venit: neque ut inimicus vel hostis, sed ut historiam scribens sic vocavit. Non dixit, Exsecrandus vel scelestissimus, sed ex urbe ipsum cognominavit, 4. *Judas Iscariotes*. Erat enim alius Judas Lebbæus, qui cognominabatur Thaddæus, quem Jacobi esse filium ait Lucas dicens, *Judas Jacobi*. (Judas Lebbæus, Thaddæus quoque dictus. Ibid. v. 16.) Ab hoc igitur illum distinguens, ait: *Judas Iscariotes, qui tradidit eum*. Neque pudet ipsum dicere, Qui prodidit ipsum. Ita numquam ea, quæ vituperabilia videbantur esse, prætermiserunt. Primus omnium est coryphæus illiteratus et idiota. Sed videamus quo et ad quosnam mittat illos Jesus. 5. *Hos duodecim*, inquit, *misit Jesus*. Quosnam qualesve? Piscatores, publicanos: nam quatuor erant piscatores, et duo publicani, Matthæus et Jacobus; unusque proditor. Et quid illis ait? Statim præcipit his verbis: *In viam gentium ne abieritis, et in civitatem Samaritanorum ne intraveritis: 6. sed potius ite ad oves quæ perierunt domus Israël*. Ne putetis, inquit, quia mihi conviciantur, et dæmoniacum vocant, me ideo illos odio habere et aversari. Nam priores illos emendare studui, et vos ab aliis omnibus abactos ad illos mitto doctores ac medicos. Neque modo veto ne aliis ante illos prædicetur, sed ne viam quidem attingere quæ alio ducat, nec in civitatem illam intrare permitto.

4. Samaritani enim Judæorum erant adversarii: attamen facilior erat ibi prædicatio; multo enim ad fidem suscipiendam paratiores erant: hi vero duriores; veruntamen ad difficiliora mittit illos, sic suam erga illos providentiam ostendens, ac Judæorum ora claudens, atque ad apostolorum prædicationem viam parans, ne rursus accusarent, quod ad Assyrios incircumcisos ingressi essent, et justam viderentur habere causam ipsos fugiendi

[a] Alii τὸν ἐπικληθέντα καὶ Θαδδαῖον.

[b] In Morel. hæc, ἐπειδή με ὑβρίζουσι... ἀποστρέφομαι, lapsu graphico exciderant. Sed in aliis exemplaribus habentur.

[c] Alii εἰς πόλιν Σαμαρειτῶν εἰσελθεῖν. Infra quidam πολλῷ γὰρ ἐπιτηδ. et aliquot interpositis lineis ἐμφράττων pro ἀποφράττων.

[d] Quidam πάλιν ἐγκαλῶσιν ὅτι.

et aversandi. Ipsos autem oves perditas vocat, non quæ fugam susceperint, undique illis veniæ modum excogitans, ipsorumque animos pertrahens, ac dicens : 7. *Euntes prædicate, quoniam appropinquavit regnum cælorum.* Viden' ministerii magnitudinem? viden' apostolorum dignitatem? Nihil sensile jubentur dicere ; nec sicut Moyses et prophetæ priores; sed nova quædam et inexspectata. Neque enim talia ipsi prædicabant, sed terram, et terrena bona : hi autem regnum cælorum, et quæ ibi sunt omnia. Neque inde solum hi majores sunt, sed etiam ex obedientia. Neque enim recusant, neque cunctantur sicut veteres illi : sed etiamsi pericula, bella et intolerabilia mala audiant, cum obsequentia multa imperata suscipiunt, utpote qui regni sint præcones. Et quid mirum, inquies, si nihil durum et asperum prædicaturi, subito paruerunt? Quid dicis? nihil durum prædicare jussi sunt? non audis carceres, abductiones ad mortem, bella civilia, universorum odium, quæ omnia ipsis paulopost eventura esse dicebat? Illos namque mittit præcones, ut aliis innumera bona concilient; illos vero intolerabilia mala passuros esse dicit et prænuntiat. Deinde ut illos fide dignos reddat, ait : 8. *Infirmos curate, leprosos mundate, dæmonia ejicite : gratis accepistis, gratis date.* Vide quomodo morum curam habeat, perinde atque signorum, ostendens signa sine moribus nihil esse. Nam ne altum sapiant, ipsos reprimit dicens : *Gratis accepistis, gratis date ;* et ut ab amore pecuniæ abstineant, providet. Deinde ne putarentur hæc tanta opera ab illis proficisci, neve de signis superbirent, ait : *Gratis accepistis.* Nihil largimini iis qui vos recipiunt : neque enim in mercedem vel pro laboribus illa accepistis : mea quippe est gratia. Eodem itaque modo illis date : neque enim condignum ipsis pretium reperire est. Deinde malorum radicem statim evellens, ait : 9. *Nolite possidere aurum, neque argentum, neque pecuniam in zonis vestris,* 10. *non peram ad viam, neque duas tunicas, neque calceamenta, neque virgam.* Non dixit, Non accipiatis vobiscum; sed etiamsi aliunde possis accipere, fuge malum morbum. Quo quidem præcepto multa profecto complectitur commoda: primo, ut nulla sit de discipulis suspicio; secundo, illis curam omnem adimit, ita ut otium omne in audiendo verbo consu-

Miracula sine moribus nihil sunt.

τοῦ φεύγειν αὐτοὺς καὶ ἀποστρέφεσθαι. Καὶ πρόβατα
αὐτοὺς καλεῖ ἀπολωλότα, οὐχ [e] ἀποπηδήσαντα, πανταχόθεν συγγνώμην αὐτοῖς ἐπινοῶν, καὶ ἐφελκόμενος
αὐτῶν τὴν γνώμην. Πορευόμενοι δὲ, φησὶν, κηρύτ-
E τετε, ὅτι ἤγγικεν ἡ βασιλεία τῶν οὐρανῶν. Εἶδες διακονίας μέγεθος; εἶδες ἀποστόλων ἀξίωμα; Οὐδὲν
αἰσθητὸν κελεύονται λέγειν, οὐδὲ οἷον οἱ περὶ Μωσέα
καὶ τοὺς προφήτας τοὺς ἔμπροσθεν, ἀλλὰ καινά τινα
καὶ παράδοξα. Οὐ γὰρ τοιαῦτα ἐκήρυττον ἐκεῖνοι,
370 ἀλλὰ γῆν, καὶ τὰ ἐν τῇ γῇ ἀγαθά· οἱ δὲ βασιλείαν
A οὐρανῶν, καὶ τὰ ἐκεῖ ἅπαντα. Οὐκ ἐντεῦθεν δὲ μόνον
οὗτοι μείζους, ἀλλὰ καὶ ἐκ τῆς ὑπακοῆς. Οὐδὲ γὰρ
ἀναδύονται, οὐδὲ ὀκνοῦσι [a] καθάπερ οἱ παλαιοί· ἀλλὰ
καίτοι κινδύνους καὶ πολέμους καὶ τὰ ἀφόρητα ἀκούοντες κακὰ, μετὰ πολλῆς δέχονται τῆς πειθοῦς τὰ
ἐπιταττόμενα, ἅτε βασιλείας κήρυκες ὄντες. Καὶ τί
θαυμαστὸν, φησὶν, εἰ μηδὲν σκυθρωπὸν κηρύττοντες
καὶ χαλεπὸν, εὐκόλως ὑπήκουσαν; Τί λέγεις; οὐδὲν
χαλεπὸν ἐπετάγησαν; οὐκ ἀκούεις τῶν δεσμωτηρίων,
τῶν ἀπαγωγῶν, τῶν πολέμων τῶν ἐμφυλίων, τοῦ παρὰ
πάντων μίσους, ἅπερ ἅπαντα μικρὸν ὕστερον [b] αὐτοῖς
B ἀπαντήσεσθαι ἔλεγεν; Ἑτέροις μὲν γὰρ μυρίων ἐσομένους ἀγαθῶν προξένους καὶ κήρυκας ἔπεμπεν· αὐτοὺς δὲ ἀνήκεστα δεινὰ πείσεσθαι ἔλεγε καὶ προανεφώνει. Εἶτα ποιῶν αὐτοὺς ἀξιοπίστους, φησίν· Ἀσθε-
νοῦντας θεραπεύετε, λεπροὺς [c] καθαίρετε, δαιμόνια
ἐκβάλλετε· δωρεὰν ἐλάβετε, δωρεὰν δότε. Ὅρα πῶς
τῶν ἠθῶν αὐτῶν ἐπιμελεῖται, καὶ οὐκ ἔλαττον ἢ τῶν
σημείων, δεικνὺς ὅτι τὰ σημεῖα τούτων χωρὶς οὐδέν
ἐστι. Καὶ γὰρ τὰ φρονήματα αὐτῶν καταστέλλει, λέ-
γων· Δωρεὰν ἐλάβετε, δωρεὰν δότε· καὶ φιλοχρηματίας καθαρεύειν παρασκευάζει. Εἶτα ἵνα μὴ νομισθῇ
αὐτῶν εἶναι κατόρθωμα, καὶ ἐπαρθῶσιν ἀπὸ τῶν γινομένων σημείων, φησί· Δωρεὰν ἐλάβετε. Οὐδὲν χα-
C ρίζεσθε τοῖς δεχομένοις ὑμᾶς· [d] οὐ γὰρ μισθοῦ ταῦτα
ἐλάβετε, οὐδὲ πονέσαντες· ἐμὴ γὰρ ἡ χάρις. Οὕτως οὖν καὶ ἐκείνοις δότε· οὐδὲ γὰρ ἔστι τιμὴν ἀξίαν
αὐτῶν εὑρεῖν. Εἶτα τὴν ῥίζαν τῶν κακῶν εὐθέως ἀνασπῶν, φησί· Μὴ κτήσησθε χρυσὸν, μηδὲ ἄργυρον,
μηδὲ χαλκὸν εἰς τὰς ζώνας ὑμῶν, μὴ πήραν εἰς ὁδὸν,
μηδὲ δύο χιτῶνας, μηδὲ ὑποδήματα, μηδὲ ῥάβδον.
Οὐκ εἶπε, μὴ λάβητε μεθ' ἑαυτῶν· ἀλλὰ κἂν ἑτέρωθεν ἐξῇ λαβεῖν, φύγε τὸ πονηρὸν νόσημα. Καὶ γὰρ
πολλὰ διὰ τούτου κατώρθου· ἓν μὲν, ἀνυπόπτους ποιῶν
τοὺς μαθητάς· δεύτερον δὲ, πάσης αὐτοὺς ἀπαλλάττων
D φροντίδος, ὥστε τὴν σχολὴν πᾶσαν τῷ λόγῳ παρέχειν·
τρίτον, διδάσκων αὐτοὺς τὴν ἑαυτοῦ δύναμιν. Τοῦτο
γοῦν αὐτοῖς καὶ λέγει μετὰ ταῦτα· μή τινος ὑστερή-

[e] Alii ἀποδημήσαντα. [Infra Savil. et Bibl. κηρύττετε, λέγοντες ὅτι.]

[a] Morel. καθάπερ οἱ ἄλλοι.

[b] Quidam αὐτοῖς ὑποστήσεσθαι.

[c] Nonnulli καθαίρετε, νεκροὺς ἐγείρετε.

[d] Morel. οὐδὲ μισθοῦ.

σατε, ὅτε ἔπεμψα ὑμᾶς γυμνοὺς καὶ ἀνυποδέτους; Καὶ οὐκ εὐθέως λέγει, Μὴ κτήσησθε· ἀλλ' ὅτε εἶπε, Λεπροὺς καθαίρετε, δαιμόνια ἐκβάλλετε, τότε εἶπε, Μηδὲν κτήσησθε· [e] τότε ἐπήγαγε, Δωρεὰν ἐλάβετε, δωρεὰν δότε· καὶ τὸ συμφέρον διὰ τῶν πραγμάτων, καὶ τὸ πρέπον αὐτοῖς, καὶ τὸ δυνατὸν παρεχόμενος. Ἀλλ' ἴσως εἴποι τις ἄν, ὅτι τὰ μὲν ἄλλα λόγον ἂν ἔχοι· τὸ δὲ μηδὲ πήραν ἔχειν εἰς ὁδὸν, μηδὲ δύο χιτῶνας, μὴ ῥάβδον, [f] μηδὲ ὑποδήματα τίνος ἕνεκεν ἐπέταξεν; Εἰς πᾶσαν αὐτοὺς ἀκρίβειαν ἀσκῆσαι βουλόμενος· ἐπεὶ E
καὶ ἀνωτέρω οὐδὲ ὑπὲρ τῆς ἐπιούσης ἡμέρας μεριμνᾷν ἐπέτρεψε. Καὶ γὰρ τῇ οἰκουμένῃ διδασκάλους ἔμελλεν ἀποστέλλειν· διὰ τοῦτο καὶ ἀγγέλους αὐτοὺς ἐξ ἀνθρώπων, ὡς εἰπεῖν, κατασκευάζει, πάσης ἀπολύων φροντίδος βιωτικῆς, ὥστε μιᾷ κατέχεσθαι φροντίδι 371
A μόνῃ, τῇ τῆς διδασκαλίας· μᾶλλον δὲ καὶ ἐκείνης αὐτοὺς ἀπολύει, λέγων· Μὴ μεριμνήσητε πῶς ἢ τί λαλήσετε. Ὥστε ὃ δοκεῖ σφόδρα φορτικὸν εἶναι καὶ ἐπαχθὲς, τοῦτο μάλιστα εὔκολον αὐτοῖς ἀποφαίνει καὶ ῥᾴδιον. Οὐδὲν γὰρ οὕτως εὐθυμεῖσθαι ποιεῖ, ὡς τὸ φροντίδος ἀπηλλάχθαι, καὶ μερίμνης· καὶ μάλιστα ὅταν ἐξῇ ταύτης ἀπηλλαγμένους μηδενὸς ἐλαττοῦσθαι, τοῦ Θεοῦ παρόντος, καὶ ἀντὶ πάντων αὐτοῖς γινομένου. Εἶτα ἵνα μὴ λέγωσι, πόθεν οὖν τῆς ἀναγκαίας ἀπολαύσομεν τροφῆς; οὐ λέγει αὐτοῖς, ὅτι ἠκούσατε, ὅτι εἶπον ὑμῖν ἔμπροσθεν· Ἐμβλέψατε εἰς τὰ πετεινὰ τοῦ οὐρανοῦ· οὔπω γὰρ ἦσαν δυνατοὶ τὸ ἐπίταγμα τοῦτο ἐπὶ τῶν ἔργων ἐπιδεῖξαι· ἀλλὰ τὸ πολὺ τούτου καταδεέστερον ἐπήγαγε, λέγων· Ἄξιος ὁ ἐργάτης τῆς B
τροφῆς αὐτοῦ ἐστι· δηλῶν ὅτι παρὰ τῶν μαθητῶν αὐτοὺς [g] τρέφεσθαι δεῖ, ἵνα μήτε αὐτοὶ μέγα φρονῶσι κατὰ τῶν μαθητευομένων, ὡς πάντα παρέχοντες, καὶ μηδὲν λαμβάνοντες παρ' αὐτῶν· μήτε ἐκεῖνοι πάλιν ἀποῤῥαγῶσιν ὑπερορώμενοι παρὰ τούτων.

Εἶτα, ἵνα μὴ λέγωσιν· προσαιτοῦντας οὖν ἡμᾶς κελεύεις ζῇν; καὶ αἰσχύνωνται τοῦτο· δείκνυσι τὸ πρᾶγμα ὀφειλὴν ὂν, ἐργάτας τε αὐτοὺς καλῶν, καὶ τὸ διδόμενον μισθὸν [h] ὀνομάζων. Μὴ γὰρ ἐπειδὴ ἐν λόγοις ἡ ἐργασία, φησὶ, νομίσητε μικρὰν εἶναι τὴν εὐεργε- C
σίαν τὴν παρ' ὑμῶν· καὶ γὰρ πόνους ἔχει τὸ πρᾶγμα πολλούς· καὶ ὅπερ ἂν δῶσιν οἱ διδασκόμενοι, οὐ χαριζόμενοι παρέχουσιν, ἀλλ' ἀμοιβὴν ἀποδιδόντες· Ἄξιος γὰρ ὁ ἐργάτης τοῦ μισθοῦ αὐτοῦ ἐστι. Καὶ τοῦτο δὲ εἴρηκεν, οὐ τοσούτου τοὺς ἀποστολικοὺς ἀποφαίνων πόνους ἀξίους· ἄπαγε, μὴ γένοιτο· ἀλλὰ καὶ ἐκείνοις νομοθετῶν μηδὲν πλέον ζητεῖν, καὶ τοὺς παρέχοντας πείθων, ὅτι οὐ φιλοτιμία τὸ γιγνόμενον παρ' αὐτῶν ἐστιν, ἀλλ' ὀφειλή. Εἰς ἣν δ' ἂν πόλιν ἢ κώμην εἰσέλ-

mant; tertio, suam illos potestatem docet. Hoc etiam postea dicit illis : Num quid defuit vobis, quando vos misi nudos et sine calceis? Neque statim dicit, *Nolite possidere;* sed postquam dixit, *Leprosos mundate, dæmonia ejicite,* tunc ita loquitur, *Nolite possidere;* atque adjicit, *Gratis accepistis, gratis date;* ipsisque et quod consentaneum decensque erat, et quod possibile reipsa tribuit. Sed dixerit forte quispiam, cætera quidem rationi consentanea esse, sed non peram in via habere, non duas tunicas, non virgam, non calceamenta cur præcepit? Ut illos ad accuratam vitæ rationem omnino exerceret : siquidem superius ne de sequenti quidem die curare permisit. Nam orbi doctores missurus erat, ideoque ex hominibus angelos, ut ita dicam, efficit, ab omni vitæ cura solvens, ut unam illi doctrinam curarent; imo et hac illos cura liberat, dicens : *Nolite cogitare quo-* Infra v. 19.
modo aut quid loquamini. Ita ut quod videtur durum onerosumque esse, id illis facile expeditumque sit. Nihil enim tranquillitatem animi magis parit, quam a cura liberari; maxime cum hac liberati, possent nullo opus habere, Deo præsente, qui omnium vice ipsis esse possit. Deinde ne dicant, Unde ergo necessario cibo fruemur? non dicit illis : Audistis quia dixi vobis prius : *Respicite* Matth. 6,
volatilia cœli; nondum enim poterant tale præ- 26.
ceptum operibus exhibere, sed hoc longe minus induxit : *Dignus est operarius cibo suo :* declarans ipsos a discipulis esse alendos, ut ne ipsi adversus discipulos altum saperent, quasi omnia præbentes, nihilque accipientes ab illis; neque discipuli discederent ab illis despecti.

5. Deinde, ne dicerent : Ergo nos pro victu mendicare jubes? illaque res ipsis pudori esset : monstrat id a discipulis deberi, dum illos, operarios, et quod datur, mercedem, vocat. Ne putetis, inquit, quia opera illa tota in verbis consistit, parvum a vobis beneficium præberi; multi namque laboris res est : quodque dant ii qui docentur, non gratis largiuntur, sed id mercedis loco habendum; *Dignus est enim operarius mercede sua.* Hoc autem dicit, non quod tanti solum apostolici labores habendi sint, absit; sed quod illis constituat, ne plus aliquid quærant, et præbentibus suadeat, se non ex liberalitate illud suppeditare, sed ex debito. 11. *In quamcumque civitatem vel*

e **Illud, τότε ἐπήγαγε, deest in nonnullis.**
f **Quidam μὴ ὑποδήματα.**
g **Alii τρέφεσθαι ἔδει. Paulo post quidam ὡς πάντα πα-** ρατρέχοντες.
h **Savil. μισθὸν ὀνομάζων. Morel. μισθὸν νομίζων.**

vicum intraveritis, interrogate quis dignus in illa sit, et illic manete donec exieritis. Neque enim, inquit, quia dixi, *Dignus est operarius mercede sua*, omnium januas vobis aperui; sed hic quoque multam accurationem expeto. Illud enim vobis laudi honorique erit, etiam in victus ratione. Si enim dignus ille sit, omnino cibum suppeditabit; maximeque si nonnisi necessaria petatis. Non modo autem dignos quærere præcipit, sed vetat etiam ne de domo in domum transeant, ne se excipientem offendant, neve ipsi leves et ventri dediti habeantur. Id enim declaravit his Marc. 6. Luc. 10. verbis, *Ibi manete donec exieritis.* Quod etiam ex aliis evangelistis disci potest. Viden' quo pacto illos honoratiores, et eos qui hospitio recipiunt diligentiores faciat, ostendens illos maxime lucrari, et ad gloriam, et ad utilitatem? Deinde de hac ipsa re sic prosequitur : 12. *Intrantes autem in domum, salutate illam.* 13. *Et si quidem fuerit domus digna, veniat pax vestra super illam : si autem non fuerit digna, pax vestra ad vos revertatur.* Viden' quam minutatim hæc præcipiat? Et jure quidem. Athletas quippe religionis et præcones orbis instruit, et hac ratione illos et moderatiores reddit et optabiliores, adjicitque : 14. *Et quicumque non susceperit vos, neque audierit sermones vestros, exeuntes ex domo vel civitate illa, excutite pulverem pedum vestrorum.* 15. *Amen dico vobis, tolerabilius erit terræ Sodomorum et Gomorrhæ in die judicii, quam civitati illi.* Ne quia docetis, inquit, ideo exspectetis salutem ab aliis dici vobis, sed primi hunc honorem exhibete. Deinde ostendens eam non esse simplicem salutationem, sed benedictionem, ait, Si digna fuerit domus, veniet super illam : sin contumeliosa sit, prima pœna erit quod pace non fruatur; secunda, quod Sodomitis paria patiatur. Et quid ad nos, inquient, illorum supplicia? Domos dignorum habebitis. Quid vero significat illud, *Excutite pulverem pedum vestrorum?* Vel ut testificentur se nihil ab ipsis recepisse; vel in testimonium longi suscepti itineris in illorum gratiam. Tu vero mihi considera ipsum non totum jam illis dare. Neque enim adhuc illis præscientiam indit, qua nosse possint qui digni, qui indigni sint; sed explorare et ex-

θητε, ἐρωτήσατε τίς ἄξιος ἐν αὐτῇ ἐστι, κἀκεῖ μείνα- D τε ἕως ἂν ἐξέλθητε. Οὐδὲ γὰρ ἐπειδὴ εἶπον, φησὶν, Ἄξιος [c] ὁ ἐργάτης τοῦ μισθοῦ αὐτοῦ, τὰς πάντων θύρας ὑμῖν ἀνέῳξα· ἀλλὰ καὶ ἐνταῦθα πολλὴν κελεύω ποιεῖσθαι τὴν ἀκρίβειαν. Τοῦτο γὰρ καὶ εἰς δόξαν ὑμᾶς ὠφελήσει, καὶ εἰς αὐτὸ τὸ τρέφεσθαι. Εἰ γὰρ ἄξιός ἐστι, πάντως δώσει τροφήν· καὶ μάλιστα ὅταν μηδὲν πλέον τῶν ἀναγκαίων [d] αἰτεῖται. Οὐ μόνον δὲ ἀξίους κελεύει ζητεῖν, ἀλλὰ μηδὲ οἰκίαν ἐξ οἰκίας ἀμείβειν, ὥστε μηδὲ τὸν δεχόμενον λυπεῖν, μήτε αὐτοὺς δόξαν λαβεῖν γαστριμαργίας καὶ εὐκολίας. Τοῦτο γὰρ ἐδήλωσεν εἰ- E πὼν, Ἐκεῖ μένετε ἕως ἂν ἐξέλθητε. Καὶ τοῦτο καὶ ἐκ τῶν ἄλλων εὐαγγελιστῶν ἐστι καταμαθεῖν. Εἶδες πῶς αὐτοὺς καὶ ταύτῃ σεμνοὺς ἐποίησε, καὶ τοὺς δεχομένους ἐναγωνίους, δείξας ὅτι αὐτοὶ μᾶλλόν εἰσιν οἱ κερδαίνοντες, καὶ εἰς δόξαν, καὶ εἰς ὠφελείας λόγον; Εἶτα αὐτὸ τοῦτο πάλιν ἐπεξιὼν φησιν· Εἰσερχόμενοι δὲ εἰς 372 τὴν οἰκίαν, ἀσπάσασθε αὐτήν. Καὶ ἂν μὲν ᾖ ἡ οἰκία A ἀξία, ἐλθέτω ἡ εἰρήνη ὑμῶν ἐπ' αὐτήν· ἂν δὲ μὴ ᾖ ἀξία, ἡ εἰρήνη ὑμῶν ἐφ' ὑμᾶς ἐπιστραφήτω. [a] Ὁρᾷς μέχρι τίνος οὐ παραιτεῖται διατάττεσθαι; Καὶ μάλα εἰκότως. Ἀθλητὰς γὰρ εὐσεβείας καὶ κήρυκας κατεσκεύαζε τῆς οἰκουμένης, καὶ ταύτῃ καὶ μετριάζειν παρασκευάζων, καὶ ἐπεράστους ποιῶν, φησί· Καὶ ὃς ἂν μὴ δέξηται ὑμᾶς, μηδὲ ἀκούσῃ τῶν λόγων ὑμῶν, ἐξερχόμενοι τῆς οἰκίας ἢ τῆς πόλεως ἐκείνης, ἐκτινάξατε τὸν κονιορτὸν τῶν ποδῶν ὑμῶν. Ἀμὴν λέγω ὑμῖν, ἀνεκτότερον ἔσται γῇ Σοδόμων καὶ [b] Γομόῤῥας ἐν ἡμέρᾳ κρίσεως, ἢ τῇ πόλει ἐκείνῃ. Μὴ γὰρ ἐπειδὴ B διδάσκετε, φησὶ, διὰ τοῦτο περιμένετε παρ' ἑτέρων ἀσπάζεσθαι, ἀλλὰ προηγεῖσθε [c] τῆς τιμῆς. Εἶτα δεικνὺς ὅτι οὐκ ἀσπασμὸς τοῦτό ἐστι ψιλὸς, ἀλλ' εὐλογία, ἐὰν ᾖ, φησὶν, ἀξία ἡ οἰκία, ἥξει ἐπ' αὐτήν· ἐὰν δὲ ὑβρίζῃ, πρώτη μὲν κόλασις, τὸ μὴ ἀπολαύσασθαι τῆς εἰρήνης· δευτέρα δὲ, ὅτι τὰ Σοδόμων πείσεται. Καὶ τί πρὸς ἡμᾶς, φησὶν, ἡ ἐκείνων κόλασις; Ἕξετε τὰς τῶν ἀξίων οἰκίας. Τί δὲ βούλεται τὸ, Ἐκτινάξατε τὸν κονιορτὸν τῶν ποδῶν ὑμῶν; Ἢ ὥστε δεῖξαι ὅτι οὐδὲν ἔλαβον παρ' αὐτῶν, ἢ ὥστε εἰς μαρτύριον αὐτοῖς γενέσθαι τῆς μακρᾶς ὁδοιπορίας, ἣν ἐστείλαντο δι' αὐ- C τούς. Σὺ δέ μοι σκόπει πῶς οὐδέπω τὸ πᾶν αὐτοῖς δίδωσιν. Οὐδὲ γὰρ πρόγνωσιν τέως αὐτοῖς χαρίζεται, ὥστε μαθεῖν τίς ἄξιος, καὶ τίς οὐ τοιοῦτος· ἀλλὰ περιεργάζεσθαι καὶ τὴν πεῖραν ἀναμένειν κελεύει. Πῶς οὖν αὐτὸς παρὰ τελώνῃ ἔμενεν; Ὅτι ἄξιος γέγονεν ἐκ τῆς μεταβολῆς. Σὺ δέ μοι σκόπει πῶς πάντων αὐτοὺς

[c] Quidam ὁ ἐργάτης τῆς τροφῆς αὐτοῦ.

[d] Morel. αἰτεῖται, Savil. αἰτῇτε. Paulo post alii ὥστε μήτε.

[a] Morel. ὁρᾷς τίνος. Ibidem Mss. quidam habent διαλλάττεσθαι. Ibidem ἀθλητὰς γὰρ εὐσεβείας, *athletas pietatis*, seu *piæ religionis*. Εὐσέβεια quippe pro pietate in genere accipitur, atque etiam pro pia et vera religione apud auctores maxime ecclesiasticos.

[b] Quidam habent Γομόῤῥων.

[c] Alii τῇ τιμῇ.

γυμνώσας, πάντα αὐτοῖς ἔδωκεν, ἐπιτρέψας ἐν ταῖς τῶν μαθητευομένων μένειν οἰκίαις, καὶ οὐδὲν ἔχοντας εἰσιέναι. Οὕτω γὰρ καὶ τῆς φροντίδος ἀπηλλάττοντο, κἀκείνους ἔπειθον, ὅτι διὰ τὴν αὐτῶν παραγεγόνασι σωτηρίαν μόνην, καὶ τῷ μηδὲν ἐπιφέρεσθαι, καὶ τῷ μηδὲν πλέον αὐτοὺς ἀπαιτεῖν τῶν ἀναγκαίων, καὶ τῷ μὴ πρὸς πάντας ἁπλῶς εἰσιέναι. Οὐδὲ γὰρ ἀπὸ τῶν D σημείων αὐτοὺς ἐβούλετο φαίνεσθαι λαμπροὺς μόνον, ἀλλὰ καὶ πρὸ τῶν σημείων ἀπὸ τῆς οἰκείας ἀρετῆς. Οὐδὲν γὰρ οὕτω χαρακτηρίζει φιλοσοφίαν, ὡς τὸ ἀπέριττον, καὶ κατὰ τὸ ἐγχωροῦν ἀνενδεές. Τοῦτο καὶ οἱ ψευδαπόστολοι ᾔδεσαν. Διὰ τοῦτο καὶ Παῦλος ἔλεγεν· Ἵνα ἐν ᾧ καυχῶνται, εὑρεθῶσιν ὡς καὶ ἡμεῖς. Εἰ δὲ ἐπὶ ξένης ὄντας καὶ πρὸς ἀγνῶτας ἀπιόντας οὐδὲν δεῖ πλέον ζητεῖν τῆς ἐφημέρου τροφῆς, πολλῷ μᾶλλον οἴκοι μένοντας.

Ταῦτα μὴ ἀκούωμεν μόνον, ἀλλὰ καὶ μιμώμεθα. E Οὐ γὰρ περὶ τῶν ἀποστόλων εἴρηται μόνον, ἀλλὰ καὶ περὶ τῶν μετὰ ταῦτα ἁγίων. Γενώμεθα τοίνυν αὐτῶν ἄξιοι τῆς ὑποδοχῆς. Ἀπὸ γὰρ τῆς γνώμης τῶν ὑποδεχομένων καὶ ἡ εἰρήνη ἔρχεται αὕτη, καὶ ἀφίπταται πάλιν. Οὐδὲ γὰρ μόνον ἀπὸ τῆς τῶν διδασκόντων 373 A παῤῥησίας, ἀλλὰ καὶ ἀπὸ τῆς τῶν λαμβανόντων ἀξίας τοῦτο γίνεται. Μηδὲ μικρὰν νομίζωμεν εἶναι ζημίαν τὸ μὴ ἀπολαῦσαι τοιαύτης εἰρήνης. [a] Ταύτην γὰρ καὶ ὁ προφήτης ἄνωθεν προαναφωνεῖ λέγων· Ὡς ὡραῖοι οἱ πόδες τῶν εὐαγγελιζομένων εἰρήνην. Εἶτα αὐτῆς τὸ ἀξίωμα ἑρμηνεύων ἐπήγαγε, Τῶν εὐαγγελιζομένων τὰ ἀγαθά. Ταύτην καὶ ὁ Χριστὸς μεγάλην οὖσαν ἀπέφηνεν εἰπών· Εἰρήνην ἀφίημι ὑμῖν, εἰρήνην τὴν ἐμὴν δίδωμι ὑμῖν. Καὶ δεῖ πάντα ποιεῖν, ὥστε αὐτῆς ἀπολαύειν, καὶ ἐν οἰκίᾳ καὶ ἐν ἐκκλησίᾳ. Καὶ γὰρ καὶ ἐν τῇ ἐκκλησίᾳ ὁ προεστὼς δίδωσιν εἰρήνην. [b] Καὶ τοῦτο ἐκείνου τύπος ἐστὶ, καὶ δεῖ μετὰ πάσης αὐτὸν B δέχεσθαι τῆς προθυμίας, τῇ γνώμῃ πρὸ τῆς τραπέζης. Εἰ γὰρ τὸ ἀπὸ τῆς τραπέζης μὴ μεταδιδόναι φορτικὸν, τὸ τὸν λέγοντα διακρούεσθαι πόσῳ μᾶλλον ἂν φορτικώτερον; Διὰ σὲ κάθηται ὁ πρεσβύτερος, διὰ σὲ ἕστηκεν [c] ὁ διάκονος, πονῶν καὶ ταλαιπωρούμενος. Τίνα οὖν ἕξεις ἀπολογίαν, μηδὲ τὴν ἐκ τῆς ἀκροάσεως αὐτῷ παρέχων ὑποδοχήν; Καὶ γὰρ οἰκία κοινὴ πάντων ἐστὶν ἡ ἐκκλησία, καὶ προλαβόντων ὑμῶν εἴσιμεν

perimentum sumere jubet. Cur porro ille apud publicanum manebat? Quia ille ex mutatione dignus evaserat. Tu vero perpende quomodo omnibus nudatis omnia largiatur, dum præcipit ut in discipulorum domibus maneant, et nihil habentes ingrediantur. Hoc enim pacto omni cura liberi erant, illisque suadebant, se ad ipsorum tantum salutem illo venisse, tum quia nihil attulerant, tum quia nihil plus quam necessaria peterent, tum etiam quod non apud omnes indiscriminatim ingrederentur. Neque enim ex signis tantum volebat illos splendidos esse, sed ex virtute magis, quam ex signis. Nihil enim ita philosophiam exprimit, ut si nihil superfluum habeas, et si quoad licet nulla re indigeas. Illud vero noverant et ipsi pseudoapostoli. Ideo Paulus dicebat: *Ut in quo gloriantur, inveniantur ut nos*. Quod si cum in peregrina regione sumus, et ad ignotos proficiscimur, nihil plus quærendum est quam quotidianus cibus, multo magis sic agendum cum domi manemus.

Apostoli, virtute magis quam signis conspicui.

2. Cor. 11. 12.

6. Hæc non audiamus tantum, sed etiam imitemur. Non enim solis apostolis dicta sunt, sed sanctis omnibus postea futuris. Simus ergo nos illa successione digni. Nam ex suscipientium voluntate pax ista modo venit, modo avolat. Neque enim ex docentium fiducia et potestate tantum, sed etiam ex accipientium dignitate illud efficitur. Neque putemus inde parum damni emergere, si hujusmodi pace non fruamur. Hanc enim propheta olim prænuntiabat dicens: *Quam speciosi sunt pedes evangelizantium pacem*. Deinde ipsius dignitatem interpretans adjicit, *Evangelizantium bona*. Hanc magnam esse Christus pronuntiavit dicens: *Pacem relinquo vobis, pacem meam do vobis*. Nihilque non agendum est ut illa fruamur, et domi et in ecclesia. Nam et in ecclesia qui præsidet, pacem dat. Hoc illius est typus et tessera, atque oportet magno cum studio et animo ipsum suscipere ante mensam. Nam si a mensa non sese participem offerre onerosum est, quanto onerosius est dicentem repellere? Propter te sedet presbyter, propter te stat diaconus, non sine labore et defatigatione. Quam igitur excusationem habebis, qui ne quidem illum audire sustines? Communis certe domus ecclesia est, vobisque præcedentibus nos ingredimur, illorum formam

Nahum. 1. 15. Rom. 10. 15.

Joan. 14. 27.

Qui præsidet in ecclesia, pacem dat.

[a] Alii τοιαύτην γάρ.

[b] Καὶ τοῦτο ἐκείνου τύπος ἐστί, *hoc illius est typus*; id est: id quod agit præses in ecclesia, cum pacem dat, typus est Christi pacem dantis in evangelio: nam *typus* pro imagine accipitur rei agendæ, et aliquando jam actæ.

[c] ὁ διάκονος, alii habent ὁ διδάσκαλος.

et exemplum servantes. Ideoque statim ingressi pacem omnibus simul dicimus secundum legem illam. Nemo igitur negligens vel oscitans sit, dum sacerdotes ingressi illud dicunt : non parvum enim hæc negligentibus imminet supplicium. Mallem enim millies in domum cujuspiam vestrum ingressus despici, quam hic loquens non audiri. Hoc mihi onerosius illo esset : quandoquidem dignior hæc domus est. Etenim hic majores nostræ possessiones depositæ sunt, hic spes nostra omnis. Quid enim hic non magnum, non tremendum est? Siquidem hæc mensa longe honorabilior et suavior est, quam tua, et lucerna, quam lucerna tua. Id vero sciunt quotquot cum fide tempestive oleo uncti a morbis liberati sunt. Arca etiam hæc longe melior est quam illa, et magis necessaria : quæ non vestes, sed eleemosynam inclusam servat, etiamsi pauci sint hic, qui eleemosynæ erogandæ virtutem possideant. Lectus item tuo præstantior : nam divinarum lectio Scripturarum lecto omni jucundior est. Ac si concordia apud nos vigeret, non aliam haberemus domum. Quod autem id quod dico onerosum non sit, testificantur illi ter mille, et quinquies mille homines, qui unam et domum et mensam, et animam habuere : nam ait, *Multitudinis credentium erat cor unum et anima una.* Quia vero longe ab illorum virtute absumus, et in varias domos distracti sumus, saltem cum hic convenimus, illud studiose faciamus. Nam si in aliis mendici et pauperes sumus, in his certe divites. Quamobrem huc saltem nos intrantes cum amore excipite. Et cum dicam, Pax vobis, dicatis, Et spiritui tuo; non voce tantum, sed animo; non ore tantum, sed et mente. Si vero hic dixeris, Pax etiam spiritui tuo, foris vero me impugnes, conspuas, me maledictis innumerisque impetas opprobriis, quænam illa pax? Ego enim, etsi sexcenties maledicas, puro tibi corde pacem dico, sinceraque mente, nec quid mali de te possum dicere : paterna quippe gero viscera. Si te quandoque carpam, cura tui permotus id facio. Tu vero clanculum mordes, et

Ex oleo lucernæ, quæ in ecclesia ardebat, uncti quidam convaluere.

Act. 4. 32.

Pacis optandæ ritus.

ἡμεῖς, τὸν ἐκείνων τύπον διατηροῦντες. Διὰ τοῦτο καὶ κοινῇ πᾶσι τὴν εἰρήνην ἐπιλέγομεν εἰσιόντες εὐθέως, κατὰ τὸν νόμον ἐκεῖνον. Μηδεὶς τοίνυν ἔστω ῥάθυμος,
C μηδεὶς μετέωρος, εἰσελθόντων τῶν ἱερέων [d] καὶ λεγόντων· οὐδὲ γὰρ μικρὰ ἐπὶ τούτῳ κεῖται κόλασις. Καὶ γὰρ βουλοίμην ἂν ἔγωγε μυριάκις εἰς οἰκίαν τινὸς ὑμῶν εἰσελθὼν ἐξαπορηθῆναι, ἢ ἐνταῦθα λέγων [e] μὴ ἐξακουσθῆναι. Τοῦτο ἐμοὶ φορτικώτερον ἐκείνου· ἐπειδὴ καὶ κυριωτέρα αὕτη ἡ οἰκία. Καὶ γὰρ τὰ μεγάλα ἡμῶν ἐνταῦθα κεῖται κτήματα· ἐνταῦθα ἡμῶν αἱ ἐλπίδες πᾶσαι. Τί γὰρ οὐχὶ ἐνταῦθα μέγα καὶ φρικῶδες; Καὶ γὰρ ἡ τράπεζα αὕτη πολλῷ τιμιωτέρα [f] ἐκείνης καὶ ἡδίων, καὶ ἡ λυχνία τῆς λυχνίας. Καὶ ἴσασιν ὅσοι μετὰ πίστεως καὶ εὐκαίρως ἐλαίῳ χρισάμενοι νοσήματα ἔλυσαν.
D Καὶ τὸ κιβώτιον δὲ τοῦτο ἐκείνου τοῦ κιβωτίου πολλῷ βέλτιον καὶ ἀναγκαιότερον· οὐ γὰρ ἱμάτια, ἀλλ' ἐλεημοσύνην ἔχει συγκεκλεισμένην, εἰ καὶ ὀλίγοι εἰσὶν οἱ κεκτημένοι ἐνταῦθα. Καὶ κλίνη ἐκείνης βελτίων· ἡ γὰρ τῶν θείων Γραφῶν ἀνάπαυσις πάσης κλίνης ἡδίων ἐστί. Καὶ εἰ καλῶς ἦν ἡμῖν τὰ τῆς ὁμονοίας κατωρθωμένα, οὔτ' ἂν ἑτέραν ἔσχομεν παρὰ ταύτην οἰκίαν. Καὶ ὅτι οὐ φορτικὸν τὸ εἰρημένον, μαρτυροῦσιν [g] οἱ τρισχίλιοι καὶ οἱ πεντακισχίλιοι, καὶ οἰκίαν, καὶ τράπεζαν, καὶ ψυχὴν ἐσχηκότες μίαν· Τοῦ γὰρ
E πλήθους τῶν πιστευσάντων, φησὶν, ἦν ἡ καρδία καὶ ἡ ψυχὴ μία. Ἐπειδὴ δὲ πολὺ τῆς ἐκείνων ἀποδέομεν ἀρετῆς, καὶ διῳκίσμεθα κατὰ τὰς οἰκίας, κἂν ἡνίκα
378 ἐνθάδε συλλεγώμεθα, μετὰ προθυμίας τοῦτο ποιῶμεν.
A Εἰ γὰρ ἐν τοῖς ἄλλοις πτωχοὶ καὶ πένητές ἐσμεν, ἀλλ' ἐν τούτοις πλούσιοι. Διὸ κἂν ἐνταῦθα δέξασθε μετὰ ἀγάπης εἰσιόντας ἡμᾶς πρὸς ὑμᾶς. Καὶ ὅταν εἴπω, Εἰρήνη ὑμῖν, εἶτα εἴπητε, Καὶ τῷ πνεύματί σου· μὴ τῇ φωνῇ μόνον, ἀλλὰ καὶ τῇ γνώμῃ λέγετε· μὴ τῷ στόματι, ἀλλὰ καὶ τῇ διανοίᾳ. Ἂν δὲ ἐνταῦθα μὲν λέγῃς, εἰρήνη καὶ τῷ πνεύματί σου, ἔξω δέ μοι πολεμῇς, διαπτύων καὶ κακηγορῶν, μυρίοις λάθρᾳ πλύνων ὀνείδεσι, ποία εἰρήνη αὕτη; Ἐγὼ μὲν γὰρ, κἂν μυριάκις κακηγορήσῃς, μετὰ καθαρᾶς καρδίας τὴν εἰ-
B ρήνην σοι δίδωμι, μετὰ εἰλικρινοῦς γνώμης, καὶ πονηρὸν οὐδὲν δύναμαί ποτε περὶ σοῦ εἰπεῖν· σπλάγχνα γὰρ ἔχω πατρικά. Κἂν ἐπιπλήξω ποτὲ, κηδόμενος τοῦτο ποιῶ. Σὺ δὲ λάθρᾳ δάκνων, καὶ μὴ δεχόμενός

d Quidam habent καὶ διδασκόντων. οὐδὲ γάρ.

e Savil. μὴ ἀκουσθῆναι, Morel. μὴ ἐξακουσθῆναι.

f Ἐκείνης deest in Morel. Singulare est quod hic dicitur de iis qui ex oleo lucernæ in ecclesia ardentis uncti convaluerant. De arca postea loquitur, in qua pecuniæ servabantur, pauperibus erogandæ. Aliquid difficultatis præ se ferunt verba sequentia, ubi de arca, κιβωτίῳ, loquens dicit : ἀλλ' ἐλεημοσύνην ἔχει συγκεκλεισμένην, εἰ καὶ ὀλίγοι εἰσὶν οἱ κεκτημένοι ἐνταῦθα : *sed eleemosynam inclusam habet, licet pauci sint qui illam possideant.* Auctoris mentem hanc esse existimo. Arca illa ecclesiæ pecunias obtinet ad eleemosynam erogandam, quam virtutem, eleemosynæ scilicet erogandæ, ex his præsentibus pauci possident.

g Τρισχίλιοι καὶ πεντακισχίλιοι, illi scilicet ad fidem conversi de quibus in Actibus apostolorum, ut infra indicat.

με ἐν τῇ δεσποτικῇ οἰκίᾳ, δέδοικα μὴ πάλιν μοι τὴν ἀθυμίαν αὐξήσῃς· οὐχ ἐπειδὴ ὕβρισας, οὐδὲ ἐπειδὴ ἐξέβαλες, ἀλλ' ἐπειδὴ τὴν εἰρήνην ἀπεκρούσω, καὶ τὴν χαλεπὴν ἐκείνην ἐπεσπάσω κόλασιν. Κἂν γὰρ μὴ ἐκτινάξω τὸν κονιορτὸν ἐγὼ, κἂν μὴ ἀποστραφῶ, τὰ τῆς ἀπειλῆς ἀκίνητα μένει. Ἐγὼ μὲν γὰρ ἐπιλέγω πολλάκις ὑμῖν εἰρήνην, καὶ ἀεὶ τοῦτο λέγων οὐ παύσομαι· [a] ἂν δὲ καὶ μετὰ τῶν ὕβρεών με δέξησθε, οὐδὲ C οὕτω τὸν κονιορτὸν ἐκτινάσσω· οὐχ ἐπειδὴ παρακούω τοῦ Δεσπότου· ἀλλ' ἐπειδὴ σφόδρα ὑμῶν ἐκκαίομαι. Ἄλλως δὲ οὐδὲ ἔπαθόν τι δι' ὑμᾶς, οὔτε μακρὰν ἦλθον ἀποδημίαν, οὐδὲ μετὰ τοῦ σχήματος ἐκείνου καὶ τῆς ἀκτημοσύνης ἦλθον (διὰ τοῦτο πρότερον ἑαυτοῖς ἐγκαλοῦμεν), οὐδὲ χωρὶς ὑποδημάτων καὶ δευτέρου χιτῶνος· διὰ τοῦτο τάχα καὶ τὰ παρ' ὑμῶν ἐλιμπάνετε. Πλὴν ἀλλ' οὐκ ἀρκεῖ τοῦτο ὑμῖν εἰς ἀπολογίαν· ἀλλ' ἡμῖν μὲν τὸ κρίμα μεῖζον, ὑμῖν δὲ συγγνώμης οὐ μεταδίδωσι.

Τότε αἱ οἰκίαι ἐκκλησίαι ἦσαν, νυνὶ δὲ ἡ ἐκκλησία οἰκία γέγονεν. Οὐδὲν ἦν τότε ἐν οἰκίᾳ λαλῆσαι βιωτι- D κόν· οὐδέν ἐστι νῦν ἐν ἐκκλησίᾳ πνευματικὸν εἰπεῖν, ἀλλὰ καὶ ἐνταῦθα τὰ ἐκ τῆς ἀγορᾶς ἐπεισάγετε· καὶ τοῦ Θεοῦ διαλεγομένου, ἀφέντες τὸ σιγῇ τῶν λεγομένων ἀκούειν, τἀναντία φέροντες [b] ἐκβάλλετε πράγματα· καὶ εἴθε τὰ ὑμέτερα· νυνὶ δὲ τὰ μηδὲν ἡμῖν προσήκοντα καὶ λέγετε καὶ ἀκούετε. Διὰ ταῦτα θρηνῶ, καὶ θρηνῶν οὐ παύσομαι. Οὐδὲ γάρ εἰμι κύριος τὴν οἰκίαν ἀμεῖψαι ταύτην, ἀλλ' ἐνταῦθα ἀνάγκη μένειν, ἕως ἂν ἐκ τοῦ παρόντος ἐξέλθωμεν βίου. Χωρήσατε τοίνυν ἡμᾶς, καθὼς ὁ Παῦλος ἐκέλευσεν. Οὐδὲ γὰρ περὶ τραπέζης ἐκεῖ E τὸ εἰρημένον ἦν αὐτῷ, ἀλλὰ περὶ γνώμης καὶ διανοίας. Τοῦτο καὶ ἡμεῖς παρ' ὑμῶν ζητοῦμεν, τὴν ἀγάπην, τὴν φιλίαν τὴν θερμὴν ἐκείνην καὶ γνησίαν. Εἰ δὲ οὐδὲ τοῦτο ἀνέχεσθε, κἂν ὑμᾶς αὐτοὺς φιλήσατε, τὴν παροῦσαν ἀποτιθέμενοι ῥᾳθυμίαν. Ἀρκεῖ τοῦτο εἰς παραμυθίαν ἡμῖν, ἂν ἴδωμεν εὐδοκιμοῦντας γενομένους βελτίους ὑμᾶς. Οὕτω καὶ αὐτὸς μείζονα ἐπι- 375 A δείξομαι τὴν ἀγάπην, εἰ καὶ περισσότερον ἀγαπῶν, ἧττον ἀγαπῶμαι. Καὶ γὰρ πολλὰ ἡμᾶς ἐστι τὰ [a] συνάγοντα· μία τράπεζα πρόκειται πᾶσιν, εἷς ἐγέννησεν ἡμᾶς πατὴρ, τὰς αὐτὰς πάντες ἐλύσαμεν ὠδῖνας, τὸ αὐτὸ ποτὸν ἅπασι δέδοται· μᾶλλον δὲ οὐ μόνον τὸ αὐτὸ ποτὸν, ἀλλὰ καὶ ἐξ ἑνὸς ποτηρίου πίνειν. Ὁ γὰρ πατὴρ, βουλόμενος ἡμᾶς εἰς φιλοστοργίαν ἀγαγεῖν, καὶ τοῦτο ἐμηχανήσατο, ἐξ ἑνὸς ποτηρίου πίνειν ποιήσας ἡμᾶς· ὅπερ ἐπιτεταμένης ἐστὶν ἀγάπης. Ἀλλ' οὐκ ἐσμὲν ἄξιοι τῶν ἀποστόλων ἡμεῖς. Ὁμολογῶ κἀγὼ, καὶ B

cum me in dominica domo non excipias, vereor ne mihi mœrorem augeas: non quia contumelia affecisti, non quia ejecisti, sed quia pacem repulisti, et grave illud tibi supplicium attraxisti. Etiamsi enim pulverem non excutiam, etiamsi non avertar, comminatio tamen immota manet. Ego namque pacem vobis sæpe repeto, neque dicendi finem faciam; quod si me cum contumeliis excipiatis, neque sic pulverem excutiam: non quod Domino non pareani, sed quia amore vestri vehementius ardeo. Alioquin autem nihil propter vos ardui feci, non longam peregrinationem suscepi, neque cum illo habitu vel paupertate veni (ideo nosipsos prius accusemus), neque sine calceamentis et duplici tunica venimus; ideoque fortasse vos vestra neglexistis. Attamen hæc vobis ad purgationem non sufficiunt; sed crimen nostrum majus est, neque tamen venia vobis concedetur.

7. Tunc domus ecclesiæ erant; nunc ecclesia domus facta est. Nihil tunc in domo sæculare dicebatur; nunc in ecclesia nihil spirituale dicitur, sed et huc etiam fori negotia inducitis: Deoque loquente, non modo ipsum silentio non auditis, sed contraria in medium adducta negotia loquimini: atque utinam ea quæ ad vos pertinent tantum; nunc autem ea quæ nihil ad vos spectant et dicitis et auditis. Ideo lugeo, et lugendi finem non faciam. Neque enim possum ex hac domo proficisci, sed hic manere necesse est, donec ex præsenti exeamus vita. Suscipite ergo nos, sicut Paulus præcepit. 2. Cor. 7. 2. Neque enim de mensa loquebatur ille, sed de voluntate et animo. Hoc et nos a vobis postulamus, caritatem, et amorem illum ardentem et sincerum. Quod si hoc non fertis, saltem vos mutuo amate, præsentem deponentes negligentiam. Hoc nobis ad consolationem satis est, si videamus vos recte agentes et meliores effectos. Sic majorem ego caritatem exhibebo, si ferventius amans, minus amer a vobis. Multa enim nos conjungunt: una mensa omnibus proposita, unus nobis pater est, eodem partu omnes prodiimus, idem potus omnibus datus est; imo non solum idem potus, sed ex eodem calice sumendus. Pater enim noster, cum nos vellet in mutuum amorem inducere, illud machinatus est, ut ex uno calice biberemus; quod maximæ est caritatis. Sed apostolis, inquies, digni non sumus. Id ego fateor, nec

Caritas mutua inter Christianos.

[a] Aliqui ἂν δὲ μεθ' ὕβρεων καὶ μὴ δέξησθε. Morel. ἂν δὲ μετὰ τῶν ὕβρεων μὴ δέξησθε. Savil., quem sequimur. ἂν δὲ μετὰ τῶν ὕβρεών με δέξησθε.

[b] Morel. et quidam Mss. ἐνβάλλετε, Savil. et alii ἐμβάλλετε. Præstat, ni fallor, Morelli lectio.

[a] Συνάγοντα, καὶ γὰρ μία. Sic Morel.: sed illud καὶ γὰρ, lapsu quodam repetitum, cum in cæteris exemplaribus non habeatur, expungere visum est.

umquam negaverim. Non enim illis modo, sed ne umbræ quidem illorum comparandi sumus. Attamen vos officium vestrum implete. Non enim illud vobis umquam pudori erit, sed vos maxime juvabit. Cum enim etiam erga indignos talem exhibebitis amorem, talem obsequentiam, tunc majorem recipietis mercedem. Non nostra quippe dicimus; quia nullus est nobis doctor in terra; sed quæ accepimus, damus, et pro dato nihil a vobis requirimus, nisi ut redamemur tantum. Quod si etiam amore indigni sumus, vel hinc cito erimus digni, quod vos vere amemus. Quandoquidem mandatum nobis est, non solum eos qui nos amant amare, sed etiam inimicos diligere. Quis ita immanis, quis ita ferus, qui tali accepta lege, etiam sui amantes aversetur et odio habeat, etiamsi mille sit vitiis plenus? Mensæ spiritualis consortes fuimus: spiritualis etiam caritatis consortes simus. Nam si latrones, qui simul vescuntur, moris sui mutuo obliviscuntur, quam nos excusationem habebimus, qui dominici corporis sumus consortes, nec illorum mansuetudinem mutuam imitamur? Atqui multis non mensæ tantum, sed civitatis etiam societas satis fuit ad amicitiam: nos vero qui eamdem habemus civitatem, domum, viam, portam, radicem, vitam, idem caput, eumdem pastorem, regem, doctorem, judicem, creatorem, patrem, omniaque communia, qua erimus venia digni, si invicem dissideamus? Verum signa quæritis, quæ illi ingressi faciebant, leprosos mundabant, dæmonas ejiciebant, mortuos suscitabant? Sed et hoc nobilitatis vestræ maximum indicium est, amorisque vestri, quod sine pignoribus hujusmodi Deo credatis. Ea enim de causa cessavit Deus signa edere, aliamque causam profero. Nam si, cessantibus signis, qui aliis dotibus sunt instructi, ut verbi sapientia, vel pietatis præstantia, vanæ gloriæ sunt dediti, sese efferunt, seseque ab aliis sejungunt: si etiam signa adessent, quo non erumperent schismata? Quod autem hæc non ex conjectura dicantur, testificantur Corinthii, qui inde multas in partes distracti sunt. Ne signa quæras, sed animæ incolumitatem. Ne quæras mortuum suscitatum videre, cum didiceris totum orbem resurrecturum esse. Ne quæras cæcum sanatum videre; sed vide nunc omnes, meliore et utiliore intuitu respicientes: ac disce temperanter respicere, et oculum tuum corrige. Nam si omnium

Cur signa edere cessaverit Deus.

1. Cor. 1.

οὐκ ἄν ποτε ἀρνηθείην. Οὐ γὰρ μόνον ἐκείνων, ἀλλ'
οὐδὲ τῆς σκιᾶς ἄξιοι τῆς ἐκείνων ἡμεῖς. Ἀλλ' ὅμως
[b] τὰ παρ' ὑμῶν γενέσθω. Οὐδὲν ὑμᾶς τοῦτο καταισχῦναι
δυνήσεται, ἀλλὰ καὶ ὠφελῆσαι μειζόνως. Ὅταν γὰρ περὶ
ἀναξίους τοσαύτην ἐπιδείξησθε τὴν ἀγάπην καὶ τὴν
ὑπακοὴν, τότε μείζονα λήψεσθε τὴν ἀνταπόδοσιν. Οὐδὲ
γὰρ τὰ ἡμέτερα λέγομεν· ἐπεὶ μηδέ ἐστιν [c] ἡμῖν διδάσκαλος ἐπὶ τῆς γῆς· ἀλλ' ἃ παρελάβομεν, καὶ δι-
δόαμεν, καὶ διδόντες οὐδὲν πλέον ἐπιζητοῦμεν παρ'
ὑμῶν, ἀλλ' ἢ τὸ φιλεῖσθαι μόνον. Εἰ δὲ ἀνάξιοι καὶ
C τούτου, ἀλλ' ἀπὸ τοῦ φιλεῖν ὑμᾶς ἄξιοι ταχέως ἐσόμεθα. Καίτοι γε προσετάγημεν, μὴ τοὺς φιλοῦντας φιλεῖν μόνον, ἀλλὰ καὶ τοὺς ἐχθρούς. Τίς οὖν οὕτως ἀπη-
νὴς, τίς οὕτως ἄγριος, ὃς τοιοῦτον δεξάμενος νόμον,
καὶ τοὺς φιλοῦντας ἀποστραφήσεται καὶ μισήσει, κἂν
μυρίων κακῶν ἀνάμεστος ᾖ; Ἐκοινωνήσαμεν τραπέζης πνευματικῆς· κοινωνήσωμεν καὶ ἀγάπης πνευματικῆς. Εἰ γὰρ λῃσταὶ, [d] κοινωνήσαντες ἁλῶν, ἐπιλαν-
θάνονται τοῦ τρόπου, τίνα ἕξομεν ἀπολογίαν ἡμεῖς,
σώματος ἀεὶ δεσποτικοῦ μετέχοντες, καὶ οὐδὲ τὴν
ἐκείνων μιμούμενοι ἡμερότητα; Καίτοι γε πολλοῖς οὐχὶ
D τράπεζα μόνον, ἀλλὰ καὶ τὸ πόλεως εἶναι μιᾶς, ἤρκεσεν εἰς φιλίαν· ἡμεῖς δὲ ὅταν καὶ πόλιν τὴν αὐτὴν
ἔχωμεν, καὶ οἰκίαν τὴν αὐτὴν, καὶ τράπεζαν, καὶ ὁδὸν,
καὶ θύραν, καὶ ῥίζαν, καὶ ζωὴν, καὶ κεφαλὴν, ποιμένα τὸν αὐτὸν, καὶ βασιλέα, καὶ διδάσκαλον, καὶ κριτὴν, καὶ δημιουργὸν, καὶ πατέρα, καὶ πάντα ἡμῖν ᾖ
κοινὰ, τίνος ἂν εἴημεν συγγνώμης ἄξιοι, ἀπ' ἀλλήλων
διαιρούμενοι; Ἀλλὰ τὰ σημεῖα ἐπιζητεῖτε, ἅπερ εἰσιόντες ἐποίουν ἐκεῖνοι, τοὺς λεπροὺς τοὺς καθαιρο-
μένους, καὶ τοὺς δαίμονας τοὺς ἐλαυνομένους, καὶ
τοὺς ἐγειρομένους νεκρούς; Ἀλλὰ καὶ τοῦτο καὶ τῆς
E εὐγενείας ὑμῶν μέγιστον δεῖγμα, καὶ τῆς ἀγάπης, τὸ
μὴ μετ' ἐνεχύρων πιστεύειν τῷ Θεῷ. Καὶ γὰρ καὶ διὰ
τοῦτο καὶ δι' ἕτερον τὰ σημεῖα ἔπαυσεν ὁ Θεός. Εἰ
γὰρ, οὐ γιγνομένων σημείων, οἱ πλεονεκτήμασιν ἑτέροις κομῶντες, [e] οἱονεὶ λόγου σοφίᾳ, ἢ εὐλαβείας ἐπιδείξει, κενοδοξοῦσιν, ἐπαίρονται, ἀπ' ἀλλήλων σχίζον-
ται· εἰ καὶ σημεῖα ἐγένοντο, ποῦ οὐκ ἂν ἐγένετο ῥή-
γματα; Καὶ ὅτι οὐ στοχασμὸς τὸ εἰρημένον, μαρτυ-
ροῦσι Κορίνθιοι εἰς πολλὰ ἐντεῦθεν διαιρεθέντες μέρη.
376 Μὴ δὴ σημεῖα ζήτει, ἀλλὰ ψυχῆς ὑγείαν. Μὴ ζήτει
A νεκρὸν ἕνα ἰδεῖν ἐγειρόμενον· καὶ γὰρ ἔμαθες ὅτι ὁλόκληρος ἡ οἰκουμένη ἀνίσταται. Μὴ ζήτει τυφλὸν ἰδεῖν
θεραπευόμενον, ἀλλ' ὅρα πάντας ἀναβλέποντας νῦν
τὴν βελτίω καὶ χρησιμωτέραν ἀνάβλεψιν· καὶ μάθε
καὶ σὺ σωφρόνως ὁρᾷν, καὶ διόρθωσαί σου τὸν ὀφθαλ-
μόν. Καὶ γὰρ εἰ πάντες ὡς ἐχρῆν ἐζῶμεν, μᾶλλον ἂν

[b] Quidam habent τὰ παρ' ὑμῶν ὑπὲρ ὑμῶν.

[c] Ἡμῖν Savil., ὑμῖν Morel. Utrumque quadrat.

[d] Alii κοινωνοῦντες.

[e] Quidam οἷον ἢ λόγῳ σοφίας.

τῶν θαυματουργούντων ἐθαύμασαν ἂν ἡμᾶς Ἑλλήνων παῖδες. Τὰ μὲν γὰρ σημεῖα καὶ φαντασίας ὑπόνοιαν ἔχει πολλάκις, καὶ ἑτέραν πονηρὰν ὑποψίαν, εἰ καὶ τὰ ἡμέτερα οὐ τοιαῦτα· βίος δὲ καθαρὸς οὐδεμίαν τοιαύτην ἐπήρειαν δύναται δέξασθαι· ἀλλὰ πάντων ἐμφράττει τὰ στόματα τῆς ἀρετῆς ἡ κτῆσις.

Ταύτης τοίνυν ἐπιμελώμεθα· πολὺς γὰρ αὐτῆς ὁ B πλοῦτος, καὶ τὸ θαῦμα μέγα. Αὕτη τὴν ὄντως ἐλευθερίαν παρέχει, καὶ ἐν τῇ δουλείᾳ θεωρεῖσθαι ταύτην παρασκευάζει· οὐκ ἀπαλλάττουσα τῆς δουλείας, ἀλλὰ δούλους μένοντας ἐλευθέρων ἀποφαίνουσα σεμνοτέρους, ὃ τοῦ δοῦναι ἐλευθερίαν πολλῷ πλέον ἐστίν· οὐ ποιοῦσα πλούσιον τὸν πένητα, ἀλλὰ μένοντα πένητα τοῦ πλουσίου [a] εὐπορώτερον ἀποφαίνουσα. Εἰ δὲ καὶ σημεῖα βούλει ποιεῖν, ἀπαλλάγηθι πλημμελημάτων, καὶ τὸ πᾶν ἤνυσας. Καὶ γὰρ μέγας δαίμων ἡ ἁμαρτία, ἀγαπητέ· κἂν ταύτην ἐξέλῃς, τῶν μυρίους δαίμονας ἐλαυνόντων μεῖζον εἰργάσω. Ἄκουσον Παύλου λέγοντος, καὶ τὴν ἀρετὴν τῶν θαυμάτων προτι- C θέντος· Ζηλοῦτε δὲ, φησὶ, τὰ χαρίσματα [b] τὰ πνευματικά· καὶ ἔτι καθ' ὑπερβολὴν ὁδὸν ὑμῖν δείκνυμι· καὶ μέλλων λέγειν τὴν ὁδὸν ταύτην, οὔτε νεκρῶν εἶπεν [c] ἀνάστασιν, οὐ λεπρῶν κάθαρσιν, οὐκ ἄλλο τῶν τοιούτων οὐδέν· ἀλλ' ἀντὶ πάντων τούτων τὴν ἀγάπην τέθεικεν. Ἄκουσον καὶ τοῦ Χριστοῦ λέγοντος· Μὴ χαίρετε, ὅτι τὰ δαιμόνια ὑμῖν ὑποτάσσεται, ἀλλ' ὅτι τὰ ὀνόματα ὑμῶν γέγραπται ἐν τοῖς οὐρανοῖς. Καὶ πρὸ τούτου πάλιν· Ἐροῦσί μοι πολλοὶ ἐν ἐκείνῃ τῇ ἡμέρᾳ· [d] οὐ τῷ σῷ ὀνόματι προεφητεύσαμεν, καὶ δαιμόνια ἐξεβάλομεν, καὶ δυνάμεις πολλὰς ἐποιήσαμεν; Καὶ D τότε ὁμολογήσω αὐτοῖς, οὐκ οἶδα ὑμᾶς. Καὶ ὅτε ἔμελλε σταυροῦσθαι, καλέσας τοὺς μαθητὰς ἔλεγεν αὐτοῖς· Ἐν τούτῳ γνώσονται πάντες, ὅτι ἐμοὶ μαθηταί ἐστε, οὐκ ἐὰν δαίμονας ἐκβάλητε, ἀλλ' Ἐὰν ἀγάπην ἔχητε ἐν ἀλλήλοις. Καὶ πάλιν· Ἐν τούτῳ γνώσονται πάντες, ὅτι σύ με ἀπέστειλας, οὐχὶ ἂν νεκροὺς ἐγείρωσιν οὗτοι, ἀλλ' Ἐὰν ὦσιν ἕν. Τὰ μὲν γὰρ σημεῖα πολλάκις ἕτερον μὲν ὠφέλησε, τὸν δὲ ἔχοντα παρέβλαψεν, εἰς ἀπόνοιαν ἐπάραντα καὶ κενοδοξίαν, ἢ καὶ ἑτέρῳ τινὶ τρόπῳ· ἐπὶ δὲ τῶν ἔργων οὐδὲν τοιοῦτον [e] ὑποπτεῦσαι E ἂν εἴη, ἀλλὰ καὶ τοὺς μετιόντας αὐτὰ, καὶ ἑτέρους πολλοὺς ὠφελεῖ. Ταῦτα τοίνυν μετὰ πολλῆς τῆς ἐπιμελείας ἐργασώμεθα. Ἂν γὰρ ἐξ ἀπανθρωπίας εἰς ἐλεημοσύνην μεταβάλῃς, ξηρὰν τὴν χεῖρα οὖσαν ἐξέτεινας. Ἂν θεάτρου ἀποστὰς ἐπὶ τὴν ἐκκλησίαν εἰσίῃς, χωλεύοντα τὸν πόδα διώρθωσας. Ἂν ἀποστήσῃς τοὺς

nostrum vita talis esset, qualem esse oporteret, gentiles plus nos mirarentur, quam si miracula patraremus. Signa quippe specie tantum talia esse putantur, neque sunt a prava suspicione libera, etiamsi signa nostra non hujusmodi sint: vita autem pura tali suspicioni obnoxia esse nequit; sed virtutis possessio omnium obstruit ora.

8. Virtuti ergo studeamus: multæ quippe sunt illius divitiæ, magnæque admirationi habentur. Illa veram præbet libertatem, ita ut etiam in servitute spectaculo sit: non quod a servitute liberet, Virtutis præstantia. sed quod servos reddat liberis præstantiores, id quod libertate multo majus est: pauperem non reddit divitem, sed etsi pauper maneat, illum divite facit opulentiorem. Quod si velis signa facere, a peccatis te expedi, et totum perfecisti. Nam magnus dæmon est peccatum, dilecte; et si illud ejeceris, majus quidpiam fecisti, quam qui mille dæmonas expulerit. Audi Paulum dicentem, et virtutem miraculis anteponentem: *Æmulamini au-* 1. Cor. 12. 31. *tem*, inquit, *charismata spiritualia: et adhuc excellentiorem viam vobis ostendo;* et hanc viam postea exponens, non mortuos suscitatos dicit, non leprosos mundatos, non aliud simile quidpiam; sed pro his omnibus caritatem posuit. Audi quoque Christum dicentem: *Nolite lætari, quo-* Luc. 10. 20. *niam dæmonia vobis subjiciuntur, sed quia nomina vestra scripta sunt in cælis.* Et antea dixerat: *Multi dicent mihi in die illa: Non-* Matth. 7. 22. 23. *ne in nomine tuo prophetavimus, et dæmonia ejecimus, et virtutes multas fecimus? Et tunc confitebor eis, Nescio vos.* Ad crucem etiam iturus, vocatis discipulis dixit: *In hoc co-* Joan. 13. 35. *gnoscent omnes, quia discipuli mei estis,* non si dæmonia ejiciatis, sed *Si dilectionem habueritis ad invicem.* Ac rursum: *In hoc cogno-* Joan. 17 23. *scent omnes, quia tu me misisti;* non si mortuos hi suscitaverint, sed *Si unum fuerint.* Nam sæpe signa alterum quidem juvarunt: ei vero qui signum fecit nocuerunt, dum in tumorem inanemque gloriam illum conjecerunt, vel alio modo læserunt: in operibus vero nihil tale suspicari licet, sed et eos, qui illa exercent, et alios multos juvant. Hæc itaque cum magna diligentia edamus. Nam si ex inhumanitate ad eleemosynam dandam te converteris, manum ante aridam extendisti. Si a theatro absistens in ecclesiam intrave-

[a] Quidam habent εὐτονώτερον.

[b] In Græcis Scripturæ exemplaribus legitur τὰ κρείττονα.

[c] Alii ἀνάστασιν, alii ἔγερσιν, quod idipsum est.

[d] Sic Manuscripti. Savil. autem et Morel. ὅτι τῷ σῷ ὀνόματι δαιμόνια, omissis quibusdam. Ibidem Morel. et quidam ἀπολογήσομαι pro ὁμολογήσω.

[e] Savil. ὑποπτεῦσαι ἔνι.

ris, claudicantem pedem restituisti. Si avertas oculos tuos a meretrice et a pulchritudine aliena, illos antea cæcos aperuisti. Si pro satanicis canticis psalmos spiritales didiceris, cum mutus ante fuisses, loquutus es. Hæc maxima miracula sunt; hæc signa eximia. Si hæc signa edentes perseveremus, magni et admirandi per hæc erimus, malosque omnes ad virtutem attrahemus, ac futura gloria fruemur: quam utinam nos omnes consequamur, gratia et misericordia Domini nostri Jesu Christi, cui gloria et imperium, in infinita sæcula sæculorum. Amen.

377 A ὀφθαλμούς σου ἀπὸ πόρνης καὶ κάλλους ἀλλοτρίου, τυφλοὺς ὄντας ἀνέῳξας. Ἐὰν ἀντὶ σατανικῶν ᾠδῶν ψαλμοὺς μάθῃς πνευματικούς, κωφὸς ὢν ἐλάλησας. Ταῦτα τὰ θαύματα μέγιστα· ταῦτα τὰ σημεῖα παράδοξα. Ἂν ταῦτα τὰ σημεῖα ποιοῦντες διατελῶμεν, καὶ αὐτοὶ μεγάλοι τινὲς καὶ θαυμαστοὶ διὰ τούτων ἐσόμεθα, καὶ τοὺς πονηροὺς ἐπισπασόμεθα πάντας εἰς ἀρετήν, καὶ τῆς μελλούσης ἀπολαύσομεν ζωῆς· ἧς γένοιτο πάντας ἡμᾶς ἐπιτυχεῖν, χάριτι καὶ φιλανθρωπίᾳ τοῦ Κυρίου ἡμῶν Ἰησοῦ Χριστοῦ, ᾧ ἡ δόξα καὶ τὸ κράτος, εἰς ἀτελευτήτους τοὺς αἰῶνας τῶν αἰώνων. Ἀμήν.

HOMILIA XXXIII. al. XXXIV.

B

ΟΜΙΛΙΑ λγ'.

Cap. X. v. 16. *Ecce ego mitto vos sicut oves in medio luporum. Estote ergo prudentes sicut serpentes, et simplices sicut columbæ.*

Ἰδοὺ ἐγὼ ἀποστέλλω ὑμᾶς ὡς πρόβατα ἐν μέσῳ λύκων. Γίνεσθε οὖν φρόνιμοι ὡς οἱ ὄφεις, καὶ ἀκέραιοι ὡς αἱ περιστεραί.

1. Postquam illos eo deduxerat, ut de necessariis ad victum sibi suppeditandis confiderent, et omnium domos ipsis aperuerat, honestissimamque ingressus formam dederat, non ut errones et mendicos esse jubens, sed ut se suscipientibus longe præstantiores (hoc enim significavit cum dixit: *Dignus est operarius mercede sua;* et cum præcepit explorare, quis dignus esset, ibique manere, atque excipientes salutare, cumque non suscipientibus intolerabilia comminatus esset mala): postquam igitur sic omnem curam ab ipsis ejecerat, ac signorum spectaculo munierat, et quasi ferreos adamantinosque reddiderat, sæcularibus omnibus superiores, et ab omni temporanea sollicitudine liberatos: demum illa prædicit mala, quæ ipsos invasura erant: non solum ea quæ paulopost futura, sed etiam ea quæ post multum temporis erant eventura, diu ante illos ad bellum præparans contra diabolum suscipiendum. Multa enim hinc bona emergebant: primo, quod ipsius præscientiæ vim agnoscerent; secundo, quod nemo suspicari posset, hæc mala ob doctoris imbecillitatem evenire; tertio, ne ii qui hæc passuri erant, percellerentur si hæc inexspectata et præter spem accidissent; quarto, ne hæc crucis tempore audientes turbarentur; nam tunc turbati sunt, cum exprobrans ipsis diceret: *Quia hæc loquutus sum*

Joan. 16. 6. 5.

Ἐπειδὴ περὶ τῆς ἀναγκαίας ἐποίησεν αὐτοὺς θαῤῥεῖν τροφῆς, καὶ τὰς πάντων ἀνέῳξεν αὐτοῖς οἰκίας, καὶ σεμνὸν τῇ εἰσόδῳ αὐτῶν σχῆμα περιέθηκεν, οὐχ ὡς ἀλήτας καὶ προσαίτας εἰσιέναι κελεύων, ἀλλ' ὡς τῶν ὑποδεχομένων πολλῷ σεμνοτέρους (τοῦτο γὰρ ἔδειξε δι' ὧν ἔλεγεν· Ἄξιος ὁ ἐργάτης τοῦ μισθοῦ αὐτοῦ, C καὶ δι' ὧν ἐκέλευσεν ἐρωτᾷν, τίς ἄξιος, κἀκεῖ μένειν, καὶ ἀσπάσασθαι τοὺς δεχομένους προσέταττε, καὶ δι' ὧν τοῖς μὴ δεχομένοις τὰ ἀνήκεστα ἐκεῖνα ἠπείλησε κακά)· ἐπειδὴ οὖν [a] ταύτῃ ἐξέβαλεν αὐτῶν τὴν φροντίδα, καὶ τῇ τῶν σημείων καθώπλισεν ἐπιδείξει, καὶ σιδηροῦς τινας καὶ ἀδαμαντίνους εἰργάσατο, πάντων ἀπαλλάξας τῶν βιωτικῶν, καὶ πάσης ἐλευθερώσας ἐπικαίρου μερίμνης αὐτούς· λέγει λοιπὸν καὶ τὰ μέλλοντα συμπίπτειν αὐτοῖς κακὰ, οὐ τὰ μικρὸν ὕστερον D συμβησόμενα μόνον, ἀλλὰ καὶ τὰ μετὰ μακρὸν ἐσόμενα χρόνον, ἄνωθεν καὶ πρὸ πολλοῦ τῷ πρὸς τὸν διάβολον προπαρασκευάζων αὐτοὺς πολέμῳ. Καὶ γὰρ πολλὰ ἐντεῦθεν κατωρθοῦτο· καὶ πρῶτον, τὸ μαθεῖν τῆς προγνώσεως αὐτοῦ τὴν δύναμιν· δεύτερον δὲ, τὸ μηδένα ὑποπτεύειν, ὅτι δι' ἀσθένειαν τοῦ διδασκάλου ταῦτα ἐπῄει τὰ δεινά· τρίτον, τὸ τοὺς ὑπομένοντας ταῦτα μὴ [b] ἐκπλήττεσθαι τῷ ἀπροσδοκήτως καὶ παρ' ἐλπίδας ἐκβαίνειν· τέταρτον, τὸ μὴ παρ' αὐτὸν τὸν καιρὸν τοῦ σταυροῦ ταῦτα ἀκούοντας θορυβηθῆναι. Καὶ γὰρ καὶ ἔπαθον τοῦτο αὐτὸ τότε, ὅτε [c] ὀνειδίζων αὐτοῖς ἔλεγεν· Ὅτι ταῦτα λελάληκα ὑμῖν, ἡ λύπη

[a] Quidam habent ταύτην.

[b] Nonnulli ἐπιπλήττεσθαι [Montf. et Commelin. τὰ, Savil. τῷ], et mox quidam habent παρ' ἐλπίδα.

[c] Morel. ὀνειδίζων αὐτούς. Savil. αὐτοῖς. Infra quidam περὶ ἑαυτοῦ ἦν εἰρηκώς.

πεπλήρωκεν ὑμῶν τὴν καρδίαν, καὶ οὐδεὶς ἐξ ὑμῶν ἐρωτᾷ με, ποῦ ὑπάγεις; Καίτοι οὐδὲν οὐδέπω περὶ ἑαυτοῦ λέγει, οἷον, ὅτι δεθήσεται, καὶ μαστιγωθήσεται, καὶ ἀναιρεθήσεται, ὥστε μὴ καὶ ταύτῃ συνταράξαι αὐτῶν τὴν διάνοιαν· ἀλλὰ τέως τὰ αὐτοῖς [d] συμβησόμενα προαναφωνεῖ. Εἶτα ἵνα μάθωσιν, ὅτι καινὸς οὗτος ὁ τοῦ πολέμου νόμος, καὶ παράδοξος ὁ τῆς πα- 378 ρατάξεως τρόπος, γυμνοὺς πέμπων, καὶ μονοχίτωνας, καὶ ἀνυποδέτους, καὶ χωρὶς ῥάβδου, καὶ χωρὶς ζώνης καὶ πήρας, καὶ παρὰ τῶν δεχομένων κελεύων τρέφεσθαι, οὐδὲ ἐνταῦθα τὸν λόγον ἔστησεν, ἀλλὰ δεικνὺς αὐτοῦ τὴν ἄφατον δύναμιν, φησί· καὶ οὕτως ἀπιόντες τὴν προβάτων ἡμερότητα ἐπιδείκνυσθε, καὶ ταῦτα πρὸς λύκους ἰέναι μέλλοντες· καὶ οὐχ ἁπλῶς πρὸς λύκους, ἀλλὰ καὶ Ἐν μέσῳ λύκων. Καὶ οὐ προβάτων ἡμερότητα μόνον ἔχειν κελεύει, ἀλλὰ καὶ τῆς περιστερᾶς τὸ ἀκέραιον. Οὕτω γὰρ μάλιστα τὴν ἐμὴν ἐνδείξομαι ἰσχὺν, ὅταν πρόβατα λύκων περιγένηται, καὶ ἐν μέσῳ τῶν λύκων ὄντα, καὶ μυρία λαμβάνοντα δήγματα, μὴ μόνον μὴ καταναλίσκηται, ἀλλὰ καὶ ἐκείνους [a] μεταβάλλῃ· ὃ πολλῷ θαυμαστότερόν ἐστι, B καὶ μεῖζον τοῦ ἀνελεῖν, τὸ μεταθεῖναι τὴν γνώμην, καὶ μεταῤῥυθμίσαι τὴν διάνοιαν· καὶ ταῦτα δώδεκα ὄντας μόνον, τῆς οἰκουμένης τῶν λύκων ἐμπεπλησμένης. Αἰσχυνώμεθα τοίνυν οἱ τἀναντία ποιοῦντες, οἱ ὡς λύκοι τοῖς ἐχθροῖς ἐπιτιθέμενοι. Ἕως γὰρ ἂν ὦμεν πρόβατα, νικῶμεν· κἂν μυρίοι περιστοιχίσωνται λύκοι, περιγινόμεθα καὶ κρατοῦμεν· ἂν δὲ γενώμεθα λύκοι, ἡττώμεθα· ἀφίσταται γὰρ ἡμῶν ἡ τοῦ ποιμένος βοήθεια. Οὐ γὰρ λύκους, ἀλλὰ πρόβατα ποιμαίνει, καὶ καταλιμπάνει σε καὶ ἀναχωρεῖ· οὐδὲ γὰρ συγχωρεῖς αὐτοῦ δειχθῆναι τὴν δύναμιν. Ἂν μὲν γὰρ πάσχων C κακῶς ἡμερότητα ἐπιδείξῃ, αὐτῷ λογίζεται ἅπαν τὸ τρόπαιον· ἂν δὲ ἐπεξίῃς καὶ πυκτεύῃς, ἐπισκιάζεις τῇ νίκῃ. Σὺ δέ μοι σκόπει τίνες εἰσὶν οἱ τῶν [b] προσταγμάτων τούτων ἀκούοντες τῶν σκληρῶν καὶ ἐπιπόνων· οἱ δειλοὶ, καὶ ἰδιῶται· οἱ ἀγράμματοι, καὶ ἀμαθεῖς· οἱ πάντοθεν ἄσημοι· οἱ μηδέποτε τοῖς ἔξωθεν ἐντραφέντες νόμοις· οἱ μὴ ταχέως εἰς ἀγορὰς ἐμβάλλοντες ἑαυτούς· οἱ ἁλιεῖς, οἱ τελῶναι, οἱ μυρίων γέμοντες ἐλαττωμάτων. Εἰ δὲ καὶ τοὺς ὑψηλοὺς καὶ μεγάλους ἱκανὰ ταῦτα θορυβῆσαι ἦν, τοὺς πάντοθεν ἀπείρους καὶ D οὐδὲν οὐδέποτε φαντασθέντας γενναῖον πῶς οὐκ ἦν ἱκανὰ καταβαλεῖν καὶ ἐκπλῆξαι; Ἀλλ' οὐ κατέβαλε. Καὶ μάλα εἰκότως. * Καὶ ἴσως εἴποι τις ἄν· ἔδωκε γὰρ αὐτοῖς ἐξουσίαν λεπροὺς καθαίρειν, καὶ δαίμονας ἐλαύνειν. Ἐγὼ δὲ ἐκεῖνο ἂν εἴποιμι, ὅτι αὐτὸ μὲν οὖν τοῦτο μάλιστα αὐτοὺς ἱκανὸν ἦν θορυβῆσαι, ὅτι καὶ

E ***vobis, tristitia implevit cor vestrum, et nemo ex vobis interrogat me, Quo vadis?*** **Attamen de se nihil adhuc dicit, nempe quod vinciendus esset,** flagellandus, occidendus, ne sic eorum perturbaret animos, sed interim quæ ipsis eventura sint prænuntiat. Deinde ut discant, novam esse hanc bellandi legem, et inauditum aciei modum, cum A nudos mittat, una indutos tunica, sine calceis, sine virga, sine cingulo vel pera, quos ali jubet ab excipientibus, non hic finem dicendi facit, sed suam ostendens ineffabilem potentiam dicit: Sic abeuntes ovium mansuetudinem exhibete, etiamsi contra lupos ituri; nec modo contra lupos, sed etiam *In medio luporum*. Neque tantum ovium mansuetudinem jubet habere, sed etiam simplicitatem columbæ. Sic præsertim meam ostendam fortitudinem, cum oves lupos vicerint, etiamsi in medio luporum sint, et innumeris morsibus lacerentur, nec modo non deleantur, sed etiam lupos convertant; quod longe mirabilius est, et majus quam B si occiderent, si nempe illorum mutent voluntatem, animumque transforment: et hæc cum illi duodecim essent tantum, et totus orbis lupis esset plenus. Erubescamus igitur, qui contra facientes, quasi lupi inimicos invadimus. Quamdiu enim oves sumus, vincimus, atque etsi innumeris circumdati lupis superamus; si vero lupi efficiamur, vincimur: pastoris quippe auxilio destituimur. Non enim ille lupos, sed oves pascit; tunc autem te relinquit ac discedit: quia non sinis illum virtutem suam ostendere. Si enim vexatus C mansuetudinem exhibeas, ipsi totum attribuitur tropæum; sin exieris pugnaverisque, victoriam obscuras. Tu vero mihi considera quinam sint ii, qui hæc dura laboriosaque præcepta audiunt: formidolosi homines, idiotæ; illiterati, et indocti; prorsus obscuri; qui exterorum leges ignorabant, qui non in forum descenderant; piscatores, publicani, in omnibus imbecilles. Quod si hæc vel magno præditos ingenio et animo viros turbare possunt, quomodo non potuissent imperitos homi- D nes, qui nihil generosi umquam animo conceperant, dejicere atque percellere? At non dejecere. Idque jure merito, dicet forte quispiam: dedit enim illis potestatem dæmonas ejiciendi, ac leprosos mundandi. Ego autem dixerim, hoc ipsum maxime illos turbare potuisse, quod etsi mortuos suscitarent, hæc tamen intolerabilia passuri erant:

Oves Christi vincunt, lupi vincuntur.

[d] Morel. *συμπεσούμενα.*
[a] Savil. *μεταβάλλῃ*, Morel. *καταβάλῃ.*
[b] Aliqui *τῶν πραγμάτων*. Mox Morel. *ἐπιμόνων* pro *ἐπιπόνων*. Paulo post Morel. *ἔξωθεν τραφέντες.*
* [Montf *εἰκότως, καί.*]

tribunalia, abductiones ad necem, bellum adversus omnes, commune totius orbis odium, et hæc dum miracula patrarent. Quæ consolatio inter tot tantaque mala? Mittentis potentia. Idcirco hæc præmisit aliis dicens, ***Ecce ego mitto vos.*** Hoc vobis ad consolationem satis est, sufficitque ad fiduciam sumendam neminemque adversariorum formidandum.

2. Vides auctoritatem? vides potentiam? vides virtutem inexpugnabilem? Quod autem dicit, hujusmodi est : Ne turbemini, inquit, quod cum vos inter lupos mittam, ut oves et ut columbas esse jubeam. Contrarium præstare poteram, vosque mittere nihil passuros mali, nec ut oves lupis subjicere, sed leonibus formidabiliores reddere; sed ita fieri par est : hoc et vos splendidiores efficit, et potentiam meam prædicat. Hoc et Paulo

2. Cor. 12. 9. dicebat : ***Sufficit tibi gratia mea; nam virtus mea in infirmitate perficitur.*** Ego itaque sic vos constitui. Cum enim dicit, ***Ego mitto vos sicut oves***, hoc subindicat : Ne itaque animo deficiatis : novi enim, novi utique, vos sic omnibus inexpugnabiles fore. Deinde, ut quidpiam ipsi ex se proferrent, nec omnia ex gratia proficisci viderentur, neque sine causa coronari putarentur, ait : ***Estote ergo prudentes sicut serpentes, et simplices sicut columbæ.*** Et quid prudentia nostra possit, inquiunt, in tot periculis? quomodo prudentiam habere poterimus, tot agitati fluctibus? Quantacumque prudentia sit prædita ovis, cum inter lupos sit, et tantum luporum numerum, quid poterit perficere? quantacumque sit columbæ simplicitas, quid illi juvabit, tot instantibus accipitribus? In his certe irrationabilibus nihil, in vobis autem multum juvabit. Sed videamus quam hic

Prudentia serpentis quæ. prudentiam exigat. Serpentis, inquit. Quemadmodum ille omnia tradit, etiamsi corpus incidi oporteat, non admodum repugnat, dum caput servetur : sic et tu, inquit, excepta fide, omnia trade, pecunias, corpus, imo ipsam animam. Fides enim caput est et radix : illaque servata, etiamsi omnia amiseris, omnia postea abundantius recuperabis. Ideo non simplicem tantum, nec prudentem solum esse præcepit, sed hæc ambo miscuit; ita ut hæc virtus vere sint; prudentiamque serpentis assumsit, ut ne letalia vulnera accipias; simplicitatem vero columbæ, ut

νεκροὺς ἐγείροντες τὰ ἀνήκεστα ταῦτα ἔμελλον ὑπομένειν, καὶ δικαστήρια, καὶ ἀπαγωγὰς, καὶ τοὺς παρὰ πάντων πολέμους, καὶ τὸ κοινὸν τῆς οἰκουμένης μῖσος, καὶ τοιαῦτα αὐτοὺς θαυματουργοῦντας ἀναμένειν δεινά. Τίς οὖν ἡ τούτων πάντων παράκλησις; Ἡ τοῦ πέμ- E ποντος δύναμις. Διὸ καὶ τοῦτο πρὸ πάντων τέθεικε, λέγων· Ἰδοὺ ἐγὼ ἀποστέλλω ὑμᾶς. Ἀρκεῖ τοῦτο εἰς παραμυθίαν ὑμῖν· ἀρκεῖ τοῦτο εἰς τὸ θαῤῥεῖν, [a] καὶ μηδένα δεδοικέναι τῶν ἐπιόντων.

Εἶδες αὐθεντίαν; εἶδες ἐξουσίαν; εἶδες δύναμιν ἄμαχον; Ὃ δὲ λέγει, τοιοῦτόν ἐστι· μὴ θορυβηθῆτε, φη- 379 σὶν, ὅτι μεταξὺ λύκων πέμπων, ὡς πρόβατα καὶ ὡς A περιστερὰς εἶναι κελεύω. Ἐδυνάμην μὲν γὰρ ποιῆσαι τοὐναντίον, καὶ μηδὲν ὑμᾶς ἀφεῖναι δεινὸν ὑπομένειν, μηδὲ ὡς πρόβατα ὑποτεθῆναι λύκοις, ἀλλὰ λεόντων ἐργάσασθαι φοβερωτέρους· ἀλλ' οὕτω συμφέρει γενέσθαι· τοῦτο καὶ ὑμᾶς λαμπροτέρους ποιεῖ· τοῦτο καὶ τὴν ἐμὴν ἀνακηρύττει δύναμιν. Τοῦτο καὶ πρὸς Παῦλον ἔλεγεν· Ἀρκεῖ σοι ἡ χάρις μου· ἡ γὰρ δύναμίς μου ἐν ἀσθενείᾳ τελειοῦται. Ἐγὼ τοίνυν οὕτως ὑμᾶς ἐποίησα εἶναι. Ὅταν γὰρ εἴπῃ, Ἐγὼ ἀποστέλλω ὑμᾶς ὡς πρόβατα, τοῦτο αἰνίττεται· μὴ τοίνυν κατα- B πέσητε· οἶδα γὰρ, οἶδα σαφῶς, ὅτι ταύτῃ μάλιστα πᾶσιν ἀχείρωτοι ἔσεσθε. Εἶτα, ἵνα τι παρ' ἑαυτῶν εἰσφέρωσι, καὶ μὴ πάντα τῆς χάριτος εἶναι δοκῇ, μηδὲ εἰκῇ καὶ μάτην στεφανοῦσθαι νομίζωνται, φησί· Γίνεσθε οὖν φρόνιμοι ὡς οἱ ὄφεις, καὶ ἀκέραιοι ὡς αἱ περιστεραί. Καὶ τί δύναιτ' ἂν ἡ ἡμετέρα φρόνησις, φησὶν, ἐν τοσούτοις κινδύνοις; πῶς δὲ ὅλως δυνησόμεθα φρόνησιν ἔχειν, ὑπὸ τοσούτων περιαντλούμενοι κυμάτων; [a] Ὅσον ἂν γένηται φρόνιμον πρόβατον μεταξὺ λύκων ὂν, καὶ λύκων τοσούτων, τί δυνήσεται πλέον ἀνύσαι; ὅσον ἂν γένηται ἀκέραιος ἡ περιστερὰ, τί C ὠφελήσει, τοσούτων ἐπικειμένων ἱεράκων; Ἐπὶ μὲν γὰρ τῶν ἀλόγων, οὐδέν· ἐπὶ δὲ ὑμῶν, [b] τὰ μεγάλα. Ἀλλ' ἴδωμεν ποίαν φρόνησιν ἐνταῦθα ἀπαιτεῖ. Τὴν τοῦ ὄφεως, φησί. Καθάπερ ἐκεῖνος τὰ πάντα προΐεται, κἂν αὐτὸ δέῃ τὸ σῶμα ἀποτμηθῆναι, οὐ σφόδρα ἀντέχεται αὐτοῦ, ὥστε τὴν κεφαλὴν διατηρῆσαι· οὕτω καὶ σὺ, φησὶ, πλὴν τῆς πίστεως, πάντα ἐκδίδου, κἂν χρήματα, κἂν τὸ σῶμα, κἂν αὐτὴν τὴν ψυχὴν ἐκδοῦναι δέῃ. [c] Ἐκεῖνο γὰρ ἡ κεφαλὴ, καὶ ἡ ῥίζα, κἀκείνης διατηρουμένης, κἂν πάντα ἀπολέσῃς, ἅπαντα ἀνακτήσῃ πάλιν μετὰ πλείονος τῆς περιφανείας. Διὰ D δὴ τοῦτο οὔτε ἁπλοῦν τινα εἶναι καὶ ἀφελῆ προσέταξεν, οὔτε φρόνιμον μόνον, ἀλλ' ἐκέρασε ταῦτα ἀμφότερα, ὥστε γενέσθαι αὐτὰ ἀρετήν· τὴν μὲν φρόνησιν τοῦ ὄφεως εἰς τὸ μὴ πλήττεσθαι ἐν τοῖς καιρίοις παραλα

[a] Quidam habent καὶ μηδὲν δεδ. Infra Morel. θορυβῆτέ φησιν, pro θορυβηθῆτε, φησί.

[a] Unus ὅσον γὰρ ἄν. Paulo post quidam γένηται συνετὴ ἡ περιστερά.

[b] Quidam τὰ μέγιστα.

[c] Savil. et quidam ἐκείνη γάρ.

ϐών· τὸ δὲ ἀκέραιον τῆς περιστερᾶς, εἰς τὸ μὴ [d] ἀμύνασθαι τοὺς ἀδικοῦντας, μηδὲ τιμωρεῖσθαι τοὺς ἐπιϐουλεύοντας· ἐπεὶ πάλιν οὐδὲν ὄφελος τῆς φρονήσεως, ἂν μὴ τοῦτο προσῇ. Τί τοίνυν τούτων εὐτονώτερον γένοιτ' ἂν τῶν ἐπιταγμάτων; Οὐ γὰρ ἤρκει τὸ παθεῖν κακῶς; Οὐχὶ, φησίν· ἀλλ' οὐδὲ ἀγανακτεῖν σοι συγχωρῶ. Τοῦτο γάρ ἐστιν ἡ περιστερά. Ὥσπερ ἂν εἴ τις κάλαμον εἰς πῦρ ἐμϐαλὼν, κελεύῃ μὴ καίεσθαι ὑπὸ τοῦ πυρὸς, ἀλλὰ σϐεννύναι τὸ πῦρ. Ἀλλὰ μὴ θορυϐώμεθα· καὶ ἐξέϐη ταῦτα, καὶ τέλος ἔλαϐε, καὶ ἐπ' αὐτῶν ἐδείχθη τῶν ἔργων, καὶ φρόνιμοι γεγόνασιν ὡς οἱ ὄφεις, καὶ ἀκέραιοι ὡς αἱ περιστεραί· οὐκ ἄλλης ὄντες φύσεως, ἀλλὰ τῆς αὐτῆς ἡμῖν. Μὴ τοίνυν ἀδύνατα νομιζέτω τις εἶναι τὰ ἐπιτάγματα. Πρὸ γὰρ τῶν ἄλλων ἁπάντων αὐτὸς οἶδε τὴν τῶν πραγμάτων φύσιν· οἶδεν ὅτι θρασύτης οὐ θρασύτητι, ἀλλ' ἐπιεικείᾳ σϐέννυται. Εἰ δὲ καὶ ἐπὶ τῶν πραγμάτων τοῦτο γινόμενον ἰδεῖν ἐθέλοις, ἀνάγνωθι τῶν Πράξεων τῶν ἀποστόλων τὸ βιϐλίον, καὶ ὄψει ποσάκις τοῦ δήμου τῶν Ἰουδαίων κατεξαναστάντος, καὶ τοὺς ὀδόντας θήγοντος, τὴν περιστερὰν οὗτοι μιμούμενοι, καὶ μετὰ τῆς πρεπούσης ἐπιεικείας ἀποκρινόμενοι, κατέλυσαν τὸν ἐκείνων θυμὸν, ἔσϐεσαν τὴν μανίαν, ἐξέλυσαν τὴν ὁρμήν. Ἐπειδὴ γὰρ ἔλεγον· Οὐ παραγγελίᾳ παρηγγείλαμεν ὑμῖν μὴ λαλεῖν ἐν τῷ ὀνόματι τούτῳ; καίτοι μυρία δυνάμενοι θαυματουργεῖν, τραχὺ μὲν οὐδὲν οὔτε εἶπον, οὔτε ἐποίησαν, μετὰ πραότητος δὲ πάσης ἀπελογοῦντο λέγοντες· Εἰ δίκαιόν ἐστιν ὑμῶν ἀκούειν μᾶλλον ἢ τοῦ Θεοῦ, κρίνατε. Εἶδες τὸ ἀκέραιον τῆς περιστερᾶς; Βλέπε τὸ φρόνιμον τοῦ ὄφεως. Ἡμεῖς γὰρ οὐ δυνάμεθα ἃ οἴδαμεν καὶ ἠκούσαμεν μὴ λαλεῖν. Εἶδες πῶς πανταχόθεν ἠκριϐωμένους εἶναι χρὴ, ὥστε [a] μὴ ὑπὸ κινδύνων ταπεινοῦσθαι, μηδὲ ὑπὸ θυμοῦ παροξύνεσθαι; Διὰ τοῦτο καὶ ἔλεγε· Προσέχετε ἀπὸ τῶν ἀνθρώπων· παραδώσουσι γὰρ ὑμᾶς εἰς συνέδρια, καὶ ἐν ταῖς συναγωγαῖς αὐτῶν μαστιγώσουσιν ὑμᾶς· καὶ ἐπὶ ἡγεμόνας καὶ βασιλεῖς ἀχθήσεσθε ἕνεκεν ἐμοῦ, εἰς μαρτύριον αὐτοῖς καὶ τοῖς ἔθνεσι. [b] Πάλιν νήφειν αὐτοὺς παρασκευάζει, πανταχοῦ τὸ μὲν παθεῖν κακῶς αὐτοῖς διδοὺς, τὸ δὲ ποιῆσαι ἑτέροις ἀφιεὶς, ἵνα μάθῃς, ὅτι ἐν τῷ παθεῖν κακῶς ἡ νίκη, καὶ τὰ λαμπρὰ ἐντεῦθεν ἕστηκε τρόπαια. Οὐδὲ γὰρ εἶπε, πυκτεύετε καὶ ὑμεῖς, καὶ ἀνθίστασθε τοῖς ἐπηρεάζειν βουλομένοις ὑμῖν· ἀλλ' ὅτι τὰ ἔσχατα πείσεσθε μόνον.

Βαϐαὶ, πόση τοῦ λέγοντος ἡ δύναμις; πόση τῶν ἀκουόντων ἡ φιλοσοφία; Καὶ γὰρ σφόδρα ἄξιον θαυμάζειν, πῶς οὐκ εὐθέως ἀπεπήδησαν, ταῦτα ἀκούοντες, ἄνθρωποι ψοφοδεεῖς, καὶ τὴν λίμνην [c] οὐδέποτε ὑπερ-

ne lædentes te ulciscaris, neve insidiantes per vindictam amoveas: nihil enim prodest prudentia, nisi hoc adsit. Quid ergo magis arduum his præceptis? Non enim satis erat mala subire? Non, inquit ille; sed etiam ne indigneris veto. Hoc enim ad columbam pertinet. Ac si quis calamum in ignem mittens, juberet non uri ab igne, sed ignem exstinguere. Verum ne turbemur: hæc et evenerunt, et finem acceperunt, ipsisque operibus exhibita sunt: prudentes enim fuerunt sicut serpentes, et simplices sicut columbæ: non quod ex alia natura essent, sed ex eadem qua nos erant. Ne quis ergo putet hæc præcepta impleri non posse. Præ omnibus enim aliis ipse novit rerum naturam: novit ferociam non ferocia, sed moderatione restingui. Quod si reipsa et opere id videre velis, lege librum Actuum apostolorum, videbisque quoties Judæis insurgentibus, et dentes acuentibus, hi columbam imitantes, et cum moderatione debita loquentes, illorum furorem exstinxerint, iram placarint, impetum sedarint. Nam cum dicerent: *Nonne præcepimus vobis ne loqueremini in nomine isto?* (Act. 5. 28.) etsi miracula innumera patrare possent, nihil asperum vel dixerunt vel fecerunt, sed cum omni sese mansuetudine purgarunt dicentes: *Si justum est vos audire potius quam Deum, judicate.* (Act. 4. 19.) Vidisti simplicitatem columbæ? Vide prudentiam serpentis. *Non enim possumus,* inquiunt, *quæ vidimus et audivimus non loqui.* (Ibid. v. 20.) Viden' quomodo nos undique accurate munire oporteat, ut ne vel periculis dejiciamur, vel ira incendamur? Idcirco dicebat: 17. *Cavete ab hominibus: tradent enim vos in conciliis, et in synagogis suis flagellabunt vos:* 18. *et ad præsides et reges ducemini in testimonium illis et gentibus.* Rursus illos ad vigilandum præparat, ubique indicens, ut mala patiantur, aliosque mala inferre sinens, ut discas, male patiendo victoriam reportari, hincque tropæa erigi. Non enim dixit, Pugnate vos, et resistite iis qui vos lædere volunt; sed hoc tantum, Extrema passuri estis.

Patiendo victoria reportatur.

3. Papæ! quanta loquentis vis! quanta audientium philosophia! Certe valde mirandum est illos talia audientes, non statim aufugisse, viros meticulosos, qui non ultra stagnum, in quo piscari so-

[d] Quidam Mss. ἀμύνεσθαι.

[a] Alii μήτε ὑπό, bis.

[b] Morel. πάλιν γὰρ νήφειν. Post aliquot versus ἕστηκε τρόπαια Savil., recte; Morel. vero ἔστι τρόπαια, minus recte.

[c] Nonnulli οὐδέπω.

lebant, peragraverant. Quomodo non cogitarunt, nec intra se dixerunt: Quo tandem fugiemus? Tribunalia contra nos stant, reges, præsides, synagogæ Judæorum, gentilium turba, principes et subditi. Nam non Palæstinam modo, nec mala, quæ ibi passuri erant, prænuntiavit, sed bella per orbem futura prædixit: *Ad reges*, inquit, *et præsides ducemini;* ostendens illos ad gentes deinde esse mittendos. Orbem contra nos armasti, orbis terræ habitatores omnes armis contra nos munivisti, populos, tyrannos, reges. Quod sequitur vero longe horribilius est, quando fratrum filiorumque interfectores et parricidæ propter nos futuri sunt homines. Nam 21. *Tradet frater fratrem in mortem, pater filium, et insurgent filii in parentes, et morte eos afficient.* Quomodo, inquies, reliqui credent, cum viderint filios propter nos a patribus occisos, fratresque a fratribus, sceleraque omnia patrata? Annon ut nequissimos dæmonas, annon ut exsecrandos et orbis corruptores, nos undique expellent, cognatorum sanguine et ejusmodi cædibus terram repletam videntes? Illud certe eveniet. Non enim pacem in domos introducemus, tot illas cædibus implentes. Nam si magno essemus numero, nec duodecim tantum, si non idiotæ et illiterati, sed sapientes rhetores, et oratores; imo etiam reges exercitus habentes et pecuniis instructi, quomodo quidpiam persuadere poterimus, dum bella civilia et civilibus graviora succendimus? Nam etsi salutem nostram parum curemus, quis nobis ex aliis mentem adhibebit? Sed nihil horum vel cogitarunt vel dixerunt, nec præceptorum rationem exegerunt; sed cesserunt et obtemperarunt: id quod non ex ipsorum virtute tantum, sed etiam ex Doctoris sapientia proficiscebatur. Vide enim quomodo ærumnis singulis consolationem adjun-
Supra v. 15. xit: de non suscipientibus illos dixit, *Tolerabilius erit terræ Sodomorum et Gomorrhæ in die judicii, quam civitati illi;* et hic rursum cum dixit, *Et ad præsides et reges ducemini*, addidit, *Propter me in testimonium illis et gentibus.* Hæc autem non parva consolatio est, hoc propter Christum pati, et ad illos redarguendos conduci. Deus enim, etsi nullus attendat, ubique ea quæ sua sunt operatur. Sic autem illos consolabatur, non quod ipsi de ultione curarent, sed quia hinc confidebant, ipsum sibi ubique affuturum esse, qui hæc et prædixerat et prævideret,

βάντες ἐκείνην, περὶ ἣν ἡλίευον. Πῶς δὲ οὐκ ἐνενόησαν, καὶ πρὸς ἑαυτοὺς εἶπον· καὶ ποῦ φευξόμεθα λοιπόν; Τὰ δικαστήρια καθ' ἡμῶν, οἱ βασιλεῖς καθ' ἡμῶν, [d] οἱ ἡγεμόνες, αἱ συναγωγαὶ τῶν Ἰουδαίων, οἱ
D δῆμοι τῶν Ἑλλήνων, ἄρχοντες καὶ ἀρχόμενοι. Ἐντεῦθεν γὰρ οὐχὶ μόνον τὴν Παλαιστίνην αὐτοῖς, καὶ τὰ ἐν αὐτῇ κακὰ προανεφώνησεν, ἀλλὰ καὶ τοὺς τῆς οἰκουμένης παρήνοιξε πολέμους, εἰπών· Ἐπὶ βασιλεῖς ἀχθήσεσθε καὶ ἡγεμόνας· δεικνὺς ὅτι καὶ τοῖς ἔθνεσι μετὰ ταῦτα κήρυκας αὐτοὺς ἔμελλε πέμπειν. Τὴν οἰκουμένην ἡμῖν ἐξεπολέμωσας, τοὺς τὴν γῆν οἰκοῦντας ἅπαντας ὥπλισας καθ' ἡμῶν, δήμους, τυράννους, βασιλεῖς. Καὶ τὸ ἑξῆς πολὺ φρικωδέστερον, ὅταν καὶ
E ἀδελφοκτόνοι καὶ παιδοκτόνοι καὶ πατροκτόνοι δι' ἡμᾶς μέλλωσιν οἱ ἄνθρωποι γίνεσθαι. Παραδώσει γάρ, φησίν, ἀδελφὸς ἀδελφὸν εἰς θάνατον, καὶ πατὴρ τέκνον, καὶ ἐπαναστήσονται τέκνα ἐπὶ γονεῖς, καὶ θανατώσουσιν αὐτούς. Πῶς οὖν οἱ λοιποί, φησί, πιστεύσουσιν, ὅταν ἴδωσι [e] δι' ἡμᾶς παῖδας ὑπὸ πατέρων ἀναιρουμένους, καὶ ἀδελφοὺς ὑπὸ ἀδελφῶν, καὶ μιασμάτων τὰ
381 πάντα πληρούμενα; Οὐ γὰρ ὡς δαίμονας ἀλάστορας,
A οὐχ ὡς ἐναγεῖς καὶ τῆς οἰκουμένης λυμεῶνας ἀπελάσουσιν ἡμᾶς πάντοθεν, αἱμάτων συγγενικῶν τὴν γῆν πληρουμένην ὁρῶντες καὶ φόνων [a] τοιούτων; Πάνυ γε. Οὐ γὰρ τὴν εἰρήνην εἰς τὰς οἰκίας εἰσάγοντες δώσομεν, τοσούτων αὐτὰς ἐμπιπλῶντες σφαγῶν. Εἰ γὰρ πολλοί τινες ἦμεν, καὶ μὴ δώδεκα· εἰ γὰρ μὴ [b] ἰδιῶται καὶ ἀγράμματοι, ἀλλὰ σοφοὶ καὶ ῥήτορες, καὶ δεινοὶ λέγειν· μᾶλλον δὲ εἰ βασιλεῖς αὐτοὶ καὶ στρατόπεδα ἔχοντες, καὶ χρημάτων περιουσίαν· πῶς ἂν ἰσχύσαμεν πεῖσαί τινας, ἐμφυλίους πολέμους ἀνάπτοντες, καὶ ἐμφυλίων πολλῷ χαλεπωτέρους; Κἂν γὰρ
B τῆς ἡμετέρας σωτηρίας καταφρονήσωμεν, τίς ἡμῖν τῶν ἄλλων προσέξει; Ἀλλ' οὐδὲν τούτων οὔτε ἐνενόησαν οὔτε εἶπον, οὔτε εὐθύνας ἀπῄτουν τῶν ἐπιταγμάτων, ἀλλ' εἶκον καὶ ἐπείθοντο μόνον· τοῦτο δὲ οὐ τῆς αὐτῶν ἀρετῆς ἦν μόνον, ἀλλὰ καὶ τῆς τοῦ διδασκάλου σοφίας. Ὅρα γὰρ πῶς ἑκάστῳ τῶν δεινῶν παραμυθίαν παρέζευξε· καὶ ἐπὶ μὲν τῶν μὴ δεχομένων αὐτοὺς ἔλεγεν· Ἀνεκτότερον ἔσται γῇ Σοδόμων, καὶ Γομόῤῥας ἐν ἡμέρᾳ κρίσεως, ἢ τῇ πόλει ἐκείνῃ· καὶ ἐνταῦθα πάλιν εἰπών, Ἐπὶ ἡγεμόνας καὶ βασιλεῖς ἀχθήσεσθε, ἐπήγαγεν, Ἕνεκεν ἐμοῦ εἰς μαρτύριον αὐτοῖς καὶ τοῖς ἔθνεσιν. Οὐ μικρὰ δὲ αὕτη παράκλησις, τὸ καὶ διὰ τὸν Χριστὸν ταῦτα πάσχειν, καὶ εἰς ἔλεγχον ἐκείνων. Ὁ
C γὰρ Θεός, κἂν μηδεὶς προσέχῃ, τὰ αὐτοῦ πανταχοῦ φαίνεται ποιῶν. Ταῦτα δὲ αὐτοὺς παρεκάλει, οὐχ ἐπειδὴ τῆς ἑτέρων ἐπεθύμουν τιμωρίας, ἀλλ' ἐπειδὴ

[d] Alii post ἡγεμόνες repetunt καθ' ἡμῶν.

[e] Morel. δι' ἡμᾶς ὑπὸ πατέρων.

[a] Morel. τοιούτων; πάνυγε. οὐ γὰρ τὴν εἰρήνην. Savil. τοιούτων; καλήν γε τὴν εἰρήνην.

[b] Alii ἰδιῶται, μηδὲ ἀγράμματοι.

θαῤῥεῖν εἶχον, ὅτι [c] πανταχοῦ αὐτὸν ἕξουσι συμπαρόντα, τὸν καὶ προειπόντα καὶ προειδότα ταῦτα, καὶ ὅτι οὐχ ὡς πονηροὶ καὶ λυμεῶνες ταῦτα πείσονται. Μετὰ δὲ τούτων οὐ μικρὰν καὶ ἑτέραν προστίθησιν αὐτοῖς παράκλησιν, λέγων· Ὅταν δὲ παραδώσωσιν ὑμᾶς, μὴ μεριμνήσητε πῶς ἢ τί λαλήσητε· δοθήσεται γὰρ ὑμῖν ἐν ἐκείνῃ τῇ ὥρᾳ τί λαλήσετε. Οὐ γὰρ ὑμεῖς ἐστε οἱ λαλοῦντες, ἀλλὰ τὸ Πνεῦμα τοῦ Πατρὸς ὑμῶν τὸ λαλοῦν ἐν ὑμῖν. Ἵνα γὰρ μὴ λέγωσι, πῶς D πεῖσαι δυνησόμεθα, τοιούτων γιγνομένων πραγμάτων; καὶ περὶ τῆς ἀπολογίας κελεύει θαῤῥεῖν. Καὶ ἀλλαχοῦ μέν φησιν· Ἐγὼ δώσω ὑμῖν στόμα καὶ σοφίαν· ἐνταῦθα δὲ, Τὸ Πνεῦμα τοῦ Πατρὸς ὑμῶν ἐστι τὸ λαλοῦν ἐν ὑμῖν, εἰς τὸ τῶν προφητῶν αὐτοὺς ἀνάγων ἀξίωμα. Διὰ τοῦτο, ὅτε εἶπε τὴν δύναμιν τὴν δεδομένην, τότε καὶ τὰ δεινὰ ἐπήγαγε, τοὺς φόνους καὶ τὰς σφαγάς. Παραδώσει γὰρ ἀδελφὸς ἀδελφὸν, φησὶν, εἰς θάνατον, καὶ πατὴρ τέκνον, καὶ [d] ἀναστήσονται τέκνα ἐπὶ γονεῖς, καὶ θανατώσουσιν αὐτούς. Καὶ οὐδὲ ἐνταῦθα ἔστη, ἀλλὰ καὶ τὸ πολὺ φρικωδέστερον προσέθηκε, καὶ πέτραν ἱκανὸν διασαλεῦσαι, ὅτι Καὶ ἔσεσθε μισούμενοι E ὑπὸ πάντων. Καὶ ἐνταῦθα δὲ πάλιν ἐπὶ θύραις ἡ παράκλησις· [e] Διὰ τὸ ὄνομά μου γὰρ, φησὶ, ταῦτα πείσεσθε. Καὶ μετὰ τούτου πάλιν ἕτερον· Ὁ δὲ ὑπομείνας εἰς τέλος, οὗτος σωθήσεται. Ταῦτα δὲ καὶ ἄλλως ἱκανὰ ἦν διορθῶσαι αὐτῶν τὰ φρονήματα, εἴ γε τοσαύτη τοῦ κηρύγματος ἔμελλεν ἀνάπτεσθαι ἡ δύναμις, 382 A ὡς φύσιν ἀτιμάζεσθαι, καὶ συγγένειαν ἐκβάλλεσθαι, καὶ προτιμᾶσθαι πάντων τὸν λόγον, [a] κατακράτος πάντα ἐλαύνοντα. Εἰ γὰρ φύσεως τυραννὶς οὐκ ἰσχύει πρὸς τὰ λεγόμενα ἀντιστῆναι, ἀλλὰ διαλύεται καὶ καταπατεῖται, τί ἕτερον ὑμῶν περιγενέσθαι δυνήσεται; Οὐ μὴν, ἐπειδὴ ταῦτα ἔσται, ἐν ἀδείᾳ [b] ὑμῖν ἔσται ὁ βίος, ἀλλὰ καὶ κοινοὺς ἕξετε πολεμίους καὶ ἐχθροὺς τοὺς τὴν οἰκουμένην οἰκοῦντας.

Ποῦ νῦν Πλάτων; ποῦ Πυθαγόρας; ποῦ τῶν Στωικῶν ὁ ὁρμαθός; Καὶ γὰρ πολλῆς ἀπολαύσας ἐκεῖνος τιμῆς, οὕτως ἠλέγχετο, ὡς καὶ ἀπεμποληθῆναι, καὶ B μηδὲν ὧν ἐβούλετο κατορθῶσαι, οὐδὲ [c] ἐφ' ἑνὸς τυράννου· ὁ δὲ τοὺς μαθητὰς προδοὺς, ἐλεεινῶς τὸν βίον κατέλυσε. Καὶ τὰ Κυνικὰ καθάρματα ὥσπερ ὄναρ καὶ σκιὰ παρῆλθον. Καίτοι γε οὐδέποτε τοιοῦτον οὐδὲν ἐν ἐκείνοις συνέπεσεν, ἀλλὰ καὶ λαμπροὶ διὰ τὴν φιλοσοφίαν τὴν ἔξωθεν εἶναι ἐδόκουν, καὶ τὰς ἐπιστολὰς

et se non ut malos et corruptores hæc esse passuros. Ad hæc vero non parvam aliam consolationem adjicit, dum ait : 19. *Cum autem tradent vos, nolite cogitare quomodo aut quid loquamini : dabitur enim vobis in illa hora quid loquamini.* 20. *Non enim vos estis qui loquimini, sed Spiritus Patris vestri qui loquitur in vobis.* Ne dicerent enim, Quomodo persuadere poterimus in tantis rebus? jubet confidere de suggerenda defensione. Alibi quoque ait : *Ego dabo vobis os et sapientiam;* hic vero, *Spiritus Patris vestri est qui loquitur in vobis*, ad prophetarum dignitatem ipsos adducens. Quapropter, cum datam virtutem exponit, tunc et mala adjungit, cædes et homicidia : 21. *Tradet enim frater fratrem in mortem, et pater filium, et insurgent filii in parentes, et morte afficient eos.* Neque hic stetit, sed longe horribiliora adjecit, quæ possint vel petram commovere. 22. *Et eritis odio omnibus.* Hic etiam consolatio adjungitur; *Propter nomen meum*, inquit, hæc patiemini; et rursus alia : *Qui autem perseveraverit usque in finem, hic salvus erit.* Hæc etiam alio modo eorum animos erigere possent, si tanta futura erat prædicationis potestas, ut natura inhonoraretur, cognatio et affinitas abjiceretur, et verbum Dei omnibus anteponeretur, quod fortiter omnia dispelleret. Nam si naturæ vis non potest huic sermoni resistere, sed illa dissolvitur et conculcatur, quid aliud vos superare poterit? Non tamen, quia hæc ita se habebunt, vos in securitate vivetis, sed communes habebitis inimicos et hostes eos qui terrarum orbem habitant.

Luc. 21. 15

4. Ubi nunc Plato? ubi Pythagoras? ubi Stoicorum turba? Plato certe, licet magnum consequutus honorem, eo redactus fuit ut etiam venderetur, nihil eorum quæ in mente habebat efficere posset, nihilque eorum quæ volebat uni tyranno suadere potuerit; hic autem proditis discipulis, miserabiliter vitam clausit. Cynica vero lues quasi somnium et umbra præteriit. Etiamsi illis nihil simile acciderit, imo per externam illam philosophiam

Philosophi veteres quales fuerint.

[c] Ita Savil., Morel. autem *πανταχοῦ πρὸς αὐτὸν ἕξουσι τὸν καὶ προειπόντα καὶ προειδότα*. Infra quidam habent *ἑτέραν προτίθησι*.

[d] Unus *ἐπαναστήσονται*.

[e] Sic Savil., in Morel. autem *διὰ τοῦτο γὰρ, φησὶ, ταῦτα*. Infra Savil. *ἀνορθῶσαι*, Morel. *διορθῶσαι*.

[a] Quidam cum Morel. *κατάκρας*.

[b] Alii *ὑμῶν ἔσται*. Quod hic dicitur de Platone, quomodo a Dionysio tyranno traditus fuerit, ut venumdaretur, deque ejus epistolis ad Dionem, vide apud Diogenem Laërtium lib. 3, in vita Platonis. De Aristippi item luxuria, vide apud eumdem l. 2, in vita Aristippi.

[c] Alii *ἀφ' ἑνὸς τυρ. ἀλλ' ὁ τοὺς μαθ.* et postea *σκιὰ πάντες παρῆλθον*.

clari viderentur, etiamsi Athenienses epistolas Platonis per Dionem missas publice exposuerint: attamen toto tempore in tranquillitate degebant, et opibus non paucis affluebant. Sic enim Aristippus magno pretio scorta conduxit; alius testamentum scripsit, non parvam relinquens hereditatem; alius supra discipulos pontis instar substratos pertransiit; Sinopensem autem illum ferunt in foro turpiter egisse. Hæc sunt illorum præclara facinora. At nihil horum hic observatur, sed temperantia perseverans, modestia exquisita, bellum contra totum orbem pro veritate ac pro religione, hinc ipsorum quotidianæ cædes, et post hæc splendida tropæa. At sunt, inquiunt, quidam apud illos duces præclari, ut Themistocles, Pericles. Verum hæc puerorum inepti ludi sunt, si cum piscatorum gestis comparentur. Quid enim de Themistocle dixeris? Quod Atheniensibus ut naves conscenderent suaserit, cum Xerxes Græciam bello impeteret? Hic porro non Xerxe impetente, sed diabolo cum orbe toto et turba dæmonum innumera contra duodecim illos irruente; non brevi tempore, sed per totum vitæ spatium vicerunt illi et superarunt: quodque mirum est, non cæsis hostibus, sed mutatis et conversis. Illud enim maxime ubique observandum est, ipsos nec occidisse nec delevisse insidiatores suos, sed cum illos dæmonibus pares cepissent, angelis æquales fecisse, humanam naturam hac improba tyrannide liberantes, illos autem scelestos dæmones, qui omnia conturbabant, a medio foro et a domibus, imo etiam a deserto expulerunt. Testificantur illud chori monachorum, qui ubique plantati sunt, et non modo habitatam terram, sed et non habitatam expurgarunt. Quodque mirabilius est, non instructa acie hoc faciebant, sed male habiti implebant omnia. Habebant enim in medio positos illos infimæ conditionis viros, quos ligabant, verberabant, circumagebant, nec poterant eorum ora claudere: sed sicut radium solis vincire nemo potest, sic non poterant ipsorum linguam alligare. Cujus rei causa erat, non illi quidem qui loquebantur, sed Spiritus virtus. Sic igitur et Paulus vicit Agrippam, et qui scelere vincebat homines
2. Tim. 4. 17. omnes Neronem: *Dominus enim mihi adstitit*, inquit, *et confortavit me, et eruit me de ore leonis*. Tu vero mirare, quomodo audientes, *Nolite solliciti esse*, et crediderunt, et obtemperarunt, nihilque ex terribilibus terrorem ipsis incussit.

ἀνέθεσαν δημοσίᾳ Ἀθηναῖοι τὰς Πλάτωνος παρὰ Δίωνος πεμφθείσας· καὶ ἐν ἀνέσει τὸν πάντα διῆγον χρόνον, καὶ χρήμασιν ἐπλούτουν οὐκ ὀλίγοις. Οὕτω γοῦν ὁ μὲν Ἀρίστιππος πόρνας ἠγόραζε πολυτελεῖς· ὁ δὲ διαθήκας ἔγραφεν, οὐ τὸν τυχόντα κλῆρον καταλιμπάνων· ὁ δὲ, τῶν μαθητῶν γεφυρωσάντων ἑαυτοὺς, ἄνωθεν ἐβάδιζεν· C τὸν δὲ Σινωπέα φασὶν καὶ δημοσίᾳ ἀσχημονεῖν ἐπὶ τῆς ἀγορᾶς. Ταῦτα γὰρ αὐτῶν τὰ σεμνά. Ἀλλ' οὐδὲν τοιοῦτον ἐνταῦθα, ἀλλ' ἐπιτεταμένη σωφροσύνη καὶ κοσμιότης ἠκριβωμένη, καὶ πόλεμος πρὸς τὴν οἰκουμένην ἅπασαν ὑπὲρ τῆς ἀληθείας καὶ εὐσεβείας, καὶ τὸ καθ' ἑκάστην σφάττεσθαι τὴν ἡμέραν, καὶ μετὰ ταῦτα τὰ τρόπαια τὰ λαμπρά. Ἀλλ' εἰσί τινες, φησὶ, καὶ στρατηγικοὶ παρ' αὐτοῖς, οἷον, ὁ Θεμιστοκλῆς, ὁ Περικλῆς. Ἀλλὰ καὶ ταῦτα παίδων ἀθύρματα πρὸς τὰ τῶν ἁλιέων. Τί γὰρ ἂν ἔχοις εἰπεῖν; Ὅτι τοὺς D Ἀθηναίους ἔπεισεν ἐπιβῆναι τῶν πλοίων, τοῦ Ξέρξου κατὰ τῆς Ἑλλάδος ἐλαύνοντος; Ἐνταῦθα δὲ οὐ Ξέρξου ἐλαύνοντος, ἀλλὰ τοῦ διαβόλου μετὰ τῆς οἰκουμένης ἁπάσης καὶ τῶν ἀπείρων δαιμόνων κατὰ τῶν δώδεκα τούτων [d] ἐπιόντων, οὐκ ἐν ἑνὶ καιρῷ, ἀλλὰ διὰ παντὸς τοῦ βίου περιεγένοντο καὶ ἐκράτησαν· καὶ τὸ δὴ θαυμαστὸν, οὐκ ἀνελόντες τοὺς ἐναντίους, ἀλλὰ μεταβαλόντες καὶ μεταρρυθμίσαντες. Τοῦτο γὰρ μάλιστα δεῖ πανταχοῦ παρατηρεῖν, ὅτι οὐκ ἀνεῖλον, οὐδὲ [e] ἠφάνι- E σαν τοὺς ἐπιβουλεύοντας αὐτοῖς, ἀλλὰ δαιμόνων λαβόντες ἴσους, ἀγγέλων ἐποίησαν ἐφαμίλλους, τὴν μὲν ἀνθρωπίνην φύσιν τῆς πονηρᾶς ταύτης ἐλευθερώσαντες τυραννίδος, τοὺς δὲ ἀλιτηρίους ἐκείνους [f] καὶ πάντας συνταράττοντας δαίμονας ἐκ μέσων ἀγορῶν καὶ οἰκιῶν, μᾶλλον δὲ καὶ αὐτῆς ἀπελάσαντες τῆς ἐρημίας. Καὶ 383 μαρτυροῦσιν οἱ τῶν μοναχῶν χοροὶ, οὓς κατεφύτευσαν A πανταχοῦ, οὐ τὴν οἰκουμένην μόνον, ἀλλὰ καὶ τὴν ἀοίκητον ἐκκαθάραντες. Καὶ τὸ δὴ θαυμαστότερον, ὅτι οὐκ ἐκ παρατάξεως ἴσης ταῦτα ἐποίουν, ἀλλ' ἐν τῷ πάσχειν κακῶς πάντα ἤνυον. Καὶ γὰρ εἶχον αὐτοὺς ἐν τῷ μέσῳ, δώδεκα ἀνθρώπους ἰδιώτας, * δεσμεύοντες, μαστίζοντες, περιάγοντες, καὶ οὐκ ἴσχυον ἐπιστομίσαι· ἀλλ' ὥσπερ τὴν ἀκτῖνα δῆσαι ἀδύνατον, οὕτως ἀδύνατον ἦν δῆσαι καὶ τὴν γλῶτταν ἐκείνων. Τὸ δὲ αἴτιον, οὐκ αὐτοὶ ἦσαν οἱ λαλοῦντες, ἀλλ' ἡ τοῦ Πνεύματος δύναμις. Οὕτω γοῦν καὶ ὁ Παῦλος ἐνίκησε τοὺς περὶ Ἀγρίππαν, καὶ τὸν κακίᾳ νικήσαντα πάντας ἀνθρώ- B πους Νέρωνα· Ὁ γὰρ Κύριός μοι παρέστη, φησὶ, καὶ ἐνεδυνάμωσέ με, καὶ ἐρρύσατό με ἐκ στόματος λέοντος. Σὺ δὲ καὶ αὐτοὺς θαύμαζε, πῶς ἀκούσαντες, Μὴ μεριμνήσητε, καὶ ἐπίστευσαν καὶ κατεδέξαντο, καὶ οὐδὲν αὐτοὺς τῶν φοβερῶν ἐξέπληξεν. Εἰ δὲ λέγοις, ὅτι ἱκανὴν αὐτοῖς δέδωκε παράκλησιν τῷ εἰπεῖν, ὅτι Τὸ

[d] Savil. *ἐπιόντος*.
[e] Morel. *ἠράνησαν*, male.

[f] Forte legendum *καὶ πάντα*.
* [Savil. *δέροντες, δεσμ., μαστ., ἄγοντες, περιάγ.*]

Πνεῦμα τοῦ Πατρὸς ὑμῶν ἔσται τὸ λαλοῦν· καὶ διὰ τοῦτο μάλιστα ἐκπλήττομαι αὐτοὺς, ὅτι οὐκ ἀμφέβαλλον, [a] οὐδὲ ἐζήτησαν ἀπαλλαγὴν τῶν δεινῶν· καὶ ταῦτα, οὐ δύο, οὐ τρία ἔτη μέλλοντες ταῦτα πάσχειν, ἀλλὰ καὶ παρὰ πάντα τὸν βίον. Τὸ γὰρ εἰπεῖν, Ὁ δὲ ὑπομείνας εἰς τέλος, οὗτος σωθήσεται, τοῦτό ἐστιν αἰνιττομένου. Βούλεται γὰρ μὴ παρ' αὐτοῦ μόνον εἰσφέρεσθαι, ἀλλὰ καὶ παρ' αὐτῶν γίγνεσθαι τὰ κατορθώματα. Σκόπει γοῦν ἄνωθεν, πῶς τὰ μὲν ἑαυτοῦ, τὰ δὲ τῶν μαθητῶν γίγνεται. Τὸ μὲν γὰρ σημεῖα ποιεῖν, αὐτοῦ· τὸ δὲ μὴ κτήσασθαι μηδὲν, ἐκείνων. Πάλιν, τὸ τὰς οἰκίας ἀνοῖξαι πάσας, τῆς ἄνωθεν χάριτος· τὸ δὲ μηδὲν πλέον τῆς χρείας ἀπαιτῆσαι, τῆς αὐτῶν φιλοσοφίας· Ἄξιος γὰρ ὁ ἐργάτης τοῦ μισθοῦ αὐτοῦ. Τὸ τὴν εἰρήνην χαρίσασθαι, τῆς τοῦ Θεοῦ δωρεᾶς· τὸ δὲ τοὺς ἀξίους ἐπιζητεῖν, καὶ μὴ πρὸς πάντας ἁπλῶς εἰσιέναι, τῆς αὐτῶν ἐγκρατείας. Πάλιν, τὸ κολάζειν τοὺς μὴ δεχομένους αὐτοὺς, αὐτοῦ· τὸ δὲ μετ' ἐπιεικείας ἀναχωρεῖν ἐκ τούτων, μὴ λοιδορουμένους, μηδὲ ὑβρίζοντας, τῆς τῶν ἀποστόλων πραότητος. Τὸ δοῦναι Πνεῦμα, καὶ μὴ ποιῆσαι μεριμνᾷν, τοῦ πέμποντος ἦν· τὸ δὲ ὡς πρόβατα γίνεσθαι καὶ περιστερὰς, καὶ φέρειν πάντα γενναίως, τῆς τούτων εὐτονίας καὶ συνέσεως. Τὸ μισεῖσθαι, καὶ μὴ καταπίπτειν, καὶ τὸ ὑπομένειν, αὐτῶν· τὸ ὑπομείναντας σῶσαι, τοῦ πέμποντος. Διὸ καὶ ἔλεγεν· [b] Ὁ δὲ ὑπομείνας εἰς τέλος, οὗτος σωθήσεται.

Ἐπειδὴ γὰρ εἰώθασιν οἱ πολλοὶ ἐν μὲν τοῖς προοιμίοις εἶναι σφοδροὶ, μετὰ δὲ ταῦτα ἐκλύεσθαι, διὰ τοῦτό φησιν, ὅτι τὸ τέλος ἐπιζητῶ. Τί γὰρ ὄφελος σπερμάτων, παρὰ μὲν τὴν ἀρχὴν ἀνθούντων, μικρὸν δὲ ὕστερον μαραινομένων; Διὰ τοῦτο διαρκῆ τὴν ὑπομονὴν παρ' αὐτῶν ἀπαιτεῖ. Ἵνα γὰρ μή τις λέγῃ, ὅτι τὸ πᾶν αὐτὸς ἐποίησε, καὶ θαυμαστὸν οὐδὲν τοιούτους ἐκείνους γενέσθαι οὐδὲν πάσχοντας φορτικὸν, διὰ τοῦτό φησιν αὐτοῖς, ὅτι καὶ τῆς ὑπομονῆς ὑμῶν χρεία. Κἂν γὰρ τῶν πρώτων ἐξαρπάσω κινδύνων, ἑτέροις χαλεπωτέροις τηρῶ, καὶ μετ' ἐκείνους πάλιν ἕτεροι διαδέξονται· καὶ οὐ στήσεσθε ἐπιβουλευόμενοι, ἕως ἂν ἐμπνέητε. Τοῦτο γὰρ ᾐνίξατο εἰπών· Ὁ δὲ ὑπομείνας εἰς τέλος, οὗτος σωθήσεται. Διὰ δὴ τοῦτο καὶ εἰπὼν, Μὴ μεριμνήσητε, τί λαλήσητε, ἀλλαχοῦ φησιν· Ἕτοιμοι γίνεσθε πρὸς ἀπολογίαν παντὶ τῷ αἰτοῦντι ὑμᾶς λόγον περὶ τῆς ἐν ὑμῖν ἐλπίδος. Ὅταν μὲν γὰρ μεταξὺ φίλων ὁ ἀγὼν ᾖ, κελεύει καὶ ἡμᾶς μεριμνᾷν· ὅταν δὲ δικαστήριον φοβερὸν, καὶ δῆμοι μαινόμενοι, καὶ φόβος πάντοθεν, τὴν παρ' αὐτοῦ παρέχει ῥοπὴν, ὥστε θαῤῥῆσαι καὶ φθέγξασθαι, καὶ μὴ καταπλαγῆ-

Quod si dicas, idoneam ipsis consolationem dedisse Christum cum dixit, *Spiritus Patris vestri erit qui loquetur* : et ideo maxime stupeo, quod nec dubitaverint, nec liberari a malis rogaverint : et hæc, non duobus, vel tribus annis ista passuri, sed per totam vitam. Illud enim dictum, *Qui autem perseveraverit usque in finem, hic salvus erit*, hoc subindicat. Vult enim Deus non sua tantum ope, sed ipsorum proposito opera bona fieri. Perpende itaque in superioribus, quomodo alia Dei, alia discipulorum sint. Nam signa facere, illius sunt; nihil possidere, discipulorum. Rursum, domos omnes aperire, supernæ gratiæ est; nihil præter necessaria petere, discipulorum philosophiæ; *Dignus est enim operarius mercede sua.* Pacem dare, Dei donum est; dignos quærere, nec omnes indiscriminatim adire, ipsorum temperantiæ est. Illos qui discipulos non recipiunt ulcisci, Dei est : cum modestia discedere, nullo injecto probro, vel contumelia, apostolicæ mansuetudinis. Spiritum dare, et sollicitudinem adimere, mittentis erat : oves et columbas imitari, et omnia fortiter ferre, ad illorum constantiam et prudentiam pertinebat. Odio haberi, nec animo concidere, sed perseverare, ipsorum erat; perseverantes salvos facere, mittentis. Ideo dicebat, *Qui autem perseveraverit usque in finem, hic salvus erit.*

5. Nam quia solent multi initio ferventes esse, postea vero resolvi ac dejici, ideo ait, Finem quæro. Quid enim opus est seminibus initio floridis, brevi autem postea arescentibus? Ideo perseverantem ab ipsis patientiam exigit. Ne quis enim diceret, ab ipso totum factum esse, nihilque mirum esse, tales fuisse illos, qui nihil onerosi passi sint, idcirco dicit illis, Patientia vobis opus est. Etiamsi enim vos a prioribus periculis eruam, gravioribus vos reservo, quæ etiam ab aliis excipientur : nec finis erit insidiarum usque ad extremum halitum. Hoc enim subindicavit, cum dixit : *Qui autem perseveraverit usque in finem, hic salvus erit*. Ideo qui dicit, *Ne solliciti sitis quid loquamini*, alibi ait : *Parati estote ad respondendum omni petenti a vobis rationem de spe vestra*. Nam cum pugna inter amicos est, nos jubet sollicitos esse; cum autem tribunal, furentes populi, timor undique, suam præbet gratiam, ut fidenter loquamur, nec terreamur, vel justitiam prodamus. Res utique magna, vi-

Initia fervent.

1. Petr. 3. 15.

[a] Savil. οὐδὲ ἐζήτησαν ἀπαλλαγὴν, Morel. οὐδὲ ἐζήτησαν ἀπαλλαγὴν, alii οὐδὲ ἐζήτησαν ἀπαλλαγῆναι, quæ lectiones idipsum exprimunt.

[b] Quidam ὁ ὑπομείνας.

rum circa stagna versari solitum, circa pelles et telonii mensam, sedentibus tyrannis, et satrapis adstantibus et satellitibus, strictis gladiis, assistentibusque aliis omnibus cum illis, solum ingressum, ligatum, prono capite, potuisse vel os aperire. Etenim doctrinæ suæ causa ne defensioni quidem locum dabant, sed ipsos quasi communes orbis cor-
Act. 17. 6. ruptores tormentis deputabant. Nunc *Qui orbem*
7. *terrarum perturbant, hi sunt*, inquit, *et hic adsunt*: et rursus, *Adversus edicta Cæsaris hi prædicant, dicentes Christum Jesum esse regem*. Ubique tribunalia hujusmodi opinionibus præoccupata erant, et auxilio superno multum egebant, ut hoc utrumque probarent, et dogma, quod prædicabant, verum esse, et communibus legibus non adversari, utque dum loquerentur de dogmate, ne viderentur leges subvertere, ac rursus dum demonstrare conarentur, se communia statuta non violare, dogmatum puritatem ne corrumperent: quæ omnia videbis et a Petro, et a Paulo, et a cæteris omnibus prudenter observari et effici. Etenim ut factiosi et novatores ubique terrarum accusabantur: attamen hanc illi suspicionem repulerunt, et contrariam sibi conciliarunt, quasi servatores, curatores ac benefici apud omnes celebrati. Hæc autem omnia ex ingenti patientia operabantur.
1. Cor. 15. 31. Quamobrem dicebat Paulus: *Quotidie morior;* et usque in finem in periculis perseveravit. Qua igitur venia digni sumus, qui tot exempla habentes etiam in pace molliter vivimus ac dejicimur? Nemine quippe bellante occidimur, nemine persequente dissolvimur: in pace saluti advigilare jubemur et nequimus. Illi, incenso orbe, et rogo per totam terram ardente, in flammam ingressi, eos qui comburebantur inde extrahebant; tu vero ne teipsum quidem servare potes. Quæ igitur nobis erit fiducia? quæ venia? Non verbera imminent, non carceres, non principes, non synagogæ, non aliud quidpiam hujusmodi, sed contra prorsus, nos dominamur et imperamus. Imperatores enim piam colunt religionem, Christiani multis fruuntur honoribus, præfecturis, gloria, tranquillitate: neque sic tamen superamus. Sed illi quidem cum ad cruciatum cum reis quotidie ducerentur, tam doctores, quam discipuli, mille vibicibus et multis onusti vulneribus, majore quam ii qui in paradiso sunt volupate fruebantur: nos vero qui ne in somnis quidem tale quidpiam sustinuimus, cera molliores sumus. At illi, inquies, mira-

B ναι, μηδὲ προδοῦναι τὰ δίκαια. Καὶ πολὺ μέγα ἦν, ἄνθρωπον περὶ λίμνας ἠσχολημένον καὶ δέρματα καὶ τελωνείαν, τυράννων καθημένων, καὶ σατραπῶν παρεστηκότων, καὶ δορυφόρων, καὶ τῶν ξιφῶν γεγυμνωμένων, καὶ πάντων μετ' ἐκείνων ἑστώτων, εἰσελθόντα μόνον, δεδεμένον, καὶ κάτω κύπτοντα, δυνηθῆναι διᾶραι στόμα. Καὶ γὰρ οὐδὲ λόγου, οὐδὲ ἀπολογίας αὐτοῖς μετεδίδοσαν τῶν δογμάτων ἕνεκεν, ἀλλ' ὡς κοινοὺς τῆς οἰκουμένης λυμεῶνας οὕτως ἀποτυμπανίζειν ἐπεχείρουν. Οἱ γὰρ τὴν οἰκουμένην, φησὶν, ἀναστατώσαντες, οὗτοι καὶ ἐνθάδε πάρεισι· καὶ πάλιν, Ἐναντία τοῖς Καίσαρος [a] δόγμασι πρεσβεύουσι, λέγοντες εἶναι βασιλέα C Χριστὸν Ἰησοῦν. Καὶ πανταχοῦ τὰ δικαστήρια προκατείληπτο ταῖς τοιαύταις ὑπονοίαις, καὶ πολλῆς ἔδει τῆς ἄνωθεν ῥοπῆς εἰς τὸ ἀμφότερα δεῖξαι, καὶ τὸ δόγμα ἀληθὲς ὂν, ὅπερ ἐπρέσβευον, καὶ ὅτι οὐ λυμαίνονται τοῖς κοινοῖς νόμοις, καὶ μήτε σπουδάζοντας εἰπεῖν περὶ τοῦ δόγματος, ἐμπεσεῖν εἰς ὑπόνοιαν τῆς τῶν νόμων ἀνατροπῆς, μηδ' αὖ πάλιν σπουδάζοντας δεῖξαι, ὅτι οὐκ ἀνατρέπουσι τὴν κοινὴν πολιτείαν, διαφθεῖραι τὴν τῶν δογμάτων ἀκρίβειαν· ἅπερ ἅπαντα ὄψει καὶ παρὰ Πέτρῳ, καὶ παρὰ Παύλῳ, καὶ παρὰ τοῖς λοιποῖς D ἅπασι μετὰ τῆς πρεπούσης συνέσεως κατωρθωμένα. Καὶ γὰρ ὡς στασιασταὶ καὶ νεωτεροποιοὶ καὶ καινοτόμοι πανταχοῦ τῆς οἰκουμένης ἐνεκαλοῦντο· ἀλλ' ὅμως καὶ ταύτην ἀπεκρούσαντο τὴν ὑπόνοιαν, καὶ τὴν ἐναντίαν ἑαυτοῖς περιέθηκαν, ὡς σωτῆρες καὶ κηδεμόνες καὶ εὐεργέται παρὰ πᾶσιν ἀνακηρυττόμενοι. Ταῦτα δὲ πάντα διὰ τῆς πολλῆς κατώρθουν ὑπομονῆς. Διὸ καὶ Παῦλος ἔλεγε· Καθ' ἡμέραν ἀποθνήσκω· καὶ μέχρι τέλους κινδυνεύων [b] διέμεινε. Τίνος οὖν ἂν εἴημεν ἄξιοι, τοσαῦτα ἔχοντες ὑποδείγματα, καὶ ἐν εἰρήνῃ μαλακιζόμενοι καὶ καταπίπτοντες; Οὐδενὸς γοῦν πολεμοῦντος E σφαττόμεθα, οὐδενὸς διώκοντος ἐκλυόμεθα· ἐν εἰρήνῃ σωθῆναι κελευόμεθα, καὶ οὐδὲ τοῦτο δυνάμεθα. Κἀκεῖνοι μὲν, τῆς οἰκουμένης καιομένης, καὶ κατὰ τὴν γῆν ἅπασαν τῆς πυρᾶς ἀναπτομένης, εἰσιόντες ἔνδοθεν, ἐκ μέσης ἥρπαζον τῆς φλογὸς τοὺς ἐμπιπραμένους· σὺ δὲ οὐδὲ σαυτὸν διατηρῆσαι δύνασαι. Τίς οὖν ἡμῖν ἔσται παῤῥησία; ποία συγγνώμη; Οὐ μάστιγες, οὐ δεσμωτήρια, οὐκ ἄρχοντες, οὐ συναγωγαὶ, οὐκ ἄλλο τι τῶν τοιούτων ἐπίκειται, ἀλλὰ καὶ τοὐναντίον ἅπαν, ἡμεῖς 385 A ἄρχομεν καὶ κρατοῦμεν. Καὶ γὰρ βασιλεῖς εὐσεβεῖς, καὶ τιμαὶ πολλαὶ Χριστιανοῖς, καὶ προεδρίαι καὶ δόξαι καὶ ἀνέσεις· καὶ οὐδὲ οὕτω περιγινόμεθα. Ἀλλ' ἐκεῖνοι μὲν ἀπαγόμενοι καθ' ἡμέραν, καὶ διδάσκαλοι, καὶ μαθηταὶ, καὶ μυρίους μώλωπας ἔχοντες καὶ συνεχῆ στίγματα, τῶν ἐν παραδείσῳ [a] διαγόντων μᾶλλον ἐτρύφων· ἡμεῖς δὲ οὐδὲ ὄναρ τοιοῦτόν τι ὑπομείναντες, κη-

[a] Alii δόγμασι πράσσουσι λέγοντες.
[b] Unus ἐπέμενε. Ibidem quidam τίνος ἄν.

[a] Διαγόντων in quibusdam Mss. deest.

ροῦ παντός ἐσμεν μαλακώτεροι. Ἀλλ' ἐκεῖνοι, φησὶν, ἐθαυματούργουν. Διὰ τοῦτο γοῦν οὐκ ἐμαστιγοῦντο; διὰ τοῦτο οὐκ ἠλαύνοντο; Καὶ τοῦτό ἐστι τὸ παράδοξον, ὅτι καὶ παρὰ τῶν εὐεργετουμένων πολλάκις τοιαῦτα ἔπα- B σχον, καὶ οὐδὲ οὕτως ἐθορυβοῦντο, κακὰ ἀντὶ ἀγαθῶν ἀπολαμβάνοντες· σὺ δὲ, ἄν τινα εὐεργετήσῃς μικράν τινα εὐεργεσίαν, εἶτα λυπηροῦ τινος ἀπολαύσῃς, θορυβῇ, ταράττῃ, καὶ ἐπὶ τῷ γεγενημένῳ μετανοεῖς.

Εἰ τοίνυν γένοιτο, ὃ μὴ γένοιτο, μηδὲ συμβαίη ποτὲ, γενέσθαι πόλεμον Ἐκκλησιῶν καὶ διωγμὸν, ἐννόησον πόσος ἔσται ὁ γέλως, πόσα τὰ ὀνείδη. Καὶ μάλα εἰκότως· ὅταν γὰρ ἐν τῇ παλαίστρᾳ μηδεὶς γυμνάζηται, πῶς ἐν τοῖς ἀγῶσιν ἔσται λαμπρός; Ποῖος γὰρ ἀθλητὴς, παιδοτρίβην οὐκ εἰδὼς, δυνήσε- C ται καλούντων τῶν Ὀλυμπιακῶν ἀγώνων μέγα τι καὶ γενναῖον ἐπιδείξασθαι πρὸς τὸν ἀνταγωνιστήν; Οὐ γὰρ ἐχρῆν καθ' ἑκάστην ἡμέραν παλαίειν ἡμᾶς καὶ πυκτεύειν καὶ τρέχειν; Οὐχ ὁρᾶτε τοὺς λεγομένους πεντάθλους, ἐπειδὰν μηδένα ἔχωσι τὸν ἀνταγωνιστὴν, πῶς θύλακον ἄμμου γεμίσαντες πολλῆς, καὶ κρεμάσαντες, ἐκεῖ τὴν ἰσχὺν γυμνάζουσιν ἅπασαν· οἱ δὲ τούτων νεώτεροι ἐν τοῖς [b] τῶν ἑτέρων σώμασι μελετῶσι τὴν πρὸς τοὺς ἐχθροὺς μάχην; Τούτους καὶ σὺ ζήλωσον, καὶ μελέτα τῆς φιλοσοφίας τὰ παλαίσματα. Καὶ γὰρ εἰς θυμὸν πολλοὶ παροξύνουσι, καὶ εἰς ἐπιθυμίαν ἐμβάλλουσι, καὶ πολλὴν ἀνάπτουσι τὴν φλόγα. D Στῆθι τοίνυν κατὰ τῶν παθῶν, [c] φέρε γενναίως τὰς κατὰ διάνοιαν ὀδύνας, ἵνα καὶ τὰς τοῦ σώματος ἐνέγκῃς. Καὶ γὰρ ὁ μακάριος Ἰὼβ, εἰ μὴ καλῶς ἦν γυμνασάμενος πρὸ τῶν ἀγώνων, οὐκ ἂν οὕτω λαμπρῶς ἐπὶ τῶν ἀγώνων ἔλαμψεν· εἰ μὴ μεμελετήκει πάσης [d] ἀθυμίας ἐκτὸς εἶναι, εἶπεν ἄν τι τολμηρὸν, τῶν παίδων ἀποθανόντων· νυνὶ δὲ πρὸς πάντα ἔστη τὰ παλαίσματα, πρὸς χρημάτων ἀπώλειαν καὶ περιουσίας τοσαύτης ἀφανισμὸν, πρὸς παίδων ἀποβολὴν, πρὸς γυναικὸς συμπάθειαν, πρὸς σώματος μάστιγας, πρὸς E ὀνείδη φίλων, πρὸς λοιδορίας οἰκετῶν. Εἰ δὲ θέλεις καὶ τὰ γυμνάσια αὐτοῦ ἰδεῖν, ἄκουσον αὐτοῦ λέγοντος, πῶς κατεφρόνει χρημάτων· Εἰ δὲ καὶ εὐφράνθην, φησὶ, πολλοῦ πλούτου μοι γενομένου· εἰ ἔταξα χρυσίον εἰς χοῦν, εἰ λίθῳ πολυτελεῖ ἐπεποίθειν. Διὰ τοῦτο 386 A [e] οὔτε ἁρπαγέντων αὐτῶν ἐθορυβεῖτο, ἐπειδὴ καὶ παρόντων οὐκ ἐπεθύμει. Ἄκουσον πῶς καὶ τὰ κατὰ τοὺς παῖδας διώκει, οὐ καταμαλακιζόμενος παρὰ τὸ δέον, ὥσπερ ἡμεῖς, ἀλλὰ πᾶσαν ἀκρίβειαν παρ' αὐτῶν ἀπαιτῶν. Ὁ γὰρ καὶ ὑπὲρ τῶν ἀδήλων θυσίαν ἀναφέρων, ἐννόησον πῶς ἦν ἀκριβὴς τῶν φανερῶν δικα-

cula patrabant. An ideo non verberabantur? an non pellebantur? Etenim et illud quoque stupendum est, quod sæpe ab iis quos beneficio affecerant talia paterentur, nec sic tamen turbarentur, dum mala pro bonis reciperent: tu vero, si quem modico beneficio affeceris, deindeque molestiæ quidpiam ab illo acceperis, turbaris, ac te collati beneficii pœnitet.

6. Si itaque acciderit, quod ne accidat precor, bellum in Ecclesiis moveri et persequutionem, cogita quis futurus sit risus, quæ opprobria. Et merito quidem: cum enim in palæstra nemo exerceatur, quomodo aliquis in certaminibus erit insignis? Quis enim athleta, qui pædotribam nullum noverit, in certaminibus Olympicis poterit adversus alterum quidpiam magnum vel strenuum exhibere? Annon oporteret nos quotidie pugnare, certare, currere? Nonne videtis in quinque certaminibus, cum nullum habet quis adversarium, quomodo saccum arena multa repletum suspendant, illicque robur totum exerceant: juniores autem cum junioribus sese exerceant ad pugnam cum adversariis committendam? Hos et tu imitare, et in philosophiæ certaminibus te exerce. Multi certe ad iram concitant, multi ad concupiscentiam injiciunt, magnamque succendunt flammam. Sta igitur contra ærumnas, fer strenue animi dolores, ut corporis quoque labores ferre possis. Beatus quippe Job, nisi probe ante certamina exercitatus fuisset, non tam splenduisset in certaminibus: nisi meditatus fuisset qua ratione mœrorem omnem abigeret, audita filiorum morte, aliquid audacter dixisset: sed ad omnia certamina stetit fortiter, ad pecuniarum tantorumque bonorum jacturam, ad filiorum interitum, ad uxoris affectum pravum, ad corporis vulnera, ad amicorum opprobria, ad convicia domesticorum. Si porro velis exercitationes ejus conspicere, audi ipsum dicentem, quantum pecuniam despiceret: *Si etiam lætatus sum, multis mihi affluentibus divitiis: si non putavi aurum pulverem, si in lapide pretioso fiduciam habui.* (Job. 31. 25. 24.) Ideo ne ipsis quidem abreptis turbabatur, qui præsentium cupiditate non tenebatur. Audi etiam quomodo ea quæ ad filios spectabant tractaret, non molliter plus quam fas sit agens, ut nos, sed omnem ab illis diligentiam exigens. Nam qui pro occultis sacrificium of-

b Manuscripti τῶν ἑταίρων, et recte quidem, ut videtur. Editi τῶν ἑτέρων. Utraque lectio ferri potest. De pentathlo autem, sive de quinquertio diximus Antiquitatis explanatæ T. 3, l. 3, p. 291. Supra pro παιδοτρίβην οὐκ εἰδὼς quidam παιδοτριβεῖν.

c Alii φέρε ἀναλγήτως.

d Quidam ἐπιθυμίας.

e Savil. οὐδέ.

ferebat, cogita quam exacte de manifestis judicaret. Quod si velis ejus de castitate sermones audire,
Job. 31. 1. audi illum dicentem : *Pepigi fœdus cum oculis meis, ut ne cogitarem quidem de virgine.* Idcirco illum non fregit uxor : illam quippe antea amabat, at non ultra modum, sed ut convenit uxorem diligere. Quamobrem mihi mirari subit, cur in animum induxerit diabolus certamina contra ipsum movere, qui ejus exercitationes noverat. Cur ergo id illi in mentem venit? Mala est bestia nec umquam desperat; id quod certe nos maxime damnat, quod cum ille numquam desperet de pernicie nobis inferenda, nos desperemus de nostra salute. Sed vide etiam quomodo corporis labem et saniem ante meditatus sit. Quia enim nihil umquam tale passus fuerat, sed in divitiis, voluptate ac splendore vitam transegerat, alienas calamitates quotidie animo versabat. Et hoc declarans dicebat :
Job. 3. 25. *Nam timor, quem timebam, evenit mihi, et quem trepidabam, occurrit mihi.* Et rursus :
Job. 30. 25. *Ego vero super omni imbecillo ploravi, et ingemui videns virum in necessitatibus.* Ideo nulla ex illis intolerabilibus calamitatibus illum perturbabat. Ne mihi respicias pecuniarum jacturam, filiorum interitum, plagam illam incurabilem, uxoris insidias; sed his longe graviora. Et quid gravius, inquies, Job accepit? ab historia certe nihil aliud discimus. Quia dormitamus, non discimus : sed qui diligenter explorat, et margaritam probe quærit, multo plura sciet. Graviora quippe, quæ majorem perturbationem inferre poterant, alia erant. Primo, quod nihil sciret de regno cælorum et de resurrectione : quod etiam lugens dicebat :
Job. 7. 16. *Non enim in æternum vivam, ut longanimis sim.* Secundo, quod multorum sibi bonorum conscius esset. Tertio, quod nullius esset conscius mali. Quarto, quod sibi a Deo putaret hæc inferri mala : quod si etiam a diabolo, hoc illi poterat offendiculo esse. Quinto, quod audiret
Job. 11. 6. amicos se de nequitia incusantes : *Non enim condignas,* dicebant, *peccatis tuis plagas accipis.* Sexto, quod in nequitia viventes videret prospere agere, et se deridere. Septimo, quod neminem videret talia umquam passum.

στῆς. Εἰ δὲ καὶ τοὺς περὶ σωφροσύνης ἀγῶνας ἀκοῦσαι βούλει, ἄκουσον αὐτοῦ λέγοντος· Διαθήκην διεθέμην τοῖς ὀφθαλμοῖς μου, μὴ κατανοῆσαι εἰς παρθένον. Διὰ τοῦτο αὐτὸν κατέκλασεν ἡ γυνή· ἐφίλει μὲν γὰρ αὐτὴν καὶ
B πρὸ τούτου, ἀλλ' οὐχ ὑπὲρ τὸ μέτρον, ἀλλ' ὡς εἰκὸς γυναῖκα. Ὅθεν μοι καὶ θαυμάσαι ἔπεισι, πόθεν ἐπῆλθε τῷ διαβόλῳ, εἰδότι αὐτοῦ τὰ γυμνάσια, κινῆσαι τοὺς ἀγῶνας. Πόθεν οὖν ἐπῆλθε; Πονηρόν ἐστι τὸ θηρίον, καὶ οὐδέποτε ἀπογινώσκει· ὃ μέγιστον ἡμῖν κατάκριμα γίνεται, ὅτι ἐκεῖνος μὲν οὐδέποτε ἡμῶν ἀπελπίζει τὴν ἀπώλειαν, ἡμεῖς δὲ τὴν ἑαυτῶν ἀπογινώσκομεν σωτηρίαν. Ἀλλὰ καὶ σώματος πήρωσιν καὶ λώβην σκόπει πῶς ἐμελέτα. Ἐπειδὴ γὰρ αὐτὸς [a] οὐδέποτέ τι τοιοῦτον ὑπέμεινεν, ἀλλ' ἐν πλούτῳ καὶ τρυφῇ καὶ τῇ ἄλλῃ περιφανείᾳ διετέλεσε ζῶν, τὰς ἀλλοτρίας καθ' ἑκάστην ὠνειροπόλει συμφοράς. Καὶ τοῦτο δηλῶν
C ἔλεγε· Φόβος γὰρ, ὃν ἐφοβούμην, ἦλθέ μοι, καὶ ὃν ἐδεδοίκειν, συνήντησέ μοι. Καὶ πάλιν· Ἐγὼ δὲ ἐπὶ παντὶ ἀδυνάτῳ ἔκλαυσα, καὶ ἐστέναξα ἰδὼν ἄνδρα ἐν ἀνάγκαις. Διὰ δὴ τοῦτο οὐδὲν αὐτὸν ἐθορύβει τῶν προσπιπτόντων, τῶν μεγάλων ἐκείνων καὶ ἀφορήτων. Μὴ γάρ μοι [b] τὴν ἀπώλειαν ἴδῃς τῶν χρημάτων, μηδὲ τὴν τῶν παίδων ἀφαίρεσιν, μηδὲ τὴν πληγὴν ἐκείνην τὴν ἀνίατον, μηδὲ τὴν τῆς γυναικὸς ἐπιβουλὴν, ἀλλὰ τὰ πολλῷ τούτων χαλεπώτερα. Καὶ τί τούτων χαλεπώτερον, φησὶν, ἔπαθεν ὁ Ἰώβ; παρὰ γὰρ τῆς ἱστορίας οὐδὲν πλέον μανθάνομεν. Ἐπειδὴ καθεύδομεν, οὐ μανθάνομεν· ὡς ὅ γε μεριμνῶν, καὶ τὸν
D μαργαρίτην καλῶς διερευνώμενος, πολλῷ πλείονα τούτων εἴσεται. Τὰ γὰρ χαλεπώτερα, καὶ ἱκανὰ μείζονα [c] ἐνιέναι θόρυβον, ἕτερα ἦν. Καὶ πρῶτον, τὸ μηδὲν εἰδέναι περὶ βασιλείας οὐρανῶν καὶ ἀναστάσεως σαφές· ὅπερ οὖν καὶ θρηνῶν ἔλεγεν· Οὐ γὰρ εἰς τὸν αἰῶνα ζήσομαι, ἵνα μακροθυμήσω. Δεύτερον, τὸ πολλὰ ἑαυτῷ συνειδέναι καλά. Τρίτον, τὸ μηδὲν συνειδέναι πονηρόν. Τέταρτον, τὸ παρὰ Θεοῦ νομίζειν ταῦτα ὑπομένειν· εἰ δὲ καὶ παρὰ διαβόλου, καὶ τοῦτο ἱκανὸν ἦν αὐτὸν σκανδαλίσαι. Πέμπτον, τὸ ἀκούειν τῶν φίλων ἐπὶ κακίᾳ διαβαλλόντων αὐτόν· Οὐκ ἄξια γὰρ, φησὶν, ὧν ἥμαρτες, μεμαστίγωσαι. Ἕκτον, τὸ
E τοὺς ἐν πονηρίᾳ ζῶντας εὖ πάσχοντας ὁρᾷν, καὶ [d] ἐπεγγελῶντας αὐτῷ. Ἕβδομον, τὸ μὴ ἔχειν εἰς ἕτερον ἰδεῖν τοιαῦτα πεπονθότα ποτέ.

7. Et si discere velis quanta hæc sint, præsentia considera. Nam si nunc, cum regnum exspectatur, cum resurrectio speratur, necnon ineffabilia illa bona, cum malorum mille nobis conscii sumus,

Καὶ εἰ βούλει μαθεῖν, ἡλίκα ταῦτά ἐστιν, ἐννόησον τὰ παρόντα. Εἰ γὰρ νῦν βασιλείας προσδοκωμένης, καὶ ἀναστάσεως ἐλπιζομένης, καὶ τῶν ἀποῤῥήτων ἀγαθῶν, καὶ μυρία συνειδότες ἑαυτοῖς κακὰ, καὶ τοσαῦτα

[a] Savil. οὐδέπω.

[b] Savil. τὴν ἀπώλειαν εἴπῃς τῶν. Utrumque quadrat.

[c] Alii ἐνθεῖναι. Quod autem postea dicit Chrysostomus, Jobum de resurrectione nihil novisse, non consonat cum vulgari doctorum opinione.

[d] Sic Savil., Morel. autem ἐπιγελῶντας.

ἔχοντες παραδείγματα, καὶ τοσαύτης μετέχοντες φιλοσοφίας, ἂν ὀλίγον χρυσίον ἀπολέσωσί τινες, καὶ τοῦτο πολλάκις ἁρπάσαντες, ἀβίωτον τὸν βίον εἶναι νομίζουσιν, [a] οὐ γυναικὸς ἐπικειμένης, οὐ παίδων ἀφαιρεθέντων, οὐ φίλων ὀνειδιζόντων, οὐκ οἰκετῶν ἐπεμβαινόντων, ἀλλὰ καὶ πολλῶν ὄντων τῶν παρακαλούντων, τῶν μὲν διὰ ῥημάτων, τῶν δὲ διὰ πραγμάτων· πόσων οὐκ ἄξιος ἐκεῖνος ἂν εἴη στεφάνων, τὰ ἐκ δικαίων πόνων συλλεγέντα ὁρῶν ἁπλῶς καὶ ὡς ἔτυχεν ἁρπαζόμενα, καὶ μετὰ πάντα ἐκεῖνα μυρίας ὑπομένων πειρασμῶν νιφάδας, καὶ διὰ πάντων ἀκίνητος μένων, καὶ τὴν προσήκουσαν ἀναφέρων τῷ Δεσπότῃ περὶ τούτων εὐχαριστίαν; Ἂν γὰρ [b] μηδὲν τῶν ἄλλων μηδεὶς εἴπῃ, τὰ τῆς γυναικὸς μόνον ῥήματα καὶ πέτρας ἦν ἱκανὰ διασαλεῦσαι. Ὅρα γοῦν αὐτῆς τὴν κακουργίαν. Οὐ μέμνηται χρημάτων, οὐ μέμνηται καμήλων καὶ ποιμνίων καὶ βουκολίων (συνῄδει γὰρ τῷ ἀνδρὶ τὴν ἐπὶ τούτοις φιλοσοφίαν), ἀλλὰ τοῦ πάντων τούτων φορτικωτέρου, τῶν παίδων λέγω, καὶ πλατύνει τὴν τραγῳδίαν, καὶ τὰ παρ' ἑαυτῆς προστίθησιν. Εἰ δὲ ἐν [c] εὐθηνίᾳ ὄντας, μηδὲν πάσχοντας ἀηδὲς, πολλὰ πολλάκις ἔπεισαν γυναῖκες· ἐννόησον πῶς ἦν ἐκείνη νεανικὴ ἡ ψυχὴ, μετὰ τοσούτων ὅπλων αὐτὴν ἐπελθοῦσαν ἀποκρουσαμένη, καὶ δύο τὰ τυραννικώτατα πάθη καταπατήσασα, ἐπιθυμίαν καὶ ἔλεον. Καίτοι πολλοὶ τῶν κρατησάντων ἐπιθυμίας, ὑπ' ἐλέου ἐκάμφθησαν. Ὁ γοῦν γενναῖος ἐκεῖνος Ἰωσὴφ τῆς μὲν τυραννικωτάτης ἡδονῆς κατέσχε, καὶ τὴν βάρβαρον γυναῖκα ἐκείνην διεκρούσατο μυρία προσάγουσαν μηχανήματα· δακρύων δὲ οὐ κατέσχεν, ἀλλ' ἰδὼν τοὺς ἀδελφοὺς τοὺς ἠδικηκότας, ἐνεπρήσθη τῷ πάθει, καὶ τὸ προσωπεῖον ταχέως ῥίψας, τὸ δρᾶμα ἀπεκάλυψεν. Ὅταν δὲ καὶ γυνὴ ᾖ, καὶ ἐλεεινὰ λέγῃ, καὶ τὸν καιρὸν ἔχῃ συμπράττοντα, καὶ τὰ τραύματα, καὶ τοὺς μώλωπας, καὶ τὰ μυρία κύματα τῶν συμφορῶν· πῶς οὐκ ἄν τις δικαίως ἀδάμαντος παντὸς στεῤῥοτέραν τὴν οὐδὲν ὑπὸ τοσούτου χειμῶνος παθοῦσαν ψυχὴν εἶναι ἀποφήνατο; Ὥστε μετὰ παῤῥησίας εἰπεῖν, ὅτι καὶ τῶν ἀποστόλων εἰ μὴ μείζων, ἀλλ' οὐδὲ ἐλάττων ὁ μακάριος οὗτος ἦν. Ἐκείνους μὲν γὰρ παρεμυθεῖτο τὸ διὰ τὸν Χριστὸν [d] πάσχειν· καὶ οὕτω τοῦτο ἱκανὸν ἦν τὸ φάρμακον καθ' ἑκάστην ἡμέραν αὐτοὺς ἀναστῆσαι, ὡς πανταχοῦ αὐτὸ τιθέναι τὸν Δεσπότην, Δι' ἐμὲ καὶ Ἕνεκεν ἐμοῦ λέγοντα, καὶ, Εἰ ἐμὲ τὸν οἰκοδεσπότην Βεελζεβοὺλ ἐκάλεσαν. Ἐκεῖνος δὲ ταύτης ἔρημος ἦν τῆς παραμυθίας, καὶ τῆς ἀπὸ τῶν σημείων, καὶ τῆς ἀπὸ τῆς χάριτος. Οὐδὲ γὰρ εἶχε τοσαύτην Πνεύματος δύναμιν. Καὶ τὸ δὴ μεῖζον, ὅτιπερ ἐν πολλῇ τρυφῇ τραφεὶς, οὐκ ἐξ ἁλιέων καὶ τελωνῶν καὶ

387 A **cum tot habemus exempla, et tantam tractamus philosophiam, si quidam ex nobis paulum auri perdiderint, sæpe rapina partum, non vitalem sibi** vitam esse existimant; non urgente uxore, non abreptis liberis, non amicis exprobrantibus, non domesticis insultantibus; sed multis ipsum consolantibus, sive verbis, sive rebus ipsis: quot coronis dignus ille non fuerit, qui justis collecta sibi laboribus vidit sine causa abripi, et post illa omnia mille tentationum genera expertus est, semperque tamen immotus mansit, et debitas hac de re gratiarum actiones Domino retulit? Etiamsi enim nullus alius ipsi fuisset loquutus, uxoris tantum verba B poterant vel petras commovere. Vide igitur illius astutiam. Non memorat divitias, non camelos, non greges, non armenta (sciebat enim viri sui his in rebus philosophiam), sed quod acerbius erat, filiorum interitum, tragœdiamque extendit, atque sua addidit. Quod si iis, qui prospere rem agebant, nihilque ingratum patiebantur, multa sæpe uxores suaserunt: cogita quam strenua illa esset anima, quæ uxorem tot armis instructam potuit repellere, et duos acerrimos affectus calcavit, cupiditatem et misericordiam. Multi enim qui concupiscentiam vicerant, misericordia inflexi sunt. C Nam fortissimus ille Joseph voluptatem illam tyrannicam calcavit, et barbaram illam mulierem multas admoventem machinas repulit, lacrymas vero continere non potuit, sed videns fratres suos qui secum inique egerant, hoc affectu captus est, et vultum cito lacrymis operiens, rem totam patefecit. Cum autem et uxor est, commiseratione digna referens, quam opportune juvant etiam tempus, vulnera, plagæ, et mille calamitatum fluctus: quo pacto non jure dixeris animam quæ generose tantam fert tempestatem, esse adamante firmiorem? Liceat mihi dicere vobis, beatum illum si non majorem, non minorem certe ipsis apostolis fuisse. Illis namque D consolatio erat, quod propter Christum paterentur: et hoc idoneum erat remedium quod illos quotidie erigeret, quod etiam ubique proponebat Dominus, *Propter me*, dicens, et, *Si me patremfamilias Beelzebub vocaverunt*. v. 25. Ille vero ista vacuus erat consolatione, nec non illa quæ ex signis, vel quæ ex gratia proficiscebatur. Neque enim tantam habuit vim Spiritus. Quodque majus est, in deliciis multis educatus, non ex piscatorum, E vel publicanorum, vel vilium personarum numero erat, sed cum tantum consequutus fuisset ho-

Jobi fortitudo magna.

[a] Alii οὔτε γυναικὸς ἐπ. οὔτε παίδων.

[b] Morel. μηδὲ. Infra quidam habent πέτρας

[c] Alii εὐθυμίᾳ, et paulo post πόσον ἦν ἐκείνη

[d] Quidam πάσχειν ταῦτα.

norem, hæc patiebatur. Quodque apud apostolos
onerosius videtur fuisse, id ille quoque sustinuit,
ab amicis, a domesticis, ab inimicis odio habitus,
necnon ab iis quibus bene fecerat, nec tamen ille
sacram ancoram, et tranquillum portum, nempe
hoc quod apostolis dictum fuerat, *Propter me*,
videre potuit. Miror etiam tres pueros, qui fornacem fortiter adierunt, qui tyranno restiterunt. Sed
Dan. 3. 18. audi quid dicant: *Deos tuos non colimus, et statuam tuam, quam erexisti, non adoramus.*
Quod ipsis magna erat consolatio, quod probe
scirent se propter Deum omnia pati. Hic vero nesciebat, hæc esse certamina et luctam; si enim scivisset, malorum sensu non ita affectus fuisset. Cum
Job. 40. 3. ergo audisset, *An alia ratione me putas tibi respondisse, quam ut justus appareres?* animadverte qualiter respiraverit, hac simplici audita voce, quam seipsum despexerit: quomodo ne passum quidem se putaverit ea quæ passus esset, hæc
dicens: *Cur adhuc judicor, admonitus et redargutus a Domino, cum hæc audiam, qui ni-*
Job. 42. 5. 6. *hil sum?* Et rursum: *Auditu quidem auris audiebam te prius: nunc autem oculus meus videt te: quapropter nihili facio meipsum, et liquefactus sum: æstimoque meipsum terram et cinerem.* Nos itaque qui post legem et gratiam sumus, hanc fortitudinem, hanc mansuetudinem illius imitemur, qui ante legem et gratiam fuit, ut cum illo æterna tabernacula adipiscamur: quæ utinam consequamur omnes gratia et benignitate Domini nostri Jesu Christi, cui gloria et imperium, in sæcula sæculorum. Amen.

τῶν εὐτελῶς βεβιωκότων, ἀλλὰ τοσαύτης ἀπολελαυκὼς τιμῆς, ἔπασχεν ἅπερ ἔπασχεν ἅπαντα. Καὶ ὅπερ φορτικώτατον ἐπὶ τῶν ἀποστόλων εἶναι ἐδόκει, [e] τὸ
388 αὐτὸ καὶ αὐτὸς ὑπέμενε, παρὰ φίλων, παρὰ οἰκετῶν,
A παρ' ἐχθρῶν μισούμενος, παρὰ τῶν εὖ πεπονθότων, καὶ τὴν ἱερὰν ἄγκυραν, καὶ τὸν ἀκύμαντον λιμένα (τοῦτο δὲ ἦν τὸ τοῖς ἀποστόλοις εἰρημένον, τὸ, Ἕνεκεν ἐμοῦ), τοῦτο ἰδεῖν οὐκ εἶχε. Θαυμάζω καὶ τοὺς τρεῖς παῖδας, ὅτι [a] κατετολμησαν καμίνου, ὅτι κατεξανέστησαν τυράννου. Ἀλλ' ἄκουσον τί λέγουσι· Τοῖς θεοῖς σου οὐ λατρεύομεν, καὶ τῇ εἰκόνι, ᾗ ἔστησας, οὐ προσκυνοῦμεν. Ὅπερ μεγίστη παραμυθία αὐτοῖς ἦν, τὸ σαφῶς εἰδέναι, ὅτι διὰ τὸν Θεὸν πάντα πάσχουσιν, ἅπερ ἂν πάθωσιν. Οὗτος δὲ οὐκ ᾔδει, ὅτι ἀγωνίσματα ταῦτα ἦν καὶ πάλη· εἰ γὰρ ᾔδει, οὐκ ἂν ᾔσθετο τῶν γενομένων. Ὅτε γοῦν ἤκουσεν, ὅτι Ἄλλως με οἴει
B σοι κεχρηματικέναι, ἢ ἵνα ἀναφανῇς δίκαιος; ἐννόησον πῶς ἀπὸ ψιλοῦ ῥήματος ἀνέπνευσε· πῶς ἐξευτέλισεν ἑαυτόν· πῶς οὐδὲ πεπονθέναι ἐνόμισεν ἅπερ ἔπαθεν, οὕτω λέγων· Τί ἔτι κρίνομαι νουθετούμενος καὶ ἐλεγχόμενος ὑπὸ Κυρίου, ἀκούων τοιαῦτα, οὐδὲν ὢν ἐγώ; Καὶ πάλιν· Ἕως μὲν ὠτὸς ἀκοῆς ἤκουόν σου τὸ πρότερον· νυνὶ δὲ ὁ ὀφθαλμός μου ἑώρακέ σε· διὸ ἐφαύλισα ἐμαυτὸν καὶ ἐτάκην· ἥγημαι δὲ ἐμαυτὸν γῆν καὶ σποδόν. Ταύτην τοίνυν τὴν ἀνδρείαν, ταύτην τὴν ἐπιείκειαν καὶ ἡμεῖς ζηλώσωμεν, οἱ μετὰ νόμον καὶ χάριν, τοῦ πρὸ νόμου καὶ χάριτος γενομένου, ἵνα καὶ τῶν αἰωνίων αὐτῷ δυνηθῶμεν κοινωνῆσαι σκηνῶν·
C ὧν γένοιτο πάντας ἡμᾶς ἐπιτυχεῖν, χάριτι καὶ φιλανθρωπίᾳ τοῦ Κυρίου ἡμῶν Ἰησοῦ Χριστοῦ, ᾧ ἡ δόξα καὶ τὸ κράτος, εἰς τοὺς αἰῶνας τῶν αἰώνων. Ἀμήν.

[e] Alii τοῦτο καὶ αὐτός.

[a] Quidam κατεφρόνησαν.

HOMILIA XXXIV. al. XXXV.

Cap. X. v. 23. *Cum autem persequentur vos ex hac civitate, fugite in aliam. Amen quippe dico vobis, non consummabitis civitates Israël, donec veniat Filius hominis.*

1. Cum illa terribilia et horrenda dixisset, quæ possent adamantem frangere, quæ post crucem, resurrectionem et ascensionem ipsis eventura erant, sermonem ducit ad mitiora, dans athletis suis respirandi locum, multamque præbens ipsis tranquillitatem. Non enim jussit cum persequentibus congredi, sed fugere. Quia hæc adhuc

ΟΜΙΛΙΑ λδ΄.

Ὅταν δὲ διώκωσιν ὑμᾶς ἐκ τῆς πόλεως ταύτης, φεύγετε εἰς τὴν ἄλλην. Ἀμὴν γὰρ λέγω ὑμῖν, οὐ μὴ τελέσητε τὰς πόλεις τοῦ Ἰσραὴλ, ἕως ἂν ἔλθῃ
D ὁ Υἱὸς τοῦ ἀνθρώπου.

Εἰπὼν ἐκεῖνα τὰ φοβερὰ καὶ φρικώδη, καὶ ἀδάμαντα ἱκανὰ διαλῦσαι, τὰ μετὰ τὸν σταυρὸν καὶ τὴν ἀνάστασιν αὐτοῦ καὶ τὴν ἀνάληψιν αὐτοῖς συμβησόμενα, ἄγει πάλιν τὸν λόγον ἐπὶ τὰ ἡμερώτερα, διδοὺς ἀναπνεῦσαι τοῖς ἀθληταῖς, καὶ πολλὴν αὐτοῖς παρέχων τὴν ἄδειαν. Οὐδὲ γὰρ ἐκέλευσε διωκομένους ὁμόσε χωρεῖν, ἀλλὰ φεύγειν. Ἐπειδὴ γὰρ ἀρχὴ τέως

ἦν καὶ προοίμια, συγκαταβατικώτερον κέχρηται τῷ λόγῳ. Οὐδὲ γὰρ περὶ τῶν μετὰ ταῦτά φησι διωγμῶν, ἀλλὰ περὶ τῶν πρὸ τοῦ σταυροῦ καὶ τοῦ πάθους. Καὶ E τοῦτο ἐδήλωσε λέγων· Οὐ γὰρ μὴ τελέσητε τὰς πόλεις τοῦ Ἰσραὴλ, ἕως ἂν ἔλθῃ ὁ Υἱὸς τοῦ ἀνθρώπου. Ἵνα γὰρ μὴ λέγωσι· τί οὖν ἐὰν διωκόμενοι φεύγωμεν, καὶ πάλιν ἐκεῖ καταλαβόντες ἐλαύνωσι; τοῦτον ἀναιρῶν τὸν φόβον φησίν· οὐ [b] φθάσετε περιελθόντες τὴν Παλαιστίνην, καὶ εὐθέως ὑμᾶς καταλήψομαι. Καὶ θέα 389 A πῶς ἐνταῦθα οὐ λύει τὰ δεινὰ, ἀλλὰ παρίσταται τοῖς κινδύνοις. Οὐ γὰρ εἶπεν, ὅτι ἐξαρπάσομαι, καὶ λύσω τοὺς διωγμούς· ἀλλὰ τί; Οὐ μὴ τελέσητε τὰς πόλεις τοῦ Ἰσραὴλ, ἕως ἂν ἔλθῃ ὁ Υἱὸς τοῦ ἀνθρώπου. Καὶ γὰρ ἤρκει εἰς παραμυθίαν αὐτοῖς τὸ ἰδεῖν αὐτὸν μόνον. Σὺ δέ μοι σκόπει, πῶς οὐ πανταχοῦ πάντα ἐπιτρέπει τῇ χάριτι, ἀλλά τι καὶ παρ' αὐτῶν εἰσφέρεσθαι κελεύει. Εἰ γὰρ φοβεῖσθε, φησὶ, [a] φεύγετε, καὶ μὴ φοβεῖσθε. Καὶ οὐκ αὐτοὺς πρώτους ἐκέλευσε φεύγειν, ἀλλ' ἐλαυνομένους ὑποχωρεῖν· καὶ οὐδὲ πολὺ τὸ διάστημα δίδωσιν, ἀλλ' ὅσον περιελθεῖν τὰς πόλεις τοῦ Ἰσραήλ. Εἶτα πάλιν πρὸς ἕτερον αὐτοὺς ἀλείφει μέρος B φιλοσοφίας. Πρότερον μὲν, τὴν μέριμναν τῆς τροφῆς [b] ἐκβαλών· δεύτερον δὲ, τὸν τῶν κινδύνων φόβον· νυνὶ δὲ τὸν τῆς κακηγορίας. Ἐκείνης μὲν γὰρ ἀπήλλαξε τῆς φροντίδος, εἰπὼν, Ἄξιος ὁ ἐργάτης τοῦ μισθοῦ αὐτοῦ, καὶ δείξας ὅτι πολλοὶ αὐτοὺς ὑποδέξονται· τῶν δὲ κινδύνων, εἰπὼν, Μὴ μεριμνήσητε πῶς ἢ τί λαλήσητε, καὶ, ὅτι Ὁ ὑπομείνας εἰς τέλος, οὗτος σωθήσεται. Ἐπειδὴ δὲ μετὰ τούτων εἰκὸς ἦν αὐτοὺς καὶ πονηρὰν δόξαν λαβεῖν, ὅπερ πολλοῖς πάντων φορτικώτερον εἶναι δοκεῖ· ὅρα πόθεν αὐτοὺς καὶ ἐνταῦθα παρακαλεῖ, ἀφ' ἑαυτοῦ καὶ τῶν [c] περὶ ἑαυτὸν εἰρημένων ἁπάντων τὴν παραμυθίαν τιθεὶς, οὗπερ ἴσον οὐδὲν C ἦν. Ὥσπερ γὰρ εἶπεν ἐκεῖ, ὅτι Ἔσεσθε μισούμενοι ὑπὸ πάντων· καὶ προσέθηκε, Διὰ τὸ ὄνομά μου· οὕτω καὶ ἐνταῦθα καὶ ἑτέρως αὐτοὺς παραμυθεῖται, ἕτερον μετ' ἐκείνου τιθείς. Ποῖον δὴ τοῦτο; Οὐκ ἔστι μαθητὴς, φησὶν, ὑπὲρ τὸν διδάσκαλον, οὐδὲ δοῦλος ὑπὲρ τὸν κύριον αὐτοῦ. Ἀρκετὸν τῷ μαθητῇ, ἵνα γένηται ὡς ὁ διδάσκαλος αὐτοῦ· καὶ ὁ δοῦλος, ὡς ὁ κύριος αὐτοῦ. Εἰ τὸν δεσπότην Βεελζεβοὺλ ἐκάλεσαν, πόσῳ μᾶλλον τοὺς οἰκειακοὺς αὐτοῦ; Μὴ οὖν φοβεῖσθε αὐτούς. Ὅρα πῶς ἑαυτὸν ἐκκαλύπτει τῶν πάντων εἶναι Δεσπότην καὶ Θεὸν καὶ δημιουργόν. Τί οὖν; Οὐκ ἔστι μαθητὴς ὑπὲρ τὸν διδάσκαλον, οὐδὲ δοῦλος ὑπὲρ τὸν κύριον αὐτοῦ; D Ἕως ἂν μὲν ᾖ μαθητὴς καὶ δοῦλος, οὐκ ἔστι κατὰ τὴν τῆς τιμῆς φύσιν. Μὴ γάρ μοι τὰ σπανίζοντα ἐν-

initia erant, sermonem suum attemperat et mitigat. Non loquitur enim hic de persequutionibus quæ postea futuræ erant, sed de illis quæ crucem et passionem præcessere; hoc enim indicavit cum dixit: *Non enim consummabitis civitates Israël, donec venerit Filius hominis.* Ne dicerent enim: Quid si persequutores fugiamus, et illi nos inde etiam pellant? hunc metum ipse tollens ait: Non circuibitis Palæstinam totam, nam ego vos statim excipiam. Et perpende quomodo non hic mala tollat, sed adsit in periculis. Non dixit enim, Vos eripiam, et persequutiones solvam; sed quid? *Non consummabitis civitates Israël, donec venerit Filius hominis.* Satis enim erat ad consolationem illorum, quod illum viderent. Tu vero mihi considera, quomodo ille non ubique omnia gratiæ tribuat, sed quidpiam ab illis afferri jubeat. Nam si timetis, inquit, fugite, et ne timeatis. Neque ipsos primos jubet fugere, sed pulsos recedere; neque magna spatia dat locorum, sed quantum esse possit in circumeundo civitates Israël. Deinde ad aliam philosophiæ partem ipsos invitat. Primo, alimentorum curam, secundo, periculorum metum abstulit; nunc vero maledictorum metum avellit. Illa enim sollicitudine liberavit, dicens, *Dignus* Luc. 10. 7. *est operarius mercede sua*, significans multos fore qui ipsos excipiant; de periculis vero dixit, *Nolite cogitare quomodo aut quid loquamini,* Math. 14. 13. et, *Qui perseveraverit usque in finem, hic salvus erit.* Quia autem verisimile erat ipsos malam habituros famam esse, quod multis omnium molestissimum esse videtur, animadverte quo pacto hic illos consoletur, ex iis scilicet quæ ad seipsum spectabant, et de se dicta fuerant: cui consolationi nihil par esse possit. Sicut enim ibi dixerat, *Et eritis odio omnibus;* et adjecerat, *Propter nomen meum:* sic et hoc loco illos consolatur, alterum quidpiam adjiciens. Quodnam illud? 24 *Non est discipulus,* inquit, *super magistrum, nec servus super dominum suum.* 25. *Sufficit discipulo, ut sit sicut magister ejus, et servo, sicut dominus ejus. Si patremfamilias Beelzebub vocaverunt, quanto magis domesticos ejus?* 26. *Ne itaque timeatis eos* Vide quomodo se omnium Dominum et Deum et creatorem esse declarat. Quid igitur? *Non est discipulus super magistrum, nec servus super dominum?* Donec erit aut discipulus aut servus, non erit major secundum honoris ordinem. Ne mi-

b Alii φοβηθήσεσθε.

a Post φεύγετε quidam addunt τοῦτο γὰρ ἐδήλωσεν εἰπὼν, φεύγετε.

b Alii ἐκβάλλων.

c Morel. παρ' αὐτοῦ.

hi enim hic rara quædam proferas exempla, de iis quæ ut plurimum esse solent id accipe. Nec dixit, Quanto magis servos, sed, *Domesticos ejus*, magna erga illos mansuetudine usus. Alibi etiam dicit: *Non ultra voco vos servos; vos amici mei estis.* Nec dixit, Si patremfamilias injuriis et maledictis affecerunt; sed ipsum contumeliæ modum expressit, quod Beelzebub vocarint. Deinde aliam hac non minorem dat consolationem; erat tamen illa maxima; sed quia iis, qui nondum philosophabantur, alia opus erat quæ posset illos afficere, hanc etiam addit: ac dicendi quidem modus generalem videtur efferre sententiam; attamen non de omnibus, sed de propositis tantum dicitur. Quid enim ait? *Ne timeatis eos: nihil enim est opertum, quod non revelabitur; nec occultum, quod non scietur.* Quod autem dicit, hujusmodi est: Sufficit quidem vobis ad consolationem, si ego magister et Dominus consors sim conviciorum. Si vero adhuc doletis hæc audientes, illud quoque animo reputate, vos non multum postea ab hac suspicione liberatum iri. Cur enim id ægre fertis? quia præstigiatores et deceptores vos vocant? At paululum exspectate, et servatores benefactoresque orbis vos prædicabunt omnes. At enim tempus illa omnia quæ subobscura erant revelabit, et illorum calumniam deteget, virtutemque vestram conspicuam reddet. Cum enim ex rebus ipsis comprobabimini, et lumina esse, et benefici, et omni virtute conspicui, illorum dictis homines non attendent, sed rei veritati: ac illi quidem sycophantæ, mendaces, maledici, vos vero ipso sole splendidiores deprehendemini: multum quippe temporis spatium vos notos reddet, prædicabit, et tuba clariorem emittet vocem, vestræque virtutis testes universos homines exhibebit. Ne itaque ea quæ nunc dicuntur vos dejiciant, sed spes futurorum bonorum erigat. Non possunt enim ea quæ ad vos spectant occultari.

Joan. 15. 15.

Exemplo suo Christus apostolos ad contumelias ferendas hortatur.

2. Deinde, postquam illos omni angore, timore et sollicitudine liberavit, et probris omnibus superiores reddidit, demum illos opportune de libertate prædicandi alloquitur: nam dicit: 27. *Quod dico vobis in tenebris, dicite in lumine; et quod in aure auditis, prædicate super tecta.* Quamquam non erant tenebræ, cum hæc diceret, neque ad aurem loquebatur; sed hæc hyperbolice dicta sunt. Quia enim solos alloquebatur, et in parvo

ταῦθα λέγε, ἀλλ' ἀπὸ τῶν πλειόνων [d] δέχου τὸν λόγον. Καὶ οὐ λέγει, πόσῳ μᾶλλον τοὺς δούλους, ἀλλὰ, Τοὺς οἰκειακοὺς αὐτοῦ, πολλὴν πρὸς αὐτοὺς ἡμερότητα ἐπιδεικνύμενος. Καὶ ἀλλαχοῦ δὲ ἔλεγεν· Οὐκέτι καλῶ ὑμᾶς δούλους, ὑμεῖς φίλοι μού ἐστε. Καὶ οὐκ εἶπεν, εἰ τὸν οἰκοδεσπότην ὕβρισαν καὶ ἐκακηγόρησαν· ἀλλὰ καὶ αὐτὸ τὸ εἶδος τῆς ὕβρεως τίθησιν, ὅτι Βεελζεβοὺλ ἐκάλεσαν. Εἶτα καὶ ἑτέραν ταύτης οὐκ ἐλάττονα δίδωσι παραμυθίαν· ἣν μὲν γὰρ μεγίστη καὶ αὕτη· E ἐπειδὴ δὲ τοῖς οὐδέπω φιλοσοφοῦσι καὶ ἑτέρας ἔδει τῆς μάλιστα αὐτοὺς ἀνακτήσασθαι δυναμένης, καὶ ταύτην τίθησιν· καὶ τὸ μὲν σχῆμα τῶν λεγομένων καθολικὴν δοκεῖ τὴν ἀπόφασιν ἔχειν· πλὴν οὐ περὶ πάντων τῶν πραγμάτων, ἀλλὰ περὶ τῶν προκειμένων εἴρηται μόνον. Τί γάρ φησι; 890 Μὴ φοβηθῆτε αὐτούς· οὐδὲν γάρ A ἐστι κεκαλυμμένον, ὃ οὐκ ἀποκαλυφθήσεται· οὐδὲ κρυπτὸν, ὃ οὐ [a] γνωσθήσεται. Ὃ δὲ λέγει, τοιοῦτόν ἐστιν· ἀρκεῖ μὲν ὑμῖν εἰς παραμυθίαν τὸ καὶ ἐμὲ κοινωνῆσαι τῆς αὐτῆς λοιδορίας ὑμῖν, τὸν διδάσκαλον καὶ τὸν Δεσπότην. Εἰ δὲ ἔτι ἀλγεῖτε ταῦτα ἀκούοντες, ἐννοεῖτε κἀκεῖνο, ὅτι καὶ ταύτης μικρὸν ὕστερον ἀπαλλαγήσεσθε τῆς ὑποψίας. Τίνος γὰρ ἕνεκεν ἀλγεῖτε; ὅτι γόητας ὑμᾶς καλοῦσι καὶ πλάνους; Ἀλλ' ἀναμείνατε μικρὸν, καὶ σωτῆρας ὑμᾶς καὶ εὐεργέτας τῆς οἰκουμένης προσεροῦσιν ἅπαντες. Καὶ γὰρ ἀποκαλύπτει ἅπαντα ὁ χρόνος τὰ συνεσκιασμένα, καὶ τὴν ἐκείνων συκοφαντίαν ἐλέγξει, καὶ δήλην ποιήσει τὴν ὑμετέραν B ἀρετήν. Ὅταν γὰρ διὰ τῶν πραγμάτων φανῆσθε [b] φωστῆρες καὶ εὐεργέται, καὶ πᾶσαν ἀρετὴν ἐπιδεικνύμενοι, οὐ τοῖς ἐκείνων προσέξουσι λόγοις οἱ ἄνθρωποι, ἀλλὰ τῇ τῶν πραγμάτων ἀληθείᾳ· καὶ οἱ μὲν συκοφάνται καὶ ψεῦσται καὶ κακηγόροι, ὑμεῖς δὲ τοῦ ἡλίου φανεῖσθε λαμπρότεροι, τοῦ μακροῦ χρόνου ἐκκαλύπτοντος ὑμᾶς καὶ ἀνακηρύττοντος, καὶ σάλπιγγος λαμπροτέραν φωνὴν ἀφιέντος, καὶ μάρτυρας ἅπαντας τῆς ὑμετέρας ποιοῦντος ἀρετῆς. Μὴ τοίνυν τὰ λεγόμενα νῦν ὑμᾶς ταπεινούτω, ἀλλ' ἡ ἐλπὶς τῶν μελλόντων ἀγαθῶν ἀνορθούτω. Ἀμήχανον γὰρ κρυβῆναι τὰ καθ' ὑμᾶς.

C Εἶτα, ἐπειδὴ πάσης αὐτοὺς ἀπήλλαξεν ἀγωνίας καὶ φόβου καὶ μερίμνης, καὶ ὑψηλοτέρους ἐποίησε τῶν ὀνειδῶν, τότε λοιπὸν εἰς καιρὸν αὐτοῖς καὶ περὶ τῆς ἐν τῷ κηρύγματι παῤῥησίας διαλέγεται· Ὃ λέγω γὰρ ὑμῖν, φησὶν, ἐν τῇ σκοτίᾳ, εἴπατε ἐν τῷ φωτί· καὶ ὃ εἰς τὸ οὖς ἀκούετε, κηρύξατε ἐπὶ τῶν δωμάτων. Καίτοι γε οὐκ ἦν σκότος, ἡνίκα ταῦτα ἔλεγεν, οὐδὲ εἰς τὸ οὖς αὐτοῖς διελέγετο, ἀλλὰ μεθ' ὑπερβολῆς κέχρηται τῷ λόγῳ. Ἐπειδὴ γὰρ μόνοις αὐτοῖς διελέγετο, καὶ ἐν μικρᾷ

d Morel. male λέγε τὸν λόγον. Paulo post Savil. et Morel. πρὸς αὐτοὺς ἡμερότητα, alii οἰκειότητα, alii γνησιότητα.

a Post γνωσθήσεται quidam addunt καὶ εἰς φανερὸν ἔλθῃ.
b Alii καὶ σωτῆρες.

γωνίᾳ τῆς Παλαιστίνης, διὰ τοῦτο εἶπεν, Ἐν τῇ σκοτίᾳ, καὶ, Εἰς τὸ οὖς, πρὸς τὴν μετὰ ταῦτα παῤῥησίαν ἐσομένην, ἣν ἔμελλεν αὐτοῖς διδόναι, τὸν τρόπον τῆς διαλέξεως ἀντιδιαστέλλων [c] ἐκείνοις. Οὐ γὰρ μιᾷ καὶ δύο καὶ τρισὶ πόλεσιν, ἀλλὰ τῇ οἰκουμένῃ κηρύξατε πάσῃ, φησὶ, γῆν καὶ θάλατταν ἐπιόντες, καὶ οἰκουμένην καὶ ἀοίκητον· καὶ τυράννοις καὶ δήμοις, καὶ φιλοσόφοις καὶ ῥήτορσι, γυμνῇ τῇ κεφαλῇ καὶ μετὰ παῤῥησίας πάσης πάντα λέγοντες. Διὰ τοῦτο εἶπεν, Ἐπὶ τῶν δωμάτων, καὶ, Ἐν τῷ φωτὶ, χωρὶς ὑποστολῆς τινος, καὶ μετὰ ἐλευθερίας ἁπάσης. Καὶ διατί μὴ εἶπε, [d] Κηρύξατε ἐπὶ τῶν δωμάτων, καὶ, Εἴπατε ἐν τῷ φωτὶ, μόνον, ἀλλὰ καὶ προσέθηκεν, Ὃ λέγω ὑμῖν ἐν τῇ σκοτίᾳ, καὶ, Ὃ εἰς τὸ οὖς ἀκούετε; Ἐπαίρων αὐτῶν τὰ φρονήματα. Ὥσπερ οὖν ὅτε ἔλεγεν, Ὁ πιστεύων εἰς ἐμὲ, τὰ ἔργα ἃ ἐγὼ ποιῶ κἀκεῖνος ποιήσει, καὶ μείζονα τούτων ποιήσει· οὕτω δὴ καὶ ἐνταῦθα, δεικνὺς [e] ὅτι πάντα δι' αὐτῶν ἐργάσεται, καὶ πλέον ἢ δι' ἑαυτοῦ, τοῦτο τέθεικεν. Τὴν μὲν γὰρ ἀρχὴν ἐγὼ δέδωκα, φησὶ, καὶ τὰ προοίμια· τὸ δὲ πλέον δι' ὑμῶν 391 ἀνύσαι βούλομαι. Τοῦτο δὲ οὐκ ἐπιτάττοντός ἐστι μόνον, ἀλλὰ καὶ τὸ μέλλον προαναφωνοῦντος, καὶ θαῤῥοῦντος τοῖς λεγομένοις, καὶ δεικνύντος ὅτι πάντων κρατήσουσι, καὶ ἠρέμα καὶ τὴν περὶ τῆς κακηγορίας ἀγωνίαν πάλιν ὑπορύττοντος. Ὥσπερ γὰρ τοῦτο τὸ κήρυγμα, [a] λανθάνον τέως, πάντα ἐπελεύσεται, οὕτω καὶ ἡ πονηρὰ τῶν Ἰουδαίων ὑπόληψις ἀπολεῖται ταχέως. Εἶτα, ἐπειδὴ ἐπῆρεν αὐτοὺς καὶ ὕψωσε, προαναφωνεῖ πάλιν καὶ τοὺς κινδύνους, ἀναπτερῶν αὐτῶν τὴν διάνοιαν, καὶ ὑψηλοτέρους πάντων ποιῶν. Τί γάρ φησι; Μὴ φοβηθῆτε ἀπὸ τῶν ἀποκτεινόντων τὸ σῶμα, τὴν δὲ ψυχὴν μὴ δυναμένων ἀποκτεῖναι. Εἶδες πῶς πάντων αὐτοὺς ἔστησεν ἀνωτέρους, οὐχὶ φροντίδος μόνον, οὐδὲ κακηγορίας, οὐδὲ κινδύνων καὶ ἐπιβουλῶν, ἀλλὰ καὶ αὐτοῦ τοῦ πάντων εἶναι δοκοῦντος φοβεροῦ θανάτου πείθων καταφρονεῖν; καὶ οὐδὲ ἁπλῶς θανάτου, ἀλλὰ καὶ βιαίου; Καὶ οὐκ εἶπεν, ὅτι ἀναιρεθήσεσθε, ἀλλὰ καὶ μετὰ τῆς αὐτῷ προσηκούσης μεγαλοπρεπείας [b] τὸ πᾶν ἐδήλωσε, Μὴ φοβηθῆτε, λέγων, ἀπὸ τῶν ἀποκτεινόντων τὸ σῶμα, τὴν δὲ ψυχὴν μὴ δυναμένων ἀποκτεῖναι· φοβήθητε δὲ μᾶλλον τὸν καὶ ψυχὴν καὶ σῶμα δυνάμενον ἀπολέσαι ἐν γεέννῃ· [c] ὅπερ ἀεὶ ἐποίει, εἰς τοὐναντίον περιτρέπων τὸν λόγον. Τί γάρ φησι; Δεδοίκατε τὸν θάνατον, καὶ διὰ τοῦτο ὀκνεῖτε κηρύττειν; Δι' αὐτὸ μὲν οὖν τοῦτο κηρύξατε, ἐπειδὴ δεδοίκατε θάνατον. Τοῦτο γὰρ [d] ὑμᾶς ἐξαιρήσεται τοῦ ὄν-

Palæstinæ angulo, ideo dicit, *In tenebris*, et, *In aure*, hunc loquendi modum comparans cum loquendi fiducia, qua illos postea instructurus erat. Ne in una, duabus tribusve civitatibus, sed per totum orbem prædicate, terram mareque peragrantes, habitatam, non habitatam: ac tyrannis, populis, philosophis, rhetoribus cum magna fiducia omnia dicite. Ideo dixit, *Super tecta*, et, *In lumine*, sine ullo subterfugio, et cum omni libertate. Et cur non satis habuit dicere, *Prædicate super tecta*, et, *Dicite in lumine*, sed adjecit etiam, *Quod dico vobis in tenebris*, et, *Quod in aure auditis?* Ut eorum sensus erigat. Sicut quando dicebat: *Qui credit in me, opera quæ ego facio et ipse faciet, et majora horum faciet:* Ioan. 14. 12.
sic et hoc loco, ostendens per ipsos omnia effici, et plura quam per seipsum facta sint, ita posuit. Nam ait: Principium vobis ego et initia dedi; plura vero illa per vos impleri volo. Hoc autem non modo præcipientis est, sed etiam futura nuntiantis, fidentis iis quæ dicebantur, prædicentis eos omnia esse superaturos, sensimque subvertentis conceptam circa maledicta mœstitiam. Quemadmodum enim hæc prædicatio, nunc latens, omnia pervadet, sic mala illa Judæorum existimatio cito peribit. Deinde, postquam illorum erexit animos, rursum pericula prædicit, illorum mentem erigens, omnibusque sublimiores reddens. Quid enim ait? 28. *Nolite timere eos qui occidunt corpus, animam autem non possunt occidere.* Viden' quomodo illos omnibus superiores reddat, non curas modo, non maledicta, pericula, insidias, sed etiam mortem omnium terribilissimam contemnere docens? neque simpliciter mortem, sed etiam violentam? Neque dixit, Occidemini, sed cum magnificentia congruenti totum declaravit, *Nolite timere*, dicens, *ab iis qui occidunt corpus, animam autem non possunt occidere: sed potius timete eum qui potest et animam et corpus perdere in gehennam:* in contrarium vertens sermonem, uti semper facit. Quid enim sibi vult? Timetis mortem, ideoque ad prædicandum segniores estis? Sed hac de causa potius prædicate, quia mortem timetis. Illud enim vere vos a morte eripiet. Nam etiamsi vos intercepturi sunt, meliorem tamen partem non supe-

[c] Savil. ἐκείνης.

[d] ἀκωλύτως post εἶπεν addit Morel., sed deest apud Savil., et in quibusdam item Mss. abest.

[e] Alii ὅτι τὸ πᾶν.

[a] Morel. et quidam alii λανθανόντως τέως, Savil. et alii λανθάνον τέως, quod idipsum est.

[b] Alii τοῦτο παρεδήλωσε.

[c] Quidam ὅπερ ἀεὶ ἐποίει καὶ ἐνταῦθα δεικνὺς καὶ εἰς.

[d] Savil. ὑμᾶς, Morel. ἡμᾶς.

rabunt, etiamsi id totis viribus conentur. Ideo non dixit, Animam autem non occidunt; sed, *Non possunt occidere.* Nam etiamsi velint, non superabunt. Itaque si supplicium times, illud longe gravius time. Viden' quomodo non promittat se illos a morte liberaturum esse, sed mori permittit, majora largiturus, quam si id non permitteret? Longe enim majus est suadere ut mors spernatur, quam a morte eruere. Non itaque illos in pericula conjicit, sed reddit periculis superiores, brevique sermone doctrinam de immortalitate animæ in illis inserit, ac duobus tribusve verbis sic inserto salutari dogmate, aliis illos ratiociniis consolatur. Ne enim putarent se occidi et jugulari; quod quasi derelicti sint, de providentia Dei sermonem inducit, his verbis: 29. *Nonne duo passeres asse veneunt, et unus ex illis non cadet in laqueum sine Patre vestro qui in cælis est?* 30. *Vestri autem capilli capitis omnes numerati sunt.* Quid enim vilius illis? inquit: attamen numquam, ignorante Deo, capientur. Non enim operante Deo cadere dicit: id enim indignum Deo esset; sed dixit nihil gestorum illum latere. Si ergo nihil eorum quæ accidunt ignorat, vosque sincerius quam pater amat, atque ita amat, ut etiam capillos vestros numerarit, nihil utique timendum. Hoc vero dixit, non quod Deus capillos numeret, sed ut accuratam notitiam magnamque circa eos providentiam ostendat. Si ergo omnia quæ fiunt novit, si vult nos salvos facere, et id potest, si quid patiamini, ne credite vos derelictos illa pati. Non enim vult vos a malis eripere, sed suadere ut mala contemnatis: nam hæc vere liberatio est a malis. 31. *Nolite ergo timere: multis passeribus meliores estis vos.* Viden' illos jam timore correptos fuisse? Sciebat enim secreta mentis: ideo subjunxit, *Ne ergo timeatis eos.* Etiamsi enim prævaleant, in minorem partem prævalebunt, in corpus scilicet: quod etiamsi illi non occidant, natura tamen absumet.

Si velimus, non superabimur.

3. Itaque ne in hoc quidem illi potestatem habent, a natura quippe illud obtinent. Quod si hoc timeas, multo magis timendum illud quod majus, ac metuendus est ille qui potest et animam et corpus perdere in gehennam. Neque manifeste

τως θανάτου. Εἰ γὰρ καὶ μέλλουσιν ὑμᾶς ἀναιρεῖν, ἀλλὰ τοῦ κρείττονος οὐ περιέσονται, κἂν μυρία φιλονεικήσωσι. Διὰ τοῦτο οὐκ εἶπε, τὴν δὲ ψυχὴν οὐκ ἀποκτεινόντων· ἀλλὰ, Μὴ δυναμένων ἀποκτεῖναι. [e] Κἂν γὰρ καὶ θελήσωσιν, οὐ περιέσονται. Ὥστε εἰ δέδοικας κόλασιν, ἐκείνην φοβοῦ τὴν πολλῷ χαλεπωτέραν. Ὁρᾷς πῶς πάλιν οὐκ ἐπαγγέλλεται αὐτοῖς ἀπαλλαγὴν θανάτου, ἀλλ' ἀφίησιν ἀποθανεῖν, μείζονα χαριζόμενος D ἢ εἰ μὴ συνεχώρησε τοῦτο παθεῖν; Τοῦ γὰρ ἀπαλλάξαι θανάτου τὸ πεῖσαι καταφρονῆσαι θανάτου πολλῷ μεῖζόν ἐστιν. Οὐ τοίνυν εἰς κινδύνους ἐμβάλλει αὐτοὺς, [f] ἀλλ' ἀνωτέρους ποιεῖ κινδύνων, καὶ ἐν βραχεῖ λόγῳ τὰ περὶ ἀθανασίας ψυχῆς ἐν αὐτοῖς πήγνυσι δόγματα, καὶ ἐν δύο καὶ τρισὶ λέξεσι δόγμα σωτήριον καταφυτεύσας, καὶ ἀπὸ λογισμῶν αὐτοὺς ἑτέρων παραμυθεῖται. Ἵνα γὰρ μὴ νομίσωσιν ἀναιρούμενοι καὶ σφαττόμενοι ὡς ἐγκαταλιμπανόμενοι τοῦτο πάσχειν, πάλιν τὸν περὶ τῆς προνοίας τοῦ Θεοῦ εἰσάγει λόγον, οὕτω λέγων· Οὐχὶ δύο στρουθία ἀσσαρίου πωλεῖται, καὶ ἓν ἐξ αὐτῶν [g] οὐ πεσεῖται εἰς παγίδα ἄνευ τοῦ Πατρὸς E ὑμῶν τοῦ ἐν τοῖς οὐρανοῖς; Ὑμῶν δὲ καὶ αἱ τρίχες τῆς κεφαλῆς πᾶσαι ἠριθμημέναι εἰσί. Τί γὰρ εὐτελέστερον ἐκείνων; φησίν· ἀλλ' ὅμως οὐδὲ ἐκεῖνα ἁλώσεται, ἀγνοοῦντος τοῦ Θεοῦ. Οὐ γὰρ τοῦτό φησιν, ὅτι αὐτοῦ ἐνεργοῦντος πίπτει· τοῦτο γὰρ ἀνάξιον Θεοῦ· ἀλλ' ὅτι δὲ οὐν αὐτὸν λανθάνει τῶν γινομένων. Εἰ τοίνυν ἀγνοεῖ οὐδὲν τῶν συμβαινόντων, ὑμᾶς δὲ φιλεῖ πατρὸς 392 A γνησιώτερον, καὶ οὕτω φιλεῖ, ὡς καὶ τὰς τρίχας ἠριθμηκέναι, οὐ χρὴ δεδοικέναι. Τοῦτο δὲ ἔλεγεν, οὐχ ὅτι τὰς τρίχας ὁ Θεὸς ἀριθμεῖ, ἀλλ' ἵνα τὴν ἀκριβῆ γνῶσιν καὶ τὴν πολλὴν πρόνοιαν τὴν περὶ αὐτοὺς ἐνδείξηται. Εἰ τοίνυν καὶ οἶδε πάντα τὰ γινόμενα, καὶ δύναται σώζειν ὑμᾶς, καὶ βούλεται, ὅσα ἂν πάθητε, μὴ νομίσητε ἐγκαταλιμπανόμενοι πάσχειν. Οὐδὲ γὰρ ἀπαλλάξαι ὑμᾶς βούλεται τῶν δεινῶν, ἀλλὰ πεῖσαι καταφρονεῖν τῶν δεινῶν· ἐπειδὴ τοῦτο μάλιστα ἀπαλλαγὴ τῶν δεινῶν. Μὴ οὖν φοβηθῆτε· πολλῶν στρουθίων διαφέρετε ὑμεῖς. Ὁρᾷς ἤδη τὸν φόβον αὐτῶν [h] κρατήσαντα; Καὶ γὰρ ᾔδει τὰ ἀπόῤῥητα τῆς διανοίας· B διὰ τοῦτο ἐπήγαγε, Μὴ οὖν φοβεῖσθε αὐτούς. Κἂν γὰρ κρατήσωσι, τοῦ καταδεεστέρου κρατήσουσι, τοῦ σώματος λέγω· ὃ κἂν μὴ οὗτοι ἀποκτείνωσιν, ἡ φύσις λαβοῦσα ἄπεισι πάντως.

Ὥστε οὐδὲ τούτου οὗτοι γεγόνασι κύριοι, ἀλλ' ἀπὸ τῆς φύσεως αὐτὸ ἔχουσιν. Εἰ δὲ τοῦτο δέδοικας, πολλῷ μᾶλλον τὸ μεῖζον δεδοικέναι χρὴ, καὶ φοβεῖσθαι τὸν δυνάμενον καὶ ψυχὴν καὶ σῶμα ἐν γεέννῃ ἀπολέσαι. Καὶ οὐ λέγει φανερῶς ἑαυτὸν εἶναι τὸν δυνάμενον καὶ ψυχὴν

[e] Morel. et Mss. quidam εἰ γὰρ καὶ θελήσωσι.

[f] Alii ἀλλ' ἀνωτέρω ποιεῖ. Paulo post quidam ἐν δύο ἢ τρισί.

[g] Aliquot Mss. [et Bibl.] οὐ πεσεῖται ἐπὶ τὴν γῆν ἄνευ.

[h] Savil. κατακρατήσαντα.

καὶ σῶμα ἀπολέσαι· δι' ὧν δὲ ἔμπροσθεν [b] ἐνέφηνε, κριτὴν ἑαυτὸν ὄντα ἐδήλωσεν. Ἀλλὰ νῦν τοὐναντίον C γίνεται. Τὸν μὲν γὰρ δυνάμενον ψυχὴν ἀπολέσαι, τουτέστι, κολάσαι, οὐ φοβούμεθα· τοὺς δὲ τὸ σῶμα ἀναιροῦντας πεφρίκαμεν. Καίτοι γε ὁ μὲν μετὰ τῆς ψυχῆς καὶ τὸ σῶμα τιμωρεῖται· οἱ δὲ οὐ μόνον οὐ τὴν ψυχὴν, ἀλλ' οὐδὲ τὸ σῶμα κολάσαι δύνανται· κἂν μυριάκις [c] κολάσωσιν, ἀλλὰ λαμπρότερον μᾶλλον οὕτω ποιοῦσιν αὐτό. Εἶδες πῶς δείκνυσι τοὺς ἀγῶνας εὐχερεῖς; Καὶ γὰρ σφόδρα ὁ θάνατος κατέσεισεν αὐτῶν τὴν ψυχὴν, φοβερὸν τέως ἐμπνέων, τῷ μηδέπω γεγενῆσθαι εὐκαταγώνιστος, μηδὲ τοὺς μέλλοντας αὐτοῦ καταφρονεῖν τῆς τοῦ Πνεύματος ἀπολελαυκέναι χάριτος. Ἐκβαλὼν D τοίνυν τὸν φόβον καὶ τὴν ἀγωνίαν τὴν κατασείουσαν αὐτῶν τὴν ψυχὴν, καὶ διὰ τῶν ἑξῆς παραθαῤῥύνει πάλιν, φόβῳ φόβον ἐκβάλλων, καὶ οὐ φόβῳ μόνον, ἀλλὰ καὶ ἐπάθλων ἐλπίδι μεγάλων· καὶ μετὰ πολλῆς ἀπειλεῖ τῆς ἐξουσίας, καὶ ἑκατέρωθεν αὐτοὺς προτρέπων εἰς τὴν ὑπὲρ τῆς ἀληθείας παῤῥησίαν, καὶ ἐπάγει λέγων· Πᾶς ὅστις ὁμολογήσει ἐν ἐμοὶ ἔμπροσθεν τῶν ἀνθρώπων, ὁμολογήσω κἀγὼ ἐν αὐτῷ ἔμπροσθεν τοῦ Πατρός μου τοῦ ἐν οὐρανοῖς· [d] ὅστις δ' ἂν ἀρνήσηταί με ἔμπροσθεν τῶν ἀνθρώπων, ἀρνήσομαι κἀγὼ αὐτὸν ἔμπροσθεν τοῦ Πατρός μου τοῦ ἐν οὐρανοῖς. Οὐ γὰρ ἀπὸ E τῶν ἀγαθῶν μόνον, ἀλλὰ καὶ ἀπὸ τῶν ἐναντίων ὠθεῖ, καὶ εἰς τὰ σκυθρωπὰ καταλήγει. Καὶ σκόπει τὴν ἀκρίβειαν. Οὐκ εἶπεν, ἐμὲ, ἀλλ', Ἐν ἐμοὶ, δεικνὺς ὅτι οὐκ οἰκείᾳ δυνάμει, ἀλλὰ τῇ ἄνωθεν βοηθούμενος χάριτι ὁμολογεῖ ὁ ὁμολογῶν. Περὶ δὲ τοῦ ἀρνουμένου οὐκ εἶπεν, ἐν ἐμοὶ, ἀλλ', Ἐμέ· ἔρημος γὰρ γενόμενος τῆς 393 δωρεᾶς, οὕτως ἀρνεῖται. Τίνος οὖν ἕνεκεν ἐγκαλεῖται, A φησὶν, εἰ ὁ ἐγκαταλειφθεὶς ἀρνεῖται; Ὅτι τὸ ἐγκαταλειφθῆναι [e] παρ' αὐτὸν γίνεται τὸν ἐγκαταλιμπανόμενον. Τίνος δὲ ἕνεκεν οὐκ ἀρκεῖται τῇ κατὰ διάνοιαν πίστει, ἀλλὰ καὶ τὴν διὰ τοῦ στόματος ὁμολογίαν ἀπαιτεῖ; Εἰς παῤῥησίαν ἡμᾶς ἀλείφων καὶ πλείονα ἀγάπην καὶ διάθεσιν, καὶ ὑψηλοὺς ἐργαζόμενος. Διὸ καὶ πρὸς ἅπαντας διαλέγεται, καὶ οὐδὲ τῷ προσώπῳ τῶν μαθητῶν κέχρηται μόνον· οὐ γὰρ αὐτοὺς, ἀλλὰ καὶ τοὺς μαθητὰς αὐτῶν ἤδη κατασκευάζει γενναίους. Ὁ γὰρ τοῦτο μαθὼν, οὐ διδάξει μόνον μετὰ παῤῥησίας, ἀλλὰ καὶ πείσεται πάντα εὐκόλως καὶ μετὰ προθυμίας. Τοῦτο γοῦν πολλοὺς τοῖς ἀποστόλοις προσήγαγε, τὸ B πιστεῦσαι τῷ ῥήματι τούτῳ. Καὶ γὰρ καὶ ἐν τῇ κολάσει πλείων ἡ τιμωρία, καὶ ἐν τοῖς ἀγαθοῖς μείζων ἡ ἀντίδοσις. Ἐπειδὴ γὰρ τῷ χρόνῳ πλεονεκτεῖ ὁ κατορθῶν, καὶ τῇ ἀναβολῇ τῆς τιμωρίας νομίζει κερδαί-

dicit se illum esse qui possit et animum et corpus perdere; sed per ea quæ superius dixit, se judicem esse monstravit. At nunc contrarium evenit: nam eum qui potest animam perdere, hoc est, supplicio afficere, non timemus; illos autem qui corpus interficiunt perhorrescimus. Quamquam ille una cum anima corpus etiam ulciscitur: illi vero non modo animam, sed ne corpus quidem possunt punire; licet enim millies supplicio afficiant, splendidius illud omnino reddunt. Vidistin' quomodo certamina facilia reddat? Mors enim eorum animam admodum exagitabat, terribilisque adhuc erat, quod nondum expugnatu facilis esset, nec adhuc Spiritus gratiam accepissent ii qui illam contempturi erant. Postquam ergo timorem et metum, qui ipsorum animam exagitabat, amovisset, sequenti etiam sermone illis fiduciam indit; timore timorem pellens, nec timore modo, sed magnorum spe præmiorum; insuperque cum magna potestate comminatur: atque utrinque illos hortatur ad fiduciam pro veritate sumendam, hæc adjiciens: 32. *Quicumque confitebitur in me coram hominibus, confitebor et ego in eum coram Patre meo qui est in cælis;* 33. *et quicumque negaverit me coram hominibus, negabo et ego eum coram Patre meo qui est in cælis.* Non enim a bonorum spe tantum, sed etiam a malorum metu concitat, et in tristia desinit. Ejus autem accurationem perpende. Non dixit, Me, sed, *In me*, ostendens eum qui confitetur, non propria virtute, sed superna gratia fultum confiteri. De negante non dixit, In me, sed, *Me*: nam cum dono gratiæ vacuus sit, ita negat. Cur ergo accusatur, inquies, si is qui negat, ita derelinquitur? Quia qui derelinquitur, culpa sua derelinquitur. Sed cur non sufficit fides in animo, sed oris etiam confessionem requirit? Ut nos incitet ad fiduciam et ad loquendi libertatem, necnon ad majorem caritatem et affectum, utque nos sublimiores efficiat. Ideoque omnibus loquitur, neque solos respicit discipulos; non illos enim tantum, sed etiam discipulos eorum jam strenuos reddere studet. Nam qui hæc didicerit, non modo cum libertate docebit, sed etiam omnia facile et magno animo patietur. Id certe fecit ut multi ad apostolos accederent, quod huic dicto fidem haberent. Nam ut in malis majora supplicia sequun-

Qui confitetur, per divinam gratiam confitetur.

[b] Alii ἀπέφηνε. Paulo post Savil. τοὐναντίον ποιοῦμεν, Morel. τοὐναντίον γίνεται.

[c] Morel. κολάσωσι, Savil. ἀνέλωσι. Malo priorem retinere lectionem.

[d] ὅστις δ' ἂν, etc. Hæc clausula Evangelii tota deerat in Morel.

[e] Morel. παρ' αὐτῶν γίνεται τῶν ἐγκαταλιμπανομένων.

tur: sic et in bonis major merces. Quia enim qui bonum sic operatur, divitias sibi parat, peccator autem dilatione supplicii se lucrari existimat, parem, imo longe majorem bene operanti induxit copiam, seu præmiorum additamentum. Hanc prærogativam, inquit, habes, quod in me prior credideris? Ego item hanc prærogativam dabo, ut majora tribuam, imo longe majora: nam ibi te confitebor. Viden' et hic et illic bona et mala recondi? Cur ergo festinas? cur hic mercedem quæris, qui spe jam salvus es? Idcirco si quid boni feceris, neque hic mercedem recipias, ne turberis; cum additamento enim in futuro tempore te merces manet. Sin quidpiam mali feceris, nec des pœnas, ne ideo segnis sis; illic enim te supplicium excipiet, nisi muteris et melior evadas. Si vero non credis, ex præsentibus rebus futura conjicito. Nam si certaminum tempore sic illustres sunt ii qui confitentur, perpende quales coronarum tempore futuri sint. Si inimici hic plaudunt, qui te affectu plus quam paterno diligit, quomodo non te mirabitur et celebrabit? Tunc enim erunt et bonorum præmia et malorum supplicia; ita ut qui negaverint, et hic et illic puniantur; hic cum mala conscientia viventes, qui quantumcumque mortem fugerint, morientur tandem; illic vero extremas dabunt pœnas: alii autem et hic et illic lucrantur; et mortem hic in lucrum vertentes, qua vivis splendidiores efficiuntur, et illic ineffabilibus fruentes bonis. Non enim ad puniendum tantum, sed etiam ad bona eroganda paratus est Deus; et ad hoc certe magis quam ad illud. Sed cur hoc semel, illud bis posuit? Novit certe timore magis homines ad resipiscentiam adduci. Idcirco cum dixisset, *Timete eum qui potest et animam et corpus perdere in gehennam*, rursum dicit, *Negabo eum et ego*. Sic et Paulus faciebat, gehennam frequenter memorans.

Deus libentius bona, quam supplicia infert.

νειν [b] ὁ ἁμαρτὼν, ἀντίῤῥοπον, μᾶλλον δὲ πολλῷ μείζονα πλεονεξίαν εἰσήγαγε τὴν προσθήκην τῶν ἀντιδόσεων. Ἐπλεονέκτησας, φησὶ, τῷ προτέρως με ὁμολογῆσαι ἐνταῦθα; Πλεονεκτήσω σε κἀγὼ, φησὶν, τῷ μείζονά σοι δοῦναι, καὶ ἀφάτως μείζονα· ἐκεῖ γάρ σε ὁμολογήσω. Ὁρᾷς ἐκεῖ καὶ τὰ ἀγαθὰ καὶ [c] τὰ κακὰ ταμιευόμενα; Τί τοίνυν σπεύδεις καὶ ἐπείγῃ; τί δὲ ζητεῖς ἐνταῦθα τὰς ἀμοιβὰς, ἐλπίδι σωθείς; C Διὰ δὴ τοῦτο κἂν ποιήσῃς τι χρηστὸν, καὶ μὴ λάβῃς αὐτοῦ τὴν ἀντίδοσιν ἐνταῦθα, μὴ ταράττου· μετὰ γὰρ προσθήκης ἐν τῷ μέλλοντί σε καιρῷ ἀναμένει τούτων ἡ ἀμοιβή. Κἂν ποιήσῃς τι πονηρὸν, καὶ μὴ δῷς δίκην, μὴ ῥᾳθύμει· ἐκεῖ γάρ σε ἐκδέξεται ἡ τιμωρία, ἂν μὴ μεταβάλῃ καὶ γένῃ βελτίων. Εἰ δὲ ἀπιστεῖς, ἀπὸ τῶν [d] ἐνταῦθα καταστοχάζου τὰ τῶν μελλόντων. Εἰ γὰρ ἐν τῷ καιρῷ τῶν ἀγώνων οὕτως εἰσὶ λαμπροὶ οἱ ὁμολογοῦντες, ἐν τῷ καιρῷ τῶν στεφάνων ἐννόησον τίνες ἔσονται; Εἰ οἱ ἐχθροὶ ἐνταῦθα [e] κροτοῦσιν, D ὁ πάντων πατέρων φιλοστοργότερος πῶς οὐ θαυμάσεταί σε καὶ ἀνακηρύξει; Τότε γὰρ ἡμῶν εἰσι καὶ τῶν ἀγαθῶν αἱ δωρεαὶ, καὶ τῶν κακῶν αἱ τιμωρίαι· ὥστε οἱ μὲν ἀρνούμενοι, καὶ ἐνταῦθα καὶ ἐκεῖ βλαβήσονται· ἐνταῦθα μὲν, μετὰ πονηροῦ συνειδότος ζῶντες, κἂν μή ποτε ἀποθάνωσιν ἀποθανοῦνται πάντως· καὶ ἐκεῖ δὲ τὴν ἐσχάτην [f] ὑπομενοῦσι δίκην· οἱ δὲ ἕτεροι καὶ ἐνταῦθα καὶ ἐκεῖ κερδανοῦσι, καὶ τὸν θάνατον ἐνταῦθα πραγματευόμενοι, καὶ τῶν ζώντων ταύτῃ λαμπρότεροι γινόμενοι, καὶ ἐκεῖ τῶν ἀποῤῥήτων ἀπολαύοντες ἀγαθῶν. Οὐ γὰρ δὴ πρὸς τὸ κολάζειν μόνον, ἀλλὰ E καὶ πρὸς τὸ εὐεργετεῖν ἕτοιμος ὁ Θεός· καὶ πρὸς τοῦτο μᾶλλον ἢ πρὸς ἐκεῖνο. Ἀλλὰ τίνος ἕνεκεν τοῦτο μὲν ἅπαξ τίθησιν, ἐκεῖνο δὲ δίς; [g] Οἶδε μᾶλλον τοὺς ἀκούοντας τούτῳ σωφρονιζομένους. Διὰ τοῦτο εἰπὼν, Φοβήθητε τὸν δυνάμενον καὶ ψυχὴν καὶ σῶμα ἐν γεέννῃ ἀπολέσαι, πάλιν λέγει, Ἀρνήσομαι αὐτὸν κἀγώ. Οὕτω 394 A καὶ Παῦλος ἐποίει, συνεχῶς τῆς γεέννης [a] μεμνημένος.

4. Cum igitur auditorem omni ex parte stimulasset (nam et cælos ipsi aperuit, et tribunal illud terribile monstravit, angelorum theatrum, coronarum proclamationes, quæ piæ doctrinæ viam facilem pararent), demum ne per timorem prædicatio impediretur, ad cædes ipsos apparari jubet, ut discant, eos qui in incredulitate persistunt, etiam insidiarum hujuscemodi pœnas esse

Ἀλείψας τοίνυν τὸν ἀκροατὴν διὰ πάντων (καὶ γὰρ τοὺς οὐρανοὺς ἀνέῳξεν αὐτῷ, καὶ τὸ δικαστήριον ἐκεῖνο ἐπέστησε τὸ φοβερὸν, καὶ τὸ θέατρον ἔδειξε τῶν ἀγγέλων, καὶ τὴν ἐν τούτοις ἀνακήρυξιν τῶν στεφάνων, πολλὴν ἐντεῦθεν προοδοποιοῦσαν τῷ λόγῳ τῆς εὐσεβείας τὴν εὐκολίαν), λοιπὸν ἵνα μὴ, [b] δειλῶν γενομένων, ἐμποδισθῇ τὸ κήρυγμα, καὶ πρὸς αὐτὰς τὰς σφαγὰς αὐτοὺς παρασκευάζεσθαι κελεύει, ἵνα μάθω-

[b] Savil. ὁ ἁμαρτάνων. Infra Savil τῷ πρότερός με.
[c] Morel. τὰ καταταμιευόμενα.
[d] Alii ἐνταῦθα στοχάζου καὶ περὶ τῶν.
[e] Aliqui et Morel. κρατοῦσιν.
[f] Morel. ὑπομένοντες, male.
[g] Morel. οἶδε μᾶλλον τοῦτο σωφρονιζομένους.
[a] Aliqui μνημονεύων.
[b] Aliqui δειλῶν αὐτῶν γενομένων.

σιν, ὅτι οἱ ἐν τῇ πλάνῃ μένοντες, καὶ τῆς τούτων [a] ἐπιβουλῆς δώσουσι δίκην. Καταφρονῶμεν τοίνυν θανάτου, κἂν μὴ παρῇ καιρὸς ὁ τοῦτον ἀπαιτῶν· καὶ B γὰρ εἰς πολλῷ βελτίονα [c] ἀναστησόμεθα ζωήν. Ἀλλὰ φθείρεται τὸ σῶμα; Καὶ διὰ τοῦτο μάλιστα χαίρειν δεῖ, ὅτι ὁ θάνατος φθείρεται, καὶ ἡ θνητότης ἀπόλλυται, οὐχ ἡ οὐσία τοῦ σώματος. Οὐδὲ γὰρ εἰ ἀνδριάντα ἴδοις χωνευόμενον, ἀπώλειαν προσερεῖς τὸ γινόμενον, ἀλλὰ βελτίω κατασκευήν. Τοῦτο δὴ καὶ ἐπὶ τοῦ σώματος λογίζου, καὶ μὴ θρήνει. Τότε γὰρ ἔδει θρηνεῖν, εἰ ἔμενεν ἐν τῇ κολάσει. Ἀλλ' ἔδει, φησὶ, χωρὶς τοῦ φθείρεσθαι τὰ σώματα τοῦτο γίνεσθαι, καὶ ὁλόκληρα μένειν αὐτά. Καὶ τί τοῦτο ἢ τοὺς ζῶντας ἢ τοὺς ἀπελθόντας ὤνησεν ἄν; Μέχρι πότε φιλοσώματοι; μέχρι πότε τῇ γῇ προσηλωμένοι C πρὸς τὰς σκιὰς κεχήνατε; Τί γὰρ τοῦτο ὠφέλησεν ἄν; μᾶλλον δὲ τί οὐκ ἂν ἔβλαψεν; Εἰ γὰρ μὴ ἐφθείρετο τὰ σώματα, πρῶτον τὸ πάντων μεῖζον τῶν κακῶν ὁ τῦφος παρὰ πολλοῖς ἔμενεν ἄν. Εἰ γὰρ καὶ τούτου γινομένου, καὶ σκωλήκων πηγαζόντων, πολλοὶ [d] θεοὶ νομισθῆναι ἐφιλονείκησαν, τί οὐκ ἂν ἐγένετο, τούτου μένοντος; Δεύτερον, οὐκ ἂν ἐπιστεύθησαν ἀπὸ γῆς εἶναι· εἰ γὰρ τοῦ τέλους μαρτυροῦντος ἀμφισβητοῦσιν ἔτι τινὲς, τί οὐκ ἂν ὑπώπτευσαν, εἰ μὴ τοῦτο ἑώρων; Τρίτον, σφόδρα ἂν ἐφιλήθη τὰ σώματα, καὶ οἱ πλείους σαρκικώτεροι καὶ παχύτεροι ἐγένοντο ἄν· D [e] εἰ δὲ καὶ νῦν τινες τοῖς τάφοις συμπλέκονται καὶ ταῖς σοροῖς, ἀφανισθέντων ἐκείνων, τί οὐκ ἂν ἐποίησαν, εἰ καὶ τὴν εἰκόνα εἶχον διατηρουμένην; Τέταρτον, οὐκ ἂν σφόδρα ἐπόθησαν τὰ μέλλοντα. Πέμπτον, οἱ τὸν κόσμον ἀθάνατον εἶναι λέγοντες, μᾶλλον ἂν ἐβεβαιώθησαν, καὶ [f] οὐκ ἂν ἔφασαν τὸν Θεὸν εἶναι δημιουργόν. Ἕκτον, οὐκ ἂν ἔγνωσαν τῆς ψυχῆς τὴν ἀρετὴν, καὶ πόσον ἐστὶ παροῦσα σώματι ψυχή. Ἕβδομον, πολλοὶ τῶν ἀποβαλόντων τοὺς οἰκείους, τὰς πόλεις ἀφέντες, [g] τὰ σήματα ἔμελλον οἰκεῖν, καὶ παραπλῆγες γίνεσθαι τοῖς νεκροῖς τοῖς αὐτῶν διηνεκῶς διαλεγόμενοι· E εἰ γὰρ καὶ νῦν εἰκόνας [h] πλάττοντες ἄνθρωποι, ἐπειδὴ τὸ σῶμα κατασχεῖν οὐκ ἔχουσιν (οὐδὲ γὰρ δυνατὸν, ἀλλὰ καὶ ἀκόντων αὐτῶν ῥεῖ καὶ ἀποπηδᾷ), προσηλωμένοι ταῖς σανίσιν εἰσὶ, τί οὐκ ἂν τότε ἐπενόησαν ἄτοπον; 395 A [i] Ἐμοὶ δοκοῦσι καὶ ναοὺς ἂν τοῖς τοιούτοις σώμασιν οἰκοδομῆσαι οἱ πολλοὶ, καὶ πεῖσαι δαίμονας φθέγγεσθαι δι' αὐτῶν οἱ τὰ τοιαῦτα μαγγανεύειν δεινοὶ, ὅπου γε καὶ νῦν οἱ τὰς νεκρομαντείας τολμῶντες πολλὰ τούτων ἀτοπώτερα ἐπιχειροῦσιν, οἵγε μετὰ τὴν

daturos. Mortem ergo despiciamus, etiamsi nondum ejus tempus advenerit : nam ad multo meliorem vitam resurrecturi sumus. At, dices, corpus corrumpitur? Et ideo maxime gaudendum, quod mors corrumpatur, et mortalitas pereat, non autem substantia corporis. Neque enim si conflari videres statuam, perniciem id diceres, sed meliorem materiæ usum. Sic et de corpore cogita, et ne lacrymeris. Flendum sane esset, si in pœna mansisset. Sed oportuisset, inquies, sine corruptione corporum id fieri, et ipsa integra manere. Et quid inde utilitatis aut vivis aut defunctis provenisset? Quousque amatores corporum eritis? quousque terræ addicti ad umbras inhiatis? Quid inde utilitatis obveniret? imo quid non nocumenti accederet? Nam si corpora non corrumperentur, malum omnium deterrimum, superbia in multis vigeret. Etenim cum res ita se habeat, corporeque vermibus scatente, multi tamen se deos existimari studuerunt, quid non futurum erat, si corpus mansisset? Secundo, non credidissent corpora ex terra ortum habere : nam si ejus fine id testificante adhuc quidam dubitant, quid non suspicarentur, nisi hoc viderent? Tertio, corpora magis diligerentur, plurimique magis carnales et crassiores facti essent : nam si nunc quidam sepulcris et urnis hærent, etiam corporibus consumtis, quid non facerent, si ipsam imaginem haberent? Quarto, homines futura non desiderassent. Quinto, illi qui dicunt mundum esse immortalem, hinc in opinione firmarentur, ut assererent Deum non esse creatorem. Sexto, non cognosceretur animæ virtus, nec quantum præsens conferat anima corpori. Septimo, multi ex defunctorum suorum amore, urbibus relictis, in sepulcris habitaturi erant, et insanorum instar mortuos suos frequenter alloquuturi : nam si nunc quidam imagines effingentes, quia corpora retinere non possunt, sed invitis ipsis illa defluunt, ligneis tabulis hærent, quid non absurdi tunc excogitassent? Puto certe multos hujuscemodi corporibus templa ædificaturos, et persuasuros fuisse dæmonas in illis loqui, si qui in hisce præstigiis solertes fuissent, quandoquidem illi, qui necromantiam audent exercere, multa his absurdiora tentant, ad hæc pulverem et cineres adhibentes. Quanta hinc idololatriæ genera non emersissent? His igitur

Quot mala evenirent si corpora non corrumperentur.

Necromantia.

[a] Ἐπιβουλῆς, vox suspecta.

[c] Quidam μεταστησόμεθα.

[d] Aliqui θεοὶ εἶναι ἐφιλονείκησαν.

[e] Morel. εἰ δὲ καὶ νῦν τοῖς τάφοις συμπλέκονται καὶ τοῖς σωροῖς, male.

[f] Quidam οὐκ ἂν ἐφαντάσθησαν.

[g] Alii τὰ μνήματα ἔμελλον.

[h] Nonnulli διαπλάττοντες.

[i] Savil. ἐμοὶ δοκεῖν, καὶ ναοὺς.... ᾠκοδόμησαν. Ibid. quidam ὥστε πεῖσαι.

omnibus sublatis Deus, utpote absurdis, ut nos instituat ad terrena omnia abjicienda, ante oculos nostros corpus destruit. Nam corporum amator, qui formosam puellam deperit, si nolit deformitatem materiæ ratione discere, eam ipsis oculis perspiciet. Etenim multæ sunt paris ætatis puellæ, ac sæpe formosiores, quæ defunctæ post unam alteramve diem fœtorem emiserunt, saniem, putredinem, vermes. Cogita qualem ames pulchritudinem, et quam formam depereas. Si vero corpora non putrescerent, hæc non probe dignosci possent : sed sicut dæmones per sepulcra currunt, sic multi ex amatoribus sepulcris assidentes, dæmonas in anima reciperent, et hac ducti insania sæpe morerentur. Nunc porro tum alia multa, tum hoc etiam animum consolatur, quod imago illa non appareat, sicque dolor oblivione diffluat.

κόνιν καὶ τὴν τέφραν ταῦτα ποιεῖν ἔτι φιλονεικοῦσι. Πόσαι δὲ οὐκ ἂν εἰδωλολατρεῖαι ἐντεῦθεν ἐγένοντο; Πάντα τοίνυν ἀναιρῶν ὁ Θεὸς τὰ ἄτοπα, καὶ παιδεύων ἡμᾶς ἀφίστασθαι τῶν γηΐνων ἁπάντων, ἀφανίζει τὸ σῶμα πρὸ τῶν ὀφθαλμῶν τῶν ἡμετέρων. Καὶ γὰρ ὁ φιλοσώματος, καὶ πρὸς κόρην ἐπτοημένος εὔ- B μορφον, εἰ μὴ βούλοιτο μαθεῖν τῷ λόγῳ τὸ εἰδεχθὲς τῆς οὐσίας, δι' αὐτῆς αὐτὸ τῆς ὄψεως εἴσεται. Καὶ γὰρ πολλαὶ τῆς ἐρωμένης ὁμήλικες, πολλάκις δὲ καὶ λαμπρότεραι ἀποθανοῦσαι μετὰ μίαν καὶ δευτέραν ἡμέραν, [a] δυσωδίαν παρέσχον, καὶ ἰχῶρα, καὶ σηπεδόνα σκωλήκων. Ἐννόησον τοίνυν οἷον κάλλος φιλεῖς, καὶ πρὸς ποίαν ἐπτόησαι εὐμορφίαν. Εἰ δὲ μὴ ἐφθείρετο τὰ σώματα, οὐκ ἂν τοῦτο ἐγνώσθη καλῶς· ἀλλ' ὥσπερ οἱ δαίμονες παρὰ τοὺς τάφους τρέχουσιν, οὕτω καὶ πολλοὶ τῶν ἐρώντων τοῖς μνήμασι παρακαθήμενοι διηνεκῶς, δαίμονας ἂν ἐδέξαντο τῇ ψυχῇ, καὶ C τῇ χαλεπῇ ταύτῃ ταχέως ἂν ἐναπέθανον μανίᾳ. Νῦν δὲ μετὰ τῶν ἄλλων ἁπάντων καὶ τοῦτο παραμυθεῖται τὴν ψυχὴν, τὸ μὴ φαίνεσθαι τὴν εἰκόνα, καὶ [b] εἰς λήθην ἐμβάλλει τοῦ πάθους.

5. Quod si res non ita se haberet, sepulcra nulla essent; sed civitates videres quæ mortuos pro statuis haberent, cum singuli vellent suos videre. Hinc ingens confusio oriretur, nemo animæ curam haberet, nec de ejus immortalitate cogitaret : multaque alia absurdiora inde emergerent, quæ ne dicere quidem fas est. Propterea subito putrescit, ut nudam animæ pulchritudinem videas. Nam si talem formam et talem vitam anima corpori præbet, quanto majoris ipsa pulchritudinis erit? si rem ita deformem sustentat, quanto magis seipsam? Non enim corpus ipsum pulchrum est, sed ipsa efformatio, et flos ille qui per animam in materia depingitur. Illam igitur ama, quæ corpori talem speciem conciliat. Ecquid de morte loquor? Etenim in hac quoque vita ostendam tibi, quomodo pulchra omnia ab illa proficiscantur. Nam si illa lætetur, roseo genas depingit colore; sin mæsta sit, hac detracta pulchritudine, atro colore omnia vestit. Si assidue lætetur, corpus viget ægritudine vacuum; si angatur, aranea macilentius et imbecillius evadit; si irascatur, ingratum illud et turpe reddit; si serenum oculum ostenderit, magnam emittit pulchritudinem; si invideat, pallorem multum et tabem effundit; si amet, pulchram indit formam. Ita enim

Εἰ δὲ μὴ τοῦτο ἦν, οὐδ' ἂν μνήματα ἦν, ἀλλὰ τὰς πόλεις εἶδες ἂν ἀντὶ ἀνδριάντων νεκροὺς ἐχούσας, ἑκάστου τὸν ἑαυτοῦ βλέπειν ἐπιθυμοῦντος. Καὶ πολλὴ ἂν ἐγένετο σύγχυσις ἐντεῦθεν, καὶ οὐδεὶς ἂν τῶν πολλῶν ψυχῆς ἐπεμελήσατο, οὐκ ἂν παρεχώρησε τῷ περὶ ἀθανασίας ἐπεισελθεῖν λόγῳ· καὶ ἕτερα δὲ πολλὰ ἂν ἀτοπώτερα τούτων ἐγένετο, [c] ἃ μηδὲ εἰπεῖν καλόν. D Διὰ τοῦτο σήπεται εὐθέως, ἵνα ἴδῃς γυμνὸν τῆς ψυχῆς τὸ κάλλος. Εἰ γὰρ ἐκείνη τοσούτου κάλλους καὶ τοσαύτης ζωῆς πρόξενος, πολλῷ μᾶλλον αὕτη βελτίων ἂν εἴη· εἰ τὸ οὕτως εἰδεχθὲς καὶ δυσειδὲς διακρατεῖ, πολλῷ μᾶλλον ἑαυτήν. Οὐ γὰρ τὸ σῶμά ἐστι τὸ καλὸν, ἀλλ' ἡ διάπλασις, καὶ τὸ ἄνθος ὅπερ παρὰ τῆς ψυχῆς ἐπιχρώννυται τῇ οὐσίᾳ. Φίλει τοίνυν ἐκείνην τὴν κἀκεῖνο τοιοῦτον ποιοῦσαν φαίνεσθαι. Καὶ τί λέγω τὸν θάνατον; Καὶ γὰρ [d] ἐν ταύτῃ τῇ ζωῇ δείκνυμί σοι, πῶς πάντα αὐτῆς ἐστι καλά. Ἂν μὲν γὰρ ἡσθῇ, ῥόδα κατέπασσε τῶν παρειῶν· ἂν δὲ ἀλγήσῃ, τὸ κάλλος λαβοῦσα E ἐκεῖνο, μελαίνῃ στολῇ τὸ πᾶν περιέβαλε. Κἂν εὐφραίνηται διηνεκῶς, γέγονεν [e] ἀπαθὲς τὸ σῶμα· ἂν δ' ἀλγήσῃ, ἀράχνης ἰσχνότερόν τε καὶ ἀσθενέστερον ἐποίησεν· ἂν θυμωθῇ, πάλιν πεποίηκεν αὐτὸ ἀποτρό- 396 παιον καὶ αἰσχρόν· ἂν γαληνὸν ὀφθαλμὸν δείξῃ, πολὺ A τὸ κάλλος ἐχαρίσατο· ἂν βασκήνῃ, πολλὴν ὠχρίαν καὶ τὴν τηκεδόνα ἐξέχεεν· ἂν ἀγαπήσῃ, πολλὴν τὴν εὐμορφίαν ἐδωρήσατο. Οὕτω γοῦν πολλαὶ οὐκ οὖσαι εὔ-

[a] His affinia habes in Epist. 1 ad Theodorum lapsum, supra T. 1, p. 22.

[b] Alii εἰς λήθην ἐμβάλλειν.

[c] Quidam ἃ μηδὲ εἰπεῖν θέμις. Paulo post alii εἰ γὰρ ἐκεῖνο. Ibidem quidam ζωῆς ἄξιοι, alii ἄξιον.

[d] Savil. ἐν αὐτῇ τῇ ζωῇ.

[e] Alii γέγονεν εὐπαθές, alii γέγονεν ἐμπαθές. Ibidem quidam ἂν ῥαθυμήσῃ, ἀράχνης.

μορφοι τὴν ὄψιν, χάριν πολλὴν ἀπὸ ψυχῆς ἔλαβον· ἕτεραι πάλιν λάμπουσαι τῇ ὥρᾳ, ἐπειδὴ ψυχὴν ἄχαριν ἔσχον, ἐλυμήναντο τὴν εὐμορφίαν. Ἐννόησον πῶς ἐρυθραίνει πρόσωπον λευκὸν ὂν, καὶ τῇ τοῦ χρώματος ποικιλίᾳ πολλὴν ἐργάζεται τὴν ἡδονὴν, ὅταν αἰσχύνεσθαι δέῃ καὶ ἐρυθριᾷν· ὥσπερ οὖν ἐὰν ἀναίσχυντος ᾖ, θηρίου παντὸς ἀηδεστέραν τὴν ὄψιν δείκνυσιν· οὕτως ἡ αἰδήμων ἥμερον καὶ εὐειδῆ τὴν ὄψιν ἐργάζεται· οὐδὲν B γὰρ ψυχῆς καλῆς ὡραιότερον, οὐδὲ ἥδιον. Ἐπὶ μὲν γὰρ τῶν σωμάτων, μετὰ ἀλγηδόνος ὁ πόθος· ἐπὶ δὲ τῶν ψυχῶν, καθαρὰ καὶ ἀκύμαντος ἡ ἡδονή. Τί τοίνυν τὸν βασιλέα ἀφεὶς, πρὸς [a] τὸν κήρυκα ἐπτόησαι; τί τὸν φιλόσοφον καταλιπὼν, κέχηνας πρὸς τὸν ἑρμηνέα; εἶδες καλὸν ὀφθαλμὸν, κατάμαθε τὸν ἔνδον· κἂν μὴ ᾖ καλὸς ἐκεῖνος, καταφρόνησον καὶ τούτου. Οὐδὲ γὰρ εἰ γυναῖκα εἶδες [b] ἄμορφον προσωπεῖον περικειμένην καλὸν, ἔπαθες ἄν τι πρὸς αὐτήν· ὥσπερ οὖν οὐδὲ εὐειδῆ καὶ C καλὴν ἠνέσχου ἂν κρύπτεσθαι τῷ προσωπείῳ, ἀλλὰ περιελὼν αὐτὸ, γυμνὴν ἂν ἠθέλησας τὴν ὥραν ἰδεῖν. Τοῦτο δὴ καὶ ἐπὶ τῆς ψυχῆς ποίει, καὶ αὐτὴν καταμάνθανε πρώτην· ἐν προσωπείου γὰρ χώρᾳ τὸ σῶμα αὐτὸ περίκειται· διὸ καὶ μένει τοιοῦτον οἷόν ἐστιν· ἐκείνη δὲ κἂν ἄμορφος ᾖ, ταχέως δύναται γενέσθαι καλή. Κἂν ὀφθαλμὸν ἔχῃ δυσειδῆ, καὶ τραχὺν, καὶ σκληρὸν, δύναται γενέσθαι καλὸς, ἥμερος, γαληνὸς, μειλίχιος, προσηνής. Ταύτην τοίνυν τὴν εὐμορφίαν ζητῶμεν, [c] ταύτην τὴν καλλωπιζομένην ὄψιν, ἵνα καὶ ὁ D Θεὸς ἐπιθυμήσας τοῦ ἡμετέρου κάλλους, μεταδῷη ἡμῖν τῶν αἰωνίων ἀγαθῶν, χάριτι καὶ φιλανθρωπίᾳ τοῦ Κυρίου ἡμῶν Ἰησοῦ Χριστοῦ, ᾧ ἡ δόξα καὶ τὸ κράτος, εἰς τοὺς αἰῶνας τῶν αἰώνων. Ἀμήν.

multæ, quæ formosæ non erant, multam ab anima gratiam accepere; contra vero aliæ admodum formosæ, quia ingratam injucundamque animam habuere, formam suam labefactarunt. Cogita quomodo candida facies erubescat, et coloris varietate non parvam voluptatem pariat, si quidem adsit pudor: nam si impudens illa sit, fera omni injucundior erit et ingratior; contra si pudibunda sit, mitis et formosa evadit: anima quippe pulchra nihil formosius, nihil dulcius. Nam in corporibus amor dolore non vacat, in animis pura et imperturbata voluptas. Cur ergo rege dimisso, præconem miraris? cur philosopho relicto, ad interpretem inhias? Vidisti pulchrum oculum, interiorem observa; et si hic pulcher non sit, despice illum. Neque enim si videas deformem mulierem speciosa larva obtectam, aliquo erga illam affectu movearis, ut contra larva occultari formosam non sinas, sed, amota larva, nudam faciem videre cuperes. Hoc erga animam quoque facito, illam agnosce priorem; larvæ quippe loco illam corpus ambit, quod ut compositum est ita semper manet: anima vero si deformis sit, cito potest formosa effici. Si oculum habeat deformem, torvum, turpem, potest ille fieri pulcher, suavis, serenus, jucundus. Hanc ergo formam quæramus, hanc faciem ornatam, ut Deus nostram concupiscens formam, æterna nobis bona largiatur, gratia et misericordia Domini nostri Jesu Christi, cui gloria et imperium, in sæcula sæculorum. Amen.

Anima pulchra nihil formosius.

[a] Aliqui τὸν κόρακα, perperam.

[b] Unus εὔμορφον, male.

[c] Alii ταύτην καλλωπίζωμεν τὴν ὄψιν.

ΟΜΙΛΙΑ λε'.

397 A

Μὴ νομίσητε, ὅτι ἦλθον βαλεῖν εἰρήνην ἐπὶ τὴν γῆν· οὐκ ἦλθον βαλεῖν εἰρήνην, ἀλλὰ μάχαιραν. Ἦλθον γὰρ διχάσαι ἄνθρωπον [a] ἀπὸ τοῦ πατρὸς αὐτοῦ, καὶ θυγατέρα ἀπὸ τῆς μητρὸς αὐτῆς, καὶ νύμφην κατὰ τῆς πενθερᾶς αὐτῆς· καὶ ἐχθροὶ τοῦ ἀνθρώπου οἱ οἰκεῖοι αὐτοῦ.

Πάλιν τὰ φορτικώτερα τίθησι καὶ μετὰ πολλῆς τῆς B περιουσίας· καὶ ὅπερ ἔμελλον [b] ἀνθυποστρέφειν, τοῦτο προλέγει. Ἵνα γὰρ μὴ ταῦτα ἀκούοντες λέγωσι· καὶ

HOMILIA XXXV. al. XXXVI.

Cap. X. v. 34. *Nolite putare quia venerim pacem mittere in terram: non veni pacem mittere, sed gladium.* 35. *Veni enim separare hominem a patre suo, et filiam a matre sua, et nurum a socru sua:* 36. *et inimici hominis, domestici ejus.*

1. Rursum onerosiora profert, idque cum magna auctoritate: quodque alii objecturi erant, ille prædicit. Nam ne iis auditis dicerent: Ideone ve-

[a] Quidam Mss. κατὰ τοῦ πατρός, et paulo post κατὰ τῆς μητρός. Infra vero οἱ οἰκειακοὶ αὐτοῦ.

[b] Alii ἀνθυποφέρειν.

nisti, ut nos interficias cum iis qui nobis obsequuti sunt, et bellis terram repleas? ipse prior dicit: *Non veni pacem mittere in terram.* Cur ergo præcepit in domos singulas ingressos pacem *Luc. 2. 14.* dicere? cur et angeli dicebant, *Gloria in excelsis Deo, et in terra pax?* cur prophetæ omnes idipsum prænuntiarunt? Quia illud maxime pax est, cum id, quod ægrotat, absciditur, quando id, quod dissidet, separatur. Sic enim potest cælum cum terra jungi. Quandoquidem medicus sic reliquum corpus servat, cum id quod insanabile est, resecat; et dux, cum eos qui concordiam perniciosam inierant, ad dissensionem inducit. *Gen. 11.* Sic et in illa turri factum est: malam quippe concordiam bona discordia solvit, et pacem conci- *Act. 23. 6. 7.* liavit. Sic et Paulus eos qui adversum se concordiam inierant, divisit. In Nabuthe vero concor- *3. Reg. 21.* dia illa fuit omni bello deterior. Neque enim concordia semper laudanda: nam et latrones inter se concordes sunt. Non igitur ex Christi proposito, sed ex illorum voluntate bellum movebatur. Ipse quippe volebat omnes in pia religione concordes esse: sed quia illi dissidebant, hinc bellum oriebatur. Sed non sic ille loquutus est: quid vero dicit? *Non veni pacem mittere,* ut illos consolaretur. Ne putetis, inquit, illorum vos causam esse, ego hæc dispono, quia illi sic affecti sunt. Ne turbemini igitur, quasi res præter exspectationem eveniant. Ideo veni, ut bellum moveam: hæc quippe mea est voluntas. Ne turbemini igitur cum terra quasi insidiis appetita in bella erumpet. Cum enim id quod deterius est separatum fuerit, tunc demum meliori parti conjungetur cælum. Hæc autem dicit, ut contra malam multorum opinionem illos muniat. Neque dixit, Bellum, sed quod multo deterius est, *Gladium.* Si vero dicta hæc onerosa sint et dictu ingrata, ne mireris. Cum enim vellet eos hac verborum asperitate exercere, ne in rerum difficultatem ingressi resilirent, sic verba disposuit: ac ne quis diceret, cum ex lenocinio, et difficilia occultando, *Lenitas rerum quam verborum melior.* quæ volebat suasisse, ideo illa quæ alio modo dicenda videbantur, acerbiori et terribiliori modo explicavit. Melius enim est rerum quam verborum lenitatem videre. Ideoque neque hæc dixisse satis habuit, sed belli speciem explicans, ostendit illud civili bello multo gravius esse, aitque: *Veni separare hominem a patre suo, et filiam a matre sua, et nurum a socru sua.* Non enim amici et

διὰ τοῦτο οὖν παραγέγονας, ὥστε καὶ ἡμᾶς ἀνελεῖν καὶ τοὺς ἡμῖν πειθομένους, καὶ πολέμου τὴν γῆν ἐμπλῆσαι; πρότερος αὐτός φησιν· Οὐκ ἦλθον βαλεῖν εἰρήνην ἐπὶ τὴν γῆν. Πῶς οὖν αὐτοῖς ἐπέταξεν εἰς ἑκάστην οἰκίαν εἰσιοῦσιν εἰρήνην ἐπιλέγειν; πῶς δὲ καὶ οἱ ἄγγελοι, ἔλεγον, Δόξα ἐν ὑψίστοις Θεῷ, καὶ ἐπὶ γῆς εἰρήνη; πῶς δὲ καὶ οἱ προφῆται πάντες τοῦτο εὐηγγελίζοντο; Ὅτι τοῦτο μάλιστα εἰρήνη, ὅταν τὸ νενοσηκὸς ἀποτέμνηται, ὅταν τὸ στασιάζον χωρίζηται. Οὕτω γὰρ C δυνατὸν τὸν οὐρανὸν τῇ γῇ συναφθῆναι. Ἐπεὶ καὶ ἰατρὸς οὕτω τὸ λοιπὸν διασώζει σῶμα, ὅταν τὸ ἀνιάτως ἔχον ἐκτέμῃ· καὶ στρατηγὸς, ὅταν κακῶς ὁμονοοῦντας εἰς διάστασιν ἀγάγῃ. Οὕτω καὶ ἐπὶ τοῦ πύργου γέγονεν ἐκείνου· τὴν γὰρ κακὴν εἰρήνην ἡ καλὴ διαφωνία ἔλυσε, καὶ ἐποίησεν εἰρήνην. Οὕτω καὶ Παῦλος τοὺς κατ' αὐτοῦ συμφωνοῦντας [c] διεῖλεν. Ἐπὶ δὲ τοῦ Ναβουθὲ πολέμου παντὸς ἡ συμφωνία τότε ἐκείνη χαλεπωτέρα γέγονεν. Οὐ γὰρ πανταχοῦ ὁμόνοια καλόν· ἐπεὶ καὶ λῃσταὶ συμφωνοῦσιν. Οὐκ ἄρα οὖν τῆς αὐτοῦ προθέσεως τὸ ἔργον, ἀλλὰ τῆς ἐκείνων γνώμης ὁ πόλεμος. Αὐτὸς μὲν γὰρ ἐβούλετο πάντας ὁμονοεῖν εἰς τὸν τῆς εὐσεβείας λόγον· ἐπειδὴ δὲ ἐκεῖνοι διεστασίαζον, πόλεμος γίνε- D ται. Ἀλλ' οὐκ εἶπεν οὕτως· ἀλλὰ τί φησιν; Οὐκ ἦλθον βαλεῖν εἰρήνην, ἐκείνους παραμυθούμενος. Μὴ γὰρ νομίσητε, φησὶν, ὅτι ὑμεῖς αἴτιοι τούτων· ἐγώ εἰμι ὁ ταῦτα κατασκευάζων, ἐπειδὴ οὕτω διάκεινται. Μὴ τοίνυν θορυβεῖσθε, ὡς παρὰ προσδοκίαν τῶν πραγμάτων γινομένων. Διὰ τοῦτο ἦλθον, ὥστε πόλεμον ἐμβαλεῖν· τοῦτο γὰρ ἐμόν ἐστι τὸ θέλημα. Μὴ τοίνυν θορυβεῖσθε, [d] ὡς πολεμουμένης, ὡς ἐπιβουλευομένης τῆς γῆς. Ὅταν γὰρ ἀποσχισθῇ τὸ χεῖρον, τότε λοιπὸν τῷ κρείτ- E τονι συνάπτεται ὁ οὐρανός. Ταῦτα δὲ λέγει, πρὸς τὴν πονηρὰν [e] ὑπόνοιαν τῶν πολλῶν αὐτοὺς ἀλείφων. Καὶ οὐκ εἶπε πόλεμον, ἀλλ' ὃ πολλῷ τούτου χαλεπώτερον ἦν, Μάχαιραν. Εἰ δὲ φορτικώτερον εἴρηται ταῦτα καὶ κακεμφάτως, μὴ θαυμάσῃς. Βουλόμενος γὰρ αὐτῶν γυμνάσαι τῇ τραχύτητι τῶν ῥημάτων τὴν ἀκοὴν, ἵνα 898 A μὴ ἐν τῇ δυσκολίᾳ τῶν πραγμάτων ἀποπηδήσωσιν, οὕτω καὶ τὸν λόγον ἐσχημάτισε· καὶ ἵνα μή τις λέγῃ, ὅτι κολακεύσας ἔπεισε καὶ τὰ δυσχερῆ κρύψας, διὰ τοῦτο καὶ τὰ ἑτέρως ὀφείλοντα λεχθῆναι, ἐπαχθέστερον ἡρμήνευσε καὶ [a] φοβερώτερον. Βέλτιον γὰρ ἐπὶ τῶν πραγμάτων τὴν ἡμερότητα ἰδεῖν, ἢ ἐπὶ τῶν ῥημάτων. Διὰ τοῦτο οὐδὲ τούτοις ἠρκέσθη, ἀλλὰ καὶ ἀναπλώσας αὐτὸ τοῦ πολέμου τὸ εἶδος, δείκνυσι καὶ τοῦ ἐμφυλίου πολλῷ χαλεπώτερον ὄντα, καί φησιν· Ἦλθον διχάσαι ἄνθρωπον κατὰ τοῦ πατρὸς αὐτοῦ, καὶ θυγατέρα κατὰ τῆς μητρὸς αὐτῆς, καὶ νύμφην κατὰ τῆς πενθερᾶς αὐ-

[c] Alii διέσχισεν.

[d] In Morel. ὡς deest.

[e] Quidam ὑπόνοιαν τῶν πόνων.

[a] Alii φορτικώτερον.

τῆς. Οὐ γὰρ φίλοι, φησὶ, [b] καὶ πολῖται μόνον, ἀλλὰ καὶ συγγενεῖς κατ' ἀλλήλων στήσονται, καὶ ἡ φύσις B **καθ' ἑαυτῆς σχισθήσεται. Ἦλθον γὰρ, φησὶ, διχάσαι** ἄνθρωπον κατὰ τοῦ πατρὸς αὐτοῦ, καὶ θυγατέρα κατὰ τῆς μητρὸς αὐτῆς, καὶ νύμφην κατὰ τῆς πενθερᾶς αὐτῆς. Οὐδὲ γὰρ ἁπλῶς ἐν τοῖς οἰκείοις [c] ὁ πόλεμος, ἀλλ' ἐν τοῖς φιλτάτοις καὶ τοῖς σφόδρα ἀναγκαίοις. Ὃ μάλιστα αὐτοῦ τὴν δύναμιν δείκνυσιν, ὅτι ταῦτα ἀκούοντες καὶ αὐτοὶ κατεδέχοντο, καὶ τοὺς ἄλλους ἔπειθον. Καίτοι γε οὐκ αὐτὸς ταῦτα ἐποίει, ἀλλ' ἡ ἐκείνων πονηρία· ἀλλ' ὅμως αὐτὸς ταῦτα λέγει ποιεῖν. Τοιοῦτον γὰρ τῆς Γραφῆς τὸ ἔθος. Καὶ γὰρ ἀλλαχοῦ φησιν· ἔδωκεν αὐτοῖς ὁ Θεὸς ὀφθαλμοὺς, τοῦ μὴ βλέπειν· ἐνταῦθα δὲ οὕτω φησὶν· ἵν', ὅπερ ἔφθην εἰπὼν, C μελετήσαντες ἐν τοῖς ῥήμασι τούτοις, μὴ θορυβῶνται ὀνειδιζόμενοι καὶ ὑβριζόμενοι. Εἰ δέ τινες φορτικὰ ταῦτα εἶναι νομίζουσιν, ἀναμνησθήτωσαν παλαιᾶς ἱστορίας. Καὶ γὰρ ἐν τοῖς ἄνω χρόνοις τοῦτο συνέβη, ὃ μάλιστα δείκνυσι τὴν Παλαιὰν τῇ Καινῇ συγγενῆ, καὶ τὸν ταῦτα λέγοντα τοῦτον ὄντα τὸν καὶ ἐκεῖνα ἐπιτάξαντα. Καὶ γὰρ καὶ ἐπὶ τῶν Ἰουδαίων ὅτε ἕκαστος τὸν πλησίον ἀνεῖλε, τότε τὴν ὀργὴν αὐτοῖς εἴασε· καὶ ὅτε τὸν μόσχον ἐποίησαν, καὶ ὅτε τῷ Βεελφεγὼρ ἐτελέσθησαν. Ποῦ τοίνυν εἰσὶν οἱ λέγοντες, ὅτι πονηρὸς ἐκεῖνος ὁ Θεὸς, οὗτος δὲ ἀγαθός; Ἰδοὺ γὰρ συγγενικῶν αἱμάτων τὴν οἰκουμένην ἐπλήρωσεν. Ἀλλ' D ὅμως πολλῆς καὶ τοῦτο φιλανθρωπίας τὸ ἔργον εἶναί φαμεν. Διὰ δὴ τοῦτο δεικνὺς αὐτὸν ὄντα τὸν καὶ ἐκεῖνα ἀποδεξάμενον, καὶ προφητείας μέμνηται, εἰ καὶ μὴ εἰς τοῦτο εἰρημένης, ἀλλ' ὅμως τὸ αὐτὸ ἐμφαινούσης. Τίς δὲ αὕτη ἐστίν; Ἐχθροὶ τοῦ ἀνθρώπου οἱ οἰκειακοὶ αὐτοῦ. Καὶ γὰρ καὶ ἐπὶ τῶν Ἰουδαίων τοιοῦτόν τι συνέβη. Ἦσαν γὰρ προφῆται καὶ ψευδοπροφῆται, καὶ ὁ δῆμος ἐσχίζετο, καὶ αἱ οἰκίαι διῃροῦντο· καὶ οἱ μὲν τούτοις ἐπίστευον, οἱ δὲ ἐκείνοις. Διὰ τοῦτο παραινεῖ ὁ προφήτης λέγων· Μὴ πιστεύετε ἐν φίλοις, μηδὲ ἐλπίζετε ἐπὶ ἡγουμένοις· [d] ἀλλὰ καὶ ἀπὸ τῆς συγκοίτου σου φύλαξαι, τοῦ ἀναθέσθαι τι αὐτῇ, ὅτι ἐχθροὶ E τοῦ ἀνδρὸς οἱ ἄνδρες οἱ ἐν τῷ οἴκῳ αὐτοῦ. Ταῦτα δὲ ἔλεγε, τὸν μέλλοντα δέχεσθαι τὸν λόγον πάντων ἀνώτερον εἶναι [e] κατασκευάζων. Οὐ γὰρ τὸ ἀποθανεῖν κακὸν, ἀλλὰ τὸ κακῶς ἀποθανεῖν. Διὰ τοῦτο καὶ ἔλεγε· Πῦρ ἦλθον βαλεῖν εἰς τὴν γῆν. Τοῦτο δὲ ἔλεγε, τὴν 49 σφοδρότητα καὶ θερμότητα δηλῶν τῆς ἀγάπης, ἣν A ἀπῄτει. Ἐπειδὴ γὰρ [a] οὕτως ἡμᾶς σφόδρα ἠγάπησεν, οὕτω καὶ ἀγαπᾶσθαι βούλεται παρ' ἡμῶν. Ταῦτα δὲ καὶ τούτους ἤλειφε τὰ ῥήματα, καὶ ὑψηλοτέρους ἐποίει

et concives solum, inquit, sed et cognati alter B **contra alterum insurgent, et natura ipsa discindetur bello.** ***Veni enim,*** **inquit,** ***separare hominem a patre suo, et matrem a filia sua, et nurum a socru sua.*** Neque enim inter domesticos simpliciter bellum erit, sed etiam inter amicissimos et majori necessitudine junctos. Id quod maxime ejus virtutem ostendit, quod illi talia audientes exciperent, aliisque suaderent. Quamquam non ipse hæc efficiebat, sed hominum nequitia; attamen ipse se dicit illa facere. Hic quippe mos est Scripturæ sacræ. Alibi enim dicit: Dedit illis Deus oculos, ut non *Isai. 6. 9.* viderent: sic et in hoc loco dicit: ut verba isthæc, *Ezech. 12. 2. Joan. 12. 40.* C quod superius dixi, secum reputantes, ne turbarentur, cum opprobriis et contumeliis impeterentur. Quod si qui hæc gravia existimant, in mentem revocent veterem historiam. Priscis enim temporibus hoc ipsum contigit, id quod maxime ostendit veteris legis cum nova affinitatem, eumdemque esse qui hæc dixit, et illa præcepit. Nam et apud Judæos cum quisque proximum suum occidit, tunc ille placatus est: et quando vitulum *Exod. 32. 28.* conflarunt, et quando Beelphegori initiati sunt. *Num. 25.* Ubi sunt ergo qui dicunt, illum Deum malum, hunc bonum esse? Ecce namque cognatorum san- *Contra Manichæos.* D guine orbem replevit. Attamen benignitatis multæ hoc opus esse dicimus. Propterea ut ostendat se illa etiam approbare, prophetiam memorat, quæ non factum illud respicit, sed idipsum tamen declarat. Quænam illa est? *Inimici hominis domestici ejus.* Nam et apud Judæos quidpiam simile contigit. Erant enim prophetæ et pseudoprophetæ, ac populus dissidebat domusque dividebantur; et alii his credebant, alii aliis. Ideo monet propheta dicens: *Nolite credere amicis, nec spe- Mich. 7. 5. 6. rare in ducibus: sed et a conjuge tua cave,* E *neque illi assentiaris, quia inimici hominis sunt ipsi viri in ejus habitantes domo.* Hæc autem dicebat, ut eum qui hoc verbum excepturus esset, omnibus superiorem redderet. Neque enim mori malum est, sed male mori. Idcirco dixit: *Ignem veni mittere in terram.* Hæc porro dicebat, ut ejus quem exigebat amoris fervorem ac vehementiam significaret. Quia enim ita nos vehementer amavit, sic a nobis vult amari. Hæc porro verba apostolos erigebant, sublimioresque reddebant. Nam si illi, aiebant, cognatos,

[b] **Alii** *οὐδὲ πολῖται.*

[c] **Quidam** *ὁ πόλεμος ἦν, ἀλλ'.*

[d] **Alii** *ἀλλὰ καὶ ἄλλος σοφὸς, ἀπό,* **male: locus ejusdem Michææ est.**

[e] **Savil. et quidam Mss.** *παρασκευάζων.*

[a] **Savil.** *ἐπειδὴ γὰρ αὐτὸς ἡμᾶς σφόδρα.* **Morel.** *ἐπειδὴ γὰρ οὕτως ἡμᾶς σφόδρα.* **Infra Morel.** *καὶ τούτους ὑψηλοτέρους.* Ibidem **quidam** *φησὶ, καὶ γυναικῶν καὶ παίδων.*

filios, parentes despecturi sunt, cogita quales oporteat nos esse, qui doctores sumus. Neque enim dura et difficilia illa in vobis finem habebunt, sed et ad alios transibunt. Nam quia magna bona huc attuli, magnam exigo et obedientiam et affectum. 37. *Qui amat patrem et matrem plus quam me, non est me dignus : et qui amat filium aut filiam plus quam me, non est me dignus.* 38. *Et qui non tollit crucem suam, et sequitur me, non est me dignus.* Vidisti auctoritatem doctoris? vidisti quomodo ostendat seipsum genuinum Patris Filium, omnia jubens infra relinquere et caritatem ejus anteferre? Et quid dico, inquit, amicos et cognatos? Si animam tuam dilectioni meæ præferas, procul es a meis discipulis. Quid igitur? annon hæc contraria veteri legi sunt? Absit; imo illi valde consonant. Nam illic idololatras non modo odit, sed etiam lapidari jubet. Et in Deuteronomio veritatis cultores admirans ait:
Deut. 33. 9. *Qui dicit patri vel matri, Non vidi te, et fratres suos non cognovit, et filios ignoravit, custodivit eloquia tua.* Quod si Paulus multa circa parentes præcipiat, et illis in omnibus obsequi jubeat, ne mireris : nam in illis solum obedire præcipit, quæ pietati non officiunt: sanctum quippe est in cæteris omnibus honore illos afficere. Cum autem plus quam par sit exigunt, non opor-
Luc. 14. 26. tet illis obtemperare. Idcirco dicit Lucas : *Si quis venit ad me, et non odit patrem suum et matrem, et uxorem, et filios et fratres, adhuc autem et animam suam, non potest meus esse discipulus :* non simpliciter odio habere jubens, id enim admodum iniquum esset; sed si velit ut ames illum plus quam me, ea de causa odio habe illum. Id enim et amatum et amantem perderet.

2. Hoc porro dicebat, ut et filios fortiores, et patres, qui impedimento esse vellent, mansuetiores redderet. Etenim patres videntes ipsum tantam vim et potestatem habere, ut posset filios ab ipsis avellere, ne ea tentarent quæ fieri non poterant, destituri erant. Ideo filios solum alloquitur, missis patribus, quos ab inutili conatu revocat. Deinde ne illi indignarentur et ægre ferrent, vide quo sermonem deducat. Cum dixisset enim, *Qui non odit patrem et matrem*, addit, *Et animam suam.* Quid mihi allegas, inquit, parentes, fratres, sorores, uxorem? Nihil cuiquam conjunctius est anima, et ta-

Εἰ γὰρ ἐκεῖνοι μέλλουσι, φησὶ, συγγενῶν καὶ παίδων καὶ γονέων καταφρονεῖν, ἐννόησον ἡμᾶς τοὺς διδασκάλους ὁποίους εἶναι χρή. Οὐδὲ γὰρ μέχρις ὑμῶν τὰ δυσχερῆ στήσεται, ἀλλὰ καὶ ἐπὶ τοὺς ἄλλους διαβήσεται. Ἐπειδὴ γὰρ μεγάλα κομίζων ἦλθον ἀγαθὰ, μεγάλην ἀπαιτῶ καὶ τὴν ὑπακοὴν καὶ τὴν διάθεσιν. Ὁ φιλῶν πατέρα ἢ μητέρα ὑπὲρ ἐμὲ, οὐκ ἔστι μου ἄξιος· καὶ ὁ φιλῶν υἱὸν ἢ θυγατέρα ὑπὲρ ἐμὲ, οὐκ ἔστι μου B ἄξιος. Καὶ ὃς οὐ λαμβάνει τὸν σταυρὸν αὐτοῦ, καὶ ἀκολουθεῖ ὀπίσω μου, οὐκ ἔστι μου ἄξιος. Εἶδες ἀξίωμα διδασκάλου; εἶδες πῶς δείκνυσιν ἑαυτὸν γνήσιον τοῦ γεγεννηκότος Υἱὸν, πάντα κελεύων ἀφεῖναι κάτω, καὶ τὴν ἀγάπην τὴν αὐτοῦ προτιμᾷν; Καὶ τί λέγω, φησὶ, φίλους καὶ συγγενεῖς; Κἂν τὴν ψυχὴν τὴν σαυτοῦ προτιμήσῃς τῆς ἐμῆς ἀγάπης, πόῤῥω τῶν ἐμῶν ἕστηκας μαθητῶν. Τί οὖν; οὐκ ἐναντία ταῦτα τῇ Παλαιᾷ; Μὴ γένοιτο· ἀλλὰ καὶ σφόδρα συνᾴδοντα. Καὶ γὰρ ἐκεῖ τοὺς εἰδωλολατροῦντας [b] οὐχὶ μισεῖ μόνον, ἀλλὰ καὶ λιθάσαι κελεύει, καὶ ἐν τῷ Δευτερονο- C μίῳ δὲ τούτους θαυμάζων φησίν· Ὁ λέγων τῷ πατρὶ καὶ τῇ μητρὶ, οὐχ ἑώρακά σε, καὶ τοὺς ἀδελφοὺς αὐτοῦ οὐκ ἔγνω, καὶ τοὺς υἱοὺς αὐτοῦ ἀπέγνω, ἐφύλαξε τὰ λόγιά σου. Εἰ δὲ ὁ Παῦλος πολλὰ περὶ γονέων [c] διατάττεται, καὶ πάντα αὐτοῖς ὑπακούειν κελεύει, μὴ θαυμάσῃς· εἰς ἐκεῖνα γὰρ μόνα φησὶν ὑπακούειν, ὅσα μὴ παραβλάπτει τὴν εὐσέβειαν· καὶ γὰρ ὅσιον, τὴν ἄλλην αὐτοῖς ἅπασαν ἀποδιδόναι τιμήν. Ὅταν δὲ πλέον τῆς ὀφειλομένης ἀπαιτῶσιν, οὐ δεῖ πείθεσθαι. Διὰ τοῦτο ὁ Λουκᾶς φησιν· Εἴ τις ἔρχεται πρός με, καὶ οὐ μισεῖ τὸν πατέρα αὐτοῦ, καὶ τὴν μητέρα, καὶ τὴν γυναῖκα, καὶ τὰ τέκνα, καὶ τοὺς ἀδελφοὺς, ἔτι δὲ D καὶ τὴν ἑαυτοῦ ψυχὴν, οὐ δύναταί μου μαθητὴς εἶναι· οὐχ ἁπλῶς μισῆσαι κελεύων, ἐπεὶ τοῦτο σφόδρα παράνομον, ἀλλ' ὅταν βούληται πλέον ἐμοῦ φιλεῖσθαι, μίσησον αὐτὸν κατὰ τοῦτο. Τοῦτο γὰρ καὶ αὐτὸν τὸν φιλούμενον καὶ τὸν φιλοῦντα ἀπόλλυσι.

[d] Ταῦτα δὲ ἔλεγε, καὶ τοὺς παῖδας ἀνδρειοτέρους ἐργαζόμενος, καὶ τοὺς πατέρας τοὺς μέλλοντας κωλύειν πρᾳοτέρους ποιῶν. Ὁρῶντες γὰρ, ὅτι τοσαύτην ἰσχὺν ἔχει καὶ δύναμιν ὡς ἀποσχίζειν αὐτῶν τὰ τέκνα, ἅτε ἀδυνάτοις ἐπιχειροῦντες, καὶ ἀφίστασθαι ἔμελλον. E Διὸ καὶ τούτους ἀφεὶς, πρὸς ἐκείνους ποιεῖται τὸν λόγον, τούτους παιδεύων μὴ ἐπιχειρεῖν, ἅτε ἀμηχάνοις ἐπιχειροῦντας. Εἶτα ἵνα μὴ ἀγανακτῶσιν ἐκεῖνοι, μηδὲ δυσχεραίνωσιν, ὅρα ποῦ προάγει τὸν λόγον. Εἰπὼν γὰρ, Ὃς οὐ μισεῖ πατέρα καὶ μητέρα, ἐπήγαγε, Καὶ τὴν ἑαυτοῦ ψυχήν. Τί γάρ μοι λέγεις τοὺς γεγεννηκότας, φησὶ, καὶ ἀδελφοὺς, καὶ ἀδελφὰς, καὶ γυναῖκα;

[b] Alii οὐχὶ μισεῖν μόνον.
[c] Διατάττεται, aliqui διαλέγεται.
[d] Alii ταῦτα ἔλεγε, omisso δέ.

Ψυχῆς οὐδὲν οἰκειότερον οὐδενί· ἀλλ' ὅμως ἂν μὴ καὶ 410
ταύτην μισήσῃς, τἀναντία τοῦ φιλοῦντος ὑποστήσῃ A
πάντα. Καὶ οὐδὲ ἁπλῶς αὐτὴν μισῆσαι ἐκέλευσεν, ἀλλ'
ὥστε καὶ εἰς πόλεμον καὶ μάχας αὐτὴν ἐκδιδόναι καὶ
εἰς σφαγὰς, καὶ αἵματα. Ὃς γὰρ οὐ βαστάζει τὸν σταυρὸν αὐτοῦ, καὶ ἔρχεται ὀπίσω μου, οὐ δύναταί μου,
φησὶ, μαθητὴς εἶναι. Οὐδὲ γὰρ ἁπλῶς εἶπεν, ὅτι πρὸς
θάνατον δεῖ παρατετάχθαι· ἀλλ' ὅτι καὶ πρὸς θάνατον
βίαιον· καὶ οὐ πρὸς θάνατον βίαιον μόνον, ἀλλὰ καὶ
ἐπονείδιστον. Καὶ οὐδὲν οὐδέπω περὶ τοῦ οἰκείου διαλέγεται πάθους, ἵνα τέως ἐν τούτοις παιδευθέντες εὐκολώτερον τὸν περὶ ἐκείνου δέξωνται λόγον. Ἆρα οὐκ
ἄξιον ἐκπλαγῆναι, πῶς ταῦτα ἀκουόντων αὐτῶν οὐκ B
[a] ἀπέπτη ἡ ψυχὴ τοῦ σώματος, πανταχοῦ τῶν μὲν
λυπηρῶν ἐν χερσὶν ὄντων, τῶν δὲ χρηστῶν ἐν ἐλπίσιν
ὄντων; Πῶς οὖν οὐκ ἀπέπτη; Πολλὴ καὶ ἡ τοῦ λέγοντος δύναμις ἦν, καὶ ἡ τῶν ἀκουόντων ἀγάπη. Διὸ
πολλῷ φορτικώτερα καὶ ἐπαχθέστερα τῶν μεγάλων
ἐκείνων ἀκούοντες ἀνδρῶν τῶν περὶ Μωσέα καὶ Ἱερεμίαν, ἔμενον πειθόμενοι καὶ οὐδὲν ἀντιλέγοντες. Ὁ
εὑρὼν τὴν ψυχὴν αὐτοῦ, φησὶν, ἀπολέσει αὐτὴν, καὶ ὁ
ἀπολέσας τὴν ψυχὴν αὐτοῦ ἕνεκεν ἐμοῦ, εὑρήσει αὐτήν. Εἶδες πόσον τῶν παρὰ τὸ δέον [b] φιλούντων τὸ
βλάβος; πόσον τῶν μισούντων τὸ κέρδος; Ἐπειδὴ γὰρ C
τὰ ἐπιτάγματα φορτικὰ ἦν· πρὸς [*] γὰρ γονέας, καὶ
παῖδας, καὶ φύσιν, καὶ συγγένειαν, καὶ τὴν οἰκουμένην, καὶ πρὸς αὐτὴν τὴν ψυχὴν κελεύοντος αὐτοῦ πα-
ρατάττεσθαι· τίθησι καὶ τὸ ὄφελος, μέγιστον ὄν. Οὐ
γὰρ δὴ μόνον οὐ βλάψει, φησὶ, ταῦτα, ἀλλὰ καὶ ὠφελήσει τὰ μέγιστα· τἀναντία δὲ παραβλάψει. Ὅπερ
πανταχοῦ ποιεῖ, ἀφ' ὧν ἐπιθυμοῦσιν, ἀπὸ τούτων ἐνάγων. Διατί γὰρ οὐ βούλει καταφρονῆσαί σου τῆς ψυχῆς; Ἐπειδὴ φιλεῖς αὐτήν; Οὐκοῦν διὰ τοῦτο καταφρόνησον, καὶ τότε αὐτὴν τὰ μέγιστα ὀνήσεις, καὶ τὰ
τοῦ φιλοῦντος ἐπιδείξῃ. Καὶ σκόπει σύνεσιν ἄφατον.
Οὐ γὰρ ἐπὶ τῶν γονέων γυμνάζει τὸν λόγον τοῦτον, D
οὐδὲ ἐπὶ τῶν παίδων μόνον, ἀλλ' ἐπὶ τῆς πάντων οἰ-
κειοτέρας ψυχῆς, ἵνα ἐκεῖνο ἐντεῦθεν ἀναμφισβήτητον
γένηται, καὶ μάθωσιν, ὅτι καὶ ἐκείνους οὕτω τὰ μέγιστα [c] κερδανοῦσι καὶ ὠφελήσουσι, ὅπου γε καὶ ἐπὶ
τῆς πάντων ἀναγκαιοτέρας ψυχῆς τοῦτο συμβαίνει.
Ἱκανὰ μὲν οὖν ἦν καὶ ταῦτα πεῖσαι δέχεσθαι τοὺς
μέλλοντας ἑαυτοὺς θεραπεύειν. Τίς γὰρ τοὺς οὕτω γενναίους καὶ ἀριστεύοντας, καὶ καθάπερ λέοντας τὴν οἰκουμένην περιτρέχοντας, καὶ πάντων καταφρονοῦντας
τῶν καθ' ἑαυτοὺς, ἵνα ἕτεροι σωθῶσιν, οὐκ ἂν ἐδέξατο

men nisi eam odio habueris, contra quam velit amans omnia cedent. Neque simpliciter illam odio habere jussit, sed ita ut ad bella tradatur, ad pugnas, cædes, sanguinem. *Nam qui non bajulat crucem suam, et venit post me, non potest meus esse discipulus.* Non dicit solum, ad mortem paratum esse oportet; sed ad mortem violentam; nec violentam modo, sed et ignominiosam. Nihilque adhuc de passione sua loquitur, ut in his interim instituti facilius ac lenius de illa loquentem audirent. Annon stupendum est illorum hæc audientium animam non avolasse a corpore, cum de tristibus solum agatur, bonorum vero spes tantum offeratur? Quomodo ergo non avolavit? Multa erat dicentis virtus, et audientium amor multus. Ideoque longe duriora et onerosiora audientes, quam magni illi viri Moyses et Jeremias, obtemperantes, nec repugnantes manebant. 39. *Qui invenit animam suam, perdet eam, et qui perdiderit animam suam propter me, inveniet eam.* Viden' quantam jacturam faciant qui animam suam plus quam oportet diligant? quantumque lucrum eorum qui oderunt? Quia enim præcepta onerosa erant; nam contra parentes, filios, naturam, cognationem, orbem, ipsamque animam aciem instruere oportebat: utilitatem adjicit, quæ maxima certe erat. Hæc, inquit, non modo non nocebunt, sed et maxime juvabunt; his autem contraria nocebunt. Id ubique facit, ab iis quæ concupiscunt, inductionem parat. Cur non vis animam tuam despicere? Quia amas illam? Ob hoc ipsum ergo illam despice, et tunc illam maxime juvabis, teque vere amantem monstraveris. Et vide mihi prudentiam ineffabilem. Non enim in parentibus et filiis tantum moratur, sed in anima omnium carissima, ut quod de illa dicit indubitatum maneat, et simul discant illos etiam multum lucri et utilitatis hinc accepturos esse, quandoquidem illud in omnium pretiosissima sibi anima contigit. Hæc vero poterant homines inducere ad illos recipiendos qui sibi saluti esse valebant. Quis enim ita fortes strenuosque viros, qui quasi leones orbem percurrebant, qui ut alios servarent sua omnia contemnebant, non libenti animo suscepisset? Attamen aliam ponit mercedem, ostendens se hospitio recipientem, quam receptum hac in re magis curare. Et primum qui-

Qui apostolos recipe-rent, quantum conseque-

[a] Ἀπέπτη, hic et infra, sic Savil. et Mss., Morel. autem ἀπέστη, bis.

[b] Morel. φιλουμένων, et infra μισουμένων.

[*] [Commelin. uncis inclusit γάρ, deestque in Savil., nec expressit Interpres. Infra Savil. καὶ τότε αὐτὴν τ. μ. ὀνήσεις. Commelin. et Montf. κ. τ. αὐτῶν τ. μ. ὀν.]

[c] Hæc, κερδανοῦσι καὶ, desunt in Savil. [uncisque inclusit Commelin.] Infra quidam τοὺς μέλλοντας αὐτοὺς θεραπ., et mox καὶ ἀριστέας pro ἀριστεύοντας.

ventur bona.

dem dat præmium, dicens: 40. *Qui recipit vos, me recipit; et qui me recipit, recipit eum qui me misit.* Cui rei quid par umquam fuerit, Patrem nempe et Filium recipere? Aliam post hanc mercedem pollicetur; nam ait: 41. *Qui recipit prophetam in nomine prophetæ, mercedem prophetæ accipiet, et qui recipit justum in nomine justi, mercedem justi accipiet.* Supra pœnam interminatur iis qui non receperint; hic vero bonorum largitionem definit. Ut autem discas illum hos maxime curare, non dixit tantum, *Qui recipit prophetam*, vel, *Qui recipit justum*, sed adjicit, *In nomine prophetæ*, et, *In nomine justi;* id est, si non propter sæculare patrocinium, vel caducarum rerum causa, susceperit; sed quia propheta, vel quia justus est, mercedem prophetæ vel justi accipiet, vel quam par est accipere eum qui vel prophetam vel justum receperit, vel qualem propheta vel justus consequi-
2. Cor. 8. 14. tur. Quod et Paulus dicebat: *Vestra abundantia ad illorum inopiam, ut illorum abundantia sit ad vestram inopiam.* Deinde ne quis paupertatem obtenderet, ait: 42. *Quicumque potum dederit uni ex minimis istis calicem aquæ frigidæ tantum in nomine discipuli, amen dico vobis, non perdet mercedem suam.* Etiamsi vel potum aquæ frigidæ dederis, in quo nulla impensa est, erit tibi reposita merces. Propter vos enim, qui recipitis, omnia facio.

3. Vidistin' quibusnam ad persuadendum usus, universas illis orbis domos aperuerit? Per omnia quippe ostendit omnes ipsis esse debitores: pri-
Supra v. 10. mo, cum dixit: *Dignus est operarius mercede sua;* secundo, quod nihil habentes et vacuos mittat; tertio, quod ad bella et pugnas pro suscipientibus mittat; quarto, quod signa operandi det potestatem; quinto, quod pacem, bonorum omnium causam, per os eorum in domos suscipientium inducat; sexto, quod graviora Sodomiticis interminetur iis qui non ipsos susceperint; septimo, quod ostendat, qui ipsos suscipiunt, et se et Patrem suscipere; octavo, quod prophetæ et justi mercedem promittat; nono, quod calici aquæ frigidæ magnam assignet mercedem. Horum unumquodque poterat illos attrahere. Quis enim, quæso, ducem videns mille vulneri-

προθυμίᾳ πάσῃ; Ἀλλ' ὅμως καὶ ἕτερον μισθὸν τίθησι,
E δεικνὺς ὅτι τῶν ξενοδοχούντων φροντίζει μᾶλλον ἐν τούτῳ, ἢ τῶν ξενιζομένων. Καὶ δίδωσι μὲν πρώτην τιμὴν, λέγων· Ὁ δεχόμενος ὑμᾶς, ἐμὲ δέχεται· καὶ ὁ ἐμὲ δεχόμενος, δέχεται τὸν ἀποστείλαντά με. Οὗ τί γένοιτ' ἂν ἴσον, τοῦ τὸν Πατέρα καὶ τὸν Υἱὸν ὑποδέχεσθαι; Ἐπαγγέλλεται δὲ μετὰ τούτου καὶ ἑτέραν
401 ἀμοιβήν· Ὁ δεχόμενος γὰρ, φησὶ, προφήτην εἰς ὄνο-
A μα προφήτου, μισθὸν προφήτου λήψεται, καὶ ὁ δεχόμενος δίκαιον εἰς ὄνομα δικαίου, μισθὸν δικαίου λήψεται· καὶ ἀνωτέρω μὲν κόλασιν ἀπειλεῖ τοῖς μὴ δεχομένοις· ἐνταῦθα δὲ καὶ ἄνεσιν ὁρίζει ἀγαθῶν. Καὶ ἵνα μάθῃς [a] ὅτι τούτων φροντίζει μᾶλλον, οὐχ ἁπλῶς εἶπεν, Ὁ δεχόμενος προφήτην, καὶ, Ὁ δεχόμενος δίκαιον, ἀλλ' ἐπήγαγεν, Εἰς ὄνομα προφήτου, καὶ, Εἰς ὄνομα δικαίου· τουτέστιν, ἐὰν μὴ διὰ βιωτικὴν προστασίαν, μηδὲ δι' ἄλλο τι τῶν ἐπικήρων δέξηται, ἀλλ' ἐπειδὴ ἢ προφήτης ἐστὶν, ἢ δίκαιος, μισθὸν προφήτου
B καὶ μισθὸν δικαίου λήψεται· ἢ οἷον εἰκὸς τὸν προφήτην ἢ δίκαιον δεξάμενον λαβεῖν· ἢ οἷον ἐκεῖνος μέλλει λαμβάνειν. Ὅπερ καὶ ὁ Παῦλος ἔλεγε· Τὸ ὑμῶν περίσσευμα εἰς τὸ ἐκείνων ὑστέρημα, ἵνα καὶ τὸ ἐκείνων περίσσευμα γένηται εἰς τὸ ὑμῶν ὑστέρημα. Εἶτα ἵνα μηδὲ πενίαν τις προβάλληται, φησί· * Ἢ ὃς ἐὰν ποτίσῃ ἕνα τῶν μικρῶν τούτων ποτήριον ψυχροῦ μόνον εἰς ὄνομα μαθητοῦ, ἀμὴν λέγω ὑμῖν, οὐ μὴ ἀπολέσει τὸν μισθὸν αὐτοῦ. Κἂν ποτήριον [b] ψυχροῦ ὕδατος δῷς, ἔνθα οὐδέν ἐστι δαπανῆσαι, καὶ τούτου κείσεταί σοι μισθός. Διὰ γὰρ ὑμᾶς ἅπαντα ποιῶ τοὺς δεχομένους.

C Εἶδες δι' ὅσων ἔπεισε, καὶ τὰς οἰκίας αὐτοῖς ἀνέῳξε τῆς οἰκουμένης ἁπάσης; Καὶ γὰρ ἔδειξε διὰ πάντων ὀφειλέτας αὐτῶν ὄντας· πρῶτον εἰπών· Ἄξιος ὁ ἐργάτης τοῦ μισθοῦ [c] αὐτοῦ· δεύτερον, τῷ μηδὲν ἔχοντας ἐκπέμψαι· τρίτον, τῷ εἰς πολέμους καὶ μάχας ὑπὲρ τῶν δεχομένων ἐκδοῦναι· τέταρτον, τῷ καὶ σημεῖα αὐτοῖς ἐγχειρίσαι· πέμπτον, τῷ τὴν πάντων τῶν ἀγαθῶν αἰτίαν εἰρήνην διὰ τοῦ στόματος αὐτῶν εἰς τὰς τῶν δεχομένων εἰσάγειν οἰκίας· ἕκτον, τῷ χαλεπώτερα Σοδόμων ἀπειλῆσαι τοῖς μὴ δεχομένοις αὐτούς· ἕβδομον, τῷ δεῖξαι καὶ αὐτὸν καὶ τὸν Πατέρα δεχομένους
D τοὺς ὑποδεχομένους αὐτούς· ὄγδοον, τῷ καὶ προφήτου καὶ δικαίου μισθὸν [d] ἐπαγγέλλεσθαι· ἔννατον, τῷ καὶ ποτηρίου ψυχροῦ μεγάλας ὑποδέχεσθαι τὰς ἀμοιβάς. Τούτων δὴ ἕκαστον καὶ καθ' ἑαυτὸ ἱκανὸν ἦν αὐτοὺς ἐπισπάσασθαι. Τίς γὰρ, εἰπέ μοι, στρατηγὸν καὶ μυρία τραύματα ἔχοντα καὶ ᾑμαγμένον ὁρῶν, καὶ

[a] Alius ὅτι αὐτῶν φροντίζει. Infra quidam, ἢ ὁ δεχόμενος.

* [Savil. et Bibl. Καὶ ὅς. Commelin. ἢ ὅς.]

[b] Morel. ποτήριον ψυχροῦν δῷς. Alius ποτήριον ψυχροῦ δῷς.

[c] Morel. αὐτοῦ ἐστι, δεύτερον. Infra Morel. et quidam alii ἐγχειρῆσαι. Paulo post quidam εἰσαγαγεῖν οἰκίας.

[d] Alii ἐπαγγέλλεσθαι. Paulo post Savil. μεγάλας ὑποσχέσθαι τὰς ἀμοιβάς.

μετὰ τὰ πολλὰ τρόπαια ἀπὸ πολέμου καὶ παρατάξεως ἐπανιόντα, οὐκ ἂν ἐδέξατο, τὰς θύρας ἀναπετάσας τῆς οἰκίας ἁπάσης; Καὶ τίς νῦν τοιοῦτος; φησί. [e] **Διὰ** τοῦτο προσέθηκεν, Εἰς ὄνομα προφήτου, καὶ μαθητοῦ, καὶ δικαίου, ἵνα μάθῃς ὅτι οὐ τῇ ἀξίᾳ τοῦ παραγενομένου, ἀλλὰ καὶ τῇ γνώμῃ τοῦ ξενίζοντος τον μισθὸν τίθησιν. Ἐνταῦθα μὲν γὰρ περὶ προφητῶν καὶ δικαίων E καὶ μαθητῶν φησιν· ἀλλαχοῦ δὲ καὶ τοὺς σφόδρα ἀπεῤῥιμμένους ὑποδέχεσθαι κελεύει, καὶ τοὺς μὴ ὑποδεχομένους κολάζει· Ἐφ' ὅσον γὰρ οὐκ ἐποιήσατε ἑνὶ τῶν ἐλαχίστων τούτων, οὐδὲ ἐμοὶ ἐποιήσατε· καὶ τοὐναντίον πάλιν ἐπὶ τῶν αὐτῶν λέγει. [f] Κἂν γὰρ μηδὲν 402 A ᾖ κατορθῶν τοιοῦτον, ἄνθρωπός ἐστι, τὸν αὐτόν σοι κόσμον οἰκῶν, τὸν αὐτὸν ἥλιον ὁρῶν, τὴν αὐτὴν ψυχὴν, τὸν αὐτὸν ἔχων Δεσπότην, τῶν αὐτῶν σοι κεκοινωνηκὼς μυστηρίων, ἐπὶ τὸν αὐτόν σοι καλούμενος οὐρανὸν, ἔχων μέγα δικαίωμα, τὴν πενίαν, καὶ τὸ δεῖσθαι τῆς ἀναγκαίας τροφῆς. Νῦν δὲ οἱ μὲν ἐξυπνίζοντες μετὰ αὐλῶν καὶ συρίγγων ἐν χειμῶνος ὥρᾳ, καὶ εἰκῇ καὶ μάτην ἐνοχλοῦντες, ξένια πολλὰ [a] λαμβάνοντες παρὰ σοῦ ἀναχωροῦσι· καὶ οἱ χελιδόνας περιφέροντες, καὶ ἠσβολωμένοι, καὶ πάντας κακηγοροῦντες, μισθὸν τῆς τερατωδίας ταύτης λαμβάνουσιν. Ἂν δὲ προσέλθῃ πένης ἄρτου δεόμενος, μυρίαι κακηγορίαι καὶ διαβολαὶ, B καὶ ἀργίας ἐγκλήματα καὶ λοιδορίαι, καὶ ὕβρεις καὶ σκώμματα· καὶ οὐ λογίζῃ πρὸς ἑαυτὸν, ὅτι καὶ σὺ ἀργεῖς, καὶ ὅμως ὁ Θεὸς τὰ παρ' ἑαυτοῦ σοι δίδωσι. Μὴ γάρ μοι τοῦτο εἴπῃς, ὅτι πράττεις τι καὶ αὐτός· ἀλλ' ἐκεῖνό μοι δεῖξον, εἰ τῶν ἀναγκαίων τι ποιεῖς καὶ [b] μεταχειρίζῃ. Εἰ δὲ λέγεις μοι χρηματισμοὺς καὶ καπηλείας, καὶ τὴν τῶν ὄντων ἐπιμέλειαν καὶ προσθήκην, εἴποιμι ἄν σοι καὶ αὐτὸς, ὅτι ταῦτα οὐκ ἂν εἴη ἔργα, ἀλλ' ἐλεημοσύνη καὶ εὐχαὶ, καὶ τῶν ἀδικουμένων προστασίαι, καὶ ὅσα τοιαῦτα, ὧν ἐν ἀργίᾳ ζῶμεν διαπαντός. Ἀλλ' ὅμως ἡμῖν οὐδέποτε εἶπεν ὁ Θεὸς, ἐπειδὴ ἀργεῖς, οὐκ ἀνάπτω σοι τὸν ἥλιον· ἐπειδὴ οὐδὲν πράττεις τῶν ἀναγκαίων, τὴν σελήνην σβεννύω, C πηρῶ τὴν γαστέρα τῆς γῆς, κωλύω τὰς λίμνας, τὰς πηγὰς, τοὺς ποταμοὺς, ἀφανίζω τὸν ἀέρα, ἐπέχω τοὺς ἐτησίους ὑετούς· ἀλλὰ πάντα μετὰ δαψιλείας ἡμῖν παρέχει. Ἐνίοις δὲ οὐ μόνον ἀργοῦσιν, ἀλλὰ καὶ πονηρὰ πράττουσι τούτων χαρίζεται τὴν ἀπόλαυσιν. Ὅταν τοίνυν ἴδῃς πένητα, καὶ [c] εἴπῃς, ἀποπνίγομαι ὅτι νέος ὢν οὗτος, ὑγιὴς, οὐδὲν ἔχων, βούλεται τρέφεσθαι ἀργῶν, οἰκέτης που καὶ δραπέτης ὢν, καὶ τὸν ἑαυτοῦ δεσπότην καταλιπών· ταῦτα, ἅπερ εἶπον, εἰπὲ πρὸς ἑαυτὸν, μᾶλλον δὲ ἐκείνῳ δὸς αὐτὰ μετὰ παῤῥησίας εἰπεῖν πρὸς σὲ, καὶ δικαιότερον ἐρεῖ, ὅτι ἀπο-

bus confossum et cruentatum, ac post multa tropæa ex bello redeuntem januis domus omnibus apertis non receperit? Et quis ille talis? inquies. Ideo adjecit, *In nomine prophetæ*, vel *discipuli*, vel *justi*, ut discas ipsum non ex dignitate accedentis, sed ex voluntate suscipientis hospitio, E mercedem statuere. Nam hic de prophetis, de discipulis et de justis agit; alibi vero etiam admodum abjectos suscipere jubet, eosque qui non suscipiant castigat: nam *In quantum non fecistis uni ex his minimis, neque mihi fecistis;* et e contrario rursum. Etiamsi enim ille nihil grande A fecerit, homo tamen est et mundum eumdem habitat, eumdem solem respicit, eamdem habet animam, eumdem Dominum, eorumdem tecum mysteriorum consors est, ad idem cælum vocatur, jus grande habens, paupertatem, et quod necessario cibo egeat. Nunc autem qui te cum tibiis et fistulis hyemis tempore excitant, et frustra temereque tibi molestiam creant, multis tamen a te ornati muneribus recedunt; et qui hirundines circumferunt, fuligine obducti, qui scommata et maledicta in omnes conjiciunt, portentosæ consuetudinis mercedem accipiunt. Si vero pauper B egens pane accedat, mille illum maledictis, opprobriis, criminibus oneras, otiositatem exprobras; nec cogitas te quoque otiosum esse, et tamen Deum tibi munera et dona præbere. Ne mihi enim dixeris, te aliquid operari; sed mihi demonstra, te aliquid necessarium facere et tractare. Sin mihi dixeris te negotia pecuniaria et cauponariam exercere, necnon studium curandæ et augendæ rei familiaris, respondebo tibi hæc non esse opera, sed vere opera esse eleemosynam, orationem, læsorum patrocinium et similia, in quorum incuria vitam perpetuo agimus. Attamen numquam dixit nobis Deus, Quia in otio degis, non accendam tibi solem; quia ex necessariis nihil exsequeris, lunam tibi exstinguam, terræ uterum sterilem reddam, retinebo stagna, fontes, flumina, delebo aerem, pluvias annuas detinebo: verum omnia ille nobis abundanter suppeditat. Quibusdam vero non solum in otio degentibus, sed etiam male operantibus, hæc affatim largitur. Cum igitur pauperem videris dixerisque, Præfocor, cum video hunc juvenem, bene valentem, nihil habentem, velle otioso sibi alimenta suppeditari; forte servus fugitivus est

Matth. 25. 45.

Circulatorum mores.

[e] Morel. et quidam alii διὸ αὐτοῦ προσέθηκεν.

[f] Morel. ἂν γάρ.

[a] Savil. λαβόντες.

[b] Morel. et quidam Mss. μεταχειρίζῃ. Savil. et alii μεταχειρίζεις.

[c] Morel. εἴπῃς, ὅτι ἀποπνίγομαι. Paulo post alii ἀργὸς ὤν.

qui herum suum reliquit : hæc ipsa tibi dicito, imo da illi hæc tibi dicendi libertatem, justiusque dicet tibi : Præfocor, cum video te, sanus cum sis, in otio degere, nec quidquam eorum quæ tibi Deus præcepit exsequi, sed a Domini præceptis fugitivum circumire in nequitia, quasi in aliena terra vitam agentem, ebriosum, crapulæ deditum, furem, raptorem, alienas subvertentem domos. Tu me de otio accusas, ego te de pravis operibus, quando insidiaris, juras, mentiris, rapis, innumeraque hujuscemodi operaris.

4. Hæc autem dico non quod otiosos lege confirmem : absit; omnes quippe operari cupio : desidia enim omne vitium edocet; sed rogo ne duri vel inhumani sitis. Quandoquidem Paulus

2. Thess. 3. 10. multa conquestus, cum dixisset, *Si quis non vult operari, nec manducet :* non hic finem

Ibid. v. 13. dicendi fecit, sed adjecit : *Vos autem non deficiatis bonum facientes.* Atqui hæc contraria sunt. Si enim præcepisti ne comedant otiosi, cur nos ad dandum hortaris? Etiam, inquit, jussi illos aversari, nec se miscere cum illis, rursumque

Ibid. v. 15. dixi, *Ne illos inimicos putetis, sed admonete :* non contraria præcipiens, sed admodum consona. Nam si tu ad eleemosynam erogandam sis paratus, cito pauper ille ab otio discedet, et tu ab inhumanitate. At mentitur, inquies, et multa confingit. Sed hinc dignus misericordia est, quod ad tantam redactus sit egestatem; ut impudenter agere cogatur. Nos vero non modo non misericordia movemur, sed et inhumana illa verba profe-

Eleemosyna eroganda. rimus, dicentes : Annon semel et bis accepisti? Quid igitur? annon eget cibo iterum qui semel cibum accepit? Cur non ventri quoque tuo hasce ponis leges, nec dicis : Repletus fuisti heri et nudius tertius, ne quæras amplius? Imo illum supra mensuram replendo dirumpis, hunc vero modica petentem aversaris, cum par esset ejus vel hoc ipso misereri, quod quotidie te cogatur adire. Etiamsi non aliunde flectaris, ideo illius te misereri oporteret. Paupertatis enim necessitas vi ad hæc agenda impellit. Neque miseraris ipsum quia talia audiens non erubescit; necessitas enim prævalet. Tu vero non modo non miseraris; sed etiam tra-

Matth. 6. 4. ducis illum : Deoque jubente clam erogare, stas accedentem probris publice impetens, cum misereri illum oporteret. Nam si dare non vis, cur calamitosam et miseram animam accusas et atteris? Venit quasi ad portum ad manus tuas; cur

D πνίγομαι, ὅτι ὑγιὴς ὢν ἀργεῖς, καὶ οὐδὲν πράττεις ὧν ἐπέταξεν ὁ Θεὸς, ἀλλὰ δραπετεύσας ἀπὸ τῶν ἐπιταγμάτων τοῦ Δεσπότου, περιέρχῃ καθάπερ ἐν ἀλλοδαπῇ τῇ κακίᾳ διατρίβων, μεθύων, κραιπαλῶν, κλέπτων, ἁρπάζων, τὰς ἑτέρων ἀνατρέπων οἰκίας. Καὶ σὺ μὲν ὑπὲρ ἀργίας ἐγκαλεῖς· ἐγὼ δὲ ὑπὲρ ἔργων πονηρῶν, ὅταν ἐπιβουλεύῃς, ὅταν ὀμνύῃς, ὅταν ψεύδῃ, ὅταν ἁρπάζῃς, ὅταν μυρία τοιαῦτα ποιῇς.

E [d] Ταῦτα δὲ λέγω, οὐ νομοθετῶν ἀργεῖν· μὴ γένοιτο· ἀλλὰ καὶ σφόδρα βουλόμενος πάντας ἐν ἔργοις εἶναι· πᾶσαν γὰρ κακίαν ἐδίδαξεν ἡ ἀργία· παρακαλῶ δὲ μὴ ἀνηλεεῖς εἶναι, μηδὲ ὠμούς. Ἐπεὶ καὶ

403 Παῦλος μυρία μεμψάμενος καὶ εἰπὼν, Εἴ τις οὐ θέλει

A ἐργάζεσθαι, μηδὲ ἐσθιέτω· οὐκ ἔστη μέχρι τούτου, ἀλλὰ προσέθηκεν· Ὑμεῖς δὲ μὴ ἐκκακήσητε τὸ καλὸν ποιοῦντες. Καὶ μὴν ταῦτα ἐναντία ἐστίν. Εἰ γὰρ ἐκέλευσας αὐτοὺς μὴ ἐσθίειν, πῶς ἡμῖν παραινεῖς διδόναι; Ναὶ, φησὶ, καὶ ἐκέλευσα αὐτοὺς ἀποστρέφεσθαι, καὶ μὴ ἀναμίγνυσθαι, καὶ πάλιν εἶπον, Μὴ ἐχθροὺς ἡγεῖσθε, ἀλλὰ νουθετεῖτε· οὐκ ἐναντία νομοθετῶν, ἀλλὰ καὶ πάνυ συνᾴδοντα. Ἂν γὰρ σὺ πρὸς ἔλεον ἕτοιμος ᾖς, κἀκεῖνος ταχέως ὁ πένης τῆς ἀργίας ἀπαλλαγήσεται, καὶ σὺ τῆς ὠμότητος. Ἀλλὰ ψεύδεται πολλὰ καὶ πλάττεται, φησίν. Ἀλλὰ καὶ ἐντεῦθεν ἄξιος ἐλεεῖσθαι, ὅτι εἰς τοιαύτην κατέπεσεν ἀνάγκην, ὡς καὶ τοιαῦτα

B ἀναισχυντεῖν. Ἡμεῖς δὲ οὐ μόνον οὐκ ἐλεοῦμεν, ἀλλὰ καὶ τὰ ὠμὰ ἐκεῖνα προστίθεμεν ῥήματα, οὐκ ἔλαβες ἅπαξ καὶ δίς; λέγοντες. Τί οὖν; οὐ δεῖται τραφῆναι πάλιν, ἐπειδὴ ἅπαξ ἐτράφη; Διατί μὴ καὶ τῇ σαυτοῦ γαστρὶ τούτους τιθεὶς τοὺς νόμους, [a] καὶ λέγεις· ἐνεπλήσθης χθὲς καὶ πρὸ τῆς χθὲς, καὶ μὴ ζήτει νῦν; Ἀλλ' ἐκείνην μὲν καὶ ὑπὲρ τὸ μέτρον διαῤῥηγνύεις, τοῦτον δὲ καὶ τὰ σύμμετρα ἀπαιτοῦντα ἀποστρέφῃ, ὀφείλων διὰ τοῦτο αὐτὸν ἐλεεῖν, ὅτι καθ' ἑκάστην ἀναγκάζεταί σοι προσιέναι τὴν ἡμέραν. Εἰ γὰρ καὶ μηδαμόθεν ἑτέρωθεν ἐπικάμπτῃ, διὰ τοῦτο αὐτὸν ἔδει σε ἐλεεῖν. [b] Ἡ γὰρ

C τῆς πενίας ἀνάγκη ταῦτα βιάζεται καὶ ποιεῖ. Καὶ οὐκ ἐλεεῖς αὐτὸν, ὅτι τοιαῦτα ἀκούων οὐκ αἰσχύνεται· ἡ γὰρ ἀνάγκη δυνατωτέρα. Σὺ δὲ οὐ μόνον οὐκ ἐλεεῖς, ἀλλὰ καὶ ἐκπομπεύεις· καὶ τοῦ Θεοῦ κελεύσαντος λάθρᾳ διδόναι, ἕστηκας δημοσιεύων τὸν προσελθόντα, καὶ ὀνειδίζων, ὑπὲρ ὧν ἐλεεῖν ἐχρῆν. Εἰ γὰρ μὴ βούλει δοῦναι, τί καὶ ἐγκαλεῖς καὶ συντρίβεις τὴν ταλαίπωρον καὶ ἀθλίαν ψυχήν; Ἦλθεν ὡς εἰς λιμένα τὰς σὰς χεῖρας ἐπιζητῶν· τί κύματα ἐγείρεις, καὶ χαλεπώτερον τὸν χειμῶνα ἐργάζῃ; τί καταγινώσκεις ἀνελευθερίαν; Μὴ

d Quidam ταῦτα λέγω, omisso δέ.

a Quidam Mss. καὶ λέγεις πρὸς αὐτήν ἐνεπλήσθης.

b Morel. τῇ γὰρ τῆς πενίας ἀνάγκῃ, quæ etiam lectio ferri potest.

γὰρ εἰ προσεδόκησε τοιαῦτα ἀκούσεσθαι, προσῆλθεν ἄν; Εἰ δὲ καὶ ταῦτα προειδὼς προσῆλθε, διὰ τοῦτο ἄξιον κἀκεῖνον ἐλεεῖν, καὶ τὴν σὴν φρίττειν ὠμότητα, ὅτι οὐδὲ οὕτως, ἀπαραίτητον ἐπικειμένην ὁρῶν ἀνάγκην, [c] ἡμερώτερος γίνῃ. Οὐδὲ γὰρ ἀρκεῖν αὐτῷ νομίζεις εἰς ἀπολογίαν τῆς ἀναισχυντίας τὸ τοῦ λιμοῦ δέος, ἀλλ' ἀναισχυντίαν ἐγκαλεῖς· καίτοι μείζονα αὐτὸς ἠναισχύντησας πολλάκις, καὶ ὑπὲρ χαλεπῶν πραγμάτων. Ἐνταῦθα μὲν γὰρ καὶ συγγνώμην ἡ ἀναισχυντία φέρει· ἡμεῖς δὲ πολλάκις κολάσεως ἄξια πράττοντες ἀναιδευόμεθα· καὶ δέον ἐννοοῦντας ἐκεῖνα ταπεινοὺς γίνεσθαι, καὶ ἐπεμβαίνομεν τοῖς ταλαιπώροις τούτοις, καὶ φάρμακα αἰτοῦσι τραύματα προστιθέαμεν. Εἰ γὰρ μὴ βούλει δοῦναι, τί καὶ πλήττεις; εἰ μὴ βούλει χαρίζεσθαι, τίνος ἕνεκεν καὶ ὑβρίζεις; Ἀλλ' οὐκ ἀνέχεται ἀποστῆναι ἑτέρως. Οὐκοῦν ὡς ἐκέλευσεν ὁ σοφὸς ἐκεῖνος, οὕτω ποίησον· Ἀποκρίθητι αὐτῷ ἐν πραΰτητι εἰρηνικά. Οὐδὲ γὰρ ἑκὼν τοσαῦτα ἀναισχυντεῖ. [d] Οὐ γάρ ἐστιν, οὐκ ἔστιν ἄνθρωπος ἁπλῶς βουλόμενος αἰσχύνεσθαι. Κἂν μυρία τινὲς φιλονεικήσωσιν, οὐκ ἂν ἀνασχοίμην ἐγὼ πεισθῆναί ποτε, ὅτι ἄνθρωπος ἐν ἀφθονίᾳ ζῶν ἕλοιτο ἂν ἐπαιτεῖν. Μηδεὶς τοίνυν ἡμᾶς παραλογιζέσθω. Ἀλλὰ κἂν λέγῃ Παῦλος· Εἴ τις οὐ θέλει ἐργάζεσθαι, μηδὲ ἐσθιέτω· πρὸς ἐκείνους λέγει, πρὸς δὲ ἡμᾶς οὐ τοῦτο λέγει· ἀλλὰ τοὐναντίον· Τὸ καλὸν ποιοῦντες μὴ ἐκκακῆτε. Οὕτω καὶ ἐν οἰκίᾳ ποιοῦμεν ἡμεῖς· ὅταν τοίνυν δύο τινὲς μάχωνται πρὸς ἀλλήλους, κατ' ἰδίαν ἕκαστον λαβόντες τἀναντία παραινοῦμεν. Τοῦτο καὶ ὁ Θεὸς ἐποίησε καὶ Μωσῆς· πρὸς μὲν γὰρ τὸν Θεὸν ἔλεγεν· [a] Εἰ μὲν ἀφῆς αὐτοῖς τὴν ἁμαρτίαν, ἄφες· ἐπεὶ κἀμὲ ἐξάλειψον· αὐτοῖς δὲ ἐκέλευεν κατασφάττειν ἀλλήλους, καὶ τοὺς προσήκοντας ἅπαντας. Καίτοι ταῦτα ἐναντία ἐστίν, ἀλλ' ὅμως εἰς ἓν ἀμφότερα ἔβλεπε τέλος. Πάλιν ὁ Θεὸς τῷ μὲν Μωσεῖ, Ἰουδαίων ἀκουόντων, ἔλεγεν· Ἄφες με, καὶ ἐκτρίψω τὸν λαόν. Εἰ γὰρ καὶ μὴ παρῆσαν, ταῦτα λέγοντος τοῦ Θεοῦ, ἀλλ' ἔμελλον αὐτὰ ἀκούσεσθαι ὕστερον· κατ' ἰδίαν δὲ τὰ ἐναντία τούτων αὐτῷ παραινεῖ. Καὶ ταῦτα Μωσῆς ἀναγκασθεὶς ὕστερον ἐξελάλησεν, οὕτω λέγων· Μὴ γὰρ ἐγὼ αὐτοὺς ἐν γαστρὶ ἔλαβον, ὅτι λέγεις μοι, ὅτι ἆρον αὐτοὺς ὡς ἂν ἄρῃ τιθηνὸς τὸν [b] θετὸν θηλάζοντα εἰς τὸν κόλπον αὐτῆς; Ταῦτα καὶ ἐν οἰκίαις γίνεται. Καὶ πολλάκις πατὴρ τῷ μὲν παιδαγωγῷ ὑβρίσαντι τὸν παῖδα κατ' ἰδίαν ἐπιτιμᾷ λέγων· μὴ ἔσο τραχὺς, μηδὲ σκληρός·

fluctus excitas, et graviorem tempestatem efficis?
D **cur illiberalitatem damnas? Num venisset si talia se auditurum exspectasset? Quod si id prævidens** accessit, ideo par est et illum miserari, et tuam horrere inhumanitatem, quoniam ne quidem, cum urgentem vides necessitatem, mansuetior evadis. Neque enim sufficere ipsi putas, ad excusationem impudentiæ, famis timorem, sed impudentiam arguis, qui forte sæpe impudentius egisti in rebus gravioribus. Nam hic certe impudentia veniam affert: nos vero sæpe supplicio digna facientes impudenter agimus; et cum, hæc cogitantes, humiles esse oporteret, in miseros illos insurgimus,
E ac remedia petentibus vulnera adjicimus. Nam si dare non vis, cur cædis? si largiri non vis, cur probro afficis? Sed ille non vult alio modo discedere. Sic ergo fac ut ille sapiens jussit: *Respondе* Eccli. 4. 8.
404 A *illi pacifice cum mansuetudine.* Neque enim lubens sic impudenter agit. Nullus quippe est, nullus est homo, qui sine causa velit turpiter agere. Etiamsi enim quidam millies contradicant, numquam adducar ut credam hominem in copia rerum viventem emendicare. Nemo itaque nos falsis rationibus decipiat. Sed etiamsi dicat Paulus: *Si quis laborare non velit, nec manducet;* 2. Thess. 3. 10.
illos certe Paulus alloquitur, non nos; imo contra: *Bonum facientes non despiciatis.* Sic domi nos Ibid. v. 13
facimus: cum duos videmus litigantes, seorsim singulos accipientes contraria cohortamur. Sic et Deus fecit et Moyses quoque: nam Deo dicebat: Exod. 32. 31. 32.
B *Si quidem dimittis peccatum ipsis, dimitte; sin minus, et me dele;* illis vero præcepit, ut sese mutuo occiderent, atque cognatos omnes. Atqui illa contraria erant, et tamen ad eumdem finem ambo respiciebant. Rursum Deus Moysi, Judæis audientibus, dicebat: *Dimitte me, et conteram populum* Etiamsi enim non adessent, cum Deus hæc diceret, at hæc postea audituri erant; seorsim vero his contraria mandat. Et hæc Moyses postea coactus dixit his verbis: *Numquid ego illos in utero* Num. 11. 12.
concepi, quia dicis mihi, Gesta eos sicut gestat nutrix lactentem in sinu suo? Hæc in domibus
C quoque fieri solent. Etenim sæpe pater pædagogum, qui filium corripuit, seorsum increpat his verbis, Ne sis durus et asper; puero autem contraria di-

[c] **Morel.** *ἡμερότερος οὐ γίνῃ*, **male. Mox Savil.** *εἰς ἀπολογίαν τῆς ἀναισχυντίας τὸ τοῦ λιμοῦ δέος.* **Morel. autem** *εἰς ἀπολογίαν καὶ ἀναισχυντίαν τὸ τοῦ λιμοῦ δέος.*

[d] **Post** *οὐ γάρ ἐστιν* **deest** *οὐκ ἔστιν* **in Morel. Ibid. quidam** *καταισχύνεσθαι.* **Mox Morel.** *φιλονεικοῦσιν.*

[a] **Georgius Trapezuntinus interpres legisse videtur** *εἰ μὴ ἀφῇς*, **vertit enim,** *nisi dimittis.* **Mox** *ἐπεὶ κἀμέ.* **alii** *εἰ δὲ μὴ, κἀμέ.* **In Exodo c. 32, v. 32, legitur apud Septuaginta interpretes,** *εἰ δὲ μὴ, ἐξάλειψόν με*, **quod optime consonat cum Hebræo ואם־אין מחני,** *sin minus, dele me.*

[b] **Savil.** *θετόν*, **Morel.** *θητόν.* **In Manuscriptis plurimis hæc vox non habetur, neque in Bibliis Græcis legitur.**

cit : Etiamsi te injuste corrigat, id tolera; ex
contrariis unum et quidem utile parans. Ita quo-
2. Thess. 3. 10. que Paulus bene valentibus mendicis dicebat : *Si
quis non vult laborare, nec manducet;* ut ad
opus illos excitaret; iis vero qui eleemosynam erogare possent : *Vos autem benefacientes ne deficiatis;* ut illos ad eleemosynam impelleret. Sic
cum eos qui ex gentilibus ad fidem accesserant,
Rom. 11. 17. in Epistola ad Romanos hortabatur, ne contra
Judæos altum saperent, oleastrum in medium
adducit, alia his, alia illis dicere videtur. Ne itaque in crudelitatem incidamus; sed audiamus
Paulum dicentem : *Bonum facientes ne deficia-
Matth. 5. 42. tis.* Audiamus Servatorem dicentem : *Omni po-
Luc. 6. 36. tenti te da;* et, *Estote misericordes, sicut Pater vester.* Etsi multa dixerit, nusquam tamen
hoc posuit, nisi cum de misericordibus diceret.
Nihil enim ita nos æquales Deo facit, ut si beneficia præstemus.

Nihil ita nos Deo æquales facit, ut si beneficia præstemus.

τῷ δὲ νέῳ τὰ ἐναντία λέγει· κἂν ἀδίκως ὑβρίζῃ, φέρε· ἀπὸ τῶν ἐναντίων ἕν τι τὸ χρήσιμον συνάγων. Οὕτω καὶ Παῦλος, τοῖς μὲν ὑγιαίνουσι καὶ προσαιτοῦσιν ἔλεγεν· Εἴ τις οὐ θέλει ἐργάζεσθαι, μηδὲ ἐσθιέτω· ἵνα αὐτοὺς εἰς ἔργον ἐμβάλῃ· τοῖς δὲ ἐλεεῖν δυναμένοις· Ὑμεῖς δὲ τὸ καλὸν ποιοῦντες μὴ ἐκκακῆτε· ἵνα αὐτοὺς εἰς ἐλεημοσύνην ἀγάγῃ. Οὕτω καὶ ἡνίκα τοῖς ἐξ ἐθνῶν παρῄνει ἐν τῇ πρὸς Ῥωμαίους Ἐπιστολῇ μὴ D ὑψηλοφρονεῖν κατὰ τῶν Ἰουδαίων, καὶ τὴν ἀγριελαίαν παρήγαγεν εἰς μέσον, καὶ ἄλλα μὲν τούτοις, ἄλλα δὲ ἐκείνοις φαίνεται λέγων. Μὴ τοίνυν εἰς ὠμότητα ἐκπέσωμεν, ἀλλ' ἀκούσωμεν Παύλου λέγοντος· Τὸ καλὸν ποιοῦντες μὴ ἐκκακῆτε. Ἀκούσωμεν τοῦ Δεσπότου λέγοντος· Παντὶ τῷ αἰτοῦντί σε δίδου· καί, Γίνεσθε οἰκτίρμονες ὡς ὁ Πατὴρ ὑμῶν. Καίτοι πολλὰ εἰπών, οὐδαμοῦ τοῦτο τέθεικεν, ἀλλ' ἐπὶ τῶν οἰκτιρμῶν μόνον. Οὐδὲν γὰρ ἡμᾶς ἴσους Θεῷ ποιεῖ ὡς τὸ εὐεργετεῖν.

5. At nihil impudentius, inquies, paupere.
Cur? quæso : an quia accurrens clamat? Vis ostendam nos illis multo esse impudentiores? In mentem revoca, quoties jejunii tempore, mensa vespere
apposita, vocatoque ministro, si tardius incederet,
omnia evertisti, calcibus obstrepens, convicia et
probra efferens pro parva mora; etsi noris te
quamvis non statim, post tantillum tamen temporis large comesturum esse. Atqui te ipsum, qui
pro re minima ferocis, non impudentem vocas,
pauperem vero, qui de re majori metuit et tremit
(non enim moram, sed famem timet), vocas petulantem et impudentem, ac turpissima in illum
omnia congeris? Annon id extremæ est impudentiæ? Verum hæc non in mente versamus, ideoque
illos molestos dicimus : quod si quæ nostra sunt
exploraremus, conferremusque cum factis eorum,
non illos molestos arbitraremur esse. Noli igitur
esse judex acerbus. Nam etiamsi omnibus peccatis vacuus esses, lex tamen Dei non tibi permisit
Luc. 18. aliorum facta sic accurate rimari. Nam si Pharisæus ille ideo periit, quam nos excusationem habebimus? Si iis qui probe gestis ornantur non
permittit aliorum facta acerbe explorare, multo
minus peccatoribus. Ne itaque inhumani simus, ne
inexorabiles, ne immites, ne feris pejores. Multos
quippe novi in tantam processisse feritatem, ut ex
desidia famelicos spernant, hæc proferentes verba,
Non adest servus, procul ædibus sumus : nullus
trapezita mihi notus est. O crudelitatem! Quod

Ἀλλ' οὐδὲν ἀναιδέστερον, φησί, πένητος. Διατί; E εἰπέ μοι, παρακαλῶ· ὅτι ἐπιτρέχων καταβοᾷ; Βούλει οὖν δείξω, ὅτι ἐκείνων ἡμεῖς ἐσμεν ἀναισχυντότεροι, καὶ σφόδρα ἀναιδεῖς; Ἀναμνήσθητί μοι νῦν ἐν καιρῷ τῆς νηστείας, ποσάκις τραπέζης παρακειμένης ἐν ἑσπέρᾳ, καὶ τὸν ὑπηρετοῦντα οἰκέτην καλέσας, [c] ἵνα σχολαιότερον βαδίσῃ, πάντα ἀνέτρεψας, λακτίζων, ὑβρίζων, λοιδορούμενος, ὑπὲρ ἀναβολῆς μόνον 405 A μικρᾶς· καίτοι σφόδρα εἰδώς, ὅτι κἂν μὴ εὐθέως, ἀλλὰ μικρὸν ὕστερον [a] ἀπολαύσῃ τῆς ἐδωδῆς. Εἶτα σαυτὸν μὲν ὑπὲρ τοῦ μηδενὸς ἐκθηριούμενον, οὐ καλεῖς ἀναίσχυντον, τὸν δὲ πένητα τὸν ὑπὲρ τῶν μειζόνων δεδοικότα καὶ τρέμοντα (οὐδὲ γὰρ περὶ μελλήσεως, ἀλλὰ περὶ λιμοῦ πᾶς ὁ φόβος αὐτῷ), τοῦτον καὶ ἰταμόν, καὶ ἀναιδῆ, καὶ ἀναίσχυντον, καὶ πάντα προσερεῖς τὰ αἴσχιστα; Καὶ πῶς οὐκ ἐσχάτης τοῦτο ἀναισχυντίας; Ἀλλ' οὐκ ἐννοοῦμεν ταῦτα· διὰ τοῦτο ἐπαχθεῖς ἐκείνους εἶναι νομίζομεν· ὡς εἴ γε τὰ ἡμέτερα ἐξητάζομεν καὶ παρεβάλλομεν τοῖς ἐκείνων, οὐκ ἂν αὐτοὺς ἐνομίσαμεν εἶναι φορτικούς. Μὴ δὴ γένῃ πικρὸς B δικαστής. Καὶ γὰρ εἰ πάντων ἁμαρτημάτων ἦς ἀπηλλαγμένος, [b] οὐδὲ οὕτως σοι ἐπέτρεπεν ὁ τοῦ Θεοῦ νόμος ἀκριβῆ γενέσθαι ἐξεταστὴν τῶν ἀλλοτρίων. Εἰ γὰρ ὁ Φαρισαῖος διὰ τοῦτο ἀπώλετο, ποίας τευξόμεθα ἀπολογίας ἡμεῖς; Εἰ τοῖς καλῶς κατορθωκόσιν οὐκ ἐπιτρέπει πικρῶς ἐξετάζειν τὰ ἑτέρων, πολλῷ μᾶλλον τοῖς ἐπταικόσι. Μὴ τοίνυν ὠμοί, μηδὲ ἀπηνεῖς, μὴ ἄσπονδοι, μηδὲ ἄστοργοι, μὴ θηρίων χείρους ὦμεν. Καὶ γὰρ πολλοὺς εἰς τοῦτο οἶδα θηριωδίας ἐλθόντας, ὡς δι' ὄκνον δὲ μικρὸν λιμώττοντας περιορᾷν, καὶ

[c] ἵνα σχολαιότερον βαδίσῃ. Legendum omnino videtur ἐὰν σχολ., ut notavit Savilius.

[a] Quidam ἀπολαύσῃς.

[b] Sic Savil. At Morel οὐδέπω οὕτως.

ταῦτα λέγοντας τὰ ῥήματα· οὐ πάρεστιν οἰκέτης ἐμοὶ νῦν, πόῤῥω τῆς οἰκίας ἐσμὲν, τραπεζίτης οὐδείς ἐστί μοι γνώριμος. Ὢ τῆς ὠμότητος. [c] Τὸ μεῖζον ἤνυσας, καὶ τὸ ἔλαττον οὐκ ἀνύεις, ἵνα σὺ μὴ βαδίσῃς μικρὸν, ἐκεῖνος λιμῷ διαφθείρεται; Ὢ τῆς ὕβρεως· ὢ τοῦ τύφου. Εἰ γὰρ δέκα στάδια βαδίσαι ἔχρῆν, ὀκνῆσαι ἔδει; οὐδὲ ἐννοεῖς ὅτι μείζων ὁ μισθός σοι οὕτω γίνεται; Ὅταν μὲν γὰρ δῷς, ὑπὲρ τοῦ διδομένου λαμβάνεις μισθὸν μόνον· ὅταν δὲ καὶ αὐτὸς βαδίσῃς, καὶ τούτου σοι κεῖται πάλιν ἀμοιβή. Ἐπεὶ καὶ τον πατριάρχην διὰ τοῦτο θαυμάζομεν, ὅτι αὐτὸς ἐπὶ τὰς βοῦς ἔδραμε, καὶ τὸ μοσχάριον ἥρπασε, καὶ ταῦτα τριακοσίους δέκα καὶ ὀκτὼ οἰκογενεῖς ἔχων. Νῦν δὲ τοσούτου τινές εἰσι τύφου πεπληρωμένοι, ὡς διὰ παίδων ταῦτα ποιεῖν, καὶ μὴ αἰσχύνεσθαι. Ἀλλὰ δι' ἐμαυτοῦ μὲν ταῦτα κελεύεις ἀνύειν, φησὶ, καὶ πῶς οὐ δόξω κενοδοξεῖν; Καὶ μὴν καὶ νῦν δι' ἑτέραν κενοδοξίαν τοῦτο ποιεῖς, αἰσχυνόμενος ὀφθῆναι πένητι διαλεγόμενος. Ἀλλ' οὐδὲν ὑπὲρ τούτων ἀκριβολογοῦμαι· μόνον δίδου, εἴτε διὰ σαυτοῦ, εἴτε δι' ἑτέρων τοῦτο βούλει ποιεῖν, καὶ μὴ ἐγκάλει, μὴ πλῆττε, μὴ λοιδόρει. Φαρμάκων γὰρ, οὐ τραυμάτων, δεῖται ὁ προσιών· ἐλέου, οὐ ξίφους. Εἰπὲ γάρ μοι, εἴ τις λίθῳ βληθεὶς καὶ τραῦμα λαβὼν κατὰ τῆς κεφαλῆς, τοὺς ἄλλους ἀφεὶς ἅπαντας προσέδραμέ σου τοῖς γόνασι καταῤῥεόμενος τῷ αἵματι, ἆρα ἑτέρῳ λίθῳ πατάξας προσέθηκας ἂν αὐτῷ ἕτερον τραῦμα; Οὐκ ἔγωγε οἶμαι, [d] ἀλλὰ καὶ αὐτὸ ἐπεχείρησας ἂν διορθῶσαι. Τί οὖν ἐπὶ τῶν πενήτων ποιεῖς τὰ ἐναντία; Οὐκ οἶδας ὅσον δύναται καὶ ἀναστῆσαι καὶ καθελεῖν λόγος; Κρεῖττον γάρ, φησὶ, λόγος ἢ δόσις. Οὐ λογίζῃ, ὅτι κατὰ σαυτοῦ τὸ ξίφος 405 ὠθεῖς, καὶ χαλεπώτερον τραῦμα λαμβάνεις, ὅταν λοιδορηθεὶς ἐκεῖνος ἀναχωρήσῃ, σιγῇ στένων καὶ πολλὰ δακρύων; Καὶ γὰρ παρὰ τοῦ Θεοῦ πέμπεται πρὸς σέ. Ἐννόησον οὖν, ὑβρίζων αὐτὸν, ποῦ διαβιβάζεις τὴν ὕβριν, ὅταν ἐκεῖνος μὲν πέμπῃ πρὸς σὲ, καὶ σοὶ δοῦναι κελεύῃ, σὺ δὲ μὴ μόνον μὴ δῷς, ἀλλὰ καὶ ὑβρίσῃς ἐλθόντα; Εἰ δὲ ἀγνοεῖς τὴν ὑπερβολὴν τῆς ἀτοπίας, ἐπ' ἀνθρώπων αὐτὸ σκόπησον, καὶ τότε εἴσῃ καλῶς τὸ μέγεθος τῆς ἁμαρτίας. Εἰ γὰρ σὸς οἰκέτης παρὰ σοῦ κελευσθεὶς πρὸς ἕτερον ἀπελθεῖν οἰκέτην, ἀργύριον ἔχοντα σὸν λαβεῖν, οὐ μόνον κεναῖς ἐπανῆλθε χερσὶν, ἀλλὰ καὶ ὑβρισθεὶς, τί οὐκ ἂν εἰργάσω τὸν ὑβρικότα; πόσην οὐκ ἂν δίκην ἀπῄτησας, ἅτε λοιπὸν αὐτὸς ὢν ὁ ὑβρισμένος; Τοῦτο καὶ ἐπὶ τοῦ Θεοῦ λογίζου· καὶ γὰρ αὐτὸς πέμπει πρὸς ἡμᾶς τοὺς πένητας, [a] καὶ τὰ αὐτοῦ δίδομεν, ἂν ἄρα δῶμεν. Ἂν δὲ πρὸς τῷ μὴ δοῦναι καὶ ὑβρισθέντας ἐκπέμψωμεν, ἐννόησον πόσων σκηπτῶν,

majus erat effecisti, et quod minus est non perficis? ne tu plusculum incedas, ille fame perit? O contumeliam! o superbiam! Nam si decem stadiis eundum, an pigrum esse oportuit? non cogitas ita majorem tibi mercedem parari? Nam cum largiris, doni tantum mercedem accipis; et cum iter suscipis, hujus quoque rei præmium repositum est. Nam ideo patriarcham miramur, quia cum trecentos decem et octo vernas haberet, ad boves contendit, ac vitulum abripuit. Nunc vero quidam tanto sunt fastu repleti, ut non vereantur hæc famulorum opera facere. An mea ipsa opera id facere jubes, inquies, annon videbor inanem gloriam aucupari? Atqui nunc per aliud vanæ gloriæ genus id facis, quia te pudet cum paupere loquentem videri. Verum nihil hac de re diligentius perquiram; da saltem, vel per te, vel per alium, ne accuses pauperem, ne cædas, ne convicieris; remediis enim, non vulneribus, opus habet is qui accedit; misericordia, non gladio. Si quis, quæso, lapide percussus et in capite vulneratus, cæteris relictis ad te accurreret sanguine perfusus, num altero illum lapide impetens aliud ipse adjiceres vulnus? Non credo utique, sed tentares illi remedium afferre. Cur ergo circa pauperes contrarium facis? An nescis quantum possit oratio vel levare vel dejicere? *Melior* enim *est*, inquit, *sermo quam donum*. Non tecum reputas, te tibi ipsi gladium admovere, teque vulnus vehementius accipere, cum ille convicio affectus recesserit, dum silens ingemit, et multum lacrymatur? Nam a Deo ad te mittitur. Cogita ergo, dum illi convicíaris, ad quem transferas convicium, cum Deus ad te mittat, et erogare jubeat, tu vero non modo non des, sed et accedentem conviciis impetas? Si porro absurditatis magnitudinem ignoras, in hominibus id considera, et tunc peccati gravitatem agnosces. Si enim servus tuus a te ad alium servum missus, de manu illius argentum tuum accepturus, non modo vacuis manibus rediret, sed etiam injuriis lacessitus, quid non contra convicíantem faceres? quas non exigeres pœnas, cum tu ipse contumelia affectus esses? Sic de Deo cogita: ipse namque est qui ad nos mittit pauperes, et quæ ipsius sunt largimur, si damus. Quod si negato dono etiam contumelia affectos remittamus, cogita quibus fulminibus dignum opus edimus. Hæc itaque omnia cogitantes, et linguam frenemus, et inhumanitatem pellamus.

Gen. 18. 7.

Pauperes benigne excipiendi.

Eccli. 18. 16.

[c] Alii τὸ μεῖζον ὑπέσχου, καί.
[d] Savil. ἀλλὰ καὶ αὐτό. Morel. ἀλλὰ καὶ αὐτῷ.

[a] Quidam καὶ τὰ ἐκείνου διδ

et manus ad eleemosynam extendamus: neque pecuniis solum, sed etiam verbis egenos consolemur: ut et contumeliarum pœnam fugiamus, et ex benedictione et eleemosyna regnum obtineamus, gratia et benignitate Domini nostri Jesu Christi, cui gloria et imperium in sæcula sæculorum. Amen.

πόσων κεραυνῶν ἄξιον πρᾶγμα ποιοῦμεν; Ταῦτ' οὖν ἅπαντα λογιζόμενοι, καὶ τὴν γλῶτταν χαλινώσωμεν, καὶ τὴν ἀπανθρωπίαν ἐκβάλωμεν, καὶ τὴν χεῖρα πρὸς ἐλεημοσύνην ἐκτείνωμεν, καὶ μὴ χρήμασι μόνον, ἀλλὰ καὶ ῥήμασι παραμυθησώμεθα τοὺς δεομένους· C ἵνα καὶ τὴν ἀπὸ τῆς λοιδορίας κόλασιν [b] φύγωμεν, καὶ τὴν ἀπὸ τῆς εὐλογίας καὶ τῆς ἐλεημοσύνης βασιλείαν κληρονομήσωμεν, χάριτι καὶ φιλανθρωπίᾳ τοῦ Κυρίου ἡμῶν Ἰησοῦ Χριστοῦ, ᾧ ἡ δόξα καὶ τὸ κράτος, εἰς τοὺς αἰῶνας τῶν αἰώνων. Ἀμήν.

[b] Alii ἐκφύγωμεν.

HOMILIA XXXVI. al. XXXVII.

ΟΜΙΛΙΑ λϛ'.

Cap. XI. v. 1. *Et factum est, cum consummasset Jesus præcipiens duodecim discipulis suis, transiit inde, ut doceret et prædicaret in civitatibus eorum.*

D Καὶ ἐγένετο, ὅτε ἐτέλεσεν ὁ Ἰησοῦς διατάσσων τοῖς δώδεκα μαθηταῖς αὐτοῦ, μετέβη ἐκεῖθεν, τοῦ διδάσκειν καὶ κηρύσσειν ἐν ταῖς πόλεσιν αὐτῶν.

1. Quia enim illos miserat, sese subtraxit, locum dans illis et tempus faciendi quæ ipse præceperat. Neque enim illo præsente et ægros curante, voluisset quispiam ad illos accedere. 2. *Cum audisset autem Joannes in carcere opera Christi, mittens duos ex discipulis suis,* 3. *interrogabat eum dicens: Tu es qui venturus es, an*
Luc. 7. 18. 19. *alium exspectamus?* Lucas vero dicit ipsos Joanni signa ejus nuntiasse, tuncque Joannem illos misisse. Verum id ne minimam quidem parit difficultatem, sed hoc solum considerandum tradit, nempe ipsos invidia contra illum flagrasse. (Joannis B. discipuli Christo invidebant.) Quod sequitur autem summopere inquirendum. Quidnam illud est? Hoc dictum, *Tu es qui venturus es, an alium exspectamus?* Nam qui vel ante signa illum noverat, qui a Spiritu didicerat, qui a Patre audierat, qui coram omnibus illum prædicaverat: nunc mittit ad illum ut discat si ipse sit, necne? Atqui si clare non nosti eumdem ipsum esse, quomodo teipsum fide dignum putas, qui de rebus tibi ignotis fers sententiam? Nam qui aliis testificatur, prior ipse debet fide dignus esse.
Luc. 3. 16. Nonne tu dicebas, *Non sum dignus solvere cor-*
Joan. 1. 33. *rigiam calceamenti ejus?* Nonne dicebas, *Non noveram ipsum, sed qui misit me baptizare in aqua, ille mihi dixit: Super quem videris Spi-*

Ἐπειδὴ γὰρ αὐτοὺς ἔπεμψεν, ὑπεξήγαγε λοιπὸν ἑαυτὸν, διδοὺς χώραν αὐτοῖς καὶ καιρὸν ποιεῖν ἅπερ ἐπέταξεν. Οὐδὲ γὰρ ἂν [c] αὐτοῦ παρόντος καὶ θεραπεύοντος ἠθέλησεν ἄν τις ἐκείνοις προσελθεῖν. Ἀκούσας δὲ ὁ Ἰωάννης ἐν τῷ δεσμωτηρίῳ τὰ ἔργα τοῦ Χριστοῦ, πέμψας δύο τῶν μαθητῶν, ἠρώτα αὐτὸν λέγων· σὺ εἶ ὁ ἐρχόμενος, ἢ ἕτερον προσδοκῶμεν; Ὁ δὲ Λουκᾶς φησιν, ὅτι καὶ αὐτοὶ ἀπήγγειλαν τὰ σημεῖα τῷ Ἰωάν- E νῃ, καὶ τότε ἔπεμψεν αὐτούς. Πλὴν ἀλλὰ τοῦτο μὲν ἀπορίαν οὐδεμίαν ἔχει, ἀλλὰ θεωρίαν μόνον· τὴν γὰρ ζηλοτυπίαν αὐτῶν καὶ τοῦτο ἐμφαίνει τὴν πρὸς αὐτόν. Τὸ δὲ ἑξῆς σφόδρα ἐστὶ τῶν ζητουμένων. Ποῖον δὴ τοῦτο; Τὸ εἰπεῖν, Σὺ εἶ ὁ ἐρχόμενος, ἢ ἕτερον προσδοκῶμεν; Ὁ γὰρ πρὸ τῶν σημείων 407 A εἰδὼς αὐτὸν, ὁ παρὰ τοῦ Πνεύματος μαθὼν, ὁ παρὰ τοῦ Πατρὸς ἀκούσας, ὁ ἐπὶ πάντων ἀνακηρύξας, νῦν πέμπει παρ' αὐτοῦ μαθησόμενος εἴτε αὐτὸς εἴη, εἴτε μή; Καίτοι εἰ μὴ οἶδας ὅτι αὐτός ἐστι σαφῶς, πῶς σαυτὸν ἀξιόπιστον εἶναι νομίζεις, ἀποφαινόμενος ὑπὲρ τῶν ἀγνοουμένων; Τὸν γὰρ ἑτέροις μαρτυρήσοντα πρότερον αὐτὸν ἀξιόπιστον [a] εἶναι δεῖ. Οὐ σὺ ἔλεγες, ὅτι Οὐκ εἰμὶ ἱκανὸς λῦσαι αὐτοῦ τὸν ἱμάντα τοῦ ὑποδήματος; Οὐ σὺ ἔλεγες, ὅτι Οὐκ ᾔδειν αὐτὸν, ἀλλ' ὁ πέμψας με βαπτίζειν ἐν ὕδατι, ἐκεῖνός μοι εἶπεν· ἐφ' ὃν ἂν ἴδῃς τὸ Πνεῦμα καταβαῖνον καὶ μένον ἐπ' αὐτὸν, οὗτός ἐστιν ὁ βαπτίζων ἐν Πνεύματι ἁγίῳ; Οὐκ εἶδες

[c] Morel. αὐτοῦ διάγοντος. Paulo post quidam Manuscripti τὰ ἔργα τοῦ Ἰησοῦ, et ibidem τῶν μαθητῶν αὐτοῦ.

[a] Morel. εἶναι δοκεῖ.

τὸ Πνεῦμα ἐν εἴδει περιστερᾶς; οὐχὶ τῆς φωνῆς ἤκουσας; Οὐχὶ διεκώλυες αὐτὸν λέγων, Ἐγὼ χρείαν ἔχω ὑπὸ σοῦ βαπτισθῆναι, καὶ σὺ ἔρχῃ πρός με; Οὐχὶ καὶ τοῖς μαθηταῖς ἔλεγες· Ἐκεῖνον δεῖ αὐξάνειν, ἐμὲ δὲ ἐλαττοῦσθαι; Οὐχὶ τὸν δῆμον ἐδίδασκες ἅπαντα, ὅτι αὐτὸς αὐτοὺς βαπτίζει ἐν Πνεύματι ἁγίῳ καὶ πυρί; καὶ ὅτι αὐτός ἐστιν ὁ ἀμνὸς τοῦ Θεοῦ, ὁ αἴρων τὴν ἁμαρτίαν τοῦ κόσμου; Οὐχὶ πρὸ τῶν σημείων ταῦτα πάντα καὶ [b] πρὸ τῶν θαυμάτων ἀνεκήρυξας; Πῶς οὖν νῦν, ὅτε δῆλος πᾶσιν ἐγένετο, καὶ πανταχοῦ διῆλθεν αὐτοῦ ἡ φήμη, καὶ νεκροὶ ἠγέρθησαν, καὶ δαίμονες ἀπηλάσθησαν, καὶ σημείων τοσούτων ἐπίδειξις γέγονε, τότε πέμπεις μανθάνων παρ' αὐτοῦ; Τί δὴ γέγονεν; ἀπάτη τις ἦν πάντα ἐκεῖνα τὰ ῥήματα, σκηνὴ [c] καὶ μῦθος; Καὶ τίς ἂν ταῦτα νοῦν ἔχων εἴποι; Οὐ λέγω, Ἰωάννης, ὁ ἐν τῇ μήτρᾳ σκιρτήσας, ὁ πρὸ τῶν ὠδίνων αὐτὸν ἀνακηρύξας, ὁ τῆς ἐρήμου πολίτης, ὁ τὴν ἀγγελικὴν ἐπιδειξάμενος πολιτείαν· ἀλλ' εἰ καὶ τῶν πολλῶν εἷς ἦν καὶ τῶν σφόδρα ἀπεῤῥιμμένων, οὐκ ἂν μετὰ τοσαύτας μαρτυρίας, καὶ τὰς παρ' ἑαυτοῦ, καὶ τὰς παρ' ἑτέρων, ἀμφέβαλλεν. Ὅθεν δῆλον, ὅτι οὐδὲ οὗτος ἀμφισβητῶν [d] ἔπεμπεν, οὐδὲ ἀγνοῶν ἠρώτα. Οὐδὲ γὰρ ἐκεῖνο ἂν ἔχοι τις εἰπεῖν, ὅτι ᾔδει μὲν σαφῶς, διὰ δὲ τὸ δεσμωτήριον δειλότερος γέγονεν· οὐδὲ γὰρ ἀπαλλαγήσεσθαι ἐντεῦθεν προσεδόκα, οὐδὲ εἰ προσεδόκα, προὔδωκεν ἂν τὴν εὐσέβειαν ὁ πρὸς θανάτους παρατεταγμένος. Οὐδὲ γὰρ ἄν, εἰ μὴ πρὸς τοῦτο ἦν παρεσκευασμένος, πρὸς δῆμον ὁλόκληρον αἵματα μελετήσαντα ἐκχέειν προφητικὰ τοσαύτην ἂν ἐπεδείξατο τὴν ἀνδρείαν· οὐκ ἂν τὸν ὠμὸν τύραννον ἐκεῖνον μετὰ τοσαύτης [e] ἤλεγξε τῆς παῤῥησίας ἐν μέσῃ πόλει καὶ ἀγορᾷ, καθάπερ παιδίῳ μικρῷ σφόδρα ἐπιτιμῶν, ἀκουόντων ἁπάντων. Εἰ δὲ καὶ δειλότερος γέγονε, πῶς τοὺς μαθητὰς οὐκ ᾐσχύνετο τοὺς ἑαυτοῦ, ἐφ' ὧν αὐτῷ τοσαῦτα ἐμαρτύρησεν, ἀλλὰ δι' αὐτῶν ἠρώτα, ὀφείλων δι' ἑτέρων; Καίτοι γε ᾔδει σαφῶς, ὅτι καὶ ἐζηλοτύπουν αὐτὸν, καὶ λαβήν τινα εὑρεῖν ἐπεθύμουν. Πῶς δὲ τὸν δῆμον τὸν Ἰουδαϊκὸν οὐκ ἠρυθρίασεν, ἐφ' οὗ τοσαῦτα ἐκήρυξε; Τί δὲ αὐτῷ καὶ εἰς τὴν ἀπαλλαγὴν τῶν δεσμῶν ἐντεῦθεν πλέον [a] ἐγίνετο; Οὐδὲ γὰρ διὰ τὸν Χριστὸν ἦν ἐμβεβλημένος, οὐδὲ διὰ τὸ ἀνακηρῦξαι αὐτοῦ τὴν δύναμιν, ἀλλὰ διὰ τὸν ἔλεγχον τὸν ἐπὶ τῷ παρανόμῳ γάμῳ. Ποίου δὲ παιδίου ἀνοήτου, τίνος δὲ ἀνθρώπου μαινομένου οὐκ ἂν ἑαυτῷ δόξαν περιέθηκε; Τί οὖν ἐστι τὸ κατασκευαζόμενον; Ὅτι μὲν γὰρ οὐκ ἔστιν Ἰωάννου τὸ ἀμφισβητῆσαι ταῦτα, ἀλλ' οὐδὲ τοῦ τυχόντος, οὐδὲ τοῦ σφόδρα ἀνοήτου καὶ παραπαίοντος, ἐκ τῶν εἰρημένων δῆλον. Δεῖ δὲ λοιπὸν τὴν

ritum descendentem, et manentem super eum,
B ***ille est qui baptizat in Spiritu sancto*? Annon**
vidisti Spiritum in specie columbæ? Annon audi-
sti vocem? Nonne tu prohibebas illum dicens,
Ego opus habeo a te baptizari, et tu venis ad Matth. 3. 14.
me? Nonne discipulis dicebas, *Illum oportet* Joan. 3. 30.
crescere, me autem minui? Nonne populum
omnem docebas, ipsum baptizaturum illos esse in Luc. 3. 16.
Spiritu sancto et igne, et ipsum esse agnum Dei Joan. 1. 29.
qui tollit peccatum mundi? Nonne ante hæc
omnia signa et miracula illum prædicasti? Quomodo ergo nunc, cum notus est omnibus, ejusque
fama undique volavit, postquam mortui surre-
C xerunt, dæmones fugati sunt, et tanta signorum
vis effulsit, mittis ut id ab illo ediscas? Quid porro factum est? num omnia verba illa fraus erant,
scena et fabula? Et quis mentis compos hæc diceret? non dico de Joanne, qui in utero exsulta- Luc. 1. 41.
vit, qui ante partum ipsum prædicavit, deserti
incola, qui angelicam duxit vitam; sed etiamsi
quis esset ex vilissimis omnium, post tot testimonia, et sua et aliorum, nequaquam dubitaret. Unde
palam est eum non dubitantem misisse, neque
D ignorantem interrogasse. Neque vero quispiam dicere possit, ipsum id clare cognovisse, sed ob carcerem timidiorem evasisse: neque enim se ex carcere liberandum exspectabat, neque si expectas-
set, prodidisset veritatem, qui ad mortes plurimas paratus erat. Nisi enim ad necem paratus
fuisset, ante populum certe, qui propheticum
semper fundere sanguinem meditabatur, tantam
animi virtutem demonstrasset; non crudelem illum
tyrannum cum tanta libertate in media urbe et
E foro redarguisset, cum audientibus omnibus illum
quasi puerulum increparet. Si vero timidior effectus erat, cur discipulos suos mittere non erubuit,
in quorum præsentia tot tantaque testificatus erat,
sed per illos interrogat cum per alios oporteret?
408 Quamquam clare noverat, ipsos invidia in Chri-
A stum esse permotos, et occasiones captare. Quomodo non ob Judaicam plebem pudore affectus
fuisset, qui tanta prædicaverat? Quid vero hinc
ipsi adminiculi futurum erat ut a vinculis liberaretur? Neque enim propter Christum illo conjectus fuerat, neque quod ejus virtutem prædicasset,
sed quod de iniquo conjugio redarguisset. Annon
insensati pueruli, vel amentis cujuspiam hominis
sibi famam conciliasset? Quid ergo hic agitur?

[b] **Πρό deest in quibusdam Mss.**
[c] **Alii** *καὶ μῦθοι.*
[d] **Unus** *ἔπεμψεν.*
[e] **Unus** *ἀνήλεγξε.* **Paulo post alii** *ἀκουόντων πολλῶν. εἰ δέ.*
[a] **Unus** *ἐγένετο.*

Cur Joannes Jesum interrogavit an vere Christus esset.

Quod enim hujusmodi dubitatio non sit Joannis, imo ne cujusvis hominis etiam insani, ex dictis jam liquet. Jam restat ut solutionem afferamus. Cur ergo interrogatum misit? Jesu Christo adversabantur discipuli Joannis, idque omnibus planum est, ac contra illum invidia semper commoti erant, quod manifestum est ex iis quæ magistro

Joan. 3. 26. suo dicebant: nempe, *Qui tecum erat trans Jordanem, cui tu testificatus es, ecce hic baptizat, et omnes veniunt ad illum.* Ac rursum quæstio facta est a Judæis et una a Joannis discipulis circa purificationem, atque ad illum rursus accedentes dicebant:

Matth. 9. 14. *Cur nos et Pharisæi jejunamus frequenter, discipuli autem tui non jejunant?*

λύσιν ἐπαγαγεῖν. Τίνος οὖν ἕνεκεν ἔπεμψεν ἐρωτῶν; Ἐπεπήδων τῷ Ἰησοῦ οἱ Ἰωάννου μαθηταί· καὶ τοῦτο παντί που δηλόν ἐστιν· καὶ ζηλοτύπως ἀεὶ πρὸς αὐτὸν εἶχον· καὶ δῆλον ἐξ ὧν πρὸς τὸν διδάσκαλον ἔλεγον·
B Ὃς γὰρ ἦν, φησὶ, μετὰ σοῦ πέραν τοῦ Ἰορδάνου, ᾧ σὺ μεμαρτύρηκας, ἴδε οὗτος βαπτίζει, καὶ πάντες ἔρχονται πρὸς αὐτόν. Καὶ πάλιν ζήτησις ἐγένετο Ἰουδαίων μετὰ τῶν μαθητῶν Ἰωάννου περὶ καθαρισμοῦ, καὶ αὐτῷ πάλιν προσελθόντες ἔλεγον· Διατί ἡμεῖς καὶ οἱ Φαρισαῖοι νηστεύομεν πολλὰ, οἱ δὲ μαθηταί σου οὐ νηστεύουσιν;

2. Nondum enim sciebant, quis esset Christus, sed Jesum merum hominem suspicantes esse, Joannem vero plus quam hominem, ægre ferebant celebrem illum videntes esse, Joannem vero minui, sicut ipse prædixerat. Et hoc impediebat quominus accederent, invidia aditum dirimente. Donec autem Joannes cum illis erat, hortabatur illos frequenter et docebat, neque id illis persuadere poterat: cum vero moriturus esset, majus ad illud adhibet studium: timebat enim ne pravi dogmatis occasionem relinqueret, illique manerent a Christo disjuncti. Id ille curabat, et initio ipsi suos omnes adducebat. Cum autem illi non obtemperarent, moriturus demum majori est studio usus. Nam si dixisset, Illum adite, qui melior me est: non obtemperassent, quod sic illi essent addicti: putassent enim illum per modestiam ita loqui, et magis illi hæsissent: si vero tacuisset, res eodem in statu mansura erat. Quid igitur facit? Exspectat donec ab illis audiat ipsum miracula edere; neque tunc illos hortatur, neque omnes mittit, sed duos quos forte credebat esse ad credendum promtiores, ut interrogatio nulli esset suspicioni obnoxia, atque ex ipsis rebus ediscerent, quantum interesset discriminis Jesum inter et Joannem: aitque: Abite et dicite: *Tu es qui venturus es, an alium exspectamus?* Christus vero Joannis mentem intelligens, non dixit, Ego sum: nam id auditores offendisset, quamquam id consequenter dici poterat; sed id ex ipsis rebus ediscere sinit. Dicitur enim ibi, ipsum accedentibus illis multos curasse. At enim quæ fuisset conse-

Οὔπω γὰρ ἦσαν εἰδότες, τίς ἦν ὁ Χριστὸς, ἀλλὰ τὸν μὲν Ἰησοῦν ἄνθρωπον ψιλὸν ὑποπτεύοντες, τὸν δὲ Ἰωάννην μείζονα ἢ κατὰ ἄνθρωπον, ἐδάκνοντο εὐδοκιμοῦντα τοῦτον ὁρῶντες, ἐκεῖνον δὲ, καθὼς εἶπε, λοιπὸν λήγοντα. Καὶ τοῦτο αὐτοὺς ἐκώλυε προσελθεῖν, τῆς ζη-
C λοτυπίας διατειχιζούσης τὴν πρόσοδον. Ἕως μὲν οὖν ἦν Ἰωάννης μετ' αὐτῶν, παρεκάλει συνεχῶς καὶ ἐδίδασκε, καὶ οὐδὲ οὕτως ἔπειθεν· ἐπειδὴ δὲ λοιπὸν ἔμελλε τελευτᾷν, πλείονα ποιεῖται τὴν σπουδήν· καὶ γὰρ ἐδεδοίκει μὴ καταλίπῃ [b] πονηροῦ δόγματος ὑπόθεσιν, καὶ μείνωσιν ἀπεῤῥηγμένοι τοῦ Χριστοῦ. Αὐτὸς μὲν γὰρ ἐσπούδαζε, καὶ παρὰ τὴν ἀρχὴν αὐτῷ προσάγειν ἅπαντας τοὺς αὐτοῦ. Ἐπειδὴ δὲ οὐκ ἔπειθε, τελευτῶν λοιπὸν πλείονα ποιεῖται τὴν προθυμίαν. Εἰ μὲν γὰρ εἶπεν, ὅτι ἀπέλθετε πρὸς αὐτὸν, αὐτός μου
D βελτίων ἐστὶν, οὐκ ἂν ἔπεισε δυσαποσπάστως ἔχοντας· ἀλλὰ καὶ ἐνομίσθη μετριάζων [c] ταῦτα λέγων, καὶ μᾶλλον ἂν αὐτῷ προσηλώθησαν· εἰ δὲ ἐσίγησε, πάλιν οὐδὲν πλέον ἐγίνετο. Τί οὖν ποιεῖ; Ἀναμένει παρ' αὐτῶν ἀκοῦσαι, ὅτι θαυμαστὰ ἐργάζεται· καὶ οὐδὲ οὕτως αὐτοῖς παραινεῖ, οὐδὲ πάντας πέμπει, ἀλλὰ δύο τινὰς οὓς ᾔδει ἴσως τῶν ἄλλων εὐπειθεστέρους ὄντας, ἵνα ἀνύποπτος ἡ ἐρώτησις γένηται, ἵνα παρὰ τῶν πραγμάτων μάθωσιν αὐτῶν τὸ μέσον τοῦ Ἰησοῦ καὶ ἐκείνου· καί φησιν· ἀπέλθετε καὶ εἴπατε· Σὺ εἶ
E ὁ ἐρχόμενος, ἢ ἕτερον προσδοκῶμεν; Ὁ δὲ Χριστὸς τὴν γνώμην εἰδὼς τὴν Ἰωάννου, οὐκ εἶπεν, ὅτι ἐγώ εἰμι· πάλιν γὰρ ἂν [d] προσέστη τοῦτο τοῖς ἀκούουσι, καίτοι τοῦτο ἀκόλουθον ἦν εἰπεῖν· ἀλλ' ἀπὸ τῶν πραγμάτων αὐτοὺς ἀφίησι μανθάνειν. Λέγει γὰρ, ὅτι προσελθόντων αὐτῷ τούτων, τότε πολλοὺς ἐθεράπευσε.
409 A Καίτοι ποία ἀκολουθία ἦν, ἐρωτηθέντα, εἰ σὺ εἶ,

[b] Morel. πονηροῦ πράγματος. Paulo post quidam προσαγαγεῖν ἅπαντας.

[c] Alii μετριάζων ἂν ταῦτα λέγων. Infra quidam ὅτι θαύματα ἐργάζεται.

[d] Προσέστη τοῦτο τοῖς ἀκούουσι, *hoc auditores offendisset.* Προσίστημι hoc usu frequenter occurrit apud Chrysostomum.

πρὸς μὲν τοῦτο μηδὲν εἰπεῖν, θεραπεῦσαι δὲ εὐθέως τοὺς κακῶς ἔχοντας, εἰ μὴ τοῦτο ἐβούλετο κατασκευάσαι, ὅπερ εἶπον ἐγώ; Καὶ γὰρ τὴν ἀπὸ τῶν πραγμάτων μαρτυρίαν πιστοτέραν καὶ μᾶλλον ἀνύποπτον εἶναι [a] ἐνόμιζε τῆς ἀπὸ τῶν ῥημάτων. Εἰδὼς τοίνυν, ἅτε Θεὸς ὤν, τὴν διάνοιαν μεθ' ἧς αὐτοὺς ἔπεμψεν ὁ Ἰωάννης, εὐθέως ἐθεράπευσε τυφλοὺς, χωλοὺς, καὶ ἑτέρους πολλοὺς, οὐκ ἐκεῖνον διδάσκων, (πῶς γὰρ τὸν πεπεισμένον;) ἀλλὰ τούτους τοὺς ἀμφιβάλλοντας· καὶ θεραπεύσας φησί· Πορευθέντες ἀπαγγείλατε Ἰωάννῃ B ἃ ἀκούετε καὶ βλέπετε. Τυφλοὶ ἀναβλέπουσι, καὶ χωλοὶ περιπατοῦσι, καὶ λεπροὶ καθαρίζονται, καὶ κωφοὶ ἀκούουσι, καὶ νεκροὶ ἐγείρονται, καὶ πτωχοὶ εὐαγγελίζονται· καὶ προσέθηκε· Καὶ μακάριος ὃς ἐὰν μὴ σκανδαλισθῇ ἐν ἐμοί· δεικνὺς ὅτι καὶ τὰ ἀπόῤῥητα αὐτῶν οἶδεν. Εἰ γὰρ εἶπεν, ὅτι ἐγώ εἰμι, καὶ προσέστη ἂν, ὅπερ ἔφθην εἰπὼν, τοῦτο αὐτοῖς· καὶ ἐνενόησαν ἂν, εἰ καὶ μὴ εἶπον, ὅπερ Ἰουδαῖοι πρὸς αὐτὸν ἔλεγον· Σὺ περὶ σεαυτοῦ μαρτυρεῖς. Διὰ τοῦτο αὐτὸς μὲν οὐ λέγει τοῦτο, ἀπὸ δὲ τῶν θαυμάτων ἀφίησιν αὐτοὺς C πάντα μαθεῖν, ἀνύποπτον τὴν διδασκαλίαν ποιούμενος καὶ σαφεστέραν. Διὰ τοῦτο καὶ τὸν ἔλεγχον αὐτῶν λανθανόντως ἐπήγαγεν. Ἐπειδὴ γὰρ ἐσκανδαλίζοντο ἐν αὐτῷ, τὸ πάθος αὐτῶν ἀνακηρύξας, καὶ τῷ συνειδότι αὐτῶν μόνῳ τοῦτο καταλιπὼν, καὶ οὐδένα μάρτυρα τῆς [b] κακηγορίας ταύτης ποιησάμενος, ἀλλ' ἢ μόνους ἐκείνους τοὺς ταῦτα ἐπισταμένους, μειζόνως αὐτοὺς καὶ ταύτῃ ἐπεσπάσατο, εἰπών· Μακάριος ὃς ἐὰν μὴ σκανδαλισθῇ ἐν ἐμοί. Καὶ γὰρ αὐτοὺς αἰνιττόμενος ταῦτα ἔλεγεν. Ἵνα δὲ μὴ τὰ παρ' ἡμῶν εἰρημένα μόνον, ἀλλὰ καὶ τὰ παρ' ἑτέρων λεγόμενα θέντες εἰς μέσον, σαφεστέραν ὑμῖν ἐκ τῆς παραθέσεως τῶν λεγομένων D ποιήσωμεν τὴν ἀλήθειαν, ἀναγκαῖον κἀκεῖνα εἰπεῖν. Τί οὖν φασί τινες; Ὅτι οὐχ αὕτη ἐστὶν ἡ αἰτία ἡ παρ' ἡμῶν εἰρημένη, ἀλλ' ἠγνόει ὁ Ἰωάννης, ἠγνόει δὲ οὐ τὸ πᾶν· ἀλλ' ὅτι μὲν αὐτὸς ἦν ὁ Χριστὸς ᾔδει, εἰ δὲ καὶ ὑπὲρ ἀνθρώπων ἔμελλε τελευτᾷν, οὐκ ᾔδει· διὰ τοῦτο εἶπε, Σὺ εἶ ὁ ἐρχόμενος; τουτέστιν, ὁ εἰς τὸν ᾅδην μέλλων καταβαίνειν. Ἀλλ' οὐκ ἂν ἔχοι τοῦτο λόγον· ὁ γὰρ Ἰωάννης οὐδὲ τοῦτο ἠγνόει. [c] Τοῦτο γοῦν καὶ πρὸ τῶν ἄλλων ἐκήρυσσε, καὶ πρῶτον τοῦτο ἐμαρτύρησεν. Ἴδε γὰρ, φησὶν, ὁ ἀμνὸς τοῦ Θεοῦ, ὁ αἴρων τὴν ἁμαρτίαν τοῦ κόσμου. Ἀμνὸν δὲ ἐκάλεσε, E τὸν σταυρὸν ἀνακηρύττων· καὶ τῷ εἰπεῖν δὲ, Ὁ αἴρων τὴν ἁμαρτίαν τοῦ κόσμου, τὸ αὐτὸ τοῦτο ἐδήλωσεν. Οὐ γὰρ ἑτέρως, ἀλλ' ἢ διὰ τοῦ σταυροῦ τοῦτο εἰργάσατο· ὃ καὶ Παῦλος ἔλεγε· Καὶ τὸ χειρόγραφον, ὃ ἦν ὑπεναντίον ἡμῖν, καὶ αὐτὸ ἦρεν ἐκ μέσου, προσηλώσας αὐτὸ τῷ σταυρῷ. Καὶ τὸ λέγειν δὲ, ὅτι Ἐν Πνεύ-

quentia, interrogatum num ipse esset, nihil ad hoc respondere, sed statim ægros curare, nisi hoc facere voluisset, quod dixi? Ex rebus enim ipsis testimonium credibilius, minusque suspicioni obnoxium putabat esse, quam verba. Cum sciret ergo, utpote Deus, qua mente illos misisset Joannes, statim sanavit cæcos, claudos, aliosque multos, non ut illum doceret, (cur enim docuisset eum, qui jam credebat et obtemperabat?) sed ut discipulos ejus dubitantes institueret: ideo post multorum curationem ait: 4. *Euntes renuntiate Joanni quæ auditis et videtis.* 5. *Cæci vident, claudi ambulant, leprosi mundantur, surdi audiunt, mortui suscitantur, pauperes evangelizantur:* et adjicit: 6. *Et beatus qui non fuerit scandalizatus in me:* ostendens se cordis eorum secreta nosse. Si enim dixisset, Ego sum, id illos, ut jam dixi, offendisset, cogitassentque, etsi non dixissent, id quod Judæi illi dicebant: *Tu de te ipso testimonium das.* Ideoque (Joan. 8. 13.) id ille non dicit, sed ex miraculis curat ut illi omnia ediscant, doctrinam tradens et clariorem et nulli suspicioni obnoxiam. Idcirco clam illos redarguens illud adjecit. Quia enim in ipso scandalizabantur, illorum morbum detexit, et illud conscientiæ tantum ipsorum reliquit, nemine advocato maledicti teste, ipsisque solis id scientibus: sicque melius attraxit illos, dicens: *Beatus qui non fuerit scandalizatus in me.* Nam hæc dixit, illos ipsos subindicans. Ne autem nostra tantum referamus, sed ut rei firmandæ iis adductis, quæ ab aliis dicta sunt, clariorem vobis ex dictorum comparatione veritatem tradamus, illa etiam hic proferre necesse est. Quid ergo dicunt nonnulli? Eam quam retulimus, non veram esse causam: sed vere ignorasse Joannem, nec totum tamen ignorasse: et illum quidem esse Christum novisse, quod autem pro hominibus moriturus esset ignorasse: idcirco dixisse, *Tu es qui venturus es?* id est, Qui in infernum es descensurus. Verum id cum recta ratione pugnaret: Joannes quippe non hoc ignorabat. Hoc enim ante alia prædicabat cum diceret, *Ecce agnus Dei,* (Joan. 1. 29.) *qui tollit peccata mundi.* Agnum vero vocavit, crucem prædicans; ac cum dicit, *Qui tollit peccata mundi,* idipsum significavit. Non alio enim quam per crucem modo id operatus est: quod etiam Paulus dicebat: *Et chirographum, quod* (Coloss. 2. 14.) *adversum nos erat, de medio sustulit, affigens*

[a] Alii ἐνόμιζον.

[b] Morel. et quidam Mss. κακηγορίας, Savil. et alii κατηγορίας: utrumque quadrat.

[c] Alii οὗτος γοῦν.

Luc. 3. 16. *illud cruci.* Cum autem dicebat, *In Spiritu baptizabit vos*, ea quæ post resurrectionem futura erant prænuntiabat. At reponunt illi: Ipsum resurrecturum, et Spiritum sanctum daturum esse sciebat: quod autem cruci affigendus esset ignorabat. Sed quomodo resurrecturus erat, qui nec passus nec crucifixus fuisset? Quomodo item major prophetis erat, qui ea quæ prophetæ sciebant ignorabat?

ματι [d] βαπτίσει ὑμᾶς, τὰ μετὰ τὴν ἀνάστασιν προ-
410 φητεύοντος ἦν. Ἀλλ' ὅτι μὲν ἀναστήσεται, φησὶν,
A ᾔδει, καὶ δώσει Πνεῦμα ἅγιον· ὅτι δὲ σταυρωθήσεται, οὐκ ᾔδει. Πῶς οὖν ἔμελλεν ἀνίστασθαι ὁ μὴ παθὼν μηδὲ σταυρωθείς; πῶς δὲ μείζων προφήτου οὗτος, ὁ μηδὲ τὰ τῶν προφητῶν ἐπιστάμενος;

Luc. 7. 28.
Prophetæ sciebant, Christum esse crucifigendum.
Isai. 53. 7.
Isai. 11. 10.
Ibid.
Isai. 53. 12.
Ibid. v. 7.
Ibid. v. 8.
Psal. 2. 1. 2.
Psal. 21. 17.
Ibid. v. 19.
Psal. 68. 22.

3. Quod enim plus quam propheta esset, Christus testificatus est; quod autem prophetæ passionem Christi noverint, nulli non notum est. Nam Isaias dicit: *Sicut ovis ad occisionem ductus est, et sicut agnus coram tondente se sine voce.* Etiamque ante hoc testimonium dixit: *Et erit radix Jesse, et qui exsurget imperare gentibus, in ipso gentes sperabunt.* Deinde passionem, et quam inde gloriam consequutus sit exponens, adjicit, *Et erit requies ejus honor.* Nec solum quod cruci affigendus esset, sed quibuscum passurus esset dixit: *Et cum sceleratis reputatus est.* Neque hoc tantum, sed non sese defensurum esse prædixit: *Hic enim non aperiet os suum;* esseque injuste damnandum: *In humilitate judicium ejus sublatum est.* Ante illum quoque idipsum dicit David, et judicium describit: *Quare*, inquit, *fremuerunt gentes, et populi meditati sunt inania? Adstiterunt reges terræ, et principes convenerunt in unum adversus Dominum et adversus Christum ejus.* Alibi quoque ipsum crucis modum dixit: *Foderunt manus meas et pedes meos;* et accurate omnino quæ milites ausi sunt adjicit: *Diviserunt sibi vestimenta mea, et super vestem meam miserunt sortem.* Alibi autem oblatum acetum sic memorat: *Dederunt in escam meam fel, et in siti mea potaverunt me aceto.* Prophetæ igitur ante tot annos judicium, condemnationem, crucis socios, vestimentorum divisionem, missam sortem, et longe plura alia memorant: neque enim necesse est omnia efferre, ne longius excurrat oratio; hic vero illis omnibus major, hæc omnia ignorabat? Qua ratione id stare possit? Cur vero non dixit, Tu es qui venturus es in infernum? sed simpliciter, *Qui venturus es?* Sed quod magis risu dignum esset, dicunt hoc ideo dixisse Joannem, ut in inferos veniens prædicaret. Quibus

Ὅτι γὰρ μείζων προφήτου ἦν, καὶ αὐτὸς ὁ Χριστὸς ἐμαρτύρησεν· ὅτι δὲ οἱ προφῆται τὸ πάθος ᾔδεσαν, παντί που δῆλόν ἐστι. Καὶ γὰρ Ἡσαΐας φησίν· Ὡς πρόβατον ἐπὶ σφαγὴν ἤχθη, καὶ ὡς ἀμνὸς ἐναντίον τοῦ κείραντος αὐτὸν ἄφωνος. Καὶ πρὸ τῆς μαρτυρίας δὲ ταύτης φησί· Καὶ ἔσται ἡ ῥίζα τοῦ Ἰεσσαὶ, καὶ ὁ ἀνιστάμενος ἄρχειν ἐθνῶν, ἐπ' αὐτῷ ἔθνη ἐλ-
B πιοῦσιν. Εἶτα τὸ πάθος λέγων καὶ τὴν ἀπ' αὐτοῦ δόξαν, ἐπήγαγε· Καὶ ἔσται ἡ ἀνάπαυσις αὐτοῦ τιμή. Οὐ μόνον δὲ ὅτι σταυρωθήσεται προύλεγεν οὗτος, ἀλλὰ καὶ μετὰ τίνων· Καὶ γὰρ ἐν τοῖς ἀνόμοις ἐλογίσθη, φησί. Καὶ οὐδὲ τοῦτο μόνον, ἀλλ' ὅτι οὐδὲ ἀπολογήσεται· Οὗτος γὰρ, φησὶν, οὐκ ἀνοίγει τὸ στόμα αὐτοῦ· καὶ ὅτι ἀδίκως κατακριθήσεται· Ἐν τῇ ταπεινώσει γὰρ αὐτοῦ, φησὶν, ἡ κρίσις αὐτοῦ ἤρθη. Καὶ πρὸ τούτου δὲ αὐτοῦ ὁ Δαυὶδ καὶ τοῦτο λέγει, καὶ τὸ δικαστήριον ὑπογράφει· Ἵνα τί γὰρ, φησὶν, ἐφρύαξαν ἔθνη, καὶ λαοὶ ἐμελέτησαν κενά; Παρέστησαν οἱ βασιλεῖς τῆς γῆς, καὶ οἱ ἄρχοντες συνήχθησαν ἐπὶ τὸ αὐτὸ κατὰ τοῦ Κυρίου καὶ κατὰ τοῦ Χριστοῦ αὐτοῦ. Ἀλλαχοῦ δὲ καὶ
C τὸν τύπον αὐτὸν λέγει τοῦ σταυροῦ· Ὤρυξαν χεῖράς μου καὶ πόδας· καὶ τὰ παρὰ τῶν στρατιωτῶν τολμηθέντα προστίθησι μετὰ ἀκριβείας ἁπάσης· Διεμερίσαντο γὰρ, φησὶ, τὰ ἱμάτιά μου ἑαυτοῖς, καὶ ἐπὶ τὸν ἱματισμόν μου ἔβαλον κλῆρον. Ἀλλαχοῦ δὲ καὶ ὅτι ὄξος προσήνεγκαν αὐτῷ λέγει· Ἔδωκαν γὰρ, φησὶν, εἰς τὸ βρῶμά μου χολὴν, καὶ εἰς τὴν δίψαν μου ἐπότισάν με ὄξος. Εἶτα οἱ μὲν προφῆται πρὸ τοσούτων ἐτῶν καὶ τὸ δικαστήριον, καὶ τὴν καταδίκην, καὶ τοὺς σταυρωθέντας μετ' αὐτοῦ λέγουσι, καὶ τῶν ἱματίων τὴν διανομὴν, καὶ τὸν ἐπ' αὐτῶν κλῆρον, καὶ πολλῷ πλείονα ἕτερα· οὐδὲ γὰρ πάντα ἀναγκαῖον παραθεῖναι νῦν, ὥστε
D μὴ μακρὸν ποιῆσαι τὸν λόγον· οὗτος δὲ ὁ μείζων ἐκείνων ἁπάντων, ἅπαντα ταῦτα ἠγνόει; Καὶ πῶς ἂν ἔχοι λόγον; Τίνος δὲ ἕνεκεν οὐκ ἔλεγε, σὺ εἶ ὁ ἐρχόμενος εἰς τὸν ᾅδην; ἀλλ' ἁπλῶς, [e] Ὁ ἐρχόμενος; Ἀλλὰ καὶ τὸ πολλῷ καταγελαστότερον τούτου ἐκεῖνο ἂν εἴη· φασὶ γὰρ ὅτι διὰ τοῦτο ταῦτα ἔλεγεν, ἵνα κἀκεῖ ἀπελθὼν κη-

[d] Βαπτίσει ὑμᾶς lapsu typographico deerat in Morel.

[e] Hic quatuor Mss. post ἁπλῶς ὁ ἐρχόμενος hæc adjiciunt: τὸ δὲ κατ' αὐτοὺς τοῦτο αὐτὸν ἐρωτᾷν, τί τὸ ὄφελος τῆς τοιαύτης γνώσεως. ἀκούσωμεν οἷα λέγουσιν. ἀναγκαῖον γὰρ κἀκεῖνο εἰπεῖν, καίτοι πολλῷ καταγελαστότερον, etc.

ῥύξῃ. **Πρὸς οὓς εὔκαιρον εἰπεῖν· Ἀδελφοὶ, μὴ παιδία γίνεσθε ταῖς φρεσὶν, ἀλλὰ τῇ κακίᾳ νηπιάζετε.** Ὁ μὲν γὰρ παρὼν βίος πολιτείας ἐστὶ καιρός· μετὰ δὲ τὴν τελευτὴν κρίσις καὶ κόλασις. Ἐν γὰρ τῷ ᾅδῃ, φησὶν, τίς ἐξομολογήσεταί σοι; Πῶς οὖν συνετρίβησαν πύλαι χαλκαῖ, καὶ μοχλοὶ σιδηροῖ συνεθλάσθησαν; E [b] Διὰ τοῦ σώματος τοῦ αὐτοῦ. Τότε γὰρ πρῶτον ἐδείχθη σῶμα ἀθάνατον, καὶ διαλῦον τοῦ θανάτου τὴν τυραννίδα. Ἄλλως δὲ τοῦτο δείκνυσι τοῦ θανάτου τὴν ἰσχὺν ἀνῃρημένην, οὐ τῶν πρὸ τῆς παρουσίας αὐτοῦ τετελευτηκότων [c] τὰ ἁμαρτήματα λελυμένα. 411 A Εἰ δὲ μὴ τοῦτο, ἀλλὰ καὶ τοὺς ἔμπροσθεν ἅπαντας ἀπήλλαξε γεέννης, πῶς φησιν· Ἀνεκτότερον ἔσται γῇ Σοδόμων καὶ γῇ Γομόῤῥας; Τοῦτο γὰρ ὡς καὶ ἐκείνων κολασθησομένων εἴρηται, ἡμερώτερον μὲν, κολασθησομένων δ' οὖν ὅμως. Καίτοι γε καὶ δίκην ἐνταῦθα ἔδοσαν τὴν ἐσχάτην· Ἀλλ' ὅμως οὐδὲ τοῦτο αὐτοὺς ἐξαιρήσεται. Εἰ δὲ τούτους, πολλῷ μᾶλλον τοὺς μηδὲν πεπονθότας. Τί οὖν, φησὶν, ἠδικήθησαν οἱ πρὸ τῆς παρουσίας αὐτοῦ; Οὐδαμῶς· ἐνῆν γὰρ καὶ μὴ ὁμολογήσαντας τὸν Χριστὸν τότε σωθῆναι. Οὐ γὰρ τοῦτο ἀπῃτεῖτο παρ' αὐτῶν, ἀλλὰ τὸ μὴ εἰδωλολατρεῖν, καὶ τὸ τὸν ἀληθινὸν B Θεὸν εἰδέναι. Κύριος γὰρ, φησὶν, ὁ Θεός σου, Κύριος εἷς ἐστιν. Διὰ τοῦτο καὶ οἱ Μακκαβαῖοι ἐθαυμάζοντο, ὅτι ὑπὲρ τῆς τοῦ νόμου φυλακῆς ἔπαθον ἅπερ ἔπαθον, καὶ οἱ παῖδες οἱ τρεῖς, καὶ ἕτεροι δὲ πολλοὶ παρὰ Ἰουδαίοις βίον ἄριστον ἐπιδειξάμενοι, καὶ τὸ μέτρον τῆς γνώσεως ταύτης διατηρήσαντες, οὐδὲν ἀπῃτήθησαν πλέον. Τότε μὲν γὰρ εἰς σωτηρίαν ἤρκει, καθάπερ ἔφθην εἰπὼν, τὸ τὸν Θεὸν εἰδέναι μόνον· νυνὶ δὲ οὐκέτι, ἀλλὰ δεῖ καὶ τῆς τοῦ Χριστοῦ γνώσεως. Διὰ τοῦτο καὶ ἔλεγεν· Εἰ μὴ ἦλθον καὶ ἐλάλησα αὐτοῖς, ἁμαρτίαν οὐκ εἶχον· νῦν δὲ πρόφασιν οὐκ ἔχουσι περὶ τῆς ἁμαρτίας αὐτῶν. Οὕτω καὶ ἐπὶ τῆς πολιτείας. Τότε μὲν ὁ C φόνος ἀπολλύων ἦν τὸν ἐργασάμενον, νῦν δὲ καὶ τὸ ὀργίζεσθαι. Καὶ τότε μὲν τὸ μοιχεύειν καὶ μίγνυσθαι ἀλλοτρίᾳ γυναικὶ κόλασιν ἔφερε· νῦν δὲ καὶ τὸ ἀκολάστοις ἰδεῖν ὀφθαλμοῖς. Ὥσπερ γὰρ ἡ γνῶσις, οὕτω καὶ ἡ πολιτεία [a] ἐπιτέταται νῦν. Ὥστε οὐδὲν ἔδει προδρόμου ἐκεῖ. Ἄλλως δὲ, εἰ μέλλοιεν μετὰ τὸ ἀποθανεῖν οἱ ἄπιστοι πιστεύοντες σώζεσθαι, οὐδεὶς ἀπολεῖταί ποτε. Πάντες γὰρ μεταγνώσονται τότε καὶ προσκυνήσουσι. Καὶ ὅτι τοῦτό ἐστιν ἀληθὲς, ἄκουσον Παύλου λέγοντος, ὅτι Πᾶσα γλῶσσα ἐξομολογήσεται, καὶ πᾶν γόνυ

opportune dicatur : *Fratres, nolite pueri effici mente, sed malitia parvuli estote.* Nam præ- 1. Cor. 14. 20.
sens vita bene agendi tempus est; post mortem vero aderit judicium et supplicium. Nam ait : *In inferno quis confitebitur tibi?* In Psal. 6. 6. Quomodo igitur contritæ sunt portæ æreæ, et vectes ferrei confracti sunt? Per corpus ejus. Tunc enim primo apparuit corpus immortale, quod mortis tyrannidem solveret. Alioquin vero id ostendit mortis vim esse sublatam, non autem eorum qui ante adventum ejus mortui fuerant, soluta peccata fuisse. Quod si res non ita se habeat, et si omnes antea mortuos a gehenna liberavit, quomodo ait : *Tolerabilius erit terræ Sodomorum et Gomorrhæ?* Luc. 10. 12. Illud enim eos puniendos esse declarat, remissius quidem, sed puniendos tamen. Etiamsi hic extremas dederint pœnas : attamen non hoc illos liberabit. Si autem hos non eruet, multo minus eos qui nihil hic passi sunt. Quid ergo, inquiunt, injustene agitur cum iis qui ante adventum ejus vixerunt? Nequaquam : poterant enim nec Christum confessi salutem consequi. Non enim hoc ab illis exigebatur, sed ne idola colerent, et ut verum Deum nossent. *Dominus enim*, inquit, *Deus tuus, Dominus unus est.* Deut. 6. 4. Ideoque Maccabæi admirationi fuerunt, quia pro legis observatione passi sunt, ac tres pueri, multique alii apud Judæos, qui vitam optime gesserunt, et hujus cognitionis modum servarunt, nihil aliud observare debuerunt. Tunc enim ad salutem sufficiebat, ut dixi, Deum tantum cognoscere; nunc vero id satis non est, sed Christum nosse oportet. Idcirco dicebat : *Si non venissem et loquutus fuissem eis, peccatum non haberent; nunc autem excusationem non habent de peccato suo.* Joan. 15. 22. Sic et de vitæ instituto putandum. Evangelica perfectio. Tunc cædes homicidam perdebat, nunc vel irasci vetitum est. Tunc mœchari et cum aliena muliere commisceri supplicium afferebat; nunc autem impudicis oculis respicere, idem affert. Sicut cognitio, sic et vita nunc sublimior requiritur. Itaque nihil Prodromo opus erat. Alioquin, si ii qui post mortem credent, salutem consequuturi sunt, nullus unquam peribit. Omnes enim tunc pœnitentiam agent, et Christum adorabunt. Quod autem illud sit verum, audi Paulum dicentem : *Omnis lingua confitebitur,* Philipp. 2. 11.
et omne genu flectetur cælestium, terrestrium et infernorum; et, *Ultima inimica destruetur* 1. Cor. 15. 26.

[b] Quidam habent διὰ τοῦ στόματος αὐτοῦ. Paulo post Morel. et alii διαλύον αὐτοῦ τὴν τυραννίδα. Savilium sequimur.

[c] Morel. τὰ σώματα λελυμένα.

[a] Alii περιτέταται.

mors. Sed nullam utilitatem ex hac subjectione consequentur; non enim ex bona voluptate proficiscitur, sed ex ipsa rerum, ut ita dicam, necessitate.

4. Ne illa, quæso, inducamus anilia dogmata, et
Judaïcas fabulas. Audi enim quid de his dicat
Rom. 2. 12. Paulus: *Quicumque enim sine lege peccarunt,*
sine lege peribunt; loquens de iis qui ante legem
erant; *Et quicumque in lege peccarunt, per le-*
gem judicabuntur; de iis omnibus loquens qui
Rom. 1. 18. post Moysem fuerunt; et, *Quoniam revelatur ira*
Dei de cœlo in omnem impietatem et injusti-
Rom. 2. 8. 9. *tiam hominum;* et, *Furor, ira, tribulatio, an-*
gustia in omnem animam hominis operantis
malum, Judæi primum et Græci. Et certe mala
innumera passi sunt gentiles; quod et exterorum
historiæ significant, necnon Scripturæ nostræ. Quis
enim Babyloniorum et Ægyptiorum tragœdias
enarraverit? Quod enim ii qui Christum non noverunt
ante carnalem adventum, et qui ab idololatria
resilientes Deum unum adorarunt, et probam duxere
vitam, omnia bona consequuturi sint, audi
Rom. 2. 10. quomodo dicat: *Gloria autem, honor et pax*
omni operanti bonum, Judæo primum et gentili.
Viden' bonorum præmia multa illis esse, et contra facientibus supplicia et pœnas? Ubi nunc sunt ii qui gehennam non credunt? Nam si ii qui ante Christi adventum fuerunt, qui ne nomen quidem gehennæ audierunt, neque resurrectionis, postquam hic pœnas dederunt, illic quoque punientur: quanto magis nos qui in tanta sapientiæ doctrina educati sumus? Et qua ratione, inquies, illi qui nihil umquam de gehenna audierunt, in gehennam incident? Dicent enim, Si gehennam comminatus esses, præ metu temperanter vixissemus. Plane quidem: non enim vixissent ut nos vitam agimus qui quotidie sermones de gehenna audimus, neque tamen iis animum adhibemus. Præter hæc autem illud quoque dicendum est, eum qui præsentibus suppliciis non retinetur, multo minus illis coercebitur. Rudiores enim crassioresque homines præsentibus magis et instantibus solent ad resipiscentiam vocari, quam iis quæ multo post tempore sunt eventura. Verum, inquies, nobis major imminet terror, ideoque cum illis non injuste actum est? Nequaquam se res ita habet. Primo enim non iidem labores nobis et illis propositi sunt; sed

D χάμψει ἐπουρανίων, καὶ ἐπιγείων, καὶ καταχθονίων· καὶ, ὅτι Ἔσχατος ἐχθρὸς καταργεῖται ὁ θάνατος. Ἀλλ' οὐδὲν ὄφελος τῆς ὑποταγῆς ἐκείνης· οὐ γὰρ προαιρέσεώς ἐστιν εὐγνώμονος, ἀλλὰ τῆς τῶν πραγμάτων, ὡς ἂν εἴποι τις, λοιπὸν ἀνάγκης.

Μὴ δὴ τοιαῦτα λοιπὸν εἰσάγωμεν δόγματα γραώδη, καὶ μύθους Ἰουδαϊκούς. Ἄκουσον γοῦν τί περὶ τούτων ὁ Παῦλός φησιν· Ὅσοι γὰρ ἀνόμως ἥμαρτον, ἀνόμως καὶ ἀπολοῦνται· περὶ τῶν ἐν τῷ πρὸ τοῦ νόμου χρόνῳ διαλεγόμενος· Καὶ ὅσοι ἐν νόμῳ ἥμαρτον, διὰ νόμου κριθήσονται· περὶ τῶν μετὰ Μωσέα λέγων ἁπάντων·
E καὶ, Ὅτι ἀποκαλύπτεται ὀργὴ Θεοῦ ἀπ' οὐρανοῦ ἐπὶ πᾶσαν ἀσέβειαν καὶ ἀδικίαν ἀνθρώπων· καὶ, Θυμὸς, καὶ ὀργὴ, καὶ θλῖψις, καὶ στενοχωρία ἐπὶ πᾶσαν ψυχὴν ἀνθρώπου τοῦ κατεργαζομένου τὸ κακὸν, Ἰουδαίου τε πρῶτον καὶ Ἕλληνος. Καίτοι [b] μυρία τότε ἔπαθον Ἕλληνες κακά· καὶ τοῦτο καὶ αἱ τῶν ἔξωθεν ἱστορίαι δηλοῦσι, καὶ αἱ Γραφαὶ αἱ παρ' ἡμῖν. Τίς γὰρ ἂν διη-
412 A γήσηται τὰς τῶν Βαβυλωνίων τραγῳδίας, ἢ τὰς τῶν Αἰγυπτίων; Ὅτι δὲ καὶ οἱ τὸν Χριστὸν οὐκ ἐγνωκότες πρὸ τῆς ἐνσάρκου παρουσίας, εἰδωλολατρείας δὲ ἀποστάντες, καὶ τὸν Θεὸν προσκυνήσαντες μόνον, καὶ πολιτείαν ἐπιδειξάμενοι ἀρίστην, ἁπάντων ἀπολαύσονται τῶν ἀγαθῶν, ἄκουσον τί φησιν· Δόξα δὲ καὶ τιμὴ καὶ εἰρήνη παντὶ τῷ ἐργαζομένῳ τὸ ἀγαθὸν, Ἰουδαίῳ τε πρῶτον καὶ Ἕλληνι. Ὁρᾷς ὅτι καὶ ἀγαθῶν ἀμοιβαὶ πολλαὶ τούτοις εἰσὶ, καὶ κολάσεις καὶ τιμωρίαι πάλιν τοῖς τὰ ἐναντία πεποιηκόσι; Ποῦ τοίνυν εἰσὶν οἱ τῇ γεέννῃ διαπιστοῦντες; Εἰ γὰρ οἱ πρὸ τῆς παρουσίας τοῦ Χριστοῦ, οἱ μηδὲ ὄνομα γεέννης ἀκούσαντες,
B μηδὲ ἀναστάσεως, οἱ καὶ ἐνταῦθα κολασθέντες, κἀκεῖ δώσουσι δίκην· πόσῳ μᾶλλον ἡμεῖς [a] οἱ τοσούτοις συντραφέντες λόγοις σοφίας; Καὶ πῶς εὔλογον, φησὶ, τοὺς μηδὲν περὶ γεέννης ἀκούσαντας, εἰς γέενναν ἐμπεσεῖν; Ἐροῦσι γὰρ, ὅτι εἰ ἠπείλησας γέενναν, μᾶλλον ἂν ἐφοβήθημεν καὶ ἐσωφρονήσαμεν. Πάνυ γε· οὐ γὰρ ὡς ἡμεῖς βιοῦμεν νῦν, καθ' ἑκάστην ἡμέραν ἀκούοντες τοὺς περὶ γεέννης λόγους, καὶ [b] οὐδὲ οὕτως προσέχοντες. Χωρὶς δὲ τούτων κἀκεῖνό ἐστιν εἰπεῖν, ὅτι ὁ ταῖς παρὰ πόδας μὴ κατεχόμενος τιμωρίαις, πολλῷ μᾶλλον ἐκείναις οὐ κατασχεθήσεται. Τοὺς γὰρ ἀλογωτέρους καὶ παχύτερον διακειμένους τὰ ἐν χερσὶ μᾶλλον καὶ εὐθέως συμβησόμενα εἴωθε σωφρονίζειν, ἢ τὰ
C μακροῖς ὕστερον ἐκβησόμενα χρόνοις. Ἀλλ' ἡμῖν, φησὶ, μείζων ἐπεκρεμάσθη ὁ φόβος, καὶ τοῦτο ἐκεῖνοι οὐκ ἠδίκηνται; Οὐδαμῶς. Πρῶτον μὲν γὰρ οὐ τὰ αὐτὰ πρόκειται σκάμματα ἡμῖν κἀκείνοις, ἀλλὰ πολλῷ μείζονα ἡμῖν. Τοὺς δὲ μείζονας ἀναδεξαμένους πόνους,

[b] Morel. *μυρία ἐντεῦθεν ἔπαθον*. Savil. *μυρία τότε ἔπαθον*.

[a] Alii *οἱ τοσούτοις ἐντραφέντες λόγοις φιλοσοφίας*, alii *τραφέντες*. Quidam habent *σοφίας* pro *φιλοσοφίας*. Ibidem quidam *πῶς ἔχει λόγον, φησί*.

[b] Quidam *οὐδὲ ὅλως προσέχοντες*.

μείζονος δεῖ βοηθείας ἀπολαῦσαι. Βοήθεια δὲ οὐ μικρὰ, τὸ αὐξηθῆναι τὸν φόβον. Εἰ δὲ πλεονεκτοῦμεν αὐτῶν τῷ τὰ μέλλοντα εἰδέναι, πλεονεκτοῦσιν ἡμῶν [c] κἀκεῖνοι τῷ παραυτίκα ἐπιφέρεσθαι σφοδρὰς τὰς τιμωρίας αὐτοῖς. Ἀλλ' ἕτερόν τι καὶ πρὸς ταῦτα λέγουσιν οἱ πολλοί. Ποῦ γάρ, φησὶ, τὸ δίκαιον τοῦ Θεοῦ, ὅταν ἐνταῦθά τι ἁμαρτὼν, καὶ ἐνταῦθα καὶ ἐκεῖ κολάζηται; Βούλεσθε οὖν ὑμᾶς ἀναμνήσω τῶν ὑμετέρων λόγων, ἵνα μηκέτι κόπους ἡμῖν παρέχητε, ἀλλ' οἴκοθεν φέρητε τὴν λύσιν; Ἐγὼ πολλῶν [d] ἤκουσα ἀνθρώπων ἡμετέρων, εἴποτε μάθοιεν ἀνδροφόνον ἀποτμηθέντα ἐν δικαστηρίῳ, δυσχεραινόντων καὶ ταῦτα λεγόντων τὰ ῥήματα· τριάκοντα φόνους ὁ μιαρὸς οὗτος καὶ ἐναγὴς τολμήσας, ἢ καὶ πολλῷ πλείους, ἕνα μόνον αὐτὸς ὑπέμεινε θάνατον. Καὶ ποῦ τὸ δίκαιον; Ὥστε ὑμεῖς αὐτοὶ ὁμολογεῖτε, ὅτι οὐκ ἀρκεῖ θάνατος εἷς εἰς τιμωρίαν. Πῶς οὖν τὰ ἐναντία ψηφίζεσθε νῦν; Ὅτι οὐχ ἑτέροις, ἀλλ' ὑμῖν αὐτοῖς δικάζετε. Τοσοῦτον ἡ φιλαυτία γίνεται κώλυμα εἰς τὸ συνορᾶν τὸ δίκαιον. Διὰ τοῦτο ὅταν μὲν ἑτέροις κρίνωμεν, μετὰ ἀκριβείας ἐξετάζομεν· ὅταν δὲ ἡμῖν αὐτοῖς δικάζωμεν, ἐσκοτώμεθα· ὡς ἐὰν καὶ ἐφ' ἡμῶν αὐτῶν ταῦτα ἐξετάζωμεν, ὥσπερ καὶ ἐπὶ τῶν ἄλλων, ἀδέκαστον [a] τὴν ψῆφον οἴσομεν. Ἔστι γὰρ καὶ ἡμῖν ἁμαρτήματα οὐ δύο καὶ τριῶν, ἀλλὰ μυρίων θανάτων ἄξια. Καὶ ἵνα τὰ ἄλλα παρῶ, ἀναμνήσωμεν ἑαυτοὺς ὅσοι τῶν μυστηρίων μετέχομεν ἀναξίως· οἱ δὲ τοιοῦτοι ἔνοχοι τοῦ σώματος καὶ τοῦ αἵματός εἰσι τοῦ Χριστοῦ. Ὥστε ὅταν τὸν ἀνδροφόνον λέγῃς, καὶ σεαυτὸν λογίζου. Ἐκεῖνος μὲν γὰρ ἄνθρωπον ἐφόνευσε, σὺ δὲ τῆς σφαγῆς ὑπεύθυνος εἶ τοῦ Δεσπότου· κἀκεῖνος μὲν, [b] οὐ μετασχὼν μυστηρίων· ἡμεῖς δὲ, τραπέζης ἀπολαύοντες ἱερᾶς. Τί δὲ οἱ τοὺς ἀδελφοὺς δάκνοντες, καὶ κατεσθίοντες, καὶ πολὺν ἀφιέντες τὸν ἰόν; τί δὲ ὁ τὴν τροφὴν τῶν πενήτων ἀφαιρούμενος; Εἰ γὰρ ὁ μὴ μεταδιδοὺς τοιοῦτός ἐστι, πολλῷ μᾶλλον ὁ τὰ ἀλλότρια λαμβάνων. Πόσων λῃστῶν οἱ πλεονέκται χείρους εἰσί; πόσων ἀνδροφόνων οἱ ἅρπαγες; πόσων τυμβωρύχων; πόσοι δὲ μετὰ τὸ ἀποδῦσαι καὶ αἱμάτων [c] εἰσὶν ἐπιθυμοῦντες; Ἄπαγε· μὴ γένοιτο, φησί. Νῦν λέγεις, μὴ γένοιτο· ὅταν ἐχθρὸν ἔχῃς, τότε εἰπὲ, μὴ γένοιτο, καὶ μέμνησο τῶν εἰρημένων, καὶ βίον ἐπιδείκνυσο πολλῆς γέμοντα ἀκριβείας, ἵνα μὴ καὶ ἡμᾶς τὰ Σοδόμων μείνῃ, ἵνα μὴ τὰ Γομόῤῥων πάθωμεν, ἵνα μὴ τὰ Τυρίων ὑπομείνωμεν καὶ τὰ Σιδωνίων κακά· μᾶλλον δὲ ἵνα μὴ τῷ Χριστῷ προσκρούσωμεν, ὅπερ ἁπάντων ἐστὶ χαλεπώτερον καὶ φοβερώτερον. Εἰ γὰρ καὶ πολλοῖς ἡ γέεννα φοβερὸν εἶναι δοκεῖ, ἀλλ' ἐγὼ οὐ παύσομαι [d] συνεχῶς βοῶν, ὅτι τοῦτο γεέννης καὶ χα-

multo majores nobis. Illos autem qui majores suscipiunt labores, majori oportet auxilio frui. Auxilium autem non modicum illud est, cum timor augetur. Si autem id plus quam illi habeamus, quod futura noscamus, illi quoque id plus quam nos habent, quod pœnæ ingentes illis confestim inferantur. Verum aliud quidpiam dicunt plurimi. Ubi est, inquiunt, justitia Dei, quando, si quis hic peccet, et hic et illic pœnas det? Vultis igitur ut dicta vestra in memoriam vobis revocem, ne ultra laborem nobis afferatis, sed ex vobis ipsis solutionem detis? Multos ex nostris audivi, siquando ediscerent homicidam aliquem in judicio plexum fuisse, cum indignatione dicentes: Triginta vel pluribus cædibus, sceleratus ille, patratis, una tantum vice mortem subit. Et ubinam justitia est? Vos ergo fatemini mortem unam non satis semper esse ad supplicium condignum. Cur ergo nunc contraria decernitis? Quia non de aliis, sed de vobis ipsis judicium fertis. Sic proprio amore impedimur, ne quid justum sit videamus. Idcirco cum de aliis judicamus, accuratissime rem indagamus; cum vero de nobis ipsis, tenebris involvimur: qui si causam nostram, ut alienam exploraremus, sincere et sine ulla acceptione calculum ferremus. Peccata quippe nostra non duabus vel tribus, sed mille mortibus digna sunt. Et ut alia omittam, recordemur quot et quanti mysteria indigne participamus: illi vero qui sic participant, rei sunt corporis et sanguinis Christi. Itaque cum de homicida loqueris, cogita teipsum homicidam esse. Ille namque hominem occidit, tu vero mortis Domini reus es: ille non mysteriorum particeps fuit, nos vero sacra mensa fruimur. Quid de iis dicam, qui fratres suos mordent, devorant, multumque veneni effundunt? quid de illo qui cibum pauperibus abripit? Nam si is, qui eleemosynam non erogat, id facit, multo magis ille qui aliena abripit. Quot furibus deteriores sunt avari? quot homicidis et sepulcrorum effossoribus pejores sunt raptores? quot reperiuntur qui, postquam spoliarunt, ad spoliatorum etiam sanguinem inhiant? Absit, inquies. Nunc dicis, Absit; cum inimicum habebis, tum dic, Absit, ac dictorum recordare, et vitam tuam cum magna institue diligentia, ne Sodomorum mala nos excipiant, ne Gomorrhæ mala patiamur, ne Tyriorum et Sidoniorum pœnas demus; imo potius ne Christum offendamus,

D E 413 A B C

Justitia Dei, et puniendi ratio.

[c] Κἀκεῖνοι deest in quibusdam.

[d] Morel. ἤκουσα λεγόντων ἀνθρώπων.

[a] Alii τὴν ψῆφον δώσομεν.

[b] Morel. οὐδὲ μετασχὼν οὐδ' ἀπολαύσας μυστηρίων.

[c] Quidam Mss. εἰσὶν ἐπιθυμοῦντες.

[d] Alii συνεχῶς τοῦτο βοῶν. Ibid. quidam γεέννης ἁπάσης.

quod omnium est gravissimum et terribilissimum. Nam si multis gehenna videtur terribilis esse, non finem faciam clamandi hoc esse gehenna gravius ac terribilius. Et vos ita affectos esse rogo: sic enim et a gehenna liberabimur, et Christi gloria fruemur: quam nos omnes assequi contingat, gratia et misericordia Domini nostri Jesu Christi, cui gloria et imperium, in sæcula sæculorum. Amen.

D λεπτότερον καὶ φοβερώτερον. Καὶ ὑμᾶς οὕτω διακεῖσθαι παρακαλῶ· οὕτω γὰρ καὶ γεέννης ἀπαλλαγησόμεθα, καὶ τῆς παρὰ τοῦ Χριστοῦ ἀπολαύσομεν δόξης· ἧς γένοιτο πάντας ἡμᾶς ἐπιτυχεῖν, χάριτι καὶ φιλανθρωπίᾳ τοῦ Κυρίου ἡμῶν Ἰησοῦ Χριστοῦ, ᾧ ἡ δόξα καὶ τὸ κράτος, εἰς τοὺς αἰῶνας τῶν αἰώνων. Ἀμήν.

HOMIL. XXXVII. al. XXXVIII.

414 A

ΟΜΙΛΙΑ λζ'.

Cap. XI. v. 7. ***Illis autem abeuntibus, cœpit Jesus dicere ad turbas de Joanne: Quid existis in desertum videre? arundinem a vento agitatam?*** 8. ***Sed quid existis videre? hominem mollibus vestitum? Ecce qui mollibus vestiuntur, in domibus regum sunt.*** 9. ***Sed quid existis videre? prophetam? Etiam, dico vobis, et plus quam prophetam.***

Τούτων δὲ πορευομένων, ἤρξατο ὁ Ἰησοῦς λέγειν τοῖς ὄχλοις περὶ Ἰωάννου· τί ἐξήλθετε εἰς τὴν ἔρημον θεάσασθαι; κάλαμον ὑπὸ ἀνέμου σαλευόμενον; Ἀλλὰ τί ἐξήλθετε ἰδεῖν; ἄνθρωπον ἐν μαλακοῖς ἱματίοις ἠμφιεσμένον; Ἰδοὺ οἱ τὰ μαλακὰ φοροῦντες, ἐν τοῖς οἴκοις τῶν βασιλέων εἰσίν. Ἀλλὰ τί ἐξήλθετε B ἰδεῖν; προφήτην; Ναὶ, λέγω ὑμῖν, καὶ περισσότερον προφήτου.

1. Quæ ad discipulos Joannis spectabant recte ordinata sunt; illique discesserunt, a signis quæ statim facta sunt confirmati: restabat demum, ut quæ ad populi opinionem pertinebant curarentur. Illi quippe de magistro suo nihil supra dictorum suspicabantur; turba vero populi, ex interrogatione discipulorum Joannis, absurda multa suspicata est, quod nesciret qua mente ille discipulos misisset: verisimileque est illos sic intra se ratiocinatos esse: Qui tot tantaque testificatus erat, nunc mutatus dubitat, num hic, num alius venturus sit? Num qui hæc dicit dissidia cum Jesu movet? num timidior ex carcere factus? num temere priora dixerat? Quia igitur verisimile erat ipsos talia multa suspicari, vide quomodo illorum infirmitatem corrigat, et has amoveat suspiciones. *Euntibus enim illis, cœpit dicere turbis.* Cur *Euntibus illis?* Ne videretur adulari virum. Dum autem populi opinionem emendat, illius suspicionem non adducit in medium, sed solutionem tantum affert ratiociniorum, quæ illorum mentem turbabant, ostendens se omnium secreta cognoscere. Neque enim dicit sicut Judæis dicebat: *Quid cogitatis mala?* (Matth. 9. 4.) Etiamsi enim cogitarent, non ex malignitate cogitabant, sed quod ea quæ dicebantur ignorarent. Ideo non acriter alloquitur illos, sed illorum mentem tantum corrigit, Joannemque defendit, pro- (Christus Joannem B. defendit.)

Τὸ μὲν κατὰ τοὺς μαθητὰς Ἰωάννου ᾠκονομήθη καλῶς, καὶ βεβαιωθέντες ἀπῆλθον ἀπὸ τῶν παραυτίκα γενομένων σημείων· ἔδει δὲ λοιπὸν καὶ τὰ πρὸς τὸν δῆμον ἰάσασθαι. Ἐκεῖνοι μὲν γὰρ οὐδὲν ἂν τοιοῦτον ὑπώπτευσαν περὶ τοῦ ἑαυτῶν διδασκάλου· ὁ δὲ πολὺς ὄχλος ἐκ τῆς ἐρωτήσεως τῶν Ἰωάννου μαθητῶν πολλὰ ἂν ἄτοπα [a] ὑπενόησεν, οὐκ εἰδὼς τὴν γνώμην μεθ' ἧς ἔπεμψε τοὺς μαθητάς· καὶ εἰκὸς ἦν διαλογίζεσθαι πρὸς ἑαυτοὺς καὶ λέγειν· ὁ τοσαῦτα μαρτυρήσας C μετεπείσθη νῦν καὶ ἀμφιβάλλει, εἴτε οὗτος, εἴτε ἕτερος εἴη ὁ ἐρχόμενος; Ἆρα μὴ στασιάζων πρὸς τὸν Ἰησοῦν ταῦτα λέγει; ἆρα μὴ δειλότερος ὑπὸ τοῦ δεσμωτηρίου γενόμενος; ἆρα μὴ μάτην καὶ εἰκῇ τὰ πρότερα εἴρηκεν; Ἐπεὶ οὖν πολλὰ τοιαῦτα εἰκὸς ἦν αὐτοὺς ὑποπτεύειν, ὅρα πῶς αὐτῶν διορθοῦται τὴν ἀσθένειαν, καὶ ταύτας ἀναιρεῖ τὰς ὑποψίας. Πορευομένων γὰρ αὐτῶν, ἤρξατο λέγειν τοῖς ὄχλοις. Διατί, Πορευομένων αὐτῶν; Ἵνα μὴ δόξῃ κολακεύειν τὸν ἄνθρωπον. Διορθούμενος δὲ τὸν δῆμον, οὐκ ἄγει εἰς μέσον αὐτῶν τὴν ὑπόνοιαν, ἀλλὰ τὴν [b] λύσιν μόνον ἐπάγει D τῶν κατὰ διάνοιαν θορυβούντων αὐτοὺς λογισμῶν, δεικνὺς ὅτι ᾔδει τὰ ἀπόρρητα ἁπάντων. Οὐδὲ γὰρ λέγει καθάπερ πρὸς Ἰουδαίους· Τί ἐνθυμεῖσθε πονηρά; Εἰ γὰρ καὶ ἐνενόησαν, οὐκ ἀπὸ πονηρίας ἐλογίζοντο ταῦτα, ἀλλ' ἀπὸ τῆς τῶν εἰρημένων ἀγνοίας. Διὰ τοῦτο οὐδὲ ἐπιπληκτικῶς διαλέγεται, ἀλλὰ διορθοῦται αὐτῶν μόνον τὴν διάνοιαν, καὶ ἀπολογεῖται ὑπὲρ Ἰωάννου, καὶ δείκνυσιν ὅτι οὐ μετέπεσε τῆς προτέρας

a Unus ἀπενόησαν.

b Unus λύσιν μόνην.

δόξης, οὐδὲ μεταβέβληται. Οὐδὲ γάρ ἐστιν εὔκολος ἄνθρωπος, καὶ εὐρίπιστος, ἀλλὰ πεπηγὼς, καὶ βέβαιος· καὶ οὐ τοιοῦτος, ὡς καὶ προδοῦναι τὰ ἐμπεπιστευμένα. Ταῦτα δὲ κατασκευάζων, οὐκ ἐκ τῆς οἰκείας ἀποφάσεως εὐθέως, ἀλλ' ἐκ τῆς ἐκείνων πρότερον ταῦτα κατασκευάζει μαρτυρίας· οὐ δι' ὧν εἶπον μόνον, ἀλλὰ καὶ δι' ὧν ἔπραξαν [c] δείξας αὐτοὺς μαρτυροῦντας αὐτοῦ τῇ στεῤῥότητι. Διό φησι· Τί ἐξήλθετε εἰς τὴν ἔρημον ἰδεῖν; Ὡσανεὶ ἔλεγε· διατί τὰς πόλεις ἀφέντες, καὶ τὰς οἰκίας, συνήλθετε εἰς τὴν ἔρημον ἅπαντες; ἵνα οἰκτρόν τινα ἴδητε καὶ εὔκολον ἄνθρωπον; Ἀλλ' [a] οὐκ ἂν ἔχοι λόγον. Οὐ γὰρ τοῦτο δείκνυσιν ἡ σπουδὴ ἐκείνη, καὶ τὸ πάντας συντρέχειν εἰς τὴν ἔρημον· οὐ γὰρ ἂν δῆμος τοσοῦτος καὶ πόλεις τοσαῦται μετὰ τοσαύτης προθυμίας εἰς τὴν ἔρημον καὶ τὸν Ἰορδάνην ποταμὸν ἐξεχύθησαν τότε, εἰ μὴ μέγαν τινὰ, καὶ θαυμαστὸν, καὶ πέτρας στεῤῥότερον ὄψεσθαι προσεδοκήσατε. Οὐ γὰρ δὴ κάλαμον ἐξήλθετε ἰδεῖν, ὑπὸ ἀνέμου σαλευόμενον· οἱ γὰρ εὔκολοι, καὶ ῥαδίως περιφερόμενοι, καὶ νῦν μὲν ταῦτα, νῦν δὲ ἐκεῖνα λέγοντες, καὶ ἐπὶ μηδενὸς ἑστῶτες, τούτῳ μάλιστα ἐοίκασι. Καὶ ὅρα πῶς πᾶσαν πονηρίαν ἀφεὶς, ταύτην τίθησι τὴν μάλιστα [b] ὑφορμῶσαν αὐτοὺς τότε, καὶ ἀναιρεῖ τῆς εὐκολίας τὴν ὑπόθεσιν. Ἀλλὰ τί ἐξήλθετε ἰδεῖν; ἄνθρωπον ἐν μαλακοῖς ἱματίοις ἠμφιεσμένον; Ἰδοὺ οἱ τὰ μαλακὰ φοροῦντες, ἐν τοῖς οἴκοις τῶν βασιλέων εἰσίν. Ὃ δὲ λέγει τοιοῦτόν ἐστιν, ὅτι οἴκοθεν οὐκ ἦν εὐρίπιστος· καὶ τοῦτο ἐδηλώσατε διὰ τῆς σπουδῆς ὑμεῖς. Οὐ μὴν οὐδὲ ἐκεῖνο ἂν ἔχοι τις εἰπεῖν, ὡς στεῤῥὸς μὲν ἦν, τρυφῇ δὲ δουλεύσας ὕστερον χαῦνος γέγονε. Τῶν ἀνθρώπων οἱ μὲν οἴκοθέν εἰσι τοιοῦτοι, οἱ δὲ γίνονται· οἷον, ὁ μέν ἐστιν ὀργίλος φύσει, ὁ δὲ εἰς ἀῤῥωστίαν ἐμπεσὼν μακρὰν, τοῦτο κτᾶται τὸ νόσημα. Πάλιν εὔκολοι καὶ κοῦφοι οἱ μέν εἰσι φύσει, οἱ δὲ ἀπὸ τοῦ τρυφῇ δουλεύειν καὶ μαλακίζεσθαι τοῦτο γίνονται. Ἀλλ' ὁ Ἰωάννης, φησὶν, οὔτε φύσει τοιοῦτος ἦν· οὐδὲ γὰρ κάλαμον ἐξήλθετε ἰδεῖν· οὔτε τρυφῇ δοὺς ἑαυτὸν, ἀπώλεσεν ὅπερ εἶχε, πλεονέκτημα. Ὅτι γὰρ οὐκ ἐδούλευσε τρυφῇ, δείκνυσιν ἡ στολὴ καὶ ἡ ἐρημία καὶ τὸ δεσμωτήριον. Εἰ γὰρ ἐβούλετο μαλακὰ φορεῖν, οὐκ ἂν τὴν ἔρημον ᾤκησεν, οὐκ ἂν τὸ δεσμωτήριον, ἀλλὰ τὰ βασίλεια. Ἐξῆν γὰρ αὐτῷ σιγήσαντι μόνον μυρίας ἀπολαῦσαι τιμῆς. Ὅπου γὰρ καὶ ἐλέγξαντα καὶ δεδεμένον οὕτως ᾐδεῖτο ὁ Ἡρώδης, πολλῷ μᾶλλον σιγήσαντα [c] οὐκ ἐκόλασεν ἄν. Ἔργῳ τοίνυν τῆς αὐτοῦ

batque illum non a priore sententia deflexisse, nec mutatum fuisse. Neque enim est, inquit, homo levis vel volubilis, sed firmus, constans; nec talis, qui prodat ea quæ sibi concredita sunt. Hæc autem ita concinnat, ut non statim ex propria sententia, sed ex illorum testimonio procedat: non ex dictis tantum ipsorum, sed et ex operibus ostendens ipsos ejus constantiam testificatos esse. Propterea dicit: *Quid existis in desertum videre?* Ac si diceret, Cur relictis urbibus, ædibusque, in desertum convenistis omnes? ut miserum quemdam et levem hominem videretis? Sed id contra rectam rationem esset. Neque enim ita arguitur ex illo tanto studio, quo in desertum accurristis: nec tantus populus, tot civitates cum tanto studio in desertum et ad Jordanem diffusæ essent, nisi magnum quemdam, admirandum et constantissimum virum vos visuros sperassetis. Neque enim calamum existis visum, a vento agitatum; nam leves homines, qui huc illuc circumferuntur, et modo hæc, modo illa dicunt, in nullaque re consistunt, calamo sunt similes. Ac perpende quomodo omni dimissa malitia, de hac sola nunc agat, quæ ipsos exagitabat, levitatis suspicione, quam amovere conatur. *Sed quid existis videre? hominem mollibus vestitum? Ecce qui mollibus vestiuntur, in domibus regum sunt.* Quod vero dicit, est hujusmodi: A seipso ille non volubilis est: idque vos declarastis ex vestro erga illum studio. Neque illud dici possit, illum olim constantem primum fuisse, sed ex deliciis postea mollem effectum esse. Nam apud homines quidam sic nascuntur, alii tales postea fiunt: exempli causa, alius natura sua iracundus est, alius ex longa ægritudine in hunc animi morbum incidit. Sic alii inconstantes et leves natura sua sunt, alii quod deliciis et voluptati indulserint, tales sunt effecti. At Joannes, inquit, non natura talis est: neque enim calamum existis videre, neque voluptati deditus eam quam habebat animi dotem amisit. Quod enim voluptati non serviat, id arguunt vestitus ejus, desertum, carcer. Nam si mollibus vestiri voluisset, non desertum coluisset, non carcerem, sed regiam. Licebat enim illi, si tacuisset, ingenti frui honore. Etenim quem Herodes vel redarguentem se et vinctum ita revere-

[c] Quidam habent δεικνὺς αὐτούς.

[a] Morel. οὐκ ἔχει λόγον. Infra Savil. πάντας συῤῥεῖν εἰς τὴν ἔρημον.

[b] Unus ὑφορμοῦσαν, et sic legendum suspicatur Savilius. Utraque lectio convenit. Ibid. quidam αὐτοῖς τότε. [Infra ἐπὶ τοῦ ante τρυφῇ δουλεύειν addidimus e Savil.]

[c] Morel. et Savil. οὐκ ἐκόλασεν ἄν, alii οὐκ ἐκόλασεν ἄν.

batur, certe si tacuisset non plexurus erat. Cum ergo gestis suis firmitatis constantiæque suæ experimentum dederit, quomodo in tales suspiciones jure cadat?

2. Postquam ergo et a loco, et a vestibus, et a concursu populi mores ejus descripsit, subjunxit postea, *Prophetam*. Cum dixisset enim, *Quid existis videre? prophetam? etiam dico vobis, et plus quam prophetam:* addit: 10. *Hic est*

Malach. 3. 1.

enim, de quo scriptum est: Ecce mitto angelum meum ante faciem tuam, qui præparabit viam tuam ante te. Cum prius Judæorum testimonium adduxisset, tunc prophetam affert; quinimo Judaïcum calculum primo ponit, quod maximum est argumentum, quando inimicorum testimonium affertur: secundo, Joannis vitam; tertio, judicium suum; quarto, prophetam, undique illorum ora claudens. Deinde ne dicerent, Quid ergo si, talis cum esset, jam mutatus sit? cætera adjecit, vestimenta, carcerem et postea prophetiam. Postea vero cum dixisset illum propheta majorem esse, ostendit in quo sit major. In quo ergo major

In quo Joannes prophetis sit major.

est? Quod sit prope eum qui advenit. Nam ait: *Mittam angelum meum ante faciem tuam;* id est, prope te. Quemadmodum enim apud reges, qui prope currum incedunt, aliis dignitate majores sunt: sic Joannes prope Christum advenientem incedere cernitur. Vide quomodo hinc ejus excellentiam declarat; neque hic gradum sistit, sed suam postea effert sententiam dicens: 11. *Amen dico vobis, non surrexit inter natos mulierum major Joanne Baptista.* Id est, non peperit mulier illo majorem. Sufficit hæc sententia; sed si vis ex rebus ipsis ediscere, considera illius mensam, victum, mentis sublimitatem. Nam sic vivebat, ac si in cælo fuisset, atque naturalibus superior necessitatibus, mirabilem quamdam carpebat viam, in hymnis et orationibus totum tempus transigens, cum mortalium nemine, sed cum solo Deo colloquia miscens. Neminem quippe conservorum noverat, non se conspiciendum præbebat, non lacte alebatur, non lecto, non tecto, non foro, non alia quapiam humana re fruebatur; et tamen mansuetus erat simul atque vehemens. Audi igitur cum quanta moderatione discipulos alloquatur, cum quanta vi Judæos, cum quanta libertate regem. Ideoque dicebat Christus, *Non surrexit inter natos mulierum major Joanne Baptista.*

στεῤῥότητος παρασχὼν βάσανον καὶ τῆς καρτερίας, πῶς ἂν εἴη δίκαιος ἐπὶ τοιούτοις ὑποπτεύεσθαι;

Καὶ ἀπὸ τοῦ τόπου τοίνυν, καὶ ἀπὸ τῶν ἱματίων,
καὶ ἀπὸ τῆς συνδρομῆς τὸ ἦθος αὐτῷ χαρακτηρίσας,
ἐπάγει λοιπὸν καὶ τὸν προφήτην. Εἰπὼν γὰρ, Τί
ἐξήλθετε; προφήτην [d] ἰδεῖν; ναὶ, λέγω ὑμῖν, καὶ
περισσότερον προφήτου· φησίν· Οὗτος γάρ ἐστι, περὶ
οὗ γέγραπται· Ἰδοὺ ἀποστέλλω τὸν ἄγγελόν μου πρὸ
προσώπου σου, ὃς κατασκευάσει τὴν ὁδόν σου ἔμπροσθέν σου. Πρότερον τὴν Ἰουδαίων μαρτυρίαν θεὶς,
E τότε [e] τὴν τοῦ προφήτου ἐφαρμόζει· μᾶλλον δὲ πρῶτον μὲν τὴν ψῆφον τίθησι τὴν Ἰουδαϊκὴν, ἥπερ μεγίστη γένοιτ' ἂν ἀπόδειξις, ὅταν παρ' ἐχθρῶν ἡ μαρτυρία φέρηται· δεύτερον, τὸν βίον τὸν τοῦ ἀνδρός·
τρίτον, τὴν ἑαυτοῦ κρίσιν· τέταρτον, τὸν προφήτην,
416 πάντοθεν αὐτοὺς ἐπιστομίζων. Εἶτα ἵνα μὴ λέγωσι,
A τί οὖν εἰ τότε μὲν τοιοῦτος ἦν, νῦν δὲ μεταβέβληται;
ἐπήγαγε καὶ τὰ μετὰ ταῦτα, τὰ ἱμάτια, τὸ δεσμωτήριον, καὶ μετὰ τούτων τὴν προφητείαν. Εἶτα εἰπὼν
ὅτι μείζων προφήτου, δείκνυσι καὶ κατὰ τί μείζων.
Κατὰ τί τοίνυν μείζων; Κατὰ τὸ ἐγγὺς εἶναι τοῦ παραγενομένου. Ἀποστελῶ γὰρ, φησὶ, τὸν ἄγγελόν μου
πρὸ προσώπου σου· τουτέστιν, ἐγγύς σου. Καθάπερ γὰρ
ἐπὶ τῶν βασιλέων οἱ ἐγγὺς τοῦ ὀχήματος ἐλαύνοντες,
οὗτοι τῶν ἄλλων εἰσὶ λαμπρότεροι· οὕτω δὴ καὶ ὁ
Ἰωάννης ἐγγὺς φαίνεται τῆς παρουσίας ἐλαύνων. Ὅρα
πῶς καὶ ἐντεῦθεν τὴν ὑπεροχὴν ἔδειξε, καὶ οὐδὲ ἐνταῦθα ἵσταται, ἀλλὰ καὶ τὴν παρ' ἑαυτοῦ λοιπὸν ἐπά-
B γει ψῆφον, λέγων· Ἀμὴν λέγω ὑμῖν, οὐκ ἐγήγερται ἐν
γεννητοῖς γυναικῶν μείζων Ἰωάννου τοῦ βαπτιστοῦ.
Ὃ δὲ λέγει, τοιοῦτόν ἐστιν· οὐκ ἔτεκε γυνὴ τούτου
μείζονα. Καὶ ἀρκεῖ μὲν καὶ ἡ ἀπόφασις· εἰ δὲ βούλει
καὶ ἀπὸ τῶν πραγμάτων μαθεῖν, ἐννόησον αὐτοῦ τὴν
τράπεζαν, τὴν διαγωγὴν, τῆς γνώμης τὸ ὕψος. Ὥσπερ γὰρ ἐν οὐρανῷ, οὕτω διῆγε, καὶ τῶν τῆς φύσεως
ἀναγκῶν ἀνωτέρω γενόμενος, ξένην τινὰ ὥδευσεν
ὁδὸν, ἐν ὕμνοις καὶ εὐχαῖς τὸν πάντα διάγων χρόνον,
καὶ ἀνθρώπων μὲν οὐδενὶ, Θεῷ δὲ ὁμιλῶν μόνῳ διηνεκῶς. Οὐδὲ γὰρ εἶδέ τινα τῶν ὁμοδούλων, οὔτε ὤφθη
τινὶ τούτων, οὐκ ἐγαλακτοτροφήθη, οὐ κλίνης, οὐ στέ-
C γης, οὐκ ἀγορᾶς, οὐκ ἄλλου τίνος [a] ἀπέλαυσε τῶν ἀν-
θρωπίνων· καὶ ὅμως ἥμερος ἦν ὁμοῦ καὶ σφοδρός.
Ἄκουσον γοῦν πῶς μετ' ἐπιεικείας τοῖς ἑαυτοῦ μαθηταῖς διαλέγεται, πῶς μετὰ ἀνδρείας τῷ δήμῳ τῶν
Ἰουδαίων, πῶς μετὰ παῤῥησίας τῷ βασιλεῖ. Διὰ τοῦτο
καὶ ἔλεγεν· Οὐκ ἐγήγερται ἐν γεννητοῖς γυναικῶν

[d] Morel. ἰδεῖν; καὶ λέγω ὑμῖν.

[e] Savil. et quidam alii τὴν τῶν προφητῶν.

[a] Alii ἀπήλαυσε.

μείζων Ἰωάννου τοῦ βαπτιστοῦ. Ἀλλ' ἵνα μὴ πάλιν ἡ ὑπερβολὴ τῶν ἐγκωμίων [b] τέκῃ τινὰ ἀτοπίαν, προτι-μώντων αὐτὸν τοῦ Χριστοῦ τῶν Ἰουδαίων, σκόπει πῶς καὶ τοῦτο διορθοῦται. Καθάπερ γὰρ ἐξ ὧν ᾠκοδομοῦντο οἱ μαθηταὶ, ἐβλάπτοντο οἱ ὄχλοι, εὔκολον αὐτὸν εἶναι νομίζοντες· οὕτω καὶ ἐξ ὧν ἐθεραπεύοντο οἱ D ὄχλοι, μείζων ἂν ἐγένετο ἡ βλάβη, σεμνοτέραν τοῦ Χριστοῦ [c] λαμβανόντων αὐτῶν ὑπόνοιαν ἐκ τῶν εἰρημένων. Διὸ καὶ τοῦτο ἀνυπόπτως διορθοῦται λέγων· Ὁ δὲ μικρότερος ἐν τῇ βασιλείᾳ τῶν οὐρανῶν, μείζων αὐτοῦ ἐστι. Μικρότερος κατὰ τὴν ἡλικίαν, καὶ κατὰ τὴν τῶν πολλῶν δόξαν· καὶ γὰρ ἔλεγον αὐτὸν φάγον καὶ οἰνοπότην· καὶ, Οὐχ οὗτός ἐστιν ὁ τοῦ τέκτονος υἱός; καὶ πανταχοῦ αὐτὸν [d] ἐξευτέλιζον. Τί οὖν, φησὶ, κατὰ σύγκρισιν τοῦ Ἰωάννου μείζων ἦν; Ἄπαγε. Οὐδὲ γὰρ E Ἰωάννης ὅταν λέγῃ, Ἰσχυρότερός μού ἐστι, συγκρίνων λέγει· οὐδὲ Παῦλος, ὅταν Μωσέως μεμνημένος γράφῃ, Πλείονος γὰρ δόξης οὗτος παρὰ Μωσῆν ἠξίωται, συγκρίνων γράφει. Καὶ αὐτὸς δὲ, Ἰδοὺ πλέον Σολομῶνος ὧδε, λέγων, οὐχὶ συγκρίνων φησί. Εἰ δ' ἄρα δοίημεν καὶ κατὰ σύγκρισιν εἰρῆσθαι παρ' αὐτοῦ τοῦτο, οἰκονομικῶς ἐγίνετο διὰ τὴν τῶν ἀκουόντων ἀσθένειαν. Καὶ 417 γὰρ σφόδρα ἦσαν πρὸς αὐτὸν κεχηνότες οἱ ἄνθρωποι· A τότε δὲ λαμπρότερον αὐτὸν καὶ τὸ δεσμωτήριον ἐποίησε, καὶ ἡ πρὸς τὸν βασιλέα παῤῥησία, καὶ ἀγαπητὸν ἦν τέως τοῦτο δεχθῆναι παρὰ τοῖς πολλοῖς. Καὶ γὰρ καὶ ἡ Παλαιὰ οἶδεν οὕτω διορθοῦν τὰς τῶν πεπλανημένων ψυχὰς, τὰ ἀσύγκριτα κατὰ σύγκρισιν παραβάλλουσα· ὡς ὅταν λέγῃ· Οὐκ ἔστιν ὅμοιός σοι ἐν θεοῖς, Κύριε· καὶ πάλιν, Οὐκ ἔστι Θεὸς ὡς ὁ Θεὸς ἡμῶν. Τινὲς δέ φασιν, ὅτι περὶ τῶν ἀποστόλων τοῦτο εἴρηκεν [a] ὁ Χριστός· ἕτεροι δὲ περὶ ἀγγέλων· κακῶς. Ὅταν γὰρ τῆς ἀληθείας τινὲς ἐκτραπῶσι, πολλὰ πλανᾶσθαι εἰώθασι. Ποία γὰρ ἀκολουθία, ἢ περὶ ἀγγέλων ἢ περὶ τῶν ἀποστόλων εἰπεῖν; Ἄλλως δὲ, εἰ περὶ B τῶν ἀποστόλων ἔλεγε, τί ἐκώλυεν ὀνομαστὶ παραγαγεῖν; Περὶ μὲν γὰρ ἑαυτοῦ λέγων, εἰκότως κρύπτει τὸ πρόσωπον διὰ τὴν ἐπικρατοῦσαν ὑπόνοιαν, καὶ τὸ μὴ δόξαι περὶ ἑαυτοῦ [b] μέγα τι λέγειν· καὶ γὰρ πολλαχοῦ φαίνεται τοῦτο ποιῶν. Τί δέ ἐστιν, Ἐν τῇ βασιλείᾳ τῶν οὐρανῶν; Ἐν τοῖς πνευματικοῖς καὶ τοῖς κατὰ τὸν οὐρανὸν ἅπασι. Καὶ τὸ εἰπεῖν δὲ, Οὐκ ἐγήγερται ἐν γεννητοῖς γυναικῶν μείζων Ἰωάννου, ἀντιδιαστέλλοντος ἦν ἑαυτῷ τὸν Ἰωάννην, καὶ οὕτως [c] ἑαυτὸν ὑπεξαιροῦντος.

Εἰ γὰρ καὶ ἐν γεννητοῖς γυναικὸς ἦν αὐτὸς, ἀλλ'

Sed ne laudum magnitudo aliquid erroris pareret, neve Judæi illum Christo præferrent, vide quomodo hoc accommodet. Nam sicut ex quibus discipuli firmabantur, turbæ detrimentum accipiebant, levem illum esse putantes: sic ex quibus turbæ emendabantur, majus damnum accedebat, cum ex dictis majorem de illo quam de Christo sumebant opinionem. Illud ergo, nullam relinquens suspicionem, corrigit his verbis: *Qui autem minor est in regno cælorum, major est illo. Minor*, secundum ætatem, et secundum multorum opinionem: nam dicebant ipsum edacem esse et vini potatorem: et, *Nonne hic fabri filius est?* atque ubique ipsum despiciebant. Quid igitur, inquies, comparatus cum Joanne major erat? Absit. Neque enim Joannes quando dicit, *Fortior me est*, id comparando dicit; neque Paulus, cum Moysem sic memorat, *Ampliori enim gloria hic quam Moyses dignatus est*, hæc comparate dicit. Et ipse cum ait, *Ecce plus quam Salomon hic*, hæc non comparando dicit. Quod si concedamus illum hæc per comparationem dixisse, res ita ad audientium infirmitatem accommodata fuerit. In magna enim existimatione habebatur, illumque carcer insigniorem reddiderat, necnon libertas in arguendo rege, atque id libenter a multis sic accipiebatur. Etenim Vetus quoque Scriptura solet errantium animos emendare, comparando ea quæ comparari non possunt; ut quando dicitur: *Non est similis tui in diis, Domine?* et rursum, *Non est deus sicut Deus noster*. Volunt autem quidam id de apostolis dixisse Christum, alii de angelis; sed male. Nam cum semel quidam a veritate aberrarint, solent in multos deduci errores. Qua enim consequentia id vel de apostolis, vel de angelis dixisset? Alioquin vero, si de apostolis dixisset, quid vetabat quominus nominaret? Cum autem de seipso dicit, jure personam celat ob eam quæ obtinebat opinionem; ac ne videretur magnum quidpiam de se dicere: id quod sæpe observat. Quid autem illud est, *In regno cælorum?* In spiritualibus, et in cælestibus omnibus. Cum autem dicit, *Non surrexit inter natos mulierum major Joanne*, distinguebat se a Joanne, et se subtrahebat comparationi.

Matth. 11. 19. — Matth. 13. 55. — Christus non comparatur cum Joanne. — Matth. 3. 11. — Hebr. 3. 3. — Matth. 12. 24. — Psal. 85. 8. — Psal. 76. 14.

3. Nam si ipse inter natos mulierum erat, at non

[b] Unus habet τίκτῃ.
[c] Alii λαμβανόντων αὐτοῦ.
[d] Quidam ἐξηυτέλιζον.
[a] Morel. ὁ Χριστός· οἱ δὲ περὶ ἀγγέλων. ὅταν γάρ.

[b] Morel. male μεγάλα τι.
[c] ἑαυτὸν ὑπεξαιροῦντος, *sese subducentis, ne compararetur Joanni*. Ibidem alii εἰ γὰρ καὶ γεννητὸς ἦν αὐτὸς καὶ ἐν γυναικός. Paulo post quidam οὐδὲ ὅμοιος.

sicut Joannes: neque enim homo tantum erat, nec sicut homo editus fuerat, sed stupendo quodam et mirabili partu. 12. *A diebus autem Joannis Baptistæ*, inquit, *usque nunc, regnum cælorum vim patitur, et violenti rapiunt illud.* Et quo pacto, inquies, hæc præcedentibus cohærent? Optime certe et admodum consequenter: etenim hinc illos ad credendum in se compellit et incitat, simulque illa quæ supra dicta sunt a Joanne comprobat. Nam si usque ad Joannem omnia completa sunt, Ego sum qui venio: nam ait: 13. *Omnes prophetæ et lex usque ad Joannem prophetaverunt.* Non enim cessassent prophetæ, nisi ego venissem. Nihil ergo ultra exspectetis, nec alium speretis venturum. Quod ego sim palam est ex eo quod prophetæ cessarint, et quod multi quotidie fidem in me rapiant: ita quippe clara est et manifesta, ut eam multi abripiant. Et quis, quæso, rapuit? Quotquot cum studio accesserunt. Aliud deinde indicium ponit dicens: 14. *Si vultis reci-*
Mal. 4. 5. *pere, ipse est Helias, qui venturus est. Mittam enim,* inquit, *vobis Heliam Thesbitem, qui convertat corda patris in filios.* Hic est, ait, Helias, si
Mal. 3. 1. attendatis diligenter. *Nam mittam,* inquit, *angelum meum ante faciem tuam.* Recte dixit, *Si vultis recipere*, ostendens neminem violenter cogi. Non cogo, inquit. Hoc autem dixit, gratam petens voluntatem, et ostendens hunc illum, et illum hunc esse. Ambo enim unum suscepere ministerium, et præcursores ambo fuerunt. Quapropter non simpliciter dixit, *Hic est Helias*, sed, *Si vultis recipere, hic est;* id est, Si proba mente gestis attendatis. Neque hic stetit, sed ostendens intelligentia esse opus, huic dicto, *Hic est Helias, qui venturus est,* adjecit, 15. *Qui habet aures audiendi, audiat.* Tot ænigmata ponebat, ut ad interrogandum incitaret. Quod si ne sic quidem evigilabant, multo minus si clara et manifesta fuissent. Neque id dici possit, non ausos fuisse interrogare, vel illum fuisse aditu difficilem. Nam qui illum de nullius pretii rebus interrogaverant tentaverantque, etsi sexcenties repulsam tulissent, neque cessarent, quomodo non illum de necessariis interrogassent, si quidem ediscere cupivissent? Si de legalibus interrogabant, quod præceptum primum esset, et de similibus, cum tamen nulla urgeret necessitas, quomodo cum talia diceret, de quibus respondere omnino debebat,

C οὐχ οὕτως ὡς ὁ Ἰωάννης· οὐ γὰρ ψιλὸς ἄνθρωπος ἦν οὐδὲ ὁμοίως ἀνθρώπῳ ἐτέχθη, ἀλλὰ ξένον τινὰ τόκον καὶ παράδοξον. Ἀπὸ δὲ τῶν ἡμερῶν Ἰωάννου τοῦ βαπτιστοῦ, φησὶν, ἕως ἄρτι, ἡ βασιλεία τῶν οὐρανῶν βιάζεται, καὶ βιασταὶ ἁρπάζουσιν αὐτήν. Καὶ ποίαν τοῦτο ἀκολουθίαν ἔχοι πρὸς τὰ ἔμπροσθεν εἰρημένα; Πολλὴν μὲν οὖν καὶ σφόδρα συνᾴδουσαν· καὶ γὰρ ὠθεῖ καὶ ἐπείγει λοιπὸν αὐτοὺς καὶ ἐντεῦθεν εἰς τὴν πίστιν τὴν ἑαυτοῦ· ἅμα δὲ καὶ τοῖς ἔμπροσθεν εἰρημένοις παρὰ Ἰωάννου συνηγορεῖ. Εἰ γὰρ μέχρι Ἰωάννου πεπλήρωται πάντα, ἐγώ εἰμι ὁ ἐρχόμενος· Πάντες γὰρ, φησὶν, οἱ προφῆται καὶ ὁ νόμος ἕως Ἰωάννου προεφήτευσαν. Οὐ γὰρ ἂν ἔστησαν οἱ προφῆται, εἰ
D μὴ ἦλθον ἐγώ. Μηδὲν τοίνυν προσδοκᾶτε [d] περαιτέρω, μηδὲ ἕτερόν τινα μένετε. Ὅτι γὰρ ἐγώ εἰμι, δῆλον καὶ ἐκ τοῦ τοὺς προφήτας στῆναι, καὶ ἐκ τῶν καθ' ἑκάστην ἁρπαζόντων τὴν ἡμέραν τὴν πίστιν τὴν εἰς ἐμέ· οὕτω γὰρ δήλη ἐστὶ καὶ σαφὴς, ὡς καὶ πολλοὺς ἁρπάζειν αὐτήν. Καὶ τίς ἥρπασεν; εἰπέ μοι. Πάντες οἱ μετὰ σπουδῆς προσιόντες. Εἶτα καὶ ἕτερον τεκμήριον τίθησι λέγων· Εἰ θέλετε δέξασθαι, αὐτός ἐστιν Ἠλίας, ὁ μέλλων ἔρχεσθαι. Ἀποστελῶ γὰρ, φησὶν, ὑμῖν Ἠλίαν τὸν Θεσβίτην, ὃς ἐπιστρέψει καρδίαν πατρὸς ἐπὶ τέκνα. Οὗτος οὖν ἐστιν Ἠλίας, ἐὰν προσέ-
E χητε μετὰ ἀκριβείας, φησί. Καὶ γὰρ ἀποστελῶ, φησὶ, τὸν ἄγγελόν μου πρὸ προσώπου σου. Καὶ καλῶς εἶπεν, Εἰ θέλετε δέξασθαι, τὸ ἀβίαστον δεικνύς. Οὐ γὰρ ἀναγκάζω, φησί. Τοῦτο δὲ ἔλεγεν, εὐγνώμονα ἀπαιτῶν διάνοιαν, καὶ δηλῶν, ὅτι οὗτος ἐκεῖνός ἐστι, κἀκεῖνος οὗτος. Ἀμφότεροι γὰρ μίαν διακονίαν ἀνεδέ-
418 A ξαντο, καὶ πρόδρομοι γεγόνασιν ἀμφότεροι. Διόπερ οὐδὲ ἁπλῶς εἶπεν, Οὗτός ἐστιν Ἠλίας, ἀλλ', Εἰ θέλετε [a] δέξασθαι, οὗτός ἐστιν· τουτέστιν, εἰ μετὰ εὐγνώμονος διανοίας προσέχοιτε τοῖς γινομένοις. Καὶ οὐδὲ ἐνταῦθα ἔστη, ἀλλὰ δεικνὺς ὅτι συνέσεως χρεία, προσέθηκε πρὸς τὸ, Οὗτός ἐστιν Ἠλίας, ὁ μέλλων ἔρχεσθαι, Ὁ ἔχων ὦτα ἀκούειν, ἀκουέτω. Τοσαῦτα δὲ αἰνίγματα ἐτίθει, διεγείρων αὐτοὺς εἰς ἐρώτησιν. Εἰ δὲ οὐδὲ οὕτως ἐξυπνίζοντο, πολλῷ μᾶλλον εἰ δῆλα ἦν καὶ σαφῆ. Οὐδὲ γὰρ ἐκεῖνο ἂν ἔχοι τις εἰπεῖν, ὅτι οὐκ ἐτόλμων ἐρωτᾷν, καὶ ὅτι δυσπρόσιτος ἦν. Οἱ γὰρ ὑπὲρ
B τῶν τυχόντων αὐτὸν ἐρωτῶντες καὶ πειράζοντες, καὶ μυριάκις ἐπιστομισθέντες, καὶ οὐκ ἀποστάντες, πῶς ἂν ὑπὲρ τῶν ἀναγκαίων οὐκ ἐπύθοντο καὶ ἠρώτησαν, εἴ γε μαθεῖν ἐπεθύμουν; Εἰ γὰρ ὑπὲρ τῶν νομίμων ἠρώτων, ποία ἐντολὴ πρώτη, καὶ ὅσα τοιαῦτα, καίτοι γε οὐδεμία ἦν ἀνάγκη ταῦτα εἰπεῖν, πῶς τῶν παρ' αὐτοῦ λεγομένων, ὧν καὶ ταῖς ἀποκρίσεσι μᾶλλον

[d] Morel. et alii pro περαιτέρω habent παρ' ἑτέρων, male.

[a] Alii δέξασθαι αὐτόν, οὗτός ἐστιν

ὑπεύθυνος ἦν, οὐκ ἂν [b]ἐξήταζον τὴν διάνοιαν; καὶ μάλιστα ὁπότε αὐτὸς ἦν ὁ προτρεπόμενος εἰς τοῦτο, καὶ ἐφελκόμενος; Τὸ γὰρ εἰπεῖν, Βιασταὶ ἁρπάζουσιν αὐτὴν, εἰς προθυμίαν αὐτοὺς διεγείρει· καὶ τὸ εἰπεῖν, Ὁ ἔχων ὦτα ἀκούειν, ἀκουέτω, τὸ αὐτὸ τοῦτο ποιεῖ. Τίνι δὲ ὁμοιώσω τὴν γενεὰν ταύτην; φησίν. Ὁμοία C ἐστὶ παιδίοις καθημένοις ἐπὶ τῆς ἀγορᾶς, καὶ λέγουσιν· ηὐλίσαμεν ὑμῖν, καὶ οὐκ ὠρχήσασθε· ἐθρηνήσαμεν ὑμῖν, καὶ οὐκ ἐκόψασθε. Πάλιν ταῦτα δοκεῖ μὲν ἀπηρτῆσθαι τῶν προτέρων, σφόδρα δέ ἐστιν αὐτοῖς ἀκόλουθα· καὶ γὰρ ἔτι τοῦ κεφαλαίου ἔχεται τοῦ αὐτοῦ, καὶ τοῦ δεῖξαι συνῳδὰ αὐτῷ πράττοντα Ἰωάννην, εἰ καὶ τὰ γιγνόμενα ἐναντία ἦν· ὥσπερ οὖν καὶ ἐπὶ τῆς ἐρωτήσεως· καὶ δείκνυσιν ὅτι οὐδὲν ἦν ὀφεῖλον γενέσθαι εἰς σωτηρίαν αὐτῶν, καὶ παρελείφθη· ὃ πρὸς τὸν ἀμπελῶνά φησιν ὁ προφήτης· [c]Τί ἔτι ποιήσω τῷ ἀμπελῶνι τούτῳ, καὶ οὐκ ἐποίησα; Τίνι γὰρ, φησὶν, D ὁμοιώσω τὴν γενεὰν ταύτην; Ὁμοία ἐστὶ παιδίοις καθημένοις ἐπὶ τῆς ἀγορᾶς, καὶ λέγουσιν· ηὐλίσαμεν ὑμῖν, καὶ οὐκ ὠρχήσασθε· ἐθρηνήσαμεν ὑμῖν, καὶ οὐκ ἐκόψασθε. Ἦλθε γὰρ Ἰωάννης μήτε ἐσθίων, μήτε πίνων, καὶ λέγουσι· δαιμόνιον ἔχει. Ἦλθεν ὁ Υἱὸς τοῦ ἀνθρώπου ἐσθίων καὶ πίνων, καὶ λέγουσιν· ἰδοὺ ἄνθρωπος φάγος καὶ οἰνοπότης, τελωνῶν φίλος καὶ ἁμαρτωλῶν. Ὃ δὲ λέγει, τοιοῦτόν ἐστιν· ἐναντίαν ἑκάτερος ἤλθομεν ὁδὸν [d]ἐγὼ καὶ Ἰωάννης, καὶ ταὐτὸν ἐποιήσαμεν, οἷον ἂν εἴ τινες θηραταὶ ζῶον δυσθήρατον διὰ δύο μέλλον ἐμπίπτειν ὁδῶν εἰς τὰ θήρατρα, ἑκατέραν ἕκαστος ἀπολαβὼν ὁδὸν ἐλαύνοι ἐξεναντίας ἑστὼς E τῷ ἑτέρῳ, ὥστε πάντως εἰς θάτερον ἐμπεσεῖν. Σκόπει γοῦν ἅπαν τὸ τῶν ἀνθρώπων γένος, ὅπως πρὸς τὸ τῆς νηστείας ἐπτόηται θαῦμα, καὶ τὸν σκληρὸν τοῦτον καὶ φιλόσοφον βίον. Διὰ τοῦτο ᾠκονόμητο τοῦτο, ἐκ πρώτης ἡλικίας οὕτω τραφῆναι τὸν Ἰωάννην, ὥστε καὶ ἐντεῦθεν ἀξιόπιστα γενέσθαι τὰ λεγόμενα παρ' αὐτοῦ. 419 A Καὶ τίνος ἕνεκεν οὐκ αὐτὸς, φησὶ, ταύτην εἵλετο τὴν ὁδόν; Μάλιστα μὲν οὖν καὶ αὐτὸς ταύτην ἦλθεν, ὅτε τὰς τεσσαράκοντα ἡμέρας ἐνήστευσε, καὶ περιῄει διδάσκων, καὶ οὐκ ἔχων ποῦ τὴν κεφαλὴν κλίνῃ· πλὴν ἀλλὰ καὶ ἑτέρως τὸ αὐτὸ τοῦτο κατεσκεύαζε, καὶ τὸ ἐντεῦθεν ᾠκονόμει κέρδος. Τοῦ γὰρ ἐλθεῖν αὐτὸν τὴν ὁδὸν ταύτην, ταὐτὸν ἦν· ἢ καὶ πολλῷ μεῖζον, τὸ ὑπὸ τοῦ ἐλθόντος μαρτυρεῖσθαι. Ἄλλως δὲ ὁ μὲν Ἰωάννης οὐδὲν πλέον ἐπεδείξατο, πλὴν τοῦ βίου καὶ τῆς πολιτείας.

non ejus mentem explorassent? cum maxime ad hoc hortari et trahere videretur? Nam cum dicebat, *Violenti rapiunt illud*, id illorum excitabat animum; et cum diceret, *Qui habet aures audiendi, audiat*, idipsum faciebat. 16. *Cui autem assimilabo generationem hanc?* inquit. *Similis est pueris sedentibus in foro, et dicentibus*, 17. *Tibia cecinimus vobis, et non saltastis; lamentati sumus vobis, et non planxistis.* Hæc rursus videntur a præcedentibus non pendere, sed ad eorum omnino seriem pertinent: etenim ad eamdem rei summam spectant, ut ostendatur Joannem ipsi consona fecisse, etiamsi quæ fiebant contraria viderentur: quod etiam de interrogatione dictum est: ostenditque nihil prætermissum fuisse eorum quæ ad salutem ipsorum conferre possent; quod de vinea dicebat propheta: *Quid adhuc faciam vineæ huic, quod non fecerim? Cui enim*, Isai. 5. 4. ait, *assimilabo generationem hanc? Similis est pueris sedentibus in foro, et dicentibus, Tibia cecinimus vobis, et non saltastis: lamentati sumus et non planxistis.* 18. *Venit enim Joannes neque manducans, neque bibens, et dicunt: Dæmonium habet.* 19. *Venit Filius hominis manducans et bibens, et dicunt: Ecce homo vorax et vini potator, publicanorum et peccatorum amicus.* Hoc est, Contraria ego et Joannes via incedimus, et idipsum facimus, ac si venatores, feram captu difficilem videntes, quæ per vias duas ad casses tendere possit, utramque viam singuli occupent, et alter per contrariam alteri viam impellat, ut in alterutrum omnino decidat. Respice enim universum genus humanum, quomodo jejunium soleat admirari, necnon vitam asperam et philosophicam. Ideo sic constituta res fuit, ut Joannes a prima ætate hoc vitæ genus duceret, ut quæ diceret, hinc fide digna essent. Et qua de causa, inquies, Christus non eamdem ingressus viam est? Imo vero ingressus est, quando per quadraginta dies jejunavit, et docens circuibat, non habens ubi caput reclinaret: cæterum ille alio modo hoc fecit, ut inde lucrum fieri provideret. Nam idipsum erat, quod eamdem teneret viam; imo longe majus erat, quod is, qui illa via incederet, testimonio suo ipsum celebraret. Alioquin vero Joannes nihil aliud quam vitæ asperitatem exhibebat. Nullum enim signum fecit: Christus vero et signorum et miraculorum testimonium ha-

Christi et Joannis idem scopus erat.

Joan. 10. 41.

[b] Morel. ἐξήταζε.
[c] Savil. et Codex unus τί ἔδει με ποιῆσαι.

[d] Ἐγὼ καὶ Ἰωάννης, hæc desunt in Morel. et in quibusdam Mss.

buit. Joannem ergo relinquens a jejunio celebrari, ille contrariam viam tenuit, ad mensas ingrediens publicanorum, manducans et bibens.

4. Interrogemus itaque Judæos : Bonane res est jejunium, et admiranda? Ergo oportuit Joanni credere, et illum admittere, ejusque dictis parere. Sic enim illa verba vos ad Jesum adductura erant. An onerosa et dura res est jejunium? Ergo Jesu Christo obtemperandum erat, ipsique credere, qui contraria incedebat via. Per utramque viam in regnum intraturi eratis. At illi quasi fera immanis utrumque male accipiebant. Nulla ergo culpa est eorum quibus non creditum est, sed eorum tantum qui non crediderunt. Nemo enim contraria simul vituperet, ut neque laudet. Verbi gratia, qui virum hilarem ac remissum approbat, severum vel barbarum non approbabit : qui severum laudat, lætum non laudabit. Non potest enim et hæc et illa simul approbari sententia. Ideoque ait ille, *Tibia cecinimus vobis, et non saltastis;* hoc est, Remissam exhibui vitam, et non obtemperastis; et *Lamentati sumus, et non planxistis;* id est, Joannes severam et gravem vitam amplexus est, et non attendistis. Non dixit, Ego illam, ille hanc vitam duxit : sed quia utriusque una erat sententia, etsi studia contraria, ideo communia gesta dicit esse. Nam quod contrariam iniret viam, ex majore concordia factum est, quæ eumdem spectabat finem. Quam ergo deinceps defensionem habeatis? Ideo subjunxit : *Et justificata est sapientia a filiis suis;* hoc est, Etiamsi vos non obtemperaveritis, at me ultra criminari non poteritis. Quod de Patre dicit propheta : *Ut justificeris in sermonibus tuis.* (Psal. 50. 6.) Deus enim etiamsi, dum nostri curam gerit, nihil perficiat, sua tamen omnia implet, ita ut ne quidem umbram dubitationis impudentibus improbisque relinquat. Si vero exempla illa quibus utitur vilia sint et incomposita, ne mireris; nam ad auditorum infirmitatem sese aptabat. Siquidem et Ezechiel multa affert exempla illis opportuna, et Dei majestate indigna. (Ezech. 4. et 16.) Verum et hoc etiam dignum est ipsius providentia. Considera porro illos etiam aliunde in contrarias circumferri sententias. Nam cum Joannem dixissent dæmonium habere, non hic steterunt,

Ἰωάννης γὰρ οὐδὲν ἐποίησε σημεῖον· αὐτὸς δὲ καὶ τὴν ἀπὸ τῶν σημείων καὶ τὴν ἀπὸ τῶν θαυμάτων B μαρτυρίαν εἶχεν. Ἀφεὶς τοίνυν Ἰωάννην ἀπὸ τῆς νηστείας λάμπειν, αὐτὸς τὴν ἐναντίαν ἦλθε, καὶ εἰς τραπέζας εἰσιὼν τελωνῶν, καὶ ἐσθίων καὶ πίνων.

Ἐρώμεθα τοίνυν Ἰουδαίους· καλὸν ἡ νηστεία, καὶ θαυμαστόν; Οὐκοῦν ἔδει πείθεσθαι Ἰωάννῃ, καὶ ἀποδέχεσθαι αὐτὸν, καὶ πιστεύειν τοῖς ὑπ' αὐτοῦ λεγομένοις. Οὕτω γὰρ ὑμᾶς ἔμελλεν ἐκεῖνα τὰ ῥήματα προσάγειν τῷ Ἰησοῦ. Ἀλλὰ φορτικὸν ἡ νηστεία, καὶ ἐπαχθές; Οὐκοῦν ἔδει πείθεσθαι τῷ Ἰησοῦ, καὶ πιστεύειν αὐτῷ τὴν ἐναντίαν ἐλθόντι. [a] Δι' ἑκατέρας μὲν ὁδοῦ εἰς τὴν βασιλείαν ἐμέλλετε ἐμπίπτειν. Ἀλλ' ὥσπερ θηρίον δύστροπον ἑκατέρους ἐκάκιζον. Οὐκ ἄρα τὸ C ἔγκλημα τῶν μὴ πιστευθέντων, ἀλλ' ἡ κατηγορία τῶν μὴ πιστευσάντων ἦν. Οὐδεὶς γάρ ποτε τὰ ἐναντία κακίζειν ἕλοιτο, ὥσπερ οὖν οὐδὲ ἐπαινεῖν. Οἷόν τι λέγω· ὁ τὸν φαιδρὸν ἀποδεχόμενος ἄνθρωπον καὶ ἀνειμένον, τὸν σκυθρωπὸν καὶ βάρβαρον οὐκ ἀποδέξεται· ὁ [b] τὸν σκυθρωπὸν ἐπαινῶν, τὸν φαιδρὸν οὐκ ἐπαινέσει. Ἀμήχανον γὰρ καὶ ταύτην κἀκείνην τιθέναι τὴν ψῆφον. Διὰ τοῦτο καὶ αὐτός φησιν· Ηὐλίσαμεν ὑμῖν, καὶ οὐκ ὠρχήσασθε· τουτέστι, τὸν ἀνειμένον βίον [c] ἐπέδειξα, καὶ οὐκ ἐπείσθητε· καὶ, Ἐθρηνήσαμεν, καὶ D οὐκ ἐκόψασθε· τουτέστιν, Ἰωάννης τὸν σκληρὸν καὶ βαρὺν μετῆλθε βίον, καὶ οὐ προσέσχετε. Καὶ οὐ λέγει, ἐκεῖνος τοῦτον, κἀγὼ τοῦτον· ἀλλ' ἐπειδὴ μία ἡ γνώμη ἑκατέρων ἦν, εἰ καὶ τὰ ἐπιτηδεύματα ἐναντία, διὰ τοῦτο κοινὰ τὰ γεγενημένα φησὶν εἶναι. Καὶ γὰρ καὶ τὸ τὴν ἐναντίαν ἐλθεῖν ὁδὸν ἀπὸ συμφωνίας ἐπιτεταμένης ἐγένετο, καὶ πρὸς ἓν βλεπούσης τέλος. Ποίαν οὖν σχοίητε λοιπὸν ἀπολογίαν; Διὰ τοῦτο καὶ ἐπήγαγε· Καὶ ἐδικαιώθη ἡ σοφία ἀπὸ τῶν τέκνων αὐτῆς· τουτέστι, εἰ καὶ ὑμεῖς οὐκ ἐπείσθητε, ἀλλ' ἐμοὶ λοιπὸν ἐγκαλεῖν οὐκ ἔχετε. Ὃ περὶ τοῦ Πατρός φησιν ὁ προφήτης· Ὅπως ἂν δικαιωθῇς ἐν τοῖς λόγοις σου. E Ὁ γὰρ Θεὸς, κἂν μηδὲν ἀνύῃ πλέον ἀπὸ τῆς περὶ ἡμᾶς κηδεμονίας, τὰ παρ' ἑαυτοῦ πάντα πληροῖ, ὥστε τοῖς ἀναισχυντεῖν βουλομένοις μηδὲ σκιάν τινα καταλιπεῖν [d] ἀγνώμονος ἀμφιβολίας. Εἰ δὲ τὰ παραδείγματα εὐτελῆ καὶ κακέμφατα, μὴ θαυμάσῃς· πρὸς γὰρ τὴν ἀσθένειαν τῶν ἀκουόντων διελέγετο. Ἐπεὶ καὶ 420 A ὁ Ἐζεκιὴλ πολλὰ λέγει παραδείγματα αὐτοῖς πρόσφορα, καὶ τῆς τοῦ Θεοῦ μεγαλωσύνης ἀνάξια. Ἀλλὰ καὶ τοῦτο μάλιστα ἄξιον αὐτοῦ τῆς κηδεμονίας. Σκόπει δὲ αὐτοὺς καὶ [a] ἑτέρωθεν εἰς ἐναντίας περιενεχθέντας δόξας. Εἰπόντες γὰρ περὶ Ἰωάννου, ὅτι δαιμόνιον ἔχει,

[a] Quidam δι' ἀμφοτέρας μὲν ὁδοῦ.

[b] Alii σκυθρωπὸν καὶ βαρύν.

[c] Savil. et quidam Mss. ὑπέδειξα, Morel. et alii ἐπέδειξα.

[d] ἀγνώμονος ἀμφιβολίας. Jam sæpe vidimus vocem ἀγνώμων, quæ passim *ingratum animum* exprimit, *de improbo* etiam dici, ut hoc loco.

[a] Morel. male ἑτέρωθεν ἐναντίας.

οὐκ ἔστησαν μέχρι τούτου, ἀλλὰ καὶ περὶ αὐτοῦ τὰ ἐναντία αἱρουμένου τὸ αὐτὸ τοῦτο εἶπον πάλιν· οὕτως εἰς μαχομένας ἀεὶ περιεφέροντο δόξας. Ὁ δὲ Λουκᾶς μετὰ τούτων καὶ ἑτέραν μείζονα τίθησιν αὐτῶν κατηγορίαν, εἰπών· Οἱ γὰρ τελῶναι ἐδικαίωσαν τὸν Θεὸν, δεξάμενοι τὸ βάπτισμα Ἰωάννου. Τότε λοιπὸν ὀνειδίζει τὰς πόλεις, ὅτε ἐδικαιώθη ἡ σοφία, ὅτε ἀπέδειξε πάντα πεπληρωμένα. Ἐπειδὴ γὰρ οὐκ ἔπεισε, ταλανίζει λοιπόν· ὃ τοῦ φοβῆσαι πλέον ἐστί. Καὶ γὰρ τὴν ἀπὸ τῶν λόγων διδασκαλίαν ἐπεδείξατο, καὶ τὴν ἀπὸ τῶν σημείων θαυματουργίαν. Ἐπειδὴ δὲ ἔμειναν ἐπὶ [b] τῆς αὐτῶν ἀπειθείας, ὀνειδίζει λοιπόν. Τότε γὰρ, φησὶν, ὁ Ἰησοῦς ἤρξατο ὀνειδίζειν τὰς πόλεις, ἐν αἷς ἐγένοντο αἱ πλεῖσται δυνάμεις αὐτοῦ, ὅτι οὐ μετενόησαν, λέγων· οὐαί σοι Χοραζείν· οὐαί σοι Βηθσαϊδάν. Εἶτα ἵνα μάθῃς οὐκ ἀπὸ φύσεως αὐτοὺς τοιούτους ὄντας, τίθησι καὶ τὸ ὄνομα τῆς πόλεως, ἀφ' ἧς πέντε προῆλθον ἀπόστολοι. Ὅ τε γὰρ Φίλιππος καὶ αἱ δύο ξυνωρίδες ἐκεῖναι τῶν κορυφαίων ἐντεῦθεν ἦσαν. Ὅτι εἰ ἐν Τύρῳ καὶ Σιδῶνι ἐγένοντο, φησὶν, αἱ δυνάμεις αἱ γενόμεναι ἐν ὑμῖν, [c] πάλαι ἂν ἐν σάκκῳ καὶ σποδῷ μετενόησαν. Πλὴν λέγω ὑμῖν, Τύρῳ καὶ Σιδῶνι ἀνεκτότερον ἔσται ἐν ἡμέρᾳ κρίσεως, ἢ ὑμῖν. Καὶ σὺ Καπερναοὺμ, ἡ ἕως τοῦ οὐρανοῦ ὑψωθεῖσα, ἕως τοῦ ᾅδου καταβιβασθήσῃ· ὅτι εἰ ἐν Σοδόμοις ἐγένοντο αἱ δυνάμεις αἱ γενόμεναι ἐν σοὶ, ἔμειναν ἂν μέχρι τῆς σήμερον. Πλὴν λέγω ὑμῖν, ὅτι γῇ Σοδόμων ἀνεκτότερον ἔσται ἐν ἡμέρᾳ κρίσεως, ἢ σοί. Καὶ τὰ Σόδομα δὲ αὐτοῖς οὐχ ἁπλῶς [d] προτίθησιν, ἀλλ' αὔξων τὴν κατηγορίαν. Καὶ γὰρ μεγίστη κακίας ἀπόδειξις, ὅταν μὴ τῶν τότε ὄντων, ἀλλὰ καὶ τῶν πώποτε γενομένων πονηρῶν φαίνωνται χείρους ἐκεῖνοι. Οὕτω καὶ ἀλλαχοῦ ποιεῖται σύγκρισιν, διὰ Νινευιτῶν αὐτοὺς κατακρίνων καὶ διὰ τῆς βασιλίσσης τοῦ νότου· ἀλλ' ἐκεῖ μὲν, διὰ τῶν κατωρθωκότων· ἐνταῦθα δὲ, καὶ διὰ τῶν ἡμαρτηκότων, ὃ πολὺ βαρύτερον ἦν. Τοῦτον καὶ ὁ Ἐζεκιὴλ οἶδε τῆς κατακρίσεως τὸν νόμον· διὸ καὶ ἔλεγε τῇ Ἱερουσαλήμ· Ἐδικαίωσας τὰς ἀδελφάς σου ἐν πάσαις ταῖς ἁμαρτίαις σου. Οὕτω πανταχοῦ τῇ Παλαιᾷ ἐμφιλοχωρεῖν εἴωθε. Καὶ οὐδὲ ἐνταῦθα τὸν λόγον ἵστησιν, ἀλλὰ καὶ τὸν φόβον ἐπιτείνει λέγων, ὅτι χαλεπώτερα πείσονται Σοδομηνῶν καὶ Τυρίων, ὥστε πανταχόθεν αὐτοὺς ἐναγαγεῖν, καὶ ἀπὸ τοῦ ταλανίζειν, καὶ ἀπὸ τοῦ φοβεῖν.

Ταῦτα δὴ καὶ ἡμεῖς ἀκούωμεν Οὐδὲ γὰρ τοῖς ἀπιστοῦσι μόνον, ἀλλὰ καὶ ἡμῖν χαλεπωτέραν ὥρισε κολα-

sed hoc ipsum de Christo contrario modo vivente dixerunt: sic semper in sententias secum pugnantes deferebantur. Lucas vero cum his aliam quoque majorem affert eorum accusationem, dicens: *Publicani enim justificaverunt Deum, suscipientes baptisma Joannis.* Luc. 7. 29. Tunc demum civitatibus exprobrat, cum justificata fuit sapientia, quando omnia impleta fuisse demonstravit. Quia enim id non persuasit illis, miseros illos prædicat; quod pejus est quam si perterrefaceret. Etenim et doctrinam adhibuit et miracula. Quia vero in eadem incredulitate manserunt, demum exprobrat. 20. *Tunc enim*, ait, *Jesus cœpit exprobrare civitatibus, in quibus factæ fuerant plurimæ virtutes ejus, quia pœnitentiam non egerant, dicens:* 21. *Væ tibi Chorazin; væ tibi Bethsaida.* Deinde ut discas eos non natura tales esse, nomen urbis illius ponit, unde quinque prodierant apostoli. Nam Philippus et duo illa coryphæorum paria inde erant. (Duo coryphæorum paria Petrus et Andreas, Jacobus et Joannes.) *Quia si in Tyro et Sidone*, ait, *factæ fuissent virtutes, quæ in vobis factæ sunt, olim in sacco et cinere pœnitentiam egissent.* 22. *Verumtamen dico vobis, Tyro et Sidoni remissius erit in die judicii, quam vobis.* 23. *Et tu Capernaum, quæ usque ad cœlum exaltata es, usque ad infernum descendes: quia si in Sodomis factæ fuissent virtutes, quæ factæ sunt in te, mansissent utique ad hanc diem.* 24. *Verumtamen dico vobis, quia terræ Sodomorum remissius erit in die judicii, quam tibi.* Non sine causa Sodoma apponit, sed ut augeat accusationem. Magnum quippe nequitiæ argumentum est, cum non modo præsentibus, sed etiam iis qui olim fuerunt sceleratis deteriores esse videntur. Sic et alibi ipsos condemnat comparatione facta cum Ninivitis et cum regina Austri: (Matth. 12. 41. 42.) verum illic iis qui recte fecerunt, hic vero iis qui male egerunt ipsos comparat, quod longe gravius est. Hunc quoque damnandi modum novit Ezechiel; quare dixit Jerosolymæ: *Justificasti sorores tuas in omnibus peccatis tuis.* Ezech. 16. 51. Sic ubique in Veteri Testamento in his versari solet. Neque hic finem dicendi facit, sed timorem auget dicens, graviora passuros illos esse, quam Sodomitas et Tyrios. Ita ipsos undique concitat, et cum miseros prædicat, et cum perterrefacit.

5. Hæc quoque nos audiamus. Neque enim incredulis tantum, sed etiam nobis gravius constituit

[b] Alii τῆς αὐτῶν ἀποστασίας.
[c] Πάλαι ἂν deest in Morel.

[d] Savil. προτίθησιν, Morel. προστίθησιν. Paulo post quidam μεγίστη κακηγορίας ἀπόδειξις.

supplicium, quam Sodomitis, nisi peregrinos ad nos venientes excipiamus, cum etiam pulverem excutere jusserit; ac jure merito. Illi namque, etsi graviter peccarunt, at ante legem et gratiam lapsi sunt; nos vero qui post tantam nobis exhibitam curam peccamus, qua erimus venia digni, qui tantum hospitum odium exhibemus, egenisque portas, et ante portas aures claudimus? nec modo pauperibus, sed etiam ipsis apostolis? Ideo enim pauperibus, quia apostolis. Cum enim loquitur Paulus, nec tu attendis; cum prædicat Joannes, et tu non audis: quandonam pauperem recipies, qui apostolum non recipis? Ut itaque et his ædes, et illis aures perpetuo apertæ sint, sordem omnem ab auribus animæ expurgemus. Sicut enim sordes et limus aures corporis, sic meretricia cantica, sæculares narrationes, debita, sermones de usura et mutuo, magis quam quævis sordes aures animæ obturant; imo non obturant modo, sed immundas reddunt. Nam qui ista narrant, fimum in aures vestras injiciunt. Ac quod barbarus ille comminabatur dicens: *Comedetis stercus vestrum*, etc.: sic et isti non verbo, sed operibus eo vos deducunt, ut hæc sustineatis; imo et longe gravius. Etenim illa cantica his longe fœdiora sunt: quodque deterius est, non modo hæc moleste non fertis, sed etiam ridetis, cum oporteret exsecrari ac fugere. Quod si hæc abominabilia non sunt, descende in orchestram, imitare quod laudas; imo adi eum qui hunc risum excitat. Verum id numquam facere ausis. Cur ergo illi tantum tribuis honorem? Atqui Græcorum leges descriptæ, illos infames haberi volunt: tu vero illos cum tota civitate recipis, quasi legatos et duces, omnesque evocas, ut fimum in auribus accipiant. Ac servus quidem tuus, si quid turpe, te audiente, loquatur, mille plagas accipit; et si filius, si uxor, si quisquis alius hoc faciat, rem illam vocas contumeliam: si vero homines verberones et abjecti te vocent, ut turpia verba audias, non modo non indignaris, sed etiam gaudes, laudas. Ecquid huic dementiæ par fuerit? Sed turpia hujuscemodi non loqueris? Ecquid hinc lucri? Imo vero unde liqueat te non loqui? Si enim hæc numquam proferres, non rideres audiens, neque tanto studio curreres ad vocem quæ te dedecore afficit. Dic enim mihi, gaudesne audiens blasphemias? annon exhorrescis, et aures obstruis? Ego certe id puto.

Hospitalitas commendatur.

Contra meretricia cantica.

Isai. 36. 12.

421 A σιν Σοδομηνῶν, εἰ μὴ δεξόμεθα [a] τοὺς εἰσιόντας πρὸς ἡμᾶς ξένους, ὅτε καὶ τὸν κονιορτὸν ἐκτινάξαι ἐκέλευσε· καὶ μάλα εἰκότως. Ἐκεῖνοι μὲν γὰρ, εἰ καὶ παράνομα ἥμαρτον, ἀλλὰ πρὸ τοῦ νόμου καὶ τῆς χάριτος· ἡμεῖς δὲ μετὰ τοσαύτην ἐπιμέλειαν [b] ἁμαρτάνοντες, τίνος ἂν εἴημεν συγγνώμης ἄξιοι, μισοξενίαν τοσαύτην ἐπιδεικνύμενοι, καὶ τοῖς δεομένοις τὰς θύρας ἀποκλείοντες, καὶ πρὸ τῶν θυρῶν τὰς ἀκοάς; μᾶλλον δὲ οὐ τοῖς πένησι μόνον, ἀλλὰ καὶ αὐτοῖς τοῖς ἀποστόλοις; Διὰ γὰρ τοῦτο καὶ τοῖς πένησιν, ἐπειδὴ καὶ τοῖς ἀποστόλοις. Ὅταν γὰρ ἀναγινώσκηται Παῦλος, καὶ σὺ μὴ προσέχῃς, ὅταν κηρύττῃ Ἰωάννης, καὶ σὺ μὴ
B ἀκούῃς, πότε δέξῃ πένητα, ἀπόστολον μὴ δεχόμενος; Ἵνα οὖν καὶ τούτοις αἱ οἰκίαι, κἀκείνοις [c] αἱ ἀκοαὶ διηνεκῶς ἀνεῳγμέναι ὦσιν, ἀποκαθάρωμεν τὸν ῥύπον ἀπὸ τῶν τῆς ψυχῆς ὤτων. Καθάπερ γὰρ ῥύπος καὶ πηλὸς τὰ ὦτα τῆς σαρκὸς, οὕτω τὰ πορνικὰ ᾄσματα, καὶ τὰ βιωτικὰ διηγήματα, καὶ τὰ χρέα, καὶ τὰ περὶ τόκων καὶ δανεισμάτων, ῥύπου παντὸς χαλεπώτερον ἐμφράττει τῆς διανοίας τὴν ἀκοήν· μᾶλλον δὲ οὐκ ἐμφράττει μόνον, ἀλλὰ καὶ ἀκάθαρτον ποιεῖ. Καὶ γὰρ κόπρον ἐνιᾶσιν ὑμῶν ταῖς ἀκοαῖς οἱ ταῦτα διηγούμενοι. Καὶ ὅπερ ὁ βάρβαρος ἠπείλει λέγων· Φάγεσθε τὴν κόπρον ὑμῶν, καὶ τὰ ἑξῆς· τοῦτο καὶ [d] οὗτοι
C οὐ λόγῳ, ἀλλὰ διὰ τῶν ἔργων ὑμᾶς ὑπομένειν ποιοῦσι· μᾶλλον δὲ καὶ πολλῷ χαλεπώτερον. Καὶ γὰρ καὶ τούτων ἀηδέστερα ἐκεῖνα τὰ ᾄσματα· καὶ τὸ δὴ χαλεπώτερον, ὅτι οὐ μόνον οὐκ ἐνοχλεῖσθαι νομίζετε τούτων ἀκούοντες, ἀλλὰ καὶ γελᾶτε, δέον βδελύττεσθαι καὶ φεύγειν. Εἰ δὲ οὐ βδελυκτὰ, κατάβηθι εἰς τὴν ὀρχήστραν, ζήλωσον ὅπερ ἐπαινεῖς· μᾶλλον δὲ βάδισον μόνον μετὰ τούτου τοῦ κινοῦντος τὸν γέλωτα ἐκεῖνον. Ἀλλ' οὐκ ἂν ἀνάσχοιο. Τί τοίνυν τοσαύτην ἀπονέμεις αὐτῷ τιμήν; Καὶ οἱ μὲν νόμοι οἱ παρὰ τῶν Ἑλλήνων γραφέντες ἀτίμους αὐτοὺς εἶναι βούλονται· σὺ δὲ αὐτοὺς ὅλῃ τῇ πόλει δέχῃ, [e] ὥσπερ πρεσβευτὰς καὶ στρα-
D τηγοὺς, καὶ ἅπαντας συγκαλεῖς, ἵνα δέξωνται κόπρον ταῖς ἀκοαῖς. Καὶ ὁ μὲν οἰκέτης αἰσχρόν τι φθεγγόμενος, ἀκούοντός σου, μυρίας λήψεται μάστιγας· κἂν υἱὸς, κἂν γυνὴ, κἂν ὁστισοῦν αὐτὸ τοῦτο ποιήσῃ, ὕβριν τὸ πρᾶγμα καλεῖς· ἂν δὲ ἄνθρωποι μαστιγίαι καὶ τριωβολιμαῖοι καλέσωσί σε τῶν αἰσχρῶν ἀκουσόμενον ῥημάτων, οὐ μόνον οὐκ ἀγανακτεῖς, ἀλλὰ καὶ χαίρεις, καὶ ἐπαινεῖς. Καὶ τί ταύτης τῆς [f] ἀλογίας ἴσον γένοιτ' ἄν; Ἀλλ' αὐτὸς οὐ φθέγγῃ τὰ αἰσχρὰ ταῦτα; Καὶ τί τὸ κέρδος; μᾶλλον δὲ, καὶ αὐτὸ τοῦτο πόθεν δῆλον;
E Εἰ γὰρ μὴ ἐφθέγγου, οὐκ ἂν οὐδὲ ἀκούων ἐγέλας, οὐδ' ἂν μετὰ τοσαύτης σπουδῆς ἔδραμες ἐπὶ τὴν καταισχύ-

[a] Quidam τοὺς προσιόντας.
[b] Ἁμαρτάνοντες deest in nonnullis Mss.
[c] Sic Savil. et Mss. In Morel. διηνεκῶς deest.
[d] Savil. οὗτοι οὐ λόγῳ. In Morel. οὐ deest.
[e] Quidam ὥσπερ βουλευτὰς καὶ στρατηγούς.
[f] Nonnulli ἀλογίας χεῖρον γένοιτ' ἄν.

νουσάν σε φωνήν. Εἰπὲ γάρ μοι, χαίρεις ἀκούων βλασφημούντων; ἀλλ' οὐχὶ φρίττεις, καὶ τὰ ὦτα ἐμφράττεις; Ἔγωγε οἶμαι. Τί δήποτε; Ὅτι οὐδὲ αὐτὸς βλασφημεῖς. Οὕτω δὴ καὶ ἐπὶ τῆς αἰσχρολογίας ποίει. Καὶ εἰ βούλει δεῖξαι σαφῶς ἡμῖν, ὅτι οὐ χαίρεις αἰσχρὰ [a] φθέγγεσθαι, μηδὲ ἀκούειν ἀνέχου. Πότε γὰρ δυνήσῃ γενέσθαι σπουδαῖος, τοιούτοις ἐντρεφόμενος ἀκούσμασι; πότε τοὺς ὑπὲρ σωφροσύνης ἱδρῶτας ἐνεγκεῖν ἀνέξῃ, κατὰ μικρὸν ὑποῤῥέων ἀπὸ τοῦ γέλωτος, καὶ τῶν ᾀσμάτων, καὶ τῶν αἰσχρῶν ῥημάτων τούτων; Καὶ γὰρ ἀγαπητὸν, ἁπάντων τούτων καθαρεύουσαν ψυχὴν δυνηθῆναι γένεσθαι σεμνὴν καὶ σώφρονα, μήτι γε τοῖς τοιούτοις ἀκούσμασιν ἐντρεφομένην. Ἢ οὐκ ἴστε, ὅτι πρὸς κακίαν ἐπιῤῥεπέστερον ἔχομεν; Ὅταν οὖν καὶ τέχνην αὐτὸ ποιησώμεθα καὶ ἔργον, πότε διαφευξόμεθα τὴν κάμινον ἐκείνην; Οὐκ ἤκουσας τί φησιν ὁ Παῦλος, Χαίρετε ἐν Κυρίῳ; Οὐκ εἶπεν· ἐν διαβόλῳ.

Πότε οὖν ἀκοῦσαι δυνήσῃ Παύλου; πότε αἴσθησιν λαβεῖν τῶν πεπλημμελημένων, μεθύων ἀεὶ καὶ διηνεκῶς ἀπὸ τῆς θεωρίας ἐκείνης; Ὅτι γὰρ παραγέγονας ἐνταῦθα, οὐ θαυμαστὸν καὶ μέγα· μᾶλλον δὲ θαυμαστόν. Ἐνταῦθα μὲν γὰρ καὶ ἁπλῶς καὶ ἀφοσιούμενος παραγίνῃ· ἐκεῖ δὲ, μετὰ σπουδῆς καὶ δρόμου καὶ πολλῆς τῆς προθυμίας. Καὶ δῆλον ἐξ ὧν οἴκαδε φέρεις, ἐκεῖθεν ἀναχωρῶν. Καὶ γὰρ τὸν βόρβορον ἅπαντα τὸν ἐκχυθέντα ὑμῖν [b] ἐκεῖ διὰ τῶν ῥημάτων, διὰ τῶν ᾠδῶν, διὰ τοῦ γέλωτος, εἰς τὴν οἰκίαν ἕκαστος συνάγοντες φέρετε· μᾶλλον δὲ οὐκ εἰς τὴν οἰκίαν μόνον, ἀλλὰ καὶ εἰς τὴν διάνοιαν ἕκαστος τὴν ἑαυτοῦ· καὶ τὰ μὲν οὐκ ἄξια τοῦ βδελύττεσθαι ἀποστρέφῃ, τὰ δὲ βδελυκτὰ οὐ μισεῖς, ἀλλὰ καὶ ἀγαπᾷς. Πολλοὶ γοῦν ἀπὸ μὲν τῶν τάφων ἐπανελθόντες ἐλούσαντο· ἀπὸ δὲ θεάτρων ἀναχωροῦντες οὐκ ἐστέναξαν, οὐδὲ ἐξέχεαν δακρύων πηγάς· καίτοι γε ὁ μὲν νεκρὸς οὐκ ἀκάθαρτον· ἡ δὲ ἁμαρτία τοσαύτην [c] ἐντίθησι κηλῖδα, ὡς μηδὲ μυρίαις πηγαῖς ἐκκαθᾶραι ταύτην δύνασθαι, ἀλλὰ μόνοις δάκρυσι καὶ ἐξομολογήσεσιν. Ἀλλ' οὐδεὶς ὁ αἰσθανόμενος τῆς κηλῖδος ταύτης. Ἐπειδὴ γὰρ ἃ χρὴ οὐ φοβούμεθα, διὰ τοῦτο ἃ μὴ χρὴ δεδοίκαμεν. Τίς δὲ καὶ ὁ πάταγος; τίς δὲ καὶ ὁ θόρυβος, καὶ αἱ σατανικαὶ κραυγαὶ, καὶ τὰ διαβολικὰ σχήματα; Ὁ μὲν γὰρ ὄπισθεν ἔχει κόμην νέος ὢν, καὶ τὴν φύσιν ἐκθηλύνων, καὶ τῷ βλέμματι, καὶ τῷ σχήματι, καὶ τοῖς ἱματίοις, καὶ πᾶσιν ἁπλῶς, εἰς εἰκόνα κόρης ἁπαλῆς ἐκβῆναι φιλονεικεῖ. Ἄλλος δέ τις γεγηρακὼς ὑπεναντίας τούτῳ τὰς τρίχας ξυρῷ περιελὼν, καὶ ἐζωσμένος τὰς πλευρὰς, πρὸ τῶν τριχῶν ἐκτέμνων τὴν αἰδῶ, πρὸς τὸ ῥαπίζεσθαι ἕτοιμος ἕστηκε, πάντα λέγειν καὶ ποιεῖν παρεσκευασμένος. Αἱ δὲ γυναῖκες γυμνῇ τῇ κεφαλῇ ἀπηρυθριασμέναι πρὸς δῆμον ἑστη-

Cur hoc? Quia tu numquam blasphemas. Idipsum facito circa turpia illa verba. Et si vis nobis clare demonstrare, te non gaudere dum turpia dicuntur, ne auditu quidem illa feras. 422 A Quandonam probus vir esse poteris, in hujusmodi turpibus audiendis enutritus? quandonam castitatis sudores ferre poteris, sic paulatim diffluens ex risu, cantibus, et verbis obscœnis? Nam si vix anima, quæ ab his omnibus se puram servat, potest esse honesta et casta, quanto minus poterit quæ hæc audire solet? An nescitis, nos ad nequitiam proniores esse? Cum autem hæc in artem et opus convertamus, quomodo fornacem illam effugere poterimus? Non audisti quid dicit Paulus, *Gaudete in Domino?* Non dixit, In diabolo. B Philip. 4. 4.

6. Quando igitur audire Paulum poteris? Quando in sensum venire peccatum, qui ex spectaculo illo ebrius semper es? Quod enim huc veneris, non mirum nec magnum est; imo potius mirum est. Huc enim et segniter et perfunctorie venis; illuc autem magno studio et animo accurris. Idque palam est ex iis quæ domum refers, cum inde recedis Etenim lutum vobis illic infusum per verba, cantica, risum, singuli domum reportatis; C imo non in domum tantum, sed in mentem vestram inducitis: et ab iis quæ abominatione digna non sunt, averteris; abominanda vero non odio habes, imo diligis. Multi certe a sepulcris redeuntes sese abluunt; a theatris vero reversi non gemunt, non lacrymarum fontes effundunt; quamquam mortuus non sit immundus: peccatum vero tantam maculam aspergat, ut ne mille quidem fontibus possit ablui, sed solis lacrymis et confessionibus. Sed nemo maculam hujuscemodi sentit. Quia enim ea quæ timenda essent non timemus, ea, quæ timenda non sunt, metuimus. D Quis autem ille strepitus? quis tumultus, qui satanici clamores, et diabolici habitus? Alius juvenis cum sit, comam retro reductam habet, et naturam ipsam effeminat aspectu, habitu, vestimentis, demum omnibus, formamque teneræ puellæ affectat. Alius vero quispiam senex, e contrario capillis novacula abrasis, renibus succinctus, postquam pudorem ante capillos succidit, stat ad alapas accipiendas et ad omnia dicenda facienda que paratus Mulieres autem nudo capite, omni misso rubore, stant populum alloquentes, tantum

Theatralia spectacula quam turpia.

[a] Savil. *αἰσχρὰ φθεγγόμενος*, non male. Infra quidam *ἐντρεφόμενος*.

[b] *Ἐκεῖ* deest in Morel.

[c] Morel. et alii *τίθησι*, Savil. *ἐντίθησι*.

videlicet impudentiæ studium habentes, omnemque petulantiam et lasciviam in auditorum animos infundentes. Illud unum studium habent, ut castitatem omnem radicitus evellant, naturam deturpent, mali dæmonis concupiscentiam expleant. Nam hic verba obscœna, habitus ridiculi, tonsura similis, incessus, vestitus, vox, membrorum mollities, oculorum inversiones, fistulæ, tibiæ, dramata, argumenta, omniaque demum extremæ lasciviæ plena sunt. Quandonam, quæso, resipisces, cum tantum tibi fornicationis poculum infundat diabolus, totque intemperantiæ calices misceat? Nam illic fornicationes, adulteria, mulieres prostitutæ, viri muliebria patientes, juvenes molles, omnia iniquitate plena, portentosis rebus ac prodigiis. Non ergo de hujusmodi rebus ridere sedentes oporteret, sed lacrymari et ingemiscere. Quid igitur? an orchestram claudemus, inquies, et jussu tuo omnia subvertentur? Nunc certe omnia subversa sunt. Undenam ii qui nuptiis insidias parant? nonne ab hac scena? Unde ii qui thalamos effodiunt? nonne ab orchestra illa? nonne hinc viri uxoribus sunt molesti? nonne hinc a viris uxores despiciuntur? nonne hinc mœchi plurimi? Itaque qui omnia subvertit, is est qui ad theatrum pergit, quique gravem tyrannidem inducit. Nequaquam, inquies, sed id bono legum ordine institutum est. Nam mulieres abripere, pueros contumeliis adhibere, domos evertere, hæc ad illos spectant qui arces occupant. Et quis mœchus, inquies, ex his spectaculis factus est? Imo quis non mœchus? Si liceret nominatim efferre, dicere possim quot viros hæc ab uxoribus sequestrarint, et quot captivos meretrices illæ ceperint, quorum alios a conjugali lecto abduxerunt, alios ne uxores ducerent effecerunt. Quid igitur? quæso : legesne omnes evertemus? Quinimo theatris eversis legum transgressiones evertimus. Nam qui civitates pessumdant, ex horum numero sunt : hinc seditiones et perturbationes. Nam qui in his ludis aluntur, quique vocem ventris causa vendunt, quorum opus officiumque est clamare, et quidvis absurdum facere; hi maxime sunt qui populos concitant, qui tumultus in urbibus faciunt. Juventus enim otiosa, in hisce malis educata, fera quavis acrior efficitur.

E κασι διαλεγόμεναι, τοσαύτην μελέτην ἀναισχυντίας ποιούμεναι, καὶ πᾶσαν ἰταμότητα καὶ ἀσέλγειαν εἰς τὰς τῶν ἀκουόντων ἐκχέουσαι ψυχάς. Καὶ μία σπουδὴ, πᾶσαν ἐκ βάθρων ἀνασπάσαι τὴν σωφροσύνην, καταισχῦναι τὴν φύσιν, ἐμπλῆσαι τοῦ πονηροῦ δαίμονος τὴν ἐπιθυμίαν. Καὶ γὰρ καὶ ῥήματα αἰσχρὰ αὐτόθι, καὶ σχήματα καταγέλαστα, καὶ κουρὰ τοιαύτη, [d] καὶ βάδισις ὁμοία, καὶ στολὴ, καὶ φωνὴ, καὶ μελῶν
423 A διάκλασις, καὶ ὀφθαλμῶν ἐκστροφαὶ, καὶ σύριγγες, καὶ αὐλοὶ, καὶ δράματα, καὶ ὑποθέσεις, καὶ πάντα ἁπλῶς τῆς ἐσχάτης ἀσελγείας ἀνάμεστα. Πότε οὖν ἀνανήψεις, εἰπέ μοι, τοσοῦτόν σοι πορνείας ἄκρατον ἐγχέοντος τοῦ διαβόλου, τοσαύτας ἀκολασίας κύλικας κεραννύντος; Καὶ γὰρ καὶ μοιχεῖαι, καὶ γάμων ἐκεῖ κλοπαὶ, καὶ γυναῖκες ἐκεῖ πορνευόμεναι, καὶ ἄνδρες ἡταιρηκότες, καὶ νέοι μαλακιζόμενοι, πάντα παρανομίας μεστὰ, πάντα τερατωδίας, πάντα αἰσχύνης. Οὐκ ἄρα γελᾷν ἐπὶ τούτοις τοὺς καθημένους ἐχρῆν, ἀλλὰ δακρύειν καὶ στένειν πικρόν. Τί οὖν; ἀποκλείσομεν τὴν ὀρχήστραν, φησὶ, καὶ τῷ λόγῳ
B τῷ σῷ πάντα [a] ἀνατραπήσεται; Νῦν μὲν οὖν πάντα ἀνατέτραπται. Πόθεν γὰρ οἱ τοῖς γάμοις ἐπιβουλεύοντες; εἰπέ μοι· οὐκ ἀπὸ τῆς σκηνῆς ταύτης; Πόθεν οἱ τοὺς θαλάμους διορύττοντες; οὐκ ἀπὸ τῆς ὀρχήστρας ἐκείνης; οὐκ ἐντεῦθεν οἱ ἄνδρες ταῖς γυναιξὶ φορτικοί; οὐκ ἐντεῦθεν τοῖς ἀνδράσιν αἱ γυναῖκες εὐκαταφρόνητοι; οὐκ ἐντεῦθεν οἱ πλείους μοιχοί; Ὥστε ὁ τὰ πάντα ἀνατρέπων ὁ πρὸς τὸ θέατρον βαδίζων ἐστὶν, ὁ τυραννίδα χαλεπὴν ἐπεισάγων. Οὐχὶ, φησὶν, ἀλλὰ τῇ τῶν νόμων εὐταξίᾳ τοῦτο δοκεῖ. Τὸ γὰρ γυναῖκας διασπᾷν, καὶ παῖδας ὑβρίζειν νέους, καὶ οἰκίας
C ἀνατρέπειν, τῶν τὰς ἀκροπόλεις κατειληφότων ἐστί. Καὶ τίς μοιχὸς, φησὶν, ἀπὸ τῶν θεαμάτων τούτων γέγονε; Τίς γὰρ οὐ μοιχός; Καὶ εἴ γε ἦν ὀνομαστὶ νῦν εἰπεῖν, ἔδειξα ἂν ὅσους ἄνδρας ἀπέσχισαν γυναικῶν, ὅσους ἔλαβον αἰχμαλώτους αἱ πόρναι ἐκεῖναι, τοὺς μὲν ἀπ' αὐτῆς ἀναστήσασαι τῆς εὐνῆς, τοὺς δὲ οὐδὲ [b] τὴν ἀρχὴν ἀφεῖσαι ὁμιλῆσαι γάμῳ. Τί οὖν; εἰπέ μοι· τοὺς νόμους ἀνατρέψομεν ἅπαντας; Καὶ μὴν παρανομίαν ἐστὶν ἀνατρέψαι, ταῦτα λύοντας τὰ θέατρα. Οἱ γὰρ ταῖς πόλεσι λυμαινόμενοι ἐκ τούτων εἰσίν· ἐντεῦθεν γοῦν στάσεις καὶ ταραχαί. Οἱ γὰρ ὑπὸ τῶν ὀρχουμένων τρεφόμενοι, καὶ γαστρὶ τὴν ἑαυτῶν πωλοῦντες
D φωνὴν, οἷς ἔργον βοῆσαι καὶ πρᾶξαι πᾶν ἄτοπον, οὗτοι μάλιστά εἰσιν οἱ τοὺς δήμους ἀναῤῥιπίζοντες, οἱ τὰς ταραχὰς ἐμποιοῦντες ταῖς πόλεσι. Νεότης γὰρ ἀργίας ἐπιλαβομένη, καὶ τοσούτοις ἐντρεφομένη κακοῖς, θηρίου παντὸς ἀγριωτέρα γίνεται.

[d] Morel. καὶ βάδισις καὶ στολή. Savil. καὶ βάδισις ὁμοία, καὶ στολή. Alii καὶ βάδισις τοιαύτη, καὶ στολή.

[a] Unus ἀνατρέπεται.

[b] Idem Codex τὴν ταραχὴν ἀφεῖσαι.

Οἱ γὰρ γόητες, εἰπέ μοι, πόθεν; οὐκ ἐντεῦθεν, ἵνα δῆμον ἀναπτερώσωσιν εἰκῆ σχολάζοντα, καὶ τοὺς ὀρχουμένους πολλῶν ἀπολαῦσαι ποιήσωσι θορύβων, καὶ τὰς πορνευομένας γυναῖκας ταῖς σωφρονούσαις ἐπιτειχίσωσιν; Εἰς τοῦτο [c] γὰρ ἔρχονται μαγγανείας, ὡς μηδὲ τὰ ὀστᾶ τῶν κατοιχομένων κινεῖν ὀκνεῖν. Οὐκ ἐντεῦθεν, ὅταν μυρία ἀναγκάζωνται εἰς τὸν πονηρὸν ἐκεῖνον τοῦ διαβόλου χορὸν ἀναλίσκειν; Ἡ δὲ ἀσέλγεια πόθεν, καὶ τὰ μυρία κακά; Ὁρᾷς ὅτι σὺ μὲν τὸν βίον ἀνατρέπεις, ἐπὶ ταῦτα ἕλκων; Ἐγὼ δὲ συγκροτῶ καταλύων. Καθέλωμεν οὖν τὴν ὀρχήστραν, φησίν. Εἴθε καθελεῖν δυνατὸν ἦν· μᾶλλον δὲ ἂν ἐθέλητε, τὸ ἡμέτερον μέρος, καθήρηται καὶ κατέσκαπται. Πλὴν ἀλλ' [a] οὐδὲ τοῦτο κελεύω. Τὰ ἑστῶτα ποιήσατε ἄκυρα, ὅπερ μεῖζόν ἐστιν ἐγκώμιον τοῦ καθελεῖν. Εἰ καὶ μηδένα ἕτερον, τοὺς γοῦν βαρβάρους ζηλώσατε· καὶ γὰρ πάσης τοιαύτης ἐκεῖνοι καθαρεύουσι θεωρίας. [b] Τίς οὖν ἡμῖν ἔσται ἀπολογία λοιπὸν, ὅταν ἡμεῖς οἱ τῶν οὐρανῶν πολῖται, καὶ τῶν Χερουβεὶμ συγχορευταὶ, καὶ τῶν ἀγγέλων κοινωνοὶ, τῶν βαρβάρων χείρους ταύτῃ γινώμεθα, καὶ ταῦτα ἐξὸν μυρίας ἑτέρας τούτων βελτίους τέρψεις εὑρεῖν; Εἰ γὰρ βούλει ψυχαγωγεῖσθαι, βάδιζε εἰς παραδείσους, ἐπὶ παραῤῥέοντα ποταμὸν, καὶ λίμνας· [c] κατάμαθε κήπους, ἄκουε τεττίγων ᾀδόντων, ἐπιχωρίαζε σηκοῖς μαρτύρων, ὅπου σώματος ὑγεία καὶ ψυχῆς ὠφέλεια, καὶ βλάβος οὐδὲν, οὐδὲ μετάνοια μετὰ τὴν ἡδονὴν, καθάπερ ἐνταῦθα. Ἔχεις γυναῖκα, ἔχεις παιδία· τί ταύτης τῆς ἡδονῆς ἴσον; Ἔχεις οἰκίαν, ἔχεις φίλους· ταῦτα τερπνὰ, πολὺ μετὰ τῆς σωφροσύνης καὶ τὸ κέρδος παρέχοντα. Τί γὰρ παίδων γλυκύτερον; εἰπέ μοι· τί δὲ γυναικὸς, τῷ σωφρονεῖν βουλομένῳ; Λέγονται γοῦν οἱ βάρβαροί ποτε εἰπεῖν ῥῆμα φιλοσοφίας γέμον. Περὶ γὰρ τῶν θεάτρων τούτων ἀκούσαντες τῶν παρανόμων, καὶ τῆς ἀκαίρου τέρψεως, Ῥωμαῖοι γὰρ, φησὶν, ὡς οὐκ ἔχοντες παῖδας καὶ γυναῖκας, οὕτω τοιαύτας ἐπενόησαν τὰς ἡδονάς· δεικνύοντες ὅτι οὐδὲν παίδων γλυκύτερον καὶ γυναικὸς, ἐὰν σεμνῶς ἐθέλῃς βιοῦν. Τί οὖν ἐὰν δείξω, φησὶ, μηδὲν βλαβέντας ἐκ τῆς ἐκεῖ διατριβῆς; Μάλιστα μὲν καὶ αὐτὸ τοῦτο βλάβος, τὸ εἰκῆ καὶ μάτην τὸν καιρὸν δαπανᾷν, καὶ ἑτέροις γίνεσθαι σκάνδαλον. Κἂν γὰρ σὺ μὴ βλαβῇς, ἕτερον ποιεῖς εἰς τοῦτο σπουδαιότερον. Πῶς δὲ καὶ αὐτὸς οὐ βλαβήσῃ, παρέχων ἀφορμὰς τοῖς γινομένοις; Καὶ γὰρ ὁ γόης, καὶ ὁ πορνευόμενος παῖς, καὶ ἡ πορνευομένη γυνὴ, καὶ πάντες ἐκεῖνοι οἱ διαβολικοὶ χοροὶ, ἐπὶ τὴν σὴν κεφαλὴν τὴν αἰτίαν τῶν γιγνομένων φέρου-

7. Undenam, quæso, præstigiatores? nonne inde proficiscuntur, ut populum vacantem temere inflamment, idque faciant ut ex tumultibus saltatores bonis fruantur, et meretrices honestis mulieribus impedimento sint? In tantum enim male-
E ficii genus perveniunt, ut mortuorum ossa movere non dubitent. Nonne hæc inde ideo oriuntur, quod ad illum diaboli chorum sumtus innumeros consumere cogantur? Lascivia autem unde, necnon mala innumera? Viden' te esse qui vitam huma-
424 nam evertis, dum ad hæc pertrahis? Ego vero
A rem destruendam censeo. Tollamus ergo orchestram, inquies. Utinam tolli posset; imo vero si vultis, quod ad nostram partem attinet, jam sublata et subversa est. Attamen non hoc jubeo. Stantem illam non frequentatam reddite, quæ major laus esset, quam diruere. Si non alios, barbaros saltem imitamini, qui hujusmodi spectaculi turpitudine carent. Quæ nobis igitur deinceps excusatio erit, cum nos cælorum cives, Cherubinorum choro adscripti, angelorum consortes, barbaris hac in re pejores simus, cum liceat sexcentas alias his majores voluptates reperire? Si vis enim
B animum recreare, vade ad pomaria, ad fluvium, ad stagna : hortos contemplare, cicadas audi canentes; martyrum sepulcra frequenta, ubi corporis valetudo, animæ utilitas, nihilque damni, nulla post factum pœnitentia, ut post illa spectacula. Uxorem habes et filios : quæ voluptas huic par est? Habes domum et amicos : hæc jucunda, et cum temperantia magnum lucrum pariunt. Quid enim, quæso, filiis jucundius? quid uxore dulcius iis, qui continere volunt? Fertur barbarorum dictum philosophia plenum. Nam de theatris illis iniquis, et de importuna illa voluptate audientes
C dicebant : Romani ac si filios et uxores non haberent, has excogitavere voluptates : quibus ostendunt, nihil dulcius esse filiis et uxore, si quis honeste vivere velit. Quid ergo si ostendam, inquies, nihil damni ex hac frequentia emergere? Certe vel hoc ipsum damnum est, sine causa ac temere tempus insumere, et aliis offendiculo esse. Nam si tu damnum non patiaris, alium hujus spectaculi studiosiorem reddis. Quomodo autem damnum non patiaris, qui præbes his spectaculis occasio-
D nem? Nam præstigiator, corruptus puer, fornicaria mulier, omnesque illi diabolici chori in caput

Martyrum sepulcra frequentanda.

Barbarorum dictum.

[c] *Γάρ* deest in Morel. Paulo post quidam *κατοιχομένων μένειν ἀκίνητα. οὐκ ἐντ.*

[a] Morel. et Savil. *οὐδὲ τοῦτο*. Quidam alii *οὐδὲν τούτων*.

[b] Morel. *τίς οὖν νῦν ἔσται*. Ibidem quidam *ἔσται λόγος λοιπόν*. Paulo post nonnulli *καὶ τῶν ἀρχαγγέλων*, et postea *ταύτῃ φαινόμεθα, καὶ ταῦτα*.

[c] Alii *καταμάνθανε*.

tuum causam spectaculorum regerunt. Quemadmodum enim si spectatores non essent, nec essent qui ludos hujusmodi exhiberent: sic quia spectatores sunt, et ipsi gestorum ignem partiuntur. Itaque licet sine castitatis dispendio id ageres, id quod certe fieri nequit, aliorum tamen perniciei graves dabis pœnas, sive spectantium, sive spectacula edentium. Atque ad castitatem servandam majus lucrum fecisses, si illo non venisses. Si enim castus nunc es, multo castior esses si spectacula illa vitasses. Ne itaque inutiliter contendamus, neque inutiles defensiones excogitemus. Una defensio et excusatio est, si fugiamus fornacem Babylonicam, si procul ab Ægyptia meretrice degamus, etiamsi nudos oporteat ab illa effugere. Ita enim et multa fruemur voluptate, conscientia nos non accusante, præsentem vitam caste agemus, futuraque bona consequemur, gratia et benignitate Domini nostri Jesu Christi, cui gloria et imperium, nunc et semper, et in sæcula sæculorum. Amen.

σιν. Ὥσπερ γὰρ εἰ μὴ ἦσαν οἱ θεωροῦντες, οὐκ ἂν
ἦσαν οἱ ταῦτα μετιόντες· οὕτως ἐπειδή εἰσι, καὶ αὐτοὶ μερίζονται τῶν γινομένων τὸ πῦρ. Ὥστε κἂν εἰς
σωφροσύνην μηδὲν παραβλαβῇς, ὅπερ ἐστὶν ἀμήχανον, ἀλλὰ τῆς ἀπωλείας τῆς ἑτέρων χαλεπὰς δώσεις
εὐθύνας, καὶ τῶν θεωρούντων, καὶ τῶν αὐτοὺς συνα-
γόντων. Καὶ εἰς σωφροσύνην δὲ μείζονα ἂν ἐκέρδανες,
εἰ μὴ ἐκεῖσε ἐβάδιζες. Εἰ γὰρ καὶ νῦν εἶ σώφρων,
σωφρονέστερος ἂν ἐγένου τὰς τοιαύτας φεύγων [d] θέας.
E Μὴ τοίνυν περιττὰ φιλονεικῶμεν, μηδὲ ἀνοήτους
ἀπολογίας ἐπινοῶμεν. Μία γὰρ ἀπολογία, τὸ φυγεῖν
τὴν κάμινον τὴν Βαβυλωνίαν, τὸ πόῤῥω γενέσθαι τῆς
Αἰγυπτίας πόρνης, κἂν γυμνὸν δέῃ τὰς ἐκείνης χεῖρας
διαφυγεῖν. Οὕτω γὰρ καὶ ἡδονῆς πολλῆς ἀπολαυσόμεθα, τοῦ συνειδότος οὐ κατηγοροῦντος ἡμῶν, καὶ τὸν
425 παρόντα μετὰ σωφροσύνης [e] βιωσόμεθα βίον, καὶ τῶν
A μελλόντων ἐπιτευξόμεθα ἀγαθῶν, χάριτι καὶ φιλανθρωπίᾳ τοῦ Κυρίου ἡμῶν Ἰησοῦ Χριστοῦ, ᾧ ἡ δόξα
καὶ τὸ κράτος, νῦν καὶ ἀεὶ, καὶ εἰς τοὺς αἰῶνας τῶν
αἰώνων. Ἀμήν.

[d] Morel. et Savil. *θέας*. Alii *θεωρίας*, et paulo post *ἀνοήτους ἀπολ.*, ac mox *τὸ φεύγειν τήν*.

[e] Morel. *ἀπολαύσομεν βίον*.

ΟΜΙΛΙΑ λη'.

Ἐν ἐκείνῳ τῷ καιρῷ ἀποκριθεὶς ὁ Ἰησοῦς εἶπεν· ἐξομολογοῦμαί σοι, Πάτερ, Κύριε τοῦ οὐρανοῦ καὶ τῆς γῆς, ὅτι ἀπέκρυψας ταῦτα ἀπὸ σοφῶν καὶ συνετῶν, καὶ ἀπεκάλυψας αὐτὰ νηπίοις. Ναὶ, ὁ Πατὴρ, ὅτι B οὕτως ἐγένετο εὐδοκία ἔμπροσθέν σου.

Ὅρα διὰ πόσων αὐτοὺς ἐνάγει εἰς τὴν πίστιν. Πρῶτον, διὰ [a] τῶν ἐγκωμίων τοῦ Ἰωάννου. Δείξας γὰρ αὐτὸν μέγαν καὶ θαυμαστὸν, ἀξιόπιστα καὶ τὰ παρ' αὐτοῦ πάντα ἀπέφηνε, δι' ὧν εἰς τὴν αὐτοῦ γνῶσιν αὐτοὺς ἐφείλκετο. Δεύτερον, τῷ εἰπεῖν, Ἡ βασιλεία τῶν οὐρανῶν βιάζεται, καὶ βιασταὶ ἁρπάζουσιν αὐτήν. Τοῦτο γάρ ἐστιν ἐπείγοντος καὶ ὠθοῦντος. Τρίτον, διὰ τοῦ δεῖξαι ὅτι οἱ προφῆται πάντες ἀπηρτίσθησαν. Καὶ γὰρ καὶ τοῦτο ἐδήλου αὐτὸν εἶναι τὸν δι' C ἐκείνων προαναφωνούμενον. Τέταρτον, διὰ τοῦ δεῖξαι ὅτι πάντα ὅσα ἐχρῆν γενέσθαι παρ' αὐτοῦ, πάντα γέγονεν, ὅτε καὶ παραβολῆς τῶν παίδων ἐμνημόνευσε. Πέμπτον, διὰ τοῦ ὀνειδίσαι τοὺς μὴ πιστεύοντας καὶ φοβῆσαι καὶ ἀπειλῆσαι μεγάλα. Ἕκτον, διὰ τοῦ εὐχαριστῆσαι ὑπὲρ τῶν πιστευσάντων. Τὸ γὰρ, Ἐξομολογοῦμαί σοι, ἐνταῦθα τὸ εὐχαριστῶ ἐστιν· εὐχαριστῶ, φησὶν, Ὅτι ἀπέκρυψας ταῦτα ἀπὸ σοφῶν καὶ συνετῶν. Τί οὖν; ἐπ' ἀπωλείᾳ χαίρει, καὶ τῷ μὴ μαθεῖν ἐκείνους ταῦτα; Οὐδαμῶς· ἀλλ' αὕτη τῆς σωτηρίας ὁδὸς ἀρίστη, τὸ τοὺς διαπτύοντας καὶ μὴ βουλο- D μένους δέχεσθαι τὰ λεγόμενα, μὴ καταναγκάζειν, ἵν' ἐπειδὴ τῷ κληθῆναι βελτίους οὐκ ἐγένοντο, ἀλλ' ἀνέπεσον καὶ κατεφρόνησαν, τῷ ἐκβληθῆναι εἰς ἐπιθυμίαν τούτων ἐμπέσωσιν. Οὕτω γὰρ καὶ οἱ προσέχοντες σπουδαιότεροι γίνεσθαι ἔμελλον. Τὸ μὲν γὰρ ἀποκαλυφθῆναι τούτοις, ἄξιον χαρᾶς· τὸ δὲ κρυβῆναι [b] ἐξ ἐκείνων, οὐκ ἔτι χαρᾶς, ἀλλὰ δακρύων ἄξιον. Τοῦτο γοῦν καὶ ποιεῖ, δακρύων τὴν πόλιν. Οὐ τοίνυν διὰ τοῦτο χαίρει, ἀλλ' ὅτι ἃ σοφοὶ οὐκ ἔγνωσαν, ἔγνωσαν οὗτοι. Ὡς ὅταν λέγῃ Παῦλος· Εὐχαριστῶ τῷ Θεῷ, ὅτι ἦτε δοῦλοι τῆς ἁμαρτίας, ὑπηκούσατε δὲ ἐκ καρ- E δίας εἰς ὃν παρεδόθητε τύπον διδαχῆς. Οὐ τοίνυν Παῦλος διὰ τοῦτο χαίρει, ὅτι ἦσαν δοῦλοι τῆς ἁμαρτίας, ἀλλ' ὅτι ὄντες τοιοῦτοι, τοιούτων ἀπέλαυσαν. Σοφοὺς δὲ ἐνταῦθα τοὺς γραμματέας φησὶ καὶ τοὺς Φαρισαίους. Ταῦτα δὲ λέγει, τοὺς μαθητὰς προθυμοτέρους

HOMIL. XXXVIII. al. XXXIX.

Cap. XI. v. 25. *In illo tempore respondens Jesus dixit : Confiteor tibi, Pater, Domine cœli et terræ, quia abscondisti hæc a sapientibus et prudentibus, et revelasti ea parvulis.* 26. *Ita, Pater, quia sic fuit placitum ante te.*

1. Vide quot quantisque modis illos ad fidem deducat. Primo, per Joannis laudes. Nam cum ostenderit eum magnum mirabilemque esse, ejus dicta et facta fide digna esse probavit, per quæ illos ad sui cognitionem attraxit. Secundo, quod dixerit, *Regnum cælorum vim patitur, et vio-* Matth. 11. 12.
lenti rapiunt illud. Hoc enim incitantis et impellentis est. Tertio, quod demonstraverit prophetarum dicta omnia completa esse. Nam hinc declaratur ipsum ab illis fuisse prænuntiatum. Quarto, quod ostenderit omnia ab se facta esse quæ fieri oportebat, quando et puerorum parabolam memoravit. Quinto, cum incredulis exprobravit, terroribus atque minis additis. Sexto, cum pro credentibus gratias agit. Nam illud, *Confiteor tibi*, hic significat, Gratias ago tibi : Gratias ago, inquit, *Quia abscondisti hæc a sapientibus et prudentibus*. Quid igitur? an de pernicie gaudet, et quod illi hæc noverint? Minime : sed hæc est salutis via optima, ut qui respuunt, et nolunt ea quæ dicuntur suscipere, nullo pacto cogantur, ut quia vocati non meliores facti sunt, sed reciderunt et contemserunt, quod se rejectos videant, in horum desiderium adducantur. Ita enim ii, qui animum adhiberent, studiosiores futuri erant. Nam quod ea ipsis revelentur, id jure gaudium pariat : quod vero abscondantur illis, non gaudio, sed lacrymis dignum est. Illud vero facit, dum lacrymatur miserans civitatem. Non igitur ideo gaudet, sed quod ea quæ sapientes non noverunt, ipsi noverint, ut cum dicit Paulus : *Gratias ago* Rom. 6. 17.
Deo, quoniam fuistis servi peccati, obedistis autem ex corde in quam traditi estis formam doctrinæ. Non ergo Paulus propterea gaudet, quod essent servi peccati, sed quod tales cum essent, tot bona tandem sint consequuti. Sa-

[a] Alii τῶν ἐγκωμίων τῶν Ἰωάννου, quæ etiam lectio quadrat.

[b] Ἐξ ἐκείνων. Suspicatur Savilius legendum ἀπ' ἐκείνων.

pientes autem hic vocat scribas et Pharisæos. Hæc porro dicit, ut discipulos alacriores reddat, et ostendat, quanta consequuti sint piscatores, a quibus illi omnes exciderunt. Cum vero sapientes vocat illos, non de vera et laudabili sapientia loquitur, sed de illa quam videbantur ex gravitate consequuti. Idcirco non dixit, Revelasti stultis, sed, *Parvulis:* sinceris scilicet ac simplicibus: ostenditque illos non solum quod digni non essent, sed jure etiam hæc non esse adeptos: nosque per omnia docet, ut a superbia fugiamus, sed simplicitatem sectemur. Ideo Paulus hæc pluribus amplificat, ita scribens: *Si quis in vobis videtur in hoc sæculo sapiens esse, is fiat stultus, ut sapiens efficiatur.* Sic enim gratia Dei demonstratur. Cur autem Patri gratias agit, cum hoc ipse fecerit? Ut alibi Deum precatur, magnam suam erga nos caritatem declarans, sic et hoc loco facit: nam illud magnæ caritatis est indicium; et ostendit, illos non a seipso solum, sed etiam a Patre excidisse. Nam quod dixit discipulis, *Nolite sanctum dare canibus*, id jam prius ille fecerat. Deinde per hæc ostendit et suam et Patris voluntatem: suam, quod gratias agat et gaudeat de re gesta; Patris vero, ut ostendat, illum non rogatum hoc fecisse, sed sponte sua eo animum appulisse: nam ait, *Sic fuit placitum ante te;* id est, Ita tibi placuit. Cur autem illis abscondita fuerint, audi Paulum dicentem: *Quoniam quærentes propriam justitiam statuere, justitiæ Dei subjecti non fuerunt.* Perpende igitur quo affectu fuisse discipulos verisimile est, hæc audientes; quod nempe illa quæ sapientes non noverant, ipsi noverint, noverintque parvuli manentes, Deoque revelante. Lucas vero dicit, in illa hora, qua venerunt septuaginta nuntiantes illa de dæmonibus, tunc exsultavisse et illa dixisse, quæ ut studiosiores illos reddebant, ita ad moderationem disponebant. Quia enim verisimile erat illos altum sapere, quod dæmonas pellerent, hinc illos reprimit. Revelatio enim erat illud quod factum fuerat, non studii fructus.

Superbia fugienda, simplicitas sectanda.

1. Cor. 3. 18.

Matth. 7. 6.

Rom. 10. 3.

Luc. 10. 17. 21.

2. Ideoque scribæ et sapientes, qui se putabant ex seipsis prudentes esse, ob tumorem proprium exciderunt. Si itaque id illis ideo absconditum est, timete, inquit, et parvuli manete. Id enim effecit ut revelatione frueremini, ut ex contrario vitio hac illi privati sunt. Nam cum dicit, *Revelasti*, non totum ex Deo esse asserit,

426 ποιῶν, καὶ δηλῶν τίνων κατηξιώθησαν οἱ ἁλιεῖς, ὧν
A ἐκεῖνοι πάντες ἐξέπεσον. Εἰπὼν δὲ σοφοὺς, οὐ τὴν ἀληθινὴν σοφίαν λέγει καὶ ἐπαινετὴν, ἀλλὰ ταύτην ἣν ἐδόκουν ἀπὸ δεινότητος ἔχειν. Διὰ τοῦτο οὐδὲ εἶπεν, ἀπεκάλυψας μωροῖς, ἀλλὰ, Νηπίοις· ἀπλάστοις, φησὶν, ἀφελέσι· καὶ δείκνυσιν οὐ μόνον παρ' ἀξίαν οὐκ ἀπολαύσαντας τούτων, ἀλλὰ καὶ κατὰ τὸ εἰκός· καὶ παιδεύει διὰ πάντων ἡμᾶς, ἀπονοίας μὲν ἀπηλλάχθαι, ἀφέλειαν δὲ ζηλοῦν. Διὰ τοῦτο καὶ Παῦλος αὐτὸ ἔλεγε μετὰ πλείονος τῆς ὑπερβολῆς, οὕτω γράφων· Εἴ τις δοκεῖ ἐν ὑμῖν σοφὸς εἶναι ἐν τῷ αἰῶνι τούτῳ, μωρὸς γενέσθω, ἵνα γένηται σοφός. Οὕτω γὰρ δείκνυ-
B ται ἡ τοῦ Θεοῦ χάρις. Διατί δὲ εὐχαριστεῖ τῷ Πατρὶ, καίτοι γε αὐτὸς αὐτὸ ἐποίησεν; Ὥσπερ ἀλλαχοῦ εὔχεται καὶ ἐντυγχάνει τῷ Θεῷ, τὴν πολλὴν ἀγάπην τὴν περὶ ἡμᾶς ἐνδεικνύμενος, οὕτω καὶ ἐνταῦθα ποιεῖ· πολλῆς γὰρ καὶ τοῦτο ἀγάπης· καὶ δείκνυσιν, ὅτι οὐ παρ' αὐτοῦ ἐξέπεσον μόνον, ἀλλὰ καὶ παρὰ τοῦ Πατρός. Ὅπερ γὰρ εἶπε τοῖς μαθηταῖς λέγων, [a] Μὴ βάλητε τὰ ἅγια τοῖς κυσὶ, τοῦτο προλαβὼν αὐτὸς ἐποίησεν. Εἶτα δείκνυσιν ἐκ τούτων καὶ τὸ αὐτοῦ προηγούμενον θέλημα, καὶ τὸ τοῦ Πατρός· αὐτοῦ μὲν, τὸ εὐχαριστεῖν καὶ χαίρειν ἐπὶ τῷ γενομένῳ· τοῦ Πατρὸς δὲ, τὸ δεικνύναι, ὅτι οὐδὲ ἐκεῖνος παρακληθεὶς τοῦτο
C ἐποίησεν, ἀλλ' ὅτι αὐτὸς οἴκοθεν ὁρμηθείς· οὕτω γὰρ, φησὶν, ἐγένετο εὐδοκία ἔμπροσθέν σου· τουτέστιν, οὕτω σοι ἤρεσε. Διατί δὲ ἀπεκρύβη ἀπ' ἐκείνων, ἄκουσον Παύλου λέγοντος· Ὅτι ζητοῦντες τὴν ἰδίαν δικαιοσύνην στῆσαι, τῇ δικαιοσύνῃ τοῦ Θεοῦ οὐχ ὑπετάγησαν. Ἐννόησον τοίνυν τί εἰκὸς εἶναι τοὺς μαθητὰς, ταῦτα ἀκούοντας· ὅτι ἃ σοφοὶ οὐκ ἔγνωσαν, οὗτοι ἔγνωσαν· καὶ ἔγνωσαν μείναντες νήπιοι· καὶ ἔγνωσαν τοῦ Θεοῦ ἀποκαλύψαντος. Ὁ δὲ Λουκᾶς φησιν, ὅτι ἐν αὐτῇ τῇ ὥρᾳ, ὅτε ἦλθον οἱ ἑβδομήκοντα ἀπαγγέλ-
D λοντες τὰ περὶ τῶν δαιμόνων, τότε ἠγαλλιάσατο καὶ εἶπε ταῦτα, ἅπερ μετὰ τοῦ σπουδαιοτέρους αὐτοὺς ποιεῖν καὶ μετριάζειν παρεσκεύαζεν. Ἐπειδὴ γὰρ εἰκὸς ἦν αὐτοὺς μέγα φρονεῖν ἐπὶ τῷ τοὺς δαίμονας ἐλαύνειν, καὶ ἐντεῦθεν αὐτοὺς καταστέλλει. Ἀποκάλυψις γὰρ ἦν τὸ γινόμενον, οὐκ ἐκείνων σπουδή.

Διὸ καὶ οἱ γραμματεῖς καὶ οἱ σοφοὶ, συνετοὶ νομίζοντες εἶναι παρ' ἑαυτοῖς, ἐξέπεσον διὰ τὸν οἰκεῖον τῦφον. Οὐκοῦν εἰ διὰ τοῦτο [b] ἐξ αὐτῶν ἀπεκρύβη, φοβήθητε, φησὶ, καὶ ὑμεῖς, καὶ μείνατε νήπιοι. Τοῦτο γὰρ ὑμᾶς ἐποίησε τῆς ἀποκαλύψεως ἀπολαῦσαι, ὥσπερ οὖν καὶ [c] ἐκείνους τὸ ἐναντίον ἀποστερηθῆναι. Οὐδὲ γὰρ ὅταν
E λέγῃ, Ἀπέκρυψας, τοῦ Θεοῦ τὸ πᾶν εἶναί φησιν, ἀλλ'

[a] Alii μὴ δῶτε.

[b] ἐξ αὐτῶν. Hic etiam suspicatur Savilius legendum ἀπ' αὐτῶν, sed ἐξ αὐτῶν ferri posse videtur hic et supra.

[c] Morel. ἐκείνοις.

ὥσπερ ὅταν λέγῃ Παῦλος, ὅτι παρέδωκεν αὐτοὺς εἰς ἀδόκιμον νοῦν, καὶ ἐτύφλωσεν αὐτῶν τὰ νοήματα, οὐκ αὐτὸν εἰσάγων ταῦτα ἐνεργοῦντα τοῦτό φησιν, ἀλλ' ἐκείνους τοὺς τὴν αἰτίαν παρέχοντας· οὕτω καὶ ἐνταῦθά φησι τὸ, Ἀπεκάλυψας. Ἐπειδὴ γὰρ εἶπεν, Ἐξομολογοῦμαί σοι, ὅτι ἀπέκρυψας, καὶ ἀπεκάλυψας αὐτὰ νηπίοις, ἵνα μὴ νομίσῃς, ὅτι ὡς αὐτὸς ἀπε- [427] [A] στερημένος τῆς δυνάμεως ταύτης, καὶ μὴ δυνάμενος αὐτὸ κατορθῶσαι, οὕτως εὐχαριστεῖ, φησί· Πάντα μοι παρεδόθη ὑπὸ τοῦ Πατρός μου. Πρὸς δὲ τοὺς χαίροντας, ὅτι τὰ δαιμόνια αὐτοῖς ὑπακούει, τί γὰρ θαυμάζετε, φησὶν, ὅτι δαίμονες ὑμῖν ὑπείκουσι; Ἐμὰ πάντα ἐστὶ, Πάντα μοι παρεδόθη. Ὅταν δὲ ἀκούσῃς, Παρεδόθη, μηδὲν ἀνθρώπινον ὑποπτεύσῃς· ἵνα γὰρ μὴ δύο θεοὺς ἀγεννήτους νομίσῃς, ταύτην τὴν λέξιν τίθησιν. Ἐπεὶ ὅτι ὁμοῦ τε ἐγεννήθη καὶ πάντων Δεσπότης ἦν, πολλαχόθεν καὶ ἀλλαχόθεν δηλοῖ. Εἶτα λέγει τι καὶ τούτου μεῖζον, [a] ἀνοίγων σου τὴν διάνοιαν· Καὶ οὐδεὶς γινώσκει τὸν Υἱὸν, εἰ μὴ ὁ Πατήρ· καὶ [B] τὸν Πατέρα ἐπιγινώσκει, εἰ μὴ ὁ Υἱός. Καὶ δοκεῖ μὲν ἀπηρτῆσθαι τῶν ἔμπροσθεν τοῖς ἀγνοοῦσι, πολὺ δὲ ἔχει τὸ σύμφωνον. Ἐπειδὴ γὰρ εἶπε, Πάντα μοι παρεδόθη ὑπὸ τοῦ Πατρός μου, ἐπάγει· καὶ τί θαυμαστὸν, φησὶν, εἰ πάντων εἰμὶ Δεσπότης, ὅπου γε καὶ ἕτερόν τι μεῖζον ἔχω, τὸ εἰδέναι τὸν Πατέρα, καὶ τῆς αὐτῆς οὐσίας εἶναι; Καὶ γὰρ καὶ τοῦτο λανθανόντως δείκνυσιν ἐκ τοῦ [b] μόνον αὐτὸν οὕτως εἰδέναι. Ὅταν γὰρ εἴπῃ, Οὐδεὶς γινώσκει τὸν Πατέρα, εἰ μὴ ὁ Υἱὸς, τοῦτό φησιν. Καὶ ὅρα πότε λέγει ταῦτα. Ὅτε διὰ τῶν ἔργων τῆς δυνάμεως ἔλαβον αὐτοῦ τὴν ἀπόδειξιν, οὐχὶ [C] θαυματουργοῦντα ἰδόντες μόνον, ἀλλὰ καὶ ἐν τῷ ὀνόματι αὐτοῦ τοσαῦτα δυνηθέντες. Εἶτα, ἐπειδὴ εἶπεν, ὅτι Ἀπεκάλυψας αὐτὰ νηπίοις, δείκνυσι καὶ τοῦτο αὐτοῦ ὄν· Οὐδὲ γὰρ τὸν Πατέρα τις ἐπιγινώσκει, φησὶν, εἰ μὴ ὁ Υἱὸς, καὶ ᾧ ἂν βούληται ὁ Υἱὸς ἀποκαλύψαι· οὐχ ᾧ ἂν ἐπιτάττηται, οὐδὲ ᾧ ἂν κελεύηται. Εἰ δὲ ἐκεῖνον ἀποκαλύπτει, καὶ ἑαυτόν. Ἀλλὰ τοῦτο μὲν ὡς ὡμολογημένον ἀφῆκεν· ἐκεῖνο δὲ τέθεικε, καὶ πανταχοῦ τοῦτό φησιν, ὡς ὅταν λέγῃ· Οὐδεὶς δύναται πρὸς τὸν Πατέρα ἐλθεῖν, εἰ μὴ δι' ἐμοῦ. Διὰ δὲ τούτων καὶ ἄλλο κατασκευάζει, [c] τὸ σύμφωνος αὐτῷ εἶναι καὶ ὁμογνώμων. Τοσοῦτον γὰρ, φησὶν, ἀπέχω [D] τοῦ μάχεσθαι αὐτῷ καὶ πολεμεῖν, ὅτι οὐ δυνατὸν πρὸς ἐκεῖνον ἐλθεῖν τινα, εἰ μὴ δι' ἐμοῦ. Ἐπειδὴ γὰρ τοῦτο μάλιστα αὐτοὺς ἐσκανδάλιζε, τὸ δοκεῖν ἀντίθεον αὐτὸν εἶναι, διὰ πάντων τοῦτο ἀναιρεῖ, καὶ τῶν σημείων οὐκ ἔλαττον, ἀλλὰ καὶ πολλῷ πλέον περὶ τούτου ἐσπούδακεν. Ὅταν δὲ λέγῃ, Οὐδὲ τὸν Πατέρα τις ἐπιγινώ-

sed sicut cum Paulus dicit, *Tradidit eos in reprobum sensum, et excæcavit intelligentiam eorum*, non illum hæc omnia fecisse significat, sed illos qui causam præbuerunt : ita et hic illud ait, *Revelasti*. Quia enim dixit, *Confiteor tibi, quia abscondisti illis, et revelasti ea parvulis*, ne putes ipsum hac virtute privatum, cum illud efficere non posset, sic gratias agere adjicit : 27. *Omnia mihi tradita sunt a Patre meo*. Ad eos vero qui lætabantur, quod dæmones sibi parerent, Quid miramini, inquit, si dæmones vobis cedant? Omnia mea sunt, *Omnia mihi tradita sunt*. Cum autem audieris, *Mihi tradita sunt*, nihil humanum suspiceris. Ne enim duos non genitos deos existimes, hanc ponit dictionem. Nam quod simul genitus et omnium Dominus sit, sæpe alibi significat. Majus quidpiam deinde dicit, mentemque tuam aperit: *Et nemo novit Filium, nisi Pater; neque Patrem quis novit, nisi Filius*. Videtur autem iis, qui rem ignorant, hæc non hærere superioribus : at multa est inter hæc consonantia. Quia enim dixerat, *Omnia mihi tradita sunt a Patre meo*, subjungit : Ecquid mirum, si omnium sim Dominus, cum aliud majus habeam, quod Patrem cognoscam, et ejusdem cum eo substantiæ sim? Etenim hoc occultius significat ex eo quod solus ipsum cognoscat. Cum enim dicit, *Nemo novit Patrem nisi Filius*, hoc significat. Et vide quandonam hæc dicat. Cum nempe per opera ejus potentiam clare demonstratam haberent, cum non modo ipsum miracula patrantem vidissent, sed ipsi quoque in nomine ipsius tanta edere potuissent. Deinde, quia dixerat, *Revelasti ea parvulis*, ostendit hoc etiam ad se pertinere : nam ait, *Nemo novit Patrem, nisi Filius, et cui voluerit Filius revelare* : non cui præceperit, nec cui mandaverit. Quod si Patrem revelat, et seipsum quoque. Verum illud quidem quasi in confesso sit relinquit, hoc vero posuit, atque ubique dicit, ut cum ait : *Nemo potest venire ad Patrem, nisi per me*. Per hæc autem aliud quoque constituit, quod ejusdem cum illo sit voluntatis ac sententiæ. Tantum abest, inquit, ut cum illo pugnem, ut non possit quis ad illum venire, nisi per me. Quia enim id maxime illis offendiculo erat, quod videretur Deo adversarius esse, id per omnia confutat, nec minus hoc curabat quam signa edere, imo majus ea

Rom. 1. 28.

Filius ejusdem cum Patre substantiæ.

[a] Alii ἀνορθῶν σου τήν. [Mox Savil. in textu et Bibl. οὐδὲ τὸν π.] Infra quidam [cum Bibl.] ἐπιγινώσκει τις.

[b] Alii μόνον αὐτὸν ὄντως εἰδ. Paulo post quidam ὅρα τότε.

[c] Alii τὸ δεῖξαι ὅτι σύμφωνος αὐτῷ ἐστι.

in re studium impendebat. Cum porro dicit, *Neque Patrem quis novit, nisi Filius*, non indicat, illum omnes ignorare, sed neminem illam habere, quam ipse haberet, notitiam: quod etiam de Filio dicendum. Neque enim de ignoto et a nemine cognito deo hæc dicebat, ut Marcion asserit, sed accuratam hic subindicat cognitionem: nam ne Filium quidem cognoscimus ut nosse oportet: et hoc ipsum Paulus sic declarabat: *Ex parte cognoscimus, et ex parte prophetamus*. Deinde cum per ea quæ dixerat ipsis desiderium indidisset, suamque ineffabilem potentiam demonstrasset, tunc vocavit illos dicens: 28. *Venite ad me omnes qui laboratis et onerati estis, et ego reficiam vos*. Non hic et ille, sed omnes qui in sollicitudine, in tristitia, in peccatis estis. Venite, non ut pœnas expetam, sed ut peccata solvam; venite, non quod gloria vestra egeam, sed quod salutem vestram sitiam. *Ego*, inquit, *reficiam vos*. Non ait, Salvos faciam; sed quod multo magis est, In omni quiete constituam. 29. *Tollite jugum meum super vos, et discite a me, quia mitis sum et humilis corde; et invenietis requiem animabus vestris*. 30. *Jugum enim meum suave est, et onus meum leve*. Ne timeatis, inquit, cum jugum auditis: suave quippe est; ne formidetis quia dixi, onus: leve quippe est. Et quomodo supra dixit: *Angusta est porta, et arcta via?* Nempe si segnis sis, si remissus: ut si supra dicta perfeceris, leve erit onus; idcirco nunc illud hujusmodi esse dixit. Quomodo autem id perficitur? Si humilis fueris, mansuetus et modestus. Hæc quippe virtus mater est omnis philosophiæ. Quapropter leges divinas efferens, hinc incipit. Hic quoque rursum idipsum facit, magnamque ponit mercedem. Non tantum enim, inquit, alteri utilis eris, sed ante omnes tibi requiem paras. *Invenietis* enim *requiem animabus vestris*. Ante futura jam hic tibi dat mercedem, et bravium nunc præbet: atque hinc et quod seipsum det in exemplum, sermonem reddit acceptiorem.

Contra Marcionem.

1. Cor. 13. 12.

Matth. 7. 14.

Humilitas omnis philosophiæ mater.

σκει, εἰ μὴ ὁ Υἱὸς, οὐ τοῦτό φησιν, ὅτι πάντες αὐτὸν ἠγνόησαν, ἀλλ' ὅτι τὴν γνῶσιν, ἣν αὐτὸς αὐτὸν οἶδεν, [d] οὐδεὶς αὐτῶν ἐπίσταται· ὃ καὶ περὶ τοῦ Υἱοῦ ἔστιν εἰπεῖν. Οὐδὲ γὰρ περὶ ἀγνώστου τινὸς θεοῦ καὶ E μηδενὶ γενομένου γνωρίμου ταῦτα ἔφασκεν, ὥς φησιν ὁ Μαρκίων, ἀλλὰ τὴν ἀκριβῆ γνῶσιν ἐνταῦθα αἰνιττόμενος· ἐπεὶ οὐδὲ τὸν Υἱὸν ἴσμεν ὡς χρὴ εἰδέναι· καὶ τοῦτο γοῦν αὐτὸ Παῦλος δηλῶν ἔλεγεν· Ἐκ μέρους γινώσκομεν, καὶ ἐκ μέρους προφητεύομεν. Εἶτα καταστήσας διὰ τῶν εἰρημένων εἰς ἐπιθυμίαν αὐτοὺς, καὶ 428 δείξας αὐτοῦ τὴν δύναμιν ἄφατον, τότε καλεῖ λέγων· A Δεῦτε πρός με πάντες οἱ κοπιῶντες καὶ πεφορτισμένοι, κἀγὼ ἀναπαύσω ὑμᾶς. Οὐχ ὁ δεῖνα, καὶ ὁ δεῖνα, ἀλλὰ πάντες οἱ ἐν φροντίσιν, οἱ ἐν λύπαις, οἱ ἐν ἁμαρτίαις. Δεῦτε, οὐχ ἵνα ἀπαιτήσω εὐθύνας, ἀλλ' ἵνα λύσω τὰ ἁμαρτήματα· δεῦτε, οὐχ ἐπειδὴ δέομαι ὑμῶν τῆς δόξης, ἀλλ' ἐπειδὴ δέομαι ὑμῶν τῆς σωτηρίας. Ἐγὼ γὰρ, φησὶν, ἀναπαύσω ὑμᾶς. Οὐκ εἶπε, σώσω, μόνον· ἀλλὰ καὶ ὃ πολλῷ πλέον ἦν, ἐν ἀδείᾳ καταστήσω πάσῃ. Ἄρατε τὸν ζυγόν μου ἐφ' ὑμᾶς, καὶ μάθετε ἀπ' ἐμοῦ, ὅτι πρᾶός εἰμι καὶ ταπεινὸς τῇ καρδίᾳ· καὶ εὑρήσετε ἀνάπαυσιν ταῖς ψυχαῖς ὑμῶν. Ὁ γὰρ B ζυγός μου χρηστὸς, καὶ τὸ φορτίον μου ἐλαφρόν. * Μὴ γὰρ φοβηθῆτε, φησὶ, ζυγὸν ἀκούοντες· χρηστὸς γάρ ἐστι· μὴ δείσητε, ἐπειδὴ φορτίον εἶπον· ἐλαφρὸν γάρ ἐστι. Καὶ πῶς ἔμπροσθεν ἔλεγε· Στενὴ ἡ πύλη, καὶ τεθλιμμένη ἡ ὁδός; Ὅταν ῥάθυμος ᾖς, ὅταν ἀναπεπτωκώς· ὡς ἐὰν κατορθώσῃς τὰ εἰρημένα, ἐλαφρὸν ἔσται τὸ φορτίον· διὸ καὶ νῦν αὐτὸ τοιοῦτον ἐκάλεσε. Πῶς δὲ κατορθοῦται; Ἂν ταπεινὸς γένῃ καὶ πρᾶος καὶ ἐπιεικής. Αὕτη γὰρ μήτηρ ἐστὶν ἡ ἀρετὴ φιλοσοφίας ἁπάσης. Διὸ καὶ ἀρχόμενος τῶν θείων ἐκείνων νόμων, ἐντεῦθεν ἤρξατο. Καὶ ἐνταῦθα πάλιν τὸ αὐτὸ τοῦτο ποιεῖ, καὶ μέγιστον τίθησι τὸ ἔπαθλον. Οὐ γὰρ ἑτέρῳ C [a] γίνῃ χρήσιμος μόνον, ἀλλὰ καὶ σαυτὸν πρὸ πάντων ἀναπαύεις, φησίν. Εὑρήσετε γὰρ ἀνάπαυσιν ταῖς ψυχαῖς ὑμῶν. Καὶ πρὸ τῶν μελλόντων ἐντεῦθεν δίδωσί σοι τὴν ἀμοιβὴν, καὶ τὸ βραβεῖον ἤδη παρέχει, καὶ ταύτῃ καὶ τῷ ἑαυτὸν ὑπόδειγμα θεῖναι εἰς μέσον εὐπαράδεκτον ποιῶν τὸν λόγον.

3. Quid enim times? inquit; ne minor habearis si sis humilis? Me respice et mea omnia a me discito, et tunc clare scies quantum sit bonum. Viden' quomodo omni ex parte ipsos inducat ad humilitatem? A quibus ipse fecit: *Discite*, inquit, *a me, quia mitis sum;* ab iis quæ ipsi lucraturi sunt: nam, *Invenietis*, inquit,

Τί γὰρ δέδοικας; φησί· μὴ ἐλαττωθῇς ταπεινὸς ὤν; Ἐμὲ σκόπει, καὶ τὰ ἐμὰ πάντα ἀπ' ἐμοῦ μάνθανε, καὶ τότε εἴσῃ σαφῶς, ἡλίκον τὸ ἀγαθόν. Ὁρᾷς πῶς διὰ πάντων αὐτοὺς ἐνάγει εἰς τὴν ταπεινοφροσύνην; Ἀφ' ὧν ἐποίησε· Μάθετε γὰρ ἀπ' ἐμοῦ, ὅτι πρᾶός εἰμι· ἀφ' ὧν αὐτοὶ κερδαίνειν μέλλουσιν· Εὑρήσετε D γὰρ, φησὶν, ἀνάπαυσιν ταῖς ψυχαῖς ὑμῶν· ἀφ' ὧν αὐ-

[d] Savil. οὐδεὶς αὐτῶν. Morel. οὐδεὶς αὐτόν. Utraque lectio ferri potest.

* [Savil. μὴ τοίνυν φοβ.]

[a] Morel. γίνῃ.

τοῖς χαρίζεται· Ἀναπαύσω γὰρ ὑμᾶς κἀγὼ, φησίν· ἀφ' ὧν κοῦφον αὐτὸ κατεσκεύασεν· Ὁ ζυγός μου χρηστὸς, καὶ τὸ φορτίον μου ἐλαφρόν ἐστιν. Οὕτω καὶ Παῦλος πείθει λέγων· Τὸ γὰρ παραυτίκα ἐλαφρὸν τῆς θλίψεως καθ' ὑπερβολὴν εἰς ὑπερβολὴν αἰώνιον βάρος δόξης κατεργάζεται. Καὶ πῶς ἐλαφρὸν, φησὶ, τὸ φορτίον, ὅταν λέγῃ· Ἐὰν μή τις μισήσῃ πατέρα καὶ μητέρα· καὶ, Ὃς [b] οὐ λαμβάνει τὸν σταυρὸν αὐτοῦ, καὶ ἀκολουθεῖ μοι, οὐκ ἔστι μου ἄξιος· καὶ, Ὃς οὐκ ἀποτάσσεται πᾶσιν αὐτοῦ τοῖς ὑπάρχουσιν, οὐ δύναταί μου εἶναι μαθητής· ὅταν κελεύῃ καὶ [c] αὐτὴν ἀποστρέφεσθαι τὴν ψυχήν; Διδασκέτω σε Παῦλος λέγων· Τίς ἡμᾶς χωρίσει ἀπὸ τῆς ἀγάπης τοῦ Χριστοῦ; θλῖψις; ἢ στενοχωρία; ἢ διωγμός; ἢ λιμός; ἢ γυμνότης; ἢ κίνδυνος; ἢ μάχαιρα; καὶ ὅτι Οὐκ ἄξια τὰ παθήματα τοῦ νῦν καιροῦ πρὸς τὴν μέλλουσαν δόξαν ἀποκαλυφθῆναι εἰς ἡμᾶς. Διδασκέτωσάν σε οἱ ἐκ τοῦ συνεδρίου τῶν Ἰουδαίων μετὰ μυρίας μάστιγας ὑποστρέφοντες, καὶ Χαίροντες, ὅτι κατηξιώθησαν ὑπὲρ τοῦ ὀνόματος τοῦ Χριστοῦ ἀτιμασθῆναι. Εἰ δὲ ἔτι δέδοικας καὶ φρίττεις, τὸν ζυγὸν καὶ τὸ φορτίον ἀκούων, οὐ τῆς φύσεως τοῦ πράγματος ὁ φόβος, ἀλλὰ τῆς σῆς ῥαθυμίας· ὡς ἂν ᾖς παρεσκευασμένος καὶ προθυμίαν ἔχων, πάντα σοι ῥᾴδια ἔσται καὶ κοῦφα. Διὰ γὰρ τοῦτο καὶ ὁ Χριστὸς δεικνὺς, ὅτι δεῖ καὶ ἡμᾶς αὐτοὺς πονεῖν, οὐ τὰ χρηστὰ μόνον εἶπε, καὶ ἐσίγησεν, οὐδὲ τὰ φορτικὰ μόνον, ἀλλ' ἑκάτερα τέθεικε. Καὶ γὰρ ζυγὸν εἶπε, καὶ χρηστὸν ἐκάλεσε, καὶ φορτίον ὠνόμασε, καὶ ἐλαφρὸν προσέθηκεν· ἵνα μήτε ὡς ἐπίπονα φύγῃς, μήτε ὡς σφόδρα εὔκολα καταφρονῇς. Εἰ δὲ καὶ μετὰ ταῦτα πάντα δύσκολον ἡ ἀρετὴ εἶναί σοι δοκεῖ, ἐννόησον ὅτι δυσκολώτερον ἡ κακία, ὅπερ οὖν καὶ αὐτὸ αἰνιττόμενος, οὐ πρότερον εἶπε, Λάβετε τὸν ζυγόν μου, ἀλλὰ πρῶτον, Δεῦτε οἱ κοπιῶντες καὶ πεφορτισμένοι, δεικνὺς ὅτι ἡ ἁμαρτία κόπον ἔχει, καὶ φορτίον ἐστὶ βαρὺ καὶ δυσβάστακτον. Οὐδὲ γὰρ, Κοπιῶντες, εἶπε μόνον, ἀλλὰ καὶ, Πεφορτισμένοι. Καὶ τοῦτο καὶ ὁ προφήτης ἔλεγε, τὴν φύσιν αὐτῆς ὑπογράφων· Ὡσεὶ φορτίον βαρὺ ἐβαρύνθησαν ἐπ' ἐμέ. Καὶ ὁ Ζαχαρίας δὲ ὑπογράφων αὐτὴν, μολίβδου τάλαντον αὐτὴν εἶναί φησι. Καὶ τοῦτο καὶ ἡ πεῖρα αὐτὴ δείκνυσιν. Οὐδὲν γὰρ οὕτω βαρεῖ ψυχὴν, οὐδὲν οὕτω πηροῖ διάνοιαν [a] καὶ πιέζει κάτω, ὡς ἁμαρτίας συνειδός· οὐδὲν οὕτω πτεροῖ καὶ μετέωρον ποιεῖ, ὡς δικαιοσύνης κτῆσις καὶ ἀρετῆς. Σκόπει δέ. Τί φορτικώτερον, εἰπέ μοι, τοῦ μηδὲν κεκτῆσθαι; τοῦ στρέψαι τὴν σιαγόνα, καὶ τυπτόμενον μὴ ἀντιτύπτειν; τοῦ ἀποθανεῖν βιαίῳ θανάτῳ; Ἀλλ' ὅμως ἐὰν φιλοσοφῶμεν, πάντα ταῦτα

requiem animabus vestris; ab iis quæ ipsis
largitur: *Reficiam vos*, inquit; ab eo quod onus
leve effecerit: *Jugum enim meum suave est, et*
onus meum leve. Ita et Paulus suadet dicens:
Momentaneum et leve tribulationis, mire et 2. Cor. 4.
supra modum æternum gloriæ pondus operatur. 17.
Et quomodo leve est onus, inquies, cum dicat:
Nisi quis odio habuerit patrem et matrem; et, Luc. 14. 26.
Qui non tollit crucem suam, et sequitur me, 27. 33.
non est me dignus; et, *Qui non renuntiat*
E *omnibus quæ possidet, non potest meus esse*
discipulus; cum jubeat ipsam quoque animam
odio habere? Te Paulus doceat dicens: *Quis* Rom. 8. 35.
nos separabit a caritate Christi? tribulatio?
an angustia? an persecutio? an fames? an
nuditas? an periculum? an gladius? et, *Non*
sunt condignæ passiones hujus temporis ad
futuram gloriam, quæ revelabitur in nobis.
429 Doceant te qui a consessu Judæorum post mille
A verbera redibant *Gaudentes, quia digni habiti* Act. 5. 41.
fuerant pro nomine Christi contumeliam pati.
Quod si adhuc times et formidas, jugum et onus audiens, non a natura rei timor oritur, sed a tua segnitie; ita ut si sis paratus et diligens, omnia tibi facilia et levia futura sint. Quapropter et Christus ostendens nobis esse laborandum, non suavia tantum posuit, neque onerosa solum, sed utraque. Nam et jugum posuit, et suave illud vocavit, et onus nominavit, addiditque leve; ne illa ut laboriosa fugias, neve ut admodum facilia
B despicias. Quod si post hæc omnia difficilis virtus esse tibi videtur, cogita difficiliorem esse nequitiam, quod ipsum subindicans, non primo dixit, *Tollite jugum meum*, sed præmisit, *Venite qui laboratis et onerati estis*, declarans peccatum labori esse obnoxium, et onus esse grave ac gestatu difficile. Neque enim laborantes solum dixit, sed etiam oneratos. Hoc etiam propheta dicebat,
ejus naturam describens: *Sicut onus grave gra-* Psal. 37. 5.
vatæ sunt super me. Illud quoque describens
Zacharias, ait ipsum plumbi talentum esse. Id- Zach. 5. 7.
ipsumque experientia declarat. Nihil enim ita
C aggravat animam, ita mentem excæcat ac deprimit, ut conscientia peccati; nihil illam voluntatem ita sublimem efficit, ut justitiæ ac virtutis possessio. Animum, quæso, adhibe. Quid onerosius, quam nihil possidere, vertere aliam maxillam, percutienti non vicem reddere, mori violenta

[b] Alii οὐκ αἴρει τὸν σταυρόν.
[c] Alii αὐτὴν ἐκδιδόναι.

[a] Quidam Mss. καὶ καθέλκει κάτω ὡς ἁμαρτία καὶ οὐδέν.

morte? Attamen si philosophemur, hæc omnia levia et facilia sunt, voluptatemque pariunt. Sed ne turbemini, eorum singula exploremus et tractemus, et, si vultis, primo id quod plurimis laboriosum esse videtur. Utrum, quæso te, grave et laboriosum videtur, unum ventrem curare, an mille sollicitudinibus involvi? uno vestimento indui hominem, et nihil ultra quærere, an multa intus habentem die nocteque cruciari, in eorum custodia timentem, trementem, anxium, ne a tineis corrodantur, neu servus cum illis aufugiat? Verum quantalibet dixero, tale nihil, quale rerum experientia, depingere valeam. Quare vellem adesse quemdam eorum, qui summum philosophiæ apicem attigerunt, et tunc clare rei voluptatem perciperes. Et nemo eorum qui paupertatem amant, divitias etiam oblatas acciperet. Et hi, inquies, an pauperes umquam fieri vellent, et possessionum curam abjicere? Et quid hoc est? Argumentum certe stultitiæ et gravissimi morbi, nec rei jucunditatem declarans.

4. Cujus rei nobis testes fuerint ii, qui quotidie de his sollicitudinibus lamentantur, et vitam hujusmodi non vitalem esse putant. At illi non tales sunt, sed rident, exsultant, nec minus de paupertate, quam reges de diademate gloriantur. Rursum maxillam percutienti offerre, quam percutere, levius et jucundius est, si attendas: nam illinc initium belli, hinc ejus solutio provenit; et illo quidem modo alterius rogum accendisti, hoc autem flammam tuam exstinxisti. Quod autem non uri dulcius sit, quam uri, nemini non notum est. Quod si res in corporeis ita se habeat, multo magis in iis quæ ad animam spectant. Quid autem levius est, pugnare, an coronari? pugilatum exercere, an bravium tenere? fluctibus obsistere, an in portu solvere? Certe etiam mori melius est, quam vivere. Mors enim ex fluctibus et ex periculis educit; vita vero in periculis constituit, et obnoxium reddit mille insidiis et necessitatibus, ob quas ingratam vitam existimes. Quod si dictis non credas, audi eos qui certaminum tempore viderunt vultus martyrum, quomodo, dum flagellarentur et cæde-

κοῦφα καὶ ῥᾴδια, καὶ ἡδονῆς ποιητικά. Ἀλλὰ μὴ θορυβηθῆτε, ἀλλ' ἕκαστον αὐτῶν μετὰ ἀκριβείας ἐξετάσωμεν μεταχειρίσαντες, καὶ, εἰ βούλεσθε, τὸ πρῶτον
καὶ τὸ πολλοῖς ἐπίπονον εἶναι δοκοῦν. Πότερον οὖν,
εἰπέ μοι, βαρὺ καὶ ἐπαχθὲς, [b] τὸ μίαν γαστέρα μεριμνᾷν, ἢ τὸ μυρίων φορτίων φροντίζειν; τὸ ἓν περι-
D βεβλῆσθαι ἱμάτιον καὶ μηδὲν πλέον ἐπιζητεῖν, ἢ τὸ
πολλὰ ἔνδον ἔχοντα καθ' ἑκάστην ἡμέραν καὶ νύκτα
κόπτεσθαι, δεδοικότα, τρέμοντα ὑπὲρ τῆς αὐτοῦ φυλακῆς, ἀλγοῦντα, καὶ ἀγχόμενον ὑπὲρ τῆς ζημίας,
μὴ σητόβρωτον γένηται, μὴ οἰκέτης ἀφελόμενος
ἀπέλθῃ; Πλὴν ἀλλ' ὅσα ἂν εἴπω, οὐδὲν παραστήσει
ὁ λόγος τοιοῦτον, οἷον ἡ τῶν πραγμάτων πεῖρα. Διὸ
ἐβουλόμην τινὰ τῶν εἰς ἐκείνην φθασάντων [c] τὴν κορυφὴν τῆς φιλοσοφίας παρεῖναι ἡμῖν, καὶ τότε σαφῶς
ἂν εἶδες τοῦ πράγματος τὴν ἡδονήν. Καὶ οὐδεὶς ἂν
ἐδέξατο ἐκείνων τῶν ἐρώντων ἀκτημοσύνης, μυρίων
παρεχόντων πλουτεῖν. Οὗτοι δὲ ἐδέξαντο ἄν ποτε γε-
E νέσθαι πένητες, φησὶ, καὶ ῥῖψαι τὰς φροντίδας ἃς
ἔχουσι; Καὶ τί τοῦτο; Τῆς γὰρ ἀνοίας αὐτῶν καὶ τοῦ
χαλεποῦ νοσήματος τοῦτο δεῖγμα, οὐ τοῦ τὸ πρᾶγμα
ἥδιστον εἶναι.

420 Καὶ τοῦτο καὶ αὐτοὶ μαρτυρήσαιεν ἂν ἡμῖν οἱ καθ'
A ἑκάστην ἡμέραν ἐπὶ ταύταις ἀποδυρόμενοι ταῖς φροντίσι, καὶ τὸν βίον ἀβίωτον εἶναι νομίζοντες. Ἀλλ'
οὐκ ἐκεῖνοι οὕτως, ἀλλὰ γελῶσι, σκιρτῶσι, καὶ τῶν
τὸ διάδημα περικειμένων μᾶλλον ἐπὶ τῇ πενίᾳ καλλω-
πίζονται. Πάλιν τὸ στρέψαι τὴν σιαγόνα τοῦ πλῆξαι
ἕτερον κουφότερον τῷ προσέχοντι· ἐκεῖ μὲν γὰρ ἀρχὴν
ὁ πόλεμος λαμβάνει, ἐνταῦθα δὲ λύσιν· καὶ ἐκείνῳ
μὲν καὶ τὴν ἑτέρου πυρὰν ἀνῆψας, τούτῳ δὲ καὶ τὴν
σαυτοῦ φλόγα ἔσβεσας. Ὅτι δὲ τὸ μὴ καίεσθαι τοῦ
καίεσθαι ἥδιον, παντί που δῆλόν ἐστιν. Εἰ δὲ ἐπὶ σωμάτων τοῦτο, πολλῷ μᾶλλον ἐπὶ ψυχῆς. Τί δὲ κου-
B φότερον, ἀγωνίζεσθαι, ἢ στεφανοῦσθαι; πυκτεύειν,
ἢ τὸ βραβεῖον ἔχειν; καὶ κυμάτων ἀνέχεσθαι, ἢ εἰς
λιμένα [a] καταίρειν; Οὐκοῦν καὶ τὸ ἀποθανεῖν τοῦ ζῆν
βέλτιον. Τοῦτο μὲν γὰρ ἐξάγει τῶν κλυδώνων καὶ τῶν
κινδύνων· ἐκεῖνο δὲ τίθησι, καὶ ὑπεύθυνον ποιεῖ μυρίαις ἐπιβουλαῖς καὶ ἀνάγκαις, δι' ἃς ἀβίωτον εἶναι
τὸν βίον ἐνόμισας. Εἰ δὲ ἀπιστεῖς τοῖς λεγομένοις,
ἄκουσον τῶν ἑωρακότων τὰ πρόσωπα τῶν μαρτύρων ἐν
τῷ καιρῷ τῶν ἀγώνων, πῶς μαστιζόμενοι, καὶ ξεόμε-
νοι, περιχαρεῖς ἦσαν καὶ φαιδροὶ, καὶ τῶν ἐπὶ ῥοδωνιᾶς

[b] Alii τὸ μιᾶς γαστρὸς μεριμνᾷν.

[c] Morel. τὴν ἀρετὴν τῆς φιλοσοφίας. Infra vero, οὗτοι δὲ ἐδέξαντο, etc. Hujus loci sensus sic plenius explicatur: *Tu dicis, eos, qui paupertatem sponte sectantur, tantum in rerum omnium penuria voluptatem percipere, ut ne oblatas quidem divitias umquam sint accepturi. At divites quoque ita delectantur in opibus suis, ut numquam patiantur eas sibi adimi, quo se a sollicitudine servandæ pecuniæ exonerent.* Ibidem alii τὴν ἡδονήν, καὶ οὐκ ἄν τις ἀνεδέξατο ἐκείνων, et paulo post οὗτοι δὲ κατεδέξαντο.

[a] Alii et Morel. καρτερεῖν. Mox quidam κλυδωνίων, et ibid. ἐκεῖνο δὲ προστίθησι.

**κατακεκλιμένων ἐπὶ τηγάνων προκείμενοι μᾶλλον ἔχαι-
ρον καὶ εὐφραίνοντο. Διὸ καὶ Παῦλος ἔλεγε, μέλλων ἐντεῦθεν ἀπιέναι καὶ καταλύειν βιαίῳ θανάτῳ τὴν ζωήν·
C Χαίρω καὶ συγχαίρω πᾶσιν ὑμῖν· τὸ δὲ αὐτὸ καὶ ὑμεῖς**
χαίρετε καὶ συγχαίρετέ μοι. Εἶδες μεθ' ὅσης ὑπερβολῆς τὴν οἰκουμένην ἅπασαν ἐπὶ τὴν κοινωνίαν [b] τῆς
εὐφροσύνης καλεῖ; Οὕτω μέγα ἀγαθὸν ᾔδει τὴν ἐντεῦθεν ἀποδημίαν οὖσαν· οὕτω ποθεινὸν τὸν αὐτὸν καὶ
φοβερὸν θάνατον, καὶ ἐπέραστον, καὶ εὐχῆς ἄξιον.
Ἀλλ' ὅτι μὲν ἡδὺς καὶ κοῦφος ὁ τῆς ἀρετῆς ζυγὸς, καὶ
ἑτέρωθεν πολλαχόθεν δῆλον. Λοιπὸν δὲ, εἰ δοκεῖ, καὶ
τῆς ἁμαρτίας ἴδωμεν τὰ φορτία. Οὐκοῦν καὶ τοὺς
πλεονέκτας εἰς μέσον ἀγάγωμεν, τοὺς καπήλους καὶ
παλιγκαπήλους τῶν [c] ἀναισχύντων συμβολαίων. Τί
οὖν φορτικώτερον τῆς τοιαύτης πραγματείας γένοιτ'
ἄν; πόσαι λῦπαι, πόσαι φροντίδες, πόσα προσκρού-
D σματα, πόσοι κίνδυνοι, πόσαι ἐπιβουλαὶ καὶ πόλεμοι
καθ' ἑκάστην ἡμέραν τούτοις φύονται τοῖς κέρδεσι;
πόσοι θόρυβοι καὶ ταραχαί; Ὥσπερ γὰρ τὴν θάλατταν οὐκ ἔστιν ἰδεῖν ποτε κυμάτων χωρὶς, οὕτως οὐδὲ
τὴν τοιαύτην ψυχὴν φροντίδος, καὶ ἀθυμίας, καὶ φόβου, καὶ ταραχῆς ἐκτὸς, ἀλλὰ τὰ πρότερα καταλαμ-
βάνει τὰ δεύτερα, καὶ πάλιν ἕτερα ἔπεισι, καὶ τούτων
οὐδέπω παυομένων ἕτερα κορυφοῦται. Ἀλλὰ τῶν λοι-
δόρων καὶ τῶν ἀκροχόλων βούλει τὰς ψυχὰς ἰδεῖν; Καὶ
E τί τῆς βασάνου ταύτης χεῖρον; τί τῶν τραυμάτων ὧν
ἔχουσιν ἔνδον; τί τῆς καμίνου τῆς διηνεκῶς καιομένης,
καὶ τῆς φλογὸς τῆς μηδέποτε σβεννυμένης; [d] Ἀλλὰ τῶν
φιλοσωμάτων καὶ τῇ παρούσῃ προστετηκότων ζωῇ;
Καὶ τί ταύτης τῆς δουλείας χαλεπώτερον; Τὸν τοῦ
431 Κάϊν βίον ζῶσι, τρόμῳ διηνεκεῖ συζῶντες καὶ φόβῳ,
A καὶ καθ' ἕκαστον τῶν τελευτώντων, μᾶλλον τῶν ἐκείνοις προσηκόντων, τὴν οἰκείαν θρηνοῦντες τελευτήν.
Τί δὲ τῶν πεφυσιωμένων ταραχωδέστερόν τε καὶ μανικώτερον; Μάθετε γὰρ, φησὶν, ἀπ' ἐμοῦ, ὅτι πρᾶός
εἰμι καὶ ταπεινὸς τῇ καρδίᾳ, καὶ εὑρήσετε ἀνάπαυσιν
ταῖς ψυχαῖς ὑμῶν. Ἁπάντων γὰρ μήτηρ τῶν ἀγαθῶν
ἡ ἀνεξικακία. Μὴ τοίνυν φοβηθῇς, μηδὲ ἀποπηδήσῃς
τὸν ἁπάντων σε [a] τούτων κουφίζοντα ζυγὸν, ἀλλ'
ὕπελθε μετὰ προθυμίας ἁπάσης αὐτὸν, καὶ τότε αὐτοῦ
εἴσῃ σαφῶς τὴν ἡδονήν. Οὐδὲ γὰρ τρίβει σου τὸν
αὐχένα, ἀλλ' εὐταξίας ἕνεκεν ἐπίκειται μόνης, καὶ
B τοῦ πεῖσαι βαδίζειν εὔρυθμα, καὶ πρὸς τὴν βασιλικὴν σε ὁδὸν ἀγαγεῖν, καὶ τῶν ἑκατέρωθεν ἀπαλλάξαι
κρημνῶν, καὶ ποιῆσαι μετ' εὐκολίας τὴν στενὴν βαδίσαι ὁδόν. Ἐπεὶ οὖν τοσαῦτα αὐτοῦ τὰ ἀγαθὰ, τοσαύτη ἡ ἀσφάλεια, τοσαύτη ἡ εὐφροσύνη, [b] πάσῃ

**rentur, læti et hilares erant: magisque gaudebant
et lætabantur in sartaginem immissi, quam ii
qui in rosario reclinantur. Ideoque Paulus violenta morte vitam clausurus et abscessurus, dice-**
bat: *Gaudeo et congaudeo vobis omnibus; et* Philipp. 2. 17. 18.
vos pariter gaudete et congaudete mihi. Vides
quanta cum animi celsitudine totum orbem ad
gaudii sui consortium vocet? Tantum esse bonum
hinc discedere putabat; ita optabilem mortem
illam terribilem, ita amabilem et desiderandam.
Sed quod virtutis jugum sit dulce ac leve, multa
alia declarant. Demum, si placet, peccati onera
videamus. Avaros itaque in medium adducamus,
illos nempe qui impudentes fœnora tractant et
retractant. Quid ergo onerosius tali negotiatione
fuerit? quot dolores, quot sollicitudines, quot
scopuli, quot pericula, quot insidiæ et bella quotidie ex hoc lucro oriuntur? quot turbæ et tumultus? Quemadmodum enim mare numquam sine
fluctibus videas, sic nec hujusmodi animum sine
cura, mœrore, timore ac perturbatione, sed priora a sequentibus excipiuntur, hæc ab aliis,
quibus nondum sedatis alia insurgunt. Visne Iracundus quam cruciatur.
contumeliosi et iracundi animum dispicere? Quid
hujusmodi cruciatu pejus? quid acrius intestinis
vulneribus? quid ferventius fornace illa semper
ardente, et flamma illa quæ numquam exstinguitur? Si ad illos te convertas qui corporum formas depereunt et præsenti vitæ addicti sunt,
quid hac servitute gravius? Caini vitam illi ducunt, in timore tremoreque perpetuo degunt, et
si qui ex amatis moriantur, magis quam propinqui et cognati illorum obitum lugent. Quid porro
turbulentius ferociusque superbis? *Discite*, inquit,
*a me, quia mitis sum et humilis corde, et in-
venietis requiem animabus vestris.* Omnium Omnium bonorum mater clementia.
quippe bonorum mater est clementia. Ne itaque
timeas, neque resilias a jugo illo, quo ab his
omnibus eripieris; sed illud alacriter subeas, et
ejus voluptatem tunc experieris. Neque enim cer-
vicem tuam atteret, sed ideo impositum est, ut
bonus servetur ordo, ut te concinne incedere doceat,
et ad regiam viam ducat, atque a præcipitiis hinc
et inde positis liberet, ut angustam viam facile
emetiaris. Quoniam igitur tot tantaque bona subministrat, tantam securitatem, tantam lætitiam,
toto animo, totoque studio hoc jugum trahamus;

b Aliqui τῆς σωφροσύνης, et paulo post τὸν αὐτὸν οὕτω φοβερόν.

c Alii et Morel. ἀναισχυντίας συμβολαίων. τί οὖν φορτικώτερον τῆς τοιαύτης ἁμαρτίας.

d Morel. ἀλλὰ τί τῶν φιλ.

a Aliqui τούτων κουφίζων.

b Alii πάσῃ προθυμίᾳ, πάσῃ σπουδῇ.

ut et hic inveniamus requiem animabus nostris, et futura consequamur bona, gratia et benignitate Domini nostri Jesu Christi, cui gloria et imperium, nunc et semper, et in sæcula sæculorum. Amen.

ψυχῇ, πάσῃ σπουδῇ τοῦτον ἕλκωμεν τὸν ζυγόν· ἵνα καὶ ἐνταῦθα ἀνάπαυσιν εὕρωμεν ταῖς ψυχαῖς ἡμῶν, καὶ τῶν μελλόντων ἐπιτύχωμεν ἀγαθῶν, χάριτι καὶ φιλανθρωπίᾳ τοῦ Κυρίου ἡμῶν Ἰησοῦ Χριστοῦ, ᾧ ἡ δόξα καὶ τὸ κράτος, νῦν καὶ ἀεὶ, καὶ εἰς τοὺς αἰῶνας τῶν αἰώνων. Ἀμήν.

HOMILIA XXXIX. al. XL.

C

ΟΜΙΛΙΑ λθ'.

Cap. XII. v. 1. *In illo tempore abiit Jesus sabbato per sata: discipuli autem ejus esurientes cœperunt vellere spicas et manducare.* 2. *Pharisæi autem videntes dixerunt ei: Ecce discipuli tui faciunt quod non licet facere in sabbato.* 3. *Dixit autem eis: Non legistis quid fecerit David cum esurivit ipse et qui cum illo erant?* 4. *quomodo ingressus est in domum Dei, et panes propositionis comedit, quos non licebat ei comedere, neque iis qui cum illo erant, sed solis sacerdotibus?*

Ἐν ἐκείνῳ τῷ καιρῷ ἐπορεύθη ὁ Ἰησοῦς τοῖς σάββασι διὰ τῶν σπορίμων· οἱ δὲ μαθηταὶ αὐτοῦ ἐπείνασαν, καὶ ἤρξαντο τίλλειν στάχυας καὶ ἐσθίειν. Οἱ δὲ Φαρισαῖοι ἰδόντες εἶπον αὐτῷ· ἰδοὺ οἱ μαθηταί σου ποιοῦσιν ὃ οὐκ ἔξεστι ποιεῖν ἐν σαββάτῳ. Ὁ δὲ εἶπεν αὐτοῖς· οὐκ ἀνέγνωτε τί ἐποίησεν ὁ Δαυὶδ, ὅτε ἐπείνασεν αὐτὸς, καὶ οἱ μετ' αὐτοῦ; πῶς εἰσῆλθεν εἰς τὸν οἶκον τοῦ Θεοῦ, καὶ τοὺς ἄρτους τῆς D προθέσεως ἔφαγεν, οὓς οὐκ ἐξὸν ἦν αὐτῷ φαγεῖν, οὐδὲ τοῖς μετ' αὐτοῦ, εἰ μὴ τοῖς ἱερεῦσι μόνοις;

Luc. 6. 1. 1. Lucas vero ait, *In sabbato secundo primo.* Quid autem est secundum primum? Quando duplices feriæ erant, et sabbati Domini, et alterius festi succedentis. Sabbatum enim quaslibet ferias et quietem appellabant. Et cur illuc eos duxit, qui omnia præsciebat, nisi voluisset solvi sabbatum? Volebat quidem, sed non sine causa; ideoque numquam sine causa solvit ipsum, sed ex occasione quadam congruenti; ut et legem abrogaret, et illi non offenderentur. Est etiam cum illud solvit, nulla oblata occasione; ut cum oculos cæci luto inunxit; et cum dicit: *Pater meus usque modo operatur, et ego operor.* Illud vero facit tum ut hoc modo glorificet Patrem suum, tum ut illa ratione imbecillitati consulat Judæorum. Id quod etiam hoc loco facit, naturæ necessitatem obtendens: quamquam eorum, quæ peccata esse in confesso est, nulla possit esse defensio. Neque enim homicida iram in excusationem obtendere possit, neque mœchus concupiscentiam, neque aliam quamvis causam: hic vero cum famem objecit, omni illos crimine liberavit. Tu vero mihi hic discipulos mirare, sic egentes et nullam corporearum rerum curam habentes;

Christus quomodo sabbatum solvit.

Joan. 5. 17.

Ὁ δὲ Λουκᾶς φησιν, [c] Ἐν σαββάτῳ δευτεροπρώτῳ. Τί δέ ἐστι δευτερόπρωτον; Ὅταν διπλῆ ἡ ἀργία ᾖ, καὶ τοῦ σαββάτου τοῦ Κυρίου, καὶ ἑτέρας ἑορτῆς διαδεχομένης. Σάββατον γὰρ ἑκάστην ἀργίαν καλοῦσι. Καὶ τί δήποτε ἐκεῖθεν αὐτοὺς ἤγαγεν ὁ πάντα προειδὼς, εἰ μὴ ἐβούλετο λυθῆναι τὸ σάββατον; Ἐβούλετο E μὲν, ἀλλ' οὐχ ἁπλῶς· διόπερ οὐδέποτε χωρὶς αἰτίας αὐτὸ λύει, ἀλλὰ διδοὺς προφάσεις εὐλόγους, ἵνα καὶ τὸν νόμον ἀναπαύσῃ, καὶ ἐκείνους μὴ πλήξῃ. Ἔστι δ' ὅπου καὶ προηγουμένως αὐτὸ λύει, οὐ μετὰ περιστάσεως· ὡς [d] ὅταν τῷ πηλῷ χρίῃ τοὺς ὀφθαλμοὺς τοῦ τυφλοῦ· ὡς ὅταν λέγῃ· Ὁ Πατήρ μου ἕως ἄρτι ἐργάζεται, κἀγὼ ἐργάζομαι. Ποιεῖ δὲ ταῦτα τούτῳ μὲν δο- 432 A ξάζων τὸν ἑαυτοῦ Πατέρα, ἐκείνῳ δὲ τὴν ἀσθένειαν τῶν Ἰουδαίων παραμυθούμενος. Ὃ δὴ καὶ ἐνταῦθα κατασκευάζει, τὴν τῆς φύσεως ἀνάγκην προβαλλόμενος· καίτοι γε καὶ ἐπὶ τῶν ἁμαρτημάτων τῶν ὡμολογημένων οὐκ ἂν γένοιτό ποτε ἀπολογία. Οὔτε γὰρ ὁ φονεύων τὸν θυμὸν ἂν σχοίη προβαλέσθαι, οὔτε ὁ μοιχεύων τὴν ἐπιθυμίαν, μᾶλλον δὲ οὐδὲ ἄλλην αἰτίαν οὐδεμίαν εἰπεῖν· ἐνταῦθα δὲ τὴν πεῖναν εἰπὼν, παντὸς ἀπήλλαξεν αὐτοὺς ἐγκλήματος. Σὺ δέ μοι θαύμασον τοὺς μαθητὰς, τοὺς οὕτω συνεσταλμένους καὶ μηδένα τῶν σωματικῶν ποιουμένους λόγον, ἀλλὰ πάρεργον τι-

[c] Ἐν σαββάτῳ δευτεροπρώτῳ. De Sabbato secundo primo magna et difficilis est quæstio, quam vide apud Scaligerum in Canon. Isagog. lib. 3, p. 224, 2 edit. et in Synopsi Criticorum ad hunc locum.

[d] Morel. ὅταν τὸν πηλὸν χρίῃ.

θεμένους τὴν τῆς σαρκὸς τράπεζαν, [a] καὶ λιμῷ ἀγχομένους διηνεκεῖ, καὶ οὐδὲ οὕτως ἀφισταμένους. Εἰ γὰρ B **μὴ ἠνάγκαζεν αὐτοὺς σφόδρα τὸ πεινῆν, οὐκ ἂν οὐδὲ** τοῦτο ἐποίησαν. Τί οἱ Φαρισαῖοι; Ἰδόντες, φησὶν, εἶπον αὐτῷ· ἰδοὺ οἱ μαθηταί σου ποιοῦσιν ὃ οὐκ ἔξεστι ποιεῖν ἐν σαββάτῳ. Ἐνταῦθα μὲν οὐ πάνυ σφοδροὶ, καίτοι γε ἀκόλουθον ἦν τοῦτο· ἀλλ' ὅμως οὐ σφόδρα παροξύνονται. Ἀλλ' ἐγκαλοῦσιν ἁπλῶς. Ὅτε δὲ τὴν χεῖρα τὴν ξηρὰν ἐξέτεινε καὶ διώρθωσε, τότε οὕτως ἐξεθηριώθησαν, ὡς καὶ περὶ σφαγῆς αὐτοῦ βουλεύεσθαι καὶ ἀναιρέσεως. Ἔνθα μὲν γὰρ οὐδὲν γίνεται μέγα καὶ γενναῖον, ἡσυχάζουσιν· ἔνθα δὲ ὁρῶσί τινας σωζομένους, ἀγριαίνουσι καὶ ταράττονται, καὶ πάν- C των εἰσὶ φορτικώτεροι· οὕτως ἐχθροὶ τῆς τῶν ἀνθρώπων σωτηρίας εἰσί. Πῶς οὖν ἀπολογεῖται περὶ αὐτῶν ὁ Ἰησοῦς; Οὐκ ἀνέγνωτε, φησὶ, τί ἐποίησε Δαυῒδ ἐν τῷ ἱερῷ, ὅτε ἐπείνασεν αὐτὸς καὶ οἱ μετ' αὐτοῦ πάντες; πῶς εἰσῆλθεν εἰς τὸν οἶκον τοῦ Θεοῦ, καὶ τοὺς ἄρτους τῆς προθέσεως ἔφαγεν, οὓς οὐκ ἐξὸν αὐτῷ φαγεῖν, οὐδὲ τοῖς μετ' αὐτοῦ, εἰ μὴ μόνοις τοῖς ἱερεῦσιν; Ὅταν μὲν γὰρ ὑπὲρ τῶν μαθητῶν ἀπολογῆται, τὸν Δαυῒδ εἰς μέσον παράγει· ὅταν δὲ ὑπὲρ ἑαυτοῦ, τὸν Πατέρα. Καὶ ὅρα πῶς ἐπιπληκτικῶς· Οὐκ ἀνέγνωτε τί ἐποίησε Δαυῒδ; Καὶ γὰρ πολλὴ τοῦ προφήτου ἦν ἡ δόξα, ὡς καὶ Πέτρον μετὰ ταῦτα ἀπολογούμενον πρὸς Ἰουδαίους D οὕτως εἰπεῖν· Ἐξὸν εἰπεῖν μετὰ παῤῥησίας πρὸς ὑμᾶς περὶ τοῦ πατριάρχου Δαυῒδ, ὅτι καὶ ἐτελεύτησε καὶ ἐτάφη. Διατί δὲ αὐτὸν οὐχὶ μετὰ τοῦ ἀξιώματος καλεῖ, οὔτε ἐνταῦθα, οὔτε μετὰ ταῦτα; Ἴσως ἐπειδὴ ἐκεῖθεν τὸ γένος κατῆγεν. Εἰ μὲν [b] οὖν εὐγνωμονικοί τινες ἦσαν, ἐπὶ τὸ πάθος ἂν τῆς πείνης τὸν λόγον ἤγαγεν· ἐπειδὴ δὲ μιαροὶ καὶ ἀπάνθρωποι, καὶ ἱστορίαν αὐτοῖς ἀναγινώσκει. Ὁ δὲ Μάρκος, Ἐπὶ Ἀβιάθαρ τοῦ ἀρχιερέως, φησὶν, [c] οὐκ ἀντιλέγων τῇ ἱστορίᾳ, ἀλλὰ δεικνὺς ὅτι διώνυμος ἦν, καὶ προστίθησιν ὅτι ἔδωκεν αὐτῷ· δεικνὺς καὶ ἐντεῦθεν μεγάλην E οὖσαν ἀπολογίαν, ὅπουγε καὶ ὁ ἱερεὺς ἐπέτρεψε· καὶ οὐ μόνον ἐπέτρεψεν, ἀλλὰ καὶ διηκονήσατο. Μὴ γάρ μοι λέγε, ὅτι προφήτης ἦν ὁ Δαυῒδ· οὐδὲ γὰρ οὕτως ἐξῆν, ἀλλὰ τῶν ἱερέων ἦν τὸ προτέρημα· διὸ καὶ προσέθηκεν, Εἰ μὴ τοῖς ἱερεῦσι μόνοις. Εἰ γὰρ καὶ μυριάκις ἦν προφήτης, ἀλλ' οὐχ ἱερεύς· εἰ δὲ καὶ 133 A ἐκεῖνος προφήτης, ἀλλ' οὐχὶ καὶ οἱ μετ' αὐτοῦ· καὶ γὰρ καὶ ἐκείνοις ἔδωκε. Τί οὖν, φησὶν, ἴσον Δαυῒδ καὶ οὗτοι; Τί μοι λέγεις ἀξίαν, ὅπου νόμου παράβασις εἶναι δοκεῖ, [a] καὶ φύσεώς ἐστιν ἀνάγκη; Καὶ γὰρ

sed ita perfunctorie mensam apparantes, ut fame plerumque premerentur, nec tamen sic discederent. Nisi enim fames illos admodum invasisset, non id utique facturi erant. Quid igitur Pharisæi? Id *Videntes dixerunt ei: Ecce discipuli tui faciunt quod non licet facere in sabbato.* Hic porro non admodum vehementes sunt, etsi id res exigere videretur; attamen non admodum incensi sunt, sed simpliciter accusant. Cum autem manum aridam extendit et sanavit, tunc ita efferati sunt, ut etiam de nece ipsi inferenda deliberarent. Ubi enim nihil mirum agitur, quietiores sunt; ubi vero quosdam vident morbo levatos, ferociunt atque turbantur, omniumque sunt molestissimi: ita hominum saluti invident. Quo pacto autem Jesus illorum defensionem suscipit? *Non legistis*, ait, *quid fecerit David in templo, quando esurivit ipse et qui cum eo erant? quomodo intraverit in domum Dei, et panes propositionis comederit, quos non licebat ei comedere, neque iis qui cum eo erant, nisi solis sacerdotibus?* (1. Reg. 21.) Nam cum pro discipulis causam dicit, Davidem in medium adducit; quando autem pro seipso, Patrem memorat. Ac vide quam acriter, *Non legistis*, inquit, *quid fecerit David?* Magna quippe erat prophetæ hujus existimatio; ita ut postea Petrus cum apud Judæos sese defenderet, ita diceret: *Licet ad vos libere de patriarcha David dicere, quoniam obiit et sepultus est.* (Act. 2. 29.) Cur autem cum ejus mentionem tum hic tum postea facit, dignitatem ejus non commemorat? Forte quia ex illo genus ducebat. Si viri probi indulgentesque fuissent, famis causam inducturus erat; quia vero scelesti inhumanique erant, historiam illis refert. Marcus autem sub Abiathare (Marc. 2. 26.) sacerdote id factum dicit, non repugnantia historiæ dicens, sed ostendens illum binominem fuisse, additque ipsum ei panes dedisse, simulque magnam afferens purgationem, quod sacerdos id permisisset; nec modo permisisset, sed etiam ministrasset. Nec mihi dicas, Davidem fuisse prophetam: nam neque sic licebat, sed penes sacerdotes hæc prærogativa erat: ideirco addidit, *Nisi solis sacerdotibus.* Etiamsi enim propheta esset, non sacerdos erat; imo etiamsi propheta esset, at non ii qui cum illo erant; nam et illis quoque panem dedit. Quid igitur, inquies, paresne erant illi Davidi? Quid mihi dignitatem memoras, ubi legis transgressio esse putatur, et naturalis instat necessitas?

a Alii καὶ λιμῷ μαχομένους.

b Unus οὖν συγγνωμονικοί τινες.

c Savil. οὐκ ἐναντία λέγων τῇ ἱστορίᾳ. Morel. οὐκ ἀντιλέγων τῇ ἱστ. Utraque lectio perinde quadrat.

a Alii κἂν φύσεως.

Etenim hac ratione magis illos a crimine purgat, cum is qui major est idipsum fecit.

2. Et quid hoc, inquies, ad quæstionem? non enim ille sabbatum transgressus est. Majus certe quidpiam dicis, quod Christi sapientiam demonstrat, quia ille, misso sabbato, aliud exemplum affert sabbato majus. Non enim æquale erat, diem illam violare, et sacram illam mensam attingere, *Num.* 28. 9. quam adire nemini fas erat. Nam sabbatum sæpe solutum fuit, imo semper solvitur, et in circum- *Josue* 6. 4. cisione, et in aliis plurimis operibus: et in Jericho idipsum factum videre est: hoc autem tunc solum factum est. Quare a majori exemplo res evincitur. Cur ergo nemo Davidem accusavit, etiamsi alia major accusandi materia adesset, ob sacerdotum cædem, quæ inde exordium duxerat? Verum illud non memorat ille, sed in re proposita consistit. Deinde autem alio modo criminationem solvit. Initio quippe Davidem in medium adduxit, ejus personæ dignitate arrogantiam illorum reprimens; postquam autem illos represserat, superbiamque illorum coercuerat, tunc magis idoneam affert solutionem. Quænam illa erat? 5. *Nescitis quoniam in templo sacerdotes sabbatum violant, et sine crimine sunt?* Illic, inquit, occasio rem solvit; hic vero adest sine occasione solutio. Sed non statim ita solvit; verum primo quasi rem venia dignam ponit, postea vero fortius instat. Nam quod validius erat, postremo afferendum fuit, etiamsi id quod primum allatum est, vim suam haberet. Ne mihi enim dicas, id non esse a crimine liberari, par alterius crimen in medium afferre. Nam quando is qui fecit non accusatur, tunc id in defensionem usurpari potest. Verum illo non contentus fuit, sed quod magis consentaneum est affert dicens, id quod factum est non esse peccatum: quod conspicuæ victoriæ signum erat, cum ostenderet se legem solvisse, imo id bis fecisse, tum a loco, tum a sabbato; quin etiam et ter fecisse, quod duplex opus factum esset, et aliud ex sacerdotibus subjunxisset: quodque majus est, neque crimen illud esse. Nam ait, *Sine crimine sunt*. Viden' quanta posuit? Locum: nam, *In templo*, inquit, factum est; personam: nempe, *Sacerdotes;* tempus: nam *Sabbatum* erat; rem ipsam: nam, *Violant*, inquit: neque enim dixit, Solvunt; sed quod gravius est, *Violant:* quod non modo pœnas non

καὶ ταύτῃ μᾶλλον αὐτοὺς ἀπήλλαξε τῶν ἐγκλημάτων, ὅταν ὁ μείζων φαίνηται τὸ αὐτὸ πεποιηκώς.

Καὶ τί τοῦτο πρὸς τὸ ζητούμενον; φησίν· οὐ γὰρ δὴ σάββατον ἐκεῖνος παρέβη. Τὸ μεῖζόν μοι λέγεις, καὶ ὃ μάλιστα δείκνυσι τοῦ Χριστοῦ τὴν σοφίαν, ὅτι τὸ σάββατον ἀφεὶς, ἕτερον ὑπόδειγμα φέρει τοῦ σαββάτου μεῖζον. Οὐδὲ γὰρ [b] ἦν ἴσον, παραβῆναι ἡμέραν, καὶ B τῆς ἱερᾶς ἐκείνης ἅψασθαι τραπέζης, ἧς μηδενὶ θέμις ἦν. Τὸ μὲν γὰρ σάββατον καὶ ἐλύθη πολλάκις, μᾶλλον δὲ ἀεὶ λύεται, καὶ ἐν τῇ περιτομῇ, καὶ ἐν ἑτέροις πλείοσιν ἔργοις· καὶ ἐν τῇ Ἱεριχῷ δὲ τὸ αὐτὸ γενόμενον ἴδοι τις ἄν· τοῦτο δὲ τότε μόνον ἐγένετο. Ὥστε ἀπὸ τοῦ πλείονος ἡ νίκη. Πῶς οὖν οὐδεὶς ἐνεκάλεσε τῷ Δαυὶδ, καίτοι καὶ τούτου μεῖζον ἕτερον ἔγκλημα ἦν, τὸ τοῦ φόνου τῶν ἱερέων ἐντεῦθεν [c] λαβὸν τὴν ἀρχήν; Ἀλλ' οὐ τίθησιν αὐτό· πρὸς γὰρ τὸ προκείμενον ἵσταται μόνον. Εἶτα πάλιν καὶ ἑτέρως αὐτὸ λύει. Ἐν ἀρχῇ μὲν γὰρ τὸν Δαυὶδ παρήγαγε, τῷ ἀξιώματι τοῦ προσώπου καταστέλλων αὐτῶν τὴν ἀπόνοιαν· ἐπειδὴ δὲ αὐτοὺς ἐπεστόμισε, καὶ τὴν ἀλαζονείαν καθεῖλε, τότε C καὶ τὴν κυριωτέραν ἐπάγει λύσιν. Ποία δὲ ἦν αὕτη; Οὐκ οἴδατε, ὅτι ἐν τῷ ἱερῷ οἱ ἱερεῖς τὸ σάββατον βεβηλοῦσι, καὶ ἀναίτιοί εἰσιν; Ἐκεῖ μὲν γὰρ, φησὶν, ἡ περίστασις τὴν λύσιν ἐποίησεν· ἐνταῦθα δὲ καὶ χωρὶς περιστάσεως ἡ λύσις. Ἀλλ' οὐκ εὐθέως οὕτως ἔλυσεν· ἀλλὰ πρῶτον μὲν κατὰ συγγνώμην, εἶτα κατὰ ἔνστασιν. Τὸ γὰρ ἰσχυρότερον ἐπάγειν ἐχρῆν, καίτοι γε καὶ τὸ πρότερον τὴν οἰκείαν εἶχε δύναμιν. Μὴ γάρ μοι λέγε, ὅτι οὐκ ἔστιν ἀπηλλάχθαι ἐγκλήματος, τὸ καὶ D ἕτερον τὸ αὐτὸ ἁμαρτάνοντα εἰς μέσον ἐνεγκεῖν. Ὅταν γὰρ μὴ ἐγκαλῆται ὁ πεποιηκὼς, νόμος ἀπολογίας γίνεται τὸ τολμηθέν. Πλὴν οὐκ ἠρκέσθη τούτῳ, ἀλλὰ καὶ τὸ κυριώτερον ἐπάγει λέγων, ὅτι οὐδὲ ἁμάρτημά ἐστι τὸ γεγενημένον· ὅπερ μάλιστα λαμπρᾶς νίκης ἦν, τὸ δεῖξαι τὸν νόμον ἑαυτὸν παραλύοντα, καὶ διπλῇ τοῦτο ποιοῦντα, καὶ ἀπὸ τοῦ τόπου καὶ ἀπὸ τοῦ σαββάτου· μᾶλλον δὲ καὶ τριπλῇ, τῷ καὶ διπλοῦν τὸ ἔργον γίνεσθαι, καὶ μετὰ τούτου καὶ ἕτερον, τὸ ὑπὸ τῶν E ἱερέων· καὶ τὸ δὴ μεῖζον, τὸ καὶ μὴ ἔγκλημα εἶναι. Ἀναίτιοι γὰρ, φησὶν, εἰσίν. Εἶδες πόσα τέθεικε; Τὸν τόπον· Ἐν τῷ ἱερῷ γάρ φησιν· τὸ πρόσωπον· Οἱ γὰρ ἱερεῖς· τὸν καιρόν· Τὸ σάββατον γάρ φησιν· τὸ πρᾶγμα αὐτό· Βεβηλοῦσι γάρ· οὐδὲ γὰρ εἶπε, λύουσιν, ἀλλὰ τὸ φορτικώτερον, Βεβηλοῦσι· τὸ μὴ μόνον μὴ 434 A δίκην διδόναι, ἀλλὰ καὶ αἰτίας ἀπηλλάχθαι· Ἀναίτιοι γάρ φησι. Μὴ δὴ νομίσητε τοῦτο ὅμοιον εἶναι [a] τῷ προτέρῳ. Ἐκεῖνο μὲν γὰρ καὶ ἅπαξ γέγονε, καὶ οὐχ ὑπὸ ἱερέων, καὶ ἀνάγκης ἦν· διὰ τοῦτο καὶ συγγνώμης

[b] Ἦν deest in quibusdam Mss.

[c] Quidam λαβὼν τὴν ἀφορμήν.

[a] Alii τῶν προτέρων. Mox quidam ὑπὸ ἱερέως.

ἐγένοντο ἄξιοι· [b] τοῦτο δὲ καὶ καθ' ἕκαστον σάββατον, καὶ ὑπὸ ἱερέων, καὶ ἐν ἱερῷ, καὶ κατὰ νόμον. Διόπερ οὐδὲ κατὰ συγγνώμην μόνον, ἀλλὰ καὶ κατὰ νόμον εἰσὶν ἀπηλλαγμένοι τῶν ἐγκλημάτων. Οὐδὲ γὰρ ἐγκαλῶν ταῦτα εἶπον, φησὶν, οὐδὲ κατὰ συγγνώμην αὐτοὺς αἰτίας ἀπαλλάττων, ἀλλὰ κατὰ τὸν τοῦ δικαίου λόγον. Καὶ δοκεῖ μὲν ὑπὲρ ἐκείνων ἀπολογεῖσθαι, τούτους δὲ ἐλευθεροῖ τῶν ἐγκλημάτων. Ὅταν γὰρ εἴπῃ· Ἀναίτιοί εἰσιν ἐκεῖνοι· πολλῷ μᾶλλον οὗτοι, φησίν. Ἀλλ' οὐκ εἰσὶν ἱερεῖς. Ἀλλὰ καὶ ἱερέων μείζους· αὐτὸς γὰρ B πάρεστιν ἐνταῦθα ὁ τοῦ ἱεροῦ Δεσπότης· ἡ ἀλήθεια, οὐχ ὁ τύπος. Διὰ τοῦτο καὶ ἔλεγε· Λέγω δὲ ὑμῖν, ὅτι μείζων τοῦ ἱεροῦ ἐστιν ὧδε. Ἀλλ' ὅμως τηλικαῦτα ἀκούσαντες, οὐδὲν εἶπον· οὐδὲ γὰρ ἦν σωτηρία ἀνθρώπου τὸ προκείμενον. Εἶτα ἐπειδὴ βαρὺ τοῖς ἀκούουσιν ἐδόκει εἶναι, ταχέως αὐτὸ συνεκάλυψε, πάλιν ἐπὶ συγγνώμην τὸν λόγον ἄγων, καὶ μετὰ ἐπιπλήξεως, καὶ οὕτω λέγων· Εἰ δὲ ἐγνώκειτε τί ἐστιν, Ἔλεον θέλω, καὶ οὐ θυσίαν, οὐκ ἂν κατεδικάσατε τοὺς ἀναιτίους. Εἶδες πῶς πάλιν ἐπὶ συγγνώμην ἄγει τὸν λόγον, καὶ C πάλιν [c] συγγνώμης ἀνωτέρους ἀποφαίνει; Οὐ γὰρ ἂν κατεδικάσατε, φησὶ, τοὺς ἀναιτίους. Τὸ μὲν πρότερον τὸ τῶν ἱερέων [d] συνήγαγε τὸ αὐτὸ λέγων, Ἀναίτιοί εἰσι· τοῦτο δὲ ἀφ' ἑαυτοῦ τίθησι· μᾶλλον δὲ καὶ τοῦτο ἀπὸ τοῦ νόμου· προφητικὴν γὰρ ἀνέγνω ῥῆσιν.

dent, sed quod crimine liberentur; nam ait, *Sine crimine sunt.* Id vero ne putetis simile priori esse. Nam illud semel factum est, nec a sacerdotibus, atque ex necessitate; ideo venia digni erant: hoc autem singulis sabbatis, a sacerdotibus, in templo, et secundum legem. Quapropter non modo venia digni sunt, sed etiam secundum legem culpa vacui. Neque enim criminando hæc dixi, inquit, neque ex venia solum culpa liberos statuo, sed ex justitiæ lege. Videturque illos defendere, hos autem crimine liberat. Cum enim ait, *Sine crimine sunt:* at hi multo magis, inquit. Sed non sunt sacerdotes. At sacerdotibus majores: ipse namque templi Dominus hic adest; veritas, non figura: ideo dicebat, 6. *Dico autem vobis, quia templo major est hic.* Attamen cum talia audirent, nihil dixerunt: quia non de salute hominis agebatur. Deinde quia id audientibus grave videbatur esse, cito illud occultavit, rursus ad veniam sermonem agens, nec sine increpatione sic dicens:
7. *Si autem sciretis quid est, Misericordiam* Osee 6. 6.
volo, et non sacrificium, non condemnassetis innocentes. Viden' quomodo rursus sermonem ad veniam agat, et rursum venia superiores ostendat? *Non condemnassetis*, inquit, *innocentes.* Prius sacerdotum exemplum attulit, dicens innocentes illos esse: hoc autem a semetipso ponit; imo vero et hoc a lege: propheticum enim dictum recitavit.

Εἶτα καὶ ἄλλην αἰτίαν λέγει· Κύριος γὰρ, φησὶν, ἐστὶ τοῦ σαββάτου ὁ Υἱὸς τοῦ ἀνθρώπου, περὶ ἑαυτοῦ λέγων. Ὁ δὲ Μάρκος καὶ περὶ τῆς κοινῆς φύσεως αὐτὸν τοῦτο εἰρηκέναι φησίν· ἔλεγε γάρ· Τὸ σάββατον διὰ τὸν ἄνθρωπον ἐγένετο, οὐχ ὁ ἄνθρωπος διὰ τὸ σάββατον. Τίνος οὖν ἕνεκεν ἐκολάζετο ὁ τὰ ξύλα συνάγων; Ὅτι D εἰ ἔμελλον καὶ ἐν ἀρχῇ καταφρονεῖσθαι οἱ νόμοι, σχολῇ γ' ἂν ὕστερον ἐφυλάχθησαν. Καὶ γὰρ πολλὰ ὠφέλει παρὰ τὴν ἀρχὴν τὸ σάββατον καὶ μεγάλα· οἷον, ἡμέρους ἐποίει πρὸς τοὺς οἰκείους εἶναι καὶ φιλανθρώπους· ἐδίδασκεν αὐτοὺς τοῦ Θεοῦ τὴν πρόνοιαν καὶ τὴν δημιουργίαν· ὅπερ φησὶν ὁ Ἐζεχιήλ· ἐπαίδευσεν αὐτοὺς κατὰ μικρὸν ἀπέχεσθαι πονηρίας, καὶ τοῖς πνευματικοῖς προσέχειν παρεσκεύαζεν. Ἐπειδὴ γὰρ τὸν νόμον διδοὺς τὸν τοῦ σαββάτου, εἰ εἶπε· τὰ μὲν ἀγαθὰ πράττετε ἐν τῷ σαββάτῳ, τὰ δὲ κακὰ μὴ ποιεῖτε· οὐκ ἂν ἠνέσχετο· [e] ἀλλ' ἁπάντων ὁμοίως ἀπεῖργε· Μηδὲν γὰρ ποιήσητε, φησί. Καὶ οὐδὲ οὕτω κατείχοντο. Αὐτὸς δὲ [f] καὶ τὸν E

3. Demum aliam affert causam dicens: 8. *Dominus enim est sabbati Filius hominis*, de seipso loquens. Marcus vero illum de communi natura id dixisse refert: *Sabbatum*, inquit, *propter* Marc. 2.
hominem factum est, non autem homo propter 27.
sabbatum. Cur ergo supplicium luit ille qui ligna colligebat? Quia si initio leges contemtæ Num. 15.
fuissent, vix postea servandæ erant. Nam initio 33. sqq.
Sabbati
sabbatum in multis gravibusque rebus utile erat: utilitas.
exempli causa, id efficiebat ut mites humanique essent cum propinquis; docebat eos Dei providentiam et creationem: quod ait Ezechiel: Erudivit Ezech. 20.
eos paulatim, ut abstinerent a nequitia, et ut spiritualibus incumberent. Nam si cum legem sabbati dedit, dixisset: Bona facite in sabbato, sed mala non operemini, legem non servasset populus; verum omnia simul vetuit: *Nihil facietis*, inquit. Neque tamen sic se continuere. Ipse vero cum le-

[b] Morel. τοῦτο καὶ καθ' ἕκαστον, omisso δέ. Paulo post idem ἀλλὰ καὶ νόμον εἰσὶν ἀπ., male.

[c] Συγγνώμης ἀνωτέρους ἀποφαίνει, id est, *potius laude quam venia dignos.*

[d] Alius συνήγαγε εἰς τὸ αὐτό.

[e] ἀλλ' deest in Savil.

[f] Alii καὶ τὸν τοῦ νόμου διδοὺς καὶ τὸν τοῦ σαββάτου τύπον, οὕτως ἠνίξατο.

gem sabbati dedit, obscure significavit, velle se ut
Exod. 12. 16. a malis solum abstinerent. *Nihil* enim *facietis*,
inquit, *nisi ea quæ faciet anima*. In templo
autem omnia fiebant, et cum majori studio, duplicique opera. Sic per ipsam umbram veritatem
illis aperiebat. Tantum ergo lucrum, inquies,
abstulit Christus? Absit; imo illud admodum
auxit. Tempus enim erat ut per sublimiora erudirentur: neque oportebat manus ejus ligare, qui
a nequitia erutus, ad bona omnia volabat; neque
inde ediscere Deum omnia fecisse; nec inde institui ad mansuetudinem eos, qui ad Dei benignita-
Luc. 6. 36. tem imitandam vocati erant: *Estote*, inquit, *misericordes sicut Pater vester cælestis;* nullum
diem festum agere eos, qui per totam vitam fe-
1. Cor. 5. 8. stum agere jubebantur: nam ait, *Festum celebremus, non in fermento veteri, neque in fermento malitiæ et nequitiæ, sed in azymis sin-*
In nova lege nulla sabbati necessitas. *ceritatis et veritatis*. Non oportet enim prope
arcam et altare aureum stare eos, qui omnium
Dominum habent secum habitantem, quique per
omnia ipsum alloquuntur, et per orationem, et
per oblationem, et per Scripturas, et per eleemosynam, et quod intus illum habeant. Quæ ergo
sabbati necessitas ei qui semper festum celebrat,
qui in cælo versatur? Festum ergo perpetuo agamus, nihilque mali operemur; illud enim vere
festum est: sed spiritualia intendamus, abscedant
terrena, spirituali otio otiemur, manus ab avaritia
cohibentes, corpus a superfluis et inutilibus abducentes laboribus, quibus afflictus est olim in
Ægypto Hebræorum populus: nihil enim differimus quotquot aurum colligimus, ab iis qui luteo
operi addicebantur, lateresque operantes, et paleas
colligentes flagellabantur. Nam nunc quoque diabolus lateres jubet apparare, ut olim Pharao.
Quid enim aliud est aurum, quam lutum? quid
aliud argentum, quam palea? Nam argentum
velut palea cupiditatem accendit, et aurum luti
instar illum inquinat qui possidet. Ideo misit
nobis non Mosen ex deserto Ægypti, sed Filium
suum de cælo. Si itaque post ejus adventum in
Ægypto manseris, eadem patieris quæ Ægyptii:
sin Ægypto relicta abieris cum spirituali Israële,
miraculorum omnium spectator eris.

4. Nec tamen id solum ad salutem sufficit. Non
enim ab Ægypto tantum recedendum est; sed in
terram promissionis intrandum. Quandoquidem

νόμον διδοὺς τὸν τοῦ σαββάτου, καὶ οὕτως ᾐνίξατο,
ὅτι τῶν πονηρῶν αὐτοὺς ἀπέχεσθαι βούλεται μόνον.
Μηδὲν γὰρ ποιήσητε, φησὶ, πλὴν ὧν ποιηθήσεται
ψυχῇ. Καὶ ἐν τῷ ἱερῷ δὲ πάντα ἐγίνετο, καὶ μετὰ
πλείονος τῆς σπουδῆς, καὶ διπλασίονος τῆς ἐργασίας.
435 A Οὕτω καὶ [g] δι' αὐτῆς τῆς σκιᾶς τὴν ἀλήθειαν αὐτοῖς
παρήνοιγε. Τοσοῦτον οὖν κέρδος, φησὶν, ἔλυσεν ὁ Χριστός; Μὴ γένοιτο· ἀλλὰ καὶ σφόδρα ἐπέτεινε. Καιρὸς
γὰρ ἦν διὰ τῶν ὑψηλοτέρων αὐτοὺς πάντα παιδεύεσθαι,
καὶ οὐκ ἔδει δεδέσθαι τὰς χεῖρας τοῦ πονηρίας μὲν
ἀπηλλαγμένου, πρὸς δὲ τὰ ἀγαθὰ πάντα ἐπτερωμένου· οὐδὲ ἐντεῦθεν μανθάνειν, ὅτι ὁ Θεὸς ἅπαντα ἐποίησεν· οὐδὲ ἐντεῦθεν ἡμέρους εἶναι τοὺς πρὸς αὐτὴν τοῦ
Θεοῦ τῆς φιλανθρωπίας τὴν μίμησιν καλουμένους·
Γίνεσθε γὰρ, φησὶν, οἰκτίρμονες ὡς ὁ Πατὴρ ὑμῶν ὁ
οὐράνιος· μηδεμίαν ἡμέραν ἑορτάζειν τοὺς πάντα τὸν
βίον ἑορτὴν ἄγειν κελευομένους· Ἑορτάζωμεν γὰρ,
B φησὶ, μὴ ἐν ζύμῃ παλαιᾷ, μηδὲ ἐν ζύμῃ κακίας καὶ
πονηρίας, ἀλλ' ἐν ἀζύμοις εἰλικρινείας καὶ ἀληθείας.
Οὐ δεῖ γὰρ παρὰ κιβωτὸν ἑστάναι καὶ θυσιαστήριον
χρυσοῦν τοὺς αὐτὸν τὸν πάντων Δεσπότην ἔνοικον ἔχοντας, καὶ διὰ πάντων ὁμιλοῦντας [a] αὐτῷ, καὶ δι' εὐχῆς,
καὶ διὰ προσφορᾶς, καὶ διὰ Γραφῶν, καὶ δι' ἐλεημοσύνης, καὶ διὰ τοῦ ἔνδον ἔχειν αὐτόν. Τί τοίνυν σαββάτου χρεία τῷ διὰ παντὸς ἑορτάζοντι, τῷ πολιτευομένῳ ἐν οὐρανῷ; Ἑορτάζωμεν τοίνυν διηνεκῶς, καὶ
μηδὲν πονηρὸν πράττωμεν· τοῦτο γὰρ ἑορτή· ἀλλ'
ἐπιτεινέσθω μὲν τὰ πνευματικὰ, καὶ παραχωρείτω τὰ
ἐπίγεια, καὶ ἀργῶμεν ἀργίαν πνευματικὴν, τὰς χεῖρας
C ἐκ πλεονεξίας ἀφιστῶντες, τὸ σῶμα τῶν περιττῶν καὶ
ἀνονήτων ἀπαλλάττοντες καμάτων, καὶ ὧν ἐν Αἰγύπτῳ τότε ὑπέμενεν ὁ τῶν Ἑβραίων δῆμος. Οὐδὲν γὰρ
διαφέρομεν οἱ χρυσίον συνάγοντες τῶν τῷ πηλῷ προσδεδεμένων, καὶ τὴν πλίνθον ἐκείνην ἐργαζομένων, καὶ
ἄχυρα συλλεγόντων καὶ μαστιζομένων. Καὶ γὰρ καὶ
νῦν ὁ διάβολος ἐπιτάττει πλινθουργεῖν, καθάπερ τότε
ὁ Φαραώ. Τί γάρ ἐστιν ἄλλο τὸ χρυσίον, ἢ πηλός; τί
δὲ ἄλλο τὸ ἀργύριον ἢ ἄχυρον; Ὡς ἄχυρα γοῦν ἀνάπτει τῆς ἐπιθυμίας τὴν φλόγα, ὡς ὁ πηλὸς οὕτω ῥυποῖ
τὸν ἔχοντα ὁ χρυσός. Διὰ τοῦτο ἔπεμψεν ἡμῖν οὐ Μω-
D σέα [b] ἐξ ἐρήμου Αἰγύπτου, ἀλλὰ τὸν Υἱὸν ἐξ οὐρανοῦ.
Ἂν τοίνυν μετὰ τὸ ἐλθεῖν αὐτὸν μείνῃς ἐν Αἰγύπτῳ,
πείσῃ τὰ τῶν Αἰγυπτίων· ἂν δὲ ἐκείνην ἀφεὶς ἀναβῇς
μετὰ τοῦ πνευματικοῦ Ἰσραὴλ, ὄψει τὰ θαύματα
ἅπαντα.

Πλὴν οὐδὲ τοῦτο ἀρκεῖ εἰς σωτηρίαν. Οὐδὲ γὰρ ἐξ
Αἰγύπτου δεῖ μόνον ἀπαλλαγῆναι, ἀλλὰ καὶ [c] εἰς τὴν
ἐπαγγελίαν εἰσελθεῖν. Ἐπεὶ καὶ Ἰουδαῖοι, καθὼς ὁ

g Alii δι' αὐτῆς τῆς αἰτίας τὴν ἀλήθειαν.

a Quidam αὐτῷ δι' εὐχῆς, διὰ προσφορᾶς, διὰ γραφῶν.

b Savil. et Morel. ἐξ ἐρήμου Αἰγύπτου. Alii autem ἐξ ἐρήμου tantum, alii ἐξ Αἰγύπτου tantum.

c Savilius suspicatur legendum εἰς τὴν γῆν τῆς ἐπαγγελίας εἰσελθεῖν.

Παῦλός φησι, καὶ διὰ τῆς ἐρυθρᾶς διῆλθον, καὶ μάννα ἔφαγον, καὶ πόμα πνευματικὸν ἔπιον, ἀλλ' ὅμως πάντες ἀπώλοντο. Ἵν' οὖν μὴ καὶ ἡμεῖς τὰ αὐτὰ πάθωμεν, μὴ ὀκνῶμεν, μηδὲ ἀναδυώμεθα· ἀλλ' ὅταν ἀκούσῃς πονηρῶν καὶ νῦν κατασκόπων, διαβαλλόντων τὴν στενὴν καὶ τεθλιμμένην ὁδὸν, καὶ λεγόντων ἅπερ εἶπον τότε ἐκεῖνοι οἱ κατάσκοποι, μὴ τὸν δῆμον τὸν πολὺν, ἀλλὰ τὸν Ἰησοῦν ζηλώσωμεν, καὶ τὸν Χάλεβ τὸν τοῦ [d] Ἰεφονῆ παῖδα· καὶ μὴ πρότερον ἀποστῇς, ἕως ἂν ἐπιλάβῃ τῆς ἐπαγγελίας, καὶ τῶν οὐρανῶν ἐπιβῇς. Μηδὲ δύσκολον τὴν ὁδοιπορίαν νομίσῃς εἶναι. Εἰ γὰρ ἐχθροὶ ὄντες κατηλλάγημεν τῷ Θεῷ, πολλῷ μᾶλλον καταλλαγέντες σωθησόμεθα. Ἀλλὰ στενὴ καὶ τεθλιμμένη, φησὶν, ἡ ὁδὸς αὕτη. Ἀλλ' ἡ προτέρα, δι' ἧς διῆλθες, οὐ στενὴ καὶ τεθλιμμένη μόνον, ἀλλὰ καὶ ἄβατος, καὶ θηρίων ἀγρίων γέμουσα· καὶ ὥσπερ οὐκ ἦν διὰ τῆς ἐρυθρᾶς διαβῆναι θαλάσσης, εἰ μὴ τὸ θαῦμα ἐκεῖνο ἐγένετο· οὕτως οὐκ ἦν ἐν τῷ προτέρῳ βίῳ μείναντας εἰς τὸν οὐρανὸν ἀνελθεῖν, εἰ μὴ τὸ βάπτισμα μέσον ἐφάνη. Εἰ δὲ τὸ ἀδύνατον γέγονε δυνατὸν, πολλῷ μᾶλλον τὸ δύσκολον ἔσται ῥᾴδιον. Ἀλλ' ἐκεῖνο, φησὶ, χάριτος μόνης ἦν. Διὰ γὰρ τοῦτο μάλιστα δίκαιος ἂν εἴης θαῤῥεῖν. Εἰ γὰρ ἔνθα χάρις ἦν μόνη, συνήργησεν· ἔνθα καὶ πόνους [a] ἐπιδείκνυσθε, οὐ πολλῷ μᾶλλον συμπράξει; εἰ ἀργοῦντα ἔσωσεν, οὐ πολλῷ μᾶλλον ἐργαζομένῳ βοηθήσει; Ἀνωτέρω μὲν οὖν ἔλεγον, ὅτι ἀπὸ τῶν ἀδυνάτων καὶ τοῖς δυσκόλοις ὀφείλεις θαῤῥεῖν· νυνὶ δὲ ἐκεῖνο ἐρῶ, ὅτι ἐὰν νήφωμεν, οὐδὲ δύσκολα ταῦτα ἔσται. Ὅρα γάρ· θάνατος πεπάτηται, διάβολος κατέπεσε, ὁ νόμος τῆς ἁμαρτίας ἐσβέσθη, τοῦ Πνεύματος ἡ χάρις ἐδόθη, ἡ ζωὴ εἰς ὀλίγον συνεστάλη, τὰ φορτικὰ ἐπιτέτμηται. Καὶ ἵνα μάθῃς ταῦτα καὶ διὰ τῶν ἔργων αὐτῶν, σκόπει πόσοι ὑπερηκόντισαν τὰ προστάγματα τοῦ Χριστοῦ· σὺ δὲ καὶ τὸ μέτρον αὐτὸ δέδοικας; Ποίαν οὖν ἕξεις ἀπολογίαν, ὅταν ἑτέρων ὑπὲρ τὰ σκάμματα πηδώντων, ὀκνῇς πρὸς τὰ νενομισμένα αὐτός; Σοὶ μὲν γὰρ παραινοῦμεν ἐλεημοσύνην διδόναι ἀπὸ τῶν ὄντων· ἕτερος δὲ καὶ τὰ ὄντα ἅπαντα ἀπεδύσατο· σὲ σωφρόνως ζῇν ἀξιοῦμεν μετὰ τῆς γυναικός· ἕτερος δὲ οὐδὲ ὡμίλησε γάμῳ· καὶ σὲ μὲν παρακαλοῦμεν μὴ βάσκανον εἶναι· ἕτερον δὲ ἔχομεν καὶ τὴν ψυχὴν ὑπὲρ ἀγάπης ἐπιδιδόντα τὴν ἑαυτοῦ· καὶ σὲ μὲν παρακαλοῦμεν συγγνωμονικὸν εἶναι καὶ μὴ βαρὺν τοῖς ἁμαρτάνουσιν· ἄλλος δὲ ῥαπιζόμενος καὶ τὴν ἑτέραν ἔστρεψε σιαγόνα. Τί οὖν ἐροῦμεν; εἰπέ μοι· τί δὲ ἀπολογησόμεθα, μηδὲ ταῦτα ποιοῦντες, ἑτέρων τοσοῦτον ὑπερβαινόντων [b] ἡμᾶς; Οὐκ ἂν δὲ ὑπερέβησαν, εἰ μὴ πολλὴ τοῦ πράγματος ἦν ἡ εὐκολία. Τίς γὰρ τήκεται, ὁ φθονῶν τοῖς ἑτέρων ἀγαθοῖς,

Judæi, ut ait Paulus, per mare Rubrum transierunt, manna comederunt, et potum spiritualem biberunt, attamen omnes periere. Ne igitur nos *Hebr. 11. 29.*
E **quoque talia patiamur, ne segnes simus, sed ad** pugnam parati : at si nunc audias malos exploratores, qui angustam et arctam viam calumnientur, atque illa dicant, quæ olim illi dicebant exploratores, non populi turbam, sed Jesum imitemur, et Chaleb filium Jephone; neque prius abscedas, quam in promissum cælum ingrediaris. *Num. 13. Josue. 14. et 15.*
436
A Neque difficilem putes esse viam. Nam si inimici cum essemus, nos cum Deo reconciliavimus, multo magis reconciliati salutem consequemur. Verum angusta et arcta, inquies, illa via est. Sed prior, per quam transivisti, non angusta et arcta modo est, sed etiam invia, ac feris agrestibus plena : ac quemadmodum non poterant per mare Rubrum transire sine miraculo illo : sic non poteramus in priore vita manentes in cælum ascendere, nisi baptisma in medio apparuisset. Si autem illud quod fieri non poterat, fieri tamen potuit,
B multo magis quod difficile erat, facile evadet. Verum illud, inquies, per solam gratiam fiebat. Et ideo maxime jure confidas. Si enim ubi sola gratia erat, illa tamen operata est : ubi labores addideritis, annon multo magis cooperabitur? si nihil agentem servavit, annon multo magis operantem juvabit? Supra dicebam, ex iis quæ fieri non posse videbantur, et tamen facta sunt, in difficilibus fiduciam tibi dari : nunc autem dico, si vigilemus, hæc ne difficilia quidem fore. *Gratiæ divinæ labor noster addendus.*
C Consideres enim velim, mortem conculcatam fuisse, diabolum concidisse, legem peccati exstinctam esse, Spiritus gratiam datam, vitam in breve tempus contractam, onera præcisa. Et ut hæc ab ipsis operibus ediscas, perpende quot sint qui majora, quam Christus præcipiat, fecerint : tu vero mediocritatem times? Quam ergo excusationem habebis, cum aliis ultra metas exsilientibus, tu vel ad constitutum terminum pervenire graveris? Te hortamur ex facultatibus tuis eleemosynam dare; alius vero sese suis omnibus spoliavit : te rogamus ut cum uxore tua caste vivas; alius vero etiam a connubio abstinuit : te monemus ne sis
D invidus; alium autem habemus, qui ex caritate dat ipsam animam suam: te obsecramus ut indulgens sis nec nimis severus in peccantes; alius percussus, alteram obtulit maxillam. Quid igitur, quæso, dicemus? quam excusationem afferemus, ne illa *Præceptorum facilitas.*

[d] Unus habet ἰεφθονί.
[a] Alii ἐπιδείκνυσθαι.

[b] Quidam ἡμᾶς; οἱ οὐκ ἂν δέ.

quidem facientes, quæ alii longe superant? Neque enim superassent, nisi summa esset rei præceptæ facilitas. Quis enim tabescit, an qui aliorum bonis invidet, an qui de iis gaudet et lætatur? quis omnia suspecta habet et tremit, homo castus an E mœchus? quis bona cum spe gaudet, an raptor, an is qui miseratus, sua egenti largitur? Hæc itaque cogitantes, ne segnes simus ad virtutis cursum capessendum; sed alacriter ad hæc pulchra certamina nos instruentes, brevi tempore laboremus, ut perpetuas et immortales coronas accipiamus: quas utinam adipiscamur gratia et benignitate Domini nostri Jesu Christi, cui gloria et imperium in sæcula sæculorum. Amen.

ἢ ὁ συνηδόμενος καὶ χαίρων; τίς ὑποπτεύει πάντα καὶ τρέμει διηνεκῶς, ὁ σώφρων, ἢ ὁ μοιχεύων; τίς ἐν ἐλπίσιν εὐφραίνεται χρησταῖς, ὁ ἁρπάζων, ἢ ὁ ἐλεῶν καὶ τῶν αὐτοῦ μεταδιδοὺς τῷ δεομένῳ; Ταῦτ' οὖν ἐννοοῦντες, μὴ ναρκῶμεν πρὸς τοὺς ὑπὲρ ἀρετῆς δρόμους, ἀλλὰ μετὰ προθυμίας ἁπάσης ἀποδυσάμενοι πρὸς τὰ καλὰ ταῦτα παλαίσματα, ὀλίγον κάμωμεν χρόνον, ἵνα τοὺς διηνεκεῖς καὶ ἀμαράντους λάβωμεν στεφάνους· ὧν γένοιτο πάντας ἡμᾶς ἐπιτυχεῖν, χάριτι καὶ φιλανθρωπίᾳ τοῦ Κυρίου ἡμῶν Ἰησοῦ Χριστοῦ, ᾧ ἡ δόξα καὶ τὸ κράτος εἰς τοὺς αἰῶνας τῶν αἰώνων. Ἀμήν.

HOMILIA XL. al. XLI.

457 A

ΟΜΙΛΙΑ μ'.

Cap. XII. v. 9. *Et transiens inde, venit in synagogam eorum:* 10. *et ecce homo erat ibi habens manum aridam.*

Καὶ μεταβὰς ἐκεῖθεν, ἦλθεν εἰς τὴν συναγωγὴν αὐτῶν· καὶ ἰδοὺ ἄνθρωπος ἦν ἐκεῖ, τὴν χεῖρα ἔχων ξηράν.

1. Rursum in sabbato curat, sic purgans ac
Marc. 3. 4. defendens discipulorum suorum gesta. Et alii
Luc. 6. 9. quidem evangelistæ dicunt, Jesum homine illo in
medium adducto, interrogasse illos, *Num licet* B *sabbatis benefacere?* Perpende Domini misericordiam. Ipsum in medio constituit, ut vel ex aspectu ipsos flecteret, et ex spectaculo fracti nequitiam deponerent, et hominem reveriti, immanitatem suam sedarent. Verum illi indomiti et inhumani malunt Christi gloriam lædere, quam hunc sanatum conspicere, utrinque animi pravitatem ostendentes, et quod Christum impugnarent, et cum tanta contentione id facerent, ut etiam collata in alios beneficia interturbarent. Alii quidem evangelistæ dicunt ipsum interrogasse; hic vero C ait, ipsum interrogatum fuisse: *Et interrogaverunt eum,* inquit, *dicentes, Si licet sabbatis curare, ut accusarent eum.* Verisimile autem est utrumque factum esse. Scelesti enim cum essent, scirentque ipsum ad curationem haud dubie venturum esse, interrogatione prævertere illum studuerunt; sperantes se id hoc modo impedituros esse. Ideo interrogabant, *Si licet sabbatis curare,* non ut discerent, sed ut accusandi materiam haberent. Etiamsi ipsum opus satis esset, si accusare voluissent: ex verbis tamen occasionem ca- D

Πάλιν ἐν σαββάτῳ θεραπεύει, ὑπὲρ τῶν παρὰ τῶν μαθητῶν γεγενημένων ἀπολογούμενος. Καὶ οἱ μὲν ἄλλοι εὐαγγελισταί φασιν, ὅτι ἔστησε τὸν ἄνθρωπον μέσον, καὶ ἠρώτησεν αὐτοὺς, Εἰ ἔξεστι τοῖς σάββασιν ἀγαθοποιῆσαι. Θέα τὴν εὐσπλαγχνίαν τοῦ Δεσπότου. Ἔστησεν αὐτὸν μέσον, ἵνα τῇ ὄψει αὐτοὺς ἐπικάμψῃ, ἵνα κατακλασθέντες τῇ θέᾳ τὴν πονηρίαν ἐκβάλωσι, καὶ τὸν ἄνθρωπον αἰδεσθέντες, παύσωνται τῆς θηριωδίας. Ἀλλ' οἱ ἀτίθασσοι καὶ μισάνθρωποι μᾶλλον αἱροῦνται τοῦ Χριστοῦ βλάψαι τὴν δόξαν, ἢ τοῦτον ἰδεῖν σωζόμενον, ἑκατέρωθεν ἐνδεικνύμενοι τὴν πονηρίαν, καὶ τῷ πολεμεῖν τῷ Χριστῷ, καὶ τῷ μετὰ φιλονεικίας τοσαύτης, ὡς καὶ ταῖς ἑτέρων εὐεργεσίαις ἐπηρεάζειν. Οἱ μὲν οὖν ἄλλοι εὐαγγελισταί φασιν, ὅτι αὐτὸς ἠρώτησεν· οὗτος δὲ, ὅτι ἠρωτήθη· Καὶ ἐπηρώτησαν αὐτὸν, φησὶ, λέγοντες, εἰ ἔξεστι τοῖς σάββασι θεραπεύειν, ἵνα κατηγορήσωσιν αὐτοῦ. Εἰκὸς δὲ ἀμφότερα γεγενῆσθαι. Μιαροὶ γὰρ ὄντες, καὶ εἰδότες ὅτι ἥξει πάντως ἐπὶ τὴν ἰατρείαν, τῇ πεύσει προκαταλαβεῖν αὐτὸν ἔσπευδον, προσδοκῶντες ταύτῃ [a] κωλύειν. Διὸ καὶ ἠρώτων, Εἰ ἔξεστι τοῖς σάββασι θεραπεῦσαι· οὐχ ἵνα μάθωσιν, ἀλλ' Ἵνα κατηγορήσωσι. Καίτοι γε ἤρκει τὸ ἔργον, εἴγε ἐβούλοντο κατηγορεῖν· ἀλλὰ καὶ διὰ ῥημάτων ἤθελον λαβὴν εὑρεῖν, ἀφθονίαν ἑαυτοῖς λημμάτων προπαρασκευάζοντες. Ὁ δὲ φιλάνθρωπος καὶ τοῦτο ποιεῖ, καὶ [b] ἀποκρίνεται, παιδεύων ἡμᾶς ἐπιείκειαν καὶ ἡμερό-

[a] Nonnulli habent κωλύσειν.

[b] Savil. et quidam Mss. καὶ ἀποκρίνεται, ἐμφαίνων τὴν οἰκείαν ἡμερότητα. Morel. et alii ἀποκρίνεται, παιδεύων ἡμᾶς ἐπιείκειαν καὶ ἡμερότητα. Utraque lectio admitti potest.

τητα, καὶ εἰς αὐτοὺς περιτρέπων τὸ πᾶν, καὶ δείκνυσιν αὐτῶν τὴν ἀπανθρωπίαν. Καὶ ἵστησι τὸν ἄνθρωπον μέσον· οὐχὶ δεδοικὼς αὐτοὺς, ἀλλ' ὠφελῆσαι σπεύδων,
καὶ εἰς ἔλεον ἐμβαλεῖν. Ὡς δὲ οὐδὲ οὕτως ἐπέκαμψε,
τότε ἐλυπήθη, φησὶ, καὶ ὠργίσθη αὐτοῖς διὰ τὴν πώ-
ρωσιν τῆς καρδίας αὐτῶν, καί φησι· Τίς ἐστιν ἐξ ὑμῶν
ἄνθρωπος, ὃς ἕξει πρόβατον ἓν, καὶ ἐὰν ἐμπέσῃ τοῦτο
τοῖς σάββασιν εἰς βόθυνον, οὐχὶ κρατήσει αὐτὸ καὶ
ἐγερεῖ; Πόσῳ οὖν διαφέρει ἄνθρωπος προβάτου; Ὥστε
ἔξεστι τοῖς σάββασι καλῶς ποιεῖν. Ἵνα γὰρ μὴ ἔχωσιν E
ἀναισχυντεῖν, μηδὲ παράβασιν ἐγκαλεῖν πάλιν, συλλο-
γίζεται αὐτοὺς διὰ τοῦ παραδείγματος τούτου. Σὺ δέ
μοι σκόπει, πῶς ποικίλως καὶ καταλλήλως πανταχοῦ
τὰς ἀπολογίας ἐπάγει τὰς περὶ τῆς λύσεως τοῦ σαββάτου. Ἐπὶ μὲν γὰρ τοῦ τυφλοῦ οὐδὲ ἀπολογεῖται αὐτοῖς, ὅτε τὸν πηλὸν ἐποίησε· καίτοι καὶ τότε ἐνεκά- 438
λουν, ἀλλ' ἤρκει τῆς δημιουργίας ὁ τρόπος δεῖξαι τοῦ A
νόμου τὸν Δεσπότην. Ἐπὶ δὲ [a] τοῦ παραλύτου, ἡνίκα
τὴν κλίνην ἐβάστασε, καὶ ἐνεκάλουν, νῦν μὲν ὡς Θεὸς,
νῦν δὲ ὡς ἄνθρωπος ἀπολογεῖται· ὡς ἄνθρωπος μὲν,
ὅταν λέγῃ, Εἰ περιτομὴν λαμβάνει ἄνθρωπος ἐν σαββάτῳ, ἵνα μὴ λυθῇ ὁ νόμος (καὶ οὐκ εἶπεν, ἵνα ὠφε-
ληθῇ ἄνθρωπος), ἐμοὶ χολᾶτε ὅτι ὅλον ἄνθρωπον ὑγιῆ
ἐποίησα; ὡς δὲ Θεὸς, ὅταν λέγῃ· Ὁ Πατήρ μου ἕως
ἄρτι ἐργάζεται, κἀγὼ ἐργάζομαι. Ὑπὲρ δὲ τῶν μαθητῶν ἐγκαλούμενος ἔλεγεν· Οὐκ ἀνέγνωτε τί ἐποίησε
Δαυΐδ, ὅτε ἐπείνασεν αὐτὸς καὶ οἱ μετ' αὐτοῦ; πῶς
εἰσῆλθεν εἰς τὸν οἶκον τοῦ Θεοῦ, καὶ τοὺς ἄρτους τῆς
προθέσεως ἔφαγε; Καὶ τοὺς ἱερεῖς εἰς μέσον παράγει.
Καὶ ἐνταῦθα πάλιν, ὅτι Ἔξεστιν ἐν σαββάτῳ ἀγαθο- B
ποιῆσαι, ἢ κακοποιῆσαι; [b] Τίς γὰρ ἐξ ὑμῶν ἕξει πρόβατον ἕν; Ἤδει γὰρ αὐτῶν τὸ φιλοχρήματον, ὅτι τοῦτο
μᾶλλον ἦσαν ἢ φιλάνθρωποι. Καίτοι ὁ ἄλλος εὐαγγελιστής φησι, ὅτι καὶ περιεβλέψατο, ταῦτα ἐρωτῶν,
ὥστε καὶ τῷ ὄμματι αὐτοὺς ἐπισπάσασθαι· ἀλλ' οὐδὲ
οὕτως ἐγένοντο βελτίους. Καίτοι ἐνταῦθα φθέγγεται
μόνον, ἀλλαχοῦ δὲ πολλαχοῦ καὶ χεῖρας ἐπιτιθεὶς θεραπεύει. Ἀλλ' ὅμως οὐδὲν αὐτοὺς τούτων ἐποίει πράους·
ἀλλ' ὁ μὲν ἄνθρωπος ἐθεραπεύετο, ἐκεῖνοι δὲ διὰ τῆς
ὑγείας τῆς τούτου χείρους ἐγένοντο. Αὐτὸς μὲν γὰρ
ἐβούλετο πρὸ ἐκείνου [c] θεραπεῦσαι ἐκείνους, καὶ μυ- C
ρίους ἐκίνησε τρόπους ἰατρείας, καὶ δι' ὧν ἔμπροσθεν
ἐποίησε, καὶ δι' ὧν εἶπεν· ἐπειδὴ δὲ ἀνίατα λοιπὸν
ἐνόσουν, ἐπὶ τὸ ἔργον ἐχώρησε. Τότε λέγει τῷ ἀνθρώ-
πῳ· Ἔκτεινον τὴν χεῖρά σου. Καὶ ἐξέτεινε, καὶ ἀπο-
κατεστάθη ὑγιὴς, ὡς ἡ ἄλλη. Τί οὖν ἐκεῖνοι; Ἐξέρχονται, φησὶ, [d] καὶ συμβουλεύονται, ἵνα ἀπολέσωσιν αὐτόν·

ptare studuerunt, ut sibi majorem criminandi copiam pararent. Benignus autem Dominus et illud facit, et respondet, nos modestiam et mansuetu-
dinem docens, totumque in ipsos convertit, ipso-
rumque inhumanitatem ostendit. Hominem in medio statuit; non quod illos timeret, sed ad ipsorum utilitatem, ut ad misericordiam vocaret. Cum
autem ne sic quidem illos flecteret, tunc contristatus est, inquit, et iratus est propter duritiam cor- *Marc.* 3. 5.
dis eorum, dixitque : 11. *Quis est ex vobis ho-*
mo, qui habeat ovem unam, et si in foveam ce-
ciderit sabbatis, nonne apprehendet eam et eri-
get? 12. *Quanto ergo melior est homo ove?*
Itaque licet sabbatis benefacere. Ne impudenter agant, neve quasi transgressorem accusent,
per hoc exemplum cum illis ratiocinatur. Tu vero
mihi perpende, quam varie et quam congruenter
ubique defensiones paret circa sabbati solutionem.
Nam ubi cæcum curavit, lutumque fecit, non sese *Joan.* 9.
purgavit, licet illi incusarent : etenim creationis
modus hic expressus ipsum esse legis Dominum
demonstrabat. In paralytico autem, qui lectum *Matth.* 9.
portavit, dum illi accusarent, modo ut Deus,
modo ut homo sese purgat : ut homo cum di-
cit, *Si circumcisionem accipit homo in sab-* *Joan.* 7. 23.
bato, ut non solvatur lex (nec dixit, Ut homo
adjuvetur), *mihi irascimini quia totum ho-*
minem sanum feci? ut Deus autem, cum di-
cit : *Pater meus usque modo operatur, et ego* *Joan.* 5. 17.
operor. Super apostolis vero accusatus ait : *Non* *Matth.* 12.
legistis quid fecit David, quando esurivit ipse 3. 4.
et qui cum eo erant? quomodo introivit in do-
mum Dei, et panes propositionis comedit? Sacerdotes quoque in medium adducit. Hic rur-
sum, *An licet in sabbato benefacere, an male-* *Marc.* 3. 4.
facere? Quis enim ex vobis habebit ovem
unam? Noverat enim eos pecuniæ cupidos ma-
gisquam humanitate præditos. Alius porro evan- *Marc.* 3. 5.
gelista ait, ipsum circumspexisse, cum hoc interrogaret, ut vel aspectu ipsos attraheret : at ne
sic quidem meliores effecti sunt. Hic vero solum
loquitur, alibi manus etiam imponit ut sanet. Attamen nihil eorum illos ad mansuetudinem alliciebat; sed homo quidem sanabatur, illi vero per
ejus valetudinem deteriores efficiebantur. Ille volebat ipsos ante ægrum sanare, innumerasque medelæ vias tentabat, et per ea quæ ante fecerat, et

[a] Savil. suspicatur legendum *τοῦ παραλυτικοῦ* : sed *παραλύτου* multis firmatur exemplis.

[b] Quidam *τίς ἐξ ὑμῶν*.

[c] Alii *θεραπεῦσαι αὐτοὺς, καὶ μυρίους*.

[d] Alii *καὶ βουλεύονται*.

per ea quæ loquebatur : quoniam autem incurabili morbo laborabant, ad opus se contulit. 13. *Tunc dixit homini : Extende manum tuam. Et extendit, et restituta est sanitati, ut et altera.* Quid igitur illi? Egrediuntur, inquit, et consultant, ut occiderent eum : ait enim : 14. *Pharisæi exeuntes, consilium ceperunt adversus eum, ut eum perderent.* Nihil læsi occidere tentabant.

Invidia quantum malum. 2. Tantum est invidia malum. Nam ea non alienos solum, sed etiam propinquos semper impu-
Marc. 3. 6. gnat. Marcus autem dicit, ipsos cum Herodianis id deliberasse. Quid ergo ille mansuetus et mitis? Hæc cum didicisset, secessit. 15. *Jesus autem,* inquit, *cum sciret cogitationes eorum, recessit inde.* Ubi sunt ii qui dicunt, oportere signa fieri? His quippe ostendit, improbam animam ne signis quidem obtemperare, ostenditque etiam discipulos sine causa accusari. Illud porro observandum est, ipsos ob beneficia proximo collata magis efferatos esse, et ubi vident aliquem aut a morbo aut a nequitia liberatum, tunc accusare, tunc feroces esse. Nam cum meretricem ad resipiscentiam deducturus erat, calumniabantur eum; et quando cum publicanis comedebat, similiter : ut et nunc cum manum restitutam viderunt. Tu vero mihi considera quomodo et ab ægrotorum cura non absistat, et illorum invidiam mitiget. *Et sequutæ sunt eum turbæ multæ, et curavit illos omnes;* 16. *et increpavit eos qui curati fuerant, ut nemini ipsum manifestum facerent.* Turbæ ubique et mirantur et sequuntur : illi autem a malitia non absistunt. Deinde ne turberis de gestis deque incredibili illorum furore, prophetam adducit hæc prænuntiantem. Tanta enim erat prophetarum accuratio, ut ne hæc quidem prætermitterent, sed vias ejus et transitus prophetarent, necnon qua mente hæc faceret; ut discas, illos movente Spiritu loquutos esse. Nam si hominum secreta cognosci non possunt, multo magis Christi scopus edisci non potest, nisi Spiritu revelante. Quid autem dixerit propheta, sic affert : 17. *Ut impleretur*
Isai. 42. 1.—3. *quod dictum est per Isaiam prophetam dicentem :* 18. *Ecce puer meus, quem elegi, dilectus meus, in quo complacuit anima mea. Ponam spiritum meum super eum, et judicium gentibus nuntiabit.* 19. *Non contendet, neque clamabit, neque audiet quis in plateis vocem ejus;* 20. *calamum conquassatum non confringet,*

Οἱ γὰρ Φαρισαῖοι, φησὶν, ἐξελθόντες, συμβούλιον ἔλαβον κατ' αὐτοῦ, ὅπως αὐτὸν ἀπολέσωσιν. Οὐδὲν ἀδικηθέντες ἀνελεῖν ἐπεχείρουν.

D Τοσοῦτον ἡ βασκανία κακόν. Οὐδὲ γὰρ τοῖς ἀλλοτρίοις μόνον, ἀλλὰ καὶ τοῖς οἰκείοις ἀεὶ πολεμεῖ. Ὁ δὲ Μάρκος φησὶν, ὅτι μετὰ τῶν Ἡρωδιανῶν τοῦτο ἐβουλεύσαντο. Τί οὖν ὁ ἥμερος καὶ πρᾶος; Ἀνεχώρησε ταῦτα μαθών. Ὁ δὲ Ἰησοῦς γνοὺς τὰς ἐνθυμήσεις αὐτῶν, ἀνεχώρησε, φησὶν, ἐκεῖθεν. Ποῦ τοίνυν εἰσὶν οἱ λέγοντες, ὅτι σημεῖα γίνεσθαι ἔδει; Διὰ γὰρ τούτων ἔδειξεν, ὅτι ὁ ἀγνώμων ψυχὴ οὐδὲ ἐντεῦθεν πείθεται, καὶ ἐδήλωσεν ὅτι καὶ τοῖς μαθηταῖς εἰκῇ ἐνεκάλουν. Ἐκεῖνο E μέντοι παρατηρεῖν χρὴ, ὅτι μάλιστα πρὸς τὰς τῶν πλησίον ἀγριαίνουσιν εὐεργεσίας, καὶ ὅταν ἴδωσί τινα ἢ νοσήματος ἢ κακίας ἀπαλλαττόμενον, τότε καὶ ἐγκαλοῦσι καὶ ἐκθηριοῦνται. Καὶ γὰρ ὅτε τὴν πόρνην σώζειν ἔμελλε, διέβαλλον αὐτόν· καὶ ὅτε μετὰ τελωνῶν ἔφαγε· καὶ νῦν πάλιν, ἐπειδὴ τὴν χεῖρα ἀποκατασταθεῖσαν εἶδον. Σὺ δέ μοι σκόπει, πῶς οὐδὲ τῆς πρὸς
439 A τοὺς ἀῤῥώστους κηδεμονίας ἀφίσταται, καὶ τὸν ἐκείνων παραμυθεῖται φθόνον. Καὶ ἠκολούθησαν αὐτῷ ὄχλοι πολλοὶ, καὶ ἐθεράπευσεν αὐτοὺς πάντας· καὶ ἐπετίμησε τοῖς θεραπευθεῖσιν, ἵνα μηδενὶ φανερὸν αὐτὸν ποιήσωσιν. Οἱ μὲν [a] οὖν ὄχλοι πανταχοῦ καὶ θαυμάζουσι καὶ ἀκολουθοῦσιν· ἐκεῖνοι δὲ τῆς πονηρίας οὐκ ἀφίστανται. Εἶτα [b] ἵνα μὴ θορυβηθῇς ἐπὶ τοῖς γινομένοις καὶ τῷ παραδόξῳ τῆς ἐκείνων μανίας, εἰσάγει καὶ τὸν προφήτην ταῦτα προαναφωνοῦντα. Τοσαύτη γὰρ ἦν τῶν προφητῶν ἡ ἀκρίβεια, ὡς μηδὲ ταῦτα παραλιπεῖν, ἀλλὰ καὶ τὰς ὁδοὺς αὐτοῦ καὶ τὰς μεταβάB σεις προφητεύειν, καὶ τὴν γνώμην μεθ' ἧς ταῦτα ἐποίει· ἵνα μάθῃς, ὅτι πάντα Πνεύματι ἐφθέγγοντο. Εἰ γὰρ τὰ ἀνθρώπων ἀπόῤῥητα ἀμήχανον εἰδέναι, πολλῷ μᾶλλον τοῦ Χριστοῦ τὸν σκοπὸν ἀδύνατον ἦν μαθεῖν, μὴ τοῦ Πνεύματος ἀποκαλύψαντος. Τί οὖν [c] ὁ προφήτης φησὶν, ἐπήγαγεν εἰπών· Ὅπως πληρωθῇ τὸ ῥηθὲν ὑπὸ Ἡσαΐου τοῦ προφήτου λέγοντος· Ἰδοὺ ὁ παῖς μου, ὃν ᾑρέτισα, ὁ ἀγαπητός μου, εἰς ὃν εὐδόκησεν ἡ ψυχή μου. Θήσω τὸ πνεῦμά μου ἐπ' αὐτὸν, καὶ κρίσιν τοῖς ἔθνεσιν ἀναγγελεῖ. Οὐκ ἐρίσει, οὐδὲ κραυγάσει, οὐδὲ ἀκούσει τις ἐν πλατείαις τὴν φωνὴν αὐτοῦ·
C κάλαμον συντετριμμένον οὐ κατεάξει, καὶ λίνον τυφόμενον οὐ σβέσει, ἕως ἂν ἐκβάλῃ εἰς νῖκος [d] τὴν κρίσιν·

[a] Οὖν in quibusdam Mss. deest.

[b] Alii ἵνα μὴ φοβηθῇς ἐπί.

[c] Savil. ὁ προφήτης φησὶν, ἐδήλωσεν ἐπαγαγών· Ὅπως. Alius τί οὖν ὁ εὐαγγελιστής; ἐπήγαγε γοῦν, ὅπως.

[d] Quidam habent τὴν κρίσιν αὐτοῦ.

καὶ τῷ ὀνόματι αὐτοῦ ἔθνη ἐλπιοῦσι. Τὴν πραότητα αὐτοῦ καὶ τὴν δύναμιν τὴν ἄφατον τούτοις ἀνυμνεῖ, καὶ θύραν τοῖς ἔθνεσιν ἀνοίγνυσι μεγάλην καὶ ἐνεργῆ, καὶ τὰ καταληψόμενα τοὺς Ἰουδαίους προλέγει κακά· καὶ δείκνυσιν αὐτοῦ τὴν ὁμόνοιαν τὴν πρὸς τὸν Πατέρα· Ἰδοὺ γάρ, φησίν, ὁ παῖς μου, ὃν ᾑρέτισα, ὁ ἀγαπητός μου, εἰς ὃν εὐδόκησεν ἡ ψυχή μου. Εἰ δὲ ᾑρέτισεν, οὐχ ὡς ἐναντιούμενος λύει τὸν νόμον, οὐδὲ ὡς ἐχθρὸς ὢν τοῦ νομοθέτου, ἀλλ' ὡς ὁμογνώμων καὶ [e] τὰ αὐτὰ πράττων. D Εἶτα τὴν πραότητα αὐτοῦ ἀνακηρύττων, φησίν· Οὐκ ἐρίσει, οὐδὲ κραυγάσει. Αὐτὸς μὲν γὰρ ἐβούλετο θεραπεύειν ἐπ' αὐτῶν· ἐπειδὴ δὲ ἀπεκρούοντο, οὐδὲ πρὸς τοῦτο ἀντέτεινε. Καὶ δεικνὺς καὶ τὴν αὐτοῦ ἰσχὺν καὶ τὴν ἐκείνων ἀσθένειαν, φησί· Κάλαμον συντετριμμένον οὐ κατεάξει. Καὶ γὰρ ἦν ῥᾴδιον ἅπαντας αὐτοὺς ὥσπερ κάλαμον διακλάσαι· καὶ οὐδὲ ἁπλῶς κάλαμον, ἀλλ' ἤδη συντριβέντα. Καὶ λίνον τυφόμενον οὐ σβέσει. Ἐνταῦθα καὶ τὸν ἐκείνων θυμὸν τὸν ἀναπτόμενον παρίστησι, [f] καὶ τὴν τούτου ἰσχύν, ἱκανὴν οὖσαν καταλῦσαι τὸν θυμὸν αὐτῶν, καὶ κατασβέσαι μετ' εὐκολίας ἁπάσης. Ὅθεν ἡ πολλὴ ἐπιείκεια δείκνυται. E Τί οὖν; ἀεὶ ταῦτα ἔσται; καὶ οἴσει διὰ τέλους τοιαῦτα ἐπιβουλεύοντας καὶ μαινομένους; Ἄπαγε· ἀλλ' ὅταν τὰ αὐτοῦ ἐπιδείξηται, τότε καὶ ἐκεῖνα ἐργάσεται· τοῦτο γὰρ ἐδήλωσεν εἰπών· Ἕως ἂν ἐκβάλῃ εἰς νῖκος τὴν [g] κρίσιν· καὶ τῷ ὀνόματι αὐτοῦ ἔθνη ἐλπιοῦσι· καθάπερ ὁ Παῦλός φησι· Ἕτοιμοι ὄντες ἐκδικῆσαι πᾶσαν παρακοήν, 410 A ὅταν πληρωθῇ ὑμῶν ἡ ὑπακοή. Τί δέ ἐστιν, Ὅταν ἐκβάλῃ εἰς νῖκος τὴν κρίσιν; Ὅταν τὰ παρ' ἑαυτοῦ πληρώσῃ πάντα, φησί, τότε τὴν ἐκδίκησιν ἐπάξει, καὶ ἐκδίκησιν τελείαν. Τότε τὰ δεινὰ πείσονται, ὅταν λαμπρὸν [a] στήσῃ τὸ τρόπαιον, καὶ νικήσῃ τὰ παρ' ἑαυτοῦ δικαιώματα, καὶ μηδὲ ἀναίσχυντον αὐτοῖς καταλίπῃ ἀντιλογίας πρόφασιν. Οἶδε γὰρ κρίσιν τὴν δικαιοσύνην λέγειν. Ἀλλ' οὐκ ἐν τούτῳ στήσεται τὰ τῆς οἰκονομίας, ἐν τῷ κολασθῆναι τοὺς ἀπιστήσαντας μόνον· ἀλλὰ καὶ τὴν οἰκουμένην ἐπισπάσεται. Διὸ καὶ ἐπήγαγε· Καὶ τῷ ὀνόματι αὐτοῦ ἔθνη ἐλπιοῦσιν. B Εἶτα ἵνα μάθῃς, ὅτι καὶ τοῦτο κατὰ γνώμην ἐστὶ τοῦ Πατρός, ἐν τῷ προοιμίῳ ὁ προφήτης καὶ τοῦτο μετὰ τῶν [b] ἔμπροσθεν ἐνηγγυήσατο, εἰπών· Ὁ ἀγαπητός μου, εἰς

et linum fumigans non exstinguet, donec emiserit in victoriam judicium; 21. et in nomine ejus gentes sperabunt. His mansuetudinem ejus, et potestatem ineffabilem celebrat, magnamque et apertam gentibus portam aperit, mala etiam Judæos invasura prænuntiat; et ostendit ejus cum Patre consensum: nam ait, *Ecce puer meus, quem elegi, dilectus meus, in quo complacuit anima mea.* Si autem elegit D eum, utique non adversans ipsi legem solvit, neque ut inimicus legislatoris id agit, sed ut consentiens, eademque operans. Deinde mansuetudinem ejus prædicans dicit: *Non contendet, neque clamabit.* Ipse quippe volebat eos sanare: quia vero ipsum repulere, ille reluctari noluit. Deinde ejus potentiam illorumque imbecillitatem ostendens, dicit: *Calamum conquassatum non confringet.* Nam facile erat eos omnes ut calamum confringere; imo non modo calamum, sed jam conquassatum. *Et linum fumigans non exstinguet.* Hic illorum iram incensam declarat, illiusque fortitudinem, quæ posset furorem ipsorum solvere, et cum facilitate magna exstinguere. E Unde ejus mansuetudo ingens ostenditur. Quid igitur? an hæc semper erunt? an semper feret eos insidiantes ac furentes? Apage; sed cum sua exhibuerit, tunc et illa exsequetur: id enim significavit his verbis: *Donec emittat in victoriam judicium; et in nomine ejus gentes sperabunt:* quemadmodum et Paulus ait: *Parati omnem ino-* 1. Cor. 10. 6.
A *bedientiam ulcisci, cum completa fuerit obedientia vestra.* Quid vero significat illud, *Cum emiserit in victoriam judicium?* Cum sua omnia impleverit, inquit, tunc vindictam inducet, et ultionem perfectam. Tunc gravia patientur, cum splendidum statuerit tropæum, et ejus justificationes vicerint; ac ne impudenter quidem contradicendi ansam relinquet. Solet enim judicium ipsam justitiam dicere. Sed non in hoc tantum consistet ejus œconomia, quod increduli puniantur; verum etiam totum orbem attrahet. Quapropter subjunxit: *Et in nomine ejus gentes sperabunt.* B Deinde ut discas, hoc etiam secundum voluntatem Patris esse, in ipso principio propheta hoc cum prioribus confirmavit, dicens: *Dilectus*

[e] Nonnulli τὰ αὐτοῦ πράττων.

[f] Alii καὶ τὴν αὐτοῦ ἰσχύν.

[g] Quidam τὴν κρίσιν αὐτοῦ.

[a] Savil. στήσῃ, Morel. στῇ. Ibidem Morel. τὰ παρ' ἑαυτοῦ, Savil. τὰ παρ' αὐτοῦ.

[b] Aliquot Mss. ἔμπροσθεν παρῃνίξατο, εἰπών. Paulo post quidam εἰ γὰρ ἀγαπητός. Mox Morel. κατὰ γνώμην τοῦ φιλουμένου καὶ ταῦτα ἐποίει. Savil. κατὰ γνώμην τοῦ φιλοῦντος ταῦτα ποιεῖ, melius ut puto.

meus, in quo sibi complacuit anima mea. Etenim palam est dilectum secundum diligentis se voluntatem hæc fecisse. **22.** *Tunc obtulerunt ei dæmoniacum, cæcum et mutum, et curavit eum, ita ut cæcus et mutus loqueretur et videret.*

3. O malitia dæmonis! Utramque viam, qua is crediturus erat, obstruxerat, visum et auditum: sed utramque Christus aperuit. **23.** *Et stupebant turbæ dicentes: Numquid hic est filius David?* **24.** *Pharisæi autem dixerunt: Hic non ejicit dæmonia, nisi in Beelzebub principe dæmoniorum.* Atqui quid magni turbæ dixerant? Attamen id Pharisæi non tulerunt: sic illi, ut supra dixi, semper ex beneficiis proximo collatis mordentur, nihil ita illis dolorem parit, ut hominum salus. Quamquam Jesus recesserat, et locum dederat ut ira sedaretur: sed rursus accensum malum fuit, quia rursus beneficium factum est: illique indignabantur plus quam ipse dæmon, qui secesserat ex corpore, et aufugerat, nihil loquutus; hi autem modo illum interficere tentabant, modo calumniabantur. Quia enim illud non recte procedebat, gloriæ ejus nocere volebant. Hujusmodi res est invidia, cui nullum par malum. Nam mœchus voluptatem saltem quamdam percipit, et brevi tempore peccatum suum perficit: invidus vero se prius quam eum qui invidet supplicio afficit, neque finem umquam peccandi facit, et in peccato versatur. Sicut sus in luto, et sicut dæmones de damno nostro lætantur: sic et invidus de proximi malis gaudet: et si quid ipsi triste et injucundum eveniat, tunc ille quiescit et respirat, alienas ærumnas gaudium esse suum putans, et aliorum bona proprium sibi malum; neque considerat quid sibi suave, sed quid proximo ærumnosum sit. Nonne tales homines lapidandi et suppliciis torquendi sunt, ut canes rabidi, ut dæmones infesti, ut ipsæ furiæ? Nam quemadmodum scarabæi in fimo nutriuntur, sic et hi in alienis calamitatibus, communes naturæ inimici et hostes. Et alii quidem si brutas animantes jugulatas viderint, misericordia moventur; tu vero hominem videns beneficio affectum, efferaris, tremis, palles? Ecquid hoc furore deterius? Ideo fornicarii et publicani in regnum intrare potuerunt; invidi vero, qui intus erant, egressi sunt: nam *Filii regni*, inquit, *foras ejicientur.* Et illi quidem ab nequitia erepti, quæ numquam exspectaverant consequuti sunt: hi

Invidiæ nullum par malum.

Matth. 8. 12.

ὃν εὐδόκησεν ἡ ψυχή μου. Ὁ γὰρ ἀγαπητὸς εὔδηλον
ὅτι κατὰ γνώμην τοῦ φιλοῦντος ταῦτα ποιεῖ. Τότε προσήνεγκαν αὐτῷ δαιμονιζόμενον, τυφλὸν καὶ κωφὸν,
καὶ ἐθεράπευσεν αὐτὸν, ὥστε τὸν τυφλὸν καὶ κωφὸν
καὶ λαλεῖν καὶ βλέπειν.

Ὢ πονηρία δαίμονος. Ἑκατέραν εἴσοδον ἐνέφραξε,
δι' ἧς ἔμελλε πιστεύειν ἐκεῖνος, καὶ ὄψιν καὶ ἀκοήν·
C ἀλλ' ὅμως [c] ἑκατέρας ὁ Χριστὸς ἀνέῳξε. Καὶ ἐξίσταντο
οἱ ὄχλοι λέγοντες· μήτι οὗτός ἐστιν ὁ υἱὸς Δαυίδ; Οἱ
δὲ Φαρισαῖοι εἶπον· οὗτος οὐκ ἐκβάλλει τὰ δαιμόνια,
εἰ μὴ ἐν τῷ Βεελζεβοὺλ ἄρχοντι τῶν δαιμονίων. Καίτοι τί μέγα ἐφθέγξαντο; Ἀλλ' ὅμως οὐδὲ τοῦτο ἤνεγ-
καν· οὕτως, ὅπερ ἔφθην εἰπὼν, ἀεὶ ταῖς τῶν πλησίον
δάκνονται εὐεργεσίαις, καὶ οὐδὲν αὐτοὺς οὕτω λυπεῖ
ὡς ἡ τῶν ἀνθρώπων σωτηρία. Καίτοι καὶ ἀνεχώρησε,
καὶ λωφῆσαι ἔδωκε τῷ πάθει· ἀλλὰ πάλιν ἀνήπτετο
[d] τὸ κακὸν, ἐπειδὴ πάλιν εὐεργεσία ἐγένετο· καὶ μᾶλλον τοῦ δαίμονος ἠγανάκτουν· ἐκεῖνος μὲν γὰρ καὶ
ἐξίστατο τοῦ σώματος, καὶ ἀνεχώρει, καὶ ἐδραπέτευε,
D μηδὲν φθεγγόμενος· οὗτοι δὲ νῦν μὲν ἀνελεῖν ἐπεχείρουν, νῦν δὲ διαβάλλειν. Ἐπειδὴ γὰρ ἐκεῖνο οὐ προεχώρει, τὴν δόξαν ἤθελον βλάψαι. Τοιοῦτον ἡ βασκανία,
ἧς οὐκ ἂν γένοιτο κακία χείρων. Ὁ μὲν γὰρ μοιχὸς κἂν
ἡδονήν καρποῦταί τινα, καὶ ἐν βραχεῖ χρόνῳ τὴν ἁμαρτίαν ἀπαρτίζει τὴν ἑαυτοῦ· ὁ δὲ βάσκανος πρὸ τοῦ
φθονουμένου ἑαυτὸν κολάζει καὶ τιμωρεῖται, καὶ οὐδέποτε παύεται τῆς ἁμαρτίας, ἀλλ' ἐν τῷ πράττειν
αὐτήν ἐστι διηνεκῶς. Καθάπερ γὰρ χοῖρος βορβόρῳ,
καὶ δαίμονες βλάβῃ τῇ ἡμετέρᾳ· οὕτω καὶ οὗτος τοῖς
τοῦ πλησίον χαίρει κακοῖς· κἂν γένηταί τι ἀηδὲς, τότε
E ἀναπαύεται καὶ ἀναπνεῖ, τὰς ἀλλοτρίας συμφορὰς οἰκείας εὐθυμίας ἡγούμενος, καὶ οἰκεῖα κακὰ τὰ τῶν ἄλλων ἀγαθά· καὶ οὐ σκοπεῖ τί ἂν αὐτῷ γένοιτο ἡδὺ,
ἀλλὰ τί τῷ πλησίον λυπηρόν. Τούτους οὖν οὐ κατα-
λεύειν καὶ ἀποτυμπανίζειν ἄξιον, ὡς κύνας λυττῶντας,
441 A ὡς δαίμονας ἀλάστορας, ὡς αὐτὰς τὰς ἐριννῦς; Καθάπερ γὰρ οἱ κάνθαροι τρέφονται τῇ κόπρῳ, οὕτω καὶ
οὗτοι ταῖς ἑτέρων δυσημερίαις, κοινοί τινες ἐχθροὶ καὶ
πολέμιοι τῆς φύσεως ὄντες. Καὶ οἱ μὲν ἄλλοι ἄλογον
σφαττόμενον ἐλεοῦσι· σὺ δὲ ἄνθρωπον ὁρῶν εὐεργε-
τούμενον, [a] ἐκθηριοῦσαι, καὶ τρέμεις, καὶ ὠχριᾷς;
Καὶ τί ταύτης τῆς μανίας χεῖρον γένοιτ' ἄν; Διά τοι
τοῦτο πόρνοι μὲν καὶ τελῶναι εἰς βασιλείαν ἠδυνήθησαν εἰσελθεῖν· οἱ δὲ βάσκανοι ἔνδον ὄντες, [b] ἐξεβλή-
θησαν· Οἱ γὰρ υἱοὶ τῆς βασιλείας, φησὶ, ἔξω βληθήσονται. Κἀκεῖνοι μὲν τῆς ἐν χερσὶν ἀπαλλαγέντες πονηρίας, ὧν οὐδέποτε προσεδόκησαν ἐπέτυχον· οὗτοι
B δὲ καὶ ἃ εἶχον ἀγαθὰ ἀπώλεσαν· καὶ μάλα εἰκότως.

c Savil. ἑκατέραν. Mox quidam ὁ Χριστὸς υἱὸς Δαυίδ.
d Alius τὸ δεινὸν, ἐπειδή. Infra vero καὶ ὑπεχώρει.

a Morel. ἐκτεθηρίωσαι.
b Morel. ἐξῆλθον' οἱ γάρ.

Τοῦτο γὰρ διάβολον ἐξ ἀνθρώπου ποιεῖ· τοῦτο δαίμονα ἄγριον ἀπεργάζεται. Οὕτως ὁ πρῶτος φόνος ἐγένετο· οὕτως ἡ φύσις ἠγνοήθη· οὕτως ἡ γῆ ἐμολύνθη· οὕτω μετὰ ταῦτα τὸ στόμα ἀνοίξασα [c] ἡ γῆ ζῶντας ὑπεδέξατο καὶ ἀπώλεσε τοὺς περὶ Δαθὰν, καὶ Κορὲ, καὶ Ἀβειρὼν, καὶ τὸν δῆμον ἐκεῖνον ἅπαντα. Ἀλλὰ τὸ μὲν κατηγορεῖν βασκανίας εἴποι τις ἂν ῥᾴδιον εἶναι· [d] δεῖ δὲ εἰπεῖν καὶ ὅπως ἀπαλλαγήσονται τοῦ νοσήματος. Πῶς οὖν ἀπαλλαγησόμεθα τῆς πονηρίας ταύτης; Ἂν ἐννοήσωμεν, ὅτι ὥσπερ τῷ πεπορνευκότι οὐ θέμις εἰσελθεῖν εἰς τὴν ἐκκλησίαν, οὕτως οὐδὲ τῷ βασκαίνοντι· καὶ πολλῷ μᾶλλον τούτῳ ἢ ἐκείνῳ. Νῦν μὲν γὰρ καὶ ἀδιάφορον εἶναι δοκεῖ· διὸ καὶ ἠμέληται· ἂν δὲ φανερὸν γένηται πονηρὸν ὂν, ἀποστησόμεθα ῥᾳδίως. Κλαῦσον τοίνυν καὶ στέναξον· θρήνησον καὶ παρακάλεσον τὸν Θεόν. Μάθε ὡς περὶ ἁμαρτήματος χαλεποῦ διακεῖσθαί σε, καὶ μετανόει. Κἂν οὕτω διατεθῇς, ταχέως ἀπαλλαγήσῃ τοῦ νοσήματος. Καὶ τίς ἀγνοεῖ, φησὶν, ὅτι πονηρὸν ἡ βασκανία; Ἀγνοεῖ μὲν οὐδείς· οὐ μὴν τὴν αὐτὴν περὶ πορνείας καὶ μοιχείας ἔχουσι δόξαν, καὶ περὶ τοῦ πάθους τούτου. Πότε γοῦν ἑαυτοῦ τις κατέγνω, πικρῶς βασκήνας; πότε Θεὸν ἠξίωσεν ὑπὲρ τούτου τοῦ νοσήματος, ὥστε γενέσθαι αὐτῷ ἵλεων; Οὐδεὶς οὐδέποτε· ἀλλ' [e] εἰ νηστεύει καὶ πένητι δῷ μικρὸν ἀργύριον, κἂν μυριάκις βάσκανος ᾖ, οὐδὲν ἡγεῖται πεποιηκέναι δεινὸν, τῷ πάντων μιαρωτέρῳ κατεχόμενος πάθει. Πόθεν γοῦν ὁ Κάϊν τοιοῦτος ἐγένετο; πόθεν ὁ Ἡσαῦ; πόθεν οἱ τοῦ Λάβαν παῖδες; πόθεν οἱ τοῦ Ἰακὼβ υἱοί; πόθεν οἱ περὶ Κορὲ, καὶ Δαθὰν καὶ Ἀβειρών; πόθεν Μαρία; πόθεν Ἀαρών; πόθεν αὐτὸς ὁ διάβολος;

Μετὰ τούτων κἀκεῖνο ἐννόει, ὅτι οὐ τὸν φθονούμενον ἀδικεῖς, ἀλλὰ κατὰ σαυτοῦ τὸ ξίφος ὠθεῖς. Τί γὰρ τὸν Ἄβελ ἠδίκησεν ὁ Κάϊν; [f] Ἐκεῖνον μὲν γὰρ ταχύτερον καὶ ἄκων εἰς βασιλείαν παρέπεμψεν, ἑαυτὸν δὲ μυρίοις περιέπειρε κακοῖς. Τί τὸν Ἰακὼβ ἔβλαψεν ὁ Ἡσαῦ; οὐχὶ ὁ μὲν ἐπλούτει καὶ μυρίων ἀπέλαυσεν ἀγαθῶν, αὐτὸς δὲ καὶ τῆς πατρῴας οἰκίας ἐξέπιπτε, καὶ ἐν ἀλλοτρίᾳ ἐπλανᾶτο μετὰ τὴν ἐπιβουλὴν ἐκείνην; Τί δὲ οἱ παῖδες [g] τούτου; οὐ τὸν Ἰωσὴφ ἐποίησαν
442 χείρω, καὶ ταῦτα μέχρις αἵματος ἐλθόντες; οὐχὶ οὗτοι μὲν καὶ λιμὸν ὑπέμειναν καὶ περὶ τῶν ἐσχάτων ἐκινδύνευσαν, ἐκεῖνος δὲ βασιλεὺς γέγονε τῆς Αἰγύπτου ἁπάσης; Ὅσῳ γὰρ ἂν φθονῇς, τοσούτῳ [a] γένῃ μειζόνων πρόξενος ἀγαθῶν τῷ φθονουμένῳ. Θεὸς γάρ ἐστιν ὁ ταῦτα ἐφορῶν· καὶ ὅταν ἴδῃ τὸν οὐδὲν ἀδικοῦντα ἀδικούμενον, αὐτὸν μὲν ἐπαίρει μᾶλλον καὶ

vero bona quæ jam tenebant amiserunt; et jure quidem. Hoc enim diabolum ex homine facit; hoc ferocem dæmonem efficit. Sic prima cædes facta est; sic naturæ nulla habita ratio fuit; sic terra polluta est; sic postea os suum aperiens terra, Dathan, Core et Abiron, totumque illum populum excepit et perdidit. At, dixerit quispiam, facile est de invidia accusare, sed docendum quo pacto invidi ab hoc morbo liberentur. Quomodo ergo liberabimur ab iniquitate hujuscemodi? Si cogitemus, sicut fornicatori non licet intrare in ecclesiam, sic neque invido; imo minus huic licere quam illi. Nunc quidem malum illud quasi indifferens esse videtur; ideoque negligitur: sed si manifestum semel sit malum esse, facile ab eo resiliemus. Luge igitur et ingemisce; lamentare et Deum precare. Disce te gravissimo peccato detentum jacere, et pœnitentiam age. Et si sic affectus fueris, cito ab hoc morbo liber evades. Ecquis ignorat, inquies, invidiam esse malum? Ignorat quidem nemo; sed tamen non parem esse morbum putant fornicationi et adulterio. Nam quis umquam sese damnavit, quod gravi invidia ductus fuisset? Quandonam quis rogavit Deum, ut circa hunc morbum sibi propitius esset? Nemo utique umquam; sed si jejunet ac tantillum pecuniæ det pauperi, quantumvis sit invidus, nihil se grave admisisse putat; licet gravissimo omnium morbo teneatur. Undenam Caïn tam scelestus effectus est? unde Esaü? unde Labani filii? unde filii Jacobi? unde Core, Dathan et Abiron? unde Maria? unde Aaron? unde ipse diabolus?

Gen. 4. Num. 16.

Ad invidiam curandam remedia.

4. Cum his hoc etiam perpende, te non eum cui invides lædere, sed in teipsum gladium vertere. In quo enim Abelum Caïn læsit? Illum citius vel invitus in regnum misit, seque sexcentis involvit malis. Qua in re Jacobo nocuit Esaü? annon ille dives erat et mille bonis fruebatur, hic vero paterna domo excidit, et post structas insidias in aliena regione erravit? Quid autem Jacobi filii? an Josephum in pejorem statum adduxerunt, etiamsi usque ad sanguinem venissent? Nonne isti famem passi, ac de extremis periclitati sunt, ille vero rex in tota Ægypto fuit? Nam quanto magis invidia laboraveris, tanto majora ei cui invides bona concilias. Deus enim, qui cuncta perspicit, cum videt eum lædi qui nihil læsit, illum erigit, illustrioremque efficit; invidum vero plectit. Nam si eos, qui

[c] Ἡ γῆ deest in quibusdam.

[d] Alii δεῖ δὲ σκοπεῖν, non male.

[e] Alii εἰ νηστεύσει, alii εἰ πιστεύσει.

[f] Quidam οὐκ ἐκεῖνον, nempe per interrogationem.

[g] Τούτου; οὐ τὸν Ἰωσήφ. In Savil. et Morel. οὐ deest.

[a] Alii γένῃ μᾶλλον, alii γένῃ μειζόνως προξ.

de malis inimicorum lætentur, non impunitos sinit (*Ne gaudeas enim*, inquit, *de casu inimicorum tuorum, nequando Deus videat, et displiceat ei*): multo minus eos qui invident iis, a quibus nihil læsi sunt. Feram itaque hanc, multis instructam capitibus, exscindamus. Multæ quippe sunt invidiæ species. Nam si is, qui se amantem amat, nihil plus habet, quam publicanus, qui se nihil lædentem odio habet, quo in loco stabit? quomodo effugiet gehennam, cum ethnicis pejor factus sit? Idcirco admodum doleo, quod qui angelos, imo angelorum Dominum imitari jussi sumus, diabolum imitemur. Nam multa et in Ecclesia invidia est; multoque magis in nobis, quam in subditis. Ideo ad nos sermo vertatur. Quare, dic mihi, proximo invides? Quia honore et celebritate fruentem vides? Nec cogitas quantum mali honores afferant iis qui non attendunt? In vanam gloriam extollunt, in fastum, in arrogantiam, in superbiam, negligentiores reddunt, ac præter hæc mala, facile marcescunt. Quodque gravissimum est, mala hinc importata manent immortalia; voluptas vero ubi primum apparuit, avolavit. Hisne, quæso, de causis invides? Sed potestatem multam habet ille apud imperantem, omnia sus deque versat pro lubito, adversantes sibi ulciscitur, adulatores beneficiis afficit, magnaque fruitur potentia. Sæcularium hominum hæc verba sunt. Nam spiritualem hominem nulla res dolore afficere potest. Quid enim illi mali faciet? an a dignitate dejiciet? Et quid hoc est? Si enim juste, id utile ipsi erit: nihil enim ita Deo displicet, quam si quis indigne sacerdotio fungatur. Sin injuste, culpa penes deponentem erit, non penes depositum: nam qui injuste quid patitur, si fortiter ferat, majorem hinc apud Deum nanciscitur libertatem ac fiduciam. Ne itaque id in scopo habeamus, ut fruamur potentia, honore, auctoritate, sed ut in virtute atque philosophia versemur. Nam dignitates ad multa Deo non placita patranda inducunt, atque ingenti opus est animo, ut dignitate ac potentia recte utamur: qui vero a dignitate detruditur, velit nolit philosophatur: at qui illa fruitur, simile quid patitur, ac si quis cum formosa puella habitans, lege arceatur ne illam lascivis umquam oculis aspiciat. Talis est potentia. Ideoque multos pene invitos ad contumeliam inferendam induxit, ad iram incitavit, linguæ frenum ipsis abstulit, et januam

Prov. 24. 17. 18.

Honores quantum mali afferant, non attendentibus.

ποιεῖ λαμπρὸν ταύτῃ· σὲ δὲ κολάζει. Εἰ γὰρ τοὺς ἐφηδομένους τοῖς ἐχθροῖς οὐκ ἀφίησιν ἀτιμωρητὶ παρελθεῖν (Μὴ ἐπίχαιρε γάρ, φησίν, ἐπὶ πτώματι [b] ἐχθρῶν σου, μή ποτε ἴδῃ ὁ Θεός, καὶ οὐ μὴ ἀρέσῃ αὐτῷ)· πολλῷ μᾶλλον τοὺς βασκαίνοντας τοῖς οὐδὲν ἠδικηκόσιν. B Ἐκκόψωμεν τοίνυν τὸ πολυκέφαλον θηρίον. Καὶ γὰρ πολλὰ τὰ εἴδη τῆς βασκανίας. Εἰ γὰρ ὁ τὸν φιλοῦντα ἀγαπῶν οὐδὲν πλέον ἔχει τοῦ τελώνου, ὁ τὸν οὐδὲν ἀδικοῦντα μισῶν ποῦ στήσεται; πῶς δὲ ἐκφεύξεται τὴν γέενναν, τῶν ἐθνικῶν χείρων γιγνόμενος; Διὸ καὶ σφόδρα ὀδυνῶμαι, ὅτι οἱ τοὺς ἀγγέλους, μᾶλλον δὲ καὶ τῶν ἀγγέλων τὸν Δεσπότην μιμεῖσθαι κελευόμενοι, τὸν διάβολον ζηλοῦμεν. Καὶ γὰρ πολλὴ καὶ ἐν τῇ Ἐκκλησίᾳ ἡ βασκανία· μᾶλλον δὲ ἐν ἡμῖν ἢ ἐν τοῖς ἀρχομένοις. Διὸ καὶ ἡμῖν αὐτοῖς διαλεκτέον. Τίνος γὰρ ἕνεκεν, εἰπέ μοι, βασκαίνεις τῷ πλησίον; Ὅτι τιμῆς ἀπολαύοντα βλέπεις καὶ χρηστῶν ῥημάC των; Εἶτα οὐκ ἐννοεῖς πόσον φέρουσι κακὸν αἱ τιμαὶ τοῖς μὴ προσέχουσιν; Εἰς κενοδοξίαν αἴρουσαι, εἰς τῦφον, εἰς ὑπεροψίαν, ῥᾳθυμοτέρους ποιοῦσαι· καὶ μετὰ τούτων τῶν κακῶν καὶ μαραίνονται ῥᾳδίως. Τὸ γὰρ δὴ χαλεπώτατον τοῦτο, ὅτι τὰ μὲν [c] ἐξ αὐτῶν κακὰ ἀθάνατα μένει· ἡ δὲ ἡδονὴ ὁμοῦ τε ἐφάνη καὶ ἀπέπτη. Διὰ ταῦτα οὖν βασκαίνεις; εἰπέ μοι. Ἀλλ' ἐξουσίαν ἔχει παρὰ τῷ κρατοῦντι πολλήν, καὶ ἄγει καὶ φέρει πάντα ὅποι θέλει, καὶ τοὺς προσκρούοντας λυπεῖ, καὶ τοὺς κολακεύοντας εὐεργετεῖ, καὶ πολλὴν D ἔχει δύναμιν. Βιωτικῶν προσώπων ταῦτα τὰ ῥήματα, καὶ τῶν τῇ γῇ προσηλωμένων ἀνθρώπων ἐστί. Τὸν γὰρ πνευματικὸν οὐδὲν λυπῆσαι δυνήσεται. [d] Τί γὰρ αὐτῷ ἐργάσεται δεινόν; ἀποχειροτονήσει τῆς ἀξίας; Καὶ τί τοῦτο; Ἂν μὲν γὰρ δικαίως, καὶ ὠφελεῖται· οὐδὲν γὰρ οὕτω παροξύνει Θεόν, ὡς τὸ παρ' ἀξίαν ἱερᾶσθαι. Ἂν δὲ ἀδίκως, τὸ ἔγκλημα πάλιν ἐπ' ἐκεῖνον, οὐκ ἐπὶ τοῦτον χωρεῖ· ὁ γὰρ ἀδίκως τι παθών, καὶ γενναίως [e] ἐνεγκών, πλείονα ταύτῃ κτᾶται πρὸς τὸν Θεὸν τὴν παῤῥησίαν. Μὴ τοίνυν τοῦτο σκοπῶμεν, ὅπως ὦμεν ἐν δυναστείαις, καὶ ἐν τιμαῖς, καὶ ἐν ἐξουE σίαις, ἀλλ' ὅπως ὦμεν ἐν ἀρετῇ καὶ φιλοσοφίᾳ. Ὡς αἵ γε ἐξουσίαι πολλὰ τῶν τῷ Θεῷ μὴ δοκούντων ποιεῖν πείθουσι, καὶ σφόδρα νεανικῆς δεῖ ψυχῆς, ὥστε τῇ ἐξουσίᾳ εἰς δέον χρήσασθαι· ὁ μὲν γὰρ ἀπεστερημένος αὐτῆς, καὶ ἑκὼν καὶ ἄκων φιλοσοφεῖ· ὁ δὲ ἀπολαύων αὐτῆς, τοιοῦτόν τι πάσχει, οἷον ἂν εἴ τις κόρῃ (413) A συνοικῶν εὐειδεῖ καὶ καλῇ, νόμους δέξαιτο μηδέποτε εἰς αὐτὴν ἰδεῖν ἀκολάστως. Τοιοῦτον γὰρ ἡ ἐξουσία. Διὸ πολλοὺς καὶ ἄκοντας εἰς τὸ ὑβρίζειν ἐνέβαλε, καὶ θυμὸν ἤγειρε, καὶ χαλινὸν γλώττης ἀφεῖλε, καὶ θύραν

[b] Alii ἐχθροῦ σου.

[c] Morel. ἐξ αὐτοῦ. Ibid. quidam ἀθάνατα διαμένει.

[d] Alius τί γὰρ αὐτόν.

[e] Quidam ὑπενεγκών. Paulo post ἐν δυναστείαις deest in quibusdam.

ἀνέσπασε στόματος, ὥσπερ ὑπὸ πνεύματος τὴν ψυχὴν ἀναῤῥιπίζουσα, καὶ εἰς τὸν ἔσχατον τῶν κακῶν βυθὸν καταποντίζουσα τὸ σκάφος. * Τί οὖν ἐν τοσούτῳ κινδύνῳ θαυμάζεις, καὶ ζηλωτὸν εἶναι φῄς; καὶ πόσης ταῦτα ἀνοίας; Ἐννόησον γοῦν μετὰ τῶν εἰρημένων, πόσους ἐχθροὺς καὶ κατηγόρους, πόσους δὲ κόλακας οὗτος ἔχει πολιορκοῦντας αὐτόν. Ταῦτ' οὖν, εἰπέ μοι, μακαρισμῶν ἄξια; Καὶ τίς ἂν τοῦτο εἴποι; Ἀλλὰ παρὰ τῷ λαῷ, φησὶν, εὐδοκιμεῖ. Καὶ τί τοῦτο; Οὐ γὰρ δὴ ὁ λαός ἐστιν ὁ Θεὸς, ᾧ μέλλει τὰς εὐθύνας ὑπέχειν. Ὥστε ὅταν λαὸν εἴπῃς, οὐδὲν ἄλλο λέγεις, ἢ προβόλους ἑτέρους, καὶ σκοπέλους, καὶ ὑφάλους, καὶ σπιλάδας. Τὸ γὰρ εὐδοκιμεῖν ἐν δήμῳ, ὅσῳ λαμπρότερον ποιεῖ, τοσούτῳ μείζους ἔχει τοὺς κινδύνους, τὰς φροντίδας, τὰς ἀθυμίας. Ἀναπνεῦσαι γὰρ ὁ τοιοῦτος ἢ στῆναι οὐ δύναται ὅλως, οὕτω πικρὸν ἔχων δεσπότην. Καὶ τί λέγω στῆναι ἢ ἀναπνεῦσαι; Κἂν μυρία κατορθώματα ἔχῃ ὁ τοιοῦτος, δυσκόλως εἰς βασιλείαν εἰσέρχεται. Οὐδὲν γὰρ οὕτως ἐκτραχηλίζειν εἴωθεν, ὡς ἡ παρὰ τῶν πολλῶν δόξα, δειλοὺς, ἀγεννεῖς, κόλακας, ὑποκριτὰς ποιοῦσα. Τίνος γοῦν ἕνεκεν οἱ Φαρισαῖοι τὸν Χριστὸν ἔλεγον δαιμονᾶν; οὐχ ἐπειδὴ τῆς παρὰ τῶν πολλῶν ἐπεθύμουν δόξης; Πόθεν δὲ οἱ πολλοὶ τὴν ὀρθὴν περὶ αὐτοῦ ἔφερον ψῆφον; Οὐχ ἐπειδὴ τούτῳ οὐ κατείχοντο τῷ νοσήματι; Οὐδὲν γὰρ, οὐδὲν οὕτω ποιεῖ παρανόμους καὶ ἀνοήτους, ὡς τὸ πρὸς τὴν τῶν πολλῶν κεχηνέναι δόξαν· οὐδὲν εὐδοκίμους καὶ ἀδαμαντίνους, ὡς τὸ ταύτης ὑπερορᾷν. Διὸ καὶ σφόδρα νεανικῆς δεῖ ψυχῆς τῷ μέλλοντι πρὸς τοσαύτην ἀντέχειν ῥύμην καὶ βίαν πνεύματος. Καὶ γὰρ ὅταν εὐημερῇ, πάντων ἑαυτὸν προτίθησι· καὶ ὅταν τἀναντία ὑπομείνῃ, κατορύξαι ἑαυτὸν βούλεται· καὶ τοῦτο αὐτῷ καὶ γέεννα καὶ βασιλεία, ὅταν ὑποβρύχιος ὑπὸ τοῦ πάθους γένηται τούτου.

Ταῦτα οὖν φθόνων ἄξια, εἰπέ μοι; ἀλλ' οὐχὶ θρήνων καὶ δακρύων; Παντί που δῆλον. Σὺ δὲ ταὐτὸν ποιεῖς φθονῶν τῷ οὕτως εὐδοκιμοῦντι, ὥσπερ ἂν εἴ τις δεδεμένον ἰδὼν καὶ ᵃ μεμαστιγωμένον, καὶ ὑπὸ μυρίων ἑλκόμενον θηρίων, ἐβάσκαινεν αὐτῷ τῶν τραυμάτων καὶ μαστίγων. Καὶ γὰρ ὅσους ἂν ἀνθρώπους ὁ δῆμος ἔχῃ, τοσούτους καὶ οὗτος δεσμοὺς, τοσούτους δεσπότας· καὶ τὸ δὴ χαλεπώτερον, ὅτι καὶ διάφορον ἕκαστος τούτων γνώμην ἔχει, καὶ τὰ ἐπιόντα περὶ τοῦ δουλεύοντος αὐτοῖς ψηφίζονται πάντες, οὐδὲν βασανίζοντες, ἀλλ' ἅπερ ἂν τῷ δεῖνι δόξῃ, καὶ τῷ δεῖνι, ταῦτα καὶ αὐτοὶ κυροῦντες. Ποίων οὖν ταῦτα κυμάτων, ποίου κλύδωνος οὐ χαλεπώτερα; Καὶ γὰρ καὶ φυσᾶται ἀθρόον ὑπὸ τῆς ἡδονῆς ὁ τοιοῦτος, καὶ βαπτίζεται εὐκόλως πάλιν, ἐν ἀνωμαλίᾳ μὲν ἀεὶ,

oris avulsit, venti instar animum circumquaque agitat, et in profundum malorum scapham demergit. Quid igitur in tanto periculo miraris et invidendum putas? et quænam hæc est dementia? Cum iis vero quæ dicta sunt cogita, quot inimicos et accusatores, quot adulatores habeat se obsidentes. Hæccine igitur, quæso, digna sunt quæ beata prædicentur? Ecquis hoc dixerit? At apud populum, inquies, celebratur. Ecquid hoc est? Neque B enim populus est Deus, cui vitæ rationes redditurus sit. Itaque quando populum dicis, nihil aliud memoras, quam obices, scopulos, brevia, latentia saxa. Illa enim in populo celebritas, quanto splendidiorem reddit, tanto majoribus patet periculis, curis, mœroribus. Nam qui talis est, nec stare nec respirare potest, cum tam acerbum habeat dominum. Et quid dico stare vel respirare? Etiamsi is sexcentis bonis operibus sit præditus, difficile in regnum ingreditur. Nihil enim labefactare solet, ut multorum existimatio, quæ timidos, illiberales, adulatores simulatoresque facit. Cur ergo Pharisæi C dicebant Christum dæmoniacum esse? Annon quia vulgi existimationem captabant? Cur autem multi rectam de illo sententiam ferebant? Nonne quia hoc morbo non detinebantur? Nihil enim, nihil certe homines sic iniquos, sic stultos efficit, quam quod ad multorum existimationem inhient; nihil ita probatos atque adamantinos reddit, ut famam despicere. Quare fortissimo quisque opus habet animo, ut hujus venti impetui et vi resistere possit. Nam quando prospere rem agit, omnibus se D anteponit; cum contraria accidunt, seipsum suffodere cupit; et hoc ipsi et gehenna simul et regnum est, cum hoc animi morbo obruitur.

5. Hæccine, quæso, invidia digna sunt? nonne potius fletibus ac lacrymis? Utique id omnibus palam est. Tu vero idipsum facis, cum ei qui sic celebratur invides, ac si quis hominem videns vinctum ac flagellis cæsum, ab innumerisque feris raptatum, invideret ipsius plagis et vulneribus. Nam quot homines in populo sunt, tot habet hic E vincula, tot dominos: quodque gravius est, diversæ sunt singulis sententiæ, et quæ menti succurrunt de servientibus sibi statuunt omnes, nihil examinantes, sed quæ huic vel illi visa fuerint confirmantes. Hæc quibus fluctibus, qua tempestate graviora non sunt? Etenim is facile statim a voluptate inflatur, et facile rursum submergitur, in vitæ inæquabilitate semper, in quiete numquam

* [Savil. et Commelin. τὸν οὖν ἐν.]

ᵃ Unus μεμαστιγωμένων θηρίων ἐβάσκαινε, omissis quibusdam.

perstans. Nam antequam in concionis theatrum veniat, et antequam laboriosam orationem incipiat, anxius et tremens est; post solutum vero theatrum vel mœrore deficit, vel sine mensura lætatur; quod ipso dolore deterius est. Quod autem voluptas non sit minus malum, quam dolor, manifestum est ex modo quo animum nostrum afficit; levem enim illud reddit, sublimem et quasi alis instructum. Et hoc a priscis viris cernere est. Quandonam igitur probus erat David? an cum gaudebat, an cum in angustia versabatur? Quando Judaïcus populus? an cum gemebant et Deum invocabant, an cum lætabantur in deserto, et vitulum adorabant? Quapropter Salomon, qui maxime omnium sciebat quid esset voluptas,
Eccle. 7. 3. dicit, *Melius est ire in domum luctus, quam in domum risus.* Et Christus illos quidem beatos
Matth. 5. 5. prædicat, dicens, *Beati qui lugent*, hos vero
Luc. 6. 25. miseros dicit: *Væ vobis, qui ridetis, quia flebitis.* Et jure quidem merito: nam in voluptate mollior et solutior est anima, in luctu contrahitur, et sapit, et a congerie morborum animi liberatur, sublimior item et fortior est. Hæc omnia cum sciamus, fugiamus illam multorum existimationem ejusque voluptatem, ut veram et manentem semper gloriam consequamur: quam utinam omnes sortiamur, gratia et benignitate Domini nostri Jesu Christi, cui gloria et imperium in sæcula sæculorum. Amen.

444 ἐν ἡσυχίᾳ δὲ οὐδέποτε ὤν. Πρὸ μὲν γὰρ τοῦ θεά- A τρου, καὶ τῶν ἐν τῷ λέγειν ἀγώνων, ἐν ἀγωνίᾳ καὶ τρόμῳ κατέχεται· μετὰ δὲ τὸ θέατρον ἢ ἀποτέθνηκεν ἀπὸ τῆς ἀθυμίας, ἢ χαίρει πάλιν ἀμέτρως· ὅπερ λύπης ἐστὶ χαλεπώτερον. Ὅτι γὰρ ἡδονὴ λύπης οὐκ ἔλαττον κακὸν, δῆλον ἀφ' ὧν τὴν ψυχὴν διατίθησι· καὶ γὰρ καὶ κούφην ποιεῖ καὶ μετέωρον καὶ ἀνεπτερωμένην. Καὶ τοῦτο καὶ ἀπὸ τῶν προτέρων ἀνδρῶν ἔστιν ἰδεῖν. Πότε οὖν καλὸς ἦν ὁ Δαυΐδ; ὅτε ἔχαιρεν, ἢ ὅτε ἐν στενοχωρίᾳ ἦν; Πότε τῶν Ἰουδαίων ὁ δῆμος; ὅτε ἔστενον καὶ τὸν Θεὸν ἐκάλουν, ἢ ὅτε ἔχαιρον ἐπὶ τῆς ἐρήμου, καὶ τὸν μόσχον προσεκύνουν; Διὸ καὶ ὁ Σολομῶν, ὁ μάλιστα πάντων εἰδὼς τί ποτέ ἐστιν ἡδονὴ, B φησίν· Ἀγαθὸν πορευθῆναι εἰς οἶκον πένθους, ἢ εἰς οἶκον γέλωτος. Καὶ ὁ Χριστὸς τοὺς μὲν μακαρίζει, λέγων, Μακάριοι οἱ πενθοῦντες· τοὺς δὲ ταλανίζει· Οὐαὶ γὰρ ὑμῖν, οἱ γελῶντες, ὅτι κλαύσετε. Καὶ μάλα εἰκότως. Ἐν μὲν γὰρ τρυφῇ χαυνοτέρα ἐστὶν ἡ ψυχὴ καὶ μαλακωτέρα, ἐν δὲ πένθει συνέσταλται, καὶ σωφρονεῖ, καὶ τοῦ [a] τῶν παθῶν ἐσμοῦ παντὸς ἀπήλλακται, καὶ ὑψηλοτέρα γίνεται καὶ ἰσχυροτέρα. Ταῦτ' οὖν ἅπαντα εἰδότες, φεύγωμεν τὴν παρὰ τῶν πολλῶν δόξαν καὶ τὴν ἐξ αὐτῆς ἡδονὴν, ἵνα τῆς ὄντως δόξης καὶ μενούσης ἀεὶ τύχωμεν· ἧς γένοιτο πάντας ἡμᾶς C ἐπιτυχεῖν, χάριτι καὶ φιλανθρωπίᾳ τοῦ Κυρίου ἡμῶν Ἰησοῦ Χριστοῦ, ᾧ ἡ δόξα καὶ τὸ κράτος εἰς τοὺς αἰῶνας τῶν αἰώνων. Ἀμήν.

[a] Quidam Mss. τῶν παθῶν ἐσμοῦ παντός, recte: melius quam Savil. et Morel. τῶν παθῶν δεσμοῦ. Georgius Trapezuntinus ἐσμοῦ legit, qui vertit, *a congerie passionum.*

HOMILIA XLI. al. XLII.

Cap. XII. v. 25. ***Sciens autem Jesus cogitationes eorum, dixit eis: Omne regnum contra se divisum, desolabitur: omnis civitas et domus contra se divisa, non stabit.* 26. *Et si satanas satanam ejicit, adversus se divisus est. Quomodo ergo stabit regnum ejus?***

1. Jam accusaverant illum, quod in Beelzebub ejiceret dæmonia. Sed tunc non increpavit eos; verum ex signis plurimis facultatem dedit eis suæ cognoscendæ potestatis, exque doctrina magnitudinem suam edocuit. Quia vero eadem dicere per-

Christus per arcanorum notitiam, deitatem suam declarat.

ΟΜΙΛΙΑ μα'.

[b] Εἰδὼς δὲ ὁ Ἰησοῦς τὰς ἐνθυμήσεις αὐτῶν, εἶπεν αὐτοῖς· πᾶσα βασιλεία μερισθεῖσα καθ' ἑαυτῆς, ἐρημωθήσεται· πᾶσα πόλις ἢ οἰκία μερισθεῖσα καθ' ἑαυτῆς, οὐ σταθήσεται. Καὶ εἰ ὁ σατανᾶς τὸν σατανᾶν ἐκβάλλει, ἐφ' ἑαυτὸν ἐμερίσθη. Πῶς οὖν σταθήσεται ἡ βασιλεία αὐτοῦ; D

Καὶ ἤδη τοῦτο κατηγόρησαν, ὅτι ἐν τῷ [c] Βεελζεβοὺλ ἐκβάλλει δαιμόνια. Ἀλλὰ τότε μὲν οὐκ ἐπετίμησε, διδοὺς αὐτοῖς ἀπό τε τῶν πλειόνων σημείων γνῶναι αὐτοῦ τὴν δύναμιν, ἀπό τε τῆς διδασκαλίας μαθεῖν αὐτοῦ τὴν μεγαλωσύνην. Ἐπειδὴ δὲ ἐπέμενον

[b] Quidam ἰδών.

[c] Post Βεελζεβούλ nonnulli addunt ἄρχοντι τῶν δαιμονίων.

τὰ αὐτὰ λέγοντες, καὶ ἐπιτιμᾷ λοιπόν· [d] **πρώτῳ μὲν** τούτῳ τὴν θεότητα ἐνδεικνύμενος τὴν αὐτοῦ, τῷ τὰ ἀπόρρητα αὐτῶν εἰς μέσον ἐξαγαγεῖν· δευτέρῳ δὲ, αὐτῷ τῷ μετ' εὐκολίας τοὺς δαίμονας ἐκβάλλειν. E Καίτοι καὶ ἡ κατηγορία σφόδρα ἀναίσχυντος ἦν. Ὅπερ γὰρ ἔφην, ὁ φθόνος οὐ ζητεῖ τί εἴπῃ, ἀλλ' ἵνα εἴπῃ μόνον. Ἀλλ' ὅμως οὐδὲ οὕτω κατεφρόνησεν αὐτῶν ὁ Χριστὸς, ἀλλ' ἀπολογεῖται μετὰ τῆς αὐτῷ προσηκούσης ἐπιεικείας, παιδεύων ἡμᾶς 415 A πράους εἶναι τοῖς ἐχθροῖς· κἂν τοιαῦτα λέγωσιν, ἃ μήτε ἑαυτοῖς σύνισμεν ἡμεῖς, μήτε τὸν τυχόντα ἔχει λόγον· μηδὲ θορυβεῖσθαι, μηδὲ ταράττεσθαι, ἀλλὰ μετὰ μακροθυμίας ἁπάσης παρέχειν αὐτοῖς εὐθύνας. Ὃ δὴ μάλιστα καὶ τότε ἐποίει, δεῖγμα μέγιστον παρεχόμενος τοῦ ψευδῆ εἶναι τὰ παρ' αὐτῶν εἰρημένα. Οὐδὲ γὰρ δαιμονῶντος [a] ἦν τοσαύτην ἐπιδείκνυσθαι ἐπιείκειαν· οὐ δαιμονῶντος τὸ τὰ ἀπόρρητα εἰδέναι. Καὶ γὰρ καὶ διὰ τὸ σφόδρα ἀναίσχυντον εἶναι τὴν τοιαύτην ὑπόνοιαν, καὶ διὰ τὸν παρὰ τῶν πολλῶν φόβον, οὐδὲ ἐτόλμων δημοσιεύειν τὰ ἐγκλήματα ταῦτα, ἀλλ' ἐν διανοίᾳ ἔστρεφον. B Αὐτὸς δὲ δεικνὺς αὐτοῖς, ὅτι κἀκεῖνα οἶδε, τὴν μὲν κατηγορίαν οὐ τίθησιν, οὐδὲ ἐκπομπεύει αὐτῶν τὴν πονηρίαν· τὴν δὲ λύσιν ἐπάγει, τῷ συνειδότι τῶν εἰρηκότων καταλιμπάνων τὸν ἔλεγχον. Ἓν γὰρ αὐτῷ περισπούδαστον ἦν μόνον, ὠφελῆσαι τοὺς ἁμαρτάνοντας, οὐκ ἐκπομπεῦσαι. Καίτοι γε εἰ ἐβούλετο μακρὸν ἀποτεῖναι λόγον, καὶ καταγελάστους ποιῆσαι, καὶ μετὰ τούτων καὶ δίκην αὐτοὺς ἀπαιτῆσαι τὴν ἐσχάτην, οὐδὲν τὸ κωλύον ἦν· ἀλλ' ὅμως ταῦτα πάντα παρεὶς, εἰς ἓν ἔβλεπε μόνον, τὸ μὴ φιλονεικοτέρους ἐργάσασθαι, ἀλλ' ἐπιεικεστέρους, καὶ ταύτῃ πρὸς διόρθωσιν ἐπιτηδειοτέρους ποιῆσαι. C Πῶς οὖν αὐτοῖς ἀπολογεῖται; Οὐδὲν ἀπὸ τῶν Γραφῶν φησιν (οὐδὲ γὰρ προσεῖχον, ἀλλὰ καὶ παρερμηνεύειν ἔμελλον), ἀλλ' ἀπὸ τῶν κοινῇ συμβαινόντων· Πᾶσα γὰρ βασιλεία, φησὶν, ἐφ' ἑαυτὴν μερισθεῖσα, οὐ σταθήσεται· καὶ πόλις καὶ οἰκία ἂν σχισθῇ, ταχέως διαλύεται. Οὐ γὰρ οὕτως οἱ ἔξωθεν πόλεμοι ὡς οἱ ἐμφύλιοι διαφθείρουσι. Τοῦτο γὰρ καὶ ἐν σώμασι γίνεται· τοῦτο καὶ ἐν ἅπασι πράγμασιν· ἀλλὰ τέως ἀπὸ τῶν γνωριμωτέρων τὰ ὑποδείγματα ἄγει. Καίτοι τί βασιλείας ἐπὶ τῆς γῆς δυνατώτερον; Οὐδέν. Ἀλλ' ὅμως ἀπόλλυται στασιάζουσα. Εἰ δὲ ἐκεῖ τὸν ὄγκον τῶν πραγμάτων αἰτιᾶταί τις, ὡς ἑαυ- D τῷ συῤῥηγνύμενον, τί ἂν [b] εἴποι περὶ πόλεως; τί δὲ περὶ οἰκίας; Κἂν γὰρ μικρόν τι, κἂν μέγα ᾖ, πρὸς ἑαυτὸ στασιάζον ἀπόλλυται. Εἰ τοίνυν ἐγὼ δαίμονα ἔχων, δι' ἐκείνου ἐκβάλλω τοὺς δαίμονας, στάσις καὶ μάχη μεταξὺ δαιμόνων ἐστὶ, καὶ κατ' ἀλλήλων ἵσταν-

severabant, illos demum increpat: hoc primo argumento deitatem suam ostendens, quod nempe arcana eorum in medium adduceret; secundo autem, quod dæmonas facile ejiceret. Quamquam admodum impudens accusatio erat. Nam, ut dixi, invidia non explorat quid dicat, sed temere loquitur. Attamen ne sic quidem agentes despexit Christus, sed cum moderatione congruenti sese purgat, nos instituens ut erga inimicos mites simus: etiamsi illa dicant, de quibus nobis conscii non sumus; utque non turbemur, sed æquo animo rationes ipsis reddamus. Quod et ipse tunc præclare faciebat, signum maximum præbens falsa illa esse quæ ab ipsis dicebantur. Neque enim dæmonium habentis erat tantam exhibere mansuetudinem: non dæmonium habentis erat secreta cognoscere. Etenim quod hujusmodi opinio admodum impudens esset, et quod plebem timerent, non audebant has accusationes publice proferre, sed eas in mente versabant. Ipse vero ostendens ipsis, se illa nosse, non tamen illorum accusationem expromit, neque ipsorum nequitiam declarat; sed solutionem affert, conscientiæ ipsorum confutationem relinquens. Unum enim solum curabat, peccatores juvare, non in vulgus traducere. Quamquam si voluisset longum texere sermonem, illosque ridiculos exhibere, insuperque extremas ab illis pœnas exposcere, nihil officiebat: verumtamen missis illis omnibus, unum habebat scopum, ut ne illos contentiosiores faceret, sed mansuetiores, et hoc pacto ad emendationem aptiores redderet. Quomodo autem sese purgat? Nihil ex Scripturis affert (neque enim illi animum adhibuissent, sed prave interpretaturi erant), verum ab iis quæ vulgo eveniunt verba facit: *Omne regnum contra seipsum divisum non stabit: et civitas vel domus discissa, cito dissolvetur.* Neque enim sic externa ut civilia bella nocent. Id etiam in corporibus evenit, in omnibusque rebus. Sed interim a notioribus rebus exempla adducit. Quid enim in terra est regno potentius? Nihil. Attamen seditionibus dissolvitur. Quod si illic negotiorum molem quis in causa esse dixerit, quia nempe secum decertat, quid dixerit de civitate, aut de domo? Nam sive parvum sive magnum quid fuerit, si secum dissideat, perit. Si igitur dæmonium habens ego, ejus ope dæmonas pello, seditio et pugna est inter dæmonas, iique stant divisi et adversarii. Si alii contra alios stant, illo-

[d] Alii πρώτῳ μὲν τούτῳ, alii πρῶτον, et postea δεύτερον.
[a] Alii ἦν τὸ τοσαύτην, non male.

[b] Alii εἴποις.

rum fortitudo periit et labefactata est. *Si enim satanas satanam ejicit* (non dixit, Dæmonas ejicit, ostendens multam esse inter illos concordiam), *in seipsum* ergo *divisus est,* inquit. Si divisus est, ergo imbecillior factus est, et periit: si periit, quomodo potest alium ejicere? Viden' quam ridicula sit accusatio, quam stulta, quam secum ipsa pugnans? Non potest enim idem ipse dicere, satanam stare et ejicere dæmonas, ac propter illud stare, propter quod jam corruisse debet. Et hæc est prima solutio: secunda solutio circa discipulos versatur: neque enim uno tantum semper modo, sed etiam secundo et tertio objectiones solvit, quod illorum impudentiam ex abundanti reprimere velit. Id quod etiam fecit, cum de sabbato ageretur, Davidem adducens in medium, itemque
Osee 6. 6. sacerdotes et testimonium quo dicitur, *Misericordiam volo, et non sacrificium;* causam denique
Marc. 2. 27. ob quam sabbatum fuit institutum: *Propter hominem* enim, inquit, *est sabbatum:* hoc ergo hic etiam facit. Nam post primam solutionem ad secundam venit priore clariorem. Ait enim: 27. *Si ego in Beelzebub ejicio dæmonia, filii vestri in quo ejiciunt?*

2. Hic quoque ejus mansuetudinem animadverte. Non enim dicit, Discipuli mei, nec, Apostoli mei, sed, *Filii vestri,* ut si velint ad eamdem nobilitatem venire, hic ansam arripiant: sin ingrati in iisdem persisterent, ne impudentem quidem possent excusationem proferre. Quod autem dicit hoc significat: Apostoli in quo ejiciunt? Jam enim ejecerant, cum potestatem ab illo accepissent, neque tamen illos accusabant: neque enim contra res ipsas, sed contra personam tantum litigabant. Ut ostendat igitur, eos ex invidia solum illa dixisse, apostolos in medium adducit. Nam si ego sic ejicio, multo magis illi, qui a me potestatem acceperunt. Attamen nihil simile dixistis illis. Cur ergo me accusatis, qui auctor illis sum; illos vero crimine liberos mittitis? Non hoc vos a supplicio liberabit, sed majori damnationi subjiciet: ideo subjunxit, *Ipsi judices vestri erunt.* Cum enim ex vobis sint orti, et hæc exerceant, cum mihi obtemperent et obediant, planum est illos condemnaturos esse eos qui contraria faciunt et dicunt. 28 *Si autem in Spiritu Dei dæmonia ejicio, profecto pervenit in vos regnum Dei.* Quid est, *Regnum?* Adventus meus. Vide

ται. Εἰ δὲ κατ' ἀλλήλων ἵστανται, ἀπόλωλεν αὐτῶν ἡ ἰσχὺς καὶ διέφθαρται. Εἰ γὰρ ὁ σατανᾶς σατανᾶν ἐκβάλλει (καὶ οὐκ εἶπε, τοὺς δαίμονας, δεικνὺς πολλὴν αὐτοῖς πρὸς ἀλλήλους συμφωνίαν οὖσαν), ἐφ' ἑαυτὸν οὖν ἐμερίσθη, φησίν. Εἰ δὲ ἐμερίσθη, ἀσθενέστερος
E γέγονε, καὶ ἀπόλωλεν· εἰ δὲ ἀπόλωλε, πῶς δύναται ἕτερον ἐκβάλλειν; Εἶδες πόσος τῆς κατηγορίας ὁ γέλως; πόση ἡ ἄνοια; πόση ἡ μάχη; [c]Οὐδὲ γὰρ ἔστι τὸν αὐτὸν λέγειν μὲν, ὅτι ἕστηκε, καὶ ὅτι ἐκβάλλει τοὺς δαίμονας· λέγειν δὲ, ὅτι διὰ τοῦτο ἕστηκε, δι' ὃ εἰκὸς ἦν αὐτὸν καταλελύσθαι. Καὶ πρώτη μὲν αὕτη ἡ λύσις· δευτέρα δὲ μετ' ἐκείνην, ἡ περὶ τῶν
446 μαθητῶν. Οὐδὲ γὰρ ἑνὶ μόνον ἀεὶ τρόπῳ, ἀλλὰ καὶ
A δευτέρῳ καὶ τρίτῳ καταλύει τὰς ἀντιθέσεις αὐτῶν, ἐκ περιουσίας ἐπιστομίσαι βουλόμενος αὐτῶν τὴν ἀναισχυντίαν. Ὅπερ καὶ ἐπὶ τοῦ σαββάτου ἐποίησε, τὸν Δαυὶδ φέρων εἰς μέσον, τοὺς ἱερέας, τὴν μαρτυρίαν τὴν λέγουσαν, Ἔλεον θέλω, καὶ οὐ θυσίαν, τὴν αἰτίαν τοῦ σαββάτου δι' ἣν γέγονε· Διὰ γὰρ τὸν ἄνθρωπον, φησὶ, τὸ σάββατον· τοῦτο δὴ καὶ ἐνταῦθα ποιεῖ. Μετὰ γὰρ τὴν προτέραν ἐπὶ δευτέραν ἔρχεται λύσιν τῆς προτέρας σαφεστέραν. Εἰ γὰρ ἐγὼ, φησὶν, ἐν Βεελζεβοὺλ ἐκβάλλω τὰ δαιμόνια, οἱ υἱοὶ ὑμῶν ἐν τίνι ἐκβάλλουσιν;

B Ὅρα κἀνταῦθα τὴν ἐπιείκειαν. Οὐ γὰρ εἶπεν, οἱ μαθηταί μου, οὐδὲ, οἱ ἀπόστολοι· ἀλλ', Οἱ υἱοὶ ὑμῶν, ἵν' εἰ μὲν βουληθεῖεν ἐπανελθεῖν [a] πρὸς τὴν αὐτὴν ἐκείνοις εὐγένειαν, πολλὴν ἐντεῦθεν λάβωσι τὴν ἀφορμήν· εἰ δὲ ἀγνωμονοῖεν καὶ τοῖς αὐτοῖς ἐπιμένοιεν, μηδὲ ἀναίσχυντον λοιπὸν πρόφασιν ἔχωσιν εἰπεῖν. Ὃ δὲ λέγει τοιοῦτόν ἐστιν· οἱ ἀπόστολοι ἐν τίνι ἐκβάλλουσι; Καὶ γὰρ ἦσαν ἐκβαλόντες ἤδη, διὰ τὸ λαβεῖν ἐξουσίαν παρ' αὐτοῦ, καὶ οὐδὲν αὐτοῖς ἐνεκάλουν οὗτοι· οὐ γὰρ πράγμασιν, ἀλλὰ προσώπῳ μόνον ἐμάχοντο. Θέλων
C τοίνυν δεῖξαι, ὅτι φθόνου ἦν τοῦ πρὸς αὐτὸν τὰ εἰρημένα μόνον, ἄγει τοὺς ἀποστόλους εἰς μέσον. Εἰ γὰρ ἐγὼ οὕτως ἐκβάλλω, πολλῷ μᾶλλον ἐκεῖνοι οἱ παρ' ἐμοῦ τὴν ἐξουσίαν λαβόντες. Ἀλλ' ὅμως οὐδὲν τοιοῦτον εἰρήκατε αὐτοῖς. Πῶς οὖν ἐμοὶ, τῷ κἀκείνοις αἰτίῳ τῶν γινομένων ταῦτα ἐγκαλεῖτε, ἐκείνους ἀπολύοντες τῶν ἐγκλημάτων; Οὐ μὴν τοῦτο ὑμᾶς ἐλευθερώσει τῆς τιμωρίας, ἀλλὰ καὶ καταδικάσει μειζόνως. Διὰ τοῦτο καὶ ἐπήγαγεν· Αὐτοὶ κριταὶ ὑμῶν ἔσονται. Ὅταν γὰρ ἐξ ὑμῶν ὄντες, καὶ ταῦτα μεμελετηκότες, καὶ πείθωνται ἐμοὶ καὶ ὑπακούωσιν, εὔδηλον ὅτι καὶ κατακρινοῦσι τοὺς τὰ ἐναντία καὶ ποιοῦντας καὶ λέγοντας. Εἰ
D δὲ ἐν Πνεύματι Θεοῦ ἐκβάλλω τὰ δαιμόνια, ἄρα ἔφθασεν ἐφ' ὑμᾶς ἡ βασιλεία τοῦ Θεοῦ. Τί ἐστιν, Ἡ βασι-

[c] Alii cum Savil. οὐδὲ γάρ ἐστι τῶν αὐτῶν. Utraque lectio perinde bene habet.

[a] Morel. πρὸς τὴν ἐκείνην αὐτοῖς. Savil. πρὸς τὴν αὐτὴν ἐκείνοις.

λεία; Ἡ παρουσία ἡ ἐμή. Ὅρα πῶς πάλιν αὐτοὺς ἐφέλκεται καὶ θεραπεύει, καὶ πρὸς τὴν ἑαυτοῦ [b] γνῶσιν ἐπισπᾶται, καὶ δείκνυσιν ὅτι τοῖς οἰκείοις πολεμοῦσιν ἀγαθοῖς, καὶ φιλονεικοῦσι κατὰ τῆς ἑαυτῶν σωτηρίας. Δέον γὰρ χαίρειν, φησὶ, καὶ σκιρτᾷν, ὅτι τὰ μεγάλα καὶ ἀπόῤῥητα ἐκεῖνα [c] παραγέγονα δωρούμενος τὰ πάλαι παρὰ τῶν προφητῶν ᾀδόμενα, καὶ τῆς εὐπραγίας ὑμῶν ἐφέστηκεν ὁ καιρός· ὑμεῖς δὲ τοὐναντίον ποιεῖτε, οὐ μόνον οὐ δεχόμενοι τὰ ἀγαθὰ, ἀλλὰ καὶ διαβάλλοντες καὶ συντιθέντες οὐκ οὔσας αἰτίας. Ὁ μὲν E οὖν Ματθαῖός φησιν· Εἰ δὲ ἐγὼ ἐν Πνεύματι Θεοῦ ἐκβάλλω· ὁ δὲ Λουκᾶς, Εἰ δὲ ἐγὼ ἐν δακτύλῳ Θεοῦ ἐκβάλλω τὰ δαιμόνια, δεικνὺς ὅτι μεγίστης δυνάμεως ἔργον ἐστὶ τὸ δαίμονας ἐκβάλλειν, καὶ οὐ τῆς τυχούσης χάριτος. Καὶ βούλεται μὲν ἀπὸ τούτων συλλογίσασθαι καὶ εἰπεῖν, ὅτι εἰ δὲ τοῦτό ἐστιν, ἄρα ὁ Υἱὸς τοῦ Θεοῦ παραγέγονεν. Ἀλλὰ τοῦτο μὲν οὐ λέγει· συνεσκιασμένως δὲ, καὶ ὡς ἐκείνοις ἀνεπαχθὲς ἦν, αἰνίττεται αὐτὸ, 447 λέγων· Ἄρα ἔφθασεν ἐφ' ὑμᾶς ἡ βασιλεία τοῦ Θεοῦ. A Εἶδες περιουσίαν σοφίας; Δι' ὧν ἐνεκάλουν, διὰ τούτων ἔδειξεν αὐτοῦ τὴν παρουσίαν ἐκλάμπουσαν. Εἶτα ἵνα ἐφελκύσηται, οὐκ εἶπεν ἁπλῶς, Ἔφθασεν ἡ βασιλεία, ἀλλ', Ἐφ' ὑμᾶς· [a] ὡσανεὶ ἔλεγεν, ὑμῖν ἥκει τὰ ἀγαθά. Διατί οὖν πρὸς τὰ οἰκεῖα καλὰ ἀηδῶς διάκεισθε; διατί τῇ ὑμῶν αὐτῶν πολεμεῖτε σωτηρίᾳ; Οὗτος ἐκεῖνος ὁ καιρὸς, ὃν πάλαι προύλεγον οἱ προφῆται· τοῦτο τὸ σημεῖον τῆς παρουσίας τῆς παρ' αὐτῶν ᾀδομένης, [b] τὸ ταῦτα γίνεσθαι θείᾳ δυνάμει. Ὅτι μὲν γὰρ γίνεται, καὶ ὑμεῖς ἴστε· ὅτι δὲ θείᾳ δυνάμει γίνεται, τὰ πράγματα βοᾷ. Οὔτε γὰρ δυνατὸν σατανᾶν ἰσχυρότερον εἶναι νῦν, ἀλλ' ἀνάγκη πᾶσα ἀσθενῆ· τὸν B δὲ ἀσθενοῦντα οὐκ ἔστιν ὡς ἰσχυρὸν ἐκβάλλειν τὸν ἰσχυρὸν δαίμονα. Ταῦτα δὲ ἔλεγε, τῆς ἀγάπης δεικνὺς τὴν δύναμιν, καὶ τῆς διαστάσεως καὶ τῆς φιλονεικίας τὴν ἀσθένειαν. Διὸ καὶ αὐτὸς συνεχῶς τοῖς μαθηταῖς ἄνω καὶ κάτω περὶ ἀγάπης παρῄνει, καὶ ὅτι ὁ διάβολος ὑπὲρ τοῦ ταύτην ἀνελεῖν πάντα ποιεῖ. Εἰπὼν τοίνυν τὴν δευτέραν λύσιν, ἐπάγει καὶ τρίτην οὕτω λέγων· Πῶς δύναταί τις εἰσελθεῖν εἰς τὴν οἰκίαν τοῦ ἰσχυροῦ, καὶ τὰ σκεύη αὐτοῦ διαρπάσαι, ἐὰν μὴ πρῶτον δήσῃ τὸν ἰσχυρὸν, καὶ τότε [c] αὐτοῦ τὰ σκεύη διαρπάσῃ; Ὅτι μὲν γὰρ οὐκ ἐγχωρεῖ σατανᾶς σατανᾶν ἐκβάλλειν, δῆλον ἐκ τῶν εἰρημένων· ὅτι δὲ οὐδὲ ὅλως δυνατὸν ἐκβάλλειν, ἐὰν μὴ πρότερον ἐκείνου περιγένηται, καὶ τοῦτο πᾶσίν ἐστιν ὡμολογημένον. Τί οὖν ἐκ τούτων C συνίσταται; Τὸ ἔμπροσθεν εἰρημένον, μετὰ πλείονος

quomodo rursus eos alliciat et curet, ad suamque cognitionem pertrahat, ostendatque illos bona sua impugnare, et contra salutem suam litigare? Cum oporteret, inquit, gaudere et exsultare, quia magna illa et ineffabilia daturus adveni, quæ olim prophetæ cecinerunt, et quod vobis bene gerendi tempus advenerit: vos contrarium facitis, non modo bona non accipientes, sed etiam calumniantes et causas comminiscentes. Matthæus quidem ait: *Si autem ego in Spiritu Dei ejicio;* Lucas vero: *Si autem ego in digito Dei ejicio dæmonia:* Luc. 11. 20. ostendens maximæ potentiæ opus esse illud, dæmonas ejicere, ac gratiæ non vulgaris. Hinc autem ratiocinari vult et dicere, Si hoc ita est, ergo Filius Dei advenit. Sed hoc non dicit, verum obscure, ita ut illis onerosum non esset, id subindicat dicens: ***Ergo pervenit in vos regnum Dei.*** Viden' sapientiam ingentem? Ex iis, quæ illi objiciebant, conspicue ostendit adventum suum. Deinde ut illos attraheret, non dicit simpliciter, ***Pervenit regnum***, sed adjicit, ***Ad vos;*** ac si diceret, Vobis adveniunt bona. Cur ergo in propria bona sine sensu estis? cur contra vestram salutem ipsi pugnatis? Hoc est tempus illud, quod olim prophetæ prædixerunt: hoc signum adventus per illos decantati, quod nempe divina potentia hæc fiant. Nam quod fiant, vos nostis; quod autem divina potentia, res ipsæ clamant. Neque enim fieri potest ut satanas nunc sit fortior, imo necessario est imbecillus: non potest autem imbecillus quis fortem dæmonem ejicere. Hæc porro dicebat, caritatis vim ostendens, ac dissidii atque litigii imbecillitatem. Ideoque ipse frequenter discipulos circa caritatem hortatur, declaratque diabolum nihil non agere ut illam auferat. Post secundam ergo solutionem tertiam quoque inducit dicens: 29. ***Quomodo potest aliquis intrare in domum fortis, et vasa illius diripere, nisi prius ligaverit fortem, et tunc vasa ejus diripiat?*** Quod non possit satanas satanam ejicere, ex præcedentibus liquet; quod autem non omnino possit quis illum ejicere, nisi primum superarit, apud omnes in confesso est. Quid igitur ex his conficitur? Quod prius dictum est, sed longe validius. Tantum abest, inquit, ut adjutore utar diabolo, ut eum etiam impugnem et vinciam;

[b] Quidam habent *γνώμην*.

[c] Alii non pauci *παραγέγονε*, et paulo post *εὐπραγίας ἡμῶν*.

[a] In Manuscriptis multis hæc, *ὡσανεὶ ἔλεγεν*, et paulo post *οὖν* desunt.

[b] Alii *τὸ τοσαῦτα*, et paulo post *γίνεται* deest in quibusdam.

[c] Alii *αὐτοῦ τὴν οἰκίαν διαρπ.* [Bibl. *διαρπάσει*, ut ipse Chrysost. infra.] Paulo post alii *οὐδὲ ἄλλως δυνατόν*.

cujus rei signum est, quod vasa ejus diripiam. Vide quomodo contrarium, quam illi supra statuere conabantur, demonstretur. Illi enim ostendere volebant, ipsum non vi propria dæmonas ejicere: ille vero demonstrat, se non modo dæmonas, sed illorum principem ligatum vi detinere, illumque priorem propria potestate vicisse; quod a rebus gestis comprobatur. Nam si hic princeps est, cæterique subditi: quomodo, illo non victo, nec cedente, hi diriperentur? Hic vero videtur mihi prophetia esse quod dicitur. Neque enim modo dæmones vasa diaboli sunt, sed etiam homines, qui secundum ipsum operantur. Palam est igitur hic dici eum non dæmonas solum ejicere, sed etiam errorem ex toto orbe eliminaturum esse, diabolique præstigias soluturum, et omnia quæ illius sunt inutilia redditurum. Neque dixit, Rapiet, sed, Diripiet; declarans illud cum potestate factum esse.

τῆς περιουσίας. Τοσοῦτον γὰρ ἀπέχω, φησὶ, συμμάχῳ χρήσασθαι τῷ διαβόλῳ, ὅτι [d] καὶ πολεμῶ καὶ δεσμῶ· καὶ τούτου τεκμήριον, τὸ τὰ σκεύη αὐτοῦ διαρπάσαι. Ὅρα πῶς τοὐναντίον οὗπερ ἐπεχείρουν ἐκεῖνοι κατασκευάσαι ἀποδείκνυται. Ἐκεῖνοι μὲν γὰρ ἐβούλοντο δεῖξαι, ὅτι οὐκ ἰδίᾳ δυνάμει ἐκβάλλει δαίμονας· αὐτὸς δὲ δείκνυσιν, ὅτι οὐ μόνον τοὺς δαίμονας, ἀλλὰ καὶ αὐτὸν τὸν ἀρχηγέτην μετὰ πολλῆς τῆς ἐξουσίας δεδε-
D μένον ἔχει, καὶ ἐκείνου πρὸ τούτων ἐκράτησεν ἰδίᾳ δυνάμει· καὶ δῆλον ἀπὸ τῶν γινομένων. Εἰ γὰρ ὁ μὲν ἄρχων ἐστὶν, οἱ δὲ ὑπόκεινται· πῶς ἂν, ἐκείνου [e] μὴ ἡττηθέντος, μηδὲ ὑποκύψαντος, οὗτοι διηρπάγησαν; Ἐνταῦθα δέ μοι καὶ προφητεία δοκεῖ τὸ λεγόμενον εἶναι. Οὐ γὰρ δὴ μόνον οἱ δαίμονες σκεύη τοῦ διαβόλου, ἀλλὰ καὶ οἱ τὰ ἐκείνου πράττοντες ἄνθρωποι. Δηλῶν τοίνυν ὅτι οὐ δαίμονας ἐκβάλλει μόνον, ἀλλὰ καὶ τὴν πλάνην τῆς οἰκουμένης ἅπασαν ἀπελάσει, καὶ [f] τὰς
E μαγγανείας τοῦ διαβόλου καταλύσει, καὶ πάντα ἄχρηστα ποιήσει τὰ ἐκείνου, ταῦτα εἴρηκε. Καὶ οὐκ εἶπεν, ἁρπάσει, ἀλλὰ, Διαρπάσει· τὸ μετ' ἐξουσίας γινόμενον δηλῶν.

3. Fortem autem illum appellat, non quod natura talis sit: absit; sed priorem significans tyrannidem ex negligentia nostra stabilitam. 30. *Qui non est mecum, contra me est; et qui mecum non colligit, spargit.* Ecce quartam solutionem. Quid volo? inquit. Deo offerre, virtutem docere, regnum annuntiare. Quid diabolus et dæmones volunt? His contraria. Quomodo igitur is, qui mecum non colligit, neque mecum est, mecum operaturus est? et quid dico mecum operaturus? Imo contrarium; cupit enim mea dispergere. Qui ergo non modo mecum non operatur, sed etiam dispergit, quomodo tantam mecum concordiam exhiberet, ut mecum dæmonas ejiceret? Hoc autem non de diabolo tantum, sed ipsum de seipso verisimile est dixisse, utpote qui contra diabolum sit, et quæ illius sunt dispergat. Et quomodo, inquies, qui non est mecum, contra me est? Id est, eo ipso quod non colligat. Si autem hoc verum est, multo magis qui contra ipsum est, cum illo non operatur. Nam si is qui cum illo non operatur, inimicus est: multo magis qui impugnat. Hæc porro omnia dicit, ut ostendat magnam sibi cum diabolo inimicitiam esse. Dic mihi, quæso, si quis, cum sit pugnandum, tibi auxilio esse nolit, nonne vel eo ipso contra te erit? Quod si alibi
Luc. 9. 50. dicat, *Qui non est contra vos, pro vobis est,*

Ἰσχυρὸν δὲ αὐτὸν καλεῖ, οὐχ ἐπειδὴ τῇ φύσει τοιοῦτός ἐστι· μὴ γένοιτο· ἀλλὰ τὴν ἔμπροσθεν δηλῶν τυραννίδα, τὴν ἐκ τῆς ῥᾳθυμίας τῆς ἡμετέρας γεγενημένην. Ὁ μὴ ὢν μετ' ἐμοῦ, κατ' ἐμοῦ ἐστι· καὶ ὁ
448 A μὴ συνάγων μετ' ἐμοῦ, σκορπίζει. Ἰδοὺ καὶ τετάρτη λύσις. Τί γὰρ ἐγὼ βούλομαι; φησί. Τῷ Θεῷ προσάγειν, ἀρετὴν διδάσκειν, βασιλείαν καταγγέλλειν. Τί δὲ ὁ διάβολος καὶ οἱ δαίμονες; Τἀναντία τούτοις. Πῶς οὖν ὁ μὴ μετ' ἐμοῦ συνάγων, μηδὲ μετ' ἐμοῦ ὢν, ἐμοὶ συμπράττειν ἔμελλε; Καὶ τί λέγω συμπράττειν; Τοὐναντίον δέ· καὶ σκορπίζειν αὐτῷ ἐπιθυμία τὰ ἐμά. Ὁ τοίνυν μὴ [a] μόνον μὴ συμπράττων, ἀλλὰ καὶ σκορπίζων, πῶς ἂν τοσαύτην πρὸς ἐμὲ ὁμόνοιαν ἐπεδείξατο, ὥστε μετ' ἐμοῦ τοὺς δαίμονας ἐκβάλλειν; Τοῦτο δὲ οὐ περὶ τοῦ διαβόλου μόνον, ἀλλὰ καὶ αὐτὸν περὶ ἑαυτοῦ
B εἰκὸς ὑποπτεύειν εἰρηκέναι, ὡς καὶ κατὰ τοῦ διαβόλου ὄντος, καὶ σκορπίζοντος τὰ ἐκείνου. Καὶ πῶς, φησὶ, ὁ μὴ ὢν μετ' ἐμοῦ, κατ' ἐμοῦ ἐστιν; [b] Ἀντὶ τοῦ, αὐτῷ τούτῳ τῷ μὴ συνάγειν. Εἰ δὲ τοῦτο ἀληθὲς, πολλῷ μᾶλλον ὁ κατ' αὐτοῦ ὤν. Εἰ γὰρ ὁ μὴ συμπράττων, ἐχθρός· πολλῷ μᾶλλον ὁ πολεμῶν. Ταῦτα δὲ πάντα λέγει, ἵνα δείξῃ πολλὴν αὐτοῦ πρὸς τὸν διάβολον τὴν ἔχθραν καὶ ἄφατον οὖσαν. Εἰπὲ γάρ μοι, εἰ δέοι τινὶ πολεμῆσαι, ὁ μὴ βουλόμενός σοι συμμαχῆσαι, αὐτῷ τούτῳ οὐκ ἔστι κατὰ σοῦ; Εἰ δὲ ἀλλαχοῦ φησιν, Ὁ μὴ ὢν καθ' ὑμῶν, ὑπὲρ ὑμῶν ἐστιν, οὐκ ἔστιν ἐναντίον τούτῳ. Ἐνταῦθα γὰρ ἔδειξε κατ' αὐτῶν

[d] Alii καὶ πολεμῶ αὐτῷ καὶ δεσμῶ.
[e] Quidam μὴ δεθέντος.
[f] Alii τὰς μαγγανείας αὐτοῦ.

[a] Unus μόνον συμπράττων.
[b] Ἀντὶ τοῦ deest in Savil.

ὄντα, ἐκεῖ δὲ δείκνυσιν ἐν μέρει μετ' αὐτῶν ὄντα. Ἐν γὰρ τῷ ὀνόματί σου, φησὶν, ἐκβάλλουσι τὰ δαιμόνια. Ἐμοὶ δὲ δοκεῖ ἐνταῦθα καὶ Ἰουδαίους αἰνίττεσθαι, μετὰ τοῦ διαβόλου στήσας αὐτούς. Καὶ γὰρ καὶ αὐτοὶ κατ' αὐτοῦ ἦσαν, καὶ ἐσκόρπιζον ἃ συνήγαγεν. Ὅτι γὰρ καὶ αὐτοὺς ᾐνίττετο, ἐδήλωσεν οὕτως εἰπών· Διὰ τοῦτο λέγω ὑμῖν, ὅτι πᾶσα ἁμαρτία καὶ βλασφημία ἀφεθήσεται τοῖς ἀνθρώποις. Ἐπειδὴ γὰρ ἀπελογήσατο καὶ τὴν ἀντίθεσιν ἔλυσε, καὶ ἀπέδειξεν ἀναισχυντοῦντας μάτην, φοβεῖ λοιπόν. [c] Καὶ γὰρ καὶ τοῦτο συμβουλῆς οὐ μικρὸν μέρος καὶ διορθώσεως, τὸ μὴ μόνον ἀπολογεῖσθαι καὶ πείθειν, ἀλλὰ καὶ ἀπειλεῖν, ὃ πολλαχοῦ [d] ποιεῖ νομοθετῶν καὶ συμβουλεύων. Καὶ δοκεῖ μὲν ἀσάφειαν ἔχειν πολλὴν τὸ εἰρημένον· ἐὰν δὲ προσέχωμεν, εὔκολον ἕξει τὴν λύσιν. Πρότερον οὖν αὐτῶν ἐπακοῦσαι καλὸν τῶν ῥημάτων. Πᾶσα, φησὶν, ἁμαρτία καὶ βλασφημία ἀφεθήσεται τοῖς ἀνθρώποις· ἡ δὲ τοῦ Πνεύματος βλασφημία οὐκ ἀφεθήσεται αὐτοῖς. Καὶ ὃς ἂν εἴπῃ λόγον κατὰ τοῦ Υἱοῦ τοῦ ἀνθρώπου, ἀφεθήσεται αὐτῷ· [e] ὃς δ' ἂν εἴπῃ κατὰ τοῦ Πνεύματος τοῦ ἁγίου, οὐκ ἀφεθήσεται αὐτῷ, οὔτε ἐν τῷ αἰῶνι τούτῳ, οὔτε ἐν τῷ μέλλοντι. Τί τοίνυν ἐστὶν ὅ φησι; Πολλὰ κατ' ἐμοῦ εἰρήκατε, ὅτι πλάνος, ὅτι ἀντίθεος. Ταῦτα ὑμῖν ἀφίημι μετανοοῦσι, καὶ οὐκ ἀπαιτῶ δίκας ὑμᾶς· ἡ δὲ τοῦ Πνεύματος βλασφημία οὐκ ἀφεθήσεται, οὐδὲ μετανοοῦσι. Καὶ πῶς ἂν ἔχοι τοῦτο λόγον; Καὶ γὰρ καὶ αὕτη [f] ἀφείθη μετανοήσασι. Πολλοὶ γοῦν τῶν ταῦτα εἰρηκότων ἐπίστευσαν ὕστερον, καὶ πάντα
449 αὐτοῖς ἀφείθη. Τί οὖν ἐστιν, ὅ φησιν, ὅτι ὑπὲρ πάντα αὕτη ἡ ἁμαρτία ἀσύγγνωστος; τί δήποτε; Ὅτι αὐτὸν μὲν ἠγνόουν ὅστις ποτὲ ἦν· τοῦ δὲ Πνεύματος ἱκανὴν εἰλήφασι πεῖραν. Καὶ γὰρ καὶ οἱ προφῆται δι' αὐτοῦ ἐφθέγξαντο ἅπερ ἐφθέγξαντο, καὶ πάντες δὲ οἱ ἐν τῇ Παλαιᾷ μεγίστην περὶ αὐτοῦ εἶχον ἔννοιαν. Ὃ τοίνυν λέγει, τοῦτό ἐστιν· ἔστω, ἐμοὶ προσπταίετε διὰ τὴν σάρκα τὴν [a] περικειμένην· μὴ καὶ περὶ τοῦ Πνεύματος ἔχετε εἰπεῖν, ὅτι ἀγνοοῦμεν αὐτό; Διὰ δὴ τοῦτο ἀσύγγνωστος ὑμῖν ἔσται ἡ βλασφημία, καὶ ἐνταῦθα καὶ ἐκεῖ δώσετε δίκην. Πολλοὶ μὲν γὰρ ἐνταῦθα ἐκολάσθησαν μόνον, ὡς ὁ πεπορνευκὼς, ὡς οἱ ἀναξίως μετασχόντες μυστηρίων παρὰ Κορινθίοις· ὑμεῖς δὲ καὶ ἐνταῦθα καὶ ἐκεῖ. Ὅσα μὲν οὖν ἐβλασφημήσατε κατ' ἐμοῦ πρὸ τοῦ σταυροῦ, ἀφίημι· καὶ αὐτὸ δὲ τοῦ σταυροῦ τὸ τόλμημα· καὶ ὑπὲρ τῆς ἀπιστίας οὐ κατακριθήσεσθε μόνης. Οὐδὲ γὰρ οἱ πρὸ τοῦ σταυροῦ πιστεύσαντες πεπληρωμένην πίστιν εἶχον. Καὶ πολλαχοῦ δὲ παραγγέλλει μηδενὶ κατάδηλον αὐτὸν ποιεῖν πρὸ τοῦ πάθους· καὶ ἐν τῷ σταυρῷ ταύτην ἔλεγεν

non est huic dicto contrarium. Nam hic adversarium eis ostendit, illic vero ex parte adversarium. Nam, *In nomine tuo*, inquit, *ejiciunt dæmonia*. (Matth. 7. 22.) Mihi vero videtur hic Judæos subindicare, quos cum diabolo constituit. Nam et ipsi adversabantur, et quæ ipse congregasset dispergebant. Quod enim ipsos subindicaret, declaravit his verbis: 31. *Ideo dico vobis, Omne peccatum et blasphemia remittetur hominibus.* Posteaquam enim responderat et objectionem solverat, ostenderatque ipsos frustra impudenter agere, demum terret. Consilii enim et correctionis hæc non spernenda pars est, non modo objectis respondere et persuadere, sed etiam comminari, quod ille plerumque facit dum leges et consilia profert. Videtur autem id quod dictum est obscurum esse: si vero attendamus, facilis erit solutio. Primo igitur ejus sunt audienda verba: *Omne peccatum et blasphemia remittetur hominibus: blasphemia vero Spiritus non remittetur eis.* 32. *Et quicumque dixerit verbum contra Filium hominis, remittetur ei: quicumque vero dixerit contra Spiritum sanctum, non remittetur ei neque in hoc sæculo, neque in futuro.* Quid sibi vult ergo? Multa contra me dixistis, seductorem Deoque adversarium vocastis. Hæc vobis pœnitentibus remitto, neque pœnas expeto; blasphemia autem Spiritus non remittitur, ne pœnitentibus quidem. Et qua ratione stare possit illud? Nam et hoc peccatum pœnitentibus remissum fuit. Multi enim eorum, qui talia dixerunt, postea crediderunt, omniaque ipsis remissa sunt. Quid igitur hic significat, cum dicit hoc peccatum præ omnibus venia carere? qua de causa? Quia quis esset Christus ignorabant: Spiritus vero congruentem jam notitiam acceperant. (Quo sensu blasphemia Spiritus non remittatur.) Siquidem per eum prophetæ loquebantur, et in veteri lege omnes multa de ipso acceperant documenta. Hoc igitur vult dicere: Esto, in me propter assumtam carnem offenditis: num etiam Spiritum sanctum vos non novisse dicturi estis? Idcirco hujus blasphemiæ venia non dabitur vobis: et hic et illic pœnas dabitis. Multi quidem hic tantum pœnas dederunt, ut ille qui fornicatus erat, ut apud Corinthios ii qui indigne mysteriorum consortes fuerant: (2. Cor. 2. et 1. Cor. 11.) vos autem et hic et illic pœnas dabitis. Quæcumque ergo contra me antequam crucifigerer blasphemastis, remitto; imo etiam iis qui me crucifigent;

[c] Καὶ γάρ deest in uno.
[d] Morel. male ποιεῖν.
[e] Hic clausula præcedens typographorum lapsu repetitur in editione Morelli.
[f] Morel. ἀφέθη hic et infra.
[a] Alii προκειμένην.

neque pro incredulitate sola damnabimini. Neque enim ii qui ante crucem crediderunt, plenam fidem habebant: multisque in locis admonet, ne ante passionem quis ipse sit declarent; et in cruce dicebat, ut illis hoc peccatum remitteretur. Quæ vero de Spiritu dixistis, veniam non impetrabunt. Quod autem de iis, quæ ante crucem dicta fuerint, hæc intelligat, id declarat cum adjicit: *Quicumque dixerit verbum contra Filium hominis, remittetur ei; quicumque autem dixerit contra Spiritum sanctum*, non item. Quare? Quia Spiritus sanctus notus vobis est; et contra rem manifestam impudenter agitis. Nam si me vos ignorare dicitis, illud certe non ignoratis, dæmonas ejicere et morbos curare Spiritus sancti esse opus. Non ergo me tantum contumelia afficitis, sed et Spiritum sanctum. Quapropter et hic et illic sine ulla venia pœnas dabitis. Nam ex hominibus alii et hic et illic supplicium luunt; alii hic tantum, alii illic tantum; alii neque hic neque illic: hic et illic alii, ut illi ipsi. Nam et hic dederunt pœnas, quando in urbis excidio intolerabilia passi sunt; et illic gravissimum supplicium luent, ut Sodomitæ, et alii multi. Illic vero tantum, ut dives ille qui in flamma cruciatus ne stillam quidem aquæ habuit. Hic vero, ut ille apud Corinthios, qui fornicatus erat. Neque hic neque illic, ut apostoli, ut prophetæ, ut beatus Job: nam quæ illi passi sunt, non supplicium erant, sed certamina et pugnæ.

ἀφεθῆναι αὐτοῖς τὴν ἁμαρτίαν. Ἃ δὲ περὶ τοῦ Πνεύ-
C ματος εἰρήκατε, ταῦτα οὐχ ἕξει συγγνώμην. Ὅτι γὰρ περὶ τῶν εἰς αὐτὸν εἰρημένων πρὸ τοῦ σταυροῦ φησιν [b] ἅπερ λέγει, ἐπήγαγεν· Ὃς ἂν εἴπῃ λόγον κατὰ τοῦ Υἱοῦ τοῦ ἀνθρώπου, ἀφεθήσεται αὐτῷ· ὃς δ' ἂν εἴπῃ κατὰ τοῦ ἁγίου Πνεύματος, οὐκ ἔτι. Διατί; Ὅτι τοῦτο γνώριμον ὑμῖν ἐστι, καὶ πρὸς τὰ δῆλα ἀναισχυντεῖτε. Εἰ γὰρ καὶ ἐμὲ λέγετε ἀγνοεῖν, οὐ δήπου [c] κἀκεῖνο ἀγνοεῖτε, καὶ ὅτι τὸ δαίμονας ἐκβάλλειν καὶ ἰάσεις ἐπιτελεῖν τοῦ ἁγίου Πνεύματός ἐστιν ἔργον. Οὐκ ἄρα ἐμὲ ὑβρίζετε μόνον, ἀλλὰ καὶ τὸ Πνεῦμα τὸ ἅγιον. Διὸ καὶ ἀπαραίτητος ὑμῖν ἡ δίκη καὶ ἐνταῦθα καὶ ἐκεῖ. Καὶ γὰρ τῶν ἀνθρώπων οἱ μὲν καὶ ἐνταῦθα
D κολάζονται [d] καὶ ἐκεῖ· οἱ δὲ ἐνταῦθα μόνον· οἱ δὲ ἐκεῖ μόνον· οἱ δὲ οὐδὲ ἐνταῦθα, οὐδὲ ἐκεῖ· ἐνταῦθα μὲν καὶ ἐκεῖ, ὡς οὗτοι αὐτοί. Καὶ γὰρ καὶ ἐνταῦθα ἔδοσαν δίκην, ἡνίκα ἔπαθον τὰ ἀνήκεστα ἐκεῖνα τῆς ὧδε πόλεως ἁλούσης· καὶ ἐκεῖ [e] χαλεπωτάτην ὑπομενοῦσιν, ὡς οἱ Σοδόμων πολῖται, ὡς ἕτεροι πολλοί. Ἐκεῖ δὲ μόνον, ὡς ὁ πλούσιος ὁ ἀποτηγανιζόμενος καὶ οὐδὲ σταγόνος κύριος ὤν. Ἐνταῦθα δὲ, ὡς ὁ πεπορνευκὼς παρὰ Κορινθίοις. Οὔτε δὲ ἐνταῦθα, οὔτε ἐκεῖ, ὡς οἱ ἀπόστολοι, ὡς οἱ προφῆται, ὡς ὁ μακάριος Ἰώβ·
E οὐ γὰρ δὴ κολάσεως ἦν ἅπερ ἔπασχον, ἀλλ' ἀγώνων καὶ παλαισμάτων.

4. Studeamus ergo ut in eadem portione simus: si non horum, saltem eorum qui hic peccata sua expiarunt. Nam terribile illud judicium est, et inevitabile supplicium intolerabilesque pœnæ. Quod si nolis hic pœnas dare, de teipso judica, a teipso rationes expete. Audi Paulum dicentem:
1. Cor. 11. 31. *Si nosmetipsos judicaremus, non utique judicaremur*. Si id feceris, paulatim progrediens, ad coronam venies. Et quomodo, inquies, de nobis judicabimus, et a nobis rationes expetemus? Luge, acerbe ingemisce, teipsum humilia et affige, recordare peccatorum tuorum speciatim. Non parvus est hic cruciatus animi. Si quis in compunctione fuit, novit animum hac maxime ratione cruciari. Si quis peccata in memoriam revocavit, novit dolorem qui inde concipitur. Quapropter hujusmodi pœnitentiæ Deus justitiam in præmium

Quomodo de nobis judicare possumus.

Σπουδάσωμεν τοίνυν τῆς τούτων γενέσθαι μερίδος· εἰ δὲ μὴ τούτων, κἂν τῶν ἐνταῦθα [f] ἀπολυομένων τὰ ἁμαρτήματα. Καὶ γὰρ φοβερὸν ἐκεῖνο τὸ κριτήριον, καὶ ἀπαραίτητος ἡ τιμωρία, καὶ ἀφόρητος ἡ κόλασις. Εἰ δὲ βούλει μηδὲ ἐνταῦθα δοῦναι δίκην, σαυτῷ δίκα-
450 σον, ἀπαίτησον σαυτὸν εὐθύνας. Ἄκουσον Παύλου λέ-
A γοντος, ὅτι Εἰ ἑαυτοὺς ἐκρίνομεν, οὐκ ἂν ἐκρινόμεθα. Ἂν τοῦτο ποιῇς, ὁδῷ προβαίνων, καὶ ἐπὶ στέφανον ἥξεις. Καὶ πῶς δικάσομεν ἢ ἀπαιτήσομεν ἑαυτοὺς δίκην; φησί. Θρήνησον, στέναξον πικρὸν, ταπείνωσον σαυτὸν, κάκωσον, ἀνάμνησον τῶν ἁμαρτημάτων κατ' εἶδος. [a] Οὐ μικρὰ αὕτη βάσανος ψυχῆς. Εἴ τις ἐν κατανύξει γέγονεν, οἶδεν ὅτι μάλιστα πάντων ἡ ψυχὴ τούτῳ κολάζεται. Εἴ τινι γέγονεν ἁμαρτιῶν μνήμη, οἶδε τὴν ἐντεῦθεν ὀδύνην. Διὰ τοῦτο δικαιοσύνην ἔπαθλον τίθησιν ὁ Θεὸς τῇ τοιαύτῃ μετανοίᾳ, λέγων· Λέγε σὺ πρῶτος τὰς ἁμαρτίας σου, ἵνα δικαιωθῇς. Οὐ γὰρ

[b] Ἅπερ λέγει deest in quibusdam.
[c] Quidam κἀκεῖνο ἀγνοεῖτε, ὅτι τό.
[d] Unus καὶ ἐκεῖ· οἱ δὲ ἐκεῖ μόνον.
[e] Alii χαλεπώτερα ὑπομ.

[f] Unus ἀποδυομένων τὰ ἁμαρτήματα, non male. Paulo post quidam καὶ ἀνήκεστος ἡ κόλασις.
[a] Alii οὐ μικρὰ τοῦτο βάσανος.

ἐστιν, οὐκ ἔστι μικρὸν εἰς διόρθωσιν, τὸ πάντα συνα- B
γαγόντας τὰ ἁμαρτήματα, κατ' εἶδος αὐτὰ στρέφειν
συνεχῶς καὶ ἀναλογίζεσθαι. Ὁ γὰρ τοῦτο ποιῶν οὕτω
κατανυγήσεται, ὡς μήτε τοῦ ζῇν ἄξιον ἑαυτὸν εἶναι
νομίζειν. Ὁ δὲ τοῦτο νομίζων, κηροῦ παντὸς ἁπαλώτε-
ρος ἔσται. Μὴ γάρ μοι πορνείας εἴπῃς μόνον, μηδὲ
μοιχείας, μηδὲ ταῦτα τὰ δῆλα καὶ ὡμολογημένα παρὰ
πᾶσιν· ἀλλὰ καὶ τὰς λαθραίους ἐπιβουλὰς, καὶ τὰς
συκοφαντίας, καὶ τὰς κακηγορίας, καὶ τὰς κενοδοξίας,
καὶ τὸν φθόνον, καὶ πάντα τὰ τοιαῦτα σύναγε. Οὐδὲ
γὰρ ταῦτα μικρὰν οἴσει κόλασιν·[b] καὶ γὰρ καὶ ὁ λοί-
δορος εἰς γέενναν ἐμπεσεῖται, καὶ ὁ μεθύων οὐδὲν ἔχει
κοινὸν πρὸς τὴν βασιλείαν, καὶ ὁ μὴ ἀγαπῶν τὸν πλη- C
σίον οὕτω προσκρούει Θεῷ, ὡς μηδὲ μαρτυροῦντος
αὐτοῦ ὠφελεῖσθαι. Καὶ ὁ τῶν οἰκείων ἀμελῶν, τὴν
πίστιν ἤρνηται, καὶ ὁ πένητας περιορῶν, εἰς τὸ πῦρ
πέμπεται. Μὴ τοίνυν μικρὰ ταῦτα νόμιζε εἶναι, ἀλλὰ
σύναγε πάντα, καὶ ὡς ἐν βιβλίῳ γράφε. Ἂν γὰρ σὺ
γράψῃς, ὁ Θεὸς ἐξαλείφει· ὥσπερ οὖν ἐὰν σὺ μὴ γράψῃς, ὁ Θεὸς καὶ ἐγγράφει, καὶ δίκην ἀπαιτεῖ. Πολὺ
τοίνυν βέλτιον παρ' ἡμῶν αὐτὰ γραφῆναι καὶ ἄνωθεν
ἐξαλειφθῆναι, ἢ τοὐναντίον, ἡμῶν ἐπιλαθομένων, τὸν
Θεὸν αὐτὰ πρὸ τῶν ὀφθαλμῶν ἐνεγκεῖν τῶν ἡμετέρων D
κατὰ τὴν ἡμέραν ἐκείνην. Ἵν' οὖν μὴ τοῦτο γένηται,
πάντα μετὰ ἀκριβείας ἀναλογιζώμεθα, καὶ εὑρήσομεν
πολλῶν ἑαυτοὺς ὑπευθύνους ὄντας. Τίς γὰρ πλεονεξίας
καθαρός; Μὴ γάρ μοι [c] τὸ μέτρον εἴπῃς, ἀλλ' ὅτι καὶ
ἐν τῷ μικρῷ τὴν αὐτὴν δώσομεν δίκην. Τοῦτο ἐννόει,
καὶ μετανόει. Τίς ὕβρεως ἀπήλλακται; Τοῦτο δὲ εἰς
γέενναν ἐμβάλλει. Τίς λάθρα τὸν πλησίον οὐκ ἐκακη-
γόρησε; [d] Τοῦτο δὲ βασιλείας ἀποστερεῖ. Τίς οὐκ ἀπενοήθη; Οὗτος δὲ πάντων ἀκαθαρτότερος. Τίς οὐκ
εἶδεν ἀκολάστοις ὀφθαλμοῖς; Οὗτος δὲ μοιχὸς ἀπηρ- E
τισμένος. Τίς οὐκ ὠργίσθη τῷ ἀδελφῷ εἰκῇ; Οὗτος δὲ
ἔνοχος τῷ συνεδρίῳ. Τίς οὐκ ὤμοσε; Τοῦτο δὲ ἐκ τοῦ
πονηροῦ. Τίς οὐκ ἐπιώρκησεν; Οὗτος δὲ πλέον ἢ ἐκ
τοῦ πονηροῦ. Τίς οὐκ ἐδούλευσε τῷ μαμωνᾷ; Οὗτος δὲ
τῆς γνησίας ἐξέπεσε τοῦ Χριστοῦ δουλείας. Ἔχω καὶ
ἕτερα μείζονα τούτων εἰπεῖν· ἀλλ' ἀρκεῖ καὶ ταῦτα, 451
καὶ ἱκανὰ τὸν μὴ λίθινον ὄντα μηδὲ σφόδρα ἀναίσθη- A
τον εἰς κατάνυξιν ἀγαγεῖν. Εἰ γὰρ ἕκαστον αὐτῶν εἰς
γέενναν ἐμβάλλει, πάντα ὁμοῦ συνελθόντα τί οὐκ ἐργάσεται; Πῶς οὖν ἔστι σωθῆναι; φησί. Τὰ ἀντίῤῥοπα
τούτων φάρμακα ἐπιτιθέντας, ἐλεημοσύνην, εὐχὰς, κατάνυξιν, μετάνοιαν, ταπεινοφροσύνην, συντετριμμένην
καρδίαν, ὑπεροψίαν τῶν ὄντων. Μυρίας γὰρ ὁδοὺς σωτηρίας ἔτεμεν ὁ Θεὸς, ἐὰν ἐθέλωμεν προσέχειν. Προσέχωμεν τοίνυν, καὶ διὰ πάντων τὰ τραύματα [a] ἐκκα-

constituit, dicens : *Dic tu prior peccata tua, ut* Isai. 43. 26.
***justificeris.* Non enim est, non est utique parva**
ad emendationem ratio, si peccata omnia secun-
dum speciem collecta in animo verses et volvas.
Nam qui hoc facit, ita compungetur, ut ne vita Compunctio vera quæ.
quidem se dignum existimet. Qui autem hoc exi-
stimat, cera mollior evadet. Ne mihi solum dixeris fornicationes, vel adulteria et similia, neque
alia quæ gravia esse apud omnes in confesso est;
verum etiam latentes insidias, calumnias, maledicta, vanam gloriam, invidiam, cæteraque omnia
collige. Hæc quippe non parvo supplicio plecten-
tur : nam conviciator in gehennam incidet, ebrio-
susque nihil commune habet cum regno, et qui
non amat proximum, sic offendit Deum, ut neque
martyrio juvetur. Et qui propinquos negligit, fidem negat, et qui pauperes despicit, in ignem
mittitur. Ne parva ergo illa putes, sed omnia
collige, et quasi in libro scribe. Nam si tu scripseris, Deus delebit; contra si tu non scripseris,
Deus illa describet, pœnasque repetet. Longe porro melius est ut hæc a nobis scribantur, et in cælis
deleantur, quam si nobis occultantibus, Deus in
illo die ante oculos nostros ea deferat. Ne igitur
hoc accidat, accurate omnia colligamus, et nos
multorum reos deprehendemus. Quis enim ab
avaritia mundus est? Ne mihi enim dixeris, te
mediocriter avarum esse : nam pro modico etiam
pœnas dabimus. Hæc cogita, et age pœnitentiam.
Quis non reus illatæ contumeliæ? et hoc etiam
in gehennam conjicit. Quis non occulte de proximo male dixit? et hoc etiam a regno exigit. Quis
superbia non intumuit? Hic vero omnium immun-
dissimus est. Quis impudicis oculis non aspexit?
Hic porro mœchus omnino est. Quis non sine causa
fratri suo iratus est? Hic vero reus est concilio.
Quis non juravit? Hoc autem a malo est. Quis
non pejeravit? Hic porro plus quam a malo est.
Quis non servivit mammonæ? Hic vero a sincera
Christi servitute excidit. Alia his majora proferre
possem : sed hæc satis sunt, et possent ad compunctionem deducere, nisi quis lapideus sit, et omni
prorsus sensu careat. Si enim eorum singula in gehennam conjiciunt, quid non facient omnia simul
conjuncta? Quomodo igitur, inquies, salutem consequi possumus? Si opposita his remedia adhibeamus, eleemosynam, preces, compunctionem, pœnitentiam, humilitatem, cor contritum, rerum præ-

[b] Alii *καὶ γὰρ ὁ λοίδ.*

[c] Duo Mss. *τὸ μέτριον.*

[d] Hæc, *τοῦτο δὲ βασιλείας ἀποστερεῖ*, in tribus Mss. desunt.

[a] Alii *ἐκκαθαίρωμεν.*

sentium contemtum. Sexcentas enim salutis vias Deus aperuit, si attendere velimus. Animum adhibeamus ergo, et per hæc omnia curemus vulnera, eleemosynam erogantes, iram in eos qui nos læserunt reprimentes, pro omnibus Deo gratias agentes, pro viribus jejunantes, sincero corde precantes, amicos nobis facientes ex mammona iniquitatis. Sic enim poterimus et veniam peccatorum, et promissa consequi bona: queis utinam nos omnes dignemur, gratia et benignitate Domini nostri Jesu Christi, cui gloria et imperium in sæcula sæculorum. Amen.

θάρωμεν, ποιοῦντες ἐλεημοσύνην, ὀργὴν τοῖς λελυπηκόσιν ἀφιέντες, εὐχαριστοῦντες ὑπὲρ πάντων τῷ Θεῷ, νηστεύοντες κατὰ δύναμιν, εὐχόμενοι γνησίως, φίλους B ἑαυτοῖς ποιοῦντες ἐκ τοῦ μαμωνᾶ τῆς ἀδικίας. Οὕτω γὰρ δυνησόμεθα καὶ συγγνώμης ἐπὶ τοῖς πεπλημμελημένοις καὶ τῶν ἐπηγγελμένων [b] τυχεῖν ἀγαθῶν· ὧν γένοιτο πάντας ἡμᾶς ἀξιωθῆναι, χάριτι καὶ φιλανθρωπίᾳ τοῦ Κυρίου ἡμῶν Ἰησοῦ Χριστοῦ, ᾧ ἡ δόξα καὶ τὸ κράτος εἰς τοὺς αἰῶνας τῶν αἰώνων. Ἀμήν.

b Unus ἐπιτυχεῖν.

HOMILIA XLII. al. XLIII.

ΟΜΙΛΙΑ μϐ'.

Cap. XII. v. 33. *Aut facite arborem bonam, et fructum ejus bonum; aut facite arborem malam, et fructum ejus malum: ex fructu enim arbor cognoscitur.*

Ἢ ποιήσατε τὸ δένδρον καλὸν, καὶ τὸν καρπὸν αὐτοῦ C καλόν· ἢ ποιήσατε τὸ δένδρον σαπρὸν, καὶ τὸν καρπὸν αὐτοῦ σαπρόν· ἐκ γὰρ τοῦ καρποῦ τὸ δένδρον γινώσκεται.

1. Rursus illos pudore afficit, nec sunt illi priora argumenta satis. Hoc autem facit, non ut se a culpa defendat (satis enim essent quæ jam dicta sunt), sed ut illos ad emendationem deducat. Quod autem dicit, hoc significat: Nemo vestrum curatos reprehendit, quasi vere curati non essent, neque dixit, malam rem esse a dæmone liberare. Etiamsi enim admodum impudentes essent, hoc dicere non poterant. Quia ergo opera ipsa traducere non valebant, sed hæc operantem calumniabantur, demonstrat accusationem et cum communi ratiocinio, et cum rerum consequentia pugnare. Quod ingentis impudentiæ est, nempe non modo maligne agere, sed etiam illa comminisci, quæ contra communem omnium mentem pugnant. Ac vide quam extra contentionem sit id quod profert. Non enim dicit: Facite arborem bonam, quoniam fructus ejus bonus est; sed egregie illos coercens, et mansuetudinem suam et imprudentiam eorum demonstrans ait: Si opera vultis reprehendere, non prohibeo; solum ne de iis quæ nec consistere, nec consequenter dici possunt, me accusetis. Sic enim clarius deprehendi poterant contra res manifestissimas impudenter loqui. Itaque frustra malignamini, inquit, nec consequentia loquimini. Nam

Πάλιν ἑτέρως αὐτοὺς καταισχύνει, καὶ οὐκ ἀρκεῖται τοῖς προτέροις ἐλέγχοις. Τοῦτο δὲ ποιεῖ, οὐχ ἑαυτὸν ἀπαλλάττων [c] ἐγκλήματος (ἤρκει γὰρ καὶ τὸ πρότερον), ἀλλ' αὐτοὺς διορθῶσαι βουλόμενος. Ὃ δὲ λέγει, τοιοῦτόν ἐστιν· οὐδεὶς ὑμῶν οὔτε ἐμέμψατο τοῖς θεραπευθεῖσιν, ὡς οὐ θεραπευθεῖσιν, οὔτε εἶπεν, D ὅτι πονηρὸν τὸ δαίμονος ἐλευθεροῦν. Εἰ γὰρ καὶ σφόδρα ἠναισχύντουν, οὐκ ἐδύναντο τοῦτο εἰπεῖν. Ἐπεὶ οὖν τοῖς μὲν ἔργοις οὐκ ἐπέσκηπτον, τὸν δὲ ταῦτα ἐργαζόμενον [d] διέβαλλον, δείκνυσιν ὅτι καὶ παρὰ τοὺς κοινοὺς λογισμοὺς, καὶ παρὰ τὴν τῶν πραγμάτων ἀκολουθίαν ἡ κατηγορία αὕτη. Ὅπερ ἐπιτεταμένης ἐστὶν ἀναισχυντίας, τὸ μὴ μόνον πονηρεύεσθαι, ἀλλὰ καὶ τοιαῦτα συντιθέναι, ἃ καὶ παρὰ τὰς κοινάς ἐστιν ἐννοίας. Καὶ ὅρα τὸ ἀφιλόνεικον. Οὐ γὰρ εἶπε· ποιήσατε E τὸ δένδρον καλὸν, ἐπειδὴ καὶ ὁ καρπὸς καλός· ἀλλὰ μεθ' ὑπερβολῆς αὐτοὺς ἐπιστομίζων, καὶ τὴν ἐπιείκειαν τὴν αὐτοῦ καὶ τὴν ἀναισχυντίαν τὴν ἐκείνων ἐνδεικνύμενός φησιν· εἰ γὰρ καὶ τῶν ἔργων βούλεσθε ἐπιλαβέσθαι, οὐδὲν κωλύω· μόνον μὴ ἀσύμ- 452 φωνα, μηδὲ ἀνακόλουθα ἐγκαλεῖτε. Οὕτω γὰρ σα- A φέστερον ἁλίσκεσθαι ἔμελλον, πρὸς τὰ λίαν φανερὰ ἀναισχυντοῦντες. Ὥστε εἰκῆ πονηρεύεσθε, φησὶ, καὶ ἀνακόλουθα ἑαυτοῖς λέγετε. Καὶ γὰρ ἡ τοῦ δένδρου διάκρισις ἀπὸ τοῦ καρποῦ φαίνεται, οὐχ ὁ καρπὸς

c Manuscripti plurimi ἐγκλημάτων. Mox Savil. καὶ τὰ πρότερα. Morel. καὶ τὸ πρότερον.

d Unus διάβολόν φασι.

ἀπὸ τοῦ δένδρου· ὑμεῖς δὲ τοὐναντίον ποιεῖτε. Εἰ γὰρ καὶ τὸ δένδρον τοῦ καρποῦ αἴτιον, ἀλλ' ὁ καρπὸς τοῦ δένδρου γνωριστικός. Καὶ ἀκόλουθον ἦν, ἢ καὶ τὰ ἔργα διαβάλλειν ἡμᾶς αἰτιωμένους, ἢ ταῦτα ἐπαινοῦντας, καὶ ἡμᾶς τοὺς ἐργαζομένους τῶν ἐγκλημάτων ἀπαλλάττειν τούτων. Νῦν δὲ τοὐναντίον ποιεῖτε· τοῖς γὰρ ἔργοις οὐδὲν ἐγκαλεῖν ἔχοντες, ὅπερ ἐστὶν ὁ καρπὸς, τὴν ἐναντίαν περὶ τοῦ δένδρου φέρετε ψῆφον, ἐμὲ δαιμονῶντα καλοῦντες, ὅπερ ἐσχάτης ἐστὶ [a]παρανοίας. Καὶ γὰρ ὅπερ ἔμπροσθεν εἶπε, τοῦτο καὶ νῦν κατασκευάζει, ὅτι Οὐ δύναται δένδρον ἀγαθὸν καρποὺς πονηροὺς ποιεῖν, οὐδ' αὖ τοὐναντίον πάλιν. Ὥστε παρὰ πᾶσαν ἀκολουθίαν καὶ φύσιν αὐτῶν τὰ ἐγκλήματα. Εἶτα ἐπειδὴ οὐχ ὑπὲρ ἑαυτοῦ, ἀλλ' ὑπὲρ τοῦ Πνεύματος ποιεῖται τὸν λόγον, καὶ καταφορικῶς κέχρηται [b]τῇ κατηγορίᾳ λέγων· Γεννήματα ἐχιδνῶν, πῶς δύνασθε ἀγαθὰ λαλεῖν, πονηροὶ ὄντες; Τοῦτο δὲ ὁμοῦ καὶ ἐγκαλοῦντός ἐστι, καὶ τῶν εἰρημένων τὴν ἀπόδειξιν ἐξ ἐκείνων παρέχοντος. Ἰδοὺ γὰρ ὑμεῖς, φησὶ, δένδρα ὄντες πονηρὰ, οὐ δύνασθε φέρειν καρπὸν ἀγαθόν. Οὐ τοίνυν θαυμάζω, ὅτι ταῦτα φθέγγεσθε· καὶ γὰρ ἐτράφητε κακῶς, προγόνων ὄντες πονηρῶν, καὶ διάνοιαν κέκτησθε πονηράν. Καὶ ὅρα πῶς ἀκριβῶς καὶ χωρὶς λαβῆς ἁπάσης τέθεικε τὰ ἐγκλήματα. Οὐ γὰρ εἶπε· πῶς δύνασθε ἀγαθὰ λαλεῖν, γεννήματα ὄντες ἐχιδνῶν; οὐδὲν γὰρ τοῦτο πρὸς ἐκεῖνο· ἀλλὰ, Πῶς δύνασθε ἀγαθὰ λαλεῖν, πονηροὶ ὄντες; Γεννήματα δὲ ἐχιδνῶν αὐτοὺς εἴρηκεν, ἐπειδὴ ἐπὶ τοῖς προγόνοις ηὔχουν. Δεικνὺς τοίνυν, ὅτι οὐδὲν αὐτοῖς ἐντεῦθεν τὸ κέρδος, τῆς μὲν πρὸς τὸν Ἀβραὰμ ἐξέβαλεν αὐτοὺς συγγενείας· δίδωσι δὲ αὐτοῖς προγόνους ὁμοτρόπους, τῆς ἐκεῖθεν περιφανείας γυμνώσας αὐτούς. Ἐκ γὰρ τοῦ περισσεύματος τῆς καρδίας τὸ στόμα λαλεῖ. Ἐνταῦθα πάλιν τὴν θεότητα αὐτοῦ δείκνυσιν εἰδυῖαν τὰ ἀπόῤῥητα· καὶ ὅτι οὐχὶ ῥημάτων μόνον, ἀλλὰ καὶ πονηρῶν ἐννοιῶν δώσουσι δίκην· καὶ ὅτι οἶδεν [c]αὐτὰ ὁ Θεός. Λέγει δὲ, ὅτι καὶ ἀνθρώποις δυνατὸν ταῦτα εἰδέναι· φύσεως γὰρ ἀκολουθία τοῦτο, τὸ ὑπερβλυζούσης ἔνδον τῆς πονηρίας ἐκχεῖσθαι ἔξω διὰ τοῦ στόματος τὰ ῥήματα. Ὥστε ὅταν ἀκούσῃς ἀνθρώπου πονηρὰ φθεγγομένου, μὴ τοσαύτην νόμιζε πονηρίαν ἐγκεῖσθαι αὐτῷ, ὅσην τὰ ῥήματα [d]ἐπιδείκνυται· ἀλλὰ πολλῷ πλείονα [e]στοχάζου εἶναι τὴν πηγήν· τὸ γὰρ ἔξωθεν λεγόμενον, τὸ περιττόν ἐστι τοῦ ἔνδον. Εἶδες πῶς αὐτῶν καθήψατο σφοδρῶς; Εἰ γὰρ τὸ λεχθὲν οὕτω πονηρὸν, καὶ ἀπ' αὐτῆς τοῦ διαβόλου τῆς γνώμης ἐστὶν, ἐννόησον ἡ ῥίζα καὶ ἡ πηγὴ τῶν ῥημάτων ἡλίκη. Συμβαίνει δὲ τοῦτο εἰκότως· ἡ μὲν γὰρ γλῶττα αἰσχυνομένη πολλάκις, οὐχ

arborum differentia ex fructu dignoscitur, non autem fructus ab arbore: vos vero contrarium facitis. Etiamsi enim arbor fructus sit causa, attamen fructus arboris speciem declarat. At consequens erat, ut ipsa opera et nos simul reprehenderetis, vel si opera laudaretis, nos operantes ne incusaretis. Nunc vero contrarium facitis: nam cum
B opera, quæ sunt fructus, calumniari nequeatis, contrarium contra arborem fertis calculum, dum me dæmoniacum vocatis, quod extremæ est dementiæ. Nam quod prius dicebat, hoc etiam nunc asserit, non posse arborem bonam fructus malos facere, neque malam bonos. *Matth. 7. 18.* Itaque accusationes eorum palam est nihil consequens, nihil secundum naturam rerum habere. Deinde quia non pro se, sed pro Spiritu verba facit, acriter invehitur dicens: 34. *Progenies viperarum, quomodo potestis bona loqui, cum sitis mali?* Hoc vero simul et accusantis est, et dictorum demonstrationem inde præbentis. Ecce namque vos, inquit, cum
C sitis arbores malæ, non potestis ferre fructum bonum. Non miror ergo, quod talia loquamini; male quippe educati estis, a malis progenitoribus orti, mentemque malam habetis. Et vide quam accurate, nullam præbens illis ansam, accusationes disposuerit. Non enim dixit: Quomodo potestis bona loqui, cum sitis genimina viperarum? hoc enim nihil ad illud; sed, *Quomodo potestis bona loqui, mali cum sitis?* Genimina autem viperarum ipsos vocavit, quia de progenitoribus gloriabantur.
D Ostendens igitur nihil sibi inde lucrum provenire, ex Abrahæ cognatione illos ejecit; progenitores autem ejusdem indolis dat illis, a nobilitate pristina nudatis. *Num ex abundantia cordis os loquitur.* Hic quoque rursum divinitatem suam commonstrat, quæ secreta cognoscat; sciatque ipsos non verborum tantum, sed etiam malarum cogitationum rationem reddituros esse; Deumque ipsas cognoscere. Dicit vero, posse etiam homines hæc nosse; quia hæc naturæ consequentia est, ut
E si intus nequitia superabundet, per oris verba foris effundatur. Itaque cum audieris hominem mala loquentem, non æqualem solum ei nequitiam in ipso inesse putes, quam verba exhibent; sed longe majorem esse conjice: quod enim extra profertur, intus supereffluit. Viden' quam acriter illos tetigerit? Nam si dicta eorum tam prava sunt, et se-
453
A cundum diaboli mentem, radix et fons quæ sint

Ex progenitorum virtute nihil improbis accidit boni.

[a] Alius παροινίας.
[b] Morel. τῇ κακηγορίᾳ.
[c] Quidam αὐτὰ ὡς θεός.
[d] Quidam habent ἐπιδείκνυσθαι.
[e] Unus σχολάζου, male.

cogita. Hoc autem sic contingere solet; lingua sæpe pudore detenta, non tantam simul nequitiam effundit: cor autem, cui nullus homo testis adest, sine metu quæcumque velit mala gignit; Deum quippe nihil curat. Quoniam ergo ea quæ dicuntur, in examen veniunt et omnibus sunt exposita, cor autem latet et quasi umbra obvolutum est, ideo minora sunt quæ ex lingua proficiscuntur, quæ in corde latent majora. Cum autem ingens copia intus est, tum magno impetu prodeunt illa quæ hactenus occulta erant. Ac sicut ii qui vomunt, initio B videntur exsilientes humores vi retinere velle; cum autem vis illa deficit, tunc fœde admodum prodeunt: sic qui pravis consiliis pleni sunt, proximum maledictis impetunt. 35. *Bonus homo*, inquit, *ex bono thesauro cordis sui profert bona: et malus homo ex malo thesauro cordis sui profert mala.*

2. Ne putes, inquit, id in malis tantum evenire; in bonis quippe idipsum accidit: etenim major intus virtus est, quam verba exhibeant. Unde arguitur, illos pejores etiam fuisse, quam verba monstrarent, ipsumque meliorem, quam ex dictis ejus argueretur. Thesaurum autem memorat, ma- C gnam copiam indicans. Deinde rursus magnum excitat timorem. Ne putetis, inquit, non ultra procedi, inque facti condemnatione sistendum esse negotium: nam extremas dabunt pœnas quotquot talia perpetrarint. Neque dixit, Vos; tum ut omnes erudiret, tum ne onerosior sermo esset. 36. *Dico autem vobis, quoniam omne verbum otiosum, quodcumque loquentur homines, dabunt de illo rationem in die judicii.* Otiosum autem, quod rei non convenit, mendax, syco- D phantiam continens; imo inane, ut quidam dicunt, quod profusum risum moveat, vel turpe, impudens, illiberale. 37. *Ex verbis enim tuis justificaberis, et ex verbis tuis comdemnaberis.* Viden' non molestum judicium, levesque pœnas? Neque enim ex iis quæ alius de te dixit, sed ex iis quæ ipse loquutus es, judex calculum feret; quod omnium est justissimum. Tu enim et dicendi et non dicendi potestatem habes. Non igitur eos qui calumniis impetuntur angi et timere par est, sed eos qui calumniantur. Neque enim illi cogun- E tur sese purgare, quod male audierint; sed hi, quod male dixerint: ipsisque omne periculum imminet. Quare eos qui male audierint nihil curare oportet: neque enim pœnas dabunt pro male-

ἀθρόον ἐκχεῖ τὴν πονηρίαν· ἡ δὲ καρδία οὐδένα ἀνθρώπων ἔχουσα μάρτυρα, ἀδεῶς ὅσα ἂν θέλῃ τίκτει κακά· τοῦ γὰρ Θεοῦ οὐ πολὺς λόγος αὐτῇ. Ἐπεὶ οὖν τὰ μὲν λεγόμενα εἰς ἐξέτασιν ἔρχεται, καὶ πᾶσι προτίθεται, ἐκείνη δὲ συνεσκίασται, διὰ τοῦτο τὰ μὲν ταύτης ἐλάττω, τὰ δὲ ἐκείνης πλείονα γίνεται. Ὅταν δὲ πολὺ τὸ πλῆθος γένηται τῶν ἔνδον, πολλῷ τῷ ῥοίζῳ [a] τὰ τέως κρυπτόμενα πρόεισι. Καὶ καθάπερ οἱ ἐμοῦντες, παρὰ μὲν τὴν ἀρχὴν βιάζονται ἔνδον κατέχειν ἐκπηδῶντας τοὺς χυμούς, ἐπειδὰν δὲ ἐκνικηθῶσι, πολλὴν τὴν βδελυγμίαν προΐενται· οὕτω καὶ οἱ τὰ πονηρὰ βουλεύματα ἔχοντες, καὶ τοὺς πλησίον κακηγοροῦντες. Ὁ ἀγαθὸς ἄνθρωπος ἐκ τοῦ ἀγαθοῦ θησαυροῦ, φησὶ, τῆς καρδίας αὐτοῦ ἐκβάλλει τὰ ἀγαθά· καὶ ὁ πονηρὸς ἄνθρωπος ἐκ τοῦ πονηροῦ θησαυροῦ τῆς καρδίας αὐτοῦ ἐκβάλλει τὰ πονηρά.

Μὴ γὰρ δὴ νομίσῃς, φησὶν, ἐπὶ τῆς πονηρίας τοῦτο γίνεσθαι μόνον· καὶ γὰρ καὶ ἐπὶ τῆς ἀγαθότητος τοῦτο συμβαίνει· καὶ γὰρ καὶ ἐκεῖ πλείων τῶν ἔξωθεν ῥημάτων ἔνδον ἡ ἀρετή. Ἐξ ὧν ἐδείκνυ, ὅτι κἀκείνους πονηροτέρους ἐχρῆν νομίζειν, ἢ τὰ ῥήματα ἐνεδείκνυτο, καὶ αὐτὸν ἀγαθώτερον, ἢ τὰ λεγόμενα ἐνέφαινε. Θησαυρὸν δέ φησι, τὸ πλῆθος ἐνδεικνύμενος. Εἶτα πάλιν πολὺν ἐπιτειχίζει τὸν φόβον. Μὴ γὰρ δὴ νομίσητε, φησὶ, μέχρι τούτου καὶ τῆς τῶν πολλῶν καταγνώσεως τὸ πρᾶγμα ἑστηκέναι· καὶ γὰρ τὴν ἐσχάτην δώσουσι δίκην ἅπαντες οἱ τὰ τοιαῦτα πονηρευόμενοι. Καὶ οὐκ εἶπεν, ὑμεῖς· ὁμοῦ μὲν τὸ κοινὸν παιδεύων γένος, ὁμοῦ δὲ ἀνεπαχθέστερον τὸν λόγον ποιῶν. Λέγω δὲ ὑμῖν, ὅτι πᾶν [b] ῥῆμα, ὃ ἐὰν λαλήσωσιν ἀργὸν οἱ ἄνθρωποι, ἀποδώσουσι περὶ αὐτοῦ λόγον ἐν ἡμέρᾳ κρίσεως. Ἀργὸν δὲ, τὸ μὴ κατὰ πράγματος κείμενον, τὸ ψευδὲς, τὸ συκοφαντίαν ἔχον ἐστί· τινὲς δέ φασι, ὅτι καὶ τὸ μάταιον· οἷον, τὸ γέλωτα κινοῦν ἄτακτον, ἢ τὸ αἰσχρὸν καὶ ἀναίσχυντον καὶ ἀνελεύθερον. Ἐκ γὰρ τῶν λόγων σου δικαιωθήσῃ, καὶ ἐκ τῶν λόγων σου καταδικασθήσῃ. Εἶδες πῶς ἀνεπαχθὲς τὸ δικαστήριον; πῶς ἥμεροι αἱ εὐθῦναι; Οὐ γὰρ ἐξ ὧν ἕτερος εἶπε περὶ σοῦ, ἀλλ' ἐξ ὧν αὐτὸς ἐφθέγξω, τὰς ψήφους ὁ δικαστὴς οἴσει· ὅπερ ἁπάντων ἐστὶ δικαιότατον. Καὶ γὰρ σὺ κύριος εἶ καὶ τοῦ εἰπεῖν καὶ τοῦ μὴ εἰπεῖν. Οὐ τοίνυν τοὺς κακηγορουμένους ἀγωνιᾷν δεῖ καὶ τρέμειν, ἀλλὰ τοὺς κακηγοροῦντας. Οὐ γὰρ ἐκεῖνοι ἀναγκάζονται ἀπολογεῖσθαι ὑπὲρ ὧν κακῶς ἤκουσαν· ἀλλ' οὗτοι ὑπὲρ ὧν κακῶς εἶπον· καὶ τούτοις ἐπικρέμαται ὁ κίνδυνος ἅπας. Ὥστε τοὺς μὲν κακῶς ἀκούοντας ἀμερίμνους δεῖ εἶναι· οὐ γὰρ παρέξουσιν εὐθύνας ὧν ἕτεροι εἶπον κακῶς· τοὺς δὲ κακῶς

[a] Quidam ταχέως κρυπτόμενα.

[b] Alii ῥῆμα ἀργὸν, ὃ ἐὰν λαλήσωσιν οἱ ἄνθρωποι.

εἰρηκότας ἀγωνιᾷν καὶ τρέμειν, ἅτε αὐτοὺς μέλλοντας εἰς τὸ δικαστήριον ὑπὲρ τούτων ἕλκεσθαι. Καὶ γὰρ διαβολικὴ αὕτη παγὶς, καὶ ἁμαρτία οὐδεμίαν ἔχου- 454 σα ἡδονὴν, ἀλλὰ βλάβην μόνον. A Καὶ γὰρ πονηρὸν ἐν τῇ ψυχῇ θησαυρὸν ἀποτίθεται ὁ τοιοῦτος. Εἰ δὲ ὁ χυμὸν πονηρὸν ἔχων, αὐτὸς καρποῦται πρῶτον τὴν νόσον· πολλῷ μᾶλλον ὁ τὸ χολῆς πάσης πικρότερον, τὴν πονηρίαν, ἐν ἑαυτῷ θησαυρίζων, [a] τὰ ἔσχατα πείσεται, χαλεπὴν συνάγων νόσον. Καὶ δῆλον ἐξ ὧν ἐρεύγεται. Εἰ γὰρ τοὺς ἄλλους οὕτω λυπεῖ, πολλῷ μᾶλλον τὴν τίκτουσαν αὐτὰ ψυχήν. Ὁ γὰρ ἐπιβουλεύων, ἑαυτὸν ἀναιρεῖ πρῶτον· καὶ γὰρ [b] ὁ πῦρ ἀνάπτων, ἑαυτὸν κατακαίει· καὶ ὁ ἀδάμαντα παίων, ἑαυτῷ ἐπηρεάζει· καὶ ὁ πρὸς κέντρα λακτίζων, ἑαυτὸν αἱμάττει. B Τοιοῦτον γάρ τί ἐστιν ὁ εἰδὼς [c] ἀδικεῖσθαι, καὶ φέρειν γενναίως, καὶ ἀδάμας, καὶ κέντρα, καὶ πῦρ· ὁ δὲ ἀδικεῖν μεμελετηκὼς, πηλοῦ παντὸς ἀσθενέστερος. Οὐ τοίνυν τὸ ἀδικεῖσθαι κακὸν, ἀλλὰ τὸ ἀδικεῖν, καὶ τὸ μὴ εἰδέναι φέρειν ἀδικούμενον. Πόσα γοῦν ἠδικεῖτο ὁ Δαυίδ; πόσα ἠδίκει ὁ Σαούλ; Τίς οὖν ἰσχυρότερος γέγονε καὶ μακαριώτερος; τίς δὲ ἀθλιώτερος καὶ ἐλεεινότερος; Οὐχ ὁ ἠδικηκώς; Σκόπει δέ. Ὑπέσχετο ὁ Σαοὺλ, εἰ καθέλοι τὸν ἀλλόφυλον ὁ Δαυὶδ, κηδεστὴν αὐτὸν λήψεσθαι, καὶ δοῦναι τὴν θυγατέρα αὐτῷ μετὰ πολλῆς τῆς χάριτος. Καθεῖλε τὸν ἀλλόφυλον· παρέβη τὰς συνθήκας ἐκεῖνος, [d] καὶ οὐ μόνον οὐκ ἐδίδου, ἀλλὰ καὶ C ἀνελεῖν ἐπεχείρει. Τίς οὖν γέγονε λαμπρότερος; Οὐχ ὁ μὲν ἀπεπνίγετο ὑπὸ τῆς ἀθυμίας καὶ τοῦ πονηροῦ δαίμονος, ὁ δὲ ὑπὲρ τὸν ἥλιον ἔλαμπε τοῖς τροπαίοις καὶ [e] τῇ πρὸς τὸν Θεὸν εὐνοίᾳ; Πάλιν ἐπὶ τοῦ χοροῦ τῶν γυναικῶν οὐχ ὁ μὲν ἀπηγχονίζετο τῷ φθόνῳ, ὁ δὲ τῇ σιγῇ πάντα φέρων, ἅπαντας εἷλε καὶ ἑαυτῷ προσέδησεν; Ἐπειδὴ δὲ καὶ αὐτὸς ἔλαβεν αὐτὸν εἰς χεῖρας, καὶ ἐφείσατο, τίς πάλιν μακάριος ἦν; τίς δὲ ἄθλιος; τίς δὲ ἀσθενέστερος; τίς δὲ ὁ δυνατώτερος; [f] Οὐχ οὗτος ὁ μηδὲ δικαίως ἐπεξελθών; Καὶ μάλα εἰκότως. Ὁ μὲν γὰρ στρατιώτας ὡπλισμένους, ὁ δὲ τὴν δικαιοσύνην D τὴν μυρίων στρατοπέδων ἰσχυροτέραν εἶχε σύμμαχον καὶ βοηθόν. Διά τοι τοῦτο ἐπιβουλευθεὶς ἀδίκως, οὐδὲ δικαίως ἀνελεῖν ὑπέμεινεν. Ἤδει γὰρ ἐκ τῶν ἔμπροσθεν, ὅτι οὐ τὸ ποιεῖν κακῶς, ἀλλὰ τὸ πάσχειν κακῶς, τοῦτο ποιεῖ δυνατωτέρους. Τοῦτο καὶ ἐπὶ τῶν σωμάτων γίνεται, τοῦτο καὶ ἐπὶ δένδρων. Τί δὲ ὁ Ἰακώβ; οὐκ ἠδικήθη παρὰ τοῦ Λάβαν, καὶ ἔπαθε κακῶς; Τίς οὖν ἦν ἰσχυρότερος; ὁ λαβὼν αὐτὸν εἰς χεῖρας, καὶ μὴ

dictis aliorum; eos autem qui maledixerint anxios esse par est et tremere, utpote in judicium hac de re trahendos. Nam diabolicus est laqueus peccatum illud quod nullam habet voluptatem, sed solummodo damnum. Nam talis homo malum in animo thesaurum deponit. Si vero is qui pravum habet humorem, in morbum ipse incidit, multo magis ille qui bile acriorem in se nequitiam thesaurizat, extrema patietur, quia gravem sibi morbum paravit. Idque manifestum est ex iis quæ ipse eructat. Nam si alios tanto dolore afficit, multo magis animam suam illa parientem. Qui enim insidias parat, seipsum primum occidit: si quidem qui ignem incendit, seipsum comburit; et qui adamantem percutit, sibi ipsi nocumentum parit; ac qui contra stimulum calcitrat, seipsum cruentat. Etenim qui læsus fortiter injuriam ferre novit, is est adamas, stimulus et ignis: qui vero injuriam ferre meditatur, luto imbecillior est. Non ergo injuria affici malum est, sed injuriam inferre, nec posse injuriam ferre. Quantum læsus est David? Quantum læsit Saül? Quis ergo fortior beatiorque fuit? quis miserior? Nonne is qui læsit? Rem vero perpende. Pollicitus est Saül si David alienigenam vinceret, se ipsum in generum assumturum, ac filiam suam illi libentissime daturum. Alienigenam ille occidit: Saül vero pacta violavit; nec modo non dedit filiam, sed necem quoque ipsi machinabatur. Quis ergo splendidior fuit? Annon ille mœrore animi et pravo dæmone suffocabatur, hic vero tropæis et gratia divina plus quam sol splendebat? Rursus circa mulierum chorum nonne ille invidia præfocabatur, hic silentio ferens omnia, omnes attraxit, sibique conjunxit? Cum autem David illum præ manibus habuit, ipsique pepercit, quis rursum beatus erat, quis miser? quis imbecillior? quis fortior? Nonne David, qui illum non ultus est, etsi juste posset? Et jure quidem. Nam ille armatos milites habebat, hic justitiam sexcentis exercitibus fortiorem auxiliatricem habuit. Ideoque insidiis injuste impetitus, ne juste quidem voluit hostem occidere. Sciebat enim ex iis quæ ante acciderant, non eum qui male facit, sed eum qui male patitur, evadere fortiorem. Quod et in corporibus et in arboribus

Injuriæ fortiter ferendæ.

1. Reg. 17. et 18.

[a] Alius τὰ αἴσχιστα πείσεται.

[b] Savil. ὁ πῦρ πατῶν, Morel. ὁ πῦρ ἅπτων. Manuscripti ὁ πῦρ ἀνάπτων, melius ni fallor.

[c] Morel. ἀδικεῖσθαι καλῶς καὶ φέρειν.

[d] Καὶ οὐ μόνον οὐκ ἐδίδου. *Nec modo non dedit*, nempe filiam. Atqui dedit Michol filiam suam in conjugem. Sed puto Chrysostomum hic pro non data habere eam, quæ simulate tantum data fuit, ut hoc allectus beneficio David, facilius obtruncaretur.

[e] Alii τῇ πρὸς Θεόν, forte melius.

[f] Morel. ἡ οὐχὶ οὗτος. Mox quidam ὑπεξελθών.

videre est. Quid ergo Jacob? annon læsus est a Labano, et male passus est? Quis ergo fortior? an is qui cepit illum, nec ausus est tangere, sed timuit ac tremuit, an hic qui sine armis ac militibus plus illi formidabilis fuit, quam reges mille fuissent?

3. Ut majorem autem dictorum demonstrationem vobis præbeam, ad ipsum iterum David, sed contrario modo spectatum, sermonem convertamus. Nam hic qui læsus prævaluit, cum
2. Reg. 11. læsit postea, imbecillior factus est. Quando igitur Uriam læsit, mutatus est ordo, et imbecillitas in lædentem, virtus autem in læsum transivit: nam mortuus Urias Davidis domum expilavit. Et hic quidem cum rex et in vivis esset, nihil potuit; ille vero cum miles atque interfectus esset, illius omnia subvertit. Vultisne ut aliunde rem vobis clariorem efficiam? Exploremus eos qui se legitime ulti sunt. Nam eos, qui injuste lædunt, omnium esse vilissimos, qui animam suam lædant, nemini non palam est. Verum quis se juste ultus est, innumeraque excitavit mala, multisque seipsum calamitatibus doloribusque involvit? Da-
Joab. vidis dux. Hic enim grave bellum concitavit, et innumera passus est mala, quorum ne unum quidem accidisset, si ipse scivisset philosophari. Fugiamus itaque peccatum illud: ac nec verbis, nec factis proximo noceamus. Neque enim dixit, Si accusaveris et jus dicere compuleris; sed simpliciter, Si male dixeris, etiamsi seorsim, extremas
Vitia proximi, etiam si vera, non revelanda. dabis pœnas. Etiamsi id quod tu dicis verum sit, etiamsi ea de re persuasus sis, pœnas tamen dabis. Non enim ex iis quæ ille fecit, sed ex iis quæ tu dixisti, sententiam feret Deus: *Nam ex verbis tuis condemnaberis*, inquit. Non audis Pharisæum vera loquutum esse, omnibusque nota, nec occulta revelasse? Sed tamen extremas dedit pœnas. Si vero de iis quæ perspicua sunt non licet accusare, multo minus de dubiis: nam judicem habet is qui peccavit. Ne præripias ergo Unigeniti auctoritatem. Illi solium judicii reservatum est. Sed vis judicare? Est tibi judicium, multum quæstum præbens, et nulli obnoxium crimini. In conscientia tua rationem statue judicantem, in medium que adduc omnia peccata tua. Animæ tuæ peccata examina, exacte rationes repete et dic: Cur hoc et hoc ausus es? Si hæc recuset, et aliorum facta exploret, dic illi: Non de his te judico,

τολμῶν ἅψασθαι, ἀλλὰ δεδοικὼς καὶ τρέμων, [g] ἢ οὗτος ὁ χωρὶς ὅχλων καὶ στρατιωτῶν μυρίων βασιλέων γε-
E νόμενος αὐτῷ φοβερώτερος;

Ἵνα δὲ καὶ ἑτέραν μείζονα ταύτης ἀπόδειξιν ὑμῖν παράσχωμαι τῶν εἰρημένων, ἐπ' αὐτοῦ πάλιν τοῦ Δαυῒδ εἰς τοὐναντίον τὸν λόγον γυμνάσωμεν. Ὁ γὰρ
455 ἀδικηθεὶς οὗτος καὶ ἰσχύσας, ἀδικήσας ὕστερον πάλιν
A ἀσθενέστερος γέγονεν. Ὅτε γοῦν ἠδίκησε τὸν Οὐρίαν, μετέστη πάλιν ἡ τάξις, καὶ ἡ μὲν ἀσθένεια πρὸς τὸν ἀδικήσαντα, ἡ δὲ δύναμις πρὸς τὸν ἀδικηθέντα διέβη· νεκρὸς γὰρ ὢν ἐπόρθει τὴν οἰκίαν τὴν ἐκείνου. Καὶ αὐτὸς μὲν βασιλεὺς ὢν καὶ ζῶν οὐδὲν ἴσχυσεν· ἐκεῖνος δὲ καὶ στρατιώτης ὢν καὶ σφαγεὶς, πάντα ἄνω καὶ κάτω πεποίηκε τὰ ἐκείνου. Βούλεσθε καὶ ἑτέρωθεν ὃ λέγω ποιήσω σαφέστερον; Ἐξετάσωμεν καὶ τοὺς δικαίως ἀμυνομένους. Οἱ μὲν γὰρ ἀδικοῦντες, ὅτι πάντων εἰσὶν εὐτελέστεροι τῇ ἑαυτῶν πολεμοῦντες ψυχῇ,
B παντί που δῆλόν ἐστιν. Ἀλλὰ τίς, φησὶν, ἠμύνατο δικαίως, καὶ μυρία ἀνῆψε κακὰ, καὶ πολλαῖς ἑαυτὸν περιέπειρε συμφοραῖς τε καὶ ὀδύναις; Ὁ τοῦ Δαυῒδ στρατηγός. Οὗτος γὰρ καὶ πόλεμον συνεκρότησε χαλεπὸν, καὶ μυρία ἔπαθε κακὰ, ὧν οὐδὲ ἓν ἂν ἐγεγόνει, εἴ γε ἠπίστατο φιλοσοφεῖν. Φεύγωμεν τοίνυν τὴν ἁμαρτίαν ταύτην, καὶ μήτε ῥήμασι, μήτε πράγμασιν ἀδικῶμεν τοὺς πλησίον. Οὐδὲ γὰρ [a] εἶπεν, ἐὰν κατηγορήσῃς καὶ δικαστήριον καθίσῃς· ἀλλ' ἁπλῶς, ἐὰν κακῶς εἴπῃς, καὶ κατὰ σαυτὸν, καὶ οὕτω τὴν ἐσχάτην δώσεις δίκην. Κἂν ἀληθὲς ᾖ τὸ εἰρημένον, [b] σὺ δὲ κἂν πεπεισμένος
C εἴπῃς, καὶ οὕτως τιμωρηθήσῃ. Οὐ γὰρ ἐξ ὧν ἔπραξεν ἐκεῖνος, ἀλλ' ἐξ ὧν εἶπες σὺ, τὴν ψῆφον ὁ Θεὸς οἴσει· Ἐκ γὰρ τῶν λόγων σου καταχριθήσῃ, φησίν. Οὐκ ἀκούεις, ὅτι καὶ ὁ Φαρισαῖος τἀληθῆ ἐφθέγξατο, καὶ τὰ πᾶσι κατάδηλα εἶπεν, οὐ τὰ λανθάνοντα ἐκκαλύψας; Ἀλλ' ὅμως τὴν ἐσχάτην ἔδωκε δίκην. Εἰ δὲ τῶν ὡμολογημένων οὐ δεῖ κατηγορεῖν, πολλῷ μᾶλλον τῶν ἠμφισβητημένων· καὶ γὰρ [c] ἔχει δικαστὴν ὁ πεπλημμεληκώς. Μὴ τοίνυν ἁρπάσῃς τὴν ἀξίαν τοῦ Μονογενοῦς. Ἐκείνῳ τῆς κρίσεως ὁ θρόνος τετήρηται. Ἀλλὰ βούλει δικάζειν; Ἔστι σοι κριτήριον, πολὺ τὸ κέρδος ἔχον, καὶ οὐδὲν ἔγκλημα φέρον. Κάθισον ἐπὶ τοῦ συνει-
D δότος τὸν δικάζοντα λογισμὸν, καὶ πάραγε εἰς μέσον τὰ πεπλημμελημένα σοι πάντα. Ἐξέτασόν σου τὰ ἁμαρτήματα τῆς ψυχῆς, καὶ ἀπαίτει μετὰ ἀκριβείας τὰς εὐθύνας, καὶ λέγε· διατί τὸ καὶ τό σοι τετόλμηται; Κἂν ταῦτα μὲν φεύγῃ, τὰ δὲ ἑτέρων ἐξετάζῃ, λέγε πρὸς

[g] Morel. ἢ οὐχὶ οὗτος. Alii ἢ ὁ τοιοῦτος ὁ χωρὶς ὄχλων καὶ στρατοπέδων.

[a] Alii εἶπεν εὐλόγως, ἐὰν κακουργήσῃς.

[b] Morel. σὺ δὲ μὴ πεπιστευμένος.

[c] Quidam ἔχει δυναστήν.

αὐτήν· οὐχ ὑπὲρ τούτων σε κρίνω, οὐχ ὑπὲρ τούτων εἰσῆλθες ἀπολογησομένη. Τί γάρ, ἂν ὁ δεῖνα πονηρός; Σὺ τίνος ἕνεκεν τὸ καὶ τὸ ἐπλημμέλησας; Ἀπολογοῦ, μὴ κατηγόρει· [d] τὰ σαυτῆς σκόπει, μὴ τὰ ἑτέρων. Καὶ συνεχῶς αὐτὴν εἰς ταύτην ἐμβίβαζε τὴν ἀγωνίαν. Εἶτα, ἂν μηδὲν ἔχῃ λέγειν, ἀλλὰ καταδύηται, κατάξαινε μαστίζων αὐτήν, καθάπερ τινὰ θεραπαινίδα E μετέωρον καὶ πορνευομένην, καὶ τοῦτο καθ' ἑκάστην ἡμέραν κάθιζε τὸ δικαστήριον, καὶ ὑπόγραφε τὸν ποταμὸν τοῦ πυρός, τὸν σκώληκα τὸν ἰοβόλον, τὰ ἄλλα βασανιστήρια· καὶ μὴ ἀφῇς αὐτὴν συγγενέσθαι λοιπὸν τῷ διαβόλῳ, μηδὲ ἀνάσχῃ ἀναίσχυντα λεγούσης, ὅτι ἐκεῖνος πρός με ἔρχεται, αὐτός μοι ἐπιβουλεύει, αὐτός με πειράζει· ἀλλ' εἰπὲ πρὸς αὐ- 456
A τήν· ἂν σὺ μὴ θέλῃς, πάντα ἐκεῖνα περιττά. Κἂν λέγῃ πάλιν, ὅτι σώματι συμπέπλεγμαι, σάρκα ἐνδέδυμαι, κόσμον οἰκῶ, ἐν γῇ διατρίβω· εἰπὲ πρὸς αὐτήν, ὅτι πάντα ταῦτα σκήψεις καὶ προφάσεις. Καὶ γὰρ ὁ δεῖνα σάρκα περιέκειτο, καὶ ὁ δεῖνα κόσμον οἰκῶν καὶ ἐν γῇ διατρίβων εὐδοκίμει· καὶ σὺ δὲ αὐτή, ὅταν εὐπραγῇς, σάρκα περικειμένη τοῦτο ποιεῖς. Κἂν ἀλγῇ ταῦτα ἀκούουσα, μὴ ἄρῃς τὴν χεῖρα· οὐ γὰρ ἀποθανεῖται, ἐὰν πατάξῃς, ἐκ θανάτου δὲ αὐτὴν ῥύσῃ. Κἂν B λέγῃ πάλιν, ὅτι ὁ δεῖνα παρώξυνεν, εἰπὲ πρὸς αὐτήν· ἀλλ' ἔξεστί σοι μὴ παροξύνεσθαι· πολλάκις γοῦν κατέσχες ὀργῆς. Ἐὰν εἴπῃ, ὅτι ἡ εὐμορφία [a] τῆς δεῖνος ἀνεπτέρωσέ με, εἰπὲ πρὸς αὐτήν· ἀλλ' ἐδύνασο κρατεῖν. Πάραγε τοὺς περιγενομένους, πάραγε τὴν γυναῖκα τὴν πρώτην, τὴν εἰποῦσαν, Ὁ ὄφις ἠπάτησέ με, καὶ οὐκ ἀπαλλαγεῖσαν τοῦ ἐγκλήματος.

Ὅταν δὲ ταῦτα ἐξετάζῃς, μηδεὶς παρέστω, μηδεὶς θορυβείτω, ἀλλ' ὥσπερ οἱ δικασταὶ [b] ὑπὸ παραπετάσματος καθεζόμενοι κρίνουσιν, οὕτω καὶ σὺ ἀντὶ παραπετασμάτων καιρὸν ζήτησον ἡσυχίας καὶ τόπον. Καὶ ὅταν δειπνήσας ἀναστῇς, καὶ μέλλῃς κατακλίνεσθαι, τότε ταῦτα δίκαζε· οὗτος ὁ καιρὸς ἐπιτήδειός C σοι· τόπος δὲ ἡ κλίνη καὶ ὁ θάλαμος. Τοῦτο καὶ ὁ προφήτης ἐκέλευσεν, εἰπών· Ἃ λέγετε ἐν ταῖς καρδίαις ὑμῶν, ἐπὶ ταῖς κοίταις ὑμῶν κατανύγητε. Καὶ τῶν μικρῶν μεγάλας εὐθύνας ἀπαίτει, ἵνα τῶν μεγάλων μηδὲ ἐγγὺς γένῃ ποτέ. Ἂν τοῦτο ποιῇς καθ' ἑκάστην ἡμέραν, μετὰ παῤῥησίας στήσῃ [c] παρὰ τὸ βῆμα ἐκεῖνο τὸ φοβερόν. Οὕτως ὁ Παῦλος ἐγένετο καθαρός· διὰ τοῦτο καὶ ἔλεγεν· Εἰ γὰρ ἑαυτοὺς ἐκρίνο-

nec de his tete purgare debes. Quid enim ad te si ille malus est? Tu quare hoc et illud peccasti? Defende te, ne accuses : quæ ad te spectant cures, non aliena. Sæpeque illam in hanc concertationem deduc. Deinde, si nihil respondendum habeat, sed subterfugiat; illam flagellis cæde, sicut ancillam superbam et meretricem, et hoc quotidie judicium constitue : describe fluvium igneum, vermem venenosum, aliaque tormenta : nec sinas eam deinde cum diabolo coire, nec feras impudenter sic loquentem : Hic ad me venit, ille insidias struit, ille me tentat; sed dic illi : Si tu nolueris, illa omnia superflua erunt. Si rursum dixerit, Corpori colligata sum, carne induta, in mundo sum, in terra versor : dic illi : Hæc omnia obtentus sunt. Nam ille carne induebatur, ille in mundo et in terra versans præclare vixit : et tu quoque, cum recte agis, carne es induta. Si hæc audiens angatur, ne subtrahas manum : non enim morietur, si percusseris, imo illam a morte liberabis. Si rursum dixerit, Ille me irritavit, dic illi : Sed licet tibi non irritari; sæpe enim iram superasti. Si dixerit, Illius feminæ pulchritudo me inflammavit, dic illi : Sed poteras hoc superare. Affer exempla eorum qui id superarunt, affer exemplum primæ mulieris, quæ dixit, *Serpens decepit me*, nec tamen crimine libera fuit.

Examen conscientiæ.

Gen. 3. 13.

4. Cum hæc inquiris, nemo adsit, nemo perturbet, sed quemadmodum judices pone velum sedentes judicant, sic et tu pro velo tempus et locum quietis quære. Cum post cœnam surgis, et lectum petiturus es, hoc judicium ineas : hoc tempus idoneum est : locus vero lectus est et thalamus. Illud et propheta jussit, dicens : *Quæ dicitis in cordibus vestris, in cubilibus vestris compungimini.* Parvarum etiam rerum magnas rationes exige, ne umquam ad magnas res accedas. Si hoc quotidie feceris, cum fiducia stabis ante tribunal illud terribile. Sic Paulus purus effectus est; ideo dicebat : *Si nosmetipsos judicaremus, non utique judicaremur.* Sic Job filios suos

Judices pone velum sedebant.

Psal 4. 5.

1. Cor. 11. 31.

Job 1. 5.

d Alii τὰ ἑαυτῆς σκόπει.

a Quidam τῆς ὄψεως ἀνεπτ. Paulo post hæc, πάραγε τοὺς περιγενομένους, desunt in quibusdam Mss.

b Morel. et omnes Mss. nostri ὑπὸ παραπετάσματος, Savil. ὑπὸ παραπετάσματα, *sub velo*, vel *pone velum*. Judices olim pone velum sedebant, quod Latina voce deinde βῆλον appellatum est. Sic Athanasius T. 1, p. 297: αὐτὸς γὰρ εἱστήκει πρὸ τοῦ βήλου, *ipse vero stabat ante velum*, et p. 370 : καὶ τὰ βῆλα τῆς ἐκκλησίας, *et vela ecclesiæ*. In Analectis nostris p. 380 : ὁ κριτὴς τοῦ βήλου, *judex veli.*

c Morel. et omnes Mss. nostri παρὰ τὸ βῆμα ἐκεῖνο τὸ φοβερόν. Savil. παρὰ τῷ βήματι ἐκείνῳ τῷ φοβερῷ.

purgabat. Nam qui pro occultis sacrificia offerebat, multo magis pro manifestis rationes expetebat. At nos non ita facimus; sed omnino secus. Simul enim atque decumbimus, sæcularia omnia in mente versamus; et alii quidem impuras cogitationes introducunt; alii fœnora, pacta, et curas fluxas. Cumque filiam virginem habemus, eam accurate servamus: animam vero, nobis filia pretiosiorem, sinimus fornicari et pollui, multas illi malas cogitationes immittentes: ac sive avaritiæ amor, sive deliciarum, sive formosorum corporum, sive iræ, sive alius quivis amor intrare voluerit, apertis januis illum excipimus et advocamus, et libere cum illa misceri sinimus. Quo quid magis barbarum, omnium pretiosissimam animam a tot mœchis fœdatam negligere, et tamdiu coeuntem donec illi exsatiati fuerint? Id quod tamen numquam erit. Idcirco ubi somnus invadit, tunc tantum abscedunt; imo ne tunc quidem: nam somnia eadem ipsi simulacra offerunt. Quapropter illucescente die, quæ illa imaginata est anima, in opus sæpe illarum imaginum ope deducta est. Tu vero in pupillam oculi ne minimum quidem pulveris ingredi sinis, animam vero tantorum malorum congeriem trahere negligenter pateris? Quandonam igitur sordes illas quas quotidie ingerimus prorsus deponere poterimus? quando spinas exscindere? quando semina jacere? Nescis tu, tempus messis instare? Nos vero ne novales quidem adhuc curavimus. Si ergo venerit agricola, et nos incusaverit, quid dicemus? quid respondebimus? An neminem semina dedisse? Atqui illa quotidie jaciuntur. An neminem spinas succidisse? Verum quotidie falcem acuimus. An nos sæcularibus abduci curis et necessitatibus? Et quare non teipsum mundo crucifixisti? Nam si ille malus est qui illud solum reddit, quod sibi datum fuerat, quia non duplicavit summam: qui datum labefactavit, quid audiet? Si ille ligatus eo projectus est ubi stridor dentium, quid nos patiemur, dum sexcentæ res sunt quæ nos ad virtutem trahunt, nosque refugimus et segniter agimus? Quid enim non idoneum sit ad te incitandum? Annon vides quam vilis, quam incerta sit hæc vita? quantus hic labor sit? quantus sudor? Nonne enim sic res est, ut virtus cum labore, et vitium sine laboribus adeatur? Si et in hoc et in illo labor est, cur non virtutem eligis quæ tantum quæstum parit? Imo virtutes quædam sunt, quæ nullum ha-

In virtute et in vitio laboratur.

μεν, οὐκ ἂν ἐκρινόμεθα. Οὕτω τοὺς παῖδας ἐξεκάθαρεν ὁ Ἰώβ. Ὁ γὰρ ὑπὲρ ἀδήλων θυσίας ἀναφέρων, πολλῷ μᾶλλον τῶν δήλων εὐθύνας ἀπῄτει. Ἀλλ' ἡμεῖς
D οὐχ οὕτω ποιοῦμεν, ἀλλὰ τοὐναντίον ἅπαν. Ὁμοῦ τε γὰρ κατεκλίθημεν, καὶ τὰ βιωτικὰ στρέφομεν ἅπαντα· καὶ οἱ μὲν ἀκαθάρτους [d] εἰσάγουσι λογισμούς, οἱ δὲ δανείσματα καὶ συμβόλαια καὶ φροντίδας ἐπικήρους. Καὶ θυγατέρα μὲν ἔχοντες παρθενευομένην, ἀκριβῶς φυλάττομεν· ὃ δὲ θυγατρὸς ἡμῖν τιμιώτερον, ἡ ψυχὴ, ταύτην ἐῶμεν πορνεύεσθαι καὶ μολύνεσθαι, μυρίας ἐπεισάγοντες ἐννοίας πονηρὰς αὐτῇ· κἂν γὰρ ὁ τῆς πλεονεξίας ἔρως, κἂν ὁ τῆς τρυφῆς, κἂν ὁ τῶν λαμπρῶν σωμάτων, κἂν ὁ τοῦ θυμοῦ, κἂν ὁστισοῦν ἕτερος ἐπεισελθεῖν βούληται, τὰς θύρας ἀναπετάσαντες ἕλ-
E κομεν καὶ καλοῦμεν, καὶ μετὰ ἀδείας αὐτῇ παρέχομεν μίγνυσθαι. Οὗ τί γένοιτ' ἂν βαρβαρικώτερον, τὴν πάντων ἡμῖν τιμιωτέραν ψυχὴν ὑπὸ τοσούτων μοιχῶν ὑβριζομένην περιορᾷν, καὶ μέχρι τοσούτου συγγινο-
457 μένην, ἕως ἂν κορεσθῶσιν ἐκεῖνοι; Ὅπερ οὐδέποτε
A ἔσται. Διὰ δὴ τοῦτο ὅταν ὕπνος καταλάβῃ, τότε μόνον ἀφίστανται· μᾶλλον δὲ οὐδὲ τότε· καὶ γὰρ τὰ ὀνείρατα καὶ αἱ φαντασίαι τὰ αὐτὰ αὐτῇ φέρουσιν εἴδωλα. Ὅθεν καὶ ἡμέρας γενομένης, ἡ τοιαῦτα φανταζομένη ψυχὴ καὶ εἰς τὸ ἔργον τῶν φαντασιῶν ἐκείνων πολλάκις ἐξέπεσε. Σὺ δὲ τῇ μὲν κόρῃ τῶν ὀφθαλμῶν οὐδὲ μικρὰν κόνιν ἐπεισελθεῖν ἐᾷς, [a] τὴν δὲ ψυχὴν φορυτὸν τοσούτων κακῶν ἐπισυρομένην περιορᾷς; Πότε οὖν τὴν κόπρον ταύτην ἐξαντλῆσαι δυνησόμεθα, ἣν καθ' ἑκάστην ἡμέραν ἀποτιθέμεθα; πότε τὰς ἀκάνθας ἐκτεμεῖν; πότε τὰ σπέρματα καταβαλεῖν; Οὐκ οἶσθα, ὅτι τοῦ ἀμήτου λοιπὸν ἐφέστηκεν ὁ καιρός; Ἡμεῖς δὲ
B οὐδὲ ἐνεώσαμεν οὐδέπω τὰς ἀρούρας. Ἂν οὖν παραγένηται ὁ γεωργὸς καὶ ἐγκαλῇ, τί ἐροῦμεν; τί δὲ ἀποκρινούμεθα; Ὅτι τὰ σπέρματα οὐδεὶς ἔδωκε; Καὶ μὴν καθ' ἑκάστην καταβάλλεται ταῦτα τὴν ἡμέραν. Ἀλλ' ὅτι τὰς ἀκάνθας οὐδεὶς ἐξέτεμε; Καὶ μὴν καθ' ἑκάστην ἡμέραν τὴν δρεπάνην θήγομεν. Ἀλλ' αἱ βιωτικαὶ περιέλκουσιν ἀνάγκαι; Καὶ διατί μὴ ἐσταύρωσας σαυτὸν τῷ κόσμῳ; Εἰ γὰρ ὁ τὸ δοθὲν ἀποδιδοὺς μόνον πονηρὸς, ἐπειδὴ μὴ ἐδιπλασίασεν· ὁ καὶ τοῦτο διαφθείρας, τί ἀκούσεται; Εἰ ἐκεῖνος δεθεὶς ἐξηνέχθη ὅπου ὁ βρυγμὸς τῶν ὀδόντων, ἡμεῖς τί πεισόμεθα, μυρίων ἡμᾶς ἑλκόντων ἐπ' ἀρετὴν, ἀναδυόμενοι καὶ ὀκνοῦν-
C τες; Τί γὰρ οὐχ ἱκανόν σε προτρέψαι; Οὐχ ὁρᾷς τὸ εὐτελὲς τοῦ βίου; τὸ ἄδηλον τῆς ζωῆς; τὸν πόνον τὸν ἐν τοῖς παροῦσι; τὸν ἱδρῶτα; Μὴ γὰρ τὴν μὲν ἀρετὴν [b] μετὰ πόνου, τὴν δὲ κακίαν ἄνευ πόνων ἔστι μετελθεῖν; Εἰ οὖν καὶ ἐνταῦθα καὶ ἐκεῖ πόνος, διατί μὴ ταύτην εἵλου τὴν πολὺ τὸ κέρδος ἔχουσαν; Μᾶλον

[d] Alii ἐπεισάγουσι.
[a] Quidam habent τῇ δὲ ψυχῇ, et mox ἐπισυρόμενον.

[b] Quidam habent μετὰ πόνον. Infra quidam ταύτην εἵλω.

δέ ἐστι τινὰ τῆς ἀρετῆς, ἃ μηδὲ πόνον ἔχει. Ποῖος γὰρ πόνος τὸ μὴ κακηγορεῖν μηδὲ ψεύδεσθαι, τὸ μὴ ὀμνύναι, τὸ τὴν ὀργὴν ἀφιέναι τῷ πλησίον; Τοὐναντίον μὲν οὖν τὸ ταῦτα ποιεῖν ἐπίπονον, καὶ πολλὴν φέρει τὴν φροντίδα. Τίς οὖν ἡμῖν ἔσται ἀπολογία, D ποία συγγνώμη, μηδὲ ταῦτα κατορθοῦσιν; Ἀπὸ γὰρ τούτων δῆλον, ὅτι καὶ τὰ ἐπιπονώτερα ἀπὸ ῥαθυμίας ἡμᾶς διαφεύγει καὶ ὄκνου. Ἅπερ ἅπαντα ἐννοήσαντες, φύγωμεν κακίαν, ἑλώμεθα ἀρετήν· ἵνα καὶ τῶν παρόντων καὶ τῶν μελλόντων ἐπιτύχωμεν [c] ἀγαθῶν, χάριτι καὶ φιλανθρωπίᾳ τοῦ Κυρίου ἡμῶν Ἰησοῦ Χριστοῦ, ᾧ ἡ δόξα καὶ τὸ κράτος εἰς τοὺς αἰῶνας τῶν αἰώνων. Ἀμήν.

bent laborem. Quo labore utendum ut non maledicta proferas, nec mentiaris, nec jures, ut iram proximo remittas? Contra vero facere laboriosum est, magnamque affert sollicitudinem. Quæ igitur nobis erit excusatio, quæ venia, qui ne hæc quidem facere velimus? Hinc vero palam est, laboriosiora illa per desidiam et socordiam nos fugere. Quæ omnia cogitantes, nequitiam fugiamus, virtutem diligamus, ut et præsentia et futura bona consequamur, gratia et benignitate Domini nostri Jesu Christi, cui gloria et imperium in sæcula sæculorum. Amen.

[c] Post ἀγαθῶν Savil. et Morel. ὧν γένοιτο πάντας ἡμᾶς ἐπιτυχεῖν, quæ cum in omnibus pene Mss. desint, et superflua sint, hic omittuntur.

ΟΜΙΛΙΑ μγ'.

456 A

HOMILIA XLIII. al. XLIV.

Τότε ἀπεκρίθησαν αὐτῷ τινες τῶν γραμματέων καὶ Φαρισαίων, λέγοντες· διδάσκαλε, θέλομεν ἀπὸ σοῦ σημεῖον ἰδεῖν. Ὁ δὲ ἀποκριθεὶς εἶπεν αὐτοῖς· γενεὰ πονηρὰ καὶ μοιχαλὶς σημεῖον ἐπιζητεῖ, καὶ σημεῖον οὐ δοθήσεται αὐτῇ, εἰ μὴ τὸ σημεῖον Ἰωνᾶ τοῦ προφήτου.

Cap. XII. v. 38. *Tunc responderunt ei quidam de scribis et Pharisæis, dicentes: Magister, volumus a te signum videre.* 39. *Qui respondit: Generatio prava et adultera signum quærit, et signum non dabitur ei, nisi signum Jonæ prophetæ.*

Ἆρά τι γένοιτ' ἂν ἀνοητότερον τούτων, καὶ ἀσεβέστερον; Οἱ μετὰ τοσαῦτα σημεῖα, ὡς οὐδενὸς γενομένου, λέγουσι· Θέλομεν ἀπὸ σοῦ σημεῖον ἰδεῖν. Τίνος οὖν ἕνεκεν τοῦτο ἔλεγον; Ἵνα ἐπιλάβωνται πάλιν. Ἐπειδὴ γὰρ ἀπὸ τῶν ῥημάτων αὐτοὺς ἐπεστόμισε, καὶ ἅπαξ καὶ δὶς καὶ πολλάκις, καὶ τὴν ἀναίσχυντον ἔφραξε γλῶτταν, ἐπὶ τὰ ἔργα πάλιν ἔρχονται· ὅπερ καὶ θαυμάζων πάλιν ὁ εὐαγγελιστὴς ἔλεγε· Τότε ἀπεκρίθησαν αὐτῷ τινες τῶν γραμματέων, σημεῖον αἰτοῦντες. Τότε, πότε; Ὅτε ὑποκύπτειν ἐχρῆν, ὅτε θαυμάζειν, ὅτε ἐκπλήττεσθαι, καὶ παραχωρεῖν, τότε τῆς πονηρίας οὐκ ἀφίστανται. Ὅρα δὲ καὶ τὰ ῥήματα κολακείας γέμοντα καὶ εἰρωνείας. Προσεδόκων γὰρ αὐτὸν ἐπισπάσασθαι διὰ τούτων. Καὶ νῦν μὲν ὑβρίζουσι, C νῦν δὲ κολακεύουσι· νῦν μὲν δαιμονῶντα καλοῦντες, νῦν δὲ διδάσκαλον, ἀμφότερα ἀπὸ πονηρᾶς γνώμης, εἰ καὶ ἐναντία τὰ λεγόμενα. Διὰ τοῦτο αὐτῶν καὶ σφόδρα καθάπτεται. Καὶ ὅταν μὲν αὐτὸν τραχέως ἠρώτων καὶ ὕβριζον, ἐπιεικῶς αὐτοῖς διελέγετο· ὅτε δὲ ἐκολάκευον, ὑβριστικῶς καὶ μετὰ πολλῆς τῆς σφοδρότητος, δεικνὺς ὅτι ἑκατέρου τοῦ πάθους ἐστὶν ἀνώτερος· καὶ οὔτε τότε εἰς ὀργὴν ἐξάγεται, [a] οὔτε νῦν ὑπὸ κολακείας μαλακίζεται. Ὅρα δὲ καὶ τὴν ὕβριν οὐχ ἁπλῶς λοι-

1. Quid his stultius, quid magis impium? Post B tot signa, ac si nullum factum esset, dicunt: *Volumus a te signum videre.* Cur ergo hæc dicebant? Ut carpendi locum iterum haberent. Quia enim ipsos semel, bis et sæpius represserat, et impudentem ipsorum linguam frænarat, ad opera rursus veniunt: quod admirans evangelista rursus dicebat: *Tunc responderunt ei quidam scribarum signum petentes. Tunc*, quandonam? Cum morem gerere, mirari, obstupescere, recedere oportebat, tunc a nequitia non absistunt. Consideres autem velim verba adulatione et derisione plena. Exspectabant enim hac ratione se illum pellecturos esse. Et nunc quidem contumelia afficiunt, nunc autem adulantur, nunc dæmoniacum vocant, nunc magistrum, utrumque malo animo, etiamsi contraria dicta sint. Ideo in illos vehementer invehitur. Quando autem illum aspere interrogabant, et contumelia afficiebant, moderate cum illis loquebatur; cum autem adulabantur, acriter et cum multa vehementia, ostendens se utroque illo affectu esse superiorem: ac neque tunc in iram concitatur, neque ex adulatione delinitur.

[a] Alius οὐδὲ νῦν.

Vide autem objurgationem, quæ non solum criminatio sit, verum etiam demonstratio nequitiæ eorum. Quid enim ait? *Generatio mala et adultera signum quærit.* Id est : Quid mirum si hæc adversum me facitis, qui adhuc vobis notus non sum, quando erga Patrem, cujus potentiæ tanta experimenta habuistis, idipsum fecistis? Nam illo relicto, ad dæmonas currebatis, amatores pravos

Ezech. 16.

attrahentes; quod frequenter illis Ezechiel probro vertit. Hæc autem dicebat, ostendens se cum Patre consentire, ipsosque nihil insolitum facere; arcanaque mentis ipsorum revelat, quod nempe cum simulatione atque ut inimici id peterent. Idcirco illos generationem pravam vocat, quia ingrati semper sunt erga beneficos; et si bene cum illis agitur, pejores fiunt; quod est extremæ improbitatis; adulteram vero vocavit, et priorem et præsentem incredulitatem significans; unde iterum

Christus se Patri æqualem ostendit.

ostendit se Patri æqualem esse, siquidem id illam adulteram facit, quod sibi non credat. Deinde post hæc convicia, quid ait? *Nec signum dabitur ei, nisi signum Jonæ prophetæ.* Jam sermonem de resurrectione præmittit, exque figura confirmat. Quid igitur, inquies, nonne signum datum est ei? Non datum est petenti. Non enim ut illos induceret, signa faciebat : sciebat enim illos excæcatos esse; sed ut alios emendaret. Vel hoc dicendum est, vel sic, ipsos nempe signum non accepturos esse illi simile. Signum quippe datum illis est quando castigati ejus potentiam noverunt. Hic itaque minas intentans loquitur, hoc ipsum subindicans, ac si diceret : Sexcenta beneficia contuli, nullum eorum vos attraxit, neque voluistis potentiam meam adorare. Per contraria ergo cognoscetis fortitudinem meam, cum urbem excisam videritis, quando destructos muros, quando templum maceriem effectum, quando ex civitate et ex libertate pristina excideritis; et rursus extorres et profugi ubique errabitis. Hæc quippe omnia post crucem facta sunt. Hæc ergo vobis pro signis magnis erunt. Nam certe maximum illud est signum, quod mala ipsorum immota maneant, quod innumeris conantibus, nemo possit mederi malis quæ in ultionem ipsis immissa sunt. Sed hæc quidem ille non dicit, verum relinquit ea ut insequenti tempore ipsis clara evadant : interim vero resurrectionis sermonem tractat, quem scituri

δορίαν οὖσαν, ἀλλ' ἀπόδειξιν ἔχουσαν τῆς πονηρίας αὐτῶν. Τί γάρ φησι; Γενεὰ πονηρὰ καὶ μοιχαλὶς ση- D μεῖον ἐπιζητεῖ. Ὃ δὲ λέγει, τοιοῦτόν ἐστι· τί θαυμαστὸν, εἰ [b] ἐπ' ἐμοῦ ταῦτα ποιεῖτε τοῦ τέως ἀγνοουμένου παρ' ὑμῶν, ὅπουγε καὶ ἐπὶ τοῦ Πατρὸς, οὗ τοσαύτην ἐλάβετε πεῖραν, τὸ αὐτὸ τοῦτο πεποιήκατε; Καταλιπόντες γὰρ αὐτὸν, ἐπὶ τοὺς δαίμονας ἐτρέχετε, ἐραστὰς ἐπισπώμενοι πονηρούς· ὃ συνεχῶς αὐτοῖς καὶ ὁ Ἐζεχιὴλ ὠνείδιζε. Ταῦτα δὲ ἔλεγε, δεικνὺς ἑαυτὸν τῷ Πατρὶ συμφωνοῦντα, καὶ τούτους οὐδὲν ξένον ποιοῦντας, καὶ τὰ ἀπόῤῥητα αὐτῶν ἐκκαλύπτων· καὶ ὅτι μεθ' ὑποκρίσεως καὶ ὡς ἐχθροὶ ᾔτουν. Διὰ τοῦτο αὐ- E τοὺς εἶπεν γενεὰν πονηρὰν, ὅτι ἀγνώμονες ἀεὶ γεγόνασι περὶ τοὺς εὐεργέτας, ὅτι εὖ πάσχοντες γίνονται χείρους· ὅπερ ἐσχάτης ἐστὶ πονηρίας· μοιχαλίδα δὲ ἐκάλεσε, καὶ τὴν προτέραν καὶ τὴν παροῦσαν ἀπιστίαν δηλῶν· ὅθεν δείκνυσιν ἑαυτὸν πάλιν τῷ Πατρὶ ἴσον, εἴ γε καὶ τὸ μὴ πιστεῦσαι αὐτῷ μοιχαλίδα ποιεῖ. Εἶτα ὑβρίσας, τί φησι; Καὶ σημεῖον οὐ δοθήσεται αὐτῇ, εἰ 459 A μὴ τὸ σημεῖον Ἰωνᾶ τοῦ προφήτου. Ἤδη τὸν περὶ τῆς ἀναστάσεως προανακρούεται λόγον, καὶ πιστοῦται αὐτὸν ἀπὸ τοῦ τύπου. Τί οὖν; ἐδόθη αὐτῇ σημεῖον; φησί. Οὐκ ἐδόθη αἰτούσῃ. Οὐ γὰρ ὥστε αὐτοὺς ἐνάγειν ἐποίει τὰ σημεῖα· ᾔδει γὰρ πεπωρωμένους· ἀλλ' ὥστε ἑτέρους διορθοῦν. Ἢ τοῦτο οὖν ἔστιν εἰπεῖν, ἢ ὅτι τοιοῦτον οὐ λήψονται σημεῖον οἷον ἐκεῖνο. Σημεῖον γὰρ αὐτοῖς γέγονεν, ὅτε διὰ τῆς οἰκείας κολάσεως ἔγνωσαν αὐτοῦ τὴν δύναμιν. Ἐνταῦθα τοίνυν ἀπειλῶν λέγει, καὶ τοῦτο αὐτὸ αἰνιττόμενος, ὡσανεὶ ἔλεγε· μυρίας εὐεργεσίας ἐπεδειξάμην, οὐδὲν τούτων B ὑμᾶς ἐπεσπάσατο, οὐδὲ ἠθελήσατε προσκυνῆσαί μου τὴν δύναμιν. Γνώσεσθε τοίνυν διὰ τῶν ἐναντίων τὴν ἰσχὺν τὴν ἐμὴν, [a] ὅταν τὴν πόλιν χαμαὶ ἐῤῥιμμένην ἴδητε, ὅτε τὰ τείχη περιῃρημένα, ὅτε τὸν ναὸν ἐρείπιον γεγενημένον, ὅταν καὶ τῆς πολιτείας καὶ τῆς ἐλευθερίας [b] ἐκπέσητε τῆς προτέρας, καὶ πάλιν ἄοικοι καὶ φυγάδες πανταχοῦ περιέρχησθε. Πάντα γὰρ ταῦτα μετὰ τὸν σταυρὸν γέγονε. Ταῦτα οὖν ὑμῖν ἀντὶ σημείων ἔσται μεγάλων. Καὶ γὰρ σφόδρα μέγα σημεῖόν ἐστι, τὸ ἀκίνητα αὐτῶν μένειν τὰ κακὰ, τὸ μυρίων ἐπιχειρησάντων μηδένα δυνηθῆναι διορθῶσαι τὴν ἅπαξ κατ' αὐτῶν ἐξενεχθεῖσαν δίκην. Ἀλλὰ ταῦτα μὲν οὐ λέγει, C καταλιμπάνει δὲ τῷ μετὰ ταῦτα χρόνῳ γενέσθαι αὐτοῖς σαφῆ· [c] τέως δὲ τὸν περὶ τῆς ἀναστάσεως γυμνάζει λόγον, ὃν ἔμελλον εἴσεσθαι δι' ὧν ἔμελλον ὕστερον ὑπομένειν. Ὥσπερ γὰρ ἦν Ἰωνᾶς, φησὶ, ἐν τῇ κοιλίᾳ τοῦ κήτους τρεῖς ἡμέρας καὶ τρεῖς νύκτας, οὕ-

[b] Alius ἐπ' ἐμοί. Paulo post γάρ post καταλιπόντες deest in quibusdam.

[a] Mss. non pauci ὅτε τὴν πόλιν.

[b] Morel. ἐκπέσηται. Ibid. alius τῆς προτέρας, καὶ πλάνοι ἄοικοι, alius καὶ πλάνητες ἄοικοι. Infra quidam ἀντὶ σημείων ἔστω.

[c] Morel. τέως τὸν περὶ.

τως ἔσται καὶ ὁ Υἱὸς τοῦ ἀνθρώπου ἐν τῇ καρδίᾳ τῆς γῆς τρεῖς ἡμέρας καὶ τρεῖς νύκτας. Φανερῶς μὲν γὰρ οὐκ εἶπεν, ὅτι ἀναστήσεται· ἐπεὶ ἂν καὶ κατεγέλασαν· ἠνίξατο δὲ οὕτως, ὡς ἐκείνους πιστεῦσαι ὅτι προῄδει. Ὅτι γὰρ ᾔδεσαν, λέγουσι πρὸς τὸν Πιλάτον· Εἶπε, φησὶν, ὁ πλάνος ἐκεῖνος ἔτι ζῶν, μετὰ τρεῖς ἡμέρας ἀναστήσομαι· καίτοι γε οἱ μαθηταὶ τοῦτο ἠγνόουν· καὶ γὰρ ἀσυνετώτεροι αὐτῶν ἔμπροσθεν ἦσαν· διὸ καὶ D αὐτοκατάκριτοι γεγόνασιν οὗτοι.

erant per mala ipsos postmodum invasura. 40. *Sicut enim fuit Jonas*, inquit, *in ventre ceti tribus diebus et tribus noctibus, sic erit et Filius hominis in corde terræ tribus diebus et tribus noctibus*. Se resurrecturum clare non dixit, ne se irriderent; sic autem subindicavit, ut credere possent se illud præscivisse. Quod porro nossent, dixerunt ad Pilatum: *Seductor ille dixit dum adhuc viveret, Post tres dies resurgam*. Matth. 27. 63. Quamquam discipuli hoc ignorarent; nam antea rudiores illis erant: quapropter hi ex sua ipsorum sententia damnati sunt.

Ὅρα δὲ πῶς καὶ αἰνιττόμενος ἀκριβῶς αὐτὸ τίθησιν. Οὐ γὰρ εἶπεν, ἐν τῇ γῇ, ἀλλ', Ἐν τῇ καρδίᾳ τῆς γῆς, ἵνα καὶ τὸν τάφον δηλώσῃ, [d] καὶ μηδεὶς δόκησιν ὑποπτεύσῃ. Καὶ τρεῖς δὲ ἡμέρας διὰ τοῦτο συνεχώρησεν, ἵνα πιστευθῇ ὅτι ἀπέθανεν. Οὐ γὰρ τῷ σταυρῷ αὐτῷ μόνον βεβαιοῦται, καὶ τῇ πάντων ὄψει, ἀλλὰ καὶ τῷ χρόνῳ τῶν ἡμερῶν. [e] Τῇ μὲν γὰρ ἀναστάσει πᾶς ὁ μετὰ ταῦτα ἔμελλε μαρτυρήσειν χρόνος· ὁ σταυρὸς δὲ εἰ μὴ τότε πολλὰ ἔσχε τὰ μαρτυροῦντα αὐτῷ E σημεῖα, κἂν ἠπιστήθη· τούτου δὲ ἀπιστηθέντος, καὶ ἡ ἀνάστασις ἂν διηπιστήθη. Διὰ τοῦτο καὶ σημεῖον αὐτὸ καλεῖ. Εἰ δὲ μὴ ἐσταυρώθη, οὐκ ἂν ἐδόθη τὸ σημεῖον. Διὰ τοῦτο καὶ τὸν τύπον φέρει εἰς μέσον, ἵνα πιστευθῇ ἡ ἀλήθεια. Εἰπὲ γάρ μοι, φαντασία ἦν Ἰωνᾶς 460 A ἐν τῇ κοιλίᾳ τοῦ κήτους; Ἀλλ' οὐκ ἂν ἔχοις τοῦτο εἰπεῖν. Οὐκοῦν οὐδὲ ὁ Χριστὸς ἐν τῇ καρδίᾳ τῆς γῆς. Οὐ γὰρ δήπου ὁ μὲν τύπος ἐν ἀληθείᾳ, ἡ δὲ ἀλήθεια ἐν φαντασίᾳ. Διὰ τοῦτο πανταχοῦ τὸν θάνατον αὐτοῦ καταγγέλλομεν, καὶ ἐν τοῖς μυστηρίοις, καὶ ἐν τῷ βαπτίσματι, καὶ ἐν τοῖς ἄλλοις ἅπασι. Διὰ τοῦτο καὶ ὁ Παῦλος λαμπρᾷ βοᾷ τῇ φωνῇ· Ἐμοὶ δὲ μὴ γένοιτο καυχᾶσθαι, εἰ μὴ ἐν τῷ σταυρῷ τοῦ Κυρίου ἡμῶν Ἰησοῦ Χριστοῦ. Ὅθεν δῆλον, ὅτι τέκνα τοῦ διαβόλου εἰσὶν οἱ τὰ Μαρκίωνος νοσοῦντες, ταῦτα ἐξαλείφοντες ἅπερ ὥστε μὴ ἀφανισθῆναι μυρία ἐποίησεν ὁ Χριστὸς, καὶ ὥστε ἀφανισθῆναι μυρία ἐσπούδακεν ὁ διάβολος· τὸν B σταυρὸν λέγω καὶ τὸ πάθος. Διὰ τοῦτο ἔλεγε καὶ ἀλλαχοῦ· Λύσατε τὸν ναὸν τοῦτον, καὶ ἐν τρισὶν ἡμέραις ἐγερῶ αὐτόν· καὶ, Ἔσονται ἡμέραι, ὅταν ἀπαρθῇ ἀπ' αὐτῶν ὁ νυμφίος· καὶ ἐνταῦθα· Οὐ δοθήσεται αὐτῇ σημεῖον, εἰ μὴ τὸ σημεῖον Ἰωνᾶ τοῦ προφήτου· καὶ ὅτι ὑπὲρ αὐτῶν πείσεται δηλῶν, καὶ ὅτι οὐδὲν κερδανοῦσι. Τοῦτο γὰρ μετὰ ταῦτα ἐδήλωσεν, ἀλλ' ὅμως καὶ ταῦτα εἰδὼς ἀπέθανε· τοσαύτη ἦν αὐτοῦ ἡ κηδεμονία. Ἵνα γὰρ μὴ νομίσῃς ὅτι καὶ τὰ ἑξῆς τοιαῦτα

2. Vide autem quomodo illud accurate subindicet. Non enim dixit, In terra, sed, *In corde terræ*; ut et sepulcrum indicaret, et nemo hæc specie tantum facta suspicaretur. Tres autem dies ideo concessit, ut mortuum fuisse illum crederetur. Christus vere, et non specie tantum passus est. Non enim ex cruce tantum id confirmatur et ex visu omnium, sed etiam ex dierum numero. Nam resurrectioni fidem facere debebat tempus omne sequens; crux vero nisi multa tunc habuisset testimonia, non credita fuisset: si non crux, nec resurrectio credita fuisset. Ideo signum vocat illud. Si autem crucifixus non fuisset, non dandum foret signum. Ideo figuram in medium adducit, ut veritas credatur. Dic mihi, quæso, an phantasia erat Jonas in ventre ceti? Verum id dicere non possis. Ergo neque Christum in corde terræ fuisse neges. Neque enim typus in veritate et veritas in phantasia est. Ideo ubique mortem ejus annuntiamus, in mysteriis, in baptismate, in aliisque omnibus. Idcirco et Paulus splendida voce clamat: *Mihi autem absit gloriari nisi in cruce Domini nostri Jesu Christi*. Gal. 6. 14. Unde manifestum est, diaboli filios esse eos qui Marcionis morbo laborant, Contra Marcionem. cum illa deleant, quæ ne abolerentur summo studio Christus curavit, quæ ut abolerentur summo studio diabolus conatus est; crucem dico et passionem. Quamobrem alibi dicit: *Solvite templum hoc, et in tribus diebus excitabo illud*; Joan. 2. 19. et, *Erunt dies, quando auferetur ab ipsis sponsus*; Matth. 9. 15. et hic, *Non dabitur illis signum, nisi signum Jonæ prophetæ*; declarans se pro illis passurum, et illos nihil inde lucri accepturos esse. Hoc enim postea declaravit, et tamen cum hæc sciret, mortuus est: tanta erat ejus providentia. Ne putes enim Judæorum tales exitus futuros,

[d] *Καὶ μηδεὶς δόκησιν ὑποπτεύσῃ*. Erant a principio Ecclesiæ quidam hæretici, qui putabant Christum specie tantum et δοκήσει in mundum venisse, et ea quæ in Evangeliis narrantur perfecisse. De quibus hæreticis Ignatius Martyr Epist. ad Smyrnæos, itemque Epist. ad Trallianos, Irenæus l. 1, Epiphanius, et alii.

[e] Morel. τῇ μὲν ἀναστάσει.

quales fuere Ninivitarum, ac fore ut illi convertantur: ac quemadmodum illorum urbem jam labantem erexit, barbarosque convertit, sic et Judæos post resurrectionem convertendos esse: audi quomodo contrarium prorsus declaret. Nam quod inde nihil fructus percepturi sint in beneficium, sed et intolerabilia passuri, id deinde declaravit ex dæmonis exemplo. Interim vero de iis quæ passuri erant sese purgat, ostendens eos juste passuros esse. Calamitates autem et desolationem eorum hoc exemplo repræsentat; interim vero declarat, illos hæc juste passuros esse: id quod
Gen. 18. etiam in veteri lege faciebat. Nam Sodoma destructurus, apud Abrahamum prius sese purgavit, ostendens quam pauci ibi virtuti studerent; cum enim in tot urbibus ne decem quidem reperirentur qui temperanter viverent. Itemque cum Loto inhospitalitatem ipsorum turpissimosque amores demonstrasset, ignem immisit. Idipsum fecit in diluvio, cum ex ipsis operibus causam suam defendis-
Ezech. 5. set. Et apud Ezechielem similiter, cum Babylone degenti quæ Jerosolymis fierent mala ante oculos
Jer. 7. 16. 17. posuit. Itemque cum Jeremiæ dicebat, *Noli pro ipsis orare*, ut causam suam defenderet dixit: *An non vides quid isti faciunt?* Et ubique idem facit: sic et hoc loco. Quid enim ait? 41. *Viri Ninivitæ surgent, et condemnabunt generationem istam, quia pœnitentiam egerunt in prædicatio-*
Discrimina Jonam inter et Christum. *ne Jonæ. Et ecce plus quam Jonas hic.* Ille namque servus erat, ego Dominus; ille ex ceto exiit, ego ex morte surrexi; ille excidium prædicavit, ego regnum annuntians veni. Et illi quidem absque signo crediderunt, ego vero multa exhibui signa. Illi nihil aliud quam illa verba audierunt, ego vero nullam non adhibui philosophiæ speciem. Ille minister advenit, ego ipse dominator et omnium Dominus veni, non comminans, non rationes expetens, sed veniam afferens. Et illi quidem barbari, hi vero cum sexcentis prophetis versati sunt. De illo nullus prædixerat, de me omnes prædixerunt, et opera verbis consona fuere. Ille fugit abiitque ne derideretur; ego adveni, etsi scirem et crucem et irrisiones passurum me esse. Ille ne opprobrium quidem tulit pro iis qui servati et liberati sunt, ego mortem sustinui, mortemque turpissimam, et post hæc alios mitto. Et ille quidem extraneus erat et ignotus, ego secun-

ἔσται ἐπὶ τῶν Ἰουδαίων, οἷα ἐπὶ τῶν Νινευιτῶν, καὶ C ἐπιστραφήσονται, καὶ καθάπερ ἐκείνοις σειομένην τὴν πόλιν ἔστησε, καὶ τοὺς βαρβάρους ἐπέστρεψεν, οὕτω καὶ οὗτοι μετὰ τὴν ἀνάστασιν ἐπιστρέψουσιν, ἄκουσον πῶς τοὐναντίον ἅπαν δηλοῖ. Ὅτι γὰρ οὐδὲν καρπώσονται ἐντεῦθεν εἰς τὴν οἰκείαν εὐεργεσίαν, ἀλλὰ καὶ ἀνήκεστα πείσονται, καὶ τοῦτο ἑξῆς ἐδήλωσε διὰ τοῦ κατὰ τὸν δαίμονα παραδείγματος. Τέως δὲ ὑπὲρ ὧν μέλλουσι πάσχειν μετὰ ταῦτα ἀπολογεῖται, δεικνὺς ὅτι δικαίως πείσονται. Τὰς μὲν γὰρ συμφορὰς αὐτῶν καὶ τὴν ἐρημίαν ἀπὸ τοῦ παραδείγματος ἐκείνου [a] παρίστησι· τέως δὲ δείκνυσιν, ὅτι δικαίως ταῦτα πάντα ὑπομενοῦσιν· ὅπερ καὶ ἐπὶ τῆς Παλαιᾶς ἐποίει. Καὶ D γὰρ τὰ Σόδομα μέλλων καθαιρεῖν, ἀπελογήσατο τῷ Ἀβραὰμ πρότερον, τὴν ἐρημίαν δείξας καὶ τὴν σπάνιν τῆς ἀρετῆς, ὅπου γε οὐδὲ δέκα εὑρέθησαν ἄνδρες ἐν πόλεσι τοσαύταις σωφρόνως ζῆν προῃρημένοι. Καὶ τῷ Λὼτ δὲ ὁμοίως δείξας τὴν μισοξενίαν καὶ τοὺς ἀτόπους αὐτῶν ἔρωτας, τότε ἐπάγει τὸ πῦρ. Καὶ ἐπὶ τοῦ κατακλυσμοῦ δὲ τὸ αὐτὸ τοῦτο ἐποίησε, διὰ τῶν ἔργων ἀπολογησάμενος τῷ Νῶε. Καὶ τῷ Ἐζεχιὴλ δὲ ὁμοίως, [b] ὅτε ἐν Βαβυλῶνι διάγοντα τὰ ἐν Ἱεροσολύμοις ἰδεῖν ἐποίησε κακά. Καὶ τῷ Ἱερεμίᾳ δὲ πάλιν, ὅτε ἔλεγε, E Μὴ προσεύχου, ἀπολογούμενος ἔλεγεν· Ἢ οὐχ ὁρᾷς τί οὗτοι ποιοῦσι; Καὶ πανταχοῦ τὸ αὐτὸ τοῦτο ποιεῖ, ὃ δὴ καὶ ἐνταῦθα. Τί γάρ φησιν; Ἄνδρες Νινευῖται ἀναστήσονται, καὶ κατακρινοῦσι τὴν γενεὰν ταύτην, ὅτι μετενόησαν εἰς τὸ κήρυγμα Ἰωνᾶ. Καὶ ἰδοὺ πλεῖον ὧδε. Ὁ μὲν γὰρ δοῦλος, ἐγὼ δὲ Δεσπότης· καὶ ὁ μὲν ἐκ κήτους ἐξῆλθεν, ἐγὼ δὲ ἐκ θανάτου ἀνέστην· καὶ ὁ μὲν καταστροφὴν ἐκήρυξεν, ἐγὼ δὲ βασιλείαν ἦλθον 461 εὐαγγελιζόμενος. Καὶ οἱ μὲν χωρὶς σημείου ἐπίστευ- A σαν, ἐγὼ δὲ πολλὰ σημεῖα ἐπεδειξάμην. Καὶ οἱ μὲν οὐδὲν πλεῖον ἤκουσαν τῶν ῥημάτων ἐκείνων, ἐγὼ δὲ πᾶσαν ἐκίνησα φιλοσοφίας ἰδέαν. Καὶ ὁ μὲν διακονούμενος παρεγένετο, ἐγὼ δὲ αὐτὸς ὁ Δεσπότης καὶ ὁ πάντων Κύριος ἦλθον, οὐχ ἀπειλῶν, οὐχ ἀπαιτῶν εὐθύνας, ἀλλὰ συγχώρησιν κομίζων. Καὶ οἱ μὲν βάρβαροι, οὗτοι δὲ προφήταις συνανεστράφησαν μυρίοις. Καὶ περὶ ἐκείνου μὲν οὐδεὶς προεῖπεν, περὶ ἐμοῦ δὲ ἅπαντες, καὶ τὰ ἔργα τοῖς λόγοις συνέβαινε. Κἀκεῖνος μὲν ἐδραπέτευσεν ἀπιέναι μέλλων ὑπὲρ τοῦ μὴ [a] γελασθῆναι, ἐγὼ δὲ εἰδὼς ὅτι καὶ σταυροῦσθαι καὶ γελᾶσθαι μέλλω, παρεγενόμην. Καὶ ἐκεῖνος μὲν οὐδὲ ὀνει- B δισθῆναι ἤνεγκεν ὑπὲρ τῶν σωζομένων, ἐγὼ δὲ καὶ θάνατον ὑπέμεινα, θάνατον τὸν αἴσχιστον, καὶ μετὰ ταῦτα πάλιν ἑτέρους ἀποστέλλω. Καὶ ὁ μὲν ξένος τις

[a] Morel. et Mss. omnes nostri παρίστησι, Savil. παρέστησε. Ibid. quidam Mss. τέως δὲ δεικνύς.

[b] Quidam Mss. ὅτι ἐν Βαβυλῶνι διάγοντι ἐν Ἱεροσολύμοις ἰδεῖν ἐποίησε κακά. Paulo post quidam μὴ προσεύχου περὶ τούτων.

[a] Alii καταγελασθῆναι.

ἦν καὶ ἀλλότριος καὶ ἄγνωστος, ἐγὼ δὲ συγγενὴς κατὰ σάρκα, καὶ προγόνων τῶν αὐτῶν. Καὶ πολλὰ δὲ ἕτερα ἄν τις [b] συναγάγοι τὸ πλέον ἐπιζητῶν.

Αὐτὸς δὲ οὐδὲ ἐνταῦθα ἵσταται, ἀλλὰ καὶ ἕτερον προστίθησι παράδειγμα, λέγων, ὅτι Καὶ βασίλισσα νότου ἐγερθήσεται ἐν τῇ κρίσει μετὰ τῆς γενεᾶς ταύτης, καὶ κατακρινεῖ αὐτούς· ὅτι ἦλθεν ἐκ τῶν περάτων τῆς γῆς ἀκοῦσαι τὴν σοφίαν [c] Σολομῶνος. Καὶ ἰδοὺ πλεῖον Σολομῶνος ὧδε. Τοῦτο τοῦ προτέρου πλέον C ἦν. Ὁ μὲν γὰρ Ἰωνᾶς πρὸς ἐκείνους ἀπῆλθεν· ἡ δὲ βασίλισσα τοῦ νότου οὐκ ἀνέμεινε τὸν Σολομῶνα πρὸς αὐτὴν ἐλθεῖν, ἀλλ' αὐτὴ πρὸς αὐτὸν παρεγένετο, καὶ γυνὴ καὶ βάρβαρος οὖσα, καὶ τοσοῦτον ἀφεστηκυῖα, οὐκ ἀπειλῆς ἐπικειμένης, οὐ θάνατον δεδοικυῖα, ἀλλ' ἔρωτι ῥημάτων μόνον σοφῶν. Ἀλλ' ἰδοὺ καὶ πλεῖον Σολομῶνος ὧδε. Ἐκεῖ μὲν γὰρ ἡ γυνὴ παρεγένετο, ἐνταῦθα δὲ ἐγὼ ἦλθον. Καὶ ἡ μὲν ἀπὸ τῶν περάτων τῆς γῆς ἀνέστη, ἐγὼ δὲ καὶ πόλεις καὶ κώμας περιέρχομαι. Κἀκεῖνος μὲν ὑπὲρ δένδρων καὶ ξύλων διελέγετο, τὰ μηδὲν μέγα ὠφελῆσαι τὴν παραγενομένην δυνάμενα· ἐγὼ δὲ ὑπὲρ ἀποῤῥήτων πραγμάτων D καὶ μυστηρίων φρικωδεστάτων. Ἐπεὶ οὖν αὐτοὺς κατέκρινε, δείξας ἐκ πολλοῦ τοῦ περιόντος ἀσύγγνωστα ἁμαρτάνοντας, καὶ τῆς αὐτῶν ἀγνωμοσύνης, οὐ τῆς τοῦ διδασκάλου ἀσθενείας τὴν παρακοὴν οὖσαν, καὶ τοῦτο ἀπό τε ἄλλων πολλῶν, καὶ τῶν Νινευιτῶν καὶ τῆς βασιλίσσης ἀπέδειξε· τότε λέγει καὶ τὴν καταληψομένην αὐτοὺς κόλασιν· αἰνιγματωδῶς μὲν, λέγει δὲ ὅμως, πολὺν τὸν φόβον ἐνυφαίνων τῷ διηγήματι. Ὅταν γὰρ, φησὶ, ἐξέλθῃ τὸ ἀκάθαρτον πνεῦμα ἐκ τοῦ ἀνθρώπου, πορεύεται δι' ἀνύδρων τόπων, ζητοῦν ἀνάπαυσιν, [d] καὶ μὴ εὑρίσκον, λέγει· ἐπιστρέψω εἰς E τὸν οἶκόν μου, ὅθεν ἐξῆλθον. Καὶ ἐλθὸν, εὑρίσκει σχολάζοντα, καὶ σεσαρωμένον, καὶ κεκοσμημένον. Τότε πορεύεται, καὶ παραλαμβάνει μεθ' ἑαυτοῦ ἕτερα ἑπτὰ πνεύματα πονηρότερα ἑαυτοῦ, καὶ εἰσελθόντα κατοικεῖ ἐκεῖ, καὶ γίνεται τὰ ἔσχατα τοῦ ἀνθρώπου ἐκείνου χείρονα τῶν πρώτων. Οὕτως ἔσται καὶ τῇ γενεᾷ ταύτῃ. Ἐντεῦθεν δείκνυσιν, ὅτι οὐκ ἐν τῷ μέλλοντι αἰῶνι 462 μόνον, ἀλλὰ καὶ ἐνταῦθα χαλεπώτατα πείσονται. A Ἐπειδὴ γὰρ εἶπεν, Ἄνδρες Νινευῖται ἀναστήσονται ἐν τῇ κρίσει, καὶ κατακρινοῦσι τὴν γενεὰν ταύτην· ἵνα μὴ διὰ τὴν τοῦ χρόνου μέλλησιν καταφρονήσωσι, καὶ ῥαθυμότεροι γένωνται, ἐντεῦθεν ἐφίστησιν αὐτοῖς τὰ δεινά. Ὃ καὶ ὁ προφήτης Ὠσηὲ αὐτοῖς ἀπειλῶν ἔλεγεν, ὅτι ἔσονται Ὥσπερ ὁ προφήτης ὁ παρεξεστηκὼς, ἄνθρωπος ὁ πνευματοφόρος· τουτέστιν, ὥσπερ οἱ μαινόμενοι καὶ βακχευόμενοι ὑπὸ τῶν πονηρῶν πνευμάτων οἱ ψευδοπροφῆται. Προφήτην γὰρ ἐνταῦθα

dum carnem iisdem progenitoribus ortus sum. Plura alia quis disquirendo congerere possit.

3. Ipse vero non hic gradum sistit, sed aliud proponit exemplum, dicens: 42. *Regina Austri surget in judicio cum generatione ista et condemnabit eos: quia venit a finibus terræ ut audiret sapientiam Salomonis. Et ecce plus quam Salomon hic.* Hoc priore majus est. Nam Jonas ad Ninivitas abiit; regina vero Austri non exspectavit ut Salomon ipsam adiret, sed illa ipsum adiit, etsi et mulier et barbara, tantoque spatio remota esset, non minis instantibus, non mortem timens, sed solo sapientium verborum amore. Sed *Ecce plus quam Salomon hic.* Illic enim mulier advenit, huc ego veni. Illa a finibus terræ profecta est, ego urbes et vicos circumeo. Et ille quidem de arboribus et plantis disserebat, quæ non multum illam se adeuntem juvare poterant; ego vero de ineffabilibus rebus et tremendis mysteriis. Postquam ergo illos damnavit, ostendens ab omni venia longe alienos esse, illorumque inobedientiam ex ingrato illorum animo, non ex doctoris imbecillitate proficisci; hocque tum ex aliis multis, tum exemplo Ninivitarum et reginæ commonstravit: tunc supplicium ipsos excepturum ænigmatice commemorat, multum in narrando terrorem inferens. Nam ait: 43. *Cum immundus spiritus exierit ab homine, ambulat per loca inaquosa, quærens requiem, et non inveniens,*
44. *dicit: Revertar in domum meam, unde exivi. Et veniens, invenit eam vacantem, scopis mundatam, et ornatam.* 45. *Tunc vadit, et assumit secum alios septem spiritus nequiores se, et intrantes habitant ibi: et fiunt novissima hominis illius pejora prioribus. Sic erit et generationi huic.* Hinc ostendit, illos non in futuro tantum sæculo, sed etiam in præsenti gravissima passuros esse. Nam quia dicebat, Ninivitas insurrecturos in judicio, et hanc generationem condemnaturos: ne ob temporis diuturnitatem id contemnerent, et negligentiores evaderent, hac in vita gravia mala ipsis subeunda statuit. Quod comminando Osee propheta dicebat: Erunt *Ut* Osee 9. 7.
propheta in mentis excessu, ut homo a spiritu correptus; id est, sicut pseudoprophetæ furentes, debacchantes, a malignis spiritibus agitati. Nam hic prophetam intelligit mente captum, pseudoprophetam, quales sunt vates. Hoc ipsum Christus

[b] Morel. συναγάγοιτο.

[c] Quidam Σολομῶντος, quæ varietas alibi quoque reperitur.

[d] [Bibl. καὶ οὐχ εὑρίσκει. Τότε λέγει.]

significans dicit ipsos extrema passuros esse. Viden' quo pacto ipsos undique impellat ut dictis attendant, a præsentibus, a futuris, ab iis qui bene rem gesserunt, a Ninivitis, inquam, et a regina, ab iis qui collapsi sunt, Tyriis et Sodomitis? Quod etiam prophetæ faciebant, filios Rechabin inducentes et sponsam quæ ornatus proprii et zonæ suæ non obliviscitur, et bovem qui novit possessorem, et asinum qui præsepe novit. Sic et hoc loco a comparatione ingratum illorum animum declarans, supplicium deinceps prænuntiat. Quid igitur est id quod dicitur? Sicut dæmoniaci, inquit, cum liberantur ab infirmitate sua, si negligentiores fiant, graviorem sibi attrahunt phantasiam: sic etiam vos facitis. Etenim antehac a dæmone detinebamini, cum idola adoraretis, et filios vestros immolaretis dæmoniis, magnam exhibentes insaniam: nec tamen dereliqui vos, sed per prophetas ejeci dæmonem illum, et ipse rursus veni, ut vos curarem. Sed quia non vultis attendere, verum in majorem nequitiam prorupistis (etenim multo gravius deteriusque est ipsum Dominum jugulare,

Judæorum post Christum cæsum damnatio.

quam prophetas occidere), ideo graviora prioribus patiemini, nempe iis quæ passi estis Babylone, in Ægypto, et sub Antiocho primo. Nam longe iis asperiora acciderunt Vespasiano et Tito ducibus.

Matth. 24. 21.

Quapropter dicebat: ***Erit tribulatio magna, qualis numquam fuit, neque erit postea.*** Neque id solum hoc exemplo significabatur; sed etiam fore ipsos omni virtute vacuos, et a dæmonibus facilius quam ante invadendos. Nam tunc etsi peccarent, at erant inter eos virtutis cultores, aderat Dei providentia, Spiritusque gratia ipsis providens, ipsos emendans, suaque omnia præstans: nunc autem, ait, providentia illa prorsus vacui erunt, ita ut major sit nunc virtutis raritas, calamitatis vis, et dæmonum tyrannica potestas. Nostis certe in generatione hac cum Julianus fureret, quomodo Judæi sese cum gentilibus jungerent, et

Judæi sub Juliano apostata gentilibus juncti.

illorum mores sectarentur. Itaque etiamsi nunc tantillum moderatiores videantur esse, quia Imperatorum metu quiescunt: certe nisi hoc esset, multo graviora quam ante ausi fuissent. Nam in aliis operibus malis priscos illos superant, in præstigiis, maleficis artibus, et in lascivia, omnia isthæc supra modum exercentes. Etiam in aliis, etsi hoc freno detineantur, sæpe seditiones moverunt, con-

παρεξεστηκότα τὸν ψευδοπροφήτην φησίν, οἷοί εἰσιν
B οἱ μάντεις. Τοῦτο δὴ καὶ ὁ Χριστὸς δηλῶν φησιν, ὅτι
τὰ ἔσχατα πείσονται. Εἶδες πῶς πανταχόθεν [a] αὐτοὺς
ὠθεῖ ἐπὶ τὸ προσέχειν τοῖς λεγομένοις, ἀπὸ τῶν παρόντων, ἀπὸ τῶν μελλόντων, ἀπὸ τῶν εὐδοκιμησάντων,
ἀπὸ τῶν Νινευιτῶν [b] λέγω, καὶ τῆς βασιλίσσης, ἀπὸ
τῶν προσκεκρουκότων, Τυρίων καὶ Σοδομιτῶν; Ὃ
καὶ οἱ προφῆται ἐποίουν, τοὺς υἱοὺς Ῥηχαβὶν παρά-
γοντες, καὶ τὴν νύμφην τὴν οὐκ ἐπιλανθανομένην τοῦ
κόσμου τοῦ οἰκείου καὶ τῆς στηθοδεσμίδος, καὶ τὸν
βοῦν τὸν εἰδότα τὸν κτησάμενον, καὶ τὸν ὄνον τὴν
φάτνην ἐπιγινώσκοντα. Οὕτω δὴ καὶ ἐνταῦθα ἀπὸ
συγκρίσεως παραστήσας αὐτῶν τὴν ἀγνωμοσύνην, λέγει καὶ τὴν τιμωρίαν λοιπόν. Τί ποτ' οὖν ἐστι τὸ
C εἰρημένον; Καθάπερ οἱ δαιμονῶντες, φησὶν, ὅταν
ἀπαλλαγῶσι τῆς ἀῤῥωστίας ἐκείνης, ἂν ῥᾳθυμότεροι
γένωνται, χαλεπωτέραν ἐπισπῶνται καθ' ἑαυτῶν τὴν
φαντασίαν· οὕτω καὶ ὑφ' ὑμῶν γίνεται. Καὶ γὰρ καὶ
ἔμπροσθεν κατείχεσθε δαίμονι, ὅτε τὰ εἴδωλα προσε-
κυνεῖτε, καὶ τοὺς υἱοὺς ὑμῶν ἐσφάττετε τοῖς δαιμο-
νίοις, πολλὴν ἐπιδεικνύμενοι μανίαν· ἀλλ' ὅμως οὐκ
ἐγκατέλιπον ὑμᾶς, ἀλλ' ἐξέβαλον τὸν δαίμονα ἐκεῖνον
διὰ τῶν προφητῶν, καὶ δι' ἐμαυτοῦ πάλιν ἦλθον ἐπι-
πλεῖον ἐκκαθᾶραι ὑμᾶς βουλόμενος. Ἐπεὶ οὖν οὐ βούλεσθε προσέχειν, ἀλλὰ καὶ εἰς πλείονα ἐξωκείλατε
πονηρίαν (τοῦ γὰρ προφήτας ἀνελεῖν πολλῷ μεῖζον καὶ
D χαλεπώτερον τὸ καὶ αὐτὸν κατασφάξαι), διὰ τοῦτο
χαλεπώτερα πείσεσθε τῶν προτέρων, τῶν κατὰ Βαβυλῶνα λέγω, καὶ κατ' Αἴγυπτον, καὶ κατὰ Ἀντίοχον
τὸν πρῶτον. Τὰ γὰρ ἐπὶ Οὐεσπασιανοῦ καὶ Τίτου συμβάντα αὐτοῖς πολλῷ μᾶλλον [c] τούτων χαλεπώτερα.
Διὸ καὶ ἔλεγεν· Ἔσται θλίψις μεγάλη, οἵα οὐδέποτε
γέγονεν, οὐδὲ μὴ ἔσται. Οὐ τοῦτο δὲ μόνον δηλοῖ τὸ
ὑπόδειγμα, ἀλλ' ὅτι καὶ ἀρετῆς ἁπάσης ἔσονται ἔρημοι καθόλου, καὶ τῇ τῶν δαιμόνων ἐνεργείᾳ εὐεπιχείρητοι μᾶλλον ἢ τότε. Τότε μὲν γὰρ εἰ καὶ ἡμάρτα-
νον, ἀλλ' ὅμως ἦσαν καὶ οἱ κατορθοῦντες ἐν αὐτοῖς, καὶ
E παρῆν ἡ τοῦ Θεοῦ πρόνοια, καὶ ἡ τοῦ Πνεύματος χάρις ἐπιμελουμένη, διορθουμένη, τὰ παρ' ἑαυτῆς ἅπαντα
πληροῦσα· νυνὶ δὲ καὶ ταύτης καθόλου ἐρημωθήσονται
τῆς κηδεμονίας, φησὶ, ὥστε καὶ ἀρετῆς πλείων σπάνις
νῦν, καὶ συμφορᾶς ἐπίτασις, καὶ δαιμόνων ἐνέργεια
463 τυραννικωτέρα. Ἴστε οὖν καὶ ἐπὶ τῆς γενεᾶς τῆς ἡμε-
A τέρας, ὅτε ὁ πάντας ἀσεβείᾳ νικήσας Ἰουλιανὸς ἐξεβακχεύθη, πῶς μετὰ τῶν Ἑλλήνων ἑαυτοὺς ἔταττον,
πῶς τὰ ἐκείνων ἐθεράπευον. Ὥστε κἂν μικρόν τι δοκῶσι σωφρονεῖν νῦν, διὰ τὸν τῶν βασιλέων φόβον
ἡσυχάζουσιν· ὡς εἰ μὴ τοῦτο ἦν, πολλῷ τῶν προτέρων

[a] Quidam αὐτοὺς προτρέπει. Ibid. alii ἐπὶ τῷ προσέχειν.
[b] Morel. λέγω omittit.
[c] Mss. quidam τούτων δεινότερα. διό.

χαλεπώτερα ἐτόλμησαν ἄν. [a] Ἐν γὰρ τοῖς ἄλλοις πονηροῖς ἔργοις νικῶσι τοὺς ἔμπροσθεν, γοητείας, μαγγανείας, ἀσελγείας, πάντα μετὰ πολλῆς ἐπιδεικνύμενοι τῆς ὑπερβολῆς. Καὶ ἐν τοῖς ἄλλοις δὲ, καίτοι τοσούτῳ χαλινῷ κατεχόμενοι, πολλάκις ἐστασίασαν, καὶ βασιλέων κατεξανέστησαν, ὡς καὶ τοῖς ἐσχάτοις περιπαρῆναι κακοῖς.

Ποῦ νῦν εἰσιν οἱ τὰ σημεῖα ζητοῦντες; Ἀκουέτωσαν, ὅτι γνώμης χρεία εὐγνώμονος· κἂν μὴ αὕτη παρῇ, σημείων οὐδὲν ὄφελος. Ἰδοὺ γοῦν οἱ μὲν Νινευῖται χωρὶς σημείων ἐπίστευσαν· οὗτοι δὲ μετὰ τοσαῦτα θαύματα χείρους ἐγένοντο, καὶ δαιμόνων ἀπείρων οἰκητήριον ἑαυτοὺς κατέστησαν, καὶ μυρίας ἐπεσπάσαντο συμφοράς· καὶ μάλα εἰκότως. Ὅταν γὰρ ἅπαξ τις ἐλευθερωθεὶς τῶν κακῶν μὴ σωφρονισθῇ, πολλῷ χαλεπώτερα πείσεται τῶν προτέρων. Διὰ γὰρ τοῦτο εἶπεν, ὅτι Οὐχ εὑρίσκει ἀνάπαυσιν, ἵνα δείξῃ, ὅτι πάντως καὶ ἐξ ἀνάγκης λήψεται τὸν τοιοῦτον ἡ τῶν δαιμόνων ἐπιβουλή. Καὶ γὰρ ἀπὸ δύο τούτων σωφρονισθῆναι ἔδει, ἀπό τε τοῦ παθεῖν πρότερον, ἀπό τε τοῦ ἀπαλλαγῆναι· μᾶλλον δὲ τρίτον πρόσεστιν, ἡ τοῦ χείρονα πείσεσθαι ἀπειλή. Ἀλλ' ὅμως οὐδενὶ τούτων ἐγένοντο βελτίους. Ταῦτα δὲ μὴ πρὸς ἐκείνους μόνον, ἀλλὰ καὶ πρὸς ἡμᾶς εἰρῆσθαι καιρὸν ἂν ἔχοι, ὅταν φωτισθέντες καὶ τῶν προτέρων ἀπαλλαγέντες κακῶν, πάλιν τῆς αὐτῆς ἐχώμεθα πονηρίας· καὶ γὰρ [b] χαλεπωτέρα λοιπὸν ἔσται ἡ κόλασις τῶν μετὰ ταῦτα ἁμαρτημάτων. Διὰ τοῦτο καὶ τῷ παραλύτῳ ὁ Χριστὸς ἔλεγεν· Ἴδε, ὑγιὴς γέγονας· μηκέτι ἁμάρτανε, ἵνα μὴ χεῖρόν τί σοι γένηται· καὶ ταῦτα πρὸς ἄνθρωπον τριάκοντα ὀκτὼ ἔτη ἔχοντα ἐν τῇ ἀσθενείᾳ. Καὶ τί χεῖρον ἔμελλε, φησὶ, πείσεσθαι τούτων; Πολλῷ χεῖρον καὶ χαλεπώτερον. Μὴ γὰρ δὴ γένοιτο τοσαῦτα ἡμᾶς ὑπομένειν, ὅσα δυνάμεθα παθεῖν. Οὐδὲ γὰρ ἀπορεῖ τιμωριῶν ὁ Θεός. Κατὰ γὰρ τὸ πολὺ ἔλεος αὐτοῦ, οὕτω καὶ ὀργὴ αὐτοῦ. Καὶ τοῦτο καὶ τῇ Ἱερουσαλὴμ ἐγκαλεῖ διὰ τοῦ Ἐζεχιήλ· Εἶδόν γάρ σε, φησὶ, πεφυρμένην ἐν αἵματι, καὶ ἔλουσα καὶ ἔχρισα, καὶ ἐγένετό σοι ὄνομα ἐν τῷ κάλλει σου· καὶ ἐξεπόρνευσας, φησὶ, ἐπὶ τοὺς ὁμοροῦντάς σοι· διὸ καὶ χαλεπώτερα ἀπειλεῖ σοι ἁμαρτανούσῃ. Ἐντεῦθεν δὲ μὴ τὴν κόλασιν λογίζου μόνον· ἀλλὰ καὶ τὴν ἄπειρον τοῦ Θεοῦ μακροθυμίαν. [c] Πολλάκις γοῦν τῶν αὐτῶν ἡψάμεθα κακῶν, καὶ ἔτι μακροθυμεῖ. Ἀλλὰ μὴ θαῤῥῶμεν, ἀλλὰ φοβηθῶμεν. Καὶ γὰρ ὁ Φαραὼ, εἰ ἐκ τῆς πρώτης πληγῆς ἐπαιδεύθη, οὐκ ἂν ἔλαβε πεῖραν τῶν ὑστέρων, οὐκ ἂν μετὰ ταῦτα ἅμα αὐτῷ [d] τῷ στρατῷ κατεποντίσθη. Ταῦτα δὲ λέγω,

tra Imperatores insurrexerunt, ita ut in extrema delaberentur mala.

4. Ubinam ergo sunt illi qui signa quærunt? B Sciant, probo et grato opus esse animo: qui nisi adsit, signorum nulla erit utilitas. Certe Ninivitæ absque signis crediderunt: hi vero post tot miracula pejores sunt effecti, seque innumerorum dæmonum domicilium constituerunt, et sexcentas sibi pepererunt calamitates jure illatas. Cum enim quis a malis liberatus non resipiscit, longe graviora prioribus patietur. Ideo enim dixit, *Non invenit requiem*, ut ostendat, dæmonum insidias hunc necessario correpturas esse. Nam ab his duobus ad sanam mentem reduci oportuisset, et quod passi, et quod liberati essent; imo tertium quoque adest, nemC pe comminatio ne quid deterius contingat. Attamen ex nullo eorum meliores evaserunt. Hæc vero non ad illos tantum, sed etiam ad nos dicta fuisse opportune credamus, quando illuminati et a priscis erepti malis, rursus eidem nequitiæ hæremus: nam ob admissa post hæc peccata graviori ultione plectemur. Ideo paralytico dicebat Christus:
Ecce, sanus factus es; noli amplius peccare, Joan. 5. 14.
ne quid tibi deterius contingat: et hæc homini dicta sunt, qui triginta octo annis æger fuerat. D Ecquid, inquies, gravius passurus erat, quam antea? Longe pejora et graviora. Absit enim ne tanta patiamur, quanta pati possumus. Neque enim Deo supplicia desunt. Nam ut magna misericordia ejus, ita et gravis est ira ejus. Hac de re Jerosolymam apud Ezechielem accusat. *Vidi enim* Ezech. 16.
te, inquit, *pollutam sanguine, et lavi et unxi*, 6. 9. 14. 26.
et factum est tibi nomen in pulchritudine tua; et fornicata es cum finitimis tuis: ideo graviora tibi peccanti minatur. Hinc vero non supplicium tantum, sed immensam Dei patientiam tecum reputa. Sæpe namque in eadem mala delapsi sumus, E et adhuc ille nos tolerat. Verum ne confidamus, sed potius timeamus. Etenim Pharao, si ex prima plaga resipuisset, non sequentes expertus, nec postea cum toto exercitu demersus fuisset. Hæc autem dico, quia multos novi nunc sicut

[a] Alii ἐν γοῦν τοῖς ἄλλοις. Ibidem quidam γοητείαις, μαγγανείαις, ἀσελγείαις, etc. Πάντα sequens non habetur in Savil.

[b] Savil. καὶ γὰρ χαλεπωτέρα. In Morel. καὶ γὰρ decrat.

[c] Savil. ποσάκις γοῦν, Morel. vero πολλάκις γοῦν. Utrumque quadrat.

[d] Alii τῷ στρατεύματι.

Pharao dicentes, Non novi Deum; qui luto et lateribus subditos suos addicunt. Quot homines, jubente Deo minas remittere, ne laborem quidem relaxare volunt? Verum non est jam Rubrum mare trajiciendum. Sed pelagus ignis est, pelagus non cum illo conferendum, sed multo majus et acerbius, cujus fluctus ignis sunt; ignis certe novus et horrendus. Abyssus illic magna est flammæ gravissimæ. Ibi enim ignem semper circumcurrere videre est, feræ immanissimæ similem. Si enim ille sensilis et materialis ignis, quasi fera ex fornace exsiliens, insiliit in eos qui extra fornacem erant, dum tres pueri intus essent: quid non faciet ignis ille iis qui in illum incident? Audi prophe-
Isai. 13. 9. tas de illo die loquentes: *Dies Domini incurabilis, furore et ira plenus.* Nemo enim erit qui adstet, nemo qui eruat; nusquam ibi Christi faciem mitem et serenam conspicies. Sed quemadmodum ii qui metalla tractant, acerbis traduntur hominibus, neminemque amicorum, sed eos tantum qui præsunt, vident: sic et tunc; imo non sic, sed longe horribiliore modo. Istic enim Imperatorem possumus adire et rogare, et sic damnatum solvere: illic vero secus Nulla enim remissio, sed manent in tanto cruciatu et dolore, qui non possit exprimi. Nam si eorum qui hic comburuntur acutos dolores nullus potest sermo describere, multo minus illis verbis exprimi possunt. Hic enim brevi tempore totum perficitur: illic vero qui uritur, non consumitur. Quid igitur ibi faciemus? Meipsum quippe alloquor. Si tu, inquies, doctor teipsum alloqueris, nulla mihi cura superest. Quid mirum enim si et ego plectar? Ne, quæso, ne quis hanc quærat consolationem. Neque enim ullum ibi solatium. Annon, quæso, incorporea virtus erat diabolus? nonne præstantior hominibus? Attamen lapsus est. An vero quispiam hinc consolationem accipiet quod cum illo crucietur? Nequaquam. Quid porro Ægyptii illi omnes? annon præfectos etiam plexos viderunt? et domos singulas in luctu? An ideo consolationem acceperunt, vel respirarunt? Minime certe: id quod liquidum est ex iis quæ postea fecerunt, quasi flamma quadam flagellati regem adierunt, et Hebræorum populum emittere coegerunt. Frigida certe consolatio cruciati, quod cum aliis puniatur, quod possit dicere, Eadem conditione sum qua alii. Sed quid

Frigida consolatio socios habere supplicii.

ἐπειδὴ πολλοὺς οἶδα κατὰ τὸν Φαραὼ καὶ νῦν λέγοντας, οὐκ οἶδα τὸν Θεόν· καὶ τῷ πηλῷ καὶ τῇ πλινθείᾳ προσηλοῦντας τοὺς ὑπευθύνους. Πόσοι, τοῦ Θεοῦ κελεύοντος ἀνιέναι τὴν ἀπειλὴν, οὐδὲ τὸν πόνον ἀνέχονται χαλάσαι; Ἀλλ' οὐκ ἔστιν ἐρυθρὰν θάλατταν διαβῆναι νῦν λοιπόν. Ἀλλὰ πέλαγός ἐστι πυρὸς, πέλαγος οὐ τοιοῦτον, οὐδὲ τοσοῦτον, ἀλλὰ πολλῷ μεῖζον καὶ ἀγριώτερον, ἐκ τοῦ πυρὸς ἔχον τὰ κύματα, πυρὸς ξένου τινὸς καὶ φρικώδους. Ἄβυσσός ἐστιν ἐκεῖ μεγάλη [a] φλογὸς χαλεπωτάτης. Πανταχοῦ πῦρ περιτρέχον ἔστιν ἰδεῖν, ἀγρίῳ τινὶ θηρίῳ ἐοικός. Εἰ γὰρ ἐνταῦθα τὸ αἰσθητὸν τοῦτο καὶ ὑλικὸν πῦρ, ὥσπερ θηρίον ἐκπηδῆσαν τῆς καμίνου, ἐφήλατο τοῖς ἔξω καθημένοις [b] ἐπὶ τῶν τριῶν παίδων· τί οὐκ ἐργάσεται ἐκεῖνο τοὺς ἐμπεσοῦντας; Ἄκουσον περὶ τῆς ἡμέρας ἐκείνης λεγόντων τῶν προφητῶν· Ἡμέρα Κυρίου ἀνίατος, θυμοῦ καὶ ὀργῆς πλήρης. Οὐδεὶς γὰρ ἔσται ὁ παριστάμενος, οὐδεὶς ὁ ἐξαιρούμενος· οὐδαμοῦ τοῦ Χριστοῦ τὸ πρόσωπον τὸ ἥμερον καὶ γαληνόν. Ἀλλ' ὥσπερ οἱ τὰ μέταλλα ἐργαζόμενοι χαλεποῖς τισι παραδίδονται ἀνθρώποις, καὶ οὐδένα τῶν οἰκείων βλέπουσιν, ἀλλὰ τοὺς ἐφεστηκότας μόνους· οὕτω δὴ καὶ τότε· μᾶλλον δὲ οὐχ οὕτως, ἀλλὰ καὶ πολλῷ χαλεπώτερον. Ἐνταῦθα μὲν γὰρ δυνατὸν καὶ προσελθεῖν καὶ δεηθῆναι τοῦ βασιλέως, καὶ λῦσαι τὸν καταδικασθέντα· ἐκεῖ δὲ οὐκ ἔτι. Οὐ γὰρ [c] ἐφεῖται, ἀλλὰ μένουσιν ἀποτηγανιζόμενοι, καὶ τοσαύτην ὀδύνην ἔχοντες, ὅσην οὐδὲ εἰπεῖν δυνατόν. Εἰ γὰρ τῶν ἐνταῦθα καιομένων τὰς δριμείας ἀλγηδόνας οὐδεὶς δύναται παραστῆσαι λόγος, πολλῷ μᾶλλον τῶν ταῦτα ἐκεῖ πασχόντων. Ἐνταῦθα μὲν γὰρ ἐν βραχείᾳ καιροῦ ῥοπῇ τὸ πᾶν γίνεται· ἐκεῖ δὲ καίεται μὲν, οὐ δαπανᾶται δὲ τὸ καιόμενον. Τί τοίνυν ποιήσωμεν ἐκεῖ; Καὶ γὰρ πρὸς ἐμαυτὸν ταῦτα λέγω. Καὶ εἰ σὺ, φησὶ, ὁ διδάσκαλος, περὶ σεαυτοῦ ταῦτα λέγεις, οὐδέν ἐμοὶ μέλει λοιπόν. Τί γὰρ θαυμαστὸν ἐμὲ κολάζεσθαι; Μὴ, παρακαλῶ, μηδεὶς ταύτην ζητείτω τὴν παραμυθίαν. [d] Οὐ γάρ ἐστιν αὕτη παραψυχή. Εἰπὲ γάρ μοι, οὐχὶ ἀσώματος δύναμις ἦν ὁ διάβολος; οὐ τῶν ἀνθρώπων βελτίων; Ἀλλ' ὅμως ἐξέπεσεν. Ἆρ' οὖν ἔστιν ὅστις παραμυθίαν ἐκ τοῦ μετ' ἐκείνου κολάζεσθαι λήψεται; Οὐδαμῶς. Τί δαὶ οἱ ἐν Αἰγύπτῳ πάντες; οὐχὶ καὶ τοὺς ἐν ἀρχαῖς ἑώρων κολαζομένους, καὶ ἑκάστην οἰκίαν πένθος ἔχουσαν; Ἆρ' οὖν [e] ἐντεῦθεν καὶ παρεκλήθησαν καὶ ἀνέπνευσαν; Οὐ δῆτα· καὶ δῆλον ἐξ ὧν μετὰ ταῦτα ἐποίησαν, ὥσπερ ὑπό τινος φλογὸς μαστιζόμενοι, συνεπιστάντες τῷ βασιλεῖ, καὶ ἀναγκάσαντες ἐκβαλεῖν τῶν Ἑβραίων τὸν δῆμον. Καὶ γὰρ σφόδρα ψυχρὸς οὗτος

[a] Alii φλογὸς χαλεπωτάτη.

[b] Hæc, ἐπὶ τῶν τριῶν παίδων, in quibusdam non habentur. Mox alii ἐμπεσόντας.

[c] Morel. et Savil. ἐφεῖται, alii ἐφίεται, alii ἀφίεται. Paulo post Mss. non pauci ὅσον οὐδὲ εἰπεῖν.

[d] Quidam οὐ γάρ ἐστι ταύτῃ παραψ.

[e] Nonnulli ἐντεῦθεν ἔστησαν καὶ παρεκλήθησαν.

ὁ λόγος, τὸ νομίζειν παραμυθίαν φέρειν τὸ μετὰ πάντων κολάζεσθαι, τὸ λέγειν, ὡς πάντες καὶ ἐγώ. Τί γὰρ χρὴ λέγειν τὴν γέενναν; Ἐννόησόν μοι τοὺς ὑπὸ ποδαλγίας κατεχομένους, οἳ ὅταν ὑπὸ δριμείας ὀδύνης κατατείνωνται, κἂν μυρίους δείξῃς χαλεπώτερα πάσχοντας, οὐδ' εἰς νοῦν λαμβάνουσι. Τὸ γὰρ ἐπιτεταμένον τῆς ἀλγηδόνος οὐ συγχωρεῖ τῷ λογισμῷ σχολήν τινα ἔχειν εἰς τὸ λογίσασθαι ἑτέρους, καὶ παραμυθίαν εὑρεῖν. Μὴ τοίνυν ταῖς ψυχραῖς ταύταις ἐλπίσι τρεφώμεθα· τὸ γὰρ δέξασθαι παραμυθίαν ἐκ τῶν τοῦ πέλας κακῶν, ἐν τοῖς συμμέτροις γίνεται τῶν παθῶν· ὅταν δὲ ὑπερέχῃ ἡ βάσανος, καὶ ζάλης ᾖ [a] πάντα μεστὰ τὰ ἔνδον, καὶ μηδὲ ἑαυτὴν εἰδέναι ἡ ψυχὴ λοιπὸν ἔχῃ, πόθεν καρπώσεται παραμυθίαν;

Ὥστε γέλως πάντα ταῦτα τὰ ῥήματα, καὶ μῦθοι παίδων ἀνοήτων εἰσίν. Τοῦτο γὰρ, ὃ λέγεις, [b] ἐν ἀθυμίᾳ συμβαίνει, καὶ ἐν ἀθυμίᾳ συμμέτρῳ, ὅταν ἀκούσωμεν, ὅτι ὁ δεῖνα τὸ αὐτὸ ἔπαθεν· ἔστι δὲ ὅτε οὐδὲ ἐν ἀθυμίᾳ· εἰ δὲ ἐκεῖ οὐδεμίαν ἰσχὺν ἔχει, πολλῷ μᾶλλον ἐν ὀδύνῃ καὶ πόνῳ ἀῤῥήτῳ, ἣν ὁ βρυγμὸς τῶν ὀδόντων δείκνυσι. Καὶ οἶδα μὲν φορτικὸς ὢν καὶ λυπῶν ὑμᾶς διὰ τῶν ῥημάτων τούτων· ἀλλὰ τί πάθω; Οὐ γὰρ ἐβουλόμην ταῦτα λέγειν, ἀλλὰ καὶ ἐμαυτῷ καὶ πᾶσιν ὑμῖν ἀρετὴν συνειδέναι· ἐπειδὴ δὲ ἐν ἁμαρτήμασίν ἐσμεν οἱ πλείους, τίς ἄν μοι δοίη ἀληθῶς δυνηθῆναι λυπῆσαι ὑμᾶς, καὶ καθικέσθαι τῆς διανοίας τῶν ἀκροωμένων; Τότε ἂν οὕτως [c] ἀνεπαυσάμην. Νῦν δὲ δέδοικα, μή τινες καταφρονήσωσι τῶν λεγομένων, καὶ μείζων ἡ κόλασις διὰ τὴν ὀλιγωρίαν τῆς ἀκροάσεως γένηται. Οὐδὲ γὰρ εἰ, δεσπότου τινὸς ἀπειλοῦντος, τῶν συνδούλων τις ἀκούων κατεφρόνει τῆς ἀπειλῆς, ἀτιμωρητὶ παρέδραμεν ἂν αὐτὸν ὁ ἀγανακτήσας, ἀλλὰ καὶ τοῦτο ὑπόθεσις αὐτῷ κολάσεως ἂν ἐγένετο μείζονος. Διὸ παρακαλῶ, κατανύξωμεν ἑαυτοὺς τῶν περὶ γεέννης ἀκούοντες λόγων. Οὐδὲν γὰρ ἥδιόν ἐστι τῆς διαλέξεως ταύτης, ἐπειδὴ τῶν πραγμάτων οὐδὲν πικρότερον. Καὶ πῶς ἡδὺ τὸ περὶ γεέννης ἀκοῦσαι; φησί. Ἐπειδὴ ἀηδὲς τὸ εἰς γέενναν ἐμπεσεῖν, ὅπερ ἀποκρούεται τὰ δοκοῦντα φορτικὰ εἶναι ῥήματα, καὶ πρὸ τούτου ἑτέραν τίθησιν ἡδονήν· συστρέφει γὰρ ἡμῶν τὰς ψυχὰς, καὶ εὐλαβεστέρους ποιεῖ, καὶ μετεωρίζει τὴν διάνοιαν, καὶ πτεροῖ τὸν λογισμὸν, καὶ τὴν πονηρὰν τῶν ἐπιθυμιῶν ἐκβάλλει πολιορκίαν, καὶ ἰατρεία τὸ πρᾶγμα γίνεται. Διὸ δὴ μετὰ τῆς κολάσεως δότε μοι καὶ τὴν αἰσχύνην εἰπεῖν. Καθάπερ γὰρ τοὺς Ἰουδαίους οἱ Νινευῖται κατακρινοῦσι τότε, οὕτω καὶ ἡμᾶς πολλοὶ κατακρινοῦσι τῶν δοκούντων καταδεεστέρων νῦν. Ἐννοήσωμεν τοίνυν ὅσος ὁ γέλως, ὅση ἡ κατάγνωσις· ἐννοήσωμεν καὶ βάλωμέν τινα ἀρχὴν κἂν νῦν, καὶ

de gehenna loquor? Cogita eos qui podagra laborant: qui cum acutis doloribus cruciantur, etiam-
E si sexcentos ostendas graviora patientes, ne attendere quidem volunt. Vis quippe doloris ne locum quidem sinit ut alios cogitent, hincque consolationem accipiant. Ne itaque hac frigida spe alamur: consolatio quippe illa ex ejusdem mali consortibus parta, in mediocri tantum ærumna locum habet; quando autem major est cruciatus, et
445 A interiora tot fluctibus agitantur, ut ne seipsam possit anima cognoscere, undenam consolationem accipiet?

5. Itaque ridicula sunt hæc omnia verba, et puerorum insipientium fabulæ. Nam id, quod dicis, in mœrore mediocri locum habet, cum alium idipsum pati audimus; imo nonnumquam ne in mœrore quidem; multoque minus in cruciatu illo ineffabili, quem stridor dentium exprimit.
B Novi certe hæc dicens me vobis oneri ac dolori esse: sed quid faciam? Vellem non hæc dicere, sed et me et vos omnes virtutem colentes conspicere: quia vero plerique nostrum in peccatis degimus, quis mihi dederit, ut vos vere in dolorem conjiciam, auditorumque animum tangam? Tunc utique finem dicendi facerem. At nunc timeo, ne quipiam dicta contemnant, neve ob audientium negligentiam majus supplicium evadat. Neque enim si, hero minas intentante, servorum quis contemnat, impune fuerit, imo hæc majoris supplicii causa erit. Quamobrem rogo, de gehenna
C audientes compungamur. Nihil enim dulcius hoc sermone, quia rebus ipsis nihil amarius. Et quomodo dulce fuerit, inquies, de gehenna audire? Quia injucundum est in gehennam incidere, quod malum amovent verba illa, quæ videntur onerosa; aliam vero præstant voluptatem, quod videlicet animum convertant, et ad pietatem traducant, mentem sublimiorem, ratiocinium expeditius efficiant, a concupiscentiis obsessam animam liberent: hæc vere medicina est. Quapropter concedite
D mihi ut postquam de supplicio dixi, de pudore etiam ac dedecore dicam. Nam sicut Ninivitæ tunc Judæos condemnabunt, sic et nos multi condemnabunt, qui nunc videntur longe inferiores esse. Cogitemus ergo quantus risus, quantæ damnationes erunt: cogitemus, initium ducamus, januam aperiamus ad pœnitentiam. Me ipsum

[a] Morel. male πάντα μετὰ τά.
[b] Duo Mss. ἐν ἀθυμίαις συμβαίνει.
[c] Unus ἐπαυσάμην.

alloquor, me primum hortor : nemo ut damnatus irascatur. Angustam viam adeamus. Usquequo deliciæ? usquequo oscitantia? non satiamur desidia, ridentes, procrastinantes? An eadem semper erunt, mensa, satietas, sumtuositas, pecuniæ, possessiones, ædificia? Ecquis eorum finis? Mors. Quis finis? Cinis, pulvis, loculi, vermes. Novam ergo vitam exhibeamus : faciamus terram cælum : hinc ostendamus gentilibus quot careant bonis. Nam cum nos videbunt recte vitam agentes, eodem aspectu regnum cælorum conspicient. Cum nos viderint modestos, vacuos ira, concupiscentia mala, invidia, avaritia, in omnibusque probos, dicent : Si hic angeli fiunt Christiani, quales erunt post excessum ex hac vita? si ubi peregrini sunt, ita fulgent, cum patriam recipient, quales erunt? Sic et illi meliores evadent, et pietatis sermo curret, non minus quam apostolorum ævo. Nam si illi cum duodecim solum essent, civitates integras, regionesque converterunt; si omnes ex accurata vitæ ratione doctores efficiamur, cogita quantam ad sublimitatem nostra sint ascensura. Neque enim gentilem sic attrahit mortuus redivivus, ut vir philosophice vivens. Ad illud enim spectaculum stupebit, ab hoc autem lucrum faciet. Illud factum est, et transiit; hoc manet, et semper illius animam excolit. Curam ergo nostri agamus, ut et illos lucremur. Nihil onerosum loquor : non dico, Ne uxorem ducas, urbes relinque, a rebus urbanis te remove : sed, In his versans virtutem exhibe. Mallem quippe eos qui in mediis urbibus versantur virtute florere, quam eos qui montes occupant. Quare? Quia hinc multum lucri accedit.

Matth. 5. 15.

Nemo enim *lucernam accendit, et ponit eam sub modio*. Idcirco vellem omnes lucernas supra candelabra esse, ut multa lux effunderetur. Accendamus itaque ignem illum, id efficiamus ut ii qui in tenebris sedent, ab errore liberentur. Ne mihi dicas : Uxorem habeo, filios, domum, nec possum hæc præstare. Etiamsi enim horum nihil haberes, si segnis esses, omnia pariter abscederent; si hæc omnia habeas, strenuusque sis atque probus, virtutem coles. Unum quæritur, animæ generosæ alacritas : et nec ætas, nec paupertas, nec divitiæ, nec moles negotiorum, vel quidquam

Nullus obex virtutem strenue colenti.

aliud, impedimento erunt. Nam senes, juvenes, conjugati, liberos educantes, artifices, milites, præcepta omnia impleverunt. Etenim Daniel juvenis erat, Joseph servus, Aquila artem exercebat,

θύραν μετανοίας. Πρὸς ἐμαυτὸν ταῦτα λέγω, πρῶτον ἐμαυτῷ ταῦτα παραινῶ, καὶ μηδεὶς ὀργιζέσθω ὡς καταχρινόμενος. Ἀψώμεθα τῆς ὁδοῦ τῆς στενῆς. Μέχρι πότε τρυφή; μέχρι πότε ἄνεσις; Οὐκ ἐνεπλήσθημεν E ῥαθυμοῦντες, γελῶντες, ἀναβαλλόμενοι; Οὐ τὰ αὐτὰ πάλιν ἔσται, τράπεζα, καὶ κόρος, καὶ πολυτέλεια, καὶ χρήματα, καὶ κτήσεις, καὶ οἰκοδομαί; Καὶ τί τὸ τέλος; Θάνατος. Τί τὸ τέλος; Τέφρα καὶ κόνις, καὶ σοροὶ, καὶ σκώληκες. Ἐπιδειξώμεθα τοίνυν καινήν τινα ζωήν· ποιήσωμεν τὴν γῆν οὐρανόν· ἐντεῦθεν δείξωμεν Ἕλλησιν [d] ὅσων εἰσὶν ἀπεστερημένοι καλῶν. Ὅταν γὰρ ἴδωσι καλῶς ἡμᾶς πολιτευομένους, τὴν ὄψιν αὐτὴν θεάσονται τῆς βασιλείας τῶν οὐρανῶν. 466 Ὅταν γὰρ ἴδωσιν A ἐπιεικεῖς, ὀργῆς καθαροὺς, ἐπιθυμίας πονηρᾶς, βασκανίας, πλεονεξίας, τὰ ἄλλα πάντα κατορθοῦντας, ἐροῦσιν· εἰ ἐνταῦθα ἄγγελοι γεγόνασιν οἱ Χριστιανοὶ, τί ἔσονται μετὰ τὴν ἐντεῦθεν ἀποδημίαν; εἰ ἔνθα ξένοι εἰσὶν, οὕτω λάμπουσιν, ὅταν τὴν πατρίδα αὐτῶν ἀπολάβωσιν, ἡλίκοι γενήσονται; Οὕτω καὶ ἐκεῖνοι βελτίους ἔσονται, καὶ ὁ λόγος τῆς εὐσεβείας [a] δραμεῖται, οὐκ ἔλαττον ἢ ἐπὶ τῶν ἀποστόλων. Εἰ γὰρ δώδεκα ὄντες ἐκεῖνοι πόλεις ὁλοκλήρους καὶ χώρας ἐπέστρεψαν, εἰ πάντες γενησόμεθα διδάσκαλοι διὰ τῆς κατὰ τὸν βίον ἐπιμελείας, ἐννόησον ποῦ ἀρθήσεται τὰ ἡμέB τερα. Οὐδὲ γὰρ οὕτως ἐπισπᾶται τὸν Ἕλληνα νεκρὸς ἀνιστάμενος, ὡς ἄνθρωπος φιλοσοφῶν. Πρὸς μὲν γὰρ ἐκεῖνο ἐκπλαγήσεται, ἀπὸ δὲ τούτου κερδανεῖ. Ἐκεῖνο γέγονε, καὶ παρῆλθε· τοῦτο δὲ μένει, καὶ διὰ παντὸς αὐτοῦ γεωργεῖ τὴν ψυχήν. Ἐπιμεληςώμεθα τοίνυν ἡμῶν αὐτῶν, ἵνα καὶ ἐκείνους κερδάνωμεν. [b] Οὐδὲν γὰρ λέγω φορτικόν· οὐ λέγω, μὴ γάμει· οὐ λέγω, καταλίμπανε πόλεις, καὶ ἀφίστασο πολιτικῶν πραγμάτων· ἀλλ' ἐν τούτοις ὢν δεῖξον τὴν ἀρετήν. Καὶ γὰρ τοὺς ἐς μέσαις πόλεσι τρεφομένους βούλομαι μᾶλλον εὐδοκιμεῖν τῶν τὰ ὄρη κατειληφότων. Διατί; Ὅτι C πολὺ τὸ κέρδος ἐντεῦθεν γίνεται. Οὐδεὶς γὰρ καίει λύχνον, καὶ τίθησιν αὐτὸν ὑπὸ τὸν μόδιον. Διὰ τοῦτο βούλομαι ἐπὶ τῆς λυχνίας κεῖσθαι τοὺς λύχνους ἅπαντας, ἵνα πολὺ τὸ φῶς γένηται. Ἀνάψωμεν τοίνυν αὐτοῦ τὸ πῦρ, ποιήσωμεν τοὺς ἐν σκότῳ καθημένους ἀπαλλαγῆναι τῆς πλάνης. Καὶ μή μοι λέγε, ὅτι γυναῖκα ἔχω, καὶ παιδία κέκτημαι, καὶ οἰκίας προΐσταμαι, καὶ οὐ δύναμαι ταῦτα κατορθοῦν. Κἂν γὰρ τούτων μηδὲν ἔχῃς, ῥᾴθυμος δὲ ᾖς, πάντα οἴχεται· κἂν ταῦτα πάντα ᾖς περικείμενος, σπουδαῖος δὲ ᾖς, περιέσῃ τῆς ἀρετῆς. Ἓν γάρ ἐστι τὸ ζητούμενον, γνώμης D γενναίας παρασκευή· καὶ οὔτε ἡλικία, οὔτε πενία, [c] οὐ πλοῦτος, οὐ πραγμάτων περίστασις, οὐκ ἄλλο οὐδὲν ἐμποδίσαι δυνήσεται. Καὶ γὰρ καὶ γέροντες, καὶ

[d] Morel. ὅσον εἰσίν.

[a] Alius διαδραμεῖται.

[b] Morel. οὐδὲν λέγω.

[c] Οὐ πλοῦτος deest in Morel.

νέοι, καὶ γυναῖκας ἔχοντες, καὶ [d] παῖδας τρέφοντες,
καὶ τέχνας μεταχειριζόμενοι, καὶ στρατευόμενοι, κατώρθωσαν τὰ ἐπιταχθέντα ἅπαντα. Καὶ γὰρ ὁ Δανιὴλ
νέος ἦν, καὶ ὁ Ἰωσὴφ δοῦλος ἦν, καὶ ὁ Ἀκύλας τέχνην
μετεχειρίζετο, [e] καὶ ἡ πορφυρόπωλις ἐργαστηρίου
προειστήκει, καὶ ἄλλος δεσμοφύλαξ ἦν, καὶ ἄλλος ἑκατοντάρχης, ὡς ὁ Κορνήλιος, καὶ ἕτερος ἀσθενὴς, ὡς
ὁ Τιμόθεος, καὶ ἄλλος δραπέτης, ὡς Ὀνήσιμος· ἀλλ'
οὐδὲν οὐδενὶ τούτων γέγονε κώλυμα, ἀλλὰ πάντες εὐδοκίμησαν, καὶ ἄνδρες καὶ γυναῖκες, καὶ νέοι καὶ γέροντες, καὶ δοῦλοι καὶ ἐλεύθεροι, καὶ στρατιῶται καὶ E
ἰδιῶται. Μὴ τοίνυν περιττὰ σκηπτώμεθα, ἀλλὰ γνώμην παρασκευάσωμεν ἀρίστην. Κἂν ὁτιοῦν ὦμεν, πάντως [f] ἐπιληψώμεθα ἀρετῆς, καὶ τῶν μελλόντων ἐπιτύχωμεν ἀγαθῶν, χάριτι καὶ φιλανθρωπίᾳ τοῦ Κυρίου
ἡμῶν Ἰησοῦ Χριστοῦ, μεθ' οὗ τῷ Πατρὶ ἅμα τῷ ἁγίῳ
Πνεύματι δόξα καὶ τὸ κράτος, τιμὴ νῦν καὶ ἀεὶ, καὶ
εἰς τοὺς αἰῶνας τῶν αἰώνων. Ἀμήν.

purpuraria officinæ præerat, alius custos carceris erat, alius centurio, ut Cornelius, alius infirmus, ut Timotheus, alius fugitivus, ut Onesimus: sed nihil horum cuipiam eorum obfuit, quin recte vitam instituerent, et juvenes et senes, et servi et liberi, milites et idiotæ. Ne itaque vanos quæramus obtentus, sed propositum voluntatis paremus optimum. Cujusvis conditionis simus, virtutem omnino capessamus, et futura consequamur bona, gratia et benignitate Domini nostri Jesu Christi, quicum Patri et Spiritui sancto gloria et imperium, honor nunc et semper, et in sæcula sæculorum. Amen.

[d] Alii παιδία.

[e] Καὶ ἡ πορφυρόπωλις: purpuraria illa Thyatirena, de qua in Actibus apostolorum 16, 14.

[f] Sic Savil. Morel. vero ἐπιληψόμεθα.

ΟΜΙΛΙΑ μδ'.

467
A

HOMILIA XLIV. al. XLV.

Ἔτι δὲ αὐτοῦ λαλοῦντος τοῖς ὄχλοις, ἰδοὺ ἡ μήτηρ
καὶ οἱ ἀδελφοὶ αὐτοῦ εἱστήκεισαν ἔξω, ζητοῦντες
αὐτῷ λαλῆσαι. Εἶπε δέ τις αὐτῷ· ἰδοὺ ἡ μήτηρ σου
καὶ οἱ ἀδελφοί σου ἔξω ἑστήκασι, ζητοῦντές σοι
λαλῆσαι. Ὁ δὲ ἀποκριθεὶς εἶπε τῷ εἰπόντι αὐτῷ·
τίς ἐστιν ἡ μήτηρ μου, καὶ τίνες οἱ ἀδελφοί μου;
Καὶ ἐκτείνας τὴν χεῖρα αὐτοῦ ἐπὶ τοὺς μαθητὰς
αὐτοῦ, εἶπεν· ἰδοὺ ἡ μήτηρ μου καὶ οἱ ἀδελφοί μου. B

Cap. XII. v. 46. *Adhuc autem eo loquente ad turbas, ecce mater et fratres ejus stabant foris, quærentes ei loqui.* 47. *Dixit autem quidam ei: Ecce mater tua et fratres tui foris stant, quærentes tibi loqui.* 48. *Ipse autem respondens dicenti sibi ait: Quæ est mater mea, et qui sunt fratres mei?* 49. *Et extendens manum in discipulos suos, dixit: Ecce mater mea et fratres mei.*

Ὅπερ πρῴην ἔλεγον, ὅτι ἀρετῆς ἀπούσης ἅπαντα
περιττὰ, τοῦτο καὶ νῦν μετὰ πολλῆς δείκνυται τῆς
περιουσίας. Ἐγὼ μὲν γὰρ ἔλεγον, ὅτι καὶ ἡλικία, καὶ
φύσις, καὶ τὸ ἔρημον οἰκεῖν, καὶ ὅσα τοιαῦτα, ἀνόνητα, γνώμης οὐκ οὔσης ἀγαθῆς· σήμερον δὲ καὶ πλέον
ἕτερόν τι μανθάνομεν, ὅτι οὐδὲ τὸ κυοφορῆσαι τὸν
Χριστὸν, καὶ τὸν θαυμαστὸν ἐκεῖνον τόκον τεκεῖν,
ἔχει τι κέρδος, ἀρετῆς οὐκ οὔσης. Καὶ τοῦτο μάλιστα
ἐντεῦθεν δῆλον· Ἔτι γὰρ αὐτοῦ λαλοῦντος τοῖς ὄχλοις,
φησὶ, εἶπέ τις αὐτῷ, ὅτι ἡ μήτηρ σου καὶ οἱ ἀδελφοί C
σου ζητοῦσί σε. Ὁ δὲ λέγει· τίς ἐστιν ἡ μήτηρ μου,
καὶ τίνες οἱ ἀδελφοί μου; Ταῦτα δὲ ἔλεγεν, οὐκ ἐπαισχυνόμενος ἐπὶ τῇ μητρὶ, οὐδὲ ἀρνούμενος τὴν γεγεννη-
κυῖαν· εἰ γὰρ ἐπῃσχύνετο, οὐδ' ἂν διῆλθε διὰ τῆς
μήτρας ἐκείνης· ἀλλὰ δηλῶν, ὅτι οὐδὲν αὐτῇ ὄφελος

1. Quod nuper dicebam sine virtute omnia superflua esse, hoc nunc apertissime demonstratur. Dicebam ego, ætatem, naturam, deserti habitationem, cæteraque hujusmodi inutilia esse, si voluntatis propositum non sit bonum: hodie vero aliquid amplius discimus, ne quidem Christum peperisse et mirabilem illum partum edidisse, aliquid utilitatis habere sine virtute. Id vero hinc maxime liquidum est: nam dicit: *Adhuc eo loquente ad turbas, dixit quidam ei: Mater tua et fratres tui quærunt te. Ille vero dixit, Quæ est mater mea, et qui sunt fratres mei?* Hoc autem dicebat, non quod de matre puderet, nec quod genitricem negaret: si enim id illi pudori fuisset, non per uterum illum transisset; sed ut ostenderet, nihil

hinc matri utilitatis proventurum fuisse, nisi præcepta omnia servasset. Nam quod illa fecit ex ambitione proficiscebatur: volebat enim populo sese ostentare ac si imperaret filio, de quo nihil adhuc magnum imaginabatur, ideoque importune accessit. Vide ergo et ejus et fratrum arrogantiam. Cum oporteret enim ingressos audire cum turba, vel si id nollent, exspectare concionis finem, et tunc accedere, a foris vocant eum in conspectu omnium, superfluamque exhibent ambitionem, ut ostendant, se illi magna cum potestate imperare. Quod etiam evangelista incusando declarat; hoc ipsum enim subindicans dixit: *Adhuc eo loquente ad turbas;* ac si diceret: Annon aliud tempus erat? annon poterant seorsim alloqui? Quid porro loqui volebant? Nam si de veritate doctrinæ dicturi erant, hæc palam et coram omnibus proferre oportuit, ad aliorum quoque utilitatem; si de aliis ad res suas spectantibus, non sic instare par erat. Nam si illi patrem sepelire non permisit ne sequi se intermitteret: multo minus concionem rumpere debuit pro rebus nullius momenti. Quare palam est, eos solum ex vana gloria illud egisse; quod significans
Joan. 7. 5. Joannes dicebat: *Neque fratres ejus credebant in eum;* illorumque dicta refert admodum insana, dicens ipsos traxisse illum Jerosolymam, non ob aliam causam, quam ut ex ejus signis gloriam captarent: nam inquiunt,
Ibid. v. 4. *Si hæc facis, ostende teipsum mundo: nemo quippe in occulto quid facit, et quærit ipse palam fieri;* ipse vero illos increpavit, carnalem illorum culpans animum. Quia
Matth. 13. 55. 56. Marc. 6. 3. enim Judæi exprobrantes ipsi dicebant: *Nonne hic est fabri filius, cujus nos scimus patrem et matrem? et fratres ejus nonne apud nos sunt?* ignobilitatem generis vituperantes, propterea ipsum ad signorum ostentationem vocabant: ideo ipsos depellit, volens ab hac animi ægritudine liberare: qui si matrem negare voluisset, tunc negasset, cum id ipsi Judæi opprobrio verterent. Nunc autem tantam ejus curam exhibet, ut eam in cruce discipulo, quem maxime omnium diligebat, commendaret, magnamque ejus sollicitudinem exhiberet. At nunc non similiter facit, ut illi et fratribus suis recte consuleret. Quia enim illum nudum hominem censebant, atque inani gloria agebantur, morbum illum depellit, non ad contumeliam, sed ad emendationem. Tu vero ne verba illa tantum perpendas, quæ moderatam continent increpationem, sed etiam importunitatem auda-

τούτου, εἰ μὴ τὰ δέοντα ποιεῖ ἅπαντα. [a] Καὶ γὰρ ὅπερ ἐπεχείρησε, φιλοτιμίας ἦν περιττῆς· ἐβούλετο γὰρ ἐνδείξασθαι τῷ δήμῳ, ὅτι κρατεῖ καὶ αὐθεντεῖ τοῦ παιδὸς, οὐδὲν οὐδέπω περὶ αὐτοῦ μέγα φανταζομένη· διὸ καὶ ἀκαίρως προσῆλθεν. Ὅρα γοῦν καὶ αὐτῆς καὶ
D ἐκείνων τὴν ἀπόνοιαν. Δέον γὰρ εἰσελθόντας ἀκοῦσαι μετὰ τοῦ ὄχλου, ἢ μὴ τοῦτο βουλομένους ἀναμεῖναι καταλῦσαι τὸν λόγον, καὶ τότε προσελθεῖν· οἱ δὲ ἔξω καλοῦσιν αὐτὸν, καὶ ἐπὶ πάντων τοῦτο ποιοῦσι, φιλοτιμίαν [b] ἐπιδεικνύμενοι περιττὴν, καὶ δεῖξαι θέλοντες, ὅτι μετὰ πολλῆς αὐτῷ ἐπιτάττουσι τῆς ἐξουσίας. Ὅπερ καὶ ὁ εὐαγγελιστὴς δείκνυται ἐγκαλῶν· αὐτὸ γὰρ τοῦτο αἰνιττόμενος οὕτως εἴρηκεν· Ἔτι αὐτοῦ λαλοῦντος τοῖς ὄχλοις· ὡσανεὶ ἔλεγε· μὴ γὰρ οὐκ ἦν καιρὸς ἕτερος; μὴ γὰρ οὐκ ἦν κατ' ἰδίαν διαλεχθῆναι; Τί δὲ καὶ λαλῆσαι ἐβούλοντο; Εἰ μὲν γὰρ ὑπὲρ τῶν τῆς ἀληθείας δογμάτων, κοινῇ ταῦτα προθεῖναι ἐχρῆν,
E καὶ ἐπὶ πάντων εἰπεῖν, ὥστε καὶ τοὺς ἄλλους κερδᾶναι· εἰ δὲ περὶ ἑτέρων τῶν αὐτοῖς διαφερόντων, οὐκ ἐχρῆν οὕτω κατεπείγειν. Εἰ γὰρ πατέρα θάψαι οὐκ ἀφῆκεν, ἵνα μὴ διακόπτηται ἡ ἀκολούθησις· πολλῷ μᾶλλον τὴν αὐτοῦ δημηγορίαν καταλῦσαι οὐκ ἐχρῆν ὑπὲρ τῶν οὐδὲν προσηκόντων. Ὅθεν δῆλον, ὅτι κενοδοξίᾳ τοῦτο
468 μόνον ἐποίουν· ὃ καὶ Ἰωάννης δηλῶν ἔλεγεν, ὅτι
A Οὐδὲ οἱ ἀδελφοὶ αὐτοῦ ἐπίστευον εἰς αὐτόν· καὶ τὰ ῥήματα δὲ αὐτῶν ἀπαγγέλλει τὰ πολλῆς γέμοντα ἀνοίας, λέγων, ὅτι εἷλκον αὐτὸν ἐπὶ τὰ Ἱεροσόλυμα, δι' ἕτερον μὲν οὐδὲν, ἵνα δὲ αὐτοὶ δόξαν ἀπὸ τῶν ἐκείνου σημείων καρπώσωνται· Εἰ γὰρ ταῦτα ποιεῖς, φησὶ, δεῖξον σεαυτὸν τῷ κόσμῳ· οὐδεὶς γάρ τι ποιεῖ ἐν κρυπτῷ, καὶ ζητεῖ αὐτὸς φανερὸς εἶναι· ὅτε καὶ αὐτοῖς ἐπετίμησε, τὴν σαρκικὴν αὐτῶν αἰτιώμενος γνώμην. Ἐπειδὴ γὰρ οἱ Ἰουδαῖοι ὠνείδιζον, καὶ ἔλεγον· Οὐχ οὗτός ἐστιν ὁ τοῦ τέκτονος υἱὸς, οὗ ἡμεῖς ἴσμεν
B τὸν πατέρα καὶ τὴν μητέρα; καὶ οἱ ἀδελφοὶ αὐτοῦ οὐχὶ [a] παρ' ἡμῖν εἰσι; τὴν εὐτέλειαν βουλόμενοι τὴν ἀπὸ τοῦ γένους ἀποκρούεσθαι, ἐπὶ τὴν τῶν σημείων αὐτὸν ἐκάλουν ἐπίδειξιν· διὰ τοῦτο αὐτοὺς διακρούεται, τὸ πάθος αὐτῶν βουλόμενος ἰάσασθαι· ὡς εἴ γε [b] ἀρνήσασθαι ἤθελε τὴν μητέρα, ὅτε ἐκεῖνοι ὠνείδιζον, τότε ἂν ἠρνήσατο. Νῦν δὲ φαίνεται τοσαύτην αὐτῆς ποιούμενος πρόνοιαν, ὡς καὶ πρὸς αὐτῷ τῷ σταυρῷ τῷ πάντων μάλιστα ποθουμένῳ μαθητῇ παρακαταθέσθαι αὐτὴν, καὶ πολλὰ ὑπὲρ αὐτῆς ἐπισκῆψαι. Ἀλλ' οὐχὶ νῦν τοῦτο ποιεῖ, κηδόμενος αὐτῆς καὶ τῶν ἀδελφῶν. Ἐπειδὴ
C γὰρ ὡς ἀνθρώπῳ προσεῖχον ψιλῷ, καὶ ἐκενοδόξουν, τὸ νόσημα ἐκβάλλει, οὐχ ὑβρίζων, ἀλλὰ διορθούμενος. Σὺ δέ μοι μὴ τὰ ῥήματα ἐξέταζε μόνον τὰ ἐπιτίμησιν ἔχοντα σύμμετρον, ἀλλὰ καὶ τὴν ἀτοπίαν καὶ τὴν

[a] Bona verba, Chrysostome!
[b] Morel. περιδεικνύμενοι.

[a] Alii παρ' ἡμῶν εἰσι.
[b] Morel. ἀρνήσεσθαι. Ibid. Morel male ὅτε ἐκεῖνο.

τόλμαν τῶν ἀδελφῶν, ἣν ἐτόλμησαν, καὶ τὸν ἐπιτιμῶντα τίς ἦν· ὅτι οὐχὶ ψιλὸς ἄνθρωπος, ἀλλ' ὁ μονογενὴς Υἱὸς τοῦ Θεοῦ· καὶ τί βουλόμενος ἐπετίμα· οὐδὲ γὰρ ἐξαπορῆσαι θέλων, ἀλλ' ἀπαλλάξαι τοῦ τυραννικωτάτου πάθους, καὶ κατὰ μικρὸν ἐναγαγεῖν εἰς τὴν προσήκουσαν περὶ αὐτοῦ ἔννοιαν, καὶ πεῖσαι ὅτι οὐχὶ υἱὸς αὐτῆς μόνον ἐστὶν, ἀλλὰ καὶ Δεσπότης· καὶ ὄψει σφόδρα πρέπουσαν καὶ αὐτῷ τὴν ἐπιτίμησιν, κἀκείνῃ λυσιτελοῦσαν, καὶ μετὰ τούτων πολὺ καὶ τὸ ἥμερον ἔχουσαν. Οὐδὲ γὰρ εἶπεν, ἄπελθε, εἰπὲ τῇ μητρὶ, D ὅτι οὐκ εἶ μου μήτηρ, ἀλλὰ πρὸς τὸν εἰπόντα ἀποτείνεται λέγων· Τίς ἐστιν ἡ μήτηρ μου; μετὰ τῶν εἰρημένων καὶ ἕτερόν τι κατασκευάζων. Ποῖον δὴ τοῦτο; Τὸ μήτε ἐκείνους, [c] μήτε ἄλλους, συγγενείᾳ θαρῤῥοῦντας, ἀρετῆς ἀμελεῖν. Εἰ γὰρ ταύτην οὐδὲν ὠφελεῖ τὸ μητέρα εἶναι, εἰ μὴ ἐκεῖνο εἴη, σχολῇ γ' ἄν ἕτερός τις ἀπὸ συγγενείας σωθήσεται. Μία γὰρ εὐγένεια μόνη, τὸ θέλημα τοῦ Θεοῦ ποιεῖν. Οὗτος τῆς εὐγενείας ὁ τρόπος βελτίων ἐκείνου καὶ κυριώτερος.

Ταῦτ' οὖν εἰδότες, μήτε ἐπὶ παισὶν εὐδοκίμοις μέγα E φρονῶμεν, ἂν μὴ τὴν ἀρετὴν αὐτῶν ἔχωμεν· μήτε ἐπὶ πατράσι γενναίοις, ἐὰν μὴ ὦμεν αὐτοῖς ὁμότροποι. Ἔστι γὰρ καὶ τὸν γεννήσαντα μὴ εἶναι πατέρα, καὶ τὸν μὴ γεννήσαντα εἶναι. Διὰ δὴ τοῦτο καὶ ἀλλαχοῦ γυναικός τινος εἰπούσης· Μακαρία ἡ κοιλία ἡ βαστάσασά σε, καὶ μαστοὶ οὓς ἐθήλασας· οὐκ εἶπεν, οὐκ 469 ἐβάστασέ με [a] κοιλία, οὐδὲ, μαστοὺς οὐκ ἐθήλασα· A ἀλλὰ τοῦτο· Μενοῦνγε μακάριοι οἱ ποιοῦντες τὸ θέλημα τοῦ Πατρός μου. Ὁρᾷς πῶς ἄνω καὶ κάτω οὐκ ἀρνεῖται τὴν κατὰ φύσιν συγγένειαν, ἀλλὰ προστίθησι τὴν κατ' ἀρετήν; Καὶ ὁ πρόδρομος δὲ λέγων, Γεννήματα ἐχιδνῶν, μὴ δόξητε λέγειν, πατέρα ἔχομεν τὸν Ἀβραάμ, οὐ τοῦτο δείκνυσιν, ὅτι οὐκ ἦσαν ἐκ τοῦ Ἀβραὰμ κατὰ φύσιν, ἀλλ' ὅτι οὐδὲν αὐτοὺς ὠφελεῖ τὸ εἶναι ἐκ τοῦ Ἀβραάμ, εἰ μὴ τὴν ἀπὸ τῶν τρόπων συγγένειαν ἔχοιεν· ὃ καὶ ὁ Χριστὸς δηλῶν ἔλεγεν· Εἰ τέκνα τοῦ Ἀβραὰμ ἦτε, τὰ ἔργα τοῦ Ἀβραὰμ ἐποιεῖτε. οὐ τῆς συγγενείας αὐτοὺς ἀποστερῶν τῆς κατὰ σάρκα, ἀλλὰ παιδεύων τὴν μείζονα ταύτης καὶ κυριωτέραν ἐπιζητεῖν. Τοῦτο δὴ καὶ ἐνταῦθα κατασκευάζει, B ἀλλ' ἀνεπαχθέστερον καὶ ἐμμελέστερον· καὶ γὰρ πρὸς μητέρα ἦν ὁ λόγος αὐτῷ. Οὐδὲ γὰρ εἶπεν, οὐκ ἔστι μου μήτηρ, οὐδὲ ἀδελφοὶ ἐκεῖνοι, ἐπειδὴ οὐ ποιοῦσι τὸ θέλημά μου· οὐδὲ ἀπεφήνατο καὶ κατεδίκασεν· ἀλλ' ἔτι κυρίους αὐτοὺς ἐποίει τοῦ βούλεσθαι, μετὰ τῆς αὐτῷ πρεπούσης ἐπιεικείας φθεγγόμενος· Ὁ γὰρ ποιῶν, φησὶ, τὸ θέλημα τοῦ Πατρός μου, οὗτός

ciamque fratrum, ac quis sit ille qui increpat: non enim nudus homo, sed unigenitus Dei Filius; et quid volens increpaverit: non enim ut illam in dubium conjiceret, sed ut a tyrannico morbo liberaret, ac paulatim induceret ad congruentem de se opinionem, suaderetque ipsi, se non modo filium ipsius esse, sed etiam Dominum; videbisque increpationem admodum et sibi congruentem, et matri utilem, simulque valde mansuetam. Neque enim dixit, Abi, dic matri, illam meam non esse matrem; sed loquenti respondet his verbis: *Quæ est mater mea?* cum supra dictis aliud etiam efficiens. Quidnam illud? Ut neque illi, neque alii, cognationi fidentes, virtutem negligerent. Nam si illam nihil juvabat quod mater esset, nisi esset virtuti addicta, vix ac ne vix quidem alius ratione cognationis salutem consequetur. Sola quippe nobilitas est voluntatem Dei facere. Hic nobilitatis modus melior et præstantior est illo.

2. Hæc ergo cum sciamus, nec de filiis virtute claris altum sapiamus, nisi eadem qua illi virtute præditi simus; neque de generosis probisque patribus, nisi similes illis fuerimus. Potest enim fieri ut qui genuit, pater non sit, et qui non genuit, pater sit. Quapropter alibi cum mulier quædam diceret: *Beatus venter qui te portavit, et ubera quæ suxisti;* non respondit ille, Nullus me venter portavit, nulla suxi ubera; sed, *Quinimmo, beati qui faciunt voluntatem Patris mei.* Viden' quomodo non uspiam neget naturalem hanc cognationem; sed addat illam affinitatem, quæ secundum virtutem est? Præcursor quoque cum dicit, *Genimina viperarum, ne videamini dicere, Patrem habemus Abraham,* non declarat eos non esse secundum naturam ex Abrahamo ortos, sed nihil illis prodesse quod ex Abrahamo sint orti, nisi etiam morum cognationem haberent: quod etiam Christus declarat his verbis: *Si filii Abrahæ essetis, opera utique Abrahæ faceretis:* non eos a carnali cognatione removens, sed docens aliam hac majorem ac veriorem esse quærendam. Hoc etiam hic facit, sed moderatius et lenius: nam de matre sua sermo habebatur. Neque enim dixit, Non est mater mea, neque illi fratres sunt, quia non faciunt voluntatem meam; neque sententiam tulit vel condemnavit; sed in arbitrio ipsorum reliquit ut id vellent, loquens cum mansuetudine

Luc. 11. 27. Ibid. v. 28. Progenitores probi nihil prosunt improbe viventibus. Matth 3. 7. 9. Joan. 8. 39.

[c] Alii μήτε ἄλλον μηδένα συγγενείᾳ θαῤῥοῦντα.
[a] Κοιλία, μαστοὺς οὐκ. Sic Morel. Alii κοιλία, οὐδὲ, μαστοὺς οὐκ ἐθήλασα. Ibidem quidam ἀλλὰ τί; μόνον μακάριοι.

sibi congruenti : 50. *Qui enim facit*, inquit, *voluntatem Patris mei, ille meus frater et soror et mater est*. Quare si sic etiam esse volunt, hanc ineant viam. Et cum clamavit mulier dicens, *Beatus venter qui te portavit*, non dixit, Non est mater mea; sed, Si vult esse beata, voluntatem Patris mei faciat. Nam qui talis est, et frater, et soror, et mater est. Papæ, quantum honoris! papæ quanta est virtus! ad quantum culmen se

Maria jure beata prædicatur.

adeuntem erigit! quot mulieres beatam dixerunt sanctam illam Virginem, ejusque uterum, et optarunt tales esse matres, cæteraque abjicere! Quid ergo prohibet? Ecce latam viam nobis aperit, et licet non mulieribus modo, sed etiam viris in tali locari ordine; imo et in longe majori. Id enim longe magis matrem facit, quam partus. Itaque si beatum est illud, multo majus et verius hoc, utpote optabilius. Ne igitur solum desideres, sed et viam, quæ te ad rem desideratam ducit, capesse cum magno studio. Hæc ego cum dixisset exivit de domo. Vidistin' quomodo et increpavit, et fecit

Joan. 2. 3. 4.

id quod desiderabant? Quod etiam in nuptiis fecit. Nam et illic increpavit intempestive petentem, neque tamen postulatum negavit; tum ut imbecillitati mederetur, tum ut suam erga matrem benevolentiam exhiberet. Sic et hoc loco inanis gloriæ morbum sanavit, et debitum matri honorem

Cap. XIII.

præstitit, licet illa inopportuna peteret. 1. *In illo die*, ait, *exiens Jesus e domo, sedebat secus mare*. Nam si vultis, inquit, videre et audire, jam exeo ut disseram. Quia enim signa multa faciebat, rursus ex doctrina prodest. Et sedens secus mare, terrenos homines piscabatur. Sedit vero secus mare, non sine causa. Atque hoc ipsum subindicans posuit evangelista. Ut enim ostenderet, se accurate velle theatrum congregare, se hoc situ posuit, ut neminem a dorso haberet, sed omnes ad se conversos, 2. *Et congregatæ sunt*, inquit, *ad eum turbæ multæ; ita ut in naviculam ascendens sederet; et omnis turba in litore stabat*. Ibi vero sedens, per parabolas loquitur. 3. *Et loquutus est eis*, inquit, *multa in parabolis*. Atqui in monte non ita fecit, neque per tot parabolas sermonem contexuit : tunc turbæ solum erant, et plebs rudis; hic vero et scribæ et Pharisæi. Tu vero mihi animadverte quam primam ponat parabolam, et quomodo illas Matthæus per ordinem ponat. Quam ergo primam dicit? Quam maxime primam dicere oportebat, quæ auditorem reddat

μου ἀδελφὸς, καὶ ἀδελφὴ, καὶ μήτηρ ἐστίν. Ὥστε εἰ βούλονται εἶναι, ταύτην ἐρχέσθωσαν τὴν ὁδόν. Καὶ ἡνίκα δὲ ἐβόησεν ἡ γυνὴ λέγουσα, Μακαρία ἡ κοιλία ἡ βαστάσασά σε, οὐκ εἶπεν, οὐκ ἔστι μου μήτηρ· ἀλλ',

C εἰ βούλεται μακαρία εἶναι, τὸ θέλημα ποιείτω τοῦ Πατρός μου. Ὁ γὰρ τοιοῦτος, καὶ ἀδελφὸς, καὶ ἀδελφὴ, καὶ μήτηρ ἐστίν. Βαβαὶ τῆς τιμῆς· βαβαὶ τῆς ἀρετῆς· εἰς ὅσην ἀνάγει κορυφὴν τὸν μετιόντα αὐτήν. Πόσαι γυναῖκες ἐμακάρισαν τὴν ἁγίαν παρθένον ἐκείνην, καὶ τὴν νηδὺν, καὶ ηὔξαντο τοιαῦται γενέσθαι μητέρες, καὶ πάντα προέσθαι. Τί τοίνυν τὸ κωλύον; Ἰδοὺ γὰρ εὐρεῖαν ἔτεμεν ἡμῖν ὁδὸν, καὶ ἔξεστιν οὐ γυναιξὶ μόνον, ἀλλὰ καὶ ἀνδράσιν ἐπὶ τῆς τοιαύτης γενέσθαι τάξεως· μᾶλλον δὲ [b] καὶ ἔτι πολλῷ μείζονος. Τοῦτο γὰρ πολλῷ μᾶλλον μητέρα ποιεῖ, ἢ

D αἱ ὠδῖνες ἐκεῖναι. Ὥστε εἰ μακαριστὸν ἐκεῖνο, πολλῷ μᾶλλον τοῦτο, ὅσῳ καὶ κυριώτερον. Μὴ τοίνυν ἁπλῶς ἐπιθύμει· ἀλλὰ καὶ τὴν ὁδὸν τὴν φέρουσάν σε ἐπὶ τὴν ἐπιθυμίαν βάδιζε μετὰ πολλῆς τῆς σπουδῆς. Ταῦτα τοίνυν εἰπὼν ἐξῆλθεν ἐκ τῆς οἰκίας. Εἶδες πῶς καὶ ἐπέπληξε, καὶ ἐποίησεν ὅπερ ἐπόθουν; Ὃ δὴ καὶ ἐπὶ τῷ γάμῳ ποιεῖ. Καὶ γὰρ ἐκεῖ ἐπετίμησεν ἀκαίρως αἰτούσῃ, καὶ ὅμως οὐκ ἀντεῖπεν· τῷ μὲν προτέρῳ διορθούμενος τὴν ἀσθένειαν, τῷ δὲ δευτέρῳ τὴν περὶ τὴν μητέρα εὔνοιαν ἐπιδεικνύμενος. Οὕτω δὴ καὶ ἐν-

E ταῦθα τῆς τε κενοδοξίας τὸ νόσημα ἰάσατο, καὶ τὴν πρέπουσαν τιμὴν τῇ μητρὶ ἀπέδωκε, καίτοι καὶ ἄκαιρα αἰτούσῃ. Ἐν γὰρ τῇ ἡμέρᾳ, φησὶν, ἐκείνῃ ἐξελθὼν ὁ Ἰησοῦς ἐκ τῆς οἰκίας, ἐκάθητο παρὰ τὴν θάλασσαν. Εἰ γὰρ βούλεσθε, φησὶν, ἰδεῖν καὶ ἀκοῦσαι, ἰδοὺ ἐξέρχομαι, καὶ διαλέγομαι. Ἐπειδὴ γὰρ σημεῖα πολλὰ ἐποίησε, πάλιν τὴν ἐκ τῆς διδασκαλίας ὠφέλειαν

470 παρέχει. Καὶ κάθηται παρὰ τὴν θάλασσαν, ἁλιεύων

A καὶ σαγηνεύων τοὺς ἐν τῇ γῇ. Ἐκάθισε δὲ παρὰ τὴν θάλασσαν οὐχ ἁπλῶς. Καὶ τοῦτο αὐτὸ τέθεικεν αἰνιττόμενος ὁ εὐαγγελιστής. Ἵνα γὰρ δείξῃ, ὅτι βουλόμενος μετὰ ἀκριβείας συγκροτῆσαι τὸ θέατρον, τοῦτο πεποίηκε, καὶ ὥστε μηδένα ἀφεῖναι κατὰ νώτου, ἀλλὰ πάντας ἀντιπροσώπους ἔχειν, Καὶ συνήχθησαν, φησὶ, πρὸς αὐτὸν ὄχλοι πολλοὶ, ὥστε αὐτὸν ἐμβάντα εἰς τὸ πλοῖον καθῆσθαι· καὶ πᾶς ὁ ὄχλος ἐπὶ τὸν αἰγιαλὸν εἱστήκει. Καθίσας δὲ ἐκεῖ, διὰ παραβολῶν φθέγγεται. Καὶ ἐλάλησεν αὐτοῖς, φησὶ, πολλὰ ἐν παραβολαῖς. Καίτοι γε ἐπὶ τοῦ ὄρους οὐχ οὕτως ἐποίησεν, οὐδὲ διὰ

B παραβολῶν τοσούτων τὸν λόγον ὕφηνεν· τότε γὰρ ὄχλοι μόνον ἦσαν καὶ δῆμος ἄπλαστος· ἐνταῦθα δὲ γραμματεῖς καὶ Φαρισαῖοι. Σὺ δέ μοι σκόπει ποίαν προτέραν λέγει παραβολὴν, καὶ πῶς κατὰ ἀκολουθίαν αὐτὰς τίθησιν ὁ Ματθαῖος. Ποίαν οὖν πρώτην λέγει; Ἣν

b Savil. καὶ ἐπὶ πολλῷ μείζονος. Morel. καὶ ἔτι πολλῷ μείζονος.

μάλιστα πρώτην ἐχρῆν εἰπεῖν, τὴν ποιοῦσαν τὸν ἀκροατὴν προσεκτικώτερον. Ἐπειδὴ γὰρ αἰνιγματωδῶς ἔμελλε διαλέγεσθαι, διανίστησι τὴν διάνοιαν τῶν ἀκουόντων πρῶτον διὰ τῆς παραβολῆς. Διὰ τοῦτο καὶ ἕτερος εὐαγγελιστής φησι, ὅτι ἐπετίμησεν αὐτοῖς, ὅτι οὐ νοοῦσιν, λέγων· Πῶς οὐκ ἔγνωτε τὴν παραβολήν; Οὐ διὰ τοῦτο δὲ μόνον ἐν παραβολαῖς φθέγγεται, ἀλλ' ἵνα καὶ [a] ἐμφαντικώτερον τὸν λόγον ποιήσῃ, καὶ πλείονα τὴν μνήμην ἐνθῇ, καὶ ὑπ' ὄψιν ἀγάγῃ τὰ πράγματα. Οὕτω καὶ οἱ προφῆται ποιοῦσι.

Τίς οὖν ἐστιν ἡ παραβολή; Ἰδοὺ ἐξῆλθεν ὁ σπείρων τοῦ σπείρειν, φησί. Πόθεν ἐξῆλθεν ὁ πανταχοῦ παρὼν, ὁ τὰ πάντα πληρῶν; ἢ πῶς ἐξῆλθεν; [b] Οὐ τόπῳ, ἀλλὰ σχέσει καὶ οἰκονομίᾳ τῇ πρὸς ἡμᾶς, ἐγγύτερος ἡμῖν γενόμενος διὰ τῆς κατὰ τὴν σάρκα περιβολῆς. Ἐπειδὴ γὰρ ἡμεῖς εἰσελθεῖν οὐκ ἐδυνάμεθα, τῶν ἁμαρτημάτων διατειχιζόντων ἡμῖν τὴν εἴσοδον, αὐτὸς ἐξέρχεται πρὸς ἡμᾶς. Καὶ τί ἐξῆλθεν; ἀπολέσαι τὴν γῆν ἀκανθῶν γέμουσαν; τιμωρήσασθαι τοὺς γεωργούς; Οὐδαμῶς· ἀλλὰ γεωργῆσαι καὶ ἐπιμελήσασθαι, καὶ σπεῖραι τῆς εὐσεβείας τὸν λόγον. Σπόρον γὰρ ἐνταῦθα τὴν διδασκαλίαν φησί· ἄρουραν δὲ, τῶν ἀνθρώπων τὰς ψυχάς· σπορέα δὲ, ἑαυτόν. Τί τοίνυν γίνεται ἀπὸ τοῦ σπέρματος τούτου; Τρία ἀπόλλυται μέρη, καὶ σώζεται τὸ ἕν. Καὶ ἐν τῷ σπείρειν αὐτὸν, ἃ μὲν ἔπεσε, φησὶ, παρὰ τὴν ὁδὸν, καὶ ἦλθε τὰ πετεινὰ, καὶ κατέφαγεν αὐτά. Οὐκ εἶπεν, ὅτι αὐτὸς ἔῤῥιψεν, ἀλλ' ὅτι ἔπεσεν. Ἃ δὲ [c] ἐπὶ τὰ πετρώδη, ὅπου οὐκ εἶχε γῆν πολλήν· καὶ εὐθέως ἐξανέτειλε, διὰ τὸ μὴ ἔχειν βάθος γῆς. Ἡλίου δὲ ἀνατείλαντος, ἐκαυματίσθη, καὶ διὰ τὸ μὴ ἔχειν ῥίζαν, ἐξηράνθη. Ἃ δὲ ἐπὶ τὰς ἀκάνθας· καὶ ἀνέβησαν αἱ ἄκανθαι, καὶ ἀπέπνιξαν αὐτά. Ἃ δὲ ἐπὶ τὴν γῆν τὴν καλήν· καὶ ἐδίδου καρπὸν, ὃ μὲν ἑκατὸν, ὃ δὲ ἑξήκοντα, ὃ δὲ τριάκοντα. Ὁ ἔχων ὦτα ἀκούειν, ἀκουέτω. Τέταρτον μέρος ἐσώθη· καὶ οὐδὲ τοῦτο ἐξίσης, ἀλλὰ καὶ ἐνταῦθα πολλὴ ἡ διαφορά. Ταῦτα δὲ ἔλεγε, δηλῶν ὅτι μετὰ ἀφθονίας ἅπασι διελέγετο. Καθάπερ γὰρ ὁ σπείρων οὐ διαιρεῖ τὴν ὑποκειμένην ἄρουραν, ἀλλ' ἁπλῶς καὶ ἀδιακρίτως βάλλει τὰ σπέρματα· οὕτω καὶ αὐτὸς οὐ πλούσιον, οὐ πένητα διαιρεῖ, [a] οὐ σοφὸν, οὐκ ἄσοφον, οὐ ῥᾴθυμον, οὐ σπουδαῖον, οὐκ ἀνδρεῖον, οὐ δειλὸν, ἀλλὰ πᾶσι διελέγετο, τὰ παρ' ἑαυτοῦ πληρῶν, καίτοι προειδὼς τὰ ἐσόμενα· ἵνα ἐξῇ αὐτῷ λέγειν· Τί με ἔδει ποιῆσαι, καὶ οὐκ ἐποίησα; Καὶ οἱ μὲν προφῆται ὡς περὶ ἀμπέλου [b] διαλέγονται περὶ τοῦ δήμου· Ἀμπελὼν γὰρ ἐγενήθη, φησὶ, τῷ ἠγαπημένῳ· καὶ, Ἀμ-

attentiorem. Nam quia ænigmatice prædicaturus erat, auditorum animum primo per parabolam excitat. Ideo alter evangelista ait, sic increpasse illos, quod non intelligerent: *Quomodo non nostis parabolam?* Nec ideo solum in parabolis loquitur, sed ut majore cum emphasi verba faceret, et magis memoriæ imprimeret, resque sub C aspectum poneret. Sic et prophetæ faciunt.

Marc. 4. 13.

3. Quæ est ergo parabola? *Ecce exiit qui seminat seminare.* Unde exiit qui ubique præsens est, qui omnia implet? quomodo exiit? Non loco, sed habitu et dispensatione qua nostra curavit, propior nobis factus ob amictum carnis. Quia enim nos ingredi non poteramus, quod peccata nostra nobis aditum intercluderent, ipse ad nos egreditur. Et cur egressus est? ut perderet terram D spinis plenam? ad puniendos agricolas? Nequaquam; sed ad excolendam curandamque terram, et ad seminandum pietatis sermonem. Semen quippe hic doctrinam dicit; arvum vero, hominum animas; seminatorem, seipsum. Quid igitur fit de hoc semine? Tres pereunt partes, una servatur. 4. *Et dum seminaret, alia*, inquit, *cecidere secus viam, et venerunt volucres cæli, et comederunt ea.* Neque dixit, se jecisse, sed cecidisse semen. 5. *Quædam vero super petrosa, ubi non habebant terram multam; et continuo* E *exorta sunt, quia non habebant altitudinem terræ.* 6. *Sole autem orto æstuaverunt, et quia non habebant radicem, aruerunt.* 7. *Quædam autem ceciderunt inter spinas; et creverunt spinæ, et suffocaverunt ea.* 8. *Quædam vero in terram bonam; et dabant fructum, aliud centesimum, aliud sexagesimum, aliud trigesimum.* 9. *Qui habet aures audiendi, au-* 471 *diat.* Quarta pars servata est; neque illa æquali- A ter, sed etiam hic magnum discrimen est. His significat, se affatim omnibus loqui. Sicut enim is qui seminat non distinguit arvum, sed simpliciter et indiscriminatim semina mittit: sic et ille non divitem, non pauperem distinguit, non sapientem, non insipientem, non segnem, non studiosum, non strenuum, non timidum, sed omnibus loquebatur, quæ sua erant implens, etiamsi futura præsciret: ut diceret posset: *Quid me opor-*

Christus quomodo exiit.

Isai. 5. 4.

[a] Unus ἐκφαντικώτερον.

[b] Unus οὐ τρόπῳ, male.

[c] Alii ἐπὶ τὴν πέτραν.

[a] Morel. solus οὐ σοφὸν, οὐ σπουδαῖον, omissis interpositis.

[b] Manuscripti quidam διαλέγονται τῷ δήμῳ, minus recte.

tuit facere, et non feci? Et prophetæ quidem de populo quasi de vinea loquuntur: *Vinea* enim *facta est dilecto*, inquit; et, *Vineam de Ægypto transtulit;* ille vero quasi de semine. Quid autem significat? Promtam nunc fore obedientiam, et faciliorem, et cito fructum daturam. Cum autem audis: *Exiit qui seminat seminare*, non idem iterari putes. Sæpe enim qui seminat egreditur ad aliam rem, vel ut novales sulcet, vel ut malas plantas resecet, vel ut spinas evellat, vel aliud quid simile efficiat: ipse vero ad seminandum egressus est. Undenam, quæso, factum est, ut maxima pars seminis periret? Non ex seminante id ortum est, sed ex terra semen excipiente; id est, ex anima non audiente. Et qua de causa non dicit, inertes alia semina suscepisse, eaque perdidisse; alia divites, et ea suffocasse; alia molles, eaque prodidisse? Non vult eos vehementius insectari, ne in desperationem conjiciat, sed illud arguendum auditorum conscientiæ relinquit. Non autem semen tantum hoc passum est, sed etiam sagena. Nam et illa inutilia multa tulit. Hanc porro parabolam dixit, ut discipulos exerceret doceretque, ut si inter eos qui semen reciperent, plures essent, qui illud perderent, ne animo conciderent. Nam et Domino id accidit; et qui plane noverat, hæc esse futura, seminare non destitit. Et qua de causa, inquies, in spinis seminare, supra petram, in via? In seminibus, et in terra, nulla esset ratio: in animabus autem et in doctrina, id summopere laudandum. Agricola enim jure culparetur si id faceret: non potest enim petra fieri terra, neque via non esse via, neque possunt spinæ non esse spinæ: in rationalibus autem non sic: potest enim petra mutari in fertilem terram, viaque non ultra conculcari ab omnibus prætereuntibus, esseque pinguis ager; spinæque possunt evelli, ita ut semina iis liberata fructificent. Nisi enim id posset fieri, non seminasset ille. Quod si hæc mutatio in omnibus facta non sit, id non ex seminante provenit, sed ex iis qui mutari noluerunt. Nam ille quidem quæ ipsius erant effecit: si vero illi quæ acceperant ab eo prodiderunt, sine culpa ille est qui tantam benignitatem exhibuit. Tu vero illud mihi perpende, non unam esse perniciei viam, sed diversas esse aliasque ab aliis dissitas. Alii namque viæ similes sunt, ut forenses, segnes et negligentes; alii petram referentes, infirmiores sunt.

Ibid. Psal. 79. 9.

Semen non recipimus nostra, non seminantis, culpa.

πελον ἐξ Αἰγύπτου μετῆρεν· αὐτὸς δὲ ὡς περὶ σπόρου.
Τί δήποτε δηλῶν; Ὅτι ταχεῖα ἔσται νῦν ἡ ὑπακοὴ,
καὶ εὐκολωτέρα, καὶ εὐθέως τὸν καρπὸν δώσει. Ὅταν
B δὲ ἀκούσῃς, ὅτι Ἐξῆλθεν ὁ σπείρων τοῦ σπεῖραι, μὴ
ταυτολογίαν εἶναι νόμιζε. Ἐξέρχεται γὰρ ὁ σπείρων
πολλάκις καὶ ἐφ' ἕτερον πρᾶγμα, ἢ ὥστε νεῶσαι, ἢ
ὥστε τὰς πονηρὰς ἐκτεμεῖν βοτάνας, ἢ ὥστε ἀκάνθας
ἀνασπάσαι, ἢ ἄλλο τι ἐπιμελήσασθαι τοιοῦτον· αὐτὸς
δὲ ἐπὶ τὸ σπεῖραι ἐξῆλθεν. Πόθεν οὖν, εἰπέ μοι, τὸ
πλέον ἀπώλετο τοῦ σπόρου; Οὐ παρὰ τὸν σπείραντα,
ἀλλὰ παρὰ τὴν ὑποδεχομένην γῆν· τουτέστι, παρὰ
τὴν μὴ ἀκούσασαν ψυχήν. Καὶ τίνος ἕνεκεν οὐ λέγει,
ὅτι τὰ μὲν ἐδέξαντο οἱ ῥάθυμοι, καὶ ἀπώλεσαν· τὰ δὲ
οἱ πλούσιοι, καὶ ἀπέπνιξαν· τὰ δὲ οἱ χαῦνοι, καὶ
προύδωκαν; Οὐ βούλεται αὐτῶν σφόδρα καθικέσθαι,
ὥστε μὴ εἰς ἀπόγνωσιν ἐμβαλεῖν, ἀλλὰ καταλιμπάνει
C τῷ συνειδότι τῶν ἀκουόντων τὸν ἔλεγχον. Οὐχ ὁ σπόρος δὲ τοῦτο ἔπαθε μόνον, ἀλλὰ καὶ ἡ σαγήνη. Πολλὰ
γὰρ καὶ ἐκείνη ἤνεγκεν ἄχρηστα. Ταύτην δὲ λέγει τὴν
παραβολὴν, τοὺς μαθητὰς ἀλείφων, καὶ παιδεύων,
κἂν πλείους τῶν δεχομένων τὸν λόγον ὦσιν οἱ ἀπολλύμενοι, μὴ καταπίπτειν. Καὶ γὰρ καὶ ἐπὶ τοῦ Δεσπότου
τοῦτο γέγονε· καὶ [c] ὁ πάντως προειδὼς, ὅτι ταῦτα
ἔσται, οὐκ ἀπέστη τοῦ σπείρειν. Καὶ πῶς ἂν ἔχοι λόγον, φησὶ, ἐπὶ τὰς ἀκάνθας σπείρειν, ἐπὶ τὴν πέτραν,
ἐπὶ τὴν ὁδόν; Ἐπὶ μὲν τῶν σπερμάτων, καὶ τῆς
D γῆς, οὐκ ἂν ἔχοι λόγον· ἐπὶ δὲ τῶν ψυχῶν, καὶ τῶν
διδαγμάτων, καὶ πολὺν ἔχει τοῦτο τὸν ἔπαινον. Ὁ μὲν
γὰρ γεωργὸς εἰκότως ἂν [d] ἐνεκαλεῖτο τοῦτο ποιῶν· οὐ
γὰρ ἔνι τὴν πέτραν γενέσθαι γῆν, οὐδὲ τὴν ὁδὸν μὴ
εἶναι ὁδὸν, οὐδὲ τὰς ἀκάνθας μὴ εἶναι ἀκάνθας· ἐπὶ δὲ
τῶν λογικῶν οὐχ οὕτω· δυνατὸν γὰρ τὴν πέτραν μεταβληθῆναι, καὶ γενέσθαι γῆν λιπαράν· καὶ τὴν ὁδὸν μηκέτι καταπατεῖσθαι μηδὲ προκεῖσθαι τοῖς παριοῦσιν
ἅπασιν, ἀλλ' εἶναι ἄρουραν πίονα· καὶ τὰς ἀκάνθας
ἀφανισθῆναι, καὶ πολλῆς ἀπολαύειν ἀδείας τὰ σπέρματα. Εἰ γὰρ μὴ ἐξῆν, οὐκ ἂν ἔσπειρεν οὗτος. Εἰ δὲ
E μὴ ἐγένετο ἐπὶ πάντων ἡ μεταβολὴ, οὐ παρὰ τὸν
σπείραντα, ἀλλὰ παρὰ τοὺς μὴ βουλομένους μεταβληθῆναι. Αὐτὸς μὲν γὰρ τὸ αὐτοῦ πεποίηκεν· εἰ δὲ ἐκεῖνοι
τὰ παρ' αὐτοῦ προύδωκαν, ἀνεύθυνος αὐτὸς ὁ τοσαύτην
φιλανθρωπίαν ἐπιδειξάμενος. Σὺ δέ μοι ἐκεῖνο σκόπει,
ὅτι οὐ μία τῆς ἀπωλείας ἡ ὁδὸς, ἀλλὰ διάφοροι καὶ
472 ἀλλήλων διεστηκυῖαι. Οἱ μὲν γὰρ τῇ ὁδῷ ἐοικότες
A εἰσὶν, οἱ βάναυσοι, καὶ ῥάθυμοι, καὶ ὀλίγωροι· οἱ δὲ
ἐν τῇ πέτρᾳ, οἱ ἀσθενέστεροι μόνον. Ὁ γὰρ ἐπὶ τὰ
πετρώδη σπαρεὶς, φησὶν, οὗτός ἐστιν ὁ τὸν λόγον
ἀκούων, καὶ εὐθὺς μετὰ χαρᾶς λαμβάνων αὐτόν· οὐκ
ἔχει δὲ ῥίζαν ἐν ἑαυτῷ, ἀλλὰ πρόσκαιρός ἐστι· γενο-

[c] Alius ὁ πάντα προειδώς.

[d] Ἐγκαλοῖτο quidam. [Edebatur ἐγκαλεῖτο.]

μένης δὲ θλίψεως ἢ διωγμοῦ διὰ τὸν λόγον, [a] εὐθέως σκανδαλίζεται. Παντὸς, φησὶν, ἀκούοντος τὸν λόγον τῆς βασιλείας, καὶ μὴ συνιέντος, ἔρχεται ὁ πονηρὸς, καὶ ἁρπάζει τὸ ἐσπαρμένον ἐν τῇ καρδίᾳ αὐτοῦ. Οὗτός ἐστιν ὁ παρὰ τὴν ὁδὸν σπαρείς. Οὐκ ἔστι δὲ ἴσον, μηδενὸς ἐπηρεάζοντος, μηδὲ ἀναμοχλεύοντος, τὴν διδασκαλίαν μαρανθῆναι, καὶ πειρασμῶν ἐπικειμένων· οἱ δὲ ταῖς ἀκάνθαις προσεοικότες, πολλῷ B τούτων [b] ἀσυγγνωστότεροι.

21. *Quod in petra seminatur semen*, inquit, *refert illum qui verbum audit, et statim cum gaudio accipit;* 21. *sed non habet radicem in seipso, et ad tempus tantum consistit: sed adveniente propter verbum calamitate, vel persequutione, statim offendit.* 19. *Cum vero quis audit verbum regni, et non intelligit, venit malignus, et rapit id quod seminatum erat in corde ipsius. Hoc est semen juxta viam jactum.* Non est autem æquale, nemine vexante, vel molestiam inferente, doctrinam exsiccari, et instante tentatione idipsum fieri: qui vero spinis similes sunt, minus his sunt venia digni.

Ἵν' οὖν μήτι τούτων πάθωμεν, ἐπικαλύψωμεν τῇ προθυμίᾳ τὰ λεγόμενα, καὶ τῇ διηνεκεῖ μνήμῃ. Εἰ γὰρ καὶ ἁρπάζει ὁ διάβολος, ἀλλ' ἡμεῖς κύριοι τοῦ μὴ ἁρπαγῆναι· εἰ καὶ ξηραίνεται τὰ σπέρματα, οὐ παρὰ τὸν καύσωνα τοῦτο γίνεται. Οὐ γὰρ εἶπεν, ὅτι διὰ τὸν καύσωνα ἐξηράνθη, ἀλλὰ, Διὰ τὸ μὴ ἔχειν ῥίζαν. Εἰ καὶ ἀποπνίγεται τὰ λεγόμενα, οὐ παρὰ τὰς ἀκάνθας, ἀλλὰ [c] παρὰ τοὺς συγχωροῦντας ἀναβῆναι ταύτας. Ἔνεστι γὰρ, ἐὰν θέλῃς, κωλῦσαι τὴν πονηρὰν ταύτην C βλάστην, καὶ τῷ πλούτῳ εἰς δέον χρήσασθαι. Διὰ τοῦτο οὐκ εἶπεν, ὁ αἰὼν, ἀλλ', Ἡ μέριμνα τοῦ αἰῶνος· οὐδὲ, ὁ πλοῦτος, ἀλλ', Ἡ ἀπάτη τοῦ πλούτου. Μὴ τοίνυν τὰ πράγματα αἰτιώμεθα, ἀλλὰ τὴν γνώμην τὴν διεφθαρμένην. Ἔστι γὰρ καὶ πλουτεῖν, καὶ μὴ ἀπατᾶσθαι· καὶ ἐν τῷ αἰῶνι εἶναι τούτῳ, καὶ μὴ ἀποπνίγεσθαι ταῖς φροντίσι. Καὶ γὰρ δύο ἐλαττώματα ὁ πλοῦτος ἔχει ἐναντία· τὸ μὲν, κατατεῖνον καὶ ἐπισκοτοῦν, τὴν μέριμναν· τὸ δὲ, [d] μαλακωτέρους ποιοῦν, τὴν τρυφήν. Καὶ καλῶς εἶπεν, Ἡ ἀπάτη τοῦ πλούτου. Πάντα γὰρ τὰ τοῦ πλούτου ἀπάτη· ὀνόματα γὰρ μόνον ἐστὶν, οὐκ D ἐπὶ πραγμάτων κείμενα. Καὶ γὰρ ἡ ἡδονὴ, καὶ ἡ δόξα, καὶ ὁ καλλωπισμὸς, καὶ πάντα ταῦτα, φαντασία τίς ἐστιν, οὐ πραγμάτων ἀλήθεια. Εἰπὼν τοίνυν τοὺς τρόπους τῆς ἀπωλείας, ὕστερον τίθησι τὴν καλὴν γῆν, οὐκ ἀφιεὶς ἀπογνῶναι, ἀλλὰ διδοὺς ἐλπίδα μετανοίας, καὶ δεικνὺς, ὅτι δυνατὸν ἐκ τῶν εἰρημένων εἰς ταύτην μεταβαλεῖν. Καίτοι εἰ καὶ ἡ γῆ καλὴ, καὶ ὁ σπορεὺς εἷς, καὶ τὰ σπέρματα τὰ αὐτὰ, διατί * ὃ μὲν ἑκατὸν, ὃ δὲ ἑξήκοντα, ὃ δὲ τριάκοντα ἤνεγκεν; Ἐνταῦθα πάλιν παρὰ τὴν φύσιν τῆς γῆς ἡ διαφορά· καὶ γὰρ ἔνθα ἂν καλὴ ἡ γῆ, πολλὴ ἐν αὐτῇ καὶ ἡ διαφορά. Ὁρᾷς οὐχὶ τὸν γεωργὸν αἴτιον ὄντα, οὐδὲ τὰ σπέρματα, ἀλλὰ τὴν δεχομένην γῆν, οὐ παρὰ τὴν φύσιν, ἀλλὰ E παρὰ τὴν γνώμην. Καὶ ἐνταῦθα δὲ πολλὴ ἡ φιλαν-

4. Ne igitur eorum quidpiam patiamur, hæc semina magnitudine animi et diuturna memoria obtegamus. Etiamsi enim rapiat diabolus, in nobis est ne rapiantur: quod si semina siccentur, non id ab æstu efficitur. Non enim dixit, Hæc propter æstum exsiccata sunt, sed, *Quod radicem non habebant.* Et si illa præfocantur, non a spinis, sed ab iis qui has crescere siverunt. Licet enim, si volueris, hoc malum germen impedire, ac divitiis, ut decet, uti. Ideo non dixit, Sæculum, sed, *Sollicitudo sæculi;* neque, Divitiæ, sed, *Fallacia divitiarum.* Ne igitur res ipsas culpemus, sed corruptam voluntatem. Licet enim divitem esse, et non decipi: in hoc esse sæculo, et sollicitudinibus non præfocari. Duo quippe vitia inter se opposita in divitiis sunt; aliud, quod cruciat et offuscat, est sollicitudo; aliud, quod molliores reddit, sunt deliciæ. Recte autem dixit, *Fallacia divitiarum.* Omnia quippe in divitiis fallacia sunt: nomina quippe sunt, non in rebus sita. Etenim voluptas, gloria, pulchritudinis studium, similiaque omnia, species quædam et phantasia sunt, non rerum veritas. Cum ergo perniciei modos dixisset, demum ponit terram bonam, non desperare sinens, sed spem dans pœnitentiæ, ostendensque posse a supradictis ad illam transitum fieri. Atqui si terra bona est et agricola unus, seminaque eadem, cur aliud centum, aliud sexaginta, aliud triginta tulit? Hic rursus ex terræ natura discrimen: nam ubi bona terra est, multa ibi differentia. Vides non agricolam esse causam, neque semina, sed terram excipientem, neque ex natura, sed ex voluntate discrimen censeri. Hic autem multa Dei

Infra v. 22.

[a] Duo Manuscripti εὐθέως ἐσκανδαλίσθη. Mox alii τὸν λόγον τῆς ἀληθείας, et paulo post quidam ἐκ τῆς καρδίας αὐτοῦ, quæ lectio non spernenda.

[b] Quidam habent ἀσυγγνωστότερον.

[c] Quidam ἀλλὰ παρὰ τοῦ συγχωροῦντος.

[d] Duo Mss. μαλακωτέρους ποιοῦν τὴν ψυχήν.

* [Savil. in marg. ὃ.]

Virtus non par in omnibus exigitur.

benignitas deprehenditur, qui non unam exigit virtutis mensuram; sed primos libenter recipit, secundos non ejicit, tertiis dat locum. Hæc porro dicit, ne putent ii qui ipsum sequuntur, auditu exceptam doctrinam ad salutem esse satis. Sed cur, inquit, non cætera ponit vitia, ut corporum concupiscentiam, vanam gloriam? Cum dixerit sollicitudinem hujus sæculi, et fallaciam divitiarum, omnia posuit. Nam et vana gloria et cætera omnia et hujus sæculi sunt, et ad divitiarum fallaciam reduci possunt; exempli causa, voluptas, gula, invidia, vana gloria, et similia omnia. Addidit autem et viam et petram, ut ostendat non satis esse si a pecuniarum amore tantum nos expediamus; sed cæteras quoque virtutes exercendas esse. Quid enim prodest, si divitiis non servis, esque tamen ignavus et mollis? quid, si ignavus non sis quidem, sed segnis ad doctrinam audiendam? Neque enim illorum unum satis est ad salutem; sed opus est primo audiendi sedulitate, deinde jugi memoria, hinc forti animo, divitiarum necnon sæcularium omnium contemtu. Ideo enim audiendi studium primo ponit, deindeque cætera, quia hoc primo est opus (*Quomodo enim credent, nisi audiant?* ut nos quoque nisi dictis attendamus, non poterimus ea quæ agenda sunt ediscere); deinde animi fortitudinem ponit et rerum præsentium contemtum. Hæc itaque audientes, nos undique muniamus: dictis attendentes, firmas mittentes radices, sæcularibusque omnibus nos expedientes. Si autem alia quidem faciamus, alia negligamus, nihil nobis conferet, ac si non hoc, certe altero modo peribimus. Quid enim refert, utrum ob divitias, utrum ob segnitiem, utrum ob mollitiem pessum eamus? Nam agricola æque luget si hoc, æque si illo modo semen perdat. Ne itaque quod non per omnes modos pereas, hinc consolationem admittas, sed quocumque tandem modo pereas, luge. Spinas comburamus, quæ verbum suffocant. Id norunt divites, qui neque ad hæc, neque ad alia sunt utiles. Servi namque et captivi voluptatum, ne ad civilia quidem negotia sunt utiles; si non ad illa, multo minus ad cælestia. Duplex enim pestis cogitationes eorum invadit, deliciarum scilicet et sollicitudinis: quorum singula possunt scapham demergere. Cum

Rom. 10. 14.

θρωπία, ὅτι οὐχ ἓν [*] ἀπαιτεῖ μέτρον ὁ Θεὸς ἀρετῆς, ἀλλὰ καὶ τοὺς πρώτους ἀποδέχεται, καὶ τοὺς δευτέρους οὐκ ἐκβάλλει, καὶ τοῖς τρίτοις δίδωσι χώραν. Ταῦτα δὲ λέγει, ἵνα μὴ νομίσωσιν οἱ ἀκολουθοῦντες
473 αὐτῷ, ὅτι ἀρκεῖ ἡ ἀκρόασις εἰς σωτηρίαν. Καὶ τίνος
A ἕνεκεν, φησὶν, οὐχὶ καὶ τὰς ἄλλας ἔθηκε πονηρίας, οἷον, ἐπιθυμίαν σωμάτων, κενοδοξίαν; Εἰπὼν τὴν μέριμναν τοῦ αἰῶνος τούτου, καὶ τὴν ἀπάτην τοῦ πλούτου, ἅπαντα τέθεικε. Καὶ γὰρ καὶ κενοδοξία, καὶ τὰ ἄλλα ἅπαντα, τοῦ αἰῶνος τούτου, καὶ τῆς τοῦ πλούτου ἀπάτης ἐστίν· οἷον, ἡδονὴ, καὶ γαστριμαργία, καὶ βασκανία, καὶ κενοδοξία, καὶ ὅσα τοιαῦτα. Προσέθηκε δὲ καὶ τὴν ὁδὸν καὶ τὴν πέτραν, δεικνὺς ὅτι οὐκ ἀρκεῖ χρημάτων ἀπηλλάχθαι μόνον, ἀλλὰ δεῖ καὶ τὴν ἄλλην ἀρετὴν ἀσκεῖν. Τί γὰρ, ἂν χρημάτων μὲν ἐλεύθερος ᾖς, ἄνανδρος δὲ καὶ μαλακός; τί δὲ, εἰ ἄνανδρος μὲν μὴ ᾖς, ῥᾴθυμος δὲ καὶ ὀλίγωρος περὶ τὴν ἀκρόασιν;
B Οὐδὲ γὰρ ἀρκεῖ μέρος ἓν πρὸς σωτηρίαν ἡμῖν, ἀλλὰ δεῖ πρῶτον μὲν ἀκροάσεως ἀκριβοῦς, καὶ μνήμης διηνεκοῦς, ἔπειτα ἀνδρείας, εἶτα χρημάτων ὑπεροψίας, καὶ τῆς τῶν βιωτικῶν ἁπάντων ἀπαλλαγῆς. Διὰ γάρ τοι τοῦτο [a] πρῶτον τίθησιν ἐκείνου τοῦτο, ἐπειδὴ τούτου πρώτου χρεία (Πῶς γὰρ πιστεύσουσιν, ἐὰν μὴ ἀκούσωσι; καθάπερ οὖν καὶ ἡμεῖς ἐὰν μὴ προσέχωμεν τοῖς λεγομένοις, οὐδὲ μαθεῖν δυνησόμεθα ἃ χρὴ ποιεῖν)· ἔπειτα τὴν ἀνδρείαν, καὶ τὴν τῶν παρόντων ὑπεροψίαν. Ταῦτ' οὖν ἀκούοντες, πάντοθεν ἑαυτοὺς τειχίζωμεν, προσέχοντες τοῖς λεγομένοις, καὶ κατὰ βάθους ἀφιέντες τὰς ῥίζας, καὶ πάντων ἑαυτοὺς ἐκκαθαίροντες τῶν βιωτικῶν. Ἂν δὲ τὰ μὲν ποιῶμεν, τῶν δὲ ἀμελῶμεν, οὐδὲν ἡμῖν ἔσται πλέον· [b] κἂν γὰρ μὴ
C οὕτως, ἀλλ' ἐκείνως ἀπολλύμεθα. Τί γὰρ διαφέρει, ἂν μὴ διὰ πλούτου, ἀλλὰ διὰ ῥᾳθυμίας· ἂν μὴ διὰ ῥᾳθυμίας, ἀλλὰ δι' ἀνανδρίας διαφθαρῶμεν; Ἐπεὶ καὶ ὁ γεωργὸς, ἄν τε οὕτως, ἄν τε ἐκείνως ἀπολέσῃ τὸν σπόρον, ὁμοίως πενθεῖ. Μὴ τοίνυν ἐπειδὴ μὴ πᾶσιν ἀπολλύμεθα τοῖς τρόποις, παραμυθίαν ἔχωμεν, ἀλλὰ ἀλγῶμεν οἵῳ ἂν ἀπολώμεθα τρόπῳ. Καὶ κατακαίωμεν τὰς ἀκάνθας· [c] καὶ γὰρ ἀποπνίγουσιν τὸν λόγον. Καὶ ἴσασι τοῦτο οἱ πλουτοῦντες, οἱ μὴ πρὸς ταῦτα μόνον, ἀλλὰ μηδὲ πρὸς ἕτερα ὄντες χρήσιμοι. Δοῦλοι γὰρ καὶ αἰχμάλωτοι γενόμενοι τῶν ἡδονῶν,
D καὶ πρὸς τὰ πολιτικά εἰσιν ἄχρηστοι πράγματα· εἰ δὲ πρὸς ἐκεῖνα, πολλῷ μᾶλλον πρὸς τὰ τῶν οὐρανῶν. Καὶ γὰρ διπλῆ τοῖς λογισμοῖς ἐντεῦθεν ἡ λύμη γίνεται, ἀπό τε τῆς τρυφῆς, ἀπό τε τῆς φροντίδος· τούτων γὰρ καὶ καθ' ἑαυτὸ μὲν ἕκαστον ἱκανὸν κα-

[*] Quidam ἀπαιτεῖ μέρος.

[a] Morel. τοῦτο πρῶτον τίθησι ἐκείνου τοῦτο, Savil. τοῦτο πρῶτον τίθησιν ἐκεῖνο. [In marg. e var. lect. ἐκείνου τοῦτο.]

[b] Alii ἂν γάρ. Et ibid. ἀλλ' ἑτέρως.

[c] Mss. multi καὶ γὰρ ἀποπνίγει.

ταποντίσαι τὸ σκάφος. Ὅταν δὲ καὶ ἀμφότερα συνδράμῃ, ἐννόησον ἡλίκον τὸ κλυδώνιον γίνεται.

Καὶ μὴ θαυμάσῃς, εἰ τὴν τρυφὴν [d] ἀκάνθας ἐκάλεσε. Σὺ μὲν γὰρ ἀγνοεῖς, μεθύων τῷ πάθει· οἱ δὲ ὑγιαίνοντες ἴσασιν ὅτι ἀκάνθης μᾶλλον κεντεῖ, καὶ τρυφὴ πλέον ἢ μέριμνα δαπανᾷ τὴν ψυχὴν, καὶ χαλεπωτέρας παρέχει τὰς ὀδύνας καὶ τῷ σώματι καὶ τῇ ψυχῇ. Οὐδὲ γὰρ οὕτως ὑπὸ φροντίδος τις πλήττεται, ὡς ὑπὸ πλησμονῆς. Ὅταν γὰρ ἀγρυπνίαι, καὶ κροτάφων διατάσεις, καὶ [e] καρηβαρίαι, καὶ σπλάγχνων ὀδύναι περιέχωσι τὸν τοιοῦτον, ἐννόησον πόσων ἀκανθῶν ταῦτα χαλεπώτερα. Καὶ καθάπερ αἱ ἄκανθαι, ὅθεν ἂν κατασχεθῶσιν, αἱμάττουσι τὰς κατεχούσας αὐτὰς χεῖρας· οὕτω δὴ καὶ ἡ τρυφὴ καὶ πόδας, καὶ χεῖρας, καὶ κεφαλὴν, καὶ ὀφθαλμοὺς, καὶ πάντα ἁπλῶς λυμαίνεται τὰ μέλη, καὶ ξηρὰ δὲ καὶ ἄκαρπός ἐστιν ὥσπερ ἡ ἄκανθα, καὶ πολλῷ μειζόνως ἐκείνης λυπεῖ, καὶ ἐν τοῖς καιρίοις. Καὶ γὰρ καὶ γῆρας ἄκαιρον ἐπεισάγει, καὶ ἀμβλύνει τὰς αἰσθήσεις, καὶ σκοτοῖ τὸν λογισμὸν, καὶ πηροῖ τὸν νοῦν ὀξὺ βλέποντα, καὶ πλαδαρὸν τὸ σῶμα ποιεῖ, δαψιλεστέραν τῆς κόπρου τὴν ἀποθήκην ἐργαζομένη, καὶ πολλὴν τὴν σωρείαν τῶν κακῶν συνάγουσα, καὶ μεῖζον τὸ φορτίον, καὶ ὑπέρογκον ποιεῖται τὸν γόμον· ὅθεν καὶ πολλὰ καὶ συνεχῆ τὰ πτώματα, καὶ πυκνὰ τὰ ναυάγια. Τί γὰρ λιπαίνεις, εἰπέ μοι, τὸ σῶμα; Μὴ γὰρ καταθῦσαί σε ἔχομεν; μὴ γὰρ παραθεῖναι τραπέζῃ; [a] Τὰς ὄρνις καλῶς πιαίνεις· μᾶλλον δὲ οὐδὲ ἐκείνας καλῶς· ὅταν γὰρ πιανθῶσιν, ἄχρηστοι πρὸς ὑγιεινήν εἰσι δίαιταν. Τοσοῦτον κακὸν [b] ἡ τρυφὴ, ὡς καὶ ἐν ἀλόγοις τὴν λύμην ἐπιδείκνυσθαι. Καὶ γὰρ ἐκείνας τρυφώσας καὶ ἑαυταῖς καὶ ἡμῖν ἀχρήστους ποιοῦμεν. Καὶ γὰρ τὰ περιττώματα ἀκατέργαστα, καὶ ἡ ὑγροτέρα σῆψις ἀπὸ τῆς πιμελῆς ἐκείνης γίνεται. Τὰ δὲ οὐχ οὕτω τρεφόμενα, ἀλλ', ὡς ἂν εἴποι τις, ἐν νηστείᾳ διάγοντα, καὶ συμμέτρῳ διαίτῃ, καὶ πονοῦντα καὶ ταλαιπωρούμενα, ταῦτα καὶ ἑαυτοῖς καὶ ἄλλοις χρησιμώτατα, καὶ πρὸς τροφὴν, καὶ πρὸς τὰ ἄλλα ἅπαντα. Οἱ γοῦν ἐκεῖνα σιτούμενοι, μᾶλλον ὑγιαίνουσιν· οἱ δὲ τούτοις τρεφόμενοι, αὐτοῖς ἐοίκασι, νωθροὶ καὶ ἐπίνοσοι γινόμενοι, καὶ τὸν δεσμὸν χαλεπώτερον ἐργαζόμενοι. Οὐδὲν γὰρ οὕτω σώματι πολέμιον, καὶ βλαβερὸν, ὡς τρυφή· οὐδὲν οὕτω διαῤῥήγνυσι καὶ [c] καταχώννυσιν αὐτὴν καὶ διαφθείρει, ὡς ἀσωτία. Διὸ μάλιστα ἄν τις κἀντεῦθεν ἐκπλαγείη τῆς ἀνοίας αὐτοὺς, ὅτι οὐδὲ ὅσην ἐπὶ τῶν ἀσκῶν ἔχουσιν ἕτεροι τὴν φειδὼ, τοσαύτην ἐφ' ἑαυτῶν θέλουσιν ἐπιδείκνυσθαι οὗτοι. Ἐκείνους μὲν γὰρ οἱ τῶν οἴνων πρα-

autem ambo concurrunt, cogita quanta sit tempestas.

5. Nec mireris si delicias spinas vocet. Tu enim, quia hoc vitio ebrius es, id ignoras : qui vero sani sunt, norunt eas vehementius quam
E spinas pungere : deliciæ plus quam sollicitudines animam labefaciunt, gravioresque et corpori et animæ pariunt dolores. Neque enim quis ita sauciatur curis, ut satietate. Quando enim quis et somno privatus, ac capitis temporumque ægritudine, et viscerum doloribus distentus fuerit, co-
474 gita quot spinis hæc graviora sint. Ac quemad-
A modum spinæ quacumque ex parte capiantur, manus cruentant : sic et deliciæ pedes, manus, caput, oculos, et omnia demum membra pessumdant, illæque aridæ infructuosæque sunt sicut spinæ, et magis quam illæ nocent in præcipuis. Nam et senectutem ante tempus inducunt, sensus sopiunt, cogitationem tenebris offundunt, mentem acute videntem excæcant, flaccidum corpus efficiunt, majorem stercorum copiam re-
B condunt, mala congerunt, majus onus et pondus faciunt : hinc frequentes casus et ruinæ, multa naufragia. Cur, quæso, corpus impinguas? An te immolaturi sumus? an in mensa apposituri? Aves recte impinguas; imo ne aves quidem : cum enim pingues sunt, ad sanum edendi usum sunt inutiles. Tantum malum est ciborum voluptas nimia, ut etiam in brutis perniciosa sit. Nam illa saturitate nimia et sibi et nobis inutilia efficimus. Superfluitates quippe indigestæ, et humida putredo ab illa oritur pinguedine. Quæ vero animalia non ita aluntur, sed quasi jejunant et laborant, illa certe et sibi et aliis
C utilissima sunt, tum ad cibum, tum ad alia omnia : quique iis vescuntur, firmiore gaudent valetudine; qui autem pinguioribus, ipsis similes facti, tardiores sunt, infirmi, duroque vinculo ligati. Nihil enim ita corpori noxium ut ciborum deliciæ : nihil ita rumpit et obruit ipsum, ut ingluvies. Ideo hinc maxime illorum stultitiam quis miretur, quod non sibi parcant ut cæteri utribus. Nam qui vina vendunt, nolunt plus æquo utres implere, ne rumpant : hi vero miserum ventrem, ne hac quidem cura dignum censent; sed postquam illum impleverint atque
D ruperint, usque ad aures, nares, fauces vino

Ciborum deliciæ etiam corpori noxiæ.

[d] Iidem ἄκανθαν.

[e] Morel. καριβαρεῖαι.

[a] Alii τὰς ὄρνεις.

[b] Ἡ τρυφὴ hic pro ciborum deliciis, sive pro delicatis cibis accipitur, ut passim apud Chrysostomum.

[c] Alii καταχώννυσιν αὐτό. Ibidem alii ὡς ἀπληστία. Infra Morel. ἐφ' ἑαυτὸν θέλουσιν.

replent, duplicem hinc parientes angustiam, et spiritui, et vi illi, quæ animal totum moderatur. An ideo tibi guttur datum est, ut usque ad os illud vino aliisque corruptis materiis repleas? Non ideo datum est, o homo, sed præcipue ut Deo canas, et sacras preces emittas, leges divinas legas, consiliaque des proximo profutura. Tu vero quasi illa tantum de causa datum esset, ne minimum quidem sinis ipsum ministerio sacro servire, sed totam vitam huic pessimæ servituti tradis. Ac quemadmodum si quis citharam sumens aureis fidibus compactam, ac pulchre concinnatam, non ad dulcem modulationem pulsaret, sed fimo repleret ac luto: sic et hi faciunt. Fimum voco non cibum, sed delicias, et illam tantam intemperantiam. Nam quod extra necessitatem est, non cibus, sed lues est. Venter enim ad alimenta solum accipienda datus est; os et fauces et lingua et ad hoc et ad alia his magis necessaria: multoque magis neque venter ad cibos quolibet modo excipiendos, sed moderatos tantum. Idque ostendit ipse, dum mille modis clamat, quando ipsi per hanc nimiam copiam nocemus; neque clamat solum, sed etiam id quasi injuriam ulciscitur, extremasque reposcit pœnas. Primo pedes punit, qui nos ad illas pessimas deportant epulas: deinde manus ligat, quod tot et tanta ministrent: multorum etiam os distortum fuit, oculi et caput laborarunt. Ac veluti servus, cum quid vires excedens agere præcipitur, efferatus nonnumquam imperanti maledicit: sic et venter vim passus, cum his membris etiam cerebrum sæpe labefactat et perdit. Deusque optime providit, ut ex immoderato usu tantum damnum accedat, quocum lubens philosophari nolueris, vel invitus saltem ex metu tantæ perniciei moderate agere discas. Hæc cum sciamus, ciborum delicias fugiamus, moderationique studeamus, ut et corporis valetudine fruamur, et animam infirmitate omni liberemus, sicque futura consequamur bona, gratia et benignitate Domini no-

ται οὐκ ἐῶσι πλέον τοῦ δέοντος * βαλεῖν, ὥστε μὴ διαῤῥαγῆναι· τὴν δὲ ἀθλίαν οὗτοι γαστέρα οὐδὲ ταύτης ἀξιοῦσι τῆς προνοίας, ἀλλ' ἐπειδὰν αὐτὴν ἐμπλήσωσι καὶ διαῤῥήξωσι, καὶ μέχρι τῶν ὤτων, μέχρι τῶν ῥινῶν, μέχρι τῆς φάρυγγος αὐτῆς πληροῦσι τοῦ οἴνου, διπλῆν ἐντεῦθεν τῷ πνεύματι καὶ τῇ τὸ ζῶον οἰκονομούσῃ δυνάμει κατασκευάζοντες τὴν στενοχωρίαν. Μὴ γὰρ διὰ τοῦτό σοι γέγονε φάρυγξ, ἵνα μέχρι [d] τοῦ στόματος ἄνω σεσηπότος οἴνου καὶ τῆς ἄλλης ἀποπληρώσῃς αὐτὸν διαφθορᾶς; Οὐ διὰ τοῦτο, ἄνθρωπε, ἀλλ'
E ἵνα προηγουμένως ᾄδῃς τῷ Θεῷ, καὶ τὰς ἱερὰς ἀναπέμπῃς εὐχὰς, καὶ τοὺς θείους ἀναγινώσκῃς νόμους, καὶ τοῖς πλησίον τὰ συμφέροντα [e] συμβουλεύῃς. Σὺ δὲ ὥσπερ διὰ τοῦτο αὐτὴν λαβὼν, ἐκείνῃ μὲν οὐδὲ μικρὸν ἐᾷς καιρὸν σχολάζειν τῇ λειτουργίᾳ, πάντα δὲ τὸν βίον τῇ πονηρᾷ ταύτῃ αὐτὴν ὑποτάττεις δουλείᾳ.
475 A Καὶ ὥσπερ εἴ τις κιθάραν λαβὼν, χρυσᾶς νευρὰς ἔχουσαν, καὶ ἡρμοσμένην καλῶς, ἀντὶ τοῦ τὴν παναρμόνιον μελῳδίαν εἰς αὐτὴν ἀνακρούεσθαι, κόπρῳ πολλῇ καταχώσειε καὶ πηλῷ· οὕτω καὶ οὗτοι ποιοῦσι. Κόπρον δὲ οὐ τὴν τροφὴν, ἀλλὰ τὴν τρυφὴν ἐκάλεσα, καὶ τὴν πολλὴν ἐκείνην ἀσέλγειαν. Τὸ γὰρ πλέον τοῦ δέοντος, οὐκ ἔστι τροφὴ, ἀλλὰ λύμη μόνον. Καὶ γὰρ ἡ γαστὴρ μόνη διὰ τὴν τῶν σιτίων μόνων γέγονεν ὑποδοχήν· στόμα δὲ, καὶ φάρυγξ, καὶ γλῶττα, καὶ δι' ἕτερα ἀναγκαιότερα τούτων· πολλῷ μᾶλλον δὲ οὐδὲ ἡ γαστὴρ διὰ σιτίων ὑποδοχὴν ἁπλῶς, ἀλλὰ διὰ σιτίων ὑποδοχὴν [a] συμμέτρων. Καὶ τοῦτο δηλοῖ, καταβοῶσα ἡμῶν μυρία, ὅταν ἐπηρεάσωμεν αὐτῇ διὰ τῆς πλεονεξίας ταύ-
B της· οὐ καταβοᾷ δὲ μόνον, ἀλλὰ καὶ ἀμυνομένη τῆς ἀδικίας τὴν ἐσχάτην ἡμᾶς ἀπαιτεῖ δίκην. Καὶ πρῶτον τοὺς πόδας τιμωρεῖται, τοὺς βαστάζοντας καὶ ἀπάγοντας ἡμᾶς ἐπὶ τὰ πονηρὰ ἐκεῖνα συμπόσια, ἔπειτα τὰς χεῖρας τὰς διακονουμένας αὐτῇ συνδέουσα, ἀνθ' ὧν τοσαῦτα καὶ τοιαῦτα προσῆγον ἐδέσματα· πολλοὶ δὲ καὶ αὐτὸ τὸ στόμα διέστρεψαν, καὶ ὀφθαλμοὺς καὶ κεφαλήν. Καὶ καθάπερ οἰκέτης, ὅταν ἐπιταγῇ τι τὴν δύναμιν ὑπερβαῖνον, ἀπονοηθεὶς ὑβρίζει εἰς τὸν ἐπιτάξαντα πολλάκις· οὕτω καὶ αὕτη μετὰ τῶν μελῶν τούτων καὶ τὸν ἐγκέφαλον πολλάκις [b] αὐτὸν βιασθεῖσα ἀπόλλυσι καὶ διαφθείρει. Καὶ τοῦτο ὁ Θεὸς ᾠκονόμησε καλῶς, ἐκ τῆς ἀμετρίας τοσαύτην γίνεσθαι βλάβην,
C ἵν' ὅταν ἑκὼν μὴ φιλοσοφῇς, κἂν ἄκων διὰ τὸν φόβον τῆς τοσαύτης διαφθορᾶς μετριάζειν μάθῃς. Ταῦτ' οὖν εἰδότες, φεύγωμεν τρυφὴν, ἐπιμελώμεθα συμμετρίας, ἵνα καὶ τῆς τοῦ σώματος ὑγείας ἀπολαύσωμεν, καὶ τὴν ψυχὴν πάσης ἀπαλλάξαντες ἀῤῥωστίας, τῶν μελ-

* βαλεῖν. Savil. suspicatur legendum λαβεῖν, sed βαλεῖν optime habet.

d Morel. τοῦ στόματος ἄνω σεσηπότος.

e Alii συμβουλεύοις.

a Alii σύμμετρον, alii συμμέτρων. Utrumque recte. Mox quidam ἐπηρεάσωμεν αὐτήν.

b Αὐτὸν deest in quodam Codice, et καλῶς in alio.

λόντων ἐπιτύχωμεν ἀγαθῶν, χάριτι καὶ φιλανθρωπίᾳ τοῦ Κυρίου ἡμῶν Ἰησοῦ Χριστοῦ, ᾧ ἡ δόξα καὶ τὸ κράτος, νῦν καὶ ἀεὶ, καὶ εἰς τοὺς αἰῶνας τῶν αἰώνων. Ἀμήν.

stri Jesu Christi, cui gloria et imperium, nunc et semper, et in sæcula sæculorum. Amen.

ΟΜΙΛΙΑ με'.

D

HOMIL. XLV. al. XLVI.

Καὶ προσελθόντες οἱ μαθηταὶ εἶπον αὐτῷ· διατί ἐν παραβολαῖς λαλεῖς αὐτοῖς; Ὁ δὲ ἀποκριθεὶς εἶπεν αὐτοῖς· ὅτι ὑμῖν δέδοται γνῶναι τὰ μυστήρια τῆς βασιλείας τῶν οὐρανῶν, ἐκείνοις δὲ οὐ δέδοται.

Ἄξιον θαυμάσαι τοὺς μαθητὰς, πῶς καὶ ἐπιθυμοῦντες μαθεῖν, ἴσασι πότε ἐρωτῆσαι ἐχρῆν. Οὐ γὰρ ἐπὶ πάντων τοῦτο ποιοῦσι· καὶ τοῦτο ἐδήλωσεν ὁ Ματθαῖος εἰπὼν, Καὶ προσελθόντες. Καὶ ὅτι οὐ στοχασμὸς E τὸ εἰρημένον, ὁ Μάρκος αὐτὸ σαφέστερον παρέστησεν, εἰπὼν ὅτι κατ' ἰδίαν προσῆλθον αὐτῷ. Τοῦτο δὴ καὶ τοὺς ἀδελφοὺς καὶ τὴν μητέρα ποιῆσαι ἐχρῆν, καὶ οὐχὶ καλέσαι ἔξω, καὶ [c] ἐπιδείξασθαι. Σκόπει δὲ αὐτῶν καὶ τὴν φιλοστοργίαν, πῶς πολὺν ὑπὲρ τῶν ἄλλων ποιοῦνται λόγον, καὶ πρότερον τὰ ἐκείνων ζητοῦσι, καὶ τότε τὰ ἑαυτῶν. Διατί γὰρ, φησὶν, ἐν παραβολαῖς 476 λαλεῖς αὐτοῖς; A Οὐκ εἶπον, διατί ἐν παραβολαῖς λαλεῖς ἡμῖν; Καὶ γὰρ καὶ ἀλλαχοῦ [a] πολλαχῶς φαίνονται φιλοστόργως πρὸς ἅπαντας διακείμενοι, ὡς ὅταν λέγωσιν, Ἀπόλυσον τοὺς ὄχλους, καὶ, ὅτι Οἶδας ὅτι ἐσκανδαλίσθησαν. Τί οὖν ὁ Χριστός; Ὅτι ὑμῖν δέδοται, φησὶ, γνῶναι τὰ μυστήρια τῆς βασιλείας τῶν οὐρανῶν· ἐκείνοις δὲ οὐ δέδοται. Τοῦτο δὲ εἶπεν, οὐκ ἀνάγκην εἰσάγων, οὐδὲ ἀποκλήρωσίν τινα ἁπλῶς καὶ ὡς ἔτυχε γινομένην· ἀλλὰ δεικνὺς [b] αὐτοὺς ἁπάντων αἰτίους ὄντας τῶν κακῶν, καὶ παραστῆσαι θέλων, ὅτι δωρεὰ τὸ πρᾶγμά ἐστι, καὶ χάρις ἄνωθεν δεδομένη. Οὐ μὴν B ἐπειδὴ δωρεὰ, διὰ τοῦτο τὸ αὐτεξούσιον ἀνῄρηται· καὶ τοῦτο ἐκ τῶν ἑξῆς δῆλον. Ὅρα γοῦν πῶς, ἵνα μήτε ἐκεῖνοι ἀπογνῶσι, μήτε οὗτοι ῥαθυμήσωσιν, ἀκούσαντες ὅτι δέδοται, δείκνυσιν παρ' ἡμῖν τὴν ἀρχὴν οὖσαν. Ὅστις γὰρ ἔχει, δοθήσεται αὐτῷ, καὶ περισσευθήσεται· ὅστις δὲ οὐκ ἔχει, καὶ [c] ὃ δοκεῖ ἔχειν ἀρθήσεται ἀπ' αὐτοῦ. Καὶ πολλῆς μὲν ἀσαφείας γέμει τὸ εἰρημένον· ἄφατον δὲ δικαιοσύνην ἐνδείκνυται. Ὃ γὰρ λέγει, τοιοῦτόν ἐστιν· ὅταν τις προθυμίαν ἔχῃ καὶ σπουδὴν, δοθήσεται αὐτῷ καὶ τὰ παρὰ τοῦ Θεοῦ ἅπαντα· ὅταν δὲ τούτων κενὸς ᾖ, καὶ τὰ παρ' ἑαυτοῦ μὴ εἰσφέρῃ, οὐδὲ τὰ παρὰ τοῦ Θεοῦ δίδοται. Καὶ γὰρ ὃ δοκεῖ ἔχειν,

CAP. XIII. v. 10. *Et accedentes discipuli dixerunt ei: Quare in parabolis loqueris eis?* 11. *Ipse autem respondens dixit eis: Quia vobis datum est nosse mysteria regni cælorum, illis autem non datum est.*

1. Jure admiremur discipulos, quod discendi cupidi, sciant quando interrogandum sit. Non enim omnibus præsentibus id faciunt: quod Matthæus ita significavit: *Et accedentes.* Hoc porro non ex conjectura dico: Marcus enim id clarius *Marc.* 4. 10.
indicavit, cum ait ipsos seorsim ad illum accessisse. Sic et matrem et fratres ejus facere decebat, non vocare foras, et sese ostentare. Perpende autem caritatem ipsorum, quantam scilicet aliorum curam gerant, ac prius quæ ad illos pertinent quærant, deinde sua. *Cur*, inquiunt, *in parabolis loqueris ad eos?* Non dixerunt, Cur in parabolis loqueris nobis? Nam et alibi sæpe videntur bono esse erga omnes affectu; ut cum dicunt, *Dimitte turbas*; et, *Scis quod scandalizati sint.* *Luc.* 9. 12. *Matth.* 15. 12.
Quid ergo Christus? *Quia vobis datum est nosse mysterium regni cælorum: illis autem datum non est.* Illud autem dixit, non necessitatem inducens, neque sortem quamdam temere et simpliciter missam; sed ostendens ipsos sibi causam esse malorum, ut declaret, donum illud esse, et gratiam superne datam. Neque tamen quia donum est, ideo liberum arbitrium est sublatum: id quod ex sequentibus manifestum est. Vide igitur quomodo, ut neque illi desperent, neque hi negligenter agant, audientes illud datum esse, penes nos esse initium dicat. 12. *Quicumque enim habet, dabitur ei, et abundabit: quicumque autem non habet, et quod videtur habere auferetur ab eo.* Multa obscuritate plenum est id quod dicitur, ineffabilemque justitiam ostendit. Hoc autem significat: Ei qui desiderio et studio plenus est, dabuntur a Deo omnia: ei vero qui his vacuus est, nec ea quæ penes se sunt facit, neque ea quæ a Deo sunt

Liberum arbitrium per gratiam non tollitur.

[c] Morel. ἐνδείξασθαι.
[a] Savil. πολλαχοῦ.
[b] Alii τοὺς μὴ προσέχοντας ἑαυτοῖς ἁπάντων.
[c] Alii καὶ ὃ ἔχει.

dabuntur illi. Nam, *Et quod videtur habere*,
inquit, *auferetur ab eo :* non Deo auferente, sed
sua non præbente. Hoc et nos facimus : cum
videmus quemdam segniter audientem, et monitis multis non attendentem, silemus deinceps.
Nam si monere pergamus, augetur segnities. Cupidum autem discendi attrahimus, multaque verba
fundimus. Pulchre vero dixit, *Et quod videtur
habere*. Neque enim hoc ipsum habet. Deinde hæc
clariora efficit, ostendens quid sit illud, *Habenti
dabitur*, his verbis : *Ab eo autem qui non habet, et quod videtur habere auferetur ab eo.*
13. *Ideo*, inquit, *in parabolis loquor ipsis,
quia videntes non vident*. Atqui aperiendi, inquies, ipsorum oculi erant, si non videant. Verum
si ex natura cæcitas erat, aperire oportebat ; quia
vero voluntaria cæcitas, ideo non simpliciter dixit, Non vident ; sed, *Videntes non vident ;* ita
ut ex eorum nequitia cæcitas sit. Viderant enim
Matth. 9. 34. dæmonas egressos, et dicebant: *In Beelzebub principe dæmoniorum ejicit dæmonia*. Audierant
illum ipsos Deo adducentem, et cum Deo magnum
consensum exhibentem, et dicunt: *Hic non est ex
Deo*. Quia igitur contraria et visis et auditis exhibebant, ideo dicit, Et visum et auditum ipsis au-
fero. Nihil enim hinc illis plus accedit, nisi major damnatio. Non modo enim non credebant, sed
etiam increpabant, accusabant, insidias struebant.
Verum non hoc dicit ; non vult enim onerosus accusando esse. Initio quippe non sic cum illis disserebat, sed cum magna perspicuitate : quia vero
sese pervertebant, in parabolis demum loquitur.
Deinde ne quis putaret hæc per calumniam dici,
nec dicerent illi : Inimicus noster est is qui criminatur, prophetam adducit eadem ipsa proferentem.
14. *Impletur enim in ipsis*, inquit, *prophetia
Isai. 6. 9. Isaiæ dicens : Auditu audietis, et non intelligetis, et visu percipietis, et non videbitis*. Viden' quam accurate propheta accuset illos? Neque
enim ipse dixit, Non videtis ; sed, *Videbitis et
non videbitis ;* neque dixit, Non audietis ; sed,
Audietis, et non intelligetis. Quare ipsi seipsos primo excluserunt, aures obturantes, oculos
claudentes, cor obdurantes. Non modo enim non
audiebant, sed et 15. *Graviter audiebant ;* idque faciebant, inquit, *Nequando convertantur,
et sanem eos ;* intensam illorum nequitiam indicans, et aversionem studio paratam.

C φησὶν, ἀρθήσεται ἀπ' αὐτοῦ· οὐ τοῦ Θεοῦ αἴροντος,
ἀλλὰ μὴ καταξιοῦντος αὐτὸν τῶν αὐτοῦ. Τοῦτο καὶ
ἡμεῖς ποιοῦμεν· ὅταν ἴδωμέν τινα ἀκούοντα ῥαθύμως,
καὶ πολλὰ παρακαλοῦντες προσέχειν μὴ πείθωμεν,
σιγῶμεν λοιπόν. Εἰ γὰρ μέλλομεν ἐπιμένειν, ἐπιτείνεται αὐτῷ τὰ τῆς ῥαθυμίας. Τὸν δὲ σπουδάζοντα μαθεῖν ἐπισπώμεθα [d] καὶ πολλὰ ἐγχέομεν. Καὶ καλῶς
εἶπεν, Καὶ ὃ δοκεῖ ἔχειν. Οὐδὲ γὰρ αὐτὸ τοῦτο ἔχει.
Εἶτα καὶ σαφέστερον ὅπερ εἶπεν ἐποίησε, δεικνὺς τί
ἐστι τὸ, Τῷ ἔχοντι δοθήσεται, εἰπών· Ἀπὸ δὲ τοῦ μὴ
ἔχοντος, καὶ ὃ δοκεῖ ἔχειν ἀρθήσεται ἀπ' αὐτοῦ. Διὰ
τοῦτο, φησὶν, ἐν παραβολαῖς λαλῶ αὐτοῖς, ὅτι βλέπον-
D τες οὐ βλέπουσιν. Οὐκοῦν ἀνοῖξαι ἔδει, φησὶ, τοὺς
ὀφθαλμοὺς εἰ μὴ βλέπουσιν. Ἀλλ' εἰ μὲν φύσεως ἡ
πήρωσις ἦν, ἀνοῖξαι ἔδει· ἐπειδὴ δὲ ἑκουσία καὶ αὐθαί-
ρετος ἡ πήρωσις, διὰ τοῦτο οὐκ εἶπεν ἁπλῶς, οὐ βλέ-
πουσιν· ἀλλὰ, Βλέποντες οὐ βλέπουσιν· ὥστε τῆς
αὐτῶν πονηρίας ἡ πήρωσις. Εἶδον γὰρ καὶ δαίμονας
ἐξελθόντας καὶ ἔλεγον· Ἐν τῷ Βεελζεβοὺλ τῷ ἄρχοντι τῶν δαιμονίων ἐκβάλλει τὰ δαιμόνια. Ἤκουσαν
[e] τῷ Θεῷ προσάγοντος αὐτοὺς, καὶ πολλὴν πρὸς αὐτὸν
ἐπιδεικνυμένου τὴν ὁμόνοιαν, καὶ λέγουσιν, ὅτι Οὐκ
ἔστιν οὗτος ἀπὸ τοῦ Θεοῦ. Ἐπεὶ οὖν τἀναντία καὶ ὧν
E ἔβλεπον καὶ ὧν ἤκουον ἀπεφαίνοντο, διὰ τοῦτο, φησὶ,
καὶ τὸ βλέπειν καὶ τὸ ἀκούειν ἀπ' αὐτῶν ἀφαιρῶ.
Οὐδὲν γὰρ αὐτοῖς ἐντεῦθεν πλέον γίνεται, ἀλλὰ καὶ
κρίμα πλέον. Οὐ γὰρ μόνον ἠπίστουν, ἀλλὰ καὶ ἐπε-
τίμων, καὶ κατηγόρουν, καὶ ἐπεβούλευον. Ἀλλ' οὐ λέγει τοῦτο· οὐ γὰρ βούλεται εἶναι φορτικὸς κατηγορῶν.
477 Οὐκοῦν ἐξ ἀρχῆς οὐχ οὕτως αὐτοῖς διελέχθη, ἀλλὰ
A μετὰ πολλῆς τῆς σαφηνείας· ἐπειδὴ δὲ διέστρεφον
ἑαυτοὺς, ἐν παραβολαῖς λοιπὸν φθέγγεται. Εἶτα ἵνα
μὴ νομίσῃ τις κατηγορίαν εἶναι ψιλὴν τὰ εἰρημένα,
μηδὲ λέγωσιν, ὅτι ἐχθρὸς ἡμῶν ὢν ταῦτα αἰτιᾶται καὶ
διαβάλλει, καὶ τὸν προφήτην εἰσάγει τὰ αὐτὰ αὐτῷ
ψηφιζόμενον. [a] Πληροῦται γὰρ ἐπ' αὐτοῖς, φησὶν, ἡ
προφητεία Ἡσαΐου ἡ λέγουσα· ἀκοῇ ἀκούσετε, καὶ οὐ
μὴ συνῆτε, καὶ βλέποντες βλέψετε, καὶ οὐ μὴ ἴδητε.
Εἶδες καὶ τὸν προφήτην μετὰ ταύτης τῆς ἀκριβείας
κατηγοροῦντα; Οὐδὲ γὰρ αὐτὸς εἶπεν, ὅτι οὐ [b] βλέπετε·
ἀλλὰ, Βλέψετε, καὶ οὐ μὴ ἴδητε· οὐδ', ὅτι οὐκ ἀκού-
B σεσθε· ἀλλ', ὅτι Ἀκούσετε καὶ οὐ μὴ συνῆτε. Ὥστε
αὐτοὶ ἑαυτοὺς ἀφείλοντο πρῶτον, τὰ ὦτα βύσαντες,
τοὺς ὀφθαλμοὺς μύσαντες, τὴν καρδίαν παχύναντες.
Οὐ γὰρ μόνον οὐκ ἤκουον, ἀλλὰ καὶ βαρέως ἤκουον·
[c] ἐποίησαν δὲ τοῦτο, φησὶ, Μήποτε ἐπιστρέψωσι, καὶ
ἰάσωμαι αὐτούς· τὴν ἐπιτεταμένην αὐτῶν λέγων πονηρίαν, καὶ μετὰ σπουδῆς ἀποστροφήν.

[d] Quidam habent καὶ πολλὰ ἐκχέομεν.
[e] Quidam τῷ Θεῷ μὲν προσάγοντος.
[a] Unus ἀποπληροῦται
[b] Forte legendum, ut putat etiam Savilius, οὐ βλέψετε, ἀλλὰ βλέψετε.
[c] Alii ἐποίησέ τε τοῦτο.

Καὶ τοῦτο λέγει, ἐφελκόμενος αὐτοὺς καὶ ἐρεθίζων, καὶ δεικνὺς ὅτι, ἂν ἐπιστρέψωσιν, ἰάσεται αὐτούς· ὥσπερ ἂν εἴ τις λέγοι· οὐκ [d] ἐβουλήθη με ἰδεῖν, καὶ χάριν ἔχω· εἰ γὰρ ἠξιώθην, εὐθέως ἐνδιδόναι ἔμελλον. Τοῦτο δὲ λέγει, δεικνὺς πῶς ἂν καταλλαγείη. Οὕτω δὴ καὶ ἐνταῦθά φησι· Μήποτε ἐπιστρέψωσι, καὶ ἰάσωμαι αὐτούς· δεικνὺς ὅτι καὶ τὸ ἐπιστραφῆναι δυνατὸν, καὶ μετανοήσαντας ἔνι σωθῆναι· καὶ ὅτι οὐκ εἰς τὴν αὐτοῦ δόξαν, ἀλλ' εἰς τὴν αὐτῶν σωτηρίαν ἅπαντα ἐποίει. Εἰ γὰρ μὴ ἐβούλετο αὐτοὺς ἀκοῦσαι καὶ σωθῆναι, σιγῆσαι ἔδει, οὐχὶ ἐν παραβολαῖς λέγειν· νῦν δὲ αὐτῷ τούτῳ κινεῖ αὐτοὺς, τῷ συνεσκιασμένα λέγειν. Ὁ γὰρ Θεὸς οὐ βούλεται τὸν θάνατον τοῦ ἁμαρτωλοῦ, ὡς τὸ ἐπιστρέφειν καὶ ζῆν αὐτόν. Ὅτι γὰρ οὐ φύσεως τὸ ἁμάρτημα, οὐδὲ ἀνάγκης καὶ βίας, ἄκουσον τί φησι πρὸς τοὺς ἀποστόλους· Ὑμῶν δὲ μακάριοι οἱ ὀφθαλμοὶ, ὅτι βλέπουσι, καὶ τὰ ὦτα, ὅτι ἀκούει· οὐ ταύτην λέγων τὴν ὄψιν, οὐδὲ τὴν ἀκοὴν, ἀλλὰ τὴν ἀπὸ διανοίας. Καὶ γὰρ καὶ οὗτοι Ἰουδαῖοι ἦσαν, καὶ ἐν τοῖς αὐτοῖς τεθραμμένοι· ἀλλ' ὅμως οὐδὲν παρεβλάβησαν ἀπὸ τῆς προφητείας, ἐπειδὴ τὴν ῥίζαν τῶν ἀγαθῶν εἶχον εὖ διακειμένην, τὴν προαίρεσιν λέγω καὶ τὴν γνώμην. Ὁρᾷς ὅτι τὸ, Ὑμῖν δέδοται, οὐκ ἀνάγκης ἦν; Οὐδὲ γὰρ ἂν ἐμακαρίσθησαν, εἰ μὴ αὐτῶν ἦν τὸ κατόρθωμα. Μὴ γὰρ τοῦτο εἴπῃς, ὅτι ἀσαφῶς ἐλέγετο· ἠδύναντο γὰρ καὶ προσελθεῖν, καὶ ἐρωτῆσαι καθάπερ οἱ μαθηταί· ἀλλ' οὐκ ἠθέλησαν, ῥᾴθυμοι ὄντες καὶ ἀναπεπτωκότες. Καὶ τί λέγω, οὐκ ἠθέλησαν; Καὶ τὰ ἐναντία μὲν οὖν ἐποίουν. Οὐ γὰρ μόνον ἠπίστουν, οὐδὲ μόνον οὐκ ἤκουον, ἀλλὰ καὶ ἐπολέμουν, καὶ σφόδρα ἀηδῶς εἶχον πρὸς τὰ λεγόμενα, ὅπερ τὸν προφήτην εἰσάγει κατηγοροῦντα, τῷ λέγειν, Βαρέως ἤκουσαν. [e] Ἀλλ' οὐ κἀκεῖνοι τοιοῦτοι· διὸ καὶ ἐμακάριζεν αὐτούς. Καὶ ἑτέρωθεν δὲ αὐτοὺς βεβαιοῖ πάλιν, λέγων· Ἀμὴν γὰρ λέγω ὑμῖν, πολλοὶ προφῆται καὶ δίκαιοι ἐπεθύμησαν ἰδεῖν ἃ βλέπετε, καὶ οὐκ εἶδον, καὶ ἀκοῦσαι ἃ ἀκούετε, καὶ οὐκ ἤκουσαν· τὴν παρουσίαν τὴν ἐμὴν, φησὶ, τὰ θαύματα αὐτὰ, τὴν φωνὴν, τὴν διδασκαλίαν. Ἐνταῦθα γὰρ οὐχὶ τῶν διεφθαρμένων τούτων, ἀλλὰ καὶ τῶν κατωρθωκότων αὐτοὺς προτίθησι· καὶ γὰρ καὶ ἐκείνων μακαριωτέρους αὐτοὺς εἶναί φησι. Τί δήποτε; Ὅτι οὐ μόνον ἅπερ οἱ Ἰουδαῖοι οὐκ εἶδον, βλέπουσιν οὗτοι, ἀλλὰ καὶ ἅπερ ἐκεῖνοι [a] ἐπεθύμησαν ἰδεῖν. Ἐκεῖνοι μὲν γὰρ τῇ πίστει μόνον ἐθεάσαντο· οὗτοι δὲ καὶ τῇ ὄψει, καὶ πολλῷ σαφέστερον. Εἶδες πῶς πάλιν τὴν Παλαιὰν συνάπτει τῇ Καινῇ, δεικνὺς οὐ μόνον ἰδόντας ἐκείνους τὰ μέλλοντα, ἀλλὰ καὶ σφόδρα ἐπιθυμοῦντας; Οὐκ ἂν δὲ, εἰ ἀλλοτρίου τινὸς καὶ ἐναντίου θεοῦ ἦσαν, [b] ἐπεθύμησαν. Ὑμεῖς οὖν ἀκούσατε τὴν παραβολὴν

2. Hoc autem dicit, ut illos attrahat incitetque, et ostendat, si convertantur, se ipsos sanaturum esse : ac si quis diceret, Noluit me videre, et gratiam habeo : nam si me dignatus fuisset, statim flectendus eram. Hoc porro dicit ostendens quomodo reconciliatus fuisset. Sic et hoc loco ait : *Nequando convertantur, et sanem eos*; ostendens posse illos converti, et per pœnitentiam salutem consequi : seque non ad gloriam suam, sed ad illorum salutem omnia facere. Si enim noluisset eos audire et servari, silere oportebat, non in parabolis loqui : nunc autem hoc ipso incitat illos, quod obscure loquatur. Nam *Deus non vult mortem peccatoris; sed ut convertatur et vivat.* Quod autem peccatum non ex natura sit aut ex necessitate et violentia, audi quid apostolis dicat : 16. *Vestri autem beati oculi, quia vident, et aures, quia audiunt*; non de visu vel auditu corporis loquens, sed de visu et auditu mentis. Judæi enim etiam hi erant, atque in iisdem educati : ipsis tamen nihil nocuit prophetia, quia bonorum radicem habebant recte insitam, propositum nempe et voluntatem. Viden' illud, *Vobis datum est*, non necessitatem inditam significare? Neque enim beati prædicati fuissent, nisi bonum illud opus ipsorum fuisset. Ne dixeris enim, illum obscure loquutum fuisse : poterant enim illi et accedere et interrogare, quemadmodum et discipuli; sed torpore ac negligentia correpti noluerunt. Et quid dico, noluerunt? Etenim contra nitebantur. Non solum enim non credebant nec audiebant, sed etiam impugnabant, et ægre admodum dicta audiebant, quod prophetam inducit accusantem, cum dicit, *Graviter audierunt.* At non illi tales fuerunt : quapropter beatos dicebat eos. Alio quoque modo confirmat ipsos his verbis : 17. *Amen quippe dico vobis, multi prophetæ et justi voluerunt videre quæ vos videtis, et non viderunt, et audire quæ auditis, et non audierunt*; nempe adventum meum, miracula, vocem, doctrinam. Hic porro eos non modo perditis istis et nequam hominibus, sed etiam præclaris illis anteponit, cum dicit eos beatiores illis esse. Cur autem? Quia non modo quæ Judæi non viderunt ipsi videbant, sed etiam ea quæ prisci illi videre concupierant. Illi namque fide tantum viderunt; hi autem ipsis oculis, et longe clarius. Viden' quomodo veterem legem iterum cum nova copulet, ostendens illos non modo futura vidisse,

Ezech. 18. 23.

Peccatum non ex natura est, aut ex necessitate.

[d] Quidam οὐκ ἐβουλήθης με ἰδεῖν, καὶ χάριν ἔχειν.
[e] Duo Mss. ἀλλ' οὐχ οἱ μαθηταὶ τοιοῦτοι.

[a] Duo Mss. ἐπεθύμησαν ἰδεῖν, καὶ οὐκ εἶδον.
[b] Duo Mss. ἐπεθύμησαν ἄν.

sed etiam valde concupivisse? Neque si alieni dei, et huic contrarii cultores fuissent, id desiderassent. 18. *Vos vero*, inquit, *quibus id datum est, audite parabolam seminantis;* et narrat ea quæ supra diximus, de segnitie et diligentia, de metu et fortitudine, de divitiis et paupertate: ostendens et damnum inde et utilitatem hinc partam. Deinde varios inducit virtutis modos. Nam misericors cum sit, non unam aperuit viam, neque dixit, Nisi quis centesimum fructum fecerit, is decidit; sed, Qui sexagesimum, imo qui trigesimum fecerit, salvus erit. Illud autem sic disposuit, ut facilior via ad salutem esset. Et tu ergo non potes virginitatem servare? Caste connubium ineas. Non potes esse sine possessione? De bonis tuis largire. Non potes hoc onus ferre? Cum Christo bona divide. Non vis ipsi dare omnia? Vel dimidiam vel tertiam partem dato. Frater tuus est etiam coheres tuus? Fac illum hic etiam coheredem. Quæcumque illi dederis, tibi ipsi dabis. Non audis quid dicit

Isai. 58. 7. propheta? *Propinquos seminis tui ne despicias.* Si vero cognatos despicere non oportet, multo minus Dominum, qui cum dominio etiam cognationis jus tecum habet, multoque plura alia. Nam participem te fecit bonorum suorum, cum nihil a te accepisset, et hoc ineffabili beneficio te prior provocasset. Quomodo igitur non esset extremæ dementiæ post tantum donum benignum non effici, nec vicem ullam pro tanta gratia reddere, minima pro magnis? Nam ipse te cæli hæredem fecit; tu vero ipsi ne terrenorum quidem quidpiam largiris? Ipse nullius te boni auctorem, sed et inimicum sibi reconciliavit; tu vero nec amico nec benefactori ipsi quidpiam retribuis, quamquam et ante regnum, et ante cætera omnia, ex eo ipso quod das, gratiam ei referre debeas? Etenim liberti, qui heros suos ad convivium invitant, non præbere gratiam, sed accipere censent: hic vero contra. Non enim servus dominum, sed Dominus servum prior vocavit ad mensam; tu vero ne postea quidem illum vocas? Prius te sub tectum suum introduxit; tu vero nec secundus id agis? Te nudum induit; tu vero ipsum nec peregrinum excipis? Primus tibi ex calice suo potum dedit; tu vero ne aquam quidem frigidam das? Potum dedit tibi Spiritum sanctum; tu vero ne

τοῦ σπείροντος, φησί· καὶ λέγει τὰ ἔμπροσθεν ἡμῖν εἰρημένα, τὰ περὶ ῥαθυμίας καὶ σπουδῆς, τὰ περὶ δειλίας [c] καὶ ἀνδρείας, τὰ περὶ χρημάτων καὶ ἀκτημοσύνης· δεικνὺς τὴν ἐκεῖθεν βλάβην καὶ τὴν ἐντεῦθεν ὠφέλειαν. Εἶτα καὶ τῆς ἀρετῆς εἰσάγει διαφόρους τρόπους. Φιλάνθρωπος γὰρ ὤν, οὐ μίαν ἔτεμεν ὁδὸν,

C οὐδὲ εἶπεν, ἐὰν μή τις ἑκατὸν ποιήσῃ, ἐξέπεσεν· ἀλλὰ, καὶ ὁ τὰ ἑξήκοντα ποιῶν σώζεται· καὶ οὐχ οὗτος μόνος, ἀλλὰ καὶ ὁ τὰ τριάκοντα. Τοῦτο δὲ ἐποίησεν, εὔκολον κατασκευάζων τὴν σωτηρίαν. Καὶ σὺ τοίνυν οὐ δύνασαι παρθενίαν ἀσκῆσαι; Γάμησον σωφρόνως. Οὐ δύνασαι γενέσθαι ἀκτήμων; Δὸς ἐκ τῶν ὄντων. Οὐ φέρεις ἐκεῖνο τὸ φορτίον; Μέρισαι μετὰ τοῦ Χριστοῦ τὰ ὑπάρχοντα. Οὐ βούλει αὐτῷ παραχωρῆσαι ἁπάντων; Κἂν τὴν ἡμίσειαν, κἂν τὴν τρίτην ἐπίδος μοῖραν. Ἀδελφός σού ἐστι καὶ συγκληρονόμος; Ποίησον αὐτὸν καὶ ἐνταῦθα συγκληρονόμον. Ὅσα ἂν ἐκείνῳ δῷς, σαυτῷ δώσεις. Οὐκ ἀκούεις τί φησιν ὁ προφήτης;

D Τοὺς οἰκείους τοῦ σπέρματός σου οὐχ ὑπερόψει. Εἰ δὲ συγγενεῖς ὑπερορᾷν οὐ χρὴ, πολλῷ μᾶλλον τὸν Δεσπότην μετὰ τῆς δεσποτείας καὶ τὸ τῆς συγγενείας δικαίωμα πρὸς σὲ ἔχοντα, καὶ πολλῷ πλείονα ἕτερα. Καὶ γὰρ καὶ μεριστήν σε ἐποίησε τῶν αὐτοῦ, οὐδὲν παρὰ σοῦ λαβὼν, ἀλλὰ καὶ κατάρξας τῆς ἀφάτου ταύτης εὐεργεσίας. Πῶς οὖν οὐκ ἐσχάτης ἀνοίας τὸ μηδὲ τῇ δωρεᾷ ταύτῃ γενέσθαι φιλάνθρωπον, μηδὲ ἀμοιβὴν ἀντὶ χάριτος δοῦναι, καὶ ἐλάττονα ἀντὶ μειζόνων; Αὐτὸς μὲν γάρ σε τῶν οὐρανῶν κληρονόμον ἐποίησε·

E σὺ δὲ αὐτῷ οὐδὲ τῶν ἐν τῇ γῇ μεταδίδως; Αὐτός σε οὐδὲν κατωρθωκότα, ἀλλὰ καὶ ἐχθρὸν ὄντα κατήλλαξε· σὺ δὲ οὐδὲ φίλον ὄντα καὶ εὐεργέτην ἀμείβῃ, καίτοι γε καὶ πρὸ τῆς βασιλείας, καὶ πρὸ τῶν ἄλλων ἁπάντων, καὶ ὑπὲρ αὐτοῦ τοῦ δοῦναι χάριν δίκαιον ἔχειν αὐτῷ; [d] Καὶ γὰρ καὶ οἰκέται, δεσπότας ἐπ' ἄριστον καλοῦντες, οὐ παρέχειν, ἀλλὰ λαμβάνειν νομίζουσιν· ἐνταῦθα δὲ τοὐναντίον γέγονεν. Οὐ γὰρ ὁ οἰκέτης τὸν

479 A δεσπότην, ἀλλὰ ὁ Δεσπότης τὸν οἰκέτην πρῶτος ἐκάλεσεν ἐπὶ τὴν αὐτοῦ τράπεζαν· σὺ δὲ οὐδὲ μετὰ τοῦτο καλεῖς; Πρῶτός σε εἰς τὴν αὐτοῦ στέγην εἰσήγαγε· σὺ δὲ οὐδὲ δεύτερος; Γυμνὸν ὄντα σε περιέβαλε· σὺ δὲ οὐδὲ μετὰ ταῦτα ξένον ὄντα [a] συνεισάγεις; Πρῶτός σε ἐπότισε τὸ ἑαυτοῦ ποτήριον· σὺ δὲ οὐδὲ ψυχροῦ μεταδίδως ὕδατος; Ἐπότισέ σε Πνεῦμα ἅγιον· σὺ δὲ οὐδὲ τὴν σωματικὴν παραμυθῇ δίψαν; Ἐπότισέ σε Πνεῦ-

[c] Duo Mss. καὶ ἀνανδρίας.

[d] Καὶ γὰρ καὶ οἰκέται, δεσπότας ἐπ' ἄριστον καλοῦντες. Vertimus: *Etenim liberti, qui heros suos ad convivium invitant.* Οἰκέται enim hic intelligendum omnino videtur de servis et domesticis illis, qui heri sui liberalite libertatem adepti erant, quosque libertos appellabant.

[a] Duo Mss. συνάγεις. Mox Morel. σὺ δὲ οὐ μικροῦ τοῦ ψυχροῦ. Alii ut nos legimus.

μα, ἄξιον ὄντα κολάσεως· σὺ δὲ καὶ διψῶντα περιορᾷς, καὶ ταῦτα ἐκ τῶν αὐτοῦ μέλλων ἅπαντα ταῦτα ποιεῖν;

B Οὐ γὰρ μέγα ἡγῇ τὸ ποτήριον κατασχεῖν, ἐξ οὗ πίνειν ὁ Χριστὸς μέλλει, καὶ προσάγειν τῷ στόματι; Οὐχ ὁρᾷς, ὅτι τῷ ἱερεῖ μόνῳ θέμις τὸ τοῦ αἵματος ἐπιδιδόναι ποτήριον; Ἐγὼ οὐδὲν ὑπὲρ τούτων ἀκριβολογοῦμαι, φησί· ἀλλὰ κἂν αὐτὸς ἐπιδῷς, δέχομαι· κἂν λαϊκὸς ᾖς, οὐ παραιτοῦμαι, καὶ οὐκ ἀπαιτῶ οἷον ἔδωκα. Οὐ γὰρ αἷμα ζητῶ, ἀλλ' ὕδωρ ψυχρόν. Ἐννόησον τίνα ποτίζεις, καὶ φρίξον. Ἐννόησον ὅτι ἱερεὺς τοῦ Χριστοῦ γίνῃ σὺ, ἰδίᾳ χειρὶ [b] διδοὺς, οὐ σάρκα, ἀλλ' ἄρτον, οὐχ αἷμα, ἀλλὰ ψυχροῦ ὕδατος ποτήριον. Ἐνέδυσέ σε ἱμάτιον σωτηρίου, καὶ ἐνέδυσέ σε δι' ἑαυτοῦ· σὺ κἂν διὰ τοῦ παιδὸς ἔνδυσον. C Ἐποίησέ σε ἔνδοξον ἐν οὐρανοῖς· σὺ τῆς φρίκης ἀπάλλαξον, καὶ τῆς γυμνότητος, καὶ τῆς ἀσχημοσύνης. Ἐποίησέ σε ἀγγέλων πολίτην· σὺ κἂν στέγης μετάδος μόνον, κἂν ὡς τῷ οἰκέτῃ τῷ σῷ δὸς οἰκίαν· οὐκ ἀποστρέφομαι τουτὶ τὸ καταγώγιον, καὶ ταῦτά σοι τὸν οὐρανὸν ἀνοίξας ἅπαντα. Ἀπήλλαξά σε φυλακῆς χαλεπωτάτης· ἐγὼ τοῦτο οὐκ ἀπαιτῶ, οὐδὲ λέγω, ἀπάλλαξόν με· ἀλλ' ἂν ἴδῃς με μόνον δεδεμένον, ἀρκεῖ τοῦτο εἰς παραμυθίαν ἐμοί. Νεκρὸν ὄντα ἀνέστησα· ἐγὼ παρὰ σοῦ οὐκ ἀπαιτῶ τοῦτο, ἀλλὰ λέγω, ἐπίσκεψαί με [c] μόνον ἀῤῥωστοῦντα. D Ὅταν οὖν οὕτως ᾖ μεγάλα τὰ δεδομένα, καὶ πολὺ κοῦφα τὰ ἀπαιτούμενα, καὶ μηδὲ ταῦτα [d] παρέχωμεν, πόσης οὐκ ἂν εἴημεν ἄξιοι γεέννης; Εἰκότως εἰς τὸ πῦρ ἄπιμεν τὸ ἡτοιμασμένον τῷ διαβόλῳ καὶ τοῖς ἀγγέλοις αὐτοῦ, πέτρας ὄντες ἀναισθητότεροι. Πόσης γὰρ ἀναισθησίας, εἰπέ μοι, τοσαῦτα λαβόντας, τοσαῦτα ληψομένους, χρημάτων εἶναι δούλους, ὧν μικρὸν [e] ὕστερον ἀποστησόμεθα καὶ ἄκοντες; Καὶ ἕτεροι μὲν καὶ τὴν ψυχὴν ἐπέδωκαν, καὶ τὸ αἷμα ἐξέχεαν· σὺ δὲ οὐδὲ τὰ περιττὰ προΐεσαι ὑπὲρ τῶν οὐρανῶν, ὑπὲρ τῶν τοσούτων στεφάνων; Καὶ ποίας ἂν ἄξιος ἔσῃ συγγνώμης, τίνος ἀπολογίας, ἐν μὲν τῷ σπόρῳ τῆς γῆς πάντα ἡδέως προϊέμενος, E καὶ ἐν τῷ δανείζειν ἀνθρώποις οὐδενὸς φειδόμενος, καὶ ἐν δὲ τῷ τρέφειν σου τὸν Δεσπότην διὰ τῶν δεομένων ὠμὸς καὶ ἀπάνθρωπος ὤν; Ταῦτ' οὖν ἅπαντα ἐννοήσαντες, καὶ λογισάμενοι ἅπερ εἰλήφαμεν, ἅπερ λαμβάνειν μέλλομεν, ἅπερ αἰτούμεθα, μὴ τὴν σπουδὴν ἐν τοῖς βιωτι- 490 κοῖς [a] ἐπιδεικνύμεθα. A Γενώμεθά ποτε ἥμεροι καὶ φιλάνθρωποι, ἵνα μὴ τὴν ἀφόρητον δίκην ἐφ' ἑαυτοὺς ἑλκύσωμεν. Τί γὰρ ἡμᾶς οὐχ ἱκανὸν καταχρῖναι, τὸ τοσούτων καὶ τηλικούτων ἀπολαῦσαι, τὸ μηδὲν μέγα

corpoream sitim ejus sedas? Potum dedit Spiritum tibi, cruciatibus digno; tu vero sitientem despicis, cum tamen ex ipsius bonis omnia largiturus sis?

3. Nonne magnum ducis te poculum illud tenere, ex quo bibiturus Christus est, et ipsum ori admoturus? Annon vides, soli sacerdoti licere sanguinis calicem tradere? Ego, inquit ille, hæc non tam accurate dispicio; sed si ipse dederis accipio. Etiamsi laïcus sis, non recuso, neque quod dedi repeto. Non enim sanguinem quæro, sed aquam frigidam. Cogita cui potum des, et perhorresce. Cogita te Christi sacerdotem fieri, cum manu propria das non carnem, sed panem, non sanguinem, sed calicem aquæ frigidæ. Induit te vestimento salutari, et hoc per seipsum; tu saltem per servum indue. Gloriosum te fecit in cælis; tu a frigore illum eripe, nec non ab indecora nuditate. Angelorum te concivem fecit; tu ipsum sub tecto excipe, saltem sicut unum ex famulis tuis domi excipias; hoc diversorium non recuso, licet totum tibi cælum aperuerim. Te a gravissimo carcere eripui; hoc a te non expeto, nec dico, Eripe me; sed si me vinctum videas, id mihi ad consolationem satis est. Mortuum te suscitavi; id a te non exigo, sed dico, me ægrotum solummodo visites. Cum ergo tanta sint dona, tamque levia expetantur, nec tamen illa præbeamus, quanta non simus digni gehenna? Jure in ignem abimus paratum diabolo et angelis ejus, cum non majore quam petra sensu præditi simus. Quantæ enim stupiditatis est, quæso te, nos cum tanta acceperimus, et tanta accepturi simus, servos esse pecuniarium, quas paulo postea vel inviti relinquemus? Et alii quidem animam dederunt ipsam, et sanguinem fuderunt: tu vero ne superflua quidem largiris propter regnum cælorum, propter tot coronas? Et qua dignus fueris venia, qua excusatione, qui semina in terram libenter projicis, qui nulli rei parcis ad pecunias fœnore locandas; cum autem agitur de Domino per egenos alendo, inhumanus durusque es? Hæc itaque omnia cogitantes, animoque reputantes, quæ acceperimus, quæ accepturi simus, quæ a nobis expetantur; ne curam nostram in sæcularibus rebus exhibeamus. Simus tandem mansueti et humani, ne intolerabile supplicium nobis attrahamus. Quæ enim nos damnandi causa non suppetit, qui cum tot tantisque

Soli sacerdoti licebat sanguinis calicem tradere.

Eleemosyna commendatur.

[b] Alii ἐπιδιδούς.

[c] Alii μόνον ἀσθενοῦντα.

[d] Morel. παρέχομεν.

[e] Ὕστερον deest in quibusdam Mss.

[a] Unus ἐπιδειξώμεθα. [Savil ἐπιδεικνυώμεθα.]

fruamur, nec magnum quid expetatur a nobis; imo talia expetantur, quæ vel inviti hic relinquemus, tantum in rebus sæcularibus studium impendamus? Horum singula sunt ad nos damnandos satis; si vero omnia simul concurrant, quæ spes salutis erit? Ut ergo omnem hanc damnationem fugiamus, quamdam saltem erga egenos liberalitatem exhibeamus. Sic enim et præsentibus et futuris fruemur bonis: quæ utinam nos omnes assequi contingat, gratia et benignitate Domini nostri Jesu Christi, cui gloria et imperium in sæcula sæculorum. Amen.

αἰτεῖσθαι, τὸ τοιαῦτα αἰτεῖσθαι ἃ καὶ ἄκοντες ἐνταῦθα ἀπολείψομεν, τὸ πολλὴν ἐν τοῖς βιωτικοῖς φιλοτιμίαν ἐπιδείκνυσθαι; Τούτων γὰρ ἕκαστον καὶ καθ' ἑαυτὸ ἱκανὸν ἡμᾶς καταδικάσαι· ὅταν δὲ ὁμοῦ τὰ πάντα συνέλθῃ, [b] τίς ἔσται σωτηρίας ἐλπίς; Ἵν' οὖν ἅπασαν ταύτην τὴν κατάκρισιν διαφύγωμεν, ἐπιδειξώμεθά τινα δαψιλειαν περὶ τοὺς δεομένους. Οὕτω γὰρ καὶ τῶν B ἐνταῦθα καὶ τῶν ἐκεῖ ἁπάντων ἀπολαύσομεν ἀγαθῶν· ὧν γένοιτο πάντας ἡμᾶς ἐπιτυχεῖν, χάριτι καὶ φιλανθρωπίᾳ τοῦ Κυρίου ἡμῶν Ἰησοῦ Χριστοῦ, ᾧ ἡ δόξα καὶ τὸ κράτος εἰς τοὺς αἰῶνας τῶν αἰώνων. Ἀμήν.

[b] Alius τίς ἔσται ἡμῖν σωτηρίας.

HOMILIA XLVI. al. XLVII.

ΟΜΙΛΙΑ μς'.

Cap. XIII. v. 24. *Aliam parabolam proposuit eis, dicens: Simile factum est regnum cœlorum homini qui seminat bonum semen in agro suo.* 25. *Cum autem dormirent homines, venit ejus inimicus, et seminavit zizania per snedium tritici, et abiit.* 26. *Cum autem crevisset herba et fructum fecisset, tunc apparuerunt et zizania.* 27. *Accedentes vero servi patris familias, dixerunt ei: Domine, nonne bonum semen seminasti in agro tuo? unde ergo zizania?* 28. *Qui dixit eis: Inimicus homo hoc fecit. Servi autem dixerunt ei: Vis ergo, abeamus et colligamas ea?* 29. *Ille autem dixit: Non, ne forte colligentes zizania, eradicetis simul cum eis et triticum.* 30. *Sinite utraque crescere usque ad messem: et tunc dicam messoribus: Colligite primum zizania.*

Ἄλλην παραβολὴν παρέθηκεν αὐτοῖς, λέγων· ὡμοιώθη ἡ βασιλεία τῶν οὐρανῶν ἀνθρώπῳ σπείροντι καλὸν σπέρμα ἐν τῷ ἀγρῷ αὐτοῦ. Ἐν δὲ τῷ καθεύδειν τοὺς ἀνθρώπους, ἦλθεν αὐτοῦ ὁ ἐχθρὸς, καὶ C ἔσπειρε ζιζάνια ἀνὰ μέσον τοῦ σίτου, καὶ ἀπῆλθεν. [c] Ὅτε δὲ ἐβλάστησεν ὁ χόρτος, καὶ καρπὸν ἐποίησε, τότε ἐφάνη καὶ τὰ ζιζάνια. Προσελθόντες δὲ οἱ δοῦλοι τοῦ οἰκοδεσπότου, εἶπον αὐτῷ· κύριε, οὐχὶ καλὸν σπέρμα ἔσπειρας ἐν τῷ ἀγρῷ σου; Πόθεν οὖν τὰ ζιζάνια; Ὁ δὲ ἔφη αὐτοῖς· ἐχθρὸς ἄνθρωπος τοῦτο ἐποίησεν. Οἱ δὲ δοῦλοι εἶπον αὐτῷ· θέλεις οὖν, ἀπελθόντες συλλέξωμεν αὐτά; Ὁ δὲ ἔφη, οὒ, μήποτε συλλέγοντες τὰ ζιζάνια, ἐκριζώσητε ἅμα D αὐτοῖς τὸν σῖτον. Ἄφετε οὖν συναυξάνεσθαι ἀμφότερα ἄχρι τοῦ θερισμοῦ· καὶ τότε ἐρῶ τοῖς θερισταῖς· συλλέξατε πρῶτον τὰ ζιζάνια.

1. Quid interest discriminis inter hanc et superiorem parabolam? Illic loquitur de iis qui non attenderunt, sed resilientes semina projecerunt: hic de hæreticorum cœtibus loquitur. Ne enim discipulos turbaret, prædixit, postquam docuerat illos, cur in parabolis loqueretur. Parabola illa dicebat, non susceptum ipsum; hæc autem, corruptores simul susceptos. Hæc quippe diaboli versutia est, ut cum veritate semper commisceat er-

Τί τὸ μέσον ταύτης καὶ τῆς προτέρας παραβολῆς; Ἐκεῖ τοὺς μηδ' ὅλως προσεσχηκότας αὐτῷ φησιν, ἀλλ' ἀποπηδήσαντας καὶ τὸν σπόρον προϊεμένους· ἐνταῦθα δὲ, τῶν αἱρετικῶν λέγει τὰ συστήματα. Ἵνα γὰρ μηδὲ τοῦτο τοὺς μαθητὰς θορυβῇ, καὶ τοῦτο προλέγει, [d] μετὰ τὸ διδάξαι αὐτοὺς, διατί ἐν παραβολαῖς E λαλεῖ. Ἐκείνη μὲν ἡ παραβολή φησιν, ὅτι οὐκ ἐδέξαντο· αὕτη δὲ, [e] ὅτι καὶ φθορέας ἐδέξαντο. Καὶ γὰρ καὶ τοῦτο τῆς τοῦ διαβόλου μεθοδείας, τῇ ἀληθείᾳ ἀεὶ

[c] Quæ sequuntur usque ad initium homiliæ desunt in Morel.: sed habentur in Savil. et in aliquot Manuscriptis.

[d] Alii μετὰ τὸ δεῖξαι.

[e] Duo Mss. ὅτι καὶ φθορέας. Paulopost unus ἐπιχρωννύντος.

**παρεισάγειν τὴν πλάνην, πολλὰ ἐπιχρωννύντα αὐτῇ
τὰ ὁμοιώματα, ὥστε εὐκόλως κλέψαι τοὺς εὐεξαπα-
τήτους. Διὰ τοῦτο οὐκ ἄλλο τι σπέρμα, ἀλλὰ ζιζάνια**
481 A καλεῖ, ὃ καὶ κατὰ τὴν ὄψιν ἔοικέ πως τῷ σίτῳ. Εἶτα
λέγει καὶ τὸν τρόπον τῆς ἐπιβουλῆς. Ἐν γὰρ τῷ καθεύδειν τοὺς ἀνθρώπους, φησίν. Οὐ μικρὸν τοῖς ἄρ-
χουσιν ἐντεῦθεν ἐπικρεμνᾷ τὸν κίνδυνον, τοῖς μάλιστα
τῆς ἀρούρας τὴν φυλακὴν ἐμπεπιστευμένοις· οὐ τοῖς
ἄρχουσι δὲ μόνον, ἀλλὰ καὶ τοῖς ἀρχομένοις. Δείκνυσι
δὲ καὶ τὴν πλάνην μετὰ τὴν ἀλήθειαν οὖσαν· ὅπερ καὶ
ἡ τῶν πραγμάτων ἔκβασις μαρτυρεῖ. Καὶ γὰρ μετὰ
τοὺς προφήτας, οἱ ψευδοπροφῆται· καὶ μετὰ τοὺς ἀποστόλους, οἱ ψευδαπόστολοι· καὶ μετὰ τὸν Χριστὸν,
ὁ Ἀντίχριστος. Ἂν γὰρ μὴ ἴδῃ τί μιμήσηται ὁ διάβολος, ἢ τίσιν ἐπιβουλεύσῃ, οὔτε ἐπιχειρεῖ, οὔτε οἶδε.
B Καὶ νῦν τοίνυν, ἐπειδὴ εἶδεν, ὅτι ὁ μὲν ἐποίησεν ἑκατὸν,
ὁ δὲ ἑξήκοντα, ὁ δὲ τριάκοντα, ἄλλην ἔρχεται λοιπὸν
ὁδόν. Ἐπεὶ γὰρ ἁρπάσαι οὐκ ἠδυνήθη τὸ ῥιζωθὲν, οὐδὲ
ἀποπνῖξαι, οὐδὲ κατακαῦσαι, δι' ἑτέρας ἀπάτης ἐπιβουλεύει, παρεμβάλλων τὰ παρ' ἑαυτοῦ. Καὶ τί διαφέρουσιν οἱ καθεύδοντες, φησὶ, τῶν τὴν ὁδὸν μιμουμένων;
Ὅτι ἐκεῖ εὐθέως ἥρπασεν· οὐδὲ γὰρ ῥιζωθῆναι ἀφῆκεν·
ἐνταῦθα δὲ πλείονος ἐδεήθη τῆς μηχανῆς. Ταῦτα δὲ
λέγει ὁ Χριστὸς, παιδεύων ἡμᾶς διὰ παντὸς ἐγρηγορέναι. Κἂν γὰρ ἐκείνας διαφύγῃς τὰς βλάβας, φησὶν,
ἔστι καὶ ἑτέρα βλάβη. Ὥσπερ γὰρ ἐκεῖ διὰ τῆς ὁδοῦ
καὶ τῆς πέτρας καὶ τῶν ἀκανθῶν, οὕτω καὶ ἐνταῦθα
C διὰ τοῦ ὕπνου ἡ ἀπώλεια γίνεται· ὥστε διηνεκοῦς φυλακῆς δεῖ. Διὸ καὶ ἔλεγεν· Ὁ δὲ ὑπομείνας εἰς τέλος,
οὗτος σωθήσεται. Τοιοῦτόν τι γέγονε καὶ παρὰ τὴν
ἀρχήν. Πολλοὶ γοῦν τῶν προεστώτων πονηροὺς εἰσάγοντες ἄνδρας ἐν ταῖς Ἐκκλησίαις αἱρεσιάρχας [a] κρυπτομένους, πολλὴν εὐκολίαν τῇ τοιαύτῃ παρέσχον
ἐπιβουλῇ. Οὐδὲ γὰρ πόνων δεῖ τῷ διαβόλῳ λοιπὸν, ὅταν
ἐκείνους εἰς μέσον φυτεύσῃ. Καὶ πῶς δυνατὸν μὴ καθεύδειν; φησί. Τὸν μὲν οὖν φυσικὸν ὕπνον, οὐ δυ-
νατόν· τὸν δὲ διὰ τῆς προαιρέσεως, δυνατόν. Διὸ
καὶ Παῦλος ἔλεγε· Γρηγορεῖτε, στήκετε ἐν τῇ πίστει.
D Εἶτα δείκνυσι καὶ περιττὸν τὸ πρᾶγμα, οὐχὶ βλαβερὸν μόνον. Μετὰ γὰρ τὸ γεωργηθῆναι τὴν ἄρουραν,
καὶ μὴ χρείαν εἶναι μηδενὸς, τότε ἐπισπείρει οὗτος·
καθάπερ καὶ οἱ αἱρετικοὶ ποιοῦσιν, οἳ δι' οὐδὲν ἕτερον
ἢ διὰ κενοδοξίαν ἐμβάλλουσι τὸν ἑαυτῶν ἰόν. Οὐκ ἐντεῦθεν δὲ μόνον, ἀλλὰ καὶ ἐκ τῶν μετὰ ταῦτα μετὰ
ἀκριβείας αὐτῶν ὑπογράφει τὴν σκηνὴν ἅπασαν· Ὅτε

[a] Unus ὑποκρυπτομένους.

**rorem, cui veritatis colorem et similitudinem
affingat, ita ut simplices facile circumvenire possit. Ideo non alia semina, quam zizania dixit,**
quod semen specie quidem frumento simile est.
Deinde modum insidiarum dicit. *Dum dormirent
homines*, inquit. Non parvum hic præsulibus
proponitur præcipitium et periculum, quibus
maxime arvi cura demandata est; neque illis
tantum, sed etiam subditis. Ostendit autem, errorem post veritatem venisse; id quod etiam rerum eventus testificatur. Nam post prophetas,
pseudoprophetæ; post apostolos, pseudapostoli,
et post Christum, Antichristus. Nisi enim diabolus viderit quid imitari possit, aut quibus insidiari, nihil insidiarum ponit, nihil novit. Nunc
ergo, quia vidit alium centesimum fecisse, alium
sexagesimum, alium trigesimum, alia deinceps
incedit via. Quia enim id quod radices posuerat
abripere non poterat, neque suffocare, vel com-
burere, per aliam fallaciam insidiatur, sua inse-
rens aliis. Et in quo differunt, inquies, hi dormientes ab iis qui per viam significati fuerant?
Quod videlicet ibi statim abripuerit; neque enim
radices ponere permisit: hic vero majore opus habuerit artificio. Hæc autem dicit Christus, ut do-
ceat semper esse vigilandum. Etiamsi enim, in- Vigilantia quam necessaria.
quit, hæc nocumenta effugias, aliud adhuc su-
perest. Sicut enim ibi per viam, per petram et per
spinas; sic et hic per somnum pernicies accedit:
quapropter assidua opus est custodia. Ideo dicebat: *Qui autem perseveraverit usque in finem*, Matth. 10. 22.
hic salvus erit. Simile quidpiam in principio
accidit. Multi enim antistites improbos viros
hæresiarchas occultos in Ecclesias inducentes,
hujusmodi insidiis struendis facultatem magnam
præbuere. Neque enim labore opus est diabolo,
postquam hujusmodi homines in medio inseruit.
Et quomodo fieri potest, inquies, ut non dor-
miant? Naturali quidem somno, fieri nequit;
voluntatis somno, secus. Quapropter Paulus di-
cebat: *Vigilate, state in fide*. Nec noxiam so- 1. Cor. 16. 13.
lum, sed et superfluam rem ostendit. Nam post-
quam ager cultus fuit, cum nulla re opus est,
tunc seminat; quod et hæretici faciunt, qui nonnisi
propter vanam gloriam venenum suum injiciunt.
Neque ex his tantum verbis, sed etiam ex sequentibus, totam illorum scenam accurate describit:
Cum pullulavit, inquit, *herba, et fructum
tulit, tunc apparuerunt et zizania*: quod et

ipsi faciunt. Initio namque sese occultant: postquam vero majorem accepere fiduciam, et aliquam existimationem nacti sunt, tunc virus effundunt. Cur autem servos inducit, quæ accidere narrantes? Ut hinc ansam arripiat dicendi non occidendos illos esse. Inimicum hominem vocat illum, ob damna quæ infert hominibus: damnum enim nos impetit; damni vero initium non odio nostri, sed odio Dei factum est. Unde palam est, Deum nos magis diligere, quam nos a nobis ipsis diligamur. Sed aliunde videre est diaboli versutiam. Non enim antehac seminavit, quia nihil quod perderet habuit; sed cum omnia plena essent, ut totum agricolæ studium labefactaret: sic inimico erga illum animo cuncta faciebat. Vide autem servorum diligentiam. Nam zizania cito evellere cupiunt, etiamsi id non considerate faciant: quod illorum circa semina sollicitudinem declarat, arguitque ipsos ad unum tantum respicere, non quo pacto ille pœnas det: neque enim illud ita urget; sed ne jacta semina pereant. Ideo id cogitant ut morbum celeriter avellant. Illud vero non statim efficere conantur; neque enim id sibi arrogant; sed domini sententiam exspectant dicentes: *Vis?* Quid igitur dominus? Id vetat dicens: *Ne forte eradicetis simul et triticum.* Hoc porro dicebat, ut bella, cædesque prohiberet. Neque enim hæreticum occidere oportet: nam sic irreconciliabile bellum in orbem induceretur.

Hæreticum occidere non oportet.

2. His autem duobus ratiociniis movetur ad illos cohibendos, primo, quod frumentum non læderent; secundo, quod illi incurabili morbo laborantes supplicium luituri essent. Quapropter si vis illos puniri sine frumenti noxa, exspecta tempus opportunum. Quid autem aliud sibi vult cum dicit, *Ne eradicetis simul et triticum,* quam hoc quod dicimus: Si arma moveatis, ut hæreticos occidatis, multos etiam sanctorum una occidi necesse est; vel etiam multi ex istis zizaniis, ut verisimile est, convertentur in frumentum? Si ergo prius illos eradicetis, frumento etiam venturo nocebitis, si illos qui mutari et boni effici possunt, eradicetis. Non igitur prohibet hæreticos reprimere, illorum ora obstruere, libertatem loquendi coercere, cœtus eorum solvere, pacta respuere, sed occidere vetat. Tu vero illius mansuetudinem

γὰρ ἐβλάστησε, φησὶν, ὁ χόρτος, καὶ καρπὸν ἐποίησε, τότε ἐφάνη καὶ τὰ ζιζάνια· ὅπερ καὶ οὗτοι ποιοῦσι. Παρὰ μὲν γὰρ τὴν ἀρχὴν συσκιάζουσιν ἑαυτούς· E ἐπειδὰν δὲ πολλὴν λάβωσι τὴν παῤῥησίαν, [b] καὶ λόγου τις αὐτοῖς μεταδῷ, τότε τὸν ἰὸν ἐκχέουσι. Τίνος δὲ ἕνεκεν εἰσάγει τοὺς δούλους λέγοντας τὸ γεγενημένον; Ἵνα εἴπῃ ὅτι οὐ δεῖ ἀναιρεῖν αὐτούς. Ἐχθρὸν δὲ ἄνθρωπον αὐτὸν καλεῖ, διὰ τὴν εἰς ἀνθρώπους βλάβην. Ἡ μὲν γὰρ ἐπήρεια καθ' ἡμῶν· ἡ δὲ ἀρχὴ τῆς ἐπηρείας οὐκ 482 ἀπὸ τῆς εἰς ἡμᾶς, ἀλλ' ἀπὸ τῆς εἰς Θεὸν ἔχθρας ἐγένετο. A Ὅθεν δῆλον, ὅτι μᾶλλον ὁ Θεὸς ἡμᾶς φιλεῖ, ἢ ἡμεῖς ἑαυτούς. Ὅρα δὲ καὶ ἑτέρωθεν τοῦ διαβόλου τὴν κακουργίαν. Οὐ γὰρ πρὸ τούτου ἔσπειρεν, ἐπειδὴ μηδὲν εἶχεν [a] ἀπολέσαι· ἀλλ' ὅτε ἦν ἅπαντα πεπληρωμένα, ἵνα τῇ σπουδῇ λυμήνηται τοῦ γεωργοῦ· οὕτω πρὸς ἐκεῖνον ἐχθρωδῶς ἔχων πάντα ἐποίει. Σκόπει δὲ καὶ τῶν οἰκετῶν τὴν φιλοστοργίαν. Καὶ γὰρ ἐπείγονται ἤδη τὰ ζιζάνια ἀνασπάσαι, εἰ καὶ μὴ διεσκεμμένως ποιοῦσιν· ὅπερ δείκνυσι τὴν ὑπὲρ τοῦ σπόρου μέριμναν αὐτῶν, καὶ πρὸς ἓν μόνον βλέποντας, οὐχ ὅπως ἐκεῖνος δῷ δίκην, ἀλλ' ὥστε τὰ καταβληθέντα μὴ ἀπολέσθαι· οὐ γὰρ δὴ τοῦτό ἐστι τὸ κατεπεῖγον. Διόπερ B ὅπως τὸ νόσημα τέως ἐξέλωσι, σκοποῦσι. Καὶ οὐδὲ τοῦτο ἁπλῶς ζητοῦσιν· οὐ γὰρ ἑαυτοῖς ἐπιτρέπουσιν· ἀλλὰ τοῦ δεσπότου τὴν γνώμην ἀναμένουσι λέγοντες· Θέλεις; Τί οὖν ὁ δεσπότης; Κωλύει λέγων· Μή ποτε ἐκριζώσητε ἅμα αὐτοῖς τὸν σῖτον. Τοῦτο δὲ ἔλεγε, κωλύων πολέμους γίνεσθαι καὶ αἵματα καὶ σφαγάς. Οὐ γὰρ δεῖ ἀναιρεῖν αἱρετικόν· ἐπεὶ πόλεμος ἄσπονδος εἰς τὴν οἰκουμένην ἔμελλεν εἰσάγεσθαι.

Δύο τοίνυν τούτοις αὐτοὺς κατέχει τοῖς λογισμοῖς· ἑνὶ μὲν, τῷ μὴ τὸν σῖτον βλαβῆναι· ἑτέρῳ δὲ, τῷ καταλήψεσθαι τὴν κόλασιν πάντως αὐτοὺς ἀνιάτως νο- C σοῦντας. Ὥστε εἰ βούλει καὶ κολασθῆναι αὐτοὺς, καὶ χωρὶς τῆς τοῦ σίτου βλάβης, ἀνάμεινον τὸν προσήκοντα καιρόν. Τί δὲ ἄλλο διὰ τοῦ, Μὴ ἐκριζώσητε ἅμα αὐτοῖς τὸν σῖτον, ἢ τοῦτό φησιν, ὅτι εἰ μέλλοιτε κινεῖν ὅπλα καὶ κατασφάττειν τοὺς αἱρετικοὺς, ἀνάγκη πολλοὺς καὶ τῶν ἁγίων συγκαταβάλλεσθαι· ἢ ὅτι ἀπ' αὐτῶν τῶν ζιζανίων πολλοὺς εἰκὸς μεταβαλέσθαι καὶ γενέσθαι σῖτον; Ἂν τοίνυν προλαβόντες αὐτοὺς ἐκριζώσητε, λυμαίνεσθε τῷ μέλλοντι γίνεσθαι σίτῳ, οὓς ἐγχωρεῖ μεταβαλέσθαι καὶ γενέσθαι βελτίους ἀναιροῦντες. Οὐ τοίνυν [b] κατέχειν αἱρετικοὺς, καὶ ἐπιστομίζειν, καὶ ἐκκόπτειν αὐτῶν τὴν παῤῥησίαν καὶ τὰς D συνόδους καὶ τὰς σπονδὰς διαλύειν κωλύει, ἀλλ' ἀναιρεῖν καὶ κατασφάττειν. Σὺ δὲ αὐτοῦ σκόπει τὴν ἡμε-

[b] Καὶ λόγου τις αὐτοῖς μεταδῷ. Obscurus locus et forte vitiatus; videtur certe significari, *quando quid favoris et existimationis nacti sunt;* ut etiam vertit Trapezuntius, *et quodam favore multitudinis juventur.*

[a] Morel. ἀπολέσθαι.

[b] Morel. κατασχεῖν. Unus Codex κατάρχειν. Savil. κατέχειν.

ρότητα, πῶς οὐκ ἀποφαίνεται μόνον, οὐδὲ κελεύει, ἀλλὰ λογισμοὺς τίθησι. Τί οὖν, ἂν μέχρι τέλους μένῃ τὰ ζιζάνια; Τότε ἐρῶ τοῖς θερισταῖς· συλλέξατε πρῶτον τὰ ζιζάνια, καὶ δήσατε [c] αὐτὰ δεσμὰς πρὸς τὸ κατακαῦσαι αὐτά. Πάλιν ἀναμιμνήσκει αὐτοὺς τῶν Ἰωάννου ῥημάτων, τῶν κριτὴν αὐτὸν εἰσαγόντων, καί φησιν, ὅτι ἕως μὲν [d] ἑστήκασιν ἐγγὺς τοῦ σίτου, φείδεσθαι χρή· ἐγχωρεῖ γὰρ αὐτοὺς καὶ σῖτον γενέσθαι· E ὅταν δὲ μηδὲν κερδάναντες ἀπέλθωσι, τότε αὐτοὺς ἀναγκαίως ἡ ἀπαραίτητος διαδέξεται δίκη. Ἐρῶ γὰρ τοῖς θερισταῖς, φησὶ, συλλέξατε πρῶτον τὰ ζιζάνια. Διατί Πρῶτον; Ἵνα μὴ φοβηθῶσιν οὗτοι, ὡς συναπαγομένου ἅμα αὐτοῖς τοῦ σίτου. Καὶ δήσατε αὐτὰ δεσμὰς, ὥστε κατακαῦσαι αὐτά· τὸν δὲ σῖτον συναγάγετε εἰς τὴν ἀποθήκην. Ἄλλην παραβολὴν παρέθηκεν 483 A αὐτοῖς λέγων· ὁμοία ἐστὶν ἡ βασιλεία τῶν οὐρανῶν κόκκῳ σινάπεως. Ἐπειδὴ γὰρ εἶπεν, ὅτι ἀπὸ τοῦ σπόρου τρία μέρη ἀπόλλυται, καὶ σώζεται ἓν, καὶ ἐν αὐτῷ πάλιν τῷ σωζομένῳ τοσαύτη γίνεται βλάβη, ἵνα μὴ λέγωσι, καὶ τίνες καὶ πόσοι ἔσονται οἱ πιστοί, καὶ τοῦτον ἐξαιρεῖ τὸν φόβον, διὰ τῆς παραβολῆς τοῦ σινάπεως ἐνάγων εἰς τὴν πίστιν αὐτοὺς, καὶ δεικνὺς ὅτι πάντως ἐκταθήσεται τὸ κήρυγμα. Διὰ τοῦτο τοῦ λαχάνου τὴν εἰκόνα εἰς μέσον ἤγαγε σφόδρα ἐοικυῖαν τῇ ὑποθέσει· Ὃ μικρότερον μὲν, φησὶν, ἐστὶ πάντων τῶν B σπερμάτων· ὅταν δὲ αὐξηθῇ, μεῖζον τῶν λαχάνων ἐστὶ, καὶ γίνεται δένδρον, ὥστε ἐλθεῖν τὰ πετεινὰ τοῦ οὐρανοῦ, καὶ κατασκηνοῦν ἐν τοῖς κλάδοις αὐτοῦ. Τοῦ γὰρ μεγέθους τὸ τεκμήριον ἐνδείξασθαι ἠβουλήθη. Οὕτω δὴ καὶ ἐπὶ τοῦ κηρύγματος ἔσται, φησί. Καὶ γὰρ ἁπάντων ἀσθενέστεροι ἦσαν οἱ μαθηταὶ καὶ πάντων ἐλάττους· ἀλλ' ὅμως, ἐπειδὴ μεγάλη ἦν ἡ ἐν αὐτοῖς δύναμις, ἐξηπλώθη πανταχοῦ τῆς οἰκουμένης. Εἶτα καὶ τὴν ζύμην ταύτῃ προστίθησι τῇ εἰκόνι, λέγων· Ὁμοία ἐστὶν ἡ βασιλεία τῶν οὐρανῶν ζύμῃ, ἣν λαβοῦσα γυνὴ ἔκρυψεν εἰς ἀλεύρου σάτα τρία, ἕως οὗ ἐζυμώθη ὅλον. Καθάπερ γὰρ αὕτη τὸ πολὺ ἄλευρον μεθίστησιν εἰς τὴν ἑαυτῆς ἰσχὺν, οὕτω καὶ ὑμεῖς τὸν C πάντα κόσμον μεταστήσετε. Καὶ ὅρα σύνεσιν. Τὰ γὰρ τῆς φύσεως παράγει, δεικνὺς ὅτι ὥσπερ ἐκεῖνα ἀνεγχώρητον μὴ γενέσθαι, οὕτω καὶ ταῦτα. Μὴ γάρ μοι τοῦτο λέγε· τί δυνησόμεθα δώδεκα ἄνθρωποι εἰς πλῆθος ἐμπεσόντες τοσοῦτον; Καὶ γὰρ τοῦτο αὐτὸ μάλιστα ὑμῶν ποιεῖ τὴν ἰσχὺν ἐκλάμψαι, τὸ ἀναμιγῆναι τῷ πλήθει καὶ μὴ φυγεῖν. Ὥσπερ καὶ ἡ ζύμη τότε τὸ φύραμα ζυμοῖ, ὅταν ἐγγὺς γένηται τοῦ ἀλεύρου· καὶ οὐχ ἁπλῶς ἐγγὺς, ἀλλ' οὕτως ὥστε καὶ μιγῆναι· οὐ γὰρ εἶπεν, ἔθηκεν, ἁπλῶς, [a] ἀλλ', Ἔκρυψεν· οὕτω καὶ ὑμεῖς, ὅταν κολληθῆτε καὶ ἑνωθῆτε τοῖς πολεμοῦσιν ὑμῖν.

perpende, quomodo scilicet non sententiam solum efferat et jubeat, sed etiam rationem exponat. Quid ergo eveniet, si usque in finem zizania maneant? *Tunc dicam messoribus*, inquit, *Colligite primum zizania, et alligate ea in fasciculos ad comburendum.* Revocat ipsis in mentem verba Joannis, quibus ipse judex inducebatur, dicitque: donec prope frumentum stant zizania, parcendum ipsis esse; potest enim fieri ut frumentum efficiantur. Cum autem nullo reportato lucro abscesserint, tunc illos inevitabilis ultio excipiet. *Dicam enim messoribus*, inquit, *Colligite primum zizania.* Cur *Primum*? Ne terreantur illi, quasi triticum cum illis auferatur. *Et alligate ea in fasciculos ad comburendum; triticum autem congregate in horreum.* 31. *Aliam parabolam apposuit eis dicens: Simile est regnum cælorum grano sinapis.* Quia enim dixit, ex semine tres partes perire, unamque servari, et in hac quoque servata parte tot tantaque imminere detrimenta, ne dicerent, Et quinam quantoque numero fideles erunt? hunc quoque metum aufert, illos per parabolam sinapis ad fidem inducens, ostendensque prædicationem ubique pervasuram esse Ideo oleris imaginem in medium adduxit huic argumento admodum opportunam: 32. *Quod minus est*, inquit, *omnibus seminibus; cum autem creverit, majus est omnibus oleribus, et fit arbor, ita ut volucres cæli veniant, et in ramis ejus habitent.* Magnitudinis enim indicium declarare voluit. Sic, inquit, et in prædicatione erit. Nam omnium infirmissimi erant discipuli, omniumque minimi: attamen quia magna in ipsis virtus erat, per totum orbem effusa est. Deinde sub hac imagine fermentum posuit, dicens: 33. *Simile est regnum cælorum fermento, quod acceptum mulier abscondit in farinæ satis tribus, donec fermentatum est totum.* Sicut enim fermentum multæ farinæ vim suam indit, sic et vos totum mundum convertetis. Et vide prudentiam Naturæ imagines affert, quo ostendat, ut hæc secundum naturalem rerum seriem necessario ita fiunt, sic et ista. Ne mihi dixeris: Quid poterimus duodecim homines in tantam multitudinem incidentes? Nam idipsum maxime virtutem vestram splendidam reddit, quod multitudini admixti non fugiatis. Quemadmodum et fermentum tunc massam fermentat, cum farinæ admovetur; nec modo admovetur, sed ita ut mi-

[c] Alii εἰς δεσμὰς, et sic etiam infra.

[d] Alii μὲν ἂν ἑστήκασι. Infra quidam γεγενῆσθαι pro γενέσθαι.

[a] Unus ἀλλ' ἐνέκρυψεν.

sceatur; non enim simpliciter dixit, *Posuit*, sed, *Abscondit*: sic et vos agglutinati et juncti cum impugnantibus vos, ipsos superabitis. Et sicut illud obruitur in massa, sed non perditur, sed paulatim toti massæ vim suam indit: idipsum in prædicatione continget. Ne itaque quia multas ærumnas prædixi, ideo timeatis: nam sic splendidi eritis et omnia superabitis. Tria porro sata hic multa significant; hunc quippe numerum solet pro multitudine adhibere. Ne mireris autem, si de regno loquens, granum et fermentum memoret, hominibus quippe loquebatur imperitis et ignaris, quos opus erat his erigi. Nam ita simplices erant, ut postea multa opus haberent interpretatione. Ubi sunt gentiles? Christi virtutem ediscant, rerum veritatem conspicientes; et hac utraque de causa illum adorent, et quod rem tantam prædixerit, et quod illam impleverit. Nam ipse est qui vim fermento indit. Ideo multitudini admiscuit eos qui in se credebant, ut intelligentiam nostram mutuo tradamus. Nemo de paucitate causificetur. Multa quippe est prædicationis virtus; et quod semel fermentatum est, fermentum reliquis efficitur. Ac quemadmodum scintilla cum in ligna incidit, combusta in flammam convertit, et sic alia invadit: ita et prædicatio. Non dixit tamen ignem, sed fermentum; quare? Quia ibi non totum ab igne oritur, sed simul etiam a lignis incensis; hic vero fermentum per se totum efficit. Quod si homines duodecim totum orbem fermentarunt, cogita quanta sit nequitia nostra, quod, cum tanto numero simus, non possumus tamen eos qui supersunt emendare, quos oportuisset vel mille mundis ad fermentationem sufficere.

Ærumnæ prædicantibus non timendæ.

3. At, inquies, illi apostoli erant. Et quid hoc est? Annon eadem ipsa qua tu conditione erant? nonne in civitatibus versabantur? annon eorumdem consortes erant? annon artes exercebant? num angeli erant? num ex cælo descenderant? Sed, inquies, signa fecerant. Non signa certe ipsos mirabiles effecerunt. Usquequo miraculis illis ad ignaviam nostram tegendam utemur? Vide sanctorum chorum, qui non miraculis illis fulsit. Multi enim qui dæmones ejecerant, quia iniquitatem operati sunt, mirabiles non fuerunt, sed suppliciis sunt affecti. Ecquid, inquies, illos magnos effecit? Contemtus pecuniarum, vanæ gloriæ despectus, sequestratio a bonis sæcularibus. Qui si hæc non habuissent, sed animi morbis paruissent,

Apostoli qua ratione magni.

D τότε αὐτῶν περιέσεσθε. Καὶ καθάπερ ἐκείνη καταχώννυται μὲν, οὐκ ἀφανίζεται δὲ, ἀλλὰ κατὰ μικρὸν πρὸς τὴν ἑαυτῆς ἕξιν ἅπαντα μεταποιεῖ· τὸν αὐτὸν δὴ τρόπον καὶ ἐπὶ τοῦ κηρύγματος τοῦτο συμβήσεται. Μὴ τοίνυν, ἐπειδὴ πολλὰς [b] εἶπον τὰς ἐπηρείας, φοβηθῆτε· καὶ γὰρ καὶ οὕτως ἐκλάμψετε, καὶ ἁπάντων περιέσεσθε. Τρία δὲ σάτα ἐνταῦθα τὰ πολλὰ εἴρηκεν· οἶδε γὰρ τὸν ἀριθμὸν τοῦτον ἐπὶ πλήθους λαμβάνειν. Μὴ θαυμάσῃς δὲ, εἰ περὶ βασιλείας διαλεγόμενος κόκκου καὶ ζύμης ἐμνήσθη· ἀνθρώποις γὰρ διελέγετο ἀπείροις καὶ ἰδιώταις, καὶ δεομένοις ἀπὸ τούτων [c] ἀνάγεσθαι. Οὕτω γὰρ ἦσαν ἀφελεῖς, ὡς καὶ μετὰ ταῦτα πάντα

E δεηθῆναι ἑρμηνείας πολλῆς. Ποῦ τοίνυν Ἑλλήνων παῖδές εἰσι; Μανθανέτωσαν τοῦ Χριστοῦ τὴν δύναμιν, ὁρῶντες τῶν πραγμάτων τὴν ἀλήθειαν· καὶ ἑκατέρωθεν αὐτὸν προσκυνείτωσαν, ὅτι καὶ προεῖπε πρᾶγμα τοσοῦτον, καὶ ἐπλήρωσε. Καὶ γὰρ αὐτός ἐστιν ὁ τὴν δύναμιν ἐνθεὶς τῇ ζύμῃ. Διὰ τοῦτο καὶ ἀνέμιξε τῷ

484 A πλήθει τοὺς αὐτῷ πιστεύοντας, ἵνα μεταδῶμεν ἀλλήλοις τῆς ἡμετέρας συνέσεως. Μηδεὶς τοίνυν ὀλιγότητα αἰτιάσθω. Πολλὴ γὰρ τοῦ κηρύγματος ἡ δύναμις· καὶ τὸ ζυμωθὲν ἅπαξ, ζύμη γίνεται τῷ λοιπῷ πάλιν. Καὶ καθάπερ ὁ σπινθὴρ ὅταν ἐπιλάβηται ξύλων, τὰ ἤδη κατακαυθέντα ποιήσας τῆς φλογὸς προσθήκην, οὕτω τοῖς ἄλλοις ἔπεισιν· οὕτω δὴ καὶ τὸ κήρυγμα. Ἀλλ' οὐκ εἶπε πῦρ, ἀλλὰ ζύμην· τί δήποτε; Ὅτι οὐ τοῦ πυρός ἐστιν ἐκεῖ τὸ ὅλον, ἀλλὰ καὶ τῶν ἀναπτομένων ξύλων· ἐνταῦθα δὲ τὸ ὅλον ἡ ζύμη ἐργάζεται δι' ἑαυτῆς. Εἰ δὲ ἄνθρωποι δώδεκα τὴν οἰκουμένην ἅπασαν ἐζύμωσαν, ἐννόησον ὅση ἡμῶν ἡ κακία, ὅταν τοσοῦτοι

B ὄντες τοὺς ὑπολειπομένους μὴ δυνηθῶμεν διορθοῦν, οὓς μυρίοις κόσμοις ἀρκεῖν ἐχρῆν καὶ γενέσθαι ζύμην.

Ἀλλ' ἐκεῖνοι, φησὶν, ἀπόστολοι ἦσαν. Καὶ τί τοῦτο; Οὐχὶ τῶν αὐτῶν σοι μετέσχον; οὐκ ἐν πόλεσιν [a] ἐστράφησαν; οὐ τῶν αὐτῶν ἀπέλαυσαν; οὐχὶ τέχνας μετεχειρίσαντο; μὴ γὰρ ἄγγελοι ἦσαν; μὴ γὰρ ἐξ οὐρανοῦ κατέβησαν; Ἀλλὰ τὰ σημεῖα, φησὶν, εἶχον. Οὐ τὰ σημεῖα θαυμαστοὺς αὐτοὺς ἐποίησε. Μέχρι πότε προκαλύμμασι κεχρήμεθα τῆς ἡμετέρας ῥαθυμίας τοῖς θαύμασιν ἐκείνοις; Ἴδε τὸν χορὸν τῶν ἁγίων

C οὐ τοῖς θαύμασιν ἐκείνοις λάμψαντα. Πολλοὶ γὰρ καὶ δαίμονας [b] ἐκβαλόντες, ἐπειδὴ τὴν ἀνομίαν εἰργάσαντο, οὐκ ἐγένοντο θαυμαστοὶ, ἀλλὰ καὶ ἐκολάσθησαν. Καὶ τίποτ' οὖν ἐστι, φησὶν, ὃ μεγάλους αὐτοὺς ἔδειξε; Τὸ χρημάτων καταφρονεῖν, τὸ δόξης ὑπερορᾷν, τὸ πραγμάτων ἀπηλλάχθαι βιωτικῶν. Ὡς εἴ γε μὴ ταῦτα εἶχον, ἀλλὰ δοῦλοι τῶν παθῶν ἦσαν,

[b] Alii εἶπον εἶναι τάς.
[c] Morel. ἐνάγεσθαι.

[a] Alius ἐτράφησαν.
[b] Morel. et Savil. ἐκβαλόντες. Alii ἐκβάλλοντες.

εἰ καὶ μυρίους νεκροὺς ἤγειραν, οὐ μόνον οὐδὲν ἂν ὠφέλησαν, ἀλλὰ καὶ ἀπατεῶνες ἂν ἐνομίσθησαν εἶναι. Οὕτως ὁ βίος ἐστὶν ὁ πανταχοῦ λάμπων, ὁ καὶ τοῦ Πνεύματος τὴν χάριν ἐπισπώμενος. Ποῖον σημεῖον Ἰωάννης ἐποίησεν, [c] ὅτι πόλεις τοσαύτας ἀνηρτήσατο; Ὅτι γὰρ οὐδὲν ἐθαυματούργησεν, ἄκουσον τοῦ εὐαγγελιστοῦ λέγοντος· Ὅτι Ἰωάννης μὲν ἐποίησε σημεῖον οὐδέν. Πόθεν δὲ θαυμαστὸς Ἠλίας ἐγένετο; Οὐκ ἀπὸ τῆς παῤῥησίας τῆς πρὸς τὸν βασιλέα; οὐκ ἀπὸ τοῦ ζήλου τοῦ πρὸς τὸν Θεόν; οὐκ ἀπὸ τῆς ἀκτημοσύνης, οὐκ ἀπὸ τῆς μηλωτῆς, καὶ τοῦ σπηλαίου, καὶ τῶν ὀρέων; Τὰ γὰρ σημεῖα μετὰ ταῦτα ἅπαντα ἐποίησε. Τὸν δὲ Ἰὼβ ποῖον σημεῖον ὁρῶν ποιοῦντα ἐξεπλάγη ὁ διάβολος; Σημεῖον μὲν οὐδὲν, βίον δὲ λάμποντα, καὶ ὑπομονὴν ἀδάμαντος στεῤῥοτέραν ἐπιδεικνύμενον. Ποῖον σημεῖον ὁ Δαυὶδ ἐποίησεν, ἔτι νέος ὢν, ὡς εἰπεῖν τὸν Θεόν· Εὗρον Δαυὶδ τὸν τοῦ Ἰεσσαὶ ἄνδρα κατὰ τὴν καρδίαν μου; Ὁ δὲ Ἀβραὰμ καὶ Ἰσαὰκ καὶ Ἰακὼβ ποῖον νεκρὸν ἤγειραν; ποῖον δὲ λεπρὸν ἐκάθηραν; Οὐκ οἶσθα, ὅτι τὰ σημεῖα, ἐὰν μὴ νήφωμεν, καὶ βλάπτει πολλάκις; Οὕτω γὰρ πολλοὶ τῶν Κορινθίων ἀπεσχίσθησαν ἀπ' ἀλλήλων· οὕτω πολλοὶ τῶν Ῥωμαίων ἀπενοήθησαν· οὕτω Σίμων ἐξεβλήθη. Οὕτως ὁ τῷ Χριστῷ τότε ἐπιθυμήσας ἀκολουθῆσαι ἀπεδοκιμάζετο, ἀκούσας ὅτι Αἱ ἀλώπεκες φωλεοὺς ἔχουσι, καὶ τὰ πετεινὰ τοῦ οὐρανοῦ κατασκηνώσεις. Τούτων γὰρ ἕκαστος, ὁ μὲν χρημάτων, ὁ δὲ δόξης ἐφιέμενος τῆς ἀπὸ τῶν σημείων, ἐξέπιπτον καὶ ἀπώλοντο. Βίου δὲ ἐπιμέλεια καὶ [a] ἀρετῶν ἔρως οὐ μόνον οὐ τίκτει τοιαύτην ἐπιθυμίαν, ἀλλὰ καὶ οὖσαν ἀναιρεῖ. Καὶ αὐτὸς δὲ, ὅτε ἐνομοθέτει τοῖς ἑαυτοῦ μαθηταῖς, τί ἔλεγε; ποιήσατε σημεῖα, ἵνα ἴδωσιν οἱ ἄνθρωποι; Οὐδαμῶς· ἀλλὰ τί; Λαμψάτω τὸ φῶς ὑμῶν ἔμπροσθεν τῶν ἀνθρώπων, ὅπως ἴδωσιν ὑμῶν τὰ καλὰ ἔργα, καὶ δοξάσωσι τὸν Πατέρα ὑμῶν τὸν ἐν τοῖς οὐρανοῖς. Καὶ τῷ Πέτρῳ δὲ οὐκ εἶπεν, εἰ φιλεῖς με, ποίει σημεῖα· ἀλλὰ, Ποίμαινε τὰ πρόβατά μου. Καὶ πανταχοῦ δὲ αὐτὸν προτιμῶν τῶν ἄλλων, μετὰ Ἰακώβου καὶ Ἰωάννου, πόθεν, εἰπέ μοι, προετίμα; ἀπὸ τῶν σημείων; Καὶ μὴν πάντες ὁμοίως ἐκάθαιρον τοὺς λεπροὺς, καὶ τοὺς νεκροὺς ἤγειρον· καὶ πᾶσιν ὁμοίως τὴν ἐξουσίαν ἔδωκε. Πόθεν οὖν εἶχον τὸ πλέον οὗτοι; Ἀπὸ τῆς κατὰ ψυχὴν ἀρετῆς. Ὁρᾷς ὅτι [b] πανταχοῦ βίου χρεία καὶ τῆς διὰ τῶν ἔργων ἐπιδείξεως; Ἀπὸ τῶν καρπῶν γὰρ αὐτῶν, φησὶν, ἐπιγνώσεσθε αὐτούς.

Τί δὲ τὴν ζωὴν συνίστησι τὴν ἡμετέραν; Ἆρα μὴ σημείων ἐπίδειξις, ἢ πολιτείας ἀρίστης ἀκρίβεια; Εὔδηλον ὅτι τὸ δεύτερον· τὰ δὲ σημεῖα καὶ τὰς ἀφορμὰς ἐντεῦθεν ἔχει, καὶ εἰς τοῦτο καταλήγει τὸ τέλος. Ὅ τε

etiamsi sexcentos mortuos suscitassent, non modo ad nihilum utiles fuissent, sed etiam deceptores et fallaces habiti fuissent. Sic certe vita ipsa est quæ ubique fulget, quæ etiam Spiritus gratiam attraxit. Quod signum fecit Joannes, qui tot civitates erudivit? Quod enim miraculum nullum
ediderit, audi evangelistam dicentem: *Joannes* Joan. 10. 41.
quidem nullum fecit signum. Unde admirandus fuit Helias? Annon a fiducia, qua regem monuit? annon a zelo suo erga Deum? annon a paupertate, a melote, a spelunca, a montibus? Nam signa omnia post hæc fecit. Jobi vero quod signum videns diabolus obstupefactus est? Signum certe nullum, sed vitam præclaram, patientiam adamante quovis firmiorem. Quod signum David
fecit, juvenis cum esset, ut Deus diceret: *Inveni* Act. 13. 22.
David filium Jessæ virum secundum cor meum? Abraham, Isaac et Jacob quem mortuum suscitarunt? quem leprosum mundarunt? An ignoras, signa, nisi vigilemus, plerumque nocere? Sic multi Corinthiorum alii ab aliis discissi sunt: sic multi Romanorum superbierunt: sic
Simon ejectus est. Sic ille qui Christum sequi Matth. 8. 20.
optaverat, reprobatus est, audiens, *Vulpes fo-* Luc. 9. 58.
veas habent, et volucres cœli nidos. Horum singuli, sive quod pecunias, sive quod gloriam ex signis quærerent, exciderunt et perierunt. Vitæ autem accurata sanctitas, et virtutum amor non modo non parit talem cupiditatem, sed si adsit aufert. Ipse vero Christus, cum leges daret discipulis, quid dicebat? an, Signa facite, ut videant
homines? Nequaquam: sed quid? *Luceat lux* Matth. 5. 16.
vestra coram hominibus, ut videant opera vestra bona, et glorificent Patrem vestrum qui in cœlis est. Petro quoque non dixit, Si me amas,
signa fac; sed, *Pasce oves meas*. Et cum semper Joan. 21. 15.
illum cæteris præponat, una cum Jacobo et Joanne, unde, quæso, præponit? num a signis? Atqui omnes discipuli leprosos mundabant, mortuos suscitabant; omnibusque similiter potestatem concessit. Cur ergo tres illi anteponebantur? Ex animi nempe virtute. Viden' ubique bona opus esse
vita, et rectis operibus? *Ex fructibus* enim, in- Matth. 7. 16.
quit, *eorum cognoscetis eos*.

4. Quid autem vitam nostram constituit? An signa, an vita recte et accurate acta? Vitam certe esse liquidum est: signa vero inde ducunt occasionem, et in eum finem desinunt. Nam qui vitam

[c] Ὅτι πόλεις τοσαύτας ἀνηρτήσατο, ad literam, *erexit*, *eruit*.

[a] Alii ἀρετῆς.

[b] Unus πανταχόθεν.

exhibet optimam, hanc sibi attrahit gratiam; qui vero gratiam accipit, ideo accipit, ut aliorum vitam emendet. Quandoquidem Christus miracula illa ideo fecit, ut inde fide dignus ad se homines pertrahens, virtutem in mundum induceret. Ideo maximam hujusce rei curam habet. Neque enim solis signis satis habet, sed et gehennam comminatur, et regnum promittit, sicque inexspectatas illas ponit leges, nihilque non agit ut nos angelis pares efficiat. Et quid dico, Christum omnia hujusce rei causa facere? Si quis, dic mihi, optionem tibi daret, aut mortuos in nomine ejus suscitare, aut propter nomen ejus mori, quid optares? Annon palam est te secundum optaturum esse? Atqui illud signum, hoc autem opus est. Si quis vero tibi optionem cum potestate daret fœnum in aurum vertendi, aut posse omnes divitias ut fœnum conculcare? Nonne hoc potius eligeres? Et jure quidem. Nam illud omnes homines maxime pertraheret. Si viderent enim fœnum aurum fieri, hanc potestatem omnes cuperent obtinere, sicut Simon, augereturque divitiarum cupiditas: si autem viderent omnes aurum tamquam fœnum de-
Vita bona quæ. spicere, jam olim a morbo liberati essent. Viden' bonam vitam posse magis juvare? Vitam autem dico, non jejunium, non saccum et cinerem stratum; sed divitiarum contemtum, ut par est eas contemnere, amorem proximi, eleemosynam et panem esurienti datum, sedatam iram, inanis gloriæ depulsionem, invidiæ eliminationem. Sic et
Matth. 11. 29. ille nos instituit cum dixit: *Discite a me, quia mitis sum et humilis corde.* Non dixit, Quia jejunavi, etsi posset quadraginta dies jejunii proferre: at non hoc dicit; sed, *Quia mitis sum et humilis corde.* Rursusque cum misit eos, non
Luc. 10. 8. dixit, Jejunate; sed, *Manducate quod apponitur vobis.* De pecunia vero severam legem posuit di-
Matth. 10. 9. cens: *Nolite possidere aurum vel argentum, neque æs in zonis vestris.* Hæc porro dico, non quod jejunium vituperem; absit; multum quippe laudo: sed angor, cum video vos, aliis neglectis, putare illud esse ad salutem satis, cum tamen in choro virtutum ultimum teneat locum. Hæ quippe maximæ sunt, caritas, æquitas, eleemosyna, quæ etiam virginitatem superat. Quare si velis apostolis par esse, nihil obstat. Si illam virtutem obtineas, sufficit illa tibi ut nihil minus quam apostо-

γὰρ βίον ἄριστον ἐπιδεικνύμενος, ἐπισπᾶται ταύτην τὴν χάριν· ὅ τε λαμβάνων τὴν χάριν, διὰ τοῦτο λαμβάνει, ἵνα τὸν ἑτέρων διορθώσηται βίον. Ἐπεὶ καὶ ὁ Χριστὸς τὰ θαύματα ἐκεῖνα διὰ τοῦτο ἐποίησεν, ἵνα ἀξιόπιστος φανεὶς ἐντεῦθεν, καὶ πρὸς ἑαυτὸν ἑλκύσας, ἀρετὴν [c] εἰς τὸν βίον εἰσαγάγῃ. Διὸ καὶ τὴν πλείονα ὑπὲρ τούτου ποιεῖται σπουδήν. Οὐδὲ γὰρ τοῖς σημείοις ἀρκεῖται μόνον, ἀλλὰ καὶ γέενναν ἀπειλεῖ, καὶ βασιλείαν ἐπαγγέλλεται, καὶ τοὺς παραδόξους ἐκείνους τί-
D θησι νόμους, καὶ πάντα ὑπὲρ τούτου πραγματεύεται, ἵνα ἰσαγγέλους ἐργάσηται. Καὶ τί λέγω, ὅτι ὁ Χριστὸς πάντα τούτου ἕνεκεν ποιεῖ; Σοὶ γὰρ εἴ τις ἔδωκεν, εἰπέ μοι, αἵρεσιν, νεκροὺς ἀναστῆσαι ἐν τῷ ὀνόματι αὐτοῦ, ἢ διὰ τὸ ὄνομα αὐτοῦ ἀποθανεῖν, τί ἂν ἐδέξω μᾶλλον; Οὐκ εὔδηλον ὅτι τὸ δεύτερον; Καὶ μὴν τὸ μὲν σημεῖόν ἐστι, τὸ δὲ ἔργον. Τί δὲ, εἴ τις σοι προύθηκε ποιῆσαι χόρτον χρυσὸν, ἢ δυνηθῆναι πάντων τῶν χρημάτων ὡς χόρτου καταφρονῆσαι, οὐκ αὐτὸ τοῦτο ἐδέξω μᾶλλον; Καὶ μάλα εἰκότως. Καὶ γὰρ τοὺς ἀνθρώπους τοῦτο ἂν μάλιστα ἐπεσπᾶτο. Εἰ μὲν γὰρ εἶδον τὸν
E χόρτον χρυσὸν γινόμενον, κἂν ἐπεθύμησαν καὶ αὐτοὶ λαβεῖν τὴν δύναμιν, ὥσπερ ὁ Σίμων, καὶ ηὐξήθη ἂν αὐτοῖς ὁ τῶν χρημάτων ἔρως· εἰ δὲ εἶδον ὡς χόρτου τοῦ χρυσοῦ πάντας καταφρονοῦντας καὶ ὑπερορῶντας, πάλαι ἂν τῆς νόσου ταύτης ἀπηλλάγησαν. Ὁρᾷς ὅτι ὁ βίος
486 μᾶλλον ὠφελεῖν δύναται; Βίον δὲ λέγω νῦν, οὐχὶ ἂν νη-
A στεύσῃς, οὐδὲ ἂν σάκκον καὶ σποδὸν ὑποστρώσῃς· ἀλλ' ἐὰν χρημάτων ὑπερίδῃς, ὡς ὑπεριδεῖν χρὴ, ἐὰν φιλοστοργήσῃς, ἐὰν δῷς πεινῶντι τὸν ἄρτον σου, ἐὰν θυμοῦ κρατήσῃς, ἐὰν κενοδοξίαν ἐκβάλῃς, ἐὰν βασκανίαν ἀνέλῃς. Οὕτω καὶ αὐτὸς ἐπαίδευεν· Μάθετε γὰρ, φησὶν, ἀπ' ἐμοῦ, ὅτι πρᾶός εἰμι καὶ ταπεινὸς τῇ καρδίᾳ. Καὶ οὐκ εἶπεν, ὅτι ἐνήστευσα· καίτοι γε εἶχεν εἰπεῖν τὰς τεσσαράκοντα ἡμέρας, ἀλλ' οὐ λέγει τοῦτο· ἀλλ', Ὅτι πρᾶός εἰμι καὶ ταπεινὸς τῇ καρδίᾳ. Καὶ πάλιν πέμπων αὐτοὺς, οὐκ εἶπεν, ὅτι νηστεύετε· ἀλλὰ,
B Πᾶν τὸ παρατιθέμενον ὑμῖν ἐσθίετε. Χρημάτων μέντοι ἕνεκεν πολλὴν ἀκρίβειαν ἀπῄτησε λέγων, Μὴ κτήσησθε χρυσὸν ἢ ἄργυρον, μηδὲ χαλκὸν εἰς τὰς ζώνας ὑμῶν. Ταῦτα δὲ λέγω, οὐχὶ νηστείαν κακίζων· μὴ γένοιτο· ἀλλὰ καὶ σφόδρα ἐπαινῶν· ἀλγῶ δὲ, ὅταν τῶν ἄλλων ἠμελημένων ταύτην νομίζητε ἀρκεῖν εἰς σωτηρίαν ὑμῖν, τὸ ἔσχατον τοῦ χοροῦ τῆς ἀρετῆς ἔχουσαν μέρος. Τὸ γὰρ μέγιστον, ἀγάπη καὶ ἐπιείκεια καὶ ἐλεημοσύνη, ἣ καὶ παρθενίαν ὑπερηκόντισεν. Ὥστε εἰ
C βούλει ἀποστόλων γενέσθαι ἴσος, οὐδὲν τὸ κωλύον. Ἀρ-

[c] Εἰς τὸν βίον, *in vitam hominum, in mundum.* Eusebius Præp. Evang. lib. 6 in fine: ὁ σύμπας τῶν ἀνθρώπων βίος, *universum hominum genus.* Athanasius Tom. 1, p. 1233: καταλαζονευόμενοι τοῦ τῶν ἀνθρώπων βίου, *superbe agentes adversus genus humanum.*

καὶ γὰρ ταύτην τὴν ἀρετὴν [a] **ἐπελθόντα μόνον μηδὲν** ἔλαττον ἐκείνων ἔχειν. Μηδεὶς τοίνυν εἰς σημεῖα ἀναβαλλέσθω. Ἀλγεῖ μὲν γὰρ ὅταν ἐξελαθῇ σώματος δαίμων· πολλῷ δὲ μᾶλλον, ὅταν ἁμαρτίας ἀπαλλαττομένην ἴδῃ ψυχήν. Καὶ γὰρ αὕτη ἐστὶν ἡ δύναμις ἐκείνου ἡ μεγάλη. Διὰ ταύτην ἀπέθανεν ὁ Χριστὸς, ἵνα ταύτην καταλύσῃ· καὶ γὰρ αὕτη τὸν θάνατον εἰσήγαγε· διὰ ταύτην τὰ ἄνω κάτω γέγονεν. Ἂν τοίνυν ταύτην ἐξέλῃς, ἐξέκοψας τοῦ διαβόλου τὰ νεῦρα, συνέτριψας αὐτοῦ τὴν κεφαλὴν, κατέλυσας αὐτοῦ τὴν ἰσχὺν ἅπασαν, διέσπασας τὸ στρατόπεδον, ἁπάντων σημείων D ἐπεδείξω σημεῖον μεῖζον. Οὐχ ἐμὸς οὗτος ὁ λόγος, ἀλλὰ τοῦ μακαρίου Παύλου· εἰπὼν γὰρ, Ζηλοῦτε τὰ χαρίσματα τὰ κρείττονα, καὶ ἔτι καθ' ὑπερβολὴν ὁδὸν ὑμῖν δείκνυμι, οὐκ ἐπήγαγε σημεῖον, ἀλλ' ἀγάπην τὴν πάντων ῥίζαν τῶν ἀγαθῶν. Ἂν τοίνυν ταύτην ἀσκῶμεν, καὶ τὴν ἐκ ταύτης φιλοσοφίαν ἅπασαν, οὐδὲν δεηθησόμεθα σημείων· ὥσπερ οὖν ἐὰν μὴ ἀσκῶμεν, οὐδὲν κερδανοῦμεν ἀπὸ τῶν σημείων. Ταῦτ' οὖν ἅπαντα ἐννοοῦντες, ἀφ' ὧν ἐγένοντο οἱ ἀπόστολοι μεγάλοι, ταῦτα ζηλώσωμεν. Πόθεν οὖν ἐγένοντο ἐκεῖνοι μεγάλοι; Ἄκουσον λέγοντος Πέτρου· Ἰδοὺ ἡμεῖς ἀφήκαμεν πάντα, καὶ ἠκολουθήσαμέν σοι· τί ἄρα E ἔσται ἡμῖν; Ἄκουσον καὶ τοῦ Χριστοῦ λέγοντος αὐτοῖς, ὅτι Ἐπὶ δώδεκα θρόνους καθίσεσθε· καὶ ὅτι Πᾶς ὅστις ἀφῆκεν οἰκίας, ἢ ἀδελφοὺς, ἢ πατέρα ἢ μητέρα, ἑκατονταπλασίονα λήψεται ἐν τῷ αἰῶνι τούτῳ, καὶ ζωὴν αἰώνιον κληρονομήσει. Ἁπάντων τοίνυν ἑαυτοὺς ἀποστήσαντες τῶν βιωτικῶν, ἀναθώμεθα ἑαυτοὺς τῷ Χριστῷ, ἵνα καὶ τῶν ἀποστόλων γενώμεθα ἴσοι κατὰ τὴν ἀπόφασιν τὴν αὐτοῦ, καὶ τῆς αἰωνίου ζωῆς ἀπολαύσωμεν· ἧς γένοιτο πάντας ἡμᾶς ἐπιτυχεῖν, χάριτι καὶ φιλανθρωπίᾳ τοῦ Κυρίου ἡμῶν Ἰησοῦ Χριστοῦ, ᾧ ἡ δόξα καὶ τὸ κράτος εἰς τοὺς αἰῶνας τῶν αἰώνων. Ἀμήν.

li habeas. Nullum igitur signorum exspectatio moretur. Angitur dæmon cum de corpore ejicitur; multo magis autem cum viderit animam a peccato liberatam. Hæc quippe est illius maxima virtus. Propter peccatum mortuus est Christus, ut illud solveret : illud enim mortem induxit : propter illud omnia sus deque versa sunt. Si peccatum sustuleris, diaboli nervos succidisti, ejus caput contrivisti, ejus vim omnem solvisti, exercitum illum dissipasti, signum omnium signorum maximum exhibuisti. Non meus est hic sermo, sed beati Pauli : cum dixisset enim, *Æmulamini* 1. Cor. 12. 31. *charismata meliora, et adhuc vobis excellentiorem viam demonstravi*, non subjunxit signum, sed caritatem omnium radicem bonorum. Si ergo hanc exerceamus, et philosophiam omnem inde sequentem; non opus habebimus signis : sicut si non exerceamus, nihil nobis signa proderunt. Hæc itaque omnia cogitantes, ex quibus apostoli magni evaserunt, hæc æmulemur. Undenam illi magni effecti sunt? Audi Petrum dicentem : *Ecce* Matth. 19. 27. *nos reliquimus omnia, et sequuti sumus te : quid ergo erit nobis?* Audi et Christum ipsis dicentem : *Sedebitis super sedes duodecim*; et, Ibid. v. 28. 29. *Quicumque reliquerit domum vel fratres, vel patrem, vel matrem, centuplum recipiet in hoc sæculo, et vitam æternam possidebit.* Nos itaque a sæcularibus omnibus abducentes, Christo nos consecremus, ut et apostolis pares simus secundum ejus sententiam, et æterna vita fruamur : quam utinam omnes consequamur, gratia et benignitate Domini nostri Jesu Christi, cui gloria et imperium in sæcula sæculorum. Amen.

[a] **Savil.** ἐπανελθόντα. **Morel.** ἐπελθόντα. **Codex unus** μετελθόντα. ***Si illam virtutem obtineas,*** **nempe eleemosynam, ut supra.**

ΟΜΙΛΙΑ μζ'.

487 A

HOMIL. XLVII. al. XLVIII.

Ταῦτα πάντα ἐλάλησεν ὁ Ἰησοῦς ἐν παραβολαῖς τοῖς ὄχλοις, καὶ χωρὶς παραβολῆς [a] **οὐδὲν ἐλάλει αὐτοῖς· ὅπως πληρωθῇ τὸ ῥηθὲν διὰ τοῦ προφήτου λέγοντος· Ἀνοίξω ἐν παραβολαῖς τὸ στόμα μου, ἐξερεύξομαι κεκρυμμένα ἀπὸ καταβολῆς κόσμου.**

Cap. XIII. v. 34. ***Hæc omnia loquutus est Jesus in parabolis ad turbas, et sine parabola non loquebatur eis : 35. ut impleretur quod dictum est per prophetam dicentem : Aperiam in parabolis os meum, eructabo abscondita a constitutione mundi.*** Psal. 77. 2.

Ὁ δὲ Μάρκος φησὶν, ὅτι Καθὼς ἠδύναντο ἀκούειν, B ἐλάλει αὐτοῖς τὸν λόγον ἐν παραβολαῖς. Εἶτα δεικνὺς

1. Marcus vero dicit ipsum loquutum fuisse eis Marc. 4. 33. **in parabolis, *Prout poterant audire.* Deinde**

[a] **Alii** οὐκ ἐλάλει.

ostendens se nihil novi inducere, affert prophetam hunc doctrinæ modum prænuntiantem; utque significaret nobis Christum, non ut in ignorantia permanerent, sed ut ad interrogandum cogeren-
Ibid. v. 34. tur, sic illis loquutum fuisse, subjunxit: *Et sine parabola nihil loquebatur eis:* etsi multa sine parabola dixerit; sed tunc temporis nihil. Et tamen nemo ipsum interrogavit, quamquam prophetas olim sæpe interrogarent, ut Ezechielem aliosque multos: hi vero secus, licet ea quæ dicta fuerant possent illos in dubium conjicere, et ad interrogandum excitare: etenim supplicium maximum parabolæ minabantur; neque tamen inde commoti sunt. Quapropter dimissis illis, abiit. 36. *Tunc* enim, ait, *dimissis turbis, Jesus venit in domum suam;* nullusque scribarum ipsum sequitur; unde liquidum est eos, nonnisi ut carpendi ansam arriperent, sequutos fuisse. Quia vero ea quæ dicta fuerant, non intelligebant, reliquit eos. *Et accesserunt discipuli ejus interrogantes de parabola zizaniorum.* Atqui interdum discendi cupidi interrogare non audent: undenam illis nunc fiducia? Audierant illud,
Supra v. 11. *Vobis datum est nosse mysteria regni cælorum*, et hinc fiduciam assumserant. Ideoque seorsim interrogant, non quod multitudini invideant, sed ut Domini legem servent. *His* enim, inquit, *datum non est.* Cur autem missa fermenti et sinapis parabola, de hac interrogant? Illas utpote clariores reliquerunt; hanc vero, utpote quæ affinitatem haberet cum præmissa parabola, et quid amplius efferret, ediscere cupiebant. Neque enim scire volunt, utrum eamdem repetierit: nam videbant in hac magnam efferri comminationem. Quapropter non incusat eos, sed explananit ea quæ dicta fuerant. Et, ut semper dixi, parabolæ non sunt ad literam accipiendæ: inde enim absurda multa sequerentur; quod ut nos doceat, sic parabolam explicat. Non dicit, qui essent servi illi qui accesserunt; sed ut ostendat se, seriei concinnandæ causa, et ad complementum imaginis, ipsos induxisse, hac missa parte, quæ ad rem maxime pertinebant, ob quam hæc parabola dicta fuerat, explicat, se universi judicem et Dominum declarans. 37. *Et respondens*, inquit, *dixit eis: Qui seminat bonum semen, est Filius hominis.* 38. *Ager autem est mundus. Bonum vero semen, hi*

[b] οὐδὲν αὐτὸν καινοτομοῦντα, εἰσάγει τὸν προφήτην καὶ τοῦτον προαναφωνοῦντα τῆς διδασκαλίας τὸν τρόπον· καὶ διδάσκων ἡμᾶς τοῦ Χριστοῦ τὴν γνώμην, ὅτι οὐχ ἵνα ἀγνοῶσιν, ἀλλ' ἵνα αὐτοὺς εἰς ἐρώτησιν ἄγῃ, οὕτως διελέγετο, ἐπήγαγε· Καὶ χωρὶς παραβολῆς οὐδὲν ἐλάλει αὐτοῖς· καίτοι γε πολλὰ χωρὶς παραβολῆς εἶπεν· ἀλλὰ τότε οὐδέν. Καὶ ὅμως οὐδεὶς αὐτὸν ἠρώτησε· καίτοι γε τοὺς προφήτας πολλάκις ἠρώτων, ὡς τὸν Ἰεζεχιὴλ, ὡς ἑτέρους πολλούς· οὗτοι δὲ οὐδὲν τοιοῦτον ἐποίουν· καίτοι γε ἱκανὰ τὰ εἰρημένα ἦν εἰς ἀγωνίαν
C αὐτοὺς ἐκβαλεῖν καὶ διεγείρειν πρὸς τὴν ἐρώτησιν· καὶ γὰρ κόλασιν μεγίστην ἠπείλουν αἱ παραβολαί· ἀλλ' ὅμως οὐδὲ οὕτως ἐκινήθησαν. Διὸ καὶ ἀφεὶς αὐτοὺς, ἀπῆλθε. Τότε γὰρ, φησὶν, ἀφεὶς τοὺς ὄχλους, ἀπῆλθεν εἰς τὴν οἰκίαν αὐτοῦ ὁ Ἰησοῦς· καὶ οὐδεὶς ἕπεται τῶν γραμματέων· ὅθεν δῆλον, ὅτι δι' οὐδὲν ἕτερον εἵποντο, ἢ ὥστε ἐπιλαβέσθαι. Ἐπειδὴ δὲ οὐ συνῆκαν τὰ λεγόμενα, εἴασεν αὐτοὺς λοιπόν. [c] Καὶ προσέρχονται οἱ μαθηταὶ αὐτοῦ ἐρωτῶντες περὶ τῆς παραβολῆς τῶν ζιζανίων. Καίτοι γε ἔστιν ὅπου βουλόμενοι μαθεῖν καὶ δεδοικότες ἐρωτῆσαι· πόθεν οὖν ἐν-
D ταῦθα γέγονεν αὐτοῖς ἡ παῤῥησία; Ἤκουσαν, ὅτι Ὑμῖν δέδοται γνῶναι τὰ μυστήρια τῆς βασιλείας τῶν οὐρανῶν, καὶ ἐθάῤῥησαν. Διὸ καὶ ἰδίᾳ ἐρωτῶσιν, οὐ τῷ πλήθει βασκαίνοντες, ἀλλὰ τὸν τοῦ Δεσπότου τηροῦντες νόμον. Τούτοις γὰρ, φησὶν, οὐχ ἐδόθη. Καὶ τί δήποτε τὴν τῆς ζύμης καὶ τοῦ σινάπεως ἀφέντες παραβολὴν, περὶ ταύτης πυνθάνονται; Ὡς σαφεστέρας ἐκείνας ἀφῆκαν· ταύτην δὲ, ὡς ἔχουσαν συγγένειαν πρὸς τὴν προειρημένην καὶ πλέον τι ἐνδεικνυμένην ἐκείνης, μαθεῖν ἠβουλήθησαν. Οὐδὲ γὰρ ἂν ἐκ δευτέρου τὴν αὐτὴν εἶπεν ἐπιθυμοῦσι μαθεῖν· καὶ γὰρ ἑώρων πολλὴν ἐξ αὐτῆς ἐμφαινομένην τὴν ἀπειλήν. Διὸ οὐδὲ ἐγκαλεῖ
E αὐτοῖς, ἀλλὰ καὶ ἀναπληροῖ τὰ εἰρημένα. Καὶ ὅπερ ἔλεγον ἀεὶ, ὅτι τὰς παραβολὰς οὐ κατὰ τὴν ῥῆσιν ἐπεξιέναι δεῖ, ἐπεὶ πολλὰ τὰ ἄτοπα ἕψεται· τοῦτο καὶ αὐτὸς ἐνταῦθα παιδεύων ἡμᾶς, οὕτως ἐξηγεῖται τὴν παραβολήν. Οὐδὲ γὰρ λέγει, τίνες εἰσὶν οἱ δοῦλοι οἱ προσελθόντες· ἀλλὰ δεικνὺς, ὅτι ἀκολουθίας τινὸς ἕνεκεν αὐτοὺς παρείληφε, καὶ τοῦ διαπλάσαι τὴν εἰ-
488 κόνα, ἐκεῖνο ἀφεὶς τὸ μέρος, τὰ κατεπείγοντα ἑρμη-
A νεύει καὶ συνέχοντα μάλιστα, καὶ δι' ἃ ἡ παραβολὴ εἴρηται, δεικνὺς αὐτὸν [a] ὄντα κριτὴν καὶ Κύριον τοῦ παντός. Καὶ ἀποκριθεὶς, φησὶν, εἶπεν αὐτοῖς· ὁ σπείρων τὸ καλὸν σπέρμα, ἔστιν ὁ Υἱὸς τοῦ ἀνθρώπου. Ὁ δὲ ἀγρὸς, ἔστιν ὁ κόσμος. Τὸ δὲ καλὸν σπέρμα, οὗτοί εἰσιν οἱ υἱοὶ τῆς βασιλείας. Τὰ δὲ ζιζάνια, οἱ υἱοὶ τοῦ πονηροῦ, ὁ δὲ ἐχθρὸς ὁ σπείρων αὐτὰ, ἔστιν ὁ διάβο-

[b] Quidam οὐδὲν ἑαυτὸν καιν.

[c] Unus καὶ προσέρχονται αὐτῷ οἱ μαθηταὶ αὐτοῦ λέγοντες, φράσον ἡμῖν τὴν παραβολὴν, φησὶ, τῶν ζιζανίων τοῦ ἀγροῦ.

[a] Alii ὄντα κτιστὴν καὶ κύριον.

λος. Ὁ δὲ θερισμὸς, ἐστιν ἡ συντέλεια τοῦ αἰῶνος. Οἱ δὲ θερισταὶ, ἄγγελοί εἰσιν. Ὥσπερ οὖν συλλέγεται τὰ ζιζάνια, καὶ πυρὶ καίεται· οὕτως ἔσται ἐν τῇ συντελείᾳ τοῦ αἰῶνος τούτου. Ἀποστελεῖ ὁ Υἱὸς τοῦ ἀνθρώπου τοὺς ἀγγέλους αὐτοῦ, καὶ συλλέξουσιν ἐκ τῆς βασιλείας αὐτοῦ πάντα τὰ σκάνδαλα καὶ τοὺς ποιοῦντας τὴν ἀνομίαν, καὶ βαλοῦσιν αὐτοὺς εἰς τὴν κάμινον τοῦ πυρός. Ἐκεῖ ἔσται ὁ κλαυθμὸς καὶ ὁ βρυγμὸς τῶν ὀδόντων. Τότε οἱ δίκαιοι ἐκλάμψουσιν ὡς ὁ ἥλιος ἐν τῇ βασιλείᾳ τοῦ Πατρὸς αὐτῶν. Ὅταν γὰρ αὐτὸς ᾖ ὁ σπείρων, καὶ τον ἀγρὸν τὸν ἑαυτοῦ, καὶ ἐκ τῆς βασιλείας τῆς ἑαυτοῦ [b] συνάγῃ, εὔδηλον ὅτι καὶ ὁ παρὼν κόσμος αὐτοῦ ἐστι. Σκόπει δὲ αὐτοῦ φιλανθρωπίαν ἄφατον, καὶ τὸ πρὸς εὐεργεσίαν ἐπιῤῥεπὲς, καὶ τὸ πρὸς κόλασιν ἠλλοτριωμένον. Ὅταν μὲν γὰρ σπείρῃ, δι' ἑαυτοῦ σπείρει· ὅταν δὲ [c] κολάζῃ, δι' ἑτέρων, τουτέστι, τῶν ἀγγέλων. Τότε οἱ δίκαιοι ἐκλάμψουσιν ὡς ὁ ἥλιος ἐν τῇ βασιλείᾳ τοῦ Πατρὸς αὐτῶν. Οὐκ ἐπειδὴ οὕτω μόνον, ἀλλ' ἐπειδὴ τούτου τοῦ ἄστρου φανερώτερον οὐκ ἴσμεν ἕτερον, τοῖς γνωρίμοις ἡμῖν κέχρηται παραδείγμασι. Καίτοι γε ἀλλαχοῦ φησι τὸν θερισμὸν ἤδη παρεῖναι, ὡς ὅταν λέγῃ περὶ τῶν Σαμαρειτῶν· Ἐπάρατε τοὺς ὀφθαλμοὺς ὑμῶν, καὶ θεάσασθε τὰς χώρας, ὅτι λευκαί εἰσι πρὸς θερισμὸν ἤδη· καὶ πάλιν, Ὁ μὲν θερισμὸς πολὺς, οἱ δὲ ἐργάται ὀλίγοι. Πῶς οὖν ἐκεῖ μὲν ἤδη τὸν θερισμὸν παρεῖναί φησιν, ἐνταῦθα δὲ μέλλειν τὸν θερισμὸν εἶπε; Κατ' ἄλλο σημαινόμενον. Καὶ πῶς ἀλλαχοῦ εἰπὼν, ὅτι Ἄλλος ἐστὶν ὁ σπείρων, καὶ ἄλλος ὁ θερίζων, ἐνταῦθα δὲ ἑαυτόν φησιν εἶναι τὸν ἐπισπείροντα; Ὅτι κἀκεῖ οὐχ ἑαυτῷ, ἀλλὰ προφήταις ἀποστόλους ἀντιδιαστέλλων ἔλεγε, καὶ ἐπὶ τῶν Ἰουδαίων καὶ Σαμαρειτῶν. Καὶ γὰρ καὶ διὰ τῶν προφητῶν αὐτὸς ἔσπειρεν. Ἔστι δὲ ὅπου καὶ θερισμὸν καὶ σπόρον αὐτὸ τοῦτο καλεῖ, πρὸς ἄλλο καὶ ἄλλο αὐτὸ ὀνομάζων.

Ὅταν μὲν γὰρ τὴν πειθὼ καὶ τὴν ὑπακοὴν τῶν ὑπακουσάντων λέγῃ, θερισμὸν τὸ πρᾶγμα καλεῖ, ὡς τὸ πᾶν ἀπαρτίσας· ὅταν δὲ τὸν καρπὸν ἐπιζητῇ τῆς ἀκροάσεως, σπόρον καὶ θερισμὸν τὴν συντέλειαν [d] λέγων. Καὶ πῶς ἀλλαχοῦ φησιν, ὅτι πρῶτοι οἱ δίκαιοι ἁρπάζονται; Ἁρπάζονται μὲν γὰρ πρῶτοι, παραγινομένου τοῦ Χριστοῦ· παραδίδονται δὲ οὗτοι κολάσει, καὶ τότε εἰς βασιλείαν οὐρανῶν ἀπέρχονται ἐκεῖνοι. Ἐπειδὴ γὰρ ἐν οὐρανῷ δεῖ αὐτοὺς εἶναι, ἐνταῦθα δὲ αὐτὸς ἥξει, καὶ κρινεῖ πάντας ἀνθρώπους, δοὺς τὴν ἀπόφασιν τούτοις· καθάπερ τις βασιλεὺς ἀνίσταται μετὰ τῶν φίλων αὐτοῦ, πρὸς

sunt filii regni. Zizania, filii maligni illius. 39. Inimicus vero qui ea seminat, est diabolus. *Messis, est consummatio sæculi. Messores autem, angeli sunt. 40. Sicut ergo colliguntur zizania, et igni comburuntur : ita erit in consummatione sæculi hujus. 41. Mittet Filius hominis angelos suos, et colligent de regno ejus omnia scandala, et facientes iniquitatem, 42. et mittent eos in caminum ignis. Ibi erit fletus et stridor dentium. 43. Tunc fulgebunt justi sicut sol in regno Patris eorum.* Cum enim qui seminat ipse sit, et agrum suum seminet, atque ex regno suo colligat, palam est hunc mundum ipsius esse. Perpende autem ejus inenarrabilem misericordiam, et pronum ad beneficia præstanda animum, et quam a supplicio inferendo sit alienus. Cum enim seminat, per seipsum seminat; supplicia vero per alios infert, id est, per angelos. *Tunc justi fulgebunt sicut sol in regno Patris eorum.* Non quod sic tantum fulgeant, sed quia hoc astro nullum fulgentius videmus, notis exemplis est usus. Certe alibi quoque dixit jam adesse messem, ut cum de Samaritanis ait : *Levate oculos vestros, et aspicite regiones, quia albæ jam sunt ad messem;* et rursus, *Messis quidem multa, operarii autem pauci.* Quomodo ergo illic quidem jam messem adesse ait, hic vero futuram messem dicit? Secundum aliud nempe significatum. Quare etiam cum alibi dixisset, alium esse qui seminat, alium qui metit, hic dicit se eum qui seminat esse? Quia ibi sic loquebatur, ut non sibi, sed ut prophetis apostolos compararet, sive cum Judæos, sive cum Samaritanos alloquebatur. Nam etiam per prophetas ipse seminabat. Est autem ubi messem et semen idipsum dicat, secundum diversam rationem sic appellans.

Christi misericordia ineffabilis. — *Joan. 4. 35.* — *Luc. 10. 2.* — *Joan. 4. 37.*

2. Nam quando obsequentes obtemperantesque auditores dicit, messem vocat, ut rem consummatam declaret : quando autem fructum prædicationis quærit, semen et messem ipsam consummationem appellat. Et quomodo etiam alibi dicit, Primi justi rapiuntur? Rapiuntur quidem primi adveniente Christo; traduntur autem isti supplicio, et tunc illi ad regnum cælorum proficiscuntur. Quia enim justos in cælo esse oportet, in terram autem ipse venturus est, de omnibus hominibus judicaturus, sententiamque laturus:

[b] Alii συναγάγῃ.
[c] Unus κολάζῃ δι' ἑτέρων· ἀποστέλλει γὰρ ὁ υἱὸς τοῦ ἀνθρώπου τοὺς ἀγγέλους αὐτοῦ, τότε οἱ δίκαιοι.
[d] Alii λέγει.

quasi rex surgens cum amicis suis, eos ad beatam illam sortem ducturus est. Viden' duplex fore supplicium, tum quod comburantur, tum quod a gloria illa excidant? Sed cur demum, illis recedentibus, ipsis etiam apostolis in parabolis loquitur? Sapientiores ex supra dictis effecti, tunc intelligebant. Hinc cùm dixisset illis postea: *Intellexistis hæc omnia? dicunt ei, Etiam, Domine.* Sic et hoc cum aliis effecit parabola, ut perspicaciores deinde essent. Quid igitur post hæc dicit? 44. ***Simile est regnum cælorum thesauro abscondito in agro: quem cum invenit homo abscondit, et præ gaudio illius vendit universa quæ habet, et emit agrum illum.* 45. *Iterum simile est regnum cælorum negotiatori quærenti bonas margaritas.* 46. *Inventa autem una pretiosa margarita, abiit, et vendidit universa quæ habuit, et emit eam.*** Quemadmodum illic granum frumenti et fermentum parum inter se differunt: sic et hoc loco duæ parabolæ thesauri et margaritæ. Nam per utrumque hoc significatur, oportere prædicationem omnibus anteponere. Et illæ quidem fermenti et sinapis parabolæ ad vim prædicationis pertinent, ipsamque totum orbem esse superaturam indicant: hæ autem duæ parabolæ ejus pretium et dignitatem declarant. Extenditur quippe illa ut sinapi, superat ut fermentum, pretiosa est ut margarita, innumera præbet commoda, et ornatum, ut thesaurus. Neque id solum hic discimus, omnibus se exuere par esse, ac prædicationi hærere; sed etiam id cum gaudio esse faciendum. Certe is, qui omnibus renuntiat, sciat oportet, rem illam esse negotiationem, non jacturam. Viden' quomodo prædicatio in mundo sit occulta, et in prædicatione quot sint bona? Ac nisi omnia vendideris, non emis illam: nisi sollicito animo quæsieris, non invenis. Duo igitur necessaria sunt, sæcularium rerum abdicatio, et summa vigilantia. Nam ait: *Quærenti bonas margaritas: inventa una pretiosa, vendidit omnia, et emit eam.* Una quippe est veritas, nec in partes divisa. Ac sicut is qui margaritam habet, novit ipse se divitem esse; sæpe autem, licet illam manu teneat, id aliis est ignotum; neque enim mole corporis insignis est: sic et in prædicatione, qui illam tenent, se divites esse norunt, increduli autem thesaurum hujusmodi ignorantes,

Damnatorum duplex supplicium.

Infra v. 51.

Renuntiare omnibus est negotiatio, non jactura.

τὴν μακαρίαν ἐκείνην λῆξιν [a] αὐτοὺς ἄγων. Εἶδες διπλῆν τὴν κόλασιν οὖσαν, τῷ τε κατακαίεσθαι, τῷ τε τῆς δόξης ἐκπίπτειν ἐκείνης; Ἀλλὰ τίνος ἕνεκεν λοιπὸν, ἀναχωρησάντων ἐκείνων, καὶ αὐτοῖς ἐν παραβολαῖς λαλεῖ; Σοφώτεροι ἐκ τῶν εἰρημένων ἐγένοντο, ὡς καὶ συνιέναι. Ἀμέλει γοῦν λέγει αὐτοῖς μετὰ ταῦτα, Συνήκατε ταῦτα πάντα; λέγουσιν αὐτῷ, ναὶ, Κύριε. Οὕτω μετὰ τῶν ἄλλων καὶ τοῦτο κατώρθωσεν ἡ παραβολὴ, τὸ διορατικωτέρους αὐτοὺς ποιῆσαι. Τί οὖν φησι πάλιν;
B Ὁμοία ἐστὶν ἡ βασιλεία τῶν οὐρανῶν θησαυρῷ κεκρυμμένῳ ἐν ἀγρῷ, ὃν εὑρὼν ἄνθρωπος ἔκρυψε, καὶ ἀπὸ τῆς χαρᾶς αὐτοῦ πωλεῖ πάντα ὅσα ἔχει, καὶ ἀγοράζει τὸν ἀγρὸν ἐκεῖνον. Πάλιν ὁμοία ἐστὶν ἡ βασιλεία τῶν οὐρανῶν ἐμπόρῳ ζητοῦντι καλοὺς μαργαρίτας. Ὃς εὑρὼν ἕνα πολύτιμον μαργαρίτην, ἀπελθὼν πέπρακεν ὅσα εἶχε, καὶ ἠγόρασεν αὐτόν. Ὥσπερ ἐκεῖ ὁ κόκκος τοῦ σινάπεως καὶ ἡ ζύμη μικράν τινα ἔχουσι πρὸς ἀλλήλας διαφοράν· οὕτω δὴ καὶ ἐνταῦθα αἱ δύο παραβολαὶ αὗται, ἥ τε τοῦ θησαυροῦ καὶ ἡ τοῦ μαργαρίτου. Καὶ γὰρ τοῦτο δι' ἀμφοτέρων αἰνίττεται, ὅτι δεῖ τὸ κήρυγμα πάντων προτιμᾷν. Κἀκείνη μὲν ἡ τῆς ζύμης
C καὶ τοῦ σινάπεως πρὸς τὴν δύναμιν εἴρηται τοῦ κηρύγματος, καὶ ὅτι περιέσται τῆς οἰκουμένης πάντως· αὗται δὲ τὸ τίμιον καὶ πολυτελὲς ἐμφαίνουσιν. Ἐκτείνεται μὲν γὰρ ὡς σίναπι, καὶ περιγίνεται ὡς ζύμη, πολυτελὴς δέ ἐστιν ὡς μαργαρίτης, καὶ μυρίαν παρέχει [b] τὴν εὐπρέπειαν ὡς θησαυρός. Οὐ δὴ τοῦτο μόνον ἔστι μαθεῖν, ὅτι πάντα δεῖ τὰ ἄλλα ἀποδυσαμένους τοῦ κηρύγματος ἔχεσθαι· ἀλλ' ὅτι καὶ μετὰ χαρᾶς τοῦτο δεῖ ποιεῖν. Καὶ ἀποκτώμενον τὰ ὄντα δεῖ εἰδέναι, ὅτι τὸ πρᾶγμα ἐμπορία ἐστὶν, οὐχὶ ζημία. Ὁρᾷς πῶς κέκρυπται καὶ ἐν τῷ κόσμῳ τὸ κήρυγμα, καὶ ἐν τῷ κηρύγματι τὰ ἀγαθά; Κἂν μὴ πωλήσῃς πάντα, οὐκ ἀγορά-
D ζεις· κἂν μὴ ψυχὴν τοιαύτην ἔχῃς, μεμεριμνημένην καὶ ζητοῦσαν, οὐχ εὑρίσκεις. Δύο τοίνυν δεῖ προσεῖναι, καὶ τὸ τῶν βιωτικῶν ἀπέχεσθαι, καὶ τὸ [c] ἐγρηγορώτατον εἶναι. Ζητοῦντι γὰρ, φησὶ, καλοὺς μαργαρίτας· ὃς εὑρὼν ἕνα πολύτιμον, πέπρακε πάντα, καὶ ἠγόρασεν αὐτόν. Μία γάρ ἐστιν ἡ ἀλήθεια, καὶ οὐ πολυσχιδής. Καὶ καθάπερ ὁ τὸν μαργαρίτην ἔχων, αὐτὸς μὲν οἶδεν ὅτι πλουτεῖ, τοῖς δὲ λοιποῖς οὐκ ἔστι γνώριμος πολλάκις τῇ χειρὶ κατέχων· οὐ γάρ ἐστιν ὄγκος σώματος· οὕτω δὴ καὶ ἐπὶ τοῦ κηρύγματος, οἱ μὲν αὐτὸ κατέχοντες ἴσασιν, ὅτι πλουτοῦσιν, οἱ δὲ ἄπιστοι τὸν
E θησαυρὸν οὐκ εἰδότες τοῦτον, καὶ τὸν πλοῦτον ἡμῶν ἀγνοοῦσιν. Εἶτα ἵνα μὴ θαρρῶμεν τῷ κηρύγματι μόνον, μηδὲ ἀρκεῖν τὴν πίστιν μόνην νομίζωμεν εἰς σωτηρίαν ἡμῖν, λέγει καὶ ἑτέραν φοβερὰν παραβολήν.

[a] Alii αὐτοὺς εἰσάγων.

[b] Ali τὴν ἐμπορίαν ὡς.

[c] Alii ἐγρηγορότα εἶναι.

Ποίαν δὴ ταύτην; Τὴν τῆς σαγήνης. Ὁμοία γάρ ἐστιν ἡ βασιλεία τῶν οὐρανῶν σαγήνῃ βληθείσῃ εἰς τὴν θάλασσαν, καὶ ἐκ παντὸς γένους συναγαγούσῃ· ἣν ἀνενέγκαντες εἰς τὸν αἰγιαλὸν, [a] καθίσαντες, καὶ συλλέξαντες τὰ καλὰ εἰς ἀγγεῖον ἔβαλον, τὰ δὲ σαπρὰ ἔξω ἔβαλον. Καὶ τί διέστηκεν αὕτη τῆς τῶν ζιζανίων παραβολῆς; Καὶ γὰρ ἐκεῖ οἱ μὲν σώζονται, οἱ δὲ ἀπόλλυνται· ἀλλ' ἐκεῖ διὰ πονηρῶν δογμάτων αἵρεσιν· καὶ οἱ πρὸ τούτου δὲ, διὰ τὸ μὴ προσέχειν τοῖς λεγομένοις· οὗτοι δὲ, διὰ βίου πονηρίαν, οἳ πάντων εἰσὶν ἀθλιώτεροι, τῆς μὲν γνώσεως ἐπιτυχόντες, καὶ ἁλιευθέντες, οὐ δυνηθέντες δὲ οὐδὲ οὕτως σωθῆναι. Καίτοι γε ἀλλαχοῦ φησιν, ὅτι αὐτὸς ἀφορίζει ὁ ποιμὴν, ἐνταῦθα δὲ τοὺς ἀγγέλους τοῦτο ποιεῖν φησιν, ὡς καὶ ἐπὶ [b] τῶν ζιζανίων. Τί οὖν ἐστι; Ποτὲ μὲν αὐτοῖς παχύτερον διαλέγεται, ποτὲ δὲ ὑψηλότερον. Καὶ ταύτην οὐδὲ ἐρωτηθεὶς τὴν παραβολὴν ἑρμηνεύει, ἀλλ' αὐτομάτως· ἀπὸ τοῦ μέρους αὐτὴν ἐγνώρισε, καὶ τὸν φόβον ηὔξησεν. Ἵνα γὰρ μὴ ἀκούσας, ὅτι Τὰ σαπρὰ ἔβαλον ἔξω, ἀκίνδυνον εἶναι τὴν ἀπώλειαν νομίσῃς, διὰ τῆς ἑρμηνείας ἔδειξε τὴν κόλασιν, εἰπὼν, ὅτι Εἰς κάμινον βαλοῦσι· καὶ τὸν βρυγμὸν τῶν ὀδόντων, καὶ τὴν ὀδύνην ἄῤῥητον οὖσαν ἐνέφηνεν. Εἶδες πόσαι τῆς ἀπωλείας αἱ ὁδοί; Ἡ διὰ τῆς πέτρας, ἡ διὰ τῶν ἀκανθῶν, ἡ διὰ τῆς ὁδοῦ, ἡ διὰ τῶν ζιζανίων, ἡ διὰ τῆς σαγήνης. Οὐκ ἄρα ἀπεικότως ἔλεγεν, ὅτι Εὐρεῖά ἐστιν ἡ ὁδὸς ἡ ἀπάγουσα εἰς τὴν ἀπώλειαν, καὶ πολλοί εἰσιν οἱ εἰσερχόμενοι δι' αὐτῆς. Ταῦτα τοίνυν εἰπὼν, καὶ εἰς τὸ φοβερὸν κατακλείσας τὸν λόγον, καὶ πλείονα ταῦτα δείξας (μᾶλλον γὰρ αὐτοῖς ἐνδιέτριψε), φησί. Συνήκατε ταῦτα πάντα; Λέγουσιν αὐτῷ· ναὶ, Κύριε. Εἶτα, ἐπειδὴ συνῆκαν, πάλιν αὐτοὺς ἐπαινεῖ λέγων· Διὰ τοῦτο πᾶς γραμματεὺς μαθητευθεὶς ἐν τῇ βασιλείᾳ τῶν οὐρανῶν, ὅμοιός ἐστιν ἀνθρώπῳ οἰκοδεσπότῃ, ὅστις ἐκβάλλει ἐκ τοῦ θησαυροῦ αὐτοῦ καινὰ καὶ παλαιά. Διὸ καὶ ἀλλαχοῦ φησιν· Ἀποστελῶ ὑμῖν σοφοὺς καὶ γραμματέας.

Εἶδες πῶς [c] οὐκ ἐκκλείει τὴν Παλαιὰν, ἀλλὰ καὶ ἐγκωμιάζει καὶ δημηγορεῖ θησαυρὸν αὐτὴν καλῶν; Ὥστε ὅσοι τῶν θείων εἰσὶν ἄπειροι Γραφῶν, οὐκ ἂν εἶεν οἰκοδεσπόται, ὅσοι μήτε αὐτοὶ ἔχουσι, μήτε παρ' ἑτέρων λαμβάνουσιν, ἀλλὰ περιορῶσιν ἑαυτοὺς λιμῷ φθειρομένους. Οὐχ οὗτοι δὲ μόνον, ἀλλὰ καὶ οἱ αἱρετικοὶ ἐκτός εἰσι τοῦ μακαρισμοῦ τούτου. Οὐ

nostras item divitias nesciunt: Deinde ne prædicationi tantum fidamus, neve putemus solam fi-
490 dem ad salutem nobis sufficere, aliam terribilem
A effert parabolam. Quænam illa est? 47. Sagenæ parabola. *Simile est regnum cælorum sagenæ missæ in mare, et ex omni genere piscium congreganti: 48. quam educentes ad litus maris, sedentes, et colligentes bonos in vas jecerunt, malos autem foras miserunt.* In quo differt hæc a parabola zizaniorum? Nam et illic alii servantur, alii pereunt; sed illic ob pravorum dogmatum hæresim: et qui ante memorantur, quia dictis prædicantium non attendunt; hi vero ob sceleratam vitam, qui omnium miserrimi sunt,
B utpote qui in notitiam veritatis pervenerint, et in rete piscantium inciderint, ac neque sic salutem consequi potuerint. Quamquam alibi dicat ipsum *Matth.* 25. 32.
pastorem segregasse oves, hic dicit angelos id facere, ut et in zizaniorum parabola. Quid ergo dicendum? Aliquando demissius, aliquando sublimius ipsis loquitur. Hanc porro nec rogatus parabolam sponte interpretatur: ex parte solum explicavit illam, et timorem auxit. Ne enim postquam audisti, malos ejectos fuisse foras, sine periculo rem esse putares, interpretatione sua supplicium extulit dicens, *Mittent eos in cami-*
C *num ignis;* stridorem dentium memorans ineffabilemque dolorem. Viden' quot ad perniciem viæ? Per petram, per spinas, per viam, per zizania, per sagenam. Non ergo immerito dixit: *Lata* *Matth.* 7. 13.
est via quæ ducit ad perditionem, et multi sunt qui ingrediuntur per eam. Hæc ergo cum dixisset, ac terribili modo finem dicendi fecisset, hæcque plura adjecisset (diutius enim in illis moratus est), ait: 51. *Intellexistis hæc omnia? Dicunt ei: Etiam, Domine.* Post hæc, quia intellexerunt, ipsos laudat his verbis. 52. *Ideo omnis scriba doctus in regno cælorum, similis est homini patri familias, qui profert de thesauro suo nova et vetera.* Ideo alibi quoque ait: *Mittam ad vos sapientes et scribas.* *Matth.* 23. 34.

3. Vides quomodo non excludat Vetus Testamentum, sed potius laudet et celebret, thesaurum
D vocans? Itaque quotquot divinarum Scripturarum imperiti sunt, non patres familias fuerint, qui neque habent ipsi, nec ab aliis accipiunt, sed se fame pereuntes negligunt. Nec modo ipsi, sed etiam hæretici expertes sunt hujus beatitudinis. Non enim consentiunt.

[a] **Alii** *καὶ καθίσαντες συνέλεξαν τὰ καλὰ εἰς ἀγγεῖα. τὰ δέ.*

[b] *Τῶν ζιζανίων.* **Sub hæc multa permixta et turbata efferuntur in quibusdam Codd., sed Savil. et Morel.**

[c] **Alii** *οὐκ ἐκκλείει*, **alii** *οὐκ ἐκβάλλει*. **Infra** *καὶ δημηγορεῖ* **deest in quibusdam.**

proferunt nova et vetera. Nam cum vetera non habeant, nec nova habere possunt : quemadmodum etiam ii qui nova non habent, veteribus quoque
carent, sed utrisque privantur : hæc enim mutuo
colligantur et connectuntur. Audiamus itaque
quotquot Scripturarum lectionem negligimus,
quantum patiamur damnum, quantam paupertatem.
Quandonam vitam cum operibus jungemus,
qui ne leges quidem novimus, quas observemus?
Sed divites, qui divitiarum cupiditate insaniunt,
sæpe vestes suas ne a tineis corrodantur excutiunt :
tu vero dum oblivio tinea perniciosior animam
tuam labefactat, non libros legis, non pestem illam
depellis, animam non exornas, non aspicis assidue
virtutis imaginem, nec membra ejus et caput
consideras? Nam et caput habet et membra, spe-
Humilitas caput virtutis. cioso corpore formosiora. Quod ergo caput est,
inquies, virtutis? Humilitas. Quamobrem ab hac
Matth. 5. 3. incipit Christus dicens : *Beati pauperes*. Hoc
caput non comas habet, non cincinnos, sed tantam
pulchritudinem, ut Deum ipsum attrahat : nam
Isai. 66. 2. ait : *Super quem respiciam, nisi super mansuetum et humilem, et trementem verba mea ?* et,
Psal. 75. 10? et 100. 6? et 33. 19. *Oculi mei ad mansuetos terræ*. Et, *Prope est Dominus contritis corde*. Hoc caput pro capillis,
et coma, sacrificia offert Deo grata. Ara est aurea,
et altare spirituale : nam *Sacrificium Deo spiritus*
Psal. 50. 19. *contribulatus*. Hæc est sapientiæ mater. Si quis
illam habeat, reliqua habebit. Vidistin' caput,
quale nusquam videras? Visne faciem videre, imo
ediscere? Jam disce colorem ejus rubicundum, floridum,
et valde gratiosum : disce quibusnam constet.
Quibus ergo constat? Pudore atque rubore. Qua-
Eccli. 32. 9. propter ait quispiam : *Ante verecundum præcedet gratia*.
Hoc et aliis membris magnam infundit
pulchritudinem. Etiamsi mille misceas colores,
non tantam speciem efficies. Si autem et oculos
videre cupias, aspice illos modestiam et continentiam
accurate exhibentes. Ideo ipsi et forma et
acumine pollent, ita ut ipsum Dominum videant.
Matth. 5. 8. Nam, *Beati*, inquit, *mundo corde, quoniam ipsi Deum videbunt*. Os autem ejus, sapientia et intellectus,
spiritualiumque hymnorum modulatio.
Cor autem, Scripturarum peritia, verorumque dogmatum
conservatio, benignitas, clementia. Ac
quemadmodum sine illo vivere nequimus, sic neque
sine illo salutem consequi possumus. Nam
hinc omnia oriuntur bona. Habet item pedes et

γὰρ ἐκβάλλουσι καινὰ καὶ παλαιά. Οὐδὲ γὰρ ἔχουσι τὰ παλαιὰ, διὸ οὐδὲ καινά· ὥσπερ οὖν οἱ καινὰ οὐκ ἔχοντες, οὐδὲ παλαιὰ ἔχουσιν, ἀλλ' ἑκατέρων
ἐστέρηνται· ταῦτα γὰρ [d] ἀλλήλων συνδέδεται καὶ
E συμπλέκεται. Ἀκούσωμεν τοίνυν ὅσοι τῆς τῶν Γραφῶν
ἀμελοῦμεν ἀναγνώσεως, ὅσην ὑπομένομεν βλάβην,
ὅσην πενίαν. Πότε γὰρ τῆς διὰ τῶν ἔργων
ἐπιληψόμεθα πολιτείας, οἱ μηδὲ αὐτοὺς τοὺς νόμους
εἰδότες καθ' οὓς πολιτεύεσθαι χρή; Ἀλλ' οἱ μὲν
πλουτοῦντες, οἱ περὶ χρήματα μεμηνότες, συνεχῶς
491 τινάσσουσιν ἑαυτῶν τὰ ἱμάτια, ὥστε μὴ σητόβρωτα
A γενέσθαι· σὺ δὲ σητὸς χαλεπώτερον ὁρῶν τὴν λήθην
λυμαινομένην σου τὴν ψυχὴν, οὐκ ἐντυγχάνεις βιβλίοις,
οὐ διακρούῃ τὴν λύμην, οὐ καλλωπίζεις σου
τὴν ψυχὴν, οὐκ ἐπισκοπεῖς συνεχῶς τὴν εἰκόνα τῆς
ἀρετῆς, καὶ τὰ μέλη αὐτῆς καταμανθάνεις, καὶ τὴν
κεφαλήν; Καὶ γὰρ καὶ κεφαλὴν ἔχει, καὶ μέλη παντὸς
σώματος εὐειδοῦς καὶ καλοῦ εὐπρεπέστερα. Τίς
οὖν ἡ κεφαλὴ, φησὶ, τῆς ἀρετῆς; Ἡ ταπεινοφροσύνη.
Διὸ καὶ ἀπ' αὐτῆς ἄρχεται ὁ Χριστὸς λέγων· Μακάριοι
οἱ πτωχοί. Αὕτη ἡ κεφαλὴ οὐ κόμας ἔχει, καὶ
βοστρύχους, ἀλλὰ κάλλος τοιοῦτον, οἷον τὸν Θεὸν ἐπι-
B σπάσασθαι· Ἐπὶ τίνα γὰρ ἐπιβλέψω, φησὶν, ἀλλ' ἢ
ἐπὶ [a] τὸν πρᾶον καὶ ταπεινὸν, καὶ τρέμοντά μου τοὺς
λόγους; Καὶ, Οἱ ὀφθαλμοί μου ἐπὶ τοὺς πραεῖς τῆς γῆς.
Καὶ, Ἐγγὺς Κύριος τοῖς συντετριμμένοις τὴν καρδίαν.
Αὕτη ἡ κεφαλὴ ἀντὶ τριχῶν, καὶ κόμης, θύματα φέρει
τῷ Θεῷ κεχαρισμένα. Βωμός ἐστι χρυσοῦς, καὶ
θυσιαστήριον πνευματικόν· Θυσία γὰρ τῷ Θεῷ πνεῦμα
συντετριμμένον. Αὕτη ἐστὶν ἡ τῆς σοφίας μήτηρ.
Ἂν ταύτην ἔχῃ τις, καὶ τὰ λοιπὰ ἕξει. Εἶδες κεφαλὴν
οἵαν οὐδέποτε εἶδες; Βούλει καὶ τὸ πρόσωπον ἰδεῖν,
μᾶλλον δὲ μαθεῖν; Οὐκοῦν μάθε τέως αὐτοῦ τὸ χρῶμα
τὸ ἐρυθρὸν, καὶ εὐανθὲς, καὶ πολλὴν ἔχον τὴν χάριν,
C καὶ μάθε πόθεν συνίσταται. Πόθεν οὖν συνίσταται;
Ἀπὸ τοῦ αἰσχύνεσθαι καὶ ἐρυθριᾷν. Διὸ καί τις φησί·
Πρὸ αἰσχυντηροῦ προελεύσεται χάρις. Τοῦτο καὶ τῶν
ἄλλων μελῶν πολὺ καταχεῖ τὸ κάλλος. Κἂν μυρία
μίξῃς χρώματα, οὐκ ἐργάσῃ τοιαύτην ὥραν. [b] Εἰ δὲ
καὶ τοὺς ὀφθαλμοὺς ἰδεῖν βούλει, ὅρα κοσμιότητι καὶ
σωφροσύνῃ μετὰ ἀκριβείας ὑπογεγραμμένους. Διὸ καὶ
οὗτοι καλοὶ καὶ ὀξυδερκεῖς γίνονται, ὡς καὶ αὐτὸν τὸν
Κύριον ὁρᾷν. Μακάριοι γὰρ, φησὶν, οἱ καθαροὶ τῇ
καρδίᾳ, ὅτι αὐτοὶ τὸν Θεὸν ὄψονται. Στόμα δὲ αὐτῆς,
σοφία καὶ σύνεσις, καὶ τὸ πνευματικοὺς ὕμνους εἰδέναι.
Καρδία δὲ, Γραφῶν ἐμπειρία, καὶ δογμάτων
D ἀκριβῶν διατήρησις, καὶ φιλανθρωπία, καὶ χρηστότης.
Καὶ καθάπερ ταύτης ἄνευ οὐκ ἔνι ζῆσαι, οὐδὲ

[d] Alii ἀλλήλοις συνδέδεται.

[a] Alii τὸν πρᾶον καὶ ἡσύχιον καὶ ταπεινόν.

[b] Morel. εἰ καὶ τούς.

ἐκείνης χωρὶς σωθῆναι ἔνι ποτέ. Καὶ γὰρ ἐκεῖθεν
πάντα τίκτεται καλά. Εἰσὶν αὐτῇ καὶ πόδες καὶ χεῖρες, τῶν ἀγαθῶν ἔργων αἱ ἐπιδείξεις· ἔστιν αὐτῇ καὶ
ψυχὴ, ἡ εὐσέβεια· ἔστιν αὐτῇ καὶ στῆθος χρυσοῦν καὶ
ἀδάμαντος στεῤῥότερον, ἡ ἀνδρεία· καὶ πάντα ἁλῶναι εὔκολον, ἢ τοῦτο διαῤῥαγῆναι τὸ στῆθος. Τὸ δὲ
πνεῦμα τὸ ἐν ἐγκεφάλῳ καὶ καρδίᾳ ἡ ἀγάπη ἐστί.

Βούλει καὶ ἐπ' αὐτῶν τῶν ἔργων δείξω σοι τὴν
εἰκόνα; Ἐννόησόν μοι τοῦτον αὐτὸν τὸν εὐαγγελιστήν·
καίτοι οὐ πάντα αὐτοῦ τὸν βίον ἀνάγραπτον ἔχομεν,
ἀλλ' ὅμως καὶ ἐξ ὀλίγων ἔνεστιν αὐτοῦ τὴν εἰκόνα E
ἰδεῖν διαλάμπουσαν. Ὅτι μὲν ταπεινὸς καὶ συντετριμμένος ἦν, ἄκουσον μετὰ τὸ εὐαγγέλιον τελώνην ἑαυτὸν
καλοῦντα· ὅτι δὲ καὶ ἐλεήμων, ὅρα πάντα ἀποδυσάμε-
νον καὶ ἀκολουθήσαντα τῷ Ἰησοῦ. Ὅτι δὲ καὶ εὐσεβὴς,
δῆλον ἀπὸ τῶν δογμάτων. Καὶ τὴν σύνεσιν δὲ αὐτοῦ
ἀφ' οὗ συνέθηκεν Εὐαγγελίου ῥᾴδιόν ἐστιν ἰδεῖν, καὶ 492
τὴν ἀγάπην (τῆς γὰρ οἰκουμένης ἐπεμελήσατο)· καὶ A
τὴν τῶν ἔργων τῶν ἀγαθῶν ἐπίδειξιν ἀπὸ τοῦ θρόνου
ἐφ' οὗ [a] μέλλει καθιεῖσθαι· καὶ τὴν ἀνδρείαν δὲ, ἐξ
ὧν χαίρων ὑπέστρεψεν ἀπὸ προσώπου τοῦ συνεδρίου.
Ζηλώσωμεν τοίνυν τὴν ἀρετὴν ταύτην, καὶ μάλιστα
πάντων τὴν ταπεινοφροσύνην καὶ ἐλεημοσύνην, ὧν
ἄνευ σωθῆναι οὐκ ἔνι. Καὶ δηλοῦσιν αἱ πέντε παρθένοι,
καὶ μετ' ἐκείνων ὁ Φαρισαῖος. Χωρὶς μὲν γὰρ παρθενίας δυνατὸν βασιλείαν ἰδεῖν· χωρὶς δὲ ἐλεημοσύνης
ἀμήχανον· τῶν γὰρ ἀναγκαίων τοῦτό ἐστι καὶ συνεχόντων τὸ πᾶν. Οὐκ ἄρα ἀπεικότως καρδίαν αὐτὸ
κεκλήκαμεν ἀρετῆς. Ἀλλ' ἡ καρδία αὕτη, ἐὰν μὴ πᾶσι
χορηγῇ πνεῦμα, ταχέως σβέννυται· ὥσπερ οὖν καὶ ἡ B
πηγὴ, ἐὰν μὴ ἔχῃ συνεχῆ τὰ νάματα παρ' ἑαυτῆς,
σήπεται· οὕτω καὶ οἱ πλουτοῦντες, ὅταν παρ' ἑαυτοῖς
τὰ ὄντα κατέχωσι. Διὰ τοῦτο καὶ ἐν τῇ κοινῇ συνηθείᾳ
λέγομεν, πολλὴ ἡ σῆψις τοῦ πλούτου παρὰ τῷ δεῖνι·
καὶ οὐ λέγομεν, πολλὴ ἡ ἀφθονία, πολὺς ὁ θησαυρός.
Καὶ γὰρ σῆψίς ἐστιν οὐχὶ τῶν κεκτημένων, ἀλλὰ καὶ
αὐτοῦ τοῦ πλούτου. Καὶ γὰρ τὰ ἱμάτια κείμενα φθείρεται, καὶ τὸ χρυσίον ἰοῦται, καὶ ὁ σῖτος [b] διαβιβρώ-
σκεται· καὶ ἡ ψυχὴ δὲ τοῦ ταῦτα ἔχοντος τούτων
ἁπάντων μᾶλλον ταῖς φροντίσι καὶ ἰοῦται καὶ σήπεται.
Κἂν ἐθέλῃς φιλαργύρου ψυχὴν εἰς τὸ μέσον ἐξενεγκεῖν, C
καθάπερ ἱμάτιον ὑπὸ μυρίων βρωθὲν σκωλήκων, καὶ
οὐκ ἔχον οὐδὲν ὑγιὲς, οὕτως εὑρήσεις διατετρυπημένην
πάντοθεν αὐτὴν ὑπὸ φροντίδων, ὑπὸ τῶν ἁμαρτημάτων σεσηπυῖαν, καὶ ἰωμένην. Ἀλλ' οὐχὶ τοῦ πένητος
τοιαύτη, τοῦ πένητος τοῦ ἑκόντος· ἀλλ' ἀποστίλβει
μὲν ὡς χρυσίον, λάμπει δὲ ὥσπερ μαργαρίτης, ἀνθεῖ
δὲ ὥσπερ ῥόδον. Οὐ γάρ ἐστιν ἐκεῖ σὴς, οὐκ ἔστιν ἐκεῖ
κλέπτης, οὐκ ἔστι φροντὶς βιωτική· ἀλλ' [c] ὡς ἄγγελοι

manus, bonorum operum exempla; anima ejus est pietas; pectus ejus aureum, adamante firmius, est fortitudo; omnia facilius expugnes, quam pectus istud dirumpas. Spiritus, qui et in cerebro et in corde exsistit, est caritas.

Matthæi evangelistæ virtutes.

4. Vis hanc imaginem tibi in operibus ostendam? Cogita mihi hunc ipsum evangelistam, etiamsi non totam ejus vitam descriptam habeamus; attamen ex paucis quæ restant, licet imaginem ejus splendentem videre. Quod humilis et contritus esset, audi ipsum in evangelio sese publicanum vocantem; quod autem misericors esset, vide illum omnibus exutum Jesum sequentem. Quod pius esset, palam est ex dogmatibus. Intelligentiam et caritatem ejus ex eo quod conscripsit Evangelio videre est: universi enim orbis curam gessit; bonorum operum argumentum habes ex throno, in quo sessurus est; fortitudinem, quod gaudens reversus sit a facie concilii. Virtuti igitur admodum studeamus, maximeque omnium humilitatem et misericordiam sectemur, sine quibus salutem consequi non possumus, ut probatur ex quinque virginibus, et ex Pharisæo. Nam sine virginitate regnum adire possumus, non vero sine misericordia et eleemosyna: illa enim necessaria prorsus est, et inter præcipua quæ omnia continent censetur. Non sine causa ergo diximus eam cor esse virtutis. Sed cor ipsum, nisi omnibus spiritum subministret, cito exstinguitur; sicut et fons nisi fluenta penes se perenniter habeat, putrescit: sic et divites, si apud se opes suas detineant. Ideo communi usu dicimus, Multa putredo divitiarum apud talem habetur: neque dicimus, Multa copia, magnus thesaurus. Nam putredo est non possidentium modo, sed ipsarum divitiarum. Vestimenta enim recondita corrumpuntur, aurum ærugine roditur, frumentum a vermibus roditur: anima vero possidentis plus quam cætera omnia curis roditur et putrescit.

Avari descriptio.

Si velis avari animam in medium adducere, sicut vestimentum a mille tineis corrosum, nihilque sanum habens, sic invenies illam corrosam undique curis, peccatis putridam, et ærugine labefactatam. At pauperis anima non talis utique est, pauperis inquam voluntarii; sed fulget ut aurum, splendet ut margarita, floret ut rosa. Non ibi tinea, non fur, non cura sæcularis; sed ut angeli

Pauperis voluntarii descriptio.

[a] Manuscripti multi μέλλει κατιδεῖσθαι.

[b] Morel. βιβρώσκεται. Savil. et Manuscripti διαβιβρώσκεται.

[c] Alii ὥσπερ ἄγγελο.

conversantur. Vis talis animæ pulchritudinem videre? vis paupertatis divitias ediscere? Pauper non imperat hominibus, sed imperat dæmonibus; non adstat regi, sed adstat Deo; non pugnat cum hominibus, sed cum angelis; non habet arcam unam, vel duas, vel tres, vel viginti, sed tantam rerum copiam, ut mundum totum nihil esse existimet. Non habet thesaurum, sed cælum; non eget servis; imo servos habet, animi morbos; habet servos, nempe cogitationes quæ regibus imperant. Cogitationem quippe hujusmodi vel rex formidat, et contra respicere non audet. Regnum et aurum omniaque similia, ut puerorum ludos ridet, et ut rotulas, talos, capita, sphæras, ita hæc omnia putat esse spernenda. Habet enim ornatum, quem ne respicere quidem possunt ii, qui hujusmodi ludis tempus terunt. Quid igitur hoc paupere præstantius fuerit? Is pavimentum habet cælum. Si autem tale pavimentum est, cogites velim quod tectum erit. Sed non habet equos et currus? Quid illis opus habet is qui nubibus vehendus est et cum Christo vivet? Hæc cogitantes et viri et mulieres illas quæramus divitias et rerum copiam non absumendam, ut regnum cælorum consequamur, gratia et misericordia Domini nostri Jesu Christi, cui gloria et imperium in sæcula sæculorum. Amen.

οὕτω πολιτεύονται. Βούλει τῆς ψυχῆς ταύτης τὸ κάλλος ἰδεῖν; βούλει τῆς πενίας τὸν πλοῦτον καταμαθεῖν; Οὐχ ἐπιτάττει ἀνδράσιν, ἀλλὰ δαίμοσιν ἐπιτάττει· D οὐ παρίσταται βασιλεῖ, ἀλλὰ παρέστηκε Θεῷ· οὐ στρατεύεται μετὰ ἀνθρώπων, ἀλλὰ στρατεύεται μετὰ ἀγγέλων· οὐκ ἔχει κιβώτιον, καὶ δύο, καὶ τρία, καὶ εἴκοσιν, ἀλλὰ τοιαύτην [d] εὐπορίαν, ὡς τὸν κόσμον ἅπαντα μηδὲν εἶναι νομίζειν. Οὐκ ἔχει θησαυρὸν, ἀλλὰ τὸν οὐρανόν· οὐ δεῖται δούλων, μᾶλλον δὲ ἔχει δούλους τὰ πάθη, ἔχει δούλους τοὺς βασιλέων κρατοῦντας λογισμούς. Ὁ γὰρ ἐπιτάττων τῷ τὴν ἁλουργίδα περικειμένῳ, [e] οὗτος αὐτὸν κατέπτηχεν ὁ λογισμὸς, καὶ ἀντιβλέψαι οὐ τολμᾷ. Βασιλείαν δὲ καὶ χρυσὸν, καὶ πάντα τὰ τοιαῦτα καθάπερ παίδων ἀθύρματα γελᾷ, E καὶ καθάπερ τροχοὺς, καὶ ἀστραγάλους, [f] καὶ κεφαλὰς, καὶ σφαίρας, οὕτω ταῦτα πάντα ἡγεῖται εἶναι 493 εὐκαταφρόνητα. Ἔχει γὰρ κόσμον, ὃν οὐδὲ ἰδεῖν οἱ ἐν A τούτοις παίζοντες δύνανται. Τί τοίνυν τοῦ πένητος τούτου βέλτιον γένοιτ' ἄν; Ἔδαφος γοῦν ἔχει τὸν οὐρανόν. Εἰ δὲ τὸ ἔδαφος τοιοῦτον, ἐννόησον τὸν ὄροφον. Ἀλλ' οὐκ ἔχει ἵππους καὶ ὀχήματα; Τί γὰρ αὐτῷ τούτων χρεία, τῷ μέλλοντι ἐπὶ τῶν νεφελῶν ὀχεῖσθαι, καὶ μετὰ τοῦ Χριστοῦ εἶναι; Ταῦτ' οὖν ἐννοήσαντες, καὶ ἄνδρες καὶ γυναῖκες, ἐκεῖνον ζητῶμεν τὸν πλοῦτον, καὶ τὴν ἀνάλωτον εὐπορίαν, ἵνα καὶ τῆς βασιλείας τῶν οὐρανῶν ἐπιτύχωμεν, χάριτι καὶ φιλανθρωπίᾳ τοῦ Κυρίου ἡμῶν Ἰησοῦ Χριστοῦ, ᾧ ἡ δόξα καὶ τὸ κράτος εἰς τοὺς αἰῶνας τῶν αἰώνων. Ἀμήν.

[d] Unus ἐμπορίαν.

[e] Οὗτος αὐτὸν κατέπτηχεν ὁ λογισμός. Intricatum locum divinando tertimus, *cogitationem quippe hujusmodi vel rex formidat*, cogitationem scilicet hominis Deo addicti.

[f] In uno Codice legitur καὶ ἀστραγάλους καὶ περικεφαλαίας, καὶ ψηφῖδας, καὶ σφαίρας. In Editis omnibus καὶ ἀστραγάλους καὶ κεφαλὰς καὶ σφαίρας. De rebus ergo puerilibus agitur. Si autem κεφαλὰς sit vera lectio, hic intelligatur oportet de quadam vel tessera vel calculo, cui κεφαλή nomen, quam tamen vocem hoc usurpatam sensu nondum reperi. Περικεφαλαία autem, Theophrasto teste, pro glande querna accipitur: et sic huic loco probe aptaretur; sed omnium, uno excepto, exemplarium auctoritate ducti, in serie nihil mutamus. Ψηφίς autem est *calculus*.

HOMILIA XLVIII. al. XLIX. B

ΟΜΙΛΙΑ μη'.

CAP. XIII. v. 53. *Et factum est, cum consummasset Jesus parabolas istas, transivit inde.*

Καὶ ἐγένετο, ὅτε ἐτέλεσεν ὁ Ἰησοῦς τὰς παραβολὰς ταύτας, μετῆρεν ἐκεῖθεν.

1. Cur dixit, *Istas?* Quia alias dicturus erat. Quare inde recessit? Ut verbum ubique disseminaret. 54. *Et cum venisset in patriam suam, docebat eos in synagoga eorum.* Quam vocat patriam suam? Nazaret, ut mihi quidem videtur.
Infra v. 58. *Non enim ibi fecit virtutes multas*, ait; in Ca-

Τίνος ἕνεκεν εἶπε, Ταύτας; Ἐπειδὴ καὶ ἄλλας ἔμελλεν ἐρεῖν. Τίνος δὲ ἕνεκεν καὶ μεταβαίνει; Πανταχοῦ τὸν λόγον σπεῖραι βουλόμενος. Καὶ ἐλθὼν εἰς τὴν πατρίδα αὐτοῦ, ἐδίδασκεν αὐτοὺς ἐν τῇ συναγωγῇ αὐτῶν. Καὶ ποίαν πατρίδα αὐτοῦ καλεῖ νῦν; Ἐμοὶ δοκεῖ, τὴν Ναζαρέτ. Οὐ γὰρ ἐποίησεν ἐκεῖ δυνάμεις

πολλάς, φησίν· ἐν δὲ Καπερναοὺμ ἐποίησε σημεῖα· διὸ καὶ ἔλεγε· Καὶ σὺ Καπερναοὺμ, ἡ ἕως τοῦ οὐρανοῦ ὑψωθεῖσα, ἕως ᾅδου καταβιβασθήσῃ· ὅτι εἰ ἐν Σοδόμοις ἐγένοντο αἱ δυνάμεις αἱ γενόμεναι ἐν σοὶ, ἔμειναν ἂν μέχρι τῆς σήμερον. Ἐλθὼν δὲ ἐκεῖ, τῶν μὲν σημείων καθυφίησιν, ὥστε μὴ εἰς πλείονα αὐτοὺς φθόνον ἐκκαῦσαι, μηδὲ κατακρῖναι μειζόνως τῆς ἀπιστίας ἐπιτεινομένης· διδασκαλίαν δὲ προτείνεται τῶν σημείων οὐκ ἔλαττον θαῦμα ἔχουσαν. Οἱ γὰρ πάντα ἀνόητοι, δέον θαυμάσαι, καὶ ἐκπλαγῆναι τῶν λεγομένων τὴν δύναμιν· οὗτοι δὲ τοὐναντίον, ἐξευτελίζουσιν αὐτὸν ἀπὸ τοῦ δοκοῦντος εἶναι πατρός· καίτοι γε πολλὰ τούτων παραδείγματα ἔχοντες ἐν τοῖς ἔμπροσθεν χρόνοις, καὶ πατέρων ἀσήμων γενναίους ἑωρακότες παῖδας. Καὶ γὰρ ὁ Δαυὶδ εὐτελοῦς τινος ἦν γεωργοῦ τοῦ Ἰεσσαί· καὶ ὁ Ἀμὼς [a] αἰπόλου παῖς καὶ αὐτὸς αἰπόλος· καὶ ὁ Μωϋσῆς δὲ ὁ νομοθέτης σφόδρα αὐτοῦ ἀποδέοντα ἔσχε πατέρα. Δέον οὖν διὰ τοῦτο μάλιστα προσκυνεῖν, καὶ ἐκπλήττεσθαι, ὅτι τοιούτων ὢν τοιαῦτα ἐφθέγγετο· εὔδηλον γὰρ, ὅτι οὐκ ἐξ ἀνθρωπίνης ἐπιμελείας ἦν, ἀλλὰ θείας χάριτος· καὶ ἀφ' ὧν ἔδει θαυμάζειν, ἀπὸ τούτων καταφρονοῦσι. Συνεχῶς δὲ ταῖς συναγωγαῖς ἐπιχωριάζει, ἵνα μὴ διαπαντὸς ἐπὶ τῆς ἐρήμου διατρίβοντος αὐτοῦ, μᾶλλον κατηγορήσωσιν ὡς ἀποσχίζοντος, [b] καὶ τῇ πολιτείᾳ μαχομένου. Ἐκπληττόμενοι τοίνυν, καὶ ἐν ἀπορίᾳ ὄντες ἔλεγον· Πόθεν αὕτη ἡ σοφία τούτῳ, καὶ αἱ δυνάμεις; ἤτοι τὰ σημεῖα δυνάμεις καλοῦντες, ἢ καὶ αὐτὴν [c] τὴν σοφίαν. Οὐχ οὗτός ἐστιν ὁ τοῦ τέκτονος υἱός; Οὐκοῦν μεῖζον τὸ θαῦμα, καὶ μείζων ἡ ἔκπληξις. Οὐχὶ ἡ μήτηρ αὐτοῦ λέγεται Μαρία; καὶ οἱ ἀδελφοὶ αὐτοῦ Ἰάκωβος καὶ Ἰωσῆς, καὶ Σίμων καὶ Ἰούδας; καὶ αἱ ἀδελφαὶ αὐτοῦ οὐχὶ πᾶσαι παρ' ἡμῖν εἰσι; Πόθεν τούτῳ ταῦτα; Καὶ ἐσκανδαλίζοντο ἐν αὐτῷ. Ὁρᾷς ὅτι ἐν τῇ Ναζαρὲτ διελέγετο; Οὐχὶ ἀδελφοὶ αὐτοῦ, φησὶν, ὁ δεῖνα καὶ ὁ δεῖνά εἰσιν; Καὶ τί τοῦτο; Ἐντεῦθεν γὰρ ὑμᾶς μάλιστα εἰς πίστιν ἐνάγεσθαι ἔδει. Ἀλλὰ γὰρ πονηρὸν ὁ φθόνος, καὶ ἑαυτῷ περιπίπτει πολλάκις. Ἃ γὰρ ἦν παράδοξα καὶ θαυμαστὰ, καὶ ἱκανὰ αὐτοὺς ἐφελκύσασθαι, ταῦτα ἐκείνους ἐσκανδάλιζε. Τί οὖν ὁ Χριστὸς πρὸς αὐτούς; Οὐκ ἔστι προφήτης, φησὶν, ἄτιμος, εἰ μὴ ἐν τῇ πατρίδι αὐτοῦ, καὶ ἐν τῇ οἰκίᾳ αὐτοῦ. Καὶ οὐκ ἐποίησε, [d] φησὶ, δυνάμεις πολλὰς διὰ τὴν ἀπιστίαν αὐτῶν. Ὁ δὲ Λουκᾶς φησι· Καὶ οὐκ ἐποίησεν ἐκεῖ σημεῖα πολλά. Καίτοι ποιῆσαι εἰκὸς ἦν. Εἰ γὰρ τὸ θαυμάζεσθαι αὐτῷ προεχώρει (καὶ γὰρ καὶ τότε ἐθαυμάζετο), τίνος ἕνεκεν οὐκ ἐποίησεν; Ὅτι οὐ πρὸς ἐπίδειξιν ἔβλεπε τὴν ἑαυτοῦ,

pernaum autem multa fecit signa; quapropter dicebat: *Et tu Capernaum, quæ usque ad cælum exaltata es, usque ad infernum descendes: quoniam si in Sodomis factæ fuissent virtutes,* *quæ factæ sunt in te, mansissent utique usque hodie.* Cum porro venisset istuc, signa quidem multa non fecit, ne in majorem illos invidiam inflammaret, neve ob majorem incredulitatem in graviorem damnationem inciderent. Doctrinam autem proponit non minoris quam signa admirationis. At stultissimi homines, quando admirari, et ob dictorum vim obstupescere par fuisset, illi contra ipsum parvi faciunt, quod tali patre natus putaretur: quamquam multa superioribus temporibus exempla suppeterent eorum qui ignobili patre nati claruerant. David quippe Jessæ vilis cujusdam agricolæ filius erat: et Amos caprarii filius, ipse quoque caprarius: Moyses vero legislator, longe se inferiore patre natus est. Cum oportuisset ergo ideo maxime venerari illum et obstupescere, quod ex talibus ortus talia loqueretur: manifestum quippe erat id non ex humano studio, sed ex divina gratia proficisci; inde illum despiciunt, unde mirari oportebat. Frequenter autem ad synagogas ibat, ne si perpetuo in deserto versaretur, magis incusarent, tamquam frequentiæ et civitatis adversarium. Stupentes igitur et ambigentes dicebant: *Unde huic sapientia hæc et virtutes?* Signa virtutes vocabant, sive ipsam sapientiam ejus. 55. *Nonne hic est fabri filius?* Ergo miraculum majus majorque stupor. *Nonne mater ejus dicitur Maria? et fratres ejus Jacobus et Joses, et Simon et Judas?* 56. *et sorores ejus nonne omnes apud nos sunt? Unde ergo huic omnia ista?* 57. *Et scandalizabantur in eo.* Viden' in Nazaret ista dicta fuisse? Nonne fratres ejus, inquit, talis et talis sunt? Et quid hoc? Hinc maxime vobis ad fidem induci par erat. Verum mala res invidia, quæ sibi ipsi sæpe repugnat. Nam quæ inaudita, et admiranda erant, quæque illos attrahere poterant, hæc illis offendiculo erant. Quid igitur Christus ad eos? *Non est propheta*, inquit, *sine honore, nisi in patria sua, et in domo sua.* 58. *Et non fecit virtutes multas propter incredulitatem eorum.* Lucas autem ait: *Et non fecit ibi signa multa.* Atqui facere debuisset, inquies. Nam si id assequutus est ut admirationi esset, ut vere fuit, cur signa

Matth. 11. 23.

Invidia sæpe secum ipsa pugnat.

[a] Αἰπόλου παῖς καὶ αὐτὸς αἰπόλος. Sic duo Mss. recte, Savil. et Morel. αἰπόλου καὶ αὐτὸς οὗτος αἰπόλος. Infra quidam ὅτι τοιοῦτος ὤν.

[b] Unus τῇ ἀληθείᾳ μαχομένου.

[c] Unus τὴν φιλοσοφίαν.

[d] Duo Mss. φησὶν, ἐκεῖ.

non fecit? Quia non ostentationem, sed eorum utilitatem in scopo habebat. Cum igitur hæc via non succederet, ab eo quod e re sua esse videbatur abstinuit, ne ipsis supplicium augeret. Quamquam post tantum tempus, post tot edita signa ad illos venerit: at neque sic illum tulerunt, imo ardebant invidia. Cur ergo pauca tamen fecit signa?
Luc. 4. 23. Ne dicerent, *Medice, cura te ipsum;* vel, Inimicus noster est et hostis, affinesque suos despicit; ne dicerent, Si facta fuissent signa, nos quoque credidissemus. Ideo et signa fecit, et cito facere desiit; tum ut quæ sua erant impleret; tum ne majorem ipsis damnationem attraheret. Dictorum porro vim cogita. Etiam invidia correpti, mirabantur tamen: verum sicut in operibus non res ipsas reprehendunt, sed causas comminiscuntur dicen-
Luc. 11. 14. tes, *In Beelzebub ejicit dæmonia:* sic et hoc loco non doctrinam culpant, sed ad generis ignobilitatem confugiunt. Tu vero mihi perpende Doctoris moderationem, quomodo non illos vituperet, sed cum mansuetudine multa dicat: *Non est propheta sine honore, nisi in patria sua.* Neque hic stetit, sed adjecit, *Et in domo sua;* fratres, ut mihi quidem videtur, suos subindicans.

2. Apud Lucam exempla hujusce rei apponit
Luc. 4. 26 27. dicens: Neque Helias ad suos venit, sed ad viduam alienigenam, neque ab Elisæo alius curatus leprosus est, nisi Neeman alienigena: Israëlitæ vero nec quid boni acceperunt, nec quid boni fecerunt, sed extranei tantum. Hæc porro dicit, improbam illorum consuetudinem plane ostendens,
Cap. XIV. et nihil se novi experiri declarans. 1. *In illo tempore audivit Herodes tetrarcha famam Jesu.* Mortuus enim erat hujus pater Herodes, qui pueros occiderat. Nec sine causa tempus annotat evangelista, sed ut tyranni fastum et negligentiam ediscas. Neque enim initio illa didicit, sed post multum temporis. Sic enim principes fastum multum præ se ferentes, res hujusmodi tardius
Virtutis vis quanta. ediscunt, quia hæc parvi faciunt. Tu vero mihi perpende quanta res sit virtus; nam ille mortuum timebat, hincque de ejus resurrectione philosophabatur. 2. *Dixit* enim, inquit, *pueris suis: Hic est Joannes, quem ego interfeci; hic resurrexit a mortuis: et ideo virtutes operantur in eo.* Viden' grandem timorem? Neque enim id in publico dicere ausus est, sed domesticis tantum

ἀλλὰ πρὸς τὸ ἐκείνοις συμφέρον. Τούτου τοίνυν μὴ προχωροῦντος, παρεῖδε τὸ ἑαυτοῦ, ὥστε μὴ τὴν κόλασιν αὐτοῖς αὐξῆσαι. Καίτοι ὅρα μετὰ πόσον πρὸς αὐτοὺς ἦλθε χρόνον, καὶ [b] πόσην σημείων ἐπίδειξιν· ἀλλ' οὐδὲ οὕτως ἠνέγκαν, ἀλλὰ πάλιν ἐξεκαίοντο τῷ φθόνῳ. Τίνος οὖν ἕνεκεν καὶ ὀλίγα ἐποίησε σημεῖα;
C Ἵνα μὴ λέγωσιν, Ἰατρὲ, θεράπευσον σεαυτόν· ἵνα μὴ λέγωσι, πολέμιος ἡμῖν ἐστι καὶ ἐχθρὸς, καὶ τοὺς οἰκείους ὑπερορᾷ· ἵνα μὴ λέγωσιν, ὅτι εἰ ἐγεγόνει σημεῖα, καὶ ἡμεῖς ἐπιστεύσαμεν ἄν. Διὰ τοῦτο καὶ ἐποίησε, καὶ ἐπέσχε· τὸ μὲν, ἵνα τὸ αὐτοῦ πληρώσῃ· τὸ δὲ, ἵνα μὴ μειζόνως ἐκείνους κατακρίνῃ. Ἐννόησον δὲ τῶν λεγομένων τὴν δύναμιν, ὅπου γε καὶ ὑπὸ φθόνου κατεχόμενοι [c] ὁμοίως ἐθαύμαζον· ἀλλ' ὥσπερ ἐπὶ τῶν ἔργων οὐ τὸ γινόμενον μέμφονται, ἀλλ' αἰτίας πλάττουσι οὐκ οὔσας, λέγοντες· Ἐν Βεελζεβοὺλ ἐκβάλλει τὰ δαιμόνια· οὕτω καὶ ἐνταῦθα, οὐ τὴν διδασκαλίαν αἰτιῶνται, ἀλλ' ἐπὶ τὴν εὐτέλειαν καταφεύ-
D γουσι τοῦ γένους. Σὺ δέ μοι σκόπει τὴν ἐπιείκειαν τοῦ διδασκάλου, πῶς αὐτοὺς οὐχ ὑβρίζει, ἀλλὰ μετὰ πολλῆς τῆς ἡμερότητός φησιν· Οὐκ ἔστι προφήτης ἄτιμος, εἰ μὴ ἐν τῇ πατρίδι αὐτοῦ. Καὶ οὐδὲ ἐνταῦθα ἔστη, ἀλλὰ προσέθηκε, Καὶ ἐν τῇ οἰκίᾳ αὐτοῦ· ἐμοὶ δοκεῖ καὶ τοὺς ἀδελφοὺς αἰνιττόμενος τοὺς ἑαυτοῦ τοῦτο προστεθεικέναι.

Ἐν δὲ τῷ Λουκᾷ καὶ παραδείγματα τούτου τίθησι λέγων, ὅτι οὐδὲ Ἠλίας ἦλθε πρὸς τοὺς οἰκείους, ἀλλὰ πρὸς τὴν ἀλλόφυλον χήραν· οὐδὲ παρ' Ἐλισσαίου ἄλλος τις ἐθεραπεύθη [d] λεπρὸς, ἀλλ' ἢ ὁ ἀλλόφυλος Νεε-
E μάν· Ἰσραηλῖται δὲ οὔτε εὖ ἔπαθον, οὔτε εὖ ἐποίησαν, ἀλλ' οἱ ξένοι. Ταῦτα δὲ λέγει, πανταχοῦ δεικνὺς τὴν πονηρὰν αὐτῶν συνήθειαν, καὶ [e] ὅτι οὐδὲν ἐπ' αὐτοῦ γίνεται καινόν. Ἐν ἐκείνῳ τῷ καιρῷ ἤκουσεν Ἡρώδης ὁ τετράρχης τὴν ἀκοὴν Ἰησοῦ. Ὁ γὰρ βασιλεὺς Ἡρώδης, ὁ τούτου πατὴρ, τετελευτηκὼς ἦν, ὁ τὰ
495 A παιδία ἀνελών. Οὐχ ἁπλῶς δὲ τὸν καιρὸν ἐπισημαίνεται ὁ εὐαγγελιστὴς, ἀλλ' ἵνα μάθῃς τὸν τῦφον τοῦ τυράννου καὶ τὴν ὀλιγωρίαν. Οὐδὲ γὰρ ἐν προοιμίοις ἔμαθε τὰ κατ' αὐτὸν, ἀλλὰ μετὰ χρόνον ἄπειρον. Τοιοῦτοι γὰρ οἱ ἐν δυναστείαις καὶ πολὺν τὸν ὄγκον περιβεβλημένοι· ὀψὲ ταῦτα μανθάνουσι, διὰ τὸ μὴ πολὺν αὐτῶν ποιεῖσθαι λόγον. Σὺ δέ μοι σκόπει ἡλίκον ἡ ἀρετή· ὅτι καὶ τετελευτηκότα αὐτὸν δέδοικε, [a] καὶ ἀπὸ τοῦ φόβου περὶ ἀναστάσεως φιλοσοφεῖ. Εἶπε γὰρ, φησὶ, τοῖς παισὶν αὐτοῦ· Οὗτός ἐστιν Ἰωάννης, ὃν ἐγὼ ἀπέκτεινα· οὗτος ἀνέστη ἐκ τῶν νεκρῶν· καὶ διὰ τοῦτο αἱ δυνάμεις ἐνεργοῦσιν ἐν αὐτῷ. Εἶδες τὸν
B φόβον ἐπιτεταμένον; Οὐδὲ γὰρ τότε ἐξειπεῖν ἐτόλμη-

[b] Alii πόσων σημείων.
[c] Alii ὅμως.
[d] Alii λεπρὸς, εἰ μὴ ὁ ἀλλόφυλος.
[e] Morel. male ὅτι οὐδὲν αὐτοῦ.
[a] Alius καὶ ὑπὸ τοῦ φόβου.

σεν ἔξω, ἀλλὰ καὶ τότε τοῖς οἰκέταις λέγει τοῖς ἑαυτοῦ. Ἀλλ' ὅμως καὶ αὕτη ἡ δόξα στρατιωτικὴ καὶ παράλογος. Καὶ γὰρ καὶ πολλοὶ ἀνέστησαν ἀπὸ νεκρῶν, καὶ οὐδεὶς οὐδὲν τοιοῦτον εἰργάσατο. Δοκεῖ δέ μοι καὶ φιλοτιμίας εἶναι καὶ φόβου τὰ ῥήματα. Τοιοῦτον γὰρ αἱ ἄλογοι ψυχαί· ἐναντίων μίξιν δέχονται παθῶν πολλάκις. Ὁ δὲ Λουκᾶς φησιν, ὅτι οἱ ὄχλοι ἔλεγον· οὗτός ἐστιν Ἠλίας, ἢ Ἱερεμίας, ἢ τῶν προφητῶν εἷς τῶν ἀρχαίων· οὗτος δὲ, ὡς δή τι τῶν ἄλλων σοφώτερον λέγων, τοῦτο εἴρηκεν. Εἰκὸς δὲ αὐτὸν πρότερον μὲν πρὸς τοὺς λέγοντας αὐτὸν εἶναι τὸν Ἰωάννην (πολλοὶ γὰρ καὶ τοῦτο ἔλεγον) ἀρνεῖσθαι, καὶ λέγειν, [b] ὅτι ἐγὼ C αὐτὸν ἀπέκτεινα φιλοτιμούμενον καὶ ἐναβρυνόμενον. Τοῦτο γὰρ καὶ ὁ Μάρκος καὶ ὁ Λουκᾶς φησιν, ὅτι ἔλεγεν, ὅτι Ἐγὼ Ἰωάννην ἀπεκεφάλισα. Τῆς δὲ φήμης ἀρθείσης, λοιπὸν καὶ αὐτὸς [c] τὰ αὐτοῦ λέγει τοῖς πολλοῖς. Εἶτα καὶ τὴν ἱστορίαν ἡμῖν ὁ εὐαγγελιστὴς διηγεῖται. Καὶ τί δήποτε οὐ προηγουμένως αὐτὴν εἰσήγαγεν; Ὅτι καὶ ἡ πᾶσα πραγματεία αὐτοῦ, τὰ περὶ τοῦ Χριστοῦ εἰπεῖν· καὶ οὐδὲν ἐποιοῦντο τούτου πάρεργον ἕτερον, πλὴν εἰ μὴ πάλιν εἰς τὸ αὐτὸ συντελεῖν ἔμελλεν. Οὐκοῦν οὐδ' ἂν νῦν ἐμνημόνευσαν τῆς ἱστορίας, εἰ μὴ διὰ τὸν Χριστὸν, καὶ διὰ τὸ λέγειν Ἡρώδην, ὅτι D ἀνέστη ἐκεῖνος. Ὁ δὲ Μάρκος φησὶν, ὅτι σφόδρα ἐτίμα τὸν ἄνδρα ὁ Ἡρώδης, καὶ ταῦτα ἐλεγχόμενος. Τοσοῦτόν ἐστιν ἀρετή. Εἶτα διηγούμενος οὕτως φησίν· Ὁ γὰρ Ἡρώδης κρατήσας τὸν Ἰωάννην, ἔδησεν αὐτὸν, καὶ ἔθετο ἐν φυλακῇ, διὰ Ἡρωδιάδα τὴν γυναῖκα Φιλίππου τοῦ ἀδελφοῦ αὐτοῦ. Ἔλεγε γὰρ αὐτῷ ὁ Ἰωάννης· οὐκ ἔξεστί σοι ἔχειν αὐτήν. Καὶ θέλων αὐτὸν [d] ἀποκτεῖναι, ἐφοβήθη τὸν ὄχλον, ὅτι ὡς προφήτην αὐτὸν εἶχον. Καὶ τίνος ἕνεκεν οὐδὲν ἐκείνῃ διαλέγεται, ἀλλὰ τῷ ἀνδρί; Ὅτι κυριώτερος οὗτος ἦν. Ὅρα δὲ πῶς ἀνεπαχθῆ ποιεῖται τὴν κατηγορίαν, ὡς ἱστορίαν E διηγούμενος μᾶλλον, ἢ κατηγορίαν εἰσάγων. [e] Γενεσίων δὲ γενομένων τοῦ Ἡρώδου, φησὶν, ὠρχήσατο ἡ θυγάτηρ τῆς Ἡρωδιάδος ἐν τῷ μέσῳ, καὶ ἤρεσε τῷ Ἡρώδῃ. Ὢ συμπόσιον διαβολικόν· ὢ θέατρον σατανικόν· ὢ παράνομος ὄρχησις, καὶ μισθὸς ὀρχήσεως παρανομώτερος. Φόνος γὰρ ὁ πάντων φόνων ἐναγέστερος 496 ἐτολμᾶτο, καὶ ὁ στεφανοῦσθαι καὶ ἀνακηρύττεσθαι A ἄξιος, ἐν τῷ μέσῳ κατεσφάττετο· καὶ τὸ τῶν δαιμόνων τρόπαιον ἐπὶ τῆς τραπέζης ἵστατο. Καὶ ὁ τρόπος δὲ τῆς νίκης τῶν γενομένων ἄξιος. Ὠρχήσατο γὰρ, φησὶν, ἡ θυγάτηρ τῆς Ἡρωδιάδος ἐν τῷ μέσῳ, καὶ ἤρεσε τῷ Ἡρώδῃ. Ὅθεν μεθ' ὅρκου ὤμοσεν αὐτῇ δοῦ-

suis sic loquebatur. Attamen hæc absurda opinio militem sapiebat. Multi enim surrexerunt a mortuis, et nemo ex eis quidquam hujusmodi fecit. Videntur porro mihi hæc verba ambitionem simul et timorem sapere. Sic quippe minus sani animi, contrariorum affectuum sæpe mixtionem admittunt. Lucas vero narrat dixisse populum : Hic est Elias, aut Jeremias, aut unus ex veteribus *Luc.* 9. 8. prophetis; hic vero sapientius quam alii se putabat ita dicere. Verisimile autem est illum initio quidem, cum dicerent esse Joannem (nam multi sic dicebant), id negasse, ac dixisse, Ego illum occidi, utpote insolentem ac petulantem. Hoc enim Marcus et Lucas dixisse illum narrant, *Ego* *Marc.* 6. 16. *Joannem decollavi.* Cum autem fama prævaleret, *Luc.* 9. 9. demum ipse idem ipsum quod alii dixit. Deinde vero historiam illam nobis evangelista narrat. Et cur non illam præmiserat? Quia in eo totus erat, ut Christi gesta describeret, nihilque extra rem evangelistæ dicebant, nisi ad institutum suum referretur. Non ergo hanc historiam commemorassent, nisi propter Christum, et nisi Herodes dixisset Joannem resurrexisse. Marcus vero ait *Marc.* 6. 20. Joannem magno in honore fuisse apud Herodem, etiamsi hic ab illo redargueretur. Tanta res est virtus. Deinde narrare sic pergit : 3. *Herodes enim cum tenuisset Joannem, ligavit eum, et posuit in carcerem propter Herodiadem uxorem Philippi fratris sui.* 4. *Dicebat enim illi Joannes : Non licet tibi habere illam.* 5. *Et volens eum interficere, timuit turbam, quia sicut prophetam eum habebant.* Cur non Herodiadem, sed illum alloquitur? Quia præcipuus ille erat. Vide quomodo accusationem minus onerosam faciat, ita ut historia potius quam accusatio videatur esse. 6. *Cum autem natalitia Herodis agerentur, saltavit filia Herodiadis in medio, et placuit Herodi.* O convivium diabolicum! o theatrum satanicum! o iniquam saltationem, ac mercedem saltationis iniquiorem. Cædes enim omnium scelestissima peragebatur, et qui coronari et celebrari merebatur, in medio jugulatus est : dæmonum tropæum in mensa erectum fuit. Victoriæ modus cæteris gestis dignus fuit. Nam *Saltavit*, inquit, *filia Herodiadis in medio, et placuit Herodi.* 7. *Unde jurejurando*

[b] *Ὅτι ἐγὼ αὐτὸν ἀπέκτεινα φιλοτιμούμενον καὶ ἐναβρυνόμενον.* Hæc non intellexisse videtur Georgius Trapezuntius, qui vertit, *illud primo Herodem dixisse quasi insolescentem, et amentiæ cæteros accusantem.* Nam, ut liquet, *φιλοτιμούμενον καὶ ἐναβρυνόμενον* de Joanne dicit Herodes.

[c] Alii *τὰ αὐτοῦ*, alii *τὰ αὐτά*.

[d] Quidam *ἀποκτεῖναι, ἔθετο ἐν δεσμωτηρίῳ. ἐφοβήθη γὰρ τόν.*

[e] Alius [et Bibl.] *γενεσίων δὲ ἀγομένων.*

affirmavit se illi daturum quodcumque petierit. 8. *Illa vero a matre præmonita, Da mihi, ait, hic in disco caput Joannis Baptistæ.* Duplex crimen, et quod saltarit, et quod placuerit, atque ita placuerit, ut cædes illi pro mercede esset. Viden' quam crudelis, quam insensatus, quam vesanus sit? Juramento se obnoxium reddit; illi vero dat potestatem petendi quæ velit. Cum autem vidit quid mali hinc evenerit, *Contristatus est,* inquit; quamquam ab initio ligaverat ipsum. Cur ergo contristatur? Hujusmodi est virtus : etiam apud improbos admirationi et laudi est. Sed, o furiosam mulierem, quæ cum oporteret illum admirari ac venerari, quod ipsam ab injuria vindicaret, drama totum ordinat, laqueum tendit, gratiamque petit satanicam. 9. *Ipse autem timuit propter jusjurandum,* inquit, *et simul recumbentes.* Et cur quod gravius erat non timuisti? Nam si quod testes perjurii habere formidabas, multo magis cædem formidare oportebat ita iniquam, cum tot testes ejus haberes.

ναι ὃ ἐὰν αἰτήσηται. Ἡ δὲ προβιβασθεῖσα ὑπὸ τῆς μητρὸς, δός μοι, φησὶν, ὧδε ἐπὶ πίνακι τὴν κεφαλὴν Ἰωάννου τοῦ βαπτιστοῦ. Διπλοῦν τὸ ἔγκλημα, καὶ ὅτι ὠρχήσατο, καὶ ὅτι ἤρεσε, καὶ οὕτως ἤρεσεν ὡς καὶ φόνον λαβεῖν τὸν μισθόν. Εἶδες πῶς ὠμός; πῶς ἀναίσθητος; πῶς ἀνόητος; Ἑαυτὸν μὲν γὰρ ὅρκῳ ὑπεύθυνον ποιεῖ· ἐκείνην δὲ κυρίαν τῆς αἰτήσεως καθίστησιν. Ἐπειδὴ δὲ εἶδε τὸ κακὸν ὅτι ἐξέβη, Ἐλυπήθη, φησί· καίτοι γε ἐξ ἀρχῆς [a] ἔδησεν αὐτόν. Τίνος οὖν ἕνεκεν λυπεῖται; Τοιοῦτον ἡ ἀρετή· καὶ παρὰ τοῖς κακοῖς θαύματος καὶ ἐπαίνων ἀξία. Ἀλλ' ὢ τῆς μαινομένης· δέον αὐτὸν θαυμάζειν, δέον προσκυνεῖν, ὅτι ἤμυνεν ὑβριζομένῃ· ἡ δὲ καὶ συγκατασκευάζει τὸ δρᾶμα, καὶ παγίδα τίθησι, καὶ αἰτεῖ χάριν σατανικήν. Ὁ δὲ ἔδεισε διὰ τοὺς ὅρκους, φησὶ, καὶ τοὺς [b] συνανακειμένους. Καὶ πῶς τὸ χαλεπώτερον οὐκ ἔδεισας; Εἰ γὰρ τὸ μάρτυρας ἔχειν ἐπιορκίας ἐδεδοίκεις, πολλῷ μᾶλλον φοβηθῆναι ἐχρῆν σφαγῆς οὕτω παρανόμου μάρτυρας ἔχειν τοσούτους.

3. Quia vero puto multos accusationis ex qua cædes orta est argumentum ignorare, necessarium est hoc etiam dicere, ut legislatoris prudentiam discatis. Quænam ergo vetus lex illa erat, quam conculcavit Herodes, et vindicavit Joannes? Ejus qui sine liberis moreretur uxorem fratri dari oportebat. (*Deut.* 25. 5.) Quia enim non consolabile malum mors erat, et pro vita servanda nihil non agitur, legem statuit, ut qui vivit uxorem fratris defuncti ducat, et filium hinc procreatum mortui nomine vocet, ita ut domus ejus non excidat. Si enim mortuus filios non relinquebat, quæ tamen maxima est mortis consolatio, intolerabilis luctus futurus erat. Ideo legislator hanc consolationem excogitavit iis, quibus natura filios negaverat, et nasciturum illius nomine vocari præcepit. Si vero mortuus filium relinqueret, tunc non licitum erat connubium. Et cur? inquies: nam si alteri licebat ducere, multo magis fratri. Nequaquam : vult enim affinitatem extendi, et multas haberi occasiones cognationis ineundæ. Et cur illo sine liberis defuncto, non alius ducere poterat? Quia sic non putatus fuisset esse mortui filius : nunc vero seminante fratre, probabilis erat inventio illa. Alioquin vero extraneus non putasset constituendam esse defuncti domum : hic autem cognationis jus

(Alii putant Philippum Herodis fratrem in vivis tunc fuisse.)

Ἐπειδὴ δὲ πολλοὺς ἡγοῦμαι καὶ τοῦ ἐγκλήματος ὅθεν ὁ φόνος ἐτέχθη τὴν ὑπόθεσιν ἀγνοεῖν, ἀναγκαῖον καὶ τοῦτο ἐξειπεῖν, ἵνα μάθητε τοῦ νομοθέτου τὴν σύνεσιν. Τίς οὖν ἦν ὁ παλαιὸς νόμος, ὃν κατεπάτησε μὲν ὁ Ἡρώδης, ἐξεδίκησε δὲ ὁ Ἰωάννης; Τοῦ τελευτήσαντος ἄπαιδος τὴν γυναῖκα τῷ ἀδελφῷ δίδοσθαι ἔδει. Ἐπειδὴ γὰρ ἀπαραμύθητον κακὸν ὁ θάνατος ἦν, καὶ πάντα ὑπὲρ ζωῆς ἐπραγματεύετο, νομοθετεῖ γαμεῖν τὸν ζῶντα ἀδελφὸν, καὶ ἐπ' ὀνόματι τοῦ τετελευτηκότος τὸ τικτόμενον καλεῖν παιδίον, ὥστε μὴ διαπεσεῖν τὴν οἰκίαν τὴν ἐκείνου. Εἰ γὰρ μὴ παῖδας ἔμελλε καταλιμπάνειν ὁ τετελευτηκὼς, ὅπερ μεγίστη ἐστὶ τοῦ θανάτου παραμυθία, [c] ἀνήκεστον ἔμελλεν εἶναι τὸ πένθος. Διὰ δὴ τοῦτο ἐπενόησε τὴν παραψυχὴν ταύτην ὁ νομοθέτης τοῖς ἐκ φύσεως παίδων ἀπεστερημένοις, καὶ τὸ τικτόμενον ἐκέλευσεν ἐκείνῳ λογίζεσθαι. Ὄντος δὲ παιδὸς, οὐκ ἔτι ἐφίετο οὗτος ὁ γάμος. Καὶ τίνος ἕνεκεν; φησίν· εἰ γὰρ ἑτέρῳ ἐξῆν, πολλῷ μᾶλλον τῷ ἀδελφῷ. Οὐδαμῶς· βούλεται γὰρ ἐκτείνεσθαι τὴν συγγένειαν, καὶ πολλὰς εἶναι τὰς ἀφορμὰς τῆς πρὸς ἀλλήλους οἰκειώσεως. Διατί οὖν καὶ ἄπαιδος τελευτήσαντος, οὐκ ἄλλος ἐγάμει; Ὅτι οὐκ ἂν οὕτως ἐνομίσθη τοῦ ἀπελθόντος εἶναι τὸ παιδίον· νυνὶ δὲ τοῦ ἀδελφοῦ σπείροντος, πιθανὸν [d] τὸ σόφισμα ἐγένετο. Ἄλλως δὲ οὐδὲ ἀνάγκην εἶχεν ἕτερος τὴν οἰκίαν στῆσαι τοῦ τετελευτηκότος· οὗτος δὲ τὸ ἀπὸ τῆς συγγενείας

[a] Alii ἔδεισεν αὐτόν, et sic legit Interpres prior.

[b] Συνανακειμένους. Quæ sequuntur in uno Codice admodum perturbata sunt.

[c] Morel. ἀνήκεστον ἔμελλεν εἶναι τοῦ θανάτου τὸ πένθος.

[d] Alii τὸ σόφισμα ἐγίνετο. ἄλλως τε.

ἐκέκτητο δικαίωμα. Ἐπεὶ οὖν ὁ Ἡρώδης παιδίον (497 A) ἔχουσαν τὴν γυναῖκα τοῦ ἀδελφοῦ ἔγημε, διὰ τοῦτο ἐγκαλεῖ ὁ Ἰωάννης, καὶ ἐγκαλεῖ συμμέτρως μετὰ τῆς παῤῥησίας καὶ τὴν ἐπιείκειαν [a] ἐπιδεικνύμενος. Σὺ δέ μοι σκόπει, ὅπως τὸ θέατρον ὅλον σατανικόν. Πρῶτον μὲν γὰρ ἀπὸ μέθης καὶ τρυφῆς συνειστήκει, ὅθεν οὐδὲν ἂν γένοιτο ὑγιές. Δεύτερον, τοὺς θεατὰς διεφθαρμένους εἶχε, καὶ τὸν ἑστιάτορα [b] ἁπάντων ἀτιμότερον. Τρίτον, ἡ τέρψις ἡ παράλογος. Τέταρτον, ἡ κόρη, δι' ἣν παράνομος ἦν ὁ γάμος, ἣν καὶ κρύπτεσθαι ἔδει, ὡς ὑβριζομένης αὐτῇ τῆς μητρὸς, ἐπεισέρχεται ἐμπομπεύουσα, καὶ πόρνας ἁπάσας ἀποκρύπτουσα ἡ παρθένος. (B) Καὶ ὁ καιρὸς δὲ οὐ μικρὸν εἰς κατηγορίαν συντελεῖ τῆς παρανομίας ταύτης. Ὅτε γὰρ αὐτὸν εὐχαριστεῖν ἐχρῆν τῷ Θεῷ, ὅτι κατὰ τὴν ἡμέραν ἐκείνην εἰς φῶς αὐτὸν ἤγαγε, τότε τὰ παράνομα ἐκεῖνα τολμᾶται· [c] ὅτε λῦσαι ἐχρῆν δεδεμένον, τότε σφαγὴν τοῖς δεσμοῖς προστίθησιν. Ἀκούσατε τῶν παρθένων, μᾶλλον δὲ καὶ τῶν γεγαμημένων ὅσαι ἐν τοῖς ἑτέρων γάμοις τοιαῦτα ἀσχημονεῖν καταδέχεσθε, ἁλλόμεναι καὶ πηδῶσαι, καὶ τὴν κοινὴν καταισχύνουσαι φύσιν. Ἀκούσατε καὶ ἄνδρες, ὅσοι τὰ πολυτελῆ συμπόσια καὶ μέθης γέμοντα διώκετε· καὶ δείσατε τοῦ διαβόλου τὸ βάραθρον. (C) Καὶ γὰρ οὕτω κατὰ κράτος εἷλε τὸν ἄθλιον ἐκεῖνον τότε, ὡς ὀμόσαι καὶ τὰ ἡμίση δοῦναι τῆς βασιλείας. Τοῦτο γὰρ ὁ Μάρκος φησὶν, ὅτι Ὤμοσεν αὐτῇ, ὅτι ὃ ἐάν με αἰτήσῃς, δώσω σοι, ἕως ἡμίσους τῆς βασιλείας μου. Τοσούτου τὴν ἀρχὴν ἐτιμᾶτο τὴν ἑαυτοῦ, [d] οὕτω καθάπαξ αἰχμάλωτος ὑπὸ τοῦ πάθους ἐγένετο, ὡς δι' ὄρχησιν αὐτῆς παραχωρῆσαι. Καὶ τί θαυμάζεις, εἰ τότε ταῦτα ἐγένετο, ὅπου γε καὶ νῦν μετὰ τοσαύτην φιλοσοφίαν, ὀρχήσεως ἕνεκεν τῶν μαλακιζομένων τούτων νέων πολλοὶ καὶ τὰς ψυχὰς αὐτῶν ἐπιδιδόασιν, οὐδὲ ἀνάγκην ἔχοντες ὅρκου; Ὑπὸ γὰρ τῆς ἡδονῆς αἰχμάλωτοι γινόμενοι καθάπερ βοσκήματα ἄγονται, ᾗπερ (D) ἂν ὁ λύκος σύρῃ. Ὃ δὴ καὶ τότε ἔπασχεν ὁ παραπλὴξ ἐκεῖνος, δύο [e] τὰ αἴσχιστα παραφρονήσας, τῷ τε ἐκείνην κυρίαν ποιῆσαι οὕτω μαινομένην καὶ μεθύουσαν τῷ πάθει, καὶ οὐδὲν παραιτουμένην· τῷ τε ἀνάγκῃ ὅρκου καταδῆσαι τὸ πρᾶγμα. Ἀλλ' οὕτως ὄντος ἐκείνου παρανόμου, παρανομώτερον ἁπάντων τὸ γύναιον ἦν, καὶ τῆς κόρης καὶ τοῦ τυράννου. Καὶ γὰρ ἡ τῶν κακῶν ἁπάντων ἀρχιτέκτων καὶ τὸ πᾶν ὑφάνασα δρᾶμα, αὕτη ἦν, ἣν μάλιστα χάριν εἰδέναι ἐχρῆν τῷ προφήτῃ. Καὶ γὰρ ἡ θυγάτηρ αὐτῇ πεισθεῖσα καὶ ἠσχημόνησε, καὶ ὠρχήσατο, καὶ τὸν φόνον ᾔτησε, καὶ ὁ Ἡρώδης (E) ὑπ' αὐτῆς ἐσαγηνεύθη. Ὁρᾷς πῶς δικαίως ἔλεγεν ὁ

habebat. Quia ergo Herodes uxorem fratris sui, quæ prolem habebat, duxit, ideo accusat illum Joannes, et moderate simul atque libere accusat. Tu vero mihi considera, quomodo theatrum totum satanicum et diabolicum sit. Primo enim ebrietate et deliciis constabat, unde nihil sanum oriri poterat. Secundo, spectatores corruptos habebat, et excipientem omnium maxime. Tertio, delectationis genus ratione vacuum. Quarto, puella, propter quam connubium contra legem erat, quam occultari oportebat, utpote injuria affecta matre, ingreditur sese ostentans, virgo meretrices omnes impudentia superans. Tempus etiam non modicam ad criminationem iniquæ rei ansam præbet. Quando enim oportebat eum gratias referre Deo, quod illo die ipsum in lucem produxisset, tunc iniqua illa aggreditur: quando vinctum solvere oportebat, tunc vinculis cædem adjicit. Audite quotquot vel virgines, vel etiam maxime nuptæ, alienas nuptias sic deturpare audetis, saltantes, tripudiantes, et communem naturam dehonestantes. Audite etiam viri, qui sumtuosa convivia, ebrietate plena sectamini: et metuite diaboli barathrum. Nam ita vehementer miserum tunc illum invasit, ut juraret se dimidium regni sui daturum esse. Illud enim Marcus dicit: *Juravit illi,* (Marc. 6. 23.) *Quodcumque petieris a me dabo tibi, usque ad dimidium regni mei.* Tanti scilicet ditionem suam faciebat; ita voluptatis captivus erat, ut saltationi hæc concederet. Ecquid miraris, si tunc hæc facta sunt, quando nunc etiam postquam tantam inivimus philosophiam, ob mollium hujusmodi puerorum saltationem multi animas suas prodiderunt, licet juramenti necessitate adstricti non essent? Nam a voluptate captivi abducti quasi pecudes aguntur, quo lupus illos traxerit. Id quod tunc ille furiosus passus est, duo turpissima perpetrans, et quod illam dominam fecerit sic furiosam, ebriam et nihil mali recusantem; et quod necessitate juramenti ita se obstrinxerit. At licet ille tam iniquus esset, iniquior tamen et tyranno et puella erat mulier. Ipsa enim hæc mala omnia et totum drama fabricata erat, quæ tamen gratiam prophetæ habere debuisset. Filia quippe ipsi morem gerens et turpiter egit, et saltavit, et cædem petiit, Herodesque ab ipsa quasi sagena captus est. Viden' quam apposite Christus dixerit: *Qui* (Matth. 10. 37.)

[a] Quidam ἐνδεικνύμενος.

[b] Unus ἁπάντων παρανομώτερον.

[c] Quidam ὅτε λύειν.

[d] Morel. οὕτω καθάπερ.

[e] Duo Mss. τὰ ἔσχατα παραφρ. Infra unus τό τε ἀνάγκ.

amat patrem aut matrem plus quam me, non est me dignus? Nam si illa hanc sequuta esset legem, non tot leges violasset, non hanc cædem perpetrasset. Nam quid hac immanitate deterius, cædem ut gratiam postulare, cædem iniquam, cædem inter epulas, cædem publice et impudenter petitam? Neque enim seorsum accessit hæc petitura, sed publice, et posita larva, nudo capite, diaboli usa patrocinio, hæc illo modo loquuta est. Nam id diabolus effecit, ut illa saltans placeret, et Herodem tunc caperet. Ubi enim saltatio, ibi diabolus. Neque enim ideo pedes nobis dedit Deus, ut iis turpiter utamur, sed ut recte gradiamur; non ut perinde atque cameli saltemus (nam et cameli saltantes ingratum spectaculum edunt, multoque magis mulieres), sed ut cum angelis choreas agamus. Si enim corpus id agens turpe est, multo magis anima. Sic saltant dæmones: sic adulantur dæmonum ministri.

4. Sed petitionem ipsam considera. ***Da mihi,*** ait, ***hic in disco caput Joannis Baptistæ.*** Viden' impudentem, quæ totam diabolo se dedidit? Dignitatem Joannis memorat, neque tamen sic erubescit, sed ac si de cibo quopiam loqueretur, sic sacrum et beatum illud caput in disco efferri petit. Nullam affert causam: neque enim poterat; sed simpliciter quærit aliorum calamitatibus honorari. Non dixit, Introduc illum huc, et immola: neque enim morituri loquendi fiduciam tulisset. Nam timebat vel mactati vocem audire terribilem: neque enim capite multandus tacuisset. Ideo ait: ***Da mihi hic in disco:*** nam linguam illam silentem videre cupio. Neque effugere solum illius reprehensiones volebat, sed insultare jacenti et deridere illum. Deus vero id permisit, nec fulmen superne misit, ut impudentem illam faciem combureret: neque jussit terram hiatu totum illud iniquum convivium absorbere, ut simul justum clarius coronaret, et iis qui iniqua passuri postea essent, magnam relinqueret consolationem. Audiamus igitur quotquot ab iniquis hominibus gravia patimur dum recte vivimus. Etenim tunc Deus passus est eum, qui in solitudine vixerat, qui in zona pellicea, qui in silicio, prophetam, prophetis majorem, quo nul-
Matth. 11. 11. lus major umquam fuerat inter natos mulierum, interfici per puellam impudicam et corruptam

Χριστός· Ὁ φιλῶν πατέρα ἢ μητέρα ὑπὲρ ἐμὲ, οὐκ ἔστι μου ἄξιος; Εἰ γὰρ αὕτη τὸν νόμον τοῦτον ἐτήρησεν, οὐκ ἂν τοσούτους παρέβη νόμους, οὐκ ἂν τὴν μιαιφονίαν ταύτην εἰργάσατο. Τί γὰρ τῆς θηριωδίας ταύτης χεῖρον γένοιτ' ἂν, φόνον ἐν χάριτος αἰτεῖν μέ-
498 ρει, φόνον παράνομον, φόνον μεταξὺ δείπνου, [f] φόνον
A δημοσίᾳ καὶ ἀναισχύντως; Οὐ γὰρ ἰδίᾳ προσελθοῦσα διελέχθη περὶ τούτων, ἀλλὰ δημοσίᾳ, καὶ τὸ προσωπεῖον ῥίψασα, γυμνῇ τῇ κεφαλῇ, καὶ τὸν διάβολον λαβοῦσα συνήγορον, οὕτω [a] φησὶν ὅ. φησι. Καὶ γὰρ ἐκεῖνος ἐποίησεν αὐτὴν καὶ εὐδοκιμῆσαι ὀρχουμένην, καὶ τὸν Ἡρώδην ἑλεῖν τότε. Ἔνθα γὰρ ὄρχησις, ἐκεῖ ὁ διάβολος. Οὐδὲ γὰρ εἰς τοῦτο ἔδωκεν ἡμῖν πόδας ὁ Θεὸς, ἵνα ἀσχημονῶμεν, ἀλλ' ἵνα εὔτακτα βαδίζωμεν· οὐχ ἵνα κατὰ τὰς καμήλους πηδῶμεν (καὶ γὰρ καὶ ἐκεῖναι ἀηδεῖς ὀρχούμεναι, μήτιγε δὴ γυναῖκες), ἀλλ' ἵνα σὺν ἀγγέλοις χορεύωμεν. Εἰ γὰρ τὸ σῶμα αἰσχρὸν,
B τὸ τοιαῦτα ἀσχημονοῦν, πολλῷ μᾶλλον ἡ ψυχή. Τοιαῦτα ὀρχοῦνται οἱ δαίμονες· τοιαῦτα ἐπιτωθάζουσιν οἱ τῶν δαιμόνων διάκονοι.

Σκόπει δὲ αὐτὴν τὴν αἴτησιν. Δός μοι ὧδε ἐπὶ πίνακι τὴν κεφαλὴν Ἰωάννου τοῦ βαπτιστοῦ. Εἶδες τὴν ἀπηρυθριασμένην, τὴν ὅλην τοῦ διαβόλου γεγενημένην; Καὶ τοῦ ἀξιώματος μέμνηται, καὶ οὐδὲ οὕτως ἐγκαλύπτεται, ἀλλ' ὡς περί τινος ἐδέσματος διαλεγομένη, οὕτω τὴν ἱερὰν ἐκείνην καὶ μακαρίαν αἰτεῖ κεφαλὴν ἐπὶ πίνακος εἰσενεχθῆναι. Καὶ οὐδὲ αἰτίαν τίθησιν· οὐδὲ γὰρ εἶχεν εἰπεῖν· ἀλλ' ἁπλῶς τιμηθῆναι ταῖς ἑτέρων ἀξιοῖ συμφοραῖς. Καὶ οὐκ εἶπεν, εἰσάγαγε αὐτὸν
C ἐνταῦθα, καὶ κατάσφαξον· οὐδὲ γὰρ μέλλοντος τελευτᾷν τὴν παῤῥησίαν ἤνεγκεν ἄν. Καὶ γὰρ ἐδεδοίκει καὶ κατασφαττομένου τῆς φρικτῆς ἀκοῦσαι φωνῆς· οὐδὲ γὰρ ἀποτέμνεσθαι μέλλων ἐσίγησεν ἄν. Διὰ τοῦτό φησι· Δός μοι ὧδε ἐπὶ πίνακι· ἰδεῖν γὰρ ἐπιθυμῶ τὴν γλῶτταν ἐκείνην σιγῶσαν. Οὐδὲ γὰρ ἀπαλλαγῆναι τῶν ἐλέγχων ἔσπευδε μόνον, ἀλλὰ καὶ ἐπιβῆναι καὶ ἐπιτωθάσαι κειμένῳ. Ὁ δὲ Θεὸς ἠνέσχετο, καὶ οὔτε κεραυνὸν ἀφῆκεν ἄνωθεν, καὶ τὴν ἀναίσχυντον κατέφλεξεν ὄψιν· οὔτε τῇ γῇ διαστῆναι ἐκέλευσε, καὶ τὸ πονηρὸν ἐκεῖνο συμπόσιον δέξασθαι, ὁμοῦ καὶ τὸν δίκαιον μει-
D ζόνως στεφανῶν, καὶ τοῖς μετὰ ταῦτα ἀδίκως τι πάσχουσι πολλὴν καταλιμπάνων παραμυθίαν. Ἀκούσωμεν τοίνυν ὅσοι δεινὰ πάσχομεν ἐν ἀρετῇ ζῶντες παρὰ πονηρῶν ἀνθρώπων. Καὶ γὰρ καὶ τότε ὁ Θεὸς ἠνέσχετο τὸν ἐν ἐρήμῳ, τὸν ἐν τῇ ζώνῃ τῇ δερματίνῃ, τὸν ἐν τριχίνῳ ἱματίῳ, τὸν προφήτην, [b] τὸν τῶν προφητῶν μείζονα, τὸν μηδένα μείζονα ἔχοντα ἐν γεννητοῖς γυναικῶν, καὶ κατασφαγῆναι, καὶ ὑπὸ κόρης ἀκολάστου

[f] Morel. φόνον ἀναισχύντως.
[a] Alius φησὶν ἅ φησιν.
[b] Sic recte Savil. et alii: Morel. vero τὸν προφητῶν.

[Infra καί post κατασφαγῆναι uncis inclusit Commelin., deest in Savil.]

καὶ διεφθαρμένης πόρνης, καὶ ταῦτα νόμοις ἀμύνοντα
θείοις. Ταῦτα τοίνυν λογιζόμενοι, φέρωμεν πάντα
γενναίως ὅσα ἂν πάσχωμεν. Καὶ γὰρ καὶ τότε ἡ μιαι-
φόνος καὶ παράνομος αὕτη, ὅσον ἀμύνασθαι τὸν λελυπηκότα ἐπεθύμησε, τοσοῦτον ἴσχυσε, καὶ τὸν θυμὸν
ἅπαντα ἐνέπλησε, καὶ ὁ Θεὸς συνεχώρει· καίτοι γε
πρὸς αὐτὴν οὐδὲν εἶπεν, οὐδὲ κατηγόρησεν, ἀλλὰ τῷ
ἀνδρὶ μόνῳ ἐνεκάλει. Ἀλλὰ τὸ συνειδὸς πικρὸς κατήγορος ἦν. Διὸ καὶ εἰς μείζονα ἐξεβακχεύετο κακὰ,
[c] ἀλγοῦσα καὶ δακνομένη, καὶ κατῄσχυνεν ὁμοῦ πάντας, ἑαυτὴν, τὴν θυγατέρα, τὸν ἀπελθόντα ἄνδρα,
τὸν ζῶντα μοιχὸν, καὶ τοῖς προτέροις ἐπηγωνίζετο. Εἰ
γὰρ ἀλγεῖς, φησὶν, ὅτι μοιχεύει, ἐγὼ αὐτὸν ἐργάζομαι καὶ ἀνδροφόνον, καὶ ποιῶ σφαγέα τοῦ ἐγκαλοῦντος. Ἀκούσατε ὅσοι πρὸς γυναῖκάς ἐστε ἐπτοημένοι
παρὰ τὸ δέον. Ἀκούσατε ὅσοι ἐπ' ἀδήλοις ὅρκους προ-
τείνετε, καὶ ἑτέρους κυρίους ποιεῖτε τῆς ὑμετέρας ἀπωλείας, καὶ βάραθρον ἑαυτοῖς κατορύττετε. Καὶ γὰρ
καὶ οὗτος οὕτως ἀπώλετο. Καὶ γὰρ προσεδόκησεν ἀξιόν
τι αὐτῇ τῶν δείπνων αἰτήσειν, καὶ κόρην οὖσαν, καὶ
ἐν ἑορτῇ καὶ συμποσίῳ καὶ πανηγύρει [a] χάριν αἰτοῦσαν φαιδράν τινα καὶ ἐπίχαριν, οὐ μὴν κεφαλὴν αἰ-
τεῖν· καὶ ἠπατήθη. Ἀλλ' ὅμως οὐδὲν τούτων αὐτοῦ
προστήσεται. Εἰ γὰρ καὶ ἐκείνη θηριομάχων ἀνδρῶν
ψυχὴν ἐκτήσατο, ἀλλ' αὐτὸν παραλογίσασθαι [b] οὐκ
ἔδει, οὐδὲ τυραννικοῖς οὕτω διακονήσασθαι ἐπιτάγμα-
σι. Πρῶτον μὲν γὰρ, τίς οὐκ ἂν ἔφριξε τὴν ἱερὰν ἐκείνην κεφαλὴν αἷμα στάζουσαν ὁρῶν ἐπὶ δείπνου προκειμένην; Ἀλλ' οὐχ ὁ παράνομος Ἡρώδης, οὐδὲ ἡ
ἐναγεστέρα τούτου γυνή. Τοιαῦται γὰρ αἱ πορνευόμεναι γυναῖκες· ἁπάντων εἰσὶν ἰταμώτεραι καὶ ὠμό-
τεραι. Εἰ γὰρ ἡμεῖς ἀκούοντες ταῦτα φρίττομεν, τί
εἰκὸς ἦν [c] ἐκεῖ τὴν ὄψιν τότε ἐργάσασθαι; τί παθεῖν
τοὺς συνανακειμένους νεοσφαγοῦς κεφαλῆς αἷμα στάζον
ὁρῶντας ἐν μέσῳ τῷ συμποσίῳ; Ἀλλ' οὐχ ἡ αἱμοβό-
ρος ἐκείνη καὶ ἐριννύων ἀγριωτέρα ἔπαθέ τι πρὸς τὴν
θεωρίαν ἐκείνην, ἀλλὰ καὶ ἐνηβρύνετο· καίτοι γε εἰ
καὶ μηδαμόθεν ἄλλοθεν, ἀπὸ τῆς ὄψεως μόνης εἰκὸς [d] ἦν
ναρκῆσαι λοιπόν. Ἀλλ' οὐδὲν τοιοῦτον ἔπαθεν ἡ μιαι-
φόνος καὶ αἱμάτων διψῶσα προφητικῶν. Τοιοῦτον γὰρ
ἡ πορνεία· οὐκ ἀσελγεῖς μόνον, ἀλλὰ καὶ μιαιφόνους
ποιεῖ. Αἱ γοῦν μοιχευθῆναι ἐπιθυμοῦσαι καὶ πρὸς
σφαγήν εἰσι παρεσκευασμέναι τῶν ἀδικουμένων ἀν-
δρῶν· καὶ οὐχ ἕνα μόνον, οὐδὲ δύο, ἀλλὰ καὶ μυρίους
[e] ἕτοιμαι τολμῆσαι φόνους. Καὶ τούτων πολλοὶ μάρτυρες τῶν δραμάτων εἰσίν. Ὃ δὴ καὶ ἐκείνη τότε ἐποίησεν, προσδοκῶσα λήσεσθαι λοιπὸν καὶ ἀποκρύψειν τὸ

meretricem : et hæc dum divinas leges tueretur.
Hæc itaque cogitantes, feramus generose omnia
quæcumque patimur. Nam et tunc sanguinaria
illa et iniqua tantum sese de eo, qui sibi dolo-
E rem attulerat, vindicavit, quantum voluit, iram
totam satiavit, et Deus id permisit : quamquam
nihil illi Joannes dixerat, nec illam accusaverat,
sed virum tantum. Sed conscientia acerbus accusator erat. Ideoque in majora erumpebat mala, dolens, stimulis agitata; simulque dedecoravit omnes,
seipsam, filiam, dimissum virum, viventem mœ-
499 chum, et priora superare certabat. Si doles,
A inquit, quod ille mœchetur, ego illum homicidam
faciam, et accusantis interfectorem. Audite quotquot ultra quam fas est uxoribus placere studetis.
Audite quotquot circa res incertas juramenta præ- Contra juramenta.
betis, aliisque perniciei vestræ potestatem tribui-
tis, ac vobis barathrum effoditis. Sic Herodes periit. Putabat enim ipsam quidpiam convivio consentaneum petituram esse, puellamque in solemnitate et inter epulas, rem gratiosam et lætam,
non autem caput viri postulaturam esse; et deceptus est. At tamen nihil horum ipsum purgabit.
Etiamsi enim illa cum feris pugnantium virorum
B animum habuerit, attamen non decuit illum se ita
decipiendum præbere, nec tyrannico obsequi imperio. Primo enim, quis non exhorruit sacrum illud caput videns sanguinem stillare, et inter epulas reponi? At non iniquus ille Herodes, non ex-
secrabilior illo mulier. Tales quippe sunt meretrices : omnium petulantissimæ et crudelissimæ.
Nam si nos hæc audientes perhorrescimus, quo
animo fuisse putandum est eos qui hæc ipsis oculis cernerent? quid passi sunt convivæ caput recens amputatum et sanguinem videntes in medio
C convivio repositum? At non sanguinaria illa
et ipsis furiis ferocior illo commota fuit spectaculo, sed exsultabat : atqui, etsi non aliunde, ex
solo aspectu saltem fastidium nauseamque ingene-
rari par erat. Verum nihil hujusmodi passa est
illa sanguinem sitiens propheticum. Talis est fornicatio : non lascivos tantum, sed et homicidas efficit. Nam adulterii cupidæ mulieres ad cædem
sunt paratæ virorum, qui injuria afficiuntur; nec
unam tantum vel duas, sed et innumeras cædes
D fieri facile curaverint. Similium porro facinorum
multi testes sunt. Id etiam illa tunc fecit, sperans

[b] Morel. ἄγουσα, mendose.

[a] Suspicatur Savilius legendum χάριν αἰτήσειν. Sed αἰτοῦσαν hic bene habet, ni fallor.

[b] In Morel. οὐκ deerat.

[c] Quidam ἐκείνην τὴν ὄψιν.

[d] Morel. ἦν ἀρκῆσαι, male.

[e] Unus ἕτοιμαι ποιῆσαι.

tantum facinus in oblivionem tandem esse venturum. Sed contrarium prorsus evenit : nam longe clariori voce postea Joannes clamavit.

Nequitia ad præsens tempus solum respicit.

5. Verum nequitia ad præsens tantum tempus respicit, sicut febricitantes, cum aquam frigidam intempestive postulant. Etenim nisi accusatorem jugulasset, facinus illud non ita evulgatum fuisset. Discipuli namque ejus, quando in carcerem conjectus fuit, nihil hujusmodi dixerunt : cum autem interfectus fuit, tum necis causam publicare coacti sunt. Adulteram obtegere cupiebant, nec alienas calamitates publicare; cum autem in narrandi necessitatem deducti sunt, tunc facinus omne recensent. Ne quis enim causam cædis malam esse suspicaretur, ut in Theuda et Juda contigit, veram cædis causam referre coguntur. Itaque quanto magis peccatum occultare hoc modo volueris, tanto magis illud evulgas. Peccatum enim non per peccati additamentum tegitur, sed per pœnitentiam et confessionem. Perpende autem quomodo hæc evangelista moderate narret, et quantum licet crimen minuat. Nam Herodem id fecisse dicit propter juramentum et convivas, ipsumque contristatum fuisse : de puella vero dicit ipsam a matre præmonitam fuisse, et caput attulisse matri, ac si diceret, Illius jussa exsequebatur. Non enim de iis qui mala patiuntur, sed de iis qui mala inferunt, dolere solent justi omnes, quia hi maxime sunt qui male patiuntur. Neque enim Joannes læsus fuit, sed ii qui hæc machinati sunt. Hos nos quoque imitemur, neque insultemus peccatis proximi, sed quantum fas est occultemus ea. Animum philosophicum assumamus. Etenim evangelista de meretrice et sanguinaria muliere moderate quantum licuit loquutus est. Non enim dixit, A sanguinaria et scelesta, sed, *A matre præmonita*, honestioribus usus vocabulis. Tu vero proximum contumelia et convicio afficis, nec ita modeste potes de fratre qui te injuria affecerit loqui, ut ille de meretrice loquebatur, sed admodum ferociter, et cum opprobriis, scelestum vocas, improbum, vafrum, stultum, et similia adhibes nomina. Nam efferamur omnino et quasi de alienigena homine loquimur, maledicentes, conviciis et contumeliis afficientes. At non ita certe sancti : sed potius peccatores lugent, quam ipsis maledicant. Hoc et nos faciamus : lugeamus He-

Peccatum non tegitur per aliud peccatum, sed per pœnitentiam.

τόλμημα. Οὐ τοὐναντίον ἅπαν ἐξέβαινεν· καὶ γὰρ μειζόνως μετὰ ταῦτα ἐβόησεν ὁ Ἰωάννης.

Ἀλλὰ πρὸς τὸ παρὸν ἡ κακία μόνον ὁρᾷ, καθάπερ οἱ πυρέττοντες, ὅταν ψυχρὸν ἀκαίρως αἰτῶσι. Καὶ γὰρ εἰ μὴ ἔσφαξε τὸν κατήγορον, οὐκ ἂν οὕτως ἐξεκαλύφθη τὸ τόλμημα. [f] Οἱ γοῦν μαθηταὶ, ὅτε αὐτὸν εἰς τὸ δεσμωτήριον ἐνέβαλεν, οὐδὲν τοιοῦτον εἶπον· ὅτε δὲ ἀπέκτεινεν, τότε ἠναγκάσθησαν καὶ τὴν αἰτίαν εἰπεῖν. Τὴν γὰρ μοιχαλίδα κρύπτειν ἐβούλοντο, καὶ οὐκ
E ἤθελον ἐκπομπεύειν τὰς τῶν πλησίον συμφοράς· ἐπειδὴ δὲ εἰς ἀνάγκην ἐνέπεσαν τῆς ἱστορίας, τότε λέγουσι τὸ τόλμημα ἅπαν. Ἵνα γὰρ μὴ πονηράν τις ὑποπτεύσῃ τῆς σφαγῆς τὴν αἰτίαν, καθάπερ ἐπὶ Θευδᾶ καὶ Ἰούδα, ἀναγκάζονται καὶ τὴν πρόφασιν εἰπεῖν τοῦ φό-
500 A νου. Ὥστε ὅσῳ ἂν βουληθῇς ἁμαρτίαν συσκιάσαι τῷ τρόπῳ τούτῳ, τοσούτῳ μᾶλλον αὐτὴν ἐκπομπεύεις. Ἁμαρτία γὰρ οὐχ ἁμαρτίας προσθήκῃ κρύπτεται, ἀλλὰ μετανοίᾳ καὶ ἐξομολογήσει. Θέα δὲ τὸν εὐαγγελιστὴν, πῶς ἀνεπαχθῶς πάντα διηγεῖται, καὶ ὡς οἷόν τέ ἐστιν αὐτῷ καὶ ἀπολογίαν συντίθησιν. Ὑπὲρ μὲν γὰρ τοῦ Ἡρώδου φησίν· Διὰ τοὺς ὅρκους καὶ τοὺς συνανακειμένους, καὶ ὅτι Ἐλυπήθη· περὶ δὲ τῆς κόρης, ὅτι Προβιβασθεῖσα ὑπὸ τῆς μητρὸς, καὶ ὅτι Ἤνεγκε τῇ μητρί· ὡσανεὶ ἔλεγεν, ἐκείνης τὸ πρόσταγμα ἐπλήρου. Οὐ γὰρ ὑπὲρ τῶν κακῶς πασχόντων, ἀλλὰ[a] ὑπὲρ τῶν ποιούντων ἀλγοῦσιν οἱ δίκαιοι πάντες, ἐπειδὴ καὶ οὗτοι μάλιστά εἰσιν οἱ κακῶς πάσχοντες.
B Οὐδὲ γὰρ Ἰωάννης ἠδίκητο, ἀλλ' οὗτοι οἱ ταῦτα οὕτω κατασκευάσαντες. Τούτους καὶ ἡμεῖς μιμησώμεθα, καὶ μὴ ἐπεμβαίνωμεν ταῖς τῶν πλησίον ἁμαρτίαις, ἀλλ' ὅσον ἂν δέῃ συσκιάζωμεν. [b] Ἀναλάβωμεν φιλόσοφον ψυχήν. Καὶ γὰρ καὶ ὁ εὐαγγελιστὴς ὑπὲρ πόρνης καὶ μιαιφόνου γυναικὸς διαλεγόμενος ἀνεπαχθὴς ἐγένετο ὡς οἷόν τε ἦν. Οὐδὲ γὰρ εἶπεν, ὑπὸ τῆς μιαιφόνου καὶ ἐναγοῦς, ἀλλὰ, Προβιβασθεῖσα ὑπὸ τῆς μητρὸς, ἀπὸ τῶν εὐφημοτέρων καλῶν ὀνομάτων. Σὺ δὲ καὶ ὑβρίζεις καὶ [c] κατηγορεῖς τοὺς πλησίον, καὶ οὐκ ἀνάσχοις ποτὲ λελυπηκότος οὕτως ἀδελφοῦ μνησθῆναι, ὡς ἐκεῖνος τῆς πόρνης, ἀλλὰ μετὰ πολλῆς τῆς θηριωδίας καὶ τῶν ὀνειδῶν τῶν πονηρῶν, τὸν κακοῦργον, τὸν πονηρὸν,
C τὸν ὕπουλον, τὸν ἀνόητον, καὶ πολλὰ ἕτερα χαλεπώτερα τούτων καλῶν. Καὶ γὰρ ἐκθηριούμεθα μᾶλλον, καὶ ὡς περὶ ἀλλογενοῦς ἀνθρώπου διαλεγόμεθα, κακίζοντες, λοιδοροῦντες, ὑβρίζοντες. Ἀλλ' οὐχ οἱ ἅγιοι οὕτως· ἀλλὰ θρηνοῦσι μᾶλλον τοὺς ἁμαρτάνοντας, ἢ καταρῶνται. Τοῦτο δὴ καὶ ἡμεῖς ποιῶμεν, καὶ δακρύω-

[f] Morel. et quidam οἱ δὲ μαθηταί, et mox iidem ἔβαλεν.

[a] Alii ὑπὲρ τῶν ἀδικούντων. Infra quidam οἱ τὰ τοιαῦτα οὕτως.

[b] Morel. λάβωμεν φιλόσοφον. [Infra Commelin. [προβιβασθεῖσα] τῆς μητρός. Addidimus ὑπό cum Savilio.]

[c] Κατηγορεῖς, forte κακηγορεῖς. Ibid. quidam τὸν πλησίον.

μεν τὴν Ἡρωδιάδα, καὶ τοὺς ἐκείνην ζηλοῦντας. Πολλὰ γὰρ καὶ νῦν τοιαῦτα συμπόσια γίνεται. Κἂν μὴ Ἰωάννης * ἀναιρῆται, ἀλλὰ τοῦ Χριστοῦ τὰ μέλη, καὶ πολλῷ χαλεπώτερον. Οὐ γὰρ κεφαλὴν αἰτοῦσιν ἐπὶ πίνακι οἱ νῦν ὀρχούμενοι, ἀλλὰ τὰς ψυχὰς τῶν συνανακειμένων. Ὅταν γὰρ δούλους αὐτοὺς ποιῶσι, D καὶ εἰς παρανόμους ἔρωτας ἄγωσι, [d] καὶ πόρνας ἐπιτειχίζωσιν, οὐχὶ τὴν κεφαλὴν ἀναιροῦσιν, ἀλλὰ τὴν ψυχὴν σφάττουσι, μοιχοὺς ἐργαζόμενοι καὶ θηλυδρίας καὶ πόρνους. Οὐ γὰρ δή μοι ἐρεῖς, ὡς οἰνωμένος καὶ μεθύων, καὶ γυναῖκα ὀρχουμένην καὶ αἰσχρολογοῦσαν ὁρῶν, οὐ πάσχεις τι πρὸς αὐτήν, οὐδὲ ἐκφέρῃ πρὸς ἀσωτίαν ὑπὸ τῆς ἡδονῆς ἡττώμενος. Καὶ πάσχεις ἐκεῖνο τὸ φρικτὸν, τὰ μέλη τοῦ Χριστοῦ [e] μέλη ἀπεργαζόμενος πόρνης. Εἰ γὰρ καὶ μὴ πάρεστιν ἡ θυγάτηρ Ἡρωδιάδος, ἀλλ' ὁ δι' ἐκείνης ὀρχησάμενος τότε διάβολος καὶ διὰ τούτων χορεύει νυνὶ, καὶ τὰς ψυχὰς E τῶν ἀνακειμένων λαβὼν ἄπεισιν αἰχμαλώτους. Εἰ δὲ ὑμεῖς δύνασθε μέθης μένειν ἐκτὸς, ἀλλ' ἑτέρας χαλεπωτάτης κοινωνεῖτε ἁμαρτίας· καὶ γὰρ πολλῶν ἁρπαγῶν τὰ τοιαῦτα γέμει συμπόσια. Μὴ γάρ μοι [f] τὰ ἐπικείμενα κρέα ἴδῃς, μηδὲ τοὺς πλακοῦντας· ἀλλὰ 501 καὶ πόθεν συνείλεκται ἐννόει, καὶ ὄψει ὅτι ἐξ ἐπηρείας A καὶ πλεονεξίας, καὶ βίας καὶ ἁρπαγῆς. Ἀλλ' οὐκ ἔστιν ἐκ τούτων ταῦτα, φησί· μὴ γένοιτο· οὐδὲ γὰρ ἐγὼ βούλομαι. Πλὴν εἰ καὶ τούτων καθαρεύοι, οὐδὲ οὕτως ἐγκλημάτων τὰ πολυτελῆ δεῖπνα ἀπήλλακται. Ἄκουσον γοῦν πῶς καὶ χωρὶς τούτων ἐγκαλεῖ ὁ προφήτης, οὕτω λέγων· Οὐαὶ οἱ πίνοντες τὸν διυλισμένον οἶνον, καὶ τὰ πρῶτα μύρα χριόμενοι. Ὁρᾷς πῶς καὶ τρυφῆς κατηγορεῖ; Οὐδὲ γὰρ πλεονεξίαν ἐνταῦθα αἰτιᾶται, ἀλλ' ἀσωτίαν μόνον.

Καὶ σὺ μὲν εἰς ἀμετρίαν ἐσθίεις, [a] ὁ δὲ Χριστὸς οὐδὲ εἰς χρείαν· σὺ μὲν τοὺς πλακοῦντας ἀδιαφόρως, ἐκεῖνος δὲ οὐδὲ ἄρτον ξηρόν· σὺ Θάσιον οἶνον, ἐκείνῳ δὲ B οὐδὲ ποτήριον ψυχρὸν ἐπέδωκας διψῶντι· σὺ μὲν ἐπὶ στρωμνῆς ἁπαλῆς καὶ πεποικιλμένης, ὁ δὲ ὑπὸ τοῦ κρυμνοῦ διαφθείρεται. Διὸ κἂν πλεονεξίας καθαρὰ ᾖ τὰ δεῖπνα, καὶ οὕτως ἐναγῆ ἐστιν, ὅτι σὺ μὲν ὑπὲρ τὴν χρείαν πάντα ποιεῖς, ἐκείνῳ δὲ οὐδὲ τὴν χρείαν δίδως, καὶ ταῦτα ἐντρυφῶν τοῖς αὐτοῦ. Ἀλλ' εἰ παιδὸς μὲν ἐπετρόπευες, καὶ λαβὼν τὰ αὐτοῦ, περιεώρας αὐτὸν ἐν τοῖς ἐσχάτοις ὄντα, μυρίους ἂν ἔσχες κατηγόρους, καὶ τὴν ἀπὸ τῶν νόμων ἔδωκας ἂν δίκην· τὰ δὲ τοῦ

rodiadem, et eos qui illam imitantur. Multa namque etiam nunc hujusmodi convivia celebrantur. Atque etiamsi Joannes non interficiatur, sed Christi membra longe gravius impetuntur. Non enim caput in disco petunt ii qui nunc tripudiant, sed animas simul recumbentium. Cum autem illos in servitutem redegerint, et ad iniquos induxerint amores, meretricesque adhibuerint, non caput abscindunt, sed animam jugulant, dum illos mœchos, effeminatos, et exoletos reddunt. Neque enim mihi dixeris, te vino captum et ebrium mulierem saltantem, quæ obscœna loquitur, sine ullo concupiscentiæ motu videre, neque voluptate victum ad lasciviam ferri. Illud certe horribile pateris, ut membra Christi facias membra meretricis. Nam etsi non adsit filia Herodiadis, sed qui per illam tunc saltavit diabolus, per illas nunc choreas agit, abitque animas discumbentium agens captivas. Quod si vos potestis ebrietatem vitare, at alterius peccati gravissimi participes estis: plurimis namque rapinis hujusmodi convivia constant. Ne appositas carnes respexeris, nec placentas; sed undenam hæc collecta sint cogita, et videbis illa ex avaritia, et vi, et rapina proficisci. Verum, inquies, hæc non ita parta sunt; absit! id ego minime velim. Verum si hac in parte convivia sint pura, non tamen illa sumtuosa convivia prorsus sunt crimine vacua. Audi enim quomodo illa vel supradictis vacua propheta reprehendat his verbis: *Væ qui bibitis defæcatum vinum, et unguentis primis unguimini*. Vides qualiter hic delicias reprehendat? Neque enim his verbis avaritiam insectatur, sed effusas delicias tantum.

Convivia ex rapinis parta quam odiosa.

Amos. 6. 6.

6. Tu comedis ultra mensuram, cum Christus ne quidem necessaria habeat; tu placentas affatim, ille ne panem quidem aridum; tu Thasium vinum, ipsi vero ne calicem quidem aquæ frigidæ sitienti dedisti; tu in lecto molli et ornato jaces, ille vero sub frigido aere alget. Idcirco etiamsi avaritia vacua essent convivia tua, tamen ideo flagitiosa sunt, quod tu supra necessitatem omnia facias, illi vero ne quidem necessaria præbeas, cum ex ipsius bonis in deliciis vivas. Certe si pueri cujuspiam tutor esses, et ipsius bona administrans, ipsum in extremis positum despiceres, sexcentos

Thasium vinum.

* [Savil. ἀναιρῆται. Commelin. et Montf. ἀναιρεῖται.]

[d] Καὶ πόρνας ἐπιτειχίζωσιν, ad literam, *et meretrices obtenderint*.

[e] Quidam μέλη ποιῶν πόρνης.

[f] Alii τὰ παρακείμενα.

[a] Morel. male ὁ καὶ Χριστός. Paulo post σὺ Θάσιον οἶνον. Thasii vini olim celeberrimi mentio frequens habetur apud scriptores, Plautum, Plinium, Athenæum, et alios. Mox quidam ποτήριον ψυχροῦ. [Infra pro κρυμνοῦ legendum esse κρυμοῦ conjicit Savil.]

haberes accusatores, ac secundum leges pœnas dares : cum autem ea quæ Christi sunt acceperis, et sic frustra insumas, annon putas te rationem redditurum esse? Hæc porro non de illis dico, qui meretrices ad mensam inducunt (illis quippe non magis quam canibus loquendum), nec de raptoribus qui aliorum ventres implent (nihil enim commune cum illis habeo, ut nec cum porcis vel lupis), sed de illis agitur qui bonis fruuntur suis, nec aliis largiuntur; de iis qui paterna bona frustra consumunt. Neque enim hi crimine vacui sunt. Nam quomodo, quæso, accusationes et culpam effugias, quando parasitus ventrem implet, ut et canis, qui adstat; dum Christus ne hoc quidem beneficio dignus apud te habetur? quando is, qui risum movet, tanta accipit; ille autem, qui regnum cælorum in mercedem offert, ne minimam quidem horum partem? ille ut facete aliquid dicat, satiatus abit; hic vero qui ea docet, quæ nisi didicerimus, nihil a canibus differemus, non eodem quo ille beneficio dignatur? Horrescis hæc audiendo? Horresce ergo de factis. Ejice parasitos, et fac tecum accumbere Christum. Si sale et mensa tecum communicaverit, mansuetus tibi judex erit : solet revereri mensam. Si namque id latrones faciant, quanto magis Dominus? Cogita enim quomodo meretricem illam a mensa ut justam laudaverit, ac Simoni exprobraverit dicens : *Osculum mihi non dedisti*. Quod si te hæc non facientem nutrit, multo magis facientem mercede donabit. Ne inopem despicias, quod sordidus et squalidus accedat; sed cogita, Christum per ipsum domum tuam adire, ne pergas illum inhumanis verbis incessere, quibus accedentes lacessere soles, importunos vocando, otiosos, gravioribusque aliis nominibus appellando. Cogites velim quando hæc dicis, quæ tibi opera parasiti faciant, an in aliquo familiari rei tuæ sint utiles. Prandium, inquies, suavius reddunt. Et quomodo suavius, dum alapis cæduntur ac turpia loquuntur? Et quid hac re insuavius, quando is qui ad imaginem Dei factus est cæditur, et ex hac contumelia voluptate afficeris, ædes tuas in theatrum convertens, ac mimis convivium replens, scenicosque imitaris, cum nobilis liberque sis? Nam ibi risus et alapæ visuntur. Hæccine, quæso, voluptatem appellas, quæ multis digna sunt lacrymis, fletibus, gemitibus? cum opor-

Contra parasitos.

Luc. 7. 45.

Χριστοῦ λαβὼν, καὶ οὕτω μάτην ἀναλίσκων, οὐχ ἡγῇ δώσειν εὐθύνας; Καὶ ταῦτα οὐ περὶ τῶν τὰς πόρνας C ταῖς τραπέζαις αὐτῶν ἐπεισαγόντων λέγω (πρὸς γὰρ ἐκείνους οὐδείς μοι λόγος, ὥσπερ οὐδὲ πρὸς τοὺς κύνας), οὐδὲ περὶ τῶν πλεονεκτούντων καὶ ἑτέρους γαστριζόντων (οὐδὲ γὰρ πρὸς αὐτούς ἐστι μοι κοινόν τι, ὥσπερ οὐδὲ πρὸς τοὺς χοίρους καὶ τοὺς λύκους), ἀλλὰ περὶ τῶν ἀπολαυόντων μὲν τῆς ἰδίας οὐσίας, οὐ μεταδιδόντων δὲ ἑτέροις, περὶ τῶν τὰ πατρῷα [b] καταναλισκόντων ἁπλῶς. Οὐδὲ γὰρ οὗτοι κατηγορίας ἐκτός. Πῶς γὰρ, εἰπέ μοι, διαφεύξῃ κατηγορίαν καὶ ἐγκλήματα, ὅταν ὁ μὲν παράσιτός σου γαστρίζηται καὶ ὁ D κύων παρεστὼς, ὁ δὲ Χριστὸς μηδὲ τούτων ἄξιός σοι φαίνηται; ὅταν ὁ μὲν ὑπὲρ γέλωτος τοσαῦτα λαμβάνει, ὁ δὲ ὑπὲρ βασιλείας οὐρανῶν οὐδὲ τὸ πολλοστὸν τούτων; καὶ ὁ μὲν ἵνα τι εἴπῃ ἀστεῖον ἐμπλησθεὶς ἀπῆλθεν, οὗτος δὲ διδάξας ἡμᾶς ἃ μὴ μαθόντες οὐδὲν ἂν τῶν κυνῶν διεφέρομεν, οὐδὲ τῶν αὐτῶν ἀξιοῦται ἐκείνῳ; Φρίττεις ἀκούων ταῦτα; Οὐκοῦν φρῖξον ἐπὶ τῶν ἔργων. Ἔκβαλε τοὺς παρασίτους, καὶ ποίησον συγκατακλίνεσθαι τὸν Χριστόν. [a]Ἂν ἁλῶν κοινωνήσῃ καὶ τραE πέζης, ἥμερος ἔσται σοι δικάζων· οἶδεν αἰδεῖσθαι τράπεζαν. Εἰ γὰρ λῃσταὶ ἴσασι, πολλῷ μᾶλλον ὁ Δεσπότης. Ἐννόησον γοῦν τὴν πόρνην ἐκείνην πῶς [c] ἀπὸ τραπέζης ἐδικαίωσε, καὶ Σίμωνι ὀνειδίζει λέγων· Φίλημά μοι οὐκ ἔδωκας. Εἰ γὰρ μὴ ποιοῦντά σε ταῦτα τρέφει, πολλῷ μᾶλλον ποιοῦντα ἀμείψεται. Μὴ πρὸς 502 A τὸν πένητα ἴδῃς, ὅτι ῥυπῶν προσέρχεται καὶ αὐχμῶν· ἀλλ' ἐννόησον, ὅτι ὁ Χριστὸς δι' ἐκείνου ἐπιβαίνει τῆς σῆς οἰκίας, καὶ παῦσαι τῆς ὠμότητος καὶ τῶν ἀπηνῶν ῥημάτων, οἷς ἀεὶ πλύνεις τοὺς προσιόντας, ἐπιθέτας, ἀργοὺς, καὶ ἕτερα χαλεπώτερα τούτων καλῶν. Καὶ λογίζου, ὅταν ταῦτα λέγῃς, [a] οἱ παράσιτοι ποῖα ἔργα κατασκευάζουσι· τί τὴν οἰκίαν ὠφελοῦσι τὴν σήν. Ἡδὺ πάντως σοι ποιοῦσι [a] τὸν ἄριστον; Καὶ πῶς ἡδὺ, ῥαπιζόμενοι καὶ αἰσχρὰ λέγοντες; Καὶ τί τούτου ἀηδέστερον, ὅταν τὸν κατ' εἰκόνα Θεοῦ γενόμενον τύπτῃς, καὶ ἐκ τῆς εἰς ἐκεῖνον ὕβρεως τέρψιν ἑαυτῷ συνάγῃς, B θέατρον ποιῶν τὴν οἰκίαν, καὶ μίμων πληρῶν τὸ συμπόσιον, καὶ τοὺς ἐπὶ τῆς σκηνῆς [b] ἐξηρημένους μιμούμενος ὁ εὐγενὴς καὶ ἐλεύθερος; Καὶ γὰρ ἐκεῖ γέλως καὶ ῥαπίσματα. Ταῦτα οὖν ἡδονὴν καλεῖς, εἰπέ μοι, ἃ πολλῶν ἄξια δακρύων ἐστὶν, ἃ πολλῶν θρήνων καὶ οἰμωγῶν; καὶ δέον εἰς βίον αὐτοὺς ἐμβαλεῖν σπουδαῖον, δέον παραινέσαι τὰ δέοντα· σὺ δὲ εἰς ἐπιορκίας καὶ ῥήματα ἄτακτα ἐνάγεις, καὶ τέρψιν τὸ πρᾶγμα καλεῖς; καὶ τὸ γεέννης πρόξενον, ἡδονῆς εἶναι

[b] Morel. ἀναλισκόντων.... οὐδὲ γὰρ οὗτος.

[c] Morel. ἀπὸ τραπέζης ἐδικαίωσεν. Savil. ἀπὸ τραπέζης ἐποίησεν ἥμερον, *a mensa mitem reddidit*.

[a] [Savilium sequimur. Montf. ἔτι οἱ π π. ἔ. κατασκευάζουσι; ἄν τι. Commelin. [ἔτι]..... κατασκευάζουσι. ντί (sic).]

[a] Unus τὸ ἄριστον.

[b] Morel. et quidam alii ἐξειργημένους.

ὑπόθεσιν νομίζεις; Καὶ γὰρ ὅταν ἀπορήσωσιν ἀστείων ῥημάτων, ὅρκοις καὶ ἐπιορκίαις τὸ πᾶν διαλύονται. C Ταῦτ' οὖν γέλωτος ἄξια, ἀλλ' οὐκ ὀδυρμῶν καὶ δακρύων; Καὶ τίς ἂν ταῦτα εἴποι νοῦν ἔχων;

Καὶ ταῦτα λέγω, οὐ κωλύων τρέφεσθαι αὐτοὺς, ἀλλὰ μὴ ἐπὶ τοιαύτῃ αἰτίᾳ. Φιλανθρωπίας γὰρ ἡ τροφὴ τὴν ὑπόθεσιν ἐχέτω, [c] μὴ ὠμότητος· ἔλεον, μὴ ὕβριν. Ὅτι πένης ἐστὶ, θρέψον, [d] ὅτι Χριστὸς τρέφεται, θρέψον· μὴ ἐπειδὴ σατανικὰ εἰσάγει ῥήματα, καὶ τὴν ἑαυτοῦ καταισχύνει ζωήν. Μὴ ἴδῃς αὐτὸν ἔξωθεν γελῶντα, ἀλλὰ τὸ συνειδὸς [e] ἐξέταζε, καὶ τότε ὄψει μυριάκις αὐτὸν ἑαυτῷ καταρώμενον, καὶ στένοντα, καὶ ὀδυρόμενον. Εἰ δὲ οὐκ ἐπιδείκνυται, καὶ τοῦτο D διὰ σέ. Ἔστωσαν τοίνυν ἄνθρωποι πένητες καὶ ἐλεύθεροι οἱ σύσσιτοί σου, μὴ ἐπίορκοι, μηδὲ μῖμοι. Εἰ δὲ βούλει καὶ τῆς τροφῆς αὐτοὺς ἀμοιβὴν ἀπαιτῆσαι, κέλευσον, ἂν ἴδωσί τι τῶν ἀτόπων γινόμενον, ἐπιπλῆξαι, παραινέσαι, συναντιλαβέσθαι τῆς κατὰ τὴν οἰκίαν ἐπιμελείας, τῆς τῶν οἰκετῶν προστασίας. [f] Παιδία ἔχεις; Κοινοὶ πατέρες ἔστωσαν ἐκείνων, μετὰ σοῦ τὴν προστασίαν διανεμέσθωσαν, κέρδη σοι φερέτωσαν τὰ τῷ Θεῷ φίλα. Εἰς ἐμπορίαν αὐτοὺς ἔμβαλε πνευματικήν. Κἂν ἴδῃς δεόμενον προστασίας, ἐπίταξον [g] βοηθῆσαι, κέλευσον διακονήσασθαι. Διὰ τούτων θήρευε τοὺς ξένους, διὰ τούτων ἔνδυε τοὺς γυμνοὺς, διὰ τούτων εἰς δεσμωτήριον πέμπε, τὰς ἀνάγκας λῦε τὰς E ἀλλοτρίας. Ταύτην σοι διδότωσαν τῆς τροφῆς τὴν ἀμοιβὴν, τὴν καὶ σὲ καὶ ἐκείνους [h] ὠφελοῦσαν, καὶ οὐδεμίαν κατάγνωσιν ἔχουσαν. Διὰ τούτων καὶ ἡ φιλία σφίγγεται μᾶλλον. Νῦν μὲν γὰρ, κἂν δοκῶσι φιλεῖ- 503 σθαι, ἀλλ' ὅμως αἰσχύνονται, ὡς εἰκῇ ζῶντες παρὰ A σοί· ἂν δὲ ταῦτα ἀνύωσι, καὶ αὐτοὶ ῥᾴδιον διακείσονται, καὶ σὺ ἥδιον θρέψεις, ἅτε οὐ μάτην δαπανῶν· κἀκεῖνοι μετὰ παῤῥησίας σοι συνέσονται καὶ τῆς προσηκούσης ἐλευθερίας, καὶ ἡ οἰκία σου ἀντὶ θεάτρου ἐκκλησία σοι γενήσεται, καὶ ὁ διάβολος δραπετεύσει, καὶ ὁ Χριστὸς εἰσελεύσεται καὶ ὁ τῶν ἀγγέλων χορός. Ὅπου γὰρ ὁ Χριστὸς, ἐκεῖ καὶ οἱ ἄγγελοι· [a] ὅπου δὲ ὁ Χριστὸς καὶ οἱ ἄγγελοι, ἐκεῖ καὶ ὁ οὐρανὸς, ἐκεῖ φῶς τοῦ ἡλιακοῦ τούτου φαιδρότερον. Εἰ δὲ καὶ ἑτέραν βούλει δι' αὐτῶν καρποῦσθαι παράκλησιν, κέλευσον, σχολὴν ἄγων, βιβλία λαβόντας, τὸν θεῖον νόμον ανα-

teret eos ad vitam probam revocare, ad officium hortari, tu ad perjuria, verbaque turpia provocas, et hoc voluptatem appellas? quodque ad gehennam ducit, voluptatis argumentum esse putas? Cum enim facete quid dicere parasiti non possunt, juramentis ac perjuriis sese hinc expediunt. Hæccine risu digna? annon potius lacrymis et fletibus? Et quis mente valens sic loquatur?

7. Hæc porro dico, non quo prohibeam alimenta ipsis suppeditari, sed ne hac de causa suppeditentur: humanitatis, non immanitatis causa nutriantur; misericordia adsit, non contumelia. Alimenta ipsi præbe, quia pauper est, et quia in illo Christum alis, non autem quia satanica inducit verba, suamque vitam deturpat. Noli conspicere ridentem, sed conscientiam ejus explora, et tunc videbis ipsum sese millies maledicentem, gementem atque plangentem. Quam rem si occultat, propter te occultat. Convivas adhibeto viros pauperes liberosque, non perjuros vel mimos. Si velis autem ut aliquam tibi vicem rependant, jube, si quid viderint indecorum, increpare, monere, curam domus et familiæ habere. Filios habes? Sint tecum patres ipsorum, et magistri, lucra tibi reportent Deo placita. In negotiationem spiritualem illos immitte. Si egentem patrocinio videris, impera ut auxilium præstent et subministrent. Horum ministerio venare peregrinos, nudos indue, in carcerem mitte, alienas solve necessitates. Hanc tibi ob suppeditatam alimoniam vicem rependant, quæ et tibi et illis prosit, et quæ improbari numquam potest. Hinc strictiore amicitiæ vinculo jungemini. Nunc enim, etiamsi putent se amari, attamen erubescunt quasi gratis apud te viventes; si autem hæc perfecerint, liberius agent, et tu libentius mensam præbebis, utpote qui sumtus non sine fructu profundas: illi cum fiducia tecum vivent, et cum decenti libertate, domusque tua, quæ theatrum erat, ecclesia evadet, diabolus aufugiet, in eam Christus cum angelorum choro intrabit. Nam ubi Christus, ibi angeli: ubi vero Christus et angeli, ibi cælum, ibi lux solari splendidior. Si autem aliam ab iis ipsis consolationem vis tibi parere, per otium jube illos divinam legem in libro legere. Libentius in his tibi morem gerent, quam in aliis. Hæc enim et te et illos honestiores effi-

Qui amici quærendi sint.

c Alii μὴ ὠμότητα.

d Hæc, ὅτι Χριστὸς τρέφεται, θρέψον, in Morel. habentur post καταισχύνει ζωήν.

e Quidam Mss. ἐξέτασον.

f Alii παῖδας ἔχεις.

g Quidam βοηθῆσαι, θεραπεῦσαι, κέλευσον.

h Alii ὠφελῆσαι δυναμένην.

a Hæc, ὅπου δὲ ὁ Χριστὸς καὶ οἱ ἄγγελοι, desunt in Savil., atque, ut videtur, δι' ὁμοιοτέλευτον.

ciunt; illa vero, quæ supra diximus, omnes simul dedecorant: te ut contumeliosum et temulentum, illos ut miseros et ventri servientes. Nam si ad contumeliam nutrias, id gravius est, quam si occideres; sin ad utilitatem et lucrum, id fructuosius est, quam si ad mortem abductos liberares. Nunc autem illos magis quam servos dedecoras, et servi majori apud te fiducia ac libertate fruuntur; illo autem modo illos angelis pares facis. Et te igitur et illos libera, parasitorum nomen de medio tolle, convivas appella, et pulso adulatorum nomine, amicorum induc appellationem. Ideo amicitias fecit Deus, non in damnum dilectorum et diligentium, sed ad eorum bonum atque utilitatem. Illæ autem amicitiæ inimicitia omni sunt graviores: nam ab inimicis, si velimus, aliquid lucri referre possumus; ab his autem necessario lædimur. Ne retineas amicos damni magistros; ne retineas amicos, qui mensam magis curant quam amicitiam. Hi quippe omnes, si mensæ delicias solvas, amicitiam solvunt. Qui autem virtutis causa tecum versantur, manent perpetuo, omnem ferentes fortunæ inæquabilitatem. Parasitorum vero genus te sæpe etiam ulciscitur, et malam de te existimationem spargit. Novi certe multos ingenuos viros, qui malam inde famam sibi pepererunt, et alii de maleficis artibus, alii de adulterio, alii de puerorum corruptela accusati sunt. Cum enim nihil operis vel officii habeant, sed ut casus fert vitam agant, in suspicionem veniunt, quod ad res hujusmodi omnibus ministrent. Talem ergo famam ut propulsemus, in primis ut futuram gehennam vitemus, et Deo placita faciamus, hanc diabolicam consuetudinem solvamus; ut
1. Cor. 10. 31. manducantes et bibentes omnia ad gloriam Dei faciamus, et ipsius gloriæ simus consortes: quam nos omnes assequi contingat, gratia et benignitate Domini nostri Jesu Christi, cui gloria et imperium nunc et semper, et in sæcula sæculorum. Amen.

γινώσκειν. Ἥδιόν σοι ταῦτα ὑπηρετήσονται, ἢ ἐκεῖνα. B Ταῦτα μὲν γὰρ καὶ σὲ κἀκείνους ποιεῖ σεμνοτέρους· ἐκεῖνα δὲ ἅπαντας ὁμοῦ καταισχύνει· σὲ μὲν ὡς ὑβριστὴν καὶ πάροινον, ἐκείνους δὲ ὡς ἀθλίους καὶ γαστριμάργους. Ἂν μὲν γὰρ ἐφ' ὕβρει τρέφῃς, χαλεπώτερον, ἢ εἰ ἀνεῖλες· ἂν δὲ ἐπ' ὠφελείᾳ καὶ κέρδει, χρησιμώτερον πάλιν, ἢ εἰ ἀπαγομένους τὴν ἐπὶ θανάτῳ ἐπανήγαγες. Καὶ νῦν μὲν τῶν οἰκετῶν μᾶλλον αὐτοὺς καταισχύνεις, καὶ οἱ οἰκέται πλείονα τούτων ἔχουσι παῤῥησίαν καὶ ἐλεύθερον συνειδός· τότε δὲ τῶν ἀγγέλων ἐργάσῃ ἴσους. Καὶ τούτους τοίνυν καὶ σαυτὸν ἀπάλλαξον, ἐξελὼν τὸ τῶν [b] παρασίτων ὄνομα, συσσίτους κάλει, καὶ ἐκβαλὼν τὴν τῶν κολάκων, τὴν τῶν C φίλων ἐπιτίθει προσηγορίαν. Διὰ τοῦτο καὶ τὰς φιλίας ἐποίησεν ὁ Θεὸς, οὐκ ἐπὶ κακῷ τῶν φιλουμένων καὶ τῶν φιλούντων, ἀλλ' ἐπ' ἀγαθῷ καὶ χρησίμῳ. Αὗται δὲ αἱ φιλίαι πάσης ἔχθρας εἰσὶ χαλεπώτεραι· παρὰ μὲν γὰρ τῶν ἐχθρῶν, ἂν θέλωμεν, καὶ κερδαίνομεν· παρὰ δὲ τούτων ἀνάγκη πᾶσα καὶ βλάπτεσθαι πάντως. Μὴ δὴ κάτεχε φίλους, βλάβης [c] διδασκάλους· μὴ κάτεχε φίλους τραπέζης μᾶλλον ἢ φιλίας ἐραστὰς ὄντας. Οἱ γὰρ τοιοῦτοι πάντες, ἂν τὴν τρυφὴν καταλύσῃς, καταλύουσι καὶ τὴν φιλίαν. Οἱ δὲ δι' ἀρετήν σοι συνόντες, μένουσι διηνεκῶς, πᾶσαν φέροντες ἀνωμαλίαν. D Τὸ δὲ τῶν παρασίτων γένος, καὶ ἀμύνονταί σε πολλάκις, καὶ πονηρὰν ὑπὲρ σοῦ περιτιθέασι δόξαν. Ἐντεῦθεν γοῦν πολλοὺς τῶν ἐλευθέρων οἶδα πονηρὰς ὑπολήψεις λαβόντας· καὶ οἱ μὲν ἐπὶ γοητείαις, οἱ δὲ ἐπὶ μοιχείαις καὶ παίδων διαφθοραῖς διεβλήθησαν. Ὅταν γὰρ μηδὲν ἔργον ἔχωσιν, ἀλλ' εἰκῇ τὸν ἑαυτῶν ζῶσι βίον, ὡς ταῦτα διακονούμενοι [d] τοῖς πᾶσι παρὰ πολλῶν ὑποπτεύονται. Καὶ δόξης τοίνυν ἑαυτοὺς ἀπαλλάττοντες πονηρᾶς, καὶ πρὸ πάντων τῆς μελλούσης γεέννης, καὶ τὰ τῷ Θεῷ δοκοῦντα ποιοῦντες, τὴν δια- E βολικὴν ταύτην συνήθειαν καταλύσωμεν, ἵνα καὶ ἐσθίοντες [e] καὶ πίνοντες πάντα εἰς δόξαν τοῦ Θεοῦ ποιῶμεν, καὶ τῆς παρ' αὐτοῦ ἀπολαύσωμεν δόξης· ἧς γένοιτο πάντας ἡμᾶς ἐπιτυχεῖν, χάριτι καὶ φιλανθρωπίᾳ τοῦ Κυρίου ἡμῶν Ἰησοῦ Χριστοῦ, ᾧ ἡ δόξα καὶ τὸ κράτος νῦν καὶ ἀεὶ, καὶ εἰς τοὺς αἰῶνας τῶν αἰώνων. Ἀμήν.

[b] Sic omnes recte, excepto Morel. qui habet παρασίτων νόσημα.

[c] Morel. male κατηγόρας καὶ διδασκάλους. Infra quidam καταλύσουσι. Ibid. Morel. male, οἱ δὲ δὴ ἀρετήν.

[d] Quidam τοῖς παισί.

[e] Morel. καὶ πίνοντες, εἰς δόξαν.

ΟΜΙΛΙΑ μθ'.

504 A

Καὶ ἀκούσας ὁ Ἰησοῦς, ἀνεχώρησεν ἐκεῖθεν ἐν πλοίῳ, εἰς ἔρημον τόπον κατ' ἰδίαν· καὶ ἀκούσαντες οἱ ὄχλοι, ἠκολούθησαν αὐτῷ πεζῇ ἀπὸ τῶν πόλεων.

Ὅρα πανταχοῦ αὐτὸν ἀναχωροῦντα, καὶ ὅτε παρεδόθη Ἰωάννης, καὶ ὅτε ἀνῃρέθη, καὶ ὅτε οἱ Ἰουδαῖοι ἤκουσαν, ὅτι πλείους μαθητὰς ποιεῖ. Τὰ γὰρ πλείονα ἀνθρωπινώτερον βούλεται διοικεῖν, οὐδέπω τοῦ καιροῦ καλοῦντος [a] ἀπογυμνῶσαι τὴν θεότητα σαφῶς. Διὸ καὶ B τοῖς μαθηταῖς ἔλεγε, μηδενὶ εἰπεῖν, ὅτι αὐτός ἐστιν ὁ Χριστός· μετὰ γὰρ τὴν ἀνάστασιν αὐτοῦ ἐβούλετο τοῦτο γενέσθαι γνώριμον· ὅθεν τοῖς τέως διαπιστήσασι τῶν Ἰουδαίων οὐ σφόδρα ἦν βαρὺς, ἀλλὰ καὶ συγγνωμονικός. Ἀναχωρήσας δὲ οὐκ ἄπεισιν εἰς πόλιν, ἀλλ' εἰς ἔρημον, καὶ ἐν πλοίῳ, ὥστε μηδένα ἀκολουθῆσαι. Σὺ δέ μοι σκόπει πῶς οἱ μαθηταὶ Ἰωάννου λοιπὸν μᾶλλον ᾠκειώθησαν τῷ Ἰησοῦ. Αὐτοὶ γάρ εἰσιν οἱ ἀπηγγελκότες αὐτῷ τὸ γεγενημένον· καὶ γὰρ πάντα ἀφέντες, ἐπ' αὐτὸν καταφεύγουσι λοιπόν. Οὕτως οὐ μικρὸν μετὰ τῆς συμφορᾶς καὶ τὰ ἤδη παρ' αὐτοῦ διὰ C τῆς ἀποκρίσεως [b] ἐκείνης οἰκονομηθέντα κατώρθωσεν. Ἀλλὰ τίνος ἕνεκεν πρὶν ἢ ἀπαγγεῖλαι αὐτοὺς οὐκ ἀνεχώρησε, καίτοι γε ᾔδει καὶ πρὶν ἢ ἀπαγγεῖλαι τὸ γεγενημένον; Δεικνὺς διὰ πάντων τῆς οἰκονομίας τὴν ἀλήθειαν. Οὐ γὰρ δὴ μόνον τῇ ὄψει, ἀλλὰ καὶ τοῖς ἔργοις τοῦτο πιστοῦσθαι ἐβούλετο, διὰ τὸ εἰδέναι τοῦ διαβόλου τὴν κακουργίαν, καὶ ὅτι πάντα ἐργάσεται, ὥστε ταύτην ἀνελεῖν τὴν δόξαν. Αὐτὸς μὲν οὖν διὰ τοῦτο ἀναχωρεῖ· οἱ δὲ ὄχλοι οὐδὲ οὕτως ἀφίστανται, ἀλλ' ἕπονται προσηλωμένοι, καὶ οὐδὲ τὸ δρᾶμα αὐτοὺς ἐφόβησε τὸ Ἰωάννου. Τοσοῦτόν ἐστι πόθος, το- D σοῦτον ἀγάπη· οὕτω πάντα νικᾷ καὶ διακρούεται τὰ δεινά. Διὰ δὴ τοῦτο καὶ τὴν ἀμοιβὴν εὐθέως ἀπελάμβανον· Ἐξελθὼν γὰρ, φησὶν, ὁ Ἰησοῦς, εἶδεν ὄχλον πολὺν, καὶ ἐσπλαγχνίσθη ἐπ' αὐτοὺς, καὶ ἐθεράπευσε τοὺς ἀῤῥώστους αὐτῶν. Εἰ γὰρ καὶ πολλὴ ἦν αὐτῶν ἡ προσεδρία, ἀλλ' ὅμως τὰ παρ' αὐτοῦ γινόμενα πάσης σπουδῆς ὑπερέβαινεν ἀμοιβήν. Διὸ καὶ αἰτίαν τῆς τοιαύτης θεραπείας τὸν ἔλεον [c] τίθησιν, ἔλεον ἐπιτεταμένον· καὶ θεραπεύει πάντας. Καὶ οὐκ ἀπαιτεῖ πίστιν ἐνταῦθα. Καὶ γὰρ τὸ προσελθεῖν, καὶ E τὸ τὰς πόλεις ἀφεῖναι, καὶ τὸ μετὰ ἀκριβείας αὐτὸν

HOMILIA XLIX. al. L.

Cap. XIV. v. 13. *Et cum audisset Jesus, recessit inde in navicula, in desertum locum seorsum : et cum audissent turbæ, sequutæ sunt eum pedibus de civitatibus.*

1. Vide illum sæpe secedentem, et cum traditus est Joannes, et cum occisus est, et cum Judæi audierunt, ipsum plurimos facere discipulos. Multa enim volebat humano more peragere, cum nondum tempus advenisset quo deitatem suam clarius revelaret. Ideo discipulis dicebat, nemini ut dicerent, se esse Christum : nam post resurrectionem suam id notum fieri volebat : quapropter non severus fuit in Judæos qui ante illud tempus non crederent, sed id illis facile condonabat. Secedens porro non in civitatem se confert, sed in desertum, atque in navicula trajicit, ut nemo sequeretur. Tu vero mihi considera quomodo Joannis discipuli deinceps Jesu magis hæserint. Ipsi namque nuntiarunt ei, quid circa Joannem gestum esset : omnibusque relictis ad ipsum solum confugiunt. Sic rem non modicam post calamitatem illam, et postquam ex responsione supra allata totum recte disposuerat, operatus est. Sed cur non recessit antequam id illi nuntiarent, qui rem nondum nuntiatam probe sciebat? Ut per omnia œconomiæ veritatem demonstraret. Non enim ex visu tantum, sed etiam ex operibus id confirmari volebat, quod diaboli versutiam nosset, qui nihil non agebat ut hanc tolleret opinionem. Ideo igitur ille secessit. Turbæ autem neque sic abscedunt, sed sequuntur hærentes ipsi, neque terruit eos Joannis interitus. Talis est dilectio, talis amor, qui omnia gravia superet et expulset. Ideo statim mercedem acceperunt : 14. *Cum enim exisset*, ait, *Jesus, vidit turbam multam, et misertus est eis, et curavit languidos eorum.* Etiamsi enim magno illi studio hærerent, attamen ea quam a Christo excipiebant merces, studium eorum longe superabat. Idcirco hujus curationis causam ponit, nempe miserationem, miserationem, inquam, vehementem : omnesque curat. Hic fidem non expetit. Nam quod accedant, quod civitates relin-

[a] Alii ἀποκαλύψαι.

[b] Savil. et Morel. ἐκείνης, alii ἐκείνοις. Paulo post Savil. ἀπαγγεῖλαι αὐτοὺς, recte. Morel αὐτοῖς.

[c] Morel. τίθησιν οὕτω λέγων, ἔλεον, in aliis οὕτω λέγων abest. Paulo post Savil. et Morel. τὸ προσελθεῖν. Alii τὸ προσέχειν.

quant, quod diligenter ipsum quærant, quod cum illo maneant, ingruente fame, fidem illorum declarat. Alimenta porro illis suppeditaturus est. Id vero non a seipso facit, sed exspectat donec rogetur, illud semper observans, ut jam dixi, ne prior ad miracula patranda se conferat, sed rogatus tantum. At cur nemo ex turba accedens Christum pro ipsis rogavit? Mirum in modum reverebantur ipsum, atque ex ipsius audiendi et sequendi desiderio, ne famem quidem sentiebant. Neque discipuli pro turba precati sunt, ut aleret eos, quia adhuc imperfectiores erant. Quid igitur? 15. *Vespere autem facto*, inquit, *accesserunt discipuli ejus dicentes : Desertus est locus, et hora jam præteriit : dimitte turbas, ut euntes emant sibi escas.* Nam si post factum miraculum ejus obliti sunt, si post sportas illas
Matth. 16. 6. putabant illum de panibus loqui, cum doctrinam Pharisæorum fermentum appellavit: multo minus, cum tale signum numquam vidissent, quidquam hujusmodi suspicaturi erant. Etiamsi prius multos curasset infirmos, non tamen ideo quod de panibus futurum erat exspectabant : ita erant adhuc imperfecti. Tu vero mihi Doctoris sapientam perpende, quomodo ipsos clare ad fidem vocet. Neque enim statim dixit, Alam eos : neque enim illud facile credituri erant; 16. *Jesus autem*, inquit, *dixit eis.* Sed quid dixit? *Non habent necesse ire, date illis vos manducare.* Non dixit, Dabo eis; sed, Vos date. Nam illum adhuc ut hominem habebant. Illi vero ne tunc quidem ad altiora eriguntur, sed adhuc ut homini respondent : 17. *Non habemus nisi quin-*
Marc. 8. 17. *que panes, et duos pisces.* Ideo Marcus ait, ipsos non intellexisse in quod dicebatur, erat enim cor eorum occæcatum. Quia igitur adhuc humi repebant, quæ sua erant jam inducit et ait : 18. *Afferte illos mihi huc.* Etiamsi enim desertus est locus, sed is qui orbem alit adest; etsi vero hora transiit, sed is, qui horæ subjectus non
Joan. 6. 9. est, jam vos alloquitur. Joannes vero ait panes hordeaceos fuisse; neque sine causa adjicit, sed ut nos instituat ad lautam mensam conculcandam. Talis nempe erat prophetarum mensa. 19. *Cum igitur accepisset quinque panes, et duos pisces, et jussisset turbas recumbere in fœno, respiciens in cælum benedixit : cumque fregisset, dedit discipulis suis, disciputi autem turbis :* 20. *et manducaverunt omnes, et saturati sunt :*

ζητῆσαι, καὶ τὸ παραμένειν, καὶ τοῦ λιμοῦ καταναγκάζοντος, τὴν πίστιν ἐπιδείκνυται τὴν αὐτῶν. Μέλλει δὲ καὶ τρέφειν αὐτούς. Καὶ οὐ ποιεῖ τοῦτο ἀφ' ἑαυτοῦ, ἀλλ' ἀναμένει παρακληθῆναι, ὅπερ ἔφην, πανταχοῦ
505 τοῦτο διατηρῶν, τὸ μὴ πρότερος ἐπιπηδᾷν τοῖς θαύ-
A μασιν, ἀλλὰ καλούμενος. Καὶ διατί μηδεὶς τῶν ὄχλων προσελθὼν [a] ὑπὲρ αὐτῶν διελέχθη; Ἠδοῦντο αὐτὸν μεθ' ὑπερβολῆς, καὶ οὐδὲ τῆς πείνης ἐλάμβανον αἴσθησιν τῷ πόθῳ τῆς προσεδρίας. Ἀλλὰ οὐδὲ οἱ μαθηταὶ αὐτοῦ προσελθόντες λέγουσι, θρέψον αὐτούς· ἔτι γὰρ ἀτελέστερον διέκειντο. Ἀλλὰ τί; Ὀψίας δὲ γενομένης, φησὶ, προσῆλθον οἱ μαθηταὶ αὐτοῦ λέγοντες· ἔρημός ἐστιν ὁ τόπος, καὶ ἡ ὥρα ἤδη παρῆλθεν· ἀπόλυσον τοὺς ὄχλους ἵνα ἀπελθόντες ἀγοράσωσιν ἑαυτοῖς βρώματα. Εἰ γὰρ καὶ μετὰ τὸ θαῦμα ἐπελάθοντο τοῦ γεγενημένου, καὶ μετὰ τὰς σπυρίδας ἐνόμιζον αὐτὸν περὶ ἄρτων λέγειν, ἡνίκα ζύμην τὴν διδασκαλίαν τῶν
B Φαρισαίων ἐκάλεσε· πολλῷ μᾶλλον, μηδέπω πεῖραν λαβόντες τοιούτου σημείου, οὐκ ἂν προσεδόκησάν τι τοιοῦτον ἔσεσθαι. Καίτοι γε προλαβὼν καὶ ἀῤῥώστους πολλοὺς ἐθεράπευσεν· ἀλλ' ὅμως οὐδὲ ἐντεῦθεν τὸ τῶν ἄρτων προσεδόκησαν· οὕτως ἦσαν ἀτελεῖς τέως. Σὺ δέ μοι σκόπει τοῦ διδασκάλου τὴν σοφίαν, πῶς αὐτοὺς ἐκκαλεῖται σαφῶς πρὸς τὸ πιστεῦσαι. Οὐδὲ γὰρ εἶπεν εὐθέως, τρέφω αὐτούς· οὐδὲ γὰρ ἔμελλεν εὐπαράδεκτον εἶναι· Ὁ δὲ Ἰησοῦς, φησὶν, εἶπεν αὐτοῖς. Ἀλλὰ τί; Οὐ χρείαν ἔχουσιν ἀπελθεῖν, δότε αὐτοῖς ὑμεῖς φαγεῖν. Οὐκ εἶπε, δίδωμι αὐτοῖς· ἀλλὰ, ὑμεῖς δότε.
C Ἔτι γὰρ ὡς ἀνθρώπῳ προσεῖχον. Αὐτοὶ δὲ [b] οὐδ' οὕτω διανέστησαν, ἀλλ' ἔτι ὡς ἀνθρώπῳ διαλέγονται, λέγοντες· Οὐκ ἔχομεν εἰ μὴ πέντε ἄρτους, καὶ δύο ἰχθύας. Διὸ καὶ Μάρκος φησὶν, ὅτι καὶ αὐτοὶ οὐ συνῆκαν τὸ λεχθέν· καὶ γὰρ ἦν ἡ καρδία αὐτῶν πεπωρωμένη. Ἐπεὶ οὖν ἔτι χαμαὶ ἐσύροντο, τότε τὰ παρ' ἑαυτοῦ λοιπὸν εἰσάγει, καί φησι· Φέρετέ μοι αὐτοὺς ὧδε. Εἰ γὰρ καὶ ἔρημός ἐστιν ὁ τόπος, ἀλλ' ὁ τρέφων τὴν οἰκουμένην πάρεστιν· εἰ δὲ καὶ ἡ ὥρα παρῆλθεν, ἀλλ' ὁ μὴ ὑποκείμενος ὥρᾳ ὑμῖν διαλέγεται. Ὁ δὲ Ἰωάννης καὶ κριθίνους τοὺς ἄρτους εἶναι λέγει, οὐ παρέργως τοῦτο διηγούμενος, ἀλλὰ τὸν τῦφον τῆς πολυτε-
D λείας παιδεύων ἡμᾶς καταπατεῖν. Τοιαύτη καὶ ἡ [c] τῶν προφητῶν τράπεζα ἦν. Λαβὼν τοίνυν τοὺς πέντε ἄρτους, καὶ τοὺς δύο ἰχθύας, καὶ κελεύσας τοὺς ὄχλους, φησὶν, ἀνακλιθῆναι ἐπὶ τοὺς χόρτους, ἀναβλέψας εἰς τὸν οὐρανὸν ηὐλόγησε· καὶ κλάσας ἔδωκε τοῖς μαθηταῖς αὐτοῦ, οἱ δὲ μαθηταὶ τοῖς ὄχλοις· καὶ ἔφαγον ἅπαντες, καὶ ἐχορτάσθησαν· καὶ ἦραν τὸ περισσεῦον τῶν κλασμάτων δώδεκα κοφίνους πλήρεις. Οἱ δὲ ἐσθί-

[a] Quidam ὑπὲρ αὐτῶν ἐδεήθη.
[b] Morel. οὐδ' ὅλως. Savil. et alii οὐδ' οὕτω.
[c] Morel. ἡ τοῦ προφήτου, male.

οντες ἦσαν ὡσεὶ πεντακισχίλιοι ἄνδρες, χωρὶς γυναικῶν καὶ παιδίων.

Διατί ἀνέβλεψεν εἰς τὸν οὐρανὸν καὶ εὐλόγησεν;
E Ἔδει πιστευθῆναι αὐτὸν, [d] ὅτι ἀπὸ τοῦ Πατρός ἐστιν,
καὶ ὅτι ἴσος ἐστίν. Τὰ δὲ τούτων κατασκευαστικὰ ἀλλήλοις ἐδόκει μάχεσθαι. Τὴν μὲν γὰρ ἰσότητα τῷ μετ'
ἐξουσίας πάντα ποιεῖν ἐδείκνυ· τὸ δὲ παρὰ τοῦ Πατρὸς
εἶναι οὐκ ἂν ἑτέρως ἐπείσθησαν, εἰ μὴ μετὰ πολλῆς
τῆς ταπεινότητος καὶ εἰς αὐτὸν πάντα ἀναφέρων ἐποίει,
506 καὶ καλῶν αὐτὸν εἰς τὰ γινόμενα. Διὰ δὴ τοῦτο οὐδὲ
A ταῦτα μόνα ποιεῖ, οὔτε ἐκεῖνα, ἵνα ἀμφότερα βεβαιω-
θῇ· καὶ νῦν μὲν μετ' ἐξουσίας, νῦν δὲ εὐχόμενος θαυματουργεῖ. Εἶτα ἵνα μὴ δόξῃ πάλιν μάχη εἶναι τὸ γιγνόμενον, ἐν μὲν τοῖς ἐλάττοσιν ἀναβλέπει εἰς τὸν οὐρανὸν, ἐν δὲ τοῖς μείζοσιν ἀπ' ἐξουσίας πάντα ποιεῖ,
ἵνα μάθῃς, ὅτι καὶ ἐν τοῖς ἐλάττοσιν οὐκ ἐνδυναμού-
μενος ἑτέρωθεν, ἀλλὰ τιμῶν τὸν γεγεννηκότα [a] αὐτὸν
ποιεῖ τοῦτο. Ὅτε γοῦν ἁμαρτήματα ἀφῆκε, καὶ τὸν
παράδεισον ἠνέῳξε, καὶ τὸν λῃστὴν εἰσήγαγε, καὶ τὸν
παλαιὸν μετὰ πολλῆς τῆς περιουσίας ἔλυσε νόμον,
[h] καὶ νεκροὺς ἤγειρε μυρίους, καὶ θάλατταν ἐχαλίνω-
B σε, καὶ τὰ ἀπόῤῥητα τῶν ἀνθρώπων ἤλεγξε, καὶ
ὀφθαλμὸν ἐδημιούργησεν, ἃ Θεοῦ μόνου κατορθώματά
εἰσι, καὶ οὐδενὸς ἑτέρου, οὐδαμοῦ φαίνεται εὐχόμενος·
ὅτε δὲ τοὺς ἄρτους πηγάσαι παρεσκεύασεν, ὃ πολὺ
τούτων ἁπάντων ἔλαττον ἦν, τότε εἰς τὸν οὐρανὸν ἀνα-
βλέπει· ὁμοῦ μὲν ταῦτα κατασκευάζων, ὁμοῦ δὲ ἅπερ
εἶπον παιδεύων ἡμᾶς, μὴ πρότερον ἅπτεσθαι τραπέζης, ἕως ἂν εὐχαριστήσωμεν τῷ τὴν τροφὴν ἡμῖν ταύτην παρέχοντι. Καὶ διατί οὐ ποιεῖ ἐκ μὴ ὄντων; Ἐμφράττων [c] τὰ Μαρκίωνος καὶ Μανιχαίου στόματα,
τῶν τὴν κτίσιν ἀλλοτριούντων αὐτοῦ, καὶ διὰ τῶν ἔργων αὐτῶν παιδεύων, ὅτι καὶ τὰ δρώμενα πάντα αὐ-
C τοῦ καὶ ἔργα [d] καὶ κτίσματά ἐστι, καὶ δεικνὺς, ὅτι
αὐτός ἐστιν ὁ τοὺς καρποὺς διδοὺς, ὁ εἰπὼν ἐξ ἀρχῆς·
Βλαστησάτω ἡ γῆ βοτάνην χόρτου· καὶ, Ἐξαγαγέτω
τὰ ὕδατα ψυχὴν ἑρπετῶν ζώντων. Οὐδὲ γὰρ ἔλαττον
τοῦτο ἐκείνου. Εἰ γὰρ καὶ ἐξ οὐκ ὄντων ἐκεῖνα, ἀλλ'
ὅμως ἐξ ὕδατος· οὐκ ἔλαττον δὲ τοῦ ἀπὸ γῆς δεῖξαι
καρπὸν καὶ ἀπὸ ὑδάτων ἑρπετὰ ἔμψυχα τὸ ἀπὸ ἄρτων
πέντε ποιῆσαι ἄρτους τοσούτους, καὶ ἀπὸ ἰχθύων πά-
λιν· ὃ σημεῖον ἦν τοῦ καὶ τῆς γῆς καὶ τῆς θαλάττης
αὐτὸν κρατεῖν. Ἐπειδὴ γὰρ ἐν τοῖς ἀσθενοῦσιν ἀεὶ
ἐποίει θαύματα, ποιεῖ καὶ καθολικὴν εὐεργεσίαν, ἵνα
D μὴ θεωροὶ μόνον οἱ πολλοὶ τῶν ἑτέροις συμβάντων γέ-

et tulerunt reliquias fragmentorum duodecim cophinos plenos. 21. *Manducantium autem fuit numerus ferme quinque millia virorum, exceptis mulieribus et pueris.*

2. Cur respexit in cælum et benedixit? Ut
E crederetur, a Patre ipsum exivisse, ipsique æqualem esse. Quarum rerum probationes pugnare
mutuo videbantur. Æqualitatem demonstrabat,
quod omnia cum potestate faceret; a Patre vero
ipsum esse, non alio modo credidissent, quam si
cum humilitate multa et omnia ad ipsum referens
506 operaretur, et vocaret ad opera quæ fiebant. Ideo
A neque hoc, neque illud tantum facit, ut utrumque confirmetur; sed modo cum potestate, modo
Patrem invocans, miracula edit. Deinde ne videretur hac in re pugna quædam esse, in minoribus
ad cælum respicit; in majoribus vero cum potestate omnia facit, ut discas etiam in minoribus
illum non aliunde potestatem accipere, sed honorare Patrem suum. Cum enim peccata dimisit, et
paradisum aperuit, ut eo latronem introduceret,
et cum legem veterem cum imperio abrogavit,
cumque sexcentos mortuos suscitavit, mare frena-
B vit, secreta hominum aperuit, oculum creavit,
quæ Dei solius opera sunt, et non alterius, numquam precans inducitur: cum vero panes super-
abundare curavit, quod iis omnibus longe minus
est, tunc in cælum respicit: simul hæc quæ dixi
probans, simulque erudiens nos, ne ante mensam Ante mensam gratiæ agendæ.
attingamus, quam gratias egerimus ei qui nobis
escam præbet. Et cur panes non fecit ex non ex-
stantibus? Ut Marcionis et Manichæi ora obstrue- Contra Marcionem et Manichæum.
ret, qui eum non esse creatorem asseverabant, et
per ipsa opera doceret, visibilia omnia ejus esse
et opera et creaturas, ostenderetque se fructus
C dare, qui ab initio dixerit: *Germinet terra her-* Gen. 1. 11. et 20.
*bam fœni; et, Educant aquæ animam repti-
lium viventium.* Neque enim minus hoc est illo.
Nam etsi illa sint ex non exstantibus, attamen
ex aqua sunt; neque minus est ex quinque panibus tot panes producere, et pisces itidem augere,
quam ex terra proferre fructum, et ex aquis reptilia viventia; quod signum erat ipsum et terræ
et mari imperare. Quia enim in infirmis semper
signa edebat, confert et universale beneficium, ne
multi spectatores tantum essent eorum quæ aliis
D contingebant, sed et ipsi dono fruerentur. Et quod

d Alii *οὔτε παρὰ τοῦ πατρός.*
a Savil. *αὐτὸν οὕτω ποιεῖ*, quod id ipsum est.
h Alii *καὶ νεκροὺς ἀνέστησε μυρίους.*
c Morel. *τὸ Μαρκίωνος.... στόμα.*

d Quidam cum Morel. *καὶ κτήματά ἐστιν*, Savil. *καὶ κτίσματα.* Paulo post quidam *τὰ ὕδατα ἑρπετὰ ψυχῶν ζωσῶν. οὐδὲ γάρ.*

mirabile Judæis videbatur in deserto, cum dicerent : *Numquid et panem poterit dare, aut parare mensam in deserto?* (Psal. 77. 20.) hoc ipse operibus exhibuit. Ideoque in desertum illos adduxit, ut sine ulla prorsus suspicione miraculum fieret, nemoque putaret, quemdam vicinum vicum panem in mensam intulisse. Idcirco non locum modo, sed etiam horam memorat. Aliud etiam discimus, nempe discipulorum philosophiam, quam vel in rebus necessariis exhibebant, et quantum delicias spernerent. Nam duodecim cum essent, quinque panes tantum duosque pisces habebant; usque adeo corporea despiciebant, spiritualiaque solum curabant; imo ne pauca illa quæ habebant retinuere, sed rogati dederunt. Inde discamus, etsi pauca nobis sint, illa egenis esse proferenda. Jussi ergo septem illos panes efferre, non dicunt: Quo igitur cibo postea utemur? unde famem sedare poterimus? sed statim paruerunt. Præter ea quæ supra diximus, ideo videtur Christus ex his panibus signum edere, ut ipsos ad fidem deduceret : adhuc enim infirmiores erant. Quapropter in cælum respicit. Aliorum quippe signorum multa exempla habebant; hujus autem nullum. Acceptos igitur panes fregit, et per discipulos dedit, hoc collato ipsis honore; nec honoris tantum causa fecit, sed ut, cum miraculum cernerent, neque fidem negarent, vel postea ipsius obliviscerentur, cum ipsæ manus eorum testes essent. Quapropter prius permisit ut turbæ famis sensu laborarent, exspectavitque ut illi accederent et interrogarent. Per ipsos item jussit plebem recumbere, per ipsos quoque distribuit, singulos propria confessione et operibus volens præoccupare. Idcirco ab illis panes accipit, ut multa rei testimonia essent, ac miraculi monumenta haberent. Nam si his ita gestis rei obliti sunt, quid fecissent, si rem non ita adornasset? Jubet etiam illos in fœno discumbere, turbas ad philosophandum instituens. Non enim tantum volebat ali corpora, sed animam quoque institui.

3. Ex loco igitur, ex eo quod nonnisi panes et pisces daret, quodque eadem et in communi dari jusserit, nec alius plus quam alius habuerit, humilitatem, temperantiam, caritatemque docuit, voluitque ut pari essent omnes erga alios affectu, et omnia omnibus communia esse putarent. Et

νωνται, ἀλλὰ καὶ αὐτοὶ τῆς δωρεᾶς ἀπολαύσωσι. Καὶ ὅπερ ἐδόκει ἐπὶ τῆς ἐρήμου τοῖς Ἰουδαίοις εἶναι θαυμαστὸν, (ἔλεγον γοῦν, Μὴ καὶ ἄρτον δύναται δοῦναι, ἢ ἑτοιμάσαι τράπεζαν ἐν ἐρήμῳ;) τοῦτο διὰ τῶν ἔργων [e] ἐπεδείξατο. Διὰ τοῦτο καὶ εἰς ἔρημον αὐτοὺς ἄγει, ἵνα μεθ' ὑπερβολῆς ἀνύποπτον ᾖ τὸ θαῦμα, καὶ μηδεὶς νομίσῃ πλησίον κώμην παρακειμένην εἰσενεγκεῖν τι εἰς τὴν τράπεζαν. Διὰ τοῦτο καὶ τῆς ὥρας μέμνηται, οὐχὶ τοῦ τόπου μόνον. Καὶ ἕτερον δὲ μανθάνομεν, τὴν φιλοσοφίαν τῶν μαθητῶν τὴν [f] ἐπὶ τοῖς ἀναγκαίοις, καὶ πῶς κατεφρόνουν τρυφῆς. Δώδεκα γὰρ E ὄντες πέντε ἄρτους εἶχον μόνους καὶ δύο ἰχθύας· οὕτω πάρεργον ἦν αὐτοῖς τὰ σωματικὰ, καὶ τῶν πνευματικῶν εἴχοντο μόνον· καὶ οὐδὲ τῶν ὀλίγων ἀντείχοντο, ἀλλὰ καὶ αὐτοὺς αἰτηθέντες ἔδωκαν. Ὅθεν παιδεύεσθαι χρὴ, ὅτι κἂν ὀλίγα ἔχωμεν, καὶ αὐτὰ προΐεσθαι δεῖ 507 τοῖς δεομένοις. Κελευσθέντες γοῦν ἐνεγκεῖν τοὺς πέντε A ἄρτους, οὐ λέγουσι· καὶ πόθεν οὖν ἡμῖν ἔσται ἡ διατροφή; πόθεν δὲ παραμυθησόμεθα τὴν πεῖναν τὴν ἡμετέραν; ἀλλ' ὑπακούουσιν εὐθέως. Πρὸς δὲ τοῖς εἰρημένοις, ὡς ἔμοιγε δοκεῖ, διὰ τοῦτο ἐκ τῶν ὑποκειμένων ποιεῖ, ἵνα αὐτοὺς εἰς πίστιν ἀγάγῃ· ἔτι γὰρ ἀσθενέστερον διέκειντο. Διὸ καὶ εἰς τὸν οὐρανὸν ἀναβλέπει. Τῶν μὲν γὰρ ἄλλων σημείων εἶχον πολλὰ ὑποδείγματα· τούτου δὲ οὐδέν. Λαβὼν τοίνυν διέκλασε, καὶ [a] ἐδίδου διὰ τῶν μαθητῶν, τούτῳ αὐτοὺς τιμῶν· οὐ τιμῶν δὲ μόνον, ἀλλ' ἵνα, ὅταν γένηται τὸ θαῦμα, μὴ ἀπιστήσωσι, μηδὲ ἐπιλάθωνται παρελθόντος, τῶν χειρῶν αὐτοῖς μαρτυρουσῶν. Διὸ καὶ τοὺς ὄχλους ἀφίησι πρότερον B τῆς πείνης αἴσθησιν λαβεῖν, καὶ τούτους ἀναμένει πρότερον προσελθεῖν καὶ ἐρωτῆσαι, καὶ δι' αὐτῶν αὐτοὺς κατακλίνει, καὶ δι' αὐτῶν διανέμει, [b] ταῖς οἰκείαις ὁμολογίαις καὶ τοῖς ἔργοις προκαταλαβεῖν βουλόμενος ἕκαστον. Διὰ τοῦτο καὶ παρ' αὐτῶν λαμβάνει τοὺς ἄρτους, ἵνα πολλὰ τὰ μαρτύρια ᾖ τοῦ γιγνομένου, καὶ ὑπομνήματα τοῦ θαύματος ἔχωσιν. Εἰ γὰρ καὶ τούτων συμβάντων ἐπελάθοντο, τί οὐκ ἂν ἔπαθον, εἰ μὴ καὶ ταῦτα κατεσκεύασε; Καὶ κελεύει δὲ αὐτοὺς ἐπὶ στιβάδος ἀναπεσεῖν, [c] φιλοσοφεῖν τοὺς ὄχλους παι-C δεύων. Οὐ γὰρ θρέψαι τὰ σώματα μόνον ἐβούλετο, ἀλλὰ καὶ τὴν ψυχὴν παιδεῦσαι.

Καὶ ἀπὸ τοῦ τόπου τοίνυν, καὶ ἀπὸ τοῦ μηδὲν πλέον ἄρτων δοῦναι καὶ ἰχθύων, καὶ ἀπὸ τοῦ πᾶσι τὰ αὐτὰ προθεῖναι καὶ ποιῆσαι κοινὰ, καὶ μηδὲν θατέρῳ θατέρου πλέον παρασχεῖν, καὶ ταπεινοφροσύνην, καὶ ἐγκράτειαν, καὶ ἀγάπην, καὶ τὸ ὁμοίως πρὸς ἀλλήλους διακεῖσθαι, καὶ τὸ κοινὰ πάντα νομίζειν εἶναι ἐπαίδευε.

[e] Savil. ἐπιδείκνυται.

[f] Alii ἐν τοῖς ἀναγκαίοις.

[a] Quidam ἐδίδου τοῖς μαθηταῖς, καὶ αὐτοὶ τῷ ὄχλῳ.

[b] Alii ταῖς οἰκείαις χερσὶ, καὶ τοῖς ἔργοις

[c] Φιλοσοφεῖν τοὺς ὄχλους παιδεύων. Asperum vivendi genus, quale est, in fœno discumbere, cibi sumendi causa, philosophiam hic, ut sæpe alias, vocat Chrysostomus.

Καὶ κλάσας ἔδωκε τοῖς μαθηταῖς, οἱ δὲ μαθηταὶ τοῖς ὄχλοις. Τοὺς πέντε ἄρτους κλάσας ἔδωκε, καὶ οἱ πέντε ἐν ταῖς χερσὶ τῶν μαθητῶν ἐπήγαζον. Καὶ οὐδὲ μέχρι τούτου τὸ θαῦμα ἱστᾷ, ἀλλὰ καὶ περισσεῦσαι ἐποίησε· D καὶ περισσεῦσαι οὐχὶ ἄρτους μόνον, ἀλλὰ καὶ κλάσματα· ἵνα δείξῃ ὅτι ἐκείνων τῶν ἄρτων ταῦτα λείψανα ἦν, καὶ ὥστε [d] τοὺς ἀπόντας μαθεῖν τὸ γεγενημένον. Διὰ τοῦτο καὶ πεινᾶσαι ἀφῆκε τοὺς ὄχλους, ἵνα μή τις φαντασίαν εἶναι νομίσῃ τὸ γεγενημένον. Διὰ τοῦτο καὶ δώδεκα κοφίνους περισσεῦσαι ἐποίησεν, ἵνα καὶ Ἰούδας βαστάσῃ. Ἠδύνατο μὲν γὰρ καὶ σβέσαι τὴν πεῖναν, ἀλλ' οὐκ ἂν ἔγνωσαν οἱ μαθηταὶ τὴν δύναμιν, ἐπεὶ καὶ ἐπὶ Ἠλίου τοῦτο γέγονεν. Οὕτω γοῦν αὐτὸν ἐξεπλάγησαν ἐντεῦθεν οἱ Ἰουδαῖοι, ὅτι καὶ βασιλέα E ἠθέλησαν ποιῆσαι, καίτοι γε ἐπὶ τῶν ἄλλων σημείων οὐδαμοῦ τοῦτο ποιήσαντες. Τίς τοίνυν [e] παραστήσειε λόγος, πῶς ἐπήγαζον οἱ ἄρτοι; πῶς ἐπέῤῥεον ἐν τῇ ἐρήμῳ; πῶς τοσούτοις ἤρκεσαν; Καὶ γὰρ πεντακισχίλιοι ἦσαν, χωρὶς γυναικῶν καὶ παιδίων, ὃ μέγιστον ἦν τοῦ δήμου ἐγκώμιον, ὅτι καὶ γυναῖκες καὶ ἄνδρες προσήδρευον. Πῶς τὰ λείψανα γέγονε; Καὶ γὰρ καὶ 508 τοῦτο τοῦ προτέρου οὐκ ἔλαττον. Καὶ τοσαῦτα γέγο- A νεν, ὥστε ἰσαρίθμους γενέσθαι τοῖς μαθηταῖς κοφίνους, καὶ μήτε πλείω μήτε ἐλάττω. Λαβὼν τοίνυν τὰ κλάσματα, οὐχὶ τοῖς ὄχλοις ἔδωκεν, ἀλλὰ τοῖς μαθηταῖς· καὶ γὰρ τῶν μαθητῶν οἱ ὄχλοι ἀτελέστερον διέκειντο. Ποιήσας δὲ τὸ σημεῖον, [a] Εὐθέως ἠνάγκασε τοὺς μαθητὰς ἐμβῆναι εἰς τὸ πλοῖον, καὶ προάγειν αὐτὸν εἰς τὸ πέραν, ἕως οὗ ἀπολύσῃ τοὺς ὄχλους. Εἰ γὰρ καὶ παρὼν ἐδόκει φαντάζειν, ἀλλ' οὐκ ἀλήθειαν πεποιηκέναι· οὐ δήπου καὶ ἀπών. Διὰ δὴ τοῦτο ἀκριβεῖ βασάνῳ τὰ γεγενημένα ἐπιτρέπων, τοὺς τὰ ὑπομνήματα λαβόντας καὶ τὸν ἔλεγχον τῶν σημείων ἐκέλευσεν αὐτοῦ χωρίζεσθαι. Καὶ ἄλλως δὲ, ὅταν μεγάλα ἐργάσηται, ἀπο- B σκευάζεται τοὺς ὄχλους καὶ τοὺς μαθητὰς, [b] πείθων ἡμᾶς μηδαμοῦ τὴν παρὰ τῶν πολλῶν δόξαν διώκειν, καὶ μὴ ἐπισύρεσθαι πλῆθος. Ὅταν δὲ εἴπῃ, Ἠνάγκασε, τὴν πολλὴν τῶν μαθητῶν προσεδρίαν δείκνυσι. Καὶ ἔπεμψεν αὐτοὺς, ἐπὶ προφάσει μὲν τῶν ὄχλων, αὐτὸς δὲ εἰς τὸ ὄρος βουλόμενος ἀναβῆναι· ἐποίει δὲ τοῦτο πάλιν παιδεύων ἡμᾶς, μήτε ὄχλοις ἀναμίγνυσθαι διηνεκῶς, μήτε φεύγειν ἀεὶ τὸ πλῆθος, ἀλλ' ἑκάτερα χρησίμως, καὶ ἕκαστον ἐναλλάττοντας πρὸς τὸ δέον. Μάθωμεν τοίνυν καὶ ἡμεῖς προσεδρεύειν τῷ Ἰησοῦ, ἀλλὰ μὴ διὰ τὴν τῶν αἰσθητῶν δόσιν, ἵνα μὴ ὀνειδισθῶμεν κατὰ τοὺς Ἰουδαίους. Καὶ γὰρ ζητεῖτέ με, C φησὶν, οὐχ ὅτι εἴδετε σημεῖα, ἀλλ' ὅτι ἐφάγετε ἐκ τῶν ἄρτων καὶ ἐχορτάσθητε. Διὰ τοῦτο οὐδὲ συνεχῶς ποιεῖ

fractis panibus, dedit eos discipulis, discipuli vero plebi. Quinque panes fractos dedit, et illi quinque in manibus discipulorum in fontis morem scaturiebant. Neque hic stetit miraculum: sed id fecit ut etiam superabundarent, non modo panes, sed et fragmenta; ut ostenderet illorum panum has esse reliquias, utque absentes quoque possent id quod gestum erat ediscere. Idcirco turbas esurire permisit, ne quis putaret, id quod gestum erat esse phantasiam. Ideoque duodecim cophinos redundare permisit, ut et Judas suum portaret. Potuit etiam ipsam sedare famem, sed ejus potentiam apostoli non novissent: nam et sub Elia hoc factum fuerat. De hac ita stupefacti sunt Judæi, ut illum regem constituere vellent; qui tamen in aliis signis id numqam tentaverant. Quis ergo verbis expresserit, quo pacto panes fontis more scaturirent? quo pacto in solitudine fluerent? quomodo tot hominibus fuerint satis? Nam quinquies mille erant, non numeratis mulieribus et parvulis, quæ maxima populi laus, quod et mulieres et viri Christo hærerent. Quomodo reliquiæ fuere? Etenim hoc priore non minus est. Et tot fuere fragmenta, ut cophini discipulis pares numero, nec plures, nec pauciores essent. Accepta igitur fragmenta, non turbis, sed discipulis dedit: etenim turbæ imperfectiores erant discipulis. Signo autem facto, **22.** ***Statim coegit discipulos intrare in navigium, et præcedere eum ad ulteriorem ripam, donec ipse dimitteret turbas.*** Nam si præsens videretur id per phantasiam fecisse, non secundum rei veritatem, absens certe non item. Ideoque accurato examini factum permittens, eos, qui monumenta et probationem signorum acceperant, jussit ab se separari. Alioquin vero, cum magna operatus fuerat, turbas et discipulos ab se removebat, ut nobis suaderet nusquam humanam gloriam et auram esse persequendam, neque multitudinem attrahendam. Cum autem dicit, *Coegit*, declarat discipulos ejus præsentiæ multum hæsisse. Et misit eos, turbæ ut videtur vitandæ causa, ipse autem in montem volebat ascendere, ut nos doceret, turbam nec assidue frequentandam, neque semper fugiendam esse, sed utrumque ad utilitatem faciendum, et alternatim, prout decet, agendum. Discamus et nos quoque Jesu Christo hærere, non pro impetrandis sensibilium rerum donis, ne id nobis probro detur

[d] Alii τοὺς ἅπαντας, minus recte.

[e] Morel. παραστήσειεν λόγοις, Savil. παραστήσει λόγος, alii παραστήσειε.

[a] Εὐθέως deest in quibusdam

[b] Alii παιδεύων ἡμᾶς, non male.

Joan. 6.26. sicut Judæis. *Quæritis me*, inquit, *non quia signa vidistis, sed quia ex panibus comedistis et saturati estis*. Ideo non frequenter hoc signum facit, sed bis tantum, ut discerent non ventri esse serviendum, sed spiritualibus assidue hærendum. His nos quoque hæreamus, et quæramus panem cælestem, quo accepto omnem sæcularem curam ejiciamus. Nam si illi et domos et civitates et cognatos et omnia dimiserunt, atque in solitudine versabantur, instanteque fame non recedebant: multo magis nos cum ad talem mensam accedimus, majorem exhibere oportet philosophiam et spiritualium amorem, sensibiliaque postea quærere. Nam et illi accusabantur, non quod quærerent ipsum propter panem; sed quod propterea solum quærerent, et propter hoc præcipue. Nam si quis magna dona despiciat, parvis autem hæreat, quæ despici vult is qui dat, ab illis etiam excidit: ut contra si illa desideremus, hæc etiam adjicit: nam hæc in accessionem dantur; ita nempe vilia sunt, si cum illis comparentur, etiamsi magna videantur. Non ergo his studeamus, atque eorum sive possessionem, sive privationem indifferentem arbitremur: quemadmodum et Job, qui nec præsentibus hærebat, nec ablata quærebat. Nam χρήματα non sic vocantur, ut ea defodiamus, sed ut iis quantum decet utamur. Ac sicut artifex quisque suam habet artem, sic dives, qui nescit ærariam artem, nec navim fabricari, nec texere, nec ædificare, nec aliud simile quidpiam, discat divitiis ut decet uti, et egenis largiri, melioremque illis omnibus artem callebit.

Ad sacram mensam quo pacto accedendum.

4. Nam hæc est illis omnibus artibus sublimior. Hujus officina in cælo structa est. Hæc non ex ferro vel ære adornata organa habet, sed ex benignitate et voluntate. Hujus artes Christus doctor
Luc. 6. 36. est, necnon ejus Pater. Nam ait, *Estote misericordes sicut et Pater vester qui est in cælis*. Quodque mirabile est, cum ita cæteras antecellat, non labore vel tempore opus habet ut exerceatur: sufficit enim velle, et totum perfectum est. Videamus quoque, quis finis illius sit. Quis tandem finis illius est? Cælum, et cælestia bona: gloria illa ineffabilis, spirituales thalami, fulgentes lampades, habitatio cum sponso; alia quæ nullus sermo nulla mens declarare potest; ita ut hac in parte longe ab aliis differat. Nam artium pleræque ad præsens solum tempus utiles sunt nobis, hæc

τουτὶ τὸ σημεῖον, ἀλλὰ δεύτερον μόνον, ὥστε παιδεύεσθαι αὐτοὺς μὴ τῇ γαστρὶ δουλεύειν, ἀλλὰ τῶν πνευματικῶν ἔχεσθαι διηνεκῶς. Τούτων οὖν ἐχώμεθα καὶ ἡμεῖς, καὶ ζητῶμεν τὸν ἄρτον τὸν ἐπουράνιον, καὶ λαβόντες πᾶσαν ἐκβάλλωμεν φροντίδα βιωτικήν. Εἰ γὰρ ἐκεῖνοι καὶ οἰκίας, καὶ πόλεις, καὶ συγγενεῖς, καὶ πάντα ἀφῆκαν, καὶ ἐν ἐρήμῳ διέτριβον, καὶ τοῦ λιμοῦ
D καταναγκάζοντος οὐκ ἀνεχώρουν· πολλῷ μᾶλλον ἡμᾶς, τοιαύτῃ προσιόντας τραπέζῃ, πλείονα ἐπιδείκνυσθαι χρὴ [c] φιλοσοφίαν, καὶ τῶν πνευματικῶν ἐρᾷν, καὶ τὰ αἰσθητὰ μετὰ ταῦτα ζητεῖν. Ἐπεὶ κἀκεῖνοι ἐνεκαλοῦντο, οὐχ ὅτι ἐζήτησαν αὐτὸν διὰ τὸν ἄρτον, ἀλλ' ὅτι διὰ τοῦτο μόνον αὐτὸν ἐζήτησαν, καὶ διὰ τοῦτο προηγουμένως. Ἂν γάρ τις τῶν μεγάλων μὲν [d] δώρων καταφρονῇ, τῶν δὲ μικρῶν ἔχηται, καὶ ὧν βούλεται καταφρονεῖν αὐτὸν ὁ διδοὺς, καὶ ἐκείνων ἐκπίπτει·
E ὥσπερ οὖν ἂν ἐκείνων ἐρῶμεν, καὶ ταῦτα προστίθησι· καὶ γὰρ προσθήκη ταῦτα ἐκείνων· οὕτως εὐτελῆ ταῦτα καὶ μικρὰ πρὸς ἐκεῖνα ἐξεταζόμενα, κἂν μεγάλα ᾖ. Μὴ τοίνυν περὶ ταῦτα σπουδάζωμεν, ἀλλ' ἀδιάφορον αὐτῶν εἶναι νομίζωμεν καὶ τὴν κτῆσιν καὶ τὴν ἀφαίρεσιν· ὥσπερ οὖν καὶ ὁ Ἰὼβ οὔτε παρόντων ἀντείχετο, οὔτε ἀπόντα ἐζήτει. Καὶ γὰρ χρήματα διὰ τοῦτο λέγεται, οὐχ ἵνα κατορύξωμεν, ἀλλ' ἵνα [e] εἰς δέον αὐ-
609 τοῖς χρησώμεθα. Καὶ καθάπερ τῶν τεχνιτῶν ἕκαστος
A ἰδίαν ἐπιστήμην ἔχει, οὕτω καὶ ὁ πλουτῶν οὐκ οἶδε χαλκεύειν, οὐδὲ ναυπηγεῖν, οὐδὲ ὑφαίνειν, οὐδὲ οἰκοδομεῖν, οὐδὲ ἄλλο τι τῶν τοιούτων οὐδέν· μανθανέτω τοίνυν τῷ πλούτῳ κεχρῆσθαι εἰς δέον, καὶ ἐλεεῖν τοὺς δεομένους, καὶ πάντων ἐκείνων εἴσεται βελτίονα τέχνην.

Καὶ γὰρ αὕτη τῶν τεχνῶν ἐκείνων ἀνωτέρα πασῶν. Ταύτης τὸ ἐργαστήριον ἐν οὐρανῷ ᾠκοδόμηται. Αὕτη οὐκ ἀπὸ σιδήρου καὶ χαλκοῦ τὰ ὄργανα ἔχει, [a] ἀλλ' ἐξ ἀγαθότητος καὶ ἀπὸ γνώμης. Ταύτης τῆς τέχνης ὁ Χριστός ἐστι διδάσκαλος, καὶ ὁ τούτου Πατήρ. Γίνε-
B σθε γὰρ, φησὶν, οἰκτίρμονες ὡς ὁ Πατὴρ ὑμῶν ὁ ἐν τοῖς οὐρανοῖς. Καὶ τὸ δὴ θαυμαστὸν, ὅτι οὕτω τῶν ἄλλων οὖσα βελτίων, οὐ πόνου, οὐ χρόνου δεῖται πρὸς τὸ κατορθωθῆναι· ἀρκεῖ γὰρ τὸ θελῆσαι, καὶ τὸ πᾶν ἤνυσται. Ἴδωμεν δὲ καὶ τὸ τέλος αὐτῆς οἷόν ἐστι. Τί οὖν ἐστιν αὐτῆς τὸ τέλος; Ὁ οὐρανὸς, καὶ τὰ ἐν τοῖς οὐρανοῖς ἀγαθά· ἡ δόξα ἡ ἀπόῤῥητος ἐκείνη, αἱ πνευματικαὶ παστάδες, αἱ φαιδραὶ λαμπάδες, ἡ μετὰ τοῦ νυμφίου διαγωγή· τὰ ἄλλα, ἃ μηδεὶς λόγος, μηδὲ νοῦς παραστῆσαι δύναται· ὥστε κἀντεῦθεν πολλὴ πρὸς

[c] Unus φιλοσοφίαν καὶ φιλοστοργίαν.
[d] Alii δωρεῶν. Morel. ibid. καταφρονεῖ.
[e] Morel. εἰς δέον χρησώμεθα.
[a] Duo Mss. ἀλλ' ἐξ ἀγαθῆς γνώμης.

τὰς ἄλλας [b] αὕτη ἡ διαφορά. Τῶν γὰρ τεχνῶν αἱ πλείους πρὸς τὸν παρόντα εἰσὶ χρήσιμοι χρόνον μόνον ἡμῖν, αὕτη δὲ καὶ πρὸς τὴν μέλλουσαν ζωήν. Εἰ δὲ τῶν εἰς τὸ παρὸν ἡμῖν ἀναγκαίων τεχνῶν τοσοῦτον διενήνοχεν, οἷον ἰατρικῆς λέγω, καὶ οἰκοδομικῆς, καὶ τῶν ἄλλων τῶν τοιούτων, πολλῷ μᾶλλον τῶν ἄλλων, ἃς εἴ τις ἀκριβῶς ἐξετάσειεν, οὐδὲ τέχνας ἂν εἶναι φαίη. Ὅθεν ἔγωγε τὰς ἄλλας τὰς περιττὰς οὐδὲ τέχνας εἴποιμι ἂν εἶναι. Ποῦ γὰρ ἡ ὀψαρτυτικὴ καὶ ἡ καρυκευτικὴ χρήσιμοι ἡμῖν; Οὐδαμοῦ· ἀλλὰ καὶ σφόδρα ἄχρηστοι καὶ βλαβεραὶ, σώματι καὶ ψυχῇ λυμαινόμεναι, τῷ τὴν μητέρα τῶν νοσημάτων ἁπάντων καὶ παθημάτων τὴν τρυφὴν μετὰ πολλῆς [c] ἐπεισάγειν τῆς φιλοτιμίας. Οὐ μόνον δὲ ταύτας, ἀλλ' οὐδὲ τὴν ζωγραφικὴν, οὐδὲ τὴν ποικιλτικὴν εἴποιμι ἂν ἔγωγε τέχνην εἶναι. Εἰς γὰρ δαπάνην μόνην ἐμβάλλουσι περιττήν. Τὰς δὲ τέχνας τῶν ἀναγκαίων καὶ συνεχόντων ἡμῶν τὴν ζωὴν παρεκτικὰς εἶναι δεῖ καὶ κατασκευαστικάς. Διὰ γὰρ τοῦτο καὶ σοφίαν ἔδωκεν ἡμῖν ὁ Θεὸς, ἵνα εὕρωμεν μεθόδους δι' ὧν δυνησόμεθα τὸν βίον συγκροτεῖν τὸν ἡμέτερον· τὸ δὲ ζῴδια γίνεσθαι, ἢ ἐν τοίχοις, ἢ ἐν ἱματίοις, ποῦ χρήσιμον; εἰπέ μοι. Διὰ δὴ τοῦτο καὶ τῶν ὑποδηματορράφων καὶ τῶν ὑφαντῶν πολλὰ περικόπτειν ἔδει τῆς τέχνης. Καὶ γὰρ [d] ἐπὶ τὸ βάναυσον τὰ πλείονα αὐτῆς ἐξήγαγον, τὸ ἀναγκαῖον αὐτῆς διαφθείροντες, τέχνῃ κακοτεχνίαν μίξαντες· ὃ καὶ οἰκοδομικὴ ἔπαθεν. Ἀλλ' ὥσπερ ταύτην, ἕως ἂν οἰκίαν οἰκοδομῇ καὶ οὐ θέατρα, τά τε ἀναγκαῖα καὶ οὐ περιττὰ ἐργάζηται, τέχνην καλῶ· οὕτω καὶ τὴν ὑφαντικὴν, ἕως ἂν ἱμάτια ποιῇ καὶ ἐπιβλήματα, ἀλλὰ μὴ τὰς ἀράχνας μιμῆται, καὶ πολὺν καταχέῃ τὸν γέλωτα καὶ τὴν βλακείαν ἄφατον, τέχνην ὀνομάζω. Καὶ τὴν τῶν ὑποδηματοποιῶν, ἕως ἂν ὑποδήματα ποιῇ, οὐκ ἀποστερήσω [a] τοῦ τῆς τέχνης ὀνόματος· ὅταν δὲ τοὺς ἄνδρας εἰς τὰ τῶν γυναικῶν ἐξαγάγῃ σχήματα, καὶ μαλακίζεσθαι ποιῇ διὰ τῶν ὑποδημάτων καὶ θρύπτεσθαι, μετὰ τῶν βλαβερῶν καὶ περιττῶν αὐτὴν τάξομεν, καὶ οὐδὲ τέχνην ἐροῦμεν. Καὶ οἶδα μὲν, ὅτι πολλοῖς σμικρολόγος εἶναι δοκῶ ταῦτα περιεργαζόμενος· οὐ μὴν διὰ τοῦτο ἀποστήσομαι. Τὸ γὰρ πάντων αἴτιον τῶν κακῶν τοῦτο, καὶ τὸ καὶ μικρὰ ταῦτα δοκεῖν εἶναι τὰ ἁμαρτήματα, καὶ διὰ τοῦτο ἀμελεῖσθαι. Καὶ τί τούτου, φησὶν, εὐτελέστερον ἁμάρτημα γένοιτ' ἂν, κεκαλλωπισμένον ἔχειν ὑπόδημα καὶ ἀποστίλβον, καὶ τῷ ποδὶ [b] προσηρμοσμένον, εἴ γε καὶ ἁμάρτημα τοῦτο κα-

vero etiam ad futuram vitam. Si autem ita differt C ab iis artibus quæ nobis in præsenti vita sunt necessariæ, ut a medicina, architectonica et simili- bus, multo magis ab aliis, quas si quis accurate exploret, neque artes esse dixerit. Quare ego alias superfluas non pro artibus habeo. Ad quid enim coquinaria et salsamentaria nobis utiles? Ad nihil certe: imo valde inutiles et noxiæ sunt, quæ et corpus et animam labefactant, quod morborum ægritudinumque omnium matrem voluptatem cum pompa magna inducant. Imo nec picturam, nec phrygionicam artes proprie dixerim. Nam in su- D perfluos sumtus nos conjiciunt. Artes vero necessarias, quæ vitam nostram sustentant, nobis necessaria præbeant et apparent oportet. Ideo namque sapientiam indidit nobis Deus, ut inveniamus methodos, queis possimus vitam conservare nostram: animalcula vero aut in parietibus aut in vestibus repræsentare ad quid, quæso, utile est? Ideo ex calceariorum et ex textorum artibus multa resecanda essent: nam ad luxum multa deduxerunt, et quod necessarium erat labefactarunt, arti malum artificium admiscentes; quod etiam architectonicæ accidit. Sed ut hanc, donec ædes, non au- E tem theatra ædificaverit, ac necessaria, non autem superflua struxerit, artem vocabo: sic et textoriam, donec vestimenta fecerit et assumenta, nec araneas imitata, multum risum excitaverit ac mollitiem ingentem, artem voco. Necnon calceariam artem, donec calceos fecerit, artis nomine non privabo; cum autem 510 A viros in mulierum formam traduxerit, molles et effeminatos ex calceorum forma fecerit, cum noxiis et superfluis illam locabimus. Scio me multis videri in minimis nimium immorari: neque tamen absistam. Omnium quippe malorum causa hæc est, eo quod parvi illa peccata momenti esse videantur, et ideo negligantur. Et quid hoc levius, inquies, peccatum unquam fuerit, cum quis calceos habet ornatos ac fulgentes, pedibus aptatos, si tamen hoc peccatum vocandum est? Vultis igitur illum aggrediar qui sic loquitur, et quanta rei B insit turpitudo ostendam? annon irascemini? Imo etiamsi irascamini, non multum curabo. Nam vos tantæ insipientiæ causa estis, qui rem ne peccatum

Contra voluptatem ciborum et luxum.

[b] Αὕτη ἡ διαφορά. Savilius suspicatur legendum ταύτης ἡ διαφορά. Sed prior lectio stare potest. Paulo post Savil. εἰσὶ χρήσιμαι βίον μόνον. Utraque lectio quadrat.

[c] Unus ἐπεισαγαγεῖν.

[d] Ἐπὶ τὸ βάναυσον. Usu trito βάναυσος est *illiberalis, vilisque artifex*; hic autem significat *artificium illud, quo omnia ad luxum et mollitiem apparantur.*

[a] Mss. non pauci τοῦ τῆς τέχνης ὀνόματος, quæ lectio præferenda videtur. Morel. et Savil. τὸ τῆς τέχνης ὄνομα.

[b] Savil. et Manuscripti προσηρμοσμένον, Morel. προσηρτημένον. Infra Morel. δείξω τὴν ἀσχημοσύνην ὅσην. Savil. et Mss. plurimi, τὴν ἀσχημοσύνην ὅση. Utrovis modo legatur, aliqua est ἀποσιώπησις.

quidem esse putatis, nosque ideo cogitis in hujusmodi luxum invehi.

5. Age igitur id exploremus, videamusque quantum sit malum. Cum enim serica fila, quæ ne in vestimentis quidem inserere honestum est, in calceis inseratis, quanta contumelia, quanto risu hæc digna sunt? Si vero sententiam meam despicis, audi Paulum cum magna vehementia id prohibentem, et tunc ridiculam rem esse comperies. Quid ergo ait ille? *Non in tortis crinibus, aut auro, aut margaritis, vel veste pretiosa.* Qua igitur venia dignus fueris, quando Paulus uxori tuæ non permittit veste pretiosa uti, si tu luxum hujusmodi in calceos inducas, milleque modis appares rem ita contumeliosam et ridiculam? Nam illam ob causam navis construitur, remiges conducuntur, proræ ductor et gubernator instituuntur, velum expanditur, pelagus trajicitur, relictis uxore, liberis et patria, mercator vitam fluctibus committit, inque barbarorum regionem proficiscitur, mille periculis expositus ad hæc fila comparanda, ut post hæc omnia tu in calceis illa assuas et corium ornes. Ecquid tanta insania deterius? At veterum calcei non tales erant, sed quales decebat viros. Quamobrem vereor, ne procedente tempore, adolescentes apud vos mulierum calceis utantur, idque sine pudore. Quodque gravius est, hæc videntes patres non indignantur, sed rem ut indifferentem habent. Vultisne ut quid etiam gravius afferam? Hæc ita fiunt dum multi egestate premuntur. Vultis in medium adducam Christum esurientem, nudum, undique captum, vinctum? Et quot fulminibus digni non eritis, dum illum negligitis necessario egentem cibo, et pelles cum tanto studio exornatis? Ille quidem cum discipulis legem daret, ne calceamenta quidem habere permisit: nos vero non modo nudis pedibus incedere non sustinemus, sed neque calceatis illo quo oporteret modo. Quid hac absurditate pejus? quid magis ridiculum? Illud certe animi effeminati est, inhumani, nimis curiosi, vanissimi. Quandonam poterit necessariæ rei incumbere, qui his supervacaneis deditus est? quando juvenis hujusmodi animæ curam habebit, vel cogitabit etiam se animam habere? Nam vanissimus omnino erit qui

Contra luxum in calceis.

1. Tim. 2. 9.

λεῖν δοκεῖ; Βούλεσθε οὖν ἐπαφήσω τὴν γλῶτταν αὐτῷ, καὶ δείξω τὴν ἀσχημοσύνην ὅση, καὶ οὐκ ὀργιεῖσθε; Μᾶλλον δὲ κἂν ὀργίζησθε, οὐ πολύς μοι λόγος. Καὶ γὰρ ὑμεῖς αἴτιοι τῆς ἀνοίας ταύτης, οἱ μηδὲ ἁμάρτημα εἶναι νομίζοντες, καὶ ἐντεῦθεν ἡμᾶς ἀναγκάζοντες εἰς τὴν κατηγορίαν τῆς ἀσωτίας ἐμβῆναι ταύτης.

Φέρε οὖν αὐτὸ ἐξετάσωμεν, καὶ ἴδωμεν ὁποῖόν ἐστι κακόν. Ὅταν γὰρ τὰ νήματα τὰ σηρικὰ, ἃ μηδὲ ἐν ἱματίοις ὑφαίνεσθαι καλὸν, ταῦτα ἐν ὑποδήμασι διαρ- C ῥάπτητε, πόσης ὕβρεως, πόσου γέλωτος ταῦτα ἄξια; Εἰ δὲ ἡμετέρας ψήφου καταφρονεῖς, ἄκουσον τῆς τοῦ Παύλου φωνῆς, μετὰ πολλῆς τῆς σφοδρότητος ταῦτα ἀπαγορεύοντος, καὶ τότε αἰσθήσῃ τοῦ γέλωτος. Τί οὖν ἐκεῖνός φησι; Μὴ ἐν πλέγμασιν, ἢ χρυσῷ, ἢ μαργαρίταις, ἢ ἱματισμῷ πολυτελεῖ. Τίνος οὖν ἂν εἴης συγγνώμης ἄξιος, ὅταν τῇ γεγαμημένῃ μὴ ἐπιτρέποντος Παύλου πολυτελῆ ἱμάτια ἔχειν, σὺ καὶ ἐπὶ τὰ ὑποδήματα τὴν βλακείαν ταύτην [c] ἐξάγῃς, καὶ μυρία κατασκευάζῃς ὑπὲρ τῆς καταγελάστου ὕβρεως; Καὶ γὰρ καὶ ναῦς πήγνυται, καὶ ἐρεταὶ καταλέγονται, καὶ πρω- D ρεὺς, καὶ κυβερνήτης, καὶ ἱστίον ἀναπετάννυται, καὶ πέλαγος πλεῖται, καὶ γυναῖκα καὶ παιδία καὶ πατρίδα ἀφεὶς, καὶ τὴν ἑαυτοῦ ψυχὴν ὁ ἔμπορος ἐκδίδωσι κύμασι, καὶ εἰς τὴν τῶν βαρβάρων ἀπέρχεται χώραν, καὶ μυρίους ὑπομένει κινδύνους διὰ ταῦτα τὰ νήματα, ἵνα σὺ μετὰ πάντα ἐκεῖνα λαβὼν ἐπὶ τῶν ὑποδημάτων διαῤῥάψῃς καὶ τὸ δέρμα καλλωπίσῃς. Καὶ τί ταύτης τῆς ἀλογίας χεῖρον γένοιτ' ἄν; Ἀλλ' οὐ τὰ παλαιὰ τοιαῦτα, ἀλλὰ ἀνδράσι πρέποντα. Ὅθεν ἔγωγε προσδοκῶ, χρόνου προϊόντος τοὺς νέους τοὺς παρ' ὑμῖν καὶ γυναικῶν ὑποδήματα σχήσειν, καὶ οὐκ αἰσχύνεσθαι. Καὶ τὸ χαλεπώτερον, ὅτι οἱ πατέρες ταῦτα E ὁρῶντες οὐκ ἀγανακτοῦσιν, ἀλλὰ καὶ ἀδιάφορον τὸ πρᾶγμα εἶναι νομίζουσι. Βούλεσθε εἴπω καὶ τὸ ἔτι χαλεπώτερον; Ὅτι καὶ πενήτων ὄντων πολλῶν ταῦτα γίνεται. Βούλεσθε εἰς μέσον ἀγάγω τὸν Χριστὸν τὸν λιμώττοντα, τὸν γυμνὸν, τὸν ἁλώμενον πανταχοῦ, τὸν 511 A δεδεμένον; Καὶ πόσων οὐκ ἂν εἴητε σκηπτῶν ἄξιοι, ἐκεῖνον μὲν τροφῆς ἀναγκαίας ἀποροῦντα περιορῶντες, τὰ δέρματα δὲ μετὰ πολλῆς καλλωπίζοντες τῆς σπουδῆς; Καὶ αὐτὸν μὲν ἡνίκα τοῖς μαθηταῖς ἐνομοθέτει, οὐδὲ ἁπλῶς ὑποδήματα ἔχειν ἐπέτρεπεν· [a] ἡμεῖς δὲ οὐ μόνον γυμνοῖς ποσὶν οὐκ ἀνεχόμεθα βαδίζειν, ἀλλ' οὐδὲ ὑποδεδεμένοις ὡς ὑποδεδέσθαι δεῖ. Τί τοίνυν τῆς ἀκοσμίας ταύτης χεῖρον γένοιτ' ἄν; τί τοῦ γέλωτος; Καὶ γὰρ ψυχῆς ἐστι μαλακώδους τὸ πρᾶγμα, καὶ ἀπηνοῦς καὶ ὠμῆς, καὶ περιέργου καὶ ματαιοπόνου. Πότε γὰρ δυνήσεται ἀναγκαίῳ τινὶ προσέχειν ὁ περὶ ταῦτα τὰ περιττὰ ἠσχολημένος; πότε ἀνέξεται ὁ τοιοῦτος νέος

[c] Alii ἐξαγάγῃς.

[a] Morel. ἡμεῖς οὐ μόνον.

ψυχῆς ἐπιμελήσασθαι, ἢ ἐννοῆσαι ὅτι κἂν ψυχὴν ἔχῃ; Καὶ γὰρ σμικρολόγος ἔσται ὁ τὰ τοιαῦτα θαυμάζειν B ἀναγκαζόμενος, καὶ ὠμὸς ὁ διὰ ταῦτα τῶν πτωχῶν ἀμελῶν· καὶ ἀρετῆς ἔρημος ὁ πᾶσαν εἰς ταῦτα καταναλίσκων τὴν σπουδήν. Ὁ γὰρ νημάτων ἀρετὴν, καὶ χρωμάτων ἄνθος, καὶ τοὺς κισσοὺς τοὺς ἀπὸ τῶν τοιούτων ὑφασμάτων περιεργαζόμενος, πότε εἰς τὸν οὐρανὸν δυνήσεται ἰδεῖν; πότε τὸ ἐκεῖ θαυμάσεται κάλλος ὁ πρὸς κάλλος ἐπτοημένος δερμάτων, καὶ χαμαὶ κύπτων; Καὶ ὁ μὲν Θεὸς ἔτεινεν οὐρανὸν, καὶ ἥλιον ἀνῆψεν, ἄνω σου τὰς ὄψεις ἕλκων· σὺ δὲ κάτω σαυτὸν καὶ πρὸς γῆν κατὰ τοὺς χοίρους νεύειν ἀναγκάζεις, καὶ τῷ διαβόλῳ πείθῃ. Καὶ γὰρ ὁ πονηρὸς δαίμων οὗτος ταύτην ἐπενόησε τὴν ἀσχημοσύνην, [b] ἐκείνου σε τοῦ κάλλους ἀπάγων· διὰ τοῦτό σε ἐνταῦθα εἵλκυσε, καὶ παρευδοκιμεῖται Θεὸς οὐρανὸν δεικνὺς ὑπὸ διαβόλου δέρ- C ματα δεικνύντος· μᾶλλον δὲ οὐδὲ δέρματα, καὶ γὰρ ταῦτα ἔργα Θεοῦ· ἀλλὰ βλακείαν καὶ κακοτεχνίαν. Καὶ κάτω εἰς τὴν γῆν νεύων ὁ νέος περίεισιν, ὁ τὰ ἐν τοῖς οὐρανοῖς φιλοσοφεῖν κελευσθεὶς, μᾶλλον ἐγκαλλωπιζόμενος τούτοις, ἢ εἰ τῶν μεγάλων τι κατωρθωκὼς ἦν, καὶ ἀκροβατῶν ἐπὶ τῆς ἀγορᾶς, καὶ λύπας καὶ ἀθυμίας ἐντεῦθεν τίκτων ἑαυτῷ περιττὰς, μὴ μολύνῃ τῷ πηλῷ, χειμῶνος ὄντος, μὴ καλύψῃ τῷ κονιορτῷ, θέρους ἐπιστάντος. Τί λέγεις, ἄνθρωπε; τὴν ψυχὴν ἅπασαν εἰς πηλὸν ἔῤῥιψας [c] διὰ ταύτης τῆς ἀσωτίας, καὶ χαμαὶ συρομένην περιορᾷς, καὶ περὶ D ὑποδημάτων τοσοῦτον ἔχεις ἀγῶνα; Μάθε τὴν χρῆσιν αὐτῶν, καὶ αἰδέσθητι τὴν ψῆφον ἣν περὶ αὐτῶν φέρεις. Ὥστε γὰρ πηλὸν πατεῖν καὶ βόρβορον, καὶ πᾶσαν τὴν ἐπὶ τοῦ ἐδάφους κηλῖδα, γέγονε τὰ ὑποδήματα. Εἰ δὲ οὐκ ἀνέχῃ, λαβὼν ἐξάρτησον τοῦ τραχήλου, ἢ τῇ κεφαλῇ περίθες.

Καὶ ὑμεῖς μὲν γελᾶτε ταῦτα ἀκούοντες· ἐμοὶ δὲ δακρύειν ἔπεισι τὴν τούτων μανίαν, καὶ τὴν περὶ ταῦτα σπουδήν. Καὶ γὰρ ἥδιον ἂν οὗτοι τὸ σῶμα E μολύναιεν πηλῷ, ἢ τὰ δέρματα ἐκεῖνα. Μικρολόγοι μὲν οὖν οὕτω γίνονται, φιλοχρήματοι δὲ πάλιν ἑτέρως. Ὁ γὰρ περὶ τὰ τοιαῦτα μαίνεσθαι καὶ σπουδάζειν ἐθισθεὶς, καὶ ἐν τοῖς ἱματίοις καὶ ἐν τοῖς ἄλλοις ἅπασι πολλῆς δεῖται δαπάνης καὶ πολλῆς τῆς προσόδου. Κἂν μὲν φιλότιμον ἔχῃ πατέρα, μᾶλλον αἰχμάλωτος γίνεται, τὴν ἄτοπον ταύτην ἐπιτείνων ἐπιθυμίαν· 612 A ἂν δὲ σμικρολόγον, ἀναγκάζεται ἕτερα ἀσχημονεῖν, ὥστε χρυσίον [a] εἰσαγαγεῖν εἰς τὰς τοιαύτας δαπάνας. Ἐντεῦθεν πολλοὶ τῶν νέων καὶ τὴν ὥραν ἀπέδοντο, καὶ παράσιτοι τοῖς εὐπόροις ἐγένοντο, καὶ ἑτέρας δουλοπρεπεῖς ὑπέμειναν διακονίας, ἀντὶ τούτων ὠνούμενοι τὸ τὰς τοιαύτας ἐπιθυμίας [b] ἐκπληροῦν. Ὅτι

[b] Alii ὡς ἐκείνου σε.

[c] Quidam διὰ τοιαύτης.

hæc mirari compelletur, et immanissimus, qui his intentus pauperes negliget; virtute vacuus, qui totam vitam in hoc studio impendit. Nam qui filorum præstantiam, colorum florem, hederæque speciem a tali textura emissam curiose perquirit, quandonam poterit cælum respicere? quando supernam illam pulchritudinem mirabitur is, qui pronus in terram pellium pulchritudinem miratur? Deus quidem extendit cælum, solem accendit, oculosque tuos sursum trahit; tu vero te ipsum cogis versus terram porcorum instar respicere, diaboloque morem geris. Nam ipse malignus dæmon hanc turpitudinem excogitavit, ut te ab illa pulchritudine averteret; ideo te istuc attraxit, postponiturque Deus, cælum ostendens, diabolo pelles monstranti; imo non pelles, hæ quippe sunt Dei opus; sed mollitiem quamdam et pessimum artificium. Sic adolescens pronus versus terram circumit, qui cælestia philosophari jussus est, magisque de his gloriatur, quam si quid magnum operatus esset, sicque molliter et delicate per forum incedit, mœrorem sibi doloremque concilians, ne hieme calceos luto commaculet, ne æstate pulvere operiat. Quid dicis, o homo? animamne totam in lutum conjecisti per hujusmodi luxum, num illam humi devolutam negligis, et de calceis tam anxie cogitas? Disce usum eorum, et erubesce quod tanti illa facias. Nam calcei ideo inventi sunt, ut lutum et cœnum calcent, nec non maculas omnes quæ in pavimento visuntur. Si autem id ferre non potes, solve illos et a collo suspende, vel capiti circumpone.

6. Vos quidem ridetis hæc audientes; ego vero in lacrymas erumpo videns illorum insaniam, et hujusmodi curam. Nam libentius illi corpus luto commacularent, quam hujusmodi calceos. Hinc illi levissimis dediti fiunt, atque alia ratione pecuniæ avidi. Nam qui in hæc insano studio ferri assueti sunt, in vestibus in aliisque omnibus multa insumant et impendant oportet. Qui si ambitiosum patrem habeat, augetur ejus absurda cupiditas; si avarum, cogitur alia turpiter aggredi, ut aurum ad hunc sumtum corradat. Hinc multi juvenes, et formam suam vendiderunt, et parasiti divitum effecti sunt, aliaque servilia subiere ministeria, ut his facultatem explendæ cupiditatis emerent. Quod igitur hic pecuniæ amans futurus sit et levissimus atque ad necessaria omnino so-

[a] Aliqui συναγαγεῖν, alius συνάγειν.

[b] Unus πληροῦν.

cors; hincque futurum sit ut alia admittere peccata cogatur, ex dictis manifestum est: quod item inhumanus sit futurus et vanæ gloriæ cupidus, nemo inficias eat. Inhumanus cum, viso paupere, amore ornatus sui ductus, ne respicere quidem dignabitur, sed dum calceos auro exornat, illum fame pereuntem despiciet. Vanæ gloriæ cupidus, dum in minimis videntium existimationem venari doctus deprehendetur. Neque enim puto ducem de exercitibus et tropæis suis ita gloriari, ut juvenem illum perditum de calceorum ornatu, de vestimentis defluentibus, de coma capitis: quamquam hæc omnia artificum aliorum opera sunt. Quod si de alienis non desinunt vane gloriari, quando de suis desinent? Alia quoque dicerem his graviora: at hæc vobis satis sunt. Hic ergo finem orandi facere oportet: hæc quippe dixi contra contentiosos, qui rem nihil absurdi habere dicebant. Et scio quidem multos ex juvenibus ne dictis quidem attendere, ita sunt ebrii, et huic morbo addicti; neque tamen silendum erat. Nam patres mente sani, ipsos ad modestiam inducere poterunt. Ne dicas igitur, Nihil hinc, nihil inde: hoc quippe, hoc omnia pessumdedit. Oportebat enim illos instituere, et in iis, quæ minima videbantur esse, honestos reddere, magnanimos, ornamentorum contemtores; sic enim illos in magnis etiam præclaros inveniremus. Quid enim elementorum disciplina vilius? Attamen ex ea rhetores, sophistæ, et philosophi evadunt. Si hæc ignorent, illa numquam scient. Hæc autem diximus non pueris tantum, sed etiam mulieribus et puellis. Illæ quippe sunt iisdem obnoxiæ peccatis; imo tanto magis, quanto modestiorem decet esse virginem. Quæ igitur illis dicta sunt, vobis etiam dicta putate, ne eadem repetamus. Nam tempus est ut sermonem precibus claudamus. Vos ergo nobiscum simul orate, ut juvenes, illi maxime qui ad Ecclesiam pertinent, modeste vivere possint, et ad senectutem condecentem pervenire. Nam eis qui non temperanter vivunt, non optandum ut senectutem assequantur; illos vero qui in juventute senes imitantur, precor extremam attingere canitiem, et præclaros filios gignere, qui patribus gaudio sint, in primisque Deo omnium conditori, precor item ut morbum animi omnem abigat, non modo eum qui in calceis et vestimentis depre-

μὲν οὖν καὶ φιλοχρήματος οὗτος ἔσται καὶ μικρολόγος,
καὶ περὶ τὰ ἀναγκαῖα πάντων ἀργότερος, καὶ πολλὰ
ἀναγκασθήσεται ἁμαρτάνειν, δῆλον ἐκ τούτων· ὅτι
δὲ καὶ ὠμὸς καὶ κενόδοξος, οὐδὲ τοῦτό τις ἀντερεῖ.
Ὠμὸς μὲν, ὅταν πένητα ἰδὼν, τῷ πόθῳ τοῦ καλλω-
B πισμοῦ μηδὲ ἑωρακέναι δοκῇ, ἀλλὰ ταῦτα μὲν χρυσῷ
καλλωπίζει, ἐκεῖνον δὲ ὑπὸ λιμοῦ διαφθειρόμενον πε-
ριορᾷ. Κενόδοξος δὲ, ὅταν καὶ ἐν τοῖς μικροῖς παιδεύη-
ται τὴν παρὰ τῶν ὁρώντων δόξαν θηρᾷν. Οὐ γὰρ
οὕτως οἶμαι στρατηγὸν ἐπὶ τοῖς στρατοπέδοις καὶ
τροπαίοις μέγα φρονεῖν, [c] ὡς ἀκόλαστον νέον ἐπὶ τῷ
καλλωπισμῷ τῶν ὑποδημάτων, ἐπὶ τοῖς συρομένοις
ἱματίοις, ἐπὶ τῇ κουρᾷ τῆς κεφαλῆς· καίτοι γε ταῦτα
πάντα τεχνιτῶν ἔργα ἐστὶν ἑτέρων. Εἰ δὲ ἐπὶ τοῖς ἀλλοτρίοις οὐκ ἀφίστανται κενοδοξοῦντες, πότε ἐπὶ τοῖς
ἰδίοις ἀποστήσονται; Εἴπω καὶ ἕτερα τούτων χαλεπώτερα, ἢ καὶ ταῦτα ὑμῖν ἀπόχρη; Οὐκοῦν ἀνάγκη κατα-
C λῦσαι τὸν λόγον ἐνταῦθα· ἐπεὶ καὶ ταῦτά μοι εἴρηται
διὰ τοὺς φιλονείκους καὶ οὐδὲν ἄτοπον τὸ πρᾶγμα εἶναι
λέγοντας. Οἶδα μὲν ὅτι πολλοὶ τῶν νέων οὐδὲ προσέξουσι τοῖς λεγομένοις, μεθύοντες ἅπαξ τῷ πάθει· οὐ
μὴν διὰ τοῦτο σιγῆσαι ἔδει. Οἱ γὰρ νοῦν ἔχοντες πατέρες καὶ ὑγιαίνοντες τέως, καὶ ἄκοντας αὐτοὺς εἰς τὴν
προσήκουσαν εὐσχημοσύνην ἐμβιβάσαι δυνήσονται. Μὴ
τοίνυν λέγε, [d] οὐδὲν παρὰ τοῦτο, οὐδὲν παρ' ἐκεῖνο·
τοῦτο γὰρ, τοῦτο πάντα ἀπώλεσεν. Ἔδει γὰρ καὶ ἐνταῦθα αὐτοὺς παιδεύειν, καὶ ἀπὸ τῶν δοκούντων εἶναι
μικρῶν σεμνοὺς ποιεῖν, μεγαλοψύχους, [e] κρείττους σχη-
μάτων· οὕτω γὰρ αὐτοὺς καὶ ἐν τοῖς μεγάλοις εὑρήσομεν
D δοκίμους. Τί γὰρ τῆς τῶν στοιχείων μαθήσεως εὐτελέστερον; Ἀλλ' ὅμως ἀπὸ τούτων καὶ ῥήτορες, καὶ σο-
φισταὶ, καὶ φιλόσοφοι γίνονται. Κἂν ταῦτα ἀγνοήσωσιν,
οὐδὲ ἐκεῖνά ποτε εἴσονται. Ταῦτα δὲ ἡμῖν οὐ πρὸς νέους
μόνον, ἀλλὰ καὶ πρὸς γυναῖκας καὶ κόρας εἴρηται. Καὶ
γὰρ καὶ αὗται τοῖς τοιούτοις ἐγκλήμασιν ὑπόκεινται,
καὶ πολλῷ μᾶλλον, ὅσῳ παρθένῳ κοσμιότης ἐπιτήδειον.
Τὰ τοίνυν πρὸς ἐκείνους εἰρημένα καὶ πρὸς ὑμᾶς εἰρῆσθαι νομίζετε, ἵνα μὴ πάλιν τὰ αὐτὰ ἀναλάβωμεν.
Καὶ γὰρ ὥρα λοιπὸν εὐχῇ κατακλεῖσαι τὸν λόγον.
Ἅπαντες τοίνυν ἡμῖν συνεύξασθε, ὥστε τοὺς νέους,
τοὺς τῆς Ἐκκλησίας μάλιστα, δυνηθῆναι κοσμίως ζῇν,
E καὶ εἰς γῆρας ἐλθεῖν αὐτοῖς πρέπον. Ὡς τούς γε οὐχ
οὕτω ζῶντας, οὐδὲ εἰς γῆρας ἐλθεῖν καλόν· τοὺς δὲ καὶ
ἐν νεότητι γεγηρακότας εὔχομαι καὶ εἰς πολιὰν βαθυτάτην ἐλθεῖν, καὶ πατέρας γενέσθαι παίδων δοκίμων,
καὶ τοὺς γεγεννηκότας εὐφρᾶναι, καὶ πρό γε πάντων
τὸν πεποιηκότα αὐτοὺς Θεὸν, καὶ πᾶσαν ἐξελάσαι νό-

[c] Alii ὡς τοὺς ἀκολάστους νέους.

[d] Οὐδὲν παρὰ τοῦτο, οὐδὲν παρ' ἐκεῖνο, *nihil ex hoc*, *nihil ex illo*. Subaudi, *nihil hinc*, *nihil inde mali oriatur*. Dictum ab adolescentibus illis, quos carpit Chrysostomus, qui luxum magnum in calceis ipsis exhibebant.

[e] Aliquot Mss. κρείττους χρημάτων.

σον, οὐ τὴν ἐν τοῖς ὑποδήμασιν, οὐδὲ τὴν ἐν τοῖς ἱματίοις μόνον, ἀλλὰ καὶ τὴν ἄλλην ἅπασαν. Καὶ γὰρ οἷον γῆ χερσουμένη, τοιοῦτόν ἐστι καὶ νεότης ἀμελουμένη, πολλὰς πολλαχόθεν ἐκφέρουσα τὰς ἀκάνθας. Ἐπαφῶμεν τοίνυν τὸ πῦρ [a] τοῦ Πνεύματος, καὶ κατακαύσωμεν τὰς πονηρὰς ταύτας ἐπιθυμίας, καὶ νεώσωμεν τὰς ἀρούρας, καὶ ἑτοίμους πρὸς τὴν τοῦ σπόρου ποιήσωμεν ὑποδοχὴν, καὶ τοὺς νέους τοὺς παρ' ἡμῖν τῶν ἀλλαχοῦ γερόντων ἀποδείξωμεν σωφρονεστέρους. Καὶ γὰρ τὸ θαυμαστὸν τοῦτό ἐστιν, ὅταν ἐν νεότητι σωφροσύνη λάμπῃ, ὡς ὅγε ἐν γήρᾳ σωφρονῶν οὐδὲ μισθὸν ἂν ἔχῃ πολὺν, ἀκριβῆ τὴν ἀπὸ τῆς ἡλικίας ἀσφάλειαν ἔχων. Τὸ δὲ παράδοξον, ἐν κύμασι γαλήνης ἀπολαύειν, καὶ ἐν καμίνῳ μὴ κατακαίεσθαι, καὶ ἐν νεότητι μὴ ἀσελγαίνειν. Ταῦτ' οὖν ἐννοοῦντες, ζηλώσωμεν τὸν μακάριον ἐκεῖνον Ἰωσὴφ, τὸν διὰ πασῶν λάμψαντα τούτων, ἵνα καὶ τῶν αὐτῶν ἐπιτύχωμεν στεφάνων αὐτῷ· ὧν γένοιτο πάντας ἡμᾶς ἐπιτυχεῖν, χάριτι καὶ φιλανθρωπίᾳ τοῦ Κυρίου ἡμῶν Ἰησοῦ Χριστοῦ, μεθ' οὗ τῷ Πατρὶ ἡ δόξα ἅμα τῷ ἁγίῳ Πνεύματι νῦν καὶ ἀεὶ, καὶ εἰς τοὺς αἰῶνας τῶν αἰώνων. Ἀμήν.

513 A benditur, sed et alium quemcumque. Nam adolescentia neglecta similis est incultæ terræ, quæ multas undique spinas gignit. Immittamus ergo sancti Spiritus ignem, et malas hasce cupiditates uramus; inculta arva excolamus, ut semen possint suscipere; et juniores nostros alienis senibus sapientiores exhibeamus. Nam mirabile plane illud est, cum in juventute splendet temperantia, cum contra is, qui in senectute temperans est, non ita magnam referat mercedem, qui ætatis subsidium habeat. Illud autem mirum est, in flucti- B bus tranquillitate frui, et in fornace non comburi, atque in juventute non lascivire. Hæc itaque animo recolentes, imitemur beatum illum Josephum, qui in his omnibus conspicuus fuit, ut easdem quas ille coronas assequamur: quibus utinam omnes potiamur, gratia et benignitate Domini nostri Jesu Christi, quicum Patri gloria et simul Spiritui sancto, nunc et semper, et in sæcula sæculorum. Amen.

[a] Morel. τὸ πῦρ τοῦ πατρός: inde ortus error, quod in Manuscriptis πνεύματος et πατρός sic scribantur: $\overline{πνς}$ $\overline{πρς}$, et literæ ν et ρ non raro confundantur. Paulo superius pro πολλαχόθεν in Mss. non paucis legitur πανταχόθεν.

ΟΜΙΛΙΑ ν'. C HOMILIA L. al. LI.

Καὶ ἀπολύσας τοὺς ὄχλους, ἀνέβη εἰς τὸ ὄρος κατιδίαν προσεύξασθαι. Ὀψίας δὲ γενομένης, μόνος ἦν ἐκεῖ. Τὸ δὲ πλοῖον ἤδη μέσον τῆς θαλάσσης ἦν, βασανιζόμενον ὑπὸ τῶν κυμάτων· ἦν γὰρ ἐναντίος ὁ ἄνεμος.

Cap. XIV. v. 23. *Et dimissa turba, ascendit in montem solus orare. Vespere autem facto, solus erat ibi.* 24. *Navicula autem jam in medio mari jactabatur fluctibus: erat enim contrarius ventus.*

Τίνος ἕνεκεν εἰς τὸ ὄρος ἀναβαίνει; Παιδεύων ἡμᾶς, ὅτι καλὸν ἡ ἐρημία καὶ ἡ μόνωσις, ὅταν ἐντυγχάνειν δέῃ τῷ Θεῷ. Διὰ τοῦτο συνεχῶς εἰς ἐρήμους ἄπεισιν, κἀκεῖ διανυκτερεύει πολλάκις εὐχόμενος, παιδεύων ἡμᾶς καὶ τὴν ἀπὸ τοῦ καιροῦ καὶ τὴν ἀπὸ τοῦ τόπου θηρᾶσθαι ἐν ταῖς εὐχαῖς ἀταραξίαν. Ἡσυχίας γὰρ μήτηρ ἡ ἔρημος, καὶ γαλήνη, καὶ λιμὴν, ἁπάντων ἀπαλλάττουσα θορύβων ἡμᾶς. Αὐτὸς μὲν [b] οὖν διὰ τοῦτο ἀνέβαινεν ἐκεῖσε· οἱ δὲ μαθηταὶ κλυδωνίζονται πάλιν, καὶ χειμῶνα ὑπομένουσιν οἷον καὶ πρότερον. Ἀλλὰ τότε μὲν ἔχοντες αὐτὸν ἐν τῷ πλοίῳ τοῦτο ἔπασχον· νυνὶ δὲ καθ' ἑαυτοὺς ὄντες μόνοι. Καὶ γὰρ ἠρέμα καὶ κατὰ μικρὸν ἐπὶ τὰ μείζονα αὐτοὺς ἐνάγει

1. Cur in montem ascendit? Ut nos doceat, commodum esse desertum, commodam solitudi- D nem, cum Deo supplicandum est. Ideo sæpe deserta petit, ibique pernoctat orans, ut nos moneat, et tempus et locum ad tranquille precandum opportunum esse quærendum. Solitudo enim tranquillitatis mater est, quietisque portus, ab omni nos tumultu liberans. Ille quidem his de causis illuc ascendit: discipuli vero rursum fluctibus agitantur, et tempestate ut ante jactantur. Sed tunc illum in navicula habentes hæc patiebantur; nunc autem soli sunt et seorsim positi. Etenim illos paulatim et per gradus ad majora inducit, ut omnia

Solitudo tranquillitatis mater.

[b] οὖν hic et πάλιν paulo post in quibusdam Mss. desunt.

fortiter ferant. Idcirco, cum periclitaturi primum
erant, aderat quidem, sed dormiebat, ut præsto
esset ad auxilium præstandum: nunc vero ut majori illos patientia exerceat, non id facit, sed abest,
et in medio mari permittit tempestatem excitari, ut
nulla fere spes salutis superesset, et tota nocte sinit eos fluctibus agitari, ut eorum, puto, excæcatum cor incitaret. Talis quippe res est timor,
quem et tempestas et nox inferebant. Cum compunctione autem illa sui desiderio magis illos inflammavit, ut sui perpetuam memoriam retinerent.
Ideo non statim illis adfuit: nam ait: 25. *Quarta custodia noctis venit ad eos ambulans supra mare;* ut doceret illos ne malorum finem cito quærerent, sed quæ accidebant fortiter ferrent. Quando
igitur exspectabant se liberandos esse, tum auctum est periculum et timor major: nam inquit:
26. *Cum viderent eum discipuli ambulantem supra mare, turbati sunt, dicentes phantasma esse, et præ timore clamaverunt.* Semper enim
hoc facit: cum ærumnas soluturus est, alias graviores infert et terribiliores: quod etiam tunc
contigit. Nam et tempestas, nec minus visum illud, ipsos turbavit, ideo neque tenebras solvit,
neque seipsum statim ostendit, exercens illos, ut
dixi, per terrorum assiduitatem, et docens ut patientes essent. Hoc et in Jobo fecit; cum enim metum et tentationem soluturus erat, tunc finem permisit esse graviorem; non ex morte filiorum, neque ex uxoris dictis, sed ex opprobriis servorum
et amicorum. Et cum Jacobum in peregrina terra
a miseria erepturus erat, exagitari illum et majorem perpeti sivit perturbationem. Nam socer
ejus apprehensum occidere minabantur, et post
illum frater excipiens, in extremum periculum
conjecit. Quia enim non possunt justi diuturno
tempore vehementer tentari, cum ex certamine
evasuri sunt, ut majus lucrum reportent, exercita-
Gen. 22. 1. tiones auget. Id etiam in Abrahamo fecit, cujus
postremum certamen immolandus filius erat. Tunc
enim intolerabilia tolerari poterunt, cum in januis, ut ita dicam, inferuntur, et jam proxima est
liberatio. Hoc et tunc fecit, nec prius Christus se
ipsis cognoscendum præbuit, donec clamaverunt.
Quanto enim major erat trepidatio, tanto gratior
ejus præsentia videbatur ipsis. Cum enim clamassent, ait: 27. *Statim loquutus est illis Jesus*

[c] καὶ ἐμβιβάζει, καὶ εἰς τὸ φέρειν πάντα γενναίως.
E Διὰ δὴ τοῦτο, ὅτε μὲν πρῶτον κινδυνεύειν ἔμελλον,
παρῆν μὲν, ἐκάθευδε δὲ, ὥστε ἐξ ἑτοίμου δοῦναι τὴν
παραμυθίαν αὐτοῖς· νυνὶ δὲ ἐπὶ μείζονα ἄγων αὐτοὺς
ὑπομονὴν, οὐδὲ τοῦτο ποιεῖ, ἀλλ' ἄπεισι, καὶ ἐν μέσῳ
514 θαλάσσης συγχωρεῖ τὸν χειμῶνα διεγερθῆναι, [d] ὡς
A μηδὲ προσδοκῆσαί ποθεν ἐλπίδα σωτηρίας, καὶ ὅλην
τὴν νύκτα ἀφίησιν αὐτοὺς κλυδωνίζεσθαι, διεγείρων
αὐτῶν, ὡς οἶμαι, πεπωρωμένην τὴν καρδίαν. Καὶ γὰρ
τοιοῦτον ὁ φόβος, ὃν μετὰ τοῦ χειμῶνος καὶ καιρὸς
ποιεῖ. Μετὰ δὲ τῆς κατανύξεως καὶ εἰς ἐπιθυμίαν
μείζονα αὐτοὺς ἐνέβαλε τὴν αὐτοῦ, καὶ εἰς μνήμην
διηνεκῆ. Διὰ δὴ τοῦτο οὐκ εὐθέως αὐτοῖς ἐπέστη·
Τετάρτῃ γὰρ, φησὶ, φυλακῇ τῆς νυκτὸς ἦλθε πρὸς
αὐτοὺς περιπατῶν ἐπὶ τῆς θαλάσσης· παιδεύων αὐτοὺς μὴ ταχέως λύσιν ἐπιζητεῖν τῶν συνεχόντων δεινῶν, ἀλλὰ φέρειν τὰ συμπίπτοντα γενναίως. Ὅτε
γοῦν προσεδόκησαν ἀπαλλαγήσεσθαι, τότε ἐπετάθη
πάλιν ὁ φόβος· Ἰδόντες γὰρ αὐτὸν, φησὶν, οἱ μαθη-
B ταὶ περιπατοῦντα ἐπὶ τῆς θαλάσσης, ἐταράχθησαν,
λέγοντες φάντασμα εἶναι, καὶ ἀπὸ τοῦ φόβου ἔκραξαν.
Καὶ γὰρ ἀεὶ τοῦτο ποιεῖ· ὅταν μέλλῃ λύειν τὰ δεινὰ,
ἕτερα ἐπάγει χαλεπώτερα καὶ φοβερώτερα· ὃ δὴ καὶ
τότε συνέβη. Μετὰ γὰρ τοῦ χειμῶνος καὶ ἡ ὄψις αὐτοὺς ἐθορύβησε τοῦ χειμῶνος οὐχ ἧττον. Διὰ τοῦτο
οὐδὲ τὸ σκότος ἔλυσεν, οὐδὲ φανερὸν ἑαυτὸν εὐθέως
ἐποίησεν, ἀλείφων αὐτοὺς, ὅπερ εἶπον, ἐν τῇ συνεχείᾳ
τῶν φόβων τούτων, καὶ παιδεύων εἶναι καρτερικούς.
Τοῦτο καὶ ἐπὶ τοῦ Ἰὼβ ἐποίησεν· ὅτε γὰρ ἔμελλε
λύειν τὸν φόβον καὶ τὸν πειρασμὸν, τότε τὸ τέλος χαλεπώτερον εἴασε γενέσθαι· οὐ διὰ τὸν τῶν παίδων θά-
C νατον, λέγω, καὶ τὰ ῥήματα τῆς γυναικὸς, ἀλλὰ διὰ τὰ
ὀνείδη τὰ τῶν οἰκετῶν καὶ τῶν φίλων. Καὶ ὅτε τὸν
Ἰακὼβ ἐξαρπάζειν ἔμελλε τῆς ἐν τῇ ξένῃ ταλαιπωρίας, ἀφῆκε διεγερθῆναι, καὶ μείζονα γενέσθαι τὸν θόρυβον. Καὶ γὰρ ὁ κηδεστὴς καταλαβὼν, θάνατον ἠπείλει, καὶ [a] μετ' ἐκεῖνον ὁ ἀδελφὸς διαδέχεσθαι μέλλων,
τὸν περὶ τῶν ἐσχάτων ἐπεκρέμασε κίνδυνον. Ἐπειδὴ
γὰρ οὐκ ἔνι καὶ ἐν μακρῷ χρόνῳ πειράζεσθαι καὶ σφοδρῶς, ὅταν μέλλωσιν ἐκβαίνειν τοὺς ἀγῶνας οἱ δίκαιοι,
βουλόμενος αὐτοὺς πλέον κερδαίνειν, ἐπιτείνει τὰ γυμνάσια. Ὃ καὶ [b] ἐπὶ τοῦ Ἀβραὰμ ἐποίησε, τὸν ἔσχατον
ἆθλον τὸν τοῦ παιδὸς θείς. Οὕτω γὰρ καὶ φορητὰ ἔσται
τὰ ἀφόρητα, ὅταν ἐπὶ θύραις ἐπάγηται, ἐγγὺς ἔχοντα
D τὴν ἀπαλλαγήν. Τοῦτο δὴ καὶ τότε ἐποίησε, καὶ οὐ
πρότερον ἀπεκάλυψεν [c] ἑαυτὸν αὐτοῖς ὁ Χριστὸς, ἕως
ὅτε ἔκραξαν. Ὅσῳ γὰρ ἐπετείνετο τὰ τῆς ἀγωνίας,

[c] Unus καὶ ἐκβιβάζει.

[d] Unus ὥστε μηδέ.

[a] Quidam μετ' ἐκείνους.

[b] Savil. ἐπὶ τοῦ Ἀβραάμ, Morel. ἐπὶ τόν. Ibid. Morel. ἔσχατον ἄθλιον.

[c] Quidam ἑαυτὸν ὁ Χριστός. Paulo post quidam ἠσμένιζον αὐτοῦ.

τοσούτῳ μᾶλλον ἠσμενίζοντο αὐτοῦ τὴν παρουσίαν. Εἶτα, ἐπειδὴ ἐβόησαν, φησίν· Εὐθέως δὲ ἐλάλησεν αὐτοῖς ὁ Ἰησοῦς λέγων· θαρσεῖτε, ἐγώ εἰμι· μὴ φοβεῖσθε. Τοῦτο τὸ ῥῆμα τὸν φόβον ἔλυσε, καὶ θαῤῥῆσαι παρεσκεύασεν. Ἐπειδὴ γὰρ αὐτὸν ἀπὸ τῆς ὄψεως [d] οὐκ ἐπεγίνωσκον, καὶ διὰ τὸ παράδοξον τῆς βαδίσεως, καὶ διὰ τὸν καιρὸν, ἀπὸ τῆς φωνῆς δῆλον ἑαυτὸν ποιεῖ. Τί οὖν ὁ Πέτρος, ὁ πανταχοῦ θερμὸς καὶ ἀεὶ τῶν ἄλλων προπηδῶν; Κύριε, εἰ σὺ εἶ, φησὶ, κέλευσόν με πρὸς σὲ ἐλθεῖν ἐπὶ τὰ ὕδατα. Οὐκ εἶπεν, εὖξαι καὶ παρακάλεσον, ἀλλὰ, Κέλευσον. Εἶδες πόση ἡ θερμότης; πόση ἡ πίστις; Καίτοι γε ἐκ τούτου πολλαχοῦ κινδυνεύει, ἐκ τοῦ πέρα τοῦ μέτρου ζητεῖν. Καὶ γὰρ καὶ ἐνταῦθα πολὺ μέγα ἐζήτησε, δι' ἀγάπην μόνον, οὐ δι' ἐπίδειξιν. Οὐδὲ γὰρ εἶπε, κέλευσόν με βαδίσαι ἐπὶ τὰ ὕδατα· ἀλλὰ τί; Κέλευσόν με ἐλθεῖν πρὸς σέ. Οὐδεὶς γὰρ οὕτως ἐφίλει τὸν Ἰησοῦν. Τοῦτο καὶ μετὰ τὴν ἀνάστασιν ἐποίησεν. Οὐκ ἠνέσχετο μετὰ τῶν ἄλλων ἐλθεῖν, ἀλλὰ προεπήδησεν. Οὐ τὴν ἀγάπην δὲ μόνον, ἀλλὰ καὶ τὴν πίστιν ἐπιδείκνυται. Οὐ γὰρ μόνον ἐπίστευσεν, ὅτι αὐτὸς δύναται περιπατεῖν ἐπὶ τῆς θαλάσσης, ἀλλ' ὅτι καὶ ἑτέρους ἐνάγειν· καὶ ἐπιθυμεῖ ταχέως ἐγγὺς αὐτοῦ γενέσθαι. Ὁ δὲ εἶπεν, ἐλθέ. Καὶ καταβὰς ἀπὸ τοῦ πλοίου ὁ Πέτρος, περιεπάτησεν ἐπὶ τὰ ὕδατα, καὶ ἦλθε πρὸς τὸν Ἰησοῦν. Βλέπων δὲ τὸν ἄνεμον ἰσχυρὸν, ἐφοβήθη, καὶ ἀρξάμενος καταποντίζεσθαι, ἔκραξε λέγων· Κύριε, σῶσόν με. Εὐθέως δὲ ὁ Ἰησοῦς ἐκτείνας τὴν χεῖρα ἐπελάβετο, καὶ λέγει αὐτῷ· ὀλιγόπιστε, τί ἐδίστασας; Τοῦτο τοῦ προτέρου παραδοξότερον. Διὰ τοῦτο μετ' ἐκεῖνο τοῦτο γίνεται. Ὅτε γὰρ ἔδειξεν, ὅτι κρατεῖ τῆς θαλάσσης, τότε καὶ ἐπὶ τὸ θαυμαστότερον ἐξάγει τὸ σημεῖον. Τότε μὲν γὰρ τοῖς ἀνέμοις ἐπετίμησε μόνον· νυνὶ δὲ καὶ αὐτὸς βαδίζει, καὶ ἑτέρῳ παραχωρεῖ τοῦτο ποιεῖν· ὅπερ εἰ παρὰ τὴν ἀρχὴν ἐκέλευσε γενέσθαι, οὐκ ἂν ὁμοίως κατεδέξατο Πέτρος, διὰ τὸ μηδέπω τοσαύτην κεκτῆσθαι πίστιν.

[a] Τίνος οὖν ἕνεκεν αὐτὸν ὁ Χριστὸς ἐπέτρεψε; Καὶ γὰρ εἰ εἶπεν, οὐ δύνασαι, πάλιν θερμὸς ὢν ἀντεῖπεν ἄν. Διὰ τοῦτο ἀπὸ τῶν πραγμάτων αὐτὸν πείθει, ἵνα εἰς τὸ μέλλον σωφρονισθῇ. Ἀλλ' οὐδὲ οὕτως ἀνέχεται. Καταβὰς τοίνυν κλυδωνίζεται· ἐφοβήθη γάρ. Καὶ τοῦτο τὸ κλυδώνιον ἐποίησε· τὸν δὲ φόβον ὁ ἄνεμος εἰργάσατο. Ὁ δὲ Ἰωάννης φησὶν, ὅτι Ἤθελον λαβεῖν αὐτὸν εἰς τὸ πλοῖον, καὶ εὐθέως τὸ πλοῖον ἐγένετο εἰς τὴν γῆν εἰς ἣν ὑπῆγον· τὸ αὐτὸ δὴ τοῦτο δηλῶν, ὥστε μελλόντων αὐτῶν πρὸς τὴν γῆν γενέσθαι, ἐπέβη τοῦ πλοίου. Καταβὰς τοίνυν ἀπὸ τοῦ

dicens : Confidite, ego sum, nolite timere. Hoc dictum timorem excussit, et fiduciam indidit. Quia enim ipsum tunc de facie non noverant, et ob inauditum ambulandi genus, et ob noctis tempus, a voce se noscendum præbet. Quid igitur Petrus, semper fervidus, semper ante alios præsiliens? 28. *Domine, si tu es*, inquit, *jube me venire ad te super aquas.* Non dixit : Ora et
E precare, sed *Jube.* Viden' quantus fervor? quanta fides? Quamquam hnc sæpe periclitaretur, quod ultra virium mensuram quæreret. Nam hic rem maximam postulabat, ob caritatem solum, non ad ostentationem. Non enim dixit, Jube me ambulare
515 super aquas; sed quid? *Jube me venire ad te.*
A Nemo quippe ita Jesum amabat. Illud etiam post resurrectionem fecit. Neque enim sustinuit cum aliis venire, sed præcucurrit. Nec modo amoris, sed etiam fidei suæ argumenta præbet. Neque solum credidit posse ipsum ambulare supra mare, sed etiam aliis parem facultatem dare : desideratque cito ad ipsum pervenire. 29. *Ipse autem dixit : Veni. Et cum descendisset de navicula Petrus, ambulabat super aquas, et venit ad Jesum.* 30. *Ubi vidit autem ventum validum, ti-*
B *muit : et cum cœpisset mergi, clamavit dicens, Domine, salvum me fac.* 31. *Statim vero Jesus extendens manum apprehendit eum, et dicit ei : Modicæ fidei, quare dubitasti?* Hoc priore mirabilius est. Ideo post illud accidit. Cum enim ostendisset se mari imperare, tunc signum mirabilius effecit. Tunc enim ventis imperavit tantum; nunc autem et ipse ambulat, et alium permittit ambulare : quod si initio jussisset, non sic eam rem suscepisset Petrus, quia nondum tanta præditus erat fide.

C 2. Cur ergo Christus id permisit? Quia si dixisset, Non potes, ille, qui fervens erat, contradixisset. Ideoque ex ipsa re illud id persuasum habere voluit, ut in futuro modestior esset. Sed neque sic se potest continere. Cum descendisset igitur, fluctibus exagitabatur : timebat enim. Ut exagitaretur, fluctus effecit; ut timeret, ventus. Joannes Joan. 6. 21.
autem ait, voluisse eos ipsum in naviculam accipere, et confestim naviculam venisse ad terram, ad quam tendebant; idipsum significans, ita ut cum ad terram appulsuri essent, in navigium

[d] Alius οὐκ ἐγίνωσκον.

[a] Savil. τίνος οὖν ἕνεκεν αὐτὸν ὁ Χριστός. Morel. τί οὖν ὁ Χριστὸς, ἐπέτρεψε. Quæ etiam lectio quadrabit, si post Χριστός punctum interrogationis ponatur. [Sic habet Commelin.]

ascenderet. Cum descendissent ergo de navi, ad ipsum ibat, non ita gaudens quod supra aquas ambularet, quam quod ad ipsum veniret: et cum id quod majus erat assequeretur, ex minori periclitaturus erat, a venti dico impetu, non a mari. Talis quippe est humana natura: sæpe cum magna superavit, a minoribus vincitur. Quod etiam Elias sub Jezabele passus est, quod Moyses ab Ægyptio, David a Bersabee. Ita et Petrus: instante adhuc terrore super aquas ambulare ausus est, sed contra venti impetum stare non potuit, et hoc cum prope Christum esset. Ita nihil juvat esse prope Christum, nisi fide prope sis. Hoc porro quantum esset inter Magistrum et discipulum intervallum ostendit, aliisque consolationi fuit. Nam si de duobus fratribus irati sunt, multo magis hic indignati fuissent: nondum enim Spiritum sanctum acceperant. Sed postea non tales fuerunt.

Petro primas concedebant apostoli.

Ubique enim primas Petro concedunt, et ad conciones publicas illum præferunt, quamvis cæteris rudior videretur. Sed cur non imperavit ventis ut quiescerent, sed extensa manu apprehendit eum? Quia fide ipsius opus erat. Cum enim nostra desinunt, quæ Dei sunt etiam sistuntur. Ostendens igitur, non venti impetum, sed modicam ejus fidem ipsum evertisse, ait: *Modicæ fidei, quare dubitasti?* Itaque nisi fides infirma fuisset, etiam contra ventum facile stetisset. Quapropter illo apprehenso, ventum flare sinebat, ostendens nihil ipsum lædere, si fides firma esset. Et sicut pullum, ante tempus e nido egressum, et jamjam delapsurum, mater alis sustentans in nidum reducit, sic et Christus fecit. 32. *Et cum ascendissent in naviculam, tunc cessavit ventus.* Prius quidem

Matth. 8. 27.

dicebant: *Qualis est hic homo, quia venti et mare obediunt ei?* Nunc autem non sic. 33. Nam *Qui in navicula erant*, inquit, *venientes adoraverunt eum dicentes: Vere Filius Dei es.* Viden' quomodo paulatim ad sublimiora omnes ducat? Nam quia in mari ambulavit, et quia alium jussit id facere, ac periclitantem servavit, hinc fides eorum admodum aucta est. Tunc enim mare increpavit, nunc non increpat, alio majorique modo potentiam suam ostendens. Ideo dicebant: *Vere Filius Dei es.* Quid igitur? an increpavit eos qui hoc dicerent? Imo contra omnino: hoc dictum etiam infirmavit, cum majori potestate curans eos qui accederent, et non ut antea. 34. *Et*

πλοίου, πρὸς αὐτὸν ᾔει, οὐχ οὕτω [b] τῷ περιπατεῖν D ἐπὶ τῶν ὑδάτων, ὡς τῷ πρὸς αὐτὸν ἔρχεσθαι χαίρων· καὶ τοῦ μείζονος περιγενόμενος, ἀπὸ τοῦ ἐλάττονος ἔμελλε πάσχειν κακῶς, τῆς τοῦ ἀνέμου λέγω ῥύμης, οὐ τῆς θαλάττης. Τοιοῦτον γὰρ ἡ ἀνθρωπίνη φύσις· πολλάκις τὰ μεγάλα κατορθοῦσα ἐν τοῖς ἐλάττοσιν ἐλέγχεται. Οἷον ὁ Ἠλίας ἐπὶ τῆς Ἰεζάβελ ἔπαθεν· οἷον ὁ Μωϋσῆς ἐπὶ τοῦ Αἰγυπτίου· οἷον ὁ Δαυὶδ ἐπὶ τῆς Βηρσαβεέ. Οὕτω δὴ καὶ οὗτος· ἔτι τοῦ φόβου ἐνακμάζοντος ἐπιβῆναι τῶν ὑδάτων ἐθάῤῥησε, πρὸς δὲ τὴν τοῦ ἀνέμου ἐμβολὴν οὐκ ἔτι ἠδυνήθη στῆναι, καὶ ταῦτα ἐγγὺς ὢν τοῦ Χριστοῦ. Οὕτως οὐδὲν ὠφελεῖ ἐγγὺς εἶναι τοῦ Χριστοῦ, μὴ πίστει ὄντα ἐγγύς. Τοῦτο δὲ καὶ τὸ E μέσον [c] ἐδείκνυ τοῦ διδασκάλου καὶ τοῦ μαθητοῦ, καὶ τοὺς ἄλλους παρεμυθεῖτο. Εἰ γὰρ ἐπὶ τῶν δύο ἀδελφῶν ἠγανάκτησαν, πολλῷ μᾶλλον ἐνταῦθα· οὔπω γὰρ ἦσαν Πνεύματος ἠξιωμένοι. Μετὰ γοῦν ταῦτα οὐ τοιοῦτοι. Πανταχοῦ γὰρ τῶν πρωτείων παραχωροῦσι τῷ
516 A Πέτρῳ, καὶ ἐν ταῖς δημηγορίαις αὐτὸν προβάλλονται, καίτοι γε ἀγροικότερον τῶν ἄλλων διακείμενον. Καὶ διατί οὐκ ἐπέταξε τοῖς ἀνέμοις παύσασθαι, ἀλλ' αὐτὸς ἐκτείνας τὴν χεῖρα ἐπελάβετο αὐτοῦ; Ὅτι τῆς ἐκείνου πίστεως ἔδει. Ὅταν γὰρ τὰ παρ' ἡμῶν ἐλλιμπάνῃ, καὶ τὰ παρὰ τοῦ Θεοῦ ἵσταται. Δεικνὺς τοίνυν, ὅτι οὐχ ἡ τοῦ ἀνέμου ἐμβολὴ, ἀλλ' ἡ ἐκείνου ὀλιγοπιστία τὴν περιτροπὴν εἰργάσατο, φησίν· Ὀλιγόπιστε, εἰς τί ἐδίστασας; Ὥστε εἰ μὴ ἡ πίστις ἠσθένησε, καὶ πρὸς τὸν ἄνεμον ἂν ἔστη ῥᾳδίως. Διά τοι τοῦτο καὶ ἐπιλαβόμενος αὐτοῦ, τὸν ἄνεμον ἐᾷ πνεῖν, δεικνὺς ὅτι οὐδὲν ἐκεῖνος παραβλάπτει, ὅταν ἡ πίστις ᾖ πεπηγυῖα. B Καὶ καθάπερ νεοττὸν πρὸ καιροῦ τῆς καλιᾶς [a] προελθόντα, καὶ μέλλοντα καταπίπτειν, ἡ μήτηρ ταῖς πτέρυξι διαβαστάσασα πάλιν ἐπὶ τὴν καλιὰν ἄγει, οὕτω καὶ ὁ Χριστὸς ἐποίησε. Καὶ ἐπιβάντων αὐτῶν τοῦ πλοίου, τότε ἐπαύσατο ὁ ἄνεμος. Πρὸ τούτου μὲν οὖν ἔλεγον· Ποταπός ἐστιν ὁ ἄνθρωπος οὗτος, ὅτι καὶ οἱ ἄνεμοι καὶ ἡ θάλασσα ὑπακούουσιν αὐτῷ; Νυνὶ δὲ οὐχ οὕτως. Οἱ γὰρ ἐν τῷ πλοίῳ, φησὶν, ἐλθόντες προσεκύνησαν αὐτῷ, λέγοντες· ἀληθῶς Θεοῦ Υἱὸς εἶ. [b] Ὁρᾷς πῶς κατὰ μικρὸν ἐπὶ τὸ ὑψηλότερον ἅπαντας ἦγε; Καὶ γὰρ ἀπὸ τοῦ βαδίσαι ἐν τῇ θαλάσσῃ, καὶ ἀπὸ τοῦ ἑτέρῳ κελεῦσαι τοῦτο ποιῆσαι, καὶ κινδυνεύοντα διασῶσαι, πολλὴ λοιπὸν ἡ πίστις ἦν. Τότε μὲν γὰρ ἐπετίμησε τῇ θαλάσσῃ, νυνὶ δὲ οὐκ ἐπιτιμᾷ, ἑτέρως τὴν δύναμιν C αὐτοῦ δεικνὺς μειζόνως. Δι' ὃ καὶ ἔλεγον· Ἀληθῶς Θεοῦ Υἱὸς εἶ. Τί οὖν; ἐπετίμησε τοῦτο εἰρηκόσι; Τοὐναντίον μὲν οὖν ἅπαν, καὶ ἐβεβαίωσε τὸ λεχθὲν, μετὰ μείζονος ἐξουσίας θεραπεύων τοὺς προσιόντας, καὶ οὐχ

[b] Morel. τὸ περιπατεῖν τὸ πρὸς αὐτόν. Ante isthæc legendum πρὸς αὐτὸν ᾔει; ut Savilius notavit. [Edebatur εἴη.]

[c] Alii ἐνδείκνυται, et paulo post παραμυθεῖται.

[a] Alii ἐξελθόντα.

[b] Alii ὅρα πῶς.

ὡς ἔμπροσθεν. Καὶ διαπεράσαντες, φησὶν, ἦλθον εἰς τὴν γῆν Γεννησαρέτ. Καὶ ἐπιγνόντες αὐτὸν οἱ ἄνδρες τοῦ τόπου ἐκείνου, ἀπέστειλαν εἰς ὅλην τὴν περίχωρον ἐκείνην, καὶ προσήνεγκαν αὐτῷ πάντας τοὺς κακῶς ἔχοντας, καὶ παρεκάλουν ἵνα ἅψωνται τοῦ κρασπέδου τοῦ ἱματίου αὐτοῦ, καὶ ὅσοι ἥψαντο ἐσώθησαν. Οὐδὲ γὰρ ὁμοίως ὡς πρότερον προσῄεσαν, εἰς τὰς οἰκίας αὐτὸν ἕλκοντες, καὶ χειρὸς ἀφὴν ἐπιζητοῦντες, καὶ πρόσταγμα διὰ ῥημάτων· ἀλλ' ὑψηλότερον [c] καὶ φιλοσοφώτερον, καὶ μετὰ πλείονος τῆς πίστεως τὴν θεραπείαν ἐπεσπῶντο. Ἡ γὰρ αἱμοῤῥοοῦσα ἅπαντας ἐδίδαξε φιλοσοφεῖν. Δεικνὺς δὲ ὁ εὐαγγελιστὴς, ὅτι καὶ ἀπὸ πολλοῦ χρόνου τοῖς μέρεσιν ἐπέβη, φησὶν, ὅτι Ἐπιγνόντες οἱ ἄνδρες τοῦ τόπου ἀπέστειλαν εἰς τὴν περίχωρον, καὶ προσήνεγκαν αὐτῷ τοὺς κακῶς ἔχοντας. Ἀλλ' ὅμως ὁ χρόνος οὐ μόνον οὐκ ἔξέλυσε τὴν πίστιν, ἀλλὰ καὶ μείζονα εἰργάσατο, καὶ ἀκμάζουσαν διετήρησεν. Ἁψώμεθα τοίνυν καὶ ἡμεῖς τοῦ κρασπέδου τοῦ ἱματίου αὐτοῦ· μᾶλλον δὲ, ἐὰν θέλωμεν, ὅλον αὐτὸν ἔχομεν. Καὶ γὰρ καὶ τὸ σῶμα αὐτοῦ πρόκειται νῦν ἡμῖν· οὐ τὸ ἱμάτιον μόνον, ἀλλὰ καὶ τὸ σῶμα· οὐχ ὥστε ἅψασθαι μόνον, ἀλλ' ὥστε καὶ [d] φαγεῖν καὶ ἐμφορηθῆναι. Προσερχώμεθα τοίνυν μετὰ πίστεως, ἕκαστος ἀσθένειαν ἔχων. Εἰ γὰρ οἱ τοῦ κρασπέδου τοῦ ἱματίου αὐτοῦ ἁψάμενοι τοσαύτην εἵλκυσαν δύναμιν, πόσῳ μᾶλλον οἱ ὅλον αὐτὸν κατέχοντες; Τὸ δὲ προσελθεῖν μετὰ πίστεως οὐ τὸ λαβεῖν ἐστι μόνον τὸ προκείμενον, ἀλλὰ καὶ τὸ μετὰ καθαρᾶς καρδίας ἅψασθαι, τὸ οὕτω διακεῖσθαι ὡς αὐτῷ προσιόντας τῷ Χριστῷ. Τί γὰρ, εἰ μὴ φωνῆς ἀκούεις; Ἀλλ' ὁρᾷς αὐτὸν κείμενον· μᾶλλον δὲ καὶ φωνῆς αὐτοῦ ἀκούεις, φθεγγομένου αὐτοῦ διὰ τῶν εὐαγγελιστῶν.

Πιστεύσατε τοίνυν, ὅτι καὶ νῦν ἐκεῖνο τὸ δεῖπνόν ἐστιν, ἐν ᾧ αὐτὸς ἀνέκειτο. Οὐδὲν γὰρ ἐκεῖνο τούτου διενήνοχεν. Οὐδὲ γὰρ τοῦτο μὲν ἄνθρωπος ἐργάζεται, ἐκεῖνο δὲ αὐτὸς, ἀλλὰ καὶ τοῦτο κἀκεῖνο αὐτός. Ὅταν τοίνυν τὸν ἱερέα * ἐπιδιδοῦντά σοι ἴδῃς, μὴ τὸν ἱερέα νόμιζε τὸν τοῦτο ποιοῦντα, ἀλλὰ τὴν τοῦ Χριστοῦ χεῖρα εἶναι τὴν ἐκτεινομένην. Ὥσπερ γὰρ ὅταν βαπτίζῃ, οὐκ αὐτός σε βαπτίζει, ἀλλ' ὁ Θεός ἐστιν ὁ κατέχων σου τὴν κεφαλὴν ἀοράτῳ δυνάμει, καὶ οὔτε ἄγγελος, οὔτε ἀρχάγγελος, οὔτε ἄλλος τις τολμᾷ προσελθεῖν καὶ ἅψασθαι· οὕτω καὶ νῦν. Ὅταν γὰρ ὁ Θεὸς μόνος [a] ἀναγεννᾷ, αὐτοῦ μόνου ἐστὶν ἡ δωρεά. Οὐχ ὁρᾷς τοὺς υἱοποιουμένους ἐνταῦθα, πῶς οὐ δούλοις ἐπιτρέπουσι τὸ πρᾶγμα, ἀλλ' αὐτοὶ πάρεισι τῷ δικαστηρίῳ; Οὕτω καὶ ὁ Θεὸς οὐκ ἀγγέλοις ἐπέτρεψε τὴν

cum transfretassent, inquit, *venerunt in terram Genesaret*. 35. *Et cum cognovissent eum viri loci illius, miserunt in omnem circum regionem illam, et obtulerunt ei omnes male habentes*, 36. *et rogabant ut tangerent fimbriam vestimenti ejus, et quotquot tetigerunt, salvi facti sunt*. Non enim ut prius ipsum ad do-
D mos suas trahebant, nec quærebant ut manu tangeret, ac verbis imperaret: sed sublimius sapientiusque, ac cum majori fide curationem impetrabant. Nam ea quæ fluxum sanguinis patiebatur, omnibus philosophiæ hujus magistra fuit. Ut ostendat autem evangelista, jam a multo tempore ipsum in has partes venisse, ait: *Cum cognovissent viri loci illius, miserunt ad omnem circum regionem, et ægrotos offerebant ei*. Attamen tempus non modo non solvit fidem, sed et majorem
E effecit, et vigentem servavit. Tangamus ergo nos quoque fimbriam vestimenti ejus; imo, si velimus, totum ipsum habemus. Nam corpus nunc nobis propositum est; non vestimentum tantum, sed corpus; non ut tangamus solum, sed etiam ut comedamus, et satiemur. Accedamus itaque cum fide, singuli ægrotantes. Nam si ii qui in fimbriam vestimenti ejus tangebant, tantam sibi at-
517 A traxere virtutem, quanto magis ii qui totum ipsum tenent? Accedere autem cum fide non est tantum propositum corpus accipere; sed cum puro corde tangere, atque ita affectum esse, ac si ad ipsum Christum accedas. Quid enim, si vocem ejus non audis? At vides illum jacentem, imo vero vocem ejus audis, loquentis per evangelistas.

Ipsum Christi corpus comeditur.

3. Credite igitur, nunc illam cœnam celebrari, in qua ipse recumbebat. Nihil quippe hæc ab illa differt. Neque enim hanc homo efficit, illam Christus, sed hic ipse utramque. Quando igitur sacerdotem tibi præbentem vides, ne putes sacerdotem
B hoc facere; sed Christi manum esse quæ extenditur. Sicut enim cum sacerdos baptizat, non ipse baptizat, sed Deus, qui caput tuum invisibili virtute tenet, ac neque angelus, neque archangelus, nec alius quispiam audet accedere et te tangere: sic et nunc. Nam cum Deus solus regenerat, id Dei solius donum est. Nonne vides eos qui hinc in filios adoptantur, quomodo non rem servis committant, sed ipsi ad forum judiciale adsint? Sic Deus non angelis hoc munus commisit: sed

[c] Alii καὶ πολλῷ φιλοσοφώτερον.

[d] Morel. male φαγῆναι. [Paulo ante Savil. ὅλον αὐτὸν ἔχομεν, quod expressit Interpres, et nos recepimus. Commelin. et Montf. ἔχωμεν.]

* [Savil. in marg. γρ. ἐπιδιδόντα.]

[a] Omnes pene Manuscripti ὁ Θεὸς ἀναγεννᾷ, *regenerat*, et sic utique legendum. Morel. et Savil. ὁ Θεὸς γεννᾷ.

Matth. 23. 9. ipse adest jubens et dicens : *Nolite vocare patrem super terram;* non ut parentes contemnat; sed ut illis omnibus factorem tuum anteponas, qui te inter filios suos adscripsit. Nam qui id quod majus erat dedit, hoc est, seipsum, multo magis dignabitur suum tibi tradere corpus. Audiamus igitur, et sacerdotes, et subditi eis, quanto munere dignati simus; audiamus, et perhorrescamus. Sacras nobis carnes suas comedendas dedit, seipsum apposuit immolatum. Quæ igitur nobis excusatio erit, cum tali pasti cibo, taliter peccemus? cum agnum comedentes, lupi efficimur? cum ovem manducantes, instar leonum rapimus? Hoc quippe mysterium non solum a rapina, sed etiam a levi inimicitia puros semper esse jubet. Nam hoc mysterium, pacis est mysterium : nec sinit divitiis esse addictos. Nam si ipse propter nos sibi ipsi non pepercit, quo erimus digni supplicio si divitiis parcamus, animamque negligamus, pro qua ipse sibi ipsi non pepercit? Judæis quidem quotannis in memoriam beneficiorum suorum solemnitates Deus instituit; tibi vero singulis pene diebus per hæc sacra mysteria. Ne igitur crucem erubescas : hæc quippe sunt decora nostra, hæc nostra mysteria, hoc ornamur munere, hoc gloriamur. Si dixero, Cælum et terram extendit, mare effudit, prophetas et angelos misit, nihil huic rei par dixero. Hoc quippe caput est bonorum omnium, quod Filio suo non pepercerit, ut servos abalienatos servaret. Nullus ergo Judas hanc adeat mensam; nullus Simon : ambo enim per avaritiam perierunt. Fugiamus itaque hoc barathrum, neque putemus nobis satis esse ad salutem, si postquam viduas et pupillos exspoliavimus, poculum aureum et gemmis ornatum mensæ offeramus. Nam si vis hoc sacrificium honorare, animam offer, ob quam Christus immolatus est : hanc facito auream : si vero ipsa sit plumbo et testa deterior, vas autem aureum sit, quid inde lucri? Ne igitur hoc curemus solum ut aurea vasa offeramus, sed ut ex justis laboribus. Hæc quippe sunt auro pretiosiora, quæ non ex avaritia et rapina parta sunt. Neque enim auri vel argenti officina est ecclesia, sed angelorum celebritas : quare animabus nobis est opus : nam hæc vasa propter animas admittit Deus. Non erat argentea mensa illa, nec aureus calix in quo sanguinem suum discipulis Christus dedit : sed tamen omnia illa pre-

δωρεάν, ἀλλ' αὐτὸς πάρεστι κελεύων καὶ λέγων· Μὴ καλέσητε πατέρα ἐπὶ τῆς γῆς· οὐχ ἵνα ἀτιμάσῃ τοὺς
C γεγεννηκότας, ἀλλ' ἵνα πάντων ἐκείνων [b] προθῇς τὸν ποιήσαντά σε καὶ ἐγγράψαντα εἰς τοὺς ἑαυτοῦ παῖδας. Ὁ γὰρ τὸ μεῖζον δοὺς, τουτέστιν, ἑαυτὸν παραθεὶς, πολλῷ μᾶλλον οὐκ ἀπαξιώσει καὶ διαδοῦναί σοι τὸ σῶμα. Ἀκούσωμεν τοίνυν, καὶ ἱερεῖς, καὶ ἀρχόμενοι, τίνος κατηξιώθημεν· ἀκούσωμεν, καὶ φρίξωμεν. Τῶν ἁγίων σαρκῶν αὐτοῦ ἐμπλησθῆναι ἔδωκεν ἡμῖν, ἑαυτὸν παρέθηκε τεθυμένον. Τίς οὖν ἔσται ἀπολογία ἡμῖν, ὅταν τοιαῦτα σιτούμενοι, τοιαῦτα ἁμαρτάνωμεν; ὅταν ἀρνίον ἐσθίοντες, λύκοι γενώμεθα; ὅταν πρόβατον σιτούμενοι, κατὰ τοὺς λέοντας ἁρπάζωμεν; Τοῦτο γὰρ τὸ μυστήριον οὐ μόνον ἁρπαγῆς, ἀλλὰ καὶ ψιλῆς
D ἔχθρας καθαρεύειν κελεύει διὰ παντός. Καὶ γὰρ εἰρήνης ἐστὶ μυστήριον τοῦτο τὸ μυστήριον· οὐκ ἀφίησιν ἀντιποιεῖσθαι χρημάτων. Εἰ γὰρ αὐτὸς ἑαυτοῦ οὐκ ἐφείσατο δι' ἡμᾶς, τίνος ἂν εἴημεν ἄξιοι, χρημάτων φειδόμενοι καὶ ψυχῆς ἀφειδοῦντες, ὑπὲρ ἧς ἐκεῖνος οὐκ ἐφείσατο ἑαυτοῦ; [c] Τοῖς μὲν Ἰουδαίοις κατ' ἐνιαυτὸν ὑπόμνημα τῶν οἰκείων εὐεργεσιῶν τὰς ἑορτὰς ἐνέδησεν ὁ Θεός· σοὶ δὲ καθ' ἑκάστην, ὡς εἰπεῖν, τὴν ἡμέραν διὰ τούτων τῶν μυστηρίων. Μὴ τοίνυν αἰσχύνου τὸν σταυρόν· ταῦτα γὰρ ἡμῶν ἐστι τὰ σεμνὰ,
E ταῦτα ἡμῶν τὰ μυστήρια, τούτῳ κοσμούμεθα τῷ δώρῳ, τούτῳ καλλωπιζόμεθα. Κἂν εἴπω, ὅτι τὸν οὐρανὸν ἔτεινε καὶ τὴν γῆν, καὶ τὴν θάλασσαν ἥπλωσε, προφήτας καὶ ἀγγέλους ἔπεμψεν, οὐδὲν ἐρῶ ἴσον. Τὸ γὰρ κεφάλαιον τῶν ἀγαθῶν τοῦτό ἐστιν, ὅτι τοῦ ἰδίου Υἱοῦ οὐκ ἐφείσατο, ἵνα τοὺς ἀλλοτριωθέντας οἰκέτας σώσῃ. Μηδεὶς τοίνυν Ἰούδας ταύτῃ προσίτω τῇ τραπέζῃ,
518 μηδεὶς Σίμων· καὶ γὰρ ἀμφότεροι διὰ φιλαργυρίαν
A ἀπώλοντο οὗτοι. Φύγωμεν τοίνυν τοῦτο τὸ βάραθρον, μηδὲ νομίζωμεν [a] ἀρκεῖν ἡμῖν εἰς σωτηρίαν, εἰ χήρας καὶ ὀρφανοὺς ἀποδύσαντες, ποτήριον χρυσοῦν καὶ λιθοκόλλητον προσενέγκωμεν τῇ τραπέζῃ. Εἰ γὰρ βούλει τιμῆσαι τὴν θυσίαν, τὴν ψυχὴν προσένεγκε, δι' ἣν καὶ ἐτύθη· ταύτην χρυσῆν ποίησον· ἂν δὲ αὕτη μένῃ μολίβδου καὶ ὀστράκου χείρων, τὸ δὲ σκεῦος χρυσοῦν, τί τὸ κέρδος; Μὴ τοίνυν τοῦτο σκοπῶμεν, ὅπως χρυσᾶ σκεύη [b] προσφέρωμεν μόνον, ἀλλ' ὅπως καὶ ἐκ δικαίων πόνων. Ταῦτα γάρ ἐστι τὰ καὶ χρυσῶν τιμιώτερα, τὰ
B χωρὶς πλεονεξίας. Οὐ γὰρ χρυσοχοεῖον, οὐδὲ ἀργυροκοπεῖόν ἐστιν ἡ ἐκκλησία, ἀλλὰ πανήγυρις ἀγγέλων· δι' ὃ ψυχῶν ἡμῖν δεῖ· καὶ γὰρ καὶ ταῦτα διὰ τὰς ψυχὰς προσίεται ὁ Θεός. Οὐκ ἦν ἡ τράπεζα ἐξ ἀργύρου τότε ἐκείνη, οὐδὲ τὸ ποτήριον χρυσοῦν, ἐξ οὗ ἔδωκε τοῖς μαθηταῖς ὁ Χριστὸς τὸ αἷμα τὸ ἑαυτοῦ· ἀλλὰ

[b] Hic multa omiserat Morel quæ ex Manuscriptis et ex Savil. restituta sunt.

[c] Alii τοῖς μὲν οὖν Ἰουδαίοις κατ' ἐνιαυτὸν ὑπομνήματα.

[a] Morel. ἀρκεῖν εἰς σωτηρίαν.

[b] Alii φέρωμεν.

[c] τίμια ἦν ἐκεῖνα πάντα καὶ φρικτὰ, ἐπειδὴ Πνεύματος ἔγεμε. Βούλει τιμῆσαι τοῦ Χριστοῦ τὸ σῶμα; Μὴ περιίδῃς αὐτὸν γυμνόν· μηδὲ ἐνταῦθα μὲν αὐτὸν σηρικοῖς ἱματίοις τιμήσῃς, ἔξω δὲ ὑπὸ κρυμοῦ καὶ γυμνότητος διαφθειρόμενον περιίδῃς. Ὁ γὰρ εἰπὼν, Τοῦτό μού ἐστι τὸ σῶμα, καὶ τῷ λόγῳ τὸ πρᾶγμα C βεβαιώσας, οὗτος εἶπε· Πεινῶντά με εἴδετε, καὶ οὐκ ἐθρέψατε· καὶ, Ἐφ' ὅσον οὐκ ἐποιήσατε ἑνὶ τούτων τῶν ἐλαχίστων; οὐδὲ ἐμοὶ ἐποιήσατε. Τοῦτο μὲν γὰρ οὐ δεῖται ἐπιβλημάτων, ἀλλὰ ψυχῆς καθαρᾶς· ἐκεῖνο δὲ πολλῆς δεῖται ἐπιμελείας. Μάθωμεν τοίνυν φιλοσοφεῖν, καὶ τὸν Χριστὸν τιμᾷν ὡς αὐτὸς βούλεται· τῷ γὰρ τιμουμένῳ τιμὴ ἡδίστη, ἣν αὐτὸς θέλει, οὐχ ἣν ἡμεῖς νομίζομεν. Ἐπεὶ καὶ Πέτρος τιμᾷν αὐτὸν ᾤετο τῷ κωλῦσαι νίψαι τοὺς πόδας, ἀλλ' οὐκ ἦν τιμὴ τὸ γινόμενον, ἀλλὰ τοὐναντίον. Οὕτω καὶ σὺ ταύτην αὐτὸν τίμα τὴν τιμὴν, ἣν αὐτὸς ἐνομοθέτησεν, εἰς πένητας D ἀναλίσκων τὸν πλοῦτον. Οὐδὲ γὰρ σκευῶν χρείαν ἔχει χρυσῶν ὁ Θεὸς, ἀλλὰ ψυχῶν χρυσῶν.

Καὶ ταῦτα λέγω, οὐ κωλύων ἀναθήματα κατασκευάζεσθαι τοιαῦτα· ἀξιῶν δὲ μετὰ τούτων, καὶ πρὸ τούτων, τὴν ἐλεημοσύνην ποιεῖν. Δέχεται μὲν γὰρ καὶ ταῦτα, πολλῷ μᾶλλον δὲ ἐκεῖνα. Ἐνταῦθα μὲν γὰρ ὁ προσενεγκὼν ὠφελήθη μόνον, ἐκεῖ δὲ καὶ ὁ λαβών. Ἐνταῦθα δοκεῖ καὶ φιλοτιμίας ἀφορμὴ τὸ πρᾶγμα εἶναι· ἐκεῖ δὲ ἐλεημοσύνη καὶ φιλανθρωπία τὸ πᾶν ἐστι. Τί γὰρ ὄφελος, ὅταν ἡ τράπεζα αὐτῷ γέμῃ χρυσῶν ποτηρίων, αὐτὸς δὲ λιμῷ διαφθείρηται; Πρό- E τερον αὐτὸν ἔμπλησον πεινῶντα, καὶ τότε ἐκ περιουσίας καὶ τὴν τράπεζαν αὐτοῦ κόσμησον. Ποτήριον χρυσοῦν ποιεῖς, καὶ [d] ποτήριον ψυχροῦ οὐ δίδως; Καὶ τί τὸ ὄφελος χρυσόπαστα ἐπιβλήματα κατασκευάζειν τῇ τραπέζῃ, αὐτῷ δὲ μηδὲ τὴν ἀναγκαίαν παρέχειν σκέπην; καὶ τί τὸ κέρδος ἐκ τούτου; Εἰπὲ γάρ μοι· εἴ τινα ἰδὼν τῆς ἀναγκαίας ἀποροῦντα τροφῆς, ἀφεὶς αὐτῷ λῦσαι τὸν λιμὸν, τὴν τράπεζαν ἀργύρῳ περιέβαλες μόνον, ἆρα ἂν ἔγνω σοι χάριν, ἀλλ' οὐχὶ μᾶλλον 519 A ἠγανάκτησε; Τί δὲ, [a] εἰ ῥάκιον περιβεβλημένον ὁρῶν, καὶ ὑπὸ κρυμοῦ πηγνύμενον, ἀφεὶς αὐτῷ δοῦναι ἱμάτιον, κίονας κατασκευάζεις χρυσοῦς, λέγων εἰς ἐκείνου τιμὴν ποιεῖν; οὐκ ἂν σε καὶ εἰρωνεύεσθαι ἔφη, καὶ ὕβριν ἐνόμισε ταύτην ἐσχάτην; Τοῦτο καὶ ἐπὶ τοῦ Χριστοῦ λογίζου, ὅταν ἀλήτης καὶ ξένος περιέρχηται, δεόμενος ὀροφῆς· σὺ δὲ αὐτὸν ἀφεὶς ὑποδέξασθαι, ἔδαφος καλλωπίζεις καὶ τοίχους καὶ κιόνων κεφαλὰς, καὶ ἀργυρᾶς ἁλύσεις διὰ λαμπάδων ἐξάπτεις, αὐτὸν δὲ ἐν δεσμωτηρίῳ δεδεμένον μηδὲ ἰδεῖν ἐθέλεις. Καὶ ταῦτα λέγω, οὐχὶ κωλύων καὶ ἐν τούτοις φιλοτιμεῖσθαι, ἀλλὰ

[c] Morel. τίμια ἦν καὶ φρικτά. Infra idem ὑπὸ κρυμνοῦ.
[d] Morel. ποτήριον ψυχροῦν.

tiosa erant et tremenda, quia omnia Spiritu repleta erant. Vis corpus Christi honorare? Non despicias ipsum nudum: neque hic sericis vestibus honores, foris autem frigore ac nuditate afflictum negligas. Nam is qui dixit, *Hoc est corpus meum*, Matth. 26. 26.
et verbo rem firmavit, idem ipse dixit: *Esurientem me vidistis, et non nutrivistis;* et, *In quantum non fecistis uni horum minimorum, nec mihi fecistis*. Matth. 25. 42. 45. Hoc certe non opus habet amictu, sed puro animo; illud autem magna opus habet cura. Discamus itaque philosophari, et Christum honorare ut ipse vult: nam ei, qui honoratur, honor ille suavissimus, quem ipse optat, non quem nos putamus. Siquidem Petrus se illum honorare Joan. 13. 8.
putabat, cum cohiberet ne pedes suos lavaret; sed id quod volebat non erat honor, sed secus omnino. Sic et tu illum ipsi exhibe honorem quem lege præcepit, divitias tuas pauperibus erogans. Neque enim vasis aureis opus habet Deus, sed animabus aureis.

4. Hoc porro dico, non quod prohibeam ne talia munera apparentur, sed postulans, ut cum his et ante hæc eleemosyna erogetur. Nam hæc quidem accipit, sed multo magis illa. In his enim is qui offert solus utilitatem habet, ibi vero etiam is qui accipit. Hic videtur donum esse ostentationis occasio; ibi eleemosyna et benignitas tantum est. Eleemosynam qui dat, Christo dat. Quæ enim utilitas si mensa Christi sit aureis poculis onusta, ipse vero fame pereat? Primo esurientem imple, et tunc ex superabundanti mensam ejus exorna. Aureum calicem facis, et calicem aquæ non das? Et quid opus est auro intexta velamina mensæ apparare, ipsi vero ne quidem necessarium tegumentum præbere? quid inde lucri? Nam dic mihi: si quem videres necessario egentem cibo, et ipso sic relicto, mensam auro circumdares tantum, an tibi gratias haberet, annon potius indignaretur? Quid vero, si illum videres detritis pannis indutum et frigore rigentem, et missis vestibus, aureas ipsi columnas erigeres, dicens id te in ejus honorem facere? nonne dixerit te et simulate agere, et id habuerit pro indignissima contumelia? Hoc etiam circa Christum reputa, cum errabundus et peregrinus circumit, tecto indigens; tu autem illo in hospitem non admisso, pavimentum exornas et parietes columnarumque capitella, et argenteas catenas lampadibus alligas, ipsum vero in carcere ne videre quidem sustines. Hæc porro dico non prohibens ut hæc

[a] Alii εἰ ῥάκια. Mox Morel. ὑπὸ κρυμνοῦ.

ornamenta adhibeantur; sed ut hæc etiam cum
aliis curentur; imo hortor ut hæc prius quam alia
fiant. Nemo enim, quod isthæc non faceret, accusatus umquam fuit; illa vero negligentibus gehenna destinatur et ignis inexstinguibilis, et supplicium cum dæmonibus sustinendum. Ne itaque
dum domum exornas, afflictum fratrem despicias:
nam hoc templum illo pretiosius. Hæc quippe
cimelia poterunt, vel reges infideles, vel tyranni,
vel fures auferre; quæcumque vero benigne in
fratrem facies esurientem, peregrinum, nudum, ne
diabolus quidem poterit auferre, sed in thesauro
Matth. 26. 11. manebit intacto. Quid igitur ait ille? *Pauperes
vobiscum semper habetis, me autem semper
non habetis.* Ideo enim maxime misericordia moveri oportet, quia non semper habemus illum esurientem, sed in præsenti tantum vita. Quod si
velis totam dicti ejus sententiam ediscere, audi.
Hoc ad discipulos dictum non fuit, etiamsi ita videatur, sed imbecillitati mulieris adaptatum est.
Quia enim adhuc imperfectior erat, illi vero ipsi
molesti erant, ut illam solaretur hæc dicebat. Id
Ibid. v. 10. vero patet ex iis quæ dixit: *Quid molesti estis
huic mulieri?* Quod autem ipsum semper nobis-
Matth. 28. 20. cum habeamus sic ille dixit: *Ecce ego vobiscum
sum omnibus diebus usque ad consummatio-
nem sæculi.* Ex quibus omnibus liquet, ipsum non
alia de causa hæc dixisse, nisi ut mulieris fidem,
quæ tunc pullulabat, discipulorum increpatio non
læderet. Ne igitur hæc in medium nunc afferamus,
quæ per œconomiam dicta sunt, sed leges omnes
quæ in nova, quæ in veteri lege sunt legentes,
multam ea in re curam impendamus. Hoc enim a
Luc. 11. 41. peccato purgat: nam ait: *Date eleemosynam,
et omnia vobis munda erunt.* Hæc sacrificio
Osee 6. 6. major est, *Misericordiam* quippe *volo, et non
Act. 10. 4. sacrificium.* Hoc cælos aperit: *Orationes,* inquit,
*tuæ et eleemosynæ tuæ ascenderunt in memo-
riam in conspectu Dei.* Hoc magis necessarium
Matth. 25. 8. est quam virginitas; nam eleemosyna neglecta illæ
expulsæ ex thalamo fuerunt; aliæ vero ingressæ
sunt. Quæ omnia cum sciamus, seminemus largiter,
ut cum majori copia metamus, et futura consequamur bona, gratia et benignitate Domini nostri
Jesu Christi, cui gloria in sæcula. Amen.

ταῦτα μετ' ἐκείνων, μᾶλλον δὲ ταῦτα πρὸ ἐκείνων
B παραινῶν ποιεῖν. Ὑπὲρ μὲν γὰρ τοῦ ταῦτα μὴ ποιῆσαι
οὐδεὶς ἐνεκλήθη ποτέ· ὑπὲρ δὲ ἐκείνων καὶ γέεννα
ἠπείληται, καὶ πῦρ ἄσβεστον, καὶ ἡ μετὰ δαιμόνων
τιμωρία. Μὴ τοίνυν τὸν οἶκον κοσμῶν τὸν ἀδελφὸν θλι-
βόμενον περιόρα· οὗτος γὰρ ἐκείνου [b] ὁ ναὸς τιμιώτερος. Καὶ ταῦτα μὲν καὶ βασιλεῖς ἄπιστοι, καὶ τύραννοι,
καὶ λῃσταὶ δυνήσονται λαβεῖν τὰ κειμήλια· ὅσα δὲ ἂν
εἰς τὸν ἀδελφὸν ποιήσῃς πεινῶντα καὶ ξένον ὄντα καὶ
γυμνὸν, οὐδὲ ὁ διάβολος συλῆσαι δυνήσεται, ἀλλ' ἐν
ἀσύλῳ κείσεται θησαυρῷ. Τί οὖν αὐτός φησι; Τοὺς
πτωχοὺς πάντοτε ἔχετε μεθ' ἑαυτῶν, ἐμὲ δὲ οὐ πάντοτε ἔχετε. Διὰ γὰρ τοῦτο μάλιστα ἐλεεῖν δεῖ, ὅτι
οὐ πάντοτε ἔχομεν αὐτὸν πεινῶντα, ἀλλ' ἐν τῷ πα-
C ρόντι βίῳ μόνον. Εἰ δὲ βούλει τοῦ εἰρημένου τὴν
διάνοιαν πᾶσαν μαθεῖν, ἄκουσον. Τοῦτο οὐ πρὸς τοὺς
μαθητὰς εἴρηται, εἰ καὶ οὕτω δοκεῖ, ἀλλὰ πρὸς τὴν
ἀσθένειαν τῆς γυναικός. Ἐπειδὴ γὰρ ἀτελέστερον ἔτι
διέκειτο, ἐκεῖνοι δὲ αὐτὴν διηπόρουν, ἀνακτώμενος
αὐτὴν ταῦτα ἔλεγεν. Ὅτι γὰρ ἐκείνην παραμυθούμενος ταῦτα ἔφη, ἐπήγαγε· Τί κόπους παρέχετε τῇ
γυναικί; [c] Ὅτι γὰρ καὶ αὐτὸν ἀεὶ μεθ' ἡμῶν ἔχομεν,
φησί· Ἰδοὺ ἐγὼ μεθ' ὑμῶν εἰμι πάσας τὰς ἡμέρας
ἕως τῆς συντελείας τοῦ αἰῶνος. Ἐξ ὧν ἁπάντων δῆλον,
D ὅτι δι' οὐδὲν ἕτερον ἐλέγετο ταῦτα, ἀλλ' ἵνα τὴν πίστιν
τῆς γυναικὸς, τὴν τότε βλαστήσασαν, μὴ καταμαράνῃ
ἡ τῶν μαθητῶν ἐπιτίμησις. Μὴ τοίνυν ταῦτα εἰς μέσον
φέρωμεν νῦν, ἃ διά τινα οἰκονομίαν εἴρηται· ἀλλὰ τοὺς
νόμους ἅπαντας, τοὺς ἐν τῇ Καινῇ, τοὺς ἐν τῇ Παλαιᾷ
περὶ ἐλεημοσύνης αὐτῷ κειμένους ἀναγνόντες, πολλὴν
ὑπὲρ τοῦ πράγματος τούτου ποιώμεθα σπουδήν. Τοῦτο
γὰρ καὶ ἁμαρτίας καθαίρει· Δότε γὰρ, φησὶν, ἐλεημοσύνην, καὶ πάντα ὑμῖν ἔσται καθαρά. Τοῦτο θυσίας
μεῖζον· Ἔλεον γὰρ θέλω καὶ οὐ θυσίαν. Τοῦτο τοὺς
οὐρανοὺς ἀνοίγνυσιν· [d] Αἱ εὐχαί γάρ σου καὶ αἱ ἐλεη-
E μοσύναι σου ἀνέβησαν εἰς μνημόσυνον ἐνώπιον τοῦ
Θεοῦ. Τοῦτο παρθενίας ἀναγκαιότερον· οὕτω γὰρ ἐξε-
βλήθησαν τοῦ νυμφῶνος ἐκεῖναι· οὕτως αἱ ἄλλαι
[e] εἰσηνέχθησαν. Ἅπερ ἅπαντα συνειδότες σπείρωμεν
φιλοτίμως, ἵνα μετὰ πλείονος θερίσωμεν δαψιλείας,
καὶ τῶν μελλόντων ἐπιτύχωμεν ἀγαθῶν, [f] χάριτι καὶ
φιλανθρωπίᾳ τοῦ Κυρίου ἡμῶν Ἰησοῦ Χριστοῦ, ᾧ ἡ
δόξα εἰς τοὺς αἰῶνας. Ἀμήν.

[b] Quidam ὁ ναὸς τιμιώτερος. Alii κυριώτερος.
[c] Alii et Morel. ὅτι δὲ καὶ αὐτόν.
[d] Morel. αἱ εὐχαὶ αἱ ἐλεημοσύναι.
[e] Quidam εἰσήχθησαν.
[f] Alii χάριτι καὶ οἰκτιρμοῖς.

ΟΜΙΛΙΑ να'.

520 A

Τότε προσέρχονται τῷ Ἰησοῦ οἱ ἀπὸ Ἱεροσολύμων γραμματεῖς καὶ Φαρισαῖοι λέγοντες, διατί, καὶ τὰ ἑξῆς.

Τότε· πότε; Ὅτε τὰ μυρία σημεῖα εἰργάσατο, ὅτε τοὺς ἀῤῥώστους ἐθεράπευσεν ἐκ τῆς ἀφῆς τοῦ κρασπέδου. Διὰ γὰρ τοῦτο καὶ ὁ εὐαγγελιστὴς ἐπισημαίνεται τὸν καιρὸν, ἵνα ἐνδείξηται τὴν ἄφατον αὐτῶν πονηρίαν οὐδενὶ εἴκουσαν. Τί δέ ἐστιν, Οἱ ἀπὸ Ἱεροσολύμων γραμματεῖς καὶ Φαρισαῖοι; [a] Ὅτι πανταχοῦ τῶν φυλῶν ἦσαν διεσπαρμένοι, καὶ εἰς δώδεκα διῃρημένοι μέρη· ἀλλ' οἱ τὴν μητρόπολιν ἔχοντες πονηρότεροι τῶν ἄλλων ἦσαν, ἅτε καὶ πλείονος ἀπολαύοντες τιμῆς, καὶ πολὺν κεκτημένοι τὸν τῦφον. Θέα δέ μοι πῶς καὶ ἀπὸ τῆς ἐρωτήσεως αὐτῆς ἁλίσκονται. Οὐδὲ γὰρ λέγουσι, διὰ τί παραβαίνουσι τὸν νόμον Μωϋσέως; ἀλλὰ, Τὴν παράδοσιν τῶν πρεσβυτέρων; Ὅθεν δῆλον, ὅτι πολλὰ ἐκαινοτόμουν οἱ ἱερεῖς, καίτοι Μωϋσέως μετὰ πολλοῦ τοῦ φόβου καὶ μετὰ πολλῆς τῆς ἀπειλῆς ἐπισκήψαντος ὥστε μήτε προσθεῖναι, μήτε ἀφελεῖν. Οὐ προσθήσετε γὰρ πρὸς τὸ ῥῆμα, ὃ ἐγὼ ἐντέλλομαι ὑμῖν σήμερον, καὶ οὐκ ἀφελεῖτε ἀπ' αὐτοῦ. Ἀλλ' οὐδὲν ἧττον ἐκαινοτόμουν· οἷον δὴ καὶ τοῦτο ἦν, τὸ μὴ δεῖν ἀνίπτοις χερσὶν ἐσθίειν, τὸ ποτήριον βαπτίζειν καὶ χαλκεῖα, τὸ καὶ αὐτοὺς βαπτίζεσθαι. Ὅτε γὰρ ἔδει λοιπὸν αὐτοὺς ἀπαλλαγῆναι τῶν παρατηρήσεων, τοῦ χρόνου προελθόντος, τότε αὐτοὺς μᾶλλον πλείοσιν ἔδησαν ταῖς παρατηρήσεσι, δεδοικότες μή τις αὐτῶν ἀφέληται τὴν ἀρχὴν, καὶ φοβερώτεροι εἶναι βουλόμενοι, ὡς δὴ καὶ αὐτοὶ νομοθέται. Εἰς τοσοῦτον οὖν προῆλθε παρανομίας τὸ πρᾶγμα, ὡς τὰς μὲν αὐτῶν φυλάττεσθαι ἐντολὰς, τὰς δὲ τοῦ Θεοῦ παραβαίνεσθαι· καὶ τοσοῦτον ἐκράτουν, ὥστε μὴ κατηγορίαν λοιπὸν τὸ πρᾶγμα εἶναι, ὅπερ διπλοῦν κατ' αὐτῶν ἔγκλημα ἦν, ὅτι τε ἐκαινοτόμουν, καὶ ὅτι οὕτως ἐξεδίκουν τὰ ἑαυτῶν, τοῦ Θεοῦ οὐδένα ποιούμενοι λόγον. Καὶ ἀφέντες τὰ ἄλλα εἰπεῖν, τοὺς ξέστας καὶ τὰ χαλκεῖα, καταγέλαστα γὰρ ἦν, ὃ τῶν ἄλλων ἐδόκει μᾶλλον λόγον ἔχειν, τοῦτο εἰς μέσον προφέρουσιν, οὕτως, ὡς ἔμοιγε δοκεῖ, εἰς ὀργὴν αὐτὸν ἐξάγειν βουλόμενοι. Διὸ καὶ τῶν πρεσβυτέρων ἐμνημόνευον, ἵνα ὡς ἐξουδενῶν αὐτοὺς παράσχῃ καθ' ἑαυτοῦ λαβήν. Ἄξιον δὲ πρῶτον ἐξετάσαι, διατί καὶ οἱ μαθηταὶ χερσὶν [b] ἀνίπτοις ἤσθιον. Οὐχ ἐπιτηδεύοντες τοῦτο, ἀλλ' ὑπερορῶντες λοιπὸν τῶν πε-

HOMIL. LI. al. LII.

Cap. XV. v. 1. *Tunc accesserunt ad Jesum a Jerosolymis scribæ et Pharisæi dicentes, Quare*, etc.

1. *Tunc* : quandonam? Cum mille signa fecit; cum infirmos ex tactu fimbriæ curavit. Ideo enim evangelista tempus indicat, ut ipsorum ingentem nequitiam ostendat nulli cedentem. Quid B sibi vult illud, *Ab Jerosolymis scribæ et Pharisæi?* Quia in omnibus tribubus dispersi erant, et in duodecim partes divisi : sed Jerosolymitani cæteris nequiores erant, ut qui majori fruerentur honore, et plurimum sibi arrogarent. Perpende autem quomodo ex ipsa sua interrogatione capiantur. Neque enim dicunt, Cur transgrediuntur legem Moysis? sed, *Traditionem seniorum?* Unde palam est, multa sacerdotes innovasse, etiamsi Moyses magno terrore, multisque minis adhibitis vetuisset ne quid adderent, vel demerent. C *Non adjicietis ad verbum, quod ego præcipio* (Deut. 4. 2.) *vobis hodie, nec auferetis ab eo.* Nihiloque minus nova inducebant; ut hoc erat, ne illotis manibus comederent, ut pocula et vasa ænea abluerent, ut sese baptizarent. Quo tempore autem oportebat illos ab hujusmodi observationibus sese expedire, tunc se illi magis iisdem obligarunt, metuentes ne quis sibi principatum abriperet; et formidabiliores haberi volebant, utpote legislatores. In tantam ergo iniquitatem res processit, ut præcepta quidem sua servarentur, Dei vero mandata violarentur : et tantum illi prævaD luerant, ut nullus ea de causa in crimen vocaretur, qua in re duplicem illi culpam contrahebant, et quod innovarent, et quod sic sua vindicarent, Dei nullam habentes rationem. Prætermissis vero aliis, sextariis nempe et vasis æneis, quæ ridicula erant, quod præcipuum videbatur in medium proferunt, quo illum, ut mihi quidem videtur, in iram concitarent. Quamobrem seniorum meminerunt, ut quasi illos despiceret, hinc ansam accusandi præberet. Examinandum primo est, cur, discipuli illotis manibus manducarent. Non de industria id agebant, sed quod illa superflua respueE rent, dum necessariis attenderent : nec pro lege ha-

[a] ὅτι deest in Savil. et in quibusdam Manuscriptis.

[b] Unus Codex ἀνίπτοις ἤσθιον. τίνος οὖν ἕνεκεν οὕτως ἤσθιον; non male.

bebant lotis aut illotis manibus comedere, sed utrumque ut sese occasio dabat agebant. Nam qui necessarium quoque cibum despiciebant, quomodo hæc accurate servassent? Quia igitur plerumque contingebat ut in promptu, et quasi fortuito id facerent, ut cum in deserto comedebant, et cum spicas vellebant, id quasi crimen proferunt, qui majora semper negligebant, et superflua admodum curabant. Quid igitur Christus? Non illud attendit, neque criminationem depulit, sed statim recriminatus est, ut audaciam illorum reprimeret, ostenderetque, eum qui in majoribus peccat, minora in aliis non tanta cura explorare debere. Vos accusari oportebat, et accusatis. Tu vero observes velim, quomodo cum aliquid ex legalibus solvere vult, quasi sese excusando id faciat; quod et tunc fecit. Non enim statim ad transgressionem procedit, neque dicit, Id nihil est; alioquin vero illos ferociores reddidisset: sed prius illorum audaciam retundit, longe majus crimen in medium proferens, et in ipsorum caput retorquens. Neque dicit, recte illos facere dum transgrediuntur, ne ansam illis præbeat; neque ideo objurgat, ne videatur legem firmare; neque rursus seniores accusat ut iniquos, ut scelestos; alioquin enim ut conviciatorem illum aversarentur: verum missis illis omnibus, alia via procedit; ac videtur quidem accedentes increpare, sed perstringit eos qui hujusmodi leges posuerant; seniores nusquam memorans, sed in accusatione contra hos instituta, illos quoque dejiciens, ostendensque, duplex esse peccatum, quod et Deo non obsequerentur, et quod propter homines id facerent; ac si diceret: Hoc enim ipsum et vos et illos perdidit, quod in omni re senioribus morem geratis; sed non hoc dicit, illud autem ipsum subindicat, dum sic ipsis respondet. 3. *Quare etiam vos transgredimini mandatum Dei propter traditionem vestram? Deus enim præcepit: 4. Honora patrem et matrem; et, Qui maledixerit patri vel matri, morte moriatur.* 5. *Vos autem dicitis: Quicumque dixerit patri vel matri, Munus quodcumque est ex me tibi proderit,* 6. *et non honorabit patrem suum vel matrem suam; et irritum fecistis mandatum Dei propter traditionem vestram.*

Exod. 20. 12. et 21. 17.

2. Non dicit, Seniorum traditionem, sed, *Vestram*, et *Vos dicitis;* non dixit, Seniores, ut

ριττῶν, καὶ τοῖς ἀναγκαίοις προσέχοντες· οὔτε τὸ νίπτεσθαι, οὔτε τὸ μὴ νίπτεσθαι νόμον ἔχοντες, ἀλλ' ὡς ἔτυχεν ἑκάτερον ποιοῦντες. Οἱ γὰρ καὶ αὐτῆς τῆς ἀναγκαίας τροφῆς καταφρονοῦντες, πῶς ἔμελλον ταῦτα περισπούδαστα ἔχειν; Ἐπεὶ οὖν συνέβαινε πολλάκις 521 τοῦτο ἀπὸ ταὐτομάτου γίνεσθαι, οἷον ὡς ὅτε ἐν τῇ ἐρή- A μῳ ἤσθιον, ὡς ὅτε τοὺς ἀστάχυας ἔτιλλον, ἀντ' ἐγκλήματος αὐτὸ προβάλλονται, οἱ τὰ μεγάλα ἀεὶ [a] παρατρέχοντες, καὶ τῶν περιττῶν πολὺν ποιούμενοι λόγον. Τί οὖν ὁ Χριστός; Οὐκ ἔστη πρὸς τοῦτο, οὐδὲ ἀπελογήσατο, ἀλλ' εὐθέως ἀντεγκαλεῖ, κατασπῶν αὐτῶν τὴν παῤῥησίαν, καὶ δεικνὺς, ὅτι τὸν μεγάλα ἁμαρτάνοντα ὑπὲρ μικρῶν πρὸς ἑτέρους ἀκριβολογεῖσθαι οὐ χρή. Δέον γὰρ ὑμᾶς ἐγκαλεῖσθαι, φησὶ, καὶ ἐγκαλεῖτε. Σὺ δὲ παρατήρει, πῶς ὅταν τι βούληται λῦσαι τῶν νομίμων, ἐν τάξει ἀπολογίας αὐτὸ ποιεῖ· ὅπερ καὶ τότε ἐποίησεν. Οὐδὲ γὰρ εὐθέως ἐπὶ τὴν παράβασιν ἔρχεται, οὐδὲ λέγει, οὐδέν ἐστιν· ἢ γὰρ ἂν θρασυτέρους B εἰργάσατο· ἀλλὰ πρῶτον ἐκκόπτει αὐτῶν τὴν θρασύτητα, τὸ πολλῷ μεῖζον ἔγκλημα εἰς μέσον ἄγων, καὶ εἰς τὴν ἐκείνων περιέλκων κεφαλήν. Καὶ οὔτε λέγει, ὅτι καλῶς ποιοῦσι παραβαίνοντες, ἵνα μὴ δῷ λαβὴν αὐτοῖς· οὔτε κακίζει τὸ γινόμενον, ἵνα μὴ βεβαιώσῃ τὸν νόμον· οὐδ' αὖ πάλιν κατηγορεῖ τῶν πρεσβυτέρων, ὡς παρανόμων καὶ μιαρῶν· ἢ γὰρ ἂν ὡς λοίδορον καὶ ὑβριστὴν ἀπεστράφησαν· ἀλλὰ πάντα ταῦτα ἀφεὶς, ἑτέραν ὁδὸν ἔρχεται· καὶ δοκεῖ μὲν αὐτοῖς ἐπιτιμᾷν τοῖς [b] παραγινομένοις, καθάπτεται δὲ τῶν ταῦτα νομοθετησάντων· τῶν μὲν πρεσβυτέρων οὐδαμοῦ μνημονεύων, ἐν δὲ τῇ πρὸς τούτους κατηγορίᾳ κἀκείνους C καταβάλλων, καὶ [c] δεικνὺς, ὅτι διπλοῦν τὸ ἁμάρτημα, ὅτι καὶ τῷ Θεῷ οὐ πείθονται, καὶ δι' ἀνθρώπους τοῦτο ποιοῦσιν· ὡσανεὶ ἔλεγε· [d] τοῦτο γὰρ αὐτὸ ὑμᾶς κἀκείνους ἀπώλεσε, τοῦτο, τὸ πάντα πείθεσθαι τοῖς πρεσβυτέροις· ἀλλ' οὐ λέγει οὕτω, τοῦτο δὲ αὐτὸ αἰνίττεται, οὕτως αὐτοῖς ἀποκριθείς· Διατί καὶ ὑμεῖς παραβαίνετε τὴν ἐντολὴν τοῦ Θεοῦ διὰ τὴν παράδοσιν ὑμῶν; ὁ γὰρ Θεὸς ἐνετείλατο· Τίμα τὸν πατέρα καὶ τὴν μητέρα· καὶ, Ὁ κακολογῶν πατέρα ἢ μητέρα, θανάτῳ τελευτάτω. Ὑμεῖς δὲ λέγετε· ὃς ἂν εἴπῃ τῷ πατρὶ ἢ τῇ μητρὶ, δῶρον ὃ ἐὰν ἐξ ἐμοῦ ὠφεληθῇς, καὶ οὐ μὴ τιμήσῃ τὸν πατέρα καὶ τὴν μητέρα· καὶ D [e] ἠκυρώσατε τὴν ἐντολὴν τοῦ Θεοῦ διὰ τὴν παράδοσιν ὑμῶν.

Καὶ οὐκ εἶπε, τῶν πρεσβυτέρων, ἀλλ', Ὑμῶν, καὶ, Ὑμεῖς λέγετε· καὶ οὐκ εἶπε, οἱ πρεσβύτεροι,

[a] Alii παραβλέποντες.

[b] Quidam παραγενομένοις.

[c] Alii δεικνὺς διπλοῦν.

[d] Unus τοῦτο γὰρ ὑμᾶς, τοῦτο ἀπώλεσε.

[e] Alius ἠκυρώσατε τὸν νόμον.

ὥστε ἀνεπαχθέστερον ποιῆσαι τὸν λόγον. Ἐπειδὴ γὰρ παρανόμους ἠθέλησαν δεῖξαι τοὺς μαθητὰς, δείκνυσιν αὐτοὺς τοῦτο ποιοῦντας, τούτους δὲ ἀπηλλαγμένους ἐγκλήματος. Οὐ γὰρ δὴ νόμος τὸ ὑπὸ τῶν ἀνθρώπων ἐπιταχθέν· διὸ καὶ παράδοσιν αὐτὸ καλεῖ, καὶ ἀνθρώπων μάλιστα παρανόμων. Καὶ ἐπειδὴ τοῦτο οὐκ ἦν ὑπεναντίον τῷ νόμῳ, τὸ κελεύειν τὰς χεῖρας νίπτειν, ἑτέραν παράδοσιν εἰς μέσον ἄγει, ἐναντιουμένην τῷ νόμῳ. Ὃ δὲ λέγει, τοιοῦτόν ἐστιν. Ἐπαίδευσαν τοὺς νέους εὐσεβείας σχήματι καταφρονεῖν τῶν πατέρων. Πῶς καὶ τίνι τρόπῳ; Εἴ τις τῶν γονέων εἶπε τῷ παιδὶ, δός μοι τὸ πρόβατον τοῦτο, ὃ ἔχεις, ἢ τὸν μόσχον, ἢ ἄλλο τι τοιοῦτον· ἔλεγον, δῶρόν ἐστι τοῦτο τῷ Θεῷ, ὃ θέλεις ἐξ ἐμοῦ ὠφεληθῆναι, καὶ οὐ δύνασαι λαβεῖν. Καὶ διπλοῦν ἐντεῦθεν ἐγίνετο τὸ κακόν. Οὔτε γὰρ τῷ Θεῷ προσῆγον, καὶ τοὺς γονέας ὀνόματι τῆς προσφορᾶς ἀπεστέρουν, τούς τε γεγεννηκότας διὰ τὸν Θεὸν ὑβρίζοντες, καὶ τὸν Θεὸν διὰ τοὺς γεγεννηκότας. Ἀλλ' οὐ λέγει τοῦτο εὐθέως, ἀλλὰ πρότερον τὸν νόμον ἀναγινώσκει, δι' οὗ δείκνυσι σφόδρα βουλόμενον αὐτὸν τιμᾶσθαι γονέας. Τίμα γὰρ, φησὶ, τὸν πατέρα σου καὶ τὴν μητέρα, ἵνα ἔσῃ μακροχρόνιος ἐπὶ τῆς γῆς· καὶ πάλιν, Ὁ κακολογῶν πατέρα ἢ μητέρα, θανάτῳ τελευτάτω. Ἀλλ' αὐτὸς ἐκεῖνο ἀφεὶς, τὸ κείμενον ἔπαθλον τοῖς τιμῶσι τοὺς γονέας, τὸ φοβερώτερον τίθησι, τὴν κόλασιν λέγω τὴν τοῖς ἀτιμάζουσιν ἠπειλημένην, καὶ αὐτοὺς καταπλῆξαι βουλόμενος, καὶ τοὺς νοῦν ἔχοντας ἐπισπάσασθαι· καὶ δείκνυσιν ἐντεῦθεν θανάτου ἀξίους ὄντας. Εἰ γὰρ ὁ ῥήματι ἀτιμάζων κολάζεται, πολλῷ μᾶλλον ὑμεῖς οἱ ἔργῳ· καὶ οὐ μόνον ἀτιμάζοντες, ἀλλὰ καὶ ἑτέρους τοῦτο διδάσκοντες. Οἱ τοίνυν μηδὲ ζῇν ὀφείλοντες, πῶς ἐγκαλεῖτε τοῖς μαθηταῖς; Τί δὲ θαυμαστὸν, εἰ εἰς ἐμὲ τὸν τέως ἀγνοούμενον τοιαῦτα ὑβρίζετε, ὅταν καὶ εἰς τὸν Πατέρα φαίνησθε τοιαῦτα ποιοῦντες; Πανταχοῦ γὰρ καὶ λέγει καὶ δείκνυσιν, ὅτι ἐκεῖθεν τῆς ἀπονοίας ἤρξαντο ταύτης. Τινὲς [a] γὰρ καὶ ἑτέρως ἑρμηνεύουσι τὸ, Δῶρον, ὃ ἐὰν ἐξ ἐμοῦ ὠφεληθῇς· τουτέστιν, οὐκ ὀφείλω σοι τιμὴν, ἀλλὰ χαρίζομαί σοι, ἂν ἄρα σε τιμήσω. Ἀλλ' οὐκ ἂν ὁ Χριστὸς τοιαύτης ἐμνημόνευσεν ὕβρεως. Καὶ ὁ Μάρκος δὲ σαφέστερον τοῦτο ποιεῖ λέγων· Κορβᾶν ὃ ἐὰν ἐξ ἐμοῦ ὠφεληθῇς· ὅπερ οὐκ ἔστι δωρεὰ καὶ προὶξ, ἀλλὰ προσφορὰ κυρίως λέγεται. Δείξας τοίνυν, ὅτι οὐκ ἂν εἶεν δίκαιοι ἐγκαλεῖν παραβαίνουσιν ἐντολὴν πρεσβυτέρων οἱ τὸν νόμον καταπατοῦντες, δείκνυσι τοῦτο αὐτὸ καὶ ἀπὸ τοῦ προφήτου. Ἐπειδὴ γὰρ αὐτοὺς εἷλε σφοδρῶς, περαιτέρω πρόεισιν· ὃ δὴ πανταχοῦ ποιεῖ, τὰς Γραφὰς εἰς μέσον ἄγων, καὶ ταύτῃ δεικνὺς ἑαυτὸν

minus molestus sermo videretur. Quia enim discipulos transgressores esse legis demonstrare volebant, probat ipsos vere transgredi legem, discipulos autem crimine liberos esse. Neque lex est id quod ab hominibus præcipitur: ideoque traditionem vocat, quæ erat iniquissimorum hominum. Verum quia jussio lavandi manus non erat legi E contraria: aliam traditionem in medium profert, quæ legi contraria esset. Quod vero dicit, hoc significat. Docuerunt juvenes ut pietatis specie patres despicerent. Quomodo et qua ratione? Si quis parentum filio diceret, Da mihi hanc, quam 322 habes, ovem, aut vitulum, aut aliud quid simile: A respondebant, Id quod a me vis accipere, donum est Deo promissum, nec potes illud accipere, ac duplex hinc malum emergebat. Neque enim Deo offerebant, ac parentes oblationis nomine defraudabant, et ipsos propter Deum injuria afficiebant; Deumque propter parentes. Verum non hoc statim dicit, sed prius legem recitat, qua declarat Deus, admodum velle se ut parentes honorentur: nam ait: *Honora patrem tuum et matrem, ut sis longævus in terra*; item, *Qui maledixerit patri vel matri, morte moriatur*. Christus au- B tem misso præmio quo donantur ii qui parentes honorant, quod terribilius est profert, nempe supplicium parentes inhonorantibus inferendum, tum ut ipsos deterreat, tum ut prudentes attrahat, hincque ostendit illos esse morte dignos. Nam si is, qui verbis inhonorat, plectitur, multo magis vos qui opere id facitis: nec modo inhonoratis, sed etiam alios id facere docetis. Vos ergo qui nec in vivis esse deberetis, cur discipulos incusatis? Quid mirum autem si in me, quem hactenus ignorastis, tam contumeliosi estis, quando idipsum erga patrem facitis? Ubique enim dicit et C ostendit hinc ortam arrogantiam illam esse. Nonnulli aliter interpretantur illud, *Donum quodcumque ex me tibi proderit*; id est, Non debeo tibi honorem, sed si te honorem, id gratis facio. Sed Christus non hanc contumeliam memoravit. Marcus vero clarius id exprimit his verbis: *Corban quodcumque ex me tibi proderit*: id quod non est munus aut donum, sed oblatio proprie dicitur. Cum igitur demonstrasset, non jure illos, qui legem Dei conculcent, alios reprehendere, qui D seniorum præceptum transgressi essent, idipsum ostendit et ex propheta. Quia enim illos vehemen-

Traditio judaica improba.

Marc. 7. 11.

[a] Τινὲς γὰρ ἑτέρως ἑρμηνεύουσι. Eorum qui sic interpretabantur mens hæc videtur fuisse: *Donum offero, quod etiam tibi prosit, si quid vero tibi officii præstem, id gratis facio, cum omnia mea possim Deo offerre; si quid in te conferam, id ex mea pendet libertate.*

ter redarguerat, ulterius procedit: quod etiam ubique facit, Scripturas in medium adducens, ut hinc se ostendat Deo consonum esse. Quid igitur ait propheta? 8. *Populus hic labiis me honorat, cor autem eorum longe est a me.* 9. *Frustra autem colunt me, docentes doctrinas, mandata hominum.* Viden' prophetiam accurate dictis consonam, quæ jam olim eorum malignitatem prænuntiat? Quod Christus nunc accusando profert, hoc jam olim dixit Isaias, quod mandata Dei spernant: *Frustra* enim *colunt me*, inquit; de suis vero præceptis magnam curam habeant, *Docentes mandata, doctrinas hominum*. Jure ergo has discipuli non servant. Postquam igitur letalem hanc plagam illis inflixit, atque ex Scripturis, et ex propria ipsorum sententia, exque propheta accusationem auxit, illis quidem nihil ultra loquitur, utpote qui emendari non poterant, sermonem vero convertit ad turbas, ut dogma inducat sublime, magnum, et multa philosophia plenum; sumtaque ex illo occasione, majus illud contexuit, et ciborum observationem eliminat. Sed vide quando. Cum leprosum mundavit, cum sabbatum solvit; quando terræ marisque regem se declaravit, quando leges dedit, quando peccata dimisit, quando mortuos excitavit, quando argumenta multa divinitatis suæ ipsis præbuit, tunc de cibis loquitur.

Isai. 29. 13.

συμβαίνοντα τῷ Θεῷ. Τί δαὶ ὁ προφήτης φησίν; Ὁ λαὸς οὗτος τοῖς χείλεσί με τιμᾷ, ἡ δὲ καρδία αὐτῶν πόῤῥω ἀπέχει ἀπ' ἐμοῦ. Μάτην δὲ σέβονταί με, διδάσκοντες διδασκαλίας, ἐντάλματα ἀνθρώπων. Εἶδες προφητείαν [b] συμβαίνουσαν τοῖς εἰρημένοις μετὰ ἀκριβείας, καὶ ἄνωθεν αὐτῶν προαναφωνουμένην τὴν κακίαν; Ὅπερ γὰρ ὁ Χριστὸς ἐνεκάλεσε νῦν, τοῦτο καὶ ὁ Ἡσαΐας ἄνωθεν εἶπεν, ὅτι τῶν μὲν τοῦ Θεοῦ καταφρονοῦσι· Μάτην γὰρ σέβονταί με, φησί· τῶν δὲ ἰδίων πολὺν ποιοῦνται λόγον· Διδάσκοντες γὰρ ἐντάλ- E ματα, διδασκαλίας ἀνθρώπων. Οὐκοῦν εἰκότως αὐτὰς οὐ τηροῦσι. Δοὺς τοίνυν αὐτοῖς καιρίαν τὴν πληγὴν, καὶ ἀπὸ τῶν Γραμμάτων, καὶ ἀπὸ τῆς οἰκείας ψήφου, καὶ ἀπὸ τοῦ προφήτου τὴν κατηγορίαν αὐξήσας, ἐκείνοις μὲν οὐδὲν διαλέγεται, ἀδιορθώτως λοιπὸν ἔχουσι, τὸν δὲ λόγον τρέπει πρὸς τοὺς ὄχλους, ὥστε τὸ δόγμα εἰσενεγκεῖν ὑψηλὸν, καὶ μέγα ὂν, καὶ πολλῆς φιλοσο- 523 A φίας γέμον· καὶ λαβὼν ἀφορμὴν ἀπ' ἐκείνου, τὸ μεῖζον [a] ὑφαίνει λοιπὸν, καὶ τὴν τῶν βρωμάτων παρατήρησιν ἐκβάλλει. Ἀλλ' ὅρα πότε. Ὅτε τὸν λεπρὸν ἐκάθαρεν, ὅτε τὸ σάββατον ἔλυσεν, ὅτε γῆς καὶ θαλάττης βασιλέα ἑαυτὸν ἀπέφηνεν, ὅτε ἐνομοθέτησεν, ὅτε ἁμαρτήματα ἀφῆκεν, ὅτε νεκροὺς ἤγειρεν, ὅτε πολλὰ δείγματα τῆς θεότητος αὐτοῦ παρέσχεν αὐτοῖς, τότε περὶ βρωμάτων διαλέγεται.

3. Totus enim Judaismus hac in re continetur: si hoc abstuleris, totum abstulisti. Nam inde commonstrat, etiam circumcisionem abrogari oportere: sed illud non præcipue induxit, quoniam hoc præceptum aliis erat antiquius, et majore observabatur religione; sed per discipulos illud statuit. Ita magna res erat, ut cum discipuli post tantum tempus vellent illam abrogare, primo illam adhibuerint, deinde abrogarint. Vide autem quomodo legem inducat. 10. *Cum advocasset enim turbas*, inquit, *dixit eis, Audite et intelligite*. Neque enim simpliciter ipsis hoc annuntiat, sed prius honore atque obsequio attentionem sermoni suo conciliat (hoc enim significavit evangelista cum dixit, *Cum advocasset*), necnon ex temporis opportunitate. Postquam enim illos confutaverat et vicerat, postquam ex propheta redarguerat, tunc legem ferre incipit, cum facilius poterant dicta excipere; nec modo advocat, sed attentiores reddit. *Intelligite*, in-

Abrogandæ circumcisionis difficultas.

Καὶ γὰρ ὁ πᾶς Ἰουδαϊσμὸς ἐν τούτῳ συνέχεται· κἂν τοῦτο ἀνέλῃς, τὸ πᾶν ἀνεῖλες. Ἐντεῦθεν γὰρ δείκνυσιν, ὅτι καὶ περιτομὴν δεῖ λύειν· ἀλλ' αὐτὸς μὲν B τοῦτο προηγουμένως οὐκ εἰσηγεῖται, ἐπειδὴ τῶν ἄλλων ἐντολῶν πρεσβύτερον ἦν, καὶ πλείονα εἶχε τὴν ὑπόληψιν· διὰ δὲ [b] τῶν μαθητῶν αὐτὸ νομοθετεῖ. Οὕτω γὰρ μέγα ἦν, ὅτι καὶ οἱ μαθηταὶ μετὰ τοσοῦτον χρόνον, βουλόμενοι αὐτὸ ἀνελεῖν, πρότερον αὐτὸ μεταχειρίζονται, καὶ οὕτω καταλύουσιν. Ὅρα δὲ πῶς εἰσάγει τὸν νόμον. Προσκαλεσάμενος γὰρ τοὺς ὄχλους εἶπεν αὐτοῖς· ἀκούσατε καὶ συνίετε. Οὐδὲ γὰρ ἁπλῶς αὐτοῖς ἀποφαίνεται, ἀλλὰ τῇ τιμῇ καὶ τῇ θεραπείᾳ πρῶτον εὐπαράδεκτον ποιεῖ τὸν λόγον (τοῦτο γὰρ ἐδήλωσεν ὁ εὐαγγελιστὴς εἰπὼν, Προσκαλεσάμε- C νος), ἔπειτα καὶ τῷ καιρῷ. Μετὰ γὰρ τὸν ἐκείνων ἔλεγχον καὶ τὴν νίκην τὴν κατ' αὐτῶν, καὶ τὴν παρὰ τοῦ προφήτου κατηγορίαν, τότε ἄρχεται τῆς νομοθεσίας, ὅτε καὶ εὐκολώτερον [c] κατεδέχοντο τὰ λεγόμενα· καὶ οὐχ ἁπλῶς αὐτοὺς προσκαλεῖται, ἀλλὰ καὶ προσεκτικωτέρους ποιεῖ. Συνίετε γὰρ, φησί· τουτέστι,

[b] Quidam habent συμφωνοῦσαν.

[a] Morel. ὑφαίνει, λοιπὸν δὲ καὶ τὴν βρωμάτων. Alius λοιπὸν τὴν τῶν βρωμάτων παρατήρησιν ἐκβάλλων... ὅτε καὶ λεπρούς.

[b] Quidam τῶν μαθητῶν αὐτοῦ.

[c] Alii καταδέχονται.

νοήσατε, διανάστητε· τοιοῦτος γὰρ ὁ μέλλων γράφεσθαι νόμος. Εἰ γὰρ αὐτοὶ τὸν νόμον ἔλυσαν καὶ παρὰ καιρὸν, διὰ τὴν ἰδίαν παράδοσιν, καὶ ἠκούσατε· πολλῷ μᾶλλον ἐμοῦ ἀκούειν χρὴ τοῦ κατὰ τὸν προσήκοντα καιρὸν ἐπὶ μείζονα ὑμᾶς ἄγοντος φιλοσοφίαν. Καὶ οὐκ εἶπεν, οὐδέν ἐστιν ἡ παρατήρησις τῶν βρωμάτων, οὐδ' D ὅτι Μωϋσῆς κακῶς προσέταξεν, οὐδ' ὅτι συγκαταβαίνων· ἀλλ' ἐν τάξει παραινέσεως καὶ συμβουλῆς, καὶ ἀπὸ τῆς τῶν πραγμάτων φύσεως τὴν μαρτυρίαν λαβὼν, φησίν· Οὐ τὰ εἰσερχόμενα εἰς τὸ στόμα κοινοῖ τὸν ἄνθρωπον, ἀλλὰ τὰ ἐκπορευόμενα διὰ τοῦ στόματος· ἐπὶ τὴν φύσιν αὐτὴν καταφεύγων, καὶ νομοθετῶν, καὶ ἀποφαινόμενος. Καὶ ταῦτα ἀκούοντες οὐδὲν ἀντεῖπον ἐκεῖνοι, οὐδὲ εἶπον, τί λέγεις; τοῦ Θεοῦ μυρία παραγγείλαντος περὶ βρωμάτων παρατηρήσεως, σὺ τοιαῦτα νομοθετεῖς; ἀλλ' ἐπειδὴ σφόδρα αὐτοὺς ἐπεστόμισεν, οὐ τῷ ἐλέγξαι μόνον, ἀλλὰ καὶ τῷ τὸν δόλον αὐτῶν εἰς μέσον ἀγαγεῖν, καὶ τῷ τὸ λάθρᾳ γινόμενον [d] παρ' αὐτῶν ἐκπομπεῦσαι, καὶ τὰ ἀπόρρητα τῆς δια- E νοίας αὐτῶν ἀνακαλύψαι, ἐπιστομισθέντες ἀπῆλθον. Σὺ δέ μοι σκόπει, πῶς οὐδέπω θαῤῥεῖ σαφῶς κατατολμῆσαι τῶν βρωμάτων. Διὰ τοῦτο οὐδὲ εἶπε, τὰ βρώματα, [e] ἀλλ', Οὐ τὰ εἰσερχόμενα κοινοῖ τὸν ἄνθρωπον· ὅπερ εἰκὸς ἦν καὶ περὶ τῶν ἀνίπτων χειρῶν ὑποπτεύειν. Αὐτὸς μὲν γὰρ περὶ βρωμάτων ἔλεγεν, ἐνοήθη 524 δ' ἂν καὶ περὶ τούτων. A Τοσαύτη γὰρ ἡ παρατήρησις τῶν βρωμάτων ἦν, ὡς καὶ μετὰ τὴν ἀνάστασιν τὸν Πέτρον εἰπεῖν· Οὐχὶ, Κύριε, ὅτι οὐδέποτε ἔφαγον πᾶν κοινὸν ἢ ἀκάθαρτον. Εἰ γὰρ καὶ δι' ἑτέρους ταῦτα ἔλεγε, καὶ ὥστε καταλιπεῖν ἑαυτῷ ἀπολογίαν πρὸς τοὺς ἐγκαλοῦντας, καὶ ἵνα δείξῃ, ὅτι καὶ ἀντεῖπε, καὶ οὐδὲ οὕτω συνεχωρήθη, ὅμως δείκνυσι πολλὴν οὖσαν τοῦ πράγματος τὴν ὑπόνοιαν. Διά τοι τοῦτο καὶ αὐτὸς ἐξ ἀρχῆς οὐ φανερῶς εἶπε περὶ βρωμάτων, ἀλλὰ, Τὰ εἰσερχόμενα εἰς τὸ στόμα· καὶ πάλιν, ὅτε σαφέστερον ἔδοξεν ὕστερον λέγειν, ἀπὸ τοῦ τέλους * αὐτὸ συνεσκίασεν εἰπών· Τὸ δὲ ἀνίπτοις χερσὶ φαγεῖν οὐ κοινοῖ τὸν ἄνθρωπον· ἵνα δόξῃ ἐντεῦθεν τὴν ἀρχὴν εἰληφέναι, καὶ B περὶ αὐτοῦ διαλέγεσθαι τέως. Διὰ τοῦτο οὐκ εἶπε, τὸ δὲ βρώματα φαγεῖν οὐ κοινοῖ τὸν ἄνθρωπον· ἀλλ' ὡς περὶ ἐκείνου διαλεγόμενος, ἵνα μηδὲν ἔχωσιν ἀντειπεῖν ἐκεῖνοι. Ταῦτα τοίνυν ἀκούσαντες ἐσκανδαλίσθησαν, φησὶν, οἱ Φαρισαῖοι, οὐχ οἱ ὄχλοι. Προσελθόντες γὰρ, φησὶν, οἱ μαθηταὶ αὐτῷ εἶπον αὐτῷ· οἶδας ὅτι οἱ Φαρισαῖοι ἀκούσαντες τῶν λόγων ἐσκανδαλίσθησαν; Καίτοι γε οὐδὲν πρὸς αὐτοὺς εἴρητο. Τί οὖν ὁ Χριστός; Οὐκ ἔλυσε τὸ σκάνδαλον ἐκείνοις, ἀλλ' ἐπετίμησε,

quit; hoc est, Cogitate, animum erigite attentione digna est lex mox scribenda. Nam si illi tempore non consentaneo legem solverunt propter traditionem suam, et vos audistis illos : multo magis me audire oportet, qui tempore opportuno ad majorem vos philosophiam induco. Nec dixit, Nihil est ciborum observatio, vel, Moyses id male præcepit, vel sese vobis attemperavit; sed quasi admonendo et consulendo, et a rerum natura testimonium accipiens dicit : 11. *Non quæ intrant in os, coinquinant hominem, sed quæ ex ore procedunt :* secundum ipsam naturam, et legem profert et sententiam dicit. Hæc illi audientes non contradixerunt, neque dixerunt, Quid tu ais? cum Deus de ciborum observatione innumera præceperit, tu hujusmodi leges tradis? sed quia vehementer illos represserat, non confutando solum, sed dolum ipsorum in medium afferendo, ac quæ clam illi struxerant, arcanaque mentis eorum revelando, cum silentio recesserunt. Tu vero mihi perpende, quomodo nec manifeste nec palam de cibis edisserat. Ideoque non dixit, Cibi, sed, *Ea, quæ ingrediuntur, non coinquinant hominem;* quod etiam poterant de illotis manibus suspicari. Ipse namque de cibis loquebatur; poteratque tamen intelligi de illotis manibus. Tanta enim erat ciborum observatio, ut etiam post resurrectionem Petrus diceret : *Non, Domine, quia numquam* Act. 10. 14.
commune, aut immundum quid comedi. Etiamsi enim aliorum causa hæc diceret, ut sibi adversus accusatores defensionem pararet, ostenderetque se restitisse, neque sic id sibi concessum fuisse, attamen ostendit magnam hujus rei curam et opinionem. Ideo Christus in principio non ita aperte de cibis loquutus est, sed dixit, *Quæ per os ingrediuntur :* ac rursus, cum manifestius hac de re postea loquutus videretur, a fine illa obumbravit dicens : *Illotis autem manibus manducare non coinquinat hominem :* ut hinc videretur initium ducere, interimque illa de re disseruisse. Idcirco non dixit, Ciborum esus non coinquinat hominem; sed quasi de alia re disputans, ut nihil possent illi objicere. Hæc cum audissent, inquit, scandalizati sunt, Pharisæi nempe, non turbæ. 12. *Accedentes* enim, inquit, *discipuli ejus dixerunt ei : Scis quia Pharisæi, audito hoc verbo, scandalizati sunt?* Et tamen nihil adversus eos dictum

[d] Alii ὑπ' αὐτῶν.
[e] [Savil. ἀλλὰ τὰ εἰσερχόμενα οὐ κ.]
* [Scripsimus αὐτό cum Savilio. Montf. et Commelin. αὐτῷ. Infra edebatur καὶ τὸ περὶ αὐτοῦ διαλέγεσθαι. Illud τό, quod Commelin. uncis inclusit et omittit Savil., nos delevimus.]

fuerat. Quid igitur Christus? Non solvit scandalum eorum, sed increpavit, dicens: 13. *Omnis plantatio, quam non plantavit Pater meus cœlestis, eradicabitur.* Noverat enim quandonam scandala contemnenda, et quando non despicienda erant. Alibi quippe ait: *Ne scandalizemus eos, mitte hamum in mare;* hic vero dicit: 14. *Sinite illos, cæci sunt, et duces cæcorum. Cæcus autem si cæco ducatum præstet, ambo in foveam cadent.* Hæc autem dicebant discipuli, non tam quod de illis dolerent, sed quod et ipsi aliquantum turbarentur. Quia vero non audebant illud ex propria persona dicere, in narratione de aliis instituta id ediscere volebant. Nam quod res ita se habeat, audi quomodo postea Petrus fervens ille, qui semper prior accedit, dicat: *Edissere nobis parabolam hanc;* animi sui perturbationem declarans, nec audens palam dicere, hoc sibi offendiculo esse, sed rogans, se, commotum, interpretatione sedari; quapropter etiam increpatus fuit. Quid igitur ait Christus? *Omnis plantatio, quam non plantavit Pater meus cœlestis, eradicabitur.* Hoc de lege dictum afferunt ii qui Manichæorum morbo laborant; sed quæ prius dicta sunt, ora illorum obstruunt. Nam si de lege dixisset, quomodo supra legem defendisset, ac pro ea pugnasset dicendo: *Cur transgredimini mandatum Dei per traditionem vestram?* quomodo autem prophetam in medium inducit dicentem: *Populus hic labiis me honorat* etc. Sed de illis ipsis et de traditionibus eorum hæc loquitur. Nam si Deus dixit, *Honora patrem tuum, et matrem tuam:* quomodo id quod a Deo dictum est, non est plantatio Dei?

Matth. 17. 26.

Infra v. 15.

Manichæi legem non a Deo Patre esse dicebant.

λέγων· Πᾶσα φυτεία, ἣν οὐκ ἐφύτευσεν ὁ Πατήρ μου C ὁ οὐράνιος, ἐκριζωθήσεται. Οἶδε γὰρ καὶ καταφρονεῖν σκανδάλων, καὶ μὴ καταφρονεῖν. Ἀλλαχοῦ γοῦν φησιν· Ἵνα μὴ σκανδαλίσωμεν αὐτούς, βάλε ἄγκιστρον εἰς τὴν θάλασσαν· ἐνταῦθα δέ φησιν, [a] Ἄφετε αὐτούς, τυφλοί εἰσιν, καὶ ὁδηγοὶ τυφλῶν. Τυφλὸς δὲ τυφλὸν ἐὰν ὁδηγῇ, ἀμφότεροι εἰς βόθυνον ἐμπεσοῦνται. Ταῦτα δὲ ἔλεγον οἱ μαθηταί, [b] οὐχ οὕτως ὑπὲρ ἐκείνων ἀλγοῦντες μόνον, ἀλλὰ καὶ αὐτοὶ ἠρέμα θορυβούμενοι. Ἐπειδὴ δὲ οὐκ ἐτόλμων εἰπεῖν ἐξ οἰκείου προσώπου τοῦτο, ἐν τῇ περὶ ἑτέρων διηγήσει τοῦτο μανθάνειν ἐβούλοντο. D Ὅτι γὰρ τοῦτό ἐστιν, ἄκουσον πῶς μετὰ ταῦτα ὁ θερμὸς καὶ πανταχοῦ προφθάνων Πέτρος προσελθών φησι· Φράσον ἡμῖν τὴν παραβολὴν ταύτην· τὸν ἐν τῇ ψυχῇ θόρυβον ἐκκαλύπτων, καὶ φανερῶς μὲν οὐ τολμῶν εἰπεῖν, ὅτι σκανδαλίζομαι· ἀξιῶν δὲ διὰ τῆς ἑρμηνείας ἀπαλλαγῆναι τοῦ θορύβου· διὸ καὶ ἐπετιμᾶτο. Τί οὖν ὁ Χριστός φησιν; Πᾶσα φυτεία, ἣν οὐκ ἐφύτευσεν ὁ Πατήρ μου ὁ οὐράνιος, ἐκριζωθήσεται. Τοῦτο περὶ τοῦ νόμου φασὶν εἰρῆσθαι οἱ τὰ Μανιχαίων νοσοῦντες· ἀλλ' ἐπιστομίζει τὰ ἔμπροσθεν εἰρημένα αὐτούς. Εἰ γὰρ περὶ τοῦ νόμου ἔλεγε, πῶς ἀνωτέρω ἀπολογεῖται E ὑπὲρ αὐτοῦ καὶ μάχεται λέγων· Διὰ τί παραβαίνετε τὴν ἐντολὴν τοῦ Θεοῦ διὰ τὴν παράδοσιν ὑμῶν; πῶς δὲ [c] τὸν προφήτην εἰσάγει εἰς μέσον λέγοντα· Ὁ λαὸς οὗτος τοῖς χείλεσί με τιμᾷ, καὶ τὰ ἑξῆς; Ἀλλὰ περὶ αὐτῶν ἐκείνων καὶ τῶν παραδόσεων αὐτῶν ταῦτά φησιν. Εἰ γὰρ ὁ Θεὸς εἶπε, Τίμα τὸν πατέρα σου, καὶ τὴν μητέρα· πῶς οὐκ ἔστι φυτεία Θεοῦ τὸ παρὰ Θεοῦ εἰρημένον;

4. Id etiam quod sequitur probat, de illis et de traditionibus illorum hæc dicta fuisse: nam subjunxit: *Cæci sunt duces cæcorum.* Si de lege id loquutus fuisset, dicturus erat, Dux est cæcus cæcorum; verum non ita dixit, sed, *Duces sunt cæci cæcorum*, legem ab accusatione vindicans, in illosque totum refundens. Deinde ut turbam ab illis divelleret, ne in barathrum ab ipsis dejiceretur, ait: *Si cæcus cæcum ducat, ambo in foveam cadent.* Magnum quidem malum cæcitas est: sed esse cæcum, nec habere ducem, et se ducem præbere, id duplex triplexque crimen est. Nam si periculosum cæco est, non habere ducem, multo periculosius erit si se alteri ducem præbeat. Quid igitur Petrus? Non dixit, Cur hæc

525 A Καὶ τὰ ἑξῆς δὲ δείκνυσιν, ὅτι περὶ αὐτῶν εἴρηται καὶ τῶν παραδόσεων αὐτῶν· ἐπήγαγε γοῦν· Ὁδηγοί εἰσι τυφλοὶ τυφλῶν. Εἰ δὲ περὶ τοῦ νόμου ἔλεγε τοῦτο, εἶπεν ἄν, ὁδηγός ἐστι τυφλὸς τυφλῶν· ἀλλ' οὐχ οὕτως εἶπεν, ἀλλ', Ὁδηγοί εἰσι τυφλοὶ τυφλῶν, ἐκεῖνον μὲν ἀπαλλάττων τῆς κατηγορίας, εἰς δὲ τούτους τὸ πᾶν περιέλκων. Εἶτα καὶ τὸ πλῆθος ἀποσχίζων αὐτῶν, ὡς μέλλον εἰς βάραθρον ἐμπίπτειν δι' αὐτούς, φησί· Τυφλὸς δὲ τυφλὸν ἐὰν ὁδηγῇ, ἀμφότεροι εἰς βόθυνον ἐμπεσοῦνται. Μέγα μὲν κακὸν καὶ τυφλὸν εἶναι· τὸ δὲ καὶ τοιοῦτον ὄντα μήτε ἔχειν τὸν χειραγωγόν, καὶ ὁδηγοῦ B τάξιν ἐπέχειν, διπλοῦν καὶ τριπλοῦν ἔγκλημα. Εἰ γὰρ τὸ μὴ ἔχειν ὁδηγὸν τὸν τυφλὸν ἐπισφαλές, πολλῷ μᾶλλον τὸ [a] καὶ ἑτέρου τοῦτο βούλεσθαι εἶναι. Τί οὖν ὁ Πέτρος; Οὐ λέγει, τί ποτε; εἰς τί τοῦτο εἰρη-

[a] Savil. ἄφετε αὐτούς· ὁδηγοί εἰσι τυφλῶν. τυφλός.

[b] Unus οὐχ ὡς ὑπέρ.

[c] Quidam τὸν προφήτην παράγει.

[a] Unus καὶ ἑτέρῳ τοῦτο.

κας; ἀλλ' ὡς ἀσαφείας γέμον ἐρωτᾷ. Καὶ οὐ λέγει· διατί παράνομον εἶπας; ἐδεδοίκει γάρ, ἵνα μὴ νομίσῃ αὐτὸν ἐσκανδαλίσθαι· ἀλλ' ὡς ἀσαφείας τοῦτο εἶναί φησιν. Ὅτι δὲ οὐκ ἦν ἀσαφείας, ἀλλ' ἐσκανδαλίζετο, δῆλον· οὐδὲν γὰρ ἀσαφείας εἶχε. Διὸ καὶ [b] ἐπιπλήττει αὐτοὺς λέγων· Ἀκμὴν καὶ ὑμεῖς ἀσύνετοί ἐστε; Οἱ μὲν γὰρ ὄχλοι οὐδὲ συνῆκαν ἴσως τὸ λεχθέν· αὐτοὶ δὲ ἦσαν οἱ σκανδαλισθέντες. Διὸ παρὰ μὲν τὴν ἀρχὴν, ὡς ὑπὲρ τῶν Φαρισαίων δῆθεν ἐρωτῶντες, ἐβούλοντο μαθεῖν· ἐπειδὴ δὲ ἤκουσαν αὐτοῦ μεγάλην ἀπειλὴν ἀπειλοῦντος καὶ λέγοντος, ὅτι Πᾶσα φυτεία, ἣν οὐκ ἐφύτευσεν ὁ Πατήρ μου ὁ οὐράνιος, ἐκριζωθήσεται, καὶ, Ὁδηγοί εἰσι τυφλοὶ τυφλῶν, κατεστάλησαν. Ὁ δὲ πανταχοῦ θερμὸς οὐδὲ οὕτως ἀνέχεται σιγῆσαι, ἀλλά φησι, Φράσον ἡμῖν τὴν παραβολὴν ταύτην. Τί οὖν ὁ Χριστός; Σφόδρα ἐπιπληκτικῶς ἀποκρίνεται· Ἀκμὴν καὶ ὑμεῖς ἀσύνετοί ἐστε; Οὔπω νοεῖτε. Ταῦτα δὲ ἔλεγε καὶ ἐπετίμα, ὥστε τὴν πρόληψιν ἐκβαλεῖν· οὐ μὴν ἔστη μέχρι τούτου, ἀλλὰ καὶ ἕτερα ἐπάγει λέγων· Ὅτι πᾶν τὸ εἰσπορευόμενον εἰς τὸ στόμα, εἰς τὴν κοιλίαν χωρεῖ, καὶ εἰς τὸν ἀφεδρῶνα ἐκβάλλεται· τὰ δὲ ἐκπορευόμενα ἐκ τοῦ στόματος, ἐκ τῆς καρδίας ἐξέρχεται, κἀκεῖνα κοινοῖ τὸν ἄνθρωπον. Ἐκ γὰρ τῆς καρδίας ἐξέρχονται διαλογισμοὶ πονηροὶ, φόνοι, μοιχεῖαι, πορνεῖαι, κλοπαὶ, βλασφημίαι, ψευδομαρτυρίαι. Καὶ ταῦτά ἐστι τὰ κοινοῦντα τὸν ἄνθρωπον. Τὸ δὲ ἀνίπτοις χερσὶν ἐσθίειν, οὐ κοινοῖ τὸν ἄνθρωπον. Εἶδες πῶς αὐτοῖς σφοδρῶς κέχρηται καὶ ἐπιτιμητικῶς; Εἶτα κατασκευάζει τὸ εἰρημένον ἀπὸ τῆς κοινῆς φύσεως, καὶ πρὸς τὴν θεραπείαν τὴν ἐκείνων. Ὅταν γὰρ εἴπῃ, Εἰς τὴν κοιλίαν χωρεῖ, καὶ εἰς τὸν ἀφεδρῶνα ἐκβάλλεται, ἔτι κατὰ Ἰουδαϊκὴν ταπεινότητα ἀποκρίνεται. Λέγει γὰρ, ὅτι οὐ μένει, ἀλλ' ἐξέρχεται. Καίτοι καὶ [c] εἰ ἔμενεν, οὐκ ἐποίει ἀκάθαρτον. Ἀλλ' οὐδέπω δυνατοὶ ἦσαν τοῦτο ἀκοῦσαι. Διὰ γοῦν τοῦτο καὶ ὁ νομοθέτης τοσοῦτον χρόνον ἀφίησιν, ὅσον ἂν ἔνδον μένῃ· ὅταν δὲ ἐξέλθῃ, οὐκ ἔτι. Ἐν ἑσπέρᾳ γοῦν κελεύει λούεσθαι, καὶ καθαρὸν εἶναι, τὸν καιρὸν τῆς πέψεως ἀναμετρῶν, καὶ τῆς ἐκκρίσεως. Τὰ δὲ τῆς καρδίας, φησὶν, ἔνδον μένει, καὶ ἐξελθόντα κοινοῖ, οὐ μένοντα μόνον. Καὶ πρότερον τίθησι τοὺς πονηροὺς διαλογισμοὺς, ὅπερ ἦν Ἰουδαϊκόν· καὶ οὐδέπω ἀπὸ τῆς τῶν πραγμάτων φύσεως ποιεῖται τὸν ἔλεγχον, ἀλλ' ἀπὸ τοῦ τόκου τῆς κοιλίας καὶ τῆς καρδίας, καὶ ἐκ τοῦ τὰ μὲν μένειν, τὰ δὲ μὴ μένειν. Τὰ μὲν γὰρ ἔξωθεν εἰσιόντα, ἔξω πάλιν ἄπεισιν· τὰ δὲ ἔνδοθεν τίκτεται, καὶ ἐξελθόντα κοινοῖ, καὶ τότε μᾶλλον, ὅταν ἐξέλθῃ. Οὕτω γὰρ ἦσαν ἀδυνατοὶ, ὅπερ ἔφην, ἀκοῦσαι μετὰ τῆς προσηκούσης φιλοσοφίας ταῦτα. Ὁ δὲ Μάρκος φησὶν, ὅτι [a] καθαρίζων

dixisti? sed quasi rei obscuritate pressus interrogat. Nec dicit: Cur contra legem loquutus es? timebat enim ne scandalizatus fuisse videretur; sed quasi obscura res esset loquitur. Quod vero non obscuritatis causa, sed quod scandalizaretur, hæc dixerit, palam est: nihil enim ibi obscuritatis inerat. Quocirca Christus increpat illos dicens:
C 16. *Adhuc vos etiam sine intellectu estis?* Nam turbæ forsitan dicta non intellexerunt: ipsi vero scandalizati fuerant. Quare initio, quasi de Pharisæis interrogantes, ediscere volebant; ubi autem audierunt eum graviter comminantem ac dicentem, *Omnis plantatio, quam non plantavit Pater meus cælestis, eradicabitur*, et, *Cæci sunt duces cæcorum*, repressi sunt. Sed Petrus semper ardens, ne sic quidem tacere potuit, sed dicit: 15. *Edissere nobis parabolam hanc.* Quid ergo Christus? Vehementius respondet: *Adhuc*
D *etiam vos sine intellectu estis?* 17. *Nondum intelligitis.* Hæc dixit increpans, ut illorum præjudicatam opinionem ejiceret, nec finem dicendi fecit, sed hæc adjecit: *Omne quod intrat in os, in ventrem vadit, et in secessum emittitur;* 18. *quæ autem procedunt ex ore, de corde exeunt, et illa coinquinant hominem.* 19. *De corde enim exeunt cogitationes malæ, homicidia, adulteria, fornicationes, furta, blasphemiæ, falsa testimonia.* 20. *Et hæc sunt quæ coinquinant hominem. Non lotis autem manibus manducare, non coinquinat hominem.* Viden' quam vehementer illos increpet?
E Deinde a communi natura sermocinatur, ut illos ad bonam mentem ducat. Cum enim dicit, *In ventrem vadit, et in secessum emittitur*, adhuc secundum Judaïcum abjectum sensum loquitur. Dicit enim, illa non manere, sed egredi. Quamquam etiamsi manerent, non immundum redderent. Sed nondum poterant hæc audire. Ideo legislator tanto
526 dimittit tempore, quanto intus maneat: cum au-
A tem egressum fuerit, non ultra. Vespere igitur lavari jubet, ac mundum esse, digestionis et expulsionis tempus accurate dimetiens. Quæ autem cordis sunt, inquit, intus manent, et cum egrediuntur, coinquinant, nec modo cum manent, id faciunt. Primo ponit malas cogitationes, quod Judæorum erat: nec adhuc a natura, sed a partu ventris et cordis redarguit, et ex eo quod alia maneant, alia non item. Nam quæ de foris ingressa sunt, foras rursus exeunt: quæ vero intus gignun-

[b] Ita Savil., at Morel. ἐπιπλήττει αὐτοῖς.
[c] Morel. εἰ ἔμενον.

[a] Morel. ὅτι καθαρίζονται τὰ βρώματα.

tur, cum exeunt, coinquinant, et tunc magis, cum egrediuntur. Nondum enim poterant, ut dixi, hæc
Marc. 7. 19. cum congruenti philosophia audire. Marcus autem dicit, ipsum ad purgandos cibos hæc dixisse; non tamen id expressit, quod talia comedere non coinquinet hominem : non enim voluissent illum tam clare loquentem audire. Ideo hæc addidit : *Non lotis manibus manducare, non coinquinat hominem.* Discamus ergo quænam coinquinent hominem : discamus hæc, et fugiamus. Nam in ecclesia videmus hunc morem apud multos vigere, qui mundis vestibus intrare student, itemque lotis manibus; ut vero animam puram Deo sistant, nihil curant. Hæc porro dico, non quod prohibeam manus vel os lavare; sed quod velim ita lavari ut par est, non aqua solum, sed virtutibus. Nam sordes oris sunt maledicta, blasphemia, convicium, verba iracundiæ plena, vel obscœna, ridicula, scurrilia. Si ergo tibi conscius sis nihil tale dixisse te, neque his sordibus inquinari, cum fiducia accede; sin millies has admisisti maculas, cur frustra linguam abluis, dum perniciosas et noxias sordes in illa circumfers?

5. Nam dic mihi, si fimum et lutum præ manibus haberes, an auderes orare? Nequaquam. Attamen nihil hinc damni; illud autem perniciosum est. Cur ergo in rebus indifferentibus pius, in prohibitis ita negligens es? Quid ergo? inquies;
Qua ratione orandum sit. non precari oportet? Oportet quidem, sed non sordibus maculatum, non tanto cœno onustum. Quid si casu lapsus fuero? Purga teipsum. Quomodo? Luge, geme, eleemosynam eroga, purga te apud eum quem contumelia affecisti, reconcilia te illi, absterge linguam, ne gravius Deum irrites. Nam si quis sordidatis stercore manibus pedes tuos supplicans tangeret, non modo illum non audires, sed pede impeteres : quomodo audes sic Deum adire? Nam lingua precantium est manus, ac per eam Dei genua apprehendimus.
Isai. 1. 15. Ne itaque illam commacules, ne tibi dicat ille: *Si multiplicaveritis deprecationem, non exau-*
Prov. 18. 21. *diam.* Nam *In manu linguæ vita et mors est;*
Matth. 12. 37. et *Ex sermonibus tuis justificaberis, atque ex sermonibus tuis condemnaberis.* Magis igitur quam pupillam oculi linguam tuam custodias. Regius quidam equus est lingua. Si ergo illi frenum immiseris, et concinne ire docueris, rex in illa sedebit et quiescet; sin infrenem fieri et jactari permiseris, diaboli et dæmonum vehiculum erit.

τὰ βρώματα, ταῦτα ἔλεγεν· οὐ μὴν ἐνέφηνεν, οὐδὲ εἶ-
B πε, τὸ δὲ βρώματα τοιάδε φαγεῖν οὐ κοινοῖ τὸν ἄνθρωπον· [b]οὔτε γὰρ ἠνείχοντο σαφῶς οὕτως αὐτοῦ ἀκοῦσαι. Διὸ καὶ ἐπήγαγε· Τὸ δὲ ἀνίπτοις χερσὶ φαγεῖν οὐ κοινοῖ τὸν ἄνθρωπον. Μάθωμεν τοίνυν τίνα ἐστὶ τὰ κοινοῦντα τὸν ἄνθρωπον· μάθωμεν, καὶ φύγωμεν. Καὶ γὰρ ἐν ἐκκλησίᾳ τοιοῦτον ὁρῶμεν ἔθος κρατοῦν παρὰ τοῖς πολλοῖς, καὶ ὅπως μὲν καθαροῖς εἰσέλθοιεν ἱματίοις σπουδάζοντας, καὶ ὅπως τὰς χεῖρας νίψαιντο· ὅπως δὲ ψυχὴν καθαρὰν παραστήσαιεν τῷ Θεῷ, οὐδένα ποιουμένους λόγον. Καὶ ταῦτα λέγω, οὐ κωλύων ὥστε νίπτειν χεῖρας, οὐδὲ στόμα· ἀλλὰ βουλόμενος οὕτω νίπτειν, ὡς προσήκει, οὐχ ὕδατι μόνον,
C ἀλλ' ἀντὶ τοῦ ὕδατος ταῖς ἀρεταῖς. Ῥύπος γὰρ στόματος κακηγορία, βλασφημία, λοιδορία, ὀργίλα ῥήματα, αἰσχρολογία, γέλως, εὐτραπελία. Εἰ τοίνυν σύνοιδας σαυτῷ μηδὲν τούτων [c]φθεγγομένῳ, μηδὲ ῥυπῶντι τὸν ῥύπον τοῦτον, πρόσελθε θαῤῥῶν· εἰ δὲ μυριάκις ἐδέξω ταύτας τὰς κηλῖδας, τί ματαιοπονεῖς ὕδατι μὲν περικλύζων τὴν γλῶτταν, τὸν δὲ ὀλέθριον καὶ βλαβερὸν περιφέρων ἐν αὐτῇ ῥύπον;

Εἰπὲ γάρ μοι, εἰ κόπρον ἐν ταῖς χερσὶν εἶχες καὶ βόρβορον, ἆρα ἂν ἐτόλμησας εὔξασθαι; Οὐδαμῶς. Καὶ μὴν τοῦτο οὐδεμία βλάβη· ἐκεῖνο δὲ ὄλεθρος. Πῶς οὖν ἐν μὲν τοῖς ἀδιαφόροις εὐλαβὴς, ἐν δὲ τοῖς κεκωλυμένοις ῥᾴθυμος; Τί οὖν; οὐ δεῖ προσεύχεσθαι; φησί. Δεῖ
D μὲν, ἀλλ' οὐχὶ ῥυπῶντα, οὐδὲ τοιοῦτον ἔχοντα βόρβορον. Τί οὖν, ἐὰν προληφθῶ; φησί. Κάθαρον σαυτόν. Πῶς δὲ, καὶ τίνι τρόπῳ; Κλαῦσον, στέναξον, δὸς ἐλεημοσύνην, ἀπολόγησαι τῷ ὑβρισμένῳ, [d]καταλλάγηθι αὐτῷ διὰ τούτων, ἀπόσμηξον τὴν γλῶτταν, ἵνα μὴ μειζόνως παροξύνῃς τὸν Θεόν. Καὶ γὰρ εἴ τις κόπρου τὰς χεῖρας πληρώσας, οὕτω σου κατέσχε τοὺς πόδας ἱκετεύων, οὐ μόνον οὐκ ἂν ἤκουσας, ἀλλὰ καὶ τῷ ποδὶ ἐλάκτισας· πῶς οὖν σὺ τολμᾷς οὕτω τῷ Θεῷ προσιέναι; Καὶ γὰρ χείρ ἐστιν ἡ γλῶττα τῶν εὐχομένων,
E καὶ δι' αὐτῆς κατέχομεν τὰ γόνατα τοῦ Θεοῦ. Μὴ τοίνυν μολύνῃς αὐτὴν, ἵνα μὴ καὶ πρὸς σὲ εἴπῃ· Ἐὰν πληθύνητε τὴν δέησιν, οὐκ εἰσακούσομαι. Καὶ γὰρ Ἐν χειρὶ γλώσσης ζωὴ καὶ θάνατος· καὶ Ἀπὸ τῶν λόγων σου δικαιωθήσῃ, καὶ ἀπὸ τῶν λόγων σου κατακριθήσῃ. Μᾶλλον τοίνυν τῆς κόρης φύλαττε τὴν γλῶτταν.
527 Ἵππος ἐστὶ βασιλικὸς ἡ γλῶσσα. Ἂν μὲν οὖν ἐπιθῇς
A αὐτῇ χαλινὸν, καὶ διδάξῃς βαδίζειν εὔρυθμα, [e]ἐπαναπαύσεται αὐτῇ καὶ ἐπικαθιεῖται ὁ βασιλεύς· ἂν δὲ ἀχαλίνωτον ἀφῇς φέρεσθαι, καὶ σκιρτᾷν, τοῦ διαβόλου καὶ τῶν δαιμόνων ὄχημα γίνεται. Σὺ δὲ ἀπὸ μὲν συν-

[b] Quidam οὔπω γάρ.
[c] Morel. male φθεγγομένων.
[d] Alii κατάλλαξον σαυτῷ.
[e] Morel. ἀπαναπαύσεται, male.

ουσίας ὧν τῆς σαυτοῦ γυναικὸς, οὐ τολμᾷς εὔξασθαι, καίτοι γε οὐδὲ ἔγκλημα τοῦτο· ἀπὸ δὲ λοιδορίας ὢν καὶ ὕβρεως, ὃ καὶ γέενναν προξενεῖ, πρὶν ἢ καθᾶραι σαυτὸν καλῶς, ἀνατείνεις τὰς χεῖρας; καὶ πῶς οὐ φρίττεις; εἰπέ μοι. Οὐκ ἤκουσας Παύλου λέγοντος, ὅτι Τίμιος ὁ γάμος, καὶ ἡ κοίτη ἀμίαντος; Εἰ δὲ ἀπὸ τῆς ἀμιάντου κοίτης ἀνιστάμενος οὐ τολμᾷς εὐχῇ προσελθεῖν, ἀπὸ τῆς κοίτης ὢν τῆς διαβολικῆς πῶς καλεῖς τὸ φρικτὸν ὄνομα ἐκεῖνο καὶ φοβερόν; [b] Καὶ γὰρ κοίτη διαβολικὴ τὸ ἐν ὕβρεσι πλύνεσθαι καὶ λοιδορίαις. Καὶ καθάπερ πονηρός τις μοιχὸς ὁ θυμὸς μετὰ πολλῆς ἡμῖν συγγίνεται τῆς ἡδονῆς, τὰ ὀλέθρια προϊέμενος ἐν ἡμῖν σπέρματα, καὶ τὴν διαβολικὴν ποιῶν ἀποτίκτειν ἔχθραν, καὶ ἀπεναντίας τῷ γάμῳ πάντα ἐργαζόμενος. Ὁ μὲν γὰρ γάμος τοὺς δύο ποιεῖ σάρκα γενέσθαι μίαν· ὁ δὲ θυμὸς τοὺς ἡνωμένους εἰς πολλὰ διαιρεῖ μέρη, καὶ αὐτὴν κατασχίζει καὶ κατατέμνει τὴν ψυχήν. Ἵν' οὖν μετὰ παῤῥησίας τῷ Θεῷ προσίῃς, μὴ δέξῃ τὸν θυμὸν ἐπεισιόντα σου τῇ ψυχῇ καὶ συγγενέσθαι βουλόμενον· ἀλλ' ὥσπερ κύνα λυττῶντα ἀπέλασον. Οὕτω γὰρ καὶ Παῦλος ἐκέλευσεν· Ἐπαίροντας γὰρ, φησὶν, ὁσίους χεῖρας, χωρὶς ὀργῆς καὶ διαλογισμῶν. Μὴ δὴ καταισχύνῃς τὴν γλῶτταν· ἐπεὶ πῶς ὑπὲρ σοῦ δεηθήσεται, ὅταν τὴν οἰκείαν παῤῥησίαν ἀπολέσῃ; ἀλλὰ κόσμησον αὐτὴν ἐπιεικείᾳ, ταπεινοφροσύνῃ· ποίησον ἀξίαν τοῦ παρακαλουμένου Θεοῦ· εὐλογίας αὐτὴν ἔμπλησον, ἐλεημοσύνης πολλῆς. Ἔστι γὰρ καὶ διὰ ῥημάτων ἐλεημοσύνην ποιεῖν· Κρεῖττον γὰρ λόγος, ἢ δόσις· Καὶ ἀποκρίθητι τῷ πτωχῷ ἐν πραΰτητι εἰρηνικά. Καὶ τὸν ἄλλον δὲ ἅπαντα χρόνον τῇ διηγήσει τῶν θείων καλλώπιζε νόμων. Πᾶσα γὰρ ἡ διήγησίς σου ἔστω ἐν νόμῳ Ὑψίστου. Οὕτως ἑαυτοὺς κοσμήσαντες προσερχώμεθα τῷ βασιλεῖ, καὶ πίπτωμεν ἐπὶ τὰ γόνατα, μὴ τῷ σώματι μόνον, ἀλλὰ καὶ τῇ διανοίᾳ. Ἐννοήσωμεν τίνι [c] πρόσιμεν, καὶ ὑπὲρ τίνων, καὶ τί βουλόμενοι ἀνύσαι. Θεῷ πρόσιμεν, ὃν τὰ Σεραφὶμ ἰδόντα, τὰς ὄψεις ἀπέστρεψαν, οὐ φέροντα τὴν λαμπηδόνα· ὃν ἡ γῆ βλέπουσα τρέμει. Θεῷ πρόσιμεν, τῷ φῶς οἰκοῦντι ἀπρόσιτον. Καὶ πρόσιμεν ὑπὲρ γεέννης ἀπαλλαγῆς, ὑπὲρ ἁμαρτημάτων ἀφέσεως, ὑπὲρ τοῦ λυθῆναι τὰς ἀφορήτους ὑμῖν τιμωρίας ἐκείνας, ὑπὲρ τοῦ τῶν οὐρανῶν τυχεῖν, καὶ ὑπὲρ τῶν ἀγαθῶν τῶν ἐκεῖ.

Προσπέσωμεν τοίνυν καὶ τῷ σώματι καὶ τῇ διανοίᾳ, [d] ἵνα αὐτὸς ἀναστήσῃ κειμένους· μετὰ ἐπιεικείας διαλεχθῶμεν καὶ πραότητος ἁπάσης. Καὶ τίς οὕτως ἄθλιος, φησὶ, καὶ ταλαίπωρος, ὡς ἐν εὐχῇ μὴ γενέσθαι ἐπιεικής; Ὁ μετὰ ἀρᾶς εὐχόμενος, καὶ θυμοῦ

Tu vero quando cum uxore concubuisti, quod sane culpa liberum est, precari non audes; post convicium autem et contumeliam, quæ gehennam merentur, antequam te probe purgaveris, extendis manus? et quomodo, quæso, non perhorrescis? Non audisti Paulum dicentem, *Honorabile conjugium, et torus immaculatus?* Hebr. 13. 4. Si autem ex immaculato toro surgens non audes ad orationem accedere, cum ex toro diabolico sis, cur horribile illud terribileque nomen invocare audes? Diaboli quippe lectus est in conviciis et opprobriis lavari. Ac velut perniciosus quidam adulter iracundia nos cum magna voluptate invadit, perniciosa in nobis jaciens semina, et diabolicas gignens inimicitias, ac contra connubium omnia facit. Nam conjugium id facit ut duo sint caro una; ira vero eos qui juncti sunt in partes dividit, ipsamque animam scindit et lacerat. Ut itaque cum fiducia Deum adeas, iram te invadentem ne admittas, sed quasi rabidum canem depelle. Illud enim Paulus jussit: *Levantes sanctas manus absque ira et disceptatione.* 1. Tim. 2. 8. Ne linguam ergo deturpes: nam quomodo pro te precabitur, cum fiduciam amiseris? sed orna illam modestia, humilitate: fac dignam Deo, qui per illam rogatur; illam reple benedictione et eleemosyna. Nam verbis etiam potest eleemosyna erogari: *Melior est* enim *sermo, quam donum; Et responde pauperi pacifica in mansuetudine.* Eccli. 18. 16. et 4. 8. Totum vero reliquum tempus divinarum enarratione legum exorna. *Omnis enarratio tua sit in lege Altissimi.* Eccli. 9. 23. Ita nos adorantes ad Regem accedamus, et ad genua ejus procidamus, non corpore tantum, sed etiam mente. Cogitemus quem adeamus, et pro quibus, et quid volentes efficere. Deum adimus, quem Seraphim videntes, vultus avertunt, non ferentes fulgorem; quem videns terra contremiscit. Deum adimus, qui lucem habitat inaccessibilem. Adimus, ut a gehenna liberemur, ut remissionem peccatorum impetremus, ut ab illo intolerabili supplicio liberemur, ut cælum et ibi reposita bona consequamur.

6. Procidamus igitur et corpore et mente, ut ille jacentes erigat: cum modestia omnique mansuetudine ipsum alloquamur. Et quis est, inquies, ita miser et infelix, ut in oratione non sit moderatus? Ille qui vel precando maledicta profert,

[b] *Καὶ γὰρ κοίτη διαβολικὴ τὸ ἐν ὕβρεσι πλύνεσθαι καὶ λοιδορίαις.* Unus habet *πληθύνεσθαι*. Neutrum placet: nec video quæ sit in his consonantia, in lecto diaboli lavari in conviciis et contumeliis.

[c] Morel. *προσίεμεν*.

[d] Alii *ἵνα αὐτὸς ἡμᾶς ἀναστήσῃ*.

furoreque plenus est, et contra inimicos occlamat. Si vis accusare, teipsum accusa. Si vis linguam acuere, contra peccata tua acue. Nec dicas quid alius tibi mali intulerit, sed quid tu tibi mali feceris : illud enim maxime malum est. Neque enim quis te lædere poterit, nisi te ipse lædas. Itaque si vis contra lædentes te insurgere, teipsum primum impetas. Nemo id impedit; nam si alium aggrediaris, magis læsus abibis. Quam vero tibi illatam injuriam proferre potes? Ille mihi injuriam intulit, bona rapuit, me in pericula injecit? Sed hoc non est lædi, sed, si vigiles simus, hæc nobis multum prodesse poterunt. Nam læsus est ille qui hæc mala intulit, non qui passus est. Et hoc maxime malorum omnium causa est, quod nesciamus quis lædens, quis læsus sit. Si illud probe sciremus, numquam nos ulcisceremur, non precaremur contra alium, gnari non posse nos malo affici ab alio. Neque enim rapinam pati, sed facere, malum. Si rapuisti, teipsum accusato; sin vero tua alius rapuit, precare pro raptore, quia tibi maxime profuit. Etiamsi enim non talis sit mens illius, certe tu magnam utilitatem accepisti, si fortiter tuleris. Illum enim et divinæ et humanæ leges miserum prædicant; te vero læsum

Nemo læditur, nisi a seipso.

coronant et celebrant. Neque enim si quis febricitans vas aqua plenum rapuerit ab alio, et noxiam bibendi cupiditatem expleverit, dicemus læsum illum fuisse a quo raptum vas est, sed potius rapientem : febrim enim auxit, morbumque acriorem effecit. Hoc ipsum de pecuniarum et opum amante reputa. Nam hic plusquam ille alius febricitans, per hanc rapinam, suam incendit

Contra eos qui aliorum bona rapiunt.

flammam. Et si quis furens abrepto a quopiam gladio se confoderit, quis læsus est? is a quo abreptus gladius, an qui rapuit? Hic utique. De pecuniarum igitur rapina idipsum cogitemus. Nam quod furenti gladius est, id avaro divitiæ sunt; imo perniciosiores. Nam qui furit, et sese gladio confodit, jam a furore liberatus est, neque secundum accipit vulnus : avarus vero innumera quotidie et graviora accipit vulnera, non sese ab hac insania educens, sed magis augens in dies : et quanto plura acceperit vulnera, tanto magis occasionem præbet plagis majoribus. Hæc ergo cogitantes, fugiamus hunc gladium, hanc insaniam, et sero tandem vigilemus. Nam hanc certe virtu-

528 πληρῶν ἑαυτὸν, καὶ τῶν ἐχθρῶν καταβοῶν. Εἰ μὲν βού-
A λει κατηγορεῖν, σαυτοῦ κατηγόρει. Εἰ βούλει τὴν γλῶτταν ἀκονᾷν καὶ θήγειν, κατὰ τῶν σῶν ἁμαρτημάτων. Καὶ μὴ τί ἕτερός σε εἰργάσατο κακὸν εἴπῃς, ἀλλὰ τί σὺ σαυτὸν εἰργάσω· τοῦτο γὰρ μάλιστά ἐστι κακόν. [a] Οὐδὲ γὰρ ἕτερός σέ τις ἀδικῆσαι δυνήσεται, ἂν μὴ σὺ σαυτὸν ἀδικῇς. Ὥστε εἰ κατὰ τῶν ἀδικούντων γενέσθαι βούλει, κατὰ σαυτοῦ πρόσελθε πρῶτον. Οὐδεὶς ὁ κωλύων· ὡς ἂν κατὰ ἑτέρου προσέλθῃς, μείζονα ἀδικηθεὶς ἀπῆλθες. Τίνα δὲ ὅλως καὶ ἀδικίαν ἔχεις εἰπεῖν; Ὅτι ὁ δεῖνα ὕβρισε, καὶ ἥρπασε, καὶ κινδύνοις περιέβαλεν; Ἀλλὰ τοῦτο οὐκ ἔστιν ἠδικῆσθαι, ἀλλ', ἐὰν νήφωμεν, καὶ ὠφελεῖσθαι τὰ μέγιστα. Ὁ γὰρ ἠδι-
B κημένος ὁ τὰ τοιαῦτα ποιήσας ἐστὶν, οὐχ ὁ παθών. Καὶ τοῦτο μάλιστά ἐστι τὸ πάντων αἴτιον τῶν κακῶν, ὅτι οὐδὲ ἴσμεν τίς ποτέ ἐστιν ὁ ἀδικούμενος, καὶ τίς ὁ ἀδικῶν. Ὡς εἰ τοῦτο ᾔδειμεν καλῶς, οὐκ ἂν ἑαυτούς ποτε ἠδικήσαμεν, οὐκ ἂν καθ' ἑτέρου ηὐξάμεθα, μαθόντες ὅτι παρ' ἑτέρου ἀδύνατον παθεῖν κακῶς. Οὐδὲ γὰρ τὸ ἁρπάζεσθαι, ἀλλὰ τὸ ἁρπάζειν κακόν. Ὥστε εἰ μὲν ἥρπασας, κατηγόρει σαυτοῦ· εἰ δὲ ἡρπάγης, καὶ εὔχου ὑπὲρ τοῦ ἡρπακότος, ὅτι σε τὰ μέγιστα ὤνησεν. Εἰ γὰρ καὶ μὴ τοιαύτη ἡ γνώμη τοῦ πεποιηκότος, ἀλλὰ σὺ τὰ μέγιστα ὠφελήθης, ἂν γενναίως ἐνέγκῃς. Ἐκεῖνον μὲν γὰρ καὶ οἱ ἄνθρωποι καὶ οἱ θεῖοι
C ταλανίζουσι νόμοι· σὲ δὲ τὸν ἠδικημένον καὶ στεφανοῦσι καὶ ἀνακηρύττουσιν. Οὐδὲ γὰρ εἰ πυρέττων τις ἥρπασε παρά τινος ἀγγεῖον ὕδωρ ἔχον, καὶ ἐνεφορήθη τῆς βλαβερᾶς ἐπιθυμίας, [b] τὸν ἁρπαγέντα εἴπομεν ἂν ἠδικῆσθαι, ἀλλὰ τὸν ἁρπάσαντα· τὸν γὰρ πυρετὸν ηὔξησε, καὶ τὴν νόσον χαλεπωτέραν ἐποίησε. Τοῦτο τοίνυν καὶ ἐπὶ τοῦ φιλοχρημάτου καὶ φιλαργύρου λογίζου. Καὶ γὰρ οὗτος πυρέττων πολλῷ χαλεπώτερον ἐκείνου διὰ τῆς ἁρπαγῆς ταύτης τὴν φλόγα ἀνῆψε τὴν ἑαυτοῦ. Καὶ ξίφος δὲ εἴ τις μαινόμενος ἁρπάσας παρ' ὁτουοῦν ἑαυτὸν διεχειρίσατο, τίς ἦν ὁ ἠδικημένος πάλιν; ὁ ἁρπαγεὶς, ἢ ὁ ἁρπάσας; Εὔδηλον ὅτι ὁ ἁρπά-
D σας. Οὐκοῦν καὶ ἐπὶ τῆς τῶν χρημάτων ἁρπαγῆς τὸ αὐτὸ τοῦτο ψηφιζώμεθα. Ὅπερ γὰρ μαινομένῳ ξίφος, τοῦτο καὶ φιλαργύρῳ πλοῦτος· μᾶλλον δὲ καὶ χαλεπώτερον. Ὁ μὲν γὰρ μαινόμενος, τὸ ξίφος λαβὼν καὶ ὠθήσας δι' ἑαυτοῦ, τῆς τε μανίας ἀπηλλάγη, καὶ οὐκ ἔτι δευτέραν λαμβάνει πληγήν· ὁ δὲ φιλάργυρος μυρία χαλεπώτερα ἐκείνου τραύματα καθ' ἑκάστην δέχεται τὴν ἡμέραν, οὐκ ἀπαλλάττων τῆς μανίας ἑαυτὸν, ἀλλ' ἐπιτείνων μειζόνως· καὶ ὅσωπερ ἂν λάβῃ πλείονα

[a] *Οὐδὲ γὰρ ἕτερός σέ τις ἀδικῆσαι δυνήσεται, ἂν μὴ σὺ σαυτὸν ἀδικῇς*, *neque enim quis te lædere poterit, nisi te ipse lædas*. In hanc pulcherrimam sententiam orationem edidit Chrysostomus exul, hoc titulo, *Quod nemo læditur nisi a seipso*, quam habes supra Tomo 3, p. 444 sqq.

[b] Morel. *οὐ τὸν ἁρπαγέντα*, male.

τραύματα, [c] τοσούτῳ μᾶλλον ὑπόθεσιν ἑτέραις παρέχει πληγαῖς χαλεπωτέραις. Ταῦτ' οὖν ἐννοήσαντες, φύγωμεν τουτὶ τὸ ξίφος, φύγωμεν τὴν μανίαν, κἂν ὀψέ ποτε νήψωμεν. Καὶ γὰρ καὶ ταύτην τὴν ἀρετὴν σωφροσύνην E δεῖ καλεῖν, οὐχ ἧττον ἐκείνης τῆς παρὰ πᾶσι νενομισμένης. Ἐκεῖ μὲν γὰρ πρὸς μίαν ἐπιθυμίας τυραννίδα ἡ πάλη γίνεται, ἐνταῦθα δὲ πολλῶν καὶ παντοδαπῶν ἐπιθυμιῶν [d] περιγίνεσθαι δεῖ. Οὐδὲν ἀφρονέστερον 529 A τοῦ χρημάτων δούλου. Δοκεῖ κρατεῖν, κρατούμενος· δοκεῖ κύριος εἶναι, δοῦλος ὤν· καὶ δεσμὰ περιτιθεὶς ἑαυτῷ, χαίρει· χαλεπώτερον τὸ θηρίον ἐργαζόμενος, εὐφραίνεται· καὶ αἰχμάλωτος γινόμενος, ἀγάλλεται καὶ πηδᾷ· καὶ ὁρῶν κύνα λυττῶντα καὶ ἐφαλλόμενον αὐτοῦ τῇ ψυχῇ, δῆσαι δέον καὶ λιμῷ τῆξαι, ὁ δὲ καὶ ἄφθονον αὐτῷ παρέχει τὴν τροφὴν, ἵνα μειζόνως ἐφάλληται καὶ φοβερὸς ᾖ. Ταῦτα οὖν πάντα ἐννοοῦντες, λύσωμεν τὰ δεσμὰ, ἀνέλωμεν τὸ θηρίον, ἀπελάσωμεν τὴν νόσον, ἐκβάλωμεν τὴν μανίαν ταύτην, ἵνα γαλήνης ἀπολαύσωμεν καὶ ὑγιείας καθαρᾶς, καὶ μετὰ πολλῆς τῆς ἡδονῆς εἰς τὸν εὔδιον καταπλεύσαντες B λιμένα, τῶν αἰωνίων ἐπιτύχωμεν ἀγαθῶν· ὧν γένοιτο πάντας ἡμᾶς ἐπιτυχεῖν, χάριτι καὶ φιλανθρωπίᾳ τοῦ Κυρίου ἡμῶν Ἰησοῦ Χριστοῦ, ᾧ ἡ δόξα καὶ τὸ κράτος νῦν καὶ ἀεὶ, καὶ εἰς τοὺς αἰῶνας τῶν αἰώνων. Ἀμήν.

tem continentiam recte vocemus, non minus quam illam quæ sic passim vocatur. Ibi enim contra unam concupiscentiæ tyrannidem pugnatur, hic vero multas ac diversas cupiditates superare oportet. Nemo enim, nemo stultior eo qui divitiarum servus est. Imperare sibi videtur, dum subditus est; dominari videtur, cum sit servus; dum se vinculis constringit, gaudet; cum acriorem feram reddidit, lætatur; cum captivus ducitur, exsultat; ac dum videt canem rabidum in animam suam insilientem, cum oporteret illum ligare et fame cruciare, ipsi large cibum suppeditat, ut vehementius insiliat et ferocior sit. Hæc itaque omnia cogitantes, vincula solvamus, feram occidamus, morbum pellamus, furorem hunc ejiciamus, ut tranquillitate et pura valetudine fruamur, et cum multa voluptate ad tranquillum appellentes portum, æterna bona adipiscamur: quæ utinam omnes assequamur, gratia et benignitate Domini nostri Jesu Christi, cui gloria et imperium, nunc et semper, et in sæcula sæculorum. Amen.

[c] Morel. *τοσοῦτον μᾶλλον*. In verbis sequentibus multum variant exemplaria. In quatuor Mss. optimis legitur *ὑπόθεσιν ἑτέραις παρέχει πληγαῖς χαλεπωτέραις*, quam veram lectionem puto. Savil. et Morel. *ὑπόθεσιν ἑτέροις παρέχει πληγῆς χαλεπωτέρας*, alius *χαλεπωτέραν*.

[d] Alius *περιγίνεσθαι χρή*.

ΟΜΙΛΙΑ νβʹ.

Καὶ ἐξελθὼν ἐκεῖθεν ὁ Ἰησοῦς, ἀνεχώρησεν εἰς τὰ μέρη Τύρου καὶ Σιδῶνος. Καὶ ἰδοὺ γυνὴ Χαναναία ἀπὸ τῶν ὁρίων ἐκείνων ἐξελθοῦσα, ἐκραύγασεν αὐτῷ λέγουσα· ἐλέησόν με, Κύριε υἱὲ Δαυΐδ· ἡ θυγάτηρ C μου κακῶς δαιμονίζεται.

Ὁ δὲ Μάρκος φησὶν, ὅτι οὐκ ἠδυνήθη λαθεῖν, ἐλθὼν εἰς τὴν οἰκίαν. Τί δαὶ ὅλως ἄπεισι εἰς τὰ μέρη ταῦτα; Ὅτε τῆς τῶν βρωμάτων παρατηρήσεως αὐτοὺς ἀπήλλαξε, τότε καὶ τοῖς ἔθνεσι θύραν ἀνοίγει λοιπὸν, ὁδῷ προβαίνων· ὥσπερ οὖν καὶ Πέτρος, πρότερον τοῦτον ἐπιταγεὶς λῦσαι τὸν νόμον, πέμπεται πρὸς τὸν Κορνήλιον. Εἰ δὲ λέγοι τις, πῶς οὖν τοῖς μαθηταῖς λέγων, D Εἰς ὁδὸν ἐθνῶν μὴ ἀπέλθητε, ταύτην [a] προσίεται; πρῶτον μὲν ἐκεῖνο ἐροῦμεν, ὅτι οὐχ ὥσπερ ἐπέταξε

HOMILIA LII. al. LIII.

Cap. XV. v. 21. *Et egressus inde Jesus, secessit in partes Tyri et Sidonis.* 22. *Et ecce mulier Chananæa egressa ex finibus suis, clamavit dicens ei: Miserere mei, Domine fili David; filia mea male a dæmonio vexatur.*

1. Marcus autem ait, ipsum latere non potuisse, cum in domum venisset. Cur autem in partes illas profectus est? Quando liberavit eos ab observatione ciborum, tunc eadem via progessus, gentibus quoque januam aperit: quemadmodum et Petrus, cum primum jubetur hanc legem solvere, mittitur ad Cornelium. Si quis vero dixerit, Cur ergo qui discipulis dicit, *In viam gentium ne abieritis*, hanc ipse viam adit? primo quidem

Marc. 7. 24.

Act. 10.

Cur Christus gentes adiit.

Matth. 10 5.

[a] Morel. *προσίεται*, Savil. autem *πρόεισι*. Ibidem Savil. *ἐκεῖνο ἂν εἴποιμεν, ὅτι οὐχ*. Paulo post quidam *μαθηταῖς, οὕτω καὶ αὐτός*.

illud respondebimus, non adstrictum illum iis servandis fuisse, quæ discipulis præcepit; secundo, illum non ut prædicaturum illo abiisse; quod subindicans Marcus dicebat, eum occultasse seipsum, nec latere potuisse. Sicut enim rerum consequentia postulabat, ut ne ad illos primos accurreret: sic accedentes repellere indignum erat illius benignitate. Nam si fugientes insequi oportebat, multo magis insequentes fugere non decebat. Vide igitur quomodo omni beneficio digna sit mulier. Neque enim ausa est venire Jerosolymam, timens et se re illa indignam reputans. Nisi enim hoc detenta metu fuisset, ventura illo erat, ut ex præsenti vehementia liquet, et ex eo quod fines suos egressa fuerit. Quidam vero hæc allegorice explicantes dicunt, quando ex Judæa egressus est Christus, tunc ad illum accedere ausam esse Ecclesiam, quæ
Psal. 44. 11. et ipsa ex finibus suis egressa est; ait enim: *Obliviscere populum tuum, et domum patris tui.* Nam Christus ex finibus suis excessit, et mulier quoque ex finibus suis: et sic potuerunt una colloqui. *Ecce* enim, ait, *mulier Chananæa egressa ex finibus suis.* Accusat mulierem evangelista, ut ostendat miraculum, ipsamque magis prædicet. Etenim cum audis Chananæam, recordare gentium illarum iniquarum, quæ etiam leges naturæ a fundamentis everterant. Illorum vero recordatus, cogita vim Christi adventus. Qui enim ejecti sunt, ne Judæos perverterent, hi adeo Judæis meliores fuerunt, ut etiam ex finibus suis egressi Christum adirent, dum Judæi illum ad se venientem repellerent. Accedens ergo nihil aliud dixit, nisi, *Miserere mei*, et clamore suo magnum theatrum convocat. Erat enim miserabile spectaculum, mulierem cernere cum affectu tanto clamantem, et mulierem matrem pro filia supplicantem videre, pro filia, inquam, tam male affecta. Neque enim ausa fuit in Magistri conspectum dæmoniacam adducere: sed illa domi relicta, ipsa se supplicem sistit, morbumque tantum commemorat, nihil amplius adjiciens; neque medicum domum attra-
Joan. 4. 49. hit, sicut regulus ille, qui dicebat: *Veni et impone manum tuam, et descende antequam moriatur filius meus:* sed calamitate sua exposita, et morbi magnitudine, misericordiam Domini magno clamore implorat: nec dicit, Miserere

τοῖς μαθηταῖς, τούτῳ καὶ αὐτὸς ὑπεύθυνος ἦν· δεύτερον δὲ, ὅτι οὐδὲ ὡς κηρύξων ἀπῆλθεν· ὅπερ καὶ ὁ Μάρκος αἰνιττόμενος ἔλεγεν, ὅτι καὶ ἔκρυψεν ἑαυτὸν, καὶ ἔλαθεν. [b] Ὥσπερ γὰρ τὸ μὴ δραμεῖν ἐπ' αὐτοὺς πρώτους τῆς ἀκολουθίας τῶν πραγμάτων ἦν· οὕτω τὸ προσερχομένους διώκειν ἀνάξιον αὐτοῦ τῆς φιλανθρωπίας. Εἰ γὰρ τοὺς φεύγοντας διώκειν ἐχρῆν, πολλῷ μᾶλλον τοὺς διώκοντας φεύγειν οὐκ ἔδει. Ὅρα γοῦν πῶς ἐστιν εὐεργεσίας ἁπάσης ἀξία ἡ γυνή. Οὐδὲ γὰρ ἐτόλ-
E μησεν [c] ἐλθεῖν εἰς τὰ Ἱεροσόλυμα, φοβουμένη καὶ ἀναξίαν ἑαυτὴν τιθεμένη. Ὅτι γὰρ, εἰ μὴ τοῦτο ἦν, ἐκεῖ παρεγένετο ἂν, δῆλον καὶ ἀπὸ τῆς παρούσης σφοδρότητος, καὶ ἐκ τοῦ τῶν ὁρίων αὐτῆς ἐξελθεῖν. Τινὲς δὲ καὶ ἀλληγοροῦντές φασιν, ὅτι, ὅτε ἐξῆλθεν ἐκ τῆς Ἰουδαίας ὁ Χριστὸς, τότε αὐτῷ προσελθεῖν ἐτόλμησεν ἡ Ἐκκλησία, καὶ αὕτη ἐκ τῶν ὁρίων αὐτῆς ἐξελθοῦσα·
580 A Ἐπιλάθου γὰρ, φησὶ, τοῦ λαοῦ σου, καὶ τοῦ οἴκου τοῦ πατρός σου. Καὶ γὰρ ὁ Χριστὸς ἐκ τῶν ὁρίων αὐτοῦ ἐξῆλθε, καὶ ἡ γυνὴ ἐκ τῶν ὁρίων αὐτῆς· καὶ οὕτως ἠδυνήθησαν [a] συντυχεῖν ἀλλήλοις. Ἰδοὺ γὰρ γυνὴ Χαναναία, φησὶν, ἐξελθοῦσα ἐκ τῶν ὁρίων αὐτῆς. Κατηγορεῖ τῆς γυναικὸς ὁ εὐαγγελιστὴς, ἵνα δείξῃ τὸ θαῦμα, καὶ αὐτὴν ἀνακηρύξῃ μειζόνως. Καὶ γὰρ ἀκούσας Χαναναίαν, ἀναμνήσθητι τῶν παρανόμων ἐκείνων ἐθνῶν, οἳ καὶ τοὺς τῆς φύσεως νόμους ἐκ βάθρων ἀνέτρεψαν. Μνησθεὶς δὲ αὐτῶν, ἐννόει καὶ τῆς τοῦ Χριστοῦ παρουσίας τὴν δύναμιν. Οἱ γὰρ ἐκβληθέντες, ἵνα μὴ διαστρέψωσιν Ἰουδαίους, οὗτοι τοσοῦτον ἐφάνησαν [b] τῶν Ἰου-
B δαίων ἐπιτηδειότεροι, ὡς καὶ ἐξιέναι ἐκ τῶν ὁρίων, καὶ προσιέναι τῷ Χριστῷ, ἐκείνων καὶ πρὸς αὐτοὺς ἐρχόμενον ἐλαυνόντων. Προσελθοῦσα τοίνυν οὐδὲν ἕτερόν φησιν, ἀλλ', Ἐλέησόν με, καὶ πολὺ διὰ τῆς κραυγῆς περιΐστησι τὸ θέατρον. Καὶ γὰρ ἦν θέαμα ἐλεεινὸν, γυναῖκα ἰδεῖν βοῶσαν μετὰ συμπαθείας τοσαύτης, γυναῖκα μητέρα, καὶ ὑπὲρ θυγατρὸς δεομένην, καὶ θυγατρὸς οὕτω κακῶς διακειμένης. Οὐδὲ γὰρ ἐτόλμησεν εἰς ὄψιν τοῦ διδασκάλου τὴν δαιμονῶσαν ἀγαγεῖν· ἀλλ' ἀφεῖσα οἴκοι κεῖσθαι, αὐτὴ τίθησι τὴν ἱκετηρίαν, καὶ λέγει τὸ πάθος μόνον, καὶ οὐδὲν πλέον
C προστίθησιν· οὐδὲ ἕλκει τὸν ἰατρὸν εἰς τὴν οἰκίαν, καθάπερ ὁ βασιλικὸς ἐκεῖνος, λέγων· Ἐλθὼν ἐπίθες τὴν χεῖρά σου, καὶ κατάβηθι πρὶν ἢ ἀποθανεῖν τὸ παιδίον μου· ἀλλὰ καὶ τὴν συμφορὰν διηγησαμένη, καὶ τῆς νόσου τὴν ἐπίτασιν, τὸν ἔλεον τοῦ Δεσπότου προβάλλεται, καὶ κράζει μεγάλα· καὶ οὐ λέγει, Ἐλέησον τὴν θυγατέρα μου, ἀλλ', Ἐλέησόν με. Ἐκείνη μὲν γὰρ [c] ἀναίσθητός ἐστι τῆς νόσου· ἐγὼ δὲ ἡ τὰ μυρία πά-

[b] Morel. solus ὥσπερ δὲ τό. Infra pro διώκειν putat Savilius legendum διώθειν, vel διωθεῖν. Sed διώκειν stare potest.

[c] Aliqui εἰσελθεῖν.

[a] Morel. συντυχεῖν ἀγγέλοις, male.

[b] Manuscripti plurimi τῶν Ἰουδαίων φιλοσοφώτεροι, non male.

[c] Savil. et quidam Manuscripti ἀνεπαίσθητος.

σχουσά εἰμι δεινὰ, ἢ μετὰ αἰσθήσεως νοσοῦσα, ἢ μετὰ τοῦ εἰδέναι μαινομένη. Ὁ δὲ οὐκ ἀπεκρίθη αὐτῇ λόγον. Τί τὸ καινὸν καὶ παράδοξον; τοὺς μὲν Ἰουδαίους καὶ ἀγνωμονοῦντας ἐνάγει, καὶ βλασφημοῦντας παρακαλεῖ, καὶ πειράζοντας οὐκ ἀφίησι· τὴν δὲ ἐπιτρέχουσαν αὐτῷ καὶ παρακαλοῦσαν καὶ δεομένην, καὶ οὔτε νόμῳ οὔτε προφήταις ἐντραφεῖσαν, καὶ τοσαύτην εὐλάβειαν ἐπιδεικνυμένην, ταύτην οὐδὲ ἀποκρίσεως ἀξιοῖ. Τίνα οὐκ ἂν τοῦτο ἐσκανδάλισεν, ὁρῶντα τὰ ἐναντία τῇ φήμῃ γινόμενα; Καὶ γὰρ ἤκουσαν, ὅτι περιῆγε τὰς κώμας θεραπεύων· ταύτην δὲ ἐλθοῦσαν διακρούεται. Τίνα δὲ οὐκ ἂν ἐπέκλασε τὸ πάθος καὶ ἡ ἱκετηρία, [d] ἣν ἐποίησεν ὑπὲρ τῆς θυγατρὸς οὕτω κακῶς διακειμένης; Οὐδὲ γὰρ ὡς ἀξία οὖσα, οὐδὲ ὡς ὀφειλὴν ἀπαιτοῦσα, οὕτω προσῆλθεν, ἀλλ' ἐλεηθῆναι ἐδεῖτο, καὶ τὴν συμφορὰν τὴν οἰκείαν ἐξετραγῴδει μόνον, καὶ οὐδὲ ἀποκρίσεως ἀξιοῦται. Τάχα πολλοὶ τῶν ἀκουόντων ἐσκανδαλίσθησαν· ἐκείνη δὲ οὐκ ἐσκανδαλίσθη. Καὶ τί λέγω, τῶν ἀκουσάντων; Καὶ γὰρ οἶμαι καὶ τοὺς μαθητὰς αὐτοὺς παθεῖν τι πρὸς τὴν συμφορὰν τῆς γυναικὸς, καὶ διαταραχθῆναι καὶ ἀθυμῆσαι. Ἀλλ' ὅμως οὐδὲ ταραχθέντες ἐτόλμησαν εἰπεῖν· δὸς αὐτῇ τὴν χάριν· ἀλλὰ Προσελθόντες οἱ μαθηταὶ ἠρώτων αὐτὸν λέγοντες· ἀπόλυσον αὐτὴν, ὅτι κράζει ὄπισθεν ἡμῶν. Καὶ γὰρ ἡμεῖς ὅταν βουληθῶμέν τινα πεῖσαι, τἀναντία πολλάκις λέγομεν· ὁ δὲ Χριστός φησιν· Οὐκ ἀπεστάλην εἰ μὴ εἰς τὰ πρόβατα τὰ ἀπολωλότα οἴκου Ἰσραήλ.

Τί οὖν ἡ γυνή; ἐπειδὴ ταῦτα ἤκουσεν, ἐσίγησεν; ἢ ἀπέστη; ἢ καθυφῆκε τῆς προθυμίας; Οὐδαμῶς· ἀλλὰ μᾶλλον ἐπέκειτο. Ἀλλ' οὐχ ἡμεῖς οὕτως· ἀλλ' ὅταν μὴ τύχωμεν, ἀφιστάμεθα, δέον διὰ τοῦτο ἐπικεῖσθαι μᾶλλον. Καίτοι τίνα [a] οὐκ ἂν ἐξηπόρησε τοῦτο τότε ῥηθέν; Ἱκανὴ μὲν οὖν καὶ ἡ σιγὴ εἰς ἀπόγνωσιν αὐτὴν ἐμβαλεῖν· ἡ δὲ ἀπόκρισις καὶ πολλῷ μᾶλλον ἐποίει. Τὸ γὰρ μεθ' ἑαυτῆς καὶ τοὺς συνηγόρους ἐξαπορηθέντας ἰδεῖν, καὶ τὸ ἀκοῦσαι, [b] ὅτι τὸ πρᾶγμα γενέσθαι ἀμήχανον, εἰς ἄφατον ἀπορίαν ἐνέβαλεν. Ἀλλ' ὅμως οὐκ ἠπορεῖτο ἡ γυνή· ἀλλ' ἐπειδὴ εἶδεν οὐδὲν ἰσχύοντας τοὺς προστάτας, ἀπηναισχύντησε [c] καλὴν ἀναισχυντίαν. Πρὸ τούτου μὲν γὰρ οὐδὲ εἰς ὄψιν ἐλθεῖν ἐτόλμα· Κράζει γὰρ, φησὶν, ὄπισθεν ἡμῶν· ὅτε δὲ εἰκὸς ἦν αὐτὴν καὶ πορρωτέρω ἀπελθεῖν ἐξαπορηθεῖσαν, τότε καὶ ἐγγυτέρω ἔρχεται, καὶ προσκυνεῖ λέγουσα· Κύριε, βοήθει μοι. Τί τοῦτο, ὦ γύναι; μὴ γὰρ μείζονα παῤῥησίαν ἔχεις τῶν ἀποστόλων; μὴ γὰρ πλείονα ἰσχύν; Παῤῥησίαν μὲν καὶ ἰσχὺν, φησὶν, οὐδαμῶς, ἀλλὰ καὶ αἰσχύνης γέμω· ἀλλ' ὅμως αὐτὴν τὴν

filiæ meæ, sed, *Miserere mei*. Illa quippe morbi sensum nullum habet; ego vero millies discrucior, in sensum ægritudinis venio, et viso morbo insanio. 23. *Ille autem non respondit ei verbum.* Quam novum et inauditum! Judæos et ingratos
D inducit, et blasphemantes rogat, et tentantes non dimittit: hanc vero quæ ad ipsum accurrit, quæ rogat et supplicat, quæ nec in lege nec in prophetis educata, tantam tamen pietatem exhibet, ne responsione quidem dignatur. Quis non offensus fuisset, famæ ipsius rem ita contrariam videns? Audierant enim, ipsum vicos circumeundo morbos curare: hanc vero accedentem depellit. Quem non flexisset morbus talis atque supplicatio, quam emittebat pro filia tam male affecta? Neque enim quasi digna beneficio, et quasi debitum postulans accessit, sed
E misericordiam petebat, et calamitatem suam tragice narrabat, neque tamen responsione dignatur. Multi fortasse ex audientibus offensi sunt: illa non item. Ecquid dico, ex audientibus? Nam puto discipulos ipsos de calamitate mulieris affectos turbatosque fuisse. Neque tamen, turbati
531 licet, dicere ausi sunt: Hanc illi concede gratiam:
A sed *Accedentes discipuli rogabant eum dicentes: Dimitte illam, quia clamat post nos.* Nos enim cum volumus aliquid suadere, contraria sæpe dicimus: Christus vero ait: 24. *Non sum missus nisi ad oves quæ perierunt domus Israël.*

2. Quid igitur mulier? an cum hæc audisset, tacuit? an discessit? an studium et animum compressit? Minime; imo magis instabat. Verum haud ita nos; sed cum postulata non assequimur, desistimus, cum magis instare par esset. Atqui quem non dejecisset dictum hujusmodi? Ipsum silentium poterat illam in desperationem conjicere; multoque magis responsio talis. Nam cum patronos suos secum repulsam pati videret, audiretque, rem fieri
B non posse, in desperationem assequendæ rei conjici poterat. Attamen non animo defecit mulier; sed ubi vidit, nihil patronos efficere, ceu impudentia laudabili usa est. Antea in conspectum venire non audebat: *Clamat*, inquiunt, *post nos;* cum autem verisimile videretur, ipsam animi dubiam retro cessuram, tunc illa propius accessit, et adorans dixit: 25. *Domine, adjuva me.* Quid hoc est, o mulier? num majorem habes, quam apostoli, fiduciam? num majorem fortitudinem? Fiduciam et fortitudinem minime, imo pudore suffun-

[d] Quidam ἣν ἐποιεῖτο.

[a] Morel. οὐκ ἐξηπόρησε.

[b] Alii ὅτι καὶ τὸ πρᾶγμα.

[c] In uno Codice καλὴν ἀναισχυντίαν deest.

dor; sed inverecundiam pro supplicatione adhibeo: reverebitur fiduciam meam. Sed quid hoc? non audisti dicentem, *Non sum missus nisi ad oves quæ perierunt domus Israël?* Audivi, inquit, sed ipse Dominus est. Ideo non dicebat, Ora et precare; sed, *Adjuva me.* Quid ergo Christus? Ne istis quidem contentus, dubitationem auxit, dicens: 26. *Non est bonum sumere panem filiorum, et mittere canibus.* Responso magis quam silentio mœstitia illam affecit. Jam non ad alium causam transfert, neque dicit, *Non sum missus*: sed quanto magis illa petendo instat, tanto majorem ille dat repulsam. Neque jam oves vocat Judæos, sed filios, ipsam vero canem. Quid ergo mulier? Ex ipsis verbis defensionem sibi parat. Si canis sum, inquit, non sum aliena. Jure
Joan. 9. 39. Christus dicebat, *In judicium ego veni.* Mulier illa philosophatur, perseverantiam et fidem magnam exhibet, etsi contumeliis affecta: Judæi vero cura et honore culti, contrariam vicem rependunt. Novi, inquit illa, cibum filiis esse necessarium; neque tamen ego, etsi canis, repelli debeo. Nam si nefas est quidquam accipere, vel a micis abstinendum; sin tantillam partem habere licet, nec ego prohibeor, licet canis sim; sed ideo maxime in partem vocanda sum. Ea de causa Christus differebat, quod sciret illam hæc dicturam esse; ideo donum negabat, ut ejus philosophiam exhiberet. Nisi enim daturus fuisset, non postea dedisset, neque illam iterum repressisset: sed quod erga centurio-
Matth. 8. 7. nem fecit, dicens: *Ego veniam, et curabo eum;* ut ejus pietatem disceremus, et audiremus illum dicentem: *Non sum dignus ut intres sub tectum meum;* quodque in fluxum sanguinis patiente
Luc. 8. 46. fecit, *Ego*, inquit, *novi virtutem ex me egres-*
Joan. 4. *sam*, ut illius fidem declararet; et quod in Samaritana, ut ostenderet eam, ne quidem confutatam absistere: sic et hoc loco facit. Non enim tantam volebat mulieris virtutem latere. At enim non exprobrantis erant ea quæ dicebat, sed advocantis,
Chananææ fides et humilitas. et occultum thesaurum revelantis. Tu vero mihi una cum fide humilitatem quoque mulieris perpende. Ipse namque filios vocavit Judæos; hæc vero id non satis habens, dominos appellavit: tantum abfuit, ut de aliena laude doleret: 27. *Etenim catelli*, inquit, *edunt de micis quæ cadunt de mensa dominorum suorum.* Viden' pru-

ἀναισχυντίαν ἀντὶ ἱκετηρίας προβάλλομαι· αἰδεσθήσεταί μου τὴν παῤῥησίαν. Καὶ τί τοῦτο; οὐκ ἤκουσας
C αὐτοῦ λέγοντος, ὅτι Οὐκ ἀπεστάλην εἰ μὴ εἰς τὰ πρόβατα τὰ ἀπολωλότα οἴκου Ἰσραήλ; Ἤκουσα, φησὶν, ἀλλ' αὐτὸς Κύριός ἐστι. Διόπερ οὐδὲ ἔλεγε, παρακάλεσον καὶ δεήθητι· ἀλλὰ, Βοήθει μοι. Τί οὖν ὁ Χριστός; Οὐδὲ ἐν τούτοις ἠρκέσθη, ἀλλ' ἐπιτείνει τὴν ἐξαπόρησιν πάλιν, λέγων· Οὐκ ἔστι καλὸν λαβεῖν τὸν ἄρτον τῶν τέκνων, καὶ δοῦναι τοῖς κυναρίοις. Καὶ ὅτε ἠξίωσεν αὐτὴν λόγου, τότε μειζόνως ἐπέπληξεν ἢ διὰ τῆς σιγῆς. Καὶ οὐκ ἔτι ἐφ' ἕτερον μεταφέρει τὴν αἰτίαν, οὐδὲ λέγει, Οὐκ ἀπεστάλην· ἀλλ' ὅσῳ ἐπέτεινεν ἐκείνη τὴν ἱκετηρίαν, τοσούτῳ καὶ αὐτὸς τὴν πα-
D ραίτησιν ἐπιτείνει. Καὶ οὐκ ἔτι πρόβατα αὐτοὺς καλεῖ, ἀλλὰ τέκνα, καὶ αὐτὴν κυνάριον. Τί οὖν ἡ γυνή; Ἀπ' αὐτῶν τῶν αὐτοῦ ῥημάτων πλέκει τὴν συνηγορίαν. Εἰ γὰρ κυνάριόν εἰμι, φησὶν, οὐκ εἰμὶ ἀλλοτρία. Δικαίως ἔλεγεν ὁ Χριστός· Εἰς κρίμα ἐγὼ ἦλθον. Ἡ γυνὴ φιλοσοφεῖ, καὶ καρτερίαν ἐπιδείκνυται πᾶσαν, καὶ πίστιν, καὶ ταῦτα ὑβριζομένη· ἐκεῖνοι δὲ, θεραπευόμενοι καὶ τιμώμενοι, τοῖς ἐναντίοις ἀμείβονται. Ὅτι μὲν γὰρ ἀναγκαία ἡ τροφὴ τοῖς τέκνοις, φησὶν, οἶδα κἀγώ· πλὴν οὐδὲ ἐγὼ κεκώλυμαι, κυνάριον οὖσα. Εἰ μὲν γὰρ
E μὴ θέμις λαβεῖν, οὐδὲ τῶν ψιχίων [d] μεταλαβεῖν θέμις· εἰ δὲ κἂν ἐκ μικροῦ δεῖ κοινωνεῖν, οὐδὲ ἐγὼ κεκώλυμαι, κἂν κυνάριον ὦ· ἀλλὰ καὶ ταύτῃ μάλιστα μετέχω, εἰ κυνάριόν εἰμι. Διὰ ταῦτα ἀνεβάλλετο ὁ Χριστός· ἐροῦσαν γὰρ [e] ταῦτα ᾔδει· διὰ ταῦτα ἠρνεῖτο
532 δόσιν, ἵνα δείξῃ αὐτῆς τὴν φιλοσοφίαν. Εἰ γὰρ μὴ δοῦ-
A ναι ἔμελλεν, οὐδ' ἂν μετὰ ταῦτα ἔδωκεν, οὐδ' ἂν ἐπεστόμισεν αὐτὴν πάλιν· ἀλλ' ὅπερ ἐπὶ τοῦ ἑκατοντάρχου ἐποίησε, λέγων· Ἐγὼ ἐλθὼν θεραπεύσω αὐτόν· ἵνα μάθωμεν ἐκείνου τὴν εὐλάβειαν, καὶ ἀκούσωμεν αὐτοῦ λέγοντος· Οὐκ εἰμὶ ἄξιος ἵνα μου ὑπὸ τὴν στέγην εἰσέλθῃς· καὶ ὅπερ ἐπὶ τῆς αἱμοῤῥοούσης ποιεῖ, λέγων· Ἐγὼ οἶδα δύναμιν ἐξελθοῦσαν ἀπ' ἐμοῦ· ἵνα κατάδηλον αὐτῆς τὴν πίστιν ποιήσῃ· καὶ ὅπερ ἐπὶ τῆς Σαμαρείτιδος, ἵνα [a] δείξῃ ὅτι οὐδὲ ἐλεγχομένη ἀφίσταται· οὕτω δὴ καὶ ἐνταῦθα. Οὐ γὰρ ἐβούλετο κρυβῆναι τοσαύτην γυναικὸς ἀρετήν. Ὥστε οὐχ ὑβρί-
B ζοντος ἦν ἅπερ ἔλεγεν, ἀλλὰ ἐκκαλουμένου, καὶ τὸν ἀποκείμενον θησαυρὸν ἐκκαλύπτοντος. Σὺ δέ μοι [b] μετὰ τῆς πίστεως ὅρα καὶ τὴν ταπεινοφροσύνην. Αὐτὸς μὲν γὰρ τέκνα ἐκάλεσε τοὺς Ἰουδαίους· αὕτη δὲ οὐκ ἠρκέσθη τούτοις, ἀλλὰ καὶ κυρίους ὠνόμασε· τοσοῦτον ἀπέσχεν ἀλγῆσαι τοῖς ἑτέρων ἐγκωμίοις. Καὶ γὰρ τὰ κυνάρια, φησὶν, ἐσθίει ἀπὸ τῶν ψιχίων τῶν πιπτόντων ἀπὸ τῆς τραπέζης τῶν κυρίων αὐτῶν. Εἶδες γυναικὸς

[d] Manuscripti plurimi μετασχεῖν θέμις.
[e] Alii ταῦτα προῄδει.
[a] Unus δείξῃ πῶς οὐδέ.

[b] Sic Manuscripti pene omnes, et quidem recte, ut series arguit. Savil. et Morel. μετὰ τῆς ταπεινοφροσύνης. ὅρα καὶ τὴν πίστιν.

σύνεσιν; πῶς οὐδὲ ἀντειπεῖν ἐτόλμησεν, οὐδὲ ἐδήχθη τοῖς ἑτέρων ἐπαίνοις, οὐδὲ ἠγανάκτησε τῇ ὕβρει; εἶδες εὐτονίαν; Αὐτὸς ἔλεγεν, Οὐκ ἔστι καλόν· αὕτη δὲ ἔλεγε, Ναὶ, Κύριε· αὐτὸς τέκνα ἐκάλει, αὕτη δὲ καὶ κυρίους· αὐτὸς κύνα ὠνόμασεν, αὕτη δὲ καὶ τὸ ἔργον C τοῦ κυναρίου προσέθηκεν. [c] Εἶδες ταύτης τὴν ταπεινοφροσύνην; Ἄκουσον Ἰουδαίων μεγαληγορίαν. Σπέρμα Ἀβραάμ ἐσμεν, καὶ οὐδενὶ δεδουλεύκαμεν πώποτε, καὶ ἐκ τοῦ Θεοῦ γεγεννήμεθα. Ἀλλ' οὐχ οὕτως αὕτη· ἀλλὰ κυνάριον ἑαυτὴν καλεῖ, καὶ κυρίους ἐκείνους· διὰ δὴ τοῦτο γέγονε τέκνον. Τί οὖν ὁ Χριστός; Ὦ γύναι, μεγάλη σου ἡ πίστις. Διὰ γὰρ τοῦτο ἀνεβάλλετο, ἵνα τοῦτο ἀναβοήσῃ τὸ ῥῆμα, ἵνα στεφανώσῃ τὴν γυναῖκα. Γενηθήτω σοι ὡς θέλεις. Ὃ δὲ λέγει, τοιοῦτόν ἐστιν· ἡ μὲν πίστις σου καὶ μείζονα τούτων ἀνύσαι δύναται· πλὴν Γενηθήτω σοι ὡς θέλεις. Αὕτη συγγενὴς ἐκείνῃ D τῇ φωνῇ τῇ λεγούσῃ· Γενηθήτω ὁ οὐρανὸς, καὶ ἐγένετο. Καὶ ἰάθη ἡ θυγάτηρ αὐτῆς ἀπὸ τῆς ὥρας ἐκείνης. Εἶδες πῶς οὐ μικρὸν καὶ αὕτη εἰσήνεγκεν εἰς τὴν ἰατρείαν τοῦ θυγατρίου; Διὰ τοῦτο γὰρ οὐδὲ εἶπεν ὁ Χριστὸς, [d] ἰαθήτω σου τὸ θυγάτριον· ἀλλὰ, Μεγάλη σου ἡ πίστις, γενηθήτω σοι ὡς θέλεις· ἵνα μάθῃς, ὅτι οὐχ ἁπλῶς οὐδὲ κολακείας ἦν τὰ ῥήματα, ἀλλὰ πολλὴ τῆς πίστεως ἡ δύναμις. Τὴν γοῦν ἀκριβῆ βάσανον αὐτῆς καὶ ἀπόδειξιν τῇ τῶν πραγμάτων ἐπέτρεψεν ἐκβάσει. [e] Ἰάθη οὖν, φησὶ, τὸ θυγάτριον αὐτῆς εὐθέως.

Σὺ δέ μοι σκόπει, πῶς τῶν ἀποστόλων ἡττηθέντων E καὶ οὐκ ἀνυσάντων, αὕτη ἤνυσε. Τοσοῦτόν ἐστι προσεδρεία εὐχῆς. Καὶ γὰρ ὑπὲρ τῶν ἡμετέρων παρ' ἡμῶν βούλεται μᾶλλον τῶν ὑπευθύνων ἀξιοῦσθαι, ἢ παρ' ἑτέρων ὑπὲρ ἡμῶν· καίτοι μείζονα παῤῥησίαν εἶχον 533 A ἐκεῖνοι· ἀλλὰ πολλὴν καρτερίαν ἐπεδείξατο αὕτη. Διὰ δὲ τοῦ τέλους καὶ πρὸς τοὺς μαθητὰς ἀπελογήσατο τῆς ἀναβολῆς ἕνεκα, καὶ ἔδειξεν, ὅτι δικαίως αὐτῶν ἀξιωσάντων οὐκ ἐπένευσε. Καὶ μεταβὰς ἐκεῖθεν ὁ Ἰησοῦς, ἦλθε παρὰ τὴν θάλασσαν τῆς Γαλιλαίας. Καὶ ἀναβὰς εἰς τὸ ὄρος, ἐκάθητο ἐκεῖ. Καὶ προσῆλθον αὐτῷ ὄχλοι πολλοὶ ἔχοντες μεθ' ἑαυτῶν χωλοὺς, τυφλοὺς, κυλλοὺς, κωφούς· καὶ ἔῤῥιψαν αὐτοὺς παρὰ τοὺς πόδας αὐτοῦ· καὶ ἐθεράπευσεν αὐτοὺς, ὥστε τοὺς ὄχλους θαυμάσαι, [a] τυφλοὺς ἰδεῖν βλέποντας, κωφοὺς λαλοῦντας, κυλλοὺς ὑγιεῖς, καὶ χωλοὺς περιπατοῦντας, καὶ λεπροὺς καθαρισθέντας, καὶ ἐδόξαζον τὸν Θεὸν Ἰσραήλ. Ποτὲ μὲν αὐτὸς περίεισι, ποτὲ δὲ κάθηται περιμένων τοὺς κάμνοντας, καὶ χωλοὺς εἰς τὸ ὄρος ἀνάγει. Καὶ οὐκ ἔτι ἅπτονται οὐδὲ τοῦ ἱματίου, ἀλλ' B ἐπὶ τὸ ὑψηλότερον ἀναβαίνουσι, ῥιπτούμενοι πρὸς τοὺς πόδας αὐτοῦ, καὶ διπλῆν τὴν πίστιν τὴν ἑαυτῶν

dentiam mulieris? quomodo nec contradicere audeat, nec aliorum laudi invideat, nec contumeliam ægre ferat? viden' perseverantiam? Ille dicit, *Non est bonum*; illa respondet, *Etiam, Domine*: ipse filios vocat; hæc dominos: ipse canem appellat; illa canum morem addidit. Vidisti illius humilitatem? Audi Judæorum jactantiam. *Semen Abrahæ sumus*, inquiunt, *et nulli umquam servivimus*, *atque ex Deo nati sumus*. Sed non ita mulier; catellum se vocat, illosque dominos: ideoque filia effecta est. Quid ergo Christus? 28. *O mulier! magna est fides tua*. Ideo namque differebat, ut in hanc vocem erumperet, ut mulierem coronaret. *Fiat tibi sicut vis*. Id est, fides tua his majora potest perficere; cæterum *Fiat tibi sicut vis*. Hæc vox affinis est illi, *Fiat cælum, et factum est cælum*. *Et sanata est filia ejus ab illa hora*. Viden' non parum illam intulisse ad curationem filiæ? Ideo enim non dicit Christus, Sanetur filia tua; sed, *Magna est fides tua, fiat tibi ut vis*: ut discas, non assentationis verba fuisse, sed eximiam fidei virtutem. Rerumque eventui accuratam rei probationem et demonstrationem Christus reliquit. Sanata est, inquit, statim filia ejus.

Joan. 8. 33.

3. Tu vero animadverte, quomodo, apostolis superatis nihilque operatis, illa totum perfecit. Tanta res est assiduitas precationis. Nam cum de rebus nostris agitur, mavult a nobis potius rogari, quam ab aliis pro nobis precantibus: quamquam illi majore erant fiducia instructi; sed hæc multam perseverantiam exhibuit. Per exitum autem rei discipulis quasi sese purgavit, quod distulisset, et jure se illis rogantibus non annuisse ostendit. 29. *Et cum transisset inde Jesus, venit secus mare Galilææ. Et ascendens in montem, sedebat ibi*. 30. *Et accesserunt ad eum turbæ multæ habentes secum claudos, cæcos, debiles, mutos: et projecerunt eos ante pedes ejus: et curavit eos, ita ut turbæ mirarentur, dum viderent cæcos videntes, mutos loquentes, debiles sanos, claudos ambulantes, et leprosos mundatos, et glorificaverunt Deum Israël*. Aliquando ipse circumit, aliquando sedet ægros exspectans, et claudos ad montem adducit. Neque nunc vestimentum tangunt, sed ad sublimiora adducti, projiciuntur ad pedes ejus, duplicemque

Assiduitas precandi quanta res.

[c] Duo εἶδες τὴν αὐτῆς ταπεινοφρ.

[d] Quidam ἰαθήτω σοι. Et infra οὐχ ἁπλῶς κολακείας, non male.

[e] Quidam ἰάθη γοῦν τὸ θυγάτριον.

[a] Hic tantilla varietas in verbis tantum observatur in Savil., ubi illud λεπροὺς καθαρισθέντας deest.

fidem suam monstrant, et quod claudi in montem ascendant, et quod nullo alio egeant, nisi tantum ut projiciantur ante pedes ejus. Eratque res mira ac stupenda, illos qui gestabantur ambulantes nullo juvante videre, cæcos videntes, nec duce opus habentes. Nam et multitudo eorum qui curati fuerant, et curationis facilitas in stuporem omnes conjecit. Viden' quomodo cum tanta cunctatione mulieris filiam sanaverit, hos vero statim? Non quod illi meliores essent, sed quod illa in fide ferventior. Ideo circa illam cunctatur, ut perseverantiam ejus declaret; his statim donum præbet, ut incredulorum Judæorum ora obstruat, omnemque illis purgationem adimat. Quanto enim majora quis beneficia acceperit, tanto majori supplicio addictus est ut ingratus, si neque ex collato honore melior sit effectus. Ideoque divites magis quam pauperes puniuntur, si improbi sint, quod ne in rerum copia quidem mansuetiores fuerint.

Eleemosyna vera quæ.

Ne mihi dicas, illos eleemosynam dedisse. Nam nisi secundum facultates dederint, neque ita effugient. Non enim ex doni mensura eleemosyna æstimatur, sed ex animi liberalitate. Si autem hi pœnas dent, multo magis qui superflua retinent, qui trium quatuorve tabulatorum ædes construunt, famelicosque despiciunt, qui avaritiæ student et eleemosynam negligunt. Sed quia in sermonem de eleemosyna incidimus: age concionem illam de humanitate, quam ante triduum imperfectam reliquimus, hodie resumamus. Meministis me nuper de nimia calceorum curiositate disseruisse, de hujusmodi nempe vanitate, et de juvenum mollitie; tunc ab eleemosyna orsi, in illud incidimus. De quibusnam ergo tunc sermonem habuimus? Diximus eleemosynam esse artem, quæ officinam habeat in cælo, et doctorem non hominem, sed Deum. Deinde quærentes, quid ars dici posset, quid secus, in vanas malasque artes incidimus, in quibus de calceorum arte verba fecimus. Num in mentem revocatis? Age ergo quæ tunc diximus, hodie resumamus, ostendamusque eleemosynam artem esse et omnium artium optimam. Nam si artis est proprium in aliquid utile desinere, eleemosyna vero nihil est utilius, liquet eam et artem esse et omnium artium præstantissimam. Non enim illa nobis calceos parat, non vestimenta texit, non luteas domos construit; sed vitam sempiternam

[b] ἐπεδείκνυντο, τῷ τε χωλεύοντες εἰς τὸ ὄρος ἀναβαίνειν, καὶ τῷ μηδενὸς δέεσθαι ἑτέρου, ἀλλὰ τοῦ ῥιφῆναι πρὸς τοὺς πόδας μόνον. Καὶ ἦν πολὺ τὸ θαῦμα καὶ παράδοξον, τοὺς φερομένους περιπατοῦντας ἰδεῖν, τοὺς πηροὺς βλέποντας, καὶ οὐ χρείαν ἔχοντας χειραγωγούντων. Καὶ γὰρ τὸ πλῆθος τῶν θεραπευομένων καὶ τὸ εὔκολον τῆς ἰατρείας αὐτοὺς ἐξέπληττεν. Εἶδες πῶς τὴν μὲν γυναῖκα μετὰ τοσαύτης μελλήσεως ἐθεράπευσε, C τούτους δὲ εὐθέως; Οὐχ ἐπειδὴ βελτίους ἐκείνης οὗτοι, ἀλλ' ἐπειδὴ πιστοτέρα ἐκείνη τούτων. Διὰ τοῦτο ἐπ' ἐκείνης μὲν ἀναβάλλεται καὶ μέλλει, τὸ εὔτονον αὐτῆς ἐνδεικνύμενος· τούτοις δὲ εὐθέως παρέχει τὴν δωρεὰν, ἐμφράττων τῶν ἀπίστων Ἰουδαίων τὰ στόματα, καὶ πᾶσαν αὐτῶν ἐκκόπτων ἀπολογίαν. Ὅσῳ γὰρ ἂν τις μείζονα εὐεργετῆται, τοσούτῳ μᾶλλόν ἐστιν ὑπεύθυνος κολάσει ἀγνωμονῶν, καὶ μηδὲ τῇ τιμῇ γενόμενος βελτίων. Διὰ δὴ τοῦτο καὶ οἱ πλουτοῦντες τῶν πενομένων μᾶλλον κολάζονται κακοὶ ὄντες, ὅτι μηδὲ ἐν εὐθηνίᾳ γεγόνασιν ἥμεροι. Μὴ γάρ μοι λέγε, ὅτι ἔδωκαν ἐλεημοσύνην. [c] Εἰ γὰρ μὴ κατ' D ἀξίαν ἔδωκαν τῆς οὐσίας, οὐδ' οὕτω διαφεύξονται. Οὐ γὰρ τῷ μέτρῳ τῶν διδομένων ἡ ἐλεημοσύνη κρίνεται, ἀλλὰ τῇ δαψιλείᾳ τῆς γνώμης. Εἰ δὲ οὗτοι δίκην διδόασι, πολλῷ μᾶλλον [d] οἱ τὰ περιττὰ κεκτημένοι, οἱ τριώροφα καὶ τετραώροφα οἰκοδομοῦντες, τῶν δὲ πεινώντων καταφρονοῦντες, οἱ φιλαργυρίας μὲν [e] ἐπιμελούμενοι, ἐλεημοσύνης δὲ ἀμελοῦντες. Ἀλλ' ἐπειδὴ περὶ ἐλεημοσύνης λόγος ἐνέπεσε, φέρε δὴ τὸν λόγον ἐκεῖνον, ὃν πρὸ τριῶν ἡμερῶν περὶ φιλανθρωπίας ποιούμενος ἀτέλεστον εἴασα, ἀναλάβωμεν σήμερον. [f] Μέμνησθε ὅτε πρώην περὶ ὑποδημάτων περιεργίας διελεγόμην, E καὶ τῆς ματαιοπονίας ἐκείνης, καὶ τῆς τῶν νέων βλακείας, τότε ἀπὸ ἐλεημοσύνης ἡμῖν εἰς ἐκεῖνα ὁ λόγος ἐξέπεσε τὰ ἐγκλήματα. Τίνα οὖν ἦν τὰ τότε κινούμενα; Ὅτι τέχνη τίς ἐστιν ἡ ἐλεημοσύνη, ἐν οὐρανῷ τὸ ἐργαστήριον ἔχουσα, καὶ διδάσκαλον οὐκ ἄνθρωπον, ἀλλὰ Θεόν. Εἶτα ζητοῦντες, τί τέχνη, καὶ τί οὐ τέχνη, εἰς [g] ματαιοπονίας καὶ κακοτεχνίας ἐνεπέσομεν, ἐν αἷς 534 A καὶ τῆς τέχνης ταύτης ἐμνημονεύσαμεν τῆς τῶν ὑποδημάτων. [a] Ἆρα ἀνεπολήσατε; Φέρε οὖν καὶ τήμερον τὰ τότε εἰρημένα ἀναλάβωμεν, καὶ δείξωμεν πῶς τέχνη καὶ ἀμείνων πασῶν τεχνῶν ἡ ἐλεημοσύνη. Εἰ γὰρ τέχνης ἴδιον τὸ πρός τι χρήσιμον τελευτᾷν, ἐλεημοσύνης δὲ οὐδὲν χρησιμώτερον, εὔδηλον ὅτι καὶ τέχνη καὶ τεχνῶν ἁπασῶν αὕτη ἀμείνων. Οὐ γὰρ ὑποδήματα ἡμῖν ἐργάζεται, οὐδὲ ἱμάτια ὑφαίνει, οὐδὲ οἰκίας οἰκοδομεῖ τὰς πηλίνας· ἀλλὰ ζωὴν αἰώνιον προξενεῖ, καὶ

[b] Morel. ἐπεδείκνυτο, male.
[c] Morel. εἰ γάρ μοι, male.
[d] Unus οἱ περὶ τὰ περιττὰ ἐπτοημένοι, non male.
[e] Quidam ἐπιμελώμενοι.
[f] Alii μέμνησθε πάντως ὅτε πρῶτον.
[g] Unus ματαιοτεχνίας.
[a] Unus ἆρα ἀνεποδίσατε.

τῶν τοῦ θανάτου χειρῶν ἐξαρπάζει, καὶ ἐν ἑκατέρᾳ τῇ ζωῇ λαμπροὺς ἀποφαίνει, καὶ οἰκοδομεῖ τὰς μονὰς τὰς B ἐν οὐρανοῖς, καὶ τὰς σκηνὰς ἐκείνας τὰς αἰωνίους. Αὕτη τὰς λαμπάδας ἡμῶν οὐκ ἀφίησι σβεσθῆναι, οὐδὲ ῥυπαρὰ ἔχοντας ἱμάτια φανῆναι ἐν τῷ γάμῳ· ἀλλὰ πλύνει καὶ χίονος καθαρώτερα ἐργάζεται. Ἐὰν γὰρ ὦσιν αἱ ἁμαρτίαι ὑμῶν ὡς φοινικοῦν, ὡς χιόνα λευκανῶ. Οὐκ ἀφίησιν ἡμᾶς ἐμπεσεῖν ἔνθα ὁ πλούσιος ἐκεῖνος, οὐδὲ ἀκοῦσαι τῶν φοβερῶν ῥημάτων· ἀλλ' εἰς κόλπους χειραγωγεῖ τοῦ Ἀβραάμ. Καίτοι τῶν τεχνῶν τῶν βιωτικῶν ἐν ἑκάστη ἀπολαβοῦσα ἔχει κατόρθωμα· οἷον ἡ γεωργία, τὸ τρέφειν· ἡ ὑφαντικὴ, τὸ ἐνδύειν· μᾶλλον δὲ οὐδὲ τοῦτο· οὐδὲ γὰρ ἀρκεῖ μόνη τὰ παρ' ἑαυτῆς ἡμῖν συνεισενεγκεῖν.

Καὶ εἰ βούλει, τὴν γεωργίαν ἐξετάσωμεν πρώτην. C Ἂν γὰρ μὴ ἔχῃ τὴν χαλκευτικὴν, ἵνα δίκελλαν [b] καὶ ὕννην, καὶ δρεπάνην καὶ πέλεκυν, καὶ ἕτερα πλείονα δανείζηται παρ' αὐτῆς· καὶ τὴν τεκτονικὴν, ὥστε καὶ ἄροτρον πῆξαι, καὶ ζεύγλην κατασκευάσαι καὶ ἅμαξαν, ὥστε τρίβειν ἀστάχυας· καὶ τὴν σκυτοτομικὴν, ὥστε καὶ ἱμάντα ἐργάσασθαι· καὶ τὴν οἰκοδομικὴν, ὥστε καὶ τοῖς ἀροτριῶσι ταύροις βουστάσιον οἰκοδομῆσαι, καὶ τοῖς σπείρουσι γεωργοῖς οἰκίαν· καὶ τὴν [c] δρυμοτομικὴν, ὥστε ξύλα τέμνειν· καὶ τὴν ἀρτοποιητικὴν μετὰ ταῦτα πάντα· οὐδαμοῦ φανεῖται. Οὕτω καὶ ἡ ὑφαντικὴ, ὅταν τι ποιῇ, πολλὰς μεθ' ἑαυτῆς καλεῖ τέχνας, ὥστε αὐτῇ συνεφάψασθαι τῶν προκειμένων· D κἂν μὴ παραγένωνται καὶ χεῖρα ὀρέξωσιν, ἕστηκε καὶ αὕτη κατ' ἐκείνην ἀπορουμένη. Καὶ ἑκάστη δὲ τῶν τεχνῶν τῆς ἑτέρας δεῖται. Ὅταν δὲ ἐλεῆσαι δέῃ, οὐδενὸς ἡμῖν δεῖ ἑτέρου, ἀλλὰ γνώμης δεῖται μόνον. Εἰ δὲ λέγοις, ὅτι χρημάτων δεῖται, καὶ οἰκημάτων, καὶ ἱματίων, καὶ ὑποδημάτων, ἀνάγνωθι τὰ ῥήματα τοῦ Χριστοῦ ἐκεῖνα, ἃ περὶ τῆς χήρας εἶπε, καὶ παῦσαι ταύτης τῆς ἀγωνίας. Κἂν σφόδρα πένης ᾖς, καὶ τῶν προσαιτούντων χείρων, δύο λεπτὰ ἂν βάλῃς, τὸ πᾶν ἀπήρτισας· κἂν δῷς μᾶζαν ἄρτου, ταύτην ἔχων μόνον, πρὸς τὸ τέλος ἦλθες τῆς τέχνης. Ταύτην τοίνυν δεξώμεθα τὴν ἐπιστήμην καὶ τέχνην, καὶ κατορθώσω- E μεν. Καὶ γὰρ βέλτιον ταύτην εἰδέναι, ἢ βασιλέα εἶναι, καὶ διάδημα περικεῖσθαι. Οὐ γὰρ δὴ τοῦτό ἐστι τὸ πλεονέκτημα αὐτῆς μόνον, ὅτι οὐ δεῖται ἑτέρων, ἀλλ' ὅτι καὶ ποικίλων πραγμάτων ἐστὶν ἀνυστικὴ, καὶ πολλῶν καὶ παντοδαπῶν. Καὶ γὰρ οἰκίας οἰκοδομεῖ τὰς ἀεὶ μενούσας ἐν οὐρανοῖς, καὶ διδάσκει τοὺς κατωρθωκότας αὐτὴν, πῶς ἂν τὸν ἀθάνατον θάνατον 535 διαφύγοιεν· καὶ θησαυρούς σοι δωρεῖται μηδέποτε δα- A πανωμένους, ἀλλὰ πᾶσαν διαφεύγοντας βλάβην, καὶ

conciliat, atque ex mortis manibus nos eripit, et in utraque vita splendidos reddit, mansiones nobis cælestes exædificat et illa æterna tabernacula. Hæc non sinit lampades nostras exstingui, nec cum sordidis vestibus nuptiis interesse; sed lavat et nive candidiores reddit. *Si enim fuerint peccata vestra quasi puniceum, quasi nivem dealbabo.* (*Isai.* 1. 18.) Non sinit nos illo incidere, quo dives ille, neque audire tremendas voces; sed deducit in sinum Abrahæ. (*Luc.* 16.) Certe artes sæculares singulæ suum habent finem : agriculturæ est nutrire, textoriæ artis, vestire; imo ne quidem hoc facere potest : neque enim sola sufficit ad sua nobis suppeditanda.

4. Si vis autem, agriculturam prius exploremus. Nisi enim illa ferrariam artem sociam habeat, quæ ligonem, vomerem, falcem et securim aliaque multa suppeditet, itemque fabrilem, quæ aratrum, jugum et plaustrum construat ad spicas terendas; et coriariam, quæ corrigias; architectonicam, quæ arantibus bobus stabulum, agricolis casam fabricet; et lignariam, quæ ligna secet; ac præterea pistoriam, quæ panem subministret : stare nequit omnino. (Artes singulæ aliis artibus opus habent.) Sic etiam ars textoria, si quid faciat, multas advocat artes, quæ opem ferant; quæ si non accedant, stat illa inutilis. Sic singulæ artes cæteris egent. Si vero misericordiam exercere velimus, una egemus voluntate. Si dixeris pecuniis esse opus, ædibus, vestibus, calceis, lege illa Christi verba, quæ de vidua dixit, et (*Luc.* 21. 3.) hanc sollicitudinem depone. Si admodum pauper sis, et mendicis ipsis vilior, si dua minuta injeceris, totum perfecisti; si des frustum panis quod solum habes, ad artis finem pervenisti. Hanc itaque disciplinam, hanc artem accipiamus et impleamus. Optabilius quippe est illam habere, quam regem esse, et diademate ornari. Neque enim hanc solum prærogativam habet, quod cæteris non egeat, sed quod etiam multa et varia negotia perficiat. (Eleemosynæ prærogativæ.) Nam ædes construit in cælis semper manentes, docetque cultores suos quomodo æternam mortem effugiant, thesaurosque tibi dat, qui numquam insumuntur, et damni expertes sunt, nec furum, nec vermium, nec tinearum, nec temporis labem timentes. Atqui si circa frumenti custodiam talem tibi quis artem doceret, quid non dares ut posses multis annis frumentum illæsum servare? Ecce hanc tibi non frumenti tantum, sed

[b] Alii καὶ σμινύην, alii καὶ ὕννην. Vel forte ὕννιν : nam lapsus et facilis. Erat autem ὕννις *vomer.* מחרשת vomerem ὕννιν vertit Symmachus, ut videas in Hexaplis nostris, 1 Reg. 13, 20.

[c] Unus δρυοτομικήν. Paulo post alii οὐδαμοῦ φαίνεται.

omnium custodiam suppeditat, docetque quomodo et bona, et anima et corpus illæsa semper maneant. Et cur artis hujusce opera minutatim persequamur? Illa quippe te docet quo pacto Deo similis esse possis, quod caput est omnium bonorum. Viden' quo pacto non unum ejus opus sit, sed plurima? Sine ulla alterius artis ope domos construit, vestes contexit, thesauros apparat tutos, mortis victores reddit, diabolo imperat, Deo similes efficit. Quid ergo utilius hac arte? Aliæ namque artes, præter ea quæ dicta sunt, cum præsenti vita prætereunt, cum artifices ægrotant, illæ cessant, opera quoque eorum non permanent, labore et tempore multo egent, aliisque innumeris: hæc vero post mundi finem maxime fulget, post mortem maxime splendet, et opera sua ostendit, neque tempore vel labore eget, neque alia re quapiam; sed, te quoque ægrotante et senio confecto, operatur, ac tecum in futuram vitam transit, numquam te relinquit; te sophistis et rhetoribus superiorem reddit. Nam qui in illis artibus florent, multis invidis objecti sunt: qui autem in hac conspicui sunt, multorum precibus juvantur. Illi quidem hominum tribunalibus adstant, injuriaque affectos defendunt, et sæpe injuriam inferentibus patrocinantur: hæc vero ante tribunal Christi se sistit, nec solum patrocinatur, sed ipsi quoque Judici suadet, ut patrocinetur ei, de quo judicium instituitur, et pro illo sententiam ferat; etiamsi millies peccaverit, coronat et prædicat illum. Nam
Luc. 11. 41. ait: *Date eleemosynam, et omnia munda erunt.* Ecquid futura dico? Si enim in præsenti vita homines sciscitaremur quid mallent, an sophistas et rhetores esse multos, an misericordes et benignos: hoc ultimum potius eligerent; et jure quidem. Nam si facundia tollatur, nihil mali in vitam nostram importabitur; antequam enim illa exsisteret, multo tempore constitit: si vero misericordiam sustuleris, omnia peribunt. Et quemadmodum per mare navigare non possis, si portus et stationes obstruas: sic non potest hæc vita

τὴν ἀπὸ λῃστῶν, καὶ τὴν ἀπὸ σκωλήκων, καὶ τὴν ἀπὸ σητῶν, καὶ τὴν ἀπὸ τοῦ χρόνου. Καίτοι γε εἰ ἐπὶ πυρῶν φυλακῇ τοῦτο μόνον σέ τις ἐδίδαξε, τί οὐκ ἂν ἔδωκας, [a] ὥστε δυνηθῆναι ἐπὶ πολλοῖς ἔτεσιν ἀνάλωτον διατηρῆσαι τὸν σῖτον; Ἀλλ' ἰδού σε αὕτη οὐκ ἐπὶ πυροῦ μόνον, ἀλλ' ἐπὶ πάντων παιδεύει, καὶ πῶς ἂν καὶ τὰ ὑπάρχοντα, καὶ ἡ ψυχὴ, καὶ τὸ σῶμα ἀνάλωτα μένοιεν δείκνυσι. [b] Καὶ τί δεῖ κατὰ μέρος ἅπαντα λέγειν τῆς τέχνης ταύτης τὰ κατορθώματα; Αὕτη γάρ σε διδάσκει, πῶς ἂν γένοιο Θεῷ ὅμοιος, ὃ πάντων ἐστὶ B κεφάλαιον τῶν ἀγαθῶν. Ὁρᾷς πῶς οὐχ ἓν αὐτῆς τὸ ἔργον, ἀλλὰ πολλά; Οὐ δεομένη τέχνης ἑτέρας, οἰκίας οἰκοδομεῖ, ἱμάτια ὑφαίνει, θησαυροὺς ἀναλώτους κατασκευάζει, θανάτου περιγενέσθαι ποιεῖ, διαβόλου κρατεῖ, Θεῷ κατασκευάζει ὁμοίους. [c] Τί τοίνυν τῆς τέχνης ταύτης χρησιμώτερον γένοιτ' ἄν; Αἱ μὲν γὰρ ἄλλαι, μετὰ τῶν εἰρημένων, καὶ τῷ παρόντι συγκαταλύονται βίῳ, καὶ νοσούντων τῶν τεχνιτῶν οὐδαμοῦ φαίνονται, καὶ τὰ ἔργα αὐτῶν διακρατεῖν οὐκ ἰσχύουσι, καὶ πόνου δέονται καὶ χρόνου πολλοῦ, καὶ μυρίων ἑτέρων· αὕτη δὲ, ὅταν ὁ κόσμος παρέλθῃ, τότε μά- C λιστα φαίνεται· ὅταν ἀποθάνωμεν, τότε μάλιστα διαλάμπει, καὶ τὰ ἔργα αὐτῆς τὰ γεγενημένα δείκνυσι, [d] καὶ οὔτε χρόνου, οὔτε πόνου, οὔτε ἄλλης τινὸς δεῖται ἐργωδίας τοιαύτης· ἀλλὰ καὶ νοσοῦντός σου ἐνεργεῖ, καὶ γεγηρακότος, καὶ πρὸς τὴν μέλλουσάν σοι ζωὴν συναποδημεῖ, καὶ οὐδέποτέ σε ἀπολιμπάνει· αὕτη σε καὶ σοφιστῶν καὶ ῥητόρων δυνατώτερον κατασκευάζει. Οἱ μὲν γὰρ ἐν ἐκείναις εὐδοκιμοῦντες ταῖς τέχναις, πολλοὺς ἔχουσι τοὺς φθονοῦντας· οἱ δὲ ἐν ταύτῃ [e] λάμποντες, μυρίους τοὺς εὐχομένους. Κἀκεῖνοι μὲν ἀνθρώπων παρεστήκασι βήματι, συνηγοροῦντες τοῖς ἀδικουμένοις, πολλάκις δὲ καὶ τοῖς ἀδικοῦσιν· αὕτη δὲ βήματι D παρέστηκε τοῦ Χριστοῦ, οὐ μόνον συνηγοροῦσα, ἀλλὰ καὶ αὐτὸν τὸν δικάζοντα πείθουσα συνηγορεῖν τῷ κρινομένῳ, καὶ τὰς ψήφους ὑπὲρ αὐτοῦ [f] ἐκφέρειν· κἂν μυρία ἡμαρτηκὼς ᾖ, στεφανοῖ καὶ ἀνακηρύττει. Δότε γὰρ, φησὶν, ἐλεημοσύνην, καὶ πάντα ἔσται καθαρά. Καὶ τί λέγω τὰ μέλλοντα; Ἐν γὰρ τῷ παρόντι βίῳ εἰ τοὺς ἀνθρώπους ἐροίμεθα, τί βούλονται μᾶλλον, σοφιστὰς εἶναι πολλοὺς καὶ ῥήτορας, ἢ ἐλεήμονας καὶ φιλανθρώπους, ἀκούσῃ τὸ δεύτερον αἱρουμένους· καὶ μάλα εἰκότως. Εὐγλωττίας μὲν γὰρ ἀναιρουμένης, οὐδὲν ὁ βίος βλαβήσεται· καὶ γὰρ καὶ πρὸ ταύτης E συνειστήκει χρόνον πολύν· ἐὰν δὲ τὸ ἐλεεῖν περιέλῃς, πάντα [g] οἰχήσεται καὶ ἀπόλωλε. Καὶ καθάπερ τὴν θάλατταν οὐκ ἔνι πλεῖσθαι, λιμένων καὶ ὅρμων προσκε-

[a] Alii ὥστε σε δυνηθῆναι.
[b] Morel. male καὶ τί δεῖ... λέγειν χρὴ τῆς. Post aliquot versus quidam διαβόλου κρατεῖν.
[c] Unus τί ταύτης τῆς τέχνης χρησιμώτερον.
[d] Unus καὶ οὔτε πόνου, omisso οὔτε χρόνου.
[e] Quidam διαλάμποντες.
[f] Quidam φέρειν.
[g] Alii πάντα οἴχεται.

χωσμένων· οὕτως οὐδὲ τὸν βίον συνεστηκέναι τοῦτον, ἂν ἔλεον καὶ συγγνώμην καὶ φιλανθρωπίαν ἀνέλῃς.

Διὰ τοῦτο οὐδὲ λογισμῷ μόνον αὐτὰ ἐπέτρεψεν ὁ [536] Θεὸς, [A] ἀλλὰ πολλὰ μέρη αὐτοῦ καὶ τῇ τῆς φύσεως ἐνέσπειρε τυραννίδι. Οὕτω καὶ πατέρες παῖδας [a] ἐλεοῦσιν, οὕτω μητέρες, οὕτω τέκνα γονεῖς· οὐκ ἐπὶ ἀνθρώπων δὲ μόνον, ἀλλὰ καὶ ἐπὶ τῶν ἀλόγων ἁπάντων· οὕτως ἀδελφοὺς ἀδελφοὶ, καὶ συγγενεῖς [b] καὶ προσήκοντας· οὕτως ἄνθρωπος ἄνθρωπον. Ἔχομεν γάρ τι καὶ ἀπὸ τῆς φύσεως πρὸς ἔλεον ἐπιῤῥεπές. Διὸ καὶ ὑπὲρ τῶν ἀδικουμένων ἀγανακτοῦμεν, καὶ σφαττομένους ὁρῶντες ἐπικαμπτόμεθα, καὶ πενθοῦντας βλέποντες δακρύομεν. Ἐπειδὴ γὰρ σφόδρα βούλεται κατορθοῦσθαι αὐτὸ ὁ Θεὸς, ἐκέλευσε τῇ φύσει πολλὰ εἰς τοῦτο συνεισενεγκεῖν, δεικνὺς ὅτι σφόδρα αὐτῷ τοῦτό [B] ἐστι περισπούδαστον. Ταῦτ' οὖν ἐννοοῦντες, καὶ ἡμᾶς ἑαυτοὺς καὶ τὰ παιδία καὶ τοὺς προσήκοντας εἰς τὸ τῆς ἐλεημοσύνης [c] ἀγάγωμεν διδασκαλεῖον, καὶ τοῦτο πρὸ πάντων ἄνθρωπος μανθανέτω, ἐπειδὴ καὶ τοῦτο ἄνθρωπος· Μέγα γὰρ ἄνθρωπος, καὶ τίμιον ἀνὴρ ἐλεήμων· ὡς ἂν μὴ τοῦτο ἔχῃ, καὶ τοῦ εἶναι ἄνθρωπος ἐξέπεσε. Τοῦτο σοφοὺς ἐργάζεται. Καὶ τί θαυμάζεις, εἰ τοῦτο ἄνθρωπος; Τοῦτο Θεός· Γίνεσθε γὰρ, φησὶν, οἰκτίρμονες, ὡς ὁ Πατὴρ ὑμῶν. Μάθωμεν τοίνυν εἶναι ἐλεήμονες ἁπάντων ἕνεκα· μάλιστα δὲ, ὅτι καὶ ἡμεῖς πολλοῦ δεόμεθα ἐλέους. Καὶ μηδὲ ζῆν [d] ἡγώμεθα τὸν [C] καιρὸν ἐκεῖνον, ὅταν μὴ ἐλεῶμεν. Ἐλεημοσύνην δὲ λέγω τὴν πλεονεξίας καθαράν. Εἰ γὰρ ὁ τοῖς αὐτοῦ ἀρκούμενος καὶ μηδενὶ μεταδιδοὺς, οὐκ ἐλεήμων· ὁ τὰ τῶν ἑτέρων λαμβάνων πῶς ἐλεήμων, κἂν μυρία δῷ; Εἰ γὰρ τὸ ἀπολαύειν μόνον τῶν ὄντων, ἀπανθρωπίας· πολλῷ μᾶλλον τὸ ἑτέρους ἀφαιρεῖσθαι. Εἰ οἱ μηδὲν ἀδικήσαντες [e] κολάζονται, ὅτι οὐ μετέδωκαν· πολλῷ μᾶλλον οἱ καὶ τὰ ἑτέρων λαμβάνοντες. Μὴ τοίνυν τοῦτο εἴπῃς, ὅτι ἄλλος ἠδίκηται, καὶ ἄλλος ἐλεεῖται. Τὸ γὰρ δεινὸν τοῦτό ἐστιν. Ἔδει γὰρ τὸν ἀδικούμενον αὐτὸν εἶναι καὶ τὸν ἐλεούμενον· νυνὶ δὲ ἑτέρους τραυματίζων, οὓς οὐκ ἐτραυμάτισας θεραπεύεις, [D] δέον ἐκείνους θεραπεύειν· μᾶλλον δὲ μηδὲ τραυματίζειν. Φιλάνθρωπος γὰρ οὐχ ὁ πλήττων καὶ θεραπεύων, ἀλλ' ὁ τοὺς παρ' ἑτέρων πληγέντας ἰώμενος. Τὰ σαυτοῦ τοίνυν ἴασαι κακὰ, μὴ τὰ ἑτέρου· μᾶλλον δὲ μηδὲ πλῆττε, μηδὲ κατάβαλλε (τοῦτο γὰρ παίζοντός ἐστιν), ἀλλ' ἀνάστησον τοὺς καταβληθέντας. Οὐδὲ γὰρ δυνατὸν τῷ αὐτῷ μέτρῳ τῆς ἐλεημοσύνης θεραπεῦσαι τὸ ἀπὸ τῆς πλεονεξίας κακόν. Ἂν γὰρ πλεονεκτήσῃς ὀβολὸν, οὐκ ὀβολοῦ σοι δεῖ [f] πάλιν εἰς ἐλεημοσύνην, ἵνα

constare, si misericordiam, veniam et humanitatem sustuleris.

5. Quapropter non humano solum ratiocinio hæc Deus permisit, sed et multas eorum partes naturæ vi insevit. Sic patres et matres erga liberos misericordia moventur; sic filii erga parentes: neque in hominibus tantum, sed et in brutis omnibus: eodemque sunt affecti modo fratres, propinqui et affines, et homines alii erga alios. A natura quippe proni ad misericordiam sumus. Ideo circa injuria affectos indignamur, circa interemtos dolemus, si lugentes videamus, lacrymamur. Quia enim vult Deus, ut id observetur, naturam jussit multa hac in re ex se conferre, ostendens id sibi maxime in optatis esse. Hæc itaque animo versantes, et nos et filios et propinquos ad eleemosynæ scholam ducamus; hoc ante omnia discat homo; nam illud est hominem esse; *Magna quippe res est homo, et pretiosa res est vir misericors;* [Prov. 20. 6.] si id non habeat, a natura hominis decidit. Hoc sapientes efficit. Ecquid miraris, si hoc est hominem esse? Hoc est Deus esse; nam ait: *Estote misericordes, sicut et Pater vester.* [Luc. 6. 36.] Discamus igitur misericordes esse, tum omnium causa, tum maxime quod et ipsi multa misericordia egeamus. Neque nos vivere putemus quo tempore misericordes non sumus; de eleemosyna loquor, quæ ab avaritia et rapina pura sit. Si enim qui bonis suis contentus, nihil aliis largitur, non est misericors: qui aliena rapit, quomodo misericors sit, etiamsi innumera eroget? Nam si is qui suis tantum fruitur bonis, et nihil largitur, immisericors est: multo magis is qui aliena abripit. Si ii qui nihil damni intulerunt, plectuntur, quia largiti non sunt: multo magis ii qui aliena rapuerunt. Ne igitur dixeris, Alius injuste læsus est, et alius eleemosynam accipit. In hoc enim malum versatur. Par quippe erat eumdem ipsum qui læsus est, eleemosynam accipere: nunc vero alios vulneribus afficis, et aliorum vulnera curas, quos non vulnere affecisti, cum oporteret illos ipsos curare; imo potius non vulnerasse. Benignus enim ille est, non qui cædit et postea curat, sed qui ab aliis vulneratos curat. Tuis ergo malis medearis, non alienis; imo vero nec percutias, nec dejicias (hoc enim ludentis esset), sed dejectos erige. Neque enim potes eadem eleemosynæ mensura ma-

[a] Unus ἐλεοῦσι καὶ μητέρες, οὕτω καὶ τέκνα, οὕτω καὶ ἀδελφούς.

[b] Alii καὶ οἱ προσήκοντες.

[c] Alii ἄγωμεν.

[d] Ἡγώμεθα, sic quidam Mss. et sic suspicabatur legendum Savilius. Editi ἡγούμεθα.

[e] Alii κολάσονται.

[f] Unus πάλιν πρὸς ἐλεημ.

lum ex avaritia illatum curare. Nam si obolum rapueris, non satis est obolum in eleemosynam dare, ut rapinæ ulcus sanes; sed talento opus est. Ideo fur deprehensus quadruplum restituere cogitur. Raptor autem est fure pejor. Si vero illum quadruplum dare oportet, raptorem decuplum et multo plus restituere par est; atque optabile est vel sic posse Deum ob injustitiam placare: tunc enim non eleemosynæ fructum recipiet. Ideo Zacchæus dicit: *Si quid aliquem defraudavi, reddam quadruplum, et dimidium bonorum meorum dabo pauperibus*. Quod si in lege quadruplum reddere oportebat, multo magis in gratia. Si furem tantum restituere oportet, multo magis raptorem. Nam præter damnum, contumeliosa certe res est. Itaque etiamsi centuplum reddideris, nondum totum dedisti. Viden' me non frustra dixisse, Si obolum rapuisti, redde talentum? sic etiam vix vulnus tuum curabis. Quod si vel hoc faciens, vix cures: si ordinem invertas, integrasque possessiones rapueris, pauca vero erogaveris, neque illis quos læsisti, sed aliis, quam defensionem habebis? quam veniam? quam spem salutis? Vis scire quantum malum facias, dum sic das eleemosynam? Audi Scripturam dicentem: *Sicut qui filium coram patre suo interficit, sic qui offert sacrificium ex pecuniis pauperum.* Hanc itaque comminationem in mente inscribentes, discedamus: hanc in muris, in manibus, in conscientia, et ubique scribamus: ut hic saltem metus in mente nostra vigens manus nostras a quotidianis cædibus cohibeat. Cæde quippe deterior est rapina, quæ paulatim pauperem consumit. Ut igitur ab hoc morbo puri simus, hæc et nobiscum meditemur et cum aliis colloquamur. Ita enim ad misericordiam proniores erimus, puramque adipiscemur mercedem, æternaque bona consequemur, gratia et misericordia Domini nostri Jesu Christi, cui gloria et imperium cum Patre et Spiritu sancto, nunc et semper, et in sæcula sæculorum. Amen.

Exod. 22. 1. Fur deprehensus quadruplum restituere cogebatur.

Luc. 19. 8.

Eccli. 34. 24.

ἀνέλης τὸ ἀπὸ τῆς πλεονεξίας ἕλκος, ἀλλὰ ταλάντου.
E Διὰ τοῦτο ὁ κλέπτης ἁλοὺς τετραπλάσιον καταβάλλει. Τοῦ δὲ κλέπτοντος ὁ ἁρπάζων χείρων. Εἰ δὲ ἐκεῖνον τετραπλασίονα δοῦναι δεῖ [g] ὧν ἔκλεψε, τὸν ἁρπάζοντα δεκαπλασίονα καὶ πολλῷ πλέον· καὶ ἀγαπητὸν τὸ καὶ οὕτω δυνηθῆναι τὴν ἀδικίαν ἐξιλεώσασθαι· ἐλεη- 537
A μοσύνης γὰρ οὐδὲ τότε λήψεται καρπόν. Διὰ τοῦτο ὁ Ζακχαῖος, Ἀποτίσω, φησὶν, ὧν ἐσυκοφάντησα τετραπλασίονα, καὶ τὰ ἡμίση τῶν ὑπαρχόντων μοι δώσω πτωχοῖς. Εἰ δὲ ἐν τῷ νόμῳ τετραπλασίονα δοῦναι δεῖ, πολλῷ μᾶλλον ἐν τῇ χάριτι. Εἰ τὸν κλέπτοντα, πολλῷ μᾶλλον τὸν ἁρπάζοντα. Μετὰ γὰρ τῆς ζημίας ἐνταῦθα καὶ ἡ ὕβρις πολλή. Ὥστε κἂν ἑκατονταπλασίονα δῷς, οὐδέπω τὸ πᾶν ἔδωκας. Ὁρᾷς ὡς οὐ μάτην ἔλεγον, ὅτι κἂν ὀβολὸν ἁρπάσῃς, [a] καὶ τάλαντον ἐπιδῷς, μόλις καὶ οὕτως θεραπεύεις; Εἰ δὲ τοῦτο ποιῶν, μόλις· ὅταν ἀντιστρέψῃς τὴν τάξιν, καὶ ἁρπάσῃς μὲν οὐσίας ὁλοκλήρους, ὀλίγα δὲ παράσχῃς,
B καὶ μηδὲ ἐκείνοις τοῖς ἀδικηθεῖσιν, ἀλλ' ἑτέροις ἀντ' ἐκείνων, ποίαν ἕξεις ἀπολογίαν; τίνα συγγνώμην; ποίαν σωτηρίας ἐλπίδα; Βούλει μαθεῖν ὅσον ἐργάζῃ κακὸν οὕτως ἐλεῶν; Ἄκουσον τῆς Γραφῆς λεγούσης· Ὡς [b] ὁ ἀποκτένων τὸν υἱὸν αὐτοῦ ἔμπροσθεν τοῦ πατρὸς, οὕτως ὁ προσάγων θυσίαν ἐκ χρημάτων πενήτων. Ταύτην τοίνυν τὴν ἀπειλὴν ἐγγράψαντες τῇ διανοίᾳ, ἀπέλθωμεν· ταύτην ἐν τοῖς τοίχοις, ταύτην ἐν ταῖς χερσὶ, ταύτην ἐν τῷ συνειδότι, ταύτην πανταχοῦ· ἵνα κἂν ὁ φόβος οὗτος ἀκμάζων ἡμῶν ἐν τῇ διανοίᾳ κωλύῃ τὰς χεῖρας ἡμῶν καθημερινῶν φόνων. Φόνου
C γὰρ ἁρπαγὴ χαλεπώτερον, κατὰ μικρὸν τὸν πένητα ἀναλίσκουσα. Ἵν' οὖν καθαρεύωμεν [c] τοῦ νοσήματος τούτου, μελετῶμεν καὶ πρὸς ἑαυτοὺς καὶ πρὸς ἀλλήλους ταῦτα. Οὕτω γὰρ καὶ πρὸς ἔλεον ἐσόμεθα προθυμότεροι, καὶ καθαροὺς τοὺς ἐπὶ ταύτῃ ληψόμεθα μισθοὺς, καὶ τῶν αἰωνίων ἀπολαύσομεν ἀγαθῶν, χάριτι καὶ φιλανθρωπίᾳ τοῦ Κυρίου ἡμῶν Ἰησοῦ Χριστοῦ, ᾧ ἡ δόξα καὶ τὸ κράτος σὺν τῷ Πατρὶ ἅμα τῷ ἁγίῳ Πνεύματι, νῦν καὶ ἀεὶ, καὶ εἰς τοὺς αἰῶνας τῶν αἰώνων. Ἀμήν.

[g] Unus ὧν ἥρπασεν.
[a] Alii καὶ τάλαντα ἐπιδῷς.

[b] Sic Mss. et Savil. Morel. ὁ ἀποκτείνων.
[c] Unus τοῦ μιάσματος τούτου.

ΟΜΙΛΙΑ νγ'. D

Ὁ δὲ Ἰησοῦς προσκαλεσάμενος τοὺς μαθητὰς αὐτοῦ, εἶπε· σπλαγχνίζομαι ἐπὶ τὸν ὄχλον, ὅτι ἤδη ἡμέρας τρεῖς προσμένουσί μοι, καὶ οὐκ ἔχουσι τί φάγωσι· καὶ ἀπολῦσαι αὐτοὺς νήστεις οὐ θέλω, μήποτε ἐκλυθῶσιν ἐν τῇ ὁδῷ.

Καὶ ἀνωτέρω τὸ σημεῖον τοῦτο μέλλων ποιεῖν, πρῶτον ἐθεράπευσε τοὺς τὸ σῶμα πεπηρωμένους· καὶ ἐνταῦθα τὸ αὐτὸ τοῦτο ποιεῖ· ἀπὸ τῆς τῶν τυφλῶν καὶ E
[d] χωλῶν ἰάσεως εἰς τοῦτο ἐμβαίνει καὶ πάλιν. Τί δήποτε δὲ τότε μὲν εἶπον οἱ μαθηταὶ, Ἀπόλυσον τοὺς ὄχλους· νῦν δὲ οὐκ εἶπον, καὶ ταῦτα παρελθουσῶν τριῶν ἡμερῶν; Ἢ καὶ αὐτοὶ βελτίους γενόμενοι λοιπὸν, ἢ καὶ ἐκείνους ὁρῶντες οὐ σφόδρα αἰσθανομένους τοῦ λιμοῦ· καὶ γὰρ ἐδόξαζον τὸν Θεὸν ἐπὶ τοῖς γινομένοις. 838
A Ἀλλ' ὅρα πῶς καὶ νῦν οὐχ ἁπλῶς ἐπὶ τὸ θαῦμα ἔρχεται, ἀλλ' [a] ἐκκαλεῖται αὐτοὺς εἰς τοῦτο. Οἱ μὲν γὰρ ὄχλοι ἐπὶ ἰατρείαν ἐλθόντες οὐκ ἐτόλμων τοὺς ἄρτους αἰτῆσαι· αὐτὸς δὲ καὶ φιλάνθρωπος, καὶ κηδεμὼν, καὶ οὐκ αἰτοῦσι δίδωσι, καί φησι πρὸς τοὺς μαθητάς· Σπλαγχνίζομαι ἐπὶ τὸν ὄχλον, καὶ ἀπολῦσαι αὐτοὺς νήστεις οὐ θέλω. Ἵνα γὰρ μὴ λέγωσιν, ὅτι ἐφόδια ἔχοντες ἦλθον, φησί· Τρεῖς ἡμέρας ἤδη μοι παραμένουσιν· ὥστε εἰ καὶ ἔχοντες ἦλθον, [b] ἀνάλωται ταῦτα. Διὰ γὰρ τοῦτο καὶ αὐτὸς οὐκ ἐν τῇ πρώτῃ καὶ δευτέρᾳ τοῦτο πεποίηκεν, ἀλλ' ὅτε αὐτοῖς ἅπαντα ἀνάλωτο, ὥστε πρότερον αὐτοὺς ἐν χρείᾳ καταστάντας μετὰ B
πλείονος τῆς προθυμίας δέξασθαι τὸ γενόμενον. Διὰ τοῦτό φησιν, Ἵνα μὴ ἐκλυθῶσιν ἐν τῇ ὁδῷ· δεικνὺς ὅτι καὶ πόῤῥωθεν ἀφεστήκεσαν, καὶ οὐδὲν αὐτοῖς ὑπολελειμμένον ἦν. Καὶ εἰ μὴ θέλεις ἀπολῦσαι νήστεις, τίνος ἕνεκεν οὐ ποιεῖς τὸ σημεῖον; Ἵνα ἐν τῇ ἐρωτήσει ταύτῃ καὶ τῇ ἀποκρίσει προσεκτικωτέρους ποιήσῃ τοὺς μαθητὰς, τὴν πίστιν ἑαυτῶν ἐπιδεικνύντας, προσιόντας καὶ λέγοντας, ποίησον ἄρτους. Ἀλλ' οὐδὲ οὕτω συνῆκαν τῆς ἐρωτήσεως τὴν αἰτίαν· ὅθεν ὕστερον λέγει αὐτοῖς, καθώς φησιν ὁ Μάρκος· [c] Ἔτι οὕτως εἰσὶ πεπωρωμέναι αἱ καρδίαι ὑμῶν· ὀφθαλμοὺς ἔχοντες οὐ βλέπετε, καὶ ὦτα ἔχοντες οὐκ ἀκούετε. Ἐπεὶ εἰ μὴ C
τοῦτο ἦν, τίνος ἕνεκεν τοῖς μαθηταῖς λέγει, καὶ δείκνυσιν ἀξίους τοῦ παθεῖν εὖ τοὺς ὄχλους, καὶ προστίθησι καὶ τὸν ἔλεον τὸν παρ' αὐτοῦ; Ὁ δὲ Ματθαῖός φησιν, ὅτι μετὰ ταῦτα καὶ ἐπετίμησεν αὐτοῖς λέγων· Ὀλιγόπιστοι, οὔπω νοεῖτε, οὐδὲ μνημονεύετε τοὺς πέντε

[d] Unus χωλῶν ἰατρείας.

[a] Alius ἐκκαλεῖ αὐτούς.

HOMILIA LIII. al. LIV.

Cap. XV. v. 32. *Jesus autem, convocatis discipulis suis, dixit: Misereor super turbam, quia ecce jam triduo sustinent me, nec habent quod manducent: et dimittere eos jejunos nolo, ne deficiant in via.*

1. Superius cum hujusmodi signum facturus esset, primo curavit eos qui corporis ægritudine laborarent: idipsum hic facit: post cæcorum atque claudorum curationem in idipsum rursus incidit. Cur autem tunc dixerunt discipuli, *Dimitte* Matth. 14.
turbas: nunc vero non dixerunt, tribus tamen 15.
diebus exactis? Sive quia jam illi perfectiores erant, sive quod illos viderent non tanto famis sensu affici: nam in iis, quæ facta erant, Deo gloriam referebant. Sed vide quomodo etiam nunc non simpliciter ad miraculum patrandum venit, sed illos ad id evocat. Nam turbæ quidem, quæ ad morborum curam venerant, panes petere non audebant: ipse vero, cum benignus sit et providus, non petentibus dedit, atque discipulis: *Misereor super turbam, et jejunos dimittere illos nolo.* Ne dicerent enim, ipsos cum viatico venisse, ait: *Jam triduo mecum sunt;* ita etiamsi viatica habuissent, jam consumta essent. Idcirco enim ille non primo vel secundo die hoc fecit, sed cum jam omnia deficerent, ut in necessitate positi cum majori studio factum exciperent. Ideo ait, *Ne deficiant in via;* ostendens ipsos et procul positos esse, et omnia consumsisse. Sed si non vis jejunos dimittere, cur signum non facis? Ut hac interrogatione et responsione sequente attentiores redderet discipulos, et illi fidem suam ostenderent, dicerentque, Panes facito. Sed illi ne sic quidem interrogationis causam intellexerunt: unde postea dixit illis, ut Marcus ait: *Adhuc ita sunt occæcata corda vestra:* Marc. 8.
oculos habentes non videtis, et aures ha- 17. 18.
bentes non auditis. Nam nisi hoc esset, qua de causa hæc discipulis diceret, ostenderetque dignas esse turbas beneficio, adderetque ipsum misericordia motum fuisse? Matthæus vero dicit ipsum postea increpasse eos his verbis: *Modicæ fidei,* Matth. 16.
nondum intelligitis, nec meministis quinque 8. 9.

[b] Morel. et quidam alii ἀνάλωτο.

[c] Alii ὅτι οὕτως.

panum et quinque millium, et quot cophinos
sumseritis? neque septem panum et quatuor mil-
lium, et quot sportas sumseritis? Ita evangelistæ
concordes inter se sunt. Quid ergo discipuli? Adhuc humi serpunt : et quamvis millia fecerit, ut
prioris miraculi memoriam servarent, et per
interrogationem ac responsionem, et quod illos
ministros fecerit, et quod cophini remanserint;
sed adhuc imperfectiores erant. Ideo dicunt ei :
33. *Unde nobis in solitudine tot panes?* Et
antea et nunc solitudinem memorant, et ex
animi imbecillitate ita loquentes, signum ab
omni suspicione liberabant. Ne quis enim diceret,
ut jam antea dixi, ipsum ex vicino quodam vico
panes mutuatum esse, locus quis sit declaratur, ut
miraculum crederetur. Idcirco et primum et hoc
quoque signum in solitudine facit, a viculis longe
distante. Sed horum nihil intelligentes discipuli
dicebant: *Unde nobis in solitudine tot panes?*
Nam putabant illum ideo hæc dixisse, quasi præcepturus esset ut illos cibarent; sed admodum in-
Matth. 14. 16. sipienter. Ideoque illis nuper dixerat, *Date vos*
eis manducare, ut illis occasionem daret se hac
de causa precandi. Nunc vero non dicit, *Date*
illis manducare, sed quid? *Misereor super tur-*
bam, et dimittere eos jejunos nolo : propius
movens incitansque illos, ut videant illud ab se
petendum esse. Nam ipsa verba declarabant, posse
ipsum non dimittere eos jejunos, et potentiam
ipsius ostendebant. Illud enim, *Nolo,* id significat. Quia vero et multitudinem et locum et solitudinem memorarent, (nam dicunt, *Unde nobis in*
solitudine tot panes, ut satietur tanta turba?)
neque tamen Christi verba intellexerunt, tunc
suum ipse opus peragit, et ait illis : 34. *Quot*
panes habetis? Illi vero dicunt, Septem, et
Joan. 6. 9. *pisciculos paucos*. Nec jam dicunt, *Sed hæc*
quid sunt inter tantos? ut antea dicebant. Sic
etiamsi non totum comprehenderent, sublimiores
tamen paulatim evadebant. Nam et ipse his illorum mentem erigens, eodem quo prius modo interrogabat, ut vel ex modo interrogandi jam gesta
in memoriam revocaret. Tu vero ut hic vidisti
illorum imperfectionem, sic disce illorum philo-
Apostoli sophicam mentem, et veracitatem mirare, quomo-
ea scribe- do nempe scribentes, stupiditatem suam, etsi
bant quæ magnam, non occultent. Neque enim mediocris
suam olim

ἄρτους τῶν πενταχισχιλίων, καὶ πόσους κοφίνους ἐλάβετε; οὐδὲ τοὺς ἑπτὰ ἄρτους τῶν τετρακισχιλίων, καὶ πόσας σπυρίδας ἐλάβετε; Οὕτως ἀλλήλοις συμφωνοῦσιν οἱ
εὐαγγελισταί. Τί οὖν οἱ μαθηταί; Ἔτι χαμαὶ ἕρπουσι·
καίτοι μυρία ἐποίησεν, ὥστε μνημονευθῆναι ἐκεῖνο τὸ
D θαῦμα, καὶ διὰ τῆς ἐρωτήσεως, καὶ διὰ τῆς ἀποκρίσεως, καὶ διὰ τοῦ ποιῆσαι διακόνους αὐτοὺς, [d] καὶ διὰ
τοῦ ἐναπομεῖναι τοὺς κοφίνους· ἀλλ' ἔτι ἀτελέστερον
διέκειντο. Διὸ καὶ λέγουσιν αὐτῷ· Πόθεν ἡμῖν ἐν ἐρήμῳ ἄρτοι τοσοῦτοι; Καὶ πρὸ τούτου καὶ νῦν τῆς ἐρημίας μέμνηνται, αὐτοὶ μὲν ἀσθενεῖ λογισμῷ τοῦτο
λέγοντες, τὸ δὲ σημεῖον καὶ ἐντεῦθεν ἀνύποπτον ποιοῦντες. Ἵνα γὰρ μή τις λέγῃ, ὅπερ καὶ ἤδη εἶπον, ὅτι ἀπὸ
πλησίον τινὸς κώμης οὔσης ἔλαβεν, ὁμολογεῖται ὁ τόπος, ἵνα πιστευθῇ τὸ θαῦμα. Διὰ τοῦτο καὶ τὸ πρότερον σημεῖον καὶ τοῦτο ἐν ἐρημίᾳ ποιεῖ, πολὺ τῶν
κωμῶν ἀπεχούσῃ. Ὧν οὐδὲν συνιέντες οἱ μαθηταὶ
E ἔλεγον· Πόθεν ἡμῖν ἐν ἐρημίᾳ ἄρτοι τοσοῦτοι; Καὶ γὰρ
ἐνόμιζον ταῦτα αὐτὸν εἰρηκέναι, ὡς αὐτοῖς μέλλοντα
ἐπιτάττειν διατρέφειν αὐτούς· σφόδρα [e] ἀνοήτως.
Διὰ γὰρ τοῦτο καὶ πρώην ἔλεγε, Δότε αὐτοῖς ὑμεῖς φαγεῖν, ἵνα αὐτοὺς εἰς ἀφορμὴν ἐμβάλῃ τοῦ αὐτὸν περὶ
τούτου παρακαλέσαι. Νῦν δὲ οὐδὲ τοῦτό φησι, Δότε
539 αὐτοῖς φαγεῖν, ἀλλὰ τί; Σπλαγχνίζομαι ἐπὶ τὸν ὄχλον,
A καὶ ἀπολῦσαι αὐτοὺς νήστεις οὐ θέλω· ἐγγύτερον αὐτοὺς ἄγων καὶ ἐρεθίζων μᾶλλον, καὶ διδοὺς διαβλέψαι
πρὸς τὸ παρ' αὐτοῦ ταῦτα αἰτῆσαι. Καὶ γὰρ δεικνύντος ἦν τὰ ῥήματα, ὅτι δύναται μὴ ἀπολῦσαι αὐτοὺς
νήστεις, καὶ ἐμφαίνοντος τὴν ἐξουσίαν. Τὸ γὰρ, Οὐ θέλω, τοῦτό ἐστιν ἐνδεικνυμένου. Ἐπειδὴ δὲ τοῦ πλήθους
ἐμνημόνευσαν λοιπὸν, καὶ τοῦ τόπου, καὶ τῆς ἐρημίας,
(Πόθεν γὰρ, φησὶν, ἡμῖν ἐν ἐρημίᾳ ἄρτοι τοσοῦτοι,
ὥστε χορτάσαι ὄχλον τοσοῦτον;) καὶ οὐδὲ οὕτως συνῆκαν τὸ λεχθὲν, λοιπὸν αὐτὸς τὰ παρ' ἑαυτοῦ εἰσφέρει,
καί φησιν αὐτοῖς· Πόσους ἄρτους ἔχετε; Οἱ δὲ λέγουσιν, ἑπτὰ, καὶ ὀλίγα ἰχθύδια. Καὶ οὐκ ἔτι λέγουσιν, Ἀλλὰ ταῦτα τί ἐστιν εἰς τοσούτους; ὥσπερ ἔμ-
B προσθεν εἶπον. Οὕτως εἰ μὴ καὶ τοῦ παντὸς [a] ἐπελαμ-
βάνοντο, ἀλλ' ὅμως ὑψηλότεροι κατὰ μικρὸν ἐγίνοντο.
Καὶ γὰρ καὶ αὐτὸς διὰ τούτων ἐγείρων αὐτῶν τὴν διάνοιαν, ὁμοίως ἐρωτᾷ, ὥσπερ καὶ πρότερον, ἵνα καὶ
τῷ τρόπῳ τῆς ἐρωτήσεως ἀναμνήσῃ αὐτοὺς τῶν ἤδη
γεγενημένων. Σὺ δὲ ὥσπερ εἶδες αὐτῶν τὸ ἀτελὲς ἐκ
τούτων, οὕτω κατάμαθε καὶ τὸ φιλόσοφον τῆς γνώμης,
καὶ θαύμασον τὸ φιλάληθες, πῶς αὐτοὶ γράφοντες, τὰ
ἑαυτῶν οὐ κρύπτουσιν ἐλαττώματα, καὶ ταῦτα μεγάλα ὄντα. Οὐδὲ γὰρ τὸ τυχὸν ἦν ἔγκλημα, ἔναγχος

[d] Hic exemplaria multum variant. Manuscripti aliquot habent διὰ τοῦ νεῖμαι τοὺς κοφίνους. Alii διὰ τοῦ εἶναι τοὺς κοφίνους ἰσαρίθμους αὐτοῖς. Alii διὰ τοῦ διανεῖμαι τοὺς κοφίνους Morel. διὰ τοῦ εἶναι τοὺς κοφίνους. Savil. διὰ τοῦ ἐναπομεῖναι τοὺς κοφίνους. Postremam lectionem sequi visum est. Paulo post alii ἐν ἐρημίᾳ ἄρτοι.

[e] Unus ἀνεπινοήτως, alius ἀπερινοήτως.

[a] Alii ἐπελάβοντο.

τοῦ σημείου [b] τούτου γεγενημένου οὕτως εὐθέως ἐπιλαθέσθαι· διὰ τοῦτο καὶ ἐπιτιμῶνται.

Μετὰ δὲ τούτων καὶ τὴν ἄλλην φιλοσοφίαν ἐννόησον· πῶς ἦσαν γαστρὸς κρείττους, πῶς ἐπαιδεύοντο μὴ πολὺν ποιεῖσθαι τραπέζης λόγον. Ἐν ἐρημίᾳ γὰρ ὄντες, καὶ τρεῖς ἡμέρας ἐκεῖ διατρίβοντες, ἑπτὰ ἄρτους εἶχον. Τὰ μὲν οὖν ἄλλα ὁμοίως τοῖς προτέροις ποιεῖ· καὶ γὰρ κατακλίνει αὐτοὺς ἐπὶ τὴν γῆν, καὶ ἐν ταῖς χερσὶ τῶν μαθητῶν ποιεῖ πηγάζειν τοὺς ἄρτους. Ἐκέλευσε γὰρ, φησὶ, τοὺς ὄχλους ἀναπεσεῖν ἐπὶ τὴν γῆν. Καὶ λαβὼν τοὺς ἑπτὰ ἄρτους καὶ τοὺς ἰχθύας, εὐχαριστήσας ἔκλασε, καὶ ἐδίδου τοῖς μαθηταῖς· οἱ δὲ μαθηταὶ τῷ ὄχλῳ. Τὸ δὲ τέλος [c] οὐκ ἔστιν ὅμοιον· Ἔφαγον γὰρ πάντες, φησὶ, καὶ ἐχορτάσθησαν, καὶ ἦραν τὸ περισσεῦον τῶν κλασμάτων ἑπτὰ σπυρίδας πλήρεις. Οἱ δὲ ἐσθίοντες ἦσαν τετρακισχίλιοι ἄνδρες, χωρὶς γυναικῶν καὶ παιδίων. Ἀλλὰ διατί τότε μὲν πεντακισχιλίων ὄντων, δώδεκα κόφινοι ἐπερίσσευσαν, ἐνταῦθα δὲ τετρακισχιλίων, ἑπτὰ σπυρίδες; [d] τίνος οὖν ἕνεκεν καὶ διατί ἐλάττονα ἦν τὰ λείψανα, καίτοι οὐ τοσούτων ὄντων τῶν ἑστιωμένων; Ἢ τοίνυν τοῦτο ἔστιν εἰπεῖν, ὅτι αἱ σπυρίδες τῶν κοφίνων μείζους ἦσαν· ἢ εἰ μὴ τοῦτο, ἵνα μὴ πάλιν ἡ ἰσότης τοῦ σημείου εἰς λήθην αὐτοὺς ἐμβάλῃ, τῇ διαφορᾷ τὴν μνήμην αὐτῶν [e] διεγείρει, ἵνα ἐκ τοῦ παρηλλαγμένου ἀναμνησθῶσι κἀκείνου καὶ τούτου. Διὰ δὴ τοῦτο τότε μὲν τοῖς μαθηταῖς ἰσαρίθμους ποιεῖ τοὺς κοφίνους τῶν λειψάνων, νυνὶ δὲ τοῖς ἄρτοις τὰς σπυρίδας, κἀν τούτῳ τὴν ἄφατον δύναμιν ἐνδεικνύμενος, καὶ τὴν εὐκολίαν τῆς ἐξουσίας, ὅτι αὐτῷ δυνατὸν καὶ οὕτως καὶ ἑτέρως τὰ τοιαῦτα θαυματουργεῖν. Οὐδὲ γὰρ μικρᾶς δυνάμεως ἦν τὸ 540 τὸν ἀριθμὸν διατηρῆσαι καὶ τότε καὶ νῦν, τότε μὲν πεντακισχιλίων ὄντων, νυνὶ δὲ τετρακισχιλίων, καὶ μήτε τότε τῶν κοφίνων, μήτε νῦν τῶν σπυρίδων μήτε ἐλάττονα μήτε πλείονα γενέσθαι ἀφεῖναι τὰ λείψανα, καίτοι γε τοῦ πλήθους τῶν ἑστιωμένων διαφόρου ὄντος. Καὶ τὸ τέλος δὲ ὅμοιον τῷ προτέρῳ. Καὶ γὰρ καὶ τότε τοὺς ὄχλους ἀφεὶς ἀνεχώρησεν ἐν τῷ πλοίῳ, καὶ νῦν· καὶ ὁ Ἰωάννης δὲ τοῦτό φησιν. Ἐπειδὴ γὰρ οὐδὲν οὕτω σημεῖον ἀκολουθεῖν αὐτῷ παρεσκεύαζεν, ὡς τὸ τῶν ἄρτων θαῦμα, καὶ οὐ μόνον ἀκολουθεῖν, ἀλλὰ καὶ βασιλέα ποιεῖν ἐβούλοντο, τυραννίδος φεύγων ὑποψίαν ἀποπηδᾷ μετὰ τὴν θαυματουργίαν ταύτην· καὶ οὐδέ πεζῇ ἄπεισιν, ἵνα μὴ ἀκολουθήσωσιν, ἀλλ' εἰς τὸ πλοῖον ἐμβάς. Καὶ ἀπολύσας, φησὶ, τοὺς ὄχλους, ἀνέβη εἰς τὸ πλοῖον, καὶ ἦλθεν εἰς τὰ ὅρια Μαγδαλά. Καὶ προσελθόντες οἱ Φαρισαῖοι καὶ Σαδδουκαῖοι ἠρώτων αὐ-

culpa erat, nuper facti miraculi tam cito oblivisci; ideoque increpantur. imbecillitatem patefacerent.

2. Ad hæc aliam quoque philosophiæ rationem cogites velim: quomodo ventrem parum curabant, quomodo instituebantur, ne mensæ multum rationem haberent. Nam in solitudine cum essent, post triduum septem panes habebant. Cætera vero Christus ut prius disponit: recumbere jubet in terra, et in manibus discipulorum panes multiplicat. 35. *Jussit* enim, ait, *ut turbæ discumberent super terram.* 36. *Et accipiens quinque panes et pisces, gratias agens fregit, et dabat discipulis: discipuli vero turbæ.* Finis vero miraculi priori similis non fuit. 37. *Manducaverunt* enim *omnes*, inquit, *et saturati sunt, et tulerunt quod supererat de fragmentis septem sportas plenas.* 38. *Qui autem comederant erant quatuor mille viri, præter mulieres et parvulos.* Sed cur tunc cum quinquies mille essent, duodecim cophini superfuerunt, hic vero, quatuor mille cum sint, septem sportæ supersunt? cur ergo minores erant reliquiæ, cum non tot essent qui comederent? Vel dicendum est, sportas cophinis majores fuisse; vel ne paritas numeri in miraculo oblivionem pareret, ex differentia memoriam illorum excitasse, ut ex varietate et hujus et illius recordarentur. Ideoque tunc cophinos fragmentorum discipulis numero pares facit, nunc vero panibus sportas, et in hoc quoque suam ineffabilem potestatem ostendit, et facilitatem imperandi, cum possit et hoc et illo modo miracula edere. Neque enim modicæ potestatis erat numerum posse conservare in utroque, cum tunc quinquies mille, nunç quatuor mille essent, nec plura, nec pauciora fragmenta relinqui, quam tunc cophini, nunc sportæ caperent, etsi numerus convivarum non par esset. Finis hic et in priore similis fuit. Nam tunc, dimissis turbis, navigio recessit, et hic item, ut Joannes dicit. Quia enim nullum signum adeo turbam inducebat ad illum sequendum, ut panum miraculum, et hoc modo sequi illum, sed etiam regem facere volebant, ut omnem tyrannidis suspicionem devitet, post hujusmodi miraculum recedit: nec pedibus, ne illi sequerentur, sed navigio. 39. *Et dimissa turba*, inquit, *ascendit in naviculam, et venit in fines Magdala.* 1. *Et accedentes Pharisæi et Sad-* Cap. xvi.

Matth. 14. 20. 21. — Joan. 6. 17.

[b] Alius τούτου γενομένου. Paulo post alius φιλοσοφίαν νόησον.

[c] Quidam οὐκέτι ὅμοιον, non male.

[d] Morel. τίνος οὖν καὶ διατί, et mox τοσούτων τῶν ἑστιωμένων, male.

[e] [διεγείρει debetur Codici Regio nunc 694, olim 1937 et 256. Edebatur διεγείρων.]

ducæi rogabant eum, ut signum de cælo ostenderet eis. 2. Ille autem dixit eis : Vespere facto dicitis, Serenum erit : rubicundum enim cælum est; 3. et mane, Hodie tempestas erit : rutilat enim triste cælum. 4. Faciem cæli nostis dijudicare, signa vero temporum non potestis? Generatio prava et adultera signum quærit, et signum non dabitur ei, nisi signum Jonæ prophetæ. Et derelinquens eos abiit. Marcus
Marc. 8. 12. autem dicit, Cum accessissent et quærerent, ingemuisse spiritu, ac dixisse : *Quid generatio ista signum quærit?* Etsi talis interrogatio iram et indignationem possit excitare, attamen benignus ille Dominus non irascitur, sed miseratur illos tamquam incurabili morbo laborantes, qui post tantam potentiæ suæ demonstrationem, tentatum veniant. Neque enim accedebant ut crederent, sed ut reprehenderent. Nam si ut crederent accessissent, dedisset utique : qui enim mulieri dixit,
Matth. 15. 26. *Non est bonum*, et postea signum dedit, multo magis his præbuisset. Verum quia non quærebant ut crederent, hypocritas illos alibi vocat, quia aliud dicebant, aliud sentiebant. Si enim credidissent, non petituri erant. Aliunde etiam palam est ipsos non credidisse. Increpati quippe et confutati, non manserunt, neque dixerunt : Ignoramus et ediscere quærimus. Quod vero signum de cælo petebant? Ut solem sisteret, vel lunam frenaret, aut fulmina mitteret, aut aerem mutaret, aut quid simile. Quid igitur ait ipse? *Faciem cæli dijudicare scitis, signa vero temporum non potestis?* Vidistis mansuetudinem et moderationem? Non enim ut prius negavit et dixit,
Matth. 12. 39. *Non dabitur ei*, sed causam cur non det affert, etiamsi illi non ut discerent interrogarent. Quænam igitur causa erat? Ut in cælo, inquit, aliud signum est tempestatis, aliud tranquillitatis, nec quis conspecto tempestatis signo, tranquillitatem exspectat, neque in tranquillitate serena tempestatem : sic de me quoque existimandum. Aliud enim est tempus hujus adventus, aliud futuri. Nunc opus est signis illis, quæ in terra dantur; quæ in cælo autem, in illud tempus reservantur. Nunc ut medicus veni, tunc ut judex adero; nunc ut quæram eos qui erraverunt, tunc ut rationes repetam. Ideoque latens veni; tunc publice et palam cælos convolvam, solem abscondam, lunam non sinam dare lucem suam. Tunc virtutes cælorum

τὸν σημεῖον ἐκ τοῦ οὐρανοῦ δεῖξαι αὐτοῖς. Ὁ δέ φησιν· ὀψίας γενομένης λέγετε, εὐδία· πυῤῥάζει γὰρ ὁ οὐρανός· καὶ πρωῒ, σήμερον χειμών· πυῤῥάζει γὰρ στυγνάζων ὁ οὐρανός. Τὸ μὲν πρόσωπον τοῦ οὐρανοῦ γινώσκετε διακρῖναι, τὰ δὲ σημεῖα τῶν καιρῶν οὐ δύνασθε; Γενεὰ πονηρὰ καὶ μοιχαλὶς σημεῖον ἐπιζητεῖ, καὶ σημεῖον
C οὐ δοθήσεται αὐτῇ, εἰ μὴ τὸ σημεῖον Ἰωνᾶ τοῦ προφήτου. Καὶ καταλιπὼν αὐτοὺς ἀπῆλθεν. Ὁ δὲ Μάρκος φησὶν, ὅτι προσελθόντων αὐτῷ καὶ συζητούντων, Ἀναστενάξας τῷ πνεύματι αὐτοῦ, λέγει· τί ἡ γενεὰ αὕτη σημεῖον ἐπιζητεῖ; Καίτοι γε ὀργῆς ἀξία ἡ ἐρώτησις, καὶ ἀγανακτήσεως, ἀλλ' ὅμως ὁ φιλάνθρωπος καὶ κηδεμὼν οὐκ ὀργίζεται, ἀλλ' ἐλεεῖ καὶ ταλανίζει ἅτε ἀνίατα νοσοῦντας, καὶ μετὰ τοσαύτην ἀπόδειξιν τῆς ἑαυτοῦ δυνάμεως πειράζοντας αὐτόν. Οὐδὲ γὰρ ὥστε πιστεῦσαι ἐζήτουν, ἀλλ' ὥστε ἐπιλαβέσθαι. Εἰ γὰρ ὡς πιστεύσοντες προσῆλθον, ἔδωκεν ἄν· ὁ γὰρ τῇ γυναικὶ εἰπὼν, Οὐκ ἔστι καλὸν, καὶ μετὰ ταῦτα δοὺς, πολλῷ μᾶλλον
D ἂν τούτοις παρέσχεν. Ἀλλ' ἐπειδὴ οὐ πιστεῦσαι ἐζήτουν, [a] διὰ τοῦτο ὑποκριτὰς ἑτέρωθι καλεῖ, ὅτι ἕτερα μὲν ἔλεγον, ἕτερα δὲ ἐφρόνουν. Εἰ γὰρ ἐπίστευσαν, οὐδ' ἂν ᾔτησαν. Καὶ ἑτέρωθεν δὲ [b] δῆλον, ὅτι οὐκ ἐπίστευον. Ἐπιτιμηθέντες γὰρ καὶ ἐλεγχθέντες, οὐ παρέμειναν, οὐδὲ εἶπον, ὅτι ἀγνοοῦμεν καὶ μαθεῖν ζητοῦμεν. Τί δὲ σημεῖον ἐκ τοῦ οὐρανοῦ ᾔτουν; Ἥλιον στῆσαι, ἢ σελήνην χαλινῶσαι, ἢ κεραυνοὺς κατενεγκεῖν, ἢ τὸν ἀέρα μεταβαλεῖν, ἢ ἄλλο τι τοιοῦτον. Τί οὖν αὐτός φησι; Τὸ μὲν πρόσωπον τοῦ οὐρανοῦ γινώσκετε διακρίνειν, τὰ δὲ σημεῖα τῶν καιρῶν οὐ δύνασθε; Ὁρᾶτε τὴν πρᾳότητα καὶ τὴν ἐπιείκειαν; Οὐδὲ γὰρ ὡς πρό-
E τερον ἠρνήσατο μόνον καὶ εἶπεν, Οὐ δοθήσεται αὐτῇ, ἀλλὰ καὶ τὴν αἰτίαν λέγει, δι' ἣν οὐ δίδωσι, καίτοι γε οὐχ ὑπὲρ τοῦ μαθεῖν ἐρωτώντων αὐτῶν. Τίς οὖν ἡ αἰτία; Ὥσπερ ἐπὶ τοῦ οὐρανοῦ, φησὶν, ἄλλο μὲν σημεῖον τοῦ χειμῶνος, ἄλλο δὲ τῆς εὐδίας, καὶ οὐκ ἄν τις τὸ σημεῖον ἰδὼν τοῦ χειμῶνος γαλήνην ζητήσειεν, οὐδὲ ἐν γαλήνῃ εὐδινῇ χειμῶνα· οὕτω καὶ ἐπ' ἐμοῦ λογί-
541 A ζεσθαι χρή. Ἄλλος γὰρ οὗτος τῆς παρουσίας ὁ καιρὸς, ἄλλος δὲ ὁ μέλλων. Νῦν χρεία τούτων τῶν σημείων τῶν ἐν τῇ γῇ, [a] τὰ δὲ ἐν τῷ οὐρανῷ, ἐκείνῳ τεταμίευται τῷ καιρῷ. Νῦν ὡς ἰατρὸς ἦλθον, τότε ὡς δικαστὴς παρέσομαι· νῦν ὥστε ζητῆσαι τὸ πεπλανημένον, τότε [b] ὡς ἀπαιτῆσαι εὐθύνας. Διὰ τοῦτο λαθὼν ἦλθον· τότε δὲ μετὰ πολλῆς τῆς δημοσιεύσεως, τὸν οὐρανὸν ἑλίττων, τὸν ἥλιον ἀποκρύπτων, τὴν σελήνην οὐκ ἀφιεὶς δοῦναι τὸ φῶς. Τότε καὶ αἱ δυνάμεις τῶν οὐρανῶν σαλευθήσονται, καὶ ἀστραπὴν ἀθρόως πᾶσι φαινομένην μιμήσεται τῆς παρουσίας μου ἡ ἐπιφάνεια. Ἀλλ' οὐχὶ

[a] Quidam διὰ τοῦτο καὶ ὑποκριτὰς ἑτέρωθι. Morel. ἑτέρωθεν.
[b] Alius κατάδηλον, ὅτι οὐκ ἐπίστευον, ὅτι ἐπιτιμηθέντες.

[a] Morel. τὰ ἐν τῷ οὐρ.
[b] Unus ὥστε ἀπαιτῆσαι. Ibidem duo λαθὼν ἦλθον νῦν, τότε.

νῦν τούτων ὁ καιρὸς τῶν σημείων. Ἦλθον γὰρ ἀποθανεῖν, [c] καὶ τὰ αἴσχιστα παθεῖν. Οὐκ ἠκούσατε τοῦ προφήτου λέγοντος· Οὐκ ἐρίσει, οὐδὲ κραυγάσει, οὐδὲ ἀκουσθήσεται ἔξω ἡ φωνὴ αὐτοῦ; καὶ ἑτέρου πάλιν· Καταβήσεται ὡς ὑετὸς ἐπὶ πόκον;

movebuntur, adventusque meus similis erit fulguri B confestim omnibus apparenti. Sed non est jam tempus hujusmodi signorum. Nam veni moriturus et turpissima passurus. Non audistis prophetam dicentem : *Non contendet, neque clamabit, neque audietur foris vox ejus?* (Isai. 42. 2.) et alium rursus : *Descendet sicut pluvia in vellus?* (Psal. 71. 6.)

Εἰ δὲ τὰ ἐπὶ Φαραὼ λέγοιεν σημεῖα, πολεμίου τότε ἀπαλλαγῆναι ἔδει, καὶ εἰκότως ἐκεῖνα ἐγένετο· τῷ δὲ πρὸς φίλους ἐλθόντι τούτων οὐ χρεία τῶν σημείων. Πῶς δὲ καὶ τὰ μεγάλα δώσω, τῶν μικρῶν μὴ πιστευομένων; Μικρῶν ὡς πρὸς ἐπίδειξιν λέγω· ἐπεὶ τῇ δυνάμει πολλῷ ταῦτα ἐκείνων μείζονα ἦν. Τί γὰρ ἴσον ἂν εἴη τοῦ ἁμαρτήματα λῦσαι, καὶ νεκρὸν ἀναστῆσαι, καὶ δαίμονας ἀπελάσαι, καὶ δημιουργῆσαι σῶμα, καὶ τὰ ἄλλα πάντα διορθῶσαι; C Σὺ δὲ αὐτῶν ὅρα τὴν πεπωρωμένην καρδίαν, πῶς ἀκούσαντες, ὅτι Οὐ δοθήσεται αὐτοῖς σημεῖον εἰ μὴ τὸ σημεῖον Ἰωνᾶ τοῦ προφήτου, οὐκ ἐρωτῶσι. Καίτοι γε ἐχρῆν καὶ τὸν προφήτην εἰδότας, καὶ τὰ συμβάντα ἅπαντα, καὶ ἐκ δευτέρου τοῦτο ἀκούσαντας, πυθέσθαι καὶ μαθεῖν τί ποτε ἦν τὸ λεγόμενον· ἀλλ' ὅπερ ἔφην, οὐκ ἐπιθυμίᾳ τοῦ μαθεῖν ταῦτα λέγουσι. Διὰ δὴ τοῦτο καὶ αὐτὸς ἀφεὶς αὐτοὺς ἀπῆλθε. Καὶ ἐλθόντες οἱ μαθηταὶ αὐτοῦ, φησὶν, εἰς τὸ πέραν, ἐπελάθοντο ἄρτους λαβεῖν. Ὁ δὲ Ἰησοῦς εἶπεν αὐτοῖς· ὁρᾶτε καὶ προσέχετε ἀπὸ τῆς ζύμης τῶν Φαρισαίων καὶ Σαδδουκαίων. D Διατί μὴ εἶπε, προσέχετε ἀπὸ τῆς διδασκαλίας; Σαφῶς βούλεται αὐτοὺς ἀναμνῆσαι τῶν γενομένων· καὶ γὰρ ᾔδει ἐπιλελησμένους. Ἀλλὰ τὸ μὲν ἁπλῶς ἐγκαλέσαι οὐκ ἐδόκει λόγον ἔχειν· τὸ δὲ ἀφορμὴν ἀπ' αὐτῶν λαβόντα οὕτως ἐπιτιμῆσαι εὐπαράδεκτον ἐποίει τὸ ἔγκλημα. Καὶ διατί μὴ τότε ἐπετίμησεν αὐτοῖς ὅτε εἶπον· [d] Πόθεν ἡμῖν ἐν ἐρημίᾳ ἄρτοι τοσοῦτοι; Καὶ γὰρ εὔκαιρον ἐδόκει τότε τοῦτο λέγεσθαι. Ἵνα μὴ δόξῃ ἐπιτρέχειν τῷ σημείῳ. Καὶ ἄλλως δὲ οὐκ ἐβούλετο ἐπὶ τῶν ὄχλων αὐτοῖς ἐγκαλέσαι, οὐδὲ ἐπ' ἐκείνων φιλοτιμεῖσθαι. E Καὶ νῦν δὲ εὐλογωτέρα ἡ κατηγορία, ὅτι διπλοῦ τοῦ θαύματος γενομένου τοιοῦτοι ἦσαν. Διὸ καὶ ἄλλο θαῦμα ποιήσας, τότε ἐπιτιμᾷ· ἃ γὰρ διελογίζοντο, ταῦτα εἰς μέσον φέρει. Τί δὲ διελογίζοντο; Ὅτι ἄρτους, φησὶν, οὐκ ἐλάβομεν. Ἔτι γὰρ περὶ τὰ καθάρσια ἦσαν τὰ Ἰουδαϊκὰ ἐπτοημένοι, καὶ τὰς τῶν βρωμάτων παρατηρήσεις· 542 A διὸ ἁπάντων ἕνεκεν καὶ σφοδρότερον αὐτοῖς ἐπιτίθεται, λέγων· Τί διαλογίζεσθε ἐν ἑαυτοῖς, ὀλιγόπιστοι, ὅτι ἄρτους οὐκ ἐλάβετε; Οὔπω νοεῖτε, οὐδὲ συνίετε; Πεπωρωμένη ὑμῶν ἐστιν ἡ καρδία, ὀφθαλμοὺς ἔχοντες οὐ βλέπετε· ὦτα ἔχοντες οὐκ ἀκούετε. Οὐ μνημονεύετε τῶν πεντακισχιλίων τοὺς πέντε ἄρτους, καὶ πόσους

3. Quod si ea signa dicant quæ sub Pharaone facta sunt, sane illo tempore ab hoste eripi oportebat, ac jure illa fiebant signa : illi autem, qui ad amicos advenit, non opus est signis illis. Quomodo autem magna illa dabo, cum parva non credantur? Parva scilicet quantum ad ostentationem, nam illis virtute multo majora sunt. Quid enim par fuerit peccatorum remissioni? quid tam mirabile C fuerit quam mortuum suscitare, dæmonas pellere, corpus reformare, et omnia restaurare? Tu vero cor eorum occæcatum considera, qui cum audissent, *Signum non dabitur eis nisi signum Jonæ prophetæ*, non interrogant. Atqui oportebat eos, qui prophetam noverant, omnia que tunc gesta, et hæc jam denuo audiebant, sciscitari et discere, cur hoc diceretur : sed, quod dixi, non ex discendi desiderio hoc proferunt. Ideoque relictis illis abiit. 5. *Et cum venissent*, inquit, *discipuli ejus trans fretum, obliti sunt panes accipere.* D 6. *Jesus autem dixit illis : Videte et cavete a fermento Pharisæorum et Sadducæorum.* Cur non dixit, Cavete a doctrina? Vult certe ipsis quæ gesta fuerant in memoriam revocare; sciebat enim jam esse oblitos. Sed simpliciter accusare non videbatur tunc opportunum esse : verum, occasione ab illis accepta, increpare illos tolerabilem reddebat accusationem. Et cur non tunc increpavit eos cum dixerunt, *Unde nobis in solitudine tot panes?* Nam tunc videbantur hæc opportune E dici posse. Ne videretur ad signum faciendum currere. Alioquin autem nolebat coram turbis illos arguere, vel sese ostentare. Nunc vero opportunior accusatio, quia post duplex miraculum tales erant. Idcirco cum aliud fecisset miraculum, tunc increpat, cogitationesque ipsorum in medium producit. Quid porro cogitabant? 7. *Quia panes* A *non accepimus*, inquit. Adhuc enim purgationibus Judaïcis erant addicti, nec non ciborum observationibus; ideoque eorum omnium causa vehementius in illos invehitur, dicens : 8. *Quid cogitatis in vobis ipsis, modicæ fidei, quod panes non ceperitis?* 9. *Nondum intelligitis, neque*

[c] Duo Mss. τὰ ἔσχατα παθεῖν, non male.

[d] Morel. πόθεν ἡμῶν. Ibidem duo ἐπ' ἐρημίας.

recordamini? Occæcatum est cor vestrum, oculos habentes non videtis, aures habentes non auditis. *Non recordamini quinque panum in quinque millia hominum, et quot cophinos sumsistis?* 10. *neque septem panum, in quatuor millia hominum, et quot sportas sumsistis?* Viden' grandem indignationem? Neque usquam alibi videtur illos sic increpasse. Cur ergo ita facit? Ut rursus ciborum observationis opinionem eliminaret. Ideo enim tunc dicebat tantum, *Sine intellectu estis, non intelligitis;* hic vero vehementer increpando dicit, *Modicæ fidei.* Non enim ubique mansuetudinem adhibere oportet. Ut enim fiduciam ipsis indiderat: sic et increpat, hac varietate saluti eorum prospiciens. Vide autem et increpationem, et una mansuetudinem multam. Nam sese fere purgans quod illos aspere arguisset, ait: *Nondum intelligitis quinque panes in quinque millia, et quot cophinos sumsistis? et septem panes in quatuor millia, et quot sportas sumsistis?* Ideo numerum affert tam eorum qui comederant, quam reliquiarum; ut illis simul in memoriam revocaret præterita, et ad futura ipsos attentiores redderet. Et ut discas, quantum potuit increpatio, utque somnolentam ipsorum mentem erexerit, audi quid dicat evangelista. Nam cum Jesus nihil amplius dixisset, sed increpasset hæc tantum addendo, 11. *Quomodo non intelligitis, me non a pane cavere dixisse vobis, sed a fermento Pharisæorum et Sadducæorum?* subdit evangelista: 12. *Tunc intellexerunt, quia non dixerat cavendum esse a fermento panis, sed a doctrina Pharisæorum et Sadducæorum;* etiamsi ille hæc non fuisset interpretatus. Vide quanta bona attulerit increpatio. Nam a Judaïcis observationibus illos abduxit, et socordes antea, fecit attentiores, atque a fidei imbecillitate revocavit, ita ut non timeant, neque formident, si quando paucos panes habeant, neque de fame cavenda solliciti sint, sed hæc omnia contemnant. Ne itaque nos semper assentari subditis velimus, nec optemus ut ii qui nobis præsunt nobis adulentur. Nam utroque opus habet mens humana remedio. Ideo Deus res hujus mundi sic administrat, ac modo hoc, modo illud facit, neque bona manentia, neque mala sinit esse. Quemadmodum enim modo

Mansuetudo non ubique adhibenda.

κοφίνους ἐλάβετε; οὐδὲ τοὺς ἑπτὰ ἄρτους τῶν τετρακισχιλίων, καὶ πόσας σπυρίδας ἐλάβετε; Εἶδες ἀγανάκτησιν ἐπιτεταμένην; Οὐδὲ γὰρ ἀλλαχοῦ φαίνεται οὕτως αὐτοῖς ἐπιτιμήσας. Τίνος οὖν ἕνεκεν τοῦτο ποιεῖ; Ὥστε πάλιν τὴν περὶ τῶν βρωμάτων πρόληψιν ἐκβαλεῖν. Διὰ γὰρ τοῦτο τότε μὲν, Οὐ νοεῖτε, μόνον εἶπεν, οὐδὲ συνίετε, φησίν· ἐνταῦθα δὲ, καὶ μετὰ πολλῆς τῆς ἐπιπλήξεως, Ὀλιγόπιστοι, φησίν. Οὐ γὰρ πανταχοῦ ἡ προσηνεια καλόν. Ὥσπερ γὰρ μετεδίδου παῤῥησίας αὐτοῖς, οὕτω καὶ ἐπιτιμᾷ, τῇ ποικιλίᾳ ταύτῃ τὴν σωτηρίαν αὐτῶν οἰκονομῶν. Ὅρα δὲ καὶ τὴν ἐπιτίμησιν πολλὴν, καὶ τὴν ἐπιείκειαν. Μονονουχὶ γὰρ ἀπολογούμενος αὐτοῖς ὑπὲρ ὧν ἐπετίμησεν αὐτοῖς σφοδρῶς, φησίν· Οὔπω νοεῖτε τοὺς [a] πέντε ἄρτους τῶν πεντακισχιλίων, καὶ πόσους κοφίνους ἐλάβετε; καὶ τοὺς ἑπτὰ ἄρτους τῶν τετρακισχιλίων, καὶ πόσας σπυρίδας ἐλάβετε; Διὰ τοῦτο δὲ τὸν ἀριθμὸν τίθησι καὶ τῶν τραφέντων καὶ τῶν λειψάνων, ὁμοῦ τε εἰς ἀνάμνησιν αὐτοὺς ἄγων τῶν παρελθόντων, καὶ πρὸς τὰ μέλλοντα προσεκτικωτέρους ποιῶν. Καὶ ἵνα μάθῃς, ὅσον ἴσχυσεν ἡ ἐπιτίμησις, καὶ πῶς διήγειρεν αὐτῶν καθεύδουσαν τὴν διάνοιαν, ἄκουσον τί φησιν ὁ εὐαγγελιστής. Οὐδὲν γὰρ πλέον εἰπόντος τοῦ Ἰησοῦ, ἀλλ' ἐπιτιμήσαντος, καὶ τοῦτο προσθέντος μόνον, Πῶς οὐ νοεῖτε, ὅτι οὐ περὶ ἄρτων εἶπον ὑμῖν [b] προσέχειν, ἀλλ' ἀπὸ τῆς ζύμης τῶν Φαρισαίων καὶ Σαδδουκαίων; ἐπήγαγε λέγων· Τότε συνῆκαν, ὅτι οὐκ εἶπε προσέχειν ἀπὸ τῆς ζύμης τοῦ ἄρτου, ἀλλ' ἀπὸ τῆς διδασκαλίας τῶν Φαρισαίων καὶ Σαδδουκαίων· καίτοι αὐτοῦ τοῦτο [c] μὴ ἑρμηνεύσαντος. Ὅρα πόσα ἀγαθὰ ἡ ἐπιτίμησις εἰργάσατο. Καὶ γὰρ τῶν Ἰουδαϊκῶν αὐτοὺς ἀπήγαγε παρατηρήσεων, καὶ ῥαθύμους ὄντας προσεκτικωτέρους εἰργάσατο, καὶ τῆς φιλοτιμίας καὶ ὀλιγοπιστίας ἀπήλλαξεν, ὥστε μὴ δεδοικέναι, μηδὲ τρέμειν, εἴ ποτε ἄρτους φαίνοιντο ὀλίγους ἔχοντες, μηδὲ ὑπὲρ λιμοῦ φροντίζειν, ἀλλ' ὑπερορᾷν τούτων πάντων. Μὴ τοίνυν μηδὲ ἡμεῖς πανταχοῦ κολακεύωμεν τοὺς ὑποκειμένους, μηδὲ κολακεύεσθαι [d] παρὰ τῶν ἀρχόντων ζητῶμεν. Καὶ γὰρ ἀμφοτέρων δεῖται ἡ τῶν ἀνθρώπων ψυχὴ τῶν φαρμάκων τούτων. Διὰ δὴ τοῦτο καὶ τὰ κατὰ τὴν οἰκουμένην ἅπασαν ὁ Θεὸς οὕτω διοικεῖ, ποτὲ μὲν τοῦτο, ποτὲ δὲ ἐκεῖνο ποιῶν, καὶ οὔτε τὰ χρηστὰ μόνιμα, οὔτε τὰ λυπηρὰ καθ' ἑαυτὰ ἀφίησιν εἶναι. Ὥσπερ γὰρ ποτὲ μὲν νὺξ, ποτὲ δὲ ἡμέρα, [e] καὶ τότε μὲν θέρος, τότε δὲ χειμών· οὕτω καὶ ἐν ἡμῖν, ποτὲ μὲν λύπη, ποτὲ δὲ

[a] Post ἄρτους hic et infra primo τῶν πεντακισχιλίων, deinde τῶν τετρακισχιλίων legitur in Mss., quæ voces ab Editis absunt; sed quæ sequuntur sic esse legendum suadent. Mox Morel. solus διὰ τοῦτο καὶ τόν.

[b] Unus παρέχειν, male.

[c] Sic Mss., et ita legendum suspicatur Savilius. Μὴ ab Editis aberat. Ibid. unus ἡ ἐπιτίμησις ἐποίησεν.

[d] Editi παρὰ τῶν ἀρχόντων, Mss. παρὰ τῶν ἀρχομένων.

[e] Alii καὶ ποτὲ μὲν θέρος, ποτὲ δέ.

ἡδονή· ποτὲ μὲν νόσος, ποτὲ δὲ ὑγεία. [a] Μὴ τοίνυν 543 A θαυμάζωμεν ὅταν νοσῶμεν, ἐπεὶ καὶ ὅταν ὑγιαίνωμεν θαυμάζειν δεῖ. Μηδὲ θορυβώμεθα ὅταν ἀλγῶμεν, ἐπεὶ καὶ ὅταν χαίρωμεν θορυβεῖσθαι εἰκός. Κατὰ φύσιν γὰρ πάντα γίνεται [b] καὶ κατὰ ἀκολουθίαν.

Καὶ τί θαυμάζεις εἰ ἐπὶ σοῦ ταῦτα; Καὶ γὰρ καὶ ἐπὶ τῶν ἁγίων ἐκείνων συμβαῖνον τοῦτο ἴδοι τις ἄν. Καὶ ἵνα τοῦτο μάθῃς, φέρε ὃν νομίζεις μάλιστα βίον ἡδονῆς γέμειν καὶ ἀπηλλάχθαι πραγμάτων, τοῦτον εἰς μέσον ἀγάγωμεν. Βούλει τοῦ Ἀβραὰμ τὴν ζωὴν ἐξετάσωμεν ἐκ προοιμίων; Τί οὖν οὗτος εὐθέως ἤκουσεν; Ἔξελθε ἐκ τῆς γῆς σου, καὶ ἐκ τῆς συγγενείας σου. Εἶδες πρᾶγμα λυπηρὸν ἐπιταττόμενον; Ἀλλ' ὅρα καὶ B τὸ χρηστὸν διαδεχόμενον· Καὶ δεῦρο εἰς γῆν ἣν ἄν σοι δείξω, καὶ ποιήσω σε εἰς ἔθνος μέγα. Τί οὖν; ἐπειδὴ ἦλθεν εἰς τὴν γῆν, καὶ τοῦ λιμένος ἐπελάβετο, ἔστη τὰ λυπηρά; Οὐδαμῶς· ἀλλὰ πάλιν ἕτερα χαλεπώτερα τῶν προτέρων διαδέχεται· λιμὸς γὰρ καὶ μετάβασις, καὶ γυναικὸς ἁρπαγή· καὶ μετὰ ταῦτα χρηστὰ ἕτερα αὐτὸν ἐξεδέχετο, ἡ κατὰ τοῦ Φαραὼ πληγή, καὶ ἡ ἄφεσις, καὶ ἡ τιμή, καὶ τὰ πολλὰ δῶρα ἐκεῖνα, καὶ ἡ [c] πρὸς τὴν οἰκίαν ἐπάνοδος. Καὶ τὰ ἑξῆς δὲ ἅπαντα τοιαύτην ἔχει τὴν σειράν, ἀπὸ χρηστῶν καὶ λυπηρῶν πλεκομένην. Καὶ ἐπὶ τῶν ἀποστόλων δὲ τοιαῦτα συνέβαινε. Διὸ καὶ Παῦλος ἔλεγεν· Ὁ παρακαλῶν ἡμᾶς C ἐν πάσῃ τῇ θλίψει, εἰς τὸ δύνασθαι ἡμᾶς [d] παρακαλεῖν τοὺς ἐν πάσῃ θλίψει. Τί οὖν πρὸς ἐμέ, φησί, τὸν ἀεὶ ἐν λύπαις ὄντα; Μὴ ἀγνώμων, μηδὲ ἀχάριστος γίνου· καὶ γὰρ ἀμήχανόν τινα ἐν λυπηροῖς εἶναι διηνεκῶς· οὐδὲ γὰρ ἀρκεῖ ἡ φύσις· ἀλλ' ἐπειδὴ ἐν χαρᾷ βουλόμεθα εἶναι ἀεί, διὰ τοῦτο ἐν λύπαις εἶναι νομίζομεν ἀεί. Οὐ διὰ τοῦτο δὲ μόνον, ἀλλ' ἐπειδὴ τῶν μὲν χρηστῶν καὶ ἀγαθῶν εὐθέως ἐπιλανθανόμεθα, τῶν δὲ λυπηρῶν ἀεὶ μνημονεύομεν, διὰ τοῦτο καὶ ἀεὶ ἐν λύπαις εἶναί φαμεν. Οὐδὲ γὰρ δυνατὸν ἄνθρωπον ὄντα ἀεὶ ἐν λύπαις εἶναι. Καὶ εἰ βούλεσθε, καὶ τὸν ἐν τρυφῇ βίον ἐξετάσωμεν, τὸν ἁβρόν, καὶ διαῤῥέοντα, καὶ τὸν D φορτικόν, καὶ ἐπαχθῆ, καὶ ὀδυνηρόν. Ἐπιδείξομεν γὰρ ὑμῖν καὶ τοῦτον ἔχοντα λύπας, κἀκεῖνον ἀνέσεις. Ἀλλὰ [e] μὴ θορυβεῖσθε. Προκείσθω δὲ εἰς μέσον δεσμώτης ἄνθρωπος, καὶ ἄλλος βασιλεὺς νέος, ὀρφανός, οὐσίαν διαδεξάμενος μεγάλην· προκείσθω δὲ καί τις μισθωτός, δι' ὅλης πονούμενος τῆς ἡμέρας, ὁ δὲ ἕτερος τρυφῶν διηνεκῶς. [f] Βούλει οὖν ἐκείνου τὰς ἀθυ-

dies, modo nox est, modo æstas, modo hiems: sic et in nobis modo tristitia, modo voluptas; modo morbus, modo sanitas. Ne ergo miremur si ægrotemus, quando etiam cum bene valemus mirandum est. Neque turbemur cum dolore angimur, nam quando gaudemus, maxime turbari par est. Omnia quippe secundum naturam et rerum seriem eveniunt.

4. Ecquid miraris si hæc tibi contingant, quando etiam sanctis contigisse videmus? Ut autem illud ediscas, age quam vitam putas voluptate plenam et a negotiis vacantem, in medium adducamus. Visne Abrahæ vitam a principio examinemus? Quid ergo ille primum audivit? *Egredere de terra tua et de cognatione tua.* Vidistin' mandatum dolore plenum? Sed vide rem prosperam succedere: *Et veni in terram quam monstravero tibi, et faciam te in gentem magnam.* Quid igitur? an ubi in terram venit, et ad portum appulit, tristia cessarunt? Nequaquam; imo alia prioribus graviora illum exceperunt; fames et transmigratio, uxoris raptus: et postea bona alia successerunt, Pharaonis plaga, dimissio, honor, multa illa dona, reditus domum. Quæ sequuntur autem eadem serie procedunt, bonis et malis permixta. Apostolis quoque similia evenerunt. Ideo Paulus dicebat: *Qui consolatur nos in omni tribulatione, ut possimus et nos consolari eos, qui in omni tribulatione sunt.* Quid hæc ad me, inquies, qui semper in dolore versor? Ne ingratus, ne beneficiorum immemor esto: neque enim fieri potest ut quis semper in dolore versetur: non id natura ferre posset; sed quia semper in gaudio versari vellemus, ideo nos semper in mœrore esse putamus. Neque hac de causa tantum, sed quia bonarum prosperarumque rerum statim obliviscimur, tristium vero semper recordamur, idcirco nos semper in dolore esse dicimus. Neque enim potest homo semper in doloribus esse. Si placet autem, eum qui in deliciis semper vitam agit exploremus, delicatum nempe, affluentem omnibus, necnon ærumnosum, afflictum, in mœrore versantem. Nam demonstrabimus vobis, nec illum doloris, nec hunc tranquillitatis prorsus expertem esse. Verum ne turbemini. Supponatur in medio consistere servum hominem, et alium regem juvenem ac pupillum, qui hereditatem sit ingentem

Hæc vita bonis et malis permixta.

Gen. 12. 1.

2. Cor. 1. 4.

[a] Manuscripti μὴ ἀθυμήσωμεν ὅταν νοσῶμεν, ἐπεὶ καὶ ὅταν ὑγιαίνωμεν ἀθυμεῖν δεῖ.

[b] Morel. καὶ ἀκολουθίαν, male.

[c] Alii πρὸς τὴν οἰκίαν.

[d] Morel. παρακαλεῖ τοὺς ἐν π.

[e] Alii μὴ θορυβηθῆτε. Paulo post Morel. δεσπότης ἄνθρωπος, perperam.

[f] Βούλει οὖν ἐκείνου. Sic Mss. Ita legit Interpres. Savil. et Morel. βούλει καὶ ἐκείνου. Paulo post Morel. δόξης ἐρίζεται, et infra ὑβρίζεται, male.

assequutus : proponatur etiam mercenarius qui toto die laboret, aliusque qui perpetuo in deliciis vivat. Vis illius primum mœrores describamus qui in deliciis vivit? Cogita quantum oporteat illum fluctuare et agitari, cum majorem appetit gloriam, quam assequi possit; cum a domesticis despicitur, a minoribus contumelia afficitur; cum mille habet accusatores, qui ejus sumtus immensos calumnientur; et alia quotquot in tantis divitiis contingere solent, quæ ne dici quidem possunt; ut sunt inimicitiæ, offensiones, accusationes, damna, multæ insidiæ invidorum, qui cum non possint divitias illius in se transferre, juvenem undique traducunt, lacerant, innumeras ipsi tempestates excitant. Vis tibi mercenarii illius voluptates recenseam? Ab his omnibus liber est: etiamsi quis illum contumelia afficiat, non dolet, nemine se majorem putat, non ex divitiis timet, cum voluptate cibum capit, cum gaudio dormit. Non ita lætantur ii, qui Thasium vinum potant, ut ille cum abit ad fontes et ad aquarum fluenta bibiturus. Sed supradicti illius non talis est conditio. Quod si hæc non tibi satis sint, ut majorem victoriam reportem, age, regem illum cum servo comparemus; et sæpe videbis hunc in voluptate ludentem, exsilientem, illum vero diademate et purpura ornatum, mœrentem, mille curis vexatum, præ metu morientem. Neque enim potest, non potest certe vita sine dolore reperiri, nec voluptate prorsus vacua : neque enim natura nostra ferre posset, ut dixi. Quod si ille magis gaudet, ille plus dolet, id ab illo ipso qui in dolore est proficiscitur, quia pusilli est animi, non autem a

Virtus gaudium parit.

rerum natura. Si enim velimus frequenter gaudere, multas habemus occasiones. Nam si virtutem suscipiamus, nihil deinceps poterit dolorem inferre nobis. Hæc enim spem bonam suggerit iis qui illam exercent, Deo gratos reddit et hominibus acceptos, ineffabilemque nobis voluptatem parit. Nam si laboriosa in exercitio virtus est, sed conscientiam multa replet lætitia, et tantam intus immittit voluptatem, quantam ne explicare quidem possumus. Quid enim videtur tibi suave in præsentis vitæ rebus? sumtuosa mensa, bona corporis valetudo, gloria, divitiæ? Verum si hæc quæ dulcia habentur cum virtute comparaveris, omnium acerbissima videbuntur. Nihil quippe suavius, quam conscientia, et spes bona.

5. Si id discere vultis, jam moriturum homi-

E μίας πρότερον εἴπωμεν τοῦ τρυφῶντος; Ἐννόησον πῶς αὐτοῦ εἰκὸς χειμάζεσθαι τὴν διάνοιαν, ὅταν δόξης ἐφίηται τῆς ὑπερβαινούσης αὐτὸν, ὅταν καταφρονῆται παρὰ τῶν οἰκετῶν· ὅταν ὑπὸ τῶν ἐλαττόνων ὑβρίζηται· ὅταν μυρίους ἔχῃ κατηγόρους, καὶ τοὺς δια-
544 A βάλλοντας αὐτοῦ τὴν πολυτέλειαν· καὶ τὰ ἄλλα δὲ, ὅσα ἐν πλούτῳ τοιούτῳ συμβαίνειν εἰκὸς, οὐδὲ εἰπεῖν ἔνι· τὰς ἀπεχθείας, τὰ προσκρούσματα, τὰς κατηγορίας, τὰς ζημίας, τὰς παρὰ τῶν φθονούντων ἐπιβουλὰς, οἳ ἐπειδὰν τὸν ἐκείνου πλοῦτον [a] εἰς ἑαυτοὺς ἐνεγκεῖν μὴ δυνηθῶσιν, ἕλκουσι, σπαράττουσι πανταχόθεν τὸν νέον, μυρίους ἐγείρουσι χειμῶνας αὐτῷ. Βούλει καὶ τούτου εἴπω τὴν ἡδονὴν τοῦ μισθωτοῦ; Ἁπάντων ἀπήλλακται τούτων· κἂν ὑβρίσῃ τις αὐτὸν, οὐκ ἀλγεῖ· οὐδενὸς γὰρ ἑαυτὸν ἡγεῖται μείζονα· οὐχ ὑπὲρ χρημάτων δέδοικε, μεθ' ἡδονῆς ἐσθίει, μετ' εὐφροσύνης καθεύδει πολλῆς. Οὐχ οὕτως οἱ τὸν Θάσιον
B οἶνον πίνοντες τρυφῶσιν, ὡς ἐκεῖνος ἐπὶ πηγὰς ἀπιὼν καὶ τῶν ναμάτων ἀπολαύων ἐκείνων. Ἀλλ' ἐκείνου οὐ τοιαῦτα. Εἰ δὲ οὐκ ἀρκεῖ σοι τὰ εἰρημένα, ἵνα μείζονα ποιήσω τὴν νίκην, φέρε, τὸν βασιλέα καὶ τὸν δεσμώτην συγκρίνωμεν· καὶ ὄψει πολλάκις τοῦτον μὲν ἐν ἡδονῇ ὄντα καὶ παίζοντα καὶ πηδῶντα, ἐκεῖνον δὲ ἐν διαδήματι καὶ πορφυρίδι ἀθυμοῦντα, καὶ μυρίας ἔχοντα φροντίδας, καὶ ἀποτεθνηκότα τῷ δέει. Οὐ γάρ ἐστιν, οὐκ ἔστι βίον ἄλυπον οὐδενὸς εὑρεῖν, ἀλλ' οὐδὲ ἡδονῆς ἄμοιρον· οὐδὲ γὰρ ἂν ἤρκεσεν ἡμῶν ἡ φύσις, καθάπερ ἔφθην εἰπών. Εἰ δὲ ὁ μὲν χαίρει πλείονα, ὁ δὲ ἀλγεῖ πλείονα, τοῦτο παρ' αὐτὸν τὸν ἀλγοῦντα συμβαίνει,
C ὅταν μικρόψυχος ᾖ, οὐ παρὰ τὴν τῶν πραγμάτων φύσιν. Εἰ γὰρ βουλοίμεθα συνεχῶς χαίρειν, πολλὰς ἔχομεν ἀφορμάς. Ἂν γὰρ ἐπιλαβώμεθα ἀρετῆς, οὐδὲν ἔσται τὸ λυποῦν ἡμᾶς λοιπόν. Καὶ γὰρ ἐλπίδας [b] ὑποτείνει χρηστὰς αὕτη τοῖς κεκτημένοις αὐτὴν, καὶ Θεῷ εὐαρέστους ποιεῖ, καὶ παρὰ ἀνθρώποις εὐδοκίμους, καὶ ἡδονὴν ἐνίησιν ἄφατον. Εἰ γὰρ καὶ ἐν τῷ κατορθοῦν πόνον ἔχει ἡ ἀρετὴ, ἀλλὰ τὸ συνειδὸς πολλῆς πληροῖ τῆς εὐφροσύνης, καὶ τοσαύτην ἔνδον ἐντίθησι τὴν ἡδονὴν, ὅσην οὐδεὶς παραστῆσαι δυνήσεται λόγος. Τί γάρ σοι δοκεῖ τῶν ἐν τῷ παρόντι βίῳ εἶναι
D ἡδύ; τράπεζα πολυτελὴς, καὶ σώματος ὑγεία, καὶ δόξα καὶ πλοῦτος; Ἀλλὰ ταῦτα τὰ ἡδέα ἂν ἐκείνῃ παραβάλῃς τῇ ἡδονῇ, πάντων ἔσται πικρότερα πρὸς αὐτὴν συγκρινόμενα. Οὐδὲν γὰρ ἥδιον συνειδότος ἀγαθοῦ, καὶ ἐλπίδος χρηστῆς.

Καὶ εἰ βούλεσθε τοῦτο μαθεῖν, τὸν μέλλοντα ἀπιέ-

[a] Unus εἰς ἑαυτοὺς μετενεγκεῖν, alius κατενεγκεῖν.

[b] Manuscripti et Savil. ὑποτείνει, Morel. ἐπιτείνει.

ναι ἐντεῦθεν ἐξετάσωμεν, ἢ τὸν γεγηρακότα, καὶ
ἀναμνήσαντες αὐτὸν τραπέζης πολυτελοῦς ἧς ἀπέλαυσε, καὶ δόξης καὶ τιμῆς, καὶ ἀγαθῶν ἔργων ὧν
εἰργάσατό ποτε καὶ ἐποίησεν, ἐρώμεθα ἐπὶ τίσι γάννυ-
ται μᾶλλον, καὶ ὀψόμεθα ἐπ' ἐκείνοις μὲν αἰσχυνόμενον καὶ ἐγκαλυπτόμενον, ἐπὶ τούτοις δὲ πετόμενον καὶ
σκιρτῶντα. Οὕτω καὶ Ἐζεχίας ὅτε ἐμαλακίσθη, οὐ E
δόξης, οὐ βασιλείας, οὐ τραπέζης πολυτελοῦς ἐμνημόνευσεν, ἀλλὰ δικαιοσύνης. Μνήσθητι γάρ, φησὶ, Κύριε, ὡς ἐπορεύθην ἐνώπιόν σου ἐν ὁδῷ εὐθείᾳ. Ὅρα
καὶ Παῦλον ἀπὸ τούτων σκιρτῶντα καὶ λέγοντα· Τὸν
ἀγῶνα τὸν καλὸν ἠγώνισμαι, τὸν δρόμον τετέληκα, 546
τὴν πίστιν τετήρηκα. Τί γὰρ καὶ εἶχεν εἰπεῖν οὗτος; A
φησί. Πολλὰ [c] καὶ πλείονα τούτων· καὶ τιμὰς ἃς ἐτι-
μήθη, καὶ δορυφορίαν ἧς ἀπέλαυσε, καὶ θεραπείαν
πολλήν. Ἢ οὐκ ἀκούεις αὐτοῦ λέγοντος· Ὡς ἄγγελον
Θεοῦ ἐδέξασθέ με, ὡς Χριστὸν Ἰησοῦν· καὶ, Ὅτι εἰ
δυνατὸν, τοὺς ὀφθαλμοὺς ὑμῶν ἐξορύξαντες ἂν ἐδώκατέ
μοι· καὶ ὅτι ὑπὲρ τῆς ψυχῆς αὐτοῦ τὸν τράχηλον ὑπέ-
θηκαν; Ἀλλ' οὐδὲν ἐκείνων φέρει εἰς μέσον, ἀλλὰ τοὺς
πόνους, καὶ τοὺς κινδύνους, καὶ τοὺς ὑπὲρ τούτων στε-
φάνους· καὶ μάλα εἰκότως. Ταῦτα μὲν γὰρ ἐνταῦθα
ἀφίεται, ἐκεῖνα δὲ ἡμῖν συναποδημεῖ· κἀκείνων μὲν
δώσομεν λόγον, τούτων δὲ μισθὸν ἀπαιτήσομεν. Οὐκ
ἴστε ἐν τῇ ἡμέρᾳ τῇ τελευταίᾳ πῶς συστρέφει ψυχὴν
ἁμαρτήματα; πῶς κάτωθεν τὴν καρδίαν ἀνακινεῖ; B
Τότε τοίνυν, ὅτε ταῦτα γίνεται, τῶν ἀγαθῶν ἔργων ἡ
μνήμη παραστᾶσα, καθάπερ εὐδία ἐν χειμῶνι, παραμυθεῖται τὴν [a] τεθορυβημένην ψυχήν. Ἂν μὲν γὰρ νήφωμεν, [b] καὶ ζῶσιν ἡμῖν ἀεὶ οὗτος παρέσται ὁ φόβος·
ἐπειδὴ δὲ ἀναισθήτως διακείμεθα, ὅταν ἐκβαλλώμεθα
ἐντεῦθεν, ἐπιστήσεται πάντως. Ἐπεὶ καὶ ὁ δεσμώτης
τότε μάλιστα ἀλγεῖ, ὅταν αὐτὸν ἐξαγάγωσιν ἐπὶ τὸ δικα-
στήριον· τότε μάλιστα τρέμει, ὅταν [c] ἐγγὺς ᾖ τοῦ βήματος, ὅταν δέῃ τὰς εὐθύνας δοῦναι. Διὰ δὴ τοῦτο καὶ
δείματα τῶν πολλῶν τότε ἔστιν ἀκούειν διηγουμένων,
καὶ ὄψεις φοβερὰς, ὧν οὐδὲ τὴν θεωρίαν λοιπὸν φέρον- C
τες οἱ ἀπιόντες, καὶ τὴν κλίνην αὐτὴν μετὰ πολλῆς
τῆς ῥύμης τινάσσουσι κείμενοι, καὶ φοβερὸν ἐνορῶσι
τοῖς παροῦσι, τῆς ψυχῆς [d] ἔνδον ἑαυτὴν εἰσωθούσης,
καὶ ὀκνούσης ἀποῤῥαγῆναι τοῦ σώματος, καὶ τὴν ὄψιν
τῶν ἐρχομένων ἀγγέλων οὐ φερούσης. Εἰ γὰρ ἀνθρώπους φοβεροὺς ἐνορῶντες δεδιττόμεθα, ἀγγέλους ἀπει-
ληφόρους καὶ δυνάμεις ἀποτόμους τῶν παραγενομένων βλέποντες, τί οὐ πεισόμεθα, ἑλκομένης ἡμῖν ἀπὸ
τοῦ σώματος τῆς ψυχῆς, καὶ συρομένης, καὶ πολλὰ
ἀποδυρομένης εἰκῇ καὶ μάτην; Ἐπεὶ καὶ ὁ πλούσιος
ἐκεῖνος μετὰ τὸ ἀπελθεῖν [e] πολλὰ ἐπένθησεν, ἀλλ' οὐ-

nem, aut senem adeamus, et ipsi in mentem revocantes lautam mensam qua usus est, gloriam et
honorem, et bona opera quæ fecit in vita; interrogemus de quibus magis gaudeat, et videbimus
illum de illis erubescere et pudore affici, de his
vero exsultare. Sic Ezechias cum in morbum lapsus est, non gloriam, non regnum, non lautam
mensam commemoravit, sed justitiam. *Memento,* 4. Reg. 20. 3. Isai. 38. 3.
inquit, *Domine, quod ambulaverim in conspe-*
ctu tuo in vita recta. Vide etiam Paulum de
his exsultantem ac dicentem : *Bonum certamen* 2. Tim 4. 7.
certavi, cursum consummavi, fidem servavi.
Sed quid aliud amplius, inquies, poterat hic dicere? His longe plura; honores, satellitium quo
fruebatur, famulatum magnum. Annon audis il-
lum dicentem : *Sicut angelum Domini susce-* Gal. 4. 14. 15.
pistis me, sicut Christum Jesum; et, *Si possi-*
bile fuisset, avulsos oculos dedissetis mihi, et
quod pro anima ejus collum supposuerint? Sed Rom. 16. 4.
nihil horum in medium affert, verum labores tantum, pericula, et coronas inde reportatas : ac jure
quidem. Hæc enim hic relinquuntur, cætera nobiscum proficiscuntur; illorum vero rationes dabimus, horum mercedem expetemus. An ignoratis quomodo in ultimo die peccata animam commoveant? quomodo cor exagitent? Tunc ergo
bonorum operum memoria, quasi in tempestate
tranquillitas, turbatam animam consolatur. Si vigilemus et sobrii simus, per totam vitam nobis hujusmodi timor aderit : quia vero sine ullo sensu
vivimus, cum hinc ejecti fuerimus, proculdubio
accedet. Nam vinctus tum maxime dolet, cum
educunt eum ad judicium : tunc maxime tremit,
cum prope tribunal est, quando rationes dare
oportet. Idcirco terribiles visiones narrant multi
hoc in statu oblatas, quarum speciem non ferentes
ii qui decedunt, lectum ipsum cum magno impetu
succutiunt jacentes, et eos qui adsunt torvis inspi-
ciunt oculis, anima intus sese exagitante, et a corpore avelli renuente, nec adventantium angelorum
conspectum ferente. Nam si cum homines terribiles conspicimus, formidamus, cum angelos com-
minantes, et virtutes immanes videbimus, quid non
patiemur, anima a corpore abstracta, et incassum
multumque lugente? Nam dives ille postquam
decesserat, multum luxit, sed id nihil ipsi profuit. Hæc igitur omnia in nobis depingentes et animo versantes, ne eadem et nos patiamur, horum

[c] Alii καὶ πλείονα τῶν πλουτούντων.
[a] Alii θορυβουμένην.
[b] Unus καὶ ζώντων ἡμῶν ἀεί.

[c] Idem ἐγγὺς ᾖ τὸ ψήφισμα, ὅταν.
[d] Morel. ἔνδον ἑαυτῆς.
[e] Unus πολλὰ ἐθρήνησεν.

omnium timorem servemus, ut et supplicium illud fugiamus, et æterna consequamur bona, gratia et benignitate Domini nostri Jesu Christi, quicum Patri gloria cum sancto et vivifico Spiritu, nunc et semper, et in sæcula sæculorum. Amen.

D δὲν ἀπώνατο. Ταῦτα δὴ πάντα ἀναπλάττοντες παρ' ἑαυτοῖς καὶ ἀναστρέφοντες, ἵνα μὴ καὶ ἡμεῖς τὰ αὐτὰ πάθωμεν, τὸν ἐκ τούτων φόβον ἀκμάζοντα διατηρῶμεν, ὅπως τὴν ἀπὸ τῶν πραγμάτων φύγωμεν κόλασιν, καὶ τῶν αἰωνίων ἐπιτύχωμεν ἀγαθῶν· ὧν γένοιτο πάντας ἡμᾶς ἐπιτυχεῖν, χάριτι καὶ φιλανθρωπίᾳ τοῦ Κυρίου ἡμῶν Ἰησοῦ Χριστοῦ, μεθ' οὗ τῷ Πατρὶ ἡ δόξα ἅμα τῷ ἁγίῳ καὶ ζωοποιῷ Πνεύματι, νῦν καὶ ἀεὶ, καὶ εἰς τοὺς αἰῶνας τῶν αἰώνων. Ἀμήν.

HOMILIA LIV. al. LV.

546 A

ΟΜΙΛΙΑ νδ'.

Cap. XVI. v. 13. *Egressus Jesus in partes Cæsareæ Philippi, interrogabat discipulos suos, dicens : Quem me dicunt homines esse Filium hominis?*

Ἐξελθὼν δὲ ὁ Ἰησοῦς εἰς τὰ μέρη Καισαρείας τῆς Φιλίππου, ἠρώτα τοὺς μαθητὰς αὐτοῦ, λέγων· τίνα με λέγουσιν οἱ ἄνθρωποι εἶναι τὸν Υἱὸν τοῦ ἀνθρώπου;

1. Cur cum urbe conditorem ejus nominavit? Quia est et alia, quæ Stratonis dicitur. Non in hac vero, sed in illa interrogat ipsos, procul a Judæis abducens, ut ab omni sollicitudine liberi cum fiducia dicant quæ sentiunt. Cur autem non statim de sua, sed de multorum sententia ipsos interrogavit? Ut opinione aliorum exposita, deindeque interrogati, *Vos autem quem me esse dicitis?* ab ipso interrogandi modo in sublimiorem eveherentur cogitationem, neque in vilem multorum cogitatum deciderent. Ideoque non in principio prædicationis eos interrogat, sed quando signa multa fecit, et de multis sublimibusque dogmatibus disseruit, multasque præbuit demonstrationes et divinitatis suæ, et suæ cum Patre concordiæ, tunc demum hanc illis profert interrogationem. Neque dixit, Quem me dicunt esse scribæ et Pharisæi? quamvis illi ipsum sæpe disserendi causa convenerint : sed, *Quem me dicunt homines esse?* populi opinionem, quæ sine acceptione esse solet, requirens. Licet enim illa longe dejectior esset quam par erat, at a nequitia erat aliena : Pharisæorum autem opinio iniquitate plena erat. Et ostendens quam vellet œconomiam sive incarnationem in confesso haberi, ait, *Filium hominis*, sic divinitatem appellans, ut alibi sæpe facit. Joan. 3. 13. Ait enim, *Nemo ascendit in cælum, nisi Filius hominis, qui est in cælo;* et rursum, Joan. 6. 63. *Cum autem videritis Filium hominis ascendentem ubi erat prius*. Deinde quia dicebant, 14. *Alii Joannem*

Τίνος ἕνεκεν τὸν οἰκιστὴν τῆς πόλεως εἴρηκεν; Ἐπειδὴ ἔστι καὶ ἑτέρα, ἡ Στράτωνος. Καὶ οὐκ ἐν ἐκείνῃ, ἀλλ' ἐν ταύτῃ αὐτοὺς ἐρωτᾷ, πόῤῥω τῶν Ἰουδαίων ἀπάγων, ὡς πάσης ἀπαλλαγέντας ἀγωνίας μετὰ παῤῥησίας εἰπεῖν τὰ κατὰ διάνοιαν ἅπαντα. Καὶ B τίνος ἕνεκεν οὐκ εὐθέως τὴν γνώμην αὐτῶν ἠρώτησεν, ἀλλὰ τὴν τῶν πολλῶν; Ἵνα εἰπόντες τὴν ἐκείνων, εἶτα ἐρωτηθέντες, Ὑμεῖς δὲ τίνα με λέγετε εἶναι; ἀπὸ τοῦ τρόπου τῆς ἐρωτήσεως εἰς μείζονα [a] ἀναχθῶσιν ἔννοιαν, καὶ μὴ εἰς τὴν αὐτὴν ταπεινότητα τοῖς πολλοῖς περιπέσωσι. Διὰ δὴ τοῦτο οὐδὲ ἐν ἀρχῇ τοῦ κηρύγματος αὐτῶν πυνθάνεται, ἀλλ' ὅτε σημεῖα πολλὰ ἐποίησε, καὶ περὶ πολλῶν αὐτοῖς διελέχθη καὶ ὑψηλῶν δογμάτων, καὶ τῆς αὐτοῦ θεότητος, καὶ τῆς πρὸς τὸν Πατέρα ὁμονοίας πολλὰς παρέσχε τὰς ἀποδείξεις, τότε τὴν πεῦσιν αὐτοῖς προσάγει ταύτην. Καὶ οὐκ εἶπε, τίνα με λέγουσιν οἱ γραμματεῖς καὶ οἱ Φαρισαῖοι εἶναι; καίτοι C γε οὗτοι αὐτῷ πολλάκις προσῄεσαν καὶ διελέγοντο· ἀλλὰ, Τίνα με λέγουσιν οἱ ἄνθρωποι εἶναι; τὴν τοῦ δήμου γνώμην τὴν ἀδέκαστον ἐξετάζων. [b] Εἰ γὰρ αὕτη πολλῷ ταπεινοτέρα τοῦ δέοντος ἦν, ἀλλὰ πονηρίας ἀπήλλακτο· ἐκείνη δὲ πολλῆς ἔγεμε τῆς κακίας. Καὶ δεικνὺς πῶς σφόδρα βούλεται τὴν οἰκονομίαν ὁμολογεῖσθαι, φησὶ, Τὸν Υἱὸν τοῦ ἀνθρώπου, τὴν θεότητα ἐντεῦθεν καλῶν, ὃ καὶ ἀλλαχοῦ πολλαχοῦ ποιεῖ. Φησὶ γὰρ, Οὐδεὶς ἀναβέβηκεν εἰς τὸν οὐρανὸν, εἰ μὴ ὁ Υἱὸς τοῦ ἀνθρώπου, ὁ ὢν ἐν τῷ οὐρανῷ· καὶ πάλιν, Ὅταν δὲ ἴδητε τὸν Υἱὸν τοῦ ἀνθρώπου ἀναβαίνοντα, ὅπου ἦν τὸ πρότερον. Εἶτα, ἐπειδὴ εἶπον, Οἱ μὲν Ἰωάννην D τὸν βαπτιστὴν, οἱ δὲ Ἠλίαν, οἱ δὲ Ἱερεμίαν, οἱ δὲ

a Morel. ἀνεχθῶσιν, male.

b Alii εἰ δὲ καὶ αὕτη. Unus καὶ γὰρ εἰ αὕτη πολλῷ. Alius καὶ γὰρ καὶ πολλῷ.

ἕνα τῶν προφητῶν· καὶ τὴν πεπλανημένην αὐτῶν δόξαν εἰς μέσον ἤγαγον· τότε ἐπήγαγεν· Ὑμεῖς δὲ τίνα με λέγετε εἶναι; ἐκκαλούμενος αὐτοὺς διὰ τῆς δευτέρας ἐρωτήσεως εἰς τὸ μεῖζόν τι φαντασθῆναι περὶ αὐτοῦ, [c] καὶ ἐνδεικνύμενος αὐτοῖς, ὅτι ἡ προτέρα ψῆφος σφόδρα ἐστὶν ἀποδέουσα αὐτοῦ τῆς ἀξίας. Διὸ παρ' αὐτῶν ἑτέραν ἐπιζητεῖ, καὶ δευτέραν ἐπάγει πεῦσιν, ὑπὲρ τοῦ μὴ συμπεσεῖν τοῖς πολλοῖς, οἳ ἐπειδὴ μείζονα εἶδον τὰ σημεῖα ἢ κατὰ ἄνθρωπον, ἄνθρωπον μὲν ἐνόμιζον εἶναι, ἐξ ἀναστάσεως δὲ φανέντα, καθάπερ καὶ Ἡρώδης ἔλεγεν. Ἀλλ' αὐτὸς ταύτης αὐτοὺς ἀπάγων τῆς ὑπονοίας, φησίν· Ὑμεῖς δὲ τίνα με λέγετε εἶναι; Τουτέστιν, οἱ συνόντες ἀεὶ καὶ θαυματουργοῦντα βλέποντες, καὶ πολλὰς δυνάμεις δι' ἐμοῦ πεποιηκότες αὐτοί. Τί οὖν τὸ στόμα τῶν ἀποστόλων ὁ Πέτρος; Ὁ πανταχοῦ θερμὸς, ὁ τοῦ χοροῦ [a] τῶν ἀποστόλων κορυφαῖος, πάντων ἐρωτηθέντων, αὐτὸς ἀποκρίνεται. Καὶ ὅτε μὲν τὴν τοῦ δήμου γνώμην ἠρώτα, πάντες εἶπον τὸ ἐρωτηθέν· ὅτε δὲ τὴν αὐτῶν, Πέτρος προπηδᾷ καὶ προλαμβάνει, καί φησι· Σὺ εἶ ὁ Χριστὸς ὁ Υἱὸς τοῦ Θεοῦ τοῦ ζῶντος. Τί οὖν ὁ Χριστός; Μακάριος εἶ, Σίμων Βὰρ Ἰωνᾶ, ὅτι σὰρξ καὶ αἷμα οὐκ ἀπεκάλυψέ σοι. Καὶ μὴν [b] εἰ μὴ γνησίως αὐτὸν ὡμολόγησε, καὶ ἐξ αὐτοῦ τοῦ Πατρὸς γεγεννημένον, οὐκ ἦν ἀποκαλύψεως τοῦτο ἔργον· εἰ τῶν πολλῶν αὐτὸν ἕνα εἶναι ἐνόμιζεν, οὐ μακαρισμοῦ ἄξιον ἦν τὸ λεχθέν. Ἐπεὶ καὶ πρὸ τούτου εἶπον, Ἀληθῶς Θεοῦ Υἱός ἐστιν, οἱ ἐν τῷ πλοίῳ μετὰ τὸν σάλον ὃν εἶδον, καὶ οὐκ ἐμακαρίσθησαν, καίτοι γε ἀληθῶς εἰπόντες. Οὐ γὰρ τοιαύτην ὡμολόγησαν υἱότητα, οἵαν ὁ Πέτρος· ἀλλ' ἕνα τῶν πολλῶν ἀληθῶς υἱὸν ἐνόμιζον εἶναι, ἐξαίρετον μὲν παρὰ τοὺς πολλοὺς, οὐ μὴν ἐκ τῆς οὐσίας αὐτῆς.

Καὶ ὁ Ναθαναὴλ δὲ ἔλεγε, Ῥαββὶ, σὺ εἶ ὁ Υἱὸς τοῦ Θεοῦ, σὺ εἶ ὁ βασιλεὺς τοῦ Ἰσραήλ. Καὶ οὐ μόνον οὐ μακαρίζεται, ἀλλὰ καὶ ὡς ἐνδεέστερον πολλῷ τῆς ἀληθείας εἰρηκὼς ἐλέγχεται παρ' αὐτοῦ. Ἐπήγαγε γοῦν· Ὅτι εἰπόν σοι, εἶδόν σε ὑποκάτω τῆς συκῆς, πιστεύεις· μείζονα τούτων ὄψει. Τίνος οὖν ἕνεκεν οὗτος μακαρίζεται; Ὅτι γνήσιον αὐτὸν ὡμολόγησεν Υἱόν. Διὰ δὴ τοῦτο ἐπ' ἐκείνων μὲν οὐδὲν τοιοῦτον εἴρηκεν· ἐπὶ δὲ τούτου καὶ τὸν ἀποκαλύψαντα δείκνυσιν. Ἵνα γὰρ μὴ δόξῃ τοῖς πολλοῖς, ἐπειδὴ σφοδρὸς ἦν ἐραστὴς τοῦ Χριστοῦ, φιλίας καὶ κολακείας εἶναι τὰ ῥήματα, καὶ διαθέσεως αὐτῷ χαριζομένης, ἄγει εἰς μέσον τὸν ἐνηχήσαντα αὐτοῦ [c] τῇ ψυχῇ· ἵνα μάθῃς, ὅτι Πέτρος μὲν ἐφθέγξατο, ὁ Πατὴρ δὲ ὑπηγόρευσε· καὶ

Baptistam, alii Eliam, alii Jeremiam, alii unum ex prophetis : falsa illorum opinione in medium adducta subjunxit : 15. *Vos autem quem me esse dicitis?* ex secunda interrogatione illos evocans, ut majus quid de illo opinarentur, ostendensque ipsis primam opinionem a dignitate sua procul abesse. Ideo aliam ab ipsis exquirit, et secundam profert interrogationem, ne cum multis
E sentirent, qui quoniam signa viderant majora quam quæ homini competere possent, hominem quidem illum esse putabant, sed ex mortuis resurrexisse, id quod dicebat Herodes. Sed ille ipsos a tali suspicione abducens ait : *Vos autem quem me esse dicitis?* Id est, Qui semper mecum estis et mira-
547 cula edentem videtis, qui et ipsi per me virtutes
A multas fecistis. Quid igitur os apostolorum Petrus? Semper fervens, chori apostolici coryphæus, omnibus interrogatis, ipse respondet. Et cum de sententia populi sciscitaretur, omnes responderunt : cum autem de sua eos rogaret, Petrus prosilit et prævertit, aitque : 16. *Tu es Christus Filius Dei vivi.* Quid ergo Christus? 17. *Beatus es, Simon Bar-Jona, quia caro et sanguis non revelavit tibi.* Atqui nisi Petrus sic ipsum vere confessus fuisset, ut ab ipso Patre genitum, non fuisset hoc revelationis opus, si unum ex multis illum esse putasset, non erat illud beatitudine
B dignum. Etenim jam antea dicebant ii qui in navigio erant post tempestatem, *Vere Filius Dei est hic*, nec tamen beati dicti sunt, etsi vere dixerint. Non enim sic Filium, ut Petrus, confessi sunt; sed unum ex multis vere Filium esse putabant, eximium quidem inter multos, nec tamen ex ipsa Patris substantia.

Petrus os apostolorum et coryphæus.

Matth. 14. 33.

2. Nathanael quoque dicebat, *Rabbi, tu es Filius Dei, tu es rex Israël.* Neque solum non beatus dicitur; verum etiam quasi multo inferiora quam oportebat dixisset, ab illo redarguitur : subjunxit enim, *Quia dixi tibi, Vidi te sub ficu, credis; majora his videbis.* Cur igitur Petrus beatus dicitur? Quia illum proprie Filium confessus est. Idcirco illis numquam Christus simile quidpiam
C dixit : hic autem etiam eum qui revelaverat declaravit. Nam ne plurimi crederent eum, quia Christum ferventer amabat, amoris et adulationis verba protulisse, atque ex affectu et gratia, in medium affert eum qui id illi inspiraverat : ut discas, Petrum verba protulisse, Patrem vero

Joan. 1. 49.

Joan. 1. 50.

Petrus cur beatus dicatur.

[c] Unus καὶ δεικνύμενος.

[a] Unus τῶν μαθητῶν κορυφαῖος.

[b] Εἰ μὴ γνησίως αὐτόν. Sic omnes. Savilius suspicatur legendum γνήσιον, vel γνησίως υἱόν. Paulo post Savil. et Morel. πολλῶν αὐτὸν εἶναι. Alii αὐτὸν ἕνα εἶναι.

[c] Alii τὴν ψυχήν.

dictasse: ut non ultra crederes humanam opinionem illa esse quæ dicta sunt, sed divinum dogma. Cur autem non id ipse pronuntiat, nec dicit, Ego sum Christus: sed per interrogationem illud apparat, ut illos inducat ad confitendum? Quoniam illud et ipsi congruentius, et magis necessarium erat, illosque magis ad fidem eorum quæ dicta fuerant attrahebat. Viden' quomodo Filium revelat Pater? quomodo Patrem Filius? *Neque Patrem*, inquit, *quis novit nisi Filius, et cui voluerit Filius revelare*. Non ergo possumus aliunde cognoscere Filium, quam per ipsum Patrem, neque Patrem, quam per ipsum Filium. Itaque inde et honoris æqualitas et consubstantialitas demonstratur. Quid igitur Christus? *Tu es Simon filius Jona; tu vocaberis Cephas.* Quia enim, inquit, Patrem meum prædicasti, ego illum nomino qui te genuit: ac si diceret, Sicut tu filius Jona, sic ego Patris mei Filius. Nam supervacaneum fuisset dicere, *Tu es filius Jona:* sed quia ille dixit Filium Dei, ut ostenderet, ipsum esse Dei Filium, ut ille filius erat Jona, ejusdem cum patre substantiæ, ideo illud addidit. 18. *Et ego dico tibi, tu es Petrus, et super hanc petram ædificabo Ecclesiam meam*, id est, super fidem confessionis. Hinc declarat multos esse credituros, ejusque sensum erigit, et pastorem ipsum constituit. *Et portæ inferi non prævalebunt adversum eam.* Si vero adversum eam non prævalebunt, multo minus adversum me prævalebunt. Itaque ne turberis, cum audies me traditum et crucifixum esse. Deinde alterum dicit honorem: 19. *Ego autem dabo tibi claves regni cælorum.* Quid significat illud, *Ego autem tibi dabo*? Quemadmodum Pater tibi dedit ut me cognosceres, sic et ego tibi dabo. Neque dixit, Rogabo Patrem, etiamsi magna esset potestatis demonstratio, et doni magnitudo ineffabilis; sed, *Ego dabo tibi.* Quid, quæso, das? *Claves regni cælorum: et quæcumque ligaveris super terram, erunt ligata et in cælis: et quæcumque solveris super terram, erunt soluta et in cælis.* Quomodo igitur non ejus erit, ut a dextris et sinistris sedere concedat, qui dixit, *Ego tibi dabo?* Viden' quomodo ad sublimiorem de se opinionem Petrum erigat, et seipsum revelet, ac per hasce duas promissiones se Filium Dei esse ostendat? Nam quæ uni Deo sunt propria, nempe peccata solvere, Ecclesiam in tanto fluctuum concursu immotam

Luc. 10. 22.

Consubstantialitas demonstratur.

μηκέτι δόξαν ἀνθρωπίνην, ἀλλὰ δόγμα εἶναι θεῖον τὰ εἰρημένα πιστεύσῃς. Καὶ τίνος ἕνεκεν οὐκ αὐτὸς ἀποφαίνεται, οὐδὲ λέγει· ἐγώ εἰμι ὁ Χριστός· ἀλλὰ διὰ τῆς αὐτοῦ ἐρωτήσεως κατασκευάζει τοῦτο, αὐτοὺς εἰσάγων ὁμολογῆσαι; Ὅτι οὕτω καὶ αὐτῷ τότε πρεπωδέστερον ἦν καὶ ἀναγκαῖον, καὶ ἐκείνους μᾶλλον ἐφείλκετο πρὸς τὴν πίστιν τῶν λεγομένων. Εἶδες πῶς Υἱὸν ἀποκαλύπτει Πατήρ; πῶς Πατέρα Υἱός; Οὐδὲ γὰρ τὸν Πατέρα τις ἐπιγινώσκει, φησὶν, εἰ μὴ ὁ Υἱὸς, καὶ ᾧ ἂν βούληται ὁ Υἱὸς ἀποκαλύψαι. Οὐκ ἄρα ἔνι παρ' ἑτέρου μαθεῖν τὸν Υἱὸν, ἢ παρ' αὐτοῦ τοῦ Πατρός· οὐδὲ παρ' ἑτέρου μαθεῖν τὸν Πατέρα, ἢ παρὰ τοῦ Υἱοῦ. Ὥστε καὶ ἐντεῦθεν τὸ ὁμότιμόν τε καὶ ὁμοούσιον δῆλον. Τί οὖν ὁ Χριστός; Σὺ εἶ Σίμων ὁ υἱὸς Ἰωνᾶ· σὺ κληθήσῃ Κηφᾶς. Ἐπειδὴ γὰρ ἐκήρυξάς μου τὸν Πατέρα, φησὶ, κἀγὼ τὸν γεγεννηκότα σε ὀνομάζω· μόνον οὐχὶ λέγων, ὅτι ὥσπερ σὺ τοῦ Ἰωνᾶ παῖς, οὕτω κἀγὼ τοῦ Πατρὸς ἐμοῦ. Ἐπεὶ καὶ παρέλκον ἦν εἰπεῖν, Σὺ εἶ ὁ υἱὸς Ἰωνᾶ· ἀλλ' ἐπειδὴ εἶπεν Υἱὸν Θεοῦ, ἵνα δείξῃ ὅτι οὕτως ἐστὶν Υἱὸς τοῦ Θεοῦ, ὥσπερ ἐκεῖνος υἱὸς Ἰωνᾶ, τῆς αὐτῆς οὐσίας τῷ γεγεννηκότι, διὰ τοῦτο τοῦτο προσέθηκε. 548 Καὶ ἐγώ σοι λέγω, σὺ εἶ Πέτρος, καὶ ἐπὶ ταύτῃ τῇ πέτρᾳ οἰκοδομήσω μου τὴν Ἐκκλησίαν, τουτέστι, τῇ πίστει τῆς ὁμολογίας. Ἐντεῦθεν δείκνυσι πολλοὺς μέλλοντας ἤδη πιστεύειν, καὶ ἀνίστησιν αὐτοῦ τὸ φρόνημα, καὶ ποιμένα ποιεῖ. Καὶ πύλαι ᾅδου οὐ κατισχύσουσιν αὐτῆς. Εἰ δὲ ἐκείνης [a] οὐ κατισχύσουσι, πολλῷ μᾶλλον ἐμοῦ. Ὥστε μὴ θορυβηθῇς, ἐπειδὰν μέλλῃς ἀκούειν, ὅτι παραδοθήσομαι καὶ σταυρωθήσομαι. Εἶτα καὶ ἑτέραν λέγει τιμήν· Καὶ ἐγὼ δέ σοι δώσω τὰς κλεῖς τῶν οὐρανῶν. Τί ἐστι, Καὶ ἐγὼ δέ σοι δώσω; Ὥσπερ ὁ Πατήρ σοι ἔδωκε τὸ ἐμὲ γνῶναι, οὕτω καὶ ἐγώ σοι δώσω. Καὶ οὐκ εἶπε, παρακαλέσω τὸν Πατέρα· καίτοι πολλὴ ἦν τῆς ἐξουσίας ἡ ἔνδειξις, καὶ τοῦ δώρου τὸ μέγεθος ἄφατον· ἀλλ', Ἐγώ σοι δώσω. Τί δίδως; εἰπέ μοι. Τὰς κλεῖς τῆς βασιλείας τῶν οὐρανῶν· * καὶ ὅσα ἂν δήσῃς ἐπὶ τῆς γῆς, ἔσται δεδεμένα ἐν τοῖς οὐρανοῖς· καὶ ὅσα ἂν λύσῃς ἐπὶ τῆς γῆς, ἔσται λελυμένα ἐν τοῖς οὐρανοῖς. Πῶς οὖν οὐκ ἔστιν αὐτοῦ δοῦναι τὸ καθίσαι ἐκ δεξιῶν καὶ ἐξ εὐωνύμων, τοῦ λέγοντος, Ἐγώ σοι δώσω; Εἶδες πῶς καὶ αὐτὸς ἀνάγει τὸν Πέτρον εἰς ὑψηλὴν τὴν περὶ αὐτοῦ ἔννοιαν, καὶ ἑαυτὸν ἀποκαλύπτει, καὶ δείκνυσιν Υἱὸν ὄντα τοῦ Θεοῦ διὰ τῶν ὑποσχέσεων τῶν δύο τούτων; Ἃ γὰρ Θεοῦ μόνου ἐστὶν ἴδια, τὸ τὰ ἁμαρτήματα λῦσαι, καὶ τὸ ἀπερίτρεπτον τὴν Ἐκκλησίαν ποιῆσαι ἐν τοσαύτῃ κυμάτων ἐμβολῇ, καὶ ἄνθρωπον ἁλιέα πέτρας πάσης ἀποφῆναι στεῤῥότερον, τῆς οἰκουμένης πολεμούσης ἁπάσης, ταῦτα αὐτῷ ἐπαγ-

[a] Sic Mss. et ita legitur in Bibliis Græcis. Savil. et Morel. οὐκ ἀντισχύσουσιν, bis.

* [Καὶ ὅσα. Sic Bibl et Codex 694. Edebatur ἵνα ὅσα]

γέλλεται δώσειν· καθάπερ ὁ Πατὴρ πρὸς τὸν Ἱερεμίαν διαλεγόμενος ἔλεγεν· Ὡς στῦλον χαλκοῦν καὶ ὡσεὶ [b] τεῖχος τίθησιν αὐτόν· ἀλλ' ἐκεῖνον μὲν ἑνὶ ἔθνει, τοῦτον δὲ πανταχοῦ τῆς οἰκουμένης. Ἡδέως ἂν ἐροίμην τοὺς ἐλαττοῦν βουλομένους τοῦ Υἱοῦ τὴν ἀξίαν, ποῖα μείζονα δῶρα, ἅπερ ἔδωκεν ὁ Πατὴρ τῷ Πέτρῳ, ἢ ἅπερ ἔδωκεν ὁ Υἱός; Ὁ μὲν γὰρ τῷ Πέτρῳ τὴν ἀποκάλυψιν τοῦ Υἱοῦ ἐχαρίσατο· ὁ δὲ Υἱὸς τὴν τοῦ Πατρὸς καὶ τὴν αὐτοῦ πανταχοῦ τῆς οἰκουμένης ἔσπειρε, καὶ ἀνθρώπῳ θνητῷ πάντων τῶν ἐν τῷ οὐρανῷ τὴν ἐξουσίαν ἐνεχείρισε, τὰς κλεῖς αὐτῷ δοὺς, ὃς τὴν Ἐκκλησίαν πανταχοῦ τῆς οἰκουμένης ἐξέτεινε, καὶ τοῦ οὐρανοῦ ἰσχυροτέραν ἀπέφηνεν· Ὁ οὐρανὸς γὰρ καὶ ἡ γῆ παρελεύσεται· οἱ δὲ λόγοι μου [c] οὐ μὴ παρέλθωσι. Πῶς οὖν ἐλάττων ὁ τοιαῦτα δοὺς, ὁ τοιαῦτα κατωρθωκώς; Καὶ ταῦτα λέγω, οὐ διαιρῶν τοῦ Πατρὸς καὶ τοῦ Υἱοῦ τὰ ἔργα· Πάντα γὰρ δι' αὐτοῦ ἐγένετο, καὶ χωρὶς αὐτοῦ ἐγένετο οὐδὲ ἕν· ἀλλ' ἐπιστομίζων τὴν ἀναίσχυντον γλῶτταν τῶν τοιαῦτα τολμώντων.

Ὅρα δὲ διὰ πάντων αὐτοῦ τὴν ἐξουσίαν. Ἐγώ σοι λέγω, σὺ εἶ Πέτρος· ἐγὼ οἰκοδομήσω τὴν Ἐκκλησίαν· ἐγώ σοι δώσω τὰς κλεῖς τῶν οὐρανῶν. Καὶ τότε, ταῦτα εἰπὼν, διεστείλατο αὐτοῖς, ἵνα μηδενὶ εἴπωσιν ὅτι αὐτός ἐστιν ὁ Χριστός. Καὶ τίνος ἕνεκεν διεστείλατο; Ὥστε [d] τῶν σκανδαλιζόντων ἐκ μέσου γενομένων, καὶ τοῦ σταυροῦ τελεσθέντος, καὶ τῶν ἄλλων ὧν ἔπαθεν ἀπαρτισθέντων, καὶ μηδενὸς ὄντος λοιπὸν τοῦ διακόπτοντος, καὶ θολοῦντος τὴν εἰς αὐτὸν τῶν πολλῶν πίστιν, καθαρὰν καὶ ἀκίνητον ἐντυπωθῆναι τῶν ἀκουόντων τῇ διανοίᾳ τὴν προσήκουσαν περὶ αὐτοῦ δόξαν. Καὶ γὰρ οὔπω σαφῶς ἦν ἐκλάμψασα αὐτοῦ ἡ δύναμις. Διὰ δὴ τοῦτο ἐβούλετο ἀνακηρύττεσθαι παρ' αὐτῶν, ὅτε καὶ ἡ σαφὴς τῶν πραγμάτων ἀλήθεια, καὶ ἡ τῶν γενομένων ἰσχὺς συνηγόρει τοῖς παρὰ τῶν ἀποστόλων λεγομένοις. Οὐδὲ γὰρ ἴσον ὁρᾷν νῦν μὲν ἐν Παλαιστίνῃ θαυματουργοῦντα, νῦν δὲ ὑβριζόμενον, ἐλαυνόμενον· καὶ μάλιστα ὁπότε καὶ ὁ σταυρὸς ἔμελλε διαδέχεσθαι τὰ θαύματα τὰ γινόμενα· καὶ πανταχοῦ τῆς οἰκουμένης προσκυνούμενον βλέπειν καὶ πιστευόμενον, καὶ μηδὲν τοιοῦτον πάσχοντα λοιπὸν οἷον ἔπαθε. [a] Διὰ τοῦτό φησι μηδενὶ εἰπεῖν. Τὸ μὲν γὰρ ῥιζωθὲν ἅπαξ, εἶτα ἀνασπασθὲν, δυσκόλως ἂν φυτευθὲν κατασχεθείη πάλιν παρὰ τοῖς πολλοῖς· τὸ δὲ μετὰ τὸ παγῆναι ἅπαξ μεῖναν ἀκίνητον, καὶ μηδαμόθεν ἐπηρεασθὲν, ῥᾳδίως ἄνεισι, καὶ πρὸς αὔξησιν ἐπιδίδωσι μείζονα. Εἰ γὰρ οἱ ση-

reddere, hominemque piscatorem toto impugnante
orbe petra firmiorem reddere, hæc se illi daturum
pollicetur: ut Pater Jeremiam alloquens dicebat, Jer. 1. 18.
se posuisse illum sicut columnam æream et sicut
murum; sed illum uni genti, hunc autem in universo terrarum orbe. Libenter quærerem ab iis
qui imminutam Filii dignitatem volunt, quæ
majora sint dona, an quæ Pater, an quæ Filius Contra
D Petro dedit. Nam Pater revelationem Filii Petro Anomœos et Arianos.
dedit; Filius vero et Patris et suam revelationem
per totum orbem disseminavit, ac mortali homini
omnem in cælo potestatem dedit, dum claves illi
tradidit, qui Ecclesiam per totum orbem terrarum
extendit, et cælis firmiorem monstravit: nam ait,
Cælum et terra transibunt; verba autem mea Matth. 24.
non transibunt. Quomodo ergo minor is qui 35.
talia dedit, qui talia fecit? Hæc porro dico, non
quod Patris et Filii opera dividam: *Omnia enim* Joan. 1. 3.
per ipsum facta sunt, et sine ipso factum est
nihil; sed ut impudentem illorum linguam reprimam, qui talia proferre audent.

E 3. Ex his omnibus ejus potentiam animadverte. *Ego tibi dico, tu es Petrus; ego ædificabo Ecclesiam; ego tibi dabo claves cælorum. Et* 20. *tunc*, cum hæc dixisset, *præcepit eis, ut nemini dicerent quod ipse esset Christus*. Et cur præcepit? Ut scandalis de medio sublatis, et cruce atque aliis, quæ passus est, consummatis, 549 A nulloque demum restante, quod vel impediret, vel turbaret fidem in ipsum a multis susceptam, sincera et immobilis circa ipsum opinio in auditorum animis imprimeretur. Nondum enim ipsius virtus clare fulserat. Ideoque tunc ab illis eam prædicari volebat, cum et clara rerum veritas, et gestorum vis magna apostolorum dictis patrocinarentur. Non enim æquale erat, ipsum videre in Palæstina nunc miracula patrantem, nunc contumeliis affectum et pulsum; cum maxime crux miracula illa exceptura esset; ipsumque perspicere dum ubique terrarum adoraretur, fidesque in B illum vigeret, nihilque ultra pateretur eorum quæ ante passus fuerat. Ideo præcipit ut nemini dicant. Nam quod semel radices posuit, si postea evellatur, difficile potest iterum plantatum apud multos firmari; quod vero postquam semel defixum est, immotum manet, nemine molestiam inferente facile pullulat, et majus incrementum accipit.

[b] Unus τεῖχος θήσειν αὐτῷ. Infra quidam τέως ἂν ἐροίμην. Alius ἂν οὖν ἐροίμην.

[c] Morel. οὐ παρέλθωσι. πῶς οὖν ἐλάττων ὁ τοιαῦτα κατωρθωκώς, multis omissis.

[d] Alii τῶν σκανδάλων, forte melius.

[a] Hæc, διὰ τοῦτό φησι μηδενὶ εἰπεῖν, desunt in Morel. itemque infra ἅπαξ.

Nam si ii qui signa viderant plurima, et tot
ineffabilium mysteriorum participes erant, vel solo
auditu scandalizati sunt; imo non ipsi soli, sed et
Petrus omnium coryphæus : cogites velim quid
passuri erant plurimi, si didicissent ipsum esse
Filium Dei, et postea vidissent eum crucifigi, et
sputis fœdari, cum mysteriorum hujusmodi arcana
non nossent, necdum Spiritum sanctum accepis-
Joan. 16. 12. sent. Nam si discipulis dicebat : ***Multa habeo
vobis dicere, sed non potestis portare modo*** :
multo magis reliqua multitudo decidisset, si ante
opportunum tempus, quod in his mysteriis supremum erat, ipsis revelatum fuisset. Idcirco hæc
dicere prohibet. Et ut discas quantum intererat
plenam postea doctrinam accipere, summotis iis
quæ offendiculo esse poterant, id ab ipso coryphæo
accipe. Ipse namque Petrus, qui post tot miracula
adeo imbecillus apparuit, ut negaret, vilemque
puellam timeret, postquam crucis peracto mysterio,
resurrectionis claras habuit demonstrationes, cum
Petri firmitas post crucem. nihil illi ultra offendiculo esset, nihil eum turbaret, sic immotam tenuit Spiritus doctrinam, ut
vehementius quam leo in Judæorum populum
irrueret, etsi pericula et mille mortes imminerent.
Multa enim habeo vobis dicere, inquit, ***sed
non potestis portare modo***. Quin etiam multa
ab illo dicta non intelligebant, quæ ante crucem
manifesta non reddidit. Posteaquam igitur resurrexerat, tunc quædam eorum quæ dixerat intellexerunt. Jure ergo multis præcepit, ne illud ante
crucis passionem dicerent, quando ne ausus quidem est iis, qui postea prædicaturi erant, omnia
ante crucem aperire. 20. ***Ex eo tempore cœpit
Jesus ipsis ostendere, quod oporteret eum pati.***
Ex quonam tempore? Cum hoc dogma in illis
inseruit; cum gentium initium induxit. Ad neque
Luc. 18. 34. sic id quod dicebatur intellexerunt : ***Erat enim***,
inquit, ***absconditus sermo ab eis;*** et quasi in
obscuritate quadam versabantur, nescientes eum
resurrecturum esse. Quapropter in istis difficilibus
immoratur, et sermonem amplificat, ut illis mentem aperiat, et intelligant quid sit illud quod di-
Ibidem. citur. Verum ***Non intellexerunt, sed erat absconditum ipsis verbum istud ;*** nec audebant
illum interrogare, non utrum esset moriturus,
sed quomodo et qua ratione. Et quid erat hoc
mysterium? Non enim sciebant, quid esset resurgere, multoque melius putabant esse non mori.

μείων ἀπολελαυκότες πολλῶν, καὶ τοσούτων μετασχόντες μυστηρίων ἀποῤῥήτων, ὑπὸ τῆς ἀκοῆς μόνης
ἐσκανδαλίσθησαν· μᾶλλον δὲ οὐκ αὐτοὶ μόνοι, ἀλλὰ
καὶ ὁ πάντων κορυφαῖος Πέτρος· ἐννόησον τί τοὺς
C πολλοὺς ἦν εἰκὸς παθεῖν, μαθόντας μὲν ὅτι Υἱὸς Θεοῦ
ἐστιν, ὁρῶντας δὲ καὶ σταυρούμενον καὶ ἐμπτυόμενον,
καὶ τῶν μυστηρίων τούτων τὸ ἀπόῤῥητον οὐκ εἰδότας,
οὐδὲ Πνεύματος ἀπολελαυκότας ἁγίου. Εἰ γὰρ τοῖς
μαθηταῖς ἔλεγε· Πολλὰ ἔχω λέγειν ὑμῖν, ἀλλ' οὐ δύνασθε βαστάζειν ἄρτι· πολλῷ μᾶλλον ὁ λοιπὸς δῆμος
κατέπεσεν ἂν, εἰ πρὸ καιροῦ τοῦ προσήκοντος τὸ τῶν
μυστηρίων τούτων ἀκρότατον αὐτοῖς ἀπεκαλύφθη. Διὰ
δὴ τοῦτο κωλύει εἰπεῖν. Καὶ ἵνα μάθῃς πόσον ἦν τὸ
μετὰ ταῦτα μαθεῖν πλήρη τὴν διδασκαλίαν, τῶν σκαν-
D δαλιζόντων παρελθόντων, ἀπ' αὐτοῦ τούτου τοῦ κορυ-
φαίου μάνθανε. Αὐτὸς γὰρ οὗτος ὁ Πέτρος, ὁ μετὰ
τοσαῦτα σημεῖα οὕτω φανεὶς ἀσθενὴς, ὡς καὶ ἀρνήσασθαι, καὶ κόρην εὐτελῆ δεῖσαι, ἐπειδὴ ὁ σταυρὸς προε-
χώρησε, καὶ τῆς ἀναστάσεως σαφεῖς ἔλαβε τὰς ἀποδείξεις, καὶ οὐδὲν ἦν λοιπὸν τὸ σκανδαλίζον αὐτὸν καὶ
θορυβοῦν, οὕτως ἀκίνητον κατέσχε τοῦ Πνεύματος τὴν
διδασκαλίαν, ὡς λέοντος σφοδρότερον [b] ἐπιπηδᾷν τῷ
δήμῳ τῶν Ἰουδαίων, καίτοι κινδύνων καὶ μυρίων θανάτων ἀπειλουμένων. Πολλὰ γὰρ ἔχω λέγειν ὑμῖν, φη-
E σὶν, ἀλλ' οὐ δύνασθε βαστάζειν ἄρτι. Καὶ τῶν εἰρημένων δὲ παρ' αὐτοῦ πολλὰ ἀγνοοῦσιν, ἃ οὐκ ἐποίησε
σαφῆ πρὸ τοῦ σταυροῦ. Ὅτε γοῦν ἀνέστη, τότε ἔγνωσαν ἔνια τῶν λεχθέντων. Εἰκότως τοίνυν τοῖς πολλοῖς
ἐκέλευσε μὴ εἰπεῖν πρὸ τοῦ σταυροῦ, ὅπου γε οὐδὲ αὐτοῖς τοῖς μέλλουσι διδάσκειν πάντα ἐνθεῖναι ἐθάῤῥησε
πρὸ τοῦ σταυροῦ. Ἀπὸ τότε ἤρξατο αὐτοῖς δεικνύειν,
ὅτι δεῖ αὐτὸν παθεῖν. Ἀπὸ τότε· πότε; Ὅτε ἔπηξεν
550 ἐν αὐτοῖς τὸ δόγμα· ὅτε τὴν ἀρχὴν τῶν ἐθνῶν εἰσή-
A γαγε. Ἀλλ' οὐδὲ οὕτω συνίεσαν τὸ λεγόμενον· Ἦν
γὰρ, φησὶ, κεκαλυμμένος ὁ λόγος ἀπ' αὐτῶν· καὶ
ὥσπερ ἐν ἀσαφείᾳ τινὶ ἦσαν, οὐκ εἰδότες ὅτι ἀναστῆναι
αὐτὸν δεῖ. Διὰ τοῦτο καὶ ἐνδιατρίβει τοῖς δυσχερέσι,
καὶ ἐμπλατύνει τὸν λόγον, ἵνα διανοίξῃ αὐτῶν τὴν διάνοιαν, [a] καὶ συνιῶσι τί ποτέ ἐστι τὸ λεγόμενον. Ἀλλ'
Οὐ συνῆκαν, ἀλλ' ἦν τὸ ῥῆμα κεκαλυμμένον ἀπ' αὐ-
τῶν· καὶ ἐφοβοῦντο αὐτὸν ἐρωτῆσαι, οὐχὶ εἰ ἀποθανεῖται, ἀλλὰ πῶς καὶ τίνι τρόπῳ. Καὶ τί ποτέ ἐστι
τοῦτο τὸ μυστήριον; Οὐδὲ γὰρ ᾔδεσαν, τί ποτέ ἐστι τὸ
ἀναστῆναι τοῦτο αὐτὸ, καὶ πολλῷ βέλτιον ἐνόμιζον εἶ-
B ναι τὸ μὴ ἀποθανεῖν. Διὰ τοῦτο τῶν ἄλλων θορυβουμέ-
νων [b] καὶ διαπορούντων, πάλιν ὁ Πέτρος, θερμὸς ὢν,
μόνος τολμᾷ περὶ τούτων διαλεχθῆναι· καὶ οὐδὲ οὗτος
παῤῥησίᾳ, ἀλλὰ κατιδίαν λαβών· τουτέστι, τῶν λοι-

[b] Morel. et Savil. ἐπιπηδᾷν. Unus ἐμπηδᾷν.

[a] Alii καὶ συνῶσι.

[b] Unus καὶ ἀπορούντων.

πῶν ἀποσχίσας ἑαυτὸν μαθητῶν· καί φησιν· Ἵλεώς σοι, Κύριε, οὐ μὴ ἔσται σοι τοῦτο. Τί ποτε τοῦτό ἐστιν; ὁ [c] ἀποκαλύψεως τυχὼν, ὁ μακαρισθεὶς, οὗτος οὕτω ταχέως διέπεσε καὶ ἐσφάλη, ὡς φοβηθῆναι τὸ πάθος; καὶ τί θαυμαστὸν, τὸν οὐ δεξάμενον ἐν τούτοις ἀποκάλυψιν τοῦτο παθεῖν; Ἵνα γὰρ μάθῃς, ὅτι οὐδὲ ἐκεῖνα οἴκοθεν ἐφθέγξατο, * ὅρα ἐν τούτοις τοῖς οὐκ ἀποκεκαλυμμένοις αὐτῷ πῶς θορυβεῖται, καὶ περιτρέπεται, καὶ μυριάκις ἀκούων οὐκ οἶδε τί ποτέ ἐστι τὸ C
λεγόμενον. Ὅτι μὲν γὰρ Υἱὸς Θεοῦ ἐστιν, ἔμαθεν· ὅ τι ποτὲ δέ ἐστι τὸ μυστήριον τοῦ σταυροῦ καὶ τῆς ἀναστάσεως, οὐδέπω αὐτῷ δῆλον ἐγένετο. Καὶ γὰρ ἦν, φησὶν, ἀπ' αὐτῶν ὁ λόγος κεκαλυμμένος. Ὁρᾷς ὅτι δικαίως ἐκέλευσε τοῖς ἄλλοις μὴ ἐξειπεῖν; Εἰ γὰρ οὓς ἀναγκαῖον ἦν μαθεῖν οὕτως [d] ἐθορύβησε, τί οὐκ ἂν ἔπαθον οἱ λοιποί; Αὐτὸς μέντοι δεικνὺς, ὅτι τοσοῦτον ἀπέχει ἄκων ἐλθεῖν ἐπὶ τὸ πάθος, καὶ ἐπετίμησε τῷ Πέτρῳ, καὶ σατανᾶν ἐκάλεσεν.

Ideoque aliis omnibus perturbatis ac dubitantibus, rursum Petrus, utpote fervens, solus ausus est hac de re loqui: neque tamen publice, sed seorsum; id est, ab aliis semotus discipulis; aitque: 22. *Propitius tibi sis, Domine, non erit tibi hoc.* Quid hoc est? qui revelationem habuit, qui beatus prædicatus est, hic subito lapsus cecidit, ita ut passionem etiam timeret? et quid mirum, si is, qui hac de re non acceperat revelationem, id passus sit? Ut enim discas illum ea quæ supra dicta sunt non ex se protulisse, vide quomodo in his quæ sibi revelata non fuerant, turbetur et evertatur, et millies audiendo non noverit quid diceretur. Nam quod Filius Dei esset, id certe noverat; quid autem sit mysterium crucis et resurrectionis, nondum ipsi clare notum erat. *Sermo* enim, inquit, *erat ipsis occultus.* Vides illum jure mandasse, ne aliis dicerent? Nam si eos quos id ediscere necessarium erat ita turbavit, quid non passi essent cæteri? Ipse vero ut ostenderet se non invitum ad passionem venire, increpavit Petrum, satanamque vocavit.

Ἀκουσάτωσαν ὅσοι τὸ πάθος ἐπαισχύνονται τοῦ D
σταυροῦ τοῦ Χριστοῦ. Εἰ γὰρ ὁ κορυφαῖος, καὶ πρὶν ἢ πάντα μαθεῖν σαφῶς, σατανᾶς ἐκλήθη, τοῦτο παθὼν, τίνα ἂν ἔχοιεν συγγνώμην οἱ μετὰ τοσαύτην ἀπόδειξιν τὴν οἰκονομίαν ἀρνούμενοι; Ὅταν γὰρ ὁ οὕτω μακαρισθεὶς, ὁ τοιαῦτα ὁμολογήσας, τοιαῦτα ἀκούῃ, ἐννόησον τίνα πείσονται οἱ μετὰ ταῦτα ἀθετοῦντες τοῦ σταυροῦ τὸ μυστήριον. Καὶ οὐκ εἶπεν, ὁ σατανᾶς ἐφθέγξατο διὰ σοῦ· ἀλλ', Ὕπαγε ὀπίσω μου, σατανᾶ. Καὶ γὰρ ἐπιθυμία ἦν τοῦ ἀντικειμένου [e] τὸ μὴ παθεῖν τὸν Χριστόν· διὰ τοῦτο μετὰ τοσαύτης σφοδρότητος ἐπετίμησεν αὐτῷ, ἐπειδὴ ᾔδει μάλιστα καὶ αὐτὸν καὶ τοὺς ἄλλους τοῦτο φοβουμένους, καὶ οὐκ εὐκόλως αὐτὸ δεξαμένους. E
Διὰ τοῦτο καὶ ἀποκαλύπτει τὰ ἀπὸ τῆς διανοίας αὐτοῦ λέγων· Οὐ φρονεῖς τὰ τοῦ Θεοῦ, ἀλλὰ τὰ τῶν ἀνθρώπων. Τί δέ ἐστιν, Οὐ φρονεῖς τὰ τοῦ Θεοῦ, ἀλλὰ τὰ τῶν ἀνθρώπων; Ἐκεῖνος ἀνθρωπίνῳ λογισμῷ καὶ γηΐνῳ τὸ πρᾶγμα ἐξετάζων, ἐνόμισεν αἰσχρὸν εἶναι τοῦτο αὐτῷ καὶ ἀπρεπές. Καθικνούμενος τοίνυν αὐτοῦ φησιν· οὐ τὸ ἐμὲ παθεῖν ἀπρεπές· ἀλλὰ σὺ σαρκικῇ 551
A γνώμῃ τούτοις ψηφίζῃ· ὡς εἰ κατὰ Θεὸν ἤκουες τῶν λεγομένων, τῆς σαρκικῆς διανοίας ἀπαλλαγεὶς, ᾔδεις ἂν, ὅτι ἐμοὶ μάλιστα τοῦτο πρέπον ἐστίν· σὺ μὲν γὰρ νομίζεις, ὅτι ἀνάξιόν μού ἐστι τὸ παθεῖν· ἐγὼ δέ σοι λέγω, ὅτι τὸ μὴ παθεῖν με τῆς τοῦ διαβόλου γνώμης ἐστίν· ἀπὸ τῶν ἐναντίων καταστέλλων αὐτοῦ τὴν ἀγω-

4. Audiant qui de cruce Christi erubescunt. Etenim si coryphæus ille, antequam omnia probe sciret, quod tali esset affectu, satanas appellatus est, quam veniam mereantur illi qui, post tantam demonstrationem, œconomiam negant? Quando enim vir qui beatus appellatus est, qui talem protulit confessionem, hæc tamen audit, in animo reputa quanta passuri sint ii, qui post ista mysterium crucis vilipendunt. Non dixit, Satanas per te loquutus est; sed, 23. *Vade post me, satanas.* Nam cupiebat adversarius ut Christus non pateretur: ideo sic vehementer increpavit, quod maxime sciret et illum et alios hoc ipsum timere, neque facile illud admittere. Quapropter mentis ejus arcana revelat dicens: *Non sapis ea quæ Dei sunt, sed ea quæ hominum.* Quid porro illud est, *Non sapis ea quæ Dei sunt, sed ea quæ hominum?* Ille humano et terreno ratiocinio rem examinans, putabat id Christo turpe esse et indecorum. Ipsum itaque carpens ait: Non indecorum est me pati: sed tu carnali consilio ita judicas: qui si secundum Deum dicta audisses, a carnali animo expeditus scires, id me maxime decere; tu enim putas, indignam rem esse, si id ego patiar: ego vero dico tibi, diaboli voluntatem esse ut ego non patiar: ex contrariis sollicitudinem

De cruce Christi non erubescendum.

[c] Morel. ἀποκαλύψεων.

* [Delevimus πῶς quod in Editis legebatur post ὅρα: omisit enim Codex 694.]

[d] Unus οὕτως ἐθορυβήθησαν.

[e] Morel. et quidam Mss. τοῦ μὴ παθεῖν.

ejus reprimebat. Sicut enim Joannem qui indignum Christo putabat esse, si ab se baptizaretur, ad id *Matth.* 3. 15. faciendum induxit, dicens: *Sic decet nos;* et ipsi *Joan.* 13. 8. Petro pedes suos lavare prohibenti dixit, *Non habes partem mecum, nisi pedes tuos lavero:* sic et hoc loco ex contrariis ipsum repressit, et increpationis vehementia timorem passionis exstinxit. B Neminem igitur pudeat honorabilium salutis nostræ symbolorum, quæ sunt caput bonorum, per quæ vivimus, per quæ sumus: sed crucem Christi quasi coronam circumferamus; per eam enim omnia quæ ad nos spectant perficiuntur. Si regenerari oporteat, crux adest; si mystico illo cibo nutriri, si ordinari, et si quidvis aliud faciendum, ubique nobis adest hoc victoriæ symbolum. Idcirco et domi, et in parietibus, et in fenestris, et in fronte et in mente, illam cum multo studio depingimus. *Crux ubique depingi solebat.* C Hoc quippe signum est nostræ salutis, communis libertatis, et mansuetudinis Domini: *Act.* 8. 32. *Isai.* 53. 7. *Sicut ovis* enim *ad occisionem ductus est*. Cum igitur te signas, totum crucis argumentum cogita, exstingue iram omnesque pravos affectus. Cum te signas, multa fiducia frontem tuam reple, liberam facito animam. Scitis plane quænam sint quæ libertatem nobis pariant. Ideo Paulus ad id nos cohortans, hoc est ad libertatem nobis congruentem, crucis et sanguinis dominici mentione facta, 1. *Cor.* 7. 23. sic habet: *Pretio,* inquit, *emti estis; ne sitis servi hominum*. Cogita, inquit, pretium pro te numeratum, atque nullius hominis eris servus; pretium vero D crucem vocat. Neque enim simpliciter illam digito efformare oportet, sed prius voluntate et multa fide. *Signum crucis in facie digito efformabatur.* Si hoc modo illam in facie tua depinxeris, nullus impurorum dæmonum contra te stare poterit, cum ensem videat quo vulnus accepit, cum gladium videat quo letali plaga perfossus est. Si nos enim loca videntes ubi rei cæduntur, perhorrescimus, cogita quid passuri sint diabolus et dæmones, telum illud videntes, quo Christus totam illorum potentiam solvit, draconisque caput abscidit. E Ne itaque te pudeat tanti accepti boni, ne Christum tui pudeat quando veniet cum gloria sua, et hoc signum ante Christum videbitur ipsis solaribus radiis splendidius. Tunc enim crux veniet, conspectu suo vocem emittens, et adversus orbem totum causam Domini defendens, ostendensque

νίαν. Ὥσπερ γὰρ Ἰωάννην, ἀνάξιον αὐτοῦ νομίζοντα εἶναι τὸ βαπτισθῆναι ὑπ' αὐτοῦ, βαπτίσαι ἔπεισεν εἰπών, Οὕτω πρέπον ἐστὶν ἡμῖν· καὶ αὐτῷ δὲ τούτῳ τῷ Πέτρῳ κωλύοντι [a] αὐτοῦ νίψαι τοὺς πόδας εἶπεν, Οὐκ ἔχεις μέρος μετ' ἐμοῦ, ἐὰν μὴ νίψω τοὺς πόδας σου· οὕτω καὶ ἐνταῦθα ἀπὸ τῶν ἐναντίων αὐτὸν κατέσχε, καὶ τῇ τῆς ἐπιτιμήσεως σφοδρότητι τὸν ὑπὲρ τοῦ παθεῖν φόβον κατέστειλε. Μηδεὶς τοίνυν αἰσχυνέσθω τὰ σεμνὰ τῆς σωτηρίας ἡμῶν σύμβολα, καὶ τὸ κεφάλαιον τῶν ἀγαθῶν, καὶ δι' ἃ ζῶμεν, καὶ δι' ὅ ἐσμεν· ἀλλ' ὡς στέφανον, οὕτω περιφέρωμεν τὸν σταυρὸν τοῦ Χριστοῦ· καὶ γὰρ πάντα δι' αὐτοῦ τελεῖται τὰ καθ' ἡμᾶς. Κἂν ἀναγεννηθῆναι δέῃ, σταυρὸς παραγίνεται· κἂν [b] τραφῆναι τὴν μυστικὴν ἐκείνην τροφὴν, κἂν χειροτονηθῆναι, κἂν ὁτιοῦν ἕτερον ποιῆσαι, πανταχοῦ τοῦτο τῆς νίκης ἡμῖν παρίσταται σύμβολον. Διὰ τοῦτο καὶ ἐπὶ οἰκίας, καὶ ἐπὶ τῶν τοίχων, καὶ ἐπὶ τῶν θυρίδων, καὶ ἐπὶ τοῦ μετώπου, καὶ ἐπὶ τῆς διανοίας, μετὰ πολλῆς ἐπιγράφομεν αὐτὸν τῆς σπουδῆς. Τῆς γὰρ ὑπὲρ ἡμῶν σωτηρίας, καὶ τῆς ἐλευθερίας τῆς κοινῆς, καὶ τῆς [c] ἐπιεικείας ἡμῶν τοῦ Δεσπότου τοῦτό ἐστι τὸ σημεῖον· Ὡς πρόβατον γὰρ ἐπὶ σφαγὴν ἤχθη. Ὅταν τοίνυν σφραγίζῃ, ἐννόει πᾶσαν τοῦ σταυροῦ τὴν ὑπόθεσιν, καὶ σβέσον θυμὸν καὶ τὰ λοιπὰ πάντα πάθη. Ὅταν [*] δὲ σφραγίζῃ, πολλῆς ἔμπλησον τὸ μέτωπον παῤῥησίας, ἐλευθέραν τὴν ψυχὴν ποίησον. Ἴστε δὲ πάντως τίνα ἐστὶ τὰ ἐλευθερίαν παρέχοντα. Διὸ καὶ Παῦλος εἰς τοῦτο ἐνάγων ἡμᾶς, εἰς τὴν ἐλευθερίαν λέγω τὴν προσήκουσαν ἡμῖν, οὕτως ἐνῆγε, τοῦ σταυροῦ καὶ τοῦ αἵματος ἀναμνήσας τοῦ δεσποτικοῦ· Τιμῆς γὰρ, φησὶν, ἠγοράσθητε· μὴ γίνεσθε δοῦλοι ἀνθρώπων. Ἐννόησον, φησὶ, τὴν ὑπὲρ σοῦ καταβληθεῖσαν τιμὴν, καὶ οὐδενὸς τῶν ἀνθρώπων ἔσῃ δοῦλος· τὴν τιμὴν τὸν σταυρὸν λέγων. Οὐδὲ γὰρ ἁπλῶς τῷ δακτύλῳ ἐγχαράττειν αὐτὸν δεῖ, ἀλλὰ πρότερον τῇ προαιρέσει μετὰ πολλῆς τῆς πίστεως. Κἂν οὕτως ἐντυπώσῃς αὐτὸν τῇ ὄψει, οὐδεὶς ἐγγύς σου στῆναι δυνήσεται τῶν [d] ἀκαθάρτων δαιμόνων, ὁρῶν τὴν μάχαιραν, ἐν ᾗ τὴν πληγὴν ἔλαβεν, ὁρῶν τὸ ξίφος, ᾧ τὴν καιρίαν ἐδέξατο πληγήν. Εἰ γὰρ ἡμεῖς τόπους ὁρῶντες ἐν οἷς ἀποτέμνονται οἱ κατάδικοι, φρίττομεν, ἐννόησον τί πείσονται ὁ διάβολος καὶ οἱ δαίμονες, τὸ ὅπλον ὁρῶντες δι' οὗ πᾶσαν τὴν δύναμιν αὐτῶν ἔλυσεν ὁ Χριστὸς, καὶ τὴν τοῦ δράκοντος ἀπέτεμε κεφαλήν. Μὴ τοίνυν ἐπαισχυνθῇς τοσοῦτον ἀγαθὸν, ἵνα μή σε ἐπαισχυνθῇ ὁ Χριστὸς, ὅταν ἔρχηται μετὰ τῆς δόξης αὐτοῦ, καὶ τὸ σημεῖον

[a] Morel. αὐτοῦ νίψαι, Savil. αὐτῷ νίψαι. Codex unus totum locum sic habet: καὶ αὐτὸν δὲ τοῦτο τὸν Πέτρον κωλύοντα αὐτὸν νίψαι.

[b] Savil. τραφῆναι, Morel. στραφῆναι, male. Ibidem unus ἐκείνην τράπεζαν· κἂν. Paulo post unus πανταχοῦ τὸ τῆς νίκης, et mox καὶ ἐν οἰκίαις.

[c] Unus ἐπιεικείας τῆς τοῦ.

[*] [Δὲ uncis inclusit Commelin., omittit Savil.]

[d] Alii ἀκαθάρτων πνευμάτων. Infra unus καιρίαν ἐδέξατο, εἰ γάρ. Paulo post Morel. τί πείσεται ὁ διάβολος.

ἔμπροσθεν φαίνηται λαμπρὸν [a] ὑπὲρ αὐτὴν τὴν ἀκτῖνα τοῦ ἡλίου. Καὶ γὰρ ἔρχεται ὁ σταυρὸς τότε, φωνὴν 552 A ἀφιεὶς διὰ τῆς ὄψεως, καὶ πρὸς τὴν οἰκουμένην ἅπασαν ἀπολογούμενος ὑπὲρ τοῦ Δεσπότου, καὶ δεικνὺς ὅτι οὐδὲν ἐνέλιπε τῶν εἰς αὐτὸν ἡκόντων. Τοῦτο τὸ σημεῖον καὶ ἐπὶ τῶν προγόνων ἡμῶν καὶ νῦν θύρας ἀνέῳξε κεκλεισμένας· τοῦτο δηλητήρια ἔσβεσε φάρμακα· τοῦτο κωνείου δύναμιν ἐξέλυσε· τοῦτο θηρίων δήγματα ἰοβόλων ἰάσατο. Εἰ γὰρ ᾅδου πύλας ἀνέῳξε, καὶ οὐρανῶν ἀψῖδας ἀνεπέτασε, καὶ παραδείσου εἴσοδον [a] ἐνεκαίνισε, καὶ τοῦ διαβόλου τὰ νεῦρα ἐξέκοψε· τί θαυμαστὸν εἰ καὶ φαρμάκων δηλητηρίων, καὶ τῶν θηρίων, καὶ τῶν ἄλλων τῶν τοιούτων περιεγένετο;

B [b] Τοῦτο τοίνυν ἐγκόλαψον τῇ διανοίᾳ τῇ σῇ, καὶ τὴν σωτηρίαν περίπτυξαι τῶν ἡμετέρων ψυχῶν. Οὗτος γὰρ ὁ σταυρὸς τὴν οἰκουμένην ἔσωσε [c] καὶ ἐπέστρεψε, τὴν πλάνην ἐξήλασε, τὴν ἀλήθειαν ἐπανήγαγε, τὴν γῆν οὐρανὸν ἐποίησε, τοὺς ἀνθρώπους ἀγγέλους εἰργάσατο. Διὰ τοῦτον οἱ δαίμονες οὐκ ἔτι φοβεροὶ, ἀλλ' εὐκαταφρόνητοι· οὐδὲ ὁ θάνατος θάνατος, ἀλλ' ὕπνος· διὰ τοῦτον πάντα ἔῤῥιπται χαμαὶ καὶ πεπάτηται τὰ πολεμοῦντα ἡμῖν. Ἂν τοίνυν εἴπῃ σοί τις, τὸν ἐσταυρωμένον προσκυνεῖς; εἰπὲ φαιδρᾷ τῇ φωνῇ, γεγηθότι τῷ προσώπῳ, καὶ προσκυνῶ, καὶ οὐ παύσομαί ποτε προσκυνῶν. Κἂν γελάσῃ, δάκρυσον αὐτὸν, ὅτι μαίνεται. C Εὐχαρίστησον τῷ Δεσπότῃ, ὅτι τοιαῦτα ἡμᾶς εὐεργέτησεν, ἃ μηδὲ μαθεῖν δύναταί τις χωρὶς τῆς ἄνωθεν ἀποκαλύψεως. Διὰ γὰρ τοῦτο καὶ οὗτος γελᾷ, ὅτι Ψυχικὸς ἄνθρωπος οὐ δέχεται τὰ τοῦ Πνεύματος. Ἐπειδὴ καὶ τὰ παιδία τοῦτο πάσχει, ὅταν τι τῶν μεγάλων ἴδῃ καὶ θαυμαστῶν· κἂν [d] εἰς μυστήριον εἰσαγάγῃς παιδίον, γελάσεται. Τούτοις δὲ καὶ Ἕλληνες ἐοίκασι τοῖς παιδίοις· μᾶλλον δὲ καὶ τούτων εἰσὶν ἀτελέστεροι. Διὸ καὶ ἀθλιώτεροι, ὅτι οὐκ ἐν ἀώρῳ ἡλικίᾳ, ἀλλ' ἐν τελείᾳ [e] τὰ τῶν νηπίων πάσχουσιν· ὅθεν οὐδὲ συγγνώμης εἰσὶν ἄξιοι. Ἀλλ' ἡμεῖς λαμπρᾷ τῇ φωνῇ, καὶ μέγα καὶ ὑψηλὸν βοῶντες κράζωμεν, καὶ λέγωμεν· καὶ ὅταν πάντες παρῶσιν Ἕλληνες μετὰ πλείονος τῆς παῤῥησίας, ὅτι τὸ καύχημα ἡμῶν ὁ σταυρὸς, καὶ τὸ κεφάλαιον τῶν ἀγαθῶν ἁπάντων, καὶ ἡ παῤῥησία καὶ ὁ στέφανος ἅπας. D Ἐβουλόμην καὶ μετὰ Παύλου δύνασθαι λέγειν, ὅτι Δι' οὗ ἐμοὶ κόσμος ἐσταύρωται, κἀγὼ τῷ κόσμῳ· ἀλλ' οὐ δύναμαι ποικίλοις πάθεσι κατεχόμενος. Δι' ὃ παραινῶ καὶ ὑμῖν, καὶ πρό γε ὑμῶν καὶ ἐμαυτῷ, σταυροῦσθαι τῷ κόσμῳ, καὶ μηδὲν κοινὸν ἔχειν πρὸς τὴν γῆν, ἀλλὰ τῆς ἄνω πατρίδος ἐρᾷν, καὶ τῆς ἐκεῖθεν δόξης καὶ τῶν ἀγαθῶν. Καὶ γὰρ στρατιῶ-

nihil ex ejus parte defuisse. Hoc signum et majorum nostrorum tempore et ævo nostro clausas aperuit januas; hoc signum venenata pharmaca exstinxit; hoc cicutæ vim solvit; hoc venenatarum ferarum morsus curavit. Nam si portas inferorum aperuit, si cælorum ostia reseravit, et paradisi renovavit ingressum, si diaboli nervos rescidit: quid mirum si letifera pharmaca, feras, aliaque hujusmodi superaverit? Signi crucis vis mirabilis.

5. Hoc ergo in mente tua insculpe, et animarum nostrarum salutem amplectere. Hæc quippe crux orbem servavit et convertit, errorem expulit, veritatem induxit, terram cælum effecit, homines angelos reddidit. Vi crucis dæmones non ultra formidandi, sed despiciendi sunt; neque mors mors est, sed somnus: per crucem quæ nobis adversabantur, omnia humi dejecta conculcantur. Si quis ergo dicat tibi, Crucifixumne adoras? læta voce, hilari vultu responde, Adoro, nec adorandi finem faciam. Si rideat, de ejus insania lacrymas funde. Gratias age Domino de tantis beneficiis, quæ sine cælesti revelatione ne discere quidem quis possit. Ideo namque hic ridet, quia *Animalis homo non percipit ea quæ Spiritus* 1. Cor. 2. 14.
sunt. Nam et pueri sic solent affici, cum magna quædam et mirabilia viderint: si infantem ad mysterium introduxeris, ridebit. His puerulis similes sunt gentiles; imo his quoque sunt imperfectiores. Ideoque miseriores, quod non in immatura, sed in perfecta ætate, eodem quo pueri modo afficiantur; quapropter venia sunt indigni. Sed nos clara magnaque voce, et clamore adhibito dicamus; imo majore cum fiducia si gentiles omnes adsint: Gloria nostra crux est, caput bonorum omnium, fiducia et corona. Vellem cum Paulo posse dicere: *Per quem mihi mundus* Gal. 6. 14.
crucifixus est, et ego mundo: sed non possum plurimis detentus affectibus. Quapropter vos hortor, et ante vos meipsum, ut mundo crucifigamur, nihilque commune cum terra habeamus, sed supernam amemus patriam, gloriam illam, bona cælestia. Nam Regis cælestis milites sumus, et armis spiritualibus induimur. Cur ergo cauponum, circulatorum, imo vermium vitam agimus? Ubi

[a] Unus ὑπὲρ τῶν ἀκτίνων αὐτοῦ τοῦ ἡλίου.

[a] Savil. ἀνεκαίνισε.

[b] Alii τοῦτον, minus recte.

[c] Morel. καὶ ἐπέτρεψε.

[d] Unus εἰς μυστήρια, forte melius.

[e] Unus τὰ τῶν παίδων πάσχουσι. Paulo post Morel. καὶ μεγάλῃ καὶ ὑψηλῇ βοῶντες.

enim rex est, ibi militem esse oportet. Nam milites sumus : non eorum qui longe, sed eorum qui prope sunt. Etenim rex terrenus non permittit omnes in regia esse, nec ad ejus latera consistere; at cælestis ille Rex omnes prope regium solium vult adesse. Et quomodo fieri potest, inquies, ut hic degentes, prope solium illud stemus? Quia et Paulus cum in terra esset, ibi tamen erat, ubi Seraphim et Cherubim, propius Christo, quam satellites Imperatori. Hi namque sæpe circumquaque respiciunt; ille vero nulla imaginationis vi motus vel abstractus erat, sed intenta mente Regi Christo hærebat. Quare si voluerimus, nos quoque id poterimus. Nam si locorum intervallo semotus esset, non sine causa hæc objiceres; sed si ubique præsens est, vigili et attento certe proxime adest. Ideo
Psal. 22. 4. propheta dicebat, *Non timebo mala, quoniam*
Jer. 23. 23. *tu mecum es* : et rursus ipse Deus : *Deus appropinquans ego sum, non Deus procul.* Sicut enim peccata nos ab illo disjungunt, sic justitia nos ad-
Isai. 58. 9. jungit ipsi. Nam ait: *Adhuc te loquente dicam, Ecce adsum.* Quis pater sic filios nepotesque audiat? quæ mater ita parata promtaque sit, ne se filioli advocent? Nemo certe, non pater, non mater, sed Deus solus assidue exspectat, num quis se domesticorum advocet, nec umquam ut decet vocatus a nobis, non audivit. Ideo ait : *Adhuc te loquente,* non exspectabo donec finieris, sed statim exaudiam. Advocemus itaque illum ut vult ad-
Ibid. v. 6. —9. vocari : Quomodo vult ergo? *Solve,* inquit, *omne vinculum injustitiæ, dissolve obligationes violentarum pactionum, omnem scripturam iniquam conscinde. Frange esurienti panem tuum, et pauperes vagosque induc in domum tuam. Si videris nudum, operi eum, et domesticos seminis tui non despexeris. Tunc erumpet matutinum lumen tuum, et medelæ tuæ mox orientur, et præibit ante te justitia tua, et gloria Dei circumamiciet te. Tunc invocabis me, et exaudiam te. Adhuc te loquente dicam, Ecce adsum.* Sed inquies, Quis hæc omnia facere poterit? Imo vero, dic quæso, quis non potest? quid enim ex dictis ita difficile? quid operosum? quid non facile? Ita non modo possibilia sunt, sed et facilia, ut multi eorum mensuram excesserint, non solum injusta chirographa lacerantes, sed sese bonis suis exspoliantes; non modo sub tecto et ad mensam pauperes recipientes, sed etiam ad illos alendos magnum corporis laborem

ταί ἐσμεν βασιλέως οὐρανίου, καὶ ὅπλα ἐνδεδύμεθα πνευματικά. Τί τοίνυν τὰ καπήλων καὶ ἀγυρτῶν, μᾶλ-
E λον δὲ σκωλήκων βίον μεταχειρίζομεν; Ὅπου γὰρ ὁ βασιλεὺς, ἐκεῖ καὶ τὸν στρατιώτην εἶναι δεῖ. Καὶ γὰρ στρατιῶται γεγόναμεν· οὐ τῶν μακρὰν, ἀλλὰ τῶν ἐγγύς. Ὁ μὲν γὰρ ἐπὶ τῆς γῆς βασιλεὺς, οὐκ ἀνάσχοιτο πάντας εἶναι ἐν τοῖς βασιλείοις, οὐδὲ παρὰ τὰς αὐτοῦ πλευράς·
553 ὁ δὲ τῶν οὐρανῶν ἅπαντας ἐγγὺς εἶναι βούλεται [f] τοῦ
A θρόνου τοῦ βασιλικοῦ. Καὶ πῶς δυνατὸν ἐνταῦθα ὄντας, φησὶ, παρ᾽ ἐκεῖνον ἑστάναι τὸν θρόνον; Ὅτι καὶ Παῦλος ἐπὶ τῆς γῆς ὢν, ὅπου τὰ Σεραφὶμ, ἦν, ὅπου τὰ Χερουβὶμ, καὶ ἐγγυτέρω τοῦ Χριστοῦ, ἢ οὗτοι οἱ ἀσπιδοφόροι τοῦ βασιλέως. Οὗτοι μὲν γὰρ πολλαχοῦ τὰς ὄψεις περιφέρουσιν· ἐκεῖνον δὲ οὐδὲν ἐφάνταζεν, οὐδὲ παρεῖλκεν, ἀλλὰ πᾶσαν τὴν διάνοιαν αὐτοῦ πρὸς τὸν βασιλέα Χριστὸν τεταμένην εἶχεν. Ὥστε ἂν βουληθῶμεν, δυνατὸν ἡμῖν τοῦτο. Εἰ μὲν γὰρ τόπῳ διειστήκει, καλῶς ἠπόρεις· εἰ δὲ πανταχοῦ πάρεστι τῷ σπουδάζοντι [a] καὶ συντεταμένῳ, πλησίον ἐστίν. Διὰ τοῦτο καὶ ὁ προφήτης ἔλεγεν· Οὐ φοβηθήσομαι κακὰ,
B ὅτι σὺ μετ᾽ ἐμοῦ εἶ· καὶ αὐτὸς πάλιν ὁ Θεός· Θεὸς ἐγγίζων ἐγώ εἰμι, καὶ οὐχὶ Θεὸς πόῤῥωθεν. Ὥσπερ οὖν ἁμαρτίαι διιστῶσιν ἡμᾶς ἀπ᾽ αὐτοῦ, οὕτω δικαιοσύναι συνάγουσιν ἡμᾶς πρὸς αὐτόν· Ἔτι γὰρ λαλοῦντός σου, φησὶν, ἐρῶ, ἰδοὺ πάρειμι. Ποῖος πατὴρ οὕτως ἂν ὑπακούσειέ ποτε τοῖς ἐγγόνοις; ποία μήτηρ οὕτως ἐστὶ παρεσκευασμένη καὶ διηνεκῶς ἑστηκυῖα, μή ποτε καλέσειε αὐτὴν τὰ παιδία; Οὐκ ἔστιν οὐδεὶς, οὐ πατὴρ, οὐ μήτηρ, ἀλλ᾽ ὁ Θεὸς διηνεκῶς ἕστηκεν ἀναμένων, εἴ τίς ποτε καλέσειεν αὐτὸν τῶν οἰκετῶν, καὶ οὐδέποτε καλεσάντων ἡμῶν ὡς δεῖ, παρήκουσε. Διὰ τοῦτό φησιν· Ἔτι λαλοῦντός σου, οὐκ ἀναμένω σε
C πληρῶσαι, καὶ εὐθέως ὑπακούω. Καλέσωμεν τοίνυν αὐτὸν ὡς κληθῆναι βούλεται. Πῶς οὖν βούλεται; Λύε, φησὶ, πάντα [b] σύνδεσμον ἀδικίας, διάλυε στραγγαλιὰς βιαίων συναλλαγμάτων, πᾶσαν συγγραφὴν ἄδικον διάσπα. Διάθρυπτε πεινῶντι τὸν ἄρτον σου, καὶ πτωχοὺς ἀστέγους εἰσάγαγε εἰς τὸν οἶκόν σου. Ἐὰν ἴδῃς γυμνὸν, περίβαλε, καὶ ἀπὸ τῶν οἰκείων τοῦ σπέρματός σου οὐχ ὑπερόψει. Τότε ῥαγήσεται πρώϊμον τὸ φῶς σου, καὶ τὰ ἰάματά σου ταχὺ ἀνατελεῖ, καὶ προπορεύσεται ἔμπροσθέν σου ἡ δικαιοσύνη σου, καὶ ἡ δόξα τοῦ Θεοῦ περιστελεῖ σε. Τότε ἐπικαλέσῃ με, καὶ εἰσακούσομαί
D σου. Ἔτι λαλοῦντός σου ἐρῶ, ἰδοὺ πάρειμι. Καὶ τίς ταῦτα πάντα δυνήσεται ποιῆσαι; φησί. Τίς δὲ οὐ δύναται; εἰπέ μοι· τί γὰρ δυσχερὲς τῶν εἰρημένων; τί δὲ ἐργῶδες; τί δὲ οὐ ῥᾴδιον; Οὕτω δέ ἐστιν οὐχὶ δυνατὰ μόνον, ἀλλὰ καὶ εὔκολα, ὅτι πολλοὶ καὶ τὸ μέτρον τῶν εἰρημένων ὑπερηκόντισαν, οὐκ ἄδικα γραμματεῖα

[f] Unus τοῦ θρόνου τοῦ δεσποτικοῦ.

[a] Morel. καὶ τεταμένῳ.

[b] Aliqui δεσμόν.

διασπῶντες μόνον, ἀλλὰ καὶ τὰ ὄντα ἀποδυσάμενοι πάντα· οὐ στέγῃ καὶ τραπέζῃ τοὺς πτωχοὺς δεχόμενοι, ἀλλὰ καὶ τῷ τοῦ σώματος ἱδρῶτι, καὶ κάμνοντες ὥστε αὐτοὺς διαθρέψαι· οὐ συγγενεῖς μόνον, ἀλλὰ καὶ ἐχθροὺς εὐεργετοῦντες.

Τί δὲ καὶ ὅλως δύσκολον τῶν εἰρημένων; Οὐδὲ γὰρ εἶπεν, ὑπέρβηθι τὸ ὄρος, διάβηθι τὸ πέλαγος, διάσκαψον πλέθρα γῆς τόσα καὶ τόσα, ἄσιτος διάμενε, σάκκον περιβαλοῦ· ἀλλὰ, μετάδος τοῖς οἰκείοις, μετάδος τοῦ ἄρτου, τὰ ἀδίκως συγκείμενα γραμματεῖα διάῤῥηξον. Τί τούτων εὐκολώτερον; εἰπέ μοι. Εἰ δὲ καὶ δύσκολα εἶναι νομίζεις, σκόπει μοι καὶ τὰ ἔπαθλα, καὶ ἔσται σοι ῥᾴδια. Καθάπερ γὰρ οἱ βασιλεῖς ἐν ταῖς ἱπποδρομίαις πρὸ τῶν ἀγωνιζομένων στεφάνους, καὶ βραβεῖα, καὶ ἱμάτια συντιθέασιν, οὕτω δὴ καὶ ὁ Χριστὸς ἐν μέσῳ τίθησι τῷ σταδίῳ τὰ ἔπαθλα, καθάπερ διὰ πολλῶν χειρῶν τῶν τοῦ προφήτου ῥημάτων ἐκτείνων αὐτά. Καὶ οἱ μὲν βασιλεῖς, κἂν μυριάκις ὦσι βασιλεῖς, ἅτε ἄνθρωποι ὄντες, καὶ εὐπορίαν δαπανωμένην ἔχοντες, καὶ φιλοτιμίαν ἀναλισκομένην, τὰ ὀλίγα πολλὰ φιλοτιμοῦνται δεῖξαι· δι' ὃ καὶ ἓν [a] ἕκαστον ἑκάστῳ τῶν διακόνων ἐγχειρίζοντες, οὕτως εἰσάγουσι εἰς μέσον· ὁ δὲ βασιλεὺς ὁ ἡμέτερος τοὐναντίον ἅπαντα ὁμοῦ συμφορήσας, ἐπειδὴ σφόδρα ἐστὶν εὔπορος, καὶ οὐδὲν πρὸς ἐπίδειξιν ποιεῖ, οὕτως εἰς μέσον προτίθησιν, ἅπερ ἐκταθέντα ἄπειρα ἔσται, καὶ πολλῶν δεήσεται τῶν κατεχουσῶν χειρῶν. Καὶ ἵνα μάθῃς τοῦτο, ἕκαστον αὐτῶν σκόπει μετὰ ἀκριβείας. Τότε ῥαγήσεται πρώϊμον τὸ φῶς σου. Ἆρα [b] οὐ δοκεῖ ἕν τι εἶναι τὸ δῶρον τοῦτο; Ἀλλ' οὐκ ἔστιν ἕν· καὶ γὰρ πολλὰ ἔνδον ἔχει καὶ βραβεῖα, καὶ στεφάνους, καὶ ἕτερα ἔπαθλα. Καὶ εἰ βούλεσθε, λύσαντες δείξωμεν τὸν πλοῦτον ἅπαντα, καθὼς οἷόν τέ ἐστιν ἡμῖν δεῖξαι· μόνον μὴ ἀποκάμητε. Καὶ πρῶτον μάθωμεν τί ἐστι, Ῥαγήσεται. Οὐδὲ γὰρ εἶπεν, φανεῖται, ἀλλὰ, Ῥαγήσεται· τὸ ταχὺ καὶ δαψιλὲς ἡμῖν ἐμφαίνων, καὶ πῶς σφόδρα ἐφίεται τῆς ἡμετέρας σωτηρίας, καὶ πῶς ὠδίνει τὰ ἀγαθὰ αὐτὰ προελθεῖν, καὶ ἐπείγεται· καὶ οὐδὲν ἔσται τὸ κωλύον τὴν ἄφατον ῥύμην· δι' ὧν ἁπάντων τὴν δαψιλείαν αὐτῶν ἐνδείκνυται, καὶ τὸ ἄπειρον τῆς περιουσίας. Τί δέ ἐστι, Πρώϊμον; Τουτέστιν, οὐ μετὰ τὸ ἐν τοῖς πειρασμοῖς γενέσθαι, οὐδὲ μετὰ τὴν τῶν κακῶν ἔφοδον, ἀλλὰ καὶ προφθάνει. Καθάπερ γὰρ ἐπὶ τῶν καρπῶν λέγομεν πρώϊμον τὸ πρὸ τοῦ καιροῦ φανὲν, οὕτω καὶ ἐνταῦθα, τὸ ταχινὸν πάλιν ἐμφαίνων, οὕτως εἶπεν, ὥσπερ ἄνω ἔλεγεν· Ἔτι λαλοῦντός σου ἐρῶ, ἰδοὺ πάρειμι. Ποῖον δὲ λέγει καὶ φῶς; καὶ τί ποτε τοῦτό ἐστι τὸ φῶς; Οὐ τοῦτο τὸ αἰσθητὸν, ἀλλ' ἕτερον πολλῷ βέλτιον, ὃ τὸν οὐρανὸν ἡμῖν δείκνυσι, τοὺς ἀγ-

et sudorem suscipientes; non cognatis modo, sed etiam inimicis beneficia præstantes.

6. Quid in supradictis difficile est? Non enim dixit, Transcende montes, mare trajice, tot et tot jugera terræ effodias, jejunus diu maneas, sacco te indue; sed, Proximo impertire, panem largire, injusta chirographa rescinde. Quid, quæso, his facilius? Quod si difficilia illa putes, præmia respice, et facilia tibi erunt. Quemadmodum enim reges in hippodromis ante decertantes coronas, bravia et vestimenta ponunt, sic et Christus in medio stadio præmia ponit, ac quasi multorum manibus per prophetæ verba expandit. Ac reges quidem, etsi millies reges sint, utpote homines, fluxas habent opes et liberalitatem quæ evacuatur, quæ pauca vere sunt, multa videri student; ideo singula singulis ministris dant, et sic in medium adducunt; contra vero Rex noster omnia simul accumulans, quia abundat opibus, nihil ad ostentationem facit, sicque in medio proponit ea, quæ exposita immensa erunt, multisque manibus opus erit ad ea exhibenda. Quod ut ediscas, horum singula diligenter aspice. *Tunc erumpet matutinum lumen tuum.* Annon videtur unum esse donum? Sed non unum est: nam multa intus habet bravia, coronas, cæteraque præmia. Quare, si placet, his revolutis singulatim divitias hasce exhibeamus, quantum fas erit; tantum ne deficiatis. Ac primo discamus quid sit illud, *Erumpet.* Neque enim dixit, Apparebit, sed, *Erumpet*, et celeritatem et copiam nobis ostendit, et quantum salutem nostram desideret et quam gestiat bona illa proferri, nihilque esse quod ineffabilem impetum coerceat: quibus omnibus immensa eorum copia ostenditur. Quid autem illud est, *Matutinum?* Id est, non post tentationum certamina, nec post malorum incursum; sed hæc prævenit. Quemadmodum enim in fructibus matutinum dicimus id quod ante tempus apparet, sic et hoc loco, celeritatem rursus ostendens ita dixit, ut supra dicebat: *Adhuc te loquente dicam, Ecce adsum.* Quod lumen dicit, quale tandem lumen est? Non hoc sensile, sed aliud multo præstantius quo cælum, angelos, archangelos, Cherubim, Seraphim, principatus, potestates, thronos, dominationes, universum exercitum, regias aulas et

[a] Unus ἕκαστον αὐτῶν τῶν διακόνων ἑκάστῳ.

[b] Alii οὐ δοκεῖ σοι ἕν τι.

tabernacula videmus. Nam si lumine illo dignatus fueris, et hæc videbis, et eripieris a gehenna, a verme venenato, a stridore dentium, a vinculis insolubilibus, ab angustia et tribulatione, a tenebris obscurissimis, a cruciatibus, ab igneis fluminibus, a maledictione, a pœnarum locis; et illo perges, ubi nullus dolor, mœror nullus, sed ubi multum gaudium, pax, caritas, lætitia, deliciæ : ubi vita æterna, gloria ineffabilis, pulchritudo inenarrabilis : ubi æterna tabernacula, et gloria Re-
1 Cor. 2 9. gis inæstimabilis, atque bona illa, *Quæ oculus non vidit, auris non audivit, neque in cor hominis ascenderunt :* ubi sponsus spiritualis, et thalami cælestes, virgines fulgidas habentes lampadas, et omnes qui vestem habent nuptialem : ubi multæ Domini opes, et promtuaria regia. Viden' quanta præmia, et quanta una voce comprehenderit? Ita si singulas exploremus voces, multam inveniemus rerum copiam et pelagus immensum. Num adhuc cunctabimur, quæso, nec promti erimus ad misericordiam aliis exhibendam? Minime, obsecro. Sed etiamsi omnia projicere et in ignem mittere oporteat : si in gladios incumbere, si ad mucrones insilire, si quidvis aliud tolerandum occurrat, omnia facile feramus, ut regni cælorum amictum, et ineffabilem illam gloriam assequamur : quam utinam nobis omnibus nancisci contingat, gratia et benignitate Domini nostri Jesu Christi, cui gloria et imperium in sæcula sæculorum. Amen.

γέλους, τοὺς ἀρχαγγέλους, τὰ Χερουβὶμ, τὰ Σεραφὶμ, D τὰς ἀρχὰς, τὰς ἐξουσίας, τοὺς θρόνους, τὰς κυριότητας, τὸ στρατόπεδον ἅπαν, τὰς αὐλὰς τὰς βασιλικὰς, τὰς σκηνάς. Ἂν γὰρ τοῦ φωτὸς ἐκείνου καταξιωθῇς, καὶ ταῦτα ὄψει, καὶ ἀπαλλαγήσῃ γεέννης, καὶ τοῦ σκώληκος τοῦ ἰοβόλου, καὶ τοῦ βρυγμοῦ τῶν ὀδόντων, καὶ τῶν δεσμῶν τῶν ἀλύτων, καὶ τῆς στενοχωρίας, καὶ τῆς θλίψεως, καὶ τοῦ σκότους τοῦ ἀφεγγοῦς, καὶ τοῦ διχοτομηθῆναι, [c] καὶ τῶν ποταμῶν τοῦ πυρὸς, καὶ τῆς κατάρας, καὶ τῶν τῆς ὀδύνης χωρίων, καὶ ἀπελεύσῃ ἔνθα ἀπέδρα ὀδύνη καὶ λύπη· ἔνθα πολλὴ ἡ χαρὰ καὶ ἡ εἰρήνη, καὶ ἡ ἀγάπη, καὶ ἡ εὐφροσύνη, E καὶ ἡ τρυφή· ἔνθα ζωὴ ἡ αἰώνιος, καὶ δόξα ἄῤῥητος, καὶ κάλλος ἄφραστον· ἔνθα αἰώνιοι σκηναὶ, καὶ ἡ δόξα τοῦ βασιλέως ἡ ἀπόῤῥητος, καὶ τὰ ἀγαθὰ ἐκεῖνα, Ἃ ὀφθαλμὸς οὐκ εἶδεν, καὶ οὖς οὐκ ἤκουσε, καὶ ἐπὶ καρδίαν ἀνθρώπου οὐκ ἀνέβη· ἔνθα ὁ νυμφὼν ὁ πνευματικὸς, καὶ αἱ παστάδες τῶν οὐρανῶν, καὶ αἱ παρθένοι αἱ [d] τὰς λαμπρὰς ἔχουσαι λαμπάδας, καὶ οἱ τὸ ἔνδυμα τοῦ γάμου ἔχοντες· ἔνθα πολλὰ τὰ ὑπάρχοντα τοῦ Δε-
555 σπότου, καὶ τὰ ταμεῖα τὰ βασιλικά. Εἶδες ἡλίκα τὰ
A ἔπαθλα, καὶ ὅσα διὰ μιᾶς ῥήσεως ἐπεδείξατο, καὶ πῶς πάντα συνεφόρεσεν; Οὕτω καὶ τῶν ἑξῆς ῥήσεων ἑκάστην ἀναπτύξαντες, πολλὴν εὑρήσομεν τὴν περιουσίαν, καὶ πέλαγος ἀχανές. [a] Ἔτι οὖν ἀναβαλλόμεθα, εἰπέ μοι, καὶ ὀκνήσομεν ἐλεεῖν τοὺς δεομένους; Μὴ, παρακαλῶ, ἀλλὰ κἂν πάντα ῥῖψαι δέῃ, κἂν εἰς πῦρ ἐμβληθῆναι, κἂν ξίφους κατατολμῆσαι, κἂν κατὰ μαχαιρῶν ἅλλεσθαι, κἂν ὁτιοῦν παθεῖν, πάντα φέρωμεν εὐκόλως, ἵνα τοῦ ἐνδύματος ἐπιτύχωμεν τῆς βασιλείας τῶν οὐρανῶν, καὶ τῆς ἀποῤῥήτου δόξης ἐκείνης· ἧς γένοιτο
B πάντας ἡμᾶς ἐπιτυχεῖν, χάριτι καὶ φιλανθρωπίᾳ τοῦ Κυρίου ἡμῶν Ἰησοῦ Χριστοῦ, ᾧ ἡ δόξα καὶ τὸ κράτος εἰς τοὺς αἰῶνας τῶν αἰώνων. Ἀμήν.

[c] Alii καὶ τοῦ ποταμοῦ.

[d] Savil. et quidam Mss. τὰς φαιδρὰς ἔχουσαι.

[a] Savil. τί οὖν. Utrumque quadrat.

HOMIL. LV. al. LVI.

ΟΜΙΛΙΑ νε΄.

CAP. XVI. v. 24. ***Tunc Jesus dixit discipulis suis : Si quis vult post me venire, abneget semetipsum, et tollat crucem suam, et sequatur me.***

Τότε ὁ Ἰησοῦς εἶπε τοῖς μαθηταῖς αὐτοῦ· εἴ τις θέλει ὀπίσω μου ἐλθεῖν, ἀπαρνησάσθω ἑαυτὸν, καὶ ἀράτω τὸν σταυρὸν αὐτοῦ, καὶ ἀκολουθείτω μοι.

1. *Tunc*, quandonam? Postquam Petrus dixerat, *Propitius tibi sis, non erit tibi hoc*, et audivit, *Vade post me, satana.* Neque enim satis habuit illum increpasse, sed ex abundanti osten-

C Τότε, πότε; Ὅτε ὁ Πέτρος εἶπεν, Ἵλεώς σοι, οὐ μὴ ἔσται σοι τοῦτο· καὶ ἤκουσεν, Ὕπαγε ὀπίσω μου, σατανᾶ. Οὐδὲ γὰρ ἠρκέσθη τῇ ἐπιτιμήσει μόνον, ἀλλὰ καὶ ἐκ περιουσίας βουλόμενος δεῖξαι τήν τε τῶν παρὰ

τοῦ Πέτρου εἰρημένων ἀτοπίαν, καὶ τὸ κέρδος τὸ ἀπὸ τοῦ πάθους, φησί· σύ μοι λέγεις, Ἵλεώς σοι, οὐ μὴ ἔσται σοι τοῦτο· ἐγὼ δέ σοι λέγω, ὅτι οὐ μόνον τὸ ἐμὲ [b] κωλῦσαι καὶ τῷ ἐμῷ πάθει δυσχεραίνειν ἐπιβλαβές σοι, καὶ ὀλέθριον, ἀλλ' ὅτι οὐδὲ σωθῆναι δυνήσῃ, ἐὰν μὴ καὶ αὐτὸς εἰς τὸ ἀποθανεῖν ᾖς παρεσκευασμένος διαπαντός. Ἵνα γὰρ μὴ ἀνάξιον αὐτοῦ τὸ παθεῖν εἶναι νομίσωσιν, οὐ διὰ τῶν προτέρων μόνον, ἀλλὰ καὶ διὰ τῶν ἐπαγομένων αὐτοὺς παιδεύει τοῦ πράγματος τὸ κέρδος. Ἐν μὲν οὖν τῷ Ἰωάννῃ φησίν· Ἐὰν πεσὼν ὁ κόκκος τοῦ σίτου εἰς τὴν γῆν μὴ ἀποθάνῃ, [d] αὐτὸς μόνος μένει· ἐὰν δὲ ἀποθάνῃ, πολὺν καρπὸν φέρει· ἐνταῦθα δὲ ἐκ περιουσίας αὐτὸ γυμνάζων, οὐκ ἐφ' ἑαυτοῦ προάγει τὸν λόγον μόνον τὸν περὶ τοῦ δεῖν ἀποθνήσκειν, ἀλλὰ καὶ ἐπ' ἐκείνων. Τοσοῦτον γὰρ τοῦ πράγματος τούτου τὸ κέρδος, ὅτι καὶ ἐφ' ὑμῶν τὸ μὲν μὴ θέλειν ἀποθανεῖν δεινόν· τὸ δὲ ἕτοιμον εἶναι πρὸς τοῦτο ἀγαθόν. Ἀλλὰ τοῦτο μὲν διὰ τῶν ἑξῆς δηλοῖ, τέως δὲ ἐξ ἑνὸς αὐτὸ γυμνάζει μέρους. Καὶ ὅρα πῶς καὶ ἀκατανάγκαστον ποιεῖ τὸν λόγον. Οὐδὲ γὰρ εἶπεν, ὅτι κἂν βούλησθε, κἂν μὴ βούλησθε, δεῖ τοῦτο ὑμᾶς παθεῖν· ἀλλὰ πῶς; Εἴ τις θέλει ὀπίσω μου ἐλθεῖν. Οὐ βιάζομαι, οὐκ ἀναγκάζω, ἀλλ' ἕκαστον κύριον τῆς ἑαυτοῦ προαιρέσεως ποιῶ· διὸ καὶ λέγω, Εἴ τις θέλει. Ἐπὶ γὰρ ἀγαθὰ καλῶ· οὐχὶ ἐπὶ κακὰ καὶ ἐπαχθῆ, οὐκ ἐπὶ κόλασιν καὶ τιμωρίαν, ἵνα καὶ ἀναγκάσω. Καὶ γὰρ αὐτὴ τοῦ πράγματος ἡ φύσις ἱκανὴ ἐφελκύσασθαι. Ταῦτα δὲ λέγων [a] ἐπεσπάσατο μειζόνως. Ὁ μὲν γὰρ βιαζόμενος ἀποτρέπει πολλάκις· ὁ δὲ ἀφεὶς κύριον τὸν ἀκροατὴν εἶναι, μᾶλλον ἐφέλκεται. Βίας γὰρ δυνατώτερον θεραπεία. Διὸ καὶ αὐτὸς ἔλεγεν· Εἴ τις θέλει. Μεγάλα γάρ ἐστιν ἃ δίδωμι ὑμῖν, φησίν, ἀγαθὰ, καὶ τοιαῦτα, ὡς καὶ ἐπιτρέχειν ἑκόντας. Οὐδὲ γὰρ εἴ τις χρυσίον παρεῖχε, καὶ θησαυρὸν * προετίθει, μετὰ βίας ἐκάλεσεν ἄν. Εἰ δὲ εἰς ἐκεῖνα οὐ μετὰ βίας, πολλῷ μᾶλλον ἐπὶ τὰ ἐν τοῖς οὐρανοῖς ἀγαθά. Εἰ γὰρ μὴ ἡ τοῦ πράγματος φύσις πείθει σε δραμεῖν, οὐδὲ λαβεῖν ἄξιος εἶ· οὐδ' ἂν λάβῃς, εἴσῃ καλῶς τὸ ληφθέν. Διὰ τοῦτο οὐκ ἀναγκάζει ὁ Χριστὸς, ἀλλὰ προτρέπει, φειδόμενος ἡμῶν. Ἐπειδὴ γὰρ ἐδόκουν πολλὰ διαθρυλλεῖν, ἰδίᾳ θορυβούμενοι πρὸς τὸ εἰρημένον, φησίν· οὐ χρεία θορύβου καὶ ταραχῆς. Εἰ μὴ νομίζετε μυρίων ἀγαθῶν αἴτιον εἶναι τὸ εἰρημένον, καὶ ἐφ' ὑμῶν συμβαῖνον, οὐ βιάζομαι, οὐδὲ ἀναγκάζω, ἀλλ' εἴ τις θέλει ἀκολουθεῖν, τοῦτον καλῶ. Μὴ γὰρ δὴ τοῦτο νομίζετε εἶναι τὴν ἀκολούθησιν, ὃ ποιεῖτε νῦν ἑπόμενοί μοι. Πολλῶν ὑμῖν δεῖ πόνων, πολλῶν κινδύνων, εἰ μέλλοιτε ὀπίσω μου ἰέναι.

dere volens et dictorum Petri absurditatem, et utilitatem ex passione futuram, ait, Tu mihi dicis, *Propitius tibi esto, non erit hoc tibi :* ego vero tibi dico, non modo perniciosum esse tibi, si me impedias, et si passionem meam moleste feras, sed etiam non posse te salutem consequi, nisi et ipse semper ad moriendum sis paratus. Ne enim indignum se esse putarent, quod talia pateretur, non
D prioribus tantum verbis, sed etiam sequentibus rei utilitatem docet. Apud Joannem quidem dicit :
Nisi granum frumenti cadens in terram mortuum fuerit, ipsum solum manet; sin autem mortuum fuerit, multum fructum affert; Joan. 12. 24. 25.
hic vero copiosius rem tractans, non de se solum morte consummando loquitur, sed id etiam ad discipulos extendit. Tantum est enim rei lucrum, ut vobis ipsis, si mori nolitis, id damnosum vobis sit : contra vero, si ad illud bonum parati sitis. Sed hoc in sequentibus ostendit, interimque illud una ex parte examinat. Ac vide quomodo nullam imponat
E necessitatem. Neque enim dixit, Velitis, nolitis, id vos pati oportet : sed quomodo? *Si quis vult post me venire.* Non vim infero, non necessitatem impono, sed uniuscujusque arbitrio id relinquo : ideo dico, *Si quis vult.* Ad bona voco; non ad mala et onerosa, non ad supplicium et pœnas,
556 ut cogam. Nam ipsa rei natura potest ad id per-
A trahere. Hæc porro dicens magis alliciebat. Nam qui vim infert, sæpe avertit; qui vero rem auditoris arbitrio relinquit, magis attrahit; potentior quippe est mitis rei expositio, quam violentia. Ideo dicebat ille, *Si quis vult.* Magna quippe sunt, inquit, quæ vobis offero bona, et talia, ut ad ea sponte curratur. Neque enim si quis aurum præberet, et thesaurum exponeret, cum violentia vocaret; si vero ad hæc sine violentia itur, multo magis ad cælestia bona. Nisi enim ipsa rei natura tibi persuadeat ut accurras, jam dignus non es
B qui accipias; neque, si acceperis, recte scias acceptæ rei pretium. Ideo non cogit Christus, sed hortatur, indulgens nobis. Quia enim multa insusurrabant, ex illo dicto turbati, dicit illis : Non est opus turbatione et strepitu. Si non putatis id quod dixi vobis innumerabilium bonorum esse causam, et vobis congruens esse, non vim infero, non cogo, sed eum qui sequi velit voco. Ne pu-

[b] Sic Savil., Morel. vero κωλύσειν, alii κωλύειν.

[d] Morel. αὐτὸς μένειν.

[a] Alii ἐπεσπᾶτο. Infra βίας γὰρ δυνατώτερον θεραπεία, *vi enim potentior cultus.* Sic ad literam. Nos θεραπείαν secundum seriei rationem vertimus, *mitem rei expositionem.*

* [Προετίθει scripsimus cum Codice 694. Edebatur προστίθει.]

40.

tetis autem sequi me, illud esse quod vos nunc facitis, cum me sequimini. Multis erit vobis opus laboribus, multis periculis si post me venturi sitis. Non enim, o Petre, quia nunc me Filium Dei confessus es, ideo tantum debes coronas exspectare, et putare id tibi esse ad salutem satis, atque tranquille postea degere, ac si totum perfeceris. Possum enim, utpote Dei Filius, te a malorum experimento eximere; nolo autem tui gratia, ut et ipse aliquid de tuo conferas, ac probatior evadas. Neque enim agonotheta quis dilectum habens athletam, velit umquam illum ex mera gratia coronare, sed ex propriis id præstare cupit laboribus, ideoque maxime, quia ipsum diligit: sic et Christus quos maxime diligit, hos vult suo merito esse conspicuos, non autem ex sola sua ope. Vide autem quomodo orationem non onerosam proferat. Neque enim in illis tantum mala circumscribit, sed et commune toti orbi dogma exhibet dicens: *Si quis vult*, sive mulier, sive vir, sive princeps, sive subditus, hanc ingrediatur viam. Videturque unum tantum dixisse, sed tria proponit: abnegare semetipsum, tollere crucem suam, et ipsum sequi; duo autem conjuncta sunt, tertium solum proponitur. Sed primo videamus quid sit abnegare semetipsum. Prius discamus quid sit abnegare alterum, et tunc sciemus quid sit abnegare semetipsum. Qui abnegat alterum, sive fratrem, sive servum, sive alium quempiam, etsi flagellatum viderit, etsi vinctum, etsi ad mortem abductum, etsi quidvis aliud patientem, non adest, non auxiliatur, non animo frangitur, non ejus causa patitur, utpote qui ab eo abalienatus sit. Sic itaque vult nos nullo modo corpori parcere, ut sive flagellent, sive pellant, sive urant, sive aliud quidvis faciant, non nobis parcamus. Illud enim est parcere. Nam etiam patres filiis tunc maxime parcunt, cum magistris tradentes, mandant ne parcant eis. Ita et Christus: non dixit ne parcat sibi, sed quod gravius est, ***Abneget semetipsum;*** id est, Nihil cum seipso commune habeat, sed periculis se dedat, et certaminibus, atque ita sit affectus, ut si alius id pateretur. Nec dixit, Neget, sed, ***Abneget;*** hoc parvo additamento vim magnam dictioni affert. Nam abnegare multo plus est quam negare.

Abnegare semetipsum quid sit.

2. ***Et tollat crucem suam.*** Hoc ex illo sequitur. Ne putes enim, ad verba usque tantum et

Οὐ γὰρ δὴ, ὦ Πέτρε, ἐπειδὴ νῦν Υἱόν με ὡμολόγησας Θεοῦ, διὰ τοῦτο μόνον προσδοκᾷν ὀφείλεις στεφάνους, καὶ νομίζειν εἰς σωτηρίαν ἀρκεῖν σοι τοῦτο, καὶ ἀδείας C λοιπὸν ἀπολαύειν, ὡς τὸ πᾶν ἐργασάμενος. Δύναμαι μὲν γὰρ, ἅτε Υἱὸς ὢν Θεοῦ, μηδὲ ἀφεῖναί σε πεῖραν τῶν δεινῶν λαβεῖν· οὐ βούλομαι δὲ διὰ σὲ, ἵνα καὶ αὐτός τι συνεισενέγκῃς, καὶ δοκιμώτερος γένῃ. Οὐδὲ γὰρ εἴ τις ἀγωνοθέτης εἴη, καὶ φίλον ἀθλητὴν ἔχοι, βουληθείη ἂν χάριτι αὐτὸν στεφανῶσαι μόνον, ἀλλὰ καὶ ἀπὸ τῶν οἰκείων πόνων, καὶ διὰ τοῦτο μάλιστα, ἐπειδὴ αὐτὸν φιλεῖ· οὕτω καὶ ὁ Χριστὸς οὓς μάλιστα φιλεῖ, τούτους μάλιστα βούλεται καὶ οἴκοθεν [b] εὐδοκιμεῖν, οὐκ ἀπὸ τῆς αὐτοῦ βοηθείας μόνης. Ὅρα δὲ πῶς καὶ ἀνεπαχθῆ ποιεῖ τὸν λόγον. Οὐδὲ γὰρ εἰς αὐτοὺς περιΐστησι μόνους τὰ δεινὰ, ἀλλὰ καὶ κοινὸν τὸ δόγμα τῇ οἰκουμένῃ προτίθησι λέγων· Εἴ τις θέλει, D κἂν γυνὴ, κἂν ἀνὴρ, κἂν ἄρχων, κἂν ἀρχόμενος, ταύτην ἐρχέσθω τὴν ὁδόν. Καὶ δοκεῖ μὲν ἕν τι εἰρηκέναι, τρία δέ ἐστι τὰ λεγόμενα· τὸ [c] ἀπαρνήσασθαι ἑαυτὸν, καὶ τὸ ἆραι τὸν σταυρὸν αὐτοῦ, καὶ τὸ, Ἀκολουθείτω μοι· καὶ τὰ μὲν δύο συνέζευκται, τὸ δὲ ἓν καθ' ἑαυτὸ τέθειται. Ἀλλ' ἴδωμεν πρότερον τί ποτέ ἐστι τὸ ἀρνήσασθαι ἑαυτόν. Μάθωμεν [d] πρότερον τί ἐστιν ἀρνήσασθαι ἕτερον, καὶ τότε εἰσόμεθα τί ποτέ ἐστιν ἀρνήσασθαι ἑαυτόν. Τί οὖν ἐστιν ἀρνήσασθαι E ἕτερον; Ὁ ἀρνούμενος ἕτερον, οἷον ἢ ἀδελφὸν, ἢ οἰκέτην, ἢ ὁντιναοῦν, κἂν μαστιζόμενον ἴδῃ, κἂν δεσμούμενον, [e] κἂν ἀπαγόμενον, κἂν ὁτιοῦν πάσχοντα, οὐ παρίσταται, οὐ βοηθεῖ, οὐκ ἐπικλᾶται, οὐ πάσχει τι 557 πρὸς αὐτὸν, ἅτε ἅπαξ ἀπαλλοτριωθείς. Οὕτω τοίνυν A βούλεται τοῦ σώματος ἀφειδεῖν τοῦ ἡμετέρου, ἵνα κἂν μαστίζωσι, κἂν ἐλαύνωσι, κἂν καίωσι, κἂν ὁτιοῦν ποιῶσι, μὴ φεισώμεθα. Τοῦτο γάρ ἐστι φείσασθαι. Ἐπεὶ καὶ οἱ πατέρες τότε φείδονται τῶν ἐγγόνων, ὅταν διδασκάλοις αὐτὰ παραδιδόντες, κελεύωσιν αὐτῶν μὴ φείδεσθαι. Οὕτω καὶ ὁ Χριστός· οὐκ εἶπεν μὴ φείσασθαι ἑαυτοῦ, ἀλλ' ἐπιτεταμένως, Ἀπαρνησάσθω ἑαυτόν· τουτέστιν, μηδὲν ἐχέτω κοινὸν πρὸς ἑαυτὸν, ἀλλ' ἐκδότω τοῖς κινδύνοις, τοῖς ἀγῶσιν, καὶ ὡς ἑτέρου ταῦτα πάσχοντος, οὕτω διακείσθω. Καὶ οὐκ εἶπεν, ἀρνησάσθω, ἀλλ', Ἀπαρνησάσθω· καὶ τῇ μικρᾷ B ταύτῃ προσθήκῃ πολλὴν πάλιν ἐμφαίνων τὴν ὑπερβολήν. Καὶ γὰρ πλέον τοῦτο ἐκείνου ἐστίν.

Καὶ ἀράτω τὸν σταυρὸν αὐτοῦ. Τοῦτο ἐξ ἐκείνου γίνεται. Ἵνα γὰρ μὴ νομίσῃς, ὅτι μέχρι ῥημάτων καὶ

[b] Alii εὐδαιμονεῖν.

[c] Quidam ἀρνήσασθαι.

[d] Πρότερον deest in quibusdam.

[e] Κἂν ἀπαγόμενον. Deerat illud in Editis, estque vox Chrysostomo familiaris: significat autem, *etiamsi ad supplicium adductum.*

ὕβρεων καὶ ὀνειδισμῶν δεῖ ἀπαρνήσασθαι ἑαυτὸν, λέγει καὶ μέχρι πόσου ἀπαρνεῖσθαι ἑαυτὸν δεῖ· τουτέστι, μέχρι θανάτου, καὶ θανάτου ἐπονειδίστου. Διὰ τοῦτο οὐκ εἶπεν, ἀπαρνησάσθω ἑαυτὸν μέχρι θανάτου, ἀλλ', Ἀράτω τὸν σταυρὸν αὐτοῦ, τὸν ἐπονείδιστον θάνατον δηλῶν· καὶ ὅτι οὐχ ἅπαξ, οὐδὲ δὶς, ἀλλὰ διὰ παντὸς τοῦ βίου τοῦτο δεῖ ποιεῖν. Διηνεκῶς γὰρ, φησὶ, περίφερε τὸν θάνατον, καὶ καθ' ἡμέραν ἕτοιμος ἔσο πρὸς σφαγήν. Ἐπειδὴ γὰρ πολλοὶ χρημάτων μὲν κατεφρόνησαν καὶ τρυφῆς καὶ δόξης, θανάτου δὲ οὐχ ὑπερεῖδον, ἀλλ' ἔδεισαν κινδύνους· ἐγὼ, φησὶ, καὶ μέχρις αἵματος παλαίειν τὸν ἀγωνιστὴν βούλομαι τὸν ἐμὸν, καὶ ἕως σφαγῆς τὰ [a] σκάμματα γίνεσθαι. Ὥστε κἂν θάνατον ὑπομεῖναι δέῃ, κἂν θάνατον τὸν ἐπονείδιστον, κἂν θάνατον τὸν ἐπάρατον, κἂν ἐπὶ πονηρᾷ ὑπολήψει, πάντα δεῖ γενναίως φέρειν, καὶ ταύτῃ μᾶλλον ἀγάλλεσθαι. Καὶ ἀκολουθείτω μοι. Ἐπειδὴ γὰρ ἔστι καὶ πάσχοντα μὴ ἀκολουθεῖν, ὅταν μὴ δι' αὐτόν τις πάθῃ (καὶ γὰρ λῃσταὶ πολλὰ καὶ χαλεπώτερα πάσχουσι, καὶ τυμβωρύχοι καὶ γόητες), ἵνα μὴ νομίσῃς, ὅτι ἀρκεῖ τῶν δεινῶν ἡ φύσις, προστίθησι τὴν ὑπόθεσιν τῶν δεινῶν. Τίς δέ ἐστιν αὕτη; Ἵνα ταῦτα ποιῶν καὶ πάσχων αὐτῷ ἀκολουθῇς· ἵνα δι' αὐτὸν πάντα ὑπομένῃς, ἵνα καὶ τὴν ἄλλην ἀρετὴν ἔχῃς. Καὶ γὰρ καὶ τοῦτο δηλοῖ τὸ, Ἀκολουθείτω μοι· ὥστε μὴ μόνον ἀνδρείαν τὴν ἐν τοῖς δεινοῖς, ἀλλὰ καὶ σωφροσύνην, καὶ ἐπιείκειαν, καὶ πᾶσαν ἐπιδείκνυσθαι φιλοσοφίαν. Τοῦτο γάρ ἐστιν ἀκολουθεῖν ὡς χρὴ, τὸ καὶ τῆς ἄλλης ἀρετῆς ἐπιμελεῖσθαι, καὶ τὸ δι' αὐτὸν πάντα πάσχειν. Εἰσὶ γὰρ οἱ τῷ διαβόλῳ ἀκολουθοῦντες καὶ ταῦτα πάσχουσι, καὶ δι' ἐκεῖνον τὰς ψυχὰς αὐτῶν ἐκδιδόασιν· ἀλλ' ἡμεῖς διὰ τὸν Χριστὸν, μᾶλλον δὲ δι' ἡμᾶς αὐτούς. Ἐκεῖνοι μὲν, ἵνα ἑαυτοὺς βλάψωσι καὶ ἐνταῦθα καὶ ἐκεῖ· ἡμεῖς δὲ, ἵνα κερδήσωμεν ἑκατέραν τὴν ζωήν. Πῶς οὖν οὐκ ἐσχάτης βλακείας, μηδὲ τὴν αὐτὴν τοῖς ἀπολλυμένοις ἐπιδείκνυσθαι ἀνδρείαν, καὶ ταῦτα τοσούτους μέλλοντας καρποῦσθαι στεφάνους; Καίτοι γε ἡμῖν μὲν καὶ ὁ Χριστὸς πάρεστι βοηθῶν, ἐκείνοις δὲ οὐδείς. Εἶπε μὲν οὖν ἤδη καὶ τοῦτο τὸ ἐπίταγμα, ὅτε ἔπεμπεν αὐτοὺς λέγων· Εἰς ὁδὸν ἐθνῶν μὴ ἀπέλθητε. [a] Ἀποστέλλω γὰρ ὑμᾶς ἐν μέσῳ λύκων ὡς πρόβατα. Καὶ ἐπὶ ἡγεμόνας δὲ καὶ βασιλεῖς ἀχθήσεσθε· νυνὶ δὲ ἐπιτεταμένως μᾶλλον καὶ αὐστηρότερον. Τότε μὲν γὰρ θάνατον εἶπε μόνον· ἐνταῦθα δὲ καὶ σταυροῦ ἐμνημόνευσε, καὶ σταυροῦ διηνεκοῦς· Ἀράτω γὰρ, φησὶ, τὸν σταυρὸν αὐτοῦ· τουτέστιν, βασταζέτω διηνεκῶς, καὶ φερέτω. Καὶ τοῦτο ποιεῖν εἴωθε πανταχοῦ, οὐκ ἐξ ἀρχῆς, οὐδὲ ἐκ προοιμίων, ἀλλ' ἠρέμα καὶ κατὰ μικρὸν τὰ μείζονα τῶν παραγγελμάτων εἰσάγων, ἵνα

contumelias, et opprobria abnegare seipsum oportere: dicit quousque abnegare semetipsum oporteat; id est, usque ad mortem, et mortem turpissimam. Idcirco non dixit, Abneget semetipsum usque ad mortem, sed, *Tollat crucem suam*, turpissimam mortem declarans; et quod non semel, aut bis, sed per totam vitam id faciendum sit. Perpetuo, inquit, hanc mortem circumferas, C et quotidie ad necem paratus sis. Quia enim multi opes contemserunt et voluptatem et gloriam, mortem vero non spreverunt, at timuerunt pericula: ego, inquit, athletam meum volo ad mortem usque pugnare, et certamina ad sanguinem usque peragi. Itaque si mortem obire oporteat, et mortem turpissimam, mortemque exsecrandam, etiamsi, pro prava quadam suspicione, omnia oportet fortiter ferre, et ideo maxime exsultare. *Et sequatur me.* Quia enim fieri potest ut qui patitur non sequatur Christum, cum non patitur D propter ipsum (nam latrones, sepulcrorum expilatores, et præstigiatores multa et graviora patiuntur), ne putes, sufficere ipsam malorum naturam, causam malorum addit. Quænam illa est? Ut hæc agens et patiens ipsum sequaris; ut propter ipsum omnia patiaris, et reliquas virtutes obtineas. Nam id significat illud, *Sequatur me;* ita ut non modo fortitudinem in ærumnis, sed et continentiam, æquitatem, omnemque philosophiam exhibeas. Illud enim est ut oportet sequi: et alias curare virtutes, et propter ipsum omnia pati. Sunt enim qui diabolum sequuntur, et hæc pa- E tiuntur, et propter illum animas suas produnt; sed nos propter Christum, imo propter nos ipsos. Illi, ut sibi ipsis et hic et illic noceant; nos, ut utramque vitam lucremur. Quomodo ergo non summæ fuerit ignaviæ non tantam fortitudinem 538 A exhibere, quantam ii qui pereunt exhibent, et hæc, cum tot coronis donari debeamus? Atqui nobis adest Christus auxiliator, illis nemo. Hoc porro præceptum mandavit, cum misit eos dicens: *In viam gentium ne abieritis. Mitto enim vos sicut oves inter lupos. Et ad præsides et reges ducemini;* nunc autem illud gravius et acrius expressit. Tunc enim mortem tantum dicebat: hic vero etiam crucis mentionem fecit, et crucis perpetuæ: nam ait, *Tollat crucem suam;* id est, Ferat semper, et portet. Illud porro facere solebat ubique, non ab initio et exordio, sed sensim et

Matth. 10. 5. 16. 17.

[a] Unus σκάμματα τείνεσθαι. Ibid. Morel. ὥστε κἂν θάνατον τὸν ἐπονείδιστον, omissis interpositis δι' ὁμοιοτέλευτον.

[a] Morel. ἀποστελῶ.

paulatim majora præcepta inducens, ne auditores rei gravitate turbarentur. Deinde, quia id quod dictum fuerat, durum esse videatur, vide quomodo in sequentibus leniat illud, ponatque præmia sudores superantia; neque præmia tantum, sed nequitiæ supplicia : in quibus magis versatur, quam in aliis, quoniam non ita bonorum dona, ut pœnarum comminationes, multos ad sanam mentem reducere solent. Animadverte porro quomodo hinc incipiat et in idipsum desinat. 25. *Quicumque enim voluerit animam suam salvam facere, perdet eam : quicumque perdiderit animam suam propter me, inveniet eam.* 26. *Quid enim prodest homini si mundum universum lucretur, animæ vero suæ detrimentum patiatur? aut quam dabit homo commutationem pro anima sua?* Id est : Non quod vobis non parcam, imo maxime parcens hæc præcipio. Nam qui parcit filio suo, perdit illum; qui non parcit, servat eum. Quod etiam sapiens quidam dicebat : *Si percusseris filium tuum virga, non morietur : animam autem ejus a morte eripies;* ac rursum, *Qui refrigerat filium suum, ligabit vulnera ejus* : hoc etiam in exercitu fit. Nam si dux parcens militibus, intus jubeat semper manere, tam milites quam alios simul corrumpit. Ne igitur etiam vobis illud contingat, inquit, oportet vos perpetuam ad mortem esse paratos. Nam et grave bellum mox excitabitur; ne ergo intus sedeas, sed exi et pugnato; si in acie cecideris, tunc vitam invenisti. Nam si in hisce bellis sensilibus, qui promtus et paratus ad cædem est, hic præclarus inter cæteros et invictus habetur, inimicis formidolosus est, quamquam si moriatur, non possit eum Imperator suscitare, pro quo arma cepit : multo magis in hisce bellis, ubi spes resurrectionis habetur, qui animam suam ad mortem exponit, inveniet eam; primo, quia non cito vincetur; secundo, quia etsi ciciderit, ad meliorem vitam perducit eam.

Minæ plus quam præmia possunt ad conversionem.

Prov. 23. 14.

Eccli. 30. 1.

B μὴ ξενίζωνται οἱ ἀκούοντες. Εἶτα, ἐπειδὴ σφοδρὸν ἐδόκει εἶναι τὸ εἰρημένον, ὅρα πῶς αὐτὸ διὰ τῶν ἑξῆς παραμυθεῖται, καὶ τίθησιν ἔπαθλα [b] ὑπερβάλλοντα τοὺς ἱδρῶτας· καὶ οὐκ ἔπαθλα μόνον, ἀλλὰ καὶ τὰ τῆς κακίας ἐπίχειρα· καὶ γὰρ τούτοις ἐνδιατρίβει μᾶλλον, ἢ ἐκείνοις, ἐπειδήπερ οὐχ οὕτως ἡ τῶν ἀγαθῶν δόσις, ὡς [c] ἡ τῶν αὐστηρῶν ἀπειλὴ τοὺς πολλοὺς σωφρονίζειν εἴωθε. Σκόπει δὲ πῶς καὶ ἐντεῦθεν ἄρχεται, καὶ εἰς τοῦτο τελευτᾷ. Ὃς γὰρ ἂν θέλῃ τὴν ψυχὴν αὐτοῦ σῶσαι, ἀπολέσει αὐτήν· ὃς δ' ἂν ἀπολέσῃ τὴν ἑαυτοῦ ψυχὴν ἕνεκεν ἐμοῦ, εὑρήσει αὐτήν. Τί γὰρ ὠφελεῖται ἄνθρωπος ἐὰν τὸν κόσμον ὅλον κερδήσῃ, καὶ ζημιωθῇ C τὴν ψυχὴν αὐτοῦ; ἢ τί δώσει ἄνθρωπος [d] ἀντάλλαγμα τῆς ψυχῆς αὐτοῦ; Ὃ δὲ λέγει, τοιοῦτόν ἐστιν· οὐκ ἀφειδῶν ὑμῶν, ἀλλὰ καὶ σφόδρα φειδόμενος ταῦτα ἐπιτάττω. Καὶ γὰρ ὁ φειδόμενος τοῦ παιδίου αὐτοῦ, ἀπόλλυσιν αὐτό· ὁ δὲ μὴ φειδόμενος, διασώζει. Ὃ καί τις σοφὸς ἔλεγεν· Ὅτι ἐὰν παίσῃς τὸν υἱόν σου ῥάβδῳ, οὐ μὴ ἀποθάνῃ· τὴν δὲ ψυχὴν αὐτοῦ ἐκ θανάτου ῥύσῃ· καὶ πάλιν, Ὁ περιψύχων τὸν υἱὸν αὐτοῦ, καταδήσει τραύματα αὐτοῦ· τοῦτο καὶ ἐπὶ στρατοπέδου γίνεται. Ἂν γὰρ ὁ στρατηγὸς, φειδόμενος τῶν στρατιωτῶν, ἔνδον κελεύῃ μένειν διὰ παντὸς, καὶ τοὺς D ἔνδον αὐτοῖς προσαπολλύει. Ἵνα οὖν μὴ καὶ ἐφ' ὑμῖν τοῦτο συμβαίνῃ, φησὶ, δεῖ πρὸς τὸν διηνεκῆ θάνατον ὑμᾶς παρατετάχθαι. Καὶ γὰρ καὶ νῦν πόλεμος ἀναῤῥιπίζεσθαι μέλλει χαλεπός. Μὴ τοίνυν καθίσῃς ἔνδον, ἀλλ' ἐξέρχου καὶ πολέμει· κἂν πέσῃς ἐν τῇ παρατάξει, τότε ἔζησας. Εἰ γὰρ ἐπὶ τῶν αἰσθητῶν πολέμων ὁ παρατεταγμένος εἰς σφαγὴν, οὗτος τῶν ἄλλων εὐδοκιμώτερος μᾶλλον καὶ ἀνάλωτός ἐστι, καὶ τοῖς πολεμίοις φοβερώτατος, καίτοι γε μετὰ θάνατον οὐκ ἰσχύοντος αὐτὸν ἀναστῆσαι τοῦ βασιλέως, ὑπὲρ οὗ τὰ ὅπλα τίθεται· πολλῷ μᾶλλον ἐπὶ τῶν πολέμων τούτων, ὅτε καὶ ἀναστάσεως ἐλπίδες τοσαῦται, ὁ προβαλλόμενος εἰς θάνατον τὴν ἑαυτοῦ ψυχὴν, εὑρήσει αὐτήν· E ἑνὶ μὲν τρόπῳ, ὅτι οὐ ταχέως ἁλώσεται· δευτέρῳ δὲ, ὅτι κἂν πέσῃ, ἐπὶ μείζονα αὐτὴν χειραγωγήσει ζωήν.

3. Deinde quia dixit : *Qui vult animam suam salvam facere, perdet eam, et quicumque perdet, salvabit* : hic et illic salutem et perditionem posuit, ne quis utramque vel perditionem vel salutem æqualem esse putet, sed clare discat, tantum esse illam inter et hanc salutem discrimen, quantum inter perditionem et salutem; et ex contrariis hæc ita comprobat : *Quid enim prodest homini si mundum universum lucretur, animæ*

Εἶτα ἐπειδὴ εἶπεν, ὅτι Ὁ θέλων σῶσαι, ἀπολέσει αὐτὴν, ὃς δ' ἂν ἀπολέσῃ, σώσει· κἀκεῖ σωτηρίαν καὶ ἀπώλειαν, καὶ ἐνταῦθα σωτηρίαν καὶ ἀπώλειαν τέθεικεν, ἵνα μὴ νομίσῃ τις ἴσην εἶναι τὴν ἀπώλειαν ταύτην κἀκείνην, καὶ τὴν σωτηρίαν, ἀλλὰ μάθῃ σαφῶς, ὅτι το- 559 A σοῦτον ἐκείνης τῆς σωτηρίας [a] καὶ ταύτης τὸ μέσον, ὅσον ἀπωλείας καὶ σωτηρίας· καὶ ἐκ τῶν ἐναντίων καθάπαξ ἐπάγει ταῦτα κατασκευάζων· Τί γὰρ ὠφελεῖται ἄνθρωπος, φησὶν, ἐὰν τὸν κόσμον ὅλον κερδή-

[b] Unus ὑπερβαίνοντα.

[c] Alius ἡ τῶν λυπηρῶν.

[d] Duo Mss. ἀντάλλαγμα ὑπὲρ τῆς.

[a] Hic quædam deerant in Morel. δι' ὁμοιοτέλευτον.

ση, τὴν δὲ ψυχὴν αὐτοῦ ζημιωθῇ; Εἶδες πῶς ἡ παρὰ τὸ δέον αὐτῆς σωτηρία, καὶ ἀπώλεια, καὶ ἀπωλείας ἁπάσης χείρων, ἅτε καὶ ἀνίατος οὖσα, τῷ μηδὲν εἶναι λοιπὸν τὸ ἐξωνούμενον αὐτήν; Μὴ γάρ μοι λέγε τοῦτο, φησὶν, ὅτι τὴν ψυχὴν αὐτοῦ ἔσωσεν ὁ κινδύνους διαφυγὼν τοὺς τοιούτους, ἀλλὰ μετὰ τῆς ψυχῆς αὐτοῦ θὲς καὶ τὴν οἰκουμένην ἅπασαν. Καὶ τί τὸ πλέον ἐντεῦθεν αὐτῷ ἐκείνης ἀπολλυμένης; Εἰπὲ γάρ μοι, εἰ τοὺς οἰκέτας ἴδοις τοὺς σοὺς ἐν τρυφῇ, σαυτὸν δὲ ἐν κακοῖς ἐσχάτοις, ἆρα κερδανεῖς ἐκ τοῦ [b] δεσπότης εἶναί τι; Οὐδαμῶς. Τοῦτο τοίνυν καὶ ἐπὶ τῆς ψυχῆς λογίζου, ὅταν τῆς σαρκὸς τρυφώσης καὶ πλουτούσης, αὕτη τὴν μέλλουσαν ἀπώλειαν ἀναμένῃ. Τί δώσει ἄνθρωπος ἀντάλλαγμα τῆς ψυχῆς αὐτοῦ; Πάλιν ἐπιμένει τῷ αὐτῷ. Μὴ γὰρ ἑτέραν ψυχὴν ἔχεις δοῦναι ἀντὶ ψυχῆς; φησίν. Χρήματα μὲν γὰρ ἂν ἀπολέσῃς, δυνήσῃ δοῦναι χρήματα· κἂν οἰκίαν, κἂν ἀνδράποδα, κἂν ὁτιοῦν ἕτερον τῶν κτημάτων· [c] ψυχὴν δὲ ἂν ἀπολέσῃς, ἑτέραν οὐ δυνήσῃ ἐπιδοῦναι ψυχήν· ἀλλὰ κἂν τὸν κόσμον ἔχῃς, κἂν βασιλεὺς τῆς οἰκουμένης ᾖς, οὐχ οἷός τε ἔσῃ τὰ τῆς οἰκουμένης πάντα καταβαλὼν, μετὰ τῆς οἰκουμένης αὐτῆς ψυχὴν ἀγοράσαι μίαν. Καὶ τί θαυμαστὸν εἰ ἐπὶ ψυχῆς τοῦτο συμβαίνει; Καὶ γὰρ καὶ ἐπὶ σώματος τοῦτο γενόμενον ἴδοι τις ἄν. Κἂν μυρία διαδήματα περικείμενος ᾖς, σῶμα δὲ ἔχῃς ἐπίνοσον φύσει καὶ ἀνιάτως ἔχον, οὐ δυνήσῃ, κἂν τὴν βασιλείαν ἅπασαν ἐπιδῷς, τὸ σῶμα διορθῶσαι τοῦτο, κἂν μυρία σώματα προσθῇς, καὶ πόλεις, καὶ χρήματα. Οὕτω τοίνυν καὶ ἐπὶ τῆς ψυχῆς λογίζου· μᾶλλον δὲ καὶ πολλῷ πλέον ἐπὶ τῆς ψυχῆς, καὶ πάντα τὰ ἄλλα ἀφεὶς, εἰς ταύτην ἅπασαν ἀνάλισκε τὴν σπουδήν.

Μὴ δὴ τῶν ἀλλοτρίων φροντίζων, ἀμέλει σαυτοῦ καὶ τῶν σῶν· ὃ νῦν ἅπαντες ποιοῦσιν, ἐοικότες τοῖς τὰ μέταλλα ἐργαζομένοις. Οὐδὲν γὰρ ἐκείνοις ὄφελος τῆς ἐργασίας ταύτης, οὐδὲ τοῦ πλούτου· ἀλλὰ καὶ πολὺ τὸ βλάβος, ὅτι τε κινδυνεύουσιν εἰκῇ, καὶ ὅτι ἑτέροις κινδυνεύουσιν, οὐδὲν ἐκ τῶν ἱδρώτων ἐκείνων καὶ τῶν θανάτων καρπούμενοι. Τούτους καὶ νῦν εἰσι πολλοὶ οἱ μιμούμενοι, οἱ ἑτέροις μεταλλεύοντες πλοῦτον· μᾶλλον δὲ καὶ τούτων ἀθλιώτεροι, ὅσῳ καὶ γέεννα ἡμᾶς ἀναμένει μετὰ τοὺς πόνους τούτους. Ἐκείνους μὲν γὰρ ἵστησι τῶν ἱδρώτων ἐκείνων ὁ θάνατος· ἡμῖν δὲ ἀρχὴ μυρίων κακῶν ὁ θάνατος γίνεται. Εἰ δὲ λέγεις, ὅτι [d] ἀπολαύεις τῶν σῶν πόνων πλουτῶν, δεῖξον τὴν ψυχὴν εὐφρανθεῖσαν, καὶ τότε πείθομαι. Τῶν γὰρ ἐν ἡμῖν κυριώτερον ἡ ψυχή· εἰ δὲ τὸ σῶμα πιαίνεται, τηκομένης ἐκείνης, οὐδὲν αὕτη πρὸς σὲ [e] ἡ εὐθυμία· ὥσπερ οὖν

[b] Unus δεσπότην εἶναι.

[c] Unus ψυχὴν δὲ ἀπολλὺς, ἑτέραν.

[d] Alius ἀπολαύσεις.

vero suæ detrimentum patiatur? Viden' quomodo salus contra jus fasque comparata, et perditio est, et omni perditione deterior, utpote quæ sit insanabilis, quod nihil sit ultra, quo ea possit redimi? Nec dicas, inquit, animam suam servasse qui talia pericula evaserit; sed cum anima ejus pone etiam totum orbem. Quid hinc plus habebit
B illa perdita? Dic enim mihi, si famulos tuos videres in deliciis esse, teque in extremis malis, an quia dominus es, hinc quidpiam te lucrari putares? Nequaquam. Hoc ipsum de anima cogita, cum carne in deliciis et divitiis agente, illa futuram perniciem exspectat. *Quam autem dabit homo commutationem pro anima sua?* Rursus eadem in re insistit. Num aliam, inquit, animam habes, quam des pro anima tua? Pecunias enim si perdideris, alias pro amissis potes supplere; itemque si domum, si servos, si quamvis aliam possessionem: animam vero si perdideris, aliam
C non poteris dare animam; sed etiamsi mundum habeas, etiamsi rex orbis sis, nec si omnia quæ in orbe sunt, imo nec si ipsum orbem poneres, posses vel animam unam redimere. Ecquid mirum si in anima ita sit, cum et in corpore idipsum perspicere liceat? Etiamsi mille diadematibus insignitus esses, si corpus haberes morbidum et incurabile, non posses, toto regno in mercedem dato, sanitatem corporis restituere, etiamsi mille corpora adjiceres, urbes atque pecunias. Sic etiam de anima cogita; imo multo magis de anima,
D omnibusque aliis relictis, operam totam in illam conferas.

4. Ne itaque de alienis sollicitus, teipsum et tua negligas: id quod nunc omnes faciunt, similes iis qui in metallis laborant, qui nihil utilitatis vel divitiarum ex hoc labore carpunt; sed multum detrimenti, quoniam frustra periclitantur et pro aliis periclitantur, nihil ex sudoribus et ex morte, quam plerumque obeunt, fructus referentes. Hos multi nunc imitantur, qui aliis divitias quærunt; imo his miseriores sunt, quod post tot labores gehenna nos exspectet. Illis enim sudorum finem mors af-
E fert: nobis autem initium mille malorum mors est. Quod si dicas, te divitem tuis frui laboribus, ostende animam lætam et hilarem, et tunc id credam. Omnium quippe quæ in nobis sunt princeps est anima: quod si corpus illa tabescente pinguescit, nihil tibi utilitatis affert illa bona valetudo:

Anima læsa, nihil confert valetudo corporis.

[e] Ἡ εὐθυμία, *rerum copia*. Sic Georgius Trapezuntius. Hoc puto commode exprimi per *prosperam et bonam valetudinem*.

sicut enim ancilla lætante, nihil ad heram pereuntem ancillæ prosperitas affert, nec quid confert vestium ornatus ad carnis infirmitatem; sed rursum dicet tibi Christus: *Quam dabit homo commutationem pro anima sua?* præcipitque tibi semper, ut ad illam servandam verseris, illamque cures solam. Postquam igitur his verbis terrorem incussit, bonorum promissione consolatur, his verbis: 27. *Filius enim hominis venturus est in gloria Patris cum sanctis angelis suis, et tunc reddet unicuique secundum opera ejus.*

Gloria et substantia una Patris et Filii.

Viden' quomodo gloria sit una Patris et Filii? Quod si gloria una, manifestum est substantiam quoque unam esse. Nam si in substantia una, differentia est gloriæ (*Alia* quippe *est gloria solis, alia gloria lunæ, alia gloria stellarum: stella enim a stella differt in gloria*, et tamen una est substantia), quomodo eorum, quorum gloria una est, substantia diversa esse credatur? Non enim dixit, In tali gloria qualis est Patris gloria, ut discrimen esse suspiceris; sed accurate, In eadem ipsa, inquit, gloria veniet, ita ut una eademque esse putetur. Quid igitur times, inquit, Petre, dum mortem audis? Tunc enim me videbis in gloria Patris. Si ego in gloria, et vos in gloria eritis. Non enim res vestræ sunt præsentis vitæ limitibus circumscriptæ: sed alia sors melior vos excipiet. Attamen postquam bona illa dixit, non hic substitit, sed et terribilia admiscuit, judicium illud in medium adducens, et rationes inevitabiles, sententiam sine ulla acceptione, judicium quod decipi nequit. Neque tamen tristem sivit omnino sermonem esse, sed bonam spem admiscuit. Neque enim dixit, Tunc peccatores puniet, sed, *Reddet unicuique secundum opera sua*. Hoc porro dixit non modo ut peccatoribus supplicii memoriam revocaret, sed etiam ut piis braviorum et coronarum. Sed ille quidem, ut bonos viros recrearet, hæc dixit; ego autem perhorresco semper dum hæc audio: non sum enim de numero coronandorum. Puto autem alios esse hujus timoris et angustiæ nobis consortes. Quem enim non possent hæc verba terrere, si in conscientiam ejus immittantur, quem non in horrorem inducere, ita ut persuasum habeat, nobis sacco et longo jejunio opus esse magis quam populo Ninivitarum? Non enim de urbis eversione et de communi interitu sermo nobis est, sed de supplicio æterno, de igne qui numquam exstinguitur.

1. Cor. 15. 41.

560 τῆς δούλης εὐφραινομένης, οὐδὲν πρὸς τὴν δέσποιναν A ἀπολλυμένην ἡ τῆς θεραπαινίδος εὐημερία, οὐδὲ ἡ τῆς στολῆς εὐκοσμία πρὸς τὴν τῆς σαρκὸς ἀσθένειαν· ἀλλ' ἐρεῖ σοι πάλιν ὁ Χριστός· Τί δώσει ἄνθρωπος ἀντάλλαγμα ὑπὲρ τῆς ψυχῆς αὐτοῦ; ἄνω καὶ κάτω περὶ ἐκείνην σε στρέφεσθαι κελεύων, καὶ αὐτῆς μόνης ποιεῖσθαι λόγον. Φοβήσας τοίνυν, ἐντεῦθεν καὶ ἀπὸ τῶν ἀγαθῶν παραμυθεῖται. Μέλλει γὰρ ὁ Υἱὸς τοῦ ἀνθρώπου, φησὶν, ἔρχεσθαι ἐν τῇ δόξῃ τοῦ Πατρὸς αὐτοῦ μετὰ τῶν ἁγίων ἀγγέλων αὐτοῦ, καὶ τότε ἀποδώσει ἑκάστῳ κατὰ τὰ ἔργα καὶ τὴν πρᾶξιν αὐτοῦ. Εἶδες πῶς δόξα μία Πατρὸς καὶ Υἱοῦ; Εἰ δὲ δόξα μία, εὔδηλον ὅτι καὶ οὐσία μία. Εἰ γὰρ ἐν οὐσίᾳ μιᾷ διαφορὰ δόξης (Ἄλλη γὰρ δόξα ἡλίου, καὶ ἄλλη σε- B λήνης, καὶ ἄλλη δόξα ἀστέρων· ἀστὴρ γὰρ ἀστέρος διαφέρει ἐν δόξῃ, καίτοι μιᾶς οὔσης οὐσίας), πῶς ἂν ὧν ἡ δόξα μία, ἡ οὐσία ἑτέρα νομισθῇ; Οὐδὲ γὰρ εἶπεν, ἐν δόξῃ τοιαύτῃ οἵᾳ ὁ Πατὴρ, ἵνα πάλιν παραλλαγήν τινα ὑποπτεύσῃς· ἀλλὰ τὸ ἀπηκριβωμένον δεικνὺς, ἐν αὐτῇ ἐκείνῃ τῇ δόξῃ, φησὶν, ἥξει, ὡς μίαν αὐτὴν ὑποπτεύεσθαι καὶ τὴν αὐτήν. Τί τοίνυν φοβῇ, Πέτρε, φησὶ, θάνατον ἀκούων; Τότε με γὰρ ὄψει ἐν τῇ δόξῃ τοῦ Πατρός. Εἰ δὲ ἐγὼ ἐν δόξῃ, καὶ ὑμεῖς. Οὐδὲ γὰρ μέχρι τοῦ παρόντος βίου τὰ ὑμέτερα· ἀλλ' ἑτέρα τις ὑμᾶς διαδέξεται λῆξις ἀμείνων. Ἀλλ' ὅμως εἰπὼν τὰ χρηστὰ, οὐκ ἔστη μέχρι τούτου, ἀλλὰ καὶ τὰ φοβερὰ C ἀνέμιξε, τὸ δικαστήριον ἐκεῖνο εἰς μέσον ἀγαγὼν, καὶ τὰς εὐθύνας τὰς ἀπαραιτήτους, καὶ τὴν ψῆφον τὴν ἀδέκαστον, καὶ τὴν κρίσιν τὴν ἀνεξαπάτητον. Οὐ μὴν ἀφῆκε σκυθρωπὸν μόνον φανῆναι τὸν λόγον, ἀλλὰ καὶ χρησταῖς ἀνέμιξεν ἐλπίσιν. Οὐδὲ γὰρ εἶπε, τότε κολάσει τοὺς ἡμαρτηκότας, ἀλλ', Ἀποδώσει ἑκάστῳ [a] κατὰ τὰ ἔργα αὐτοῦ. Τοῦτο δὲ ἔλεγεν οὐχὶ τοὺς ἡμαρτηκότας κολάσεως ἀναμιμνήσκων μόνον, ἀλλὰ τοὺς κατωρθωκότας βραβείων καὶ στεφάνων. Ἀλλ' αὐτὸς μὲν, ἵνα καὶ τοὺς ἀγαθοὺς ἄνδρας ἀνακτήσηται, ταῦτα εἴρηκεν, D ἐγὼ δὲ φρίττω ἀεὶ ταῦτα ἀκούων· οὐ γάρ εἰμι τῶν στεφανουμένων. Οἶμαι δὲ καὶ ἑτέρους ἡμῖν κοινωνεῖν τοῦ φόβου καὶ τῆς ἀγωνίας. Τίνα γὰρ οὐχ ἱκανὸν τοῦτο πτοῆσαι τὸ ῥῆμα, εἰς τὸ συνειδὸς εἰσελθόντα τὸ ἑαυτοῦ, καὶ ποιῆσαι φρίττειν, καὶ πεῖσαι ὅτι σάκκου ἡμῖν χρεία, καὶ νηστείας ἐπιτεταμένης μᾶλλον, ἢ τῷ δήμῳ τῶν Νινευιτῶν; Οὐ γὰρ [b] ὑπὲρ καταστροφῆς πόλεως καὶ τῆς κοινῆς τελευτῆς ὁ λόγος ἡμῖν, E ἀλλ' ὑπὲρ τῆς κολάσεως τῆς αἰωνίου, καὶ τοῦ πυρὸς τοῦ μὴ σβεννυμένου.

[a] Duo κατὰ τὴν πρᾶξιν αὐτοῦ.

[b] Unus ὑπὲρ κατασκαφῆς.

Διὸ καὶ τοὺς τὰς ἐρήμους [c] κατειληφότας μοναχοὺς ἐπαινῶ καὶ θαυμάζω, τῶν τε ἄλλων ἕνεκεν, καὶ διὰ ταύτην τὴν ῥῆσιν. Ἐκεῖνοι γὰρ μετὰ τὸ ἀριστοποιήσασθαι, μᾶλλον δὲ μετὰ τὸ δεῖπνον (ἄριστον γὰρ οὐκ ἴσασί ποτε· καὶ γὰρ ἴσασιν ὅτι πένθους ὁ παρὼν καιρὸς καὶ νηστείας), μετὰ τὸ δεῖπνον [d] τοίνυν λέγοντές τινας εὐχαριστηρίους ὕμνους εἰς τὸν Θεὸν, καὶ ταύτης μέμνηνται τῆς φωνῆς. Καὶ εἰ βούλεσθε καὶ αὐτῶν ἀκοῦσαι τὸν ὕμνον, ἵνα καὶ αὐτοὶ λέγητε συνεχῶς, 561
πᾶσαν ὑμῖν ἀπαγγελῶ τὴν ᾠδὴν ἐκείνην τὴν ἱεράν. A
Ἔχει τοίνυν τὰ ῥήματα αὐτῆς οὕτως· Εὐλογητὸς ὁ Θεὸς [a] ὁ τρέφων με ἐκ νεότητός μου, ὁ διδοὺς τροφὴν πάσῃ σαρκί· πλήρωσον χαρᾶς καὶ εὐφροσύνης τὰς καρδίας ἡμῶν, ἵνα πάντοτε πᾶσαν αὐτάρκειαν ἔχοντες περισσεύωμεν εἰς πᾶν ἔργον ἀγαθὸν ἐν Χριστῷ Ἰησοῦ τῷ Κυρίῳ ἡμῶν, μεθ' οὗ σοι δόξα, τιμὴ καὶ κράτος σὺν ἁγίῳ Πνεύματι εἰς τοὺς αἰῶνας. Ἀμήν. Δόξα σοι, Κύριε, δόξα σοι, ἅγιε, δόξα σοι, βασιλεῦ, ὅτι ἔδωκας ἡμῖν βρώματα εἰς εὐφροσύνην. Πλῆσον ἡμᾶς Πνεύματος ἁγίου, ἵνα εὑρεθῶμεν ἐνώπιόν σου [b] εὐαρεστοῦντες, καὶ μὴ αἰσχυνόμενοι, ὅτε ἀποδίδως ἑκάστῳ B
κατὰ τὰ ἔργα αὐτοῦ. Πάντα μὲν οὖν ἄξιον θαυμάσαι τὸν ὕμνον τοῦτον, μάλιστα δὲ τουτὶ τὸ τέλος. Ἐπειδὴ γὰρ ἡ τράπεζα καὶ ἡ τροφὴ διαχέειν εἴωθε καὶ βαρύνειν, καθάπερ τινὰ χαλινὸν τὴν ῥῆσιν ταύτην ἐπιτιθέασι τῇ ψυχῇ παρὰ τὸν καιρὸν τῆς ἀνέσεως, τοῦ καιροῦ τῆς κρίσεως αὐτὴν [c] ἀναμιμνήσκοντες. Ἔμαθον γὰρ τί ἔπαθεν Ἰσραὴλ ἀπὸ τραπέζης πολυτελοῦς. Ἔφαγε γὰρ, φησὶ, καὶ ἐπαχύνθη, καὶ ἀπελάκτισεν ὁ ἠγαπημένος. Δι' ὃ καὶ Μωϋσῆς ἔλεγε· Φαγὼν καὶ πιὼν καὶ ἐμπλησθεὶς, μνήσθητι Κυρίου τοῦ Θεοῦ σου. Μετὰ γὰρ ἐκείνην τὴν τράπεζαν τὰ παράνομα αὐτοῖς ἐτολμήθη τότε ἐκεῖνα τολμήματα. Σκόπει τοίνυν καὶ C
σὺ, μὴ τοιοῦτόν τι πάθῃς. Κἂν γὰρ μὴ λίθῳ θύσῃς, μηδὲ χρυσῷ καὶ πρόβατα καὶ μόσχους, σκόπει μὴ θυμῷ θύσῃς τὴν σαυτοῦ ψυχὴν, μὴ πορνείᾳ θύσῃς τὴν σωτηρίαν τὴν σὴν, μὴ ἑτέροις τοιούτοις πάθεσι. Διὰ γάρ τοι τοῦτο καὶ ἐκεῖνοι τοὺς κρημνοὺς δεδοικότες τούτους, τραπέζης ἀπολαύσαντες, μᾶλλον δὲ νηστείας (καὶ γὰρ καὶ ἡ τράπεζα αὐτῶν νηστεία), τοῦ φοβεροῦ δικαστηρίου καὶ τῆς ἡμέρας ἐκείνης ἑαυτοὺς ἀναμιμνήσκουσιν. Εἰ δὲ ἐκεῖνοι, οἱ καὶ νηστείαις καὶ χαμευνίαις καὶ ἀγρυπνίαις καὶ [d] σάκκῳ καὶ μυρίοις ἑαυτοὺς σωφρονίζοντες, ἔτι καὶ ταύτης δέονται τῆς ὑπομνήσεως· πότε δυνησόμεθα ἡμεῖς ἐπιεικῶς ζῇν οἱ τραπέζας παρατιθέντες μυρία ναυάγια φερούσας, D

5. Ideo monachos, qui deserta occuparunt, laudo et admiror, tum aliis de causis, tum propter hæc verba. Nam illi post prandium, imo vero post cœnam, prandium quippe non norunt; sciunt enim præsens tempus esse luctus ac jejunii: post cœnam igitur gratias Deo referentes, hanc memorant vocem. Si vultis autem illorum hymnum audire, ut illum vos frequenter recitetis, totum vobis referam ipsorum sacrum canticum, quod sic habet: *Benedictus Deus, qui pascis me a juventute mea, qui das escam omni carni: imple gaudio et lætitia cor nostrum, ut semper omnem sufficientiam habentes, abundemus in omne opus bonum in Christo Jesu Domino nostro, quicum tibi gloria, honos, imperium cum sancto Spiritu in sæcula. Amen. Gloria tibi, Domine, gloria tibi, sancte, gloria tibi, rex, quia dedisti nobis cibos in lætitiam. Imple nos Spiritu sancto, ut inveniamur in conspectu tuo acceptabiles, nec pudore afficiamur, cum reddes unicuique secundum opera sua.* Hic hymnus totus admirationi esse debet, maxime vero finis ejus. Quia enim mensa et cibus effusos reddit et aggravat, hoc dictum quasi frenum quoddam animæ apposuerunt hoc lætitiæ tempore, cum judicii diem in memoriam revocant. Didicerunt enim quod passus est Israël post lautam mensam: *Comedit enim, inquit, et incrassatus est, et recalcitravit dilectus.* Idcirco dixit Moyses: *Cum manducaveris et biberis et saturatus fueris, memento Domini Dei tui.* Post mensam enim iniquissima ausi fuerant. Cave igitur etiam tu ne simile quid patiaris. Etiamsi enim nec lapidi, nec auro oves et vitulos immolaveris, cave ne iræ immoles animam tuam, ne fornicationi immoles salutem tuam, neve aliis similibus animi morbis. Hac enim etiam de causa monachi hæc præcipitia metuentes, postquam mensa, imo potius jejunio usi sunt (nam mensa ipsorum jejunium est), tremendi judicii ac diei illius memoriam revocant. Si autem illi, qui jejuniis, chameuniis, vigiliis, sacco et innumeris aliis sese macerant, hac tamen admonitione indigent: quando poterimus nos moderate vivere, qui mensas apparamus mille naufragiis onustas, neque omnino precamur vel in principio vel in fine? Idcirco ut naufragia illa

Monachorum laus et vitæ genus.

Deut. 32. 15.

Deut. 6. 11?

[c] Idem εἰληφότας.

[d] [Τοίνυν, quod agnoscit G. Trapezuntius, addidimus e Codice 694.]

[a] Idem τρέφων ἡμᾶς.... ἡμῶν.

[b] Savil. εὐαρεστήσαντες.

[c] Unus ἀπομιμνήσκοντες. [Infra φησὶ Codici 694 debetur.]

[d] Hic quædam desiderabantur in Morel. quæ ex Savil. et ex Mss. supplentur.

dissolvamus, hymnum illum in medium adducentes, explicemus omnia, ut quid lucri commodet animadvertentes, frequenter illum in mensa canamus, ventrisque insultus reprimamus, atque mores legesque angelorum illorum in domos nostras inducamus. Par certe fuisset, ut illo vos conferentes hunc referretis fructum : sed quia id non vultis, verbis saltem nostris hanc spiritualem melodiam audite, ac singuli post mensam hæc verba referant, sic orsi : *Benedictus Deus*. Apostolicam
Coloss. 3. 17. quippe legem statim implent qua jubetur: *Quodcumque* fecerimus *in verbo, et opere, in nomine Domini nostri Jesu Christi faciamus, gratias agentes Deo et Patri per ipsum*. Deinde ut gratiarum actio non pro illo solo die sit, sed pro tota vita, dicitur : *Qui pascis me a juventute mea.* Hæc quoque doctrina philosophica est. Deo quippe alente, non sollicitum esse oportet. Nam si rege tibi promittente, se tibi quotidianum cibum ex sua penu suppeditaturum esse, confideres utique : multo magis, si Deus præbeat, et omnia tibi quasi ex fonte fluant, omni sollicitudine vacuum esse oportet. Ideo enim hæc dicunt, ut et seipsos et discipulos ad omnem curam et sollicitudinem ponendam inducant. Deinde, ne putes, ipsos pro se tantum hanc gratiarum actionem referre, subjungunt, *Qui dat escam omni carni*, pro toto orbe ipsi gratias agentes; et quasi orbis universi patres, sic pro omnibus laudes referunt, et ad veram sese fraternitatem incitant. Neque enim possunt illos odisse, pro quibus de suppeditato ipsis cibo Deo gratias agunt. Viden' et caritatem per gratiarum actionem inductam, quæ sæcularem sollicitudinem ejicit, tum ex iis quæ præcedunt, tum ex his jam dictis? Si enim dat escam omni carni, multo magis iis qui ipsi addicti sunt; nam si eos, qui sæcularibus curis sunt involuti, multo magis eos, qui iis vacui sunt, nutrit. Hoc et Christus confir-
Luc. 12. 7. mans dicit : *Quot passeribus meliores estis vos?* His verbis docet non esse fidendum divitiis et terræ et seminibus. Non enim hæc sunt quæ nu-
Contra Manichæos et Valentinianos. triunt, sed verbum Dei. His etiam Manichæos retrudunt, et Valentinianos, eosque qui cum illis sentiunt. Non enim potest hic malus esse Deus, qui omnibus, etiam se blasphemantibus, bona sua confert. Deinde sequitur petitio : *Reple gaudio et lætitia corda nostra*. Quo gaudio dicit? num sæculari? Absit! neque enim si illud vellent, cacu-

καὶ μηδὲ ὅλως εὐχόμενοι, μήτε ἐν ἀρχῇ, μήτε ἐν τέλει; Δι' ὅπερ ἵνα τὰ ναυάγια ταῦτα λύσωμεν, τὸν ὕμνον ἐκεῖνον εἰς μέσον ἀγαγόντες, ἀναπτύξωμεν πάντα, ἵνα τὸ ἐξ αὐτοῦ κέρδος ἰδόντες, αὐτοὶ συνεχῶς ἐπᾴδωμεν αὐτὸν τῇ τραπέζῃ, καὶ τὰ σκιρτήματα τῆς γαστρὸς καταστέλλωμεν, καὶ τὰ ἤθη καὶ τοὺς νόμους τῶν ἀγγέλων ἐκείνων εἰς τὰς οἰκίας εἰσάγοντες τὰς ἡμετέρας. Ἔδει μὲν γὰρ βαδίζοντας ἐκεῖ, ταῦτα καρποῦσθαι· ἐπειδὴ δὲ οὐ βούλεσθε, κἂν διὰ τῶν ἡμετέρων λόγων ἀκούσατε τῆς πνευματικῆς ταύτης μελῳ-
E δίας, καὶ ἕκαστος μετὰ τὴν τράπεζαν ταῦτα λεγέτω τὰ ῥήματα, ἀρχόμενος οὕτως· Εὐλογητὸς ὁ Θεός. Τὸν γὰρ ἀποστολικὸν εὐθέως πληροῦσι νόμον τὸν κελεύοντα· Πᾶν ὅτιοῦν ποιοῦμεν ἐν λόγῳ ἢ ἐν ἔργῳ, ἐν ὀνόματι τοῦ Κυρίου ἡμῶν Ἰησοῦ Χριστοῦ, εὐχαριστοῦντες τῷ Θεῷ καὶ Πατρὶ δι' αὐτοῦ. Εἶτα ἡ εὐχαριστία οὐχ
562 ὑπὲρ τῆς μιᾶς ἡμέρας ἐκείνης μόνης, ἀλλ' ὑπὲρ παν-
A τὸς τοῦ βίου γίνεται. Ὁ τρέφων γάρ με, φησὶν, ἐκ νεότητός μου. Καὶ διδασκαλία φιλοσοφίας ἐντεῦθεν. Τοῦ γὰρ Θεοῦ τρέφοντος, οὐ χρὴ μεριμνᾷν. Εἰ γὰρ βασιλέως σοι ὑποσχομένου παρέχειν ἐκ τῶν αὐτοῦ ταμιείων τὴν καθημερινὴν τροφὴν, ἐθάρσησας ἂν λοιπόν· πολλῷ μᾶλλον ὅταν ὁ Θεὸς παρέχῃ, [a] καὶ πάντα σοι ὥσπερ ἐκ πηγῶν ἐπιῤῥέῃ, πάσης φροντίδος ἀπηλλάχθαι δεῖ. Διὰ γὰρ τοῦτο καὶ ταῦτα λέγουσιν, ἵνα καὶ ἑαυτοὺς καὶ τοὺς ὑπ' αὐτῶν μαθητευομένους πείσωσι πᾶσαν φροντίδα ἀποδύσασθαι καὶ μέριμναν βιωτικήν. Εἶτα, ἵνα μὴ νομίσῃς, ὅτι ὑπὲρ ἑαυτῶν μόνων τὴν εὐχαριστίαν ταύτην ἀναφέρουσιν, ἐπάγουσι λέγοντες,
B Ὁ διδοὺς τροφὴν πάσῃ σαρκὶ, ὑπὲρ παντὸς εὐχαριστοῦντες τοῦ κόσμου· καὶ καθάπερ πατέρες τῆς οἰκουμένης ἁπάσης, οὕτω τὰς ὑπὲρ ἁπάντων εὐφημίας ἀναφέρουσι, καὶ εἰς φιλαδελφίαν αὐτοὺς ἀλείφουσι γνησίαν. Οὐδὲ γὰρ δύνανται μισεῖν ἐκείνους, ὑπὲρ ὧν ὅτι τρέφονται εὐχαριστοῦσι τῷ Θεῷ. Εἶδες καὶ τὴν ἀγάπην διὰ τῆς εὐχαριστίας εἰσαγομένην, καὶ μέριμναν ἐκβαλλομένην βιωτικὴν, καὶ διὰ τῶν ἔμπροσθεν, καὶ διὰ τούτων; Εἰ γὰρ πᾶσαν τρέφει σάρκα, πολλῷ μᾶλλον τοὺς ἀνακειμένους αὐτῷ· εἰ γὰρ τοὺς βιωτικαῖς [b] ἐνδεδυμένους φροντίσι, πολλῷ μᾶλλον τοὺς τούτων ἀπηλλαγμένους. Τοῦτο καὶ ὁ Χριστὸς κατασκευάζων
C ἔλεγε· Πόσων στρουθίων διαφέρετε ὑμεῖς; Ταῦτα δὲ ἔλεγε, παιδεύων μὴ θαῤῥεῖν πλούτῳ καὶ γῇ καὶ σπέρμασιν. Οὐ γὰρ ταῦτά ἐστι τὰ τρέφοντα, ἀλλ' ὁ λόγος τοῦ Θεοῦ. Ἀπὸ τούτων καὶ Μανιχαίους, καὶ τοὺς Οὐαλεντίνου, καὶ πάντας τοὺς [c] τὰ ἐκείνων φρονοῦντας ἐπιστομίζουσιν. Οὐ γὰρ δὴ καὶ πονηρὸς οὗτος, ὁ πᾶσι προθεὶς τὰ ἑαυτοῦ, καὶ τοῖς βλασφημοῦσιν αὐ-

[a] Hic etiam quædam desiderabantur in Morel.

[b] Ἐνδεδυμένους. Savilius legendum putat *ἐνδεδεμένους*. Verum omnia exemplaria *ἐνδεδυμένους* habent, quæ lectio stare posse videtur. [Codex 694 hic lacuna fœdatur.]

[c] Unus *τὰ ἐκείνων νοσοῦντας*, quæ etiam lectio quadrat. Paulo post idem Codex *ὁ πᾶσι προτιθείς*.

τόν. Εἶτα ἡ αἴτησις· Πλήρωσον χαρᾶς καὶ εὐφροσύνης τὰς καρδίας ἡμῶν. Ποίας ἄρα χαρᾶς λέγει; μὴ τῆς βιωτικῆς; Μὴ γένοιτο· οὐ γὰρ ἂν, εἰ ταύτην ἤθελον, ὀρῶν κορυφὰς κατελάμβανον καὶ ἐρημίας, καὶ σάκκον περιεβάλλοντο· ἀλλ' ἐκείνην λέγουσι τὴν χαρὰν, τὴν οὐδὲν κοινὸν ἔχουσαν πρὸς τὸν παρόντα βίον, τὴν τῶν ἀγγέλων, τὴν ἄνω, καὶ οὐχ ἁπλῶς αὐτὴν αἰτοῦσιν, D ἀλλὰ μετὰ πολλῆς τῆς ὑπερβολῆς· οὐ γὰρ λέγουσι, δὸς, ἀλλὰ, Πλήρωσον· καὶ οὐ λέγουσιν, ἡμᾶς, ἀλλὰ, Τὰς καρδίας ἡμῶν· αὕτη γὰρ μάλιστα καρδίας χαρά· Ὁ γὰρ καρπὸς τοῦ Πνεύματος, ἀγάπη, χαρὰ, εἰρήνη. Ἐπειδὴ γὰρ ἡ ἁμαρτία λύπην εἰσήγαγεν, ἀξιοῦσι διὰ τῆς χαρᾶς τὴν δικαιοσύνην αὐτοῖς ἐμφυτευθῆναι· οὐ γὰρ ἂν [d] ἄλλως ἐγγένοιτο χαρά. Ἵνα πάντοτε πᾶσαν αὐτάρκειαν ἔχοντες περισσεύωμεν εἰς πᾶν ἔργον ἀγαθόν. Ὅρα τὴν εὐαγγελικὴν ἐκείνην [e] πληρουμένην ῥῆσιν τὴν λέγουσαν· Τὸν ἄρτον ἡμῶν τὸν ἐπιούσιον δὸς ἡμῖν σήμερον· καὶ ταύτην δὲ αὐτὴν ζητοῦντας διὰ τὰ πνευ- E ματικά· Ἵνα γὰρ περισσεύωμεν, φησὶν, εἰς πᾶν ἔργον ἀγαθόν. Οὐκ εἶπον, ἵνα τὸ ὀφειλόμενον μόνον ποιῶμεν, ἀλλ' ἵνα καὶ πλέον τῶν ἐπιτεταγμένων· τοῦτο γάρ ἐστιν, Ἵνα περισσεύωμεν. Καὶ παρὰ μὲν τοῦ Θεοῦ τὴν αὐτάρκειαν ζητοῦσιν ἐν τοῖς ἀναγκαίοις· αὐτοὶ δὲ οὐ 563 μετὰ αὐταρκείας βούλονται ὑπακούειν μόνον, ἀλλὰ A μετὰ περιουσίας πολλῆς, καὶ ἐν ἅπασιν. Τοῦτο δούλων εὐγνωμόνων, τοῦτο φιλοσόφων ἀνδρῶν, τὸ ἀεὶ καὶ [a] ἐν πᾶσι περισσεύειν. Εἶτα πάλιν ἀναμιμνήσκοντες ἑαυτοὺς τὴν οἰκείαν ἀσθένειαν, καὶ ὡς οὐδὲν ἄνευ τῆς ἄνωθεν ῥοπῆς γενναῖον δύναται γενέσθαι, εἰπόντες, Ἵνα περισσεύωμεν εἰς πᾶν ἔργον ἀγαθὸν, ἐπάγουσιν· Ἐν Χριστῷ Ἰησοῦ τῷ Κυρίῳ ἡμῶν, μεθ' οὗ σοι δόξα, τιμὴ καὶ κράτος εἰς τοὺς αἰῶνας. Ἀμήν. Ἴσον τῇ ἀρχῇ τὸ τέλος [b] ὑφαίνουσι διὰ τῆς εὐχαριστίας.

Εἶτα πάλιν δοκοῦσι μὲν ἐκ προοιμίων ἄρχεσθαι, τοῦ αὐτοῦ δὲ ἔχονται λόγου. Ὥσπερ καὶ ὁ Παῦλος ἐν B προοιμίῳ Ἐπιστολῆς καταλύσας εἰς δοξολογίαν, καὶ εἰπὼν, Κατὰ τὸ θέλημα τοῦ Θεοῦ καὶ Πατρὸς, ᾧ ἡ δόξα εἰς τοὺς αἰῶνας, ἀμὴν, ἄρχεται τῆς ὑποθέσεως πάλιν ὑπὲρ ἧς ἔγραφε. Καὶ πάλιν ἀλλαχοῦ εἰπών· Ἐσεβάσθησαν καὶ ἐλάτρευσαν τῇ κτίσει παρὰ τὸν κτίσαντα, ὅς ἐστιν εὐλογητὸς εἰς τοὺς αἰῶνας, ἀμήν· οὐκ ἀπήρτισε τὸν λόγον, [c] ἀλλ' ἔχεται πάλιν. Μὴ τοίνυν μηδὲ τούτοις ἐγκαλῶμεν τοῖς ἀγγέλοις ὡς ἀτάκτως ποιοῦσιν, ὅτι καταλύσαντες τὸν λόγον εἰς δοξολογίαν, πάλιν ἄρχονται τῶν ὕμνων τῶν ἱερῶν. Ἀποστολικοῖς γὰρ ἕπονται νόμοις, ἀπὸ δοξολογίας ἀρχόμενοι, καὶ εἰς τοῦτο τελευτῶντες, καὶ μετὰ τὴν τελευτὴν ταύτην C προοιμιαζόμενοι πάλιν. Διὸ λέγουσι· Δόξα σοι, Κύριε,

mina montium et deserta occupassent, neque sacco essent induti; sed illud gaudium dicunt, quod cum præsenti vita nihil commune habet, gaudium angelorum et supernum; nec simpliciter id postulant, sed abundantius expetunt; non dicunt, Da, sed, *Reple;* nec dicunt, Nos, sed, *Corda nostra:* hoc enim maxime gaudium cordis: *Fructus enim Spiritus, caritas, gaudium, pax.* Gal. 5. 22. Quia enim peccatum tristitiam induxit, precantur ut per gaudium justitia in ipsis inseratur: neque enim alio modo gaudium in illis generaretur. *Ut semper omnem sufficientiam habentes abundemus in omne opus bonum.* Vide evangelicum illud dictum impletum: *Panem nostrum quoti-* Luc. 11. 3. *dianum da nobis hodie.* Hanc porro abundantiam in spiritualibus quærunt; *Ut abundemus,* inquiunt, *in omne opus bonum.* Nec dicunt, Ut faciamus solum quod debemus; sed etiam plus, quam præcepta continent; id enim significat illud, *Ut abundemus.* Et a Deo quidem sufficientiam quærunt in necessariis: ipsi vero nolunt cum sufficientia tantum obedire, sed superabundanter in omnibus. Hoc est frugi servorum, hoc philosophorum hominum, semper et in omnibus abundare. Deinde ut infirmitatem suam commemorent, fateanturque sine superno nutu nihil se posse strenuum facere, postquam dixerunt, *Ut abundemus in omne opus bonum*, subjiciunt, *In Christo Jesu Domino nostro, quicum tibi gloria, honor, imperium in sæcula. Amen.* Parem principio finem per gratiarum actionem texunt.

6. Postea vero videntur quasi a principio incipere, et eumdem sermonem continuant: ut et Paulus in principio Epistolæ quasi in glorificationem desinens ait: *Secundum voluntatem Dei* Gal. 1. 4. 5. *et Patris, cui gloria in sæcula, amen:* ac rursus quod tractandum suscipit, argumentum resumit. Et alibi rursus: *Coluerunt et servierunt* Rom. 1. 25. *creaturæ potius quam Creatori, qui est benedictus in sæcula, amen:* non absolvit sermonem, sed pergit. Ne igitur hos angelos incusemus, quasi inordinate faciant, quod postquam in glorificationem desierunt, rursus hymnum sacrum incipiant. Apostolicas enim sequuntur leges, cum a glorificatione incipiunt, et in illam desinunt, posteaque rursus exordiuntur. Quapropter

[d] Morel. ἄλλως γένοιτο.
[e] Unus πληροῦντας ῥῆσιν. Infra Morel. ζητοῦντες.
[a] Unus ἐν παντί.
[b] Idem ὑφαίνοντες δι' εὐχαριστίας.
[c] Alii ἀλλ' ἄρχεται.

dicunt: *Gloria tibi, Domine, gloria tibi, sancte, gloria tibi, rex, quia dedisti nobis cibos in lætitiam.* Non enim pro magnis tantum, sed et pro minimis gratias agere oportet. Gratias autem pro his agunt, ut Manichæorum hæresim pudefaciant, et omnes quotquot præsentem vitam esse malam dicunt. Ne putes enim eos, qui ad summam philosophiam se exercent et ventrem despiciunt, escas abominari, ut ii qui se suffocant, verbis supplicibus tibi suadent, se non ideo a multis abstinere, quod multas Dei creaturas detestentur, sed quod philosophiam exerceant. Et animadverte quomodo post gratiarum actionem pro collatis cibis majora petant, nec in sæcularibus perstent, sed supra cælos ascendant, dicantque: *Imple nos Spiritu sancto.* Neque enim potest quis præclare se gerere, nisi sit repletus gratia illa, ut non potest quis strenuum aut magnum quid facere, nisi Christi gratia fruatur. Sicut ergo dicentes, *Ut abundemus in omne opus bonum*, subjunxerunt, *In Christo Jesu*: ita et hic dicunt, *Reple nos Spiritu sancto, ut inveniamur in conspectu tuo acceptabiles.* Viden' quomodo de rebus ad vitam spectantibus non precentur, sed gratias agant tantum: circa res autem spirituales et gratias agant et precentur?
Matth. 6. 33. Nam ait: *Quærite primum regnum cælorum, et hæc omnia adjicientur vobis.* Perpende autem et aliam illorum philosophiam. *Ut inveniamur*, inquiunt, *in conspectu tuo acceptabiles, nec pudore afficiamur.* Neque enim curamus, quod apud multos id dedecori nobis vertatur, sed quæcumque dixerint de nobis homines ridentes, exprobrantes, ne advertimus quidem: hoc unum contendimus, ne tunc confundamur. Postquam autem hæc dixerunt, ignis quoque fluvium memorant, præmia et bravia. Nec dicunt, Ne puniamur; sed, Ne confundamur. Hoc quippe nobis terribilius est, quam gehenna, si videamur offendisse Dominum. Sed quia multos ex crassioribus hoc non terrere solet, adjiciunt: *Cum reddes unicuique secundum opera sua.* Viden' quantum nobis prosint externi illi et peregrini solitudinis cives, imo cælorum cives? Nos enim in cælis peregrini sumus, terræ autem cives: illi vero econtra. Post hunc hymnum compunctione moti, lacrymisque multis ac fervidis perfusi, ad so-

δόξα σοι, ἅγιε, δόξα σοι, βασιλεῦ, ὅτι ἔδωκας ἡμῖν βρώματα εἰς εὐφροσύνην. Οὐδὲ γὰρ ὑπὲρ τῶν μεγάλων μόνον, ἀλλὰ καὶ ὑπὲρ τῶν μικρῶν δεῖ εὐχαριστεῖν. Εὐχαριστοῦσι δὲ καὶ ὑπὲρ τούτων, καταισχύνοντες τὴν τῶν Μανιχαίων αἵρεσιν, καὶ ὅσοι τὴν παροῦσαν ζωὴν πονηρὰν εἶναι λέγουσιν. [d] Ἵνα γὰρ μὴ, διὰ τὴν ἄκραν φιλοσοφίαν καὶ τὴν ὑπεροψίαν τῆς γαστρὸς, ὑποπτεύσῃς περὶ αὐτῶν, ὡς τὰ σῖτα βδελυττομένων, οἷον περὶ ἐκείνων τῶν ἀπαγχονιζόντων ἑαυτοὺς, διὰ τῆς εὐχῆς D σε παιδεύουσιν, ὅτι οὐ βδελυττόμενοι τὰ κτίσματα τοῦ Θεοῦ, τῶν πλειόνων ἀπέχονται, ἀλλ' ἢ φιλοσοφίαν ἀσκοῦντες. Καὶ ὅρα πῶς ἀπὸ τῆς εὐχαριστίας τῶν ἤδη δοθέντων καὶ περὶ τῶν μειζόνων δυσωποῦσι, καὶ οὐ μένουσιν ἐπὶ τῶν βιωτικῶν, ἀλλὰ ἀναβαίνουσιν ὑπὲρ τοὺς οὐρανοὺς, καί φασι· [e] Πλῆσον ἡμᾶς Πνεύματος ἁγίου. Οὐδὲ γάρ ἐστιν εὐδοκιμεῖν ὡς χρὴ, μὴ πληρωθέντα τῆς χάριτος ἐκείνης, καθάπερ οὐκ ἔστι γενναῖόν τι ποιεῖν ἢ μέγα, μὴ τῆς τοῦ Χριστοῦ ῥοπῆς ἀπολαύσαντα. Ὥσπερ οὖν εἰπόντες, Ἵνα περισσεύωμεν εἰς πᾶν ἔργον ἀγαθὸν, ἐπήγαγον, Ἐν Χριστῷ Ἰησοῦ· οὕτω καὶ ἐνταῦθα λέγουσι, Πλῆσον ἡμᾶς Πνεύματος E ἁγίου, ἵνα εὑρεθῶμεν ἐνώπιόν σου [f] εὐαρεστοῦντες. Εἶδες πῶς ὑπὲρ τῶν βιωτικῶν μὲν οὐκ εὔχονται, ἀλλ' εὐχαριστοῦσι μόνον· ὑπὲρ δὲ τῶν πνευματικῶν καὶ εὐχαριστοῦσι καὶ εὔχονται; Ζητεῖτε γὰρ, φησὶ, τὴν βασιλείαν τῶν οὐρανῶν, καὶ ταῦτα πάντα προστεθήσεται ὑμῖν. Σκόπει δὲ καὶ ἑτέραν αὐτῶν φιλοσο- 564 φίαν. Ἵνα εὑρεθῶμεν γὰρ, φησὶ, ἐνώπιόν σου εὐα- A ρεστοῦντες, καὶ μὴ αἰσχυνόμενοι. Οὐ γὰρ μέλει ἡμῖν τῆς παρὰ τῶν πολλῶν αἰσχύνης, φησίν· ἀλλ' ὅσα ἂν εἴπωσιν οἱ ἄνθρωποι περὶ ἡμῶν γελῶντες, ὀνειδίζοντες, οὐδὲ ἐπιστρεφόμεθα· ὁ δὲ ἀγὼν ἡμῶν ἅπας, ὥστε μὴ τότε αἰσχυνθῆναι. Ὅταν δὲ ταῦτα εἴπωσι, καὶ τὸν τοῦ πυρὸς ἐπεισάγουσι ποταμὸν, καὶ τὰ ἔπαθλα καὶ τὰ βραβεῖα. Οὐκ εἶπον, ἵνα μὴ κολασθῶμεν, ἀλλ', ἵνα μὴ αἰσχυνθῶμεν. Τοῦτο γὰρ ἡμῖν πολὺ φοβερώτερον γεέννης, τὸ δόξαι προσκεκρουκέναι τῷ Δεσπότῃ. Ἀλλ' ἐπειδὴ τοὺς πολλοὺς οὐ φοβεῖ τοῦτο, καὶ παχυτέρους, ἐπάγουσιν· Ὅτε ἀποδίδως ἑκάστῳ κατὰ τὰ ἔργα αὐτοῦ. Εἶδες ἡλίκα ἡμᾶς ὤνησαν οἱ ξέ- B νοι καὶ παρεπίδημοι οὗτοι, οἱ τῆς ἐρήμου πολῖται, μᾶλλον δὲ οἱ τῶν οὐρανῶν πολῖται; Ἡμεῖς μὲν γὰρ τῶν οὐρανῶν ξένοι, πολῖται δὲ τῆς γῆς· αὐτοὶ δὲ τοὐναντίον. Μετὰ δὲ τὸν ὕμνον τοῦτον πολλῆς ἐμπλησθέντες κατανύξεως, καὶ θερμῶν καὶ πολλῶν δακρύων, οὕτως ἐπὶ ὕπνον βαδίζουσι, τοσοῦτον ὑπνοῦντες, ὅσον μικρὸν ἀναπαύσασθαι. Καὶ πάλιν τὰς νύκτας ἡμέρας

[d] Morel. ἵνα γὰρ διὰ, omisso μή.

[e] Morel. πλήρωσον.

[f] Alii εὐχαριστοῦντες, alii εὐαρεστήσαντες. Hic in Editis quinque sexve versus sequentes desiderantur usque ad εὐαρεστοῦντες sequens. Hæc porro omnia δι' ὁμοιοτέλευτον et in Editis et in Manuscriptis non paucis desiderantur.

ποιοῦσιν, ἐν εὐχαριστίαις [a] καὶ ψαλμῳδίαις διάγοντες. Οὐχ ἄνδρες δὲ μόνον, ἀλλὰ καὶ γυναῖκες ταύτην ἀσκοῦσι τὴν φιλοσοφίαν, τὴν ἀσθένειαν τῆς φύσεως τῇ περιουσίᾳ τῆς προθυμίας νικῶσαι. Αἰσχυνθῶμεν τοίνυν τὴν ἐκείνων εὐτονίαν οἱ ἄνδρες ἡμεῖς, καὶ παυσώμεθα τοῖς παροῦσι προστετηκότες, τῇ σκιᾷ, τοῖς ὀνείρασι, τῷ καπνῷ. Καὶ γὰρ τὸ πλέον τῆς ζωῆς ἡμῶν ἐν ἀναισθησίᾳ. C Ἥ τε γὰρ πρώτη ἡλικία πολλῆς γέμει τῆς ἀνοίας· ἡ δὲ πρὸς τὸ γῆρας ὁδεύουσα πάλιν, πᾶσαν τὴν ἐν ἡμῖν αἴσθησιν καταμαραίνει· καὶ ὀλίγον ἐστὶ τὸ μέσον, τὸ δυνάμενον μετὰ αἰσθήσεως τρυφῆς ἀπολαῦσαι· μᾶλλον δὲ οὐδὲ ἐκεῖνο καθαρῶς τούτου μετέχει, μυρίων φροντίδων καὶ πόνων λυμαινομένων [b] αὐτό. Διὸ παρακαλῶ, τὰ ἀκίνητα καὶ ἀθάνατα ζητήσωμεν ἀγαθὰ, καὶ τὴν ζωὴν τὴν οὐδέπω γῆρας ἔχουσαν. Ἔστι γὰρ καὶ πόλιν οἰκοῦντα τὴν τῶν μοναχῶν φιλοσοφίαν [c] ζηλοῦν· ἔστι γυναῖκα ἔχοντα, καὶ ἐν οἰκίᾳ στρεφόμενον, καὶ εὔχεσθαι, καὶ νηστεύειν, καὶ κατανενύχθαι. D Ἐπεὶ καὶ οἱ παρὰ τὴν ἀρχὴν ὑπὸ τῶν ἀποστόλων κατηχηθέντες τὰς μὲν πόλεις ᾤκουν, τῶν δὲ [d] τὰς ἐρημίας κατειληφότων τὴν εὐλάβειαν ἐπεδείκνυντο· καὶ ἕτεροι δὲ πάλιν ἐργαστηρίων προεστηκότες, ὡς Πρίσκιλλα καὶ Ἀκύλας. Καὶ οἱ προφῆται δὲ πάντες καὶ γυναῖκας εἶχον καὶ οἰκίας, ὡς ὁ Ἡσαΐας, ὡς ὁ Ἐζεχιὴλ, ὡς ὁ μέγας Μωϋσῆς, καὶ οὐδὲν ἐντεῦθεν εἰς ἀρετὴν παρεβλάβησαν. Τούτους δὴ καὶ ἡμεῖς ζηλώσαντες, διὰ παντὸς εὐχαριστήσωμεν τῷ Θεῷ, διὰ παντὸς ὑμνῶμεν αὐτὸν, καὶ σωφροσύνης καὶ τῶν ἄλλων ἀρετῶν ἐπιμελώμεθα, καὶ τὴν ἐν ταῖς ἐρημίαις φιλοσοφίαν εἰς τὰς πόλεις εἰσαγά- E γωμεν, ἵνα καὶ παρὰ τῷ Θεῷ εὐάρεστοι καὶ τοῖς ἀνθρώποις δόκιμοι [e] φανώμεθα, καὶ τῶν μελλόντων ἐπιτύχωμεν ἀγαθῶν, χάριτι καὶ φιλανθρωπίᾳ τοῦ Κυρίου ἡμῶν Ἰησοῦ Χριστοῦ, δι' οὗ καὶ μεθ' οὗ τῷ Πατρὶ δόξα, τιμὴ, κράτος, ἅμα τῷ ἁγίῳ καὶ ζωοποιῷ Πνεύματι, νῦν καὶ ἀεὶ, καὶ εἰς τοὺς αἰῶνας τῶν αἰώνων. Ἀμήν.

mnum pergunt, tantum dormientes, quantum satis est ad parvam quamdam quietem capiendam. Rursumque noctes in dies vertunt, in gratiarum actione et psalmodia vitam agentes. Nec modo viri, sed et mulieres hanc philosophiam exercent, quæ naturæ infirmitatem animi magnitudine superant. Pudeat igitur nos viros talem in ipsis constantiam videntes, et cessemus cupiditate moveri rerum præsentium, umbræ, somniorum, fumi. Nam maxima pars vitæ nostræ sensu carere videtur. Prima ætas multa plena est stultitia; quæ vero ad senium vergit, sensum in nobis hebetiorem reddit; intermedium tempus breve est, quo sensu deliciarum fruimur; imo ne tempore quidem illo sensu recte fruimur, cum mille curæ laboresque adsint qui illum labefactent. Quapropter, obsecro, immota et æterna quæramus bona, et vitam quæ nulli senio obnoxia est. Nam potest etiam is, qui in civitate habitat, monachorum philosophiam imitari: potest etiamsi uxorem habeat et domi versetur, precari, jejunare, compungi. Nam et qui ab initio ab apostolis instituebantur, civitatem incolebant, eorum qui in desertum concesserunt pietatem exhibebant, nec non alii qui officinis præerant, ut Priscilla et *Act.* 18.
Aquila. Prophetæ quoque omnes, et uxores et domos habebant, ut Isaias, Ezechiel, magnusque Moyses, neque inde quidpiam ipsis damni ad virtutem exercendam accessit. Hos et nos quoque imitantes, semper Deo gratias agamus, semper ipsum hymnis celebremus, continentiamque et alias virtutes colamus, atque eam quæ in montibus viget philosophiam, in civitates inducamus, ut et apud Deum acceptabiles et hominibus probati videamur, et futura consequamur bona, gratia et benignitate Domine nostri Jesu Christi, per quem et cum quo Patri gloria, honor, imperium, una cum sancto et vivifico Spiritu, nunc et semper, et in sæcula sæculorum. Amen.

a Savil. et quidam Mss. *καὶ ὑμνῳδίαις.*

b Morel. *λυμαινόμενον αὐτῷ.* Infra Savil. *οὐδέποτε γῆρας.*

c Savil. *ζηλῶσαι.*

d Alii *τὰς ἐρήμους.*

e Morel. *φανησόμεθα.*

HOMILIA LVI. al. LVII.

CAP. XVI. v. 28. *Amen, amen dico vobis, sunt quidam de hic adstantibus, qui non gustabunt mortem, donec viderint Filium hominis venientem in regno suo.*

1. Quoniam multa de periculis, de morte, de passione sua loquutus est, necnon de cæde discipulorum, illaque aspera ipsis præcepit, quæ in præsenti vita et quasi in manibus erant, bona vero in spe et exspectatione: ut erat illud, eos qui animam perdunt servare eam, et venturum ipsum esse in gloriam Patris sui, et præmia redditurum: cum vellet eos visu etiam certiores facere, ostendereque quid esset illa gloria, cum qua venturus esset, quantum scilicet capere poterant: in præsenti quoque vita illam ostendit, et revelat, ut ne de morte sua, neve de Domini nece dolerent, et maxime Petrus qui eam ægre ferebat. Et vide quid faciat, postquam de gehenna et de regno loquutus
Joan. 12. 25. fuerat. Cum diceret, *Qui invenit animam suam perdet eam, et qui perdiderit animam suam*
Matth. 16. 27. *propter me, inveniet eam;* iterumque, *Reddet unicuique secundum opera ejus:* hæc ambo declaravit. Et cum de utroque dixisset, regnum quidem videndum exhibet, gehennam vero minime. Quare? Quia si alii ibidem crassiores fuissent, id certe necessarium fuisset; quia vero illi erant accepti et probi viri, a bonis illos confirmat. Neque hæc una sola causa fuit hæc demonstrandi; sed quia id sibi convenientius erat. Nec tamen illam aliam partem prætermisit; sed sæpe res illas ad gehennam spectantes fere sub oculis ponit; ut
Luc. 16. cum Lazari imaginem induxit, et cum memora-
Matth. 18. et 22. vit eum, qui centum denarios exegerat, atque meminit illius, qui sordidis erat indutus vestibus, alio-
Cap. XVII. rumque plurimorum. 1. *Et post dies sex assumit Petrum, et Jacobum, et Joannem.* Alius vero,
Luc. 9. 28. Post dies octo, ait, neque huic contradicit, sed cum illo valde consentit. Nam alius diem illam, in qua loquutus est, enumerat, itemque illam, in qua reduxit eos; alius vero intermedias solum posuit. Tu vero animadvertas velim quomodo Matthæus philosophetur, dum eos non tacet qui sibi

565 A

ΟΜΙΛΙΑ νϛ'.

Ἀμὴν, ἀμὴν λέγω ὑμῖν, ὅτι εἰσί τινες τῶν ὧδε ἑστηκότων, οἵτινες οὐ μὴ γεύσονται θανάτου, ἕως ἂν ἴδωσι τὸν Υἱὸν τοῦ ἀνθρώπου ἐρχόμενον ἐν τῇ βασιλείᾳ αὐτοῦ.

Ἐπειδὴ [a] πολλὰ περὶ κινδύνων διελέχθη, καὶ θανάτου, καὶ τοῦ πάθους τοῦ ἑαυτοῦ, καὶ τῆς τῶν μαθητῶν
B σφαγῆς, καὶ τὰ αὐστηρὰ ἐπέταξεν ἐκεῖνα, καὶ τὰ μὲν ἦν ἐν τῷ παρόντι βίῳ καὶ χερσὶ, τὰ δὲ ἀγαθὰ ἐν ἐλπίσι καὶ προσδοκίαις· οἷον τὸ σώζειν τὴν ψυχὴν τοὺς ἀπολλύντας αὐτὴν, τὸ ἔρχεσθαι αὐτὸν ἐν τῇ δόξῃ τοῦ Πατρὸς αὐτοῦ, τὸ ἀποδιδόναι τὰ ἔπαθλα· βουλόμενος καὶ τὴν ὄψιν αὐτῶν πληροφορῆσαι, καὶ δεῖξαι [b] τί ποτέ ἐστιν ἡ δόξα ἐκείνη, μεθ' ἧς μέλλει παραγίνεσθαι, ὡς ἐγχωροῦν ἦν αὐτοῖς μαθεῖν· καὶ κατὰ τὸν παρόντα βίον δείκνυσιν αὐτοῖς καὶ ἀποκαλύπτει ταύτην, ἵνα μήτε ἐπὶ τῷ οἰκείῳ θανάτῳ, μήτε ἐπὶ τῷ τοῦ Δεσπότου λοιπὸν ἀλγῶσι, καὶ μάλιστα Πέτρος ὀδυνώμενος. Καὶ ὅρα τί
C ποιεῖ περὶ γεέννης καὶ βασιλείας διαλεχθείς. Τῷ τε γὰρ εἰπεῖν, Ὁ εὑρὼν τὴν ψυχὴν αὐτοῦ, ἀπολέσει αὐτήν· καὶ ὃς ἂν ἀπολέσῃ αὐτὴν ἕνεκεν ἐμοῦ, εὑρήσει αὐτήν· καὶ τῷ εἰπεῖν, Ἀποδώσει ἑκάστῳ κατὰ τὴν πρᾶξιν αὐτοῦ· ἀμφότερα ταῦτα ἐδήλωσε. Περὶ ἀμφοτέρων τοίνυν εἰπὼν, τὴν μὲν βασιλείαν τῇ ὄψει δείκνυσι, τὴν δὲ γέενναν οὐκέτι. Τί δήποτε; Ὅτι εἰ μὲν ἄλλοι τινὲς ἦσαν παχύτεροι, ἀναγκαῖον καὶ τοῦτο ἦν· ἐπειδὴ δὲ εὐδόκιμοι καὶ εὐγνώμονες, ἀπὸ τῶν χρηστοτέρων αὐτοὺς ἐνάγει. Οὐ διὰ τοῦτο δὲ μόνον δείκνυσι τοῦτο· ἀλλ' ὅτι καὶ [c] αὐτῷ τοῦτο μᾶλλον πρεπωδέστερον ἦν. Οὐ μὴν οὐδὲ ἐκεῖνο παρατρέχει τὸ μέρος· ἀλλ' ἔστιν
D ὅπου σχεδὸν καὶ ὑπ' ὄψιν αὐτὰ φέρει τὰ πράγματα τῆς γεέννης· ὡς ὅταν τοῦ Λαζάρου τὴν εἰκόνα εἰσάγῃ, καὶ τοῦ τὰ ἑκατὸν δηνάρια ἀπαιτήσαντος μνημονεύῃ, καὶ τοῦ τὰ ῥυπαρὰ ἐνδεδυμένου ἱμάτια, καὶ ἑτέρων πλειόνων. Καὶ μεθ' ἡμέρας ἓξ παραλαμβάνει Πέτρον, καὶ Ἰάκωβον, καὶ Ἰωάννην. Ἕτερος δὲ μετὰ ὀκτώ φησιν, οὐκ ἐναντιούμενος τούτῳ, ἀλλὰ καὶ σφόδρα συνᾴδων. Ὁ μὲν γὰρ καὶ αὐτὴν τὴν ἡμέραν, καθ' ἣν ἐφθέγξατο, κἀκείνην, καθ' ἣν ἀνήγαγεν, εἶπεν· ὁ δὲ τὰς μεταξὺ τούτων μόνον. Σὺ δέ μοι σκόπει πῶς ὁ Ματθαῖος [d] φιλοσοφεῖ, οὐκ ἀποκρυπτόμενος τοὺς ἑαυτοῦ προτιμη-
E θέντας. Τοῦτο δὲ καὶ Ἰωάννης πολλαχοῦ ποιεῖ, τὰ ἐξαίρετα τοῦ Πέτρου ἐγκώμια μετὰ πολλῆς ἀναγράφων

[a] Morel. ἐπειδὴ γὰρ πολλά. Paulopost τοῦ ἑαυτοῦ deest in Morel.

[b] Alii τίς ποτε.

[c] Alii αὐτὸ τοῦτο.

[d] Φιλοσοφεῖ, *philosophetur*. Philosophari apud Chrysostomum de cujuslibet virtutis exercitio dicitur.

HOMILIA LVI. al. LVII.

555 A

Cap. XVI. v. 28. *Amen, amen dico vobis, sunt quidam de hic adstantibus, qui non gustabunt mortem, donec viderint Filium hominis venientem in regno suo.*

1. Quoniam multa de periculis, de morte, de passione sua loquutus est, necnon de cæde discipulorum, illaque aspera ipsis præcepit, quæ in præsenti vita et quasi in manibus erant, bona vero in spe et exspectatione: ut erat illud, eos qui animam perdunt servare eam, et venturum ipsum esse in gloriam Patris sui, et præmia redditurum: cum vellet eos visu etiam certiores facere, ostendereque quid esset illa gloria, cum qua venturus esset, quantum scilicet capere poterant: in præsenti quoque vita illam ostendit, et revelat, ut ne de morte sua, neve de Domini nece dolerent, et maxime Petrus qui eam ægre ferebat. Et vide quid faciat, postquam de gehenna et de regno loquutus
Joan. 12. fuerat. Cum diceret, *Qui invenit animam suam*
25. *perdet eam, et qui perdiderit animam suam*
Matth. 16. *propter me, inveniet eam;* iterumque, *Reddet*
27. *unicuique secundum opera ejus:* hæc ambo declaravit. Et cum de utroque dixisset, regnum quidem videndum exhibet, gehennam vero minime. Quare? Quia si alii ibidem crassiores fuissent, id certe necessarium fuisset; quia vero illi erant accepti et probi viri, a bonis illos confirmat. Neque hæc una sola causa fuit hæc demonstrandi; sed quia id sibi convenientius erat. Nec tamen illam aliam partem prætermisit; sed sæpe res illas ad gehennam spectantes fere sub oculis ponit; ut
Luc. 16. cum Lazari imaginem induxit, et cum memora-
Matth. 18. vit eum, qui centum denarios exegerat, atque me-
et 22. minit illius, qui sordidis erat indutus vestibus, alio-
Cap. XVII. rumque plurimorum. 4. *Et post dies sex assumit Petrum, et Jacobum, et Joannem.* Alius vero,
Luc. 9. 28. Post dies octo, ait, neque huic contradicit, sed cum illo valde consentit. Nam alius diem illam, in qua loquutus est, enumerat, itemque illam, in qua reduxit eos; alius vero intermedias solum posuit. Tu vero animadvertas velim quomodo Matthæus philosophetur, dum eos non tacet qui sibi

[a] Morel. ἐπειδὴ γὰρ πολλά. Paulopost τοῦ ἑαυτοῦ deest in Morel.

[b] Alii τίς ποτε.

ΟΜΙΛΙΑ νϛʹ.

Ἀμὴν, ἀμὴν λέγω ὑμῖν, ὅτι εἰσί τινες τῶν ὧδε ἑστηκότων, οἵτινες οὐ μὴ γεύσονται θανάτου, ἕως ἂν ἴδωσι τὸν Υἱὸν τοῦ ἀνθρώπου ἐρχόμενον ἐν τῇ βασιλείᾳ αὐτοῦ.

Ἐπειδὴ [a] πολλὰ περὶ κινδύνων διελέχθη, καὶ θανάτου, καὶ τοῦ πάθους τοῦ ἑαυτοῦ, καὶ τῆς τῶν μαθητῶν
B σφαγῆς, καὶ τὰ αὐστηρὰ ἐπέταξεν ἐκεῖνα, καὶ τὰ μὲν ἦν ἐν τῷ παρόντι βίῳ καὶ χερσὶ, τὰ δὲ ἀγαθὰ ἐν ἐλπίσι καὶ προσδοκίαις· οἷον τὸ σώζειν τὴν ψυχὴν τοὺς ἀπολλύντας αὐτὴν, τὸ ἔρχεσθαι αὐτὸν ἐν τῇ δόξῃ τοῦ Πατρὸς αὐτοῦ, τὸ ἀποδιδόναι τὰ ἔπαθλα· βουλόμενος καὶ τὴν ὄψιν αὐτῶν πληροφορῆσαι, καὶ δεῖξαι [b] τί ποτέ ἐστιν ἡ δόξα ἐκείνη, μεθ' ἧς μέλλει παραγίνεσθαι, ὡς ἐγχωροῦν ἦν αὐτοῖς μαθεῖν· καὶ κατὰ τὸν παρόντα βίον δείκνυσιν αὐτοῖς καὶ ἀποκαλύπτει ταύτην, ἵνα μήτε ἐπὶ τῷ οἰκείῳ θανάτῳ, μήτε ἐπὶ τῷ τοῦ Δεσπότου λοιπὸν ἀλγῶσι, καὶ μάλιστα Πέτρος ὀδυνώμενος. Καὶ ὅρα τί
C ποιεῖ περὶ γεέννης καὶ βασιλείας διαλεχθείς. Τῷ τε γὰρ εἰπεῖν, Ὁ εὑρὼν τὴν ψυχὴν αὐτοῦ, ἀπολέσει αὐτήν· καὶ ὃς ἂν ἀπολέσῃ αὐτὴν ἕνεκεν ἐμοῦ, εὑρήσει αὐτήν· καὶ τῷ εἰπεῖν, Ἀποδώσει ἑκάστῳ κατὰ τὴν πρᾶξιν αὐτοῦ· ἀμφότερα ταῦτα ἐδήλωσε. Περὶ ἀμφοτέρων τοίνυν εἰπὼν, τὴν μὲν βασιλείαν τῇ ὄψει δείκνυσι, τὴν δὲ γέενναν οὐκέτι. Τί δήποτε; Ὅτι εἰ μὲν ἄλλοι τινὲς ἦσαν παχύτεροι, ἀναγκαῖον καὶ τοῦτο ἦν· ἐπειδὴ δὲ εὐδόκιμοι καὶ εὐγνώμονες, ἀπὸ τῶν χρηστοτέρων αὐτοὺς ἐνάγει. Οὐ διὰ τοῦτο δὲ μόνον δείκνυσι τοῦτο· ἀλλ' ὅτι καὶ [c] αὐτῷ τοῦτο μᾶλλον πρεπωδέστερον ἦν. Οὐ μὴν οὐδὲ ἐκεῖνο παρατρέχει τὸ μέρος· ἀλλ' ἔστιν
D ὅπου σχεδὸν καὶ ὑπ' ὄψιν αὐτὰ φέρει τὰ πράγματα τῆς γεέννης· ὡς ὅταν τοῦ Λαζάρου τὴν εἰκόνα εἰσάγῃ, καὶ τοῦ τὰ ἑκατὸν δηνάρια ἀπαιτήσαντος μνημονεύῃ, καὶ τοῦ τὰ ῥυπαρὰ ἐνδεδυμένου ἱμάτια, καὶ ἑτέρων πλειόνων. Καὶ μεθ' ἡμέρας ἓξ παραλαμβάνει Πέτρον, καὶ Ἰάκωβον, καὶ Ἰωάννην. Ἕτερος δὲ μετὰ ὀκτώ φησιν, οὐκ ἐναντιούμενος τούτῳ, ἀλλὰ καὶ σφόδρα συνᾴδων. Ὁ μὲν γὰρ καὶ αὐτὴν τὴν ἡμέραν, καθ' ἣν ἐφθέγξατο, κἀκείνην, καθ' ἣν ἀνήγαγεν, εἶπεν· ὁ δὲ τὰς μεταξὺ τούτων μόνον. Σὺ δέ μοι σκόπει πῶς ὁ Ματθαῖος [d] φιλοσοφεῖ, οὐκ ἀποκρυπτόμενος τοὺς ἑαυτοῦ προτιμη-
E θέντας. Τοῦτο δὲ καὶ Ἰωάννης πολλαχοῦ ποιεῖ, τὰ ἐξαίρετα τοῦ Πέτρου ἐγκώμια μετὰ πολλῆς ἀναγράφων

[c] Alii αὐτὸ τοῦτο.

[d] Φιλοσοφεῖ, *philosophetur*. Philosophari apud Chrysostomum de cujuslibet virtutis exercitio dicitur.

τῆς ἀληθείας. Βασκανίας γὰρ καὶ δόξης κενῆς πανταχοῦ καθαρὸς ἦν ὁ τῶν ἁγίων τούτων χορός. Λαβὼν τοίνυν τοὺς κορυφαίους, Ἀναφέρει εἰς ὄρος ὑψηλὸν κατιδίαν, καὶ μετεμορφώθη ἔμπροσθεν αὐτῶν, καὶ ἔλαμψεν τὸ πρόσωπον αὐτοῦ ὡς ὁ ἥλιος, τὰ δὲ ἱμάτια αὐτοῦ 566
A γέγονε λευκὰ ὡς [a] τὸ φῶς. Καὶ ὤφθησαν αὐτοῖς Μωϋσῆς καὶ Ἡλίας συλλαλοῦντες μετ' αὐτοῦ. Διατί τούτους παραλαμβάνει μόνους; Ὅτι οὗτοι τῶν ἄλλων ἦσαν ὑπερέχοντες· καὶ ὁ μὲν Πέτρος ἐκ τοῦ σφόδρα φιλεῖν αὐτὸν ἐδήλου τὴν ὑπεροχήν· ὁ δὲ Ἰωάννης ἐκ τοῦ σφόδρα φιλεῖσθαι· καὶ ὁ Ἰάκωβος δὲ ἀπὸ τῆς ἀποκρίσεως ἧς ἀπεκρίνατο μετὰ τοῦ ἀδελφοῦ λέγων· Δυνάμεθα πιεῖν τὸ ποτήριον· οὐκ ἀπὸ τῆς ἀποκρίσεως δὲ μόνον, ἀλλὰ καὶ ἀπὸ τῶν ἔργων, τῶν τε ἄλλων, καὶ ἀφ' ὧν ἐπλήρωσεν ἅπερ εἶπεν· οὕτω γὰρ ἦν σφοδρὸς καὶ βαρὺς Ἰουδαίοις, ὡς καὶ τὸν Ἡρώδην ταύτην δωρεὰν [b] μεγίστην νομίσαι χαρίσασθαι τοῖς Ἰουδαίοις, εἰ ἐκεῖνον ἀνέλοι. Διατί δὲ μὴ εὐθέως αὐτοὺς ἀνάγει;
B Ὥστε μηδὲν παθεῖν ἀνθρώπινον τοὺς λοιποὺς μαθητάς. Διὰ τοῦτο οὔτε τὰ ὀνόματα αὐτῶν λέγει τῶν ἀνιέναι μελλόντων. Καὶ γὰρ σφόδρα ἂν ἐπεθύμησαν καὶ οἱ λοιποὶ ἀκολουθῆσαι, ὑπόδειγμα μέλλοντες τῆς δόξης ἐκείνης ὁρᾷν, καὶ ἤλγησαν ἂν ὡς παροφθέντες. Εἰ γὰρ καὶ σωματικώτερον τοῦτο ἐδείκνυ, ἀλλ' ὅμως πολλὴν ἐπιθυμίαν τὸ πρᾶγμα εἶχε. Τί δήποτε οὖν προλέγει; Ἵνα εὐμαθέστεροι περὶ τὴν θεωρίαν γένωνται, ἀφ' ὧν προεῖπεν, καὶ σφοδροτέρας ἐν τῷ τῶν ἡμερῶν ἀριθμῷ τῆς ἐπιθυμίας ἐμπλησθέντες, οὕτω νηφούσῃ καὶ μεμεριμνημένῃ τῇ διανοίᾳ παραγένωνται. Τίνος δὲ ἕνε-
C κεν καὶ Μωϋσῆν καὶ Ἡλίαν εἰς μέσον ἄγει; Πολλὰς ἂν ἔχοι τις εἰπεῖν αἰτίας· καὶ πρώτην μὲν ταύτην, ὅτι ἐπειδὴ οἱ ὄχλοι ἔλεγον, οἱ μὲν Ἡλίαν, οἱ δὲ Ἱερεμίαν, οἱ δὲ ἕνα τῶν ἀρχαίων προφητῶν, τοὺς κορυφαίους ἄγει, ἵνα τὸ μέσον καὶ ἐντεῦθεν ἴδωσι τῶν δούλων καὶ τοῦ Δεσπότου, καὶ τὴν διαφορὰν, ὅτι καλῶς ἐπῃνέθη Πέτρος ὁμολογήσας αὐτὸν Υἱὸν Θεοῦ. Μετ' ἐκείνην δὲ [c] καὶ ἑτέραν ἔστιν εἰπεῖν. Ἐπειδὴ γὰρ συνεχῶς ἐνεκάλουν αὐτῷ τὸ παραβαίνειν τὸν νόμον, καὶ βλάσφημον αὐτὸν εἶναι ἐνόμιζον, ὡς σφετεριζόμενον δόξαν οὐ προσήκουσαν αὐτῷ τὴν τοῦ Πατρὸς, καὶ ἔλεγον·
D Οὗτος οὐκ ἔστιν ἐκ τοῦ Θεοῦ, ὅτι τὸ σάββατον οὐ τηρεῖ· καὶ πάλιν, Περὶ καλοῦ ἔργου οὐ λιθάζομέν σε, ἀλλὰ περὶ βλασφημίας, καὶ ὅτι ἄνθρωπος ὢν ποιεῖς σεαυτὸν Θεόν· ἵνα δειχθῇ, ὅτι βασκανίας ἀμφότερα τὰ ἐγκλήματα, καὶ ἑκατέρων τούτων ἐστὶν ἀνεύθυνος, καὶ οὔτε νόμου παράβασις τὸ γινόμενον, οὔτε δόξης σφετερισμὸς τῆς μὴ προσηκούσης τὸ λέγειν ἑαυτὸν ἴσον τῷ Πατρὶ, τοὺς ἐν ἑκατέρῳ λάμψαντας τούτων εἰς μέσον ἄγει. Καὶ γὰρ Μωϋσῆς τὸν νόμον

anteposîti fuerunt. Hoc et Joannes sæpe facit, eximias Petri laudes accuratissime describens. Nam livore et invidia vacuus semper erat horum sanctorum chorus. Assumtis itaque coryphæis, *Du-* Transfiguratio Christi.
xit illos in montem excelsum seorsum, 2. et transfiguratus est ante eos: et resplenduit facies ejus sicut sol, vestimenta autem ejus facta sunt alba sicut nix. 3. Et ecce apparuerunt eis Moyses et Elias loquentes cum ipso. Cur hos accipit solos? Quia hi aliis præstantiores erant; Petrus quod admodum diligeret Christum, ideo præeminebat; Joannes quod valde diligeretur; Jacobus ex sua cum fratre responsione, quando dixit, *Possumus bibere calicem;* neque ab hac re- *Matth.* 20. 22.
sponsione solum; sed etiam ex operibus, tum aliis, tum quod impleverit id quod dixerat: Judæis quippe ita acer et vehemens esse videbatur, ut
Herodes munus maximum se præbiturum Judæis *Act.* 12. 1.
putaret, si illum occideret. Cur autem non statim illos secum adducit? Ne reliqui discipuli aliquid humanum paterentur. Ideo ne nomina quidem eorum protulit qui ascensuri erant. Nam admodum desiderassent cæteri Christum sequi, tantam gloriam visuri, et tamquam neglecti doluissent. Etiamsi enim hoc corporaliter maxime ostensum fuerit, attamen multum desiderii id intulisset. Cur autem id prædixit? Ut paratiores et præmoniti circa visionem essent, ex prædictione, et ex dierum numero cupiditate videndi ardentes, sic vigili et sollicita mente accederent. Cur autem Moysen et Eliam in medium adducit? Multæ possent
afferri causæ, quarum prima hæc est: Quia turbæ *Matth.* 16. 14.
dicebant, alii Eliam, alii Jeremiam, alii unum veterum prophetarum Christum esse, ideo illos qui præcipui erant adducit, ut hinc videretur quantum discrimen esset servos inter et Dominum, ac recte Petrum fuisse laudatum, quod ipsum esse Dei Filium confessus esset. Aliud quoque addendum suppetit. Quia frequenter ipsum arguebant, quod legem transgrederetur, et blasphemum ipsum putabant esse, quia gloriam Patris nihil ad
se pertinentem sibi vindicaret, dicebantque: *Hic* *Joan.* 9. 16
non est a Deo, quia sabbatum non servat; ac
rursum, *De bono opere non lapidamus te, sed* *Joan.* 10. 33.
de blasphemia, et quia tu, homo cum sis, facis teipsum Deum: ut ostendatur, hanc utramque criminationem ex invidia proficisci, et se utraque in re insontem esse; neque se legem prævaricatum esse, nec se sibi non congruentem gloriam attri-

[a] Hic quædam deerant in Morel. quæ ex Savil. et Mss. excepta sunt.

[b] Quidam μεγάλην.

[c] Alii καὶ ἑτέραν ἐστί.

buisse, cum se diceret æqualem Patri, eos in medium adducit, qui in utraque re fulserant. Nam Moyses legem dederat, poterantque Judæi cogitare, Moysen non libenter passurum fuisse quod lex conculcaretur, ut illi putabant, nec colere potuisse hostem ejus qui legem dederat. Elias vero, qui pro Dei gloria zelo plenus erat, si Deo adversarius ille fuisset, si se Deum et patri æqualem falso dixisset, nequaquam adfuturus et illi obsequuturus fuisset.

Cur Moyses et Elias transfigurationi interfuerunt.

2. Cum supra dictis altera est adhuc dicenda causa. Quænam illa? Ut discerent eum et vitæ et mortis potestatem habere, ac cælestibus pariter atque terrenis imperare. Quapropter et eum, qui mortuus erat, et eum, qui nondum obierat, in medium adducit. Quintam causam (nam certe quinta numero est) affert evangelista. Quænam illa est? Ut crucis gloriam ostenderet, Petrumque ac reliquos solaretur, qui passionem timebant, ipsorumque animos erigeret. Nam cum illo advenissent, non tacebant, sed loquebantur de gloria quam completurus erat in Jerusalem; id est, de passione et cruce; sic enim ipsam semper vocant. Nec ideo tantum illos delegit: sed illorum virtute motus, quam ipse in illis maxime quærebat. Quia enim dixerat, *Si quis vult post me venire, tollat crucem suam et sequatur me*, eos, qui pro Dei beneplacito, et pro sibi commisso populo mille mortes obierant, in medium adducit. Uterque enim animam perdidit, et invenit eam. Uterque contra tyrannum constanter ac libere stetit; ille contra Ægyptium, hic contra Achabum, idque pro ingratis et inobsequentibus hominibus. Et ab iis, quorum saluti advigilabant, in extremum acti sunt periculum, atque uterque ut illos ab idololatria retraheret; et ambo privati homines esse videbantur: ille lingua tardus et exili voce erat; hic agrestis viri more agebat: ambo pauperes admodum erant: nam neque Moyses quidpiam possidebat, neque Helias; (quid enim plus habuit, quam meloten?) et hæc in veteri lege, cum nondum tantam signorum gratiam accepissent. Etiamsi enim Moyses mare diviserit, at Petrus super aquas ambulavit, et montes transferre poterat, morbos omnis generis curabat, feroces dæmonas fugabat, magnaque illa prodigia per umbram corporis sui edebat, totumque orbem convertit. Si autem Elias

Luc. 9. 31.

Petri miracula or-

ἔδωκε, καὶ ἠδύναντο λογίσασθαι Ἰουδαῖοι, ὅτι οὐκ ἂν περιεῖδε πατούμενον αὐτὸν, ὡς ἐνόμιζον, οὐδ᾽ ἂν τὸν παραβαίνοντα αὐτὸν καὶ τῷ τεθεικότι πολέμιον ὄντα ἐθεράπευσεν ἄν. Καὶ Ἠλίας δὲ ὑπὲρ τῆς δόξης τοῦ Θεοῦ ἐζήλωσε, καὶ οὐκ ἂν εἰ ἀντίθεος ἦν, καὶ Θεὸν ἑαυτὸν ἔλεγεν, ἴσον ἑαυτὸν ποιῶν τῷ Πατρὶ, [d] μὴ ὢν ὅπερ ἔλεγε, μηδὲ προσηκόντως τοῦτο ποιῶν, παρέστη καὶ αὐτὸς καὶ ὑπήκουσεν.

567 Ἔστι δὲ καὶ ἑτέραν αἰτίαν εἰπεῖν μετὰ τῶν εἰρημένων. Ποίαν δὲ ταύτην; Ἵνα μάθωσιν, ὅτι καὶ θανάτου καὶ ζωῆς ἐξουσίαν ἔχει, καὶ τῶν ἄνω καὶ τῶν κάτω κρατεῖ. Διὰ τοῦτο καὶ τὸν τετελευτηκότα, καὶ τὸν οὐδέπω τοῦτο παθόντα εἰς μέσον ἄγει. [a] Τὴν δὲ πέμπτην αἰτίαν (πέμπτη γὰρ αὕτη ἐστὶ πρὸς ταῖς εἰρημέναις) καὶ αὐτὸς ὁ εὐαγγελιστὴς ἀπεκάλυψε. Τίς δὲ ἦν αὕτη; Δεῖξαι τοῦ σταυροῦ τὴν δόξαν, καὶ παραμυθήσασθαι τὸν Πέτρον καὶ ἐκείνους δεδοικότας τὸ πάθος, καὶ ἀναστῆσαι αὐτῶν τὰ φρονήματα. Καὶ γὰρ παραγενόμενοι οὐκ ἐσίγων, ἀλλ᾽ ἐλάλουν, φησὶ, [b] τὴν δόξαν ἣν ἔμελλε πληροῦν ἐν Ἱερουσαλήμ· τουτέστι, τὸ πάθος καὶ τὸν σταυρόν· οὕτω γὰρ αὐτὸ καλοῦσιν ἀεί. Οὐ ταύτῃ δὲ μόνον αὐτοὺς [c] εἴληφεν, ἀλλὰ καὶ αὐτῇ τῇ ἀρετῇ τῶν ἀνδρῶν, ἣν μάλιστα παρ᾽ αὐτῶν ἐζήτει. Ἐπειδὴ γὰρ εἶπεν, Εἴ τις θέλει ὀπίσω μου ἐλθεῖν, ἀράτω τὸν σταυρὸν αὐτοῦ, καὶ ἀκολουθείτω μοι, τοὺς μυριάκις ἀποθανόντας ὑπὲρ τῶν τῷ Θεῷ δοκούντων καὶ τοῦ δήμου [d] τοῦ πιστευθέντος αὐτοῖς, τούτους εἰς μέσον ἄγει. Καὶ γὰρ τούτων ἕκαστος τὴν ψυχὴν ἀπολέσας, εὗρεν αὐτήν. Καὶ γὰρ καὶ πρὸς τυράννους ἕκαστος ἐπαῤῥησιάσατο· ὁ μὲν πρὸς τὸν Αἰγύπτιον, ὁ δὲ πρὸς τὸν Ἀχαὰβ, καὶ ὑπὲρ ἀγνωμόνων ἀνθρώπων καὶ ἀπειθῶν. Καὶ ὑπ᾽ αὐτῶν τῶν παρ᾽ αὐτῶν σωζομένων εἰς τὸν περὶ τῶν ἐσχάτων ἤχθησαν κίνδυνον, καὶ ἕκαστος αὐτῶν εἰδωλολατρείας ἀπαλλάξαι βουλόμενος, καὶ ἕκαστος αὐτῶν ἰδιώτης ὤν· ὁ μὲν γὰρ βραδύγλωσσος καὶ ἰσχνόφωνος· ὁ δὲ καὶ αὐτὸς ἀγροικότερον διακείμενος· καὶ ἀκτημοσύνης δὲ πολλὴ [e] παρ᾽ ἑκατέρων ἡ ἀκρίβεια· οὔτε γὰρ Μωϋσῆς τι ἐκέκτητο, οὔτε Ἠλίας· (τί γὰρ εἶχε πλέον τῆς μηλωτῆς;) καὶ ταῦτα ἐν τῇ Παλαιᾷ, καὶ οὐδὲ χάριν τοσαύτην λαβόντες σημείων. Εἰ γὰρ καὶ θάλατταν ἔσχισε Μωϋσῆς, ἀλλὰ Πέτρος ἐπὶ τῆς ὑγρᾶς ἐβάδισε, καὶ ὄρη μεταθεῖναι ἱκανὸς ἦν, καὶ νοσήματα σωμάτων διώρθου παντοδαπὰ, καὶ δαίμονας ἤλαυνεν ἀγρίους, καὶ σκιᾷ σώματος τὰ μεγάλα ἐκεῖνα ἐθαυματούργει τεράστια, καὶ τὴν οἰκουμένην μετέστησεν ἅπα-

[d] Hæc, μὴ ὢν... τοῦτο ποιῶν, desunt in Morel.

[a] Alii τὴν δὲ τετάρτην.

[b] Alii [et Bibl.] τὴν ἔξοδον ἥν.

[c] Morel. et Savil. εἴληφεν, Manuscripti plurimi ἥλκυσεν.

[d] Unus τοῦ πεισθέντος.

[e] Legendum putat Savil. παρ᾽ ἑκατέροις.

σαν. Εἰ δὲ καὶ Ἠλίας νεκρὸν ἀνέστησεν, ἀλλ' οὗτοι μυρίους, καὶ ταῦτα μηδέπω Πνεύματος καταξιωθέντες. Ἄγει τοίνυν καὶ διὰ τοῦτο εἰς μέσον· ἠβούλετο γὰρ αὐτοὺς καὶ τὸ δημαγωγικὸν τὸ ἐκείνων ζηλῶσαι, καὶ τὸ εὔτονον, καὶ τὸ ἀκαμπές· καὶ γενέσθαι ἐπιεικεῖς κατὰ Μωϋσέα, καὶ ζηλωτὰς κατὰ τὸν Ἠλίαν, καὶ κηδεμονικοὺς ὁμοίως. Ὁ μὲν γὰρ λιμὸν τριῶν ἐτῶν ἤνεγκε διὰ τὸν δῆμον τὸν Ἰουδαϊκόν· ὁ δὲ ἔλεγεν· Εἰ μὲν ἀφῇς αὐτοῖς τὴν ἁμαρτίαν, ἄφες· * ἐπεὶ, κἀμὲ ἐξάλειψον ἐκ τῆς βίβλου ἧς ἔγραψας. Τούτων δὲ ἁπάντων ἀνεμίμνησκε διὰ τῆς E
ὄψεως. Καὶ γὰρ ἐν δόξῃ αὐτοὺς ἤγαγεν, οὐχ ἵνα μέχρι τούτων στῶσιν, ἀλλ' ἵνα [f] καὶ ὑπερβαίνωσι τὰ σκάμματα. Ὅτε γοῦν εἶπον, Εἴπωμεν πῦρ καταβῆναι ἐκ τοῦ οὐρανοῦ, καὶ ἐμνημόνευσαν τοῦ Ἠλία ὡς τοῦτο πεποιηκότος, φησίν· Οὐκ οἴδατε ποίου πνεύματός ἐστε· 568 A
εἰς ἀνεξικακίαν αὐτοὺς ἀλείφων διὰ τῆς κατὰ τὸ χάρισμα διαφορᾶς. Καὶ μή τις ἡμᾶς νομιζέτω καταγινώσκειν [a] Ἠλίου ὡς ἀτελοῦς· οὐ τοῦτό φαμεν· καὶ γὰρ σφόδρα τέλειος ἦν. Ἀλλ' ἐν τοῖς καιροῖς τοῖς ἑαυτοῦ, ὅτε παιδικωτέρα ἡ τῶν ἀνθρώπων διάνοια ἦν, καὶ ταύτης ἐδέοντο τῆς παιδαγωγίας· ἐπεὶ καὶ Μωϋσῆς κατὰ τοῦτο τέλειος ἦν· ἀλλ' ὅμως κἀκείνου πλέον ἀπαιτοῦνται οὗτοι. Ἐὰν γὰρ μὴ περισσεύσῃ ἡ δικαιοσύνη ὑμῶν πλέον τῶν γραμματέων καὶ Φαρισαίων, οὐ μὴ εἰσέλθητε εἰς τὴν βασιλείαν τῶν οὐρανῶν. Οὐ γὰρ εἰς Αἴγυπτον εἰσῄεσαν, ἀλλ' εἰς τὴν οἰκουμένην ἅπασαν, χαλεπώτερον Αἰγυπτίων διακειμένην· οὐδὲ τῷ Φαραὼ B
διαλεξόμενοι, ἀλλὰ τῷ διαβόλῳ [b] πυκτεύσοντες αὐτῷ τῷ τῆς κακίας τυράννῳ. Καὶ γὰρ ἀγὼν ἦν αὐτοῖς, κἀκεῖνον δῆσαι, καὶ τὰ σκεύη αὐτοῦ διαρπάσαι πάντα· καὶ ταῦτα ἐποίουν οὐ θάλατταν ῥηγνύντες, ἀλλὰ βυθὸν ἀσεβείας διὰ τῆς ῥάβδου τῆς Ἰεσσαὶ, πολλῷ χαλεπώτερα κύματα ἔχοντα. Ὅρα γοῦν πόσα ἐφόβει τοὺς ἀνθρώπους· θάνατος, πενία, ἀδοξία, τὰ μυρία πάθη· καὶ μᾶλλον ταῦτα ἔτρεμον, ἢ τὸ πέλαγος τότε ἐκεῖνο οἱ Ἰουδαῖοι. Ἀλλ' ὅμως ἁπάντων τούτων ἔπεισεν αὐτοὺς κατατολμῆσαι, καὶ ὥσπερ διὰ ξηρᾶς διαβῆναι μετὰ ἀσφαλείας ἁπάσης. Πρὸς ταῦτα τοίνυν ἅπαντα C
αὐτοὺς ἀλείφων, παρήγαγε τοὺς ἐν τῇ Παλαιᾷ λάμψαντας. Τί οὖν ὁ Πέτρος ὁ θερμός; Καλόν ἐστιν ἡμᾶς ὧδε εἶναι. Ἐπειδὴ γὰρ ἤκουσεν, ὅτι δεῖ αὐτὸν εἰς τὰ Ἱεροσόλυμα ἀπελθεῖν καὶ παθεῖν, δεδοικὼς ἔτι καὶ τρέμων ὑπὲρ αὐτοῦ, καὶ μετὰ τὴν ἐπιτίμησιν προσελθεῖν μὲν καὶ εἰπεῖν τὸ αὐτὸ τοῦτο οὐ τολμᾷ πάλιν, ὅτι Ἵλεώς σοι, ἀπὸ δὲ τοῦ φόβου ἐκείνου τὰ αὐτὰ πάλιν αἰνίττεται δι' ἑτέρων ῥημάτων. Ἐπειδὴ γὰρ εἶδεν

mortuum suscitavit; at illi sexcentos suscitarunt, hem totum
etiamsi nondum Spiritum sanctum accepissent. converterunt.
Illos itaque hac de causa in medium adduxit: volebat enim discipulos eorum ad populum ducendum studium imitari, illorum constantiam, firmitatem: esseque mites, ut Moyses erat, zelo plenos ut Elias, similiterque sollicitos. Alter enim triennalem famem tulit propter populum Judaïcum; alter vero dicebat: *Si quidem dimittis ipsis* Exod. 32.
peccatum, dimitte; sin minus, dele me de li- 32.
bro quem scripsisti. Hæc omnia ipsis per hanc visionem in mentem revocabat. Nam in gloriam illam adduxit ipsos; non ut in illis starent, sed ut scammata transilirent. Quando igitur dixerunt, *Dicamus ignem de cælo descendere*, et Eliæ Luc. 9. 54.
recordati sunt, qui hoc fecerat, ait illis: *Nescitis* 55.
cujus spiritus sitis; ad injuriarum oblivionem illos adhortans ob charismatum differentiam. Ne putes nos Eliam ut imperfectum damnare: non enim hoc dicimus; etenim admodum perfectus erat. Verum temporibus suis, cum puerilior tunc mens hominum esset, hac opus erat institutione: nam Moyses quoque hac ratione perfectus erat; sed plus exigitur ab apostolis quam ab illo. *Nisi* Matth. 5.
enim abundaverit justitia vestra plusquam 20.
scribarum et Pharisæorum, non intrabitis in regnum cælorum. Non enim in Ægyptum ingressi sunt, sed in orbem totum, gravius et pejus affectum quam Ægyptii erant: non Pharaonem alloquuturi, sed cum diabolo pugnaturi ipso nequitiæ tyranno. Nam certamen ipsis erat, ut illum alligarent, et vasa ejus diriperent omnia; illud vero faciebant, non mare dividentes, sed per virgam Jessæ profundum impietatis dissecantes, multo gravioribus agitatum fluctibus. Vide igitur quot quantaque essent, quæ hominibus terrorem incuterent: mors, paupertas, infamia, mille mala, magisque illa tunc timebant, quam Judæi olim pelagus illud. Attamen suasit illis ut hæc omnia fidenter aggrederentur, et cum magna securitate quasi per siccum transirent. Ad hæc igitur omnia ipsos concitans, illos adduxit qui in Veteri refulserant. Quid igitur Petrus fervens ille? 4. *Bonum est nos hic esse.* Quia enim audierat, ipsum Jerosolymam venturum et passurum esse, ea de causa adhuc timens et tremens, post increpatio-

* [Pro ἐπεὶ Veneti legunt e Bibl. εἰ δὲ μή. At sæpius hunc locum ita affert Chrysostomus, quod alibi animadvertit Montf.]

f Alii καὶ ὑπερβῶσι. Paulo post quidam καὶ ἐμνημόνευσαν Ἠλίαν ὡς τοῦτο πεποιηκότα.

a Alii Ἠλία.

b Morel. πυκτεύοντες, alius πυκτεύσαντες.

nem illam non audet quidem accedere ac dicere,
Matth. 16. 22. *Propitius tibi sit*, sed timore adhuc captus, ea-
dem ipsa, sed per alia verba subindicat. Quia enim montem videbat et vastam solitudinem, cogitabat magnam ibi securitatem a loco esse; nec modo a loco, sed quod cuperet ipsum non ultra Jerosolymam adire : vult enim eum ibi perpetuo manere : ideo tabernacula memorat. Si enim hoc fiat, inquit, non ultra Jerosolymam ascendemus; si non ascendamus, ille non morietur. Ibi namque dicebat scribas se aggressuros esse. Sed non ausus es ita loqui; hæc autem perficere volens, secure dicebat : *Bonum est nos hic esse*, ubi et Moyses et Elias adsunt : Elias, qui de cælo ignem in montem descendere jussit, Moysesque, qui in caliginem ingressus, cum Deo loquutus est : et nemo sciet ubinam sumus.

ὄρος καὶ πολλὴν τὴν ἀναχώρησιν καὶ τὴν ἐρημίαν, ἐνενόησεν ὅτι ἔχει πολλὴν ἀσφάλειαν τὴν ἀπὸ τοῦ τόπου· οὐ μόνον δὲ ἀπὸ τοῦ τόπου, ἀλλὰ καὶ τοῦ μηκέτι D ἀπελθεῖν αὐτὸν εἰς τὰ Ἱεροσόλυμα· βούλεται γὰρ αὐτὸν ἐκεῖ εἶναι διηνεκῶς· διὸ καὶ σκηνῶν μέμνηται. Εἰ γὰρ τοῦτο γένοιτο, φησὶν, οὐκ ἀναβησόμεθα εἰς τὰ Ἱεροσόλυμα· εἰ δὲ μὴ ἀναβαίημεν, οὐκ ἂν ἀποθανεῖται. Ἐκεῖ γὰρ ἔφη τοὺς γραμματεῖς ἐπιθήσεσθαι αὐτῷ. Ἀλλ' οὕτω μὲν οὐκ ἐτόλμησεν εἰπεῖν· ταῦτα δὲ βουλόμενος κατασκευάσαι, ἔλεγεν ἐν ἀσφαλείᾳ· Καλόν ἐστιν ἡμᾶς ἐνταῦθα εἶναι, ἔνθα καὶ Μωϋσῆς πάρεστι καὶ Ἠλίας· Ἠλίας ὁ ἐπὶ τοῦ ὄρους πῦρ κατενεγκὼν, καὶ Μωϋσῆς ὁ εἰς τὸν γνόφον εἰσελθὼν, καὶ τῷ Θεῷ διαλεχθείς· καὶ οὐδεὶς οὐδὲ εἴσεται ἔνθα ἐσμέν.

3. Vidistin' ferventem Christi amatorem? Ne quæras quam prudens et accuratus esset hortandi modus, sed quam fervens, quantumque ardebat amore Christi. Quod enim cum illud diceret, non pro scipso tantum tremeret hæc dicendo, audi quid dicat cum Christus mortem suam et insidias
Marc. 14. 31. sibi parari prænuntiavit : ***Animam meam pro te ponam : si oportuerit me mori tecum, non te negabo.*** Vide etiam quomodo in mediis periculis vitæ suæ parum consuleret. Tanto enim circumstante populo, non modo non aufugit, sed stricto gladio amputavit auriculam servi sacerdotis. Sic ille non quod suum erat respiciebat, sed pro magistro suo tremebat. Deinde quia absolute loquutus fuerat, ad mentem redit; timensque ne rursus increparetur, ait : *Si vis, faciamus hic tria tabernacula, tibi unum, Moysi unum, et Eliæ unum.* Quid dicis, Petre? nonne paulo ante a servis eum separasti? cur cum servis modo connumeras? Viden' quam imperfecti illi essent ante crucem? Nam si Pater Petro revelavit, at non diu revelationem illam retinuit, sed pavore turbatus est, non solum eo quem dixi, sed etiam alio quem ex visione illa susceperat. Alii itaque evangelistæ hoc significantes, mentis confusionem, qua afficiebatur, cum hæc diceret, ex pavore illo susce-
Marc. 9. 6. ptam declarant. Marcus quidem dicit, *Non enim sciebat quid loqueretur : perterriti namque*
Luc. 9. 33. *fuerunt;* Lucas vero postquam dixit, *Faciamus tria tabernaaula*, statim subjunxit, *Nesciens quid diceret.* Deinde significans et illum et alios

Εἶδες τὸν θερμὸν ἐραστὴν τοῦ Χριστοῦ; Μὴ γὰρ δὴ E τοῦτο ζήτει, ὅτι οὐκ ἦν ἐξητασμένος ὁ τρόπος τῆς παρακλήσεως, ἀλλ' ὅπως θερμὸς ἦν, πῶς [c] περιεκαίετο τοῦ Χριστοῦ. Ὅτι γὰρ οὐχ ὑπὲρ ἑαυτοῦ τοσοῦτον τρέμων ταῦτα ἔλεγεν, ἡνίκα αὐτοῦ τὸν ἐσόμενον προεμήνυε θάνατον καὶ τὴν ἔφοδον, ἄκουσον τί φησι· Τὴν ψυχήν μου ὑπέρ σου θήσω· κἂν δέῃ με σὺν σοὶ ἀποθανεῖν, οὐ μή σε ἀπαρνήσομαι. Ὅρα δὲ πῶς καὶ ἐν 569 A μέσοις αὐτοῖς τοῖς κινδύνοις [a] παρεβουλεύετο. Τοσούτου γοῦν περιεστῶτος δήμου, οὐ μόνον οὐκ ἔφυγεν, ἀλλὰ καὶ τὴν μάχαιραν σπασάμενος, τὸ ὠτίον ἀπέκοψε τοῦ δούλου τοῦ ἀρχιερέως. Οὕτως οὐ τὸ καθ' ἑαυτὸν ἐσκόπει, ἀλλ' ὑπὲρ τοῦ διδασκάλου ἔτρεμεν. Εἶτα ἐπειδὴ ἀποφαντικῶς ἐφθέγξατο, ἐπιλαμβάνεται ἑαυτοῦ· καὶ ἐννοήσας μὴ πάλιν ἐπιτιμηθῇ, φησίν· Εἰ θέλεις, ποιήσωμεν ὧδε τρεῖς σκηνὰς, σοὶ μίαν, καὶ Μωϋσῇ μίαν, καὶ Ἠλίᾳ μίαν. Τί λέγεις, ὦ Πέτρε; οὐ πρὸ μικροῦ τῶν δούλων αὐτὸν ἀπήλλαξας; πάλιν μετὰ τῶν δούλων αὐτὸν ἀριθμεῖς; Εἶδες πῶς σφόδρα B ἀτελεῖς ἦσαν πρὸ τοῦ σταυροῦ; Εἰ γὰρ καὶ ἀπεκάλυψεν αὐτῷ ὁ Πατὴρ, ἀλλ' οὐ διηνεκῶς κατεῖχε τὴν ἀποκάλυψιν· ἀλλ' ὑπὸ τῆς ἀγωνίας ἐταράχθη, οὐχὶ ταύτης ἧς εἶπον μόνης, ἀλλὰ καὶ ἑτέρας τῆς ἀπὸ τῆς ὄψεως ἐκείνης. Οἱ γοῦν ἕτεροι εὐαγγελισταὶ τοῦτο δηλοῦντες, καὶ τὸ συγκεχυμένον αὐτοῦ τῆς γνώμης, μεθ' ἧς ταῦτα ἐφθέγγετο, ἀπὸ τῆς ἀγωνίας ἐκείνης δεικνύντες γεγενῆσθαι, ἔλεγον· ὁ μὲν Μάρκος, ὅτι Οὐ γὰρ ᾔδει τί λαλήσῃ· [b] ἔκφοβοι γὰρ ἐγένοντο· ὁ δὲ Λουκᾶς μετὰ τὸ εἰπεῖν, Τρεῖς σκηνὰς ποιήσωμεν, ἐπήγαγε· Μὴ εἰδὼς ὃ λέγει. Εἶτα δηλῶν ὅτι πολλῷ κατείχετο φόβῳ, καὶ αὐτὸς, καὶ οἱ λοιποί, φησί· Βεβαρημένοι

c Alii περιεκαίετο ὑπὲρ τοῦ Χριστοῦ.

a Παρεβουλεύετο. Illud apostoli respicit, παραβουλευσάμενος τῇ ψυχῇ, *vitæ*, vel *animæ suæ parum consulens*. Philipp. 2, 30.

b Alius ἔμφοβοι.

ἦσαν ὕπνῳ· διαγρηγορήσαντες δὲ εἶδον τὴν δόξαν αὐτοῦ· ὕπνον ἐνταῦθα καλῶν τὸν πολὺν κάρον τὸν ἀπὸ C τῆς ὄψεως ἐκείνης αὐτοῖς ἐγγινόμενον. Καθάπερ γὰρ ὀφθαλμοὶ ἐξ ὑπερβαλλούσης λαμπηδόνος σκοτοῦνται, οὕτω καὶ τότε ἔπαθον. Οὐ γὰρ δὴ νὺξ ἦν, ἀλλ' ἡμέρα· καὶ τὸ τῆς αὐγῆς ὑπέρογκον ἐβάρει τῶν ὀφθαλμῶν τὴν ἀσθένειαν. Τί οὖν; Αὐτὸς μὲν οὐδὲν φθέγγεται, οὐδὲ Μωϋσῆς, οὐδὲ Ἠλίας· ὁ δὲ πάντων μείζων καὶ ἀξιοπιστότερος, ὁ Πατὴρ, φωνὴν ἀφίησιν ἐκ τῆς νεφέλης. Διὰ τί ἐκ τῆς νεφέλης; Οὕτως ἀεὶ φαίνεται ὁ Θεός· Νεφέλη γὰρ καὶ γνόφος κύκλῳ αὐτοῦ· καὶ πάλιν, [c] Ὁ τιθεὶς νέφη τὴν ἐπίβασιν αὐτοῦ· καὶ πάλιν, Κύριος D κάθηται ἐπὶ νεφέλης κούφης· καὶ, Νεφέλη ὑπέλαβεν αὐτὸν ἀπὸ τῶν ὀφθαλμῶν αὐτῶν· καὶ, Ὡς Υἱὸς ἀνθρώπου ἐρχόμενος ἐπὶ τῶν νεφελῶν. Ἵν' οὖν πιστεύσωσιν, ὅτι παρὰ τοῦ Θεοῦ ἡ φωνὴ φέρεται, ἐκεῖθεν ἔρχεται, [d] καὶ ἡ νεφέλη ἡ φωτεινή· Ἔτι γὰρ αὐτοῦ λαλοῦντος, ἰδοὺ φωτεινὴ νεφέλη ἐπεσκίασεν αὐτούς. Καὶ ἰδοὺ φωνὴ ἐκ τῆς νεφέλης λέγουσα· οὗτός ἐστιν ὁ Υἱός μου ὁ ἀγαπητὸς, ἐν ᾧ εὐδόκησα· αὐτοῦ ἀκούετε. Ὅταν μὲν γὰρ ἀπειλῇ, σκοτεινὴν δείκνυσι νεφέλην, ὥσπερ ἐν τῷ Σινᾷ· Εἰσῆλθε γὰρ, φησὶν, εἰς τὴν νεφέλην καὶ εἰς τὸν γνόφον ὁ Μωϋσῆς, καὶ ὡς ἀτμὶς οὕτως ἐφέρετο ὁ καπνός· καὶ ὁ προφήτης φησὶ περὶ τῆς E ἀπειλῆς αὐτοῦ διαλεγόμενος· Σκοτεινὸν ὕδωρ ἐν νεφέλαις ἀέρων· ἐνταῦθα δὲ, ἐπειδὴ οὐ φοβῆσαι ἐβούλετο, ἀλλὰ διδάξαι, νεφέλη φωτεινή. Καὶ ὁ μὲν Πέτρος ἔλεγε, Ποιήσωμεν τρεῖς σκηνάς· αὐτὸς δὲ ἀχειροποίητον ἔδειξε σκηνήν. Διὰ τοῦτο ἐκεῖ μὲν καπνὸς, καὶ ἀτμὶς καμίνου· ἐνταῦθα δὲ φῶς ἄφατον, καὶ φωνή. 570 A Εἶτα ἵνα δειχθῇ, ὅτι οὐ περὶ ἑνὸς τῶν τριῶν ἁπλῶς ἐλέχθη, ἀλλὰ περὶ τοῦ Χριστοῦ μόνον, ὅτε ἡ φωνὴ ἠνέχθη, ἐκποδὼν ἐγένοντο ἐκεῖνοι. Οὐδὲ γὰρ ἂν εἰ περί τινος αὐτῶν ἐλέγετο ἁπλῶς, οὗτος ἂν ἔμεινε μόνος, ἀποσχισθέντων τῶν δύο. [a] Τί οὖν; οὐχὶ ἡ νεφέλη τὸν Χριστὸν μόνον ὑπέλαβεν, ἀλλὰ ἅπαντας; Εἰ τὸν Χριστὸν μόνον ὑπέλαβεν, ἐνομίσθη ἂν αὐτὸς ἀφεῖναι τὴν φωνήν. Διὸ καὶ ὁ εὐαγγελιστὴς τοῦτο αὐτὸ ἀσφαλιζόμενος, φησὶν, ὅτι ἐκ τῆς νεφέλης ἦν ἡ φωνὴ, τουτέστιν, ἐκ τοῦ Θεοῦ. Καὶ τί φησιν ἡ φωνή; Οὗτός ἐστιν ὁ Υἱός μου ὁ ἀγαπητός. Εἰ δὲ ἀγαπητὸς, μὴ φοβοῦ, Πέτρε. Ἔδει μὲν γάρ σε καὶ τὴν δύναμιν αὐτοῦ ἤδη εἰδέναι, καὶ πεπληροφορῆσθαι περὶ τῆς ἀναστάσεως· ἐπειδὴ δὲ ἀγνοεῖς, κἂν ἀπὸ τῆς φωνῆς B τοῦ Πατρὸς θάῤῥησον. Εἰ γὰρ δυνατὸς ὁ Θεὸς, ὥσπερ οὖν καὶ δυνατὸς, εὔδηλον ὅτι καὶ ὁ Υἱὸς ὁμοίως. Μὴ

timore correptos fuisse, ait: *Gravati somno erant:* Ibid. v. 32.
cum evigilassent autem, viderunt gloriam ejus; somnum vero hic vocat soporem illum qui ex tali visione accidit. Nam veluti oculi ex nimio fulgore obtenebrantur, sic et illis evenit. Neque enim nox erat, sed dies: et radiorum splendor oculorum infirmitatem gravabat. Quid igitur? Ipse quidem nihil loquitur, neque Moyses, neque Elias: sed qui omnibus major et fide dignior est, Pater vocem emittit ex nube. Cur ex nube? Sic semper
apparet Deus: nam *Nubes et caligo in circuitu* Psal. 96. 2.
ejus; et rursus: *Qui ponit nubes ascensum* Psal. 103. 3.
suum; iterumque, *Dominus sedet in nube*
levi; et, *Nubes suscepit eum ab oculis eo-* Isai. 19. 1. Act. 1. 9.
rum; et, *Quasi Filius hominis veniens in* Dan. 7. 13.
nubibus. Ut igitur credant ab ipso Deo vocem ferri, inde venit, et nubes lucida erat: nam 5. *Adhuc eo loquente, ecce nubes lucida obumbravit eos. Et ecce vox de nube dicens: Hic est Filius meus dilectus, in quo mihi bene complacui: ipsum audite.* Quando enim minatur, tenebrosam nubem ostendit, quemadmodum in
Sina: *Intravit* enim, ait, *in nubem et in cali-* Exod. 24. 18.
ginem Moyses, et velut vapor ita ferebatur
fumus; et propheta de minis ejus disserens, *Te-* Psal. 17. 12.
nebrosa, inquit, *aqua in nubibus aeris;* hic vero, quia non terrere, sed docere volebat, nubes lucida est. Et Petrus quidem dicebat, *Faciamus tria tabernacula;* ille vero tabernaculum ostendit non manufactum. Ideo ibi quidem fumus est, et vapor fornacis; hic vero lux ineffabilis, et vox. Deinde ut ostendatur non de uno trium simpliciter dici, sed de Christo tantum, cum vox allata est, illi recesserant. Nam si de uno ex illis dictum fuisset, non ille mansisset solus, duobus aliis remotis. Cur ergo nubes non Christum solum operuit, sed omnes simul? Si Christum solum obumbrasset, putatum fuisset ipsum Christum emisisse vocem. Quapropter evangelista, ut hoc ipsum confirmaret, ait vocem ex nube venisse, id est, ex Deo. Et quid ait vox illa? *Hic est Filius meus dilectus.* Si dilectus, ne timeas, Petre. Oportebat enim te et virtutem potentiamque ejus jam nosse, et de resurrectione esse certiorem; quia vero illud ignoras, saltem ex voce Patris fidentior esto. Si namque potens est Deus, ut vere potens est, procul-

[c] [Commelin. et Montf. ὅτι θεὶς νέφος. Savil., Bibl. et Cod. 694 ὁ τιθεὶς νέφη.]

[d] Legendum putat Savil. καὶ ἡ νεφέλη ἦν φωτεινή. [Codex 694 post ἔρχεται nullam habet distinctionem. Ms. R. in notis Savilii ἔρχεται, καὶ ἡ νεφέλη ἦν ἡ φωτεινὴ, φησίν.]

[a] Hic totus locus, τί οὖν οὐχὶ usque ad ἐκ τοῦ Θεοῦ infra, deest in Editis, sed ex duobus optimis Mss. excerptus fuit, estque sane alicujus momenti.

dubio et Filius similiter. Ne timeas ergo mala. Si autem hoc nondum admittis, illud saltem cogita, illum et Filium esse, et diligi. *Hic est* enim, ait, *Filius meus dilectus*. Si vero diligitur, ne timeas. Nemo enim quem diligit, abjicit. Ne turberis ergo: quantumvis enim diligas, non diligis eum ut Pater ipsius diligit. *In quo mihi complacui*. Non enim solum diligit eum, quia genuit, sed quia et æqualis est illi omnino, et ejusdem voluntatis. C
Duplex igitur, imo triplex est dilectionis argumentum: quia Filius, quia dilectus, quia in ipso sibi complacuit. Quid porro significat illud, *In quo mihi bene complacui?* Ac si diceret, In quo quiesco, quo oblector, qui omnino æqualis mihi est, et quod unam cum Patre voluntatem habeat, et quod Filius manens, unum omnino sit cum Genitore. *Ipsum*, inquit, *audite*. Quare si crucifigi voluerit, ne obsistas. 6. *Et audientes ceciderunt in facies suas, et timuerunt valde*. 7. *Et accedens Jesus, tetigit eos, et dixit: Surgite, et nolite timere*. 8. *Levantes autem oculos suos*, D
neminem viderunt nisi solum Jesum.

τοίνυν δέδιθι τὰ δεινά. Εἰ δὲ οὐδέπω τοῦτο καταδέχῃ, κἂν ἐκεῖνο λογίζου, ὅτι καὶ Υἱὸς, καὶ φιλεῖται. Οὗτος γάρ ἐστι, φησὶν, ὁ Υἱός μου ὁ ἀγαπητός. Εἰ δὲ φιλεῖται, μὴ φοβοῦ. Οὐδεὶς γὰρ ὃν ἀγαπᾷ προΐεται. Μὴ τοίνυν θορυβοῦ· κἂν μυριάκις αὐτὸν φιλῇς, οὐ φιλεῖς αὐτὸν τοῦ γεγεννηκότος ἴσον. Ἐν ᾧ εὐδόκησα. Οὐ γὰρ ἐπειδὴ ἐγέννησε μόνον, φιλεῖ, ἀλλ' ἐπειδὴ καὶ ἴσος αὐτῷ κατὰ πάντα καὶ ὁμογνώμων ἐστίν. Ὥστε διπλοῦν τὸ φίλτρον, μᾶλλον δὲ καὶ τριπλοῦν· ἐπειδὴ Υἱὸς, ἐπειδὴ ἀγαπητὸς, ἐπειδὴ ἐν αὐτῷ εὐδόκησε. Τί δέ ἐστιν, Ἐν ᾧ εὐδόκησα; Ὡσανεὶ ἔλεγεν, ἐν ᾧ ἀναπαύομαι, [b] ᾧ ἀρέσκομαι· διὰ τὸ κατὰ πάντα ἐξισῶσθαι πρὸς αὐτὸν μετὰ ἀκριβείας, καὶ βούλημα ἓν ἐν αὐτῷ εἶναι καὶ τῷ Πατρὶ, καὶ μένοντα Υἱὸν κατὰ πάντα ἓν εἶναι πρὸς τὸν γεγεννηκότα. Αὐτοῦ ἀκούετε. Ὥστε κἂν σταυρωθῆναι βουληθῇ, μὴ ἀντιπέσῃς. Καὶ ἀκούσαντες ἔπεσον ἐπὶ πρόσωπον, καὶ ἐφοβήθησαν σφόδρα. Καὶ προσελθὼν ὁ Ἰησοῦς, ἥψατο αὐτῶν, καὶ εἶπεν· ἐγέρθητε, καὶ μὴ φοβεῖσθε. Ἐπάραντες δὲ τοὺς ὀφθαλμοὺς αὐτῶν, οὐδένα εἶδον εἰ μὴ τὸν Ἰησοῦν μόνον.

4. Quomodo hæc audientes perculsi sunt? Nam antehac emissa fuit vox talis in Jordane; turbæ aderant, nemo quidpiam tale passus est: et postea rursum, quando tonitru factum fuisse dicebant; sed nec tunc quid simile sunt passi. Quomodo igitur in monte ceciderunt? Quia et solitudo, et altitudo montis, et quies magna erat, et transfiguratio horrore plena, et lux immensa, et nubes extensa: quæ omnia illos in pavorem magnum conjecerunt. Undique terror oriebatur, et ceciderunt territi simul et adorantes. Ne porro timor ille si diu mansisset, rerum memoriam deleret, E
statim illos a terrore liberavit, solus ipse conspicitur, mandatque ipsis ut nemini dicant, donec a mortuis resurgeret. 9. *Descendentibus* enim *illis de monte, præcepit eis ut nemini dicerent, donec ipse a mortuis resurgeret*. Nam quanto majora de illo narrabantur, tanto creditu difficiliora 571
tunc multis erant: scandalum autem crucis magis A
inde crescebat. Idcirco tacere jubet, neque simpliciter, sed rursus passionem commemorans, ac fere causam dicens cur tacere juberet. Neque enim jubet numquam hæc cuipiam dicere, sed donec ipse a mortuis resurgeret. Atque hic quod durum erat tacens, quod jucundum erat tantum dixit. Quid ergo postea? * annon scandalum passuri erant? Nequaquam. Tempus crucem

* Locus obscurus.

Πῶς ταῦτα ἀκούσαντες κατεπλάγησαν; Καίτοι καὶ πρὸ τούτου ἠνέχθη φωνὴ ἐπὶ τοῦ Ἰορδάνου τοιαύτη, καὶ ὄχλος παρῆν, καὶ οὐδεὶς οὐδὲν τοιοῦτον ἔπαθε· καὶ μετὰ ταῦτα πάλιν, ὅτε καὶ βροντὴν ἔλεγον γεγονέναι· ἀλλ' οὐδὲ τότε τοιοῦτον οὐδὲν ὑπέμειναν. Πῶς οὖν ἐν τῷ ὄρει ἔπεσον; Ὅτι καὶ ἐρημία, καὶ ὕψος, καὶ ἡσυχία ἦν πολλὴ, καὶ μεταμόρφωσις φρίκης γέμουσα, καὶ φῶς ἄκρατον, καὶ νεφέλη ἐκτεταμένη· ἅπερ ἅπαντα εἰς πολλὴν ἀγωνίαν αὐτοὺς [c] ἐνέβαλλε. Καὶ πανταχόθεν ἡ ἔκπληξις συνήγετο, καὶ ἔπεσον φοβηθέντες τε ὁμοῦ καὶ προσκυνήσαντες. Ὥστε δὲ μὴ ἐπιπολὺ τὸ δέος μεῖναν ἐκβαλεῖν αὐτῶν τὴν μνήμην, εὐθέως ἔλυσεν αὐτῶν τὴν ἀγωνίαν, καὶ ὁρᾶται αὐτὸς μόνος, καὶ ἐντέλλεται αὐτοῖς μηδενὶ τοῦτο εἰπεῖν, ἕως ἂν ἐκ νεκρῶν ἀναστῇ. [d] Καταβαινόντων γὰρ αὐτῶν ἐκ τοῦ ὄρους, ἐνετείλατο αὐτοῖς μηδενὶ εἰπεῖν τὸ ὅραμα, ἕως ἂν ἐκ νεκρῶν ἀναστῇ. Ὅσῳ γὰρ μείζονα ἐλέγετο περὶ αὐτοῦ, τοσούτῳ δυσπαραδεκτότερα ἦν τοῖς πολλοῖς τότε· καὶ τὸ σκάνδαλον δὲ τὸ ἀπὸ τοῦ σταυροῦ ἐπετείνετο μᾶλλον ἐντεῦθεν. Διὰ τοῦτο κελεύει σιγᾷν, καὶ οὐχ ἁπλῶς, ἀλλὰ πάλιν τοῦ πάθους ἀναμιμνήσκων, καὶ μονονουχὶ καὶ τὴν αἰτίαν λέγων, δι' ἣν καὶ σιγᾷν ἐκέλευσεν. Οὐ γὰρ δὴ διὰ παντὸς ἐκέλευσε μηδενὶ εἰπεῖν, ἀλλ' ἕως ἂν ἀναστῇ ἐκ νεκρῶν. Καὶ τὸ δυσχερὲς σιγήσας, τὸ χρηστὸν ἐμφαίνει μόνον. Τί οὖν μετὰ ταῦτα; οὐκ ἔμελλον σκανδαλίζεσθαι; Οὐδαμῶς. Τὸ γὰρ ζητούμενον ὁ πρὸ τοῦ σταυροῦ καιρὸς ἦν· μετὰ

b Morel. [Cod. 694 et marg. Savil.] ἐν ᾧ ἀρέσκομαι.
c Savil. ἐνέβαλε. Infra quidam μεῖναν ἐκβάλῃ.
d Quæ sequuntur post ἀναστῇ, δι' ὁμοιοτέλευτον decrant in Morel.

γὰρ ταῦτα καὶ Πνεύματος κατηξιώθησαν, καὶ τὴν ἀπὸ τῶν σημείων εἶχον φωνὴν συνηγοροῦσαν αὐτοῖς, καὶ πάντα ὅσα ἔλεγον λοιπὸν εὐπαράδεκτα ἦν, σάλπιγγος B λαμπρότερον ἀνακηρυττόντων τῶν πραγμάτων αὐτοῦ τὴν ἰσχὺν, καὶ οὐδενὸς σκανδάλου τοιούτου μεσολαβοῦντος τὰ γινόμενα. Οὐδὲν ἄρα τῶν ἀποστόλων μακαριώτερον, καὶ μάλιστα τῶν τριῶν, οἳ καὶ ἐν τῇ νεφέλῃ * ὁμωρόφιοι γενέσθαι κατηξιώθησαν τῷ Δεσπότῃ. Ἀλλ' ἐὰν θέλωμεν, ὀψόμεθα καὶ ἡμεῖς τὸν Χριστόν· οὐχ οὕτως ὡς ἐκεῖνοι τότε ἐν τῷ ὄρει, ἀλλὰ πολλῷ λαμπρότερον. Οὐ γὰρ οὕτως ὕστερον ἥξει. Τότε μὲν γὰρ τῶν μαθητῶν φειδόμενος, τοσοῦτον παρήνοιξε μόνον τῆς λαμπρότητος, ὅσον ἠδύναντο ἐνεγκεῖν· ὕστερον δὲ ἐν αὐτῇ τοῦ Πατρὸς τῇ δόξῃ ἥξει, οὐ μετὰ Μωϋσέως καὶ Ἠλία μόνον, ἀλλὰ μετὰ τῆς ἀπείρου τῶν ἀγγέλων στρατιᾶς, μετὰ τῶν ἀρχαγγέλων, μετὰ τῶν Χερουβὶμ, μετὰ τῶν δήμων τῶν ἀπείρων ἐκείνων· οὐ C νεφέλης γινομένης ὑπεράνω τῆς κεφαλῆς αὐτοῦ, ἀλλὰ καὶ αὐτοῦ συστελλομένου τοῦ οὐρανοῦ. Καθάπερ γὰρ τοῖς δικασταῖς, ὅταν δημοσίᾳ κρίνωσι, τὰ παραπετάσματα συνελκύσαντες οἱ παρεστῶτες [a] πᾶσιν αὐτοὺς δεικνύουσιν· οὕτω δὴ καὶ τότε καθήμενον αὐτὸν ἅπαντες ὄψονται, καὶ πᾶσα ἡ ἀνθρωπίνη παραστήσεται φύσις, καὶ αὐτὸς αὐτοῖς δι' ἑαυτοῦ ἀποκρίνεται· καὶ τοῖς μὲν ἐρεῖ· Δεῦτε, οἱ εὐλογημένοι τοῦ Πατρός μου· ἐπείνασα γὰρ, καὶ ἐδώκατέ μοι φαγεῖν· τοῖς δὲ ἐρεῖ· [b] Εὖγε, δοῦλε ἀγαθὲ καὶ πιστὲ, ἐπὶ ὀλίγα ἦς πιστὸς, D ἐπὶ πολλῶν σε καταστήσω. Καὶ πάλιν τὰ ἐναντία ψηφιζόμενος τοῖς μὲν ἀποκρίνεται· Πορεύεσθε εἰς τὸ πῦρ τὸ αἰώνιον τὸ ἡτοιμασμένον τῷ διαβόλῳ καὶ τοῖς ἀγγέλοις αὐτοῦ· τοῖς δὲ, Πονηρὲ δοῦλε καὶ ὀκνηρέ. Καὶ τοὺς μὲν διχοτομήσει, καὶ παραδώσει τοῖς βασανισταῖς· τοὺς δὲ κελεύσει δεθέντας χεῖρας καὶ πόδας εἰς τὸ σκότος [c] ἐμβληθῆναι τὸ ἐξώτερον. Καὶ μετὰ τὴν ἀξίνην ἡ κάμινος διαδέξεται, καὶ τὰ ἀπὸ τῆς σαγήνης ῥιπτόμενα ἐκεῖ ἐμπεσεῖται. Τότε οἱ δίκαιοι ἐκλάμψουσιν ὡς ὁ ἥλιος· μᾶλλον δὲ καὶ πλέον ἢ ὁ ἥλιος. Τοσοῦτον δὲ εἴρηται, οὐχ ἐπειδὴ τοσοῦτον αὐτῶν μόνον ἔσται τὸ φῶς· ἀλλ' ἐπειδὴ τοῦ ἄστρου τούτου φαιδρότερον οὐκ E ἴσμεν ἕτερον, ἀπὸ τοῦ γνωρίμου παραστῆσαι ἠβουλήθη τὴν μέλλουσαν λαμπηδόνα τῶν ἁγίων. Ἐπεὶ καὶ ἐν τῷ ὄρει εἰπὼν, ὅτι Ἔλαμψεν ὡς ὁ ἥλιος, διὰ τὴν αὐτὴν αἰτίαν οὕτως εἴρηκεν. Ὅτι γὰρ τοῦ ὑποδείγματος μεῖζον ἦν τὸ φῶς, ἔδειξαν οἱ μαθηταὶ πεσόντες. Εἰ δὲ μὴ ἄκρατον ἦν τὸ φῶς, ἀλλὰ τῷ ἡλίῳ σύμμετρον, οὐκ ἂν ἔπεσον, 572 A ἀλλ' εὐκόλως ἤνεγκαν ἄν. Οἱ μὲν οὖν δίκαιοι ἐκλάμψουσιν ὡς ὁ ἥλιος καὶ ὑπὲρ τὸν ἥλιον τότε· οἱ δὲ ἁμαρτωλοὶ τὰ ἔσχατα πείσονται. Τότε οὐχ ὑπομνημάτων

præcedens tantum quærebatur : nam postea Spiritu sancto dignati sunt, et signorum vocem habebant sibi patrocinantem, atque omnia quæ tunc dicebant acceptabilia erant, cum res ipsæ clarius, quam tuba quælibet, ejus potentiam prædicarent, nec quopiam interveniente offendiculo. Nihil ergo apostolis beatius, maximeque tribus illis qui in nube obtegi una cum Domino dignati sunt. Sed si velimus, nos quoque Christum videbimus : non ut illi tunc in monte, sed multo splendidiorem : neque enim sic postremo veniet. Nam tunc discipulis se attemperans tantum splendorem effudit, quantum poterant illi ferre; in extremo autem tempore in propria Patris gloria veniet, non cum Moyse et Elia tantum, sed cum immenso angelorum exercitu, cum archangelis, cum Cherubinis, cum hujusmodi multitudine infinita; non cum nube caput operiente, sed ipso cælo contracto. Nam sicut cum judices publice sententiam prolaturi sunt, qui adstant remotis velis, sic illos omnibus conspiciendos præbent : ita et tunc omnes illum sedentem videbunt, et tota humana natura sistetur, ipseque per se illis respondebit; atque aliis dicet : *Venite, benedicti Patris mei : esurivi enim, et dedistis mihi manducare* : aliis vero dicet : *Euge, serve bone et fidelis, super pauca fuisti fidelis, super multa te constituam*. Contra vero aliis : *Ite in ignem æternum paratum diabolo et angelis ejus;* aliis vero, *Serve nequam et piger*. Et alios quidem dissecabit, tradetque tortoribus; alios vero ligatis manibus et pedibus jubebit projici in tenebras exteriores. Et post securim fornax excipiet, ac quæ a sagena projiciuntur, illuc cadent. *Tunc justi fulgebunt sicut sol;* imo plus quam sol. Id vero dicitur, non quod lux eorum solari par tantum sit; sed quia astrum nullum hoc splendidius habemus, ab hoc notum facere voluit futurum sanctorum splendorem. Nam in monte quoque, cum dixit, *Resplenduit ut sol*, eadem de causa sic loquutus est. Nam quod major lux esset, quam ea quæ in exemplo fertur, testificati sunt discipuli cadentes. Si porro non immensa lux fuisset, sed solis luci par, non cecidissent, sed facile tulissent. Justi igitur tunc fulgebunt sicut sol, et plus quam sol : peccatores vero extrema patientur. Tunc non commentariis opus erit, non argumentis, non testibus : nam ipse judex omnia est, testis, argu-

Christi adventus secundus quam gloriosus.

Matth. 25. 34.
Ibid. v. 21.
Ibid. v. 41.
Ibid. v. 26.
Matth. 13. 43.

* [Savil. et Cod. 694 a prima manu *ὁμώροφοι*, corrector recens *ὁμωρόφιοι*. Commelin. et Montf. *ὁμορώφιοι*.]

[a] Morel. *πᾶσιν αὐτοῖς δεικνύωσιν*.
[b] Alii *εὖ δοῦλε*.
[c] Savil. *ἐκβληθῆναι*.

mentum et judex. Omnia quippe clare novit ille :
Hebr. 4. 13. nam *Omnia nuda et aperta sunt oculis ejus;* non dives, non pauper, non potens, non infirmus, non sapiens, non insipiens, non servus, non liber, nemo illic apparebit, sed his personis contritis, operum tantum examen erit. Nam si in judiciis, cum quis de tyrannide aut de cæde causam dicit, quicumque fuerit, sive præfectus, sive consul, sive quidvis aliud, omnia avolant insignia dignitatis, et qui deprehensus est, extremas dat pœnas : multo magis ibi res ita se habebit.

5. Id ne fiat, ponamus, obsecro, sordidas vestes, et induamur arma lucis, et gloria Dei amiciet nos. Quid enim ex præceptis grave? quid non facile? Audi igitur quid dicat propheta, et tunc
Isai. 58. 5. 6. facilitatem intelliges : *Neque si incurvaveris, quasi circulum, collum tuum, et saccum et cinerem substraveris, neque sic vocabis jejunium acceptabile : sed solve omne vinculum iniquitatis, dissolve obligationes violentarum pactionum.* Vide prophetæ sapientiam. Onerosa prius posuit et sustulit, et a facilioribus salutem consequi rogat, ostendens, non labores Deum, sed obedientiam exposcere. Deinde ut commonstret virtutem facilem, nequitiam vero onerosam esse, a nudis nominibus id adstruit. Nequitia enim, inquit, est vinculum et obligatio, virtus autem ab his liberatio et solutio. *Omnem syngrapham injustam discerpe,* fœnorum et usurarum rescripta sic appellans. *Dissolve confractos in remissione,* miseros videlicet. Talis quippe debitor est : cum viderit creditorem, ejus animus frangitur, ipsum-
Isai. 58. 7. que magis quam feram formidat. *Et pauperes tecto carentes induc in domum tuam; si videris nudum, operi eum, et proprios seminis tui non despicias.* In concione quam nuper habuimus, cum de præmiis ageremus, divitias inde partas ostendimus : nunc porro videamus num quid ex præceptis difficile sit, et naturam nostram superet. Sed nihil simile inveniemus; imo contraria omnia, ita ut quæ virtutem spectant, magnam habeant facilitatem, contra vero, quæ ad nequitiam pertinent, sudores maximos. Quid enim est difficilius, quam fœnerari, ac de usura et pactionibus sollicitum esse, sponsiones expetere, ac de pignoribus metuere ac tremere, de sorte, de syngraphis, de fœnoribus, de sponsionibus? Tales sunt res sæcu-

Virtus facilis, nequitia onerosa.

δεήσει, οὐκ ἐλέγχων, οὐ μαρτύρων· πάντα γὰρ αὐτός ἐστιν ὁ δικάζων, καὶ μάρτυς, καὶ ἔλεγχος, καὶ κριτής. Πάντα γὰρ οἶδε σαφῶς· Πάντα γὰρ γυμνὰ καὶ τετραχηλισμένα τοῖς ὀφθαλμοῖς αὐτοῦ· οὐ πλούσιος, οὐ πένης, οὐ δυνάστης, οὐκ ἀσθενής, οὐ σοφὸς, οὐκ ἄσοφος, οὐ δοῦλος, οὐκ ἐλεύθερος, οὐδεὶς ἐκεῖ φανεῖται, ἀλλὰ B τῶν προσωπείων τούτων συντριβέντων ἡ τῶν ἔργων ἐξέτασις ἔσται μόνη. Εἰ γὰρ ἐν τοῖς δικαστηρίοις ὅταν ὑπὲρ τυραννίδος τις κρίνηται ἢ φόνου, ὅπερ ἂν ᾖ, κἂν ὕπαρχος, κἂν ὕπατος, κἂν ὁτιοῦν ὑπάρχῃ, πάντα ἀφίπταται τὰ ἀξιώματα, καὶ ὁ ἁλοὺς τὴν ἐσχάτην δίδωσι δίκην· πολλῷ μᾶλλον ἐκεῖ τοῦτο ἔσται.

Ἵν' οὖν μὴ γένηται τοῦτο, ἀποθώμεθα τὰ ῥυπαρὰ ἱμάτια, καὶ ἐνδυσώμεθα τὰ ὅπλα τοῦ φωτὸς, καὶ ἡ δόξα τοῦ Θεοῦ περιστελεῖ ἡμᾶς. Τί γὰρ καὶ φορτικὸν τῶν ἐπιταγμάτων; τί δὲ οὐ ῥᾴδιον; Ἄκουσον γοῦν τοῦ προφήτου λέγοντος, καὶ τότε εἴσῃ τὴν εὐκολίαν· Οὐδὲ C ἐὰν κάμψῃς ὡς κλοιὸν τὸν τράχηλόν σου, καὶ σάκκον καὶ σποδὸν ὑποστρώσῃς, οὐδὲ οὕτω [a] καλέσεις νηστείαν δεκτήν· ἀλλὰ λύε πάντα σύνδεσμον ἀδικίας, διάλυε στραγγαλιὰς βιαίων συναλλαγμάτων. Ὅρα σοφίαν προφήτου. [b] Θεὶς τὰ φορτικὰ πρότερον καὶ ἀνελὼν, ἀπὸ τῶν εὐκόλων ἀξιοῖ σώζεσθαι, δεικνὺς ὅτι ὁ Θεὸς οὐ πόνων δεῖται, ἀλλ' ὑπακοῆς. Εἶτα δεικνὺς ὅτι εὔκολον μὲν ἡ ἀρετὴ, βαρὺ δὲ ἡ κακία, ἀπὸ τῶν ὀνομάτων γυμνῶν τοῦτο κατασκευάζει. Ἡ μὲν γὰρ κακία σύνδεσμος καὶ στραγγαλιὰ, φησὶν, ἡ δὲ D ἀρετὴ τούτων ἁπάντων ἀπαλλαγὴ καὶ διάλυσις. Πᾶσαν συγγραφὴν ἄδικον διάσπα· τὰ τῶν τόκων γραμματεῖα, τὰ τῶν δανεισμάτων οὕτω καλῶν· Ἀπόλυε τεθραυσμένους ἐν ἀφέσει· [c] τοὺς τεταλαιπωρηκότας. Τοιοῦτον γὰρ ὁ χρεώστης· ὅταν ἴδῃ τὸν δανειστὴν, κλᾶται αὐτοῦ ἡ διάνοια, καὶ θηρίου μᾶλλον αὐτὸν δέδοικε. Καὶ πτωχοὺς ἀστέγους εἰσάγαγε εἰς τὸν οἶκόν σου· ἐὰν ἴδῃς γυμνὸν, περίβαλε, καὶ ἀπὸ τῶν οἰκείων τοῦ σπέρματός σου οὐχ [d] ὑπερόψει. Ἐν μὲν οὖν τῇ πρώην ἡμῖν γενομένῃ διαλέξει τὰ ἔπαθλα διηγούμενοι, τὸν πλοῦτον ἐδείκνυμεν τὸν ἐκ τούτων· νυνὶ δὲ ἴδωμεν εἴ τι τῶν ἐπιταγμάτων ἐστὶ δύσκολον, καὶ τὴν ἡμετέ- E ραν ὑπερβαῖνον φύσιν. Ἀλλ' οὐδὲν τοιοῦτον εὑρήσομεν, ἀλλὰ τοὐναντίον ἅπαν· ταῦτα μὲν πολλὴν ἔχοντα τὴν εὐκολίαν, τὰ δὲ τῆς κακίας πολὺν τὸν ἱδρῶτα. Τί γὰρ δυσκολώτερον τοῦ δανείζειν, καὶ ὑπὲρ τόκων καὶ συναλλαγμάτων φροντίζειν, καὶ ἐγγύας ἀπαιτεῖν, καὶ δεδοικέναι καὶ τρέμειν ὑπὲρ ἐνεχύρων, ὑπὲρ τοῦ κεφαλαίου, ὑπὲρ τῶν γραμματείων, [e] ὑπὲρ τῶν τόκων, ὑπὲρ τῶν ἐγγυωμένων; Τοιαῦτα γὰρ τὰ βιωτικά. Αὕτη γὰρ ἡ δοκοῦσα καὶ ἐπινοουμένη ἀσφάλεια πάν-

[a] Morel. καλέσεις θυσίαν δεκτήν, unus ἡμέραν δεκτήν, alii νηστείαν δεκτήν.

[b] Morel. Θεὶς γὰρ τὰ φορτικά.

[c] Alii τοὺς τεταλαιπωρημένους.

[d] Morel. ὑπερόψῃ.

[e] Morel. ὑπὲρ τῶν τόκων ἐγγυωμένων.

των ἐστὶ σαθροτέρα καὶ ὕποπτος· [a] τὸ δὲ ἐλεεῖν ῥᾴδιον, καὶ πάσης ἀπαλλάττον φροντίδος. Μὴ τοίνυν πραγματευώμεθα τὰς ἀλλοτρίας συμφορὰς, μηδὲ καπηλεύωμεν τὴν φιλανθρωπίαν. Καὶ οἶδα μὲν, ὅτι πολλοὶ τού-των ἀηδῶς ἀκούουσι τῶν λόγων· ἀλλὰ τί τὸ κέρδος τῆς σιγῆς; Κἂν γὰρ σιγήσω, καὶ μηδὲν ἐνοχλήσω διὰ ῥημάτων, ἀδύνατον διὰ τῆς σιγῆς ταύτης ἀπαλλάξαι τῆς κολάσεως ὑμᾶς, ἀλλὰ καὶ τοὐναντίον ἅπαν ἐντεῦθεν γίνεται· ἐπιτείνεται τὰ τῆς τιμωρίας, καὶ οὐχ ὑμῖν μόνον, ἀλλὰ καὶ ἐμοὶ προξενεῖ τὴν κόλασιν ἡ τοιαύτη σιγή. Τίς οὖν ἡ τῶν ῥημάτων χάρις, ὅταν εἰς τὰ ἔργα μὴ βοηθῇ, [b] ἀλλὰ καὶ καταβλάπτῃ; Τί τὸ κέρδος, εὐφρᾶναι λόγῳ, καὶ λυπῆσαι πράγματι; τέρψαι τὴν ἀκοὴν, καὶ κολάσαι τὴν ψυχήν; Δι' ὅπερ ἀναγκαῖον ἐνταῦθα λυπεῖν, ἵνα μὴ τιμωρίαν δῶμεν ἐκεῖ. Καὶ γὰρ δεινὸν, ἀγαπητὲ, δεινὸν καὶ πολλῆς δεόμενον θεραπείας νόσημα εἰς τὴν Ἐκκλησίαν ἐμπέπτωκεν. Οἱ γὰρ μηδὲ ἐκ δικαίων πόνων θησαυρίζειν κελευόμενοι, ἀλλὰ τὰς οἰκίας ἀνοίγειν τοῖς δεομένοις, τὴν ἑτέρων καρποῦνται πενίαν, εὐπρόσωπον ἁρπαγὴν, εὐπροφάσιστον [c] πλεονεξίαν ἐπινοοῦντες. Μὴ γάρ μοι λέγε τοὺς ἔξω νόμους· ἐπεὶ καὶ ὁ τελώνης νόμον πληροῖ τὸν ἔξωθεν, ἀλλ' ὅμως κολάζεται. Ὃ καὶ ἡμεῖς πεισόμεθα, ἐὰν μὴ ἀποστῶμεν τοὺς πένητας ἐπιτρίβοντες, καὶ τῇ χρείᾳ καὶ τῇ ἀναγκαίᾳ τροφῇ, καὶ ἀφορμῇ εἰς καπηλείαν ἀναίσχυντον ἀποχρώμενοι. Διὰ γὰρ τοῦτο χρήματα ἔχεις, ἵνα λύσῃς πενίαν, οὐχ ἵνα πραγματεύσῃ πενίαν· σὺ δὲ ἐν προσχήματι παραμυθίας μείζονα ἐργάζῃ τὴν συμφορὰν, καὶ πωλεῖς φιλανθρωπίαν χρημάτων. Πώλησον, οὐ κωλύω, ἀλλὰ βασιλείας οὐρανῶν· μὴ μικρὰν λάβῃς τιμὴν τοῦ τοσούτου κατορθώματος [d] τόκον ἑκατοστιαῖον, ἀλλὰ τὴν ἀθάνατον ζωὴν ἐκείνην. Τί πτωχὸς εἶ καὶ πένης; καὶ τί [e] μικρολόγος ὀλίγου τὰ μεγάλα πωλῶν, χρημάτων ἀπολλυμένων, δέον βασιλείας ἀεὶ μενούσης; τί τὸν Θεὸν ἀφεὶς, ἀνθρώπινα κερδαίνεις κέρδη; τί τὸν πλουτοῦντα παραδραμὼν, τὸν οὐκ ἔχοντα ἐνοχλεῖς, καὶ τὸν ἀποδιδόντα καταλιπὼν, τῷ ἀγνωμονοῦντι συλλαλεῖς, καὶ συμβάλλεις; Ἐκεῖνος ἐπιθυμεῖ ἀποδοῦναι· οὗτος δὲ καὶ δυσχεραίνει ἀποδιδούς. Οὗτος μόλις ἑκατοστὴν ἀποδίδωσιν· ἐκεῖνος δὲ ἑκατονταπλασίονα, καὶ ζωὴν αἰώνιον. Οὗτος μετὰ ὕβρεων καὶ λοιδοριῶν· ἐκεῖνος μετὰ ἐπαίνων καὶ εὐφημίας. Οὗτός σοι βασκανίαν ἐγείρει· ἐκεῖνος δὲ καὶ στεφάνους σοι πλέκει. Οὗτος μόλις ἐνταῦθα· ἐκεῖνος δὲ καὶ ἐκεῖ καὶ ἐνταῦθα. Ἆρ' οὖν οὐκ

573 A **lares. Hæc quæ videtur excogitata securitas suspicionibus plena, et omnium fragilissima est; misericordiam autem exercere facile est, ab omnique sollicitudine liberat. Ne igitur alienas calami-**tates negotiemur, ne in lucrum vertamus illa quæ ad misericordiam spectant. Scio quidem, multos hæc non libenter audire: sed quid ex silentio lucri accederet? Si taceam, et nemini molestiam verbis inferam, non potero per silentium vos a supplicio eruere; imo hinc omnia contraria eveniunt: supplicia augentur, atque hujusmodi silentii, non vos
B tantum, sed ego etiam pœnas darem. Ad quid igitur verborum adulatio, quando illa ad operandum nihil juvat, imo etiam nocet? quod lucrum verbo lætitiam, re dolores afferre? aures demulcere et animam supplicio addicere? Ideo necesse est hic dolere, ne illic pœnas demus. Nam gravis, gravis certe et omnino curandus morbus Ecclesiam invasit. Qui prohibentur vel ex justis laboribus pecunias accumulare, imo qui jubentur opes suas egenis aperire, ex aliorum paupertate ditescunt, speciosam rapinam excogitantes et bene coloratam
C avaritiam. Ne mihi externas leges objicias: publicanus enim legem illam exteriorem servat, et tamen dat pœnas. Quod etiam nos patiemur, nisi desinamus pauperes atterere, et penuriæ egestatisque occasione sumta, impudente abuti usura. Ideo enim pecunias habes, ut paupertatem solvas, non ut eam opprimas; tu vero, quasi opem ferens, majorem infers calamitatem, et liberalitatem pecunia vendis. Vende, non veto, sed pro regno cælorum: ne parvum accipias operis hujusce pretium, usuram centesimam, sed vitam immorta-
D lem. Cur pauper et egenus es? cur pusilli animi, ut magna parvo pretio vendas, et pro caducis pecuniis des, cum oporteret pro regno vendere semper manente? cur Deo relicto, humana lucraris? cur divite relicto, pauperi molestiam infers, et largientem prætercurrens cum ingrato pacta inis? Ille reddere concupiscit, hic ægre reddit. Hic vix centesimum numerat; ille centuplum et regnum cælorum. Hic cum conviciis et contumeliis, ille cum laudibus et encomiis. Hic tibi invidiam parit, ille tibi coronas nectit. Hic vix in hoc sæculo, ille et in hoc et in futuro. Annon ergo extremæ de-

Contra usuram.

Usura centesima. *Vide notam.*

[a] Unus τὸ δὲ τελεῖν ῥᾴδιον.

[b] Unus ἀλλὰ βλάπτῃ.

[c] Morel. πλεονεξίαν. μὴ γάρ μοι.

[d] Τόκον ἑκατοστιαῖον, *Centesimam.* Erat porro *centesima* usuræ genus, quo qui in fœnus accipiebant, singulis mensibus centesimam sortis partem solverent, ita ut centum mensibus sortem æquarent. De reliquis centesimæ generibus vide supra in præfatione ad quartum Tomum, § V.

[e] Savil. μικρολόγος, et sic plurimi Mss., Morel. μικρόψυχος.

mentiæ est, ne scire quidem lucrari? Quot fœnoris causa sortem etiam amiserunt? quot propter usuras in pericula inciderunt? quot et se et alios in extremam paupertatem dejecerunt ob incredibilem avaritiam?

6. Ne mihi dixeris, illum talem libenter accipere, et de fœnore gratiam habere. Illud enim per
Gen. 12. 13. inhumanitatem tuam evenit. Nam et Abraham cum uxorem barbaris tradidit, insidias illas sibi gratas reddidit; non libenter, sed ob metum Pharaonis. Sic etiam pauper, quia re gratis oblata dignum illum non censes, de crudelitate gratias agere cogitur. Tu autem mihi videris, si a periculo quempiam vindicares, mercedem te hac de causa ab illo flagitaturum esse. Absit, inquies. Quid dicis? Cum a majori malo liberas, non vis pecunias exigere: dum pro re minore tantam exhibes inhumanitatem? Non vides quantum huic rei imminet sup-
Deut. 15. plicium? non audis illud in Veteri etiam Testamento prohiberi? Sed quid multi causificantur? Dum fœnus accipio, do pauperi. Bona verba, mi homo; hujusmodi sacrificia non vult Deus. Ne legem ita callide eludas. Melius est pauperi non dare, quam inde sumtum dare: quia pecuniam justis partam laboribus sæpe reddis iniquam ob iniquos fetus, ac si quis fecundum uterum cogat scorpiones parere. Ecquid legem Dei memoro? Annon vos ipsi sordes illud esse dicitis? Si autem vos qui lucrum refertis, ita statuitis, cogita quam Deus de vobis feret sententiam. Quod si velis externos legislatores interrogare, audies illos id extremæ impudentiæ esse putare. Certe iis qui dignitates occupant, quique Senatum magnum constituunt, non licet hujusmodi lucro dehonestari; sed lex apud illos est, quæ id prohibet. Quomodo igitur non horrendum fuerit, si non parem cælesti civitati honorem tribuas, qualem legislatores Romanorum senatui tribuunt, sed minorem cælo referas quam terræ, neque te pudeat tantæ turpitudinis? Quid enim insanius fuerit, quam si quis sine terra, sine pluvia, sine aratro seminare voluerit? Hac de causa zizania, quæ igni tradenda sunt, metunt, qui malam hujusmodi agriculturam excogitarunt. Annon multæ sunt justæ negotiationes? agrorum, gregum, armentorum, manualium laborum, solersque rei familiaris cura? Quid insanis ut spinas frustra demetas? At fructus terræ, inquies, multis sunt casibus obnoxii, grandini, rubigini, imbribus nimiis? Sed non tot ca-

E ἐσχάτης ταῦτα ἀνοίας, τὸ μηδὲ εἰδέναι κερδαίνειν; Πόσοι καὶ τὸ κεφάλαιον ἀπώλεσαν διὰ τόκους; πόσοι κινδύνοις περιέπεσον διὰ τόκους; πόσοι καὶ ἑαυτοὺς καὶ ἑτέρους πενίᾳ περιέβαλον ἐσχάτῃ διὰ τὴν ἄφατον πλεονεξίαν;

Μὴ γάρ μοι τοῦτο εἴπῃς, ὅτι ἥδεται λαμβάνων, καὶ χάριν ἔχει τοῦ δανείσματος. Τοῦτο γὰρ διὰ τὴν
574 σὴν ὠμότητα γίνεται. Ἐπεὶ καὶ ὁ Ἀβραὰμ τὴν γυναῖκα
A ἐκδιδοὺς τοῖς βαρβάροις, αὐτὸς κατεσκεύαζεν εὐπαράδεκτον γενέσθαι τὴν ἐπιβουλὴν, ἀλλ' οὐχ ἑκὼν, ἀλλὰ διὰ τὸν φόβον τοῦ Φαραώ. Οὕτω καὶ ὁ πένης, ἐπειδὴ οὐδὲ τούτου ἄξιον αὐτὸν εἶναι νομίζεις, καὶ ὠμότητος ἀναγκάζεται χάριν εἰδέναι. Σὺ δέ μοι δοκεῖς, κἂν κινδύνων ἀπαλλάξῃς, μισθὸν ἀπαιτεῖν τῆς ἀπαλλαγῆς ταύτης αὐτόν. Ἄπαγε, φησὶ, μὴ γένοιτο. Τί λέγεις; Τοῦ μείζονος ἀπαλλάττων, οὐ βούλει χρήματα ἀπαιτεῖν· ὑπὲρ δὲ τοῦ ἐλάττονος τοσαύτην ἐπιδείκνυσαι τὴν ἀπανθρωπίαν; Οὐχ ὁρᾷς ὅση τῷ πράγματι κεῖται τιμωρία; οὐκ ἀκούεις ὅτι καὶ ἐν τῇ Παλαιᾷ τοῦτο
B κεκώλυται; Ἀλλὰ τίς τῶν πολλῶν ὁ λόγος; Λαβὼν τὸν τόκον, πένητι δίδωμι, φησίν. Εὐφήμει, ἄνθρωπε· οὐ βούλεται τοιαύτας θυσίας ὁ Θεός. Μὴ σοφίζου τὸν νόμον. Βέλτιον μὴ διδόναι πένητι, ἢ ἐντεῦθεν διδόναι· ὅτι τὸ ἐκ δικαίων πόνων συλλεγὲν ἀργύριον πολλάκις ποιεῖς εἶναι παράνομον διὰ τὰ πονηρὰ γεννήματα, ὥσπερ ἂν εἴ τις νηδὺν καλὴν ἀναγκάζοι τίκτειν σκορπίους. Καὶ τί λέγω τὸν τοῦ Θεοῦ νόμον; Οὐχὶ καὶ ὑμεῖς ῥύπον αὐτὸ καλεῖτε; Εἰ δὲ οἱ κερδαίνοντες ταῦτα ψηφίζεσθε, ἐννόησον τίνα ὁ Θεὸς περὶ ὑμῶν οἴσει τὴν ψῆφον. Εἰ δὲ βούλει καὶ τοὺς ἔξωθεν νομοθέτας ἐρέσθαι, ἀκούσῃ ὅτι κἀκείνοις τῆς ἐσχάτης ἀναισχυντίας
C τὸ πρᾶγμα [a] δεῖγμα εἶναι δοκεῖ. Τοὺς γοῦν ἐν ἀξιώμασιν ὄντας, καὶ εἰς τὴν μεγάλην τελοῦντας βουλὴν, ἣν σύγκλητον καλοῦσιν, οὐ θέμις τοιούτοις κέρδεσι καταισχύνεσθαι· ἀλλὰ νόμος ἐστὶ παρ' αὐτοῖς ὁ τὰ τοιαῦτα ἀπαγορεύων κέρδη. Πῶς οὖν οὐκ ἄξιον φρίκης, εἰ μηδὲ τοσαύτην ἀπονέμοις τῇ τῶν οὐρανῶν πολιτείᾳ τιμὴν, ὅσην τῇ βουλῇ τῶν Ῥωμαίων οἱ νομοθέται, ἀλλ' ἔλαττον οἴσει τῆς γῆς ὁ οὐρανὸς, καὶ οὐδὲ αὐτὴν αἰσχύνῃ τοῦ πράγματος τὴν ἀλογίαν; Τί γὰρ τούτου γένοιτ' ἂν ἀλογώτερον, ἀλλ' ἢ ὅταν τις χωρὶς γῆς καὶ ὑετοῦ καὶ ἀρότρου βιάζηται σπείρειν; Διὰ τοῦτο ζιζάνια θερίζουσι τὰ τῷ πυρὶ παραδιδόμενα οἱ τὴν πο-
D νηρὰν ταύτην ἐπινοήσαντες γεωργίαν. Μὴ γὰρ οὐκ εἰσὶ δίκαιαι ἐμπορίαι πολλαί; αἱ τῶν ἀγρῶν, αἱ τῶν ποιμνίων, αἱ τῶν βουκολίων, αἱ τῶν θρεμμάτων, αἱ τῶν χειρῶν, αἱ τῆς ἐπιμελείας τῶν ὄντων; Τί μαίνῃ καὶ παραπαίεις εἰκῇ γεωργῶν ἀκάνθας; Ἀλλ' ἔχουσιν ἀποτυχίας οἱ τῆς γῆς καρποὶ, καὶ χάλαζαν καὶ ἐρυσί-

[a] Δεῖγμα deest in uno Cod.

βην καὶ [b] ἐπομβρίας; Ἀλλ' οὐ τοσαύτας, ὅσας οἱ τόκοι. Καὶ γὰρ ὅσα ἂν γένηται τοιαῦτα, περὶ τὴν πρόσοδον ἡ ζημία· τὸ δὲ κεφάλαιον ἕστηκεν, ὁ ἀγρός. Ἐνταῦθα δὲ πολλοὶ πολλάκις ἐν τῷ κεφαλαίῳ τὸ ναυάγιον
ὑπέμειναν· καὶ πρὸ τῆς ζημίας δὲ ἐν διηνεκεῖ εἰσιν
ἀθυμίᾳ. Οὐδέποτε γὰρ ἀπολαύει τῶν ὄντων ὁ δανει- E
στής, οὐδὲ εὐφραίνεται ἐπὶ τούτοις, ἀλλ' ὅταν ὁ τόκος
ἐνεχθῇ, οὐ χαίρει, ὅτι πρόσοδος γέγονεν, ἀλλὰ λυπεῖται, ὅτι οὐδέπω τὸ κεφάλαιον ἔφθασεν ὁ τόκος, καὶ
πρὶν ἢ τέλειον τεχθῆναι τὸ κακὸν γέννημα τοῦτο, καὶ
αὐτὸ τίκτειν ἀναγκάζει, τοὺς τόκους κεφάλαιον ποιῶν,
καὶ βιαζόμενος τὰ ἄωρα καὶ ἀμβλωθρίδια [c] προσενεγ- 573
κεῖν γεννήματα τῶν ἐχιδνῶν. Τοιοῦτον γὰρ οἱ τόκοι A
τῶν θηρίων ἐκείνων μᾶλλον κατεσθίουσι καὶ σπαράττουσι τὰς τῶν ἀθλίων ψυχάς. Τοῦτο σύνδεσμος ἀδι-
κίας· τοῦτο στραγγαλιὰ βιαίων συναλλαγμάτων. Δίδωμι γὰρ, φησὶν, οὐχ ἵνα λάβῃς, ἀλλ' ἵνα πλείονα
ἀποδῷς. Καὶ ὁ μὲν Θεὸς οὔτε τὸ δεδομένον κελεύει
λαβεῖν· Δίδοτε γὰρ, φησὶ, παρ' ὧν οὐ προσδοκᾶτε λα-
βεῖν· σὺ δὲ καὶ τοῦ δεδομένου πλέον ἀπαιτεῖς· καὶ
ὅπερ οὐκ ἔδωκας, τοῦτο ὡς ὀφειλόμενον ἀναγκάζεις
καταθεῖναι [a] τὸν οὐκ εἰληφότα. Καὶ σὺ μὲν νομίζεις
τὴν οὐσίαν σοι πλεονάζειν ἐντεῦθεν· ἀντὶ δὲ τῆς οὐσίας τὸ πῦρ ἀνάπτεις τὸ ἄσβεστον. Ἵν' οὖν μὴ τοῦτο
γένηται, ἐκκόψωμεν τὴν πονηρὰν νηδὺν τῶν τόκων, πηρώσωμεν τὰς παρανόμους ὠδῖνας, ἀναξηράνωμεν τὴν
ὀλέθριον ταύτην γαστέρα, καὶ τὰ ἀληθῆ καὶ μεγάλα B
κέρδη διώκωμεν μόνα. Τίνα δὲ ταῦτά ἐστιν; [b] Ἄκουσον Παύλου λέγοντος, ὅτι Μέγας πορισμὸς ἡ εὐσέβεια
μετὰ αὐταρκείας. Τοῦτον τοίνυν πλουτῶμεν τὸν πλοῦτον μόνον, ἵνα καὶ ἐνταῦθα ἀδείας ἀπολαύσωμεν, καὶ
τῶν μελλόντων ἐπιτύχωμεν ἀγαθῶν, χάριτι καὶ φιλανθρωπίᾳ τοῦ Κυρίου ἡμῶν Ἰησοῦ Χριστοῦ, ᾧ ἡ
δόξα καὶ τὸ κράτος σὺν τῷ Πατρὶ καὶ τῷ ἁγίῳ Πνεύματι, νῦν καὶ ἀεὶ, καὶ εἰς τοὺς αἰῶνας τῶν αἰώνων.
Ἀμήν.

sibus, quot fœnus. Nam quidquid ibi acciderit, reditum solummodo lædit, sorte interim, sive agro manente illæso. (Fœnorum damna.) Hic vero multi sæpe in ipsa sorte naufragium passi sunt: et antequam damnum accidat, in perpetua sollicitudine versantur. Nam fœnerator numquam re sua fruitur, sed etiam quando fœnus affertur, non gaudet, quod proventus accedat, sed dolet, quod nondum sortem exæquet usura, ac priusquam hic fetus totus prodeat, illum totum parere nititur, fœnora in sortem convertens, et vim inferens ut abortivos viperæ partus edat. Talia certe sunt fœnora, quæ animas miserius rodunt et lacerant, quam viperæ. Hoc injustitiæ vinculum est: hæc obligatio violentarum pactionum. Do, inquit, non ut accipias, sed ut plura reddas. At Deus vetat id accipere quod datur: *Date*, inquit, *illis, a quibus nihil accipere speratis;* (Luc. 6. 35.) tu vero plus quam dederis exigis: et quod non dedisti, ut debitum tibi cogis numerare eum qui non accepit. Et putas hinc tibi opes augeri, ac pro opibus ignem tibi accendis inexstinguibilem. Quod ne fiat, hos fœnorum partus malos et iniquos exscindamus, exsiccemus hunc perniciosum uterum, ac vera magnaque lucra tantum persequamur. Quænam hæc sunt? Audiamus Paulum dicentem, *Magnus est quæstus pietas cum sufficientia.* (1. Tim. 6. 6.) His igitur tantum ditemur divitiis, ut et hic tranquillitate fruamur, et futura consequamur bona, gratia et benignitate Domini nostri Jesu Christi, cui gloria et imperium cum Patre et Spiritu sancto, nunc et semper, et in sæcula sæculorum. Amen.

b Morel. ἐπομβρίαν.
c Savil. προσενεγκεῖν.

a Sic quidam Mss., recte. Editi τὸν εἰληφότα, male.
b Savil. ἀκούσωμεν Παύλου.

HOMILIA LVII. al. LVIII.

C

Cap. XVII. v. 10. *Et interrogaverunt eum discipuli ejus dicentes : Quid igitur dicunt scribæ, quod Eliam oporteat primum venire?*

1. Non ergo a Scripturis id sciebant, sed scribæ
id illis narrabant, et hæc opinio in vulgus circumferebatur, sicut et de Christo. Ideo Samaritana di-
Joan. 4. 5. cebat : *Messias venit, et cum venerit, ille an-*
nuntiabit nobis omnia : et illi interrogabant Joan-
Joan. 1. 21. nem, *Elias es tu, aut propheta?* Nam, ut dixi, D
hæc opinio invaluerat et de Christo et de Elia;
neque illi recte hæc interpretabantur. Scripturæ
quippe duos narrant Christi adventus; hunc qui
jam fuit, et futurum : quos significans Paulus di-
Tit. 2. 11. 12. cebat : *Apparuit gratia Dei salutaris omnibus*
hominibus, erudiens nos, ut abnegantes impie-
tatem et sæcularia desideria, sobrie et juste et
pie vivamus. Ecce unum adventum. Audi quomo-
Ibid. v. 13. do et alterum postea declaret : *Exspectantes bea-*
tam spem, et adventum magni Dei et Salvato-
ris nostri Jesu Christi. Prophetæ quoque utrumque adventum memorant : atque unius, qui secun- E
dus est, præcursorem dicunt futurum esse Eliam.
Prioris vero fuit Joannes, quem Christus Eliam
vocabat : non quod Elias esset, sed quod ejus ministerium impleret. Sicut enim ille præcursor erit
secundi adventus, ita et hic prioris fuit. Sed scri- 570
bæ ista confundentes, populumque pervertentes, A
illius tantum, sive secundi meminerunt, ac dicebant plebi : Si hic esset Christus, oportuit Eliam
præcedere. Ideo discipuli sic loquuntur : *Quid est*
quod scribæ dicunt, quod Eliam oporteat pri-
mum venire? Hac de causa Pharisæi ad Joannem
Joan. 1. 21. miserunt, et interrogabant : *Elias es tu?* nullam
prioris adventus mentionem facientes. Quam ergo
solutionem attulit Christus? Quod scilicet Elias
venturus sit ante secundum suum adventum, et
nunc jam Elias venit; sic Joannem vocans : *Hic*
venit Elias. Si vero Thesbiten quæras, veniet.
Ideo dicebat : *Elias veniet, et restituet omnia.*
Quænam omnia? Quæ Malachias propheta dice-

ΟΜΙΛΙΑ νζ'.

Καὶ ἐπηρώτησαν αὐτὸν οἱ μαθηταὶ αὐτοῦ λέγοντες· τί οὖν οἱ γραμματεῖς λέγουσιν, ὅτι Ἠλίαν δεῖ ἐλθεῖν πρῶτον;

Οὐκ ἄρα ἀπὸ τῶν Γραφῶν τοῦτο ᾔδεσαν, ἀλλ' [c] ἐκεῖνοι αὐτοῖς διεσάφουν, καὶ περιεφέρετο ὁ λόγος οὗτος ἐν τῷ ἀπείρῳ δήμῳ, καθάπερ καὶ ἐπὶ τοῦ Χριστοῦ. Διὸ καὶ ἡ Σαμαρεῖτις ἔλεγε· Μεσσίας ἔρχεται, καὶ ὅταν ἔλθῃ, ἐκεῖνος ἀναγγελεῖ ἡμῖν πάντα· καὶ αὐτοὶ D ἠρώτων τὸν Ἰωάννην, Ἠλίας εἶ, ἢ ὁ προφήτης; Ἐκράτει μὲν γὰρ, ὅπερ ἔφην, ὁ λόγος, καὶ ὁ περὶ τοῦ Χριστοῦ, καὶ ὁ περὶ τοῦ Ἠλία, οὐχ ὡς ἐχρῆν δὲ παρ' ἐκείνων ἑρμηνευόμενος. [d] Αἱ μὲν γὰρ Γραφαὶ δύο λέγουσι τοῦ Χριστοῦ παρουσίας, ταύτην τε τὴν γεγενημένην, καὶ τὴν μέλλουσαν· καὶ ταύτας δηλῶν ὁ Παῦλος ἔλεγεν· Ἐπεφάνη ἡ χάρις τοῦ Θεοῦ ἡ σωτήριος πᾶσιν ἀνθρώποις, παιδεύουσα ἡμᾶς, ἵνα ἀρνησάμενοι τὴν ἀσέβειαν καὶ τὰς κοσμικὰς ἐπιθυμίας, σωφρόνως καὶ δικαίως καὶ εὐσεβῶς ζήσωμεν. Ἰδοὺ ἡ μία. Ἄκουσον πῶς καὶ τὴν ἑτέραν δηλοῖ. Εἰπὼν γὰρ ταῦτα, ἐπήγαγε· Προσδεχόμενοι τὴν μακαρίαν ἐλπίδα, καὶ [e] ἐπιφάE νειαν τοῦ μεγάλου Θεοῦ καὶ Σωτῆρος ἡμῶν Ἰησοῦ Χριστοῦ. Καὶ οἱ προφῆται δὲ ἑκατέρας μέμνηνται· τῆς μέντοι μιᾶς, τῆς δευτέρας, πρόδρομον λέγουσι τὸν Ἠλίαν ἔσεσθαι. Τῆς γὰρ προτέρας ἐγένετο ὁ Ἰωάννης, ὃν καὶ Ἠλίαν ὁ Χριστὸς ἐκάλει· οὐκ ἐπειδὴ Ἠλίας ἦν, ἀλλ' ἐπειδὴ τὴν διακονίαν ἐπλήρου τὴν ἐκείνου. 570 A Ὥσπερ γὰρ ἐκεῖνος πρόδρομος ἔσται τῆς δευτέρας παρουσίας, οὕτω καὶ οὗτος [a] τῆς προτέρας ἐγένετο. Ἀλλ' οἱ γραμματεῖς ταῦτα συγχέοντες, καὶ διαστρέφοντες τὸν δῆμον, ἐκείνης ἐμνημόνευον μόνης πρὸς τὸν δῆμον τῆς δευτέρας παρουσίας, καὶ ἔλεγον, ὅτι εἰ οὗτός ἐστιν ὁ Χριστὸς, ἔδει τὸν Ἠλίαν προλαβεῖν. Διὰ τοῦτο καὶ οἱ μαθηταὶ [b] λέγουσι· Πῶς οἱ γραμματεῖς λέγουσιν, Ἠλίαν δεῖ ἐλθεῖν πρῶτον; Διὰ τοῦτο καὶ πρὸς τὸν Ἰωάννην πέμψαντες οἱ Φαρισαῖοι ἠρώτων· Εἰ σὺ εἶ Ἠλίας; οὐ μνημονεύοντες οὐδαμοῦ τῆς προτέρας παρουσίας. Τίς οὖν ἐστιν ἡ λύσις, ἣν ὁ Χριστὸς ἐπήγαγεν; Ὅτι Ἠλίας μὲν ἔρχεται τότε πρὸ τῆς δευτέρας μου παρουσίας· καὶ νῦν δὲ ἐλήλυθεν Ἠλίας· τὸν Ἰωάννην οὕτω καλῶν· [c] Οὗτος ἦλθεν

[c] Savil. ἐκείνοις αὐτοῖς, Morel. ἐκεῖνοι ἑαυτοὺς, quidam Mss. ἐκεῖνοι αὐτοῖς, nempe scribæ discipulis, quæ videtur vera esse lectio. Paulo post duo Mss. καὶ περὶ τοῦ Χριστοῦ. διό.

[d] Morel. αἱ μὲν γραφαί.

[e] Duo Mss. ἐπιφάνειαν τῆς δόξης τοῦ.

[a] Alii τῆς πρώτης.

[b] Hæc, λέγουσι· πῶς οἱ γραμματεῖς, desunt in Morel.

[c] Unus οὕτως ἦλθεν.

Ἠλίας. Εἰ δὲ τὸν Θεσβίτην ζητοίης, ἔρχεται. Διὸ καὶ ἔλεγεν· Ἠλίας μὲν ἔρχεται, καὶ ἀποκαταστήσει πάντα. Ποῖα πάντα; Ἅπερ ὁ προφήτης ἔλεγε Μαλαχίας· Ἀποστελῶ γὰρ ὑμῖν Ἠλίαν τὸν Θεσβίτην, ὃς ἀποκαταστήσει καρδίαν πατρὸς πρὸς υἱὸν, μὴ [d] ἐλθὼν πατάξω τὴν γῆν ἄρδην. Εἶδες ἀκρίβειαν προφητικῆς ῥήσεως; Ἐπειδὴ γὰρ τὸν Ἰωάννην Ἠλίαν ἐκάλεσεν ὁ Χριστὸς, διὰ τὴν κοινωνίαν τῆς διακονίας, ἵνα μὴ νομίσῃς τοῦτο καὶ παρὰ τοῦ προφήτου λέγεσθαι νῦν, προσέθηκεν αὐτοῦ καὶ τὴν πατρίδα, εἰπὼν, Τὸν Θεσβίτην. Ἰωάννης δὲ Θεσβίτης οὐκ ἦν. Καὶ ἕτερον δὲ μετὰ τούτου παράσημον τίθησι λέγων, Μὴ ἐλθὼν πατάξω τὴν γῆν ἄρδην, τὴν δευτέραν αὐτοῦ παρουσίαν ἐμφαίνων τὴν φοβεράν. Τῇ γὰρ προτέρᾳ οὐκ ἦλθε πατάξαι τὴν γῆν. Οὐ γὰρ ἦλθον, φησὶν, ἵνα κρίνω τὸν κόσμον, ἀλλ' ἵνα σώσω τὸν κόσμον. Δηλῶν τοίνυν, ὅτι πρὸ ἐκείνης ἔρχεται ὁ Θεσβίτης τῆς τὴν κρίσιν ἐχούσης, τοῦτο εἴρηκε. Καὶ τὴν αἰτίαν δὲ ὁμοῦ διδάσκει τῆς παρουσίας αὐτοῦ. Τίς δὲ ἡ αἰτία; Ἵνα ἐλθὼν πείσῃ πιστεῦσαι τοὺς Ἰουδαίους τῷ Χριστῷ, καὶ μὴ πάντες ἄρδην ἀπόλωνται παραγενομένου. Διὸ δὴ καὶ αὐτὸς εἰς ἐκείνην αὐτοὺς παραπέμπων τὴν μνήμην, φησί· Καὶ ἀποκαταστήσει πάντα· τουτέστι, διορθώσει τὴν ἀπιστίαν τῶν Ἰουδαίων τῶν τότε εὑρισκομένων. Διὸ καὶ σφόδρα ἀκριβέστατα εἴρηκεν. Οὐ γὰρ εἶπεν, ἀποκαταστήσει καρδίαν υἱοῦ πρὸς πατέρα, ἀλλὰ, Πατρὸς πρὸς υἱόν. Ἐπειδὴ γὰρ πατέρες ἦσαν τῶν ἀποστόλων οἱ Ἰουδαῖοι, τοῦτο λέγει, ὅτι ἀποκαταστήσει τοῖς δόγμασι τῶν υἱῶν αὐτῶν, τουτέστι, τῶν ἀποστόλων, τὰς καρδίας τῶν πατέρων, τουτέστι, τοῦ γένους τῶν Ἰουδαίων τὴν διάνοιαν. Λέγω δὲ ὑμῖν, ὅτι Ἠλίας ἤδη ἦλθε, καὶ οὐκ ἔγνωσαν αὐτὸν, ἀλλ' ἐποίησαν ἐν αὐτῷ ὅσα ἠθέλησαν. Οὕτω καὶ ὁ Υἱὸς τοῦ ἀνθρώπου μέλλει πάσχειν ὑπ' αὐτῶν. Τότε συνῆκαν, ὅτι περὶ Ἰωάννου εἶπεν αὐτοῖς. Καίτοι οὔτε οἱ γραμματεῖς τοῦτο εἶπον, οὔτε αἱ Γραφαί· ἀλλ' ἐπειδὴ λοιπὸν ὀξύτεροι ἐγένοντο καὶ προσεκτικώτεροι πρὸς τὰ λεγόμενα, ταχέως συνίεσαν. Πόθεν δὲ ἔγνωσαν τοῦτο οἱ μαθηταί: Ἦν ἤδη προειρηκὼς αὐτοῖς, Αὐτός ἐστιν Ἠλίας ὁ μέλλων ἔρχεσθαι· ἐνταῦθα δὲ, ὅτι Ἦλθε· καὶ πάλιν, ὅτι Ἠλίας ἔρχεται καὶ ἀποκαταστήσει πάντα. Ἀλλὰ μὴ θορυβηθῇς, μηδὲ πεπλανῆσθαι τὸν λόγον νομίσῃς, εἰ ποτὲ μὲν αὐτὸν ἥξειν, ποτὲ δὲ ἐληλυθέναι ἔφη. Πάντα γὰρ ἀληθῆ ταῦτα· ὅταν μὲν γὰρ εἴπῃ, ὅτι Ἠλίας μὲν ἔρχεται καὶ ἀποκαταστήσει πάντα, αὐτὸν Ἠλίαν φησὶ, καὶ τὴν τότε ἐσομένην τῶν Ἰουδαίων ἐπιστροφήν· ὅταν δὲ εἴπῃ, ὅτι Αὐτός ἐστιν ὁ μέλλων ἔρχεσθαι, κατὰ τὸν τρόπον τῆς διακονίας Ἰωάννην Ἠλίαν [a] καλεῖ. Καὶ γὰρ οἱ προφῆται ἕκαστον τῶν εὐδοκίμων βασιλέων Δαυῒδ ἐκάλουν,

[d] Morel. ἐξελθών.

bat: *Mittam enim vobis Eliam Thesbiten, qui* Mal. 4. 5.
restituet cor patris ad filium, ne veniens percutiam terram radicitus. Viden' accurationem propheticæ prædictionis? Quia enim Joannem Eliam vocaverat Christus ob ministerii similitudinem, ne putares hoc ipsum nunc a propheta dici, ejus patriam addidit, dicens, *Thesbiten.* Joannes vero Thesbita non erat. Aliud etiam insigne addit, cum dicit, *Ne veniens percutiam terram radicitus*, secundum ejus adventum illum terribilem declarans. In primo enim non venit percutere terram. *Non enim veni*, inquit, *ut judicem* Joan. 12. 47.
mundum, sed ut salvum faciam. Hoc ergo dicit significans, Thesbiten venturum esse ante adventum illum in quo judicium fiet. Causam quoque cur venturus sit docet. Quænam illa est? Ut Judæos inducat ad credendum in Christum, ne illo adveniente omnes funditus pereant. Quapropter id illis in memoriam revocans dicit: *Et restituet omnia*; id est, Judæorum, qui tunc supererunt, incredulitatem corriget: ideoque accuratissime loquutus est. Non enim dixit, Restituet cor filii erga patrem, sed, *Patris erga filium.* Quia enim Judæi patres erant apostolorum, hoc sibi vult, Restituet ad dogmata filiorum suorum, hoc est, apostolorum, cor patrum ipsorum, hoc est animum Judaïci generis. 12. *Dico autem vobis, Elias jam venit, et non cognoverunt eum, sed fecerunt in eo quæcumque voluerunt. Sic et Filius hominis passurus est ab ipsis.* 13. *Tunc intellexerunt, quod de Joanne hoc dixisset eis.* Etiamsi nec scribæ, nec Scripturæ hæc dicerent: sed quia et acutiores, et ad ea quæ dicebantur attentiores erant, cito intellexerunt. Undenam id intellexerunt discipuli? Jam dixerat eis, *Ipse est* Matth. 11. 14.
Elias qui venturus est; hic vero dicit, *Jam venit*; et rursum, *Elias veniet et restituet omnia.* Sed ne turberis, neque errorem in dictis suspiceris, si modo venturum esse, modo venisse dicat. Hæc omnia vera sunt; nam cum dicit Eliam venturum et restituturum esse omnia, de ipso Elia loquitur, deque futura Judæorum conversione; cum autem dicit, *Ipse est qui venturus erat*, Joannes Bapt. Elias dictus.
propter ministerii similitudinem Joannem Eliam vocat. Nam prophetæ quemque regem virtute clarum Davidem vocabant, et Judæos principes Sodomorum, ac filios Æthiopum, idque ex morum

[a] Morel. καλεῖ, alii καλῶν. [Savil. ἰω. λέγει, κ. τ. τρ. τ. δ. Ἠλ. καλῶν.]

similitudine. Sicut enim ille secundi adventus præcursor futurus est, ita hic primi fuit.

2. Neque ideo tantum Eliam sæpe vocat illum, sed ut ostendat se cum veteri lege admodum concordare, et hunc adventum secundum prophetiam esse. Ideo subjungit : *Venit, et non cognoverunt eum, et fecerunt ei quæcumque voluerunt.* Quid sibi vult illud, *Quæcumque voluerunt?* In carcerem truserunt, contumeliis affecerunt, occiderunt, caput in disco tulerunt. *Sic et Filius hominis passurus est ab ipsis.* Viden' quomodo rursus opportune illis passionem suam commemorat, ex Joannis passione magnam illis afferens consolationem? Neque hinc tantum, sed quod etiam magna statim miracula edat. Nam cum de passione loquitur, confestim mirabilia patrat, et antequam id loquatur, et postquam lo-
Matth. 16. 21. quutus est, id quod sæpe observatur. *Tunc igitur,* inquit, *cœpit ostendere, quod oporteret eum abire Jerosolymam, et occidi, et multa pati. Tunc,* quandonam? Quando in confesso fuit ipsum esse Christum et Filium Dei. Rursus in monte, quando miram illis visionem exhibuit, cum de gloria ipsius loquerentur prophetæ, passionem ipsis memoravit. Postquam enim Joannis historiam narraverat, subjunxit : *Sic et Filius hominis passurus est ab ipsis.* Nec multum postea, cum dæmonem ejecit, quem discipuli expellere non
Infra v. 21. 22. potuerant : tunc enim, *Cum in Galilæam reverterentur,* inquit, *dixit eis Jesus : Tradendus est Filius hominis in manus hominum peccatorum, et occident eum, et tertia die resurget.* Hoc autem faciebat, ut magnitudine miraculorum doloris excessum minueret, et omnimodo illos solaretur, quemadmodum hoc loco morte Joannis commemorata magnam ipsis consolationem attulit. Si quis vero dixerit : Cur non etiam nunc Eliam suscitavit et misit, cum tot tantaque bona ejus adventum testificentur? respondebimus, quia nunc etiam, cum crederent ipsum Christum esse Eliam,
Matth. 16. 14. non tamen crediderunt ei. Nam *Alii,* inquit, *Eliam te dicunt, alii Jeremiam.* Atqui inter Joannem et Eliam nullum erat discrimen, nisi temporis tantum. Quomodo ergo, inquies, tunc credituri sunt? Certe ille tunc restituet omnia, non modo

καὶ τοὺς Ἰουδαίους ἄρχοντας Σοδόμων, καὶ υἱοὺς Αἰθιόπων, ἀπὸ τῶν τρόπων. Ὥσπερ γὰρ ἐκεῖνος τῆς δευτέρας ἔσται παρουσίας, οὕτως οὗτος τῆς προτέρας ἐγένετο πρόδρομος.

B Οὐ διὰ τοῦτο δὲ μόνον Ἠλίαν αὐτὸν ὀνομάζει πανταχοῦ, ἀλλ' ἵνα δείξῃ σφόδρα αὐτὸν τῇ Παλαιᾷ συμβαίνοντα, καὶ κατὰ προφητείαν [b] καὶ τὴν παρουσίαν ταύτην οὖσαν. Διὸ καὶ ἐπάγει πάλιν, ὅτι Ἦλθε, καὶ οὐκ ἔγνωσαν αὐτὸν, ἀλλ' ἐποίησαν εἰς αὐτὸν πάντα ὅσα ἠθέλησαν. Τί ἐστι, Πάντα ὅσα ἠθέλησαν; Ἐνέβαλον εἰς δεσμωτήριον, ὕβρισαν, ἀπέκτειναν, ἤνεγκαν τὴν κεφαλὴν αὐτοῦ ἐπὶ πίνακος. Οὕτω καὶ ὁ Υἱὸς τοῦ ἀνθρώπου μέλλει πάσχειν ὑπ' αὐτῶν. Ὁρᾷς πῶς πάλιν εὐκαίρως αὐτοὺς ἀναμιμνήσκει τοῦ πάθους, ἀπὸ
C τοῦ πάθους τοῦ Ἰωάννου πολλὴν αὐτοῖς προξενῶν τὴν παραμυθίαν; Οὐ ταύτῃ δὲ μόνον, ἀλλὰ καὶ τῷ θαύματα εὐθέως ἐργάσασθαι μεγάλα. Καὶ γὰρ ἡνίκα ἂν περὶ τοῦ πάθους διαλέγηται, εὐθέως θαυματουργεῖ, καὶ μετὰ τοὺς λόγους, καὶ πρὸ τῶν λόγων τούτων, καὶ πολλαχοῦ τοῦτο [c] παρατηρήσαντα ἔστιν εὑρεῖν. Τότε γοῦν, φησὶν, ἤρξατο δεικνύειν, ὅτι δεῖ αὐτὸν ἀπελθεῖν εἰς Ἱεροσόλυμα, καὶ ἀποκτανθῆναι, καὶ πολλὰ παθεῖν. Τότε, πότε; Ὅτε ὡμολογήθη Χριστὸς καὶ Υἱὸς εἶναι τοῦ Θεοῦ. Πάλιν ἐν τῷ ὄρει, ὅτε τὴν θαυμαστὴν αὐτοῖς ἔδειξεν ὄψιν, καὶ περὶ τῆς δόξης αὐτοῦ διελέχθησαν οἱ προφῆται, ἀνέμνησεν αὐτοὺς τοῦ πάθους. Εἰπὼν γὰρ τὴν κατὰ Ἰωάννην ἱστορίαν, ἐπήγαγεν· Οὕτω καὶ ὁ
D Υἱὸς τοῦ ἀνθρώπου μέλλει πάσχειν ὑπ' αὐτῶν. Καὶ μετὰ μικρὸν πάλιν, ὅτε τὸν δαίμονα ἐξέβαλεν, ὃν οὐκ ἴσχυσαν οἱ μαθηταὶ ἐκβαλεῖν· καὶ γὰρ καὶ τότε, Ἀναστρεφομένων αὐτῶν ἐν τῇ Γαλιλαίᾳ, φησὶν, εἶπεν αὐτοῖς ὁ Ἰησοῦς, ὅτι μέλλει ὁ Υἱὸς τοῦ ἀνθρώπου παραδίδοσθαι εἰς χεῖρας ἀνθρώπων ἁμαρτωλῶν, καὶ ἀποκτενοῦσιν αὐτὸν, [d] καὶ τῇ τρίτῃ ἡμέρᾳ ἀναστήσεται. Τοῦτο δὲ ἐποίει, τῷ μεγέθει τῶν θαυμάτων τὴν ὑπερβολὴν τῆς λύπης ὑποτεμνόμενος, καὶ παντὶ τρόπῳ αὐτοὺς παραμυθούμενος, ὥσπερ καὶ ἐνταῦθα τῇ μνήμῃ τοῦ θανάτου τοῦ Ἰωάννου πολλὴν αὐτοῖς παρεῖχε τὴν
E παράκλησιν. Εἰ δὲ λέγοι τις· τίνος ἕνεκεν μὴ καὶ νῦν τὸν Ἠλίαν ἀναστήσας ἔπεμψεν, εἴγε τοσαῦτα αὐτοῦ μαρτυρεῖ τῇ παρουσίᾳ τὰ ἀγαθά; ἐροῦμεν, ὅτι καὶ νῦν Χριστὸν νομίζοντες Ἠλίαν εἶναι, οὐκ ἐπίστευον αὐτῷ. Οἱ μὲν γὰρ, φησὶν, Ἠλίαν σε λέγουσιν, οἱ δὲ Ἱερεμίαν. Καὶ Ἰωάννου δὲ καὶ Ἠλίου οὐδὲν ἦν τὸ μέσον, ἢ ὁ χρόνος μόνος. Πῶς οὖν τότε [e] πιστεύσουσι; φησί.
578 Καὶ γὰρ ἀποκαταστήσει πάντα, οὐ διὰ τὸ γνώριμος
A εἶναι μόνον, ἀλλὰ καὶ διὰ τὸ [a] διαταθῆναι μέχρι τῆς

[b] Morel. καὶ τὴν παρουσίαν οὖσαν. Mox quidam ἐποίησαν ἐν αὐτῷ. Ibidem hæc, τί ἐστι, πάντα ὅσα ἠθέλησαν; desunt in Morel.

[c] Unus παρατηρήσαντας.

[d] Morel. καὶ ἐν τῇ τρίτῃ.

[e] Morel. πιστεύουσι. Mox unus οὐ γὰρ διά.

[a] Unus διαδοθῆναι.

ἡμέρας ἐκείνης ἐπὶ πλέον τοῦ Χριστοῦ τὴν δόξαν, καὶ παρὰ πᾶσιν εἶναι τοῦ ἡλίου φανερωτέραν. Ὅταν οὖν τοσαύτης προλαβούσης ὑπολήψεως καὶ προσδοκίας, ἔλθῃ ἐκεῖνος τὰ αὐτὰ κηρύττων τούτῳ, καὶ ἀναγγέλλων καὶ αὐτὸς [b] τὸν Ἰησοῦν, εὐκολώτερον δέξονται τὰ λεγόμενα. Ὅταν δὲ εἴπῃ, Οὐκ ἔγνωσαν αὐτὸν, καὶ ὑπὲρ τῶν καθ' ἑαυτῶν ἀπολογεῖται, καὶ οὐ ταύτῃ αὐτοὺς μόνον παραμυθεῖται, ἀλλὰ καὶ τῷ δεῖξαι ἀδίκως παρ' αὐτῶν πάσχοντα ἅπερ πάσχει, καὶ τῷ τὰ λυπηρὰ δύο συγκαλύψαι σημείοις, τῷ τε ἐν τῷ ὄρει, καὶ τῷ μέλλοντι γίνεσθαι. Ταῦτα δὲ ἀκούσαντες, οὐκ ἐρωτῶσιν αὐτὸν, πότε ἔρχεται Ἠλίας, ἢ τῇ ἀθυμίᾳ πιε- B ζόμενοι τοῦ πάθους, ἢ δεδοικότες. Πολλαχοῦ γὰρ ὅταν ἴδωσι μὴ βουλόμενόν τι σαφῶς εἰπεῖν, σιγῶσι λοιπόν. Ὅτε γοῦν ἐν τῇ Γαλιλαίᾳ διατριβόντων εἶπε, Μέλλει ὁ Υἱὸς τοῦ ἀνθρώπου παραδίδοσθαι, καὶ ἀποκτενοῦσιν αὐτὸν, ἐπήγαγε, Καὶ ἐλυπήθησαν σφόδρα· ὅπερ ἑκάτεροι τῶν εὐαγγελιστῶν αἰνιττόμενοι, ὁ [c] Μάρκος μέν φησιν, ὅτι Ἠγνόουν τὸ ῥῆμα, καὶ ἐφοβοῦντο αὐτὸν ἐρωτῆσαι· ὁ Λουκᾶς δὲ, ὅτι Ἦν παρακεκαλυμμένον ἀπ' αὐτῶν, ἵνα μὴ αἴσθωνται αὐτοῦ, καὶ ἐφοβοῦντο αὐτὸν ἐρωτῆσαι περὶ τοῦ ῥήματος. Ἐλθόντων δὲ αὐτῶν πρὸς τὸν ὄχλον, προσῆλθεν αὐτῷ ἄνθρωπος γονυπετῶν αὐτὸν, καὶ λέγων· Κύριε, ἐλέησόν μου τὸν υἱὸν, ὅτι σεληνιάζεται, καὶ κακῶς πάσχει. Πολλά- C κις γὰρ πίπτει εἰς τὸ πῦρ, καὶ πολλάκις εἰς τὸ ὕδωρ· καὶ προσήνεγκα αὐτὸν τοῖς μαθηταῖς σου, καὶ οὐκ ἴσχυσαν αὐτὸν θεραπεῦσαι. Τοῦτον τὸν ἄνθρωπον σφόδρα ἀσθενοῦντα κατὰ πίστιν δείκνυσιν ἡ Γραφή· καὶ ἐκ πολλῶν τοῦτο δῆλον, ἔκ τε τοῦ εἰπεῖν τὸν Χριστὸν, Τῷ πιστεύοντι πάντα δυνατά· ἔκ τε τοῦ εἰπεῖν αὐτὸν τὸν προσελθόντα, Βοήθει μου τῇ ἀπιστίᾳ· καὶ ἐκ τοῦ τὸν Χριστὸν κελεῦσαι τῷ δαίμονι, μηκέτι εἰσελθεῖν εἰς αὐτόν· καὶ ἐκ τοῦ πάλιν εἰπεῖν τὸν ἄνθρωπον τῷ Χριστῷ, Εἰ δύνασαι. Καὶ εἰ ἡ ἀπιστία αὐτοῦ γέγονεν αἰτία, φησὶ, [d] τοῦ μὴ ἐξελθεῖν τὸν δαίμονα, τί τοῖς μαθηταῖς ἐγκαλεῖ; Δεικνὺς ὅτι δυνατὸν αὐτοῖς, καὶ D χωρὶς τῶν προσαγόντων, μετὰ πίστεως πολλαχοῦ θεραπεῦσαι. Ὥσπερ γὰρ ἤρκει πολλάκις ἡ τοῦ προσάγοντος πίστις εἰς τὸ καὶ παρ' ἐλαττόνων λαβεῖν, οὕτω τῶν ποιούντων πολλάκις ἤρκεσεν ἡ δύναμις, καὶ μὴ πιστευόντων τῶν προσελθόντων, θαυματουργῆσαι. Καὶ ταῦτα ἀμφότερα δείκνυται ἐν ταῖς Γραφαῖς· οἵ τε γὰρ περὶ Κορνήλιον ἀπὸ τῆς αὐτῶν πίστεως ἐπεσπάσαντο τοῦ Πνεύματος τὴν χάριν· καὶ ἐπὶ τοῦ Ἐλισσαίου δὲ, οὐδενὸς πιστεύσαντος, νεκρὸς ἀνέστη. Οἵ τε γὰρ [e] ῥίψαντες, οὐ διὰ πίστιν, ἀλλὰ διὰ δειλίαν ἔῤῥιψαν ἁπλῶς καὶ ὡς ἔτυχε, φοβηθέντες τὸ πειρατήριον, καὶ ἔφυγον· E

quod notus sit, sed quod gloria Christi ad illum usque diem admodum extendenda et augenda sit, et apud omnes sole splendidior sit futura. Cum itaque veniet ille, postquam tanta præcesserit existimatio, tanta exspectatio, eadem ipsa prædicans, et Jesum annuntians, facilius dicta illius suscipient. Cum autem dicit, *Non cognoverunt eum*, et illos excusare videtur, et non sic modo eos consolatur, sed quod ostendat se injuste passurum esse, et quod tristia illa duobus miraculis obtegantur, illo in monte edito, et alio tunc edendo. His porro auditis, non interrogant illum, quandonam Elias venturus sit, sive ob mœrorem futuræ passionis, sive quod ipsi timerent. Sæpe namque cum vident illum clare loqui nolle, tacent demum. Cum igitur in Galilæa versantibus diceret, *Futurum est ut Filius hominis tradatur, et occident eum*, subjunxit, *Et contristati sunt valde :* quod subindicant duo evangelistæ; Marcus quidem dicit : *Ignorabant verbum, nec ausi sunt illum interrogare* : Lucas vero : *Erat absconditum ab eis, ne sentirent illud, nec ausi sunt eum interrogare circa verbum*. (Marc. 9. 32. Luc. 9. 45.) **14.** *Cum venissent autem ad turbam, accessit ad eum homo genu flectens ante eum, et dicens : Domine, miserere filio meo, quoniam lunaticus est, et male patitur. Sæpe enim cadit in ignem, et sæpe in aquam :* **15.** *et obtuli eum discipulis tuis, et non potuerunt eum curare*. Hunc hominem valde in fide infirmum ostendit Scriptura : id quod ex multis palam est; tum quod Christus dicat, *Omnia possibilia sunt credenti;* (Marc. 9. 22. 23.) tum quod is qui accessit, dicat, *Adjuva incredulitatem meam;* imo etiam ex eo quod Christus dæmoni præcipiat, ne ultra intret in eum; ac rursum, quod homo ille Christo dicat, *Si potes*. Ac, inquies, si illius incredulitas in causa fuit, quod dæmon non exierit, cur accusat discipulos? Ut ostendat eos posse, etiamsi nemo adducat, per fidem ægros curare. Ut enim sæpe accedentis fides satis fuit ad postulata vel a minoribus impetranda, sic et operantis sæpe virtus fuit satis, sine accedentium fide, ad miracula patranda. Hæc ambo in Scripturis demonstrantur : Cornelius enim sola fide gratiam Spiritus attraxit : (Act. 10.) ab Elisæo, nemine credente, mortuus suscitatus est. (4. Reg. 13. 21.) Nam qui projecerant, non ex fide, sed ob metum temere projecerunt, et periculum metuentes fugerunt : is ipse, qui projectus fuit, mortuus erat,

[b] Unus τὸν υἱόν.

[c] Hic quædam deerant in Morel. quæ ex aliis restituuntur. [Codex 694 ἐπήγαγεν· ὁ Μάρκος μέν, omissis interpositis. Post μὲν addidimus φησὶν e Savilio.]

[d] Unus τοῦ μὴ ἐξελαθῆναι τὸν δ.

[e] Alius ῥίψαντες αὐτὸν οὐ.

exque sola virtute sacri corporis, mortuus resurrexit. Unde palam est, discipulos imbecillos fuisse; at non omnes : nam columnæ illæ non aderant.

3. Sed aliunde vide hominis imprudentiam,
quomodo in conspectu turbæ Jesum precetur,
contra discipulos loquens : nam ait : *Attuli eum*
discipulis tuis, et non potuerunt eum curare.
Sed Christus discipulos suos palam excusans, majorem illi culpam tribuit, dicens : 16. *O generatio*
incredula et perversa, usquequo vobiscum
ero? non hunc solum alloquitur, ne turbaret eum,
sed et omnes Judæos. Multos enim offensos fuisse
verisimile est, maleque de discipulis suspicatos
esse. Cum autem dicit, *Usquequo vobiscum*
ero? ostendit quantum mortem optaret, et desideraret hinc migrare; sibique non crucifigi, sed
cum ipsis versari molestum esse. Nec contentus
incusasse, ait : *Afferte huc ipsum ad me;* interrogatque illum, quanto tempore detentus esset,
et discipulos excusans, et illum in spem bonam
agens, ut crederet, se a malo liberandum. Ipsum
vero discerpi sinit, non ad ostentationem (quia
enim turba confluebat, increpavit eum), sed propter ipsum patrem, ut cum videret dæmonem
turbari eo quod illum vocasset, sic saltem futuri
Marc. 9. miraculi fidem susciperet. Quoniam vero dixit ille,
20.—22. a puero vexatum esse, et, *Si potes, adjuva me,*
dixit ille, *Omnia possibilia sunt credenti*, rur-
Luc. 5. 12. sum illum objurgans. Et quando leprosus dixit,
13. *Si vis, potes me mundare*, ejus potestatem testificatus, illum laudans et dictum illud confirmans
dixit, *Volo, mundare.* Quando autem hic nihil
ipsius potestate dignum loquens dixit, *Si potes,*
adjuva me, vide quomodo illum corrigat, ut qui
contra quam par erat loqueretur. Quid enim ait?
Si potes credere, omnia possibilia sunt credenti;
id est, Tanta mea virtus est, ut et alii meo nomine possint miracula patrare. Itaque si tu credas
ut oportet credere, ipse quoque curare potes et
hunc et alios multos. Et cum hæc dixisset, dæmoniacum liberavit. Tu vero ne inde tantum ejus
providentiam et beneficentiam consideres, sed
etiam ex illo tempore quo concessit intus manere
dæmonem. Nisi enim magna tunc providentia ille
servatus fuisset, jamdiu periisset. Nam et in ignem
illum conjiciebat, inquit, et in aquam. Qui vero
id audebat, occidisset utique, nisi in tanto furore

αὐτός τε ὁ ῥιφεὶς ἀποτεθνηκὼς ἦν, καὶ ἀπὸ μόνης τῆς τοῦ ἁγίου σώματος δυνάμεως ἀνίστατο ὁ νεκρός. Ὅθεν δῆλον [f] ἐνταῦθα, ὅτι καὶ οἱ μαθηταὶ ἠσθένησαν, ἀλλ' οὐ πάντες· οἱ στῦλοι γὰρ οὐ παρῆσαν ἐκεῖ.

579 Θέα δὲ τούτου καὶ ἑτέρωθεν [g] τὴν ἀγνωμοσύνην, πῶς
A ἐπὶ τοῦ ὄχλου ἐντυγχάνει τῷ Ἰησοῦ κατὰ τῶν μαθητῶν λέγων, ὅτι Προσήνεγκα αὐτὸν τοῖς μαθηταῖς σου, καὶ οὐκ ἴσχυσαν αὐτὸν θεραπεῦσαι. Ἀλλ' αὐτὸς ἀπαλλάττων αὐτοὺς τῶν ἐγκλημάτων ἐπὶ τοῦ δήμου, ἐκείνῳ τὸ πλέον λογίζεται· Ὦ γενεὰ γάρ, φησίν, ἄπιστος καὶ διεστραμμένη, ἕως πότε ἔσομαι μεθ' ὑμῶν; οὐκ εἰς τὸ τούτου πρόσωπον μόνον ἀποτεινόμενος, ἵνα μὴ ἀπορήσῃ τὸν ἄνθρωπον, ἀλλὰ καὶ εἰς πάντας Ἰουδαίους. Καὶ γὰρ εἰκὸς πολλοὺς τῶν παρόντων σκανδαλισθῆναι, καὶ τὰ μὴ προσήκοντα ἐννοῆσαι περὶ αὐτῶν. Ὅταν δὲ
B εἴπῃ, Ἕως πότε ἔσομαι μεθ' ὑμῶν; δείκνυσι πάλιν ἀσπαστὸν ὄντα τὸν θάνατον αὐτῷ, καὶ ἐπιθυμίας τὸ πρᾶγμα, καὶ ποθεινὴν τὴν ἀποδημίαν· καὶ ὅτι οὐ τὸ σταυρωθῆναι, ἀλλὰ τὸ εἶναι μετ' αὐτῶν βαρύ. Οὐ μὴν ἔστη μέχρι τῶν ἐγκλημάτων· ἀλλὰ τί φησι; Φέρετέ μοι αὐτὸν ὧδε. Καὶ αὐτὸς δὲ ἐρωτᾷ αὐτόν, πόσον χρόνον ἔχει, καὶ ὑπὲρ τῶν μαθητῶν ἀπολογούμενος, κἀκεῖνον ἄγων εἰς ἐλπίδα χρηστήν, καὶ τοῦ πιστεῦσαι, ὅτι ἔσται αὐτῷ ἀπαλλαγὴ τοῦ κακοῦ. Καὶ ἀφίησιν αὐτὸν σπαράττεσθαι, οὐ πρὸς ἐπίδειξιν (ἐπειδὴ γοῦν ὄχλος συνήγετο, καὶ ἐπετίμησεν αὐτῷ), ἀλλὰ δι' αὐτὸν τὸν πατέρα, ἵν' ὅταν ἴδῃ θορυβούμενον τὸ δαιμό-
C νιον ἀπὸ τοῦ κληθῆναι μόνον, κἂν οὕτως ἐναχθῇ εἰς τὴν πίστιν τοῦ ἐσομένου θαύματος. Ἐπειδὴ δὲ ἐκεῖνος εἶπεν, ὅτι Ἐκ παιδός, καὶ ὅτι, Εἰ δύνασαι, βοήθει μοι, λέγει, Τῷ πιστεύοντι πάντα δυνατά, πάλιν εἰς αὐτὸν περιτρέπων τὸ ἔγκλημα. Καὶ ὅτε μὲν ἔλεγεν ὁ λεπρός, Εἰ θέλεις, δύνασαί με καθαρίσαι, μαρτυρῶν αὐτοῦ τῇ ἐξουσίᾳ, ἐπαινῶν αὐτὸν καὶ βεβαιῶν τὸ εἰρημένον, ἔλεγε, Θέλω, καθαρίσθητι. Ὅτε δὲ οὗτος [a] οὐδὲν ἀντάξιον τῆς αὐτοῦ δυνάμεως ἐφθέγξατο εἰπών, εἰ δύνασαι, βοήθει μοι, ὅρα πῶς αὐτὸ διορθοῦται, ὡς οὐ δεόντως εἰρημένον. Τί γάρ φησιν; Εἰ δύνασαι πιστεῦσαι, πάντα δυνατὰ τῷ πιστεύοντι· ὃ δὲ λέγει, τοιοῦτόν ἐστι· τοσαύτη παρ' ἐμοὶ δυνάμεως περιουσία,
D ὡς καὶ ἑτέρους δύνασθαι ποιεῖν ταῦτα θαυματουργεῖν. Ὥστε ἂν [b] πιστεύῃς ὡς δεῖ, καὶ αὐτὸς δύνασαι θεραπεῦσαι, φησί, καὶ τοῦτον καὶ ἑτέρους πολλούς. Καὶ ταῦτα εἰπών, ἀπήλλαξε τὸν δαιμονῶντα. Σὺ δὲ μὴ μόνον ἐντεῦθεν αὐτοῦ σκόπει τὴν πρόνοιαν καὶ τὴν εὐεργεσίαν, ἀλλὰ καὶ ἐξ ἐκείνου τοῦ καιροῦ οὗ συνεχώρησεν ἔνδον εἶναι τὸν δαίμονα. Καὶ γὰρ εἰ μὴ πολλῆς προνοίας καὶ τότε ἀπέλαυεν ὁ ἄνθρωπος, πάλαι ἂν απο-

f Al. ἐντεῦθεν.

g Τὴν ἀγνωμοσύνην, vulgo significat *ingratum*, *improbum animum*, sed hic *imprudentiam* exprimit.

a Alii οὐδὲν ἄξιον.

b Unus πιστεύσῃς.

λώλει. Καὶ γὰρ εἰς τὸ πῦρ αὐτὸν ἐμβάλλει, φησὶ, καὶ εἰς τὸ ὕδωρ. Ὁ δὲ ταῦτα τολμῶν καὶ ἀνεῖλεν ἂν πάντως, εἰ μὴ καὶ ἐν τοσαύτῃ μανίᾳ πολὺν ἐπέθηκεν ὁ Θεὸς αὐτῷ τὸν χαλινόν· ὥσπερ οὖν καὶ ἐπ' ἐκείνων τῶν γυμνῶν, τῶν ἐν ταῖς ἐρήμοις τρεχόντων, καὶ
E λίθοις [c] ἑαυτοὺς κατακοπτόντων. Εἰ δὲ σεληνιαζόμενον καλεῖ, μηδὲν φοβηθῇς· τοῦ γὰρ πατρὸς τοῦ δαιμονῶντός ἐστιν ἡ φωνή. Πῶς οὖν φησι καὶ ὁ εὐαγγελιστὴς, ὅτι σεληνιαζομένους πολλοὺς ἐθεράπευσεν; Ἀπὸ τῆς τῶν πολλῶν ὑπονοίας αὐτοὺς καλῶν. Ὁ γὰρ δαίμων
580 A ἐπὶ διαβολῇ τοῦ στοιχείου καὶ ἐπιτίθεται τοῖς ἁλοῦσι, καὶ ἀνίησιν αὐτοὺς κατὰ τοὺς τῆς σελήνης δρόμους, οὐχ ὡς ἐκείνης ἐνεργούσης, ἄπαγε· ἀλλ' αὐτὸς τοῦτο κακουργῶν, εἰς τὴν τοῦ στοιχείου διαβολήν. Διὸ καὶ πεπλανημένη παρὰ τοῖς ἀνοήτοις ἐκράτησε δόξα, καὶ οὕτω τοὺς τοιούτους [a] δαίμονας καλοῦσιν ἀπατώμενοι· οὐδὲ γάρ ἐστι τοῦτο ἀληθές. Τότε προσελθόντες οἱ μαθηταὶ αὐτοῦ κατιδίαν, ἠρώτησαν αὐτὸν, τίνος ἕνεκεν οὐκ ἠδυνήθησαν αὐτοὶ τὸν δαίμονα ἐκβαλεῖν. Ἐμοὶ δοκοῦσιν ἀγωνιᾷν καὶ δεδοικέναι, μήποτε τὴν χάριν, ἣν ἐπιστεύθησαν, ἀπώλεσαν. Ἔλαβον γὰρ ἐξουσίαν κατὰ δαιμόνων ἀκαθάρτων. Διὸ καὶ ἐρωτῶσι, κατ' ἰδίαν αὐτῷ προσελθόντες, οὐκ αἰσχυνόμενοι, [b] ἐπειδὴ
B περὶ ἀπορρήτου καὶ μεγάλου πράγματος ἔμελλον αὐτὸν ἐρωτᾷν. Εἰ γὰρ τὸ ἔργον ἐξῆλθε, καὶ ἠλέγχθησαν ἂν, περιττὸν ἦν αἰσχύνεσθαι λοιπὸν τὴν διὰ τῶν λόγων ὁμολογίαν. Τί οὖν ὁ Χριστός; Διὰ τὴν ἀπιστίαν ὑμῶν, φησίν. Ἐὰν γὰρ ἔχητε πίστιν ὡς κόκκον σινάπεως, ἐρεῖτε τῷ ὄρει τούτῳ, μετάβηθι, καὶ μεταβήσεται, καὶ οὐδὲν ἀδυνατήσει ὑμῖν. Εἰ δὲ λέγεις, ποῦ ὄρος μετέθηκαν; ἐκεῖνο ἂν εἴποιμι, ὅτι πολλῷ μείζονα ἐποίησαν, μυρίους νεκροὺς ἀναστήσαντες. Οὐδὲ γὰρ ἴσον, ὄρος μεταστῆσαι, καὶ θάνατον ἀπὸ σώματος κινῆσαι. Λέγονται δὲ μετ' ἐκείνους, * ὡς ἅγιοί τινες ἐκείνων ἐλάττους πολλῷ, εἰ καὶ ὄρη χρείας καλεσάσης μεταθεῖναι, μετέθεσαν. Ὅθεν δῆλον ὡς καὶ οὗτοι
C μετέθεσαν ἂν, καλούσης χρείας. Εἰ δὲ τότε οὐκ ἐγένετο χρεία, μὴ ἐγκάλει. Ἄλλως δὲ καὶ αὐτὸς οὐκ εἶπεν, ὅτι μεταστήσετε πάντως, ἀλλ' ὅτι δυνήσεσθε καὶ τοῦτο. Εἰ δὲ οὐ μετέστησαν, οὐκ ἐπειδὴ οὐκ ἠδυνήθησαν, (πῶς γὰρ τὰ μείζονα δυνηθέντες;) ἀλλ' ἐπειδὴ οὐκ ἐβουλήθησαν, διὰ τὸ μὴ γενέσθαι χρείαν. Εἰκὸς δὲ καὶ γεγενῆσθαι τοῦτο, καὶ μὴ γεγράφθαι· οὐδὲ γὰρ πάντα ἃ ἐθαυματούργησαν ἐγράφη. Τότε μέντοι ἀτελέστερον πολλῷ διέκειντο. Τί οὖν; οὐδὲ ταύτην τὴν πίστιν εἶχον τότε; Οὐκ εἶχον· οὐδὲ γὰρ ἀεὶ οἱ αὐτοὶ

frenum illi Deus injecisset: quod et illi passi fuissent, qui nudi per deserta currebant, et lapidibus sese impetebant. Quod si lunaticum vocet, ne turberis: nam sic vocat filium dæmoniaci pater. Cur ergo dicit evangelista, ipsum lunaticos multos curavisse? Ex vulgi opinione sic loquitur. Dæmon quippe ut hoc elementum calumnietur, secundum lunæ cursum invadit homines, et dimittit: non quod illa id operetur, absit; sed id efficit per vafritiem dæmon, ut id elemento imputet. Ideoque hæc falsa opinio apud insipientes invaluit, sicque delusi, hoc nomine dæmonas hujusmodi appellant: id quod minime verum est. 18. *Tunc accesserunt discipuli ad eum secreto, et interrogaverunt eum, cur non potuissent ipsi dæmonem ejicere.* Timuisse mihi videntur, ne concessam sibi gratiam amiserint. Potestatem enim acceperant contra impuros dæmonas. Ideo interrogant, seorsum accedentes, nec verentur, quia de arcana et magna re illum erant interrogaturi. Si enim de opere peracto convicti fuissent, superfluum fuisset erubescendo id confiteri. Quid igitur Christus? 19. *Propter incredulitatem vestram,* ait. *Si enim habueritis fidem sicut granum sinapis, dicetis monti huic, Transi hinc, et transibit, et nihil impossibile vobis erit.* Quod si dixeris, Ubinam montem transtulerunt? dicam illos multo majora fecisse, cum mille mortuos suscitarint. Neque paris potestatis est, montem transferre, ac mortem a corpore pellere. Narrant post illos, sanctos quosdam illis minores, montes necessitate postulante transtulisse. Unde liqueat illos quoque translaturos fuisse, si id necessitas postulasset. Si autem numquam necesse fuerit, ne arguas illos. Alioquin autem non dixit ipse, Omnino transferetis, sed, Id poteritis. Si porro non transtulerunt, non quod non possent, (quomodo enim qui majora possent?) sed quod noluerint absque necessitate. Potuit etiam id accidisse, etsi scriptum non fuerit; neque enim omnia quæ illi edidere miracula scripta sunt. Tunc porro multo imperfectiores erant. Quid igitur? an nondum tantam fidem habebant? Non utique habebant, neque iidem ipsi semper fuere: quandoquidem Petrus nunc beatus prædicatur, nunc increpatur; reliqui vero quasi insipientes arguuntur ab ipso, quod parabolam de fermento

Lunatici cur sic dicti.

Quidam sancti montes transtulerunt.

c [Commelin. λίθοις ἑαυτοῖς κοπτόντων.] Morel. ἑαυτοὺς κοπτόντων. Ibidem Savil. μηδὲν θορυβηθῇς.

a Morel. δαίμονας ἀπατώμενοι.

b Hic quædam in Morel. perplexa erant, quæ ex Manuscriptis restituimus, ita tamen, ut aliquid adhuc obscuritatis supersit: nos Latine, nec sine scrupulo, totum expressimus.

* [Deest in Savil. ὡς et paulo post εἰ ante καὶ ὄρη. Uncis utrumque inclusit Commelin. Codex 694 habet ὡς, sed omittit εἰ. Savil. omittit μετέθεσαν.]

non intellexissent. Contigit autem ut tunc discipuli imbecillitate laborarent: sic enim ante crucem et passionem fuerant. Hic porro de signorum fide loquitur, et sinapin adhibet, ut ejus ineffabilem virtutem significet. Licet enim mole minima sinapis videatur esse, vim tamen habet omnium maximam. Docens igitur, sinceram fidem vel minimam magna posse, sinapin commemorat; neque hic gradum sistens, montes addidit, et ultra progressus dixit: *Nihil vobis impossibile erit.*

4. Tu vero hic illorum philosophiam mirare, et Spiritus virtutem: philosophiam, quod suam impotentiam non occultaverint; Spiritus virtutem, quod eos, qui nec fidem sicut granum sinapis habebant, sic paulatim extulerit, ut fidei fontes et flumina in illis scaturirent. 𝔄. *Genus autem hoc non ejicitur, nisi in oratione et jejunio*, adjecit ille: genus dæmonum omne dicit, non tantum genus lunaticorum. Viden' quomodo jejunii semina jacit? Nec mihi raro exemplo dicas, quosdam sine jejunio dæmonas ejecisse. Nam si unus aut alter increpando sic expulisse narretur, fieri nequit ut si is qui id patitur in deliciis vivat, ab hoc umquam furore liberetur. Jejunio enim et oratione maxime opus est ei, qui hoc morbo laborat. Sed si fide opus est, inquies, cur opus est et jejunio? Quia cum fide jejunium non parvam addit fortitudinem: philosophiam quippe magnam indit, et angelum ex homine efficit, et cum incorporeis virtutibus pugnat; verum non sufficit illud, sed addi debet oratio, quæ etiam præeat oportet. Vide ergo quanta bona ex utroque gignantur. Quia enim qui precatur ut decet, et jejunat, non multis indiget; qui autem non multis indiget, non pecuniæ amans fuerit; qui pecuniæ amans non est, ad eleemosynam pronus erit. Qui jejunat, levior est et quasi alatus, vigilanterque orat, malas concupiscentias exstinguit, Deumque placat, elatam animam humiliat. Ideo apostoli fere semper jejunabant. Qui orans jejunat, binas habet alas, ipsis ventis leviores. Non enim oscitat, non expanditur, nec torpet orando, ut multi solent: sed est igne ardentior, et terra superior: ideoque maxime dæmonum hostis et inimicus. Nihil enim potentius homine probe orante. Nam si mulier illa, crudelem

Jejunio et oratione opus est ad dæmonas pellendos.

Luc. 18. 5.

ἤσαν· ἐπεὶ καὶ Πέτρος νῦν μὲν μακαρίζεται, νῦν δὲ ἐπι- D τιμᾶται· καὶ οἱ λοιποὶ δὲ εἰς ἄνοιαν σκώπτονται παρ' αὐτοῦ, ὅτε οὐ συνῆκαν τὸν περὶ τῆς ζύμης λόγον. Συνέβη δὲ καὶ τότε τοὺς μαθητὰς ἀσθενῆσαι· ἀτελέστερον γὰρ διέκειντο πρὸ τοῦ σταυροῦ. Πίστιν δὲ ἐνταῦθα λέγει τὴν τῶν σημείων, καὶ [c] σινάπεως μέμνηται, τὴν ἄφατον αὐτῆς δηλῶν δύναμιν. Εἰ γὰρ καὶ τῷ ὄγκῳ μικρὸν εἶναι δοκεῖ τὸ σίνηπι, ἀλλὰ τῇ δυνάμει πάντων ἐστὶ σφοδρότερον. Δεικνὺς τοίνυν, ὅτι καὶ τὸ ἐλάχιστον τῆς γνησίας πίστεως μεγάλα δύνα- E ται, ἐμνήσθη τοῦ σινάπεως· καὶ οὐδὲ μέχρι τούτου ἔστη μόνον, ἀλλὰ καὶ ὄρη προσέθηκε, καὶ περαιτέρω προέβη· Οὐδὲν γάρ, φησὶν, ἀδυνατήσει ὑμῖν.

Σὺ δὲ κἀνταῦθα αὐτῶν θαύμασον τὴν φιλοσοφίαν, καὶ τοῦ Πνεύματος τὴν ἰσχύν· τὴν μὲν φιλοσοφίαν, ὅτι οὐκ [d] ἔκρυψαν αὐτῶν τὸ ἐλάττωμα· τοῦ δὲ Πνεύματος 581 τὴν ἰσχὺν, ὅτι τοὺς οὐδὲ κόκκον σινάπεως ἔχοντας A οὕτω κατὰ μικρὸν [a] ἀνήγαγεν, ὡς ποταμοὺς καὶ πηγὰς ἐν αὐτοῖς πίστεως ἀναδοῦναι. Τὸ δὲ γένος τοῦτο οὐκ ἐκπορεύεται, εἰ μὴ ἐν προσευχῇ καὶ νηστείᾳ, προσέθηκε, τὸ τῶν δαιμόνων ἅπαν, οὐ τὸ τῶν σεληνιαζομένων λέγων μόνον. Ὁρᾷς πῶς αὐτοῖς ἤδη τὸν περὶ τῆς νηστείας προκαταβάλλεται λόγον; Μὴ γάρ μοι ἀπὸ τῶν σπανιζόντων λέγε, ὅτι τινὲς καὶ χωρὶς νηστείας ἐξέβαλον. Εἰ γὰρ περὶ τῶν ἐπιτιμώντων τοῦτο ἂν εἴποι τις ἑνός που καὶ δευτέρου, ἀλλὰ πάσχοντα ἀμήχανόν ποτε τρυφῶντα ἀπαλλαγῆναι τῆς μανίας ταύτης. Δεῖ γὰρ μάλιστα τοῦ πράγματος τούτου τῷ τὰ τοιαῦτα νοσοῦντι. Καὶ μὴν εἰ πίστεως χρεία, φησὶ, τί δεῖ νη- B στείας; Ὅτι μετὰ τῆς πίστεως κἀκεῖνο οὐ μικρὰν εἰσάγει τὴν ἰσχύν· φιλοσοφίαν γὰρ πολλὴν ἐντίθησι, καὶ ἄγγελον ἐξ ἀνθρώπου κατασκευάζει, καὶ ταῖς ἀσωμάτοις δυνάμεσι πυκτεύει· ἀλλ' οὐ καθ' ἑαυτὴν, ἀλλὰ δεῖ καὶ εὐχῆς, [b] καὶ πρώτης εὐχῆς. Ὅρα γοῦν πόσα ἀγαθὰ ἐξ ἀμφοτέρων γίνεται. Ὁ γὰρ εὐχόμενος ὡς χρὴ, καὶ νηστεύων, οὐ πολλῶν δεῖται· ὁ δὲ πολλῶν μὴ δεόμενος οὐκ ἂν γένοιτο φιλοχρήματος· ὁ δὲ μὴ φιλοχρήματος, καὶ πρὸς ἐλεημοσύνην ἐπιτηδειότερος. Ὁ νηστεύων κοῦφός ἐστι καὶ ἐπτερωμένος, καὶ μετὰ νήψεως εὔχεται, καὶ τὰς ἐπιθυμίας σβέννυσι τὰς πονηρὰς, καὶ ἐξιλεοῦται τὸν Θεὸν, καὶ ταπεινοῖ C τὴν ψυχὴν ἐπαιρομένην. Διὰ τοῦτο καὶ οἱ ἀπόστολοι ἀεὶ σχεδὸν ἐνήστευον. Ὁ εὐχόμενος μετὰ νηστείας διπλᾶς ἔχει τὰς πτέρυγας, καὶ τῶν ἀνέμων αὐτῶν κουφοτέρας. Οὐδὲ γὰρ χασμᾶται, καὶ διατείνεται, καὶ ναρκᾷ εὐχόμενος, ὅπερ πάσχουσιν οἱ πολλοί· ἀλλ' ἔστι πυρὸς σφοδρότερος, καὶ τῆς γῆς ἀνώτερος· διὸ καὶ μάλιστα ὁ τοιοῦτος τοῖς δαίμοσιν ἐχθρὸς καὶ πολέ-

[c] Unus σινήπεως.

[d] Morel. ἔκρυψεν.

[a] Quidam habent ἐνήγαγεν. Mox unus τὸ δὲ εἶδος τοῦτο.

[b] Alius καὶ πρώτου εὐχῆς.

μιος. Οὐδὲν γὰρ ἀνθρώπου γνησίως εὐχομένου δυνατώτερον. Εἰ γὰρ γυνὴ ὠμόν [c] τινα ἄρχοντα, καὶ οὔτε τὸν Θεὸν φοβούμενον, οὔτε ἄνθρωπον ἐντρεπόμενον, ἴσχυσεν ἐπικάμψαι, πολλῷ μᾶλλον τὸν Θεὸν [d] ἐπισπάσεται ὁ συνεχῶς αὐτῷ προσεδρεύων, καὶ γαστρὸς κρατῶν, καὶ τρυφὴν ἐκβάλλων. Εἰ δὲ ἀσθενές σοι τὸ σῶμα, ὥστε νηστεύειν διηνεκῶς, ἀλλ' οὐκ εἰς εὐχὴν ἀσθενὲς, οὐδὲ πρὸς ὑπεροψίαν γαστρὸς ἄτονον. Εἰ γὰρ καὶ νηστεύειν οὐ δύνασαι, ἀλλὰ μὴ τρυφᾷν δύνασαι· οὐ μικρὸν δὲ καὶ τοῦτο, οὐδὲ πολὺ νηστείας ἀπέχον· ἀλλ' ἱκανὸν μὲν καὶ τοῦτο κατασπάσαι τὴν τοῦ διαβόλου μανίαν. Καὶ γὰρ οὐδὲν οὕτως ἐκείνῳ τῷ δαίμονι φίλον, ὡς τρυφὴ καὶ μέθη· ἐπειδὴ καὶ πηγὴ καὶ μήτηρ ἐστὶν ἁπάντων τῶν κακῶν. Διὰ ταύτης γοῦν ποτε τοὺς Ἰσραηλίτας εἰς εἰδωλολατρείαν ἐνέβαλε· διὰ ταύτης τοὺς Σοδομίτας εἰς παρανόμους ἀνῆψεν ἔρωτας. Τοῦτο γὰρ, φησὶ, τὸ ἀνόμημα Σοδόμων· ἐν ὑπερηφανίᾳ, καὶ ἐν πλησμονῇ ἄρτων, καὶ [e] εὐθηνίαις ἐσπατάλων. Διὰ ταύτης μυρίους ἑτέρους ἀπώλεσε, καὶ τῇ γεέννῃ παρέδωκε. Τί γὰρ οὐκ ἐργάζεται κακὸν ἡ τρυφή; Χοίρους ἐξ ἀνθρώπων ποιεῖ, καὶ χοίρων χείρους. Ὁ μὲν γὰρ χοῖρος βορβόρῳ ἐγκαλινδεῖται, καὶ κόπρῳ τρέφεται· οὗτος δὲ ἐκείνης [f] βδελυκτοτέραν σιτεῖται τράπεζαν, μίξεις ἐπινοῶν ἀθέσμους, καὶ παρανόμους ἔρωτας. Ὁ τοιοῦτος οὐδὲν δαιμονῶντος διενήνοχεν· ὁμοίως γὰρ ἀναισχυντεῖ καὶ μαίνεται. Καὶ τὸν μὲν δαιμονῶντα * κἂν μὲν ἐλεῶμεν, τοῦτον δὲ ἀποστρεφόμεθα καὶ μισοῦμεν. Τί δήποτε; Ὅτι αὐθαίρετον ἐπισπᾶται μανίαν, καὶ τὸ στόμα, καὶ τοὺς ὀφθαλμοὺς, καὶ ῥῖνας, καὶ πάντα [a] ἁπλῶς καταγώγια ὀχετοῦ καὶ ἀμάρας ἐργάζεται. Εἰ δὲ καὶ τὰ ἔνδον ἴδοις, ὄψει καὶ τὴν ψυχὴν καθάπερ ἔν τινι χειμῶνι καὶ κρυμῷ πεπηγυῖαν καὶ ναρκῶσαν, καὶ οὐδὲν τὸ σκάφος ὠφελῆσαι δυναμένην διὰ τὴν τοῦ χειμῶνος ὑπερβολήν. Αἰσχύνομαι εἰπεῖν ὅσα ἀπὸ τρυφῆς πάσχουσι καὶ ἄνδρες καὶ γυναῖκες κακά· τῷ δὲ αὐτῶν συνειδότι καταλείπω, τῷ πάντα ἀκριβέστερον εἰδότι. Τί δὲ αἰσχρότερον γυναικὸς μεθυούσης, ἢ ἁπλῶς [b] περιφερομένης; Ὅσῳ γὰρ ἀσθενέστερον τὸ σκεῦος, τοσούτῳ πλέον τὸ ναυάγιον, ἄν τε ἐλευθέρα ᾖ, ἄν τε δούλη. Ἡ μὲν γὰρ ἐλευθέρα ἐν μέσῳ τῷ θεάτρῳ τῶν δούλων ἀσχημονεῖ· ἡ δὲ δούλη πάλιν ὁμοίως μεταξὺ τῶν δούλων· καὶ παρασκευάζουσι τοῦ Θεοῦ τὰ δῶρα βλασφημεῖσθαι παρὰ τῶν ἀνοήτων. [c] Πολλῶν γοῦν ἀκούω λεγόντων, ὅταν τοιαῦτα συμβαίνῃ πάθη, μὴ ἔστω οἶνος. Ὢ τῆς ἀνοίας· ὢ τῆς παραπληξίας. Ἄλλων ἁμαρτανόντων ταῖς τοῦ Θεοῦ

principem, qui nec Deum timebat, nec hominem reverebatur, flectere potuit: multo magis Deum flectet, qui frequenter instat, qui ventri imperat, ac delicias ejicit. Quod si infirmum tibi corpus est, ut non possis assidue jejunare, at infirmum non est ad orandum, et ad ventris delicias spernendas. Nam si jejunare non potes, at potes non deliciis incumbere: illud autem non parvum est, nec a jejunio multum distat; sed sufficit ad diaboli furorem dejiciendum. Nihil enim ita amat ille, ut gulæ delicias et ebrietatem, quæ est omnium mater malorum. Per hanc olim Israelitas in idololatriam dejecit, per hanc Sodomitas in amores iniquos inflammavit. *Hæc* enim, ait, *iniquitas Sodomorum; in superbia, in saturitate panis, et in prosperitate luxuriabantur*: hac multos item alios perdidit gehennæque tradidit. *Ezech. 16. 49.* Quid enim mali non operantur deliciæ mensæ? Homines in porcos commutant, et porcis deteriores efficiunt. Nam porcus in cœno volutatur, et stercore nutritur; hic vero magis abominandam sibi parat mensam, coitus illicitos excogitans, et ini-
582 quos amores. Hic nihil a dæmoniaco differt: nam impudens simul et furiosus est. *Gulæ et edacitatis mala.* Dæmoniacum certe saltem miseramur: hunc autem aversamur et odio habemus. Quare? Quia spontaneum sibi furorem attrahit, et os, oculos, nares, omnia denique latrinas et cloacas efficit. Si vero in interiora respicias, videbis animam ceu hieme et frigore congelatam et torpentem, quæ ob furentem tempestatem, nullam navi possit opem afferre. Pudet certe me dicere quæ mala tum viris tum mulieribus a crapula pariantur: illud eorum conscientiæ relinquo, quæ omnia accuratissime novit. Quid vero turpius ebria muliere, vel quæ circumquaque fertur? Quanto enim infirmius vas est, tanto majus naufragium; sive libera illa, sive ancilla sit. Nam libera in medio servorum theatro turpiter se gerit: ancillaque similiter inter servos: atque ita faciunt, ut dona Dei blasphementur ab insipientibus. Multos enim audio, cum hæc mala conspiciunt, dicentes, Utinam non esset vinum. O amentiam! o stoliditatem! Aliis peccantibus, Dei dona criminaris? et quanta hæc insania! An vinum, mi homo, hoc malum efficit? Non vinum, sed intemperantia eorum qui vino abutuntur. Dic ergo, Uti-

c Unus τινα ἄνθρωπον, καὶ οὔτε.
d Morel. ἐπισπάσαι.
e Unus εὐθηνίᾳ.
f Unus βδελυρωτέραν.
* [Codex 694 κἂν ἐλεοῦμεν.]

a Duo Mss. ἁπλῶς ὀχετοὺς ἀμάρας ἐργ.
b Unus παραφερομένης, non male.
c Morel. πολλῶν γὰρ ἀκούω, et mox συμβαίνει τὰ πάθη.

nam non esset ebrietas, nec essent illæ ciborum deliciæ. Si vero dicas, Utinam non esset vinum, ultra progressus dices, Utinam non esset ferrum, propter homicidas; nec esset nox, ob fures; neque lux esset, ob sycophantas; neque mulier, ob fornicationes. Omnia demum sustuleris.

5. Id ne facias : illud enim satanici est animi : nec vinum crimineris, sed ebrietatem : hunc ebriosum ad sanam mentem reversum adi, describe illi totam turpitudinem : dic illi, Vinum datum est ad lætitiam, non ad turpitudinem : datum est ut rideamus, non ut derideamur; ut recte valeamus, non ut ægrotemus; ut imbecillitatem corporis instauremus, non ut robur animi dejiciamus. Deus te hoc munere honoravit, cur ex immoderato usu teipsum dehonestas? Audi

1. Tim. 5. 23. quid Paulus dicat: *Vino modico utere propter stomachum tuum, et propter frequentes tuas infirmitates.* Quod si sanctus ille, morbo detentus, et frequentibus laborans infirmitatibus, vino non utebatur, donec id magister jussit, qua venia digni nos erimus, qui sano corpore ebrii sumus? Illi dicebat, *Modico vino utere propter stomachum tuum et infirmitates tuas;* nostrum vero singulis dicet : Vino modico utere propter fornicationes, propter crebra turpiloquia, propter cæteras cupiditates turpes, quas parere solet ebrietas. Si non ideo abstinere vultis, saltem ob concupiscentias et nauseas abstinete. Vinum enim ad

Psal. 103. 15. lætitiam datum est; *Vinum enim lætificat cor hominis,* quam ejus virtutem vos labefactatis. Quæ enim lætitia ejus, qui non est in seipso, et sexcentis cruciatur doloribus, omnia circum ferri videt, caligineque occupatur, qui egeat, perinde atque febricitantes, ut caput ipsius oleo perfundatur? Hæc non omnibus dicta esse velim, imo omnibus : non quod omnes inebrientur : absit; sed quia

Contra ebrietatem. ebriorum ii, qui ebrii non sunt, curam non habent. Idcirco vos potius alloquor, qui sobrii estis : nam et medicus, ægrotis omissis, illos qui ægrotis assident alloquitur. Vos itaque precor et oro, ne umquam hoc morbo capiamini, eosque qui illo correpti sunt, sollicite eruere curetis, ne brutis

δωρεαῖς ἐγκαλεῖς; Καὶ πόσης τοῦτο μανίας; Μὴ γὰρ ὁ οἶνος ἐποίησεν, ἄνθρωπε, τοῦτο τὸ κακόν; Οὐχ ὁ οἶνος, ἀλλ' ἡ ἀκολασία τῶν ἀπολαυόντων κακῶς. Εἰπὲ τοίνυν, μὴ ἔστω μέθη, [d] μὴ ἔστω τρυφή· εἰ δὲ λέγοις, μὴ ἔστω οἶνος, ἐρεῖς κατὰ μικρὸν προβαίνων, μὴ ἔστω σίδηρος, διὰ τοὺς ἀνδροφόνους· μὴ ἔστω νύξ, διὰ τοὺς κλέπτας· μὴ ἔστω φῶς, διὰ τοὺς συκοφάντας· μὴ ἔστω γυνή, διὰ τὰς μοιχείας· καὶ πάντα ἁπλῶς ἀναιρήσεις.

Ἀλλὰ μὴ οὕτω ποίει· σατανικῆς γὰρ τοῦτο γνώμης· μηδὲ διάβαλλε τὸν οἶνον, ἀλλὰ τὴν μέθην· καὶ
D λαβὼν τοῦτον αὐτὸν νήφοντα, ὑπόγραψον πᾶσαν αὐτοῦ [e] τὴν ἀσχημοσύνην, καὶ εἰπὲ πρὸς αὐτόν· οἶνος ἐδόθη ἵνα εὐφραινώμεθα, οὐχ ἵνα ἀσχημονῶμεν· ἵνα γελῶμεν, οὐχ ἵνα γελώμεθα· ἵνα ὑγιαίνωμεν, οὐχ ἵνα νοσῶμεν· ἵνα ἀσθένειαν σώματος διορθωσώμεθα, οὐχ ἵνα ψυχῆς ἰσχὺν καταβάλωμεν. Ἐτίμησέ σε ὁ Θεὸς τῷ δώρῳ, τί σαυτὸν ὑβρίζεις τῇ ἀμετρίᾳ; Ἄκουσον τί φησιν [f] ὁ Παῦλος· Οἴνῳ ὀλίγῳ χρῶ διὰ τὸν στόμαχόν σου, καὶ τὰς πυκνάς σου ἀσθενείας. Εἰ δὲ ὁ ἅγιος ἐκεῖνος, καὶ νόσῳ κατεχόμενος, καὶ ἐπαλ-
E λήλους ἀῤῥωστίας ὑπομένων, οὐ μετέλαβεν οἴνου, ἕως ἂν ἐπέτρεψεν ὁ διδάσκαλος, τίνα ἂν σχοίημεν συγγνώμην ἡμεῖς ἐν ὑγείᾳ μεθύοντες; Ἐκείνῳ [g] μὲν οὖν ἔλεγεν, οἴνῳ ὀλίγῳ χρῶ διὰ τὸν στόμαχόν σου, καὶ τὰς ἀσθενείας σου· ὑμῶν δὲ τῶν ἑκάστῳ μεθυόντων ἐρεῖ· Οἴνῳ ὀλίγῳ χρῶ διὰ τὰς πορνείας, διὰ τὰς πυκνὰς αἰσχρολογίας, διὰ τὰς ἑτέρας ἐπιθυμίας τὰς πονηράς, ἃς ἡ μέθη τίκτειν εἴωθεν. Εἰ δὲ μὴ βού-
333 λεσθε [h] διὰ τὰ τοιαῦτα ἀπέχεσθαι, διὰ γοῦν τὰς ἐπι-
A θυμίας τὰς ἐξ αὐτοῦ καὶ τὰς ἀηδίας ἀπέχεσθε. Οἶνος γὰρ εἰς εὐφροσύνην ἐδόθη· Οἶνος γάρ, φησιν, εὐφραίνει καρδίαν ἀνθρώπου· ὑμεῖς δὲ καὶ ταύτην αὐτοῦ λυμαίνεσθε τὴν ἀρετήν. Ποία γὰρ εὐφροσύνη μὴ εἶναι ἐν ἑαυτῷ, καὶ ἀλγηδόνας μυρίας ἔχειν, καὶ πάντα ὁρᾷν περιφερόμενα, καὶ [a] σκοτοδινίᾳ κατέχεσθαι, καὶ κατὰ τοὺς πυρέττοντας δεῖσθαι τῶν ἐλαίῳ καταβρεχόντων τὰς κεφαλάς; Ταῦτά μοι οὐ πρὸς πάντας εἴρηται, μᾶλλον δὲ πρὸς πάντας· οὐχ ἐπειδὴ πάντες μεθύουσι· μὴ γένοιτο· ἀλλ' ἐπειδὴ τῶν μεθυόντων οἱ μὴ μεθύοντες οὐ φροντίζουσιν. Διὰ τοῦτο καὶ πρὸς ὑμᾶς ἀποτείνομαι μᾶλλον, τοὺς ὑγιαίνοντας· ἐπεὶ καὶ ἰατρὸς τοὺς ἀῤῥωστοῦντας ἀφεὶς, ἐκείνοις διαλέγεται
B τοῖς παρακαθημένοις αὐτοῖς. Πρὸς ὑμᾶς τοίνυν ἀποτείνω τὸν λόγον, παρακαλῶν μήτε ἁλῶναί ποτε τῷ

[d] Morel. μηδὲ ἔστω.
[e] Alius τὴν αἰσχύνην.
[f] Morel. ὁ μακάριος Παῦλος.
[g] Morel. μὲν γὰρ ἔλεγεν.
[h] Morel. διὰ ταῦτα [Verba διὰ τὰς πυκνάς... πονηράς adjecimus e Codice 694 et Savil. Exciderant enim in Commelin. et Montf. propter ὁμοιοτέλευτον.]
[a] Morel. σκότῳ δεινῷ. [Paulo post Codex 694 et Savil. τῶν ἐλαίῳ. Commelin. et Montf. τῷ ἐλαίῳ.]

πάθει τούτῳ, καὶ τοὺς ἁλόντας [b] ἀνιμᾶσθαι, ἵνα μὴ τῶν ἀλόγων φαίνωνται χείρους. Ἐκεῖνα μὲν γὰρ πλέον τῆς χρείας οὐδὲν ἐπιζητεῖ· οὗτοι δὲ κἀκείνων ἀλογώτεροι γεγόνασι, τοὺς τῆς συμμετρίας ὑπερβαίνοντες ὅρους. Πόσῳ γὰρ βελτίων τούτων ὁ ὄνος; πόσῳ δὲ ἀμείνων ὁ κύων; Καὶ γὰρ ἕκαστον τούτων τῶν ζώων, καὶ τῶν ἄλλων δὲ ἁπάντων, ἄν τε φαγεῖν, ἄν τε πιεῖν δέῃ, ὅρον τὴν αὐτάρκειαν οἶδε, καὶ πέρα [c] τῆς χρείας οὐ πρόεισι· κἂν γὰρ μυρίοι οἱ καταναγκάζοντες ὦσιν, οὐκ ἀνέξεται ἐξελθεῖν εἰς ἀμετρίαν. Οὐκοῦν ταύτῃ καὶ τῶν ἀλόγων χείρους ὑμεῖς· οὐ παρὰ τοῖς ὑγιαίνουσι δὲ μόνον, ἀλλὰ καὶ παρ' ὑμῖν αὐτοῖς. Ὅτι γὰρ κυνῶν καὶ ὄνων ἀτιμοτέρους ἑαυτοὺς εἶναι κεκρίκατε, δῆλον ἐκεῖθεν· τὰ μὲν γὰρ ἄλογα ταῦτα οὐκ ἀναγκάζεις πέρα τοῦ μέτρου τροφῆς ἀπολαύειν· κἂν ἔρηταί τις, διατί; ἵνα μὴ καταβλάψῃς, ἐρεῖς· σαυτῷ δὲ οὐδὲ ταύτην παρέχεις τὴν πρόνοιαν. Οὕτω κἀκείνων σαυτὸν εὐτελέστερον εἶναι νομίζεις, καὶ περιορᾷς διηνεκῶς χειμαζόμενον. Οὐδὲ γὰρ ἐν τῇ ἡμέρᾳ τῆς μέθης μόνον τὴν ἐκ τῆς μέθης βλάβην ὑπομένεις, ἀλλὰ καὶ μετὰ τὴν ἡμέραν ἐκείνην· καὶ καθάπερ πυρετοῦ παρελθόντος, ἡ ἐκ τοῦ πυρετοῦ μένει λύμη· οὕτω καὶ μέθης ἀπελθούσης, ἡ τῆς μέθης ζάλη καὶ ἐν τῇ ψυχῇ καὶ ἐν τῷ σώματι στρέφεται· τὸ μὲν ἄθλιον σῶμα κεῖται παραλυθὲν, καθάπερ ὑπὸ ναυαγίου σκάφος· ἡ δὲ τούτου ταλαιπωροτέρα ψυχὴ, καὶ τούτου διαλυθέντος, τὸν χειμῶνα [d] διεγείρει, καὶ τὴν ἐπιθυμίαν ἀνάπτει, καὶ ὅταν δοκῇ σωφρονεῖν, τότε μάλιστα μαίνεται, οἶνον, καὶ πίθους, καὶ φιάλας, καὶ κρατῆρας φανταζομένη· καὶ καθάπερ ἐν χειμῶνι παυθείσης τῆς ζάλης, ἡ διὰ τὸν χειμῶνα μένει ζημία· οὕτω δὴ καὶ ἐνταῦθα· καὶ γὰρ ὥσπερ ἐκεῖ τῶν ἀγωγίμων, οὕτω καὶ ἐνταῦθα ἐκβολὴ γίνεται σχεδὸν ἁπάντων τῶν ἀγαθῶν. Κἂν σωφροσύνην εὕρῃ, κἂν αἰδῶ, κἂν σύνεσιν, κἂν ἐπιείκειαν, κἂν ταπεινοφροσύνην, πάντα ῥίπτει εἰς τὸ τῆς παρανομίας πέλαγος ἡ μέθη. Ἀλλὰ τὰ μετὰ ταῦτα οὐκέτι ὅμοια. Ἐκεῖ μὲν γὰρ μετὰ τὴν ἐκβολὴν τὸ σκάφος κουφίζεται· ἐνταῦθα δὲ βαρύνεται μᾶλλον. Ἀντὶ γὰρ ἐκείνου [e] τοῦ πλούτου δέχεται ψάμμον καὶ ὕδωρ ἁλμυρὸν, καὶ πάντα τὸν τῆς μέθης φορυτὸν, ἅπερ ἅμα τοῖς ἐπιβάταις καὶ τῷ κυβερνήτῃ καταβαπτίζει τὸ σκάφος εὐθέως. Ἵν' οὖν μὴ ταῦτα πάσχωμεν, ἀπαλλάξωμεν ἑαυτοὺς τοῦ χειμῶνος. Οὐκ ἔστι μετὰ μέθης βασιλείαν οὐρανῶν ἰδεῖν. Μὴ πλανᾶσθε γὰρ, φησὶν ὁ ἀπόστολος· οὐ μέθυσοι, οὐ λοίδοροι [a] βασιλείαν οὐρανῶν κληρονομήσουσι. Καὶ τί λέγω βασιλείαν οὐρανῶν; Μετὰ γὰρ μέθης οὐδὲ τὰ

pejores videantur. Illa enim nihil plus quam opus est quærunt; hi vero illis irrationabiliores sunt, qui moderationis terminos excedunt. Quanto enim melior asinus ebrioso est? quanto melior canis? Nam hæc animalia, cæteraque omnia, seu comedant, seu bibant, terminum norunt, neque ultra quam satis est procedunt : etiamsi enim sexcenti homines cogerent, non excedent umquam. Hac ergo in re brutis deteriores estis; non apud mentis compotes solum; sed etiam apud vos ipsos. Quod enim vos canibus et asinis deteriores judicetis hinc palam est, quod animalia istæc numquam cogas ultra modum cibum sumere; et si quis tibi dixerit, Cur hoc? Ne lædam illa, inquies : tibi vero non pari ratione provides. Sic te illis viliorem esse putas, teque hisce fluctibus agitatum negligis. Nam non modo qua die ebrius es, damno afficeris, sed insequenti quoque; ac sicut cessante febre, manet tamen quædam ex febri ægritudo : sic excussa ebrietate, fluctuatio tamen quædam restat et in animo et in corpore; miserum corpus jacet resolutum, ut post naufragium navis : corpore miserior anima, etiam, resoluto illo, tempestatem excitat, et cupiditatem incendit; ac cum videtur sapere, tunc maxime insanit, vinum, dolia, phialas, crateras in imaginatione versans : et sicut post tempestatem manet ipsum tempestatis damnum : ita et post ebrietatem : ac quemadmodum illic merces jactantur, sic in ebrietate jactura fit omnium pene bonorum. Si continentiam invenerit, si pudorem, prudentiam, æquitatem, humilitatem, omnia in pelagus iniquitatis projicit ebrietas. Verum ea, quæ sequuntur, non sunt similia. Ibi enim post ejecta onera navis levior et expedita redditur; hic vero magis aggravatur. Nam loco divitiarum arenam recipit et aquam salsam, totamque ebrietatis colluviem, quæ navim cum vectoribus et gubernatore cito demergunt. Ne igitur his malis involvamur, hac nos tempestate liberemur. Ebriosus numquam potest regnum cælorum videre. *Nolite errare*, inquit apostolus; *nec ebriosi, nec conviciatores regnum cælorum hereditabunt.* (1. Cor. 6. 9. 10.) Et quid dico, regnum cælorum? Post ebrietatem enim ne præsentia quidem videre possumus : ebrietas quippe nobis dies in noctes vertit, et lucem in tenebras; apertis oculis ebrii, ne illa quæ ad pedes sunt cernere possunt. Neque id solum mali parit ebrietas; sed postea illi graviores

b ἀνιμᾶσθαι, *Sollicite eruere curetis*. Significat *haurire, extrahere*, quod in idipsum recidit.

c Unus τῆς αὐταρκείας οὐ.

d Alii ἐγείρει.

e Unus τοῦ φόρτου δέχεται.

a Alii βασιλείαν τοῦ οὐρανοῦ.

luunt pœnas, mœrores ratione vacuas, furorem, ægritudinem, ridiculique evadunt opprobriis semper expositi. Quæ venia igitur iis, qui tantis sese malis obruunt? Nulla plane. Hunc ergo morbum fugiamus, ut et præsentia et futura bona consequamur, gratia et benignitate Domini nostri Jesu Christi, cui gloria et imperium cum Patre et Spiritu sancto in sæcula sæculorum. Amen.

παρόντα ἔστιν ἰδεῖν· καὶ γὰρ τὰς ἡμέρας νύκτας ἐργάζεται ἡμῖν ἡ μέθη, καὶ τὸ φῶς σκότος, καὶ τῶν ὀφθαλμῶν ἀνεῳγμένων οὐδὲ τὰ ἐν ποσὶ βλέπουσιν οἱ μεθύοντες. B Καὶ οὐ τοῦτο μόνον ἐστὶ τὸ δεινὸν, ἀλλὰ μετὰ τούτων καὶ ἑτέραν χαλεπωτάτην ὑπομένουσι δίκην, ἀθυμίας ἀλόγους, μανίαν, ἀῤῥωστίαν, γέλωτα, ὄνειδος διηνεκῶς ὑπομένοντες. Ποία τοίνυν συγγνώμη τοῖς ἑαυτοὺς τοσούτοις περιπείρουσι κακοῖς; Οὐκ ἔστιν οὐδὲ μία. Φύγωμεν τοίνυν τὸ νόσημα τοῦτο, ἵνα καὶ τῶν μελλόντων ἐπιτύχωμεν ἀγαθῶν, χάριτι καὶ φιλανθρωπίᾳ τοῦ Κυρίου ἡμῶν Ἰησοῦ Χριστοῦ, ᾧ ἡ δόξα καὶ τὸ κράτος σὺν τῷ Πατρὶ καὶ τῷ ἁγίῳ Πνεύματι C εἰς τοὺς αἰῶνας τῶν αἰώνων. Ἀμήν.

HOMILIA LVIII. al. LIX.

Cap. XVII. v. 21. *Versantibus illis in Galilæa, dixit eis Jesus : Tradendus est Filius hominis in manus hominum,* 22. *et occident eum, et tertia die resurget. Et contristati sunt valde.*

1. Ne dicerent, Cur tanto tempore hic versamur? rursus de passione ipsis loquitur : quibus auditis ne videre quidem Jerosolyma volebant. Vide ergo quomodo, postquam Petrus increpatus fuerat, postquam Moysés et Elias, de illa re colloquuti, gloriam illam appellaverant, postquam Pater superne vocem emiserat, totque signa facta fuerant, cum jam resurrectio e vicino esset (non enim mortuus longo tempore mansurus, sed post triduum resurrecturus erat), neque sic illud ferre potuerunt, sed *Contristati sunt;* non quidem mediocriter, imo *Valde* contristati : idque quia

Marc. 9. 31. Luc. 9. 45. dictorum vim ignorabant. Id vero Marcus et Lucas subindicant; ille cum ait, ipsos hoc verbum ignorasse, neque ausos fuisse illum interrogare; hic vero dicens, id absconditum ab eis fuisse, ne sentirent; nec ausos esse illum interrogare circa hoc verbum. Atqui si ignorabant, cur contristabantur? Quia non omnia ignorabant, sciebant enim ipsum moriturum esse, ut sæpe audierant. Quæ autem foret mors hujusmodi; quod cito solvenda esset, et quod hinc infinita bona orirentur; hæc nondum clare sciebant : neque noverant quæ futura esset illa resurrectio. Ideo dolebant : etenim magistrum admodum dilige-

ΟΜΙΛΙΑ νη'.

Ἀναστρεφομένων δὲ αὐτῶν ἐν τῇ Γαλιλαίᾳ, εἶπεν αὐτοῖς ὁ Ἰησοῦς· μέλλει ὁ Υἱὸς τοῦ ἀνθρώπου παραδίδοσθαι εἰς χεῖρας ἀνθρώπων, καὶ ἀποκτενοῦσιν αὐτὸν, καὶ τῇ τρίτῃ ἡμέρᾳ ἀναστήσεται. Καὶ ἐλυπήθησαν σφόδρα.

D Ἵνα γὰρ μὴ λέγωσι, τίνος ἕνεκεν ἐνταῦθα διατρίβομεν διηνεκῶς; πάλιν περὶ τοῦ πάθους αὐτοῖς φησιν· ὅπερ ἀκούοντες οὐδὲ ἰδεῖν ἐβούλοντο τὰ Ἱεροσόλυμα. Ὅρα γοῦν πῶς καὶ τοῦ Πέτρου ἐπιτιμηθέντος, καὶ τῶν περὶ Μωϋσέα καὶ Ἠλίαν περὶ αὐτοῦ διαλεχθέντων, καὶ δόξαν τὸ πρᾶγμα καλεσάντων, καὶ τοῦ Πατρὸς ἄνωθεν φωνὴν ἀφιέντος, καὶ σημείων τοσούτων γενομένων, καὶ τῆς ἀναστάσεως ἐπὶ θύραις οὔσης (οὐδὲ γὰρ πολὺν ἔφησε χρόνον ἐν τῷ θανάτῳ μένειν, ἀλλὰ τῇ τρίτῃ ἡμέρᾳ ἀναστήσεσθαι), οὐδὲ οὕτως ἀνήνεγκαν, ἀλλ' Ἐλυπήθησαν· καὶ οὐδὲ ἁπλῶς, ἀλλὰ Σφόδρα· ἐγίνετο δὲ τοῦτο διὰ τὸ ἀγνοεῖν ἔτι τῶν λεγομένων τὴν E δύναμιν. Ὅπερ ὁ Μάρκος καὶ ὁ Λουκᾶς αἰνιττόμενοι ἔλεγον· ὁ μὲν, ὅτι Ἠγνόουν τὸ ῥῆμα, καὶ ἐφοβοῦντο αὐτὸν ἐρωτῆσαι· ὁ δὲ, ὅτι Ἦν παρακεκαλυμμένον ἀπ' αὐτῶν, ἵνα μὴ αἴσθωνται· καὶ ἐφοβοῦντο αὐτὸν ἐρωτῆσαι περὶ τοῦ ῥήματος. Καὶ μὴν εἰ ἠγνόουν, πῶς ἐλυπήθησαν; Ὅτι οὐ πάντα ἠγνόουν, ἀλλ' ὅτι μὲν ἀποθανεῖται ᾔδεσαν, συνεχῶς ἀκούοντες. Ὃ τίποτε δὲ ἦν οὗτος ὁ θάνατος, καὶ ὅτι ταχέως λυθήσεται, καὶ τὰ μυρία ἐργάσεται ἀγαθὰ, [b] τοῦτο οὐδέπω ᾔδεσαν σαφῶς· οὐδὲ ὅ τίποτέ ἐστιν αὕτη ἡ ἀνάστασις, ἀλλ' 585 A ἠγνόουν. Διὸ καὶ ἤλγουν· καὶ γὰρ σφόδρα ἀντείχοντο τοῦ διδασκάλου. Ἐλθόντων δὲ αὐτῶν εἰς Καπερναοὺμ, προσῆλθον οἱ τὰ δίδραχμα λαμβάνοντες τῷ Πέτρῳ,

b Alius τοῦτο δὲ οὐδέπω ᾔδεσαν.

καὶ εἶπον· ὁ διδάσκαλος ὑμῶν οὐ τελεῖ τὰ δίδραχμα; Καὶ τίνα ἐστὶ ταῦτα τὰ Δίδραχμα; Ὅτε τὰ πρωτότοκα τῶν Αἰγυπτίων ἀπέκτεινεν ὁ Θεὸς, τότε τὴν Λευὶ φυλὴν ἀντ' αὐτῶν ἔλαβεν. Εἶτα ἐπειδὴ τῶν παρὰ Ἰουδαίοις πρωτοτόκων ἐλάττων ὁ τῆς φυλῆς ἀριθμὸς ἦν, ἀντὶ τῶν λειπόντων εἰς τὸν ἀριθμὸν [a] σίκλον ἐκέλευσεν εἰσενεχθῆναι· καὶ ἐξ ἐκείνου δὲ ἐκράτησεν ἔθος, τὰ πρωτότοκα τὸν φόρον τοῦτον εἰσφέρειν. Ἐπεὶ οὖν πρωτότοκος ἦν ὁ Χριστὸς, ἐδόκει δὲ τῶν μαθητῶν πρῶτος εἶναι ὁ Πέτρος, αὐτῷ προσέρχονται. Καὶ γὰρ, ὡς ἔμοιγε δοκεῖ, κατὰ πόλιν ἑκάστην ἀπῄτουν· διὸ καὶ ἐν τῇ πατρίδι προσῆλθον αὐτῷ, ἐπειδὴ [b] πατρὶς αὐτοῦ ἐνομίζετο ἡ Καπερναούμ. Καὶ αὐτῷ μὲν οὐκ ἐτόλμησαν προσελθεῖν, τῷ Πέτρῳ δέ· καὶ οὐδὲ τούτῳ μετὰ πολλῆς τῆς σφοδρότητος, ἀλλ' ἐπιεικέστερον· οὐδὲ γὰρ ἐγκαλοῦντες, ἀλλ' ἐρωτῶντες ἔλεγον· Ὁ διδάσκαλος ὑμῶν οὐ τελεῖ τὰ δίδραχμα; Τὴν μὲν γὰρ προσήκουσαν περὶ αὐτοῦ δόξαν οὐδέπω εἶχον, ἀλλ' ὡς περὶ ἀνθρώπου οὕτω διέκειντο· πλήν τινα αὐτῷ ἀπένεμον [c] αἰδῶ καὶ τιμὴν, διὰ τὰ προλαβόντα σημεῖα. Τί οὖν ὁ Πέτρος; Ναὶ, φησί· καὶ τούτοις μὲν εἶπεν, ὅτι τελεῖ, αὐτῷ δὲ οὐκ εἶπεν, ἴσως ἐρυθριῶν ὑπὲρ τούτων αὐτῷ διαλεχθῆναι. Διὸ καὶ ὁ ἥμερος, καὶ ὁ πάντα σαφῶς εἰδὼς, προλαβὼν αὐτόν φησι· Τί σοι δοκεῖ, Σίμων; οἱ βασιλεῖς τῆς γῆς ἀπὸ τίνων λαμβάνουσι τέλη ἢ κῆνσον, ἀπὸ τῶν υἱῶν αὐτῶν, ἢ ἀπὸ τῶν ἀλλοτρίων; Ἔφη· ἀπὸ τῶν ἀλλοτρίων. Ὁ δὲ εἶπεν· ἄραγε ἐλεύθεροί εἰσιν οἱ υἱοί. Ἵνα γὰρ μὴ νομίσῃ ὁ Πέτρος, ὅτι παρ' ἐκείνων ἀκηκοὼς λέγει, προλαμβάνει αὐτὸν, τοῦτό τε αὐτὸ δηλῶν, καὶ παῤῥησίαν αὐτῷ παρέχων ὀκνοῦντι προτέρως περὶ τούτων εἰπεῖν. Ὁ δὲ λέγει, τοιοῦτόν ἐστιν· ἐλεύθερος μέν εἰμι τοῦ δοῦναι κῆνσον. Εἰ γὰρ οἱ τῆς γῆς [d] βασιλεῖς ἀπὸ τῶν υἱῶν αὐτῶν οὐ λαμβάνουσιν, ἀλλὰ ἀπὸ τῶν ἀλλοτρίων· πολλῷ μᾶλλον ἐμὲ ἀπηλλάχθαι [e] δεῖ τῆς ἀπαιτήσεως ταύτης, οὐκ ἐπιγείου βασιλέως, ἀλλὰ τοῦ τῶν οὐρανῶν ὄντα με υἱὸν, καὶ βασιλέα. Ὁρᾷς πῶς διέστειλε τοὺς υἱοὺς, καὶ τοὺς οὐχ υἱούς; Εἰ δὲ οὐκ ἦν Υἱὸς, εἰκῆ καὶ τὸ ὑπόδειγμα παρήγαγε τῶν βασιλέων. Ναὶ, φησὶν, υἱὸς, ἀλλ' οὐ γνήσιος. Οὐκοῦν οὐχ υἱός· εἰ δὲ οὐχ υἱὸς, οὐδὲ γνήσιος, οὐδὲ αὐτοῦ, ἀλλὰ ἀλλότριος. Εἰ δὲ ἀλλότριος, οὐδὲ τὸ παράδειγμα ἔχει [f] τὴν οἰκείαν ἰσχύν. Αὐτὸς γὰρ οὐ περὶ τῶν υἱῶν ἁπλῶς, ἀλλὰ περὶ τῶν γνησίων διαλέγεται, καὶ ἰδίων, καὶ τῶν κοινωνούντων τοῖς γεγεννηκόσι τῆς βασιλείας. Διὸ καὶ πρὸς ἀντιδιαστολὴν ἔθηκε τοὺς ἀλλοτρίους, οὕτω καλῶν τοὺς οὐκ ἐξ αὐτῶν γεννηθέντας· τοὺς δὲ

bant. 23. ***Cum autem venissent in Capernaum, accesserunt ad Petrum qui didrachma accipiebant, et dixerunt: Magister vester non*** Didrachma quid esset.
solvit didrachma? Quæ sunt hæc *Didrachma?*
Quando primogenita Ægyptiorum interfecit Deus, *Num.* 3. 39.
tunc tribum Levi pro ipsis accepit. Deinde quia 47.
in hac tribu minor capitum numerus erat, quam primogenitorum apud Judæos esset, pro deficientibus ad supplendum numerum siclum jussit deferri: ex illo autem tempore mos invaluit, ut primogenita hoc vectigal solverent. Quia igitur Christus primogenitus erat, et inter discipulos primus videbatur esse Petrus, ad ipsum accedunt. Puto autem, id illos in singulis urbibus exegisse: quapropter in patria adierunt eum, quæ patria Capernaum putabatur esse. Ipsum porro adire non ausi, Petrum conveniunt, nec cum vehementia, sed moderatius: neque enim ut criminantes, sed ut interrogantes dixerunt: *Magister vester non solvit didrachma?* Non enim adhuc de illo ut par erat sentiebant, sed hominem esse putabant, licet illum in honore haberent ob patrata signa. Quid igitur Petrus? 24. *Utique*, ait: illis quidem dixit, ipsum soluturum esse, ipsi vero non dixit, quod fortassis erubesceret de talibus ipsum alloqui. Ideo mansuetus ille, qui omnia clare noverat, præveniens illum ait: ***Quid tibi videtur, Simon? Reges terræ a quibus accipiunt tributum vel censum? a filiis suis, an ab alienis?*** 25. ***Dixit ille, Ab alienis. Dicit illi Jesus: Ergo liberi sunt filii.*** Ne putaret enim Petrus, Christum id ab illis audivisse, prævenit eum, ut hoc ipsum significaret, et una fiduciam inderet non audenti antea de illis loqui. Hoc autem vult significare: Immunis a censu sum. Nam si reges terræ a filiis suis nihil accipiunt, sed ab alienis: multo magis me immunem esse oportuit, qui non terreni, sed cælestis Regis Filius sum, et Rex. Viden' quomodo filios distinguat a non filiis? Si vero Filius non esset, frustra exemplum regum afferret. Etiam, inquies, filius est, sed non genuinus. Ergo non filius: si autem nec filius nec genuinus, non ipsius ergo est, sed alienus. Si alienus, exemplum illud vim suam non habet. Ille namque non de filiis tantum, sed de genuinis loquitur, de propriis, qui cum patribus regni sunt consortes. Ideoque ad distinctionem alienos appo-

[a] Morel. σίκλον ἐν. Mox idem καὶ ἄλλως δὲ ἐξ ἐκείνου ἐκράτ.

[b] In uno πατρὶς deest.

[c] In quibusdam αἰδῶ καὶ deest.

[d] Savil. et quidam Manuscripti βασιλεῖς παρὰ τῶν υἱῶν αὐτῶν οὐ λαμβάνουσιν, ἀλλὰ παρὰ τῶν ἀρχομένων.

[e] Alii δεῖ ἀπὸ τῆς ἀπαιτ.

[f] Alii τὴν ἰδίαν ἰσχύν.

suit, sic vocans illos qui a regibus nati non sunt, filios vero dicit eos, quos ex se genuerunt. Tu autem mihi perpende quomodo revelatam Petro cognitionem hinc confirmet. Neque hic stetit, sed per consensus modum hoc ipsum significat, id quod magnæ sapientiæ erat. Nam cum hæc dixisset, ait: 26. *Ut autem non scandalizemus eos, vade ad mare, et mitte hamum: et eum piscem, qui primus ascenderit, tolle, et in illo invenies staterem: illum assumens, da eis pro me et te.* Viden' quomodo neque recuset, neque omnino jubeat tributum pendere? Sed ubi prius ostendit, se non esse huic obnoxium, tunc dat illud; tum ne illi scandalizentur, tum ne hi idem patiantur. Neque enim ita dat quasi debeat, sed ut illorum infirmitati consulat.

2. Alibi vero scandalum contemnit; ut cum de cibis dissereret; ut nos doceat temporis opportunitatem explorare oportere, quibus par est scandala despicere, vel non despicere. Ex modo item dandi, seipsum, qui nempe sit, ostendit. Cur enim non ex repositis jubet dari? Ut, quod jam dixi, in hoc se Deum universorum esse et mari imperare ostenderet. Id jam demonstraverat quando mare increpavit, et cum Petrum jussit supra fluctus ambulare. Id nunc quoque ostendit, etsi alio modo, sed qui multum pariat stuporem. Neque enim parum illud erat prædixisse, piscem illum, qui primus capiendus esset, vectigal soluturum esse, et rete in abyssum injectum piscem illum, qui staterem gestabat, ex ejus præcepto adductum esse, sed esse illud divinæ et ineffabilis potestatis, quod mare dona sic afferret; et obsequentiam suam ostenderet, tum quando furens sedatum est, tum quando æstuans conservum suscepit; tum etiam nunc, cum pro ipso exactoribus solvit. *Et da illis pro me et pro te*, inquit. Vidisti honoris excellentiam? Vide et Petri philosophiam. Nam Marcus, qui hujus discipulus erat, hoc gestum non scripsit, quia hinc illi honor ingens accedebat: sed negationem ejus scripsit, quæ vero conspicuum illum reddebant tacuit, et fortasse vetante magistro ne magna de illo diceret. *Pro me et te*, inquit: quia et ipse primogenitus erat. Ut autem Christi potentiam cum stupore miratus es, mirare et disciplui fidem, qui in re tam inexspectata paruit. Res enim erat natura insolita atque stupenda. Ideo in mercedem fidei, in solvendo tributo illum

Petrus primogenitus.

αὐτῶν, οὓς ἐξ αὐτῶν γεγεννήκασι. Σὺ δέ μοι σκόπει
586 κἀκεῖνο, πῶς τὴν ἀποκαλυφθεῖσαν τῷ Πέτρῳ γνῶσιν
A καὶ ἐντεῦθεν βεβαιοῖ. Καὶ οὐδὲ ἐνταῦθα ἔστη, ἀλλὰ καὶ διὰ τῆς συγκαταβάσεως τὸ αὐτὸ [a] τοῦτο δηλοῖ, ὅπερ πολλῆς ἦν σοφίας. Καὶ γὰρ ταῦτα εἰπὼν, φησίν· Ἵνα δὲ μὴ σκανδαλίσωμεν αὐτοὺς, πορευθεὶς βάλε ἄγκιστρον εἰς τὴν θάλασσαν, καὶ τὸν ἀναβάντα πρῶτον ἰχθὺν ἆρον, [b] καὶ εὑρήσεις ἐν αὐτῷ στατῆρα· ἐκεῖνον λαβὼν, δὸς αὐτοῖς ἀντὶ ἐμοῦ καὶ σοῦ. Ὁρᾷς πῶς οὔτε παραιτεῖται τὸν φόρον, οὔτε ἁπλῶς κελεύει δοῦναι; Ἀλλὰ πρότερον δείξας οὐκ ὄντα ὑπεύθυνον, τότε δίδωσι, τὸ μὲν, ἵνα μὴ ἐκεῖνοι σκανδαλισθῶσι· τὸ δὲ, ἵνα μὴ οὗτοι. Οὐδὲ γὰρ ὡς ὀφείλων δίδωσιν, ἀλλ' ὡς τὴν ἐκείνων ἀσθένειαν διορθούμενος.

B Ἀλλαχοῦ μέντοι [c] καταφρονεῖ τοῦ σκανδάλου· ὅτε περὶ βρωμάτων διελέγετο, διδάσκων ἡμᾶς εἰδέναι καιροὺς καθ' οὓς δεῖ φροντίζειν μὴ καταφρονεῖν τῶν σκανδαλιζομένων, καὶ καθ' οὓς δεῖ καταφρονεῖν. Καὶ αὐτῷ δὲ τῷ τρόπῳ τῆς δόσεως δείκνυσιν ἑαυτὸν πάλιν. Τίνος γὰρ ἕνεκεν οὐκ ἐξ ἀποκειμένων κελεύει δοῦναι; Ἵνα, ὅπερ ἔφην, καὶ ἐν τούτῳ δείξῃ Θεὸν ἑαυτὸν ὄντα τῶν ὅλων, καὶ ὅτι καὶ τῆς θαλάττης κρατεῖ. Ἔδειξε μὲν γὰρ καὶ ἤδη ἐπιτιμήσας, καὶ τὸν Πέτρον τοῦτον * αὐτὸν κελεύσας ἐπιβῆναι τῶν κυμάτων· δείκνυσι δὲ καὶ νῦν τὸ αὐτὸ τοῦτο, ἑτέρῳ μὲν τρόπῳ, πολλὴν δὲ καὶ ἐν τούτῳ παρέχων τὴν ἔκπληξιν. Οὐδὲ
C γὰρ μικρὸν ἦν ἀπὸ τῶν βυθῶν ἐκείνων προειπεῖν, ὅτι καὶ πρῶτος ἐμπεσεῖται ὁ τὸν φόρον ἐκεῖνον τελῶν ἰχθὺς, καὶ ὥσπερ ἀμφίβληστρον εἰς τὴν ἄβυσσον ἐκείνην ἀφέντα αὐτοῦ τὸ πρόσταγμα ἀγαγεῖν τὸν κομίζοντα τὸν στατῆρα, ἀλλὰ θείας δυνάμεως καὶ ἀποῤῥήτου, τὸ καὶ τὴν θάλατταν οὕτω ποιῆσαι δωροφορεῖν, καὶ πάντοθεν τὴν ὑποταγὴν αὐτῆς ἐπιδείκνυσθαι, καὶ ἡνίκα μαινομένη ἐσίγα, καὶ ὅτε τὸν σύνδουλον ἐδέχετο ἀγριαίνουσα· καὶ νῦν πάλιν, ὅτε πρὸς τοὺς ἀπαιτοῦντας ὑπὲρ αὐτοῦ διαλύεται. Καὶ δὸς αὐτοῖς, φησὶν, ἀντὶ ἐμοῦ καὶ σοῦ. Εἶδες τὸ ὑπερβάλλον τῆς τιμῆς; Ἴδε καὶ τὸ φιλόσοφον τῆς τοῦ Πέτρου γνώμης. Τοῦτο γὰρ οὐ φαίνεται Μάρκος, ὁ τούτου [d] φοιτητὴς, γεγραφηκὼς τὸ κεφάλαιον, ἐπειδὴ πολλὴν ἐδείκνυ
D τὴν εἰς αὐτὸν τιμήν; ἀλλὰ τὴν μὲν ἄρνησιν καὶ αὐτὸς ἔγραψε, τὰ δὲ ποιοῦντα αὐτὸν λαμπρὸν, ἀπεσίγησεν, ἴσως τοῦ διδασκάλου παραιτουμένου τὸ μεγάλα περὶ αὐτοῦ λέγειν. Ἀντὶ ἐμοῦ δὲ καὶ σοῦ, εἶπεν· ἐπειδὴ καὶ αὐτὸς πρωτότοκος ἦν. Ὥσπερ δὲ ἐξεπλάγης τοῦ Χριστοῦ τὴν δύναμιν, οὕτω θαύμασον καὶ τοῦ μαθη-

[a] Unus τοῦτο δηλῶν.

[b] Unus καὶ ἀνοίξας τὸ στόμα αὐτοῦ, εὑρήσεις στατῆρα, δὸς αὐτοῖς. [Infra Savil. ἆρα. G. Trapezuntius *Vide.*]

[c] Unus κατεφρόνει. [Infra φροντίζειν, quod uncis inclusit Commelin., legitur in marg. Savil. tantum, et deest in textu.]

* [Savil. in textu omittit αὐτὸν, sed addit in marg.]

[d] Idem φοιτητὴς εἰρηκὼς τό.

τοῦ τὴν πίστιν, ὅτι πράγματι ἀπόρῳ οὕτως ὑπήκουσεν. Καὶ γὰρ σφόδρα ἄπορον ἦν κατὰ τὴν φύσιν. Διὸ καὶ τῆς πίστεως αὐτὸν ἀμειβόμενος συνῆψεν ἑαυτῷ κατὰ τὴν τοῦ φόρου δόσιν. Ἐν ἐκείνῃ τῇ ὥρᾳ προσῆλθον τῷ Ἰησοῦ οἱ μαθηταὶ λέγοντες· τίς ἄρα μείζων E **ἐστὶν ἐν τῇ βασιλείᾳ τῶν οὐρανῶν; Ἔπαθόν τι** ἀνθρώπινον οἱ μαθηταί· διὸ καὶ ὁ εὐαγγελιστὴς ἐπισημαίνεται λέγων, ὅτι Ἐν ἐκείνῃ τῇ ὥρᾳ· ὅτε πάντων αὐτὸν προετίμησε. Καὶ γὰρ καὶ Ἰακώβου [c] καὶ Ἰωάννου θάτερος πρωτότοκος ἦν, ἀλλ' οὐδὲν τοιοῦτον ὑπὲρ τούτων ἐποίησεν. Εἶτα αἰσχυνόμενοι τὸ πάθος ὁμολογῆσαι, ὅπερ ἔπαθον, φανερῶς μὲν οὐ λέγουσι, 587 A τίνος ἕνεκεν τὸν Πέτρον ἡμῶν προετίμησας; καὶ εἰ μείζων ἡμῶν οὗτός ἐστιν; ᾐσχύνοντο γάρ· ἀδιορίστως δὲ ἐρωτῶσι· Τίς ἄρα μείζων ἐστίν; Ὅτε μὲν γὰρ τοὺς τρεῖς εἶδον προτιμωμένους, οὐδὲν τοιοῦτον ἔπαθον· ἐπειδὴ δὲ εἰς τὸν ἕνα περιέστη τὸ τῆς τιμῆς, τότε ἤλγησαν. Οὐ τοῦτο δὲ μόνον, ἀλλὰ καὶ ἕτερα πολλὰ συναγαγόντες, τὸ πάθος ἀνῆψαν. Καὶ γὰρ εἶπεν αὐτῷ· Σοὶ δώσω τὰς κλεῖς· καὶ, Μακάριος εἶ, Σίμων Βὰρ Ἰωνᾶ· καὶ ἐνταῦθα, Δὸς αὐτοῖς ἀντὶ ἐμοῦ καὶ σοῦ· καὶ τὴν ἄλλην δὲ παῤῥησίαν αὐτοῦ τὴν πολλὴν ὁρῶντες, παρεκνίζοντο. Εἰ δὲ ὁ Μάρκος φησὶν, ὅτι οὐκ ἠρώτησαν, ἀλλ' ἐν ἑαυτοῖς διελογίζοντο, οὐδὲν τοῦτο ἐναντίον ἐστὶν ἐκείνῳ· εἰκὸς γὰρ αὐτοὺς κἀκεῖνο καὶ τοῦτο B ποιῆσαι, καὶ πρότερον μὲν ἐν ἑτέρῳ καιρῷ τοῦτο παθεῖν, καὶ ἅπαξ, καὶ δεύτερον, τότε δὲ καὶ ἐξειπεῖν, καὶ ἐν ἑαυτοῖς διαλογίσασθαι. Σὺ δέ μοι μὴ τὸ ἔγκλημα μόνον ἴδοις, ἀλλὰ κἀκεῖνο λογίζου· πρῶτον μὲν, ὅτι οὐδὲν τῶν ἐνταῦθα ζητοῦσιν· ἔπειτα, ὅτι καὶ τοῦτο ὕστερον τὸ πάθος ἀπέθεντο, καὶ τῶν πρωτείων ἀλλήλοις παραχωροῦσιν. Ἡμεῖς δὲ οὐδὲ εἰς τὰ ἐλαττώματα αὐτῶν φθάσαι δυνάμεθα, οὐδὲ ζητοῦμεν τίς μείζων ἐν τῇ βασιλείᾳ τῶν οὐρανῶν, ἀλλὰ τίς μείζων ἐν τῇ βασιλείᾳ τῆς γῆς, τίς εὐπορώτερος, τίς δυνατώτερος. Τί οὖν ὁ Χριστός; Ἀνακαλύπτει αὐτῶν τὸ συνειδὸς, καὶ πρὸς τὸ πάθος ἀποκρίνεται, οὐχ ἁπλῶς πρὸς τὰ ῥήματα. C Προσκαλεσάμενος γὰρ παιδίον, φησὶν, εἶπεν· ἐὰν μὴ στραφῆτε, καὶ γένησθε ὡς τὸ παιδίον τοῦτο, οὐ μὴ εἰσέλθητε εἰς τὴν βασιλείαν τῶν οὐρανῶν. Ὑμεῖς μὲν γὰρ ἐξετάζετε τίς μείζων, καὶ περὶ πρωτείων φιλονεικεῖτε· ἐγὼ δὲ τὸν μὴ πάντων ταπεινότερον γενόμενον οὐδὲ τῆς εἰσόδου τῆς ἐκεῖ ἄξιον εἶναί φημι. [a] Καὶ καλῶς τὸ ὑπόδειγμα παράγει· καὶ οὐ παράγει μόνον, ἀλλὰ καὶ τὸ παιδίον εἰς μέσον ἵστησι, καὶ ἀπὸ τῆς ὄψεως αὐτοὺς ἐντρέπων, καὶ πείθων εἶναι ταπεινοὺς οὕτω καὶ ἀπλάστους. Καὶ γὰρ φθόνου καθαρὸν τὸ παιδίον, καὶ κενοδοξίας, καὶ τοῦ τῶν πρωτείων ἐρᾷν, καὶ τὴν μεγίστην κέκτηται ἀρετὴν, τὴν ἀφέλειαν καὶ τὸ D

sibi Christus conjunxit. 1. *In illa hora accesserunt ad Jesum discipuli dicentes : Quis major est in regno cælorum?* Humanum quidpiam passi discipuli sunt : quod et evangelista significat dicens, *In illa hora :* quando plusquam cæteros omnes illum honoravit. Nam cum ex Jacobo et Joanne alter primogenitus esset, nihil simile pro illis fecit. Hinc pudore affecti animi sui commotionem confessi sunt, neque aperte dicunt, Cur Petrum nobis prætulisti? num ille major nobis est? non audebant enim; sed indefinite interrogant : *Quis major est?* Nam cum tres viderunt præferri cæteris, nihil simile passi sunt; cum autem unus tantum honorem tulit, tunc dolore sunt affecti. Neque hoc solum, sed et alia multa congerentes, accensi sunt. Nam dixit illi : *Tibi dabo claves :* et, *Beatus es, Simon Bar-Jona;* et hic, *Da ipsis pro me et te;* itemque fiduciam ejus et loquendi libertatem videntes pungebantur. Quod si Marcus non dicat, illos interrogasse, sed secum id cogitasse, id non esse oppositum huic narrationi : nam verisimile est illos utrumque fecisse : et primum quidem alio tempore semel et bis sic cogitasse, tunc vero et dixisse, et secum cogitavisse. Tu vero non id vitii solum respicias, sed et illud cogita : primo, illos nihil hic hujus sæculi quærere; deinde, illos hunc postea morbum deposuisse, et primas sibi mutuo detulisse. Nos autem neque ad defectus eorum possumus pertingere, nec quærimus quis major sit in regno cælorum, sed quis major in regno terræ, quis opulentior, quis potentior. Quid ergo Christus? Illorum conscientiam detegit, et affectui eorum, non verbis tantum, respondet. 2. *Et advocans Jesus parvulum,* 3. *dixit, Nisi conversi fueritis, et efficiamini sicut parvulus iste, non intrabitis in regnum cælorum.* Vos perquiritis quis sit major, et de primatu contenditis : ego vero eum, qui non humillimus factus fuerit, non esse dignum dico qui intret in regnum cælorum. Recte exemplum affert; nec affert modo, sed et ipsum parvulum in medio statuit, ipso aspectu hortans et suadens ut sint humiles ac simplices. Nam puerulus liber est ab invidia, vana gloria, ab amore primatus, maximamque hanc virtutem possidet, nempe simplicitatem et humilitatem. Non ergo opus tantum est fortitudine atque prudentia; sed etiam humilitate et simplicitate. Etenim vel in præcipuis rebus, si hæ virtutes non adsint, claudicant ea quæ

Cap. XVIII.

Matth. 16. 19. 17.

Marc. 9. 34.

Humilitas præcipue oportet illi qui intrare velit in regnum cælorum.

[c] Unus καὶ Ἰωάννου Πέτρος πρωτότοκος ἦν. [Savil. προετίμησε, καὶ Ἰ. καὶ Ἰ., ὧν θάτερος.]

[a] Idem καλῶς δὲ καὶ τό.

ad salutem nostram pertinent. Puerulus sive contumelia afficiatur, sive laudetur, sive verberetur, sive honoretur, nec indigne fert vel invidet, neque altum sapit.

Manichæi dicebant malam esse naturam.

3. Viden' quomodo nos rursum ad naturalia opera evocet, ostendens hæc ex proposito voluntatis perfici posse, perniciosamque Manichæorum rabiem deprimit? Nam si mala natura est, cur inde philosophiæ exempla trahit? Parvulum autem puto infantem in medio statuisse, omnibus hisce animi morbis vacuum. Nam in hujusmodi infantibus, nec arrogantia, nec vana gloria, nec invidia, nec contentio, nec alia hujuscemodi locum habent; insunt autem virtutes multæ, simplicitas, humilitas; abest ab eo negotiorum turba, deque nulla re superbit; ubi duplex est philosophia, et quod hæc possideat, et quod non ideo infletur. Ideo infantem produxit, et in medio statuit; neque ibi finem dicendi fecit, sed ulterius admonitionem producit, dicens: 5. *Et quicumque susceperit unum parvulum talem in nomine meo, me suscipit.* Non solum enim, inquit, si tales fueritis, mercedem magnam recipietis, sed etiam si alios similes propter me honoraveritis, regnum vobis in mercedem tribuo. Quodque longe majus est adjicit, cum dicit, *Me suscipit.* Ita vehementer afficior ex humilitate et simplicitate. Parvulos hic vocat homines, ita simplices, humiles, qui apud multos abjecti et despiciendi habentur. Deinde probatiorem reddens sermonem, non a præmiis tantum, sed etiam a pœnis illum confirmat, sic loquens: 6. *Qui autem scandalizaverit unum ex his pusillis qui in me credunt, expedit ei, ut suspendatur mola asinaria in collo ejus, et demergatur in profundum maris.* Nam sicut qui hos parvulos propter me honorant, cælum possidebunt, imo majus regno præmium: ita qui inhonorant (id enim est scandalizare), extremas dabunt pœnas. Si vero scandalum contumeliam vocet, ne mireris; cum multi ob pusillanimitatem non parum scandalizati fuerint eo quod despicerentur, et contumelia afficerentur.

ἄπλαστον, καὶ ταπεινόν. Οὐκ ἄρα ἀνδρείας [b] δεῖ μόνον, οὐδὲ φρονήσεως, ἀλλὰ καὶ ταύτης τῆς ἀρετῆς, τῆς ταπεινοφροσύνης λέγω, καὶ τῆς ἀφελείας. Καὶ γὰρ καὶ ἐν τοῖς μεγίστοις χωλεύει τὰ τῆς σωτηρίας ἡμῶν, τούτων ἡμῖν οὐ παρουσῶν. Τὸ παιδίον κἂν ὑβρίζηται, κἂν δοξάζηται, κἂν τύπτηται, κἂν τιμᾶται, οὔτε ἐκεῖθεν δυσχεραίνει καὶ βασκαίνει, οὔτε ἐντεῦθεν ἐπαίρεται.

Εἶδες πῶς πάλιν ἡμᾶς πρὸς τὰ φυσικὰ κατορθώματα ἐκκαλεῖται, δεικνὺς ὅτι ἐκ προαιρέσεως ταῦτα κατορθοῦν δυνατὸν, καὶ τὴν πονηρὰν Μανιχαίων [c] ἐπι-
E στομίζει λύτταν; Εἰ γὰρ πονηρὸν ἡ φύσις, τίνος ἕνεκεν ἐκεῖθεν τῆς φιλοσοφίας τὰ παραδείγματα ἕλκει; Παιδίον δέ μοι δοκεῖ σφόδρα παιδίον ἐν τῷ μέσῳ στῆσαι, τῶν παθῶν ἁπάντων τούτων ἀπηλλαγμένον. Τὸ γὰρ τοιοῦτον παιδίον καὶ ἀπονοίας, καὶ δοξομανίας, καὶ βασκανίας, καὶ φιλονεικίας, καὶ πάντων τῶν τοιού-
588 των ἀπήλλακται παθῶν, καὶ πολλὰς ἔχον τὰς ἀρετὰς,
A ἀφέλειαν, ταπεινοφροσύνην, ἀπραγμοσύνην, ἐπ' οὐδενὶ τούτων ἐπαίρεται· ὅπερ διπλῆς ἐστι [a] φιλοσοφίας, τό τε κεκτῆσθαι ταῦτα, καὶ μὴ φυσᾶσθαι ἐπ' αὐτοῖς. Διόπερ αὐτὸ παρήγαγε, καὶ ἔστησεν ἐν τῷ μέσῳ· καὶ οὐ μέχρι τούτου μόνον τὸν λόγον κατέκλεισεν, ἀλλὰ καὶ περαιτέρω προάγει τὴν παραίνεσιν ταύτην, λέγων· Καὶ ὃς ἐὰν δέξηται παιδίον τοιοῦτον ἐν τῷ ὀνόματί μου, ἐμὲ δέχεται. Οὐ γὰρ δὴ μόνον, φησὶν, ἐὰν αὐτοὶ τοιοῦτοι γένησθε, μισθὸν λήψεσθε μέγαν· ἀλλὰ κἂν ἑτέρους τοιούτους τιμήσητε δι' ἐμὲ, καὶ τῆς εἰς ἐκείνους τιμῆς βασιλείαν ὑμῖν ὁρίζω τὴν ἀμοιβήν. Μᾶλλον δὲ τὸ πολλῷ μεῖζον τίθησιν, Ἐμὲ δέχεται, λέγων.
B Οὕτω μοι σφόδρα ποθεινὸν τὸ ταπεινὸν καὶ ἄπλαστον. Παιδίον γὰρ ἐνταῦθα τοὺς ἀνθρώπους τοὺς οὕτως ἀφελεῖς φησι, καὶ ταπεινοὺς, καὶ ἀπεῤῥιμμένους παρὰ τοῖς πολλοῖς καὶ εὐκαταφρονήτους. Εἶτα εὐπαράδεκτον ποιῶν μειζόνως τὸν λόγον, οὐκ ἀπὸ τῆς τιμῆς μόνον, ἀλλὰ καὶ ἀπὸ τῆς κολάσεως αὐτὸν συνίστησιν, ἐπάγων καὶ λέγων· Καὶ ὃς ἐὰν σκανδαλίσῃ ἕνα τῶν μικρῶν τούτων [b] τῶν πιστευόντων εἰς ἐμὲ, συμφέρει αὐτῷ, ἵνα κρεμασθῇ μύλος ὀνικὸς εἰς τὸν τράχηλον αὐτοῦ, καὶ καταποντισθῇ ἐν τῷ πελάγει τῆς θαλάσσης. Ὥσπερ γὰρ οἱ τούτους τιμῶντες, φησὶ, δι' ἐμὲ τὸν οὐρανὸν ἔχουσι, μᾶλλον δὲ τῆς βασιλείας αὐτῆς μείζω τι-
C μήν· οὕτω δὴ καὶ οἱ ἀτιμάζοντες (τοῦτο γάρ ἐστι τὸ σκανδαλίσαι) τὴν ἐσχάτην δώσουσι δίκην. Εἰ δὲ σκάνδαλον τὴν ὕβριν καλεῖ, μὴ θαυμάσῃς· πολλοὶ γὰρ τῶν μικροψύχων οὐχ ὡς ἔτυχεν ἐκ τοῦ παροφθῆναι καὶ

[b] Unus δεῖ μόνον, καὶ φρονήσεως, et sic etiam legit Morel.

[c] Savil. ἐπιστομίζων λύτταν; εἰ γὰρ πονηρὰ ἡ φύσις. Unus Codex ἐπιστομίζει γλῶτταν, non male.

[a] Alii φιλοσοφίας· καὶ τὸ κεκτῆσθαι.

[b] Τῶν πιστευόντων εἰς ἐμέ deest in quibusdam Mss. et in Editis; sed in quibusdam exemplaribus habetur, et a Georgio Trapezuntio lectum fuit. Ibid. unus ἐπὶ τὸν τράχηλον.

καθυβρισθῆναι ἐσκανδαλίσθησαν. Ἐπαίρων τοίνυν καὶ αὔξων τὸ ἔγκλημα, τὴν ἐξ αὐτοῦ τίθησι βλάβην. Καὶ οὐκέτι ἀπὸ τῶν αὐτῶν τὴν τιμωρίαν ἐμφαίνει, ἀλλ' ἀπὸ τῶν παρ' ἡμῖν γνωρίμων τὸ ἀφόρητον [c] αὐτῆς ἐνδείκνυται. Ὅταν γὰρ μάλιστα καθάψασθαι βούληται τῶν παχυτέρων, αἰσθητὰ ἄγει παραδείγματα, δι' ὃ καὶ ἐνταῦθα βουλόμενος δεῖξαι, ὅτι πολλὴν ὑποστήσονται τὴν τιμωρίαν, καὶ καθικέσθαι τῆς τῶν D διαπτυόντων αὐτοὺς ἀπονοίας, αἰσθητήν τινα κόλασιν εἰς μέσον ἤγαγε, τὴν τοῦ μύλου καὶ τοῦ καταποντισμοῦ· καίτοι γε ἀκόλουθον τῷ προτέρῳ ἦν εἰπεῖν· ὁ μὴ δεχόμενος ἕνα τῶν μικρῶν τούτων, ἐμὲ οὐ δέχεται· ὃ πάσης κολάσεως πικρότερον ἦν· ἀλλ' ἐπειδὴ τῶν σφόδρα [d] ἀναισθήτων καὶ παχυτάτων, καὶ τὸ φοβερὸν τοῦτο οὐχ οὕτω καθικνεῖτο, τίθησι μύλον καὶ καταποντισμόν. Καὶ οὐκ εἶπεν, ὅτι μύλος κρεμασθήσεται εἰς τὸν τράχηλον αὐτοῦ· ἀλλὰ, Συμφέρει αὐτῷ τοῦτο ὑπομεῖναι, δεικνὺς ὅτι ἕτερον τούτου χαλεπώτερον αὐτὸν ἀναμένει κακόν· εἰ δὲ τοῦτο ἀφόρητον, πολλῷ μᾶλλον ἐκεῖνο. E Εἶδες πῶς ἑκατέρωθεν φοβερὰν ἐποίησε τὴν ἀπειλὴν, τῇ μὲν τοῦ γνωρίμου παραδείγματος συγκρίσει σαφεστέραν αὐτὴν ποιῶν, τῇ δὲ ἐντεῦθεν ὑπεροχῇ πολλῷ μείζονα τῆς δρωμένης φαντάζεσθαι παρασκευάσας; Εἶδες πῶς πρόῤῥιζον ἀνέσπασε τῆς ἀπονοίας τὸ φρόνημα; πῶς ἰάσατο τῆς κενοδοξίας τὸ ἕλκος; πῶς ἐπαίδευσε μηδαμοῦ 589 A τῶν πρωτείων ἐρᾷν; πῶς ἔπεισε τοὺς ἐπιθυμοῦντας τῶν πρωτείων τὴν ἐσχάτην πανταχοῦ διώκειν τάξιν; Οὐδὲν γὰρ ἀπονοίας χεῖρον. Αὕτη καὶ τῶν κατὰ φύσιν ἐξίστησι φρενῶν, καὶ μωρῶν [a] ἐπιτίθησι δόξαν· μᾶλλον δὲ καὶ σφόδρα ἀνοήτους εἶναι ποιεῖ. Ὥσπερ γὰρ εἴ τις, τρίπηχυς ὢν, βιάζοιτο εἶναι τῶν ὀρῶν ὑψηλότερος, καὶ νομίζοι τοῦτο, καὶ ἀνατείνοι ἑαυτὸν ὡς ὑπερβαλλόμενος αὐτῶν τὰς κορυφὰς, οὐδὲν ἕτερον ζητήσομεν δεῖγμα ἀνοίας· οὕτω καὶ ὅταν ἄνθρωπον [b] ἀπονενοημένον ἴδῃς, καὶ ἁπάντων βελτίονα ἑαυτὸν ἡγούμενον εἶναι, καὶ ὕβριν νομίζοντα τὸ μετὰ τῶν πολλῶν ζῇν, μὴ ζήτει λοιπὸν ἕτερον ἔλεγχον ἰδεῖν τῆς ἐκείνου παρανοίας. Τῶν γὰρ φύσει μωρῶν πολὺ καταγελαστότερος οὗτος, ὅσον καὶ ἑκὼν ταύτην δημιουργεῖ B τὴν νόσον. Οὐ ταύτῃ δὲ μόνον ἄθλιος, ἀλλ' ὅτι καὶ ἀναλγήτως εἰς αὐτὸ τῆς κακίας ἐμπίπτει τὸ βάραθρον. Πότε γὰρ ὁ τοιοῦτος ἐπιγνώσεται ἁμαρτάνων ὡς χρή; πότε αἰσθήσεται πλημμελῶν; Καὶ γὰρ ὡς ἀνδράποδον κακὸν καὶ αἰχμάλωτον λαβὼν αὐτὸν ὁ διάβολος ἄπεισι, καὶ ἄγει καὶ φέρει ῥαπίζων πάντοθεν, καὶ μυρίαις περιβάλλων ὕβρεσιν. Εἰς τοσαύτην γὰρ αὐτοὺς ἄγει

Crimen ergo exaggerans, detrimentum inde ortum exponit. Neque ultra ex iisdem supplicium ostendit, sed quam intolerabile sit ex rebus nobis notissimis declarat. Nam cum rudiores vult perstringere, sub sensum cadentia exempla affert. Quapropter cum hic ostendere velit, ipsos ingenti supplicio affectum iri, et eorum qui ipsos despiciunt D arrogantiam exagitare, sensibile supplicium in medium affert, molæ ac demersionis; quamvis secundum seriem dixisse par fuerit: Qui non suscipit unum ex his parvulis, me non suscipit; quod omni supplicio acerbius erat: sed quia rudiores et crassiores hac terribili pœna non afficiebantur, molam ponit et demersionem. Neque dixit, Mola suspendetur a collo ejus; sed, *Expedit ei*, ut hac pœna mulctetur, ostendens ipsum majore etiam supplicio afficiendum: quod si hoc intolerandum videtur, multo magis illud. Viden' quomodo comminationem E utrinque tremendam exhibeat, tum notiore exemplo clariorem reddens, tum longe majus illo supplicium cogitare suadens? Viden' quomodo arrogantiæ tumorem radicitus evulsit? quomodo vanæ gloriæ ulcus curavit? quomodo docuit nuspiam primas expetere? quomodo docuerit eos qui primas expeterent, ut postremum ubique ordinem 589 A persequantur? Nihil enim arrogantia pejus. Hæc ab humana mente dejicit, et insipientium famam conciliat; imo admodum insipientes reddit. Nam quemadmodum si quis, tricubitalem staturam habens, montium altitudinem superare studeret, idque ita esse putaret, seseque erigeret quasi eorum cacumina excederet, non aliud quæreremus stultitiæ ejus argumentum: sic cum arrogantem hominem videris, qui se omnium præstantissimum putet, et contumeliæ loco habeat, quod cum cæteris vivat, ne quæras aliud ejus insaniæ argumentum. Nam eo magis ridiculus est iis qui natura sua stulti sunt, quo hunc ipse sibi sponte conciB liavit morbum. Neque ideo tantum miser est, sed etiam quod sine ullo sensu in nequitiæ profundum decidat. Quandonam ille peccata sua ut oportet cognoscet? quando sentiet se deliquisse? Etenim diabolus illum ceu servum et captivum abducens abit, illumque circumfert, verberat, et mille contumeliis afficit. In tantam quippe illos agit stultitiam, ut suadeat ipsis vel adversus liberos et

Homo statura tricubitalis est.

[c] Unus ταύτης.

[d] Idem σφόδρα ἀναισχύντων καὶ παχ.

[a] Unus περιτίθησι. Paulo post εἴ τις τρίπηχυς ὤν. Mensuram tricubitalem solet Chrysostomus homini assignare. Sic supra Tom. 5, pag. 215, A, et p. 517, E, ejusdem Tomi. [Mox Savil. ἢ καὶ νομίζοι.]

[b] Hæc ita leguntur in Morel., omissis interpositis: ἀπονενοημένον εἶναι καὶ ὕβριν νομίζοντα εἶναι, τὸ μετὰ τῶν πολλῶν εἶναι, καὶ ζήτει.

uxorem, imo contra majores suos sese efferre. Contra vero alios a majorum splendore tumidos reddit: quo quid stultius umquam fuerit, cum e rebus contrariis similiter intumescant, alii, quod viles patres, avos, proavos habeant, alii, quod conspicuos et illustres? Quomodo quis possit amborum tumorem deprimere? Illis quidem dicas: Ascende ultra avos et proavos, et fortasse multos invenies coquos, asinarios et caupones; ad eos contra, qui de majorum suorum vilitate intumescunt, Si supra avos tuos progrediaris, multos invenies te longe clariores.

4. Quod enim talis sit humanæ naturæ cursus, ex Scripturis vobis ostendam. Salomon filius regis erat, regisque clarissimi; sed hujus pater inter vulgi homines et ignobiles numerabatur, maternus quoque avus similiter; alioquin enim non cum gregario milite filiam locasset. Si altius autem repetas, ab

Non gloriandum ex generis nobilitate.

his vilioribus ad illustriores nobilioresque ascendes. Idipsum in Saüle et in plurimis aliis observare licet. Ne igitur hinc altum sapiamus. Quid enim, quæso, genus est? Nisi nomen, re vacuum: et hoc in extremo illo die scietis. Quoniam vero dies ille nondum adest, age ex præsentibus vobis suadeamus nullam inde prærogativam assumi posse. Nam si bellum ingruat, si fames, si quidvis aliud, hi nobilitatis tumores evanescunt: si morbus invadat, si pestis, non distinguit divitem a paupere, non gloriosum ab inglorio, non nobilem ab ignobili: sic et in morte et in aliis rerum mutationibus, sed simul omnia omnes invadunt: et si quid mirum dicere liceat, hæc divitibus magis accidunt: quanto enim hæc minus curant, tanto facilius pereunt. Metus autem apud divites major est. Nam hi maxime principes formidant, nec minus his principibus subditos, imo multo magis; plurimas enim hujusmodi domos et populi furor et principum minæ subverterunt. Pauper vero inter utrosque fluctus tutus agit. Quamobrem hoc misso nobilitatis genere, si vis mihi probare, te liberum esse, ostende animæ libertatem, qualem habuit beatus ille, pauper cum esset, qui dicebat Herodi:

Marc. 6. 18.

Non licet tibi habere uxorem Philippi fratris tui; qualem habuit qui ante illum talis erat, et

μωρίαν λοιπὸν, ὡς πείθειν καὶ κατὰ παίδων καὶ γυναικῶν μέγα φρονεῖν, καὶ κατὰ τῶν προγόνων τῶν
οἰκείων. Ἑτέρους δὲ τοὐναντίον ἀπὸ τῆς τῶν προγόνων περιφανείας φυσᾶσθαι [c] παρασκευάζει· οὗ τί γέ-
C νοιτ' ἂν ἀνοητότερον, ὅταν ἀπὸ τῶν ἐναντίων ὁμοίως
φλεγμαίνωσιν, οἱ μὲν, ἐπειδὴ εὐτελεῖς εἶχον πατέρας
καὶ πάππους καὶ ἐπιπάππους, οἱ δὲ, ἐπειδὴ λαμπροὺς
[d] καὶ περιφανεῖς; Πῶς οὖν ἄν τις ἑκατέρων ταπεινώ-
σειε τὴν φλεγμονήν; Πρὸς μὲν ἐκείνους λέγων· ἀνάβηθι περαιτέρω τῶν πάππων καὶ τῶν προπάππων,
καὶ πολλοὺς ἴσως εὑρήσεις μαγείρους, [e] καὶ ὀνηλάτας,
καὶ καπήλους· πρὸς δὲ τούτους, τοὺς ἀπὸ τῆς εὐτελείας τῶν προγόνων φυσωμένους, τὸ ἐναντίον πάλιν,
ὅτι καὶ σὺ πάλιν ἀνωτέρω προελθὼν τῶν προγόνων,
ὄψει πολλῷ σου λαμπροτέρους πολλούς.

Ὅτι γὰρ τοῦτον ἔχει τὸν δρόμον ἡ φύσις, φέρε καὶ
D ἀπὸ τῶν Γραφῶν ὑμῖν ἀποδείξω. Ὁ Σολομὼν υἱὸς
βασιλέως ἦν, καὶ βασιλέως λαμπροῦ· ἀλλ' ὁ τούτου
πατὴρ τῶν εὐτελῶν καὶ ἀσήμων, καὶ ὁ πρὸς μητρὸς δὲ
πάππος ὁμοίως· οὐδὲ γὰρ ἂν ψιλῷ στρατιώτῃ τὴν θυγατέρα ἐξέδωκεν. Εἰ δὲ * ἀναβαίης ἀνωτέρω, πάλιν
ἀπὸ τῶν εὐτελῶν τούτων λαμπρότερον ὄψει τὸ γένος καὶ
βασιλικώτερον. Οὕτω καὶ ἐπὶ τοῦ Σαοὺλ, οὕτω καὶ
ἐπὶ πολλῶν ἑτέρων εὕροι τις ἂν τοῦτο συμβαῖνον.
Μὴ δὴ μέγα φρονῶμεν ἐντεῦθεν. Τί γάρ ἐστι γένος;
εἰπέ μοι. Οὐδὲν, [f] ἀλλ' ἢ ὄνομα μόνον, πράγματος ἔρημον· καὶ τοῦτο εἴσεσθε κατὰ τὴν ἡμέραν ἐκεί-
E νην. Ἐπεὶ δὲ οὔπω πάρεστιν ἐκείνη, φέρε καὶ ἀπὸ
τῶν παρόντων ὑμᾶς πείσωμεν, ὅτι οὐδεμία ἐντεῦθεν ὑπεροχή. Καὶ γὰρ κἂν πόλεμος καταλάβῃ, κἂν
λιμὸς, κἂν ἕτερον ὁτιοῦν, πάντα ἐλέγχεται ταῦτα τὰ
590 τῆς εὐγενείας φυσήματα· κἂν νόσος [g] ἐπέλθῃ, κἂν
A λοιμὸς, οὐκ οἶδε διαγνῶναι τὸν πλούσιον καὶ τὸν
πένητα, τὸν ἔνδοξον καὶ τὸν ἄδοξον, τὸν εὐγενῆ καὶ τὸν
οὐ τοιοῦτον· οὔτε ὁ θάνατος, οὔτε αἱ λοιπαὶ τῶν πραγμάτων μεταβολαὶ, ἀλλ' ὁμοίως πᾶσι πάντα ἐπανί-
σταται· καὶ εἰ δεῖ τι καὶ θαυμαστὸν εἰπεῖν, τοῖς πλουτοῦσι μᾶλλον. Ὅσῳ γὰρ ἀμελέτητοι τούτων εἰσὶ, τοσούτῳ μᾶλλον ἁλόντες ἀπόλλυνται. Καὶ ὁ φόβος δὲ
παρὰ τοῖς πλουτοῦσι μείζων. Καὶ γὰρ ἄρχοντας οὗτοι
μάλιστα τρέμουσι, καὶ τοὺς δήμους τῶν ἀρχόντων οὐκ
ἔλαττον, ἀλλὰ καὶ πολλῷ πλέον· πολλὰς γοῦν οἰκίας
τοιαύτας ὁμοίως καὶ δήμων θυμὸς καὶ ἀρχόντων ἀνέτρεψεν ἀπειλή. Ὁ δὲ πένης ἑκατέρων τούτων τῶν κυμάτων ἀπήλλακται. Ὥστε ταύτην ἀφεὶς τὴν εὐγένειαν,
B εἰ βούλει μοι δεῖξαι, ὅτι εὐγενὴς εἶ, δεῖξον τῆς ψυχῆς
τὴν ἐλευθερίαν, οἵαν εἶχεν ὁ μακάριος ἐκεῖνος, καὶ

[c] Alius παρασκευάζων.
[d] Unus καὶ ἐπιφανεῖς.
[e] Unus καὶ ἀλήτας.
* [Savil. ἀναβαίνεις.]

[f] Morel. ἀλλ' ἢ δρᾶμα, *sed visio tantum re vacua.*
[Paulo ante Savil. τὸ γένος.]
[g] Savil. ἐπέλθοι.

ταῦτα πένης ὤν, ὁ λέγων τῷ Ἡρώδῃ· Οὐκ ἔξεστί σοι ἔχειν τὴν γυναῖκα Φιλίππου τοῦ ἀδελφοῦ σου· οἵαν ἐκέκτητο ὁ πρὸ ἐκείνου τοιοῦτος καὶ μετ' ἐκεῖνον τοιοῦτος, ὁ λέγων τῷ Ἀχαάβ· Οὐ διαστρέφω ἐγὼ τὸν Ἰσραὴλ, ἀλλ' ἢ σὺ καὶ ὁ οἶκος τοῦ πατρός σου· οἵαν εἶχον οἱ προφῆται, οἵαν οἱ ἀπόστολοι πάντες. Ἀλλ' οὐχ αἱ τῶν πλούτῳ δουλευόντων ψυχαὶ τοιαῦται, ἀλλ' ὥσπερ οἱ ὑπὸ μυρίους ὄντες παιδαγωγοὺς καὶ δημίους, οὕτως οὐδὲ ἐπᾶραι τὸ ὄμμα τολμῶσι, καὶ ὑπὲρ ἀρετῆς παῤῥησιάσασθαι. Ὁ γὰρ τῶν χρημάτων ἔρως, καὶ ὁ C τῆς δόξης, καὶ ὁ τῶν ἄλλων πραγμάτων, φοβερὸν εἰς αὐτοὺς βλέποντες, δουλοπρεπεῖς ποιοῦσι καὶ κόλακας. Οὐδὲν γὰρ οὕτως ἐλευθερίαν ἀναιρεῖ, ὡς τὸ βιωτικοῖς ἐμπεπλέχθαι πράγμασι, καὶ τὰ δοκοῦντα εἶναι λαμπρὰ περιβεβλῆσθαι. Οὐδὲ γὰρ ἕνα δεσπότην καὶ δύο καὶ τρεῖς, ἀλλὰ μυρίους ὁ τοιοῦτος ἔχει. Καὶ εἰ βούλεσθε καὶ ἀριθμῆσαι τούτους, παραγάγωμεν ἕνα τινὰ τῶν εὐδοκιμούντων ἐν βασιλείοις, καὶ ἔστω αὐτῷ καὶ χρήματα πάμπολλα, καὶ δυναστεία μεγάλη, καὶ πατρὶς ὑπερέχουσα, καὶ προγόνων περιφάνεια, καὶ ἀποβλεπέσθω παρὰ πάντων. Ἴδωμεν τοίνυν εἰ μὴ οὗτός ἐστιν ὁ πάντων δουλικώτερος· καὶ ἀντιστήσωμεν αὐτῷ, μὴ D δοῦλον ἁπλῶς, ἀλλὰ δοῦλον δούλου· πολλοὶ γὰρ καὶ οἰκέται δούλους ἔχουσιν. Οὗτος μὲν οὖν ὁ δοῦλος τοῦ δούλου ἕνα ἔχει δεσπότην. Τί γὰρ, εἰ καὶ μὴ ἐλεύθερον; Ἀλλ' ἕνα, καὶ πρὸς τὸ ἐκείνῳ δοκοῦν ὁρᾷ μόνον. Κἂν γὰρ ὁ τούτου δεσπότης αὐτοῦ δοκῇ κρατεῖν, ἀλλὰ τέως ἑνὶ μόνῳ πείθεται· κἂν τὰ πρὸς ἐκεῖνον αὐτῷ καλῶς ἔχῃ, ἐν ἀδείᾳ τὸν ἅπαντα καθεδεῖται βίον. Οὗτος δὲ οὐχ ἕνα καὶ δύο μόνον, ἀλλὰ πολλοὺς καὶ χαλεπωτέρους ἔχει δεσπότας· καὶ πρῶτον αὐτὸν τὸν βασιλεύοντα μεριμνᾷ. Οὐκ ἔστι δὲ ἴσον εὐτελῆ δεσπότην E ἔχειν, καὶ βασιλέα ὑπὸ πολλῶν τὰ ὦτα διαθρυλλούμενον, καὶ νῦν μὲν τούτων, νῦν δὲ ἐκείνων γινόμενον. Οὗτος κἂν μηδὲν ἑαυτῷ συνειδὼς ᾖ, πάντας ὑποπτεύει, καὶ τοὺς μετ' αὐτοῦ στρατευομένους, καὶ τοὺς ὑπ' αὐτῷ ταττομένους, καὶ τοὺς φίλους, καὶ τοὺς ἐχθρούς. Ἀλλὰ καὶ οὗτος, φησὶ, τὸν δεσπότην. Καὶ ποῦ ἴσον ἕνα καὶ πολλοὺς ἔχειν τοὺς δεδιττομένους αὐτόν; Μᾶλλον δὲ εἴ τις ἀκριβῶς ἐξετάσειεν, οὐδὲ ἕνα εὑρήσει. 591 Πῶς καὶ τίνι τρόπῳ; A Ἐκεῖνος μὲν οὐδένα ἔχει τὸν ἐπιθυμοῦντα αὐτὸν ἐκβαλεῖν τῆς δουλείας ταύτης, καὶ εἰσαγαγεῖν ἑαυτὸν, ὅθεν οὐδὲ τὸν ἐπιβουλεύοντα ἐν τούτοις ἔχει· οὗτοι δὲ οὐδὲ ἑτέραν σπουδὴν ἔχουσιν, ἀλλ' ἢ [a] τὸ διασαλεῦσαι τὸν εὐδοκιμώτερον καὶ μᾶλλον ἀγαπώμενον παρὰ τῷ κρατοῦντι· διὸ καὶ πάντας ἀνάγκη κολακεύειν, τοὺς μείζους, τοὺς ὁμοτίμους, τοὺς φίλους. Ἔνθα [b] γὰρ βασκανία καὶ δόξης ἔρως, οὐδὲ φιλίας εἰλικρινοῦς ἐστιν ἰσχύς. Ὥσπερ γὰρ οἱ ὁμότεχνοι φιλεῖν ἀλλήλους οὐκ ἂν δύναιντο ἀκριβῶς καὶ

post illum talis futurus est, qui dicebat Achabo: *Non ego perverto Israëlem, sed tu et domus patris tui;* (3. Reg. 18. 18.) qualem habuere prophetæ, qualem apostoli omnes. Sed non tales sunt divitum animæ; imo instar eorum sunt qui millenis subjacent pædagogis et carnificibus, sic neque oculos extollere audent, nec pro virtute libere agere. Nam pecuniarum cupiditas, necnon gloriæ aliarumque rerum, terrorem ipsis inferunt, ac servos adulatoresque reddunt. (Divitiæ libertatem tollunt.) Nihil enim ita libertatem tollit, ut sæcularibus implicari negotiis, et iis quæ præclara esse videntur circumdari. Neque enim uni domino hi subditi sunt, vel duobus, vel tribus, sed millenis. Quos si placeat enumerare, adducamus in medium quempiam eorum qui in regia præclari insignesque sunt; sint illi pecuniæ multæ, potentia magna, patriæ splendor, avi illustres, oculosque omnium ad se pertrahat. Videamus ergo annon ille omnium servorum abjectissimus sit: opponamus ipsi non modo servum, sed servi servum; multi namque domesticorum servos habent. Hic certe servus servi, unum habet herum. Quid enim refert, si non liber sit herus? Unum tamen habet, et quid illi placeat observat tantum. Licet enim dominus heri sui videatur sibi imperare, ille tamen uni tantum obsequitur: et si res ejus bene habeant, tranquille totam aget vitam. At dives hic non unum tantum vel duos, sed plurimos et acriores habet dominos: ac primo ipsum regem sollicite curat. Non par est autem vilem habere dominum, aut regem ipsum, qui multis insusurrantibus aures præbet, et nunc his, nunc illis favet. Hic etiamsi nullius mali sibi conscius sit, omnes suspectos habet, tam socios in militia et æquales, quam subditos, amicos et inimicos. At, inquies, hic quoque herum suum timet. Sed num par res est, unum aut multos habere quos timeas? Imo vero si quis rem accurate examinet, hic, quo de agimus, ne unum quidem habet dominum. Quomodo, vel qua ratione? Hunc nemo cupit ex servitute ejicere, ac seipsum in ejus locum intrudere, quare neminem in his sibi insidiantem habet: illis vero nulla alia cura est, quam ut eum qui maxime conspicuus sit, et magis ab imperante diligatur, deturbent; quapropter omnibus adulari necesse est, majoribus, paribus, amicis. Ubi enim invidia et gloriæ amor est, non sincera reperitur amicitia. Nam sicut ejusdem artis opifices numquam se mutuo sincere diligunt, sic nec ii qui pari sunt honore, nec ii qui in sæcularibus rebus eadem

[a] Morel. τὸ σαλεῦσαι.

[b] Γὰρ ὁ φθόνος καὶ, sic unus.

amant. Quamobrem bellum intus multum est. Vidistin' dominorum, eorumque gravissimorum ingens agmen? Vis aliud gravius afferamus? Quotquot post illum sunt, ante illum esse student; ii qui ante illum, conantur impedire quominus vel juxta se vel ultra etiam procedat.

5. Sed, o rem miram! ego promiseram me dominos ostensurum esse, sed ultra procedens contendensque sermo plus quam promiseram effecit, inimicos pro dominis ostendens, imo eosdem et inimicos et dominos: nam ut domini coluntur, terribiles autem sunt, ut inimici; et insidias struunt, ut hostes. Cum vero quis illos habet et dominos et inimicos, quid hac calamitate pejus fuerit? Servus etsi quid ei præcipiatur, attamen imperantium et patrocinio et benevolentia gaudet: hi autem et jubentur et impugnantur, stantque alii contra alios; et eo acrius quam ii qui aperto marte pugnant: quo clam confodiunt, et sub amicorum larva, quasi hostes aggrediuntur, ac de aliorum sæpe calamitatibus sibi gratulantur. Verum nostra non ita se habent: nam si quis male agat, multi sunt qui condolent; si rem bene gesserit,
1. Cor. 12. 26. multi congaudent, secundum apostolum: *Sive unum membrum patiatur, compatiuntur alia membra; sive unum membrum glorificatur, congaudent omnia membra.* Et nunc quidem
1. Thess. 2. 19. dicebat, qui hæc admonet: *Quæ mihi spes vel*
1. Thess. 3. 8. *lætitia est? annon vos?* nunc vero, *Quia nunc*
2. Cor. 2. 4. *vivimus, si vos statis in Domino;* modo autem, *Ex multa tribulatione et contentione cordis*
2. Cor. 11. 18. *vobis scripsi;* et, *Quis infirmatur, et ego non infirmor? quis scandalizatur, et ego non uror?* Cur ergo adhuc tempestatem sustinemus et exteriores fluctus, et non currimus ad tranquillum hunc portum, ac bonorum nominibus omissis, non ad res hasce properamus? Gloria enim et potentia, divitiæ et nobilitas, et his similia, nomina sunt apud ipsos, res autem apud nos; quemadmodum et tristitia, mors et ignominia, et paupertas, et si-
Procerum damna. milia, nomina sunt apud nos, res apud illos. Ac si placet, gloriam primo in medium adducamus, quæ apud illos optabilis habetur. Eam non dico non diuturnam esse, nec cito exstingui; sed cum maxime floret, ostende mihi illam: ne auferas illi fucum meretriciasque picturas; sed ornatam age in medium et monstra nobis, ut deformem illam esse

γνησίως, οὕτω καὶ οἱ ὁμότιμοι καὶ τῶν αὐτῶν ἐρῶντες ἐν τοῖς βιωτικοῖς. Ὅθεν καὶ ὁ πόλεμος ἔνδον πολύς.
B Εἶδες δεσποτῶν ἑσμὸν, καὶ δεσποτῶν χαλεπῶν; Βούλει καὶ ἕτερον [c] ἐπιδείξω τούτου χαλεπώτερον; Οἱ μετ' αὐτὸν ἅπαντες πρὸ αὐτοῦ γενέσθαι σπεύδουσιν, οἱ πρὸ αὐτοῦ κωλῦσαι γενέσθαι πλησίον καὶ παραδραμεῖν.

Ἀλλ' ὢ τοῦ θαύματος· ἐγὼ μὲν ὑπεσχόμην δεσπότας δεῖξαι, ὁ δὲ λόγος προϊὼν καὶ ἀγωνιζόμενος πλέον τῆς ὑποσχέσεως ἐποίησε, πολεμίους ἀντὶ δεσποτῶν δείξας, μᾶλλον δὲ καὶ πολεμίους καὶ δεσπότας τοὺς αὐτούς. Θεραπεύονται μὲν γὰρ ὡς δεσπόται, φοβεροὶ δέ εἰσιν ὡς πολέμιοι, καὶ ἐπιβουλεύουσιν ὡς ἐχθροί. [d] Ὅταν οὖν τις τοὺς αὐτοὺς καὶ κυρίους ἔχῃ καὶ ἐχθροὺς,
C τί ταύτης τῆς συμφορᾶς χεῖρον γένοιτ' ἄν; Ὁ μὲν δοῦλος κἂν ἐπιτάττηται, ἀλλ' ὅμως ἐπιμελείας ἀπολαύει παρὰ τῶν κελευόντων, καὶ εὐνοίας· οὗτοι δὲ καὶ ἐπιτάττονται, καὶ πολεμοῦνται, καὶ κατ' ἀλλήλων ἑστήκασιν· καὶ τοσούτῳ τῶν ἐν ταῖς μάχαις χαλεπώτερον, ὅσῳ καὶ λάθρᾳ κεντοῦσι, καὶ ἐν προσωπείῳ φίλων τὰ τῶν ἐχθρῶν διατιθέασι, καὶ ἐκ τῆς ἑτέρων πολλάκις εὐδοκιμοῦσι συμφορᾶς. Ἀλλ' οὐ τὰ ἡμέτερα τοιαῦτα· ἀλλὰ κἂν πράξῃ κακῶς ἕτερος, πολλοὶ οἱ συναλγοῦντες· κἂν εὐδοκιμῇ, πολλοὶ οἱ συνηδόμενοι,
D [e] κατὰ τὸν ἀπόστολον· Εἴτε γὰρ πάσχει ἓν μέλος, συμπάσχει πάντα τὰ μέλη· εἴτε δοξάζεται ἓν μέλος, συγχαίρει πάντα τὰ μέλη, φησί. Καὶ νῦν μὲν ἔλεγεν ὁ ταῦτα παραινῶν· Τίς μού ἐστιν ἡ ἐλπὶς ἢ χαρὰ, ἢ οὐχὶ καὶ ὑμεῖς; νῦν δὲ, Ὅτι νῦν ζῶμεν, ἐὰν ὑμεῖς στήκητε ἐν Κυρίῳ· νῦν δὲ, Ἐκ πολλῆς θλίψεως καὶ συνοχῆς καρδίας ἔγραψα ὑμῖν· καὶ, Τίς ἀσθενεῖ, καὶ οὐκ ἀσθενῶ; τίς σκανδαλίζεται, καὶ οὐκ ἐγὼ πυροῦμαι; Τίνος οὖν ἕνεκεν ἔτι τῆς ζάλης ἀνεχόμεθα, καὶ τῶν κυμάτων τῶν ἔξωθεν, καὶ οὐ τρέχομεν ἐπὶ τὸν εὔδιον
E λιμένα τοῦτον, καὶ τὰ ὀνόματα ἀφέντες τῶν ἀγαθῶν, ἐπὶ τὰ πράγματα βαδίζομεν αὐτά; Δόξα γὰρ καὶ δυναστεία, καὶ πλοῦτος καὶ εὐδοκίμησις, καὶ πάντα τὰ τοιαῦτα, ὀνόματα παρ' ἐκείνοις, παρὰ δὲ ἡμῖν πράγματα· ὥσπερ οὖν τὰ λυπηρὰ, θάνατος, καὶ ἀτιμία, καὶ πενία, καὶ ὅσα τοιαῦτα, ὀνόματα μὲν παρ' ἡμῖν,
582 πράγματα δὲ παρ' ἐκείνοις. Καὶ εἰ βούλει, τὴν δόξαν
A πρῶτον εἰς μέσον ἀγάγωμεν, τὴν παρ' ἐκείνοις [a] πᾶσαν ἐπέραστον καὶ ποθεινήν. Καὶ οὐ λέγω, ὅτι ὀλιγοχρόνιος, οὐδ' ὅτι ταχέως σβέννυται· ἀλλ' ὅτε ἀνθεῖ, τότε μοι δεῖξον αὐτήν· μὴ περιέλῃς τῆς πόρνης τὰ ἐπιτρίμματα καὶ τὰς ὑπογραφὰς, ἀλλὰ κεκαλλωπισμένην εἰς μέσον ἄγε καὶ ἐπίδειξον ἡμῖν, ἵνα τότε αὐτῆς ἐλέγξω τὸ δυσειδές. Οὐκοῦν τὸ σχῆμα πάντως ἐρεῖς,

[c] Idem δείξω.
[d] Morel. ὅταν τις.
[e] Morel. ἀλλ' οὐχ ὁ ἀπόστολος. Totum locum sic habet Codex unus . συνηδόμενοι, ὥς φησιν ὁ ἀπόστολος.
[a] Alius πᾶσιν, non male.

καὶ τὸ πλῆθος τῶν ῥαβδούχων, καὶ τοῦ κήρυκος τὴν φωνὴν, καὶ τῶν δήμων τὴν ὑπακοὴν, καὶ τὴν παρὰ τῶν πολλῶν σιγὴν, καὶ τὸ τύπτεσθαι τοὺς ἀπαντῶντας ἅπαντας,
καὶ τὸ ὑπὸ πάντων περιβλέπεσθαι. Οὐχὶ ταῦτά ἐστι
τὰ λαμπρά; Φέρε οὖν, ἐξετάσωμεν, εἰ μὴ περιττὰ
ταῦτα, καὶ ὑπόληψις μόνον ἀνόνητος. Τί γὰρ ἐκεῖνος B
ἀπὸ τούτων βελτίων γίνεται, ἢ τὸ σῶμα, ἢ τὴν ψυχήν; [b] Τοῦτο γὰρ ἄνθρωπος. Ἆρα ὑψηλότερος ἔσται
ἐντεῦθεν; ἢ ἰσχυρότερος; ἢ ὑγιεινότερος; ἢ ταχύτερος;
ἢ τὰς αἰσθήσεις ὀξυτέρας κτήσεται καὶ τρανοτέρας;
Ἀλλ' οὐδεὶς ἂν ἔχοι τοῦτο εἰπεῖν. Ἴωμεν τοίνυν ἐπὶ τὴν
ψυχὴν, μήποτε ἐκεῖ τι κέρδος προσγινόμενον ἐντεῦθεν εὑρήσομεν. Τί οὖν; σωφρονέστερος, ἐπιεικέστερος,
συνετώτερος ἀπὸ ταύτης ἔσται τῆς θεραπείας ὁ τοιοῦτος; Οὐδαμῶς, ἀλλὰ καὶ τοὐναντίον ἅπαν. Οὐ γὰρ ὅπερ
ἐπὶ τοῦ σώματος, τοῦτο καὶ ἐνταῦθα συμβαίνει. Ἐκεῖ
μὲν γὰρ οὐδὲν πρὸς τὴν οἰκείαν προσλαμβάνει ἀρετὴν τὸ C
σῶμα· ἐνταῦθα δὲ οὐ μόνον τοῦτό ἐστι τὸ δεινὸν, ὅτι οὐδὲν καρποῦται χρηστὸν, ἀλλ' ὅτι καὶ κακίαν δέχεται
πολλὴν ἐντεῦθεν ἡ ψυχή· καὶ γὰρ εἰς ἀπόνοιαν, καὶ
κενοδοξίαν, καὶ ἄνοιαν, καὶ εἰς θυμὸν, καὶ εἰς μυρία
ἐλαττώματα τοιαῦτα ἐντεῦθεν ἐκφέρεται. Ἀλλὰ χαίρει,
φησὶ, καὶ γάνυται τούτοις καὶ φαιδρύνεται. Τὸν κολοφῶνα μοι τῶν κακῶν εἶπες, καὶ τοῦ νοσήματος τὸ
ἀνίατον. Ὁ γὰρ χαίρων ἐπὶ τούτοις, οὐδὲ ἀπαλλαγῆναι ῥᾳδίως ἂν θελήσειε τῆς ὑποθέσεως τῶν κακῶν,
ἀλλ' [c] ἀπετείχισεν ἑαυτῷ τῆς θεραπείας τὴν ὁδὸν διὰ D
τῆς ἡδονῆς. Ὥστε τοῦτο μάλιστά ἐστι τὸ δεινὸν, ὅτι
οὐδὲ ἀλγεῖ, ἀλλὰ καὶ χαίρει, νοσημάτων αὐξανομένων
αὐτῷ. Οὐδὲ γὰρ πανταχοῦ τὸ χαίρειν καλόν· ἐπεὶ καὶ
κλέπται χαίρουσι κλέπτοντες, καὶ μοιχὸς διαφθείρων τὸν
τοῦ πλησίον γάμον, καὶ ὁ πλεονέκτης ἁρπάζων, καὶ ὁ
ἀνδροφόνος φονεύων. Μὴ τοίνυν εἰ χαίρει ἴδωμεν, ἀλλ'
εἰ ἐπὶ χρησίμῳ· καὶ διασκεψώμεθα, μήποτε τοιαύτην
εὑρήσομεν τὴν χαρὰν, οἵαν τὴν τοῦ μοιχοῦ καὶ τοῦ
κλέπτου. Τίνος γὰρ ἕνεκεν, εἰπέ μοι, χαίρει; διὰ τὴν
παρὰ τῶν πολλῶν δόξαν, καὶ τὸ δύνασθαι φυσᾶσθαι,
καὶ περιβλέπεσθαι; Καὶ τί [d] τῆς ἐπιθυμίας ταύτης E
πονηρότερον γένοιτ' ἂν, καὶ τοῦ ἀτόπου τούτου ἔρωτος;
Εἰ δὲ μὴ πονηρὸν, παύσασθε τοὺς κενοδόξους σκώπτον-
τες, καὶ μυρίοις πλύνοντες σκώμμασι· παύσασθε τοῖς
ἀπονενοημένοις καὶ ὑπερόπταις ἐπαρώμενοι. Ἀλλ' οὐκ
ἂν ἀνάσχοισθε. Οὐκοῦν μυρίας ἄξιοι καὶ αὐτοὶ κατηγορίας, κἂν μυρίους ἔχωσι ῥαβδούχους. Καὶ ταῦτά μοι
περὶ τῶν ἀνεκτοτέρων ἀρχόντων εἴρηται, ὡς τούς γε
πλείονας καὶ λῃστῶν, καὶ ἀνδροφόνων, καὶ μοιχῶν, 593 A
καὶ τυμβωρύχων μείζονα ἁμαρτάνοντας εὑρήσομεν,
ἀπὸ τοῦ μὴ καλῶς κεχρῆσθαι τῇ ἀρχῇ. Καὶ γὰρ καὶ

probem. Habitum certe dices, et lictorum multitudinem, preconis vocem, audientis populi turbam, silentium apud multos, propius accedentium percussiones, spectaculum omnibus esse. Annon hæc splendida habentur? Age examinemus, num hæc
B supervacanea sint, num in vana solum opinione posita. Nam in quo ille ab his præstantior redditur aut corpore aut anima? Ex his enim homo constat. Num hinc major statura fit? num fortior? num velocior? num ideo sensus habet acutiores? Sed nemo hæc dixerit. Adeamus animam, num fortasse quid ibi lucri deprehendamus. Quid igitur? an continentior, an modestior, an prudentior a tali cultu evadet ille? Nequaquam, imo contrarium prorsus accidet. Non enim quod in corpore, id ipsum hic evenit. Ibi enim nulla corpori perfe-
C ctionis accessio fit; hic vero non id solum mali observatur, quod nihil boni lucretur, sed quod nequitiam inde multam acquirat anima; nam in arrogantiam, in vanam gloriam, in insaniam, in iram, et in mille vitia defertur. At, inquies, gaudet, lætatur, in hisque gloriatur. Malorum colophonem mihi dicis, malumque incurabile esse. Nam qui in his lætatur, a malorum causa vix recedere velit, sed per voluptatem viam sibi ad curationem obstruxit. Itaque illud maxime malum
D est, quod de incremento malorum non doleat, imo gaudeat. Gaudere enim non semper bonum est; nam gaudent fures cum furantur, et mœchus cum alienum torum deturpat, avarus cum rapit, homicida cum occidit. Ne respiciamus igitur an gaudeat, sed an de re utili gaudeat; et caveamus, ne hujusmodi gaudium inveniamus, quale mœchus et fur habeat. Cur, quæso, gaudet ille? quod gloriam apud multos nanciscatur, quo inflari et conspici valeat? Ecquid hac concupiscentia et absurdo amore deterius? Quod si id malum non est, ne er-
E go inanis gloriæ cupidos vituperetis, nec innumeris opprobriis laceretis : desinite arrogantes et superbos exsecrari. Sed non poteritis abstinere. Plurimis ergo illi criminibus impeti possunt, etiamsi mille stipentur lictoribus. Et hæc mihi de deterioribus optimatibus dicta sunto : nam plerique illorum latronibus, homicidis, mœchis, sepulcrorum effossoribus peccatis onustiores deprehenduntur,
593 A quod imperio male utantur. Nam impudentius quam illi furantur, crudelius occidunt, et longe iniquius lasciviunt, et effodiunt, non murum, sed

[b] Unus τοῦτο γὰρ ἄρα ἄνθρωπος. ἄρα.
[c] Unus ἀποτειχίσειεν, alius ἐπετείχισεν.
[d] Morel. τῆς εὐθυμίας.

opes et domos innumeras, dum præ potestate id facile possunt : qui servitute durissima premuntur, dum animi morbis ignave cedunt, et conservos sine remissione verberant, consciosque omnes tremunt. Nam ille solus liber est, solus princeps, regibusque potentior, qui a vitiis expeditus est. Hæc cum sciamus, veram sequamur libertatem, et ab iniqua servitute nos expediamus ; neque imperii fastum, neque divitiarum tyrannidem, neque aliud quidpiam hujusmodi beatitudinem parere posse putemus, sed solam virtutem. Sic enim et in præsenti vita tranquillitate fruemur, et futura consequemur bona, gratia et benignitate Domini nostri Jesu Christi, cui gloria et imperium, cum Patre et Spiritu sancto, in sæcula sæculorum. Amen.

κλέπτουσιν ἐκείνων [a] ἀναισχυντότερον, καὶ σφάττουσιν ἰταμώτερον, καὶ ἀσελγαίνουσι πολλῷ παρανομώτερον, καὶ διορύττουσιν, οὐ τοῖχον ἕνα, ἀλλὰ οὐσίας καὶ οἰκίας ἀπείρους, ἀπὸ τῆς ἐξουσίας πολλὴν τὴν εὐκολίαν ἔχοντες, [b] καὶ δουλεύοντες δουλείαν χαλεπωτάτην, καὶ τοῖς πάθεσιν ὑποκύπτοντες ἀγεννῶς, καὶ τοὺς συνδούλους τύπτοντες ἀφειδῶς, καὶ τοὺς συνειδότας αὐτοῖς ἅπαντας τρέμοντες. Μόνος γάρ ἐστιν ἐλεύθερος, καὶ μόνος ἄρχων, καὶ τῶν βασιλέων βασιλικώτερος, ὁ τῶν παθῶν ἀπηλλαγμένος. Ταῦτα οὖν εἰδότες, διώ-
B ξωμεν τὴν ἀληθῆ ἐλευθερίαν, καὶ τῆς πονηρᾶς δουλείας ἀπαλλάξωμεν ἑαυτούς· καὶ μήτε ἀρχῆς ὄγκον, μήτε πλούτου τυραννίδα, μήτε ἄλλο τι τοιοῦτον μακαριστὸν νομίζωμεν, ἀλλὰ ἀρετὴν μόνην. Οὕτω γὰρ καὶ τῆς ἐνταῦθα ἀπολαυσόμεθα ἀδείας, καὶ τῶν μελλόντων ἐπιτευξόμεθα ἀγαθῶν, χάριτι καὶ φιλανθρωπίᾳ τοῦ Κυρίου ἡμῶν Ἰησοῦ Χριστοῦ, ᾧ ἡ δόξα καὶ τὸ κράτος, σὺν τῷ Πατρὶ καὶ τῷ ἁγίῳ Πνεύματι, εἰς τοὺς αἰῶνας τῶν αἰώνων. Ἀμήν.

[a] Morel. ἀναισχυντότερον, καὶ διορύττουσιν, omissis interpositis.

[b] Unus καὶ δουλεύουσι δουλείαν.

HOMIL. LIX. al. LX.

C

ΟΜΙΛΙΑ νθʹ.

Cap. XVIII. v. 7. *Væ mundo a scandalis. Necesse est enim ut veniant scandala, verumtamen væ homini illi, per quem scandala veniunt.*

Οὐαὶ τῷ κόσμῳ ἀπὸ τῶν σκανδάλων. Ἀνάγκη γάρ ἐστιν ἐλθεῖν τὰ σκάνδαλα, πλὴν οὐαὶ τῷ ἀνθρώπῳ ἐκείνῳ, δι' οὗ τὰ σκάνδαλα ἔρχεται.

1. Si necesse sit ut veniant scandala, dixerit fortasse quispiam ex adversariis, cur miserum prædicat mundum, cum illi opitulari et manum porrigere oporteret? Hoc quippe est medici et patroni; illud vero cujuslibet e vulgo hominis. Quid igitur adeo impudenti linguæ respondeamus? Ecquid huic curationi par reperire possis? Nam Deus cum sit, homo factus est propter te, et servi formam accepit, atque turpissima omnia passus est, nihil prætermisit quod ad se pertineret; sed quia ingrati homines nihil hinc boni consequuti sunt, ideo illos miseros prædicat, quod post curationem tantam in infirmitate manserint : ac si quis ægrum egregie curatum, qui noluerit medicorum legibus obsequi, lugens dixerit : Væ illi homini ab infirmitate, quam per ignaviam suam auxit. Sed illic quidem nihil ex luctu utilitatis

Καὶ εἰ ἀνάγκη ἐστὶν ἐλθεῖν τὰ σκάνδαλα, εἴποι τις ἂν ἴσως τῶν ἐναντίων, [c] τί ταλανίζει τὸν κόσμον, δέον ἀμῦναι, καὶ χεῖρα ὀρέξαι; Τοῦτο γὰρ ἰατροῦ καὶ προστάτου· ἐκεῖνο δὲ καὶ τοῦ τυχόντος. Τί οὖν ἂν εἴποιμεν πρὸς τὴν οὕτως ἀναίσχυντον γλῶτταν; Καὶ τί τῆς θεραπείας ταύτης ἴσον ἐπιζητεῖς; Καὶ γὰρ Θεὸς ὢν,
D ἄνθρωπος ἐγένετο διὰ σὲ, καὶ δούλου μορφὴν ἔλαβε, καὶ [d] τὰ αἴσχιστα πάντα ὑπέστη, καὶ οὐδὲν ἐνέλιπε τῶν εἰς αὐτὸν ἡκόντων· ἀλλ' ἐπειδὴ πλέον οὐδὲν γέγονε τοῖς ἀγνώμοσι, διὰ τοῦτο αὐτοὺς ταλανίζει, ὅτι μετὰ τὴν τοσαύτην θεραπείαν ἔμειναν ἐπὶ τῆς ἀῤῥωστίας· ὥσπερ ἂν εἴ τις καὶ τὸν κάμνοντα πολλῆς [e] ἀπολαύσαντα ἐπιμελείας, καὶ οὐκ ἐθελήσαντα νόμοις πεισθῆναι ἰατρικοῖς, θρηνῶν λέγοι· οὐαὶ τῷ δεῖνι ἀνθρώπῳ ἀπὸ τῆς ἀῤῥωστίας, ἣν διὰ τῆς οἰκείας ηὔξησε ῥᾳθυμίας. Ἀλλ' ἐκεῖ μὲν οὐδὲν ὄφελος ἀπὸ τοῦ θρήνου· ἐνταῦθα δὲ καὶ
E τοῦτο εἶδος θεραπείας ἐστὶ, τὸ προειπεῖν τὸ ἐσόμενον,

[c] Alius τί ταλανίζεις, per apostrophen, fortasse melius. Paulo post quidam ἰατροῦ καὶ δεσπότου.

[d] Alius τὰ ἔσχατα πάντα.

[e] Unus ἀπολαύοντα.

καὶ ταλανίσαι. Πολλοὶ γὰρ πολλάκις συμβουλευθέντες μὲν οὐδὲν ὠφελήθησαν, θρηνηθέντες δὲ [f] ἀνήνεγκαν. Διὸ καὶ μάλιστα τὸ Οὐαὶ τέθεικε, διεγείρων αὐτοὺς, καὶ ἐναγωνίους ποιῶν, καὶ ἐγρηγορέναι παρασκευάζων. Μετὰ δὲ τούτων καὶ τὴν εὔνοιαν ἐπιδείκνυται τὴν περὶ αὐτοὺς 594 A ἐκείνους, καὶ τὴν ἡμερότητα τὴν αὐτοῦ, ὅτι καὶ ἀντειπόντας θρηνεῖ, οὐ δυσχεραίνων μόνον, ἀλλὰ καὶ διορθούμενος καὶ τῷ θρήνῳ καὶ τῇ προῤῥήσει, ὥστε αὐτοὺς ἀνακτήσασθαι. Καὶ πῶς ἔνι τοῦτο; φησίν· εἰ γὰρ ἀνάγκη ἐλθεῖν τὰ σκάνδαλα, πῶς δυνατὸν ταῦτα διαφυγεῖν; Ὅτι ἐλθεῖν μὲν τὰ σκάνδαλα ἀνάγκη· ἀπολέσθαι δὲ οὐ πάντως ἀνάγκη. [a] Ὥσπερ ἂν εἴ τις ἰατρὸς εἴποι (οὐδὲν γὰρ κωλύει τῷ αὐτῷ ὑποδείγματι χρήσασθαι πάλιν)· ἀνάγκη τὴν νόσον τήνδε ἐπιστῆναι, ἀλλ' οὐκ ἀνάγκη διαφθαρῆναι πάντως ὑπὸ τῆς νόσου τὸν προσέχοντα. Τοῦτο δὲ ἔλεγεν, ὅπερ ἔφην, μετὰ τῶν ἄλλων, καὶ τοὺς μαθητὰς ἀφυπνίζων. Ἵνα γὰρ μὴ νυστάζωσιν, ὡς ἐπὶ εἰρήνην καὶ ἀτάραχον B βίον πεμπόμενοι, πολλοὺς ἐφεστῶτας αὐτοῖς δείκνυσι πολέμους, ἔξωθεν, ἔσωθεν. Ὅπερ καὶ ὁ Παῦλος δηλῶν ἔλεγεν· Ἔξωθεν μάχαι, ἔσωθεν φόβοι, κίνδυνοι ἐν ψευδαδέλφοις· καὶ Μιλησίοις δὲ διαλεγόμενος ἔφη· Ἀναστήσονταί τινες ἐξ ὑμῶν λαλοῦντες διεστραμμένα. Καὶ ὁ Χριστὸς δὲ ἔλεγεν· Ἐχθροὶ τοῦ ἀνθρώπου οἱ οἰκειακοὶ αὐτοῦ. Ὅταν δὲ ἀνάγκην εἴπῃ, οὐ τὸ αὐθαίρετον τῆς ἐξουσίας ἀναιρῶν, οὐδὲ τὴν ἐλευθερίαν τῆς προαιρέσεως, οὐδὲ ἀνάγκῃ τινὶ πραγμάτων ὑποβάλλων τὸν βίον, φησὶ ταῦτα· ἀλλὰ τὸ πάντως ἐσόμενον προλέγει· ὅπερ ὁ Λουκᾶς ἑτέρᾳ λέξει παρέστησεν, εἰπὼν οὕτως, Ἀνένδεκτόν ἐστι τοῦ μὴ [b] ἐλθεῖν τὰ σκάνδαλα. C Τί δέ ἐστι, Τὰ σκάνδαλα; Τὰ κωλύματα τῆς ὀρθῆς ὁδοῦ. Οὕτω καὶ οἱ ἐπὶ τῆς σκηνῆς τοὺς περὶ ταῦτα δεινοὺς καλοῦσι, τοὺς τὰ σώματα διαστρέφοντας. Οὐ τοίνυν ἡ πρόῤῥησις αὐτοῦ τὰ σκάνδαλα ἄγει· ἄπαγε· οὐδὲ ἐπειδὴ προεῖπε, διὰ τοῦτο γίνεται· ἀλλ' ἐπειδὴ πάντως ἔμελλεν ἔσεσθαι, διὰ τοῦτο προεῖπεν· ὡς εἴγε μὴ ἐβούλοντο οἱ φέροντες αὐτὰ πονηρεύεσθαι, οὐδ' ἂν ἦλθον· εἰ δὲ μὴ ἔμελλον ἔρχεσθαι, οὐδ' ἂν προεῤῥήθη. Ἐπειδὴ δὲ ἐκακούργησαν ἐκεῖνοι, καὶ ἀνίατα ἐνόσησαν, ἦλθε καὶ προλέγει [c] τὰ μέλλοντα ἔσεσθαι. Καὶ εἰ D διωρθώθησαν ἐκεῖνοι, φησὶ, καὶ μηδεὶς ἦν ὁ τὰ σκάνδαλα κομίζων, οὐκ ἔμελλεν ὁ λόγος οὗτος ψεύδους ἁλίσκεσθαι; Οὐδαμῶς. Οὐδὲ γὰρ ἂν ἐλέχθη· εἰ γὰρ ἔμελλον διορθοῦσθαι πάντες, οὐκ ἂν εἶπεν, ὅτι Ἀνάγκη ἐλθεῖν· ἀλλ' ἐπειδὴ προῄδει ἀδιορθώτους ἐσομένους οἴκοθεν, διὰ τοῦτο εἶπεν, ὅτι πάντως ἥξουσιν. Καὶ τίνος ἕνεκεν αὐτὸς οὐκ ἀνεῖλε; φησί Τίνος γὰρ ἕνεκεν ἀναιρεθῆναι ἔδει; διὰ τοὺς βλαπτομένους; Ἀλλ' οὐκ

accedit; hic vero species est curationis, cum id quod eventurum est prædicitur, et miserum prædicatur. Plerique enim sæpe ex consilio nihil utilitatis acceperunt, ex fletu vero multum adjuti sunt. Ideo maxime *Væ* illud apposuit, illos excitans ac diligentiores efficiens vigilantioresque. Ad hæc benevolentiam quoque suam erga illos atque mansuetudinem suam exhibet, dum repugnantes luget, non ægre ferens modo, sed etiam emendans tam ex fletu quam ex prædictione, ut illos ad sanam mentem revocet. Et quomodo, inquies, id fieri potest? nam si necesse est ut veniant scandala, quomodo hæc effugere poterimus? Quia necesse quidem est ut veniant scandala, perire autem omnino necesse non est. Quemadmodum si quis medicus dixerit (nihil enim vetat quominus eodem exemplo iterum utamur): Necesse est hunc venire morbum, sed non item necesse est ut hoc morbo pereas, si animum adhibeas, hæc cum aliis dicebat, ut jam monui, quo discipulos a somno excitaret. Ne dormirent enim, quasi ad pacem et imperturbatam vitam missi, multa et foris et intus ingruentia bella declarat. Quod et Paulus significabat his verbis: *Foris pugnæ, intus timores: pericula in falsis fratribus;* et Milesios alloquens dicebat: *Exsurgent quidam ex vobis loquentes perversa.* Christus vero dicebat, *Inimici hominis domestici ejus.* Cum autem necessitatem dicit, non liberum arbitrium tollit, neque voluntatis libertatem, neque rerum necessitati cuipiam vitam subjiciens hæc ait: sed quod omnino futurum erat prædicit: quod Lucas aliis verbis declaravit, sic dicens, *Impossibile est ut non veniant scandala.* Quid illud est, *Scandala?* Impedimenta rectæ viæ. Sic in scena vocant agiliores quosdam qui corpora pervertunt. Non igitur prædictio ejus scandala adducit: absit: neque quia prænuntiavit, ideo eveniunt; sed ideo prædixit, quia eventura erant: ita ut si noluissent ii qui illa inferunt, numquam venissent; et nisi eventura essent, non prædicta fuissent. Quoniam vero quidam maligne agebant, et incurabili morbo laborabant, venit ille et prædicit ea quæ futura erant. At si illi emendati fuissent, inquies, et nullus scandala attulisset, annon dictum illud falsum deprehensum fuisset? Nequaquam: non dicturus enim erat, si emendandi fuissent omnes, neque dixisset: *Necesse est ut veniant;* sed

2. Cor. 7. 5. et 11. 26.

Act. 20. 30.

Matth. 10. 36.

Liberum arbitrium et libertas voluntatis.

Luc. 17. 1.

[f] Unus ἤνεγκαν.

[a] Morel. ὥσπερ κἂν ἰατρὸς εἴποι.

[b] Morel ἐλθεῖν τὰ σκάνδαλα, τὰ κωλύματα τῆς, omissis interpositis.

[c] Savil. τὸ μέλλον ἔσεσθαι.

quia videbat non corrigendos fore, ideo dixit, ea omnino ventura esse. Et cur, inquies, ipse non abstulit? Et cur tollenda erant? an propter eos qui iis læduntur? At non inde pereunt ii qui læduntur, sed ex ignavia sua: idque declarant ii qui virtutem colunt, qui non modo hinc nihil læduntur, sed etiam multum fructum referunt: qualis erat Job, qualis Joseph, quales omnes justi et apostoli. Quod si multi perierunt, id ex somno et negligentia sua evenit. Si res non ita esset, et si ex scandalis pernicies esset, omnes perire oporteret. Quod si quidam effugiunt, qui non effugit, id sibi ipsi reputet. Scandala enim, ut dixi, et excitant, et perspicaciorem acutioremque faciunt, non eum modo qui sibi cavet, sed etiam eum qui cecidit cito erigunt, qui ideo cautior captuque difficilior evadet. Itaque si vigilemus, non parvum inde lucrum referimus, quod scilicet assidue vigilemus. Si vero instantibus inimicis, et tot tentationibus ingruentibus dormiamus, quid de nobis fiet si sic tranquille vivamus? Si vis autem, primum hominem considera: si enim pauco tempore, et fortassis non uno die in paradiso versans inque deliciis, in tantum nequitiæ proruperit, ut se æqualem Deo fore speraverit, et deceptorem beneficii auctorem putaverit, neque unicum illud præceptum servaverit: si vitæ reliquam partem sine labore duxisset, quid non facturus erat?

ἐκεῖθεν οἱ βλαπτόμενοι [a] ἀπόλλυνται, ἀλλ' ἐκ τῆς ἑαυτῶν
E ῥᾳθυμίας· καὶ δηλοῦσιν οἱ ἐνάρετοι, οὐ μόνον οὐδὲν ἀδι-
κούμενοι ἐντεῦθεν, ἀλλὰ καὶ τὰ μέγιστα κερδαίνοντες·
οἷος ἦν ὁ Ἰὼβ, οἷος ὁ Ἰωσὴφ, οἷοι πάντες οἱ δίκαιοι
καὶ οἱ ἀπόστολοι. Εἰ δὲ [d] ἀπώλοντο πολλοὶ, παρὰ τὸν
ἑαυτῶν ὕπνον. Εἰ δὲ μὴ οὕτως εἶχεν, ἀλλὰ παρὰ τὰ
σκάνδαλα ἡ ἀπώλεια, πάντας ἀπολέσθαι ἔδει. Εἰ δέ
596 A εἰσιν οἱ διαφεύγοντες, ὁ μὴ διαφεύγων ἑαυτῷ λογιζέσθω. [a] Τὰ γὰρ σκάνδαλα, ὅπερ ἔφην, καὶ διεγείρει,
καὶ ὀξυτέρους ποιεῖ, καὶ ἀκονᾷ, καὶ οὐ μόνον τὸν φυ-
λαττόμενον, ἀλλὰ καὶ τὸν περιπεσόντα ταχέως ἀνιστᾷ·
ἀσφαλέστερον [b] γὰρ αὐτὸν ἐργάσεται, καὶ δυσάλωτον
μᾶλλον ποιεῖ. Ὥστε ἂν νήφωμεν, οὐ μικρὸν ἐντεῦθεν
καρπούμεθα κέρδος, τὸ διηνεκῶς ἐγρηγορέναι. Εἰ δὲ
πολεμίων ὄντων καὶ τοσούτων πειρασμῶν ἐπικειμένων
καθεύδομεν, τίνες ἂν εἴημεν ἐν ἀδείᾳ ζῶντες; Καὶ εἰ
βούλει, τὸν πρῶτον ἄνθρωπον σκόπει· εἰ γὰρ ὀλίγον
χρόνον, τάχα δὲ οὐδὲ ἡμέραν ὅλην ἐν τῷ παραδείσῳ
B ζήσας, καὶ τρυφῆς ἀπολαύσας, εἰς τοσοῦτον ἤλασε
κακίας, ὡς καὶ ἰσοθεΐαν φαντασθῆναι, καὶ τὸν ἀπατεῶνα εὐεργέτην νομίσαι, καὶ μιᾶς μὴ κατασχεῖν
ἐντολῆς· εἰ καὶ [c] τὸν ἐφεξῆς βίον ἀταλαίπωρον ἔζη,
τί οὐκ ἂν εἰργάσατο;

3. His ita dictis, aliam objectionem offerunt: Cur ergo Deus talem ipsum effecit? Non Deus talem effecit, absit: non enim illum punivisset. Nam si nos quando alicujus rei causa sumus, servos non incusamus, multo minus universorum Deus id faceret. Sed, inquies, unde talis effectus est? Ex semetipso et ex ignavia sua. Quid est, ex semetipso? Teipsum interroga: nam si ii qui mali sunt, non ex seipsis mali sunt, ne servum tuum castiges, nec uxorem si peccaverit increpes, nec filium percutias, nec amicum incuses, nec inimicum te lædentem odio habeas: hi quippe omnes digni sunt misericordia, non punitione, si non ex seipsis delinquunt. Sed non possum philosophari, inquies. Atqui si videris non illorum culpam esse, sed ex alia necessitate id factum esse, tunc poteris philosophari. Nam cum servus ægritudine detentus jussa non fecerit, non modo non criminaris, sed et statim ignoscis. Sic tu testis es, quid-

Homo sua opera et a seipso malus efficitur.

Ἀλλ' ὅταν ταῦτα εἴπωμεν, πάλιν ἕτερα ἀντιλέγου-
σιν, ἐρωτῶντες· καὶ διατί αὐτὸν τοιοῦτον ἐποίησεν ὁ
Θεός; Οὐχὶ ὁ Θεὸς τοιοῦτον αὐτὸν ἐποίησεν· ἄπαγε·
ἐπεὶ οὐδ' ἂν ἐκόλασεν. Εἰ γὰρ ἡμεῖς ἐν οἷς ἂν ὦμεν
[d] αἴτιοι οὐκ ἐγκαλοῦμεν τοῖς οἰκέταις, πολλῷ μᾶλλον
C ὁ τῶν ὅλων Θεός. Ἀλλὰ πόθεν τοιοῦτος ἐγένετο; φησί.
Παρ' ἑαυτοῦ καὶ τῆς αὐτοῦ ῥᾳθυμίας. Τί ἐστι, παρ'
ἑαυτοῦ; Ἐρώτησον σεαυτόν. Εἰ γὰρ οὐ παρ' ἑαυτῶν
εἰσι [e] κακοὶ οἱ κακοὶ, μὴ κόλαζε τὸν οἰκέτην, μηδὲ
ἐπιτίμα τῇ γυναικὶ ἐν οἷς ἂν ἁμαρτάνῃ, μηδὲ τύπτε
τὸν υἱὸν, μηδὲ ἐγκάλει τῷ φίλῳ, μηδὲ μίσει τὸν [f] ἐπηρεάζοντά σε ἐχθρόν· πάντες γὰρ οὗτοι ἐλεεῖσθαι, οὐ κολάζεσθαι ἄξιοι, εἰ μὴ οἴκοθεν πλημμελοῦσιν. Ἀλλ' οὐ
δύναμαι φιλοσοφεῖν, φησί. Καίτοι γε ὅταν συνίδῃς οὐκ
ἐκείνων τὴν αἰτίαν οὖσαν, ἀλλ' ἀνάγκης ἑτέρας, δύνασαι φιλοσοφεῖν. [g] Ὅταν γοῦν ὑπὸ νόσου κατεχόμενος
D οἰκέτης μὴ ποιήσῃ τὰ ἐπιταχθέντα, οὐ μόνον οὐκ
ἐγκαλεῖς, ἀλλὰ καὶ συγγινώσκεις. Οὕτω σὺ μάρτυς,
ὅτι τὸ μὲν αὐτοῦ, τὸ δὲ οὐκ αὐτοῦ. Ὥστε κἀνταῦθα,

a Morel. ἀπόλλυνται.
a Unus τὸ γὰρ σκάνδαλον.
b Morel. γὰρ αὐτὸν μᾶλλον ποιεῖ, omissis interpositis.
c Unus τὸν ἑξῆς.

d Morel. αἴτιον ἐγκαλοῦμεν, male.
e Morel. εἰσὶ κακοὶ, μὴ κόλαζε.
f Morel. ἐπηρεάζοντά σε. πάντες γάρ, omisso ἐχθρόν.
g Morel. ὅταν γὰρ ἀπό.

εἰ ᾔδεις ὅτι παρὰ τὸ γενέσθαι [h] τοιοῦτος πονηρὸς ἦν, οὐ μόνον οὐκ ἂν ἐνεκάλεσας, ἀλλὰ καὶ συγγνώμην ἔδωκας ἄν. Οὐ γὰρ δήπου διὰ μὲν τὴν νόσον συγγινώσκεις, διὰ Θεοῦ δὲ δημιουργίαν οὐκ ἂν συνέγνως, εἴγε τοιοῦτος ἐξ ἀρχῆς γέγονεν. Καὶ ἑτέρωθεν δὲ ἐπιστομίσαι τοὺς τοιούτους ῥᾴδιον· πολλὴ γὰρ τῆς ἀληθείας ἡ περιουσία. Διατί γὰρ μηδέποτε ἐνεκάλεσας οἰκέτῃ, ὅτι οὐκ ἔστιν καλὸς [i] τὴν ὄψιν, ὅτι οὐκ ἔστιν εὐμήκης τὸ σῶμα, ὅτι οὐκ ἔστι πτηνός; E Ὅτι τῆς φύσεως ταῦτα. Οὐκοῦν τῶν τῆς φύσεως ἐγκλημάτων ἀπήλλακται, καὶ οὐδεὶς ἀντερεῖ. Ὅταν οὖν ἐγκαλῇς, δεικνύεις ὅτι οὐ τῆς φύσεως τὸ ἁμάρτημα, ἀλλὰ τῆς 596 A προαιρέσεως. Εἰ γὰρ ἐν οἷς οὐκ ἐγκαλοῦμεν, μαρτυροῦμεν τῆς φύσεως εἶναι τὸ πᾶν, δῆλον ὅτι ἐν οἷς ἐπιτιμῶμεν, δηλοῦμεν ὅτι προαιρέσεώς ἐστι τὸ πλημμέλημα. Μὴ τοίνυν λογισμοὺς εἰς μέσον [a] ἄγε διεστραμμένους, μηδὲ σοφίσματα καὶ πλοκὰς ἀραχνῶν εὐτελεστέρας, ἀλλ' ἐκεῖνο πάλιν ἀπόκριναί μοι· πάντας ἀνθρώπους ὁ Θεὸς εἰργάσατο; Παντί που δῆλον. Πῶς οὖν οὐ πάντες ἴσοι κατὰ τὸν τῆς ἀρετῆς λόγον καὶ τὸν τῆς κακίας; πόθεν οἱ ἀγαθοὶ καὶ χρηστοὶ καὶ ἐπιεικεῖς; πόθεν οἱ φαῦλοι καὶ πονηροί; Εἰ γὰρ μὴ γνώμης ταῦτα δεῖται, ἀλλὰ φύσεώς ἐστι, [b] πῶς οἱ μὲν τοῦτό εἰσιν, οἱ δὲ ἐκεῖνο; Εἰ μὲν γὰρ φύσει πάντες κακοὶ, οὐδένα οἷόν τε ἀγαθὸν εἶναι· εἰ δὲ ἀγαθοὶ φύσει, B οὐδένα κακόν. Εἰ γὰρ μία φύσις ἀνθρώπων ἁπάντων, ἔδει καὶ κατὰ τοῦτο [c] πάντας ἓν εἶναι, εἴτε τοῦτο, εἴτε ἐκεῖνο ἔμελλον εἶναι. Εἰ δὲ λέγοιμεν, ὅτι φύσει οἱ μὲν ἀγαθοὶ, οἱ δὲ κακοὶ, ὅπερ οὐκ ἂν ἔχοι λόγον, ὥσπερ ἀπεδείξαμεν, ἐχρῆν ἀκίνητα [d] ταῦτα εἶναι· τὰ γὰρ τῆς φύσεως ἀκίνητα. Σκόπει δέ. Θνητοὶ πάντες καὶ παθητοὶ, καὶ οὐδεὶς ἀπαθὴς, κἂν μυρία φιλονεικῇ. Νῦν δὲ ὁρῶμεν ἀπὸ χρηστῶν φαύλους πολλοὺς, καὶ ἀπὸ φαύλων χρηστοὺς γενομένους, τοὺς μὲν ῥᾳθυμίᾳ, τοὺς δὲ σπουδῇ· C ὅπερ μάλιστα δείκνυσιν οὐκ ὄντα φύσεως ταῦτα. Οὔτε γὰρ μεταβάλλεται, οὔτε ἵνα προσγένηται σπουδῆς δεῖται τὰ φυσικά. Ὥσπερ γὰρ εἰς τὸ βλέπειν καὶ ἀκούειν οὐ δεόμεθα πόνου, οὕτως οὐδὲ ἐν τῇ ἀρετῇ ἱδρώτων ἡμῖν ἔδει, εἰ τῇ φύσει * αὐτῇ ἦν συγκεκληρωμένη. Τίνος δὲ ἕνεκεν καὶ φαύλους ἐποίει, δυνάμενος ἀγαθοὺς ποιῆσαι [e] ἅπαντας; Καὶ μὴν φαύ-

piam ab ipso, quidpiam non ab ipso esse. Igitur etiam hic, si scires ipsum ideo malum esse quia sic natus sit, non modo non accusares, sed et veniam dares. Nam cui propter morbum ignoscis, propter Dei opificium illi veniam non negares, si quidem talis ab initio factus fuisset. Aliunde etiam illos facile confutare possumus: nam veritas argumentis abundat. Cur numquam servum in crimen vocasti, quod non sit vultu formosus, quod non sit proceriore statura, quod non sit volucris? Quia hæc a natura proficiscuntur. Ergo liber est a culpa quantum ad naturæ vitia, nemoque ibit inficias. Cum ergo accusas, ostendis certe, vitium non ex natura, sed ex voluntate proficisci. Nam si cum non accusamus, testificamur totum esse naturæ adscribendum, palam est quod cum increpamus, ex voluntate culpam esse declaramus. Ne itaque perversa ratiocinia in medium afferas, ne sophismata et nodos araneæ telis viliores: sed ad hoc rursum mihi responde: Nonne homines omnes fecit Deus? Id apud omnes in confesso est. Cur ergo non omnes secundum virtutis et vitii rationem æquales sunt? unde fit ut hi sint boni, probi et modesti? unde fit ut hi sint mali et improbi? Nam si in his non voluntate opus est, et si hæc natura sunt, cur hi virtutem, alii vitium sequuntur? Nam si omnes natura mali essent, nemo posset esse bonus; et si omnes natura boni, nemo posset esse malus. Si communis est natura hominum omnium, secundum hoc oportebat omnes homines unum et idem esse, seu bonos scilicet, seu malos. Si vero dicamus, ex natura esse quod hi boni, illi mali sint, quod esset rationi absonum, ut ostendimus, oporteret hæc immobilia esse; naturalia quippe sunt immobilia. Hoc vero consideres velim. Mortales omnes sumus et passibiles, nemoque potest impassibilis esse, etiamsi millies contendat. Nunc vero multos videmus ex bonis improbos, et ex improbis bonos fieri, illos negligentia, hos vero diligentia: quod maxime probat id non esse naturæ. Naturalia quippe nec mutantur, neque diligentia opus habent, ut acquirantur. Ut enim

h Morel. τοιοῦτον πονηρός.

i Hic errata multa erant in Editione Morelli, quæ emendata sunt. Τὴν ὄψιν. Savil. τῇ ὄψει. Paulo post Morel. ὅτι τῆς προαιρέσεως ταῦτα οὐκ ὄντα τῶν τῆς.

a Morel. ἄγαγε, μηδὲ σόφισμα καί.

b Morel. πῶς σώματι οἱ μὲν τοῦτό εἰσιν, οἱ δὲ ἐκεῖνο.

c Morel. πάντας ὁμοίως εἶναι.

d Morel. ταῦτα εἶναι, καθὸ καὶ τὰ τῆς φύσεως.

* [Commelin. et Savil. in textu αὐτῇ. Idem in marg. et Cod. 694 αὐτή.]

e Savil. ut in textu, Morel. vero sic: ἅπαντας; πόθεν οὖν τὰ κακά. Totum locum longe pluribus expressum sic habet Codex unus: ποιῆσαι πάντας. καὶ μὴν φαύλους οὐκ ἐποίησε· διπλοῦν γὰρ ἐνταῦθα τὸ ἁμάρτημα· ἓν μὲν, εἰ φαύλους ἐποίησε, δεύτερον δὲ, εἰ τοὺς μὲν ἀγαθοὺς, τοὺς δὲ φαύλους, καὶ ἁπλῶς καὶ ὡς ἔτυχε· ποῦ γὰρ ὁ τοῦ δικαίου φαίνεται λόγος; πόθεν οὖν; id est a præcedentibus resumendo: *Cur illos malos fecisset, cum posset omnes bonos fa-*

ad videndum et audiendum non opus est labore, sic nec in colenda virtute sudore opus esset, si illa ex natura nobis insita esset. Cur autem malos fecisset, cum posset omnes bonos facere? Certe malos non fecit. Unde ergo mala? inquies. Teipsum interroga: meum quippe est ostendere, illa nec ex natura, nec a Deo esse. Ergo casu? inquies. Minime. Num ingenita? Bona verba, quæso, o homo, a tanta insania gradum revoca, ut honore uno Deum et mala colas, atque honore superno. Nam si ingenita, fortia et immota utique erunt, neque poterunt avelli, neque ad nihilum redigi: nam quod ingenitum est, perire non posse, cuique manifestum est.

λους οὐκ ἐποίησε. Πόθεν οὖν τὰ κακά; φησίν. Ἐρώτησον σαυτόν· ἐμὸν γὰρ δεῖξαι, ὅτι οὐχὶ φύσεως, οὐδὲ
ἀπὸ Θεοῦ. Οὐκοῦν αὐτόματα; φησίν. Οὐδαμῶς. Ἀλλὰ
D ἀγέννητα; Εὐφήμει, ἄνθρωπε, καὶ ἀποπήδησον τῆς
μανίας ταύτης, μιᾷ τιμῇ τὸν Θεὸν τιμῶν καὶ τὰ κακά,
καὶ τιμῇ τῇ ἀνωτάτω. Εἰ γὰρ [f] ἀγέννητα, καὶ ἰσχυρὰ
ἔσται, καὶ οὐδὲ ἀνασπασθῆναι δυνήσεται, οὐδὲ εἰς τὸ
μὴ εἶναι χωρῆσαι· ὅτι γὰρ τὸ ἀγέννητον ἀνώλεθρον,
παντί που δῆλον.

3. Unde fit ut tot sint boni, si malum tantam vim habeat? quomodo geniti illi ingenito sunt fortiores? Sed Deus, inquies, illa aliquando auferet. Quomodo illa auferet, si paris sint honoris, fortitudinis, vetustatis? ut quis dixerit. O diaboli nequitiam! quantum invenit malum! quo blasphemiæ genere Deum involvere homini suasit! quali pietatis specie aliam blasphemam rationem excogitavit! Cum vellent enim ostendere, malum non ab ipso procedere, pravum aliud dogma invexerunt, dicendo ingenita illa esse. Unde igitur mala? inquies. Ex eo quod est velle et nolle. Sed ipsum velle et nolle undenam? A nobis ipsis. Id ipsum facis ac si quæreres, Undenam prodit videre et non videre? me vero respondente, Ex eo quod est claudere et non claudere oculos: rursum interrogares, Ipsum claudere et non claudere unde? meque respondente, A nobis ipsis et a voluntate nostra, aliam rursus causam quæreres. Malum quippe nihil aliud est, quam non obedire Deo. Undenam, inquies, hoc invenit homo? Num, quæso, difficile erat hoc invenire? Non dico ego hoc difficile esse: sed unde inductus est ut Deo non obtemperaret? Ex ignavia. Nam cum penes illum esset ad utrumlibet declinare, ad hoc declinavit. Si autem anceps adhuc his auditis in caligine versaris, ego tibi quæstionem proponam non difficilem nec implicatam, sed simplicem et claram. Fuistine aliquando malus? fuistine aliquando bonus? Id est, num aliquo vitio superior fuisti, et postea ab illo captus es? incidisti

Πόθεν δὲ καὶ ἀγαθοὶ τοσοῦτοι, τοσαύτην τοῦ κακοῦ
τὴν δύναμιν ἔχοντος; πῶς οἱ γεννητοὶ τοῦ ἀγεννήτου
ἰσχυρότεροι; Ἀλλ' ὁ Θεὸς αὐτὰ [g] ἀναιρήσει, φησί,
ποτέ. Πῶς δὲ καὶ ἀναιρήσει τὰ ὁμότιμα καὶ ὁμοσθενῆ
καὶ ὁμήλικα; ὡς ἄν τις εἴποι. Ὢ τῆς τοῦ διαβόλου
E κακίας· πόσον ἐξεῦρε κακόν· οἵᾳ τὸν Θεὸν περιβαλεῖν
597 ἔπεισε βλασφημίᾳ· οἵῳ προσχήματι εὐσεβείας ἕτερον
A δύσφημον ἐπενόησε λόγον. Βουλόμενοι γὰρ δεῖξαι,
ὅτι οὐκ ἐξ αὐτοῦ τὸ κακόν, πονηρὸν ἄλλο δόγμα
εἰσήγαγον, ἀγένητα αὐτὰ φήσαντες εἶναι. Πόθεν οὖν
τὰ κακά; φησίν. Ἐκ τοῦ θέλειν καὶ μὴ θέλειν.
Αὐτὸ δὲ τὸ θέλειν καὶ μὴ θέλειν πόθεν; Παρ' ἡμῶν
αὐτῶν. Σὺ δὲ ταὐτὸν ποιεῖς ἐρωτῶν, [a] ὡσανεὶ ἐρωτωμένου σου, πόθεν τὸ βλέπειν καὶ μὴ βλέπειν; εἶτα
εἰπόντος ἐμοῦ, ἐκ τοῦ μύειν καὶ μὴ μύειν· πάλιν
ἔροιο, αὐτὸ δὲ τὸ μύειν καὶ μὴ μύειν πόθεν; εἶτα
ἀκούσας, ἐξ ἡμῶν αὐτῶν καὶ τοῦ θέλειν, ἑτέραν πάλιν
αἰτίαν ζητοίης. Τὸ γὰρ κακὸν οὐδὲν ἕτερόν ἐστιν, ἀλλ'
ἢ τὸ παρακοῦσαι Θεοῦ. Πόθεν οὖν τοῦτο, φησίν, εὗρεν
B ἄνθρωπος; [b] Ἔργον ἄρα ἦν τοῦτο, εἰπέ μοι, εὑρεῖν;
Οὐδὲ γὰρ ἐγὼ τοῦτό φημι, ὅτι δύσκολον τοῦτο· ἀλλὰ
πόθεν ἠθέλησε παρακοῦσαι Θεοῦ; Ἀπὸ ῥαθυμίας. Κύριος γὰρ ὢν ἑκατέρων, πρὸς τοῦτο μᾶλλον ἀπέκλινεν.
Εἰ δ' ἄρα ἀπορεῖς ἔτι καὶ ἰλιγγιᾷς ταῦτα ἀκούων, ἐγώ
σε ἐρήσομαι οὐδὲν δυσχερές, οὐδὲ ποικίλον, ἀλλὰ
ἁπλοῦν τινα καὶ σαφῆ λόγον. Γέγονάς ποτε κακός; Γέγονας δέ ποτε καὶ ἀγαθός; Ὃ δὲ λέγω τοιοῦτόν ἐστιν·
ἐκράτησάς ποτε πάθους, καὶ ἑάλως πάλιν ὑπὸ τοῦ πάθους; περιέπεσες μέθῃ, καὶ ἐκράτησας μέθης; ὠργίσθης ποτὲ, καὶ οὐκ ὠργίσθης; [c] παρεῖδες πένητα, καὶ

cere? Certe malos non fecit: duplici enim culpæ obnoxius esset; primo, si malos produxisset; secundo, si alios bonos, alios malos; illudque temere et sine causa, quænam ea in re æqui bonique ratio? Verum cum unus tantum Codex sic habeat, cæteros sequimur.

[f] Morel. ἀγένητα. Alii etiam modo ἀγένητον, modo ἀγέννητον scribunt; ἀγένητος est *non factus*, ἀγέννητος *non genitus*: hæc sæpe commutantur.

[g] Alii ἀναιρεῖ. Mox pro ὁμότιμα alii ὁμόχρονα, et pro ὁμήλικα Savil. ὁμοήλικα.

[a] Savil. ὡς ἐὰν ἐρομένου σου.

[b] Morel. ἔργον γὰρ τοῦτο.

[c] Morel. περιεῖδες πένητα. Infra idem εἰπέ μοι; κἀν.

οὐ παρεῖδες; ἐπόρνευσάς ποτε, καὶ ἐσωφρόνησας πάλιν; Πόθεν οὖν ταῦτα πάντα; εἰπέ μοι, πόθεν; Κἂν γὰρ αὐτὸς μὴ λέγῃς, ἐγὼ ἐρῶ. Ὅτι τὸ μὲν ἐσπούδασας καὶ συνέτεινας σαυτόν· μετὰ δὲ ταῦτα ἐξελύθης καὶ ἐῤῥᾳθύμησας. Τοῖς μὲν γὰρ ἀπεγνωσμένοις καὶ διόλου οὖσιν ἐν κακίᾳ, καὶ ἀναισθήτως ἔχουσι καὶ μαινομένοις, καὶ οὐκ ἐθέλουσιν οὐδὲ ἀκούειν τὰ διορθοῦντα αὐτοὺς, οὐδὲ διαλέξομαι περὶ φιλοσοφίας· τοῖς δὲ ποτὲ μὲν ἐν τούτῳ, ποτὲ δὲ ἐν ἐκείνῳ γενομένοις ἡδέως ἐρῶ. Ἥρπασάς ποτε μὲν τὰ μὴ προσήκοντα· μετὰ δὲ ταῦτα [d] κατακλασθεὶς ὑπὸ ἐλέου, καὶ τῶν σαυτοῦ μετέδωκας τῷ δεομένῳ. Πόθεν οὖν αὕτη ἡ μεταβολή; οὐκ εὔδηλον ὅτι ἀπὸ τῆς γνώμης καὶ τῆς προαιρέσεως; Εὔδηλον· καὶ οὐκ ἔστιν ὅστις οὐκ ἂν εἴποι τοῦτο. Διὸ παρακαλῶ σπουδάζειν καὶ ἀρετῆς ἔχεσθαι, καὶ οὐδὲν δεήσεσθε τῶν ζητημάτων τούτων. Τὰ γὰρ κακὰ, ὀνόματά ἐστι μόνον, ἐὰν θέλωμεν. Μὴ τοίνυν ζήτει, πόθεν τὰ κακὰ, μηδὲ διαπόρει· ἀλλ' εὑρὼν ὅτι ἀπὸ ῥᾳθυμίας μόνης, φεῦγε τὰ κακά. Κἂν εἴπῃ τις, ὅτι οὐ παρ' ἡμῶν ταῦτα· ὅταν ἴδῃς ὀργιζόμενον οἰκέτῃ, καὶ παροξυνόμενον γυναικὶ, καὶ ἐγκαλοῦντα παιδὶ, καὶ καταγινώσκοντα τῶν ἀδικούντων, εἰπὲ πρὸς αὐτόν· πῶς οὖν ἔλεγες, ὅτι οὐ παρ' ἡμῶν τὰ κακά; Εἰ γὰρ οὐ παρ' ἡμῶν, τίνος ἕνεκεν ἐγκαλεῖς; Εἰπὲ πάλιν· ἀπὸ σαυτοῦ λοιδορεῖς καὶ ὑβρίζεις; Εἰ μὲν γὰρ οὐκ ἀπὸ σαυτοῦ, μηδεὶς σοι ὀργιζέσθω· εἰ δὲ ἀπὸ σαυτοῦ, ἀπὸ σοῦ καὶ τῆς ῥᾳθυμίας τῆς σῆς τὰ κακά. Τί δαί; νομίζεις εἶναί τινας ἀγαθούς; Εἰ μὲν γὰρ μηδεὶς ἀγαθὸς, πόθεν σοι τὸ ὄνομα τοῦτο; πόθεν σοι οἱ ἔπαινοι; Εἰ δὲ εἰσὶν ἀγαθοὶ, εὔδηλον ὅτι καὶ τοῖς πονηροῖς ἐπιτιμήσουσιν. Ἀλλ' εἰ μή τίς ἐστιν ἑκὼν πονηρὸς, μηδὲ παρ' ἑαυτοῦ, ἀδίκως εὑρεθήσονται ἐπιτιμῶντες οἱ ἀγαθοὶ τοῖς κακοῖς, καὶ ἔσονται καὶ αὐτοὶ ταύτῃ κακοὶ πάλιν. Τί γὰρ κάκιον γένοιτ' ἂν τοῦ τὸν ἀνεύθυνον ὑποβάλλειν ἐγκλήμασιν; Εἰ δὲ [a] μένουσιν ἀγαθοὶ καὶ ἐπιτιμῶντες, καὶ τοῦτο μάλιστα τῆς ἀγαθότητος αὐτῶν δεῖγμα καὶ τοῖς σφόδρα ἀνοήτοις, κἀντεῦθεν δῆλον, ὅτι οὐδεὶς οὐδέποτε ἀνάγκῃ κακός. Εἰ δὲ καὶ μετὰ ταῦτα πάντα ζητοίης, πόθεν τὰ κακά; ἀπὸ ῥᾳθυμίας εἴποιμι ἂν, ἀπὸ ἀργίας, ἀπὸ τοῦ πονηροῖς συγγίνεσθαι, ἀπὸ τοῦ καταφρονεῖν ἀρετῆς· ἐντεῦθεν καὶ τὰ κακὰ, καὶ τὸ ζητεῖν τινας, πόθεν τὰ κακά. Ὡς τῶν γε κατορθούντων οὐδεὶς ταῦτα [b] ζητεῖ, τῶν ἐπιεικῶς καὶ σωφρόνως ζῆν προαιρουμένων, ἀλλ' οἱ πονηρὰ τολμῶντες, [c] καὶ ῥᾳθυμίαν τινὰ ἀνόνητον διὰ τούτων βουλόμενοι τῶν λόγων ἐπινοεῖν, ἀραχνῶν ὑφάσματα πλέκουσιν. Ἀλλ' ἡμεῖς ταῦτα μὴ διὰ λόγων μόνον, ἀλλὰ καὶ διὰ τῶν ἔργων διαῤῥήξωμεν.

in ebrietatem, et postea hoc vitium depulisti? iratus es, et postea irasci desiisti; despexisti pauperem, et postea secus? fornicatus es, et postea continens fuisti? Unde, quæso, hæc omnia? unde? Si tu tacueris, ego dicam. Quia cum studio et diligentia id conatus es; posteà vero solutus in desidiam decidisti. Nam desperatis illis, qui se toti nequitiæ dediderunt, qui sine sensu ac furiosi sunt, qui ne audire quidem volunt ea quæ ad emendationem spectant, iis certe minime de philosophia loquar; D iis vero, qui modo hoc, modo illud sectantur, libenter verba faciam. Aliquando rapuisti quæ ad te non pertinebant; deinde vero misericordia motus de bonis tuis egeno largitus es. Unde hæc mutatio? annon liquidum est ex voluntate ac libero arbitrio esse? Illud certum est, ac nemo negaverit. Ideo obsecro ut virtuti studeatis, et nihil postea opus erit hujusmodi quæstionibus. Mala enim, nomina tantum erunt, si velimus. Ne igitur quæras unde mala, neque in dubio verseris: sed post- E quam deprehendisti ea ex ignavia solum prodire, fuge mala. Si quis dixerit ea non a nobis esse, cum videris illum servo iratum, in uxorem exasperatum, filium criminantem, injuriam inferentes damnantem, dic illi: Cur ergo dicebas, mala non a nobis esse? Nam si non a nobis sunt, cur incusas alios? Dic illi iterum: Num a teipso convicia 596 A et contumelias infers? Si non a teipso, nemo tibi irascatur; si a teipso, ergo a te et ab ignavia tua mala oriuntur. Quid porro? putasne aliquos esse bonos? Nam si nemo bonus, unde tibi hoc nomen? unde laudes? Sin autem vere sunt boni, proculdubio malos increpabunt. Sed si nullus sponte sua sit malus, neque a seipso talis sit, injuste certe boni malos increpabunt, et hac de causa ipsi mali erunt. Quid enim injustius illo qui innocenti crimina intentat? Quod si etiam increpantes boni sunt, et hoc maxime illorum probitatis argumen- B tum est etiam apud insipientes, hinc manifestum est, neminem umquam ex necessitate fuisse malum. Si post hæc omnia quæras, Undenam mala? ex ignavia dicam, ex desidia, quod cum malis versemur, quod virtutem despiciamus; hinc mala, imo etiam quod quærant quidam unde mala sint. Nemo enim recte viventium, eorumque qui modeste et continenter vitam agere instituerunt, hujusmodi quæstiones movet; sed qui iniqua audent, et ignaviam quamdam supervacaneam sic excogitare vo-

Mala ex ignavia prodeunt.

[d] Unus κλασθείς.

[a] Unus διαμένουσιν.

[b] Savil. ταῦτα ἐπιζητεῖ.

[c] Manuscripti non pauci καὶ παραμυθίαν τινὰ ἀνόητον.

lunt, aranearum telas texunt. Sed nos illas non verbis modo, sed operibus dirumpamus. Non enim ex necessitate sunt istæc. Nam si ex necessitate essent, non dixisset Christus: *Væ homini illi per quem scandalum venit.* Illos quippe solum miseros prædicat, qui ex malo proposito agunt. Si vero dicat, *Per quem,* ne mireris. Non enim tamquam alio per ipsum agente hoc dicit, sed tamquam ipse totum efficiat. Solet quippe Scriptura *Per quem* dicere, ut A quo significet; ut quando
Gen. 4. 1. dicit: *Possedi hominem per Deum;* non secundam, sed primam causam ponens. Et rursus,
Gen. 40. 8. *Nonne per Deum manifestatio eorum est?* Et,
1. Cor. 1. 9. *Fidelis Deus, per quem vocati estis in communicationem Filii sui.*

Mala non ex necessitate sunt.

4. Ut autem discas non ex necessitate mala esse, audi ea quæ sequuntur. Nam postquam illos miseros dixerat, ita pergit: 8. *Si manus tua vel pes tuus scandalizat te, abscinde ea, et projice abs te. Bonum enim tibi est in vitam ingredi debilem vel claudum, quam duos pedes vel duas manus habentem mitti in ignem æternum.* 9. *Et si oculus tuus dexter scandalizat te, erue eum, et projice abs te. Bonum tibi est cum uno oculo in vitam intrare, quam duos oculos habentem mitti in caminum ignis.* Non de membris hæc dicit: absit; sed de amicis, de propinquis, quos quasi vice membrorum habemus. Hoc etiam supra dixit, et nunc dicit. Nihil quippe ita noxium, ut consuetudo pravorum. Nam quæ necessitas non potest, sæpe amicitia potest, tum ad damnum, tum ad utilitatem. Ideoque eos qui nobis noxii sunt, cum multa vehementia abscindere jubet, hos subindicans qui scandala afferent. Viden' quomodo futurum ex scandalis damnum depellat, dum prædicit, eventura illa esse, ut neminem in desidia degentem reperiant, sed exspectantes illa vigilent, quod prædixerit maxima fore mala? Non enim simpliciter dixit, *Væ mundo a scandalis;* sed postquam ostenderat magnam illorum perniciem. Cum autem miserum prædicat eum qui scandala invehit, majus hinc fore detrimentum ostendit. Nam cum dicit, *Verumtamen væ homini illi,* magnum indicat supplicium; neque id solummodo facit, sed exempli additamento timorem auget. Deinde his non contentus, viam monstrat, qua

Οὐδὲ γὰρ ἀνάγκης ἐστὶ ταῦτα. Εἰ γὰρ ἀνάγκης ἦν, C οὐκ ἂν εἶπεν· Οὐαὶ τῷ ἀνθρώπῳ δι' οὗ [d] τὸ σκάνδαλον ἔρχεται. Ἐκείνους γὰρ μόνους ταλανίζει τοὺς ἐκ προαιρέσεως πονηρούς. Εἰ δὲ, Δι' οὗ, λέγει, μὴ θαυμάσῃς. Οὐ γὰρ ὡς ἑτέρου δι' αὐτοῦ εἰσάγοντος τοῦτό φησιν, ἀλλ' ὡς αὐτοῦ τὸ πᾶν κατασκευάζοντος. Οἶδε γὰρ τὸ, Δι' οὗ, τὸ ὑφ' οὗ λέγειν ἡ Γραφή· ὡς ὅταν λέγῃ· Ἐκτησάμην ἄνθρωπον διὰ τοῦ Θεοῦ· οὐ [e] τὸ δεύτερον αἴτιον, ἀλλὰ τὸ πρῶτον τιθεῖσα. Καὶ πάλιν· Οὐχὶ διὰ τοῦ Θεοῦ ἡ διασάφησις αὐτῶν ἐστιν; Καὶ, Πιστὸς ὁ Θεὸς, δι' οὗ ἐκλήθητε εἰς κοινωνίαν τοῦ Υἱοῦ αὐτοῦ.

Ἵνα δὲ μάθῃς, ὅτι οὐκ ἔστιν ἀνάγκης, ἄκουσον καὶ τῶν ἑξῆς. Μετὰ γὰρ τὸ ταλανίσαι, φησίν· Εἰ ἡ χείρ D σου ἢ ὁ πούς σου σκανδαλίζει σε, ἔκκοψον αὐτὰ, [f] καὶ ἔκβαλε ἀπὸ σοῦ. Καλὸν γάρ σοί ἐστιν εἰς τὴν ζωὴν εἰσελθεῖν χωλὸν ἢ κυλλὸν, ἢ δύο πόδας καὶ χεῖρας ἔχοντα βληθῆναι εἰς τὸ πῦρ τὸ αἰώνιον. Καὶ εἰ ὀφθαλμός σου ὁ δεξιὸς σκανδαλίζει σε, [g] ἔξελε αὐτὸν, καὶ βάλε ἀπὸ σοῦ. Καλὸν γάρ σοί ἐστι μονόφθαλμον εἰς τὴν ζωὴν εἰσελθεῖν, ἢ δύο ὀφθαλμοὺς ἔχοντα βληθῆναι εἰς τὴν κάμινον τοῦ πυρός· οὐ περὶ μελῶν ταῦτα λέγων· ἄπαγε· ἀλλὰ περὶ φίλων, περὶ τῶν προσηκόντων, οὓς ἐν τάξει μελῶν ἔχομεν ἀναγκαίων. Τοῦτο καὶ ἀνωτέρω εἴρηκε, καὶ νῦν λέγει. Οὐδὲν γὰρ οὕτω βλαβε- E ρὸν, ὡς συνουσία πονηρὰ καὶ βλαβερά. Ὅσα γὰρ ἀνάγκη μὴ δύναται, δύναται φιλία πολλάκις καὶ εἰς βλάβην καὶ εἰς ὠφέλειαν. Διὸ μετὰ πολλῆς τῆς σφοδρότητος τοὺς βλάπτοντας ἡμᾶς ἐκκόπτειν κελεύει, τούτους αἰνιττόμενος τοὺς τὰ σκάνδαλα φέροντας. Εἶδες 599 A πῶς τὴν ἐσομένην ἐκ τῶν σκανδάλων ἀνεκρούσατο βλάβην, τῷ προειπεῖν, ὅτι πάντως ἔσται, ὥστε μηδένα ἐν ῥαθυμίᾳ εὑρεῖν, ἀλλὰ προσδοκῶντας αὐτὰ νήφειν, τῷ δεῖξαι μεγάλα ὄντα κακά; Οὐ γὰρ ἂν ἁπλῶς εἶπεν, Οὐαὶ τῷ κόσμῳ ἀπὸ τῶν σκανδάλων· ἀλλὰ δεικνὺς μεγάλην τὴν ἐξ αὐτῶν λύμην. [a] Τῷ δὲ ταλανίσαι πάλιν τὸν εἰσάγοντα αὐτὰ, μείζονα δείκνυσιν ἐντεῦθεν τὴν βλάβην. Τὸ γὰρ εἰπεῖν, Πλὴν οὐαὶ τῷ ἀνθρώπῳ ἐκείνῳ, πολλὴν δεικνύοντος ἦν τὴν τιμωρίαν· οὐ τοῦτο δὲ μόνον, ἀλλὰ καὶ τῇ τοῦ παραδείγματος προσθήκῃ ηὔξησε τὸν φόβον. Εἶτα οὐκ ἀρκεῖται τούτοις, ἀλλὰ καὶ τὴν B ὁδὸν δείκνυσι, δι' ἧς ἄν τις [b] διαφύγοι τὰ σκάνδαλα. Τίς δέ ἐστιν αὕτη; Τοὺς πονηροὺς, φησὶ, κἂν σφόδρα σοι φίλοι ὦσιν, ἀπότεμνε τῆς φιλίας· καὶ λέγει λογι-

[d] Savil. τὰ σκάνδαλα.

[e] Morel. τὸ πρῶτον δεύτερον, et postea τὸ δεύτερον πρῶτον.

[f] Morel. καὶ βάλε.

[g] Morel. ἔξελε αὐτόν. καλὸν γάρ.

[a] Savil. τῷ δὲ ταλανίσαι, in Morel. δὲ deerat. Ibidem Morel. αὐτὰ μειζόνως, τὸ γὰρ εἰπεῖν, omissis interpositis.

[b] Morel. διαφύγῃ.

σμὸν ἀναντίῤῥητον. Ἂν μὲν γὰρ μένωσι φίλοι, οὔτε αὐτοὺς κερδανεῖς, καὶ σαυτὸν προσαπολεῖς. Ἂν δὲ ἀποτέμνῃς, τὴν γοῦν σαυτοῦ σωτηρίαν καρπώσῃ. Ὥστε εἴ τινός σε φιλία βλάπτει, ἔκκοπτε ἀπὸ σοῦ. Εἰ γὰρ τῶν ἡμετέρων μελῶν πολλάκις ἀποτέμνομεν, ὅταν αὐτά τε ἀνιάτως ἔχῃ, καὶ τοῖς λοιποῖς λυμαίνηται, πολλῷ μᾶλλον ἐπὶ φίλων τοῦτο ποιεῖν χρή. Εἰ δὲ φύσει ἦν τὰ κακὰ, περιττὴ πᾶσα αὕτη ἡ παραίνεσις καὶ ἡ συμ-
C βουλὴ, περιττὴ ἡ διὰ τῶν προειρημένων φυλακή· εἰ δὲ οὐ [c] περιττὴ, ὥσπερ οὖν οὐδὲ περιττὴ, εὔδηλον ὅτι γνώμης ἡ πονηρία. Ὁρᾶτε μὴ καταφρονήσητε ἑνὸς τῶν μικρῶν τούτων. Λέγω γὰρ ὑμῖν, ὅτι οἱ ἄγγελοι αὐτῶν βλέπουσι διαπαντὸς τὸ πρόσωπον τοῦ Πατρός μου τοῦ ἐν οὐρανοῖς. Μικροὺς οὐ τοὺς ἀληθῶς [d] μικροὺς καλεῖ, ἀλλὰ τοὺς νομιζομένους παρὰ τοῖς πολλοῖς, τοὺς πτωχοὺς, τοὺς εὐκαταφρονήτους, τοὺς ἀγνῶτας, (πῶς γὰρ ἂν εἴη μικρὸς ὁ τοῦ κόσμου παντὸς ἀντάξιος; πῶς ἂν εἴη μικρὸς ὁ τῷ Θεῷ φίλος;) ἀλλὰ τοὺς παρὰ τῇ τῶν πολλῶν ὑπονοίᾳ τοιούτους νομιζομένους. Καὶ οὐ λέγει περὶ πολλῶν μόνον, ἀλλὰ κἂν περὶ ἑνὸς,
D κἀντεῦθεν πάλιν ἀποτειχίζων τὴν τῶν πολλῶν σκανδάλων βλάβην. Ὥσπερ γὰρ τὸ φεύγειν τοὺς πονηροὺς, οὕτω τὸ τιμᾷν τοὺς χρηστοὺς κέρδος ἔχει μέγιστον, καὶ διπλῇ γένοιτ' ἂν ἀσφάλεια τῷ προσέχοντι· μία μὲν ἐκ τοῦ τῶν σκανδαλιζόντων τὰς φιλίας ἐκτεμεῖν· ἑτέρα δὲ ἐκ τοῦ τοὺς ἁγίους τούτους ἔχειν ἐν θεραπείᾳ καὶ τιμῇ. Εἶτα καὶ ἑτέρωθεν αὐτοὺς αἰδεσίμους ποιεῖ, λέγων· Ὅτι οἱ ἄγγελοι αὐτῶν διαπαντὸς βλέπουσι τὸ πρόσωπον τοῦ Πατρός μου τοῦ ἐν οὐρανοῖς. Ἐντεῦθεν δῆλον, ὅτι ἀγγέλους ἔχουσιν [e] οἱ ἅγιοι ἐκεῖ πάντες. Καὶ γὰρ ὁ ἀπόστολός φησι περὶ τῆς γυναικὸς, ὅτι
E Ὀφείλει ἐξουσίαν ἔχειν ἐπὶ τῆς κεφαλῆς διὰ τοὺς ἀγγέλους· καὶ ὁ Μωϋσῆς· Ἔστησεν ὅρια ἐθνῶν κατὰ ἀριθμὸν ἀγγέλων Θεοῦ. Ἐνταῦθα δὲ οὐ περὶ ἀγγέλων διαλέγεται μόνον, ἀλλὰ καὶ περὶ ἀγγέλων ὑπερεχόντων. Ὅταν δὲ εἴπῃ, Τὸ πρόσωπον τοῦ Πατρός μου, οὐδὲν ἕτερον ἢ τὴν πλείονα παῤῥησίαν λέγει, καὶ τὴν
600 πολλὴν τιμήν. Ἦλθε γὰρ ὁ Υἱὸς τοῦ ἀνθρώπου σῶσαι
A τὸ ἀπολωλός. Πάλιν ἕτερον λογισμὸν τίθησι τοῦ προτέρου μείζονα, καὶ παραβολὴν συνάπτει, δι' ἧς καὶ τὸν Πατέρα εἰσάγει ταῦτα βουλόμενον. Τί γὰρ ὑμῖν δοκεῖ, φησὶν, ἐὰν γένηταί τινι ἀνθρώπῳ ἑκατὸν πρόβατα, καὶ πλανηθῇ ἓν ἐξ αὐτῶν, οὐχὶ ἀφεὶς τὰ ἐνενηκονταεννέα, ἐπὶ τὰ ὄρη πορευθεὶς, ζητεῖ τὸ πλανώμενον; Καὶ ἐὰν γένηται εὑρεῖν αὐτὸ, χαίρει ἐπ' αὐτῷ μᾶλλον, ἢ ἐπὶ τοῖς ἐνενηκονταεννέα τοῖς μὴ πεπλανημένοις. Οὕτως οὐκ ἔστι θέλημα ἔμπροσθεν τοῦ [a] Πατρὸς ὑμῶν, ἵνα ἀπόληται εἷς τῶν μικρῶν τούτων. Ὁρᾷς δι' ὅσων ἡμᾶς ἐνάγει εἰς τὴν τῶν εὐτελῶν ἀδελφῶν ἐπι-

scandala possimus effugere. Quænam illa est? Improbos, inquit, quamvis admodum tibi sint amici, ab amicitia tua abscinde; ineluctabileque tibi affert ratiocinium. Nam si amici tui maneant, neque illos lucraberis, et teipsum perdes. Si abscindas, salutem tu saltem consequeris. Quamobrem, si cujuspiam te amicitia lædat, exscinde illum abs te. Nam si membra nostra aliquando abscindimus, cum insanabilia sunt cæterisque membris nocent, multo magis amicos removere oportet. Si autem ex natura essent mala, inutile monitum et consilium esset, superflua prædictorum cautio: si non superflua, ut vere non superflua est, palam est nequitiam ex voluntate esse. 10. *Videte ne contemnatis unum ex his pusillis. Dico enim vobis, quia angeli eorum semper vident faciem Patris mei qui in cœlis est.* Pusillos hic non vere parvos vocat, sed eos qui apud multos tales existimantur, pauperes dico, viles, ignotos, (quomodo enim pusillus sit qui toto mundo dignior est? quomodo pusillus sit, qui est Dei amicus?) sed sic appellat eos qui in vulgi opinione tales sunt. Neque enim de multis loquitur, sed et de uno tantum; indeque rursus excludit scandalorum plurium nocumentum. Ut enim malos fugere, sic bonos honorare, lucrum affert maximum: ac duplex inde utilitas attendenti provenit; altera ex eo quod scandalizantium amicitias quis removeat; altera ex eo quod sanctos habeat in honore ac reverentia. Deinde alia etiam ratione illos venerabiles reddit, dicens: *Quia angeli eorum semper vident faciem Patris mei qui est in cœlis.* Hinc manifestum est, sanctos omnes ibi angelos habere. Apostolus enim ait de muliere, oportere eam potestatem, id est velamen, super caput habere propter angelos; et Moyses: *Statuit terminos gentium secundum numerum angelorum Dei.* Hic vero non de angelis tantum loquitur, sed de angelis supereminentibus. Cum autem dicit, *Faciem Patris mei*, nihil aliud quam majorem fiduciam et libertatem dicit, et multum honorem. 11. *Venit enim Filius hominis salvum facere quod perierat.* Aliud rursus affert ratiocinium priore firmius, et parabolam adjicit, qua Patrem inducit hæc volentem. 12. *Quid enim vobis videtur*, inquit, *si fuerint alicui homini centum oves, et erraverit una ex ipsis, nonne relinquens nonaginta novem, ad montes profectus quærit errantem?* 13. *Et si*

Sancti omnes angelos suos habent.
1. Cor. 11. 10.
Deut. 32. 8.

[c] Περιττὴ, εὔδηλον. Sic Morel., omissis interpositis.
[d] Morel. μικροὺς φησιν, ἀλλά.
[e] Morel. οἱ ἅγιοι, ἢ καὶ πάντες.
[a] Alii πατρός μου.

contigerit ut inveniat eam, gaudet super ea magis, quam super nonaginta novem, quæ non erraverunt. 14. Ita non est voluntas coram Patre vestro, ut pereat unus de parvulis istis. Viden' quot modis nos inducat ad curam vel minimorum fratrum? Ne itaque dixeris, Ærarius est ille, aut calceorum sutor, agricola, insipiens, ut ideo despicias illum. Ne enim in illud mali incidas, perpende quot modis te inducat, ut modeste agas et eorum curam geras. Puerum in medio statuit, et ait : Efficiamini ut parvuli; et, *Quicumque susceperit parvulum talem, me suscipit;* et, *Qui scandalizaverit,* extrema patietur. Neque contentus fuit exemplo molæ, sed illud *Væ* addidit, atque illos abscindere jussit, etiamsi manuum et oculorum loco nobis essent. Rursumque ab angelis, quibus commissi sunt hi fratres tenues, ut illos in pretio habeamus impellit, necnon ex sua voluntate atque passione (nam cum dicit, *Venit Filius hominis salvum facere quod perierat*, crucem significat, quemadmodum et Pau-
Rom. 14. 15. lus ait, de fratre scribens; *Propter quem Christus mortuus est*), et de Patre, quod non ipsi placeat, si pereat; et ex communi consuetudine, quod pastor, relictis iis quæ salvæ erant, eam quærat quæ erraverat, et cum invenerit, multum lætetur de salute ejus.

B μέλειαν; Μὴ τοίνυν εἴπῃς, χαλκοτύπος ἐστὶν ὁ δεῖνα, ὑποδηματοῤῥάφος, γεωργός ἐστιν, ἀνόητός ἐστι, καὶ καταφρονήσῃς. Ἵνα γὰρ μὴ τοῦτο πάθῃς, ὅρα διὰ πόσων σε πείθει μετριάζειν, καὶ εἰς τὴν τούτων ἐπιμέλειαν ἐμβάλλει. Ἔστησε παιδίον, καί φησι· γίνεσθε ὡς τὰ παιδία· καὶ, Ὃς ἂν δέξηται [b] παιδίον τοιοῦτον, ἐμὲ δέχεται· καὶ, Ὃς ἂν σκανδαλίσῃ, τὰ ἔσχατα πείσεται. Καὶ οὐδὲ ἠρκέσθη τῷ παραδείγματι τῷ τοῦ μύλου, ἀλλὰ καὶ τὸ Οὐαὶ προσέθηκε, καὶ τοὺς τοιούτους ἐκτέμνειν ἐκέλευσε, κἂν ἐν τάξει χειρῶν ὦσι καὶ ὀφθαλμῶν ἡμῖν. Καὶ ἀπὸ τῶν ἀγγέλων πάλιν τῶν
C ἐγκεχειρισμένων αὐτοὺς τούτους τοὺς εὐτελεῖς ἀδελφοὺς αἰδεσίμους ποιεῖ· καὶ ἀπὸ τοῦ οἰκείου θελήματος καὶ πάθους (ὅταν γὰρ εἴπῃ, Ἦλθεν ὁ Υἱὸς τοῦ ἀνθρώπου σῶσαι τὸ ἀπολωλὸς, καὶ τὸν σταυρὸν δηλοῖ, καθάπερ καὶ Παῦλός φησι, περὶ τοῦ ἀδελφοῦ λέγων· Δι' ὃν Χριστὸς [c] ἀπέθανε), καὶ ἀπὸ τοῦ Πατρὸς, ὅτι οὐδὲ αὐτῷ δοκεῖ ἀπολέσθαι· καὶ ἀπὸ τῆς κοινῆς συνηθείας, ὅτι καταλιπὼν τὰ σεσωσμένα ὁ ποιμὴν ζητεῖ τὸ ἀπολόμενον· καὶ ὅταν εὕρῃ τὸ πεπλανημένον, σφόδρα ἥδεται τῇ εὑρέσει καὶ τῇ σωτηρίᾳ τούτου.

5. Si ergo Deus ita gaudet de parvulo qui repertus est, cur tu despicis eos quos Deus tam sollicite curat, cum oporteret animam ipsam tradere pro uno ex parvulis istis? Sed infirmus est et imbecillus? Ideo maxime nihil non agendum est, ut illum serves. Nam et ipse nonaginta novem relictis ovibus, ad illam venit, nec potuit tot hominum
Luc. 15. 5. 7. salus unius perniciem obscurare. Lucas vero ipsum eam humeris sustulisse ait, et majus gaudium haberi super uno peccatore pœnitentiam agente, quam super nonaginta novem justis. Cum vero propterea illos, qui sani et salvi erant, reliquit, et de hoc reducto magis delectatus est, multam ostendit hac in re curam. Ne itaque tales animas negligamus. Hæc quippe omnia hanc ob causam dicta sunt. Nam cum minatur eum, qui non parvulus efficitur, non intraturum in cælos esse, et cum molam memorat, arrogantium fastum deprimit (nihil enim ita caritati repugnat, ut arrogantia); cum vero dicit, *Necesse est ut veniant scandala*, vigilantiores reddit; ac cum adjicit, *Væ illi per quem scandalum venit*, id curat ut singuli stu-

Εἰ τοίνυν ὁ Θεὸς οὕτω χαίρει ἐπὶ τῷ μικρῷ τῷ εὑρεθέντι, πῶς σὺ καταφρονεῖς τῶν τῷ Θεῷ περισπουδάστων, δέον καὶ τὴν ψυχὴν αὐτὴν προέσθαι ὑπὲρ
D ἑνὸς τῶν μικρῶν τούτων; Ἀλλ' ἀσθενής ἐστι καὶ εὐτελής; Δι' αὐτὸ μὲν οὖν τοῦτο μάλιστα δεῖ πάντα ποιεῖν, ὥστε αὐτὸν διασώζειν. Καὶ γὰρ καὶ αὐτὸς τὰ ἐνενηκονταεννέα ἀφεὶς πρόβατα, ἐπ' ἐκεῖνο ἦλθε, καὶ οὐκ ἴσχυσε τῶν τοσούτων ἡ σωτηρία συσκιάσαι τοῦ ἑνὸς τὴν ἀπώλειαν. Ὁ δὲ Λουκᾶς, ὅτι καὶ ἐπὶ τῶν ὤμων ἤνεγκε, φησί· καὶ μείζων [d] Γίνεται χαρὰ ἐπὶ ἑνὶ ἁμαρτωλῷ μετανοοῦντι, ἢ ἐπὶ ἐνενηκονταεννέα δικαίοις. Καὶ ἀπὸ τοῦ ἐγκαταλιπεῖν τὰ σεσωσμένα δι' αὐτὸ, καὶ ἀπὸ τοῦ μᾶλλον ἐπὶ τούτῳ ἡσθῆναι, πολλὴν ἔδειξε τὴν περὶ αὐτοῦ σπουδήν. Μὴ δὴ οὖν ἀμελῶμεν τῶν ψυχῶν τῶν τοιούτων. Καὶ γὰρ ταῦτα
E πάντα διὰ τοῦτο εἴρηται. Τῷ μὲν γὰρ ἀπειλῆσαι μηδ' ὅλως ἐπιβήσεσθαι τῶν οὐρανῶν τὸν μὴ γενόμενον παιδίον, καὶ τῷ μύλου μνησθῆναι, τὸν τῦφον κατήνεγκε τῶν ἀλαζόνων (οὐδὲν γὰρ οὕτως ἀγάπῃ πολέμιον, ὡς ἀπόνοια)· τῷ δὲ εἰπεῖν, Ἀνάγκη ἐστὶν ἐλθεῖν τὰ σκάνδαλα, ἐγρηγορέναι πεποίηκε· τῷ δὲ προσθεῖναι, Οὐαὶ δι' οὗ τὸ σκάνδαλον ἔρχεται, ἕκαστον

[b] Morel. παιδίον τοῦτο.

[c] Alii ἀπέθανε· καὶ περὶ τοῦ πνεύματος, ὅτι. [Infra Savil. ἀπολλύμενον.]

[d] Morel. ἐγένετο.

σπουδάζειν μὴ δι' αὐτοῦ γενέσθαι παρεσκεύασε· καὶ τῷ μὲν κελεῦσαι ἐκκόψαι τοὺς σκανδαλίζοντας, εὔκολον τὴν σωτηρίαν ἐποίησε· τῷ δὲ ἐπιτάξαι μὴ καταφρονεῖν αὐτῶν, καὶ μηδὲ ἁπλῶς ἐπιτάξαι, ἀλλὰ σφοδρῶς (Ὁρᾶτε γάρ, φησι, μὴ καταφρονήσητε ἑνὸς τῶν μικρῶν τούτων), καὶ τῷ εἰπεῖν, ὅτι Οἱ ἄγγελοι αὐτῶν βλέπουσι τὸ πρόσωπον τοῦ Πατρός μου· καί, Διὰ τοῦτο ἦλθον ἐγώ· καί, ὅτι Ὁ Πατήρ μου τοῦτο βούλεται· τοὺς ὀφείλοντας αὐτῶν ἐπιμελεῖσθαι [a]σπουδαιοτέρους ἐποίησεν. Ὁρᾷς ὅσον τεῖχος αὐτοῖς περιήλασε, καὶ πόσην τῶν εὐκαταφρονήτων καὶ τῶν ἀπολλυμένων ποιεῖται σπουδήν, ἀπειλῶν τε [b]ἀνήκεστα κακὰ τοῖς ὑποσκελίζουσιν αὐτούς, καὶ μεγάλα ἐπαγγελλόμενος ἀγαθὰ τοῖς θεραπεύουσι καὶ ἐπιμελουμένοις αὐτῶν, καὶ παρ' αὐτοῦ πάλιν τὸ ὑπόδειγμα φέρων καὶ παρὰ τοῦ Πατρός; Τοῦτον καὶ ἡμεῖς μιμησώμεθα, μηδὲν παραιτούμενοι τῶν δοκούντων εἶναι ταπεινῶν τε καὶ μοχθηρῶν ὑπὲρ τῶν ἀδελφῶν· ἀλλὰ κἂν διακονεῖσθαι δέῃ, κἂν μικρὸς ᾖ, κἂν εὐτελὴς ὑπὲρ οὗ τοῦτο γίνεται, κἂν ἐπίπονον [c]τὸ πρᾶγμα ᾖ, κἂν ὄρη καὶ κρημνοὺς διαβαίνειν χρῇ, πάντα ἔστω φορητὰ διὰ τὴν σωτηρίαν τοῦ ἀδελφοῦ. Οὕτω γὰρ περισπούδαστον ψυχὴ Θεῷ, ὡς μηδὲ τοῦ ἰδίου Υἱοῦ φείσασθαι. Διὸ παρακαλῶ, τοῦ ὄρθρου φανέντος, εὐθέως ἐξιόντες ἀπὸ τῆς οἰκίας, τοῦτον ἕνα σκοπὸν ἔχωμεν, [d]καὶ ταύτην πρὸ πάντων σπουδήν, τὸ τὸν κινδυνεύοντα ἐξαρπάσαι. Οὐ λέγω τοῦτον μόνον τὸν κίνδυνον τὸν αἰσθητόν· τοῦτο γὰρ οὐδὲ κίνδυνος· ἀλλὰ τὸν τῆς ψυχῆς, τὸν παρὰ τοῦ διαβόλου τοῖς ἀνθρώποις ἐπιφερόμενον. Καὶ γὰρ ὁ ἔμπορος, ὥστε αὐξῆσαι τὴν περιουσίαν, πέλαγος διαβαίνει· καὶ ὁ χειροτέχνης, ὥστε προσθεῖναι τοῖς ὑπάρχουσι, πάντα ποιεῖ. Καὶ ἡμεῖς τοίνυν μὴ τῇ σωτηρίᾳ μόνον ἀρκώμεθα τῇ ἡμετέρᾳ, ἐπεὶ καὶ ταύτην λυμαινόμεθα. Καὶ γὰρ ἐν πολέμῳ καὶ παρατάξει ὁ πρὸς τοῦτο μόνον ὁρῶν στρατιώτης, ὅπως ἑαυτὸν διασώσειε [e]φεύγων, καὶ τοὺς ἄλλους μεθ' ἑαυτοῦ προσαπόλλυσιν· ὥσπερ οὖν ὁ γενναῖος καὶ ὑπὲρ τῶν ἄλλων τὰ ὅπλα τιθέμενος, μετὰ τῶν ἄλλων καὶ ἑαυτὸν διασώζει. Ἐπεὶ οὖν καὶ τὰ ἡμέτερα πόλεμος, καὶ πολέμων ἁπάντων ὁ πικρότατος, καὶ παράταξις καὶ μάχη, ὡς ὁ βασιλεὺς ἡμῶν ἐκέλευσεν, [f]οὕτω ταττώμεθα ἐπὶ τῆς παρατάξεως, πρὸς σφαγὰς καὶ φόνους καὶ αἵματα παρεσκευασμένοι, πρὸς τὴν ὑπὲρ ἁπάντων σωτηρίαν βλέποντες, καὶ τοὺς ἑστηκότας ἀλείφοντες, καὶ τοὺς κειμένους ἐγείροντες. Καὶ γὰρ πολλοὶ τῶν ἀδελφῶν τῶν ἡμετέρων ἐν ταύτῃ κεῖνται τῇ παρατάξει, τραύματα ἔχοντες, καὶ αἵματι περιῤῥεόμενοι, καὶ ὁ θεραπεύων οὐδείς, οὐ τοῦ λαοῦ τις, οὐχ ἱερεύς, οὐχ ἄλλος

601 A deant ne per se scandalum veniat; cum jubet autem exscindi eos qui scandalizant, salutem faciliorem efficit; cum præcipit ne minimos contemnamus, nec modo præcipit, sed cum vehementia (nam ait, *Videte ne contemnatis unum ex his minimis*), et cum dicit, *Angeli eorum vident faciem Patris mei*; et, *Ideo veni ego*; et, *Pater meus hoc vult*: illos qui eorum curam habituri sunt diligentiores reddit. Viden' quanto muro illos circummunivit, et quantam vel viliorum et pereuntium sollicitudinem gerat, mala comminans into- B lerabilia iis qui supplantant ipsos, et magna promittens bona iis qui ministrant illis, ipsosque curant, idque suo atque Patris exemplo confirmat? Hunc et nos imitemur, nihil recusantes eorum quæ humilia et laboriosa videntur pro fratribus suscipere: sed etsi ministrare oporteat, sive parvus, sive vilis fuerit is cujus causa hoc opus suscipitur; quantumvis laboriosa res fuerit; etsi oporteat montes et præcipitia pertransire, omnia tolerentur pro salute fratris. Tanta quippe est Deo cura de anima, ut ne Filio quidem suo pepercerit. Quare obsecro, primo diluculo cum a domo exierimus, hunc unum scopum habeamus, et hanc C præcipue sollicitudinem, ut periclitantem eripiamus. Non loquor hic de sensibili periculo: hoc enim ne periculum quidem est; sed de periculo animæ, quod hominibus parat diabolus. Nam mercator, ut opes augeat, pelagus transmeat; artifexque, ut rem familiarem amplificet, nihil non agit. Nos itaque ne salutem nostram operari satis habeamus, hoc modo enim illam labefactaremus. Etenim in bello et acie miles qui id unum curat, ut fuga saluti suæ consulat, alios secum perdit; D cum contra strenuus quisque qui pro aliis arma sumsit, cum aliis seipsum quoque servat. Cum itaque res nostræ bellum sint, et bellum omnium acerrimum, acies quoque et pugna, ut Rex noster jussit, ita ad pugnam instructi stemus in acie, ad cædes et sanguinem parati, ad omnium salutem respicientes, commilitones incitantes, lapsos erigentes. Nam multi ex fratribus nostris in hac pugna jacent vulnerati, sanguine perfusi, nemoque curat illos, non e vulgo aliquis, non sacerdos, E non alius quivis, non patronus, non amicus, non frater: sed singuli sua tantum spectant. Ideo nostra minuimus. Nostra quippe maxima fiducia, nostra laus est, si non nostra tantum curemus. Idcirco

Deus quantum salutem hominum curet.

Rom. 8.32.

a Morel. σπουδαιοτέρους ποιῶν

b Morel. ἀνήκεστα τοῖς.

c Morel. τὸ πρόσταγμα. Mox idem ἔστω φορτικά.

d Morel. καὶ τὴν αὐτὴν σπουδήν, ὥστε τὸν κινδυνεύοντα.

e Savil. ἐκφυγών.

f Morel. οὕτως παραταττώμεθα.

imbecilli et expugnatu faciles sumus et hominibus et diabolo, quia quod huic rei contrarium est quærimus, non nos mutuo obtegimus et circummunimus per illam quæ secundum Deum est caritatem; sed alios nobis quærimus amicitiæ obtentus, alii a cognatione, alii a consuetudine, alii a consortio, alii a vicinia : et quacumque alia de causa potius amici sumus, quam ex pietate, cum ex illa sola oporteat amicitias jungi; nunc contrarium evenit, Judæis et gentibus aliquando sumus amici potius quam Ecclesiæ filiis.

οὐδεὶς, οὐ παραστάτης, οὐ φίλος, οὐκ ἀδελφός· ἀλλὰ τὰ ἑαυτῶν σκοποῦμεν ἕκαστος. Διὰ τοῦτο καὶ τὰ ἑαυτῶν κολοβοῦμεν. Ἡ γὰρ μεγίστη παῤῥησία καὶ εὐδο-
602 κίμησις, τὸ μὴ [g] τὰ ἑαυτῶν σκοπεῖν. Διά τοι τοῦτο
A ἀσθενεῖς καὶ εὐκαταγώνιστοι καὶ ἀνθρώποις καὶ διαβόλῳ, ὅτι τὸ ἐναντίον τούτου ζητοῦμεν, καὶ οὐ συνασπίζομεν ἀλλήλοις, οὐδὲ πεφράγμεθα τῇ κατὰ Θεὸν ἀγάπῃ, ἀλλ' ἑτέρας ἑαυτοῖς ἐπιζητοῦμεν φιλίας προφάσεις, οἱ μὲν ἀπὸ συγγενείας, οἱ δὲ ἀπὸ κοινωνίας, οἱ δὲ ἀπὸ γειτνιάσεως· [a] καὶ πάντοθεν μᾶλλόν ἐσμεν φίλοι, ἢ ἀπὸ εὐσεβείας, δέον ἐκ ταύτης μόνης συνάπτεσθαι τὰς φιλίας· νῦν δὲ τοὐναντίον γίνεται, Ἰουδαίοις καὶ Ἕλλησιν ἔστιν ὅπου γινόμεθα φίλοι, ἢ τοῖς τῆς Ἐκκλησίας τέκνοις.

6. Etiam, inquies; nam ille improbus est, hic vero bonus et modestus. Quid dicis? improbum fratrem vocas tu, cui vetitum est vel raca vocare? nec te pudet, nec erubescis fratrem traducens, membrum tuum, eum qui eodem natus est partu, qui est ejusdem mensæ particeps? Sed si fratrem secundum carnem habeas, etiamsi mille scelera admittat, illum foves, et si ille mala fama laboret, putas te dedecoris esse consortem : spiritualem vero fratrem, quem calumniis impetitum defendere oporteret, innumeris oneras maledictis et criminationibus, improbum vocas. Improbus enim, inquis, difficile toleratur. Atqui ideo debes illi amicitia jungi, ut eum a vitio removeas, ut convertas et ad virtutem reducas. At non obtemperat, inquis, neque consilium admittit. Unde hoc nosti? an hortatus es, et emendare studuisti? Hortatus sæpe sum, inquies. Quoties? Sæpius, semel et iterum. Papæ! idne sæpius vocas? Etiamsi per totam vitam id fecisses, nec deficere, nec desperare oportebat. Non vides quomodo nos Deus semper hortetur per prophetas, per apostolos, per evangelistas? Quid igitur? num ideo recte operamur, num in omnibus obtemperamus? Minime. Num ideo ille finem fecit admonendi? num tacuit? Annon singulis diebus dicit, *Non potestis Deo servire et mammonæ*, et crescit tamen in multis pecuniæ cupiditas atque tyrannis? Non quotidie clamat, *Dimittite et dimittetur vobis*, et nos magis efferamur? Annon quotidie monet ut concupiscentiæ et illicitæ voluptati imperemus, et multi plus quam porci in hoc peccato volutantur? Attamen ille hortari non cessat. Cur ergo non hæc mente revolvimus nec dicimus, Deum nobis semper loqui, nec desistere etiamsi ut plurimum non

Fratres nostri peccantes, non monendi modo, sed sæpe monendi sunt.

Luc. 16. 13.

Matth. 6. 14?

Ναί, φησίν· ὁ μὲν γάρ ἐστι μοχθηρὸς, ὁ δὲ χρη-
B στὸς καὶ ἐπιεικής. Τί λέγεις; μοχθηρὸν τὸν ἀδελφὸν καλεῖς, ὁ μηδὲ ῥακὰ καλεῖν κελευόμενος; καὶ οὐκ αἰσχύνῃ, οὐδὲ ἐρυθριᾷς ἐκπομπεύων τὸν ἀδελφὸν, τὸ μέλος τὸ σὸν, τὸν τῶν αὐτῶν σοι κοινωνήσαντα ὠδίνων, τὸν τῆς αὐτῆς μετασχόντα τραπέζης; Ἀλλ' εἰ μέν τινα ἀδελφὸν κατὰ σάρκα ἔχεις, κἂν μυρία ἐργάζηται κακὰ, σπουδάζεις αὐτὸν περιστέλλειν, καὶ νομίζεις καὶ αὐτὸς αἰσχύνης κοινωνεῖν ἐκείνου καταισχυνομένου· τὸν δὲ πνευματικὸν ἀδελφὸν, δέον ἐλευθερῶσαι διαβολῆς, σὺ δὲ καὶ μυρίαις περιβάλλεις [b] κατηγορίαις, καὶ μοχθηρὸν ἀποκαλεῖς. Μοχθηρὸς γάρ ἐστι
C καὶ δυσανάσχετος, φησίν. Οὐκοῦν διὰ τοῦτο γενοῦ φίλος, ἵνα παύσῃς ὄντα τοιοῦτον, ἵνα μεταβάλῃς, ἵνα ἐπαναγάγῃς ἐπὶ τὴν ἀρετήν. Ἀλλ' οὐ πείθεται, φησίν, οὐδὲ ἀνέχεται συμβουλῆς. Πόθεν οἶσθα; παρῄνεσας γὰρ, καὶ διορθῶσαι ἐπεχείρησας; Παρῄνεσα πολλάκις, φησί. Ποσάκις; Πολλάκις, καὶ ἅπαξ καὶ δεύτερον. Βαβαί· τοῦτό ἐστι τὸ πολλάκις; Εἰ γὰρ διὰ παντὸς τοῦτο ἐποίεις τοῦ χρόνου, καμεῖν οὐκ ἐχρῆν καὶ ἀπαγορεῦσαι. Οὐχ ὁρᾷς πῶς διὰ παντὸς ὁ Θεὸς ἡμῖν παραινεῖ, διὰ τῶν προφητῶν, διὰ τῶν ἀποστόλων, διὰ τῶν εὐαγγελιστῶν; Τί οὖν; πάντα κατωρθώσαμεν, καὶ
D πάντα ἐπείσθημεν; Οὐδαμῶς. Ἆρ' οὖν ἐπαύσατο παραινῶν; ἆρα ἐσίγησεν; Οὐ καθ' ἑκάστην λέγει τὴν ἡμέραν, Οὐ δύνασθε Θεῷ δουλεύειν καὶ μαμωνᾷ, καὶ [c] αὔξεται πολλοῖς τῶν χρημάτων ἡ περιουσία καὶ ἡ τυραννίς; Οὐ καθ' ἑκάστην βοᾷ, Ἄφετε καὶ ἀφεθήσεται ὑμῖν, καὶ ἡμεῖς ἐκθηριούμεθα μᾶλλον; Οὐ διὰ παντὸς παραινεῖ κρατεῖν ἐπιθυμίας, καὶ εἶναι κρείττους ἡδονῆς πονηρᾶς, πολλοὶ δὲ χοίρων μᾶλλον ἐγκαλινδοῦνται τῇ ἁμαρτίᾳ ταύτῃ; Ἀλλ' ὅμως οὐ παύεται λέγων. Τίνος οὖν ἕνεκα μὴ ταῦτα πρὸς ἑαυτοὺς λογιζόμεθα καὶ λέγομεν, ὅτι καὶ ἡμῖν ὁ Θεὸς διαλέγεται,
E καὶ οὐκ ἀφίσταται τοῦτο ποιῶν, καίτοι πολλὰ παρα-

[g] Morel. τὰ ἑαυτῶν ζητεῖν.
[a] Idem ὥστε πάντοθεν.
[b] Alii κακηγορίαις.
[c] Morel. αὔξεται παρὰ πολλοῖς.

κουόντων ἡμῶν. Διὰ ταῦτα ἔλεγεν, ὅτι Ὀλίγοι οἱ σωζόμενοι. Εἰ γὰρ οὐκ ἀρκεῖ εἰς σωτηρίαν ἡμῖν ἡ καθ' ἡμᾶς αὐτοὺς ἀρετὴ, ἀλλὰ δεῖ καὶ ἑτέρους ἔχοντας ἀπελθεῖν· ὅταν μήτε ἑαυτοὺς, μήτε ἑτέρους διασώσωμεν, τί πεισόμεθα; πόθεν ἐλπίδα λοιπὸν σωτηρίας ἕξομεν; Ἀλλὰ τί ταῦτα ἐγκαλῶ, ὅταν μηδὲ τῶν συνοικούντων λόγον τινὰ ποιώμεθα, γυναικὸς καὶ παίδων καὶ οἰκετῶν, ἀλλ' ἕτερα ἀνθ' ἑτέρων μεριμνῶμεν, καθάπερ οἱ μεθύοντες, ὅπως οἱ μὲν οἰκέται πλείους γένοιντο, καὶ μετὰ [a] πολλῆς τῆς σπουδῆς ἡμῖν διακονήσαιεν, οἱ δὲ παῖδες πολὺν παρ' ἡμῶν δέξαιντο κλῆρον, ἡ δὲ γυνὴ χρυσία σχοίη καὶ ἱμάτια πολυτελῆ καὶ κτήματα, [b] καὶ μηδαμοῦ ἑαυτῶν φροντίζομεν, ἀλλὰ τῶν ἑαυτῶν; Οὔτε γὰρ τῆς γυναικὸς φροντίζομεν ἢ προνοοῦμεν, ἀλλὰ τῶν τῆς γυναικός· οὔτε τοῦ παιδίου, ἀλλὰ τῶν τοῦ παιδίου. Καὶ ταὐτὸν ποιοῦμεν, οἷον ἂν εἴ τις οἰκίαν ὁρῶν [c] κακῶς διακειμένην, καὶ τοὺς τοίχους κλινομένους, ἀφεὶς ἀναστῆσαι τούτους, περιβόλους αὐτῇ μεγάλους ἔξωθεν κατασκευάζοι· ἢ σώματος ἠσθενηκότος, τούτου μὲν μὴ ἐπιμελοῖτο, ἱμάτια δὲ χρυσᾶ αὐτῷ ὑφαίνοι· ἢ τῆς δεσποίνης κακῶς διακειμένης, θεραπαινίδων, καὶ ἱστῶν, καὶ τῶν κατὰ τὴν οἰκίαν σκευῶν, [d] καὶ τῶν ἄλλων ἐπιμελοῖτο, ἐκείνην ἀφεὶς ἐῤῥῖφθαι καὶ οἰμώζειν. Τοῦτο γὰρ καὶ νῦν γίνεται, καὶ τῆς ψυχῆς ἡμῖν κακῶς διακειμένης καὶ ἀθλίως, καὶ θυμαυμένης, καὶ λοιδορουμένης, καὶ ἐπιθυμούσης ἀτόπως, καὶ κενοδοξούσης, καὶ στασιαζούσης, καὶ πρὸς τὴν γῆν συρομένης, καὶ ὑπὸ θηρίων τοσούτων σπαραττομένης, ἀφέντες αὐτῆς ἀπελάσαι τὰ πάθη, οἰκίας καὶ οἰκετῶν φροντίζομεν. Καὶ εἰ μὲν ἄρκτος λαθοῦσα ἀποφύγοι, τὰς οἰκίας ἀποκλείομεν, καὶ κατὰ τοὺς στενωποὺς τρέχομεν, ὥστε μὴ περιπεσεῖν τῷ θηρίῳ· νυνὶ δὲ οὐχ ἑνὸς θηρίου, ἀλλὰ πολλῶν ἡμῖν λογισμῶν τοιούτων τὴν ψυχὴν σπαραττόντων, οὐδὲ αἴσθησιν λαμβάνομεν. Καὶ ἐν μὲν τῇ πόλει τοσαύτην ποιούμεθα σπουδὴν, ὡς ἐν ἐρήμῳ τόπῳ καὶ ἐν γαλεάγραις καθείργειν τὰ θηρία· καὶ οὔτε πρὸς τῷ βουλευτηρίῳ τῆς πόλεως, οὔτε πρὸς τοῖς δικαστηρίοις, οὔτε πρὸς τοῖς βασιλείοις, ἀλλὰ πόῤῥω που καὶ μακρὰν δεδεμένα κατέχομεν· ἐπὶ δὲ τῆς ψυχῆς, ἔνθα τὸ βουλευτήριον, ἔνθα τὰ βασίλεια, ἔνθα τὰ δικαστήρια, ἄνεισι τὰ θηρία, περὶ τὸν νοῦν αὐτὸν καὶ θρόνον τὸν βασιλικὸν κράζοντα καὶ θορυβοῦντα. Διὰ τοῦτο πάντα ἄνω καὶ κάτω γίνεται, καὶ [e] πάντα μεστὰ ταραχῆς, τὰ ἔνδον, τὰ ἔξω, καὶ οὐδὲν διεστήκαμεν ἕκαστος ἡμῶν πόλεως ὑπὸ καταδρομῆς βαρβάρων θορυβουμένης· καὶ ταὐτὸν

obtemperemus? Ideo dicebat, *Pauci sunt qui* Luc 13.23.
salvi fiant. Si enim non sufficit ad salutem nobis illa virtus quam seorsum exercemus, sed oportet
603 alios virtutis socios adducere: cum nec nostram,
A nec aliorum salutem curaverimus, quid patiemur? unde salutis spem deinceps habebimus? Sed quid hac de re criminor, quando ne contubernalium quidem nostrorum rationem ullam habemus, uxoris, filiorum, servorum, sed non de his, sed de aliis futilibus solliciti sumus, ebriorum instar, ut crescat servorum numerus, qui diligentius nobis serviant, filiique magnam a nobis hereditatem accipiant, uxor item auro fulgeat vestibusque pretiosis, neque de nobis curam ullam habemus, sed de facultatibus tantum nostris? De uxore certe nulla sollicitudo, sed de rebus uxorem am-
B bientibus vel ornantibus; idipsumque de liberis dicendum. Perinde atque si quis caducam domum habens, cujus muri ruinæ proximi sunt, illos instaurare negligens, magna in circuitu ejus septa erigat; aut si ægrotante corpore, ipsum quidem negligat, dum aurea vestimenta ipsi parat; aut si domina morbo laborante, ancillarum, telarumque, vasorum supellectilisque curam gerat, ipsa relicta gemente. Hoc nunc videre est in anima nostra, quæ male misereque habet, ira, maledicentia, absurdis cupiditatibus, vana gloria, jurgiis, humi dejecta et tracta, ab hujusmodi feris
C laniatur, dum nos, illa in hisce morbis relicta, domum domesticosque curamus. Et si ursa clam aufugerit, domos claudimus, per vicos currimus, ne in eam incidamus: nunc autem non una fera, sed multis, hujusmodi scilicet cogitationibus, animam nostram laniantibus, nullum horum sensum habemus. In urbe quidem tantam ferarum curam habemus, ut eas vel in deserto loco vel in caveis includamus, caveamusque ne in curia civitatis, nec in foro, nec in regia versentur, sed procul ligatas detineamus: in animam vero, quæ curiam suam, regiam et judiciale tribunal habet,
D ascendunt feræ, circa mentem ipsam soliumque regium clamantes, turbas dantes. Ideo omnia sus deque vertuntur; omnia tumultu plena intus et foris, nullumque discrimen nos inter et urbem incursu barbarorum devastatam; idipsumque fit ac si, dracone in nido avicularum insidente, avi-

[a] Idem πολλῆς καὶ μεγάλης τῆς.

[b] Savil. longe variat: καὶ μηδαμοῦ ἑαυτῶν φροντίζομεν ἢ προνοοῦμεν, ἀλλὰ τῶν τῆς γυναικὸς, οὔτε τοῦ παιδίου, ἀλλὰ τῶν τοῦ παιδίου. καὶ ταὐτὸν ποιοῦμεν etc. Hic quædam desunt. Locum ex Mss. restituimus.

[c] Morel. καλῶς διακ., male.

[d] Idem καὶ τῶν ἄλλων ἐπιλοίπων ἐπιμ.

[e] Morel. πάντα μετὰ ταραχῆς.

culæ ipsæ avolent trepidæ et perturbatæ, nec quo se in tanto tumultu recipiant habentes.

γίνεται, οἷον ἂν εἰ, δράκοντος νεοττιᾷ στρουθῶν ἐπιτιθεμένου, πανταχοῦ τρίζοντες οἱ στρουθοὶ πέτοιντο φοβούμενοι καὶ ταραχῆς γέμοντες, οὐκ ἔχοντες δὲ ὅποι καταλύωσι τὴν ἀγωνίαν.

7. Quare obsecro, draconem occidamus, feras includamus, suffocemus, jugulemus, et hasce malas cogitationes gladio spiritus confodiamus: ne nobis talia comminetur propheta, qualia Judææ:
Isai. 13. 22.
Onocentauri illic tripudiabunt, et ericii et dracones. Sunt enim, sunt homines onocentauris pejores, quasi in deserto viventes, calcitrantes, quales fere sunt apud nos juvenes. Nam feris correpti cupiditatibus, ita prosiliunt, ita calcitrant, sine freno circumeuntes, nullamque decori rationem habentes. In causa sunt patres, qui equorum domitores cogunt ut studiosissime equos suos doment et dirigant, nec sinunt equinos pullos indomitos in juventute manere, sed frenum injiciunt, cæteraque hujusmodi omnia a principio adhibent; filios autem suos juvenes sinunt infrenes circuire, intemperanter scortis et aleis deditos, atque iniqua theatra frequentare ac deturpari: cum par fuisset illi, ne scorta adiret, uxorem dare, uxorem castam et prudentem, quæ virum suum a mala absurdaque consuetudine abigeret, et equo frenum esset. Non enim aliunde fornicationes et adulteria ortum habent, quam ex juvenum licentia. Nam si ille uxorem habeat prudentem, et domesticæ rei et famæ existimationisque suæ curam habebit. Sed juvenis est, inquies. Scio et ego. Nam si Isaac quadraginta annos natus sponsam duxit, et in virginitate totam illam ætatem egit, multo magis in statu gratiæ juvenes philosophiam illam exercere par esset. Sed quid faciam? Nihil curatis illos in continentia retinere, sed nihil pensi habetis, dum videtis illos deturpari, fœdari, scelestosque fieri: neque scitis hoc matrimonii lucrum esse, ut corpus purum servetur: nisi hoc esset, nulla esset connubii utilitas. Vos contra, postquam innumeris maculis fœdati sunt, tunc illis uxorem datis, idque frustra et sine causa. Sed exspectandum est, inquies, donec conspicuus evadat, et in civilibus negotiis clarus sit. Animæ autem illius rationem nullam habetis, illamque dejectam sine ullo sensu conspicitis. Ideo omnia perturbatione tumultuque plena sunt, quia illa negligitur, quia quæ necessaria sunt non curantur, dum ea quæ nullius sunt pretii magna sollicitudine foventur. An nescis te nihil

Juvenum impetus a principio coercendus.

Gen. 25. 20.

Διὸ παρακαλῶ, τὸν δράκοντα ἀνέλωμεν, συγκλεί-
E σωμεν τὰ θηρία, ἀποπνίξωμεν, [f] κατασφάξωμεν, καὶ τοὺς πονηροὺς τούτους λογισμοὺς τῇ μαχαίρᾳ τοῦ πνεύματος παραδῶμεν, ἵνα μὴ καὶ ἡμῖν ἀπειλῇ τοιαῦτα ὁ προφήτης, οἷα καὶ τῇ Ἰουδαίᾳ, ὅτι Ὀνοκένταυροι ἐκεῖ ὀρχήσονται, καὶ ἐχῖνοι, καὶ δράκοντες. Εἰσὶ γὰρ, εἰσὶ
604
A καὶ ἄνθρωποι ὀνοκενταύρων χείρους, καθάπερ ἐν ἐρημίᾳ ζῶντες, καὶ λακτίζοντες, καὶ τὸ πλέον τῆς νεότητος παρ' ἡμῖν τοιοῦτον. Καὶ γὰρ ἀγρίας ἔχοντες ἐπιθυμίας, οὕτω πηδῶσιν, οὕτω λακτίζουσιν, ἀχαλίνωτοι περιιόντες, [a] καὶ τῇ σπουδῇ πρὸς οὐδὲν τῶν δεόντων χρώμενοι. Αἴτιοι δὲ οἱ πατέρες, οἳ τοὺς μὲν πωλοδάμνας ἀναγκάζουσι τοὺς ἵππους τοὺς ἑαυτῶν μετὰ πολλῆς ῥυθμίζειν τῆς ἐπιμελείας, καὶ οὐκ ἀφιᾶσιν ἐπὶ πολὺ τοῦ πώλου τὴν ἡλικίαν ἀδάμαστον [b] προελθεῖν, ἀλλὰ καὶ χαλινὸν καὶ τἄλλα πάντα ἐπιτιθέασιν ἐκ προοιμίων· τοὺς δὲ αὐτῶν νέους ἐπὶ πολὺ περιορῶσιν ἀχαλινώτους περιιόντας καὶ σωφροσύνης ἐρήμους, πορνείαις καὶ κύβοις καὶ ταῖς ἐν τοῖς παρανόμοις
B θεάτροις διατριβαῖς καταισχυνομένους, δέον πρὸ τῆς πορνείας γυναικὶ παραδοῦναι, γυναικὶ σώφρονι καὶ σοφωτάτῃ· αὕτη γὰρ καὶ τῆς ἀτοπωτάτης ἀπάξει διατριβῆς τὸν ἄνδρα, καὶ ἀντὶ χαλινοῦ τῷ πώλῳ γενήσεται. Οὐδὲ γὰρ ἑτέρωθεν αἱ πορνεῖαι καὶ αἱ μοιχεῖαι, ἀλλ' ἐκ τοῦ ἀφέτους εἶναι τοὺς νέους. Ἂν γὰρ γυναῖκα ἔχῃ συνετὴν, καὶ οἰκίας ἐπιμελήσεται, καὶ δόξης, καὶ ὑπολήψεως. Ἀλλὰ νέος ἐστὶ, φησίν. Οἶδα κἀγώ. Εἰ γὰρ ὁ Ἰσαὰκ τεσσαράκοντα ἐτῶν ὢν τὴν νύμφην [c] ἤγαγεν, ἐν παρθενίᾳ τὴν ἡλικίαν πᾶσαν ἐκείνην ἄγων, πολλῷ μᾶλλον τοὺς ἐν τῇ χάριτι νέους τὴν φιλοσοφίαν ταύτην
C ἀσκεῖν ἔδει. Ἀλλὰ τί πάθω; Οὐκ ἀνέχεσθε τῆς σωφροσύνης αὐτῶν ἐπιμελεῖσθαι, ἀλλὰ περιορᾶτε καταισχυνομένους καὶ μολυνομένους καὶ ἐναγεῖς γινομένους, οὐκ εἰδότες ὅτι γάμου κέρδος τὸ καθαρὸν διατηρῆσαι τὸ σῶμα· κἂν τοῦτο μὴ ᾖ, οὐδὲν ὄφελος γάμου. Ὑμεῖς δὲ τοὐναντίον ποιεῖτε· ὅταν μυρίων ἐμπλησθῶσι κηλίδων, τότε αὐτοὺς ἐπὶ γάμον ἄγετε, εἰκῇ καὶ μάτην. Δεῖ γὰρ ἀναμεῖναι, φησὶν, ἵνα εὐδόκιμος γένηται, ἵνα ἐν τοῖς πολιτικοῖς λάμψῃ πράγμασι. Τῆς δὲ ψυχῆς ὑμῖν οὐδεὶς λόγος, ἀλλὰ περιορᾶτε αὐτὴν ἐῤῥιμμένην. Διὰ τοῦτο πάντα συγχύσεως γέμει καὶ ταραχῆς καὶ ἀταξίας, ὅτι πάρεργον αὕτη, ὅτι τὰ μὲν ἀναγκαῖα
D ἠμέληται, τὰ δὲ εὐτελῆ πολλῆς τυγχάνει προνοίας. Οὐκ οἶσθα, ὅτι οὐδὲν τοιοῦτον χαριεῖ τῷ παιδὶ, ὡς τὸ φυ-

[f] Morel. κατασφράξωμεν.
[a] Unus καὶ τῇ σχολῇ πρός.
[b] Idem διελθεῖν. Paulo post idem ἀχαλινώτους ὄντας.
[c] Quidam et Morel. ἠγάγετο. Mox unus ἐκείνην διάγων.

λάξαι [d] πορνικῆς ἀκαθαρσίας καθαρόν; Ψυχῆς γὰρ ἴσον οὐδέν. Τί ὠφελεῖται ἄνθρωπος, φησὶν, ἐὰν τὸν κόσμον ὅλον κερδήσῃ, τὴν δὲ ψυχὴν αὐτοῦ ζημιωθῇ; Ἀλλὰ γὰρ πάντα ὁ τῶν χρημάτων ἔρως ἀνέτρεψε καὶ κατέβαλε, καὶ τοῦ Θεοῦ τὸν ἀκριβῆ φόβον παρώθησεν, [e] ὥσπερ τις τύραννος ἀκρόπολιν, οὕτω τὰς τῶν ἀνθρώπων ψυχὰς καταβαλών. Διὸ καὶ τῆς τῶν παίδων καὶ τῆς ἡμετέρας ἀμελοῦμεν σωτηρίας, ἓν μόνον σκοποῦντες, ὅπως εὐπορώτεροι γενόμενοι, τὸν πλοῦτον ἑτέροις ἀφῶμεν, κἀκεῖνοι πάλιν ἄλλοις, καὶ οἱ μετ' ἐκείνους τοῖς μετ' αὐτοὺς, παράπομποί τινες τῶν [f] ἡμετέρων γινόμενοι κτημάτων τε καὶ χρημάτων, ἀλλ' οὐ δεσπόται. Ἐντεῦθεν πολλὴ ἡ ἄνοια· ἐντεῦθεν τῶν δούλων οἱ ἐλεύθεροι ἀτιμότεροι. Τοῖς μὲν γὰρ δούλοις, εἰ καὶ μὴ δι' αὐτοὺς, ἀλλὰ δι' ἡμᾶς αὐτοὺς ἐπιτιμῶμεν· οἱ δὲ ἐλεύθεροι οὐδὲ ταύτης ἀπολαύουσι τῆς προνοίας, ἀλλὰ καὶ τούτων ἡμῖν εἰσιν εὐτελέστεροι. Καὶ τί λέγω τῶν δούλων; Καὶ γὰρ βοσκημάτων οἱ παῖδες ἀτιμότεροι, καὶ ὄνων καὶ ἵππων μᾶλλον ἐπιμελούμεθα, ἢ παίδων. Κἂν μὲν ἡμίονόν τις ἔχῃ, πολλὴ ἡ φροντὶς ὥστε ὀνηλάτην εὑρεῖν ἄριστον, καὶ μήτε [g] ἀγνώμονα, μὴ κλέπτην, μὴ μέθυσον, μὴ τῆς τέχνης ἄπειρον· ἂν δὲ ψυχῇ παιδὸς ἐπιστῆσαι δέῃ παιδαγωγὸν, ἁπλῶς καὶ ὡς ἔτυχε τὸν ἐπελθόντα αἱρούμεθα· καίτοι γε τῆς τέχνης ταύτης οὐκ ἔστιν ἄλλη μείζων. Τί γὰρ ἴσον τοῦ ῥυθμίσαι ψυχὴν, καὶ διαπλάσαι νέου διάνοιαν; Καὶ γὰρ παντὸς ζωγράφου καὶ ἀνδριαντοποιοῦ τὸν ταύτην ἔχοντα τὴν ἐπιστήμην ἀκριβέστερον διακεῖσθαι χρή. Ἀλλ' ἡμεῖς οὐδένα τούτου ποιούμεθα λόγον, ἀλλ' ἓν ὁρῶμεν μόνον, ὅπως παιδευθῇ τὴν γλῶτταν. Καὶ τοῦτο δὲ διὰ χρήματα πάλιν ἐσπουδάκαμεν. Οὐ γὰρ ἵνα [h] δύνηται λέγειν, ἀλλ' ἵνα χρηματίζηται, μανθάνει τὸ λέγειν· ὡς εἰ ἐξῆν καὶ χωρὶς τούτου πλουτεῖν, οὐδεὶς ἡμῖν ἦν οὐδὲ τούτου λόγος. Εἶδες πόση τῶν χρημάτων ἡ τυραννίς; πῶς πάντα κατέσχε, καὶ καθάπερ ἀνδράποδά τινα καὶ θρέμματα δήσασα ἕλκει ὅπουπερ ἂν θέλῃ; Ἀλλὰ τί τὸ κέρδος ἀπὸ τῶν τοσούτων ἐγκλημάτων ἡμῖν; Ἡμεῖς μὲν γὰρ τοῖς λόγοις αὐτὴν βάλλομεν· ἐκείνη δὲ τοῖς ἔργοις ἡμῶν κρατεῖ. Πλὴν ἀλλ' οὐδὲ οὕτω παυσόμεθα τοῖς ἀπὸ τῆς γλώττης αὐτὴν βάλλοντες ῥήμασιν· ἂν μὲν γὰρ γένηταί τι πλέον, ἐκερδάναμεν καὶ ἡμεῖς καὶ ὑμεῖς· ἂν δὲ τοῖς αὐτοῖς ἐπιμένητε, τό γε ἡμέτερον ἅπαν ἀπήρτισται. Ὁ δὲ Θεὸς καὶ ὑμᾶς ταύτης ἀπαλλάξειε τῆς νόσου, καὶ ἡμᾶς ἐφ' ὑμῖν καυχᾶσθαι παρασκευάσειεν· ὅτι αὐτῷ ἡ δόξα καὶ τὸ κράτος εἰς τοὺς αἰῶνας τῶν αἰώνων. Ἀμήν.

filio tam optabile dare posse, quam si illum serves purum a meretricia consuetudine? Nihil quippe tam pretiosum est, quam anima : *Quid enim* Matth. 16.
prodest homini si mundum universum lucretur, 26.
animæ vero suæ detrimentum patiatur? Verum omnia pervertit et dejecit pecuniarum amor, Deique timorem decussit, sicut tyrannus arcem, sic animas occupans, ac dejiciens. Idcirco et filio-
E rum et nostram negligimus salutem, id unum curantes, quomodo opulentiores effecti, divitias aliis relinquamus, et illi aliis, hique rursum posteris,
605
A sicque pecuniarum et possessionum transmissores, ut ita dicam, efficimur, non possessores. Hinc magna insipientia; hinc liberi servis viliores fiunt. Nam servos etsi non ipsorum causa, nostri gratia tamen castigamus : liberi autem non pari fruuntur providentia, sed a nobis minori quam servi in pretio habentur. Ecquid de servis loquor? Liberos minus quam pecudes curamus, de asinis et equis magis solliciti sumus, quam de filiis. Mulum si quis habeat, multum curat ut agasonem illi optimum provideat, non improbum, non furacem, non temulentum, non artis suæ imperitum : si au-
B tem filio pædagogum dare opus sit, casu et sine delectu obvium quemque excipimus; etsi hac arte nulla sit major. Quid par illi arti quæ dirigendæ animæ, et efformandæ juvenis menti et indoli incumbit? Qui tali instructus est facultate, plus diligentiæ exhibeat oportet, quam quivis pictor aut statuarius. At nos id nihil curamus, sed id unum spectamus, ut linguam ediscat. Illudque satagimus tantum opum acquirendarum causa. Non enim ut loqui valeat, sed ut pecunias colligat, linguam ediscit; ita ut si absque loquendi facultate possent ditescere, nihil hanc disciplinam curaremus. Viden' quanta sit pecuniarum tyrannis? quomo-
C do omnia invadat, hominesque tamquam mancipia quædam vincta trahat quo velit? At quod lucrum nobis ex tot criminationibus? Nos verbis illam tyrannidem impetimus : illa rebus nos superat. Cæterum neque sic cessabimus illam verbis exagitare : et si quid oratione consequamur, et nos et vos lucrabimur; sin in proposito perseveretis, quod nostri officii erat perfecerimus. Deus autem et vos a morbo illo liberet, et nobis id conferat, ut in vobis gloriemur : quoniam ipsi gloria
D et imperium in sæcula sæculorum. Amen.

[d] Unus πορνικῆς κακίας ἄμοιρον καὶ ἑταιρικῆς ἀκαθαρσίας.

[e] Morel. ὥσπερ γάρ τις.

[f] Unus ἡμετέρων ἀεὶ γινόμενοι.

[g] Idem ἀγνώμονα, ἢ κλέπτην, ἢ μεθύοντα.

[h] Unus δύνηται καλεῖν· ἀλλά

HOMILIA LX. al. LXI.

Cap. XVIII. v. 15. *Si peccaverit in te frater tuus, vade, corripe illum inter te et ipsum solum. Si te audierit, lucratus es fratrem tuum; sin non audierit,* etc.

1. Quia acri oratione adversus eos qui aliis offendiculo essent usus, undique illos terruerat, ne deinceps supini manerent ii qui scandalizati fuerant, neque rati totum in alios conjectum fuisse, in aliud vitium prorumperent luxuriantes, et se cultu dignos rati, in arrogantiam devenirent, vide quomodo illos reprimat, jubeatque redargutionem inter duos tantum fieri: ne plurium testimonio graviorem redderet accusationem, et petulantior ille factus, curatu difficilior foret. Ideo ait: *Inter te et ipsum solum. Si audierit, lucratus eris fratrem tuum.* Quid est illud, *Si audierit?* Si se damnaverit, si persuasum habet se peccasse. *Lucratus es fratrem tuum.* Non dicit, pœnas expetiisti quantum satis erat, sed, *Lucratus es fratrem tuum:* ut ostendat ex inimicitia commune detrimentum oriri. Non enim dixit, Lucratus est ille seipsum, sed, Tu ipsum lucratus es; quibus declarat et hunc et illum detrimentum antea passos esse, alium fratris, alium salutis suæ. Ad hoc hortabatur cum sederet in monte: modo læsum
Matth. 5. 23. 24. ad lædentem mittens et dicens: *Si ad altare stans recordatus fueris quia frater tuus habet aliquid adversum te, vade, reconciliare fratri tuo;* modo læsum jubens proximo dimittere:
Matth. 6. 12. *Dimitte nobis debita nostra, sicut et nos dimittimus debitoribus nostris,* id dicere docuit. Hic vero alium quemdam modum affert. Non enim lædentem, sed læsum inducit ad ipsum. Nam quia ille, qui læserat, non facile venisset ad excusandum se, pudefactus et erubescens, læsum ad illum trahit; neque frustra, sed ut factum resarciat. Neque dicit, Accusa, nec, Increpa, vel, Pœnas repete; sed, *Argue.* Ille namque ira et pudore ceu quodam sopore ebrius retinetur: te vero decet sanum illum ægrotantem adire, privatum judicium constituere, remediumque acceptabile. Illud enim, *Argue,* nihil aliud est, quam Peccatum in memoriam revoca, dic ei quæ ab illo passus sis: id

ΟΜΙΛΙΑ ξʹ.

Ἐὰν δὲ [c] ἁμάρτῃ εἰς σὲ ὁ ἀδελφός σου, ὕπαγε, ἔλεγξον αὐτὸν μεταξὺ σοῦ καὶ αὐτοῦ μόνου. Ἐάν σου ἀκούσῃ, ἐκέρδανας τὸν ἀδελφόν σου· ἐὰν δὲ μὴ ἀκούσῃ, καὶ τὰ ἑξῆς.

[d] Ἐπειδὴ σφοδρὸν κατέτεινε λόγον κατὰ τῶν σκανδαλιζόντων, καὶ πανταχόθεν αὐτοὺς ἐφόβησεν, ἵνα μὴ E πάλιν ταύτῃ γένωνται ὕπτιοι οἱ σκανδαλιζόμενοι, μηδὲ τὸ πᾶν [e] νομίζοντες ἐφ' ἑτέρους ἐῤῥῖφθαι, εἰς ἑτέραν κακίαν ἐξέλθωσι θρυπτόμενοι, καὶ πάντα θεραπεύεσθαι θέλοντες εἰς ἀπόνοιαν ἐξοκείλωσιν, ὅρα πῶς καὶ αὐτοὺς συστέλλει πάλιν, καὶ κελεύει τὸν ἔλεγχον μεταξὺ τῶν δύο γίνεσθαι μόνων· ἵνα μὴ τῇ τῶν πλειόνων μαρ- 606 τυρίᾳ βαρυτέραν ἐργάσηται τὴν κατηγορίαν, καὶ ἰτα- A μώτερος γενόμενος ἐκεῖνος δυσδιόρθωτος μείνῃ. Διό φησι· Μεταξὺ σοῦ καὶ αὐτοῦ μόνου. Κἂν ἀκούσῃ, ἐκέρδανας τὸν ἀδελφόν σου. Τί ἐστιν, Ἐὰν ἀκούσῃ; Ἐὰν καταγνῷ ἑαυτοῦ, ἐὰν πεισθῇ ὅτι ἥμαρτεν. Ἐκέρδανας τὸν ἀδελφόν σου. Οὐκ εἶπεν, ἔχεις ἱκανὴν τὴν τιμωρίαν, ἀλλ', Ἐκέρδανας τὸν ἀδελφόν σου, δεικνὺς ὅτι κοινὴ ἡ ζημία ἀπὸ τῆς ἔχθρας. Οὐ γὰρ εἶπεν, ἐκέρδανεν ἐκεῖνος ἑαυτὸν μόνον, ἀλλὰ, καὶ σὺ αὐτὸν ἐκέρδανας· δι' ὧν ἔδειξεν ὅτι καὶ αὐτὸς κἀκεῖνος [a] ἐζημιοῦντο πρὸ τούτου, ὁ μὲν τὸν ἀδελφὸν, ὁ δὲ τὴν οἰκείαν σωτηρίαν. Τοῦτο καὶ ἡνίκα ἐπὶ τοῦ ὄρους ἐκάθητο παρῄνει· ποτὲ μὲν τὸν λελυπηκότα πρὸς τὸν λυπηθέντα ἄγων B καὶ λέγων· Ἐὰν τῷ θυσιαστηρίῳ παρεστὼς, ἐκεῖ μνησθῇς, ὅτι ὁ ἀδελφός σου ἔχει τι κατὰ σοῦ, ὕπαγε, διαλλάγηθι τῷ ἀδελφῷ σου· ποτὲ δὲ τὸν ἠδικημένον κελεύων ἀφεῖναι τῷ πλησίον· Ἄφες γὰρ ἡμῖν τὰ ὀφειλήματα ἡμῶν, καθὼς καὶ ἡμεῖς ἀφίεμεν τοῖς ὀφειλέταις ἡμῶν, λέγειν ἐδίδαξεν. Ἐνταῦθα δὲ καὶ ἕτερον ἐπινοεῖ τρόπον. Οὐ γὰρ τὸν λελυπηκότα, ἀλλὰ τὸν λυπηθέντα ἄγει πρὸς τοῦτον. Ἐπειδὴ γὰρ ἐκεῖνος ὁ ἠδικηκὼς οὐκ εὐκόλως ἂν ἔλθοι πρὸς ἀπολογίαν αἰσχυνόμενος καὶ ἐρυθριῶν, τοῦτον πρὸς ἐκεῖνον ἕλκει· καὶ οὐχ ἁπλῶς, ἀλλ' ὥστε καὶ διορθῶσαι τὸ γεγενημένον. Καὶ οὐ λέγει, κατηγόρησον, οὐδὲ, ἐπιτίμησον, C οὐδὲ, δίκας ἀπαίτησον καὶ εὐθύνας, ἀλλὰ, Ἔλεγξον, φησίν. Αὐτὸς μὲν γὰρ καθάπερ τινὶ κάρῳ τῷ θυμῷ καὶ τῇ αἰσχύνῃ κατέχεται μεθύων· δεῖ δὲ σὲ τὸν ὑγιαίνοντα πρὸς ἐκεῖνον τὸν νοσοῦντα ἀπελθεῖν, καὶ ἀδημόσιευτον ποιῆσαι τὸ δικαστήριον, καὶ εὐπαράδεκτον τὴν ἰατρείαν. Τὸ γὰρ εἰπεῖν, Ἔλεγξον, οὐχ ἕτερόν τί

[c] Morel. ἁμαρτήσει. Mss. quidam ἁμαρτήσῃ.
[d] Morel. et quidam alii ἐπειδὴ γάρ.
[e] Alii νομίσαντες.
[a] Morel. προεζημιοῦντο τοσοῦτον, minus recte.

ἐστιν, ἢ ἀνάμνησον τοῦ ἁμαρτήματος, εἰπὲ πρὸς αὐτὸν ἅπερ ἔπαθες παρ' αὐτοῦ· ὅπερ καὶ αὐτὸ, ἐὰν ὡς χρὴ γίνηται, μέρος ἐστὶν ἀπολογουμένου, καὶ σφόδρα ἐφελκομένου πρὸς καταλλαγήν. Τί οὖν, ἐὰν ἀπειθῇ καὶ σκληρῶς διακέηται; Παράλαβε μετὰ σεαυτοῦ ἔτι ἕνα ἢ δύο, ἵνα ἐπὶ στόματος δύο μαρτύρων [b] σταθῇ πᾶν ῥῆμα. Ὅσῳ γὰρ ἂν ἀναιδέστερος εἴη καὶ ἰταμώτερος, τοσούτῳ μᾶλλον ἡμᾶς ἐπὶ τὴν ἰατρείαν σπεύ- D
δειν χρὴ, οὐκ ἐπὶ τὴν ὀργὴν καὶ τὴν ἀγανάκτησιν. Καὶ γὰρ καὶ ἰατρὸς, ὅταν ἴδῃ τὸ πάθος δυσένδοτον, οὐκ ἀφίσταται, οὐδὲ δυσχεραίνει, ἀλλὰ τότε μᾶλλον παρασκευάζεται, ὃ καὶ ἐνταῦθα ποιεῖν κελεύει. Ἐπειδὴ γὰρ ἀσθενέστερος μόνος ὢν ἐφάνης, γενοῦ δυνατώτερος τῇ προσθήκῃ. Καὶ γὰρ ἱκανοὶ οἱ δύο τὸν ἡμαρτηκότα ἐλέγξαι. Ὁρᾷς ὡς οὐ τὸ τοῦ λελυπημένου ζητεῖ μόνον, ἀλλὰ καὶ τὸ τοῦ λελυπηκότος; Ὁ γὰρ ἠδικημένος οὗτός ἐστιν, ὁ ἁλοὺς ὑπὸ τοῦ πάθους· αὐτὸς ὁ νοσῶν καὶ ἀσθενῶν καὶ κάμνων. Διὰ τοῦτο πολλάκις ἐκεῖνον πρὸς τοῦτον ἄγει, νῦν μὲν μόνον, νῦν δὲ μεθ' ἑτέρων· εἰ δὲ E
ἐπιμένοι, καὶ μετὰ τῆς Ἐκκλησίας. Εἰπὲ γὰρ, φησὶ, τῇ Ἐκκλησίᾳ. Εἰ δὲ τὸ τούτου μόνον ἐζήτει, οὐκ ἂν ἐκέλευσεν ἑβδομηκοντάκις ἑπτὰ μετανοοῦντι συγχωρεῖν· οὐκ ἂν τοσαυτάκις καὶ τοσούτους ἐπέστησεν αὐτῷ διορθωτὰς τοῦ πάθους· ἀλλ' ἐκ πρώτης αὐτὸν ἀδιόρθωτον μείναντα [c] συντυχίας χωρὶς εἴασε· νῦν δὲ καὶ ἅπαξ καὶ δὶς καὶ τρὶς αὐτὸν θεραπεῦσαι κελεύει, 607
καὶ νῦν μὲν μόνον, νῦν δὲ μετὰ δύο, νῦν δὲ μετὰ πλειό- A
νων. Διὰ δὴ τοῦτο ἐπὶ μὲν τῶν ἔξωθεν οὐδὲν τοιοῦτον λέγει, ἀλλ' Ἐάν τίς σε ῥαπίσῃ, φησὶν, εἰς τὴν δεξιὰν σιαγόνα, στρέψον αὐτῷ καὶ τὴν ἄλλην· ἐνταῦθα δὲ οὐχ οὕτως. Ὅπερ καὶ ὁ [a] Παῦλός φησι λέγων· Τί μοι καὶ τοὺς ἔξωθεν κρίνειν; Τοὺς δὲ ἀδελφοὺς καὶ ἐλέγχειν καὶ ἀποστρέφεσθαι κελεύει, καὶ ἀποτέμνειν μὴ πειθομένους, ἵνα ἐντραπῶσι. Τοῦτο καὶ αὐτὸς ἐνταῦθα ποιεῖ, περὶ τῶν ἀδελφῶν ταῦτα νομοθετῶν· καὶ τρεῖς ἐφίστησιν αὐτῷ διδασκάλους καὶ δικαστὰς, καὶ διδάσκοντας τὰ κατὰ τὸν καιρὸν τῆς μέθης γινόμενα. Εἰ γὰρ καὶ αὐτός ἐστιν ὁ φθεγξάμενος καὶ ποιήσας πάντα ἐκεῖνα τὰ ἄτοπα, ἀλλ' ὅμως [b] ἑτέρων B
δεῖται τῶν διδαξόντων· καθάπερ οὖν καὶ ὁ μεθύων· καὶ γὰρ πάσης μέθης θυμὸς καὶ ἁμαρτία ἐκστατικώτερον, καὶ ἐν μείζονι τὴν ψυχὴν καθίστησι παραφροσύνῃ. Τίς γοῦν τοῦ Δαυὶδ συνετώτερος ἦν; Ἀλλ' ὅμως ἁμαρτὼν οὐκ ᾔσθετο, τῆς ἐπιθυμίας τοὺς λογισμοὺς ἅπαντας κατεχούσης, καὶ ὥσπερ τινὸς καπνοῦ πληρούσης αὐτοῦ τὴν ψυχήν. Διὰ τοῦτο ἐδεήθη λύχνου παρὰ τοῦ προφήτου, καὶ ῥημάτων ἀναμιμνησκόντων αὐτὸν ὧν ἔπραξε. Διὰ τοῦτο καὶ ἐνταῦθα ἄγει τούτους

quod si decenti modo fiat, pars quædam defensionis est, quæ ad reconciliationem impellit. Quid igitur, si non morem gerat, et si durus ac pertinax fuerit? 16. *Assume tecum unum aut duos, ut in ore duorum testium stet omne verbum.* Nam quanto impudentior et petulantior fuerit, tanto magis ad medelam festinare oportet, non ad iram et indignationem. Nam et medicus, cum graviorem viderit morbum, non desistit, nec ægre fert, sed tunc magis sese apparat, quod etiam hic facere præcipit. Quia enim solus infirmior visus es, ex additamento fortior esto. Nam duo satis sunt ad peccantem redarguendum. Viden' quomodo non læsi solum, sed etiam lædentis utilitatem quærat? Nam læsus ille est, qui a morbo captus fuit, qui ægrotat, infirmatur et deficit. Ideo sæpe ad hunc illum ducit, aliquando solum, aliquando cum aliis: et si perseveraverit, cum Ecclesia. 17. *Dic,* inquit, *Ecclesiæ.* Nam si patientis solum utilitatem quæreret, non juberet septuagies septies
pœnitenti veniam concedere; non toties; neque (Matth. 18. 22.)
tot illi constituisset morbi emendatores: sed ex primo colloquio illum obstinatum manentem foras reliquisset: nunc vero et semel et bis et ter illum curare jubet, nunc solum, nunc cum duobus, nunc cum pluribus. Ideo cum de externis agitur, nihil tale dicit, sed, *Si quis te percutiat,* inquit, *in maxillam dexteram, verte ei et aliam;* hic vero non sic. Quod etiam Paulus
dicit: *Quid mihi et de externis judicare?* Fra- (1. Cor. 5. 12.)
tres vero et arguere et avertere jubet, ac nisi obtemperent, abscindere, ut pudore suffundantur. Hoc et ipse facit hic, cum de fratribus legem statuit: tresque ipsi statuit doctores et judices, qui doceant quæ in temulentia perpetrata sunt. Nam etsi ipse est qui omnia absurda illa fecit et loquutus est, aliis tamen opus habet qui doceant, utpote ebrius; nam ira et peccatum plusquam ebrietas mentem turbant, et in majorem insaniam conjiciunt. Nam quis Davide prudentior erat? Atta- (2. Reg. 12.)
men cum peccaret, nihil sensit, quod concupiscentia omnia ejus ratiocinia occupasset, et ceu fumus quidam ejus animum repleret. Quapropter lucerna opus habuit per prophetam adducta, ac verbis quæ facinus ipsi in memoriam reducerent.

[b] Alii σταθήσεται πᾶν.
[c] Alii συντυχίας εἴασεν ἄν. νῦν.

[a] Alii Παῦλος ἔλεγε.
[b] Morel. ἀλλ' ὅμως ἑτέρων βίᾳ τῶν διδαξάντων.

Ideo hos nunc ad peccantem adducit, qui de gestis suis ipsum alloquantur.

2. Cur autem hunc jubet arguere, non alium? Quia hunc utpote a se læsum et injuria affectum, moderatius erat toleraturus. Non enim pari animo ab alio de injuria alteri oblata se redargui patiatur, cum maxime solus est is qui redaguit. Cum autem is qui rationes ab ipso expetendi jus habet, ipsius curare salutem videtur, is maxime omnium potest illum ad resipiscentiam vocare, cum videat hoc non pœnam expetendi, sed emendandi gratia fieri. Ideo non statim duos accedere jubet, sed cum primus nihil proficere potest; neque tunc multitudinem mittit, sed usque ad duos addit, vel etiam unum; cum autem hos despexerit, tunc ad Ecclesiam illum mittit. Sic admodum curat ne proximi peccata evulgentur; etsi potuerit a principio illud jubere, ne id in vulgus manaret, non fecit, sed post unam alteramque monitionem id præcipit. Quid autem sibi vult illud, *In ore duorum vel trium testium stabit omne verbum?* Idoneum habes testimonium, inquit, te totum id quod penes te erat fecisse, nihilque omisisse. *Si autem nec hos audierit, dic Ecclesiæ*, id est, præsidibus. *Quod si Ecclesiam non audierit, sit tibi quasi ethnicus et publicanus.* Talis enim homo incurabili morbo laborat. Tu vero mihi perpende, quomodo publicanum ubique in exemplum ne-
Matth. 5. 46. quitiæ maximæ ponat. Nam supra dixit: *Nonne et publicani hoc faciunt?* et progressus rursum:
Matth. 21. 31. *Publicani et meretrices præcedent vos in regno cœlorum;* id est, qui maxime improbantur et
Contra usurarios. condemnantur. Audiant illi qui ad quæstus iniquos currunt, qui fœnora fœnoribus adjiciunt. Cur porro cum publicanis istum locat? Ut læsum consoletur, et hunc terreat. Num hæc sola punitio est? Minime: sed audi sequentia: 18. *Quodcumque alligaveritis super terram, erit ligatum et in cælis.* Non dixit Ecclesiæ præsuli, Alliga illum, sed, Si alligaveris, ei qui læsus fuit totum permittens: tuncque vincula non dissoluta manent. Extrema itaque patietur mala. Sed non is qui detulit in causa est, verum is qui noluit obtemperare. Vides quomodo hunc duplici necessitate vincerit, et præsenti pœna, et futuro supplicio? Hæc porro comminatus est, ne istæc accidant, sed me-

πρὸς τὸν ἡμαρτηκότα, διαλεξομένους αὐτῷ περὶ ὧν ἔπραξε.

Διατί δὲ τούτῳ κελεύει ἐλέγξαι, [c] καὶ οὐχ ἑτέρῳ; C Ὅτι τοσοῦτον ἐπιεικέστερον ἂν ἤνεγκε τὸν ἠδικημένον, τὸν λελυπημένον, τὸν ἐπηρεασμένον. Οὐ γὰρ ὁμοίως τις παρ' ἑτέρου περὶ τοῦ ὑβρισθέντος ἐλεγχόμενος φέρει, καὶ παρ' αὐτοῦ ὑβρισμένου, καὶ μάλιστα ὅταν μόνος ᾖ διελέγχων αὐτόν. Ὅταν γὰρ ὁ δίκην αὐτὸν ἀπαιτεῖν ὀφείλων, οὗτος καὶ τῆς σωτηρίας φαίνηται ἐπιμελούμενος τῆς ἑαυτοῦ, μάλιστα πάντων αὐτὸν δυσωπῆσαι δυνήσεται, [d] ὁρῶντα πῶς οὐ δίκης ἕνεκεν τοῦτο γίνεται, ἀλλὰ διορθώσεως. Διὰ δὴ τοῦτο οὐκ εὐθέως καὶ τοὺς δύο κελεύει λαβεῖν, ἀλλ' ὅταν αὐτὸς [e] ἀτονήσῃ· οὐδὲ τότε ἐπαφίησιν αὐτῷ πλῆ-
D θος, ἀλλὰ μέχρι δύο ποιεῖται τὴν προσθήκην, ἢ καὶ ἑνός· ὅταν δὲ καὶ τούτων καταφρονήσῃ, τότε αὐτὸν ἐπὶ τὴν Ἐκκλησίαν ἐξάγει. Οὕτω πολλὴν ποιεῖται σπουδὴν μὴ ἐκπομπεύεσθαι τὰ τῶν πλησίον [f] ἁμαρτήματα· καίτοι ἠδύνατο ἐξ ἀρχῆς τοῦτο κελεῦσαι, ἀλλ' ἵνα μὴ τοῦτο γένηται, οὐκ ἐκέλευσεν, ἀλλὰ μετὰ μίαν καὶ δευτέραν παραίνεσιν τοῦτο νομοθετεῖ. Τί δέ ἐστιν, Ἐπὶ στόματος δύο καὶ τριῶν μαρτύρων σταθήσεται πᾶν ῥῆμα; Ἔχεις μαρτυρίαν ἱκανήν, φησίν, ὅτι τὸ σαυτοῦ ἅπαν ἐποίησας, ὅτι οὐδὲν ἐνέλιπες τῶν εἰς σὲ ἡκόντων. Ἐὰν δὲ καὶ τούτων παρακούσῃ, εἰπὲ τῇ Ἐκκλησίᾳ, τουτέστι, τοῖς [g] προεδρεύουσιν. Ἐὰν δὲ
E καὶ τῆς Ἐκκλησίας παρακούσῃ, ἔστω σοι ὡς ὁ ἐθνικὸς καὶ ὁ τελώνης. Λοιπὸν γὰρ ἀνίατα ὁ τοιοῦτος νοσεῖ. Σὺ δέ μοι σκόπει, πῶς πανταχοῦ τὸν τελώνην εἰς ὑπόδειγμα τῆς μεγίστης τίθησι κακίας. Καὶ γὰρ ἀνωτέρω φησίν· Οὐχὶ καὶ οἱ τελῶναι τὸ αὐτὸ ποιοῦσιν; καὶ προϊὼν πάλιν· Καὶ τελῶναι καὶ πόρναι προάξουσιν
608 ὑμᾶς εἰς τὴν βασιλείαν τῶν οὐρανῶν· τουτέστιν, οἱ
A σφόδρα κατεγνωσμένοι καὶ καταδεδικασμένοι. Ἀκουέτωσαν οἱ κέρδεσιν ἐπιπηδῶντες ἀδίκοις, οἱ τοὺς τόκους ἐπὶ τόκοις ἀριθμοῦντες. Διατί δὲ αὐτὸν μετ' ἐκείνων ἔταξε; Παραμυθούμενος τὸν ἠδικημένον, καὶ φοβῶν αὐτόν. Τοῦτο οὖν ἡ κόλασις μόνον; Οὐχί· ἀλλ' ἄκουε καὶ τῶν ἑξῆς· Ὃ ἐὰν δήσητε ἐπὶ τῆς γῆς, ἔσται δεδεμένον ἐν τοῖς οὐρανοῖς. Καὶ οὐκ εἶπε τῷ προέδρῳ τῆς Ἐκκλησίας, δῆσον τὸν τοιοῦτον, ἀλλὰ, ἐὰν δήσῃς, αὐτῷ τῷ λελυπημένῳ τὸ πᾶν ἐπιτρέπων· καὶ ἄλυτα μένει τὰ δεσμά. Οὐκοῦν τὰ ἔσχατα πείσεται δεινά. Ἀλλ' οὐχὶ [h] ὁ ἀγαγὼν αἴτιος, ἀλλ' ὁ μὴ θελήσας πεισθῆναι. Εἶδες πῶς αὐτὸν διπλαῖς κατεδίκασεν ἀνάγκαις, καὶ τῇ ἐντεῦθεν τιμωρίᾳ, καὶ τῇ ἐκεῖ κο-

[c] Sic Savil. et Mss., at Morel. *καὶ οὐχ ἑτέρως*, minus recte.

[d] Morel. *ὅρα πῶς οὐ*.

[e] Mss. non pauci *ἠτονήσῃ καὶ οὐδέ*.

[f] Savil. *ἁμαρτήματα· καίτοι ἠδύνατο ἐξ ἀρχῆς τοῦτο κελεῦσαι*, et sic Mss. plurimi. Morel. *ἁμαρτήματα· τῷ ἐξ ἀρχῆς μὴ τοῦτο κελεύεσθαι· ἀλλ' ἵνα*.

[g] Sic Mss.; Editi vero minus recte *προεστῶσ*.

[h] Morel. *ὁ ἄγων*.

λάσει; Ταῦτα δὲ ἠπείλησεν, ἵνα μὴ ταῦτα συμβαίνῃ, B ἀλλὰ φοβούμενος καὶ τὴν ἀπειλὴν καὶ τὴν ἀπὸ τῆς Ἐκκλησίας ἐκβολὴν, καὶ τὸν ἀπὸ τοῦ δεσμοῦ κίνδυνον, καὶ τὸ ἐν οὐρανοῖς δεδέσθαι, ἡμερώτερος γένηται. Καὶ ταῦτα εἰδὼς, εἰ καὶ μὴ ἐκ προοιμίων, ἐν γοῦν τῷ πλήθει τῶν δικαστηρίων [b] ἐκλύσῃ τὴν ὀργήν. Διά τοι τοῦτο καὶ πρῶτον καὶ δεύτερον καὶ τρίτον ἐπέστησε κριτήριον, καὶ οὐκ εὐθέως ἐξέκοψεν, ἵνα κἂν τοῦ πρώτου παρακούσῃ, τῷ δευτέρῳ εἴξῃ· κἂν ἐκεῖνο διαπτύσῃ, τὸ τρίτον φοβηθῇ· κἂν τούτου μηδένα ποιῆται λόγον, τὴν μέλλουσαν καταπλαγῇ τιμωρίαν, καὶ τὴν παρὰ τοῦ Θεοῦ ψῆφόν τε καὶ δίκην. Πάλιν δὲ λέγω C ὑμῖν, ὅτι ἐὰν δύο συμφωνήσωσιν ἐξ ὑμῶν ἐπὶ τῆς γῆς, περὶ παντὸς πράγματος οὗ ἐὰν αἰτήσωνται, γενήσεται αὐτοῖς παρὰ τοῦ Πατρός μου τοῦ ἐν τοῖς οὐρανοῖς. Οὗ γὰρ ἐὰν ὦσι δύο ἢ τρεῖς συνηγμένοι εἰς τὸ ἐμὸν ὄνομα, ἐκεῖ εἰμι ἐν μέσῳ αὐτῶν. Ὁρᾷς πῶς καὶ ἑτέρωθεν παραλύει τὰς ἔχθρας, καὶ τὰς μικροψυχίας ἀναιρεῖ, καὶ πρὸς ἀλλήλους συνάγει, καὶ οὐκ ἀπὸ τῆς κολάσεως μόνης τῆς εἰρημένης, ἀλλὰ καὶ ἀπὸ τῶν ἀγαθῶν τῶν ἐκ τῆς ἀγάπης; Καὶ γὰρ ἀπειλήσας ἐκεῖνα τῇ φιλονεικίᾳ, τὰ μεγάλα ἐνταῦθα τῆς συμφωνίας τίθησιν ἔπα- D θλα, εἴγε καὶ τὸν Πατέρα πείθουσιν οἱ συμφωνοῦντες, ὑπὲρ ὧν αἰτοῦσι, καὶ τὸν Χριστὸν ἔχουσιν εἰς τὸ μέσον. Ἆρ' οὖν οὐδαμοῦ εἰσι δύο συμφωνοῦντες; Καὶ πολλαχοῦ μὲν, τάχα δὲ καὶ πανταχοῦ. Πῶς οὖν [c] οὐ πάντα ἐπιτυγχάνουσιν; Ὅτι πολλαὶ αἱ αἰτίαι τοῦ ἀποτυγχάνειν. Ἢ γὰρ ἀσύμφορα πολλάκις αἰτοῦσι. Καὶ τί θαυμάζεις, εἰ ἕτεροί τινες, ὅπουγε καὶ Παῦλος τοῦτο ἔπαθεν, ἡνίκα ἤκουσεν, Ἀρκεῖ σοι ἡ χάρις μου, ἡ γὰρ δύναμίς μου ἐν ἀσθενείᾳ τελειοῦται; Ἢ ἀνάξιοι τῶν E ταῦτα ἀκηκοότων εἰσὶ, καὶ τὰ παρ' ἑαυτῶν οὐκ εἰσφέρουσιν· αὐτὸς δὲ τοὺς κατ' ἐκείνους ὄντας ἐπιζητεῖ· διὰ τοῦτό φησιν, Ἐξ ὑμῶν, τῶν ἐναρέτων, τῶν εὐαγγελικὴν ἐπιδεικνυμένων πολιτείαν. Ἢ κατὰ τῶν λελυπηκότων εὔχονται, ἐκδικίαν καὶ τιμωρίαν ἐπιζητοῦντες, ὅπερ ἐστὶ κεκωλυμένον· Εὔχεσθε γὰρ, φησὶν, ὑπὲρ τῶν ἐχθρῶν ὑμῶν. Ἢ ἀμετανόητα ἁμαρτάνοντες αἰτοῦσιν 609 ἔλεον, ὅπερ ἐστὶν ἀδύνατον λαβεῖν, οὐ μόνον ἂν A αὐτοὶ αἰτῶσιν, ἀλλὰ κἂν ἕτερος πρὸς τὸν Θεὸν παῤῥησίαν ἔχων ὑπὲρ αὐτῶν [a] παρακαλέσῃ· καθάπερ καὶ Ἱερεμίας εὐχόμενος ὑπὲρ Ἰουδαίων ἤκουσε· Μὴ προσεύχου περὶ τοῦ λαοῦ τούτου, ὅτι οὐκ εἰσακούσομαί σου. Ἂν δὲ πάντα παρῇ, καὶ τὰ συμφέροντα αἰτῇς, καὶ τὰ παρ' ἑαυτοῦ πάντα εἰσφέρῃς, καὶ βίον [b] παράσχῃς ἀποστολικὸν, καὶ ὁμόνοιαν καὶ ἀγάπην πρὸς τὸν πλησίον ἔχῃς, ἐπιτεύξῃ παρακαλῶν· φιλάνθρωπος γὰρ ὁ Δεσπότης.

Εἶτα ἐπειδὴ εἶπε, Παρὰ τοῦ Πατρός μου, ἵνα δείξῃ

B tuens et minas et ejectionem ab Ecclesia, et periculum ex vinculo partum, nec non illud in cælis vinculum, moderatior sit, cum hæc sciat, etsi non a principio, in multitudine tamen judiciorum iram deponat. Idcirco et primum et secundum et tertium constituit judicium, neque statim illum præscindit, ut si primo non obediat, secundo cedat; sin illud respuerit, tertium timeat; si hujus nullam rationem habeat, ex futuro judicio terreatur, sive ex Dei sententia et ultione. 19. *Iterum* C *autem dico vobis, quia si duo ex vobis consenserint super terram, de omni re quamcumque petierint, fiet eis a Patre meo qui in cœlis est.* 20. *Ubi enim fuerint duo vel tres congregati in nomine meo, ibi sum in medio eorum.* Viden' quomodo aliunde etiam solvat inimicitias, simultates tollat, et mutuo jungat, non tantum ex timore jam dicti supplicii, sed etiam ex bonis per caritatem partis. Nam postquam contentiosis illa comminatus est, hic magna concordiæ præmia statuit, siquidem ii, qui mutuo inter se consentiunt, D a Patre impetrant quod petunt, et Christum in medio habent. An nusquam duo mutuo consentientes sunt? Multis in locis utique, imo forte ubique. Quomodo igitur non omnia impetrant? Quia multæ sunt causæ non impetrandi. Nam sæpe illa petunt quæ concedere non expedit. Ecquid miraris, si alii non impetrent, quando Paulus etiam id passus est, cum audivit: *Sufficit tibi gratia mea, virtus enim mea in infirmitate perficitur?* E Aut illi qui petunt non digni sunt qui exaudiantur, nec ex se afferunt ea quæ competerent; ipse vero apostolorum similes requirit: ideo ait, *Ex vobis*, virtute præditis, qui evangelicam vitam exhibetis. Aut contra lædentes se precantur, ultionem et supplicium ipsorum postulantes, id quod est prohibitum: nam ait, *Precamini pro inimicis vestris.* Aut sine ulla pœnitentia peccantes, mise- A ricordiam petunt, quæ tamen non impetrari potest, non modo illis precantibus, sed etiam alio ex iis qui apud Deum fiduciam habent pro ipsis postulante: quemadmodum Jeremias, cum pro Judæis precaretur, audivit: *Noli orare pro populo hoc, quia non te exaudiam.* Si vero cuncta adsint, et utilia petas, quodque penes te est afferas, vitam ducas apostolicam, concordiam et caritatem erga proximum serves, postulata consequeris: benignus quippe est Dominus.

Cur non semper a Deo impetremus id quod postulamus.

2. Cor. 12. 9.

Matth. 5. 44?

Jer. 11. 14.

3. Deinde quia dixit, *A Patre meo*, ut osten-

[b] Morel. ἐκλύσει.
[c] Putat legendum Savilius οὐ πάντων ἐπιτυγχάνουσι.

[a] Morel. παρακαλέσῃ. ὅπερ καί.
[b] Morel. παράσχῃς.

dat se quoque, nec modo Patrem, postulata daturum esse, subjunxit: *Ubi enim duo vel tres congregati fuerint in nomine meo, illic sum in medio eorum.* Quid igitur? nonne sunt duo vel tres congregati in nomine ejus? Sunt quidem, sed raro. Non enim de conventu simpliciter dicit, neque hoc tantum postulat; sed etiam, ut supra dixi, alias quoque virtutes. Deinde ut hoc ipsum cum magna accuratione petat. Nam quod dicit, hujusmodi est: Si quis me priorem causam habeat amoris erga proximum, cum illo ero, si alias quoque virtutes possideat. Nunc autem plurimos videmus, qui alias amicitiæ causas habent. Alius enim quia amatur amat; alius quia honoratus fuit; alius quia in aliquo sæculari negotio quispiam ei utilis fuit; alius ob aliam similem causam; at difficile est reperire quempiam qui proximum propter Christum ut oportet amet. Plurimi enim sæcularibus negotiis mutuo vincti sunt. Verum non Paulus sic amabat, sed propter Christum; ideo quamvis non tantum amaretur quantum amabat, non dissolvit caritatem, quia validam amoris radicem jecerat. At nunc res non ita se habet: sed si omnia exploremus, apud multos inveniemus amicitiæ causas longe diversas. Quod si quis mihi concederet in tanta multitudine rem examinare, ostenderem multos sæcularibus de causis mutuo devinctos esse. Id quod etiam manifestum est ex iis quæ inimicitiarum causæ sunt. Quia ex fluxis hujusmodi rebus mutuo devincti sunt, hinc fit ut nec ferventer, nec perpetuo vinciantur: sed vel contumelia, vel pecuniarum detrimentum, vel invidia, vel vanæ gloriæ amor, vel quid simile, si accidat, amicitiam solvit. Non enim spiritualem invenit radicem. Quæ si talis esset, nulla sæcularium rerum spiritualia solveret. Caritas enim ea, quæ propter Christum est, firma, stabilis invictaque est, nihilque illam poterit avellere, non calumniæ, non pericula, non mortes, non aliud quid simile. Etiamsi enim qui sic amat ærumnas mille videret amoris causa sibi impendere, non tamen desisteret. Nam qui amat ut ametur, si quid ingratum viderit, solvit amorem: qui vero inde vinctus est, numquam discedet. Ideo
1. Cor. 13. 8. Paulus dicebat: *Caritas numquam excidit.* Quid enim dicere possis? an quod honoratus te contumelia affecerit? vel quod beneficio affectus, te oc-

B ἑαυτὸν ὄντα τὸν παρέχοντα, καὶ οὐ τὸν γεγεννηκότα μόνον, ἐπήγαγεν· Οὗ γὰρ ὦσι δύο ἢ τρεῖς συνηγμένοι εἰς τὸ ἐμὸν ὄνομα, ἐκεῖ εἰμι ἐν μέσῳ αὐτῶν. Τί οὖν; οὐκ εἰσὶ δύο ἢ τρεῖς συνηγμένοι εἰς τὸ ὄνομα αὐτοῦ; Εἰσὶ μὲν, σπανίως δέ. Οὐ γὰρ ἁπλῶς τὴν σύνοδον λέγει, οὐδὲ τοῦτο ἐπιζητεῖ μόνον, ἀλλὰ καὶ μάλιστα μὲν, ὅπερ καὶ ἔμπροσθεν εἶπον, καὶ τὴν ἄλλην ἀρετὴν μετὰ τούτου. Ἔπειτα δὲ καὶ τοῦτο αὐτὸ μετὰ πολλῆς ἀπαιτεῖ τῆς ἀκριβείας. Ὃ γὰρ λέγει, τοιοῦτόν ἐστιν· εἴ τις ἐμὲ τῆς πρὸς τὸν πλησίον [c] φιλίας ὑπόθεσιν προηγουμένην ἔχει, μετ' αὐτοῦ ἔσομαι, ἂν καὶ τὰ ἄλλα ἐνάρετος ᾖ. Νυνὶ δὲ τοὺς πλείονας ὁρῶμεν, ἑτέρας ἔχοντας C φιλίας ἀφορμάς. [d] Ὁ μὲν γὰρ ὅτι φιλεῖται, φιλεῖ· ὁ δὲ, ὅτι ἐτιμήθη· ὁ δὲ, ὅτι ἐν ἑτέρῳ τινὶ βιωτικῷ πράγματι γέγονεν αὐτῷ χρήσιμος ὁ δεῖνα· ὁ δὲ, δι' ἑτερόν τι τοιοῦτον· διὰ δὲ τὸν Χριστὸν δύσκολόν ἐστιν εὑρεῖν τινα γνησίως καὶ ὡς ἐχρῆν φιλεῖν τὸν πλησίον φιλοῦντα. Οἱ γὰρ πλείους ἀπὸ τῶν βιωτικῶν πραγμάτων εἰσὶ συνδεδεμένοι ἀλλήλοις. Ἀλλ' οὐχ ὁ Παῦλος οὕτως ἐφίλει, ἀλλὰ διὰ τὸν Χριστόν· διὸ καὶ μὴ φιλούμενος οὕτως ὥσπερ ἐφίλει, οὐ κατέλυσε τὴν ἀγάπην, ἐπειδὴ ῥίζαν ἰσχυρὰν κατεβάλετο τοῦ φίλτρου. [e] Ἀλλ' οὐχὶ τὰ D νῦν οὕτως· ἀλλὰ πάντα ἐξετάζοντες εὑρήσομεν παρὰ τοῖς πολλοῖς φιλίας ποιητικὰ μᾶλλον ἢ τοῦτο. Καὶ εἴ τις μοι παρέσχεν ἐξουσίαν ἐν τοσούτῳ πλήθει τὴν ἐξέτασιν ποιήσασθαι ταύτην, ἔδειξα ἂν τοὺς πλείονας ἐκ προφάσεων βιωτικῶν ἀλλήλοις συνδεδεμένους. Καὶ δῆλον τοῦτο ἀπὸ τῶν αἰτιῶν τῶν τὴν ἔχθραν ἐργαζομένων. Ἐπειδὴ γὰρ ἀπὸ τῶν ἐπικήρων τούτων εἰσὶν ἀλλήλοις συνημμένοι, διὰ τοῦτο οὔτε θερμοὶ πρὸς ἀλλήλους εἰσὶν, οὔτε διηνεκεῖς· ἀλλὰ κἂν ὕβρις, κἂν χρημάτων ζημία, κἂν φθόνος, κἂν κενοδοξίας ἔρως, κἂν πᾶν τοιοῦτον ἐπελθὸν [f] διαλύει τὸ φίλτρον. Οὐ γὰρ εὑρίσκει τὴν ῥίζαν πνευματικήν. Ὡς εἴ γε τοιαύτη ἦν, E οὐδὲν ἂν τῶν βιωτικῶν τὰ πνευματικὰ διέλυσεν. Ἡ γὰρ διὰ τὸν Χριστὸν ἀγάπη βεβαία καὶ ἀῤῥαγὴς καὶ ἀνάλωτος· καὶ οὐδὲν αὐτὴν διασπάσαι δυνήσεται, οὐ διαβολαὶ, οὐ κίνδυνοι, [g] οὐ θάνατοι, οὐκ ἄλλο τῶν τοιούτων οὐδέν. Κἂν γὰρ μυρία [h] πάθη ὁ οὕτω φιλῶν 610 πρὸς τὴν ὑπόθεσιν τῆς ἀγάπης ὁρῶν οὐκ ἀποστήσεται. A Ὁ μὲν γὰρ διὰ τὸ φιλεῖσθαι φιλῶν, κἂν ἀηδές τι πάθῃ, διαλύει τὴν ἀγάπην· ὁ δὲ ἐκεῖθεν συνδεδεμένος οὐδέποτε ἀποστήσεται. Δι' ὃ καὶ Παῦλος ἔλεγε· Ἡ ἀγάπη οὐδέποτε ἐκπίπτει. Τί γὰρ ἔχεις εἰπεῖν; ὅτι τιμώμενος ὕβρισεν; ὅτι εὐεργετούμενος σφάξαι ἠβουλήθη; Ἀλλὰ καὶ τοῦτό σε μᾶλλον φιλεῖν παρασκευάζει, ἂν διὰ τὸν Χριστὸν φιλῇς. Ἃ γάρ ἐστιν ἐπὶ τῶν ἀλ-

[c] Savil. ἀγάπης ὑπόθεσιν.

[d] Morel. ὁ μὲν ὅτι φιλ Mox idem βιωτικῷ προστάγματι.

[e] Morel. ἀλλ' οὐχὶ νῦν.

[f] Savil. διακόπτει τὸ φίλτρον. [Idem in textu et Codex 694 in præcedentibus quinquies καί. Savil. in marg. κἄν.]

[g] Morel. οὐ θάνατος.

[h] [Savil. πάθῃ.]

λων ἀνατρεπτικὰ ἀγάπης, ταῦτα ἐνταῦθα κατασκευαστικὰ γίνεται. Πῶς; Πρῶτον μὲν, ὅτι σοι μισθῶν αἴτιος ὁ τοιοῦτός ἐστι· δεύτερον, ὅτι πλείονος δεῖται βοηθείας ὁ τοιοῦτος, καὶ θεραπείας πολλῆς. Διὰ τοῦτο ὁ οὕτω φιλῶν οὐ γένος ἐξετάζει, οὐ πατρίδα, οὐ πλοῦτον οὐ τὴν πρὸς αὐτὸν ἀγάπην, οὐκ ἄλλο τῶν τοιούτων οὐδέν· ἀλλὰ κἂν μισῆται, κἂν ὑβρίζηται, κἂν ἀναιρῆται, μένει φιλῶν, ἱκανὴν ἔχων ὑπόθεσιν τοῦ φιλεῖν τὸν Χριστόν· ὅθεν καὶ ἵσταται πεπηγὼς, βέβαιος, ἀπερίτρεπτος πρὸς ἐκεῖνον ὁρῶν. Καὶ γὰρ ὁ Χριστὸς οὕτως ἐφίλησε τοὺς ἐχθροὺς, τοὺς ἀγνώμονας, τοὺς ὑβριστὰς, [a] τοὺς βλασφημοῦντας, τοὺς μισοῦντας, τοὺς οὐδὲ ἰδεῖν αὐτὸν θέλοντας, τοὺς ξύλα καὶ λίθους προτιμῶντας [*] αὐτοῦ, ἀγαπήσας τῇ ἀνωτάτω ἀγάπῃ, καὶ μεθ' ἣν ἑτέραν οὐκ ἔστιν εὑρεῖν. Μείζονα γὰρ [b] ταύτης ἀγάπην οὐδεὶς ἔχει, φησὶν, ἵνα τις τὴν ψυχὴν αὐτοῦ θῇ ὑπὲρ τῶν φίλων αὐτοῦ. Καὶ τοὺς σταυρώσαντας δὲ αὐτὸν, καὶ τοσαῦτα εἰς αὐτὸν ἐμπαροινήσαντας, ὅρα πῶς μένει θεραπεύων. Καὶ γὰρ τῷ Πατρὶ περὶ αὐτῶν διαλέγεται λέγων· Ἄφες αὐτοῖς· οὐ γὰρ οἴδασι τί ποιοῦσι. Καὶ τοὺς μαθητὰς δὲ μετὰ ταῦτα πρὸς αὐτοὺς ἀπέστειλε. Ταύτην τοίνυν καὶ ἡμεῖς τὴν ἀγάπην ζηλώσωμεν, καὶ πρὸς ταύτην ἀπίδωμεν, ἵνα μιμηταὶ γενόμενοι τοῦ Χριστοῦ, καὶ τῶν ἐνταῦθα καὶ τῶν μελλόντων ἐπιτύχωμεν ἀγαθῶν, χάριτι καὶ φιλανθρωπίᾳ τοῦ Κυρίου ἡμῶν Ἰησοῦ Χριστοῦ, ᾧ ἡ δόξα καὶ τὸ κράτος εἰς τοὺς αἰῶνας τῶν αἰώνων. Ἀμήν.

cidere voluerit? Sed si propter Christum diligis, id te ad majorem inducit caritatem. Nam quæ in aliis dilectionem evertunt, hic illam conciliant. Quomodo? Primo, quia talis homo mercedis tibi B causa est; secundo, quia ille majori eget ope et ministerio. Idcirco qui sic amat, non genus explorat, non patriam, non divitias, non quantum redamatur, non aliud simile quidpiam: sed etiamsi odio habeatur, etiamsi contumelia afficiatur, etiamsi occidatur, in amore perseverat, idoneam habens amandi causam, amorem Christi: quapropter ad illum respiciens stat fixus, firmus, immobilis. Nam Christus sic dilexit inimicos, ingratos, contumeliosos, blasphemos, se odientes, eos qui ne respicere quidem illum sustinebant, qui ligna et lapides ipsi anteponebant; hos dilexit suprema cari- C tate, cui par inveniri nequit. Nam ait: *Majorem hac caritatem nemo habet, ut animam suam ponat quis pro amicis suis.* Illos vero qui ipsum crucifixerunt, quique tanto furore contra ipsum insanierunt, vide quantum curet. Nam Patrem alloquens, sic de illis ait: *Dimitte illis; nesciunt enim quid faciunt.* Discipulos quoque postea ad ipsos misit. Hanc igitur nos quoque caritatem imitemur, et hanc respiciamus, ut imitatores Christi effecti, et hæc et futura bona consequamur, D gratia et benignitate Domini nostri Jesu Christi, cui gloria et imperium in sæcula sæculorum. Amen.

Amoris Christiani ratio.

Joan. 15. 13.

Luc. 23. 34.

[a] Alii τοὺς βλασφήμους.

[*] [Savil. et Cod. 694 αὐτοῦ ἀγαπήσας, καὶ ἀγάπην τὴν ἀνωτάτω.]

[b] Morel. ταύτης οὐδεὶς ἔχει. Paulo post idem τοὺς σταυρώσαντας.

ΟΜΙΛΙΑ ξα'.

Τότε προσελθὼν αὐτῷ ὁ Πέτρος εἶπε· Κύριε, ποσάκις ἁμαρτήσει εἰς ἐμὲ ὁ ἀδελφός μου, καὶ ἀφήσω αὐτῷ; ἕως ἑπτάκις; Λέγει αὐτῷ ὁ Ἰησοῦς, οὐ λέγω σοι ἕως ἑπτάκις, ἀλλ' ἕως ἑβδομηκοντάκις ἑπτά.

Ἐνόμισε μέγα τι λέγειν ὁ Πέτρος, διὸ καὶ ὡς φιλοτιμούμενος ἐπήγαγεν, Ἕως ἑπτάκις; Τοῦτο γὰρ, φησὶν, ὃ ἐκέλευσας ποιεῖν, ποσάκις ποιήσω; Ἂν γὰρ ἀεὶ μὲν ἁμαρτάνῃ, ἀεὶ δὲ ἐλεγχόμενος μετανοῇ, ποσάκις τοῦτο ἀνέχεσθαι κελεύεις ἡμᾶς; Ἐκείνῳ μὲν γὰρ τῷ μὴ μετανοοῦντι, μηδὲ καταγινώσκοντι ἑαυτοῦ, πέρας ἐπέθηκας εἰπὼν, Ἔστω σοι ὡς ὁ ἐθνικὸς καὶ ὁ τελώνης· τούτῳ δὲ οὐκ ἔτι, ἀλλ' ἐκέλευσας αὐτὸν

HOMIL. LXI. al. LXII.

CAP. XVIII. v. 21. *Tunc accedens ad illum Petrus dixit: Domine, quoties peccabit in me frater meus, et dimittam ei? usque septies?* 22. *Dicit ei Jesus, Non dico tibi usque septies, sed usque septuagies septies.*

1. Magnum quid se dicere putabat Petrus, ideo E quasi rem ingentem statuens intulit: *Usque septies?* Id quod facere jussisti, inquit, quoties faciam? Nam si semper peccaverit, sæpeque monitus pœnitentiam egerit, quoties hæc nos tolerare jubes? Illi enim qui nec pœnitentiam agit, nec seipsum damnat, terminum posuisti, dicens: *Sit tibi quasi ethnicus et publicanus;* huic vero

Supra v. 17.

non item, sed jussisti illum admitti. Quoties igitur ipsum feram convictum et pœnitentem? sufficitne usque septies? Quid igitur Christus benignus ille et bonus Dominus? *Non dico tibi usque septies: sed usque septuagies septies.* Non numerum statuit hic, sed infinite, perpetuo et semper denotat; sicut enim millies sæpe sæpius significat, ita et dictum superius. Illud enim: *Sterilis peperit septem*, de multis in Scriptura intelligitur. Itaque remissionem non numero conclusit, sed perpetuo et semper concedendam significat: hoc enim per sequentem parabolam indicat. Ne videretur enim magnum quid et onerosum præcipere dicendo, *Septuagies septies,* addidit hanc parabolam, simul id quod dixerat insinuans, et eum qui hac de causa altum saperet reprimens, ostendensque rem non esse arduam, imo valde facilem. Ideo benignitatem suam in medium adduxit, ut ex comparatione discas, te quamvis septuagies septies dimittas, imo omnia peccata proximo semper condones, quasi stillam aquæ pelago comparatam, imo longe minorem esse misericordiam illam, si cum immensa Dei bonitate comparetur, qua opus habes, cum debeas in judicium abduci et rationes reddere. Ideo subjunxit: 23. *Simile est regnum cælorum homini regi, qui voluit rationem ponere cum servis suis.* 24. *Et cum cœpisset ponere rationem, oblatus est ei unus qui debebat decem millia talenta.* 25. *Non habente autem eo unde redderet, jussit vendi eum, et uxorem et filios et omnia quæ haberet.* Deinde cum misericordiam impetrasset ille, 28. *Egressus conservum debentem sibi centum denarios suffocabat;* quare commotus dominus, ipsum in carcerem conjici jussit, donec totum solveret. Viden' quantum sit discrimen inter peccata in hominem, et in Deum? Quantum scilicet discrimen inter decem millia talenta, et centum denarios; imo multo majus. Id autem evenit tum ex differentia personarum, tum ex peccatorum frequentia. Homine namque vidente, cessamus, nec peccare audemus; Deo autem quotidie vidente, non veremur, imo etiam omnia intrepide facimus et dicimus. Neque hunc modo, sed etiam a beneficiis et ab honore quo fruimur graviora peccata redduntur. Et si discere vultis, quomodo sint millia talenta, imo multo plura in Deum peccata,

1. Reg. 2. 5.

Peccata a beneficiis acceptis graviora.

611 προσίεσθαι. Ποσάκις οὖν αὐτὸν ὀφείλω φέρειν ἐλεγ-
A χόμενον καὶ μετανοοῦντα; ἀρκεῖ ἕως ἑπτάκις; Τί οὖν ὁ Χριστὸς, ὁ φιλάνθρωπος [a] καὶ ἀγαθὸς Δεσπότης; Οὐ λέγω σοι ἕως ἑπτάκις· ἀλλ' ἕως ἑβδομηκοντάκις ἑπτά· οὐκ ἀριθμὸν τιθεὶς ἐνταῦθα, ἀλλὰ τὸ ἄπειρον καὶ διηνεκὲς καὶ ἀεί· ὥσπερ γὰρ τὸ μυριάκις τὸ πολλάκις δηλοῖ, οὕτω καὶ ἐνταῦθα. Καὶ γὰρ τὸ, Στεῖρα ἔτεκεν ἑπτὰ, τὸ πολλά φησιν ἡ Γραφή. Ὥστε οὐκ ἀριθμῷ συνέκλεισε τὴν ἄφεσιν, ἀλλὰ τὸ διηνεκὲς ἐδήλωσε καὶ ἀεί· τοῦτο γοῦν καὶ διὰ τῆς παραβολῆς τῆς ἐφεξῆς κειμένης ἐδήλωσεν. Ἵνα γὰρ μὴ δόξῃ τισὶ [b] μέγα τι καὶ φορτικὸν ἐπιτάττειν εἰπὼν, Ἑβδομηκον-
B τάκις ἑπτὰ, προσέθηκε τὴν παραβολὴν ταύτην, ὁμοῦ ἐνάγων εἰς ὅπερ εἴρηκε, καὶ τὸν μέγα φρονοῦντα ἐπὶ τούτῳ καταστέλλων, καὶ δεικνὺς οὐ βαρὺ τὸ πρᾶγμα ὂν, ἀλλὰ καὶ σφόδρα εὔκολον. Διά τοι τοῦτο τὴν αὐτοῦ φιλανθρωπίαν εἰς μέσον ἤγαγεν, ἵνα τῇ παραθέσει μάθῃς, ὅτι κἂν ἑβδομηκοντάκις ἑπτὰ ἀφῇς, κἂν πάντα ἁπλῶς τὰ ἁμαρτήματα διηνεκῶς συγχωρῇς τῷ πλησίον, ὅσον σταγὼν ὕδατος πρὸς πέλαγος ἄπειρον, τοσοῦτόν ἐστιν ἡ φιλανθρωπία· μᾶλλον δὲ καὶ πολλῷ πλέον ἀποδέει σου ἡ φιλανθρωπία πρὸς τὴν ἄπειρον ἀγαθότητα τοῦ Θεοῦ, ἧς ἐν χρείᾳ καθέστηκας δικά-
C ζεσθαι μέλλων καὶ εὐθύνας παρέχειν. Διὸ καὶ ἐπήγαγε λέγων· Ὡμοιώθη ἡ βασιλεία τῶν οὐρανῶν ἀνθρώπῳ βασιλεῖ, ὅστις ἠθέλησε συνᾶραι λόγον μετὰ τῶν δούλων αὐτοῦ. Ἀρξαμένου δὲ αὐτοῦ συναίρειν, προσηνέχθη αὐτῷ εἷς ὀφειλέτης μυρίων ταλάντων. Μὴ ἔχοντος δὲ αὐτοῦ ἀποδοῦναι, ἐκέλευσε [c] πραθῆναι αὐτὸν, καὶ τὴν γυναῖκα αὐτοῦ, καὶ τὰ τέκνα, καὶ πάντα ὅσα εἶχεν. Εἶτα ἐπειδὴ φιλανθρωπίας ἀπήλαυσεν οὗτος, Ἐξελθὼν ὀφείλοντα αὐτῷ σύνδουλον ἑκατὸν δηνάρια ἔπνιγε· καὶ τούτοις κινήσας τὸν δεσπότην, παρεσκεύασεν [d] εἰς δεσμωτήριον πάλιν αὐτὸν ἐμβαλεῖν, ἕως ἂν ἀποτίσῃ τὸ πᾶν. Εἶδες ὅσον τὸ μέσον τῶν εἰς ἄνθρωπον καὶ τῶν
D εἰς Θεὸν ἁμαρτημάτων; Ὅσον τὸ μέσον μυρίων ταλάντων, καὶ ἑκατὸν δηναρίων· μᾶλλον δὲ καὶ πολλῷ πλέον. Γίνεται δὲ τοῦτο καὶ ἀπὸ τῆς διαφορᾶς τῶν προσώπων, καὶ ἀπὸ τῆς συνεχείας τῶν ἁμαρτημάτων. Ἀνθρώπου μὲν γὰρ ὁρῶντος, καὶ ἀφιστάμεθα, καὶ ὀκνοῦμεν ἁμαρτεῖν· Θεοῦ δὲ καθ' ἑκάστην ἡμέραν βλέποντος, [e] οὐκ αἰσχυνόμεθα, ἀλλὰ καὶ πράττομεν ἀδεῶς ἅπαντα, καὶ φθεγγόμεθα. Οὐκ ἐντεῦθεν δὲ μόνον, ἀλλὰ καὶ ἀπὸ τῆς εὐεργεσίας, καὶ ἀπὸ τῆς τιμῆς ἧς ἀπηλαύσαμεν, χαλεπώτερα γίνεται τὰ ἁμαρτήματα. Καὶ εἰ βούλεσθε μαθεῖν, πῶς ἐστι μυρία τά-
E λαντα, μᾶλλον δὲ καὶ πολλῷ πλείονα τὰ εἰς αὐτὸν

[a] Savil. καὶ ἀγαθὸς δεσπότης. Morel. καὶ ἀγαθὸς θεός. Infra Morel. ὥσπερ καὶ τὸ μυριάκις. Paulo post quidam τὸ πολλάκις φησίν.

[b] Savil. μεγάλα καὶ φορτικά.

[c] Morel. male πραθῆναι τὴν γυναῖκα.

[d] Morel. πάλιν εἰς δεσμωτήριον βαλεῖν αὐτὸν, ἕως.

[e] Savil. οὐκ ἀπεχόμεθα.

ἁμαρτήματα, δεῖξαι πειράσομαι διὰ βραχέων. Ἀλλὰ φοβοῦμαι μὴ τοῖς [f] εἰς κακίαν ῥέπουσι καὶ διηνεκῶς ἁμαρτάνειν φιλοῦσι πλείονα παράσχω τὴν ἄδειαν, ἢ τοὺς ἐπιεικεστέρους εἰς ἀπόγνωσιν ἐμβάλω, καὶ τὸ τῶν μαθητῶν εἴπωσι· Τίς δύναται σωθῆναι; Πλὴν ἀλλὰ καὶ
612 A οὕτως ἐρῶ, ἵνα τοὺς προσέχοντας ἀσφαλεστέρους ἐργάσωμαι καὶ ἐπιεικεστέρους. Οἵ τε γὰρ ἀνίατα νοσοῦντες καὶ ἀνάλγητοι, καὶ τούτων χωρὶς τῶν λόγων, οὐκ ἀφίστανται τῆς οἰκείας πονηρίας τε καὶ ῥαθυμίας· εἰ δὲ καὶ ἐντεῦθεν πλείονα λαμβάνοιεν ἀφορμὴν ὀλιγωρίας, οὐ τῶν λεγομένων ἡ αἰτία, ἀλλὰ τῆς ἐκείνων ἀναισθησίας· ὡς τά γε λεγόμενα καὶ συστεῖλαι δυνήσεται καὶ κατανύξαι τοὺς προσέχοντας μᾶλλον· οἵ τε ἐπιεικέστεροι, ὅταν ἴδωσι μὲν τὸν ὄγκον τῶν ἁμαρτημάτων, [a] μάθωσι δὲ καὶ τὴν δύναμιν τῆς μετανοίας, μᾶλλον αὐτῆς ἀνθέξονται· διόπερ ἀναγκαῖον
B εἰπεῖν. Ἐρῶ τοίνυν καὶ θήσω τὰ ἁμαρτήματα, ὅσα τε εἰς Θεὸν πλημμελοῦμεν, καὶ ὅσα εἰς ἀνθρώπους· καὶ θήσω οὐ τὰ ἴδια, ἀλλὰ τὰ κοινά· τὰ δὲ ἴδια ἕκαστος συναπτέτω λοιπὸν ἀπὸ τοῦ συνειδότος. Ποιήσω δὲ τοῦτο, πρότερον τὰς εὐεργεσίας θεὶς τοῦ Θεοῦ. Τίνες οὖν αἱ εὐεργεσίαι τοῦ Θεοῦ; Ἐποίησεν ἡμᾶς οὐκ ὄντας, καὶ πάντα δι' ἡμᾶς εἰργάσατο τὰ ὁρώμενα, οὐρανὸν, θάλατταν, γῆν, ἀέρα, τὰ ἐν τούτοις [b] πάντα, ζῶα, φυτὰ, σπέρματα· δεῖ γὰρ ἐπιτεμεῖν διὰ τὸ πέλαγος τῶν ἔργων τὸ ἄπειρον. Ψυχὴν ζῶσαν ἡμῖν
C ἐνέπνευσε μόνοις τοιαύτην τῶν ἐπὶ γῆς, παράδεισον ἐφύτευσε, βοηθὸν ἔδωκε, πᾶσι τοῖς ἀλόγοις ἐπέστησε, δόξῃ καὶ τιμῇ ἐστεφάνωσε. [c] Μετὰ ταῦτα γενόμενον ἀγνώμονα περὶ τὸν εὐεργέτην μείζονος ἠξίωσε δωρεᾶς.

id paucis exprimere satagam. Sed timeo ne iis, qui ad nequitiam proni sunt, quique frequenter peccant, majorem præbeam licentiam, neve modestiores in desperationem conjiciam, et ne idipsum quod discipuli dicant: *Quis potest salvari?* Marc 10. 26.
Nihilominus tamen dicam, ut eos qui attendunt securiores et mansuetiores reddam. Nam qui incurabili morbo laborant et sine sensu sunt, hisce nihil permoti rationibus, a nequitia et ignavia sua non recedunt; si autem inde majorem sumant negligentiæ occasionem, id non dictis hujusmodi, sed eorum stoliditati tribuendum est: quæ vero dicentur, attentos reprimere et ad compunctionem deducere poterunt; mansuetiores vero, cum peccatorum molem viderint, et vim pœnitentiæ didicerint, ipsi magis dabunt operam: ideoque illud dicere operæ pretium fuerit. Proferam vero peccata, et quæcumque in Deum, et quæcumque in homines perpetramus: non propria ponam, sed communia; propria autem deinceps ex conscientia sua singuli addent. Id vero faciam, postquam Dei beneficia præposuero. Quæ sunt ergo Dei beneficia? Ipse fecit nos ex nihilo, visibilia omnia propter nos condidit, cælum, mare, terram, aerem, et quæ in iis continentur omnia, animalia, plantas, semina; nam brevitati studendum ob immensam operum copiam. Animam viventem talem nobis tantum inspiravit, paradisum plantavit, adjutricem dedit, et in bruta animantia imperium, gloria et honore coronavit. Deinde hominem, qui erga benefactorem suum ingratus evaserat, majori dono dignatus est.

Μὴ γὰρ τοῦτο ἴδῃς μόνον, ὅτι ἐξέβαλε παραδείσου· ἀλλὰ καὶ τὸ κέρδος σκόπει τὸ ἐκ τούτου γενόμενον. Μετὰ γὰρ τὸ ἐκβαλεῖν παραδείσου, καὶ τὰ μυρία ἐκεῖνα ἐργάσασθαι ἀγαθὰ, καὶ τὰς ποικίλας οἰκονομίας ἐπιτελέσαι, καὶ τὸν Υἱὸν ἔπεμψε τὸν ἑαυτοῦ ὑπὲρ τῶν εὐεργετηθέντων καὶ μισούντων, καὶ τὸν οὐρανὸν ἡμῖν ἀνέῳξε, καὶ τὸν παράδεισον αὐτὸν ἀνεπέτασε, καὶ υἱοὺς ἡμᾶς ἐποίησε, τοὺς ἐχθροὺς, τοὺς ἀγνώμονας.
D Διὸ καὶ εὔκαιρον νῦν εἰπεῖν· Ὦ βάθος πλούτου καὶ σοφίας καὶ γνώσεως Θεοῦ. Ἔδωκε δὲ ἡμῖν καὶ βάπτισμα ἀφέσεως ἁμαρτημάτων, καὶ τιμωρίας ἀπαλλαγὴν, καὶ βασιλείας κληρονομίαν, καὶ μυρία ἐπηγγείλατο κατορθοῦσιν ἀγαθὰ, καὶ χεῖρα ὤρεξε, καὶ Πνεῦμα ἐξέχεεν εἰς τὰς καρδίας ἡμῶν. Τί οὖν μετὰ τοσαῦτα καὶ τηλικαῦτα ἀγαθά; πῶς ἡμᾶς διακεῖσθαι ἐχρῆν; ἆρα εἰ καθ' ἑκάστην ἀπεθνήσκομεν τὴν ἡμέ-

2. Ne hoc tantum consideres, quod ejecerit ex paradiso, sed lucrum inde partum perpende. Postquam enim ejecit ex paradiso, et infinita illa bona largitus est œconomiasque varias, Filium suum misit pro iis qui beneficiis affecti ipsum oderant, cælum nobis aperuit, et paradisum ipsum expandit, nos inimicos, ingratos filios effecit. Ideo nunc opportune dicatur: *O altitudo divitiarum et sapientiæ et scientiæ Dei!* Rom 11. 33.
Deditque nobis baptisma in remissionem peccatorum, eripuit a suppliciis, heredes regni constituit, millia promisit bona recte agentibus, manum porrexit, Spiritumque infudit in corda nostra. Quid igitur post tot tantaque bona? quomodo nos affectos esse oporteret? num si quotidie moriamur pro illo, qui nos tantum diligit, condignas gratias, imo vel tantillum debiti

[f] Alii et Savil. πρὸς κακίαν.
[a] Alii καθὼς δὲ καὶ τὴν δύναμιν.
[b] Morel. τὰ ζῶα, τὰ φυτὰ, τὰ σπέρματα.
[c] Savil. μετὰ τοῦτο.

referemus? Nequaquam : nam illud etiam in lucrum nobis cedit. Quomodo igitur affecti sumus, qui ita affici deberemus? Quotidie leges ejus violamus. Verum ne indigne feratis, si peccantium linguam perstrinxero : non enim vos incuso tantum, sed et meipsum. Undenam vultis incipiam? an a servis? an a liberis? a militibus? a privatis hominibus? a principibus? a subditis? a mulieribus? a viris? a senibus? a juvenibus? a qua ætate? a quo gene-
Militum mores. re? a qua dignitate? a quo studio? Vultisne a militibus incipiam? In quot peccata hi quotidie non proruunt? Contumelias et convicia inferunt, insaniunt, alienis calamitatibus delectantur, lupis similes, scelere numquam vacui, nisi quis dixerit mare fluctibus vacare. Quæ animi ægritudo non illos exagitat? quis morbus non animam ipsorum obsidet? Æqualibus enim invident, vanæ gloriæ student; subditos sibi avare defraudant, iis qui litigant et ad se quasi ad portum confugiunt, hostili et perjuro animo sunt. Quot apud illos rapinæ? quot fraudes? quot sycophantiæ, et fraudulentæ negotiationes? quot adulationes serviles? Agedum,
Matth. 5. 22. 28. et 18. 4. Christi legem singulis aptemus : *Qui dixerit fratri suo, Fatue, reus erit gehennæ ignis. Qui respexerit mulierem ad concupiscendum eam, jam mœchatus est eam in corde suo. Nisi quis humiliaverit se sicut parvulus, non intrabit in regnum cælorum.* Hi vero arrogantia utuntur adversus subditos sibi traditos, trementes, et formidantes, quibus sunt ipsis feris acerbiores : nihil pro Christo facientes, omnia pro ventre, pro pecuniis, pro vana gloria. An scelera eorum verbis numerari possint? Quid irrisiones memorem, risum effusum, intempestiva colloquia, obscœna dicta? Nam de avaritia nihil dicendum : quemadmodum enim ii qui in montibus sunt monachi, ne sciunt quidem quid sit avaritia : ita et isti, sed contrario modo. Illi enim quod procul ab hoc morbo sint, id ignorant; hi vero quasi hoc morbo ebrii, ne sentiunt quidem quantum sit malum : nequitia enim ita omnem virtutem ab eis expulit, tantamque tyrannidem exercet, ut furentibus illis nullum crimen grave videatur esse. Sed his relictis, vultisne ad alios modestiores accedamus? Age igitur, opificum
Artificum fraudes. artificumque genus adeamus. Hi enim maxime videntur ex justis laboribus sudoribusque vitam sibi parare. Verum hi quoque nisi sibi atten-

ραν ὑπὲρ τοῦ οὕτως ἡμᾶς φιλοῦντος, [d] ἐξετιννύομεν ἂν τὴν ἀξίαν, μᾶλλον δὲ τὸ πολλοστὸν τῆς ὀφειλῆς κατετίθεμεν; Οὐδαμῶς· καὶ γὰρ καὶ τοῦτο πάλιν εἰς τὸ ἡμέτερον κέρδος περιίστατο. Πῶς οὖν διακείμεθα οἱ οὕτω διακεῖσθαι ὀφείλοντες; Καθ' ἑκάστην ἡμέραν εἰς νό-
E μους ἐνυβρίζομεν τοὺς αὐτοῦ. Ἀλλὰ μὴ ἀγανακτήσητε, ἂν ἐπαφῶ τὴν γλῶτταν τοῖς ἁμαρτάνουσιν· οὐ γὰρ ὑμῶν κατηγορήσω μόνον, ἀλλὰ καὶ ἐμαυτοῦ. Πόθεν οὖν βούλεσθε ἄρξομαι; ἀπὸ τῶν δούλων; ἀπὸ τῶν ἐλευθέρων; ἀπὸ τῶν στρατευομένων; ἀπὸ τῶν ἰδιωτῶν; ἀπὸ τῶν ἀρχόντων; ἀπὸ τῶν ἀρχομένων; ἀπὸ τῶν γυναικῶν; ἀπὸ τῶν ἀνδρῶν; ἀπὸ τῶν γερόντων; [e] ἀπὸ τῶν νέων; ἀπὸ ποίας ἡλικίας; ἀπὸ
613 A ποίου γένους; ἀπὸ ποίου ἀξιώματος; ἀπὸ ποίου ἐπιτηδεύματος; Βούλεσθε ἀπὸ τῶν στρατευομένων ποιήσομαι τὴρ ἀρχήν; Τί τοίνυν οὐχ ἁμαρτάνουσιν οὗτοι καθ' ἑκάστην ἡμέραν, ὑβρίζοντες, λοιδορούμενοι, [a] μαινόμενοι, τὰς ἀλλοτρίας πραγματευόμενοι συμφορὰς, λύκοις ἐοικότες, πλημμελημάτων οὐδέποτε καθαρεύοντες, πλὴν εἰ μὴ καὶ τὴν θάλατταν εἴποι τις κυμάτων εἶναι ἐκτός; Ποῖον γὰρ αὐτοῖς πάθος οὐκ ἐνοχλεῖ; ποῖον δὲ νόσημα οὐ πολιορκεῖ αὐτῶν τὴν ψυχήν; Πρὸς μὲν γὰρ τοὺς ὁμοτίμους ζηλοτύπως διά-
B κεινται, καὶ φθονοῦσι καὶ κενοδοξοῦσι· πρὸς δὲ τοὺς ὑποτεταγμένους, πλεονεκτικῶς· πρὸς δὲ τοὺς δίκας ἔχοντας, καὶ ὡς εἰς λιμένα κατατρέχοντας, πολεμίως [b] καὶ ἐπιόρκως. Πόσαι παρ' αὐτοῖς ἁρπαγαί; πόσαι πλεονεξίαι; πόσαι συκοφαντίαι καὶ καπηλεῖαι; πόσαι κολακεῖαι δουλοπρεπεῖς; Φέρε οὖν καθ' ἕκαστον ἁρμόσωμεν τὸν τοῦ Χριστοῦ νόμον· Ὁ εἰπὼν τῷ ἀδελφῷ αὐτοῦ, μωρὲ, ἔνοχος ἔσται τῇ γεέννῃ τοῦ πυρός. ὁ ἐμβλέψας γυναικὶ πρὸς τὸ ἐπιθυμῆσαι, ἤδη ἐμοίχευσεν αὐτὴν ἐν τῇ καρδίᾳ αὐτοῦ. Ἐὰν μή τις ταπεινώσῃ ἑαυτὸν ὡς τὸ παιδίον, οὐ μὴ εἰσέλθῃ εἰς τὴν βα-
C σιλείαν τῶν οὐρανῶν. Οὗτοι δὲ καὶ ἐπιτηδεύουσι τῦφον κατὰ τῶν ὑπηκόων, καὶ παραδεδομένων, καὶ τρεμόντων αὐτοὺς καὶ δεδοικότων, θηρίου γινόμενοι χαλεπώτεροι· διὰ μὲν τὸν Χριστὸν οὐδὲν ποιοῦντες, πάντα δὲ διὰ τὴν γαστέρα, διὰ τὰ χρήματα, διὰ τὴν κενοδοξίαν. Ἆρα ἔνι ἀριθμῆσαι διὰ ῥημάτων τὴν τῶν πραγμάτων πλημμέλειαν; Τί ἄν τις εἴποι τὰς χλευασίας αὐτῶν, τὸν γέλωτα, [c] τὰς ἀκαίρους διαλέξεις, τὰς αἰσχρολογίας; Περὶ δὲ πλεονεξίας οὐδὲ εἰπεῖν ἔνι· καθάπερ γὰρ οἱ ἐν τοῖς ὄρεσι μοναχοὶ οὐδὲ τί ποτέ ἐστιν ἡ πλεονεξία ἴσασιν· οὕτως οὐδὲ οὗτοι, ἀλλ' ἀπ' ἐναν-

[d] Quidam ἐξετίννυμεν. [Savil. in marg. ἐξετίνομεν.] Infra quidam πῶς οὖν παρείμεθα. οἱ οὕτω.

[e] Morel. ἀπὸ τῶν παιδίων.

[a] Μαινόμενοι. In aliis hæc vox deest, alii vero ejus loco habent πονούμενοι.

[b] Καὶ ἐπιόρκως deest in Savil. Ibid. Morel. πόσαι γὰρ αὐτοῖς ἁρπ.

[c] Alii τὰς ἀτάκτους.

τίας ἐκείνοις. [d] Ἐκεῖνοι μὲν γὰρ διὰ τὸ πόῤῥω τοῦ νοσήματος εἶναι ἀγνοοῦσι τὸ πάθος· οὗτοι δὲ διὰ τὸ σφόδρα τῷ πάθει μεθύειν οὐδὲ αἰσθάνονται ὅσον ἐστὶ τὸ κακόν· οὕτω γὰρ παρώσατο τὴν ἀρετὴν ἡ κακία αὕτη καὶ τυραννεῖ, ὡς μηδὲ ἔγκλημα βαρὺ νομίζεσθαι αὐτὴν εἶναι παρὰ τοῖς μαινομένοις ἐκείνοις. Ἀλλὰ βούλεσθε τούτους ἀφέντες, ἐφ' ἑτέρους ἔλθωμεν ἐπιεικεστέρους; Φέρε οὖν τὸ τῶν δημιουργῶν γένος καὶ χειροτεχνῶν ἐξετάσωμεν. Οὗτοι γὰρ μάλιστα δοκοῦσιν ἐκ δικαίων διαζῆν πόνων, καὶ τῶν ἱδρώτων τῶν ἑαυτῶν· Ἀλλὰ καὶ οὗτοι ὅταν μὴ προσέχωσιν ἑαυτοῖς, πολλὰ ἐντεῦθεν συνάγουσιν ἑαυτοῖς τὰ κακά· τὴν γὰρ ἀπὸ τῆς πράσεως καὶ ἀγορασίας ἀδικίαν ἐπισυνάγουσι τῇ τῶν δικαίων πόνων ἐργασίᾳ, καὶ ὅρκους καὶ ἐπιορκίας καὶ ψευδολογίας προστιθέασι τῇ πλεονεξίᾳ πολλάκις, καὶ τῶν βιωτικῶν μόνον εἰσὶ πραγμάτων, καὶ τῇ γῇ προσηλωμένοι διατελοῦσι, καὶ ὅπως μὲν χρηματίσωνται πάντα πράττουσιν· ὅπως δὲ μεταδοῖεν τοῖς δεομένοις, οὐ πολλὴν τίθενται τὴν σπουδὴν, ἀεὶ τὰ ὄντα αὔξειν βουλόμενοι. Τί ἄν τις εἴποι τὰς λοιδορίας τὰς ὑπὲρ τῶν τοιούτων, τὰς ὕβρεις, τὰ δανείσματα, τοὺς τόκους, τὰ συναλλάγματα τὰ πολλῆς γέμοντα καπηλείας, τὰς ἐμπορίας τὰς ἀναισχύντους;

Ἀλλ' εἰ βούλεσθε, καὶ τούτους ἀφέντες, ἐφ' ἑτέρους ἔλθωμεν, τοὺς δὴ δοκοῦντας εἶναι δικαιοτέρους. Τίνες οὖν εἰσιν οὗτοι; Οἱ τοὺς ἀγροὺς κεκτημένοι, καὶ τὸν ἀπὸ τῆς γῆς δρεπόμενοι πλοῦτον. Καὶ τί τούτων γένοιτ' ἂν ἀδικώτερον; Εἰ γάρ τις ἐξετάσειε πῶς τοῖς ἀθλίοις καὶ ταλαιπώροις κέχρηνται γεωργοῖς, βαρβάρων αὐτοὺς ὠμοτέρους ὄψεται. Τοῖς γὰρ ἐν λιμῷ τηκομένοις, καὶ δι' ὅλης πονουμένοις τῆς ζωῆς, καὶ τελέσματα διηνεκῆ καὶ ἀφόρητα ἐπιτιθέασι, καὶ διακονίας ἐπιπόνους ἐπιτάττουσι, καὶ ὡς ὄνοις καὶ ἡμιόνοις, μᾶλλον δὲ ὡς λίθοις τοῖς ἐκείνων κέχρηνται σώμασιν, οὐδὲ μικρὸν ἀναπνεῦσαι συγχωροῦντες, καὶ παρεχούσης τῆς γῆς, καὶ μὴ παρεχούσης, ὁμοίως αὐτοὺς κατατείνουσι, καὶ [a] οὐδὲ μιᾶς αὐτοῖς συγγνώμης μεταδιδόασιν· οὗ τί γένοιτ' ἂν ἐλεεινότερον, ὅταν δι' ὁλοκλήρου τοῦ χειμῶνος πονέσαντες, καὶ κρυμῷ καὶ ὄμβρῳ καὶ ἀγρυπνίαις δαπανηθέντες, κεναῖς ἀναχωροῦσι ταῖς χερσὶν, ἔτι καὶ προσοφείλοντες, καὶ τοῦ λιμοῦ τούτου καὶ τοῦ ναυαγίου τὰς τῶν ἐπιτρόπων βασάνους καὶ τοὺς ἑλκυσμοὺς καὶ τὰς ἀπαιτήσεις καὶ τὰς ἀπαγωγὰς καὶ τὰς ἀπαραιτήτους [b] λειτουργίας ἀπιᾶσι μᾶλλον δεδοικότες καὶ φρίττοντες; Τί ἄν τις εἴποι τὰς ἐμπορίας, ἃς αὐτοὺς ἐμπορεύονται, τὰς καπηλείας, ἃς αὐτοὺς καπηλεύουσιν, ἀπὸ μὲν τῶν πόνων

dant, multa inde sibi mala congerunt: nam justis
D operibus iniquum vendendi et emendi modum adjiciunt, et sæpe avaritiæ juramenta, perjuria, mendacia superaddunt: hujus vitæ rebus addicti terræque affixi, nihil non agunt ut pecunias colligant, nec curant eas pauperibus erogare, semperque facultates augere student. Quis enarrarit convicia his de causis prolata, contumelias, fœnora, usuras, pacta multam fraudem habentia, impudentes negotiationes?

E

614 A 3. Verum si placet, his omissis, ad alios veniamus, qui videntur justiores esse. Quinam illi sunt? Qui agros possident, et ex terræ fructibus ditantur. Quid illis iniquius reperiatur? Si quis enim perquirat quo pacto cum miseris agricolis se gerant, illos barbaris immaniores deprehendet. Nam iis qui fame tabescentes per totam vitam laborant, vectigalia imponunt intolerabilia et perpetua, laboriosaque ministeria, quasi asinis et mulis, imo quasi lapidibus ipsorum corporibus utentes, neque vel tantillum respirare sinentes, sed sive agri feraces, sive steriles sint, pari modo torquent, nec vel minimum veniæ ipsis concedunt;
B quo quid miserabilius fuerit, quando tota hieme in laboribus transacta, frigore, imbribus ac vigiliis attriti, vacuis manibus, adhuc debitores recedunt, procuratorum tormenta, raptationes, exactiones, abductiones, et inevitabilia ministeria magis timentes, quam tantam famem, tantumque naufragium? Quis enarraverit negotiationes et commercia quæ per illos exercent? Ex ipsorum laboribus torcularia et subtorcularia replent, dum non sinunt ipsos vel parvam mensuram domum referre, sed totum fructum inique in doliis suis includunt,

Prædiorum possessores iniqui.

[d] Morel. ἐκεῖνοι μὲν διά. Infra alii σφόδρα ἐν αὐτῷ τῷ πάθει μεθύειν.

[a] Morel. οὐδὲ μιᾶς συγγνώμης.

[b] Savil. λειτουργίας μᾶλλον, [omisso ἀπιᾶσι quod in margine habet]. Paulo post Savil. [in textu et Cod. 694 αὐτοὶ ἐμπορ., Savil. in marg. αὐτούς. Deinde Savil. in textu et Cod. 694 αὐτοὶ καπηλεύονται, Savil. in marg. αὐτοὺς] καπηλεύουσι.

modicamque pecuniam pro hac re ipsis projiciunt. Nova quoque excogitant usuræ genera, quæ ne gentilium quidem legibus permittuntur, usurariaque acta rescribunt exsecranda, quibus non centesimam sortis, sed dimidium exigunt: et hæc, cum is, a quo exigunt, et uxorem et liberos alat, pauperque sit, qui suis laboribus et aream et torcularia implet. Sed nihil horum cogitant. Quare opportune prophetam in medium adducamus dicentem, *Obstupesce, cælum, et horresce, terra*: in quantam feritatem genus humanum prorupit? Hæc porro dico, non quod artes, agriculturam et militiam criminer, sed nos ipsos. Nam Cornelius centurio erat, et Paulus coriarius, et post prædicationem arte sua utebatur; et David rex erat; Job vero multorum prædiorum dominus, innumeris fruebatur reditibus, quibus nihil horum impedimento fuit ad virtutem colendam. Hæc itaque omnia cogitantes, decemque millia talenta in mentem revocantes, hinc incitemur ut pauca illa et vilia proximo remittamus. Nam rationes nobis reddendæ erunt de præceptis nobis traditis, nec poterimus, quidquid tandem faciamus, omnia persolvere. Ideoque nobis Deus viam facilem aperuit, quia omnia solvere possimus, oblivionem dico injuriarum. Ut igitur illud probe discamus, audiamus ultra progressi parabolam totam. *Oblatus est* enim, inquit, *unus qui debebat illi decem millia talenta. Non habente autem illo unde redderet, jussit eum vendi, et uxorem ejus, et filios.* Cur uxorem quæso? Non ex crudelitate vel inhumanitate: nam in aliud detrimentum incidisset, cum uxor ejus et ipsa serva esset; sed ex ineffabili providentia. Vult enim illum tali comminatione perterrefacere, ut ad supplicandum induceret, ne venderetur. Si enim propter debitum id fecisset, non annuisset ejus petitioni, neque gratiam dedisset. Cur ergo antequam rationes datæ essent debitum non dimisit? Ut doceret quanto ipsum debito absolveret; ut hac ratione ille indulgentior circa conservum esset. Si enim postquam debiti magnitudinem didicit, et ingentem remissionem, conservum suum tam aspere egit: nisi illum talibus remediis prius lenivisset, quo non crudelitatis processurus erat? Quid igitur ille? 26. *Patientiam*

C καὶ τῶν ἱδρώτων ληνοὺς καὶ ὑπολήνια πληροῦντες, αὐτοῖς δὲ οἴκαδε οὐδὲ ὀλίγον ἐπιτρέποντες εἰσάγειν μέτρον, ἀλλ' ὁλόκληρον τὸν καρπὸν εἰς τοὺς τῆς παρανομίας αὐτῶν ἀντλοῦντες πίθους, καὶ ὀλίγον αὐτοῖς ὑπὲρ τούτου [c] προσρίπτοντες ἀργύριον; Καινὰ δὲ καὶ γένη τόκων ἐπινοοῦσι, καὶ οὐδὲ τοῖς Ἑλλήνων νόμοις νενομισμένα, καὶ δανεισμάτων γραμματεῖα πολλῆς γέμοντα τῆς ἀρᾶς συντιθέασιν· [d] οὐδὲ γὰρ ἑκατοστὴν τοῦ παντὸς, ἀλλὰ τὸ ἥμισυ τοῦ παντὸς ἀπαιτεῖν βιάζονται· καὶ ταῦτα τοῦ ἀπαιτουμένου καὶ γυναῖκα ἔχοντος, καὶ παιδία τρέφοντος, καὶ ἀνθρώπου ὄντος πένητος, καὶ τοῖς οἰκείοις πόνοις καὶ τὴν ἅλω καὶ τὴν ληνὸν πληροῦντος. Ἀλλ' οὐδὲν τούτων ἐννοοῦσι. Διὸ δὴ D τὸν προφήτην εὔκαιρον παραστησαμένους εἰπεῖν· Ἔκστηθι, οὐρανὲ, καὶ φρῖξον, γῆ· εἰς ὅσην θηριωδίαν τὸ τῶν ἀνθρώπων ἐξεβακχεύθη γένος; Ταῦτα δὲ λέγω, οὐ τέχνας, οὐδὲ γεωργίαν, οὐδὲ στρατείαν, οὐδὲ ἀγροὺς διαβάλλων, ἀλλ' ἡμᾶς αὐτούς. Ἐπεὶ καὶ ὁ Κορνήλιος ἑκατοντάρχης ἦν, καὶ ὁ Παῦλος σκυτοτόμος, καὶ μετὰ τὸ κήρυγμα τῇ τέχνῃ ἐκέχρητο· καὶ ὁ Δαυὶδ βασιλεὺς ἦν· [e] καὶ ὁ Ἰὼϐ πολλῶν κτημάτων κύριος ἦν, καὶ μυρίων προσόδων ἀπέλαυσε, καὶ οὐδὲν ἐντεῦθεν κώλυμα E ἦν οὐδενὶ τούτων πρὸς ἀρετήν. Ταῦτα οὖν ἅπαντα ἐννοοῦντες, καὶ τὰ μυρία τάλαντα ἀναλογιζόμενοι, κἂν ἐντεῦθεν ἐπαχθῶμεν πρὸς τὸ ἀφιέναι τοῖς πλησίον τὰ ὀλίγα ἐκεῖνα καὶ εὐτελῆ. Καὶ γὰρ λόγος ἡμῖν [f] γενήσεται τῶν ἐμπιστευθεισῶν ἡμῖν ἐντολῶν, καὶ οὐκ ἔχο- 615 A μεν πάντα καταϐαλεῖν, οὐδ' ἂν ὁτιοῦν ποιήσωμεν. Διὰ τοῦτο ἡμῖν ἔδωκεν ὁ Θεὸς πρὸς ἔκτισιν εὔκολόν τε καὶ ῥᾳδίαν ὁδὸν καὶ πάντα δυναμένην διαλύσασθαι ἐκεῖνα, τὸ μὴ μνησικακεῖν λέγω. Ἵν' οὖν τοῦτο μάθωμεν καλῶς, ἀκούσωμεν ὁδῷ προϊόντες τῆς παραϐολῆς ἁπάσης. Προσηνέχθη γὰρ αὐτῷ, φησὶν, εἷς ὀφειλέτης μυρίων ταλάντων. Οὐκ ἔχοντος δὲ αὐτοῦ ἀποτῖσαι, ἐκέλευσεν αὐτὸν πραθῆναι, καὶ τὴν γυναῖκα αὐτοῦ, καὶ τὰ παιδία. Τίνος οὖν ἕνεκεν, εἰπέ μοι, τὴν γυναῖκα; Οὐκ ἐξ ὠμότητος οὐδὲ ἀπανθρωπίας· καὶ γὰρ εἰς αὐτὸν ἡ ζημία περιίστατο πάλιν· δούλη γὰρ ἦν κἀκείνη· ἀλλ' ἐξ ἀφάτου κηδεμονίας. Βούλεται γὰρ [g] αὐτὸν πτοῆσαι διὰ τῆς ἀπειλῆς ταύτης, ἵνα εἰς ἱκετηρίαν αὐτὸν B ἀγάγῃ, οὐχ ἵνα πραθῇ. Εἰ γὰρ διὰ τοῦτο ἐποίει, οὐκ ἂν ἐπένευσεν αὐτοῦ τῇ αἰτήσει, οὐδ' ἂν τὴν χάριν ἔδωκε. Διατί οὖν πρὸ τοῦ λογοθεσίου τοῦτο οὐκ ἐποίησεν, οὐδὲ ἀφῆκε τὸ ὄφλημα; Διδάξαι βουλόμενος πόσων αὐτὸν ὀφλημάτων ἐλευθεροῖ· ἵνα κἂν ταύτῃ ἡμε-

[c] [Savil in textu et Commelin. προσριπτοῦντες. Savil. in marg. et Cod. 694 προσριπτοῦσι.]

[d] Sic Savil. et Mss. Morel. vero male οὐδὲ γὰρ ἑκατοστὴν τοῦ.

[e] Hæc, quæ in Morel. vitiata erant, ex Savilii Editione et ex Manuscriptis restituta sunt. Apud Morel. hic legitur καὶ ὁ Ἰὼϐ χωρίων ἀπέλαυε, καὶ πολλῶν προσόδων, καὶ οὐδέν. Paulo post idem ἅπαντα ἐννοοῦντες. [Infra Savil. in marg. et Cod. 694 ἐπειχθῶμεν.]

[f] [Savil. in marg. et Cod. 694 γίνεται.]

[g] Savil. αὐτὸν ἥμερον ποιῆσαι διὰ τῆς. Paulo post Morel. εἰ γὰρ μὴ διὰ τοῦτο ἐποίει.

ρώτερος περὶ τὸν σύνδουλον γένηται. Εἰ γὰρ καὶ μαθὼν τοῦ ὀφλήματος τὸν ὄγκον, καὶ τῆς συγχωρήσεως τὸ μέγεθος, ἐπέμενεν ἄγχων τὸν σύνδουλον· εἰ μὴ τοσούτοις αὐτὸν προεπαίδευσε φαρμάκοις, ποῦ οὐκ ἂν ἐξῆλθεν ὠμότητος; Τί οὖν ἐκεῖνος; Μακροθύμησον ἐπ' ἐμοὶ, καὶ πάντα σοι ἀποδώσω, φησίν. Ὁ δὲ κύριος C αὐτοῦ σπλαγχνισθεὶς, ἀπέλυσεν αὐτὸν, καὶ τὸ δάνειον ἀφῆκεν αὐτῷ. Εἶδες πάλιν φιλανθρωπίας [b] ὑπερβολήν; Ἀναβολὴν ἐζήτησε μόνον καιροῦ καὶ ὑπέρθεσιν ὁ οἰκέτης· ὁ δὲ μεῖζον ἢ ᾔτησεν ἔδωκεν, ἄφεσιν ὁλοκλήρου τοῦ δανείσματος καὶ συγχώρησιν. Ἐβούλετο μὲν γὰρ καὶ ἐξ ἀρχῆς δοῦναι, ἀλλ' οὐκ ἐβούλετο αὐτοῦ εἶναι τὸ δῶρον μόνον, ἀλλὰ καὶ τῆς τούτου ἱκετηρίας, ἵνα μὴ ἀστεφάνωτος ἀπέλθῃ. Ὅτι γὰρ αὐτοῦ τὸ πᾶν ἦν, εἰ καὶ προσέπεσεν οὗτος καὶ ἐδεήθη, ἡ αἰτία τῆς συγχωρήσεως ἐδήλωσε· Σπλαγχνισθεὶς γάρ, φησιν, ἀφῆκεν αὐτῷ. Ἀλλ' ὅμως καὶ οὕτως ἐβούλετο κἀκεῖνόν τι δο- D κεῖν συνεισφέρειν, ἵνα μὴ σφόδρα ᾖ κατῃσχυμμένος· καὶ ἵνα παιδευθεὶς ἐν ταῖς οἰκείαις συμφοραῖς συγγνωμονικὸς γένηται τῷ συνδούλῳ.

Μέχρι μὲν οὖν τούτου καλὸς οὗτος καὶ εὐάρεστος· καὶ γὰρ ὡμολόγησε καὶ ἐπηγγείλατο ἀποδώσειν τὸ ὄφλημα, καὶ προσέπεσε, καὶ [c] παρεκάλεσε, καὶ κατέγνω τῶν οἰκείων ἁμαρτημάτων, καὶ ἔγνω τὸ μέγεθος τοῦ ὀφλήματος· ἀλλὰ τὰ μετὰ ταῦτα ἀνάξια τῶν προτέρων. Ἐξελθὼν γὰρ εὐθέως, οὐδὲ μετὰ χρόνον πολὺν, ἀλλ' εὐθέως, ἔναυλον ἔχων τὴν εὐεργεσίαν, εἰς κακίαν [d] ἀπεχρήσατο τῇ δωρεᾷ, καὶ τῇ ἐλευθερίᾳ τῇ παρὰ E τοῦ δεσπότου αὐτῷ παρασχεθείσῃ. Εὑρὼν γὰρ ἕνα τῶν συνδούλων αὐτοῦ, ὀφείλοντα αὐτῷ ἑκατὸν δηνάρια, ἔπνιγεν αὐτὸν, λέγων· ἀπόδος μοι εἴ τι ὀφείλεις. Εἶδες δεσπότου φιλανθρωπίαν; εἶδες δούλου ὠμότητα; Ἀκούσατε οἱ ὑπὲρ χρημάτων ταῦτα ποιοῦντες. Εἰ γὰρ ὑπὲρ ἁμαρτημάτων οὐ χρὴ, πολλῷ μᾶλλον ὑπὲρ χρημά- 616 A των. Τί οὖν ἐκεῖνος; Μακροθύμησον ἐπ' ἐμοὶ, καὶ πάντα σοι ἀποδώσω. Ὁ δὲ οὐδὲ τὰ ῥήματα ᾐδέσθη, δι' ὧν ἐσώθη. Καὶ γὰρ αὐτὸς ταῦτα εἰπὼν, ἀπηλλάγη τῶν μυρίων ταλάντων· καὶ οὐδὲ τὸν λιμένα ἐπέγνω, δι' οὗ τὸ ναυάγιον διέφυγεν· οὐ τὸ σχῆμα τῆς ἱκετηρίας ἀνέμνησεν αὐτὸν τῆς τοῦ δεσπότου φιλανθρωπίας· ἀλλὰ πάντα ἐκεῖνα ἀπὸ τῆς πλεονεξίας καὶ τῆς ὠμότητος καὶ τῆς μνησικακίας ἐκβαλὼν, θηρίου παντὸς χαλεπώτερος ἦν, ἄγχων τὸν σύνδουλον. Τί ποιεῖς, ἄνθρωπε; σαυτὸν [a] ἀπατῶν οὐκ αἰσθάνῃ, καὶ κατὰ σεαυτοῦ τὸ ξίφος ὠθῶν, καὶ τὴν ἀπόφασιν καὶ τὴν δωρεὰν ἀνακαλούμενος; Ἀλλ' οὐδὲν τούτων ἐνενόησεν, οὐδὲ B ἐμνήσθη τῶν αὐτοῦ, οὐδὲ ἐνέδωκε καίτοι γε οὐχ ὑπὲρ τῶν ἴσων ἡ ἱκετηρία. Ὁ μὲν γὰρ ὑπὲρ μυρίων ταλάν-

habe in me, et omnia reddam tibi. 27. *Misertus autem dominus servi illius, dimisit eum, et debitum dimisit ei.* Vidistin' rursum benignitatis magnitudinem? Dilationem tantum petebat servus; ille vero plus quam petebat concessit, remissionem totius debiti atque veniam. Ab initio nempe dare volebat, sed nolebat donum ex se totum esse, sed ejus supplicationem intervenire, ne incoronatus ille discederet. Quod tamen totum ex Deo esse, etiamsi ille procumbens supplicaverit, causa concessionis declaravit: *Misertus* enim, inquit, dimisit illi. Attamen sic quoque volebat ut ille aliquid conferre videretur, ne nimio afficeretur pudore; utque propria calamitate institutus, indulgens conservo foret.

4. Hucusque ergo ille bonus et acceptus fuit: nam confessus est et promisit se debitum redditurum esse, procidit, et rogavit, sua peccata damnavit, debitique magnitudinem agnovit: sed quæ sequuntur indigna prioribus sunt. Egressus statim, nec multo elapso tempore, sed statim, cum præsens adhuc beneficium esset, dono, necnon libertate a domino sibi concessa ad nequitiam usus est. 28. *Cum invenisset* enim *unum ex conservis, qui debebat illi centum denarios, suffocabat eum dicens : Redde quod debes.* Vidistin' domini misericordiam? vidistin' servi crudelitatem? Audite qui pro pecuniis hæc facitis. Cum enim pro peccatis id non liceat facere, quanto minus pro pecuniis? Quid igitur ille? 29. *Patientiam habe in me, et omnia reddam tibi.* Ille vero ne verba quidem reveritus est, per quæ ipse servatus fuerat. Nam ipse his dictis a decem millium talentorum debito absolutus est: nec portum cognovit, per quem naufragium effugisset: nec supplicationis modus domini benignitatem in mentem ipsi revocavit; sed illa omnia ex avaritia, crudelitate et duritie abjiciens ex animo, fera quavis sævius conservum suffocabat. Quid facis, o homo? non sentis, ut teipsum decipias, gladium contra te adigas, ac sententiam donumque revoces? Sed nihil horum cogitavit, nec rerum suarum recordatus est, neque cessit omnino: quamquam non

[b] Morel. ὑπερβολὴν, ἐζήτησε, male.
[c] Morel. προσεκάλεσε, Savil. et Mss. παρεκάλεσε.
[d] Quidam ἐχρήσατο.

[a] Σαυτὸν ἀπατῶν. Sic Mss. quidam recte. Editi vero ἀπαιτῶν.

de paribus supplicatio erat. Hic namque pro decem millibus talentis, ille pro centum denariis precabatur; ille conservum, hic dominum; hic perfectam remissionem accepit, ille dilationem petebat: et ne hanc quidem hic concessit illi: 30. *In carcerem* enim *illum conjecit*. 31. *Videntes autem conservi*, accusaverunt illum apud dominum, *Dominoque retulerunt*. Ne hominibus quidem hoc placebat, nedum Deo. Una ergo indignati sunt vel illi qui nihil debebant. Quid ergo dominus? 32. *Serve nequam, omne debitum illud dimisi tibi, quia rogasti me*. 33. *Nonne oportuit et te misereri conservi tui, sicut et ego tui misertus sum?* Vide rursum mansuetudinem domini. Cum illo judicio contendit, et sese purgat, donum revocaturus; imo vero non ipse revocavit, sed is qui acceperat. Ideo dicit: *Omne debitum illud dimisi tibi, quia rogasti me. Nonne oportuit et te misereri conservi tui?* Etsi enim onerosum tibi videatur, at oportuit ad lucrum respicere jam factum, et ad futurum. Et si onerosum sit præceptum, præmium cogitare oportuit; atque in mente versare, non quod ille tibi damnum inferat, sed quod Deum tu offendas, quem simplici precatione placasti. Et si etiam sic tibi onerosum videtur, si te lædentis amicus fias, longe gravius erit in gehennam incidere; et si illud ipsi retulisses, tunc cognovisses, id multo levius esse. Et cum millia talenta deberet, Deus non vocavit malum, nec injuria affecit, sed misertus est: quando autem circa conservum immanis effectus est, tunc dicit, *Serve nequam*. Audite, avari; nam vos hæc respiciunt. Audite, immisericordes et crudeles, vos non aliis esse crudeles, sed vobis ipsis. Cum ergo volueris injurias in mentem revocare, cogita te contra teipsum illas revocare, non contra alium; te tua peccata colligere, non proximi. Tu quidem, quidquid contra illum agis, ut homo agis, et in præsenti vita; Deus vero non sic, sed majori te et æterno illic supplicio afficiet; nam ait: 34. *Tradidit eum tortoribus, donec omne debitum persolveret;* id est, perpetuo; numquam enim solvet. Quia ex beneficio non melior evasisti, unum relinquitur, ut supplicio emenderis. Licet gratiæ, et dona Dei sine pœnitentia sint; at tantum valuit nequitia, ut hanc legem solveret. Quid ergo injuriarum recordatione deterius, quæ donum divi-

Injuriarum recordatione ni-

των, ὁ δὲ ὑπὲρ ἑκατὸν δηναρίων παρεκάλει· καὶ ὁ μὲν τὸν σύνδουλον, ὁ δὲ τὸν δεσπότην· καὶ ὁ μὲν τελείαν τὴν συγχώρησιν ἔλαβεν, ὁ δὲ ἀναβολὴν ᾔτει. Καὶ οὐδὲ ταύτην αὐτὸς ἐδίδου· Ἔβαλε γὰρ αὐτὸν εἰς φυλακήν. Ἰδόντες δὲ οἱ σύνδουλοι αὐτοῦ, κατηγόρησαν αὐτοῦ πρὸς τὸν δεσπότην, [b] διεσάφησαν τῷ δεσπότῃ. Οὐδὲ ἀνθρώποις τοῦτο ἀρεστὸν ἦν, μήτι γε Θεῷ. [c] Συνηγανάκτησαν οὖν οἱ μὴ ὀφείλοντες. Τί οὖν ὁ δεσπότης; Πονηρὲ δοῦλε, πᾶσαν τὴν ὀφειλὴν ἐκείνην ἀφῆκά σοι, C ἐπεὶ παρεκάλεσάς με. Οὐκ ἔδει καὶ σὲ ἐλεῆσαι τὸν σύνδουλόν σου, ὡς καὶ ἐγώ σε ἠλέησα; [d] Ὅρα πάλιν τὴν ἡμερότητα τοῦ δεσπότου. Κρίνεται πρὸς αὐτὸν καὶ ἀπολογεῖται, μέλλων αὐτοῦ ἀνατρέπειν τὴν δωρεάν· μᾶλλον δὲ οὐκ αὐτὸς [d] ἀνέτρεψεν, ἀλλ' ὁ λαβών. Διό φησι· Πᾶσαν τὴν ὀφειλὴν ἐκείνην ἀφῆκά σοι, ἐπεὶ παρεκάλεσάς με. Οὐκ ἔδει καὶ σὲ ἐλεῆσαι τὸν σύνδουλόν σου; Εἰ γὰρ καὶ βαρύ σοι τὸ πρᾶγμα εἶναι δοκεῖ, ἀλλ' ἔδει καὶ πρὸς τὸ κέρδος ἰδεῖν τὸ τότε γεγενημένον, καὶ τὸ ἐσόμενον. Εἰ καὶ ἐπαχθὲς τὸ ἐπίταγμα, τὸ ἔπαθλον ἐννοῆσαι ἐχρῆν· μηδὲ ὅτι λελύπηκεν ἐκεῖνος, D ἀλλ' ὅτι Θεὸν σὺ παρώξυνας, ὃν ἀπὸ ψιλῆς ἱκετηρίας κατήλλαξας. Εἰ δὲ καὶ οὕτω σοι φορτικὸν τὸ φίλον γενέσθαι τῷ λελυπηκότι, [e] πολλῷ βαρύτερον τὸ εἰς γέενναν ἐμπεσεῖν· καὶ εἰ τοῦτο ἀντέθηκας ἐκείνῳ, τότε ἂν ἔγνως, ὅτι πολλῷ τοῦτο κουφότερον. Καὶ ὅτε μὲν μυρία τάλαντα ὤφειλεν, οὐκ ἐκάλεσε πονηρὸν, οὐδὲ ὕβρισεν, ἀλλ' ἠλέησεν· ὅτε δὲ περὶ τὸν σύνδουλον ἀγνώμων ἐγένετο, τότε λέγει, Πονηρὲ δοῦλε. Ἀκούσατε, οἱ πλεονέκται· καὶ γὰρ πρὸς ὑμᾶς ὁ λόγος. E Ἀκούσατε, οἱ ἀνελεήμονες καὶ ὠμοί· ὅτι οὐχ ἑτέροις ἐστὲ ὠμοὶ, ἀλλ' ἑαυτοῖς. Ὅταν οὖν βούλῃ μνησικακεῖν, ἐννόησον ὅτι σαυτῷ μνησικακεῖς, οὐχ ἑτέρῳ· ὅτι τὰ σαυτοῦ [f] καταδεσμεῖς ἁμαρτήματα, οὐ τὰ τοῦ πλησίον. Σὺ μὲν γὰρ, ὅπερ ἂν ἐργάσῃ τούτῳ, ὡς 617 ἄνθρωπος ἐργάζῃ, καὶ ἐν τῷ παρόντι βίῳ· ὁ δὲ Θεὸς A οὐχ οὕτως, ἀλλὰ μειζόνως σε τιμωρήσεται, καὶ τιμωρίαν [a] τὴν ἀεὶ καὶ ἐκεῖ· Παρέδωκε γὰρ αὐτὸν, φησὶ, τοῖς βασανισταῖς, ἕως οὗ ἀποδῷ πᾶν τὸ ὀφειλόμενον· τουτέστι, διηνεκῶς· οὔτε γὰρ ἀποδώσει ποτέ. Ἐπειδὴ γὰρ οὐκ ἐγένου τῇ εὐεργεσίᾳ βελτίων, λείπεται τῇ τιμωρίᾳ σε διορθοῦσθαι. Καίτοι γε ἀμεταμέλητα τὰ χαρίσματα, καὶ αἱ δωρεαὶ τοῦ Θεοῦ· ἀλλὰ τοσοῦτον ἴσχυσεν ἡ κακία, ὡς καὶ τοῦτον λῦσαι τὸν νόμον. Τί τοίνυν τοῦ μνησικακεῖν χαλεπώτερον, ὅταν δωρεὰν θείαν τοσαύτην καὶ τηλικαύτην ἀνατρέπον φαίνηται; B Καὶ οὐδὲ ἁπλῶς αὐτὸν παρέδωκεν, ἀλλὰ ὀργισθείς. Ὅτε μὲν γὰρ ἐκέλευσε πραθῆναι, οὐκ ἦν ὀργῆς τὰ

[b] Hæc, διεσάφησαν τῷ δεσπότῃ, non habentur in Savil.

[c] Savil. συνήλγησαν οὖν οἱ μὴ ὀφ. Infra Morel. πονηρὲ δοῦλε καὶ ὀκνηρέ.

[d] Morel. ἀνέτρεπεν.

[e] Morel. πολύ, et paulo post ἀντέθεικας.

[f] Al. καταδεσμεύεις.

[a] Morel. τὴν ἐκεῖ.

ῥήματα· οὐκοῦν οὐδὲ ἐποίησεν· ἀλλ' ἀφορμὴ φιλανθρωπίας μεγίστη· νυνὶ δὲ ἀγανακτήσεως πολλῆς ἡ ψῆφος, καὶ τιμωρίας, καὶ κολάσεως. Τί οὖν ἡ παραβολὴ βούλεται; Οὕτω ποιήσει καὶ ὑμῖν, φησὶν, ὁ Πατήρ μου, ἐὰν μὴ ἀφῆτε ἕκαστος τῷ ἀδελφῷ αὐτοῦ ἀπὸ τῆς καρδίας ὑμῶν [b] τὰ παραπτώματα αὐτῶν. Οὐ λέγει, ὁ Πατὴρ ὑμῶν· ἀλλ', Ὁ Πατήρ μου. Οὐ γὰρ ἄξιον τοῦ τοιούτου πατέρα καλεῖσθαι τὸν Θεὸν, τοῦ οὕτω πονηροῦ καὶ μισανθρώπου.

C Δύο τοίνυν ἐνταῦθα ζητεῖ, καὶ τῶν ἁμαρτημάτων καταγινώσκειν ἡμᾶς, καὶ ἑτέροις ἀφιέναι· καὶ ἐκεῖνο διὰ τοῦτο, ἵνα εὐκολώτερον τοῦτο γένηται (ὁ γὰρ τὰ ἑαυτοῦ ἐννοῶν, συγγνωμονικώτερος ἔσται τῷ συνδούλῳ)· καὶ οὐχ ἁπλῶς ἀφιέναι ἀπὸ στόματος, ἀλλ' ἀπὸ καρδίας, μὴ δὴ καθ' ἑαυτῶν τὸ ξίφος ὠθῶμεν μνησικακοῦντες. Τί γάρ σε καὶ τοιοῦτον [c] ἐλύπησεν ὁ λελυπηκὼς, οἷον σὺ σαυτὸν ἐργάσῃ, τῆς ὀργῆς μεμνημένος, καὶ ἐπισπώμενος κατὰ σαυτοῦ τὴν καταδικάζουσάν σε παρὰ τοῦ Θεοῦ ψῆφον; Ἂν μὲν γὰρ νήφῃς καὶ φιλοσοφῇς, εἰς τὴν ἐκείνου κεφαλὴν περιστήσεται τὸ δεινὸν, κἀκεῖνος ἔσται ὁ πάσχων κακῶς· ἂν δὲ μένῃς D ἀγανακτῶν καὶ δυσχεραίνων, τότε αὐτὸς ὑποστήσῃ τὴν βλάβην, οὐ παρ' ἐκείνου, ἀλλὰ παρὰ ἑαυτοῦ. Μὴ τοίνυν λέγε, ὅτι ὕβρισε καὶ διέβαλε, καὶ μυρία εἰργάσατο κακά· ὅσα γὰρ ἂν εἴπῃς, τοσούτῳ μᾶλλον δεικνύεις αὐτὸν εὐεργέτην. Ἔδωκε γὰρ ἀφορμὴν [d] ἀποδύσασθαι τὰ ἁμαρτήματα· ὥστε ἂν μείζονα ἠδικηκὼς ᾖ, τοσούτῳ μείζονος ἁμαρτημάτων ἀφέσεως αἴτιός σοι καθίσταται. Ἂν γὰρ ἐθέλωμεν, οὐδεὶς ἡμᾶς ἀδικῆσαι δυνήσεται· ἀλλὰ καὶ οἱ ἐχθροὶ τὰ μέγιστα ὠφελοῦσιν ἡμᾶς. Καὶ τί λέγω τοὺς ἀνθρώπους; [e] Τοῦ γὰρ διαβόλου τί γένοιτ' ἂν πονηρότερον; Ἀλλ' ὅμως καὶ ἐκεῖθεν πολλὴν ἀφορμὴν εὐδοκιμήσεως ἔχομεν, καὶ E δείκνυσιν ὁ Ἰώβ. Εἰ δὲ ὁ διάβολος ἀφορμὴ γέγονε στεφάνων, τί δέδοικας ἄνθρωπον ἐχθρόν; Ὅρα γοῦν ὅσα κερδαίνεις, πρᾴως τὰς τῶν ἐχθρῶν φέρων ἐπηρείας. Πρῶτον μὲν καὶ μέγιστον, ἁμαρτημάτων ἀπαλλαγήν· δεύτερον, καρτερίαν καὶ ὑπομονήν· τρίτον, ἡμερότητα καὶ φιλανθρωπίαν. Ὁ γὰρ τοῖς λυποῦσιν οὐκ εἰδὼς ὀργίζεσθαι, πολλῷ μᾶλλον τοῖς φιλοῦσιν αὐτὸν ἐπιτήδειος ἔσται. Τέταρτον, τὸ καθαρεύειν ὀργῆς 818 A διηνεκῶς· ᾧ οὐδὲν γένοιτ' ἂν ἴσον. Ὁ γὰρ ὀργῆς καθαρεύων, εὔδηλον ὅτι καὶ τῆς ἐντεῦθεν ἀθυμίας ἀπήλλακται, καὶ οὐκ ἀναλώσει τὸν βίον εἰς ματαιοπονίας

num tale ac tantum evertere possit? Neque illum simpliciter, sed iratus tradidit. Quando enim jussit illum vendi, non irati verba erant; ideo non id fecit; sed hoc occasio grandis misericordiæ fuit: nunc vero indignationis magnæ sententia est, supplicii atque ultionis. Quid ergo sibi vult parabola?
35. *Sic vobis faciet Pater meus,* inquit, *nisi remiseritis unusquisque fratri suo de corde vestro peccata ipsorum.* Non dixit, Pater vester; sed, *Pater meus.* Non enim dignus est sic improbus et inhumanus, qui Deum vocet Patrem.

hil dete-rius.

5. Duo igitur hic quærit, ut peccata nostra damnemus, et aliis remittamus; et hoc propter illud, ut facilius illud sit (nam qui cogitat peccata sua, indulgentior erit conservo); neque solum ore, sed corde dimittendum est, ne contra nos gladium adigamus ob injuriarum memoriam. Quid enim tibi tantum mali intulit qui offendit, quantum tibi infers, cum iram animo versas, et sententiam Dei te damnantem tibi attrahis? Nam si tu vigiles et philosopheris, in caput illius malum torquetur, et is ipse erit qui male patietur: sin tu perseveres moleste et graviter ferens, solus damnum referes, non ab illo, sed a teipso. Ne dixeris ergo, Me contumelia affecit, calumniatus est, innumera intulit mala: quanto enim plura dixeris, tanto magis beneficum illum ostendis. Occasionem quippe tibi dedit peccata deponendi; ita ut quanto magis te læserit, tanto majorem peccatorum tibi remissionem conciliabit. Nam si velimus, nemo nos lædere poterit: sed et ipsi inimici nobis maxime prosunt. Ecquid de hominibus loquor? Ipso diabolo quid sceleratius est? Attamen ab illo magnam bene agendi occasionem mutuamur, ut Job comprobat. Si porro diabolus occasio est coronarum, cur inimicum times? Vide quanta lucreris, dum inimicorum molestias fers patienter. Primo quidem, id quod maximum est, peccatorum remissionem; secundo, perseverantiam et patientiam; tertio, mansuetudinem et benignitatem. Qui enim nescit irasci adversus eos qui se offendunt, multo magis erga amicos mitis erit. Quarto, quod semper ira vacui simus, cui bono nihil par esse possit. Nam qui numquam irascitur, nullo mœrore premitur, ut liquidum est, neque vitam aget in vanis laboribus doloribusque: qui enim odisse

[b] Morel. τὰ παραπτώματα αὐτοῦ, et paulo post ἀξία τοῦ τοιούτου.

[c] Savil. τοσοῦτον ἐργάσεται, et sic quidam Mss.

[d] Savil. ἀπολούσασθαι, quod idipsum significat. Infra οὐδεὶς ἡμᾶς ἀδικῆσαι δυνήσεται. Solenne dictum Chrysostomi, *Nemo læditur nisi a seipso.* Qua de re librum edidit. V. supra Tomo 3. [Savil. et Cod. 694 τὰ μέγιστα ὠφελήσουσιν ἡμᾶς.]

[e] Savil. τοῦ διαβόλου.

nescit, nec dolore afficitur, sed deliciis milleque
bonis fruitur. Itaque nos ipsos supplicio afficimus,
dum alios odio habemus; sicut et nobis beneficia
conferimus, dum diligimus. Ad hæc, venerabilis
ipsis inimicis eris, etiamsi dæmones essent; imo
potius, si ita sis affectus, nemo tibi inimicus erit:
quod autem omnium maximum primumque est,
Dei misericordiam tibi attrahis: atque etiamsi
peccaveris, veniam impetrabis; si bene egeris majorem assumes fiduciam. Illud ergo assequamur,
neminem odio habere, ut nos Deus amet; ut
etiamsi decem millium talentorum debitores simus, nostri misereatur. Sed læsus fuisti ab illo?
Miserare illum, nec odio habeas; luge illum, nec
averseris. Non enim tu offendisti Deum, sed ille;
tu vero probe rem gessisti, si patienter tuleris. In
mentem revoca, Christum, cum esset crucifigen-
dus, pro seipso gavisum, et pro crucifigentibus
lacrymatum fuisse. Sic nos oportet esse affectos:
et quanto magis lædimur, tanto magis debemus
nos lædentes deflere. Nobis enim multa inde bona
accedunt; illis vero contra. Sed coram omnibus
contumeliis affecit et verberavit? Ergo coram
omnibus sese deturpavit et dehonestavit, et mille
accusatorum ora aperuit, pluresque tibi texuit coronas, multos patientiæ tuæ præcones collegit. Sed
apud alios me calumniatus est. Et quid hoc, cum
Deus sit de his rationes expetiturus, non autem
illi qui audierunt? Sibi namque ipsi supplicii
causam curavit, ut non modo de suis delictis, sed
de iis etiam, quæ contra se loquutus est, rationem sit redditurus. Te ille apud homines calumniatus est, ipse vero apud Deum est accusatus. Si
vero hæc tibi non sint satis, cogita Dominum quoque tuum calumniis impetitum fuisse, et a satana
et ab hominibus, atque apud eos quos maxime
diligebat; illius quoque Unigenitus similiter. Ideo
Matth. 10. 25. dicebat: *Si patremfamilias Beelzebub vocaverunt, multo magis domesticos ejus.* Neque so-
lum calumniatus illum est malignus dæmon, sed
fides illi adhibita est: calumniatusque est, non
de rebus nihili, sed de magnis criminibus. Nam
et dæmoniacum illum vocavit, et deceptorem et
Deo adversarium. At postquam beneficia contulisti,
male passus es? Ideoque maxime pro injuriam inferente luge, pro teipso gaude, quia similis Deo
Matth. 5. 45. factus es, *Qui solem suum oriri facit super malos et bonos.* Quod si Deum imitari supra vires

καὶ ὀδύνας· ὁ γὰρ οὐκ εἰδὼς ἀπεχθάνεσθαι, οὐδὲ λυπεῖσθαι οἶδεν, ἀλλὰ τρυφῆς ἀπολαύσεται καὶ μυρίων
ἀγαθῶν. Ὥστε ἑαυτοὺς τιμωρούμεθα μισοῦντες ἑτέ-
ρους· ὥσπερ οὖν καὶ ἑαυτοὺς εὐεργετοῦμεν ἀγαπῶντες.
Πρὸς τούτοις ἅπασιν αἰδέσιμος ἔσῃ καὶ αὐτοῖς τοῖς
ἐχθροῖς, κἂν δαίμονες ὦσι· μᾶλλον δὲ οὐδὲ ἕξεις λοιπὸν ἐχθρὸν διακείμενος οὕτως· τὸ δὲ πάντων μεῖζον
καὶ πρῶτον, τὴν τοῦ Θεοῦ κερδανεῖς φιλανθρω-
B πίαν· κἂν ἡμαρτηκὼς ᾖς, τεύξῃ συγγνώμης· κἂν
κατωρθωκὼς [a] ᾖς, πλείονα προσλήψῃ παῤῥησίαν.
Ἀνύσωμεν τοίνυν τὸ μηδένα μισεῖν, ἵνα καὶ ἡμᾶς ὁ
Θεὸς φιλήσῃ· ἵνα κἂν μυρίων ὦμεν ταλάντων ὑπεύθυνοι, σπλαγχνισθῇ καὶ ἐλεήσῃ. Ἀλλ' ἠδίκησαι παρ'
αὐτοῦ; Οὐκοῦν ἐλέησον αὐτὸν, μὴ μισήσῃς· δάκρυσον
καὶ θρήνησον, μὴ ἀποστραφῇς. Οὐ γὰρ σὺ εἶ ὁ προσ-
κεκρουκὼς τῷ Θεῷ, ἀλλ' ἐκεῖνος· σὺ δὲ καὶ εὐδοκίμη-
σας, ἐὰν ἐνέγκῃς. Ἐννόησον, ὅτι σταυροῦσθαι μέλλων ὁ
Χριστὸς ὑπὲρ ἑαυτοῦ μὲν ἔχαιρεν, ὑπὲρ δὲ τῶν σταυ-
ρούντων [b] ἐδάκρυεν. Οὕτω καὶ ἡμᾶς διακεῖσθαι χρή·
C καὶ ὅσῳ ἂν ἀδικώμεθα, τοσούτῳ μᾶλλον [c] δεῖ θρηνεῖν
τοὺς ἀδικοῦντας. Ἡμῖν μὲν γὰρ πολλὰ ἐντεῦθεν τὰ
ἀγαθά· ἐκείνοις δὲ τὰ ἐναντία. Ἀλλ' ἐπὶ πάντων ὕβρισε καὶ ἐτύπτησεν; Οὐκοῦν ἐπὶ πάντων ἑαυτὸν ᾔσχυνε
καὶ ἠτίμωσε, καὶ μυρίων κατηγόρων ἤνοιξε στόματα,
καὶ πλείονάς σοι τοὺς στεφάνους ὕφηνε, καὶ πολλούς
σοι τῆς μακροθυμίας συνήγαγε κήρυκας. Ἀλλὰ πρὸς
ἑτέρους διέβαλε; Καὶ τί τοῦτο, τοῦ Θεοῦ ὄντος τοῦ
μέλλοντος ἀπαιτεῖν τὰς εὐθύνας, ἀλλ' οὐκ ἐκείνων τῶν
ἀκουσάντων; Ἑαυτῷ γὰρ προσέθηκε κολάσεως ὑπόθεσιν, ἵνα μὴ μόνον ὑπὲρ τῶν οἰκείων, ἀλλὰ καὶ ὑπὲρ
D ὧν περὶ σοῦ διελέχθη παράσχῃ λόγον. Καὶ σὲ μὲν
πρὸς ἀνθρώπους διέβαλεν, αὐτὸς δὲ πρὸς Θεὸν διεβλήθη. Εἰ δὲ οὐκ ἀρκεῖ σοι ταῦτα, ἐννόησον ὅτι καὶ ὁ
Δεσπότης σου διεβλήθη, καὶ ὑπὸ τοῦ σατανᾶ, καὶ ὑπὸ
τῶν ἀνθρώπων, καὶ πρὸς τοὺς μάλιστα φιλουμένους·
καὶ ὁ τούτου Μονογενὴς πάλιν τὰ αὐτά. Διὸ καὶ ἔλεγεν·
Εἰ τὸν οἰκοδεσπότην Βεελζεβοὺλ ἐκάλεσαν, πολλῷ
μᾶλλον τοὺς οἰκιακοὺς αὐτοῦ. Καὶ οὐ διέβαλεν αὐτὸν
μόνον ὁ πονηρὸς δαίμων ἐκεῖνος, ἀλλὰ καὶ ἐπιστεύθη·
καὶ διέβαλεν, οὐ τὰ τυχόντα, ἀλλὰ τὰ μέγιστα ὀνείδη
E καὶ ἐγκλήματα. Καὶ γὰρ καὶ δαιμονῶντα αὐτὸν ἔφησε,
καὶ πλάνον εἶναι καὶ ἀντίθεον. Ἀλλὰ καὶ εὐεργετήσας
ἔπαθες κακῶς; Καὶ διὰ τοῦτο μάλιστα ὑπὲρ μὲν τοῦ
ποιήσαντος θρήνει καὶ ἄλγει, ὑπὲρ δὲ σαυτοῦ χαῖρε,
ὅτι τῷ Θεῷ γέγονας ὅμοιος, τῷ τὸν ἥλιον ἀνατέλλοντι
ἐπὶ πονηροὺς καὶ ἀγαθούς. Εἰ δὲ καὶ ὑπερβαίνει σε τὸ
τὸν Θεὸν μιμεῖσθαι· καίτοι γε τῷ νήφοντι οὐδὲ τοῦτο
619 A δύσκολον· ἀλλ' ὅμως εἰ μεῖζον εἶναί σου τοῦτο δοκεῖ,

[a] ᾖς deest in Morel.
[b] Unus ἐδάκρυσεν.
[c] Δεῖ deest in Morel.

φέρε σε πρὸς [a] τοὺς συνδούλους ἀγάγωμεν· πρὸς τὸν Ἰωσὴφ, τὸν μυρία παθόντα, καὶ εὐεργετήσαντα τοὺς ἀδελφούς· πρὸς τὸν Μωϋσέα, τὸν μετὰ μυρίας ἐπιβουλὰς ὑπὲρ αὐτῶν δεηθέντα· πρὸς τὸν μακάριον Παῦλον, τὸν οὐδὲ ἀριθμῆσαι ἔχοντα ἅπερ ἔπαθε παρ' αὐτῶν, καὶ ἀξιοῦντα ἀνάθεμα εἶναι ὑπὲρ αὐτῶν· πρὸς τὸν Στέφανον, τὸν λιθαζόμενον, καὶ [b] παρακαλοῦντα συγχωρῆσαι αὐτοῖς τὴν ἁμαρτίαν ταύτην. Καὶ ταῦτα πάντα ἐννοήσας, ἔκβαλε πᾶσαν ὀργὴν, ἵνα καὶ ἡμῖν ὁ Θεὸς ἀφῇ πάντα τὰ παραπτώματα, χάριτι καὶ φιλανθρωπίᾳ τοῦ Κυρίου ἡμῶν Ἰησοῦ Χριστοῦ, μεθ' οὗ τῷ Πατρὶ καὶ τῷ ἁγίῳ Πνεύματι δόξα, κράτος, B τιμὴ, νῦν καὶ ἀεὶ, καὶ εἰς τοὺς αἰῶνας τῶν αἰώνων. Ἀμήν.

tuas esse videatur: quamquam studioso id non difficile sit: attamen si id tibi sublimius esse videatur, age, te ad conversos ducamus: ad Josephum, qui innumera passus, fratres suos beneficiis affecit; ad Moysen, qui post mille insidias, pro Judæis precatus est; ad beatum Paulum, qui quæ passus ab illis esset enumerare non poterat, et tamen optabat anathema esse pro illis; ad Stephanum qui lapidatus est, et rogavit ut hoc peccatum remitteretur eis. Et hæc omnia cogitans, iram omnem ejice, ut Deus nobis omnia peccata remittat, gratia et misericordia Domini nostri Jesu Christi, quicum Patri et Spiritui sancto gloria, imperium, honor, nunc et semper, et in sæcula sæculorum. Amen.

Rom. 9. 3.

[a] Quidam τοὺς δούλους.

[b] Hic Savilium sequimur. Morellus sic habet: παρακαλοῦντα λυθῆναι αὐτοῖς τὴν ἁμαρτίαν ταύτην... ἀφῇ πάντα τὰ ἁμαρτήματα.

ΟΜΙΛΙΑ ξϐ'.

Καὶ ἐγένετο, ὅτε ἐτέλεσεν ὁ Ἰησοῦς τοὺς λόγους τούτους, μετῆρεν ἀπὸ τῆς Γαλιλαίας, καὶ ἦλθεν εἰς τὰ ὅρια τῆς Ἰουδαίας πέραν τοῦ Ἰορδάνου.

Συνεχῶς τὴν Ἰουδαίαν ἀφεὶς διὰ τὴν βασκανίαν τὴν ἐκείνων, νῦν ἐπιχωριάζει λοιπὸν, ἐπειδὴ τὸ πάθος ἐγγὺς ἔμελλεν εἶναι· οὐ μὴν εἰς τὰ Ἱεροσόλυμα τέως C ἄνεισιν, ἀλλ' εἰς τὰ ὅρια τῆς Ἰουδαίας. Καὶ ἐλθόντι Ἠκολούθησαν αὐτῷ ὄχλοι πολλοὶ, καὶ ἐθεράπευσεν αὐτούς. Οὔτε τῇ τῶν λόγων διδασκαλίᾳ [c] διηνεκῶς ἐνδιατρίβει, οὔτε τῇ τῶν σημείων θαυματουργίᾳ· ἀλλὰ νῦν μὲν τοῦτο, νῦν δὲ ἐκεῖνο ποιεῖ, ποικίλλων τὴν σωτηρίαν τῶν προσεδρευόντων καὶ [d] ἐπιμενόντων, ὥστε ἀπὸ μὲν τῶν σημείων ἀξιόπιστος ἐν οἷς ἔλεγε φανῆναι διδάσκαλος, ἀπὸ δὲ τῆς τῶν λόγων διδασκαλίας ἐπιτεῖναι τὸ ἀπὸ τῶν σημείων κέρδος. Τοῦτο δὲ ἦν τὸ πρὸς θεογνωσίαν αὐτοὺς χειραγωγῆσαι. Σὺ δέ μοι κἀκεῖνο σκόπει, πῶς ὁλοκλήρους δήμους παρατρέ- D χουσιν ἐν ἑνὶ ῥήματι οἱ μαθηταὶ, οὐ κατὰ ὄνομα ἕκαστον ἀπαγγέλλοντες τῶν θεραπευομένων. Οὐ γὰρ εἶπον, ὅτι ὁ δεῖνα καὶ ὁ δεῖνα· ἀλλ', ὅτι πολλοὶ, τὸ ἀκόμπαστον παιδεύοντες. Ἐθεράπευσε δὲ ὁ Χριστὸς, ἐκείνους τε εὐεργετῶν, καὶ δι' ἐκείνων πολλοὺς ἑτέρους. Ἡ γὰρ τῆς τούτων ἀσθενείας διόρθωσις ἑτέροις ὑπόθεσις θεογνωσίας ἐγίνετο· ἀλλ' οὐχὶ τοῖς Φαρισαίοις, ἀλλὰ καὶ δι' αὐτὸ τοῦτο μᾶλλον ἐκθηριοῦνται καὶ

HOMILIA LXII. al. LXIII.

Cap. XIX. v. 1. *Et factum est, cum consummasset Jesus hos sermones, migravit a Galilæa, et venit in fines Judææ trans Jordanem.*

1. Cum ob illorum invidiam frequenter Judæam reliquisset, nunc tandem in ea immoratur, quia prope erat passionis tempus: nec tamen Jerosolymam ascendit, sed in finibus Judææ versatur. Et venientem 2. *Sequutæ sunt eum turbæ multæ, et curavit eos.* Neque doctrinæ tradendæ, neque signis edendis semper incumbit; sed modo hoc, modo illud agit, ut saluti sequentium et hærentium sibi varie provideret, quo ex signis fide dignus magister in iis quæ dicebat comprobaretur, ex doctrina vero signorum lucrum augeret. Hoc autem erat illos ad Dei cognitionem adducere. Tu vero mihi etiam illud perpende, quomodo plebes integras uno verbo prætercurrant discipuli, non nominatim singulos qui sanati fuerant referentes. Non dicebant enim, Hic et hic, sed, Multi, docentes ut a fastu caveamus. Sanabat autem Christus ut illis benefaceret, ac per illos aliis multis. Nam dum ii a morbis curarentur, aliis hæc occasio erat, ut Deum cognoscerent; sed non Pharisæis; imo illi propterea magis efferantur, et accedunt ad eum tentandi causa. Quia enim quæ

[c] Unus συνεχῶς.

[d] Alii ἑπομένων.

facta fuerant capere non poterant, problemata ipsi proponunt. Nam accedentes ad eum et tentantes dicebant: 3. *Si licet homini quacumque ex causa uxorem dimittere.* O stultitiam! Putabant se posse quæstionibus suis ipsi os claudere, etiamsi jam experimento didicissent quantum in his rebus valeret.

Matth. 12. Cum scilicet de sabbato multa disseruerunt; Matth. 9. 3. cum dixerunt, *Blasphemat*, vel quando dicebant, Joan. 10. 20. *Dæmonium habet;* cum discipulos increpabant Matth. 12. 2. quod per sata incederent, cum de illotis manibus loquuti sunt, ubique illos reprimens, impuden- Marc. 7. 5. temque linguam obstruens, sic remisit eos. Attamen neque ita abscedunt. Talis quippe est nequitia, talis invidia, impudens nempe atque petulans: etiamsi millies reprimatur, millies rursum instat.

Tu vero mihi consideres velim interrogationis Pharisæorum astutia. malignitatem. Non enim dixerunt ei: Jussisti uxorem non dimittere; jam enim de hac lege disseruerat: attamen verborum illorum non meminerunt, sed inde profecti sunt; verum putantes se majores insidias paraturos esse, cum vellent eum illo redigere ut contra legem loqueretur, non dicunt, Cur hoc et hoc statuisti? sed quasi nihil dictum esset, interrogant, Si liceat, sperantes illum se hoc dixisse non recordaturum esse; cumque parati essent, si diceret, licere dimittere, illi opponere quæ ipse dixerat, his verbis: Cur contraria dixisti? si eadem rursus quæ prius diceret, Matth. 22. 18. Moysem objicere. Quid ergo ille? Non dicit: *Cur me tentatis, hypocritæ?* id quod postea dixit: sed hic non item. Quare? Ut cum potentia sua mansuetudinem quoque ostenderet. Neque enim semper tacet, ne putent id se latere; neque semper redarguit, ut nos doceat omnia mansuete esse ferenda. Quomodo ergo illis respondet? 4. *Non* Gen. 2. 24. *legistis, quia qui fecit hominem, masculum et feminam fecit eos? Et dixit:* 5. *Propterea relinquet homo patrem suum et matrem suam, et adhærebit uxori suæ, et erunt duo in carne una.* 6. *Itaque jam non sunt duo, sed una caro. Quod ergo Deus conjunxit, homo non separet.* Vide sapientiam magistri. Interrogatus enim, *Si licet*, non statim dicit, Non licet, ne perturbarentur; sed antequam sententiam diceret, per apparatum illum id liquido statuit, ostendens Patris sui esse præceptum, nec Moysi adversatum se hoc præcepisse. Animadverte autem illum non a creatione solum illud affirmare, sed et a præcepto

προσέρχονται αὐτῷ πειράζοντες. Ἐπειδὴ γὰρ τῶν γι- E γνομένων ἐπιλαβέσθαι οὐκ εἶχον, προβλήματα αὐτῷ προβάλλουσι. Προσελθόντες γὰρ αὐτῷ καὶ πειράζοντες ἔλεγον· Εἰ ἔξεστιν ἀνθρώπῳ ἀπολῦσαι τὴν γυναῖκα αὐτοῦ κατὰ πᾶσαν αἰτίαν; Ὢ τῆς [a] ἀπονοίας. Ὤοντο ἐπιστομίζειν αὐτὸν διὰ τῶν ζητημάτων, καίτοι γε ἤδη λαβόντες αὐτοῦ τεκμήριον τῆς δυνάμεως ταύτης. Ὅτε γοῦν περὶ τοῦ σαββάτου πολλὰ διελέχθησαν, ὅτε 620 εἶπον, ὅτι Βλασφημεῖ, ὅτε εἶπον, ὅτι Δαιμόνιον ἔχει, A ὅτε τοῖς μαθηταῖς ἐπετίμησαν διὰ τῶν σπορίμων βαδίζουσιν, [a] ὅτε περὶ ἀνίπτων διελέχθησαν χειρῶν, πανταχοῦ ἀποῤῥάψας αὐτῶν τὰ στόματα, καὶ τὴν ἀναίσχυντον ἐμφράξας γλῶτταν, οὕτω παρέπεμψεν. Ἀλλ' ὅμως οὐδὲ οὕτως ἀφίστανται. Τοιοῦτον γὰρ πονηρία, καὶ τοιοῦτον ἡ βασκανία, ἀναίσχυντον καὶ ἰταμόν· κἂν γὰρ μυριάκις ἐπιστομισθῇ, μυριάκις ἐφίσταται πάλιν. Σὺ δέ μοι σκόπει καὶ τὴν ἐκ τοῦ τρόπου [b] τῆς ἐρωτήσεως κακουργίαν. Οὐδὲ γὰρ εἶπον αὐτῷ· ἐκέλευσας μὴ ἀφιέναι γυναῖκα· καὶ γὰρ ἤδη ἦν περὶ τοῦ B νόμου τούτου διαλεχθείς· ἀλλ' ὅμως οὐκ ἐμνημόνευσαν ἐκείνων τῶν ῥημάτων, ἀλλ' ὡρμήθησαν μὲν ἐκεῖθεν· οἰόμενοι δὲ μείζονα ποιεῖν τὴν ἐνέδραν, καὶ βουλόμενοι εἰς ἀντινομίας ἀνάγκην αὐτὸν ἐμβαλεῖν, οὐ λέγουσι, διατί ἐνομοθέτησας τὸ καὶ τό; ἀλλ' ὡς οὐδενὸς εἰρημένου, ἐρωτῶσιν, Εἰ ἔξεστι, προσδοκῶντες ὅτι ἐπιλέλησται εἰρηκώς· καὶ ὄντες ἕτοιμοι, εἰ μὲν εἴποι, ὅτι ἔξεστιν ἀφεῖναι, ἀντιθεῖναι αὐτῷ τὰ παρ' αὐτοῦ εἰρημένα, καὶ εἰπεῖν· πῶς οὖν εἴρηκας τὰ ἐναντία; εἰ δὲ τὰ αὐτὰ πάλιν εἴπῃ ἅπερ καὶ ἔμπροσθεν, ἀντιθεῖναι τὰ Μωϋσέως. Τί οὖν αὐτός; Οὐκ εἶπε, Τί με πειράζετε, ὑποκριταί; καίτοι γε μετὰ ταῦτα λέγει· ἀλλ' ἐνταῦθα C οὔ φησι τοῦτο. Τί δήποτε; Ἵνα μετὰ τῆς δυνάμεως αὐτοῦ καὶ τὴν ἡμερότητα ἐπιδείξηται. Οὔτε γὰρ ἀεὶ σιγᾷ, ἵνα μὴ νομίσωσι λανθάνειν· οὔτε ἀεὶ ἐλέγχει, ἵνα παιδεύσῃ ἡμᾶς ἡμέρως πάντα φέρειν. Πῶς οὖν αὐτοῖς ἀποκρίνεται; Οὐκ ἀνέγνωτε, ὅτι ὁ ποιήσας ἀπ' ἀρχῆς, ἄρσεν καὶ θῆλυ ἐποίησεν αὐτούς; Καὶ εἶπεν· ἕνεκεν τούτου καταλείψει ἄνθρωπος τὸν πατέρα αὐτοῦ καὶ τὴν μητέρα αὐτοῦ, καὶ προσκολληθήσεται πρὸς τὴν γυναῖκα αὐτοῦ, καὶ ἔσονται οἱ δύο εἰς σάρκα μίαν. Ὥστε οὐκ ἔτι εἰσὶ δύο, ἀλλὰ σὰρξ μία. Ὃ οὖν ὁ Θεὸς συνέζευξεν, ἄνθρωπος μὴ χωριζέτω. Ὅρα σοφίαν διδασκάλου. Ἐρωτηθεὶς γὰρ, Εἰ ἔξεστιν, οὐκ εὐθέως D εἶπεν, [c] οὐκ ἔξεστιν, ἵνα μὴ θορυβηθῶσι καὶ ταραχθῶσιν· ἀλλὰ πρὸ τῆς ἀποφάσεως διὰ τῆς κατασκευῆς κατέστησε τοῦτο δῆλον, δεικνὺς ὅτι καὶ αὐτὸ τοῦ Πατρὸς αὐτοῦ ἐστι τὸ πρόσταγμα, καὶ ὅτι οὐκ ἐναντιούμενος Μωϋσεῖ ταῦτα ἐπέταξε. Σκόπει δὲ αὐτὸν οὐκ ἀπὸ

[a] Alii ἀνοίας.

[a] Morel. ὅτε ἐπὶ ἀνίπτων.

[b] Quidam τῆς ἐπερωτήσεως.

[c] Morel. οὐκ ἔστιν.

τῆς δημιουργίας διισχυριζόμενον μόνον, ἀλλὰ καὶ ἀπὸ τοῦ προστάγματος αὐτοῦ. Οὐ γὰρ εἶπεν, ὅτι ἐποίησεν ἕνα ἄνδρα καὶ μίαν γυναῖκα μόνον· ἀλλ' ὅτι καὶ τοῦτο ἐκέλευσεν, ὥστε τὸν ἕνα τῇ μιᾷ συνάπτεσθαι. Εἰ δὲ [a] ἐβούλετο ταύτην μὲν ἀφιέναι, ἑτέραν δὲ ἐπεισάγειν, ἕνα ἄνδρα ποιήσας, πολλὰς ἂν ἔπλασε γυναῖκας. Νῦν δὲ καὶ τῷ τρόπῳ τῆς δημιουργίας καὶ τῷ τρόπῳ τῆς νομοθεσίας ἔδειξεν, ὅτι ἕνα δεῖ μιᾷ συνοικεῖν διὰ παν- E τὸς, καὶ μηδέποτε διαῤῥήγνυσθαι. Καὶ ὅρα πῶς φησιν· Ὁ ποιήσας ἐξ ἀρχῆς, ἄρσεν καὶ θῆλυ ἐποίησεν αὐτούς· τουτέστι, καὶ ἐκ μιᾶς ῥίζης ἐγένοντο, καὶ εἰς ἓν σῶμα συνῆλθον. Ἔσονται γὰρ, φησὶν, οἱ δύο εἰς σάρκα μίαν. Εἶτα φοβερὸν ποιῶν τὸ ταύτης κατηγορεῖν τῆς νομοθεσίας, καὶ πηγνὺς τὸν νόμον, οὐκ εἶπε, μὴ διασπᾶτε τοίνυν, μηδὲ χωρίζετε· ἀλλὰ τί; Ὃ ὁ Θεὸς συνέζευξεν, 621 ἄνθρωπος μὴ χωριζέτω. Εἰ δὲ Μωϋσέα προβάλλῃ, A [a] ἐγώ σοι λέγω τὸν Μωϋσέως Δεσπότην, καὶ μετὰ τούτου καὶ τῷ χρόνῳ ἰσχυρίζομαι. Καὶ γὰρ ὁ Θεὸς ἐξ ἀρχῆς ἄρσεν καὶ θῆλυ ἐποίησεν αὐτούς· καὶ πρεσβύτερος οὗτος ὁ νόμος, εἰ καὶ δοκεῖ παρ' ἐμοῦ νῦν εἰσάγεσθαι, καὶ μετὰ πολλῆς κείμενος τῆς σπουδῆς. Οὐδὲ γὰρ ἁπλῶς [b] προσήγαγε τὴν γυναῖκα τῷ ἀνδρὶ, ἀλλὰ καὶ μητέρα ἀφιέναι ἐκέλευσε καὶ πατέρα. Καὶ οὐδὲ ἐλθεῖν πρὸς τὴν γυναῖκα ἁπλῶς ἐνομοθέτησεν, ἀλλὰ καὶ κολληθῆναι, τῷ τρόπῳ τῆς λέξεως τὸ ἀδιάσπαστον ἐμφαίνων. Καὶ οὐδὲ τούτῳ ἠρκέσθη, ἀλλὰ καὶ ἑτέραν μείζονα συνάφειαν ἐπεζήτησεν· Ἔσονται γὰρ, φησὶν, οἱ δύο εἰς σάρκα μίαν. B

Εἶτα ἐπειδὴ τὸν παλαιὸν ἀνέγνω νόμον, τὸν [c] καὶ διὰ πραγμάτων καὶ διὰ ῥημάτων εἰσενεχθέντα, καὶ ἀξιόπιστον ἀπὸ τοῦ δεδωκότος ἀπέφηνε, μετ' ἐξουσίας λοιπὸν καὶ αὐτὸς ἑρμηνεύει, καὶ νομοθετεῖ λέγων· Ὥστε οὐκ ἔτι εἰσὶ δύο, ἀλλὰ σὰρξ μία. Ὥσπερ οὖν [d] σάρκα τέμνειν ἐναγὲς, οὕτω καὶ γυναῖκα διαστῆσαι παράνομον. Καὶ οὐκ ἔστη μέχρι τούτου, ἀλλὰ καὶ τὸν Θεὸν ἐπήγαγε λέγων· Ὃ οὖν ὁ Θεὸς συνέζευξεν, ἄνθρωπος μὴ χωριζέτω· δεικνὺς ὅτι καὶ παρὰ φύσιν καὶ παρὰ νόμον τὸ γινόμενον· παρὰ φύσιν μὲν, μὲν, ὅτι [e] μία διατέμνεται σάρξ· παρὰ νόμον δὲ, ὅτι τοῦ Θεοῦ συνάψαντος καὶ κελεύσαντος μὴ διαχωρίζεσθαι, αὐτοὶ συνεπιτίθεσθε τοῦτο δρᾷν. Τί οὖν C μετὰ ταῦτα ἐχρῆν; οὐχὶ ἡσυχάσαι, καὶ ἐπαινέσαι τὸ εἰρημένον; οὐχὶ θαυμάσαι τὴν σοφίαν; οὐκ ἐκπλαγῆναι τὴν συμφωνίαν, τὴν πρὸς τὸν Πατέρα; Ἀλλ' οὐδὲν τούτων ποιοῦσιν, ἀλλ' ὡς δῆθεν ἐπαγωνιζόμενοί φασι· Πῶς οὖν Μωϋσῆς ἐνετείλατο δοῦναι βιβλίον ἀποστασίου, καὶ ἀπολῦσαι αὐτήν; Καίτοι γε τοῦτο λοιπὸν οὐκ αὐτοὺς ἔδει προβαλεῖν, ἀλλ' αὐτὸν αὐτοῖς· ἀλλ' ὅμως

ejus. Non enim dixit, ipsum fecisse unum tantum hominem unamque mulierem; sed etiam præcepisse, ut unus uni copularetur. Si voluisset autem hanc dimitti, aliam duci, cum unum hominem fecit, multas fecisset mulieres. Nunc autem et ex modo creationis et ex forma legis ostendit, unum debere semper cum una habitare, neque umquam separari. Et vide quomodo dicat : *Qui fecit a principio, masculum et feminam fecit eos;* hoc est, ex una radice facti sunt, et in unum corpus convenerunt. *Erunt* enim, inquit, *duo in carne una.* Deinde ostendens tremendum esse hanc legem accusare, ipsamque legem statuens, non dixit, Ne disjungatis igitur, ne separetis : sed quid? *Quod Deus conjunxit, homo non separet.* Si Moysem opponas, ego tibi Moysis Dominum afferam, itemque a tempore firmabo. Nam Deus Gen. 1. 27.
a principio masculum et feminam fecit eos : ac vetustissima lex est, licet videatur nunc a me primum induci, et accuratissime statuta fuit. Neque enim simpliciter mulierem ad virum adduxit, sed jussit et matrem et patrem relinquere. Neque ad mulierem accedere tantum jussit, sed et illi adhærere, ex modo dicendi disjungi non posse declarans. Neque id satis habuit, sed et aliam majorem conjunctionem exquisivit : *Erunt duo in carne una,* inquit.

2. Deinde prisca recitata lege, quæ et rebus et verbis inducta fuit, postquam illam fide dignam ex Legislatore demonstravit, cum potestate illam interpretatur, et legem sancit dicens : *Quapropter jam non sunt duo, sed una caro.* Sicut ergo carnem secare scelestum est, ita et uxorem dirimere iniquum. Neque hic stetit, sed Deum quoque attulit dicens : *Quod ergo Deus conjunxit, homo non separet;* ostendens illud et contra naturam et contra legem esse : contra naturam, quia una caro dissecatur; contra legem, quia cum Deus conjunxerit, et jusserit non separare, vos id facere tentatis. Quid igitur post hæc faciendum erat? nonne quiescendum, nonne laudanda ea quæ dicta erant? nonne admirari oportebat illam sapientiam? nonne obstupescere de tanta cum Patre consonantia? Sed nihil horum faciunt, et quasi contentiose aiunt : 7. *Quomodo ergo Moyses jussit dare li-* Deut. 24.
bellum repudii, et dimittere illam? Hoc porro 1.
non illi debebant objicere, sed Christus illis : at-

[d] Morel. ἐβούλετο τὴν μέν.
[a] Alii ἐγὼ οὐ λέγω σοι τὸν Μωϋσέα, ἀλλὰ τὸν δεσπότην.
[b] Savil. συνήγαγε.
[c] Unus καὶ διὰ ῥημάτων καὶ διὰ γραμμάτων.
[d] Quidam σάρκα τεμεῖν.
[e] Morel. μία τέμνεται.

tamen non carpit illos, neque dicit eis, Nihil hoc ad me; sed hanc objectionem solvit. Atqui si oppositus Veteri Testamento fuisset, non pro Moyse disputasset; neque ex iis quæ semel ab initio facta sunt, dicta sua confirmasset, neque ostendere studuisset sua cum priscis illis consentire. Etsi vero multa alia Moyses jusserit, tum de cibis, tum de sabbatis; cur nusquam illum ipsi opponunt, ut hoc loco? Quia id studebant, ut virorum multitudinem contra illum concitarent. Nam illud Judæi indifferenter observabant, omnesque id vulgo factitabant. Ideo cum multa in monte disseruisset, hujus tantum mandati nunc mentionem fecerunt. Attamen ineffabilis illa Sapientia pro his defensionem parat et dicit: 8. *Quoniam Moyses ad duritiam cordis vestri ita lege præcepit.* Neque illum sinit accusatione impeti: nam ipse erat qui legem illi dederat; sed illum a culpa liberat, et totum in caput illorum convertit; quod etiam ubique facit. Nam cum discipulos spicas vellentes criminarentur, ipsos accusatores in culpa esse ostendit: et cum incusabant quod illotis manibus manducarent, ipsos esse transgressores comprobabat, et cum de sabbato, atque ubique, ut hoc loco. Deinde quia id quod dixerat onerosum erat, admodumque illos carpebat, ad veterem rursus legem sermonem cito transfert, repetens id quod supra dixit: *A principio autem non fuit sic;* id est, ex rebus ipsis contraria Deus a principio statuit. Ne dicerent enim: Unde palam nobis erit ad duritiam nostram hoc dixisse Moysem? hinc illos rursum comprimit. Nam si hæc lex præcipua utilisque fuisset, non illa alia a principio data fuisset: nec sic efformasset Deus, neque talia diceret: 9. *Ego autem dico vobis, quia quicumque dimiserit uxorem suam, excepta causa fornicationis, et aliam duxerit, mœchatur.* Postquam illos ad silentium compulit, cum auctoritate legem statuit, ut cum de cibis, et cum de sabbato ageret. Nam de cibis, postquam illos confutaverat,
Matth. 15. 11. cum turbis disseruit, dicens, non id quod ingreditur coinquinare hominem; et de sabbato, cum
Matth. 12. 13. illos confutavisset, dicit: *Itaque licet in sabbato benefacere:* hic quoque eodem modo. Sed quod ibi accidit, hic quoque evenit. Sicut enim ibi Judæis refutatis, discipuli turbati sunt, et accedentes
Matth. 13. 36. ad eum cum Petro dixerunt: *Expone nobis parabolam hanc:* sic nunc quoque turbati dicebant: 10. *Si ita est causa hominis, expedit non nu-*

οὐκ ἐπεμβαίνει, οὐδὲ λέγει αὐτοῖς τοῦτο, ὅτι τοῦδε οὐκ εἰμὶ λοιπὸν ὑπεύθυνος ἐγώ· ἀλλὰ καὶ τοῦτο διαλύεται. D Καὶ μὴν εἰ ἀλλότριος ἦν τῆς Παλαιᾶς, οὐκ ἂν ἠγωνίσατο ὑπὲρ Μωϋσέως· οὐδ' ἂν ἀπὸ τῶν ἅπαξ ἐν ἀρχῇ γενομένων ἰσχυρίσατο· οὐκ ἂν ἐσπούδασε τὰ αὐτοῦ δεῖξαι συμβαίνοντα τοῖς παλαιοῖς. Καίτοι γε πολλὰ καὶ ἄλλα Μωϋσῆς ἐκέλευσε, καὶ τὰ περὶ βρωμάτων, καὶ τὰ περὶ σαββάτων· τίνος οὖν ἕνεκεν οὐδαμοῦ αὐτὸν προβάλλονται, ὡς ἐνταῦθα; Βουλόμενοι τὸ πλῆθος τῶν ἀνδρῶν ἐπιστρατεῦσαι αὐτῷ. Καὶ γὰρ ἀδιάφορον Ἰουδαίοις τοῦτο ἦν, καὶ πάντες τοῦτό γε ἔπραττον. Διὰ δὴ τοῦτο τοσούτων ἐν τῷ ὄρει λεχθέντων, ταύ- E της ἐμέμνηντο τῆς ἐντολῆς μόνης νῦν. Ἀλλ' ὅμως ἡ ἀπόῤῥητος σοφία καὶ ὑπὲρ τούτων ἀπολογεῖται, καί φησιν· Ὅτι Μωϋσῆς πρὸς τὴν σκληροκαρδίαν ὑμῶν οὕτως ἐνομοθέτησε. Καὶ οὐδὲ ἐκεῖνον ἀφίησιν ὑπὸ κατηγορίαν μένειν· ἐπειδὴ καὶ τὸν νόμον αὐτὸς ἦν αὐτῷ δεδωκώς· ἀλλ' ἐξαιρεῖται αὐτὸν τοῦ ἐγκλήματος, καὶ τὸ πᾶν εἰς τὴν ἐκείνων περιτρέπει κεφαλήν· ὃ πανταχοῦ 632 A ποιεῖ. Καὶ γὰρ ὅτε τοὺς μαθητὰς τίλλοντας τοὺς στάχυας ᾐτιῶντο, δείκνυσιν αὐτοὺς ὄντας ὑπευθύνους· καὶ ὅτε παράβασιν ἐνεκάλουν περὶ τοῦ μὴ νίπτεσθαι τὰς χεῖρας, δείκνυσιν αὐτοὺς ὄντας τοὺς παραβάτας· καὶ ἐπὶ τοῦ σαββάτου δὲ, καὶ πανταχοῦ, καὶ ἐνταῦθα ὁμοίως. Εἶτα ἐπειδὴ φορτικὸν ἦν τὸ εἰρημένον, καὶ πολλὴν ἔφερεν αὐτοῖς διαβολὴν, ταχέως πάλιν ἐπὶ τὸν ἀρχαῖον ἀνάγει νόμον τὸν λόγον, λέγων ὅπερ ἔμπροσθεν εἶπεν· Ἀπ' ἀρχῆς δὲ οὐκ ἐγένετο οὕτως· τουτέστιν, ὅτι διὰ τῶν πραγμάτων ἡμῖν ἐξ ἀρχῆς ἐνομοθέτησεν ὁ Θεὸς τὰ ἐναντία. Ἵνα γὰρ μὴ λέγωσι, πόθεν δῆλον ὅτι διὰ τὴν ἡμῶν σκληρότητα τοῦτο εἶπε Μωϋσῆς; B ἐκεῖθεν αὐτοὺς πάλιν ἐπιστομίζει. Εἰ γὰρ οὗτος προηγούμενος ἦν ὁ νόμος καὶ συμφέρων, οὐκ ἂν ἐκεῖνος ἐξ ἀρχῆς ἐδόθη· οὐκ ἂν οὕτω πλάττων ἔπλασεν ὁ Θεός· οὐκ ἂν τοιαῦτα εἶπε· Λέγω δὲ ὑμῖν, ὅτι ὃς ἂν ἀπολύσῃ τὴν γυναῖκα αὐτοῦ, παρεκτὸς λόγου πορνείας, καὶ γαμήσῃ ἄλλην, μοιχᾶται. Ἐπειδὴ γὰρ αὐτοὺς ἐπεστόμισε, μετὰ αὐθεντίας νομοθετεῖ λοιπὸν, ὥσπερ ἐπὶ τῶν βρωμάτων, ὥσπερ [a] ἐπὶ τοῦ σαββάτου. Καὶ γὰρ ἐπὶ τῶν βρωμάτων τρεψάμενος αὐτοὺς, τότε διελέχθη τοῖς ὄχλοις, ὅτι Οὐ τὸ εἰσερχόμενον κοινοῖ τὸν ἄνθρωπον· καὶ ἐπὶ τοῦ σαββάτου ἐπιστομίσας αὐτούς φησιν· Ὥστε C ἔξεστιν ἐν σαββάτῳ καλῶς ποιεῖν· καὶ ἐνταῦθα τὸ αὐτὸ τοῦτο. Ἀλλ' ὅπερ ἐκεῖ συνέβη, τοῦτο καὶ ἐνταῦθα. Ὥσπερ γὰρ ἐκεῖ τῶν Ἰουδαίων ἐπιστομισθέντων, οἱ μαθηταὶ ἐθορυβήθησαν, καὶ προσελθόντες αὐτῷ μετὰ τοῦ Πέτρου ἔλεγον· Φράσον ἡμῖν τὴν παραβολὴν ταύτην· οὕτω καὶ νῦν θορυβηθέντες ἔλεγον· Εἰ οὕτως ἐστὶν ἡ αἰτία τοῦ ἀνθρώπου, συμφέρει μὴ γαμῆσαι.

[a] Morel. ἐπὶ τῶν σαββάτων.

Καὶ γὰρ νῦν ἐνόησαν μᾶλλον ἢ πρότερον τὸ λεχθέν. Διὰ τοῦτο τότε μὲν ἐσίγησαν, νυνὶ δὲ, ἐπειδὴ ἀντίῤῥησις καὶ ἀπόκρισις γέγονε, καὶ ἐρώτησις καὶ πεῦσις, καὶ σαφέστερος ὁ νόμος ἐφάνη, ἐρωτῶσιν αὐτὸν, καὶ φανερῶς μὲν ἀντειπεῖν οὐ τολμῶσι· τὸ δὲ ἐξ αὐτοῦ βαρὺ δοκοῦν εἶναι καὶ φορτικὸν, τοῦτο εἰς μέσον προάγουσι λέγοντες· Εἰ οὕτως ἐστὶν ἡ αἰτία τοῦ ἀνθρώπου μετὰ τῆς γυναικὸς, οὐ συμφέρει γαμῆσαι. Καὶ γὰρ σφόδρα ἐπαχθὲς εἶναι ἐδόκει τὸ γυναῖκα πάσης κακίας γέμουσαν ἔχειν καὶ ἀνέχεσθαι, ἀνημέρου θηρίου διὰ παντὸς ἔνδον συγκεκλεισμένου.

Καὶ ἵνα μάθῃς, ὅτι σφόδρα τοῦτο αὐτοὺς ἐθορύβει, ὁ Μάρκος αὐτὸ δηλῶν ἔλεγεν, ὅτι κατ' ἰδίαν εἶπον αὐτῷ. Τί δέ ἐστιν, Εἰ οὕτως ἐστὶν ἡ αἰτία τοῦ ἀνθρώπου μετὰ τῆς γυναικός; Τουτέστιν, εἰ διὰ τοῦτο [b] συνήφθη, ἵνα ἓν ὦσιν· εἰ δι' ἐκεῖνο αἰτίαν ἐπὶ τούτοις ἀναλήψεται ὁ ἀνὴρ, καὶ πανταχοῦ παρανομεῖ ἐκβάλλων· κουφότερον πρὸς ἐπιθυμίαν μάχεσθαι φύσεως καὶ πρὸς ἑαυτὸν, ἢ πρὸς γυναῖκα πονηράν. Τί οὖν ὁ Χριστός; Οὐκ εἶπεν, ναὶ, κουφότερον· καὶ ποιεῖ τοῦτο, ἵνα μὴ νομίσωσιν ὅτι νόμος τὸ πρᾶγμά ἐστιν· ἀλλ' ἐπήγαγεν· Οὐ πάντες χωροῦσιν, ἀλλ' οἷς δέδοται· ἐπαίρων τὸ πρᾶγμα, καὶ δεικνὺς μέγα ὂν, καὶ ταύτῃ ἐφελκόμενος καὶ προτρέπων. Ἀλλ' ὅρα ἐνταῦθα ἐναντιολογίαν. Αὐτὸς μὲν γὰρ μέγα φησὶ τοῦτο· ἐκεῖνοι δὲ κουφότερον. Καὶ γὰρ ἀμφότερα ἔδει γενέσθαι, καὶ παρ' αὐτοῦ μέγα ὁμολογηθῆναι, ἵνα προθυμοτέρους ἐργάσηται, καὶ ἐκ τῶν εἰρημένων παρ' αὐτοῖς κουφότερον δειχθῆναι, ἵνα καὶ ταύτῃ μᾶλλον τὴν παρθενίαν ἕλωνται καὶ τὴν ἐγκράτειαν. Ἐπειδὴ γὰρ τὸ περὶ παρθενίας εἰπεῖν ἐπαχθὲς ἐδόκει εἶναι, ἐκ τῆς ἀνάγκης τοῦ νόμου τούτου εἰς τὴν ἐπιθυμίαν αὐτοὺς ἐκείνην ἐνέβαλεν. Εἶτα τὸ δυνατὸν δεικνύς φησιν· Εἰσὶν εὐνοῦχοι, οἵτινες ἐκ κοιλίας μητρὸς ἐγεννήθησαν οὕτως· καί εἰσιν εὐνοῦχοι, οἵτινες εὐνουχίσθησαν ὑπὸ τῶν ἀνθρώπων· καί εἰσιν εὐνοῦχοι, οἵτινες εὐνούχισαν ἑαυτοὺς διὰ τὴν βασιλείαν τῶν οὐρανῶν· διὰ τούτων λανθανόντως ἐνάγων αὐτοὺς εἰς τὴν τοῦ πράγματος αἵρεσιν, καὶ τὸ δυνατὸν τῆς ἀρετῆς ταύτης κατασκευάζων, καὶ μονονουχὶ λέγων, * ὅτι ἐννόησον εἰ ἐκ φύσεως τοιοῦτος ἦς, ἢ παρὰ τῶν τὰ τοιαῦτα ἐπηρεαζόντων τὸ αὐτὸ τοῦτο ὑπέμεινας, τί ἂν ἐποίησας, τῆς ἀπολαύσεως μὲν ἐστερημένος, μισθὸν δὲ οὐκ ἔχων; Οὐκοῦν εὐχαρίστει τῷ Θεῷ νῦν, ὅτι μετὰ μισθοῦ καὶ στεφάνων τοῦτο ὑπομένεις, ὃ χωρὶς στεφάνων ἐκεῖνοι· μᾶλλον δὲ οὐδὲ τοῦτο, ἀλλὰ καὶ πολλῷ κουφότερον, τῇ τε ἐλπίδι διορθούμενος, καὶ τῷ συνειδότι τοῦ κατορθώματος, καὶ μηδὲ τὴν ἐπιθυμίαν οὕτω κυμαίνουσαν ἔχων. Οὐ γὰρ οὕτως ἐκτομὴ

bere. Etenim nunc melius quam antea dictum intellexerunt. Ideoque tunc siluerunt; nunc vero, quia objectio responsioque prodiit, et interrogatio cum explicatione, lexque clarior facta est, interrogant illum et palam contradicere non audent: quod autem ea in re grave et onerosum videtur, in medium adducunt, dicentes: *Si ita est causa hominis cum uxore, non expedit nubere.* Nam valde onerosum videbatur uxorem omni nequitia plenam habere, et tolerare, indomitamque feram intus servare.

3. Et ut discas, hoc illos admodum turbasse, Marcus referendus est dicens illos seorsim ipsi loquutos esse. Quid est, *Si ita est causa hominis cum uxore?* Id est, Si ita conjuncti sunt, ut unum sint; si hac de causa sic vir adstrictus est, ut semper prævaricetur, cum ejicit: levius certe faciliusque est contra naturæ concupiscentiam et contra seipsum certare, quam contra improbam mulierem. Quid igitur Christus? Non dixit, Etiam facilius est; atque id facit, ne legem illud esse putarent: sed intulit: *Non omnes capiunt, sed quibus datum est.* Rem extollit, et magnam esse indicat, atque hoc modo attrahit et hortatur. Sed hic contradictionem videas. Ipse enim magnum illud esse dicit; illi vero levissimum: utrumque certe commode factum; ut et ipse magnum fateretur esse, ut illos ardentiores efficeret, et ex dictis superius illi levissimum ostenderent, ut hoc modo illi virginitatem et continentiam præferrent. Quia enim de virginitate loqui onerosum videbatur esse, ex dura legis necessitate, illos in ejus cupiditatem attraxit. Deinde ut commonstret posse illam servari, ait: 12. *Sunt eunuchi, qui ex ventre matris ita nati sunt: et sunt eunuchi, qui castrati sunt ab hominibus: et sunt eunuchi, qui se castraverunt propter regnum cælorum;* his occulte illos ad genus vitæ deligendum inducens, et hanc virtutem servari posse suadens, ac si diceret: Cogita quid faceres, si ex natura talis esses, aut si idipsum per vim et injuriam passus esses? quid faceres cum ejusmodi voluptate privatus, nullam hinc mercedem exspectares? Gratias igitur nunc age Deo, quod pro mercede et coronis illud patiaris, quod sine coronis patiuntur illi; imo vero illud non ita durum, sed longe levius est: nam et spe præmii, et tantæ virtutis conscientia mitigatur, neque tantis

Marc. 10. 10.

Virginitatem Christus occulte suadet.

[b] Συνήφθη: sic omnes Editi et Manuscripti. Existimat Savilius legendum συνήφθησαν, quæ lectio certe melius quadraret. Ibidem Morel. εἰ ἐκεῖνο. Savil. εἰ δι' ἐκεῖνο αἰτίαν λήψεται ἐπὶ τούτοις ὁ ἀνήρ.

* [ὅτι ἐννόησον Savil. et Cod. 694. Ἐννόησον [ὅτι] Commelin., et sine uncis Montf.]

μέλους ὡς λογισμοῦ χαλινὸς τὰ τοιαῦτα οἶδε καταστέλ-
C λειν κύματα, καὶ γαλήνην ποιεῖν· μᾶλλον δὲ λογισμὸς μόνος. Διὰ τοῦτο τοίνυν ἐκείνους παρήγαγεν, ἵνα τούτους ἀλείψῃ· ἐπεὶ εἰ μὴ τοῦτο κατεσκεύαζε, τί βούλεται ὁ περὶ τῶν ἄλλων εὐνούχων λόγος αὐτῷ; Ὅταν δὲ λέγῃ, Εὐνούχισαν ἑαυτοὺς, οὐ τῶν μελῶν λέγει τὴν ἐκτομήν· ἄπαγε· ἀλλὰ τῶν πονηρῶν λογισμῶν τὴν ἀναίρεσιν. Ὡς ὅ γε τὸ μέλος ἐκτεμὼν, καὶ [a] ἀρᾷ ἐστιν ὑπεύθυνος, καθὼς ὁ Παῦλός φησιν· Ὄφελον καὶ ἀποκόψονται οἱ ἀναστατοῦντες ὑμᾶς. Καὶ μάλα εἰκότως· καὶ γὰρ τὰ τῶν ἀνδροφόνων ὁ τοιοῦτος τολμᾷ, καὶ τοῖς τοῦ Θεοῦ διαβάλλουσι τὴν δημιουργίαν δίδωσιν ἀφορ-
D μὴν, καὶ τῶν Μανιχαίων ἀνοίγει τὰ στόματα, καὶ τοῖς παρ' Ἕλλησιν ἀκρωτηριαζομένοις τὰ αὐτὰ παρανομεῖ. Τὸ γὰρ ἀποκόπτειν τὰ μέλη δαιμονικῆς ἐνεργείας καὶ σατανικῆς ἐπιβουλῆς ἐξ ἀρχῆς γέγονεν ἔργον· ἵνα τοῦ Θεοῦ τὸ ἔργον διαβάλλωσιν· ἵνα τὸ ζῶον τοῦ Θεοῦ λυμήνωνται· ἵνα μὴ τῇ προαιρέσει, ἀλλὰ [b] τῇ τῶν μελῶν φύσει τὸ πᾶν λογισάμενοι, οὕτως ἀδεῶς ἁμαρτάνωσιν αὐτῶν οἱ πολλοὶ, ἅτε ἀνεύθυνοι ὄντες· καὶ διπλῇ παραβλάψωσι τὸ ζῶον τοῦτο, καὶ τῷ τὰ μέλη πηροῦν,
E καὶ τῷ τῆς προαιρέσεως τὴν ὑπὲρ τῶν ἀγαθῶν προθυμίαν κωλύειν. Ταῦτα δὲ ὁ διάβολος ἐνομοθέτησε, πρὸς δὲ τοῖς εἰρημένοις καὶ ἕτερον πονηρὸν δόγμα εἰσάγων, καὶ τὸν [c] περὶ εἱμαρμένης καὶ ἀνάγκης καὶ ἐντεῦθεν προοδοποιῶν λόγον, καὶ πανταχοῦ τὴν παρὰ τοῦ Θεοῦ δοθεῖσαν ἡμῖν ἐλευθερίαν λυμαινόμενος, καὶ πείθων φυσικὰ εἶναι τὰ κακὰ, καὶ πολλὰ ἕτερα ἐντεῦθεν ὑποσπείρων δόγματα πονηρὰ, εἰ καὶ μὴ
624 A προφανῶς. Τοιαῦτα γὰρ τοῦ διαβόλου τὰ δηλητήρια. Διὰ τοῦτο παρακαλῶ φεύγειν τὴν τοιαύτην παρανομίαν. Μετὰ γὰρ τῶν εἰρημένων οὐδὲ τὰ τῆς ἐπιθυμίας ἡμερώτερα ἐντεῦθεν, ἀλλὰ καὶ χαλεπώτερα γίνεται· ἑτέρωθεν γὰρ ἔχει τὰς πηγὰς τὸ σπέρμα τὸ ἐν ἡμῖν, καὶ ἑτέρωθεν κυμαίνει. Καὶ οἱ μὲν ἀπὸ ἐγκεφάλου, οἱ δὲ ἀπὸ ὀσφύος τὸν οἶστρον ἐκεῖνον φύεσθαι λέγουσιν. Ἐγὼ δὲ οὐδαμόθεν ἄλλοθεν εἴποιμι ἂν, ἀλλ' ἢ ἀπὸ γνώμης ἀκολάστου καὶ διανοίας ἠμελημένης· κἂν αὕτη σωφρονῇ, τῶν φυσικῶν κινημάτων βλάβος οὐδέν. Εἰπὼν τοίνυν τοὺς εὐνούχους, τοὺς εἰκῇ καὶ μάτην εὐνούχους, εἰ μὴ τῷ λογισμῷ καὶ αὐτοὶ σωφρονοῖεν, καὶ
B τοὺς ὑπὲρ τῆς βασιλείας τῶν οὐρανῶν παρθενεύοντας πάλιν ἐπάγει λέγων· Ὁ δυνάμενος χωρεῖν, χωρείτω· προθυμοτέρους τε ποιῶν τῷ δεῖξαι ὑπέρογκον ὂν τὸ κατόρθωμα, καὶ οὐκ ἀφιεὶς εἰς ἀνάγκην νόμου τὸ πρᾶγμα [a] κλεισθῆναι, διὰ τὴν ἄφατον αὐτοῦ ἡμερότητα.

cupiditatis fluctibus jactatur. Non enim ipsa membri amputatio ita fluctus illos sedare et tranquillitatem parere solet, ut rationis frenum; imo longe magis hoc freno sedatur. Ideo igitur illos recensuit, ut hos incitaret: nam si non huc tenderet, quid sibi vellet illa eunuchorum recensio? Cum autem dicit, *Seipsos castraverunt*, non membrorum amputationem dicit; absit; sed pravarum cogitationum expulsionem. Nam qui membrum excidit, maledictioni obnoxius est, ut Paulus ait:
Gal. 5. 12. *Utinam abscindantur qui vos conturbant.* Ac jure merito; nam qui talis est, eadem aggreditur quæ homicidæ, et iis qui Dei creationem calumniantur dat occasionem, Manichæorumque ora aperit, ac perinde peccat atque ii apud gentiles, qui mutilantur. Membra enim amputare diabolicæ est operationis, et satanicarum insidiarum opus fuit ab initio; ut Dei opificium calumnientur; utque a Deo factum animal labefactent; ut non proposito voluntatis, sed membrorum naturæ totum tribuentes, sic multi sine timore peccarent, quasi rationem non essent reddituri: ac dupliciter hoc animal læderent, tum quod membra amputarent, tum quod voluntatis studium a bonis exhibendis impedirent. Hanc porro diabolus legem constituit; præter dicta autem aliud pessimum dogma inducens, nempe de fato et necessitate, hac vero parata via, libertatem nobis a Deo datam labefactat, suadens vitia esse naturalia; multaque alia inde dogmata prava disseminans, etiamsi id non aperte faciat. Talia quippe sunt diaboli perniciosa toxica. Quapropter rogo, hanc fugiamus iniquitatem. Præter ea enim quæ diximus, non mitigatur inde cupiditas, imo fit ardentior: sperma namque aliunde fontes habet, et aliunde fluctibus agitatur. Alii enim ex cerebro, alii ex lumbis œstrum oriri dicunt. At ego non aliunde dixerim, quam ab animo lascivo, et cogitationum neglectu: si animus temperans sit, nullum ex naturalibus motibus damnum oritur. Cum ergo eunuchos dicit, illos intelligit qui frustra eunuchi sunt, nisi et ipsi mente et animo temperantes sint, et illos qui propter regnum cælorum virginitatem servant, rursus inducit his verbis: *Qui poterit capere, capiat*: hincque validius inflammat, quod rem insignem et grandem esse demonstret, nec rem intra legis necessitatem includit, ob ineffabilem man-

Manichæi Dei creationem calumniabantur.

Doctrina de fato et necessitate perniciosa.

[a] ἀρᾷ; ἐστι Morel. Alii ἀρᾷ, melius.

[b] Morel. τῇ τῶν μελῶν ἀφαιρέσει καὶ τῇ φύσει, minus recte.

[c] Manuscripti non pauci καὶ τῷ περὶ εἱμαρμένης καὶ ἀνάγκης... λόγῳ. Quæ certe lectio non videtur a librariis inducta; sed ipsius Chrysostomi fuerit. In Editis καὶ ἀνάγκης deest.

[a] Duo Mss. κατακλεισθῆναι.

Καὶ τοῦτο εἰπὼν, ἔτι σφόδρα ἔδειξε δυνατὸν ὂν, ἵνα πλείων τῆς προαιρέσεως ἡ φιλοτιμία γένηται.

Καὶ εἰ προαιρέσεώς ἐστι, φησὶ, πῶς ἀρχόμενος ἔλεγεν· Οὐ πάντες χωροῦσιν, ἀλλ' οἷς δέδοται; Ἵνα μάθῃς, ὅτι μέγας ὁ ἆθλος, οὐχ ἵνα ἀποκλήρωσίν τινα ἠναγκασμένην ὑποπτεύσῃς. Δέδοται γὰρ ἐκείνοις, τοῖς βουλομένοις. Εἶπε δὲ οὕτως, δεικνὺς ὅτι πολλῆς δεῖ τῆς C ἄνωθεν ῥοπῆς τῷ εἰς τοῦτο [b] εἰσελθόντι τὸ σκάμμα, ἧς ἀπολαύσεται πάντως ὁ βουλόμενος. Ἔθος γὰρ αὐτῷ ταύτῃ κεχρῆσθαι τῇ λέξει, ὅταν μέγα τὸ κατορθούμενον ᾖ, ὡς ὅταν λέγῃ· Ὑμῖν δέδοται γνῶναι τὰ μυστήρια. Καὶ ὅτι τοῦτό ἐστιν ἀληθὲς, δῆλον καὶ ἐκ τοῦ παρόντος. Εἰ γὰρ τῆς ἄνωθεν δόσεως μόνης ἐστὶ, καὶ οὐδὲν αὐτοὶ συνεισφέρουσιν οἱ παρθενεύοντες, περιττῶς αὐτοῖς τὴν βασιλείαν τῶν οὐρανῶν ἐπηγγείλατο, καὶ τῶν ἄλλων αὐτοὺς διεῖλεν εὐνούχων. Σὺ δέ μοι σκόπει, πῶς ἐξ ὧν ἕτεροι πονηρεύονται, κερδαίνουσιν ἕτεροι. Οἱ μὲν γὰρ Ἰουδαῖοι μηδὲν μαθόντες ἀπῆλθον· D οὐδὲ γὰρ ἵνα μάθωσιν ἠρώτων· οἱ δὲ μαθηταὶ καὶ ἐντεῦθεν ἐκέρδαινον. Τότε προσηνέχθη αὐτῷ παιδία, ἵνα τὰς χεῖρας ἐπιθῇ αὐτοῖς, καὶ [c] προσεύξηται. Οἱ δὲ μαθηταὶ ἐπετίμησαν αὐτοῖς. Ὁ δὲ εἶπεν αὐτοῖς· ἄφετε τὰ παιδία ἔρχεσθαι πρός με· τῶν γὰρ τοιούτων ἐστὶν ἡ βασιλεία τῶν οὐρανῶν. Καὶ ἐπιθεὶς ἐπ' αὐτὰ τὰς χεῖρας, ἐπορεύθη ἐκεῖθεν. Καὶ τίνος ἕνεκεν οἱ μαθηταὶ ἀπεσόβουν τὰ παιδία; Ἀξιώματος ἕνεκεν. Τί οὖν αὐτός; Διδάσκων αὐτοὺς μετριάζειν, καὶ τῦφον [d] καταπατεῖν τὸν κοσμικὸν, καὶ λαμβάνει καὶ ἐναγκαλίζεται, E καὶ τοῖς τοιούτοις τὴν βασιλείαν ἐπαγγέλλεται· ὅπερ καὶ ἔμπροσθεν εἴρηκεν. Καὶ ἡμεῖς τοίνυν, εἰ βουλοίμεθα κληρονόμοι γενέσθαι τῶν οὐρανῶν, τὴν ἀρετὴν ταύτην μετὰ πολλῆς κτησώμεθα τῆς ἐπιμελείας. Οὗτος γὰρ φιλοσοφίας ὅρος, μετὰ συνέσεως ἄπλαστον εἶναι· 625 A τοῦτο βίος ἀγγελικός. Καὶ γὰρ πάντων τῶν παθῶν καθαρεύει ἡ ψυχὴ τοῦ παιδίου· τοῖς λελυπηκόσιν οὐ μνησικακεῖ, ἀλλ' ὡς φίλοις προσέρχεται, ὡς οὐδενὸς γενομένου. Καὶ ὅσα ἂν παρὰ τῆς μητρὸς μαστιχθῇ, ταύτην ἐπιζητεῖ, καὶ πάντων αὐτὴν προτιμᾷ. Κἂν τὴν βασιλίδα δείξῃς μετὰ διαδήματος, οὐ προτίθησιν αὐτὴν τῆς μητρὸς ῥάκια περιβεβλημένης, ἀλλ' ἕλοιτο ἂν μᾶλλον ἐκείνην ἰδεῖν μετὰ τούτων, ἢ τὴν βασιλίδα μετὰ κόσμου. Τὸ γὰρ οἰκεῖον καὶ ἀλλότριον [e] οὐ πενίᾳ, οὐ πλούτῳ, ἀλλὰ φιλίᾳ διαγινώσκειν οἶδε· καὶ τῶν ἀναγκαίων οὐδὲν πλέον ἐπιζητεῖ, ἀλλ' ὅσον ἐμπλησθῆναι τοῦ μαστοῦ, καὶ ἀφίσταται τῆς θηλῆς. Τὸ παιδίον οὐ B λυπεῖται ἐφ' οἷς ἡμεῖς· οἷον ἐπὶ ζημίᾳ χρημάτων, καὶ

suetudinem suam. Et postquam hoc dixit, rem ese possibilem ostendit, ut major inde cupiditas voluntati accrescat.

4. Sed si res ex voluntate est, inquies, quomodo in principio dixit: *Non omnes capiunt, sed quibus datum est?* Ut discas magnum esse certamen, non ut sortem quamdam necessariam imagineris. Iis enim datum est, qui voluerint. Sic porro dixit, ut ostenderet magno supernæ gratiæ auxilio opus habere eum qui hoc init certamen, quo plane fruetur quisquis voluerit. Solet quippe hac uti voce quando de magna quapiam re agitur, ut quando dicit: *Vobis datum est nosse mysteria.* Quod autem hoc sit verum, ex præsenti loco patet. Nam si supernum solummodo esset donum, nihilque de suo afferrent ii qui virginitatem colunt, superflue ipsis regnum cælorum promitteret, nec merito illos a cæteris eunuchis distingueret. Tu vero mihi perpende, quomodo unde alii maligne agunt, alii lucrentur. Nam Judæi, cum nihil didicissent, abierunt: non enim ut discerent interrogabant; discipuli vero inde lucrum retulerunt. 13. *Tunc oblati sunt ei pueruli, ut manus imponeret eis, et oraret. Discipuli autem increpaverunt eos.* 14. *Ille vero dixit eis: Sinite parvulos venire ad me; talium est enim regnum cælorum.* 15. *Et cum imposuisset eis manus, abiit inde.* Cur discipuli pueros abigebant? Dignitatis causa. Quid ergo ille? Ut doceat illos modeste sapere, fastumque mundanum conculcare, et suscipit et ulnis complectitur, talibusque regnum cælorum pollicetur; id quod etiam dixit superius. Et nos itaque, si volumus heredes esse cælorum, hanc virtutem cum diligentia magna sectemur. Hoc est enim philosophiæ culmen, simplicem esse cum prudentia: hæc vita est angelica. Anima enim puerulo omnibus animi morbis vacua est; non memoriam retinet injuriarum, sed eas inferentes adit ut amicos, ac si nihil factum esset. Et quantumvis a matre verberibus cædatur, eam semper quærit, et omnibus anteponit. Si reginam ipsi ostendas diademate ornatam, non præferet eam matri pannis detritis vestitæ, maletque illam incultam videre, quam reginam magnifice amictam. Nam quod suum, quod alienum est, non ex paupertate vel divitiis, sed ex amore æstimare solet: et nihil plus requirit, quam necessa

Magna gratiæ ope eget virginitas.

Luc. 8. 10.

[b] Alii ἐλθόντι.

[c] Unus προσεύξηται, καὶ ἐπετίμησαν οἱ μαθηταί [sic Cod. 694].

[d] Alii καταπατεῖν τὸν ἀνθρώπινον. Iidem καὶ ἀγκαλίζεται.

[e] Alius οὐ πενία, οὐ πλοῦτος, ἀλλὰ φιλία.

ria, atque ut lacte repletus est, statim abscedit a mamma. Non iisdem, quibus nos, ærumnis premitur parvulus, non pecuniarum jactura, rebusque similibus; nec de iisdem, quibus nos, fluxis rebus lætatur, neque corporum pulchritudinem miratur. Ideo dicebat : *Talium est enim regnum cælorum* : ut ex proposito voluntatis illa operemur, quæ natura sua pueri faciunt. Quia enim Pharisæi non aliunde, quam a nequitia et arrogantia ad agendum ferebantur, ideo ubique discipulos suos simplices esse jubet, illosque subindicat, dum hos instituit. Nihil enim ita superbiam parit, ut principatus et primi consessus. Quoniam igitur discipuli per totum terrarum orbem multum honoris consequuturi erant, ipsorum animos prævenit, nec sinit eos humanum quid pati, nec honorem a vulgo expetere, vel ante illos sese efferre. Nam etiamsi hæc parva videantur esse, at malis ingentibus causam præbent. Sic enim instituti Pharisæi in malorum culmen ascenderunt, salutationes, primos consessus et medios requirentes : hinc in ardentem gloriæ cupiditatem, inde vero in impietatem lapsi sunt. Idcirco illi postquam tentando maledictum sibi attraxerant, recesserunt : pueri vero benedictionem habuere, utpote illis omnibus immunes. Simus ergo nos ut pueri, et malitia infantes. Neque enim possumus, non possumus certe alio modo cælum videre : sed necesse prorsus in gehennam incidere eum qui sit fraudulentus et improbus. Imo ante gehennam hic quo-
Prov. 9. 12. que extrema patiemur. Nam *Si malus fueris*, inquit, *solus hauries mala; si autem bonus, et tibi et proximo bonus eris*. Animadvertas enim, ita quoque prisce actum esse. Nihil enim scelestius Saüle fuit, neque simplicius Davide. Quis ergo fortior fuit? Annon bis illum præ manibus habuit David, et cum posset occidere, abstinuit? annon illum quasi sagena et carcere conclusum habuit, et pepercit ei? Etiamsi alii concitarent ipsum, etiamsi ille innumeras querimoniæ causas haberet, attamen salvum dimisit. Quamquam Saül ipsum cum toto exercitu insequebatur, Davidque cum paucis fugitivis omni spe destitutis errabat interceptus, a loco in locum transiens : attamen fugitivus regem superavit : quia ille cum simplicitate, Saül cum malitia castrametabatur. Quid enim scelestius illo fuerit, qui ducem exercitus sui, qui omnia bella recte gerebat, cum victoriis et

τοῖς τοιούτοις· οὐ χαίρει πάλιν ἐφ' οἷς ἡμεῖς, τοῖς ἐπικήροις τούτοις· οὐκ ἐπτόηται πρὸς κάλλη σωμάτων.
Διὰ τοῦτο ἔλεγε· Τῶν γὰρ τοιούτων ἐστὶν ἡ βασιλεία
τῶν οὐρανῶν· ἵνα τῇ προαιρέσει ταῦτα ἐργαζώμεθα,
ἃ τῇ φύσει τὰ παιδία ἔχει. Ἐπειδὴ γὰρ οἱ Φαρισαῖοι
οὐδαμόθεν ἄλλοθεν, ἀλλ' ἢ * ὡς ἀπὸ κακουργίας καὶ
ἀπονοίας ἔπραττον ἅπερ ἔπραττον, διὰ τοῦτο ἄνω καὶ
κάτω τοὺς μαθητὰς ἀφελεῖς εἶναι κελεύει, ἐκείνους τε
αἰνιττόμενος, καὶ τούτους παιδεύων. Καὶ γὰρ οὐδὲν
οὕτως εἰς ἀλαζονείαν ἐπαίρει, ὡς ἀρχὴ καὶ προεδρία.
C Ἐπεὶ οὖν ἔμελλον ἀπολαύειν οἱ μαθηταὶ πολλῆς τιμῆς κατὰ τὴν οἰκουμένην ἅπασαν, προκαταλαμβάνει
αὐτῶν τὴν διάνοιαν, οὐκ ἀφιεὶς ἀνθρώπινόν τι παθεῖν,
οὐδὲ τιμὰς ἀπαιτεῖν παρὰ τοῦ πλήθους, οὐδὲ σοβεῖν
πρὸ αὐτῶν. Εἰ γὰρ καὶ μικρὰ ταῦτα εἶναι δοκεῖ, ἀλλὰ
μεγάλων κακῶν ἐστιν αἴτια. Οὕτω γοῦν οἱ Φαρισαῖοι
παιδοτριβούμενοι εἰς τὴν κορωνίδα τῶν κακῶν [b] ἐξέπεσον, τοὺς ἀσπασμοὺς, τὰς προεδρίας, τοὺς μεσα-
σμοὺς ἐπιζητοῦντες· ἀπὸ γὰρ τούτων εἰς δοξομανίαν,
εἶτα ἐκεῖθεν εἰς ἀσέβειαν ἐξώκειλαν. Διὰ δὴ τοῦτο
ἐκεῖνοι μὲν ἀρὰν ἐπισπασάμενοι διὰ τοῦ πειράζειν,
ἀπῆλθον· τὰ δὲ παιδία εὐλογίαν, ἅτε τούτων ἁπάντων
D ἠλευθερωμένα. Γενώμεθα δὴ καὶ ἡμεῖς κατὰ τὰ παιδία, καὶ τῇ κακίᾳ νηπιάζωμεν. Οὐ γάρ ἐστιν, οὐκ
ἔστιν ἑτέρως ἰδεῖν οὐρανόν· ἀλλ' ἀνάγκη πάντως εἰς
γέενναν ἐμπεσεῖν τὸν ὕπουλον καὶ πονηρόν. Καὶ πρὸ
τῆς γεέννης δὲ ἐνταῦθα τὰ ἔσχατα πεισόμεθα. Ἐὰν
γὰρ κακὸς γένῃ, φησὶ, μόνος ἀντλήσεις τὰ κακά· ἐὰν δὲ
ἀγαθὸς, σαυτῷ καὶ τῷ πλησίον. Σκόπει γοῦν, ὡς τοῦτο
καὶ ἐπὶ τῶν προτέρων συνέβη· οὔτε γὰρ πονηρότερόν τι
τοῦ Σαοὺλ γέγονεν, οὔτε ἁπλούστερον καὶ ἀφελέστερον
τοῦ Δαυίδ. Τίς οὖν ἰσχυρότερος ἦν; Οὐ δεύτερον αὐτὸν
E εἰς χεῖρας ἔλαβεν ὁ Δαυὶδ, καὶ κύριος τοῦ ἀνελεῖν γενόμενος, ἀπέστη; οὐχ ὡς ἐν σαγήνῃ καὶ δεσμωτηρίῳ συνειλημμένον εἶχε, καὶ ἐφείσατο; Καὶ ταῦτα καὶ ἑτέρων
παροξυνόντων, καὶ αὐτὸς μυρία ἐγκαλεῖν ἔχων ἐγκλήματα, ἀλλ' ὅμως ἀφῆκε σῶον ἀπελθεῖν. Καίτοι ὁ μὲν
μετὰ πάσης αὐτὸν τῆς στρατιᾶς ἐδίωκεν, ὁ δὲ μετὰ
ὀλίγων φυγάδων ἀπεγνωσμένων ἦν πλανώμενος, ἀλώ-
626 μενος, καὶ τόπους ἐκ τόπων ἀμείβων· ἀλλ' ὅμως ὁ
A φυγὰς τοῦ βασιλέως περιεγένετο· ἐπειδὴ ὁ μὲν [a] μετὰ
ἁπλότητος, ὁ δὲ μετὰ πονηρίας παρετάττετο. Τί γὰρ
ἂν γένοιτο πονηρότερον ἐκείνου, ὃς τὸν αὐτῷ στρατη-
γοῦντα, καὶ τοὺς πολέμους ἅπαντας κατορθοῦντα, καὶ
τῆς νίκης καὶ τῶν τροπαίων τοὺς μὲν πόνους ὑπομέ-

* [Savil. omittit ὡς. Commelin. uncis inclusit. Codex 694 omittit ἀλλ' ἤ.]

b Morel. ἐξέπεσαν.

a Morel. κατὰ ἁπλότητος.

νοντα, τοὺς δὲ στεφάνους ἐκείνῳ κομίζοντα ἀνελεῖν ἐπεχείρει;

Τοιοῦτον γὰρ ἡ βασκανία· ἀεὶ τοῖς οἰκείοις ἐπιβουλεύει καλοῖς, καὶ τὸν ἔχοντα αὐτὴν τήκει, καὶ μυρίαις περιβάλλει συμφοραῖς. Καὶ ὁ δείλαιος γοῦν ἐκεῖνος, ἕως ὅτε ὁ Δαυῒδ ἀπέστη, οὐκ ἔῤῥηξε τὴν φωνὴν ἐκείνην τὴν ἐλεεινὴν ὀλοφυρόμενος καὶ λέγων· Θλίβομαι σφόδρα, καὶ οἱ ἀλλόφυλοι πολεμοῦσιν ἐν ἐμοὶ, καὶ Κύριος ἀπέστη ἀπ' ἐμοῦ. Ἕως ὅτε ἐχωρίσθη τοῦ Δαυῒδ, οὐκ ἔπεσεν ἐν πολέμῳ, ἀλλὰ καὶ ἐν ἀσφαλείᾳ καὶ ἐν δόξῃ ἦν· καὶ γὰρ εἰς τὸν βασιλέα τοῦ στρατηγοῦ διέβαινεν ἡ δόξα. Οὐδὲ γὰρ τυραννικὸς ἦν ὁ ἀνὴρ, οὐδὲ θρόνου ἐκβαλεῖν ἐπεχείρει, ἀλλ' αὐτῷ πάντα κατώρθου, καὶ σφόδρα περὶ αὐτὸν διέκειτο· καὶ τοῦτο καὶ ἐκ τῶν μετὰ ταῦτα δῆλον. Ὅτε μὲν γὰρ [b] ὑπ' αὐτῷ ταττόμενος ἦν, ἴσως τῷ νόμῳ τῆς ὑποταγῆς ταῦτα ἄν τις λογίσαιτο τῶν οὐκ ἀκριβῶς ἐξεταζόντων· ἐπειδὴ δὲ ἐξήγαγεν αὐτὸν τῆς βασιλείας ἐκείνου, τί λοιπὸν ἦν τὸ κατέχον αὐτὸν καὶ πεῖθον τοῦ πρὸς ἐκεῖνον ἀπέχεσθαι πολέμου; μᾶλλον δὲ, τί οὐκ ἦν τὸ παροξῦνον ἐπὶ τὴν σφαγήν; Οὐ πονηρὸς ἅπαξ καὶ δὶς καὶ πολλάκις περὶ αὐτὸν γέγονεν; οὐχὶ παθὼν εὖ; οὐχὶ μηδὲν ἔχων ἐγκαλεῖν; οὐκ ἐπικίνδυνος αὐτῷ καὶ ἐπισφαλὴς ἡ βασιλεία καὶ ἡ σωτηρία ἦν; οὐ πλανᾶσθαι ἔδει διηνεκῶς καὶ φεύγειν, καὶ περὶ τῶν ἐσχάτων τρέμειν, ζῶντος ἐκείνου καὶ κρατοῦντος; Ἀλλ' ὅμως τούτων οὐδὲν αὐτὸν ἠνάγκασεν αἱμάξαι τὸ ξίφος· ἀλλὰ καὶ καθεύδοντα ὁρῶν, καὶ δεδεμένον, καὶ μόνον, καὶ ἐν μέσοις * αὐτοῖς, καὶ τῆς κεφαλῆς ἁψάμενος, καὶ πολλῶν ὄντων τῶν διεγειρόντων, καὶ Θεοῦ ψῆφον εἶναι λεγόντων τὴν τοιαύτην εὐκαιρίαν, ἐκεῖνος καὶ ἐπετίμησε τοῖς παρορμῶσι, καὶ ἀπέσχετο τοῦ φόνου, καὶ σῶον ἐξέπεμψε καὶ ὑγιῆ· καὶ ὥσπερ ὢν μᾶλλον σωματοφύλαξ αὐτοῦ, καὶ ὑπασπιστὴς, οὐ πολέμιος, οὕτως ἐνεκάλει τῷ στρατοπέδῳ τὴν εἰς τὸν βασιλέα προδοσίαν. Τί ταύτης τῆς ψυχῆς ἴσον γένοιτ' ἄν; τί τῆς ἡμερότητος ἐκείνης; Τοῦτο γὰρ δυνατὸν μὲν καὶ ἐκ τῶν εἰρημένων συνιδεῖν· πολλῷ δὲ πλέον καὶ ἐκ τῶν νῦν γενομένων. Ὅταν γὰρ τὴν ἡμετέραν καταμάθωμεν φαυλότητα, τότε ἀκριβέστερον εἰσόμεθα τῶν ἁγίων ἐκείνων τὴν ἀρετήν. Διὸ παρακαλῶ πρὸς τὸν ζῆλον ἐκείνων τρέχειν. Καὶ γὰρ εἰ δόξης ἐρᾷς, καὶ διὰ τοῦτο τῷ πλησίον ἐπιβουλεύεις, τότε αὐτῆς ἀπολαύσῃ μειζόνως, ὅταν [c] αὐτὴν διαπτύσας, ἀπόσχῃ τῆς ἐπιβουλῆς. Ὥσπερ γὰρ τὸ μὴ χρηματίζεσθαι, φιλαργυρίας ἐναντίον· οὕτω πρὸς τὸ δόξης ἐπιτυχεῖν, τὸ δόξης ἐρᾷν. Καὶ εἰ βούλεσθε, καθ' ἕκαστον ἐξετάσωμεν. Ἐπειδὴ γὰρ τῆς γεέννης ἡμῖν φόβος οὐδεὶς, οὐδὲ τῆς βασιλείας

tropæis, qui labores ferebat, et coronas regi parabat, tentabat occidere?

5. Talis quippe est invidia : bonis ipsa propriis semper insidiatur, invidumque tabefacit, et mille calamitatibus involvit. Miser ergo ille, donec David ab illo recessit, miserabilem illam vocem lugens non emisit: *Nimium coarctor, alienigenæ bellum mihi inferunt, et Dominus recessit a me.* Antequam David discederet, non incidit in bellum, sed in securitate et in gloria degebat: gloria quippe ducis in regem transibat. Neque enim tyrannus erat David, neque ipsum a solio dejicere tentabat; sed pro illo præclare rem gerebat, bene erga illum affectus : id quod etiam ex sequentibus manifestum fuit. Nam quamdiu sub illo militabat, legi fortasse subjectionis illud attribuent, qui non accurate rem explorant: sed postquam illum e regno suo expulit, quid illum impediebat, quid illi suadebat ut a bello ipsi inferendo abstineret? imo vero, quid non incitabat ut necem illi inferret? Annon semel, bis et pluries ipsi insidiatus erat improbus ille? annon beneficiis affectus? annon erga insontem id egerat? annon cum periculo suo Saül regnabat, et salvus erat? annon illo vivente et imperante errandum semper ipsi erat et fugiendum, ac de extremis periclitandum? Nihil tamen eorum ipsum inducere potuit ut gladium cruentaret : imo dormientem videns, captum et solum in medio suorum, cum caput ejus contingeret, multique essent qui illum concitabant, dicebantque Dei nutu talem sibi opportunitatem offerri, ille et incitantes se increpavit, et a cæde abstinuit, salvumque et sanum ipsum reliquit : ac quasi corporis ejus custos, ac protector, non hostis fuerit, sic exercitum accusavit quod regem prodidisset. Quid huic animo par fuerit? quæ mansuetudo huic æqualis? Id enim ex dictis, multoque magis ex iis, quæ nunc geruntur, conspicere licet. Si enim pravitatem nostram consideremus, tunc melius sanctorum virtutem cognoscemus. Quapropter obsecro ut ad illorum imitationem curramus. Nam si gloriam amas, et ideo proximo tuo insidiaris, tunc maxime illa frueris cum gloriam respuens, ab insidiis abstinueris. Sicut enim pecuniarum contemtus avaritiæ contrarius est : sic gloriam consequi et gloriam amare sunt contraria. Et si placet, singula scrutemur. Quia enim nullus nobis inest gehennæ timor, neque regni cælorum cura ulla, age, ex præsen-

Invidia bonis quoque suis insidiatur.

1. Reg. 28. 15.

[b] Morel. ὑπ' αὐτὸν ταττόμενος.

* [Savil. in marg. γρ. αὐτῶν.]

[c] Alii αὐτῆς διαπτύσας.

tibus ad illa vos inducamus. Quinam, quæso, ridiculi sunt? nonne ii qui propter multitudinis auram agunt? Quinam vero laudandi? nonne ii qui vulgarem laudem contemnunt? Ergo si vanæ gloriæ amor vituperandus est, et si vanæ gloriæ cupidus non potest ea in re latere, plane vituperandus erit, amorque gloriæ erit illi causa dedecoris. Neque hac solum de causa dehonestatur, sed etiam quod multa turpia et servilia facere cogatur. Sic etiam omnes, qui lucro ceu furentes student, ab amore lucri sæpe lædi solent: multas quippe fraudes adhibent, et quam minima lucra magna pariunt detrimenta. Quapropter hoc ipsum in proverbium transiit. Sic etiam lascivo, impedimento ad voluptatem est ipse nimius affectus: nam viles illos effeminatos quasi mancipia mulieres traducunt; neque dignantur illis ut viris uti, colaphis et sputis dehonestantes, circumagentes, ridentes illos, atque omnia ipsis imperantes. Sic nihil vilius, nihil abjectius arrogante ac vanæ gloriæ cupido, qui sibi sublimis et altus videtur. Nam contentiosum est humanum genus, et nulli ita adversatur ut arroganti, superbo, et gloriæ servo. Ipse vero, ut sibi illum arrogantiæ modum servet, quasi mancipii officia apud multos exhibet, adulatur, assentatur, et plus quam ii qui ære emti sunt, se gravissimæ servituti subjicit. Hæc ergo omnia cum sciamus, hosce deponamus affectus, ne et hic pœnas demus, et illic in æternum cruciemur. Virtutis ergo amatores simus. Sic enim etiam ante regnum, maximum hic fructum decerpemus, et illuc migrantes æternis potiemur bonis: quæ utinam omnes consequamur, gratia et misericordia Domini nostri Jesu Christi, cui gloria et imperium in sæcula sæculorum. Amen.

λόγος πολὺς, φέρε κἂν ἀπὸ τῶν παρόντων ὑμᾶς ἐνα-
627 γάγωμεν. Τίνες γάρ εἰσιν οἱ καταγέλαστοι; εἰπέ μοι·
A [a] οὐχ οἱ διὰ δόξαν τι ποιοῦντες τὴν τῶν πολλῶν; Τίνες δὲ ἐπαινετοί; οὐχ οἱ τὸν παρὰ τῶν πολλῶν διαπτύοντες ἔπαινον. Οὐκοῦν εἰ τὸ κενῆς δόξης ἐρᾷν ἐπονείδιστον, ὁ δὲ κενόδοξος οὐ δύναται λαθεῖν ἐρῶν αὐτῆς, ἐπονείδιστος ἔσται πάντως, καὶ γέγονεν αὐτῷ τὸ τῆς δόξης ἐρᾷν ἀτιμίας αἴτιον. Οὐ ταύτῃ δὲ μόνον καταισχύνεται, ἀλλὰ καὶ τῷ πολλὰ ἀναγκάζεσθαι ποιεῖν αἰσχρὰ καὶ δουλοπρεπείας τῆς ἐσχάτης [b] γέμοντα. Οὕτω καὶ οἱ εἰς τὸ κερδαίνειν διαπαντὸς μεμηνότες βλάπτεσθαι μάλιστα ἀπὸ τοῦ νοσήματος τῆς φιλοκερδείας εἰώθασιν
B ἅπαντες· πολλὰς γοῦν ἀπάτας ὑφίστανται, καὶ τὰ μικρὰ κέρδη μεγάλας ποιεῖ ζημίας. Διὸ καὶ εἰς παροιμίαν ὁ λόγος οὗτος ἐξενήνεκται. Οὕτω καὶ τῷ λάγνῳ κώλυμα πρὸς τὸ ἡδονῆς ἀπολαύειν τὸ πάθος γίνεται· τοὺς γοῦν σφόδρα κατωφερεῖς καὶ γυναικοδούλους τούτους μάλιστα ὡς ἀνδράποδα περιφέρουσιν αἱ γυναῖκες, καὶ οὐκ ἄν ποτε καταξιώσαιεν ἐκείναι ὡς ἀνδράσιν αὐτοῖς κεχρῆσθαι, ῥαπίζουσαι, διαπτύουσαι, καὶ ἄγουσαι καὶ περιάγουσαι πανταχοῦ, καὶ θρυπτόμεναι, καὶ πάντα ἐπιτάττουσαι μόνον. Οὕτω καὶ τοῦ ἀπονενοημένου καὶ δοξομανοῦντος καὶ δοκοῦντος εἶναι ὑψηλοῦ οὐδὲν ταπεινότερόν τε καὶ ἀτιμότερον. Καὶ γὰρ φιλόνεικον τὸ τῶν ἀνθρώπων γένος, καὶ πρὸς οὐδὲν
C ἕτερον ἀντικαθίσταται ὡς πρὸς ἀλαζόνα, καὶ ὑπερόπτην, καὶ δόξης δοῦλον. Καὶ αὐτὸς δὲ ἐκεῖνος, ὥστε διατηρῆσαι τὸ σχῆμα τῆς ἀπονοίας, τὰ τῶν ἀνδραπόδων πρὸς τοὺς πλείονας ἐπιδείκνυται, κολακεύων, θεραπεύων, παντὸς ἀργυρωνήτου δουλείαν δουλεύων χαλεπωτέραν. Ταῦτ' οὖν ἅπαντα εἰδότες, [c] ἀποθώμεθα ταυτὶ τὰ πάθη, ἵνα μὴ καὶ ἐνταῦθα δίκην δῶμεν, καὶ ἐκεῖ κολασθῶμεν ἀπέραντα. Γενώμεθα τῆς ἀρετῆς ἐρασταί. Οὕτω γὰρ καὶ πρὸ τῆς βασιλείας τὰ μέγιστα [d] ἐνταῦθα καρπωσόμεθα καλὰ, καὶ ἀπελθόντες ἐκεῖ τῶν αἰωνίων μεθέξομεν ἀγαθῶν· ὧν γένοιτο πάντας ἡμᾶς ἐπιτυχεῖν, χάριτι καὶ φιλανθρωπίᾳ τοῦ Κυρίου
D ἡμῶν Ἰησοῦ Χριστοῦ, ᾧ ἡ δόξα καὶ τὸ κράτος εἰς τοὺς αἰῶνας τῶν αἰώνων. Ἀμήν.

[a] In Morel. οὐχ deest hic et infra ante οἱ τὸν παρὰ τῶν πολλῶν.

[b] Hunc locum sic habet Morel.: γέμοντα, καὶ ὥσπερ εἰς τὸ κερδαίνειν βλάπτεσθαι μάλιστα ἀπὸ τοῦ νοσήματος τῆς φιλοκερδίας εἰώθασιν οἱ ἄνθρωποι. Savil. autem ut supra habet, et infra sic: ὁ λόγος οὗτος ἐξενίκησεν. Sed Morelli lectio hic magis arridet.

[c] Morel. καταθώμεθα. [Cod. 694 καταθώμεθα ταῦτα τ. π.]

[d] Morel. ἐντεῦθεν.

ΟΜΙΛΙΑ ξγʹ.

Καὶ ἰδοὺ εἷς προσελθὼν εἶπεν αὐτῷ· διδάσκαλε ἀγαθὲ, τί ποιήσας ζωὴν αἰώνιον κληρονομήσω;

Τινὲς μὲν διαβάλλουσι τὸν νεανίσκον τοῦτον, ὡς ὕπουλόν τινα καὶ πονηρὸν, καὶ μετὰ πείρας τῷ Ἰησοῦ προσελθόντα· ἐγὼ δὲ φιλάργυρον μὲν αὐτὸν καὶ χρη- E μάτων ἐλάττονα οὐκ ἂν παραιτησαίμην εἰπεῖν, ἐπειδὴ καὶ ὁ Χριστὸς τοιοῦτον αὐτὸν ἤλεγξεν ὄντα· ὕπουλον δὲ οὐδαμῶς,. διὰ τὸ μήτε ἀσφαλὲς εἶναι τῶν ἀδήλων κατατολμᾷν, καὶ μάλιστα ἐν ἐγκλήμασι· καὶ τὸ τὸν 625 Μάρκον ταύτην ἀνῃρηκέναι τὴν ὑποψίαν· καὶ γάρ φησιν, A ὅτι Προσδραμὼν καὶ γονυπετῶν παρεκάλει αὐτόν· καὶ ὅτι Ἐμβλέψας αὐτῷ ὁ Ἰησοῦς, ἠγάπησεν αὐτόν. Ἀλλὰ πολλὴ τῶν χρημάτων ἡ τυραννὶς, καὶ δῆλον ἐντεῦθεν· κἂν γὰρ τὰ ἄλλα ὦμεν ἐνάρετοι, [a] πάντα αὕτη λυμαίνεται τὰ καλά. Εἰκότως οὖν καὶ ὁ Παῦλος ῥίζαν αὐτὴν ἁπάντων τῶν κακῶν εἶναι ἔφησε· Ῥίζα γὰρ πάντων τῶν κακῶν ἐστιν ἡ φιλαργυρία, φησί. Διατί οὖν οὕτω πρὸς αὐτὸν ἀπεκρίνατο ὁ Χριστὸς, λέγων· Οὐδεὶς ἀγαθός; Ἐπειδὴ ὡς ἀνθρώπῳ [b] προσέσχε ψιλῷ, καὶ ἑνὶ τῶν πολλῶν, καὶ διδασκάλῳ Ἰουδαϊκῷ· διὰ δὴ τοῦτο ὡς ἄνθρωπος αὐτῷ διαλέγεται. Καὶ γὰρ πολλαχοῦ πρὸς τὰς ὑπονοίας [c] τῶν πολλῶν ἀποκρίνεται, ὡς ὅταν λέγῃ· Ἡμεῖς προσκυνοῦμεν ὃ οἴδαμεν· καὶ, B Ἐὰν ἐγὼ μαρτυρῶ περὶ ἐμαυτοῦ, ἡ μαρτυρία μου οὐκ ἔστιν ἀληθής. Ὅταν οὖν εἴπῃ, Οὐδεὶς ἀγαθὸς, οὐχ ἑαυτὸν ἐκβάλλων τοῦ ἀγαθὸς εἶναι τοῦτο λέγει· ἄπαγε· οὐ γὰρ εἶπε, Τί με λέγεις ἀγαθόν; οὐκ εἰμὶ ἀγαθός· ἀλλ', Οὐδεὶς ἀγαθός· τουτέστιν, οὐδεὶς ἀνθρώπων. Καὶ αὐτὸς δὲ τοῦτο ὅταν λέγῃ, οὐδὲ τοὺς ἀνθρώπους ἀποστερῶν ἀγαθότητος λέγει· ἀλλὰ πρὸς ἀντιδιαστολὴν τῆς τοῦ Θεοῦ ἀγαθότητος. Διὸ καὶ ἐπήγαγεν, Εἰ μὴ εἷς ὁ Θεός. Καὶ οὐκ εἶπεν, εἰ μὴ ὁ Πατήρ μου, ἵνα μάθῃς, ὅτι οὐκ ἐξεκάλυψεν ἑαυτὸν τῷ νεανίσκῳ. Οὕτω καὶ ἀνωτέρω πονηροὺς ἐκάλει τοὺς ἀνθρώπους, λέγων· Εἰ δὲ ὑμεῖς πονηροὶ ὄντες, οἴδατε C δόματα ἀγαθὰ διδόναι τοῖς τέκνοις ὑμῶν. Καὶ γὰρ καὶ ἐκεῖ πονηροὺς ἐκάλεσεν, οὐ τῆς φύσεως ἁπάσης πονηρίαν καταγινώσκων· τὸ γὰρ, Ὑμεῖς, οὐχὶ πάντες οἱ ἄνθρωποί φησιν· ἀλλὰ τὴν ἐν ἀνθρώποις ἀγαθότητα τῇ τοῦ Θεοῦ ἀγαθότητι παραβάλλων, οὕτως ὠνόμασε· διὰ τοῦτο καὶ ἐπήγαγε, Πόσῳ μᾶλλον ὁ Πατὴρ ὑμῶν

[a] Unus πάντα ἱκανὴ λυμήνασθαι αὕτη. Alius λυμαίνεται τὰ ἄλλα.

[b] Morel. προσέσχε ψιλῷ. Savil. προσῆλθε ψιλῷ. Utrumque quadrat.

[c] Unus τῶν προσιόντων.

HOMILIA LXIII. al. LXIV.

Cap. XIX. v. 16. *Et ecce unus accedens dixit illi: Magister bone, quid faciendo vitam æternam hereditabo?*

1. Quidam hunc juvenem ut fraudulentum et improbum criminantur, ut qui tentandi causa Jesum adierit: ego vero illum avarum et pecuniarum amantem dicere non dubitem, quando Christus talem illum esse demonstravit; fraudulentum vero nequaquam, quandoquidem non tutum est de occultis audacter judicare, cum maxime de quopiam accusando agitur: atque etiam quod Marcus illam suspicionem removerit: nam ait: *Accurrens et* Marc. 10. 17. 21.
genuflectens rogabat eum; et, *Respiciens Jesus dilexit eum.* Sed multa est pecuniarum tyrannis, quod vel hinc palam est: licet enim virtutes alias colamus, hæc omnia bona labefactat. Jure ergo Paulus illam omnium malorum radicem esse dixit: *Radix enim omnium malorum* 1. Tim. 6. 10.
est avaritia. Quare ergo Christus ita respondit illi dicens: *Nemo bonus?* Quia illum ut simplicem hominem habebat et vulgo, et ut doctorem Judaïcum: ideoque ut homo ipsum alloquitur. Nam sæpe secundum multorum opinionem respondet, ut cum dicit: *Nos adoramus quod scimus:* et, Joan. 4. 22.
Si ego testimonium perhibeo de meipso, testi- Joan. 5. 31.
monium meum non est verum. Cum igitur ait, *Nemo bonus*, non hoc dicit ut se bonum non esse significet, absit: non enim dixit, *Quid me dicis* Marc. 10. 18.
bonum? non sum bonus: sed, *Nemo bonus;* id est, nullus hominum. Ipse vero cum hoc dicit, non homines a bonitate excludit; sed comparatione facta cum Dei bonitate. Quapropter adjicit, *Nisi solus Deus.* Neque dixit, Nisi Pater meus, ut discas, ipsum non se juveni illi manifestavisse. Sic etiam supra malos dicebat homines his verbis: *Si autem vos, cum sitis mali, nostis bona data* Matth. 7. 11.
dare filiis vestris. Nam illic malos vocavit, non quod toti naturæ malitiam adscriberet; nam illud, *Vos*, non omnes homines significat; sed hominum bonitatem cum Dei bonitate comparans, sic loquutus est; ideoque subjunxit, *Quanto magis Pater vester dabit bona petentibus se?* Ecquid

Pecuniarum amor malorum omnium radix.

illum urgebat, inquies, aut quid commodi ex hujusmodi responso? Paulatim illum ad altiora adducit, atque instituit ut omni sit adulatione vacuus, a terrenisque abducens Deo conjungit, suadetque futura quærere, discereque, quis sit vere bonus, quis radix et fons omnium, ipsique honorem referre. Nam quando dicit, *Nolite magistrum vocare super terram*, tum in comparationem sui ita dicit, tum etiam ut discant quod sit primum rerum omnium initium. Neque enim modicum juvenis ille hactenus studium ostenderat, et amorem, ita ut, cum alii tentarent Christum, alii pro morbis aut suis aut aliorum accederent, ipse pro vita æterna veniret atque interrogaret. Pinguis certe terra et fertilis ager erat, sed spinarum multitudo semen suffocavit. Animadverte enim quam sit paratus ad obediendum mandatis : *Quid faciendo*, inquit, *vitam æternam possidebo?* Sic promtus esse ad parendum videbatur. Quod si tentans accessisset, illud certe nobis declarasset evangelista, quemadmodum et in aliis faciebat, ut in legis doctore. Si vero ipse siluisset, non sivisset Christus ipsum latere, sed vel aperte ipsum redarguisset, vel occulte tetigisset, ne videretur decepisse et latere, sicque læsus fuisse. Si enim tentans accessisset, non mœrens ob illa quæ audierat recessisset. Hoc enim numquam ex Pharisæis aliquis est passus, sed confutati magis indignabantur. Hic vero non sic, sed tristis abit; quod signum non parvum est, ipsum non cum mala voluntate accessisse, sed cum imbecilliore, et vere vitam concupivisse; sed gravissimo fuisse morbo detentum. Cum dixisset ergo Jesus : 17. *Si vis ad vitam intrare, serva mandata :* dicit ille, *Quænam?* non tentans, absit; sed quod existimaret alia quædam esse mandata præter legalia, quæ vitam sibi possent afferre; quod desiderio flagrantis erat. Deinde, cum dixisset Jesus legis mandata, respondet ille : 20. *Hæc omnia servavi ab adolescentia mea.* Neque hic finem fecit, sed rursus quæsivit, *Quid adhuc mihi deest?* quod et ipsum signum erat illum desiderio flagrasse : nec parvum illud erat, quod sibi putaret aliquid deesse, neque putaret satis esse ea, quæ dicta fuerant, ut optatum assequeretur. Quid ergo Christus? Quia magnum quidpiam præcepturus erat, præmia prius proponit, et dicit : 21. *Si vis perfectus esse, vade, vende omnia quæ habes, et*

Matth. 23. 9

δώσει ἀγαθὰ τοῖς αἰτοῦσιν αὐτόν; Καὶ τί τὸ κατεπεῖγον ἦν, φησὶν, ἢ τί τὸ χρήσιμον, ὥστε οὕτως αὐτὸν ἀποκρίνασθαι; Ἀνάγει αὐτὸν κατὰ μικρὸν, καὶ παιδεύει κο- D λακείας ἀπηλλάχθαι πάσης, τῶν τῆς γῆς ἀπάγων, καὶ τῷ Θεῷ προσηλῶν, καὶ πείθων τὰ μέλλοντα ζητεῖν, καὶ εἰδέναι τὸν ὄντως ἀγαθὸν, καὶ τὴν ῥίζαν καὶ τὴν πηγὴν ἁπάντων, καὶ αὐτῷ [d] τὰς τιμὰς ἀναφέρειν. Ἐπεὶ καὶ ὅταν λέγῃ, Μὴ καλέσητε διδάσκαλον ἐπὶ τῆς γῆς, πρὸς ἀντιδιαστολὴν αὐτοῦ τοῦτό φησιν, καὶ ἵνα μάθωσι τίς ἡ πρώτη τῶν ὄντων ἁπάντων ἀρχή. Οὐδὲ γὰρ μικρὰν ὁ νεανίσκος ἐπεδείξατο προθυμίαν τέως, εἰς ἔρωτα τοιοῦτον ἐμπεσὼν, καὶ τῶν ἄλλων, τῶν μὲν πειραζόντων, τῶν δὲ ὑπὲρ νοσημάτων προσιόν- E των, ἢ τῶν οἰκείων, ἢ τῶν ἀλλοτρίων, αὐτὸς ὑπὲρ ζωῆς αἰωνίου καὶ προσιὼν καὶ διαλεγόμενος. Καὶ γὰρ λιπαρὰ ἦν ἡ γῆ καὶ πίων, ἀλλὰ τῶν ἀκανθῶν τὸ πλῆθος τὸν σπόρον συνέπνιγε. Σκόπει γοῦν πῶς ἐστι παρεσκευασμένος τέως πρὸς τὴν τῶν [e] ἐπιτεταγμένων ὑπακοήν· Τί γὰρ ποιήσας, φησὶ, ζωὴν αἰώνιον κληρονομήσω; Οὕτως ἕτοιμος ἦν πρὸς ἐργασίαν τῶν λεχθησομένων. 629 Εἰ δὲ πειράζων προσῆλθεν, ἐδήλωσεν ἂν ἡμῖν τοῦτο ὁ A εὐαγγελιστὴς, ὥσπερ καὶ ἐπὶ τῶν ἄλλων [a] ἐποίει, ὥσπερ καὶ ἐπὶ τοῦ νομικοῦ. Εἰ δὲ καὶ αὐτὸς ἐσίγησεν, ὁ Χριστὸς αὐτὸν οὐκ ἂν εἴασε λαθεῖν, ἀλλ' ἤλεγξεν ἂν σαφῶς, ἢ καὶ ᾐνίξατο, ὥστε μὴ δόξαι ἠπατηκέναι καὶ λανθάνειν, καὶ ταύτῃ βλαβῆναι. Εἰ γὰρ πειράζων προσῆλθεν, οὐκ ἂν ἀπῆλθε λυπούμενος ἐφ' οἷς ἤκουσε. Τοῦτο γοῦν οὐδείς ποτε ἔπαθε τῶν Φαρισαίων, ἀλλ' [b] ἠγριαίνοντο ἐπιστομιζόμενοι. Ἀλλ' οὐχ οὗτος οὕτως· ἀλλ' ἄπεισι κατηφής· ὅπερ οὐ μικρὸν σημεῖον ἦν τοῦ μὴ μετὰ πονηρᾶς γνώμης αὐτὸν προσελθεῖν, ἀλλ' ἀσθενεστέρας· καὶ ἐπιθυμεῖν μὲν τῆς ζωῆς, κατέχεσθαι δὲ ἑτέρῳ πάθει χαλεπωτάτῳ. Εἰπόντος τοίνυν τοῦ Χρι- B στοῦ· Εἰ θέλεις εἰσελθεῖν πρὸς τὴν ζωὴν, τήρησον τὰς ἐντολάς· λέγει, Ποίας; οὐχὶ πειράζων, μὴ γένοιτο· ἀλλὰ νομίζων ἑτέρας τινὰς παρὰ τὰς νομικὰς εἶναι τὰς τῆς ζωῆς προξένους αὐτῷ γενησομένας· ὃ σφόδρα ἐπιθυμοῦντος ἦν. Εἶτα, ἐπειδὴ εἶπεν ὁ Ἰησοῦς τὰς ἀπὸ τοῦ νόμου, φησί· Ταῦτα πάντα ἐφυλαξάμην ἐκ νεότητός μου. Καὶ οὐδὲ ἐνταῦθα ἔστη, ἀλλὰ πάλιν ἐρωτᾷ, Τί ἔτι ὑστερῶ; ὃ καὶ αὐτὸ σημεῖον ἦν τῆς σφοδρᾶς ἐπιθυμίας αὐτοῦ· οὐ μικρὸν δὲ καὶ τὸ νομίζειν αὐτὸν ὑστερεῖν, μηδὲ ἡγεῖσθαι ἀρκεῖν τὰ εἰρημένα [c] πρὸς τὸ τυχεῖν ὧν ἐπεθύμει. Τί οὖν ὁ Χρι- C στός; Ἐπειδὴ ἔμελλε μέγα τι ἐπιτάττειν, προτίθησι τὰ ἔπαθλα, καί φησιν· Εἰ θέλεις τέλειος εἶναι, ὕπαγε, πώλησόν σου τὰ ὑπάρχοντα, καὶ δὸς πτωχοῖς·

[d] Morel. τὰ τῆς τιμῆς.

[e] Savil. et Morel. ἐπιτεταγμένων. Mss. non pauci ἐπιταγμάτων.

[a] Al. ποιεῖ.

[b] Editi ἠγρίαινον, Mss. plurimi ἠγριαίνοντο, melius.

[c] Alius εἰς τὸ τυχεῖν.

καὶ ἕξεις θησαυρὸν ἐν οὐρανοῖς· καὶ δεῦρο ἀκολούθει μοι.

Εἶδες πόσα βραβεῖα, πόσους [d] στεφάνους δίδωσι τῷ σταδίῳ τούτῳ; Εἰ δὲ ἐπείραζεν, οὐκ ἂν αὐτῷ ταῦτα εἶπε. Νυνὶ δὲ καὶ λέγει, καὶ ὥστε αὐτὸν ἐφελκύσασθαι καὶ τὸν μισθὸν αὐτῷ δείκνυσι πολὺν ὄντα, καὶ τῇ γνώμῃ αὐτοῦ τὸ πᾶν ἐπιτρέπει, διὰ πάντων συσκιάζων τὸ δοκοῦν εἶναι βαρὺ τῆς παραινέσεως· διὸ καὶ πρὶν εἰπεῖν τὸν ἀγῶνα καὶ τὸν πόνον, τὸ βραβεῖον αὐτῷ δείκνυσι, λέγων· Εἰ θέλεις τέλειος εἶναι, D καὶ τότε φησὶ, Πώλησόν σου τὰ ὑπάρχοντα, καὶ δὸς πτωχοῖς· καὶ εὐθέως πάλιν τὰ ἔπαθλα, Ἕξεις θησαυρὸν ἐν οὐρανοῖς, καὶ δεῦρο ἀκολούθει. Καὶ γὰρ τὸ ἀκολουθεῖν αὐτῷ, μεγάλη ἀντίδοσις. Καὶ ἕξεις θησαυρὸν ἐν οὐρανοῖς. Ἐπειδὴ γὰρ περὶ χρημάτων ἦν ὁ λόγος, καὶ πάντων αὐτὸν γυμνωθῆναι παρῄνει, δεικνὺς ὅτι οὐκ ἀφαιρεῖται τὰ ὄντα, ἀλλὰ προστίθησι τοῖς οὖσι, καὶ πλείονα ὧν ἐκέλευσε παρασχεῖν ἔδωκεν· οὐ πλείονα δὲ μόνον, ἀλλὰ καὶ τοσούτῳ μείζονα, ὅσον * γῆς ὁ οὐρανὸς, καὶ ἔτι πλέον. Θησαυρὸν δὲ εἶπε, τὸ δαψιλὲς τῆς ἀντιδόσεως, τὸ μόνιμον δηλῶν, τὸ ἄσυλον, ὡς ἐνεχώρει διὰ τῶν ἀνθρωπίνων αἰνίξασθαι E τῷ ἀκούοντι. Οὐκ ἄρα [e] ἀρκεῖ τῶν χρημάτων καταφρονεῖν, ἀλλὰ καὶ δεῖ τὸ διαθρέψαι πένητας, καὶ προηγουμένως ἀκολουθεῖν τῷ Χριστῷ, τουτέστιν, πάντα τὰ παρ' αὐτοῦ κελευόμενα ποιεῖν, πρὸς σφαγὰς εἶναι ἕτοιμον, καὶ θάνατον καθημερινόν· Εἴ 680 τις γὰρ θέλει ὀπίσω μου ἐλθεῖν, ἀπαρνησάσθω ἑαυ- A τὸν, καὶ ἀράτω τὸν σταυρὸν αὐτοῦ, καὶ ἀκολουθείτω μοι· ὥστε τοῦ ῥῖψαι τὰ χρήματα πολλῷ μεῖζον τοῦτο τὸ ἐπίταγμα, τὸ καὶ αὐτὸ τὸ αἷμα ἐκχεῖν· οὐ μικρὸν δὲ εἰς τοῦτο τὸ χρημάτων ἀπηλλάχθαι συμβάλλεται. Ἀκούσας δὲ ὁ νεανίσκος, ἀπῆλθε λυπούμενος, εἶτα ὥσπερ δεικνὺς ὁ εὐαγγελιστὴς, ὅτι οὐκ ἀπεικός τι πέπονθε, φησί· Ἦν γὰρ ἔχων κτήματα πολλά. Οὐ γὰρ ὁμοίως κατέχονται οἱ τὰ ὀλίγα ἔχοντες, καὶ οἱ πολλῇ βαπτισθέντες περιουσίᾳ· τυραννικώτερος γὰρ ὁ ἔρως τότε γίνεται· ὅπερ ἀεὶ λέγων οὐ παύομαι, ὅτι ἡ προσθήκη τῶν ἐπεισιόντων μείζονα ἀνάπτει τὴν φλόγα, καὶ πενεστέρους ἐργάζεται τοὺς B κτωμένους, εἴγε ἐν πλείοσι καθίστησιν αὐτοὺς ἐπιθυμίαις, καὶ μᾶλλον αἰσθάνεσθαι τῆς ἐνδείας ποιεῖ. Σκόπει γοῦν καὶ ἐνταῦθα οἵαν [a] ἐνεδείξατο τὴν ἰσχὺν τὸ πάθος. Τὸν γὰρ μετὰ χαρᾶς προσελθόντα καὶ προθυμίας, ἐπειδὴ ἐκέλευσεν ὁ Χριστὸς ῥῖψαι τὰ χρήματα, οὕτω κατέχωσε καὶ ἐβάρησεν, ὡς μηδὲ ἀπόκρισιν περὶ τούτων ἀφεῖναι, ἀλλὰ σιγήσαντα καὶ κατηφῆ καὶ στυγνὸν γενόμενον ἀπελθεῖν. Τί οὖν ὁ Χριστός;

da pauperibus : et habebis thesaurum in cælis : et veni, sequere me.

2. Viden' quot bravia, quot coronas huic stadio tribuit? Si vero tentasset, non hæc illi dixisset. Nunc autem et dicit, et ut illum attrahat, magnam ipsi mercedem ostendit, totumque ejus voluntati relinquit, sub umbra quadam relinquens ea quæ in hac admonitione gravia esse videbantur: ideoque, antequam certamen et laborem diceret, bravium ostendit, dicens : *Si vis perfectus esse*, et tunc adjicit, *Vende omnia quæ habes, et da pauperibus ;* statimque præmia dicit, *Habebisque thesaurum in cælo, et veni, sequere me.* Nam vel sequi illum, magna merces est. *Et habebis thesaurum in cælis.* Quia enim de pecuniis sermo erat, illum hortabatur, ut se omnibus exspoliaret, ostendens non sua sibi auferri, sed augeri, atque plura dare se, quam ipse præbere juberetur; neque plura modo, sed tanto majora, quanto majus cælum quam terra est, imo quid ulterius. Thesaurum autem appellat, præmii præstantiam, stabilitatem, securitatemque ejus declarans, quantum per humana subindicare poterat audienti. Non ergo satis est pecuniam contemnere; sed oportet pauperes alere; et ante omnia Christum sequi, id est, omnia jussa ejus complere, esse quotidie paratum ad cædes, et ad mortem quotidianam. Ait enim : *Si quis vult* Luc. 9 23
post me venire, abneget semetipsum, et tollat crucem suam, et sequatur me ; quod profecto mandatum proprium fundendi sanguinem majus est, quam pecuniæ contemtus: qui tamen non parum confert ad illud assequendum. 22. *Cum audisset autem adolescens, abiit tristis.* Quod non sine causa accidisse illi significavit evangelista dicens : *Habebat enim possessiones multas.* Non sic enim detinentur ii, quibus paucæ facultates, ut ii qui multa rerum copia fruuntur : tunc enim violentior cupiditas : id quod dicendi finem non faciam, nempe accessione opum majorem accendi flammam, et possessores pauperiores effici, quia pluribus corripiuntur cupiditatibus, et indigentiam magis sentiunt. Hic animadvertas velim, quantam morbus vim exhibuerit. Illum enim qui cum gaudio et alacritate accesserat, ubi Christus jussit pecunias abjicere, ita obruit et afflixit, ut ne responsionem quidem daret, sed silens, tristis, et mœstus abiret. Quid

Divites cupidiores sunt quam qui modica gaudent fortuna.

[d] Savil. στεφάνους τίθησι.

* [Savil. et Cod. 694 γῆς οὐρανός. Commelin. ὁ uncis inclusit.]

[e] Alius ἀρκεῖ τό, non male. [Cod. 694 ἀρκεῖ τὸ χρ. κ., ἀλλὰ δεῖ καὶ διαθρ.]

[a] Savil. ἐπεδείξατο.

igitur Christus? 23. *Quam difficile divites intrabunt in regnum cælorum!* non pecunias vituperans, sed eos qui detinentur ab ipsis. Si difficile divites, longe difficilius avari. Nam si sua non largiri, impedimentum est ad regnum assequendum, aliena rapere, cogita quantum ignem accumulet. Cur autem discipulis dicit, difficile divitem in regnum intrare, qui pauperes erant, nihilque possidebant? Docet illos ne de paupertate erubescant, et rationem reddit, cur nihil eos habere permiserit. Postquam autem dixit, rem esse difficilem, rem non posse fieri, postea ostendit, nec modo fieri non posse, sed ex comparatione facta cameli atque acus, aliquid ultra addere videtur: nam ait, 24. *Facilius est camelum per foramen acus transire, quam divitem intrare in regnum cælorum.* Unde ostenditur non parum mercedis parari divitibus, qui philosophari possint. Ideo Dei opus illud esse asseruit, ut declararet, magna opus esse gratia ei, qui id suscepturus esset. Perturbatis ergo discipulis dixit: 26. *Hoc apud homines impossibile est, apud Deum autem omnia possibilia sunt.* Cur autem discipuli turbantur, qui pauperes, imo admodum pauperes sunt? cur ergo turbantur? De multorum amissa salute dolentes, qui magna erga omnes caritate tenebantur, et jam magistrorum viscera gerebant. Timebant igitur tremebantque pro toto orbe, tali sententia commoti, ita ut multa egerent consolatione. Qua de causa postquam
Luc. 18. 27. prius inspexerat eos, dixit: *Quæ impossibilia sunt apud homines, possibilia sunt apud Deum.* Jucundo enim ac mansueto aspectu illos horrore animi captos prius consolatus, et angustia illa soluta (hoc enim significavit evangelista dicens, *Respiciens*), tunc verbis illos erigit, Dei potentiam in medium adducens, et sic fiduciam indidit. Si velis autem modum quoque ediscere, et quo pacto id, quod impossibile est, possibile fiat, audi. Non enim ideo dixit, quæ impossibilia sunt hominibus, possibilia esse Deo, ut animo concidas, et ab iis quasi impossibilibus absistas, sed ut intellecta facinoris magnitudine, facilius rem aggrediaris, et invocato Deo ut opem tibi in tantis certaminibus præstet, vitam consequaris.

Πῶς δυσκόλως οἱ πλούσιοι εἰσελεύσονται εἰς τὴν βασιλείαν τῶν οὐρανῶν; οὐ τὰ χρήματα διαβάλλων, ἀλλὰ τοὺς κατεχομένους ὑπ' αὐτῶν. Εἰ δὲ πλούσιοι δυσκό-
C λως, πολλῷ μᾶλλον ὁ πλεονέκτης. Εἰ γὰρ τὸ μὴ δοῦναι τὰ ἑαυτοῦ πρὸς βασιλείαν ἐμπόδιον, τὸ καὶ τὰ ἑτέρων λαμβάνειν ἐννόησον πόσον σωρεύει τὸ πῦρ. Τί δήποτε δὲ τοῖς μαθηταῖς ἔλεγεν, ὅτι δυσκόλως [b] πλούσιος εἰσελεύσεται, πένησιν οὖσι καὶ οὐδὲν κεκτημένοις; Παιδεύων αὐτοὺς μὴ αἰσχύνεσθαι τὴν πενίαν, καὶ ὡσανεὶ ἀπολογούμενος αὐτοῖς ὑπὲρ τοῦ μηδὲν ἐπιτρέψαι ἔχειν. Εἰπὼν δὲ δύσκολον, προϊὼν δείκνυσιν, ὅτι καὶ ἀδύνατον, καὶ οὐχ ἁπλῶς ἀδύνατον, [c] ἀλλὰ καὶ μετ' ἐπιτάσεως ἀδύνατον, καὶ τοῦτο ἐκ τοῦ παραδείγματος ἐδήλωσε, τοῦ κατὰ τὴν κάμηλον καὶ τὴν βελόνην· Εὐκοπώτερον γάρ, φησί, κάμηλον εἰσελθεῖν διὰ τρυπή-
D ματος ῥαφίδος, ἢ πλούσιον εἰσελθεῖν εἰς τὴν βασιλείαν τῶν οὐρανῶν. Ὅθεν δείκνυται ὅτι οὐχ ὁ τυχὼν μισθὸς τοῖς πλουτοῦσι καὶ δυναμένοις φιλοσοφεῖν. Διὸ καὶ Θεοῦ ἔργον ἔφησεν εἶναι αὐτό, ἵνα δείξῃ, ὅτι πολλῆς δεῖ τῆς χάριτος τῷ μέλλοντι τοῦτο κατορθοῦν. Τῶν γοῦν μαθητῶν ταραχθέντων ἔλεγε· Παρὰ ἀνθρώποις τοῦτο ἀδύνατον, παρὰ δὲ Θεῷ πάντα δυνατά. Καὶ τίνος ἕνεκεν οἱ μαθηταὶ ταράττονται, πένητες ὄντες, καὶ σφόδρα πένητες; τίνος οὖν ἕνεκεν θορυβοῦνται; Ὑπὲρ [d] τῆς τῶν πολλῶν σωτηρίας ἀλγοῦντες, καὶ πολλὴν πρὸς ἅπαντας φιλοστοργίαν ἔχοντες, καὶ τὰ τῶν διδασκάλων ἤδη σπλάγχνα ἀναλαβόντες. Οὕτω
E γοῦν ἔτρεμον, καὶ ἐδεδοίκεισαν ὑπὲρ τῆς οἰκουμένης ἁπάσης ἀπὸ τῆς ἀποφάσεως ταύτης, ὥστε πολλῆς δεηθῆναι τῆς παρακλήσεως. Διὰ τοῦτο πρότερον ἐμβλέψας αὐτοῖς εἶπε· Τὰ παρὰ ἀνθρώποις ἀδύνατα, δυνατὰ παρὰ Θεῷ. Ἡμέρῳ γὰρ ὄμματι καὶ πράῳ φρίττουσαν αὐτῶν τὴν διάνοιαν παραμυθησάμενος, καὶ τὴν ἀγωνίαν καταλύσας (τοῦτο γὰρ ἐδήλωσεν ὁ εὐαγγελιστὴς
631 A εἰπών, Ἐμβλέψας), τότε καὶ διὰ τῶν ῥημάτων [a] αὐτοὺς ἀνίστησι, τὴν τοῦ Θεοῦ δύναμιν εἰς μέσον ἀγαγών, καὶ οὕτω ποιήσας θαῤῥεῖν. Εἰ δὲ βούλει καὶ τὸν τρόπον μαθεῖν, καὶ πῶς ἂν τὸ ἀδύνατον γένοιτο δυνατόν, ἄκουε. Οὐδὲ γὰρ διὰ τοῦτο εἶπε, Τὰ παρὰ ἀνθρώποις ἀδύνατα, δυνατὰ παρὰ Θεῷ, ἵνα ἀναπέσῃς, καὶ ὡς ἀδυνάτων ἀπόσχῃ, ἀλλ' ἵνα τὸ μέγεθος τοῦ κατορθώματος ἐννοήσας, ἐπιπηδήσῃς ῥᾳδίως, καὶ τὸν Θεὸν παρακαλέσας συνεφάψασθαί σοι [b] τῶν τοιούτων ἄθλων, καὶ τῆς ζωῆς ἐπιτύχῃς.

3. Quomodo igitur id fieri possit? Si opes ab-

Πῶς οὖν γένοιτο τοῦτο δυνατόν; Ἂν ῥίψῃς τὰ ὄν-

[b] Savil. πλούσιοι εἰσελεύσονται. Paulo post quidam αἰσχύνεσθαι τῇ πενίᾳ.

[c] Savil. ἀλλὰ μετὰ πολλοῦ τοῦ περιόντος. καὶ τοῦτο ἐκ τοῦ παραδείγματος.

[d] Alius τῆς τῶν ἄλλων σωτηρίας.

[a] Quidam αὐτοὺς ἀνίησι.

[b] Savil. τῶν καλῶν τούτων ἄθλων.

τα, ἂν κενώσῃς τὰ χρήματα, ἂν τῆς πονηρᾶς ἐπιθυμίας ἀποστῇς. (B) Ὅτι γὰρ οὐ τῷ Θεῷ μόνον αὐτὰ λογίζεται, ἀλλὰ διὰ τοῦτο εἶπεν, ἵνα δείξῃ τὸν ὄγκον τοῦ κατορθώματος, ἄκουσον τῶν μετὰ ταῦτα. Πέτρου γὰρ εἰπόντος, Ἰδοὺ ἡμεῖς ἀφήκαμεν πάντα καὶ ἠκολουθήσαμέν σοι, καὶ ἐρωτήσαντος, Τί ἄρα ἔσται ἡμῖν; τὸν μισθὸν ὁρίσας ἐκείνοις, ἐπήγαγε· Καὶ πᾶς ὅστις ἀφῆκεν οἰκίας, ἢ ἀγροὺς, ἢ ἀδελφοὺς, ἢ ἀδελφὰς, ἢ πατέρα, ἢ μητέρα, ἑκατονταπλασίονα λήψεται ἐν τῷ νῦν αἰῶνι, καὶ ζωὴν αἰώνιον κληρονομήσει. Οὕτω τὸ ἀδύνατον γίνεται δυνατόν. Ἀλλὰ πῶς αὐτὸ τοῦτο γένοιτ' ἂν, φησὶ, τὸ ἀφεῖναι; πῶς δυνατὸν τὸν βαπτισθέντα ἅπαξ ἐπιθυμίᾳ χρημάτων τοιαύτῃ ἀνενεγκεῖν; Ἂν ἄρξηται ἐκ (C) τῶν ὄντων κενοῦν, καὶ τὰ περιττὰ περικόπτειν. Οὕτω γὰρ καὶ περαιτέρω προβήσεται, καὶ εὐκολώτερον λοιπὸν δραμεῖται. Μὴ τοίνυν ὑφ' ἓν τὸ πᾶν ζητήσῃς, ἀλλ' ἠρέμα καὶ κατὰ μικρὸν ἀνάβαινε τὴν κλίμακα ταύτην, τὴν εἰς τὸν [c] οὐρανόν σε ἀνάγουσαν, εἰ δυσχερές σοι τὸ ἀθρόον φαίνεται. Καθάπερ γὰρ οἱ πυρέττοντες, καὶ δριμεῖαν χολὴν ἔνδον ἔχοντες πλεονάζουσαν, ὅταν ἐπεμβάλλωσί τινα σῖτα καὶ ποτὰ, οὐ μόνον οὐ κατασβεννύουσι τὸ δίψος, ἀλλὰ καὶ ἀνάπτουσι τὴν φλόγα· οὕτω καὶ οἱ φιλοχρήματοι, ὅταν τῇ πονηρᾷ ταύτῃ ἐπιθυμίᾳ καὶ τῆς χολῆς ἐκείνης δριμυτέρᾳ τὰ (D) χρήματα ἐπεμβάλλωσι, μᾶλλον αὐτὴν ἐκκαίουσιν. Οὐδὲν γὰρ αὐτὴν οὕτως ἵστησιν, ὡς τὸ ἀποστῆναι τέως τῆς τοῦ κερδαίνειν ἐπιθυμίας, ὥσπερ οὖν τὴν δριμεῖαν χολὴν ὀλιγοσιτία καὶ κένωσις. Τοῦτο δὲ αὐτὸ πόθεν ἔσται; φησίν. Ἂν ἐννοήσῃς, ὅτι πλουτῶν μὲν οὐδέποτε παύσῃ διψῶν, καὶ τηκόμενος τῇ τοῦ πλείονος ἐπιθυμίᾳ· ἀπαλλαγεὶς δὲ τῶν ὄντων, καὶ τὸ νόσημα δυνήσῃ στῆσαι τοῦτο. Μὴ τοίνυν περιβάλλου πλείονα, ἵνα μὴ [d] ἀκίχητα διώκῃς, καὶ ἀνίατα νοσῇς, καὶ πάντων ἐλεεινότερος ᾖς τοιαῦτα λυττῶν. Ἀπόκριναι γάρ μοι, τίνα ἂν φαίημεν βασανίζεσθαι καὶ ὀδυνᾶσθαι, (E) [e] τὸν ἐπιθυμοῦντα σιτίων καὶ πότων πολυτελῶν, καὶ οὐκ ἔχοντα ἀπολαῦσαι ὡς βούλεται· ἢ τὸν οὐκ ἔχοντα ἐπιθυμίαν τοιαύτην; Εὔδηλον ὅτι τὸν ἐπιθυμοῦντα μὲν, οὐ δυνάμενον δὲ μετασχεῖν ὧν ἐπιθυμεῖ. Οὕτω γάρ ἐστι τοῦτο ὀδυνηρὸν, τὸ ἐπιθυμοῦντα μὴ ἀπο- (632) (A) λαύειν, καὶ διψῶντα μὴ πίνειν, ὡς καὶ τὴν γέενναν βουλόμενον ἡμῖν ὑπογράψαι τὸν Χριστὸν, τοῦτον αὐτὴν ὑπογράψαι τὸν τρόπον, καὶ τὸν πλούσιον οὕτως εἰσαγαγεῖν ἀποτηγανιζόμενον· ἐπιθυμῶν γὰρ σταγόνος ὕδατος, καὶ μὴ ἀπολαύων, οὕτως ἐκολάζετο. Οὐκοῦν ὁ μὲν χρημάτων καταφρονῶν ἔστησε τὴν ἐπιθυμίαν· ὁ δὲ πλουτεῖν βουλόμενος, καὶ περιβάλλεσθαι πλείω, ἀνῆψε μᾶλλον, [a] καὶ οὐδέπω ἵσταται· ἀλλὰ κἂν μυρία

jicias, si pecunias evacues, si a mala concupiscentia abscedas. Quod enim id non soli Deo tribuatur, sed hoc ideo dixerit, ut rei difficultatem exprimeret, audi ea quæ sequuntur. Petro namque dicente, 27. *Ecce nos reliquimus omnia, et sequuti sumus te*, et interrogante, *Quid ergo erit nobis?* mercedem illis statuens, subjunxit : 29. *Et quicumque reliquerit domum vel agros, vel fratres, vel sorores, vel patrem, vel matrem, centuplum accipiet in præsenti sæculo, et vitam æternam possidebit.* Sic quod impossibile est, fit possibile. Sed quo pacto, inquies, opes relinquere potero? quomodo potest is, qui tanta pecuniarum cupiditate obrutus est, statim emergere? Si incipiat opes evacuare, et superflua præcidere. Ita enim et ulterius procedet, et facilius postea curret. Ne itaque simul totum aggrediaris, sed sensim et paulatim per hanc scalam ascende, quæ ad cælum te adducit, si difficile tibi videtur totum simul assequi. Quemadmodum enim febricitantes, et qui acrem bilem intus habent exuberantem, cum cibum et potum sorbent, non modo non sitim exstinguunt, sed etiam flammam succendunt : sic et avari, cum huic pravæ cupiditati, bile acriori, pecunias afferunt, illam magis inflammant. Nihil enim sic illam sedat, ut si interea a lucri cupiditate discedatur, sicut etiam acrem bilem sedat cibus modicus et evacuatio. Sed illud, inquies, quomodo fiet? Si cogites te, quamdiu divitiis afflues, numquam sitim exstinguere posse, sed plus habendi cupidine in tabem lapsurum esse : si autem opes deposueris, hanc ægritudinem posse deponere. Noli ergo plura circum aggerere, ne ea persequaris quæ non possunt apprehendi, et incurabili morbo labores, talique rabie correptus omnium miserrimus sis. Responde mihi : quem dicamus torqueri et cruciari, eumne qui lautum cibum et potum cupiat, nec possit optatis frui : an eum qui hujusmodi concupiscentiam non habet? Procul dubio concupiscentem, qui non possit ea quæ concupiscit assequi. Nam ita miserum est, concupiscentem optato frui non posse, nec sitientem bibere, ut gehennam describere volens Christus, hoc illam modo depingat, et divitem inducat ardore cruciatum, qui cum guttam aquæ posceret, nec illa frui posset, ita puniebatur. Itaque is, qui pecunias despicit, cupiditatem sedavit; qui autem ditescere cupit,

Avarus sitibundo comparatus.

Luc. 16.

[c] Morel. οὐρανὸν ἀνάγουσαν, omisso σε.

[d] Morel. ἀκίνητα, male.

[e] Morel. οὐ τὸν ἐπιθυμοῦντα.

[a] Morel. καὶ οὐδέποτε τοῦ πάθους ἀπήλλακται. ἀλλὰ κἂν, et infra post ἄλλων ἐφίεται addit Morel. ὢ τῆς ὑπερβαλλούσης ἀνοίας.

et plura congerere, illam magis auxit, et numquam finem assequi valet: etiamsi enim innumera talenta acceperit, alia pari numero concupiscit; si hæc consequatur, rursus duplo plura desiderat, ultraque progressus, montes, terram, mare et omnia sibi aurum effici optat, novo et terribili furoris genere insaniens, qui numquam possit exstingui. Atque ut discas, non accessione, sed abstractione hoc malum sisti posse: si te aliquando absurda volandi cupido incesseret, quomodo illam restingueres? an cum alis aliisque instrumentis ad hoc concinnatis? an tibi persuadendo, rem non posse fieri, nec ultra id tentandum esse? Hac sine dubio suasione. Verum, inquies, illud impossibile est. At longe impossibilius est huic cupiditati terminum invenire. Facilius quippe est, homines volare, quam accessione cupiditatem explere. Quando enim possibilia desideramus, spe fruendi nos consolari possumus; quando autem impossibilia sunt, unum curandum est, ut a cupiditate illa nos abducamus, cum alia ratione non possimus animi tranquillitatem consequi. Ne itaque in cassum doleamus, perpetuo furentem pecuniarum amorem, qui numquam reprimi potest, rejicientes, ad alium appellamus, qui nos possit beatos efficere, quique multam habeat facilitatem; supernosque thesauros concupiscamus. Neque enim hic labor tantus, et lucrum ineffabile est, nec potest qui vigilat et præsentia despicit, umquam a scopo aberrare: ut contra qui illis servit et deditus est, omnino ab illis excidet.

4. Hæc itaque omnia animo reputans, malam pecuniarum concupiscentiam ab animo tuo abjice. Neque enim dicere possis, illam bona præsentia dare, atque a futuris spoliare: nam etiamsi hoc esset, extrema tamen hæc est pœna atque supplicium. At non ita res se habet. Nam præter gehennam, etiam antequam illa adveniat, hic te in graviorem ultionem conjicit. Etenim concupiscentia illa multas domos evertit, bella gravia excitavit, et violenta morte multos vitam finire coegit; imo ante hæc pericula animæ nobilitatem labefactat, eumque, qui illo morbo captus esset, servum et ignavum, audacem et mendacem et sycophantam, et raptorem et avarum, et quidvis extremum dixeris, sæpe effecit. Sed frequenter te fortasse demulcet ac decipit argenti splendor, multitudo servorum, ædium magnificentia, et

λάβῃ τάλαντα, ἑτέρων τοσούτων ἐπιθυμεῖ· κἂν τούτων ἐπιτύχῃ, πάλιν δὶς τοσούτων ἄλλων ἐφίεται· καὶ προϊὼν καὶ τὰ ὄρη, καὶ τὴν γῆν, καὶ τὴν θάλατταν, καὶ πάντα εὔχεται αὐτῷ γενέσθαι χρυσίον, καινήν τινα μανίαν μαινόμενος καὶ φοβερὰν, καὶ οὐδέποτε οὕτω B σβεσθῆναι δυναμένην. Καὶ ἵνα μάθῃς, ὅτι οὐ τῇ προσθήκῃ, ἀλλὰ τῇ ἀφαιρέσει τοῦτο ἵσταται τὸ κακόν· εἴ σοι γέγονεν ἐπιθυμία ποτὲ ἄτοπος πτῆναι, καὶ δι' ἀέρος ἐνεχθῆναι, πῶς ἂν τὴν ἄτοπον ταύτην ἔσβεσας ἐπιθυμίαν; τῷ πτερὰ διαπλάττειν, καὶ ἕτερα ὄργανα κατασκευάζειν; ἢ τῷ πεῖσαι τὸν λογισμὸν, ὅτι ἀδυνάτων ἐπιθυμεῖ, καὶ οὐδενὶ τούτων ἐπιχειρεῖν δεῖ; Εὔδηλον, ὅτι τῷ πεῖσαι τὸν λογισμόν. Ἀλλ' ἐκεῖνο, φησὶν, ἀδύνατον. Ἀλλὰ καὶ τοῦτο ἀδυνατώτερον, τὸ τῆς ἐπιθυμίας ταύτης ὅρον εὑρεῖν. Καὶ γὰρ εὐκολώτερον ἀνθρώπους ὄντας πτῆναι, ἢ τῇ προσθήκῃ τοῦ πλείονος παῦσαι τὸν ἔρωτα. Ὅταν μὲν γὰρ ᾖ δυνατὰ τὰ C [b] ἐπιθυμητὰ, τῇ ἀπολαύσει παραμυθεῖσθαι δυνατόν· ὅταν δὲ ἀδύνατα, ἓν δεῖ σπουδάζειν μόνον, τὸ τῆς ἐπιθυμίας ἡμᾶς ἀπάγειν, ὡς ἑτέρως γε οὐκ ἐνὸν ἀνακτήσασθαι τὴν ψυχήν. Ἵν' οὖν μὴ περιττὰ ὀδυνώμεθα, τὸν διηνεκῶς [c] λυττῶντα τῶν χρημάτων ἔρωτα καὶ οὐδέποτε σιγῆσαι ἀνεχόμενον ἀφέντες, ἐφ' ἕτερον μεθορμισώμεθα, τὸν καὶ μακαρίους ἡμᾶς ποιοῦντα, καὶ πολλὴν ἔχοντα τὴν εὐκολίαν, καὶ τῶν ἄνω θησαυρῶν ἐπιθυμήσωμεν. Οὔτε γὰρ πόνος ἐνταῦθα τοσοῦτος, καὶ τὸ κέρδος ἄφατον, καὶ ἀποτυχεῖν οὐκ ἔνι τὸν καὶ ὁπωσοῦν ἀγρυπνοῦντα, καὶ νήφοντα, καὶ τῶν D παρόντων ὑπερορῶντα· ὥσπερ οὖν τὸν δουλεύοντα αὐτοῖς καὶ ἐκδεδομένον εἰς ἅπαξ ἀνάγκη πᾶσα ἐκπεσεῖν ἐκείνων.

Ταῦτα οὖν ἅπαντα λογιζόμενος, τὴν πονηρὰν ἐπιθυμίαν ἔκβαλε τῶν χρημάτων. Οὐδὲ γὰρ τοῦτο ἂν ἔχοις εἰπεῖν, ὅτι τὰ μὲν παρόντα δίδωσι, τῶν δὲ μελλόντων ἀποστερεῖ· καίτοι καὶ εἰ τοῦτο ἦν, ἐσχάτη τοῦτο κόλασις καὶ τιμωρία. Νῦν δὲ οὐδὲ τοῦτο ἔνι. Μετὰ γὰρ τῆς γεέννης, καὶ πρὸ τῆς γεέννης ἐκείνης, καὶ ἐνταῦθα εἰς χαλεπωτέραν σε ἐμβάλλει κόλασιν. Καὶ γὰρ οἰκίας πολλὰς [d] ἡ ἐπιθυμία ἀνέτρεψε, καὶ πολέμους χαλεποὺς ἀνεῤῥίπισε, καὶ βιαίῳ θανάτῳ κατηνάγκασε καταλῦσαι τὸν βίον· καὶ E πρὸ τῶν κινδύνων δὲ τούτων τῆς ψυχῆς λυμαίνεται τὴν εὐγένειαν, [e] καὶ δοῦλον, καὶ ἄνανδρον, καὶ θρασὺν, καὶ ψεύστην, καὶ συκοφάντην, καὶ ἅρπαγα, καὶ πλεονέκτην, καὶ τὰ ἔσχατα πάντα τὸν ἔχοντα πολλάκις εἰργάσατο. Ἀλλ' ἴσως 633 τὴν λαμπηδόνα τοῦ ἀργυρίου, καὶ τῶν οἰκετῶν τὸ A πλῆθος, καὶ τῶν οἰκοδομημάτων τὸ κάλλος, καὶ τὴν θεραπείαν τὴν ἐπ' ἀγορᾶς [a] ὁρῶν καταγοητεύῃ; Τίς

[b] Morel. ἐπιθυμητὰ δὲ τῇ, et paulo post ἐπιθυμίας αὐτοὺς ἀπάγειν.

[c] Alii λυποῦντα.

[d] Alius ἡ ἐπιθυμία αὕτη ἀνέτρεψε.

[e] Quidam καὶ δειλὸν, καὶ ἄνανδρον.

[a] Alii ἐνορῶν.

οὖν ἂν γένοιτο θεραπεία τῷ πονηρῷ τραύματι τούτῳ; Ἂν ἐννοήσῃς πῶς σοι ταῦτα τὴν ψυχὴν διατίθησι, πῶς σκοτεινὴν καὶ ἔρημον καὶ αἰσχρὰν κατασκευάζει καὶ δυσειδῆ αὐτήν· ἂν λογίσῃ μεθ' ὅσων ταῦτα ἐκτήθη κακῶν, μεθ' ὅσων φυλάττεται πόνων, μεθ' ὅσων κινδύνων· μᾶλλον δὲ οὐδὲ φυλάττεται μέχρι τέλους, ἀλλ' ὅταν ἁπάντων διαφύγῃς [b] τὰς λαβὰς, ὁ θάνατος ἐπελθὼν ταῦτα μὲν εἰς τὰς τῶν σῶν ἐχθρῶν πολλάκις ἐξήγαγε χεῖρας, σὲ δὲ ἔρημον λαβὼν ἄπεισιν, οὐδὲν τούτων ἐπισυρόμενον, ἀλλ' ἢ τὰ τραύματα καὶ τὰ ἕλκη μόνον, ἅπερ ἐκ τούτων λαβοῦσα ἄπεισιν ἡ ψυχή. Ὅταν B οὖν ἴδῃς τινὰ λάμποντα ἔξωθεν ἀπὸ τῶν ἱματίων καὶ τῆς πολλῆς δορυφορίας, ἀνάπτυξον αὐτοῦ τὸ συνειδὸς, καὶ πολλὴν εὑρήσεις τὴν ἀράχνην ἔνδον, καὶ πολλὴν τὴν κόνιν ὄψει. Ἐννόησον τὸν Παῦλον, τὸν Πέτρον· ἐννόησον τὸν Ἰωάννην, τὸν Ἠλίαν· μᾶλλον δὲ αὐτὸν τὸν τοῦ Θεοῦ Υἱὸν, τὸν οὐκ ἔχοντα ποῦ τὴν κεφαλὴν κλῖναι. Ἐκείνου γενοῦ ζηλωτὴς, καὶ τῶν ἐκείνου δούλων, καὶ τὸν ἄφατον τούτων φαντάζου πλοῦτον. Εἰ δὲ μικρὸν διαβλέψας ἐκ τούτων σκοτωθείης πάλιν, καθάπερ ἔν τινι ναυαγίῳ καταιγίδος ἐπελθούσης, ἄκουσον τῆς ἀποφάσεως τοῦ Χριστοῦ λεγούσης, C ὅτι ἀδύνατον πλούσιον εἰσελθεῖν εἰς τὴν βασιλείαν τῶν οὐρανῶν. Καὶ πρὸς τὴν ἀπόφασιν ταύτην θὲς τὰ ὄρη, καὶ τὴν γῆν, καὶ τὴν θάλασσαν· καὶ πάντα εἰ βούλει τῷ λόγῳ ποίησον εἶναι χρυσὸν, [c] καὶ οὐδὲν ἴσον ὄψει τῆς ζημίας τῆς ἐκεῖθέν σοι γενομένης. Καὶ σὺ μὲν πλέθρων γῆς τόσων καὶ τόσων μέμνησαι, καὶ [d] οἰκιῶν δέκα, καὶ εἴκοσι, καὶ πλειόνων, καὶ βαλανείων τοσούτων, καὶ ἀνδραπόδων χιλίων, ἢ δὶς τοσούτων, καὶ ὀχημάτων ἀργυρενδετῶν καὶ χρυσεμπαστῶν· ἐγὼ δὲ ἐκεῖνό φημι, ὅτι εἰ τῶν πλουτούντων ὑμῶν ἕκαστος τὴν πενίαν ταύτην ἀφεὶς (πενία γὰρ ταῦτα πρὸς ὃ μέλλω λέγειν), ὁλόκληρον ἐκέκτητο κόσμον, καὶ ἕκαστος αὐτῶν τοσούτους εἶχεν ἀνθρώπους, ὅσοι νῦν εἰσι παν- D ταχοῦ γῆς, καὶ θαλάττης, καὶ οἰκουμένης, καὶ ἕκαστος γῆν, καὶ θάλατταν, καὶ πανταχοῦ οἰκοδομήματα, καὶ πόλεις, καὶ ἔθνη, καὶ πανταχόθεν ἀντὶ ὕδατος καὶ πηγῶν αὐτῷ χρυσίον ἐπέῤῥει, τριῶν ὀβολῶν οὐκ ἂν ἔφην ἀξίους εἶναι τοὺς οὕτω πλουτοῦντας, τῆς βασιλείας τῶν οὐρανῶν ἐκπεσόντας. Εἰ γὰρ νῦν χρημάτων τῶν ἀπολλυμένων ἐφιέμενοι, ὅταν μὴ ἐπιτύχωσι, βασανίζονται, εἰ λάβοιεν αἴσθησιν τῶν ἀποῤῥήτων ἀγαθῶν ἐκείνων, τί λοιπὸν ἀρκέσει εἰς παραμυθίαν αὐτοῖς; Οὐκ ἔστιν οὐδέν. Μὴ τοίνυν μοι λέγε τὴν τῶν χρημάτων περιουσίαν, ἀλλ' ἐννόει τὴν ζημίαν ὅσην ἐκ ταύτης οἱ ταύτης ὑπομένουσιν ἐρασταὶ, ἀντὶ τού- E των τοὺς οὐρανοὺς ἀπολλύντες, καὶ ταὐτὸν πάσχοντες, οἷον ἂν εἴ τις τῆς ἐν βασιλείοις μεγίστης τιμῆς

clientela illa quam in foro habes? Quod remedium vulneri tanto? Si cogitaveris quomodo his afficiatur anima: quam tenebrosam, desertam, turpem ac deformem illam reddant: si tecum reputes quanta mala hanc concupiscentiam comitentur, cum quantis laboribus et periculis pecuniæ serventur; imo numquam usque ad finem servantur; sed cum omnium conatus effugeris, mors adveniens in manus inimicorum tuorum hæc traduxit, te vero ab his desertum abripit, nihil horum auferentem, nisi vulnera ulceraque tantum, quæ secum referens anima hinc migrat. Cum ergo videris quempiam magnificis vestibus exterius fulgentem multoque stipatum satellitio, ejus conscientiam evolve, multasque intus videbis araneas, cineremque plurimum. Cogita Paulum et Petrum: cogita Joannem et Eliam; imo potius ipsum Dei Filium, qui non habuit ubi caput suum reclinaret. Ejus imitator esto, necnon ejus servorum, et inæstimabiles illas divitias cogita. Quod si postquam illas respexeris, a sæcularibus istis divitiis obtenebreris, quasi in quodam naufragio furente tempestate, audi sententiam Christi dicentem, impossibile esse divitem intrare in regnum cælorum. Ad hanc sententiam confer tu montes, terram, mare; et omnia, si vis cogitatione aurum facito, nihilque par invenies detrimento tibi hinc importato. Et tu quidem tot memoras terræ jugera, domos decem, vel viginti, balnea totidem, servos mille, aut bis mille, currus argenteis laminis vel auro opertos: ego autem dico, quod si quisque dives inter vos, hac relicta paupertate (hæc enim paupertas fuit, comparata cum iis quæ dicturus sum), totum possideret orbem, si quisque tot haberet homines, quot sunt per totam terram et mare, si singuli terram et mare haberent, et ubique ædificia et urbes, et gentes, atque undique pro aqua et fontibus aurum ipsis flueret, illos qui ita divites essent, singulos non pretii trium obolorum esse ducerem, si regno cælorum exciderent. Nam si nunc ita fluxarum divitiarum cupidi cruciantur si non acquirant, si ineffabilium bonorum aliquem sensum habeant, quid illis ad consolationem satis erit? Nihil certe. Ne mihi ergo pecuniarum copiam recenseas; sed cogita quantum damnum hinc hauriant illarum amatores, qui pro iis cælos amittunt, idipsumque patiuntur, ac si quis honore illo, qui in regia habetur, amisso, stercoris acervum possidens glorietur, et altum de

[b] Alius τὰς βλαβάς. Mox quidam ἐπεισελθών.

[c] Alii οὐδὲν γὰρ ἴσον.

[d] Morel. male οἰκιῶν δὲ καὶ εἴκοσι.

illo sapiat. Nihilo enim melior, imo pejor est divitiarum cumulus, quam ille acervus. Nam stercus est ad agriculturam utile, necnon ad balnea calefacienda, et ad quædam similia; aurum vero suffossum ad nihil horum adhiberi potest: atque utinam inutile tantum esset; nunc autem multas habenti succendit fornaces, nisi eo ut oportet utatur: mille quippe mala hinc oriuntur. Quapropter exteri scriptores arcem malorum avaritiam vocant; beatus vero Paulus, longe melius et cum majore emphasi, radicem malorum omnium ipsam appellavit. Hæc itaque omnia cogitantes, æmulemur ea quæ digna sunt æmulatione: non magnifica ædificia, non uberrima prædia; sed viros qui magnam apud Deum fiduciam habent, qui in cælo divites sunt, qui thesauros illos possident, ac vere opulenti sunt, qui propter Christum sunt pauperes; ut æterna bona consequamur, gratia et benignitate Domini nostri Jesu Christi, quicum Patri una cum Spiritu sancto gloria, honor, imperium, adoratio, nunc et semper, et in sæcula sæculorum. Amen.

Avaritia arx malorum.
1. Tim. 6. 10.

ἐκπεσών, κόπρου θημωνίαν ἔχων, μέγα ἐπὶ ταύτῃ φρονεῖ. Οὐδὲν γὰρ κρείττων ἐκείνης ἡ τῶν χρημάτων σωρεία· μᾶλλον δὲ βελτίων ἐκείνη. Ἡ μὲν γὰρ καὶ 634 πρὸς γεωργίαν ἐπιτήδειος, [*] καὶ πρὸς βαλανείου ἔκ- A καυσιν, καὶ πρὸς ἄλλα τοιαῦτα· ὁ δὲ κατορωρυγμένος χρυσὸς πρὸς οὐδὲν τούτων· καὶ εἴθε μόνον ἄχρηστος ἦν· νυνὶ δὲ καὶ πολλὰς ἀνάπτει τῷ ἔχοντι τὰς καμίνους, εἰ μὴ εἰς δέον αὐτῷ χρήσαιτο· τὰ γοῦν μυρία κακὰ ἐντεῦθεν φύεται. Διὰ τοῦτο οἱ μὲν ἔξωθεν ἀκρόπολιν κακῶν τὴν φιλαργυρίαν ἐκάλεσαν· ὁ δὲ μακάριος Παῦλος, πολλῷ βέλτιον καὶ ἐμφαντικώτερον, ῥίζαν αὐτὴν ἁπάντων τῶν κακῶν εἰπών. Ταῦτ' οὖν ἅπαντα ἐννοοῦντες, μάθωμεν ζηλοῦν τὰ ἄξια ζήλου· μὴ τὰς λαμπρὰς οἰκοδομὰς, μηδὲ τοὺς πολυτελεῖς ἀγρούς· ἀλλὰ τοὺς πολλὴν παῤῥησίαν πρὸς τὸν Θεὸν B ἔχοντας ἄνδρας, τοὺς ἐν οὐρανῷ πλουτοῦντας, τοὺς τῶν θησαυρῶν [a] ἐκείνων κυρίους, τοὺς ὄντως πλουσίους, τοὺς διὰ Χριστὸν πένητας· ἵνα τῶν αἰωνίων ἐπιτύχωμεν ἀγαθῶν, χάριτι καὶ φιλανθρωπίᾳ τοῦ Κυρίου ἡμῶν Ἰησοῦ Χριστοῦ, μεθ' οὗ τῷ Πατρὶ ἅμα τῷ ἁγίῳ Πνεύματι δόξα, κράτος, τιμὴ, καὶ προσκύνησις, νῦν καὶ ἀεὶ, καὶ εἰς τοὺς αἰῶνας τῶν αἰώνων. Ἀμήν.

[*] Savil. καὶ πρὸς βαλανείου κατασκευήν. Cum Morello stat maxima pars Mss.

[a] Morel. ἐκείνων ὄντας κυρίους.

HOMIL. LXIV. al. LXV.

ΟΜΙΛΙΑ ξδ'.

Cap. XIX. v. 27. *Tunc respondens Petrus dixit ei: Ecce nos reliquimus omnia, et sequuti sumus te; quid ergo erit nobis?*

C Τότε ἀποκριθεὶς ὁ Πέτρος εἶπεν αὐτῷ· ἰδοὺ ἡμεῖς ἀφήκαμεν πάντα, καὶ ἠκολουθήσαμέν σοι· τί ἄρα ἔσται ἡμῖν;

1. Quænam *Omnia*, beate Petre? calamum? rete? naviculam? artem? Hæccine omnia dicis mihi? Etiam, inquit. Sed non per ambitionem quamdam hæc dico, sed ut per hanc interrogationem pauperum plebem introducam. Quia enim dixit Dominus: *Si vis perfectus esse, vende quæ habes, et da pauperibus, et habebis thesaurum in cælo:* ne quis pauperum dicat: Quid ergo? si non habeam possessionem, non possum esse perfectus? interrogat Petrus, ut tu pauper discas, nihil te hinc minus habere; interrogat Petrus, ut ne, si a Petro id edisceas, dubites (etenim imperfectus adhuc erat, et Spiritu vacuus), sed ut a magistro Petri accepta sententia, confidas. Quemadmodum enim nos fa-

Supra v. 21.

Ποῖα Πάντα, ὦ μακάριε Πέτρε; τὸν κάλαμον; τὸ δίκτυον; τὸ πλοῖον; τὴν τέχνην; Ταῦτά μοι πάντα λέγεις; Ναὶ, φησίν. Ἀλλ' οὐ διὰ φιλοτιμίαν ταῦτα λέγω, ἀλλ' ἵνα διὰ τῆς ἐρωτήσεως ταύτης τὸν τῶν πενήτων [b] εἰσάγω δῆμον. Ἐπειδὴ γὰρ εἶπεν ὁ Κύριος· Εἰ θέλεις τέλειος εἶναι, πώλησόν σου τὰ ὑπάρχοντα, καὶ δὸς πτωχοῖς, καὶ ἕξεις θησαυρὸν ἐν οὐρανοῖς· ἵνα D μὴ λέγῃ τις τῶν πενήτων· τί οὖν; ἐὰν μὴ ἔχω ὑπάρχοντα, οὐ δύναμαι τέλειος εἶναι; ἐρωτᾷ Πέτρος, ἵνα σὺ μάθῃς ὁ πένης, ὅτι οὐδὲν ἐντεῦθεν ἠλάττωσαι· ἐρωτᾷ Πέτρος, ἵνα μὴ παρὰ Πέτρου μαθὼν ἀμφιβάλλῃς (καὶ γὰρ ἀτελὴς ἦν ἔτι, καὶ Πνεύματος ἔρημος), ἀλλὰ παρὰ τοῦ διδασκάλου τοῦ Πέτρου δεξάμενος τὴν ἀπόφασιν θαῤῥῇς. Καθάπερ γὰρ ἡμεῖς ποιοῦμεν (οἰκειού-

[b] Unus εἰσαγάγω.

μεθα γὰρ πράγματα πολλάκις ὑπὲρ ἀλλοτρίων διαλεγόμενοι), οὕτω καὶ ὁ ἀπόστολος ἐποίησεν, ὑπὲρ τῆς οἰκουμένης ἁπάσης τὴν πεῦσιν αὐτῷ ταύτην προσαγαγών. Ἐπεὶ ὅτι γε τὰ ἑαυτοῦ ᾔδει σαφῶς, δῆλον ἀπὸ E τῶν ἔμπροσθεν εἰρημένων· ὁ γὰρ τὰς κλεῖς τῶν οὐρανῶν ἐντεῦθεν ἤδη δεξάμενος, πολλῷ μᾶλλον ὑπὲρ τῶν ἐκεῖ θαῤῥεῖν εἶχε. Σκόπει δὲ καὶ πῶς ἀκριβῶς ἀποκρίνεται, ὡς ὁ Χριστὸς ἐπεζήτησε· καὶ γὰρ αὐτὸς παρὰ τοῦ πλουσίου δύο ταῦτα ᾔτησε, δοῦναι πτωχοῖς τὰ ὑπάρχοντα, καὶ ἀκολουθεῖν. Διὰ τοῦτο καὶ αὐτὸς τὰ δύο ταῦτα τίθησι, τὸ ἀφεῖναι, καὶ τὸ ἀκολουθῆσαι· Ἰδοὺ γὰρ, φησὶν, ἡμεῖς ἀφήκαμεν πάντα, καὶ ἠκο- 638 λουθήσαμέν σοι. Τό τε γὰρ ἀφεῖναι [a] διὰ τὸ ἀκολουθῆ- A σαι γέγονεν, ἥ τε ἀκολούθησις ἐκ τοῦ ἀφεῖναι εὐκολωτέρα κατέστη, καὶ ὑπὲρ τοῦ ἀφεῖναι θαῤῥεῖν καὶ χαίρειν αὐτοὺς παρεσκεύαζε. Τί οὖν αὐτός; Ἀμὴν λέγω ὑμῖν, ὅτι ὑμεῖς οἱ ἀκολουθήσαντές μοι, ἐν τῇ παλιγγενεσίᾳ, ὅταν καθίσῃ ὁ Υἱὸς τοῦ ἀνθρώπου ἐπὶ θρόνου δόξης αὐτοῦ, καθίσεσθε καὶ ὑμεῖς ἐπὶ δώδεκα θρόνους, κρίνοντες τὰς δώδεκα φυλὰς τοῦ Ἰσραήλ. Τί οὖν; καὶ Ἰούδας, φησὶ, [b] καθεδεῖται; Οὐδαμῶς. Πῶς οὖν, Καὶ ὑμεῖς, φησὶν, ἐπὶ δώδεκα θρόνους καθεδεῖσθε; πῶς τὰ τῆς ὑποσχέσεως πληρωθήσεται; Ἄκουσον πῶς [c] καὶ τίνι τρόπῳ. Νόμος ἐστὶ παρὰ τοῦ Θεοῦ κείμενος, διὰ B Ἱερεμίου τοῦ προφήτου τοῖς Ἰουδαίοις ἀναγνωσθεὶς, καὶ ταῦτα λέγων· Πέρας λαλήσω ἐπὶ ἔθνος καὶ βασιλείαν, τοῦ ἐξαίρειν καὶ ἀπολλύειν· καὶ ἐὰν ἐπιστρέψῃ τὸ ἔθνος ἐκεῖνο ἀπὸ τῶν κακῶν αὐτῶν, μετανοήσω κἀγὼ ἀπὸ τῶν κακῶν, ὧν ἐλογισάμην ποιῆσαι αὐτοῖς. Καὶ πέρας λαλήσω ἐπὶ ἔθνος καὶ βασιλείαν, τοῦ ἀνοικοδομεῖν καὶ καταφυτεύειν· καὶ ἐὰν ποιήσωσι τὸ πονηρὸν ἐνώπιόν μου, τοῦ μὴ ἀκούειν τῆς φωνῆς μου, μετανοήσω κἀγὼ περὶ τῶν ἀγαθῶν, ὧν ἐλάλησα τοῦ ποιῆσαι αὐτοῖς. Τὸ αὐτὸ γὰρ τοῦτο καὶ ἐπὶ τῶν χρηστῶν διαφυλάττω ἔθος, φησί. Κἂν γὰρ εἴπω, Τοῦ ἀνοικοδομεῖν, ἀναξίους δὲ αὐτοὺς παράσχωσι τῆς ὑποσχέσεως, οὐκ ἔτι ποιήσω. Ὅπερ γέγονεν ἐπὶ τοῦ ἀνθρώ- C που πλασθέντος· Ὁ τρόμος γὰρ ὑμῶν, φησὶ, καὶ ὁ φόβος ἔσται ἐπὶ τὰ θηρία· καὶ οὐκ ἐγένετο· ἀνάξιον γὰρ ἑαυτὸν τῆς τοιαύτης ἀρχῆς ἀπέφηνεν· ὥσπερ οὖν καὶ Ἰούδας. Ἵνα γὰρ μήτε ταῖς ἀποφάσεσι τῆς κολάσεως ἀπογνόντες τινὲς σκληρότεροι γένωνται, μήτε ταῖς τῶν χρηστῶν ὑποσχέσεσιν ἁπλῶς ῥᾳθυμότεροι καταστῶσιν, ἀμφότερα ταῦτα ἰᾶται διὰ τοῦ προειρημένου, ταυτὶ λέγων· κἂν ἀπειλήσω, μὴ ἀπογνῷς· δύνασαι γὰρ μετανοῆσαι, καὶ λῦσαί μου τὴν ἀπόφασιν, ὡς Νινευῖται· κἂν ὑπόσχωμαί τι χρηστὸν, μὴ ἀναπέσῃς διὰ τὴν ὑπόσχεσιν· ἂν γὰρ ἀνάξιος φανῇς, οὐδέν σε ὠφελήσει τὸ ὑποσχέσθαι με, ἀλλὰ μᾶλλον καὶ τι- D

cimus, cum pro aliis disputantes res nobis attribuimus: sic et apostolus fecit, cum pro orbe toto talem ipsi interrogationem obtulit. Nam quod ea quæ ad se spectabant jam clare sciret, palam est ab iis quæ supra dicta sunt: etenim qui claves regni cælorum inde jam acceperat, multo magis de ceteris, quæ in cælo sunt, confidere debuit. Animadverte autem quomodo accurate respondeat ad ea quæ Christus quærebat: nam ille a divite duo hæc expetebat, ut sua daret pauperibus, et sequeretur se. Ideoque Petrus hæc duo ponit, et quod reliquerint, et quod sequantur; nam ait: *Ecce nos reliquimus omnia, et sequuti sumus te.* Nam relinquunt ut sequantur, faciliusque erat sequi postquam reliquerant, et quia reliquerant, fiduciam ipsis et gaudium conciliavit. Quid ergo ille? 28. *Amen dico vobis, quod vos qui sequuti estis me, in regeneratione, cum sederit Filius hominis in throno majestatis suæ, sedebitis et vos super thronos duodecim, judicantes duodecim tribus Israël.* Quid igitur? an Judas, inquies, sedebit? Minime. Quomodo igitur dicit, *Et vos super duodecim thronos sedebitis?* quomodo promissio illa implebitur? Audi quomodo. Lex est a Deo posita, per Jeremiam prophetam Judæis lecta, quæ sic habet: *Ad summam loquar super* Jer. 18. 7.—10. *gentem et super regnum, ut auferam et perdam; et si conversa fuerit gens illa a malis suis, me quoque pœnitebit malorum, quæ cogitavi facere illis. Et ad summam loquar super gentem et regnum, ut reædificem et plantem: et si fecerint malum in conspectu meo, ut non audiant vocem meam, me quoque pœnitebit bonorum, quæ loquutus sum ut facerem eis.* Idipsum, inquit, servabo etiam in bonis. Etiamsi enim dixero me reædificaturum esse, si se promissione indignos reddiderint, id non faciam. Id quod etiam primo homini accidit: *Tremor* enim, Gen. 9. 2. inquit, *vester et timor erit super feras:* neque tamen id factum est: nam ille se tali imperio indignum reddidit; quemadmodum et Judas. Ne enim ex supplicii sententia desperantes quidam duriores fierent, neve ex bonorum promissione alii segniores evaderent, utrisque remedium adhibet dicens: Si minatus fuero, ne desperes: potes enim pœnitentiam agere, sententiamque meam solvere, ut Ninivitæ: et si boni quidpiam promittam, ne segnis sis ob promissionem: nam si indignus reddaris, nihil te juvabit promissio, sed majus supplicium erit: ego enim promit-

[a] Alii διὰ τοῦ ἀκολουθῆσαι.
[b] Morel. καθεδεῖτε, male.
[c] Savil. καὶ τίνι λόγῳ.

to ei qui dignus est. Idcirco tunc quoque discipulos alloquens, non simpliciter promittit; non enim solummodo ait, *Vos*, sed addit, *Qui sequuti estis me*, ut et Judam ejiceret, et eos qui postea futuri erant attraheret. Neque enim ad illos dictum est solos, neque ad Judam, qui se indignum reddidit. Discipulis ergo futura promittit dicendo: *Sedebitis super duodecim thronos*: sublimiores enim effecti nihil præsentium quærebant; cæteris autem præsentia quoque pollicetur dicens: 29. *Quicumque dimiserit fratres, aut sorores, aut patrem, aut matrem, aut uxorem, aut filios, aut agros, propter nomen meum, centuplum accipiet* in hoc sæculo, *et vitam æternam possidebit*. Ne quidam enim illud, *Vos*, audientes, illud quasi ad discipulos solum pertinens acciperent (de maximis loquor et de primis sedibus), in eos qui mercedem accepturi erant sermonem extendit, et promissionem latius diffudit in totum orbem, atque ex præsentibus futura confirmat. Discipulis autem in exordio, cum adhuc imperfectiores essent, ex præsentibus loquebatur. Cum enim abduxit eos ex mari et ex arte sua, jussitque naviculam deserere, non cælos, non thro-Matth. 4. 19. nos memoravit; sed res præsentes, dicens: *Faciam vos piscatores hominum*; postquam autem illos sublimiores effecerat, tunc demum etiam de cælestibus loquitur.

2. Quid sibi vult illud, *Judicantes duodecim tribus Israël?* Id est, condemnantes. Neque enim Matth. 12. 42. 41. ut judices sedebunt: sed sicut reginam Austri condemnaturam gentem illam dicebat, et Ninivitas quoque condemnaturos esse: sic et apostoli condemnabunt. Ideoque non dixit, Gentes et orbem, sed, *Tribus Israël*. Quia enim in iisdem nutriti erant et legibus et moribus et institutis tam Judæi quam apostoli, cum Judæi dicerent, se ideo Christo credere non potuisse, quia lex mandata ipsius recipere prohibebat, his in medium productis, qui eamdem legem acceperant et crediderant, omnes Ibid. v. 27. illos condemnat: id quod etiam jam dixit: *Ideo judices vestri erunt*. Et quid magnum ipsis promisit, inquies, si id, quod habent regina Austri et Ninivitæ, habituri sunt? Certe multa alia illis antea promisit, et postea etiam promittet: neque illud solum est præmium. Alioquin autem hic quoque aliquid majus subindicavit. Nam de illis sim-Luc. 10.30. pliciter dixit: *Viri Ninivitæ surgent, et con-*

μωρήσεται· ἐγὼ γὰρ ἀξίῳ ὄντι ὑπισχνοῦμαι. Διὰ τοῦτο καὶ τότε διαλεγόμενος τοῖς μαθηταῖς, οὐχ ἁπλῶς ἐπηγγείλατο· οὐδὲ γὰρ εἶπεν, Ὑμεῖς, μόνον, ἀλλὰ καὶ προσέθηκεν, Οἱ ἀκολουθήσαντές μοι, ἵνα καὶ τὸν Ἰούδαν ἐκβάλῃ, καὶ τοὺς μετὰ ταῦτα ἐφελκύσηται. Οὔτε γὰρ πρὸς ἐκείνους εἴρηται μόνους, οὔτε πρὸς Ἰούδαν λοιπὸν ἀνάξιον γεγενημένον. Τοῖς μὲν οὖν μαθηταῖς τὰ μέλλοντα ἐπηγγείλατο, λέγων· Καθίσεσθε ἐπὶ δώδεκα θρόνους· ἦσαν γὰρ ὑψηλότεροι λοιπὸν, καὶ οὐδὲν τῶν παρόντων ἐζήτουν· τοῖς δὲ ἄλλοις καὶ τὰ ἐνταῦθα ὑπισχνεῖται· Καὶ πᾶς γὰρ, φησὶν, ὅστις ἀφῆκεν ἀδελφοὺς, ἢ ἀδελφὰς, ἢ πατέρα, ἢ μητέρα, ἢ γυναῖκα, ἢ τέκνα, ἢ ἀγροὺς, ἢ οἰκίαν, ἕνεκεν τοῦ ὀνόματός μου, ἑκατονταπλασίονα λήψεται ἐν τῷ αἰῶνι τούτῳ, καὶ ζωὴν αἰώνιον κληρονομήσει. Ἵνα γὰρ μή τινες ἀκούσαντες τὸ, Ὑμεῖς, ὡς ἐξαίρετον τῶν μαθητῶν εἶναι τοῦτο νομίσωσι (λέγω δὴ τὸ τῶν μεγίστων καὶ πρωτείων), ἐν τοῖς μέλλουσιν ἀπολαύειν ἐξέτεινε τὸν λόγον, καὶ ἥπλωσε τὴν ὑπόσχεσιν ἐπὶ τὴν γῆν ἅπασαν, καὶ ἀπὸ τῶν παρόντων καὶ τὰ μέλλοντα πιστοῦται. Καὶ τοῖς μαθηταῖς δὲ ἐν προοιμίοις, ὅτε ἀτελέστερον διέκειντο, ἀπὸ τῶν παρόντων [a] διελέγετο. Ὅτε γὰρ εἵλκυσεν αὐτοὺς ἀπὸ τῆς θαλάσσης, καὶ τῆς τέχνης ἀπέστησε, καὶ ἀφεῖναι τὸ πλοῖον ἐκέλευσεν, οὐκ οὐρανῶν, οὐ θρόνων ἐμνημόνευσεν, ἀλλὰ τῶν ἐνταῦθα πραγμάτων, εἰπών· Ποιήσω ὑμᾶς ἁλιεῖς ἀνθρώπων· ἐπειδὴ δὲ ὑψηλοτέρους εἰργάσατο, τότε λοιπὸν καὶ περὶ τῶν ἐκεῖ διαλέγεται.

Τί δέ ἐστι, Κρίνοντες τὰς δώδεκα φυλὰς τοῦ Ἰσραήλ; Τοῦτ' ἔστι, κατακρίνοντες. Οὐ γὰρ δὴ δικασταὶ μέλλουσι καθεδεῖσθαι· ἀλλ' ὥσπερ τὴν βασίλισσαν τοῦ νότου κατακρινεῖν τὴν γενεὰν ἐκείνην ἔφησε, καὶ οἱ Νινευῖται δὲ κατακρινοῦσιν αὐτούς· οὕτω δὴ καὶ οὗτοι. Διὰ τοῦτο οὐκ εἶπε, τὰ ἔθνη καὶ τὴν οἰκουμένην, ἀλλὰ, Τὰς φυλὰς τοῦ Ἰσραήλ. Ἐπειδὴ γὰρ ἐν τοῖς αὐτοῖς ἦσαν τεθραμμένοι καὶ νόμοις καὶ ἔθεσι καὶ πολιτείᾳ οἵ τε Ἰουδαῖοι καὶ οἱ ἀπόστολοι, ὅταν λέγωσιν οἱ Ἰουδαῖοι, ὅτι διὰ τοῦτο οὐκ ἠδυνήθημεν πιστεῦσαι τῷ Χριστῷ, ὅτι νόμος ἐκώλυσεν τὰ παραγγέλματα αὐτοῦ δέχεσθαι, τούτους [b] εἰς μέσον παραγαγὼν, τοὺς τὸν αὐτὸν δεξαμένους νόμον καὶ πιστεύσαντας, κατακρινεῖ πάντας ἐκείνους· ὅπερ καὶ ἤδη ἔλεγε, Διὰ τοῦτο κριταὶ ὑμῶν αὐτοὶ ἔσονται. Καὶ τί μέγα αὐτοῖς ἐπηγγείλατο, φησὶν, εἰ ὅπερ ἔχουσιν οἱ Νινευῖται καὶ ἡ βασίλισσα τοῦ [c] νότου, καὶ οὗτοι ἕξουσι; Μάλιστα μὲν καὶ ἄλλα ἔμπροσθεν αὐτοῖς πολλὰ ἐπηγγείλατο, καὶ μετὰ ταῦτα ὑπισχνεῖται· καὶ οὐ τοῦτο μόνον ἐστὶ τὸ ἔπαθλον. Ἄλλως δὲ καὶ ἐν τούτῳ παρῃνίξατό τι πλέον

a Unus διαλέγεται.

b Morel. ἐν μέσῳ. [Paulo ante τὰ παραγγέλματα αὐτοῦ scripsimus cum Savil. et Codice 694. Commelin. et Montf. ἐκώλυσεν αὐτοὺς τ. π. δέχ.]

c Unus νότου, τοῦτο καί.

ἐκείνων. Περὶ μὲν γὰρ ἐκείνων ἁπλῶς εἶπεν· Ἄνδρες Νινευῖται ἀναστήσονται, καὶ κατακρινοῦσι τὴν γενεὰν ταύτην· καὶ, Βασίλισσα νότου κατακρινεῖ· περὶ δὲ τούτων, [d] οὐχ ἁπλῶς οὕτως· ἀλλὰ πῶς; Ὅταν καθίσῃ ὁ Υἱὸς τοῦ ἀνθρώπου ἐπὶ θρόνου δόξης αὐτοῦ, τότε καὶ ὑμεῖς καθίσεσθε ἐπὶ δώδεκα θρόνους, φησί· δηλῶν, ὅτι καὶ συμβασιλεύσουσι καὶ κοινωνήσουσι τῆς δόξης ἐκείνης. Εἰ γὰρ ὑπομένομεν, φησὶ, καὶ συμβασιλεύσο- D
μεν. Οὐδὲ γὰρ καθέδραν οἱ θρόνοι δηλοῦσι· μόνος γὰρ αὐτός ἐστιν ὁ καθεδούμενος, καὶ κρίνων· ἀλλὰ τιμὴν καὶ δόξαν ἄφατον παρεδήλωσε διὰ τῶν θρόνων. Τούτοις μὲν οὖν ταῦτα εἶπε· τοῖς δὲ λοιποῖς πᾶσι ζωὴν αἰώνιον, καὶ ἑκατονταπλασίονα μισθὸν [e] ἐνταῦθα. Εἰ δὲ τοῖς λοιποῖς, πολλῷ μᾶλλον καὶ τούτοις, καὶ ἐνταῦθα, καὶ ἐν τῷ αἰῶνι τούτῳ. Καὶ τοῦτο γοῦν ἐξέβη. Κάλαμον γὰρ καὶ δίκτυα ἀφέντες, τὰς πάντων οὐσίας μετ' ἐξουσίας εἶχον, τὰς τιμὰς τῶν οἰκιῶν, καὶ τῶν χωρίων, καὶ αὐτὰ τὰ σώματα τῶν πιστευόντων. Καὶ σφαγῆναι γὰρ ὑπὲρ αὐτῶν πολλάκις εἵλοντο, ὡς καὶ E
Παῦλος πολλοῖς μαρτυρεῖ, ὅταν λέγῃ· Εἰ δυνατὸν, τοὺς ὀφθαλμοὺς ὑμῶν ἐξορύξαντες ἂν ἐδώκατέ μοι. Ὅταν δὲ λέγῃ, ὅτι Πᾶς ὅστις ἀφῆκε γυναῖκα, οὐ τοῦτό φησιν, ὥστε ἁπλῶς διασπᾶσθαι τοὺς γάμους· ἀλλ' ὥσπερ περὶ τῆς ψυχῆς ἔλεγεν, ὅτι Ὁ ἀπολέσας τὴν ψυχὴν αὐτοῦ ἕνεκεν ἐμοῦ, εὑρήσει αὐτήν· οὐχ ἵνα ἀναιρῶμεν ἑαυτοὺς, οὐδ' ἵνα ἐντεῦθεν ἤδη χωρίζωμεν 637
A αὐτὴν ἀπὸ τοῦ σώματος, ἀλλ' ἵνα πάντων προτιμῶμεν τὴν εὐσέβειαν· τοῦτο καὶ ἐπὶ γυναικὸς καὶ ἀδελφῶν φησι. Δοκεῖ δέ μοι καὶ τοὺς διωγμοὺς ἐνταῦθα αἰνίττεσθαι. Ἐπειδὴ γὰρ πολλοὶ ἦσαν πατέρες εἰς ἀσέβειαν ἕλκοντες παῖδας, καὶ γυναῖκες ἄνδρας· ὅταν ταῦτα κελεύωσι, φησὶ, μήτε γυναῖκες ἔστωσαν, μήτε πατέρες· ὅπερ οὖν καὶ ὁ Παῦλος ἔλεγεν· Εἰ δὲ ὁ ἄπιστος χωρίζεται, χωριζέσθω. Ἀναστήσας τοίνυν αὐτῶν τὰ φρονήματα, καὶ πείσας καὶ ὑπὲρ ἑαυτῶν καὶ ὑπὲρ τῆς οἰκουμένης ἁπάσης θαῤῥεῖν, προσέθηκε· Πολλοὶ δὲ ἔσονται πρῶτοι ἔσχατοι, καὶ ἔσχατοι πρῶτοι. Τοῦτο δὲ καὶ ἀδιορίστως καὶ περὶ πολλῶν καὶ ἑτέρων εἴρηται·
[a] εἴρηται δὲ ὅμως καὶ περὶ τούτων, καὶ περὶ Φαρι- B
σαίων τῶν ἀπειθούντων, ὅπερ καὶ ἔμπροσθεν εἶπεν, ὅτι Πολλοὶ ἥξουσιν ἀπὸ ἀνατολῶν καὶ δυσμῶν, καὶ ἀνακλιθήσονται μετὰ Ἀβραὰμ, καὶ Ἰσαὰκ, καὶ Ἰακώβ· οἱ δὲ υἱοὶ τῆς βασιλείας ἔξω βληθήσονται. Εἶτα ἐπάγει καὶ παραβολὴν, εἰς πολλὴν προθυμίαν ἀλείφων τοὺς [b] ὑστερηκότας. Ὁμοία γάρ ἐστι, φησὶν, ἡ βασιλεία τῶν οὐρανῶν ἀνθρώπῳ οἰκοδεσπότῃ, ὅστις ἐξῆλθεν ἅμα πρωῒ μισθώσασθαι ἐργάτας εἰς τὸν ἀμπελῶνα αὐτοῦ. Καὶ συμφωνήσας μετ' αὐτῶν ἐκ δηναρίου τὴν

demnabunt generationem hanc; et, ***Regina Austri condemnabit:*** de his vero non simpliciter: sed quomodo? ***Cum sederit Filius hominis in sede majestatis suæ, tunc sedebitis et vos super duodecim thronos;*** ostendens ipsos et conregnaturos, et gloriæ consortes futuros. Nam ***Si sustine-*** 2. *Tim.* 2.
mus, inquit, ***et conregnabimus.*** Neque enim thro- 12.
ni sedem significant: solus quippe ipse sessurus et judicaturus est; sed per thronos illos honorem et gloriam ineffabilem significavit. His itaque hæc dixit: reliquis vero omnibus vitam æternam, et hic centuplum. Si vero reliquis, multo magis apostolis, etiam in hoc sæculo. Id quod etiam evenit. Calamo enim et retibus dimissis, omnium bona in sua potestate habebant, domorum pretia et agrorum, ipsaque corpora credentium. Nam etiam Christianorum erga apostolos amor.
mori pro ipsis sæpe voluissent, ut etiam Paulus multis testificatur, cum dicit: ***Si possetis, etiam***
oculos vestros avulsos mihi dedissetis. Cum au- *Gal.* 4. 15.
tem dicit, ***Quicumque reliquerit uxorem***, non vult dirimenda esse matrimonia; sed sicut de anima dicebat, ***Qui perdiderit animam suam pro-*** *Matth.* 10.
pter me, inveniet eam: non hoc dixit ut nos oc- 39.
cidamus; neque ut ideo separemus illam a corpore, sed ut omnibus pietatem præponamus: hoc et de uxore et de fratribus dicit. Videtur autem etiam persequutiones hic subindicare. Nam quia multi patres erant qui filios, et uxores quæ viros ad impietatem trahebant: Cum hæc præceperint, inquit, nec uxores habeantur, neque patres, quod et Paulus dicebat: ***Infidelis vero si discedit, discedat.*** 1. *Cor.* 7.
Eorum itaque animos erigens, et suadens illis ut 15.
et de se et de toto orbe confiderent, addidit:
30. ***Multi autem erunt primi novissimi, et novissimi primi.*** Hoc autem indefinite et de multis aliis dictum est; dictum tamen fuit et de his, et de Pharisæis, qui non crediderunt, quod et in superioribus dicebat: ***Multi venient ab Oriente*** *Matth.* 8.
et Occidente, et recumbent cum Abraham, 11.
Isaac et Jacob; filii autem regni ejicientur foras. Deinde prarabolam adjicit, qua eorum qui tarde venerunt studia fiduciamque incendit. Ait
enim: 1. ***Simile est regnum cælorum homini*** Cap. XX.
patrifamilias, qui exiit primo mane conducere operarios in vineam suam. 2. ***Conventione autem facta cum operariis ex denario diurno, misit eos in vineam suam.*** 3. ***Et tertia hora vidit alios stantes otiosos,*** 4. ***et dixit illis: Ite***

[d] Sic Mss. fere omnes; Editi vero οὐχ ἁπλῶς. ἀλλὰ πῶς;

[e] Quidam ἐντεῦθεν.

[a] Morel. εἴρηται δὲ καὶ περὶ τούτων καὶ Φαρισαίων.

[b] Unus ὑστερήσαντας.

et vos in vineam meam, et quod justum fuerit dabo vobis. 5. *Et circa sextam et nonam horam fecit similiter.* 6. *Circa undecimam autem horam, vidit alios stantes otiosos, et dicit illis: Quid hic statis tota die otiosi?* 7. *Illi autem dicunt ei: Nemo nos conduxit. Dicit eis: Ite et vos in vineam meam, et quod justum fuerit accipietis.* 8. *Vespere autem facto, dicit dominus vineæ procuratori suo: Voca operarios, et da eis mercedem, incipiens ab ultimis usque ad primos.* 9. *Cum venissent ii qui circa undecimam horam venerant, acceperunt singulos denarios.* 10. *Et venientes primi existimaverunt quod plus essent accepturi, et acceperunt ipsi quoque singulos denarios,* 11. *et accipientes murmurabant adversus patremfamilias,* 12. *dicentes: Hi novissimi una hora fecerunt, et pares illos nobis fecisti, qui portavimus pondus diei, et æstum?* 13. *Ipse autem respondens uni eorum dixit: Amice, non facio tibi injuriam: nonne ex denario convenisti mecum?* 14. *Tolle quod tuum est, et vade. Volo autem dare et ultimo huic sicut et tibi.* 15. *Annon licet mihi quod volo facere in iis quæ mea sunt? An oculus tuus nequam est, quia ego bonus sum?* 16. *Ita erunt novissimi primi, et primi novissimi. Multi enim sunt vocati, pauci vero electi.*

3. Quid sibi vult hæc parabola? Neque enim principio consentit illud quod in fine dicitur, sed contrarium omnino enuntiat. In hac enim exhibet omnes eadem præmia accipientes, neque alios ejectos, alios vero admissos; ipse autem et ante et post parabolam contrarium dixit: *Erunt primi novissimi, et novissimi primi;* id est, ipsis primis priores, illis non primis manentibus, sed post illos positis. Quod enim hoc significet declarat dicens: *Multi enim sunt vocati, pauci vero electi:* ita ut duplici modo et illos mordeat, et hos consoletur et hortetur. Parabola autem non id dicit; sed illos probatis viris, qui multum laboraverint, pares futuros: nam aiunt, *Pares illos nobis fecisti, qui portavimus pondus diei, et æstum.* Quid ergo sibi vult parabola? Necessarium enim est hoc primo declarare, et tunc illud solvemus. Vineam igitur mandata Dei, operandi tempus præsentem vitam appellat: operarios, eos qui diverso modo ad Dei præcepta vocati sunt;

ἡμέραν, ἀπέστειλεν αὐτοὺς εἰς τὸν ἀμπελῶνα αὐτοῦ.
Καὶ τῇ τρίτῃ ὥρᾳ εἶδεν ἄλλους ἑστῶτας ἀργοὺς, κἀ-
C κείνοις εἶπεν· ὑπάγετε καὶ ὑμεῖς εἰς τὸν ἀμπελῶνά
μου, καὶ ὃ ἐὰν ᾖ δίκαιον, δώσω ὑμῖν. Καὶ περὶ ἕκτην
καὶ ἐνάτην ὥραν ἐποίησεν ὡσαύτως. Περὶ δὲ τὴν ἑνδεκάτην ὥραν εἶδεν ἄλλους ἑστῶτας ἀργοὺς, καὶ λέγει
αὐτοῖς· τί ὧδε ἑστήκατε ὅλην τὴν ἡμέραν ἀργοί; Οἱ
δὲ λέγουσιν αὐτῷ· οὐδεὶς ἡμᾶς ἐμισθώσατο. Λέγει
αὐτοῖς· ὑπάγετε καὶ ὑμεῖς εἰς τὸν ἀμπελῶνά μου, καὶ
ὃ ἐὰν ᾖ δίκαιον, λήψεσθε. Ὀψίας δὲ γενομένης, λέγει
ὁ κύριος τοῦ ἀμπελῶνος τῷ ἐπιτρόπῳ αὐτοῦ· κάλεσον
τοὺς ἐργάτας καὶ δὸς αὐτοῖς τὸν μισθὸν, ἀρξάμενος
ἀπὸ τῶν ἐσχάτων ἕως τῶν πρώτων. Καὶ ἐλθόντες οἱ
περὶ τὴν ἑνδεκάτην ὥραν, ἔλαβεν ἀνὰ δηνάριον. Καὶ
D ἐλθόντες οἱ πρῶτοι ἐνόμισαν ὅτι πλείονα λήψονται, καὶ
ἔλαβον καὶ αὐτοὶ ἀνὰ δηνάριον. Καὶ λαβόντες ἐγόγγυ-
ζον κατὰ τοῦ οἰκοδεσπότου, λέγοντες· οὗτοι οἱ ἔσχατοι
μίαν ὥραν [c] ἐποίησαν, καὶ ἴσους ἡμῖν αὐτοὺς ἐποίησας, τοῖς βαστάσασι τὸ βάρος τῆς ἡμέρας, καὶ τὸν
καύσωνα; Ὁ δὲ ἀποκριθεὶς ἑνὶ αὐτῶν εἶπεν· ἑταῖρε,
οὐκ ἀδικῶ σε· οὐχὶ δηναρίου συνεφώνησάς μοι; Ἆρον
τὸ σὸν, καὶ ὕπαγε. Θέλω δὲ καὶ τούτῳ τῷ ἐσχάτῳ
δοῦναι ὡς καὶ σοί. [*] Η οὐκ ἔξεστί μοι ποιῆσαι ὃ θέλω
ἐν τοῖς ἐμοῖς; [*] Εἰ ὁ ὀφθαλμός σου πονηρός ἐστιν, ὅτι
ἐγὼ ἀγαθός εἰμι; Οὕτως ἔσονται οἱ ἔσχατοι πρῶτοι,
καὶ οἱ πρῶτοι ἔσχατοι. Πολλοὶ γάρ εἰσι κλητοὶ, ὀλίγοι
δὲ ἐκλεκτοί.

E Τί βούλεται ἡμῖν ἡ παραβολὴ αὕτη; Οὐ γὰρ συνᾴδει τῷ πρὸς τῷ τέλει λεχθέντι τὸ ἐξ ἀρχῆς, ἀλλὰ τοὐναντίον ἅπαν ἐμφαίνει. Ἐν ταύτῃ μὲν δείκνυσιν ἅπαντας τῶν αὐτῶν ἀπολαύοντας, [d] καὶ οὐ τοὺς μὲν ἐκβαλ-
λομένους, τοὺς δὲ εἰσαγομένους· αὐτὸς δὲ καὶ πρὸ τῆς
638 παραβολῆς καὶ μετὰ τὴν παραβολὴν τοὐναντίον εἶπεν,
A ὅτι Ἔσονται οἱ πρῶτοι ἔσχατοι, καὶ οἱ ἔσχατοι πρῶτοι·
τουτέστιν, καὶ αὐτῶν τῶν πρώτων πρῶτοι, οὐχὶ πρώτων
μενόντων, ἀλλ' ἐσχάτων ἐκείνων γενομένων. Ὅτι γὰρ
τοῦτο δηλοῖ, ἐπήγαγε· Πολλοὶ γάρ εἰσι κλητοὶ, ὀλίγοι δὲ
ἐκλεκτοί· ὥστε διπλῇ κἀκείνους δάκνειν, καὶ τούτους
παραμυθήσασθαι καὶ προτρέψαι. Ἡ δὲ παραβολὴ οὐ
τοῦτό φησιν· ἀλλ' ὅτι τῶν εὐδοκίμων καὶ πολλὰ πε-
πονηκότων ἔσονται ἴσοι· Ἴσους γὰρ ἡμῖν αὐτοὺς ἐποίησας, φησὶ, τοῖς βαστάσασι τὸ βάρος τῆς ἡμέρας, καὶ
τὸν καύσωνα. Τί οὖν ἐστιν ὅ φησιν ἡ παραβολή; Ἀναγκαῖον γὰρ τοῦτο πρῶτον ποιῆσαι σαφὲς, καὶ τότε ἐκεῖνο
διαλύσομεν. Ἀμπελῶνα μὲν οὖν τὰ ἐπιτάγματα τοῦ
Θεοῦ φησιν εἶναι, καὶ τὰς ἐντολάς· χρόνον δὲ τῆς
ἐργασίας, τὸν παρόντα βίον· ἐργάτας δὲ, τοὺς διαφό-

[c] Morel. et quidam alii ἐπόνησαν.
[*] [Savil. hic et infra ut Bibl. ἤ.]
[d] Morel. καὶ αὐτοὺς μὲν, male.

ρως καλουμένους ἐπὶ τὰ θεῖα προστάγματα· πρωῒ δὲ καὶ περὶ τρίτην, καὶ ἕκτην, καὶ ἐνάτην, καὶ ἑνδεκάτην ὥραν, τοὺς ἐν διαφόροις ἡλικίαις προσελθόντας καὶ εὐδοκιμήσαντας. Ἀλλὰ τὸ ζητούμενον ἐκεῖνό ἐστιν, εἰ λαμπρῶς εὐδοκιμηκότες οἱ πρῶτοι, καὶ ἀρέσαντες τῷ Θεῷ, καὶ δι' ὅλης ἡμέρας λάμψαντες ἀπὸ τῶν πόνων, τῷ ἐσχάτῳ τῆς κακίας κατέχονται πάθει, [a] βασκανίας καὶ φθόνου. Ἰδόντες γὰρ αὐτοὺς τῶν αὐτῶν ἀπολελαυκότας, φασίν· Οὗτοι οἱ ἔσχατοι μίαν ὥραν ἐποίησαν, καὶ ἴσους αὐτοὺς ἡμῖν ἐποίησας, τοῖς βαστάσασι τὸ βάρος τῆς ἡμέρας, καὶ τὸν καύσωνα; Καὶ ταῦτα μηδὲν μέλλοντες ζημιοῦσθαι, μηδὲ εἰς τὸν ἑαυτῶν ἐλαττοῦσθαι μισθὸν, ἐδυσχέραινον καὶ ἠγανάκτουν ἐπὶ τοῖς ἀλλοτρίοις ἀγαθοῖς· ὃ φθόνου καὶ βασκανίας ἦν. Καὶ τὸ ἔτι πλέον, ὅτι καὶ ὁ οἰκοδεσπότης ὑπὲρ αὐτῶν δικαιολογούμενος, καὶ πρὸς τὸν εἰρηκότα ταῦτα ἀπολογούμενος, πονηρίας αὐτὸν κρίνει καὶ βασκανίας ἐσχάτης, λέγων· Οὐχὶ δηναρίου συνεφώνησάς μοι; Ἆρον τὸ σὸν, καὶ ὕπαγε. Θέλω δὲ τῷ [b] ἐσχάτῳ τούτῳ δοῦναι ὡς καὶ σοί. Εἰ ὁ ὀφθαλμός σου πονηρός ἐστιν, ὅτι ἐγὼ ἀγαθός εἰμι; Τί οὖν ἐστι τὸ κατασκευαζόμενον ἐκ τούτων; Καὶ γὰρ καὶ ἐφ' ἑτέρων παραβολῶν τὸ αὐτὸ τοῦτό ἐστιν ἰδεῖν. Καὶ γὰρ ὁ υἱὸς ὁ εὐδόκιμος αὐτὸ τοῦτο εἰσάγεται πεπονθὼς, ὅτε εἶδε τὸν ἄσωτον ἀδελφὸν πολλῆς ἀπολαύσαντα τιμῆς, καὶ πλείονος ἢ αὐτός. Ὥσπερ γὰρ οὗτοι πλείονος [c] ἀπήλαυον τῷ πρῶτοι λαβεῖν, οὕτω καὶ ἐκεῖνος μειζόνως τῇ περιουσίᾳ τῶν δεδομένων ἐτιμᾶτο· καὶ ταῦτα αὐτὸς μαρτυρεῖ ὁ εὐδόκιμος. Τί οὖν ἐστιν εἰπεῖν; Οὐκ ἔστιν οὐδεὶς ταῦτα δικαιολογούμενος ἐγκαλῶν ἐν τῇ βασιλείᾳ τῶν οὐρανῶν· ἄπαγε· φθόνου γὰρ καὶ βασκανίας τὸ χωρίον ἐκεῖνο καθαρόν. Εἰ γὰρ ἐνταῦθα ὄντες οἱ ἅγιοι καὶ τὰς ψυχὰς ἑαυτῶν ὑπὲρ τῶν ἁμαρτωλῶν διδόασι, πολλῷ μᾶλλον ὁρῶντες [d] ἐκεῖ τῶν ἀποκειμένων ἀγαθῶν αὐτοὺς ἀπολαύοντας χαίρουσι, καὶ οἰκεῖα νομίζουσιν εἶναι ἀγαθά. Τίνος οὖν ἕνεκεν οὕτως ἐσχημάτισε τὸν λόγον; Παραβολὴ τὸ λεγόμενον· δι' ὅπερ οὐδὲ χρὴ πάντα τὰ ἐν ταῖς παραβολαῖς κατὰ λέξιν περιεργάζεσθαι, ἀλλὰ τὸν σκοπὸν μαθόντας, δι' ὃν συνετέθη, τοῦτον δρέπεσθαι, καὶ μηδὲν πολυπραγμονεῖν περαιτέρω. Τίνος οὖν ἕνεκεν οὕτω συνετέθη αὕτη ἡ παραβολὴ, καὶ τί κατασκευάσαι βούλεται; Προθυμοτέρους ποιῆσαι τοὺς ἐν ἐσχάτῳ γήρᾳ μεταβαλλομένους καὶ γινομένους βελτίονας, μηδὲ ἀφεῖναι νομίζειν ἐλάττονας. Διὰ δὴ τοῦτο εἰσάγει καὶ δυσχεραίνοντας ἑτέρους ἐπὶ τοῖς τούτων ἀγαθοῖς, οὐχ ἵνα δείξῃ τηκομένους, καὶ δακνομένους ἐκείνους· ἄπαγε· ἀλλ' ἵνα διδάξῃ τούτους τοσαύ-

B mane, tertia, sexta, nona, undecima hora, qui diversis ætatibus accesserunt, et rem bene gesserunt. Sed quæritur, num primi qui probati fuere, et Deo placuere, quique per totum diurnum laborem splendidi fuere, extremo nequitiæ morbo laboraverint, invidia nempe et livore. Videntes enim illos eadem mercede donatos, dicunt : *Hi novissimi una hora fecerunt, et pares illos nobis fecisti, qui portavimus pondus diei, et æstum?* Et cum nihil damni acciperent, nec ipsorum merces minueretur, aliena bona ægre et indigne ferebant; quod ex invidia et livore fiebat. Ad hæc
C vero ipse paterfamilias pro ipsis respondens, et adversus eum quihæc dixerat sese defendens, nequitiæ eum summæque invidiæ damnat, his verbis : *Nonne ex denario convenisti mecum? Tolle quod tuum est, et vade. Volo autem huic ultimo dare sicut et tibi. An oculus tuus nequam est, quia ego bonus sum?* Quid igitur ex his verbis adstruitur? Nam et in aliis parabolis hoc ipsum videre est. Filius enim ille probus in *Luc.* 15. 28-31.
hunc quoque animi morbum incidisse perhibetur, quando vidit illum prodigum fratrem, qui multo
D fruebatur honore, et majore quam ipse habuisset. Ut enim hi majorem inde mercedem accipiebant, quod primi acciperent, sic ille copia donorum magis honorabatur : et hæc ille probus filius testificatur. Quid igitur dicere possumus? Nemo de tali jure disputat in regno cælorum : absit; locus enim ille a livore et invidia purus est. Nam si sancti in hac vita animas suas pro peccatoribus dederunt, multo magis gaudent, cum illos ibi vident bonis frui cælestibus, quæ bona sibi communia putant. Qua ergo de causa hac figura sermonis
E usus est? Parabola narratur, nec oportet in parabolis omnia ad literam explorare, sed cum scopum parabolæ didicimus, hunc decerpere, nec cætera curiosius examinare. Cur ergo hæc parabola sic concinnata fuit, et quid vult statuere? Vult eos, qui in extrema senectute conversi sunt, studiosiores reddere, neque putare sinit esse illos cæteris
639 inferiores. Ideo inducit alios ægre ferentes illorum
A bona, non ut invidiæ tabe laborantes ostendat : absit; sed ut doceat illos tanto frui honore, ut possint etiam alios ad invidiam movere; ut etiam nos plerumque dicimus : Ille me accusavit, quod tantum tibi honorem tribuerim; non quod accu-

[a] Aliquot Mss. βασκανίᾳ καὶ φθόνῳ, non male.

[b] Morel. τῷ ἐσχάτῳ δοῦναι.

[c] Alii ἀπέλαυσαν.

[d] Morel. ἐκεῖ τούτων ἀπολαύοντας, omissis aliis. [Infra Cod. 694 παραβολὴ τὸ λεγόμενον ἦν.]

semur, vel quod illi crimen intentare velimus, sed ut doni magnitudinem declaremus. Sed cur non omnes statim mercede conduxit? Quantum in se erat, omnes conduxit: quod si non simul omnes obsequuti sunt, differentiam exhibuit eorum qui vocati fuere voluntas. Ideo alii mane, alii tertia, alii sexta vel nona hora vocantur, alii undecima, quia tunc obtemperaturi erant. Hoc *Gal.* 1. 15. item Paulus declaravit: *Quando autem visum est Deo, qui me segregavit ex utero matris meæ.* Quandonam id ei visum est? Quando ille obtemperaturus erat. Nam ipse a principio volebat: quia autem ille tunc non cessurus erat, tunc ipsi visum fuit, cum ille obsequuturus erat. Sic etiam latronem vocavit, etsi potuisset antea vocare; sed ille tunc non obtemperasset. Nam si Paulus ab initio non paruisset, multo minus latro. Quod si hi dicant, *Nemo nos conduxit:* hic non oportet, ut dixi, omnia in parabolis posita curiosius explorare. Hic vero non paterfamilias hoc dicit, sed illi dicunt. Ipse autem non refutat illos, ut non perplexos redderet, sed ut attraheret. Nam quod omnes, quantum ad se pertinebat, prima statim hora vocaverit, significavit ipsa parabola, quæ dicit, mane ipsum ad conducendum exivisse.

4. Undique ergo manifestum est nobis, ad illos, qui ex prima ætate, et ad illos, qui tardius atque in senectute virtutem amplectuntur, dictam fuisse parabolam: ad illos, ne superbirent, neve exprobrarent iis, qui circa undecimam horam venerunt; ad hos autem, ut discerent, brevi tempore totum acquiri posse. Nam quia de vehementi studio loquebatur, de abjiciendis pecuniis, de contemtu rerum omnium, magnoque ad eam rem animo juvenilique fervore opus erat, accendens in illis flammam caritatis, constantemque in ipsis parans animum, ostendit posse eos qui postremi venerunt, totius diei mercedem accipere. Sed hoc non dicit, ne illos in superbiam conjiceret: ostendit autem totum ex ejus benignitate esse, ejusque ope ipsos non lapsuros esse, sed ineffabilia bona consequuturos. Et hoc maxime est quod per hanc parabolam vult efficere. Quod si subjungat, *Et erunt novissimi primi, et primi novissimi*, et, *Multi enim sunt vocati, pauci vero electi*, ne mireris.

της ἀπολαύσαντας τιμῆς, ὡς καὶ φθόνον [a] τεκεῖν δύνασθαι. Ὃ καὶ ἡμεῖς πολλάκις ποιοῦμεν λέγοντες, ὅτι ὁ δεῖνά μοι ἐνεκάλεσεν, ὅτι σε τοσαύτης ἠξίωσα τιμῆς· οὔτε ἐγκληθέντες, οὔτε διαβαλεῖν ἐκεῖνον ἐθέλοντες, ἀλλὰ τούτῳ δεῖξαι τὸ μέγεθος τῆς δωρεᾶς ἧς [b] B ἀπήλαυσεν. Ἀλλὰ τί δήποτε οὐ πάντας εὐθέως ἐμισθώσατο; Τὸ εἰς αὐτὸν ἧκον, ἅπαντας· εἰ δὲ οὐχ ὁμοῦ πάντες ὑπήκουσαν, τὴν διαφορὰν ἡ τῶν κληθέντων γνώμη πεποίηκε. Διὰ τοῦτο οἱ μὲν πρωῒ, οἱ δὲ τρίτῃ, οἱ δὲ ἕκτῃ, οἱ δὲ ἐνάτῃ ὥρᾳ καλοῦνται, οἱ δὲ ἑνδεκάτῃ, ὅτε ἔμελλον ὑπακούσεσθαι. Τοῦτο καὶ ὁ Παῦλος δηλῶν ἔλεγεν· Ὅτε δὲ εὐδόκησεν ὁ Θεὸς ὁ ἀφορίσας με ἐκ κοιλίας μητρός μου. Πότε δὲ εὐδόκησεν; Ὅτε ἔμελλεν ὑπακούσεσθαι. Αὐτὸς μὲν γὰρ ἐβούλετο καὶ ἐκ προοιμίων· [c] ἐπειδὴ δὲ αὐτὸς οὐκ ἂν εἶξε, τότε εὐδόκησεν, ὅτε καὶ αὐτὸς ἔμελλε πείθεσθαι. Οὕτω καὶ τὸν λῃστὴν ἐκάλεσε, καίτοι δυνάμενος καὶ ἔμπροσθεν αὐτὸν καλέσαι· ἀλλ' ἐκεῖνος οὐκ ἂν ὑπήκουσεν. Εἰ γὰρ ὁ Παῦλος ἐξ ἀρχῆς C οὐκ ἂν ὑπήκουσε, πολλῷ μᾶλλον ὁ λῃστής. Εἰ δὲ οὗτοι λέγουσιν, Οὐδεὶς ἡμᾶς ἐμισθώσατο· μάλιστα μὲν, ὅπερ ἔφην, οὐ χρὴ πάντα περιεργάζεσθαι τὰ ἐν ταῖς παραβολαῖς. Ἐνταῦθα δὲ οὐδὲ ὁ οἰκοδεσπότης φαίνεται τοῦτο λέγων, ἀλλ' ἐκεῖνοι. Αὐτὸς δὲ αὐτοὺς οὐκ ἐλέγχει, ἵνα μὴ διαπορήσῃ, ἀλλ' ἐπισπάσηται. Ὅτι γὰρ πάντας, τό γε εἰς αὐτὸν ἧκον, ἐκ πρώτης ἐκάλει, ἐδήλωσε καὶ ἡ παραβολὴ λέγουσα, ὅτι ἀπὸ πρωῒ ἐξῆλθε μισθώσασθαι.

Πάντοθεν οὖν δῆλον ἡμῖν, ὅτι πρὸς τοὺς ἐκ πρώτης ἡλικίας καὶ τοὺς ἐν γήρᾳ καὶ βράδιον ἀρετῆς ἐπειλημ-D μένους εἴρηται ἡ παραβολή· πρὸς ἐκείνους μὲν, ἵνα μὴ ἀπονοῶνται, μηδὲ ὀνειδίζωσι τοῖς περὶ ἑνδεκάτην ὥραν· πρὸς τούτους δὲ, ἵνα μάθωσιν, ὅτι ἔστι καὶ ἐν βραχεῖ χρόνῳ τὸ πᾶν ἀνακτήσασθαι. Ἐπειδὴ γὰρ περὶ σφοδρότητος διελέγετο, καὶ τοῦ χρήματα ῥῖψαι, καὶ καταφρονῆσαι τῶν ὄντων ἁπάντων, πολλοῦ δὲ τοῦτο ἐδεῖτο [d] τόνου καὶ νεανικῆς προθυμίας, ἀνάπτων ἐν αὐτοῖς φλόγα ἀγάπης, καὶ εὔτονον ποιῶν τὴν γνώμην, δείκνυσιν ὅτι δυνατὸν καὶ ὕστερον ἐλθόντας τῆς πάσης ἡμέρας λαβεῖν τὸν μισθόν. [e] Ἀλλὰ τοῦτο μὲν οὐ λέγει, E ἵνα μὴ πάλιν αὐτοὺς ἀπονοήσῃ· δείκνυσι δὲ ὅτι τῆς αὐτοῦ φιλανθρωπίας ἐστὶ τὸ πᾶν, καὶ διὰ ταύτην οὐκ ἐκπεσοῦνται, ἀλλ' ἀπολαύσονται καὶ αὐτοὶ τῶν ἀπορρήτων ἀγαθῶν. Καὶ τοῦτο μάλιστά ἐστιν ὃ βούλεται διὰ τῆς παραβολῆς ταύτης κατασκευάσαι. Εἰ δὲ ἐπάγει, ὅτι Οὕτως ἔσονται οἱ ἔσχατοι πρῶτοι, καὶ οἱ πρῶτοι ἔσχατοι, καὶ, Πολλοὶ γὰρ κλητοὶ, ὀλίγοι δὲ ἐκλεκτοὶ, μὴ θαυμάσῃς. Οὐ γὰρ ὡς ἐκ τῆς παραβολῆς τοῦτο

[a] Morel. ἡ [Cod. 694 ἡ]... τεκεῖν ἠδύνατο. [Savil. ὡς... δύνασθαι.]

[b] Morel. ἀπήλαυσε.

[c] Morel. ἐπειδὴ δὲ οὐκ ἂν εἶξε.

[d] Morel. ἐδεῖτο τοῦ νοῦ. Sed rectius Savil. et alii ἐδεῖτο τόνου.

[e] Savil. ἀλλὰ οὕτω.

συναγαγών φησιν, ἀλλὰ τοῦτο λέγει, ὅτι ὥσπερ τοῦτο συνέβη, οὕτω καὶ ἐκεῖνο συμβήσεται. Ἐνταῦθα μὲν γὰρ [a] οὐχ ἐγένοντο οἱ πρῶτοι ἔσχατοι, ἀλλὰ τῶν αὐτῶν ἅπαντες ἀπήλαυσαν παρ' ἐλπίδα καὶ παρὰ προσδοκίαν. Ὥσπερ δὲ τοῦτο παρ' ἐλπίδα καὶ προσδοκίαν ἐξέβη, καὶ τῶν ἔμπροσθεν ἐγένοντο ἴσοι οἱ μετὰ ταῦτα· οὕτω καὶ τὸ τούτου πλέον συμβήσεται καὶ παραδοξότερον, τὸ καὶ ἔμπροσθεν γενέσθαι τῶν πρώτων τοὺς ἐσχάτους, καὶ μετὰ τούτους τοὺς πρώτους. Ὥστε ἕτερον ἐκεῖνο, καὶ ἕτερον τοῦτο. Δοκεῖ δέ μοι ταῦτα λέγειν Ἰουδαίους αἰνιττόμενος, καὶ τῶν πιστῶν τοὺς ἐξ ἀρχῆς λάμψαντας, ὕστερον δὲ ἀμελήσαντας ἀρετῆς, καὶ εἰς τοὐπίσω κατενεχθέντας· κἀκείνους πάλιν τοὺς ἀπὸ κακίας ἀνενεγκόντας, καὶ πολλοὺς ὑπερακοντίσαντας. Ὁρῶμεν γὰρ τὰς τοιαύτας μεταβολὰς, καὶ ἐπὶ πίστεως καὶ ἐπὶ βίου γιγνομένας. Διὸ παρακαλῶ, πολλὴν ποιησώμεθα σπουδὴν καὶ ἐπὶ τῆς πίστεως ἑστάναι τῆς ὀρθῆς, καὶ βίον ἐπιδείκνυσθαι ἄριστον. Ἂν γὰρ μὴ καὶ βίον προσθῶμεν τῆς πίστεως ἄξιον, τὴν ἐσχάτην δώσομεν δίκην. Καὶ τοῦτο ἔδειξε μὲν καὶ ἀπὸ τῶν ἄνωθεν χρόνων ὁ μακάριος Παῦλος, ὅτε ἔλεγεν, ὅτι Πάντες τὸ αὐτὸ βρῶμα πνευματικὸν ἔφαγον, [b] καὶ πάντες τὸ αὐτὸ πόμα πνευματικὸν ἔπιον· καὶ προσθεὶς, ὅτι οὐκ ἐσώθησαν· Κατεστρώθησαν γὰρ ἐν τῇ ἐρήμῳ. Ἔδειξε δὲ καὶ ἐπὶ τῶν εὐαγγελίων ὁ Χριστὸς, ὅτε εἰσήγαγέ τινας δαίμονας ἐκβαλόντας καὶ προφητεύσαντας, καὶ εἰς κόλασιν ἀπαγομένους. Καὶ πᾶσαι δὲ αὐτοῦ αἱ παραβολαὶ, οἷον ἡ τῶν παρθένων, ἡ τῆς σαγήνης, ἡ τῶν ἀκανθῶν, ἡ τοῦ δένδρου τοῦ μὴ ποιοῦντος καρπὸν, τὴν ἀπὸ τῶν ἔργων ἀρετὴν ἐπιζητοῦσι. Περὶ μὲν γὰρ δογμάτων ὀλιγάκις διαλέγεται· οὐδὲ γὰρ δεῖται πόνου τὸ πρᾶγμα· περὶ δὲ βίου πολλάκις, μᾶλλον δὲ πανταχοῦ· διηνεκὴς γὰρ ὁ πρὸς τοῦτο πόλεμος, διὸ καὶ ὁ πόνος. Καὶ τί λέγω πολιτείαν ὁλόκληρον; Καὶ γὰρ μέρος αὐτῆς παροφθὲν μεγάλα ἐπάγει κακά· οἷον ἐλεημοσύνη παροφθεῖσα εἰς γέενναν ἐμβάλλει τοὺς [c] ὑστερήσαντας· καίτοι οὐχ ὁλόκληρος τοῦτο ἀρετὴ, ἀλλὰ μέρος αὐτῆς. Ἀλλ' ὅμως καὶ αἱ παρθένοι διὰ τὸ μὴ ἔχειν ταύτην ἐκολάσθησαν· καὶ ὁ πλούσιος δὲ διὰ τοῦτο ἀπετηγανίζετο, καὶ οἱ πεινῶντα μὴ θρέψαντες ἐντεῦθεν μετὰ τοῦ διαβόλου καταδικάζονται· πάλιν τὸ μὴ λοιδορεῖν μέρος αὐτῆς ἐστιν ἐλάχιστον· ἀλλ' ὅμως καὶ τοῦτο ἐκβάλλει τοὺς μὴ κατωρθωκότας· Ὁ γὰρ εἰπὼν τῷ ἀδελφῷ αὐτοῦ, φησὶ, μωρὲ, ἔνοχος ἔσται εἰς τὴν γέενναν τοῦ πυρός. Πάλιν ἡ σωφροσύνη καὶ αὐτὴ μέρος ἐστίν· ἀλλ' ὅμως χωρὶς ταύτης οὐδεὶς ὄψεται τὸν Κύριον· Εἰρήνην γὰρ, φησὶ, διώκετε, καὶ τὸν ἁγιασμὸν, οὗ χωρὶς οὐδεὶς ὄψεται τὸν Κύριον. Καὶ ἡ ταπεινοφροσύνη

640 A Non enim hoc quasi ex parabola colligens dicit, sed hoc significat: Sicut hoc contigit, sic et illud continget. Hic enim non facti sunt primi novissimi, sed eadem assequuti sunt omnes præter spem et exspectationem. Sicut autem illud præter spem et exspectationem evenit, et qui postea venerunt, prioribus pares fuerunt: ita et hoc quod majus est mirabilius continget, quod scilicet novissimi ante priores sint, et priores post novissimos. Aliud igitur illud, aliud hoc est. Videtur autem hoc mihi dicere, Judæos subindicans, et fideles illos qui B e principio floruere, deindeque neglecta virtute retro cesserunt; illosque rursus, qui a nequitia emergentes, multos antecesserunt. Nam mutationes illas et in fide et in vita videmus. Quamobrem, obsecro, totis viribus studeamus, ut in recta fide stemus, et vitam optimam exhibeamus. Nisi enim vitam fide nostra dignam ducamus, extremas dabimus pœnas. Et hoc ex priscis illis temporibus declaravit beatus Paulus, cum dixit: *Omnes eamdem escam spiritualem manducaverunt, et omnes eumdem potum spiritualem biberunt*, additque non salutem nactos esse, et in deserto C prostratos fuisse. Idipsum in evangeliis Christus declaravit, cum induxit quosdam qui dæmonas ejecerant et prophetaverant, et ad supplicium abducti fuerant. Ad hæc omnes ejus parabolæ; quales illæ virginum, sagenæ, spinarum, arboris fructum non facientis, virtutem cum operibus exigunt. De dogmatibus raro disserit, illa quippe labore non egent; de vita autem sæpe, imo ubique; perpetuum enim bellum ea in re agitur, ideoque labor ibi assiduus. Ecquid loquor de universo vitæ instituto? Pars enim illius contemta magna infert mala; exempli causa: eleemosyna neglecta, D socordes in gehennam conjicit; licet non universa virtus sit, sed pars tantum ejus. Attamen virgines quod hac virtute ornatæ non essent, pœnas dederunt: dives quoque hac de causa torquebatur, et qui famelicum non cibarunt, ea de causa cum diabolo condemnantur. Rursus non maledicere pars est ejus minima: et tamen hoc etiam excludit eos qui non abstinent: ait enim, *Qui dixerit fratri suo, Fatue, reus erit gehennæ ignis.* Rursus continentia quoque pars virtutis est. Attamen sine illa nemo videbit Dominum: *Pacem* enim, ait, *persequimini, et sanctimoniam, sine qua* E *nemo videbit Dominum.* Humilitas similiter por-

Vita bona et recta fides ad salutem necessariæ.

1. Cor. 10. 3—5.

Matth. 7. 22. 23.

Pars virtutis contemta damnationem affert.

Matth. 5. 22.

Hebr. 12. 14.

[a] Morel. οὐκ ἐγένετο ὁ πρῶτος ἔσχατος.

[b] Morel. καὶ τὸ αὐτὸ πόμα.

[c] Quidam habent ὑστερηκότας.

tio virtutis est : attamen si quis cætera bona agat, et hanc non sectetur, impurus est apud Deum; id quod palam est ex Pharisæo, qui sexcentis ornatus bonis, tunc omnia perdidit. Ego vero quid amplius dicendum habeo. Neque enim una solum res neglecta claudit nobis cælum, sed si fiat quidem, sed non ea quam decet diligentia ac fervore, idipsum facit : ait enim : *Nisi abundaverit justitia vestra plus quam scribarum et Pharisæorum, non intrabitis in regnum cælorum.* Itaque si eleemosynam dederis, nec copia majore, quam illi, eo non intrabis. Et quantum illi præbebant eleemosynæ? Hoc ego volo nunc dicere, ut qui non dant, ad dandum excitentur, qui vero dant, ne altum sapiant, sed plura largiantur. Quid igitur illi dabant? Decimam rerum suarum omnium, ac rursus aliam decimam, et postea decimam aliam; ita ut fere tertiam partem substantiæ suæ darent : nam tres decimæ illam pene constituunt. Post hæc autem primitias, primogenita, et alia plurima, ut pro peccatis, pro purificationibus, quæ in festis, quæ in jubilæo, quæ in debitorum abscissione, et servorum dimissionibus, et in mutuis absque fœnore. Si autem tertiam erogans partem, imo et dimidium (nam collecta hæc omnia dimidium efficiunt), si qui dimidium dat, nihil magni facit : qui ne decimam quidem partem erogat, quid merebitur ? Jure ergo dixit, *Pauci salvi fiunt.*

Matth. 5. 20.

Eleemosynæ modus quis.

5. Ne itaque despiciamus accuratam vivendi rationem. Si enim pars virtutis neglecta tantam affert perniciem, cum undique judicio et condemnationi obnoxii erimus, quomodo supplicium effugiemus? quas vero pœnas non dabimus? Sed quænam, inquies, nobis erit spes salutis, si singula quæ enumeravimus gehennam nobis comminantur? Hæc vobis dico : verumtamen si attendamus, salutem consequi possumus, si eleemosynæ remedium adhibeamus, et vulnera curemus. Non enim oleum ita corpus roborat, ut misericordia animam et firmam et invictam omnibus reddit, inexpugnabilemque diabolo : ubicumque enim ceperit, statim dilabitur, cum oleum non sinat eum humeros apprehendere manibus et tenere.

δὲ ὁμοίως μόριόν ἐστιν ἀρετῆς· ἀλλ' ὅμως κἂν ἕτερά τις ἐπιτελέσῃ καλὰ, ταύτην δὲ μὴ κατορθώσῃ, ἀκάθαρτός ἐστι παρὰ τῷ Θεῷ· καὶ δῆλον ἐκ τοῦ Φαρισαίου, ὃς μυρίοις κομῶν ἀγαθοῖς, ἐντεῦθεν πάντα ἀπώλεσεν. Ἐγὼ δὲ καὶ τούτων τι πλέον εἰπεῖν ἔχω πάλιν. Οὐ γὰρ δὴ μόνον ἕν τι αὐτῶν παροφθὲν ἀποκλείει τὸν οὐρανὸν ἡμῖν, ἀλλὰ κἂν γένηται μὲν, μὴ μετὰ τῆς
641 A προσηκούσης δὲ ἀκριβείας καὶ ὑπερβολῆς, αὐτὸ τοῦτο πάλιν ποιεῖ· Ἐὰν γὰρ μὴ περισσεύσῃ, φησὶν, ἡ δικαιοσύνη ὑμῶν πλέον τῶν γραμματέων καὶ Φαρισαίων, οὐκ εἰσελεύσεσθε εἰς τὴν βασιλείαν τῶν οὐρανῶν. Ὥστε κἂν ἐλεημοσύνην δῷς, μὴ πλείονα δὲ ἐκείνων, οὐκ εἰσελεύσῃ. Καὶ πόσην ἐκεῖνοι παρεῖχον ἐλεημοσύνην; φησί. Τοῦτο γὰρ αὐτὸς εἰπεῖν βούλομαι νῦν, ἵνα οἱ μὲν μὴ διδόντες διαναστῶσι πρὸς τὸ δοῦναι, οἱ δὲ διδόντες μὴ μέγα φρονῶσιν, ἀλλὰ καὶ προσθήκην ἐργάζωνται. Τί οὖν ἐδίδοσαν ἐκεῖνοι; Τῶν ὄντων ἁπάντων δεκάτην, [a] καὶ πάλιν ἑτέραν δεκάτην, καὶ μετὰ ταύτην, τρίτην· ὥστε παρ' οὐδὲν τὸ τρίτον τῆς οὐ-
B σίας παρεῖχον· τρεῖς γὰρ δεκάται συντιθέμεναι τοῦτο ποιοῦσι. Καὶ μετὰ τούτων καὶ ἀπαρχὰς, καὶ πρωτότοκα, καὶ ἕτερα πλείονα· οἷον τὰ ὑπὲρ ἁμαρτημάτων, τὰ ὑπὲρ [b] καθαρμῶν, τὰ ἐν ταῖς ἑορταῖς, τὰ ἐν τῷ ἰωβιλαίῳ, τὰ ἐν ταῖς τῶν χρεῶν ἀποκοπαῖς, καὶ ταῖς [c] τῶν οἰκετῶν ἀφαιρέσεσι, καὶ τοῖς δανείσμασι τοῖς τόκων ἀπηλλαγμένοις. Εἰ δὲ ὁ τὸ τρίτον δοὺς τῶν ὄντων, μᾶλλον δὲ τὸ ἥμισυ (μετὰ γὰρ τούτων ἐκεῖνα συντιθέμενα ἥμισύ ἐστιν), εἰ τοίνυν ὁ τὸ ἥμισυ διδοὺς, οὐδὲν μέγα ἐργάζεται· ὁ μηδὲ τὸ δέκατον παρέχων τίνος ἄξιος ἔσται; Εἰκότως οὖν ἔλεγεν, Ὀλίγοι οἱ σωζόμενοι.

Μὴ δὴ * οὖν καταφρονῶμεν τῆς κατὰ τὸν βίον
C ἐπιμελείας. Εἰ γὰρ μέρος αὐτοῦ καταφρονούμενον ἐν τοσαύτην φέρει τὴν ἀπώλειαν, ὅταν πανταχόθεν ὦμεν ὑπεύθυνοι τῇ καταδικαζούσῃ ψήφῳ, πῶς διαφευξόμεθα τὴν κόλασιν; ποίαν δὲ οὐ τίσομεν δίκην; Καὶ ποία ἡμῖν σωτηρίας ἐλπὶς, φησὶν, εἰ τῶν ἀπηριθμημένων ἕκαστον τὴν γέενναν ἡμῖν ἀπειλεῖ; Κἀγὼ τοῦτο λέγω· πλὴν ἐὰν προσέχωμεν, δυνατὸν σωθῆναι, τὸ τῆς ἐλεημοσύνης [d] κατασκευάζοντας φάρμακον, καὶ τὰ τραύματα θεραπεύοντας. Οὐ γὰρ οὕτω σῶμα ῥώννυσιν ἔλαιον, ὡς φιλανθρωπία ψυχήν· καὶ
D ῥώννυσι, καὶ ἀχείρωτον πᾶσιν ἐργάζεται, καὶ ἀνάλωτον τῷ διαβόλῳ ποιεῖ· ὅπου γὰρ ἂν κατάσχῃ, λοιπὸν διολισθαίνει, οὐκ ἐῶντος τοῦ ἐλαίου τούτου τοῖς νώτοις τοῖς ἡμετέροις ἐνιζάνειν τὰς ἐκείνου λαβάς. Τούτῳ

[a] Καὶ πάλιν ἑτέραν δεκάτην, hæc in Morel. omittuntur δι' ὁμοιοτέλευτον : quod autem hic dicit, nempe scribas et Pharisæos dimidiam singulis annis redituum suorum partem in eleemosynam dedisse, nescio an probari possit. Verum in concionante non tanta accuratio postulatur.

[b] Alii καθαρισμῶν.

[c] Morel. τῶν οἰκετῶν ἀφέσεσι. Alii ἀφαιρέσεσι. Utrumque bene habet.

* [οὖν hic et infra, D, fin., in Edd. Savil. et Commelin. uncis inclusum, omittit Cod. 694.]

[d] Morel. κατασκευάζοντες, et infra θεραπεύοντες.

τοίνυν ἀλείφωμεν ἑαυτοὺς τῷ ἐλαίῳ συνεχῶς. Καὶ γὰρ ὑγιείας ἐστὶν ὑπόθεσις, καὶ γὰρ φωτὸς χορηγία καὶ φαιδρότητος ἀφορμή. Ἀλλ' ὁ δεῖνα, φησὶ, τόσα καὶ τόσα ἔχει τάλαντα χρυσίου, καὶ οὐδὲν προΐεται. Καὶ τί τοῦτο πρὸς σέ; Οὕτω γὰρ θαυμαστότερος σὺ φανήσῃ, ὅταν ἀπὸ πενίας φιλοτιμότερος ἐκείνου γένῃ. Οὕτω καὶ Μακεδόνας ὁ Παῦλος ἐθαύμασεν· οὐχ ὅτι παρέσχον, ἀλλ' ὅτι καὶ ἐν πτωχείᾳ ὄντες παρέσχον. Μὴ δὴ οὖν πρὸς τούτους ἴδοις, ἀλλὰ πρὸς τὸν κοινὸν [e]ἁπάντων Δεσπότην, ὃς οὐκ εἶχε ποῦ τὴν κεφαλὴν E κλίνῃ. Καὶ διατί, φησὶν, ὁ δεῖνα καὶ ὁ δεῖνα τοῦτο [f]οὐ ποιεῖ; Μὴ κρῖνε ἕτερον, ἀλλὰ σεαυτὸν ἀπάλλαξον τῆς κατηγορίας· ἐπεὶ μείζων ἡ κόλασις, ὅταν καὶ ἑτέροις ἐγκαλῇς, καὶ αὐτὸς μὴ ποιῇς· ὅταν ἄλλους κρίνων, τῷ αὐτῷ κρίματι πάλιν ὑπεύθυνος ᾖς 642 A καὶ αὐτός. Εἰ γὰρ οὐδὲ κατορθοῦντας κρίνειν [a]ἀφίεται ἑτέρους, πολλῷ μᾶλλον πταίοντας. Μὴ τοίνυν κρίνωμεν ἑτέρους, μηδὲ τοὺς ῥαθυμοῦντας βλέπωμεν, ἀλλὰ πρὸς τὸν Κύριον Ἰησοῦν Χριστὸν, καὶ ἐκεῖθεν τὰ ὑποδείγματα φέρωμεν. Μὴ γὰρ ἐγώ σε εὐηργέτησα; μὴ γὰρ ἐγώ σε ἐλυτρωσάμην, ἵνα πρὸς ἐμὲ βλέπῃς; Ἄλλος ἐστὶν ὁ ταῦτα πάντα σοι παρασχών. Τί τὸν Δεσπότην ἀφεὶς, πρὸς τὸν σύνδουλον ὁρᾷς; Οὐκ ἤκουσας αὐτοῦ λέγοντος· Μάθετε ἀπ' ἐμοῦ, ὅτι πρᾶός εἰμι καὶ ταπεινὸς τῇ καρδίᾳ; καὶ πάλιν, Ὁ B θέλων ἐν ὑμῖν εἶναι πρῶτος, ἔστω πάντων διάκονος; καὶ πάλιν, Καθὼς ὁ Υἱὸς τοῦ ἀνθρώπου οὐκ ἦλθε διακονηθῆναι, ἀλλὰ διακονῆσαι; Καὶ μετὰ ταῦτα πάλιν, ἵνα μὴ προσπταίων τοῖς ῥαθύμοις τῶν συνδούλων μένῃς ἐν ὀλιγωρίᾳ, ἀφέλκων σε τούτων φησίν· Ὑπόδειγμα δέδωκα ὑμῖν ἐμαυτὸν, ἵνα καθὼς ἐποίησα, καὶ ὑμεῖς ποιῆτε. Ἀλλ' οὐκ ἔστι σοι διδάσκαλος ἀρετῆς τῶν συνόντων ἀνθρώπων οὐδὲ εἷς, οὐδὲ οἷος εἰς ταῦτα ἐνάγειν; Οὐκοῦν πλείων ὁ ἔπαινος, μεῖζον τὸ ἐγκώμιον, ὅτι μηδὲ διδασκάλων εὐπορῶν γέγονας σὺ θαυμαστός· καὶ γὰρ δυνατὸν τοῦτο, καὶ σφόδρα ῥᾴδιον, ἐὰν θέλωμεν· καὶ δηλοῦσιν οἱ πρῶτοι ταῦτα κα- C τωρθωκότες· οἷον [b]ὁ Νῶε, ὁ Ἀβραὰμ, ὁ Μελχισεδὲκ, ὁ Ἰὼβ, καὶ οἱ κατ' ἐκείνους ἄνθρωποι πάντες, πρὸς οὓς ἀναγκαῖον καθ' ἑκάστην ἡμέραν ὁρᾷν· ἀλλὰ μὴ πρὸς τούτους, οὓς οὐδέποτε παύεσθε ζηλοῦντες, καὶ ἐν τοῖς συλλόγοις τοῖς ἡμετέροις περιφέροντες. Καὶ γὰρ οὐδὲν ἄλλο πανταχοῦ λεγόντων ἀκούω, ἀλλ' ἢ ταυτὶ τὰ ῥήματα· ὁ δεῖνα ἐκτήσατο πλέθρα γῆς τόσα καὶ τόσα, ὁ δεῖνα πλουτεῖ, ὁ δεῖνα οἰκοδομεῖ. Τί κέχηνας ἔξω, ἄνθρωπε; τί πρὸς ἑτέρους βλέπεις; Εἰ βούλει πρὸς ἑτέρους ἰδεῖν, τοὺς κατορθοῦν-

Hoc itaque oleo nos frequenter ungamus. Nam illud est sanitatis argumentum, lucemque subministrat et splendorem. At ille, inquies, tot et tot habet talenta auri, et nihil erogat. Et quid hoc ad te? Sic tu mirabilior eris, si ex paupertate liberalior illo sis. Sic Macedonas Paulus miratus 2. *Cor.* 9. 2.
est; non quod largirentur, sed quod ex paupertate sua largirentur. Ne igitur ad illos respicias, sed ad communem omnium Dominum, qui non habebat ubi caput suum reclinaret. Et cur, inquies, hic et ille hoc non faciunt? Ne condemnes alium, sed teipsum accusationi subtrahe: nam majus supplicium erit, si cæteros accusaveris, De aliis non judicandum.
cum ipse non facias; cum de aliis judicans eidem crimini ipse obnoxius eris. Si enim ne probos quidem permittit de aliis judicare, multo minus peccantes. Ne itaque de aliis judicemus, ne ad segnes respiciamus, sed ad Dominum Jesum Christum, et inde exemplum sumamus. Num ego te beneficiis ornavi? num ego te redemi, ut ad me respicias? Alius est qui hæc tibi omnia largitus est. Cur relicto Domino, ad conservum vertis oculos? Non audisti eum dicentem: *Discite a* *Matth.* 11. 29.
me quia mitis sum et humilis corde? ac rursum, *Qui vult in vobis primus esse, sit omnium mi-* *Matth.* 20. 26. 28.
nister? et rursum, *Sicut Filius hominis non venit ministrari, sed ministrare?* Ac postea rursum, ne offendens conservos pigros, in negligentia vivas, ab iis te abstrahens ait: *Exemplum dedi* *Joan.* 13. 15.
vobis meipsum, ut sicut ego feci, et vos faciatis. Sed non est tibi magister ullus inter viventes, qui te possit ad eam rem deducere? Major ergo tibi laus erit et gloria, quod sine doctore mirabilis evaseris: potest enim illud fieri, et quidem facile, si velimus, ut probatur ex iis qui primi id perfecerunt, ut Noë, Abraham, Melchisedec, Job, aliique iis similes, quos operæ pretium est quotidie respicere; sed non eos quos semper æmulamini, et in cœtibus vestris circumfertis. Nihil enim aliud ubique audio, quam hæc verba: Ille tot et tot jugera terræ possidet, ille dives est, ille ædificia construit. Cur ad externa inhias, o homo? cur alios respicis? Si vis alios respicere, probos viros considera, qui totam legem accurate servant: non autem eos qui illam violant et cum dedecore vivunt: nam si ad hos respicias, multa hinc hauries mala, in ignaviam et arrogantiam incides, cæte-

[e] Alii ἁπάντων κύριον καὶ διδάσκαλον. [Infra Cod. 694 κλῖναι.]

[f] Savil. et Morel. τοῦτο ποιεῖ. Maxima pars Mss. τοῦτο οὐ ποιεῖ. Hæc videtur vera esse lectio, et sic legit Georgius interpres.

[a] Mss. quidam ἐρίεται vel ἐρεῖται. [Infra Savil. μηδὲ πρὸς ἑτέρους ῥαθ. βλ.]

[b] Ὁ Νῶε, deest in Morel.

rosque damnabis. Si vero probos recenseas, ad humilitatem, diligentiam, compunctionem et sexcenta bona te apparabis. Audi quid passus sit Pharisæus, quod missis probis viris, ad peccantem respexerit; audi et time. Vide quam mirabilis fuerit David, quod majores suos qui virtute fulserant respiceret. *Advena ego sum*, inquit, *et peregrinus, sicut omnes patres mei*. Nam et ille et quotquot ipsi similes erant, missis peccatoribus, virtute conspicuos viros cogitabant. Ita et tu facito. Non enim tu judex sedes alienorum facinorum, nec deputatus es ad examinanda aliorum peccata: de rebus tuis judicare, non de alienis, jussus es. *Nam si nos ipsos judicaremus*, ait ille, *non utique judicaremur: judicati autem a Domino, erudimur*. Tu vero ordinem pervertisti, dum de peccatis tuis majoribus minoribusve nullam a te rationem exigis, aliorum vero peccata accurate exploras. Verum id ne ultra faciamus, sed missa hac ordinis perturbatione, tribunal in nobis ipsis statuamus, ipsi delictorum nostrorum apud nos ipsos, accusatores, judices, et ultores. Si vis autem aliorum gesta examinare, bona opera, non peccata explora, ut et ex memoria scelerum nostrorum, et ex æmulatione proborum, et ex incorrupti tribunalis præsentia, quotidie quasi stimulo conscientiæ puncti, et ad majorem nos humilitatem diligentiamque excitantes, futura consequamur bona, gratia et benignitate Domini nostri Jesu Christi, quicum Patri una cum Spiritu sancto gloria, imperium, honor, nunc et semper, et in sæcula sæculorum. Amen.

Psal. 38. 13.

1. Cor. 11. 31. 32.

τας βλέπε, τοὺς τὸν νόμον μετὰ ἀκριβείας ἅπαντα πληροῦντας, μὴ τοὺς προσκεκρουκότας καὶ ἠτιμωμένους. D Ἂν γὰρ πρὸς τούτους βλέπῃς, πολλὰ ἐντεῦθεν συλλέξεις κακὰ, εἰς ῥαθυμίαν ἐμπίπτων, εἰς ἀπόνοιαν, εἰς τὸ καταδικάζειν ἑτέρους. Ἂν δὲ τοὺς κατορθοῦντας ἀριθμῇς, εἰς ταπεινοφροσύνην, εἰς σπουδὴν, εἰς κατάνυξιν, εἰς τὰ μυρία σαυτὸν [c] ἐξάγεις ἀγαθά. Ἄκουσον τί ἔπαθεν ὁ Φαρισαῖος, ἐπειδὴ τοὺς κατορθοῦντας ἀφεὶς, τὸν πταίσαντα εἶδεν· ἄκουσον καὶ φοβήθητι. Βλέπε πῶς θαυμαστὸς ἐγένετο ὁ Δαυὶδ, ἐπειδὴ πρὸς τοὺς προγόνους αὐτοῦ τοὺς κατ' ἀρετὴν ἔβλεπε. Πάροικος γὰρ, φησὶν, ἐγώ εἰμι, καὶ παρεπίδημος, καθὼς πάντες οἱ πατέρες μου. Καὶ γὰρ οὗτος, καὶ πάντες οἱ κατ' αὐτὸν, τοὺς ἡμαρτηκότας ἀφέντες, τοὺς εὐδοκιμηκότας ἐνενόουν. Τοῦτο καὶ σὺ ποίει. Οὐδὲ E γὰρ δικαστὴς αὐτὸς κάθισαι τῶν ἑτέροις πεπλημμελημένων, οὐδὲ ἐξεταστὴς τῶν ἄλλοις ἁμαρτανομένων· σαυτῷ κρίνειν, οὐχ ἑτέροις [d] προσετάγης. Εἰ γὰρ ἑαυτοὺς ἐκρίνομεν, φησὶν, οὐκ ἂν ἐκρινόμεθα· κρινόμενοι δὲ ὑπὸ Κυρίου, παιδευόμεθα. Σὺ δὲ τὴν τάξιν [e] ἀνέστρεψας, σαυτὸν μὲν οὐ μεγάλων, οὐ μικρῶν πταισμάτων ἀπαιτῶν εὐθύνας, τὰ δὲ ἑτέρων μετὰ ἀκρι-643 A βείας περιεργαζόμενος. Ἀλλὰ μηκέτι τοῦτο ποιῶμεν, ἀλλὰ ταύτην ἀφέντες τὴν ἀταξίαν, δικαστήριον ἐν ἡμῖν αὐτοῖς καθίσωμεν τῶν ἐν ἡμῖν αὐτοῖς ἁμαρτανομένων, αὐτοὶ καὶ κατήγοροι καὶ δικασταὶ καὶ δήμιοι τῶν πλημμελημάτων γινόμενοι. Εἰ δὲ βούλει καὶ τὰ ἑτέρων πολυπραγμονεῖν, τὰ κατορθώματα, μὴ τὰ ἁμαρτήματα περιεργάζου, ἵνα καὶ ἐκ τῆς μνήμης τῶν οἰκείων πλημμελημάτων, καὶ ἐκ τοῦ ζήλου τῶν ἑτέροις κατορθουμένων, καὶ ἐκ τῆς τοῦ ἀπαραιτήτου δικαστηρίου παραστάσεως, καθ' ἑκάστην ὥσπερ πλήκτρῳ τινὶ τῇ συνειδήσει νυττόμενοι, εἰς ταπεινοφροσύ-B νην καὶ μείζονα σπουδὴν ἑαυτοὺς [a] ἐνάγοντες, τῶν μελλόντων ἐπιτευξώμεθα ἀγαθῶν, χάριτι καὶ φιλανθρωπίᾳ τοῦ Κυρίου ἡμῶν Ἰησοῦ Χριστοῦ, μεθ' οὗ τῷ Πατρὶ ἅμα τῷ ἁγίῳ Πνεύματι δόξα, κράτος, τιμὴ, νῦν καὶ ἀεὶ, καὶ εἰς τοὺς αἰῶνας τῶν αἰώνων. Ἀμήν.

[c] Alii ἐξάξεις.
[d] Alii ἐπετάγης.

[e] Morel. et quidam alii ἀντέστρεψας.
[a] Alii non pauci εἰσαγαγόντες.

ΟΜΙΛΙΑ ξε΄.

Καὶ ἀναβαίνων ὁ Ἰησοῦς εἰς Ἱεροσόλυμα, παρέλαβε
τοὺς δώδεκα μαθητὰς κατ' ἰδίαν ἐν τῇ ὁδῷ, καὶ
εἶπεν αὐτοῖς· ἰδοὺ ἀναβαίνομεν εἰς Ἱεροσόλυμα, καὶ
ὁ Υἱὸς τοῦ ἀνθρώπου παραδοθήσεται τοῖς ἀρχιε- C
ρεῦσι καὶ γραμματεῦσι, καὶ κατακρινοῦσιν αὐτὸν
θανάτῳ· καὶ παραδώσουσιν αὐτὸν τοῖς ἔθνεσιν εἰς
τὸ ἐμπαῖξαι καὶ μαστιγῶσαι καὶ σταυρῶσαι· καὶ
τῇ τρίτῃ ἡμέρᾳ ἀναστήσεται.

Οὐκ ἀθρόον [b] ἀναβαίνει εἰς Ἱεροσόλυμα ἐκ τῆς Γαλιλαίας ἐλθὼν, ἀλλὰ πρότερον θαυματουργήσας καὶ
ἐπιστομίσας Φαρισαίους, καὶ διαλεχθεὶς τοῖς μαθηταῖς περὶ ἀκτημοσύνης. Εἰ γὰρ θέλεις τέλειος εἶναι, D
φησὶ, πώλησόν σου τὰ ὑπάρχοντα· καὶ περὶ παρθενίας, Ὁ δυνάμενος χωρείτω· καὶ περὶ ταπεινοφροσύνης, Ἐὰν μὴ στραφῆτε, καὶ γένησθε ὡς τὰ παιδία,
οὐ μὴ εἰσέλθητε εἰς τὴν βασιλείαν τῶν οὐρανῶν· καὶ
περὶ ἀνταποδόσεως τῶν ἐνταῦθα· Ὅστις γὰρ ἀφῆκεν
οἰκίας, ἢ ἀδελφοὺς, ἢ ἀδελφὰς, ἑκατονταπλασίονα λήψεται ἐν τῷ αἰῶνι τούτῳ· καὶ περὶ ἀμοιβῶν τῶν ἐκεῖ·
Καὶ ζωὴν γὰρ αἰώνιον κληρονομήσει. Τότε προσβάλλει τῇ πόλει λοιπὸν, καὶ μέλλων ἀνιέναι, περὶ τοῦ
πάθους πάλιν διαλέγεται. Ἐπειδὴ γὰρ εἰκὸς ἦν αὐτοὺς,
διὰ τὸ μὴ βούλεσθαι τοῦτο συμβῆναι, ἐπιλανθάνεσθαι,
συνεχῶς αὐτοὺς ἀναμιμνήσκει, ἐγγυμνάζων αὐτῶν E
τὴν διάνοιαν τῇ πυκνότητι τῆς ἀναμνήσεως, καὶ τὴν
λύπην ὑποτεμνόμενος. Κατ' ἰδίαν δὲ αὐτοῖς διαλέγεται
ἀναγκαίως· οὐ γὰρ ἔδει εἰς πολλοὺς ἐξενεχθῆναι τὸν
περὶ τούτων λόγον, οὐδὲ σαφῶς λεχθῆναι· οὐδὲν γὰρ ἐκ
τούτου πλέον ἐγίνετο. Εἰ γὰρ οἱ μαθηταὶ ἐθορυβοῦντο
ταῦτα ἀκούοντες, πολλῷ μᾶλλον ὁ τῶν πολλῶν δῆμος.
Τί οὖν; οὐκ ἐλέχθη τοῖς πολλοῖς; φησίν. Ἐλέχθη μὲν
καὶ πρὸς τοὺς πολλοὺς, οὐχ οὕτω δὲ σαφῶς. Λύσατε 644
γὰρ, φησὶ, τὸν ναὸν τοῦτον, καὶ ἐν τρισὶν ἡμέραις A
ἐγερῶ αὐτόν· καὶ, Σημεῖον ἐπιζητεῖ ἡ γενεὰ αὕτη, καὶ
σημεῖον οὐ δοθήσεται αὐτῇ, [a] εἰ μὴ τὸ σημεῖον Ἰωνᾶ τοῦ
προφήτου· καὶ πάλιν, Ἔτι μικρὸν χρόνον μεθ' ὑμῶν
εἰμι, καὶ ζητήσετέ με, καὶ οὐχ εὑρήσετε· τοῖς δὲ μαθηταῖς οὐχ οὕτως, ἀλλ' ὥσπερ τὰ ἄλλα σαφέστερον
ἔλεγεν, οὕτω καὶ τοῦτο εἶπεν. Καὶ τίνος ἕνεκεν, εἰ μὴ
συνίεσαν οἱ πολλοὶ τὴν δύναμιν τῶν λεγομένων, καὶ
ἐλέγετο; Ἵνα μάθωσι μετὰ ταῦτα, ὅτι προειδὼς ἐπὶ
τὸ πάθος ᾔει καὶ ἑκὼν, οὐκ ἀγνοῶν, οὐδὲ ἀναγκαζόμενος. Τοῖς μαθηταῖς δὲ οὐ διὰ τοῦτο μόνον προύλεγεν,

b Savil εἰς Ἱεροσόλυμα οὐκ ἀθρόον ἀναβαίνει ἐκ τῆς Γαλιλαίας.

HOMILIA LXV. al. LXVI.

Cap. XX. v. 17. *Et ascendens Jesus Jerosolymam, assumsit duodecim discipulos secreto
in via, et dixit eis* : 18. *Ecce ascendimus
Jerosolymam, et Filius hominis tradetur
summis pontificibus et scribis, et condemnabunt eum morte* : 19. *et tradent eum gentibus ad illudendum et flagellandum et crucifigendum : et tertia die resurget.*

1. Non statim ex Galilæa Jerosolymam ascendit,
sed cum prius miracula patrasset, et Pharisæos
repressisset, discipulosque de paupertate alloqu-
tus esset. Ait enim, *Si vis perfectus esse, ven-* Matth. 19.
de ea quæ habes; et de virginitate, *Qui potest* 21. 12.
capere, capiat; et de humilitate, *Nisi conversi* Matth. 18.
fueritis, et efficiamini sicut parvuli, non in- 3.
trabitis in regnum cælorum; de retributione in
hac vita: *Quisquis dimiserit domos, aut fratres,* Matth. 19.
aut sorores, centuplum recipiet in hoc sæculo; 29.
et de futura mercede : *Et vitam æternam possidebit.* Tunc demum accedit ad urbem, cumque
ascensurus esset, de passione rursum loquitur.
Quia enim verisimile erat eos, qui nollent ista accidere, horum oblitos esse, frequenter hæc in memoriam revocat, frequenti commemoratione animum illorum exercens ac dolorem minuens. Seor-
simque illos necessario alloquitur : neque enim
par erat hæc in vulgus efferri, vel clare narrari;
nihil quippe hinc boni emersisset. Si enim discipuli hæc audientes turbati sunt, multo magis vulgus turbatum esset. Quid igitur? inquies, annon
populo id nuntiatum est? Nuntiatum quidem
illi est, sed non ita clare. Nam ait : *Solvite tem-* Joan. 2. 19.
plum hoc, et in tribus diebus excitabo illud;
et, *Generatio hæc signum quærit, et signum* Matth. 12.
non dabitur ei, nisi signum Jonæ prophetæ; et 39.
rursum, *Adhuc parvo tempore vobiscum sum,* Joan. 7. 33.
et quæretis me, et non invenietis; discipulis 34.
vero non sic, sed sicut alia clarius dixerat, sic et
ista narravit. Sed cur dicebat, si multitudo vim
dictorum non intelligebat? Ut postea discerent,
eum et præscientem et libentem ad passionem venisse, non ignorantem vel coactum. Discipulis
vero non ideo solum prædixit, sed, quod jam dixi,

a Morel. αὐτῇ ἢ μή.

ut exspectatione illa exercitati, facilius passionem ferrent, ne si inexspectata accidisset, illos admodum perturbaret. Quapropter initio mortem tantum prædixit; postquam autem hoc meditati et in his exercitati fuerant, cætera omnia adjecit; exempli causa: Tradent eum gentibus, illudent, flagellabunt: tum hac de causa, tum etiam, ut cum hæc tristia viderent, resurrectionem exspectarent. Nam qui tristia, et quæ probrosa videbantur, non occultaverat, jure circa prospera credendus erat. Perpende autem, quomodo temporis opportunitatem observet. Non enim ab initio id illis dixit, ne turbaret; neque in ipso tempore, ne in mœrorem conjiceret; sed postquam idoneam potestatis ipsius experientiam acceperant, cum magnas vitæ æternæ promissiones daret, tunc hac de re sermonem inserit, semel et bis et pluries, hoc inter miracula et
Luc. 18. 31. 34. Marc. 10. 32? doctrinam intexens. Alius autem evangelista dicit, ipsum prophetas testes produxisse. Alius vero ait, discipulos dicta non intellexisse, sed occultum fuisse verbum ipsis, et stupefactos ipsum esse sequutos. Ergo sublatus erat, inquies, prædictionis fructus. Si enim nesciebant, inquit, id quod audierant, nec exspectare poterant; non exspectantes vero, nec in spe poterant exercitari. Ergo vero aliud difficilius affero: si nesciebant, cur mœrebant? Alius tamen dicit, ipsos mœstos fuisse. Si ergo nesciebant, cur tristabantur? Quomodo Pe-
Matth. 16. 22. trus dixit: *Propitius tibi sis, non erit tibi hoc?* Quid ergo dicendum? Scivisse quidem, ipsum esse moriturum, etsi œconomiæ mysterium non clare scirent, neque etiam resurrectionem clare scivisse, neque ea quæ præclare facturus erat. Et hoc erat absconditum eis. Hac de causa dolebant. Alios quippe viderant mortuos ab aliis suscitari; cum vero qui seipsum suscitaret, atque ita suscitaret, ut numquam postea moreretur, nondum viderant. Hoc igitur, etsi sæpe dictum, non intelligebant: neque aperte sciebant quod genus mortis, nec quomodo venturum esset. Ideoque stupefacti erant, ipsum sequentes; neque ideo tantum, sed, ut mihi videtur, quia de passione loquens, perterrefaciebat eos.

2. Nihil tamen horum fiduciam ipsis indebat, etiamsi sæpe de resurrectione audirent. Nam præter mortem hoc illos maxime turbabat, quod audirent ipsum illudendum et flagellandum esse, et alia hujusmodi. Cum enim cogitabant miracula,

ἀλλ', ὅπερ ἔφην, ἵνα ἐγγυμνασθέντες τῇ προσδοκίᾳ, ῥᾴδιον ἐνέγκωσι τὸ πάθος, καὶ μὴ ἀμελέτητον ἐπελ-
B θὸν ταράξῃ σφόδρα αὐτούς. Διά τοι τοῦτο ἐξ ἀρχῆς μὲν τὸν θάνατον ἔλεγε μόνον· ὅτε δὲ ἐμελέτησαν, καὶ ἐνεγυμνάσαντο, καὶ τὰ ἄλλα πάντα προστίθησιν· οἷον, ὅτι παραδώσουσι τοῖς ἔθνεσιν· ὅτι ἐμπαίξουσι, καὶ μαστιγώσουσι· τούτου τε ἕνεκεν, καὶ ἵνα ὅταν τὰ σκυθρωπὰ ἴδωσιν [b] ἐπελθόντα, καὶ τὴν ἀνάστασιν ἐντεῦθεν προσδοκήσωσιν. Ὁ γὰρ τὰ λυποῦντα οὐχ ἀποκρυψάμενος, καὶ τὰ δοκοῦντα εἶναι ἐπονείδιστα, εἰκότως ἔμελλε καὶ περὶ τῶν χρηστῶν πιστεύεσθαι. Σκόπει δέ μοι, πῶς καὶ ἀπὸ τοῦ καιροῦ σαφῶς τὸ πρᾶγμα οἰκονομεῖ. Οὔτε γὰρ ἐξ ἀρχῆς αὐτοῖς εἶπεν, ἵνα μὴ διαταράξῃ· οὔτε πρὸς αὐτῷ τῷ καιρῷ, ἵνα μὴ κἀντεῦθεν θορυβήσῃ· ἀλλ' ὅτε πεῖραν αὐτοῦ τῆς δυνάμεως ἔλα-
C βον ἀρκοῦσαν, ὅτε μεγάλας ἔδωκε τὰς ἐπαγγελίας περὶ τῆς ζωῆς τῆς αἰωνίου, τότε καὶ τὸν περὶ τούτων ἐμβάλλει λόγον, καὶ ἅπαξ καὶ δὶς καὶ πολλάκις, ἐνυφαίνων αὐτὸν τοῖς θαύμασι καὶ ταῖς διδασκαλίαις. Ἕτερος δὲ εὐαγγελιστής φησιν, ὅτι καὶ τοὺς προφήτας παρῆγε μάρτυρας· ἄλλος δέ φησιν, ὅτι καὶ αὐτοὶ οὐ συνίεσαν τὰ λεγόμενα, ἀλλ' ἦν κεκρυμμένον τὸ ῥῆμα ἀπ' αὐτῶν, καὶ ὅτι ἐθαμβοῦντο ἀκολουθοῦντες αὐτῷ. Οὐκοῦν ἀνῄρηται, φησὶ, τῆς προῤῥήσεως τὸ κέρδος. Εἰ γὰρ μὴ ᾔδεσαν ἅπερ ἤκουον, οὐδὲ προσδοκᾷν εἶχον· μὴ προσδοκῶντες δὲ, οὐδὲ γυμνάζεσθαι
D ταῖς ἐλπίσιν. Ἐγὼ δὲ καὶ ἕτερον τούτου ἀπορώτερόν φημι, ὅτι εἰ μὴ ᾔδεσαν, πῶς ἐλυποῦντο; Καὶ γὰρ ἕτερός φησιν, ὅτι ἐλυποῦντο. Εἰ τοίνυν μὴ ᾔδεσαν, πῶς ἐλυποῦντο; Πῶς Πέτρος ἔλεγεν· Ἵλεώς σοι, οὐ μὴ ἔσται σοι τοῦτο; Τί οὖν ἐστιν εἰπεῖν; Ὅτι μὲν ἀποθανεῖται, ᾔδεσαν, εἰ μὴ καὶ σαφῶς τῆς οἰκονομίας ἠπίσταντο τὸ μυστήριον, οὔτε δὲ τὴν ἀνάστασιν σαφῶς ἠπίσταντο, οὔτε ἅπερ [c] ἔμελλε κατορθοῦν. Καὶ τοῦτο ἦν κεκρυμμένον ἀπ' αὐτῶν. Διὰ τοῦτο καὶ ἤλγουν. Ἑτέρους μὲν γὰρ ὑφ' ἑτέρων ἀναστάν-
E τας εἶδον· αὐτὸν δέ τινα ἀναστήσαντα ἑαυτὸν, καὶ οὕτως ἀναστήσαντα ὡς μηκέτι λοιπὸν ἀποθανεῖν, οὐδέποτε εἶδον. Τοῦτο οὖν οὐ συνίεσαν πολλάκις λεγόμενον· ἀλλ' οὐδὲ αὐτὸς οὗτος ὁ θάνατος τί ποτέ ἐστι, καὶ πῶς ἐλεύσεται, σαφῶς ἠπίσταντο. Διὸ καὶ ἐθαμβοῦντο ἀκολουθοῦντες αὐτῷ· οὐ διὰ τοῦτο δὲ μόνον, ἀλλ' ἔμοιγε δοκεῖ, καὶ [d] ἐκπλήττει αὐτοὺς περὶ τοῦ πάθους διαλεγόμενος.

645
A Ἀλλ' ὅμως οὐδὲν τούτων ἐποίει θαῤῥεῖν αὐτοὺς, καὶ ταῦτα συνεχῶς περὶ τῆς ἀναστάσεως ἀκούοντας. Καὶ γὰρ μετὰ τοῦ θανάτου καὶ τοῦτο μάλιστα αὐτοὺς ἐθορύβει, τὸ ἀκούειν ὅτι ἐμπαίξουσι καὶ μαστιγώσουσι, καὶ ὅσα τοιαῦτα. [a] Ὅτε γὰρ ἐνενόησαν τὰ θαύματα, τοὺς

[b] Alii ἐξελθόντα.

[c] Alii ἔμελλε κατορθοῦσθαι.

[d] Alii ἐξέπληξεν. Unus ἐκπλήττειν.

[a] Morel. ὅταν γάρ, Savil. et alii ὅτι γάρ.

δαιμονῶντας οὓς ἠλευθέρωσε, τοὺς νεκροὺς οὓς ἤγειρε, τὰ ἄλλα πάντα ἅπερ ἐθαυματούργει, εἶτα ἤκουσαν τούτων, ἐξεπλήττοντο, εἰ ὁ ταῦτα ποιῶν ταῦτα πείσεται· διὰ τοῦτο καὶ εἰς ἀπορίαν ἐνέπιπτον, καὶ νῦν μὲν ἐπίστευον, νῦν δὲ ἠπίστουν, καὶ νοῆσαι οὐκ εἶχον τὰ λεγόμενα. Οὕτω γοῦν οὐ συνῆκαν σαφῶς [b] τὸ λεγόμενον, ὡς τοὺς υἱοὺς Ζεβεδαίου παρ' αὐτὰ προσελθεῖν, καὶ περὶ προεδρίας αὐτῷ διαλεχθῆναι. Θέλομεν γὰρ, B φασὶν, ἵνα εἷς ἐκ δεξιῶν σου καθίσῃ, καὶ εἷς ἐξ εὐωνύμων. Πῶς οὖν οὗτος ὁ εὐαγγελιστής φησιν, ὅτι ἡ μήτηρ προσῆλθεν; Ἀμφότερα γενέσθαι εἰκός. Τὴν γὰρ μητέρα παρέλαβον, ὡς μείζονα τὴν ἱκετηρίαν [c] ἐργασόμενοι, καὶ ταύτῃ τὸν Χριστὸν δυσωπήσοντες. Ὅτι γὰρ τοῦτο ἀληθὲς, ὅπερ ἔφην, καὶ αὐτῶν μᾶλλον ἡ αἴτησις ἦν, καὶ αἰσχυνόμενοι προβάλλονται τὴν τεκοῦσαν, σκόπει πῶς πρὸς αὐτοὺς ἀποτείνει τὸν λόγον ὁ Χριστός. Μᾶλλον δὲ πρότερον μάθωμεν τί αἰτοῦσι, καὶ ἀπὸ ποίας γνώμης, καὶ πόθεν ἐπὶ τοῦτο ἦλθον. Πόθεν οὖν ἐπὶ τοῦτο ἦλθον; Ἑώρων ἑαυτοὺς τιμωμένους παρὰ τοὺς ἄλλους, καὶ προσεδόκησαν ἐντεῦθεν ἐπιτεύξασθαι καὶ τῆς αἰτήσεως ταύτης. Ἀλλὰ τί ποτέ C ἐστιν ὃ αἰτοῦσιν; Ἄκουσον ἑτέρου εὐαγγελιστοῦ τοῦτο σαφῶς ἐκκαλύπτοντος. Διὰ γὰρ τὸ ἐγγὺς εἶναι, φησὶ, τῆς Ἱερουσαλὴμ, καὶ δοκεῖν ὅτι ἡ βασιλεία τοῦ Θεοῦ ἤδη ἀναφανεῖται, ταῦτα ᾔτουν. Ἐνόμιζον γὰρ, ὅτι ἐπὶ θύραις αὕτη, καὶ αἰσθητὴ, καὶ ἀπολαύσαντες ὧν ᾔτουν, οὐδὲν ὑποστήσονται τῶν λυπηρῶν. Οὐδὲ γὰρ [d] δι' αὐτὴν μόνον αὐτὴν ἐζήτουν, ἀλλ' ὡς καὶ διαφευξόμενοι τὰ δυσχερῆ. Διὸ καὶ ὁ Χριστὸς τούτων πρῶτον αὐτοὺς ἀπάγει τῶν λογισμῶν, κελεύων σφαγὰς καὶ κινδύνους καὶ τὰ ἔσχατα ἀναμένειν δεινά. Δύνασθε γὰρ, φησὶ, πιεῖν τὸ ποτήριον ὃ ἐγὼ D πίνω; Ἀλλὰ μηδεὶς θορυβείσθω, τῶν ἀποστόλων οὕτως ἀτελῶς διακειμένων. Οὔπω γὰρ ὁ σταυρὸς ἦν τελεσθεὶς, οὔπω Πνεύματος χάρις δοθεῖσα. Εἰ δὲ βούλει μαθεῖν αὐτῶν τὴν ἀρετὴν, μετὰ ταῦτα αὐτοὺς κατάμαθε, καὶ ὄψει παντὸς πάθους ἀνωτέρους. Διὰ γὰρ τοῦτο ἐκκαλύπτει αὐτῶν τὰ ἐλαττώματα, ἵνα μετὰ ταῦτα [e] γνῷς τίνες ἀπὸ τῆς χάριτος ἐγένοντο. Ὅτι μὲν οὖν οὐδὲν πνευματικὸν ᾔτουν, οὐδὲ ἔννοιαν τῆς ἄνω βασιλείας εἶχον, δῆλον ἐντεῦθεν. Πλὴν ἴδωμεν καὶ πῶς προσέρχονται, καὶ τί λέγουσι. Θέλομεν, φησὶν, ἵνα ὃ ἐὰν [f] αἰτήσωμέν σε ποιήσῃς ἡμῖν. Καὶ πρὸς αὐτοὺς ὁ Χριστός· Τί θέλετε; οὐκ ἀγνοῶν, ἀλλ' ἵνα E ἀναγκάσῃ αὐτοὺς ἀποκρίνασθαι, καὶ ἀνακαλύψῃ τὸ ἕλκος, καὶ οὕτως ἐπιθῇ τὸ φάρμακον. Οἱ δὲ ἐρυθριῶντες καὶ αἰσχυνόμενοι, ἐπειδὴ ὑπὸ πάθους ἀνθρωπίνου πρὸς τοῦτο [g] ᾔεσαν, κατ' ἰδίαν τῶν μαθητῶν τῶν ἀλ-

dæmoniacos curatos, mortuos suscitatos, et alia mirabilitèr facta, deindeque hæc audiebant, obstupescebant, quod qui talia patraret, talia passurus esset; ideoque in magnam incidebant dubitationem, ac modo credebant, modo non credebant, nec dicta illa intelligere poterant. Usque adeo enim clare non intelligebant, ut filii Zebedæi statim accederent, et de primo consessu loquerentur; *Volumus* enim, aiunt, *ut unus a dextris tuis, unus a sinistris sedeat.* Quomodo igitur, inquies, hic evangelista dicit, accessisse matrem? Utrumque factum esse verisimile est. Matrem enim secum assumsere ad majorem supplicationem faciendam, ut Christum hoc modo flecterent. Quod autem vere supplicatio eorum sit, et quod præ pudore matrem adhibuerint, perpende quomodo ad illos sermonem Christus dirigat. Imo vero prius discamus quid petant; quo animi proposito, et unde ad hoc impulsi sint. Unde ergo ad hoc impulsi sunt? Videbant se præ aliis in honore esse, et hinc se petitionem consequuturos esse sperabant. Sed quid petunt? Audi alium evangelistam hoc clare explicantem. Quod enim, inquit, prope Jerosolymam essent, putarentque regnum Dei jamjam revelandum esse, hæc postulabant. Existimabant enim, regnum illud prope esse et sub sensum cadere, ac se quod petebant semel consequutos, nihil triste passuros esse: neque enim illud propter hoc ipsum tantum petebant, sed ut ærumnas vitarent. Ideo Christus primo illos ab hac cogitatione abducit, jubens cædes, pericula et extrema quæque exspectare. 22. *Potestis*, inquit, *bibere calicem, quem ego bibiturus sum?* At nemo turbetur, apostolos sic imperfectos videns. Nondum enim crux advenerat, nondum Spiritus gratia data erat. Si velis autem ipsorum virtutem ediscere, post hæc illos considera, videbisque ipsos omni morbo animi superiores. Ideoque enim illorum imperfectiones revelat, ut postea scias quales ex gratia facti sint. Quod igitur nihil spirituale quærerent, neque ullam superni regni notitiam haberent, hinc palam est. Sed videamus quomodo accedant, et quid dicant. *Volumus*, inquiunt, *ut quodcumque petierimus facias nobis.* Respondet Christus, *Quid vultis?* non quod ignoraret, sed ut cogeret illos respondere, et ulcus patefaceret, ut remedium illi adhiberet. Illi vero erubescentes, quod ex humano affectu eo animum

Marc. 10. 35.

Quid vere petebant filii Zebedæi.

Marc. 10. 35. 36.

[b] Alii τὰ λεγόμενα.

[c] Morel. ἐργασάμενοι.

[d] Alii διὰ τοῦτο αὐτὴν μόνον.

[e] Morel. male γνῶσι.

[f] Morel. αἰτήσωμεν ποιήσῃς.

[g] Sic omnes Mss. Editi vero ἴεσαν.

appulissent, seorsim ab aliis discipulis abductum
interrogarunt. Præcesserunt enim, inquit, ne de-
prehenderentur ab aliis, et sic quæ volebant dixerunt. Volebant autem, ut ego arbitror, quia au-
Matth. 19. 28. dierunt, *Sedebitis super thronos duodecim*, primum consessum impetrare. Sciebant porro se alios
antecedere; timebant vero Petrum, ac dicunt :
*Dic ut sedeat unus a dextris tuis, et unus a
sinistris :* ipsumque urgent hoc verbo, *Dic*. Quid
igitur ille? Ut ostendat illos nec spirituale quidpiam petere, neque si scirent quid hoc esset, umquam petere ausuros fuisse, ait : 22. *Nescitis
quid petatis;* quam magnum nempe sit, quam
mirabile, quam superet ipsas supernas potestates.
Deinde subjungit : *Potestis bibere calicem*,
Marc. 10. 38. *quem ego bibiturus sum, et baptismo, quo ego
baptizor, baptizari?* Viden' quomodo statim ab
hac opinione illos abducat, a contrariis ipsos alloquens? Vos quidem de honore deque coronis
mecum loquimini, inquit; ego vero de certaminibus et de sudoribus loquor. Non est enim hoc
præmiorum tempus, neque nunc gloria illa mea
apparebit; sed præsens vita est cædium, belli ac
periculorum. Et vide quo pacto ex modo interrogandi et hortetur et trahat. Neque enim dixit, Potestis cædem ferre? potestis sanguinem vestrum
fundere? sed quomodo? *Potestis bibere calicem?*
Deinde alliciens eos ait: *Quem ego bibiturus sum:*
ut ex consortio suo promtiores fierent. Baptisma
autem vocat illud, ostendens magnam inde purgationem toti orbi fore. Postea dicunt illi, *Possumus*. Ex animi fervore statim promittunt, nescientes quid dicerent; sed exspectantes, se quod
petebant impetraturos esse. Quid igitur ille?
Marc. 10. 39. 23. *Calicem quidem meum bibetis, et baptismate, quo ego baptizor, baptizabimini.* Magna
illis prophetavit bona; hoc est, Martyrio digna-
bimini, et hæc patiemini quæ ego patiar, violenta
morte vitam terminabitis, in hisque mihi consortes eritis. *Sedere autem ad dexteram meam et
ad sinistram non est meum dare, sed quibus
paratum est a Patre meo.*

3. Postquam illorum animos erexit, sublimioresque fecit, illosque mœrore superiores reddidit,
tunc illorum petitionem corrigit. Sed quid est
quod nunc dicitur? Nam duo quæruntur a multis;
primo, num paratum cuipiam sit sedere a dextris
ejus; secundo, num omnium Dominus non possit
illis præbere, quibus paratum est. Quid ergo est

646 A λων λαβόντες αὐτὸν ἠρώτησαν. Προεπορεύθησαν γάρ,
φησὶν, ὥστε μὴ γενέσθαι αὐτοῖς κατάδηλοι, καὶ οὕτως εἶπον ἅπερ ἐβούλοντο. Ἐβούλοντο δὲ, ὡς ἔγωγε
οἶμαι, ἐπειδὴ ἤκουον, ὅτι Ἐπὶ δώδεκα θρόνους καθεδεῖσθε, τὴν προεδρίαν τῆς καθέδρας ταύτης λαβεῖν.
Καὶ ὅτι μὲν τῶν ἄλλων πλέον εἶχον, ᾔδεσαν· ἐδεδοίκεσαν δὲ Πέτρον, καὶ λέγουσιν· Εἰπὲ, ἵνα εἷς ἐκ
δεξιῶν σου καθίσῃ, καὶ εἷς ἐξ εὐωνύμων· καὶ κατε-
πείγουσι λέγοντες, Εἰπέ. Τί οὖν αὐτός; Δηλῶν, ὅτι
οὐδὲν πνευματικὸν ᾔτουν, οὔτε εἰ ᾔδεσαν πάλιν ὅπερ
ᾔτουν, ἐτόλμησαν ἂν τοσοῦτον αἰτῆσαι, φησίν· Οὐκ
οἴδατε τί αἰτεῖσθε· πῶς μέγα, πῶς θαυμαστὸν, πῶς
B ὑπερβαῖνον καὶ τὰς ἄνω δυνάμεις. Εἶτα ἐπάγει· Δύνασθε πιεῖν τὸ ποτήριον, ὃ ἐγὼ μέλλω πίνειν, καὶ
τὸ βάπτισμα, ὃ ἐγὼ βαπτίζομαι, βαπτισθῆναι; Εἶδες πῶς εὐθέως ἀπήγαγε τῆς ὑπονοίας, ἀπὸ τῶν ἐναντίων αὐτοῖς διαλεχθείς; Ὑμεῖς μὲν γὰρ περὶ τιμῆς καὶ
στεφάνων μοι διαλέγεσθε, φησίν· ἐγὼ δὲ περὶ ἀγώνων
ὑμῖν καὶ ἱδρώτων διαλέγομαι. Οὐ γάρ ἐστιν οὗτος ὁ
τῶν ἐπάθλων καιρὸς, οὐδὲ νῦν ἡ δόξα μου φανεῖται
ἐκείνη· ἀλλὰ σφαγῆς καὶ πολέμων καὶ κινδύνων τὰ παρόντα. Καὶ ὅρα πῶς τῷ τρόπῳ τῆς ἐρωτήσεως καὶ
προτρέπει καὶ ἐφέλκεται. Οὐδὲ γὰρ εἶπε, [a] δύνασθε
σφαγῆναι; δύνασθε τὸ αἷμα ὑμῶν ἐκχεῖν; ἀλλὰ πῶς;
Δύνασθε πιεῖν τὸ ποτήριον; Εἶτα ἐφελκόμενός φησιν·
C Ὃ ἐγὼ μέλλω πίνειν, ἵνα τῇ πρὸς αὐτὸν κοινωνίᾳ
προθυμότεροι γένωνται. Καὶ βάπτισμα αὐτὸ πάλιν
καλεῖ, δεικνὺς μέγαν ἀπὸ τῶν γινομένων τὸν καθαρμὸν ἐσόμενον τῇ οἰκουμένῃ. Εἶτα λέγουσιν αὐτῷ· Δυνάμεθα. Ἀπὸ τῆς προθυμίας εὐθέως ἐπηγγείλαντο,
οὐδὲ τοῦτο εἰδότες ὅπερ εἶπον, ἀλλὰ προσδοκῶντες
ἀκούσεσθαι ὅπερ ᾔτησαν. Τί οὖν αὐτός; Τὸ μὲν ποτήριόν μου πίεσθε, καὶ τὸ βάπτισμα, ὃ ἐγὼ βαπτίζομαι,
βαπτισθήσεσθε. Μεγάλα αὐτοῖς προεφήτευσεν ἀγαθά·
τουτέστι, μαρτυρίου καταξιωθήσεσθε, καὶ ταῦτα πείσεσθε ἅπερ ἐγὼ, βιαίῳ θανάτῳ τὴν ζωὴν καταλύσε-
D τε, καὶ τούτων μοι κοινωνήσετε. Τὸ δὲ καθίσαι ἐκ
δεξιῶν μου καὶ ἐξ εὐωνύμων οὐκ ἔστιν ἐμὸν δοῦναι, ἀλλ' οἷς ἡτοίμασται [b] παρὰ τοῦ Πατρός μου.

Ἐπάρας αὐτῶν τὰς ψυχὰς, καὶ ὑψηλοτέρας ποιήσας, καὶ πρὸς λύπην ἀχειρώτους ἐργασάμενος, τότε
διορθοῦται αὐτῶν τὴν αἴτησιν. Ἀλλὰ τί ποτέ ἐστι τὸ
νῦν εἰρημένον; Καὶ γὰρ δύο ἐστὶ τὰ ζητούμενα παρὰ
πολλῶν· ἓν μὲν, εἰ ἡτοίμασταί τισι τὸ καθίσαι ἐκ
δεξιῶν αὐτοῦ· ἕτερον δὲ, εἰ ὁ πάντων Κύριος ἐκείνοις, οἷς ἡτοίμασται, κύριος οὐκ ἔστι παρασχεῖν.

[a] Hæc, δύνασθε σφαγῆναι, desunt in Morel.

[b] Alii ὑπὸ τοῦ πατρός μου.

Τί οὖν ἐστι τὸ εἰρημένον; Ἂν τὸ πρότερον λύσωμεν, E τότε καὶ τὸ δεύτερον τοῖς ζητοῦσιν ἔσται σαφές. Τί οὖν ἐστι τοῦτο; Οὐδεὶς ἐκ δεξιῶν αὐτοῦ καθεδεῖται, οὐδὲ ἐξ εὐωνύμων. Ἄβατος γὰρ πᾶσιν ὁ θρόνος ἐκεῖνος· οὐχ ἀνθρώποις λέγω καὶ ἁγίοις καὶ ἀποστόλοις, ἀλλὰ καὶ ἀγγέλοις καὶ ἀρχαγγέλοις, καὶ πάσαις ταῖς ἄνω δυνάμεσιν. Ὡς γοῦν ἐξαίρετον τοῦ Μονογενοῦς τίθησιν αὐτὸ ὁ Παῦλος λέγων· Πρὸς τίνα δὲ τῶν ἀγγέλων εἴ- 647 ρηκέ ποτε· Κάθου ἐκ δεξιῶν μου, ἕως ἂν θῶ τοὺς A ἐχθρούς σου ὑποπόδιον τῶν ποδῶν σου; Καὶ πρὸς τοὺς [a] ἀγγέλους φησίν· Ὁ ποιῶν τοὺς ἀγγέλους αὐτοῦ πνεύματα· πρὸς δὲ τὸν Υἱὸν, Ὁ θρόνος σου, ὁ Θεὸς, εἰς τὸν αἰῶνα τοῦ αἰῶνος. Πῶς οὖν φησι, Τὸ καθίσαι ἐκ δεξιῶν καὶ ἐξ εὐωνύμων οὐκ ἔστιν ἐμὸν δοῦναι; ὡς ὄντων τινῶν τῶν καθεδουμένων; Οὐχ ὡς ὄντων, ἄπαγε· ἀλλὰ πρὸς τὴν ὑπόνοιαν ἀπεκρίνατο τῶν ἐρωτώντων, συγκαταβαίνων αὐτῶν [b] τῇ ἀσθενείᾳ. Οὐδὲ γὰρ ᾔδεσαν τὸν ὑψηλὸν θρόνον ἐκεῖνον, καὶ τὴν ἐκ δεξιῶν τοῦ Πατρὸς καθέδραν, ὅπου γε καὶ τὰ πολλῷ τούτων καταδεέστερα καὶ καθ' ἡμέραν αὐτοῖς ἐνηχούμενα B ἠγνόουν· ἀλλ' ἓν ἐζήτουν μόνον, τῶν πρωτείων ἀπολαῦσαι, καὶ πρὸ τῶν ἄλλων στῆναι, καὶ μηδένα εἶναι πρὸ αὐτῶν παρ' αὐτῷ· ὅπερ ἤδη ἔφθην εἰπὼν, ὅτι ἐπειδὴ Δώδεκα θρόνους ἤκουσαν, ἀγνοήσαντες ὅτι ποτέ ἐστι τὸ εἰρημένον, τὴν προεδρίαν ἐπεζήτησαν. Ὁ τοίνυν φησὶν ὁ Χριστὸς, τοῦτό ἐστιν· ἀποθανεῖσθε μὲν δι' ἐμὲ, καὶ σφαγήσεσθε τοῦ κηρύγματος ἕνεκεν, καὶ κοινωνήσετέ μοι κατὰ τὸ πάθος. Οὐ μὴν ἀρκεῖ τοῦτο ποιῆσαι [c] τῆς προεδρίας ὑμᾶς ἀπολαῦσαι, καὶ τὴν πρώτην τάξιν κατασχεῖν. Ἂν γάρ τις ἕτερος ἔλθῃ μετὰ τοῦ μαρτυρίου, καὶ τὴν ἄλλην ἅπασαν ἀρετὴν κεκτη- C μένος πολλῷ πλείονα ὑμῶν, οὐκ ἐπειδὴ φιλῶ νῦν ὑμᾶς, καὶ τῶν ἄλλων προκρίνω, διὰ τοῦτο παρωσάμενος ἐκεῖνον τὸν ἀπὸ τῶν ἔργων κηρυττόμενον, ὑμῖν δώσω τὰ πρωτεῖα. Ἀλλ' οὕτω μὲν οὐκ εἶπεν, ὥστε μὴ λυπῆσαι· αἰνιγματωδῶς δὲ τὸ αὐτὸ τοῦτο αἰνίττεται λέγων· Τὸ μὲν ποτήριόν μου πίεσθε, καὶ τὸ βάπτισμα, ὃ ἐγὼ βαπτίζομαι, βαπτισθήσεσθε· τὸ δὲ καθίσαι ἐκ δεξιῶν μου καὶ ἐξ εὐωνύμων οὐκ ἔστιν ἐμὸν δοῦναι, ἀλλ' οἷς ἡτοίμασται παρὰ τοῦ Πατρός μου. Τίσι δὲ ἡτοίμασται; Τοῖς ἀπὸ τῶν ἔργων δυναμένοις γενέσθαι [d] λαμπροῖς. Διὰ τοῦτο οὐκ εἶπεν, οὐκ ἔστιν ἐμὸν δοῦναι, ἀλλὰ τοῦ Πατρός μου, ἵνα μὴ ἀσθενεῖν, μηδὲ ἀτονεῖν αὐτὸν φαίη τις πρὸς τὴν ἀντίδοσιν. Ἀλλὰ πῶς; D Οὐκ ἔστιν ἐμὸν, ἀλλ' ἐκείνων οἷς ἡτοίμασται. Ἵνα δὲ καὶ σαφέστερον ὃ λέγω γένηται, ἐπὶ ὑποδείγματος αὐτὸ γυμνάσωμεν, καὶ ὑποθώμεθα εἶναί τινα ἀγωνοθέτην, εἶτα ἀθλητὰς ἀρίστους πολλοὺς εἰς τὸν ἀγῶνα καθιέ-

illud? Si primam quæstionem solverimus, secunda clara erit quærentibus. Quid ergo illud est? Nemo ad dexteram ejus sedebit, neque ad sinistram. Inaccessus enim est omnibus thronus ille: non hominibus tantum dico, et sanctis et apostolis, sed etiam angelis, archangelis, et omnibus supernis potestatibus. Quod quasi prærogativam Unigeniti ponit Paulus dicens: *Ad quem autem an-* Hebr. 1. 13.
gelorum dixit umquam: Sede a dextris meis, 7. 8. Psal. 109.
donec ponam inimicos tuos scabellum pedum 1.
tuorum? Et ad angelos quidem ait: Qui facit Psal. 104. 5.
angelos suos spiritus; ad Filium autem, Thro- Psal. 44.
nus tuus, Deus, in sæculum sæculi. Quomodo 7.
igitur dicit, *Sedere autem a dextris et sinistris non est meum dare?* an quod quidam sint qui sessuri sunt? Minime, absit: sed respondit secundum opinionem interrogantium, eorum infirmitati se attemperans. Neque enim aliquid sciebant de sublimi illo throno, neque de sede illa ad dexteram Patris, quando etiam his longe inferiora, quæ quotidie illis inculcabantur, ignorabant: sed unum tantum quærebant, ut primos consessus tenerent, et ante alios sederent, atque apud illum a nemine præcederentur; quia, ut jam dixi, *Duodecim thronos* audierant, ignorantes quid hoc esset, primum consessum quæsierunt. Hoc itaque dicit Christus: Propter me quidem moriemini, et pro prædicatione immolabimini, consortesque mihi passionis eritis. Neque tamen hoc satis est, ut primum consessum vobis conciliet, utque primum ordinem teneatis. Si quis vero alius venerit martyrium passus, virtutesque alias omnes obtineat perfectius quam vos: licet vos ego diligam, et aliis præponam, non ideo repulso illo, qui ex operibus prædicatur, vobis primas dabo. Verum hæc ita non dixit, ne dolorem inferret; sed ænigmatice id subindicat dicens: *Calicem quidem meum bibetis, et baptismate, quo ego baptizor, baptizabimini: sedere autem ad dextram et sinistram meam non est meum dare, sed quibus paratum est a Patre meo.* Quibusnam paratum est? Iis qui ab operibus possunt conspicui evadere. Ideo non dixit, Non est meum dare, sed Patris mei, ne quis infirmum diceret, quasi non posset ille mercedem dare. Sed quomodo? *Non est meum, sed iis quibus paratum est.* Ut autem id quod dico clarius sit, exemplo illud explicemus, et ponamus esse quemdam

[a] Morel. ἀγγέλους αὐτοῦ φησιν.
[b] Morel τῇ διανοίᾳ.
[c] Morel. τῆς προεδρίας.
[d] Quidam λαμπροτέροις.

agonothetam, deinde multos athletas optimos in hoc certamen descendere, et accedentes duos athletas agonothetæ maxime familiares dicere, Fac ut coronemur et promulgemur, ejus amicitiæ et benevolentiæ fidentes; illum vero respondere, Non est meum hoc dare vobis, sed quibus ob labores et sudores paratum est: num ergo illum nullius esse potentiæ judicabimus? Nequaquam: sed ob justitiam æquitatemque laudabimus. Ut igitur illum non diceremus, coronam ideo non dare, quod non posset, sed quod nollet legem certaminum violare, neque juris ordinem turbare: sic et Christum hæc dixisse crediderim, undique illos concitantem, ut post Dei gratiam in bona opera sua spem salutis et gloriæ referant. Ideo dicit, *Quibus paratum est*. Quid enim, ait, si alii vobis meliores appareant? quid si meliora operentur? Num quia discipuli mei fuistis, ideo primos consessus occupabitis, nisi electione digni judicemini? Quod enim ipse sit Dominus universi, hinc palam est, quod ipse totum habeat judicium.

Matth. 16. 19.

Etenim Petro sic dicit: *Ego tibi dabo claves regni cælorum*. Et Paulus hoc significans dicebat:

2. Tim. 4. 8.

In reliquo reposita est mihi corona justitiæ, quam reddet mihi Dominus justus judex in illa die: non solum autem mihi, sed et iis omnibus qui diligunt adventum ejus. Adventus vero Christi, ille qui jam fuit hic dicitur. Quod autem Paulum nemo præcessurus sit, omnibus palam est.

Cur Christus obscure loquatur.

Si autem hæc Christus obscurius dixerit, ne mireris: illos enim dimittit, res ita disponens, ut ne se de primo consessu temere vel frustra turbarent: nam illud ex humano affectu perpessi sunt, nec illos tristitia afficere volens, obscuritate hæc ambo consequitur. 24. *Tunc indignati sunt decem de duobus fratribus. Tunc*, quandonam? Quando scilicet illos increpavit. Donec enim ea Christi sententia erat, non indignabantur; sed videntes illos præferri, ex honore et reverentia magistri tacebant, etiamsi animo dolerent, sed in medium hæc efferre non audebant. Similiterque erga Petrum humanum quid passi, quando didrachma dedit, non indigne tulerunt, sed tantum

Matth. 18. 1.

interrogaverunt, *Quis major est?* Hic autem ubi viderunt discipulos id petere, indignantur. Neque statim indignati sunt, cum peterent, sed cum increpavit eos Christus, dixitque primos consessus non occupaturos illos esse, nisi se illis dignos exhiberent.

ναι τοῦτον, καί τινας δύο προσελθόντας τῶν ἀθλητῶν τῶν μάλιστα οἰκειωμένων τῷ ἀγωνοθέτῃ λέγειν, ὅτι ποίησον ἡμᾶς στεφανωθῆναι καὶ ἀνακηρυχθῆναι, θαῤῥοῦντας τῇ πρὸς αὐτὸν εὐνοίᾳ καὶ φιλίᾳ· ἐκεῖνον δὲ πρὸς αὐτοὺς λέγειν, οὐκ ἔστιν ἐμὸν τοῦτο δοῦναι, ἀλλ' οἷς ἡτοίμασται ἀπὸ τῶν πόνων καὶ τῶν ἱδρώτων· ἆρ' οὖν καταγνωσόμεθα αὐτοῦ [a] ἀσθενείας; Οὐδαμῶς· ἀλλ' ἀποδεξόμεθα αὐτὸν τῆς δικαιοσύνης καὶ τοῦ ἀπροσωπολήπτου. Ὥσπερ οὖν ἐκεῖνον οὐκ ἂν φαίημεν ἀτονοῦντα μὴ διδόναι τὸν στέφανον, ἀλλὰ μὴ διαφθεῖραι βουλόμενον τῶν ἀγώνων τὸν νόμον, μηδὲ συνταράξαι τοῦ δικαίου τὴν τάξιν· οὕτω δὴ καὶ τὸν Χριστὸν εἴποιμι ἂν τοῦτο εἰρηκέναι, πανταχόθεν αὐτοὺς συνελαύνοντα, μετὰ τὴν τοῦ Θεοῦ χάριν εἰς τὴν τῶν οἰκείων κατορθωμάτων ἐπίδειξιν τὰς ἐλπίδας τῆς σωτηρίας καὶ τῆς εὐδοκιμήσεως ἔχειν. Διὰ τοῦτό φησιν, Οἷς ἡτοίμασται. Τί γάρ, φησὶν, ἂν ἕτεροι φανῶσιν ὑμῶν βελτίους; τί δὲ ἂν μείζονα ἐργάσωνται; Μὴ γὰρ ἐπειδὴ μαθηταί μου γεγόνατε, διὰ τοῦτο τῶν πρωτείων ἀπολαύσεσθε, ἐὰν μὴ τῆς ἐκλογῆς αὐτοὶ ἄξιοι φανῆτε; Ὅτι γὰρ αὐτὸς Κύριός ἐστι τοῦ παντὸς, δῆλον ἐξ ὧν αὐτὸς πᾶσαν ἔχει τὴν κρίσιν. Καὶ γὰρ Πέτρῳ οὕτω φησίν· Ἐγώ σοι δώσω τὰς κλεῖς τῆς βασιλείας τῶν οὐρανῶν. Καὶ ὁ Παῦλος δὲ τοῦτο δηλῶν ἔλεγεν· Λοιπὸν ἀπόκειταί μοι ὁ τῆς δικαιοσύνης στέφανος, ὃν ἀποδώσει μοι ὁ Κύριος ὁ δίκαιος κριτὴς ἐν ἐκείνῃ τῇ ἡμέρᾳ· οὐ μόνον δὲ ἐμοὶ, ἀλλὰ καὶ πᾶσι τοῖς ἠγαπηκόσι τὴν ἐπιφάνειαν αὐτοῦ. Ἐπιφάνεια δὲ τοῦ Χριστοῦ, ἡ γεγονυῖα παρουσία λέγεται. Ὅτι δὲ Παύλου οὐδεὶς πρῶτος στήσεται, παντί που δῆλον. Εἰ δὲ ἀσαφέστερον ταῦτα [a] εἴρηκεν, μὴ θαυμάσῃς· παραπεμπόμενός τε γὰρ αὐτοὺς οἰκονομικῶς, ὥστε μὴ ὑπὲρ τῶν πρωτείων ἐνοχλεῖν εἰκῇ καὶ μάτην· καὶ γὰρ ἀπὸ πάθους τοῦτο ἔπασχον ἀνθρωπίνου· καὶ μὴ λυπῆσαι βουλόμενος αὐτοὺς, τῇ ἀσαφείᾳ ἀμφότερα ταῦτα κατορθοῖ. Τότε ἠγανάκτησαν οἱ δέκα περὶ τῶν δύο. Τότε, πότε; Ὅτε ἐπετίμησεν αὐτοῖς. Ἕως μὲν γὰρ τοῦ Χριστοῦ ἡ [b] ψῆφος ἦν, οὐκ ἠγανάκτουν, ἀλλ' ὁρῶντες αὐτοὺς προτιμωμένους, ἔστεργον καὶ ἐσίγων, αἰδούμενοι τὸν διδάσκαλον καὶ τιμῶντες, καὶ εἰ κατὰ διάνοιαν ἤλγουν, ἀλλ' εἰς μέσον τοῦτο ἐξενεγκεῖν οὐκ ἐτόλμων. Καὶ πρὸς Πέτρον δέ τι παθόντες ἀνθρώπινον, ὅτε τὰ δίδραχμα ἔδωκεν, οὐκ ἐδυσχέραναν, ἀλλ' ἠρώτησαν μόνον, Τίς ἄρα μείζων ἐστίν; Ἐπειδὴ δὲ ἐνταῦθα τῶν μαθητῶν ἡ αἴτησις ἦν, ἀγανακτοῦσι. Καὶ οὐδὲ ἐνταῦθα εὐθέως ἀγανακτοῦσιν, ὅτε ᾔτησαν, ἀλλ' ὅτε αὐτοῖς ἐπετίμησεν ὁ Χριστὸς, καὶ ἔφησεν οὐκ ἀπολαύσεσθαι τῶν πρωτείων αὐτοὺς, εἰ μὴ παράσχοιεν ἑαυτοὺς ἀξίους τούτων.

[a] Unus ἀσθένειαν.
[a] Alii εἴρηται.

[b] Morel. ἡ ψῆφος ἄδηλος ἦν.

Εἶδες πῶς ἀτελέστερον πάντες διέκειντο, καὶ οὗτοι κατεξανιστάμενοι τῶν δέκα, καὶ ἐκεῖνοι φθονοῦντες τοῖς δύο; Ἀλλ', ὅπερ ἔφην, μετὰ ταῦτά μοι αὐτοὺς δεῖξον, καὶ ὄψει πάντων τούτων ἀπηλλαγμένους τῶν παθῶν. Ἄκουσον γοῦν πῶς οὗτος αὐτὸς ὁ Ἰωάννης, ὁ νῦν προσελθὼν ὑπὲρ τούτων, πανταχοῦ τῶν πρωτείων τῷ Πέτρῳ παραχωρεῖ, καὶ δημηγοροῦντι καὶ θαυματουργοῦντι ἐν ταῖς Πράξεσι τῶν ἀποστόλων. Καὶ οὐκ ἀποκρύπτει αὐτοῦ τὰ κατορθώματα, ἀλλὰ καὶ τὴν ὁμολογίαν λέγει, ἣν πάντων σιγώντων ἐπεδείξατο, καὶ τὴν εἰς τὸν τάφον εἴσοδον, [c] καὶ προτίθησιν ἑαυτοῦ τὸν ἀπόστολον. Ἐπειδὴ γὰρ ἀμφότεροι παρέμειναν σταυρουμένῳ, τὸ ἑαυτοῦ ἐγκώμιον ὑποτεμνόμενός φησιν, ὅτι Γνώριμος ἦν ὁ μαθητὴς ἐκεῖνος τῷ ἱερεῖ. Ὁ δὲ Ἰάκωβος μακρὸν μὲν οὐκ ἐπέζησε χρόνον· ἐκ προοιμίων δὲ οὕτω διεθερμάνθη, καὶ πάντα τὰ ἀνθρώπινα ἀφεὶς πρὸς ὕψος ἀνέδραμεν ἄφατον, ὡς εὐθέως σφαγῆναι. Οὕτω πάντων ἕνεκεν μετὰ ταῦτα ἄκροι τὴν ἀρετὴν ἐγένοντο. Ἀλλὰ τότε ἠγανάκτησαν. Τί οὖν ὁ Χριστός; Προσκαλεσάμενος αὐτούς φησιν· οἱ ἄρχοντες τῶν ἐθνῶν κατακυριεύουσιν αὐτῶν. Ἐπειδὴ γὰρ ἐθορυβήθησαν καὶ ἐταράχθησαν, τῇ τε κλήσει πρὸ τοῦ λόγου αὐτοὺς καταπραΰνει, καὶ τῷ πλησίον αὐτοὺς [a] ἐπισπάσασθαι. Καὶ γὰρ οἱ δύο, τοῦ χοροῦ τῶν δέκα ἑαυτοὺς ἀποῤῥήξαντες, ἐγγύτερον εἱστήκεισαν ἰδιολογούμενοι. Διὰ τοῦτο καὶ τούτους πλησίον ἄγει· τούτῳ τε αὐτῷ, καὶ τῷ τὸ εἰρημένον ἐκπομπεῦσαι, καὶ εἰς τοὺς ἄλλους ἐξαγαγεῖν, παραμυθούμενος τὸ πάθος καὶ τούτων κἀκείνων. Καὶ οὐχ ὡς ἔμπροσθεν οὕτω καὶ νῦν καταστέλλει· πρότερον μὲν γὰρ παιδία ἄγει εἰς μέσον, καὶ τὸ ἀφελὲς αὐτῶν καὶ τὸ ταπεινὸν μιμεῖσθαι κελεύει· ἐνταῦθα δὲ πληκτικώτερον ἀπὸ τοῦ ἐναντίου ἐντρέπει λέγων· Οἱ ἄρχοντες τῶν ἐθνῶν κατακυριεύουσιν αὐτῶν, καὶ οἱ μεγάλοι κατεξουσιάζουσι· παρὰ δὲ ὑμῖν οὐκ ἔσται οὕτως· ἀλλ' ὁ θέλων ἐν ὑμῖν γενέσθαι μέγας, οὗτος ἔστω πάντων διάκονος, καὶ ὁ θέλων εἶναι πρῶτος, ἔστω πάντων ἔσχατος· δεικνὺς [b] ὅτι ἐθνικὸν τὸ τοιοῦτον, τὸ τῶν πρωτείων ἐρᾷν. Καὶ γὰρ τυραννικὸν τὸ πάθος, καὶ συνεχῶς ἐνοχλοῦν καὶ μεγάλοις ἀνδράσι· διὰ τοῦτο καὶ σφοδροτέρας δεῖται πληγῆς. Διὸ καὶ αὐτὸς βαθύτερον αὐτῶν καθικνεῖται, τῇ τῶν ἐθνῶν παραθέσει φλεγμαίνουσαν τὴν ψυχὴν ἐντρέπων, καὶ τῶν μὲν τὸν φθόνον, τῶν δὲ τὴν ἀπόνοιαν ὑποτέμνεται, μονονουχὶ λέγων· μὴ ἀγα-

4. Viden' quantum imperfecti omnes essent, tum hi qui decem illos præcedere tentabant, tum decem illi qui duobus invidebant? Sed, ut dixi, post hæc ostende illos mihi, et videbis omnibus hisce affectibus vacuos. Audi quomodo hic ipse Joannes, qui nunc hac de causa accessit, primas semper Petro cedat, et concionanti et miracula edenti in Actibus apostolorum. Neque ejus præclara gesta celat, sed et confessionem narrat, quam ille omnibus tacentibus emisit, et ingressum in sepulcrum, illumque sibi præponit. Quia enim E ambo crucifigendo Christo aderant, laudem suam succidens Joannes ait: *Notus erat discipulus ille sacerdoti.* Jacobus vero non multo postea tempore vixit: ab initio enim magno ferebatur ardore, et missis humanis omnibus, ad tam ineffabile 649 culmen ascendit, ut statim occideretur. Sic postea A summi virtute omnes effecti sunt. Sed tunc indignati sunt. Quid ergo Christus? 25. *Cum advocasset eos, dixit: Principes gentium dominantur eorum.* Quia enim turbati erant, advocando illos antequam loqueretur, tum advocatione illa, tum quod propius se attraheret, illos mitigavit. Nam duo illi, ex cœtu decem cæterorum disjuncti, prope stabant privatim loquentes. Ideo illos quoque prope advocat, et hoc modo, tum etiam ut quod alii dixerant efferret, et cæteris renuntiaret, B commotos horum illorumque animos solatus est. Neque nunc ut antea sedat: prius enim parvulos adduxit in medium, illorumque simplicitatem humilitatemque imitari jussit; hic autem acrius illos a contrario carpit dicens: *Principes gentium dominantur, et qui magni sunt, potestatem exercent in eos; 26. apud vos autem non ita erit: sed qui vult magnus inter vos esse, hic sit omnium minister: 27. et qui vult esse primus, sit omnium ultimus:* ostendens illud ad gentium morem accedere, cum primi gradus appetuntur. Nam tyrannica hæc passio est, qua frequenter magni viri exagitantur; ideoque vehementiore castigatione indiget. Quapropter ipse C acriore plaga utitur, dum ex gentium comparatione tumentem animum pudefacit, et horum invidiam, illorum arrogantiam succidit; ac si dice-

Apostoli quam imperfecti ante adventum Spiritus sancti.

Act. 3.

Joan. 18. 16.

[c] Καὶ προτίθησιν ἑαυτοῦ (sic Mss.) τὸν ἀπόστολον, ἐπειδὴ γὰρ ἀμφότεροι παρέμειναν σταυρουμένῳ. Unus addit τῷ Χριστῷ. Palam est hæc respicere locum illum Joannis 18, 15, ubi dicitur: *Sequebatur autem Jesum Simon Petrus, et alius discipulus. Discipulus autem ille erat notus pontifici.* Miror autem cur hic dicat: καὶ προτίθησιν ἑαυτοῦ τὸν ἀπόστολον. Joannes apostolu m sibi præponit, id est Petrum, quasi vero ipse non esset apostolus. Sed apostolorum principem subintelligit. Παρέμειναν τῷ σταυρουμένῳ. Hic agitur, ut ex serie liquet, de Jesu in atrium pontificis deducto, quo loco præsentes fuere Petrus et Joannes, quare σταυρουμένῳ hic intelligendum de Jesu mox crucifigendo et nondum crucifixo.

[a] Morel. ἐπισπᾶσθαι.

[b] Alii ὅτι ἐθνικοῦ, non male.

ret : Ne indignemini quasi contumelia affecti. Seipsos maxime lædunt, et dedecore afficiunt ii, qui primatum ambiunt; nam ultimum locum occupant. Non enim res apud nos se habet ut apud exteros. Nam *Principes gentium dominantur eorum;* apud me autem ultimus primus est. Ne vero putes hæc me sine causa dicere, factis meis exemplum sume. Ego enim plus quidpiam feci. Rex quippe supernarum virtutum cum essem, homo fieri volui, et sperni atque contumeliis affici. Neque his contentus, mortem adivi. Ideo ait: 28. *Filius hominis non venit ut ministretur, sed ut ministret, et det animam suam in redemtionem pro multis.* Neque enim hic substiti, inquit; sed et animam meam dedi in redemtionem : et pro quibus? Pro inimicis. Tu vero si humiliatus fueris, pro teipso agis : ego autem pro te. Ne itaque timeas, quasi honorem tuum amittens. Quantumcumque enim te humiliaveris, non potes tantum descendere, quantum Dominus tuus. Attamen hic descensus omnium ascensus factus est, et gloriam ejus manifestavit. Antequam enim fieret homo, ab angelis tantum cognoscebatur : postquam autem homo factus et crucifixus est, non modo illam non minuit gloriam, sed et aliam accepit a cognitione orbis. Ne ergo timeas, ac si honor tibi auferatur, si teipsum humilies : hoc enim modo magis augetur tibi gloria; hoc modo major efficitur. Hæc regni janua est. Ne contrariam ineamus viam, ne nobis ipsis bellum inferamus. Nam si velimus magni videri, non magni erimus, imo omnium abjectissimi. Vidistin' quomodo ubique illos a contrariis hortetur, dans tamen ipsis id quod desiderant? Etenim pluribus id supra ostendimus; et sic quoque fecit, cum de avaris et de vanæ gloriæ cupidis ageretur. Cur enim, inquit, coram hominibus das eleemosynam? ut gloria fruaris? Ne ita facias, et gloriam consequeris. Cur pecuniam accumulas? ut ditescas? Ne pecuniam congeras, et ditesces. Sic etiam nunc : quare primas ambis? ut alios præcedas? Ultimum ergo locum delige, et primas tenebis : illud enim ambire minimi est. Itaque si vis magnus esse, ne quæras esse magnus, et tunc magnus eris. Illud enim est minimum esse.

Per humilitatem gloria augetur.

5. Viden' quo pacto illos ab hoc morbo abdu-

ναχτῆτε ὡς ὑβρισμένοι. Ἑαυτοὺς μάλιστα βλάπτουσί τε καὶ καταισχύνουσιν οἱ οὕτω τὰ πρωτεῖα ζητοῦντες· ἐν γὰρ τοῖς ἐσχάτοις εἰσίν. [c] Οὐδὲ γάρ ἐστι παρ' ἡμῖν οἷα τὰ ἔξωθεν. Οἱ μὲν γὰρ ἄρχοντες τῶν ἐθνῶν κατακυριεύουσιν αὐτῶν· παρ' ἐμοὶ δὲ ὁ ἔσχατος οὗτος πρῶτός ἐστιν. Ὅτι δὲ οὐχ ἁπλῶς ταῦτα λέγω, δι' ὧν ποιῶ καὶ πάσχω λάβε τὴν ἀπόδειξιν τῶν εἰρημένων. Ἐγὼ γάρ τι καὶ πλέον ἐποίησα. Βασιλεὺς γὰρ τῶν ἄνω δυνάμεων ὤν, ἄνθρωπος ἠβουλήθην γενέσθαι, καὶ καταφρονηθῆναι κατεδεξάμην, καὶ ὑβρισθῆναι. Καὶ οὐδὲ τούτοις ἠρκέσθην, D ἀλλὰ καὶ ἐπὶ θάνατον ἦλθον. Διὰ τοῦτό φησιν, ὅτι Ὁ Υἱὸς τοῦ ἀνθρώπου οὐκ ἦλθε διακονηθῆναι, ἀλλὰ διακονῆσαι, καὶ δοῦναι τὴν ψυχὴν αὐτοῦ λύτρον ἀντὶ πολλῶν. [d] Οὐδὲ γὰρ μέχρι τούτου ἔστην, φησίν, ἀλλὰ καὶ τὴν ψυχὴν ἔδωκα λύτρον· καὶ ὑπὲρ τίνων; Τῶν ἐχθρῶν. Σὺ δὲ ἂν ταπεινωθῇς, ὑπὲρ σαυτοῦ· ἐγὼ δὲ ὑπὲρ σοῦ. Μὴ τοίνυν φοβηθῇς, ὡς τῆς τιμῆς σου καθαιρουμένης. Ὅσον γὰρ ἂν ταπεινωθῇς, οὐ δύνασαι τοσοῦτον κατελθεῖν, ὅσον ὁ Δεσπότης σου. Ἀλλ' ὅμως ἡ κατάβασις αὕτη πάντων ἀνάβασις γέγονε, καὶ τὴν E δόξαν ἐκλάμψαι πεποίηκε τὴν ἑαυτοῦ. Πρὸ μὲν γὰρ τοῦ γενέσθαι ἄνθρωπος, παρ' ἀγγέλοις ἐγνωρίζετο μόνοις· ἐπεὶ δὲ ἄνθρωπος ἐγένετο καὶ ἐσταυρώθη, οὐ μόνον ἐκείνην οὐκ ἠλάττωσε τὴν δόξαν, ἀλλὰ καὶ ἑτέραν προσέλαβε, τὴν ἀπὸ τῆς γνώσεως τῆς οἰκουμένης. Μὴ 650 A δὴ φοβηθῇς, ὡς τῆς τιμῆς σου καθαιρουμένης, ἐὰν ταπεινώσῃς σαυτόν· ταύτῃ γὰρ μᾶλλον ἐπαίρεταί σου ἡ δόξα· ταύτῃ μείζων γίνεται. Αὕτη τῆς βασιλείας ἡ θύρα. Μὴ δὴ τὴν ἐναντίαν ἔλθωμεν, μὴ δὴ ἑαυτοὺς πολεμῶμεν. Ἐὰν γὰρ βουληθῶμεν μεγάλοι φαίνεσθαι, οὐκ ἐσόμεθα μεγάλοι, ἀλλὰ καὶ πάντων ἀτιμότεροι. Εἶδες πῶς πανταχοῦ ἀπὸ τῶν ἐναντίων αὐτοὺς προτρέπει, διδοὺς αὐτοῖς ὅπερ ἐπιθυμοῦσι; Καὶ γὰρ ἐν τοῖς ἔμπροσθεν διὰ πολλῶν τοῦτο ἐδείξαμεν· καὶ ἐπὶ τῶν φιλοχρημάτων καὶ τῶν κενοδοξούντων οὕτως ἐποίησε. Τίνος γὰρ ἕνεκεν, φησίν, ἔμπροσθεν τῶν ἀνθρώπων ἐλεεῖς; ἵνα δόξης ἀπολαύσῃς; Οὐκοῦν μὴ ποίει οὕτω, καὶ * ἀπολαύσῃ B πάντως. Τίνος δὲ ἕνεκεν θησαυρίζεις; ἵνα πλουτήσῃς; Οὐκοῦν μὴ θησαυρίσῃς, καὶ πάντως πλουτήσεις. Οὕτω καὶ ἐνταῦθα· τίνος ἕνεκεν τῶν πρωτείων ἐρᾷς; ἵνα πρὸ τῶν ἄλλων ᾖς; Οὐκοῦν τὴν ἐσχάτην ἐπίλεξαι τάξιν, καὶ τότε τῶν πρωτείων ἀπολαύσῃ. Ὥστε εἰ θέλεις γενέσθαι μέγας, μὴ ζήτει γενέσθαι μέγας, καὶ τότε ἔσῃ μέγας. Ἐκεῖνο γὰρ [a] μικρόν ἐστιν εἶναι.

Ὁρᾷς πῶς αὐτοὺς ἀπήγαγε τοῦ νοσήματος, δεῖξαι

[c] Quidam οὐ γὰρ τοιαῦτα τὰ παρ' ἡμῖν. Paulo post Morel. ἔσχατος οὗτως.

[d] Alii ὡσεὶ ἔλεγεν, οὐ μέχρι τούτου ἔστην μόνον, ἀλλά. Mox pro τῶν ἐχθρῶν Morel. τῶν ἐθνῶν.

* Savil., Commelin. et Cod. 694 ἀπολαύσῃ, Montf. ἀπολαύσῃς. Infra Cod. id. et Savil. καὶ πάντως πλουτήσεις, Commelin. et Montf. πλουτήσῃς.]

[a] Morel. μικρόν ἐστι μᾶλλον. ὁρᾷς. Paulo post Morel male ἐντεῦθεν ἀποτυγχάνουσι.

θέλων, ὅτι καὶ ἐκεῖθεν ἐκπίπτουσι, καὶ ἐντεῦθεν ἐπιτυγχάνουσι· ἵνα τὸ μὲν φύγωσι, τὸ δὲ διώκωσι. Καὶ τῶν ἐθνῶν δὲ διὰ τοῦτο ἀνέμνησεν, ἵνα καὶ ταύτῃ τὸ πρᾶγμα ἐπονείδιστον καὶ βδελυκτὸν ἀποδείξῃ. Τὸν γὰρ ἀπονενοημένον ἀνάγκη ταπεινὸν εἶναι, καὶ τοὐναντίον τὸν ταπεινόφρονα ὑψηλόν. Τοῦτο γὰρ τὸ ὕψος τὸ ἀληθὲς [b] καὶ γνήσιον, καὶ οὐκ ἐν ὀνόματι μόνον, οὐδὲ ἐν προσηγορίᾳ ὄν. Καὶ τὸ μὲν ἔξωθεν ἀνάγκης ἐστὶ καὶ φόβου· τοῦτο δὲ τῷ τοῦ Θεοῦ ὕψει προσέοικεν. Ὁ τοιοῦτος, κἂν παρ' οὐδενὸς θαυμάζηται, ὑψηλὸς μένει· ὥσπερ οὖν ἐκεῖνος, κἂν παρὰ πάντων θεραπεύηται, πάντων ἐστὶ ταπεινότερος. Καὶ ἡ μὲν κατὰ ἀνάγκην ἐστὶ τιμή, ὅθεν καὶ διαρρεῖ ῥᾳδίως· ἡ δὲ ἐκ προαιρέσεως, ὅθεν καὶ μένει βεβαία. Ἐπεὶ καὶ τοὺς ἁγίους διὰ τοῦτο θαυμάζομεν, ὅτι πάντων ὄντες μείζους, πάντων μᾶλλον ἑαυτοὺς ἐταπείνουν. Διὸ καὶ μέχρι τῆς σήμερον μένουσιν ὄντες ὑψηλοί, καὶ οὐδὲ ἡ τελευτὴ τὸ ὕψος ἐκεῖνο κατήνεγκεν. Εἰ δὲ βούλεσθε, καὶ ἀπὸ τῶν λογισμῶν ἐξετάσωμεν τοῦτο αὐτό. Ὑψηλὸς εἶναι λέγεταί τις, ὅταν τῷ μήκει τοῦ σώματος τούτου ᾖ, ἢ ὅταν ἐφ' ὑψηλοῦ [c] τόπου ἑστηκὼς τύχῃ, καὶ ταπεινὸς ὡσαύτως ἀπὸ τῶν ἐναντίων. Ἴδωμεν οὖν τίς τοιοῦτός ἐστιν, ὁ ἀλαζὼν, ἢ ὁ μετριάζων· ἵνα μάθῃς, ὅτι ταπεινοφροσύνης οὐδὲν ὑψηλότερον, οὐδὲ ἀλαζονείας χθαμαλώτερον. Ὁ μὲν οὖν ἀλαζὼν πάντων βούλεται εἶναι μείζων, καὶ οὐδένα ἄξιον αὐτοῦ εἶναί φησι, καὶ ὅσης ἂν τύχῃ τιμῆς, πλείονος ἐρᾷ καὶ ἀντέχεται, καὶ οὐδεμιᾶς τετυχηκέναι νομίζει, καὶ διαπτύει τοὺς ἀνθρώπους, καὶ τῆς παρ' αὐτῶν ἐφίεται τιμῆς· οὗ τί γένοιτ' ἂν ἀλογώτερον; Καὶ γὰρ αἰνίγματι τοῦτο ἔοικεν. Οὓς γὰρ οὐδὲν ἡγεῖται, παρὰ τούτων δοξάζεσθαι βούλεται. Εἶδες πῶς ὁ ἐπαρθῆναι βουλόμενος καταπίπτει, καὶ χαμαὶ ἕστηκεν; Ὅτι γὰρ οὐδὲν εἶναι νομίζει πάντας ἀνθρώπους πρὸς ἑαυτὸν, αὐτὸς ἀποφαίνεται· τοῦτο γὰρ ἀλαζονεία. Τί τοίνυν πρὸς τὸν [a] οὐδὲν ὄντα τρέχεις; τί παρ' ἐκείνου ζητεῖς τιμήν; τί τοσούτους ὄχλους περιάγεις; Ὁρᾷς ταπεινὸν καὶ ἐπὶ ταπεινοῦ ἑστηκότα; Φέρε οὖν ἐξετάσωμεν τὸν ὑψηλόν. Οἶδεν οὗτος ὅσον ἄνθρωπος, καὶ ὅτι [b] μέγα ἄνθρωπος, καὶ ὅτι πάντων ἐστὶν ἔσχατος, διὰ τοῦτο ἧς ἂν ἀπολαύσῃ τιμῆς, μέγα τοῦτο τίθεται. Ὥστε οὗτος μὲν ἑαυτῷ ἀκολουθεῖ, καί ἐστιν ὑψηλὸς, καὶ τὴν ψῆφον οὐ μετατίθησιν· οὓς γὰρ ἡγεῖται μεγάλους, καὶ τὰς παρὰ τούτων τιμὰς μεγάλας εἶναι νομίζει, κἂν μικραὶ τύχωσιν οὖσαι, ἐπειδὴ μεγάλους ἐκείνους ἡγεῖται. Ὁ δὲ ἀλαζὼν τοὺς μὲν τιμῶντας οὐδὲν εἶναι νομίζει, τὰς δὲ παρ' αὐτῶν τιμὰς μεγάλας εἶναι ψηφίζεται. Πάλιν ὁ ταπεινὸς παρ' οὐδενὸς ἁλίσκεται πάθους· οὐχ ὀργὴ τούτῳ διενοχλῆσαι δυνήσεται, οὐ δόξης ἔρως,

cat, ut ostendat, illos hoc modo excidere, illo autem rem consequi; ut hoc fugiant, illud sequantur. Gentes autem ideo commemoravit, ut rem dedecore plenam et abominabilem esse demonstraret. C Nam arrogantem necesse est humilem effici, et vicissim humilem sublimem evadere. Hæc enim vera est germanaque sublimitas, quæ nec in nomine, nec in appellatione consistit. Et externa quidem celsitudo necessitatis atque timoris est: hæc vero Dei celsitudini similis est. Qui hoc modo sublimis est, etiamsi apud neminem admirationi sit, excelsus manet: ut contra superbus, etiamsi ab omnibus colatur, omnium est humillimus. Et ille quidem honor vi et necessitate stat, ideoque facile defluit; hic vero ex proposito voluntatis, unde fit D ut firmus maneat. Nam et sanctos ideo miramur, quod cum omnium maximi essent, se omnium maxime humiles exhibuerunt. Ideoque ad hanc usque diem sublimes manent, nihilque mors ex illa celsitudine demsit. Si placet autem ratiocinando hoc ipsum exploremus. Altus quidam hinc dicitur, cum proceritate corporis talis est, vel cum in alto loco stat, humilis vero e contrario. Videamus igitur quis altus sit, superbus, an modestus: ut discas, nihil esse humilitate sublimius, nihil superbia abjectius. Nam arrogans et superbus omnium vult esse E maximus, neminemque se dignum esse dicit, et quantumcumque honoris consequatur, majorem semper requirit et ambit, ac nihil se consequutum arbitratur; sed spernit homines, illorumque honorem requirit; quo quid irrationabilius esse possit? Etenim illud ænigmati simile est. Quos enim despicit, ab illis gloriam quærit. Viden' quo pacto is, qui se altius ex- 651 A tollit, decidit, atque humi jacet? Nam quod cæteros homines sibi comparatos nihil esse putet, ex ipso arrogantiæ nomine arguitur. Cur ergo curris ad eum qui nil est? cur ab illo quæris honorem? cur tot turbas circumagis? Viden' humilem super humili stantem? Age, eum qui sublimis est examinemus. Hic novit quantum sit homo: novit magnum esse hominem, seque omnium postremum putat; ideo quantulocumque fruatur honore, id magnum esse putat. Itaque hic sibi constat, estque sublimis, ac sententiam non mutat: quos enim magnos putat, horum honores magnos esse existimat, etiamsi exi- B gui esse videantur, quia scilicet magnos illos arbitratur. Arrogans contra, eos qui se honorant, nihil esse putat, sed honores ab illis exhibitos magnos arbitratur. Rursum humilis a nullo capitur animi

Nihil humilitate sublimius, nihil superbia abjectius.

Comparatio superbi cum humili.

[b] Morel. καὶ γνήσιον ὕψος. καὶ οὐκ ἐν.

[c] [Τόπου addidimus e Savil. et Cod. eodem.]

[a] Alii πρὸς τὸν οὐδὲν ὄντα πίπτεις;

[b] Morel. μέγας ὁ ἄνθρωπος.

morbo: non ira ipsum exagitare poterit, non gloriæ amor, non invidia, non livor; anima vero his morbis immuni quid excelsius? Arrogans autem his omnibus occupatur morbis, quasi vermis in cœno se volutans; nam livor, invidia, ira semper ejus animum exagitant. Quis ergo sublimis est? an qui morbis animi superior est, an qui eorum servus? an qui illa tremit et formidat, an qui invictus est, et numquam ab illis capitur? Quam avem dixerimus altius volare, an quæ manibus et arundinibus venatoris altior est, an eam cui capiendæ venator arundine non eget, quod humilius volet, nec possit alta petere? Talis est arrogans; nam quivis laqueus ipsum facile capit, utpote humi repentem.

6. Si vis autem, ex maligno quoque dæmone hoc ipsum explora. Quid diabolo demissius est, quia sese extulit? quid homine excelsius, si humilis esse velit? Ille enim humi repit sub calca-
Luc. 10. 19. neo nostro positus: ait enim, *Calcate super serpentes et scorpiones;* hic vero cum angelis superne stat. Si idipsum ex superbis hominibus discere velis, cogita barbarum illum, qui tantum agebat exercitum, qui ne ea quidem sciret quæ omnibus cognita essent; exempli causa quod lapis esset lapis, quod idola essent idola: ideoque his inferior erat. Pii vero et fideles ultra solem conscendunt; iis quid sublimius esse possit? Qui ipsas etiam cæli fornices transcendunt, et angelos prætergressi, ipsi solio regio adstant. Ut autem aliunde arrogantium vilitatem agnoscas, quis humiliabitur ac dejicietur, isne qui a Deo juvatur, an qui a Deo impugnatur? Is procul dubio qui impugnatur. Audi igi-
Jac. 4. 6. tur quid de his ambobus dicat Scriptura: *Deus superbis resistit, humilibus autem dat gratiam.* Aliam iterum afferam interrogationem. Quis sublimior, qui sacra Deo facit, et sacrificium offert, aut qui procul a Deo nullam in eum fiduciam habet? Et quod sacrificium, inquies, humilis ille
Psal. 50. 19. offeret? Audi Davidem dicentem: *Sacrificium Deo spiritus contribulatus; cor contritum et humiliatum Deus non despiciet.* Vidistin' ejus puritatem? Illius impuritatem respice: nam ait:
Prov. 16. 5. *Impurus est apud Deum omnis qui est alto*
Isai. 66. 2. *corde.* Ad hæc in altero Deus requiescit: *Super quem enim respiciam, nisi super mansuetum et quietum, et trementem verba mea?* Alter vero cum diabolo trahitur: inflatus enim diaboli sup-

οὐ βασκανία, οὐ ζηλοτυπία· τῆς δὲ τούτων ἀπηλλαγμένης ψυχῆς τί γένοιτ' ἂν ὑψηλότερον; Ὁ δὲ ἀλαζὼν ἅπασι τούτοις κατέχεται, καθάπερ τις σκώληξ ἐγκαλινδούμενος βορβόρῳ· καὶ γὰρ ζηλοτυπία, καὶ βασκανία, καὶ θυμὸς ἀεὶ τὴν ἐκείνου διενοχλεῖ ψυχήν. Τίς οὖν ὑψηλός; ὁ τῶν παθῶν ἀνώτερος, ἢ ὁ δοῦλος αὐτῶν; ὁ τρέμων αὐτὰ καὶ δεδοικώς, ἢ ὁ ἀχείρωτος καὶ οὐδαμῶς ὑπ' αὐτῶν ἁλισκόμενος; Ποῖον ὄρνιν
C ὑψηλότερα πέτεσθαι φαίημεν ἄν, τὸν τῶν χειρῶν καὶ τῶν καλάμων τοῦ θηρατοῦ ὑψηλότερον ὄντα, ἢ τὸν μηδὲ καλάμου ἀφιέντα δεηθῆναι τὸν θηρατήν, ἐκ τοῦ χαμαὶ [c] πέτεσθαι, καὶ μὴ δύνασθαι μετεωρίζεσθαί ποτε; Οὐκοῦν τοιοῦτος ὁ ἀπονενοημένος ἐστί· καὶ γὰρ ἑκάστη παγὶς εὐκόλως αὐτὸν αἱρεῖ, ἅτε χαμαὶ ἕρποντα.

Εἰ δὲ βούλει, καὶ ἀπὸ τοῦ πονηροῦ δαίμονος ἐκείνου τοῦτο ἐξέτασον. Τί γὰρ διαβόλου ταπεινότερον γένοιτ' ἄν, ἐπειδὴ ἐπήρθη; τί δὲ ἀνθρώπου ὑψηλότερον, τοῦ ταπεινοῦν ἑαυτὸν βουλομένου; Ὁ μὲν γὰρ χαμαὶ
D σύρεται ὑπὸ τὴν πτέρναν τὴν ἡμετέραν κείμενος· Πατεῖτε γάρ, φησιν, ἐπάνω ὄφεων καὶ σκορπίων· ὁ δὲ μετὰ ἀγγέλων ἕστηκεν ἄνω. Εἰ δὲ καὶ ἐξ ἀνθρώπων τοῦτο βούλει μαθεῖν ὑπερηφάνων, ἐννόησον τὸν βάρβαρον ἐκεῖνον, τὸν τοσαύτην ἄγοντα στρατιάν, ὃς οὐδὲ τὰ πᾶσι δῆλα ἠπίστατο· οἷον, ὅτι ὁ λίθος ἦν λίθος· καὶ τὰ εἴδωλα, εἴδωλα· διὸ καὶ τούτων κατώτερος ἦν. Οἱ δὲ εὐσεβεῖς καὶ πιστοὶ καὶ ὑπὲρ τὸν ἥλιον ἵενται· ὧν τί γένοιτ' ἂν ὑψηλότερον; Οἳ καὶ αὐτὰς ὑπερβαίνουσι τοῦ οὐρανοῦ τὰς ἁψῖδας, καὶ ἀγγέλους παρερ-
E χόμενοι, παρεστήκασιν αὐτῷ τῷ θρόνῳ τῷ βασιλικῷ. Ἵνα δὲ καὶ ἑτέρωθεν μάθῃς αὐτῶν τὴν εὐτέλειαν, τίς ἂν ταπεινωθείη, ὁ βοηθούμενος παρὰ τοῦ Θεοῦ, ἢ ὁ πολεμούμενος; Εὔδηλον ὅτι ὁ πολεμούμενος. Οὐκοῦν ἄκουσον περὶ ἑκατέρων τούτων τί φησιν ἡ Γραφή· Ὁ Θεὸς ὑπερηφάνοις ἀντιτάσσεται, ταπεινοῖς δὲ δίδωσι χάριν. Πάλιν σε καὶ ἕτερον ἐρήσομαι. Τίς ὑψηλότερος, ὁ ἱερωμένος τῷ Θεῷ καὶ θυσίαν προσάγων, ἢ ὁ πόρρω
652 που [d] τῆς πρὸς αὐτὸν παρρησίας ὑπάρχων; Καὶ ποίαν
A θυσίαν προσφέρει ὁ ταπεινός; φησίν. Ἄκουσον τοῦ Δαυὶδ λέγοντος· Θυσία τῷ Θεῷ πνεῦμα συντετριμμένον· καρδίαν συντετριμμένην καὶ τεταπεινωμένην ὁ Θεὸς οὐκ ἐξουδενώσει. Εἶδες τούτου τὸ καθαρόν; Βλέπε καὶ ἐκείνου τὸ ἀκάθαρτον. Ἀκάθαρτος γάρ, φησί, παρὰ Κυρίῳ πᾶς ὑψηλοκάρδιος. Πρὸς τούτοις ὁ μὲν ἔχει ἀναπαυόμενον τὸν Θεὸν ἐπ' αὐτῷ· Ἐπὶ τίνα γὰρ ἐπιβλέψω, ἀλλ' ἢ ἐπὶ τὸν πρᾶον καὶ ἡσύχιον καὶ τρέμοντά μου τοὺς λόγους; Ὁ δὲ μετὰ τοῦ διαβόλου σύρεται. ὁ γὰρ τετυφωμένος τὰ ἐκείνου πείσεται. Διὸ

[c] Morel. et quidam alii πέτασθαι. [Infra Savil. et Cod. 691 αἱρεῖ. Commelin. et Montf. αἴρει.]

[d] Unus τῆς παρρησίας ὢν τῆς πρὸς αὐτόν; καὶ ποίαν.

καὶ ὁ Παῦλος [a] ἔλεγεν· Μή πως τυφωθεὶς εἰς κρίμα ἐμπέσῃ τοῦ διαβόλου. Καὶ τοὐναντίον δὲ, ἃ οὐ βούλεται αὐτῷ συμβαίνει. Βούλεται μὲν γὰρ ἀπονοεῖσθαι, B ὥστε τιμᾶσθαι· ὁ δὲ μάλιστα πάντων καταφρονούμενος οὗτός ἐστιν. Οἱ γὰρ καταγέλαστοι, οἱ πᾶσιν ἐχθροὶ καὶ πολέμιοι, οἱ εὐχείρωτοι τοῖς ἐχθροῖς, οἱ πρὸς ὀργὴν εὐέμπτωτοι, οἱ ἀκάθαρτοι [b] παρὰ τῷ Θεῷ, οὗτοι μάλιστα πάντων εἰσί. Τί τοίνυν τούτου χεῖρον γένοιτ' ἄν; Τὸ γὰρ πέρας τοῦτό ἐστι τῶν κακῶν. Τί δὲ τῶν ταπεινῶν ἥδιον; τί δὲ μακαριώτερον; Ὅταν ποθεινοὶ καὶ ἐπέραστοι ὦσι τῷ Θεῷ, καὶ τῆς παρ' ἀνθρώπων δὲ μάλιστα οὗτοι ἀπολαύουσι δόξης, καὶ πάντες αὐτοὺς ὡς πατέρας τιμῶσιν, ὡς ἀδελφοὺς ἀσπάζονται, ὡς οἰκεῖα μέλη προσίενται. Γενώμεθα τοίνυν C ταπεινοὶ, ἵνα γενώμεθα ὑψηλοί. Καὶ γὰρ μεθ' ὑπερβολῆς πολλῆς [c] ταπεινοῖ ἡ ἀπόνοια. Τοῦτό ἐταπείνωσε τὸν Φαραώ. Οὐκ οἶδα γὰρ, φησὶ, τὸν Κύριον, καὶ μυιῶν καὶ βατράχων καὶ κάμπης ἐγένετο χείρων· [d] καὶ μετὰ ταῦτα αὐτοῖς ὅπλοις καὶ ἵπποις κατεποντίζετο. Ἀπεναντίας τούτῳ Ἀβραὰμ, Ἐγὼ δὲ, φησὶν, εἰμὶ γῆ καὶ σποδὸς, καὶ μυρίων βαρβάρων ἐκράτησε, καὶ εἰς μέσον ἐμπεσὼν Αἰγυπτίων, ἐπάνεισι, λαμπρότερον τοῦ προτέρου τρόπαιον φέρων, καὶ ταύτης ἀντεχόμενος τῆς ἀρετῆς, ἀεὶ ὑψηλότερος ἐγίνετο. Διὰ τοῦτο ᾄδεται πανταχοῦ, διὰ τοῦτο στεφανοῦται καὶ ἀνακηρύττεται· ὁ δὲ Φαραὼ καὶ γῆ καὶ σποδὸς, καὶ εἴ τι D τούτων εὐτελέστερον ἕτερον. Οὐδὲν γὰρ οὕτως ἀποστρέφεται ὁ Θεὸς ὡς ὑπερηφανίαν. Διὰ τοῦτο ἐξ ἀρχῆς πάντα ἐποίησεν, ἵνα τοῦτο ἐξέλῃ τὸ πάθος. Διὰ τοῦτο θνητοὶ γεγόναμεν, καὶ ἐν λύπαις, [e] καὶ ἐν ὀδυρμοῖς· διὰ τοῦτο ἐν πόνῳ, καὶ ἐν ἱδρῶτι, καὶ ἐν ἐργασίᾳ διηνεκεῖ καὶ τεταλαιπωρημένῃ. Καὶ γὰρ ἐξ ἀπονοίας ἥμαρτεν ὁ πρῶτος ἄνθρωπος, προσδοκήσας ἰσοθεΐαν. Διὰ τοῦτο οὔτε ἅπερ εἶχεν ἔμεινεν ἔχων, ἀλλὰ καὶ τούτων ἐξέπεσε. Τοιοῦτον γὰρ ἡ ἀπόνοια· οὐ μόνον οὐδὲν ἡμῖν προστίθησι κατόρθωμα βίου, ἀλλὰ καὶ ἃ ἔχομεν ὑποτέμνεται· ὥσπερ οὖν ἡ ταπεινοφροσύνη [f] οὐ μόνον τῶν ὄντων οὐδὲν ὑποτέμνεται, ἀλλὰ καὶ τὰ μὴ ὄντα προστίθησι. Ταύτην τοίνυν ζηλώσωμεν, ταύ- E την διώξωμεν, ἵνα καὶ τῆς παρούσης ἀπολαύσωμεν ζωῆς, καὶ τῆς μελλούσης ἐπιτύχωμεν δόξης, χάριτι καὶ φιλανθρωπίᾳ τοῦ Κυρίου ἡμῶν Ἰησοῦ Χριστοῦ, μεθ' οὗ τῷ Πατρὶ δόξα, κράτος, σὺν τῷ ἁγίῳ Πνεύματι, νῦν καὶ ἀεὶ, καὶ εἰς τοὺς αἰῶνας τῶν αἰώνων. Ἀμήν.

plicia feret. Ideo Paulus dicebat: *Ne forte in* 1. Tim. 3. 6.
superbiam elatus, in judicium incidat diaboli. Ac contra semper ipsi evenit, quam velit. Vult enim ipse superbire, ut honoretur; ipseque omnium maxime despicitur. Hi namque sunt maxime omnium ridiculi, omnibus inimici, inimicis captu faciles, ad iram proni, apud Deum impuri. Quid ergo hoc deterius esse possit? Hoc quippe culmen est malorum omnium. Quid vero dulcius humilibus? quid beatius? Hi amabiles desiderabilesque Deo sunt, et apud homines quoque maxima gloria fruuntur: omnes honorant ipsos tamquam patres, ut fratres amplectuntur, ut propria membra admittunt. Simus ergo humiles, ut sublimes efficiamur. Nam arrogantia admodum deprimit. Hæc Pharaonem prostravit. *Non novi*, inquit, *Domi-* Exod. 5. 2.
num, ac museis, ranis et locustis deterior factus est: posteaque cum armis et equis submersus fuit. Contra vero Abraham dicit, *Ego sum pulvis et* Gen. 18.
cinis, et multa barbarorum millia vicit, ac cum 27.
in mediam Ægyptum incidisset, reversus est, splendidius quam ante tropæum referens, atque huic virtuti inhærens, semper sublimior evasit. Ideo ubique celebratur, ideo ubique coronatur et prædicatur; Pharao autem est terra et cinis, vel si quid vilius. Nihil enim ita aversatur Deus ut superbiam. Ideo ab initio nihil non fecit, ut hunc morbum avelleret. Idcirco mortales facti sumus, et in dolore ac gemitu vivimus: ideo in labore, sudore, et operibus perpetuis miseriisque. Ex arrogantia enim primus homo peccavit, quod se speraret æqualem fore Deo. Quapropter ne id quidem quod habebat retinuit, sed ab omnibus excidit. Hujusmodi res est arrogantia: non modo nihil nobis boni confert ad vitam, sed etiam quæ habemus succidit: contra vero humilitas nihil aufert bonorum, sed quæ non aderant adjicit. Hanc igitur æmulemur, hanc sequamur, ut et vita præsenti fruamur, et futuram gloriam consequamur, gratia et misericordia Domini nostri Jesu Christi, quicum Patri et Spiritui sancto gloria et imperium, nunc et semper, et in sæcula sæculorum. Amen.

[a] Post ἔλεγε quidam addunt μὴ νεόφυτον.

[b] Sic Mss. quidam [quod conjecit Savil.]. Editi vero [et Codex 694] παρ' αὐτῷ.

[c] Morel. ταπεινοῖ ἡ ἀπονοίας.

[d] Morel. καὶ μετὰ ταῦτα σὺν τοῖς ὅπλοις αὐτοῦ κατεποντίζετο.

[e] Alii καὶ ἐν στεναγμοῖς.

[f] Alii οὐ μόνον ὧν ἔχωμεν οὐδὲν ἀπόλλυσιν, ἀλλά.

HOMILIA. LXVI. al. LXVII.

Cap. XX. v. 29. *Et egredientibus illis a Jericho, sequuta est eum turba multa.* 30. *Et ecce duo cæci sedentes secus viam, cum audissent quod Jesus transiret, clamaverunt dicentes : Miserere nostri, Domine, fili David.*

1. Vide unde Jerosolymam se conferat, et quo loco antea versaretur : quod certe mihi maxime inquirendum videtur. Cur autem non antea in Galilæam ivit, sed per Samariam? Verum hæc studiosis relinquemus. Nam si quis accuratius hæc scrutari voluerit, Joannem inveniet hoc probe subindicare, causamque ponere. Nos autem proposito nostro hæreamus, et hos cæcos audiamus, qui multis videntium meliores erant. Nam neque ducem habentes, neque illum adventantem videntes, cum contentione ad illum accedere tentabant, magnaque voce clamare cœperunt; et jussi tacere, magis clamabant. Talis quippe est perseverans anima : per eos qui impedire satagunt provehitur. Christus vero permittit ut silentium ipsis imperetur, quo fervor eorum appareat, et discas, illos certe dignos fuisse qui curarentur. Ideo neque interrogat an credant, ut solebat : nam et clamor et accedendi conatus illorum fidem satis testificabantur. Hinc disce, dilecte, licet admodum viles et abjecti simus, si cum studio ad Deum accedamus, per nos ipsos posse quæ postulamus impetrare. Vide enim quomodo isti nullum apostolorum habentes patronum, sed multos qui se coercerent, potuerunt omnes obices transilire, et ad Jesum ipsum accedere : etsi non testificetur evangelista ipsos aliquam ex vitæ genere fiduciam habuisse : sed animi fervor vice omnium ipsis fuit. Hos et nos etiam æmulemur. Etiamsi Deus donum differat, etiamsi multi abducant, ne petendi finem faciamus. Sic enim maxime Deum attrahemus. Hic igitur vide quomodo illorum fervorem nec paupertas, nec cæcitas, nec quod non audiantur, nec quod a turbis increpentur, impedire possint. Talis est anima fervens et in labore versans. Quid ergo Christus? 32. *Vocavit illos et dixit : Quid vultis ut vobis faciam?* 33. *Dicunt ei : Domine, ut aperiantur oculi nostri.*

Joan. 4. 1—3.

Perseverantiæ bonum.

A
633

ΟΜΙΛΙΑ ξϛ'.

Καὶ ἐκπορευομένων αὐτῶν ἀπὸ Ἱεριχῶ, ἠκολούθησεν αὐτῷ ὄχλος πολύς. Καὶ ἰδοὺ δύο τυφλοὶ καθήμενοι παρὰ τὴν ὁδὸν, ἀκούσαντες ὅτι Ἰησοῦς παράγει, ἔκραξαν λέγοντες· ἐλέησον ἡμᾶς, Κύριε, υἱὸς Δαυίδ.

Ὅρα πόθεν παρῆλθεν εἰς τὰ Ἱεροσόλυμα, καὶ ποῦ B πρὸ τούτου διέτριβεν· ὃ καὶ μάλιστα ζητήσεως ἄξιον εἶναί μοι δοκεῖ. Διατί καὶ μὴ πρώην ἐκεῖθεν ἀπῆλθεν εἰς τὴν Γαλιλαίαν, ἀλλὰ διὰ τῆς Σαμαρείας; Ἀλλὰ τοῦτο μὲν τοῖς φιλομαθέσιν ἀφήσομεν. Εἰ γάρ τις ἀκριβῶς ἐξετάζειν ἐθέλοι, εὑρήσει τὸν Ἰωάννην αἰνιξάμενον αὐτὸ καλῶς, καὶ τὴν αἰτίαν τεθεικότα. Ἡμεῖς δὲ τῶν προκειμένων ἐχώμεθα, καὶ τῶν τυφλῶν τούτων ἀκούσωμεν, οἳ πολλῶν βλεπόντων ἦσαν ἀμείνους. Οὔτε γὰρ τὸν ὁδηγοῦντα ἔχοντες, οὔτε ἰδεῖν αὐτὸν δυνάμενοι ἐπιστάντα, ὅμως ἐφιλονείκουν ἐλθεῖν πρὸς αὐτὸν, καὶ μεγάλῃ ἤρξαντο τῇ φωνῇ κράζειν· καὶ ἐπιστομισθέντες, C μᾶλλον ἐβόων. Τοιοῦτον γάρ ἐστι ψυχὴ καρτερική· [a] δι' αὐτῶν τῶν κωλυόντων αἴρεται. Ὁ δὲ Χριστὸς εἶα αὐτοὺς ἐπιστομίζεσθαι, ἵνα μειζόνως αὐτῶν ἡ προθυμία φαίνηται, καὶ μάθῃς αὐτοὺς ἀξίως ἀπολαύοντας θεραπείας. Διὰ τοῦτο οὐδὲ [b] ἐρωτᾷ, εἰ πιστεύετε, ὅπερ ἐπὶ πολλῶν ἐποίει· ἡ γὰρ κραυγὴ καὶ ἡ πρόοδος ἤρκει πᾶσι κατάδηλον ποιῆσαι τὴν πίστιν αὐτῶν. Ἐντεῦθεν μάνθανε, ἀγαπητὲ, ὅτι κἂν σφόδρα εὐτελεῖς ὦμεν καὶ ἀπεῤῥιμμένοι, μετὰ σπουδῆς δὲ προσίωμεν τῷ Θεῷ, καὶ δι' ἡμῶν αὐτῶν δυνησόμεθα ἀνύειν ὅπερ ἂν αἰτῶμεν. Ὅρα γοῦν καὶ οὗτοι πῶς οὐδένα τῶν ἀποστόλων συνήγορον ἔχοντες, ἀλλὰ καὶ D πολλοὺς τοὺς ἐπιστομίζοντας, ἴσχυσαν ὑπερβῆναι τὰ κωλύματα, καὶ πρὸς αὐτὸν ἐλθεῖν τὸν Ἰησοῦν· καίτοι παῤῥησίαν βίου οὐδεμίαν αὐτοῖς ὁ εὐαγγελιστὴς μαρτυρεῖ, ἀλλ' ἤρκεσεν ἀντὶ πάντων αὐτοῖς ἡ προθυμία. Τούτους δὴ καὶ ἡμεῖς ζηλώσωμεν. Κἂν ἀναβάλληται τὴν δόσιν ὁ Θεὸς, κἂν πολλοὶ οἱ ἀπάγοντες, μὴ ἀποστῶμεν αἰτοῦντες. Ταύτῃ γὰρ μάλιστα τὸν Θεὸν ἐπισπασόμεθα. Ὅρα γοῦν καὶ ἐνταῦθα πῶς τὴν σφοδρὰν αὐτῶν προθυμίαν οὐχ ἡ πενία, οὐχ ἡ πήρωσις, οὐ τὸ μὴ ἀκουσθῆναι, οὐ τὸ παρὰ τῶν ὄχλων ἐπιτιμηθῆναι, οὐχ ἄλλο οὐδὲν διεκώλυσε. Τοιοῦτόν ἐστι ψυχὴ ζέουσα καὶ πονουμένη. Τί οὖν ὁ Χριστός; Ἐφώνησεν αὐτοὺς E καὶ εἶπε· τί θέλετε ποιήσω ὑμῖν; Λέγουσιν αὐτῷ· Κύριε, ἵνα [c] ἀνοιγῶσιν ἡμῶν οἱ ὀφθαλμοί. Τίνος ἕνε-

[a] Morel. διὰ τῶν κωλυόντων.

[b] Morel. ἐρωτᾷ εἰ πιστεύεται. Alii ἐρωτᾷ πιστεῦσαι.

[c] Alii [et Bibl.] ἀνοιχθῶσιν.

κεν αὐτοὺς ἐρωτᾷ; Ἵνα μή τις νομίσῃ, ὅτι ἄλλα
βουλομένοις λαβεῖν ἄλλα δίδωσι. Καὶ γὰρ ἔθος αὐτῷ
πανταχοῦ πρότερον τὴν ἀρετὴν τῶν θεραπευομένων
κατάδηλον ποιεῖν καὶ ἐκκαλύπτειν ἅπασι, καὶ τότε
ἐπάγειν τὴν ἰατρείαν· δι' ἓν μὲν, ἵνα καὶ τοὺς ἄλλους 684
εἰς ζῆλον ἀγάγῃ· δι' ἕτερον δὲ, ἵνα δείξῃ τῆς δωρεᾶς A
ἀξίως ἀπολαύοντας. Τοῦτο γοῦν καὶ ἐπὶ τῆς Χαναναίας
ἐποίησε γυναικὸς, τοῦτο καὶ ἐπὶ τοῦ ἑκατοντάρχου,
τοῦτο καὶ ἐπὶ τῆς αἱμοῤῥοούσης· μᾶλλον δὲ ἡ θαυμασία
γυνὴ ἐκείνη καὶ προὔλαβε τοῦ Δεσπότου τὴν πεῦσιν·
ἀλλ' ὅμως οὐδὲ οὕτως αὐτὴν παρέδραμεν, ἀλλὰ καὶ
μετὰ τὴν ἰατρείαν κατάδηλον αὐτὴν ποιεῖ. Οὕτως
αὐτῷ πανταχοῦ περισπούδαστον ἦν ἀνακηρύττειν τῶν
προσιόντων αὐτῷ τὰ [a]κατορθώματα, ὃ δὴ καὶ ἐνταῦθα ποιεῖ. Εἶτα, ἐπειδὴ εἶπον ὅπερ ἐβούλοντο,
σπλαγχνισθεὶς ἥψατο αὐτῶν. Αὕτη γὰρ μόνον ἡ αἰτία
τῆς ἰατρείας, δι' ἣν καὶ εἰς τὸν κόσμον ἦλθεν. Ἀλλ'
ὅμως, εἰ καὶ ἔλεος ἦν καὶ χάρις, τοὺς ἀξίους ἐπιζητεῖ. B
Ὅτι δὲ ἄξιοι, δῆλον καὶ ἐξ ὧν ἐβόησαν, καὶ ἐξ ὧν
λαβόντες οὐκ ἀπεπήδησαν, ὃ πολλοὶ ποιοῦσι, μετὰ τὰς
εὐεργεσίας ἀγνωμονοῦντες. Ἀλλ' οὐκ ἐκεῖνοι τοιοῦτοι·
ἀλλὰ καὶ πρὸ τῆς δόσεως καρτερικοὶ, καὶ μετὰ τὴν
δόσιν εὐγνώμονες. Καὶ γὰρ ἠκολούθησαν αὐτῷ. Καὶ
ὅτε ἤγγισεν εἰς Ἱεροσόλυμα, καὶ ἦλθον εἰς Βηθφαγῆ
πρὸς τὸ ὄρος τῶν ἐλαιῶν, τότε ὁ Ἰησοῦς ἀπέστειλε
δύο τῶν μαθητῶν αὐτοῦ, λέγων· πορεύεσθε εἰς τὴν
κώμην τὴν ἀπέναντι ὑμῶν, καὶ εὑρήσετε ὄνον δεδεμένην, καὶ πῶλον μετ' αὐτῆς· λύσαντες ἀγάγετέ μοι.
Καὶ ἐάν τις ὑμῖν εἴπῃ τι, ἐρεῖτε, ὅτι ὁ Κύριος αὐτῶν C
χρείαν ἔχει· εὐθέως δὲ [b]ἀποστέλλει αὐτούς. Τοῦτο δὲ
ὅλον γέγονεν, ἵνα πληρωθῇ τὸ ῥηθὲν διὰ τοῦ προφήτου
Ζαχαρίου· Εἴπατε τῇ θυγατρὶ Σιὼν, ἰδοὺ ὁ βασιλεύς
σου ἔρχεταί σοι πραῢς, καὶ ἐπιβεβηκὼς ἐπὶ ὄνον καὶ
πῶλον υἱὸν ὑποζυγίου. Καίτοι πολλάκις ἐπέβη τῶν
Ἱεροσολύμων πρότερον, ἀλλ' οὐδέποτε μετὰ τοσαύτης
περιφανείας. Τί οὖν τὸ αἴτιον; Προοίμια ἦν τότε τῆς
οἰκονομίας· καὶ οὔτε αὐτὸς σφόδρα κατάδηλος ἦν, οὔτε
ὁ καιρὸς τοῦ παθεῖν ἐγγύς· διόπερ καὶ ἀδιαφορώτερον
αὐτοῖς ἀνεμίγνυτο, καὶ μᾶλλον κρύπτων ἑαυτόν· οὔτε D
γὰρ ἂν ἐθαυμάσθη φαινόμενος οὕτω, καὶ εἰς μείζονα
ἂν αὐτοὺς ἐξήγαγεν ὀργήν. Ἐπειδὴ δὲ καὶ τῆς αὐτοῦ
δυνάμεως πεῖραν ἔδωκεν ἱκανὴν, καὶ ὁ σταυρὸς ἐπὶ
θύρας ἦν, μειζόνως ἐκλάμπει λοιπὸν, καὶ μετὰ πλείονος ἅπαντα πράττει περιφανείας τὰ μέλλοντα αὐτοὺς
ἐκκαίειν. Δυνατὸν μὲν γὰρ ἦν καὶ παρὰ τὴν ἀρχὴν
τοῦτο γενέσθαι· ἀλλ' οὐ χρήσιμον, οὐδὲ λυσιτελὲς
οὕτω. Σὺ δέ μοι θέα ὅσα θαύματα γίνονται, καὶ ὅσαι

Cur illos interrogat? Ne quis putaret, ipsum alia
petentibus alia dare. Etenim solet semper primo
virtutem eorum qui curantur omnibus patefacere,
et tunc remedium afferre: tum ut alios ad eumdem zelum ducat; tum ut ostendat illos jure merito donis frui. Hoc et in Chananæa fecit, hoc in
centurione, hoc in muliere sanguinis fluxum patiente; imo vero mirabilis illa mulier prævenit
interrogationem Domini: attamen non illam prætermisit; sed et post redditam sanitatem, illam
celebrem reddit. Sic ergo curabat accedentium ad
se bona opera prædicare, quod hic etiam facit.
Deinde, postquam quæ volebant dixerunt, misericordia motus, illos tetigit. Hæc quippe sola
causa est curationis, ob quam venit in mundum.
Attamen, etsi misericordia et gratia esset, dignos
quærebat. Quod vero hi digni essent, patet tum
ex clamore, tum ex eo quod cum accepissent non
recesserunt, quod multi faciunt, qui post beneficia
sunt ingrati. At illi non tales erant; sed et ante
donum perseverabant, et post donum grati animi
fuerunt: nam sequuti sunt eum. 1. *Et cum ap-* CAP. XXI.
propinquaret Jerusalem, et venerunt ad Beth-
phage ad montem Olivarum, tunc Jesus misit
duos ex discipulis suis, 2. *dicens: Ite in castel-*
lum quod contra vos est, et invenietis asinam
alligatam, et pullum cum ea: solventes addu-
cite mihi. 3. *Et si quis vobis dixerit aliquid,*
dicetis, quia Dominus his opus habet, et con-
festim dimittet eos. 4. *Hoc autem totum fa-*
ctum est ut adimpleretur quod dictum est per
Zachariam prophetam, dicentem: 5. *Dicite fi-* Zach. 9. 9.
liæ Sion: Ecce rex tuus venit tibi mansuetus,
sedens super asinam et pullum filium subjuga-
lis. Atqui sæpe venerat Jerosolymam; sed numquam cum tanto apparatu. Quæ igitur causa fuit?
Illa priora erant exordia œconomiæ; neque ipse
admodum notus erat, neque passionis tempus erat
proximum: quapropter indiscriminatim cum illis tunc miscebatur, imo sese occultabat: neque
enim admirationi fuisset, si ita sese exhibuisset,
et illi in majorem iram exarsissent. Postquam autem potentiæ suæ idonea dederat experimenta, cum
crux in januis esset, clarius seipsum revelat, et
cum majori celebritate facit omnia, quæ possent
illos postea urere. Poterant enim hæc in principio
fieri, sed non utilia fuissent. Tu vero mihi con-

[a] Post *κατορθώματα* Editi addunt *καὶ πολλῷ μείζονα ἀποφαίνειν τῶν ὄντων.* Sed duorum Mss. auctoritate ducti illa expunximus, utpote et Christo et Chrysostomo indigna. An dixit umquam Chrysostomus, Christum ac cedentium bona opera multo majora prædicavisse, quam revera essent?

[b] Al. *ἀποστέλει.*

sidera quot miracula fiant et quot prophetiæ impleantur. Dixit, *Invenietis asinam;* prædicit neminem esse impediturum, sed qui audirent tacituros esse. Hoc autem non parva Judæorum condemnatio est, si hominibus non sibi notis, quosque non viderat, suadeat, ut sua tradant, nec contradicant. Judæi vero, quando ipse per discipulos suos miracula edebat, præsentes non obtemperarunt.

2. Ne putes id quod factum est parvum quid esse. Quis enim illis persuasit, dum sua auferrentur, pauperes cum essent, et fortassis agricolæ, non repugnare? et quid dico non repugnare? ne respondere quidem, vel post responsionem tacere ac recedere? Nam utrumque perinde mirabile erat, quod nihil dixerint, dum subjugales abducerentur, et quod audientes, Dominum ipsis opus habere, recesserint, nec contradixerint, maxime cum non ipsum Dominum, sed discipulos ejus viderent. Hinc docet eos, se potuisse Judæos vel invitos omnino cohibere, quando se invasuri essent, ipsosque mutos reddere, sed noluisse. Hinc etiam docet discipulos, quidquid ipse peteret dandum oportere, etiamsi juberet ipsam animam tradere, nec contradicendum esse. Nam si ignoti paruerunt, multo magis ipsos omnia relinquere oportebat. Ad hæc aliam duplicemque prophetiam implebat; aliam per opera, aliam per verba, nempe
Zach. 9. 9. Zachariæ prophetæ, qui dixit, regem sessurum esse super asinam; nam sedens ipse prophetiam implevit. Aliud iterum prophetiæ initium dabat, gestis suis futura præsignificans. Quo pacto? Impurarum gentium vocationem prænuntiabat: fore nempe ut in ipsis requiescat, ut veniant ad eum, ipsumque sequantur, sic prophetia prophetiam excepit. Mihi vero non ea solum de causa videtur super asinam sedisse, sed ut nobis philosophiæ modum traderet. Non modo enim prophetias implebat, neque tantum dogmata veritatis inserabat, sed per hæc nobis rectum vitæ institutum tradebat, ubique nobis regulas assignans ad necessarium usum, et ad vitam probe semper agendam. Ideoque cum nasciturus esset, non splendidam domum quæsivit, non matrem divitem et illustrem, sed pauperem et sponsum fabrum habentem, atque in tugurio nascitur et in præsepio reclinatur. Cum discipulos elegit, non rhetoras et sophos quæsivit, neque opulentos et nobiles, sed pauperes, pauperum filios, et ignobiles. Et cum mensam apponeret, modo panes hordeaceos inducit, modo disci-

Christi vita nobis exemplum.

πληροῦνται προφητεῖαι. Εἶπεν, ὅτι Εὑρήσετε ὄνον· προεῖπεν ὅτι οὐδεὶς κωλύσει, ἀλλ' ὅτι ἀκούσαντες σιγήσουσι. Τοῦτο δὲ οὐ μικρὸν κρίμα Ἰουδαίων, εἰ τοὺς E οὐδέποτε γνωρίμους αὐτῷ οὐδὲ φανέντας πείθει τὰ αὐτῶν προέσθαι καὶ μηδὲν ἀντειπεῖν. Οὗτοι δὲ καὶ διὰ τῶν μαθητῶν αὐτοῦ θαυματουργοῦντι παρόντες οὐκ ἐπείσθησαν.

Μὴ δὴ μικρὸν εἶναι νομίσῃς τὸ γεγενημένον. Τίς 655 A γὰρ αὐτοὺς ἔπεισε, τῶν ἰδίων [c] ἀφαιρουμένων, καὶ ταῦτα πένητας ὄντας ἴσως καὶ γεωργοὺς, μὴ ἀντειπεῖν; καὶ τί λέγω μὴ ἀντειπεῖν; μὴ ἐρέσθαι, [a] ἢ καὶ ἐρομένους σιγῆσαι καὶ παραχωρῆσαι; Καὶ γὰρ ἀμφότερα ὁμοίως θαυμαστὰ ἦν, καὶ εἰ μηδὲν εἶπον, ἑλκομένων τῶν ὑποζυγίων, καὶ εἰ εἰπόντες καὶ ἀκούσαντες, ὅτι Ὁ Κύριος αὐτῶν χρείαν ἔχει, παρεχώρησαν καὶ οὐκ ἀντέστησαν, καὶ ταῦτα οὐκ αὐτὸν ὁρῶντες, ἀλλὰ τοὺς μαθητάς. Ἀπὸ τούτων αὐτοὺς παιδεύει, ὅτι καὶ Ἰουδαίους ἐδύνατο καὶ ἄκοντας κωλῦσαι δι' ὅλου μέλλοντας αὐτῷ ἐπιέναι, καὶ ἀφώνους καταστῆσαι, ἀλλ' οὐκ ἠθέλησε. Καὶ ἕτερον δὲ μετὰ τούτων διδάσκει τοὺς μαθητὰς, ὅπερ ἂν αἰτήσῃ διδόναι, κἂν αὐτὴν κελεύσῃ τὴν ψυχὴν προέσθαι, καὶ ταύτην παρέχειν, καὶ μὴ B ἀντιλέγειν. Εἰ γὰρ οἱ ἄγνωστοι αὐτῷ παρεχώρησαν, πολλῷ μᾶλλον αὐτοὺς ἁπάντων ἐξίστασθαι δεῖ. Πρὸς δὲ τοῖς εἰρημένοις καὶ ἑτέραν πάλιν προφητείαν ἐπλήρου διπλῆν· τὴν μὲν δι' ἔργων· τὴν δὲ διὰ ῥημάτων· καὶ ἡ μὲν διὰ τῶν ἔργων ἦν, ἡ δὲ διὰ τῆς καθέδρας τῆς ὄνου· ἡ δὲ διὰ τῶν ῥημάτων, ἡ τοῦ προφήτου Ζαχαρίου· καὶ γὰρ εἶπεν, ὅτι καθεδεῖται ὁ βασιλεὺς ἐπὶ ὄνου. Καὶ καθίσας αὐτὸς καὶ πληρώσας αὐτὴν, ἑτέραν πάλιν ἐδίδου προφητείας ἀρχὴν, δι' ὧν ἐποίει τὰ μέλλοντα προδιατυπῶν. Πῶς καὶ τίνι τρόπῳ; Τῶν ἀκαθάρτων ἐθνῶν τὴν κλῆσιν προανεφώνει, καὶ ὅτι αὐτοῖς [b] ἐπαναπαύσεται, καὶ ἥξουσιν αὐτῷ καὶ ἕψονται, καὶ προφητεία διεδέχετο προφητείαν. Ἐμοὶ δὲ οὐ διὰ τοῦτο C δοκεῖ μόνον ἐπὶ τὴν ὄνον καθίσαι, ἀλλὰ καὶ μέτρον ἡμῖν φιλοσοφίας παρέχων. Οὐ γὰρ δὴ μόνον προφητείας ἐπλήρου, οὐδὲ δόγματα ἐφύτευε τὰ τῆς ἀληθείας, ἀλλὰ καὶ τὸν βίον ἡμῖν διώρθου δι' αὐτῶν τούτων, πανταχοῦ κανόνας ἡμῖν τιθεὶς τῆς ἀναγκαίας χρείας, καὶ διὰ πάντων τὴν ζωὴν κατορθῶν τὴν ἡμετέραν. Διὰ τοῦτο καὶ ἡνίκα τίκτεσθαι ἔμελλεν, οὐκ ἐπεζήτησε λαμπρὰν οἰκίαν, οὐδὲ μητέρα πλουσίαν καὶ περιφανῆ, ἀλλὰ πτωχὴν, καὶ μνηστῆρα τέκτονα ἔχουσαν, καὶ ἐν καλύβῃ γεννᾶται, καὶ ἐν φάτνῃ τίθεται. Καὶ μαθητὰς ἐκλέγων, οὐ ῥήτορας καὶ σοφοὺς, οὐδὲ εὐπόρους καὶ D εὐγενεῖς, ἀλλὰ πένητας καὶ ἐκ πενήτων καὶ πάντοθεν ἀσήμους ἐξέλεξε. Καὶ τράπεζαν παρατιθέμενος, ποτὲ

[c] Savil. ἀφαιρουμένους.
[a] Morel. ἢ ἐρομένου.

[b] Morel. προσαναπαύσεται, καὶ ἥξουσιν [Cod. 649 εἴξουσιν] αὐτῷ καὶ ὄψονται. Savil. [et Cod. id.] ἕψονται.

μὲν κριθίνους ἄρτους παρατίθεται, ποτὲ δὲ πρὸς αὐτὸν τὸν καιρὸν ἐξ ἀγορᾶς τοὺς μαθητὰς ὠνεῖσθαι κελεύων· καὶ στιβάδα ποιῶν, ἀπὸ χόρτου ποιεῖ. Καὶ ἱμάτια ἀμφιεννύμενος, εὐτελῆ καὶ τῶν πολλῶν οὐδὲν διαφέροντα περιβάλλεται· οἰκίαν δὲ οὐδὲ ἔσχεν. Εἰ δὲ καὶ μεταβῆναι ἐκ τόπου εἰς τόπον ἔδει, ὁδοιπορῶν τοῦτο ποιεῖ, καὶ οὕτως ὁδοιπορῶν, ὡς καὶ κοπιᾷν. Καὶ καθήμενος [c] οὐ θρόνων δεῖται, οὐδὲ προσκεφαλαίου, ἀλλ' ἐπὶ τοῦ
E ἐδάφους, ποτὲ μὲν ἐν τῷ ὄρει, ποτὲ δὲ παρὰ τῇ πηγῇ· καὶ οὐ παρὰ τῇ πηγῇ μόνον, ἀλλὰ καὶ μόνος, καὶ Σαμαρείτιδι διαλέγεται. Πάλιν λύπης μέτρα τιθεὶς, ἡνίκα θρηνῆσαι ἔδει, δακρύει ἠρέμα, πανταχοῦ κανόνας, ὅπερ ἔφην, καὶ ὅρους πηγνὺς, μέχρι ποῦ προβαίνειν δεῖ, καὶ περαιτέρω μηκέτι. Διὰ δὴ τοῦτο καὶ νῦν, ἐπειδὴ συνέβαινέ τινας ἀσθενεστέρους ὄντας ὑπο-
656 ζυγίων δεῖσθαι, κἀνταῦθα μέτρον ἔθηκε, δεικνὺς ὅτι
A οὐχ ἵππους, οὐδὲ ἡμιόνους ζεύξαντας φέρεσθαι δεῖ, ἀλλὰ ὄνῳ κεχρῆσθαι, καὶ περαιτέρω μὴ προβαίνειν, καὶ πανταχοῦ τῆς χρείας εἶναι. Ἴδωμεν δὲ καὶ τὴν προφητείαν τὴν διὰ τῶν [a] ῥημάτων, τὴν διὰ τῶν πραγμάτων. Τίς οὖν ἡ προφητεία; Ἰδοὺ ὁ βασιλεύς σου ἔρχεταί σοι πρᾶος, καὶ ἐπιβεβηκὼς ἐπὶ ὑποζύγιον καὶ πῶλον νέον· οὐχὶ ἅρματα ἐλαύνων, ὡς οἱ λοιποὶ βασιλεῖς· οὐ φόρους ἀπαιτῶν, οὐ σοβῶν, καὶ δορυφόρους περιάγων· ἀλλὰ πολλὴν τὴν ἐπιείκειαν κἀντεῦθεν ἐπιδεικνύμενος. Ἐρώτησον τοίνυν τὸν Ἰουδαῖον· ποῖος βασιλεὺς ὀχούμενος ἐπὶ ὄνου [b] ἦλθεν εἰς Ἱερουσαλήμ; Ἀλλ' οὐκ ἂν ἔχοιεν εἰπεῖν, ἀλλ' ἢ τοῦτον μόνον. Ἐποίει δὲ ταῦτα, ὅπερ ἔφην, τὰ μέλλοντα προδηλῶν.
B Ἐνταῦθα γὰρ ἡ Ἐκκλησία δηλοῦται διὰ τοῦ πώλου, καὶ ὁ λαὸς ὁ νέος, ὁ ποτὲ μὲν ἀκάθαρτος, μετὰ δὲ τὸ καθίσαι τὸν Ἰησοῦν καθαρὸς γενόμενος. Καὶ ὅρα δι' ὅλου τὴν εἰκόνα σωζομένην. Οἱ γὰρ μαθηταὶ λύουσι τὰ ὑποζύγια. Διὰ γὰρ τῶν ἀποστόλων κἀκεῖνοι καὶ ἡμεῖς ἐκλήθημεν· διὰ τῶν ἀποστόλων προσήχθημεν, ἐπειδὴ καὶ ἡ ἡμετέρα εὐδοκίμησις ἐκείνους παρεζήλωσε. Διὰ τοῦτο φαίνεται ἡ ὄνος ἀκολουθοῦσα τῷ πώλῳ. Μετὰ γὰρ τὸ καθίσαι τὸν Χριστὸν ἐπὶ τὰ ἔθνη, τότε ἥξουσι κἀκεῖνοι παραζηλοῦντες· καὶ τοῦτο δηλῶν ὁ Παῦλος ἔλεγεν· Ὅτι πώρωσις ἀπὸ μέρους τῷ Ἰσραὴλ γέγονεν, ἄχρις οὗ τὸ πλήρωμα τῶν ἐθνῶν εἰσέλθῃ· [c] καὶ οὕτω
C πᾶς Ἰσραὴλ σωθήσεται. Ὅτι γὰρ προφητεία ἦν, δῆλον ἐκ τῶν εἰρημένων. Οὐ γὰρ ἐμέλησε τῷ προφήτῃ μετὰ τοσαύτης ἀκριβείας τῆς ὄνου τὴν ἡλικίαν εἰπεῖν, εἰ μὴ τοῦτο ἦν. Οὐ ταῦτα δὲ μόνον δηλοῦται διὰ τῶν εἰρημένων, ἀλλ' ὅτι καὶ μετ' εὐκολίας αὐτοὺς ἄξουσιν οἱ ἀπόστολοι. Ὥσπερ γὰρ ἐνταῦθα οὐδεὶς ἀντεῖπεν εἰς τὸ κατασχεῖν, οὕτως οὐδὲ ἐπὶ τῶν ἐθνῶν οὐδεὶς ἠδυνήθη

pulos in foro jubet emere; et cum lectos ad mensam parat, fœno ad id utitur. Vestimentis induitur vilibus et ad vulgi usum pertinentibus: domum ne habuit quidem. Si vero ex loco in locum abire opus esset, id pedibus facit, atque ita ut defatigetur. Sedens non solio opus habet, neque pulvinari, sed in solo ipso sedet, aliquando
E in monte, aliquando ad fontem; nec ad fontem tantum, sed solus cum Samaritana loquitur. Item qui dolori modum statuit, cum lugere oportet, paululum lacrymatur, ubique, ut dixi, regulas terminosque ponens, quousque procedi debeat, et ubi sistere gradum par sit. Ideo nunc etiam, quia contigit quosdam infirmiores opus ha-
656 bere subjugalibus, hic quoque modum posuit,
A ostendens non equis, non mulorum jugis opus esse; sed asino utendum, nec ultra procedendum esse, idque ad usum satis esse. Videamus quoque prophetiam verbis et factis expressam. Quæ est ergo illa prophetia? *Ecce rex tuus venit tibi mansuetus, conscendens subjugalem et pullum juvenem:* non currus agens, ut cæteri reges; non vectigalia exigens, non terrorem incutiens, et satellites circumagens: sed modestiam hinc quoque magnam exhibens. Interroga itaque Judæum: Quis rex asino vectus ingressus est Jerosolymam? Sed non alium quam hunc dicere possint. Illa porro faciebat, ut dixi, futura prænuntians. Hic enim
B per pullum Ecclesia significatur, necnon populus novus, olim impurus, postquam autem Jesus insedit, purus effectus. Et vide imaginem ubique servatam. Nam discipuli solvunt subjugalia. Per apostolos enim et ipsi et nos vocati sumus, per apostolos adducti: quia magno studio ardebant ut nos acceptos redderent. Ideo videtur asina pullum sequi. Postquam enim Christus insederit super gentes, tunc venient et illi malo studio incensi; id quod declarat Paulus his verbis: *Quia cæcitas ex* Rom. 11
parte Israëli accidit, donec plenitudo gentium 25. 26.
intraret: et sic omnis Israël salvabitur. Quod
C enim id prophetia esset, planum est ex jam dictis; nisi enim ita esset, non curasset propheta tam diligenter asinæ ætatem dicere. Non hæc tantum per supra dicta significantur, sed etiam quod apostoli facile illos adducturi sint. Sicut enim hic nullus contradixit, cum apprehenderent asinam: sic in conversione gentium nemo potuit impedire eos qui illos ante occupaverant. Non sedet autem su-

(Margin, beside "loquitur": Joan. 4.)

[c] Alii οὐ θρόνου.

[a] Morel. ῥημάτων τίς οὖν.

[b] Morel. ἦλθεν ἱερουσαλήμ.

[c] Sic Savil. Morel. vero et quidam alii καὶ τότε πᾶς.

pra nudum pullum, sed supra vestimenta apostolorum. Quia enim pullum acceperant, omnia jam præbent, ut dicebat Paulus : *Ego autem libentissime impendam et impendar pro animabus vestris.* Tu vero pulli mansuetudinem considera, quomodo indomitus cum esset, et freni expers, non resiliit, sed quiete agebatur. Quod et ipsum prophetia rei futuræ erat, morigeras gentes significans, et promtam ordinis mutationem. Nam omnia efficit verbum illud : *Solventes adducite mihi;* ita ut inordinata in ordinem redigerentur, et immunda demum munda fierent.

2. Cor. 12. 15.

3. Sed vide mihi Judæorum abjectum animum. Tot miracula patravit, et numquam sic ipsum admirati sunt: quia autem viderunt turbam concurrentem, tunc mirati sunt. 10. *Commota quippe est universa civitas dicens : Quis est hic? Turbæ autem dicebant: Hic est Jesus propheta a Nazaret Galilææ.* Et cum sibi videbantur aliquid magnum dicere, tunc humi repens et humilis et abjecta illorum sententia erat. Hæc autem ille faciebat, non ad ostentationem, sed simul, quod dixi, prophetiam implens, et philosophiam docens, simulque discipulos consolans ob mortem suam dolentes, ostendensque se isthæc omnia libenter passurum esse. Tu vero mihi admirare prophetæ accurationem, quomodo omnia prædixerit. Et alia quidem David, alia Zacharias prænuntiavit. Ita et nos faciamus, et hymnis celebremus, et vestimenta tradamus iis qui ipsum afferunt. Qua enim venia digni erimus, si cum alii asinam cui insidebat vestimentis operiunt, alii ejus pedibus vestimenta substernunt, nos nudum illum videntes, nec jussi nos exuere, sed aliquid impendere, ne hanc quidem liberalitatem exhibeamus? illi sequuntur ante et post, nos vero et accedentem repellimus, et contumeliis afficimus? Quanto hæc supplicio, quanta ultione digna sunt? Ad te accedit Dominus egenus; nec supplicationem vis audire; sed incusas, increpas, et hæc talibus auditis verbis. Si vero vel panem unicum largiens et tantillum pecuniæ, ita tenax es, avarus et segnis, quis futurus esses, si omnia essent evacuanda? Non vides illos in theatro liberales homines quanta meretricibus profundunt? Tu vero ne dimidiam quidem illorum partem, imo sæpe ne quam minimam partem erogas. At diabolus quibuscumque dare jubet; dum gehennam nobis conciliat, et ta-

Ad eleemosynam hortatur.

διακωλῦσαι τῶν κατεχόντων αὐτοὺς ἔμπροσθεν. Οὐ κάθηται δὲ ἐπὶ γυμνὸν τὸν πῶλον, ἀλλ' ἐπὶ τὰ ἱμάτια
D τῶν ἀποστόλων. Ἐπειδὴ γὰρ τὸν πῶλον ἔλαβον, ἅπαντα λοιπὸν προΐενται, καθὼς καὶ ὁ Παῦλος ἔλεγεν· Ἐγὼ δὲ ἥδιστα δαπανήσω καὶ ἐκδαπανηθήσομαι ὑπὲρ τῶν ψυχῶν ὑμῶν. Σκόπει δὲ τὸ εὐήνιον τοῦ πώλου, πῶς ἀδάμαστος ὢν καὶ χαλινοῦ ἄπειρος, οὐκ ἐσκίρτησεν, ἀλλ' εὐτάκτως ἐφέρετο. Ὃ καὶ αὐτὸ προφητεία τοῦ μέλλοντος ἦν, δηλοῦσα τὸ κατάπειθὲς τῶν ἐθνῶν, καὶ τὴν ἀθρόαν εἰς εὐταξίαν μεταβολήν. Καὶ γὰρ πάντα εἰργάσατο τὸ ῥῆμα τὸ λέγον· Λύσαντες ἀγάγετέ μοι· ὥστε τὰ ἄτακτα εὔτακτα, καὶ τὰ ἀκάθαρτα γενέσθαι λοιπὸν καθαρά.

E Ἀλλ' ὅρα τὸ ταπεινὸν τῶν Ἰουδαίων. Τοσαῦτα θαύματα εἰργάσατο, καὶ οὐδέποτε αὐτὸν οὕτως ἐξεπλάγησαν· ἐπειδὴ δὲ εἶδον ὄχλον συντρέχοντα, τότε θαυμάζουσιν. Ἐσείσθη γὰρ πᾶσα ἡ πόλις λέγουσα· τίς ἐστιν οὗτος; [d] Οἱ δὲ ὄχλοι ἔλεγον· οὗτός ἐστιν ὁ Ἰησοῦς ὁ προφήτης, ὁ ἀπὸ Ναζαρὲτ τῆς Γαλιλαίας. Καὶ ὅτε
657 ἔδοξάν τι μέγα λέγειν, τότε χαμαίζηλος ἦν αὐτῶν ἡ
A γνώμη καὶ ταπεινὴ καὶ σεσυρμένη. Ταῦτα δὲ αὐτὸς ἐποίει, οὐ πομπήν τινα ἐπιδεικνύμενος, ἀλλ' ὁμοῦ μὲν, ὅπερ εἶπον, καὶ προφητείαν πληρῶν, καὶ φιλοσοφίαν παιδεύων, ὁμοῦ δὲ καὶ τοὺς μαθητὰς παραμυθούμενος λυπουμένους διὰ τὸν θάνατον, καὶ δεικνὺς ὅτι ταῦτα πάντα πάσχει ἑκών. Σὺ δέ μοι θαύμασον τοῦ προφήτου τὴν ἀκρίβειαν, πῶς πάντα προεῖπεν. Καὶ τὰ μὲν ὁ Δαυὶδ, τὰ δὲ ὁ Ζαχαρίας προανεφώνησεν. Οὕτω καὶ ἡμεῖς ποιῶμεν, καὶ ὑμνῶμεν, καὶ τὰ ἱμάτια προώμεθα τοῖς αὐτὸν φέρουσι. Τίνος γὰρ ἂν εἴημεν ἄξιοι, ὅταν οἱ μὲν τὴν ὄνον περιβάλλωσιν εἰς ἣν ἐκάθητο, οἱ δὲ τοῖς ποσὶν αὐτῆς ὑποστρωννύωσι τὰ
B ἱμάτια, ἡμεῖς δὲ γυμνὸν αὐτὸν ὁρῶντες, καὶ οὐδὲ ἀποδῦναι κελευόμενοι, ἀλλ' ἀπὸ τῶν κειμένων δαπανᾷν, μηδὲ οὕτως ὦμεν φιλότιμοι; κἀκεῖνοι μὲν παρακολουθῶσιν ἔμπροσθεν καὶ ὄπισθεν, ἡμεῖς δὲ καὶ προσιόντα παραπεμπώμεθα, καὶ διακρουώμεθα, καὶ ὑβρίζωμεν; Πόσης ταῦτα κολάσεως ἄξια; πόσης τιμωρίας; Προσέρχεταί σοι δεόμενος ὁ Δεσπότης, καὶ οὐδὲ ἀκοῦσαι βούλει τῆς ἱκετηρίας, ἀλλ' ἐγκαλεῖς καὶ ἐπιτιμᾷς, καὶ ταῦτα ἀκούσας τοιούτων ῥημάτων. Εἰ δὲ ἕνα ἄρτον διδοὺς καὶ ὀλίγον ἀργύριον, οὕτω βάναυσος εἶ καὶ ὀλίγωρος καὶ ὀκνηρὸς, εἰ πάντα κενῶσαι * ἔδει, τίς ἂν
C ἐγένου; Οὐχ ὁρᾷς τοὺς ἐν τῷ θεάτρῳ φιλοτίμους, ὅσα ταῖς πόρναις προΐενται; Σὺ δὲ οὐδὲ τὸ ἥμισυ τούτων δίδως, οὐδὲ τὸ πολλοστὸν πολλάκις. Ἀλλ' ὁ μὲν διάβολος κελεύει δοῦναι τοῖς τυχοῦσι, [a] γέενναν προξενῶν, καὶ δίδως· ὁ δὲ Χριστὸς τοῖς δεομένοις, βασιλείαν ἐπαγγελλόμενος, καὶ οὐ μόνον οὐ δίδως, ἀλλὰ καὶ

d Morel οἱ δὲ ὄχλοι· οὗτός ἐστιν, et mox ὅτε ἔδοξαν μεγάλα.

* [Ἔδει debetur Savilio et Codici 691.]

a Alii γέενναν ἀπειλῶν.

ὑβρίζεις· καὶ αἱρῇ μᾶλλον ὑπακοῦσαι τῷ διαβόλῳ, ἵνα κολασθῇς, ἢ πεισθῆναι τῷ Χριστῷ, καὶ σωθῆναι. Καὶ τί ταύτης χεῖρον γένοιτ' ἂν τῆς παραπληξίας; Ὁ μὲν γέενναν προξενεῖ, ὁ δὲ βασιλείαν· καὶ τοῦτον ἀφέντες, ἐκείνῳ προστρέχετε. Καὶ τὸν μὲν προσιόντα παραπέμπεσθε, τὸν δὲ μακρὰν ὄντα [b] προσκαλεῖσθε. Καὶ ταὐτὸν γίνεται, οἷον ἂν εἰ βασιλεὺς μὲν ἁλουργίδα ἔχων, καὶ διάδημα προτεινόμενος μὴ πείθοι, λῃστὴς δὲ μάχαιραν ἐπισείων, καὶ [c] θάνατον ἀπειλῶν πείθοι. Ταῦτ' οὖν ἐννοοῦντες, ἀγαπητοὶ, διαβλέψωμεν ὀψὲ γοῦν ποτε, καὶ ἀνανήψωμεν. Καὶ γὰρ ἐγὼ λοιπὸν αἰσχύνομαι περὶ ἐλεημοσύνης διαλεγόμενος, διὰ τὸ πολλάκις περὶ ταύτης τῆς ὑποθέσεως εἰπὼν, μηδὲν ἄξιον ἀνύσαι τῆς παραινέσεως. Γέγονε μὲν γάρ τι πλέον, οὐ τοσοῦτον δὲ ὅσον ἐβουλόμην. Ὁρῶ μὲν γὰρ σπείροντας ὑμᾶς, οὐ δαψιλεῖ δὲ τῇ δεξιᾷ. Διὸ καὶ φοβοῦμαι [d] μή πως καὶ φειδομένως θερίσητε. Ὅτι γὰρ φειδομένως σπείρομεν, ἐξετάσωμεν, εἰ δοκεῖ, τίνες εἰσὶ πλείους ἐν τῇ πόλει, πένητες ἢ πλούσιοι· καὶ τίνες οὔτε πένητες, οὔτε πλούσιοι, ἀλλ' οἱ μέσην χώραν ἔχοντες. Οἷον, ἔστι τὸ δέκατον μέρος πλουσίων, καὶ τὸ δέκατον πενήτων τῶν οὐδὲν ὅλως ἐχόντων· οἱ δὲ λοιποὶ τῶν μέσων εἰσίν. Διέλωμεν τοίνυν εἰς τοὺς δεομένους τὸ πᾶν πλῆθος τῆς πόλεως, καὶ ὄψεσθε τὴν αἰσχύνην ὅση. Οἱ μὲν γὰρ σφόδρα πλουτοῦντες ὀλίγοι· οἱ δὲ μετ' ἐκείνους πολλοί· πάλιν οἱ πένητες πολλῷ τούτων ἐλάττους. Ἀλλ' ὅμως τοσούτων ὄντων τῶν δυναμένων τοὺς πεινῶντας τρέφειν, πολλοὶ πεινῶντες καθεύδουσιν, οὐ διὰ τὸ μὴ δύνασθαι μετ' εὐκολίας αὐτοῖς ἐπαρκεῖν τοὺς ἔχοντας, ἀλλὰ διὰ τὴν πολλὴν αὐτῶν ὠμότητα καὶ ἀπανθρωπίαν. Εἰ γὰρ διέλοιντο οἵ τε πλουτοῦντες, οἵ τε μετ' ἐκείνους, τοὺς δεομένους ἄρτων καὶ ἐνδυμάτων, μόλις ἂν πεντήκοντα ἀνδράσιν ἢ καὶ ἑκατὸν λάχοι πένης εἷς. Ἀλλ' ὅμως καὶ ἐν τοσαύτῃ ἀφθονίᾳ τῶν προστησομένων ὄντες, ὀδύρονται καθ' ἑκάστην ἡμέραν. [a] Καὶ ἵνα μάθῃς αὐτῶν τὴν ἀπανθρωπίαν, ἑνὸς τῶν ἐσχάτων εὐπόρων καὶ τῶν μὴ σφόδρα πλουτούντων πρόσοδον ἡ Ἐκκλησία ἔχουσα ἐννόησον ὅσαις ἐπαρκεῖ καθ' ἑκάστην ἡμέραν χήραις, ὅσαις παρθένοις· καὶ γὰρ εἰς τὸν τῶν τρισχιλίων ἀριθμὸν ὁ κατάλογος αὐτῶν ἔφθασε. Μετὰ τούτων τοῖς τὸ δεσμωτήριον οἰκοῦσι, τοῖς ἐν τῷ ξενοδοχείῳ κάμνουσι, τοῖς ὑγιαίνουσι, τοῖς ἀποδημοῦσι, τοῖς τὰ σώματα λελωβημένοις, [b] τοῖς τῷ θυσιαστηρίῳ προσεδρεύουσι, καὶ τροφῆς καὶ ἐνδυμάτων ἕνεκεν, τοῖς ἁπλῶς προσιοῦσι καθ' ἑκάστην ἡμέραν· καὶ οὐδὲν αὐτῇ τὰ τῆς

men das: Christus vero egenis dare jubet, et regnum promittit, et tu non modo non das, sed etiam contumeliosus es; mavisque obedire diabolo, ut crucieris, quam Christo, ut salutem consequaris. Quid hac stultitia deterius? Ille gehennam tibi affert, hic regnum: et tamen hoc relicto ad illum D accurritis. Et hunc accedentem repellitis, illum procul positum advocatis. Neque aliter res se habet, quam si rex purpura vestitus et diademate ornatus non persuadeat: latro autem ensem vibrans, mortemque comminatus facile persuadeat. Hæc itaque cogitantes, dilecti, tandem aliquando oculos aperiamus, et vigilemus. Nam certe pudet me de eleemosyna loqui, cum tam sæpe hoc argumentum tractaverim sine magno admonitionum fructu. Plus certe quidpiam præstatis, sed non quantum vellem. Vos seminantes video, sed non E larga manu. Quamobrem timeo ne parce metatis. Quod enim parce seminemus, si placeat, exploremus, utrum plures sint in civitate pauperes quam divites, et quinam nec pauperes nec divites sint, sed medium locum tenentes. Decima pars civium divites, decima pars pauperes qui nihil habent: 658 reliqui vero sunt in medio loco positi. Dividamus A itaque per egenorum numerum totam urbis multitudinem, et quantum sit dedecus videbitis. Nam admodum divites pauci sunt; qui hos sequuntur plurimi; rursum pauperes longe his pauciores sunt. Attamen cum tot sint qui esurientes alere possint, multi sunt qui esurientes lectum petant, non quod non valeant opulenti illis facile necessaria subministrare, sed quia admodum duri inhumanique sunt. Nam si divites et ii qui facultatibus mediocriter pollent inter se dividant eos qui pane et vestibus egent, vix quinquaginta, vel forte centum viris pauper unus alendus reperietur. Attamen in tanta copia eorum qui necessaria subministrare possunt, quotidie pauperes egestatem suam deplorant. B Et ut discas illorum immanitatem, Ecclesia unius admodum divitis et unius mediocris fortunæ reditum habet, et cogites velim quot viduas, quot virgines alat quotidie: earum certe catalogus ad ter mille pertingit. Ad hæc etiam in carcere vinctos, in xenodochio ægros, alios bene valentes, peregrinos, membris mutilos, altari assidentes, alimenti vestisque causa, aliosque casu accedentes fovet quotidie: neque tamen ejus facultates immi-

Recenset Antiochenos pauperes.

Ecclesia Antiochena ter mille pauperes alebat.

[b] Alii καλεῖσθε, et mox καὶ τοιοῦτον γίν.

[c] Alii θάνατον προξενῶν.

[d] Morel. μή πως μὴ φειδ.

[a] Hæc Chrysostomi divisio non omnino accurate facta videtur.

[b] Morel. τοῖς γὰρ τῷ θυσ.

nutæ sunt. Itaque si decem viri tantum paria subministrare vellent, nullus foret pauper.

4. Ecquid, inquies, liberis nostris supererit? Sors semper manet, et reditus augetur, si in cælis facultates eorum reponantur. Quod si ita non vultis, saltem dimidiam, vel tertiam, vel quartam, quintam, aut decimam numerate. Per Dei gratiam enim posset hæc civitas nostra decem civitatum pauperes alere. Et si placet, hæc computemus; imo nulla computandi necessitas: manifestum quippe est quam facilis res illa sit. Videte igitur quot quantaque una domus ad urbana onera sæpe subministrare non gravetur, vixque tamen hunc sumtum sentiat: si hoc quisque divitum ministerium in pauperes exercere vellet, uno temporis momento cælum abriperet. Quæ venia igitur, quæ excusationis umbra, quando ne ea quidem, quæ hic migrantes relicturi sumus, tam largiter egenis suppeditamus, quam alii scenicis erogant, cum tantum inde fructum carpere debeamus? Etiamsi enim hic semper mansuri essemus, his pulchris sumtibus parcere non oporteret; cum autem post tantillum temporis hinc migraturi, nudique rapiendi simus, quam defensionem habebimus, qui ex proventibus famelicis et oppressis non largimur? Non te cogo ut possessiones minuas, non quod nolim, sed quod te admodum segnem videam. Non hoc ergo dico: sed ex fructibus expende, neque hic pecunias collige. Satis est tibi, si pecuniarum proventum quasi ex fonte fluentem habeas: fac earum consortes pauperes, et esto bonus œconomus eorum quæ tibi a Deo data sunt. Sed, inquies, vectigalia pendo. Ideone hic contemnis, quia nemo exigit? Et illi quidem qui, sive terra proventum tulerit, sive secus, te cogit et vexat, repugnare non audes: illi vero, qui ita mansuetus est, et tunc solum exigit, cum terra protulerit, ne verbum quidem respondes? Ecquis te liberabit ab intolerabilibus illis suppliciis? Nullus plane. Si enim hic ideo studiose solvis, quia non danti gravissimæ pœnæ paratæ sunt, cogites velim hic graviores parari, non quod vinculis constringaris, non quod in carcerem conjiciaris, sed quod in ignem abeas æternum. Quamobrem hæc prima vectigalia solvamus. Magna quippe facilitas, major merces, copiosior negotiatio, gravior nobis ultio, si improbe agamus. Nam supplicium nos excipiet nullum finem habi-

οὐσίας ἠλάττωται. Ὥστε εἰ δέκα ἄνδρες μόνον οὕτως ἠθέλησαν ἀναλίσκειν, οὐδεὶς ἂν ἦν πένης.

C Καὶ τί * ἔμελλον, φησὶν, οἱ παῖδες ἡμῶν διαδέχεσθαι; Τὸ κεφάλαιον ἔμενε, καὶ ἡ πρόσοδος πάλιν πλείων ἐγίνετο, ἐν οὐρανοῖς θησαυριζομένων αὐτοῖς τῶν κτημάτων. Ἀλλ' οὐ βούλεσθε οὕτω; Κἂν ἐξ ἡμισείας, κἂν ἀπὸ τρίτης μοίρας, κἂν ἀπὸ τετάρτης, κἂν ἀπὸ πέμπτης, κἂν ἀπὸ δεκάτης. Διὰ γὰρ τὴν τοῦ Θεοῦ χάριν δέκα πόλεων πένητας δυνατὸν ἦν θρέψαι τὴν πόλιν τὴν ἡμετέραν. Καὶ εἰ βούλεσθε, ποιήσωμέν τινα τούτων συλλογισμόν· μᾶλλον δὲ οὐδὲ συλλογισμοῦ χρεία· καὶ γὰρ αὐτόθεν κατάδηλός ἐστιν ἡ εὐκολία τοῦ πράγματος. Ὁρᾶτε γοῦν εἰς τὰς λειτουργίας τὰς
D πολιτικὰς, ὅσα οἰκία μία ἀναλίσκουσα πολλάκις οὐκ ὤκνησεν, ἀλλ' οὐδὲ κατὰ μικρὸν ᾔσθετο τῆς δαπάνης· ἣν εἰ τῶν πλουσίων ἕκαστος εἰς τοὺς πένητας λειτουργίαν λειτουργεῖν ἐβούλετο, ἐν βραχείᾳ καιροῦ ῥοπῇ ἥρπασεν ἂν τὸν οὐρανόν. Τίς οὖν ἂν εἴη συγγνώμη, [c] ποία ἀπολογίας σκιὰ, ὅταν μηδὲ ὧν ἀφίστασθαι μέλλομεν πάντως, ἀπαγόμενοι ἐντεῦθεν, μηδὲ τούτων μεταδιδῶμεν τοῖς δεομένοις μετὰ δαψιλείας τοσαύτης, μεθ' ὅσης τοῖς ἐπὶ τῆς σκηνῆς ἕτεροι, [d] καὶ ταῦτα τοσαῦτα μέλλοντες καρποῦσθαι ἐκ τούτων; Ἔδει μὲν γὰρ, εἰ καὶ διὰ παντὸς ἐνταῦθα ἦμεν, μηδὲ οὕτω φείδεσθαι τῆς καλῆς ταύτης δαπάνης· ὅταν δὲ μικρὸν
E ὕστερον ἐντεῦθεν ἀπαγώμεθα, καὶ πάντων ἀφελκώμεθα γυμνοὶ, ποίαν ἕξομεν ἀπολογίαν, μηδὲ ἀπὸ τῶν προσόδων παρέχοντες τοῖς λιμώττουσι καὶ ἀγχομένοις; Οὐδὲ γὰρ ἀναγκάζω σε τὰ ὄντα μειῶσαι, οὐκ ἐπειδὴ μὴ βούλομαι, ἀλλ' ἐπειδὴ σφόδρα σε ὀκνοῦντα ὁρῶ. Οὐ τοίνυν τοῦτό φημι· ἀλλ' ἀπὸ τῶν καρπῶν ἀνάλωσον, καὶ μηδὲν θησαυρίσῃς ἐντεῦθεν. Ἀρκεῖ σοι ὥσπερ
659 ἐκ πηγῶν ἔχειν [e] ἐπιῤῥέοντα τὰ χρήματα τῶν προσό-
A δων· ποίησον κοινωνοὺς τοὺς πένητας, καὶ γενοῦ καλὸς οἰκονόμος τῶν παρὰ τοῦ Θεοῦ σοι δοθέντων. Ἀλλὰ τελέσματα δίδωμι, φησί. Διὰ τοῦτο οὖν καταφρονεῖς, ὅτι ἐνταῦθα οὐδεὶς ἀπαιτεῖ; κἀκείνῳ μὲν τῷ, [a] κἂν ἐνέγκῃ, κἂν μὴ ἐνέγκῃ ἡ γῆ, λαμβάνοντι μετὰ ἀνάγκης καὶ στρεβλοῦντι οὐ τολμᾷς ἀντειπεῖν· τῷ δὲ οὕτως ἡμέρῳ καὶ τότε ἀπαιτοῦντι, ὅταν ἐνέγκῃ ἡ γῆ, οὐδὲ μέχρι λόγου ἀποκρίνῃ; Καὶ τίς σε ἐξαιρήσεται τῶν ἀκαρτερήτων ἐκείνων κολάσεων; Οὐκ ἔστιν οὐδείς. Εἰ γὰρ ἐπειδὴ ἐκεῖ πάντως ἕψεται τιμωρία χαλεπωτάτη μὴ διδόντι,
B διὰ τοῦτο γίνῃ σπουδαῖος περὶ τὴν ἔκτισιν, ἐννόησον ὅτι καὶ ἐνταῦθα χαλεπωτέρα, οὐ τῷ δεθῆναι, οὐδὲ τῷ εἰς δεσμωτήριον ἐμπεσεῖν, ἀλλὰ [b] τῷ ἀπελθεῖν εἰς τὸ πῦρ τὸ αἰώνιον. Ἁπάντων οὖν ἕνεκεν ταῦτα πρῶτα

* [Savil. in marg. et Cod. 691 μέλλουσι.]

c Unus ποίας ἀπολογίας.

d Morel. καὶ τὸ τοσαῦτα.

e Ἐπιῤῥέοντα in quibusdam Mss. deest.

a Morel. κἂν ἐνέγκῃ ἡ γῆ, omissis interpositis. Ibid. Morel. ἀνάγκης καὶ στρεβλώσεως.

b Alii τῷ ἐμπεσεῖν εἰς τὸ πῦρ.

καταθῶμεν τὰ τελέσματα. Καὶ γὰρ πολλὴ ἡ εὐκολία, καὶ μείζων ὁ μισθὸς, καὶ πλείων ἡ ἐμπορία, καὶ χείρων ἡ κόλασις ἀγνωμονοῦσιν ἡμῖν. Κόλασις γὰρ διαδέξεται τέλος οὐκ ἔχουσα. Εἰ δὲ τοὺς στρατιώτας μοι λέγεις τοὺς ὑπὲρ σοῦ [c] πολεμοῦντας βαρβάροις, ἔστι καὶ ἐνταῦθα στρατόπεδον τὸ τῶν πτωχῶν, καὶ πόλεμος ὃν ὑπὲρ σοῦ πολεμοῦσιν οἱ πένητες. Ὅταν γὰρ λαμβάνωσιν, εὐχόμενοι τὸν Θεὸν ἵλεω ποιοῦσιν· ἵλεω δὲ C ποιοῦντες, ἀποκρούονται ἀντὶ βαρβάρων τὰς τῶν δαιμονίων ἐπιβουλάς· οὐκ ἀφιᾶσι σφοδρὸν εἶναι τὸν πονηρὸν, οὐδὲ ἐπιτίθεσθαι συνεχῶς, ἀλλ' ἐκλύουσιν αὐτοῦ τὴν ἰσχύν.

Ὁρῶν τοίνυν τοὺς στρατιώτας τούτους καθ' ἑκάστην ἡμέραν πυκτεύοντας ὑπὲρ σοῦ τῷ διαβόλῳ διὰ τῶν δεήσεων καὶ τῶν εὐχῶν, ἀπαίτησον σαυτὸν τὴν καλὴν ταύτην εἰσφορὰν, καὶ τὰς ἐκείνων τροφάς. Καὶ γὰρ ἥμερος ὢν ὁ βασιλεὺς οὗτος, οὐκ ἔδωκέ σοι τοὺς ἀπαιτοῦντας, ἀλλ' ἑκόντα βούλεται καταθεῖναι· κἂν κατὰ μικρὸν καταβάλῃς, δέχεται· κἂν ἀπορῶν διὰ D πολλοῦ τοῦ χρόνου καταθῇς, οὐ κατεπείγει τὸν οὐκ ἔχοντα. Μὴ δὴ τῆς μακροθυμίας αὐτοῦ καταφρονῶμεν, ἀλλὰ θησαυρίζωμεν ἑαυτοῖς μὴ ὀργὴν, ἀλλὰ σωτηρίαν· μὴ θάνατον, ἀλλὰ ζωήν· μὴ κόλασιν καὶ τιμωρίαν, ἀλλὰ τιμὰς καὶ στεφάνους. Οὐκ ἔστιν ἐνταῦθα δοῦναι μισθὸν τῆς μετακομιδῆς τῶν εἰσφερομένων· οὐκ ἔστιν ἐνταῦθα καμεῖν ἐξαργυρίζοντας. Ἂν καταβάλῃς αὐτὰ, αὐτὸς αὐτὰ μετατίθησιν εἰς τὸν οὐρανὸν ὁ Δεσπότης· αὐτός σοι τὴν πραγματείαν κατασκευάζει κερδαλεωτέραν. Οὐκ ἔστιν ἐνταῦθα πα- E ράπομπον εὑρεῖν [d] τῶν καταβληθέντων· μόνον κατάβαλε, καὶ εὐθέως ἄνεισιν· οὐχ ἵνα στρατιῶται ἕτεροι τραφῶσιν, ἀλλ' ἵνα σοι μένῃ μετὰ ἐμπορίας πολλῆς. Ἐνταῦθα μὲν γὰρ ἅπερ ἂν δῷς, ἀναλαβεῖν οὐκ ἔνι· ἐκεῖ δὲ μετὰ πολλῆς ἀπολήψῃ πάλιν αὐτὰ τῆς τιμῆς, καὶ κερδανεῖς μείζω καὶ πνευματικώτερα κέρδη. Ἐνταῦθα τὰ διδόμενα ἀπαίτησίς ἐστιν, ἐκεῖ δὲ χρῆσις καὶ δάνειον καὶ [e] ὄφλημα. Καὶ γὰρ καὶ χειρόγραφά σοι ἐποίησεν ὁ Θεός· Ὁ γὰρ ἐλεῶν πτωχὸν, φησὶ, δανείζει Θεῷ. Ἔδωκέ σοι καὶ ἀῤῥαβῶνα καὶ 680 ἐγγυητὰς, καὶ ταῦτα Θεὸς ὤν. Ποῖον ἀῤῥαβῶνα καὶ A ἐγγυητάς; Τὰ ἐν τῷ παρόντι βίῳ, τὰ αἰσθητὰ, τὰ πνευματικὰ, τὰ προοίμια τῶν μελλόντων. Τί τοίνυν ἀναβάλλῃ καὶ ὀκνεῖς τοσαῦτα ἤδη λαβὼν, τοσαῦτα προσδοκῶν; Ἃ μὲν γὰρ ἔλαβες, ἔστι ταῦτα· σῶμα αὐτός σοι διέπλασε· ψυχὴν αὐτός σοι [a] ἐνέθηκεν· ἐτίμησέ σε λόγῳ μόνον τῶν ἐπὶ γῆς· τῶν ὁρωμένων σοι ἁπάντων τὴν χρῆσιν ἔδωκεν· ἐχαρίσατό σοι τὴν ἑαυτοῦ γνῶσιν· τὸν Υἱὸν ἐπέδωκεν ὑπὲρ σοῦ· βάπτισμα τοσούτων γέμον ἀγαθῶν ἐδωρήσατο· ἔδωκέ σοι τρά-

[c] Morel. πολεμοῦντας πολλὰ βαρβ.

[d] Alii τῶν κατατεθέντων.

turum. Quod si mihi milites alleges, qui pro te contra barbaros pugnant, est quoque hic pauperum exercitus, qui pro te bellum gerunt et pugnant. Cum enim accipiunt, precibus Deum tibi placant: placantes autem, non barbaros, sed dæmonum insidias repellunt: non permittunt ut te malignus ille fortiter invadat, nec ut frequenter insurgat, sed ejus vires resolvunt.

Pauperes pro nobis pugnant quomodo.

5. Cum ergo hos milites videas quotidie contra diabolum propter te pugnantes precibus orationibusque, a teipso hoc pulcherrimum tributum repete, alimenta nempe ipsorum. Cum enim mansuetus hic Rex sit, non imposuit tibi exactores, sed vult te sponte deponere: etiamsi parum deponas, accipit tamen; si non ita locuples post multum temporis reposueris, non cogit non habentem. Ne igitur patientia ejus abutamur, sed thesaurizemus nobis non iram, sed salutem; non mortem, sed vitam; non supplicium et ultionem, sed honores et coronas. Non est hic quid pendendum ad vecturam oblatorum; non laborandum ad argentum corradendum. Si deponas illa, ipse Dominus in cælum transfert; ipse tibi negotiationem parat multum lucri afferentem. Non est hic quærendus homo qui deposita transferat: tantum depone, statim depositum ascendit; non ut alii milites alantur, sed ut tibi maneant cum magno fœnore. Hic enim cum das, data repetere non licet: illic vero magno cum honore illa rursum recipies, majoraque ac spiritualia lucra referes. Hic quæ dantur sunt exactio, illic usura, fœnus, debitum. Nam chirographa tibi Deus fecit: ait enim: *Qui miseretur pauperis, Deo fœneratur.* Dedit enim ar- Prov. 19. 17.
rham et vades, etsi Deus sit. Quæ arrha, qui vades? Quæ sunt in præsenti vita, sensibilia, spiritualia, exordia futurorum. Quid igitur tardas et dubitas, cum tot tantaque jam receperis, tot exspectes? Nam quæ recepisti hæc sunt: corpus tibi efformavit; animam tibi indidit; te solum in terra ratione ornavit; eorum quæ sub aspectum cadunt omnium usum dedit; cognitionem sui tibi largitus est; Filium suum pro te tradidit; baptisma tot refertum donis concessit, necnon sacram mensam; promisit regnum et ineffabilia bona. Tot ergo acceptis et tot accepturus (id enim rursum dicam),

[e] Quidam ὀφείλημα.

[a] Quidam συνέθηκεν.

circa perituras pecunias parcus es? ecquam habebis veniam? Sed liberos respicis, et illorum causa dare refugis? Et hos quoque institue ad hujusmodi facienda lucra. Nam si argentum haberes sub fœnore collocatum, et debitor probus esset, malles certe syngrapham quam aurum filio relinquere, ut inde proventus ipsi esset magnus, nec cogeretur alios quærere ubi posset collocare. Nunc chirographum hujusmodi filiis dato, et Deum ipsis relinque debitorem. Agros non vendis, sed filiis relinquis, ut proventus maneat, et accessio illis pecuniarum fiat: hoc porro chirographum, quovis agro, quibusvis proventibus fructuosius, et tot ferens fructus, relinquere times? ecqua stultitia, quæ insania hæc est? Et hoc cum scias te, etiamsi illud filiis relinquas, illud tamen abeuntem tecum esse portaturum. Talia quippe sunt spiritualia, magnaque largitate fruuntur. Ne itaque ita pauperes animo simus, neque erga nos ipsos inhumani evadamus, sed hanc quæstuosam mercaturam suscipiamus, ut et ipsi hinc migrantes illam auferamus, et tamen filiis relinquamus, futuraque consequamur bona, gratia et misericordia Domini nostri Jesu Christi, quicum Patri et Spiritui sancto gloria, imperium, honor, nunc et semper, et in sæcula sæculorum. Amen.

πεζαν ἱεράν· ἐπηγγείλατο βασιλείαν καὶ τὰ ἀπόῤῥητα ἀγαθά. Τοσαῦτα τοίνυν λαβὼν, [b] τοσαῦτα μέλλων λαμβάνειν (πάλιν γὰρ τὸ αὐτὸ ἐρῶ), περὶ χρήματα ἀπολλύμενα μικρολογῇ; καὶ ποίαν ἕξεις συγγνώμην; Ἀλλὰ τοὺς παῖδας πάντως ὁρᾷς, καὶ δι' αὐτοὺς ἀναδύῃ; Καὶ μὴν κἀκείνους παίδευσον τοιαῦτα κερδαίνειν κέρδη. Καὶ γὰρ εἰ ἀργύριον ἦν σοι δεδανεισμένον καὶ τόκους φέρον, εἶτα ὀφειλέτης εὐγνώμων ἦν, μυριάκις ἂν εἵλου ἀντὶ τοῦ χρυσίου τὸ γραμματεῖον καταλιπεῖν τῷ παιδὶ, ὥστε αὐτῷ τὰς [c] προσόδους γενέσθαι πολλὰς, καὶ μὴ ἀναγκάζεσθαι περιιέναι καὶ ζητεῖν ἑτέρους τοὺς [d] δανεισομένους. Καὶ νῦν τοῦτο δὸς τὸ χειρόγραφον τοῖς παιδίοις, καὶ κατάλιπε τὸν Θεὸν αὐτοῖς ὀφειλέτην. Σὺ δὲ τοὺς μὲν ἀγροὺς οὐ πωλεῖς καὶ δίδως τοῖς παιδίοις, ἀλλ' ἐᾷς, ὅπως ἡ πρόσοδος [e] μένοι, καὶ ὁ τῶν χρημάτων πλεονασμὸς αὐτοῖς γένοιτο πλείων ἐντεῦθεν· τὸ δὲ χειρόγραφον τοῦτο, παντὸς ἀγροῦ καὶ προσόδων εὐπορώτερον, καὶ τοσούτους φέρον καρποὺς, τοῦτο δέδοικας καταλιπεῖν; καὶ πόσης ἂν εἴη τοῦτο εὐηθείας τε καὶ παραπληξίας; Καὶ ταῦτα εἰδὼς ὅτι κἂν αὐτοῖς αὐτὸ καταλίπῃς, καὶ αὐτὸς αὐτὸ λαβὼν ἀπελεύσῃ πάλιν. Τοιαῦτα γὰρ τὰ πνευματικά· πολλὴν ἔχει τὴν φιλοτιμίαν. Μὴ δὴ πτωχεύωμεν, μηδὲ ἀπάνθρωποι καὶ ὠμοὶ περὶ ἡμᾶς αὐτοὺς γινώμεθα, ἀλλ' ἐμπορευσώμεθα τὴν καλὴν ταύτην πραγματείαν, ἵνα καὶ αὐτοὶ λαβόντες αὐτὴν ἀπέλθωμεν, καὶ τοῖς υἱοῖς τοῖς ἑαυτῶν καταλείψωμεν, καὶ τῶν μελλόντων ἐπιτύχωμεν ἀγαθῶν, χάριτι καὶ φιλανθρωπίᾳ τοῦ Κυρίου ἡμῶν Ἰησοῦ Χριστοῦ, μεθ' οὗ τῷ Πατρὶ ἅμα τῷ ἁγίῳ Πνεύματι δόξα, κράτος, τιμὴ, νῦν καὶ ἀεὶ, καὶ εἰς τοὺς αἰῶνας τῶν αἰώνων. Ἀμήν.

b Morel. τοσαῦτα κἀκεῖ μέλλων.
c Morel. προσόδους καταβάλλεσθαι γενέσθαι.
d Unus δανειζομένους.
e Quidam μένῃ.

ΟΜΙΛΙΑ ξζ'.

661 A

Καὶ εἰσελθὼν ὁ Ἰησοῦς * εἰς τὸ ἱερὸν, ἐξέβαλε πάντας τοὺς πωλοῦντας καὶ ἀγοράζοντας, καὶ τὰς τραπέζας τῶν κολλυβιστῶν κατέστρεψε, καὶ τὰς καθέδρας τῶν πωλούντων τὰς περιστερὰς, καὶ λέγει αὐτοῖς· [a] γέγραπται, Ὁ οἶκός μου οἶκος προσευχῆς κληθήσεται· ὑμεῖς δὲ αὐτὸν ἐποιήσατε σπήλαιον λῃστῶν.

Τοῦτο καὶ Ἰωάννης φησίν· ἀλλ' ἐκεῖνος μὲν ἐν ἀρχῇ B
τοῦ Εὐαγγελίου, οὗτος δὲ πρὸς τῷ τέλει. Ὅθεν εἰκὸς
δεύτερον γεγενῆσθαι τοῦτο, καὶ κατὰ διαφόρους καιρούς. Καὶ δῆλον καὶ ἀπὸ τῶν χρόνων, καὶ ἀπὸ τῆς ἀποκρίσεως. Ἐκεῖ μὲν γὰρ ἐν αὐτῷ τῷ πάσχα παρεγένετο· ἐνταῦθα δὲ πρὸ πολλοῦ. Κἀκεῖ μὲν λέγουσιν Ἰουδαῖοι· Τί σημεῖον δεικνύεις ἡμῖν; ἐνταῦθα δὲ σιγῶσι, καίτοι γε ἐπιτιμηθέντες, διὰ τὸ ἤδη θαυμάζεσθαι αὐτὸν παρὰ πᾶσι. Τοῦτο δὲ κατηγορία μείζων Ἰουδαίων, ὅτι, καὶ ἅπαξ καὶ δὶς τοῦτο αὐτοῦ ποιήσαντος, ἐνέμενον ἔτι τῇ καπηλείᾳ, καὶ ἀντίθεον αὐτὸν εἶναι ἔλεγον, δέον
κἀντεῦθεν μαθεῖν αὐτοῦ τὴν πρὸς τὸν Πατέρα τιμὴν, C
καὶ τὴν οἰκείαν ἰσχύν. Καὶ γὰρ καὶ ἐθαυματούργησε, καὶ ἑώρων τοὺς λόγους τοῖς πράγμασι συμφωνοῦντας· ἀλλ' οὐδὲ οὕτως ἐπείθοντο, ἀλλ' ἠγανάκτουν, καὶ ταῦτα τοῦ προφήτου βοῶντος ἀκούοντες, καὶ τῶν παιδίων παρὰ καιρὸν ἡλικίας ἀνακηρυττόντων αὐτόν. Διόπερ καὶ αὐτὸς τὸν Ἡσαΐαν αὐτοῖς ἐπιτειχίζει κατηγορῶν καὶ λέγων· Ὁ οἶκός μου οἶκος προσευχῆς κληθήσεται. Οὐ ταύτῃ δὲ μόνον δείκνυσιν αὐτοῦ τὴν ἐξουσίαν, ἀλλὰ καὶ τῷ θεραπεῦσαι ποικίλα νοσήματα· Προσῆλθον γὰρ αὐτῷ χωλοὶ καὶ τυφλοὶ, καὶ ἐθεράπευσεν αὐτούς·
καὶ τὴν δύναμιν αὐτοῦ καὶ τὴν ἐξουσίαν ἐνδείκνυται. D
Οἱ δὲ οὐδὲ οὕτως ἐπείθοντο, ἀλλὰ μετὰ τῶν λοιπῶν θαυμάτων καὶ τῶν παιδίων ἀκούοντες ἀνακηρυττόντων αὐτὸν, [b] κατεπνίγοντο, καί φασιν· Οὐκ ἀκούεις τί οὗτοι λέγουσι; Καὶ μὴν τοῦτο τοῦ Χριστοῦ ἦν εἰπεῖν πρὸς αὐτούς· οὐκ ἀκούετε τί οὗτοι λέγουσιν; Ὡς γὰρ Θεῷ ᾖδον ἐκεῖνοι. Τί οὖν αὐτός; Ἐπειδὴ τοῖς φανεροῖς ἀντέλεγον, ἐπιπληκτικώτερον κέχρηται τῇ διορθώσει λέγων· Οὐδέποτε ἀνέγνωτε· Ἐκ στόματος νηπίων καὶ θηλαζόντων κατηρτίσω αἶνον; Καὶ καλῶς εἶπεν, Ἐκ στόματος. Οὐ γὰρ τῆς διανοίας αὐτῶν τὸ λεγόμενον ἦν,
ἀλλὰ τῆς αὐτοῦ δυνάμεως τρανούσης τὸ τῆς [c] γλώτ- E
της ἐκείνων ἄωρον. Τοῦτο δὲ καὶ τύπος τῶν ἐθνῶν ἦν,

HOMIL. LXVII. al. LXVIII.

Cap. XXI. v. 12. *Et ingressus Jesus in templum, ejecit omnes vendentes et ementes, et mensas numulariorum evertit, et cathedras vendentium columbas,* 13. *et dicit eis : Scriptum est, Domus mea domus orationis* Isai. 56. 7.
vocabitur : vos autem fecistis illam speluncam latronum.

1. Hoc et Joannes dicit; sed ille quidem in Joan. 2. 14—16.
principio Evangelii, hic autem in fine. Unde verisimile est hoc bis factum fuisse, et diversis temporibus : quod palam esse videtur tum a tempore, tum etiam a responsione. Illic enim ipso Paschatis tempore advenit : hic vero diu ante Pascha. Ibi
dicunt Judæi, *Quod signum ostendis nobis?* Ibid. v. 18.
hic vero tacent, etiamsi increpentur : eo quod scilicet apud omnes in admiratione esset. Hæc autem accusatio gravior contra Judæos erat, quod, etsi semel et bis id fecisset, in hujusmodi commercio perseverarent : ipsumque Deo adversarium dicebant, cum oportuisset ediscere ipsum honorem Patri debitum curare, et magnam potentiam habere. Etenim jam signa fecerat, et videbant opera cum verbis consonare : sed neque sic obtemperarunt, imo indignabantur, etiamsi hæc clamare prophetam audirent, ac pueros plus quam ætas ferret prædicantes eum. Quapropter incusans ille Isaiam inducit dicens : *Domus mea domus orationis vocabitur.* Neque hoc tantummodo suam potentiam ostendit, sed quod curet varias infirmitates : nam 14. *Accesserunt ad eum claudi et cæci, et curavit eos;* et sic virtutem potestatemque suam monstrat. Illi vero neque sic obtemperarunt, sed cum miracula viderent, puerosque audirent ipsum prædicantes, suffocabantur et dicebant : 16. *Non audis quid isti dicunt?* Atqui id Christus ipsis dicere potuisset : Non auditis quid isti dicunt? Nam illi quasi Deo canebant. Quid igitur ille? Quia rebus manifestis contradicebant, acrius illos carpit dicens : *Numquam legistis : Ex ore infantium* Psal. 8. 3.
et lactentium perfecisti laudem? Et recte dixit, *Ex ore.* Non enim secundum mentem ipsorum

* [Bibl., Cod. 694. et Savil. εἰς τὸ ἱερόν, Commelin. et Montf. ἐν τῷ ἱερῷ ἐξέβ.]

a Γέγραπται deest in Morel.

b Mss. non pauci ἀπεπνίγοντο.

c Unus γλώττης δῶρον, male.

illa verba erant, sed virtute ipsius immatura ipsorum lingua dirigebatur. Hoc vero figura erat gentium balbutientium, quæ confestim magna insonuerunt et animo et fide, et apostolis hinc non parva consolatio. Ne enim ambigerent, quomodo rudes homines prædicationem annuntiare poterunt, præoccupantes pueri illam animi angustiam ejecerunt, et spem fecerunt, facultatem dicendi daturum sibi esse eum qui pueros hymnum cantare docuit; neque hoc tantum, sed etiam esse illum naturæ conditorem, hoc miraculo ostensum est. Pueri igitur etsi immaturæ ætatis, fausta et supernis consona loquebantur: viri autem insania et furore plena. Talis res est nequitia. Quia igitur multa erant quæ illos commoverent, turbæ videlicet, ejectio vendentium, miracula, pueri canentes, rursus eos relinquit, ut illorum sedet tumorem et iram, noluitque docere, ne invidia ferventes dicta sua ægre ferrent. 18. ***Mane autem revertens in urbem, esuriit.*** Quomodo mane esuriit? Quando id carni concessit, tunc illius sensus ostenditur. 19. ***Et videns ficum in via, venit ad eam, et nihil invenit nisi folia.***

Marc. 11. 13. Alius evangelista dicit, nondum tempus fuisse; sed si nondum tempus erat, quomodo alter evangelista ait, ***Venit, ut si forte fructum inveniret in ea?*** Unde manifestum est, illud ex opinione discipulorum fuisse, qui adhuc imperfectiores erant. Nam opiniones discipulorum sæpe describunt evangelistæ. Sicut igitur illud secundum illorum opinionem erat, sic quoque cum putabant, ipsum maledixisse ficui, quod fructum non haberet. Gur ergo maledicta fuit? Propter discipulos, ut nempe illi confiderent. Quia enim ubique beneficia præstabat, nullumque puniebat: et tamen oportebat ultricis suæ potestatis exemplum præbere, ut discerent et discipuli et Judæi, ipsum cum posset eos qui se crucifixerunt exstinguere, libenter tamen id concessisse, neque exstinxisse. Noluit porro id in hominibus factum exhibere, sed in arbore ultricis suæ potestatis exemplum dedit. Cum autem in loca, vel in arbores, vel in bruta animantia tale quidpiam immittitur, ne curiose inquiras, nec dicas: Quomodo juste exsiccata ficus est, si tempus fructuum non erat? illa enim quæstio nugacissima est: sed miraculum respice, mirare, et miraculorum patratori gloriam refer. Nam et de submersis por-

Cur Christus ficui maledixit.

τῶν ψελλιζόντων, καὶ ἀθρόον ἠχησάντων μεγάλα μετὰ διανοίας καὶ πίστεως, καὶ τοῖς ἀποστόλοις ἐντεῦθεν οὐ μικρὰ παράκλησις. Ἵνα γὰρ μὴ διαπορῶσι, πῶς ἰδιῶται ὄντες δυνήσονται τὸ κήρυγμα καταγγεῖλαι, 602 A προλαβόντες οἱ παῖδες πᾶσαν αὐτῶν ἐξέβαλον τὴν ἀγωνίαν, καὶ θαῤῥεῖν παρεσκεύασαν, ὅτι δώσει καὶ αὐτοῖς λόγον ὁ τούτους ποιήσας ὑμνεῖν· οὐ ταῦτα δὲ μόνον, ἀλλ' ὅτι καὶ τῆς φύσεώς ἐστι δημιουργὸς, ἐδήλου τὸ θαῦμα. Οἱ μὲν οὖν παῖδες, καίτοι γε ἄωρον ἔχοντες ἡλικίαν, εὔσημα ἐφθέγγοντο καὶ τοῖς ἄνω συνῳδά· οἱ δὲ ἄνδρες παραφροσύνης γέμοντα καὶ μανίας. Τοιοῦτον γὰρ ἡ κακία. Ἐπεὶ οὖν πολλὰ ἦν αὐτοὺς τὰ παροξύνοντα, τὰ παρὰ τῶν ὄχλων, [a] τὰ παρὰ τῆς ἐκβολῆς τῶν πωλούντων, τὰ τῶν θαυμάτων, τὰ τῶν παίδων, πάλιν αὐτοὺς καταλιμπάνει, χαλῶν αὐτῶν τὸν ὄγκον τοῦ πάθους, καὶ μὴ βουλόμενος ἄρχεσθαι τῆς διδασκαλίας, ἵνα μὴ ζέοντες τῷ φθόνῳ δυσχεραίνωσιν ἐπιπλέον πρὸς τὰ λεγόμενα. B Πρωΐας δὲ [b] ἐπανάγων εἰς τὴν πόλιν, ἐπείνασε. Πῶς πρωΐας πεινᾷ; Ὅτε συνεχώρησε τῇ σαρκὶ, τότε ἐπιδείκνυται αὐτῆς τὸ πάθος. Καὶ ἰδὼν συκῆν ἐπὶ τῆς ὁδοῦ, ἦλθεν ἐπ' αὐτὴν, καὶ οὐδὲν εὗρεν εἰ μὴ φύλλα μόνον. Ἄλλος φησὶν εὐαγγελιστὴς, ὅτι οὐδέπω καιρὸς ἦν· εἰ δὲ καιρὸς οὐκ ἦν, [c] πῶς ἕτερος εὐαγγελιστής φησιν, Ἦλθεν, εἰ ἄρα εὕροι καρπὸν ἐν αὐτῇ; Ὅθεν δῆλον, ὅτι τῆς ὑπονοίας τῶν μαθητῶν ἦν τοῦτο, ἀτελέστερον ἔτι διακειμένων. Καὶ γὰρ τὰς ὑπονοίας τῶν μαθητῶν πολλαχοῦ γράφουσιν οἱ εὐαγγελισταί. Ὥσπερ οὖν τοῦτο τῆς ὑπονοίας αὐτῶν ἦν, οὕτω καὶ τὸ νομίζειν διὰ τοῦτο αὐτὴν [d] καταρᾶσθαι, διὰ τὸ μὴ C ἔχειν καρπόν. Τίνος οὖν ἕνεκεν κατηράθη; Τῶν μαθητῶν ἕνεκεν, ἵνα θαῤῥῶσιν. Ἐπειδὴ γὰρ πανταχοῦ μὲν εὐηργέτει, οὐδένα δὲ ἐκόλασεν· ἔδει δὲ καὶ τῆς τιμωρητικῆς αὐτοῦ δυνάμεως ἀπόδειξιν παρασχεῖν, ἵνα μάθωσι καὶ οἱ μαθηταὶ καὶ οἱ Ἰουδαῖοι, ὅτι δυνάμενος ξηρᾶναι τοὺς σταυροῦντας αὐτὸν, ἑκὼν συγχωρεῖ, καὶ οὐ ξηραίνει. Οὐκ ἐβούλετο δὲ τοῦτο εἰς ἀνθρώπους ἐνδείξασθαι, ἀλλ' εἰς τὸ φυτὸν τῆς ἐνεργείας αὐτοῦ τῆς τιμωρητικῆς τὴν ἀπόδειξιν παρέσχετο. Ὅταν δὲ εἰς τόπους, ἢ εἰς φυτὰ, ἢ [e] εἰς ἄλογα γίνηταί τι τοιοῦτον, D μὴ ἀκριβολογοῦ, μηδὲ λέγε· πῶς οὖν δικαίως ἐξηράνθη ἡ συκῆ, εἰ καιρὸς οὐκ ἦν; τοῦτο γὰρ ἐσχάτης ληρωδίας λέγειν· ἀλλὰ καὶ θαῦμα ὅρα, καὶ θαύμαζε καὶ δόξαζε τὸν θαυματουργόν. Ἐπεὶ καὶ ἐπὶ τῶν χοίρων τῶν καταποντισθέντων πολλοὶ τοῦτο εἰρήκασι, τὸν τοῦ δικαίου γυμνάζοντες λόγον· ἀλλ' οὐδὲ ἐνταῦθα προσεκτέον αὐτοῖς· καὶ γὰρ καὶ ταῦτα ἄλογα, ὥσπερ ἐκεῖνο φυτὸν ἄψυχον. Τίνος οὖν ἕνεκεν περίκειται τοιοῦτον σχῆμα τῷ πράγματι, καὶ τῆς κατάρας αὕτη

[a] Morel. τὰ τῆς ἐκβολῆς.

[b] Morel. ἐπανάγων πρὸς τὴν πόλιν.

[c] Alius πῶς ὁ αὐτὸς εὐαγγ. [Recte omnino. Verba enim sunt Marci l. l.]

[d] Morel. καταράσασθαι.

[e] Morel. εἰς ἄλλο γίνηται, male.

ἡ πρόφασις; Ὅπερ ἔφην, τῆς τῶν μαθητῶν ὑπονοίας τοῦτο ἦν. Εἰ δὲ μηδέπω καιρὸς ἦν, εἰκῇ τινες τὸν νό- E
μον δηλοῦσθαι ἐνταῦθα λέγουσι. Καὶ γὰρ τούτου καρπὸς ἦν ἡ πίστις, καὶ τότε ἦν ὁ καιρὸς τοῦ καρποῦ τούτου, καὶ ἤνεγκε γοῦν αὐτόν. Ἤδη γὰρ αἱ χῶραι λευκαί εἰσι πρὸς θερισμὸν, φησὶ, καὶ, Ἀπέστειλα ὑμᾶς θερίζειν ἃ οὐχ ὑμεῖς κεκοπιάκατε.

Οὐχ [f] ἄρα τοιοῦτόν τι αἰνίττεται ἐνταῦθα, ἀλλ' ὅπερ ἔφην ἐστὶ, τὴν δύναμιν ἐπιδείκνυται τὴν τιμωρητι- 663
κὴν, καὶ τοῦτο ἐκ τοῦ λέγειν, Οὔπω γὰρ ἦν καιρὸς, A
δείκνυσι, δηλῶν ὅτι προηγουμένως εἰς τοῦτο ἦλθεν, οὐ διὰ τὴν πείνην, ἀλλὰ διὰ τοὺς μαθητὰς, οἳ καὶ σφόδρα ἐθαύμασαν, καίτοι πολλῶν ἤδη σημείων γενομένων μειζόνων· ἀλλ' ὅπερ ἔφην, ξένον τοῦτο ἦν· νῦν γὰρ πρῶτον τὴν τιμωρητικὴν ἐπεδείξατο δύναμιν. Διὸ οὐδὲ ἐν ἄλλῳ φυτῷ, ἀλλ' ἐν τῷ πάντων [a] ὑγροτάτῳ τὸ σημεῖον ἐποίησεν, ὥστε κἀντεῦθεν μεῖζον φανῆναι τὸ θαῦμα. Καὶ ἵνα μάθῃς, ὅτι δι' αὐτοὺς τοῦτο γέγονεν, ἵνα εἰς τὸ θαῤῥεῖν αὐτοὺς ἀλείψῃ, ἄκουε τῶν ἑξῆς ὧν λέγει. Τί δέ φησιν; Καὶ ὑμεῖς μείζονα ἐργάσεσθε, B
ἐὰν θέλητε πιστεύειν, καὶ εὐχῇ θαῤῥεῖν. Ὁρᾷς ὅτι τὸ πᾶν δι' αὐτοὺς γέγονεν, ὥστε μὴ δεδοικέναι καὶ τρέμειν ἐπιβουλάς; Διὸ καὶ δεύτερον τοῦτο λέγει, εὐχῇ προσηλῶν καὶ πίστει. Οὐ γὰρ δὴ τοῦτο ἐργάσεσθε μόνον, φησὶν, ἀλλὰ καὶ ὄρη μεταστήσετε, καὶ ἕτερα πλείονα ποιήσετε, πίστει καὶ εὐχῇ θαῤῥοῦντες. Ἀλλ' οἱ ἀλαζόνες Ἰουδαῖοι καὶ τετυφωμένοι, διακόψαι βουλόμενοι τὴν διδασκαλίαν αὐτοῦ, προσελθόντες ἠρώτων· Ἐν ποίᾳ ἐξουσίᾳ ταῦτα ποιεῖς; Ἐπειδὴ γὰρ τοῖς σημείοις ἐπισκῆψαι οὐκ εἶχον, τὴν τῶν καπηλευόντων ἐν τῷ ἱερῷ προφέρουσιν αὐτῷ διόρθωσιν. Τοῦτο καὶ παρὰ τῷ Ἰωάννῃ φαίνονται ἐρωτῶντες, εἰ καὶ [b] μὴ C
τούτοις τοῖς ῥήμασιν, ἀλλὰ τῇ αὐτῇ γνώμῃ. Καὶ γὰρ ἐκεῖ λέγουσι· Τί σημεῖον δεικνύεις ἡμῖν, ὅτι ταῦτα ποιεῖς; Ἀλλ' ἐκεῖ μὲν ἀποκρίνεται αὐτοῖς λέγων· Λύσατε τὸν ναὸν τοῦτον, καὶ ἐγὼ ἐν τρισὶν ἡμέραις ἐγερῶ αὐτόν· ἐνταῦθα δὲ εἰς ἀπορίαν αὐτοὺς ἐμβάλλει. Ὅθεν δῆλον, ὅτι [c] τὸ μὲν ἐν ἀρχῇ καὶ προοίμιον ἦν τῶν θαυμάτων, ἐνταῦθα δὲ τέλος. Ὃ δὲ λέγουσι, τοιοῦτόν ἐστι· τὸν διδασκαλικὸν ἐδέξω θρόνον; ἱερεὺς ἐχειροτονήθης, ὅτι τοσαύτην ἐξουσίαν ἐπεδείξω; φησί. Καὶ μὴν οὐδὲν ἐποίησεν αὐθάδειαν ἔχον, ἀλλὰ τῆς εὐταξίας προενόησε

cis idipsum multi dixerunt, justitiæ rationem inquirentes; sed illis non attendere oportet: nam hæc irrationabilia erant, ut arbor anima carebat. Cur ergo hac ratione res acta est, et cur hæc est maledictionis causa? Ut jam dixi, hoc ad discipulorum opinionem pertinet. Quod si nondum tempus erat, temere quidam hic legem significari dicunt. Nam hujus fructus fides erat, fideique tempus tunc advenerat, quem fructum ille attulit.
Jam enim regiones albæ sunt ad messem, Joan. 4. 35.
inquit, et, *Misi vos metere quæ non labo-* 38.
rastis.

2. Nihil ergo hujusmodi hic subindicatur, sed, ut dixi, potestatem ultricem indicat, et hoc ostendit dicens, *Nondum enim erat tempus*, significans se ideo præcipue venisse, non quod esuriret, sed propter discipulos, qui admodum mirati sunt, etsi multa majora signa jam facta fuerant; sed, ut dixi, hoc insolitum erat, nunc enim primo potestatem ultricem ostendit. Idcirco non in alia arbore, sed in omnium humidissima signum fecit, ita ut inde majus videretur esse miraculum. Et ut discas, hoc propter illos factum esse, ut illis fiduciam inderet, audi ea quæ postea dicit. Quid igitur dicit? Et vos majora facietis, si credere volueritis, et in oratione confidere. Viden' totum propter illos factum esse, ne insidias formidarent? Ideo illud iterum repetit, ut precibus et fidei firmiter hærere suadeat. Non enim hoc tantum facietis, inquit, sed etiam montes transferetis, et plurima alia operabimini, si fidei et orationi cum fiducia hæreatis. Verum Judæi arrogantes et inflati, ut doctrinam ejus interpellarent, accedentes sciscitabantur v. 23. *In qua potestate hæc facis?* Quia enim miraculis detrahere non poterant, venditores ex templo pulsos et emendatos illi objiciunt. Eadem ratione apud Joannem interrogant, licet non iisdem verbis, verum eadem sententia; nam dicunt: *Quod signum* Joan. 2. 18.
ostendis nobis, quia hæc facis? Sed ibi respon- 19.
det illis: *Solvite templum hoc, et in tribus diebus excitabo illud;* hic autem in dubitationem illos conjicit. Unde manifestum est, illud quidem in principio factum esse, quando miracula edere incipiebat, hoc autem in fine. Quod autem dicunt, hujusmodi est: An doctrinæ sedem occupas? num sacerdos ordinatus es, quia tantam po-

Christus his vendentes ejecit ex templo.

f Savil. ἄρα τούτων τι.

a Alii ὑγροτάτῳ τὸ θαῦμα ἐποίησε.

b Alii μὴ αὐτοῖς τοῖς ῥήμασι.

c Savil. τὸ μὲν ἀρχῇ καὶ πρ. [Codex 694 τότε μὲν ἀρχῇ κ. πρ.] Mox Savil. τοῦτό ἐστι· τὸν διδ.

testatem exhibuisti? Atqui nihil arroganter egit, sed templi honori ac decori prospexit : attamen cum nihil aliud dicere possent, hanc accusandi ansam arripiunt. Ac cum vendentes ejiceret, nihil ausi sunt dicere, quia ille miracula ediderat; postea ubi viderunt eum, increpare cœperunt. Quid ergo ille? Non ad quæsitum directe respondet, nec ostendit, posse illos, si vellent suam potestatem videre; sed aliam opponit interrogationem : 25. *Baptisma Joannis unde erat? ex cælo, an ex hominibus?* Et quid hæc, inquies, ad rem præsentem? Hæc maxime quadrant : nam si dixissent, E cælo, respondisset eis : Quare ergo non credidistis ei? Si enim credidissent, non ita
Luc. 3. 16. interrogassent. Nam de ipso Joannes dixerat : *Non sum dignus solvere corrigiam calceamenti*
Joan. 1. 29. 34. et 3. 31. *ejus;* et, *Ecce agnus Dei qui tollit peccatum mundi;* et, *Ipse est Filius Dei;* et, *Qui de*
Matth. 3. 12. *sursum venit, supra omnes est;* et, *Ventilabrum in manu ejus, et purgabit aream suam.* Quare si Joanni credidissent, nihil impedire poterat quominus viderent in qua potestate hæc faceret. Deinde quia maligne illi responderunt, 27. *Nescimus,* non dixit ille, Neque ego scio : sed quid? *Neque ego dico vobis.* Nam si ignorabant, doceri illos oportebat. Quia vero maligne agebant, jure nihil ipsis respondet. Cur autem non dixerunt, Ex hominibus est baptisma? Timebant turbas, inquit. Viden' cor perversum? Ubique Deum despiciunt, et cuncta propter homines faciunt; nam et Joannem propter illos timebant; non virum ipsum reveriti, nisi hominum causa tantum; Christo etiam credere hominum causa nolebant : et hæc causa illis malorum omnium. Deinde dicit : 28. *Quid vobis videtur? Homo quidam habebat duos filios, et dixit primo : Vade, hodie operare in vinea.* 29. *Ille autem respondens dixit : Nolo. Postea autem pœnitentia motus abiit.* 30. *Et accedens ad secundum, dixit similiter. Ille autem respondit, Abeo, et non abiit.* 31. *Quis ergo ex duobus fecit voluntatem patris? Dicunt ei, Primus.* Rursus per parabolas ipsos arguit; tum illorum improbitatem tum reprobatarum gentium obsequentiam subindicans. Nam hic duo filii significant id quod apud gentes et quod apud Judæos factum est. Gentes enim cum non promisissent obedientiam, nec audissent legem, operibus obsequen-

D τοῦ ἱεροῦ· ἀλλ' ὅμως οὐδὲν ἔχοντες εἰπεῖν, [d] τούτῳ ἐπισκήπτουσι. Καὶ ὅτε μὲν ἐξέβαλεν, οὐκ ἐτόλμησαν εἰπεῖν, διὰ τὰ θαύματα· ἐπειδὴ δὲ ὤφθη, τότε ἐπιτιμῶσι. Τί οὖν αὐτός; Οὐκ ἐξ εὐθείας αὐτοῖς ἀποκρίνεται, δεικνὺς ὅτι, εἰ ἤθελον ἰδεῖν αὐτοῦ τὴν ἐξουσίαν, ἠδύναντο· ἀλλ' ἀντερωτᾷ αὐτοὺς λέγων· Τὸ βάπτισμα Ἰωάννου πόθεν ἐστίν; ἐξ οὐρανοῦ, ἢ ἐξ ἀνθρώπων; Καὶ ποία αὕτη ἡ ἀκολουθία; Μεγίστη μὲν οὖν. Εἰ γὰρ εἶπον, ἐξ οὐρανοῦ, εἶπεν ἂν αὐτοῖς· διατί οὖν οὐκ ἐπιστεύσατε αὐτῷ; Εἰ γὰρ ἐπίστευσαν, οὐκ ἂν ἠρώτησαν
E ταῦτα. Περὶ γὰρ αὐτοῦ ἐκεῖνος εἶπεν, ὅτι Οὐκ εἰμὶ ἱκανὸς λῦσαι τὸν ἱμάντα τοῦ ὑποδήματος αὐτοῦ· καί, Ἰδοὺ ὁ ἀμνὸς τοῦ Θεοῦ, ὁ αἴρων τὴν ἁμαρτίαν τοῦ κόσμου· καί, Αὐτός ἐστιν ὁ Υἱὸς τοῦ Θεοῦ· καί, Ὁ ἄνωθεν ἐρχόμενος ἐπάνω πάντων ἐστί· καὶ ὅτι Τὸ πτύον ἐν τῇ χειρὶ αὐτοῦ, καὶ διακαθαριεῖ τὴν ἅλωνα αὐτοῦ. Ὥστε εἰ ἐπίστευσαν ἐκείνῳ, οὐδὲν ἦν τὸ κω-
664 λῦον αὐτοὺς εἰδέναι ἐν ποίᾳ ἐξουσίᾳ ταῦτα ποιεῖ. Εἶτα
A ἐπειδὴ κακουργοῦντες ἔλεγον, Οὐκ ἴσμεν, οὐκ εἶπεν, οὐδὲ ἐγὼ οὐκ οἶδα· ἀλλὰ τί; Οὐδὲ ἐγὼ λέγω ὑμῖν. Εἰ μὲν γὰρ ἠγνόουν, διδάσκεσθαι αὐτοὺς ἔδει· ἐπειδὴ δὲ ἐκακούργουν, εἰκότως οὐδὲν αὐτοῖς ἀποκρίνεται. Καὶ πῶς οὐκ εἶπον, ἐξ ἀνθρώπων τὸ βάπτισμα; Ἐφοβοῦντο τοὺς ὄχλους, φησίν. Εἶδες διεστραμμένην καρδίαν; Πανταχοῦ τοῦ Θεοῦ καταφρονοῦσι, καὶ διὰ τοὺς ἀνθρώπους ἅπαντα πράττουσι· καὶ γὰρ καὶ τοῦτον δι' αὐτοὺς ἐφοβοῦντο· οὐκ αἰδούμενοι τὸν ἄνδρα, ἀλλὰ διὰ τοὺς ἀνθρώπους· καὶ τῷ Χριστῷ πιστεύειν διὰ τοὺς ἀνθρώπους οὐκ ἤθελον· καὶ πάντα αὐτοῖς ἐντεῦθεν
B ἐτίκτετο τὰ κακά. Εἶτά φησι· Τί ὑμῖν δοκεῖ; Ἄνθρωπος εἶχε τέκνα δύο, καὶ λέγει τῷ πρώτῳ· ὕπαγε, σήμερον ἐργάζου εἰς τὸν ἀμπελῶνα. Ὁ δὲ ἀποκριθεὶς εἶπεν· οὐ θέλω. Ὕστερον δὲ μεταμεληθεὶς ἀπῆλθε. Καὶ προσελθὼν τῷ δευτέρῳ, εἶπεν ὡσαύτως. Ὁ δὲ ἀποκριθεὶς [a] εἶπεν, ἀπέρχομαι, καὶ οὐκ ἀπῆλθε. Τίς οὖν ἐκ τῶν δύο ἐποίησε τὸ θέλημα τοῦ πατρός; Λέγουσιν αὐτῷ, ὁ πρῶτος. Πάλιν διὰ παραβολῶν αὐτοὺς ἐλέγχει, τήν τε αὐτῶν ἀγνωμοσύνην, καὶ τὸ τῶν σφόδρα [d] κατεγνωσμένων καταπειθὲς αἰνιττόμενος. Τὰ γὰρ δύο τέκνα ταῦτα δηλοῖ τοῦτο ὃ καὶ ἐπὶ τῶν ἐθνῶν καὶ ἐπὶ Ἰουδαίων γέγονε. Καὶ γὰρ οὐχ ὑποσχόμενοι
C ἀκούσεσθαι, οὐδὲ γενόμενοι ἀκροαταὶ τοῦ νόμου, διὰ τῶν ἔργων ἐπεδείξαντο τὴν ὑπακοήν· καὶ οὗτοι εἰπόντες, Πάντα ὅσα ἂν εἴπῃ ὁ Θεὸς ποιήσομεν καὶ ἀκουσόμεθα, διὰ τῶν ἔργων παρήκουσαν. Διά τοι τοῦτο ἵνα μὴ νομίσωσι τὸν νόμον αὐτοὺς ὠφελεῖν, δείκνυσιν ὅτι αὐτὸ μὲν οὖν τοῦτο αὐτοὺς καταδικάζει· ὅπερ οὖν καὶ ὁ Παῦλός φησιν, ὅτι Οὐχ οἱ ἀκροαταὶ τοῦ νόμου δί-

[d] Quidam τοῦτο ἐπισκήπτ.

[a] Alii εἶπεν, ἐγώ, κύριε, ἀπέρχομαι.

[b] Unus κατεγνωσμένων ἐθνῶν καταπειθές.

καιοι παρὰ τῷ Θεῷ, ἀλλ' οἱ ποιηταὶ τοῦ νόμου [c] δικαιωθήσονται. Διὰ τοῦτο ἵνα καὶ αὐτοκατακρίτους ποιήσῃ, παρ' αὐτῶν ἐξενεχθῆναι τὴν ψῆφον παρασκευάζει· ὅπερ καὶ ἐν τῇ ἐπιούσῃ παραβολῇ ποιεῖ τοῦ ἀμπελῶνος.

Καὶ ἵνα τοῦτο γένηται, ἐπ' ἄλλου προσώπου γυμνάζει τὸ ἔγκλημα. Ἐπειδὴ γὰρ ἐξ εὐθείας οὐκ ἠθέλησαν ὁμολογῆσαι, διὰ παραβολῆς αὐτοὺς ἐμβάλλει D λοιπὸν εἰς ὅπερ ἐβούλετο. Ὅτε δὲ οὐ συνιέντες τὰ λεγόμενα τὴν ψῆφον ἐξήνεγκαν, τότε ἀποκαλύπτει λοιπὸν τὸ συνεσκιασμένον, καὶ λέγει· Ὅτι τελῶναι καὶ πόρναι προάγουσιν ὑμᾶς εἰς τὴν βασιλείαν τοῦ Θεοῦ. Ἦλθε γὰρ Ἰωάννης πρὸς ὑμᾶς ἐν ὁδῷ δικαιοσύνης, καὶ οὐκ ἐπιστεύσατε αὐτῷ· οἱ δὲ τελῶναι ἐπίστευσαν αὐτῷ. Ὑμεῖς δὲ ἰδόντες, οὐ μετεμελήθητε ὕστερον, τοῦ πιστεῦσαι αὐτῷ. Εἰ μὲν γὰρ εἶπεν ἁπλῶς, πόρναι προάγουσιν ὑμᾶς, ἔδοξεν ἂν φορτικὸς αὐτοῖς εἶναι ὁ λόγος· νυνὶ δὲ, μετὰ τὴν αὐτῶν ψῆφον ἀποφαινόμενος, ἀνεπαχθὴς εἶναι δοκεῖ. Διὰ τοῦτο καὶ τὴν αἰτίαν προσ- E τίθησι. Τίς δὲ ἦν αὕτη; Ἦλθεν Ἰωάννης, φησὶ, πρὸς ὑμᾶς, οὐ πρὸς ἐκείνους. Καὶ οὐ τοῦτο μόνον, ἀλλὰ καὶ Ἐν ὁδῷ δικαιοσύνης. Οὐδὲ γὰρ τοῦτο ἔχετε ἐγκαλεῖν, ὅτι ἠμελημένος τις ἦν, καὶ οὐδὲν ὠφελῶν· ἀλλὰ καὶ ὁ βίος [d] ἀνεπίληπτος καὶ ἡ πρόνοια πολλὴ, καὶ οὐ προσείχετε αὐτῷ. Καὶ μετὰ τούτου καὶ ἕτερον ἔγκλημα, 665 A ὅτι τελῶναι προσέσχον· καὶ μετὰ τούτου πάλιν ἄλλο, ὅτι οὐδὲ μετ' ἐκείνους ὑμεῖς. Ἔδει μὲν γὰρ καὶ πρὸ αὐτῶν· τὸ δὲ μηδὲ μετὰ τούτους, πάσης συγγνώμης ἐστερημένον ἦν· καὶ [a] ἄφατος κἀκείνων ἔπαινος, καὶ τούτων κατηγορία. Πρὸς ὑμᾶς ἦλθε, καὶ οὐ προσήκασθε· οὐκ ἦλθε πρὸς ἐκείνους, καὶ ἐδέξαντο· καὶ οὐδὲ ἐκείνους ἔχετε διδασκάλους. Ὅρα διὰ πόσων ἐκείνων δείκνυται τὸ ἐγκώμιον, καὶ τούτων ἡ κατηγορία. Πρὸς ὑμᾶς ἦλθεν, οὐ πρὸς ἐκείνους. Ὑμεῖς οὐκ ἐπιστεύσατε· τοῦτο ἐκείνους οὐκ ἐσκανδάλισεν. Αὐτοὶ ἐπίστευσαν· τοῦτο ὑμᾶς οὐκ ὠφέλησε. Τὸ δὲ, Προάγουσιν, οὐχ ὡς τούτων ἑπομένων, ἀλλ' ὡς ἐλπίδα ἐχόντων, ἐὰν ἐθέ- B λωσιν. Οὐδὲν γὰρ οὕτως ὡς ζηλοτυπία διεγείρει τοὺς παχυτέρους. Διὰ τοῦτο ἀεὶ λέγει, ὅτι Οἱ ἔσχατοι πρῶτοι, καὶ οἱ πρῶτοι ἔσχατοι. Διὰ τοῦτο καὶ πόρνας [b] παρήγαγε καὶ τελώνας, ἵνα παραζηλώσωσι. Καὶ γὰρ τὰ δύο ταῦτα ἄκρα ἁμαρτήματα, ἐξ ἔρωτος χαλεποῦ τικτόμενα, τὸ μὲν ἀπὸ σωμάτων, τὸ δὲ ἀπὸ χρημάτων ἐπιθυμίας. Δείκνυσι δὲ, ὅτι τοῦτο μάλιστά

[c] Unus δικαιωθήσονται. καὶ γάρ ἐστι μεῖζον τὸ ἐπηγγελμένον μὴ ἀνελθεῖν· εἶτα ἀνελθεῖν. διὰ τοῦτο.

[d] Quidam habent ἄληπτος.

tiam exhibuerunt: hi contra postquam dixerant, *Omnia quæcumque dixerit Deus faciemus et* Exod. 19.
audiemus, operibus non obsequuti sunt. Ideo ne 8.
putarent legem ipsos juvare, ostendit hoc ipsum illos damnare; id quod etiam dicit Paulus: *Non* Rom. 2. 13.
auditores legis justi sunt apud Deum, sed factores legis justificabuntur. Idcirco ut suo ipsi judicio damnarentur, rem sic dirigit, ut ipsi sententiam ferant: quod etiam in sequenti parabola vineæ facit.

3. Utque res ita succederet, aliam personam inducit quæ accusationem ferret. Quia enim nolebant directe fateri, per parabolam eos quo volebat adducit. Quando autem dictorum scopum non intelligentes sententiam tulerunt, tunc ipse aperit id quod occulte agebatur, et dicit: *Publicani et meretrices præcedent vos in regno Dei.* **32.** *Venit enim Joannes ad vos in via justitiæ, et non credidistis ei: publicani vero crediderunt ei. Vos autem videntes, non pœnitentiam egistis postea, ut crederetis ei.* Nam si simpliciter dixisset, Meretrices præcedunt vos, sermo illis onerosus visus fuisset: nunc autem post sententiam ab ipsis latam mitior videtur. Ideo causam adjicit. Quænam illa est? *Venit Joannes*, inquit, *ad vos*, non ad illos. Neque hoc solum, sed et *In via justitiæ*. Neque potestis eum criminari, quod negligens inutilisque fuerit: sed et vita ejus omni culpa libera, et providentia singularis, et tamen non attendistis ei. Post hoc etiam aliud crimen est, quod publicani attenderint; hinc aliud quod vos ne quidem post illos credideritis. Oportuit enim vos ante illos credere, quod vero neque post illos, omni venia indignum est: laus illorum eximia, crimen vestrum auget. Ad vos venit, nec admisistis illum; non venit ad illos, et susceperunt eum; neque illos doctores admittitis. Vide quot argumentis laus illorum, et horum crimen ostenditur. Ad vos venit, non ad illos. Vos non credidistis; hoc illis offendiculo non fuit. Illi crediderunt, id vobis non profuit. Illud enim, *Præcedent*, non dicitur, quasi hi sequantur; sed quod spem habeant, si velint. Nihil enim magis quam æmulatio rudiores concitat. Propterea semper dicit: *Novissimi primi, et primi novissimi.* Ideoque meretrices et publicanos induxit, ut illos zelo inflammaret. Hæc enim duo peccata extrema sunt, ex ferventi amore parta, alio corporum, alio pecuniarum. Ostendit autem, illud vere esse

[a] Morel. ἄφατος ἦν κἀκείνων.

[b] Alii παρῆγε.

audire legem Dei, si Joanni credatur. Nec vero gratiæ solum est quod meretrices introeant, verum etiam justitiæ. Non enim manentes meretrices introierunt, sed obedientes et credentes, et mundatæ et mutatæ, sic introierunt. Viden' quomodo minus onerosam et breviorem orationem fecit tum per parabolam, tum per meretricum commemorationem? Neque enim statim dixit, Cur non credidistis Joanni? sed quod longe acrius erat, publicanis meretricibusque propositis, tunc illud induxit, ex rerum serie illos venia indignos arguens, ostendensque, ipsos ob metum hominum et vanam gloriam omnia facere. Nam Christum non confitebantur præ timore, ne a synagoga pellerentur; et Joannem non audebant carpere, non ob pietatem, sed propter metum. Quæ omnia ille probavit ex supradictis, et gravius postea vulnus inflixit dicens: *Vos autem videntes non pœnitentiam egistis, ut crederetis ei.* Improbum enim est ab initio bonum non eligere; majus vero crimen, non mutari. Nam hoc maxime multos improbos efficit, id quod jam in multis video, ob extremam stoliditatem. Sed nemo talis sit, oro: verum etiamsi in extremum nequitiæ lapsus sit, ne desperet de resipiscentia; facile quippe est ex profundo improbitatis emergere. Annon audistis quomodo meretrix illa, quæ lascivia omnes superabat, omnes postea pietate vicit? Non de illa loquor quæ in evangeliis fertur; sed de illa quæ nostro ævo ex Phœniciæ civitate omnium nequissima fuit. Hæc quippe meretrix apud nos erat, primasque in scena tenebat, cujus nomen ubique celebrabatur, nec in nostra urbe tantum, sed usque ad Cilicas et Cappadocas. Multorumque opes exhausit, pupillos multos cepit: plurimi vero eam maleficis uti artibus dicebant, nec corporis forma tantum, sed ex veneficiis retia expandisse. Hæc imperatricis quoque fratrem irretivit. Nam multa vi tyrannidis pollebat. Sed repente nescio quomodo, imo probe scio quomodo sponte mutata, gratiam Dei sibi concilians, omnia illa sprevit, ac projectis diabolicis illecebris, ad cælum accurrit. Quamquam nihil illa turpius erat, cum in scena compareret: attamen multas postea castitate superavit, cilicioque induta omne transigebat tempus. Hujus revocandæ causa præfectus a quibusdam concitatus est, milites armati ad scenam illam transferre non potuerunt, neque ex cœtu virginum, quæ illam receperant, educere. Hæc sacris di-

Historia meretricis cujusdam, quæ mutata postea sanctam vitam duxit.

ἔστιν ἀκοῦσαι νόμου Θεοῦ, τὸ Ἰωάννῃ πιστεῦσαι. Οὐκ ἄρα χάριτος μόνης τὸ εἰσελθεῖν πόρνας, ἀλλὰ καὶ δικαιοσύνης. Οὐ γὰρ μένουσαι πόρναι εἰσῆλθον, ἀλλ' ὑπακούσασαι καὶ πιστεύσασαι, καὶ καθαρισθεῖσαι καὶ
C μεταβαλλόμεναι, οὕτως εἰσῆλθον. Εἶδες πῶς ἀνεπαχθῆ τὸν λόγον ἐποίησε καὶ τομώτερον ἀπὸ τῆς παραβολῆς, ἀπὸ τῆς τῶν πορνῶν ἐπαγωγῆς; Οὐδὲ γὰρ εἶπεν εὐθέως, διατί οὐκ ἐπιστεύσατε Ἰωάννῃ; ἀλλ' ὃ πολλῷ πληκτικώτερον ἦν, τοὺς τελώνας καὶ τὰς πόρνας προθεὶς, τότε τοῦτο ἐπήγαγεν, ἀπὸ τῆς τῶν πραγμάτων ἀκολουθίας διελέγχων αὐτῶν τὸ ἀσύγγνωστον, καὶ δεικνὺς, ὅτι διὰ φόβον ἀνθρώπων πάντα ποιοῦσι καὶ δόξαν κενήν. Καὶ γὰρ τὸν Χριστὸν οὐχ ὡμολόγουν διὰ φόβον, ἵνα μὴ ἀποσυνάγωγοι γένωνται· καὶ τὸν Ἰωάννην πάλιν οὐκ ἐτόλμων κακίζειν· οὐδὲ τοῦτο δι' εὐλάβειαν, ἀλλὰ διὰ φόβον. Ἅπερ ἅπαντα ἤλεγξε διὰ τῶν εἰρημένων, καὶ χαλεπωτέραν ὕστερον ἐπήγαγε
D τὴν πληγὴν, εἰπών· Ὑμεῖς δὲ εἰδότες οὐ μετεμελήθητε ὕστερον, τοῦ πιστεῦσαι αὐτῷ. Κακὸν μὲν γὰρ καὶ τὸ παρὰ τὴν ἀρχὴν μὴ ἑλέσθαι τὸ καλόν· μείζων δὲ κατηγορία, τὸ μηδὲ μεταθέσθαι. Μάλιστα γὰρ τοῦτο ἐργάζεται πολλοὺς πονηροὺς, ὃ καὶ νῦν πάσχοντας ἐνίους ὁρῶ ὑπὸ ἀναισθησίας ἐσχάτης. Ἀλλὰ μηδεὶς ἔστω τοιοῦτος· ἀλλὰ κἂν εἰς ἔσχατον κατενεχθῇ κακίας, μὴ ἀπογινωσκέτω τὴν ἐπὶ τὸ βέλτιον μεταβολήν. Ῥάδιον γὰρ ἐξ αὐτῶν τῶν βαράθρων τῆς πονηρίας ἀνενεγκεῖν. Ἢ οὐκ ἠκούσατε πῶς ἐκείνη ἡ πόρνη, ἡ ἐπὶ ἀσελγείᾳ πάντας παρελάσασα, πάντας ἀπέκρυ-
E ψεν ἐν εὐλαβείᾳ; Οὐ τὴν ἐν τοῖς εὐαγγελίοις λέγω, ἀλλὰ τὴν ἐπὶ τῆς γενεᾶς τῆς ἡμετέρας, τὴν ἐκ Φοινίκης τῆς παρανομωτάτης πόλεως. Καὶ γὰρ [c] αὕτη ἡ πόρνη ποτὲ παρ' ἡμῖν ἦν, τὰ πρωτεῖα ἐπὶ τῆς σκηνῆς ἔχουσα, καὶ πολὺ τὸ ὄνομα αὐτῆς πανταχοῦ, οὐκ ἐν τῇ πόλει τῇ ἡμετέρᾳ μόνον, ἀλλὰ καὶ μέχρι Κιλίκων καὶ Καππαδοκῶν. Καὶ πολλὰς μὲν ἐκένωσεν οὐ-
56 A σίας, καὶ πολλοὺς [a] εἷλεν ὀρφανούς· πολλοὶ δὲ αὐτὴν καὶ εἰς γοητείαν διέβαλον, ὡς οὐ τῇ τοῦ σώματος ὥρᾳ μόνον, ἀλλὰ καὶ τοῖς φαρμάκοις ἐκεῖνα τὰ δίκτυα πλέκουσαν. Εἷλέ ποτε καὶ βασιλίδος ἀδελφὸν αὕτη ἡ πόρνη. Καὶ γὰρ πολλὴ ἦν αὐτῆς ἡ τυραννίς. Ἀλλ' ἀθρόον οὐκ οἶδ' ὅπως, μᾶλλον δὲ οἶδα σαφῶς· βουληθεῖσα γὰρ καὶ μεταβληθεῖσα, καὶ τοῦ Θεοῦ τὴν χάριν ἐπισπασαμένη, κατεφρόνησεν ἁπάντων ἐκείνων, καὶ ῥίψασα τοῦ διαβόλου τὰς μαγγανείας, πρὸς τὸν οὐρανὸν ἀνέδραμε. Καίτοι γε οὐδὲν αἰσχρότερον αὐτῆς ἦν, ὅτε ἐπὶ τῆς σκηνῆς ἦν· ἀλλ' ὅμως ὕστερον πολλὰς παρήλασε
B τῇ τῆς ἐγκρατείας ὑπερβολῇ, καὶ σάκκον περιθεμένη, πάντα τὸν χρόνον οὕτως ἠσκεῖτο. Ταύτης ἕνεκεν καὶ ὕπαρχος ἠνωχλήθη, καὶ στρατιῶται ὡπλίσθησαν, καὶ

c [Cod. 694 αὕτη, πόρνη.]

a Alius πολλοὺς διέθηκεν ὀρφανούς. Alius εἶχεν ὀρφ

μεταστῆσαι πρὸς τὴν σκηνὴν αὐτὴν οὐκ ἴσχυσαν, οὐδὲ ἐξαγαγεῖν τῶν ὑποδεξαμένων αὐτὴν παρθένων. Αὕτη μυστηρίων καταξιωθεῖσα τῶν ἀποῤῥήτων, καὶ τῆς χάριτος ἀξίαν ἐπιδειξαμένη σπουδὴν, οὕτω τὸν βίον κατέλυσεν, ἅπαντα ἀπονιψαμένη διὰ τῆς χάριτος, καὶ μετὰ τὸ βάπτισμα πολλὴν ἐπιδειξαμένη τὴν φιλοσοφίαν. Οὐδὲ γὰρ ψιλῆς ὄψεως μετέδωκε τοῖς ποτε ἐρασταῖς ἐπὶ τοῦτο ἐλθοῦσιν, ἀποκλείσασα ἑαυτὴν, καὶ ἔτη πολλὰ καθάπερ ἐν δεσμωτηρίῳ διατελέσασα. Οὕτως C ἔσονται οἱ ἔσχατοι πρῶτοι, καὶ οἱ πρῶτοι ἔσχατοι· οὕτω πανταχοῦ πεπυρωμένης ἡμῖν ψυχῆς δεῖ. Καὶ τὸ κωλῦον οὐδὲν, γενέσθαι μέγαν καὶ θαυμαστόν.

Μηδεὶς [b] τοίνυν τῶν ἐν κακίᾳ ἀπογινωσκέτω. Μηδεὶς ἐν ἀρετῇ ὢν νυσταζέτω, μήτε οὕτω θαῤῥείτω. Πολλάκις γὰρ αὐτὸν ἡ πόρνη παρελεύσεται. Μήτε ἐκεῖνος ἀπογινωσκέτω· δυνατὸν γὰρ αὐτὸν καὶ τοὺς πρώτους παρελθεῖν. Ἄκουσον τί φησιν ὁ Θεὸς πρὸς τὴν Ἱερουσαλήμ. Εἶπον μετὰ τὸ πορνεῦσαι αὐτὴν ταῦτα πάντα, πρός με ἀνάστρεψον, καὶ οὐκ ἀνέστρεψεν. Ὅταν γοῦν * ἀπέλθωμεν εἰς τὴν σφοδρὰν ἀγάπην τοῦ Θεοῦ, οὐ μέμνηται τῶν προτέρων. Οὐκ ἔστιν ὡς D ἄνθρωπος ὁ Θεός· οὐ γὰρ ὀνειδίζει τὰ παρελθόντα, οὐδὲ λέγει· διατί τοσοῦτον χρόνον ἀπελείφθης; ἂν μετανοήσωμεν· ἀλλ' ἀγαπᾷ, ὅταν προσέλθωμεν· μόνον, ὡς χρὴ, προσέλθωμεν. Κολληθῶμεν τοίνυν αὐτῷ σφοδρῶς, καὶ προσηλώσωμεν τῷ φόβῳ αὐτοῦ [c] τὰς καρδίας ἡμῶν. Τοιαῦτα γέγονεν οὐκ ἐν τῇ Καινῇ μόνον πράγματα, ἀλλὰ καὶ ἐν τῇ Παλαιᾷ. Τί γὰρ τοῦ Μανασσῆ χεῖρον; Ἀλλ' ἠδυνήθη τὸν Θεὸν ἐξιλεώσασθαι. Τί τοῦ Σολομῶντος μακαριώτερον; Ἀλλ' ἀπονυστάξας ἔπεσε. Μᾶλλον δὲ καὶ ἀμφότερα ἐν ἑνὶ ἔχω δεῖξαι γενόμενα, ἐν τῷ πατρὶ τῷ τούτου· καὶ γὰρ καὶ καλὸς E καὶ κακὸς γέγονέ ποτε ὁ αὐτός. Τί τοῦ Ἰούδα μακαριώτερον; Ἀλλ' ἐγένετο προδότης. Τί τοῦ Παύλου ἀθλιώτερον; Ἀλλ' ἐγένετο ἀπόστολος. Τί Ματθαίου χεῖρον; Ἀλλ' ἐγένετο εὐαγγελιστής. Τί τοῦ Σίμωνος ζηλωτότερον; Ἀλλ' ἐγένετο καὶ αὐτὸς ἁπάντων ἀθλιώτερος. Πόσας τοιαύτας ἑτέρας βούλει ἰδεῖν μεταβολὰς, καὶ πάλαι γεγενημένας, καὶ νῦν γινομένας καθ' ἑκάστην ἡμέραν; Διὰ δὴ τοῦτο λέγω, μήτε ὁ ἐπὶ τῆς σκηνῆς ἀπογινωσκέτω, μήτε ὁ ἐν τῇ ἐκκλησίᾳ θαῤῥείτω. 667 A Πρὸς μὲν γὰρ τοῦτόν φησιν, Ὁ δοκῶν ἑστάναι, βλεπέτω μὴ πέσῃ· πρὸς δὲ ἐκεῖνον, Μὴ ὁ πίπτων οὐκ ἀνίσταται; καὶ, Τὰς παρειμένας χεῖρας καὶ τὰ παραλελυμένα γόνατα ἀνορθώσατε. Πάλιν πρὸς τούτους φησὶ, Γρηγορεῖτε· πρὸς δὲ ἐκείνους, Ἔγειραι, ὁ καθεύδων, καὶ ἀνάστα ἐκ τῶν νεκρῶν. Οὗτοι μὲν

gnata mysteriis, cum accepta gratia dignum virtutis studium adhibuisset, vitam clausit, cum peccata omnia per gratiam eluisset, et post baptismum magnam exhibuisset philosophiam. Nec umquam amatores olim suos accedentes aspicere voluit, seque ipsam inclusit, multosque annos quasi in carcere transegit. *Sic erunt novissimi* Matth. 20
primi, et primi novissimi : sic nobis ubique fer- 16.
venti animo opus est. Nihil impedit quominus magni et mirabiles evadamus.

4. Nemo igitur in nequitia degens desperet : nemo virtutem exercens dormitet, neque ita confidat. Sæpe namque eveniet ut meretrix illum antevertat. Ille vero ne desperet; poterit enim etiam primos præcedere. Audi quid dicat Deus Jerosolymæ. *Dixi postquam fornicata est in his* Jer. 3. 7.
omnibus, Convertere, et conversa non est. Cum igitur ferventem Dei amorem adimus, non recordatur ille priorum. Non est sicut homo Deus; neque enim præterita probro dat, neque dicit : Quare tanto tempore abfuisti? si tamen pœnitentiam egerimus; sed diligit nos, cum ipsum adimus, dum ut oportet accedamus. Ipsi ergo admodum hæreamus, et configamus timore ejus Psal. 118.
corda nostra. Res hujusmodi non in nova solum 120.
lege, sed et in veteri observantur. Quid enim Manasse deterius? Sed potuit Deum placare? Quid 4. Reg. 21.
Salomone beatius? Sed dormitans cecidit. Imo 3. Reg. 11
hæc ambo possum in uno ostendere, in ejus scili- 4.
cet patre : nam ille et probus et improbus fuit. Quid Juda beatius? Sed fuit proditor. Quid Paulo miserius? Sed fuit apostolus. Quid Matthæo pejus? Sed fuit evangelista. Quid Simone laudabilius? Sed fuit omnium miserrimus. Quot similes mutationes, et olim et nunc quotidie factas, videre potes? Quamobrem dico, nec histrio desperet, nec is qui in ecclesia est confidat. Huic namque dicit, *Qui videtur stare, videat ne cadat;* 1. Cor. 10
illi autem, *Numquid qui cadit non resurget?* 12.
et, *Manus remissas et genua debilia roborate.* Jer. 8. 4. Isai. 35. 3.
Ac rursus his, *Vigilate;* illis vero, *Surge, qui* Ephes. 5.
dormis, et resurge a mortuis. Nam hi id quod 14.
habent servare debent, illi vero id fieri quod non sunt; hi sanitatem custodire, illi ab infirmitate liberari. Multum laborant ægritudine, sed multi

Numquam desperandum de salute.

[b] Alii τοίνυν ἐν κακίᾳ ὢν ἀπογ. Ibidem Morel. ἐν ἀρετῇ ὢν θαῤῥείτω, omissis interpositis.

* [Savil. et Codex 694 ἐπανέλθωμεν.]

[c] Editi τὰς καρδίας ἡμῶν, et sic etiam Manuscriptorum pars maxima : alii τὰς σάρκας ἡμῶν, ut habetur in Psalmo, ex quo fortasse librarii Chrysostomi locum emendare se putarunt.

ægri valetudinem recuperant, et bene valentes, si negligant, in morbum incidunt. Illis itaque dicit : *Joan. 5. 14.* *Ecce sanus factus es : noli amplius peccare, ne tibi quid deterius contingat;* *Ibid. v. 6. 8.* his vero, *Vis sanus fieri? Tolle grabatum tuum, et vade in domum tuam.* Gravis enim, gravis certe paralysis est peccatum; imo non paralysis tantum, sed aliquid gravius. Neque enim hic bonis tantum privatur, sed in malorum exercitio est. Attamen licet ita affectus sis, si volueris paululum exsurgere, omnia mala solvuntur. Etiamsi triginta octo annos habeas, si sanitatem recuperare studeas, nihil obest. Adest etiam nunc Christus et dicit, *Tolle lectum tuum* : modo velis; surge, ne desperes : hominem non habes, sed habes Deum. Non habes virum qui te in piscinam injiciat; sed habes eum qui non sinat te opus habere piscina. Non habes qui te illo conjiciat, sed habes qui jubeat tollere *Ibid. v. 7.* lectum tuum. Non licet dicere, *Dum ego venio, alius ante me descendit.* Si enim velis in fontem descendere, nemo impediet. Gratia non consumitur, non impenditur : fons quidam est semper scaturiens, ex plenitudine ejus omnes sanamur, et secundum animam et secundum corpus. Accedamus igitur etiam nunc. Nam Raab meretrix erat, sed servata est; latro homicida erat, sed paradisi civis effectus est; et Judas, qui cum magistro erat, periit; latro autem, in cruce cum esset, discipulus factus est. Hæc Dei mirabilia sunt. Sic magi acceptabiles fuerunt; sic publicanus evangelista factus est; sic blasphemus fuit apostolus.

Omne tempus ad pœnitentiam aptum est.

γὰρ φυλάξαι δέονται ὅπερ ἔχουσιν, ἐκεῖνοι δὲ γενέσθαι ὅπερ οὐκ εἰσίν· οὗτοι διατηρῆσαι τὴν ὑγίειαν, ἐκεῖνοι τῆς ἀῤῥωστίας ἀπαλλαγῆναι. Κάμνουσι γὰρ πολλὰ, ἀλλὰ πολλοὶ καὶ τῶν καμνόντων ὑγιαίνουσι καὶ τῶν ὑγιαινόντων ῥᾳθυμήσαντες ἀῤῥωστοῦσι. Πρὸς μὲν οὖν ἐκείνους φησίν· Ἴδε ὑγιὴς γέγονας, μηκέτι ἁμάρτανε, B ἵνα μὴ χεῖρόν τί σοι γένηται· πρὸς δὲ τούτους· Θέλεις ὑγιὴς γενέσθαι; [a] Ἆρον τὸν κράββατόν σου, καὶ ἐγερθεὶς ὕπαγε εἰς τὸν οἶκόν σου. Δεινὴ γὰρ, δεινὴ παράλυσις ἡ ἁμαρτία· μᾶλλον δὲ οὐδὲ παράλυσις μόνον ἐστὶν, ἀλλὰ καὶ ἄλλο τι χαλεπώτερον. Οὐ γὰρ ἐν ἀργίᾳ μόνον ἀγαθῶν ἐστιν ὁ τοιοῦτος, ἀλλὰ [b] καὶ ἐν ἐνεργείᾳ κακῶν. Ἀλλ' ὅμως κἂν οὕτω διακείμενος ᾖς, κἂν θελήσῃς μικρὸν διαναστῆναι, πάντα λύεται τὰ δεινά. Κἂν τριακονταοκτὼ ἔτη ἔχῃς, σπουδάσῃς δὲ γενέσθαι ὑγιὴς, οὐδεὶς ὁ κωλύων. Πάρεστι [c] καὶ νῦν ὁ Χριστὸς, καὶ λέγει, Ἆρον τὴν κλίνην σου· μόνον θέλησον· διανάστηθι· μὴ ἀπογνῷς· οὐκ ἔχεις ἄνθρωπον, C ἀλλ' ἔχεις Θεόν. Οὐκ ἔχεις τὸν βάλλοντά σε εἰς τὴν κολυμβήθραν, ἀλλ' ἔχεις τὸν οὐκ ἀφιέντα σε δεηθῆναι κολυμβήθρας. Οὐκ ἔχεις τὸν ἐκεῖ σε ῥίπτοντα, ἀλλ' ἔχεις τὸν κελεύοντά σοι ἆραι τὴν κλίνην. Οὐκ ἔστιν εἰπεῖν, Ἐν ᾧ δὲ [d] ἔρχομαι ἐγὼ, ἄλλος πρὸ ἐμοῦ καταβαίνει. Ἂν γὰρ θελήσῃς κατελθεῖν εἰς τὴν πηγὴν, οὐδεὶς ὁ κωλύων. Οὐκ ἀναλίσκεται, οὐ δαπανᾶται ἡ χάρις· πηγή τίς ἐστιν ἀναβλύζουσα διηνεκῶς, ἐκ τοῦ πληρώματος αὐτοῦ πάντες θεραπευόμεθα καὶ ψυχὰς καὶ σώματα. Προσερχώμεθα τοίνυν καὶ νῦν. Καὶ γὰρ ἡ Ῥαὰβ πόρνη ἦν, ἀλλ' ἐσώθη· καὶ ὁ λῃστὴς ἀνδρο- D φόνος ἦν, ἀλλὰ παραδείσου πολίτης ἐγένετο· καὶ ὁ μὲν Ἰούδας μετὰ τοῦ διδασκάλου ὢν, ἀπώλετο· ὁ δὲ λῃστὴς ἐν σταυρῷ ὢν, μαθητὴς ἐγένετο. Ταῦτα τοῦ Θεοῦ τὰ παράδοξα. Οὕτως οἱ μάγοι εὐδοκίμησαν· οὕτως ὁ τελώνης εὐαγγελιστὴς ἐγένετο· οὕτως ὁ βλάσφημος ἀπόστολος.

5. Hæc conspice, et numquam desperes, sed semper confide, et excita teipsum. Viam solum inito, quæ illo ducit, et celeriter incede. Ne claudas januas, ne ingressum obsepias. Breve est præsens tempus, parvus labor. Etiamsi magnus esset, ne sic quidem desperare oporteret. Etiamsi enim nunc pulcherrimum laborem, quem pœnitentia et virtus afferunt, non suscipias, in mundo certe laborabis et alio modo sudabis. Quod si et hic et illic labor est, cur non hunc laborem suscipimus, qui multum affert fructum et magnam mercedem? Quamquam non idem hic labor qui illic. In sæcularibus enim frequentia pericula, damna sibi

In hoc mundo labor est et probis et improbis.

Ταῦτα ὅρα, καὶ μηδέποτε ἀπογνῷς, ἀλλ' ἀεὶ θάῤῥει, καὶ διανάστησον σαυτόν. Ἅψαι μόνον τῆς ὁδοῦ τῆς ἐκεῖ φερούσης, καὶ πρόβηθι ταχέως. Μὴ τὰς θύρας ἀποκλείσῃς, μὴ τὴν εἴσοδον φράξῃς. Βραχὺς ὁ παρὼν καιρὸς, ὀλίγος ὁ πόνος. Εἰ δὲ καὶ πολὺς ἦν, οὐδὲ οὕτως ἀπαγορεύειν ἔδει. Κἂν γὰρ μὴ κάμῃς τὸν E κάλλιστον τοῦτον κάματον τὸν ἐν τῇ μετανοίᾳ καὶ ἐν τῇ ἀρετῇ, ἐν τῷ κόσμῳ πάντως καμῇ καὶ ταλαιπωρήσεις ἑτέρως. Εἰ δὲ καὶ ἐνταῦθα κἀκεῖ κάματος, διατί μὴ τοῦτον αἱρούμεθα τὸν πολὺν ἔχοντα τὸν καρπὸν καὶ μεγάλην τὴν ἀμοιβήν; Καίτοι γε οὐδὲ ὁ αὐτὸς [e] κάματος οὗτος κἀκεῖνος. Ἐν μὲν γὰρ τοῖς βιωτικοῖς καὶ κίνδυνοι συνεχεῖς, καὶ ζημίαι ἐπάλληλοι, καὶ ἡ

[a] Duo Mss. ἆρον τὴν κλίνην σου.

[b] Unus καὶ ἐν ἀργίᾳ κακῶν.

[c] Morel. καὶ νῦν ὁ κύριος λέγει καὶ νῦν, male. Mox quidam διαναστῆναι.

[d] Morel. ἔρχομαι, ἀλλά.

[e] Morel. κάματος κἀκεῖνος.

ἐλπὶς ἄδηλος, καὶ δουλοπρέπεια πολλὴ, καὶ χρημάτων καὶ σωμάτων καὶ ψυχῆς δαπάνη· καὶ τότε ἡ τῶν καρπῶν ἀντίδοσις πολὺ τῆς ἐλπίδος καταδεεστέρα, ἂν ἄρα βλαστήσῃ· οὐδὲ γὰρ πανταχοῦ φέρει καρπὸν ὁ τῶν βιωτικῶν πραγμάτων ἱδρώς. Πλὴν ἀλλὰ καὶ ὅταν μὴ διαπέσῃ, ἀλλὰ καὶ πολλὴν ἐνέγκῃ τὴν φορὰν, ἐν βραχεῖ παραμένει τῷ χρόνῳ. Ὅταν γὰρ γηράσῃς, καὶ μηκέτι λοιπὸν ἀκριβῆ τῆς ἀπολαύσεως τὴν αἴσθησιν ἔχῃς, τότε σοι φέρει τὰς [a] ἀμοιβὰς ὁ πόνος. Καὶ ὁ μὲν πόνος, ἐν ἀκμάζοντι σώματι· ὁ δὲ καρπὸς καὶ ἡ τρυφὴ, ἐν γεγηρακότι καὶ παρειμένῳ, ὅταν καὶ τὴν αἴσθησιν ὁ χρόνος καταμαράνῃ, καὶ εἰ μὴ κατεμάρανεν, ἡ τῆς τελευτῆς ἐλπὶς οὐκ ἠφίει τρυφᾶν. Ἐκεῖ δὲ οὐχ οὕτως, ἀλλ' ὁ μὲν πόνος, ἐν φθορᾷ καὶ τελευτῶντι σώματι· ὁ δὲ στέφανος, [b] ἐν ἀγήρῳ καὶ ἀθανάτῳ, καὶ τέλος οὐκ ἔχοντι. Καὶ ὁ μὲν πόνος καὶ πρῶτος καὶ βραχύς· ἡ δὲ ἀντίδοσις καὶ ὑστέρα καὶ ἄπειρος, ἵνα μετὰ ἀδείας ἀναπαύῃ λοιπὸν, μηδὲν προσδοκῶν ἀηδές. Οὐ γάρ ἐστι μεταβολὴν δεῖσαί ποτε λοιπὸν, οὐδὲ ἔκπτωσιν, καθάπερ ἐνταῦθα. Ποῖα οὖν ταῦτα ἀγαθὰ, τὰ μήτε ἀσφαλῆ, καὶ βραχέα καὶ πήλινα, καὶ πρὶν ἢ φανῆναι ἀφανιζόμενα, καὶ μετὰ πολλῶν κτώμενα πόνων; Ποῖα δὲ ἐκείνων ἀγαθὰ ἴσα, τῶν ἀκινήτων, τῶν ἀγηράτων, τῶν μηδένα μόχθον ἐχόντων, καὶ ἐν τῷ καιρῷ τῶν ἀγώνων τοὺς στεφάνους σοι κομιζόντων; Ὁ γὰρ χρημάτων καταφρονῶν, καὶ ἐντεῦθεν ἤδη λαμβάνει τὸν μισθὸν, φροντίδος ἀπαλλαττόμενος, βασκανίας, συκοφαντίας, ἐπιβουλῆς, φθόνου. [c] Ὁ σώφρων, καὶ κοσμίως ζῶν, καὶ πρὸ τῆς ἐντεῦθεν ἀποδημίας στεφανοῦται καὶ ἐντρυφᾷ, ἀσχημοσύνης, γέλωτος, κινδύνων, κατηγορίας, τῶν ἄλλων ἁπάντων ἀπαλλαττόμενος δεινῶν. Τὰ δὲ ἄλλα πάντα τῆς ἀρετῆς μέρη ὁμοίως ἐντεῦθεν ἤδη ἡμῖν δίδωσι [d] τὰς ἀμοιβάς. Ἵν' οὖν καὶ τῶν παρόντων καὶ τῶν μελλόντων ἐπιτύχωμεν ἀγαθῶν, φύγωμεν κακίαν καὶ ἑλώμεθα ἀρετήν. Οὕτω γὰρ καὶ ἐνταῦθα τρυφήσομεν, καὶ τῶν μελλόντων ἐπιτευξόμεθα ἀγαθῶν· ὧν γένοιτο πάντας ἡμᾶς ἐπιτυχεῖν, χάριτι καὶ φιλανθρωπίᾳ τοῦ Κυρίου ἡμῶν Ἰησοῦ Χριστοῦ, ᾧ ἡ δόξα καὶ τὸ κράτος εἰς τοὺς αἰῶνας τῶν αἰώνων. Ἀμήν.

668 A mutuo succedentia, spes incerta, servitus multa, pecuniarum, corporum, et animæ dispendia, et fructuum proventus spe longe minores, si tamen veniant: neque enim sæcularium rerum sudores fructum semper afferunt. Verumtamen etsi non excidant, etiamsi multum proventum afferant, modico tempore manent. Cum enim senueris, nec possis iis pro voto frui, tunc mercedem laborum recipies. Sic labor vigente corpore suscipitur: fructus autem et voluptas, cor-
B pore jam sene et soluto, cum sensum tempus exstinxit, etsi non prorsus exstinxerit, mortis spes non sinit deliciis frui. Illic vero res non ita se habet, sed labor est in corruptione et in mortali corpore; corona vero in non senescente, immortali, finem non habente. Labor præcedit et brevis est; merces autem sequitur et est immensa, ut cum libertate demum quiescas, nihil exspectans injucundum. Nulla enim ibi mutatio timenda, nullus casus, ut in hoc mundo. Qualia autem sunt hæc bona, non tuta, sed brevia, lutea, quæ vix appa-
C rent et evanescunt, ac cum multis laboribus possidentur? Quæ bona sunt illis æqualia, quæ sunt immobilia, quæ numquam senescunt, quæ nullius sunt laboris, quæ certaminum tempore coronas tibi afferunt? Nam qui pecunias despicit, jam hinc mercedem recipit, sollicitudine vacuus, livore, sycophantia, insidiis, invidia. Qui castus est et ornate vivit, etiam antequam decedat, coronatur et in deliciis degit, dedecore, irrisionibus, periculis, accusationibus aliisque omnibus malis liberatus. Aliæ quoque virtutis partes similiter jam hic nobis mercedem afferunt. Ut igitur et præsen-
D tia et futura consequamur bona, fugiamus nequitiam et virtutem amplectamur. Sic enim et hic in deliciis erimus, et futura consequemur bona: quæ utinam omnes adipiscamur gratia et benignitate Domini nostri Jesu Christi, cui gloria et imperium in sæcula sæculorum. Amen.

[a] Morel. τὰς ἀμοιβὰς ὁ χρόνος.

[b] Morel. et quidam alii ἐν ἀκηράτῳ καὶ ἀκαμάτῳ.

[c] Alii ὁ σωφρόνως καὶ κοσμίως ζῶν.

[d] Savil. τὴν ἀμοιβήν.

HOMILIA LXVIII. al. LXIX.

669 A

Cap. XXI. v. 33. *Aliam parabolam audite. Homo quidam erat paterfamilias, qui plantavit vineam, et sepem circumposuit ei : et fodit in ea torcular, et ædificavit turrim : et locavit eam agricolis, et peregre profectus est. 34. Quando autem appropinquavit tempus fructuum, misit servos suos ad agricolas, ut acciperent fructus ejus. 35. Et agricolæ,* B *apprehensis servis ejus, alium ceciderunt, alium interfecerunt, alium autem lapidaverunt. 36. Rursum misit alios servos numero plures, et fecerunt illis similiter. 37. Novissime autem misi ad eos filium suum dicens: Reverebuntur forte filium meum. 38. Agricolæ autem videntes filium, dixerunt in seipsis : Hic est heres, venite, interficiamus eum, et possideamus hereditatem ejus. 39. Et* C. *apprehensum eum ejecerunt extra vineam et interfecerunt. 40. Cum ergo venerit dominus vineæ, quid faciet agricolis illis? 41. Dicunt ei : Malos male perdet, et vineam suam locabit aliis agricolis, qui reddent ei fructus temporibus suis. 42. Dicit illis Jesus : Numquam legistis in Scripturis, Lapidem quem* Psal. 117. 22. *reprobaverunt ædificantes, hic factus est in caput anguli ?*

1. Multa per hanc parabolam subindicat : Dei D providentiam, qua semper illis adfuit, sanguinarium eorum a principio animum, nihilque prætermissum fuisse quod ad curam eorum gerendam pertineret, quod prophetis occisis non aversus ab illis fuerit Deus, sed et Filium suum miserit; quod Novi et Veteris Testamenti unus et idem sit Deus; quod mors ejus magna operata sit; quod extremas pœnas dent ob crucem et facinus suum : gentium conversionem, et Judæorum lapsum. Ideo igitur hanc parabolam post præcedentem posuit, E ut et majus crimen ostenderet, quod nullam veniam mereretur. Quo modo et qua ratione ? Quia tantam nacti Dei providentiam, a meretricibus et publicanis victi, longe retro relicti sunt. Perpende autem et ejus magnam providentiam, et illorum

ΟΜΙΛΙΑ ξη'.

Ἄλλην παραβολὴν ἀκούσατε. Ἄνθρωπός τις ἦν οἰκοδεσπότης, ὅστις ἐφύτευσεν ἀμπελῶνα, καὶ φραγμὸν αὐτῷ περιέθηκε, καὶ ὤρυξεν ἐν αὐτῷ ληνὸν, καὶ ᾠκοδόμησε πύργον· καὶ ἐξέδοτο αὐτὸν γεωργοῖς, καὶ ἀπεδήμησεν. Ὅτε δὲ ἤγγισεν ὁ καιρὸς τῶν καρπῶν, ἀπέστειλε τοὺς δούλους αὐτοῦ πρὸς τοὺς γεωργοὺς, λαβεῖν τοὺς καρποὺς αὐτοῦ. Καὶ λαβόντες οἱ γεωργοὶ τοὺς δούλους αὐτοῦ, ὃν μὲν ἔδειραν, ὃν δὲ ἀπέκτειναν, ὃν δὲ ἐλιθοβόλησαν. Πάλιν ἀπέστειλεν ἄλλους δούλους πλείονας τῶν πρώτων, καὶ ἐποίησαν αὐτοῖς ὡσαύτως. Ὕστερον δὲ ἀπέστειλε πρὸς αὐτοὺς τὸν υἱὸν αὐτοῦ, λέγων· ἴσως ἐντραπήσονται τὸν υἱόν μου. Οἱ δὲ γεωργοὶ ἰδόντες τὸν υἱὸν, εἶπον ἐν ἑαυτοῖς· οὗτός ἐστιν ὁ κληρονόμος, δεῦτε, ἀποκτείνωμεν αὐτὸν, καὶ κατάσχωμεν τὴν κληρονομίαν αὐτοῦ. Καὶ λαβόντες αὐτὸν ἐξέβαλον ἔξω τοῦ ἀμπελῶνος, καὶ ἀπέκτειναν. Ὅταν οὖν ἔλθῃ ὁ κύριος τοῦ ἀμπελῶνος, τί ποιήσει τοῖς γεωργοῖς ἐκείνοις; Λέγουσιν αὐτῷ· κακοὺς κακῶς ἀπολέσει αὐτοὺς, καὶ τὸν ἀμπελῶνα ἐκδόσεται ἄλλοις γεωργοῖς, οἵτινες ἀποδώσουσιν αὐτῷ τοὺς καρποὺς ἐν τοῖς καιροῖς αὐτῶν. Λέγει αὐτοῖς ὁ Ἰησοῦς· οὐδέποτε ἀνέγνωτε ἐν ταῖς Γραφαῖς, Λίθον ὃν ἀπεδοκίμασαν οἱ οἰκοδομοῦντες, οὗτος ἐγενήθη εἰς κεφαλὴν γωνίας; [a]

Πολλὰ ἀπὸ τῆς παραβολῆς αἰνίττεται ταύτης· τοῦ Θεοῦ τὴν πρόνοιαν, τὴν εἰς αὐτοὺς ἄνωθεν γεγενημένην, τὸ ἐξ ἀρχῆς αὐτῶν φονικὸν, τὸ μηδὲν παραλειφθῆναι τῶν ἡκόντων εἰς ἐπιμέλειαν, τὸ καὶ προφητῶν σφαγέντων μὴ ἀποστραφῆναι αὐτοὺς, ἀλλὰ καὶ τὸν Υἱὸν πέμψαι· τὸ καὶ τῆς Καινῆς καὶ τῆς Παλαιᾶς ἕνα καὶ τὸν αὐτὸν εἶναι Θεόν· τὸ μεγάλα αὐτοῦ τὸν θάνατον [b] κατορθῶσαι· τὸ τὴν ἐσχάτην δίκην τοῦ σταυροῦ καὶ τοῦ τολμήματος αὐτοὺς ὑπομένειν· τῶν ἐθνῶν τὴν κλῆσιν, τῶν Ἰουδαίων τὴν ἔκπτωσιν. Διὰ τοῦτο οὖν αὐτὴν [c] μετὰ τὴν ἔμπροσθεν τίθησιν, ἵνα δείξῃ κἀντεῦθεν τὸ ἔγκλημα μεῖζον καὶ σφόδρα ἀσύγγνωστον. Πῶς καὶ τίνι τρόπῳ; Ὅτι τοσαύτης τυχόντες ἐπιμελείας, πορνῶν καὶ τελωνῶν ἡττήθησαν, καὶ παρὰ τοσοῦτον. Θέα δὲ καὶ αὐτοῦ τὴν πρόνοιαν τὴν πολλὴν, καὶ τὴν τούτων ἀργίαν τὴν ἄφατον. Καὶ γὰρ ἃ τῶν

[a] Manuscripti plurimi Evangelii lectionem hic ulterius prosequuntur.

[b] Alii κατορθώσειν. Paulo post Morel. αὐτοῦ ὑπομένειν.

[c] Alii μετὰ τῶν ἔμπροσθεν.

γεωργῶν ἦν, αὐτὸς ἐποίησε· τὸ φραγμὸν περιθεῖναι, 670 A τὸ φυτεῦσαι τὸν ἀμπελῶνα, τὰ ἄλλα πάντα· καὶ μικρὸν αὐτοῖς καταλιπεῖν, [a] τὸ ἐπιμελεῖσθαι τῶν ὄντων, καὶ διαφυλάξαι τὰ δοθέντα. Οὐδὲν γὰρ ἐλλειφθὲν, ἀλλὰ πάντα ἀπηρτισμένα· καὶ οὐδὲ οὕτως ἐκέρδανον, καὶ ταῦτα τοσούτων ἀπολαύσαντες παρ' αὐτοῦ. Ὅτε γὰρ ἐξ Αἰγύπτου ἐξῆλθον, καὶ νόμον [b] ἔδωκε, καὶ πόλιν ἀνέστησε, καὶ θυσιαστήριον κατεσκεύασε, καὶ ναὸν ᾠκοδόμησε, Καὶ ἀπεδήμησε· τουτέστιν, ἐμακροθύμησεν, οὐκ ἀεὶ τοῖς ἁμαρτάνουσι παραπόδας ἐπάγων τὰς τιμωρίας· τὴν γὰρ ἀποδημίαν τὴν πολλὴν αὐτοῦ μακροθυμίαν φησί. Καὶ ἀπέστειλε τοὺς δούλους αὐτοῦ, τουτέστι, τοὺς προφήτας· τὸν καρπὸν λαβεῖν, τουτέ- B στι, τὴν ὑπακοὴν, τὴν διὰ τῶν ἔργων ἐπίδειξιν. Οἱ δὲ κἀνταῦθα τὴν κακίαν ἐπεδείξαντο, οὐ τῷ μὴ δοῦναι τὸν καρπὸν, τοσαύτης ἀπολαύσαντας ἐπιμελείας, ὅπερ ἀργίας ἦν, ἀλλὰ καὶ τῷ δυσχερᾶναι πρὸς τοὺς ἐλθόντας. Τοὺς γὰρ οὐκ ἔχοντας δοῦναι, καὶ ὀφείλοντας οὐκ ἀγανακτεῖν ἐχρῆν, οὐδὲ δυσχεραίνειν, ἀλλὰ παρακαλεῖν. Οἱ δὲ οὐ μόνον ἠγανάκτησαν, ἀλλὰ καὶ αἱμάτων τὰς χεῖρας ἐνέπλησαν· δίκην ὀφείλοντες, αὐτοὶ δίκην ἀπῄτουν. Διὰ τοῦτο καὶ δευτέρους ἔπεμψε καὶ τρίτους, ἵνα δειχθῇ καὶ ἡ τούτων κακία, καὶ ἡ τοῦ πέμψαντος φιλανθρωπία. Καὶ διατί μὴ τὸν υἱὸν [c] εὐθέως ἔπεμ- C ψεν; Ἵνα ἐκ τῶν εἰς ἐκείνους γενομένων καταγνόντες ἑαυτῶν, καὶ τὸν θυμὸν ἀφέντες, ἐκεῖνον ἐντραπῶσιν ἐλθόντα. Εἰσὶ δὲ καὶ ἕτεροι λόγοι· ἀλλὰ τέως ἐπὶ τὰ ἑξῆς ἴωμεν. Τί δέ ἐστι τὸ, Ἴσως ἐντραπήσονται; Οὐχὶ ἀγνοοῦντος, ἄπαγε, ἀλλὰ θέλοντος δεῖξαι τὸ ἁμάρτημα μέγα, καὶ ἀπολογίας ἁπάσης [d] ἐστερημένον. Ἐπεὶ αὐτὸς εἰδὼς, ὅτι ἀναιρήσουσιν, ἔπεμψε. Λέγει δὲ, Ἐντραπήσονται τὸν υἱόν μου, τὸ γενέσθαι ὀφεῖλον ἀπαγγέλλων· ὅτι ἔδει αὐτοὺς ἐντραπῆναι. Ἐπεὶ καὶ ἀλλαχοῦ φησιν· Ἐὰν ἄρα ἀκούσωσιν· οὐδὲ ἐκεῖ ἀγνοῶν, ἀλλ' ἵνα μὴ λέγωσί τινες τῶν ἀγνωμόνων, ὅτι ἡ πρόῤῥησις αὐτοῦ γέγονεν ἀναγκαστικὴ τῆς παρακοῆς, διὰ τοῦτο D οὕτω σχηματίζει τὰς λέξεις, Ἐὰν ἄρα, λέγων, καὶ, Ἴσως. Εἰ γὰρ καὶ περὶ τοὺς δούλους ἀγνώμονες ἐγένοντο, τοῦ υἱοῦ τὸ ἀξίωμα αἰδεσθῆναι ἐχρῆν. Τί οὖν οὗτοι; Δέον προσδραμεῖν, δέον αἰτῆσαι συγγνώμην ἐπὶ τοῖς πεπλημμελημένοις, ἐπαγωνίζονται τοῖς προτέροις, ἐπαποδύονται τοῖς μιάσμασιν, ἀεὶ τὰ πρότερα τοῖς δευτέροις ἀποκρύπτοντες· ὃ καὶ αὐτὸς δηλῶν ἔλεγε· Πληρώσατε τὸ μέτρον τῶν πατέρων ὑμῶν. Ἄνωθεν γὰρ αὐτοῖς ταῦτα ἐνεκάλουν οἱ προφῆται λέγοντες· Αἱ χεῖρες ὑμῶν αἵματος πλήρεις· καὶ, Αἵματα ἐφ' αἵμασι μίσγουσι· καὶ, Οἰκοδομοῦντες Σιὼν ἐν αἵμασιν. Ἀλλ' οὐκ ἐσωφρονίζοντο· καίτοι ταύτην λαβόντες πρώ- E

incredibilem supinitatem. Nam quæ agricolarum erant, ipse fecit: maceriam circumposuit, vineam plantavit, reliqua omnia præstitit; et parvum quid ipsis reliquit, ut res illas curarent, et quæ data fuerant conservarent. Nihil enim omissum fuerat; sed omnia perfecta erant: nihil tamen illis inde lucri, licet ipsis tanta contulisset bona. Nam post egressum ex Ægypto legem dedit, urbem condidit, templum construxit, aram erexit, *Et peregre profectus est;* id est, longa usus est patientia, cum non semper peccantibus statim supplicia inferat: peregrinationem quippe longam tolerantiam vocat. *Et misit servos suos,* hoc est, prophetas; ut fructum acciperent, id est, obedientiam per opera demonstratam. Illi vero hic etiam nequitiam suam exhibuerunt, non modo quod post tantam curam fructum non darent, quod negligentiam præ se ferebant, sed etiam quod illos venientes indigne ferrent. Nam qui debebant, nec reddere poterant, non indignari neque ægre ferre oportebat, sed rogare. Illi vero non indignabantur modo, sed manus sanguine replebant, et qui pœnas dare debebant, pœnas expetebant. Ideoque et secundos et tertios misit, ut ostenderetur et illorum nequitia et mittentis benignitas. Et cur non filium statim misit? Ut ex malis quæ in illos intulerunt, sese damnantes, remque remittentes, illum venientem vererentur. Possemus alias explicationes addere, sed ad sequentia pergamus. Quid sibi vult illud, *Forte verebuntur?* Non ignorantis est, absit, sed volentis ostendere quantum peccatum esset, et omni excusatione vacuum. Cum sciret enim occidendum fore, misit tamen. Illud autem, *Reverebuntur filium meum*, quod facere debebant enuntiat: quia oportebat certe illos revereri. Siquidem et alibi dicit: *Si forte audierint:* Ezech. 2. 5.
neque illic ignorabat, sed ne dicerent quidam improbi, prædictionem fuisse non obediendi necessariam causam, ideo sic dicta temperat, *Si forte* dicens, et *Fortasse*. Nam si circa servos improbi fuerunt, filii dignitatem revereri oportuit. Quid ergo isti? Cum accurrere oportuisset, veniamque de peccatis petere, priora superare concertant, in scelera sese immergunt, priora semper posterioribus obruentes; quod et ipse declarans ait: *Im-* Matth. 23.
plete mensuram patrum vestrorum. Jam olim 32.
enim prophetæ de his illos accusabant dicentes:
Manus vestræ plenæ sunt sanguine; et, *San-* Isai. 1. 15. Osee 4. 2.

[a] Savil. et quidam Mss. τὸ ἐπιμελεῖσθαι. Morel. et alii τὸ ἐπιμελήσασθαι. [Paulo ante Savil. τὸ μικρὸν... καταλιπεῖν. Corrector recens Codicis 694 κατέλιπεν.]

[b] Morel. ἔδωκε καὶ θυσιαστήριον.

[c] Alii εὐθέως ἀπέστειλεν.

[d] Alii ἐστερημένον. ὅμως γοῦν αὐτὸς καίπερ εἰδώς.

Mich.3.10. *guinem sanguini miscent ;* et, *Ædificante Sion in sanguinibus.* Sed non resipiscebant, etsi hoc mandatum accepissent, *Non occides*, et a sexcentis aliis juberentur abstinere, ac per hoc, perque alia multa ad observationem hujus præcepti inducerentur. Attamen hanc pravam consuetudinem non deposuerunt. Sed quid dicunt videntes eum? *Venite, occidamus eum.* Qua de causa? quid aut parvum aut magnum criminari potestis? an quod vos honoraverit, ac Deus cum esset, homo propter vos factus sit, innumeraque illa ediderit miracula? an quod peccata dimiserit, vel ad regnum vocarit? Vide cum impietate conjunctam dementiam multam, et necis causam insania ple-
Luc.20.14. nam. *Occidamus eum,* inquiunt, *et nostra erit hereditas.* Et ubi occidere deliberant? Extra vineam.

την τὴν ἐντολὴν, τὸ, Οὐ φονεύσεις, καὶ μυρίων ἑτέρων κελευσθέντες ἀπέχεσθαι, [e] καὶ διὰ τούτου καὶ διὰ πολλῶν καὶ παντοδαπῶν εἰς τὴν φυλακὴν τῆς ἐντολῆς ταύτης ἐναγόμενοι. Ἀλλ' ὅμως τὴν πονηρὰν ἐκείνην οὐκ ἀπέθεντο συνήθειαν. Ἀλλὰ τί λέγουσιν
671 ἰδόντες αὐτόν; Δεῦτε, ἀποκτείνωμεν αὐτόν. Τίνος ἕνε-
A κεν, καὶ διατί; τί ποτε ἔχοντες ἐγκαλεῖν, ἢ μικρὸν ἢ μέγα; ὅτι [a] ἐτίμησεν ὑμᾶς, καὶ Θεὸς ὢν, ἄνθρωπος ἐγένετο δι' ὑμᾶς, καὶ τὰ μυρία ἐκεῖνα εἰργάσατο θαύματα; ἀλλ' ὅτι τὰ ἁμαρτήματα συνεχώρει; ἀλλ' ὅτι ἐπὶ βασιλείαν ἐκάλει; Ὅρα δὲ μετὰ τῆς ἀσεβείας καὶ τὴν ἄνοιαν πολλὴν οὖσαν, καὶ τὴν αἰτίαν τῆς σφαγῆς πολλῆς γέμουσαν παραπληξίας. Ἀποκτείνωμεν γὰρ αὐτὸν, φησὶ, καὶ ἡμῶν ἔσται ἡ κληρονομία. Καὶ ποῦ ἀποκτεῖναι βουλεύονται; Ἔξω τοῦ ἀμπελῶνος.

2. Vidistin' quomodo etiam locum prophetet ubi
Ibid. v. 16.—18. mactandus erat. *Et ejicientes occiderunt.* Lucas quidem ait ipsum determinasse quid illos pati oporteret, ipsosque dixisse, *Absit;* et testimonium in-
Psal. 117. 22. duxisse. *Illos enim intuitus dixit : Quid ergo est, Lapidem quem reprobaverunt ædificantes, hic factus est in caput anguli?* Et, *Quicumque ceciderit super eum, confringetur.* Matthæus vero dicit illos protulisse sententiam. Verum non repugnat cum alio. Hæc enim ambo facta sunt, ipsique sententiam tulerunt contra seipsos, ac rursus cum dictorum vim sensissent, dixerunt, *Absit.* Prophetam autem ipsis opposuit, ut suaderet, rem prorsus esse futuram. Attamen vocationem gentium ne carpendi causam haberent, non aperte dixit, sed
Luc.20.16. subindicavit tantum dicens, *Dabit aliis vineam.* Ideo certe hac parabola usus est, ut ipsi sententiam ferrent. Quod in Davide quoque factum est, quando de parabola Nathani sententiam tulit. Tu vero mihi hinc considera quam justa sit sententia, quando ii, qui puniendi sunt, ipsi sese condemnant. Deinde ut discerent non solum id justitiam requirere, sed etiam jam olim id Spiritum pronuntiasse, et Deum ipsum sententiam tulisse, prophetiam induxit, illosque increpavit dicens, *Numquam legistis, Lapidem quem reprobaverunt ædificantes, hic factus est in caput anguli? A Domino factum est istud et est mirabile in oculis nostris :* his omnibus ostendens, Judæos ut incredulos abjiciendos, gentes autem inducendas esse. Id etiam per Chananæam, id per asinam, per centurionem, per-

Εἶδες πῶς προφητεύει καὶ τὸν τόπον, ἔνθα ἔμελλε
B σφάττεσθαι; Καὶ ἐκβαλόντες ἀπέκτειναν. Καὶ ὁ μὲν Λουκᾶς φησι, ὅτι αὐτὸς ἀπεφήνατο ὃ παθεῖν ἔδει τούτους, κἀκεῖνοι εἶπον, Μὴ γένοιτο· καὶ τὴν μαρτυρίαν ἐπήγαγεν. Ἐμβλέψας γὰρ αὐτοῖς εἶπε· τί οὖν ἐστι τὸ γεγραμμένον, Λίθον ὃν ἀπεδοκίμασαν οἱ οἰκοδομοῦντες, οὗτος ἐγενήθη εἰς κεφαλὴν γωνίας; Καὶ, Πᾶς ὁ πεσὼν ἐπ' αὐτὸν, συνθλασθήσεται. Ὁ δὲ Ματθαῖος, ὅτι αὐτοὶ τὴν ψῆφον ἐξήνεγκαν. Ἀλλ' οὐκ ἔστι τοῦτο ἐναντιολογίας. Καὶ γὰρ ἀμφότερα ταῦτα γέγονε· καὶ τὴν ψῆφον ἐξήνεγκαν αὐτοὶ καθ' ἑαυτῶν, καὶ πάλιν αἰσθόμενοι τῶν εἰρημένων, εἶπον, [b] Μὴ γένοιτο. Καὶ τὸν προφήτην αὐτοῖς ἐπετείχισε, πείθων αὐτοὺς, ὅτι πάντως
C ἔσται τοῦτο. Ἀλλ' ὅμως οὐδὲ οὕτω τὰ ἔθνη σαφῶς ἀπεκάλυψεν, ὥστε μηδεμίαν αὐτοῖς παρασχεῖν λαβὴν, ἀλλ' ᾐνίξατο εἰπὼν, Δώσει τὸν ἀμπελῶνα ἄλλοις. Διὰ τοῦτο δὴ καὶ παραβολὴν εἴρηκεν, ἵνα αὐτοὶ τὴν ψῆφον ἐξενέγκωσιν· ὅπερ καὶ ἐπὶ τοῦ Δαυὶδ γέγονεν, ὅτε ἔκρινε τὴν παραβολὴν τοῦ Νάθαν. Σὺ δέ μοι σκόπει κἀντεῦθεν πῶς δικαία ἡ ψῆφος, ὅταν αὐτοὶ οἱ μέλλοντες κολάζεσθαι ἑαυτοὺς καταδικάζωσιν. Εἶτα ἵνα μάθωσιν, ὅτι οὐ μόνον [c] ἡ τοῦ δικαίου φύσις ταῦτα ἀπῄτει, ἀλλὰ καὶ ἄνωθεν ἡ τοῦ Πνεύματος χάρις προὔλεγε ταῦτα, καὶ ὁ Θεὸς οὕτως ἐψηφίζετο, καὶ προφητείαν
D ἐπήγαγε, καὶ ἐντρεπτικῶς αὐτοῖς ἐπιτιμᾷ λέγων· Οὐδέποτε ἀνέγνωτε, ὅτι Λίθον ὃν ἀπεδοκίμασαν οἱ οἰκοδομοῦντες, οὗτος ἐγενήθη εἰς κεφαλὴν γωνίας; Παρὰ Κυρίου ἐγένετο αὕτη, καὶ ἔστι θαυμαστὴ ἐν ὀφθαλμοῖς ἡμῶν· διὰ πάντων [d] δεικνὺς, ὅτι οἱ μὲν ἐκβάλλεσθαι ἔμελλον ἀπιστοῦντες, τὰ δὲ ἔθνη εἰσάγεσθαι. Τοῦτο καὶ διὰ τῆ Χαναναίας, τοῦτο καὶ διὰ

[e] Alii et Morel. καὶ διὰ τοῦτο.
[a] Alii ἐτίμησεν ἡμᾶς.
[b] Morel. μὴ γένοιτο. διὰ τοῦτο καὶ τὸν πρ.
[c] Quidam ἡ τοῦ δικαίου ψῆφος.
[d] Alii ἀποδεικνύς.

[c] τῆς ὄνου, καὶ διὰ τοῦ ἑκατοντάρχου, καὶ διὰ πολλῶν ἑτέρων παραβολῶν ᾐνίξατο. Τοῦτο καὶ νῦν. Διὸ καὶ ἐπήγαγε· Παρὰ Κυρίου ἐγένετο αὕτη, καὶ ἔστι θαυμαστὴ ἐν ὀφθαλμοῖς ἡμῶν· προδηλῶν, ὅτι τὰ ἔθνη πιστεύοντα, καὶ Ἰουδαίων ὅσοι ἂν καὶ αὐτοὶ πιστεύσωσιν, ἔσονται ἕν, καίτοι τοσούτου τοῦ μέσου ὄντος ἔμπροσθεν. Εἶτα ἵνα μάθωσιν ὅτι οὐδὲν τῷ Θεῷ ἐναντίον τῶν γινομένων ἦν, ἀλλὰ καὶ σφόδρα εὐαπόδεκτον τὸ συμβαῖνον καὶ παράδοξον, καὶ τῶν ὁρώντων ἕκαστον ἐκπλῆττον (καὶ γὰρ ἦν θαῦμα σφόδρα ἄφατον), ἐπήγαγε λέγων· Παρὰ Κυρίου ἐγένετο αὕτη. Λίθον δὲ ἑαυτὸν καλεῖ, καὶ οἰκοδόμους τοὺς διδασκάλους τῶν Ἰουδαίων· ὃ καὶ Ἰεζεκιὴλ φησιν· Οἱ οἰκοδομοῦντες τὸν τοῖχον, καὶ ἀλείφοντες ἀναρτύτως. Πῶς δὲ καὶ ἀπεδοκίμασαν; Λέγοντες, Οὗτος οὐκ ἔστιν [a] ἐκ τοῦ Θεοῦ· οὗτος πλανᾷ τὸν ὄχλον· καὶ πάλιν, Σαμαρείτης εἶ σὺ, καὶ δαιμόνιον ἔχεις. Εἶτα ἵνα γνῶσιν, ὅτι οὐ μέχρι τοῦ ἐκβληθῆναι αὐτοὺς ἡ ζημία, ἐπάγει καὶ τὰς κολάσεις, λέγων· Πᾶς ὁ πίπτων ἐπὶ τὸν λίθον τοῦτον, συνθλασθήσεται· ἐφ' ὃν δ' ἂν πέσῃ, λικμήσει αὐτόν. Δύο φησὶν ἀπωλείας ἐνταῦθα· μίαν μὲν, τὴν ἀπὸ τοῦ προσκόψαι καὶ σκανδαλισθῆναι· τοῦτο γάρ ἐστιν, Ὁ πίπτων ἐπὶ τὸν λίθον τοῦτον· ἑτέραν δὲ, τὴν ἀπὸ τῆς ἁλώσεως αὐτῶν, καὶ τῆς συμφορᾶς, καὶ πανωλεθρίας, ἣν καὶ σαφῶς προεδήλωσεν εἰπὼν, Λικμήσει αὐτόν. Διὰ τούτων καὶ τὴν ἀνάστασιν ᾐνίξατο τὴν ἑαυτοῦ. Ὁ μὲν οὖν προφήτης Ἡσαΐας τὸν ἀμπελῶνα αἰτιᾶσθαί φησιν αὐτόν· ἐνταῦθα δὲ καὶ τοὺς ἄρχοντας τοῦ λαοῦ διαβάλλει· ἐκεῖ μέν φησι· Τί ἔδει με ποιῆσαι τῷ ἀμπελῶνί μου, καὶ οὐκ ἐποίησα; καὶ [b] δι' ἄλλου πάλιν· Τί ἐποίησά σοι, καὶ τί εὗρον οἱ πατέρες ὑμῶν ἐν ἐμοὶ πλημμέλημα; καὶ πάλιν, Λαός μου, τί ἐποίησά σοι; ἢ τί ἐλύπησά σε; δεικνὺς αὐτῶν τὴν ἀχάριστον γνώμην, καὶ ὅτι πάντων ἀπολαύοντες, τοῖς ἐναντίοις ἠμείβοντο. Ἐνταῦθα δὲ μετὰ πλείονος αὐτὸ τίθησιν ὑπερβολῆς· οὐ γὰρ αὐτὸς ἀποφαίνεται λέγων· Τί ἔδει με ποιῆσαι, καὶ οὐκ ἐποίησα; ἀλλ' αὐτοὺς ἐκείνους εἰσάγει ψηφιζομένους, ὅτι οὐδὲν ἐνέλιπε, καὶ [c] καταδικάζοντας ἑαυτῶν. Ὅταν γὰρ εἴπωσιν, ὅτι Κακοὺς κακῶς ἀπολέσει αὐτοὺς, καὶ τὸν ἀμπελῶνα ἐκδώσεται ἄλλοις γεωργοῖς, οὐδὲν ἕτερον ἢ τοῦτο λέγουσι, μετὰ πολλῆς τῆς περιουσίας τὴν ψῆφον ἐκφέροντες. Τοῦτο καὶ Στέφανος αὐτοῖς ὀνειδίζει, ὃ καὶ μάλιστα αὐτοὺς ἔδακνεν, ὅτι πολλῆς ἀπολαύσαντες ἀεὶ προνοίας, τοῖς ἐναντίοις ἠμείβοντο τὸν εὐεργέτην· ὅπερ καὶ αὐτὸ μέγιστον ἦν σημεῖον τοῦ μὴ τὸν κολάζοντα, ἀλλὰ τοὺς κολαζομένους αἰτίους εἶναι τῆς τιμωρίας τῆς ἐπαγομένης αὐτοῖς. Τοῦτο δὴ καὶ ἐνταῦθα δείκνυται διὰ τῆς παραβολῆς, καὶ διὰ τῆς προφητείας. Οὐδὲ

que multas alias parabolas subindicavit. Hoc etiam
nunc. Ideo subjunxit: *A Domino factum est*
istud, et est mirabile in oculis nostris: præsignificans credituras gentes, et Judæos qui crediderint,
E unum esse futuros, quamvis tanto prius intervallo
distarent. Deinde ut ediscerent nihil gestorum esse
Deo adversum, sed valde acceptum atque mirabile,
quod videntibus stuporem afferret (erat quippe
miraculum ineffabile), subjunxit dicens, *A Do-*
mino factum est istud. Lapidem vero seipsum
vocat, et ædificantes Judæorum doctores; quod
etiam Ezechiel ait: *Ædificantes murum, et li-* Ezech. 13.
672 *nientes incomposite*. Quomodo autem reprobave- 10.
A runt? Cum dicerent, *Hic non est ex Deo: hic* Joan. 7. 12
seducit turbam; et rursum, *Samaritanus es tu,* et 8. 48.
et dæmonium habes. Deinde ut cognoscerent,
non id tantum sibi inferri quod ejicerentur, supplicia quoque affert, dicens: 44. *Omnis qui ceci-*
derit super lapidem hunc, confringetur: super
quem autem ceciderit, ventilabit eum. Duas hic
pernicies annotat; primo quod hoc ipsis offendiculo fuerit: hoc est enim, *Qui ceciderit super*
lapidem hunc; secundo subindicat excidium eorum, ærumnas, perniciem, quam clare indicavit
B dicens, *Ventilabit ipsum*. His resurrectionem
suam subindicavit. Propheta certe Isaias vineam
ab ipso accusatam dicit, principesque populi criminatur: et ibi quidem ait, *Quid debui facere* Isai. 5. 4.
vineæ meæ, et non feci? alibi vero: *Quid feci* Jer. 2. 5.
tibi, et quod invenerunt patres tui in me deli-
ctum? ac rursum, *Popule meus, quid feci tibi?* Mich. 6. 3
aut in quo contristavi te? ingratum illorum
animum ostendens, et beneficiis affectos, contraria
rependisse declarans. Hic autem illud vehementius
exprimitur: neque enim ipse dicit, *Quid oportebat*
C *me facere, et non feci?* sed illos inducit sententiam dicentes, ipsum quidem nihil reliquisse pronuntiantes, atque seipsos condemnantes. Nam cum
dicunt, *Malos male perdet, et vineam suam lo-*
cabit aliis agricolis, nihil aliud sibi volunt, et
cum magna emphasi sententiam ferunt. Id Ste- Act. 6. et 7.
phanus quoque ipsis exprobravit, et illos maxime
mordebat, quod magna Dei providentia semper
dignati, benefactori contraria rependerent; quod
magnum signum erat, non punientem, sed eos qui
puniebantur, causam supplicii esse. Hoc ipsum hic
monstratur per parabolam et per prophetiam. Neque
D enim satis habuit parabolam dixisse, sed prophetiam duplicem adduxit, Davidis nempe et suam.

[c] Quidam τοῦ ὄνου.
[a] Alii ἀπὸ τοῦ Θεοῦ.
[b] Alii ἀλλαχοῦ πάλιν.
[c] Quidam καταδικάζοντας ἑαυτούς.

Quid ergo oportebat hæc audientes facere? annon
adorare? annon admirari providentiam priorem et
posteriorem? Si autem ex nullo eorum meliores
facti sunt, annon metu supplicii sapientiores fieri
oportebat? Sed non meliores facti sunt. Quid porro
sequitur? 45. *Cum audissent*, inquit, *cognoverunt quia de ipsis dicebat*. 46. *Et quærentes eum
tenere, timuerunt turbas, quoniam sicut prophetam eum habebant*. Senserunt enim tandem,
quod ipsos occulte notaret. Et aliquando interceptus, per medium illorum transit, et illi non vident;
aliquando comparens, illorum desiderium repri-
Joan. 7. 25. 26. mit. Quod admirantes illi dicebant: *Nonne hic
est Jesus? Ecce palam loquitur, et nihil ipsi
dicunt*. Hic vero, quia multitudinis timore detinebantur, hoc satis habuit, nec miracula ut
ante voluit edere, verbi gratia per medium eorum
transeundo, nec se invisibilem præstando. Non
enim omnia supra hominem facere volebat, ut
Judæorum duritics. crederetur œconomia. Illi autem non timore multitudinis emendabantur, non ab ipsius dictis: non
prophetarum testimonium reverebantur, non suam
ipsorum sententiam, non multorum existimationem: ita semel illos dominandi cupiditas et vanæ
gloriæ amor occæcarat, quod temporanea quærerent.

3. Nihil enim ita impellit et præcipitem dat;
nihil tam a futurorum amore dejicit, ut fluxis affligi
rebus; nihil ita et præsentibus et futuris jucunde
uti tribuit, ut futura omnibus anteponere. Ait
Matth. 6. 33. quippe Christus: *Quærite primum regnum Dei,
et hæc omnia adjicientur vobis*. Atqui etiamsi
hæc adjectio posita non esset, non tamen hæc
admodum desideranda essent; nunc autem cum illa
accipis, hæc etiam apprehendis. Nonnulli tamen
his non obtemperant; sed lapidibus sensu carenti-
bus similes, voluptatis umbras sequuntur. Quid
enim dulce in præsenti vita est? quid jucundum?
Nam cum majore fiducia vos alloqui hodie volo:
sed me ferte, ut discatis, vitam quæ dura et onerosa videtur, monachorum scilicet et eorum qui
seipsos crucifixerunt, longe dulciorem desiderabi-
lioremque esse hac vita, quæ videtur suavior deli-
catiorque. Hujusque rei testes vos estis, qui sæpe
in calamitatibus et ærumnis mortem optastis, illosque beatos prædicastis, qui in montibus, in speluncis
degunt, cælibemque et negotiis vacuam ducunt vitam; vos nempe, qui vel artifices, vel milites estis,

γὰρ ἠρκέσθη τῇ παραβολῇ μόνον, ἀλλὰ καὶ προφητείαν διπλῆν ἐπήγαγε, τὴν μὲν τοῦ Δαυῒδ, τὴν δὲ παρ'
ἑαυτοῦ. Τί οὖν ἐχρῆν ταῦτα ἀκούσαντας ποιεῖν; οὐχὶ
προσκυνῆσαι; οὐχὶ θαυμάσαι τὴν κηδεμονίαν, τὴν ἔμπροσθεν, τὴν μετὰ ταῦτα; Εἰ δὲ μηδενὶ τούτων ἐγένοντο βελτίους, τῷ γοῦν φόβῳ τῆς κολάσεως οὐκ ἔδει
γενέσθαι σωφρονεστέρους; Ἀλλ' οὐκ ἐγένοντο. Ἀλλὰ
τί μετὰ ταῦτα; Ἀκούσαντες, φησὶν, ἔγνωσαν, ὅτι περὶ
αὐτῶν λέγει. Καὶ ζητοῦντες αὐτὸν κρατῆσαι, ἐφοβή-
E θησαν τοὺς ὄχλους, ὅτι ὡς προφήτην αὐτὸν εἶχον.
Ἠσθάνοντο γὰρ λοιπὸν, ὅτι αὐτοὺς ᾐνίττετο. Καὶ ποτὲ
μὲν οὖν κατεχόμενος, [d] διὰ μέσον αὐτῶν ἀναχωρεῖ,
καὶ οὐχ ὁρᾶται· ποτὲ δὲ φαινόμενος ὠδίνουσαν αὐτῶν
τὴν ἐπιθυμίαν ἐπέχει. Ὃ καὶ θαυμάζοντες ἔλεγον· Οὐχ
οὗτός ἐστιν ὁ Ἰησοῦς; Ἴδε παῤῥησίᾳ λαλεῖ, καὶ οὐδὲν αὐτῷ λέγουσιν. Ἐνταῦθα δὲ, ἐπειδὴ τῷ φόβῳ τοῦ
673 πλήθους κατείχοντο, ἀρκεῖται τούτῳ, καὶ οὐ παραδο-
A ξοποιεῖ ὥσπερ ἔμπροσθεν, διὰ μέσου αὐτῶν ἀναχωρῶν, καὶ μὴ φαινόμενος. Οὐ γὰρ ἐβούλετο πάντα ὑπὲρ
ἀνθρώπων ποιεῖν, ὥστε πιστευθῆναι τὴν οἰκονομίαν.
Οἱ δὲ οὐδὲ ἀπὸ τοῦ πλήθους ἐσωφρονίζοντο, οὐδὲ ἀπὸ
τῶν εἰρημένων· οὐ τὴν τῶν προφητῶν μαρτυρίαν, οὐ
τὴν ἑαυτῶν ᾐδοῦντο ψῆφον, οὐ τὴν τῶν πολλῶν γνώ-
μην· οὕτω καθάπαξ αὐτοὺς ἡ φιλαρχία καὶ ὁ τῆς
κενοδοξίας ἐπήρωσεν ἔρως, καὶ τὸ [a] τὰ πρόσκαιρα ζητεῖν.

Οὐδὲν γὰρ οὕτως ἐπὶ κεφαλὴν ὠθεῖ, καὶ κατὰ κρημνῶν φέρει· οὐδὲν οὕτω ποιεῖ τῶν μελλόντων ἐκπί-
B πτειν, ὡς τὸ προσηλῶσθαι τοῖς ἐπικήροις πράγμασιν·
οὐδὲν οὕτω ποιεῖ καὶ τούτων κἀκείνων ἀπολαύειν, ὡς
τὸ πάντων ἐκεῖνα προτιμᾷν. Ζητεῖτε γὰρ, φησὶν ὁ
Χριστὸς, τὴν βασιλείαν τοῦ Θεοῦ, καὶ ταῦτα πάντα
προστεθήσεται ὑμῖν. Καίτοι γε εἰ μηδὲ τοῦτο προσέ-
κειτο, οὐδὲ οὕτως αὐτῶν ἐφίεσθαι ἔδει· νῦν δὲ ἐν τῷ
λαβεῖν ἐκεῖνα, καὶ ταῦτα ἔστι προσλαβεῖν. Καὶ οὐδὲ
οὕτως ἔνιοι πείθονται· ἀλλὰ λίθοις ἀναισθήτοις ἐοίκασι, καὶ σκιὰς διώκουσιν ἡδονῆς. Τί γὰρ ἡδὺ τῶν
ἐν τῷ παρόντι βίῳ; τί δὲ τερπνόν; Μετὰ γὰρ παῤῥησίας ὑμῖν πλείονος διαλεχθῆναι βούλομαι σήμερον·
ἀλλὰ ἀνάσχεσθε, ἵνα μάθητε, ὅτι ὁ δοκῶν οὗτος φορ-
C τικὸς εἶναι βίος καὶ ἐπαχθὴς, ὁ τῶν μοναχῶν λέγω
καὶ τῶν ἐσταυρωμένων, πολὺ τούτου τοῦ δοκοῦντος εἶναι προσηνοῦς καὶ ἁπαλωτέρου γλυκύτερός τε καὶ πο-
θεινότερός ἐστι. Καὶ τούτου μάρτυρες ὑμεῖς, οἱ θάνατον πολλάκις αἰτήσαντες ἐν ταῖς καταλαβούσαις ὑμᾶς
περιστάσεσι καὶ ἀθυμίαις, καὶ ἐκείνους μακαρίσαντες
τοὺς ἐν ὄρεσι, τοὺς ἐν σπηλαίοις, τοὺς μὴ γεγαμηκό-
τας, τοὺς τὸν ἀπράγμονα βίον ζῶντας, οἵ τε ἐν τέ-

[d] Alii διὰ μέσον αὐτός, unus διὰ μέσων αὐτῶν.

[a] Morel. τὰ παρόντα ζητεῖν, et infra προσηλῶσθαι τοῖς προσκαίροις πράγμασιν.

χναις, οἵ τε ἐν ταῖς στρατείαις, οἵ τε ἁπλῶς ζῶντες καὶ εἰκῆ, καὶ ἐν τῇ σκηνῇ διημερεύοντες καὶ ταῖς ὀρχήστραις. Καὶ γὰρ ἐκεῖθεν, * ὅθεν μυρίαι δοκοῦσι βρύειν ἡδοναὶ καὶ εὐφροσύνης πηγαὶ, ἀλλὰ μυρία τίκτεται πικρότερα βέλη. Ἂν γὰρ ἁλῷ τις ἔρωτι κόρης τινὸς D τῶν ὀρχουμένων [b] ἐκεῖ, ὑπὲρ μυρίας στρατείας, ὑπὲρ μυρίας ἀποδημίας χαλεπωτέραν ὑποστήσεται βάσανον, πάσης πόλεως πολιορκουμένης ἀθλιώτερον διακείμενος. Πλὴν ἀλλ' ἵνα μὴ ἐκεῖνα ἐξετάσωμεν τέως, τῷ συνειδότι ταῦτα ἀφέντες τῶν ἑαλωκότων, φέρε περὶ τοῦ τῶν πολλῶν διαλεχθῶμεν βίου· καὶ τοσοῦτον εὑρήσομεν τὸ μέσον ἑκατέρας τῆς ζωῆς ταύτης, ὅσον λιμένος καὶ πελάγους συνεχῶς ἀνέμοις διακοπτομένου τὸ διάφορον. Σκόπει δὲ ἀπὸ τῶν καταγωγίων εὐθέως τὰ προοίμια τῆς εὐημερίας· ἀγορὰς γὰρ καὶ πόλεις καὶ τοὺς [c] ἐν μέσῳ διαφυγόντες θορύβους, τὸν ἐν ὄρεσιν εἵλοντο βίον, τὸν οὐδὲν ἔχοντα κοι- E νὸν πρὸς τὸν παρόντα, τὸν οὐδὲν ἀνθρώπινον ὑπομένοντα, οὐ λύπην βιωτικὴν, οὐκ ὀδύνην, οὐ φροντίδα τοσαύτην, οὐ κινδύνους, οὐκ ἐπιβουλὰς, οὐ βασκανίαν, οὐ ζηλοτυπίαν, οὐκ ἔρωτας ἀτόπους, οὐκ ἄλλο τι τῶν τοιούτων οὐδέν. Ἐντεῦθεν ἤδη τὰ τῆς βασιλείας μελετῶσι, νάπαις ὁμιλοῦντες, καὶ ὄρεσι, καὶ πηγαῖς, καὶ ἡσυχίᾳ καὶ ἠρεμίᾳ πολλῇ, καὶ πρὸ τού- 674 A των ἁπάντων τῷ Θεῷ· καὶ παντὸς μὲν θορύβου τὸ δωμάτιον αὐτοῖς καθαρὸν, παντὸς δὲ πάθους ἡ ψυχὴ καὶ νοσήματος ἐλευθέρα, λεπτὴ καὶ κούφη, καὶ τοῦ λεπτοτάτου ἀέρος σφόδρα καθαρωτέρα. Ἔργον δὲ αὐτοῖς, ὅπερ ἦν καὶ τῷ Ἀδὰμ παρὰ τὴν ἀρχὴν, καὶ πρὸ τῆς ἁμαρτίας, ὅτε τὴν δόξαν ἠμφιεσμένος ἦν, καὶ τῷ Θεῷ μετὰ παῤῥησίας ὡμίλει, καὶ τὸ χωρίον ἐκεῖνο τὸ πολλῆς γέμον μακαριότητος ᾤκει. Τί γὰρ οὗτοι χεῖρον ἐκείνου διάκεινται, ὅτε πρὸ τῆς παρακοῆς ἐτέθη ἐργάζεσθαι τὸν παράδεισον; Οὐδεμία φροντὶς ἦν αὐτῷ βιωτικὴ, ἀλλ' οὐδὲ τούτοις· Θεῷ διελέγετο μετὰ καθαροῦ B συνειδότος, τοῦτο καὶ οὗτοι· μᾶλλον δὲ καὶ πολλῷ μείζονα ἔχουσι παῤῥησίαν ἐκείνου, ὅσῳ καὶ μείζονος ἀπολελαύκασι χάριτος διὰ τῆς τοῦ Πνεύματος χορηγίας. Ἐχρῆν μὲν οὖν ὑμᾶς ὄψει [a] ταῦτα παραλαμβάνειν· ἐπειδὴ δὲ οὐ βούλεσθε, ἀλλ' ἐν θορύβοις καὶ ἐν ἀγοραῖς διάγετε, κἂν λόγῳ γοῦν διδάξωμεν ὑμᾶς, ἓν μέρος ἀπολαβόντες αὐτῶν τῆς διαγωγῆς· πάντα γὰρ οὐ δυνατὸν ἐπελθεῖν τὸν ἐκείνων βίον. Οὗτοι οἱ φωστῆρες τῆς οἰκουμένης, ἐπειδὰν ἥλιος ἀνίσχῃ, μᾶλλον δὲ πολλῷ πρὸ τῆς ἀκτῖνος, ἀπὸ τῆς εὐνῆς ἀναστάντες ὑγιεῖς, καὶ ἐγρηγορότες, καὶ νήφοντες (οὔτε γὰρ λύπη τις καὶ φροντὶς, οὔτε καρηβαρία, [b] καὶ πόνος, καὶ πραγμάτων ὄχλος, οὐκ ἄλλο τι τῶν τοιούτων οὐδὲν C

sive qui vitam ducitis otiosi, sive qui in scena et orchestris diem transigitis. Ibi enim, unde mille voluptates scaturire videntur, sexcenta tela mittuntur amarissima. Si quis enim saltantis puellæ D amore inflammetur, omni militia, omni peregrinatione duriores feret cruciatus, pejorique in statu, quam urbs obsessa, erit. Sed ne illis diutius incumbamus, ipsis eorum qui sic capti sunt conscientiæ relictis, age, de multorum vita nunc agamus: et tantum inter utramque vitam inveniemus intervallum, quantum inter portum et fluctibus agitatum pelagus. Ex habitaculis statim ab exordio horum felicitatem considera; fora enim et urbes tumultusque in medio positos fugientes, vitam in montibus delegerunt, quæ nihil cum præsenti vita commune habet, quæ nihil humanum patitur; non E dolorem pro rebus sæcularibus, non mœrorem vel sollicitudinem, non pericula, non insidias, non invidiam, non livorem, non turpes amores, non aliud quidpiam simile. Jam hic illi quæ ad regnum cælorum pertinent meditantur, in saltibus versantes, montibus fontibusque, cum quiete multa: præcipue autem Deo hærent, tuguriumque illorum omni tumultu vacuum est, anima omni morbo et A pravo affectu libera, levis, expedita, et tenuissimo aere purior. Opus autem illorum idipsum est, quod Adam initio habuit, antequam peccaret, quando gloria indutus cum Deo libere loquebatur, et locum illum multa beatitudine refertum incolebat. In quo enim hi pejus quam ille degunt, cum ante inobedientiam positus est in paradiso ut operaretur? Nulla ipsi sæcularis sollicitudo incrat, nulla etiam monachis illis: pura conscientia Deum alloquebatur, et hi similiter: imo multo majorem B quam ille fiduciam habent, utpote majori fruentes gratia Spiritus. Par esset certe vos hæc oculis percipere; sed quia non vultis, atque in tumultu et foro degitis, vos saltem verbo doceamus: unam vero partem vitæ illorum excipiemus, nam totam persequi non possumus. Illi qui luminaria sunt orbis, cum sol ortus est, imo diu antequam luceat, e lecto surgentes sani, sunt vigiles, expediti (nullus enim ibi dolor, vel sollicitudo, vel sopor, non labor, non negotiorum turba, non quid simile, sed quasi angeli in cælo degunt): surgentes igitur statim læti et hilares, chorum facientes unum, læto vultu et conscientia simul omnes, quasi uno ore, C hymnis universorum Deum celebrant, laudantes

Contra theatri spectacula.

Monachorum vita.

Exercitia monastica.

* [Cod. 694 εἰ καὶ... ἀλλὰ μυρία.]

b Morel. ἐκεῖ, ὑπὲρ μυρίας ἀποδημίας, omissis interpositis.

c Alii ἐν μέσῳ φυγόντες.

a Alii ταῦτα λαβεῖν. Mox quidam ἐν ἀγοραῖς διατρίβετε.

b Alii καὶ πόνοι πραγμάτων, οὐκ ὄχλος.

cum et gratias ipsi agentes pro omnibus, sive propriis, sive communibus beneficiis. Quare misso Adamo, interrogemus, in quo differat ab angelis ille
Luc. 2. 14. chorus canentium in terra et dicentium : *Gloria in excelsis Deo, et in terra pax, in hominibus bona voluntas.* Vestis autem illis viris digna est : neque enim perinde vestiuntur atque ii qui tunicas trahunt per vicos, enervati et effeminati : sed ut beati illi angeli, Elias, Elisæus, Joannes, apostoli, vestiuntur, alii ex pilis caprinis, alii ex pilis camelorum : quidam pellibus tantum amiciuntur vetustate tritis. Deinde post illa cantica genua flectentes, Deum precantur pro rebus quæ multis ne in mentem quidem venire possint. Præsentium enim nihil petunt (illa quippe nihil curant); sed ut cum fiducia stare possint ante tribunal illud horrendum, quando veniet unigenitus Dei Filius judicare vivos et mortuos; et ut nemo audiat terribilem illam
Matth. 25. 12. vocem, *Nescio vos ;* atque ut cum pura conscientia et bonis operibus laboriosam hanc vitam emetiantur, et procellosum hoc mare tranquille transmeent. Dux est autem illis orationis, pater et præfectus. Deinde surgentes post sanctas illas et frequentes orationes, oriente sole singuli ad suum opus se conferunt; hinc magnum egenis proventum parantes.

4. Ubi sunt nunc illi qui diabolicis choris se dedunt meretriciisque cantibus, et in theatris sedent? Non sine pudore illos memorare possum ; sed ob infirmitatem vestram id facere operæ pre-
Rom. 6. 13. tium fuerit. Nam ait Paulus : *Sicut igitur exhibuistis membra vestra servire immunditiæ, ita nunc exhibete illa servire justitiæ in sanctificationem.* Nos itaque chorum illum meretricum mulierum exploremus, nec non corruptorum juvenum, qui stant in scena, et comparemus eos cum his beatis viris, quod ad voluptatem pertinet :

αὐτοῖς ἐνοχλεῖ, ἀλλ' ὡς ἄγγελοι διάγουσιν ἐν οὐρανῷ)· ἀναστάντες τοίνυν εὐθέως ἀπὸ εὐνῆς φαιδροὶ καὶ γεγηθότες, καὶ χορὸν ἕνα στησάμενοι, ἐν φαιδρῷ τῷ προσώπῳ τε καὶ συνειδότι συμφώνως ἅπαντες, ὥσπερ ἐξ ἑνὸς στόματος, ὕμνους εἰς τὸν τῶν ὅλων ᾄδουσι Θεὸν, γεραίροντες αὐτὸν, καὶ χάριν εἰδότες ὑπὲρ ἁπάντων αὐτῷ, τῶν τε ἰδίων, τῶν τε κοινῶν εὐεργετημάτων. Ὥστε, εἰ δοκεῖ, τὸν Ἀδὰμ ἀφέντες, [c] ἐρωτήσωμεν τί τῶν ἀγγέλων οὗτος διέστηκεν ὁ χορὸς τῶν ἐπὶ γῆς ᾀδόντων καὶ λεγόντων· Δόξα ἐν ὑψίστοις Θεῷ, καὶ ἐπὶ γῆς εἰρήνη, ἐν ἀνθρώποις εὐδοκία. Καὶ ἡ στολὴ δὲ αὐτοῖς τῆς ἀνδρίας ἀξία· [d] οὐ γὰρ δὴ κατὰ τοὺς ἑλκεχίτωνας καὶ ἐκνενευρισμένους καὶ διακλωμένους εἰσὶν
D ἐστολισμένοι· ἀλλὰ κατὰ τοὺς μακαρίους ἐκείνους ἀγγέλους, τὸν Ἠλίαν, τὸν Ἐλισσαῖον, τὸν Ἰωάννην, κατὰ τοὺς ἀποστόλους, τῶν ἱματίων κατεσκευασμένων αὐτοῖς, τοῖς μὲν ἀπὸ τριχῶν αἰγῶν, τοῖς δὲ ἀπὸ τριχῶν καμήλων· εἰσὶ δὲ οἷς καὶ δέρματα ἤρκεσε μόνον, καὶ ταῦτα πάλαι πεπονηκότα. Εἶτα ἐπειδὰν τὰς ᾠδὰς ἐκείνας εἴπωσι, τὰ γόνατα κάμψαντες τὸν ὑμνηθέντα Θεὸν παρακαλοῦσιν ὑπὲρ πραγμάτων, ὧν ἔνιοι οὐδὲ εἰς ἔννοιαν ταχέως ἔρχονται. Αἰτοῦσι γὰρ τῶν μὲν παρόντων οὐδὲν (οὐδεὶς γὰρ αὐτοῖς τούτων λόγος), τὸ δὲ μετὰ παῤῥησίας στῆσαι ἔμπροσθεν τοῦ βήματος τοῦ
E φοβεροῦ, ὅταν ἔλθῃ κρίνειν ζῶντας καὶ νεκροὺς ὁ μονογενὴς Υἱὸς τοῦ Θεοῦ· καὶ τὸ μηδένα ἀκοῦσαι τῆς φοβερᾶς ἐκείνης φωνῆς τῆς λεγούσης, Οὐκ οἶδα ὑμᾶς· καὶ ὥστε μετὰ καθαροῦ συνειδότος καὶ πολλῶν τῶν κατορθωμάτων τὸν ἐπίμοχθον τοῦτον διανύσαι βίον, καὶ τὸ χαλεπὸν πλεῦσαι πέλαγος ἐξουρίας. Ἡγεῖται δὲ αὐτοῖς τῆς εὐχῆς, ὁ πατὴρ καὶ ὁ προεστηκώς. Εἶτα ἀναστάντες καὶ τελέσαντες τὰς ἁγίας ἐκείνας καὶ συνεχεῖς εὐχὰς, ἀνισχούσης τῆς ἀκτῖνος, εἰς ἔργον ἄπεισιν ἕκα-
675 A στος, πολλὴν πρόσοδον ἐντεῦθεν τοῖς δεομένοις συνάγοντες.

Ποῦ νῦν εἰσιν οἱ τοῖς διαβολικοῖς ἑαυτοὺς ἐκδιδόντες χοροῖς καὶ τοῖς ᾄσμασι τοῖς πορνικοῖς, καὶ ἐν θεάτροις καθήμενοι; Αἰσχύνομαι μὲν γὰρ μεμνημένος ἐκείνων· πλὴν διὰ [a] τὴν ἀσθένειαν τὴν ὑμετέραν ἀνάγκη καὶ τοῦτο ποιῆσαι. Καὶ γὰρ ὁ Παῦλός φησιν· Ὥσπερ οὖν παρεστήσατε τὰ μέλη ὑμῶν δοῦλα τῇ ἀκαθαρσίᾳ, οὕτω νῦν παραστήσατε αὐτὰ δοῦλα τῇ δικαιοσύνῃ εἰς ἁγιασμόν. Καὶ ἡμεῖς τοίνυν φέρε παρεξετάσωμεν τὸν χορὸν τὸν ἐκ τῶν πορνευομένων γυναικῶν καὶ τῶν ἡταιρηκότων νέων συνεστῶτα ἐν τῇ σκηνῇ, * καὶ τοῦτον αὐτὸν τὸν τῶν μακαρίων τούτων,

[c] Morel. ἐρωτήσωμεν ὑμᾶς, τί.

[d] Morel. solus οὐ γὰρ δὴ κατὰ τοὺς ἐκλελυμένους ἑλκεχίτωνας, καὶ τοὺς ἐκνεν. De effeminatis hujusmodi Catilinæ asseclis Cicero Catil. 2. *Manicatis talaribusque tunicis, velis amicti, non togis.*

[a] Morel. τὴν ἀσθένειαν τὴν ὑμετέραν, Savil. τὴν ἀσθένειαν ὑμῶν. Paulo post Morel. ὥσπερ γὰρ παρεστ. et mox οὕτω παραστ. Infra idem ἐκ τῶν πορνευομένων χορῶν.

* [Sequimur Codicem 694. Commelin. καὶ τούτων αὐτῶν τὸν τῶν μακαρίων τούτων. Savil. et Montf. καὶ τούτων αὐτῶν τῶν μακαρίων, εἰς.] Morel. infra δι' ἧς μάλιστα.

εἰς ἡδονῆς λόγον, δι' ἣν μάλιστα πολλοὶ τῶν ῥᾳθυμούντων ἁλίσκονται νέων ταῖς ἐκείνων παγίσι. Τοσοῦτον γὰρ τὸ μέσον εὑρήσομεν, ὅσον εἰ ἀγγέλων τις ἤκουσεν ᾀδόντων ἄνω τὴν παναρμόνιον μελῳδίαν ἐκείνην, καὶ κυνῶν [b] καὶ χοίρων ἐπὶ τῆς κοπρίας κατωρυομένων καὶ γρυζόντων. Διὰ τούτων μὲν γὰρ τῶν στομάτων ὁ Χριστὸς, δι' ἐκείνων δὲ τῆς γλώττης ὁ διάβολος φθέγγεται. Ἀλλὰ καὶ σύριγγες συνηχοῦσιν ἐκείνοις ἀσήμῳ φωνῇ καὶ ἀτερπεῖ τῇ ὄψει, τῶν γνάθων αὐτοῖς φυσωμένων, καὶ τῶν νεύρων διασπωμένων· ἀλλ' ἐνταῦθα ἡ τοῦ Πνεύματος ἐνηχεῖ χάρις, ἀντὶ αὐλοῦ, καὶ κιθάρας, καὶ σύριγγος, τοῖς τῶν ἁγίων στόμασι κεχρημένη. Μᾶλλον δὲ ὅσα ἂν εἴπωμεν, οὐ δυνατὸν παραστῆσαι τὴν ἡδονὴν διὰ τοὺς τῷ πηλῷ καὶ τῇ πλινθείᾳ προσηλωμένους. Διὰ τοῦτο καὶ ἐβουλόμην τινὰ τῶν περὶ ταῦτα μαινομένων λαβεῖν, καὶ ἀπαγαγεῖν ἐκεῖ, καὶ δεῖξαι τῶν ἁγίων τὸν χορὸν τούτων, καὶ οὐκ ἂν ἐδέησέ μοι λόγου λοιπόν. Πλὴν κἂν πρὸς πηλίνους διαλεγώμεθα, πειρασόμεθα καὶ τῷ λόγῳ κἂν κατὰ μικρὸν αὐτοὺς ἀνασπάσαι τῆς ἰλύος καὶ τῶν τελμάτων. Ἐκεῖθεν μὲν γὰρ εὐθέως πῦρ δέχεται ἔρωτος ἀτόπου ὁ ἀκροατής· ὡς γὰρ οὐκ ἀρκούσης τῆς ὄψεως τῆς πόρνης φλέξαι τὴν διάνοιαν, καὶ τὴν ἀπὸ τῆς φωνῆς προστιθέασι λύμην. Ἐνταῦθα δὲ, κἂν ἔχῃ τι τοιοῦτον ἡ ψυχὴ, ἀποτίθεται εὐθέως. Οὐχ ἡ φωνὴ δὲ μόνον, οὐδὲ ἡ ὄψις, ἀλλὰ καὶ τὰ ἱμάτια τούτων μᾶλλον θορυβεῖ τοὺς ὁρῶντας. Κἂν πένης τις ᾖ τῶν παχυτέρων καὶ ἠμελημένων, ἀπὸ τῆς θεωρίας μυρία ἀποδυσπετήσει πολλάκις, καὶ πρὸς ἑαυτὸν ἐρεῖ, ὅτι ἡ μὲν πόρνη καὶ ὁ ἡταιρηκὼς μαγείρων τέκνα καὶ σκυτοτόμων, πολλάκις δὲ καὶ οἰκετῶν, ἐν τοσαύτῃ ζῶσι τρυφῇ· ἐγὼ δὲ ἐλεύθερος καὶ ἐξ ἐλευθέρων, δικαίους πόνους αἱρούμενος, οὐδὲ ὄναρ ταῦτα φαντασθῆναι δύναμαι· καὶ οὕτως [c] ἐμπρησθεὶς ὑπὸ τῆς ἀθυμίας, ἄπεισιν. Ἐπὶ δὲ τῶν μοναχῶν οὐδὲν τοιοῦτον, ἀλλὰ καὶ τοὐναντίον ἅπαν. Ὅταν γὰρ ἴδῃ πλουσίων παῖδας καὶ προγόνων περιφανῶν ἐγγόνους τοιαῦτα ἠμφιεσμένους ἱμάτια, οἷα οὐδὲ οἱ ἔσχατοι τῶν πενήτων, καὶ ἐπὶ τούτῳ χαίροντας, ἐννοήσατε πόσην τῆς πενίας παραμυθίαν δεξάμενος ἄπεισι. Κἂν πλούσιος ᾖ, σωφρονισθεὶς ἀναχωρεῖ, βελτίων γενόμενος. Πάλιν ἐν μὲν τῷ θεάτρῳ ὅταν ἴδωσι χρυσία περικειμένην τὴν πόρνην, ὁ μὲν πένης οἰμώξεται, καὶ θρηνήσει, τὴν ἑαυτοῦ γυναῖκα οὐδὲν τοιοῦτον ἔχουσαν βλέπων· οἱ δὲ πλουτοῦντες ὑπερόψονται καὶ διαπτύσουσιν ἀπὸ τῆς θέας ταύτης τὰς συνοικούσας αὐτοῖς· ὅταν γὰρ καὶ σχῆμα, καὶ βλέμμα, καὶ φωνὴν, καὶ βάδισιν, καὶ πάντα διακεκλασμένα ἐκείνη παρέχῃ τοῖς ὁρῶσιν, ἐμπρησθέντες

B qua voluptate capiuntur multi juvenes ex negligentioribus, illorum artibus irretiti. Tantum enim inter utrosque discrimen reperiemus, quantum inter angelos in cælo canentes, et suavem illam melodiam emittentes, et canes porcosque in fimo ululantes et grunnientes. Per horum enim ora Christus, per illorum linguam diabolus loquitur. Tibiæ illis incondita voce sonant, injucundumque aspectum inflatæ genæ et distracti nervi efficiunt: verum hic gratia Spiritus insonat, pro tibia, cithara et syringe, sanctorum vocibus usa. Imo quantalibet dicamus, non possumus illam voluptatem describere hominibus luto et lateritio operi addictis. Qua-
C re vellem quempiam ex insanientium illorum numero illuc adducere, ut chorum illum sanctorum videret, neque mihi tunc verbis esset opus. Cæterum etsi luteos homines alloquamur, et ex luto illos et ex cœno paulatim abducere tentabimus. Illinc enim igne impuri amoris statim inflammatur auditor: nam quasi non satis esset ad animum inflammandum meretricis aspectus, ex voce quoque perniciem adjiciunt. Hic autem si quid simile hauserit anima, statim deponit. Neque vox tantum illorum, sed etiam aspectus, imo etiam vestimenta spectatores conturbant. Si pauper quidam sit ex
D rudioribus abjectioribusque, hoc spectaculum sæpe moleste feret, et intra se dicet: Meretrix illa et scortator, lanionum vel sutorum, nonnumquam servorum filii, in tanta vivunt voluptate: ego vero liber et ex liberis ortus, justo labore victum parans, ne somnians quidem ita deliciari possum: et sic mœrore confectus abit. Apud monachos autem nihil simile, sed contrarium omnino. Cum enim ille viderit divitum filios et majorum insignium nepotes iis vestitos indumentis, quæ ne pauperum quidem ultimi ferre dignarentur, et in hac re gaudere,
E cogitate quanta paupertatis accepta consolatione recedat. Si dives fuerit, moderatior et melior recedit. In theatro si videant meretricem aureis circumdatam ornamentis, pauper ejulabit, et deplorabit, uxorem suam videns nihil istiusmodi habentem: et divites ex hoc spectaculo reversi,
678 uxores suas despicient: nam postquam meretrix
A et vestitum, et aspectum, et vocem, et incessum, et omnia mollitiæ plena exhibuerit præsentibus, inflammati illi discedunt, et captivi in ædes suas intrant. Hinc contumeliæ, jurgia, rixæ, bella, mortes quotidianæ: hinc vita captis ingrata: conjux deinceps injucunda, filii minus amabiles,

[b] Καὶ χοίρων deest in Morel. Idem mox κατορωρυγμένων καὶ γρυζόντων.

[c] Alii ἐμπλησθεὶς. Infra Morel. προγόνων προφανῶν.

omnia domi pessum eunt, ita ut vel solis radios moleste ferat qui talis est. Verum ex his choris nihil injucundum refertur: hinc venientem uxor virum mansuetum et mitem excipiet, ab omni absurda voluptate liberum, et faciliorem quam ante reperiet. Hæc mala chorus ille, hæc bona hic parit: ille ex ovibus lupos, hic ex lupis agnos facit. Sed forsan de voluptate nihil adhuc dixisse videmur. Quid dulcius quam animum nec perturbatione nec dolore agitatum habere, numquam in dolore esse, vel ingemiscere? Verumtamen sermonem ulterius producamus, atque utriusque tum cantus, tum spectaculi gaudium examinemus: videbimusque aliud usque ad vesperam manere, donec scilicet in theatro spectator sedet, deinde autem stimulo acrius ipsum pungere; hic autem gaudium perpetuo vigere in spectantium animis: nam et virorum formam, et loci jucunditatem, et conversationis dulcedinem, et vitæ puritatem, et pulcherrimi spiritualisque cantici gratiam habent in se semper insidentem. Qui hoc igitur portu semper fruuntur, tumultum postea quasi tempestatem fugiunt. Neque solum canentes vel precantes, sed etiam libris intenti, jucundum videntibus præbent spectaculum. Soluto quippe choro alius Isaiam sumens cum ipso loquitur; alius cum apostolis versatur; alius ab aliis conscriptos libros legit, ac de Deo philosophatur, de universo, de visibilibus, de invisibilibus, de sensibilibus, de spiritualibus, de vilitate hujus vitæ, de futuræ magnitudine.

ἀναχωροῦσι, καὶ αἰχμάλωτοι λοιπὸν εἰς τὰς οἰκίας εἰσέρχονται τὰς ἑαυτῶν. Ἐντεῦθεν αἱ ὕβρεις, καὶ αἱ ἀτιμίαι, ἐντεῦθεν αἱ ἀπέχθειαι, οἱ πόλεμοι, οἱ θάνατοι οἱ καθημερινοί· ἐντεῦθεν ἀβίωτος τοῖς ἁλοῦσιν ὁ βίος· καὶ ἡ συνοικοῦσα λοιπὸν ἀηδής, καὶ τὰ παιδία οὐχ ὁμοίως ποθεινά, καὶ πάντα ἄνω καὶ κάτω τὰ τῆς οἰκίας, καὶ ὑπ' αὐτῆς λοιπὸν τῆς ἀκτῖνος ἐνοχλεῖσθαι
B δοκεῖ. Ἀλλ' οὐκ ἀπὸ τῶν χορῶν τούτων ἀηδία τις τοιαύτη· ἀλλ' ἥμερον καὶ πρᾶον ἡ γυνὴ δέξεται τὸν ἄνδρα, πάσης ἡδονῆς ἀτόπου ἀπηλλαγμένον, καὶ εὐκολώτερον αὐτῷ χρήσεται ἢ πρὸ τούτου. Τοιαῦτα μὲν ὁ χορὸς ἐκεῖνος τίκτει κακά, οὗτος δὲ ἀγαθά· ὁ μὲν ἀπὸ προβάτων λύκους ποιῶν, οὗτος δὲ ἀπὸ λύκων ἀρνειοὺς ἐργαζόμενος. Ἀλλ' οὔπω περὶ τῆς ἡδονῆς οὐδὲν οὐδέπω τάχα εἰρήκαμεν. Καὶ τί γένοιτ' ἂν ἥδιον τοῦ μὴ θορυβεῖσθαι μηδὲ ὀδυνᾶσθαι τὴν διάνοιαν, μηδὲ ἀθυμεῖν καὶ στένειν; Πλὴν ἀλλὰ καὶ περαιτέρω τὸν λόγον προαγάγωμεν, καὶ ἑκατέρας τῆς ᾠδῆς καὶ τῆς θέας τὴν ἀπόλαυσιν ἐξετάσωμεν· καὶ ὀψόμεθα τὴν μὲν μέχρις ἑσπέρας μένουσαν, ἕως ἂν ἐν τῷ θεάτρῳ καθέζηται ὁ θεατής, μετὰ δὲ ταῦτα κέντρου παντὸς
C χαλεπώτερον ἀνιῶσαν αὐτόν· ἐνταῦθα δὲ διηνεκῶς ἐνακμάζουσαν ταῖς ψυχαῖς τῶν ἑωρακότων· καὶ γὰρ καὶ τῶν ἀνδρῶν τὸν τύπον, καὶ τοῦ τόπου τὸ τερπνόν, καὶ τῆς διαγωγῆς τὸ γλυκύ, καὶ τῆς πολιτείας τὸ καθαρόν, καὶ τῆς καλλίστης ᾠδῆς καὶ πνευματικῆς τὴν χάριν ἔχουσιν ἐν ἑαυτοῖς διαπαντὸς ἐνιζάνοντα. Οἱ γοῦν τούτων [a] ἀπολαύοντες διηνεκῶς τῶν λιμένων, ὥσπερ τινὰ χειμῶνα λοιπὸν φεύγουσι τῶν πολλῶν τοὺς θορύβους. Οὐκ ᾄδοντες δὲ μόνον, οὐδὲ εὐχόμενοι, ἀλλὰ καὶ ταῖς βίβλοις προσηλωμένοι, τερπνόν τι θέαμα τοῖς ὁρῶσίν εἰσιν. Ἐπειδὰν γὰρ τὸν
D χορὸν διαλύσωσιν, ὁ μὲν τὸν Ἡσαΐαν λαβὼν ἐκείνῳ διαλέγεται· ὁ δὲ τοῖς ἀποστόλοις ὁμιλεῖ· ἕτερος τὰ παρ' ἑτέρων πονηθέντα ἔπεισι, καὶ φιλοσοφεῖ * δὲ περὶ Θεοῦ, περὶ τοῦδε τοῦ παντός, περὶ τῶν δρωμένων, περὶ τῶν ἀοράτων, περὶ αἰσθητῶν, περὶ νοητῶν, περὶ τῆς εὐτελείας τοῦ παρόντος βίου, περὶ τῆς τοῦ μέλλοντος [b] μεγαλειότητος.

5. Aluntur autem cibo optimo, non decoctis animalium carnibus, sed eloquiis Dei dulcioribus quam mel et favum: mel mirabile, multoque melius quam illud quo Joannes in deserto olim alebatur. Mel quippe istud non apes agrestes floribus insidentes colligunt, neque rorem concoctum alvearibus suis immittunt; sed Spiritus gratia apparans pro favis, alvearibus et fistulis in sanctorum animas immittit, ut quisque possit pro lubito

Psal. 18. 13.

Καὶ τρέφονται τροφὴν ἀρίστην, οὐ σάρκας ἀλόγων ἑψημένας παρατιθέμενοι, ἀλλὰ λόγια Θεοῦ [c] ὑπὲρ μέλι καὶ κηρίον· μέλι θαυμάσιον, καὶ πολλῷ κρεῖττον ἢ κατὰ τὴν ἔρημον ὁ Ἰωάννης τὸ παλαιὸν ἐσιτεῖτο. Τὸ
E γὰρ μέλι τοῦτο οὐ μέλιτται τινες ἄγριαι τοῖς ἄνθεσιν ἐφιζάνουσαι συλλέγουσιν, οὐδὲ δρόσον πεπαίνουσαι τοῖς σίμβλοις ἐνιᾶσιν· ἀλλ' ἡ τοῦ Πνεύματος χάρις κατασκευάζουσα ἀντὶ κηρίων, καὶ σίμβλων, καὶ συρίγγων ταῖς τῶν ἁγίων ἐναποτίθεται ψυχαῖς, ὥστε εἶναι τῷ

a Morel. ἀπολαύοντες διαπαντός.

* [Cod. 874 et Savil. omittunt δὲ. Commelin. uncis includit.]

b Quidam μακαριότητος.

c [Savil. e Bibl. supplet γλυκύτερα.]

βουλομένῳ μετὰ ἀδείας ἐσθίειν διηνεκῶς. Ταύτας δὴ οὖν τὰς μελίττας καὶ αὐτοὶ μιμούμενοι, περιίπτανται τοῖς κηρίοις τῶν ἁγίων βιβλίων, πολλὴν ἐντεῦθεν δρε- 677
A πόμενοι τὴν ἡδονήν. Καὶ εἰ βούλει μαθεῖν τὴν τράπεζαν τὴν ἐκείνων, ἐγγὺς γενοῦ, καὶ ὄψει τοιαῦτα ἐρευγομένους αὐτοὺς, προσηνῆ πάντα καὶ ἡδέα, καὶ εὐωδίας γέμοντα πνευματικῆς. Οὐδὲν αἰσχρὸν ἐκεῖνα τὰ στόματα ἐξενεγκεῖν δύναται ῥῆμα, οὐδὲν εὐτράπελον, οὐδὲν τραχὺ, ἀλλὰ πάντα τῶν οὐρανῶν ἄξια. Οὐκ ἄν τις ἁμάρτοι, τὰ μὲν στόματα τῶν πολλῶν τῶν ἐν ἀγοραῖς συρομένων, καὶ πρὸς τὰ βιωτικὰ λυσσώντων, βορβόρου τινὸς ὀχετοῖς παραβάλλων, τὰ δὲ τούτων, πηγαῖς μέλι ῥεούσαις [a] καὶ νάματα προχεούσαις καθαρά. Εἰ δέ τις ἐδυσχέρανεν, ὅτι τὰ πολλῶν στόματα βορβόρου τινὸς προσεῖπον ὀχετοὺς, ἴστω ὅτι
B σφόδρα φειδόμενος εἶπον. Ἡ γὰρ Γραφὴ οὐδὲ τούτῳ κέχρηται τῷ μέτρῳ, ἀλλ' ἑτέρῳ πολλῷ σφοδροτέρῳ παραδείγματι· Ἰὸς γὰρ, φησὶν, ἀσπίδων ὑπὸ τὰ χείλη αὐτῶν, καὶ τάφος ἀνεῳγμένος ὁ λάρυγξ αὐτῶν. Ἀλλ' οὐ τὰ ἐκείνων τοιαῦτα, ἀλλ' εὐωδίας γέμει πολλῆς. Καὶ τὰ μὲν ἐνταῦθα τοιαῦτα· τὰ δὲ ἐκεῖ ποῖος ἡμῖν [b] παραστῆσαι λόγος; ποία ἐννοῆσαι διάνοια; τὴν λῆξιν τὴν ἀγγελικὴν, τὴν μακαριότητα, τὰ ἄφραστα καὶ ἀπόρρητα ἀγαθά; Τάχα πολλοὶ διεθερμάνθητε νῦν, καὶ εἰς ἐπιθυμίαν ἐνεπέσετε τῆς καλῆς ταύτης πολιτείας· ἀλλὰ τί τὸ κέρδος, ὅταν [c] ἐνταῦθα ὄντες μόνον
C τοῦτο ἔχητε τὸ πῦρ, ἐξελθόντες δὲ σβέσητε τὴν φλόγα, καὶ καταμαρανθῇ οὗτος ὁ πόθος; Πῶς οὖν, ἵνα μὴ τοῦτο γένηται; Ὡς ἔστι σοι θερμὸς οὗτος ὁ ἔρως, ἄπελθε πρὸς αὐτοὺς ἐκείνους τοὺς ἀγγέλους· ἀνάκαυσον αὐτὸν πλέον. Οὐ γὰρ οὕτως ὁ παρ' ἡμῶν λόγος δυνήσεταί σε ἀνάψαι, ὡς ἡ τῶν πραγμάτων θέα. Μὴ εἴπῃς, διαλεχθῶ τῇ γυναικὶ, καὶ διαλύσω τὰ πράγματα πρῶτον. Ἀρχὴ ῥᾳθυμίας αὕτη ἡ ἀναβολή. Ἄκουσον ὅτι συντάξασθαι τοῖς ἐν τῇ οἰκίᾳ ἠθέλησέ τις, καὶ οὐκ εἴασεν [d] ὁ προφήτης. Καὶ τί λέγω συντάξασθαι; Πατέρα ἠθέλησε θάψαι ὁ μαθητὴς, καὶ οὐδὲ τοῦτο συνεχώρησεν ὁ Χριστός. Καίτοι τί σοι πρᾶγμα
D ἀναγκαῖον οὕτως εἶναι δοκεῖ ὡς κηδεία πατρός; Ἀλλ' οὐδὲ τοῦτο ἐπέτρεψε. Τί δήποτε; Ὅτι σφοδρὸς ἐφέστηκεν ὁ διάβολος, παρεισδυσίν τινα βουλόμενος λαβεῖν· κἂν ὀλίγης ἀσχολίας ἐπιλάβηται καὶ ἀναβολῆς, μεγάλην ἐργάζεται ῥᾳθυμίαν. Διὰ τοῦτο παραινεῖ τις, Μὴ ἀναβάλλου ἡμέραν ἐξ ἡμέρας· οὕτω γὰρ [e] δυνήσῃ

perpetuo edere. Has apes imitantes, sacrorum favis librorum circumvolant, multam inde decerpentes voluptatem. Si ergo volueris quæ illorum mensa sit ediscere, propius ad eos accedas, et videbis eructare eos dulcia et spirituali odore plena. Illorum ora nihil possunt turpe proferre, nihil scurrile vel asperum, sed omnia cælo digna. Non abs re feceris, si ora multorum qui in foro vagantur, et ad sæcularia quasi rabie feruntur, cloacis comparaveris, monachorum autem ora, fontibus mel effundentibus, fluentaque pura. Si quis autem ægre ferat, quod multorum ora cloacis comparaverim, is sciat me parce loquutum. Scriptura namque non hac utitur mensura, sed vehementiore similitudine, dicens, *Venenum aspidum sub labiis eorum,* Psal. 13. 3.
et sepulchrum patens est guttur eorum. Sed non talia sunt illorum ora, at bono odore plena. Et præsentia quidem hujusmodi sunt: futura vero quæ oratio assequatur? quæ mens apprehendat? sortem illam angelicam, beatitudinem, ineffabilia bona? Multi fortasse fervore incensi, concupiscentia hujus optimi instituti capti estis: sed quid hinc emolumenti, si hic tantum hoc igne ardeatis, hinc autem egressi, flammam exstinguatis, et hic amor tabescat? Quomodo igitur huic malo medeberis? Ut amoris fervore teneris, adi angelos illos; fervorem hunc amplius incende. Non enim hæc oratio perinde te accendere valet, ut ipsum rerum spectaculum. Ne dixeris, Colloquar cum uxore, et res absolvam primum. Negligentiæ initium est hæc procrastinatio. Audi quempiam voluisse pri- 3. Reg. 19.
mum iis qui domi erant valedicere, et prophetam 20.
non permisisse. Ecquid dico valedicere? Patrem sepelire voluit discipulus, neque id concessit Chri- Luc. 9. 60.
stus. Atqui quid videtur tibi ita necessarium esse ut sepultura patris? At non id permisit. Quare? Quia vehementer instat diabolus, ut sese insinuet: et si tantillum socordiæ et tarditatis deprehendat, in magnam desidiam conjicit. Ideo monet quispiam, *Ne tardes de die in diem*; sic enim plu- Eccle. 5. 8.
rima poteris emendare, sic quæ domi sunt probe disponentur. Ait enim: *Quærite primum regnum* Matth. 6.
Dei, et justitiam ejus, et hæc omnia adjicientur vobis. 33.
Si nos enim, cum quidam sua negli-

[a] Sic Mss. et Savil. At Morel. καὶ νάμα προχεούσαι καθαρόν. Mox idem πολλῶν στόματα προσεῖπον, omissis interp. [Scripsimus ὀχετούς cum Codice 694. Edebatur ὀχετοῖς.] Paulo post Morel. ἡ δὲ γραφή.

[b] Morel. παραστῆσαι,..... ἐννοῆσαι, et paulo post τὴν μακαριότητα τὴν ἄφραστον, τὰ ἀπόρρητα.

[c] Morel. ἐνταῦθα μόνον μένοντες, τοῦτο.

[d] Morel. ὁ δεσπότης. Alii ὁ προφήτης. Recte: nam hic agitur de Elia Elisæum in discipulum vocante; Elias vero, ut ait hic Chrysostomus, non permisit Elisæo, ut patrem matremque salutatum iret, antequam magistro se totum addiceret. At secus in Scriptura legitur, ubi dicit Elias, *Vade et revertere*, ut in Bibliis Hebraicis, Græcis et Latinis habetur.

[e] Morel. δυνήσεται πλείονα.

gentes, nostris magis advigilant, omni sollicitudine vacuos esse curamus : multo magis Deus, qui non hac habita ratione nostra curat, iisque providet. Ne itaque de tuis sollicitus sis, sed illa committe Deo. Nam si tu sollicitus es, ut homo curas; Deus vero ut Deus providet. Ne ergo de iis sollicitus sis, præstantiora relinquens, alioquin Deus illa minus curabit; ut illa ergo diligenter curet, ipsi soli omnia committe. Si enim relictis spiritualibus, illa tractes, non magnam eorum Deus geret providentiam. Ut igitur et tibi hæc recte composita sint, et sollicitudine omni libereris, hære spiritualibus, sæcularia despice : sic enim et terram cum cælo obtinebis, et futura bona consequeris, gratia et benignitate Domini nostri Jesu Christi, cui gloria et imperium in sæcula sæculorum. Amen.

τὰ πλείονα κατορθοῦν, οὕτω καὶ τὰ κατὰ τὴν οἰκίαν σοι διακείσεται καλῶς. Ζητεῖτε γάρ, φησί, πρῶτον τὴν βασιλείαν τοῦ Θεοῦ, καὶ τὴν δικαιοσύνην αὐτοῦ, καὶ ταῦτα πάντα προστεθήσεται ὑμῖν. Εἰ γὰρ ἡμεῖς τοὺς τὰ ἑαυτῶν ὑπερορῶντας καὶ [f] τῶν ἡμετέρων τὴν ἐπιμέλειαν προστιθέντας ἐν πολλῇ καθιστῶμεν ἀμεριμνίᾳ· E πολλῷ μᾶλλον ὁ Θεός, ὁ καὶ χωρὶς τούτων κηδόμενος καὶ προνοῶν. Μὴ τοίνυν φροντίσῃς τῶν σῶν, ἀλλὰ ἄφες αὐτὰ τῷ Θεῷ. Ἂν μὲν γὰρ σὺ φροντίσῃς, ὡς ἄνθρωπος φροντίζεις· ἂν δὲ ὁ Θεὸς προνοήσῃ, ὡς Θεὸς προνοεῖ. [g] Μὴ δὴ φροντίσῃς αὐτῶν σύ, ἀφεὶς 678 τὰ μείζονα, ἐπεὶ αὐτὸς οὐ σφόδρα αὐτῶν προνοήσει· A ἵνα τοίνυν σφόδρα αὐτῶν προνοῇ, αὐτῷ μόνῳ πάντα ἐπίτρεψον. Ἂν γὰρ αὐτὸς αὐτὰ μεταχειρίσῃς, ἀφεὶς τὰ πνευματικά, οὐ πολλὴν αὐτῶν ὁ Θεὸς ποιήσεται πρόνοιαν. Ἵν' οὖν καὶ σοὶ ταῦτα εὖ διακείσεται, καὶ φροντίδος ἀπαλλαγῇς ἁπάσης, ἔχου τῶν πνευματικῶν, ὑπερόρα τῶν βιωτικῶν· οὕτως γὰρ καὶ τὴν γῆν ἕξεις μετὰ τῶν οὐρανῶν, καὶ τῶν μελλόντων ἀγαθῶν ἐπιτεύξῃ, χάριτι καὶ φιλανθρωπίᾳ τοῦ Κυρίου ἡμῶν Ἰησοῦ Χριστοῦ, ᾧ ἡ δόξα καὶ τὸ κράτος εἰς τοὺς αἰῶνας τῶν αἰώνων. Ἀμήν.

f Morel. τὴν ἡμετέρων ἐπιμέλειαν.

g Morel. μὴ οὖν φροντίζῃς.

HOMILIA LXIX. al. LXX.

B

ΟΜΙΛΙΑ ξθʹ.

Cap. XXII. v. 1. *Et respondens Jesus dixit iterum in parabolis :* 2. *Simile est regnum cælorum homini regi, qui fecit nuptias filio suo.* 3. *Et misit servos suos vocare invitatos ad nuptias : et noluerunt venire.* 4. *Rursus misit alios servos, dicens : Dicite invitatis, Ecce prandium meum paravi, tauri mei et altilia mea occisa sunt, et omnia parata; venite ad nuptias.* 5. *Illi autem cum negligerent, abierunt, alius in agrum suum, alius ad negotiationem suam.* 6. *Reliqui autem tenuerunt servos ejus, et contumelia affectos interfecerunt*, etc.

Καὶ ἀποκριθεὶς ὁ Ἰησοῦς εἶπε πάλιν ἐν παραβολαῖς· Ὡμοιώθη ἡ βασιλεία τῶν οὐρανῶν ἀνθρώπῳ βασιλεῖ, ὅστις ἐποίησε γάμους τῷ υἱῷ αὐτοῦ. Καὶ ἀπέστειλε τοὺς δούλους αὐτοῦ καλέσαι τοὺς κεκλημένους εἰς τοὺς γάμους, καὶ οὐκ ἤθελον ἐλθεῖν. Πάλιν ἀπέστειλεν ἄλλους δούλους, λέγων· εἴπατε τοῖς κεκλημένοις, ἰδοὺ τὸ ἄριστόν μου ἡτοίμασα, οἱ ταῦροί μου καὶ τὰ σιτιστὰ τεθυμένα, καὶ πάντα ἕτοιμα· δεῦτε εἰς τοὺς γάμους. Οἱ δὲ ἀμελήσαντες C ἀπῆλθον, ὁ μὲν εἰς τὸν ἴδιον ἀγρόν, ὁ δὲ εἰς τὴν ἐμπορίαν αὐτοῦ. Οἱ δὲ λοιποὶ κρατήσαντες τοὺς δούλους αὐτοῦ ὕβρισαν καὶ ἀπέκτειναν, καὶ τὰ ἑξῆς.

1. Vidistin' et in præcedenti et in hac parabola quantum interest filium inter et servos? vidistin' magnam inter utramque parabolam affinitatem, magnamque differentiam? Nam hæc ipsa ostendit Dei tolerantiam providentiamque magnam, ingratamque Judaïcam improbitatem. Verum hæc quid

Εἶδες καὶ ἐν τῇ προτέρᾳ καὶ ἐν ταύτῃ τῇ παραβολῇ τοῦ υἱοῦ καὶ τῶν δούλων τὸ μέσον; εἶδες πολλὴν [a] μὲν ἑκατέρων τῶν παραβολῶν τὴν συγγένειαν, πολλὴν δὲ τὴν διαφοράν; Καὶ γὰρ αὕτη δείκνυσι καὶ τοῦ Θεοῦ τὴν μακροθυμίαν, καὶ τὴν πρόνοιαν τὴν πολλήν, καὶ τὴν Ἰουδαϊκὴν ἀγνωμοσύνην. Ἀλλ' ἔχει τι καὶ

a Μέν et δέ deest in Morel.

πλέον ἐκείνης αὕτη. [b] Προαναφωνεῖ μὲν γὰρ καὶ τὴν
D ἔκπτωσιν τῶν Ἰουδαίων, καὶ τὴν κλῆσιν τῶν ἐθνῶν·
δείκνυσι δὲ μετὰ τούτου καὶ τοῦ βίου τὴν ἀκρίβειαν,
καὶ ὅση τοῖς ἀμελοῦσιν ἡ δίκη κεῖται. Καὶ καλῶς αὕτη
μετ' ἐκείνην ἐστίν. Ἐπειδὴ γὰρ εἶπε, Δοθήσεται ἔθνει
ποιοῦντι τοὺς καρποὺς αὐτῆς, δηλοῖ λοιπὸν ἐνταῦθα,
ποίῳ ἔθνει· καὶ οὐ τοῦτο μόνον, ἀλλ' ὅτι καὶ ἄφατον
εἰς τοὺς Ἰουδαίους πάλιν τὴν πρόνοιαν ἐπιδείκνυται.
Ἐκεῖ μὲν γὰρ πρὸ τοῦ σταυροῦ φαίνεται καλῶν, ἐνταῦθα δὲ καὶ μετὰ τὸ σφαγῆναι [c] ἐπίκειται ἐπισπώμενος αὐτούς. Καὶ ὅτε τὴν χαλεπωτάτην αὐτοὺς ἔδει
E δίκην δοῦναι, τότε καὶ εἰς γάμους αὐτοὺς καλεῖ
καὶ ἕλκει, καὶ τῇ τιμῇ τῇ ἀνωτάτω τιμᾷ. Καὶ ὅρα
πῶς καὶ ἐκεῖ οὐ πρότερα [d] τὰ ἔθνη προσκαλεῖται, ἀλλ'
Ἰουδαίους, καὶ ἐνταῦθα πάλιν· ἀλλ' ὥσπερ ἐκεῖ, ὅτε
οὐκ ἠθέλησαν αὐτὸν δέξασθαι, ἀλλὰ καὶ ἐλθόντα ἔσφα-
ξαν, τότε ἔδωκε τὸν ἀμπελῶνα· οὕτω καὶ ἐνταῦθα,
ὅτε μὴ ἠθέλησαν παραγενέσθαι ἐν τῷ γάμῳ, τότε
679 ἑτέρους ἐκάλεσε. Τί τοίνυν γένοιτο ἂν τούτων ἀγνωμο-
A νέστερον, ὅταν ἐπὶ γάμους καλούμενοι ἀποπηδῶσι;
τίς γὰρ οὐκ ἂν ἕλοιτο ἐπὶ γάμους ἐλθεῖν, καὶ γάμους
βασιλέως, καὶ βασιλέως υἱῷ ποιοῦντος γάμους; Καὶ
τίνος ἕνεκεν γάμος εἴρηται; φησίν. Ἵνα μάθῃς τοῦ
Θεοῦ τὴν κηδεμονίαν, τὸν πόθον τὸν περὶ ἡμᾶς, τῶν
πραγμάτων τὴν φαιδρότητα, ὡς οὐδὲν λυπηρὸν ἐκεῖ,
οὐδὲν σκυθρωπὸν, ἀλλὰ πάντα χαρᾶς γέμει πνευματικῆς. Διὰ τοῦτο καὶ νυμφίον αὐτὸν καλεῖ Ἰωάννης·
διὰ τοῦτο καὶ ὁ Παῦλος λέγει· Ἡρμοσάμην ὑμᾶς ἑνὶ
ἀνδρί· καὶ πάλιν, Τὸ μυστήριον τοῦτο μέγα ἐστὶν,
ἐγὼ δὲ λέγω εἰς Χριστὸν καὶ εἰς τὴν Ἐκκλησίαν. Τί
οὖν οὐχ αὐτῷ [a] Πατρὶ ἁρμόζεσθαι ἡ νύμφη λέγεται,
B ἀλλὰ τῷ Υἱῷ; Ὅτι ἡ τῷ Υἱῷ ἁρμοζομένη τῷ Πατρὶ
ἁρμόζεται. Καὶ γὰρ ἀδιάφορον τοῦτο τῇ Γραφῇ ἢ τοῦτο
λέγεσθαι, διὰ τὸ ἀπαράλλακτον τῆς οὐσίας. Ἀπὸ τούτου καὶ τὴν ἀνάστασιν ἀνεκήρυξεν. Ἐπειδὴ γὰρ ἐν
τοῖς ἔμπροσθεν τὸν θάνατον εἶπε, δείκνυσιν ὅτι καὶ
μετὰ τὸν θάνατον τότε οἱ γάμοι, τότε ὁ νυμφίος. Ἀλλ'
οὐδὲ οὕτως οὗτοι βελτίους ἐγένοντο, οὐδὲ ἡμερώτεροι·
οὗ τί γένοιτ' ἂν χεῖρον; Καὶ γὰρ αὕτη τρίτη κατηγορία. Πρώτη μὲν, ὅτι προφήτας ἀπέκτειναν· ἔπειτα,
ὅτι τὸν Υἱόν· μετὰ ταῦτα, ὅτι καὶ ἀνελόντες, καὶ εἰς
τοὺς γάμους τοῦ ἀναιρεθέντος καλοῦντος, οὐ παραγί-
C νονται, ἀλλ' αἰτίας πλάττουσι, ζεύγη βοῶν, καὶ γυναῖκας, καὶ ἀγρούς· [b] καίτοι δοκοῦσιν εὔλογοι αἱ προφάσεις εἶναι. Ἀλλ' ἐντεῦθεν μανθάνομεν, κἂν ἀναγκαῖα
ᾖ τὰ κατέχοντα, πάντων προτιμότερα ποιεῖσθαι τὰ
πνευματικά. Καὶ καλεῖ, οὐχὶ προσφάτως, ἀλλὰ πρὸ
πολλοῦ τοῦ χρόνου. Εἴπατε γὰρ, φησὶ, τοῖς κεκλημέ-
νοις· καὶ πάλιν, Καλέσατε τοὺς κεκλημένους· ὅπερ

[b] Alii et Morel. προαναφωνεῖ γάρ.
[c] Alii ἔγκειται. Infra in Morel. hæc, καλεῖ καί, desunt.
[d] Savil. τὰ ἔθνη καλεῖται.

D amplius quam illa habet. Prænuntiat enim et Judæorum ejectionem, et gentium vocationem: post
hæc vero ostendit et vivendi disciplinam, et quanta
negligentibus pœna sit parata. Jureque hæc post
illam posita est. Quia enim dixit, *Dabitur genti* Matth. 21.
facienti fructum ipsius, hic declarat, cui genti; 43.
neque hoc tantum, sed et se rursus ineffabili erga
Judæos providentia uti. Ibi enim ante crucem vocat, hic etiam post necem instat, et pergit illos
vocare. Et cum gravissima illos pœna plectere par
fuisset, tunc ad nuptias ipsos vocat et trahit, su-
E premoque afficit honore. Et animadverte quomodo
et illic non prius gentes vocet, sed Judæos, et hic
similiter: sed quemadmodum ibi, cum illum suscipere noluerunt, imo et venientem occiderunt,
tunc vineam dedit: ita et hic, cum noluerunt ad
nuptias venire, alios vocavit. Quid illis ingratius
fuerit, quando ad nuptias vocati, resiliunt? quis
679 enim ad nuptias venire non optaret, et ad nuptias
A regis, qui filio nuptiale convivium parat? Et cur,
inquies, nuptiæ vocantur? Ut Dei providentiam
agnoscas, ejusque erga nos amorem, rerum splendorem, ut nihil ibi triste sit, nihil luctuosum, sed
omnia gaudio spirituali plena. Ideoque sponsum Joan. 3. 29.
illum vocat Joannes; ideo Paulus dicit, *Despon-* 2. Cor. 11.
di vos uni viro; et rursum, *Mysterium hoc* 2. Ephes. 5.
magnum est, ego autem dico in Christo et in 32.
Ecclesia. Cur ergo non Patri sponsa desponderi
dicitur, sed Filio? Quia quæ Filio despondetur,
Patri despondetur. Nam in Scriptura hoc vel illud
indifferenter dicitur, ob substantiæ identitatem.
B Ab hinc vero resurrectionem prædicat. Quia enim
in præcedentibus mortem dixit, monstrat hic post
mortem nuptias sponsumque fore. Verum hi ne
ita quidem meliores sunt effecti, nec mitiores;
quo quid deterius sit? Etenim hæc tertia est ac- Judæorum
cusatio. Prima, quod prophetas occiderint; deinde, crimina.
quod etiam Filium; demum, quod cum occidis-
sent, et ad nuptias ab occiso invitarentur, non
veniant, sed causas comminiscantur, juga boum,
uxores, agros: quamquam hæc videantur rationem habere. Sed inde discimus, etsi necessaria
C videantur esse illa quæ nos retinent, spiritualia
semper esse anteponenda. Vocat autem, non nuper,
sed ante multum temporis. Nam ait, *Dicite in-*
vitatis; et iterum, *Vocate invitatos,* quod certe
crimen auget. Et quandonam vocati sunt? Per
prophetas omnes, per Joannem rursum, qui omnes
ad Christum mittebat dicens, *Illum oportet cre-* Joan. 3. 30.

[a] Πατρί deest in Morel. [et in Cod. 694.]
[b] Alii καίτοι δοκοῦσιν εὔλογον πρόφασιν ἔχειν.

scere, me autem minui. Per ipsum denique Filium, qui ait, *Venite ad me omnes qui laboratis et onerati estis, et ego reficiam vos;* et rursus, *Si quis sitit, veniat ad me, et bibat.* Neque verbis tantum, sed et operibus ipsis vocabat, et post assumtionem ejus per Petrum et socios; nam *Qui operatus est Petro,* inquit, *in apostolatum circumcisionis, operatus est et mihi inter gentes.* Quia enim Filium videntes indignati sunt, ipsumque occiderunt, per servos rursum vocat. Et ad quid vocat? Ad labores, ærumnas, sudores? Nequaquam, sed ad delicias: ait enim: *Tauri mei et altilia mactata sunt.* Quantæ dapes! quanta magnificentia! Neque illos convertit; sed quanto majorem patientiam exhibebat, tanto magis illi indurabantur. Neque enim impediti negotiis, sed negligentes non venerunt. Cur autem alii nuptias, alii juga boum obtendunt? hæccine occupationes sunt? Minime. Cum enim spiritualia nos vocant, nulla est occupationum necessitas. Videntur autem mihi his obtentibus usi, ut hæc quasi negligentiæ velamina opponerent. Neque id solum grave est, quod non venerint; sed etiam, quod gravissimum atrocissimumque est, quod missos ad se male affecerint, contumeliis onerarint, occiderint; id quod superioribus gravius est. Illi namque venerunt repetentes proventum et fructus, atque occisi sunt; hi vero cum ad nuptias occisi interfectores ejus vocant, similiter interficiuntur. Cui furori quid par fuerit? Sic Paulus criminatur illos: *Qui et Dominum et prophetas suos occiderunt, et nos persequuti sunt.* Deinde ne dicerent, Deo adversarius est, ideoque non accedimus, audi quid dicunt ii qui invitant. Pater est is qui nuptias facit et invitat. Quid ergo postea? Quia noluerunt venire, sed et nuntios occiderunt, urbes eorum incendit, et missis exercitibus occidit eos. His porro prænuntiat ea quæ sub Vespasiano et Tito facta sunt. Et quia Patrem exacerbaverunt, quod ipsi non crediderint, ipse illos ulciscitur. Ideo non statim post mortem Christi excidium evenit, sed post annos quadragiata, ut patientiam suam exhiberet; cum Stephanum occiderunt, Jacobum interfecerunt, apostolos affecere contumeliis. Viden' rerum veritatem et celeritatem? Adhuc enim Joanne evangelista vivente, aliisque compluribus qui cum Christo vixerant,

Matth. 11 28. Joan. 7. 37. Gal. 2. 8. 1 Thess. 2. 15. Excidium Jerosolymæ.

μείζονα τὴν κατηγορίαν ποιεῖ. Καὶ πότε ἐκλήθησαν; Διὰ τῶν προφητῶν ἁπάντων, διὰ Ἰωάννου πάλιν· αὐτῷ γὰρ παρέπεμπεν ἅπαντας, λέγων· Ἐκεῖνον δεῖ αὐξάνειν, ἐμὲ δὲ ἐλαττοῦσθαι. Δι' αὐτοῦ πάλιν τοῦ Υἱοῦ· Δεῦτε γάρ, φησι, πρός με πάντες οἱ κοπιῶντες D καὶ πεφορτισμένοι, κἀγὼ ἀναπαύσω ὑμᾶς· καὶ πάλιν, Εἴ τις διψᾷ, ἐρχέσθω πρός με, καὶ πινέτω. Οὐ διὰ ῥημάτων δὲ μόνον, ἀλλὰ καὶ διὰ πραγμάτων αὐτοὺς ἐκάλει, καὶ μετὰ τὴν ἀνάληψιν διὰ Πέτρου καὶ τῶν κατ' αὐτόν· Ὁ γὰρ ἐνεργήσας Πέτρῳ, φησίν, εἰς ἀποστολὴν τῆς περιτομῆς, ἐνήργησε κἀμοὶ εἰς τὰ ἔθνη. Ἐπειδὴ γὰρ τὸν Υἱὸν ἰδόντες ὠργίσθησαν, καὶ ἀνεῖλον, διὰ τῶν δούλων καλεῖ πάλιν. Καὶ ἐπὶ τί καλεῖ; Ἐπὶ πόνους, καὶ μόχθους, καὶ ἱδρῶτας; Οὐχί, ἀλλ' ἐπὶ τρυφήν· Οἱ ταῦροι [c]γάρ μου, φησί, καὶ τὰ σιτιστὰ τεθυμένα. Πόση ἡ πανδαισία; πόση ἡ φιλοτιμία; Καὶ οὐδὲ τοῦτο αὐτοὺς ἐνέτρεψεν, [d]ἀλλ' ὅσῳ μει- E ζόνως ἐμακροθύμησε, τοσούτῳ μειζόνως ἐσκληρύνοντο. Οὐδὲ γὰρ ἀσχολούμενοι, ἀλλ' ἀμελήσαντες οὐκ ἦλθον. Πῶς οὖν [e]οἱ μὲν γάμους, οἱ δὲ ζεύγη βοῶν προβάλλονται; ταῦτα γοῦν ἀσχολίας; Οὐδαμῶς· τῶν γὰρ πνευματικῶν καλούντων, οὐκ ἔστιν ἀσχολίας οὐδεμία ἀνάγκη. Ἐμοὶ δὲ δοκοῦσι καὶ ταύταις ταῖς προφάσεσι 680 A κεχρῆσθαι, τῆς ἀμελείας προκαλύμματα ταῦτα προβαλλόμενοι. Καὶ οὐ τοῦτο μόνον τὸ δεινόν, ὅτι οὐκ ἦλθον, [a]ἀλλὰ καί, ὃ τούτου χαλεπώτερον καὶ μανικώτερον, τὸ καὶ συγκόψαι τοὺς ἐλθόντας, καὶ ὑβρίσαι, καὶ ἀνελεῖν· τοῦτο τοῦ προτέρου χεῖρον. Ἐκεῖνοι μὲν γὰρ ἦλθον ἀπαιτοῦντες πρόσοδον καὶ καρπούς, καὶ ἐσφάγησαν· οὗτοι δὲ εἰς γάμους καλοῦντες τοῦ παρ' αὐτῶν σφαγέντος, καὶ αὐτοὶ πάλιν φονεύονται. Τί ταύτης τῆς μανίας ἴσον; Τοῦτο καὶ Παῦλος ἐγκαλῶν αὐτοῖς, ἔλεγε· Τῶν καὶ τὸν Κύριον ἀποκτεινάντων καὶ τοὺς ἰδίους προφήτας, καὶ ἡμᾶς ἐκδιωξάντων [b]. Εἶτα ἵνα μὴ λέγωσιν, ὅτι ἀντίθεός ἐστι, καὶ διὰ τοῦτο οὐ B παραγινόμεθα, ἄκουσον τί λέγουσιν οἱ καλοῦντες. Ὅτι ὁ Πατήρ ἐστιν ὁ ποιῶν τοὺς γάμους, καὶ αὐτὸς ὁ καλῶν. Τί οὖν μετὰ ταῦτα; Ἐπειδὴ οὐκ ἠθέλησαν ἐλθεῖν, ἀλλὰ καὶ ἀνεῖλον τοὺς ἐπ' αὐτοὺς ἐλθόντας, κατακαίει [c]τὰς πόλεις αὐτῶν, καὶ τὰ στρατόπεδα πέμψας, ἀνεῖλεν αὐτούς. Ταῦτα δὲ λέγει προδηλῶν τὰ ἐπὶ Οὐεσπασιανοῦ καὶ Τίτου γενόμενα. Καὶ ὅτι καὶ τὸν Πατέρα παρώξυναν, αὐτῷ μὴ πιστεύσαντες, αὐτὸς γοῦν ἐστιν ὁ ἐπεξελθών. Διά τοι τοῦτο οὐκ εὐθέως, ἀναιρεθέντος τοῦ Χριστοῦ, γέγονεν ἡ ἅλωσις, ἀλλὰ μετὰ τεσσαράκοντα ἔτη, ἵνα δείξῃ αὐτοῦ τὴν μακροθυμίαν· ὅτε ἀπέκτειναν τὸν Στέφανον, ὅτε ἀνεῖ-

[c] γάρ deest in Morel.

[d] In Morel. hæc sic inversa sunt, ἀλλ' ὅσῳ μειζόνως ἐσκληρύνοντο, μειζόνως ἐμακροθύμησεν.

[e] Morel. οἱ μὲν ἀγροὺς, οἱ δὲ ζεύγη, et mox idem ἀσχολία; Ibidem Savil. οὐκ ἔστιν ἀσχολία οὐδεμία ἀναγκαία.

[a] Savil. ἀλλὰ καὶ τὸ πολλῷ χαλεπώτερον.

[b] Aliqui et Morel. addunt καὶ Θεῷ μὴ ἀρεσάντων.

[c] Alii τὰς πόλεις, omisso αὐτῶν.

λον τὸν Ἰάκωβον, ὅτε ὕβρισαν τοὺς ἀποστόλους. Εἶδες C πραγμάτων ἀλήθειαν καὶ τάχος; Ἔτι γὰρ Ἰωάννου [d]τοῦ εὐαγγελιστοῦ ζῶντος, καὶ ἑτέρων πολλῶν τῶν τῷ Χριστῷ συγγενομένων, ταῦτα ἐξέβαινε· καὶ γὰρ μάρτυρες ἦσαν τῶν γενομένων οἱ ταῦτα ἀκούσαντες. Ὅρα τοίνυν κηδεμονίαν ἄφατον. Ἐφύτευσεν ἀμπελῶνα, πάντα ἐποίησε καὶ ἀπήρτισε· τῶν οἰκετῶν ἀναιρεθέντων, εἶτα ἑτέρους ἀπέστειλε δούλους· ἐκείνων σφαγέντων, τὸν Υἱὸν ἔπεμψε· καὶ τούτου ἀναιρεθέντος, καλεῖ αὐτοὺς εἰς τοὺς γάμους· καὶ ἐλθεῖν οὐκ ἠθέλησαν. Εἶτα πέμπει ἑτέρους δούλους· οἱ δὲ καὶ τούτους ἀνεῖλον. Τότε αὐτοὺς λοιπὸν ἀναιρεῖ, ἅτε ἀνίατα νοσοῦντας. Ὅτι γὰρ ἀνίατα ἐνόσουν, οὐ [e]τὰ γεγενημένα D ἔδειξε μόνον, ἀλλ' ὅτι καὶ πορνῶν καὶ τελωνῶν πιστευσάντων, αὐτοὶ ταῦτα ἐποίησαν. Ὥστε οὐκ ἀφ' ὧν [f]ἐποίησαν καὶ ἐτόλμησαν μόνον, ἀλλὰ καὶ ἀφ' ὧν ἕτεροι κατώρθωσαν κατακρίνονται οὗτοι. Εἰ δὲ λέγοι τις, ὅτι οὐ τότε ἐκλήθησαν οἱ ἐξ ἐθνῶν, ὅτε ἐμαστίχθησαν οἱ ἀπόστολοι, καὶ μυρία ἔπαθον, ἀλλ' εὐθέως μετὰ τὴν ἀνάστασιν (τότε γὰρ αὐτοῖς φησι, Πορευθέντες μαθητεύσατε πάντα τὰ ἔθνη), εἴποιμεν ἄν, ὅτι καὶ πρὸ τοῦ σταυροῦ καὶ μετὰ τὸν σταυρὸν αὐτοῖς [g]διελέγοντο πρώτοις. Καὶ γὰρ πρὸ τοῦ σταυροῦ φησιν αὐτοῖς· Πορεύεσθε ἐπὶ τὰ πρόβατα τὰ ἀπολωλότα οἴκου Ἰσραήλ· καὶ μετὰ τὸν σταυρὸν οὐκ ἐκώλυσεν, ἀλλὰ καὶ ἐκέλευσεν αὐτοῖς διαλέγεσθαι. [h]Οὐ γὰρ εἶπε, E Μαθητεύσατε πάντα τὰ ἔθνη· ἀλλὰ μέλλων εἰς τὸν οὐρανὸν ἀναβαίνειν, ἐδήλωσεν ὅτι ἐκείνοις διαλέξονται πρώτοις· Λήψεσθε γάρ, φησί, δύναμιν ἐπελθόντος τοῦ ἁγίου Πνεύματος ἐφ' ὑμᾶς, καὶ ἔσεσθέ μοι μάρτυρες ἔν τε Ἱερουσαλὴμ, καὶ ἐν πάσῃ τῇ Ἰουδαίᾳ, καὶ ἕως 681 ἐσχάτου τῆς γῆς· καὶ ὁ Παῦλος πάλιν· Ὁ γὰρ ἐνερ- A γήσας Πέτρῳ εἰς ἀποστολὴν τῆς περιτομῆς, ἐνήργησε κἀμοὶ εἰς τὰ ἔθνη. [a]Διὰ τοῦτο καὶ οἱ ἀπόστολοι πρὸς τοὺς Ἰουδαίους πρῶτον ἐχώρησαν, καὶ πολὺν ἐν Ἱερουσαλὴμ διατρίψαντες χρόνον, εἶτα ὑπ' αὐτῶν ἐλαθέντες, οὕτω διεσπάρησαν εἰς τὰ ἔθνη.

Σὺ δὲ ὅρα καὶ ἐνταῦθα τὴν φιλοτιμίαν τοῦ Δεσπότου. Ὅσους ἐὰν εὕρητε, καλέσατε, φησὶν, εἰς τοὺς γάμους. Πρὸ τούτου μὲν γὰρ, ὅπερ ἔφην, καὶ Ἰουδαίοις καὶ Ἕλλησι διελέγοντο, ἐπὶ πλεῖον ἐν τῇ Ἰουδαίᾳ διατρίβοντες· ἐπειδὴ δὲ ἐπέμενον ἐπιβουλεύοντες αὐτοῖς, [b]ἄκουσον Παύλου τὴν παραβολὴν ἑρμηνεύοντος B ταύτην, καὶ λέγοντος οὕτως· Ὑμῖν ἦν ἀναγκαῖον πρῶτον λαληθῆναι τὸν λόγον τοῦ Θεοῦ· ἐπειδὴ δὲ ἀναξίους ἑαυτοὺς ἐκρίνατε, ἰδοὺ στρεφόμεθα εἰς τὰ

hæc contigerunt: etenim gestorum testes erant, qui hæc audierunt. Vide ergo providentiam ineffabilem. Plantavit vineam, omnia fecit et complevit; servis occisis alios servos misit: his interemtis, Filium misit, quo interfecto, vocat eos ad nuptias, et venire noluerunt. Postea mittit alios servos: illi vero hos etiam occiderunt. Tuncque demum illos interficit: utpote qui incurabili morbo laborarent. Quod enim incurabiles essent, non priora solum gesta probabant; sed quod etiam meretricibus publicanisque credentibus, illi talia perpetrarint. Itaque non ob sua gesta et scelera tantum, sed etiam ob aliorum bona opera damnantur. Si quispiam dixerit, non tunc vocatos ex gentibus fuisse, cum apostoli flagellati et innumera perpessi sunt, sed statim post resurrectionem (tunc enim discipulis dixit, *Euntes docete* Matth. 28,
omnes gentes), respondebimus, discipulos et 19.
ante crucem et post crucem Judæis primum loquutos fuisse. Nam ante crucem ait illis Jesus: *Ite ad oves quæ perierunt domus Israël:* et post crucem non vetuit, imo etiam præcepit ut illos docerent. Neque tunc dixit, *Docete omnes gentes:* sed ascensurus in cælum, declaravit primo prædicandum Judæis esse: ait enim, *Acci-* Act. 1. 8.
pietis virtutem supervenientis Spiritus sancti in vos, et eritis mihi testes in Jerusalem et in omni Judæa, et usque ad ultimum terræ; et Paulus rursum: *Qui operatus est Petro in apo-* Gal. 2. 8.
stolatum circumcisionis, operatus est et mihi inter gentes. Propterea et apostoli Judæis primo prædicaverunt, et postquam multo tempore Jerosolymæ mansissent, deinde ab illis pulsi, sic dispersi sunt apud gentes.

2. Tu vero hic considera munificentiam Domini. *Quotquot inveneritis*, inquit, *vocate ad nuptias.* Nam antea, ut dixi, et Judæis et gentibus prædicabant, ut plurimum in Judæa versantes: quia vero Judæi ipsis insidiantes perseverabant, audi Paulum, qui hanc parabolam explicat et dicit: *Vo-* Act. 13. 46.
bis erat necesse primum loqui verbum Dei; sed quia vos indignos judicastis, ecce convertimur ad gentes. Propterea enim ipse ait: 8. *Nuptiæ*

[d] Τοῦ εὐαγγελιστοῦ deest in Morel.

[e] Alii τὸ γεγενημένον.

[f] Ἐποίησαν καὶ deest in Savil.

[g] [Cod. 794 διελέγετο πρῶτον.]

[h] [Savil. et Cod. id. εἰ γὰρ καὶ εἶπε.]

[a] Hic quædam adjiciuntur ex Manuscriptis, quæ in Morel. deerant. Nimirum διὰ τοῦτο καὶ οἱ ἀπόστολοι... διεσπάρησαν εἰς τὰ ἔθνη, omissa δι' ὁμοιοτέλευτον.

[b] Morel. et quidam alii ἄκουσον τί φησι Παῦλος, τὴν παραβολὴν ἑρμηνεύων, καὶ λέγων οὕτως.

quidem paratæ sunt, vocati vero digni non erant. Id vero ille antea sciebat, sed ut nullam ipsis relinqueret impudentis excusationis ansam, licet id sciret, ad illos primos et venit et misit, illis ora obstruens, nosque instituens, ut quæ penes nos sunt omnia impleamus, etsi nemo quidpiam inde lucri accepturus esset. Quia ergo *Digni non erant*, inquit: 9. *Ite ad trivia, et quoscumque inveneritis, vocate*: etiam viles et abjectos. Quia

Matth. 21. 31. Matth. 19. 30.

enim sæpe dicebat, Meretrices et publicani cælum hereditabunt, et, *Erunt novissimi primi, et primi novissimi*: ostendit hæc sic juste dispensari, quod potissimum Judæos mordebat, et multo magis quam urbis excidium affligebat, quod viderint gentiles priores introduci. Deinde ne hi in sola fide spem haberent, de judicio et pœna pravorum operum edisserit, hortaturque nondum credentes ad amplectendam fidem, credentes vero ad vitam recte instituendam. Indumentum enim sunt vita et opera. Atqui vocatio gratiæ erat; cur ergo tam accurate loquitur et hortatur? Quia vocatio quidem et purgatio ex gratia sunt; vocatum autem et puris indutum vestibus manere, et hæc servare, id ex vocatorum cura et studio proficiscitur. Vocamur autem non ex merito, sed ex gratia. Oportebat igitur gratiæ vicem rependere per obedientiam, non per tantam post honorem acceptum nequitiam. Sed non tot accepi bona, inquies, quot Judæi. Imo multo majora accepisti bona. Nam quæ tanto tempore ipsis apparabantur, tu confertim accepisti, licet dignus non

Vocamur non ex merito, sed ex gratia.

Rom. 15. 9.

esses. Ideo Paulus ait: *Gentes autem pro misericordia glorificare Deum*. Nam quæ illis debebantur, tu accepisti. Quapropter magna negligentibus imminet pœna. Quemadmodum enim illi, quod non venerint, contumelia affecerunt: sic et tu, quia ad corruptam vitam sic declinasti. Nam sordidis vestibus intrare, id est, cum impura vita inde discedere; ideoque obmutuisse dicitur. Viden' quomodo licet res sic manifesta sit, non prius supplicia inferat, quam ipse peccator sententiam tulerit? Quia enim nihil respondere poterat, semetipsum damnabat, et ad ingentes rapitur pœnas. Ne putes autem, cum tenebras audis, hoc illum supplicio puniri, quod in obscurum locum

ἔθνη. Διὰ τοῦτό φησι καὶ αὐτός· Ὁ μὲν γάμος ἕτοιμός ἐστιν, οἱ δὲ κεκλημένοι οὐκ ἦσαν ἄξιοι. Ἤδει μὲν οὖν καὶ πρὸ τούτου τοῦτο, ἀλλ' ἵνα μηδεμίαν αὐτοῖς καταλίπῃ ἀναισχύντου τινὸς ἀντιλογίας πρόφασιν, καίπερ εἰδὼς, πρὸς αὐτοὺς πρώτους καὶ ἦλθε καὶ ἔπεμψεν, ἐκείνους τε ἐπιστομίζων, καὶ ἡμᾶς παιδεύων τὰ παρ' ἑαυτῶν ἅπαντα πληροῦν, κἂν μηδεὶς μηδὲν κερδαίνειν μέλ- C λῃ. Ἐπεὶ οὖν Οὐκ ἦσαν ἄξιοι, Πορεύεσθε, φησὶν, εἰς τὰς τριόδους, καὶ ὅσους ἐὰν εὕρητε, καλέσατε· καὶ τοὺς τυχόντας καὶ τοὺς ἀπεῤῥιμμένους. Ἐπειδὴ γὰρ ἄνω καὶ κάτω ἔλεγεν, ὅτι πόρναι καὶ τελῶναι κληρονομήσουσι τὸν οὐρανόν· καὶ, Ἔσονται οἱ πρῶτοι ἔσχατοι, καὶ οἱ ἔσχατοι πρῶτοι· δείκνυσιν ὅτι δικαίως καὶ ταῦτα γίνεται, ὃ μάλιστα πάντων ἔδακνε Ἰουδαίους, καὶ τῆς κατασκαφῆς χαλεπώτερον [c] μᾶλλον αὐτοὺς ἔκνιζε καὶ πολλῷ μεῖζον, τὸ ἀντ' ἐκείνων τοὺς ἐξ ἐθνῶν ὁρᾷν εἰσαγομένους. Εἶτα ἵνα μηδὲ οὗτοι τῇ πίστει θαῤῥήσωσι μόνῃ, καὶ περὶ τῆς κρίσεως αὐτοῖς διαλέγεται, τῆς ἐπὶ ταῖς πονηραῖς πράξεσι, τοῖς μὲν οὐδέπω πε- D πιστευκόσι περὶ τοῦ προσελθεῖν τῇ πίστει, τοῖς δὲ πεπιστευκόσι περὶ τῆς κατὰ τὸν βίον ἐπιμελείας. Ἔνδυμα γὰρ βίος ἐστὶ καὶ πρᾶξις. Καὶ μὴν χάριτος ἦν ἡ κλῆσις· τίνος οὖν ἕνεκεν ἀκριβολογεῖται; Ὅτι τὸ μὲν κληθῆναι καὶ καθαρθῆναι χάριτος ἦν· τὸ δὲ κληθέντα καὶ καθαρὰ ἐνδυσάμενον μεῖναι τοιαῦτα διατηροῦντα τῆς τῶν κληθέντων σπουδῆς. Τὸ κληθῆναι δὲ οὐκ ἀπὸ τῆς ἀξίας γέγονεν, ἀλλ' ἀπὸ τῆς χάριτος. Ἔδει τοίνυν ἀμείψασθαι [d] τὴν χάριν τῷ ὑπακοῦσαι, οὐ τῷ τοσαύτην ἐπιδείξασθαι πονηρίαν μετὰ τὴν τιμήν. Ἀλλ' οὐκ ἀπήλαυσα, φησὶν, ὅσον Ἰουδαῖοι. Καὶ μὴν πολλῷ μειζόνων ἀπήλαυσας ἀγαθῶν. Ἃ γὰρ διὰ παντὸς τοῦ E χρόνου παρεσκευάζετο ἐκείνοις, ταῦτα ἀθρόον ἔλαβες σὺ, οὐκ ὢν ἄξιος. Δι' ὃ καὶ Παῦλος λέγει· Τὰ δὲ ἔθνη ὑπὲρ ἐλέους δοξάσαι τὸν Θεόν. Ἃ γὰρ ἐκείνοις ὠφείλετο, ταῦτα ἔλαβες. Διὸ καὶ πολλὴ κεῖται ἡ δίκη τοῖς ἐῤῥᾳθυμηκόσι. Καθάπερ γὰρ ἐκεῖνοι τῷ μὴ ἐλθεῖν 682 ὕβρισαν· οὕτω καὶ σὺ τῷ οὕτω κατακλιθῆναι μετὰ A βίου διεφθαρμένου. Τὸ γὰρ ῥυπαροῖς ἱματίοις εἰσελθεῖν [a] τοῦτο αἰνίττεται· τουτέστι, βίον ἀκάθαρτον ἔχοντα ἀπελθεῖν ἐντεῦθεν· δι' ὃ καὶ ἐφιμοῦτο, φησίν. Ὁρᾷς πῶς, καίτοι τοῦ πράγματος οὕτω καταδήλου ὄντος, οὐ πρότερον κολάζει, ἕως ἂν αὐτὸς ὁ ἡμαρτηκὼς τὴν ψῆφον ἐξενέγκῃ; Τῷ γὰρ μηδὲν ἔχειν ἀντειπεῖν κατέκρινεν ἑαυτὸν, καὶ πρὸς τὰς [b] ἀποῤῥήτους αἴρεται κολάσεις. Μὴ γὰρ δὴ σκότος ἀκούσας, τούτῳ

[c] Apud Morel. series hic admodum vitiata erat, quæ ex Manuscriptis et ex Savil. restituitur. Sic porro legitur ibi: καὶ τῆς κατασκαφῆς χαλεπώτερον ἔκνιζε τὸ εἰς τὰ ἐκείνων τοὺς ἐξ ἐθνῶν ὁρᾷν εἰσαγομένους. εἶτα ἵνα μηδὲ οὗτοι τῇ πίστει θαῤῥῶσι. Infra Morel. πεπιστευκόσι τοῦ προσελθεῖν.

[d] Savil. τὴν χάριν τῷ ὑπακοῦσαι, οὐ τῷ τοσαύτην. Hic Morelli series vitiata fuit. [Habet enim τὴν χάριν, καὶ μὴ τοσαύτην ἐπιδ. τὴν πον.]

[a] Morel. τοῦτό ἐστι βίον.

[b] Alii et Morel. ἀποῤῥήτους ἕλκεται κολάσεις. Ibid. Savil. σκότος ἀκούων.

νομίσῃς αὐτὸν τιμωρεῖσθαι, τῷ εἰς ἀφεγγὲς πέμπεσθαι χωρίον μόνον, ἀλλ' ὅπου Ὁ κλαυθμὸς, καὶ ὁ βρυγμὸς τῶν ὀδόντων· τοῦτο δὲ λέγει, τὰς ἀκαρτερήτους ἐνδεικνύμενος ὀδύνας. Ἀκούσατε ὅσοι μυστηρίων ἀπολαύσαντες, καὶ τοῖς γάμοις παραγενόμενοι, ῥυπαραῖς τὴν B ψυχὴν περιβάλλετε πράξεσιν. Ἀκούσατε πόθεν ἐκλήθητε. Ἀπὸ τῆς τριόδου. Τί ὄντες; Χωλοὶ καὶ ἀνάπηροι κατὰ ψυχὴν, ὃ πολλῷ χαλεπώτερον τῆς τοῦ [c] σώματος λώβης. Αἰδέσθητε τὴν φιλανθρωπίαν τοῦ καλέσαντος, καὶ μηδεὶς μὲν ἔστω ῥυπαρὰ ἔχων ἱμάτια, ἀλλ' ἕκαστος ἡμῶν περιεργαζέσθω τὴν στολὴν τῆς ψυχῆς. Ἀκούσατε, γυναῖκες, ἀκούσατε, ἄνδρες. Οὐ τούτων ὑμῖν τῶν ἱματίων δεῖ τῶν [d] χρυσοπάστων, τῶν τὰ ἔξωθεν ἡμῖν καλλωπιζόντων, ἀλλ' ἐκείνων τῶν τὰ ἔνδον. Ἕως ἂν ταῦτα ἔχωμεν, ἐκεῖνα περιθέσθαι δύσκολον. Οὐκ ἔστιν ὁμοῦ καὶ ψυχὴν καὶ σῶμα καλλωπίζειν, οὐκ ἔστιν. Οὐκ ἔστιν ὁμοῦ καὶ μαμωνᾷ δουλεύειν, καὶ Χριστῷ ὑπακούειν ὡς χρή. Ἀποθώμεθα τοίνυν ταύτην C τὴν τυραννίδα τὴν χαλεπήν. Οὐδὲ γὰρ εἴ τις τὸν μὲν οἶκον ἐκόσμει, παραπετάσματα χρυσᾶ κρεμάσας, σὲ δὲ γυμνὸν ἐν ῥακίοις ἐποίει [e] καθίσαι, πράως ἂν ἤνεγκας. Ἀλλ' ἰδοὺ νῦν τοῦτο σὺ ταὐτὸν ἐργάζῃ, τὴν μὲν οἰκίαν τῆς ψυχῆς σου, τὸ σῶμα λέγω, μυρίοις παραπετάσμασι καλλωπίζων, ἐκείνην δὲ ἐν ῥακίοις ἀφεὶς καθῆσθαι. Οὐκ οἶσθα, ὅτι τὸν βασιλέα τῆς πόλεως μᾶλλον κοσμεῖσθαι δεῖ; Διά τοι τοῦτο τῇ μὲν πόλει παραπετάσματα ἐκ λινοῦ κατεσκεύασται, τῷ δὲ βασιλεῖ ἁλουργὶς καὶ διάδημα. Οὕτω καὶ σὺ τὸ μὲν [f] σῶμα πολλῷ φαυλοτέρᾳ περίβαλλε στολῇ, τὸν δὲ νοῦν D ἁλουργίδα ἔνδυσον, καὶ στέφανον ἐπίθες αὐτῷ, καὶ κάθισον ἐπὶ ὀχήματος ὑψηλοῦ καὶ περιφανοῦς. Ὡς νῦν γε τοὐναντίον ποιεῖς, τὴν μὲν πόλιν καλλωπίζων ποικίλως, τὸν δὲ βασιλέα νοῦν ἀφεὶς σύρεσθαι δεδεμένον ὀπίσω τῶν ἀλόγων παθῶν. Οὐκ ἐννοεῖς, ὅτι εἰς γάμον ἐκλήθης, καὶ Θεοῦ γάμον; οὐ λογίζεις πῶς εἰς ταύτας τὰς παστάδας τὴν κληθεῖσαν ψυχὴν εἰσιέναι δεῖ, κροσσωτοῖς χρυσοῖς περιβεβλημένην, πεποικιλμένην;

Βούλει σοι δείξω τοὺς οὕτως ἐστολισμένους; τοὺς ἔνδυμα ἔχοντας γάμου; Ἀναμνήσθητι τῶν ἁγίων ἐκείνων ὑπὲρ ὧν πρῴην ὑμῖν διελέχθην, τῶν τὰ [g] τρίχινα ἐχόντων ἱμάτια, τῶν τὰς ἐρήμους οἰκούντων. E Οὗτοι μάλιστά εἰσιν οἱ τὰ ἐνδύματα ἔχοντες τοῦ γάμου ἐκείνου· καὶ δῆλον ἐντεῦθεν· ὅσας γὰρ ἂν δῷς αὐτοῖς πορφυρίδας, οὐκ ἂν ἕλοιντο λαβεῖν· ἀλλ'

trudatur solummodo; sed ubi 13. *Fletus, et stridor dentium*, quod intolerabiles significat dolores. Audite quotquot mysteriorum consortes estis, et ad nuptias adventatis, sordidisque operibus animam induitis. Audite unde vocati sitis. Ex trivio. Quinam eratis? Claudi et cæci animo, quod longe gravius est corporis cæcitate. Revereamini vocantis benignitatem, nemoque sit sordidis indutus vestibus, sed quisque nostrum animæ amictum componat. Audite, mulieres, audite, viri. Non his vestibus opus habetis auro intextis, quæ exteriora nostra, sed illis quæ interiora ornant. Donec illas retinemus, has induere difficile est. Non possumus animam simul et corpus ornare. Non possumus certe, non possumus mamonæ servire et Christo obedire ut par esset. Deponamus ergo hanc gravem tyrannidem. Neque enim si quis domum tapetibus aureis ornaret, teque nudum cum pannis laceris sedere juberet, id æquo animo ferres. At nunc ipse tibi hanc injuriam facis, cum domum animæ tuæ, corpus scilicet, innumeris ornas aulæis, illam vero pannosam sedere sinis. An ignoras, regem magis quam civitatem ornari oportere? Ideoque civitati vela ex lino parantur, regi autem purpura et diadema dantur. Sic et tu corpus longe viliore indue amictu, animæ vero purpura indutæ coronam impone, et in sublimi solio constitue. Tu vero contrarium facis, dum urbem varie ornas, regem vero, sive mentem, sinis victum trahi a pravis affectibus. Non cogitas, te ad nuptias et Dei nuptias vocatum esse? non cogitas quo pacto in hos thalamos vocatam animam intrare oporteat, vestitu deaurato circumdatam, varietate ornatam?

3. Vis ostendam tibi qui sint vere ita amicti? qui veste nuptiali induantur? Recordare sanctorum illorum, de quibus nuper dixi, qui cilicio induuntur, et deserta incolunt. Hi maxime vestem nuptialem habent: et hinc liquidum est, quod si illis purpuram offeras, accipere nolint: sed quemadmodum rex indumenta pauperis oblata, sic illi

[c] Alii *σώματος βλάβης*. Infra pro *μὲν ἔστω* alii *μενέτω*.

[d] Morel. *χρυσοπάστων, ἀλλ' ἐκείνων*, omissis interpositis. Ibid. Morel. *τῶν ἔνδον· ὡς ἄν*.

[e] Morel. *καθῆσθαι*.

[f] *Σῶμα περίβαλλε στολῇ*, sic Morel. omissis interpositis, ut videas quot mendis series illa scateret. Infra idem *περιφανοῦς. νῦν γάρ*, et postea, *βασιλέα ἀφεὶς*. Infra *εἰς τὰς παστάδας*.

[g] Mss. fere omnes *τρίχινα*, Savil. et Morel. *τρύχινα*. Prior lectio usitatior est, habeturque Exod. 26, 7, et Zachariæ 13, 4. Paulo post alii *τῶν γάμων ἐκείνων*. [Infra Savil. et Cod. 694 *εἰ τοῦ πτωχοῦ τὰ ῥάκιά τις λαβὼν, κελεύει ταῦτα αὐτὸν ἐνδυθῆναι, βδελύξαιτο ἂν τὴν στολήν· οὕτω*.

regiam purpuram respuerent. Nec alia de causa illo sunt affectu, quam quod pulchritudinem vestis suæ noverint. Ideo purpuream illam vestem ut araneæ telam respuunt. Hæc enim illos cilicium docuit: nam sunt ipso rege sublimiores et splendidiores. Ac si posses januas mentis eorum aperire, ipsorumque animam videre, interioremque ornatum omnem, in terram decideres, cum non ferres tantæ pulchritudinis splendorem, et vestium fulgorem, necnon fulgur conscientiæ ipsorum. Possemus exempla proferre veterum magnorum atque mirabilium hominum; sed quia rudiores exempla quæ sub oculos cadunt magis concitant, ideo vos ad tabernacula sanctorum istorum mitto. Nihil enim triste habent; sed utpote qui in cælis tuguria sua fundaverint, sic procul ex hujus vitæ miseriis habitant, militantes contra diabolum, et quasi choreas agentes, sic bellum gerunt adversus eum. Ideo constructis tuguriis, urbes, forum, domos fugiunt. Nam qui bellum gerit, non debet domi sedere; sed promte paratum domicilium habeat oportet, ut qui cito proficisci debeat. Tales sunt illi omnes, contra quam nos sumus. Nos quippe non ut in exercitu, sed quasi in pace fruente urbe vivimus. Quis enim umquam in exercitu fundamenta jacit, et domum construit, quam paulo post relicturus est? Nemo sane: sed et si quis id tentaverit, ut proditor occiditur. Quis in exercitu terræ jugera emit, et negotiationes apparat? Nemo certe, et jure quidem. Nam ad bellandum venisti, non ad negotiandum. Quid igitur laboras circa locum, quem paulo post relicturus es? Cum in patriam venerimus id facito; cum in supernam civitatem advenerimus, his fruere. Hæc tibi nunc dico; cum supernam possessionem nacti fuerimus, tunc id facito; imo nihil tibi illic labore opus erit: Rex enim omnia illic operatur. Hic nobis satis est fossam parare, vallum figere: ædificii nulla necessitas est. Audi quænam sit Hamaxobiorum Scytharum vita, quod Nomadum institutum vitæ. Sic oporteret Christianos vivere, per orbem circumire, contra diabolum pugnantes, captivos ab illo detentos liberantes, relictis omnibus sæcularibus rebus. Cur domum apparas, o homo? an ut teipsum magis vincias? Cur thesaurum defodis, et inimicum contra te incitas? cur muros ædifi-

Hamaxobiorum et Nomadum vita.

ὥσπερ βασιλεὺς, εἰ τὰ πτωχοῦ ῥάκια κελεύει τις αὐ-
883 τὸν ἐνδῦναι, ἐβδελύξατο ἄν, οὕτω κἀκεῖνοι τὴν ἀλουρ-
A γίδα τὴν [a] βασιλικὴν ἐκείνου. Οὐδαμόθεν δὲ ἑτέρωθεν τοῦτο πάσχουσιν, ἀλλ' ἢ διὰ τὸ εἰδέναι τὸ κάλλος τῆς ἑαυτῶν στολῆς. Διὰ τοῦτο καὶ τὴν ἀλουργὸν ἐκείνην χλανίδα διαπτύουσιν ὡς ἀράχνην. Ταῦτα γὰρ αὐτοὺς ὁ σάκκος ἐδίδαξε· καὶ γάρ εἰσιν αὐτοῦ τοῦ βασιλεύοντος ὑψηλότεροι πολλῷ καὶ λαμπρότεροι. Κἂν δυνηθῇς τὰς πύλας ἀναπτύξαι [b] τοῦ νοῦ, καὶ τὴν ψυχὴν αὐτῶν κατιδεῖν, καὶ τὸν ἔνδον ἅπαντα κόσμον, κἂν εἰς τὴν γῆν καταπέσοις, οὐ φέρων τῆς εὐμορφίας τὴν λαμπηδόνα, καὶ τὴν αἴγλην τῶν ἱματίων ἐκείνων, καὶ τὴν ἀστρα-
B πὴν τοῦ συνειδότος αὐτῶν. [c] Ἔχομεν εἰπεῖν καὶ παλαιοὺς ἄνδρας μεγάλους καὶ θαυμαστούς· ἀλλ' ἐπειδὴ τοὺς παχυτέρους τὰ ὁρώμενα ὑποδείγματα μᾶλλον ἐνάγει, διὰ τοῦτο ὑμᾶς καὶ ἐπὶ τὰς σκηνὰς πέμπω τῶν ἁγίων ἐκείνων. Οὐδὲν γὰρ ἔχουσι λυπηρὸν, ἀλλ' ἅτε ἐν οὐρανοῖς πηξάμενοι τὰς καλύβας, οὕτω πόῤῥω τῶν τῷ παρόντι βίῳ μοχθηρῶν ἐσκήνωνται, στρατοπεδευόμενοι κατὰ τοῦ διαβόλου, καὶ ὥσπερ χορεύοντες, οὕτω πολεμοῦσιν αὐτῷ. Διά τοι τοῦτο καλύβας πηξάμενοι, πόλεις καὶ ἀγορὰς καὶ οἰκίας ἔφυγον. Τὸν γὰρ πολεμοῦντα οὐκ ἔνι ἐν οἰκίᾳ καθῆσθαι· ἀλλὰ δεῖ σχεδιάσαντα τὴν οἴκησιν ὡς μέλλοντα εὐθέως ἀπανίστασθαι, οὕτω κατοικεῖν. Τοιοῦτοι ἐκεῖνοι πάντες, ἀπε-
C ναντίας οἰκοῦντες ἡμῖν. Ἡμεῖς γὰρ οὐχ ὡς ἐν στρατοπέδῳ ἀλλ' ὡς ἐν πόλει εἰρηνικῇ ζῶμεν. Τίς γὰρ ἐπὶ στρατοπέδου ποτὲ θεμελίους καταβάλλεται, καὶ οἰκίαν οἰκοδομεῖ, ἣν μικρὸν ὕστερον ἀπολιμπάνειν μέλλει; Οὐκ ἔστιν οὐδείς· ἀλλὰ κἂν ἐπιχειρήσῃ τις, ὡς προδότης ἀναιρεῖται. Τίς ἐπὶ στρατοπέδου πλέθρα γῆς ὠνεῖται, [d] καὶ πραγματείας συντίθησιν; Οὐκ ἔστιν οὐδείς· καὶ μάλα εἰκότως. Πολεμῆσαι γὰρ, φησὶ, παραγέγονας, οὐ καπηλεῦσαι. Τί τοίνυν φιλοπονεῖς περὶ τὸν τόπον, ὃν μικρὸν ὕστερον ἀφήσεις; Ὅταν ἀπέλθωμεν εἰς τὴν πατρίδα, ταῦτα ποίει· ὅταν ἀναχωρήσωμεν εἰς τὴν πόλιν τὴν ἄνω, ταῦτα ἀπόλαυε.
D Ταῦτα καὶ σοὶ νῦν λέγω ἐγὼ, ὅταν τὴν ἄνω κατάσχεσιν εὕρωμεν, τότε ταῦτα ποίει· μᾶλλον δὲ οὐδέν σοι δεῖ πόνων ἐκεῖ· ὁ γὰρ βασιλεὺς λοιπὸν ἅπαντα τὰ ἐκεῖσε ἐργάσεται. Ἐνταῦθα δὲ ἀρκεῖ τάφρον περιελάσαι μόνον, καὶ χάρακα πήξασθαι· [e] οἰκοδομῆς δὲ οὐδεμία χρεία. Ἄκουσον οἷος τῶν ἁμαξοβίων Σκυθῶν ὁ βίος, οἵαν τοὺς Νομάδας φασὶν ἔχειν διαγωγήν. Οὕτω τοὺς Χριστιανοὺς ζῆν ἔδει, περιιέναι τὴν οἰκουμένην, πολεμοῦντας τῷ διαβόλῳ, αἰχμαλώτους ῥυομένους τοὺς

[a] Βασιλικὴν deest in Morel. Idem mox ταῦτα πάσχουσι, et paulo post χλαμίδα, male.

[b] Morel. τοῦ ναοῦ, male, et mox τὸν ἅπαντα κόσμ.

[c] Morel. ἔχομεν γὰρ εἰπεῖν.

[d] Alii et Morel. καὶ γραμματεῖα συντίθησι.

[e] Morel. οἰκοδομῆς δ' οὐδεμιᾶς. Alia minora hujus Editionis errata hinc inde sustulimus. De Hamaxobiis Scythis, qui in plaustris vitam degebant, multi scripsere. Horatius:

Quorum plaustra vagas rite trahunt domos.

De Nomadibus sive pecuariis passim Herodotus.

ὑπ' ἐκείνου κατεχομένους, καὶ πάντων ἀπηλλάχθαι τῶν βιωτικῶν. Τί κατασκευάζεις οἰκίαν, ἄνθρωπε; ἵνα [f] μᾶλλον σαυτὸν δήσῃς; Τί κατορύττεις θησαυρὸν, καὶ καλεῖς κατὰ σαυτοῦ τὸν πολέμιον; τί περιβάλλεις E τείχη, καὶ σαυτῷ κατασκευάζεις φυλακήν; Εἰ δὲ δύσκολα ταῦτα εἶναί σοι δοκεῖ, ἀπέλθωμεν πρὸς τὰς ἐκείνων σκηνὰς, ἵνα διὰ τῶν ἔργων μάθωμεν τὴν εὐκολίαν. Καλύβας γὰρ [g] ἐκεῖνοι πηξάμενοι, κἂν ἀπο- 684 στῆναι δέῃ τούτων, οὕτως ἀφίστανται ὥσπερ οἱ στρα- A τιῶται ἐν εἰρήνῃ τὸ στρατόπεδον ἀφέντες. Καὶ γὰρ οὕτως ἐσκήνωνται, μᾶλλον δὲ καὶ πολλῷ ἥδιον. Καὶ γὰρ ἥδιον ἰδεῖν ἐρημίαν σκηνὰς ἔχουσαν μοναχῶν συνεχεῖς, ἢ στρατιώτας ἐν στρατοπέδῳ παραπετάσματα τείνοντας, καὶ δόρατα πηγνυμένους, [a] καὶ τῆς τῶν δοράτων αἰχμῆς κροκωτὰ φάρη ἐξαρτῶντας, καὶ πλῆθος ἀνθρώπων χαλκᾶς ἐχόντων κεφαλὰς, καὶ πολὺ τῶν ἀσπίδων ἀστράπτοντας [b] τοὺς ὀμφάλους, καὶ σιδήρῳ τεθωρακισμένους ὅλους δι' ὅλου, καὶ βασίλεια ἐσχεδιασμένα, καὶ πεδίον ἡπλωμένον πολὺ, καὶ ἀριστοποιουμένους καὶ αὐλοῦντας. Οὐδὲ γὰρ οὕτω τερπνὸν τὸ θέατρον τοῦτο, οἷον ὃ λέγω νῦν ἐγώ. Ἂν γὰρ B ἀπέλθωμεν εἰς τὴν ἔρημον, καὶ ἴδωμεν τῶν τοῦ Χριστοῦ στρατιωτῶν τὰς σκηνὰς, οὐ παραπετάσματα τεινόμενα ὀψόμεθα, οὐδὲ αἰχμὰς δοράτων, οὐδὲ πέπλους χρυσοῦς θόλον βασιλικὴν ποιοῦντας, ἀλλ' οἷον ἂν εἴ τις ἐν γῇ πολλῷ ταύτης [c] μακροτέρᾳ καὶ ἀπείρῳ πολλοὺς ἔτεινεν οὐρανοὺς, καινὸν καὶ φρικῶδες ἂν ἔδειξε τὸ θέατρον, οὕτω καὶ ἐκεῖ θεάσασθαι ἔνι· οὐδὲν γὰρ αὐτῶν τὰ καταγώγια χεῖρον τῶν οὐρανῶν διάκειται· καὶ γὰρ ἄγγελοι κατάγονται πρὸς αὐτοὺς, καὶ ὁ τῶν ἀγγέλων Δεσπότης. Εἰ γὰρ πρὸς τὸν Ἀβραὰμ ἦλθον, ἄνδρα γυναῖκα ἔχοντα, καὶ παιδία τρέφοντα, ἐπειδὴ φιλόξε- C νον εἶδον· ὅταν πολλῷ πλείονα εὕρωσιν ἀρετὴν, καὶ ἄνθρωπον σώματος ἀπαλλαγέντα, καὶ ἐν σαρκὶ σαρκὸς ὑπερορῶντα, πολλῷ μᾶλλον ἐνταῦθα διατρίβουσι, καὶ χορεύουσι τὴν αὐτοῖς πρέπουσαν χορείαν. Καὶ γὰρ τράπεζα παρ' ἐκείνοις πάσης πλεονεξίας ἀπηλλαγμένη, καὶ καθαρὰ, καὶ φιλοσοφίας μεστή. Οὐχ αἱμάτων χείμαρροι παρ' αὐτοῖς, οὐδὲ κρεῶν ἀποκοπαὶ, οὐδὲ καρηβαρίαι, οὐδὲ καρυκεῖαι, οὐδὲ κνίσσα ἀηδὴς, οὐδὲ καπνὸς ἀτερπὴς, οὐδὲ δρόμοι καὶ θόρυβοι, καὶ ταραχαὶ, καὶ κραυγαὶ ἐπαχθεῖς· ἀλλ' ἄρτος καὶ ὕδωρ· τὸ μὲν ἐκ πηγῆς [d] καθαρᾶς, τὸ δὲ ἀπὸ πόνων δικαίων. Εἰ δὲ καί τι φιλοτιμότερον ἑστιάσασθαι βουληθεῖεν, D ἀκρόδρυα ἡ φιλοτιμία γίνεται· καὶ μείζων ἐνταῦθα ἡ ἡδονὴ, ἢ ἐν ταῖς βασιλικαῖς τραπέζαις. Οὐδεὶς ἐνταῦθα

cas, et tibi carcerem paras? Quod si hæc tibi difficilia esse videantur, ad illorum tabernacula pergamus, ut ex opere, rei facilitatem ediscamus. Nam cum tuguria illi excitaverint, si opus sit illinc discedere, sic abscedunt ut milites qui tempore pacis exercitum relinquunt. Nam hi similiter tentoria figunt, sed longe suavius. Nam longe suavius est solitudinem videre frequentes monachos habentem, quam milites in exercitu vela tendentes, et hastas figentes, et a cuspide hastarum crocea pallia dependentes; hominum multitudinem æneis capitibus, umbones clypeorum fulgorem multum emittentes, loricis indutos ferreis, regiam promte paratam, illosque omnes prandentes et tibia ludentes. Non ita jucundum hoc theatrum est, quam hoc de quo nunc loquor. Nam si in solitudinem abeamus, videamusque militum Christi tabernacula, non vela extensa videbimus, non hastarum cuspides, non peplos aureos tholum regium efficientes, sed ac si quis in terra multo hac latiore et immensa multos extenderet cælos, novum atque mirabile theatrum ostenderet, ita et ibi videre est: habitacula quippe illorum cælo non inferiora æstimanda sunt: nam angeli ad eos divertunt, imo ipse angelorum Dominus. Nam si ad Abrahamum venerunt, qui uxorem habebat et filios nutriebat, quia hospitalem illum viderunt: cum virtutem longe majorem inveniunt, et hominem a corpore liberatum, atque in carne carnem despicientem, multo libentius ibi versantur, et choream agunt ipsis consentaneam. Mensa quippe apud illos omni luxu immunis est, munda et philosophia plena. Non sanguinis rivi apud illos, neque dissectæ carnes, non capitis gravedines, non condimenta, non nidor insuavis, non fumus ingratus, non cursus, tumultus, turbæ, clamores onerosi; sed panis et aqua; hæc ex puris fontibus, ille ex justis laboribus. Quod si lautius voluerint epulari, baccæ lautitiam implent: et major hic est voluptas, quam in regiis mensis. Nullus hic timor aut tremor: non magistratus accusat, non uxor irritat, non filius in mœrorem conjicit, non risus nimius resolvit, non adulatorum numerus inflat; sed angelorum est mensa; omni simili tumultu vacua. Strato fœno ad recumbendum utuntur, quod et Christus fecit, cum prandium in deserto dedit. Multi vero neque

Vita monachorum quam sancta.

[f] Morel. μᾶλλον ἑαυτὸν δήσῃς.

[g] Γὰρ et τούτων sequens desunt in Morel.

[a] Alii καὶ ταῖς τῶν δοράτων αἰχμαῖς.

[b] Alii τοὺς ὀφθαλμοὺς, male. Paulo post Morel. καὶ πρὸς βασίλεια ἐσχεδιασμένους, ita ut hæc etiam referantur ad milites; sed lectio, quam sequimur, sincerior videtur.

[c] Alii μακαριωτέρᾳ, male.

[d] Καθαρᾶς deest in Morel.

sub tecto id faciunt, sed pro tecto cælum habent,
et lunam pro lucernæ lumine, quæ nec oleo eget,
nec ministro: illis certe solis condigne luna ministrat lucem.

4. Hanc angeli mensam ex cælo spectantes
Luc. 15. 7. gaudent et lætantur. Nam si de uno peccatore
pœnitentiam agente gaudent, de tot justis ipsos
imitantibus quid non facient? Non est ibi dominus et servus: omnes servi, omnes liberi. Nec
putes ænigma esse id quod dicitur: nam servi
mutuo alter alterius, et domini mutuo sunt. Ap-
petente vespera nemo mœstus est: quod multi
hominum patiuntur, dum diurnorum malorum
sollicitudines animo revolvunt. Post cœnam non
sunt fures timendi, non claudenda janua, non
imponendus vectis, neque alii metus adsunt, qui
plurimos exagitant, qui accurate lucernas exstinguunt, ne scintilla ædes incendat. Illorum colloquia
eadem sunt tranquillitate plena: neque eadem,
quæ nos, loquuntur, quæ nihil ad nos pertineant:
Ille præfectus factus est, ille præfectura excidit;
ille mortuus est, et alius hereditatem excepit,
atque hujusmodi alia; sed illi semper de futuris
loquuntur et philosophantur; ac si in alio habi-
tarent orbe, ac si in cælum translati essent, ac si
ibi vitam agerent, sic de cælestibus semper loquuntur, de sinu Abrahæ, de coronis sanctorum,
de Christi chorea; de præsentibus nulla mentio;
sed sicut de iis, quæ formicæ in foraminibus suis
agunt, loqui non dignamur: sic neque illi de rebus
nostris loquuntur, sed de Rege superno, de bello
præsenti, de diaboli machinamentis, de sanctorum gestis. Si cum illis comparemur, quid a formicis differimus? Nihil certe. Nam ut formicæ
corporalia curant, ita et nos; atque illa solum
utinam curaremus; at certe nunc multo pejora.
Neque enim de necessariis solum cura est nobis,
sicut formicis, sed etiam de superfluis. Illæ namque cursum tenent omni crimine liberum: nos
autem omnem rapinæ modum. Neque formicas
imitamur, sed lupos et leopardos: imo et illis
pejores sumus. Illis namque eum vescendi modum

φόβος καὶ τρόμος, οὐκ ἄρχων ἐνεκάλεσεν, οὐ γυνὴ
παρώξυνεν, οὐ παιδίον εἰς ἀθυμίαν ἐνέβαλεν, οὐ γέλως
ἄτακτος ἐξέλυσεν, οὐ κολάκων πλῆθος ἐφύσησεν· ἀλλ'
ἀγγέλων ἐστὶν ἡ τράπεζα, πάσης τοιαύτης ταραχῆς
ἀπηλλαγμένη. Καὶ στιβὰς αὐτοῖς χόρτος ἁπλῶς ὑπόκειται, καθάπερ ἐν ἐρήμῳ ἀριστοποιῶν ὁ Χριστὸς
ἐποίησε. Πολλοὶ δὲ οὐδὲ ὑπωρόφιοι τοῦτο ποιοῦσιν,
ἀλλ' ἀντὶ στέγης τὸν οὐρανὸν ἔχουσι, καὶ τὴν σελήνην
ἀντὶ φωτὸς λύχνου οὐ δεομένου ἐλαίου, οὐδὲ τοῦ δια-
E κονησομένου· ἐκείνοις μόνοις ἀξίως ἄνωθεν αὕτη
φαίνει.

Ταύτην καὶ ἄγγελοι τὴν τράπεζαν ἐκ τοῦ οὐρανοῦ
θεωροῦντες τέρπονται καὶ ἥδονται. Εἰ γὰρ ἐπὶ ἑνὶ
ἁμαρτωλῷ μετανοοῦντι χαίρουσιν, ἐπὶ δικαίοις τοσούτοις μιμουμένοις αὐτοὺς τί οὐκ ἐργάσονται; Οὐκ ἔστιν
ἐκεῖ δεσπότης καὶ δοῦλος· πάντες δοῦλοι, πάντες
ἐλεύθεροι. Καὶ μὴ νομίσῃς αἴνιγμα εἶναι τὸ εἰρημένον·
685 A καὶ γὰρ δοῦλοι ἀλλήλων, καὶ δεσπόται ἀλλήλων εἰσίν.
Οὐκ ἔστιν ἑσπέρας καταλαβούσης ἐν κατηφείᾳ γενέ-
σθαι· ὅπερ πολλοὶ τῶν ἀνθρώπων πάσχουσι, τὰς ἐκ
τῶν καθημερινῶν κακῶν ἀναλογιζόμενοι φροντίδας.
Οὐκ ἔστι μετὰ τὸ δεῖπνον μεριμνῆσαι λῃστὰς, καὶ
ἀποκλεῖσαι θύραν, καὶ ἐπιθεῖναι μοχλὸν, οὐδὲ τἄλλα
δεῖσαι, ἃ πολλοὶ δεδοίκασι, τοὺς λύχνους μετὰ ἀκριβείας [a]κοιμίζοντες, μή που σπινθὴρ ἐμπρήσῃ τὴν
οἰκίαν. Καὶ ἡ διάλεξις δὲ αὐτοῖς τῆς αὐτῆς γέμει γα-
λήνης· οὐ γὰρ ταῦτα, ἅπερ ἡμεῖς διαλεγόμεθα,
φθέγγονται, τὰ μηδὲν πρὸς ἡμᾶς· ὁ δεῖνα [b]γέγονεν
ἄρχων, ὁ δεῖνα ἐπαύσατο ἄρχων, ὁ δεῖνα ἐτελεύτησε,
B καὶ τὴν κληρονομίαν διεδέξατο ἕτερος, καὶ ὅσα τοιαῦ-
τα· ἀλλ' ἀεὶ περὶ τῶν μελλόντων φθέγγονται καὶ φι-
λοσοφοῦσι· καὶ ὥσπερ ἑτέραν οἰκοῦντες οἰκουμένην,
ὥσπερ εἰς αὐτὸν μεταστάντες τὸν οὐρανὸν, ὥσπερ ἐκεῖ
ζῶντες, οὕτω τὰ ἐκεῖ πάντα διαλέγονται, περὶ τῶν
κόλπων τοῦ Ἀβραὰμ, περὶ τῶν στεφάνων τῶν ἁγίων,
περὶ τῆς μετὰ Χριστοῦ χορείας· καὶ τῶν παρόντων
οὐδὲ μνήμη τις, οὐδὲ λόγος· ἀλλ' ὥσπερ ἡμεῖς οὐκ ἂν
ἀξιώσαιμέν τι εἰπεῖν περὶ ὧν οἱ μύρμηκες κατὰ τὰς
ὀπὰς καὶ τοὺς χηραμοὺς πράττουσιν· οὕτως οὐδὲ ἐκεῖνοι, τί ποιοῦμεν ἡμεῖς, ἀλλὰ περὶ τοῦ βασιλέως τοῦ
ἄνω, περὶ τοῦ πολέμου τοῦ ἐν χερσὶ, περὶ τῶν τοῦ
C διαβόλου μηχανημάτων, περὶ τῶν κατορθωμάτων ὧν
οἱ ἅγιοι κατώρθωσαν. Τί οὖν πρὸς ἐκείνους ἡμεῖς πα-
ραβαλλόμενοι μυρμήκων διενηνόχαμεν; Οὐδέν. Καθάπερ γὰρ ἐκεῖνοι τῶν σωματικῶν ἐπιμελοῦνται, οὕτω
καὶ ἡμεῖς· καὶ εἴθε τούτων [c]μόνων ἡμεῖς· νῦν δὲ καὶ
πολλῷ χειρόνων. Οὐ γὰρ τῶν ἀναγκαίων ἐπιμελούμεθα
μόνον, καθάπερ ἐκεῖνοι, ἀλλὰ καὶ τῶν περιττῶν. Οἱ
μὲν γὰρ πόρον παντὸς ἐγκλήματος ἀπηλλαγμένον με-

[a] Alii κομίζοντες.

[b] Hic quædam deerant in Morel. quæ restituta sunt.

[c] Quidam μόνων ἡμεῖς ἐφροντίζομεν· νῦν δέ.

τέρχονται· ἡμεῖς δὲ πᾶσαν πλεονεξίαν. Καὶ οὐδὲ τὰ μυρμήκων μιμούμεθα, ἀλλὰ τὰ τῶν λύκων, τὰ τῶν παρδάλεων· μᾶλλον δὲ καὶ ἐκείνων χείρους. Ἐκείνοις μὲν γὰρ ἡ φύσις οὕτως ἔδωκε τρέφεσθαι· [d] ἡμᾶς δὲ λόγῳ καὶ ἰσονομίᾳ τετίμηκεν ὁ Θεὸς, καὶ τῶν θηρίων γεγόναμεν χείρους· καὶ ἡμεῖς μὲν τῶν ἀλόγων χείρους γεγόναμεν· ἐκεῖνοι δὲ τῶν ἀγγέλων ἴσοι, ξένοι καὶ παρεπίδημοι τῶν ἐνταῦθα ὄντες· καὶ πάντα αὐτοῖς ἐνήλλακται πρὸς ἡμᾶς, καὶ ἐνδύματα, καὶ τροφὴ, καὶ οἰκία, καὶ ὑποδήματα, καὶ λαλιά. Καὶ εἴ τις ἐκείνων ἤκουσε διαλεγομένων καὶ ὑμῶν, τότε ἂν ἔγνω καλῶς πῶς οἱ μὲν οὐρανοπολῖται, ἡμεῖς δὲ οὐδὲ τῆς γῆς ἄξιοι. Διὰ δὴ τοῦτο, ἐπειδάν τις ἀξίωμα περιβεβλημένος ἀπέλθῃ πρὸς αὐτοὺς, τότε μάλιστα ἐλέγχεται ὁ τῦφος ἅπας. Ὁ γὰρ γηπόνος ἐκεῖνος, καὶ ὁ πάντων ἄπειρος τῶν βιωτικῶν, τοῦ στρατηγοῦ καὶ μέγα ἐπὶ τῇ ἀρχῇ φρονοῦντος πλησίον κάθηται ἐπὶ στιβάδος, ἐπὶ προσκεφαλαίου ῥυπῶντος. Οὐ γάρ εἰσιν οἱ αἴροντες αὐτὸν, καὶ φυσῶντες· ἀλλὰ ταὐτὸν γίνεται, οἷον ἂν εἴ τις παρὰ χρυσοχόον ἔλθῃ καὶ ῥοδωνιάν· καὶ γὰρ καὶ ἀπὸ τοῦ χρυσίου καὶ ἀπὸ τῶν ῥόδων δέχεταί τινα λαμπηδόνα· οὕτω κἀκεῖνοι, ἀπὸ τῆς αὐγῆς τῆς τούτων κερδαίνοντες, μικρὸν τῆς ἀπονοίας τῆς ἔμπροσθεν ἀπαλλάττονται. Καὶ ὥσπερ εἴ τις εἰς ὑψηλὸν ἔλθοι τόπον, κἂν σφόδρα βραχὺς ᾖ, ὑψηλὸς φαίνεται· οὕτω καὶ οὗτοι, πρὸς τὰς ὑψηλὰς αὐτῶν ἐρχόμενοι διανοίας, τοιοῦτοι φαίνονται, ἕως ἂν ἐκεῖ μένωσι, κατελθόντες δὲ ταπεινοῦνται πάλιν, ἀπὸ τοῦ ὕψους ἐκείνου καταβαίνοντες. Οὐδὲν παρ' ἐκείνοις βασιλεὺς, οὐδὲν ὕπαρχος· ἀλλ' ὥσπερ ἡμεῖς τῶν παιδίων ταῦτα παιζόντων γελῶμεν· οὕτω κἀκεῖνοι τὴν φλεγμονὴν τῶν ἔξω σοβούντων διαπτύουσι. Καὶ δῆλον ἐντεῦθεν· εἰ γάρ τις αὐτοῖς δοίη μετὰ ἀσφαλείας βασιλείαν, οὐκ ἄν ποτε ἕλοιντο· εἵλοντο δ' ἂν, εἰ μὴ μεῖζον αὐτῆς ἐφρόνουν, εἰ μὴ πρόσκαιρον εἶναι τὸ πρᾶγμα ἐνόμιζον. Τί οὖν οὐκ αὐτομολήσομεν πρὸς τοσαύτην μακαριότητα, οὐχ ἥξομεν πρὸς τοὺς ἀγγέλους τούτους, οὐ ληψόμεθα καθαρὰ ἱμάτια, καὶ ἐμπομπεύσομεν τοῖς γάμοις τούτοις, ἀλλὰ μενοῦμεν προσαιτοῦντες, τῶν ἐν ταῖς τριόδοις πτωχῶν οὐδὲν ἄμεινον διακείμενοι, μᾶλλον δὲ πολλῷ χεῖρον καὶ ἀθλιώτερον; Καὶ γὰρ ἐκείνων [a] πολλῷ χείρους οἱ κακῶς πλουτοῦντες, καὶ βέλτιον ἐπαιτεῖν ἢ ἁρπάζειν· τὸ μὲν γὰρ ἔχει συγγνώμην, τὸ δὲ κόλασιν φέρει· καὶ ὁ μὲν οὐδὲν προσκρούει Θεῷ, ὁ δὲ καὶ Θεῷ καὶ ἀνθρώποις· καὶ τοὺς μὲν πόνους ὑφίσταται τῆς ἁρπαγῆς, τὴν δὲ ἀπόλαυσιν [b] ἕτεροι πολλάκις ἐκαρπώσαντο ἅπασαν. Ταῦτα οὖν εἰδότες, καὶ ἀποθέμενοι

natura tribuit : nos vero ratione et æquitate ornavit Deus; at nos feris ratione destitutis deteriores evasimus : illi vero angelis æquales, sicut D peregrini et advenæ hic sunt; in omnibusque sunt nobis dissimiles, in vestibus, cibo, domo, calceis, sermone. Si quis et illos et nos loquentes audiret, tunc plane nosset quomodo illi cælestes cives, nos ne terra quidem digni simus. Ideo cum quis dignitate insignis illos adit, tunc maxime fastus omnis dejicitur. Nam agricola ille, sæcularium omnium imperitus, prope ducem de dignitate sua altum sapientem sedet super stratum fœni, cum sordido pulvinari. Non enim adsunt ibi qui ipsum extollant et inflent; sed idipsum accidit, ac si quis ad aurificem et rosetum veniat; E nam et ab auro et a rosis aliquid splendoris accipit : ita et illi, ex monachorum radiis aliquid lucri referentes, paululum quid ex arrogantia deponunt. Ac quemadmodum qui in altum ascendit locum, quantumvis statura parvus sit, procerus videtur esse : sic et isti, cum sublimes illorum animos adeunt, similes illis apparent quamdiu ibi 686 manent : cum autem descenderint, rursus humi- A liores videntur, ab illa altitudine dejecti. Nihil apud illos est rex, nihil præfectus : sed quemadmodum nos de pueris illos repræsentantibus ridemus : sic et illi tumorem eorum, qui foris metum sui incutere curant, respuunt. Id inde palam est, quod si quis ipsis regnum tuto servandum offerret, numquam illi acciperent; acciperent forte, nisi altius saperent, nisi temporaneam rem esse putarent. Cur ergo non properabimus ad illam beatitudinem, non hos angelos adibimus, non puras vestes accipiemus, et cum pompa has nuptias celebrabimus, sed mendici manebimus, pauperibus nihilo melius affecti, imo pejore ac miserabi- B liore quam illi conditione? Nam illis certe miseriores sunt qui male partas divitias possident : melius quippe est mendicare, quam aliena rapere : nam illud venia, hoc supplicio dignum; et ille quidem Deum non offendit, hic et Deum offendit et homines : ille rapinæ fert labores, fructum autem omnem alii sæpe tulerunt. Hæc cum sciamus, avaritia omni deposita, cælestia atque cæleste regnum cum studio omni rapiamus. Non potest enim, non potest certe qui negligens est eo intrare. Utinam vero omnes, vigiles facti et diligentes,

[d] Hic variant exemplaria. Editi ἡμᾶς δὲ λόγῳ καὶ ἰσοτιμίᾳ τετίμηκεν ὁ Χριστός, pauci pro ἰσοτιμίᾳ habent ἰσωνυμίᾳ, plures ἰσονομίᾳ, alii vero pro Χριστός habent Θεός. Quæ sincerior lectio videtur, hæc est : ἡμᾶς δὲ λόγῳ καὶ ἰσονομίᾳ τετίμηκε ὁ Θεός.

[a] Morel. πολλῷ χεῖρον, et mox ἀπαιτεῖν.

[b] Ibid. ἑτέροις.

illud consequamur, gratia et benignitate Domini nostri Jesu Christi, cui gloria et imperium in sæcula sæculorum. Amen.

τὴν πλεονεξίαν πᾶσαν, πλεονεκτήσωμεν τὰ ἄνω, μετὰ πολλῆς σπουδῆς τὴν βασιλείαν [c] ἁρπάζοντες. Οὐ γάρ C ἔστιν, οὐκ ἔστι ῥαθυμοῦντά τινα εἰσελθεῖν. Γένοιτο δὲ πάντας σπουδαίους καὶ ἐγρηγορότας γεγονότας ταύτης ἐπιτυχεῖν, χάριτι καὶ φιλανθρωπίᾳ τοῦ Κυρίου ἡμῶν Ἰησοῦ Χριστοῦ, ᾧ ἡ δόξα καὶ τὸ κράτος εἰς τοὺς αἰῶνας τῶν αἰώνων. Ἀμήν.

[c] Idem Morel. ἁρπάζοντες, ἵνα καὶ τῶν μελλόντων ἐπιτύχωμεν ἀγαθῶν, χάριτι καί.

HOMILIA LXX. al. LXXI.

ΟΜΙΛΙΑ ο'.

Cap. XXII. v. 15. *Tunc abeuntes Pharisæi consilium inierunt, ut eum in sermone caperent.*

D Τότε πορευθέντες οἱ Φαρισαῖοι συμβούλιον ἔλαβον, ὅπως αὐτὸν παγιδεύσωσιν ἐν λόγῳ.

1. *Tunc*, quandonam? Quando maxime illos compungi oportuit, quando benignitatem ejus admirari, quando futura formidare par erat, quando ex præteritis de futuris credendum erat. Nam cum factis dicta clamabant; publicani et meretrices crediderant, prophetæ et justi interfecti fuerant: ab his vero instituti non debebant futuram suam perniciem negare, sed et credere et resipiscere. Attamen neque sic desinit illorum nequitia, sed crescit et ulterius progreditur. Verum quia turbas timentes, illum apprehendere non audebant, aliam iniere viam, ut in periculum conjicerent, et publicarum iniquitatum reum constituerent. 16. *Mittunt* enim *ei discipulos suos cum Herodianis dicentes: Magister, scimus quia verax es, et viam Dei in veritate doces, nec de aliquo tibi cura est: non enim respicis ad personam hominum.* 17. *Dic ergo nobis, quid tibi videtur? licet censum dare Cæsari, an non?* Tributum enim jam solvebant, cum res ipsorum in Romanorum imperium transissent. Quia igitur videbant Theudam et Judam hac de causa paulo ante periisse, ut qui rebellionem meditarentur, cupiebant ipsum quoque circa res easdem suspicioni obnoxium reddere. Ideoque discipulos suos cum Herodis militibus miserunt, duplex præcipitium parantes, ut putabant, et undique laqueum tendentes ut, quidquid diceret, caperetur ab eis, ac si pro Herodianis responderet, ipsi accusarent, sin pro

Τότε, πότε; Ὅτε μάλιστα κατανυγῆναι ἔδει, ὅτε ἐκπλαγῆναι τὴν φιλανθρωπίαν, ὅτε φοβηθῆναι τὰ μέλλοντα, ὅτε ἀπὸ τῶν παρελθόντων καὶ περὶ τῶν μελλόντων πιστεῦσαι ἐχρῆν. Καὶ γὰρ ἐπὶ τῶν πραγμάτων τὰ εἰρημένα ἐβόα· [d] τελῶναι γὰρ καὶ πόρναι ἐπίστευσαν, καὶ προφῆται καὶ δίκαιοι ἀνῃρέθησαν, καὶ ἀπὸ E τούτων ἐχρῆν καὶ περὶ τῆς ἀπωλείας ἑαυτῶν μὴ ἀντιλέγειν, ἀλλὰ καὶ πιστεύειν, καὶ σωφρονίζεσθαι. Ἀλλ' ὅμως οὐδὲ οὕτω λήγει τὰ τῆς κακίας αὐτῶν, ἀλλ' ὠδίνει καὶ πρόεισι περαιτέρω. Ἀλλ' ἐπειδὴ κατασχεῖν αὐτὸν οὐκ εἶχον (ἐφοβοῦντο γὰρ τοὺς ὄχλους), ἑτέραν ἦλθον ὁδὸν, ὡς δὴ εἰς κίνδυνον ἐμβαλοῦντες, καὶ δη- 687 A μοσίων * ποιήσοντες ἀδικημάτων ὑπεύθυνον. Ἀποστέλλουσι [c] γὰρ αὐτῷ τοὺς μαθητὰς αὐτῶν μετὰ τῶν Ἡρωδιανῶν, λέγοντες· διδάσκαλε, οἴδαμεν ὅτι ἀληθὴς εἶ, καὶ τὴν ὁδὸν τοῦ Θεοῦ ἐν ἀληθείᾳ διδάσκεις, καὶ οὐ μέλει σοι περὶ οὐδενός· οὐ γὰρ βλέπεις εἰς πρόσωπον ἀνθρώπων. Εἰπὲ οὖν ἡμῖν, τί σοι δοκεῖ; ἔξεστι δοῦναι κῆνσον Καίσαρι, ἢ οὔ; Καὶ γὰρ φόρου λοιπὸν ἦσαν ὑποτελεῖς, τῶν πραγμάτων αὐτοῖς εἰς τὴν Ῥωμαίων ἀρχὴν μεταπεσόντων. Ἐπειδὴ οὖν εἶδον, ὅτι οἱ πρὸ τούτου διὰ τοῦτο ἀπέθανον, οἱ περὶ Θευδᾶν καὶ Ἰούδαν, [a] ὡς ἀποστασίαν μελετήσαντες, ἐβούλοντο καὶ αὐτὸν διὰ τῶν λόγων τούτων εἰς τοιαύτην ὑποψίαν ἐμβαλεῖν. Διὰ τοῦτο καὶ τοὺς αὐτῶν μαθητὰς καὶ τοὺς Ἡρώδου στρατιώτας ἔπεμπον, διπλοῦν, ὡς ᾤοντο, B τὸν κρημνὸν ἑκατέρωθεν ὀρύττοντες, καὶ πάντοθεν τὴν παγίδα τιθέντες, ἵν', ὅπερ εἴπῃ, ἐπιλάβωνται, κἂν μὲν ὑπὲρ τῶν Ἡρωδιανῶν ἀποκρίνηται, αὐτοὶ ἐγκα-

[d] Alii καὶ γὰρ τελῶναι καί.

* [Ποιήσοντες Codex 694. Edebatur ποιήσαντες.] in quo multa alia minuta ex Mss. emendamus.

[c] Γὰρ αὐτῶν τοὺς μαθητὰς μετά. Sic quidam et Morel.

[a] Ὡς deest in Morel.

λέσωσιν, ἂν δὲ ὑπὲρ αὐτῶν, ἐκεῖνοι κατηγορήσωσι. Καίτοι γε ἦν δεδωκὼς τὰ δίδραχμα· ἀλλ' οὐκ ᾔδεσαν τοῦτο, καὶ ἑκατέρωθεν μὲν αὐτὸν προσεδόκων αἱρήσειν. Ἐπεθύμουν δὲ μᾶλλον αὐτὸν κατὰ τῶν Ἡρωδιανῶν εἰπεῖν τι. Διὸ καὶ τοὺς μαθητὰς πέμπουσιν, [b] εἰς τοῦτο ὠθοῦντες αὐτὸν τῇ παρουσίᾳ, ἵνα παραδῶσιν αὐτὸν τῷ ἡγεμόνι ὡς τύραννον. Τοῦτο γὰρ καὶ ὁ Λουκᾶς αἰνιττόμενος ἐδήλου λέγων, ὅτι καὶ ἐπὶ τῶν ὄχλων ἠρώτων, ὡς μείζονα γενέσθαι τὴν μαρτυρίαν. Ἐγίνετο δὲ τοὐναντίον ἅπαν· ἐν πλείονι γὰρ θεάτρῳ τῆς αὐτῶν ἀνοίας παρεῖχον τὴν ἀπόδειξιν. Καὶ ὅρα τὴν κολα- C κείαν αὐτῶν, καὶ τὸν ἐγκεκρυμμένον δόλον. Οἴδαμεν, φησὶν, ὅτι ἀληθὴς εἶ. Πῶς οὖν ἐλέγετε, ὅτι πλάνος ἐστὶ, καὶ, Πλανᾷ τὸν ὄχλον, καὶ, Δαιμόνιον ἔχει, καὶ, οὐκ ἔστιν ἀπὸ Θεοῦ; πῶς πρὸ μικροῦ [c] ἐβουλεύεσθε αὐτὸν ἀνελεῖν; Ἀλλὰ πάντα γίνονται, ἅπερ ἂν ἡ ἐπιβουλὴ ὑπαγορεύσῃ. Ἐπειδὴ γὰρ πρὸ μικροῦ εἰπόντες μετὰ αὐθαδείας, Ἐν ποίᾳ ἐξουσίᾳ ταῦτα ποιεῖς; πρὸς τὴν ἐρώτησιν οὐκ ἔτυχον ἀποκρίσεως, προσδοκῶσιν αὐτὸν τῇ κολακείᾳ χαυνοῦν, καὶ πείθειν εἰπεῖν τι κατὰ τῶν καθεστώτων νόμων, καὶ τῆς κρατούσης πολιτείας τὸ ὑπεναντίον. Ὅθεν καὶ τὴν ἀλήθειαν μαρτυροῦσιν D αὐτῷ, ὁμολογοῦντες τὸ ὄν· πλὴν οὐκ ὀρθῇ γνώμῃ, οὐδὲ ἑκόντες, καὶ προστιθέασι λέγοντες· Οὐ μέλει σοι περὶ οὐδενός. Ὅρα πῶς εἰσι δῆλοι βουλόμενοι [d] εἰς τούτους μᾶλλον ἐμβαλεῖν αὐτὸν τοὺς λόγους, τοὺς ποιοῦντας αὐτὸν καὶ Ἡρώδῃ προσκροῦσαι, καὶ τυράννου ὑποψίαν λαβεῖν, ὡς κατεξανιστάμενον τοῦ νόμου, ἵνα ὡς στασιαστὴν καὶ τύραννον κολάσωσιν. Τὸ γὰρ, Οὐ μέλει σοι περὶ οὐδενὸς, καὶ, Οὐ βλέπεις εἰς πρόσωπον ἀνθρώπου, περὶ Ἡρώδου καὶ Καίσαρος ᾐνίττοντο λέγοντες· E Εἰπὲ οὖν ἡμῖν, τί σοι δοκεῖ; Νῦν τιμᾶτε, καὶ διδάσκαλον νομίζετε, ἐν οἷς τὰ περὶ τῆς ὑμῶν σωτηρίας διελέγετο καταφρονήσαντες καὶ ὑβρίσαντες πολλάκις; [e] Ὅθεν καὶ σύμψηφοι γεγόνασι. Καὶ ὅρα τὸ κακοῦργον αὐτῶν. Οὐ λέγουσιν, εἰπὲ ἡμῖν τί τὸ καλὸν, τί τὸ συμ- 688 φέρον, τί τὸ νόμιμον; ἀλλὰ, Τί σοι δοκεῖ; Οὕτω πρὸς A ἓν τοῦτο ἔβλεπον, τὸ προδοῦναι αὐτὸν, καὶ ἐκπολεμῶσαι τῷ κρατοῦντι. Καὶ ὁ Μάρκος δὲ τοῦτο δηλῶν καὶ τὸ αὐθάδες αὐτῶν σαφέστερον ἐκκαλύπτων, καὶ τὴν φονικὴν αὐτῶν γνώμην, φησὶν αὐτοὺς εἰρηκέναι· Δῶμεν Καίσαρι κῆνσον, ἢ μὴ δῶμεν; Οὕτω θυμοῦ μὲν ἔπνεον, καὶ ὤδινον ἐπιβουλήν· ὑπεκρίνοντο δὲ θεραπείαν. Τί οὖν αὐτός; Τί με πειράζετε, ὑποκριταί; Εἶδες πῶς πληκτικώτερον αὐτοῖς διαλέγεται; Ἐπειδὴ ἀπηρτισμένη καὶ πρόδηλος ἦν ἡ κακία, βαθυτέραν δίδωσι τὴν τομὴν, πρῶτον αὐτοὺς συγχέων, καὶ ἐπι-

ipsis, alii criminarentur. Atqui didrachma jam solverat: sed hoc illi ignorabant, et utrumvis diceret, se capturos eum sperabant. Maluissent tamen eum contra Herodianos aliquid dicere. Ideoque discipulos mittunt, qui illum præsentia sua ad id inducerent, ut illum præsidi traderent ut tyrannum. Hoc enim et Lucas subindicat dicens, eos turbis præsentibus interrogasse, ut majus esset testimonium. Contrarium autem omnino evenit; in majori quippe theatro stultitiæ suæ argumentum dederunt. Ac vide adulationem eorum, occultumque dolum: *Novimus*, inquiunt, *quia verax es*.
Cur ergo dicebatis, Seductor est, et, *Seducit tur-* Joan. 7.
bam, et, *Dæmonium habet*, et, Non est ex Deo? 12. et 10. 20.
cur paulo ante consultabatis quomodo illum occideretis? Sed omnia illa fiunt, quæ insidiæ suggerebant. Quia enim paulo ante cum arrogantia
dixerant, *In qua potestate hæc facis?* nec re- Matth. 21.
sponsionem extorquere potuerunt, 23.
sperant illum adulatione emolliendum esse, et inducendum ut quidpiam dicat contra leges, quæ tunc vigebant, et dominanti potentiæ contrarium. Quapropter ipsum veracem dicunt, id quod erat confitentes; verum non recta sententia, neque volentes id dicunt, et hoc adjiciunt: *Non est tibi cura de aliquo*. Vide quam liquidum sit, velle eos in hujusmodi sermonem conjicere eum, quo Herodes offendatur, et in tyrannidis suspicionem veniat, ut qui contra legem insurrexerit, quo illum ut seditiosum et tyrannum supplicio traderent. Illud enim, *Non est tibi cura de aliquo*, et, *Non respicis ad personas hominum*, de Herode et Cæsare sub umbra quadam dicebatur, *Dic igitur nobis, quid tibi videtur?* Nunc honoratis, et doctorem putatis, qui illum, cum de salute vestra dissereret, contemsistis, sæpe et contumelia affecistis? Unde etiam hic concordi sententia fuerunt. Ac vide illorum vafritiem. Non dicunt, Dic nobis quid bonum, quid utile, quid legale? sed, *Quid tibi videtur?* Ita hoc unum spectabant, ut traderent eum, et ut imperantis hostem declararent Id significans Marcus, arrogantiamque ipsorum sanguinariumque animum ostendens, dixisse illos ait:
Demusne Cæsari censum, an non demus? Ita Marc. 12.
furorem quidem spirabant, et insidias parturie- 14.
bant, dum cultum simularent. Quid igitur ille?
18. *Quid me tentatis, hypocritæ?* Vidistin' quo-

[b] Εἰς τοῦτο deest in Morel. qui mox habet παραδιδῶσιν.

[c] Idem ἐβούλεσθε, et mox ὥσπερ ἂν ἡ ἐπιβουλή.

[d] Alii εἰς τούτους ἐμβαλεῖν τούς, et infra ὡς κατεξανισταμένου τῷ νόμῳ.

[e] [Hæc, ὅθεν.... γεγόνασι, omittit Savil., nec expressit Georgius Trapezuntius. Cod. 694 pro σύμψηφοι habet σύμψυχοι.

modo majore cum acrimonia respondeat? Quia enim nequitia et perfecta et manifesta erat, acrius pungit illos, primo confundens, illorumque ora obstruens, ut secreta illorum in medium adduceret, et palam omnibus redderet, quo ad illum animo accessissent. Id porro faciebat, ut eorum nequitiam reprimeret, ne talia iterum auderent ad nocendum. Quamvis verba honorifica admodum essent; nam et magistrum vocabant, et veracem, et personam non accipientem: sed Deus cum esset, his decipi non poterat. Unde poterant illi suspicari, ipsum non conjectando increpasse, sed id esse signum, illum secreta eorum nosse.

2. Nec satis illi fuit increpasse: etiamsi sufficeret, illum cum animum eorum redarguisset, de tanta nequitia pudorem illis ingerere. Sed non hic stetit, verum alio etiam modo illorum ora consuit, cum ait: 19. *Ostendite mihi numisma census.* Ut autem ostenderunt, pro more suo eorum lingua sententiam effert, ipsosque decernere cogit, id licere: quæ erat splendida claraque victoria. Itaque cum interrogaret, non ignorans interrogabat, sed ut ex illorum responsione reos illos esse evinceret. Nam cum interrogati, 20. *Cujus est imago?* respondissent, *Cæsaris,* ait ille: 21. *Reddite quæ sunt Cæsaris, Cæsari, et quæ sunt Dei, Deo.* Hoc enim non est dare, sed reddere: id quod ex imagine et ex inscriptione ostendebatur. Deinde ne dicerent, Hominibusne nos subjicis? subjunxit, *Et quæ sunt Dei, Deo.* Licet enim et hominibus sua reddere, et Deo dare, quæ ab hominibus ipsi
Rom. 13. 7. debentur. Ideo dicit Paulus: *Reddite omnibus debita: cui vectigal, vectigal: cui tributum, tributum: cui honorem, honorem.* Tu vero cum audis, Redde quæ sunt Cæsaris, Cæsari, de iis id solum intellige, quæ nihil pietatem lædunt; ita ut si lædant, jam non Cæsaris, sed diaboli tributum et vectigal sint. Hæc audientes obticuerunt inviti, et sapientiam ejus admirati sunt. Ergo credere, ergo stupere oportebat. Nam divinitatis suæ demonstrationem exhibebat, cum secreta revelasset, et leniter ipsorum ora obstruxit. Quid igitur? num crediderunt? Minime; sed, ait, 22. *Dimittentes eum abierunt*, 23. *et post eos accesserunt Sadducæi.* O amentiam! Illis ad obmutescendum compulsis, hi aggrediuntur, cum oportuisset illos timidius accedere. Sed hujusmodi est audacia, impudens petulansque, ita ut illa tentet quæ effici non possunt. Quapropter evangelista de illorum

B στομίζων, τῷ τὰ ἀπόῤῥητα αὐτῶν εἰς μέσον ἀγαγεῖν, καὶ δῆλον ἅπασι ποιεῖν μεθ' οἵας αὐτῷ προσέρχονται διανοίας. Ταῦτα δὲ ἐποίει, ἀναστέλλων αὐτῶν τὴν κακίαν, ὥστε μὴ πάλιν τοῖς αὐτοῖς ἐπιχειροῦντας καταβλάπτεσθαι. Καίτοι γε τὰ ῥήματα πολλῆς ἔγεμε θεραπείας· καὶ γὰρ καὶ διδάσκαλον ἐκάλουν, καὶ [a] ἀλήθειαν ἐμαρτύρουν, καὶ τὸ ἀπροσωπόληπτον· ἀλλὰ Θεὸς ὢν οὐδενὶ τούτων παρελογίζετο. Ὅθεν κἀκείνους ἐχρῆν στοχάζεσθαι, ὅτι οὐ στοχασμοῦ ἡ ἐπίπληξις ἦν, ἀλλὰ [b] σημεῖον τοῦ τὰ ἀπόῤῥητα αὐτῶν εἰδέναι.

Οὐ μὴν μέχρι τῆς ἐπιπλήξεως ἔστη· καίτοι γε ἤρ-
C κει μόνον ἐλέγξαντα τὴν γνώμην αὐτῶν, καταισχῦναι αὐτῶν τὴν πονηρίαν. Ἀλλ' οὐχ ἵσταται μέχρι τούτου, ἀλλὰ καὶ ἑτέρως ἀποῤῥάπτει αὐτῶν τὰ στόματα· Ἐπιδείξατε γάρ μοι, φησὶ, τὸ νόμισμα τοῦ κήνσου. Καὶ ὡς ἐπέδειξαν, ὅπερ ἀεὶ ποιεῖ, διὰ τῆς ἐκείνων γλώττης ἐκφέρει τὴν ἀπόφασιν, καὶ αὐτοὺς ψηφίσασθαι παρασκευάζει, ὅτι ἔξεστιν· ὅπερ ἦν λαμπρὰ καὶ σαφὴς νίκη. Ὥστε ὅταν ἐρωτᾷ, οὐκ ἀγνοῶν ἐρωτᾷ, ἀλλὰ ταῖς οἰκείαις αὐτῶν ἀποκρίσεσιν ὑπευθύνους αὐτοὺς ποιῆσαι βουλόμενος. Ἐπειδὴ γὰρ ἐρωτηθέντες, Τίνος ἡ εἰκὼν, εἶπον, Καίσαρος, φησίν· Ἀπόδοτε τὰ Καίσαρος Καίσαρι, καὶ τὰ τοῦ Θεοῦ τῷ Θεῷ. Οὐ γάρ ἐστι τοῦτο δοῦναι, ἀλλ' ἀποδοῦναι· καὶ τοῦτο ἀπὸ τῆς
D εἰκόνος καὶ ἀπὸ τῆς ἐπιγραφῆς δείκνυται. Εἶτα ἵνα μὴ εἴπωσιν, ἀνθρώποις ἡμᾶς ὑποτάττεις; ἐπήγαγε, Καὶ τὰ τοῦ Θεοῦ τῷ Θεῷ. Ἔξεστι γὰρ καὶ ἀνθρώποις τὰ αὐτῶν πληροῦν, καὶ Θεῷ διδόναι τὰ τῷ Θεῷ παρ' ἡμῶν ὀφειλόμενα. Διὸ καὶ Παῦλός φησιν· Ἀπόδοτε πᾶσι τὰς ὀφειλάς· τῷ τὸν φόρον, τὸν φόρον· τῷ τὸ τέλος, τὸ τέλος· τῷ τὴν τιμὴν, τὴν τιμήν. Σὺ δὲ ὅταν ἀκούσῃς, ἀπόδος τὰ Καίσαρος Καίσαρι, ἐκεῖνα γίνωσκε λέγειν αὐτὸν μόνον, τὰ μηδὲν τὴν εὐσέβειαν παραβλάπτοντα· ὡς ἐάν τι τοιοῦτον ᾖ, οὐκέτι Καίσαρος, ἀλλὰ τοῦ διαβόλου φόρος ἐστὶ καὶ τέλος τὸ τοιοῦ-
E τον. Ταῦτα ἀκούσαντες ἐπεστομίσθησαν, καὶ ἐθαύμασαν [c] τὴν σοφίαν. Οὐκοῦν πιστεῦσαι ἐχρῆν, οὐκοῦν ἐκπλαγῆναι. Καὶ γὰρ θεότητος αὐτοῖς παρέσχεν ἀπόδειξιν, τὰ ἀπόῤῥητα ἐκκαλύψας, καὶ μετ' ἐπιεικείας αὐτοὺς ἐπεστόμισε. Τί οὖν; ἐπίστευσαν; Οὐδαμῶς· ἀλλὰ Ἀφέντες αὐτὸν ἀπῆλθον, καὶ μετ' αὐτοὺς προσῆλθον οἱ Σαδδουκαῖοι. Ὢ τῆς ἀνοίας. Ἐκείνων ἐπιστο-
689 μισθέντων, οὗτοι προσβάλλουσι, δέον ὀκνηροτέρους
A γενέσθαι. Ἀλλὰ τοιοῦτον ἡ θρασύτης, ἀναίσχυντον καὶ ἰταμὸν, ὡς καὶ ἀδυνάτοις ἐπιχειρεῖν. Διὰ τοῦτο καὶ ὁ εὐαγγελιστὴς ἐκπληττόμενος αὐτῶν τὴν ἀπόνοιαν,

[a] Morel. ἀληθῆ.

[b] Alii σημεῖον τὸ τὰ ἀπόῤῥητα εἰδέναι.

[c] Morel. τὴν σοφίαν, καὶ γὰρ θεότητος, omissis cæteris.

αὐτὸ τοῦτο ἐπισημαίνεται λέγων, ὅτι Ἐν ἐκείνῃ τῇ ἡμέρᾳ προσῆλθον. Ἐν ἐκείνῃ, ποίᾳ; Ἐν ᾗ τὴν ἐκείνων κακουργίαν διήλεγξε, καὶ κατήσχυνεν αὐτούς. Τίνες δέ εἰσιν οὗτοι; Αἵρεσις Ἰουδαίων ἑτέρα παρὰ τοὺς Φαρισαίους, κἀκείνων πολὺ καταδεεστέρα, λέγουσα μὴ εἶναι ἀνάστασιν, μήτε ἄγγελον, μήτε πνεῦμα. Παχύτεροι γὰρ οὗτοι, [a] καὶ περὶ τὰ σωματικὰ ἐπτοημένοι. Πολλαὶ γὰρ καὶ ἐπὶ Ἰουδαίων αἱρέσεις ἦσαν. Διὸ καὶ Παῦλος λέγει· Φαρισαῖός εἰμι, τῆς ἀκριβεστάτης αἱρέσεως παρ' ἡμῖν. Καὶ ἐξ εὐθείας μὲν οὐδὲν οὗτοι περὶ ἀναστάσεως λέγουσι· λόγον δέ τινα πλάττουσι, καὶ πρᾶγμα συντιθέασιν, ὡς ἔγωγε οἶμαι, οὐδὲ γεγενημένον, οἰόμενοι εἰς ἀπορίαν αὐτὸν ἐμβαλεῖν, καὶ θέλοντες ἀνατρέψαι ἀμφότερα, καὶ τὸ ἀνάστασιν εἶναι, καὶ τὸ τοιαύτην ἀνάστασιν. [b] Πάλιν δὲ καὶ οὗτοι μετ' ἐπιεικείας δῆθεν προβάλλουσι, λέγοντες· Διδάσκαλε, Μωϋσῆς εἶπεν· Ἐάν τις ἀποθάνῃ, μὴ ἔχων τέκνα, ἐπιγαμβρεύσει ὁ ἀδελφὸς τὴν γυναῖκα αὐτοῦ, καὶ ἀναστήσει σπέρμα τῷ ἀδελφῷ αὐτοῦ. Ἦσαν παρ' ἡμῖν ἑπτὰ ἀδελφοί· καὶ ὁ πρῶτος γαμήσας ἐτελεύτησεν ἄτεκνος. Ὁμοίως δὲ καὶ ὁ δεύτερος, καὶ ὁ τρίτος, ἕως τῶν ἑπτά. Ὕστερον δὲ ἀπέθανε καὶ ἡ γυνή. Ἐν τῇ οὖν ἀναστάσει [c] τίνος τῶν ἑπτὰ ἔσται γυνή; Ὅρα τούτοις διδασκαλικῶς ἀποκρινόμενον. Εἰ γὰρ καὶ ἀπὸ κακουργίας προσῆλθον, ἀλλ' ὅμως καὶ ἀγνοίας ἡ ἐρώτησις ἦν μᾶλλον. Διὸ οὐδὲ λέγει αὐτοῖς, ὑποκριταί. Εἶτα ἵνα μὴ ἐγκαλέσῃ, διατί οἱ ἑπτὰ μίαν ἔσχον, προστιθέασι καὶ τὸν Μωϋσέα· καίτοι γε, ὅπερ ἔφθην εἰπὼν, πλάσμα ἦν, ὡς ἔγωγε οἶμαι. Οὐ γὰρ ἂν ὁ τρίτος ἔλαβε, τοὺς δύο νυμφίους [d] ὁρῶν γενομένους νεκρούς· εἰ δὲ ὁ τρίτος, ἀλλ' οὐχ ὁ τέταρτος, οὐδὲ ὁ πέμπτος· εἰ δὲ καὶ οὗτοι, πολλῷ μᾶλλον ὁ ἕκτος ἢ ὁ ἕβδομος οὐκ ἂν προσῆλθον, ἀλλ' οἰωνίσαντο ἂν τὴν γυναῖκα. Τοιοῦτοι γὰρ οἱ Ἰουδαῖοί εἰσιν. Εἰ γὰρ νῦν πολλοὶ τοῦτο πάσχουσι, πολλῷ μᾶλλον τότε ἐκεῖνοι· ὅπουγε καὶ χωρὶς τούτου πολλάκις τὸ οὕτω συνοικεῖν ἔφυγον, καὶ ταῦτα τοῦ νόμου καταναγκάζοντος. Οὕτω γοῦν ἡ Ῥοὺθ ἡ Μωαβῖτις ἐκείνη [e] γυνὴ πρὸς τὸν μακροτέρω τῆς συγγενείας ἐκείνης ἐξεκυλίσθη· καὶ ἡ Θάμαρ δὲ ἐντεῦθεν παρὰ τοῦ κηδεστοῦ κλέψαι σπέρμα κατηναγκάζετο. Καὶ τίνος ἕνεκεν οὐκ ἔπλασαν δύο ἢ τρεῖς, ἀλλ' ἑπτά; Ὥστε ἐκ περιουσίας κωμῳδῆσαι, ὡς ᾤοντο, τὴν ἀνάστασιν. Διὸ καὶ λέγουσι, Πάντες ἔσχον αὐτήν, ὡς εἰς ἄπορόν τι αὐτὸν [f] ἐμβαλόντες. Τί οὖν ὁ Χριστός; Πρὸς ἀμφότερα ἀποκρίνεται, οὐ πρὸς τὰ ῥήματα, ἀλλὰ πρὸς τὴν γνώμην ἱστάμενος, καὶ πανταχοῦ τὰ ἀπόῤῥητα αὐτῶν ἐκκαλύπτων, καὶ

arrogantia stupefactus, idipsum significat dicens : *In illa die accesserunt*. *In illa*, in qua? In ea quæ illorum nequitiam redarguit, ipsosque pudore suffudit. Quinam sunt Sadducæi? Hæresis est Judæorum, quæ differt a Pharisæis, illisque longe inferior, cujus opinio erat, non esse resurrectionem, neque angelum, neque spiritum. Rudiores enim erant, et corporalia tantum agnoscebant. Nam multæ apud Judæos sectæ erant. Ideo ait B Paulus : *Pharisæus sum*, quæ accuratissima apud nos secta est. Hi autem Sadducæi directe quidem nihil de resurrectione dicunt : sed narrationem quamdam confingunt, et rem numquam, ut puto, gestam comminiscuntur, sperantes se illum in angustias conjecturos esse, volebantque hæc ambo confutare, et resurrectionem esse, et resurrectionem talem, qualis dicebatur. Hi rursum modeste accedunt, dicentes : 24. *Magister, Moyses dixit : Si quis moriatur, non habens filios, ducet frater ejus uxorem illius, et suscitabit semen fratri suo.* 25. *Erant apud nos septem fratres : et primus duxit uxorem, et defunctus* C *est non habens filios.* 26. *Similiter secundus, et tertius, usque ad septimum.* 27. *Novissime autem omnium mortua est et mulier.* 28. *In resurrectione igitur cujus ex septem erit uxor?* Vide respondentem doctoris more. Licet enim et ipsi maligne accesserant, attamen interrogatio ex ignorantia magis procedebat. Ideo non vocat illos hypocritas. Deinde ne objiceret, cur septem unam habuissent uxorem, Moysen afferunt : etiamsi, ut jam dixi, id, secundum meam opinio- D nem, merum commentum esset. Neque enim tertius accepisset, duos jam sponsos defunctos videns : si tamen tertius, certe non quartus, nec quintus, multoque minus sextus et septimus; sed uxorem suspectam habuissent. Tales quippe sunt Judæi. Nam si multi nunc ita sunt affecti, multo magis tunc temporis : quandoquidem, hoc etiam amoto obice, hæc connubia tunc fugiebant, etiamsi id lex præciperet. Sic Ruth Moabitis in remo- E tiorem cognationis suæ devoluta est; et Thamar a socero semen furari coacta est. Cur autem non duos aut tres, sed septem fuisse fratres commenti sunt? Ut magis (ita putabant) resurrectionem traducerent. Ideo dicunt, *Omnes habuerunt illam*, ut ipsum in angustias conjicerent. Quid ergo Chri-

Judæorum sectæ variæ.

Act. 23. 6.

Deut. 25. 5.

[a] Morel. καὶ πρὸς τὰ σωματικά.

[b] Savil. ὁμοίως δὲ καὶ οὗτοι.

[c] Alii et Morel. τίνος αὐτῶν ἔσται.

[d] Al. ἰδών.

[e] [Addidimus γυνὴ e Savil. et Codice 694, qui sequens ἐκείνης omittunt.]

[f] [Savil. et Cod. id. ἐμβαλοῦντες.]

stus? Ad utrumque respondet, non ad verba, sed ad mentem eorum respiciens, et ubique secretam illorum opinionem patefaciens; aliquando illam manifeste refellens, aliquando interrogantium conscientiæ confutationem relinquens. Hic nunc vide quomodo et resurrectionem esse probet, et non talem qualem ipsi suspicabantur. Quid enim ait? 29. *Erratis nescientes Scripturas, neque potentiam Dei.* Quia enim, ut qui Moysen nossent, legem allegant, ostendit ignorantium Scripturas esse talem interrogationem. Hinc enim ad tentandum accesserunt, quod Scripturas non ut par erat intelligerent, et Dei potentiam ignorarent. Quid ergo mirum, inquit, si me tentatis, quem adhuc non cognoscitis, quando ne Dei quidem potentiam nostis, cujus tantam experientiam habetis, ac neque ex communibus cogitationibus, neque ex Scripturis illam nostis, si tamen communes cogitationes eam notitiam præbeant, Deo omnia esse possibilia?

ποτὲ μὲν αὐτὰ ἐκπομπεύων, ποτὲ δὲ τῷ συνειδότι
690 τῶν ἐρωτώντων ἀφιεὶς τὸν ἔλεγχον. Ὅρα γοῦν ἐν-
A ταῦθα πῶς ἀμφότερα δείκνυσι, καὶ ὅτι ἀνάστασις ἔσται, καὶ ὅτι οὐ τοιαύτη ἀνάστασις οἵαν ὑποπτεύουσι. Τί γάρ φησι; Πλανᾶσθε μὴ εἰδότες τὰς Γραφὰς, μηδὲ τὴν δύναμιν τοῦ Θεοῦ. Ἐπειδὴ γὰρ ὡς εἰδότες Μωϋσέα προβάλλονται καὶ τὸν νόμον, δείκνυσιν ὅτι τοῦτο μάλιστα ἀγνοούντων ἐστὶ τὰς Γραφὰς τὸ ἐρώτημα. Ἐντεῦθεν γὰρ καὶ τὸ πειράζειν αὐτοῖς ἦν, ἐκ τοῦ τὰς Γραφὰς μὴ εἰδέναι ὡς χρή· ἐκ τοῦ τοῦ Θεοῦ τὴν δύναμιν ἀγνοεῖν. Τί οὖν θαυμαστὸν, φησὶν, εἰ ἐμὲ πειράζετε τὸν ἔτι ἀγνοούμενον ὑμῖν, ὅπου γε οὐδὲ τοῦ Θεοῦ τὴν δύναμιν ἴστε, ἧς τοσαύτην πεῖραν εἰλή-
B φατε, καὶ οὔτε ἐκ [a] κοινῶν ἐννοιῶν, οὔτε ἀπὸ Γραφῶν αὐτὴν ἔγνωτε, εἰ ἄρα καὶ οἱ κοινοὶ λογισμοὶ τοῦτο παρέχουσιν εἰδέναι, ὅτι τῷ Θεῷ πάντα δυνατά.

3. Et primo quidem ad quæsitum respondet. Quia enim in causa illis erat cur resurrectionem esse non putarent, quod crederent talem tunc esse rerum conditionem, causam removet, et quod ex illa causa accidebat (inde enim morbus ortus erat), ac resurrectionis modum ostendit: ait enim: 30. *In resurrectione neque nubent, neque nubentur, sed erunt ut angeli Dei in cælo.* Lucas vero
Luc. 20. 36. ait, *Sicut filii Dei.* Si ergo non nubunt, superflua est interrogatio. Neque ideo angeli sunt, quod non nubant; sed quia ut angeli sunt, ideo non nubunt. Hinc multa quoque alia sustulit, quæ omnia una
1. Cor. 7. 31. voce Paulus subindicavit dicens: *Præterit enim figura hujus mundi.* Hisque ostendit qualis sit resurrectio, et quod vere resurrectio sit futura: etsi vero illud una probatum fuerit, attamen ex abundanti illud rursum adjicit. Neque enim interrogationi modo satisfecit, sed etiam illorum cogitationi. Sic quando non ex tanta malitia, sed ex ignorantia interrogant, amplius docet: quando autem ex nequitia tantum interrogatio proficiscitur, neque interrogationi respondet. Rursum autem ex Moyse illos confutat, quia ipsi Moysen obtendebant, et ait: 31. *De resurrectione vero mortuorum non*
Exod. 6. 3. *legistis,* 32. *Ego sum Deus Abraham, et Deus Isaac, et Deus Jacob? Non est Deus mortuorum, sed vivorum.* Non est, inquit, non exsistentium, et eorum qui prorsus ex medio sublati sunt, nec umquam resurrecturi. Non enim dixit, Eram,

Καὶ πρῶτον μὲν πρὸς τὸ ἐρωτηθὲν ἀποκρίνεται. Ἐπειδὴ γὰρ τοῦτο αἴτιον ἦν αὐτοῖς [b] τοῦ μὴ νομίζειν ἀνάστασιν, τὸ νομίζειν τοιαύτην εἶναι τῶν πραγμάτων τότε κατάστασιν, τὸ αἴτιον θεραπεύει, εἶτα καὶ τὸ σύμπτωμα (ἀπὸ γὰρ τούτου καὶ τὸ νόσημα γέγονε), καὶ δείκνυσι τῆς ἀναστάσεως τὸν τρόπον· Ἐν γὰρ τῇ ἀναστάσει, φησὶν, οὔτε γαμοῦσιν, οὔτε γαμίσκονται, ἀλλ' εἰσὶν ὡς ἄγγελοι Θεοῦ ἐν οὐρανῷ. Ὁ δὲ Λουκᾶς φησιν, Ὡς υἱοὶ Θεοῦ. Εἰ τοίνυν οὐ γαμοῦσι, περιττὴ
C ἡ ἐρώτησις. Οὐ μὴν ἐπειδὴ οὐ γαμοῦσι, διὰ τοῦτο ἄγγελοι· ἀλλ' ἐπειδὴ ὡς ἄγγελοι, διὰ τοῦτο οὐ γαμοῦσιν. Ἀπὸ τούτου καὶ ἕτερα πολλὰ ἀνεῖλεν, ἅπερ ἅπαντα δι' ἑνὸς ῥήματος ὁ Παῦλος ἠνίξατο εἰπών· Παράγει γὰρ τὸ σχῆμα τοῦ κόσμου τούτου. Καὶ διὰ μὲν τούτων ἐδήλωσεν ἡλίκη ἡ ἀνάστασις· ὅτι δὲ καὶ ἀνάστασίς ἐστι, δείκνυσι· καίτοι συναποδέδεικται τῷ εἰρημένῳ καὶ τοῦτο, ἀλλ' ὅμως ἐκ περιουσίας τῷ λόγῳ πάλιν προστίθησι λέγων. Οὐδὲ γὰρ πρὸς τὸ ἐρώτημα ἔστη μόνον, ἀλλὰ καὶ πρὸς τὴν ἔννοιαν αὐτῶν. Οὕτως ὅταν μὴ σφόδρα κακουργῶσιν, ἀλλ' ἀγνοοῦντες ἐρωτῶσι,
D καὶ ἐκ περιουσίας διδάσκει· ὅταν δὲ ἀπὸ κακίας μόνης, οὐδὲ πρὸς τὰ ἐρωτώμενα ἀποκρίνεται. Καὶ πάλιν ἀπὸ τοῦ Μωϋσέως ἐπιστομίζει αὐτοὺς, ἐπειδὴ κἀκεῖνοι Μωϋσέα προεβάλλοντο, καί φησι· Περὶ δὲ τῆς ἀναστάσεως νεκρῶν οὐκ ἀνέγνωτε, ὅτι Ἐγώ εἰμι ὁ Θεὸς Ἀβραὰμ, καὶ * ὁ Θεὸς Ἰσαὰκ, καὶ ὁ Θεὸς Ἰακώβ; Οὐκ ἔστι Θεὸς νεκρῶν, ἀλλὰ ζώντων. Οὐχὶ τῶν οὐκ ὄντων, φησὶ, καὶ καθάπαξ ἀφανισθέντων, καὶ οὐκ ἔτι ἀναστησομένων. Οὐ γὰρ εἶπεν, ἤμην, ἀλλ', Εἰμί,

[a] Morel. κοινῶν ἐννοιῶν.

[b] Morel. τοῦ μὴ νομίζειν ἀνάστασιν, τοιαύτην εἶναι τῶν πραγμάτων κατάστασιν, omissis interpositis.

* [E Bibliis et Codice 694 bis addidimus ὁ Θεός.]

τῶν ὄντων καὶ τῶν ζώντων. Ὥσπερ γὰρ ὁ Ἀδὰμ, εἰ
καὶ ἔζη τῇ ἡμέρᾳ ᾗ ἔφαγεν ἀπὸ τοῦ ξύλου, ἀπέθανε E
τῇ ἀποφάσει· οὕτω καὶ οὗτοι, εἰ καὶ ἐτεθνήκεσαν,
ἔζων τῇ ὑποσχέσει τῆς ἀναστάσεως. Πῶς οὖν φησιν
ἀλλαχοῦ, Ἵνα καὶ νεκρῶν καὶ ζώντων κυριεύσῃ; Ἀλλ'
[c] οὐκ ἔστιν ἐναντίον τοῦτο ἐκείνῳ. Νεκρῶν γὰρ ἐνταῦθά
φησι, τῶν καὶ αὐτῶν ζήσεσθαι μελλόντων. Ἄλλως δὲ
καὶ ἕτερον τὸ, Ἐγὼ ὁ Θεὸς Ἀβραὰμ, καὶ τὸ, Ἵνα καὶ
νεκρῶν καὶ ζώντων κυριεύσῃ. Οἶδε δὲ καὶ ἄλλην νε- 891
κρότητα, περὶ ἧς φησιν· Ἄφετε τοὺς νεκροὺς θάψαι A
τοὺς ἑαυτῶν νεκρούς. Καὶ ἀκούσαντες οἱ ὄχλοι ἐξεπλήττοντο ἐπὶ τῇ διδαχῇ αὐτοῦ. Οὐδὲ ἐνταῦθα οἱ
Σαδδουκαῖοι· ἀλλ' οὗτοι μὲν ἡττηθέντες ἀναχωροῦσι·
τὸ δὲ ἀδέκαστον πλῆθος καρποῦται τὴν ὠφέλειαν.
Ἐπεὶ οὖν τοιαύτη ἡ ἀνάστασις, φέρε πάντα ποιῶμεν,
ἵνα τῶν πρωτείων ἐκεῖ τύχωμεν. Εἰ δὲ δοκεῖ, καὶ πρὸ
τῆς ἀναστάσεως δείξωμεν ὑμῖν τινας ταῦτα ἐντεῦθεν
ἐπιτηδεύοντας καὶ καρπουμένους, πάλιν ἐπὶ τὰς ἐρήμους ἀπελθόντες· πάλιν γὰρ τῶν αὐτῶν ἅψομαι λόγων,
ἐπειδὴ μετὰ πλείονος ἡδονῆς ἀκούοντας ὑμᾶς βλέπω.
Ἴδωμεν τοίνυν τήμερον τὰ στρατόπεδα τὰ πνευματι- B
κά· ἴδωμεν τὴν φόβου καθαρὰν ἡδονήν. Οὐ γὰρ μετὰ
δοράτων εἰσὶν ἐσκηνωμένοι, καθάπερ οἱ στρατιῶται
(ἐνταῦθα γὰρ πρῴην κατέλυσα τὸν λόγον), οὐδὲ μετὰ
ἀσπίδων καὶ θωράκων· ἀλλὰ γυμνοὺς ὄψει τούτων
ἁπάντων, καὶ τοιαῦτα ἐργαζομένους, οἷα οὐδὲ μετὰ
ὅπλων ἐκεῖνοι. Καὶ εἰ δύνασαι συνιδεῖν, ἐλθὲ, καὶ χεῖρά
μοι ὄρεξον, καὶ ἴωμεν εἰς τὸν πόλεμον τοῦτον ἀμφότεροι, καὶ ἴδωμεν τὴν παράταξιν. Καὶ γὰρ καὶ οὗτοι
καθ' ἑκάστην πολεμοῦσι τὴν ἡμέραν, καὶ σφάττουσι
[a] τοὺς ὑπεναντίους, καὶ νικῶσι τὰς ἐπιθυμίας ἁπάσας
τὰς ἐπιβουλευούσας ἡμῖν· καὶ [b] ὄψει ταύτας ἐῤῥιμμένας χαμαὶ, καὶ μηδὲ σπαίρειν δυναμένας· καὶ τὸ
ἀποστολικὸν ἐκεῖνο διὰ τῶν ἔργων δεικνύμενον λόγιον
τὸ λέγον, ὅτι Οἱ τοῦ Χριστοῦ, τὴν σάρκα ἐσταύρωσαν
σὺν τοῖς παθήμασι καὶ ταῖς ἐπιθυμίαις. Εἶδες πλῆθος C
νεκρῶν κειμένων, ἐσφαγμένων τῇ μαχαίρᾳ τοῦ πνεύματος; Διὰ τοῦτο οὐκ ἔστιν ἐκεῖ μέθη, οὐδὲ ἀδηφαγία.
Καὶ δείκνυσιν ἡ τράπεζα, καὶ τὸ τρόπαιον τὸ ἐπ'
αὐτῇ ἑστηκός. Ἡ γὰρ μέθη καὶ ἡ ἀδηφαγία κεῖται
νεκρὰ διὰ τῆς ὑδροποσίας τροπωθεῖσα, τὸ πολυειδὲς
τοῦτο καὶ πολυκέφαλον θηρίον. Καθάπερ γὰρ ἐπὶ τῆς
μυθοποιουμένης Σκύλλης καὶ Ὕδρας, οὕτω καὶ ἐπὶ
τῆς μέθης πολλὰς ἔστι κεφαλὰς ἰδεῖν· ἐντεῦθεν πορνείαν, ἐκεῖθεν ὀργὴν, ἄλλοθεν βλακείαν, ἑτέρωθεν
ἔρωτας ἀτόπους φυομένους. [c] Ἀλλὰ ἐνταῦθα πάντα D
ταῦτα ἀνῄρηται· καίτοι γε ἐκεῖνα τὰ στρατόπεδα, κἂν

sed, *Sum*, exsistentium nempe et viventium. Sicut enim Adam, licet viveret qua die manducavit
de ligno, sententia prolata mortuus est: sic et isti,
licet mortui essent, ex promissione resurrectionis vi-
vebant. Quomodo igitur ait alibi, *Ut et mortuis et* Rom. 14. 9.
vivis dominetur? Verum non est hoc illi contrarium. Nam hic de mortuis loquitur, qui postea victuri sunt. Alioquin autem aliud est, *Ego Deus*
Abraham, et aliud, *Ut mortuorum et vivorum*
dominetur. Novit et aliam mortem, de qua dicit:
Sinite mortuos sepelire mortuos suos. 33. *Et* Luc. 9. 60.
audientes turbæ mirabantur de doctrina ejus.
Neque hic Sadducæi; sed victi recesserunt: multitudo autem non addicta partibus hinc utilitatem
carpit. Quia igitur talis est resurrectio, age, nihil
non agamus, ut primas illic referamus. Et si placet, antequam de resurrectione agatur, ostendamus
vobis quosdam qui studio suo parem fructum retulerunt: solitudinem rursum petamus; nam idem
rursus argumentum tractare libet, quia vos cum
voluptate hæc audire conspicio. Videamus ergo
hodie exercitus illos spirituales: videamus voluptatem timore omni vacuam. Non enim cum hastis
tabernacula occupant, ut milites (nam hic nuper
dicendi finem feci), neque cum clipeis et loricis:
sed his omnibus nudos videbis, taliaque operantes, quæ non possunt illi cum armis facere. Si possis videre, veni, et manum mihi porrige, eamus
ambo ad hoc bellum, videamusque aciem. Nam
et hi quotidie pugnant, inimicos occidunt, et concupiscentias omnes nobis insidiantes vincunt: illas
videbis humi jacentes, nullo præditas motu: et
apostolicum dictum illud opere completum conspicies, *Qui Christi sunt, carnem crucifixerunt* Gal. 5. 24.
cum vitiis et concupiscentiis. Vidisti multitudinem mortuorum jacentium, gladio spiritus occisorum? Ideo non est illic ebrietas, non voracitas. Id Ebrietas
ostendit mensa, et tropæum ibi erectum. Ebrietas monstrum.
enim et voracitas jacent mortuæ, ab aquæ potu fu-
gatæ, illa scilicet multiformis et multiceps fera.
Quemadmodum enim apud mythologos Scylla et
Hydra, sic et ebrietas multa capita habet: hinc
fornicatio, inde ira, aliunde mollities, aliunde turpes amores. Verum hic ista omnia sublata sunt;
etiamsi illi exercitus in sexcentis bellis superent,
ab his hostibus vincuntur: nec tela, nec hastæ,
nec quid simile potest contra has phalanges sta-

[c] Alii *οὐκ ἔστιν ἴσον τοῦτο.*

[a] Alii *τοὺς ἐναντίους.*

[b] Savil. *ὀψόμεθα ταύτας.* Mox Morel. *δυναμένας ἀλλὰ τό.... δεικνύμενον ὅτι οἱ*, omissis quibusdam. [Cod. 694 *ὅτι οἱ τοιοῦτοι τοῦ Χρ.*]

[c] Morel. *ἀλλὰ ταῦτα πάντα τὰ στρατόπεδα*, omissis plurimis. Savil. ibidem *πολεμίων.*

re : sed istos gigantes, strenuos, qui innumera fortiter agunt, invenias sine vinculis ligatos somno et ebrietate, sine cæde, sine vulneribus, ac sicut vulnerati jacentes, imo multo gravius. Illi namque saltem motum aliquem habent ; hi vero secus, sed statim concidunt. Vides tunc exercitum et majorem et mirabiliorem esse? Nam victores illos milites sola voluntate confodit. Illam enim matrem omnium malorum ita infirmam reddunt, ut molesta postea esse non possit. Duce autem lapso, et sublato capite, reliquum corpus quiescit : hancque victoriam a singulis ibi manentibus reportatam cernas. Non enim ut in hisce bellis, qui semel ab uno vulneratus est, et semel cecidit, alii vix potest plagam inferre : sed necesse est ut omnes hanc feram confodiant : et qui non ferit illam, nec dejicit, exagitatur plane.

μυρίων περιγένωνται πολέμων, ὑπὸ τούτων ἁλίσκονται · καὶ οὔτε ὅπλα, οὔτε δόρατα, οὐθ' ὅπερ ἂν ἕτερον ᾖ, δύναται πρὸς ταύτας στῆναι τὰς φάλαγγας · ἀλλὰ τούτους τοὺς γίγαντας, τοὺς ἀριστέας, τοὺς τὰ μυρία ἀνδραγαθοῦντας, εὕροις ἂν χωρὶς δεσμῶν δεδεμένους ὕπνῳ καὶ μέθῃ, χωρὶς σφαγῆς καὶ τραυμάτων, καθάπερ τοὺς τετραυματισμένους, κειμένους, μᾶλλον δὲ καὶ πολλῷ χαλεπώτερον. Ἐκεῖνοι μὲν γὰρ κἂν σπαίρουσιν · οὗτοι δὲ οὐδὲ τοῦτο, ἀλλ' εὐθέως καταπίπτουσιν. Ὁρᾷς ὅτι μεῖζον τοῦτο τὸ στρατόπεδον καὶ θαυμαστότερον;
E Καὶ τοὺς γὰρ ἐκείνων περιγενομένους πολεμίους ἀναιρεῖ τῷ θελῆσαι μόνον. Οὕτω γὰρ αὐτὴν ἀσθενῆ τὴν μητέρα ἁπάντων τῶν κακῶν ποιοῦσιν, ὡς μηδὲ ἐνοχλεῖν λοιπόν. Τοῦ δὲ στρατηγοῦ κειμένου, καὶ τῆς κεφαλῆς ἀνῃρημένης, καὶ τὸ λοιπὸν σῶμα ἡσυχάζει · καὶ τὴν νίκην ταύτην ἕκαστον τῶν ἐκεῖ μενόντων ἐργαζόμενον ἴδοι τις ἄν.
692 Οὐ γὰρ ὥσπερ ἐπὶ τούτων τῶν
A πολεμίων, ἐὰν ὑφ' ἑνός τις λάβῃ πληγὴν, ἑτέρῳ λοιπὸν οὐκ ἔστι βαρὺς καταπεσὼν ἅπαξ · ἀλλ' ἀνάγκη πάντας τὸ θηρίον τοῦτο παίειν · καὶ ὁ [a] μὴ πλήξας αὐτὸ, καὶ καταβαλὼν, ἐνοχλεῖται πάντως.

4. Vidistin' splendidam victoriam? Tropæum enim, quod omnes simul exercitus qui per orbem sunt erigere non possunt, unusquisque horum erigit ; in illis omnia eversa jacent, concisa, dejecta, verba stolida, morbi furentium injucundi, tumor et omnia quæ ex ebrietate armari solent : atque imitantur Dominum suum, de quo Scriptura mirabunda
Psal. 109. 7. dicit : *De torrente in via bibet ; propterea exaltabit caput*. Vultisne e regione mortuorum multitudinem aspicere? Delicias videamus ex concu-
Secularium mensarum deliciæ. piscentia ortas, quæ ex pulmentariis, coquis, mensarum structoribus, placentarum artificibus suppeditantur. Pudet omnia illa dicere : attamen phasianas aves proferam, jura fusim mixta, humida, sicca edulia, leges his rebus positas. Nam quasi rempublicam gubernantes, et aciem instruentes, sic et isti hoc et hoc primum, hoc et hoc secundum constituunt. Et alii quidem primum aves supra carbones assas, piscibusque fartas offerunt ; alii alia initia immoderatarum cœnarum statuunt : multaque circa hæc est concertatio et de qualitate, et de ordine, et de copia : atque de illis concertant, de quibus suffodi deberent ; alii quod dimidium diem, alii quod totum in illis insumant, alii quod noctem quoque adjiciant. Dicendumque illis, Vide, miser, mensuram ventris, et de immoderato studio erubesce. Verum nihil hujusmodi

Εἶδες νίκην λαμπράν; Οἷον γὰρ τὰ στρατόπεδα τὰ πανταχοῦ τῆς οἰκουμένης ὁμοῦ συνελθόντα στῆσαι τρόπαιον [b] οὐ δύναται, τοῦτο ἕκαστος ἐκείνων ἵστησι, καὶ πάντα ἀνατέτραπται, παρακεκομμένα καὶ παράφορα, παραπληξίας ῥήματα, νοσήματα μανικὰ καὶ ἀηδῆ, τῦφος καὶ πάντα ὅσα ἀπὸ μέθης ὁπλίζεται · καὶ
B μιμοῦνται τὸν ἑαυτῶν Δεσπότην, ὃν ἡ Γραφὴ θαυμάζουσα ἔλεγεν · Ἐκ χειμάῤῥου ἐν ὁδῷ πίεται · διὰ τοῦτο ὑψώσει κεφαλήν. Βούλεσθε καὶ ἑτέρωθεν πλῆθος νεκρῶν ἰδεῖν; Ἴδωμεν τὰς ἐκ τῆς τρυφῆς ἐπιθυμίας, τὰς ἐκ τῶν ὀψοποιῶν, τῶν μαγείρων, τῶν τραπεζοποιῶν, τῶν πλακουντοποιῶν. Αἰσχύνομαι μὲν γὰρ πάντα διηγούμενος · πλὴν ἀλλ' ὅμως ἐρῶ τὰς ὄρνεις τὰς ἀπὸ Φάσιδος, τοὺς ζωμοὺς τοὺς χύδην μιγνυμένους, τὰ ὑγρὰ, τὰ ξηρὰ ἐδέσματα, τοὺς περὶ τούτων κειμένους νόμους. Καθάπερ γάρ τινα πόλιν διοικοῦντες, καὶ στρατόπεδα διατάττοντες, οὕτω καὶ οὗτοι τὸ καὶ
C τὸ πρῶτον, τὸ καὶ τὸ δεύτερον νομοθετοῦσι καὶ κατατάττουσι. Καὶ οἱ μὲν τὸ πρῶτον ὄρνεις ἐπ' ἀνθράκων [c] ὠπτημένας, ἔνδοθεν μεμεστωμένας ἰχθύων εἰσάγουσιν · ἕτεροι δὲ ἄλλοθεν τὰ προοίμια ποιοῦνται τῶν παρανόμων τούτων δείπνων · καὶ ἅμιλλα πολλὴ περὶ τούτων, καὶ ὑπὲρ ποιότητος, καὶ ὑπὲρ τάξεως, καὶ ὑπὲρ πλήθους · καὶ φιλοτιμοῦνται ἐφ' οἷς κατορύττεσθαι ἔδει, οἱ μὲν, ὅτι τὸ ἥμισυ τῆς ἡμέρας ἀνάλωσαν, οἱ δὲ, πᾶσαν αὐτὴν, οἱ δὲ, ὅτι καὶ τὴν νύκτα προσέθηκαν, * λέγοντες. Ἴδε τὸ μέτρον, ταλαίπωρε, τῆς γα-

[a] Morel. μὴ πλήξας αὐτὴν τὴν μέθην, καὶ καταβαλών.

[b] Alii οὐκ ἰσχύει. Mox Morel. καὶ πάντα ἀναμέμικται τετρωμένα καὶ παράφορα.

[c] ὀπτημένας ἰχθύων, sic Morel. omissis aliis.

* Locus ut videtur vitiatus.

στρὸς, καὶ αἰσχύνθητι τὴν ἄμετρον σπουδήν. Ἀλλ' οὐδὲν τοιοῦτον παρὰ τοῖς ἀγγέλοις ἐκείνοις· ἀλλὰ καὶ αὗται καὶ πᾶσαι αἱ ἐπιθυμίαι νεκραί. Οὐ γὰρ εἰς πλησμονὴν καὶ τρυφὴν, ἀλλ' εἰς χρείαν αὐτοῖς [d] αἱ τροφαί· οὐκ ὀρνίθων ἐκεῖ θηραταὶ, οὐδὲ ἰχθύων, ἀλλ' ἄρτος καὶ ὕδωρ. Ἡ δὲ σύγχυσις αὕτη, καὶ ὁ θόρυβος, καὶ αἱ ταραχαὶ, πάντα ἐκ ποδῶν ἐκεῖθεν, καὶ ἀπὸ τοῦ δωματίου, καὶ ἀπὸ τοῦ σώματος, πολὺς ὁ λιμήν· παρὰ δὲ τούτοις πολλὴ ἡ ζάλη. Ἀνάῤῥηξον οὖν τῷ λόγῳ τὴν γαστέρα τῶν τὰ τοιαῦτα σιτουμένων, καὶ ὄψει τὸν πολὺν φορυτὸν, καὶ τὸν ἀκάθαρτον ὀχετὸν, καὶ τὸν κεκονιαμένον τάφον· τὰ δὲ μετὰ ταῦτα καὶ αἰσχύνομαι εἰπεῖν, τὰς ἐρυγὰς τὰς ἀηδεῖς, τοὺς ἐμέτους, τὰς κάτωθεν, τὰς ἄνωθεν ἐκκρίσεις. Ἀλλὰ καὶ ταύτας [e] ἴσθι καὶ βλέπε νεκρὰς τὰς ἐπιθυμίας ἐκεῖ, καὶ τοὺς ἀπὸ τούτων σφοδροτέρους ἔρωτας· τοὺς τῶν ἀφροδισίων λέγω· καὶ γὰρ καὶ τούτους ὄψει πάντας ἐῤῥιμμένους μετὰ τῶν ἵππων, μετὰ τῶν σκευοφόρων. Σκευοφόρος γὰρ, καὶ ὅπλον, καὶ ἵππος αἰσχρᾶς πράξεως ῥῆμά ἐστιν αἰσχρόν. Ἀλλ' ὄψει ἵππον ὁμοῦ καὶ ἀναβάτην τοιοῦτον, καὶ ὅπλα κείμενα· ἐκεῖ δὲ τοὐναντίον [f] ἅπαν, καὶ ψυχὰς νεκρὰς ἐῤῥιμμένας. Οὐκ ἐπὶ τῆς τραπέζης δὲ μόνον ἡ νίκη λαμπρὰ τοῖς ἁγίοις ἐκείνοις, ἀλλὰ καὶ ἐπὶ τῶν ἄλλων, ἐπὶ τῶν χρημάτων, ἐπὶ τῆς δόξης, ἐπὶ τῆς βασκανίας, ἐπὶ τῶν νοσημάτων ἁπάντων. Ἆρά σοι οὐ δοκεῖ τοῦτο ἐκείνου τοῦ στρατοπέδου ἰσχυρότερον εἶναι, καὶ ἡ τράπεζα βελτίων; Καὶ τίς ἀντερεῖ; Οὐδεὶς, οὐδὲ αὐτῶν ἐκείνων, κἂν σφόδρα μαινόμενος ᾖ. Αὕτη μὲν γὰρ εἰς οὐρανὸν παραπέμπει, ἐκείνη δὲ εἰς γέενναν ἕλκει· ταύτην ὁ διάβολος διατάττεται, ἐκείνην δὲ ὁ Χριστός· ταύτην τρυφὴ νομοθετεῖ καὶ ἀκολασία, ἐκείνην δὲ φιλοσοφία καὶ σωφροσύνη· ἐνταῦθα ὁ Χριστὸς παραγίνεται, ἐκεῖ δὲ ὁ διάβολος. Ἔνθα γὰρ μέθη, διάβολος· ἔνθα αἰσχρὰ ῥήματα, ἔνθα πλησμονὴ, ἐκεῖ δαίμονες χορεύουσι. Τοιαύτην εἶχε τράπεζαν ὁ πλούσιος ἐκεῖνος· διὰ τοῦτο οὐδὲ σταγόνος ὕδατος κύριος ἦν.

Ἀλλ' οὐχ οὗτοι τοιαύτην, ἀλλὰ τὰ τῶν ἀγγέλων ἤδη μελετῶσιν· οὐ γαμοῦσιν, οὐδὲ γαμίσκονται, οὐδὲ καθεύδουσιν ἄρδην, οὐδὲ τρυφῶσιν· ἀλλὰ πλὴν ὀλίγων τινῶν καὶ [a] ἀσώματοι γεγόνασι. Τίς οὖν ἐστιν οὕτως εὐκόλως νικῶν τοὺς ἐχθροὺς, ὡς ἀριστοποιούμενος τρόπαιον ἱστᾷν; Διὰ τοῦτο καὶ ὁ προφήτης φησίν· Ἡτοίμασας ἐνώπιόν μου τράπεζαν ἐξεναντίας τῶν θλιβόντων με. Οὐ γὰρ ἄν τις ἁμάρτοι καὶ περὶ ταύτης τοῦτο εἰπὼν τὸ λόγιον τῆς τραπέζης. Οὐδὲν γὰρ οὕτω θλίβει ψυχὴν, ὡς ἐπιθυμία ἄτοπος, καὶ τρυφὴ, καὶ μέθη, καὶ τὰ ἐκ τούτων κακά· καὶ τοῦτο ἴσασιν οἱ πεῖραν εἰληφότες καλῶς. Εἰ δὲ μάθοις, καὶ

apud angelos illos; sed et hæc et omnes concupi-
D scentiæ mortuæ ibi sunt. Non enim ad saturitatem et voluptatem, sed ad necessitatem cibum sumunt: nulli ibi aucupes, nec piscatores; sed panis et aqua. Sollicitudo autem hæc, tumultus, perturbationes, omnia demum inde pulsa sunt, tum a tugurio, tum a corpore, magnus ibi portus: apud illos autem plurima tempestas. Rescinde igitur cogitatione ventrem eorum qui talibus cibis ingurgitantur, videbis congeriem magnam, impuros canales, *sepulcrum dealbatum* : quæ sequun- Matth. 23.
tur vero pudet dicere, ructus insuaves, vomitus, 27.
E egestiones sursum deorsum. At in solitudine hasce concupiscentias mortuas vide, necnon vehementiores inde ortos amores, venereos dico: hos quippe omnes projectos videbis cum equis, cum jumentis. Jumentum enim, telum, equus ad obscœnum opus exprimendum adhibentur. Sed videbis simul equum et ascensorem talem, et tela jacentia: illic vero contraria omnia, animas mortuas de-
693 jectas. Neque in mensa tantum victoria sanctis illis
A conspicua, sed et in aliis, in pecuniis, in gloria, in livore, in ægritudinibus omnibus. Annon ergo videtur tibi hic exercitus fortior illo, et hæc mensa melior? Quis contradicat? Nemo, ne quidem ex illis, etiamsi admodum furens sit. Hæc quippe in cælum mittit, illa ad gehennam trahit: hanc diabolus parat, illam Christus: hanc voluptas et luxus disponit, illam philosophia et temperantia: hic Christus adest, illic diabolus. Ubi enim ebrietas, ibi diabolus est: ubi obscœna verba, ubi saturitas, ibi dæmones choreas agunt. Talem habuit mensam dives ille; ideoque nec stillam aquæ Luc. 16. 24.
B habebat.

5. At monachi non talem habent, sed angelorum vitam meditantur; nec uxores ducunt, neque diu dormiunt, nec deliciis student; sed præterquam in paucis quibusquam, incorporei videntur. Quis igitur est qui tam facile hostes fundere possit, ut prandium sumendo, tropæum erigat? Ideoque ait propheta: *Parasti in conspectu meo* Psal. 22. 5.
mensam adversus eos qui tribulant me. Non enim errabit si quis hoc eloquium mensam specta-
C re dixerit. Nihil enim sic animam turbat, ut concupiscentia absurda, deliciæ ciborum, ebrietas, et mala quæ inde oriuntur: et hoc norunt qui harum

[d] Alii ἡ τροφή.
[e] Alii ἴθι.
[f] Post ἅπαν, quidam addunt καὶ σώματα πεπληγμένα. Mox Morel. μόνον ἡνίκα λαμπρὰ, male.

[a] Alii ἀσωμάτων ἴσοι γεγόνασι.

rerum periculum fecerunt. Si autem didiceris, unde hæc mensa colligatur, unde illa, tunc probe scies quæ sit inter utramque differentia. Undenam ergo hæc colligitur? Ex lacrymis innumeris, ex viduarum spoliis, ex raptis pupillorum facultatibus: illa vero ex justis laboribus paratur: similisque est formosæ speciosæque mulieri, quæ nullo exteriore eget ornatu; sed naturalem habet pulchritudinem; illa vero meretrici deformi et turpi, quæ fuco multo utitur, neque potest deformitatem obtegere, sed quo propius accedere tentat, eo magis removetur; nam quanto magis accedit ad consortem, tanto magis ejus deformitas deprehenditur. Ne ascendentes convivas aspexeris, sed recedentes, et tunc ejus turpitudinem videbis. Illa vero alia, libera cum sit, nihil sinit consortes obscœnum dicere; hæc autem nihil honestum, utpote quæ meretrix et infamis sit. Hæc consortis sui utilitatem quærit; illa perniciem ejus. Hæc non permittit offendere Deum; hæc non sinit non offendere. Adeamus igitur illos; inde sciemus quot simus vinculis constricti; inde sciemus mensam apponere mille bonis plenam, jucundissimam, nullius impensæ, sollicitudine, invidia, livore vacuam, ab omni morbo liberam, bona spe refertam, multis ornatam tropæis. Nulla est ibi animi perturbatio, non morbus, non ira: omnia tranquillitas, omnia pax. Ne mihi silentium ministrorum in mensis divitum memores, sed clamorem convivarum: non illum quo mutuo utuntur, licet et hic ridiculus sit, sed interiorem, qui in animo, qui magnam affert captivitatem, cogitationum tumultum, procellam, caliginem, tempestatem, quibus omnia minuuntur et permiscentur, et nocturnæ pugnæ similis est. Sed non talia in tabernaculis monachorum; sed multa tranquillitas, quies multa. Et illam quidem mensam excipit somnus morti similis, hanc vero vigilantia; illam supplicium, hanc regnum cælorum et immortalia præmia. Illam igitur insequamur, ut fructibus ejus fruamur: quos utinam omnes consequamur, gratia et benignitate Domini nostri Jesu Christi, cui gloria et imperium in sæcula sæculorum. Amen.

πόθεν αὕτη συλλέγεται ἡ τράπεζα, καὶ πόθεν ἐκείνη, τότε ὄψει καλῶς ἑκατέρας τὸ διάφορον. Πόθεν οὖν συλλέγεται; Ἀπὸ μυρίων δακρύων, ἀπὸ χηρῶν πλεονεκτουμένων, ἀπὸ ὀρφανῶν ἁρπαζομένων· ἡ δὲ ἀπὸ πόνων δικαίων· καὶ ἔοικεν αὕτη μὲν ἡ τράπεζα γυναικὶ καλῇ καὶ εὐειδεῖ, οὐδενὸς τῶν ἔξωθεν δεομένῃ, ἀλλὰ φυσικὸν ἐχούσῃ τὸ κάλλος· ἐκείνη δὲ, πόρνῃ τινὶ αἰσχρᾷ καὶ δυσειδεῖ, πολλὰ μὲν ἐπιτρίμματα ἐχούσῃ, οὐκ ἰσχυούσῃ δὲ συσκιάσαι τὴν ἀμορφίαν,
D ἀλλ' ὅσῳ ἂν ἐγγὺς γένηται, μᾶλλον ἐλεγχομένῃ· καὶ γὰρ καὶ αὕτη ὅταν ἐγγυτέρω γένηται τοῦ συγγενομένου, τότε δείκνυσι τὸ αἶσχος μᾶλλον. Μὴ γάρ μοι ἀνιόντας ἴδῃς τοὺς δαιτυμόνας, ἀλλὰ καὶ κατιόντας, καὶ τότε αὐτῆς ὄψει τὴν αἰσχρότητα. Ἐκείνη μὲν γὰρ τοὺς συγγενομένους, ἅτε ἐλευθέρα οὖσα, οὐδὲν ἀφίησιν αἰσχρὸν εἰπεῖν· αὕτη δὲ οὐδὲν σεμνὸν, ἅτε πόρνη οὖσα καὶ ἠτιμωμένη. Αὕτη τὸ χρήσιμον ζητεῖ τοῦ συνόντος αὐτῇ· ἐκείνη δὲ τὸ ἐπιβλαβές. Καὶ ἡ μὲν οὐκ ἀφίησι προσκροῦσαι Θεῷ· ἡ δὲ οὐκ ἀφίησι μὴ προσκροῦσαι. Ἀπίωμεν τοίνυν πρὸς ἐκείνους· ἐκεῖ-
E θεν εἰσόμεθα πόσοις δεσμοῖς ἐσμεν περιβεβλημένοι· ἐκεῖθεν εἰσόμεθα τράπεζαν παρατίθεσθαι μυρίων γέμουσαν ἀγαθῶν, ἡδίστην, ἀδάπανον, φροντίδος ἀπηλλαγμένην, φθόνου καὶ βασκανίας καὶ νόσου πάσης ἐλευθέραν, καὶ χρηστῆς γέμουσαν ἐλπίδος, καὶ πολλὰ τὰ τρόπαια ἔχουσαν. Οὐκ ἔστι θόρυβος ψυχῆς ἐκεῖ,
694 οὐκ ἔστι [b] νόσος, οὐκ ἔστιν ὀργή· πάντα γαλήνη,
A πάντα εἰρήνη. Μὴ γάρ μοι τὴν σιγὴν τῶν διακονούντων εἴπῃς ἐν ταῖς τῶν πλουσίων οἰκίαις, ἀλλὰ τὴν κραυγὴν τῶν ἀριστοποιουμένων· οὐ τὴν πρὸς ἀλλήλους λέγω (καὶ αὕτη μὲν γὰρ καταγέλαστος), ἀλλὰ τὴν ἔνδον, τὴν ἐν τῇ ψυχῇ, τὴν πολλὴν ἐπάγουσαν αἰχμαλωσίαν, τοὺς θορύβους τῶν λογισμῶν, τὴν ζάλην, τὸν ζόφον, τὸν χειμῶνα, δι' ὧν ἅπαντα μίγνυται καὶ [a] συγχεῖται, καὶ νυκτομαχίᾳ τινὶ προσέοικεν. Ἀλλ' οὐκ ἐν ταῖς σκηναῖς τῶν μοναχῶν τοιαῦτα· ἀλλὰ πολλὴ ἡ γαλήνη, πολλὴ ἡ ἡσυχία. Κἀκείνην μὲν ὕπνος θανάτῳ προσεοικὼς διαδέχεται τὴν τράπεζαν, ταύτην δὲ νῆψις καὶ ἀγρυπνία· ἐκείνην κό-
B λασις, ταύτην οὐρανῶν βασιλεία, καὶ τὰ ἀθάνατα βραβεῖα. Ταύτην τοίνυν διώκωμεν, ἵνα καὶ τῶν καρπῶν αὐτῆς ἀπολαύσωμεν· ὧν γένοιτο πάντας ἡμᾶς ἐπιτυχεῖν, χάριτι καὶ φιλανθρωπίᾳ τοῦ Κυρίου ἡμῶν Ἰησοῦ Χριστοῦ, ᾧ ἡ δόξα καὶ τὸ κράτος εἰς τοὺς αἰῶνας τῶν αἰώνων. Ἀμήν.

[b] Pro νόσος Morel. et quidam alii λύπη habent.

[a] Quidam habent συγχέονται. Paulo post Morel. ἀλλὰ πολλὴ ἡ ἡσυχία. κἀκείνην

ΟΜΙΛΙΑ οα'.

Οἱ δὲ Φαρισαῖοι ἀκούσαντες, ὅτι ἐφίμωσε τοὺς Σαδδουκαίους, συνήχθησαν ἐπὶ τὸ αὐτὸ, καὶ ἐπηρώτησεν εἷς ἐξ αὐτῶν νομικὸς, πειράζων αὐτὸν, καὶ λέγων· διδάσκαλε, ποία ἐντολὴ μεγάλη ἐν τῷ C νόμῳ;

Πάλιν τὴν αἰτίαν τίθησιν ὁ εὐαγγελιστὴς, δι' ἣν ἔδει σιγῆσαι, καὶ τὴν θρασύτητα τὴν ἐκείνων [b] καὶ ἐντεῦθεν ἐνδείκνυται. Πῶς καὶ τίνι τρόπῳ; Ὅτι ἐπιστομισθέντων ἐκείνων οὗτοι πάλιν ἐπιτίθενται. Δέον γὰρ κἀντεῦθεν ἡσυχάζειν, οἱ δὲ ἐπαγωνίζονται τοῖς προτέροις, καὶ προβάλλονται τὸν νομικόν· οὐ μαθεῖν βουλόμενοι, ἀλλὰ ἀπόπειραν ποιούμενοι· καὶ ἐρωτῶσι, ποία ἐντολὴ πρώτη; Ἐπειδὴ γὰρ ἡ πρώτη αὕτη D ἦν· Ἀγαπήσεις Κύριον τὸν Θεόν σου· προσδοκῶντές τινα λαβὴν παρέξειν αὐτοῖς, ὡς ἐπιδιορθωσόμενον αὐτὴν, διὰ τὸ καὶ αὐτὸν δεικνύναι ἑαυτὸν Θεὸν, προβάλλονται τὴν ἐρώτησιν. Τί οὖν ὁ Χριστός; Δεικνὺς ὅθεν ἦλθον ἐπὶ ταῦτα, ἀπὸ τοῦ μηδεμίαν ἔχειν ἀγάπην, ἀπὸ τοῦ φθόνῳ τήκεσθαι, ἀπὸ τοῦ ζηλοτυπίᾳ ἁλίσκεσθαι, φησίν· Ἀγαπήσεις Κύριον τὸν Θεόν σου· αὕτη πρώτη καὶ μεγάλη ἐντολή. Δευτέρα δὲ ὁμοία ταύτης· ἀγαπήσεις τὸν πλησίον σου ὡς ἑαυτόν. Διατί δὲ, Ὁμοία ταύτης; Ὅτι αὕτη ἐκείνην προοδοποιεῖ, καὶ παρ' αὐτῆς συγκροτεῖται πάλιν. Πᾶς γὰρ ὁ φαῦλα E πράττων, μισεῖ τὸ φῶς, καὶ οὐκ ἔρχεται πρὸς τὸ φῶς· καὶ πάλιν· Εἶπεν ἄφρων ἐν καρδίᾳ αὐτοῦ· οὐκ ἔστι Θεός. Καὶ τί ἀπὸ τούτου; Διεφθάρησαν καὶ ἐβδελύχθησαν ἐν ἐπιτηδεύμασι. Καὶ πάλιν· Ῥίζα πάντων τῶν κακῶν ἐστιν ἡ φιλαργυρία, ἧς τινες ὀρεγόμενοι [c] ἀπεπλανήθησαν ἐκ τῆς πίστεως· καὶ, Ὁ ἀγαπῶν με, τὰς ἐντολάς μου τηρήσει. Αἱ δὲ ἐντολαὶ αὐτοῦ πᾶσαι, καὶ τὸ κεφάλαιον αὐτῶν· Ἀγαπήσεις Κύριον 695 τὸν Θεόν σου, καὶ τὸν πλησίον σου ὡς ἑαυτόν. Εἰ A τοίνυν τὸ ἀγαπᾷν τὸν Θεὸν ἀγαπᾷν τὸν πλησίον ἐστὶν (Εἰ γὰρ φιλεῖς με, φησὶν, ὦ Πέτρε, [a] ποίμαινε τὰ πρόβατά μου), τὸ δὲ ἀγαπᾷν τὸν πλησίον τῶν ἐντολῶν ἐργάζεται φυλακὴν, εἰκότως φησίν· Ἐν ταύταις ὅλος ὁ νόμος καὶ οἱ προφῆται κρέμανται. Διὰ δὴ τοῦτο ὅπερ ἔμπροσθεν ἐποίησε, τοῦτο καὶ ἐνταῦθα ποιεῖ. Καὶ γὰρ ἐκεῖ ἐρωτηθεὶς περὶ τοῦ τρόπου τῆς ἀναστάσεως, καὶ τί ἀνάστασις, ἐδίδαξε πλέον οὗ ἐπύθοντο, παιδεύων αὐτούς· καὶ ἐνταῦθα τὴν πρώτην ἐρωτηθεὶς,

b Mss. duo κἀντεῦθεν ἐπιδείκνυται.

c Alius ἐπεπλανήθησαν.

HOMIL. LXXI. al. LXXII.

CAP. XXII. v. 34. *Pharisæi autem audientes, quod silentium imposuisset Sadducæis, congregati sunt in unum,* 35. *et interrogavit unus ex ipsis jurisperitus, tentans eum, et dicens : Magister, quod est mandatum magnum in lege?*

1. Rursus causam ponit evangelista, cur silere oporteret, illorum quoque audaciam indidem significat. Quo pacto? Quia cum illis silentium impositum fuisset, hi rursus aggrediuntur. Cum oportuisset enim inde quiescere, illi rursus concertant, et legisperitum opponunt : non quod discere, sed quod tentare cuperent; et interrogant : Quod est mandatum primum? Quia enim primum illud erat : *Diliges Dominum Deum tuum*, sperantes illum ansam præbiturum, corrigendo scilicet ipsum, ut se quoque Deum esse ostenderet, sic interrogant. Quid ergo Christus? Ut ostendat, qua de causa venerint, quod nullam haberent caritatem, quod invidia tabescerent, quod livore caperentur, ait : 37. *Diliges Dominum Deum tuum :* 38. *hoc primum et magnum est mandatum.* 39. *Secundum autem simile huic : Diliges proximum tuum sicut teipsum.* Cur, *Simile huic?* Quia hoc ad illud viam parat, et ab illo rursus munitur. Nam *Quicumque male agit, odit lucem, et non venit ad lucem;* et rursus : *Dixit insipiens in corde suo : Non est Deus.* Et quid inde? *Corrupti sunt et abominabiles facti sunt in studiis suis.* Et iterum : *Radix omnium malorum est avaritia, quam quidam appetentes erraverunt a fide;* et, *Qui diligit me, mandata mea servabit.* Quorum omnium caput est : *Diliges Dominum Deum tuum, et proximum tuum sicut teipsum.* Si ergo diligere Deum, diligere proximum est (nam ait : *Si diligis me, Petre, pasce oves meas*), diligere autem proximum facit ut mandata custodias, jure ait : 40. *In his tota lex pendet et prophetæ.* Ideo quod antea fecit, id et nunc facit. Etenim ibi interrogatus de modo resurrectionis, et quid sit resurrectio, plus docuit quam petebant, ut illos institueret : et hic etiam de primo interro-

In quo secundum mandatum sit primo simile.

Joan. 3. 20.

Psal. 52. 1.

Psal. 13. 2.

1. Tim. 6. 10.

Joan. 14. 15.

Joan. 21. 16.

a Morel. ποίμαινε.

gatus, secundum recitat, primo non multum inferius (secundum enim est, et primo simile), subindicans ipsis, unde interrogatio facta sit, nempe ex
1. Cor. 13. 4. inimicitia. *Caritas* enim *non æmulatur*. Hinc se ostendit et legi et prophetis obsequi. Sed cur Matthæus ait, ipsum tentandi causa interrogasse, Mar-
Marc. 12. 34. cus vero contra? *Videns*, inquit, *Jesus quia sapienter respondisset, dicit illi, Non longe es a regno Dei*. Neque tamen dissentiunt, sed admodum consona dicunt. Interrogavit enim tentans a principio; a responsione autem aliquid nactus utilitatis, laudatus est. Neque enim initio ipsum Christus laudavit: sed quando dixit amare proximum majus esse quam holocausta offerre, tunc dixit: *Non longe es a regno Dei*: humilia enim et abjecta despiciens, principium virtutis attingit. Etenim illa omnia propter hoc erant, sabbata nempe et reliqua. Verum neque sic illi perfectam laudem tribuit, sed cui aliquid desit. Nam cum dicitur, *Non longe es*, declaratur aliquid adhuc interstitii esse, ut quod deficit quærat. Quod si illum laudet quod
Ibid. v. 32. dixerit, *Unus est Deus, et præter eum non est alius*, ne mireris; sed etiam inde disce, quomodo secundum opinionem accedentium respondeat. Etsi enim millia de Christo dicant gloria illius indigna, id tamen dicere non audebunt, ipsum omnino non esse Deum. Cur ergo ipsum laudat quod dicat præter Patrem non esse alium Deum? Non quod seipsum non esse Deum fateatur: absit; sed quia nondum tempus erat revelandi divinitatem suam, sinit eum in suo dogmate persistere, et laudat eum quod vetera probe cognoscat, ut illum reddat idoneum ad novæ legis doctrinam suscipiendam, suo tempore inducendam. Alioquin vero illud, *Unus est Deus, et præter eum non est alius*, et in Veteri, et ubique, non ad negandum Filium dicitur, sed ad exclusionem idolorum. Itaque cum illum ita loquentem laudat, hoc certe sensu laudat. Deinde postquam respondit, ipse quoque interrogat:
42. *Quid vobis videtur de Christo? cujus filius est? Dicunt ei, David*. Vide post quot miracula et signa, post quot interrogationes, post quot argumenta concordiæ suæ cum Patre, tum verbis, tum factis exhibita, et postquam laudavit istum qui dixerat unum esse Deum, tunc interroget, ne dicere possent, ipsum miracula quidem fecisse, sed legi contrarium et Deo inimicum fuisse. Ideo post hæc tanta interrogat, occulte illos inducens

καὶ τὴν δευτέραν λέγει, οὐ σφόδρα ἐκείνης ἀποδέουσαν (δευτέρα μὲν γὰρ, ὁμοία δὲ ἐκείνης), αἰνιττόμενος B αὐτοῖς, ὅθεν ἡ ἐρώτησις γέγονεν, ὅτι ἐξ ἀπεχθείας. Ἡ γὰρ ἀγάπη οὐ ζηλοῖ. Ἀπὸ τούτου δείκνυσιν ἑαυτὸν καὶ τῷ νόμῳ καὶ τοῖς προφήταις πειθόμενον. Ἀλλὰ τίνος ἕνεκεν ὁ μὲν Ματθαῖός φησιν, ὅτι πειράζων ἠρώτησεν, ὁ δὲ Μάρκος τοὐναντίον; Εἰδὼς γὰρ, φησὶν, ὁ Ἰησοῦς, ὅτι νουνεχῶς [b] ἀπεκρίθη, εἶπεν αὐτῷ· οὐ μακρὰν εἶ ἀπὸ τῆς βασιλείας τοῦ Θεοῦ. Οὐκ ἐναντιούμενοι ἑαυτοῖς, ἀλλὰ καὶ σφόδρα συνᾴδοντες. Ἠρώτησε μὲν γὰρ πειράζων παρὰ τὴν ἀρχήν· ἀπὸ δὲ τῆς ἀποκρίσεως ὠφεληθεὶς ἐπῃνέθη. Οὐδὲ παρὰ τὴν ἀρχὴν αὐτὸν ἐπῄνεσεν· ἀλλ' ὅτε εἶπεν, ὅτι τὸ ἀγαπᾷν τὸν πλησίον πλέον ἐστὶ τῶν ὁλοκαυτωμάτων, τότε φησίν· C Οὐ μακρὰν εἶ ἀπὸ τῆς βασιλείας τοῦ Θεοῦ· ὅτι τῶν ταπεινῶν ὑπερεῖδε, καὶ τὴν ἀρχὴν τῆς ἀρετῆς κατέλαβε. Καὶ γὰρ πάντα ἐκεῖνα διὰ τοῦτο, καὶ [c] τὰ σάββατα καὶ τὰ λοιπά. Καὶ οὐδὲ οὕτως αὐτῷ ἀπηρτισμένον τὸν ἔπαινον ἔθηκεν, ἀλλ' ἔτι λείποντα. Τὸ γὰρ εἰπεῖν, Οὐ μακρὰν εἶ, δείκνυσιν ἔτι ἀπέχοντα, ἵνα ζητήσῃ τὸ λεῖπον. Εἰ δὲ εἰπόντα αὐτὸν, ὅτι Εἷς ἐστιν ὁ Θεὸς, καὶ πλὴν αὐτοῦ οὐκ ἔστιν ἄλλος, ἐπῄνεσε, μὴ θαυμάσῃς· ἀλλὰ καὶ ἐντεῦθεν κατάμαθε, πῶς πρὸς τὴν ὑπόληψιν ἀποκρίνεται τῶν προσιόντων. Κἂν γὰρ μυρία περὶ τοῦ Χριστοῦ λέγωσιν ἀνάξια τῆς δόξης αὐ- D τοῦ, ἀλλὰ τοῦτό γε οὐ τολμήσουσιν εἰπεῖν, ὅτι καθόλου οὐκ ἔστι Θεός. Τίνος οὖν ἕνεκεν ἐπαινεῖ αὐτὸν εἰρηκότα, ὅτι πλὴν τοῦ Πατρὸς οὐκ ἔστιν ἄλλος; Οὐχ ἑαυτὸν ἐξάγων τοῦ Θεὸς εἶναι· ἄπαγε· ἀλλ' ἐπειδὴ οὐδέπω καιρὸς ἦν ἐκκαλύψαι αὐτοῦ τὴν θεότητα, ἐκεῖνον ἀφίησιν ἐπὶ τοῦ προτέρου δόγματος μένειν, καὶ ἐπαινεῖ τὰ παλαιὰ εἰδότα καλῶς, ὥστε ἐπιτήδειον αὐτὸν καὶ πρὸς τὴν τῆς Καινῆς ποιῆσαι διδασκαλίαν, κατὰ καιρὸν αὐτὴν εἰσάγων. Ἄλλως δὲ καὶ τὸ, Εἷς ὁ Θεὸς, καὶ πλὴν αὐτοῦ οὐκ ἔστι, καὶ ἐν τῇ Παλαιᾷ, καὶ πανταχοῦ, οὐ πρὸς ἀθέτησιν τοῦ Υἱοῦ, ἀλλὰ πρὸς ἀντιδιαστολὴν εἴρηται τῶν εἰδώλων. Ὥστε καὶ τοῦτον E ἐπαινῶν οὕτως εἰρηκότα, ταύτῃ ἐπαινεῖ τῇ γνώμῃ. Εἶτα ἐπειδὴ ἀπεκρίθη, καὶ ἀντερωτᾷ· Τί ὑμῖν δοκεῖ περὶ τοῦ Χριστοῦ; τίνος ἐστὶν υἱός; Λέγουσιν αὐτῷ, τοῦ Δαυίδ. Ὅρα μετὰ πόσα θαύματα, μετὰ πόσα σημεῖα, μετὰ πόσας ἐρωτήσεις, μετὰ πόσην ἐπίδειξιν ὁμονοίας τῆς πρὸς τὸν Πατέρα, τὴν διὰ λόγων, 696 τὴν δι' ἔργων, μετὰ τὸ ἐπαινέσαι τοῦτον τὸν εἰρηκότα, A ὅτι Εἷς ἐστιν ὁ Θεὸς, ἐρωτᾷ, ἵνα μὴ ἔχωσι λέγειν, ὅτι θαύματα μὲν ἐποίησε, τῷ νόμῳ δὲ ἐναντίος καὶ τῷ Θεῷ πολέμιος ἦν. Διὰ τοῦτο [a] μετὰ τοσαῦτα τοῦτο ἐρωτᾷ, λανθανόντως ἐνάγων αὐτοὺς εἰς τὸ καὶ

[b] Morel. ἀπεκρίθη αὐτῷ, εἶπεν αὐτῷ.
[c] Alii τὸ σάββατον. Paulo post alii συνέθηκεν.

[a] Morel. μετὰ τοσαῦτα ἐρωτᾷ.

αὐτὸν ὁμολογῆσαι Θεόν. Καὶ τοὺς μὲν μαθητὰς πρῶτον ἠρώτησε, τί οἱ ἄλλοι λέγουσι, καὶ τότε αὐτούς· τούτους δὲ οὐχ οὕτως· ἢ γὰρ ἂν καὶ πλάνον εἶπον καὶ πονηρὸν, ἅτε ἀδεῶς ἅπαντα φθεγγόμενοι. Διὰ δὴ τοῦτο τὴν αὐτῶν ἐκείνων ψῆφον ἐξετάζει.

Ἐπειδὴ γὰρ πρὸς τὸ πάθος ἔμελλεν ἰέναι λοιπὸν, τίθησι τὴν σαφῶς Κύριον αὐτὸν ἀνακηρύττουσαν [b] προφητείαν· οὐχ ἁπλῶς, οὐδὲ προηγουμένως ἐπὶ τοῦτο ἐλθὼν, ἀλλ' ἀπὸ αἰτίας εὐλόγου. Ἐρωτήσας γὰρ αὐτοὺς πρότερος, ἐπειδὴ οὐκ ἀπεκρίναντο τἀληθῆ περὶ αὐτοῦ (ἄνθρωπον γὰρ αὐτὸν ἔφασαν εἶναι ψιλὸν), ἀνατρέπων τὴν πεπλανημένην αὐτῶν δόξαν, οὕτως εἰσάγει τὸν Δαυὶδ, ἀνακηρύττοντα αὐτοῦ τὴν θεότητα. Ἐκεῖνοι μὲν γὰρ ἐνόμιζον, ὅτι ψιλὸς ἄνθρωπος ἦν, διὸ καὶ ἔλεγον, Τοῦ Δαυίδ· αὐτὸς δὲ τοῦτο διορθούμενος παράγει τὸν προφήτην, καὶ τὴν κυριότητα αὐτοῦ, καὶ τὸ γνήσιον [c] τῆς υἱότητος, καὶ τὸ ὁμότιμον τὸ πρὸς τὸν Πατέρα μαρτυροῦντα. Καὶ οὐδὲ μέχρι τούτου ἵσταται· ἀλλ' ὥστε καὶ φοβῆσαι καὶ τὸ ἑξῆς ἐπάγει λέγων· Ἕως ἂν θῶ τοὺς ἐχθρούς σου ὑποπόδιον τῶν ποδῶν σου· ἵνα κἂν οὕτως αὐτοὺς ἐπαγάγηται. Καὶ ἵνα μὴ λέγωσιν, ὅτι κολακεύων αὐτὸν οὕτως ἐκάλεσε, καὶ ἀνθρωπίνη ἡ ψῆφος αὕτη, ὅρα τί φησι. Πῶς οὖν Δαυὶδ ἐν πνεύματι Κύριον αὐτὸν καλεῖ, λέγων· Εἶπεν ὁ Κύριος τῷ Κυρίῳ μου, κάθου ἐκ δεξιῶν μου, ἕως ἂν θῶ τοὺς ἐχθρούς σου ὑποπόδιον τῶν ποδῶν σου; Εἰ οὖν Δαυὶδ καλεῖ αὐτὸν Κύριον, πῶς υἱὸς αὐτοῦ ἐστι; Ὅρα πῶς ὑφειμένως εἰσάγει τὴν περὶ αὐτοῦ ψῆφον καὶ δόξαν. Πρότερον εἶπε, Τί ὑμῖν δοκεῖ; τίνος υἱός ἐστιν; ὥστε δι' ἐρωτήσεως εἰς ἀπόκρισιν αὐτοὺς ἀγαγεῖν. Εἶτα ἐπειδὴ εἶπον, Τοῦ Δαυὶδ, τάδε φησὶν, ἀλλὰ πάλιν ἐν τάξει ἐρωτήσεως· Πῶς οὖν Δαυὶδ ἐν πνεύματι Κύριον αὐτὸν καλεῖ; ὥστε μὴ προστῆναι αὐτοῖς τὰ λεγόμενα. Διὸ οὐδὲ εἶπε, τί ὑμῖν δοκεῖ περὶ ἐμοῦ· ἀλλὰ, Περὶ τοῦ Χριστοῦ. Διὰ τοῦτο καὶ οἱ ἀπόστολοι ὑφειμένως διελέγοντο περὶ τοῦ πατριάρχου Δαυὶδ, λέγοντες· Ἐξὸν εἰπεῖν μετὰ παῤῥησίας περὶ τοῦ πατριάρχου Δαυὶδ, ὅτι καὶ ἐτελεύτησε, καὶ ἐτάφη. Καὶ αὐτὸς ὁμοίως διὰ τοῦτο, ὡς ἐν ἐρωτήσεως τάξει καὶ συλλογισμοῦ, τὸ δόγμα εἰσάγει λέγων· Πῶς οὖν Δαυὶδ ἐν πνεύματι Κύριον αὐτὸν καλεῖ, λέγων· [d] Εἶπεν ὁ Κύριος τῷ Κυρίῳ μου, κάθου ἐκ δεξιῶν μου, ἕως ἂν θῶ τοὺς ἐχθρούς σου ὑποπόδιον τῶν ποδῶν σου; καὶ πάλιν, Εἰ οὖν Δαυὶδ καλεῖ αὐτὸν Κύριον, πῶς υἱὸς αὐτοῦ ἐστιν; οὐκ ἀναιρῶν τὸ εἶναι αὐτοῦ υἱὸς, ἄπαγε· οὐ γὰρ ἂν Πέτρῳ ἐπετίμησε διὰ τοῦτο· ἀλλὰ τὴν ἐκείνων ὑπόνοιαν διορθούμενος. Ὥστε ὅταν λέγῃ, Πῶς

ut se confiterentur esse Deum. Et discipulos primum quid alii de se, deinde quid ipsi dicerent, interrogavit; hos autem non sic; alioquin dixissent illum seductorem esse et improbum, quia audacter omnia dicebant. Ideoque ipsorum sententiam inquirit.

2. Quia enim ad passionem jam iturus erat, illam affert prophetiam, quæ ipsum aperte Dominum prædicat; non sine causa, neque præcipue ad B id se conferens, sed ex causa rationi consentanea. Cum enim illos prior interrogasset, quia vera de se non responderant (nam purum hominem ipsum esse dixerant), falsam illorum opinionem evertens, sic Davidem inducit divinitatem suam prædicantem. Illi namque putabant ipsum esse purum hominem, ideoque dixerunt, *David :* ipse vero hoc emendans adducit prophetam, et Dominum ipsum, et germanum filium, et paris cum Patre honoris esse testificantem. Neque hic substitit; sed ut illos terreret, quod sequitur adjecit, dicens : *Donec ponam inimicos tuos scabellum pedum tuorum;* C ut sic illos ad veram cognitionem induceret. Ne vero dicerent, ipsum adulando hæc dixisse, et hanc sententiam humanam esse, vide quid dicat. 43. *Quomodo ergo David in spiritu vocat eum Dominum, dicens : 44. Dixit Dominus Domino meo, Sede a dextris meis, donec ponam inimicos tuos scabellum pedum tuorum? 45. Si ergo David vocat eum Dominum, quomodo filius ejus est?* Vide quam moderate sententiam et opinionem de se habendam inducat. Primo di- D xit, *Quid vobis videtur? cujus filius est?* ut per interrogationem ad responsionem illos adducat. Deinde quia dixerant, *David,* hæc loquitur, sed rursus interrogando : *Quomodo ergo David in spiritu vocat eum Dominum?* ne scilicet his verbis offendantur. Ideo non dixit, Quid vobis videtur de me; sed, *De Christo.* Idcirco apostoli remisse de patriarcha Davide loquebantur dicentes : *Liceat libere dicere de patriarcha David quia mortuus et sepultus est.* Similiter et ipse, quasi interrogantis et ratiocinantis more, dogma E inducit dicens : *Quomodo ergo David in spiritu vocat eum Dominum, dicens: Dixit Dominus Domino meo, Sede a dextris meis, donec ponam inimicos tuos scabellum pedum tuorum?* et rursum, *Si ergo David vocat eum Dominum, quomodo filius ejus est?* non quod neget esse fi-

Christus divinitatem suam probat.

Psal. 109. 1.

Act. 2. 29.

[b] Alii προφητείαν, ἀλλ' οὐχ ἁπλῶς.

[c] Quidam τῆς υἱότητος αὐτοῦ, καί.

[d] Hæc, εἶπεν ὁ Κύριος τῷ Κυρίῳ.... εἰ οὖν Δαυὶδ καλεῖ αὐτὸν Κύριον, desunt in Morel.

lium Davidis; absit; non enim Petrum hac de causa increpasset; sed illorum emendans opinionem. Itaque quando dicit, *Quomodo filius ejus est?* hoc sibi vult: Non ut vos dicitis. Illi quippe dicebant, ipsum esse tantum Davidis filium, non Dominum. Post allatum testimonium remisse adjicit: *Si ergo David vocat eum Dominum, quomodo filius ejus est?* Attamen his auditis, nihil responderunt: nolebant enim quidpiam consentaneum ediscere. Quapropter ipse subjungit dicens, Dominum ejus esse. Imo neque hoc absolute dixit, sed prophetam secum assumens, eo quod ipsi fidem nullam haberent et male apud illos audiret. Quod præsertim spectantes, etiamsi quid humile vel demissum de se dicat, non offendi oportet: hæc enim causa et aliæ multæ erant, cur illorum captui sermones suos attemperaret. Ideo nunc per interrogationem et responsionem dogmata tradit; sic vero subindicat dignitatem suam. Non enim par erat audire Judæorum Dominum, et Davidis. Tu vero mihi opportunitatem etiam perpende. Cum enim dicit, Unus est Dominus, tunc et de seipso loquitur, quia Dominus est, idque ex prophetia, neque tantum ex operibus. Ostenditque Patrem se de illis vindicaturum esse, dicens: ***Donec ponam inimicos tuos scabellum pedum tuorum;*** multam inde monstrans cum Patre concordiam paremque honorem: hisque verbis finem disserendi fecit, quod et sublime et magnum erat, poteratque illis silentium imponere. Nam et exinde tacuerunt, non sponte, sed quod nihil dicendum suppeteret: et tam gravem excepere plagam, ut ne ultra eadem aggredi auderent; ait enim: 46. ***Nullus ausus est ab illa die ipsum interrogare.*** Illud vero turbis non parum utile erat. Ideoque ad multitudinem deinceps sermonem convertit, amotis lupis, ipsorumque insidiis rejectis. Illi enim nihil hinc lucri percipiebant, vana gloria capti, in huncque gravem morbum lapsi. Gravis enim et multiceps morbus est: illo enim ducti alii principatum, alii pecunias, alii potentiam amant. Progressus autem morbus ille, ad eleemosynam usque venit, jejunium, precationes et doctrinam; multaque sunt hujus feræ capita. Sed quod de aliis vanam gloriam aucupentur, nihil mirum; quod autem de jejunio et de oratione, hoc sane stupendum et lacrymis dignum est. Sed ne criminemur tantum, age, modum ejus fugiendi

Vana gloria et ex malis et ex bonis quæritur.

697 A υἱὸς αὐτοῦ ἐστι; τοῦτο λέγει· οὐχ οὕτως ὡς ὑμεῖς φατε. Ἐκεῖνοι γὰρ ἔλεγον, ὅτι μόνον υἱὸς αὐτοῦ ἐστι, καὶ οὐχὶ καὶ Κύριος. Καὶ τοῦτο μετὰ τὴν μαρτυρίαν, καὶ τότε ὑφειμένως· Εἰ οὖν Δαυῒδ Κύριον αὐτὸν καλεῖ, πῶς υἱὸς αὐτοῦ ἐστιν; Ἀλλ' ὅμως καὶ ταῦτα ἀκούσαντες, οὐδὲν ἀπεκρίναντο· οὐδὲ γὰρ ἐβούλοντό τι τῶν δεόντων μαθεῖν. Διὸ αὐτὸς ἐπάγει λέγων, ὅτι Κύριος αὐτοῦ ἐστι. Μᾶλλον δὲ οὐδὲ τοῦτο αὐτὸ ἀπολελυμένως, ἀλλὰ τὸν προφήτην μεθ' ἑαυτοῦ παραλαβὼν, διὰ τὸ σφόδρα [a] ἀπιστεῖσθαι ὑπὲρ αὐτῶν, καὶ διαβεβλῆσθαι παρ' αὐτοῖς. Ὃ δὴ μάλιστα χρὴ σκοποῦντας, B κἂν ταπεινὸν καὶ ὑφειμένον τί λέγηται παρ' αὐτοῦ, μὴ σκανδαλίζεσθαι· ἡ γὰρ αἰτία αὕτη, μετὰ καὶ ἑτέρων πλειόνων, τὸ συγκαταβαίνοντα ἐκείνοις διαλέγεσθαι. Διὸ καὶ νῦν ἐν τάξει μὲν πεύσεως καὶ ἀποκρίσεως δογματίζει· αἰνίττεται δὲ καὶ οὕτω τὴν ἀξίαν αὐτοῦ. Οὐ γὰρ ἦν ἴσον ἀκοῦσαι Ἰουδαίων Κύριον, καὶ τοῦ Δαυΐδ. Σὺ δέ μοι σκόπει καὶ τὸ εὔκαιρον. Ὅτε γὰρ εἶπεν, ὅτι εἷς ἐστι Κύριος, τότε καὶ περὶ ἑαυτοῦ εἶπεν, ὅτι Κύριός ἐστι, καὶ ἀπὸ προφητείας, οὐκ ἔτι ἀπὸ ἔργων μόνον. Καὶ δείκνυσιν αὐτὸν ὑπὲρ αὐτοῦ ἀμυνόμενον αὐτοὺς τὸν Πατέρα (Ἕως ἂν θῶ γὰρ, φησὶ, τοὺς ἐχθρούς σου ὑποπόδιον τῶν ποδῶν σου), καὶ πολλὴν κἀντεῦθεν ὁμόνοιαν τοῦ γεγεννηκότος πρὸς C αὐτὸν καὶ τιμήν· καὶ τούτῳ τὸ τέλος ἐπιτίθησι τῶν πρὸς αὐτοὺς διαλέξεων, ὑψηλόν τε καὶ μέγα, καὶ ἱκανὸν αὐτῶν ἀποῤῥάψαι τὰ στόματα. Καὶ γὰρ ἐσίγησαν ἐξ ἐκείνου, οὐχ ἑκόντες, ἀλλὰ τῷ μηδὲν ἔχειν εἰπεῖν· καὶ οὕτω καιρίαν ἐδέξαντο πληγὴν, ὡς μηκέτι τολμῆσαι τοῖς αὐτοῖς ἐπιχειρῆσαι λοιπόν· Οὐδεὶς γὰρ, φησὶν, ἐτόλμησεν ἀπὸ τῆς ἡμέρας ἐκείνης ἐπερωτῆσαι αὐτόν. Οὐ μικρὸν δὲ τοῦτο τοὺς ὄχλους ὠφέλει. Διὸ καὶ πρὸς αὐτοὺς λοιπὸν τρέπει τὸν λόγον, ἀποστήσας τοὺς λύκους, καὶ ἀποκρουσάμενος αὐτῶν τὰς ἐπιβουλάς. Ἐκεῖνοι γὰρ οὐδὲν [b] ἐκέρδανον, ὑπὸ κενοδοξίας ἁλόντες, D καὶ εἰς τὸ δεινὸν τοῦτο πάθος ἐμπεσόντες. Δεινὸν γὰρ τὸ πάθος καὶ πολυκέφαλον· οἱ μὲν γὰρ ἀρχῆς διὰ ταύτην, οἱ δὲ χρημάτων, οἱ δὲ ἰσχύος ἐρῶσιν. Ὁδῷ δὲ βαδίζουσα καὶ ἐπὶ ἐλεημοσύνην ἔρχεται, καὶ νηστείας, καὶ εὐχὰς, καὶ διδασκαλίαν, καὶ πολλαὶ αἱ τοῦ θηρίου τούτου κεφαλαί. Ἀλλὰ τὸ μὲν ἐπὶ τοῖς ἄλλοις ἐκείνους κενοδοξεῖν, θαυμαστὸν οὐδέν· τὸ δὲ ἐπὶ νηστείᾳ καὶ εὐχῇ, τοῦτό ἐστι τὸ ξένον καὶ [c] δακρύων μεστόν. Ἀλλ' ἵνα μὴ πάλιν ἐγκαλῶμεν μόνον, φέρε καὶ τὸν τρόπον, δι' οὗ ταύτην φευξόμεθα, εἴπωμεν. Πρὸς τίνας οὖν ἀποδυσόμεθα πρώτους; πρὸς τοὺς ἐπὶ E χρήμασιν, ἢ πρὸς τοὺς ἐπὶ ἱματίοις, ἢ τοὺς ἐπὶ ἀρχαῖς, ἢ τοὺς ἐπὶ διδασκαλίαις, ἢ τοὺς [d] ἐπὶ σώμασιν, ἢ τοὺς

[a] Quidam et Morel. ἀπιστεῖσθαι παρ' αὐτῶν.

[b] Quidam ἐνέρδαινον.

[c] Alii δακρύων γέμον. ἀλλ'.

[d] Savil. ἐπὶ σώματι, Morel. ἐπὶ σώμασιν.

ἐπὶ τέχναις, ἢ τοὺς ἐπὶ κάλλει, ἢ τοὺς ἐπὶ καλλωπισμοῖς, ἢ τοὺς ἐπὶ ὠμότητι, ἢ τοὺς ἐπὶ φιλανθρωπίᾳ καὶ ἐλεημοσύνῃ, ἢ τοὺς ἐπὶ πονηρίᾳ, ἢ τοὺς ἐπὶ τελευτῇ, ἢ τοὺς μετὰ τὴν τελευτὴν κενοδοξοῦντας; Καὶ γὰρ, ὅπερ ἔφην, πολλὰς ἔχει τὰς πλεκτάνας τοῦτο τὸ πάθος, καὶ περαιτέρω τῆς ζωῆς ἡμῶν πρόεισι. Καὶ 898 γὰρ ὁ δεῖνα, φησὶν, ἀπέθανε· καὶ ἵνα θαυμασθῇ, τὰ A καὶ τὰ ἐπέσκηψε γενέσθαι· καὶ διὰ τοῦτο ὁ δεῖνα πένης, καὶ ὁ δεῖνα πλούσιος. Τὸ γὰρ χαλεπὸν τοῦτο, ὅτι καὶ ἀπὸ τῶν ἐναντίων συνέστηκε.

morbi dicamus. Quos ergo primo aggrediemur? an eos qui de divitiis, vel de vestimentis gloriantur? an eos qui de principatu? vel eos qui de doctrina, vel qui de corpore, vel de artibus, vel de forma, vel de ornamentis? vel qui de crudelitate, vel qui de benignitate, vel de eleemosyna? vel qui de nequitia, vel qui de morte? vel qui etiam post mortem vanæ gloriæ dant operam? Multas enim, ut dixi, hic morbus complicationes habet, etiamque ultra vitam nostram progreditur. Nam vulgo dicitur, Ille quidam mortuus est; et ut admirationi esset, hæc et illa fieri jussit: ideoque ille pauper, ille dives est. Nam quod acerbum est, ex contrariis hæc fera constat.

Ultra vitam etiam extenditur.

Πρὸς τίνας οὖν [a] στησόμεθα καὶ παραταξόμεθα πρώτους; Οὐ γὰρ ἀρκεῖ πρὸς πάντας εἷς καὶ ὁ αὐτὸς λόγος. Βούλεσθε οὖν πρὸς τοὺς ἐπὶ ἐλεημοσύνῃ κενοδοξοῦντας; Ἔμοιγε δοκεῖ· καὶ γὰρ σφόδρα τὸ πρᾶγμα τοῦτο φιλῶ, καὶ ἀλγῶ λυμαινόμενον ὁρῶν, καὶ καθάπερ τινὶ βασιλικῇ κόρῃ τροφὸν καὶ προαγωγὸν ἐπιβουλεύουσαν τὴν κενοδοξίαν· τρέφει μὲν γὰρ αὐτὴν, ἐπ' αἰσχύνῃ δὲ καὶ ζημίᾳ μαστροπεύουσα, καὶ τοῦ B μὲν πατρὸς κελεύουσα καταφρονεῖν, καλλωπίζεσθαι δὲ πρὸς μιαρῶν καὶ καταπτύστων πολλάκις ἀνδρῶν ἀρέσκειαν· καὶ τοιοῦτον αὐτῇ [b] περιτίθησι κόσμον, οἷον οἱ ἔξω βούλονται, αἰσχρὸν καὶ ἄτιμον, οὐχ οἷον ὁ πατήρ. Φέρε δὴ οὖν πρὸς τούτους ἀποτεινώμεθα, καὶ ἔστω τις [c] ἐλεημοσύνη γινομένη μετὰ δαψιλείας πρὸς τὴν τῶν πολλῶν ἐπίδειξιν. Οὐκοῦν πρώτην αὐτὴν ἐξάγει τοῦ θαλάμου τοῦ πατρικοῦ. Καὶ ὁ μὲν πατὴρ οὐδὲ τῇ ἀριστερᾷ φαίνεσθαι κελεύει· αὕτη δὲ ἑαυτὴν τοῖς δούλοις ἐπιδείκνυσι καὶ τοῖς τυχοῦσι, καὶ οὐδὲ εἰδόσιν αὐτήν. Εἶδες πόρνην καὶ μαστροπὸν εἰς ἔρωτα αὐτὴν ἐμβάλλουσαν ἀτόπων ἀνθρώπων, ἵνα ὡς ἂν ἐκεῖνοι κελεύωσιν, οὕτως αὕτη C ῥυθμίζηται; Βούλει ἰδεῖν πῶς οὐ πόρνην μόνον, ἀλλὰ καὶ μανικὴν ποιεῖ τὴν τοιαύτην ψυχήν; Οὐκοῦν καταμάνθανε αὐτῆς τὴν γνώμην. Ὅταν γὰρ τὸν οὐρανὸν ἀφεῖσα τρέχῃ ὀπίσω δραπετῶν καὶ οἰκοτρίβων κατὰ τὰ ἄμφοδα καὶ τοὺς στενωποὺς, διώκουσα τοὺς μισοῦντας αὐτὴν, τοὺς αἰσχροὺς καὶ δυσειδεῖς, καὶ οὐδὲ ἰδεῖν αὐτὴν βουλομένους, τοὺς, ἐπειδὴ περικαίεται αὐτῶν, μισοῦντας αὐτήν· τί γένοιτ' ἂν τούτου μανικώτερον; Οὐδένα γὰρ οὕτω μισοῦσιν οἱ πολλοὶ, ὡς τοὺς δεομένους τῆς παρ' αὐτῶν δόξης. Μυρίας γοῦν κατηγορίας κατ' αὐτῶν πλέκουσι, καὶ ταὐτὸν γίνεται, οἷον ἂν εἴ τις παρθένον καὶ θυγατέρα βασιλέως ἀπὸ τοῦ θρόνου D κατενεγκὼν τοῦ βασιλικοῦ κελεύοι [d] μοιχοῖς ἀνδράσι καὶ διαπτύουσιν αὐτῆς αὐτὴν ἐκδιδόναι. Οὗτοι

3. Adversus quos ergo primo stabimus et aciem instruemus? Non satis quippe est oratio una adversus omnes. Vultisne eos aggrediamur qui de eleemosyna gloriantur? Mihi certe id consentaneum videtur: nam rem ipsam valde diligo, et labefactatam deploro, et quasi regiæ puellæ nutricem insidiantem vanam gloriam habeo; alit quippe illam, ad turpitudinem et damnum per voluptatem alliciens, et patris jussa despicere docens, ut scelestis perditisque sæpe viris placeat: ornatus adhibere suadet, turpes infamesque, quales exteris, non patri placere possint. Age ergo hos aggrediamur, et sit eleemosyna large effusa ad ostentationem. Sic igitur illam a thalamo paterno educit. Pater autem jubet ne ad dexteram quidem respicere: illa vero seipsam servis exhibet ac quibusvis hominibus, qui ne norint quidem illam. Vidisti meretricem et lenam ad improborum amorem sese dedentem, ut pro ipsorum cupidine sese exornet? Vis videre quomodo non meretricem modo, sed furiosam illam animam reddat? Ejus mentem edisce. Cum enim cælo relicto currat post fugitivos et vernas per vicos et angiportus, ad insequendos illos, qui ipsam oderunt, turpes ac deformes homines, qui ne videre quidem ipsam volunt, qui quoniam sui amore captam vident, oderunt illam: quid umquam furiosius fuerit? Nullum enim ita oderunt bene multi, ut eos qui suam opem quærunt ad gloriam parandam. Mille namque criminationes adversus eos confingunt: idipsumque fit, ac si quis virginem regis filiam, ex regio solio dejectam, juberet mœchis hominibus ipsam aversantibus sese prostituere. Hi enim, quanto magis ipsos insequeris, tanto magis te aversantur: Deus autem, quanto majorem ab

Contra eos qui eleemosynam dant ad ostentationem.

[a] Unus στησαίμεθα, καὶ παραταξαίμεθα.

[b] Unus περιτιθέασι.

[c] Morel. ἐλεημοσύνην μετὰ δαψιλείας ποιῶν πρὸς τήν.

[d] Alii et Morel. μοιχοῖς ἀνθρώποις.

ipso gloriam quæris, tanto magis te trahit et laudat, magnamque tibi mercedem tribuit. Si placet autem et aliunde quantum sit damnum illud ediscere, quando das ad ostentationem et laudem, tecum reputa quantus tibi dolor accedat, et quam assiduus mœror, Christo tibi inspirante ac dicente,
Matth. 6. 2. Perdidisti omnem mercedem tuam. Ubique vana gloria mala, maxime vero quando misericordia exhibetur, id quod extrema crudelitas est, quando de aliorum calamitate sese extollit, et quasi pauperibus exprobrat. Nam si sua referre beneficia, id conviciari est: ad alios multos illa traducere, quid esse dixeris? Quomodo ergo hoc malum fugiemus? Si discamus quomodo misereri oporteat; si consideremus quorumnam gloriam quærimus. Dic mihi, quis eleemosynæ artifex est? Qui rem illam docuit, nempe Deus, qui illud maxime novit, et in infinitum exercet. Quid ergo? si palæstram disceres, ad quos respiceres, an ad eum qui olera vendit, et pisces, an ad pædotribam? Certe illi multi sunt, hic unus est. Quid ergo, si illo te admirante alii irriderent, annon tu cum illo ipsos irrideres? Quid si pugilatum edisceres? annon similiter ad eum respiceres, qui ea in arte doctor est? Si orandi studium susciperes, annon rhetoris laudes exciperes, aliorum vero contemneres? Quomodo ergo absurdum non fuerit, in aliis artibus ad doctorem tantum respicere, hic vero contrarium facere, etiamsi non par utrinque sit damnum? Ibi enim, si ad vulgi placitum, non ad doctoris, pugnes, in pugna totum detrimentum est; hic vero secundum misericordiam in vita æterna similis es Deo. Esto igitur illi similis, ostentationem vitando. Dicebat enim ille cum curaret, nemini ut dicerent. Sed vis misericors apud homines vocari? Quid inde lucri? Nihil utique, sed damnum infinitum. Ipsi enim, quos ad testimonium vocas, fures sunt thesaurorum in cælis repositorum; imo non illi, sed nos ipsi qui nostra nobis furamur, et quæ in cælo posita sunt dissipamus. O novam calamitatem! o stupendum morbum! Ubi tinea non demolitur, ubi fures non effodiunt, vana gloria dissipat. Hæc est tinea cælestis thesauri, hic fur opulentiæ cælestis, qui divitias illas tuto collocatas abripit. Hoc omnia pessumdat et perdit. Quia enim vidit diabolus, et furibus et vermi aliisque insi-

μὲν γὰρ, ὅσον αὐτοὺς διώκεις, τοσοῦτόν σε ἀποστρέφονται· ὁ δὲ Θεὸς, ἂν τὴν παρ' αὐτοῦ δόξαν ζητῇς, τοσούτῳ μᾶλλον καὶ ἐφέλκεταί σε, καὶ ἐπαινεῖ, καὶ πολλὴν ἀποδίδωσί σοι τὴν ἀμοιβήν. Εἰ δὲ βούλει καὶ ἑτέρωθεν αὐτῆς τὴν ζημίαν καταμαθεῖν, ὅταν δῷς πρὸς ἐπίδειξιν καὶ φιλοτιμίαν, ἀναλόγισαι πόση σε λοιπὸν ἐπεισέρχεται λύπη, καὶ πῶς διηνεκὴς ἡ ἀθυμία, ἐνηχοῦντός σοι τοῦ Χριστοῦ, καὶ λέγοντος, ὅτι πάντα
E ἀπώλεσάς σου τὸν μισθόν. Πανταχοῦ μὲν γὰρ κενοδοξία κακὸν, μάλιστα δὲ ἐπὶ [e] φιλανθρωπίᾳ, ὃ τῆς ἐσχάτης ἐστὶν ὠμότητος, τὰς ἀλλοτρίας ἐκπομπεύουσα συμφορὰς, καὶ μόνον οὐχὶ ὀνειδίζουσα τοὺς ἐν πτωχείᾳ. Εἰ γὰρ τὸ τὰς ἰδίας λέγειν εὐεργεσίας ὀνειδίζειν ἐστί· τὸ καὶ εἰς ἑτέρους πολλοὺς ταύτας [f] ἐξάγειν τί οἴει εἶναι;
899 A Πῶς οὖν διαφευξόμεθα τὸ δεινόν; Ἂν μάθωμεν ἐλεεῖν, ἂν ἴδωμεν τίνων δόξαν ἐπιζητοῦμεν. Εἰπὲ γάρ μοι, τίς ὁ τῆς ἐλεημοσύνης τεχνίτης ἐστίν; Ὁ τὸ πρᾶγμα καταδείξας, Θεὸς δηλονότι, ὁ μάλιστα πάντων αὐτὸ εἰδὼς, καὶ πρὸς ἄπειρον αὐτὸ μεταχειρίζων. Τί οὖν; ἂν παλαιστὴς μανθάνῃς, πρὸς τίνας ὁρᾷς, ἢ τίσιν ἐπιδείκνυσαι τὰ ἐν τῇ παλαίστρᾳ, τῷ τὰ λάχανα πωλοῦντι καὶ τοὺς ἰχθύας, ἢ τῷ παιδοτρίβῃ; Καὶ μὴν οἱ μέν εἰσι πολλοὶ, ὁ δὲ εἷς. Τί οὖν, ἂν ἐκείνου θαυμάζοντος ἄλλοι καταγελῶσιν, οὐχὶ καὶ σὺ καταγελάσῃ μετ' ἐκείνου αὐτούς; Τί δὲ, ἂν πυκτεύειν μανθάνῃς; οὐχ ὁμοίως πρὸς ἐκεῖνον ὄψει τὸν τοῦτο παιδεύειν εἰδότα; Ἂν δὲ λόγους μετίῃς, οὐχὶ τοῦ ῥήτορος τοὺς
B ἐπαίνους καταδέξῃ, καὶ τῶν ἄλλων καταφρονήσεις; Πῶς οὖν οὐκ ἄτοπον, ἐν μὲν ταῖς ἄλλαις τέχναις πρὸς τὸν διδάσκαλον ὁρᾷν μόνον, ἐνταῦθα δὲ τοὐναντίον ποιεῖν, καίτοι γε οὐκ ἴση ἡ ζημία; Ἐκεῖ μὲν γὰρ, ἂν πρὸς τὸ δοκοῦν τοῖς πολλοῖς παλαίῃς, καὶ μὴ πρὸς τῷ διδασκάλῳ, ἐν τῇ πάλῃ ἡ ζημία· ἐνταῦθα δὲ ἐν αἰωνίῳ ζωῇ γέγονας ὅμοιος Θεῷ κατὰ τὸ ἐλεεῖν. Γενοῦ οὖν αὐτῷ ὅμοιος, καὶ κατὰ τὸ μὴ [a] ἐπιδείξασθαι. Καὶ γὰρ ἔλεγε θεραπεύων, ἵνα μηδενὶ εἴπωσιν. Ἀλλὰ βούλει ἐλεήμων κληθῆναι παρὰ τοῖς ἀνθρώποις; Καὶ τί τὸ
C κέρδος; Τὸ κέρδος μὲν οὐδὲν, ἡ δὲ ζημία ἄπειρος. Αὐτοὶ γὰρ οὗτοι, οὓς εἰς μαρτυρίαν καλεῖς, λῃσταὶ γίνονται τῶν θησαυρῶν τῶν ἐν οὐρανοῖς· μᾶλλον δὲ οὐχ οὗτοι, ἀλλ' ἡμεῖς οἱ τὰ ἡμέτερα συλῶντες, καὶ σκορπίζοντες τὰ ἄνω κείμενα. Ὢ τῆς καινῆς συμφορᾶς, καὶ τοῦ ἀλλοκότου τούτου πάθους. Ὅπου σὴς οὐκ ἀφανίζει, οὐδὲ [b] κλέπτης διορύττει, κενοδοξία σκορπίζει. Οὗτος ὁ σὴς τῶν ἐκεῖ θησαυρῶν, οὗτος ὁ κλέπτης τῆς εὐπορίας τῆς ἐν οὐρανοῖς, οὗτος τὸν ἄσυλον ὑποσύρει πλοῦτον. Τοῦτο πάντα λυμαίνεται καὶ διαφθείρει. Ἐπειδὴ γὰρ εἶδεν ὁ διάβολος, ὅτι καὶ λῃσταῖς

[e] Quidam Mss. φιλανθρωπίας.
[f] Alii et Morel. ἐξαγαγεῖν.

[a] Quidam Mss. ἐπιδείκνυσθαι.
[b] Mss. quidam et Morel. κλέπται διορύττουσι.

καὶ σκώληξι καὶ ταῖς ἄλλαις ἐπιβουλαῖς ἀνάλωτον τὸ χωρίον ἐκεῖνο, διὰ κενοδοξίας ὑποσύρει τὸν πλοῦτον.

Ἀλλὰ δόξης ἐπιθυμεῖς; Εἶτα οὐκ ἀρκεῖ σοι ἡ παρ' αὐτοῦ τοῦ λαμβάνοντος, ἡ [c] παρὰ τοῦ φιλανθρώπου Θεοῦ, ἀλλὰ καὶ τῆς παρὰ ἀνθρώπων ἐρᾷς; Ὅρα μὴ τοὐναντίον ὑπομείνῃς· μή τίς σου καταγνῷ ὡς οὐκ ἐλεοῦντος, ἀλλ' ἐκπομπεύοντος καὶ φιλοτιμουμένου, ὡς ἐκτραγῳδοῦντος ἀλλοτρίας συμφοράς. Καὶ γὰρ μυστήριόν ἐστιν ἡ ἐλεημοσύνη. Κλεῖσον τοίνυν τὰς θύρας, ἵνα μή τις ἴδῃ ἅπερ ἐπιδεῖξαι οὐ θέμις. Καὶ γὰρ τὰ μυστήρια τὰ ἡμέτερα τοῦτο μάλιστά ἐστιν, ἐλεημοσύνη, καὶ φιλανθρωπία Θεοῦ· κατὰ γὰρ τὸ πολὺ ἔλεος αὐτοῦ ὄντας ἡμᾶς ἀπειθεῖς ἠλέησε. Καὶ ἡ πρώτη δὲ δέησις ἐλέους γέμει, ὅταν ὑπὲρ τῶν ἐνεργουμένων παρακαλῶμεν· καὶ ἡ δευτέρα πάλιν, ὑπὲρ ἑτέρων τῶν ἐν μετανοίᾳ, πολὺ τὸ ἔλεος ἐπιζητοῦσα· καὶ ἡ τρίτη δὲ πάλιν, ὑπὲρ ἡμῶν αὐτῶν, καὶ αὕτη τὰ παιδία τὰ ἄμωμα τοῦ δήμου προβάλλεται, τὸν Θεὸν ἐπὶ ἔλεον παρακαλοῦντα. Ἐπειδὴ γὰρ αὐτοὶ κατεγνώκαμεν ἑαυτῶν ἁμαρτήματα, ὑπὲρ μὲν τῶν πολλὰ ἡμαρτηκότων καὶ [a] ἐγκληθῆναι ὀφειλόντων αὐτοὶ βοῶμεν· ὑπὲρ δὲ ἡμῶν αὐτῶν οἱ παῖδες, ὧν τῆς ἁπλότητος τοὺς ζηλωτὰς ἡ βασιλεία τῶν οὐρανῶν μένει. Ὁ γὰρ τύπος οὗτος τοῦτο ἐνδείκνυται, ὅτι οἱ κατ' ἐκείνους τοὺς παῖδας ταπεινοὶ καὶ ἄπλαστοι, οὗτοι μάλιστα δύνανται ἐξαιτεῖσθαι τοὺς ὑπευθύνους. Αὐτὸ δὲ τὸ μυστήριον πόσου ἐλέου, πόσης φιλανθρωπίας, ἴσασιν οἱ μεμυημένοι. Καὶ σὺ τοίνυν κατὰ δύναμιν τὴν σὴν ἐλεῶν ἄνθρωπον, [b] ἀπόκλεισον τὴν θύραν· αὐτὸν ὁ ἐλεούμενος ἰδέτω μόνος· εἰ δὲ οἷόν τε, μηδὲ οὗτος. Ἂν δὲ ἀναπετάσῃς, ἐκπομπεύεις σου τὸ μυστήριον. Ἐννόησον ὅτι καὶ αὐτὸς ἐκεῖνος, οὗ τὴν δόξαν ἐπιζητεῖς, καὶ αὐτός σου καταγνώσεται. Κἂν μὲν φίλος ᾖ, παρ' ἑαυτῷ σου κατηγορήσει· ἂν δὲ ἐχθρὸς, καὶ παρ' ἑτέροις σε κωμῳδήσει, καὶ τἀναντία ὑπομενεῖς ὧν ἐπιθυμεῖς. Σὺ μὲν γὰρ ἐπιθυμεῖς, ἵνα εἴπῃ, ὅτι ἐλεήμων· αὐτὸς δὲ οὐκ ἐρεῖ τοῦτο, ἀλλ' ὁ κενόδοξος, ὁ ἀνθρωπάρεσκος, καὶ ἕτερα πολὺ τούτων χαλεπώτερα. Ἂν δὲ κρύψῃς, πάντα ἐρεῖ τἀναντία τούτοις, ὁ φιλάνθρωπος, ὁ ἐλεήμων. Οὐ γὰρ ἀφίησιν ὁ Θεὸς κρυβῆναι. Ἀλλ' ἐὰν σὺ κρύψῃς, ἐκεῖνος κατάδηλον ποιήσει, καὶ μεῖζον τὸ θαῦμα, καὶ πλέον τὸ κέρδος. Ὥστε καὶ πρὸς τοῦτο αὐτὸ τὸ δοξάζεσθαι ἐναντίον ἡμῖν τὸ ἐπιδείκνυσθαι· πρὸς γὰρ ὃ σπεύδομεν καὶ ἐπειγόμεθα, πρὸς τοῦτο μάλιστα ἡμῖν αὐτὸ τοῦτο ἀνθίσταται. Οὐ γὰρ μόνον ἐλεήμονος δόξαν οὐ λαμβάνομεν, ἀλλὰ καὶ τὴν ἐναντίαν· καὶ πρὸς ταύτῃ πολλὴν καὶ τὴν ζημίαν ὑπομένομεν. Πάντων οὖν ἕνεκεν ἀπεχώμεθα ταύτης, καὶ τῆς τοῦ Θεοῦ δόξης ἐρῶμεν μόνης. Οὕτω γὰρ καὶ τῆς ἐνταῦθα ἐπιτευξόμεθα δόξης,

D diis inaccessum esse locum illum, per vanam gloriam divitias illas subripit.

4. Sed gloriæ cupidus es? Annon tibi satis est illa quam ab accipiente habes, a benignissimo Deo, sed etiam gloriam apud homines quæris? Vide ne contrarium patiaris; ne quis te damnet quasi non miserantem, sed fastui et ambitioni deditum, atque alienas calamitates traducentem. Nam mysterium est eleemosyna. Claude ergo januas, ne quis illa videat quæ ostentare nefas est. Hoc quippe E sunt maxime mysteria nostra, misericordia, et benignitas Dei: nam secundum misericordiam suam magnam nos inobsequentes miseratus est. Et prima precatio, quam pro energumenis adhibemus, misericordiæ commemoratione plena est; secunda quoque, pro iis qui in pœnitentia sunt, multam misericordiam postulat: tertia demum, pro nobis ipsis, populi infantes innocentes inducit, 700 A Deum ad misericordiam provocantes. Quia enim nos peccata nostra damnamus, pro iis qui multum peccarunt, et accusari debent, nos precamur: pro nobis vero pueri, quorum simplicitatis imitatores regnum cælorum exspectat. Ipsa enim precandi forma id ostendit: nam qui instar puerorum humiles sunt et sinceri, hi maxime possunt pro reis precari. Ipsum mysterium quantæ misericordiæ, quantæ benignitatis sit plenum, sciunt initiati. Et tu igitur, cum homini facis eleemosynam, claude januam tuam: ipse qui accipit, solus videat; imo B si fieri possit, ne ipse quidem. Si januam aperias, mysterium tuum ostentas. Cogita eum ipsum, a quo gloriam expetis, te damnaturum esse. Si amicus sit, te apud se criminabitur; si inimicus, apud alios te traducet, et contraria tibi evenient, quam desiderabas. Tu enim cupiebas, ut ipse diceret te misericordem; ille vero non hoc dicet, sed te vanæ gloriæ cupidum, auram hominum captantem appellabit, aliaque graviora adjiciet. Sin occultaveris, his omnino contraria dicet, benignum misericordemque appellabit. Neque enim Deus hæc oc- C cultari permittit. Si tu occultaveris, ille manifestum reddet: hinc major admiratio et copiosius lucrum accedit. Itaque ad gloriam parandam officit ostentatio; ad id quod diligenter quærimus, obest illa ipsa inquisitio. Non modo enim misericordiæ laudem non acquirimus, sed contrarium assequimur: ad hæc vero multum hinc damni nobis oritur. Horum itaque omnium causa inanem gloriam respuamus, solamque Dei gloriam

Precatio pro energumenis.

[c] Alii παρ' αὐτοῦ τοῦ φιλ.

[a] Unus ἐκκλησιασθῆναι.

[b] Alii ἀπόκλεισον τὰς θύρας.

diligamus. Sic enim et gloriam hic consequemur, et æternis fruemur bonis, gratia et benignitate Domini nostri Jesu Christi, cui gloria et imperium in sæcula sæculorum. Amen.

καὶ τῶν αἰωνίων ἀπολαύσομεν ἀγαθῶν, χάριτι καὶ φιλανθρωπίᾳ τοῦ Κυρίου ἡμῶν Ἰησοῦ Χριστοῦ, ᾧ ἡ D δόξα καὶ τὸ κράτος εἰς τοὺς αἰῶνας τῶν αἰώνων. Ἀμήν.

HOMILIA LXXII. al. LXXIII.

Cap. XXIII. v. 1. *Tunc Jesus loquutus est turbis et discipulis suis,* 2. *dicens : Super cathedram Moysis sederunt scribæ et Pharisæi.* 3. *Omnia ergo, quæcumque dixerint vobis, facite : secundum opera vero eorum non facite.*

1. *Tunc,* quandonam? Quando hæc dixit; quando ipsis silentium imposuit; quando sic repressit, ut non auderent ultra ipsum tentare; quando ostendit ipsos incurabili morbo laborare. Verum quoniam Domini et Domini mentionem fecit, rursus ad legem recurrit. Atqui lex, inquies, nihil hujusmodi dixit; sed, *Dominus Deus tuus, Dominus unus est.* Verum lex in Scriptura totum Vetus Testamentum dicitur. Hæc porro dicit, ostendens per omnia magnam suam cum Patre concordiam. Nam si contrarius esset, contrarium circa legem diceret; nunc autem tantum jubet erga ipsam exhiberi reverentiam, ut etsi corrupti doctores erant, illam tamen jubeat servari. Hic vero etiam de vitæ instituto agit, quia illud maxime causa incredulitatis ipsis erat, vita nempe corrupta, et gloriæ amor. Auditores igitur ut emendet, illud maxime jubet quod primum ad salutem conducebat, nempe doctores non contemnere, nec contra sacerdotes insurgere. Neque modo jubet, sed etiam ipse servat. Nam corruptos illos e gradu non dejicit; qua ratione illis gravius judicium attrahebat, discipulis vero nullam relinquebat inobedientiæ occasionem. Ne quis porro diceret, Quia improbus doctor est, ideo segnior evasi : hunc quoque obtentum aufert. Sic ergo illorum principatum constituit, etiamsi improbi essent, ita ut post tantam ipsis oblatam criminationem diceret : *Omnia, quæcumque dixerint vobis, facite :* neque enim sua dicunt, sed quæ Dei sunt, quæ per Moysen ille præcepit. Animadverte quantum Moysi deferat honorem, rursus suam cum veteri lege concordiam

Deut. 6. 4.

Vetus Testamentum totum lex appellatur.

ΟΜΙΛΙΑ οβ'.

Τότε ὁ Ἰησοῦς ἐλάλησε τοῖς ὄχλοις καὶ τοῖς μαθηταῖς αὐτοῦ, λέγων· ἐπὶ τῆς καθέδρας Μωϋσέως ἐκάθισαν οἱ γραμματεῖς καὶ οἱ Φαρισαῖοι. Πάντα οὖν, ὅσα ἂν λέγωσιν ὑμῖν ποιεῖν, ποιεῖτε· κατὰ δὲ ἔργα αὐτῶν μὴ ποιεῖτε. [c]

E Τότε, πότε; Ὅτε ταῦτα εἶπεν· ὅτε αὐτοὺς ἐπεστόμισεν· ὅτε ἔστησεν εἰς τὸ μηκέτι τολμᾷν πειράζειν αὐτόν· ὅτε ἔδειξεν ἀνιάτως ἔχοντας. Καὶ ἐπειδὴ Κυρίου καὶ Κυρίου ἐμνημόνευσε, πάλιν [d] ἐπὶ τὸν νόμον ἀνατρέχει. Καίτοι γε ὁ νόμος τοιοῦτον οὐδὲν εἶπε, φησίν· ἀλλὰ, Κύριος ὁ Θεός σου, Κύριος εἷς ἐστιν. Ἀλλὰ 791 A νόμον ἡ Γραφὴ τὴν Παλαιὰν ἅπασαν καλεῖ. Ταῦτα δὲ λέγει, δεικνὺς διὰ πάντων τὴν πολλὴν πρὸς τὸν γεγεννηκότα ὁμόνοιαν. Εἰ γὰρ ἐναντίος ἦν, τοὐναντίον ἂν εἶπε περὶ τοῦ νόμου· νῦν δὲ [a] τοσαύτην περὶ αὐτὸν ἐπιδείκνυσθαι κελεύει τὴν αἰδῶ, ὡς καὶ διεφθαρμένων ὄντων τῶν διδασκόντων αὐτὸν, ἐκείνου κελεύειν ἀντέχεσθαι. Ἐνταῦθα δὲ καὶ περὶ βίου καὶ περὶ πολιτείας διαλέγεται, ἐπειδὴ τοῦτο μάλιστα αἴτιον τῆς ἀπιστίας ἦν αὐτοῖς, ὁ διεφθαρμένος βίος, καὶ ὁ τῆς δόξης ἔρως. [b] Διορθούμενος τοίνυν τοὺς ἀκροατὰς, ὃ πρῶτον μάλιστά ἐστιν εἰς σωτηρίαν συντελοῦν, τὸ τῶν διδασκάλων μὴ καταφρονεῖν, μηδὲ κατεξανίστασθαι τῶν B ἱερέων, τοῦτο ἐκ περιουσίας κελεύει. Οὐ κελεύει δὲ μόνον, ἀλλὰ καὶ αὐτὸς ποιεῖ. Καὶ γὰρ διεφθαρμένους ὄντας οὐ κατάγει ἀπὸ τῆς τιμῆς· ἐκείνοις μὲν πλέον τὸ κρίμα ἐργαζόμενος, τοῖς δὲ μαθητευομένοις οὐδεμίαν παραλιμπάνων παρακοῆς πρόφασιν. Ἵνα γὰρ μή τις λέγῃ, ὅτι ἐπειδὴ φαῦλος ὁ διδάσκαλος, διὰ τοῦτο ῥαθυμότερος γέγονα· καὶ ταύτην ἀναιρεῖ τὴν πρόφασιν. Οὕτω γοῦν αὐτῶν ἔστησε τὴν ἀρχὴν, καίτοι πονηρῶν ὄντων, ὡς καὶ μετὰ τοσαύτην κατηγορίαν εἰπεῖν· Πάντα, ὅσα ἂν λέγωσιν ὑμῖν ποιεῖν, ποιεῖτε· οὐ γὰρ τὰ ἑαυτῶν λέγουσιν, ἀλλὰ τὰ τοῦ Θεοῦ, ἃ διὰ Μωϋ- C σέως ἐνομοθέτησε. Καὶ σκόπει πόσῃ περὶ τὸν Μωϋσέα κέχρηται τιμῇ, πάλιν τὴν πρὸς τὴν Παλαιὰν συμφωνίαν ἐνδεικνύμενος, ὅπου γε καὶ ἐντεῦθεν αἰδεσίμους

[c] Morel. addit titulo : λέγουσι γὰρ, οὐ ποιοῦσι.
[d] Quidam Mss ἐπὶ τὸν νόμον καταφεύγει.

[a] Morel. τοσαύτην ἐπιδείκνυσθαι.
[b] Savil. διορθούμενος τοίνυν αὐτοὺς, ὃ πρ.

ποιεῖ αὐτούς. Ἐπὶ γὰρ τῆς Μωϋσέως καθέδρας ἐκάθισαν, φησίν. Ἐπειδὴ γὰρ οὐκ εἶχεν αὐτοὺς ἀπὸ βίου ἀξιοπίστους ποιῆσαι, ἀπὸ τῶν ἐγχωρούντων τοῦτο ποιεῖ, τῆς καθέδρας καὶ τῆς ἐκείνου [c] διαδοχῆς. Πάντα δὲ ὅταν ἀκούσῃς, μὴ πᾶσαν ἄκουε τὴν νομοθεσίαν· οἷον, τὰ περὶ βρωμάτων, τὰ περὶ θυσιῶν, καὶ ὅσα τοιαῦτα. Πῶς γὰρ ἔμελλε ταῦτα λέγειν, ἃ προλαβὼν ἀνεῖλεν; Ἀλλὰ Πάντα φησὶ, τὰ διορθοῦντα ἦθος, καὶ βελτίω ποιοῦντα τρόπον, [d] καὶ τοῖς τῆς Καινῆς συμβαίνοντα νόμοις, καὶ οὐκ ἀφιέντα λοιπὸν ὑπὸ τὸν τοῦ νόμου ζυγὸν εἶναι. Διὰ τί οὖν οὐκ ἀπὸ τοῦ νόμου τῆς χάριτος ταῦτα θεσπίζει, ἀλλ' ἀπὸ τοῦ Μωϋσέως; Ὅτι οὐδέπω καιρὸς ἦν πρὸ τοῦ σταυροῦ ταῦτα σαφῶς διαλέγεσθαι. Ἐμοὶ δὲ δοκεῖ πρὸς τοῖς εἰρημένοις καὶ ἕτερόν τι προοικονομεῖν, ταῦτα λέγων. Ἐπειδὴ γὰρ μέλλει κατηγορεῖν αὐτῶν, ἵνα μὴ δόξῃ παρὰ τοῖς ἀνοήτοις τῆς ἀρχῆς αὐτῶν ταύτης ἐρᾷν, ἢ δι' ἀπέχθειαν τοῦτο ποιεῖν, πρῶτον τοῦτο ἀναιρεῖ, καὶ ἀνύποπτον ἑαυτὸν ποιήσας, τότε ἄρχεται τῆς κατηγορίας. Καὶ τίνος ἕνεκεν αὐτοὺς ἐλέγχει, καὶ μακροὺς λοιπὸν ἀποτείνει λόγους κατ' αὐτῶν; Προφυλαττόμενος τοὺς ὄχλους, ὥστε μὴ τοῖς αὐτοῖς περιπεσεῖν. [e] Οὐδὲ γὰρ ὅμοιον ἀπαγορεύειν, καὶ τοὺς πταίσαντας δεικνύναι· ὥσπερ οὐχ ὅμοιον παραινεῖν τὰ δέοντα, καὶ τοὺς κατορθοῦντας εἰς μέσον ἄγειν. Διὰ τοῦτο καὶ προλαβών φησι· Κατὰ δὲ τὰ ἔργα αὐτῶν μὴ ποιεῖτε. Ἵνα γὰρ μὴ νομίσωσι διὰ τὸ ἀκούειν αὐτῶν δεῖν αὐτοὺς καὶ ζηλοῦν, ταύτῃ κέχρηται τῇ ἐπιδιορθώσει, καὶ τὴν δοκοῦσαν αὐτῶν εἶναι τιμὴν κατηγορίαν ποιεῖται. Τί γὰρ διδασκάλου γένοιτ' ἂν ἀθλιώτερον, ὅταν τοὺς μαθητὰς τὸ μὴ προσέχειν αὐτοῦ τῷ βίῳ διασώζῃ; Ὥστε ἡ δοκοῦσα αὐτῶν εἶναι τιμὴ, μεγίστη κατηγορία ἐστὶν, ὅταν τοιοῦτον φαίνωνται βίον ἔχοντες, ᾧ οἱ ζηλοῦντες διαφθείρονται. Διὰ τοῦτο καὶ εἰς τὰς κατ' αὐτῶν ἐμπίπτει κατηγορίας. Οὐ διὰ τοῦτο δὲ μόνον, ἀλλ' ἵνα δείξῃ, ὅτι καὶ ἡ προτέρα ἀπιστία ἣν ἠπίστησαν, καὶ ὁ σταυρὸς ὁ μετὰ ταῦτα ὃν ἐτόλμησαν, οὐ τοῦ σταυρωθέντος καὶ ἀπιστηθέντος ἔγκλημα, ἀλλὰ τῆς ἐκείνων ἀγνωμοσύνης κατηγορία. Θέα δὲ πόθεν ἄρχεται, καὶ πόθεν αὔξει τὰ ἐγκλήματα. Ὅτι Λέγουσι, φησὶ, καὶ οὐ ποιοῦσιν. Ἕκαστος μὲν γὰρ ἐγκλημάτων ἄξιος, παραβαίνων τὸν νόμον· μάλιστα δὲ ὁ διδασκαλίας αὐθεντίαν ἔχων· [a] διπλῇ γὰρ καὶ τριπλῇ δίκαιος κατακρίνεσθαι. Δι' ἓν μὲν, ὅτι παραβαίνει· δι' ἕτερον δὲ, ὅτι τοὺς ἄλλους ὀφείλων διορθοῦν, εἶτα χωλεύων, μείζονος τιμωρίας ἄξιος διὰ τὴν τιμήν· τρίτον δὲ, ὅτι καὶ διαφθείρει μειζόνως, ἅτε ἐν διδασκάλου τάξει τοιαῦτα παρανομῶν. Μετὰ δὲ τούτων καὶ ἕτερον αὐτῶν πάλιν λέγει κατηγόρημα, ὅτι πικροί εἰσι τοῖς ὑπευθύνοις· Δε-

ostendens, quandoquidem hinc illos venerabiles reddit. *Super cathedram Moysi sederunt*, inquit. Quia non poterat illos ex vita commendare, a quibus licebat id facit, a sede nempe et a successione. *Omnia* autem cum audis, ne totam legem esse putes; de cibis nempe, de sacrificiis et similibus. Quomodo enim hæc dicturus erat, qui ante sustulerat? Sed *Omnia* dicit, quæ mores D emendarent, et corrigerent, quæque cum novæ legis præceptis congruerent, neque ultra sinerent sub jugo legis esse. Cur ergo non a lege gratiæ id constituit, sed a lege Moysis? Quia ante crucem tempus non erat hæc clare loquendi. Ad hæc vero mihi quidem videtur aliud quidpiam hic prius providere. Quia enim accusaturus illos erat, ne ab insanis quibusdam putaretur eorum principatum ambire, aut ex inimicitia id facere, hanc primo tollit suspicionem, et ab hac liber accusare incipit. Cur autem arguit illos, longosque ea de re sermones texit? Ut caveat multitudo ne in talia E incidat. Non enim simile est interdicere, et peccantes ostendere: sicut non simile est bona opera laudare, et hæc operantes in medium adducere. Ideoque hæc dicere præoccupat: *Secundum autem opera eorum nolite facere*. Ne putarent, quem audire eos oportebat, etiam imitari oportere, hac utitur emendatione, et quod illis vi- 702 A debatur honori esse, in accusationem vertit. Quid enim doctore illo miserabilius, qui discipulos ita solum servare possit, si non attendant ipsius operibus? Ita ut qui videtur illis honor haberi, maxime sit accusatio, quando talem vitam ducunt, qua imitatores sui corrumpantur. Ideoque ad incusandos illos se convertit. Neque ea solum de causa, sed ut ostendat, incredulitatem priorem eorum, et crucifigendi facinus quod postea susceperunt, non crucifixi, cui non crediderunt, B culpam esse, sed improborum ingratorumque illorum. Perpende autem unde incipiat, et unde crimina augeat. *Dicunt*, inquit, *et non faciunt*. Singuli, inquit, perinde culpandi sunt, qui legem transgrediuntur; maxime autem is qui docendi auctoritatem habet: duplici quippe et triplici damnationi obnoxius est. Primo quidem, quod transgrediatur; secundo, quod cum alios emendare deberet, deinde quod claudicans id faciat, ob ipsam dignitatem majori pœna dignus est; tertio, quod majoris corruptelæ causa sit, quia in doctoris ordine hæc perpetret. Ad hæc aliud quoque ipsis cri-

Doctore qui non exemplo prædicat nihil miserabilius.

[c] Quidam et Morel. διδαχῆς.
[d] Unus καὶ τὰ τοῖς, non male.

[e] Alius οὔτε γάρ.
[a] Morel. διπλῇ καὶ τριπλῇ.

men objicit, quod erga alios sint acerbi : 4. *Alligant enim onera gravia et importabilia, et imponunt in humeros hominum; digito autem suo nolunt ea movere.* Duplicem hic nequitiam memorat, quod a subditis sine ulla venia sedulam requirant vitæ puritatem, multamque sibi licentiam permittant; quod contrarium est boni principis officio, quod est in rebus se spectantibus judicem esse severum ac sine ulla venia; in subditorum vero peccatis mitem et ad veniam dandam pronum: hi vero contrarium faciebant.

2. Tales sunt ii omnes qui verbis philosophantur, severi nempe et immisericordes, utpote in operibus inexperti. Nec modica est illa improbitas, neque parum auget criminationem. Tu vero mihi consideres velim, quomodo crimen augeat. Neque enim dixit, Non possunt, sed, *Nolunt* : neque dixit, Portare, sed, *Digito movere*, id est, nec prope accedere, neque tangere. Sed ubinam studiosi et diligentes sunt? In prohibitis; nam ait: 5. *Omnia enim opera sua faciunt, ut videantur ab hominibus.* Inanis gloriæ cupiditatem eorum his traducit, qua perierunt. Priora enim crudelitatis et desidiæ erant, hæc autem inanis gloriæ cupiditatis. Hoc illos a Deo removit: hoc effecit ut in alio theatro concertarent, et perirent. Nam suis spectatoribus quisque placere studet per certaminum qualitatem : qui ante viros strenuos pugnat, talia studet certamina referre; qui vero ante timidos et ignavos, ipse quoque ignavus efficitur. Verbi gratia, si quis spectatorem habeat risum amantem, risum ipse movet, ut spectatorem delectet; alius qui philosophum et studiosum habet spectatorem, talis et ipse effici curat, quia talis est laudantis animus. Hic rursum vide quomodo crimen amplificet. Neque enim alia sic, alia vero non sic faciunt; sed omnia similiter. Deinde postquam vanæ gloriæ criminationem ipsis obtulerat, monstrat eos non de magnis et necessariis gloriari (nihil enim hujusmodi habebant; erant quippe bonis operibus prorsus vacui), sed de frigidis et de minimis rebus, quæ erant nequitiæ illorum indicia. *Dilatant enim phylacteria sua,* inquit; *et magnificant fimbrias vestimentorum suorum.* Ecqua sunt illa phylacteria, quæ fimbriæ?

C σμεύουσι γὰρ φορτία βαρέα καὶ δυσβάστακτα, καὶ τιθέασιν ἐπὶ τοὺς ὤμους τῶν ἀνθρώπων· τῷ δὲ δακτύλῳ αὐτῶν οὐ θέλουσι κινῆσαι αὐτά. Διπλῆν ἐνταῦθα λέγει κακίαν, * τῷ πολλὴν μὲν καὶ ἄκραν ἀπαιτεῖν ἀσυγγνώστως παρὰ τῶν ἀρχομένων βίου ἀκρίβειαν, πολλὴν δὲ ἑαυτοῖς ἐπιτρέπειν τὴν ἄδειαν· [b] ὧν τοὐναντίον τὸν ἄριστον ἄρχοντα ἔχειν χρή· ἐν μὲν τοῖς καθ' ἑαυτὸν ἀσύγγνωστον εἶναι καὶ πικρὸν δικαστήν· ἐν δὲ τοῖς τῶν ἀρχομένων, συγγνωμονικὸν καὶ ἥμερον· ὧν οὗτοι τὸ ἐναντίον ἐποίουν.

D Τοιοῦτοι γὰρ πάντες οἱ λόγοις φιλοσοφοῦντες, ἀσύγγνωστοι καὶ βαρεῖς, ἅτε ἄπειροι τῆς δι' ἔργων διδασκαλίας. Οὐ μικρὰ δὲ καὶ αὕτη ἡ κακία, οὐδὲ ὡς ἔτυχεν ἐπιτείνει τὴν ἔμπροσθεν κατηγορίαν. Σὺ δέ μοι σκόπει, πῶς καὶ τοῦτο αὔξει τὸ ἔγκλημα. Οὐ γὰρ εἶπεν, οὐ δύνανται, ἀλλ', Οὐ θέλουσι· καὶ οὐκ εἶπε, βαστάσαι, ἀλλὰ, Δακτύλῳ κινῆσαι, τουτέστιν, οὐδὲ ἐγγὺς γενέσθαι, οὐδὲ ἅψασθαι. Ἀλλὰ ποῦ σπουδαῖοι καὶ εὔτονοι; Ἐν τοῖς κεκωλυμένοις· Πάντα γὰρ τὰ ἔργα ποιοῦσι, φησὶ, πρὸς τὸ θεαθῆναι τοῖς ἀνθρώποις.
E Εἰς κενοδοξίαν αὐτοὺς διαβάλλων ταῦτα λέγει, [c] ὅπερ αὐτοὺς καὶ ἀπώλεσε. Τὰ μὲν γὰρ ἔμπροσθεν ὠμότητος ἦσαν καὶ ῥαθυμίας, τὰ δὲ, δοξομανίας. Τοῦτο ἀπέστησεν αὐτοὺς τοῦ Θεοῦ· τοῦτο ἐν ἑτέρῳ θεάτρῳ ἀγωνίζεσθαι παρεσκεύασε, καὶ διέφθειρεν. Οἵους γὰρ ἂν τις ἔχῃ τοὺς θεατὰς, τούτοις ἐσπούδακεν ἀρέσκειν, τοιούτους ἐπιδείκνυται καὶ τοὺς [d] ἀγῶνας· καὶ ὁ μὲν ἐν γενναίοις παλαίων, τοιαῦτα καὶ τὰ ἀγωνίσματα
703 μέτεισιν· ὁ δὲ ἐν ψυχροῖς καὶ ἀναπεπτωκόσι, καὶ αὐ-
A τὸς ῥαθυμότερος γίνεται. Οἷον, ἔχει τις θεατὴν γέλωτι χαίροντα, γίνεται γελωτοποιὸς καὶ αὐτὸς, ἵνα τέρπῃ τὸν θεατήν· ἕτερος σπουδαῖον καὶ φιλοσοφοῦντα, σπουδάζει καὶ αὐτὸς τοιοῦτος εἶναι, ἐπειδὴ τοιαύτη τοῦ ἐπαινοῦντος ἡ γνώμη. Ὅρα δὲ πάλιν καὶ ἐνταῦθα μετ' ἐπιτάσεως τὸ ἔγκλημα. Οὐδὲ γὰρ τὰ μὲν οὕτω, τὰ δὲ ἑτέρως ποιοῦσιν· ἀλλὰ πάντα ἁπλῶς οὕτως. Εἶτα ἐγκαλέσας αὐτοῖς κενοδοξίαν, δείκνυσιν οὐδὲ ἐπὶ τοῖς μεγάλοις καὶ ἀναγκαίοις κενοδοξοῦντας (οὐδὲν γὰρ εἶχον· ἔρημοι γὰρ ἦσαν κατορθωμάτων), ἀλλ' [a] ἐπὶ ψυχροῖς καὶ εὐτελέσι, καὶ ἃ τῆς κακίας αὐτῶν τεκμή-
B ρια ἦν. Πλατύνουσι γὰρ τὰ φυλακτήρια αὐτῶν, φησὶ, καὶ μεγαλύνουσι τὰ κράσπεδα τῶν ἱματίων αὐτῶν. Καὶ τίνα ταῦτά ἐστι τὰ φυλακτήρια καὶ κράσπεδα; Ἐπειδὴ συνεχῶς ἐπελανθάνοντο τῶν εὐεργεσιῶν τοῦ

* [Codex 694 τό.]

[b] ὧν τοὐναντίον, sic duo Mss., optime. Savil. et Morel. ὃ τοὐναντίον. Savil. suspicabatur legendum ᾧ vel οὗ. Sed. ὧν melius.

[c] Editi ἅπερ. Savil. suspicatur legendum ἥπερ. Duo Mss. ὅπερ. [Infra Cod. id. ὠμότητος ἦν.]

[d] [Savil. θεατὰς (ἐπεὶ τουτ. ἐ. ἀρ.) τοιούτους. Montfauconi lectionem præbent Cod. id. et Commelin; hic autem verba τούτοις ἐσπ. ἀρ. uncis inclusit.] Morel. αἰῶνας, perperam.

[a] Alii ἐπὶ μικροῖς καί. Mox Morel. τεκμήρια ἦν, τὰ φυλακτήρια, τὰ κράσπεδα. πλατύνουσι.

Θεοῦ, ἐκέλευσεν ἐγγραφῆναι βιβλίοις μικροῖς τὰ
θαύματα αὐτοῦ, καὶ ἐξηρτῆσθαι αὐτὰ τῶν χειρῶν
αὐτῶν. Διὸ καὶ ἔλεγεν· Ἔσται ἀσάλευτα [b] ἐν ὀφθαλμοῖς σου. Ἃ φυλακτήρια ἐκάλουν· ὡς πολλαὶ νῦν τῶν
γυναικῶν εὐαγγέλια τῶν τραχήλων ἐξαρτῶσαι ἔχουσι.
Καὶ ἵνα καὶ ἑτέρωθεν πάλιν ὑπομιμνήσκωνται, ὃ
πολλοὶ πολλάκις ποιοῦσιν, ὡς ἐπιλανθανόμενοι
λίνῳ ἢ κρόκῃ τὸν δάκτυλον ἀποδεσμοῦντες, τοῦτο ὁ
C Θεὸς ὥσπερ παιδίοις ἐκέλευσε ποιεῖν, κλῶσμα ὑακίν-
θινον ἐπὶ τῶν ἱματίων περὶ τὴν ᾤαν τὴν περὶ τοὺς
πόδας ἀποῤῥάπτεσθαι, ἵνα προσέχοντες τούτοις ἀνα-
μιμνήσκωνται τῶν ἐντολῶν· καὶ ἐκαλεῖτο κράσπεδα.
Ἐν τούτοις τοίνυν ἦσαν σπουδαῖοι, τοὺς τελαμῶνας
τῶν βιβλίων πλατύνοντες, καὶ τὰ κράσπεδα μεγαλο-
ποιοῦντες· ὅπερ ἐσχάτης κενοδοξίας ἦν. Τίνος γὰρ ἕνεκεν φιλοτιμῇ καὶ πλατύνεις ταῦτα; μὴ γὰρ κατόρ-
θωμά σου τοῦτό ἐστι; μὴ γὰρ [c] τί σε ὀνίνησιν, ἐὰν
μὴ τὰ ἀπ᾽ αὐτῶν κερδάνῃς; Οὐ γὰρ τὸ μεγαλύνειν ταῦτα
καὶ πλατύνειν ὁ Θεὸς ζητεῖ, ἀλλὰ τὸ μεμνῆσθαι τῶν
αὐτοῦ κατορθωμάτων. Εἰ δὲ ἐπὶ ἐλεημοσύνῃ καὶ νη-
D στείᾳ, [d] καίτοι ἐπιπόνοις καὶ κατορθώμασιν οὖσιν, καὶ
ἡμετέροις φιλοτιμεῖσθαι οὐ δεῖ· πῶς σὺ τούτοις ἐνα-
βρύνῃ, ὦ Ἰουδαῖε, ἃ μάλιστά σου κατηγορεῖ ῥᾳθυμίαν; Οἱ δὲ οὐκ ἐν τούτοις μόνοις, ἀλλὰ καὶ ἐν ἑτέροις μικροῖς ταῦτα ἐνόσουν. Φιλοῦσι γὰρ, φησὶ, τὴν
πρωτοκλισίαν ἐν τοῖς δείπνοις, καὶ τὰς πρωτοκαθεδρίας ἐν ταῖς συναγωγαῖς, καὶ τοὺς ἀσπασμοὺς ἐν ταῖς
ἀγοραῖς, καὶ καλεῖσθαι ὑπὸ τῶν ἀνθρώπων, ῥαββί.
Ταῦτα γὰρ εἰ καὶ μικρά τις ἡγεῖται, ἀλλὰ μεγάλων
ἐστὶν αἴτια κακῶν. Ταῦτα καὶ πόλεις καὶ Ἐκκλησίας
ἀνέτρεψε. Καί μοι καὶ δακρῦσαι ἔπεισι νῦν, ὅταν τὰς
E πρωτοκαθεδρίας ἀκούσω, καὶ τοὺς ἀσπασμοὺς, καὶ
λογίσωμαι πόσα ἐντεῦθεν ἐτέχθη κακὰ ταῖς Ἐκκλησίαις τοῦ Θεοῦ· ἅπερ οὐκ ἀναγκαῖον εἰς ὑμᾶς ἐξειπεῖν
νῦν· μᾶλλον δὲ ὅσοι πρεσβῦται οὐδὲ δέονται ταῦτα
παρ᾽ ἡμῶν μαθεῖν. Σὺ δέ μοι σκόπει, ποῦ τὰ τῆς
κενοδοξίας ἐκράτει, ἔνθα ἐκελεύοντο μὴ κενοδοξεῖν· ἐν
ταῖς συναγωγαῖς, ἔνθα εἰσῄεσαν ῥυθμίζοντες ἑτέρους.
Τὸ μὲν γὰρ ἐπὶ τῶν δείπνων τοῦτο παθεῖν ὁπωσδή-
704 A ποτε οὐχ οὕτω δοκεῖ [a] δεινὸν εἶναι· καίτοι γε καὶ ἐκεῖ
τὸν διδάσκαλον θαυμάζεσθαι ἔδει, οὐκ ἐπὶ τῆς ἐκκλησίας μόνον, ἀλλὰ πανταχοῦ. Καθάπερ γὰρ ὁ ἄνθρωπος, ὅπουπερ ἂν φανῇ, δῆλός ἐστι τῶν ἀλόγων διε-
στηκώς· οὕτω καὶ τὸν διδάσκαλον, καὶ φθεγγόμενον,
καὶ σιγῶντα, καὶ ἀριστοποιούμενον, καὶ πᾶν ὁτιοῦν
ποιοῦντα, δῆλον εἶναι δεῖ, καὶ ἀπὸ τοῦ βήματος, καὶ
ἀπὸ τοῦ βλέμματος, καὶ ἀπὸ τοῦ σχήματος, καὶ ἀπὸ

Quia sæpe obliviscebantur beneficiorum Dei, jussit in minimæ molis libris describi miracula
ipsius, et appendi manibus eorum. Quare dixit:
Nec removebuntur ab oculis tuis. Quæ phyla- Deut. 6. 8.
cteria, quasi dicas conservatoria, vocabantur, ut Phylacteria quid essent.
multæ nunc mulieres evangelia ex collo pendentia
habent; et ut aliunde in memoriam reducantur, id
quod multi sæpe faciunt, oblivionis vitandæ causa
lino aut filo digitum ligantes, hoc illis ut pueris
Deus facere præcepit, hyacinthinam vittam in Num. 15.
ora vestis circa pedes assuere, ut his animum 38.
adhibentes præceptorum recordarentur; vocaban-
turque fimbriæ. In his ergo studiosi erant, li-
gacula librorum extendentes, et fimbrias latas
facientes; quod inanis gloriæ extremum erat. Cur
ergo illa ambitiose extendis? an id boni operis loco habes? num quid tibi prosunt, nisi hinc quid
lucreris? Non enim quærit Deus ut illa extendas
et amplifices, sed ut eximia opera ejus memoria
teneas. Quod si de eleemosyna et jejunio, quæ laboriosa sunt et bona opera, non licet gloriari: cur
tu illa ostentas, o Judæe, quæ desidiam tuam
maximæ arguunt? Illi vero non ad hæc solum,
sed et ad alia minora morbum suum extendebant.
6. *Amant enim*, inquit, *primos accubitus in
cœnis, et primos consessus in synagogis,* 7. *et
salutationes in foro, et vocari ab hominibus,
Rabbi.* Hæc etsi parva videantur esse, grandium
tamen sunt causa malorum. Hæc et civitates et
Ecclesias everterunt. Neque a lacrymis abstinere
possum, cum primos consessus audio et salutationes, et cogito quanta hinc mala Dei Ecclesiis pariantur; quæ jam vobis recenseri opus non est:
seniores quippe id a nobis ediscere non debent.
Tu vero perpende, quantum esset inanis gloriæ
studium, ubi jubebantur illam fugere; in synagogis nempe, ubi alios edoctum veniebant. In cœnis enim illud admitti magis ferendum videtur:
quamquam et illic doctorem cæteris præstare par
erat, non in ecclesiis tantum, sed et ubique. Quemadmodum enim homo, quocumque in loco appareat, cæteris animantibus præstare dignoscitur:
sic doctorem et loquentem et tacentem, et pran-
dentem et quidvis facientem, cæteris præstare par
est, in incessu, in aspectu, in habitu, et in omnibus. Illi vero undique ridiculi erant, et undique
turpes, quia illa persequi studebant, quæ fugere

[b] Alii πρὸ ὀφθαλμῶν σου. Ibid. post σου Morel. repetit ἀσάλευτα, male.

[c] Morel. τί σοι.

[d] [Cod. 694. καὶ τοῖς ἐπιπόνοις, καίτοι κατορθώμασιν οὖσιν ἡμετέροις, φιλ. οὐ δεῖ Savil. καίτοι ἐπ. καὶ κατ. οὖσιν ἡμετέροις, omisso καί.]

[a] Morel. δεῖπνον εἶναι, male.

oportebat. *Amant*, inquit; si amare crimen est, facere quantum erit? illa venari, et assequi studere, quantum erit malum?

3. In cæteris quidem accusare satis habuit, utpote quæ parva essent et vilia, nec deberent discipuli circa illa corrigi: quod autem omnium malorum causa erat, principatus amorem, et doctrinæ sedis invasionem, illud, inquam, in medium adducens, diligenter corrigere studet, in his vehementer insistens. Quid enim ait? 8. *Vos vero nolite vocari Rabbi.* Hinc causa subjungitur: *Unus est enim Magister vester; omnes autem vos fratres estis;* nec alter altero præstantior est, cum nihil ex seipso habeat. Ideo ait Paulus: *Quis Paulus: quis Apollo? quis Cephas? nonne ministri?* Non dicit, Doctores. Et iterum: 9. *Ne vocetis patrem:* non ut non vocent, sed ut sciant quem proprie Patrem appellare par sit. Quemadmodum enim doctor non est præcipuus doctor: sic neque pater. Ille enim et doctorum et patrum omnium causa est. Iterum subjungit: 10. *Nec vocemini magistri: unus est enim Magister vester, Christus.* Nec dicit, Ego. Sicut enim in superioribus sic loquitur, *Quid vobis videtur de Christo?* neque dicit, De me: sic et hoc loco. Sed libenter hic interrogarem, quid dixerint, qui sæpe illud, *Unus* et *Unus*, Patri adscribunt soli, ad contemtum Unigeniti. Annon Pater est magister? Omnes fatentur, nemoque negaverit. Atqui unus, inquit, est præceptor vester, Christus. At sicut Christus unus præceptor dictus non excludit Patrem: sic magister dictus Pater non excludit a magistratu Filium. Illud enim, *Unus* et *Unus*, ad differentiam hominum dicitur, reliquarumque creaturarum. Cum ergo gravem illum morbum depulisset et curasset, docet quomodo ille effugiatur per humilitatem. Quamobrem adjicit: 11. *Qui est major vestrum, sit minister vester.* 12. *Qui enim se exaltaverit, humiliabitur; et qui se humiliaverit, exaltabitur.* Nihil enim modestia præstantius; ideoque hanc virtutem frequenter illis commendat. Et quando parvulos in medium adduxit, et nunc etiam, ac cum in monte beatitudines efferret, hinc incepit:

1. Cor. 3. 4. 5.

Matth. 22. 42.

Contra Anomœos.

πάντων ἁπλῶς. Ἐκεῖνοι δὲ πανταχόθεν ἦσαν καταγέλαστοι, καὶ πανταχοῦ κατησχύνοντο, μελετῶντες διώκειν ἃ φεύγειν ἔδει. Φιλοῦσι γάρ, φησίν· εἰ δὲ τὸ φιλεῖν ἔγκλημα, τὸ ποιεῖν ἡλίκον; καὶ τὸ θηρᾷν αὐτὰ καὶ σπουδάζειν ὥστε τυχεῖν, πόσον κακόν; B

Τὰ μὲν οὖν ἄλλα μέχρι τῆς ἐκείνων κατηγορίας ἔστησεν, ὡς μικρὰ καὶ εὐτελῆ, [b] καὶ μὴ δεομένων τῶν μαθητῶν καὶ ὑπὲρ τούτων διορθωθῆναι· ὃ δὲ πάντων αἴτιον ἦν τῶν κακῶν, ἡ φιλαρχία, καὶ τὸ τὸν θρόνον ἁρπάζειν τὸν διδασκαλικόν, τοῦτο εἰς μέσον ἀγαγών, διορθοῦται σπουδαίως ὑπὲρ τούτου, σφόδρα καὶ αὐτοῖς εὐτόνως ἐπισκήπτων. Τί γάρ φησιν; Ὑμεῖς δὲ μὴ κληθῆτε ῥαββί. Εἶτα καὶ ἡ αἰτία· Εἷς γὰρ ὑμῶν ἐστιν ὁ διδάσκαλος· πάντες δὲ ὑμεῖς ἀδελφοί ἐστε· καὶ οὐδὲν ἕτερος ἑτέρου πλέον ἔχει, κατὰ τὸ μηδὲν εἶναι παρ' ἑαυτῷ. Διὸ καὶ Παῦλος λέγει· Τίς γάρ ἐστι Παῦλος; τίς δὲ Ἀπολλώ; τίς δὲ [c] Κηφᾶς; οὐχὶ διάκονοι; Καὶ οὐκ εἶπε, διδάσκαλοι. Καὶ πάλιν· Μὴ καλέσητε πατέρα· οὐχ ἵνα μὴ καλῶσιν, ἀλλ' ἵνα εἰδῶσιν ὃν κυρίως Πατέρα καλεῖν χρή. Καθάπερ γὰρ ὁ διδάσκαλος οὐκ ἔστι διδάσκαλος προηγουμένως· οὕτως οὐδὲ ὁ πατήρ. Ἐκεῖνος γὰρ πάντων αἴτιος, καὶ τῶν διδασκάλων, καὶ τῶν πατέρων. Καὶ πάλιν ἐπάγει· Μηδὲ κληθῆτε καθηγηταί· εἷς γάρ ἐστιν ὑμῶν καθηγητής, ὁ Χριστός. Καὶ οὐκ εἶπεν, ἐγώ. [d] Ὥσπερ γὰρ ἀνωτέρω εἶπε, Τί ὑμῖν δοκεῖ περὶ τοῦ Χριστοῦ; καὶ οὐκ εἶπε, περὶ ἐμοῦ· οὕτω καὶ ἐνταῦθα. Ἀλλ' ἡδέως ἂν ἐροίμην ἐνταῦθα, τί ἂν εἴποιεν οἱ τό, Εἷς καὶ Εἷς, [e] πολλάκις ἁρμόζοντες τῷ Πατρὶ μόνον, ἐπὶ ἀθετήσει τοῦ Μονογενοῦς. Καθηγητὴς ὁ Πατήρ; Ἅπαντες [f] ἂν εἴποιεν, καὶ οὐδεὶς ἀντερεῖ. Καὶ μὴν εἷς, φησίν, ἐστὶ καθηγητὴς ὑμῶν, ὁ Χριστός. Ὥσπερ οὖν εἷς καθηγητὴς λεγόμενος ὁ Χριστὸς οὐκ ἐκβάλλει [g] τὸν Πατέρα τοῦ εἶναι καθηγητήν· οὕτω καὶ εἷς διδάσκαλος λεγόμενος ὁ Πατὴρ οὐκ ἐκβάλλει τὸν Υἱὸν τοῦ εἶναι διδάσκαλον. Τὸ γάρ, Εἷς καὶ εἷς, πρὸς ἀντιδιαστολὴν τῶν ἀνθρώπων εἴρηται, καὶ τῆς λοιπῆς κτίσεως. Ἀπαγορεύσας τοίνυν αὐτοῖς τὸ χαλεπὸν τοῦτο νόσημα [h] καὶ διορθωσάμενος, παιδεύει καὶ πῶς ἂν αὐτὸ διαφύγοιεν διὰ ταπεινοφροσύνης. Διὸ καὶ ἐπάγει· Ὁ δὲ μείζων ὑμῶν, [i] ἔστω ὑμῶν διάκονος. Ὅστις γὰρ ὑψώσει ἑαυτόν, ταπεινωθήσεται· καὶ ὅστις ταπεινώσει ἑαυτόν, ὑψωθήσεται. Οὐδὲν γὰρ τοῦ μετριάζειν ἴσον· διὸ καὶ συνεχῶς αὐτοὺς ὑπομιμνήσκει ταύτης τῆς ἀρετῆς. Καὶ ὅτε τὰ παιδία εἰς μέσον [k] ἦγε, καὶ νῦν, καὶ ἀρχόμενος ἐπὶ τοῦ ὄρους τῶν μακαρισμῶν, ἐντεῦθεν ἤρξατο·

[Margin letters: C, D, E]

b Alii καὶ οὐ δεομένων.

c Aliquot Manuscripti Κηφᾶς, ἀλλ' ἢ διάκονοι;

d Morel. ὥσπερ ἀνωτέρω.

e Unus πολλάκις ἐπάγοντες τῷ.

f Alii ἂν εἴποιμεν.

g Morel. δὲ post ἐκβάλλει addit.

h Καὶ διορθωσάμενος deest in quibusdam Mss.

i Manuscripti plurimi ἔσται ὑμῶν.

k Alii ἤγαγε.

705 A καὶ ἐνταῦθα πρόῤῥιζον αὐτὸ ἀνασπᾷ, ἐντεῦθεν λέγων· Ὁ ταπεινῶν ἑαυτὸν, ὑψωθήσεται. Εἶδες πῶς ἐκ διαμέτρου πρὸς τοὐναντίον ἀπάγει τὸν ἀκροατήν; Οὐδὲ γὰρ δὴ μόνον τῶν πρωτείων ἐρᾷν κωλύει, ἀλλὰ καὶ τὰ ἔσχατα διώκειν. Οὕτω γὰρ τεύξῃ τῆς ἐπιθυμίας, φησί. [a] Διὸ χρὴ τῶν πρωτείων τὴν ἐπιθυμίαν διώκοντα, τὴν ἐσχάτην διώκειν τάξιν. Ὃς γὰρ ἂν ταπεινώσῃ ἑαυτὸν, ὑψωθήσεται. Καὶ ποῦ τὴν ταπεινοφροσύνην ταύτην εὑρήσομεν; Βούλεσθε πάλιν ἐπὶ τὴν πόλιν τῆς ἀρετῆς ἴωμεν, τὰς τῶν ἁγίων σκηνὰς, τὰ ὄρη λέγω, καὶ τὰς νάπας; Καὶ γὰρ ἐκεῖ τὸ ὕψος τῆς ταπεινοφροσύνης ὀψόμεθα τοῦτο. B Ἄνθρωποι γὰρ οἱ μὲν ἀπὸ τῶν ἔξωθεν ἀξιωμάτων, οἱ δὲ καὶ ἀπὸ χρημάτων ὄντες λαμπροὶ, πάντοθεν ἑαυτοὺς καταστέλλουσιν, ἀπὸ τῆς ἐσθῆτος, ἀπὸ τῆς οἰκίας, ἀπὸ τῶν διακονουμένων, καὶ καθάπερ ἐν γράμμασι διὰ πάντων τὴν ταπεινοφροσύνην γράφουσι. Καὶ ἅπερ ἐστὶν ὑπεκκαύματα ἀλαζονείας, τὸ καλῶς ἀμφιέννυσθαι, καὶ τὸ λαμπρῶς οἰκοδομεῖν, καὶ τὸ πολλοὺς ἔχειν διακόνους, ἃ καὶ ἄκοντας πολλάκις [b] εἰς ἀλαζονείαν ἐμβάλλει, ταῦτα ἐκεῖ ἅπαντα ἀνῄρηται. Καὶ αὐτοὶ καίουσι πῦρ, αὐτοὶ διακλῶσι ξύλα, αὐτοὶ ἕψουσιν, αὐτοὶ τοῖς ἐρχομένοις διακονοῦνται. Οὐκ ἔστιν ὑβρίζοντος ἀκοῦσαί τινος ἐκεῖ, οὐδὲ ὑβριζόμενον ἰδεῖν, οὐδὲ ἐπιταττόμενον, οὐδὲ ἐπιτάττοντα· C ἀλλὰ πάντες τῶν διακονουμένων εἰσὶ, καὶ ἕκαστος τοὺς πόδας νίπτει τῶν ξένων, καὶ πολλὴ ἡ περὶ τούτου μάχη [c]. Καὶ ποιεῖ τοῦτο, οὐκ ἐξετάζων ὅστις ἐστὶν, οὔτε εἰ δοῦλος, οὔτε εἰ ἐλεύθερος· ἀλλ' ἐπὶ παντὸς [d] τὴν διακονίαν ταύτην πληροῖ. Οὐδεὶς ἐκεῖ οὐ μέγας, οὐδὲ μικρός. Τί οὖν; σύγχυσις; Μὴ γένοιτο· ἀλλ' ἡ πρώτη εὐταξία. Κἂν γὰρ ᾖ τις μικρὸς, ὁ μέγας οὐχ ὁρᾷ τοῦτο, ἀλλὰ καὶ [e] ἐκείνου καταδεέστερον εἶναι ἑαυτὸν νομίζει, καὶ ταύτῃ γίνεται μείζων. Μία τράπεζα πᾶσι, καὶ τοῖς διακονουμένοις, καὶ τοῖς διακονοῦσι, D τὰ αὐτὰ ἐδέσματα, τὰ αὐτὰ ἐνδύματα, τὰ αὐτὰ οἰκήματα, ἡ αὐτὴ δίαιτα. Μέγας ἐκεῖ ὁ τὸ εὐτελέστερον ἔργον ἁρπάζων. [f] Οὐκ ἔστιν ἐκεῖ τὸ ἐμὸν καὶ τὸ σόν· ἀλλ' ἐξώρισται τοῦτο τὸ ῥῆμα, τὸ μυρίων αἴτιον πολέμων.

Καὶ τί θαυμάζεις, εἰ δίαιτα καὶ τράπεζα καὶ στολὴ μία πᾶσιν, *ὅπουγε καὶ ψυχὴ μία πᾶσιν, οὐ κατὰ τὴν οὐσίαν μόνον (τοῦτο γὰρ καὶ ἐπὶ πάντων), ἀλλὰ καὶ κατὰ τὴν ἀγάπην; Πῶς οὖν αὕτη καθ' ἑαυτῆς ἐπαρθείη ποτέ; Οὐκ ἔστιν ἐκεῖ πενία καὶ πλοῦτος, δόξα καὶ ἀτιμία. Πῶς οὖν ἂν εὕροι παρείσδυσιν ἀπό-

hic vero superbiam radicitus evellit, cum dicit : *Qui humiliat seipsum, exaltabitur.* Vidistin' quomodo ad contrarium ex diametro auditorem impellat? Neque enim solum impedit primatus amare, sed et extrema sequi jubet. Sic enim optata consequeris, inquit. Ideo oportet eum, qui primarum sedium cupiditatem pellit, extremum ordinem appetere. Nam *Qui se humiliaverit, exaltabitur.* Et ubi hanc humilitatem reperiemus? Vultisne rursum in virtutis civitatem eamus, sanctorum tabernacula, montes dico, atque saltus? Ibi namque sublimem illam humilitatem reperiemus. Homines quippe, qui vel a dignitate, vel a divitiis conspicui erant, undique sese deprimunt, a veste, a domo, a ministerio, atque ex his omnibus quasi literis humilitatem descripserunt. Quæ vero ad superbiam incendunt, vestium magnificentia, ædificia splendida, famulorum multitudo, quæ vel invitos sæpe in superbiam conjiciunt; hæc, inquam, omnia illinc sublata sunt. Illi ipsi ignem accendunt, ligna secant, coquunt, hospitibus ministrant. Neminem illic contumeliosum audire contingit, neque contumeliis affectum videre, neminem cui præcipiatur, neminem præcipientem: sed omnes ministri sunt, singuli hospitum pedes abluunt, et magna hac in re est concertatio. Id porro faciunt, non inquirentes quis sit, an servus, an liber; sed erga omnes hoc ministerium implent. Nullus ibi magnus, aut parvus. Quid igitur? an confusio? Absit; sed optimus ordo. Etiamsi enim quis parvus sit, qui magnus est ad id non respicit, sed se illo inferiorem putat, et ideo major efficitur. Una mensa omnibus, servientibus, sedentibus, eadem alimenta, indumenta, eædem domi, et genus vivendi idem. Magnus ibi est qui viliora opera abripit. Non est ibi meum et tuum; sed hoc verbum inde exsulat, quod mille bellorum causa est.

Luc. 14. 11.

Monachorum humilitas.

4. Ecquid miraris, si genus vivendi, mensa, vestis una sit omnibus, cum anima quoque una sit universis, non secundum substantiam modo (hæc enim una in omnibus est), sed secundum caritatem? Quomodo igitur ipsa contra seipsam superbiat umquam? Non est ibi paupertas, non

[a] Alii διὸ χρὴ ὡς περὶ τῶν πρωτείων.

[b] Alii εἰς ὑπερηφανίαν ἐμβάλλει.

[c] Post μάχη Morel. adjecit ἐν τῇ τοιαύτῃ ταπεινοφροσύνῃ, quod in aliis bene multis deest.

[d] Morel. τὴν διάνοιαν.

[e] Alii ἐκείνου πάλιν καταδεέστερον, et ibidem unus ἐκυτὸν εἶναι νενόμικε.

[f] Morel. οὐκ ἔστιν εἰπεῖν, male.

* [Hæc, ὅπουγε... πᾶσιν, addidimus e Codice 694 et Savilio. G. Trapezuntius vertit; omiserunt Morel. et Commelin. propter ὁμοιοτέλευτον.]

divitiæ, non gloria, non infamia. Quomodo illuc receptum habeant superbia et arrogantia? Sunt enim et minimi et magni secundum rationem virtutis; sed, ut dixi, nemo hoc videt. Qui parvus est non angitur quasi despectus : nemo quippe est qui despiciat ; etiamsi vero esset qui despiceret, in hoc maxime erudiuntur, ut contemni, despici, vilipendi assuescant, verbis, rebus, cum mendicis et mutilis versentur, et in mensa ipsorum multos hujusmodi convivas videas; ideoque cælo sunt digni. Alius vulnera curat ægri, alius cæcum ducit, alius mutilum gestat. Non ibi adulatorum cœtum, non parasitorum videas : imo nec sciunt quid sit adulatio. Undenam ergo superbire possent? Nam multa apud illos æqualitas est : ideo multa ad virtutem facilitas. Etenim iis rudiores magis instituuntur, quam si cogerentur ipsis primas concedere. Quemadmodum enim audacem, qui percussus cedit, erudire solet: sic et ambitiosum is qui gloriam non quærit, sed despicit. Id quod illi diligentissime faciunt: et quantum nos pugnamus, ut primas consequamur, tantum illi decertant, ut non consequantur, sed dejiciantur; studentque ut honoris multum deferant, non ut recipiant. Alioquin autem ipsa opera modestiam exhibere docent, nec sinunt tumere.

Monachorum opera. Quis enim, quæso, terram fodiens, irrigans et plantans, sportulas nectens, saccumque consuens, vel alia quædam tractans, altum umquam sapiat? quis in paupertate vivens, et cum fame pugnans, hoc morbo laborabit? Nemo certe. Ideo facilis illis est humilitas. Ac quemadmodum hic modestia difficilis est ob multitudinem plaudentium et mirantium : sic ibi admodum facilis est. Monachus enim solitudini tantum attendit, aves videt volantes, arboresque vento agitatas, spirantem zephyrum, torrentes per valles deferri. Unde ergo extollatur qui in hujusmodi solitudine vivat? Non tamen ideo excusationem nos habebimus, quia in media multitudine versantes, altum sapimus. Etenim Abraham inter Chananæos versans dicebat:
Gen. 18. 26. *Ego sum terra, et cinis;* et David in medio
Psal. 21. 6. exercitu: *Ego autem sum vermis, et non homo:*
1. Cor. 15. 9. et apostolus in medio orbe: *Non sum dignus vocari apostolus.* Quæ igitur nobis erit consolatio, quæ defensio, cum tot propositis exemplis non modeste agamus? Sicut enim illi mille sunt coronis digni, qui primi virtutis viam inierunt : sic

νοια καὶ ἀλαζονεία; Εἰσὶ μὲν γὰρ καὶ μικροὶ καὶ μεγάλοι κατὰ τὸν τῆς ἀρετῆς λόγον· ἀλλ' ὅπερ ἔφην, οὐδεὶς τοῦτο ὁρᾷ. Ὁ μικρὸς οὐχ [g] ἀλγεῖ ὡς καταφρονούμενος· οὔτε γὰρ ὁ καταφρονῶν τίς ἐστι· κἂν διαπτύσῃ δέ τις, τούτῳ μάλιστα παιδεύονται καταφρονεῖσθαι, διαπτύεσθαι, ἐξευτελίζεσθαι, διὰ ῥημάτων, διὰ πραγμάτων, καὶ πτωχοῖς καὶ ἀναπήροις συναναστρέφονται, καὶ αἱ τράπεζαι αὐτοῖς [a] τούτων γέμουσι τῶν δαιτυμόνων· διὰ δὴ τοῦτο καὶ τῶν οὐρανῶν εἰσιν ἄξιοι. Καὶ ὁ μὲν θεραπεύει [b] τραύματα τῶν λώβην ἐχόντων, ὁ δὲ χειραγωγεῖ τὸν τυφλὸν, ὁ δὲ βαστάζει τὸ σκέλος πεπηρωμένον. Οὐκ ἔνι κολάκων ἐκεῖ πλῆθος, οὐδὲ παρασίτων· μᾶλλον δὲ οὐδὲ ὅ τί ποτέ ἐστι κολακεία ἴσασι. Πόθεν οὖν ἂν ἐπαρθεῖέν ποτε; Καὶ γὰρ πολλὴ παρ' αὐτοῖς ἰσότης· διὸ καὶ εὐκολία πολλὴ τῆς ἀρετῆς. Καὶ γὰρ τούτοις μᾶλλον οἱ καταδεέστεροι παιδεύονται, ἢ εἰ ἀναγκάζοιντο αὐτοῖς παραχωρεῖν τῶν πρωτείων. Ὥσπερ γὰρ τὸν θρασὺν ὁ πληττόμενος καὶ παραχωρῶν παιδεύει· οὕτω τὸν φιλότιμον ὁ μὴ ἀντιποιούμενος δόξης, ἀλλὰ καταφρονῶν. Τοῦτο δὲ μετὰ δαψιλείας ἐκεῖ ποιοῦσι· καὶ ὅση μάχη παρ' ἡμῖν ὑπὲρ τοῦ τυχεῖν τῶν πρωτείων, τοσοῦτος ἀγὼν [c] παρ' αὐτοῖς ὑπὲρ τοῦ μὴ τυχεῖν, ἀλλὰ καὶ διακρούσασθαι, καὶ πολλὴ ἡ σπουδὴ, τίς πλεονεκτήσει τιμῶν, ἀλλ' οὐ τιμώμενος. Ἄλλως δὲ καὶ αὐτὰ τὰ ἔργα μετριάζειν πείθει, καὶ οὐκ ἀφίησι φλεγμαίνειν. Τίς γὰρ, εἰπέ μοι, γῆν σκάπτων, καὶ ἄρδων, καὶ φυτεύων, ἢ πλέκων [d] σπυρίδας, καὶ σάκκον ὑφαίνων, ἢ ἄλλα τινὰ μεταχειρίζων, μέγα φρονήσει ποτέ; τίς δὲ πενίᾳ συζῶν, καὶ λιμῷ παλαίων, τοῦτο νοσήσει τὸ νόσημα; Οὐκ ἔστιν οὐδείς. Διὰ τοῦτο οὖν εὔκολος αὐτοῖς ἡ ταπεινοφροσύνη. Καὶ ὥσπερ ἐνταῦθα χαλεπὸν τὸ μετριάζειν διὰ τὸ πλῆθος τῶν κροτούντων καὶ θαυμαζόντων· οὕτως ἐκεῖ σφόδρα εὔκολον. Καὶ γὰρ τῇ ἐρημίᾳ προσέχει μόνον ἐκεῖνος, καὶ ὄρνιθας ἱπταμένας ὁρᾷ, καὶ δένδρα σειόμενα, καὶ ζέφυρον πνέοντα, καὶ ῥύακας διὰ φαράγγων φερομένους. Πόθεν οὖν ἂν ἐπαρθείη ὁ ἐρημίᾳ τοσαύτῃ συζῶν; Οὐ μὴν διὰ τοῦτο ἀπολογίαν ἐντεῦθεν ἡμεῖς ἕξομεν, ἐπειδὴ ἐν μέσοις στρεφόμενοι μέγα φρονοῦμεν. Καὶ γὰρ ὁ Ἀβραὰμ μεταξὺ Χαναναίων ὢν ἔλεγεν· Ἐγὼ δέ εἰμι γῆ καὶ σποδός· καὶ ὁ Δαυὶδ ἐν μέσοις στρατοπέδοις, Ἐγὼ δέ εἰμι σκώληξ, καὶ οὐκ ἄνθρωπος· καὶ ὁ ἀπόστολος ἐν μέσῃ τῇ οἰκουμένῃ, Οὐκ εἰμὶ ἱκανὸς καλεῖσθαι ἀπόστολος. Ποία τοίνυν ἡμῖν ἔσται παραμυθία, ποία δὲ ἀπολογία, ὅταν μηδὲ τοσαῦτα ἔχοντας παραδείγματα μετριάζωμεν; Ὥσπερ γὰρ ἐκεῖνοι μυρίων στεφάνων ἄξιοι, πρῶτοι τῆς ἀρετῆς τὴν ὁδὸν ἐλθόντες· οὕτως ἡμεῖς

[g] Morel. ἀλγεῖ καταφρονούμενος.

[a] Alii ἐκ τούτων. Ibid. Morel. γέμουσαι.

[b] Quidam Mss. τραύματα λώβην ἔχοντα.

[c] Παρ' ἐκείνοις, sic Manuscripti non pauci. Paulo post quidam τίς πλεονεκτήσει τι μεῖζον καταφρονούμενος; ἀλλ'.

[d] Unus σπυρίδα.

μυρίων τιμωριῶν ὑπεύθυνοι, μήτε μετ' ἐκείνους τοὺς ἀπελθόντας καὶ ἐν τοῖς γράμμασι κειμένους, μήτε μετὰ τούτους τοὺς ζῶντας καὶ διὰ τῶν πραγμάτων θαυμαζομένους ἐπὶ τὸν ἴσον ἐλκόμενοι ζῆλον. Τί γὰρ ἂν ἔχοις εἰπεῖν, μὴ διορθούμενος; Οὐκ οἶσθα γράμματα, οὐδὲ Γραφαῖς ἐνέκυψας, ἵνα μάθῃς τῶν παλαιῶν τὰς ἀρετάς; Μάλιστα μὲν καὶ τοῦτο ἔγκλημα, τῆς ἐκκλησίας διηνεκῶς ἠνεῳγμένης, [a] μὴ εἰσιέναι καὶ μετέχειν τῶν καθαρῶν ἐκείνων ναμάτων. Πλὴν ἀλλ' εἰ καὶ τοὺς ἀπελθόντας οὐκ ἔγνως διὰ τῶν Γραφῶν, τοὺς ζῶντας τούτους ἰδεῖν ἐχρῆν. Ἀλλ' οὐδεὶς ὁ χειραγωγῶν; Ἐλθὲ πρὸς ἐμὲ, καὶ ἐγώ σοι δείξω τὰ καταγώγια τῶν ἁγίων τούτων. Ἐλθὲ, καὶ μάθε τί παρ' αὐτῶν χρήσιμον. Λύχνοι πανταχοῦ τῆς γῆς εἰσιν οὗτοι λάμποντες· τείχη ταῖς πόλεσι [a] περικάθηνται καὶ καθίστανται. Διὰ ταῦτα τὰς ἐρημίας κατέλαβον, ἵνα καὶ σὲ παιδεύσωσι τῶν ἐν τῷ μέσῳ θορύβων καταφρονεῖν. Οἱ μὲν γὰρ, ἅτε ἰσχυροὶ ὄντες, καὶ ἐν μέσῳ τῷ κλύδωνι δύνανται γαλήνης ἀπολαύειν· σοὶ δὲ τῷ περιαντλουμένῳ πανταχόθεν ἡσυχίας δεῖ, καὶ τοῦ [b] μικρὸν ἀναπνεῦσαι ἐκ τῶν ἐπαλλήλων κυμάτων. Βάδιζε τοίνυν ἐκεῖ συνεχῶς, ἵνα τὴν διηνεκῆ κηλῖδα ἀποκαθάρας ταῖς ἐκείνων εὐχαῖς καὶ παραινέσεσι, καὶ τὸν ἐνταῦθα ἄριστα διαγάγῃς βίον, καὶ τῶν μελλόντων ἐπιτύχῃς ἀγαθῶν, χάριτι καὶ φιλανθρωπίᾳ τοῦ Κυρίου ἡμῶν Ἰησοῦ Χριστοῦ, δι' οὗ καὶ μεθ' οὗ τῷ Πατρὶ δόξα, κράτος, τιμὴ, ἅμα τῷ ἁγίῳ Πνεύματι, νῦν καὶ ἀεὶ, καὶ εἰς τοὺς αἰῶνας τῶν αἰώνων. Ἀμήν.

nos mille suppliciis rei sumus, qui tot exempla proposita et descripta habentes, post illa non modeste sapimus, neque illos defunctos, neque hos nunc viventes, et ex gestis admirationi habitos, imitari contendimus. Quid enim dicere possis, si non resipiscas? E Literas non nosti, nec Scripturas legisti, ut veterum virtutes edisceres? Atqui hæc maxima culpa tua est, quod ecclesia tibi semper pateat, ut in puris illis fluentis haurias. Cæterum si illos olim sanctos per Scripturæ lectionem non noveris, hos sane viventes vidisse 707 A oportuit. Sed nullus est qui te ducat? Ad me accede, ego tibi monstrabo sanctorum diversoria. Veni, et ab aliis quæ utilitati tibi sint audi. Hi lucernæ sunt per totum orbem fulgentes: pro muris sunt urbibus. Ideo solitudinem occuparunt, ut te doceant tumultus civitatis despicere. Illi enim utpote fortiores, possunt in media tempestate tranquillitate frui: tibi vero, qui undique exagitaris, quiete opus est, ut paululum a frequentibus procellis respirare possis. Illos itaque frequenter adeas, ut eorum precibus et monitis maculas eluas, et hanc vitam optime emetiri possis, ut futura bona consequaris, gratia et benignitate Domini nostri B Jesu Christi, per quem et cum quo Patri gloria, imperium, honor, una cum sancto Spiritu, nunc et semper, et in sæcula sæculorum. Amen.

[a] Morel. μὴ συνιέναι. Ibidem Savil. τῶν καλῶν ἐκείνων ναμάτων.

[a] Alii διακάθηνται.

[b] Morel. μικρὸν ἀνανῆψαι.

ΟΜΙΛΙΑ ογʹ.

Οὐαὶ ὑμῖν, γραμματεῖς καὶ Φαρισαῖοι ὑποκριταὶ, ὅτι κατεσθίετε τὰς οἰκίας τῶν χηρῶν, καὶ προφάσει μακρὰ προσευχόμενοι· διὰ τοῦτο λήψεσθε περισσότερον κρίμα.

Ἐντεῦθεν λοιπὸν εἰς γαστριμαργίαν αὐτοὺς κωμῳδεῖ· καὶ τὸ δεινὸν, ὅτι οὐκ ἀπὸ τῶν πλουτούντων, ἀλλ' ἀπὸ τῶν χηρῶν ἐγαστρίζοντο, καὶ τὴν ἐκείνων πενίαν ἐπέτριβον, ἣν διορθοῦσθαι ἔδει. Οὐδὲ γὰρ ἁπλῶς ἤσθιον, ἀλλὰ καὶ κατήσθιον. Εἶτα καὶ ὁ τρόπος τῆς καπηλείας χαλεπώτερος· [c] Προφάσει μακρὰ, φησὶ, προσευχόμενοι. Πᾶς μὲν ἄξιος τιμωρίας ὁ κακόν τι

HOMIL. LXXIII. al. LXXIV.

Cap. XXIII. v. 14. *Væ vobis, scribæ et Pharisæi hypocritæ, quia devoratis domos viduarum, oratione longa orantes: propterea judicium amplius accipietis.*

C 1. Hinc jam propter ingluviem in illos invehitur: quodque gravius est, quia non ex divitum, sed ex viduarum substantia ventres implebant, illarumque paupertatem atterebant, cui subvenire oportuisset. Non enim simpliciter edebant, sed et devorabant. Deinde vero fraudis modus gravior exprimitur: *Oratione longa orantes*. Quisquis male operatur,

[c] Προφάσει μακρὰ, φησὶ, προσευχόμενοι: sensus est, *simulantes vos diuturne precari, domos viduarum devoratis*. Interpres Vulgatus, *orationes longas orantes*; Pharisæorum enim hypocrisin satis jam notatam putabat: et vere jam ex præcedentibus manifesta est.

supplicio dignus est : quisquis autem pietatis obtentu id facit, et fallaci specie utitur ad nequitiam, longe graviori est supplicio obnoxius. Et cur non gradu dejecit illos? Quia id nondum tempus permittebat. Ideo interim illos relinquit : sed verbis suis curat ut ne populus decipiatur, ne illos, utpote in dignitate constitutos, imitari studerent. Quia enim dixerat, *Quæcumque vobis dixerint facite*, ostendit quænam illa sint : ea scilicet quæ ipsi non præter jus fasque fecerint, ne minus sana mente præditi putarent omnia quæ illi facerent permitti. 13. ***Væ vobis, scribæ et Pharisæi, quia clauditis regnum ante homines. Vos enim non intratis, nec intrantes permittitis intrare.*** Si enim nemini prodesse crimen est, nocere et impedire quam veniam mereatur? Quid est illud, ***Intrantes?*** Id est, idoneos. Nam quando aliis præcepta dare oportebat, onera intolerabilia imponebant; cum autem ipsos quid præstare par erat, tunc e contrario, non modo nihil faciebant, sed quod longe deterius est, alios etiam corrumpebant. Hi sunt qui pestes appellantur, qui in opus sibi statuunt aliorum perniciem, veris doctoribus ex diametro oppositi. Nam si doctoris est pereuntem servare, perdere eum, qui servandus erat, pestiferi hominis est. Aliud deinde crimen sequitur : 15. ***Circuitis mare et aridam, ut proselytum unum faciatis; et cum inveneritis, facitis illum filium gehennæ duplo magis quam vos;*** id est, Cum vix eum et post multos labores ceperitis, non parcitis tamen illi; cum tamen ea quæ vix comparare potuimus, majori studio servemus : vos autem ne id quidem moderatiores reddit. Hic porro duo illis crimina offert; primo, quod ad salutem multorum inutiles sint, cum multo sudore opus habeant, ut unum attrahant; secundo, quod negligentes sint ad custodiam ejus quem adepti sunt; imo non modo negligentes, sed etiam proditores, cum eos ex male vivendi exemplo deteriores faciant. Cum enim tales doctores discipulus viderit, pejor redditur : non enim gradum sistit in doctoris sui nequitia; sed si probus fuerit, ipsum imitatur; sin improbus, etiam superat ob facilitatem ad pejora procedendi. ***Filium*** autem ***gehennæ*** vocat, id est, ipsam gehennam. Dixit autem, ***Duplo magis quam vos,*** ut et illos terreret, et hos vehementius perstringeret, quia doctores nequitiæ sunt. Neque hoc tan-

ποιῶν· ὁ δὲ καὶ τὴν αἰτίαν ἀπὸ εὐλαβείας λαμβάνων, καὶ προσχήματι ταύτῃ χρώμενος τῆς πονηρίας, πολλῷ χαλεπωτέρας κολάσεως ὑπεύθυνος. Καὶ τίνος ἕνεκεν οὐκ ἀπεχειροτόνησεν αὐτούς; Ὅτι ὁ καιρὸς οὐκ
D ἐπέτρεπεν οὐδέπω. Διὰ δὴ τοῦτο ἀφίησι μὲν αὐτοὺς τέως· διὰ δὲ ὧν λέγει κατασκευάζει τὸ ἀνεξαπάτητον τῷ δήμῳ, ἵνα μὴ [d] διὰ τὴν ἀξίαν αὐτῶν εἰς τὸν αὐτὸν ἕλκωνται ζῆλον. Ἐπειδὴ γὰρ εἶπεν, Ὅσα ἂν λέγωσιν ὑμῖν ποιεῖν, ποιεῖτε, δείκνυσι ποῖα· ὅσα μὴ παραποιῶσιν, ἵνα μὴ ἐξ ἐκείνου νομισθῇ παρὰ τοῖς ἀνοήτοις πάντα ἐπιτρέπειν αὐτοῖς. Οὐαὶ ὑμῖν, γραμματεῖς καὶ Φαρισαῖοι, ὅτι κλείετε τὴν βασιλείαν ἔμπροσθεν τῶν ἀνθρώπων. Ὑμεῖς γὰρ οὐκ εἰσέρχεσθε,
E οὐδὲ τοὺς εἰσερχομένους ἀφίετε εἰσελθεῖν. Εἰ δὲ τὸ μηδένα ὠφελεῖν κατηγορία, τὸ καὶ βλάπτειν καὶ κωλύειν ποίαν ἂν ἔχῃ συγγνώμην; Τί δέ ἐστι, Τοὺς εἰσερχομένους; Τοὺς ἐπιτηδείους. Ὅτε μὲν γὰρ ἐπιτάξαι ἑτέροις ἔδει, ἀφόρητα ἐποίουν τὰ φορτία· ὅτε δὲ ἑαυτοὺς
708 ποιῆσαί τι τῶν δεόντων, τότε τὸ ἐναντίον, [e] οὐ μόνον
A οὐδὲν ἐποίουν αὐτοὶ, ἀλλ' ὃ πολλῷ πλέον ἐστὶν εἰς κακίαν, καὶ ἑτέρους διέφθειρον. Οὗτοί εἰσιν οἱ λεγόμενοι λοιμοὶ, οἱ ἔργον τιθέμενοι τὴν ἑτέρων ἀπώλειαν, ἐκ διαμέτρου πρὸς τοὺς διδασκάλους ἑστῶτες. Εἰ γὰρ διδασκάλου τὸ σώζειν τὸν ἀπολλύμενον, τὸ ἀπολλύναι τὸν σώζεσθαι μέλλοντα λυμεῶνος. Εἶτα πάλιν ἕτερον ἔγκλημα, Ὅτι περιάγετε τὴν θάλασσαν καὶ τὴν ξηρὰν, ποιῆσαι ἕνα προσήλυτον· [a] καὶ ὅταν εὕρητε, ποιεῖτε αὐτὸν υἱὸν γεέννης διπλότερον ὑμῶν· τουτέστιν, οὐδὲ μετὰ τὸ μόλις αὐτὸν σαγηνεῦσαι, καὶ μετὰ μυρίων πόνων, φείδεσθαι αὐτοῦ παρασκευάζει ὑμᾶς·
B καίτοι γε τῶν μόλις κτηθέντων φειδόμεθα μειζόνως· ὑμᾶς δὲ οὐδὲ τοῦτο ἐπιεικεστέρους ἐργάζεται. Ἐνταῦθα δύο αὐτοῖς ἐγκαλεῖ· ἓν μὲν, ὅτι ἄχρηστοι πρὸς σωτηρίαν τῶν πολλῶν, καὶ πολλοῦ δέονται τοῦ ἱδρῶτος, ὥστε κἂν ἕνα ἐφελκύσασθαι· ἕτερον δὲ, ὅτι ῥᾴθυμοι πρὸς τὴν φυλακὴν τοῦ κτηθέντος· μᾶλλον δὲ οὐ ῥᾴθυμοι μόνον, ἀλλὰ καὶ προδόται, διὰ τῆς κατὰ τὸν βίον πονηρίας διαφθείροντες αὐτὸν καὶ χείρω ποιοῦντες. Ὅταν γὰρ τοὺς διδασκάλους ἴδῃ τοιούτους ὁ μαθητὴς, χείρων γίνεται· οὐ γὰρ ἵσταται μέχρι τῆς τοῦ διδασκάλου κακίας· ἀλλ' ὅταν μὲν ἐνάρετος ᾖ, μιμεῖται· ὅταν δὲ φαῦλος, καὶ ὑπερβαίνει διὰ τὴν εὐκο-
C λίαν τὴν ἐπὶ τὸ χεῖρον. Υἱὸν δὲ γεέννης φησὶ, τουτέστι, αὐτογέενναν. Εἶπε δὲ, Διπλότερον ὑμῶν, ἵνα καὶ ἐκείνους φοβήσῃ, καὶ τούτων καθάψηται μειζόνως, ὅτι διδάσκαλοι πονηρίας εἰσί. Καὶ οὐ τοῦτο μόνον, ἀλλ' ὅτι καὶ πλείονα τοῖς μαθηταῖς ἐντιθέναι σπουδάζουσι τὴν κακίαν, ἐπιτρίβοντες αὐτοὺς ἐπὶ πολλῷ

[d] Morel. διὰ τὴν ἀναξίαν. Ibidem suspicatur legendum Savilius εἰς τὸν αὐτῶν ἕλκωνται ζῆλον. Sed locus sanus est. Mox Morel. λέγωσιν ὑμῶν, male.

[e] Alii οὐ μόνον οὐκ ἐποίουν.

[a] Alii καὶ ὅταν γένηται.

μείζονα φαυλότητα ἧς ἔχουσιν· ὅπερ μάλιστα ψυχῆς διεφθαρμένης ἐστίν. Εἶτα καὶ εἰς ἄνοιαν αὐτοὺς σκώπτει, ὅτι τῶν μειζόνων ἐντολῶν ἐκέλευον καταφρονεῖν· καὶ μὴν τοὐναντίον ἔμπροσθεν ἔλεγεν, ὅτι Δεσμεύουσι φορτία βαρέα καὶ δυσβάστακτα. Ἀλλὰ καὶ ταῦτα ἐποίουν πάλιν, καὶ πάντα ἔπραττον εἰς τὴν τῶν ὑπηκόων διαφθορὰν, ἐν τοῖς μικροῖς ζητοῦντες τὴν ἀκρίβειαν, καὶ τῶν μεγάλων καταφρονοῦντες. Ἀποδεκατοῦτε γὰρ, φησὶ, τὸ ἡδύοσμον καὶ τὸ ἄνηθον, καὶ ἀφήκατε τὰ βαρέα τοῦ νόμου, τὴν κρίσιν καὶ τὸν ἔλεον καὶ τὴν πίστιν. Ταῦτα ἔδει ποιῆσαι, κἀκεῖνα μὴ ἀφιέναι. Ἐνταῦθα μὲν οὖν [a] εἰκότως φησίν· ἔνθα δεκάτη ἐστὶ, καὶ ἐλεημοσύνη. Τί γὰρ βλάπτει τὸ ἐλεημοσύνην διδόναι; Ἀλλ' οὐχ ὡς νόμον τηροῦντας· οὐδὲ γὰρ αὐτὸς οὕτως φησί. Διὰ δὴ τοῦτο ἐνταῦθα μὲν λέγει· [b] Ταῦτα ἔδει ποιῆσαι, κἀκεῖνα μὴ ἀφιέναι. Ἔνθα δὲ περὶ καθαρῶν καὶ ἀκαθάρτων διαλέγεται, οὐκ ἔτι τοῦτο προστίθησιν, ἀλλὰ διαιρεῖ, καὶ δείκνυσιν ἐξ ἀνάγκης τῇ ἔνδον καθαρότητι καὶ τὴν ἔξωθεν ἑπομένην· τοὐναντίον δὲ οὐκ ἔτι. Ὅπου μὲν γὰρ φιλανθρωπίας λόγος ἦν, ἀδιαφόρως αὐτὸ παρατρέχει, διά τε τοῦτο αὐτὸ, καὶ ἐπειδὴ οὐδέπω καιρὸς ἦν διαρρήδην καὶ σαφῶς τὰ νομικὰ ἀνελεῖν· ἔνθα δὲ παρατήρησις σωματικῶν καθαρμῶν, σαφέστερον ἀνατρέπει. Διὰ δὴ τοῦτο ἐπὶ μὲν τῆς ἐλεημοσύνης φησί· Ταῦτα δὲ ἔδει ποιῆσαι, κἀκεῖνα μὴ ἀφιέναι· ἐπὶ δὲ τῶν καθαρσίων οὐχ οὕτως· ἀλλὰ τί; Καθαρίζετε, φησὶ, τὸ ἔξω τοῦ ποτηρίου καὶ τῆς παροψίδος· ἔσωθεν δὲ γέμει ἁρπαγῆς καὶ πλεονεξίας. [a] Καθάρισον οὖν τὸ ἐντὸς τοῦ ποτηρίου καὶ τῆς παροψίδος, ἵνα γένηται καὶ τὸ ἐκτὸς καθαρόν. Καὶ ἔλαβεν αὐτὸ ἀπὸ πράγματος ὡμολογημένου καὶ δήλου, ἀπὸ ποτηρίου καὶ παροψίδος.

Εἶτα δεικνὺς, ὅτι οὐδεμία βλάβη ἐκ τοῦ καταφρονεῖν τῶν σωματικῶν καθαρμῶν, μεγίστη δὲ τιμωρία ἐκ τοῦ μὴ φροντίζειν τῶν τῆς ψυχῆς καθαρσίων, ἅπερ ἐστὶν ἀρετὴ, κώνωπα μὲν ἐκάλεσε ταῦτα, μικρὰ γὰρ ἦν καὶ οὐδέν· κάμηλον δὲ ἐκεῖνα, ἀφόρητα γὰρ ἦν. Διὸ καί φησι· Τὸν κώνωπα διυλίζοντες, καὶ τὴν κάμηλον καταπίνοντες. Καὶ γὰρ καὶ ἐκεῖνα διὰ ταῦτα νενομοθέτηται, διὰ τὸν ἔλεον καὶ τὴν κρίσιν. Ὥστε οὐδὲ τότε ὠφέλει μόνα γινόμενα· ὅτε γὰρ τὰ μικρὰ διὰ τὰ μεγάλα ἦν εἰρημένα, εἶτα ἐκεῖνα μὲν ἠμελεῖτο, ταῦτα δὲ ἐσπουδάζετο μόνα, οὐδὲν ἦν πλέον οὐδὲ τότε ἐντεῦθεν· τούτοις μὲν γὰρ ἐκεῖνα οὐχ εἵπετο· ἐκεῖνα δὲ τούτοις πάντως. Ταῦτα δὲ λέγει, δεικνὺς ὅτι καὶ

tum, sed etiam quod majorem discipulis malitiam indere curent, inducentes ipsos ad majorem, quam ipsi habeant, nequitiam : id quod maxime ad animam corruptam pertinet. Deinde amentiam ipsis exprobrat, quod majora præcepta despicere juberent : atqui contrarium supra dicebat, *Alligant* v. 4.
D *onera graviora et importabilia.* Sed hæc etiam rursus faciebant, nihilque non agebant ut sibi subditos corrumperent, in minimis accurationem quærentes, et magna despicientes. 23. *Decimatis enim,* inquit, *mentham et anethum, et reliquistis quæ graviora sunt legis, judicium et misericordiam et fidem. Hæc oportebat facere, et illa non omittere.* Hoc loco ergo e re loquitur : ubi decima est, ibi etiam eleemosyna. Quid enim eleemosynam dare nocet? Sed hoc non dicit quasi
E ipsi legem observarent; neque enim sic ipse loquitur. Ideo hic quidem dicit : *Hæc oportuit facere, et illa non omittere.* Ubi autem de mundis et immundis disputat, non ultra hoc adjicit, sed distinguit, et ostendit ex interiore munditia exteriorem necessario sequi : non autem vice versa. Ubi

Munditia exterior interiorem sequitur.

709 A enim de misericordia agebatur, indiscriminatim illud prætermittit, tum propter idipsum, et quia nondum tempus erat legalia aperte tollendi; ubi autem observatio est corporalium purificationum, clarius hæc evertit. Ideo de eleemosyna dicit : *Hæc oportuit facere, et illa non omittere;* de purgationibus vero non sic : sed quid? 25. *Mundatis,* inquit, *quod deforis est calicis et paropsidis; intro autem pleni estis rapina et avaritia.* 26. *Munda ergo calicem et paropsidis interiora, ut exteriora munda fiant.* A re communi et manifesta exemplum accepit, a calice et paropside.

2. Deinde ostendens, nullum oriri damnum ex neglectu corporalium mundationum, magnum au-
B tem imminere supplicium iis qui animæ mundationem non curant, quæ mundatio est virtus, hæc culicem vocavit, parva enim nihilque erant; camelum vero illa, intolerabilia quippe erant. Ideo ait : 24. *Culicem excolantes, et camelum deglutientes.* Nam et illa propter hæc posita sunt, propter misericordiam et judicium. Itaque nec tunc juvabant, sola cum essent : cum enim parva propter magna dicta fuissent, deindeque magnis neglectis, parva solum curabantur, nihil inde plus emergebat : magna enim post parva non seque-

[a] [Savil. εἰκότως φησὶ ταῦτα. Corrector recens Codicis 694 εἰκότως φησὶν, ἔδει. Prima manus sine ἔδει.]

[b] Morel. ταῦτα δὲ ἔδει. Mox idem περὶ καθχρσιῶν (sic) διαλέγεται. Unus περὶ καθαρσιῶν καὶ ἀκαθάρτων. Reliqui, ut in serie nostra.

[a] Unus καθάρισον πρῶτον τὸ ἐντός.

bantur; contra vero post magna parva plane sequuntur. Hæc vero dicit, ostendens, etiam antequam gratia adveniret, non præcipue illa quæsita fuisse, sed alia potiora. Si autem ante gratiam tali modo res se habebat, multo magis, postquam sublimia illa præcepta venerunt, hæc inutilia sunt, nec observanda. Ubique ergo nequitia malum est; maxime vero cum nihil putat emendatione egere; et quod gravius est, cum putat satis esse si alios corrigat; quæ significans Christus duces
Matth. 15. 14. illos vocabat cæcos cæcorum. Nam si cum cæcus non se putat duce opus habere, id extrema calamitas et miseria est: cum ipse alios vult ducere, cogita in quantum barathrum dejiciat. Hæc autem dicebat, subindicans illorum studium ad vanam gloriam aucupandam, et hujusce morbi grandem in illis rabiem. Hoc enim ipsis omnium malorum causa fuit, quod ad ostentationem omnia facerent. Hoc a fide illos abduxit, veramque virtutem negligere suasit, et solis corporalibus mundationibus incumbere, animæ neglecta mundatione. Ideo ad veram virtutem illos deducens, et ad mundationem animæ, judicium, justitiam et fidem memorat. Hæc quippe sunt quæ vitam nostram fovent, quæ animam purgant: justitia, benignitas, veritas; quarum alia, nempe misericordia, ad veniam nos deducit, nec permittit ut severiores peccatoribus simus, neque ad veniam concedendam difficiles (sic enim duplex lucrum reportamus, dum misericordes efficimur, et misericordiam multam nobis a Deo universorum attrahimus), illa quoque suadet nobis ut oppressis condoleamus illosque vindicemus; justitia vero fraudulentos et vafros esse non sinit. Quando autem dixit, *Hæc oportuit facere, et illa non omittere*, non id ut legalem observationem inducit; absit: hoc enim jam supra demonstravimus; cumque de paropside et de calice dixit, *Munda interiora calicis et paropsidis, ut fiat id quod exterius est mundum*, non ad veteres nos minutias reducit; contra vero hæc superflua esse ostendit. Non enim dixit, Id etiam, quod exterius est, purgate, sed, Quod intus est; et omnino hoc ab illo sequitur. Alioquin autem non de calice et paropside loquitur, sed de anima et corpore: quod exterius est, corpus vocans, quod autem interius, animam. Si vero in paropside opus est interiora non negligere, multo

πρὶν ἢ τὴν χάριν παραγενέσθαι, οὐ τῶν προηγουμένων, οὐδὲ τῶν περισπουδάστων ταῦτα ἦν, ἀλλ' ἕτερα ἦν τὰ ζητούμενα. Εἰ δὲ πρὸ τῆς χάριτος τοιαῦτα [b] ἦν, πολλῷ μᾶλλον, ὑψηλῶν ἐλθόντων λοιπὸν παραγγελμάτων, ταῦτα ἀνόνητα, καὶ καθόλου μετιέναι αὐτὰ οὐκ ἐχρῆν. Πανταχοῦ μὲν οὖν κακία χαλεπόν· μάλιστα δὲ ὅταν μηδὲν νομίζῃ δεῖσθαι διορθώσεως· καὶ τὸ ἔτι χαλεπώτερον, ὅταν καὶ ἑτέρους ἀρκεῖν οἴηται διορθοῦν· ἅπερ δηλῶν ὁ Χριστὸς, ὁδηγοὺς αὐτοὺς ἐκάλει τυφλοὺς τυφλῶν. Εἰ γὰρ τὸ μὴ νομίζειν δεῖσθαι ὁδηγοῦ τυφλὸν, ἐσχάτη συμφορὰ καὶ ἀθλιότης· τὸ καὶ αὐτὸν ἐθέλειν ὁδηγεῖν ἑτέρους, ὅρα ἐπὶ πόσον ἄγει τὸ βάραθρον. Ταῦτα δὲ ἔλεγεν, αἰνιττόμενος διὰ πάντων τὴν δοξομανίαν αὐτῶν, καὶ τὴν σφοδρὰν περὶ τὸ νόσημα τοῦτο λύσσαν. Τοῦτο γὰρ αἴτιον πάντων τῶν κακῶν αὐτοῖς γέγονε, τὸ πρὸς ἐπίδειξιν πάντα ποιεῖν. Τοῦτο καὶ τῆς πίστεως αὐτοὺς ἀπήγαγε, καὶ τῆς ὄντως ἀρετῆς [c] ἀμελεῖν παρεσκεύασε, καὶ περὶ καθάρσια ἀσχολεῖσθαι σωματικὰ μόνα ἔπειθε, τῶν τῆς ψυχῆς καθαρμῶν ἀμελοῦντας. Διὰ δὴ τοῦτο ἄγων αὐτοὺς εἰς τὴν ὄντως ἀρετὴν, καὶ τὰ καθάρσια τῆς ψυχῆς, ἐλέου καὶ κρίσεως καὶ πίστεως μέμνηται. Ταῦτα γὰρ τὰ [d] συνέχοντα ἡμῶν τὴν ζωήν· ταῦτα τὰ καθαίροντα τὴν ψυχήν· δικαιοσύνη, φιλανθρωπία, ἀλήθεια· ἡ μὲν εἰς συγγνώμην ἡμᾶς ἄγουσα, καὶ μὴ ἀφιεῖσα χαλεποὺς μεθ' ὑπερβολῆς εἶναι τοῖς ἁμαρτάνουσι, καὶ ἀσυγγνώστους (οὕτω γὰρ διπλῆ [e] κερδαίνομεν, φιλάνθρωποί τε [710] γινόμενοι, καὶ φιλανθρωπίας ἐντεῦθεν πολλῆς καὶ αὐτοὶ παρὰ τοῦ τῶν ὅλων ἀπολαύοντες Θεοῦ), καὶ παρασκευάζουσα συναλγεῖν τε τοῖς ἐπηρεαζομένοις καὶ ἀμύνειν αὐτοῖς· ἡ δὲ οὐκ ἐῶσα ἀπατεῶνας εἶναι καὶ ὑπούλους. Ἀλλ' οὔτε, ὅταν λέγῃ, Ταῦτα ἔδει ποιῆσαι, κἀκεῖνα μὴ ἀφιέναι, ὡς νομικὴν παρατήρησιν εἰσάγων λέγει· ἄπαγε· τοῦτο γὰρ ἀπεδείξαμεν ἔμπροσθεν· οὔτε ἐπὶ τῆς παροψίδος καὶ τοῦ ποτηρίου εἰπὼν, Καθάρισον τὸ ἐντὸς τοῦ ποτηρίου καὶ τῆς παροψίδος, ἵνα γένηται καὶ τὸ ἐκτὸς καθαρὸν, ἐπὶ τὴν παλαιὰν ἡμᾶς ἄγει μικρολογίαν· ἀλλὰ τοὐναντίον μὲν οὖν ἅπαν [a] ποιεῖ, καὶ δείκνυσιν αὐτὴν περιττὴν οὖσαν. Οὐ γὰρ εἶπε, καὶ τὸ ἔξωθεν καθαρίσατε, ἀλλὰ, τὸ ἔνδον· καὶ πάντως ἕπεται τούτῳ ἐκεῖνο. Ἄλλως δὲ οὐδὲ περὶ ποτηρίου καὶ παροψίδος λέγει, ἀλλὰ περὶ ψυχῆς καὶ σώματος διαλέγεται· τὸ μὲν ἔξω τὸ σῶμα καλῶν, τὸ δὲ ἔνδον, τὴν ψυχήν. Εἰ δὲ ἐπὶ τῆς παροψίδος [b] τοῦ ἔνδον χρεία, πολλῷ μᾶλλον ἐπὶ σοῦ. Ὑμεῖς δὲ τοὐναντίον ποιεῖτε, φησί· τὰ γὰρ μικρὰ καὶ ἔξω φυλάττοντες, τῶν μεγάλων καὶ ἔνδον ἀμελεῖτε· ὅθεν μεγίστη γίνεται βλάβη,

[b] Ἦν deest in Morel.
[c] Morel. male ἀνελεῖν.
[d] Morel. συνέχοντα ἦν τήν.
[e] Morel. κερδανοῦμεν.

[a] Alii ποιεῖ, δεικνὺς αὐτήν.
[b] Savil. et omnes fere Mss. nostri τοῦ ἔνδον χρεία. Morel. τὸ ἀμελεῖν τοῦ ἔνδον χρεία.

ὅτι νομίζοντες τὸ πᾶν κατωρθωκέναι, τῶν λοιπῶν καταφρονεῖτε· καταφρονοῦντες δὲ οὐδὲ ἐπισπουδάζετε ἢ ἐπιχειρεῖτε αὐτὰ κατορθοῦν. Εἶτα πάλιν εἰς κενοδοξίαν αὐτοὺς σκώπτει, τάφους κεκονιαμένους καλῶν, καὶ πᾶσιν ἐπιλέγων, Ὑποκριταί· ὃ πάντων αἴτιόν ἐστι τῶν κακῶν, καὶ ἀπωλείας αὐτοῖς ὑπόθεσις. Οὐχ ἁπλῶς δὲ τάφους κεκονιαμένους ἐκάλεσεν, ἀλλὰ καὶ ἀκαθαρσίας γέμειν καὶ ὑποκρίσεως ἔφησε. Ταῦτα δὲ ἔλεγε, δεικνὺς τὴν αἰτίαν, δι' ἣν οὐκ ἐπίστευσαν, ὅτι μεστοὶ ἦσαν ὑποκρίσεως καὶ ἀνομίας. Ταῦτα δὲ οὐχ ὁ Χριστὸς μόνον, ἀλλὰ καὶ οἱ προφῆται συνεχῶς ἐγκαλοῦσιν, ὅτι ἁρπάζουσιν, ὅτι οὐ κρίνουσιν οἱ ἄρχοντες αὐτῶν κατὰ τὸν τοῦ δικαίου λόγον· καὶ πανταχοῦ εὕροις ἂν τὰς [c] μὲν θυσίας ἐκβαλλομένας, ταῦτα δὲ ἐπιζητούμενα. Ὥστε οὐδὲν ξένον, οὐδὲ καινὸν, οὔτε τῆς νομοθεσίας, οὔτε τῆς κατηγορίας, ἀλλ' οὐδὲ τὸ τῆς εἰκόνος τοῦ τάφου. Μέμνηται γὰρ αὐτῆς ὁ προφήτης, οὐδὲ αὐτὸς ἁπλῶς τάφον καλέσας, ἀλλὰ τάφον ἀνεῳγμένον τὸν λάρυγγα αὐτῶν. Τοιοῦτοι καὶ νῦν εἰσι πολλοὶ, καλλωπιζόμενοι μὲν ἔξωθεν, πάσης δὲ ἀνομίας ἔνδον πεπληρωμένοι. Καὶ γὰρ καὶ νῦν τῶν μὲν ἔξωθεν καθαρμῶν [d] πολὺς ὁ πόνος, πολλὴ ἡ φροντίς· τῶν δὲ κατὰ ψυχὴν οὐδὲ εἷς. Ἀλλ' εἴγε τὸ ἑκάστου συνειδὸς ἀναῤῥήξειέ τις, πολλοὺς τοὺς σκώληκας καὶ τὸν ἰχῶρα εὑρήσει, καὶ δυσωδίαν ἄφατον· ἐπιθυμίας ἀτόπους λέγω, [e] καὶ πονηρὰς, αἳ σκωλήκων εἰσὶν ἀκαθαρτότεραι.

Ἀλλὰ τὸ μὲν ἐκείνους εἶναι τοιούτους, οὐχ οὕτω δεινὸν, καίπερ ὂν δεινόν· τὸ δὲ ἡμᾶς, τοὺς καταξιωθέντας ναοὺς γενέσθαι Θεοῦ, τάφους ἐξαίφνης γενέσθαι, τοσαύτην ἔχοντας δυσωδίαν, τοῦτο ἀθλιότητος ἐσχάτης. Ἔνθα ὁ Χριστὸς κατοικεῖ, καὶ Πνεῦμα ἅγιον ἐνήργησε, καὶ μυστήρια τοσαῦτα, τάφον εἶναι τοῦτο, πόσης τοῦτο ἀθλιότητος; πόσων θρήνων καὶ ὀδυρμῶν, ὅταν τὰ μέλη τοῦ Χριστοῦ [a] τάφος ἀκαθαρσίας γένηται; Ἐννόησον πῶς ἐγεννήθης, τίνων κατηξιώθης, οἵαν ἔλαβες στολὴν, πῶς ναὸς κατεσκευάσθης ἀῤῥαγὴς, πῶς καλός· οὐ χρυσῷ καλλωπισθεὶς, οὐδὲ μαργαρίταις, ἀλλὰ τῷ τούτων τιμιωτέρῳ Πνεύματι. Ἐννόησον ὅτι οὐδεὶς τάφος ἐν πόλει κατασκευάζεται· οὐκοῦν οὐδὲ σὺ εἰς τὴν ἄνω φανῆναι δυνήσῃ πόλιν. Εἰ γὰρ ἐνταῦθα τοῦτο ἀπείρηται, πολλῷ μᾶλλον ἐκεῖ. Μᾶλλον δὲ καὶ ἐνταῦθα πᾶσιν εἶ καταγέλαστος, νεκρὰν περιφέρων ψυχήν· οὐ καταγέλαστος δὲ μόνον, ἀλλὰ καὶ φευκτός. Εἰπὲ γάρ μοι, εἴ τις περιῄει νεκρὸν εἴδωλον περιφέρων, οὐκ ἂν πάντες ἀπεπήδησαν; οὐκ ἂν πάντες

magis in te. Vos vero contra facitis, inquit; nam
parva et exteriora observantes, magna et interiora
negligitis: unde maximum infertur damnum, quod
putantes vos totum præstitisse, reliqua negligatis;
cum autem ea despiciatis, illa emendare nihil curatis. Deinde eos de vanæ gloriæ amore perstrin-
C git, sepulcra dealbata vocans illos, hypocritasque
appellans; quod est omnium causa malorum, et
perniciei argumentum. Neque solum illos sepulcra
dealbata vocavit, sed etiam immunditia et hypocrisi plenos esse dixit. His porro causam ostendit,
propter quam non crediderunt, quoniam pleni
erant hypocrisi et iniquitate. Hæc autem non
Christus modo, sed etiam prophetæ frequenter
criminantur, quod rapaces sint, quod principes
eorum non secundum jus et rationem judicent: et
D ubique reperias sacrificia rejecta, hæc autem requisita. Itaque nihil insolitum, nihil novum, neque in lege, neque in accusatione, neque etiam in
imagine et exemplo sepulcri. Hoc quippe memorat
propheta, non sepulcrum modo vocans, sed: *Se-* Psal. 5. 11.
pulcrum patens est guttur eorum. Tales sunt
hodieque multi, qui sese exterius ornant, intusque
pleni omni iniquitate sunt. Nunc enim multus
labor, multa sollicitudo externæ munditiei im-
E penditur; munditiei vero animæ nulla cura. Sed
si conscientiam singulorum quis aperiret, multos
vermes, multam saniem inveniret, fœtoremque
incredibilem: absurdas dico et malas concupiscentias, quæ sunt vermibus impuriores.

3. Sed quod illi tales sint, non ita grave est,
tametsi grave est: quod vero nos, qui templa Dei
fieri dignati sumus, sepulcra statim tantum fœtorem emittentia efficiamur, hoc extremæ miseriæ
est. Ubi Christus habitat, Spiritus sanctus operatus est, totque mysteria peracta, hoc sepulcrum
711 A esse, quanta illa miseria est? quot fletibus et gemitibus dignum est, cum membra Christi sepulcrum immundum fiunt? Cogita quomodo natus
sis, quibus dignatus fueris, quem acceperis amictum, quomodo templum firmum constitutus sis,
quam pulchrum; non auro ornatum, neque margaritis, sed his longe pretiosiore Spiritu sancto.
Cogita neminem in urbe sepulcrum construere; Sepulchra in urbibus non construebantur.
ergo neque tu in superna civitate comparere pote-
ris. Nam si hic illud prohibetur, multo magis illic.
B Imo vero etiam hic risu dignus omnibus appares,
dum mortuam circumfers animam; nec risu dignus tantum, sed etiam fugiendus. Dic enim mihi,

[c] Morel. μὲν οὐσίας ἐκβαλ.
[d] Idem πολὺς ὁ τρόπος, πολλή.

[e] Idem καὶ πονηρίας.
[a] Quidam Mss. τόπος ἀκάθαρτος

si quis mortuum cadaver circumferret, annon omnes resilirent, annon omnes fugerent? Hoc etiam nunc tecum reputa. Nam longe deterius spectaculum circumfers, animam peccatorum mole mortuam, animam dissolutam. Quis talis hominis miserebitur? Cum enim tu animæ tuæ non miserearis, quomodo alius te miserabitur ita crudelem et inimicum tibi ipsi? Si quis enim quo loco tu dormis et comedis, cadaver sub terra poneret, quid non faceres? tu vero animam mortuam deponis, non quo loco prandes vel dormis, sed in membris Christi, neque times ne mille fulmina in caput tuum jaciantur? Quomodo audes ecclesias Dei frequentare, et sacra templa, cum intus tam exsecrandum fœtorem habeas? Nam si quis in regiam cadaver ferret et ibi defoderet, extremas daret pœnas, tu vero qui sacra septa adis, et tanto fœtore domum reples, cogita quantum lues sup-
Luc. 7. 38. plicium. Imitare meretricem illam, quæ unguento unxit pedes Christi, et bono odore totam domum implevit; tu vero contrarium in domo Dei facis. Quid enim, si tu ipse tetrum odorem non sentias? Id sane morbus est gravissimus; ideo incurabili morbo laboras, et graviore quam ii qui corpore mutili ac vitiati male olent. Ille namque morbus ab ægris sensu percipitur, nihilque culpandus est, imo etiam est commiseratione dignus; hic vero morbus ira et vindicta. Quoniam ergo hæc graviora sunt, cum maxime æger ipse malum non sentit, ut oporteret, age, intento audi animo, ut te morbi perniciem doceam. Primo autem audi
Psal. 140. 2. quid psallendo dicas : *Dirigatur oratio mea sicut incensum in conspectu tuo*. Cum ergo non incensum, sed a te et a gestis tuis male olens fumus ascendit, quam non mereris ultionem? Quid est ille male olens fumus? Id multi sciunt, qui formas mulierum circumspiciunt; aliique, qui puerorum speciem curiosius spectant. Annon miraris, quomodo fulmina non jaciantur, nec omnia a fundamentis evertantur? Nam digna sunt illa fulminibus et gehenna : sed Deus, patiens et multæ misericordiæ, iram suam retinet, ut ad pœnitentiam et emendationem te adducat. Quid facis, homo? formam mulierum curiose respicis, et non horrescis tanta templum Dei afficiens contumelia? an prostibulum esse putas ecclesiam, et foro ipso ignobiliorem? In foro erubescis, ne videaris mulierem curiose spectare : in templo autem Dei, dum

ἔφυγον; Τοῦτο καὶ νῦν λογίζου. Καὶ γὰρ τούτου πολὺ χαλεπώτερον περιέρχῃ [b] θέαμα περιφέρων, ψυχὴν ὑπὸ ἁμαρτιῶν νενεκρωμένην, ψυχὴν παρειμένην. Τίς οὖν ἐλεήσει τὸν τοιοῦτον; Ὅταν γὰρ σὺ τὴν σαυτοῦ ψυχὴν μὴ ἐλεῇς, πῶς ἕτερος ἐλεήσει τὸν οὕτως ὠμὸν καὶ πολέμιον ὄντα σαυτῷ ἐχθρόν; Εἴ τις γὰρ ἔνθα ἐκάθευδες, καὶ ἐδείπνεις, κατώρυξε σῶμα νεκρὸν, τί οὐκ ἂν ἐποίησας; σὺ δὲ ψυχὴν νεκρὰν κατορύττεις, οὐχ ἔνθα ἀριστοποιῇ, οὐδὲ ἔνθα καθεύδεις, ἀλλ' ἐν τοῖς μέλεσι
C τοῦ Χριστοῦ, καὶ οὐ δέδοικας μὴ μυρίοι κατενεχθῶσιν ἄνωθεν ἐπὶ τὴν σὴν κεφαλὴν σκηπτοὶ καὶ κεραυνοί; Πῶς δὲ καὶ τολμᾷς ἐκκλησίαις ἐπιβαίνειν Θεοῦ, καὶ ναοῖς ἁγίοις, [c] ἔνδον τοσαύτης βδελυγμίας ζῶν; Εἰ γὰρ εἰς τὰ βασίλεια φέρων τις νεκρὸν, καὶ κατορύξας, τὴν ἐσχάτην ἂν ἔδωκε δίκην, σὺ τῶν ἱερῶν ἐπιβαίνων περιβόλων, καὶ τοσαύτης δυσωδίας πληρῶν τὸν οἶκον, ἐννόησον ὅσην ὑποστήσῃ τιμωρίαν. Μίμησαι τὴν πόρνην ἐκείνην, ἣ μύρῳ ἔχρισε τοῦ Χριστοῦ τοὺς πόδας, καὶ τὴν οἰκίαν ἅπασαν ἔπλησεν εὐωδίας· οὗ σὺ τοὐναντίον ποιεῖς εἰς τὸν οἶκον τοῦ Θεοῦ. Τί γὰρ, εἰ καὶ μὴ αἰσθάνῃ σὺ τῆς δυσωδίας; Τοῦτο γὰρ μάλιστά ἐστι
D τὸ χαλεπὸν τοῦ νοσήματος· διὸ καὶ ἀνίατα [d] νοσεῖς, καὶ χαλεπώτερα τῶν τὰ σώματα λελωβημένων τε καὶ ὀδωδότων. Ἐκείνη μὲν γὰρ ἡ νόσος καὶ αἴσθησιν τοῖς κάμνουσι παρέχει, καὶ οὐδὲν ἔγκλημα ἔχει, ἀλλὰ καὶ ἐλέους ἐστὶν ἀξία· αὕτη δὲ μίσους καὶ κολάσεως. Ἐπεὶ οὖν καὶ ταῦτα χαλεπώτερα, καὶ τὸ μηδὲ αἰσθάνεσθαι αὐτῆς ὡς χρὴ τὸν νοσοῦντα, φέρε, ἐπίδος σαυτὸν τῷ λόγῳ, ἵνα σε διδάξω σαφῶς αὐτῆς τὴν λύμην. Πρῶτον δὲ ἄκουσον τί ψάλλων λέγεις· Κατευθυνθήτω ἡ προσευχή μου ὡς θυμίαμα ἐνώπιόν σου. Ὅταν οὖν μὴ θυ-
E μίαμα, ἀλλὰ καπνὸς ἀπὸ σοῦ καὶ τῶν σῶν πράξεων ἀναβαίνῃ δυσώδης, ποίαν δίκην οὐκ ἄξιος εἶ ὑποστῆναι; Τίς οὖν ὁ καπνὸς ὁ δυσώδης; Πολλοὶ ἴσασι, κάλλη γυναικῶν περιβλέποντες· ἄλλοι, [e] παίδων ὥρας περιεργαζόμενοι. Εἶτα οὐ θαυμάζεις, πῶς οὐ σκηπτοὶ φέ-
712 ρονται, καὶ πάντα ἐκ βάθρων ἀνασπᾶται; Καὶ γὰρ
A ἄξια μὲν σκηπτῶν καὶ γεέννης τὰ γινόμενα· ἀλλ' ὁ Θεὸς, μακρόθυμος ὢν καὶ πολυέλεος, ἀνέχει τέως τὴν ὀργὴν, εἰς μετάνοιάν σε καλῶν καὶ διόρθωσιν. Τί ποιεῖς, ἄνθρωπε; κάλλη γυναικῶν περιεργάζῃ, καὶ οὐ φρίττεις οὕτως ἐνυβρίζων εἰς τὸν ναὸν τοῦ Θεοῦ; πορνεῖον εἶναί σοι δοκεῖ ἡ ἐκκλησία, καὶ τῆς ἀγορᾶς ἀτιμοτέρα; Ἐν ἀγορᾷ [a] μὲν δέδοικας, καὶ αἰσχύνῃ φανῆναι γυναῖκα περιεργαζόμενος· ἐν δὲ τῷ ναῷ τοῦ Θεοῦ, αὐτοῦ τοῦ Θεοῦ διαλεγομένου σοι, καὶ ἀπειλοῦντος ὑπὲρ τούτων, πορνεύεις καὶ μοιχεύεις κατ' αὐτὸν τὸν
B καιρὸν, καθ' ὃν ἀκούεις μὴ ταῦτα ποιεῖν· καὶ οὐ φρίτ-

[b] Duo Mss. θέαμα φέρων.
[c] Morel. ἔνδοθεν.
[d] Morel. νοσεῖν.

[e] Alii παίδων περιεργαζόμενοι.
[a] Quidam μὲν γὰρ δέδοικας.

τεις, οὐδὲ ἐξέστηκας; Ταῦτα ὑμᾶς τὰ θέατρα διδάσκει τῆς ἀσελγείας, ὁ λοιμὸς ὁ δυσκατάλυτος, τὰ δηλητήρια φάρμακα, αἱ χαλεπαὶ τῶν ἀναπεπτωκότων [b] πάγαι, ἡ μεθ' ἡδονῆς τῶν ἀκολάστων ἀπώλεια. Διὰ τοῦτο καὶ ὁ προφήτης ἐγκαλῶν ἔλεγεν· Οὐκ εἰσὶν οἱ ὀφθαλμοί σου, οὐδὲ ἡ καρδία σου καλή. Βέλτιον τοὺς τοιούτους πηροὺς εἶναι· βέλτιον νοσεῖν, ἢ εἰς ταῦτα καταχεχρῆσθαι τοῖς ὀφθαλμοῖς. Ἐχρῆν μὲν οὖν ἔνδον ἔχειν τὸ τεῖχος τὸ διεῖργον ὑμᾶς τῶν γυναικῶν· ἐπειδὴ δὲ οὐ βούλεσθε, ἀναγκαῖον ἐνόμισαν εἶναι οἱ πατέρες, κἂν ταῖς σανίσιν ὑμᾶς ταύταις διατειχίσαι· ὡς ἔγωγε C ἀκούω τῶν πρεσβυτέρων, ὅτι τὸ παλαιὸν οὐδὲ ταῦτα ἦν τὰ τειχία. Ἐν γὰρ Χριστῷ Ἰησοῦ [c] οὐκ ἔνι ἄρσεν ἢ θῆλυ. Καὶ ἐπὶ τῶν ἀποστόλων δὲ ὁμοῦ καὶ ἄνδρες καὶ γυναῖκες ἦσαν. Καὶ γὰρ οἱ ἄνδρες ἄνδρες ἦσαν, καὶ αἱ γυναῖκες, γυναῖκες· νῦν δὲ πᾶν τοὐναντίον, αἱ μὲν γυναῖκες εἰς τὰ τῶν ἑταιρίδων ἑαυτὰς ἐξώθησαν ἤθη· οἱ δὲ ἄνδρες ἵππων μαινομένων οὐδὲν ἄμεινον διάκεινται. Οὐκ ἠκούσατε, ὅτι ἦσαν συνηγμένοι ἄνδρες καὶ γυναῖκες ἐν τῷ ὑπερῴῳ, καὶ τῶν οὐρανῶν ἐκεῖνος ὁ σύλλογος ἄξιος ἦν; Καὶ μάλα εἰκότως· πολλὴν γὰρ καὶ γυναῖκες τότε φιλοσοφίαν ἤσκουν, καὶ ἄνδρες σεμνότητα D καὶ σωφροσύνην. Ἀκούσατε γοῦν τῆς πορφυροπώλιδος λεγούσης· Εἰ κεκρίκατέ με πιστὴν τῷ Κυρίῳ εἶναι, εἰσελθόντες εἰς τὸν οἶκόν μου, μείνατε παρ' ἐμοί. Ἀκούσατε τῶν γυναικῶν, αἳ περιῆγον μετὰ τῶν ἀποστόλων, ἀνδρεῖον ἀναλαβοῦσαι φρόνημα, τῆς Πρισκίλλης, τῆς Περσίδος, τῶν ἄλλων· ὧν αἱ παροῦσαι γυναῖκες τοσοῦτον ἀπέχουσιν, ὅσον οἱ ἄνδρες τῶν ἀνδρῶν [d] ἐκείνων.

Τότε μὲν γὰρ καὶ ἀποδημοῦσαι οὐκ ἐλάμβανον δόξαν πονηράν· νῦν δὲ καὶ ἐν θαλάμῳ τρεφόμεναι μόλις ταύτην διαφεύγουσι τὴν ὑποψίαν. Ταῦτα δὲ ἀπὸ τῶν καλλωπισμῶν γίνεται καὶ τῆς τρυφῆς. Τότε ἐκείναις ἔρ- E γον ἦν, αὐξῆσαι τὸ κήρυγμα· νῦν δὲ εὐειδεῖς καὶ καλὰς φανῆναι, καὶ εὐπροσώπους. Τοῦτο ἡ δόξα αὐταῖς, τοῦτο ἡ σωτηρία· τὰ δὲ ὑψηλὰ καὶ μεγάλα κατορθώματα οὐδὲ ὄναρ φροντίζουσι. Τίς γυνὴ σπουδὴν ἐποιήσατο ἄνδρα βελτίω ποιῆσαι; τίς ἀνὴρ ταύτην ἔθετο τὴν φροντίδα, ὥστε γυναῖκα διορθώσασθαι; Οὐκ 713 A ἔστιν οὐδείς· ἀλλὰ τῇ μὲν γυναικὶ πᾶσα σπουδὴ περὶ χρυσίων [a] ἐπιμέλειαν, καὶ ἱματίων, καὶ τῶν λοιπῶν τοῦ σώματος καλλωπισμῶν, καὶ ὥστε τὴν οὐσίαν αὐξῆσαι· τῷ δὲ ἀνδρὶ καὶ αὕτη καὶ ἕτεραι πλείους, πᾶσαι μέντοι βιωτικαί. Τίς μέλλων γαμεῖν, τρόπον ἐξήτασε καὶ ἀναστροφὴν [b] κόρης; Οὐδείς· ἀλλὰ χρήματα εὐθέως

Deus ipse tecum loquitur, tibique circa rem hanc comminatur, fornicaris et mœcharis eodem tempore, quo audis ab his esse abstinendum: neque horrescis, neque stupes? Hæc vos docent theatra lasciviæ, pestis illa curatu difficilis, venenata pharmaca, graves illi irretitis laquei, voluptuosa lascivorum pernicies. Idcirco incusans propheta dicebat: *Neque oculi tui, nec cor tuum bonum* *Jer.* 22. 17. *est*. Melius esset hujusmodi homines esse cæcos; melius et ægros esse, quam ad hanc rem oculis abuti. Oporteret utique intus esse murum, qui vos a mulieribus sequestraret: quia vero id non vultis, necessarium esse putarunt patres nostri, ut saltem ligneis tabulis vos separaremus: nam a senioribus ego audivi, initio hos parietes non fuisse. *In Christo enim Jesu non est mas neque femina.* *Gal.* 3. 28. Apostolorum quoque tempore una viri et mulieres erant. Nam tunc viri vere viri erant, et mulieres, mulieres: nunc vero contra, mulieres meretricum sibi mores assumserunt, viri autem ab equis furentibus nihil differunt. Non audistis, congregatos *Act.* 1. 13. 14. in cœnaculo fuisse viros ac mulieres, illumque cœtum cælis dignum fuisse? Et jure quidem: multa enim philosophia tunc mulieres instructæ erant, et viri modestia atque castitate. Audite enim purpuræ venditricem dicentem: *Si fidelem* *Act.* 16. 15. et 18. 18. *me Domino judicastis, intrate in domum meam, et manete apud me*. Audite mulieres, *Rom.* 16. 12. quæ virili animo instructæ circuibant cum apostolis, Priscillam, Persidem et alias: a quibus tantum distant hodiernæ mulieres, quantum viri a viris illis.

Mulieres viris in ecclesia tabulis ligneis sequestrabantur.

4. Tunc enim quamvis peregrinarentur, id sine famæ detrimento erat; nunc autem in ipso thalamo enutritæ vix talem effugiunt suspicionem. Hæc porro ab ornatibus et a deliciis proficiscuntur. Tunc illarum opus erat, prædicationem propagare; nunc autem id curant ut formosæ et pulchræ videantur. Hoc illis gloria, hoc illis salus est; nam de magnis præclarisque gestis ne per somnium quidem curant. Quæ mulier eo studia contulit ut virum faceret meliorem? qui vir eam habuit sollicitudinem ut uxorem emendaret? Nemo certe: sed uxori una cura de aureis ornatibus, de vestibus, deque cæteris ad corporis ornatum spectantibus, atque ut opes augeantur; viro autem et hæc postrema et aliæ plurimæ curæ sunt, omnesque sæculares. Quis uxorem ducturus, mores et edu-

b Morel. πηγαί.

c Alii οὐκ ἔνι ἄρσεν οὐδὲ θῆλυ.

d In quibusdam Mss. ἐκείνων deest.

a Alii ἐπιμέλειαν καὶ λίθων καὶ ἱματίων.

b Morel. κόρης; οὐκ ἔστιν οὐδείς.

Connubia pro pecuniis adipiscendis.

cationem puellæ exploravit? Nemo; sed de pecuniis tantum quæritur, de prædiis, deque bonorum varietate, ac si quid emturus esset, aut de permutatione quapiam ageretur. Ideoque hoc nomine connubium vocant. Multos enim audivi dicentes, Permutavit hic cum illa, id est, duxit illam. Ita dona Dei vituperant, atque ac si venderent emerentque, sic ducunt et ducuntur. Rescripta vero majori cautione opus habent, quam si de venditis et emtis ageretur. Discite quo pacto veteres uxores ducerent, illosque imitamini. Quomodo ergo uxores ducebant illi? Bonos mores et indolem quærebant, animique virtutem. Ideoque scriptis opus non habebant, non charta, non atramento: sponsæ mores satis erant, omniumque locum tenebant. Vos ergo obsecro, ne pecunias, ne opes quæratis, sed mores, modestiam, pietatem, philosopham puellam; et hæc magis quam mille thesauri vobis proderunt. Si quæ Dei sunt quæras, hæc quoque tibi adduntur; si vero illis relictis ad hæc tantum curras, neque hæc sequentur. Sed ille, inquies, ab uxore ditatus est. Non te pudet hæc exempla referre? Multos audivi dicentes, Mallem extrema paupertate laborare, quam ab uxore ditari. Quid enim insuavius illis divitiis? quid amarius hac opulentia? quid turpius quam insignem hoc modo esse, ita ut ab omnibus dicatur, Ille ab uxore locuples factus est? Internas enim et domesticas molestias taceo, quas inde oriri necesse est; mulieris arrogantiam, viri servitutem, pugnas, servorum convicia, dicentium: Pauper, pannosus, ignobilis ex ignobilibus; quid habuit quando venit? annon omnia sunt dominæ? Sed hæc verba nihil curas: neque enim liber es. Nam et parasiti his deteriora audiunt, neque ideo dolent, sed etiam gloriantur de hujusmodi dedecore. Ac cum id ipsis dicimus, Sit mihi, inquiunt, quid dulce et jucundum, et suffocet me. O diabolum! quæ proverbia ille in vitam hominum intulit, quibus tota talium hominum vita possit everti! Perpende ergo illud diabolicum ac exitiosum dictum, quanta sit pernicie plenum. Nihil enim aliud dicit, quam hæc verba: Nulla tibi decori, nulla tibi justitiæ sit ratio: hæc omnia abjiciantur: unam tantum quære voluptatem. Etiamsi te res hæc suffocarit, tibi optabilis sit; etiamsi omnes obvii te conspuant,

Parasitorum dedecus.

καὶ κτήματα, καὶ μέτρα οὐσίας ποικίλης καὶ διαφόρου, καθάπερ τι πρίασθαι μέλλων, ἢ συνάλλαγμά τι κοινὸν ἐπιτελεῖν. Διὰ τοῦτο καὶ οὕτω καλοῦσι τὸν γάμον. Πολλῶν γὰρ ἤκουσα λεγόντων· συνήλλαξεν ὁ δεῖνα τῇ δεῖνι, τουτέστι, ἔγημε. Καὶ εἰς τὰς τοῦ Θεοῦ δωρεὰς ἐνυβρίζουσι, καὶ ὥσπερ ὠνούμενοι καὶ πωλοῦντες οὕ-
B τω γαμοῦσι καὶ γαμοῦνται. Καὶ γραμματεῖα πλείονος ἀσφαλείας δεόμενα [a], ἢ τὰ περὶ πράσεως καὶ ἀγορασίας. Μάθετε πῶς οἱ παλαιοὶ ἐγάμουν, καὶ ζηλώσατε. Πῶς οὖν ἐγάμουν ἐκεῖνοι; Τρόπους ἐζήτουν ἀγαθοὺς καὶ ἤθη, καὶ ψυχῆς ἀρετήν. Διὰ τοῦτο γραμμάτων αὐτοῖς οὐκ ἔδει, οὐδὲ τῆς ἀπὸ χάρτου καὶ μέλανος ἀσφαλείας· ἤρκει γὰρ ἀντὶ πάντων αὐτοῖς ὁ τῆς νύμφης τρόπος. Παρακαλῶ τοίνυν καὶ ὑμᾶς, μὴ χρήματα ἐπιζητεῖν καὶ περιουσίαν· ἀλλὰ τρόπον καὶ ἐπιείκειαν [c] ζήτησον, καὶ εὐλάβειαν, καὶ φιλόσοφον κόρην· καὶ μυρίων σοι ταῦτα θησαυρῶν ἔσται βελτίω. Ἂν τὰ τοῦ Θεοῦ ζητῇς, [d] καὶ
C ταῦτα ἕξεις· ἂν δὲ ἐκεῖνα παραδραμὼν ἐπὶ ταῦτα τρέχῃς, οὐδὲ ταῦτα ἕψεται. Ἀλλ' ὁ δεῖνα, φησὶν, ἀπὸ γυναικὸς εὔπορος γέγονεν. Οὐκ αἰσχύνῃ τοιαῦτα παραδείγματα φέρων; Μυριάκις γενοίμην πένης, πολλῶν ἤκουσα λεγόντων, ἢ παρὰ γυναικὸς λάβοιμι πλοῦτον. Τί γὰρ ἀηδέστερον ἐκείνου τοῦ πλούτου; τί δὲ ταύτης πικρότερον τῆς εὐπορίας; τί δὲ αἰσχρότερον τοῦ ἐπίσημον εἶναι ἐντεῦθεν, καὶ λέγεσθαι παρὰ πάντων, ὁ δεῖνα ἀπὸ γυναικὸς εὔπορος γέγονε; Τὰς γὰρ ἔνδον ἀηδίας ἀφίημι, ὅσας ἐκ τούτου συμβαίνειν ἀνάγκη·
D τὸ φρόνημα τῆς γυναικὸς, [e] τὴν δουλοπρέπειαν, τὰς μάχας, τὰ τῶν οἰκετῶν ὀνείδη· ὁ πένης, ὁ ῥακοδύτης, ὁ ἄτιμος καὶ ἐξ ἀτίμων· τί γὰρ ἦλθεν ἔχων; [f] οὐ πάντα τῆς κυρίας; Ἀλλ' οὐδέν σοι μέλει τῶν ῥημάτων τούτων· οὐδὲ γὰρ ἐλεύθερος εἶ. Ἐπεὶ καὶ οἱ παράσιτοι τούτων καταδεέστερα ἀκούουσι, καὶ οὐκ ἀλγοῦσιν οὐδὲ οὗτοι, ἀλλὰ καὶ ἐγκαλλωπίζονται τῇ αἰσχύνῃ. Καὶ ὅταν ταῦτα λέγωμεν αὐτοῖς, ἔστω, φησὶν, ἡδύ τι καὶ γλυκὺ, καὶ ἀποπνιγέτω με. Ὢ τοῦ διαβόλου· οἵας παροιμίας εἰσήγαγε τῷ βίῳ, ὁλόκληρον
E τὴν ζωὴν τῶν τοιούτων ἀνατρέψαι δυναμένας. Ὅρα γοῦν αὐτὴν ταύτην τὴν διαβολικὴν καὶ ὀλέθριον ῥῆσιν, ὅσης γέμει τῆς ἀπωλείας. Οὐδὲν γὰρ ἄλλο φησὶν, ἀλλ' ἢ ταυτὶ τὰ ῥήματα· μηδείς [g] σοι τοῦ σεμνοῦ, μηδείς σοι δικαίου λόγος ἔστω· πάντα ἐῤῥίφθω ἐκεῖνα· ἓν μόνον ζήτησον, τὴν ἡδονήν. Κἂν ἄγχῃ σε τὸ πρᾶγμα, αἱρετὸν ἔστω· κἂν πάντες ἐμπτύωσιν οἱ ἀπαντῶντες,
714 A κἂν τῇ ὄψει προστρίβωνται βόρβορον, κἂν ὡς κύνα ἐλαύνωσι, πάντα φέρε. Καὶ τί ἂν ἄλλο χοῖροι φωνὴν

[a] [Savil. addit συντιθέασιν. Agnoscit quidem Georgius Trapezuntius vertens, *Stipulationes quoque nuptiarum majore astutia* componunt; sed omittit etiam Codex 694.]

[c] Ζήτησον deest in Morel. Ibidem alii καὶ εὐλαβῆ καὶ φιλόσοφον, non male.

[d] Mss. plurimi καὶ ταῦτα ἕξει. Utraque lectio quadrat.

[e] Alii τὴν δουλοπρέπειαν, τὰ καγχάσματα, τὰ τῶν.

[f] Alii οὐχὶ πάντα.

[g] Morel. σοι τοῦ δικαίου λόγος, omissis interpositis.

λαβόντες εἶπον; τί δὲ κύνες οἱ ἀκάθαρτοι; Τάχα δὲ οὐδ' ἂν ἐκεῖνοι τοιαῦτα ἐφθέγξαντο, οἷα ἀνθρώπους ἔπεισεν ὁ διάβολος λυττᾷν. Διὸ παρακαλῶ, τὴν ἀναισθησίαν συνειδότας τῶν τοιούτων ῥημάτων, φεύγειν τὰς τοιαύτας παροιμίας, καὶ τὰς ἀπὸ τῆς Γραφῆς ἐκλέγειν ἀπεναντίας αὐταῖς οὔσας. Τίνες δέ εἰσιν αὗται; Μὴ πορεύου, φησὶν, ὀπίσω [a] τῶν ἐπιθυμιῶν τῆς ψυχῆς σου, καὶ ἀπὸ τῶν ὀρέξεών σου κωλύου. Καὶ περὶ πόρνης πάλιν φησὶν ἀπεναντίας τῇ παροιμίᾳ ταύτῃ· Μὴ πρόσεχε φαύλῃ γυναικί· μέλι γὰρ [b] στάζει ἀπὸ χειλέων γυναικὸς πόρνης, ἣ πρὸς καιρὸν λιπαίνει σὸν φάρυγγα· ὕστερον μέντοι πικρότερον χολῆς εὑρήσεις, καὶ ἠκονημένον μᾶλλον μαχαίρας διστόμου. Τούτων τοίνυν ἀκούωμεν, μὴ ἐκείνων· καὶ γὰρ ἐντεῦθεν οἱ ἀνελεύθεροι, ἐντεῦθεν οἱ δουλοπρεπεῖς λογισμοὶ φύονται, ἐντεῦθεν ἄλογα οἱ ἄνθρωποι γίνονται, ὅτι πανταχοῦ τὴν ἡδονὴν διώκειν ἐθέλουσι [c] κατὰ τὴν παροιμίαν ταύτην, ἣ καὶ χωρὶς τῶν ἡμετέρων λόγων αὐτόθεν ἐστὶ καταγέλαστος. Μετὰ γὰρ τὸ ἀποπνιγῆναι, τί τὸ κέρδος τῆς γλυκύτητος; Παύσασθε τοίνυν τοσοῦτον κατασκευάζοντες γέλωτα, καὶ γέενναν ἀνάπτοντες καὶ πῦρ ἄσβεστον· καὶ διαβλέψωμεν κἂν ὀψέ ποτε ὡς χρὴ [d] πρὸς τὰ μέλλοντα, τὴν τῶν ὀφθαλμῶν λήμην ἀποβαλόντες, ὅπως καὶ τὸν ἐνταῦθα βίον κοσμίως καὶ μετὰ πολλῆς τῆς σεμνότητος καὶ εὐλαβείας παρέλθωμεν, καὶ τῶν μελλόντων ἐπιτύχωμεν ἀγαθῶν, χάριτι καὶ φιλανθρωπίᾳ τοῦ Κυρίου ἡμῶν Ἰησοῦ Χριστοῦ, ᾧ ἡ δόξα εἰς τοὺς αἰῶνας τῶν αἰώνων. Ἀμήν.

etiamsi lutum in os ingerant, etsi ut canem pellant, omnia feras. Ecquid aliud dixerint porci, si loqui possent? quid impuri canes? Neque fortasse talia loquerentur, qualia diabolus rabidis hominibus dicere suasit. Propterea obsecro, ut talium verborum impudentiam considerantes, hæc proverbia fugiatis, et his contraria ex Scripturis deligatis. Quæ sunt illa? *Ne ambules post concu-* Eccli. 18.
B *piscentias animæ tuæ, et appetitus tuos coerce.* 30.
Et de meretrice rursum, contra quam in proverbio
fertur: ***Ne attendas improbæ mulieri; mel*** Prov. 5. 2.
enim stillat e labiis mulieris meretricis, quæ —4.
ad tempus guttur tuum impinguat: postea vero amarius felle invenies et acutius gladio ancipiti. Hæc itaque audiamus, non illa. Nam inde illiberales, inde serviles cogitationes oriuntur; inde homines in bruta animalia commutantur, quia ubique voluptatem sequi secundum hoc proverbium volunt, quod per se ita ridiculum est, C ut ad id probandum verbis non sit opus. Nam postquam suffocati sunt, quæ ex voluptate utilitas? Finem ergo facite tanti risus parandi, ac gehennam ignemque inexstinguibilem accendendi; ac vel sero tandem ad futura ut oportet respiciamus, detersa scilicet oculorum lippitudine; ut et hanc vitam ornate, cum multa modestia et pietate transeamus, et futura consequamur bona, gratia et misericordia Domini nostri Jesu Christi, cui gloria in sæcula sæculorum. Amen.

[a] Alii τῆς ἐπιθυμίας.
[b] Quidam habent ἀποστάζει.
[c] Morel. male κατὰ τὴν μίαν ταύτην, ἣ καὶ χωρίς.
[d] Morel. πρὸς τὰ μέλλοντα, ὅπως καί, omissis cæteris.

ΟΜΙΛΙΑ οδ'.

D

HOMIL. LXXIV. al. LXXV.

Οὐαὶ ὑμῖν, γραμματεῖς καὶ Φαρισαῖοι ὑποκριταὶ, ὅτι οἰκοδομεῖτε τοὺς τάφους τῶν προφητῶν, καὶ κοσμεῖτε τὰ μνημεῖα αὐτῶν, καὶ λέγετε, ὅτι εἰ ἦμεν ἐν ταῖς ἡμέραις τῶν πατέρων ἡμῶν, οὐκ ἂν ἦμεν κοινωνοὶ ἐν τῷ αἵματι τῶν προφητῶν.

Cap. XXIII. v. 29. ***Væ vobis, scribæ et Pharisæi hypocritæ, qui ædificatis sepulcra prophetarum, et ornatis monumenta eorum,*** 30. ***et dicitis: Si fuissemus in diebus patrum nostrorum, non fuissemus socii eorum in sanguine prophetarum.***

Οὐχ ὅτι οἰκοδομοῦσιν, οὐδ' ὅτι ἐγκαλοῦσιν ἐκείνοις, Οὐαί φησιν, ἀλλ' ὅτι καὶ ταύτῃ καὶ δι' ὧν λέγουσι καταγινώσκειν προσποιούμενοι τῶν πατέρων, χείρονα πράττουσιν. Ὅτι γὰρ προσποίησις ἦν ἡ κατάγνωσις, ὁ Λουκᾶς φησιν· ὅτι καὶ [e] συνευδοκεῖτε, ἐπειδὴ οἰκοδομεῖτε. Οὐαὶ ὑμῖν, φησὶν, ὅτι οἰκοδομεῖτε τὰ μνή-

1. *Væ* dicit, non quia ædificant, nec quia patres suos accusant, sed quia sic facientes, quando dictis suis se patres suos accusare simulant, pejora
E perpetrant. Quod enim simultate tantum patres
improbarent, Lucas docet, Quia consentitis, quia
ædificatis. *Væ vobis,* inquit, *quia ædificatis mo-* Luc. 11. 47. 48.

[e] Morel. συνευδοκεῖτε, οὐαὶ ὑμῖν.

numenta prophetarum; patres autem vestri occiderunt eos. Ergo testamini et consentitis operibus patrum vestrorum, quia illi occiderunt eos; vos autem ædificatis sepulcra eorum. Hic autem mentem eorum damnat, qua ædificabant; quia non in occisorum honorem, sed quasi cædes cum pompa efferentes, et timentes, ne temporum injuria dirutis sepulcris, tanti ausus memoria et monumentum interiret: sic sepulcra construebant, splendida ædificia quasi tropæum erigentes, ac de illorum facinoribus gloriantes. Nam quæ nunc audetis, inquit, ostendunt vos hæc illo animo facere. Licet enim contraria dicatis, quasi damnantes illos, Quia non fuissemus in his socii illorum, si in illis diebus vixissemus: sed qua mente id dicatis certum est. Quaproter illam declarans, ænigmatice sic loquutus est. Cum dixisset enim: *Dicitis, Si fuissemus in diebus patrum nostrorum, non fuissemus socii eorum in sanguine prophetarum;* subjunxit: 31. *Itaque testimonio estis vobismetipsis, quod filii sitis eorum qui prophetas occiderunt.* Ecquod crimen est filium esse homicidæ, si non consors sit paternæ voluntatis? Nullum. Unde manifestum est, ideo id ipsis protulisse, ut eorum cum patribus suis in nequitia concordiam significaret. Et hoc indicat id quod sequitur; subjunxit enim: 33. *Serpentes, genimina viperarum.* Sicut enim viperæ parentibus secundum veneni perniciem similes sunt, sic et vos patribus secundum sanguinarium animum. Deinde quia mentem eorum multis occultam notavit, a futuris ipsorum facinoribus, quæ universis patebunt, dicta comprobat. Quia enim jam dixit, *Itaque testificamini vobis metipsis, quia filii estis eorum qui prophetas occiderunt,* his significans se de cognatione secundum nequitiam loqui, simulateque dixisse eos, *Non fuissemus illorum socii;* subjunxit: 32. *Et vos implete mensuram patrum vestrorum:* non imperans, sed quod futurum erat prænuntians, cædem videlicet suam. Ideoque hoc prolato argumento, cum ostendisset figmenta illa esse, quæ ad sui defensionem dicebant, *Non fuissemus illorum socii*, (nam qui Domino non pepercerunt, quomodo servis pepercissent?) acriore postea utitur oratione, serpentes vocans et genimina viperarum, et dicens: *Quomodo fugietis a judicio gehennæ*, cum talia audeatis, et post negetis, mentemque vestram oc-

Nibil nocent patres improbi probis filiis.

ματα τῶν προφητῶν· οἱ δὲ πατέρες ὑμῶν ἀπέκτειναν αὐτούς. Ἄρα μαρτυρεῖτε καὶ συνευδοκεῖτε τοῖς ἔργοις
715 τῶν πατέρων ὑμῶν, ὅτι αὐτοὶ μὲν ἀπέκτειναν αὐτούς·
A ὑμεῖς δὲ οἰκοδομεῖτε τὰ μνήματα αὐτῶν. Ἐνταῦθα γὰρ τὴν γνώμην αὐτῶν διαβάλλει, μεθ' ἧς ᾠκοδόμουν· ὅτι οὐ διὰ τιμὴν τῶν σφαγέντων, ἀλλ' ὡς ἐμπομπεύοντες ταῖς σφαγαῖς, καὶ δεδοικότες, μήποτε τῷ χρόνῳ τῶν τάφων ἀφανισθέντων μαρανθῇ τῆς τοσαύτης τόλμης ὁ ἔλεγχος καὶ ἡ μνήμη, ᾠκοδόμουν τοὺς τάφους, ὥσπερ τι τρόπαιον ἱστῶντες λαμπρὰς τὰς οἰκοδομὰς, καὶ καλλωπιζόμενοι τοῖς ἐκείνων τολμήμασι καὶ ἐπιδεικνύμενοι. Τὰ γὰρ νῦν τολμώμενα παρ' ὑμῶν δείκνυσιν, ὅτι καὶ ταῦτα τούτῳ ποιεῖτε τῷ τρόπῳ. Κἂν γὰρ τὰ ἐναντία λέγητε, φησὶν, ὡς καταγινώσκοντες αὐτῶν, οἷον ὅτι οὐκ ἂν ἦμεν κοινωνοὶ αὐτῶν, εἰ ἦμεν ἐν ταῖς ἡμέραις ἐκείναις· ἀλλ' ἡ γνώμη
B [a] δήλη ἡ ταῦτα λέγουσα. Διὸ καὶ ἐκκαλύπτων αὐτὴν αἰνιγματωδῶς μὲν, εἴρηκε δ' οὖν ὅμως. Εἰπὼν γάρ· Λέγετε, ὅτι εἰ ἦμεν ἐν ταῖς ἡμέραις τῶν πατέρων ἡμῶν, οὐκ ἂν ἦμεν κοινωνοὶ αὐτῶν ἐν τῷ αἵματι τῶν προφήτων· ἐπήγαγεν· Ὥστε μαρτυρεῖτε ἑαυτοῖς, ὅτι υἱοί ἐστε τῶν φονευσάντων τοὺς προφήτας. Καὶ ποῖον ἔγκλημα υἱὸν εἶναι [b] ἀνδροφόνου, ἂν μὴ κοινωνῇ τῇ γνώμῃ τοῦ Πατρός; Οὐδέν. Ὅθεν δῆλον, ὅτι διὰ τοῦτο αὐτοῖς προφέρει, τὴν κατὰ κακίαν συγγένειαν αἰνιττόμενος. Καὶ τοῦτο καὶ τὸ ἑξῆς δηλοῖ· ἐπήγαγε δ' οὖν· Ὄφεις, γεννήματα ἐχιδνῶν. Ὥσπερ γὰρ ἐκεῖνα ἔοικε τοῖς γονεῦσι κατὰ τὴν τοῦ ἰοῦ λύμην, οὕτω καὶ ὑμεῖς
C τοῖς πατράσι κατὰ τὸ φονικόν. Εἶτα ἐπειδὴ γνώμην ἔστιζεν ἄδηλον τοῖς πολλοῖς οὖσαν, καὶ ἀφ' ὧν μέλλουσι τολμᾷν, τῶν πᾶσιν ἐσομένων δήλων, κατασκευάζει τὰ εἰρημένα. Ἐπειδὴ γὰρ εἶπεν, Ὥστε μαρτυρεῖτε ἑαυτοῖς, ὅτι υἱοί ἐστε τῶν φονευσάντων τοὺς προφήτας, δηλῶν ὅτι τὴν κατὰ τὴν πονηρίαν συγγένειαν λέγει, καὶ ὅτι πλάσμα ἦν τὸ λέγειν, ὅτι Οὐκ ἂν ἦμεν αὐτῶν κοινωνοὶ, ἐπήγαγε· Καὶ ὑμεῖς [c] πληρώσατε τὸ μέτρον τῶν πατέρων ὑμῶν· οὐκ ἐπιτάττων, ἀλλὰ προαναφωνῶν τὸ ἐσόμενον· τουτέστι, τὴν ἑαυτοῦ σφαγήν. Διὰ δὴ τοῦτο ἐπαγαγὼν τὸν ἔλεγχον, καὶ δείξας ὅτι πλάσματα ἦν ἅπερ ἔλεγον ὑπὲρ ἑαυτῶν
D ἀπολογούμενοι, οἷον ὅτι Οὐκ ἂν ἦμεν κοινωνοὶ αὐτῶν, (οἱ γὰρ τοῦ Δεσπότου μὴ ἀπεχόμενοι, πῶς ἂν τῶν δούλων ἀπέσχοντο;) καταφορικωτέρῳ τῷ μετὰ ταῦτα κέχρηται λόγῳ, ὄφεις καλῶν καὶ γεννήματα ἐχιδνῶν, καὶ λέγων· Πῶς φεύξεσθε ἀπὸ τῆς κρίσεως τῆς γεέννης, τοιαῦτα τολμῶντες, καὶ ἀρνούμενοι, καὶ τὴν γνώμην κρύπτοντες; Εἶτα καὶ ἑτέρωθεν αὐτοὺς ἐλέγχων ἐκ περιουσίας, φησὶν, ὅτι Ἀποστελῶ πρὸς ὑμᾶς προφή-

[a] Idem δήλη ἐνταῦθα λέγουσα.
[b] Alii ἀνδροφόνον. [Paulo post Cod. 691 ὅτι δι' αὐτὸ τοῦτο αὐτοῖς προσφέρει.]
[c] Quidam et Morel. πληρώσετε.

τας, καὶ σοφοὺς, καὶ γραμματεῖς, καὶ ἐξ αὐτῶν ἀποκτενεῖτε καὶ σταυρώσετε καὶ μαστιγώσετε ἐν ταῖς συναγωγαῖς ὑμῶν. Ἵνα γὰρ μὴ λέγωσιν, ὅτι εἰ καὶ τὸν Δεσπότην ἐσταυρώσαμεν, ἀλλὰ τῶν δούλων ἀπεσχόμεθα ἂν, εἰ ἦμεν τότε· ἰδοὺ, φησὶ, καὶ δούλους ὑμῖν [d]ἀποστέλλω, προφήτας καὶ αὐτοὺς, καὶ οὐδὲ αὐτῶν φείσεσθε. Ταῦτα δὲ λέγει, δεικνὺς ὅτι οὐδὲν ξένον σφαγῆναι αὐτὸν ὑπὸ τῶν υἱῶν ἐκείνων, φονικῶν τε ὄντων καὶ ὑπούλων, καὶ πολὺ τὸ δολερὸν ἐχόντων, καὶ νικώντων τοὺς πατέρας τοῖς τολμήμασι. Πρὸς δὲ τοῖς εἰρημένοις δείκνυσιν αὐτοὺς καὶ σφόδρα κενοδοξοῦντας. Καὶ γὰρ ὅταν λέγωσιν, Εἰ ἦμεν ἐν ταῖς ἡμέραις τῶν πατέρων ἡμῶν, οὐκ ἂν ἦμεν κοινωνοὶ αὐτῶν, κενοδοξοῦντες λέγουσι, καὶ ἐν λόγοις φιλοσοφοῦντες μόνον, ἐν δὲ τοῖς ἔργοις τὰ ἐναντία πράττουσιν. Ὄφεις, γεννήματα ἐχιδνῶν· τουτέστι, πονηροὶ πονηρῶν παῖδες, καὶ τῶν γεννησαμένων πονηρότεροι. Δείκνυσι γὰρ αὐτοὺς μείζονα τολμῶντας, τῷ πολλῷ χαλεπώτερα ἐκείνων, καὶ ταῦτα ἀκριβολογουμένους, ὡς οὐκ ἄν ποτε τοῖς αὐτοῖς [a]περιέπεσον. Αὐτοὶ γὰρ καὶ τὸ τέλος ἐπάγουσι, καὶ τὴν κορωνίδα τῶν κακῶν. Οἱ μὲν γὰρ τοὺς ἐπὶ τὸν ἀμπελῶνα ἐλθόντας ἀπέκτειναν· οὗτοι δὲ καὶ αὐτὸν τὸν υἱὸν, καὶ τοὺς ἐπὶ γάμον καλοῦντας. Ταῦτα δὲ λέγει, τῆς συγγενείας αὐτοὺς ἀφιστὰς τῆς τοῦ Ἀβραὰμ, καὶ δεικνὺς, ὅτι οὐδὲν αὐτοῖς ἐντεῦθεν τὸ κέρδος, ἐὰν μὴ τὰ ἔργα μιμήσωνται. Διὸ καὶ ἐπάγει· Πῶς φύγητε ἀπὸ τῆς κρίσεως τῆς γεέννης, ἐκείνους μιμούμενοι τοὺς τὰ τοιαῦτα τετολμηκότας; Ἐνταῦθα δὲ καὶ τῆς τοῦ Ἰωάννου αὐτοὺς κατηγορίας ἀνέμνησε· καὶ γὰρ καὶ ἐκεῖνος οὕτως αὐτοὺς ἐκάλεσε, καὶ τῆς μελλούσης ὑπέμνησε κρίσεως. Εἶτα ἐπειδὴ οὐδὲν αὐτοὺς ἐφόβει κρίσις καὶ γέεννα, τῷ μὴ πιστεύειν, καὶ τῷ μέλλειν τὸ πρᾶγμα, ἀπὸ τῶν παρόντων αὐτοὺς καταστέλλει καί φησιν· Διὰ τοῦτο ἰδοὺ ἐγὼ [b]ἀποστέλλω πρὸς ὑμᾶς προφήτας, καὶ σοφοὺς, καὶ γραμματεῖς, καὶ ἐξ αὐτῶν ἀποκτενεῖτε, καὶ σταυρώσετε, καὶ μαστιγώσετε· ὅπως ἔλθῃ ἐφ' ὑμᾶς πᾶν αἷμα δίκαιον ἐκχυνόμενον ἐπὶ τῆς γῆς, ἀπὸ τοῦ αἵματος Ἄβελ τοῦ δικαίου, ἕως τοῦ αἵματος Ζαχαρίου υἱοῦ Βαραχίου, ὃν ἐφονεύσατε μεταξὺ τοῦ ναοῦ καὶ τοῦ θυσιαστηρίου. Ἀμὴν λέγω ὑμῖν, ὅτι ἥξει ταῦτα πάντα ἐπὶ τὴν γενεὰν ταύτην.

Ὅρα ἐκ πόσων αὐτοὺς ἠσφαλίσατο; Εἶπεν, ὅτι καταγινώσκετε τῶν πατέρων ὑμῶν, δι' ὧν λέγετε, ὅτι οὐκ ἂν ἐκοινωνήσαμεν αὐτοῖς· οὐ μικρὸν δὲ τοῦτο εἰς τὸ ἐντρέψαι. Εἶπεν, ὅτι καταγινώσκοντες χείρονα πράττετε καὶ ὑμεῖς· καὶ τοῦτο ἱκανὸν αὐτοὺς καται-

cultetis? Postea aliunde eos magna vi coarguens,
ait: 34. *Mittam ad vos prophetas, et sapientes,*
et scribas, et ex ipsis interficietis et crucifigetis et flagellabitis in synagogis vestris. Ne di-
E cerent enim, Etiamsi Dominum crucifixerimus,
at a servis abstinuissemus, si tunc fuissemus:
Ecce, inquit, servos mitto vobis, ipsosque prophetas, neque ipsis parcetis. Hæc porro dixit,
ostendens nihil esse mirum, si occidatur a filiis
716 illorum, qui et sanguinarii erant et fraudulenti,
A dolosique, qui patres scelere vincerent. Ad hæc
autem ostendit eos admodum vanæ gloriæ cupidos esse. Cum enim dicunt, *Si fuissemus in diebus patrum nostrorum, non fuissemus participes eorum*, id dicunt ut vanam gloriam captent; verbisque philosophantur, opere autem contraria faciunt. *Serpentes, genimina viperarum;* hoc est, Mali malorum filii, et parentibus iniquiores. Ostendit quippe ipsos majora scelera perpetrasse, tum quod post illos id ausi sunt, et longe graviora quam illi, etsi jactitarent se numquam talia perpetraturos fuisse. Ipsi namque finem imponunt, malorumque coronidem. Alii enim eos qui ad vi-
B neam venerant occiderunt; hi vero ipsum filium, et eos qui ad nuptias invitabant. Hæc porro dicit, ut eos a cognatione Abraham removeret, ostenderetque, nihil ipsis inde lucri proventurum esse, nisi opera ejus imitarentur. Quapropter subjungit, *Quomodo fugietis a judicio gehennæ*, cum illos imitemini qui paria perpetrarunt? Hic vero illis Joannis criminationem in memoriam revocavit: nam et illos sic appellavit, et judicium futurum commemoravit. Deinde quia non illos terrebant
C judicium atque gehenna, tum quod non crederent, tum quod in futurum res mitteretur, a præsentibus illos reprimit et dicit: *Ideo ecce ego mitto ad vos prophetas, et sapientes, et scribas, et ex illis occidetis, et crucifigetis, et flagellabitis;*
35. *ut veniat super vos omnis sanguis justus, qui effusus est super terram, a sanguine Abel justi, usque ad sanguinem Zachariæ filii Barachiæ, quem occidistis inter templum et altare.* 36. *Amen dico vobis, venient hæc omnia super generationem hanc.*

2. Vide ex quot argumentis rem illis certam
D statuebat? Dixit, Patres vestros damnatis cum dicitis, Non communicassemus cum illis; nec parum illud erat ut illos pudore afficeret. Dixit, Dum illos damnatis, pejora facitis; id quod rubo-

[d] Mss. quidam ἀποστελῶ.

[a] Alii περιέπεσαν.

[b] Alii ἀποστελῶ.

rem ipsis injicere debebat. Dixit, Non impune hæc
erunt, et his timorem illis ingentem incutit: gehennam enim ipsis commemoravit. Deinde quia
gehenna futura non præsens erat, mala ipsis
præsentia significavit, cum ait: *Venient hæc*
omnia super generationem istam. Addidit autem supplicii vehementiam ingentem, dicens illos
omnium gravissima esse passuros; ex nullo tamen horum resipuerunt. Si quis vero dixerit, Cur
omnium gravissima passi sunt? responderim ego,
quia omnium gravissima scelera perpetrarunt, ex
nullo tamen horum meliores effecti sunt. Annon
Gen. 4. 24. audisti Lamech dicentem, *Ex Caïn vindicatum*
est septies, ex Lamech vero septuagies septies?
Id est, plura supplicia mereor ego quam Caïn.
Quare? Nam fratrem non occidit: sed quia non
exemplo castigatus est. Idipsum alibi dicit Deus:
Exod. 20. 5. *Reddens peccata parentum in filios in tertiam*
et quartam generationem iis qui me odio ha-
bent; non quod alieni peccati quis supplicium
luat, sed quod ii qui, post alios multos in peccata
lapsos et castigatos, non meliores effecti, eadem
quæ illi perpetrant, eadem ipsa supplicia jure
luant. Vide autem quomodo Abelem opportune in
medium produxerit, ostendens hanc quoque necem
ex invidia prodire. Quid ergo dicere possitis? annon scitis quid passus sit Caïn? an post commissum scelus quievit Deus? annon ille extremas dedit pœnas? Annon audistis quid passi sint patres
vestri, qui prophetas occiderunt? annon mille
suppliciis traditi sunt? Cur ergo non meliores
effecti estis? Cur autem patrum vestrorum supplicia, et quid passi sint enarrem? tu ipse qui patres tuos condamnas, cur pejora facis? Etenim
Matth. 21. 41. vos ipsi hanc sententiam tulistis: *Malos male*
perdet. Quam ergo deinceps veniam habebitis,
Zacharias filius Barachiæ, quis. qui post talem sententiam talia audetis? Sed quis
est hic Zacharias? Alii patrem Joannis esse dicunt;
alii prophetam; alii alium quemdam binominem
sacerdotem, quem Jodaë vocat Scriptura. Tu vero
illud animadverte, scelus duplex fuisse. Non enim
sanctos occidebant tantum, sed etiam in locis
sanctis. Hæc autem dicens non solum illos terrebat, sed etiam discipulos consolabatur, ostendens
justos olim eadem esse passos. Hos autem terrebat

σχῦναι. Εἶπεν, ὅτι οὐκ ἀτιμωρητὶ ταῦτα ἔσται, καὶ
φόβον ἐντεῦθεν αὐτοῖς [c] ἐντίθησιν ἄφατον· ἀνέμνησε
γοῦν αὐτοὺς τῆς γεέννης. Εἶτα ἐπειδὴ ἔμελλεν ἐκείνη,
ἐπέστησεν αὐτοῖς καὶ παρόντα τὰ δεινά· Ἥξει γὰρ
πάντα ταῦτα, φησὶν, ἐπὶ τὴν γενεὰν ταύτην. Προσέθηκε δὲ καὶ σφοδρότητα ἄφατον τῇ τιμωρίᾳ, εἰπὼν
ὅτι πάντων χαλεπώτερα πείσονται· καὶ οὐδενὶ τούτων
ἐγένοντο βελτίους. Εἰ δὲ λέγοι τις, καὶ τί δήποτε χα-
E λεπώτερα πάσχουσι πάντων; [d] εἴποιμι ἂν, ὅτι καὶ
πάντων χαλεπώτερα τετολμήκασι, καὶ οὐδενὶ τῶν γεγενημένων ἐσωφρονίσθησαν. Καὶ οὐκ ἤκουσας τοῦ
Λάμεχ λέγοντος· Ὅτι ἐκ μὲν Κάϊν ἐκδεδίκηται ἑπτάκις, ἐκ δὲ Λάμεχ ἑβδομηκοντάκις ἑπτά; Τουτέστι,
πλειόνων τιμωριῶν [e] ἄξιος ἐγὼ ἢ ὁ Κάϊν. Τί δήποτε;
717 Καίτοι οὐκ ἀδελφὸν ἀνεῖλεν· ἀλλ' ὅτι οὐδὲ τῷ παρα-
A δείγματι ἐσωφρονίσθη. Τοῦτό ἐστιν ὅ φησιν ὁ Θεὸς
ἀλλαχοῦ· Ἀποδιδοὺς ἁμαρτίας πατέρων ἐπὶ τέκνα ἐπὶ
τρίτην καὶ τετάρτην γενεὰν τοῖς μισοῦσί με· οὐχ ὡς
τῶν ἄλλοις τολμηθέντων ἑτέρων διδόντων δίκας, ἀλλ'
ὡς τῶν μετὰ πλείονας [a] ἁμαρτόντας καὶ κολασθέντας
μὴ γενομένων βελτιόνων, ἀλλὰ τὰ αὐτὰ πεπλημμεληκότων, καὶ ἐκείνων τὰς τιμωρίας ὑποσχεῖν ὄντων δικαίων. Σκόπει [b] δὲ πῶς εὐκαίρως καὶ τοῦ Ἄβελ ἀνέμνησε, δεικνὺς ὅτι φθόνου καὶ οὗτος ὁ φόνος ἐστί. Τί
οὖν ἂν ἔχοιτε εἰπεῖν; μὴ γὰρ οὐκ ἔγνωτε τί ἔπαθεν ὁ
Κάϊν; μὴ γὰρ ἐφησύχασε τοῖς γεγενημένοις ὁ Θεός;
B μὴ γὰρ οὐκ ἀπέτισε τὴν χαλεπωτάτην δίκην; Μὴ γὰρ
οὐκ ἠκούσατε ὅσα ἔπαθον οἱ πατέρες ὑμῶν, τοὺς προφήτας ἀνελόντες; οὐ κολάσεσι καὶ τιμωρίαις μυρίαις
ἐξεδόθησαν; Πῶς οὖν οὐκ ἐγένεσθε βελτίους; Καὶ τί
λέγω τὰς κολάσεις τῶν πατέρων ὑμῶν, καὶ ἅπερ ἔπα-
θον· αὐτὸς σὺ ὁ καταψηφισάμενος τῶν πατέρων, πῶς
χείρω ποιεῖς; Καὶ γὰρ καὶ ὑμεῖς αὐτοὶ ἀπεφήνασθε,
ὅτι Κακοὺς κακῶς ἀπολέσει. Τίνα οὖν λοιπὸν ἕξετε
συγγνώμην, μετὰ τοιαύτην ψῆφον τοιαῦτα τολμῶντες;
Ἀλλὰ τίς ἐστιν ὁ Ζαχαρίας οὗτος; Οἱ μὲν τὸν Ἰωάννου πατέρα φασίν· οἱ δὲ [c] τὸν προφήτην· οἱ δὲ ἕτερόν
τινα διώνυμον ἱερέα, ὃν καὶ Ἰωδάε φησὶν ἡ Γραφή.
C Σὺ δὲ ἐκεῖνο σκόπει, ὅτι τὸ τόλμημα διπλοῦν ἦν. Οὐ
γὰρ ἁγίους ἀνῄρουν μόνον, ἀλλὰ καὶ [d] ἐν τόποις ἁγίοις.
Ταῦτα δὲ λέγων οὐκ ἐκείνους ἐφόβει μόνον, ἀλλὰ καὶ
τοὺς μαθητὰς παρεμυθεῖτο, δεικνὺς ὅτι καὶ οἱ δίκαιοι
πρὸ αὐτῶν ταῦτα ἔπαθον. Τούτους δὲ ἐφόβει, προλέγων ὅτι ὥσπερ ἐκεῖνοι δίκην ἔδοσαν, οὕτω καὶ οὗτοι
τὰ ἔσχατα πείσονται. Διὰ τοῦτο αὐτοὺς καὶ προφήτας

[c] Alii et Morel. ἐντιθείς.

[d] Savil. εἴποιμεν ἄν.

[e] Ἄξιος deest in Morel.

[a] Morel. ἁμαρτῶντας.

[b] Alii ὡς εὐκαίρως.

[c] Morel. οἱ δὲ τὸν ἄλλον προφήτην. Ibid. ὃν καὶ Ἰωδάε φησὶν ἡ Γραφή, *quem etiam Jodaë vocat Scriptura.* Non Jodaë sive Joïadam vocatum fuisse Zachariam illum dicit Scriptura, 2 Paral. 24, 20: sed ait Zachariam filium Joïadæ fuisse, contra quam narrat Chrysostomus, μνημονικῷ lapsu.

[d] Alii ἐν τόπῳ ἁγίῳ.

καὶ σοφοὺς καὶ γραμματέας καλεῖ, καὶ ἐντεῦθεν πάλιν πᾶσαν ἀπολογίαν αὐτῶν ἀναιρῶν. Οὐ γὰρ ἔχετε εἰπεῖν, φησὶν, ὅτι ἀπὸ ἐθνῶν ἀπέστειλας, καὶ διὰ τοῦτο ἐσκανδαλίσθημεν· ἀλλὰ τὸ φονικοὺς εἶναι καὶ διψῆν αἱμάτων εἰς τοῦτο ἦγε. Διὸ καὶ προεῖπεν, ὅτι διὰ τοῦτο προφήτας καὶ γραμματεῖς ἀποστελῶ. Τοῦτο καὶ οἱ προφῆται πάντες ἐνεκάλουν αὐτοῖς, Αἵματα ἐφ' αἵμασι μίσγουσι, λέγοντες· καὶ ὅτι ἄνδρες αἱμάτων εἰσί. Διὰ τοῦτο καὶ τὸ αἷμα αὐτῶν ἐκέλευσε προσφέρεσθαι, δεικνὺς ὅτι εἰ ἐπὶ ἀλόγου οὕτω τίμιον, πολλῷ μᾶλλον ἐπὶ ἀνθρώπου. Διὰ τοῦτο καὶ τῷ Νῶε λέγει· Ἐκδικήσω πᾶν αἷμα ἐκχυνόμενον. Καὶ μυρία τοιαῦτα ἔστιν ἕτερα εὑρεῖν ὑπὲρ τοῦ μὴ φονεύειν αὐτοὺς διαταττόμενον· διὸ οὐδὲ πνικτὸν ἐσθίειν [e]ἐκέλευσεν οὐδέν. Ὢ τῆς τοῦ Θεοῦ φιλανθρωπίας, ὅτι καὶ προειδὼς οὐδὲν κερδανοῦντας, τὰ αὐτοῦ ὅμως ἐποίει. Πέμπω γὰρ, φησὶ, καὶ ταῦτα εἰδὼς σφαγησομένους. Ὥστε κἀντεῦθεν ἠλέγχοντο εἰκῇ λέγοντες· οὐκ ἂν ἦμεν κοινωνοὶ τῶν πατέρων. Καὶ γὰρ καὶ οὗτοι προφήτας ἐν ταῖς συναγωγαῖς ἀνεῖλον, καὶ οὔτε τὸν τόπον αὐτὸν ᾐδέσθησαν, οὔτε τὸ ἀξίωμα τῶν προσώπων· οὐ γὰρ ἁπλῶς τοὺς τυχόντας ἀνεῖλον, ἀλλὰ καὶ προφήτας καὶ σοφοὺς, ὥστε μηδὲν αὐτοῖς ἐγκαλεῖν. [a]Τούτους δὲ τοὺς ἀποστόλους φησὶ, καὶ τοὺς μετ' ἐκείνους· καὶ γὰρ πολλοὶ προεφήτευον. Εἶτα βουλόμενος αὐξῆσαι τὸν φόβον, φησίν· Ἀμὴν ἀμὴν λέγω ὑμῖν, ἥξει ταῦτα πάντα ἐπὶ τὴν γενεὰν ταύτην· τουτέστιν, εἰς κεφαλὰς ὑμῶν ταῦτα πάντα τρέψω, καὶ σφοδρὰν ποιήσομαι τὴν ἄμυναν. Ὁ γὰρ πολλοὺς ἡμαρτηκότας εἰδὼς, καὶ μὴ σωφρονισθεὶς, ἀλλὰ καὶ τὰ αὐτὰ πάλιν καὶ αὐτὸς ἁμαρτὼν, καὶ οὐ τὰ αὐτὰ μόνον, ἀλλὰ καὶ πολλῷ χαλεπώτερα, χαλεπωτέραν ἐκείνων πολλῷ δίκαιος ἂν εἴη δοῦναι δίκην. Ὥσπερ γὰρ, εἰ ἐβουλήθη, μεγάλα ἂν ἐκέρδανε τοῖς ἑτέρων παραδείγμασι γενόμενος βελτίων· οὕτως, ἐπειδὴ ἀδιόρθωτος ἔμεινε, μείζονός ἐστι τιμωρίας ὑπεύθυνος, ἅτε πλείονος νουθεσίας τῆς διὰ τῶν ἔμπροσθεν ἡμαρτηκότων καὶ κολασθέντων ἀπολελαυκὼς, καὶ οὐδὲν καρπωσάμενος.

Εἶτα πρὸς τὴν πόλιν ἀποστρέφει τὸν λόγον, καὶ ταύτῃ παιδεῦσαι βουλόμενος τοὺς ἀκούοντας, καί φησιν· Ἱερουσαλὴμ, Ἱερουσαλήμ. Τί βούλεται ὁ διπλασιασμός; Ἐλεοῦντος αὐτὴν καὶ ταλανίζοντος τοῦτο τὸ σχῆμα, καὶ σφόδρα φιλοῦντος. Ὥσπερ γὰρ πρὸς ἐρωμένην, φιληθεῖσαν μὲν διαπαντὸς, καταφρονήσασαν δὲ τοῦ ἐραστοῦ, καὶ διὰ τοῦτο κολάζεσθαι μέλλουσαν, ἀπολογεῖται [b]λοιπὸν μέλλων ἐπάγειν τὴν κόλασιν.

prænuntiando, ut illi pœnas dederant, ita et ipsos extrema esse passuros. Ideo illos et prophetas et sapientes et scribas vocat, sicque omnem illis ex- D cusationem aufert. Non potestis, inquit, dicere, me ex gentibus misisse, ideoque vos offensos fuisse: sed eo adducti estis quod homicidæ sitis et sanguinem sitiatis. Ideo prædixit, se missurum esse prophetas et scribas. Hac de re accusabant illos prophetæ omnes, dicentes, *Sanguinem sanguini miscent*, et ipsos viros sanguinum esse testificantes. Ideo sanguinem ipsorum jussit offerri Deus, ostendens si in brutis ita pretiosus sanguis est, multo magis in homine esse. Ideo et Noæ dixit: *Vindicabo omnem sanguinem effu-* E *sum.* Innumeraque alia inveniri possunt, ubi Deus vetat ne occidant: quocirca ne suffocatum aliquid comederent vetuit. O Dei misericordiam, qui quamvis sciret id illis nihil profuturum esse, sua præstare non desiit! Mitto, inquit, licet sciam oc- 718 A cisum iri illos. Itaque hinc temere loqui deprehendebantur cum dicerent: Non socii fuissemus patrum. Nam et hi prophetas in synagogis occidebant, nec locum reveriti sunt, nec personarum dignitatem: neque enim viros e vulgo occidebant, sed prophetas et sapientes, ne se reprehenderent. Hos intelligit esse apostolos eorumque successores: nam multi prophetabant. Deinde ut terrorem augeret, ait: *Amen amen dico vobis, venient hæc omnia super generationem hanc;* id est, In capita vestra hæc omnia vertam, et magnam exercebo vindictam. Nam qui multos peccantes B vidit, nec conversus est, sed eadem ipsa peccata admittit, nec eadem ipsa modo, sed etiam longe graviora, graviores quam illi pœnas subire meretur. Quemadmodum enim, si voluisset, magna ex aliorum exemplo lucratus fuisset melior effectus: sic, quia resipiscere noluit, majori est supplicio obnoxius, utpote qui majora monita per eos qui jam peccaverant et plexi fuerant receperat, sed sine fructu.

Osee. 4. 2.
Gen. 9. 6.

3. Deinde ad civitatem sermonem convertit, sic auditores instituere volens, aitque: 37. *Jerusalem, Jerusalem.* Quid sibi vult hæc duplicatio? Miserantis est loquendi modus, et admodum amantis. Sicut enim apud dilectam, semper ama- C tam, quæ amantem contemserat, ideoque supplicio plectendam, ita sese defendit demum, cum mox supplicium est illaturus. Quod etiam in prophetis

[e] Unus ἐκέλευσε. διὰ τοῦτο καὶ τὸ αἷμα αὐτοῦ ἐκέλευσε προσφέρεσθαι· δεικνὺς ὅτι εἰ ἐπὶ ἀλόγου οὕτω τίμιον, πολλῷ μᾶλλον ἐπὶ ἀνθρώπου, quæ sunt ἀσύστατα. Paulo post οὐδὲν desideratur in Morel.

[a] Morel. τούτους δὲ τίνας; τοὺς ἀποστ.

[b] Morel. λοιπὸν ἐπάγειν.

Jerem. 3. 7. facit his verbis : *Dixi, Convertere ad me, et non est conversa.* Deinde vocans illam, homicidia ejus subjicit : *Quæ occidis prophetas, et lapidas eos qui ad te missi sunt, quoties volui congregare filios tuos, et noluistis?* ita circa ea quæ contra se fecerunt sese defendit : Quia neque propter hæc a te aversus sum, neque me ab illa magna erga te benevolentia repulisti, sed te ita affectam volui, non semel et bis, sed pluries attrahere. *Quoties* enim, inquit, *volui congregare filios tuos, quemadmodum gallina congregat pullos suos sub alas, et noluistis?* Hoc dicit, ostendens illos sæpe peccando sese dispersisse; et ex imagine illa amorem declarat suum : fervet enim amor animalis illius circa prolem. Sæpe autem hæc alarum imago in prophetis habetur, necnon in cantico Moysis, et in Psalmis, quæ protectionem, et providentiam magnam indicat. Sed noluistis, inquit. 38. *Ecce relinquetur domus vestra deserta,* patrocinio scilicet meo vacua. Ipse igitur erat qui prius illi patrocinabatur, ipsamque tenebat ac servabat : ipse itaque est, qui illos semper castigat. Et supplicium ipsis infert, quod illi admodum formidabant : hoc enim omnium rerum suarum eversionem designabat. 39. *Dico enim vobis, non me videbitis amodo donec dicatis, Benedictus qui venit in nomine Domini.* Hoc item dictum ferventis est amatoris, qui illos et futuris eventibus pertrahere vehementer optat : neque a præteritis solum hortatur : nam diem futurum secundi ejus adventus memorat. Quid igitur? an ex illo tempore non ultra viderunt eum? Sed illud, *Amodo,* non illam horam significat, sed totum tempus illud quod usque ad crucem intercedit. Quia enim illum semper hac de re accusabant, quod Deo adversarius esset et inimicus, hinc ipsos ad amorem sui hortatur, quod se Patri concordem semper demonstret, et seipsum declarat in prophetis fuisse : propterea iisdem ipsis utitur verbis, quibus propheta. Per hæc etiam resurrectionem subindicavit, necnon secundum adventum suum, etiamque iis qui admodum increduli essent, quod ipsum tunc essent adoraturi. Et quomodo illud significavit? Cum multa prius futura dixisset : quod missurus esset prophetas, quod illos interfecturi essent, etiamque in synagogis; quod illi

[b]Ὃ καὶ ἐν τοῖς προφήταις ποιεῖ λέγων· Εἶπον, ἀνάστρεψον [c]πρός με, καὶ οὐκ ἀνέστρεψεν. Εἶτα καλέσας αὐτὴν, λέγει καὶ τὰς μιαιφονίας αὐτῆς· Ἡ ἀποκτείνουσα τοὺς προφήτας, καὶ λιθοβολοῦσα τοὺς ἀπεσταλμένους πρὸς αὐτὴν, ποσάκις ἠθέλησα συναγαγεῖν τὰ τέκνα σου, καὶ οὐκ ἠθελήσατε; καὶ ταύτῃ ὑπὲρ τῶν καθ' ἑαυτὸν ἀπολογούμενος, ὅτι οὐδὲ τούτοις με ἀπέστρεψας, οὐδὲ ἀπέστησας τῆς περὶ σὲ πολλῆς εὐνοίας, ἀλλ' ἠθέλησα καὶ οὕτως, οὐχ ἅπαξ καὶ δὶς, ἀλλὰ καὶ D πολλάκις σε ἐπισπάσασθαι. Ποσάκις γὰρ, φησὶν, ἠθέλησα ἐπισυναγαγεῖν τὰ τέκνα σου, ὥσπερ ὄρνις τὰ νοσσία ἑαυτῆς, καὶ οὐκ ἠθελήσατε; Τοῦτο δὲ λέγει, δηλῶν ὅτι ἀεὶ ἑαυτοὺς ἐσκόρπιζον διὰ τῶν ἁμαρτημάτων· καὶ τὸ φιλόστοργον ἀπὸ τῆς εἰκόνος ἐπιδείκνυται· [d]καὶ γὰρ θερμὸν τὸ ζῶον περὶ τὰ ἔκγονα. Καὶ πανταχοῦ δὲ τῶν προφητῶν ἡ εἰκὼν αὕτη τῶν πτερύγων, καὶ ἐν τῇ ᾠδῇ Μωϋσέως, καὶ ἐν τοῖς ψαλμοῖς, τὴν πολλὴν σκέπην καὶ πρόνοιαν ἐνδεικνυμένη. Ἀλλ' οὐκ ἠθελήσατε, φησίν. Ἰδοὺ ἀφίεται ὁ οἶκος ὑμῶν ἔρημος, γυμνὸς τῆς παρ' ἐμοῦ βοηθείας. Ἄρα αὐτὸς ἦν ὁ καὶ ἔμπροσθεν αὐτῶν προϊστάμενος, καὶ συνέχων καὶ διακρατῶν· ἄρα αὐτός ἐστιν ὁ αὐτοὺς κολάζων ἀεί. Καὶ E τίθησι τιμωρίαν, ἣν ἀεὶ ἐδεδοίκεισαν μεθ' ὑπερβολῆς· αὕτη γὰρ πᾶσαν αὐτῶν τὴν ἀνατροπὴν τῆς πολιτείας ἐδήλου. Λέγω γὰρ ὑμῖν, οὐ μὴ ἴδητέ με ἀπάρτι, ἕως ἂν εἴπητε, εὐλογημένος ὁ ἐρχόμενος ἐν ὀνόματι Κυρίου. [e]Καὶ τοῦτο ἐραστοῦ τὸ ῥῆμα σφοδροῦ, σφόδρα αὐτοὺς 719 A καὶ ἀπὸ τῶν μελλόντων ἐπισπωμένου, [a]οὐκ ἀπὸ τῶν παρελθόντων μόνον ἐντρέποντος· τὴν γὰρ μέλλουσαν ἡμέραν τῆς δευτέρας αὐτοῦ παρουσίας ἐνταῦθα λέγει. Τί οὖν; οὐκ εἶδον αὐτὸν ἔκτοτε; Ἀλλ' οὐχὶ τὴν ὥραν ἐκείνην δηλοῖ λέγων, Ἀπάρτι, ἀλλὰ τὸν καιρὸν τὸν μέχρι τοῦ σταυροῦ. Ἐπειδὴ γὰρ ἀεὶ αὐτοὶ τοῦτο ἐνεκάλουν, ὅτι [b]ἀντίθεός τίς ἐστι καὶ ἐχθρὸς τῷ Θεῷ, ἀπὸ τούτου αὐτοὺς προτρέπει ἀγαπᾷν αὐτὸν, τοῦ συμφωνοῦντα ἑαυτὸν δεικνύναι τῷ Πατρὶ, καὶ δείκνυσιν αὐτὸν ὄντα ἐν τοῖς προφήταις· διὸ καὶ τοῖς αὐτοῖς κέχρηται ῥήμασιν, οἷσπερ καὶ ὁ προφήτης. Διὰ δὲ τούτων καὶ B τὴν ἀνάστασιν ᾐνίξατο, καὶ τὴν δευτέραν παρουσίαν ἐδήλωσε, καὶ τοῖς σφόδρα ἀπιστοῦσιν, ὅτι τότε πάντως αὐτὸν προσκυνήσουσι. Καὶ πῶς τοῦτο ἐδήλωσε; Πολλὰ εἰπὼν πρότερον ἐσόμενα· ὅτι ἀποστελεῖ προφήτας, ὅτι ἀναιρήσουσιν αὐτοὺς, ὅτι ἐν ταῖς συναγωγαῖς· ὅτι πείσονται τὰ ἔσχατα αὐτοὶ, ὅτι ἐρημωθήσεται ὁ οἶκος· ὅτι ὑποστήσονται πάντων χαλεπώτερα, καὶ οἷα μηδέποτε πρότερον. Ταῦτα γὰρ πάντα καὶ τοῖς σφόδρα

[c] Morel. πρός με, μετὰ τὸ πορνεῦσαι ταῦτα πάντα, καὶ οὐκ ἀνέστρεψεν.

[d] Savil. καὶ γὰρ φιλόστοργον τὸ ζῶον. Idid. alii ἐνδείκνυται.

[e] Morel. καὶ τοῦ ἐραστοῦ. Savil. καὶ τοῦτο ἐραστοῦ, melius.

[a] Morel. καὶ οὐκ ἀπὸ τῶν παρόντων. Ibid. Mss. duo ἐντρέποντος, ut suspicatur legendum Savil. Editi ἐκτρέποντος.

[b] Morel. ἀντίθεός ἐστι.

ἀνοήτοις καὶ φιλονείκοις ἱκανὰ ἦν παρέξειν καὶ ἐκείνου τοῦ ἐν τῇ παρουσίᾳ αὐτοῦ ἐσομένου ἀπόδειξιν. [c] Ἐρωτήσωμεν γὰρ αὐτούς· ἀπέστειλε προφήτας καὶ σοφούς; ἀνεῖλον αὐτοὺς ἐν ταῖς συναγωγαῖς; ἀφέθη ὁ οἶκος αὐτῶν ἔρημος; ἦλθε πάντα ἐπὶ τὴν γενεὰν ἐκείνην τὰ τῆς τιμωρίας; Εὔδηλον ὅτι, καὶ οὐδεὶς ἀντερεῖ. Ὥσπερ οὖν ταῦτα πάντα ἐξέβη, οὕτω κἀκεῖνα ἐκβήσεται, καὶ πάντως ὑποκύψουσι τότε· ἀλλ' οὐδὲν ὄφελος ἐντεῦθεν εἰς ἀπολογίαν αὐτοῖς· ὥσπερ οὖν οὐδὲ τοῖς πολιτείας ἕνεκεν μετανοοῦσι τότε. Διόπερ ἕως ἔστι καιρὸς, πράττωμεν τὰ ἀγαθά. Ὥσπερ γὰρ ἐκείνοις τῆς γνώσεως λοιπὸν ὄφελος οὐδὲν, οὕτως οὐδὲ ἡμῖν αὐτοῖς τῆς ἐπὶ τῇ πονηρίᾳ μετανοίας· οὔτε γὰρ κυβερνήτῃ, τῆς θαλάσσης ὑπερενεχθείσης τοῦ σκάφους παρὰ τὴν αὐτοῦ ῥᾳθυμίαν, οὐκ ἰατρῷ, τοῦ κάμνοντος ἀπελθόντος, ἔσται τι πλέον· ἀλλ' ἕκαστον τούτων πρὸ τοῦ τέλους πάντα χρὴ μηχανᾶσθαι καὶ πραγματεύεσθαι, ὥστε μηδενὶ κινδύνῳ περιπεσεῖν, μηδὲ αἰσχύνῃ· μετὰ δὲ ταῦτα πάντα ἀνόνητα. Καὶ ἡμεῖς τοίνυν ἕως ἂν ὦμεν ἐν τῇ νόσῳ, καὶ ἰατροὺς παρακαλῶμεν, καὶ χρήματα ἀναλίσκωμεν, καὶ σπουδὴν διηνεκῆ εἰσφέρωμεν, ἵνα ἀναστάντες ἀπὸ τῆς κακίας, ὑγιεῖς ἐντεῦθεν ἀπέλθωμεν· καὶ ὅσην περὶ τοὺς δούλους τοὺς ἡμετέρους ποιούμεθα πρόνοιαν, ὅταν αὐτῶν τὰ σώματα κάμνῃ, τοσαύτην περὶ ἡμᾶς αὐτοὺς ἐπιδειξώμεθα, τῆς ψυχῆς ἡμῶν νοσούσης. Καίτοι τῶν οἰκετῶν ἡμεῖς ἐγγύτεροι [d] ἑαυτῶν, καὶ τῶν σωμάτων τῶν ἐκείνων αἱ ψυχαὶ ἀναγκαιότεραι· ἀλλ' ὅμως ἀγαπητὸν κἂν τὴν ἴσην γοῦν σπουδὴν εἰσενέγκωμεν. Ἂν γὰρ μὴ νῦν τοῦτο πράξωμεν, ἀπελθόντας λοιπὸν οὐδὲν ἔνι καρπώσασθαι εἰς [e] ἀπολογίας λόγον.

Καὶ τίς οὕτως ἄθλιος, φησὶν, ὡς μηδὲ τοσαύτην ἐπιδείκνυσθαι πρόνοιαν; Τοῦτο γάρ ἐστι τὸ θαυμαστὸν, ὅτι οὕτως ἐσμὲν ἄτιμοι παρ' ἡμῖν αὐτοῖς, ὡς καὶ οἰκετῶν μᾶλλον ἑαυτῶν καταφρονεῖν. Τῶν μὲν γὰρ οἰκετῶν πυρεττόντων, καὶ ἰατροὺς καλοῦμεν, καὶ οἰκίαν ἀφορίζομεν, καὶ τοῖς νόμοις πείθεσθαι τῆς τέχνης ἐκείνης καταναγκάζομεν· καὶ ἀμελουμένων τούτων, χαλεποί τε αὐτοῖς γινόμεθα, καὶ φύλακας παρακαθιστῶμεν, [a] τοὺς οὐδὲ βουλομένοις αὐτοῖς τὴν οἰκείαν πληροῦν ἐπιθυμίαν ἐπιτρέποντας· κἂν εἴπωσιν οἱ ἐπιμελόμενοι τούτων, φάρμακα δεῖν πολλῆς κατασκευασθῆναι τιμῆς, εἴκομεν· κἂν ὁτιοῦν [b] ἐπιτάξωσι, πειθόμεθα, καὶ μισθοὺς αὐτοῖς τῶν προσταγμάτων

extrema essent passuri, quod domus deserta foret; quod malis gravissimis essent subjiciendi, qualia numquam fuerant. Hæc quippe omnia vel
C mente captis et contentiosis adventum ejus demonstrare poterant. Interrogemus namque eos : Misitne prophetas et sapientes? annon occiderunt eos in synagogis? relictane est domus deserta? veneruntne supplicia super generationem illam? Id manifestum certe est, nemoque contradicet. Sicut ergo hæc omnia evenerunt, sic et illa evenient, et tunc cedent seque submittent; sed nihil ad sui excusationem poterunt proferre; ut neque illi qui eversæ civitatis causa tunc pœnitentiam egerunt. Quapropter, donec tempus est, bonis operibus nos dedamus. Quemadmodum enim illi tunc nihil
D ex cognitione fructus percipient, sic nulla tunc nobis ex pœnitentia de peccatis utilitas accedet : ut neque gubernatori, cum navis per ejus desidiam submersa est, nec medico, post ægroti mortem : sed omnes ante finem nihil non machinari et operari oportet, ut ne in periculum vel turpitudinem decidatur : postea enim illa omnia sunt inutilia. Nos certe quando ægrotamus, medicos accersamus, pecunias impendamus, assiduamque operam demus, ut ex nequitia surgentes, inde sani recedamus; et quantam circa servos nostros
E curam impendimus, cum in morbum inciderint, tantam circa nos ipsos exhibeamus, cum anima ægrotat. Atqui nobis ipsis propinquiores sumus, quam servis, et corporibus animæ præstantiores sunt; attamen vix parem curam impendimus. Nisi enim id nunc faciamus, postquam decesserimus, nulla nobis relinquitur defensionis ratio.

4. Ecquis ita miser, inquies, ut non parem sollicitudinem habeat? Hoc certe mirabile est,
720
A quod nos ipsos plusquam servos negligamus despiciamusque. Nam servis febricitantibus medicos advocamus, habitaculum ipsis deputamus, ipsos artis legibus obsequi cogimus; si negligant ipsi, nos graviter ferimus, custodes ipsorum constituimus, qui prohibeant ne appetitus illi suos sequantur : qui si dixerint magni pretii medicina esse opus, libenter annuimus : et quidquid statuerint, nos obtemperamus, atque hujusmodi statutorum mercedem ipsis solvimus. Cum autem nos morbo laboramus; imo numquam non labo-

[c] Morel. ἐρήσομαι. [Paulo ante Cod. 694 ἱκανὴν παρέξει καί.]

[d] Alii ἑαυτοῖς.

[e] [Cum Cod. eod. scripsimus ἀπολογίας. Edebatur ἀπολογίαν.]

[a] Morel. τοὺς βουλομένους, male, et mox idem ἀποτρέποντας.

[b] Alii et Morel. προστάξωσι, et mox τῶν πραγμάτων, ubi alii et Savil. τῶν προσταγμάτων.

ramus; non medicum accersimus, non pecunias
impendimus, sed animam quasi inimicum et hostem negligimus. Hæc porro dico, non quod curam illam circa servos adhibitam improbem, sed
quod cupiam ut parem saltem circa animam nostram sollicitudinem adhibeamus. Et quo pacto,
inquies, id faciemus? Ægram illam Paulo ostende; accerse Matthæum; Joannem assidere cures.
Animæ vulnera quomodo curanda. Ab illis audi quid tali morbo laboranti sit faciendum. Dicent utique, nec celabunt: non enim
mortui sunt, sed vivunt et loquuntur. Sed non
attendit anima se febri detineri? Ad id illam tu
coge, et rationabilem ejus partem excita. Induc
prophetas; his medicis non numeranda pecunia
est: neque enim mercedem, neque impensam exigunt vel pro opera vel pro remediis suis. In necessitatem tamen impensæ te conjiciunt, sed eleemosynæ erogandæ; in cæteris autem de suo largiuntur: cum enim te temperanter agere jubent,
te ab intempestivis et absurdis impensis liberant;
cum jubent abstinere ab ebrietate, opulentiorem
te faciunt. Viden' medicorum artem, qui cum
sanitate pecuniam afferunt? Asside igitur illis,
ab eisque disce morbi naturam. Exempli causa,
amas pecunias et avaritiam, ut febricitantes aquam
frigidam? Audi quid illi consilii afferant. Sicut
enim medicus edicit tibi: Si cupiditatem sequaris,
peribis, et illud atque illud mali tibi eveniet: sic
1. Tim. 6. 9. et Paulus: *Qui ditari volunt*, inquit, *incidunt
in tentationem et laqueos diaboli, et in concupiscentias stultas et noxias, quæ in profundum
interitus et perditionis homines præcipitant.*
Hebr. 10. 37. Sed impatiens es? Audi illum dicentem: *Adhuc
paululum, et qui venturus est veniet, et non*
Philip. 4. 5. *tardabit. Dominus prope est: nihil solliciti*
1. Cor. 7. 31. *sitis.* Et rursum: *Præterit figura hujus mundi.*
Non enim præcipit tantum, sed etiam consolatur
ut medicus. Ac sicut medici pro frigidis alia quædam excogitant, sic et iste concupiscentiam transfert. Vis, inquit, ditescere? In bonis operibus
dives esto. Vis thesauros recondere? Non repu-
gno; sed in cælo reconde. Ac sicut medicus dicit,
Aqua frigida nocet dentibus, nervis, ossibus: sic
et ille; brevius quidem, nam brevitati studet,
1. Tim. 6. 10. sed clarius et validius: *Radix*, inquit, *omnium
malorum est avaritia.* Quo igitur utendum?
Hoc quoque dicit: Sufficientia, avaritiæ loco;
Ibid. v. 6. *Magnus* enim *quæstus est sufficientia cum pie-*

B τούτων τελοῦμεν. Ὅταν δὲ ἡμεῖς κάμνωμεν· μᾶλλον
δὲ οὐκ ἔστιν ὅτε οὐ κάμνομεν· οὐδὲ ἰατρὸν εἰσάγομεν,
οὐ χρήματα ἀναλίσκομεν, ἀλλ' ὥσπερ δημίου τινὸς καὶ
ἐχθροῦ καὶ πολεμίου κειμένου, οὕτω τῆς ψυχῆς ἀμελοῦμεν. Καὶ ταῦτα λέγω, οὐκ ἐγκαλῶν τῇ θεραπείᾳ
τῇ περὶ τοὺς οἰκέτας, ἀλλ' ἀξιῶν κἂν τοσαύτην τῆς
ψυχῆς τῆς ἡμετέρας ποιήσασθαι ἐπιμέλειαν. Καὶ πῶς
ἂν ποιησώμεθα; φησίν. Ἐπίδειξον αὐτὴν Παύλῳ νο-
σοῦσαν· εἰσάγαγε Ματθαῖον· [c]παρακάθισον Ἰωάννην.
Ἄκουσον παρ' αὐτῶν τί δεῖ ποιεῖν τὸν οὕτω κάμνοντα.
Πάντως ἐροῦσι, καὶ οὐκ ἀποκρύψονται· οὐ γὰρ δὴ
C τεθνήκασιν, ἀλλὰ ζῶσι καὶ φθέγγονται. Ἀλλ' οὐ προσέχει τῷ πυρετῷ [d]κατεχομένη; Κατανάγκασον αὐτὴν σύ,
καὶ τὸ λογικὸν αὐτῆς διέγειρον. Εἰσάγαγε τοὺς προφή-
τας· οὐκ ἔστι χρήματα τοῖς ἰατροῖς καταθεῖναι τούτοις·
οὔτε γὰρ αὐτοὶ μισθὸν ὑπὲρ αὐτῶν ἀπαιτοῦσιν, οὔτε
ὑπὲρ φαρμάκων ὧν κατασκευάζουσιν. [e]Εἰς ἀνάγκην
σε δαπάνης ἐμβάλλουσι, πλὴν τῆς ἐλεημοσύνης· ἐν
δὲ τοῖς ἄλλοις καὶ προσδιδόασιν· οἷον ὅταν κελεύωσι
σωφρονῆσαι, ἀπαλλάττουσί σε ἀκαίρων καὶ ἀτόπων
ἀναλωμάτων· ὅταν ἀπέχεσθαι μέθης, εὐπορώτερόν σε
ποιοῦσιν. Εἶδες ἰατρῶν τέχνην, μεθ' ὑγείας καὶ χρή-
D ματα παρεχόντων; Παρακάθισον τοίνυν αὐτοῖς, καὶ
μάθε παρ' αὐτῶν τοῦ νοσήματός σου τὴν φύσιν. Οἷον,
ἐρᾷς χρημάτων πολλάκις [f]καὶ πλεονεξίας, ὥσπερ οἱ
πυρέττοντες ψυχροῦ; Ἄκουσον γοῦν τί παραινοῦσιν.
Ὥσπερ γὰρ ὁ ἰατρός σοί φησιν· ἐὰν χαρίσῃ τῇ ἐπιθυμίᾳ, ἀπολῇ, καὶ τὸ καὶ τὸ ὑποστήσῃ· οὕτω καὶ
Παῦλος· Οἱ δὲ βουλόμενοι πλουτεῖν, ἐμπίπτουσιν εἰς
πειρασμὸν καὶ παγίδας τοῦ διαβόλου, καὶ εἰς ἐπιθυμίας ἀνοήτους καὶ βλαβεράς, αἵτινες βυθίζουσι τοὺς
ἀνθρώπους εἰς ὄλεθρον καὶ ἀπώλειαν. Ἀλλ' ἀκαρ-
τέρητος εἶ; Ἄκουσον αὐτοῦ λέγοντος· Ἔτι μικρόν,
E καὶ ὁ ἐρχόμενος ἥξει, καὶ οὐ χρονιεῖ. Ὁ Κύριος ἐγ-
γύς· μηδὲν μεριμνᾶτε. Καὶ πάλιν· Παράγει τὸ σχῆμα
τοῦ κόσμου τούτου. Οὐδὲ γὰρ ἐπιτάττει μόνον, ἀλλὰ
καὶ παραμυθεῖται, ὡς ἰατρός. Καὶ ὥσπερ ἐκεῖνοι ἀντὶ
ψυχρῶν ἕτερά τινα ἐπινοοῦσιν, οὕτω καὶ [g]οὗτος με-
τοχεύει τὴν ἐπιθυμίαν. Βούλει, φησί, πλουτεῖν; Ἐν
ἔργοις ἀγαθοῖς. Ἐπιθυμεῖς θησαυρίζειν; Οὐδὲν κωλύω·
721 μόνον ἐν οὐρανοῖς. Καὶ ὥσπερ ὁ ἰατρὸς λέγει, ὅτι
A τὸ ψυχρὸν βλαβερὸν ὀδοῦσι, νεύροις, ὀστέοις· οὕτω
καὶ αὐτός· συντομώτερον μέν, ἅτε βραχυλογίας ἐπιμελούμενος, σαφέστερον δὲ πολλῷ καὶ δυνατώτερον.
Ῥίζα γὰρ πάντων τῶν κακῶν ἡ φιλαργυρία, φησίν,
ἐστίν. Τίνι οὖν δεῖ χρήσασθαι; Λέγει καὶ τοῦτο· τῇ
αὐταρκείᾳ ἀντὶ πλεονεξίας· Ἔστι γὰρ πορισμὸς μέγας, [h]φησίν, ἡ αὐτάρκεια μετ' εὐσεβείας. Εἰ δὲ δυσα-

[c] Alii et Morel. παρακάλεσον.
[d] Morel. συνεχομένη.
[e] Morel. οὐκ εἰς ἀνάγκην.
[f] Morel. καὶ ζητεῖς πλεονεξίαν.
[g] Idem οὕτως.
[h] Morel. φησίν, ἡ εὐσέβεια μετ' αὐταρκείας.

νασχετεῖς, καὶ πλειόνων ἐπιθυμεῖς, καὶ οὔπω χωρεῖς ῥῖψαι τὰ περιττὰ πάντα, λέγει καὶ τῷ οὕτως ἀῤῥώστῳ, καὶ τούτοις πῶς χρήσασθαι δεῖ· Ἵνα οἱ χαίροντες ἐπὶ κτήμασιν, ὡς μὴ χαίροντες ὦσιν· καὶ οἱ ἔχοντες, ὡς μὴ κατέχοντες· καὶ οἱ χρώμενοι τῷ κό- B σμῳ τούτῳ, ὡς μὴ καταχρώμενοι. Εἶδες οἷα ἐπιτάττει; Βούλει καὶ ἕτερον ἐπεισαγάγω τούτῳ ἰατρόν; Ἔμοιγε δοκεῖ. Οὐδὲ γάρ εἰσιν οὗτοι οἱ ἰατροὶ καθάπερ οἱ τῶν σωμάτων, οἳ πολλάκις ἀντιφιλοτιμούμενοι ἀλλήλοις κατέδυσαν τὸν ἀῤῥωστοῦντα. Ἀλλ' οὐχ οὗτοι· [b] πρὸς γὰρ τὴν τῶν καμνόντων ὑγίειαν, οὐ πρὸς τὴν ἰδίαν ὁρῶσι φιλοτιμίαν. Μὴ τοίνυν αὐτῶν δείσῃς τὸ πλῆθος· εἷς ἐν ἅπασι φθέγγεται διδάσκαλος ὁ Χριστός.

Ὅρα γοῦν εἰσελθόντα πάλιν ἕτερον, καὶ χαλεπὰ λέγοντα περὶ τοῦ νοσήματος τούτου· μᾶλλον δὲ καὶ [c] τὸν διδάσκαλον δι' αὐτοῦ. Οὐ δύνασθε γὰρ Θεῷ δουλεύειν καὶ μαμωνᾷ. Ναὶ, φησὶν, καὶ πῶς ταῦτα ἔσται; πῶς C τῆς ἐπιθυμίας παυσόμεθα; Ἐντεῦθεν καὶ τοῦτο ἔστι μαθεῖν. Καὶ πῶς εἰσόμεθα; Ἄκουσον αὐτοῦ καὶ τοῦτο λέγοντος· Μὴ θησαυρίζετε ὑμῖν θησαυροὺς ἐπὶ τῆς γῆς, ὅπου σὴς καὶ βρῶσις ἀφανίζει, καὶ ὅπου κλέπται διορύττουσι καὶ κλέπτουσιν. Εἶδες πῶς ἀπὸ τοῦ τόπου, ἀπὸ τῶν λυμαινομένων ἀπάγει τῆς ἐπιθυμίας ταύτης τῆς ἐνταῦθα, καὶ [d] προσηλοῖ τῷ οὐρανῷ, ὅπου πάντα ἀνάλωτα; Ἂν γὰρ μεταθῆτε, φησὶ, τὸν πλοῦτον ἐκεῖ, ὅπου οὔτε σὴς, οὔτε βρῶσις ἀφανίζει, οὔτε κλέπται διορύττουσι καὶ κλέπτουσι, καὶ ταύτην ἀποκρούσεσθε τὴν νόσον, καὶ τὴν ψυχὴν ἐν μεγίστῃ καταστήσετε εὐπορίᾳ. Μετὰ δὲ τῶν εἰρημένων καὶ πα- D ράδειγμα εἰς μέσον ἄγει, σὲ σωφρονίζων. Καὶ καθάπερ ὁ ἰατρὸς, φοβῶν τὸν ἄῤῥωστον, φησὶν, ὅτι ὁ δεῖνα ψυχρῷ χρησάμενος ἀπώλετο· οὕτω καὶ αὐτὸς εἰσάγει τὸν πλούσιον, κάμνοντα μὲν, καὶ ἐπιθυμοῦντα ζωῆς καὶ ὑγιείας, οὐ δυνάμενον δὲ ἐπιτυχεῖν, διὰ τὸ πλεονεξίας ἐφίεσθαι, ἀλλ' ἀπιόντα κενόν. Καὶ μετὰ τοῦτον ἕτερόν σοι δείκνυσι πάλιν ἕτερος εὐαγγελιστὴς, τὸν ἀποτηγανιζόμενον, καὶ οὐδὲ σταγόνος ὄντα κύριον. Εἶτα δεικνὺς ὅτι εὔκολα τὰ ἐπιτάγματα, φησὶν, Ἐμβλέψατε εἰς τὰ πετεινὰ τοῦ οὐρανοῦ. Συγκαταβατικὸς E δὲ ὢν, οὐδὲ τοὺς πλουτοῦντας ἀπογινώσκειν ἀφίησι. Τὰ γὰρ παρὰ ἀνθρώποις ἀδύνατα, δυνατὰ παρὰ τῷ Θεῷ, φησίν. Κἂν γὰρ πλούσιος ᾖς, δύναταί σε θεραπεῦσαι ὁ ἰατρός. Οὐδὲ γὰρ τὸ πλουτεῖν ἀνεῖλεν, ἀλλὰ τὸ δοῦλον εἶναι χρημάτων, καὶ πλεονεξίας [e] ἐραστήν. Πῶς οὖν δυνατὸν τὸν πλουτοῦντα σωθῆναι; Κοινὰ τὰ ὄντα τοῖς δεομένοις κεκτημένον, οἷος ἦν ὁ Ἰὼβ, καὶ

tate. Quod si ægre feras, et plura desideres, necdum possis superflua quæque abjicere; sic ægrotantem monet, quomodo iis sit utendum : *Ut qui* 1. Cor. 7. 30. 31. *lætantur in possessionibus, sicut non lætantes sint : et qui habent, tamquam non retinentes; et qui utuntur hoc mundo, tamquam non utantur.* Vidistin' quæ præcipiat? Vis alium inducam medicum? Mihi certe placet. Neque enim sunt hi medici, perinde atque corporum medici, qui sæpe præ invidia concertantes, ægrotum pessumdant. At non sic isti, qui ægrorum salutem spectant, nec ambitione ducuntur. Ne itaque illorum multitudinem formides : unus in omnibus loquitur magister Christus.

Medicorum avaritiam insectatur Chrysostomus.

5. Vide rursus intrantem alium, et graviter de hoc morbo loquentem, ipsum illius ore Magistrum. *Non potestis enim Deo servire et mammonæ.* Matth. 6. 24. Etiam, inquies, sed quomodo hæc erunt? Quomodo concupiscentiam deponemus? Hinc ediscere licet. Et quomodo discemus? Audi ipsum hoc quoque dicentem : *Nolite thesaurizare vobis thesauros in terra, ubi ærugo et tinea demolitur, et ubi fures effodiunt et furantur.* Matth. 6. 19. Viden' quomodo et a loco et a corruptoribus ab hac terrena concupiscentia avertat, et illam cælo affigat, ubi tuta omnia? Si enim, inquit, illo divitias transferatis, ubi neque ærugo, neque tinea consumit, ubi fures nec effodiunt nec furantur, et hunc depelletis morbum, et animam in opulentia magna constituetis. Ad hæc exemplum affert quo te sapere doceat. Et sicut medicus ut ægrum terreat dicit, Ille quod aqua frigida uteretur, interiit : sic et ille divitem inducit ægrum, qui et vitam et valetudinem cuperet, nec potuerit consequi, quod avaritiæ studeret, sed qui vacuus abierit. Post hunc item alium tibi affert alius evangelista, flammis adustum, qui Luc. 16. 24. ne stillam quidem aquæ haberet. Deinde ostendens facilia esse præcepta dicit, *Respicite volatilia* Matth. 6. 26. *cæli.* Cum autem hominum infirmitati se attemperet, ne divites quidem desperare sinit. *Quæ* Luc. 18. 27. enim, inquit, *apud homines impossibilia sunt, possibilia sunt apud Deum.* Etsi namque dives sis, potest te medicus curare. Neque enim divitias sustulit, sed vetat esse te pecuniarum servum, et avaritiæ addictum. Quomodo potest ergo dives salvus esse? Si illa quæ possidet sint egenis communia, qualis Job erat, et si concupiscentiam plu-

[b] Quidam habent *οὕτως* post *οὗτοι*. Paulo post alii *πρὸς τὴν οἰκείαν ὁρῶσι*.

[c] Putat legendum Savil. *καὶ τὸν διδάσκαλον δι' ἑαυτοῦ*. Alius *καὶ τὸν διδάσκαλον αὐτοῦ* habet, non male.

[d] Unus *προσηλοῖ πρὸς τὸν οὐρανόν*.

[e] Ἐραστήν. καὶ πῶς δυνατόν. Sic alii.

rium semper habendarum opum eliminet, et
Luc. 5. 27. sqq. numquam necessarium usum excedat. Post hunc tibi publicanum monstrat, qui ab avaritiæ febre cito liberatus est. Quis enim publicano lucri cupidior? Attamen opes deposuit, quia medici legibus paruit. Nam tales habet discipulos, qui iisdem, quibus nos, morbis laboraverint, et cito sanitatem recuperarint. Singulosque nobis ostendit, ne desperemus. Vide ergo hunc publicanum.
Luc. 19. 8. Vide rursus alium principem publicanorum, qui quadruplo plura quam rapuerat se daturum pollicebatur, et dimidium bonorum suorum, ut exciperet Jesum. Sed tu admodum ferves pecuniarum amore? Quæ omnium sunt quasi tua habeto. Nam plura, quam quæris, do tibi, inquit, dum divitum omnium, qui per orbem sunt, tibi domos aperio.
Matth. 19. 29. Nam *Qui reliquerit patrem, aut matrem, aut agros, aut domum, centuplum accipiet.* Ita non pluribus tantum frueris, sed et gravem hanc sitim omnino restingues, et omnia facile feres cum non modo plura non desideres, sed ne quidem necessaria sæpe.
Philipp. 4. 11. Sic Paulus esuriit, et magis gloriabatur, quam cum comederet: siquidem et athleta qui concertat et coronatur, non quærit otium et quietem; vel mercator, qui marinum mercimonium est aggressus, non quærit otium deinceps. Et nos igitur, si spirituales fructus ut oportet gustemus, tunc præsentia omnia pro nihilo habebimus, futurorum cupiditate ceu quadam optima ebrietate capti. Gustemus igitur, ut a tumultu præsentium liberemur, et futura consequamur bona, gratia et benignitate Domini nostri Jesu Christi, cui gloria et imperium, nunc et semper, et in sæcula sæculorum. Amen.

722 τὴν τοῦ πλείονος ἐπιθυμίαν ἐξορίζοντα ἀπὸ τῆς ψυ-
A χῆς, καὶ οὐδαμοῦ τὴν χρείαν ὑπερβαίνοντα τὴν ἀναγκαίαν. Δείκνυσί σοι μετὰ τοῦτον καὶ αὐτὸν τὸν τελώνην, τὸν σφόδρα κατεχόμενον τῷ πυρετῷ τῆς πλεονεξίας, ταχέως ἀπαλλαγέντα. Τί γὰρ τελώνου καπηλικώτερον; Ἀλλ' ὅμως γέγονεν ἀκτήμων ὁ ἄνθρωπος, ἐκ τοῦ πείθεσθαι τοῖς τοῦ ἰατροῦ νόμοις. Καὶ γὰρ τοὺς μαθητὰς τοιούτους ἔχει, ταῦτα νοσήσαντας τὰ νοσήματα ἅπερ ἡμεῖς, καὶ ὑγιάναντας ταχέως. Καὶ ἕκαστον αὐτῶν δείκνυσιν, ὥστε μὴ απογνῶναι. Ὅρα γοῦν τὸν τελώνην τοῦτον. Σκόπει πάλιν καὶ ἕτερον ἀρχιτελώνην, ὃς τετραπλασίονα μὲν ὑπέσχετο δώσειν, ὑπὲρ ὧν ἥρπασε [a] τά τε ἡμίση πάντων
B ὧν ἐκέκτητο, ὥστε ὑποδέξασθαι τὸν Ἰησοῦν. Ἀλλ' ἐκκαίῃ σὺ καὶ σφόδρα ἐπιθυμεῖς χρημάτων; Ἔχε τὰ πάντων ἀντὶ τῶν σῶν. Καὶ γὰρ πλείονα ὧν ζητεῖς δίδωμί σοι, φησὶν, τὰς τῶν πλουτούντων οἰκίας ἀνοίγων σοι κατὰ τὴν οἰκουμένην. Ὃς γὰρ ἂν ἀφῆκε πατέρα, ἢ μητέρα, ἢ ἀγροὺς, ἢ οἰκίαν, ἑκατονταπλασίονα λήψεται. Οὕτως οὐχὶ πλειόνων [b] ἀπολαύσεις μόνον, ἀλλὰ καὶ τὸ χαλεπὸν τοῦτο δίψος ἀναιρήσεις παντάπασι, καὶ οἴσεις πάντα ῥᾳδίως, οὐ μόνον τῶν πλειόνων οὐκ ἐφιέμενος, ἀλλ' οὐδὲ τῶν ἀναγκαίων πολλάκις. Οὕτως ὁ [c] Παῦλος ἐπείνασε, καὶ ἐσεμνύνετο μᾶλλον, ἢ ὅτε ἤσθιεν· ἐπεὶ καὶ ἀθλητὴς ἀγωνιζόμενος καὶ στεφανούμενος οὐκ ἂν ἕλοιτο καταλῦσαι καὶ εἶναι ἐν
C ῥαστώνῃ· ἢ καὶ ἔμπορος τῶν ἐν θαλάττῃ πόρων ἁψάμενος, οὐκ ἂν ἐπιθυμήσειεν ἐν ἀργίᾳ εἶναι λοιπόν. Καὶ ἡμεῖς τοίνυν, ἂν γευσώμεθα ὡς χρὴ τῶν καρπῶν τῶν πνευματικῶν, λοιπὸν οὐδὲ [d] ἡγησόμεθά τι τὰ παρόντα εἶναι, καθάπερ τινὶ μέθῃ καλλίστῃ τῶν μελλόντων ἐπιθυμίᾳ ἁλόντες. Γευσώμεθα τοίνυν, ἵνα καὶ τοῦ θορύβου τῶν παρόντων ἀπαλλαγῶμεν, καὶ τῶν μελλόντων ἐπιτύχωμεν ἀγαθῶν, χάριτι καὶ φιλανθρωπίᾳ τοῦ Κυρίου ἡμῶν Ἰησοῦ Χριστοῦ, ᾧ ἡ δόξα καὶ τὸ κράτος, νῦν καὶ ἀεὶ, καὶ εἰς τοὺς αἰῶνας τῶν αἰώνων. Ἀμήν.

[a] Quidam τὰ δὲ ἡμίση.
[b] Unus ἀπόλαυσιν.

[c] Alii Παῦλος πεινᾷ, καὶ σεμνύνεται.
[d] Morel. ἡγησόμεθά τινα τά.

ΟΜΙΛΙΑ οε'. D

Καὶ ἐξελθὼν ὁ Ἰησοῦς ἀπὸ τοῦ ἱεροῦ, ἐπορεύετο. Καὶ προσῆλθον αὐτῷ οἱ μαθηταὶ αὐτοῦ, ἐπιδεῖξαι αὐτῷ τὰς οἰκοδομὰς τοῦ ἱεροῦ. Ὁ δὲ ἀποκριθεὶς εἶπεν αὐτοῖς· οὐ βλέπετε ταῦτα πάντα; Ἀμὴν λέγω ὑμῖν, οὐκ ἀφεθῇ ὧδε λίθος ἐπὶ λίθον, ὃς οὐ καταλυθήσεται*.

Ἐπειδὴ γὰρ εἶπεν, ὅτι Ἀφίεται ὁ οἶκος ὑμῶν ἔρη- E
μος, καὶ μυρία ἔμπροσθεν αὐτοῖς προανεφώνησε χα-
λεπά· εἶτα οἱ μαθηταὶ ταῦτα ἀκούσαντες, ὥσπερ
θαυμάζοντες, προσῆλθον ἐπιδεικνύντες τοῦ ναοῦ τὸ
κάλλος, καὶ διαποροῦντες εἰ τοσαῦτα ἀφανισθήσεται
κάλλη, καὶ ὕλης πολυτέλεια, καὶ τέχνης ποικιλία
[a] ἄφατος· οὐκ ἔτι λοιπὸν περὶ ἐρημίας ἁπλῶς αὐτοῖς 723
A διαλέγεται, ἀλλὰ παντελῆ προαναφωνεῖ τὸν ἀφανι-
σμόν. Οὐ βλέπετε γὰρ ταῦτα πάντα, φησὶ, καὶ θαυμάζετε καὶ ἐκπλήττεσθε; Οὐ μὴ μείνῃ [a] λίθος ἐπὶ
λίθον. Πῶς οὖν ἔμεινε, φησὶ, καὶ τί τοῦτο; Οὐδὲ
γὰρ οὕτω διέπεσεν ἡ ἀπόφασις. Ἢ γὰρ τὴν ἐρημίαν
ἐνδεικνύμενος τὴν παντελῆ, ταῦτα ἔλεγεν· ἢ κατ' ἐκεῖνον τὸν τόπον, ἔνθα ἦν. Ἔστι γὰρ αὐτοῦ μέρη μέχρι
τῶν θεμελίων ἠφανισμένα. [b] Μετὰ δὲ τούτων κἀκεῖνο
ἂν εἴποιμεν ὑμῖν, ὅτι ἐκ τῶν γεγενημένων καὶ περὶ
τῶν λειψάνων καὶ τοὺς σφόδρα φιλονεικοῦντας δεῖ
B πείθεσθαι, ὡς τέλεον ἀπολουμένων. Καθημένου δὲ
αὐτοῦ ἐπὶ τοῦ ὄρους τῶν ἐλαιῶν, προσῆλθον αὐτῷ οἱ
μαθηταὶ κατιδίαν, λέγοντες· εἰπὲ ἡμῖν, πότε ταῦτα
ἔσται; καὶ τί τὸ σημεῖον τῆς παρουσίας καὶ τῆς συντελείας τοῦ αἰῶνος; Διὰ τοῦτο κατιδίαν προσῆλθον,
ἅτε ὑπὲρ τοιούτων πευσόμενοι. Καὶ γὰρ ὤδινον μαθεῖν
τὴν ἡμέραν τῆς παρουσίας αὐτοῦ, διὰ τὸ σφόδρα ἐπιθυμεῖν τὴν δόξαν ἐκείνην ἰδεῖν τὴν μυρίων οὖσαν ἀγαθῶν αἰτίαν. Καὶ δύο ταῦτα ἐρωτῶσιν αὐτὸν, Πότε
ταῦτα ἔσται, τουτέστιν, ἡ τοῦ ναοῦ κατασκαφή· Καὶ
τί τὸ σημεῖον τῆς σῆς παρουσίας. Ὁ δὲ Λουκᾶς ἓν
φησι τὸ ἐρώτημα εἶναι τὸ περὶ τῶν Ἱεροσολύμων,
C ἅτε νομιζόντων αὐτῶν τότε καὶ τὴν παρουσίαν αὐτοῦ
εἶναι. Ὁ δὲ Μάρκος οὐδὲ πάντας αὐτούς φησιν ἐρωτῆσαι περὶ τῆς συντελείας τῶν Ἱεροσολύμων, ἀλλὰ
Πέτρον καὶ Ἰωάννην, ἅτε πλείονα παῤῥησίαν ἔχον-

* [Manus vetus in imo margine paginæ Codicis 694 adscripsit hæc: ἀπὸ τοῦ παρόντος οε' λόγου, ἄρχονται ἀναγινώσκεσθαι καὶ οἱ καθεξῆς λόγοι καθημέραν τῇ ἁγίᾳ καὶ μεγάλῃ ἑβδομάδι.]

HOMIL. LXXV. al. LXXVI.

Cap. XXIV. v. 1. *Et egressus Jesus de templo, ambulabat. Et accesserunt ad eum discipuli ejus, ut ostenderent ei ædificationes templi.* 2. *Ille autem respondens dixit eis: Nonne videtis hæc omnia? Amen dico vobis, non relinquetur hic lapis super lapidem, qui non destruatur.*

1. Quoniam superius dixit: *Relinquetur domus vestra deserta*, et innumera ipsis mala prænuntiavit; hinc discipuli his auditis, ceu admirantes templi pulchritudinem monstrabant ei, et ambigentes num tam egregia ædificia destruenda forent, tam ingens materia, tam ineffabile artificium: non ultra de vastitate loquitur, sed excidium et destructionem prædicit. *Nonne videtis hæc omnia*, inquit, et miramini atque obstupescitis? *Non manebit lapis super lapidem.* Quomodo igitur mansit, inquies, et quid hoc sibi vult? Neque enim ita cecidit illa sententia. Vel omnimodam desolationem declarat; vel de illo tantum loco dicit, in quo ipse stabat. Sunt enim quædam templi partes ad hanc usque diem penitus deletæ usque ad fundamenta. Ad hæc vero ex gestis hactenus vel contentiosos credere oportet, ipsas reliquias esse perituras. 3. *Sedente autem ipso in Monte olivarum, accesserunt ad eum discipuli secreto dicentes: Dic nobis, quando hæc erunt? et quod signum adventus tui et consummationis sæculi?* Ideo seorsum accesserunt, quod de hujusmodi rebus interrogaturi essent. Admodum enim diem illam adventus ejus ediscere cupiebant, quod summe desiderarent gloriam illam videre, quæ tot bonorum causa futura esset. Hæc autem duo interrogant, quandonam hæc futura essent, templi
nempe desolatio, et quod signum adventus ejus
foret. Lucas vero unam fuisse interrogationem ait Luc. 21. 7.
de Jerosolymis, quod putarent ipsi tunc ejus adventum fore. Marcus autem non dicit omnes inter- Marc. 13. 4.
rogasse de Jerosolymorum eversione, sed Petrum
et Joannem, qui majorem haberent fiduciam. Quid

[a] Morel. ἄφατος· ἀλλὰ καὶ οὐκ ἔτι.

[a] Alii λίθος ἐπάνω λίθου.

[b] Morel. μετὰ δὲ τοῦτο.

igitur ipse? 4. *Videte ne quis vos seducat.* 5. *Multi enim venient in nomine meo, dicentes: Ego sum Christus, et multos seducent.* 6. *Audituri enim estis prælia et opiniones præliorum. Videte ne turbemini: oportet enim hæc fieri, sed nondum est finis.* Quia enim ita affecti erant, ut supplicium Jerosolymæ inferendum alienum a se esse putarent, et quasi ipsi extra tumultus futuri essent, de prosperis solum cogitabant, quæ omnia cito eventura esse exspectabant. Ideo ipsis rursum gravia prænuntiat, sollicitos reddens, et duplici de causa vigilare jubens, ut neque a fallacia seductorum circumvenirentur, neque ex vi ingruentium malorum obruerentur. Duplex, inquit, bellum erit, seductorum, et inimicorum; sed prius multo gravius erit, utpote quod eveniat in confusione et perturbatione rerum, hominibus perterritis atque turbatis. Nam tunc multa tempestas futura erat, Romanis imperantibus, captis urbibus, commotis exercitibus et armis, multisque facile credentibus. Bella vero Jerosolymitana dicit, non autem extranea alia ubique terrarum orta: quid enim eis curæ de illis erat? Alioquin nihil novi dicturus erat, si mala orbis dixisset, quæ semper evenire solent. Nam et antea bella erant tumultus et prælia: verum Judaïca bella non diu post ventura prænuntiat: jam enim de bello cum Romanis solliciti erant. Quoniam igitur hæc illos turbare poterant, hæc omnia prædicit. Deinde significans se quoque Judæos aggressurum, et contra illos pugnaturum esse, non pugnas solum memorat, sed et divinitus immissas plagas, famem, pestilentias, terræ motus, ostendens se et inimicos invadere sivisse, neque hæc temere fieri, secundum consuetum apud homines morem, sed ex divina ira. Ideo hæc non casu fieri dicit, neque repente, sed post edita signa. Ne dicerent enim Judæi, eos, qui tunc credebant, malorum esse
Matth. 23. 36. causam, ideo causam illati mali aperit: *Amen* quippe *dico vobis,* antea dixerat, *quia venient hæc omnia super generationem istam*, cædem ab ipsis perpetratam memorans. Deinde ne audito tot malorum incursu putarent prædicationem labefactandam esse, subjunxit: *Videte ne turbemini: oportet enim hæc fieri:* id est, quæ ego prædixi, ac tentationum incursus res a me prædi-

τας. Τί οὖν αὐτός; Βλέπετε μή τις ὑμᾶς πλανήσῃ. Πολλοὶ γὰρ ἐλεύσονται ἐπὶ τῷ ὀνόματί μου, λέγοντες· ἐγώ εἰμι ὁ Χριστὸς, καὶ πολλοὺς πλανήσουσι. Μελλήσετε γὰρ ἀκούειν πολέμους καὶ ἀκοὰς πολέμων. Ὁρᾶτε, μὴ θροεῖσθε· [c] δεῖ γὰρ ταῦτα γενέσθαι, ἀλλ' οὔπω τὸ τέλος. Ἐπειδὴ γὰρ ὡς περὶ ἀλλοτρίας τιμωρίας ἀκούοντες ἐπαγομένης τῇ Ἱερουσαλὴμ διέκειντο,
D καὶ ὡς ἂν ἔξω θορύβων [d] ἐσόμενοι, τὰ ἀγαθὰ μόνα ὠνειροπόλουν, καὶ αὐτίκα μάλα πάντα ἀπαντήσεσθαι προσεδόκων. Διὰ τοῦτο πάλιν αὐτοῖς χαλεπὰ προαναφωνεῖ, ἐναγωνίους ποιῶν, καὶ κελεύων διπλῇ νήφειν, ὡς μήτε ὑπὸ τῆς ἀπάτης τῶν παραλογιζομένων φενακισθῆναι, μήτε ὑπὸ τῆς τυραννίδος τῶν καταληψομένων κακῶν βιασθῆναι. Διπλοῦς γὰρ ὁ πόλεμος, φησὶν, ἔσται, ὅ τε τῶν πλάνων, ὅ τε τῶν πολεμίων· ἀλλ' ἐκεῖνος [e] πολὺ χαλεπώτερος, ἅτε ἐν συγχύσει καὶ ταραχῇ πραγμάτων, καὶ φοβουμένων καὶ ταραττομένων ἀνθρώπων ἐπιτιθέμενος. Καὶ γὰρ πολλὴ
E τότε ἡ ζάλη ἦν, τῶν Ῥωμαϊκῶν ἀρχομένων ἀνθεῖν, καὶ πόλεων ἁλισκομένων, καὶ στρατοπέδων καὶ ὅπλων κινουμένων, [f] καὶ πολλῶν εὐκόλως πιστευομένων. Πολέμους δὲ τοὺς ἐν Ἱεροσολύμοις λέγει· οὐ γὰρ δὴ τοὺς ἔξωθεν καὶ πανταχοῦ τῆς οἰκουμένης· τί γὰρ αὐτοῖς ἔμελεν αὐτῶν; Ἄλλως δὲ οὐδὲ καινόν τι ἔμελλεν ἐρεῖν, εἰ τὰ τῆς οἰκουμένης ἔλεγε πάθη, τὰ ἀεὶ συμβαίνοντα. Καὶ γὰρ καὶ πρὸ τούτου ἦσαν πόλεμοι καὶ
724 ταραχαὶ καὶ μάχαι· ἀλλὰ τοὺς Ἰουδαϊκοὺς οὐ μακρό-
A θεν λέγει ἐπιόντας πολέμους· λοιπὸν γὰρ αὐτοῖς ἐν φροντίδι τὰ Ῥωμαίων ἦν. Ἐπειδὴ οὖν καὶ ταῦτα ἱκανὰ ἦν αὐτοὺς θορυβῆσαι, προλέγει ταῦτα πάντα. Εἶτα δεικνὺς ὅτι καὶ αὐτὸς [a] συνεπιθήσεται Ἰουδαίοις καὶ πολεμήσει, οὐχὶ μάχας φησὶ μόνον, ἀλλὰ καὶ θεηλάτους πληγὰς, λιμοὺς, καὶ λοιμοὺς, καὶ σεισμοὺς, δεικνὺς ὅτι καὶ τοὺς πολέμους αὐτὸς εἴασεν ἐπελθεῖν, καὶ οὐχ ἁπλῶς ταῦτα γεγένηται, κατὰ τὴν ἔμπροσθεν ἐν τοῖς ἀνθρώποις οὖσαν συνήθειαν, ἀλλ' ἐκ τῆς ἄνωθεν ὀργῆς. Διὰ τοῦτο οὐδὲ ἁπλῶς [b] ταῦτα ἥξειν φησὶν, οὐδὲ ἀθρόως, ἀλλὰ μετὰ σημείων. Ἵνα γὰρ μὴ
B λέγωσιν οἱ Ἰουδαῖοι, ὅτι οἱ τότε πιστεύσαντες αἴτιοι τῶν κακῶν τούτων, διὰ τοῦτο καὶ τὴν αἰτίαν αὐτοῖς εἴρηκε τῆς ἐπαγωγῆς· Ἀμὴν γὰρ λέγω ὑμῖν, ἔμπροσθεν ἔλεγεν, ὅτι ἥξει πάντα ταῦτα ἐπὶ τὴν γενεὰν ταύτην, τῆς μιαιφονίας αὐτῶν μνησθείς. Εἶτα ἵνα μὴ τὰς νιφάδας τῶν κακῶν ἀκούοντες, νομίσωσι διεσπᾶσθαι τὸ κήρυγμα, ἐπήγαγεν· Ὁρᾶτε, μὴ θροεῖσθε· δεῖ γὰρ πάντα γενέσθαι· τουτέστιν, ἃ προεῖπον ἐγὼ,

[c] Alii δεῖ γὰρ πάντα γενέσθαι.

[d] Alius ἐσόμενοι λοιπὸν τὰ ἀγαθά. Paulo post Morel. μάλα ἀπαντήσεσθαι.

[e] Alii πολλῷ χαλεπώτερος.

[f] Alii καὶ πολλῶν ἄλλων παρασκευαζομένων· πολέμους.

[a] Mss. optimi συνεπιθήσεται, ut legendum conjiciebat Savilius. Editi συνεπιτεθήσεται.

[b] Alii αὐτά.

καὶ τῶν πειρασμῶν ἡ ἔφοδος οὐδὲν διακόψει τῶν [c] παρ'
ἐμοῦ εἰρημένων· ἀλλ' ἔσται μὲν θόρυβος καὶ ταραχὴ,
τοὺς δὲ ἐμοὺς οὐδὲν διασαλεύσει χρησμούς. Εἶτα
ἐπειδὴ εἶπε τοῖς Ἰουδαίοις· [d] Ἀπάρτι οὐ μή με ἴδητε
ἕως ἂν εἴπητε, εὐλογημένος ὁ ἐρχόμενος ἐν ὀνόματι
Κυρίου· ᾤοντο δὲ οἱ μαθηταὶ ἅμα τῇ κατασκαφῇ καὶ C
τὴν συντέλειαν ἔσεσθαι, καὶ ταύτην διορθούμενος αὐτῶν τὴν ὑπόνοιαν, ἔλεγεν· Ἀλλ' οὔπω τὸ τέλος. Ὅτι
γὰρ οὕτως ὡς ἔφην ὑπώπτευον, ἐκ τῆς ἐρωτήσεως
αὐτῶν μάνθανε. Τί γὰρ ἠρώτησαν; Πότε ταῦτα ἔσται;
τουτέστι, πότε τὰ Ἱεροσόλυμα ἀπολεῖται; Καὶ τί τὸ
σημεῖον τῆς σῆς παρουσίας καὶ τῆς συντελείας τοῦ
αἰῶνος; Αὐτὸς δὲ οὐδὲν εὐθέως πρὸς τὴν ἐρώτησιν
ἀπεκρίνατο ταύτην, ἀλλὰ πρότερον ἐκεῖνα τὰ κατεπείγοντα λέγει, καὶ ἃ πρῶτα μαθεῖν ἐχρῆν. Οὔτε
γὰρ περὶ Ἱεροσολύμων εὐθέως, οὔτε περὶ τῆς δευτέρας αὐτοῦ παρουσίας εἴρηκεν· ἀλλὰ περὶ τῶν ἐπὶ
θύραις ἀπαντησομένων κακῶν· διὸ καὶ ἐναγωνίους
αὐτοὺς ποιεῖ λέγων· Βλέπετε μή τις ὑμᾶς πλανήσῃ. D
Πολλοὶ γὰρ ἐλεύσονται ἐπὶ τῷ ὀνόματί μου, λέγοντες·
ἐγώ εἰμι ὁ Χριστός. Εἶτα διεγείρας αὐτοὺς εἰς τὴν
περὶ τούτων ἀκρόασιν (Βλέπετε γὰρ, φησὶ, μή τις
ὑμᾶς πλανήσῃ), καὶ ἐναγωνίους ποιήσας, καὶ νήφειν
παρασκευάσας, καὶ εἰπὼν τοὺς πλάνους, τοὺς ψευδο-
χρίστους πρότερον, τότε τὰ τῶν Ἱεροσολύμων λέγει
κακὰ, ἀπὸ τῶν ἤδη γενομένων καὶ τὰ μέλλοντα ἀεὶ
καὶ παρὰ τοῖς ἀνοήτοις καὶ φιλονείκοις πιστούμενος.

Πολέμους δὲ καὶ ἀκοὰς πολέμων, ὅπερ καὶ ἔμπροσθεν εἶπον, τὰς αὐτοῖς ἐπιούσας φησὶ ταραχάς. Εἶτα E
ἐπειδὴ, καθὼς καὶ προεῖπον, ἐνόμιζον μετ' ἐκεῖνον τὸν
τὸν πόλεμον ἥξειν τὸ τέλος, ὅρα πῶς αὐτοὺς ἀσφαλίζεται λέγων· Ἀλλ' οὔπω τὸ τέλος. Ἐγερθήσεται γὰρ,
φησὶ, ἔθνος ἐπὶ ἔθνος, καὶ βασιλεία ἐπὶ βασιλείαν. Τὰ
προοίμια λέγει τῶν Ἰουδαϊκῶν κακῶν. Πάντα δὲ ταῦτα
ἀρχὴ ὠδίνων· τουτέστι, τῶν συμβαινόντων αὐτοῖς. 725
Τότε παραδώσουσιν ὑμᾶς εἰς θλίψιν, καὶ ἀποκτενοῦσιν A
ὑμᾶς. Εὐκαίρως παρενέβαλε τὰ αὐτῶν κακὰ, ἔχοντα
παραμυθίαν ἀπὸ τῶν κοινῶν· οὐ ταύτῃ δὲ μόνον, ἀλλὰ
καὶ τῷ προσθεῖναι, ὅτι Διὰ τὸ ὄνομά [a] μου· Ἔσεσθε
γὰρ, φησὶ, μισούμενοι ὑπὸ πάντων διὰ τὸ ὄνομά μου.
Καὶ τότε σκανδαλισθήσονται πολλοὶ, καὶ ἀλλήλους
παραδώσουσι, καὶ πολλοὶ ψευδόχριστοι καὶ ψευδοπροφῆται ἐγερθήσονται, καὶ πλανήσουσι πολλούς. Καὶ διὰ
τὸ πληθυνθῆναι τὴν ἀνομίαν, ψυγήσεται ἡ ἀγάπη τῶν
πολλῶν. Ὁ δὲ ὑπομείνας εἰς τέλος, οὗτος σωθήσεται.
Τοῦτο μεῖζον κακὸν, ὅταν καὶ ἐμφύλιος ὁ πόλεμος ᾖ·
πολλοὶ γὰρ [b] ψευδάδελφοι γεγόνασιν. Εἶδες τριπλοῦν
τὸν πόλεμον ὄντα, τὸν ἀπὸ τῶν πλάνων, τὸν ἀπὸ τῶν B

ctas non interturbabit: sed erit quidem tumultus
et perturbatio, quæ oracula mea non quatiant.
Deinde quia Judæis dixerat: *Non me videbitis* Matth. 23.
amodo donec dicatis, Benedictus qui venit in 39.
nomine Domini; putabantque discipuli cum excidio etiam consummationem fore, hanc eorum
opinionem corrigens, dicebat: *Sed nondum est*
finis. Quod autem id quod ego dixi suspicarentur,
ex eorum interrogatione disce. Quid enim interrogabant? *Quando hæc erunt?* hoc est, Quandonam Jerosolyma peribit? *Et quod signum adven-*
tus tui et consummationis sæculi? Ipse vero
nihil statim ad hanc interrogationem respondit;
sed prius illa dicit quæ plus intererat discere. Neque enim de Jerosolymis statim, neque de secundo suo adventu loquutus est, sed de malis quæ
jam proxima erant, ideoque illos sollicitos reddit
dicens: *Cavete ne quis vos seducat. Multi enim*
venient in nomine meo, dicentes: Ego sum
Christus. Deinde excitans illos ad harum rerum auditum, *Cavete*, inquit, *ne quis vos sedu-*
cat: et cum sollicitos atque ad vigilandum paratos reddidisset, postquam seductores et pseudo-
christos memoravit, tunc Jerosolymorum mala
narrat, ex iis quæ jam evenerant futura asserens
apud insanos et contentiosos.

2. Bella autem et opiniones bellorum, ut jam
dixi, tumultus qui ipsos invasuri sunt vocat.
Deinde quia putabant, ut dixi, post bellum illud
venturum esse finem, vide quomodo illos præmu-
niat, dicens: *Sed nondum est finis*. 7. *Exsur-*
get enim, inquit, *gens in gentem et regnum*
in regnum. Initia Judaïcorum malorum dicit.
8. *Hæc autem omnia initia sunt dolorum*;
id est, eorum qui ipsis eventuri sunt. 9. *Tunc*
tradent vos in tribulationem, et occident vos.
Opportune ipsorum mala inseruit, quæ a communibus malis aliquid consolationis accipiunt;
nec inde tantum, sed quia addidit, *Propter no-*
men meum: *Eritis* enim, inquit, *odio omnibus*
propter nomen meum. 10. *Tunc scandaliza-*
buntur multi, et invicem tradent, 11. *et multi*
pseudo-christi, et pseudo-prophetæ erunt, et
seducent multos. 12. *Et quoniam abundabit*
iniquitas, refrigescet caritas multorum. 13. *Qui*
autem perseveraverit usque in finem, hic sal-
vus erit. Hoc majus malum est, intestinum nem-

[c] Sic quidam Mss. recte. Editi παρ' ἐμοί.

[d] Ἀπάρτι deest in quibusdam Mss.

[a] Hic quædam deerant in Morel. quæ ex Mss. et ex Savil. restituta sunt.

[b] Savil. ψευδάδελφοι τότε ἦσαν. εἶδες.

Triplex bellum, ab inimicis, a seductoribus, a falsis fratribus.

pe bellum : multi enim falsi fratres fuerunt. Viden' triplex bellum, a seductoribus, ab inimicis, a falsis fratribus? Vide Paulum hoc deplorantem : *Foris pugnæ, intus timores, et pericula*
2. Cor. 7. 5. *in falsis fratribus;* ac rursum : *Tales enim*
et c. 11. 26. 2. Cor. 11. 13. *falsi apostoli sunt, operarii dolosi, transformantes se in apostolos Christi.* Hinc rursum id quod omnium gravissimum est, quod caritatis consolationem non habituri sint. Deinde ostendens generosum et patientem hinc lædi non posse, Ne timeatis, inquit, neque turbemini. Si enim congruentem patientiam exhibueritis, hæc mala non superabunt vos. Hujusque rei clara demonstratio est, quod prædicatio ubique per orbem pervadat : ita sublimiores eritis, quam ut hæc mala possint vos attingere. Ne dicerent enim, quomodo ergo vivemus? plus addidit, Et vivetis et ubique docebitis. Quamobrem intulit : 14. *Prædicabitur hoc evangelium in universo mundo in testimonium omnibus gentibus : et tunc veniet finis,* non consummationis, sed Jerosolymorum. Quod enim de illo fine dixerit, et quod ante excidium evangelium prædicatum fuerit, audi quid
Rom. 10. 18. dicat Paulus : *In omnem terram exivit sonus*
Col. 1. 23. *eorum;* et rursum, *Evangelii quod prædicatum est in universa creatura quæ sub cælo est.* Et vides eum Jerosolymis in Hispaniam currentem. Si enim unus tantam orbis partem occupavit, hinc cogita quæ alii fecerint. Etenim aliis scribens
Col. 1. 6. Paulus de evangelio dicebat, quod fructum ferat et crescat in omni creatura quæ sub cælo est. Quid autem illud est, *In testimonium omnibus gentibus?* Ubique prædicatum est, sed non omnes crediderunt, neque receptum est ubique. *In testimonium,* inquit, erit non credentibus; id est, in redargutionem, in accusationem. *In testimonium :* nam qui crediderunt testimonium ferent contra eos qui credere noluerunt, et condemnabunt eos. Ideoque postquam evangelium prædicatum fuit per totum orbem, Jerosolyma perierunt, ut ne umbram quidem excusationis ingrati illi haberent. Nam qui viderunt ejus potentiam ubique fulgentem, et quasi in momento orbem pervadentem, quam veniam habeant in duritie manentes? Quod enim ubique tunc prædicatum fuerit, audi Pau-
Col. 1. 23. lum : *Evangelii quod prædicatum est in universa creatura, quæ sub cælo est.* Quod Christi

πολεμίων, τὸν ἀπὸ τῶν ψευδαδέλφων; Ὅρα καὶ Παῦλον τὰ αὐτὰ ἀποδυρόμενον καὶ λέγοντα· Ἔξωθεν μάχαι, ἔσωθεν φόβοι, [c] καὶ κίνδυνοι ἐν ψευδαδέλφοις· καὶ πάλιν· Οἱ γὰρ τοιοῦτοι ψευδαπόστολοί εἰσιν, ἐργάται δόλιοι, μετασχηματιζόμενοι εἰς ἀποστόλους Χριστοῦ. Εἶτα πάλιν τὸ πάντων χαλεπώτερον, ὅτι οὐδὲ τὴν ἀπὸ τῆς ἀγάπης παραμυθίαν ἕξουσιν. Εἶτα δεικνὺς ὅτι τὸν γενναῖον καὶ καρτερικὸν οὐδὲν ταῦτα λυμανεῖται, μὴ φοβεῖσθε, φησὶ, μηδὲ ταράττεσθε. Ἂν γὰρ τὴν προσήκουσαν ὑπομονὴν ἐπιδείξησθε, οὐ περιέσται ὑμῶν τὰ δεινά. Καὶ [d] τούτου σαφὴς ἀπόδει-
C ξις τὸ πάντως κηρυχθῆναι τὸ κήρυγμα πανταχοῦ τῆς οἰκουμένης. Οὕτως ὑψηλότεροι ἔσεσθε τῶν δεινῶν. Ἵνα γὰρ μὴ λέγωσι, πῶς οὖν ζησόμεθα; τὸ πλέον εἶπεν, ὅτι καὶ ζήσεσθε καὶ διδάξετε πανταχοῦ. Διὸ καὶ ἐπήγαγε· Καὶ κηρυχθήσεται τὸ εὐαγγέλιον τοῦτο ἐν ὅλῳ τῷ κόσμῳ εἰς μαρτύριον πᾶσι τοῖς ἔθνεσι· καὶ τότε ἥξει [e] τὸ τέλος, οὐ τῆς συντελείας, ἀλλὰ τῶν Ἱεροσολύμων. Ὅτι γὰρ περὶ ἐκείνου ἔλεγε, καὶ πρὸ τῆς ἁλώσεως τὸ εὐαγγέλιον ἐκηρύχθη, ἄκουσον τί φησιν ὁ Παῦλος· Εἰς πᾶσαν τὴν γῆν ἐξῆλθεν ὁ φθόγγος αὐτῶν· καὶ πάλιν, Τοῦ εὐαγγελίου τοῦ κηρυχθέντος ἐν πάσῃ
D τῇ κτίσει τῇ ὑπὸ τὸν οὐρανόν. Καὶ ὁρᾷς αὐτὸν ἀπὸ Ἱερουσαλὴμ εἰς Ἱσπανίαν τρέχοντα. Εἰ δὲ εἷς τοσοῦτον μέρος τῆς οἰκουμένης κατέλαβεν, ἐννόησον ἃ καὶ οἱ λοιποὶ εἰργάσαντο. Καὶ γὰρ καὶ ἑτέροις γράφων πάλιν ὁ Παῦλος ἔλεγε περὶ τοῦ εὐαγγελίου, ὅτι Ἐστὶ καρποφορούμενον καὶ αὐξανόμενον ἐν πάσῃ τῇ κτίσει τῇ ὑπὸ τὸν οὐρανόν. Τί δέ ἐστιν, Εἰς μαρτύριον πᾶσι τοῖς ἔθνεσιν; Ἐπειδὴ ἐκηρύχθη μὲν πανταχοῦ, [f] οὐκ ἐπίστευσαν δέ τινες, οὐδὲ ἐδέχθη πανταχοῦ. Εἰς μαρτύριον, φησὶν, ἔσται τοῖς ἀπιστήσασι· τουτέστιν, εἰς ἔλεγχον, εἰς κατηγορίαν. Εἰς μαρτύριον· οἱ γὰρ πι-
E στεύσαντες καταμαρτυρήσουσι τῶν μὴ πιστευσάντων, καὶ κατακρινοῦσιν αὐτούς. Διὰ τοῦτο δὲ μετὰ τὸ κηρυχθῆναι τὸ εὐαγγέλιον πανταχοῦ τῆς οἰκουμένης ἀπόλλυται τὰ Ἱεροσόλυμα, ἵνα μηδὲ σκιὰν ἀπολογίας ἔχωσιν οἱ ἀγνωμονοῦντες. Οἱ γὰρ ἰδόντες τὴν αὐτοῦ δύναμιν πανταχοῦ διαλάμψασαν, καὶ ἐν ἀκαριαίῳ τὴν
726 A οἰκουμένην [a] ἐπελθοῦσαν, τίνα ἂν ἔχοιεν λοιπὸν συγγνώμην, ἐπὶ τῆς αὐτῆς ἀγνωμοσύνης μείναντες; Ὅτι γὰρ πανταχοῦ ἐκηρύχθη τότε, ἄκουσον τί φησιν ὁ Παῦλος· Τοῦ εὐαγγελίου τοῦ κηρυχθέντος ἐν πάσῃ τῇ κτίσει τῇ ὑπὸ τὸν οὐρανόν. Ὃ καὶ μέγιστον σημεῖον τῆς τοῦ Χριστοῦ δυνάμεως, ὅτι ἐν εἴκοσι ἢ καὶ τριάκοντα ὅλοις ἔτεσι τὰ πέρατα τῆς οἰκουμένης κατέλαβεν ὁ λόγος. Μετὰ τοῦτο οὖν, φησὶν, ἥξει τὸ τέλος τῶν

[c] Alii καὶ πάλιν κίνδυνοι ἐκ γένους, κίνδυνοι ἐν ψευδ.

[d] Morel. τοῦτο σαφής.

[e] Morel. τὸ τέλος τῆς συντελείας τῶν Ἱεροσολύμων. ὅτι γὰρ ἐκεῖνο ἔλεγε.

[f] Morel. οὐκ ἐπιστεύθη δὲ πανταχοῦ, ἔκτοτε εἰς μαρτύριόν φησι τοῖς.

[a] Alii ἐλθοῦσαν.

Ἱεροσολύμων. Ὅτι γὰρ τοῦτο αἰνίττεται, τὸ ἑξῆς ἐδήλωσεν. Ἐπήγαγε γὰρ καὶ προφητείαν, πιστούμενος αὐτῶν τὸν ἀφανισμὸν, καὶ λέγων· Ὅταν δὲ ἴδητε τὸ βδέλυγμα τῆς ἐρημώσεως, τὸ ῥηθὲν διὰ Δανιὴλ τοῦ προφήτου, ἑστὼς ἐν τόπῳ ἁγίῳ· ὁ ἀναγινώσκων νοείτω. B Παρέπεμψεν αὐτοὺς ἐπὶ τὸν Δανιήλ. Βδέλυγμα δὲ τὸν ἀνδριάντα τοῦ τότε τὴν πόλιν ἑλόντος φησὶ, ὃν ὁ ἐρημώσας τὴν πόλιν καὶ τὸν ναὸν ἔστησεν ἔνδον, διὸ καὶ ἐρημώσεως αὐτὸ καλεῖ. Εἶτα [b] ἵνα μάθωσιν, ὅτι καὶ ζώντων ἐνίων αὐτῶν ταῦτα ἔσται, διὰ τοῦτο ἔλεγεν· Ὅταν ἴδητε τὸ βδέλυγμα τῆς ἐρημώσεως.

potentiæ maximum est argumentum, quod doctrina annis viginti vel triginta, orbis terminos pervaserit. Post hæc igitur, inquit, veniet finis Jerosolymorum. Quod enim hoc subindicet, arguunt sequentia. Attulit enim prophetiam, ut ejus excidium assereret, aitque: 15. *Cum autem videritis abominationem desolationis, quæ dicta est per Danielem prophetam, stantem in loco sancto: qui legit intelligat.* (Dan. 9. 27.) Ad Danielem illos remisit. Abominationem autem vocat statuam ejus qui tunc orbem ceperat, quam desolata urbe et templo intus posuit, quare abominationem desolationis vocat. Deinde ut discerent, hæc futura esse, nonnullis eorum adhuc viventibus, dixit: *Cum videritis abominationem desolationis.*

Ἐξ ὧν ἄν τις μάλιστα θαυμάσειε τοῦ Χριστοῦ τὴν δύναμιν καὶ τὴν ἐκείνων ἀνδρείαν, ὅτι ἐν τοιούτοις καιροῖς ἐκήρυττον, ἐν οἷς μάλιστα τὰ Ἰουδαϊκὰ ἐπολεμεῖτο, ἐν οἷς μᾶλλον ὡς στασιασταῖς προσεῖχον αὐτοῖς, ὅτε ὁ Καῖσαρ ἐκέλευσε πάντας ἀπελαύνεσθαι. C Καὶ ταὐτὸν συνέβαινεν, ὥσπερ ἂν εἴ τις, τῆς θαλάττης πάντοθεν ἐγερθείσης, καὶ ζόφου τὸν ἀέρα πάντα κατέχοντος, καὶ ναυαγίων ἐπαλλήλων γινομένων, καὶ πάντων ἄνωθεν τῶν συμπλεόντων στασιαζόντων, καὶ θηρίων κάτωθεν ἀνιόντων, καὶ μετὰ τῶν κυμάτων ἀναλισκόντων τοὺς [c] πλέοντας, καὶ σκηπτῶν φερομένων, καὶ πειρατῶν ὄντων, καὶ τῶν ἔνδον ἀλλήλοις ἐπιβουλευόντων, ἀνθρώπους ἀπείρους τοῦ πλεῖν καὶ οὐδὲ θάλατταν ἰδόντας κελεύοι ἐπὶ τῶν οἰάκων καθῆσθαι καὶ κυβερνᾷν καὶ ναυμαχεῖν, καὶ στόλον ἄπειρον D ἐπιόντα μετὰ πολλῆς παρατάξεως, ἑνὶ χρωμένους ἀκατίῳ, τῶν οὕτως ὡς εἶπον ταραττομένων χειροῦσθαι, καὶ [d] καταδύειν. Καὶ γὰρ ὑπὸ ἐθνῶν ἐμισοῦντο ὡς Ἰουδαῖοι, καὶ ὑπὸ Ἰουδαίων ἐλιθάζοντο ὡς τοῖς αὐτῶν πολεμοῦντες νόμοις, καὶ οὐδαμοῦ στῆναι ἦν. Οὕτω πάντα [e] κρημνοὶ καὶ σκόπελοι καὶ πρόβολοι ἦσαν, τὰ ἐν ταῖς πόλεσι, τὰ ἐν ταῖς χώραις, τὰ ἐν ταῖς οἰκίαις· καὶ εἷς ἕκαστος αὐτοῖς ἐπολέμει, καὶ στρατηγὸς, καὶ ἄρχων, καὶ ἰδιώτης, καὶ ἔθνη πάντα, καὶ δῆμοι πάντες, καὶ ταραχή τις ἦν λόγῳ παραστῆναι μὴ δυναμένη. Καὶ γὰρ σφόδρα μισητὸν ἦν τὸ τῶν E Ἰουδαίων γένος τῇ τῶν Ῥωμαίων ἀρχῇ, ἅτε μυρία πράγματα παρεσχηκός. Καὶ οὐδὲ ἐντεῦθεν ἐβλάβη τὸ κήρυγμα· ἀλλ' ἡ μὲν πόλις ἀνάρπαστος ἦν, καὶ ἐμπεπύριστο, καὶ μυρία τοὺς οἰκοῦντας διέθηκε κακά· οἱ δὲ ἐντεῦθεν ὄντες ἀπόστολοι, [f] νόμους εἰσάγοντες καινοὺς, καὶ τῶν Ῥωμαίων ἐκράτουν. Ὢ καινῶν καὶ παραδόξων πραγμάτων. Μυριάδας ἀπείρους Ἰουδαίων

3. Unde quis summopere miretur Christi virtutem illorumque fortitudinem, quod talibus prædicaverint temporibus, quibus maxime Judaïca impugnabantur, quando Judæi ut seditiosi observabantur, jusseratque Cæsar omnes exterminari. Idipsumque accidit, ac si quis, mari undique excitato, et caligine totum aerem occupante, naufragiis frequentibus, cum vectores omnes dissideant, et monstra marina supra surgant, quæ simul cum fluctibus navigantes pessumdent, fulminibus emissis, piratis invadentibus, et vectoribus sibi mutuo insidiantibus, homines navigationis imperitos, qui nec mare noverint, jubeat ad gubernacula sedere, navim gubernare et pugnare, classemque ingentem ex adverso venientem, navicula una usos, cujus etiam vectores turbati sint, capere, et submergere. Nam a gentibus odio habebantur ut Judæi, et a Judæis lapidabantur, ut qui suas leges impugnarent: nusquam vero stare poterant. (Quam difficilia tempora prædicationis evangelicæ.) Sic omnia præcipitia scopuli et saxa latentia erant, in urbibus, in vicis, in domibus, singulique illos bello impetebant, dux, princeps, privatus, gentes integræ, populi omnes, et perturbatio erat quanta nec possit oratione explicari. Nam perosum plane erat Judaïcum genus in Romano imperio, quod mille negotia facesseret. Neque tamen inde prædicationi nocebatur: sed capta urbe atque cremata, ac gente vi malorum oppressa, inde profecti apostoli, qui novas inducebant leges, Romanis imperarunt. O res novas et stupendas! Judæorum innumera millia Romani ceperunt, et duodecim viros vincere non potuerunt, qui nudi sine armis cum ipsis pugnabant! Quis sermo pos-

[b] Alii et Morel. ἵνα μάθῃς.

[c] Alii et Morel. ἐμπλέοντας. Infra iidem ἐπιβουλευόντων καὶ ταῦτα ἀνθρώπους ἀπείρους... κελεύῃ τις ἐπὶ τῶν.

[d] Alii καταλύειν.

[e] Κρημνοὶ, sic Savil.; κρημνὸς Morel.

[f] Morel. νόμους πράττοντες καινοὺς κατὰ Ῥωμαίων.

sit tantum miraculum describere? Duo enim hæc
docentibus inesse oportet, ut fide digni sint, et
ut sint auditoribus grati : ad hæc vero, ut doctrina talis sit, quæ facile admittatur, insuperque ut tempus sit tumultu et perturbatione vacuum. Tunc autem omnia contraria erant. Neque enim fide digni esse videbantur, illosque qui decepti fuerant ab iis qui fide digna dicere putabantur, a se avertebant : non diligebantur; imo odio habebantur; ab iis quæ maxime placita erant abducebant, a consuetudine, a patria, a legibus. Præcepta dura difficiliaque erant, quæ vero prohibebant voluptate plena. Multa tum ipsi, tum ipsorum discipuli subibant pericula, multas mortes; ac cum his omnibus tempus magnam afferebat difficultatem, bellis scilicet tumultuque plenum; ita ut etsi nihil supradictorum adfuisset, hinc omnia
Psal. 105. 2. turbari possent. Opportune dicatur: *Quis loquetur potentias Domini, auditas faciet omnes laudes ejus?* Nam si contribules Moysem post tot edita signa non audiebant, ob lutum et lateres queis premebantur; eos qui quotidie cæsi et occisi intoleranda patiebantur, quis induxit ut otiosam vitam repudiarent, et ipsi aliam anteponerent, periculis, sanguine, mortibusque plenam : cum maxime ii quibus prædicabatur alienigenæ ipsisque prorsus inimici essent? Si quis in gentes, in urbes, in populos, imo in unam domunculam induceret virum omnibus habitantibus eam perosum, et per eum conaretur singulos a dilectis abducere, a patre, a matre, ab uxore, a filiis : annon ille antequam os aperiret discerperetur? Si autem vir et uxor simul litigarent, annon vel prius quam limen transiret, lapidibus obrueretur? Si autem ille per se contemtus onerosa præciperet, deliciis fruentes philosophari juberet, ad hæc vero contra multo plures et fortiores certamen committeret, annon palam est illum omnino periturum esse? Attamen illud ipsum quod in una domo fieri nequit, Christus in toto orbe fecit, per præcipitia, per fornaces, per prærupta, per scopulos, per terram et mare, inter bella plurima, orbis medicos inducens. Quæ omnia si certius ediscere velis; nempe famem, pestilentiam, terræ motus, cæte-

727 τότε ἐχειρώσαντο οἱ Ῥωμαῖοι, καὶ δώδεκα ἀνδρῶν
A οὐ περιεγένοντο, γυμνῶν, ἀόπλων μαχομένων αὐτοῖς. Τίς παραστῆσαι δυνήσεται λόγος τὸ θαῦμα τοῦτο; Καὶ γὰρ δύο ταῦτα χρὴ τοῖς διδάσκουσιν ὑπάρχειν, τό τε ἀξιοπίστους εἶναι, καὶ τὸ φιλεῖσθαι παρὰ τῶν μαθητευομένων· [a] καὶ μετὰ τούτων καὶ τὸ τὰ λεγόμενα εὐπαράδεκτα εἶναι, καὶ πρὸς τούτοις τὸν καιρὸν ταραχῆς ἀπηλλάχθαι καὶ [b] θορύβων. Τότε δὲ ἅπαντα ἐναντία ἦν. Οὔτε γὰρ ἀξιόπιστοι εἶναι ἐδόκουν, καὶ τῶν δοκούντων ἀξιοπίστων εἶναι τοὺς ἠπατημένους [c] ἀφίστων· οὐκ ἐφιλοῦντο, ἀλλὰ καὶ ἐμισοῦντο, καὶ τῶν φιλουμένων ἀπῆγον, καὶ ἐθῶν, καὶ πατρίων,
B καὶ νόμων. Πάλιν τὰ ἐπιτάγματα πολλὴν τὴν δυσκολίαν εἶχεν, ὧν δὲ ἀφεῖλκοντο, πολλὴν τὴν ἡδονήν. Πολλοὺς καὶ αὐτοὶ καὶ οἱ πειθόμενοι τοὺς κινδύνους, πολλοὺς τοὺς θανάτους ὑπέμενον· καὶ μετὰ τούτων ἁπάντων ὁ καιρὸς πολλὴν παρεῖχε τὴν δυσκολίαν, πολέμων γέμων, θορύβων, ταραχῆς, [d] ὡς εἰ καὶ μηδὲν τῶν εἰρημένων ἦν, ἱκανῶς πάντα διαταράξαι. Εὔκαιρον εἰπεῖν· Τίς λαλήσει τὰς δυναστείας τοῦ Κυρίου, ἀκουστὰς ποιήσει πάσας τὰς αἰνέσεις αὐτοῦ; Εἰ γὰρ οἱ οἰκεῖοι μετὰ τῶν σημείων Μωϋσέως οὐκ ἤκουσαν, διὰ τὸν πηλὸν μόνον καὶ τὴν πλινθείαν· τοὺς καθ' ἑκάστην ἡμέραν κοπτομένους καὶ σφαττομένους, καὶ
C τὰ ἀνήκεστα πάσχοντας τίς ἔπεισεν ἀποστῆναι μὲν ἀπράγμονος βίου, τὸν δὲ ἐπικίνδυνον τοῦτον καὶ αἱμάτων καὶ θανάτων γέμοντα προτιμῆσαι ἐκείνου, καὶ ταῦτα ἀλλοφύλων τῶν κηρυττομένων αὐτοῖς ὄντων, καὶ σφόδρα πολεμίων πάντοθεν; Μή τις γὰρ εἰς ἔθνη καὶ πόλεις καὶ δήμους, ἀλλ' εἰς οἰκίαν μικρὰν εἰσαγαγέτω τὸν μισούμενον παρὰ πάντων τῶν ἐν τῇ οἰκίᾳ, καὶ δι' αὐτοῦ σπουδαζέτω τῶν φιλουμένων ἀπάγειν, πατρὸς καὶ μητρὸς, καὶ γυναικὸς καὶ παιδίων· ἆρα οὐκ ὀφθήσεται διασπασθεὶς πρὶν ἢ διᾶραι τὸ στόμα; Ἂν δὲ καὶ ταραχὴ καὶ μάχη γυναικὸς καὶ ἀνδρὸς
D προσῇ κατὰ τὴν οἰκίαν, ἆρα οὐχὶ, πρὶν ἢ ἐπιβῆναι τῶν οὐδῶν, καταλεύοντες * αὐτὸν ἀναιρήσουσιν; Ἂν δὲ καὶ εὐκαταφρόνητος ᾖ, καὶ φορτικὰ ἐπιτάττῃ, καὶ φιλοσοφεῖν τοὺς τρυφῶντας κελεύῃ, καὶ μετὰ τούτων πρὸς πολλῷ πλείονας καὶ ὑπερβάλλοντας αὐτὸν ὁ ἀγὼν ᾖ, οὐκ εὔδηλον ὅτι παντάπασιν ἀπολεῖται; Ἀλλ' ὅμως τοῦτο, ὅπερ ἀδύνατον ἐν οἰκίᾳ γενέσθαι μιᾷ, τοῦτο ἐν τῇ οἰκουμένῃ κατώρθωσεν ὁ Χριστὸς ἁπάσῃ, διὰ κρημνῶν, καὶ καμίνων, καὶ φαράγγων, καὶ σκοπέλων,

[a] Hæc inversa erant apud Morel., ex Mss. vero et ex Savil. restituta sunt.

[b] Morel. θορύβου.

[c] Morel. ἀφιστῶντας. Locus obscurus videtur seriesque intricata; rei tamen summa conspicua est. Mirum quippe dicit esse apostolos, qui res asperas inducebant, et a gratis et jucundis avertebant, tantum prædicationis fructum tulisse.

[d] Alii ὡς εἰ καὶ.... ἱκανὸς ἦν πάντα.

* [Scripsimus αὐτόν cum Savil. et Cod. 694. Commelin. et Montf. αὐτῶν. Sic et infra cum iisdem dedimus ὑπερβάλλοντας αὐτόν, ubi iidem Comm. et Montf. αὐτῶν.]

καὶ γῆς καὶ [e] θαλάττης πολεμουμένης, τοὺς ἰατροὺς τῆς οἰκουμένης εἰσάγων. Καὶ εἰ βούλει σαφέστερον ταῦτα μαθεῖν, τοὺς λιμοὺς λέγω, τοὺς λοιμοὺς, τοὺς σεισμοὺς, τὰς ἄλλας τραγῳδίας, τὴν ἱστορίαν τὴν περὶ τούτων Ἰωσήπῳ συγκειμένην ἔπελθε, καὶ πάντα εἴσῃ μετὰ ἀκριβείας. Διὰ τοῦτο καὶ αὐτὸς ἔλεγε, [f] Μὴ θροεῖσθε· δεῖ γὰρ πάντα γενέσθαι· καὶ, Ὁ ὑπομείνας εἰς τέλος, οὗτος σωθήσεται· καὶ ὅτι Κηρυχθήσεται τὸ εὐαγγέλιον τοῦτο, φησὶν, ἐν ὅλῳ τῷ κόσμῳ. Ἐπειδὴ δὲ τὰ προοίμια τοιαῦτα ἔσεσθαι εἰπὼν, χαυνωθέντας 728
εἶδε καὶ ἐκλυθέντας τῷ φόβῳ τῶν εἰρημένων, συ- A
στρέφει πάλιν αὐτοὺς λέγων, ὅτι κἂν μυρία γένηται, δεῖ κηρυχθῆναι τὸ εὐαγγέλιον πανταχοῦ τῆς οἰκουμένης, καὶ τότε ἥξει τὸ τέλος.

Εἶδες πῶς διέκειτο τότε τὰ πράγματα; καὶ πῶς ποικίλος ὁ πόλεμος ἦν; καὶ ταῦτα ἐν ἀρχῇ, ὅτε μάλιστα πολλῆς ἕκαστον ἡσυχίας δεῖται τῶν κατορθουμένων; Πῶς οὖν διέκειτο; Οὐδὲν γὰρ κωλύει τὰ αὐτὰ πάλιν ἀναλαβεῖν. Πρῶτος πόλεμος ἦν, ὁ τῶν ἀπατεώνων· Ἐλεύσονται γὰρ, φησὶ, ψευδόχριστοι καὶ ψευδοπροφῆται· δεύτερος, ὁ τῶν Ῥωμαίων· Μελλήσετε
γὰρ, φησὶν, ἀκούειν πολέμους· τρίτος, ὁ τοὺς λιμοὺς B
ἐπάγων· τέταρτος, ὁ τοὺς λοιμοὺς καὶ σεισμούς· πέμπτος, ὁ τῶν θλίψεων· Παραδώσουσι γὰρ ὑμᾶς εἰς θάνατον· ἕκτος, Ἔσεσθε μισούμενοι ὑπὸ πάντων διὰ τὸ ὄνομά μου· ἕβδομος, Παραδώσουσιν ἀλλήλους καὶ μισήσουσιν· [a] ἐμφύλιον ἐνταῦθα δηλοῖ πόλεμον. Εἶτα ψευδόχριστοι, καὶ ψευδάδελφοι. Εἶτα, Ψυγήσεται ἡ ἀγάπη τῶν πολλῶν, τὸ πάντων αἴτιον τῶν κακῶν. Εἶδες μυρία γένη πολέμων καινὰ καὶ παράδοξα; Ἀλλ' ὅμως μετὰ τούτων καὶ ἄλλων πολλῷ πλειόνων (καὶ γὰρ [*] τῷ ἐμφυλίῳ καὶ συγγενικὸς ἀνεμίγνυτο πόλεμος), ἐκράτησε τῆς οἰκουμένης ἁπάσης τὸ κήρυγμα· Κηρυχθήσεται γὰρ, φησὶ, τὸ εὐαγγέλιον ἐν ὅλῳ
τῷ κόσμῳ. [b] Ποῦ τοίνυν εἰσὶν οἱ τῆς γενέσεως τὴν C
τυραννίδα ἐπιτειχίζοντες καὶ τῶν καιρῶν τὴν περιφορὰν τοῖς τῆς Ἐκκλησίας δόγμασι; Τίς γὰρ ἐμνημόνευσε πώποτε, ὅτι ὤφθη Χριστὸς ἕτερος, ὅτι συνέβη πρᾶγμα τοιοῦτον; Καίτοι γε ἕτερα ψευδόμενοι λέγουσιν, [c] ὅτι μυριάδες ἐτῶν δέκα παρῆλθον· ἀλλ' οὐδὲν ἐνταῦθα τοιοῦτον πλάσασθαι δύνανται. Ποίαν τοίνυν περιφορὰν εἴποιτ' ἄν; Οὔτε γὰρ Σόδομα, οὔτε Γόμοῤῥα, οὔτε κατακλυσμὸς ἕτερος ἐγένετό ποτε. Μέχρι τίνος παίζετε, περιφορὰν καὶ γένεσιν λέγοντες; Πῶς

Josephi historia de bello Judaico.

rasque tragœdias, adi Josephi historiam, ut accurate omnia ediscas. Ideo dicebat ille : *Ne terreamini : oportet enim omnia fieri ;* et, *Qui perseveraverit usque in finem, hic salvus erit ;* et, *Prædicabitur hoc evangelium in universo mundo.* Quoniam vero postquam dixerat exordia talia futura esse, ex dictorum terrore fractos solutosque videbat, rursus eos ad spem meliorem convertit dicens, etiamsi millia forent incommoda, oportere tamen evangelium prædicari per totum orbem terrarum, et tunc venturum finem esse.

Quot bella apostolis illata tempore prædicationis.

4. Vidistin' qua conditione tum res essent, et quam varia belli facies, et hæc in principio, cum ad singula bona opera, magna opus est tranquillitate? Quo res in statu erant? Nihil enim obest, quin eadem resumamus. Primum bellum erat seductorum : *Venient,* inquit, *pseudo-christi, et pseudo-prophetæ ;* secundum Romanorum : *Audituri enim estis prælia ;* tertium, quod famem inducet ; quartum, quod pestilentias et terræ motus : quintum, tribulationum : *Tradent enim vos in mortem ;* sextum, *Eritis odio omnibus propter nomen meum ;* septimum, *Tradent se invicem, et odio habebunt invicem ;* hic bellum civile declarat. Deinde pseudo-christi, et falsi fratres : postea, *Refrigescet caritas multorum,* quod est omnium causa malorum. Viden' mille bellorum genera, nova omnia et stupenda? Attamen, inter hæc et alia multa (nam civili bello etiam cognatorum bellum erat adjunctum) prædicatio totum orbem occupavit : nam ait, *Prædicabitur hoc evangelium in universo mundo.*

Contra genethlialogiam et temporum revolutionem.

Ubi sunt qui genesis tyrannidem temporumque revolutionem in Ecclesiæ dogmata inferunt? Quis umquam memoravit, visum fuisse Christum alium, similemque rem et eventum fuisse, etsi alia multa falso narrent, nempe centum annorum millia præteriisse? Verum nihil hic simile confingere audent. Quam ergo revolutionem dixeritis? Neque enim Sodomæ neque Gomorrhæ casus, neque diluvium, secundo venere. Usquequo ergo ludetis,

[e] Savil. *θαλάττης ταραττομένης τοὺς...εἰσαγαγών.* Utraque lectio quadrat.

[f] Morel. *μὴ θορυβῆσθε.* Hic autem plurima vitiata habebantur in Edit. Morelli, quæ ex Mss. et ex Savil. restituta sunt.

[a] Morel. *ἐμφύλιον γὰρ ἐντεῦθεν δηλοῖ πόλεμον.*

[*] [Savil. in textu et Cod. 694 *μετὰ τῶν ἐμφυλίων.*]

[b] Morel. *ποῦ νῦν.* Genesim, sive genethlialogiam, et illam temporum revolutionem exagitat Chrysostomus, ut libro contra Judæos et gentiles T. 1, p. 573, D, ubi contra illos agit, qui *γενέσει καὶ ἄστρων περιφοραῖς* omnia adscribebant.

[c] Hæc quoque perperam jacebant in Editione Morelli, quæ ex aliis restituta sunt.

revolutionem ac genesim inducentes? Quomodo ergo, inquies, multa prædicuntur, et eveniunt? Quia tu teipsum Dei auxilio privasti, et te prodidisti, atque extra providentiam posuisti, ideo dæmon pro lubito suo res convertit et transfert. Verum id non agit in sanctis, imo neque in nobis peccatoribus, qui illa admodum despicimus. Nam etsi vita nostra non sit toleranda, attamen quia per Dei gratiam veritatis dogmata accuratissime retinemus, dæmonum insidiis superiores sumus. Sed quid tandem est illa genesis? Nihil aliud quam iniquitas et confusio, et quod omnia casu et temere ferantur; imo non temere tantum, sed etiam contra rationem. Atqui si non est genesis, inquies, cur ille dives est, ille pauper? Nescio. Ita enim tecum disputabo, ut te doceam non omnia sic curiose exploranda esse, neque credendum esse sic res temere ferri. Non enim quia hæc ignoras, debes ea quæ vere non sunt confingere. Præstat enim probe ignorare, quam improbe discere. Nam qui causam ignorat, facile ratione ducitur; qui autem, quia veram non novit, falsam comminiscitur, non facile poterit veram accipere, sed multo majore opus habebit labore sudoreque, ut priorem deleat opinionem. In pugillaribus quippe deletis facile quisquis quæ voluerit scribet; in exaratis vero non item: oportet enim primum ea delere, quæ male scripta fuerant. Et inter medicos, qui nihil affert, præstat ei qui perniciosa attulit: et qui ædificat non solida structura pejor illo est qui nihil construit; ut et terra quæ nihil profert, melior illa quæ spinas gignit. Ne itaque ad omnia ediscenda festinemus, sed ne ægre feramus si aliquid ignoremus; ne si doctorem inveniamus, duplicem illi inferamus laborem: imo vero multi sæpe incurabili morbo laborantes, cum in prava dogmata semel incidissent, in iis persstiterunt. Neque enim æqualis labor est prius evellere ea quæ male radices posuerant, et in agro puro seminare atque plantare. Illic enim emundare prius oportet, et post alia inserere; hic autem paratæ sunt aures. Unde ergo fit ut ille sit dives? Jam dicam: alii Deo dante, alii permittente, alii ob aliam arcanam dispensationem, divitias possident. Hæc ratio brevis est atque simplex. Cur ergo, inquies, fornicatorem divitem effecit, necnon mœchum, lascivum, eumque qui male rebus suis utitur? Non facit divitem, sed permittit esse divitem:

Pugillaria deleta palimpsestum.

D οὖν ἐκβαίνει πολλὰ, φησὶ, τῶν λεγομένων; Ἐπειδὴ
σὺ σαυτὸν ἠρήμωσας τῆς τοῦ Θεοῦ βοηθείας, καὶ
προύδωκας, καὶ ἔξω τῆς προνοίας ἔστησας, διὰ τοῦτο
ὡς βούλεται στρέφει σου τὰ πράγματα ὁ δαίμων καὶ
μετατίθησιν. Ἀλλ' οὐχ ἐπὶ τῶν ἁγίων, μᾶλλον δὲ οὐδὲ
ἐφ' ἡμῶν τῶν ἁμαρτωλῶν, τῶν σφόδρα καταφρονούντων [d] αὐτῶν. Εἰ γὰρ καὶ ὁ βίος ἡμῶν οὐκ ἀνεκτὸς,
ἀλλ' ἐπειδὴ τῇ τοῦ Θεοῦ χάριτι τῶν τῆς ἀληθείας
δογμάτων μετὰ πολλῆς ἐχόμεθα τῆς ἀκριβείας, ἀνώτεροι τῆς τῶν δαιμόνων ἐσμὲν ἐπιβουλῆς. Ὅλως δὲ
τί ποτέ ἐστι γένεσις; Οὐδὲν ἕτερον ἀλλ' ἢ ἀδικία καὶ
E σύγχυσις, καὶ τὸ εἰκῇ πάντα φέρεσθαι· μᾶλλον δὲ οὐκ
εἰκῇ μόνον, ἀλλὰ καὶ μετὰ ἀλογίας. Καὶ εἰ μή ἐστι,
φησὶ, γένεσις, πόθεν ὁ δεῖνα πλουτεῖ; πόθεν ὁ δεῖνα
πένεται; Οὐκ οἶδα. Οὕτω γάρ σοι τέως διαλέξομαι,
παιδεύων σε μὴ πάντα περιεργάζεσθαι, μηδὲ ἁπλῶς
729 ἐντεῦθεν καὶ εἰκῇ φέρεσθαι. Οὐδὲ γὰρ ἐπειδὴ τοῦτο
A ἀγνοεῖς, ὀφείλεις τὰ οὐκ ὄντα ἀναπλάττειν. Βέλτιον
ἀγνοεῖν καλῶς, ἢ μανθάνειν κακῶς. Ὁ μὲν γὰρ οὐκ
εἰδὼς τὴν αἰτίαν, ταχέως ἐπὶ τὴν εὔλογον ἥξει· ὁ δὲ,
ἐπειδὴ τὴν οὖσαν οὐκ οἶδε, τὴν οὐκ οὖσαν πλάττων,
οὐ δυνήσεται ῥᾳδίως τὴν οὖσαν δέξασθαι, ἀλλὰ δεῖ
πλείονος αὐτῷ καὶ πόνου καὶ ἱδρῶτος, ὥστε τὸ πρότερον ἀνελεῖν. Καὶ γὰρ [a] ἐν δέλτῳ ἐξηλειμμένῃ μὲν
εὐκόλως τις ἐγγράψειεν ἅπερ ἂν ἐθέλῃ· ἐν δὲ κεχαρα-
γμένῃ οὐκ ἔστιν ὁμοίως· δεῖ γὰρ πρότερον ἐξαλεῖψαι
τὰ κακῶς ἐγγεγραμμένα. Καὶ ἐπὶ τῶν ἰατρῶν δὲ ὁ
μηδὲν προσφέρων τοῦ τὰ βλάπτοντα προσάγοντος
B πολλῷ βελτίων ἐστί· καὶ ὁ σαθρῶς οἰκοδομῶν τοῦ
μηδ' ὅλως οἰκοδομοῦντος χείρων· ὥσπερ οὖν καὶ ἡ γῆ
πολὺ βελτίων ἡ μηδὲν ἔχουσα τῆς ἀκάνθας ἐχούσης.
Μὴ τοίνυν ἐπὶ τὸ μαθεῖν πάντα τρέχωμεν, ἀλλ' ἀνε-
χώμεθά τινα καὶ ἀγνοεῖν· ἵν' ὅταν εὕρωμεν διδάσκαλον, μὴ διπλοῦν παρέχωμεν αὐτῷ τὸν πόνον· μᾶλλον
δὲ πολλοὶ πολλάκις καὶ ἀδιόρθωτα νοσοῦντες ἔμειναν
τῷ περιπεσεῖν ἁπλῶς πονηροῖς δόγμασιν. Οὐδὲ γὰρ
ὅμοιος ὁ ἱδρὼς, ἀνασπάσαι πρότερον τὰ κακῶς ῥιζω-
θέντα, καὶ τότε σπεῖραι εἰς καθαρὰν ἄρουραν καὶ κα-
ταφυτεῦσαι. Ἐκεῖ μὲν γὰρ ἀνατρέψαι δεῖ πρότερον,
καὶ τότε ἕτερα ἐνθεῖναι· ἐνταῦθα δὲ παρεσκευασμένη
ἡ ἀκοή. Πόθεν οὖν ὁ δεῖνα πλουτεῖ; Ἐρῶ λοιπόν· οἱ
C μὲν τοῦ Θεοῦ διδόντος, οἱ δὲ συγχωροῦντος, ἄλλοι δι'
ἄλλης ἀποῤῥήτου τινὸς οἰκονομίας πλοῦτον ἐκτήσαντο.
Οὗτος γὰρ σύντομος καὶ ἁπλοῦς ὁ λόγος. Τί οὖν, φησὶ,
τὸν πόρνον [b] αὐτὸς ποιεῖ πλουτεῖν, καὶ τὸν μοιχὸν, καὶ
τὸν ἡταιρηκότα, καὶ τὸν κακῶς τοῖς οὖσι κεχρημένον;
Οὐ ποιεῖ, ἀλλὰ συγχωρεῖ πλουτεῖν· πολὺ δὲ τὸ μέσον
καὶ σφόδρα [c] ἄπειρον τοῦ ποιεῖν καὶ τοῦ συγχωρεῖν.

d [Savil. in marg. et Cod. id. αὐτῆς.]

a Morel. ἐν δέλτῳ ἐξειληιμμένῃ, male. Duo Manuscripti et Savil. ἐξαληλειμμένῃ. Unus ἐξηλειμμένῃ, ab ἐξαλείφω. Pugillares hujusmodi palimpsestum vocat Tullius.

b Alii et Morel. αὐτὸς ἐᾷ πλουτεῖν.

c Morel. ἄπειρον τοῦ συγχωρεῖν.

Τίνος δὲ ἕνεκεν ὅλως ἀφίησιν; Ὅτι οὐδέπω τῆς κρίσεως ὁ καιρὸς, ἵνα τὸ κατ' ἀξίαν ἕκαστος ἀπολάβῃ. Τί γὰρ φαυλότερον ἐκείνου τοῦ πλουσίου, τοῦ μηδὲ τῶν ψιχίων μεταδιδόντος τῷ Λαζάρῳ; Ἀλλ' ὅμως ἁπάντων ἀθλιώτερος ἦν· οὐδὲ γὰρ σταγόνος ἐγένετο κύριος, δι' αὐτὸ μάλιστα τοῦτο, ὅτι πλουτῶν ὠμὸς ἦν. Καὶ γὰρ ἐὰν ὦσι πονηροὶ δύο, οὐ τῶν αὐτῶν ἐνταῦθα ἀπολαύσαντες, ἀλλ' ὁ μὲν ἐν πλούτῳ, ὁ δὲ ἐν πενίᾳ, οὐχ ὁμοίως ἐκεῖ τιμωρηθήσονται, ἀλλ' ὁ εὐπορώτερος χαλεπώτερον.

Ὁρᾷς γοῦν καὶ τοῦτον [a] δεινότερα πάσχοντα, ἐπειδὴ ἀπέλαβεν ὧδε τὰ ἀγαθά; Καὶ σὺ τοίνυν, ὅταν ἴδῃς ἀδίκως πλουτοῦντα, εὐημεροῦντα, στέναξον, δάκρυσον· καὶ γὰρ προσθήκη κολάσεως ὁ πλοῦτος οὗτος αὐτῷ. Ὥσπερ γὰρ οἱ πολλὰ ἁμαρτάνοντες καὶ μὴ βουλόμενοι μετανοεῖν, θησαυρίζουσιν ἑαυτοῖς θησαυρὸν ὀργῆς· οὕτως οἱ μετὰ τὸ ὧδε μὴ κολάζεσθαι καὶ εὐπραγίας ἀπολαύοντες, μείζονα ὑποστήσονται τὴν τιμωρίαν. Καὶ τοῦτο, εἰ βούλει, οὐκ ἀπὸ τῶν μελλόντων μόνον, ἀλλὰ καὶ ἀπὸ τοῦ παρόντος βίου δείξω σοι τὸ ὑπόδειγμα. Ὁ γὰρ μακάριος Δαυὶδ, ὅτε τὴν ἁμαρτίαν ἥμαρτεν ἐκείνην τὴν τῆς Βηρσαβεὲ, καὶ ἠλέγχετο παρὰ τοῦ προφήτου, διὰ τοῦτο μάλιστα ἐνεκαλεῖτο σφοδρότερον, ὅτι καὶ πολλῆς ἀπολαύσας ἀδείας τοιοῦτος ἦν. Ἄκουσον γοῦν τοῦ Θεοῦ τοῦτο μάλιστα ὀνειδίζοντος αὐτῷ· Οὐχ ἔχρισά σε εἰς βασιλέα, καὶ ἐξειλόμην σε ἐκ χειρὸς Σαοὺλ, καὶ ἔδωκά σοι πάντα τὰ τοῦ κυρίου σου, καὶ πάντα τὸν οἶκον Ἰσραὴλ καὶ Ἰούδα; Καὶ εἰ ὀλίγα σοι ἦν, προσέθηκα ἄν σοι ὡς ταῦτα. Καὶ τί ἐποίησας τὸ πονηρὸν ἐναντίον μου; Οὐ γὰρ πάντων τῶν ἁμαρτημάτων αἱ αὐταὶ κολάσεις, ἀλλὰ πολλαὶ καὶ διάφοροι, καὶ ἀπὸ χρόνων, καὶ ἀπὸ προσώπων, καὶ ἀπὸ ἀξιωμάτων, καὶ ἀπὸ συνέσεως, [a] καὶ ἀπὸ ἑτέρων πλειόνων. Καὶ ἵνα σαφέστερον ὃ λέγω γένηται, κείσθω εἰς μέσον ἁμάρτημα ἓν, ἡ πορνεία, καὶ σκόπει πόσας τιμωρίας εὑρίσκω διαφόρους, οὐ παρ' ἐμαυτοῦ, ἀλλ' ἀπὸ τῶν θείων Γραφῶν. Ἐπόρνευσέ τις πρὸ τοῦ νόμου, ἄλλως κολάζεται· καὶ τοῦτο ὁ Παῦλος δείκνυσιν· Ὅσοι γὰρ ἀνόμως ἥμαρτον, ἀνόμως καὶ ἀπολοῦνται. Ἐπόρνευσέ τις μετὰ τὸν νόμον, χαλεπώτερα πείσεται· Ὅσοι γὰρ ἐν νόμῳ ἥμαρτον, φησὶ, διὰ νόμου κριθήσονται. Ἐπόρνευσέ τις ἱερεὺς ὢν, προσθήκην ἀπὸ τῆς ἀξίας εἰς τὴν τιμωρίαν λαμβάνει μεγίστην. Διὰ δὴ τοῦτο αἱ μὲν ἄλλαι ἀνῃροῦντο πορνευόμεναι· αἱ δὲ τῶν ἱερέων θυγατέρες κατεκαίοντο, τοῦ νομοθέτου ἐκ περιουσίας δηλοῦντος, πόση τὸν ἱερέα μένει κόλασις τοῦτο ἁμαρτάνοντα. Εἰ γὰρ τὴν θυγατέρα μείζονα ἀπῄτησε δίκην διὰ τὸ εἶναι θυγατέρα ἱερέως, πολλῷ μᾶλλον αὐτὸν τὸν ἱερωμένον.

magnum autem est intervallum inter facere et permittere. Cur ergo omnino permittit? Quia nondum advenit judicii tempus, ut pro merito quisque recipiat. Quid enim illo divite deterius, qui Luc. 16. 22
D ne micas quidem Lazaro dabat, et tamen omnium miserabilissimus fuit? Nam neque stillam aquæ habere potuit, ideo tantum, quia dives cum esset, inhumanus erat. Nam si duo imparis fortunæ improbi fuerint, quorum alius dives sit, alius pauper, non pares illic dabunt pœnas, sed opulentior gravius plectetur.

5. Vides ergo hunc graviore affici supplicio, quia in hac vita bona acceperat? Et tu igitur, cum videris inique divitem feliciter agere, ingemisce, lacrymare : nam divitiæ illi supplicii ac-
E cessio erunt. Ut enim illi qui multum peccarunt, Rom. 2. 5.
neque pœnitentiam agere volunt, iræ thesaurum sibi parant : sic illi qui hic pœnas non dederunt, sed rebus usi sunt prosperis, majori supplicio afficientur. Id quod, si placet, non ex futura tantum vita, sed etiam ex præsenti tibi exemplo probabo. Beatus enim David, quando peccavit cum
730 Bersabee, cum argueretur a propheta, ideo maxime
A vehementius incusabatur, quod multis affectus beneficiis, talis jam esset. Audi enim Deum id illi exprobrantem : *Annon unxi te in regem, et* 2. Reg. 12. 7.—9.
erui te de manu Saülis : dedique tibi omnia quæ domini tui fuerant, et universam domum Israël et Juda? Et si hæc pauca tibi essent, adderem tibi sicut ista. Et quid fecisti malum coram me? Non sunt quippe eadem pro omnibus peccatis, sed multa variaque supplicia, secundum ætatem, secundum personas, secundum dignitatem, prudentiam, aliaque plurima. Utque clarius
B loquar, unum in medio ponatur peccatum, fornicatio : et considera quot genera suppliciorum occurrant, non a nobis allata, sed ex Scripturis desumta. Si quis ante legem fornicatus est, alio modo supplicium luit; id Paulus ostendit : *Qui-* Rom. 2. 12.
cumque sine lege peccaverunt, sine lege peribunt. Fornicatus est quis post legem, graviora patietur : *Quotquot enim in lege peccaverunt, per legem judicabuntur.* Fornicatus est quis sacerdos, ex dignitate additamentum pœnæ accipit maximum. Ideo aliæ puellæ fornicantes occidebantur; sacerdotum vero filiæ comburebantur, mon-
C strante legislatore quanta pœna sacerdoti ita peccanti immineret: nam si puella, quod filia sacerdotis esset, majus luit supplicium, multo majus ipse sacerdos luet. Vi compressa femina fuit, a

[a] Morel. χαλεπώτερα.

[a] Alii et Morel. καὶ ἐξ ἑτέρων πλειόνων.

Peccata majora vel minora secundum differentiam personarum.

supplicio illa eximitur : hæc opulenta, illaque inops fornicata est : hic quoque pœnarum discrimen est. Idque palam est ex iis quæ modo dicebamus de Davide. Fornicatus est quispiam post adventum Christi, non initiatus : graviores quam illi omnes dabit pœnas. Fornicatus est quis post lavacrum divini baptismatis : jam huic nulla relinquitur consolatio vel levamen. Et hoc ipsum
Hebr. 10. 28. ostendens Paulus dicebat : *Si quis contemserit legem Moysis, sine misericordia duobus vel tribus testibus moritur.* Quanto majore putatis supplicio afficietur is qui Filium Dei conculcaverit, qui sanguinem Testamenti communem putaverit in quo sanctificatus est, qui gratiam Spiritus contumelia affecerit? Fornicatus nunc est sacerdos quispiam : hoc maxime malorum culmen est. Vidistin' unius peccati quot sint differentiæ? Alia ante legem, alia post legem, sacerdotis alia, divitis et pauperis feminæ alia, alia vero catechumenæ, fidelis, et sacerdotis. A prudentia quoque
Luc. 12. 47. multa est differentia : nam *Qui scit voluntatem Domini sui, et non facit, vapulabit multis.* Ac post tot tantaque exempla peccare majus adfert supplicium. Unde ait : Vos autem neque videntes, pœnitentiam postea egistis, licet magno cultu sitis honorati. Ideo et Jerosolymæ hoc improperat di-
Luc. 13. 34. cens : *Quoties volui congregare filios vestros, et noluistis?* De peccantibus ex deliciarum copia in Lazaro exemplum habes. A loco item gravius efficitur peccatum; quod sic ipse declarat : *Inter templum et altare.* A modo item delictorum :
Prov. 6. 30. *Non mirum,* inquit, *est si quis furans apprehendatur : furatur enim ut animam suam im-*
Ezech. 16. 20. *pleat esurientem;* et rursum, *Occidisti filios tuos et filias tuas; hoc super omnem fornicationem tuam et abominationes tuas.* A personis
1. Reg. 2. 25. vero : *Si peccaverit aliquis in hominem, orabunt pro eo; si quis vero in Deum peccaverit, quis precabitur pro illo?* Et cum quis eos, qui cæteris longe pejores sunt, desidia superaverit; quod apud Ezechielem Deus exprobrat, dicens :
Ezech. 5. 7. *Neque secundum justificationes gentium fecisti.* Et cum ne aliorum quidem exemplis emendamur : *Vidit sororem ipsius,* ait, *et justificavit eam.* Et quando majore quis patrocinio usus est :
Matth. 11. 21. 22. *Si enim in Tyro,* inquit, *et Sidone hæ virtutes factæ fuissent, olim pœnitentiam egissent. Cæterum tolerabilius erit Tyro et Sidoni, quam civitati huic.* Vidistin' perfectam accura-

Ἐπορνεύθη τις βιαίως, αὕτη καὶ ἀπήλλακται κολάσεως· ἐπορνεύθη τις πλουτοῦσα, ἑτέρα δὲ πενομένη, πάλιν καὶ ἐνταῦθα διαφορά. Καὶ τοῦτο δῆλον, ἀφ' ὧν ἔμπροσθεν εἰρήκαμεν περὶ τοῦ Δαυΐδ. Ἐπόρνευσέ τις μετὰ τὴν παρουσίαν τοῦ Χριστοῦ, ἂν ἀμύητος ἀπέλθῃ· πάντων ἐκείνων χαλεπωτέραν δώσει δίκην. Ἐπόρνευσέ τις μετὰ τὸ λουτρὸν τοῦ θείου βαπτίσματος· ἐν-
D ταῦθα οὐδὲ παραμυθία λοιπὸν τῷ ἁμαρτήματι [b] λείπεται. Καὶ τοῦτο αὐτὸ δηλῶν ὁ Παῦλος ἔλεγεν· Ἀθετήσας τις νόμον Μωϋσέως, χωρὶς οἰκτιρμῶν ἐπὶ δυσὶ καὶ τρισὶ μάρτυσιν ἀποθνήσκει. Πόσῳ δοκεῖτε χείρονος ἀξιωθήσεται τιμωρίας ὁ τὸν Υἱὸν τοῦ Θεοῦ καταπατήσας, καὶ τὸ αἷμα τῆς Διαθήκης κοινὸν ἡγησάμενος ἐν ᾧ ἡγιάσθη, καὶ τὴν χάριν τοῦ Πνεύματος ἐνυβρίσας; Ἐπόρνευσέ τις ἱερωμένος νῦν· αὕτη μάλιστα πάντων ἡ κορυφὴ τῶν κακῶν. Εἶδες ἑνὸς ἁμαρτήματος πόσαι εἰσὶ διαφοραί; Ἑτέρα ἡ πρὸ τοῦ νόμου, ἄλλη ἡ μετὰ τὸν νόμον, ἡ τοῦ ἱερωμένου ἄλλη, ἡ τῆς πλουτούσης καὶ τῆς πενομένης, ἡ τῆς κατηχουμένης καὶ τῆς πιστῆς, τῆς τοῦ ἱερέως. Καὶ ἀπὸ συνέσεως δὲ
E πολλὴ ἡ διαφορά· Ὁ γὰρ εἰδὼς τὸ θέλημα τοῦ Κυρίου αὐτοῦ, καὶ μὴ ποιήσας, δαρήσεται πολλάς. Καὶ τὸ μετὰ τὰ παραδείγματα τοσαῦτα καὶ τηλικαῦτα ἁμαρτάνειν πλείονα φέρει τὴν τιμωρίαν. Διὰ τοῦτό φησιν· ὑμεῖς δὲ οὐδὲ ἰδόντες ὕστερον μετενοήσατε, καίτοι πολλῆς ἀπολαύσαντες θεραπείας. Διὰ τοῦτο καὶ τῇ Ἱερουσαλὴμ ταῦτα ὀνειδίζει λέγων· Ποσάκις ἠθέλησα
731 ἐπισυναγαγεῖν τὰ τέκνα ὑμῶν, καὶ οὐκ ἠθελήσατε;
A Καὶ τὸ ἐν τρυφῇ ὄντας· τοῦτο δὴ τὸ τοῦ Λαζάρου. Καὶ ἀπὸ τοῦ τόπου δὲ χαλεπώτερον τὸ ἁμάρτημα γίνεται· ὅπερ καὶ αὐτὸς δηλῶν ἔλεγε· Μεταξὺ τοῦ ναοῦ καὶ τοῦ θυσιαστηρίου. Καὶ ἀπὸ τῆς ποιότητος δὲ αὐτῶν τῶν πλημμελημάτων· Οὐ γὰρ θαυμαστὸν, φησὶν, ἐὰν ἁλῷ τις κλέπτων· κλέπτει γὰρ ἵνα ἐμπλήσῃ τὴν ψυχὴν αὐτοῦ πεινῶσαν· καὶ πάλιν, Ἔσφαξας τοὺς υἱούς σου καὶ τὰς θυγατέρας σου· τοῦτο ὑπὲρ πᾶσαν τὴν πορνείαν σου καὶ τὰ βδελύγματά σου. Καὶ ἀπὸ τῶν προσώπων πάλιν· Ἐὰν ἁμαρτὼν ἁμάρτῃ τις εἰς ἄνθρωπον, προσεύξονται περὶ αὐτοῦ· ἐὰν δὲ εἰς Θεὸν ἁμάρτῃ, τίς προσεύξεται περὶ αὐτοῦ; Καὶ ὅταν τοὺς πολλῷ χείρονάς τις ὑπερβαίνῃ τῇ ῥᾳθυμίᾳ· ὅπερ καὶ ἐν τῷ
B Ἰεζεχιὴλ ἐγκαλεῖ λέγων· Οὐδὲ κατὰ τὰ δικαιώματα τῶν ἐθνῶν ἐποίησας. [a] Καὶ ὅταν μηδὲ τοῖς ἑτέρων παραδείγμασι σωφρονισθῇ τις· Εἶδε τὴν ἀδελφὴν αὐτῆς, φησὶ, καὶ ἐδικαίωσεν αὐτήν. Καὶ ὅταν πλείονος ἀπολαύσῃ ἐπιμελείας· Εἰ γὰρ ἐν Τύρῳ, φησὶ, καὶ Σιδῶνι ἐγένοντο αἱ δυνάμεις αὗται, πάλαι ἂν μετενόησαν. Πλὴν ἀνεκτότερον ἔσται Τύρῳ καὶ Σιδῶνι, ἢ τῇ πόλει ταύτῃ. Εἶδες ἀκρίβειαν ἀπηρτισμένην, καὶ πάν-

[b] Ἕπεται Morel.; λείπεται Savil. et Mss., recte.

[a] Morel. καὶ ὅταν δὲ τοῖς.

τας τῶν αὐτῶν ἁμαρτημάτων οὐ τὴν αὐτὴν διδόντας δίκην; Καὶ γὰρ ὅταν μακροθυμίας ἀπολαύσαντες μηδὲν κερδάνωμεν, χείρονα πεισόμεθα· καὶ τοῦτο δηλοῖ ὁ Παῦλος λέγων· Κατὰ δὲ τὴν σκληρότητά σου καὶ ἀμετανόητον καρδίαν θησαυρίζεις σαυτῷ ὀργήν. Ταῦτ' C οὖν εἰδότες, μὴ σκανδαλιζώμεθα, μηδὲ θορυβώμεθα μηδενὶ τῶν γινομένων, μηδὲ τὴν τῶν λογισμῶν ἐπεισάγωμεν ζάλην· ἀλλὰ τῷ ἀκαταλήπτῳ τῆς τοῦ Θεοῦ προνοίας παραχωροῦντες, ἀρετῆς ἐπιμελώμεθα, καὶ φεύγωμεν κακίαν· ἵνα καὶ τῶν μελλόντων ἐπιτύχωμεν ἀγαθῶν, χάριτι καὶ φιλανθρωπίᾳ τοῦ Κυρίου ἡμῶν Ἰησοῦ Χριστοῦ, δι' οὗ καὶ μεθ' οὗ τῷ Πατρὶ δόξα ἅμα τῷ ἁγίῳ Πνεύματι, νῦν καὶ ἀεὶ, καὶ εἰς τοὺς αἰῶνας τῶν αἰώνων. Ἀμήν.

tionem, nec omnes eorumdem peccatorum pares pœnas dare? Nam cum post longam Dei patientiam nihil lucramur, graviora patiemur; et hoc Paulus significat, dicens: *Secundum duritiam tuam, et* Rom. 2. 5. *impœnitens cor, thesaurizas tibi iram.* Hæc cum sciamus, ne offendamur vel turbemur de rerum eventu, neque cogitationum fluctibus agitemur; sed incomprehensibilitati divinæ providentiæ cedentes, virtutis curam habeamus, nequitiamque fugiamus: ut futuris bonis potiamur, gratia et benignitate Domini nostri Jesu Christi, per quem et cum quo Patri gloria una cum sancto Spiritu, nunc et semper, et in sæcula sæculorum. Amen.

ΟΜΙΛΙΑ ος'. D

Τότε οἱ ἐν τῇ Ἰουδαίᾳ, φευγέτωσαν εἰς τὰ ὄρη· καὶ ὁ ἐπὶ τοῦ δώματος, μὴ καταβάτω ἆραι τὰ ἐκ τῆς οἰκίας αὐτοῦ· καὶ ὁ ἐν τῷ ἀγρῷ, μὴ ἐπιστρεψάτω εἰς τὰ ὀπίσω ἆραι τὰ ἱμάτια αὐτοῦ, καὶ τὰ ἑξῆς.

Εἰπὼν περὶ τῶν κακῶν τῶν τὴν πόλιν καταληψομένων, καὶ τῶν πειρασμῶν τῶν ἀποστολικῶν, καὶ ὅτι E ἀχείρωτοι μενοῦσι, καὶ πᾶσαν διαδραμοῦνται τὴν οἰκουμένην, λέγει πάλιν τὰς Ἰουδαϊκὰς συμφορὰς, δεικνὺς ὅτι ὅταν ὦσιν οὗτοι λαμπροὶ τὴν οἰκουμένην διδάξαντες ἅπασαν, τότε ἐκεῖνοι ἐν συμφοραῖς. Καὶ ὅρα πῶς διηγεῖται τὸν πόλεμον, διὰ τῶν δοκούντων εἶναι μικρῶν παριστῶν αὐτοῦ τὸ ἀφόρητον. Τότε γὰρ, φησὶν, 732 A οἱ ἐν τῇ Ἰουδαίᾳ, φευγέτωσαν εἰς τὰ ὄρη. Τότε, πότε; Ὅταν ταῦτα [b] γένηται, ὅταν τὸ βδέλυγμα τῆς ἐρημώσεως στῇ ἐν τόπῳ ἁγίῳ. Ὅθεν μοι δοκεῖ τὰ στρατόπεδα λέγειν. Φεύγετε τοίνυν τότε, φησίν· οὐδεμία [a] γὰρ λοιπὸν ἐλπὶς σωτηρίας ὑμῖν. Ἐπειδὴ γὰρ συνέβη πολλάκις αὐτοὺς ἀνενεγκεῖν ἐν πολέμοις χαλεποῖς, οἷον ἐπὶ τοῦ Σεναχηρεὶμ, ἐπὶ Ἀντιόχου πάλιν· καὶ γὰρ καὶ τότε στρατοπέδων ἐπεισελθόντων, καὶ τοῦ ναοῦ προκαταληφθέντος, συστραφέντες οἱ Μακκαβαῖοι μετέστησαν εἰς τὸ ἐναντίον τὰ πράγματα· ἵνα οὖν μὴ καὶ νῦν τοῦτο [b] ὑποπτεύσωσιν, ὅτι ἔσται τις μεταβολὴ τοιαύτη, πᾶν τὸ τοιοῦτον αὐτοῖς ἀπαγορεύει. Ἀγαπητὸν γὰρ, φησὶ, τὸ γυμνῷ τῷ σώματι σωθῆναι λοιπόν. Διὰ τοῦτο καὶ τοὺς ἐπὶ τῶν δωμάτων οὐκ ἀφίησιν εἰς B τὴν οἰκίαν [c] εἰσελθεῖν ὥστε ἆραι τὰ ἱμάτια, τὰ ἄφευκτα

HOMIL. LXXVI. al LXXVII.

CAP. XXIV. v. 16. *Tunc qui in Judæa sunt, fugiant ad montes;* 17. *et qui supra tectum, non descendat tollere aliquid de domo sua;* 18. *et qui in agro, non revertatur tollere vestimenta sua*, etc.

1. Postquam de malis civitatem invasuris, deque apostolorum certaminibus dixerat, illos nempe invictos fore, totumque orbem pervasuros esse, Judaïcas rursum calamitates describit, ostendens, quando discipuli splendidi erunt totumque docebunt orbem, tunc illos in calamitatibus versaturos esse. Perpende autem quomodo bellum enarret, per ea quæ minima videbantur atrocitatem ejus declarans. *Tunc*, inquit, *qui in Judæa sunt, fugiant ad montes. Tunc*, quandonam? Cum hæc evenient, cum abominatio desolationis stabit in loco sancto. Unde mihi videtur exercitus dicere. Tunc fugite, inquit: nulla enim deinceps vobis spes salutis erit. Nam quia in gravibus olim bellis, e malis demum emerserant, ut sub Senacherib, et sub Antiocho; etenim tunc temporis, cum exercitus invasissent, templumque captum esset, Macchabæi in hostes conversi, rerum faciem mutaverunt; ne nunc etiam talem fore mutationem suspicarentur, omnem spem præcidit. Vix poterunt, inquit, nudo corpore servari. Ideo illos qui supra tectum sunt non permittit in domum intrare, ut vestimenta sua tollant, inevitabilia depingens ma-

Judæis post necem Christi spes omnis præcisa.

[b] Morel. γίνεται.

[a] Morel. γὰρ τότε λοιπόν.

[b] Alii ὑποπτεύωσιν.

[c] Unus κατελθεῖν.

la, et interminabilem calamitatem, in quam qui inciderit, necessario peribit. Ideo adjicit, *Qui in agro, ne revertatur tollere vestimenta sua.* Nam si qui intus sunt, fugiunt, multo minus qui foris sunt, intro fugiant. 19. *Væ autem prægnantibus et lactantibus;* illis quidem quod tardiores sint, nec possint facile fugere, onere ventris retentæ; illis, quod amoris vinculo erga lactentes detineantur, nec possint eos servare. Pecunias enim et contemnere et servare facile est, idemque de vestibus dico; quæ autem natura dat quis effugiat? quomodo prægnans levior efficiatur? quomodo quæ lactat poterit lactentem despicere? Deinde rursum calamitatis magnitudinem ostendens, ait: **20.** ***Orate, ne fiat fuga vestra in hieme, nec in sabbato.*** **21.** ***Erit enim tunc tribulatio magna, qualis non fuit ab initio mundi usque nunc, neque fiet.*** Viden' ad Judæos sermonem haberi, et mala ipsos invasura narrari? Neque enim apostoli sabbatum observaturi erant, neque illic tunc versaturi, quo tempore Vespasianus hæc mala illaturus erat. Nam maxima pars discipulorum ante obierant; si qui vero residui erant, in aliis orbis partibus tunc versabantur. Cur non in hieme, nec in sabbato? In hieme, ob temporis illius difficultates: in sabbato, ob legis auctoritatem. Quia enim fuga opus est, et fuga velocissima; neque in sabbato Judæi tunc fugere audebant, ne legem transgrederentur; neque etiam in hieme facile erat, ideo ait, ***Orate. Erit enim tunc tribulatio qualis numquam fuit, neque postea erit.*** Ne quis vero putet id hyperbolice dictum esse; sed legat Josephi libros, et discat rei veritatem. Neque enim dixerit quispiam, illum utpote qui fidelis sive Christianus esset, ut dictis fidem faceret, ista mala amplificasse; nam et Judæus, atque inter Judaïcorum ferventissimos cultores post Christi adventum erat. Quid igitur narrat ille? Calamitates illas tragœdiam omnem superasse, bellumque tale numquam cuivis genti tantam attulisse cladem. Tanta enim fames erat, ut matres de comedendis pueris inter se decertarent, et hac de re mutuo pugnarent; multosque mortuos a ventre discissos fuisse. Libenter igitur Judæos interrogarem, undenam hæc tanta tamque intoleranda calamitas a divina ira ipsis immissa fuerit, quæ præteritas omnes, non modo in Judæam, sed et per totum orbem invectas calamitates superaret?

Judæorum excidium ob Christum crucifixum accidit.

δηλῶν κακὰ, καὶ τὴν ἀπέραντον συμφοράν· καὶ ὅτι ἐμπεσόντα ἀνάγκη πάντως [d] ἀπολέσθαι. Διὰ τοῦτο καὶ τὸν ἐν τῷ ἀγρῷ προστίθησι λέγων, μηδὲ οὗτος Ἐπιστρεψάτω λαβεῖν τὰ ἱμάτια αὐτοῦ. Εἰ γὰρ οἱ ἔνδον ὄντες φεύγουσι, πολλῷ μᾶλλον τοὺς ἔξωθεν οὐ χρὴ καταφεύγειν ἐκεῖ. Οὐαὶ δὲ ταῖς ἐν γαστρὶ ἐχούσαις καὶ ταῖς θηλαζούσαις· ταῖς μὲν, διὰ τὸ νωθρόν τε καὶ τὸ μὴ δύνασθαι καταφεύγειν εὐκόλως, [e] τῷ φορτίῳ τῆς κυήσεως βαρουμέναις· ταῖς δὲ, διὰ τὸ δεσμῷ κατέχεσθαι τῷ τῆς συμπαθείας τῶν παιδίων, καὶ μὴ δύνασθαι συνδιασώζειν τὰ θηλάζοντα. Χρημάτων μὲν γὰρ καὶ καταφρονῆσαι εὔκολον καὶ προνοῆσαι ῥᾴδιον,
C καὶ ἱματίων· τὰ δὲ ἀπὸ τῆς φύσεως πῶς ἄν τις διαφύγοι; πῶς ἂν ἡ ἔγκυος γένηται κούφη; πῶς δὲ ἡ θηλάζουσα δυνήσεται τοῦ τεχθέντος ὑπεριδεῖν; Εἶτα πάλιν δεικνὺς τὸ μέγεθος τῆς συμφορᾶς, φησί· Προσεύχεσθε, ἵνα μὴ γένηται ἡ φυγὴ ὑμῶν ἐν χειμῶνι, μηδὲ ἐν σαββάτῳ. Ἔσται γὰρ τότε θλίψις μεγάλη, οἵα οὐκ ἐγένετο ἀπ' ἀρχῆς κόσμου ἕως τοῦ νῦν, [f] οὐδὲ οὐ μὴ γένηται. Ὁρᾷς ὅτι πρὸς Ἰουδαίους ὁ λόγος αὐτῷ, καὶ περὶ τῶν ἐκείνους καταληψομένων κακῶν διαλέγεται; Οὐ γὰρ δὴ οἱ ἀπόστολοι ἔμελλον σάββατον τηρεῖν, ἢ ἐκεῖ ἔσεσθαι, ἡνίκα Οὐεσπασιανὸς ταῦτα ἔπραξε.
D Καὶ γὰρ ἔφθασαν προαπελθόντες οἱ πλείους· εἰ δέ τις ἀπελείφθη, ἐν ἄλλοις τῆς οἰκουμένης διέτριβε μέρεσι τότε. Διατί δὲ μὴ χειμῶνος, μηδὲ σαββάτου; Χειμῶνος μὲν, διὰ τὴν δυσκολίαν τὴν ἀπὸ τοῦ καιροῦ· σαββάτου δὲ, διὰ τὴν αὐθεντίαν τὴν ἀπὸ τοῦ νόμου. Ἐπειδὴ γὰρ φυγῆς χρεία, καὶ φυγῆς ταχίστης, οὔτε δὲ ἐν σαββάτῳ [g] Ἰουδαῖοι τότε φεύγειν ἐτόλμων, διὰ τὸν νόμον· οὔτε δὲ ἐν χειμῶνι τὸ τοιοῦτον εὔκολον ἦν, διὰ τοῦτο, Προσεύχεσθε, φησίν. Ἔσται γὰρ τότε θλίψις, οἵα οὐ γέγονε πώποτε, οὐδὲ οὐ μὴ γένηται. Καὶ μή τις νομίσῃ τοῦτο ὑπερβολικῶς εἰρῆσθαι· ἀλλ'
E ἐντυχὼν τοῖς Ἰωσήπου συγγράμμασι, μανθανέτω τῶν εἰρημένων τὴν ἀλήθειαν. Οὐδὲ γὰρ ἐκεῖνο ἂν ἔχοι τις εἰπεῖν, ὅτι πιστὸς ὢν ὁ ἄνθρωπος εἰς τὸ συστῆσαι τὰ εἰρημένα ἐξώγκωσε τὴν τραγῳδίαν· καὶ γὰρ Ἰουδαῖος ἦν, καὶ σφόδρα Ἰουδαῖος, καὶ ζηλωτὴς, καὶ τῶν μετὰ
733 τὴν Χριστοῦ παρουσίαν. Τί οὖν οὗτός φησιν; Ὅτι πᾶ-
A σαν ἐνίκησε τραγῳδίαν ἐκεῖνα τὰ δεινὰ, καὶ πόλεμος οὐδεὶς οὐδέποτε τοιοῦτος τὸ οἱονοῦν ἔθνος κατέλαβε. Τοσοῦτος γὰρ ἦν ὁ λιμὸς, ὡς αὐταῖς ταῖς μητράσι περιμάχητον εἶναι τὴν παιδοφαγίαν, καὶ ὑπὲρ τούτου πολέμους γίνεσθαι· πολλοὺς δὲ καὶ νεκροὺς γενομένους κατὰ μέσας ἀναῤῥήγνυσθαι τὰς γαστέρας ἔφη. Ἡδέως ἂν οὖν ἐροίμην Ἰουδαίους· πόθεν οὕτω θεήλατος ὀργὴ καὶ ἀφόρητος ἦλθεν ἐπ' αὐτοὺς, καὶ πασῶν τῶν ἐμ-

d Unus ἀπολεῖσθαι. Mox alii ἐπιστρεψάτω ἆραι τά.

e Morel. τὸ φορτίον.

f Morel. οὐδὲ μὴ γένηται.

g Alii et Morel. Ἰουδαίοις τότε φεύγειν ἐχρῆν διὰ τόν.

προσθεν γενομένων, οὐχ ἐν Ἰουδαίᾳ μόνον, ἀλλὰ πανταχοῦ τῆς οἰκουμένης χαλεπωτέρα; Οὐκ εὔδηλον, ὅτι διὰ τὸ τοῦ σταυροῦ τόλμημα καὶ τὴν ἀπόφασιν ταύτην; Ἅπαντες [a] εἴποιεν ἄν, καὶ μετὰ πάντων καὶ πρὸ B πάντων αὐτὴ ἡ τῶν πραγμάτων ἀλήθεια. Σκόπει δέ μοι τὴν ὑπερβολὴν τῶν κακῶν, ὅταν μηδὲ πρὸς [b] τὸν ἔμπροσθεν μόνον χρόνον παραβαλλόμενα χαλεπώτερα φαίνηται, ἀλλὰ καὶ πρὸς τὸν ἐπιόντα ἅπαντα. Οὔτε γὰρ ἐν τῇ οἰκουμένῃ πάσῃ, οὔτε ἐν τῷ χρόνῳ παντὶ, τῷ γενομένῳ, τῷ τε ἐσομένῳ, δυνήσεταί τις εἰπεῖν τοιαῦτα κακὰ γεγενημένα. Καὶ μάλα εἰκότως. Οὐδὲ γὰρ ἐτόλμησέ τις ἀνθρώπων, οὐ τῶν πώποτε, οὐ τῶν μετὰ ταῦτα, τόλμημα οὕτω παράνομον καὶ φρικῶδες. Διὰ τοῦτό φησιν· Ἔσται θλίψις οἵα οὐκ ἐγένετο, οὐδὲ μὴ γένηται. Καὶ εἰ μὴ ἐκολοβώθησαν αἱ ἡμέραι ἐκεῖναι, οὐκ ἂν ἐσώθη πᾶσα σάρξ· διὰ δὲ τοὺς ἐκλεκτοὺς κο- C λοβωθήσονται αἱ ἡμέραι ἐκεῖναι. Ἀπὸ τούτων δεικνυσιν αὐτοὺς χαλεπωτέρας τιμωρίας ἀξίους ὄντας [c] τῆς εἰρημένης, ἡμέρας νῦν λέγων τὰς τοῦ πολέμου καὶ τῆς πολιορκίας ἐκείνης. Ὃ δὲ λέγει, τοιοῦτόν ἐστιν. Εἰ ἐπιπλέον ἐκράτησε, φησὶ, ὁ πόλεμος Ῥωμαίων ὁ κατὰ τῆς πόλεως, ἅπαντες ἂν [d] ἀπώλοντο Ἰουδαῖοι· πᾶσαν γὰρ σάρκα ἐνταῦθα τὴν Ἰουδαϊκὴν λέγει· καὶ οἱ ἔξω, καὶ οἱ ἔνδον. Οὐ γὰρ δὴ μόνον τοῖς ἐν Ἰουδαίᾳ ἐπολέμουν, ἀλλὰ καὶ τοὺς πανταχοῦ διεσπαρμένους ἀπεκήρυττόν τε καὶ ἤλαυνον, διὰ τὸ πρὸς ἐκείνους μῖσος.

Τίνας δὲ ἐνταῦθά φησι τοὺς ἐκλεκτούς; Τοὺς πιστοὺς, τοὺς ἐν μέσοις ἀπειλημμένους αὐτοῖς. Ἵνα γὰρ D μὴ λέγωσιν οἱ Ἰουδαῖοι, ὅτι διὰ τὸ κήρυγμα καὶ τὸ προσκυνεῖσθαι τὸν Χριστὸν ταῦτα γέγονε τὰ κακὰ, δείκνυσιν ὅτι οὐ μόνον οἱ πιστοὶ τούτων αὐτοῖς οὐκ ἐγένοντο αἴτιοι, ἀλλ' ὅτι εἰ μὴ ἐκεῖνοι ἦσαν, πρόῤῥιζον ἂν ἀπώλοντο ἅπαντες. Εἰ γὰρ συνεχώρησεν ὁ Θεὸς ἐκταθῆναι τὸν πόλεμον, οὐδ' ἂν λείψανον ἔμεινεν Ἰουδαίων· ἀλλ' ἵνα μὴ συναπόλωνται τοῖς ἀπίστοις Ἰουδαίοις οἱ ἐξ αὐτῶν γενόμενοι πιστοὶ, ταχέως κατέλυσε τὴν μάχην, καὶ πέρας ἔδωκε τῷ πολέμῳ. Διὰ τοῦτό φησι, Διὰ δὲ τοὺς ἐκλεκτοὺς κολοβωθήσονται αἱ ἡμέραι ἐκεῖναι. Ταῦτα δὲ ἔλεγε, καταλιμπάνων πα- E ραμυθίαν τοῖς ἐν μέσῳ ἀπειλημμένοις αὐτῶν, καὶ διδοὺς ἀναπνεῦσαι, ἵνα μὴ φοβῶνται ὡς συναπολούμενοι. Εἰ δὲ ἐνταῦθα [e] τοσαύτη τῶν πιστῶν ἡ πρόνοια, ὡς δι' αὐτοὺς καὶ ἑτέρους σώζεσθαι, καὶ τῶν ἀπίστων λείψανα γίνεσθαι Ἰουδαίων διὰ Χριστιανοὺς, πόση ἐν τῷ καιρῷ τῶν στεφάνων ἡ τιμή; Ἐντεῦθεν αὐτοὺς καὶ παρεμυθεῖτο, μὴ ἀλγεῖν ἐπὶ τοῖς οἰκείοις κινδύνοις, ὅπου γε καὶ ἐκεῖνοι τοιαῦτα πάσχουσι, καὶ ἐπ'

Annon ob crucifixi Christi facinus id accidisse dixerint omnes, ac præ omnibus ipsa rerum veritas? Tu vero mihi malorum cumulum considera, quandoquidem nec præcedenti, imo nec subsequenti tempore quidpiam ita calamitosum reperire licet. His quippe malis nec prius nec posterius paria visa fuere. Et jure quidem. Neque enim quivis hominum vel ante vel postea, tam iniquum, tam horrendum scelus admittere ausus est. Ideo ait: *Erit tribulatio qualis non fuit, nec erit.* **22.** *Et nisi abbreviati fuissent dies illi, non fieret salva omnis caro: propter electos autem abbrebreviabuntur dies illi.* Hinc ostendit illos graviori etiam supplicio dignos fuisse, per illosque dies intelligit belli obsidionisque tempus. Hoc porro vult significare. Si diutius Romanorum contra urbem illam bellum extractum fuisset, omnes Judæi periissent: nam omnem carnem hic pro Judaïca posuit; Judæosque complectitur non eos modo qui intra, sed eos etiam qui extra Judæam erant. Non solum enim si qui in Judæa erant impugnabantur; verum etiam eos, qui ubique terrarum degebant, proscribebant fugabantque, odio permoti.

2. Quosnam autem hic electos vocat? Fideles, qui in medio illorum conclusi erant. Ne dicerent enim Judæi, hæc mala immissa fuisse ob prædicationem, et quod Christus adoraretur, ostendit fideles illos non modo ipsis causam malorum non fuisse, sed etiam si illi non adfuissent, omnes radicitus perituros fuisse. Nam si permisisset Deus bellum durare, nullæ Judæorum fuissent reliquiæ: sed ne cum infidelibus Judæis fideles ex illis orti perirent, bellum citius solvit et terminavit. Ideo ait, *Propter electos autem breviabuntur dies illi.* Hæc autem dicebat, ut consolationem relinqueret iis qui in medio Judæorum conclusi erant, ut respirandi locum daret, neque timerent quasi ipsi simul perituri. Quod si tanta fidelium geritur providentia, ut propter illos alii serventur, utque Judæorum reliquiæ propter Christianos manserint, quantus illis tribuetur honor coronarum tempore? Hinc etiam illos consolatur, ne in propriis sibi periculis angantur, quando vident alios iisdem oppressos malis,

[a] Alii εἴποιμεν ἄν. Mox Morel. ἡ τῶν πραγμάτων ἀληθεία, mendose.

[b] Morel. τὸν ἔμπροσθεν χρόνον.

[c] Morel. τῆς εἰρημένης, τὰς ἡμέρας ἐκείνας λέγων.

[d] Morel. ἀπώλοντο δὲ Ἰουδαῖοι.

[e] Alii τοσαύτη αὐτῶν ἡ πρόνοια.

nulloque suo fructu, sed sui capitis detrimento. Neque solum illos consolabatur, sed etiam occulte atque sensim a Judaïcis moribus abducebat. Nam si nulla deinceps sit futura mutatio, si templum non stet amplius, legem esse cessaturam palam est. Verum hoc non aperte dicit, sed ab illorum excidio id subindicavit. Manifeste vero non dixit, ne ante tempus terreret eos. Ideo neque a principio in hunc præcipue sermonem incidit; sed postquam væ civitati illi dixerat, ipsosque induxerat, ut lapides illos sibi monstrarent, seque interrogarent; ut quasi ad interrogationem respondens, omnia futura prænuntiaret. Tu vero mihi Spiritus dispensationem consideres velim; nihil horum scripsit Joannes, ne videretur ex eventu ipso hæc scripsisse: nam ad multum ab excidio Jerosolymitano tempus vitam produxit. Sed ii qui ante illud excidium mortui, nihil illorum viderant, hæc describunt, ut prædictionis vis undique fulgeat. 23. *Tunc si quis vobis dixerit, Ecce hic est Christus aut hic, nolite credere.* 24. *Surgent enim pseudochristi et pseudo-prophetæ, et dabunt signa atque prodigia, ita ut, si fieri possit, etiam electos seducant.* 25. *Ecce prædixi vobis.* 26. *Si ergo dixerint vobis, Ecce in deserto est, nolite exire; Ecce in penetralibus, nolite credere.* 27. *Sicut enim fulgur exit ab oriente, et apparet usque ad occidentem; sic erit et adventus Filii hominis.* 28. *Ubicumque enim fuerit corpus, ibi congregabuntur et aquilæ.*

Christus secundum suum adventum prædicit.

Impleta de Jerosolymis narratione, ad suum adventum postea pergit, signaque ipsis narrat, non solum ipsis, sed etiam nobis et post nos futuris utilia. *Tunc*, quandonam? Hic, ut sæpe dixi, illud, *Tunc*, non præcedenti tempori, quæ sequuntur una serie hærere significat. Ubi enim eamdem
v. 29. temporis seriem indicare voluit, intulit, *Statim post tribulationem dierum illorum.* Hic vero non ita, sed illud, *Tunc*, non hæc statim sequi indicat, sed quo tempore illa quæ dicturus
Matth. 3. 1. erat futura essent. Sic etiam cum dicit, *In diebus illis venit Joannes Baptista*, non tempus statim sequens indicat, sed ea quæ post multos annos eventura erant, et tempus quo hæc, quæ dicturus est, facta sunt. Nam postquam de ortu Christi dixit, de magorum adventu, et de morte

734 A οὐδενὶ κέρδει, ἀλλ' ἐπὶ κακῷ τῆς ἑαυτῶν κεφαλῆς. Οὐ παρεμυθεῖτο δὲ μόνον, ἀλλὰ καὶ ἀπῆγε τῶν Ἰουδαϊκῶν ἐθῶν λοιπὸν λανθανόντως καὶ ἀνυπόπτως. Εἰ γὰρ οὐκ ἔσται μεταβολὴ λοιπὸν, οὐδὲ ὁ ναὸς στήσεται, εὔδηλον ὅτι καὶ ὁ νόμος παυθήσεται. Ἀλλὰ φανερῶς μὲν τοῦτο οὐκ εἶπε, διὰ δὲ τῆς παντελοῦς αὐτῶν ἀπωλείας τοῦτο ᾐνίξατο. Φανερῶς δὲ οὐκ εἶπεν, ἵνα μὴ πρὸ καιροῦ πλήξῃ. Διὸ οὐδὲ ἀρχόμενος προηγουμένως εἰς τὸν περὶ τούτων ἐνέβαλε λόγον· ἀλλὰ ταλανίσας πρῶτον τὴν πόλιν, εἰς ἀνάγκην αὐτοὺς κατέστησε τῆς τε ἐπιδείξεως τῶν λίθων καὶ τῆς ἐρωτήσεως, ἵνα ὡς αὐ-
B τοῖς ἀποκρινόμενος πρὸς τὴν ἐρώτησιν ἅπαντα προαναφωνήσῃ τὰ μέλλοντα. Σὺ δέ μοι σκόπει τοῦ Πνεύματος οἰκονομίαν, ὅτι τούτων οὐδὲν ἔγραψεν Ἰωάννης, ἵνα μὴ δόξῃ ἐξ αὐτῆς τῶν γεγενημένων τῆς ἱστορίας γράφειν· καὶ γὰρ καὶ μετὰ τὴν ἅλωσιν ἔζη χρόνον πολύν. Ἀλλ' οἱ πρὸ τῆς ἁλώσεως ἀποθανόντες, καὶ μηδὲν τούτων ἑωρακότες, αὐτοὶ γράφουσιν, ὥστε πανταχόθεν [a] διαλάμψαι τῆς προῤῥήσεως τὴν ἰσχύν. Τότε ἐάν τις ὑμῖν εἴπῃ, ἰδοὺ ὧδε ὁ Χριστὸς, ἢ ὧδε, μὴ πιστεύσητε. Ἐγερθήσονται γὰρ ψευδόχριστοι καὶ ψευδοπροφῆται, καὶ δώσουσι σημεῖα καὶ τέρατα, ὥστε πλανῆσαι, εἰ δυνατὸν, καὶ τοὺς ἐκλεκτούς. Ἰδοὺ προ-
C είρηκα ὑμῖν. Ἐὰν οὖν εἴπωσιν ὑμῖν, ἰδοὺ ἐν τῇ ἐρήμῳ, μὴ ἐξέλθητε· ἰδοὺ ἐν τοῖς ταμείοις, μὴ πιστεύσητε. Ὥσπερ γὰρ ἀστραπὴ ἐξέρχεται ἀπὸ ἀνατολῶν, καὶ φαίνεται ἕως δυσμῶν, οὕτως ἔσται καὶ ἡ παρουσία τοῦ Υἱοῦ τοῦ ἀνθρώπου. Ὅπου γὰρ ἂν ᾖ τὸ πτῶμα, ἐκεῖ συναχθήσονται καὶ οἱ ἀετοί. Πληρώσας τὰ περὶ Ἱεροσολύμων, εἰς τὴν αὐτοῦ λοιπὸν διαβαίνει παρουσίαν, καὶ λέγει αὐτοῖς τὰ σημεῖα, οὐκ ἐκείνοις χρήσιμα μόνον, ἀλλὰ καὶ ἡμῖν καὶ τοῖς μεθ' ἡμᾶς ἐσομένοις πᾶσι. Τότε, πότε; Ἐνταῦθα, ὃ πολλάκις εἶπον, οὐχὶ τῆς ἀκολουθίας ἐστὶ τοῦ καιροῦ τῶν ἔμπροσθεν
D εἰρημένων τὸ, Τότε. Ὅπου γοῦν ἀκολουθίαν ἐβούλετο εἰπεῖν, ἐπήγαγεν, Εὐθέως μετὰ τὴν θλίψιν τῶν ἡμερῶν ἐκείνων. Ἐνταῦθα δὲ οὐχ οὕτως, ἀλλὰ * τὸ, Τότε, οὐ τὰ μετὰ ταῦτα εὐθέως δηλοῖ, ἀλλὰ τὰ ἐν τῷ καιρῷ, ᾧ μέλλει ταῦτα γίνεσθαι, ἅπερ ἔμελλε λέγειν. Οὕτω καὶ [b] ὅταν λέγῃ, Ἐν ἐκείναις ταῖς ἡμέραις παραγίνεται Ἰωάννης ὁ βαπτιστὴς, οὐ τὸν ἑξῆς εὐθέως λέγει καιρὸν, ἀλλὰ τὸν μετὰ πολλὰ ἔτη, [c] καὶ τὸν καιρὸν, καθ' ὃν ταῦτα ἐγίνετο, ἅπερ ἐρεῖν ἔμελλε. Καὶ γὰρ περὶ τῆς γεννήσεως διαλεχθεὶς τοῦ Ἰησοῦ, καὶ τῆς τῶν μάγων παρουσίας, καὶ τῆς τελευτῆς Ἡρώδου, εὐθέως φησί· Ἐν ἐκείναις ταῖς ἡμέραις παραγίνεται Ἰωάννης ὁ βαπτιστής· καίτοι τριάκοντα μεταξὺ γέ-

[a] Savil. et quidam Mss. διαλάμπειν. Morel. et alii διαλάμψαι.

* [Adjecimus τό cum Savil. et Commelin. Cod. 694 ἀλλὰ τότε· οὐ... δηλῶν.]

[b] Alii οὕτω γὰρ καὶ ὅταν.

[c] Morel. καὶ τὸν καθ' ὅν.

γονεν ἔτη. Ἀλλ' ἔθος τοῦτο τῇ Γραφῇ τούτῳ κεχρῆσθαι τῆς ἱστορίας τῷ τρόπῳ. Οὕτω δὴ καὶ ἐνταῦθα, τὸν μέσον ἅπαντα χρόνον παρελθὼν, τὸν ἀπὸ τῆς ἁλώσεως τῶν Ἱεροσολύμων ἕως τῶν προοιμίων τῆς συντελείας, λέγει τὸν ὀλίγῳ πρὸ τῆς συντελείας. Τότε οὖν, ἐάν τις ὑμῖν εἴπῃ, φησὶν, Ἰδοὺ ὧδε ὁ Χριστὸς, ἢ ὧδε, μὴ πιστεύσητε. Τέως ἀπὸ τοῦ τόπου αὐτοὺς ἀσφαλίζεται, λέγων τὰ ἰδιώματα τῆς αὐτοῦ παρουσίας τῆς δευτέρας, καὶ τὰ τῶν πλάνων δείγματα. Οὐ γὰρ ὥσπερ ἐν τῇ προτέρᾳ ἐν Βηθλεὲμ ἐφάνη, καὶ ἐν γωνίᾳ μικρᾷ τῆς οἰκουμένης, καὶ οὐδενὸς εἰδότος ἐξ ἀρχῆς, οὕτω καὶ τότε φησίν· ἀλλὰ φανερῶς καὶ μετὰ περιφανείας ἁπάσης, καὶ ὡς μὴ δεῖσθαι τοῦ ταῦτα ἀπαγγέλλοντος. Οὐ μικρὸν δὲ τοῦτο σημεῖον τοῦ μὴ λανθανόντως παραγίνεσθαι. Σκόπει δὲ πῶς ἐνταῦθα οὐδὲν περὶ πολέμου διαλέγεται (τὸν γὰρ περὶ τῆς παρουσίας αὐτοῦ διευκρινεῖ [a] λόγον), ἀλλὰ περὶ τῶν ἀπατᾷν ἐπιχειρούντων. Οἱ μὲν γὰρ ἐπὶ τῶν ἀποστόλων τοὺς πολλοὺς ἠπάτων (Ἐλεύσονται γὰρ, φησὶ, καὶ ἀπατήσουσι πολλούς), οἱ δὲ πρὸ τῆς δευτέρας αὐτοῦ [b] παρουσίας, οἳ καὶ ἐκείνων ἔσονται πικρότεροι· Δώσουσι γὰρ, φησὶ, σημεῖα καὶ τέρατα, ὥστε πλανῆσαι, εἰ δυνατὸν, καὶ τοὺς ἐκλεκτούς. Ἐνταῦθα τὸν ἀντίχριστόν φησι, καὶ δείκνυσί τινας καὶ διακονησομένους αὐτῷ. Περὶ οὗ καὶ Παῦλός φησιν οὕτως· καλέσας γὰρ αὐτὸν ἄνθρωπον ἁμαρτίας καὶ υἱὸν ἀπωλείας, ἐπήγαγεν· Οὗ ἐστιν ἡ παρουσία κατ' ἐνέργειαν τοῦ σατανᾶ, ἐν πάσῃ δυνάμει, καὶ σημείοις, καὶ τέρασι ψεύδους, ἐν πάσῃ ἀπάτῃ τῆς ἀδικίας, ἐν τοῖς ἀπολλυμένοις. Καὶ ὅρα πῶς ἀσφαλίζεται. Μὴ ἐξέλθητε, φησὶ, εἰς τὴν ἔρημον, μὴ εἰσέλθητε εἰς τὰ ταμεῖα. Οὐκ εἶπεν, ἀπέλθετε καὶ μὴ πιστεύσητε· ἀλλὰ, μὴ εἰσέλθητε, μηδὲ ἐξέλθητε. Καὶ γὰρ πολλὴ τότε ἡ ἀπάτη, διὰ τὸ καὶ σημεῖα γίνεσθαι ἀπάτης.

Εἰπὼν τοίνυν πῶς ἐκεῖνος παραγίνεται, οἷον ὅτι ἐν τόπῳ, λέγει πῶς καὶ αὐτός. Πῶς οὖν καὶ αὐτός; Ὥσπερ ἡ ἀστραπὴ ἐξέρχεται ἀπὸ ἀνατολῶν, καὶ φαίνεται ἕως δυσμῶν, οὕτως ἔσται καὶ ἡ παρουσία τοῦ Υἱοῦ τοῦ ἀνθρώπου. Ὅπου γὰρ ἂν ᾖ τὸ πτῶμα, ἐκεῖ καὶ οἱ ἀετοί. Πῶς οὖν ἡ ἀστραπὴ φαίνεται; Οὐ δεῖται ἀπαγγέλλοντος, οὐ δεῖται κήρυκος, ἀλλὰ καὶ τοῖς ἐν οἰκίαις καθημένοις, καὶ τοῖς ἐν θαλάμοις, ἐν ἀκαριαίᾳ ῥοπῇ κατὰ τὴν οἰκουμένην δείκνυται πᾶσαν. Οὕτως ἔσται ἡ παρουσία ἐκείνη, ὁμοῦ πανταχοῦ φαινομένη διὰ τὴν ἔκλαμψιν τῆς δόξης. Λέγει δὲ καὶ ἕτερον σημεῖον· Ὅπου τὸ πτῶμα, ἐκεῖ καὶ οἱ ἀετοί· τὸ πλῆθος τῶν

E Herodis, statim addit: *In diebus illis venit Joannes Baptista;* atque spatium annorum triginta interfuit. Sed mos est Scripturæ illo uti enarrandæ historiæ modo. Sic etiam hoc loco, misso intermedio omni tempore, quod futurum erat excidium inter et principia consummationis, 785 quid paulo ante consummationem futurum esset A narrat. *Tunc*, inquit, *si quis vobis dixerit*, *Ecce hic est Christus*, *aut hic*, *nolite credere.* Interim illos a loco cautiores facit, secundi sui adventus notas proprias recensens, necnon seductorum ostenta. Non enim ut in primo suo adventu in Bethlehem apparuerat, et in parvo orbis angulo, nec ullo hominum id a principio sciente, ita et tunc inquit: sed aperte et cum splendore, ita ut res nuntio non egeat. Neque parvum illud signum est ipsum non latenter venturum esse. Animad-B verte porro hic nihil narrari de bello (narrationem enim de adventu suo probe ab illa distinguit), sed agit hic de iis qui seducere tentabunt. Nam qui tempore apostolorum fuere deceptores, multos seduxerunt (*Venient* enim, inquit, *et seducent multos*), qui vero ante secundum illius adventum, illis deteriores erunt: *Dabunt* enim, inquit, *signa et prodigia, ita ut, si fieri possit, etiam electos seducant.* Hic porro de Antichristo loquitur, deque quibusdam ejus ministris. De quo sic Paulus loquitur; cum enim vocasset illum hominem peccati et filium perditionis, intulit:
C *Cujus adventus est secundum operationem sa-* 1. Thess. 2.
tanæ, in omni virtute, et signis, et prodigiis 9.
mendacii, in omni deceptione injustitiæ, in iis qui pereunt. Et vide quomodo illos cautos reddat. Ne exeatis, inquit, in desertum, ne intretis in penetralia. Non dixit, Abite et ne credite; sed, Ne ingrediamini, neque egrediamini. Magna enim fraus erit, eo quod et signa ad fraudem dentur.

3. Cum dixisset ergo quomodo ille venturus esset, in loco nempe aliquo, tunc de se quomodo venturus sit dicit. Quomodo autem venturus est? *Sicut fulgur exit ab oriente, et apparet usque ad occidentem, ita erit et adventus Filii hominis. Ubi enim fuerit corpus, ibi congregabuntur et aquilæ.* Quomodo fulgur apparet? Non opus habet nuntio, non præcone, sed et iis qui domi sedent D et iis qui in thalamis sunt, in momento per orbem totum apparebit. Sic ille adventus erit, ob gloriæ fulgorem, simul ubique apparens. Aliud porro signum dicit: *Ubi corpus, ibi et aquilæ*; ange-

[a] Morel. λόγον, οὐ περὶ τῶν μετὰ τῶν ἁλώσεων, ἀλλὰ περί. Savilium sequimur.

[b] Morel. παρουσίας καὶ ἐκείνων εἰσὶ πικρότεροι. [Pro ἔσονται Cod. 694 ἦσαν habet.]

lorum, martyrum et sanctorum omnium cœtus significat. Deinde terribilia miracula dicit. Quænam illa? 29. *Statim post tribulationem dierum illorum sol obtenebrabitur.* Tribulationem dierum, quamnam dicit? Dierum Antichristi et pseudoprophetarum. Tribulatio namque tunc magna erit, cum tot sint deceptores futuri. Sed non admultum temporis extenditur. Si enim Judaïcum bellum propter electos abbreviatum est, multo magis propter eosdem hæc tentatio reprimetur. Ideo simpliciter non dixit, post tribulationem, sed, *Statim post tribulationem dierum illorum sol obtenebrabitur:* nam fere simul omnia fiunt. Pseudoprophetæ et pseudo-christi advenientes turbas dabunt, et ipse statim aderit. Neque enim parva perturbatio tunc totum orbem occupabit. Quomodo autem adveniet? Hac transformata creatura: nam *Sol obscurabitur*, non deletus, sed superatus a lumine illius adventus: *Et stellæ cadent.* Quis enim postea illarum usus futurus est, nulla exsistente nocte? *Et virtutes cælorum commovebuntur;* et jure quidem, mutationem tantam videntes. Nam si quando stellæ factæ sunt, ita exhorruerunt et miratæ sunt (nam *Quando facta sunt astra*, inquit, *laudaverunt me magna voce omnes angeli*): multo magis cum viderint omnia mutata, et conservos suos pœnas dantes, totum orbem ante tremendum tribunal adstantem; omnes ab Adam usque ad adventum suum, omnium operum rationem reddentes, quomodo non horrescent, et commovebuntur? 30. *Tunc apparebit signum Filii hominis in cælo:* id est, crux sole splendidior: siquidem sol obtenebratur et absconditur, crux autem apparet: neque appareret, nisi solaribus longe radiis splendidior esset. Cur autem hoc signum apparet? Ut Judæorum impudentia plane reprimatur. Justificationem quippe magnam habens Christus, nempe crucem, in hoc tribunal advenit: neque tantum vulnera, sed ignominiosam mortem ostendit. *Tunc plangent tribus.* Nulla accusandi necessitas erit, cum viderint crucem; plangent, quia illo mortuo, nihil inde fructum perceperunt: quoniam crucifixerunt eum quem adorare oportebat. Viden' quam terribiliter suum adventum describat? quomodo discipulorum animos erigat? Idcirco tristia primo ponit, et post hæc bona et jucunda, ut sic illos consoletur. Passionem quoque rursum commemorat, necnon resurrectionem,

Job. 38. 7.

Crux in postremo adventu apparet.

ἀγγέλων, τῶν μαρτύρων, τῶν ἁγίων ἁπάντων δηλῶν. Εἶτα λέγει θαύματα φοβερά. Τίνα δέ ἐστι θαύματα; Εὐθέως μετὰ τὴν θλῖψιν τῶν ἡμερῶν ἐκείνων, φησὶ, ὁ ἥλιος σκοτισθήσεται. Θλῖψιν δὲ [c] ποίαν λέγει ἡμερῶν; Τοῦ ἀντιχρίστου καὶ τῶν ψευδοπροφητῶν. Θλῖψις γὰρ τότε ἔσται μεγάλη, τοσούτων ὄντων τῶν ἀπατώντων. Ἀλλ' οὐκ ἐκτείνεται εἰς χρόνου μῆκος. Εἰ γὰρ ὁ Ἰουδαϊκὸς πόλεμος διὰ τοὺς ἐκλεκτοὺς ἐκολοβώθη, πολλῷ μᾶλλον οὗτος ὁ πειρασμὸς συσταλή-
E σεται διὰ τοὺς αὐτοὺς τούτους. Διὰ τοῦτο οὐκ εἶπε, μετὰ τὴν θλῖψιν, ἀλλ', Εὐθέως μετὰ τὴν θλῖψιν τῶν ἡμερῶν ἐκείνων ὁ ἥλιος σκοτισθήσεται· ὁμοῦ γὰρ σχεδὸν ἅπαντα γίνεται. Οἵ τε γὰρ ψευδοπροφῆται καὶ οἱ ψευδόχριστοι θορυβήσουσι παραγενόμενοι, καὶ εὐθέως αὐ-
736 τὸς παρέσται. Καὶ γὰρ [d] οὐ μικρὰ τότε μέλλει κα-
A τέχειν ταραχὴ τὴν οἰκουμένην. Πῶς δὲ παραγίνεται; Μετασχηματιζομένης λοιπὸν ταύτης τῆς κτίσεως· καὶ γὰρ Ὁ ἥλιος σκοτισθήσεται, οὐκ ἀφανιζόμενος, ἀλλὰ νικώμενος τῷ φωτὶ τῆς παρουσίας αὐτοῦ· Καὶ τὰ ἄστρα πεσεῖται. Τίς γὰρ αὐτῶν [a] ἔσται χρεία λοιπὸν, νυκτὸς οὐκ οὔσης; Καὶ αἱ δυνάμεις τῶν οὐρανῶν σαλευθήσονται· καὶ μάλα εἰκότως· ὁρῶσαι τοσαύτην μεταβολὴν γινομένην. Εἰ γὰρ ὅτε ἐγένετο τὰ ἄστρα οὕτως ἔφριξαν καὶ ἐθαύμασαν (Ὅτε γὰρ ἐγενήθη ἄστρα, ᾔνεσάν με, φησὶ, φωνῇ μεγάλῃ πάντες ἄγγελοι)· πολλῷ μᾶλλον ὁρῶντες πάντα μεταῤῥυθμιζόμενα, καὶ τοὺς συνδούλους αὐτῶν διδόντας εὐθύνας,
B καὶ τὴν οἰκουμένην ἅπασαν φοβερῷ παρισταμένην δικαστηρίῳ, καὶ τοὺς ἐκ τοῦ Ἀδὰμ μέχρι τῆς αὐτοῦ παρουσίας γενομένους λόγον ἀπαιτουμένους ἁπάντων ὧν ἔπραξαν, πῶς οὐ φρίξουσι καὶ σαλευθήσονται; Τότε φανήσεται τὸ σημεῖον τοῦ Υἱοῦ τοῦ ἀνθρώπου ἐν τῷ οὐρανῷ· τουτέστιν, ὁ σταυρὸς, τοῦ ἡλίου φαιδρότερος ὤν· εἴ γε ἐκεῖνος μὲν σκοτίζεται καὶ κρύπτεται, οὗτος δὲ φαίνεται· οὐκ ἂν φανεὶς, εἰ μὴ πολλῷ τῶν ἡλιακῶν ἀκτίνων φαιδρότερος ἦν. Τίνος δὲ ἕνεκεν τὸ σημεῖον φαίνεται; Ὥστε ἐκ περιουσίας πολλῆς ἐπιστομισθῆναι τὴν τῶν Ἰουδαίων ἀναισχυντίαν. Καὶ γὰρ δικαίωμα μέγιστον ἔχων τὸν σταυρὸν, οὕτω παραγίνεται εἰς ἐκεῖνο τὸ δικαστήριον ὁ Χριστὸς, οὐχὶ
C τὰ τραύματα μόνον, ἀλλὰ καὶ τὸν θάνατον τὸν ἐπονείδιστον δεικνύς. Τότε κόψονται αἱ φυλαί. Οὐ γὰρ χρεία κατηγορίας, ὅταν ἴδωσι τὸν σταυρόν· κόψονται, ὅτι ἀποθανόντος οὐδὲν ὠφελήθησαν, ὅτι ἐσταύρωσαν ὃν προσκυνῆσαι ἔδει. Εἶδες πῶς ὑπέγραψε τὴν παρουσίαν αὐτοῦ φοβερῶς; πῶς ἀνέστησε τὰ φρονήματα τῶν μαθητῶν; Διά τοι τοῦτο πρότερον τὰ λυπηρὰ τίθησι, καὶ τότε τὰ χρηστὰ, ἵνα καὶ ταύτῃ αὐτοὺς πα-

[c] Alii ποίων.
[d] Alii οὐ μακρά.

[a] Ἔσται, sic duo Mss. illique optimi, et sic legendum suspicabatur Savilius. Editi ἐστι.

ραμυθήσηται καὶ ἀναπαύσῃ. Καὶ περὶ τοῦ πάθους δὲ αὐτοὺς ὑπομιμνήσκει πάλιν καὶ τῆς ἀναστάσεως, καὶ μετὰ [b] λαμπροτέρου τοῦ σχήματος μέμνηται τοῦ σταυροῦ, ὥστε μὴ αἰσχύνεσθαι αὐτοὺς, μήτε ὀδυνᾶσθαι, ὅπου γε ἀντὶ σημείου τότε ἔρχεται προβαλλόμενος αὐτόν. Ἄλλος δέ φησιν, ὅτι Ὄψονται εἰς ὃν ἐξεκέντησαν. D Διὰ δὴ τοῦτο κόψονται αἱ φυλαὶ, ἰδοῦσαι ὅτι οὗτος ἐκεῖνός ἐστιν. Ἐπειδὴ δὲ καὶ σταυροῦ ἀνέμνησε, προσέθηκεν ὅτι Ὄψονται τὸν Υἱὸν τοῦ ἀνθρώπου ἐρχόμενον, οὐκ ἐπὶ τοῦ σταυροῦ, ἀλλ', Ἐπὶ τῶν νεφελῶν τοῦ οὐρανοῦ μετὰ δυνάμεως καὶ δόξης πολλῆς. Μὴ γὰρ ἐπειδὴ τὸν σταυρὸν ἤκουσας, φησὶ, νομίσῃς πάλιν σκυθρωπὸν εἶναί τι· μετὰ γὰρ δυνάμεως ἥξει καὶ δόξης πολλῆς. Φέρει δὲ αὐτὸν, ἵνα αὐτοκατάκριτος αὐτῶν γένηται ἡ ἁμαρτία· ὥσπερ ἂν εἴ τις λίθῳ πληγεὶς, αὐτὸν ἐπιδείξειε τὸν λίθον, ἢ τὰ ἱμάτια ᾑμαγμένα. Καὶ ἐν νεφέλῃ ἔρχεται, ὡς ἀνελήφθη· καὶ ταῦτα ὁρῶσαι θρηνοῦσιν αἱ E φυλαί. Οὐ μέντοι μέχρι θρήνων στήσεται αὐτοῖς τὰ δεινά· ἀλλ' ὁ μὲν θρῆνος ἔσται, ἵνα οἴκοθεν τὴν ψῆφον ἐξενέγκωσι, καὶ ἑαυτοὺς καταδικάσωσι. Τότε δὲ πάλιν Ἀποστελεῖ τοὺς ἀγγέλους αὐτοῦ μετὰ σάλπιγγος μεγάλης, καὶ συνάξουσι τοὺς ἐκλεκτοὺς ἐκ τῶν τεσσάρων ἀνέμων, ἀπ' ἄκρων οὐρανῶν ἕως ἄκρων αὐτῶν. Ὅταν δὲ ταῦτα ἀκούσῃς, ἐννόει τῶν μενόντων τὴν κόλασιν. Οὐδὲ γὰρ ἐκείνην δώσουσι τὴν δίκην μόνον, ἀλλὰ καὶ ταύτην. 787 A Καὶ ὥσπερ ἀνωτέρω ἔλεγεν, ὅτι ἐροῦσιν, Εὐλογημένος ὁ ἐρχόμενος ἐν ὀνόματι Κυρίου· οὕτως ἐνταῦθα, ὅτι Κόψονται. Ἐπειδὴ γὰρ περὶ πολέμων αὐτοῖς διελέχθη χαλεπῶν, ἵνα μάθωσιν, ὅτι μετὰ τῶν ἐνταῦθα δεινῶν καὶ τὰ ἐκεῖ αὐτοὺς ἀναμένει βασανιστήρια, καὶ κοπτομένους εἰσάγει, καὶ χωριζομένους τῶν ἐκλεκτῶν, καὶ γεέννῃ παραδιδομένους· κἀντεῦθεν πάλιν τοὺς μαθητὰς διεγείρων, καὶ δεικνὺς, ὅσων μὲν [a] ἀπαλλαγήσονται δεινῶν, ὅσων δὲ ἀπολαύσονται ἀγαθῶν.

Καὶ τί δήποτε δι' ἀγγέλων αὐτοὺς [b] καλεῖ, εἰ οὕτω φανερῶς ἔρχεται; Τιμῶν αὐτοὺς καὶ ταύτῃ. Ὁ δὲ Παῦλος ὅτι ἁρπαγήσονται ἐν νεφέλαις λέγει. B Εἶπε δὲ καὶ τοῦτο, ὅτε περὶ ἀναστάσεως διελέγετο· Αὐτὸς γὰρ, φησὶν, ὁ Κύριος καταβήσεται ἀπ' οὐρανοῦ ἐν κελεύσματι, ἐν φωνῇ ἀρχαγγέλου. Ὥστε ἀναστάντας μὲν συλλέξουσιν ἄγγελοι, συλλεγέντας δὲ ἁρπάσουσιν αἱ νεφέλαι· καὶ ταῦτα ἐν ἀκαριαίῳ γίνεται, ἐν ἀτόμῳ. Οὐ γὰρ δὴ αὐτοὺς ἄνω μένων καλεῖ, ἀλλ' αὐτὸς ἔρχεται ἐν σάλπιγγι. Καὶ τί βούλονται αἱ σάλπιγγες καὶ ἡ ἠχή; Πρὸς διανάστασιν, πρὸς εὐφροσύνην, πρὸς παράστασιν τῆς τῶν γινομένων ἐκπλήξεως,

atque splendidiore modo crucem memorat, ne pudor
ipsos vel dolor invadat, cum jam veniat illam pro
signo positurus. Alius vero dicit, *Videbunt in quem* Zach. 12.
transfixerunt. Ideo plangent tribus, videntes eum- 10.
dem ipsum esse. Postquam autem crucem commemoravit, adjicit, *Videbunt Filium hominis veni-* Joan. 19.
entem, non in cruce, sed, *In nubibus cæli cum* 37.
potestate et majestate magna. Ne quia crucem audisti, inquit, putes adesse quid triste; nam cum potestate et majestate magna veniet. Crucem autem gestat, ut peccatum ipsorum hoc ipso et per se condemnetur : ut si quis lapide percussus, ipsum lapidem ostenderet, vel vestimenta cruentata. Et in nube veniet, sicut assumtus est; hæcque videntes tribus flebunt. Neque intra fletum sistentur mala : sed ideo fletus erit, ut sententiam ferant et seipsos damnent. Tunc autem rursus 31. *Mittet angelos suos cum tuba magna, et congregabunt electos ex quatuor ventis, a summis cælorum usque ad terminos eorum*. Cum hæc audieris, cogita eorum qui manebunt supplicium. Non enim tantum illas pœnas dabunt, sed et hanc quoque.
Et sicut dicebat supra, dicturos esse, *Benedictus* Matth. 23.
qui venit in nomine Domini: sic hoc loco dicit, 39.
Plangent. Quia enim de gravibus bellis ipsos alloquutus est, ut discant, post hujus vitæ mala, futura illos tormenta manere, et plangentes inducit, et ab electis segregatos, et gehennæ traditos : hincque rursum discipulos suscitans, ostendit, a quantis liberabuntur malis, et quantis fruentur bonis.

4. Et cur per angelos vocat illos, si sic palam venturus sit? Ut illis hunc quoque honorem tribuat. Paulus vero ait ipsos rapiendos esse in nubibus. Et hoc etiam dicit, cum de resurrectione
loquitur : *Ipse* enim, inquit, *Dominus descendet* 1. Thess. 4.
de cælo in jussu, in voce archangeli. Itaque 15.
cum resurrexerint, angeli ipsos congregabunt, congregatos autem nubes rapient : et hæc omnia in momento fiunt. Neque enim sursum manens vocat illos, sed ipse venit in tuba. Et quid sibi volunt tubæ et soni? Ad suscitationem, ad lætitiam, ad declarandum stuporem, doloremque

b Alii λαμπροῦ.
a Alii ἀπαλλαγήσονται κακῶν.

b Savil. καλεῖ, οὕτω φανερῶς ἐρχόμενος; Idipsum alio effert modo Morel.

eorum qui relinquentur. Væ nobis a die illo terribili : cum oporteret nos gaudere quando talia audimus, dolemus, et animo dejecto sumus, ac mœrore conficimur. Num ego solus hæc patior, vosque gaudetis hæc audientes, dum me et horror invadit, cum hæc dicuntur, et graviter lugeo, exque intimo corde ingemisco? Nihil hæc ad me, sed quæ mox sequuntur, quæ virgines spectant, et quæ illum qui acceptum talentum defodit, et quæ servum nequam. Ideo lacrymor, cogitans ex quanta gloria delapsuri simus, ex quantorum spe bonorum, idque perpetuo et semper, ne parum studii impendamus. Nam si multus esset labor, si gravis lex, sic quoque oporteret nihil non agere. Attamen plerique desides excusationem quamdam habere viderentur; frigidam certe, sed tamen viderentur habere; præceptorum nempe difficultatem, quod magnus sit labor, quod diuturnum tempus, et intolerabile onus : nunc autem nihil tale obtendere possumus, quod tamen magis quam gehenna nos corrodet in tempore illo, cum ob brevissimum temporis spatium, et sudorem parvum, regnum amiserimus et ineffabilia bona. Nam et tempus breve est, et labor modicus; et tamen resolvimur et decidimus. In terra decertas, et in cælis corona est; ab hominibus cruciaris, et a Deo honorem accipis; duobus curris diebus, et ad sæcula infinita bravia accipis; in corrupto corpore lucta, et in incorrupto honor. Ac præter hæc illud etiam cogitare oportet, etiamsi non propter Christum aliquid pati doloris velimus, at pati nos omnino necesse fore. Neque enim si propter Christum non moriaris, ideo immortalis eris : neque si propter Christum divitias non effundas, illas tecum auferes. A te illa exigit, quæ etiam ipso non exigente daturus es, quia mortalis es : hæc te libenter vult facere, quæ necessario facturus es. Hoc solum ut adsit optat, ut propter ipsum hoc fiat; quod autem hæc omnia contingant et transeant, ex naturæ necessitate fit. Viden' quam facile certamen? Quæ omnino passurus es, inquit, propter me patere : hoc solum addatur, et id pro idonea obsequentia habeo. Quod alii mutuaturus aurum es, mihi mutuare cum majori fœnore ac securitate : quod corpus alteri militiæ vis adscribere, meæ adscribe : nam labores tuos longe excedam mercedis magnitudine. Tu vero in aliis eum semper præfers, qui plura retribuit, in mutuo, in emtione, in militia :

πρὸς ὀδύνην τῶν ἀπολιμπανομένων. Οἴμοι ἀπὸ τῆς
C ἡμέρας ἐκείνης τῆς φοβερᾶς· [c] δέον ἡμᾶς χαίρειν ὅταν
ταῦτα ἀκούωμεν· ἀλλὰ ἀλγοῦμεν, καὶ κατηφεῖς ἐσμεν, καὶ σκυθρωπάζομεν. Ἦ μόνος ἐγὼ ταῦτα πάσχω, ὑμεῖς δὲ χαίρετε ἐν τῇ τούτων ἀκροάσει; Ὡς ἔμοιγε καὶ φρίκη τις ὑπεισέρχεται λεγομένων τούτων, καὶ πικρὸν ὀδύρομαι, καὶ ἐκ βαθυτάτης στενάζω καρδίας. Οὐδὲν γὰρ τούτων πρὸς ἐμὲ, ἀλλ' ἐκείνων τῶν μετὰ ταῦτα λεχθέντων, τῶν πρὸς τὰς παρθένους, τῶν πρὸς τὸν καταχώσαντα τὸ τάλαντον ὅπερ ἔλαβε, τῶν πρὸς τὸν πονηρὸν δοῦλον. Διὰ ταῦτα δακρύω, ὅσης δόξης ἐκπίπτειν μέλλομεν, ὅσης ἐλπίδος ἀγαθῶν, καὶ τοῦτο διηνεκῶς καὶ εἰς ἀεὶ, ἵνα μὴ μικρὸν σπουδάσωμεν.
D Εἰ μὲν γὰρ πόνος πολὺς ἦν καὶ [d] νόμος βαρὺς, ἔδει
μὲν καὶ οὕτω πάντα ποιεῖν. Πλὴν ἀλλὰ κἂν πρόφασίν τινα ἐδόκουν ἔχειν πολλοὶ τῶν ῥαθύμων· ψυχρὰν μὲν, ἐδόκουν δ' οὖν ἔχειν, τὸ ὑπέρογκον τῶν ἐπιταγμάτων, καὶ ὅτι μέγας ὁ πόνος, καὶ ἄπειρος ὁ χρόνος, καὶ ἀφόρητον τὸ φορτίον· νῦν δὲ οὐδὲν τοιοῦτόν ἐστι προβαλέσθαι, ὅπερ μάλιστα τῆς γεέννης ἡμᾶς οὐχ ἧττον διατρώγειν μέλλει κατὰ τὸν καιρὸν ἐκεῖνον, ὅταν διὰ μικρὰν ῥοπὴν, καὶ ὀλίγον ἱδρῶτα, τὸν οὐρανὸν ὦμεν ἀπολωλεκότες καὶ τὰ ἀπόῤῥητα ἀγαθά. Καὶ γὰρ καὶ ὁ χρόνος βραχὺς, καὶ ὁ πόνος ὀλίγος·
E καὶ ὅμως ἐκλελύμεθα καὶ ἀναπεπτώκαμεν. Ἐν γῇ
ἀγωνίζῃ, καὶ ἐν οὐρανοῖς ὁ στέφανος· ὑπὸ ἀνθρώπων κολάζῃ, καὶ ὑπὸ Θεοῦ τιμᾷ· ἐν δύο ἡμέραις τρέχεις, καὶ εἰς ἀπείρους αἰῶνας τὰ βραβεῖα· ἐν φθαρτῷ σώματι ἡ πάλη, καὶ ἐν ἀφθάρτῳ [e] ἡ τιμή. Καὶ χωρὶς δὲ τούτων κἀκεῖνο λογίζεσθαι χρὴ, ὅτι κἂν μὴ διὰ τὸν Χριστὸν ἑλώμεθά τι παθεῖν τῶν ὀδυνηρῶν, ἀνάγκη αὐτὰ καὶ ἄλλως ὑπομεῖναι πάντως. Οὐδὲ γὰρ ἂν διὰ
738 A τὸν Χριστὸν μὴ ἀποθάνῃς, ἀθάνατος ἔσῃ· οὐδὲ ἂν διὰ
τὸν Χριστὸν μὴ ῥίψῃς τὰ χρήματα, ἔχων αὐτὰ ἀπελεύσῃ. Ταῦτα ἀπαιτεῖ παρὰ σοῦ, ἃ καὶ μὴ ἀπαιτοῦντος δώσεις, διὰ τὸ θνητὸς εἶναι· ταῦτά σε βούλεται ποιῆσαι τῇ γνώμῃ, ἃ καὶ ἀνάγκῃ σε δεῖ ποιῆσαι. Τοσοῦτον δὲ ἀπαιτεῖ προσεῖναι μόνον, τὸ δι' αὐτὸν γίνεσθαι· ὡς τό γε συμβῆναι ταῦτα, καὶ παρελθεῖν, καὶ ἀπὸ τῆς κατὰ φύσιν ἀνάγκης γίνεται. Εἶδες πῶς εὔκολος ὁ ἀγών; Ἃ πάντως, φησὶν, ἀνάγκη σε παθεῖν, ἑλοῦ παθεῖν δι' ἐμέ· τοῦτο προσκείσθω μόνον, καὶ ἀρκοῦσαν ἔχω τὴν ὑπακοήν. Ὃ ἑτέρῳ μέλλεις δανείζειν χρυσίον, τοῦτο δάνεισον ἐμοὶ, καὶ ἐπὶ πλείοσι,
B [a] καὶ ἀσφαλείᾳ μείζονι· ὃ ἑτέρῳ μέλλεις στρατεύειν
σῶμα, τοῦτο στράτευσον ἐμοί· καὶ γὰρ ὑπερβαίνω σου τοὺς πόνους ταῖς ἀντιδόσεσιν ἐκ πολλῆς τῆς περιουσίας. Σὺ δὲ ἐν μὲν τοῖς ἄλλοις τὸν τὰ πλείονα πα-

c Morel δέον γὰρ ἡμᾶς. Mox alii habent μᾶλλον ἀλγοῦμεν.

d Morel. νόμοι βαρεῖς.

e Alii αἱ τιμαί. Ibid. Morel. χωρὶς τούτων.

a Morel. καὶ ἐν ἀσφαλείᾳ.

ρέχοντα προτιμᾷς, καὶ ἐν δανείσμασι, καὶ ἐν ἀγορασίᾳ, καὶ ἐν στρατείᾳ· τὸν δὲ Χριστὸν μόνον πλέον ἁπάντων παρέχοντα, καὶ ἀπείρως πλέον, τοῦτον οὐ καταδέχῃ. Καὶ τίς ὁ τοσοῦτος πόλεμος; τίς ἡ τοσαύτη ἀπέχθεια; Πόθεν λοιπὸν ἕξεις συγγνώμην καὶ ἀπολογίαν, οὐδὲ ἀφ' ὧν ἀνθρώπους προτιμᾷς ἀνθρώπων, ἀπὸ τούτων ἀνεχόμενος τὸν Θεὸν [b] προτιμῆσαι τῶν ἀνθρώπων; Τί τῇ γῇ παραδίδως τὸν θησαυρόν; Δὸς τῇ ἐμῇ χειρὶ, φησίν. Οὐ δοκεῖ σοι τῆς γῆς ἀξιοπιστότερος εἶναι ὁ τῆς γῆς Δεσπότης; Ἐκείνη τὸ καταβληθὲν ἀποδίδωσι, πολλάκις δὲ οὐδὲ τοῦτο· [c] οὗτος δὲ καὶ μισθούς σοι ἀποδίδωσι τῆς φυλακῆς. Καὶ γὰρ σφόδρα ἡμῶν ἐρᾷ. Διὰ τοῦτο κἂν δανεῖσαι θέλῃς, ἕστηκεν ἕτοιμος· κἂν σπεῖραι, αὐτὸς ὑποδέχεται· κἂν οἰκοδομῆσαι θέλῃς, ἕλκει σε πρὸς ἑαυτὸν, ἐν τοῖς ἐμοῖς, λέγων, οἰκοδόμει. [d] Τί τρέχεις πρὸς τοὺς πένητας, πρὸς ἀνθρώπους τοὺς πτωχεύσαντας; Δράμε πρὸς τὸν Θεὸν, τὸν καὶ ὑπὲρ μικρῶν μεγάλα σοι παρέχοντα πράγματα. Ἀλλ' ὅμως οὐδὲ ταῦτα ἀκούοντες ἀνεχόμεθα, [e] ἀλλ' ἔνθα μάχαι, καὶ πόλεμοι, καὶ παγκράτια, καὶ δίκαι, καὶ συκοφαντίαι, ἐκεῖ σπεύδομεν.

Ἆρ' οὖν οὐ δικαίως ἡμᾶς ἀποστρέφεται καὶ κολάζει, ὅταν εἰς πάντα ἡμῖν ἑαυτὸν παρέχῃ, ἡμεῖς δὲ [f] ἀντιπίπτωμεν; Παντί που δῆλον. Εἴτε γὰρ καλλωπίζεσθαι θέλεις, φησὶ, τὸν ἐμὸν καλλωπισμὸν, εἴτε ὁπλισθῆναι τὰ ἐμὰ ὅπλα, εἴτε ἐνδύσασθαι τὸ ἱμάτιον τὸ ἐμὸν, εἴτε τραφῆναι τὴν τράπεζαν τὴν ἐμὴν, εἴτε ὁδεῦσαι τὴν ὁδὸν τὴν ἐμὴν, εἴτε κληρονομῆσαι τὴν κληρονομίαν τὴν ἐμὴν, εἴτε εἰς πατρίδα εἰσελθεῖν, εἰς τὴν πόλιν, ἧς τεχνίτης καὶ [g] δημιουργὸς ἐγώ· εἴτε οἰκοδομῆσαι οἰκίαν ἐν ταῖς σκηναῖς ταῖς ἐμαῖς· ἐγὼ γὰρ ὧν δίδωμι οὐκ ἀπαιτῶ σε μισθὸν, ἀλλὰ καὶ αὐτοῦ τούτου μισθόν σοι προσοφείλω, ἂν τοῖς ἐμοῖς χρήσασθαι βουληθῇς ἅπασιν. Τί ταύτης ἴσον γένοιτ' ἂν τῆς φιλοτιμίας; Ἐγὼ πατὴρ, ἐγὼ ἀδελφὸς, ἐγὼ νυμφίος, ἐγὼ οἰκία, [h] ἐγὼ τροφεὺς, ἐγὼ ἱμάτιον, ἐγὼ ῥίζα, ἐγὼ θεμέλιος, πᾶν ὅπερ ἂν θέλῃς ἐγώ· μηδενὸς ἐν χρείᾳ καταστῇς. Ἐγὼ καὶ δουλεύσω· ἦλθον γὰρ διακονῆσαι, οὐ διακονηθῆναι. Ἐγὼ καὶ φίλος, καὶ μέλος, καὶ κεφαλὴ, καὶ ἀδελφὸς, καὶ ἀδελφὴ, καὶ μήτηρ, πάντα ἐγώ· μόνον οἰκείως ἔχε πρὸς ἐμέ. Ἐγὼ πένης διὰ σὲ, καὶ ἀλήτης διὰ σὲ, ἐπὶ σταυροῦ διὰ σὲ, ἐπὶ τάφου διὰ σὲ, ἄνω ὑπὲρ σοῦ ἐντυγχάνω τῷ Πατρὶ, κάτω ὑπὲρ σοῦ πρεσβευτὴς παραγέγονα παρὰ τοῦ Πατρός. Πάντα

Christum solum non admittis, qui plus et infinities plus præbet quam cæteri. Et quod hoc bellum? quæ hæc inimicitia? Undenam demum veniam et excusationem habebis, cum in iis in quibus homines hominibus anteponis, ne Deum quidem vis hominibus anteponere? Cur terræ thesaurum tradis? In manibus meis repone, inquit. Annon videtur tibi Dominus terræ tutior esse quam
C terra? Illa depositum reddit, neque reddit semper: ille vero etiam mercedem pro custodia ab se habita reddit. Valde quippe nos amat. Ideo si mutuo dare volueris, paratus est: si seminare, ipse semen excipit; si ædificia excitare, te ad se pertrahit dicens, In meo fundo ædes construe. Quid curris ad pauperes, ad homines mendicantes? Curre ad Deum, qui pro modicis magna tibi daturus est. Attamen hæc ne auditu quidem ferimus; sed eo festinanter pergimus, ubi pugnæ sunt, bella, lites omnis generis, rixæ, sycophantiæ.

D

5. Annon igitur nos juste aversatur et ulciscitur, cum in omnibus seipsum nobis offerat, nosque illum rejiciamus? Id certe nemo non fateatur. Nam sive velis, inquit, ornatu meo ornari, sive armis meis instrui, sive indui vestimentis meis, sive in mensa mea convivari, sive in via mea incedere, sive hereditatem meam possidere, sive in patriam ingredi, vel in urbem, cujus ego artifex sum et conditor; sive domum construere in tabernaculis meis; ego certe pro iis quæ dedero nullam a te mercedem
E requiram; imo vel ex eo ipso mercedem tibi debeo, si meis omnibus uti volueris. Quid huic liberalitati par est? Ego pater, ego frater, ego sponsus, ego domus, ego alimentum, ego vestis, ego radix, ego fundamentum, ego quidquid volueris; nulla ergo re egeas. Ego etiam tibi serviam; veni enim ministrare, non ministrari. Ego *Matth.* 20. 28.
739 A amicus, membrum, caput, frater, soror, mater, omnia ego sum: solum mihi amicus esto. Ego pauper propter te, mendicus propter te, in crucem actus propter te, in sepulcro positus propter te, in cælis propter te Patri supplico, in terra propter te orator adveni apud Patrem. Omnia mihi tu es, frater, coheres, amicus, membrum. Quid

Christus nobis omnia est.

[b] Morel. προτιμῆσαι; τί τῇ γῇ.

[c] Alii αὐτὸς δέ.

[d] Savilius in margine hanc variam lectionem affert: *τί μὴ τρέχεις πρὸς ἐκεῖνον, ἀλλὰ πρὸς ἀνθρώπους τοὺς πένητας, τοὺς καὶ ὑπὲρ μικρῶν μεγάλα σοι παρέχοντας πράγματα; Cur non curris ad illum, sed ad homines inopes qui pro parvis magna tibi negotia facessunt?*

[e] Alii ἀλλ' ὅπου μάχαι.

[f] Al. ἀντιπίπτωμεν; πῶς οὐ δικαίως ἐρεῖ πᾶς; Infra quidam Mss. τὰ ἐμὰ ἱμάτια.

[g] Morel. δημιουργὸς ὁ Θεὸς ἐγώ.

[h] Alii ἐγὼ τροφὴ, non male.

amplius desideras? cur eum qui tantum te amat
aversaris? quid mundo huic laboras? cur dolio
in pertuso hauris? Hoc enim est pro præsenti vita
laborare. Cur ignem verberas? cur aerem percu-
tis? cur frustra curris? Annon ars quæque finem
suum habet? Id sane omnibus conspicuum. Ostende mihi et tu sæcularis studii finem. Sed non po-
Eccle. 1. 1. tes: nam *Vanitas vanitatum, et omnia vanitas.*
Proficiscamur ad sepulcra, ostende mihi patrem,
ostende uxorem. Ubi est qui aureis vestibus induebatur? qui in curru sedebat? qui exercitus habebat, qui balteum, qui præcones? qui alios occi-
debat, alios in carcerem conjiciebat? qui interfi-
ciebat quos vellet, liberabatque ad nutum? Nihil
aliud video quam ossa, vermes, araneas: omnia
illa terra sunt, omnia fabula, omnia somnium,
umbra, mera narratio et pictura; imo nec pictura.
Picturam enim saltem in imagine videmus; hic
vero ne quidem imaginem. Atque utinam hic mala
terminarentur! Nunc vero honor, deliciæ, gloria,
umbra tantum et verba sunt: quæ vero illa sequuntur, non umbra, non verba sunt; sed manent, et nobiscum illo transibunt, omnibusque
nota erunt; rapinæ, avaritia, fornicationes, adulteria, et mille mala hujusmodi, non in imagine et
in pulvere erunt, sed scripta in cælis sunt, seu
dicta, seu opera. Quibus ergo oculis Christum
videbimus? Nam si patrem non potest quis aspicere sibi conscius peccati in illum, eum qui patre
longe mansuetior est, quomodo tunc respicere,
quomodo ferre poterimus? Nam tribunali Christi
adstabimus, omniumque accuratum erit examen.
Si quis vero futurum judicium non credit, respiciat illa quæ hic geruntur, videat eos qui in
carcere, qui in metallis, qui in stercore, respiciat
dæmoniacos, insanos, incurabilibus morbis laborantes, cum perpetua paupertate pugnantes, inedia
vexatos, ingenti luctu obrutos, captivos. Neque
enim illi hæc paterentur, nisi alios qui eadem
peccavere, ultio et supplicium exspectaret. Si vero
cæteri nihil hic passi sunt, hoc tibi signum esse
debet, aliquid aliud superesse post profectionem
ex hac vita. Neque enim ille, cum sit universorum
Deus, alios ultus esset; alios vero, qui eadem vel
etiam graviora peccata admiserant, impune esse
reliquisset, nisi quoddam ipsis supplicium ibi irro-
gaturus esset. Ex his igitur rationibus et exemplis nos ipsos humiliemus: et qui judicium non

μοι σὺ, καὶ ἀδελφὸς, καὶ συγκληρονόμος, καὶ φίλος,
καὶ μέλος. Τί πλέον θέλεις; τί τὸν οὕτω φιλοῦντα ἀποστρέφῃ; τί τῷ κόσμῳ κάμνεις; τί εἰς πίθον ἀντλεῖς
τετρημένον; Τοῦτο γάρ ἐστιν εἰς τὸν παρόντα βίον
B [a] ταλαιπωρεῖσθαι. Τί εἰς πῦρ ξαίνεις; τί τῷ ἀέρι πυ-
κτεύεις; τί εἰκῇ τρέχεις; Οὐχὶ ἑκάστη τέχνη τέλος
ἔχει; Παντί που δῆλον. Δεῖξόν μοι καὶ σὺ τῆς βιωτικῆς σπουδῆς τὸ τέλος. Ἀλλ' οὐκ ἔχεις· Ματαιότης γὰρ
ματαιοτήτων, τὰ πάντα ματαιότης. Ἴωμεν εἰς τοὺς
τάφους, δεῖξόν μοι τὸν πατέρα, δεῖξόν μοι τὴν γυναῖκα.
Ποῦ ὁ χρυσᾶ ἐνδεδυμένος ἱμάτια; ὁ ἐπὶ τοῦ ὀχήματος
καθήμενος; ὁ στρατόπεδα ἔχων, ὁ τὴν ζώνην, ὁ τοὺς
κήρυκας; ὁ τοὺς μὲν ἀναιρῶν, τοὺς δὲ ἐμβάλλων εἰς
δεσμωτήριον; ὁ ἀποκτείνων οὓς ἐβούλετο, καὶ ἀπαλλάττων οὓς ἤθελεν; Οὐδὲν ὁρῶ πλὴν ὀστέων, καὶ σητὸς, καὶ ἀράχνης· πάντα ἐκεῖνα γῆ, πάντα ἐκεῖνα
μῦθος, πάντα [b] ὄναρ καὶ σκιὰ, καὶ διήγημα ψιλὸν καὶ
C γραφή· μᾶλλον δὲ οὐδὲ γραφή. Τὴν μὲν γραφὴν κἂν
ἐν εἰκόνι ὁρῶμεν· ἐνταῦθα δὲ οὐδὲ εἰκόνα. Καὶ εἴθε
μέχρι τούτων τὰ δεινά. Νυνὶ δὲ τὰ μὲν τῆς τιμῆς, καὶ
τῆς τρυφῆς, καὶ τῆς περιφανείας, μέχρι σκιᾶς, μέχρι
ῥημάτων· τὰ δὲ ἀπ' αὐτῶν οὐκ ἔτι μέχρι σκιᾶς καὶ
ῥημάτων, ἀλλὰ μένει καὶ διαβήσεται μεθ' ἡμῶν ἐκεῖ,
καὶ πᾶσιν ἔσται δῆλα· αἱ ἁρπαγαὶ, αἱ πλεονεξίαι, αἱ
πορνεῖαι, αἱ μοιχεῖαι, τὰ μυρία δεινὰ ταῦτα, οὐκ ἐν
εἰκόνι, οὐδὲ ἐν τέφρᾳ, ἀλλὰ γεγραμμένα ἄνω καὶ ῥήματα καὶ πράγματα. Ποίοις οὖν ὀψόμεθα τὸν Χριστὸν
ὀφθαλμοῖς; Εἰ γὰρ πατέρα τις οὐκ ἂν ἤνεγκεν ἰδεῖν,
D συνειδὼς ἑαυτῷ ἡμαρτηκότι εἰς αὐτὸν, τὸν πατρὸς
μᾶλλον ἀπείρως πρᾳότερον ὄντα πῶς ἀντιβλέψομεν
τότε; πῶς οἴσομεν; Καὶ γὰρ παραστησόμεθα τῷ
βήματι τοῦ Χριστοῦ, καὶ πάντων ἀκριβὴς ἔσται ἐξέτασις. Εἰ δέ τις ἀπιστεῖ τῇ μελλούσῃ κρίσει, ὁράτω τὰ
ἐνταῦθα, τοὺς ἐν τοῖς δεσμωτηρίοις, τοὺς ἐν τοῖς μετάλλοις, τοὺς ἐν ταῖς κοπρίαις, τοὺς δαιμονῶντας, τοὺς
παραπαίοντας, τοὺς νόσοις ἀνιάτοις παλαίοντας, τοὺς
ἐν πενίᾳ διηνεκεῖ πυκτεύοντας, τοὺς λιμῷ συζῶντας,
τοὺς πένθεσιν [c] ἀνηκέστοις βεβαρημένους, τοὺς ἐν αἰ-
E χμαλωσίαις. Οὐ γὰρ ἂν οὗτοι ταῦτα ἔπαθον νῦν, εἰ μὴ
καὶ τοὺς ἄλλους ἅπαντας τοὺς τὰ τοιαῦτα ἡμαρτηκότας
ἔμελλεν ἀναμένειν τιμωρία καὶ κόλασις. Εἰ δὲ μηδὲν
ἐνταῦθα ὑπέμειναν οἱ λοιποὶ, τοῦτο μὲν οὖν αὐτὸ σημεῖόν σε ποιεῖσθαι δεῖ τοῦ πάντως εἶναί τι μετὰ τὴν
740 ἐντεῦθεν ἀποδημίαν. Οὐδὲ γὰρ ἂν ἁπάντων ὁ αὐτὸς
A ὢν Θεὸς τοὺς μὲν ἐτιμωρήσατο, τοὺς δὲ ἀφῆκεν ἀτι-
μωρήτους, τὰ αὐτὰ ἢ καὶ χαλεπώτερα πεπλημμελη-
κότας, εἰ μή τινα ἔμελλεν ἐκεῖ τιμωρίαν ἐπάγειν αὐτοῖς. Ἀπὸ τούτων τοίνυν τῶν λογισμῶν καὶ τῶν πα-

[a] Pro ταλαιπωρεῖσθαι quidam habent πονεῖσθαι.
[b] Alii ὄναρ, πάντα σκιά. Mox aliqui τὴν μὲν γὰρ γραφήν.
[c] Alii ἀνηκέστοις βεβλημένους, et paulo post τοιαῦτα ἔπαθον.

ραδειγμάτων καὶ ἡμεῖς ταπεινώσωμεν ἑαυτούς· καὶ οἱ τῇ κρίσει διαπιστοῦντες πιστευέτωσαν λοιπὸν, καὶ βελτίους γενέσθωσαν, ἵνα ἀξίως τῆς βασιλείας βιώσαντες ἐνταῦθα, [a] καὶ τὰς μελλούσας τιμωρίας διαφευξώμεθα, καὶ τῶν αἰωνίων ἐπιτύχωμεν ἀγαθῶν, χάριτι καὶ φιλανθρωπίᾳ τοῦ Κυρίου ἡμῶν Ἰησοῦ Χριστοῦ, ᾧ ἡ δόξα εἰς τοὺς αἰῶνας τῶν νων. Ἀμήν.

credebant, credant jam, et meliores efficiantur, ut cum dignam regno cælorum vitam duxerimus, et futura supplicia vitemus, et æterna consequamur bona, gratia et benignitate Domini nostri Jesu Christi, cui gloria in sæcula sæculorum. Amen.

a Morel. τῶν μελλουσῶν τιμωριῶν, male.

ΟΜΙΛΙΑ οζ'.

HOM. LXXVII. al. LXXVIII.

Ἀπὸ δὲ τῆς συκῆς μάθετε τὴν παραβολήν· ὅταν ἤδη ὁ κλάδος αὐτῆς ἁπαλὸς γένηται, καὶ τὰ φύλλα ἐκφύῃ, γινώσκετε ὅτι ἐγγὺς τὸ θέρος· οὕτω καὶ ὑμεῖς, ὅταν ἴδητε ταῦτα πάντα, γινώσκετε ὅτι ἐγγύς ἐστιν ἐπὶ θύραις.

B CAP. XXIV. v. 32. *Ab arbore autem fici discite parabolam; cum jam ramus ejus tener fuerit, et folia nata, scitis quia prope est æstas;* 33. *ita et vos, cum videritis hæc omnia, scitote quia prope est in januis.*

Ἐπειδὴ εἶπεν, ὅτι Εὐθέως μετὰ τὴν θλίψιν τῶν ἡμερῶν ἐκείνων, αὐτοὶ δὲ τοῦτο ἐζήτουν μεθ' ὅσον χρόνον, καὶ αὐτὴν κυρίως τὴν ἡμέραν [b] ἐπεθύμουν εἰδέναι, διὰ τοῦτο καὶ τὸ παράδειγμα τίθησι τῆς συκῆς, δεικνὺς ὅτι οὐ πολὺ τὸ μέσον, ἀλλ' ἐφεξῆς καὶ ἡ παρουσία ἀπαντήσεται· ὅπερ οὐ διὰ τῆς παραβολῆς μόνον, ἀλλὰ καὶ διὰ τῶν μετὰ ταῦτα λέξεων ἐδήλωσεν εἰπών· Γινώσκετε ὅτι ἐγγύς ἐστιν ἐπὶ θύραις. Ἐντεῦθεν καὶ ἕτερόν τι προφητεύει θέρος πνευματικὸν, καὶ γαλήνην κατ' ἐκείνην ἐσομένην τὴν ἡμέραν ἀπὸ τοῦ χειμῶνος τοῦ παρόντος τοῖς δικαίοις· τοῖς δὲ ἁμαρτωλοῖς τὸ ἐναντίον, χειμῶνα ἀπὸ θέρους, ὅπερ ἐν τοῖς ἑξῆς ἐδήλωσεν, εἰπὼν, τρυφώντων αὐτῶν, ἐπιστήσεσθαι τὴν ἡμέραν. Οὐ διὰ τοῦτο δὲ μόνον τὸ τῆς συκῆς τέθεικεν, ἵνα τὸ διάστημα δηλώσῃ· ἐξῆν γὰρ καὶ ἑτέρως αὐτὸ παραστῆσαι· ἀλλ' ἵνα κἀντεῦθεν πιστώσηται τὸν λόγον οὕτως ἐκβησόμενον πάντως. Ὥσπερ γὰρ τοῦτο ἀνάγκη εἶναι, οὕτω κἀκεῖνο. Καὶ γὰρ ὅπουπερ ἂν ἐθέλῃ τὸ πάντως ἀποβησόμενον λέγειν, φυσικὰς ἀνάγκας εἰς μέσον παράγει, καὶ αὐτὸς, καὶ ὁ μακάριος Παῦλος αὐτὸν μιμούμενος. Διὰ τοῦτο καὶ περὶ ἀναστάσεως διαλεγόμενός φησιν· Ὁ κόκκος τοῦ σίτου πεσὼν εἰς τὴν γῆν, ἐὰν μὴ ἀποθάνῃ, αὐτὸς μόνος μένει· ἐὰν δὲ ἀποθάνῃ, πολὺν καρπὸν φέρει. Ὅθεν καὶ ὁ μακάριος Παῦλος παιδευθεὶς, τῷ αὐτῷ κέχρηται ὑποδείγματι, Κορινθίοις περὶ ἀναστάσεως διαλεγόμενος· [c] Ἄφρων γὰρ, φησὶ, σὺ ὃ σπείρεις οὐ ζωοποιεῖται, ἐὰν μὴ ἀποθάνῃ. Εἶτα ἵνα μὴ ταχέως ἐπ' αὐτὸν πάλιν ἔλθωσι καὶ ἐρωτήσωσι, πότε; εἰς μνήμην αὐ-

1. Quia dixit, *Statim post tribulationem dierum illorum*, ipsi vero quærebant post quantum temporis id futurum esset, diemque scire cupiebant, ideo ille exemplum ficus affert, ostendens non magnum interesse temporis spatium, nec diu C postea ipsum venturum esse : id quod non modo per parabolam, sed et per alia dicta postea significat, ut cum ait : *Scitote quia prope est in januis.* Hinc etiam aliam prædicit spiritualem æstatem, et tranquillitatem post hujus vitæ fluctus illa die justis futuram; peccatoribus contra post æstatem hiemem indicavit postea, cum dixit, illis deliciantibus, diem esse venturam. Neque ideo tantum ficus exemplum posuit, ut spatium temporis significaret; potuisset enim alio modo illud declarare; sed ut inde rem omnino futuram confirma- D ret. Sicut enim necesse est hoc evenire, ita et illud. Nam ubi rem omnino futuram vult demonstrare, naturales necessitates in medium affert, tam ipse, quam ipsius imitator beatus Paulus. Idcirco de resurrectione loquens ait : *Nisi granum frumenti cadens in terram mortuum fuerit, ipsum solum manet : si autem mortuum fuerit, multum fructum affert.* (Joan. 12. 24. 25.) Hinc edoctus beatus Paulus eodem utitur exemplo, quando Corinthiis de resurrectione loquitur : nam ait : *Stulte, quod seminas non vivificatur, nisi mor-* E *tuum fuerit.* (1. Cor. 15. 36.) Deinde ne cito postea interrogarent, quando id futurum esset, in memoriam ipsis revo-

b Alii ἐπεθύμουν ἰδεῖν.

c Quidam ἄφρον.

cat quæ præcessura erant, dicens : 34. *Amen dico vobis, non præteribit generatio hæc, donec omnia hæc fiant. Hæc omnia*, quænam, quæso? Quæ Jerosolymam spectabant, bella, fames, pestis, terræ motus, pseudo-christi, pseudoprophetæ, evangelium ubique disseminatum, seditiones, perturbationes, cæteraque omnia, quæ diximus usque ad ejus adventum futura. Quomodo igitur ait, *Generatio hæc?* Non de tunc viventibus loquitur, sed de generatione fidelium; solet enim generationem non a tempore solum, sed etiam a religionis et vitæ ratione annotare; ut
Psal. 23.6. quando dicit : *Hæc est generatio quærentium Dominum :* quod ergo supra dicebat, *Oportet enim omnia fieri;* ac rursum, *Prædicabitur evangelium :* hic quoque significat dicens, Hæc omnino evenient omnia, et generatio fidelium, a nullo prædictorum discissa, permanebit; imo etiam Jerosolyma peribit, et Judæorum magna pars delebitur. Hanc vero nihil superabit, non fames, non pestis, non terræ motus, non bellorum perturbationes, non pseudo-christi, non pseudo-prophetæ, non deceptores, non ii qui tradent, non ii qui offendiculo erunt, non falsi fratres; non aliæ similes tentationes. Deinde ipsos magis ad fidem adducens ait : 35. *Cælum et terra transibunt, verba autem mea non transibunt;* hoc est, Facilius est ut hæc ita firma et immota deleantur, quam ut ex verbis meis quidpiam excidat. Qui vero contradicit, omnia accurate examinet; et cum vera esse invenerit (inveniet enim haud dubie), ex præteritorum eventu futuris credat : omniaque accurate examinet, videbitque rerum exitum veritati prophetiæ fidem facientem. Elementa autem in medio posuit, tum ut significaret, cælo et terra præstantiorem Ecclesiam esse; tum ut se universi Creatorem ostenderet. Quia enim de consummatione disseruit, quæ res a multis non creditur, ideo cælum et terram in medium adduxit, ineffabilem suam ostendens potentiam, et magna cum potestate se Dominum universi declarans : hincque vel admodum dubitantibus dicta sua fide digna reddens. 36. *De die autem illa et hora nullus novit, neque angeli cælorum, neque Filius, nisi solus Pater.* Quod ergo dixit, *Neque angeli*, reprimit eos, ne discere quærant id quod angeli nesciunt; cum autem dicit, *Neque Filius,*

τοὺς ἐνάγει [d] τῶν προσελθόντων, λέγων· Ἀμὴν λέγω ὑμῖν, οὐ μὴ παρέλθῃ ἡ γενεὰ αὕτη, ἕως ἂν ταῦτα πάντα γένηται. Ταῦτα πάντα, ποῖα; εἰπέ μοι. Τὰ
741 τῶν Ἱεροσολύμων, τὰ τῶν πολέμων, τὰ τῶν λιμῶν,
A τὰ τῶν λοιμῶν, τὰ τῶν σεισμῶν, τὰ τῶν ψευδοχρίστων, τὰ τῶν ψευδοπροφητῶν· τὸ πανταχοῦ σπαρῆναι τὸ εὐαγγέλιον· τὰς στάσεις, τὰς ταραχὰς, τὰ ἄλλα πάντα, ἅπερ εἰρήκαμεν μέχρι τῆς αὐτοῦ παρουσίας συμβησόμενα. Πῶς οὖν, φησὶν, εἶπεν, Ἡ γενεὰ αὕτη; Οὐ περὶ τῆς τότε [a] λέγων, ἀλλὰ περὶ τῆς τῶν πιστῶν· οἶδε γὰρ γενεὰν οὐκ ἀπὸ χρόνων χαρακτηρίζειν μόνον, ἀλλὰ καὶ [b] ἀπὸ τρόπου θρησκείας καὶ πολιτείας· ὡς ὅταν λέγῃ· Αὕτη ἡ γενεὰ ζητούντων τὸν Κύριον. Ὅπερ οὖν ἄνω ἔλεγε· Δεῖ γὰρ πάντα γενέσθαι· καὶ πάλιν, Κηρυχθήσεται τὸ εὐαγγέλιον· τοῦτο καὶ ἐνταῦθα δηλοῖ, λέγων, ὅτι πάντως ἐκβήσεται πάντα ταῦτα, καὶ μενεῖ ἡ γενεὰ τῶν πιστῶν, οὐδενὶ τῶν εἰρημένων δια-
B κοπτομένη· ἀλλὰ καὶ τὰ Ἱεροσόλυμα ἀπολεῖται, καὶ τὸ πλέον τῶν Ἰουδαίων ἀφανισθήσεται. Ταύτης δὲ οὐδὲν περιέσται, οὐ λιμὸς, οὐ λοιμὸς, οὐ σεισμὸς, οὐχ αἱ ἐκ τῶν πολέμων ταραχαί· οὐ ψευδόχριστοι, οὐ ψευδοπροφῆται, οὐκ ἀπατεῶνες, οὐχ οἱ παραδιδόντες, οὐχ οἱ σκανδαλίζοντες, οὐχ οἱ ψευδάδελφοι, οὐκ ἄλλος οὐδεὶς τοιοῦτος πειρασμός. Εἶτα καὶ μᾶλλον αὐτοὺς εἰς πίστιν ἐνάγων, φησίν· Ὁ οὐρανὸς καὶ ἡ γῆ παρελεύσεται, οἱ δὲ λόγοι μου οὐ μὴ παρέλθωσι· τουτέστι, τὰ πεπηγότα ταῦτα καὶ ἀκίνητα εὐκολώτερον ἀφανισθῆναι, ἢ τῶν λόγων τῶν ἐμῶν τι διαπεσεῖν.
C Καὶ ὁ ἀντιλέγων ὑπὲρ τούτων, βασανιζέτω τὰ εἰρημένα, καὶ εὑρὼν ἀληθῆ (εὑρήσει γὰρ πάντως), ἀπὸ τῶν παρελθόντων καὶ τοῖς μέλλουσι πιστευέτω, καὶ πάντα ἐξεταζέτω μετὰ ἀκριβείας, καὶ ὄψεται τῶν πραγμάτων τὸ τέλος μαρτυροῦν τῇ τῆς προφητείας ἀληθείᾳ. Τὰ δὲ στοιχεῖα εἰς μέσον τέθεικεν, ὁμοῦ μὲν δηλῶν, ὅτι προτιμοτέρα καὶ οὐρανοῦ καὶ γῆς ἡ Ἐκκλησία· ὁμοῦ δὲ καὶ δημιουργὸν ἑαυτὸν καὶ ἐντεῦθεν [c] δείκνυσι τοῦ παντός. Ἐπειδὴ γὰρ περὶ συντελείας διελέχθη, πράγματος παρὰ πολλοῖς ἀπιστουμένου, διὰ τοῦτο τὸν οὐρανὸν καὶ τὴν γῆν εἰς μέσον ἤγαγε, τὴν δύναμιν αὐτοῦ τὴν ἄφατον ἐνδεικνύμενος, καὶ μετὰ πολ-
D λῆς τῆς ἐξουσίας δηλῶν, ὅτι Δεσπότης ἐστὶ τοῦ παντὸς, καὶ [d] ἐκ τούτων καὶ τοῖς σφόδρα ἀμφιβάλλουσιν ἀξιόπιστα τὰ εἰρημένα κατασκευάζων. Περὶ δὲ τῆς ἡμέρας ἐκείνης καὶ τῆς ὥρας οὐδεὶς οἶδεν, οὐδὲ οἱ ἄγγελοι τῶν οὐρανῶν, οὐδὲ [e] ὁ Υἱὸς, εἰ μὴ μόνος ὁ Πατήρ. Τῷ μὲν οὖν εἰπεῖν, Οὐδὲ οἱ ἄγγελοι, ἐπεστόμισεν αὐτοὺς, ὥστε μὴ ζητῆσαι μαθεῖν ὅπερ ἐκεῖνοι οὐκ ἴσασι· τῷ δὲ εἰ-

[d] Morel. τῶν προσελθόντων. Savil. τῶν παρελθόντων. Congruentior videtur Morelli lectio.

[a] Alii λέγει.

[b] Alii et Morel. ἀπὸ τρόπων.

[c] Alii δεικνύς.

[d] Alii et Morel. ἐκ τούτου.

[e] Quidam habent ὁ υἱὸς τοῦ ἀνθρώπου.

πεῖν, Οὐδὲ ὁ Υἱὸς, [f] κωλύει μὴ μόνον μὴ μαθεῖν, ἀλλὰ μηδὲ καὶ ζητῆσαι. Ὅτι γὰρ διὰ τοῦτο τοῦτο εἴρηκεν, ὅρα μετὰ τὴν ἀνάστασιν, ἐπειδὴ περιεργοτέρους εἶδε γινομένους, πῶς ἐπεστόμισε μειζόνως. Νῦν μὲν γὰρ τεκμήρια εἴρηκε πολλὰ καὶ ἄπειρα· τότε δὲ ἁπλῶς, Οὐχ ὑμῶν ἐστι γνῶναι χρόνους ἢ καιρούς. Εἶτα ἵνα E μὴ εἴπωσιν, ὅτι ἠπορήμεθα, διεπτύσθημεν, οὐδὲ τούτου ἐσμὲν ἄξιοι; φησὶ, Οὓς ὁ Πατὴρ ἔθετο ἐν τῇ ἰδίᾳ ἐξουσίᾳ. Καὶ γὰρ σφόδρα ἔμελεν αὐτῷ τοῦ τιμᾷν αὐτοὺς καὶ μηδὲν ἀποκρύπτεσθαι. Διὰ τοῦτο αὐτῷ τῷ Πατρὶ τοῦτο ἀνατίθησι, καὶ φοβερὸν τὸ πρᾶγμα ποιῶν, καὶ ἐκείνων [g] ἀποτειχίζων τῇ πεύσει τὸ εἰρημένον· 752 ἐπεὶ [a] εἰ μὴ τοῦτό ἐστιν, ἀλλ' ἀγνοεῖ, πότε εἴσεται; A ἆρα μεθ' ἡμῶν; Καὶ τίς ἂν τοῦτο εἴποι; Καὶ τὸν μὲν Πατέρα οἶδε σαφῶς, καὶ οὕτω σαφῶς, ὡς ἐκεῖνος τὸν Υἱόν· τὴν δὲ ἡμέραν ἀγνοεῖ; Εἶτα Τὸ μὲν Πνεῦμα ἐρευνᾷ καὶ τὰ βάθη τοῦ Θεοῦ· αὐτὸς δὲ οὐδὲ τὸν καιρὸν τῆς κρίσεως οἶδεν; Ἀλλὰ τὸ μὲν [b] πῶς δεῖ κρίνειν οἶδε, καὶ τὰ ἑκάστου ἀπόῤῥητα ἐπίσταται· ὃ δὲ πολλῷ τούτων εὐτελέστερον, τοῦτο ἔμελλεν ἀγνοεῖν; Πῶς δὲ, εἰ Πάντα δι' αὐτοῦ ἐγένετο, καὶ χωρὶς αὐτοῦ ἐγένετο οὐδὲ ἓν, [c] τὴν ἡμέραν ἠγνόησεν; Ὁ γὰρ τοὺς αἰῶνας ποιήσας, εὔδηλον ὅτι καὶ τοὺς χρόνους· εἰ δὲ τοὺς χρόνους, καὶ τὴν ἡμέραν· πῶς οὖν ἣν ἐποίησεν [d] ἀγνοεῖ; B

Καὶ ὑμεῖς μὲν αὐτοῦ καὶ τὴν οὐσίαν εἰδέναι φατὲ, τὸν δὲ Υἱὸν οὐδὲ τὴν ἡμέραν, τὸν Υἱὸν, τὸν διὰ παντὸς ἐν τῷ κόλπῳ [e] ὄντα τοῦ Πατρὸς, καίτοι πολλῷ μείζων ἡ οὐσία τῶν ἡμερῶν, καὶ ἀπείρως μείζων; Πῶς οὖν τὸ μεῖζον ἑαυτοῖς διδόντες, οὐδὲ τὸ ἔλαττον συγχωρεῖτε τῷ Υἱῷ, Ἐν ᾧ εἰσι πάντες οἱ θησαυροὶ τῆς σοφίας καὶ τῆς γνώσεως ἀπόκρυφοι; Ἀλλ' οὔτε ὑμεῖς ἴστε τί τὴν οὐσίαν ὁ Θεὸς, κἂν μυριάκις ταῦτα μαίνησθε· οὔτε ὁ Υἱὸς ἀγνοεῖ τὴν ἡμέραν, ἀλλὰ καὶ σφόδρα ἐπίσταται. Διά τοι τοῦτο πάντα εἰπὼν, καὶ τοὺς χρόνους, καὶ τοὺς καιροὺς, καὶ ἐπ' αὐτὰς τὰς C θύρας ἀγαγὼν (Ἐγγὺς γάρ ἐστιν ἐπὶ θύραις, φησίν), ἀπεσίγησε τὴν ἡμέραν. Εἰ μὲν γὰρ ἡμέραν ζητοίης καὶ ὥραν, οὐκ ἀκούσῃ παρ' ἐμοῦ, φησί· εἰ δὲ καιροὺς καὶ προοίμια, οὐδὲν ἀποκρυψάμενος, ἐρῶ πάντα σοι μετὰ ἀκριβείας. Ὅτι μὲν γὰρ οὐκ ἀγνοῶ, διὰ πολλῶν ἔδειξα, διαστήματα εἰπὼν, καὶ τὰ συμβησόμενα ἅπαντα, καὶ ὅσον ἀπὸ τοῦδε τοῦ χρόνου μέχρι τῆς ἡμέρας αὐτῆς. Τοῦτο γὰρ τῆς συκῆς ἐδήλωσεν ἡ παραβολὴ,

prohibet non modo ne discant, sed etiam ne quærant. Quod enim illo animo id dixerit, vide, quia post resurrectionem illos curiosiores esse vidit, quomodo represserit. Nunc enim multa innumeraque signa dixit; tunc vero simpliciter, *Non est vestrum nosse tempora vel momenta.* (*Act.* 1. 7.) Deinde ne dicerent, Quia dubitamus, negligimur, neque hac re digni sumus? ait, *Quæ Pater posuit in sua potestate.* Magnæ quippe ipsi curæ fuit illos honorare, nihilque occultare ipsis. Ideoque Patri illud tribuit, hinc rem tremendam ostendens, prohibensque ne illa de re interrogarent. Nisi enim illud ita sit, et si vere Filius id ignorat, quandonam id sciet? an nobiscum? Ecquis hoc dixerit? Patrem clare novit, et tam clare, quam Pater novit Filium, et diem illam ignorabit? Præterea *Spiritus investigat etiam profunda Dei;* (1. *Cor.* 2. 10.) ille vero ne tempus quidem judicii noverit? Sed scit et quomodo judicare oporteat et arcana singulorum; quod autem longe inferius est, id ignoraturus erat? Quomodo, si *Omnia per ipsum facta sunt, et sine ipso factum est nihil,* (*Joan.* 1. 3.) diem illam ignoravit? Nam qui sæcula fecit, sane fecit et tempora; si tempora, etiam diem: quomodo ergo quam fecit ignorat?

Contra Anomœos disputat.

2. Et vos quidem ejus quoque substantiam nosse dicitis, et Filium neque diem scire vultis, Filium, qui semper est in sinu Patris, quamquam major est illa substantia quam dies, imo infinities major. Quomodo igitur dum id quod majus est vobis tribuitis, ne id quidem quod minus est Filio conceditis, *In quo sunt absconditi omnes thesauri sapientiæ et cognitionis?* (*Col.* 2. 3.) Sed neque vos scitis quæ sit Dei substantia, etiamsi millies id insane affirmetis, neque Filius diem ignorat, sed probe novit illam. Ideo cum omnia dixisset, et tempora, et momenta, et ad ipsas januas duxisset (nam ait, *Prope est in januis*), diem tacuit. Nam si diem et horam quæras, non audies a me, inquit; sin tempora et initia, nihil celabo, sed omnia tibi accurate dicam. Quod enim non ignorem jam multis ostendi, spatia temporum et quæ ventura sunt omnia dixi, etiamque quantum sit interstitii ab hoc tempore usque ad diem illam. Hoc enim

[f] Unus κωλύει οὐ μόνον μαθεῖν, ἀλλὰ καὶ ζητῆσαι, recte. [Savil. κωλύει οὐ μ. μὴ μ., ἀλλὰ καὶ μηδὲ ζητῆσαι.]

[g] Unus [et Cod. 694] ἐπιτειχίζων.

[a] Alii εἰ μὴ τοῦτο ἦν. Paulo post quidam τοῦτο εἴπῃ.

[b] Unus πῶς δεῖ διακρίνειν οἶδε, quæ lectio non spernenda. Ibid. unus habet καὶ τὰ ἑκάστῳ ἀπόῤῥητα. Mox alius πολλῷ τούτου εὐτελέστερον.

[c] Unus ταύτην τὴν ἡμέραν.

[d] Unus ἠγνόει.

[e] ὄντα deest in uno Codice. Hic autem disputat, ut et alibi passim, contra Anomœos, qui dicebant se perinde nosse substantiam Dei, atque Deus ipse illam noverat. Paulo post unus δόντες.

parabola ficus declaravit, et usque ad ipsa limina te adduxi; quod si januas non tibi aperui, hoc quoque ad utilitatem tuam facio. Ut vero aliunde discas, non ex ignorantia illius esse quod sileat, vide quomodo cum supradictis aliud quoque signum adjiciat. 38. *Sicut autem erant in diebus Noë comedentes et bibentes, nubentes et nuptui tradentes, usque ad diem, qua ingressus est Noë in arcam,* 39. *et non cognoverunt, donec venit diluvium, et abstulit omnes : sic erit et adventus Filii hominis.* His porro declaravit se repente et non exspectatum venturum esse, dum multi in de-

1. Thess. 5. 3.

liciis erunt. Quod et Paulus sic descripsit : *Cum pacem dicunt et securitatem, tunc repentinus instat interitus;* quam inexspectatum declarans dicebat : *Sicut dolor in utero habenti.* Quomodo

Supra v. 29.

ergo dicit, *Post tribulationem dierum illorum?* Nam si deliciæ, et pax, et securitas, ut dicit Paulus, quomodo dicit, *Post tribulationem dierum illorum?* Si deliciæ, quomodo tribulatio? Deliciæ et pax sunt iis qui nullo sensu sunt affecti. Propterea non dixit, Quando pax erit, sed, *Quando pacem et securitatem dicent,* stoliditatem illorum ostendens; sicut illi in tempore Noë, qui in tantis malis, deliciis operam dabant : at non item justi, qui in ærumnis et mœrore versabantur. Hinc significatur, adveniente Antichristo, iniquos et eos qui de salute sua desperabunt, turpibus voluptatibus se amplius dedituros esse. Tunc ingluvies, comessationes, ebrietates. Quapropter exemplo utitur congruenti. Nam quemadmodum cum arca fieret, non credebant, inquit, sed licet arca in medio posita futura mala prænuntiaret, illi videntes eam, ita deliciabantur, quasi nihil mali futurum esset : sic

Antichristi adventus.

et nunc Antichristus apparebit, post quem consummatio, et pœnæ in consummatione futuræ, supplicia intoleranda. Illi vero, qui nequitiæ ebrietate capti erunt, ne metum quidem futurorum sen-

1. Thess. 5. 3.

tient. Ideo ait Paulus : *Veluti dolor in utero habenti,* sic illis terribilia et intoleranda aderunt. Cur autem Sodomorum mala non dixit? Universale volebat exemplum proponere, quod postquam prædictum fuerat non credebatur. Idcirco quia plerique futura non credunt, ex præteritis ipsa confirmat, animumque ipsorum commovet. Ad hæc illud etiam ostenditur : ipsum nempe priora quoque fecisse. Post hæc aliud signum ostendit,

καὶ ἐπὶ τὰ πρόθυρά σε ἤγαγον αὐτά· εἰ δὲ [f] μὴ ἀνέῳξά σοι τὰς θύρας, καὶ τοῦτο συμφερόντως ποιῶ. Ἵνα δὲ καὶ ἑτέρωθεν μάθῃς, ὅτι οὐ τῆς ἀγνοίας αὐτοῦ τὸ σιγῆσαι, ὅρα μετὰ τῶν εἰρημένων πῶς καὶ ἄλλο προσ-

D τίθησι σημεῖον. Ὥσπερ δὲ ἦσαν ἐν ταῖς ἡμέραις τοῦ Νῶε τρώγοντες καὶ πίνοντες, γαμοῦντες καὶ [g] γαμίζοντες, ἄχρι τῆς ἡμέρας ἧς εἰσῆλθε Νῶε εἰς τὴν κιβωτὸν, καὶ οὐκ ἔγνωσαν ἕως οὗ ἦλθεν ὁ κατακλυσμὸς, καὶ ἦρεν ἅπαντας· οὕτως ἔσται καὶ ἡ παρουσία τοῦ Υἱοῦ τοῦ ἀνθρώπου. Ταῦτα δὲ εἶπε, δηλῶν ὡς ἀθρόον ἥξει, καὶ ἀπροσδοκήτως, καὶ τῶν πλειόνων τρυφώντων. Καὶ γὰρ ὁ Παῦλος τοῦτό φησιν, οὕτω γράφων· Ὅταν λέγωσιν, [h] εἰρήνη καὶ ἀσφάλεια, τότε αἰφνίδιος αὐτοῖς ἐφίσταται ὄλεθρος· καὶ τὸ ἀπροσδόκητον

E δηλῶν, ἔλεγεν· Ὥσπερ ἡ ὠδὶν τῇ ἐν γαστρὶ ἐχούσῃ. Πῶς οὖν φησι, Μετὰ τὴν θλίψιν τῶν ἡμερῶν ἐκείνων; Εἰ γὰρ τρυφὴ τότε, καὶ εἰρήνη, καὶ ἀσφάλεια, καθὼς ὁ Παῦλός φησι, πῶς λέγει, Μετὰ τὴν θλίψιν

743 A τῶν ἡμερῶν ἐκείνων; Εἰ τρυφὴ, πῶς θλίψις; Τρυφὴ τοῖς ἀναισθήτως διακειμένοις καὶ εἰρήνη. Διὰ τοῦτο [a] γὰρ οὐκ εἶπεν, ὅταν δὲ ᾖ εἰρήνη, ἀλλ', Ὅταν λέγωσιν εἰρήνην καὶ ἀσφάλειαν, τὸ ἀναίσθητον αὐτῶν ἐνδεικνύμενος, ὡς τῶν ἐπὶ Νῶε, ὅτι δὴ ἐν τοῖς τοιούτοις κακοῖς ἐτρύφων· ἀλλ' οὐχ οἱ δίκαιοι, ἀλλ' ἐν θλίψει καὶ ἀθυμίᾳ διῆγον. Ἐντεῦθεν δείκνυσιν, ὅτι τοῦ ἀντιχρίστου ἐλθόντος, τὰ τῶν ἀτόπων ἡδονῶν ἐπιταθήσεται ἐν τοῖς παρανόμοις καὶ τῆς οἰκείας ἀπεγνωκόσι σωτηρίας. Τότε γαστριμαργίαι, κῶμοι, [b] τότε καὶ μέθαι. Διὸ καὶ μάλιστα ὑπόδειγμα τίθησιν ἁρμόζον τῷ πράγματι. Καθάπερ γὰρ τῆς κιβωτοῦ γινομένης οὐκ ἐπίστευον, φησὶν, ἀλλὰ προέκειτο μὲν ἐν

B μέσῳ τὰ μέλλοντα προανακηρύττουσα κακά· ἐκεῖνοι δὲ ὁρῶντες αὐτὴν, ὡς οὐδενὸς ἐσομένου δεινοῦ, οὕτως ἐτρύφων· οὕτω καὶ νῦν φανεῖται μὲν ὁ ἀντίχριστος, μεθ' ὃν ἡ συντέλεια, καὶ αἱ κολάσεις αἱ ἐπὶ τῇ συντελείᾳ, καὶ τιμωρίαι ἀφόρητοι. Οἱ δὲ τῇ μέθῃ τῆς κακίας κατεχόμενοι οὐδὲ αἰσθήσονται τοῦ φόβου τῶν ἐσομένων. Διὸ καὶ ὁ Παῦλός φησιν· Ὥσπερ ἡ ὠδὶν τῇ ἐν γαστρὶ ἐχούσῃ, οὕτως αὐτοῖς παραστήσεται τὰ φοβερὰ ἐκεῖνα καὶ ἀνήκεστα. Καὶ διὰ τί μὴ εἶπε τὰ ἐπὶ Σοδόμων κακά; Καθολικὸν ἠθέλησεν ἐνθεῖναι ὑπόδειγμα, καὶ μετὰ τὸ προλεχθῆναι ἀπιστηθέν. Διὰ δὴ τοῦτο ἐπειδὴ παρὰ τοῖς πολλοῖς τὰ μέλλοντα ἀπι-

C στεῖται, ἀπὸ τῶν παρελθόντων αὐτὰ πιστοῦται, κατασείων αὐτῶν τὴν διάνοιαν. Μετὰ δὲ τῶν εἰρημένων κἀκεῖνο ἐνδείκνυται, ὅτι καὶ τὰ ἔμπροσθεν αὐτὸς [c] πεποίηκε. Εἶτα πάλιν ἄλλο σημεῖον τίθησι, δι' ὧν ἀπάν-

[f] Duo Mss. *μὴ ἀνοίγω σοι τάς.* Morel. *μὴ ἀνέῳξά σοι αὐτὰς τάς.*

[g] Duo Manuscripti *ἐκγαμίζοντες.* Paulo post duo Mss. *ἄχρι ἧς ἡμέρας εἰσῆλθε.*

[h] Duo Mss. *εἰρήνην καὶ ἀσφάλειαν.*

[a] *Γάρ* deest in quibusdam Mss.

[b] Alii *τότε μέθη.*

[c] Morel. *πεποίηκε, καὶ τὰ γενήσεσθαι μέλλοντα· εἶτα πάλιν.*

των ὅτι οὐκ ἀγνοεῖ τὴν ἡμέραν κατάδηλον ποιεῖ. Τί δὲ τὸ σημεῖον; Τότε δύο ἔσονται ἐν τῷ ἀγρῷ, εἷς παραλαμβάνεται, καὶ * ὁ εἷς ἀφίεται· δύο ἀλήθουσαι ἐν τῷ μύλωνι, μία παραλαμβάνεται, καὶ μία ἀφίεται. Γρηγορεῖτε οὖν, ὅτι οὐκ οἴδατε ποίᾳ ὥρᾳ ὁ Κύριος ὑμῶν ἔρχεται. Ταῦτα δὲ πάντα καὶ τοῦ εἰδέναι αὐτὸν δείγματα, καὶ ἀπάγοντα αὐτοὺς τῆς ἐρωτήσεως. Διὰ γὰρ τοῦτο εἶπε καὶ τὰς ἡμέρας τοῦ Νῶε· [d] διὰ τοῦτο D
εἶπε καὶ, Δύο ἐν τῷ ἀγρῷ, τοῦτο δηλῶν, ὅτι οὕτως ἀπροσδοκήτως, οὕτως ἀμερίμνων αὐτῶν ὄντων ἐπελεύσεται· καὶ τὸ, Δύο ἀλήθουσαι, ὅπερ καὶ αὐτὸ οὐκ ἔστι μεριμνώντων. Καὶ μετὰ τούτου, ὅτι καὶ δοῦλοι, καὶ δεσπόται, καὶ παραλαμβάνονται καὶ ἀφίενται, καὶ οἱ ἐν ἀδείᾳ, καὶ οἱ ἐν πόνῳ, καὶ ἀπὸ ταύτης τῆς ἀξίας, καὶ ἀπ' ἐκείνης· ὥσπερ ἐν τῇ Παλαιᾷ φησιν, Ἀπὸ τοῦ καθημένου ἐπὶ τοῦ θρόνου, ἕως τῆς αἰχμαλώτιδος τῆς ἐν τῷ μύλωνι. Ἐπειδὴ γὰρ εἶπεν, ὅτι δυσκόλως οἱ πλούσιοι σώζονται, δείκνυσιν, ὅτι [e] οὐ πάντως οὔτε οὗτοι ἀπόλλυνται, οὔτε πένητες σώζονται ἅπαντες, ἀλλὰ καὶ ἐξ ἐκείνων καὶ ἐκ τούτων καὶ E
σώζονται, καὶ ἀπόλλυνται. Ἐμοὶ δὲ δοκεῖ δηλοῦν, ὅτι καὶ ἐν νυκτὶ ἔσται ἡ παρουσία. Τοῦτο γὰρ καὶ ὁ Λουκᾶς φησιν. Ὁρᾷς πῶς πάντα μετὰ ἀκριβείας οἶδεν; Εἶτα πάλιν, ἵνα μὴ ἐρωτήσωσιν, ἐπήγαγε· Γρηγορεῖτε [f] οὖν, ὅτι οὐκ οἴδατε ποίᾳ ὥρᾳ ὁ Κύριος ὑμῶν ἔρχεται. Οὐκ εἶπεν, οὐκ οἶδα, ἀλλ', Οὐκ οἴδατε. Ὅταν 744 A
γὰρ αὐτοὺς σχεδὸν εἰς αὐτὴν ἀγάγῃ τὴν ὥραν καὶ στήσῃ, πάλιν αὐτοὺς ἀπάγει τῆς ἐρωτήσεως, βουλόμενος αὐτοὺς ἐναγωνίους εἶναι διηνεκῶς. Διὰ τοῦτο λέγει, Γρηγορεῖτε, δεικνὺς ὅτι διὰ τοῦτο οὐκ εἶπεν. Ἐκεῖνο δὲ γινώσκετε, ὅτι εἰ ᾔδει οἰκοδεσπότης ποίᾳ φυλακῇ ὁ κλέπτης ἔρχεται, ἐγρηγόρησεν ἂν, καὶ οὐκ ἂν εἴασε διορυγῆναι τὴν οἰκίαν αὐτοῦ. Διὰ τοῦτο καὶ ὑμεῖς γίνεσθε ἕτοιμοι, ὅτι ᾗ ὥρᾳ οὐ δοκεῖτε, ὁ Υἱὸς τοῦ ἀνθρώπου ἔρχεται. Διὰ τοῦτο οὖν λέγει αὐτοῖς, ἵνα γρηγορῶσιν, ἵνα ἀεὶ ἕτοιμοι ὦσι· διὰ τοῦτό φησιν, ὅτε οὐ προσδοκᾶτε, τότε ἥξει, ἐναγωνίους εἶναι βουλόμενος, καὶ διὰ παντὸς ἐν ἀρετῇ. Ὃ δὲ λέγει, τοιοῦ- B
τόν ἐστιν· εἰ ᾔδεσαν οἱ πολλοὶ πότε ἀποθανοῦνται, πάντως ἂν κατ' ἐκείνην [g] τὴν ἡμέραν ἐσπούδασαν.

Ἵν' οὖν μὴ ἐκείνην μόνον σπουδάσωσι, διὰ τοῦτο οὐ λέγει οὔτε τὴν κοινὴν, οὔτε τὴν ἑκάστου, ἀεὶ αὐτοὺς βουλόμενος τοῦτο προσδοκᾷν, ἵνα ἀεὶ σπουδάζωσι· διὸ καὶ τῆς ἑκάστου ζωῆς τὸ τέλος ἄδηλον ἐποίησεν. Εἶτα ἐκκεκαλυμμένως ἑαυτὸν Κύριον ὀνομάζει, οὐδαμοῦ οὕτω σαφῶς εἰπών. Ἐνταῦθα δέ μοι καὶ ἐντρέπειν δοκεῖ τοὺς ῥαθύμους, ὅτι οὐδὲ ὅσην

quibus omnibus signis probatur ipsum non ignorasse diem illam. Quod autem est signum? 40. *Tunc duo erunt in agro, unus assumetur, et alter relinquetur: 41. duæ molentes in mola, una assumetur, et una relinquetur. 42. Vigilate ergo, quia nescitis qua hora Dominus vester venturus sit.* Hæc omnia argumento sunt
D ipsum non ignorare, discipulosque ab interrogando deterrere. Ideo dixit et dies Noë, et, *Duo in agro*, ostendens, ipsum sic inexspectatum, illis nihil curantibus, venturum esse; et, *Duæ molentes*, id quod etiam nullam sollicitudinem exhibet. Ad hæc, quod et servi, et domini, et assumantur, et relinquantur; qui in otio, qui in labore, ex hac et ex alia dignitate: sicut in Veteri quoque Scriptura dicitur, *A sedente in solio usque* Exod. 11.
ad captivam quæ in mola est. Quia enim dixit, 5.
divites difficile salvos fieri, ostendit, neque hos omnes perituros esse, neque pauperes omnes sa-
E lutem consequuturos, sed ex utrisque quosdam servari, quosdam perire. Videtur autem mihi significare adventum in nocte futurum esse. Illud enim etiam Lucas dicit. Viden' quomodo omnia Luc. 17.
accurate novit? Deinde, ne interrogarent, subjun- 34.
xit: *Vigilate ergo, quia nescitis qua hora Domi-*
744 A *nus vester venturus sit*. Non dixit, Nescio, sed, *Nescitis*. Cum enim ipsos ad illam pene horam deduxisset et constituisset, rursus ab interrogando avocat, quod velit ipsos semper esse sollicitos. Propterea dicit, *Vigilate*, ostendens se hac de causa dicere noluisse. 43. *Illud autem scitote, quoniam si sciret paterfamilias qua hora fur venturus esset, vigilaret utique, et non sineret perfodi domum suam. 44. Ideo et vos estote parati, quia qua hora non putatis, Filius hominis veniet*. Propterea dicit, Qua hora non exspectatis veniet, ut sollicitos reddat et virtutis
B colendæ studiosos. Illud autem sibi vult, Si scirent plerique homines quandonam sint morituri, diligentiam suam circa illam diem exhiberent.

3. Ne igitur de illa sola solliciti essent, neque communem illam diem, neque cujusque horam declaravit, ut semper illam exspectarent, semperque eodem studio tenerentur; ideo cujusque vitæ finem incertum reliquit. Deinde aperte se Dominum vocat, neque umquam ita clare dixerat. Hic autem videtur mihi desides carpere, qui non tantam

Cur Christus vitæ cujusque finem incertum reliquit.

* [Commelin. uncis inclusit ὁ: Codex 694 omittit. Bis ὁ εἷς legitur in Bibliis.]

[d] Savil. in textu διὰ τοῦτο εἶπε, καὶ δύο ἐπὶ τῆς κλίνης, ut sic Mss. plurimi. Morel. et Savil. in margine καὶ δύο ἐν τῷ ἀγρῷ.

[e] Unus οὐ πάντες.

[f] Οὖν deest in quibusdam Mss.

[g] Alii τὴν ὥραν ἐσπούδασαν.

adhibent animæ tuendæ curam, quantam circa pecunias monstrant ii qui fures metuunt. Nam hi si illos exspectent, vigilant, nihilque ex reconditis sinunt auferri: vos autem, etsi certo sciatis venturum illum esse, non vigilatis, inquit, nec parati estis, ne sine præparatione hinc discedatis. Quapropter cum pernicie dormientium dies ille veniet. Quemadmodum enim ille si sciret furti tempus, illud vitaret: sic et vos, si parati essetis, effugeretis. Deinde quia judicii mentionem fecit, ad doctores demum sermonem convertit, ac de suppliciis et præmiis verba facit, et cum primo bonos memorasset, in peccatores desinit, ac timorem incutiens finem dicendi facit. Idcirco primo dicit: 45. *Quis ergo est fidelis servus et prudens, quem constituit Dominus ejus super familiam suam, ut det illis cibum in tempore? 46. Beatus servus ille, quem cum venerit dominus ejus, invenerit sic facientem. 47. Amen dico vobis, super omnia bona sua constituet eum.* Quæso te, num hoc ignorantis est? Si enim quia dixit, *Neque Filius novit*, ipsum ignorare dicis: quia dixit, *Quis est ergo*, quid dixeris? an illum ignorare dices? Absit. Ne quidem ex mente captis quispiam hoc dixerit: etiamsi ibi causam proferre possimus, hic vero minime.

Joan. 21. 15.

Quid autem cum dicit, *Petre, amas me?* num illud quoque ignorabat? aut cum dicit, *Ubi posuistis eum?*

Joan. 11. 34. Gen. 3. 9. Gen. 18. 20. 21.

Imo et Pater sic loqui deprehenditur. Nam et ipse ait: *Adam, ubi es?* et, *Clamor Sodomorum multiplicatus est apud me. Descendens igitur videbo, si secundum clamorem eorum, qui venit ad me, faciunt; si autem non, ut cognoscam.*

Ezech. 2. 5.

Et alibi ait, *Si forte audiant, si forte intelligant.*

Luc. 20. 13.

Et in evangelio, *Forte reverebuntur Filium meum.*

Cur Deus sic aliquando loquitur, ut quidpiam videatur ignorare.

Quæ omnia ignorantiæ verba erant. Verum non ignorans hæc dicebat, sed ut iis quæ opus erant prospiceret: in Adamo, ut post peccatum illum ad excusationem induceret; in Sodomitis, ut nos doceret non prius sententiam esse ferendam, quam ipsas res perspiceremus; in propheta autem ita loquitur, ne putent imperiti a prædictione necessitatem quamdam inferri non obediendi; in parabola autem evangelii, ut ostendat oportuisse illos Filium suum revereri; hic vero, ne curiosius inquirant, et ut ostendat, illam cognitionem admodum esse raram et pretiosam. Et vide quantam

[b] περὶ χρήματα σπουδὴν πεποίηνται οἱ προσδοκῶντες τὸν κλέπτην, οὐδὲ τοσαύτην οὗτοι περὶ τῆς ἑαυτῶν [C] ψυχῆς. Ἐκεῖνοι μὲν γὰρ ὅταν προσδοκήσωσι, γρηγοροῦσι, καὶ οὐδὲν ἀφιᾶσι τῶν ἔνδον ἀποσυληθῆναι· ὑμεῖς δὲ, καίτοι εἰδότες ὅτι ἥξει, καὶ πάντως ἥξει, οὐ μένετε ἐγρηγορότες, φησὶ, καὶ παρεσκευασμένοι, ὥστε μὴ ἀπαρασκευάστως ἐντεῦθεν ἀπενεχθῆναι. Διὰ τοῦτο ἐπ' ὀλέθρῳ ἔρχεται ἡ ἡμέρα τῶν καθευδόντων. Ὥσπερ γὰρ ἐκεῖνος εἰ ᾔδει, διέφυγεν ἄν· οὕτω καὶ ὑμεῖς, ἐὰν ἦτε ἕτοιμοι, διαφεύξεσθε. Εἶτα ἐπειδὴ εἰς τὴν τῆς κρίσεως ἐνέβαλε μνήμην, καὶ πρὸς τοὺς διδασκάλους τρέπει τὸν λόγον λοιπὸν, περὶ κολάσεων καὶ τιμῶν διαλεγόμενος· καὶ προτέρους θεὶς τοὺς κατορθοῦντας, εἰς τοὺς διαμαρτάνοντας τελευτᾷ, [c] πρὸς [D] τὸ φοβερὸν κατακλείων τὸν λόγον. Διὸ πρῶτον τοῦτό φησι· Τίς ἄρα ὁ πιστὸς δοῦλος καὶ φρόνιμος, ὃν κατέστησεν ὁ κύριος αὐτοῦ ἐπὶ τῆς οἰκίας αὐτοῦ, δοῦναι αὐτοῖς τὴν τροφὴν ἐν καιρῷ αὐτῶν; Μακάριος ὁ δοῦλος ἐκεῖνος, ὃν ἐλθὼν ὁ κύριος αὐτοῦ εὑρήσει ποιοῦντα οὕτως. Ἀμὴν λέγω ὑμῖν, ὅτι ἐπὶ πᾶσι τοῖς ὑπάρχουσιν αὐτοῦ καταστήσει αὐτόν. Μὴ καὶ τοῦτο ἀγνοοῦντός ἐστιν; εἰπέ μοι. Εἰ γὰρ ἐπειδὴ εἶπεν, Οὐδὲ ὁ Υἱὸς οἶδεν, ἀγνοεῖν αὐτὸν φῄς· ἐπειδὴ εἶπε, Τίς ἄρα, τί ἂν εἴποις; ἢ καὶ τοῦτο ἀγνοεῖν αὐτὸν φῄς; Ἄπαγε. Οὐδὲ γὰρ τῶν ἐξεστηκότων τοῦτο ἄν τις εἴποι, καίτοι γε ἐκεῖ καὶ αἰτίαν ἐστὶν εἰπεῖν, ἐνταῦθα δὲ οὐδὲ [E] τοῦτό. Τί δὲ ὅταν λέγῃ, Πέτρε, φιλεῖς με; ἐρωτῶν, οὐδὲ τοῦτο ᾔδει; [d] ἢ ὅταν λέγῃ, Ποῦ τεθείκατε αὐτόν; Καὶ ὁ Πατὴρ εὑρεθήσεται τοιαῦτα φθεγγόμενος. Καὶ γὰρ καὶ αὐτός φησιν· Ἀδὰμ, ποῦ εἶ; καὶ, Κραυγὴ Σοδόμων καὶ Γομόῤῥας πεπλήθυνται πρός με. Καταβὰς οὖν ὄψομαι, εἰ κατὰ τὴν κραυγὴν αὐτῶν, τὴν ἐρχομένην πρός με, συντελοῦνται· εἰ δὲ μὴ, ἵνα γνῶ. Καὶ ἀλλαχοῦ φησιν· Ἐὰν ἄρα ἀκούσωσιν, ἐὰν ἄρα [745 A] συνῶσι. Καὶ ἐν τῷ εὐαγγελίῳ [a] δὲ, Ἴσως ἐντραπήσονται τὸν Υἱόν μου. Ἅπερ ἅπαντα ἀγνοίας ῥήματα ἦν· ἀλλ' οὐκ ἀγνοῶν ταῦτα ἔλεγεν, ἀλλ' οἰκονομῶν τὰ αὐτῷ πρέποντα· ἐπὶ μὲν τοῦ Ἀδὰμ, ἵνα αὐτὸν ἐμβάλῃ εἰς ἀπολογίαν τῆς ἁμαρτίας· ἐπὶ δὲ τῶν Σοδομιτῶν, ἵνα ἡμᾶς παιδεύσῃ μηδέποτε ἀποφαίνεσθαι, πρὶν ἂν αὐτοῖς παραγενώμεθα τοῖς πράγμασιν· ἐπὶ δὲ τοῦ προφήτου, ἵνα μὴ δοκῇ ἡ πρόῤῥησις παρὰ τοῖς ἀνοήτοις ἀναγκαστική τις εἶναι τῆς παρακοῆς· ἐπὶ δὲ τῆς παραβολῆς τοῦ εὐαγγελίου, ἵνα δείξῃ ὅτι ὤφειλον τοῦτο ποιῆσαι καὶ ἐντραπῆναι τὸν Υἱόν· ἐνταῦθα δὲ, ἵνα μὴ περιεργάζωνται, μηδὲ πολυπραγμονῶσι πάλιν, καὶ ἵνα δείξῃ τὸ σπάνιον καὶ πολύτιμον. Καὶ ὅρα [B] πόσης ἀγνοίας ἐνδεικτικὸν τὸ ῥῆμα, εἴγε καὶ τὸν κα-

[b] Quidam περὶ χρημάτων.

[c] Alii πρὸς τὸ συμφέρον.

[d] Alii et Morel. καὶ ὅταν. Mox quidam πατὴρ δὲ εὑρηθήσεται.

[a] Δὲ deest in Morel.

θιστάμενον ἀγνοεῖ. Μακαρίζει μὲν γὰρ αὐτόν· Μακάριος γὰρ, φησὶν, ὁ δοῦλος ἐκεῖνος· οὐ λέγει δὲ, τίς ἐστιν οὗτος· Τίς γάρ ἐστι, φησὶν, ἄρα ὃν καταστήσει ὁ κύριος αὐτοῦ; καὶ, Μακάριος ὃν εὑρήσει ποιοῦντα οὕτως. Ταῦτα δὲ οὐ περὶ χρημάτων εἴρηται μόνον, ἀλλὰ καὶ περὶ λόγου, καὶ περὶ δυνάμεως, [b] καὶ περὶ χαρισμάτων, καὶ περὶ πάσης οἰκονομίας, ἧς ἕκαστος ἐνεχειρίσθη. Αὕτη καὶ πρὸς τοὺς ἄρχοντας τοὺς πολιτικοὺς ἁρμόσειεν ἂν ἡ παραβολή. Ἕκαστον γὰρ οἷς ἔχει πρὸς τὸ κοινῇ συμφέρον ἀποκεχρῆσθαι δεῖ. Κἂν σοφίαν ἔχῃς, κἂν ἀρχὴν, κἂν πλοῦτον, κἂν ὁτιοῦν, μὴ ἐπὶ βλάβῃ τῶν συνδούλων, μηδὲ [c] ἐπ' ἀπωλείᾳ ἑαυτοῦ. Διὰ δὴ τοῦτο ἀμφότερα ἀπαιτεῖ παρ' αὐτοῦ, φρόνησιν καὶ πίστιν. Καὶ γὰρ ἡ ἁμαρτία ἀπὸ ἀνοίας γίνεται. Πιστὸν μὲν οὖν αὐτόν φησιν, ὅτι οὐδὲν ἐνοσφίσατο, οὐδὲ παρανάλωσέ τι τῶν δεσποτικῶν εἰκῇ καὶ μάτην· φρόνιμον δὲ, ὅτι ἔγνω πρὸς τὸ δέον οἰκονομῆσαι τὰ δοθέντα. Καὶ γὰρ ἀμφοτέρων ἡμῖν χρεία, καὶ τοῦ μὴ νοσφίσασθαι τὰ δεσποτικὰ, καὶ τοῦ εἰς δέον οἰκονομεῖν. Ἂν δὲ θάτερον ἀπῇ, τὸ ἕτερον χωλεύει. Ἄν τε γὰρ πιστὸς ᾖ, καὶ μὴ κλέπτῃ, [d] ἀπολλύῃ δὲ καὶ εἰς μηδὲν προσῆκον δαπανᾷ, μέγα τὸ ἔγκλημα· ἄν τε εἰδῇ καλῶς οἰκονομεῖν, νοσφίζηται δὲ, πάλιν οὐχ ἡ τυχοῦσα κατηγορία. Ἀκούσωμεν καὶ οἱ τὰ χρήματα ἔχοντες ταῦτα. Οὐ γὰρ διδασκάλοις διαλέγεται μόνον, ἀλλὰ καὶ τοῖς πλουτοῦσιν. Ἑκάτεροι γὰρ ἐνεπιστεύθησαν πλοῦτον· τὸν μὲν ἀναγκαιότερον, οἱ διδάσκοντες· τὸν δὲ ἐλάττω, ὑμεῖς. Ὅταν οὖν, τῶν διδασκόντων σκορπιζόντων τὰ μείζονα, ὑμεῖς δὲ μηδὲ ἐν τοῖς ἐλάττοσι βούλεσθε τὴν μεγαλοψυχίαν ἐπιδείκνυσθαι, μᾶλλον δὲ οὐδὲ μεγαλοψυχίαν, ἀλλ' εὐγνωμοσύνην (τὰ γὰρ ἀλλότρια δίδονται), ποία ἔσται ἀπολογία; Ἀλλὰ τέως, πρὸ τῆς κολάσεως τῶν τὰ ἐναντία ποιούντων, τὴν τιμὴν τοῦ εὐδοκιμοῦντος ἀκούσωμεν· Ἀμὴν λέγω ὑμῖν, ὅτι ἐπὶ πᾶσι τοῖς ὑπάρχουσιν αὐτοῦ καταστήσει αὐτόν. Τί ταύτης ἴσον γένοιτ' ἂν τῆς τιμῆς; ποῖος παραστῆσαι δυνήσεται λόγος τὴν ἀξίαν, τὴν μακαριότητα, ὅταν ὁ τῶν οὐρανῶν βασιλεὺς, καὶ πάντα ἔχων, ἄνθρωπον ἐπὶ πᾶσι τοῖς ὑπάρχουσιν αὐτοῦ καθιστᾷν μέλλῃ; Διὸ καὶ φρόνιμον αὐτὸν καλεῖ, [a] ὅτι ἡ πιστὴ γνώμη περὶ τὰ μικρὰ τὰ μεγάλα προσκτᾶσθαι ποιεῖ· ἀλλὰ σωφρονήσας ἐνταῦθα, τῶν οὐρανῶν ἔτυχεν.

Εἶτα, ὅπερ ἀεὶ ποιεῖ, οὐκ ἀπὸ τῆς τοῖς ἀγαθοῖς κειμένης τιμῆς, ἀλλὰ καὶ ἀπὸ τῆς τοῖς πονηροῖς ἠπειλημένης κολάσεως διορθοῦται τὸν ἀκροατήν· διὸ καὶ

ignorantiam hoc verbum indicaret, si illum ignoraret quem constituit. Nam illum beatum prædicat: *Beatus* enim, inquit, *servus ille;* neque dicit, quis ille sit: nam ait, *Quis enim est, quem constituet dominus suus?* et, *Beatus quem invenerit sic facientem.* Hæc autem non de pecuniis tantum dicta sunt, sed etiam de verbo et de virtute, de donis et dispensatione cuique commissa. Hæc parabola magistratibus quoque optime competat. Quisque enim omnia, quæ sua sunt, ad communem utilitatem conferre debet. Sive sapien-
C tiam habeas, sive principatum, sive divitias, sive quidvis aliud, ne ad detrimentum conservorum, neve ad perniciem sit tuam. Ideo ambo ab illo requirit, et prudentiam et fidem. Nam peccatum ab amentia originem ducit. Fidelem illum vocat, quia ex rebus domini nihil vel in rem suam convertit, vel perperam expendit; prudentem vero, quia sibi commissa ut par erat administravit. Utraque enim re nobis opus est, ne scilicet quæ domini sunt nobis rapiamus, et ut opportune illa dispensemus. Nam si alterum absit, alterum claudicat. Si fidelis sit, nec furetur, sed superflue ad
D nihil utile expendat bona, magnum est peccatum; si sciat recte dispensare, sed furetur, rursus non leve crimen est. Hæc audiamus qui pecuniosi sumus. Non enim doctores tantum alloquitur, sed etiam divites. Utrisque enim divitiæ concreditæ sunt; doctoribus illæ quæ magis necessariæ sunt; vobis eæ quæ minoris sunt pretii. Si, dum doctores majora dispergunt, vos ne in minimis quidem velitis liberalitatem exhibere; imo non liberalitatem, sed gratum animum (nam aliena datis),
E quæ vobis erit defensio? Sed interim, ante supplicium eorum qui male operantur, ejus qui probe se gessit mercedem audiamus: *Amen dico vobis, super omnia bona constituet eum.* Quid huic
746 A honori par esse possit? quæ oratio hanc dignitatem, hanc beatitudinem assequi possit, quando cælorum Rex, cujus sunt omnia, hominem super omnia bona sua constituet? Ideoque prudentem ipsum vocat, quia fidelis in modicis animus id conciliat, ut majora acquirantur; sed cum hic temperanter egisset, cælos consequutus est.

4. Deinde, id quod semper facit, non ex reposito bonis præmio, sed ex comminatione pœnæ improbis paratæ auditorem corrigit: ideoque sub-

[b] *Καὶ περὶ χαρισμάτων* in uno Codice deest, nec legit Interpres. Duo Mss. *καὶ περὶ χρημάτων*, perperam.

[c] Morel. *ἐπ' ἀπώλειαν*.

[d] *Ἀπολλύῃ* et infra *νοσφίζηται*. Sic in optimis omnium Mss. Editi vero *ἀπολλύει*, et *νοσφίζεται*.

[a] Savil. *ὅτι ἔγνω μὴ τῶν μικρῶν τὰ μεγάλα προΐεσθαι, ἀλλὰ σωφρονήσας ἐνταῦθα, τῶν οὐρανῶν ἐπέτυχεν.* Melius habet Morel. quem sequimur. [Prætulimus *σωφρονήσας*.]

junxit: 48. *Si autem dixerit nequam servus ille in corde suo, Tardat dominus meus venire,* 49. *et inceperit verberare conservos suos, comederit autem et biberit cum ebriis:* 50. *veniet dominus servi illius in die qua non exspectat, et in hora qua non novit,* 51. *et dividet eum, et partem ejus cum hypocritis ponet. Ibi erit fletus et stridor dentium.* Si quis vero dixerit: Viden' quæ cogitatio subierit, quod dies illa non nota esset? *Tardat* enim *dominus meus,* inquit: respondebimus: Non quod dies non nota esset, sed quod improbus sit servus, id accidisse. Nam cur prudentem et fidelem par cogitatio non subiit? Cur, miser, quia tardat dominus, sperasti illum numquam venturum? cur non sollicitus es? Hinc igitur discimus, non tardare Dominum. Hæc quippe sententia non domini, sed improbi servi est; ideoque in crimen vocatur. Non tardare enim audi Paulum dicentem: *Dominus prope est, nihil solliciti sitis;* et, *Qui venturus est veniet, et non tardabit.* Tu vero quæ sequuntur audi, et disce quam frequenter ignoratum diem in mentem revocet, servis ostendens id utile esse, et sufficere ut illos a somno excitet et erigat. Quid enim si nihil quidam inde lucrati sunt? Neque enim ab aliis juvantibus quid assequuti sunt: attamen hic non cessat quæ sua sunt facere. Quid ergo, inquies, in sequentibus? *Veniet qua die non exspectat, et hora qua ignorat,* et extrema ipsi inferet. Vides quomodo hoc ubique repetat, ignorantiæque utilitatem monstret, sic sollicitos semper reddens? Hoc enim est quod magis curat, ut semper vigilemus: et quia semper in deliciis cadimus, in calamitatibus vero resipiscimus, ideo ubique hoc dicit, quando remissi inertesque sumus tunc mala accidere. Ac quemadmodum supra per Noë hoc declaravit: sic et hic ait, Cum servus ille inebriatur, cum verberat, tunc supplicium est intolerabile. Verum ne supplicium ipsi destinatum solummodo, sed illud etiam consideremus, ne forte et ipsi eadem agentes id non advertamus. Nam huic similes sunt illi qui pecunias habentes, egenis non largiuntur: si quidem et tu pecuniarum tuarum dispensator es, non minus quam is qui Ecclesiæ bona administrat. Ut enim hic ea quæ a vobis pro pauperibus erogata sunt, non potest pro lubito et temere spargere, quia in pauperum datæ sunt ali-

Philipp. 4. 5. 6. Hebr. 10. 37.

Eleemosynam commendat.

ἐπήγαγεν· Ἐὰν δὲ εἴπῃ ὁ κακὸς δοῦλος ἐκεῖνος ἐν τῇ καρδίᾳ αὐτοῦ, χρονίζει ὁ κύριός μου ἐλθεῖν, καὶ ἄρξηται τύπτειν τοὺς συνδούλους αὐτοῦ, ἐσθίῃ δὲ καὶ πίνῃ μετὰ τῶν μεθυόντων· ἥξει ὁ κύριος τοῦ δούλου ἐκείνου ἐν ἡμέρᾳ ᾗ οὐ προσδοκᾷ, καὶ ἐν ὥρᾳ ᾗ οὐ B γινώσκει, καὶ διχοτομήσει αὐτὸν, καὶ τὸ μέρος αὐτοῦ μετὰ τῶν ὑποκριτῶν θήσει. Ἐκεῖ ἔσται ὁ κλαυθμὸς καὶ ὁ βρυγμὸς τῶν ὀδόντων. Εἰ δὲ λέγοι τις· εἶδες οἷος ἐπεισῆλθε λογισμὸς, διὰ τὸ μὴ εἶναι γνώριμον τὴν ἡμέραν; Χρονίζει γὰρ ὁ κύριός μου, φησί· εἴποιμεν ἂν, οὐ διὰ τὸ μὴ εἶναι γνώριμον τὴν ἡμέραν, ἀλλὰ διὰ τὸ πονηρὸν εἶναι τὸν οἰκέτην. Ἐπεὶ τῷ φρονίμῳ καὶ πιστῷ τίνος ἕνεκεν οὐκ ἐπεισῆλθεν αὕτη ἡ ἔννοια; Τί γὰρ, εἰ καὶ χρονίζει ὁ δεσπότης, ἄθλιε, [b]ὅλως προσδοκᾷς αὐτὸν μὴ ἥξειν; Τί οὖν οὐ μεριμνᾷς; Ἐντεῦθεν οὖν μανθάνομεν, ὅτι οὐδὲ χρονίζει. Αὕτη γὰρ οὐ τοῦ δεσπότου, ἀλλὰ τῆς τοῦ πονηροῦ οἰκέτου γνώμης ἡ ψῆφος· διὸ καὶ διὰ τοῦτο ἐγκαλεῖται. Ὅτι γὰρ οὐ χρονίζει, ἄκουσον Παύλου λέγοντος· C Ὁ Κύριος ἐγγὺς, μηδὲν μεριμνᾶτε· καὶ, Ὁ ἐρχόμενος ἥξει, καὶ οὐ χρονιεῖ. Σὺ δὲ καὶ τῶν ἑξῆς ἄκουε, καὶ μάνθανε πῶς συνεχῶς [c]ὑπομιμνήσκει τῆς ἀγνοίας τὴν ἡμέραν, δηλῶν τοῖς οἰκέταις τοῦτο χρήσιμον ὄν, καὶ ἱκανὸν ἀφυπνίσαι αὐτοὺς, καὶ διαναστῆσαι. Τί γὰρ εἰ καὶ μηδέν τινες ἐντεῦθεν [d]ἐκέρδανον; Οὐδὲ γὰρ ἀπὸ τῶν ἄλλων τῶν ὠφελούντων ὠφελήθησάν τινες, ἀλλ' ὅμως οὗτος οὐ παύεται τὰ αὐτοῦ ποιῶν. Τί οὖν, φησὶ, τὰ ἑξῆς; Ἐλεύσεται ἐν ἡμέρᾳ ᾗ οὐ προσδοκᾷ, καὶ ὥρᾳ ᾗ οὐ γινώσκει, καὶ τὰ ἔσχατα αὐτὸν διαθήσει. Ὁρᾷς πῶς πανταχοῦ τοῦτο τίθησι, τὸ τῆς ἀγνοίας D δεικνὺς χρήσιμον, καὶ ταύτῃ ποιῶν ἐναγωνίους ἀεί; Τοῦτο γάρ ἐστι τὸ σπουδαζόμενον αὐτῷ, τὸ ἀεὶ ἡμᾶς ἐγρηγορέναι· καὶ ἐπειδὴ ἀεὶ ἐν ταῖς τρυφαῖς ἀναπίπτομεν, ἐν δὲ ταῖς συμφοραῖς μᾶλλον συστελλόμεθα, διὰ τοῦτο πανταχοῦ τοῦτο λέγει, [e]ὅτι ὅταν ἄνεσις ᾖ, τότε ἔρχεται τὰ δεινά. Καὶ ὥσπερ ἀνωτέρω διὰ τοῦ Νῶε τοῦτο ἐδήλωσεν, οὕτω καὶ ἐνταῦθά φησιν, ὅταν ὁ δοῦλος ἐκεῖνος μεθύῃ, ὅταν τύπτῃ, καὶ ἡ κόλασις ἀφόρητος. Ἀλλὰ μὴ τὴν κόλασιν ἴδωμεν μόνον τὴν ἐκείνῳ κειμένην, ἀλλὰ κἀκεῖνο σκοπήσωμεν, E μήποτε καὶ αὐτοὶ τὰ αὐτὰ πράττοντες [f]λανθάνωμεν. Καὶ γὰρ τούτῳ ἐοίκασιν οἱ χρήματα ἔχοντες, καὶ μὴ διδόντες τοῖς δεομένοις· καὶ γὰρ καὶ σὺ οἰκονόμος εἶ τῶν σαυτοῦ χρημάτων, οὐχ ἧττον ἢ ὁ τὰ τῆς Ἐκκλησίας οἰκονομῶν. Ὥσπερ οὖν ἐκεῖνος οὐκ ἔχει ἐξουσίαν τὰ διδόμενα παρ' ὑμῶν εἰς πένητας ἁπλῶς καὶ 747 A ὡς ἔτυχε σκορπίσαι, ἐπειδὴ εἰς πενήτων ἐδόθη δια-

[b] Savil. ὅλως προσδοκᾷς αὐτὸν ἥξειν. Melius Morel. qui tamen προσδοκᾷν habebat, contra fidem Mss.

[c] Unus Codex ἀναμιμνήσκει, alter ὑπομιμνήσκει τὴν ἄγνοιαν τῆς ἡμέρας.

[d] Morel. ἐκέρδαινον.

[e] Morel. ὅτι ἂν ἄνεσις.

[f] Alii λάθωμεν.

τροφήν· οὕτως οὐδὲ σὺ τὰ σά. Εἰ γὰρ καὶ πατρῷον διεδέξω κλῆρον, καὶ οὕτως ἔχεις πάντα ἃ ἔχεις· καὶ οὕτω τοῦ Θεοῦ πάντα ἐστίν. Εἶτα, σὺ μὲν ἅπερ ἔδωκας οὕτω βούλει μετὰ ἀκριβείας οἰκονομεῖσθαι, τὸν δὲ Θεὸν οὐκ οἴει τὰ αὐτοῦ μετὰ πλείονος ἀπαιτήσειν ἡμᾶς τῆς σφοδρότητος, ἀλλὰ ἀνέχεσθαι ἁπλῶς αὐτῶν ἀπολλυμένων; Οὐκ ἔστι ταῦτα, οὐκ ἔστι. Καὶ γὰρ διὰ τοῦτο καὶ παρὰ σοὶ ταῦτα εἴασεν, ὥστε δοῦναι τὴν τροφὴν αὐτοῖς ἐν εὐκαίρῳ. Τί ἐστιν, ἐν εὐκαίρῳ; Τοῖς δεομένοις, τοῖς πεινῶσιν. Ὥσπερ γὰρ σὺ τῷ συνδούλῳ ἔδωκας οἰκονομῆσαι, οὕτω καὶ σὲ ὁ Δεσπότης βούλεται εἰς δέον ταῦτα δαπανᾷν. Διὰ τοῦτο, καὶ δυνάμενος αὐτὰ ἀφελέσθαι, ἀφῆκεν, ἵνα ἔχῃς [a] ἀφορμὴν ἀρετὴν ἐπιδείξασθαι· ἵνα ἀλλήλων εἰς χρείαν καταστήσας τὴν πρὸς ἀλλήλους, ἀγάπην θερμοτέραν ἐργάσηται. Σὺ δὲ λαβὼν, οὐ μόνον οὐ δίδως, ἀλλὰ καὶ τύπτεις. Καίτοι γε εἰ τὸ μὴ δοῦναι ἔγκλημα, τὸ τυπτῆσαι ποίαν φέρει συγγνώμην;

Τοῦτο δέ μοι δοκεῖ λέγειν, τοὺς ὑβριστὰς καὶ τοὺς πλεονέκτας αἰνιττόμενος, καὶ πολλὴν τὴν κατηγορίαν ἐνδεικνύμενος, ὅταν οὓς τρέφειν ἐκελεύσθησαν, τούτους τύπτωσι. Δοκεῖ δέ μοι καὶ τοὺς τρυφῶντας ἐνταῦθα αἰνίττεσθαι· καὶ γὰρ καὶ τρυφῆς μεγάλη κεῖται κόλασις· Ἐσθίει γὰρ καὶ πίνει, φησὶ, μετὰ τῶν μεθυόντων, τὴν γαστριμαργίαν δηλῶν. Οὐ γὰρ διὰ τοῦτο ἔλαβες, ἵνα εἰς τρυφὴν δαπανήσῃς, ἀλλ' ἵνα εἰς ἐλεημοσύνην ἀναλώσῃς. Μὴ γὰρ τὰ σαυτοῦ [b] ἔχεις; Τὰ τῶν πενήτων ἐνεπιστεύθης, κἂν ἀπὸ κλήρου πατρῴου κεκτημένος τυγχάνῃς, κἂν ἐκ πόνων δικαίων. Μὴ γὰρ οὐκ ἠδύνατο ταῦτα ὁ Θεὸς ἀφελέσθαι σου; Ἀλλ' οὐ ποιεῖ τοῦτο, σὲ κύριον ποιῶν τῆς εἰς τοὺς δεομένους φιλοτιμίας. Σὺ δέ μοι σκόπει, πῶς διὰ πασῶν τῶν παραβολῶν κολάζει τοὺς οὐκ εἰς τοὺς δεομένους τοῖς χρήμασι χρωμένους τοῖς ἰδίοις. Οὔτε γὰρ αἱ παρθένοι ἥρπασαν τὰ ἀλλότρια, ἀλλ' οὐκ ἔδωκαν τὰ ἴδια· οὔτε ὁ τὸ ἓν τάλαντον κατορύξας ἐπλεονέκτησεν, ἀλλ' οὐκ ἐδιπλασίασεν· οὔτε οἱ πεινῶντας παριδόντες, ἐπειδὴ τὰ ἀλλότρια ἥρπασαν, κολάζονται, ἀλλ' ἐπειδήπερ τὰ αὐτῶν οὐκ ἐσκόρπισαν, καθάπερ καὶ ὁ δοῦλος οὗτος. Ἀκούσωμεν τοίνυν ὅσοι γαστριζόμεθα, ὅσοι εἰς δεῖπνα πολυτελῆ τὸν πλοῦτον ἀναλίσκομεν τὸν οὐδὲν ἡμῖν προσήκοντα, ἀλλὰ τῶν δεομένων ὄντα. Μὴ γὰρ ἐπειδὴ ἀπὸ πολλῆς φιλανθρωπίας ὡς ἐκ τῶν σῶν ἐκελεύσθης διδόναι, διὰ τοῦτο καὶ σαυτοῦ νομίζῃς ταῦτα. Ἔχρησέ σοι, ἵνα δυνηθῇς εὐδοκιμῆσαι. Μὴ τοίνυν σὰ εἶναι νόμιζε, τὰ αὐτοῦ αὐτῷ διδούς. Οὐδὲ γὰρ εἰ σὺ ἐδάνεισάς τινι, ἵνα ἀπελθὼν δυνηθῇ τινας ἀφορμὰς λαβεῖν πόρων, ἐκείνου τὰ χρήματα ἔφης ἂν εἶναι. Καὶ σοὶ τοίνυν ἔδωκεν

mentum: sic nec tu tua. Etiamsi enim paternam acceperis hereditatem, atque sic omnia tua possideas: attamen Dei sunt hæc omnia. Sane quæ tu dedisti vis accurate dispensari: annon putas Deum sua a nobis majore cum vehementia repetiturum, sed illis temere pereuntibus id laturum? Non ita res se habet, non ita certe. Nam hæc ideo apud te reliquit, ut des escam illis in tempore opportuno. Quid est, in tempore opportuno? Egenis, esurientibus. Sicut igitur tu conservo ad dispensandum dedisti, B sic Dominus te vult ut par est expendere. Ideo, cum possit auferre, relinquit tamen, ut virtutis exercendæ occasionem habeas; utque curando ut alter altero egeret, mutuam caritatem ferventiorem redderet. Tu vero postquam accepisti, non solum non das, sed etiam verberas. Quod si non dare culpa est, quæ venia erit verberanti?

5. Hoc autem mihi dicere videtur in contumeliosos et rapaces, vehementem intentans accusatio- C nem, quod eos verberent quos alere jussi sunt. Videtur autem mihi hic illos subindicare qui in deliciis vitam agunt; nam delicias magna exspectat pœna: *Comedat*, inquit, *et bibat cum ebriis*, ventris ingluviem subindicans. Non enim ideo accepisti, ut delicieris, sed ut eleemosynam eroges. Num tua te putas habere? Pauperum tibi bona concredita sunt, etiamsi hereditas paterna sint; etiamsi ex justis laboribus partæ sint opes. Annon a te Deus has auferre potuit? Sed ideo non aufert, ut tu possis erga egenos liberalitatem exer- D cere. Tu vero mihi perpende, quomodo in omnibus parabolis illos plectat, qui opibus suis ad egenos alendos non sunt usi. Neque enim virgines illæ aliena rapuerunt, sed sua non largitæ sunt; neque is qui talentum defodit, aliena invasit, sed illud non duplicavit; neque qui esurientes negligunt, ideo puniuntur, quod aliena rapuerint, sed quod sua non disperserint; quemadmodum et hic servus. Audiamus igitur quotquot ventri indulgemus, quotquot in lautas cœnas pecunias insumimus, quæ non nostræ, sed egenorum sunt. Ne putes enim quia per multam misericor- E diam hæc ut tua dare jussus es, ideo hæc esse tua. Tibi commodavit, ut probe agere posses. Ne tua igitur dare te putes, dum ipsi sua largiris. Neque enim si tu cuipiam mutuo dares, ut profectus inde lucrari posset, pecunias illas ad ipsum pertinere diceres. Sic tibi Deus pecuniam

[a] Morel. ἀφορμὴν ἐπιδείξασθαι, omisso ἀρετήν.

[b] Morel. ἔχῃς, minus recte. Paulo post pro τυγχάνῃς alii τύχῃς.

tradidit, ut cælum emas. Ne ergo benignitatis magnitudine utaris ut ingratum exhibeas animum. Cogita quam optabile erat post baptisma ad eluenda peccata novam reperire viam. Nisi hoc dixisset, *Da eleemosynam*, quot homines dicturi erant, Utinam possemus pecuniis a futuris nos malis redimere? Sed quia illud potest fieri, rursus supini jacent. Sed do, inquies. Et quid illud? Nondum tantum dedisti, quantum illa mulier, quæ duos erogavit obolos; imo ne minimam quidem partem in comparatione illius; sed multa in sumtus inutiles profundis, in convivia, ebrietatem, extremamque ingluviem: nunc invitans, nunc invitatus; nunc consumis, nunc alios consumere cogis; ita ut duplicem tibi pares cruciatum, ab iis quæ tu facis, et ab iis quæ te auctore alii faciunt. Vide ergo hunc famulum eadem de re accusatum, *Comedit*, inquit, *et bibit cum ebriis*. Neque enim ebrios tantum, sed et illorum socios supplicio afficiet; et jure quidem: nam et seipsos corrumpunt, et proximorum salutem negligunt. Nihil autem ita Deum irritat, ut si proximi res negligantur. Quapropter ut iram suam exprimat, discindi servum jussit. Idcirco caritatem discipulorum suorum tesseram dixit esse: quia necesse omnino est, diligentem res dilecti curare. Hanc igitur viam teneamus: nam hæc maxime est quæ ad cælum ducit, quæ Christi imitatores efficit, quæ Deo similes reddit. Vide ergo quam necessariæ sint hæ virtutes, quæ juxta viam hanc tabernacula posuerunt. Si placet autem, illas diligentius exploremus, et secundum Dei placitum sententiam feramus. Sint ergo duæ ad vitam optimam viæ, quarum altera viatorem dumtaxat probum reddat; altera etiam proximum. Videamusque quænam sit perfectior, et ad virtutis culmen nos ducat. Ille certe qui sua tantum curat, a Paulo sæpissime culpatur; cum a Paulo dico, a Christo intellige; illum vero qui proximi res curat, laudibus et coronis exornat. Ubinam? Audi quomodo huic,
1. Cor. 10. 24. quomodo illi loquatur. *Nemo quod suum est quærat, sed quod est proximi unusquisque.* Viden' quomodo alterum ejecit, alterum induxit?
Rom. 15. 2. Et rursum, *Unusquisque vestrum proximo placeat in bonum ad ædificationem.* Deinde sequitur laus ineffabilis cum admonitione conjuncta.
Ibid. v. 3. *Nam et Christus non sibi ipsi placuit.* Jam satis essent hæ sententiæ ad victoriam asseren-

ὁ Θεὸς, ἵνα ἐμπορεύσῃ τὸν οὐρανόν. Μὴ τοίνυν τὴν ὑπερβολὴν τῆς φιλανθρωπίας ὑπόθεσιν ἀγνωμοσύνης ποιήσῃς. Ἐννόησον ὅσης εὐχῆς ἄξιον ἦν τὸ δυνηθῆναι μετὰ τὸ βάπτισμα εὑρεῖν ὁδὸν λύουσαν ἁμαρτήματα. [a] Εἰ μὴ τοῦτο εἶπε, Δὸς ἐλεημοσύνην, πόσοι ἂν εἶπον, εἴθε ἦν δυνατὸν χρήματα δοῦναι, καὶ ἀπαλλαγῆναι τῶν μελλόντων κακῶν; Ἐπειδὴ δὲ δυνατὸν τοῦτο γέγονε, πάλιν γεγόνασιν ὕπτιοι. Ἀλλὰ δίδωμι, φησί. Καὶ τί τοῦτο; Οὐδέπω γὰρ ἔδωκας ὅσον ἡ τοὺς δύο ὀβολοὺς καταβαλοῦσα· μᾶλλον δὲ * οὐδὲ τὸ πολλοστὸν ἐκείνης, ἀλλὰ τὰ πλείονα εἰς ἀνονήτους [b] καὶ ἀνωφελεῖς ἐκβάλλεις δαπάνας, εἰς συμπόσια καὶ μέθην, καὶ ἀσωτίαν ἐσχάτην νῦν μὲν καλῶν, νῦν δὲ καλούμενος· νῦν μὲν ἀναλίσκων, νῦν δὲ ἑτέρους ἀναλίσκειν ἀναγκάζων· ὥστε καὶ διπλῆν σοι γενέσθαι τὴν κόλασιν, καὶ ἀφ' ὧν αὐτὸς ποιεῖς, καὶ ἀφ' ὧν ἑτέρους προτρέπεις. Ὅρα γοῦν καὶ τοῦτον αὐτὸ τοῦτο ἐγκαλούμενον τὸν οἰκέτην. Ἐσθίει γὰρ, φησὶ, καὶ πίνει μετὰ τῶν μεθυόντων. Οὐδὲ γὰρ τοὺς μεθύοντας μόνον, ἀλλὰ καὶ τοὺς μετ' αὐτῶν ὄντας κολάζει· καὶ μάλα εἰκότως, ὅτι μετὰ τῆς οἰκείας διαφθορᾶς καὶ τῆς τῶν πλησίον ὑπερορῶσι σωτηρίας. Τὸν δὲ Θεὸν οὐδὲν οὕτω παροξύνει [c] ὡς τὸ ὑπεροπτικῶς ἔχειν τῶν τῷ πλησίον προσηκόντων. Διὸ καὶ τὸν θυμὸν ἐνδεικνύμενος, διχοτομηθῆναι αὐτὸν ἐκέλευσε. Διὰ τοῦτο καὶ τὴν ἀγάπην γνώρισμα τῶν αὐτοῦ μαθητῶν ἔφησεν εἶναι· ἐπειδὴ πᾶσα ἀνάγκη, τὸν ἀγαπῶντα τὰ τοῦ ἀγαπωμένου μεριμνᾷν. Ταύτης τοίνυν ἐχώμεθα τῆς ὁδοῦ· καὶ γὰρ αὕτη μάλιστά ἐστιν ἡ πρὸς τὸν οὐρανὸν ἀνάγουσα, ἡ τοῦ Χριστοῦ μιμητὰς ἐργαζομένη, ἡ τοῦ Θεοῦ κατὰ δύναμιν ὁμοίους ποιοῦσα. Ὅρα γοῦν καὶ τὰς ἀρετὰς ταύτας οὔσας ἀναγκαιοτέρας, αἳ παρὰ ταύτην ἐσκήνωνται τὴν ὁδόν. Καὶ εἰ βούλεσθε, ποιήσωμεν αὐτῶν ἐξέτασιν, καὶ τὰς ψήφους ἀπὸ τῆς τοῦ Θεοῦ ἐνέγκωμεν γνώμης. Ἔστωσαν [d] τοίνυν δύο ζωῆς ἀρίστης ὁδοί· καὶ ἡ μὲν μία αὐτῶν αὐτὸν κατασκευαζέτω καλὸν τὸν μετιόντα· ἡ δὲ ἑτέρα, καὶ τὸν πλησίον. Ἴδωμεν ποία μᾶλλον εὐδοκιμεῖ, καὶ πρὸς τὴν κορυφὴν ἡμᾶς ἄγει τῆς ἀρετῆς. Οὐκοῦν ἐκεῖνος μὲν ὁ τὰ ἑαυτοῦ μόνον ζητῶν, καὶ ἀπὸ τοῦ Παύλου μυρίας δέξεται αἰτίας· ὅταν δὲ ἀπὸ τοῦ Παύλου εἴπω, τοῦ Χριστοῦ λέγω· οὗτος δὲ ἐγκώμια καὶ στεφάνους. Καὶ πόθεν τοῦτο δῆλον; Ἄκουσον τί μὲν τούτῳ διαλέγεται, τί δὲ ἐκείνῳ. Μηδεὶς τὸ ἑαυτοῦ ζητείτω, ἀλλὰ καὶ [e] τὸ τοῦ πλησίον ἕκαστος. Ὁρᾷς πῶς τὸ μὲν ἐξέβαλε, τὸ δὲ εἰσήγαγεν; Καὶ πάλιν, Ἕκαστος ὑμῶν τῷ πλησίον ἀρεσκέτω εἰς τὸ ἀγαθὸν πρὸς οἰκοδομήν. Εἶτα καὶ ὁ ἔπαινος ἄφατος μετὰ πα-

[a] Alii εἰ τοίνυν μή.
* [Savil. addit οὐ τὸ ἥμισυ, et vertit G. Trapez.].
[b] Καὶ ἀνωφελεῖς deest in quibusdam Mss.
[c] Morel. εἰς τὸ ὑπεροπτικῶς.
[d] Morel. σοὶ τοίνυν.
[e] Alii τὸ τοῦ ἑτέρου ἕκαστος.

ραινέσεως. Καὶ γὰρ ὁ Χριστὸς οὐχ ἑαυτῷ ἤρεσεν. Ἱκαναὶ μὲν οὖν καὶ αὗται αἱ ψῆφοι δεῖξαι τὴν νίκην· ἵνα δὲ καὶ ἐκ περιουσίας τοῦτο γένηται, ἴδωμεν τί μὲν τῶν κατορθωμάτων μέχρις ἡμῶν ἵσταται, τί δὲ ἀφ' ἡμῶν καὶ εἰς ἑτέρους διαβαίνει. Οὐκοῦν τὸ μὲν νηστεῦσαι, καὶ χαμευνῆσαι, καὶ παρθενίαν ἀσκῆσαι, καὶ σωφρονῆσαι, ταῦτα αὐτοῖς ἐργαζομένοις φέρει τὸ κέρδος· τὰ δὲ ἀφ' ἡμῶν εἰς τὸν πλησίον διαβαίνοντα, ἐλεημοσύνη, διδασκαλία, ἀγάπη. Οὐκοῦν κἀνταῦθα ἄκουσον τοῦ Παύλου λέγοντος, ὅτι Κἂν ψωμίσω μου τὰ ὑπάρχοντα, κἂν παραδῶ τὸ σῶμά μου ἵνα καυθήσωμαι, ἀγάπην δὲ μὴ ἔχω, οὐδὲν ὠφελοῦμαι.

Ὁρᾷς αὐτὴν καθ' ἑαυτὴν λαμπρῶς ἀνακηρυττομένην καὶ στεφανουμένην; Εἰ δὲ βούλεσθε, καὶ ἐκ τρίτου συμβάλωμεν. Καὶ ὁ μὲν νηστευέτω, καὶ σωφρονείτω, καὶ μαρτυρείτω, καὶ κατακαιέσθω· ἕτερος δέ τις ἀναβαλλέσθω τὸ μαρτύριον διὰ τὴν τοῦ πλησίον οἰκοδομὴν, καὶ μὴ μόνον ἀναβαλλέσθω, ἀλλὰ καὶ ἀπερχέσθω μαρτυρίου χωρίς· τίς μᾶλλον εὐδοκιμήσει μετὰ τὴν ἐντεῦθεν ἀποδημίαν; Οὐ δεῖ πολλῶν ἐνταῦθα λόγων ἡμῖν, οὐδὲ μακρᾶς τῆς περιόδου· ἐφέστηκε γὰρ ὁ μακάριος Παῦλος τὴν ψῆφον φέρων καὶ λέγων· Τὸ ἀναλῦσαι καὶ σὺν Χριστῷ εἶναι, κρεῖσσον· τὸ δὲ ἐπιμένειν τῇ σαρκὶ, ἀναγκαιότερον δι' ὑμᾶς. Ἀκούεις ὅτι καὶ τῆς πρὸς τὸν Χριστὸν ἀποδημίας προετίμησε τοῦ πλησίον τὴν οἰκοδομήν; Τοῦτο γὰρ μάλιστά ἐστι συνεῖναι Χριστῷ, τὸ τὸ θέλημα αὐτοῦ ποιεῖν· θέλημα δὲ αὐτοῦ οὐδὲν οὕτως ἐστὶν, ὡς τὸ [a] συμφέρον τῷ πλησίον. Βούλει καὶ τετάρτην εἴπω τούτων ἀπόδειξιν; Πέτρε, εἰ φιλεῖς με, φησὶ, ποίμαινε τὰ πρόβατά μου· καὶ τρίτον αὐτὸν ἐρωτήσας, τοῦτο ἔφησεν εἶναι φιλίας τεκμήριον. Οὐ πρὸς ἱερέας δὲ τοῦτο μόνον εἴρηται, ἀλλὰ καὶ πρὸς ἕκαστον ἡμῶν, τῶν καὶ μικρὸν ἐμπεπιστευμένων ποίμνιον. Μὴ γὰρ ἐπειδὴ μικρόν ἐστι καταφρονήσῃς· Ὁ γὰρ Πατήρ μου, φησὶν, εὐδόκησεν ἐν αὐτοῖς. Ἔχει ἕκαστος ἡμῶν [b] πρόβατον· τοῦτο ἐπὶ τὰς προσηκούσας ἀγέτω νομάς. Καὶ ὁ ἀνὴρ ἀναστὰς ἀπὸ τῆς εὐνῆς μηδὲν ἄλλο ζητείτω, ἀλλ' ἢ ὅπως ἐργάσηταί τι καὶ εἴπῃ, δι' ὧν ἅπασαν εὐλαβεστέραν ποιήσῃ τὴν οἰκίαν. Ἡ γυνὴ πάλιν ἔστω μὲν οἰκουρός· πρὸ δὲ ταύτης τῆς ἐπιμελείας ἑτέραν ἀναγκαιοτέραν ἐχέτω φροντίδα, [c] τὴν τῶν οὐρανῶν βασιλείαν, ὅπως πᾶσα ἐργάσηται ἡ οἰκία. Εἰ γὰρ ἐν τοῖς βιωτικοῖς, πρὸ τῆς κατὰ τὴν οἰκίαν ἐπιμελείας, τὰ δημόσια σπουδάζομεν καταθεῖναι ὀφλήματα, ὥστε μὴ διὰ τὴν ἐν τούτοις ἀγνωμοσύνην [d] δέρεσθαι καὶ ἕλκεσθαι ἐπ' ἀγορᾶς καὶ μυρία ἀσχημονεῖν· πολλῷ μᾶλλον ἐπὶ τῶν πνευματικῶν τοῦτο δεῖ ποιεῖν, τὰ τοῦ βασιλέως τῶν ὅλων Θεοῦ

dam: ut tamen id majori cumulo fiat, videamus quæ ex bonis operibus in nobis terminentur, quæ vero a nobis in alios transeant. Jejunare igitur, humi cubare, virginitatem servare, atque
E continentiam ipsis observantibus sunt utilia; quæ vero a nobis in proximos transeunt sunt eleemosyna, doctrina, caritas. Hic etiam audi Paulum dicentem: *Si omnia quæ habeo in cibos pauperum distribuam, si corpus meum tradam ut uratur, caritatem autem non habeam, nihil mihi* (1. Cor. 13. 3.)
749 A *prodest.*

6. Viden' caritatem per se splendide prædicatam et coronatam? Sed si placet tertio congrediamur. Hinc alius statuatur, qui jejunet, qui castitatem servet, qui martyrium subeat, et comburatur, alius vero ad ædificationem proximi martyrium differat, nec modo martyrium differat, sed sine martyrio decedat: quis post decessum ex hac vita præstantior erit? Non longo hic opus est sermone, nec longa verborum circuitione; adest enim beatus Paulus qui sententiam ferat, et dicat: *Dissol-* (Philip. 1. 23. 24.)
B *vi et cum Christo esse melius est; in carne autem permanere, propter vos magis necessarium est.* Audis illum ædificationem proximi pluris facere, quam ad Christum proficisci? Illud enim maxime est cum Christo esse, ejus facere voluntatem; voluntas autem ejus præcipue est, ut proximi utilitatem cures. Vis et quartam demonstrationem afferam? *Petre, si amas me*, inquit, (Joan. 21. 15.) *pasce oves meas*: et cum tertio ipsum interrogasset, hoc esse dixit amoris argumentum. Neque ad sacerdotes tantum id dictum fuit, sed ad no-
C strum singulos, quibus vel minimus grex commissus sit. Ne enim quod parvus sit, ipsum despicias: nam *Pater meus*, inquit, *complacuit in illis.* (Luc. 12. 32.) Singuli nostrum ovem habent; hanc ad convenientia pascua ducant. Et vir e lecto surgens ne aliud quærat, quam ut quid faciat vel dicat, quo ad majorem pietatem domum et familiam agat. Uxor quoque domum custodiat; sed præ hac aliam magis necessariam sollicitudinem habeat, quomodo ea quæ ad regnum cælorum spectant tota familia operetur. Si enim in rebus sæcularibus, antequam domestica disponamus, quæ publice persolvi debent curamus, ne his neglectis vinciamur, in
D forum trahamur, et dedecore magno afficiamur: multo magis in spiritualibus id curare oportet, ut

Proximi ædificationi omnia postponenda.

[a] Alii συμφέρον τοῦ πλησίον.

[b] Alii et Morel. πρόβατα. Mox Morel. ἀγαγέτω.

[c] Savil. [et Cod. 694] τὰ τῶν οὐρανῶν ὅπως ἅπαντα. [Commelin. βασιλείαν uncis inclusit.]

[d] Δέρεσθαι, sic Savil. Morel. vero et Mss. quidam δεδέσθαι.

prius quæ regi universorum Deo debentur persolvantur; ut ne eo ducamur ubi stridor dentium. Has quæramus virtutes, quæ nobis salutares et proximo perutiles sunt. Talis est eleemosyna, talis oratio; imo vero hæc ab illa vires et alas accipit. *Orationes*, inquit, *tuæ, et eleemosynæ ascenderunt in memoriam in conspectu Dei.* (Act. 10. 4.) Non modo oratio, sed etiam jejunium inde nervos accipit. Si absque eleemosyna jejunes, id pro jejunio non habetur; sed hujusmodi homo vorace quopiam et temulento deterior est, tantoque deterior, quanto crudelitas deliciis pejor est. Et cur de jejunio loquor? Etiamsi castus sis, etsi virginitatem serves, si eleemosynam non colas, extra thalamum sponsi es. Quamquam quid virginitati par, quæ neque in Novo Testamento ob eminentiam suam lege statuta fuit? Attamen illa ejicitur, nisi conjunctam habeat eleemosynam. Si porro virgines, quod illam non sat largiter coluissent, ejiciantur, quis poterit illa destitutus veniam consequi? Nemo sane, sed eum qui illam non colit perire prorsus necesse est. Nam si in sæcularibus nemo sibi ipsi vivit, sed artifex, miles, agricola, mercator, ad id, quod publicæ utilitati et commodo confert, se dedunt: multo magis in spiritualibus id observandum. Illud est maxime vivere: cum contra is qui sibi ipsi tantum vivit, omnesque despicit, inutilis et supervacaneus sit, non homo, neque generis nostri. Quid igitur erit, inquies, si mea despiciam, aliena curem? Non potest certe, non potest qui aliorum res curat, suas negligere. Qui enim aliorum res curat, neminem offendit, omnes miseratur, et pro virili juvat; nihil ille rapiet, non furabitur, non falsum testimonium dicet: ab omni abstinebit nequitia, omnem virtutem amplectetur, pro inimicis precabitur, insidiantibus sibi beneficium præstabit; nemini conviciabitur, nemini maledicet, etiamsi innumera audiat maledicta, sed hæc apostolica verba proferet: *Quis infirmatur, et ego non infirmor? quis scandalizatur, et ego non uror?* (2. Cor. 11. 29.) Si vero nostra quæramus, non omnino de alienis curabimus. His omnibus morem gerentes et persuasi, non posse nos salutem consequi, nisi communem utilitatem spectemus, hunc discissum videntes, illumque pariter qui talentum suffoderat, illam potius eligamus viam, ut et vitam æternam consequamur: quam utinam omnes nanciscamur,

Virgines fatuæ ideo ex thalamo exclusæ, quia eleemosynam non dederant.

καταθεῖναι πρότερον, ἵνα μὴ ἔλθωμεν ὅπου ὁ βρυγμὸς τῶν ὀδόντων. Καὶ ταύτας ζητῶμεν τὰς ἀρετὰς, αἵ μετὰ τῆς ἡμετέρας σωτηρίας καὶ τοὺς πλησίον τὰ μέγιστα ὠφελῆσαι δύναιντ' ἄν. Τοιοῦτον ἡ ἐλεημοσύνη, τοιοῦτον ἡ εὐχή· μᾶλλον δὲ καὶ αὐτὴ παρ' ἐκείνης δυνατὴ, καὶ ὑπόπτερος γίνεται. Αἱ εὐχαί γάρ σου, φησὶ, καὶ αἱ ἐλεημοσύναι ἀνέβησαν εἰς μνημόσυνον ἐνώπιον τοῦ Θεοῦ. E Οὐκ εὐχὴ δὲ μόνον, ἀλλὰ καὶ νηστεία ἐντεῦθεν τὰ νεῦρα ἔχει. Κἂν νηστεύῃς χωρὶς ἐλεημοσύνης, οὐδὲ νηστεία τὸ πρᾶγμα λογίζεται· ἀλλὰ γαστριζομένου καὶ μεθύοντος χείρων ὁ τοιοῦτος, καὶ τοσούτῳ χείρων, ὅσῳ τρυφῆς ὠμότης χεῖρον καὶ χαλεπώτερον. Καὶ τί λέγω νηστείαν; Κἂν γὰρ σωφρονῇς, κἂν παρθενεύῃς, ἐκτὸς ἕστηκας τοῦ νυμφῶνος, ἐλεημοσύνην οὐκ ἔχων. 750 A Καίτοι τί παρθενίας ἴσον, ὃ μηδὲ ἐν τῇ [a] Καινῇ ὑπὸ νόμον ἦλθε τῆς ἀνάγκης διὰ τὸ ὑπερέχον; Ἀλλ' ὅμως ἐκβάλλεται, ὅταν τὴν ἐλεημοσύνην μὴ ἔχῃ. Εἰ δὲ παρθένοι ἐκβάλλονται, ἐπειδὴ ταύτην οὐκ εἶχον μετὰ δαψιλείας τῆς προσηκούσης, τίς δυνήσεται ταύτης ἄνευ συγγνώμης τυχεῖν; Οὐκ ἔστιν οὐδεὶς, ἀλλ' ἀπολέσθαι πάντως ἀνάγκη τὸν ταύτην οὐκ ἔχοντα. Εἰ γὰρ ἐν τοῖς βιωτικοῖς οὐδεὶς ἑαυτῷ ζῇ, ἀλλὰ καὶ χειροτέχνης, καὶ στρατιώτης, καὶ γεωργὸς, καὶ ἔμπορος, πρὸς τὸ κοινῇ συμφέρον καὶ τὸ τῷ πλησίον ὠφέλιμον συντελοῦσιν ἅπαντες· πολλῷ μᾶλλον ἐπὶ τῶν πνευματικῶν τοῦτο δεῖ ποιεῖν. Τοῦτο γὰρ μάλιστά ἐστι τὸ ζῇν· ὡς ὅγε B ἑαυτῷ ζῶν μόνον, καὶ πάντων ὑπερορῶν, περιττός ἐστι, καὶ οὐδὲ ἄνθρωπος, οὐδὲ τοῦ γένους τοῦ ἡμετέρου. Τί οὖν, φησὶν, ἂν τὰ καθ' ἑαυτὸν παρίδω, τὰ τῶν ἄλλων ἐπιζητῶν; Οὐκ ἔστιν, οὐκ ἔστι τὰ τῶν ἄλλων ἐπιζητοῦντα τὰ ἑαυτοῦ παριδεῖν. Ὁ γὰρ τὰ τῶν ἄλλων ἐπιζητῶν, οὐδένα λυπεῖ, ἀλλ' ἐλεεῖ πάντας, ὠφελεῖ εἰς δύναμιν τὴν [b] ἑαυτοῦ· οὐδενός τι ἁρπάσει, οὐ πλεονεκτήσει, οὐ κλέψει, οὐ ψευδομαρτυρήσει· πάσης ἀφέξεται κακίας, πάσης ἐπιλήψεται ἀρετῆς, καὶ ὑπερεύξεται τῶν ἐχθρῶν, καὶ εὐεργετήσει τοὺς ἐπιβουλεύοντας· καὶ οὔτε λοιδορήσεταί τινι, οὔτε κακῶς ἐρεῖ, κἂν μυρία ἀκούσῃ κακῶς, ἀλλ' ἐρεῖ τὰ ἀποστολικά· Τίς ἀσθενεῖ, C καὶ οὐκ ἀσθενῶ; τίς σκανδαλίζεται, καὶ οὐκ ἐγὼ [c] πυροῦμαι; Ἐκ δὲ τοῦ τὰ ἡμέτερα σκοπεῖν οὐ πάντως καὶ τὰ τῶν ἄλλων ἕψεται. Ἐκ τούτων ἁπάντων πεισθέντες, ὡς οὐκ ἔνι σωθῆναι μὴ τὸ κοινῇ συμφέρον [d] σκοποῦντας, καὶ τὸν διχοτομηθέντα τοῦτον ἰδόντες, καὶ τὸν τὸ τάλαντον κατορύξαντα, ταύτην ἑλώμεθα τὴν ὁδὸν, ἵνα καὶ τῆς αἰωνίου τύχωμεν ζωῆς· ἧς γένοιτο πάντας ἡμᾶς ἐπιτυχεῖν, χάριτι καὶ φιλανθρωπίᾳ τοῦ Κυρίου

[a] Alii καινῇ ἦλθεν ὑπὸ νόμου ἀνάγκην διὰ τὸ ὑπερέχον· ἀλλ' ὅμως.

[b] Iidem Mss. ἑαυτοῦ, οὐδένα ἁρπάσεται, οὐδένα πλεονεκτήσει.

[c] Al. πυροῦμαι; ἐν δὲ τῷ τὰ ἡμέτερα.

[d] Idem σκοποῦντα.

ἡμῶν Ἰησοῦ Χριστοῦ, ᾧ ἡ δόξα εἰς τοὺς αἰῶνας τῶν αἰώνων. Ἀμήν.

gratia et benignitate Domini nostri Jesu Christi, D cui gloria in sæcula sæculorum. Amen.

ΟΜΙΛΙΑ οη'.

Τότε ὁμοιωθήσεται ἡ βασιλεία τῶν οὐρανῶν δέκα παρθένοις, αἵτινες λαβοῦσαι τὰς λαμπάδας αὐτῶν, ἐξῆλθον εἰς ἀπάντησιν τοῦ νυμφίου. Πέντε δὲ ἦσαν φρόνιμοι, καὶ πέντε μωραὶ, αἵτινες οὐκ ἔλαβον, φησὶν, ἔλαιον. Αἱ δὲ φρόνιμοι ἔλαβον ἔλαιον ἐν τοῖς E ἀγγείοις αὐτῶν μετὰ τῶν λαμπάδων αὐτῶν. Χρονίζοντος δὲ τοῦ νυμφίου, [c] καὶ τὰ ἑξῆς.

Αὗται αἱ παραβολαὶ τῇ προτέρᾳ ἐοίκασι τῇ τοῦ πιστοῦ δούλου, καὶ τοῦ ἀγνώμονος καὶ τὰ δεσποτικὰ κατεδηδοκότος χρήματα. Τέτταρες γάρ εἰσιν αἱ πᾶσαι περὶ τῶν αὐτῶν διαφόρως ἡμῖν παραινοῦσαι· λέγω δὴ τῆς περὶ τὴν ἐλεημοσύνην σπουδῆς, καὶ τοῦ διὰ 731 πάντων ὧν ἂν δυνώμεθα τὸν πλησίον ὠφελεῖν, οὐκ A ἐνὸν σωθῆναι ἑτέρως. Ἀλλ' ἐνταῦθα μὲν περὶ πάσης ὠφελείας λέγει καθολικώτερον, ἣν εἰς τὸν πλησίον ἐπιδείκνυσθαι χρή· ἐπὶ δὲ τῶν παρθένων περὶ ἐλεημοσύνης ἰδικῶς τῆς ἐν χρήμασι λέγει, καὶ σφοδρότερον ἢ ἐπὶ τῆς προτέρας παραβολῆς. Ἐκεῖ μὲν γὰρ τὸν τύπτοντα, καὶ μεθύοντα, καὶ τὰ δεσποτικὰ σκορπίζοντα καὶ ἀπολλύντα κολάζει· ἐνταῦθα δὲ καὶ τὸν οὐκ ὠφελοῦντα, οὐδὲ δαψιλῶς τοῖς δεομένοις τὰ ὄντα [a] κενοῦντα. Εἶχον μὲν γὰρ ἔλαιον, οὐ δαψιλὲς δὲ, διὸ καὶ κολάζονται. Τίνος δὲ ἕνεκεν ἐπὶ τοῦ προσώπου τῶν παρθένων ταύτην [b] προάγει τὴν παραβολὴν, καὶ οὐχ ἁπλῶς οἱονδηποτοῦν ὑποτίθεται πρόσωπον; Μεγάλα περὶ παρθενίας B διελέχθη εἰπών· Εἰσὶν εὐνοῦχοι, οἵτινες εὐνούχισαν ἑαυτοὺς διὰ τὴν βασιλείαν τῶν οὐρανῶν· καὶ, Ὁ δυνάμενος χωρεῖν, χωρείτω. Ἄλλως δὲ οἶδε καὶ τοὺς πολλοὺς τῶν ἀνθρώπων μεγάλην περὶ αὐτῆς δόξαν ἔχοντας. Καὶ γάρ ἐστι φύσει τὸ πρᾶγμα μέγα, καὶ δῆλον ἐξ ὧν οὔτε ἐν τῇ Παλαιᾷ ὑπὸ τῶν ἁγίων ἐκείνων καὶ μεγάλων ἀνδρῶν κατωρθώθη, καὶ ἐν τῇ Καινῇ δὲ οὐκ ἦλθεν εἰς ἀνάγκην νόμου. Οὐ γὰρ ἐπέταξε τοῦτο, ἀλλὰ τῇ προαιρέσει τῶν ἀκουόντων [c] τοῦτο κατορθοῦσθαι ἐπέτρεψε. Διὸ καὶ ὁ Παῦλός φησι· Περὶ δὲ τῶν παρθένων ἐπιταγὴν Κυρίου οὐκ ἔχω. Ἐπαινῶ μὲν γὰρ τὸν κατορθοῦντα, οὐκ ἀναγκάζω δὲ τὸν μὴ C βουλόμενον, οὐδὲ ἐπίταγμα τὸ πρᾶγμα ποιῶ. Ἐπεὶ

[c] In aliquot Codicibus hæc Evangelii lectio, ante principium homiliæ posita, longe amplior effertur.

[a] Savil. ἀποκενοῦντα.

HOM. LXXVIII. al. LXXIX.

Cap. XXV. v. 1. *Tunc simile erit regnum cælorum decem virginibus, quæ accipientes lampades suas, exierunt obviam sponso.* 2. *Quinque autem erant prudentes et quinque fatuæ*, 3. *quæ non acceperant oleum.* 4. *Prudentes vero acceperunt oleum in vasis suis cum lampadibus suis.* 5. *Moram autem faciente sponso*, etc.

1. Hæ parabolæ priori de fideli servo et de improbo, qui bona domini devoravit, similes sunt. Quatuor enim sunt ad rem eamdem licet diverso modo hortantes; dico autem illas de eleemosyna eroganda, ac de proximo pro facultate nostra juvando, quasi non possimus alio modo salutem consequi. Sed in illis quidem generaliter de utilitate quavis, quam possumus proximo præstare; in parabola vero de virginibus de eleemosyna sive de pecuniæ largitione agitur, et quidem vehementius quam in superiore parabola. Illic enim percutientem, ebriosum, dominique bona dissipantem et perdentem, supplicio afficit; hic vero etiam eum qui proximum non juvat, neque largiter egenis sua distribuit. Virgines oleum quidem habebant, sed non copiosum, ideoque puniuntur. Cur ergo sub persona virginum hanc profert parabolam, nec qualemcumque personam adhibuit? Magna de virginitate dixerat: *Sunt eunuchi, qui seipsos* Matth. 19. *castraverunt propter regnum cælorum, et, Qui* 11. *potest capere, capiat.* Alioquin vero sciebat plerosque magnam de illa opinionem habere. Nam res est natura sua ardua, ut inde palam est, quod in veteri lege ne sancti quidem magnique viri illam exercuerint, et in nova nulla legis necessitate jubeatur. Neque enim hoc præcepit; sed audientium arbitrio illud reliquit. Ideo ait Paulus: *De* 1. Cor. 7. *virginibus autem præceptum Domini non ha-* 25. *beo.* Laudo quidem illud servantem, sed nolentem non cogo, neque præceptum id facio. Quia igitur magna res erat, et in magna apud multos erat

[b] Alius παράγει.

[c] Morel. τοῦτο κατορθοῦσθαι ἐπέταξε.

existimatione; ne quis illam servans, quasi omnia servasset, circa cætera negligens esset, hanc ponit parabolam, quæ suadere possit, virginitatem aliaque bona omnia, eleemosynæ fructibus vacua, cum fornicatoribus ejici: et inhumanum immisericordemque cum illis collocari; idque jure merito: ille enim corporum, hi pecuniarum amore victi sunt. Non est autem corporum et pecuniarum par cupiditas; sed acrior multo ac violentior corporum. Quanto autem imbecillior est inimicus, tanto minus illæ quæ victæ sunt veniam merentur; ideoque fatuas illas vocat, quia majori superato labore, per minorem totum perdiderunt. Lampades autem hic dicit ipsum virginitatis do-
Oleum virginum quid significet. num, sanctitatis puritatem: oleum vero benignitatem, eleemosynam, auxilium egenis præstitum. 5. *Moram autem faciente sponso, dormitaverunt omnes et dormierunt.* Hic ostendit non parvum temporis spatium interjectum, discipulos abducens ne exspectent regnum ejus statim venturum esse. Nam hoc sperabant, ideoque frequenter illos ab hac spe removet. Ad hæc illud quoque subindicat, mortem esse somnum. *Dormierunt*, inquit. 6. *Media autem nocte clamor factus est.* Vel in parabola insistit; vel docet nocte futuram resurrectionem esse. Clamorem etiam
1. Thess. 4. 16. Paulus memorat, dicens: *In jussu, in voce archangeli, in ultima tuba descendet de cælo.* Quid sibi volunt tubæ, quid clamor? *Sponsus venit.* 7. *Cum ornassent ergo lampades*, 8. *fatuæ sapientibus dixerunt: Date nobis de oleo vestro.* Rursum illas fatuas vocat, ostendens nihil stultius esse iis qui hic pecunias colligunt, et nudi illuc abeunt, ubi nobis benignitate magis opus est, multaque misericordia. Non ideo tantum stultæ, sed quod exspectarint se illic oleum accepturas esse, et quod intempestive quæsierint: quamquam nihil humanius illis virginibus, quæ hac in parte maxime conspicuæ fuerunt. Neque totum petebant: *Date nobis de oleo vestro;* necessitatemque ostendebant, dicentes: *Lampades nostræ exstinguuntur.* Sed sic etiam repulsam tulerunt: ac neque humanitas earum a quibus petebant, neque petitionis facilitas, neque necessitas, quidpiam impetrarunt. Verum quid inde discimus? Neminem illic nobis, quos opera prodiderunt, auxilio futurum; non quod nolint, sed quod non possint. Nam et illæ ad impossibile confugiunt. Hoc et beatus

οὖν καὶ μέγα τὸ πρᾶγμα ἦν, καὶ μεγάλην παρὰ τοῖς πολλοῖς δόξαν εἶχεν, ἵνα μή τις τοῦτο κατορθῶν, ὡς τὸ πᾶν κατωρθωκὼς ἀμελῶς [d] διάκειται, καὶ τῶν λοιπῶν ἀμελῇ, τίθησι ταύτην τὴν παραβολὴν, ἱκανὴν πεῖσαι, ὅτι παρθενία, [*] καὶ τὰ ἄλλα πάντα καλὰ, τῶν ἀπὸ τῆς ἐλεημοσύνης καλῶν ἔρημος οὖσα, μετὰ τῶν πόρνων ἐκβάλλεται· [e] καὶ τὸν ἀπάνθρωπον καὶ τὸν ἀνελεήμονα ἵστησι μετ' αὐτῶν· καὶ μάλα εἰκότως· ὁ μὲν γὰρ σωμάτων ἔρωτος ἡττήθη, οἱ δὲ χρημάτων. Οὐκ ἔστι δὲ ἴσον σωμάτων ἔρως καὶ χρημάτων· ἀλλ' ὁ τῶν σωμάτων δριμύτερός τε πολλῷ καὶ τυραννικώ-
D τερος. Ὅσῳ γοῦν ἀσθενέστερος ὁ ἀνταγωνιστὴς, τοσούτῳ ἀσύγγνωστοι μᾶλλον αἱ νικηθεῖσαι. Διὰ τοῦτο δὴ καὶ μωρὰς αὐτὰς καλεῖ, ὅτι τὸν μείζονα ὑποστᾶσαι πόνον, διὰ τὸν ἐλάττονα τὸ πᾶν προύδωκαν. Λαμπάδας δὲ ἐνταῦθά φησιν αὐτὸ τὸ τῆς παρθενίας χάρισμα, τὸ καθαρὸν τῆς ἁγιωσύνης· ἔλαιον δὲ, τὴν φιλανθρωπίαν, τὴν ἐλεημοσύνην, τὴν περὶ τοὺς δεομένους βοήθειαν. Χρονίζοντος δὲ τοῦ νυμφίου, ἐνύσταξαν πᾶσαι, καὶ ἐκάθευδον. Ἐνταῦθα δείκνυσιν οὐκ ὀλίγον τὸν χρόνον ἐσόμενον πάλιν τὸν [f] μεταξὺ, τοὺς μαθητὰς ἀπάγων τοῦ προσδοκᾷν αὐτίκα μάλα φανεῖσθαι τὴν
E βασιλείαν αὐτοῦ. Καὶ γὰρ τοῦτο ἤλπιζον· διὰ τοῦτο καὶ συνεχῶς αὐτοὺς ἀναχαιτίζει τῆς ἐλπίδος ταύτης. Μετὰ δὲ τοῦτο κἀκεῖνο ἐμφαίνει, ὅτι ὕπνος ὁ θάνατός ἐστιν. Ἐκάθευδον γὰρ, φησί. Περὶ δὲ μέσας νύκτας κραυγὴ γέγονεν. Ἤτοι τῇ παραβολῇ ἐπέμεινεν, ἢ πά-
752 λιν δείκνυσιν, ὅτι ἐν νυκτὶ ἡ ἀνάστασις γίνεται. Τὴν
A δὲ κραυγὴν καὶ ὁ Παῦλος ἐνδείκνυνται, λέγων· Ἐν κελεύσματι, ἐν φωνῇ ἀρχαγγέλου, ἐν τῇ ἐσχάτῃ σάλπιγγι καταβήσεται ἀπ' οὐρανοῦ. Καὶ τί βούλονται αἱ σάλπιγγες; τί δὲ ἡ κραυγὴ λέγει; Ὁ νυμφίος ἔρχεται. Ἐπεὶ οὖν ἐκόσμησαν τὰς λαμπάδας, λέγουσιν αἱ μωραὶ ταῖς φρονίμοις· δότε ἡμῖν ἐκ τοῦ ἐλαίου ὑμῶν. Πάλιν αὐτὰς μωρὰς καλεῖ, δεικνὺς ὅτι οὐδὲν μωρότερον τῶν ἐνταῦθα χρηματιζομένων, καὶ γυμνῶν ἀπιόντων ἐκεῖσε, ἔνθα μάλιστα φιλανθρωπίας ἡμῖν χρεία, ἔνθα [a] πολλοῦ τοῦ ἐλέου. Οὐ ταύτῃ δὲ μόνον μωραὶ, ἀλλ' ὅτι καὶ προσεδόκησαν ἐκεῖθεν λήψεσθαι, καὶ ἀκαίρως ἐζήτησαν· καίτοι γε οὐδὲν ἐκείνων φιλανθρω-
B πότερον τῶν παρθένων ἦν, αἳ διὰ τοῦτο μάλιστα εὐδοκίμησαν. Καὶ οὐδὲ τὸ πᾶν ζητοῦσι· Δότε γὰρ ἡμῖν, φησὶν, ἐκ τοῦ ἐλαίου ὑμῶν· καὶ τὸ ἀναγκαῖον τῆς χρείας ἐπιδείκνυνται· Σβέννυνται γὰρ, φησὶ, αἱ λαμπάδες ἡμῶν. Ἀλλὰ καὶ οὕτως ἀπέτυχον· καὶ οὔτε ἡ φιλανθρωπία τῶν αἰτουμένων, οὔτε τὸ εὔκολον τῆς αἰτήσεως, οὔτε τὸ ἀναγκαῖον καὶ χρειῶδες ἐποίησεν αὐτὰς ἐπιτυχεῖν. Ἀλλὰ τί ἐντεῦθεν μανθάνομεν; Ὅτι

[d] Διάκειται. Forte διακέηται.

[*] [Cod. 694 κἂν τὰ ἄλλα ἔχῃ, τῶν.]

[e] Morel. καὶ τῶν ἀπανθρώπων, καὶ μάλα εἰκότως, omissis intermediis.

[f] Post μεταξὺ Morel. adjicit καὶ πάλιν.

[a] Duo Mss. πολλοῦ τοῦ ἐλαίου, forte melius.

οὐδεὶς ἡμῶν ἐκεῖ, τῶν ἐκ τῶν ἔργων προδοθέντων, προστῆναι δυνήσεται· οὐχ ἐπειδὴ οὐ βούλεται, ἀλλ' ἐπειδὴ οὐ δύναται. Καὶ γὰρ καὶ αὗται ἐπὶ τὸ ἀδύνατον καταφεύγουσι. Τοῦτο καὶ ὁ μακάριος Ἀβραὰμ ἐδήλωσεν εἰπὼν, ὅτι Χάσμα μέγα ἐστὶ μεταξὺ ὑμῶν καὶ ἡμῶν, ὥστε μηδὲ βουλομένοις ἐξεῖναι διαβῆναι. Πορεύεσθε δὲ πρὸς τοὺς πωλοῦντας, καὶ ἀγοράσατε. Καὶ τίνες οἱ πωλοῦντες; Οἱ πένητες. Καὶ ποῦ οὗτοι; Ἐνταῦθα· καὶ τότε ζητῆσαι ἐχρῆν, οὐκ ἐν τῷ καιρῷ ἐκείνῳ.

Abraham ostendit dicens : *Magnum chaos inter* *Luc.* 16.26.
hos et nos est, ut ne volentes quidem pertransire possint. 9. *Ite autem ad vendentes, et emite.* Qui vendentes? Pauperes. Ubinam illi? Hic erant; hic quærere oportebat, neque in tempore
C illo.

Ὁρᾷς ὅπως γίνεται ἡμῖν ἀπὸ τῶν πενήτων ἡ πραγματεία; Κἂν τούτους ἀνέλῃς, τὴν πολλὴν τῆς σωτηρίας ἡμῶν ἀνεῖλες ἐλπίδα. Διόπερ ἐνταῦθα τὸ ἔλαιον συναγαγεῖν χρὴ, ἵνα ἐκεῖ χρήσιμον γένηται, ὅταν ὁ καιρὸς ἡμᾶς καλῇ. Οὐ γὰρ ἐκεῖνός ἐστιν ὁ καιρὸς τῆς συλλογῆς, ἀλλ' οὗτος. Μὴ τοίνυν ἀνάλισκε μάτην τὰ ὄντα εἰς τρυφὰς καὶ κενοδοξίας. Πολλοῦ γάρ σοι ἐκεῖ χρεία τοῦ ἐλαίου. Ταῦτα ἀκούσασαι ἐκεῖναι ἀπῆλθον, ἀλλ' οὐδὲν ὠνήσαντο. Τοῦτο δέ φησιν, ἢ τῇ παραβολῇ παραμένων, καὶ ὑφαίνων αὐτήν· ἢ καὶ διὰ τούτων δεικνὺς, ὅτι κἂν φιλάνθρωποι γενώμεθα μετὰ τὸ ἀπελθεῖν, οὐδὲν ἐντεῦθεν κερδήσομεν εἰς τὸ διαφυγεῖν τὴν κόλασιν. Οὐκοῦν οὐδὲ ταύταις ἤρκεσεν ἡ προθυμία· ἐπειδὴ μὴ ἐνταῦθα ἀπῆλθον πρὸς τοὺς πωλοῦντας, ἀλλ' ἐκεῖ· οὔτε τῷ πλουσίῳ, ὅτε οὕτω φιλάνθρωπος γέγονεν, ὡς καὶ ὑπὲρ τῶν αὐτῷ προσηκόντων μεριμνᾷν. Ὁ γὰρ τὸν ἐν τῷ πυλῶνι κείμενον παρατρέχων, τοὺς οὐδὲ ὁρωμένους ἐξαρπάσαι [b] τῶν κινδύνων καὶ τῆς γεέννης ἐπείγεται, καὶ παρακαλεῖ πεμφθῆναί τινας τοὺς ταῦτα ἀπαγγελοῦντας αὐτοῖς. Ἀλλ' ὅμως οὐδὲν ἐκεῖνος ἐντεῦθεν ἀπώνατο, ὥσπερ οὐδὲ αὗται. Ἐπειδὴ γὰρ ταῦτα ἀκούσασαι ἀπῆλθον, Ἦλθεν ὁ νυμφίος· καὶ αἱ μὲν ἕτοιμοι, συνεισῆλθον· αἱ δὲ ἀπεκλείσθησαν. Μετὰ τοὺς πολλοὺς πόνους, μετὰ τοὺς μυρίους ἱδρῶτας καὶ τὴν ἀφόρητον μάχην ἐκείνην, καὶ τὰ τρόπαια ἃ κατὰ τῆς φύσεως λυττώσης ἀνέστησαν, καταισχυνθεῖσαι, καὶ τῶν λαμπάδων ἐσβεσμένων, ἀνεχώρουν κάτω κύπτουσαι. Οὐδὲν γὰρ ἀμαυρότερον παρθενίας, [a] ἐλεημοσύνην μὴ ἐχούσης· οὕτω καὶ οἱ πολλοὶ τοὺς ἀνελεήμονας εἰώθασι καλεῖν σκοτεινούς. Ποῦ τοίνυν τῆς παρθενίας [b] τὸ καύχημα, ὅτε τὸν νυμφίον οὐκ εἶδον, καὶ οὐδὲ κρούσασαι ἤνυσαν, ἀλλὰ τὸ φοβερὸν ἐκεῖνο ἤκουσαν ῥῆμα, Ὑπάγετε, οὐκ οἶδα ὑμᾶς; Ὅταν δὲ αὐτὸς εἴπῃ τοῦτο, οὐδὲν ἕτερον ἢ γέεννα καταλιμπάνεται καὶ ἡ ἀφόρητος κόλασις· μᾶλλον δὲ καὶ τῆς γεέννης τουτὶ τὸ ῥῆμα χαλεπώτερον. Τοῦτο τὸ ῥῆμα καὶ τοῖς τὴν ἀνομίαν ἐργαζομένοις εἶπε· Γρηγορεῖτε οὖν, ὅτι οὐκ οἴδατε τὴν ἡμέραν, οὔτε τὴν ὥραν. Ὁρᾷς πῶς

2. Viden' quomodo fiat nobis ex pauperibus negotiatio? Si hos sustuleris, magnam salutis spem nobis sustuleris. Ideo hic oportet oleum colligere, ut illic nobis utile sit, cum tempus nos vocaverit. Non enim tempus colligendi illud est : sed hoc tempus. Ne ergo opes tuas frustra impendas in de-
D licias, in vanam gloriam. Multo quippe oleo tibi illic opus est. Hæc audientes illæ abierunt, sed nihil utilitatis acceperunt. Hoc porro ait aut in parabola insistens, illamque texens; aut ut ostendat, etiamsi humani simus post decessum nostrum, nos nihil inde subsidii accepturos ad supplicium effugiendum. Itaque nihil illis proficit studium; quia non hic iverunt ad vendentes, sed illic; neque diviti profuit, quando ita humanus evasit, ut etiam de affinibus suis sollicitus esset. Nam is qui *Luc.* 16.28.
ad ostium jacentem præteribat, eos, quos numquam viderat, ex periculis et ex gehenna eripere festi-
E nat, et rogat mitti quosdam, qui id illis annuntient. Attamen nihil ille hinc lucri retulit; ut neque virgines. Postquam enim his auditis abierunt, 10. *Venit sponsus; et quæ paratæ erant, intraverant cum eo;* hæ vero exclusæ sunt. Post multos labores, post infinitos sudores, post certamen illud intolerabile, et tropæa quæ contra furentem naturam erexerant, pudore suffusæ cum exstinctis
783 lampadibus demisso capite recedebant. Nihil enim
A obscurius est quam virginitas, eleemosyna carens : sic multi solent immisericordes vocare tenebrosos. Ubi ergo virginitatis gloria, quando nec sponsum quidem viderunt, nec pulsantes aliquid impetrarunt, sed illam terribilem audiere vocem, 12. *Abite, nescio vos?* Cum autem ille hoc dixerit, nihil aliud quam gehenna relinquitur et intolerabile supplicium; imo etiam hoc dictum gehenna ipsa gravius est. Hoc etiam dixit operantibus iniquitatem : 13. *Vigilate itaque, quia nescitis diem neque horam*. Viden' quam frequenter his ver- Mortis tem-

b Alii τοῦ κινδύνου.

a Alii ἔλαιον μὴ ἐχούσης.

b Alii τὸ ὄφελος.

pus quam utiliter ignoretur.

bis finiat, ostendens ignorantiam exitus ex hac vita utilem esse? Ubinam sunt illi per totam vitam desides, qui cum incusantur a nobis dicunt: Mortis tempore egenis relinquam? Audiant hæc verba, et emendentur. Nam in illo tempore multi id non potuerunt, subito abrepti, nec quidquam suis de suprema voluntate indicare potuere. Hæc itaque parabola circa eleemosynam illam pecuniariam dicta est: quæ autem hanc sequitur, contra eos qui non pecuniis, non verbo, non patrocinio, non alio quopiam proximos juvare volunt, sed omnia abscondunt. Cur autem hæc parabola regem, præcedens vero sponsum inducit? Ut discas quantum Christus hæreat virginibus, quæ sese bonis suis spoliarunt. Hæc est enim virginitas. Quapropter Paulus hanc ponit rei definitionem:
1. Cor. 7. 34. 35. *Innupta sollicita est de iis quæ Domini sunt, ut sit modesta, quantum decet illam, quæ Domino assidet perpetuo.* Hæc admonemus, inquit.
Luc. 19. 12. seqq. Quod si apud Lucam talentorum parabola alio modo narratur, illud dicendum, alias et diversas esse parabolas. In illa enim ex una summa diversi fruere proventus: nam ex una mna alius quinque, alius decem mnas obtulerunt, ideoque non eadem sortiti sunt dona: hic vero contra, ideoque pares coronæ sunt. Nam ut is qui duo accepit, alia duo reddidit, similiter etiam qui quinque accepit: ibi vero ex eadem sorte alius majorem, alius minorem proventum habuit: in præmiis quoque jure non par erit merces. Vide autem illum ubique non statim exigere. Nam vineam dedit agricolis, et peregre profectus est; sic et hoc loco hæc commisit, et peregrinatus est, ut discas magnam ejus patientiam. Mihi autem videtur hæc dicere, ut resurrectionem subindicet. Verum hic non agricolæ et vinea, sed omnes operarii sunt. Non enim principes tantum, nec Judæos, sed omnes alloquitur. Offerentes autem ingenue fatentur et quæ sua et quæ Domini sunt. Aliusque dicit, 20. *Domine, quinque talenta tradidisti mihi;* alius, Duo: monstrantes se ab illo operationis occasionem accepisse, multamque ipsi gratiam habere, et totum ipsi reputare. Quid igitur Dominus? 21. *Euge, serve bone,* inquit (illud enim boni viri est, ea quæ proximi sunt respicere), *et fidelis: super pauca fuisti fidelis, super multa te constituam; intra in gaudium domini tui.* Omnem beatitudinem per hoc dictum ostendit. At

συνεχῶς [c] ταῦτα ἐπιλέγει, χρησίμην δεικνὺς τὴν
B ἄγνοιαν τῆς ἐξόδου τῆς ἐντεῦθεν; Ποῦ νῦν εἰσιν οἱ διὰ παντὸς μὲν τοῦ βίου ῥᾴθυμοι, ὅταν δὲ ἐγκαλῶνται παρ' ἡμῶν λέγοντες, ὅτι ἐν καιρῷ τελευτῆς καταλιμπάνω τοῖς δεομένοις; Ἀκουέτωσαν τῶν ῥημάτων τούτων, καὶ διορθούσθωσαν. Καὶ γὰρ καὶ ἐν ἐκείνῳ τῷ καιρῷ πολλοὶ ἐξέπεσον τούτου, ἄθρόον ἀναρπασθέντες, καὶ οὐδὲ ἐπισκῆψαι συγχωρηθέντες τοῖς οἰκείοις ὑπὲρ ὧν ἐβούλοντο. Αὕτη μὲν οὖν ἡ παραβολὴ τῆς διὰ χρημάτων ἐλεημοσύνης ἕνεκεν εἴρηται· ἡ δὲ μετὰ ταύτην, πρὸς τοὺς οὐ χρήμασιν, οὐ λόγῳ, οὐ προστασίᾳ, οὐχ ἑτέρῳ [d] ὁτῳοῦν ὠφελεῖν βουλομένους τοὺς πλησίον, ἀλλὰ πάντα ἀποκρύπτοντας. Καὶ τί δήποτε αὕτη μὲν
C ἡ παραβολὴ βασιλέα εἰσάγει, ἐκείνη δὲ νυμφίον; Ἵνα μάθῃς πῶς οἰκείως ἔχει πρὸς τὰς παρθένους ὁ Χριστὸς, τὰς ἀποδυομένας τὰ ὄντα. Τοῦτο [e] γὰρ καὶ παρθενία. Διὸ καὶ Παῦλος τοῦτον τίθησιν ὅρον τοῦ πράγματος· Ἡ ἄγαμος μεριμνᾷ τὰ τοῦ Κυρίου, φησὶ, καὶ πρὸς τὸ εὔσχημον καὶ εὐπάρεδρον τῷ Κυρίῳ ἀπερισπάστως. Ταῦτα παραινοῦμεν, φησίν. Εἰ δὲ ἐν τῷ Λουκᾷ ἑτέρως κεῖται ἡ τῶν ταλάντων παραβολὴ, ἐκεῖνο λεκτέον, ὅτι ἄλλη αὕτη, καὶ ἑτέρα ἐκείνη. Ἐν ἐκείνῃ μὲν γὰρ ἀπὸ ἑνὸς κεφαλαίου διάφοροι γεγόνασιν αἱ πρόσοδοι· ἀπὸ γὰρ μιᾶς μνᾶς ὁ μὲν πέντε, ὁ δὲ δέκα προσήνεγκαν, διὸ οὐδὲ τῶν αὐτῶν ἔτυχον [f] δωρεῶν· ἐνταῦθα δὲ τοὐναντίον, διὸ καὶ ὁ στέφανος ἴσος. Εἰ γὰρ ὁ δύο λαβὼν,
D δύο ἔδωκεν, καὶ ὁ τὰ πέντε πάλιν ὁμοίως, ἐκεῖ δὲ ἐκ τῆς αὐτῆς ὑποθέσεως ὁ μὲν πλείονα, ὁ δὲ ἐλάττονα [g] πρόσοδον ἐποιήσατο· εἰκότως καὶ ἐν τοῖς ἐπάθλοις οὐχ ὁμοίως ἀπολαύουσιν. Ὅρα δὲ αὐτὸν πανταχοῦ οὐκ εὐθέως ἀπαιτοῦντα. Καὶ γὰρ ἐπὶ τοῦ ἀμπελῶνος ἐξέδοτο γεωργοῖς, καὶ ἀπεδήμησεν· οὕτω καὶ ἐνταῦθα ἐνεπίστευσε, καὶ ἀπεδήμησεν, ἵνα μάθῃς αὐτοῦ τὴν πολλὴν μακροθυμίαν. Ἐμοὶ δὲ δοκεῖ καὶ τὴν ἀνάστασιν αἰνιττόμενος ταῦτα λέγειν. Ἀλλ' ἐνταῦθα οὐκ ἔτι
E γεωργοὶ καὶ ἀμπελὼν, ἀλλὰ πάντες ἐργάται. Οὐ γὰρ πρὸς ἄρχοντας μόνον, οὐδὲ πρὸς Ἰουδαίους, ἀλλὰ πρὸς ἅπαντας διαλέγεται. Καὶ οἱ μὲν προσφέροντες ὁμολογοῦσιν εὐγνωμόνως καὶ τὰ αὐτῶν καὶ τὰ τοῦ Δε-
754 A σπότου. Καὶ ὁ μὲν λέγει, Κύριε, πέντε μοι τάλαντα ἔδωκας· ὁ δὲ λέγει, δύο· δεικνύντες ὅτι παρ' αὐτοῦ τὴν ἀφορμὴν ἔλαβον τῆς ἐργασίας, καὶ πολλὴν χάριν ἴσασι, καὶ τὸ πᾶν αὐτῷ λογίζονται. Τί οὖν ὁ Δεσπότης; Εὖ, δοῦλε ἀγαθὲ, φησὶ (τοῦτο γάρ ἐστιν ἀγαθοῦ, τὸ εἰς τὸν πλησίον ὁρᾶν), καὶ πιστέ· ἐπὶ ὀλίγα ἦς πιστὸς, ἐπὶ πολλῶν σε καταστήσω· εἴσελθε εἰς τὴν χαρὰν τοῦ [a] κυρίου σου· τὴν πᾶσαν μακαριότητα διὰ

[c] Savil. τοῦτο ἐπιλέγει, et paulo post alii ποῦ τοίνυν εἰσί.

[d] Morel. ὁτιοῦν, male.

[e] Morel. γάρ ἐστι καὶ παρθ.

[f] Δωρεῶν deest in quibusdam Manuscriptis.

[g] Morel. πρόσοδον ἐπεδείξαντο.

[a] Post κυρίου σου Morel. addit. χαρὰν ἐνταῦθα.

τοῦ ῥήματος τούτου δεικνύς. Ἀλλ' οὐκ ἐκεῖνος οὕτως, ἀλλὰ πῶς; Ἤδειν ὅτι σκληρὸς εἶ ἄνθρωπος, θερίζων ὅπου οὐκ ἔσπειρας, καὶ συνάγων ὅθεν οὐ διεσκόρπισας· καὶ φοβηθεὶς ἔκρυψα τὸ τάλαντόν σου. Ἴδε ἔχεις τὸ σόν. Τί οὖν ὁ δεσπότης; Δοῦλε πονηρὲ, ἔδει σε καταβαλεῖν τὸ ἀργύριόν μου ἐπὶ τοὺς τραπεζίτας· τουτέστιν, εἰπεῖν ἐχρῆν, παραινέσαι, συμβουλεῦσαι. Ἀλλ' B οὐ πείθονται; Ἀλλ' οὐκ ἔστι τοῦτο πρὸς σέ. Τί τούτου γένοιτ' ἂν ἡμερώτερον;

Ἄνθρωποι μὲν γὰρ οὐχ οὕτω ποιοῦσιν, ἀλλ' αὐτὸν τὸν δανείσαντα, αὐτὸν καὶ ὑπεύθυνον τῆς ἀπαιτήσεως καθιστῶσιν. Αὐτὸς δὲ οὐχ οὕτως· ἀλλὰ, σὲ ἔδει καταβαλεῖν, φησὶ, καὶ τὴν ἀπαίτησιν ἐμοὶ ἐπιστρέψαι. Κἀγὼ μετὰ τόκου ἂν ἀπῄτησα· τόκον λέγων ἀκροάσεως τὴν τῶν ἔργων ἐπίδειξιν. Σὲ ἔδει τὸ εὐκολώτερον ποιῆσαι, ἐμοὶ δὲ τὸ δυσκολώτερον ἀφεῖναι. Ἐπεὶ οὖν τοῦτο οὐκ ἐποίησε, Λάβετε, φησὶ, ἀπ' αὐτοῦ τὸ τάλαντον, καὶ δότε τῷ τὰ δέκα τάλαντα ἔχοντι. Τῷ γὰρ C ἔχοντι [b] παντὶ δοθήσεται, καὶ περισσευθήσεται· ἀπὸ δὲ τοῦ μὴ ἔχοντος, καὶ ὃ ἔχει, ἀρθήσεται ἀπ' αὐτοῦ. Τί δή τοῦτό ἐστιν; Ὁ χάριν λόγου καὶ διδασκαλίας εἰς τὸ ὠφελεῖν ἔχων, καὶ μὴ χρώμενος αὐτῇ, καὶ τὴν χάριν ἀπολεῖ· ὁ δὲ σπουδὴν παρεχόμενος, πλείονα ἐπισπάσεται τὴν δωρεάν· ὥσπερ οὖν ἐκεῖνος καὶ ὃ ἔλαβεν ἀπόλλυσιν. Ἀλλ' οὐ μέχρι τούτου ἡ ζημία τῷ ἀργοῦντι, ἀλλὰ καὶ ἀφόρητος ἡ κόλασις, καὶ μετὰ τῆς κολάσεως ἡ ἀπόφασις πολλῆς γέμουσα τῆς κατηγορίας. Τὸν γὰρ ἀχρεῖον δοῦλον ἐκβάλετε, φησὶ, εἰς σκότος τὸ ἐξώτερον· ἐκεῖ ἔσται ὁ κλαυθμὸς καὶ ὁ βρυγμὸς τῶν ὀδόντων. Εἶδες πῶς οὐ μόνον ὁ ἁρπάζων καὶ D πλεονεκτῶν, οὐδὲ ὁ κακὰ ἐργαζόμενος, ἀλλὰ καὶ ὁ ἀγαθὰ μὴ ποιῶν κολάζεται κόλασιν τὴν ἐσχάτην; Ἀκούσωμεν τοίνυν τῶν ῥημάτων τούτων· * ὡς ἔστι καιρὸς, ἀντιλαβώμεθα τῆς σωτηρίας τῆς ἡμετέρας, λάβωμεν ἔλαιον εἰς τὰς λαμπάδας, ἐργασώμεθα εἰς τὸ τάλαντον· ἂν γὰρ ὀκνήσωμεν καὶ ἐν ἀργίᾳ διατρίβωμεν ἐνταῦθα, οὐδεὶς ἡμᾶς ἐλεήσει λοιπὸν ἐκεῖ, κἂν μυρία θρηνῶμεν. Κατέγνω ἑαυτοῦ καὶ ὁ τὰ ῥυπαρὰ ἱμάτια ἔχων, καὶ οὐδὲν ὠφέλησεν. Ἀπέδωκε καὶ ἣν ἐπιστεύθη παρακαταθήκην ὁ τὸ ἓν τάλαντον, καὶ οὕτω κατεκρίθη. Παρεκάλεσαν καὶ αἱ παρθένοι, καὶ προσῆλθον, καὶ ἔκρουσαν, ἀλλὰ πάντα εἰκῇ καὶ [c] μάτην. Ταῦτα οὖν E εἰδότες, καὶ χρήματα, καὶ σπουδὴν, καὶ προστασίαν, καὶ πάντα εἰσενέγκωμεν εἰς τὴν τῶν πλησίον ὠφέλειαν. Τάλαντα γὰρ ἐνταῦθα ἡ ἑκάστου δύναμις, εἴτε ἐν προστασίᾳ, εἴτε ἐν χρήμασιν, εἴτε ἐν διδασκαλίᾳ, εἴτε ἐν ἄλλῳ οἵῳ δήποτε πράγματι τοιούτῳ. Μηδεὶς οὖν λεγέτω, ὅτι ἓν τάλαντον ἔχω, καὶ οὐδὲν δύναμαι

non ille sic, sed quomodo? 24. *Sciebam quia homo austerus es, metens ubi non seminasti, et congregans ubi non sparsisti: 25. et timens abscondi talentum tuum. Ecce habes quod tuum est.* Quid ergo dominus? 26. *Serve nequam, oportebat te deponere argentum meum nummulariis:* id est, Oportuit te monuisse, consuluisse. Sed non obtemperant? Nihil hoc ad te. Quid illo mansuetius?

3. Homines certe hoc non faciunt, sed ab ipso qui fœnori dedit, exigendi officium expetunt. Ipse vero non sic: sed, Te oportebat deponere, inquit, et exactionem mihi relinquere. Et ego cum usura exegissem; usuram concionis sive auditus vocans opera ipsa exhibita. Te oportuit id quod facilius erat agere, mihique quod erat difficilius relinquere. Quia igitur hoc non fecit, ait, 28. *Accipite ab eo talentum, et date ei qui decem talenta habet.* 29. *Nam omni habenti dabitur, et abundabit; ab eo autem qui non habet, et quod habet auferetur ab eo.* Quid autem hoc significat? Qui gratiam verbi et doctrinæ ad utilitatem aliorum accepit, nec illa usus est, gratiam ipsam perdet: qui autem studium suum adhibuit, majus sibi attrahet donum; cum contra ille quod acceperat perdiderit. Verum otioso non id solum damni fuit, sed intolerabile supplicium, et cum supplicio sententia criminationis plena. 30. *Inutilem servum,* inquit, *projicite in tenebras exteriores; ibi erit fletus et stridor dentium.* Viden' quomodo non solum raptor et qui mala perpetrat, sed etiam is qui bona non operatur, extremum supplicium luat? Audiamus igitur hæc verba; dum tempus est, nostram asseramus salutem, accipiamus oleum in lampadibus, talentum ad fœnus demus: si enim hic otiosi et pigri fuerimus, nemo nostri illic miserebitur, etiamsi millies lacrymas fundamus. Seipsum damnavit etiam is qui sordida erat veste, et nihil accepit utilitatis. Reddidit hic commissum sibi talentum, et sic damnatus est. Rogaverunt item virgines, accesserunt, pulsarunt; sed frustra et incassum omnia. Hæc ergo cum sciamus, pecunias, studium, patrocinium et omnia offeramus ad proximi utilitatem. Talenta enim hic vocantur, quæ in cujusque potestate sunt, sive patrocinium, sive pecuniæ, sive doctrina, sive aliud quidquam hujusmodi. Nemo itaque dicat, Unum habeo talentum, nihilque possum facere. Potes enim cum

[b] Παντὶ deest in quibusdam Manuscriptis. Paulo post Morel. et pauci Manuscr. καὶ ὃ δοκεῖ ἔχειν ἀρθήσεται ἀπ' αὐτοῦ. τί δήποτε.

* [Savil. καὶ ὡς ἔ. κ.]

[c] Morel. μάτην εἰργάσαντο. ταῦτα.

uno rem probe gerere. Neque enim es vidua illa pauperior, non Petro et Joanne rudior, qui idiotæ et illiterati erant. Attamen quia studium suum exhibuerunt, omniaque ad communem fecerunt utilitatem, cælo dignati sunt. Nihil enim ita Deo gratum est, ut si vitam ad communem utilitatem ducas. Ideo loquendi facultatem nobis dedit Deus, manus, pedes, robur corporis, mentem, intelligentiam, ut his omnibus et ad salutem nostram et ad aliorum utilitatem utamur. Loquela enim nobis non ad hymnos celebrandos et gratias reddendas solum data est, sed etiam ad doctrinam utilis est et ad admonitionem. Et si ad hoc illa utamur, Dominum imitamur; si vero ad contraria, diabolum. Quandoquidem et Petrus cum Christum confessus est, beatus prædicatus fuit, ut qui a Patre doctus loqueretur : cum vero crucem horrebat et repellebat, increpatus est vehementer, ut qui ea quæ diaboli erant saperet. Si ergo ubi ex ignorantia loquebatur, tam graviter reprehensus est : quando libenter multa peccamus, quam habebimus excusationem? Talia igitur loquamur ut hinc Christi esse verba palam sit. Non enim si
Matth. 9. 5. dixero, *Surge et ambula*, neque si dixero, *Tha-*
Act. 9. 40. *bitha, surge*, tunc solum Christi verba loquor; sed multo magis si conviciis impetitus benedicam, vel si læsus, precer pro lædente. Nuper certe dicebam, linguam nostram esse manum, quæ pedes Dei attingat : nunc vero plus dico, linguam nostram Christi linguam imitari, si diligenter studeat ea, quæ ipse nos vult, loqui. Quæ vero sunt illa? Verba modestiæ mansuetudinisque plena, ut ipse loquebatur, dicens iis qui contumelia ipsum
Joan. 8. 49. afficiebant, *Ego dæmonium non habeo;* et rur-
Joan. 18. 23. sus, *Si male loquutus sum, testimonium perhibe*
Matth. 26. 50. *de malo;* discipuloque se tradenti, *Amice, ad quid venisti?* Si tu sic loquaris, si ad emendationem proximi, linguam habes illi similem. Hæc
Jer. 15. 19. ipse Deus dicit : *Qui educit pretiosum a vili, sicut os meum erit.* Cum ergo lingua tua linguæ Christi similis fuerit, et os tuum sicut os Patris, et Spiritus sancti templum fueris, quis honor huic par esse possit? Non si ex auro factum os haberes, non si ex lapidibus pretiosis, ita fulgeret, ut cum modestiæ ornatu conspicuum est. Quid enim optabilius ore quod nescit contumelias proferre, sed benedicere solum studet? Quod si non potes benedicere maledicenti, tace : hocque interim fa-

755 A ποιῆσαι. Δύνασαι γὰρ καὶ δι' ἑνὸς εὐδοκιμῆσαι. Οὐ γὰρ εἶ τῆς χήρας ἐκείνης πενέστερος, οὐχ εἶ Πέτρου καὶ Ἰωάννου ἀγροικότερος, οἳ καὶ ἰδιῶται καὶ ἀγράμματοι ἦσαν. Ἀλλ' ὅμως ἐπειδὴ προθυμίαν ἐπεδείξαντο, καὶ πρὸς τὸ κοινῇ συμφέρον πάντα ἐποίουν, τῶν οὐρανῶν ἐπελάβοντο. Οὐδὲν γὰρ οὕτως ἐστὶ τῷ Θεῷ φίλον, [a] ὡς τὸ κοινωφελῶς ζῆν. Διὰ τοῦτο λόγον ἡμῖν ἔδωκεν ὁ Θεὸς, καὶ χεῖρας, καὶ πόδας, καὶ σώματος ἰσχὺν, καὶ νοῦν, καὶ σύνεσιν, ἵνα πᾶσι τούτοις καὶ εἰς τὴν ἡμῶν αὐτῶν σωτηρίαν καὶ εἰς τὴν τῶν πλησίον ὠφέλειαν χρησώμεθα. Οὐδὲ γὰρ εἰς ὕμνους ἡμῖν ὁ λόγος καὶ εὐχαριστίας χρήσιμος μόνον, ἀλλὰ καὶ εἰς διδασκαλίαν λυσιτελὴς καὶ παραίνεσιν. Κἂν μὲν εἰς B τοῦτο χρησώμεθα, τὸν Δεσπότην ἐζηλώσαμεν· ἂν δὲ εἰς τἀναντία, τὸν διάβολον. Ἐπεὶ καὶ Πέτρος ὅτε μὲν ὡμολόγησε τὸν Χριστὸν, ἐμακαρίζετο ὡς τὰ τοῦ Πατρὸς εἰρηκώς· ὅτε δὲ παρῃτεῖτο τὸν σταυρὸν καὶ ἀπηγόρευσεν, ἐπετιμᾶτο σφοδρῶς, ὡς τὰ τοῦ διαβόλου φρονῶν. Εἰ δὲ ἔνθα ἀγνοίας ἦν τὸ εἰρημένον, τοσαύτη ἡ κατηγορία· ὅταν ἑκόντες πολλὰ ἁμαρτάνωμεν, ποίαν ἕξομεν [b] ἀπολογίαν; Τοιαῦτα τοίνυν φθεγγώμεθα, ἵνα αὐτόθεν ᾖ δῆλα τὰ ῥήματα τοῦ Χριστοῦ ὄντα. Οὐδὲ γὰρ ἂν εἴπω μόνον, Ἔγειραι καὶ περιπάτει, οὐδὲ ἐὰν εἴπω, Θαβηθὰ, ἀνάστηθι, τότε τὰ τοῦ Χριστοῦ λαλῶ· C ἀλλὰ πολλῷ μᾶλλον ἂν λοιδορηθεὶς εὐλογήσω, ἂν ἐπηρεασθεὶς εὔξωμαι ὑπὲρ τοῦ ἐπηρεάζοντος. Πρώην μὲν οὖν ἔλεγον, ὅτι χείρ ἐστιν ἡ γλῶττα ἡμῶν, τῶν τοῦ Θεοῦ ποδῶν ἁπτομένη· νῦν δὲ πολλῷ πλέον λέγω, ὅτι γλῶττά ἐστιν ἡ γλῶττα ἡμῶν, τὴν τοῦ Χριστοῦ μιμουμένη, ἐὰν τὴν προσήκουσαν ἀκρίβειαν [c] ἐπιδείξηται, ἂν ἐκεῖνα φθεγγώμεθα, ἅπερ ἐκεῖνος βούλεται. Τί δέ ἐστιν ἃ ἐκεῖνος ἡμᾶς βούλεται φθέγγεσθαι; Τὰ ἐπιεικείας γέμοντα ῥήματα, τὰ πραότητος, ὥσπερ οὖν καὶ αὐτὸς ἐφθέγγετο λέγων τοῖς ὑβρίζουσιν αὐτὸν, Ἐγὼ δαιμόνιον οὐκ ἔχω· καὶ πάλιν, Εἰ μὲν κακῶς ἐλάλησα, μαρτύρησον περὶ τοῦ κακοῦ· τῷ δὲ προδιδόντι D μαθητῇ, Ἑταῖρε, ἐφ' ᾧ πάρει; Ἐὰν οὕτω καὶ σὺ λέγῃς, ἐὰν εἰς διόρθωσιν [d] τῶν πλησίον λαλῇς, ἐκτήσω γλῶσσαν ἐοικυῖαν ἐκείνῃ. Καὶ ταῦτα αὐτός φησιν ὁ Θεός· Ὁ γὰρ ἐξάγων τίμιον ἐξ ἀναξίου, ὡς στόμα μου ἔσται. Ὅταν οὖν ἡ γλῶττά σου ὡς ἡ γλῶττα γένηται τοῦ Χριστοῦ, καὶ τὸ στόμα σου ὡς τὸ στόμα τοῦ Πατρὸς, καὶ τοῦ Πνεύματος τοῦ ἁγίου ναὸς ᾖς, ποία ταύτης λοιπὸν ἴση γένοιτ' ἂν τιμή; Οὐδὲ γὰρ εἰ ἀπὸ χρυσίου συνέκειτό σου τὸ στόμα, οὐδὲ εἰ ἀπὸ λίθων τιμίων, οὕτως ἔμελλε λάμπειν ὡς νῦν, τῷ κόσμῳ τῆς E ἐπιεικείας καταυγαζόμενον. Τί γὰρ στόματος ποθεινότερον οὐκ εἰδότος ὑβρίζειν, ἀλλ' εὐλογεῖν καὶ χρηστο-

[a] Alii ὡς τὸ κοινωφελὲς ζητεῖν.

[b] Quidam Mss. συγγνώμην.

[c] Morel. ἐπιδείξηται· ἐκεῖνα τοίνυν φθεγγ... τί δέ ἐστιν ἃ ἐκεῖνος.

[d] Alii τοῦ πλησίον λαλῇς, κέκτησαι.

λογεῖν μεμελετηκότος; Εἰ δὲ οὐκ ἀνέχῃ εὐλογεῖν τὸν καταρώμενον, σίγησον· καὶ τοῦτο τέως κατόρθωσον, καὶ ὁδῷ προβαίνων, καὶ σπουδάζων ὡς χρὴ, καὶ ἐπ' ἐκεῖνο ἥξεις, καὶ κτήσῃ στόμα τοιοῦτον οἷον εἰρήκαμεν.

Καὶ μὴ νομίσῃς τολμηρὸν εἶναι τὸ λεχθέν· φιλάνθρωπος 786 γάρ ἐστιν ὁ Δεσπότης, καὶ τῆς ἀγαθότητος αὐτοῦ A τὸ δῶρον γίνεται. Τολμηρόν ἐστι, [a] διαβόλῳ στόμα ἔχειν ἐοικὸς, δαίμονος πονηροῦ κεκτῆσθαι γλῶτταν ὁμοίαν, μάλιστα τὸν μυστηρίων τοιούτων μετέχοντα, καὶ αὐτῇ κοινωνοῦντα τῇ σαρκὶ τοῦ Δεσπότου. Ταῦτ' οὖν ἀναλογιζόμενος, γενοῦ κατ' ἐκεῖνον εἰς δύναμιν τὴν σήν. Καὶ οὐκέτι σοι λοιπὸν ὁ [b] διάβολος οὐδὲ ἀντιβλέψαι τοιούτῳ γενομένῳ δυνήσεται. Καὶ γὰρ ἐπιγινώσκει τὸν χαρακτῆρα τὸν βασιλικόν· οἶδε τοῦ Χριστοῦ τὰ ὅπλα, δι' ὧν ἡττήθη. Τίνα δὲ ταῦτά ἐστιν; Ἐπιείκεια καὶ πραότης. Καὶ γὰρ ὅτε ἐν τῷ ὄρει προσβάλλοντα αὐτὸν κατέῤῥαξε καὶ ἐξέτεινεν, οὐχὶ γνωριζόμενος ὅτι Χριστὸς ἦν; Ἀλλ' ἀπὸ τῶν ῥημάτων αὐτὸν ἐσαγήνευσε τούτων, ἀπὸ ἐπιεικείας εἷλεν, ἀπὸ B πραότητος ἐτροπώσατο. Τοῦτο καὶ σὺ ποίησον· ἂν ἴδῃς ἄνθρωπον διάβολον γενόμενον, καὶ προσιόντα σοι, οὕτω καὶ σὺ νίκησον. Ἔδωκέ σοι ὁ Χριστὸς ἐξουσίαν γενέσθαι κατ' αὐτὸν εἰς δύναμιν τὴν σήν. Μὴ φοβηθῇς τοῦτο ἀκούων. Φόβος ἐστὶ, τὸ μὴ γενέσθαι κατ' αὐτόν. Φθέγγου τοίνυν κατ' ἐκεῖνον, καὶ γέγονας κατὰ τοῦτο τοιοῦτος οἷος ἐκεῖνος, ὡς ἄνθρωπον ὄντα ἔνι γενέσθαι. Διὰ τοῦτο μείζων ὁ οὕτω λαλῶν, ἢ ὁ προφητεύων. Τὸ μὲν γὰρ [c] χάρις ὅλον· ἐνταῦθα δὲ καὶ πόνος σὸς καὶ ἱδρώς. Δίδαξον τὴν ψυχὴν διαπλάττειν σου στόμα στόματι Χριστοῦ ἐοικός. Δύναται γὰρ τοιαῦτα δημιουργεῖν, ἂν ἐθέλῃ. Οἶδε τὴν τέχνην, ἂν μὴ ᾖ ῥάθυμος. C Καὶ πῶς πλάττεται τοιοῦτον στόμα; φησί· διὰ ποίων χρωμάτων; διὰ ποίας ὕλης; Διὰ χρωμάτων μὲν καὶ ὕλης οὐδεμιᾶς· δι' ἀρετῆς δὲ μόνης καὶ ἐπιεικείας, διὰ ταπεινοφροσύνης. Ἴδωμεν δὲ πῶς καὶ στόμα διαβόλου πλάττεται, ἵνα μηδέποτε ἐκεῖνο κατασκευάσωμεν. Πῶς οὖν πλάττεται; Διὰ ἀρῶν, διὰ ὕβρεων, δι' ἐπιορκίας, διὰ βασκανίας. Ὅταν γὰρ τὰ ἐκείνου φθέγγηταί τις, τὴν ἐκείνου γλῶτταν λαμβάνει. Ποίαν οὖν ἕξομεν συγγνώμην; μᾶλλον δὲ ποίαν οὐχ ὑποστησόμεθα τιμωρίαν, ὅταν τὴν γλῶτταν, ᾗ κατηξιώθημεν σαρκὸς D γεύσασθαι δεσποτικῆς, ταύτην περιίδωμεν τὰ τοῦ διαβόλου φθεγγομένην; Μὴ δὴ περιίδωμεν, ἀλλὰ πάσῃ χρησώμεθα σπουδῇ, ὥστε αὐτὴν παιδεῦσαι τὸν Δεσπότην μιμεῖσθαι τὸν ἑαυτῆς. Ἂν γὰρ αὐτὴν παιδεύσωμεν τοῦτο, μετὰ πολλῆς τῆς παῤῥησίας ἐπὶ τοῦ βήματος ἡμᾶς στήσει τοῦ Χριστοῦ. Ἂν μή τις οὕτως εἰδῇ λαλεῖν, οὐδὲ ἀκούσεται αὐτοῦ ὁ δικαστής. Καθάπερ γὰρ ὅταν

cito, ulteriusque progressus, si ut decet coneris, ad illud pervenies, et os habebis quale diximus.

4. Ne putes audax esse dictum : benignus quippe Dominus est, et bonitatis ejus est donum hujusmodi. Audaciæ esset, os habere diaboli ori simile, linguæ dæmonis maligni linguam habere similem, eum maxime qui talium mysteriorum consors sit, et ipsius dominicæ carnis particeps. Hæc tecum reputans, ipsum pro viribus imitare. Si talis efficiaris, ne te respicere quidem ultra poterit diabolus. Novit quippe regiam notam; novit Christi arma, quibus victus est. Quænam illa sunt? Modestia et mansuetudo. Nam cum illum in monte se aggredientem superavit atque prostravit, Christus esse non cognoscebatur? Sed verbis ipsum quasi sagena cepit, modestia cepit, mansuetudine fugavit. Hoc et tu facito; si videris hominem diabolum effectum, teque adeuntem, sic et tu vincito. Dedit tibi Christus potestatem ut pro viribus ipsi similis efficiaris. Ne timeas hoc audiens. Timendum potius, ne non similis ipsi fias. Loquere ergo ut ille, et in hoc eris similis illi, ut esse potest homo. Ideo major est qui sic loquitur, quam qui prophetat. Illud enim ex gratia totum est: hic vero etiam labor sudorque tuus. Doce animam tuam, ut os tuum sic efformet, ut sit Christi ori simile. Potest enim hoc efficere, si velit. Novit hanc artem, nisi torpeat. Et quomodo efformatur os illud? inquies; quibus coloribus? ex qua materia? Coloribus quidem et materia nulla, sed virtute tantum, modestia, humilitate. Videamus etiam quomodo os diaboli efformetur, ne illud etiam nobis assumamus. Quomodo ergo efformatur? Maledictis, contumeliis, perjurio, invidia. Cum enim illius dicta quis pronuntiat, ipsius linguam assumit. Quam ergo veniam impetrabimus? imo quod non supplicium luemus, quando linguam, qua dignamur dominicam carnem gustare, diaboli verba loqui sinimus? Ne sinamus, quæso, sed omne studium adhibeamus, ut doceamus illam quo pacto Dominum suum imitetur. Si enim illam ad hoc instituamus, cum magna fiducia nos sistet ad tribunal Christi. Nisi quis ita loqui sciat, judex non illum audiet. Sicut enim quando Romanus est judex, causam dicentem non intelliget, nisi is Latine loquatur; ita et Christus,

Dominica caro in Eucharistia.

[a] Alii διαβόλου.
[b] Morel. διάβολος ἀντιβλέψαι.

[c] Alius χάρισμα. Paulo post unus διαπλάττειν σοι στόμα. Morel. διαπλάττειν στόμα.

si non ad illius modum loquaris, non intelliget te,
neque attendet tibi. Discamus ergo ita loqui, ut
solet audire Rex noster; studeamus ejus linguam
imitari. Si in luctum incideris, cave ne mœroris
vis tuam subvertat linguam : sed loquere ut Christus loquutus est. Luxit enim et ille Lazarum et
Judam. Si in metum incidas, ita loqui stude ut
ille loquitur. In metum enim et ipse incidit propter te secundum dispensationis rationem. Dic et
Matth. 26. 39. tu : *Verumtamen non sicut ego volo, sed sicut*
tu. Si fleveris, moderate lacrymare ut ipse. Insi-
Moderatio et modestia commendantur. diis circumventus es, vel in dolorem incidisti?
Hæc ut Christus accipe. Nam et ipse insidiis im-
Matth. 26. 38. petitus fuit, doloreque affectus, aitque : *Tristis*
est anima mea usque ad mortem. Omniaque ille
tibi exempla præbuit, ut eumdem serves modum,
et datas tibi regulas non violes. Sic poteris os habere illius ori simile : sic in terra gradiens, sursum sedentis linguæ nobis similem linguam ostendes, modum servans in mœrore, in ira, in luctu,
in angustia. Quot nostrum ejus formam videre
desiderant? Ecce non videre modo, sed et similes
ipsi effici licet, si studeamus. Ne differamus ergo.
Non ita libenter prophetarum ora osculatur, ut
Matth. 7. 22. 23. modestorum mansuetorumque hominum. *Multi*
enim dicent mihi, inquit, *Nonne in nomine*
tuo prophetavimus? Et respondebo eis, Nescio
vos. Os vero Moysis, quia ille admodum mode-
Num. 12. 3. stus erat et mansuetus (*Moyses* enim, inquit,
erat mitissimus omnium hominum qui sunt
super terram), ita diligebat et osculabatur, ut
præsens præsentem os ad os alloqueretur, quasi
amicus cum amico. Nunc dæmonibus non imperas,
sed imperabis tunc gehennæ igni, si os habeas
ori Christi simile. Imperabis abysso ignis, et di-
Marc. 4. 39. ces, *Tace, obmutesce;* et cum multa fiducia in
cælos ascendes, regnoque frueris : quod utinam
omnes assequamur, gratia et benignitate Domini
nostri Jesu Christi, cui cum Patri una cum sancto Spiritu gloria, imperium, honor, nunc et semper, et in sæcula sæculorum. Amen.

Ῥωμαῖος ὢν ὁ κριτὴς τύχῃ, οὐκ ἀκούσεται ἀπολογουμένου τοῦ οὐκ εἰδότος οὕτω φθέγγεσθαι· οὕτω καὶ ὁ Χριστὸς, ἂν μὴ κατὰ τὸν αὐτοῦ τρόπον λαλῇς, οὐκ ἀκού-
E σεταί σου, οὐδὲ προσέξει σοι. Μάθωμεν τοίνυν οὕτω
λαλεῖν, ὡς εἴωθεν ἀκούειν ὁ βασιλεὺς ὁ ἡμέτερος·
σπουδάσωμεν [d] ἐκείνου μιμεῖσθαι τὴν γλῶτταν. Κἂν
εἰς πένθος ἐμπέσῃς, σκόπει ὅπως μὴ διαστρέψῃ σου
τὸ στόμα τῆς ἀθυμίας ἡ τυραννίς· ἀλλὰ λαλήσεις
ὥσπερ ὁ Χριστός. Ἐπένθησε γὰρ καὶ αὐτὸς τὸν Λά-
757 ζαρον καὶ τὸν Ἰούδαν. Ἂν εἰς φόβον ἐμπέσῃς, ζήτησον
A οὕτω λαλῆσαι πάλιν [e] ὡς αὐτός. Ἐνέπεσε γὰρ καὶ αὐτὸς
εἰς φόβον διὰ σὲ κατὰ τὸν οἰκονομίας λόγον. Εἰπὲ καὶ
σύ· Πλὴν οὐχ ὡς ἐγὼ θέλω, ἀλλ' ὡς σύ. Κἂν κλαίῃς,
δάκρυσον ἠρέμα ὡς αὐτός. Κἂν εἰς ἐπιβουλὰς ἐμπέσῃς καὶ λύπην, καὶ ταῦτα ὡς ὁ Χριστὸς διατίθει. Καὶ
γὰρ καὶ ἐπεβουλεύθη, καὶ ἐλυπήθη, καὶ λέγει· Περίλυπός ἐστιν ἡ ψυχή μου ἕως θανάτου. Καὶ πάντα σοι
τὰ ὑποδείγματα παρέσχεν, ἵνα τὰ αὐτὰ διαφυλάττῃς
μέτρα, καὶ τοὺς δοθέντας σοι μὴ διαφθείρῃς κανόνας.
Οὕτω δυνήσῃ στόμα ἔχειν ἐοικὸς τῷ ἐκείνου στό-
ματι· οὕτως ἐπὶ γῆς βαδίζων, τοῦ ἄνω καθημένου
γλῶτταν ἡμῖν ἐπιδείξεις ὁμοίαν, τὰ μέτρα τὰ ἐν ἀθυμίᾳ, τὰ ἐν ὀργῇ, τὰ ἐν πένθει, τὰ ἐν ἀγωνίᾳ διατηρῶν. Πόσοι [a] ἡμῶν εἰσιν οἱ ἐπιθυμοῦντες αὐτοῦ τὴν
B μορφὴν ἰδεῖν; Ἰδοὺ οὐκ ἰδεῖν μόνον, ἀλλὰ καὶ γενέσθαι κατ' αὐτὸν δυνατὸν, ἂν σπουδάζωμεν. Μὴ ἀνα-
βαλλώμεθα τοίνυν. Οὐχ οὕτως ἀσπάζεται προφητῶν
στόματα, ὡς ἐπιεικῶν καὶ πρᾴων ἀνθρώπων. Πολλοὶ
γὰρ ἐροῦσί μοι, φησὶ, οὐ τῷ ὀνόματί σου προεφητεύσαμεν; Καὶ ἐρῶ αὐτοῖς, οὐκ οἶδα ὑμᾶς. Τὸ δὲ τοῦ
Μωϋσέως, ἐπειδὴ σφόδρα ἐπιεικὴς ἦν καὶ πρᾷος (Ὁ
γὰρ Μωϋσῆς, φησὶν, ἦν ἄνθρωπος πρᾳότατος παρὰ
πάντας τοὺς ἀνθρώπους τοὺς ἐπὶ τῆς γῆς), οὕτως
ἠσπάζετο καὶ ἐφίλει, ὡς εἰπεῖν, [b] ἐνώπιος ἐνωπίῳ, καὶ στόμα κατὰ στόμα ἐλάλει, ὡσανεὶ φίλος
πρὸς τὸν ἑαυτοῦ φίλον. Οὐκ ἐπιτάσσεις δαίμοσι νῦν,
ἀλλ' ἐπιτάξεις τότε τῷ τῆς γεέννης πυρὶ, ἐὰν [c] ἔχῃς
C τῷ στόματι τοῦ Χριστοῦ τὸ στόμα σου ἐοικός. Ἐπιτάξεις τῇ ἀβύσσῳ τοῦ πυρὸς, καὶ ἐρεῖς, Σιώπα, πε-
φίμωσο· καὶ μετὰ πολλῆς τῆς παῤῥησίας τῶν οὐρανῶν
ἐπιβήσῃ, καὶ ἀπολαύσεις τῆς βασιλείας· ἧς γένοιτο
πάντας ἡμᾶς ἐπιτυχεῖν, χάριτι καὶ φιλανθρωπίᾳ τοῦ
Κυρίου ἡμῶν Ἰησοῦ Χριστοῦ, μεθ' οὗ τῷ Πατρὶ ἅμα
τῷ ἁγίῳ Πνεύματι δόξα, κράτος, τιμὴ, νῦν καὶ ἀεὶ,
καὶ εἰς τοὺς αἰῶνας τῶν αἰώνων. Ἀμήν.

[d] Quidam ἐκείνην μιμεῖσθαι.
[e] Savil. ὡς ὁ Χριστός.
[a] Morel. ὑμῶν.
[b] Morel. ἐνώπιον ἐνωπίῳ.
[c] ἔχῃς deest in Morel.

ΟΜΙΛΙΑ οθ'.

Ὅταν δὲ ἔλθῃ ὁ Υἱὸς τοῦ ἀνθρώπου [d] ἐν τῇ δόξῃ αὐτοῦ, καὶ πάντες οἱ ἅγιοι ἄγγελοι μετ' αὐτοῦ, τότε καθίσει, φησὶν, ἐπὶ θρόνου δόξης αὐτοῦ, καὶ [e] διελεῖ τὰ πρόβατα ἀπὸ τῶν ἐρίφων· καὶ τοὺς μὲν ἀποδέξεται, ὅτι πεινῶντα αὐτὸν ἔθρεψαν, καὶ διψῶντα ἐπότισαν, καὶ ξένον ὄντα συνήγαγον, καὶ γυμνὸν ὄντα περιέβαλον, καὶ ἀσθενοῦντα ἐπεσκέψαντο, καὶ ἐν φυλακῇ ὄντα εἶδον· καὶ δώσει τὴν βασιλείαν αὐτοῖς. Τοὺς δὲ ἐπὶ τοῖς ἐναντίοις διαβάλλων πέμψει εἰς τὸ πῦρ τὸ αἰώνιον, τὸ ἡτοιμασμένον τῷ διαβόλῳ καὶ τοῖς ἀγγέλοις αὐτοῦ.

Τῆς περικοπῆς ταύτης τῆς ἡδίστης, ἣν συνεχῶς στρέφοντες οὐ διαλιμπάνομεν, ἀκούσωμεν νῦν μετὰ σπουδῆς καὶ κατανύξεως πάσης, εἰς ἣν καὶ ἐσχάτην ὁ λόγος ἐτελεύτησεν εἰκότως. Καὶ γὰρ πολὺς αὐτῷ φιλανθρωπίας καὶ ἐλεημοσύνης ὁ λόγος. Διὸ καὶ τοῖς ἔμπροσθεν ὑπὲρ ταύτης διελέχθη διαφόρως, καὶ ἐνταῦθα λοιπὸν σαφέστερόν πως καὶ εὐτονώτερον, οὐ δύο πρόσωπα καὶ τρία, οὐδὲ [a] πέντε τιθεὶς, ἀλλὰ τὴν οἰκουμένην ἅπασαν. Εἰ καὶ τὰ μάλιστα καὶ αἱ πρότεραι, αἱ διὰ τῶν δύο προσώπων, οὐ δύο πρόσωπα ἐδήλουν, ἀλλὰ μέρη δύο, τὸ μὲν παρακουόντων, τὸ δὲ ὑπακουόντων· ἀλλ' ἐνταῦθα καὶ φρικωδέστερον μεταχειρίζει τὸν λόγον, καὶ τηλαυγέστερον. Διόπερ οὐδὲ λέγει, Ὡμοιώθη ἡ βασιλεία, λοιπὸν, ἀλλ' ἐκκεκαλυμμένως ἑαυτὸν δείκνυσι, λέγων· Ὅταν δὲ ἔλθῃ ὁ Υἱὸς τοῦ ἀνθρώπου ἐν τῇ δόξῃ αὐτοῦ. Νῦν γὰρ ἐν ἀτιμίᾳ παραγέγονε, καὶ ὕβρεσι, καὶ ὀνείδεσι· τότε δὲ καθεδεῖται ἐπὶ θρόνου δόξης αὐτοῦ. Καὶ συνεχῶς μνημονεύει δόξης. Ἐπειδὴ γὰρ ὁ σταυρὸς ἐγγὺς ἦν, πρᾶγμα δοκοῦν ἐπονείδιστον εἶναι, διὰ τοῦτο ἐπαίρει τὸν ἀκροατὴν, καὶ ὑπ' ὄψιν αὐτῷ τὸ δικαστήριον ἄγει, καὶ τὴν οἰκουμένην παρίστησιν ἅπασαν. Καὶ οὐ ταύτῃ μόνον φοβερὸν ποιεῖ τὸν λόγον, ἀλλὰ καὶ τῷ δεικνύναι τοὺς οὐρανοὺς κενουμένους. Πάντες γὰρ οἱ ἄγγελοι παρέσονται μετ' αὐτοῦ, φησὶ, καὶ αὐτοὶ μαρτυροῦντες ὅσα διηκονήσαντο πεμπόμενοι παρὰ τοῦ Δεσπότου πρὸς τὴν τῶν ἀνθρώπων σωτηρίαν. Καὶ πανταχόθεν φρικώδης ἡ ἡμέρα ἐκείνη τότε. Εἶτα Συναχθήσεται, φησὶ, πάντα τὰ ἔθνη· τουτέστι, πᾶσα ἡ τῶν ἀνθρώπων φύσις. Καὶ ἀφοριεῖ αὐτοὺς ἀπ' ἀλλήλων, ὥσπερ ὁ ποιμὴν τὰ πρόβατα. Νῦν μὲν γὰρ οὐκ εἰσὶν ἀφω-

HOMIL. LXXIX. al. LXXX.

D CAP. XXV. v. 31. *Cum autem venerit Filius hominis in gloria sua, et omnes sancti angeli cum eo, tunc sedebit super solium gloriæ suæ;* et separabit oves ab hædis: et hos quidem acceptabit, quia esurientem ipsum cibaverunt, et sitienti potum dederunt, et hospitem collegerunt, et nudum vestierunt, et infirmantem visitaverunt, et in carcere positum inviserunt; et dabit regnum ipsis. Alios vero pro E contrariis delictis mittet in ignem æternum, qui paratus est diabolo et angelis ejus.

1. Suavissima hæc verba, quæ in ore versamus, nunc cum studio et compunctione omni audiamus, atque postrema verba in quæ sermo jure desiit. 758 Magna enim illi humanitatis et misericordiæ cura A est. Idcirco multa superius de hac diverse loquutus est, hicque demum clarius ac vehementius, non duas personas vel tres vel quinque inducens, sed universum orbem. Etsi in superioribus quando duas personas inducebat, non duas personas significaret, sed duas partes; alteram non obedientium, alteram obedientium: verum hic horribilius hæc tractat, et clarius. Quapropter non dicit ultra, *Simile est regnum cælorum*, sed seipsum ostendit ac revelat, dicens: *Cum autem venerit* B *Filius hominis in gloria sua.* Nunc enim venit in ignominia, in contumeliis, in opprobriis: tunc autem sedebit super thronum gloriæ suæ. Ac frequenter gloriam memorat. Quia enim crux prope erat, quæ res maxime vituperabilis videbatur; ideo erigit auditorem, et ante oculos ipsi judicium ponit, orbemque totum sistit. Neque hoc tantummodo terribilem reddit sermonem, sed quod vacuos cælos ostendat. Omnes quippe angeli cum ipso erunt, et ipsi testificantes, quantum ministraverint missi a Domino ad hominum salutem. Et undique horroris plenus ille dies futurus est. C Deinde 32. *Congregabuntur*, inquit, *omnes gentes;* hoc est, universa hominum natura. *Et segregabit eos ad invicem, sicut pastor separat oves.* Nunc enim non segregati, sed mixti sunt omnes: separatio autem tunc accuratissime fiet;

[d] Morel. et quidam Mss ἐν τῇ δόξῃ τοῦ πατρὸς αὐτοῦ, sed infra ἐν τῇ δόξῃ αὐτοῦ iidem habent.

[e] [Cod. 694 διαιρήσει.]

[a] Morel. πέντε καὶ πέντε τιθείς.

interimque ex ipsa statione ipsos distinguit et conspicuos reddit: deinde ex nominibus singulorum mores exhibet, illos hædos, hos oves appellans, ut illorum sterilitatem indicet: nullus enim ex hædis fructus proficiscitur; horum vero proventus multus qui ex ovibus paritur, ut lana, lac et fetus, quibus omnibus vacuus est hædus. Verum bruta animantia ex natura sua vel fructum afferunt, vel secus; illi vero ex voluntate; ideoque illi plectuntur, hi coronantur. Neque prius illos supplicio afficit, quam cum illis in judicio disceptaverit: ideo postquam illos in loco suo constituit, crimina profert. Illi vero modeste respondent; sed nulla hinc ipsis utilitas: et jure quidem, quia rem, quam ille admodum

Osee. 6. 6. Misericordiæ opera quam necessaria.

curabat, neglexerunt. Nam et prophetæ hoc semper et ubique dicebant, ***Misericordiam volo, non sacrificium;*** et legislator tam verbis quam rebus ad hoc ubique hortatur, ipsaque natura id docet. Animadverte autem illos non unum vel duo, sed omnia prætermisisse. Non modo enim esurientem non cibarunt, nudum non texerunt; sed nec, quod tamen levius et facilius erat, infirmum visitarunt. Et perpende quam levia præcipiat. Non dixit, In carcere eram, et liberastis me, infirmus, et erexistis me; sed, ***Visitastis me***, et, ***Venistis ad me.*** Sed neque circa esurientem molestum quidpiam jubetur. Neque enim lautam requirit mensam, sed necessarium solummodo cibum, idque modo ad misericordiam movente. Itaque omnia illorum supplicium expetunt: rei postulatæ facilitas, nam panis tantum erat; miserabilis petentis conditio, mendicus enim erat; commiseratio naturæ, nam homo est qui petit; promissionis magnitudo, nam regnum pollicetur; supplicii terror, gehennam enim comminatur; dignitas accipientis, Deus enim erat qui per mendicos accipiebat; honoris cumulus, quod tantum descendere dignatus sit; justitia erogationis, nam ex bonis suis accipit. Verum ad hæc omnia amor pecuniæ illos excæcavit, et hæc post tantam comminationem. Nam supra dicit, illos, qui pauperes non excipiunt, graviora passuros esse, quam Sodomitas; et hic

v. 45.

ait: ***In quantum non fecistis uni horum minimorum fratrum meorum, nec mihi fecistis.*** Quid ais? fratres tui sunt; quomodo minimos appellas? Ideo certe fratres, quia humiles, pauperes, abjecti. Hos enim maxime ad fraternitatem vocat: ignotos, contemtos; nec monachos dicit

ρισμένοι, ἀλλὰ ἀναμὶξ ἅπαντες· ἡ δὲ διαίρεσις τότε ἔσται μετὰ ἀκριβείας ἁπάσης· καὶ τέως ἀπὸ τῆς στάσεως αὐτοὺς διαιρεῖ καὶ ποιεῖ δήλους· εἶτα καὶ ἀπὸ τῶν ὀνομάτων τὸν ἑκάστου τρόπον ἐνδείκνυται, τοὺς μὲν ἐρίφια καλῶν, τοὺς δὲ πρόβατα, ἵνα τῶν μὲν τὸ ἄκαρπον δείξῃ· οὐδεὶς γὰρ ἀπὸ ἐρίφων καρπὸς γένοιτ'
D ἄν· τῶν δὲ τὴν πολλὴν πρόσοδον· καὶ γὰρ πολλὴ ἡ τῶν προβάτων πρόσοδος, ἀπό τε ἐρίου, ἀπό τε γάλακτος, ἀπό τε τῶν τικτομένων, ὧν ἁπάντων ἔρημος ὁ ἔριφος. Ἀλλὰ τὰ μὲν ἄλογα ἀπὸ φύσεως ἔχει τὸ ἄκαρπον, καὶ τὸ ἔγκαρπον· ἐκεῖνοι δὲ ἀπὸ προαιρέσεως· διὸ καὶ [b] κολάζονται ἐκεῖνοι, καὶ στεφανοῦνται οὗτοι. Καὶ οὐ πρότερον αὐτοὺς κολάζει, ἕως ἂν δικάσηται πρὸς αὐτούς· διὸ καὶ στήσας αὐτοὺς, λέγει τὰ ἐγκλήματα. Οἱ δὲ μετὰ ἐπιεικείας φθέγγονται, ἀλλ' οὐδὲν αὐτοῖς ὄφελος λοιπόν· καὶ μάλα εἰκότως, ὅτι πρᾶγμα αὐτῷ περισπούδαστον παρέδραμον. Καὶ γὰρ καὶ οἱ προφῆται ἄνω καὶ κάτω τοῦτο ἔλεγον, ὅτι Ἔλεον θέλω, καὶ οὐ θυσίαν· καὶ ὁ νομοθέτης διὰ
E πάντων εἰς τοῦτο ἐνῆγε, καὶ διὰ ῥημάτων, καὶ διὰ πραγμάτων· καὶ αὐτὴ ἡ φύσις τοῦτο ἐπαίδευε. Σκόπει δὲ αὐτοὺς οὐχ ἑνὸς καὶ δύο μόνον, ἀλλὰ πάντων ἐρήμους ὄντας. Οὐ γὰρ δὴ μόνον πεινῶντα οὐκ ἔθρεψαν, οὐδὲ γυμνὸν οὐ περιέβαλον· ἀλλ' οὐδὲ, ὃ κουφότερον ἦν, οὐδὲ ἄῤῥωστον ἐπεσκέψαντο. Καὶ σκόπει πῶς κοῦφα ἐπιτάττει. Οὐκ εἶπεν, ἐν φυλακῇ ἤμην, καὶ ἀπηλλάξατέ με, ἄῤῥωστος ἤμην, καὶ ἀνεστήσατέ με· ἀλλ', Ἐπεσκέψασθέ με, καί, Ἤλθετε πρός με. Καὶ οὐδὲ [c] ἐν τῷ πεινῆν ἐπαχθὲς τὸ κελευόμενον. Οὐδὲ
759 A γὰρ πολυτελῆ ἐζήτει τράπεζαν, ἀλλὰ τὴν χρείαν μόνον, καὶ τὴν ἀναγκαίαν τροφὴν, καὶ ἐζήτει ἐλεεινῷ τῷ σχήματι. Ὥστε πάντοθεν αὐτοὺς πάντα ἱκανὰ κολάσαι· τὸ εὔκολον τῆς αἰτήσεως, ἄρτος γὰρ ἦν· τὸ ἐλεεινὸν τοῦ αἰτοῦντος, πτωχὸς γὰρ ἦν· τὸ συμπαθὲς τῆς φύσεως, ἄνθρωπος γὰρ ἦν· τὸ ποθεινὸν τῆς ἐπαγγελίας, βασιλείαν γὰρ ἐπηγγείλατο· τὸ φοβερὸν τῆς κολάσεως, γέενναν γὰρ ἠπείλησε· τὸ ἀξίωμα τοῦ λαμβάνοντος, Θεὸς γὰρ ἦν ὁ διὰ τῶν πτωχῶν λαμβάνων· τὸ ὑπερβάλλον τῆς τιμῆς, ὅτι τοσοῦτον καταβῆναι κατηξίωσε· τὸ δίκαιον τῆς παροχῆς, ἀπὸ γὰρ τῶν ἑαυτοῦ ἐλάμβανεν. Ἀλλὰ πρὸς ἅπαντα ταῦτα [a] ἡ φιλαργυρία καθάπαξ ἐπήρωσε τοὺς ἁλόντας, καὶ ταῦτα
B τοσαύτης ἀπειλῆς κειμένης. Καὶ γὰρ καὶ ἀνωτέρω φησὶ, τοὺς οὐ δεχομένους τοὺς τοιούτους, τῶν Σοδόμων χαλεπώτερα πείσεσθαι· καὶ ἐνταῦθά φησιν· Ἐφ' ὅσον οὐκ ἐποιήσατε ἑνὶ τούτων τῶν ἀδελφῶν μου τῶν ἐλαχίστων, οὐδὲ ἐμοὶ ἐποιήσατε. Τί λέγεις; ἀδελφοί σού εἰσι· καὶ πῶς ἐλαχίστους καλεῖς; Διὰ γὰρ τοῦτο ἀδελφοὶ, ἐπειδὴ ταπεινοὶ, ἐπειδὴ πτωχοὶ, ἐπειδὴ

[b] Morel. κολάζονται οὗτοι, καὶ στεφανοῦνται ἐκεῖνοι.

[c] Alii ἐν τῷ πεινῶντι. Ibid. pro κελευόμενον alii et Morel. εἰρημένον.

[a] Morel. ἡ φιλαρχία.

ἀπεῤῥιμμένοι. Τοὺς γὰρ τοιούτους μάλιστα εἰς ἀδελφότητα καλεῖ, τοὺς ἀγνῶτας, τοὺς εὐκαταφρονήτους· οὐχὶ τοὺς μοναχοὺς [b] λέγων τούτους μόνον, καὶ τοὺς τὰ ὄρη κατειληφότας, ἀλλ' ἕκαστον πιστὸν, κἂν βιωτικὸς ᾖ, πεινῶν δὲ ᾖ καὶ λιμώττων, καὶ γυμνὸς, καὶ ξένος, πάσης αὐτὸν ταύτης τῆς ἐπιμελείας ἀπολαύειν C
βούλεται. Ἀδελφὸν γὰρ τὸ βάπτισμα ἐργάζεται, καὶ ἡ τῶν θείων μυστηρίων κοινωνία.

Εἶτα ἵνα καὶ ἑτέρωθεν ἴδῃς τὸ δίκαιον τῆς ἀποφάσεως, πρότερον ἐκείνους ἐπαινεῖ τοὺς κατωρθωκότας, καί φησι· Δεῦτε οἱ εὐλογημένοι τοῦ Πατρός μου, κληρονομήσατε τὴν ἡτοιμασμένην ὑμῖν βασιλείαν ἀπὸ καταβολῆς κόσμου. Ἐπείνασα γὰρ, καὶ ἐδώκατέ μοι φαγεῖν· καὶ τὰ ἑξῆς ἅπαντα. Ἵνα γὰρ μὴ λέγωσιν, ὅτι οὐκ εἴχομεν, ἀπὸ τῶν συνδούλων αὐτοὺς καταδικάζει· ὥσπερ τὰς παρθένους ἀπὸ τῶν παρθένων, καὶ τὸν δοῦ- D
λον τὸν μεθύοντα καὶ γαστριζόμενον ἀπὸ τοῦ πιστοῦ δούλου, καὶ τὸν τὸ τάλαντον καταχώσαντα [c] ἀπὸ τοῦ τὰ δύο προσενεγκόντος, καὶ ἕκαστον τῶν διαμαρτανόντων ἀπὸ τῶν κατωρθωκότων. Καὶ αὕτη ποτὲ μὲν ἐξ ἴσου ἡ σύγκρισις γίνεται, ὡς ἐνταῦθα καὶ ἐπὶ τῶν παρθένων· ποτὲ δὲ καὶ [d] ἀπὸ τοῦ πλεονάζοντος, ὡς ὅταν λέγῃ, Ἄνδρες Νινευῖται ἀναστήσονται, καὶ κατακρινοῦσι τὴν γενεὰν ταύτην, ὅτι ἐπίστευσαν εἰς τὸ κήρυγμα Ἰωνᾶ· καὶ ἰδοὺ πλεῖον Ἰωνᾶ ὧδε. Καὶ βασίλισσα νότου κατακρινεῖ τὴν γενεὰν ταύτην, ὅτι ἦλθεν ἀκοῦσαι τὴν σοφίαν Σολομῶντος· καὶ ἰδοὺ πλεῖον Σολομῶντος ὧδε. Καὶ ἀπὸ τοῦ ἰσάζοντος δὲ πάλιν, ὅτι E
Αὐτοὶ κριταὶ ὑμῶν ἔσονται· αἱ πάλιν ἀπὸ τοῦ πλεονάζοντος· Οὐκ οἴδατε ὅτι ἀγγέλους κρινοῦμεν; μήτιγε βιωτικά; Καὶ ἐνταῦθα μέντοι ἀπὸ τοῦ ἰσάζοντος· καὶ γὰρ πλουσίους πλουσίοις, καὶ πένητας πένησι παραβάλλει. Οὐ ταύτῃ δὲ μόνον δείκνυσι τὴν ψῆφον δικαίως ἐκφερομένην, τῷ τοὺς ὁμοδούλους κατωρθωκέναι ἐν τοῖς αὐτοῖς ὄντας, ἀλλὰ καὶ τῷ μηδὲ ἐν τούτοις ὑπακοῦσαι, ἐν οἷς οὐδὲν ἡ πενία κώλυμα 760
A ἦν· οἷον ἐν τῷ ποτίσαι διψῶντα, ἐν τῷ δεδεμένον ἰδεῖν, ἐν τῷ ἄῤῥωστον ἐπισκέψασθαι. Ἐγκωμιάσας δὲ τοὺς κατωρθωκότας, δείκνυσιν ὅσον ἄνωθεν ἦν αὐτῷ πρὸς αὐτοὺς τὸ φίλτρον· Δεῦτε γὰρ, φησὶν, οἱ εὐλογημένοι τοῦ Πατρός μου, κληρονομήσατε τὴν ἡτοιμασμένην ὑμῖν βασιλείαν πρὸ καταβολῆς κόσμου. [e] Πόσων ἀγαθῶν τοῦτο τὸ ὄνομα ἀντάξιον εἶναι δοκεῖ, τὸ εὐλογημένους εἶναι, καὶ παρὰ Πατρὸς εὐλογημένους; Καὶ πόθεν τοσαύτης τιμῆς ἠξιώθησαν; τίς ἡ αἰτία; Ἐπείνασα γὰρ, καὶ ἐδώκατέ μοι φαγεῖν, ἐδίψησα, καὶ ἐποτίσατέ με, καὶ τὰ ἑξῆς. Πόσης ταῦτα τιμῆς καὶ μακαριότητος τὰ ῥήματα; Καὶ οὐκ εἶπε, B
Λάβετε, ἀλλὰ, Κληρονομήσατε, ὡς οἰκεῖα, ὡς πα-

tantum, illosque qui in montibus habitant, sed fideles singulos, etiamsi sæculares sint, si sint esurientes, famelici, nudi, hospites, nulla non ipsos cura vult excipi. Fratrem enim et baptismus efficit, et divinorum mysteriorum consortium.

2. Postea ut aliunde etiam sententiæ justitiam videas, primo illos qui bene rem gessere laudat, et ait: 34. *Venite, benedicti Patris mei, hereditate accipite paratum vobis regnum a constitutione mundi.* 35. *Esurivi enim, et dedistis mihi manducare*, et quæ sequuntur omnia. Ne dicerent enim, se non habuisse, ex conservorum factis damnat eos; ut virgines ex virginibus, servum ebrium ac ventri deditum, a fideli servo, et eum qui talentum suffoderat, ab eo qui duo talenta attulerat, et peccatores singulos a proborum exemplo. Et hæc comparatio nonnumquam ex æquali ducitur, ut et hic et in parabola de virginibus; nonnumquam a majori, ut cum dicit: *Viri Nini-* Matth. 12.
vitæ surgent, et condemnabunt generationem 41. 42.
hanc, qui crediderunt in prædicatione Jonæ: et ecce plus quam Jonas hic. Et regina Austri condemnabit generationem hanc, quia venit audire sapientiam Salomonis: et ecce plus quam Salomon hic. Et ab æquali rursus; *Ipsi* Ibid. v. 27.
judices vestri erunt; et a majori iterum, *Nesci-* 1. Cor. 6. 3.
tis quia angelos judicabimus? quanto magis sæcularia? Et hic quoque ab æquali divites divitibus, pauperes pauperibus confert. Neque hoc tantummodo probat juste ferri sententiam, quod conservi ipsorum in pari rerum statu probe se gesserint, sed quod neque in illis obtemperarint, ubi paupertas nullo erat impedimento: ut potum dare sitienti, vinctum visitare, infirmum invisere. Postquam autem probos laudavit, ostendit quanta jam olim ipsos caritate complecteretur: nam ait: *Venite, benedicti Patris mei, hereditate possidete paratum vobis regnum ante constitutionem mundi.* Hoc nomen quot quantisque bonis æquiparari potest, quod benedicti sint, et a Patre benedicti? Et undenam tanto honore dignati sunt? quænam causa fuit? *Esurivi enim, et dedistis mihi manducare; sitivi, et potum dedistis mihi*, etc. Quanti honoris, quantæ beatitudinis verba? Non dicit, Accipite, sed, *Hereditate possidete*, quasi proprium, quasi paternum et vestrum, jam olim vobis debi-

[b] Morel. λέγων μόνον.

[c] Alii ἀπὸ τῶν τὰ δύο προσενεγκόντων.

[d] Alii ἐκ τοῦ πλεονάζοντος.

[e] Morel. πόσον ἀγαθῶν.

tum. Antequam enim essetis, inquit, hæc vobis parata erant, quia sciebam vos tales esse futuros. Et pro quibus hæc accipiunt? Pro tecto, pro vestibus, pro pane, pro aqua frigida, pro visitatione, pro ingressu in carcerem. Ubique enim ut necessariis provideatur requirit, imo quandoque non necessariis. Neque enim, ut jam dixi, ægrotus et vinctus visitari solum volunt, sed alius exsolvi, et alius a morbo sanari exoptat. Verum ille, mansuetus cum sit, illa tantum requirit quæ facultatis nostræ sunt; imo minus quam facultas nostra ferre possit, nobis relinquens ut ad majora pergamus. Illis vero dicit, *Discedite a me, maledicti :* non a Patre; non enim ille ipsis maledixit, sed opera ipsorum propria; *In ignem æternum, paratum,* non vobis, sed *Diabolo, et angelis ejus.* Nam cum de regno diceret, *Venite benedicti, hereditate possidete regnum,* adjunxit, *Paratum vobis ante constitutionem mundi :* de igne vero non item, sed, *Paratum diabolo, et angelis ejus.* Ego namque regnum vobis paravi, ignem vero, non vobis, sed diabolo et angelis ejus: quia vero vos in ipsum conjecistis, id vobisipsis reputate. Non his tantum, sed etiam in sequentibus, quasi sese purgans apud illos, causam ipsis adscribit : 42. *Esurivi enim, et non dedistis mihi manducare.* Etiamsi enim inimicus esset is qui accedebat, annon satis erant ærumnæ illæ, ut vel immisericordem flecterent et frangerent, fames, frigus, vincula, nuditas, infirmitas, vagari sine tecto? Hæc inimicitiam solvere poterant. At vos hæc non præstabatis amico, non benefactori, non Domino vestro. Si canem videamus esurientem, sæpe frangimur; imo si feras videamus esurientes, flectimur : et cum Dominum tuum vides, non flecteris? qua ratione hæc poterunt excusari? Nam si id solum esset, nonne sufficeret ad mercedem? non dico, ut talem vocem orbe præsente ab eo qui sedet in solio paterno audias, et regnum consequaris, sed hoc ipsum quod feceris nonne satis esset ad mercedem? Nunc autem orbe præsente, et ineffabili illa apparente gloria, prædicat et coronat te, promulgatque nutricium et hospitem : neque erubescit hæc dicens, ut tibi splendidiorem coronam reddat. Ex gratiæ liberalitate corona datur. Ideo illi juste puniuntur, hi coronantur per gratiam. Etsi enim millia bona opera fecissent, gra-

τρῷα, ὡς ὑμέτερα, ὡς ὑμῖν ἄνωθεν ὀφειλόμενα. Πρὶν
ἢ γὰρ ὑμᾶς γενέσθαι, φησὶ, ταῦτα ὑμῖν ἡτοίμαστο
καὶ [b] προευτρέπιστο, ἐπειδὴ ᾔδειν τοιούτους ὑμᾶς ἐσομένους. Καὶ ἀντὶ τίνων ταῦτα λαμβάνουσιν; Ἀντὶ στέγης, ἀντὶ ἱματίων, ἀντὶ ἄρτου, ἀντὶ ὕδατος ψυχροῦ,
ἀντὶ ἐπισκέψεως, ἀντὶ εἰσόδου τῆς εἰς τὸ δεσμωτήριον. Καὶ γὰρ πανταχοῦ τῆς χρείας ἐστίν· ἔστι δὲ
καὶ ὅπου οὐδὲ τῆς χρείας. Οὐ γὰρ δήπου, ὅπερ ἔφην,
ὁ κάμνων καὶ ὁ δεδεμένος τοῦτο ἐπιζητεῖ μόνον, ἀλλ'
ὁ μὲν λυθῆναι, ὁ δὲ ἀπαλλαγῆναι τῆς ἀῤῥωστίας. Ἀλλ'
αὐτὸς, ἥμερος ὢν, τὰ εἰς δύναμιν ἀπαιτεῖ· μᾶλλον δὲ
C καὶ τῶν εἰς δύναμιν ἐλάττω, ἡμῖν καταλιμπάνων
φιλοτιμεῖσθαι ἐν τῷ πλείονι. [c] Ἐκείνοις δὲ, Πορεύεσθε
ἀπ' ἐμοῦ οἱ κατηραμένοι· οὐκ ἔτι ὑπὸ τοῦ Πατρός· οὐ
γὰρ αὐτὸς αὐτοὺς κατηράσατο, ἀλλὰ τὰ οἰκεῖα ἔργα·
Εἰς τὸ πῦρ τὸ αἰώνιον, τὸ ἡτοιμασμένον, οὐχ ὑμῖν,
ἀλλὰ Τῷ διαβόλῳ, καὶ τοῖς ἀγγέλοις αὐτοῦ. Περὶ μὲν
γὰρ τῆς βασιλείας ὅτε ἔλεγε, Δεῦτε οἱ εὐλογημένοι, κληρονομήσατε τὴν βασιλείαν, ἐπήγαγε, Τὴν ἡτοιμασμένην ὑμῖν πρὸ καταβολῆς κόσμου· περὶ δὲ τοῦ πυρὸς
οὐκ ἔτι, ἀλλὰ, Τὸ ἡτοιμασμένον τῷ διαβόλῳ, καὶ τοῖς
ἀγγέλοις αὐτοῦ. Ἐγὼ μὲν γὰρ τὴν βασιλείαν ὑμῖν
ἡτοίμασα, τὸ δὲ πῦρ οὐκ ἔτι [d] ὑμῖν, ἀλλὰ τῷ διαβό-
D λῳ, καὶ τοῖς ἀγγέλοις αὐτοῦ· ἐπειδὴ δὲ ὑμεῖς ἑαυτοὺς
ἐνεβάλετε, ἑαυτοῖς λογίζεσθε. Οὐ ταύτῃ δὲ μόνον, ἀλλὰ
καὶ διὰ τῶν ἑξῆς, ὥσπερ ἀπολογούμενος αὐτοῖς, καὶ
τὰς αἰτίας τίθησιν· Ἐπείνασα γὰρ, καὶ οὐκ ἐδώκατέ μοι φαγεῖν. Εἰ γὰρ καὶ ἐχθρὸς ἦν ὁ προσιὼν,
οὐχ ἱκανὰ τὰ πάθη καὶ τὸν ἀνελεῆ κατακλάσαι καὶ
ἐπικάμψαι, λιμὸς, καὶ [e] κρυμὸς, καὶ δεσμὰ, καὶ
γυμνότης, καὶ ἀῤῥωστία, καὶ τὸ αἴθριον πλανᾶσθαι
πανταχοῦ; Ταῦτα γὰρ καὶ ἔχθραν ἱκανὰ λῦσαι. Ἀλλ'
ὑμεῖς οὐδὲ εἰς φίλον ταῦτα ἐποιήσατε, καὶ φίλον, καὶ
εὐεργέτην, καὶ Δεσπότην ὄντα. Καὶ κύνα μὲν ἂν ἴδωμεν πεινῶντα, πολλάκις ἐπικλώμεθα· καὶ θηρίον ἐὰν
E θεασώμεθα, ἐπικαμπτόμεθα· τὸν δὲ Δεσπότην ὁρῶν
οὐκ ἐπικάμπτῃ; καὶ ποῦ ταῦτα ἀπολογίας ἄξια; Εἰ
γὰρ τοῦτο μόνον ἦν, οὐχ ἱκανὸν εἰς ἀντίδοσιν; οὐ λέγω
τὸ ἀκοῦσαι φωνῆς τοιαύτης ἐπὶ τῆς οἰκουμένης, παρὰ
τοῦ καθημένου ἐπὶ τοῦ θρόνου [f] τοῦ πατρικοῦ, καὶ
761 βασιλείας τυχεῖν, ἀλλ' αὐτὸ τὸ ἐργάσασθαι οὐχ ἱκανὸν
A εἰς ἀμοιβήν; Νυνὶ δὲ καὶ τῆς οἰκουμένης παρούσης,
καὶ τῆς ἀῤῥήτου δόξης ἐκείνης φαινομένης, ἀνακηρύττει σε καὶ στεφανοῖ, καὶ ὁμολογεῖ τὸν τροφέα καὶ
τὸν ξενοδόχον· καὶ οὐκ αἰσχύνεται λέγων τοιαῦτα,
ἵνα σοι λαμπρότερον ποιήσῃ τὸν στέφανον. Διὰ δὴ
τοῦτο καὶ οὗτοι δικαίως κολάζονται, κἀκεῖνοι στεφα-

[b] Mss. quidam καὶ ηὐτρέπιστο. Mox τοιούτους ὑμᾶς, sic Mss; Savil. et Morel. ἡμᾶς, male. Paulo post Mss. ταῦτα λαμβ.

[c] Unus ἐκεῖνοι δὲ τί φησι; πορεύεσθε.

[d] Unus ὑμῖν, τῷ δὲ διαβόλῳ.

[e] Morel. κρυμμὰς Paulo post Morel. καὶ τὸ αἴθριον, καὶ τὸ πλανᾶσθαι.

[f] Unus τοῦ πατρὸς. καὶ βασ. Mox alius ἐργάζεσθαι.

νοῦνται κατὰ χάριν [a] Κἂν γὰρ μυρία ὦσι πεποιηκότες, χάριτός ἐστιν ἡ φιλοτιμία, τὸ ἀντὶ μικρῶν οὕτω, καὶ εὐτελῶν, οὐρανὸν τοσοῦτον, καὶ βασιλείαν τηλικαύτην αὐτοῖς δοθῆναι, καὶ τιμήν. Καὶ ἐγένετο ὅτε συνετέλεσεν ὁ Ἰησοῦς τοὺς λόγους τούτους, εἶπε τοῖς μαθηταῖς αὐτοῦ· οἴδατε ὅτι μετὰ δύο ἡμέρας τὸ πάσχα γίνεται, καὶ ὁ Υἱὸς τοῦ ἀνθρώπου παραδίδοται B
εἰς τὸ σταυρωθῆναι. Πάλιν εὐκαίρως περὶ τοῦ πάθους διαλέγεται, ὅτε βασιλείας ἀνέμνησε, καὶ τῆς [b] ἀνταποδόσεως τῆς ἐκεῖ, καὶ τῆς ἀθανάτου κολάσεως· ὡσανεὶ ἔλεγε· τί δεδοίκατε ἐπὶ τοῖς προσκαίροις δεινοῖς, τοιούτων ὑμᾶς ἀναμενόντων ἀγαθῶν;

Σὺ δέ μοι σκόπει πῶς τὸ μάλιστα λυποῦν αὐτοὺς καινοτέρως [c] ἐμεθόδευσε καὶ συνεσκίασεν ἐν τοῖς ἔμπροσθεν ἅπασιν. Οὐ γὰρ εἶπεν, ὅτι οἴδατε ὅτι μετὰ δύο ἡμέρας παραδίδομαι· ἀλλὰ τί; Οἴδατε ὅτι μετὰ δύο ἡμέρας τὸ πάσχα γίνεται, καὶ ὁ Υἱὸς τοῦ ἀνθρώπου παραδίδοται· καὶ τότε ἐπήγαγεν, Εἰς τὸ σταυρωθῆναι· δεικνὺς μυστήριον ὂν τὸ γινόμενον, καὶ ἑορτὴν C
καὶ πανήγυριν ἐπὶ σωτηρίᾳ τῆς οἰκουμένης τελουμένην, καὶ ὅτι προειδὼς ἅπαντα ἔπασχε. Διὰ δὴ τοῦτο ὡς ἀρκοῦντος τούτου εἰς παραμυθίαν αὐτοῖς, οὐδὲ εἶπεν αὐτοῖς τι νῦν περὶ ἀναστάσεως· περιττὸν γὰρ ἦν, τοσαῦτα διαλεχθέντα, περὶ αὐτῆς πάλιν εἰπεῖν. Καὶ ἄλλως δὲ, ὅπερ εἶπον, δείκνυσιν ὅτι καὶ αὐτὸ τὸ παθεῖν μυρίων ἀπαλλαγὴ κακῶν, διὰ τοῦ πάσχα τῶν παλαιῶν εὐεργετημάτων [d] τῶν κατ' Αἴγυπτον ἀναμνήσας αὐτούς. Τότε συνήχθησαν οἱ ἀρχιερεῖς, καὶ οἱ γραμματεῖς, καὶ οἱ πρεσβύτεροι τοῦ λαοῦ ἐν τῇ αὐλῇ τοῦ ἀρχιερέως, τοῦ λεγομένου Καϊάφα, καὶ συνεβουλεύσαντο ἵνα τὸν Ἰησοῦν δόλῳ κρατήσωσι, καὶ ἀποκτείνωσιν. D
Ἔλεγον δὲ, μὴ ἐν τῇ ἑορτῇ, ἵνα μὴ θόρυβος γένηται ἐν τῷ λαῷ. Εἶδες τὴν ἄφατον τῶν Ἰουδαϊκῶν πραγμάτων [e] διαφθοράν; Παρανόμοις πράγμασιν ἐπιχειροῦντες, πρὸς τὸν ἀρχιερέα ἔρχονται, ἐκεῖθεν βουλόμενοι τὴν ἐξουσίαν λαβεῖν, ὅθεν κωλύεσθαι ἔδει. Καὶ πόσοι ἦσαν οἱ ἀρχιερεῖς; Ὁ γὰρ νόμος ἕνα * εἶναι βούλεται· ἀλλὰ τότε πολλοὶ ἦσαν. Ὅθεν δῆλον, ὅτι τὰ Ἰουδαϊκὰ ἀρχὴν ἐλάμβανε διαλύεσθαι. Ὁ μὲν γὰρ Μωϋσῆς, ὅπερ ἔφην, ἕνα εἶναι ἐκέλευσε, καὶ τελευτήσαντος ἐκείνου τότε ἕτερον γίνεσθαι, καὶ τῇ E
ζωῇ τούτου τὴν φυγὴν ἐμέτρει τῶν ἀκουσίως ἐργασαμένων φόνον. Πῶς οὖν τότε πολλοὶ οἱ ἀρχιερεῖς; Ἐνιαυσιαῖοι ὕστερον ἐγίνοντο. [f] Καὶ τοῦτο ἐδήλωσεν ὁ εὐαγγελιστὴς, ὅτε περὶ τοῦ Ζαχαρίου διελέγετο, εἰπὼν ἐξ ἐφημερίας αὐτὸν εἶναι Ἀβιά. Αὐτοὺς οὖν ἐν-

tiæ liberalitas est, quod ita pro minimis operibus tantum cælum, tantum regnum detur in præmium. 1. *Et factum est cum consummasset* Cap. XXVI.
Jesus hos sermones, dixit discipulis suis : 2. Scitis quia post biduum pascha fiet, et Filius hominis tradetur ut crucifigatur. Rursus opportune de passione loquitur, quando de regno, de retributione futura, et de æternis cruciatibus verba fecerat; ac si diceret : Cur timetis de temporaneis malis, cum talia vos maneant bona?

3. Tu vero mihi consideres velim quomodo id quod illos maxime angebat, cum arte nova quadam in superioribus adumbraverit. Non enim dixit, Scitis quia post duos dies tradar; sed quid? *Scitis quia post biduum pascha fiet, et Filius hominis tradetur;* et tunc adjicit, *Ut crucifigatur;* ostendens mysterium esse id quod fiebat, festum et celebritatem ad salutem orbis factam, et se passurum esse, cum omnia præscivisset. Ideo quasi hoc satis esset ad consolationem illorum, nihil illis nunc dicit de resurrectione : superfluum enim fuisset, postquam tot tantaque disseruerat, de illa iterum dicere. Alioquin vero, ut jam dixi, ostendit ipsam passionem a mille malis homines liberare, dum per pascha vetera beneficia in Ægypto præstita commemorat. 3. *Tunc congregati sunt principes sacerdotum, scribæ, et seniores populi in atrio summi sacerdotis, qui vocabatur Caïphas, 4. et consilium inierunt ut Jesum dolo tenerent, et occiderent. 5. Dicebant autem, Non in die festo, ne tumultus fieret in populo.* Vidisti maximam Judaïcarum rerum corruptionem? Res iniquas aggredientes, ad summum sacerdotem veniunt, dum inde volunt potestatem accipere unde impediri oportebat. Et quot erant summi sacerdotes? Lex enim unum esse vult : sed tunc multi erant. Unde palam est, Judaïca jam dissolvi cœpisse. Moyses enim, ut dixi, unum esse jussit : quo mortuo alium deligi, in hujusque vita exsilium terminavit eorum qui involuntarie necem alicui intulissent. Quomodo igitur tunc multi sacerdotes? Annui deinceps facti sunt. Hoc significavit evangelista, cum de Zacharia loqueretur, dicens illum fuisse *De vice Abia.* Principes igitur Luc. 1. 5.

[a] Unus κἂν μυρία.... χάριτος γάρ ἐστιν.
[b] Alii ἀντιδόσεως.
[c] Duo Mss. μεθώδευσε.
[d] Morel. τῶν αὐτοὺς κατ', male.
[e] Morel. διαφοράν, perperam.

* [Addidimus εἶναι e Codice 694.]
[f] Putabat ergo Chrysostomus Zachariam Joannis Baptistæ patrem fuisse summum sacerdotem. Alii secus existimant.

sacerdotum fuisse dicit eos, qui de principibus sacerdotum fuerant. Quod autem consilium inierunt? ut eum clam caperent? aut ut occiderent? Utrumque: timebant enim plebem. Ideo præterire festum volebant; dicebant enim, *Non in die festo.* Nam diabolus, ne manifesta passio esset, nolebat occidi in paschate; illi vero, ne tumultus esset. Animadverte autem illos timere, non Deum, neque ne majus scelus esset a tempore; sed ubique humana metuere. Attamen animo ferventes, postea sententiam mutarunt. Cum dixissent enim, *Non in die festo,* cum proditorem invenissent, de tempore non curarunt, sed in ipso festo occiderunt. Cur autem illum tunc ceperunt? Et furore ardentes, ut dixi, et quod tunc se illum inventuros esse sperarent, atque omnia quasi cæci facerent. Etsi maxime ille ipsorum nequitia ad propriam uteretur dispensationem; non ideo sine culpa erant, sed mille digni cruciatibus ob tale propositum. Quando igitur omnes etiamque noxios solvi oportebat, tunc illi innocentem occiderunt, qui ipsis mille beneficia contulerat, quique propter illos interim gentes negligere videbatur. Sed, o benignitatem! scelestos illos ita pravos, mille malis onustos, rursus salvos facit, mittitque apostolos pro ipsis occidendos, et pro ipsis supplicationem emittit. 2. Cor. 5. 20. *Pro Christo* enim *legatione fungimur*, inquit. Talia igitur exempla habentes, non dico, moriamur pro inimicis, licet hoc quoque oporteret: sed quia infirmiores sumus, illud interim dico, saltem ne livore ducamur erga amicos, ne invideamus benefactoribus. Nondum dico, mala nobis inferentes beneficio afficiamus: illud certe cuperem; sed quia crassiores sumus, saltem illos ne ulciscamur. Num scena sunt nostra, num histrionica? Cur præceptis ex diametro oppositi estis? Non sine causa scripta sunt tum alia omnia, tum ea quæ crucis tempore fecit, quæ potuissent eos revocare; sed ut imiteris ejus bonitatem, ut æmuleris benignitatem. Nam et supinos illos conjecit, et auriculam famulo restituit, et cum modestia respondit: et magna in cruce erectus miracula edidit, radios solares avertens, petras scindens, mortuos suscitans, judicis uxorem per somnia territans, in ipso judicio omnem mansuetudinem exhibens, quæ non minus quam miracula posset ipsos attrahere, multa prædicens in judicio, in ipsa

761 ταῦθά φησιν ἀρχιερεῖς τοὺς ἀπ' ἀρχιερέων. Τί δὲ συν-
A εβουλεύσαντο; ἵνα κρατήσωσιν αὐτὸν λάθρᾳ, ἢ ἵνα [a] ἀνέλωσιν; Ἀμφότερα· ἐδεδοίκεισαν γὰρ τὸν λαόν. Διὸ καὶ τὴν ἑορτὴν ἀνέμενον παρελθεῖν· ἔλεγον γὰρ, Μὴ ἐν τῇ ἑορτῇ. [b] Ὁ μὲν γὰρ διάβολος, ἵνα μὴ φανερὸν καταστήσῃ τὸ πάθος, οὐκ ἐβούλετο ἐν τῷ πάσχα· ἐκεῖνοι δὲ, ἵνα μὴ θόρυβος γένηται. Σκόπει δὲ αὐτοὺς φοβουμένους, οὐ τὰ τοῦ Θεοῦ, οὐδὲ ἵνα μὴ μίασμα αὐτοῖς μεῖζον ἀπὸ τοῦ καιροῦ γένηται· ἀλλὰ πανταχοῦ τὰ ἀνθρώπινα. Ἀλλ' ὅμως τῷ θυμῷ ζέοντες, πάλιν μετέθεντο. Εἰπόντες γὰρ, Μὴ ἐν τῇ ἑορτῇ, ἐπειδὴ τὸν προδότην εὗρον, οὐκ ἠνέσχοντο τοῦ καιροῦ, ἀλλ' [c] ἐν ταύτῃ κατέσφαξαν. Διατί δὲ αὐτὸν τότε κατέσχον;
B Καὶ τῷ θυμῷ ζέοντες, ὅπερ εἶπον, καὶ τότε αὐτὸν εὑρήσειν προσεδόκησαν, καὶ πάντα ὥσπερ [d] πεπηρωμένοι ἔπραττον. Εἰ καὶ τὰ μάλιστα αὐτὸς τῇ ἐκείνων πονηρίᾳ εἰς τὴν οἰκείαν ἐκέχρητο οἰκονομίαν, οὐ μὴν διὰ τοῦτο ἀνεύθυνοι, ἀλλὰ μυρίων ἄξιοι κολάσεων ἀπὸ τῆς γνώμης. Ὅτε γοῦν ἅπαντας ἀπολύεσθαι ἔδει καὶ τοὺς ὄντας ὑπευθύνους, τότε οὗτοι τὸν ἀθῷον ἀνεῖλον, τὸν μυρία εὐεργετηκότα, τῶν ἐθνῶν τέως ὑπεριδόντα δι' αὐτούς. Ἀλλ' ὢ τῆς φιλανθρωπίας· τοὺς οὕτω μοχθηροὺς, τοὺς οὕτω σκαιοὺς καὶ μυρίων γέμοντας κακῶν, πάλιν σώζει, καὶ πέμπει σφαγησομένους τοὺς ἀποστόλους ὑπὲρ αὐτῶν, καὶ δι' αὐτῶν ἱκετηρίαν τίθησιν. Ὑπὲρ Χριστοῦ γὰρ πρεσβεύομεν, φησί. Τοιαῦτα τοίνυν παραδείγματα ἔχοντες,
C οὐ λέγω, ἀποθάνωμεν ὑπὲρ τῶν ἐχθρῶν· ἔδει μὲν γὰρ καὶ τοῦτο· ἀλλ' ἐπειδὴ [e] ἀσθενέστεροι ἡμεῖς, ἐκεῖνο λέγω τέως, κἂν μὴ βασκαίνωμεν τοῖς φίλοις, μὴ φθονῶμεν τοῖς εὐεργετοῦσιν. Οὐ λέγω τέως, τοὺς κακῶς ποιοῦντας εὐεργετήσωμεν· ἐπιθυμῶ μὲν γὰρ καὶ τοῦτο· ἀλλ' ἐπειδὴ παχύτεροι ἡμεῖς, κἂν μὴ ἀμυνώμεθα. Μὴ γὰρ σκηνή τίς ἐστι τὰ ἡμέτερα καὶ ὑπόκρισις; Τί [f] δήποτε ἐκ διαμέτρου πρὸς τὰ προστάγματα ἵστασθε; Οὐχ ἁπλῶς γέγραπται τά τε ἄλλα, καὶ ὅσα παρ' αὐτὸν τὸν σταυρὸν εἰργάσατο, δυνάμενα αὐτοὺς ἀνακαλέσασθαι· ἀλλ' ἵνα μιμήσῃ τὴν ἀγαθό-
D τητα, ἵνα ζηλώσῃς τὴν φιλανθρωπίαν. Καὶ γὰρ καὶ ὑπτίους ἔρριψε, καὶ τὸ ὠτίον ἀπεκατέστησε τοῦ οἰκέτου, μετ' ἐπιεικείας διελέχθη· καὶ μεγάλα ἄνω ὢν ἐπεδείξατο θαύματα, τὰς ἀκτῖνας ἀποστρέφων, τὰς πέτρας ῥηγνὺς, τοὺς τετελευτηκότας ἐγείρων, τὴν γυναῖκα τοῦ δικάζοντος φοβῶν δι' ὀνειράτων, ἐν αὐτῇ τῇ κρίσει πᾶσαν πραότητα ἐπιδειξάμενος, θαυμάτων οὐχ ἧττον δυναμένην αὐτοὺς ἐπισπάσασθαι, μυρία προλέγων ἐν τῷ δικαστηρίῳ, ἐν αὐτῷ τῷ σταυρῷ βοῶν·

[a] Alius ἀνέλωσιν, ἢ καὶ ἀμφότερα;
[b] Morel. ὁ μὲν διάβολος.
[c] Alii ἐν αὐτῇ. Suspicatur Savilius legendum ἐν τῇ ἑορτῇ. Georgius Trapez. vertit. *in ipsa solennitate.*

[d] Morel., male, πεπληρωμένοι. Alii πεπηρωμένοι, vel πεπωρωμένοι.
[e] Sic omnes Mss. Editi vero ἀσθενέστεροι ὦμεν ἡμεῖς.
[f] Morel. δήποτε διαμέτρου, male.

Πάτερ, ἄφες αὐτοῖς τὴν ἁμαρτίαν ταύτην. Ταφεὶς δὲ, πόσα ἐπεδείξατο εἰς τὴν ἐκείνων σωτηρίαν; ἀναστὰς δὲ, οὐχ εὐθέως Ἰουδαίους ἐκάλεσεν; οὐχ ἄφεσιν ἔδωκεν ἁμαρτημάτων; οὐ τὰ μυρία ἀγαθὰ προύθηκε; Τί τούτου παραδοξότερον; Οἱ σταυρώσαντες [g] καὶ φόνου πνέοντες, μετὰ τὸ σταυρῶσαι γεγόνασιν υἱοὶ Θεοῦ. Τί ταύτης τῆς κηδεμονίας ἴσον; Ταῦτα ἀκούσαντες ἐγκαλυψώμεθα, ὅτι τοσοῦτον ἀφεστήκαμεν τούτου, ὃν μιμεῖσθαι κελευόμεθα. Ἴδωμεν κἂν τὸ διάστημα ὅσον, ἵνα κἂν καταγνῶμεν ἑαυτῶν, τούτοις πολεμοῦντες, ὑπὲρ ὧν Χριστὸς τὴν ψυχὴν [a] ἔθηκε· καὶ οὐ βουλόμενοι καταλλαγῆναι, οὓς ἵνα καταλλάξῃ, οὔτε σφαγῆναι παρῃτήσατο. [b] Ἢ καὶ τοῦτο δαπάνη τίς ἐστι, καὶ χρημάτων ἀνάλωμα, ὅπερ ἐν τῇ ἐλεημοσύνῃ προβάλλεσθε;

Ἐννόησον ὅσον ὑπεύθυνος εἶ, καὶ οὐ μόνον οὐκ ἀναδύσῃ [c] πρὸς τὴν ἄφεσιν τῶν σε ἠδικηκότων, ἀλλὰ καὶ δραμῇ πρὸς τούς σε λελυπηκότας, ὥστε γενέσθαι σοι συγχωρήσεως ἀφορμὴν, ὥστε εὑρεῖν παραμυθίαν τῶν οἰκείων κακῶν. Ἑλλήνων παῖδες οὐδὲν μέγα προσδοκῶντες πολλάκις, ἐν τούτοις ἐφιλοσόφησαν· καὶ σὺ μέλλων ἐπὶ τοιαύταις ἐλπίσιν ἀποδημεῖν, ἀναδύῃ καὶ ὀκνεῖς; καὶ ὅπερ ὁ χρόνος ποιεῖ, τοῦτο οὐκ ἀνέχῃ πρὸ τοῦ χρόνου ποιῆσαι διὰ τὸν τοῦ Θεοῦ νόμον, ἀλλ' ἀμισθὶ μᾶλλον, ἢ ἐπὶ μισθῷ βούλει σοι σβεσθῆναι τὸ πάθος; Οὐδὲ γὰρ ἂν ἀπὸ τοῦ χρόνου γένηται τοῦτο, ἔσται σοί τι πλέον, ἀλλὰ καὶ πολλὴ ἡ κόλασις, ὅτι ὅπερ ὁ χρόνος εἰργάσατο, τοῦτο ὁ τοῦ Θεοῦ νόμος οὐκ ἔπεισέ σε ποιῆσαι. Εἰ δὲ λέγοις, ὅτι φλεγμαίνεις τῆς ὕβρεως μεμνημένος, ἀναμνήσθητι εἴ τι γέγονέ σοι καλὸν παρὰ τοῦ λελυπηκότος, καὶ ὅσα σὺ ἑτέρους διέθηκας κακά. Κακῶς σε εἶπε, καὶ κατῄσχυνε; Λόγισαι ὅτι καὶ σὺ ἑτέρους εἴρηκας. Πῶς οὖν ἐπιτεύξῃ συγγνώμης, ἧς ἑτέροις οὐ μεταδίδως; Ἀλλ' οὐδένα εἴρηκας; Ἀλλ' ἤκουσας [d] λεγόντων, καὶ ἀπεδέξω. Οὐδὲ τοῦτο ἀνεύθυνον. Θέλεις μαθεῖν ὅσον ἐστὶν ἀγαθὸν τὸ μὴ μνησικακεῖν, καὶ πῶς μάλιστα τοῦτο τὸν Θεὸν εὐφραίνει; Τοὺς ἐφηδομένους τοῖς δικαίως παρ' αὐτοῦ κολαζομένοις τιμωρεῖται· καίτοι δικαίως κολάζονται, ἀλλὰ σὲ ἐπιχαίρειν οὐκ ἐχρῆν. Καὶ γὰρ ὁ προφήτης πολλὰ ἐγκαλέσας, καὶ τοῦτο ἐπήγαγεν εἰπών· Οὐκ ἔπασχον οὐδὲν ἐπὶ τῇ συντριβῇ τοῦ Ἰωσήφ· καὶ πάλιν, Οὐκ ἐξῆλθε κατοικοῦσα [*] ἕνα κόψασθαι οἶκον ἐχόμενον αὐτῆς. Καίτοι καὶ ὁ Ἰωσὴφ, τουτέστιν, αἱ φυλαὶ αἱ ἐξ αὐτοῦ καὶ οἱ τούτων γείτονες, κατὰ Θεοῦ γνώμην ἐτιμωροῦντο· ἀλλ' ὅμως βούλεται καὶ τούτοις ἡμᾶς συναλγεῖν. Εἰ γὰρ ἡμεῖς [e] πονηροὶ

E cruce clamans, *Pater, dimitte illis hoc peccatum.* Luc. 23. 34. Sepultus vero, quot ad illorum salutem exhibuit? cum resurrexisset autem, annon statim Judæos vocavit? annon veniam peccatorum dedit? annon sexcenta bona contulit? Quid hoc mirabilius? Qui crucifixerant, qui necem spirabant, 763 A postquam crucifixerunt eum, filii Dei facti sunt. Quid huic providentiæ par est? Hæc audientes præ pudore nos abscondamus, quod tantum distemus ab illo, quem imitari jubemur. Videamus quanta sit intercapedo, ut saltem nos damnemus, eo quod illos impugnemus, pro quibus Christus animam posuit; nec illis velimus reconciliari, quos ut reconciliaret, nec occidi recusavit. An expensa est et pecuniarum profusio, quod in eleemosyna obtenditis?

4. Cogita quam noxius sis, et non modo non recusabis lædentibus te veniam dare, sed etiam ad illos accurres, ut tibi id sit remissionis occasio, B ut propriorum tibi malorum consolationem reperias. Gentiles sæpe nihil magni exspectantes, in hisce rebus philosophati sunt: et tu, qui ad tantam spem profecturus es, refugis et torpescis? et quod tempus facit, hoc non sustines propter Dei legem ante tempus facere, et vis potius sine mercede, quam cum mercede passionem tuam exstingui? Neque enim si id a tempore fiat, majus quidpiam tibi supererit, imo grave supplicium, quod id quod tempus facere potuit, hoc lex Dei tibi facere non persuaserit. Quod si dixeris, te inflammari cum contumeliæ recordaris, in meC moriam revoca, si quid tibi boni a lædente accesserit, et cogita quanta tu aliis mala intuleris. Tibi maledixit, te probro affecit? Tecum reputa te quoque aliis maledixisse. Quomodo ergo veniam consequeris, quam aliis non dedisti? Sed nihil tale dixisti? Sed alium hæc dicentem audisti, idque amplexus es. Neque illud culpa vacat. Vis discere quantum sit bonum injuriarum oblivio, et quam Deus hac de re lætetur? Eos qui lætantur, cum vident quosdam ab eo juste castigari, ulciscitur: etiamsi enim illi juste puniantur, te de his gaudere non oportet. Etenim propheta D multa criminatus, hoc subjunxit: *Nihil passi sunt in contritione Joseph;* Amos. 6. 6. et rursum, *Non exivit vicina ad plangendum unam domum conjunctam ei.* Mich. 1. 11. Quamvis Joseph, id est, tribus

Injuriarum remissio et oblivio desideratur.

[g] Alii καὶ φονεύσαντες.

[a] Quidam ἔδωκε.

[b] Unus ἢ μὴ καὶ, non male. [Cod. 694 εἰ μὴ καί.]

[c] Morel. πρὸς τὴν ἀφαίρεσιν.

[d] Morel. λέγοντας.

[*] [Cod. 694 pro ἕνα habet ἐνάν. Bibl. Σενναάρ.]

[e] Alii et Morel. πικροὶ ὄντες. Mox Morel. post οἰκέτην addit οἱ οὕτω μνησίκακοι τοὺς ἐφηδομένους.

ex illo ortæ ac vicini, Dei nutu punirentur; sed vult nos illis condolere. Nam si nos qui improbi sumus, cum servum castigamus, si quem conservorum ridentem videamus, magis indignamur, et in illum iram convertimus: multo magis Deus pœnas repetet ab iis, qui de suppliciis aliorum lætantur. Quod si in eos qui a Deo puniuntur non insurgere, sed illis condolere oportet, multo magis iis qui contra nos peccarunt. Hoc enim caritatis argumentum est, hanc vero omnibus anteponit Deus. Quemadmodum enim in purpura regia illi flores, illi colores pretiosi sunt, qui chlamydem sic exornant: sic et illæ pretiosæ virtutes sunt, quæ caritatem contineant. Nihil autem ita caritatem servat, ut oblivio peccatorum, quæ in nos admissa sunt. Annon de altera parte curavit Deus? annon misit lædentem ad læsum? annon ab altari ad eumdem ipsum misit, et post reconciliationem ad mensam vocat illum? At tu ne ideo exspectes illum: alioquin totum perdidisti. Propterea enim ineffabilem tibi mercedem constituit, ut prævenias ipsum; ita ut si rogatus reconcilieris, non jam ex Dei præcepto amicitia jungatur, sed ex illius studio: quamobrem incoronatus recedis, illo bravia accipiente. Quid dicis? Inimicum habes, nec te pudet? Annon sufficit nobis diabolus, ut etiam congeneres nobis inimicos attrahamus? Utinam ne ille quidem nobiscum vellet pugnare, utinam neque ille diabolus esset. Nescis quanta sit post reconciliationem voluptas? Quid enim, si in ipsis inimicitiis illa non apparet? Nam quod suavius sit lædentem se amare, quam odio habere, postquam inimicitiæ solutæ fuerint, tunc poteris probe discere.

Matth. 5. 23.

ὄντες, ὅταν τιμωρώμεθα οἰκέτην, ἄν τινα τῶν συνδούλων γελάσαντα ἴδωμεν, καὶ παροξυνόμεθα μᾶλλον, καὶ ἐπ' ἐκεῖνον μετάγομεν τὴν ὀργήν· πολλῷ μᾶλλον ὁ Θεὸς τιμωρήσεται τοὺς ἐφηδομένους τοῖς κολαζομένοις. Εἰ δὲ τοῖς παρὰ τοῦ Θεοῦ κολαζομένοις οὐκ ἐπεμβαίνειν, ἀλλὰ συναλγεῖν χρὴ, πολλῷ μᾶλλον τοῖς εἰς E ἡμᾶς ἡμαρτηκόσι. Τοῦτο γὰρ ἀγάπης σημεῖον, ταύτην πάντων προτίθησιν ὁ Θεός. Καθάπερ γὰρ ἐπὶ τῆς ἁλουργίδος τῆς βασιλικῆς ἐκεῖνά [f] ἐστι τὰ τίμια τῶν ἀνθῶν καὶ τῶν χρωμάτων, ἅπερ τὴν χλαμύδα κατασκευάζει ταύτην· οὕτω καὶ ἐνταῦθα αὗταί εἰσιν αἱ 764 τίμιαι, αἵπερ ἂν τὴν ἀγάπην συνέχωσιν. Οὐδὲν δὲ οὕ- A τως ἀγάπην διατηρεῖ, ὡς τὸ μὴ μεμνῆσθαι τῶν εἰς ἡμᾶς ἡμαρτηκότων. Μὴ γὰρ οὐκ ἐφρόντισε καὶ καθ' ἑτέρου μέρους ὁ Θεός; μὴ γὰρ οὐκ ἔπεμψε καὶ τὸν ἠδικηκότα πρὸς τὸν ἠδικημένον ἐλθεῖν; οὐκ ἀπὸ τοῦ θυσιαστηρίου πέμπει πρὸς ἐκεῖνον αὐτὸν, καὶ μετὰ τὰς καταλλαγὰς ἐπὶ τὴν τράπεζαν αὐτὸν καλεῖ; Ἀλλὰ μὴ διὰ τοῦτο περιμείνῃς ἐκεῖνον ἐλθεῖν, ἐπεὶ τὸ πᾶν ἀπώλεσας. Διὰ γὰρ τοῦτο μάλιστά σοι μισθὸν ἄφατον ὁρίζει, ἵνα φθάσῃς ἐκεῖνον· ὡς ἐὰν παρακληθεὶς καταλλαγῇς, οὐκ ἔτι τῆς τοῦ Θεοῦ προσταγῆς γέγονεν ἡ φιλία, ἀλλὰ τῆς ἐκείνου σπουδῆς· διὸ καὶ ἀστεφάνωτος B ἀναχωρεῖς, ἐκείνου τὰ βραβεῖα λαμβάνοντος. Τί λέγεις; Ἐχθρὸν ἔχεις, καὶ οὐκ αἰσχύνῃ; Οὐ γὰρ ἀρκεῖ ἡμῖν ὁ διάβολος, ἀλλὰ καὶ ὁμογενεῖς ἐπισπώμεθα; Εἴθε μηδὲ ἐκεῖνος ἠθέλησεν ἡμῖν πολεμῆσαι, εἴθε μήτε ἐκεῖνος διάβολος ἦν. Οὐκ οἶσθα [a] πόση ἡ ἡδονὴ μετὰ τὰς καταλλαγάς; Τί γὰρ, εἰ καὶ ἐν τῇ ἔχθρᾳ οὐ σφόδρα φαίνεται; Ὅτι γὰρ ἥδιον τὸ φιλεῖν τὸν ἀδικοῦντα, ἢ μισεῖν, μετὰ τὸ λυθῆναι τὴν ἔχθραν, τότε δυνήσῃ μαθεῖν καλῶς.

5. Cur ergo furiosos imitamur, qui se mutuo lacerant, qui in propriam carnem insaniunt? Audi quanta hujusce rei cura etiam in veteri lege fuerit. *Viæ, inquit, recordantium mala in mortem. Homo homini conservat iram, et a Deo quærit medelam.* Atqui oculum pro oculo, et dentem pro dente concessit: quomodo igitur accusat? Quia illa concessit, non ut alter alteri faciamus, sed ut formidine pœnæ a tali ausu abstineamus. Alioquin autem illa temporaneæ cujusdam iræ sunt, injuriarum autem recordatio animæ nequitiam meditantis. Sed male vexatus es? Sed non tantum tibi mali intulit, quantum tu ipse tibi, si injuriæ recordatus fueris. Alioquin vero vir bonus nihil mali pati potest. Sit enim quis, uxorem et

Prov. 12. 28. *Eccli.* 28. 3. *Exod.* 21. 24.

Vir bonus nihil mali pati potest.

Τί τοίνυν τοὺς μαινομένους μιμούμεθα, ἀλλήλους κατεσθίοντες, τῇ οἰκείᾳ σαρκὶ πολεμοῦντες; Ἄκουσον καὶ ἐν τῇ Παλαιᾷ πόσος ἦν ὑπὲρ τούτου λόγος. Ὁδοὶ C μνησικάκων εἰς θάνατον. Ἄνθρωπος ἀνθρώπῳ συντηρεῖ ὀργὴν, καὶ παρὰ Θεῷ ζητεῖ ἴασιν. Καίτοι γε συνεχώρησεν ὀφθαλμὸν ἀντὶ ὀφθαλμοῦ, καὶ ὀδόντα ἀντὶ ὀδόντος· πῶς οὖν ἐγκαλεῖ; Ὅτι κἀκεῖνα συνεχώρησεν, οὐχ ἵνα ἀλλήλοις αὐτὰ ποιῶμεν, ἀλλ' ἵνα δέει τοῦ παθεῖν ἀπεχώμεθα τοῦ τολμᾶν. Καὶ ἄλλως δὲ ἐκεῖνα μὲν προσκαίρου τινός ἐστιν ὀργῆς, τὸ δὲ μνησικακεῖν ψυχῆς πονηρίαν μελετώσης. Ἀλλὰ κακῶς ἔπαθες; Ἀλλ' [b] οὐδὲν τοσοῦτον ὅσον σαυτὸν ἐργάσῃ μνησικακῶν. Ἄλλως δὲ οὐδὲ δυνατὸν ἄνδρα ἀγαθὸν κακόν τι παθεῖν. Ἔστω γάρ τις, καὶ παιδία ἔχων καὶ γυναῖκα, καὶ φιλοσοφείτω, ἐχέτω δὲ καὶ πολλὰς ἀφορμὰς βλάβης, καὶ D

[f] Morel. ἐστι τίμια.

[a] Unus ὅση ἡδονή.

[b] Quidam οὐδὲ τοσοῦτον.

χρημάτων περιουσίαν, καὶ ἀρχῆς δυναστείαν, καὶ φίλους πολλούς, καὶ τιμῆς ἀπολαυέτω, πλὴν φιλοσοφείτω· τοῦτο γὰρ δεῖ [c]προσκεῖθαι· καὶ προσάγωμεν αὐτῷ τὰς πληγὰς τῷ λόγῳ. Καὶ προσιών τις μοχθηρὸς ἀνὴρ περιβαλλέτω ζημίᾳ· τί οὖν πρὸς τὸν οὐδὲν ἡγούμενον εἶναι τὰ χρήματα; Τὰ τέκνα ἀναιρείτω· τί οὖν πρὸς τὸν περὶ ἀναστάσεως φιλοσοφοῦντα; Τὴν γυναῖκα σφαττέτω· καὶ τί τοῦτο πρὸς τὸν πεπαιδευμένον μὴ πενθεῖν τοὺς κεκοιμημένους; Εἰς ἀτιμίαν ἐμβαλλέτω· καὶ τί πρὸς τὸν ἄνθος χόρτου τὰ παρόντα ἡγούμενον; Εἰ βούλει, καὶ τὸ σῶμα κολαζέτω, καὶ εἰς δεσμωτήριον ἐμβαλλέτω· τί οὖν πρὸς τὸν μαθόντα, ὅτι Εἰ καὶ ὁ ἔξω ἡμῶν ἄνθρωπος διαφθείρεται, ἀλλ' [d]ὁ ἔσω ἀνακαινοῦται, καί, Ὅτι ἡ θλίψις δοκιμὴν κατεργάζεται; Ἐγὼ μὲν οὖν μηδὲν βλαβήσεσθαι τὸν ἄνδρα ὑπεσχόμην· ὁ δὲ λόγος προϊὼν ἔδειξεν ὅτι καὶ ὠφελεῖται, ἀνακαινούμενος καὶ δόκιμος γιγνόμενος. Μὴ τοίνυν πρὸς ἑτέρους ἀλγῶμεν, ἑαυτοὺς ἀδικοῦντες, καὶ ἀσθενῆ κατασκευάζοντες τὴν ψυχήν. Οὐ γὰρ τῆς τῶν πλησίον πονηρίας ἐστὶ τοσοῦτον, ὅσον τῆς ἡμετέρας ταλαιπωρίας ἡ ἀλγηδών. Διὰ τοῦτο, κἂν ὑβρίσῃ τις, δακρύομεν καὶ συστελλόμεθα· κἂν ἁρπάσῃ τις, τὸ αὐτὸ πάσχομεν, κατὰ τὰ παιδία ἐκεῖνα τὰ μικρά, ἅπερ οἱ τῶν ὁμηλίκων ἀστειότεροι παροξύνουσιν ὑπὲρ οὐδενὸς ἀναγκαίου, ἀλλ' ἀπὸ μικρῶν προφάσεων λυποῦντες· ἀλλ' ὅμως κἀκεῖνα, ἂν μὲν ἴδωσιν κνιζόμενα, ἐπιμένουσι δάκνοντες· ἂν δὲ γελῶντα, καὶ ἀφίστανται. Ἀλλ' ἡμεῖς καὶ τούτων ἀνοητότεροι, ὅτι ὑπὲρ ὧν ἔδει γελᾷν, ὑπὲρ τούτων ὀδυρόμεθα. Διὸ παρακαλῶ, τὴν παιδικὴν ταύτην διάνοιαν ἀφέντες, τῶν οὐρανῶν ἐπιλαβώμεθα. Καὶ γὰρ ἄνδρας ἡμᾶς ὁ Χριστὸς εἶναι βούλεται, ἄνδρας τελείους. Οὕτω γὰρ καὶ ὁ Παῦλος ἐκέλευσεν, Ἀδελφοί, μὴ παιδία γίνεσθε ταῖς φρεσί, λέγων, ἀλλὰ τῇ κακίᾳ νηπιάζετε. Νηπιάσωμεν τοίνυν τῇ κακίᾳ, καὶ τὴν πονηρίαν φυγόντες, τῆς ἀρετῆς ἐπιλαβώμεθα, ἵνα καὶ τῶν αἰωνίων ἐπιτύχωμεν ἀγαθῶν, χάριτι καὶ φιλανθρωπίᾳ τοῦ Κυρίου ἡμῶν Ἰησοῦ Χριστοῦ, ᾧ ἡ δόξα καὶ τὸ κράτος εἰς τοὺς αἰῶνας τῶν αἰώνων. Ἀμήν.

liberos habens, qui philosophetur, habeatque multas damni accipiendi occasiones, pecunias multas, principatum, amicos multos, honoresque obtineat; attamen philosophetur; hoc enim supponendum est: ærumnas illi accedere fingamus. Accedat quispiam scelestus homo qui damnum in opibus inferat: quid hoc ad virum qui pecunias
E nihil esse putat? Filios occidat: quid hoc ad virum, qui circa resurrectionem philosophatur? Uxorem jugulet: quid hoc ad eum qui doctus est non lugendos esse dormientes? Dedecus illi conferat: quid hoc lædat eum, qui præsentia omnia florem esse fœni putat? Si vis etiam corpus percutiat, et in carcerem conjiciat: quid hoc lædet eum, 2. Cor. 4.
qui didicerit, etiamsi exterior noster homo cor- 16.
rumpatur, interiorem tamen renovari, et tribula- Rom. 5. 3.
768 A tione probationem effici? Ego sane polliceor talem hominem in nullo læsum iri: oratio autem ultra procedens ostendit ipsum hinc multum juvari, renovari et probatiorem effici. Ne itaque apud alios dolorem nostrum exprimamus: hinc enim nos ipsos lædimus, animumque nostrum infirmiorem reddimus. Dolor enim ille non tam ex proximi nequitia, quam ex ignavia nostra procedit. Ideo, si quis nos contumelia afficiat, lacrymamur et deprimimur; si quis nostra rapiat, idipsum patimur, perinde atque pueruli illi, quos liberiores pueri incitant pro re nullius momenti dolorem
B inferentes; si vero illos rixantes viderint, mordere non cessant; si ridentes videant, tunc desistunt. At nos his insipientiores, de iis ob quæ ridere oporteret, multum dolemus. Quamobrem rogo, hoc puerili abjecto animo, cælos apprehendamus. Nam Christus nos esse viros optat, et viros perfectos. Sic enim jubet et Paulus: *Fratres, ne* 1. Cor. 14.
sitis pueri mente, sed malitia parvuli estote. 20.
Infantes ergo malitia simus, et nequitiam fugientes virtutem amplectamur, ut æterna consequamur bona, gratia et benignitate Domini nostri Jesu Christi, cui gloria et imperium in sæcula sæculorum. Amen.

[c] Unus προκεῖσθαι.

[d] Unus [et Bibl.] ὁ ἔσωθεν.

HOMIL. LXXX. al. LXXXI.

CAP. XXVI. v. 6. *Cum autem esset Jesus in Bethania in domo Simonis leprosi,* 7. *accessit ad eum mulier habens alabastrum unguenti pretiosi, et effudit super caput ejus recumbentis.*

1. Hæc mulier una eademque videtur esse apud omnes evangelistas; sed vere non est : verum apud tres evangelistas una meo judicio eademque est; apud Joannem vero non item; sed alia quædam mirabilis mulier, soror Lazari. Nec sine causa lepram Simonis memorat evangelista; sed ut ostendat cur fidenter mulier accesserit. Quoniam lepra res esse immunda et abominanda videbatur, viditque Jesum curasse hominem, lepramque eliminasse (neque enim voluisset apud leprosum manere, ibique diversari), confidit mulier ipsum animæ suæ immunditiam facile abstersurum esse. Neque sine causa nomen urbis, Bethaniæ scilicet, addidit; sed ut discas ipsum libenter ad passionem accedere. Nam qui ante effugerat illos, quando maxime invidia ardebant, tunc prope accessit quasi ad stadia quindecim; sicque prior recessus ad œconomiam pertinebat. Videns ergo illum mulier, hincque assumta fiducia, accessit. Nam si illa quæ sanguinis fluxum patiebatur, etsi nullius hujuscemodi sibi conscia esset, ob illam, quæ naturalis videbatur esse, immunditiam, tremens metuensque accessit : multo magis hanc, quæ sibi mali conscia erat, timuisse verisimile est. Idcirco post multas mulieres, Samaritanam, Chananæam, eam quæ sanguinis fluxum patiebatur, aliasque plurimas accedit, quod sibi magnæ immunditiæ et lasciviæ conscia esset; nec publice, sed in domo. Et cum alii omnes pro sanitate corporis accederent, honoris tantum causa accedebat, et ut animæ sanitatem consequeretur. Nulla enim corporis ægritudine tenebatur : quapropter admiranda maxime videatur. Neque illum ut hominem tantum adit; neque enim capillis abstersisset; sed ut homine majorem. Idcirco omnium membrorum nobilissimum caput suum pedibus Christi admovit. 8. *Videntes autem discipuli ejus,* inquit, *indignati*

Joan. 12.

ΟΜΙΛΙΑ π΄.

Τοῦ δὲ Ἰησοῦ γενομένου ἐν Βηθανίᾳ ἐν οἰκίᾳ Σίμωνος τοῦ λεπροῦ, προσῆλθεν αὐτῷ γυνὴ, ἔχουσα ἀλάβαστρον μύρου βαρυτίμου, καὶ ἐξέχεεν ἐπὶ τῆς κεφαλῆς αὐτοῦ ἀνακειμένου.

Ἡ γυνὴ αὕτη δοκεῖ μὲν εἶναι μία καὶ ἡ αὐτὴ παρὰ τοῖς εὐαγγελισταῖς ἅπασιν· οὐκ ἔστι δέ· ἀλλὰ παρὰ μὲν τοῖς τρισὶ μία τις εἶναί μοι δοκεῖ καὶ ἡ αὐτή· παρὰ δὲ τῷ Ἰωάννῃ οὐκ ἔτι· ἀλλ' ἑτέρα τις θαυμαστὴ, [a] ἡ D τοῦ Λαζάρου ἀδελφή. Οὐχ ἁπλῶς δὲ τῆς λέπρας μέμνηται τοῦ Σίμωνος ὁ εὐαγγελιστὴς, ἀλλ' ἵνα δείξῃ πόθεν θαῤῥοῦσα προσῆλθεν ἡ γυνή. Ἐπειδὴ γὰρ ἡ λέπρα σφόδρα ἐδόκει [b] ἀκάθαρτον εἶναι πάθος καὶ βδελυκτὸν, εἶδε δὲ τὸν Ἰησοῦν θεραπεύσαντα τὸν ἄνθρωπον, καὶ τῆς λέπρας ἐκκαθάραντα (οὐδὲ γὰρ ἂν εἵλετο μεῖναι παρὰ τῷ λεπρῷ), καὶ καταχθέντα δὲ παρ' αὐτῷ, ἐθάρσησεν ὅτι καὶ τὴν τῆς ψυχῆς αὐτῆς ἀκαθαρσίαν ἀποσμήξει ῥᾳδίως. Οὐχ ἁπλῶς δὲ καὶ τὴν πόλιν φησὶ, τὴν Βηθανίαν, ἀλλ' ἵνα μάθῃς, ὅτι ἑκὼν ἐπὶ τὸ πάθος ἔρχεται. Ὁ γὰρ πρὸ τούτου διαδιδράσκων αὐτοὺς, ὅτε E μάλιστα ἐξήφθη αὐτῶν ἡ βασκανία, τότε πλησίον ἔρχεται ὡς ἀπὸ σταδίων δέκα πέντε· οὕτως οἰκονομίας ἦν καὶ τὸ πρότερον ἀναχωρεῖν. Ἰδοῦσα τοίνυν αὐτὸν ἡ γυνὴ, καὶ τὸ θαῤῥεῖν λαβοῦσα ἐντεῦθεν, προσῄει. Εἰ γὰρ καὶ ἡ αἱμοῤῥοοῦσα, καίτοι οὐδὲν ἑαυτῇ συνειδυῖα τοιοῦτον, διὰ τὴν ἀπὸ τῆς φύσεως δοκοῦσαν εἶναι ἀκαθαρσίαν, τρέμουσα καὶ δεδοικυῖα προσῆλθε· πολλῷ 766 μᾶλλον ταύτην ὀκνεῖν καὶ ἀναδύεσθαι εἰκὸς ἦν, διὰ τὸ A πονηρὸν συνειδός. Διὸ καὶ μετὰ πολλὰς γυναῖκας, τὴν Σαμαρεῖτιν, τὴν Χαναναίαν, τὴν αἱμοῤῥοοῦσαν, καὶ ἑτέρας πλείους προσέρχεται, διὰ τὸ πολλὴν ἑαυτῇ συνειδέναι τὴν ἀκαθαρσίαν καὶ ἀσέλγειαν· καὶ οὐδὲ δημοσίᾳ, ἀλλ' ἐν οἰκίᾳ. Καὶ πάντων τῶν ἄλλων ὑπὲρ θεραπείας προσερχομένων σωματικῆς, μόνον αὕτη τιμῆς ἕνεκεν προσῄει μόνης, καὶ τῆς κατὰ ψυχὴν διορθώσεως. Οὐδὲ γάρ τι τοῦ σώματος ἀνάπηρος ἦν, ὥστε καὶ διὰ τοῦτο μάλιστα ἄν τις αὐτὴν θαυμάσειε. Καὶ οὐδὲ ὡς ἀνθρώπῳ [a] πρόσεισι ψιλῷ· οὐ γὰρ ἂν ταῖς θριξὶ κατέμαξεν· ἀλλ' ὡς μείζονι ἢ κατὰ ἄνθρωπον. Διὰ B τοῦτο ὃ παντὸς τοῦ σώματος καὶ τῶν μελῶν τιμιώτερον ἦν μέλος, τοῦτο πρὸς τοὺς πόδας ἤνεγκε τοῦ Χριστοῦ, τὴν κεφαλὴν τὴν ἑαυτῆς. Ἰδόντες δὲ οἱ μαθηταὶ αὐτοῦ,

[a] Grandis quæstio utrum peccatrix illa, quæ Christi pedes abluit, eadem ipsa sit, quæ soror Lazari; quam tractare, præsentis non est instituti. Mariam autem Magdalenam ab his diversam esse pauci jam negant.

[b] Alii ἀκάθαρτος εἶναι καὶ πάθος.

[a] Alii πρόσεισιν.

ἠγανάκτησαν, φησὶ, λέγοντες· εἰς τί ἡ ἀπώλεια αὕτη; Ἠδύνατο γὰρ τοῦτο τὸ μύρον πραθῆναι πολλοῦ, καὶ δοθῆναι πτωχοῖς. Γνοὺς δὲ ὁ Ἰησοῦς εἶπε· τί κόπους παρέχετε τῇ γυναικί; Ἔργον γὰρ καλὸν εἰργάσατο εἰς ἐμέ. Τοὺς πτωχοὺς γὰρ πάντοτε ἔχετε μεθ' ἑαυτῶν, ἐμὲ δὲ οὐ πάντοτε ἔχετε. Βαλοῦσα γὰρ αὕτη τὸ μύρον τοῦτο ἐπὶ τοῦ σώματός μου, πρὸς τὸ ἐνταφιάσαι με ἐποίησεν. Ἀμὴν λέγω ὑμῖν, ὅπου ἐὰν κηρυχθῇ τὸ εὐαγγέλιον τοῦτο ἐν ὅλῳ τῷ κόσμῳ, λαληθήσεται καὶ ὃ ἐποίησεν αὕτη εἰς μνημόσυνον αὐτῆς. Καὶ πόθεν αὐτοῖς ἡ τοιαύτη διάνοια; Ἤκουον τοῦ διδασκάλου λέγοντος, C
Ἔλεον θέλω, καὶ οὐ θυσίαν, καὶ τοῖς Ἰουδαίοις ἐγκαλοῦντος, ὅτι τὰ βαρύτερα ἠφίεσαν, τὴν κρίσιν καὶ τὸν ἔλεον καὶ τὴν πίστιν, καὶ πολλὰ ἐν τῷ ὄρει περὶ ἐλεημοσύνης διαλεχθέντος· καὶ ἀπὸ τούτων [b] συνελογίζοντο πρὸς ἑαυτοὺς καὶ ἐνενόουν, ὅτι εἰ ὁλοκαυτώματα οὐ προσίεται, οὐδὲ τὴν παλαιὰν λατρείαν, πολλῷ μᾶλλον τοῦ ἐλαίου τὴν χρίσιν. Ἀλλ' οὗτοι μὲν οὕτως ἐνόμιζον, ὁ δὲ τὴν διάνοιαν αὐτῆς ὁρῶν, ἀφίησι. Καὶ γὰρ πολλὴ ἡ εὐλάβεια ἦν, καὶ ἄφατος ἡ σπουδή· διὸ καὶ σφόδρα συγκαταβαίνων, συνεχώρησε καὶ κατὰ τῆς κεφαλῆς αὐτοῦ [c] χυθῆναι τὸ ἔλαιον. Εἰ γὰρ ἄνθρωπος γενέσθαι, D
καὶ κυοφορηθῆναι, καὶ γαλακτοτροφηθῆναι οὐ παρῃτήσατο, τί θαυμάζεις εἰ τοῦτο οὐ διακρούεται; Ὥσπερ γὰρ ὁ Πατὴρ αὐτοῦ κνίσης ἠνέσχετο καὶ καπνοῦ, οὕτω καὶ αὐτὸς τῆς πόρνης, ὥσπερ ἔφθην εἰπὼν, τὴν αὐτῆς διάνοιαν ἀποδεχόμενος. Καὶ γὰρ καὶ ὁ Ἰακὼβ στήλην ἤλειψε τῷ Θεῷ, καὶ ἐν ταῖς θυσίαις ἔλαιον προσήγετο, καὶ οἱ ἱερεῖς μύρῳ ἐχρίοντο· ἀλλ' οἱ μαθηταὶ τὴν γνώμην αὐτῆς οὐκ εἰδότες, ἀκαίρως ἐμέμφοντο, καὶ δι' ὧν ἐνεκάλουν δεικνύουσι τῆς γυναικὸς τὴν φιλοτιμίαν. Εἰπόντες γὰρ, ὅτι ἠδύνατο τοῦτο τριακοσίων δηναρίων πραθῆναι, ἔδειξαν ὅσον ἀνάλωσεν εἰς τὸ μύρον αὕτη, E
καὶ ὅσην ἐπεδείξατο τὴν μεγαλοψυχίαν. Διὸ καὶ ἐπετίμα αὐτοῖς, λέγων· Τί κόπους παρέχετε τῇ γυναικί; Καὶ λογισμὸν προστίθησι, βουλόμενος αὐτοὺς πάλιν ἀναμνῆσαι τοῦ πάθους· Εἰς τὸν ἐνταφιασμόν μου γὰρ, φησὶν, ἐποίησε. Καὶ ἕτερον [d] λογισμὸν προσάγει· Τοὺς πτωχοὺς γὰρ πάντοτε ἔχετε μεθ' ἑαυτῶν, ἐμὲ δὲ οὐ πάντοτε ἔχετε. Καὶ, 787
Ὅπου ἂν κηρυχθῇ τὸ εὐαγγέλιον τοῦτο, λαληθήσεται καὶ ὃ ἐποίησεν αὕτη. A
Εἶδες πῶς πάλιν τὴν εἰς τὰ ἔθνη ἔξοδον προαναφωνεῖ, καὶ [a] ταύτῃ παραμυθούμενος αὐτοὺς ὑπὲρ τοῦ θανάτου; Εἴγε τοσαύτη μετὰ τὸν σταυρὸν ἡ δύναμις ἐκλάμψει, ὡς πανταχοῦ τῆς γῆς ἐκχυθῆναι [b] τὸ κήρυγμα. Τίς οὖν οὕτως ἄθλιος, ὡς πρὸς τοσαύτην ἀντιλέξαι ἀλήθειαν; Ἰδοὺ γὰρ ὃ εἶπε, γέ-

sunt, dicentes : Ad quid perditio hæc? 9. *Po-*
tuit enim unguentum hoc venumdari multo, et
dari pauperibus. 10. *Sciens autem Jesus dixit :*
Cur molesti estis huic mulieri? Opus enim bo-
num operata est in me. 11. *Pauperes enim*
semper habetis vobiscum, me autem non sem-
per habetis. 12. *Immittens enim hoc unguen-*
tum in corpus meum, ad sepeliendum me fecit.
13. *Amen dico vobis, ubicumque prædicatum*
fuerit hoc evangelium in universo mundo, et
quod hæc fecit dicetur in memoriam ejus. Et
unde hæc illis cogitatio suborta est? Audierant dicentem Magistrum, *Misericordiam volo, et non sacrificium*, Judæosque increpantem, quia majora negligebant, judicium, misericordiam et fidem, et multa in monte de eleemosyna loquentem : hincque apud se colligebant cogitabantque, si holocausta et veterem cultum non admittat, multo minus unguenti unctionem. Sed hi quidem sic cogitabant, ipse vero mentem ejus respiciens, dimisit. Nam multa pietas erat et ineffabile studium : ideoque ejus affectui se attemperans, concessit ut in caput ipsius oleum effunderetur. Nam si homo fieri, utero gestari, lacte nutriri non recusavit, quid miraris si hoc non depellat? Quemadmodum enim Pater ejus nidorem et fumum, sic et ipse meretricem suscepit, ejus mentem et animum, ut dixi, approbans. Etenim Jacob cippum Deo inunxit, et in sacrificiis oleum offerebatur, sacerdotesque unguento ungebantur : verum discipuli qui mulieris animum non cognoscebant, importune illam criminabantur, et accusando mulieris liberalitatem ostendunt. Cum dicunt enim, Poterat trecentis denariis venumdari, ostendunt quantum insumserit in unguentum illud, et quantam exhibuerit munificentiam. Quamobrem ipsos increpat, dicens : *Cur molesti estis huic mulieri?* Et rationem adjicit, ut illis passionis memoriam revocaret : *Ad sepulturam* enim *meam hoc fecit*. Itemque aliud ratiocinium adddidit : *Pauperes enim semper vobiscum, me autem non semper habetis*. Et, *Ubicumque prædicatum fuerit hoc evangelium, et quod hæc fecit dicetur*. Vidistin' quomodo exitum ad gentes prænuntiet, hic etiam discipulis de morte sua consolationem afferens? Siquidem tanta post crucem virtus ejus futura est, ut prædicatio per totum orbem effun-

Osee 6. 6.

Gen. 28. 18.

Levit. 2. 4 et 8. 10.

Cur eam quæ pretiosum unguentum effudit, Christus defendat.

Illa per orbem celebratur.

[b] Savil. ἐλογίζοντο.

[c] Morel. χεθῆναι.

[d] Alius συλλογισμόν.

[a] Quidam τοῦτο.

[b] Pro τὸ κήρυγμα alii et Morel. τὸ εὐαγγέλιον.

datur. Quis ita miser est, ut tantæ veritati repugnet? Ecce enim id, quod dixit, factum est; et quocumque terrarum ibis, hanc mulierem prædicari audies: quamquam illa non insignis persona esset, nec multi testes adessent; nec in theatro quodam res gesta esset, sed in domo, et in domo leprosi, discipulis tantum præsentibus.

2. Quis hoc ita vulgavit et prædicavit? Loquentis virtus. Certe regum multorum et ducum, quorum etiam monumenta manent, res gestæ tacentur; ac licet urbes excitaverint, muros circumstruxerint, in bellis victores fuerint, tropæa erexerint, gentesque multas in servitutem redegerint, nec fama, nec nomine suo noti sunt, etiamsi et statuas erexerint, et leges dederint: quod autem meretrix oleum effuderit in domo leprosi, duodecim viris præsentibus, id per orbem cantant omnes, ac post tantum temporis rei gestæ memoria non minuitur: sed Persæ, Indi, Scythæ, Thraces, Sauromatæ, Mauri, qui Britannicas insulas incolunt, quod in Judæa in domo quadam, nec palam, a meretrice factum est, prædicant. Magna Domini benignitas meretricem fert, meretricem pedes osculantem, oleoque rigantem, et abstergentem capillis; illam admittit, et arguentes increpat: neque enim oportuit pro tanto studio mulierem reprehendi. Tu vero mihi consideres illud, quam sublimi animo et ad misericordiam prono postea essent. Et cur non simpliciter dixit, Bonum opus fecit: sed prius, *Quid molesti estis mulieri?* Ut discerent non a principio sublimiora ab imbecillibus esse petenda. Ideo non ipsam rem simpliciter examinat, sed addita mulieris persona. Nam si legem ferret, de muliere non loqueretur: sed ut discas id propter ipsam dictum esse, ne germinantem ejus fidem obruerent, sed magis foverent: ideo sic loquitur, ut nos doceat, quodcumque bonum a quovis fiat, etiamsi non admodum perfectum sit, suscipiendum ac fovendum esse, et ad majora deducendum: neque initio omnem perfectionis accurationem esse quærendam. Nam Christum ita voluisse hinc patet, quod cum non haberet, ubi caput suum reclinaret, loculos tamen circumferri jusserit. Sed tunc illud tempus non requirebat, ut res emendaretur, sed ut susciperetur tantum. Quemadmodum enim si quis ab eo quæsivisset, muliere non hoc ipsum faciente, non ita faciendum esse dixisset: sic quia illa jam fecerat, in id unum tantum respicit, ne increpatio-

γονε· καὶ ὅπου περ ἂν ἀπέλθης τῆς οἰκουμένης, ὄψει καὶ ταύτην ἀνακηρυττομένην· καίτοι οὐδὲ τὸ πρόσωπον ἐπίσημον ἦν, οὔτε μάρτυρας ἔχον πολλούς· οὔτε ἐν θεάτρῳ τὸ γεγενημένον, ἀλλ' ἐν οἰκίᾳ, καὶ ἐν οἰκίᾳ λεπροῦ τινος, τῶν μαθητῶν μόνον παρόντων.

Τίς οὖν αὐτὸ ἐξήχησε καὶ διαδοθῆναι ἐποίησεν; B Ἡ τοῦ ταῦτα λέγοντος δύναμις. Καὶ βασιλέων μὲν μυρίων καὶ στρατηγῶν ἀνδραγαθήματα, ὧν καὶ τὰ ὑπομνήματα μένει, σεσίγηνται· καὶ πόλεις ἀναστήσαντες, καὶ τείχη περιβάλλοντες, καὶ πολέμους νικήσαντες, καὶ τρόπαια στήσαντες, καὶ ἔθνη πολλὰ δουλωσάμενοι, οὐδὲ ἐξ ἀκοῆς, οὐδὲ ἐξ ὀνόματός εἰσι γνώριμοι, καίτοι καὶ ἀνδριάντας ἀναστήσαντες, καὶ νόμους θέντες· ὅτι δὲ πόρνη γυνὴ ἔλαιον ἐξέχεεν ἐν οἰκίᾳ λεπροῦ τινος, δώδεκα ἀνδρῶν παρόντων, τοῦτο πάντες ᾄδουσι κατὰ τὴν οἰκουμένην, καὶ χρόνος τοσοῦτος [c] διῆλθε, καὶ ἡ μνήμη τοῦ γενομένου οὐκ ἐμαράνθη· ἀλλὰ καὶ Πέρσαι, καὶ Ἰνδοὶ, C καὶ Σκύθαι, καὶ Θρᾷκες, καὶ Σαυρομάται, καὶ τὸ τῶν Μαύρων γένος, καὶ οἱ τὰς Βρετανικὰς νήσους οἰκοῦντες τὸ ἐν Ἰουδαίᾳ γενόμενον λάθρᾳ ἐν οἰκίᾳ παρὰ γυναικὸς πεπορνευμένης περιφέρουσι. Μεγάλη ἡ φιλανθρωπία τοῦ Δεσπότου πόρνης ἀνέχεται, πόρνης πόδας φιλούσης καὶ βρεχούσης ἐλαίῳ καὶ καταμασσούσης ταῖς θριξὶ, καὶ προσίεται, καὶ ἐπιτιμᾷ τοῖς ἐγκαλοῦσιν· οὐδὲ γὰρ ἔδει ὑπὲρ τοσαύτης σπουδῆς ἐξαπορηθῆναι τὴν γυναῖκα. Σὺ δέ μοι σκόπει κἀκεῖνο, πῶς ἦσαν ὑψηλοὶ λοιπὸν καὶ πρόθυμοι πρὸς ἐλεημοσύνην. Καὶ διὰ τί μὴ ἁπλῶς εἶπεν, ὅτι ἔργον καλὸν ἐποίησεν· ἀλλὰ πρότερον, Τί κόπους παρέχετε D τῇ γυναικί; Ἵνα μάθωσι μὴ ἐκ προοιμίων τὰ ὑψηλότερα τοὺς ἀσθενεστέρους ἀπαιτεῖν. Διὰ τοῦτο οὐδὲ αὐτὸ καθ' ἑαυτὸ ἁπλῶς τὸ πρᾶγμα ἐξετάζει, ἀλλὰ μετὰ τοῦ προσώπου τῆς γυναικός. Καίτοι εἰ ἐνομοθέτει, οὐκ ἂν προσέθηκε τὴν γυναῖκα· ἀλλ' ἵνα μάθῃς, ὅτι δι' αὐτὴν εἴρηται ταῦτα, ἵνα μὴ τὴν βλαστήσασαν αὐτῆς πίστιν πηρώσωσιν, ἀλλ' ἐκθρέψωσι μᾶλλον· διὰ τοῦτό φησι, παιδεύων ἡμᾶς ὅπερ ἂν γίγνηται καλὸν [*] παρὰ τοῦ ὁτουοῦν, κἂν μὴ σφόδρα ἠκριβωμένον ᾖ, δέχεσθαι αὐτὸ καὶ θάλπειν, καὶ ἐπὶ μεῖζον E ἄγειν, καὶ μὴ παρὰ τὴν ἀρχὴν πᾶσαν ἐπιζητεῖν ἀκρίβειαν. Ἐπεὶ ὅτι γε καὶ αὐτὸς τοῦτο μᾶλλον ἠβούλετο, δῆλον ἐξ ὧν καὶ γλωσσόκομον βαστάζεσθαι ἐκέλευσεν ὁ μὴ ἔχων ποῦ τὴν κεφαλὴν κλῖναι. Ἀλλὰ τότε οὐκ ἀπῄτει τοῦτο ὁ καιρὸς, ὥστε [d] διορθῶσαι τὸ γεγενημένον, ἀλλ' ὥστε ἀποδέξασθαι μόνον. Ὥσπερ γὰρ εἴ τις αὐτὸν ἤρετο χωρὶς τοῦ ποιῆσαι τοῦτο τὴν γυ-

[c] Savil. παρῆλθε, Morel. διῆλθε.

[*] [Cod. 694 παρ' ὁτουοῦν.]

[d] Alii et Morel. διορθώσασθαι.

ναῖκα, οὐκ ἂν τοῦτο ἀπεφήνατο· οὕτως ἐπειδὴ ἐποίησεν, [768 A] εἰς ἓν ὁρᾷ λοιπὸν, ὅπως ἂν μὴ [a] διαπορηθῇ ἐκ τῆς τῶν μαθητῶν ἐπιτιμήσεως, ἀλλ' ἐκ τῆς αὐτοῦ θεραπείας εὐθυμοτέρα γενομένη καὶ ἀμείνων ἀπέλθοι. Καὶ γὰρ μετὰ τὸ χυθῆναι τὸ ἔλαιον, οὐδὲ καιρὸν εἶχεν αὐτῶν ἡ ἐπιτίμησις. Καὶ σὺ τοίνυν ἐὰν μέν τινα ἴδῃς σκεύη κατασκευάσαντα ἱερὰ καὶ προσάγοντα, ἢ ἄλλον τινὰ ἐκκλησίας κόσμον περί τε τοίχους καὶ ἔδαφος φιλοπονοῦντα, μὴ κέλευε πραθῆναι, ἢ ἀνατραπῆναι τὸ γεγενημένον, ἵνα μὴ πηρώσῃς αὐτοῦ τὴν προθυμίαν. Ἂν δὲ πρὶν ἢ κατασκευάσαι τις [b] ἐρεῖ ταῦτα, κέλευε δοθῆναι πτωχοῖς· ἐπεὶ καὶ αὐτὸς, ὥστε μὴ πηρῶσαι [c] τὴν ἐπιθυμίαν τῆς γυναικὸς, τοῦτο ἐποίησε· καὶ ὅσα φησὶ, εἰς παραμυθίαν αὐτῆς λέγει. Εἶτα ἐπειδὴ εἶπεν, Εἰς τὸν [B] ἐνταφιασμόν μου ἐποίησεν· ἵνα μὴ δόξῃ ἀπορεῖν τὴν γυναῖκα, τοιούτου πράγματος ἀναμνήσας, τάφου καὶ θανάτου λέγω, ὅρα διὰ τῶν ἑξῆς πῶς αὐτὴν ἀνακτᾶται πάλιν λέγων· Ἐν ὅλῳ τῷ κόσμῳ λαληθήσεται ὃ ἐποίησεν αὕτη. Τοῦτο δὲ καὶ τῶν μαθητῶν παραμυθία, κἀκείνης παράκλησις καὶ ἔπαινος ἦν. Πάντες γὰρ αὐτὴν, φησὶν, ᾄσονται μετὰ ταῦτα· καὶ νῦν δὲ προανεκήρυξε τὸ πάθος, τὰ πρὸς κηδείαν προσαγαγοῦσα· μὴ τοίνυν τις αὐτῇ ἐπιτιμάτω. Ἐγὼ γὰρ τοσοῦτον ἀπέχω τοῦ καταδικάσαι αὐτὴν [d] ὡς κακῶς πεποιηκυῖαν, ἢ μέμψασθαι ὡς οὐκ ὀρθῶς ἐργασαμέ- [C] νην, ὅτι οὐδὲ ἀφήσω λαθεῖν τὸ γεγενημένον, ἀλλ' ὁ κόσμος εἴσεται τὸ ἐν οἰκίᾳ εἰργασμένον καὶ κρυπτῷ. Καὶ γὰρ ἀπὸ διανοίας εὐλαβοῦς ἦν τὸ γεγενημένον, καὶ πίστεως θερμῆς, καὶ συντετριμμένης [e] ψυχῆς. Καὶ διὰ τί μηδὲν πνευματικὸν ὑπέσχετο τῇ γυναικὶ, ἀλλὰ τὴν εἰς ἀεὶ μνήμην; Ἀπὸ τούτων καὶ περὶ ἐκείνων θαῤῥεῖν παρασκευάζων. Εἰ γὰρ ἔργον καλὸν ἐποίησεν, εὔδηλον ὅτι καὶ μισθὸν ἄξιον λήψεται. Τότε πορευθεὶς εἷς τῶν δώδεκα Ἰούδας, ὁ λεγόμενος Ἰσκαριώτης, πρὸς τοὺς ἀρχιερεῖς, εἶπε· τί θέλετέ μοι δοῦναι, κἀγὼ ὑμῖν [D] παραδώσω αὐτόν; Τότε· πότε; Ὅτε ταῦτα ἐλέγετο, ὅτε εἶπεν, Εἰς τὸν [f] ἐνταφιασμόν μου· καὶ οὐδὲ ἐντεῦθεν κατενύγη, οὔτε ἀκούσας, ὅτι κηρυχθήσεται τὸ εὐαγγέλιον πανταχοῦ, ἔδεισε. Καὶ γὰρ δυνάμεως ἀφάτου τὸ εἰρημένον ἦν· ἀλλ' ὅτε γυναῖκες τοσαύτην ἐπεδείξαντο τιμὴν, καὶ γυναῖκες πεπορνευμέναι, τότε αὐτὸς τὰ τοῦ διαβόλου εἰργάζετο. Τί δήποτε λέγουσιν αὐτοῦ τὸ παράσημον; Ὅτι ἦν καὶ ἄλλος Ἰούδας. Καὶ οὐδὲ παραιτοῦνται εἰπεῖν, ὅτι ἀπὸ τῶν δώδεκα καὶ οὗτος ἦν. [g] Οὕτως οὐδὲν κρύπτουσι τῶν δοκούντων εἶναι ἐπονειδίστων· καίτοι ἐνῆν εἰπεῖν οὕτως ἁπλῶς, ὅτι τῶν

ne discipulorum in angustias conjiciatur, sed ut ipso curante alacrior facta, in melius procedat. Nam postquam oleum effusum fuit, jam non tempestiva erat illorum increpatio. Et tu quoque si quempiam videas vasa sacra adornantem et offerentem, aut alium ecclesiæ ornatum circa muros et pavimentum concinnantem, ne jubeas illa venumdari, aut id quod factum est everti, ne illius alacritatem minuas. Si vero priusquam hæc adornet, consilium a te petierit, jube pauperibus dari: nam et ipse, ne mulieris fervorem exstingueret, ita fecit; et quidquid dicit, ad ejus consolationem vergit. Deinde quia dixerat, *Ad sepulturam meam fecit:* ne videretur mulierem in dubium conjicere, dum sepulturam et mortem commemoraret, vide quomodo in sequentibus illam soletur his verbis: *Quod hæc fecit narrabitur in toto mundo.* Hoc et discipulis consolationi erat, et mulieri laudi et levamini. Omnes, inquit, illam postea celebrabunt; nunc passionem prænuntiavit, dum ea quæ ad sepulturam pertinent obtulit: ne itaque quis illam increpet. Tantum enim abest ut illam damnem, ut quæ malefecerit, ut reprehendam ut quæ deliquerit, ut non sinam factum latere, sed mundus sciet id quod in domo et abscondito factum est. Nam a pia mente hæc profecta sunt, et a fide ardenti et animo contrito. Cur vero nihil spirituale promisit mulieri, sed perpetuam memoriam? Per hæc id effecit, ut de illis etiam speraret. Nam si opus bonum fecit, haud dubie dignam mercedem recipiet. 14. *Tunc profectus unus ex duodecim Judas, qui dicebatur Iscariotes, ad principes sacerdotum,* 15. *dixit: Quid vultis mihi dare, et ego vobis tradam eum? Tunc;* quandonam? Cum hæc dicerentur, cum dixit, *Ad sepulturam meam:* neque inde compunctus est: neque timuit, cum audivit, prædicandum ubique esse evangelium. Nam quod dicebatur virtutis erat ineffabilis: sed cum mulieres, ipsæque meretrices tantum illi impendebant honoris, tunc ille diabolicum facinus edebat. Cur autem ejus cognomen dicunt? Quia alius Judas erat. Neque tamen dicere dubitant, ipsum e numero duodecim fuisse. Ita nihil occultant eorum quæ probrosa esse videbantur: quamquam poterant simpliciter dicere, ipsum ex numero discipulorum fuisse. Erant

Judæ proditio.

[a] Iidem διαπορηθείη. Infra Morel. μετὰ τὸ χεθῆναι, male.

[b] Morel. εἴρηται. Alii ἐρεῖ ταῦτα.

[c] Morel. τὴν γνώμην τῆς γυναικός.

[d] Alii καλὸν πεποιηκυῖαν.

[e] Savil. ψυχῆς. Alii et Morel. καρδίας.

[f] Post ἐνταφιασμόν μου, Morel. addit τὸ μύρον τοῦτο τετήρηται.

[g] Alii καὶ ἄλλως πως; οὐδέν.

quippe alii præter duodecim illos. Nunc addunt, *Ex duodecim*, ac si dicerent, ex primo choro eorum, quos quasi optimos elegit, qui cum Petro et Joanne erant. Unam quippe curabant veritatem, nec res gestas obscurabant. Ideo signa multa prætercurrunt, ex iis autem quæ probrosa esse videbantur nihil celant, sed sive verbum, sive gestum, sive quidvis aliud cum libertate et fiducia narrant.

3. Neque hi tantum, sed etiam qui sublimiora loquebatur Joannes. Ille enim præcipue narrat et contumelias et opprobria quæ pertulit. Et vide mihi quantum sit Judæ scelus, quam sponte accesserit, quando pactione pecuniæ et pecuniæ tantulæ hoc fecit. Lucas vero dicit, ipsum cum ducibus pepigisse. Propter seditiones enim Judæorum, præfecerunt Romani aliquos, qui bono rerum ordini advigilarent. Nam principatus eorum jam defecerat secundum prophetiam. Hos igitur adiens dixit: *Quid vultis mihi dare, et ego vobis eum tradam? Illi vero constituerunt ei triginta argenteos.* 16. *Et ex eo tempore quærebat opportunitatem, ut traderet eum.* Nam timebat multitudinem, nihilque aliud quærebat, quam ut illum caperet. O stultitiam! quomodo illum excæcavit pecuniæ amor? Nam qui illum sæpe viderat per medios transeuntem, nec captum, suæque divinitatis et potentiæ argumenta multa dantem, speravit se illum capere posse; præsertim cum tot illi verba protulisset terribilia simul et mansueta, ut hanc malam ille cogitationem abjiceret. Neque enim in cœna ab eo curando destitit, sed usque ad ultimum diem his de rebus ipsum alloquebatur. Sed nihil id illi profuit. Nec tamen ideo Dominus cessavit quæ sua erant facere. Hæc itaque cum nos sciamus, nihil non agamus ad revocandos peccatores et desides, monentes, docentes, obsecrantes, hortantes, consilium dantes, etsi nihil proficiamus. Nam Christus præsciebat Judam numquam emendandum fore: et tamen non desistebat sua facere, monendo, comminando, miserum dicendo, et numquam clare, sed subobscure. In ipsoque proditionis tempore, osculantem se tulit: sed nihil illa profuere. Tantum est avaritia malum: hæc quippe illum et sacrilegum et proditorem effecit. Audite omnes avari, qui Judæ morbo laboratis: audite et cavete vobis ab illo morbo. Nam si is qui cum Christo vivebat, qui signa edi-

Luc. 22. 4

E μαθητῶν αὐτοῦ τις ἦν. Ἦσαν γὰρ καὶ ἄλλοι. Νῦν δὲ προστιθέασι, Τῶν δώδεκα, ὡσανεὶ ἔλεγον, τοῦ πρώτου χοροῦ [h] τῶν ἀριστίνδην ἐξειλεγμένων, τῶν μετὰ Πέτρου καὶ Ἰωάννου. Ἑνὸς γὰρ αὐτοῖς ἔμελε, τῆς ἀληθείας μόνης, οὐ τοῦ συσκιάσαι τὰ γινόμενα. Διὰ 769 τοῦτο τῶν μὲν σημείων πολλὰ παρατρέχουσι, τῶν δὲ A δοκούντων ἐπονειδίστων εἶναι οὐδὲν ἀποκρύπτονται, ἀλλὰ κἂν ῥῆμα, κἂν πρᾶγμα, κἂν ὁτιοῦν [a] ᾖ τοῦτο, μετὰ παῤῥησίας ἀνακηρύττουσι.

Καὶ οὐχ οὗτοι μόνον, ἀλλὰ καὶ αὐτὸς ὁ τὰ ὑψηλότερα φθεγγόμενος Ἰωάννης. Αὐτὸς γὰρ μάλιστα λέγει καὶ τὰς ὕβρεις καὶ τὰ ὀνείδη τὰ εἰς αὐτὸν γενόμενα. Καὶ ὅρα πόση κακία [b] τοῦ Ἰούδα, πῶς καὶ αὐτομάτως προσῄει, ὅταν ἀργυρίου τοῦτο ποιῇ, καὶ ἀργυρίου τοσούτου. Ὁ δὲ Λουκᾶς φησιν, ὅτι τοῖς στρατηγοῖς συνέθετο. Ἐπειδὴ γὰρ ἐστασίαζον οἱ Ἰουδαῖοι, τοὺς τῆς εὐταξίας αὐτῶν ἐπιμελησομένους ἐπέστησαν αὐτοῖς οἱ B Ῥωμαῖοι. Καὶ γὰρ ἡ ἀρχὴ αὐτῶν μεταπεσοῦσα λοιπὸν ἦν κατὰ τὴν προφητείαν. Τούτοις οὖν προσελθών φησι· Τί θέλετέ μοι δοῦναι, κἀγὼ ὑμῖν παραδώσω αὐτόν; Οἱ δὲ ἔστησαν αὐτῷ τριάκοντα ἀργύρια. Καὶ ἀπὸ τότε ἐζήτει εὐκαιρίαν, ἵνα αὐτὸν παραδῷ. Καὶ γὰρ ἐδεδοίκει τὸν ὄχλον, καὶ μόνον ἀπολαβεῖν ἤθελεν. Ὢ τῆς ἀνοίας· πῶς αὐτὸν καθάπαξ ἐπήρωσεν ἡ φιλαργυρία; Ὁ γὰρ πολλάκις ἰδὼν αὐτὸν διὰ μέσου διελθόντα, καὶ μὴ κατασχεθέντα, καὶ τῆς αὐτοῦ θεότητος καὶ δυνάμεως πολλὰς παρασχόντα τὰς ἀποδείξεις, προσεδόκησεν αὐτὸν καθέξειν· καὶ ταῦτα, τοσαῦτα αὐτῷ κατεπᾴδοντα καὶ φοβερὰ καὶ προσηνῆ ῥήματα, ὥστε κα-C ταλῦσαι τὴν πονηρὰν ταύτην ἔννοιαν. Οὐδὲ γὰρ ἐν τῷ δείπνῳ ταύτης ἀπέστη τῆς ἐπιμελείας, ἀλλ' ἕως ἐσχάτης ἡμέρας ὑπὲρ τούτων αὐτῷ διελέγετο. Ἀλλ' οὐδὲν ἐκεῖνος ἐκέρδανεν. Οὐ μὴν διὰ τοῦτο ὁ Δεσπότης ἐπαύσατο [c] τὰ ἑαυτοῦ ποιῶν. Ταῦτ' οὖν καὶ ἡμεῖς εἰδότες, μὴ διαλιμπάνωμεν πάντα ποιοῦντες εἰς τοὺς ἁμαρτάνοντας καὶ ῥαθυμοῦντας, νουθετοῦντες, διδάσκοντες, παρακαλοῦντες, παραινοῦντες, συμβουλεύοντες, κἂν μηδὲν ὠφελῶμεν. Καὶ γὰρ ὁ Χριστὸς προῄδει τὸ ἀδιόρθωτον [d] τοῦ προδότου· ἀλλ' ὅμως οὐκ ἐπαύσατο τὰ παρ' ἑαυτοῦ εἰσφέρων, καὶ νουθετῶν, καὶ ἀπειλῶν, καὶ ταλανίζων, καὶ οὐδαμοῦ σαφῶς, οὐδὲ δήλως, ἀλλ' ἐπι-D κεκρυμμένως. Ἐν αὐτῷ δὲ τῷ καιρῷ τῆς προδοσίας καὶ φιλῆσαι αὐτὸν κατεδέξατο· ἀλλ' οὐδὲν ἐκεῖνον ὤνησε τοῦτο. Τοσοῦτον ἡ φιλαργυρία κακόν· αὕτη γὰρ αὐτὸν καὶ ἱερόσυλον καὶ προδότην ἐποίησεν. Ἀκούσατε πάντες οἱ φιλάργυροι, οἱ τὸ τοῦ Ἰούδα νόσημα ἔχοντες, ἀκούσατε καὶ φυλάξασθε τὸ πάθος. Εἰ γὰρ ὁ συνὼν Χριστῷ, καὶ σημεῖα ἐργασάμενος, καὶ τοσαύτης ἀπο-

[h] Alii τῶν ἀρίστων.
[a] Alii et Morel. ᾖ τοιοῦτον.
[b] Savil. τοῦ Ἰούδα, ὅταν αὐτομάτως.

[c] Alii τὰ αὐτὰ ποιῶν.
[d] Savil. τοῦ Ἰούδα.

λαύσας διδασκαλίας, ἐπειδὴ μὴ ἀπηλλάγη τοῦ νοσήματος, εἰς τοσοῦτον κατηνέχθη βάραθρον, πολλῷ μᾶλλον ὑμεῖς, οἱ μηδὲ Γραφῶν [a] ἀκούσαντες, οἱ διὰ παντὸς τοῖς παροῦσι προσηλωμένοι, εὐάλωτοι τῷ πάθει τούτῳ γενήσεσθε, εἰ μὴ συνεχοῦς ἀπολαύοιτε ἐπιμε- E λείας. Καθ' ἑκάστην ἡμέραν συνῆν ἐκεῖνος τῷ μὴ ἔχοντι ποῦ τὴν κεφαλὴν κλῖναι, καὶ καθ' ἑκάστην ἐπαιδεύετο τὴν ἡμέραν δι' ἔργων, διὰ ῥημάτων, μὴ χρυσὸν, μὴ ἀργύριον, μὴ δύο χιτῶνας ἔχειν, καὶ ὅμως οὐκ ἐσωφρονίσθη· καὶ πῶς σὺ προσδοκᾷς διαφεύξεσθαι 770 τὸ νόσημα, μὴ σφοδρᾶς ἀπολαύων θεραπείας, καὶ A πολλῇ τῇ σπουδῇ κεχρημένος; Δεινὸν γὰρ, δεινὸν τουτὶ τὸ θηρίον· ἀλλ' ὅμως ἂν ἐθέλῃς, ῥᾳδίως περιέσῃ. Οὐ γάρ ἐστιν ἡ ἐπιθυμία φυσική· καὶ δῆλον τοῦτο ἐκ τῶν ἀπηλλαγμένων αὐτῆς· τὰ γὰρ τῆς φύσεως κοινὰ πάντων ἐστίν· αὕτη δὲ ἐκ ῥᾳθυμίας ἡ ἐπιθυμία γίνεται μόνης· ἐντεῦθεν φύεται, ἐντεῦθεν αὔξεται, καὶ τοὺς πρὸς αὐτὴν κεχηνότας ὅταν ἕλῃ, παρὰ φύσιν ποιεῖ ζῇν. Ὅταν γὰρ ἀγνοῶσι τοὺς ὁμοφύλους, τοὺς φίλους, τοὺς ἀδελφοὺς, τοὺς συγγενεῖς, ἅπαντας ἁπλῶς, καὶ μετὰ τούτων καὶ ἑαυτοὺς, οὐ παρὰ φύσιν τοῦτό [a] ἐστι ζῇν; Ὅθεν δῆλον, ὅτι παρὰ φύσιν ἡ κα- B κία, καὶ τὸ τῆς φιλαργυρίας νόσημα, ᾧ καὶ Ἰούδας περιπεσὼν, προδότης ἐγένετο. Καὶ πῶς τοιοῦτος γέγονε, φησὶ, κληθεὶς ὑπὸ Χριστοῦ; Ὅτι οὐκ ἀναγκαστικὴ τοῦ Θεοῦ ἡ κλῆσις, οὐδὲ βιάζεται τὴν γνώμην τῶν μὴ βουλομένων ἀρετὴν ἑλέσθαι, ἀλλὰ παραινεῖ μὲν καὶ συμβουλεύει, καὶ πάντα ποιεῖ καὶ πραγματεύεται, ὥστε πεῖσαι γενέσθαι χρηστούς· εἰ δὲ μὴ ἀνάσχοιντό τινες, οὐκ ἀναγκάζει. Εἰ δὲ μαθεῖν βούλει, πόθεν αὐτὸς γέγονε τοιοῦτος, εὑρήσεις ἀπὸ τῆς φιλαργυρίας αὐτὸν ἀπολωλότα. Καὶ πῶς ὑπὸ τοῦ πάθους [b] ἑάλω τούτου; φησίν. Ἐπειδὴ ἐρ῾ραθύμησεν. Ἐντεῦθεν γὰρ αἱ τοιαῦται μεταβολαὶ, ὥσπερ οὖν ἀπὸ C σπουδῆς αἱ πρὸς τὸ ἐναντίον. Πόσοι γοῦν βίαιοι γενόμενοι, προβάτων εἰσὶν ἡμερώτεροι νῦν; πόσοι ἀσελγεῖς, σώφρονες μετὰ ταῦτα κατέστησαν; πόσοι πλεονέκται πρὸ τούτου, νῦν δὲ καὶ τὰ ἑαυτῶν ἔρ῾ριψαν; Καὶ τοὐναντίον πάλιν ἀπὸ ῥᾳθυμίας συνέβη. Καὶ γὰρ ὁ Γιεζῆ ἀνδρὶ ἁγίῳ συνέζη, καὶ γέγονε μοχθηρὸς καὶ αὐτὸς ἀπὸ τοῦ αὐτοῦ νοσήματος· καὶ γὰρ πάντων χαλεπώτατον τουτὶ τὸ πάθος. Ἐντεῦθεν τυμβωρύχοι, ἐντεῦθεν ἀνδροφόνοι, ἐντεῦθεν πόλεμοι καὶ μάχαι, καὶ ὅπερ ἂν εἴπῃς κακὸν, ἐντεῦθεν. Καὶ πανταχοῦ ἄχρηστος ὁ τοιοῦτος, ἄν τε στρατηγῆσαι, ἄν τε δημαγω- D γῆσαι δέῃ· μᾶλλον δὲ οὐκ ἐν τοῖς κοινοῖς μόνον, ἀλλὰ καὶ ἐν τοῖς ἰδίοις. Κἂν γυναῖκα ἀγαγέσθαι μέλλῃ, οὐ λήψεται τὴν ἐνάρετον, ἀλλὰ τὴν πασῶν φαυλοτάτην· κἂν οἰκίαν πρίασθαι, οὐ τὴν ἐλευθέρῳ πρέπουσαν,

derat, qui tanta fruebatur doctrina, quia ab hoc morbo non se expedivit, in tantum barathrum delapsus est; multo magis vos, qui nec Scripturas audistis, qui semper præsentibus addicti fuistis, ab hoc morbo facile capiemini, nisi assidue ipsi advigiletis. Quotidie ille cum Christo erat, qui non habebat ubi caput suum reclinaret, et quotidie ab illo instituebatur operibus et verbis, non oportere aurum, vel argentum, vel duas tunicas habere, neque tamen resipuit : et quomodo tu sperare potes, te ab hoc morbo liberandum esse, nisi multam curam et diligentiam adhibeas? Acris est, acris certe est hæc fera : attamen si velis, facile vinces. Hæc enim cupiditas non necessario a natura prodit, ut palam est ex iis qui illa expertes sunt: nam quæ a natura proficiscuntur, sunt omnibus communia; hæc vero cupiditas ex desidia solum nascitur : inde nascitur, inde augetur, eosque qui ad ipsam inhiant cum semel ceperit, cogit præter naturam vivere. Nam cum ignorent contribules, amicos, fratres, cognatos, omnes simpliciter, et cum his etiam seipsos, annon hoc est præter naturam vivere? Unde palam est, nequitiam esse præter naturam, necnon avaritiæ morbum, in quem delapsus Judas, proditor factus est. Et quomodo talis factus est, inquies, vocatus a Christo? Quia Dei vocatio nullum cogit, neque violentiam infert voluntati eorum qui nolunt virtutem eligere, sed hortatur datque consilium, atque omnia facit et operatur, ut suadeat esse bonos : si vero quidam repugnent, non necessitatem infert. Si vis discere, unde ipse talis factus sit, invenies ipsum pecuniarum cupiditate periisse. Sed quomodo, inquies, hac passione captus est? Quia deses negligensque fuit. Hinc enim tales fiunt mutationes, ut contrarium ex diligentia evenit. Quot enim qui violenti erant, nunc sunt ovibus mansuetiores? quot lascivi, postea casti fuerunt? quot avari et rapaces, nunc sua profundunt? Contrarium vero ex desidia oritur. Nam Giezi cum viro sancto vive- 4. *Reg.* 5.
bat, et ipse improbus evasit, hoc ipso morbo laborans, qui certe omnium deterrimus est. Hinc prodeunt sepulcrorum effossores, hinc homicidæ, hinc bella et pugnæ, hinc quodvis malum. Hujusmodi homo ubique inutilis est, tum ad exercitum ducendum, tum ad magistratus urbanos gerendos : imo non in publicis modo rebus, sed in domesticis. Si uxor ducenda sit, non probam ducet, sed omnium pessimam : si domus emenda, non libero

Auri cupidi exagitantur.

[a] Morel. ἀκούοντες. Ibidem alii τοῖς ὑπάρχουσι προσηλωμένοι.

[a] Unus ἐστι τὸ ζῇν.

[b] Editi αὐτὸς ἑάλω. Sed αὐτός deest in omnibus Mss.

dignam emet, sed quæ majorem proventum afferre possit; si servi emendi, vel quid aliud, quod vilius erit emet. Quid vero loquor de duce exercitus, de magistratu, de rebus domesticis? Si rex fuerit, omnium miserrimus erit, orbis pernicies, omniumque pauperrimus. Nam sicut unus e vulgo affectus erit, non putans omnium bona sua esse, sed se unum ex multis, et dum omnium bona rapiet, pauciora se putabit cæteris omnibus habere. Nam illa quæ possidet comparans cum iis quæ cupit et nondum est adeptus, nihil illa his comparanda putabit esse.

Eccli. 10. 9. 4. Ideo ait quidam, *Avaro nihil iniquius.* Nam qui talis est, seipsum quoque vendit, et communis omnium hostis circumquaque ambulat, dolens quod terra non aurum pro spicis proferat, nec fontes pro aquis, nec montes pro petris : sterilitatem ægre fert, in publicis bonis contractus, omnemque fastidit causam, unde argentum non provenit; omnia ferens, dum duos possit obolos lucrari. Omnes odio habet, pauperes, divites : pauperes, ne petitum accedant; divites, quod bona illorum non possideat. Omnes putat sua possidere : atque ut ab omnibus læsus, adversum omnes indignatur : plenitudinem nescit, satietatem non novit, omnium est miserrimus : quemadmodum qui his omnibus est expers, philosophis omnibus erit beatior. Probus enim vir, sive servus sit, sive herus, omnium est beatissimus. Nemo enim ipsum malo afficiet, etiamsi totus orbis conveniat cum armis et exercitibus, ipsumque impugnet. Improbus autem, et talis qualem descripsimus, etiamsi rex sit, etiamsi mille diadematibus ornetur, a quovis homine extrema patietur : usque adeo infirma nequitia est; ita fortis est virtus. Quid igitur luges, cum in paupertate versaris? quid ploras festum agens? Nam diei festi tempus est. Quid fles? Nam paupertas est celebritas, si sapiens fueris. Quid plangis, o puer? Puerum enim talem virum vocare oportet. Verberavit te quispiam? Et quid hoc? Te patientiorem reddidit. Sed pecunias abstulit? Multum oneris abstulit. Famam tuam læsit? Rur-

Avari imago.

Infirma nequitia est, fortis virtus.

ἀλλὰ τὴν πολὺν δυναμένην τὸν μισθὸν ἐνεγκεῖν· κἂν οἰκέτας, κἂν ὁτιοῦν ἕτερον ὠνεῖσθαι μέλλῃ, τὸ φαυλότατον λήψεται. Καὶ τί λέγω στρατηγίαν καὶ δημαγωγίαν, καὶ [c] οἰκονομίαν; Κἂν γὰρ βασιλεὺς ᾖ, πάντων ἐστὶν ἀθλιώτερος, καὶ λύμη τῆς οἰκουμένης, καὶ πάντων πενέστερος. Ὡς γὰρ εἷς τῶν πολλῶν διακείσεται, οὐχὶ τὰ πάντων αὐτοῦ νομίζων εἶναι, ἀλλ' αὐτὸν E ἕνα τῶν πάντων, καὶ τὰ πάντων ἁρπάζων, πάντων ἐλάττονα ἔχειν νομίζει. Τῇ γὰρ τῶν οὐδέπω κτηθέντων ἐπιθυμίᾳ τὰ παρόντα μετρῶν, οὐδὲν ταῦτα πρὸς ἐκεῖνα εἶναι ἡγήσεται.

Διὸ καί τίς φησι, Φιλαργύρου μὲν [d] οὐδὲν ἀνομώ- 771 τερον. Ὁ γὰρ τοιοῦτος καὶ ἑαυτὸν ἀποδίδοται, καὶ κοι- A νὸς περιέρχεται τῆς οἰκουμένης ἐχθρὸς, ἀλγῶν ὅτι μὴ χρυσίον φέρει ἀντὶ τῶν ἀσταχύων ἡ γῆ, καὶ ἀντὶ τῶν ναμάτων αἱ κρῆναι, καὶ ἀντὶ τῶν λίθων τὰ ὄρη, δυσχεραίνων πρὸς τὴν εὐετηρίαν, ἐν τοῖς κοινοῖς ἀγαθοῖς συνεσταλμένος, πᾶσαν ἀποστρεφόμενος πρόφασιν, ὅθεν οὐκ ἔστιν ἀργύριον λαβεῖν· πάντα ὑπομένων, ὅθεν καὶ δύο συλλέξαι μόνον ὀβολοὺς ἔνι· ἅπαντας μισῶν, τοὺς πένητας, τοὺς πλουτοῦντας· τοὺς μὲν πένητας, μήποτε προσελθόντες αἰτήσωσι· τοὺς δὲ πλουτοῦντας, ὅτι μὴ τὰ ἐκείνων ἔχει. Ἅπαντας τὰ αὐτοῦ νομίζει κεκτῆσθαι, καὶ ὡς παρὰ πάντων ἠδικημένος, οὕτω B πρὸς πάντας δυσχεραίνει· πλησμονὴν οὐκ οἶδε, [a] κόρον οὐκ ἐπίσταται, πάντων ἐστὶν ἀθλιώτερος· ὥσπερ οὖν ὁ τούτων ἀπηλλαγμένος, καὶ φιλοσόφων ζηλωτότερος πάντων ἔσται. Ὁ μὲν γὰρ ἐνάρετος, κἂν οἰκέτης ᾖ, [b] κἂν δεσπότης, πάντων ἐστὶ μακαριώτερος. Οὐδεὶς [c] γὰρ αὐτὸν ποιήσει κακῶς, οὐδ' ἂν οἱ ἐκ τῆς οἰκουμένης συνέλθωσιν ἅπαντες, ὅπλα καὶ στρατόπεδα κινοῦντες, καὶ πολεμοῦντες αὐτῷ. Ὁ δὲ μοχθηρὸς καὶ φαῦλος, καὶ τοιοῦτος οἷον διεγράψαμεν, κἂν βασιλεὺς ᾖ, κἂν μυρία [d] περίκειται διαδήματα, καὶ παρὰ τοῦ C τυχόντος τὰ ἔσχατα πείσεται· οὕτως ἡ κακία ἀσθενής· οὕτως ἰσχυρὸν ἡ ἀρετή. Τί τοίνυν πενθεῖς ἐν πενίᾳ ὤν; τί θρηνεῖς ἑορτὴν ἄγων; Καὶ γὰρ ἑορτῆς ὁ καιρός. Τί κλαίεις; Καὶ γὰρ πανήγυρις ἡ πτωχεία, ἂν σωφρονῇς. Τί ὀδύρῃ, παιδίον; Παιδίον γὰρ δεῖ τὸν τοιοῦτον καλεῖν. [e] Ἐτύπτησέ σε ὁ δεῖνα; Καὶ τί τοῦτο; Καρτερικώτερόν σε ἐποίησεν. Ἀλλ' ἀφείλετο χρήμα-

[c] Mss. οἰκονομίας. Ibid. Savil. κἂν γὰρ βασιλεύῃ.

[d] Alii οὐδὲν ἀτιμότερον. In vulgatis Editionibus Græcis Bibliorum omnino aliud legitur, nempe : ὅτι ἐν ζωῇ ἔῤῥιψα τὰ ἐνδόσθια αὐτοῦ. Quædam autem exemplaria sic habent : φιλαργύρου γὰρ οὐδὲν ἀνομώτερον· οὗτος γὰρ καὶ τὴν ἑαυτοῦ ψυχὴν ἔκπρακτον ποιεῖ. Hanc quoque lectionem sequitur Vulgata nostra : *Avaro autem nihil est scelestius.*

[a] Morel. χόρου.

[b] Unus Codex κἂν δεσμώτης. Quæ lectio etiam optime quadrat.

[c] Γὰρ αὐτόν, sic Savil. et omnes Mss., Morel. vero γὰρ αὐτῷ.

[d] Περίκειται, sic Editi et omne penes Mss., uno excepto, qui habet παρακαίηται, mendose forte pro περικέηται, quæ videtur esse vera lectio, ut suspicatus est Savilius.

[e] Alii ἐλύπησέ σε, non male.

τα; Τὸ πλέον ὑπέτεμε τοῦ φορτίου. Ἀλλὰ τὴν δόξαν περιέκοψε; Πάλιν ἄλλης ἐλευθερίας εἶδός μοι λέγεις. Ἄκουσον καὶ τῶν ἔξωθεν ταῦτα φιλοσοφούντων, καὶ λεγόντων· οὐδὲν κακὸν πέπονθας, ἐὰν μὴ προσποιῇ. Ἀλλὰ τὴν οἰκίαν ἀφείλετο τὴν μεγάλην ἐκείνην καὶ περιβόλους ἔχουσαν; Ἀλλ' ἰδοὺ πᾶσα ἡ γῆ ἐνώπιόν D σου, τὰ δημόσια οἰκοδομήματα, εἴτε εἰς τέρψιν, εἴτε εἰς χρείαν ἔχειν θέλοις. Καὶ τί τερπνότερον ἢ ὡραιότερον τοῦ στερεώματος τοῦ οὐρανοῦ; Μέχρι τίνος πτωχοὶ καὶ πένητες; Οὐκ ἔστι πλούσιον εἶναι τὸν μὴ ψυχῇ πλουτοῦντα· ὥσπερ οὐκ ἔνι πτωχὸν εἶναι τὸν μὴ ἐν διανοίᾳ ἔχοντα τὴν πενίαν. Εἰ γὰρ κυριώτερον τοῦ σώματος ἡ ψυχὴ, οὐκ ἰσχύει τὰ ἀκυρότερα αὐτὴν διαθεῖναι πρὸς ἑαυτά. Ἀλλ' ἡ κυρία τὰ μὴ οὕτω κύρια πρὸς ἑαυτὴν ἐφέλκεται καὶ μεταβάλλει. Καὶ γὰρ ἡ καρδία, ὅταν δέξηταί τινα βλάβην, ἅπαν τὸ σῶμα οὕτω διατίθησι· κἂν δύσκρατος γένηται, τῷ παντὶ E λυμαίνεται· κἂν εὔκρατος, τὸ πᾶν ὀνίνησιν. Ἂν δέ τι τῶν λοιπῶν διαφθαρῇ, ταύτης μενούσης ἔνδον ὑγιοῦς, εὐκόλως κἀκείνων τὴν λύμην ἀποτινάσσεται. Ἵνα δὲ σαφέστερον ὃ λέγω ποιήσω, τί κλάδων ὄφελος, εἰπέ μοι, χλωρῶν, ὅταν ἡ ῥίζα μαραίνηται; τί δὲ βλάβος τῶν ἄνωθεν ξηρανθέντων φύλλων, ταύτης μενούσης ὑγιοῦς; Οὕτω καὶ ἐνταῦθα οὐδὲν ὄφελος χρημάτων, ψυχῆς οὔσης πενιχρᾶς· οὐδὲ βλάβος πενίας, ψυχῆς 772 οὔσης πλουσίας. Καὶ πῶς ἂν γένοιτο πλουσία, φησὶ, A ψυχὴ, ἐν πενίᾳ χρημάτων οὖσα; Μάλιστα ἂν τότε γένοιτο· τότε γὰρ καὶ πλουτεῖν εἴωθεν. Εἰ γὰρ, καθὼς πολλάκις [a] ἐδείξαμεν, τοῦτο πλουτοῦντος τεκμήριον, τὸ καταφρονεῖν χρημάτων, καὶ μηδενὸς δεῖσθαι, εὔδηλον ὅτι τὸ ἐν πενίᾳ εἶναι μᾶλλον ποιεῖ πλουτεῖν· καὶ γὰρ εὐκολώτερον ἄν τις ἐν πενίᾳ ἢ ἐν πλούτῳ καταφρονήσειε χρημάτων· [*] εὔδηλον ὅτι μάλιστα τὸ ἐν πενίᾳ εἶναι μᾶλλον ποιεῖ πλουτεῖν. Καὶ γὰρ ὅτι μᾶλλον ἐφίεται χρημάτων ὁ πλούσιος ἢ ὁ πένης, παντί που δῆλον· ὥσπερ ὁ μεθύων μᾶλλον διψᾷ τοῦ μετασχόντος αὐτάρκως τοῦ πόματος. Οὐδὲ γὰρ τοιαύτη ἐστὶν ἡ ἐπι- B θυμία, ὥστε τῷ πλείονι σβέννυσθαι, ἀλλὰ τοὐναντίον ἀνάπτεσθαι πέφυκε τούτῳ. Καὶ γὰρ τὸ πῦρ ὅταν πλείονα λάβῃ τροφὴν, τότε μάλιστα ἀγριοῦται· οὕτω καὶ ἡ τῶν χρημάτων ἐπιθυμία, ὅταν πλέον ἐμβάλῃ χρυσίον, τότε μάλιστα αἴρεται. Εἰ τοίνυν τὸ πλειόνων ἐφίεσθαι, πενίας, ὁ δὲ ἐν πλούτῳ τοιοῦτος, οὗτος μάλιστα ἐν πενίᾳ. Ὁρᾷς ὅτι τότε μάλιστα πένεται ἡ ψυχὴ, ὅταν πλουτῇ, καὶ τότε πλουτεῖ, ὅταν ἐν πενίᾳ ᾖ; Εἰ δὲ βούλει, καὶ ἐπὶ προσώπων τὸν λόγον γυμνάσωμεν, καὶ ἔστωσαν δύο τινὲς, ὁ μὲν ἔχων μυρία τάλαντα, ὁ δὲ δέκα· καὶ [b] ἀμφοτέρων ταῦτα ἀφαιρώμεθα· τίς

sum aliud mihi libertatis genus indicas. Audi exteros sic philosophantes: Nihil mali passus es, nisi id fingas. Sed domum illam magnam tibi abstulit septis munitam? At ecce universa terra in conspectu tuo est, publica ædificia, sive ad voluptatem, sive ad usum habere velis. Quid jucundius et speciosius firmamento cæli? Usquequo mendici et pauperes eritis? Non potest dives esse, qui non animo sit dives: sicut non potest pauper esse, qui paupertatem non animo gestet. Nam si excellentior anima corpore, non possunt quæ viliora sunt illam ad se attrahere. Sed ea quæ domina est, quæ non ita sibi propria sunt, in se attrahit et commutat. Cor enim cum quidpiam damni acceperit, totum corpus sic afficit, et intemperie sua totum corrumpit; sin contra bene temperatum sit, toti homini prodest. Si quid vero ex cæteris corrumpatur, hoc intus sano manente, facile illorum corruptelam excutit. Ut autem clarius loquar, quid, quæso, prosunt rami virides, si radix sit arida? quid damni, si superna folia exsiccentur, radice sana manente? Sic et hoc loco nulla pecuniarum utilitas, si inops sit anima; neque paupertatis damnum, si anima sit dives. Et quomodo, inquies, anima dives erit, si pecunia egeat? Tunc maxime dives; tunc enim ditescere solet. Si enim, ut sæpe probavimus, divitis hoc signum est, si pecunias contemnat, et nullo egeat, palam est paupertatem divitias parere: nam facilius in paupertate, quam in divitiis pecunias contemnes: palam ergo est paupertatem majores parere divitias. Nam quod dives plus quam pauper divitias concupiscat, nemini non notum est: quemadmodum et ebrius magis sitit, quam qui moderato usus est potu. Non enim talis est concupiscentia quæ ex majori copia exstinguatur, imo potius inde magis incenditur. Nam ignis quanto majorem escam accipit, tanto magis inflammatur; sic et pecuniarum cupiditas, cum plus acceperit auri, tunc magis effertur. Si ergo majora cupere id paupertas est, qui in divitiis est talis, hic maxime pauper est. Viden' animam tum magis pauperem esse, cum dives est; tuncque ditescere, cum est inops? Si vis autem ut in duabus personis id exploremus, stent duo quipiam, quorum alius decem millia talenta habeat, alius vero decem tantum; ab utroque autem hæc auferamus: uter magis dolebit? annon ille qui decem millia amisit? Non autem

Dictum philosophicum.

Anima tunc pauper cum divitias possidet, tunc dives cum inops est.

[a] Morel. ἀπεδείξαμεν. Ibidem alii τοῦτο πλούτου τεκμήριον. Ibid. Morel. καὶ μηδενὸς δεῖσθαι, καὶ μηδενὸς πάλιν τὸ δεῖσθαι εὐκολ. omissis quibusdam.

[*] [Hæc, εὔδηλον... πλουτεῖν, desunt in Savil.]

[b] Savil. et quidam Mss. καὶ ἀμφοτέρους ταῦτα ἀφαιρώμεθα. Morel. καὶ ἀμφοτέρων ταῦτα ἀφαιρούμεθα.

magis doleret, nisi magis amaret; si magis amat, magis concupiscit; si magis concupiscit, magis pauper est. Illud enim magis concupiscimus, quo maxime indigemus : ex indigentia enim cupiditas. Nam ubi satietas est, cupiditas esse non potest. Tunc enim maxime siti vexamur, cum potu egemus. Hæc a me dicta sunt ut probem, si vigilemus, neminem nobis nocere posse : ac non ex paupertate, sed ex nobis ipsis damnum inferri. Quare rogo, omni diligentia avaritiæ morbum ejiciamus, ut et hic divites simus, et æterna consequamur bona, gratia et benignitate Domini nostri Jesu Christi, cui gloria in sæcula seculorum. Amen.

C οὖν μᾶλλον ἀλγήσει; οὐχ ὁ τὰ μυρία ἀπολέσας; Οὐκ ἂν δὲ μᾶλλον ἤλγησεν, εἰ μὴ μᾶλλον ἐφίλει· εἰ δὲ μᾶλλον φιλεῖ, μᾶλλον ἐπιθυμεῖ· εἰ δὲ καὶ ἐπιθυμεῖ μᾶλλον, μᾶλλόν ἐστιν ἐν πενίᾳ. Τοῦτο γὰρ μάλιστα ἐπιθυμοῦμεν, οὗ μάλιστα ἐν ἐνδείᾳ ἐσμέν· ἀπὸ γὰρ ἐνδείας ἡ ἐπιθυμία. Ἔνθα γὰρ ἂν ᾖ κόρος, ἐπιθυμίαν οὐκ ἔστιν εἶναι. Καὶ γὰρ τότε μάλιστα διψῶμεν, ὅταν ἐνδεῶς ἔχωμεν ποτοῦ. Ταῦτα δέ μοι ἅπαντα εἴρηται, ὥστε δεῖξαι, ὅτι ἐὰν νήφωμεν, οὐδεὶς ἡμᾶς λυμανεῖται· καὶ ὅτι οὐ παρὰ πενίαν, ἀλλὰ παρ' ἡμᾶς αὐτοὺς ἡ βλάβη D γίνεται. Διὸ παρακαλῶ πάσῃ σπουδῇ τὴν νόσον τῆς φιλαργυρίας ἐκβαλεῖν, ἵνα καὶ ἐνταῦθα πλουτῶμεν, καὶ τῶν αἰωνίων [c] ἀπολαύσωμεν ἀγαθῶν, χάριτι καὶ φιλανθρωπίᾳ τοῦ Κυρίου ἡμῶν Ἰησοῦ Χριστοῦ, ᾧ ἡ δόξα εἰς τοὺς αἰῶνας τῶν αἰώνων. Ἀμήν.

[c] Alii ἀπολαύσωμεν θησαυρῶν.

HOMIL. LXXXI. al. LXXXII.

773 A

ΟΜΙΛΙΑ πα'.

Cap. XXVI. v. 17. *Prima autem azymorum accesserunt discipuli ad Jesum, dicentes : Ubi vis paremus tibi ut manduces pascha?* 18. *Ipse autem dixit : Ite in civitatem ad quemdam, et dicite ei : Magister dicit, Tempus meum prope est, apud te facio pascha cum discipulis meis.*

Τῇ δὲ πρώτῃ τῶν ἀζύμων προσῆλθον οἱ μαθηταὶ τῷ Ἰησοῦ, λέγοντες, ποῦ θέλεις ἑτοιμάσωμέν σοι φαγεῖν τὸ πάσχα; Ὁ δὲ εἶπεν· ὑπάγετε εἰς τὴν πόλιν πρὸς τὸν δεῖνα, καὶ εἴπατε αὐτῷ· ὁ διδάσκαλος λέγει, ὁ καιρός μου ἐγγύς ἐστι, πρὸς σὲ ποιῶ τὸ πάσχα μετὰ τῶν μαθητῶν μου.

1. Primam azymorum eam diem vocat quæ ante azyma erat : solent enim a vespera semper diem numerare : et hanc memorat in cujus vespera pascha immolandum erat : quinta enim sabbati accesserunt. Hanc vero alius diem ante azyma vocat, tempus denotans quo accesserunt : alius
Luc. 22. 1. vero sic dicit : *Venit dies azymorum, in qua oportebat immolari pascha.* Illud, *Venit*, hoc significat, prope erat, in januis erat, vesperam videlicet illam commemorans. A vespera enim incipiebant : ideo singuli addunt, *Cum immolaretur pascha.* Et dicunt : *Ubi vis paremus tibi comedere pascha?* Itaque hinc patet, ipsi nec domum, nec diversorium fuisse : neque discipulis, puto. Alioquin illo divertere rogassent. Sed illis nulla domus erat, qui omnibus renuntiaverant. Cur autem pascha celebravit? Ut in omnibus

B [*] Πρώτη τῶν ἀζύμων, τὴν πρὸ τῶν ἀζύμων φησίν· εἰώθασι γὰρ ἀπὸ τῆς ἑσπέρας ἀεὶ ἀριθμεῖν τὴν ἡμέραν· [a] καὶ ταύτην μνημονεύει, καθ' ἣν ἐν τῇ ἑσπέρᾳ τὸ πάσχα ἔμελλε θύεσθαι· τῇ γὰρ πέμπτῃ τοῦ σαββάτου προσῆλθον. Καὶ ταύτην ὁ μὲν τὴν πρὸ τῶν ἀζύμων καλεῖ, τὸν καιρὸν λέγων, καθ' ὃν προσῆλθον. Ὁ δὲ οὕτω λέγει· Ἦλθε δὲ ἡμέρα τῶν ἀζύμων, [b] καθ' ἣν ἔδει θύεσθαι τὸ πάσχα· τὸ Ἦλθε τοῦτο λέγων, ἐγγὺς ἦν, ἐπὶ θύραις ἦν, τῆς ἑσπέρας δηλονότι μεμνημένος ἐκείνης. Ἀπὸ γὰρ τῆς ἑσπέρας [c] ἤρχοντο· διὸ καὶ ἕκαστος προστίθησιν, Ὅτε ἐθύετο τὸ πάσχα. Καὶ λέ- C γουσι· Ποῦ θέλεις ἑτοιμάσωμέν σοι φαγεῖν τὸ πάσχα; Ὥστε κἀντεῦθεν δῆλον, ὅτι οὐκ ἦν αὐτῷ οἰκία, οὐκ ἦν καταγώγιον· ἐγὼ δὲ οἶμαι μηδὲ αὐτοὺς ἔχειν. Ἦ γὰρ ἂν αὐτὸν ἐκεῖ παρεκάλεσαν ἐλθεῖν. Ἀλλ' οὐκ ἦν οὐδὲ τούτοις, πᾶσιν ἀποταξαμένοις λοιπόν. Τίνος δὲ [d] ἕνεκεν τὸ πάσχα ἐπετέλει; Διὰ πάντων δεικνὺς μέχρι τῆς

[*] [Cod. 694 πρώτην τ. ἀ.]
[a] Alii καὶ ταύτης μνημονεύει.
[b] Morel. καθ' ἥν, Savil. ἐν ᾗ.
[c] Ἤρχοντο Morel., ἄρχονται Savil. Utrumque bene. Mox post πάσχα Morel. repetit διὸ καὶ λέγουσι.
[d] Alii εἰς τὸ πάσχα ἔρχεται; ἀεί. Paulo post quidam, ἐναντίος τοῦ νόμου.

ἐσχάτης ἡμέρας, ὅτι οὐκ ἔστιν ἐναντίος τῷ νόμῳ. Καὶ τί δήποτε πρὸς ἀγνῶτα πέμπει ἄνθρωπον; Δεικνὺς κἀντεῦθεν, ὅτι ἠδύνατο μὴ παθεῖν. Ὁ γὰρ τὴν διάνοιαν τούτου πείσας, ὥστε αὐτοὺς ὑποδέξασθαι, καὶ ταῦτα ἀπὸ ῥημάτων, τί οὐκ ἂν εἰργάσατο ἐν τοῖς σταυροῦσιν αὐτὸν, εἴγε ἐβούλετο μὴ παθεῖν; Καὶ ὅπερ ἐπὶ τῆς ὄνου D ἐποίησε, τοῦτο καὶ ἐνταῦθα. Καὶ γὰρ ἐκεῖ φησι· Ἐάν τις ὑμῖν εἴπῃ τι, ἐρεῖτε ὅτι ὁ Κύριος αὐτοῦ χρείαν ἔχει· οὕτω καὶ ἐνταῦθα· Ὁ διδάσκαλος λέγει, πρὸς σὲ ποιῶ τὸ πάσχα. Ἐγὼ δὲ οὐ τοῦτο θαυμάζω μόνον, ὅτι αὐτὸν ὑπεδέξατο ἄγνωστος ὢν, ἀλλ' ὅτι προσδοκῶν ἔχθραν ἐπισπάσασθαι τοσαύτην καὶ πόλεμον ἄσπονδον, κατεφρόνησε τῆς τῶν πολλῶν ἀπεχθείας. Εἶτα ἐπειδὴ ἠγνόουν, καὶ σημεῖον αὐτοῖς δίδωσιν, οἷον ἐπὶ τοῦ Σαοὺλ ὁ προφήτης λέγων· Εὑρήσεις τινὰ ἀναβαίνοντα καὶ ἀσκὸν ἔχοντα· καὶ ἐνταῦθα, Κεράμιον [e] βαστάζοντα. Καὶ ὅρα πάλιν τὴν ἐπίδειξιν τῆς δυνάμεως. Οὐ E γὰρ εἶπε μόνον, Τὸ πάσχα ποιῶ· ἀλλὰ καὶ ἕτερον προστίθησιν, Ὁ καιρός μου ἐγγύς ἐστι. Τοῦτο δὲ ἐποίει, ἅμα μὲν τοὺς μαθητὰς συνεχῶς ὑπομιμνήσκων τοῦ πάθους, ὥστε τῇ πυκνότητι τῆς προῤῥήσεως ἐγγυμνασθέντας μελετῆσαι τὸ συμβησόμενον· ἅμα δὲ δεικνὺς αὐτοῖς τε ἐκείνοις, καὶ τῷ ὑποδεχομένῳ, καὶ πᾶσιν 774 A Ἰουδαίοις, ὃ πολλάκις εἶπον, ὅτι οὐκ ἄκων ἐπὶ τὸ πάθος ἔρχεται. Προστίθησι δὲ, Μετὰ τῶν μαθητῶν μου, ὥστε καὶ ἀρκοῦσαν γενέσθαι τὴν παρασκευὴν, κἀκεῖνον μὴ νομίσαι κρύπτεσθαι αὐτόν. Ὀψίας δὲ γενομένης, ἀνέκειτο μετὰ τῶν μαθητῶν. Βαβαὶ τῆς ἀναισχυντίας τοῦ Ἰούδα. Καὶ γὰρ καὶ αὐτὸς ἐκεῖ παρῆν, καὶ ἦλθε κοινωνήσων καὶ μυστηρίων καὶ ἁλῶν, καὶ παρ' αὐτὴν [a] ἠλέγχετο τὴν τράπεζαν, ὅτε καὶ εἰ θηρίον ἦν, πραότερος ἂν ἐγεγόνει. Διὰ γὰρ τοῦτο καὶ ὁ εὐαγγελιστὴς ἐπισημαίνεται, ὅτι ἐσθιόντων αὐτῶν διαλέγεται περὶ τῆς προδοσίας ὁ Χριστὸς, ἵνα καὶ ἀπὸ τοῦ καιροῦ, καὶ ἀπὸ τῆς τραπέζης δείξῃ τὴν πονηρίαν τοῦ προδότου. Ὡς γὰρ [b] ἐποίησαν οἱ μαθηταὶ, καθὼς B συνέταξεν αὐτοῖς ὁ Ἰησοῦς, ὀψίας γενομένης, ἀνέκειτο μετὰ τῶν δώδεκα. Ἐσθιόντων δὲ αὐτῶν εἶπε, φησὶ, ἀμὴν λέγω ὑμῖν, εἷς ἐξ ὑμῶν παραδώσει με· πρὸ δὲ τοῦ δείπνου καὶ τοὺς πόδας αὐτοῦ ἔνιψε. Καὶ ὅρα πῶς φείδεται τοῦ προδότου. Οὐ γὰρ εἶπεν, ὁ δεῖνά με παραδώσει· ἀλλ', Εἷς ἐξ ὑμῶν, ὥστε πάλιν δοῦναι αὐτῷ μετανοίας ἐξουσίαν [c] τοῦ λαθεῖν· καὶ αἱρεῖται φοβῆσαι ἅπαντας, ὑπὲρ τοῦ διασῶσαι τοῦτον. Εἷς ἐξ ὑμῶν τῶν δώδεκα, φησὶ, τῶν πανταχοῦ μοι συμπαρόντων, ὧν τοὺς πόδας ἔνιψα, οἷς τοσαῦτα ἐπηγγειλάμην. Πένθος ἄρα ἀφόρητον τὸν χορὸν τότε τὸν ἅγιον ἐκεῖνον κατέλαβε. Καὶ ὁ μὲν Ἰωάννης φησὶν, Ἠποροῦντο, καὶ εἰς C

ostenderet se ad ultimum usque vitæ suæ diem non legis adversarium fuisse. Et cur ad ignotum hominem mittit? Hinc ostendens se non passurum fuisse, si voluisset. Nam qui animum illius verbis tantum induxit, ut illos reciperet, cur non eos qui se crucifigebant mutasset, si pati noluisset? Quodque circa asinam fecerat, hic quoque fecit. Ibi namque dixit: *Si quis vobis quidpiam dixerit,* Matth. 21. 3. *dicite, Opus est Domino;* sic et hoc loco: *Magister dicit, Apud te facio pascha.* Ego vero non id solum miror, quod ignotum susceperit, sed quod cum tantam adversum se iram concitari exspectaret, et irreconciliabile bellum, multorum odium contemserit. Deinde ignorantibus signum dedit, quale Saüli propheta: *Invenies hominem* 1. Reg. 10. 3. *ascendentem, et utrem habentem;* hic vero, *Amphoram portantem.* Luc. 22. 10. Hic etiam vide potentiæ argumentum. Non enim solum dixit, *Pascha facio:* sed adjicit, *Tempus meum prope est.* Hoc autem faciebat, ut simul discipulis frequenter passionem commemoraret, ut ex prædictionis frequentia exercerentur in meditatione rei futuræ; utque ostenderet illis, et se excipienti, omnibusque Judæis, ut sæpe dixi, se non invitum ad passionem venire. Addidit autem, *Cum discipulis meis,* ut sufficiens apparatus esset, neve existimaret ille, ipsum latebras quærere. 20. *Vespere autem facto, discumbebat cum discipulis.* O Judæ impudentiam! Nam et ille istic aderat, venitque particeps futurus et mysteriorum et mensæ: et in ipsa mensa arguebatur, ubi etiamsi fera esset, mansuetior futurus erat. Ideoque ipse evangelista significat, manducantibus illis, Christum de proditione loquutum fuisse, ut et a tempore et a mensa proditoris nequitiam ostenderet. Postquam enim fecerant discipuli sicut illis Jesus præceperat, vespere facto, discumbebat cum duodecim discipulis. 21. *Manducantibus autem illis dixit: Amen dico vobis, unus ex vobis me traditurus est;* ante cœnam vero pedes ejus lavit. Vide autem quomodo proditori parcat. Non enim dixit, Ille me tradet; sed, *Unus ex vobis,* ut rursus ipsi latenti pœnitendi facultatem daret: maluitque omnes terrere, ut hunc salvum faceret. Unus ex vobis duodecim, inquit, qui ubique mecum sunt, quorum pedes lavi, quibus tot tantaque promisi. Tunc luctus ingens sacrum illum chorum invasit. Joannes Joan. 13. 22.

[e] Quidam βαστάζων.

[a] Savil. ἐλέγχεται.

[b] Savil. ἐποίησαν. Morel. ἐποιήσαντο.

[c] Morel. et Savil. τὸ λαθεῖν, sed Savil. suspicatur legendum τῷ λαθεῖν [quod habet Cod. 694]. Alii τοῦ λαθεῖν.

quidem ait, ipsos turbatos fuisse, et se mutuo respexisse, singulosque ipsum interrogasse timentes sibi, licet nullius rei hujusmodi sibi conscios; hic vero ait: 22. *Contristati valde cœperunt singuli dicere, Numquid ego sum, Domine?*
Ibid. v. 26. 23. *Ipse vero respondens ait: Cui ego intinctum cibum porrexero, ipse est.* Vide quando ipsum revelavit, cum vellet nempe cæteros a tali animi anxietate liberare: nam pavore quasi mortui erant; ideoque urgebant interrogantes. Neque tantum ut illos a tanto metu liberaret, sed etiam ut proditorem emendaret, hoc fecit. Quia enim cum sæpe indistincte id audisset, non movebatur, ut magis illum perstringeret, larvam ejus dejecit. Cum ergo illi mœrentes interrogarent, *Numquid ego sum, Domine? respondens dixit: Qui intingit mecum manum in paropside, hic me traditurus est.* 24. *Sed Filius quidem hominis vadit, sicut scriptum est de illo; væ autem homini illi, per quem Filius hominis tradetur: bonum erat ei, si natus non fuisset homo ille.* Quidam narrant ipsum ita petulantem fuisse, ut magistrum non revereretur, sed cum ipso intingeret; mihi autem videtur hoc fecisse Christus, ut illum majori afficeret pudore, et ad meliorem affectum ipsum pertraheret: qua in re aliquid majus deprehenditur.

ἀλλήλους ἔβλεπον· καὶ ἕκαστος αὐτῶν ἠρώτα δεδοικὼς ὑπὲρ ἑαυτοῦ, καίτοι μηδὲν ἑαυτοῖς συνειδότες τοιοῦτον· οὗτος δέ φησιν, ὅτι Λυπούμενοι σφόδρα ἤρξαντο λέγειν αὐτῷ ἕκαστος, μήτι ἐγώ εἰμι, Κύριε; Ὁ δὲ ἀποκριθεὶς εἶπεν· ᾧ ἐγὼ βάψας τὸ ψωμίον ἐπιδώσω, ἐκεῖνός ἐστιν. Ὅρα πότε αὐτὸν ἐξεκάλυψεν, ὅτε τοὺς λοιποὺς ἀπαλλάξαι τῆς ταραχῆς ταύτης ἠθέλησε· καὶ γὰρ καὶ ἀποτεθνήκεισαν τῷ δέει· διὸ καὶ ἐπέκειντο ἐρωτῶντες. Οὐχ ἐκείνους δὲ ἀνεῖναι βουλόμενος μόνον τῆς ἀγωνίας, τοῦτο ἐποίει, ἀλλὰ καὶ τὸν προδότην
D [d] διορθῶσαι θέλων. Ἐπειδὴ γὰρ πολλάκις ἀκούσας ἀδιορίστως, ἀδιόρθωτος ἔμενεν, ἀνάλγητος ὤν, βουλόμενος αὐτοῦ καθικέσθαι μᾶλλον, περιαιρεῖ τὸ προσωπεῖον αὐτοῦ. Ἐπειδὴ δὲ λυπούμενοι ἤρξαντο λέγειν, Μή τι ἐγώ εἰμι, Κύριε; ἀποκριθεὶς εἶπεν· ὁ ἐμβάψας μετ' ἐμοῦ ἐν τῷ τρυβλίῳ τὴν χεῖρα, οὗτός με παραδώσει. Ὁ μὲν οὖν Υἱὸς τοῦ ἀνθρώπου ὑπάγει, καθὼς γέγραπται περὶ αὐτοῦ· οὐαὶ δὲ τῷ ἀνθρώπῳ ἐκείνῳ, δι' οὗ ὁ Υἱὸς τοῦ ἀνθρώπου παραδίδοται· καλὸν ἦν αὐτῷ, εἰ οὐκ ἐγεννήθη ὁ ἄνθρωπος ἐκεῖνος. Τινὲς μὲν οὖν φασιν, ὅτι οὕτως ἰταμὸς ἦν, ὡς μὴ τιμᾷν τὸν δι-
E δάσκαλον, ἀλλὰ μετ' αὐτοῦ βάπτειν· ἐμοὶ δὲ δοκεῖ καὶ τοῦτο ποιῆσαι ὁ Χριστὸς, μᾶλλον αὐτὸν ἐντρέπων, καὶ εἰς διάθεσιν ἐπισπώμενος· ἔχει γάρ τι καὶ τοῦτο πλέον.

Iræ motus sedandi. 2. Hæc porro non simpliciter prætercurrenda sunt, sed in animis infigenda nostris, ut nullum umquam iræ locum demus. Quis enim cœnam illam mente revolvens, proditoremque cum omnium Servatore recumbentem, eumque qui prodendus erat tam miti sermone utentem, non virus totum iræ atque furoris ejiciat? Vide igitur quam mansuete sermonem ad ipsum convertat. *Filius quidem hominis vadit, sicut scriptum est de illo.* Hæc porro dixit ut discipulos confirmaret, ut ne illud imbecillitati tribuerent, utque etiam proditorem emendaret. *Væ autem homini illi per quem Filius hominis tradetur: bonum erat illi, si natus non fuisset homo ille.* Vide rursum in arguendo ineffabilem lenitatem. Non enim hic acriter, sed miserabili potius modo verba facit, atque rursum subobscure: quamquam non modo superior vecordia, sed et posterior impudentia, ingenti digna esset indignatione. Nam postquam ita convictus fuerat, dixit: 25. *Numquid ego sum, Domine?* O vecordiam! Horum sibi con-

Ταῦτα δὲ οὐχ ἁπλῶς παρατρέχειν δεῖ, ἀλλ' ἐμπεπηγέναι [e] ἡμῶν ταῖς διανοίαις, καὶ οὐκ ἄν ποτε χώ-
775 A ραν σχοίη θυμός. Τίς γὰρ ἐννοῶν τὸ δεῖπνον ἐκεῖνο, καὶ τὸν προδότην ἀνακείμενον μετὰ τοῦ πάντων Σωτῆρος, καὶ τὸν προδίδοσθαι μέλλοντα οὕτως ἐπιεικῶς διαλεγόμενον, οὐκ ἂν πάντα ἰὸν ἐκβάλοι θυμοῦ καὶ ὀργῆς; Ὅρα γοῦν πῶς πρᾴως αὐτῷ προσφέρεται. Ὁ μὲν Υἱὸς τοῦ ἀνθρώπου ὑπάγει καθὼς γέγραπται περὶ αὐτοῦ. Ταῦτα δὲ πάλιν καὶ τοὺς μαθητὰς ἀνακτώμενος ἔλεγεν, ἵνα μὴ νομίσωσιν ἀσθενείας εἶναι τὸ πρᾶγμα, καὶ τὸν προδότην διορθούμενος. Οὐαὶ δὲ τῷ ἀνθρώπῳ ἐκείνῳ, φησὶ, δι' οὗ ὁ Υἱὸς τοῦ ἀνθρώπου παραδίδοται· καλὸν ἦν αὐτῷ, εἰ οὐκ ἐγεννήθη ὁ ἄνθρωπος ἐκεῖνος. Ὅρα πάλιν ἐν τοῖς ἐλέγχοις ἄφατον
B τὴν πρᾳότητα. Οὐδὲ γὰρ ἐνταῦθα καταφορικῶς, ἀλλ' ἐλεεινότερον μᾶλλον τὸν λόγον προσάγει, καὶ συνεσκιασμένως πάλιν· καίτοι γε οὐχ ἡ ἔμπροσθεν μόνον ἀναισθησία, ἀλλὰ καὶ ἡ μετὰ ταῦτα ἀναισχυντία ἀξία τῆς ἐσχάτης ἀγανακτήσεως ἦν. Μετὰ γὰρ τὸν ἔλεγχον τοῦτόν φησι· Μήτι ἐγώ εἰμι, Κύριε; Ὢ τῆς ἀναισθησίας. Ἐξετάζει συνειδὼς ἑαυτῷ τοιαῦτα· καὶ γὰρ ὁ

[d] Morel. διορθώσασθαι.

[e] Ἡμῶν, sic Mss., recte. Editi vero ὑμῶν. Paulo post Editi ἀνακείμενον. Alii vero κατακείμενον.

εὐαγγελιστὴς θαυμάζων αὐτοῦ τὴν ἰταμότητα, τοῦτό φησι. Τί οὖν ὁ πραότατος καὶ ἡμερώτατος Ἰησοῦς; Σὺ εἶπας. Καίτοι γε ἐνῆν εἰπεῖν· ὦ μιαρὲ καὶ παμμίαρε, [a] ἐναγὲς καὶ βέβηλε· τοσοῦτον χρόνον ὠδίνων τὸ κακὸν, καὶ ἀπελθὼν, καὶ συμβόλαια σατανικὰ ποιήσας, καὶ ἀργύριον συνθέμενος λαμβάνειν, καὶ παρ' ἐμοῦ δὲ διελεγχθεὶς, ἔτι τολμᾷς ἐρωτᾷν; Ἀλλ' οὐδὲν τούτων εἴρηκεν· ἀλλὰ πῶς; Σὺ εἶπας, ὅρους ἡμῖν καὶ κανόνας ἀνεξικακίας πηγνύς. Ἀλλ' ἐρεῖ τις· καὶ μὴν εἰ γέγραπται παθεῖν αὐτὸν ταῦτα, διατί ἐγκαλεῖται Ἰούδας; τὰ γὰρ γεγραμμένα ἐποίησεν. Ἀλλ' οὐ ταύτῃ τῇ γνώμῃ, ἀλλὰ διὰ πονηρίαν. Εἰ δὲ μὴ τὸν σκοπὸν ἐξετάζοις, καὶ τὸν διάβολον ἀπαλλάξεις τῶν ἐγκλημάτων. Ἀλλ' οὐκ ἔστι ταῦτα, οὐκ ἔστι. Μυρίων γὰρ ἄξιοι κολάσεων καὶ οὗτος κἀκεῖνος, [b] εἰ καὶ ἡ οἰκουμένη ἐσώθη. Οὐδὲ γὰρ ἡ προδοσία τοῦ Ἰούδα τὴν σωτηρίαν ἡμῖν εἰργάσατο, ἀλλ' ἡ τοῦ Χριστοῦ σοφία, καὶ τῆς αὐτοῦ εὐμηχανίας τὸ εὔπορον, ταῖς ἑτέρων πονηρίαις εἰς τὸ ἡμῖν συμφέρον ἀποχρωμένου. Τί οὖν, φησὶν, εἰ καὶ Ἰούδας μὴ προύδωκεν, ἕτερος οὐκ ἂν προύδωκεν; Καὶ τί τοῦτο πρὸς τὸ ζητούμενον; Ὅτι εἰ σταυρωθῆναι ἔδει, φησὶ, τὸν Χριστὸν, διά τινος ἔδει. Εἰ διά τινος ἔδει, δι' ἀνθρώπου πάντως τοιούτου. Εἰ δὲ πάντες ἦσαν ἀγαθοὶ, ἐνεποδίσθη ἂν ἡ οἰκονομία ἡ ὑπὲρ ἡμῶν. Μὴ γένοιτο. Αὐτὸς γὰρ ὁ πάνσοφος ᾔδει πῶς οἰκονομήσει τὰ ἡμέτερα, [c] καὶ τούτου μὴ συμβάντος· εὔπορος γὰρ αὐτοῦ ἡ σοφία καὶ ἀκατάληπτος. Διὰ γὰρ τοῦτο ἵνα μή τις νομίσῃ, ὅτι οἰκονομίας ὑπηρέτης ἐγένετο, ταλανίζει τὸν ἄνθρωπον. Ἀλλ' ἐρεῖ τις πάλιν· καὶ εἰ καλὸν ἦν τὸ μὴ γεννηθῆναι αὐτὸν, τίνος ἕνεκεν εἴασεν εἰς μέσον ἐλθεῖν καὶ τοῦτον καὶ τοὺς πονηροὺς ἅπαντας; Δέον σε τοῖς πονηροῖς ἐγκαλεῖν, ὅτι κύριοι ὄντες μὴ γενέσθαι τοιοῦτοι, γεγόνασι πονηροί· σὺ δὲ τοῦτο ἀφεὶς, πολυπραγμονεῖς τὰ τοῦ Θεοῦ, καὶ περιεργάζῃ· καίτοι εἰδὼς, ὡς οὐκ ἀνάγκη τίς ἐστι πονηρός. Ἀλλὰ τοὺς ἀγαθοὺς ἔδει γενέσθαι μόνους, φησὶ, καὶ γεέννης οὐκ ἦν χρεία, οὐδὲ κολάσεως καὶ τιμωρίας, οὐδὲ κακίας ἴχνος· τοὺς δὲ πονηροὺς ἢ μὴ γενέσθαι, ἢ γενομένους εὐθέως ἀπελθεῖν. Πρῶτον μὲν οὖν ἄξιον πρὸς σὲ εἰπεῖν τὸ ἀποστολικόν· Μενοῦνγε, ὦ ἄνθρωπε, σὺ τίς εἶ ὁ ἀνταποκρινόμενος τῷ Θεῷ; Μὴ ἐρεῖ τὸ πλάσμα τῷ πλάσαντι, τί με ἐποίησας οὕτως; Εἰ δὲ καὶ λογισμοὺς ἀπαιτεῖς, ἐκεῖνο ἂν εἴποιμεν, ὅτι μειζόνως θαυμάζονται οἱ ἀγαθοὶ μεταξὺ πονηρῶν ὄντες· καὶ γὰρ καὶ ἡ ἀνεξικακία καὶ ἡ πολλὴ φιλοσοφία αὐτῶν τότε μάλιστα δείκνυται. Σὺ δὲ ὑπόθεσιν ἀναιρεῖς παλαισμάτων καὶ ἀγώνων, ταῦτα λέγων. Τί οὖν, ἵνα οὗτοι καλοὶ φανῶσι, κολάζονται ἕτεροι; φησί. Μὴ

scius sciscitatur : nam evangelista ejus admirans
petulantiam hæc ait. Quid ergo lenissimus mitissimusque
Jesus? *Tu dixisti.* Quamquam dicere
potuisset : Sceleste et exsecrande, atque impuris-
C sime, tanto tempore hoc malum parturiens, post
pactionem diabolicam numeratamque pecuniam,
a me convictus, audes adhuc interrogare? At
horum nihil dixit : sed quid? *Tu dixisti,* sic
nobis leges statuens ferendæ injuriæ. Verum dicet
quispiam : Si scriptum est Christum ita passurum
esse, cur accusatur Judas? nam quæ scripta
erant perfecit. At non hoc ille animo fecit, sed ex
scelere. Nisi autem animum exploraveris, ipsum
diabolum a crimine liberabis. Sed non ita, non
ita certe res est. Sexcentis enim et hic et ille sunt
digni suppliciis, etiamsi orbis hinc servatus sit.
D Neque enim Judæ proditio salutem nobis operata
est, sed Christi sapientia, qui mira solertia aliorum
sceleribus ad salutem nostram est usus. Quid
ergo, inquies, si Judas non prodidisset, annon
alius proditurus erat? Et quid hoc ad rem quæsitam?
Si crucifigi oportebat Christum, inquies,
per quemdam oportebat. Si per quemdam, per
hominem hujusmodi proculdubio. Si porro boni
fuissent omnes, hinc cohibitum fuisset salutis nostræ
negotium. Absit. Ipse enim, sapientissimus cum
E esset, sciebat quomodo nostra esset dispensaturus,
etiamsi res non ita cecidisset : ejus quippe sapientia
et potens et incomprehensibilis est. Ideo autem
ne quis putaret, Judam hujus œconomiæ fuisse
ministrum, miserum illum prædicat. At dicet
iterum quispiam : Si bonum erat eum non natum
776 fuisse, cur permisit illum produci, non hunc, sed
A etiam improbos omnes? Cum oporteret te improbos
omnes incusare, quod cum secus facere possent, — *Nullus ex necessitate malus est.*
improbi evaserint, tu, illis prætermissis, quæ ad
Deum spectant curiosius inquiris, gnarus tamen
nullum ex necessitate malum esse. Sed, inquies,
bonos tantum nasci oportuisset, neque tunc esset
gehennæ necessitas, nec pœnæ suppliciive, neque
ullum nequitiæ vestigium; malos autem numquam
esse par fuisset, vel si nati essent, statim recedere.
Primo tibi dicendum est apostolicum illud : *Atqui,* — *Rom. 9. 20.*
o homo, tu qui es qui respondeas Deo?
Num dicet figmentum ei qui se finxit, Cur me
B *ita formasti?* Si autem ratiocinia quæris, hoc
dixerimus, majori admirationi bonos esse, cum
malis permixtos : nam tunc illorum et patientia

[a] Savil. ἐναγές, Morel. ἐναγῆ. Unus Cod. ἐναγής, alius ἐναγέστατε.

[b] Morel. εἰ γὰρ ἡ οἰκ.

[c] Savil. καὶ τούτου συμβάντος. Morel. καὶ τούτου μὴ συμβάντος. Posterior lectio magis arridet.

et philosophia magis conspicuæ sunt. Tu vero, qui hæc dicis, omnem tollis certaminum occasionem. Cur ergo, inquies, ut alii meliores videantur, hi puniuntur? Absit; sed ob suam nequitiam puniuntur. Neque enim quia nati sunt, improbi fuerunt; sed ob ignaviam suam, ideoque plectuntur. Quomodo enim non supplicio digni sint, qui tot virtutis doctores habeant, nihilque inde lucri referant? Sicut enim probi duplici de causa sunt præmio digni, tum quia boni sunt, tum quia nihil ab improbis sunt læsi: ita et improbi duplici sunt digni supplicio, tum quia mali sunt, cum esse boni potuissent, ut ex bonis ipsis probatur, tum quia nihil ex bonorum exemplo lucrati sunt. At videamus quid dicat miser ille a Magistro correptus. Quid ergo dicit? *Numquid ego sum, Domine?* Et cur non sic ab initio interrogavit? Id putabat latere, quod dixisset, *Unus vestrum*; cum autem illum declarasset, ausus est interrogare, doctoris mansuetudini fidens, se sperans non redarguendum fore. Ideoque illum Rabbi vocavit.

γένοιτο· ἀλλὰ διὰ τὴν ἑαυτῶν πονηρίαν. Οὐδὲ γὰρ ἐπειδὴ παρήχθησαν, γεγόνασι πονηροί· ἀλλὰ διὰ τὴν [a] ἑαυτῶν ῥᾳθυμίαν, διὸ καὶ κολάζονται. Πῶς γὰρ οὐκ ἂν εἶεν κολάσεως ἄξιοι, τοσούτους διδασκάλους ἔχοντες ἀρετῆς, καὶ μηδὲν ἐντεῦθεν κερδαίνοντες. Ὥσπερ γὰρ οἱ καλοὶ καὶ ἀγαθοὶ διπλῆς ἄξιοι τιμῆς, ὅτι καὶ χρηστοὶ γεγόνασι, καὶ οὐδὲν παρὰ τῶν πονηρῶν ἐβλά- C βησαν· οὕτω καὶ οἱ φαῦλοι διπλῆς ἄξιοι κολάσεως, ὅτι τε πονηροὶ γεγόνασι, δυνάμενοι γενέσθαι καλοὶ, ὃ καὶ δηλοῦσιν οἱ γενόμενοι, καὶ ὅτι οὐδὲν ἀπὸ τῶν ἀγαθῶν ἐκέρδανον. Ἀλλ' ἴδωμεν τί φησιν ὁ δείλαιος οὗτος διελεγχόμενος παρὰ τοῦ διδασκάλου. Τί οὖν φησι; Μήτι ἐγώ εἰμι, Κύριε; Καὶ διατί μὴ ἐξ ἀρχῆς τοῦτο ἠρώτησεν; Ἐνόμισε λανθάνειν τῷ εἰρῆσθαι, Εἷς ἐξ ὑμῶν· ὅτε δὲ αὐτὸν δῆλον ἐποίησεν, ἐτόλμησε πάλιν ἐρέσθαι, τῇ ἐπιεικείᾳ τοῦ διδασκάλου θαῤῥῶν, ὡς οὐκ ἐλέγξοντος αὐτόν. Διὰ τοῦτο γοῦν καὶ Ῥαββὶ ἐκάλεσεν.

Pecuniæ amor quam prave animum afficiat.

3. O cæcitatem! quousque ab illa impulsus est? Talis est pecuniæ amor: stultos efficit, petulantes et canes ex hominibus; imo canibus deteriores, et ex canibus dæmonas. Hic quippe diabolum sibi insidiantem adibat, Jesum autem sibi beneficum prodidit, cum ex proposito jam diabolus effectus esset. Tales quippe efficit insatiabilis pecuniarum cupiditas, stultos, furiosos, totos pecuniæ addictos, ut Judas fuit. Quomodo autem Matthæus et alii dicunt, tunc illum a diabolo captum fuisse, cum de proditione pacta iniret, Joannes vero, *Post buccellam* ingressum in illo esse satanam, cum illud ipse sciret? Supra enim ait: *Cœna facta, cum jam diabolus immisisset in cor Judæ, ut traderet eum.* Quomodo ergo dicit, *Post buccellam intravit in eum satanas?* Quia non confertim intrat, sed periculum facit ante diligenter: quod hic quoque contigit. Sensim enim accedens initio, et placide congressus, ut videt illum ad se recipiendum paratum, totum se demum spirando immisit, et plane superavit illum. Quomodo autem si pascha comedebant, contra legem id faciebant? Non enim recumbentes oportebat comedere. Quid ergo dicendum? Ipsos postquam pascha comedissent, deinde recubuisse ad cœnandum. Alius autem evangelista ait, quod

Joan. 13. 2.

Ibid. v. 27.

Ὢ τῆς πηρώσεως· ποῦ αὐτὸν ἐξήγαγε; Τοιοῦτον γὰρ ἡ φιλαργυρία· [b] μωροὺς καὶ ἀνοήτους ἐργάζεται, D ἰταμοὺς καὶ κύνας ἀντὶ ἀνθρώπων· μᾶλλον δὲ καὶ κυνῶν χαλεπωτέρους, καὶ δαίμονας ἀπὸ κυνῶν. Οὗτος γοῦν τὸν μὲν διάβολον [c] προσίετο καὶ ἐπιβουλεύοντα, τὸν δὲ Ἰησοῦν καὶ εὐεργετοῦντα προὔδωκε, διάβολος ἤδη γενόμενος τῇ προθέσει. Τοιούτους γὰρ ποιεῖ ἡ ἀκόρεστος τῶν χρημάτων ἐπιθυμία, ἔκφρονας, παραπλῆγας, ὅλους τοῦ λήμματος, καθάπερ καὶ ὁ Ἰούδας ἐγένετο. Πῶς δὲ ὁ μὲν Ματθαῖός φησι, καὶ οἱ ἄλλοι, ὅτι ὅτε συνετάξατο περὶ τῆς προδοσίας, τότε αὐτὸν ὁ διάβολος εἷλεν, ὁ δὲ Ἰωάννης, ὅτι Μετὰ τὸ ψωμίον εἰσῆλθεν εἰς αὐτὸν ὁ σατανᾶς, καὶ αὐτὸς τοῦτο οἶδεν; E Ἀνωτέρω γάρ φησι· Δείπνου γενομένου, καὶ τοῦ διαβόλου ἤδη βεβληκότος εἰς τὴν καρδίαν Ἰούδα, ἵνα αὐτὸν παραδῷ. Πῶς οὖν φησι, Μετὰ τὸ ψωμίον εἰσῆλθεν εἰς αὐτὸν ὁ σατανᾶς; Ὅτι οὐκ ἀθρόον εἰσέρχεται, οὐδὲ ὑφ' ἓν, ἀλλὰ πολλὴν ποιεῖται τὴν ἀπόπειραν πρῶτον· ὃ δὴ καὶ ἐνταῦθα γέγονε. Διακωδωνίσας γὰρ αὐτὸν ἐν ἀρχῇ, καὶ προσβαλὼν ἠρέμα, ἐπειδὴ εἶδεν ἐπιτήδειον πρὸς ὑποδοχὴν, ὅλος λοιπὸν ἐνταῦθα ἐπνευσε, καὶ ὁλοσχερῶς αὐτοῦ [d] περιγέγονε. Πῶς δὲ εἰ 777 A τὸ πάσχα ἤσθιον, παρανόμως ἤσθιον; Οὐ γὰρ ἀνακειμένους ἔδει φαγεῖν. Τί οὖν ἐστιν εἰπεῖν; Ὅτι μετὰ τὸ φαγεῖν, ἀνέκειντο λοιπὸν ἑστιώμενοι. Ἕτερος δὲ εὐαγγελιστής φησιν, ὅτι κατὰ τὴν ἑσπέραν

[a] Morel. ἑαυτῶν πονηρίαν καὶ ῥαθυμίαν. Paulo post Savil. τοιούτους, Morel. τοσούτους.

[b] Morel. μωροὺς γὰρ καί.

[c] Savil. προσίεται. Infra pro προθέσει alii προαιρέσει.

[d] Savil. περιγέγονε, Morel. περιεγένετο.

ἐκείνην οὐκ ἤσθιε μόνον τὸ πάσχα, ἀλλὰ καὶ ἔλεγεν· Ἐπιθυμίᾳ ἐπεθύμησα τὸ πάσχα τοῦτο φαγεῖν μεθ' ὑμῶν· τουτέστι, κατὰ τὸν ἐνιαυτὸν τοῦτον. Τί δήποτε; Ὅτι τότε ἔμελλε τῆς οἰκουμένης ἡ σωτηρία γίνεσθαι, καὶ τὰ μυστήρια παραδίδοσθαι, καὶ τὰ λυπηρὰ λύεσθαι διὰ τοῦ θανάτου· οὕτω κατὰ γνώμην αὐτῷ ὁ σταυρὸς ἦν. Ἀλλ' οὐδὲν τὸν ἀνήμερον θῆρα ἐμάλαξεν, [a] οὐδὲ ἔκαμψεν, οὐδὲ ἐνέτρεψεν. Ἐταλάνισεν οὖν αὐτὸν εἰκότως εἰπών· Οὐαὶ τῷ ἀνθρώπῳ ἐκείνῳ. Ἐφόβησεν αὐτὸν πάλιν εἰπών· Καλὸν ἦν αὐτῷ, εἰ οὐκ ἐγεννήθη. Ὡς δὲ οὐδὲ τοῦτο ἐνέτρεψεν αὐτὸν, εἶπεν· Ὧ ἐγὼ βάψας τὸ ψωμίον ἐπιδώσω. Καὶ [b] οὐδὲν τούτων αὐτὸν κατέσχεν, ἀλλ' ὥσπερ ὑπὸ μανίας τινὸς ἑάλω τῆς φιλαργυρίας, μᾶλλον δὲ ὑπὸ χαλεπωτέρου νοσήματος. Καὶ γὰρ αὕτη χαλεπωτέρα ἡ μανία. Τί γὰρ ἂν τοιοῦτον εἰργάσατο ὁ μαινόμενος; Οὐ προΐετο ἀφρὸν ἐκ στόματος οὗτος, ἀλλὰ προΐετο φόνον δεσποτικόν· οὐκ ἐστραγγάλου τὰς χεῖρας, ἀλλὰ προέτεινεν εἰς ὠνὴν αἵματος τιμίου. Διὸ μείζων ἡ μανία, ὅτι ὑγιαίνων ἐμαίνετο. Ἀλλ' οὐ φθέγγεται ἄσημα; Καὶ τί τῆς φωνῆς ταύτης ἀσημότερον, Τί θέλετέ μοι δοῦναι, κἀγὼ ὑμῖν παραδώσω αὐτόν; Ὁ διάβολος ἤχησε διὰ τοῦ στόματος ἐκείνου. Ἀλλ' οὐκ ἐπάταξε τὴν γῆν τοῖς ποσὶ σπαίρων; Καὶ πόσῳ βέλτιον ἐκείνως σπαίρειν, ἢ οὕτως ἑστάναι ὀρθόν; Ἀλλὰ λίθοις ἑαυτὸν * οὐκ ἔκοπτε; Καὶ πόσῳ ἄμεινον ἦν, ἢ τοιαῦτα κατατολμᾷν; Βούλεσθε εἰς μέσον ἀγάγωμεν τοὺς δαιμονῶντας καὶ τοὺς φιλαργύρους, καὶ ποιήσωμεν σύγκρισιν ἑκατέρων; Ἀλλὰ μηδεὶς οἰκείαν ἡγείσθω τὸ πρᾶγμα ὕβριν. Οὐ γὰρ τὴν φύσιν ὑβρίζομεν, ἀλλὰ τὸ πρᾶγμα κακίζομεν. Οὐδέποτε ἐνεδιδύσκετο [c] ἱμάτια, λίθοις ἑαυτὸν κατακόπτων, ὁ δαιμονῶν, καὶ τὰς ἀβάτους ὁδοὺς ἐπιτρέχων, καὶ τὰς τραχείας, καὶ κατὰ κράτος ἐλαυνόμενος ὑπὸ τοῦ δαίμονος. Οὐ δοκεῖ ταῦτα φρικτὰ εἶναι; Τί οὖν ἂν δείξωμεν τοὺς φιλαργύρους τούτων χαλεπωτέρους, καὶ χαλεπώτερα ἐργαζομένους [d] τῇ ψυχῇ τῇ ἑαυτῶν, καὶ οὕτω χαλεπώτερα, ὡς ταῦτα παιδιὰν πρὸς ἐκεῖνα νομίζεσθαι; Ἆρα ᾔσθεσθε τῆς νόσου; Φέρε οὖν, ἴδωμεν τίς ἀνεκτότερον αὐτῶν διάκειται, οὗτος ἢ ἐκεῖνος. Οὐδὲν μέντοι ἕτερος διενήνοχε τοῦ ἑτέρου· καὶ γὰρ μυρίων ἀμφότεροι γυμνῶν εἰσιν αἰσχρότεροι. Πολλῷ γὰρ βέλτιον γυμνὸν [e] εἶναι ἀπὸ ἱματίων, ἢ τὰ ἀπὸ πλεονεξίας ἐνδεδυμένον περιιέναι, καὶ κατὰ τοὺς βακχευομένους τῷ Διονύσῳ. Καθάπερ γὰρ ἐκεῖνοι προσωπεῖα καὶ ἱμάτια μαινομένων ἔχουσιν, οὕτω καὶ οὗτοι. Καὶ καθάπερ τὴν γύμνωσιν τῶν δαιμονώντων ποιεῖ μανία, οὕτω καὶ τὴν περιβολὴν ταύτην μανία ἐργάζεται· καὶ τῆς γυμνώσεως ἡ περιβολὴ ἐλεεινοτέ-

[a] Morel. οὐδὲ ἐπέκαμψε.

[b] Morel. οὐδὲν τούτων κατέσχεν.

* [Savil. οὐκ ἔτυπτε καὶ ἔκοπτε.]

[c] Morel. ἱμάτιον.

vespera illa non modo comederit pascha, sed etiam
dixerit: *Desiderio desideravi hoc pascha man-* Luc. 22. 15.
ducare vobiscum; id est, hoc anno. Quare? Quia tunc orbis salus futura erat, mysteria tradenda, tristia per mortem solvenda; sic illi crux ex voto accedebat. Verum illam immanem feram nihil mitigavit, nihil flexit. Væ autem illi jure dixit his verbis: *Væ homini illi.* Terruit quoque illum dicens: *Bonum ei erat, si natus non fuisset.* Cum autem neque hoc ipsum flecteret, dixit: *Cui ego tinctam buccellam porrexero.* At nihil horum ipsum coercuit, sed quasi insania captus est avaritiæ, imo graviore morbo correptus. Nam gravior certe furor est. Quid enim umquam simile furens homo fecit? Non emittebat hic spumam ex ore, sed emittebat Domini cædem: non torquebat manus, sed illas tendebat, ut pretiosum sanguinem venderet. Ideo major furor erat, quia sanus furebat. Sed non loquitur insulsa, dices? Ecquid insulsius illa voce, *Quid vultis mihi dare, et ego vobis tradam eum?* Diabolus insonuit per os ejus. Sed non percussit terram pedibus calcitrans? Et quanto melius calcitrare, quam sic rectum stare? Sed lapidibus seipsum non percussit? Verum quanto melius id fuisset, quam tale facinus aggredi? Vultis in medium adducamus dæmoniacos et avaros, et utrosque comparemus? Sed nemo id in sui contumeliam vertat. Non enim naturam culpamus, sed rem hujusmodi. Numquam dæmoniacus vestibus induitur, lapidibus seipsum cædens, ac per invia et aspera loca currens, vehementer a dæmone actus. Annon hæc horrenda videntur? Quid ergo si ostendamus avaros his deteriores, pejora in animam suam patrare, atque ita pejora, ut hæc ludus esse videantur? Num sentitis vim morbi? Age, videamus quis eorum sit tolerabilior. Nihil certe ambo differunt: ambo enim sexcentis nudis hominibus sunt turpiores. Longe enim melius est nudum vestibus esse, quam ex rapina indutum incedere, sicut bacchantes incedunt. Quemadmodum enim illi larvas et vestes furentium habent, sic et isti. Ac quemadmodum dæmoniacorum nuditatem furor efficit, ita quoque et hunc amictum furori tribuendum censeo: qui amictus nuditate ipsa deterior est. Id quod hinc demonstrare conabor. Quem enim maxime furere dicamus, an qui seipsum cædit,

Avari deteriores dæmoniacis.

[d] Savil. τὴν ψυχὴν τὴν ἑαυτῶν. Paulo post idem Savil. ἆρα ἀπέσχησθε τῆς νόσου.

[e] Morel. et quidam alii εἶναι ἱματίων.

an qui secum cæteros omnes obvios? Planum est, hunc esse postremum. Igitur illi sese denudant, hi vero obvios omnes. At illi vestimenta discindunt? Sed quantum mallent læsi singuli vestimenta sua discindi, quam omnes sibi facultates abripi? Sed plagas in vultum non inferunt? Atqui hoc maxime faciunt avari illi rapaces, non tamen omnes, sed in ventres aliorum famis et paupertatis graviores immittunt dolores. Sed non mordent dentibus? Utinam morderent dentibus, et non rapacitatis telis, quæ graviora dentibus
Psal. 56.5. sunt. Nam *Dentes eorum arma et sagittæ.* Uter magis dolet, qui semel mordetur, et statim curatur, an qui semper paupertatis dentibus corroditur? Paupertas quippe involuntaria fornace et feris gravior est. Sed non per deserta vagantur ut dæmoniaci? Utinam per deserta, non per urbes currerent, et tunc omnes qui in urbibus sunt in quiete degerent, nunc vero illis omnibus intolerabiliores sunt, quia in urbibus hæc faciunt, quod illi in desertis, ipsas urbes in deserta mutantes, ac velut in deserto ubi nemo cohibere potest, sic omnium bona deprædantes. Sed obvios non lapidibus cædunt? Et quid hoc? A lapidibus enim sibi cavere facile est; quæ vero cum charta et atramento miseris pauperibus vulnera inferunt, schedas mille plagis onustas concinnantes, quis possit obvius cavere et avertere?

778 ρα. Καὶ τοῦτο ἐντεῦθεν δεῖξαι πειράσομαι. Τίνα γὰρ ἂν
A εἴποιμεν μᾶλλον μαίνεσθαι ἐν αὐτοῖς τοῖς μαινομένοις; εἴ τις ἑαυτὸν κατακόπτοι, ἢ εἴ τις [a] μεθ' ἑαυτοῦ καὶ τοὺς ἀπαντῶντας ἅπαντας; Εὔδηλον, ὅτι οὗτος. Οὐκοῦν ἐκεῖνοι μὲν ἑαυτοὺς ἐγύμνουν, οὗτοι δὲ καὶ τοὺς ἀπαντῶντας ἅπαντας. Ἀλλὰ [b] διασχίζουσιν ἐκεῖνοι τὰ ἱμάτια; Καὶ πόσῳ ἂν καταδέξαιτο τῶν ἠδικημένων ἕκαστος ἱμάτιον διαῤῥαγῆναι, ἢ πᾶσαν ἀποδυθῆναι τὴν οὐσίαν; Ἀλλὰ πληγὰς οὐκ [c] ἐκτείνουσιν εἰς τὸ πρόσωπον; Μάλιστα μὲν καὶ τοῦτο ποιοῦσιν οἱ πλεονέκται· εἰ δὲ μὴ πάντες, ἀλλ' εἰς τὴν γαστέρα, διὰ τοῦ λιμοῦ καὶ τῆς πενίας, χαλεπωτέρας ἅπαντες ἐνιᾶσι τὰς ὀδύνας; Ἀλλ' οὐ δάκνουσιν ὀδοῦσιν; Εἴθε ὀδοῦσι, καὶ μὴ
B βέλεσι πλεονεξίας χαλεπωτέροις ὀδόντων. Οἱ γὰρ ὀδόντες αὐτῶν ὅπλα καὶ βέλη. Τίς γὰρ μᾶλλον ἀλγήσει, ὁ δηχθεὶς ἅπαξ καὶ εὐθὺς θεραπευθεὶς, ἢ ὁ διὰ παντὸς τοῖς ὀδοῦσι τῆς πενίας κατεσθιόμενος; Πενία γὰρ ἀκούσιος καὶ καμίνου καὶ [d] θηρίων χαλεπώτερον. Ἀλλ' οὐ διώκουσι τὰς ἐρημίας καθάπερ οἱ δαιμονῶντες; Εἴθε τὰς ἐρημίας, καὶ μὴ τὰς πόλεις κατέτρεχον, καὶ πάντες ἂν οἱ ἐν πόλεσιν ἀδείας ἀπήλαυον· νυνὶ δὲ καὶ ταύτῃ πάντων ἐκείνων εἰσὶν ἀφορητότεροι, ὅτι ἐν ταῖς πόλεσι ταῦτα ποιοῦσιν, ἅπερ ἐν ἐρημίαις ἐκεῖνοι, τὰς πόλεις ἐρημίας ἐργαζόμενοι, καὶ καθάπερ ἐν ἐρημίᾳ οὐδενὸς ὄντος τοῦ κωλύοντος, οὕτω τὰ πάντων [e] συλῶντες. Ἀλλ' οὐ βάλλουσι λίθοις τοὺς ἀπαντῶντας;
C Καὶ τί τοῦτο; Λίθους μὲν γὰρ ῥᾴδιον φυλάξασθαι· ἃ δὲ διὰ χάρτου καὶ μέλανος ἐργάζονται τοῖς ταλαιπώροις πένησι τραύματα, γραμματεῖα μυρίων πληγῶν γέμοντα συντιθέντες, τίς ἂν ποτε ῥᾳδίως φυλάξαιτο τῶν ἐμπεσόντων;

4. Videamus autem quot sibi ipsis mala inferunt. Nudi ambulant per urbem: vestem quippe virtutis non habent. Quod si id illis turpe non videatur esse, hoc ex grandi insania procedit, quod ignominiam non sentiant; sed corpore nudi erubescunt, animam vero nudam circumferentes gloriantur. Si vultis autem, cur nullum sensum habeant dicam. Quæ igitur causa est? Inter multos nudos nudantur, ideoque non erubescunt, ut neque nos in balneis. Quod si multi essent virtute induti, major ipsis pudor esset. Nunc autem illud maxime lacrymis dignum est, quod cum multi sint mali, nullus est pudor ex malo. Cum aliis enim hoc etiam fecit diabolus, ut neque sensum malorum ullum habeant; utque ex improborum multitudine pudor

Ἴδωμεν δὲ [f] καὶ ἑαυτοὺς ὅσα ἐργάζονται. Γυμνοὶ περιπατοῦσι κατὰ τὴν πόλιν· ἱμάτιον γὰρ αὐτοῖς οὐκ ἔστιν ἀρετῆς. Εἰ δὲ οὐ δοκεῖ τοῦτο αὐτοῖς αἰσχρὸν εἶναι, καὶ τοῦτο τῆς ὑπερβαλλούσης αὐτῶν μανίας, ὅτι οὐδὲ αἰσθάνονται [g] τῆς ἀσχημοσύνης· ἀλλὰ τὸ σῶμα μὲν γυμνωθέντες αἰσχύνονται, τὴν δὲ ψυχὴν γυμνὴν
D περιφέροντες ἐγκαλλωπίζονται. Εἰ δὲ βούλεσθε, καὶ τὸ αἴτιον [h] τῆς ἀναισθησίας ἐρῶ. Τί οὖν τὸ αἴτιον; Ἐν πολλοῖς οὗτοι γυμνουμένοις γυμνοῦνται, διόπερ οὐδὲ αἰσχύνονται, καθάπερ οὐδὲ ἐν τοῖς βαλανείοις ἡμεῖς. Ὡς εἴγε πολλοὶ ἦσαν οἱ τὴν ἀρετὴν περιβεβλημένοι, τότε ἂν μειζόνως τὸ αἶσχος αὐτῶν ἐφάνη. Νῦν δὲ τοῦτο μάλιστά ἐστι τὸ πολλῶν δακρύων ἄξιον, ὅτι διὰ τὸ πολλοὺς εἶναι κακοὺς οὐδὲ ἐν αἰσχύνῃ τὰ κακά. Μετὰ γὰρ τῶν ἄλλων καὶ τοῦτο εἰργάσατο ὁ διάβολος, τὸ

[a] Quidam μεθ' ἑαυτόν.
[b] Morel. διασχίζουσιν οὗτοι.
[c] Savil. ἐντείνουσιν. Morel ἐκτείνουσιν.
[d] Alii θηρίου.
[e] Morel. συλῶσι. Paulo post pro φυλάξασθαι Morel. διαφεύξεσθαι.
[f] Morel. ἑαυτοῖς.
[g] Morel. αἰσχύνης.
[h] Alii τῆς ἀναισχυντίας.

μηδὲ αἴσθησιν ἀφιέναι λαβεῖν τῶν κακῶν, ἀλλὰ τῷ πλήθει τῶν μετιόντων τὴν πονηρίαν συσκιάζειν αὐτῆς τὴν αἰσχύνην· ἐπεὶ εἰ συνέβη ἐν πλήθει πολλῶν εἶναι φιλοσοφούντων, μᾶλλον ἂν εἶδεν αὐτοῦ [i]τὴν γυμνότητα ὁ τοιοῦτος. Ὅτι μὲν οὖν τῶν δαιμονώντων εἰσὶ γυμνότεροι, δῆλον ἐκ τούτων· ὅτι δὲ καὶ ἐρήμους ἐπέρχονται, οὐδὲ τοῦτο ἄν τις ἀντείποι. Ἡ γὰρ πλατεῖα καὶ εὐρύχωρος ἐρήμου πάσης ἐρημοτέρα. Εἰ γὰρ καὶ πολλοὺς ἔχει τοὺς ὁδεύοντας, ἀλλ' ὅμως ἀνθρώπων οὐδένα· [k]ἀλλ' ὄφεις, σκορπίους, λύκους, ἔχεις, ἀσπίδας. Τοιοῦτοι γὰρ οἱ τὴν πονηρίαν μετιόντες. Οὐκ ἐρήμη δὲ μόνον αὕτη, ἀλλὰ καὶ τραχυτέρα ἐκείνης. Καὶ τοῦτο δῆλον ἐντεῦθεν· οὐ γὰρ οὕτω πλήττουσι λίθοι, καὶ φάραγγες, καὶ ἀκρώρειαι τοὺς ἀναβαίνοντας αὐτὰς, ὡς ἁρπαγὴ καὶ πλεονεξία τὰς μετιούσας αὐτὴν ψυχάς. Ὅτι δὲ καὶ παρὰ τὰ μνημεῖα ζῶσι καθάπερ οἱ δαιμονῶντες, μᾶλλον δὲ καὶ αὐτοὶ μνήματά εἰσι, δῆλον ἐντεῦθεν. Τί γάρ ἐστι μνημεῖον; Λίθος, [a]σώματα νεκρῶν ἔχων ἐγκειμένων. Τί οὖν ἐκείνων διαφέρει τῶν λίθων τὰ τούτων σώματα; Μᾶλλον δὲ καὶ ἐκείνων ἐλεεινότερα ταῦτα. Οὐ γὰρ λίθος ἐστὶ τὸ σῶμα νεκρὸν ἔχων, ἀλλὰ σῶμα λίθων ἀναισθητότερον, ψυχὴν περιφέρον νεκράν. Διὸ οὐκ ἄν τις ἁμάρτοι τάφους αὐτοὺς προσειπών. Καὶ γὰρ καὶ ὁ Κύριος ἡμῶν οὕτως ἐκάλεσε τοὺς Ἰουδαίους· διὰ τοῦτο μάλιστα ἐπήγαγε γοῦν λέγων· Ἔσωθεν δὲ γέμουσιν ἁρπαγῆς καὶ πλεονεξίας. Βούλεσθε λοιπὸν δείξω πῶς καὶ λίθοις τὰς ἑαυτῶν κατατέμνουσι κεφαλάς; Πόθεν οὖν; Πρῶτον εἰπέ μοι, ἀπὸ τῶν ἐντεῦθεν βούλει μαθεῖν, ἢ ἀπὸ τῶν μελλόντων; Ἀλλὰ τῶν μελλόντων οὐ πολὺς αὐτοῖς ὁ λόγος· οὐκοῦν τὰ ἐνταῦθα ῥητέον. Πόσων γὰρ λίθων οὐ χαλεπώτεραι αἱ φροντίδες, οὐ κεφαλὰς τιτρώσκουσαι, ἀλλὰ ψυχὴν δαπανῶσαι; Δεδοίκασι γὰρ, μήποτε δικαίως ἐκ τῆς αὐτῶν οἰκίας ἐξέλθῃ τὰ ἀδίκως ἐπεισελθόντα· τρέμουσιν ὑπὲρ τῶν ἐσχάτων, [b]ὀργίζονται, παροξύνονται πρὸς ἀλλοτρίους· καὶ νῦν μὲν ἀθυμία, νῦν δὲ φόβος, νῦν δὲ θυμὸς αὐτοὺς διαδέχεται, καὶ καθάπερ κρημνοὺς ἀπὸ κρημνῶν διαβαίνοντες, καὶ τὰ μηδέπω κτηθέντα καθ' ἑκάστην χαραδοκοῦσι τὴν ἡμέραν. Διόπερ οὐδὲ ἥδονται ὑπὲρ ὧν ἔχουσι, τῷ τε μὴ θαῤῥεῖν ὑπὲρ τῆς ἀσφαλείας αὐτῶν, τῷ τε ὅλῃ τῇ διανοίᾳ πρὸς τὰ μηδέπω ληφθέντα κεχηνέναι. Καὶ καθάπερ ὁ διηνεκῶς διψῶν, κἂν μυρίας ἐκπίῃ πηγὰς, οὐκ αἰσθάνεται τῆς ἡδονῆς, διὰ τὸ μὴ λαμβάνειν κόρον· οὕτω καὶ οὗτοι οὐ μόνον οὐχ ἥδονται, ἀλλὰ καὶ βασανίζονται ὅσῳ ἂν περιβάλλωνται, τῷ μηδὲν εἰδέναι πέρας τῆς τοιαύτης ἐπιθυμίας. Καὶ τὰ μὲν ἐνταῦθα τοιαῦτα· εἴπωμεν δὲ καὶ περὶ τῆς

obtegatur: nam si in multitudine philosophorum versaretur, suam ille nuditatem magis nosset. Planum ergo est illos dæmoniacis esse nudiores; quod autem deserta loca frequentent, nemo certe E negaverit. Lata quippe et spatiosa via omni deserto desertior est. Etsi namque viatores multos habeat, sed hominem nullum; verum serpentes, scorpiones, lupos, viperas, aspides. Tales quippe sunt ii qui nequitiam sectantur. Hæc non deserta solum est, sed etiam asperior. Id quod hinc palam est: non enim lapides, prærupta, cacumina ascen- 779 A dentes ita lacerant, ut rapina et avaritia animas quæ illam admittunt. Quod autem circa sepulcra vitam agant ut dæmoniaci, imo potius quod ipsi sepulcra sint, hinc manifestum est. Quid enim est sepulcrum? Lapis qui mortuorum corpora continet. In quo ergo differunt illorum corpora ab hujusmodi lapidibus? Imo hæc illis miserabiliora sunt. Non enim lapis est cadaver continens, sed corpus lapidibus insensibilius, mortuam circumferens animam. Quamobrem non aberrat si quis illos sepulcra vocaverit. Nam Dominus noster sic Judæos vocavit; ideoque subjunxit: *Intrinsecus* (Matth. 23. 25.) B *rapina et avaritia pleni sunt*. Vultis demum ostendam quomodo lapidibus capita sua feriant? Undenam? Sed primo dic mihi unde hoc velis discere, a præsentibusne, an a futuris? At futurorum illi non magnam rationem habent: de præsentibus ergo loquendum. Quibus lapidibus graviores non sunt curæ illæ, quæ non capita feriunt, sed animam corrodunt? Timent enim, ne jure ex domo exeant illa quæ injuste parta sunt; extrema formidant, irascuntur, contra suos, contra extraneos irritantur: mœror, tremor, furor sibi mutuo C succedunt, et quasi a præcipitio in præcipitium transeuntes, quæ nondum possident quotidie exspectant. Quapropter neque placent illis ea quæ possident, quod tuto servari non confidant, quodque toto animo ad ea, quæ nondum possident, anhelent. Ac quemadmodum is qui diuturna siti vexatus est, etiamsi multos exhauserit fontes, voluptatem non sentit, quod satiari nequeat: ita et hi non modo non delectantur, sed eo magis cruciantur quo plura tenent, quod nullus sit cupiditatis finis. Et hæc quantum ad præsentia: nunc de futuro illo die dicamus. Licet enim illi non atten- D dant; at operæ pretium erit de illo dicere. In futuro itaque die undique illi cruciabuntur. Nam

[i] Alii et Morel. τὴν γύμνωσιν.

[k] Morel. ἀλλ' ὅλους ὄφεις.

[a] Morel. σῶμα νεκρὸν ἔχων ἐγκείμενον.

[b] Sic Savil. Morel. vero παροργίζονται.

Matth. 25. 42. cum dixit, *Esurivi, et non dedistis mihi manducare, sitivi, et non potum mihi dedistis*, his
Ibid. v. 41. verbis castigat; et cum dicit, *Ite in ignem æternum paratum diabolo*, eos qui male partis divitiis affluunt illo mittit. Et servus ille nequam, qui conservis bona domini non largitur, in eadem est classe; necnon is quis qui talentum suffodit, et quinque virgines. Et quocumque abieris, avaros
Luc. 16. 26. plecti videbis. Ac nunc quidem audient, *Chaos est inter nos et vos;* nunc in duas partes discissi illo ibunt ubi stridor dentium, atque undique pulsi videbuntur, nusquam locum habentes nisi in gehenna.

μελλούσης ἡμέρας. Εἰ γὰρ καὶ αὐτοὶ [c] οὐ προσέχουσιν, ἀλλ' ἡμῖν ἀναγκαῖον εἰπεῖν. Κατὰ τὴν μέλλουσαν οὖν ἡμέραν πανταχοῦ κολαζομένους ἴδοι τις ἂν τοὺς τοιούτους. Καὶ γὰρ ὅταν λέγῃ, Ἐπείνασα, καὶ οὐκ ἐδώκατέ μοι φαγεῖν, ἐδίψησα, καὶ οὐκ ἐποτίσατέ με, τούτους κολάζει· καὶ ὅταν λέγῃ, Πορεύεσθε εἰς τὸ πῦρ τὸ αἰώνιον τὸ ἡτοιμασμένον τῷ διαβόλῳ, τοὺς κακῶς πλουτοῦντας ἐκεῖ παραπέμπει. Καὶ ὁ δοῦλος ὁ πονηρὸς, ὁ μὴ διδοὺς τοῖς συνδούλοις [d] τὰ ὑπάρχοντα τὰ δεσποτικὰ χρήματα, τῆς τούτων μερίδος ἐστί· καὶ
E ὁ τὸ τάλαντον κατορύξας, καὶ αἱ πέντε παρθένοι. Καὶ ὅπου δ' ἂν ἀπέλθῃς, τοὺς φιλαργύρους ὄψει κολαζομένους. Καὶ νῦν μὲν ἀκούσονται, Χάος ἐστὶ μεταξὺ ἡμῶν καὶ ὑμῶν· [e] νῦν δὲ διχοτομηθέντες ἀπελεύσονται ἔνθα ὁ βρυγμὸς τῶν ὀδόντων, καὶ πάντοθεν αὐτοὺς ἐλαυνομένους ἴδοι τις ἂν, καὶ οὐδαμοῦ χώραν ἔχοντας, ἀλλ' εἰς τὴν γέενναν μόνην συναγομένους.

Sana fides non prodest sine operibus.

5. Quid ergo nobis sana fides proderit ad salutem, cum hæc audiemus? Illic, stridor dentium, tenebræ exteriores, et ignis paratus diabolo, discissio, expulsio; hic vero, inimicitiæ, calumniæ, pericula, sollicitudines, insidiæ, odium omnium, abominatio apud omnes, etiam eos qui adulari videntur. Sicut enim bonos non boni solum, sed etiam improbi mirantur: sic improbos non boni tantum, sed etiam improbi odio habent. Quæ res adeo vera est, ut avaros ipsos libenter interrogem, annon alter alteri invisus sit, et si non perinde sint inter se inimici, ac si se mutuo admodum læsissent, annon se mutuo criminentur, annon contumeliam rem ipsam, quam agunt, esse existiment, cum quis illis hoc opprobrium objicit. Opprobrium quippe hoc est extremum, et summæ malignitatis argumentum. Nam si pecunias contemnere non potes, quomodo vinces concupiscentiam, vanam gloriam, furorem, iram? Et quomodo quis his in rebus obtemperet? Nam concupiscentiam corporum, iram, furorem, carnis complexioni tribuunt, medicique huic vehementiam motuum adscribunt; calidioremque et humidiorem lascivum esse putant, eum vero, qui sicciore sit intemperie, ardentem, iracundum, et furiosum De avaritia autem nihil horum dicitur a medicis. Sic ex ignavia tantum et animi stupore

780
A Τί τοίνυν τῆς ὀρθῆς ἡμῖν πίστεως ὄφελος εἰς σωτηρίαν, ὅταν ταῦτα ἀκούσωμεν; Ἐκεῖ ὁ βρυγμὸς τῶν ὀδόντων καὶ σκότος ἐξώτερον, καὶ πῦρ ἡτοιμασμένον τῷ διαβόλῳ, καὶ τὸ διχοτομεῖσθαι καὶ τὸ ἐλαύνεσθαι· [a] ἐνταῦθα ἀπέχθειαι, κακηγορίαι, διαβολαὶ, κίνδυνοι, φροντίδες, ἐπιβουλαὶ, τὸ παρὰ πάντων μισεῖσθαι, τὸ παρὰ πάντων βδελύττεσθαι, καὶ παρ' αὐτῶν τῶν δοκούντων κολακεύειν. Ὥσπερ γὰρ τοὺς ἀγαθοὺς οὐχ οἱ ἀγαθοὶ μόνον, ἀλλὰ καὶ οἱ πονηροὶ θαυμάζουσιν· οὕτω [b] τοὺς κακοὺς οὐχ οἱ χρηστοὶ μόνον, ἀλλὰ καὶ οἱ φαῦλοι μισοῦσι. Καὶ ὅτι τοῦτό ἐστιν
B ἀληθὲς, τοὺς φιλαργύρους ἡδέως ἂν ἐροίμην, εἰ μὴ πρὸς ἀλλήλους ἀηδῶς [c] ἔχουσι, καὶ τῶν τὰ μέγιστα ἠδικηκότων πολεμιωτέρους εἶναι νομίζουσιν, εἰ μὴ καὶ ἑαυτῶν κατηγοροῦσιν, εἰ μὴ ὕβριν τὸ πρᾶγμά φασιν, ὅταν τις αὐτοῖς προσενέγκῃ τὸ ὄνειδος. Καὶ γὰρ ὄνειδος ἔσχατον τοῦτο, καὶ πολλῆς κακίας ἀπόδειξις. Εἰ γὰρ χρημάτων ὑπεριδεῖν οὐκ ἀνέχῃ, τίνος περιέσῃ λοιπόν ποτε ἐπιθυμίας καὶ δοξομανίας, καὶ θυμοῦ καὶ ὀργῆς; Καὶ πῶς ἄν τις πεισθείη; Ἐπιθυμίας μὲν γὰρ ἕνεκεν τῆς τῶν σωμάτων, καὶ ὀργῆς καὶ θυμοῦ, πολλοὶ καὶ τῇ τῆς σαρκὸς κατασκευῇ λογίζονται, καὶ τὰς ὑπερβολὰς ἀνατιθέασιν ἰατρῶν παῖδες· καὶ τὸν θερμότερον καὶ ὑγρότερον λαγνότερον εἶναί φασι, τὸν δὲ πρὸς ξηροτέραν ἐκπεσόντα δυσκρα-
C σίαν, ὁρμητίαν καὶ ἀκρόχολον καὶ θυμώδη. Φιλαργυρίας δὲ ἕνεκεν οὐδεὶς οὐδέποτε αὐτῶν ἤκουσεν εἰρη-

[c] Morel. μὴ προσέχωσιν.

[d] In Morel. τὰ ὑπάρχοντα, [in Savil. χρήματα] deest.

[e] Morel. νῦν δὲ, πορεύεσθε ἀπ' ἐμοῦ οἱ κατηραμένοι εἰς τὸ πῦρ τὸ αἰώνιον. καὶ νῦν μὲν διχοτομηθέντες. Manuscripti autem omnes et Savil. ut in textu.

[a] Morel. ἐντεῦθεν. Ibid. Savil. κατηγορίαι. Sed κακηγορίαι magis arridet.

[b] Alii τοὺς κακουργούς.

[c] [Scripsimus ἔχουσι, νομίζουσιν, κατηγοροῦσιν, cum Codice 694. Edebatur ἔχωσι, νομίζωσιν, κατηγορῶσιν. Mox φησίν legebatur in Montf. e Commelin. Cod. et Savil. φασίν. Verba καὶ τῶν τὰ μέγιστα ad κατηγοροῦσιν Savil. in margine tantum affert.]

κότων οὐδὲν τοιοῦτον. Οὕτω ῥᾳθυμίας ἐστὶ μόνης καὶ ψυχῆς [d] ἀναλγήτου τὸ νόσημα. Διὸ παρακαλῶ, σπουδάζωμεν πάντα τὰ τοιαῦτα διορθοῦν, καὶ τὰ καθ' ἑκάστην ἡλικίαν ἡμῖν ἐπιγινόμενα πάθη πρὸς τὸ ἐναντίον μετατιθέναι. Ἐὰν δὲ καθ' ἕκαστον μέρος τῆς ζωῆς ἡμῶν παραπλέωμεν τοὺς τῆς ἀρετῆς πόνους, πανταχοῦ ναυάγιον ὑπομένοντες, ἐπὶ τὸν λιμένα ἐλθόντες, ἔρημοι [e] φορτίων πνευματικῶν, τὰ ἔσχατα ὑπομενοῦμεν. Πέλαγος γάρ ἐστι τεταμένον ὁ παρὼν βίος. Καὶ D ὥσπερ ἐν τῇ θαλάττῃ ταύτῃ διάφοροί [f] εἰσι κόλποι, διαφόρους ἔχοντες χειμῶνας· καὶ ὁ μὲν Αἰγαῖος διὰ πνεύματά ἐστι χαλεπός· ὁ δὲ πορθμὸς ὁ Τυῤῥηνικὸς, διὰ τὴν στενοχωρίαν· ἡ δὲ Χάρυβδις [g] ἡ πρὸς τὴν Λιβύην, διὰ τὰ τέλματα· ἡ Προποντὶς ἡ ἔξω Εὐξείνου πόντου, διὰ τὸ ῥαγδαῖον καὶ ῥόθιον· τὰ ἔξω Γαδείρων, διὰ τὴν ἐρημίαν καὶ τὸ ἄτριβὲς καὶ τὸ ἀνιστόρητον τῶν τόπων, καὶ ἄλλο μέρος δι' ἕτερον· οὕτω καὶ ἐπὶ τῆς ζωῆς τῆς ἡμετέρας. Καὶ πρῶτον πέλαγός ἐστιν ἰδεῖν, τὸ τῆς παιδικῆς ἡλικίας, πολὺν ἔχον τὸν σάλον διὰ τὸ ἀνόητον, διὰ τὴν εὐκολίαν, διὰ τὸ μὴ πεπηγέναι. Διὰ τοῦτο καὶ παιδαγωγοὺς καὶ διδασκάλους ἐφιστῶμεν, τὸ λεῖπον τῇ φύσει διὰ τῆς ἐπι- E μελείας εἰσφέροντες, ὥσπερ ἐκεῖ διὰ τῆς τέχνης τῆς κυβερνητικῆς. Μετὰ ταύτην τὴν ἡλικίαν ἡ τοῦ μειρακίου διαδέχεται θάλαττα, ἔνθα σφοδρὰ τὰ πνεύματα, καθάπερ ἐν τῷ Αἰγαίῳ, τῆς ἐπιθυμίας ἡμῖν αὐξανομένης. Καὶ αὕτη μάλιστα ἡ ἡλικία διορθώσεως 781 ἔρημος· οὐ διὰ τὸ ἐνοχλεῖσθαι μόνον σφοδρότερον, A ἀλλὰ καὶ διὰ τὸ τὰ ἁμαρτήματα μὴ ἐλέγχεσθαι· καὶ γὰρ καὶ διδάσκαλος καὶ παιδαγωγὸς λοιπὸν ὑπεξίστανται. Ὅταν οὖν τὰ μὲν πνεύματα [a] σφοδρότερον διαπνέῃ, ὁ δὲ κυβερνήτης ἀσθενέστερος ᾖ, καὶ ὁ ἀμύνων μηδεὶς ᾖ, ἐννόησον τοῦ χειμῶνος τὸ μέγεθος. [b] Μετὰ τοῦτο πάλιν ἕτερον μέρος τῆς ἡλικίας τὸ τῶν ἀνδρῶν ἔπεισιν, ἐν ᾧ τὰ τῆς οἰκονομίας ἐπίκειται· ὅτε γυνὴ καὶ γάμος καὶ παιδοποιΐα, καὶ οἰκίας προστασία, καὶ αἱ πολλαὶ τῶν φροντίδων νιφάδες. [c] Τότε δὲ μάλιστα καὶ φιλαργυρία ἀνθεῖ καὶ βασκανία. Ὅταν οὖν ἕκαστον μέρος ἡλικίας περιερχώμεθα μετὰ ναυαγίων, πῶς ἀρκέσομεν τῇ παρούσῃ ζωῇ; πῶς τὴν μέλλουσαν διαφευξόμεθα κόλασιν; Ὅταν γὰρ ἐν μὲν τῇ B πρώτῃ ἡλικίᾳ μηδὲν μανθάνωμεν ὑγιὲς, ἐν δὲ τῇ νεότητι μὴ σωφρονήσωμεν, καὶ ἄνδρες γενόμενοι φιλαργυρίας μὴ περιγενώμεθα, ὥσπερ [d] εἴς τινα ἀντλίαν, τὸ γῆρας ἐλθόντες, καὶ πάσαις ταῖς πάγαις ταύταις ἀσθενέστερον τὸ σκάφος τῆς ψυχῆς κατασκευάσαντες, τῶν σανίδων διαλελυμένων, ἀπαντησόμεθα εἰς ἐκεῖ-

hæc ægritudo nascitur. Quamobrem precor, hæc omnia emendemus, cæterosque animi morbos qui secundum ætatem accidunt, in contrarium transferamus. Si vero per singulas vitæ partes navigando virtutis labores devitemus, et ubique naufragia facientes, ad portum appellamus sarcinis spiritualibus vacui, extrema patiemur. Præsens quippe vita pelagus est amplum. Et sicut in hoc mari varii sunt sinus, qui diversas habent tempestates; Ægæumque mare a ventis infestatur; Tyrrhenum fretum, angustum est; Charybdis vero, quæ est circa Lybiam ob brevia pericula offert; Propontis extra Euxinum-Pontum, ob impetum et vehementiam aquæ; quæ extra Gades, quod pelagus illud sit infrequentatum et ignotum, aliæque maris partes ob alias causas: sic et in vita nostra accidit. Primumque pelagus est puerilis ætas, quæ multis est tempestatibus obnoxia, ob imprudentiam, facilitatem nimiam, parumque fixam indolem. Ideoque pædagogos et doctores pueris statuimus, qui id quod in natura deficit suppleant, ut in mari per artem gubernatoriam. Post hanc ætatem adolescentiæ mare succedit, ubi venti vehementes, ut in Ægæo mari, aucta nempe concupiscentia. In hac maxime ætate raræ sunt emendationes; non modo quod illa vehementius exagitetur; sed quod peccata non redarguantur; tunc enim doctor et pædagogus abscesserunt. Cum itaque venti vehementius reflant, si gubernator sit imbecillior, nemoque sit qui subsidium afferat, cogita quanta sit tempestatis magnitudo. Huic succedit altera ætas, quæ est virorum, in qua rei familiaris administratio, tum uxor ducitur, liberi procreantur, domus cura geritur, milleque sollicitudines superveniunt. Tunc maxime vigent avaritia et invidia. Si igitur singulas vitæ partes cum naufragiis emetiamur, quomodo præsentem vitam transibimus? quomodo futurum supplicium vitabimus? Si enim in prima ætate nihil sani didicerimus, in juventute continenter non vixerimus, virilem adepti ætatem avaritiam non vicerimus; in senectutem quasi in sentinam devecti, cum per hos omnes quasi laqueos animæ naviculam imbecilliorem reddiderimus, tabulisque dissolutis, ad illum portum devenerimus, pro spiritualibus mercibus multum comportantes lutum: diabolo risum, nobis luctum parabimus, intolerabiliaque suppli-

[d] Morel. ἀνάλγητον τὸ νόσημα.
[e] Φορτίων deest in Morel.
[f] Εἰσι a quibusdam Mss. abest.
[g] Savil. ἡ πρὸς τῇ Λιβύῃ.

[a] Morel. σφοδρότερον πνέῃ.
[b] Morel. μετὰ ταῦτα πάλιν.
[c] Morel. τότε γὰρ φιλαργυρία.
[d] Savil. εἰς τὴν ἀντλίαν.

cia afferemus. Ne itaque hæc fiant nos undique munientes, adversusque omnes animi morbos stantes, divitiarum cupiditatem ejiciamus, ut futura consequamur bona, gratia et benignitate Domini nostri Jesu Christi, cui gloria in sæcula sæculorum. Amen.

νον τὸν λιμένα, πολὺν ἐπιφερόμενοι φορυτὸν ἀντὶ πνευματικῆς ἐμπορίας, καὶ τῷ διαβόλῳ παρέξομεν γέλωτα, θρῆνον δὲ ἡμῖν αὐτοῖς, καὶ τὰς ἀφορήτους ἐπισπασόμεθα τιμωρίας. Ἵν' οὖν μὴ ταῦτα γένηται, πάντοθεν ἑαυτοὺς συσφίγξαντες, καὶ πρὸς πάντα τὰ πάθη στάντες, ἐκβάλλωμεν τοῦ πλούτου τὴν ἐπιθυμίαν, ἵνα καὶ τῶν μελλόντων ἐπιτύχωμεν ἀγαθῶν, χάριτι καὶ φιλανθρωπίᾳ τοῦ Κυρίου ἡμῶν Ἰησοῦ Χριστοῦ, ᾧ ἡ δόξα εἰς τοὺς αἰῶνας τῶν αἰώνων. Ἀμήν.

HOM. LXXXII. al. LXXXIII.

ΟΜΙΛΙΑ πϐʹ.

Cap. XXVI. v. 26. *Cœnantibus autem illis, accepit Jesus panem, et gratias agens, fregit deditque discipulis, et ait : Accipite, comedite ; hoc est corpus meum.* 27. *Et accipiens calicem, gratias egit, et dedit eis, di-* D
cens : Bibite ex hoc omnes. 28. *Hic est enim sanguis meus novi testamenti, qui pro multis effundetur in remissionem peccatorum.*

Ἐσθιόντων δὲ αὐτῶν, λαβὼν ὁ Ἰησοῦς τὸν ἄρτον, καὶ εὐχαριστήσας, ἔκλασε, καὶ ἔδωκε τοῖς μαθηταῖς, καὶ εἶπε· λάβετε, φάγετε· τοῦτό ἐστι τὸ σῶμά μου. Καὶ λαβὼν τὸ ποτήριον, καὶ εὐχαριστήσας, ἔδωκεν αὐτοῖς, λέγων· πίετε ἐξ αὐτοῦ πάντες. Τοῦτο γάρ ἐστι τὸ αἷμά μου τὸ τῆς καινῆς διαθήκης, [e] τὸ ὑπὲρ πολλῶν ἐκχυνόμενον εἰς ἄφεσιν ἁμαρτιῶν.

1. Papæ, quanta cæcitas proditoris! Mysteriorum consors, idem permansit; et dum tremenda
Luc. 22. 3. frueretur mensa, non mutatus est. Et hoc Lucas
significat, dicens, post hæc in eum ingressum
fuisse satanam : non quod dominicum corpus despiceret, sed quod impudentiam proditoris irri-
deret. Majus enim peccatum utrinque fiebat : et E
quod cum tali animo ad mysteria accederet, et
quod cum accessisset, nec timore, nec beneficio,
nec honore melior evaderet. Christus vero etiamsi
omnia nosset, non prohibuit; ut discas ipsum nihil eorum prætermittere, quæ ad emendationem 782
conferunt. Ideo et ante et postea frequenter ipsum A
monuit ac retinuit, verbis, operibus, timore, minis, honore et cultu. Sed nihil eum a tam gravi
morbo reduxit. Idcirco illo demum relicto, discipulis per mysteria necem suam commemorat, et
inter cœnandum de cruce loquitur, prædictionis
frequentia passionem suam toleratu faciliorem
reddens. Nam si post tot res gestas et prædictio-
nes turbati sunt, si nihil horum audissent, quid
non passuri erant? *Et manducantibus illis accipiens panem fregit.* Cur tunc tempore paschatis hoc mysterium celebravit? Ut undique di-

Βαβαὶ, πόση [f] πήρωσις τοῦ προδότου; Καὶ τῶν μυστηρίων μετέχων, ἔμενεν ὁ αὐτός· καὶ τῆς φρικωδεστάτης ἀπολαύων τραπέζης, οὐ μετεβάλλετο. Καὶ τοῦτο ὁ Λουκᾶς δηλοῖ λέγων, ὅτι μετὰ τοῦτο εἰσῆλθεν εἰς αὐτὸν ὁ σατανᾶς, οὐ τοῦ σώματος καταφρονῶν τοῦ δεσποτικοῦ, ἀλλὰ τῆς ἀναισχυντίας καταγελῶν τοῦ προδότου λοιπόν. Καὶ γὰρ μεῖζον τὸ ἁμάρτημα ἐγίνετο ἑκατέρωθεν· καὶ ὅτι μετὰ τοιαύτης γνώμης τοῖς μυστηρίοις προσῄει, καὶ ὅτι προσελθὼν οὐκ ἐγένετο βελτίων, οὔτε ἀπὸ τοῦ φόβου, οὔτε ἀπὸ τῆς εὐεργεσίας, οὔτε ἀπὸ τῆς τιμῆς. Ὁ δὲ Χριστὸς οὐκ ἐκώλυσεν αὐτὸν, καίτοι πάντα εἰδώς· ἵνα μάθῃς ὅτι οὐδὲν παραλιμπάνει τῶν εἰς διόρθωσιν ἡκόντων. Διὰ τοῦτο καὶ πρὸ τούτου καὶ μετὰ τοῦτο συνεχῶς ὑπεμίμνησκε καὶ κατεῖχε, καὶ διὰ λόγων, καὶ δι' ἔργων, καὶ διὰ φόβου, καὶ δι' ἀπειλῆς, [a] καὶ διὰ τιμῆς, καὶ διὰ θεραπείας. Ἀλλ' οὐδὲν αὐτὸν ἀφίστησι τοῦ νοσήματος ἐκείνου τοῦ χαλεποῦ. Διὸ λοιπὸν ἐκεῖνον ἀφεὶς, τοὺς μαθητὰς διὰ τῶν μυστηρίων ἀναμιμνήσκει πάλιν τῆς σφαγῆς, καὶ μεταξὺ τῆς τραπέζης περὶ σταυροῦ διαλέγεται, τῇ συνεχείᾳ τῆς προῤῥήσεως εὐπαράδεκτον αὐτοῦ ποιῶν τὸ πάθος. Εἰ γὰρ τοσούτων γενομένων καὶ προλεχθέντων, ἐθορυβήθησαν, [b] εἰ μηδὲν τούτων ἠκηκόεισαν, τί οὐκ ἂν ἔπαθον; Καὶ ἐσθιόντων αὐτῶν,

[e] Al. [et Bibl.] τὸ περὶ πολλῶν.

[f] Morel. πήρωσις ἦν τοῦ προδότου, καὶ γὰρ τῶν μυστ.

[a] Morel. καὶ τιμῆς.

[b] Alii εἰ μηδὲ τούτων, non male.

λαβὼν ἄρτον ἔκλασε. Τί δήποτε τότε κατὰ τὸν καιρὸν τοῦ πάσχα τὸ μυστήριον ἐπετέλει τοῦτο; Ἵνα μάθῃς πάντοθεν καὶ τῆς Παλαιᾶς αὐτὸν ὄντα νομοθέτην, καὶ τὰ ἐν ἐκείνῃ διὰ ταῦτα προσκιαγραφηθέντα. Διά τοι τοῦτο ἔνθα ὁ τύπος, τὴν ἀλήθειαν ἐπιτίθησιν. Ἡ δὲ ἑσπέρα τοῦ πληρώματος τῶν καιρῶν τεκμήριον ἦν, καὶ τοῦ πρὸς αὐτὸ λοιπὸν ἥκειν τὸ τέλος τὰ πράγματα. Καὶ εὐχαριστεῖ, διδάσκων ἡμᾶς ὅπως δεῖ τὸ μυστήριον τοῦτο [c]ἐπιτελεῖν, καὶ δεικνὺς, ὅτι οὐκ ἄκων ἐπὶ τὸ πάθος ἔρχεται, καὶ παιδεύων ἡμᾶς, ὅπερ ἂν πάσχωμεν εὐχαρίστως φέρειν, καὶ χρηστὰς κἀντεῦθεν ὑποτείνων ἐλπίδας. Εἰ γὰρ ὁ τύπος τοσαύτης δουλείας γέγονεν ἀπαλλαγὴ, πολλῷ μᾶλλον ἡ ἀλήθεια τὴν οἰκουμένην ἐλευθερώσει, καὶ ἐπὶ εὐεργεσίᾳ τῆς ἡμετέρας παραδοθήσεται φύσεως. Διά τοι τοῦτο οὐδὲ πρὸ τούτου παρέδωκε τὸ μυστήριον, ἀλλ' ὅτε λοιπὸν παύσασθαι ἔδει τὰ νομικά. Καὶ τὸ κεφάλαιον δὲ τῶν ἑορτῶν αὐτῶν καταλύει, ἐφ' ἑτέραν αὐτοὺς μετατιθεὶς τράπεζαν φρικωδεστάτην, καί φησι· Λάβετε, φάγετε· τοῦτό ἐστι τὸ σῶμά μου, τὸ [d]ὑπὲρ ὑμῶν κλώμενον. Καὶ πῶς οὐκ ἐθορυβήθησαν τοῦτο ἀκούσαντες; Ὅτι πολλὰ καὶ μεγάλα περὶ τούτου καὶ ἔμπροσθεν αὐτοῖς ἦν προδιαλεχθείς. Διόπερ ἐκεῖνο μὲν οὐκ ἔτι κατασκευάζει· καὶ γὰρ αὐτάρκως ἦσαν ἀκούσαντες. Τὴν δὲ αἰτίαν λέγει τοῦ πάθους, τῶν ἁμαρτημάτων τὴν ἀναίρεσιν. Καὶ αἷμα καινῆς διαθήκης [e]καλεῖ, τουτέστι, τῆς ὑποσχέσεως τῆς ἐπαγγελίας τοῦ νόμου τοῦ καινοῦ. Τοῦτο γὰρ καὶ ὑπέσχετο [f]πάλαι, καὶ τὴν διαθήκην τοῦτο συνέχει τὴν ἐν τῇ Καινῇ. Καὶ ὥσπερ ἡ Παλαιὰ πρόβατα καὶ μόσχους εἶχεν, οὕτω καὶ αὕτη τὸ αἷμα τὸ δεσποτικόν. Δείκνυσι δὲ κἀντεῦθεν, ὅτι καὶ μέλλει τελευτᾷν· διὸ καὶ διαθήκης μέμνηται, καὶ ἀναμιμνήσκει δὲ τῆς προτέρας· καὶ γὰρ καὶ ἐκείνη δι' αἵματος ἐγκεκαίνιστο. Καὶ πάλιν λέγει τοῦ θανάτου τὴν αἰτίαν, Τὸ ὑπὲρ πολλῶν ἐκχυνόμενον εἰς ἄφεσιν ἁμαρτιῶν· καί φησι, Τοῦτο ποιεῖτε εἰς τὴν ἐμὴν ἀνάμνησιν. Εἶδες πῶς ἐξάγει τῶν [g]Ἰουδαϊκῶν ἐθῶν καὶ ἀφίστησι; Καθάπερ γὰρ ἐκεῖνο ἐποιεῖτε, φησὶν, εἰς ἀνάμνησιν τῶν ἐν Αἰγύπτῳ θαυμάτων, οὕτω καὶ τοῦτο εἰς ἐμήν. Ἐκεῖνο ἐξεχύθη εἰς σωτηρίαν τῶν πρωτοτόκων· τοῦτο εἰς ἄφεσιν ἁμαρτιῶν τῆς οἰκουμένης ἁπάσης. Τοῦτο γάρ ἐστι τὸ αἷμά μου, φησὶ, τὸ ἐκχυνόμενον εἰς ἄφεσιν ἁμαρτιῶν. Τοῦτο δὲ ἔλεγε, κἀντεῦθεν δεικνὺς [a]ἅμα ὅτι μυστήριόν ἐστι τὸ πάθος καὶ ὁ σταυρὸς, καὶ διὰ τούτου πάλιν παρακαλῶν τοὺς μαθητάς. Καὶ καθάπερ Μωϋσῆς φησι, Τοῦτο μνημόσυνον ὑμῖν αἰώνιον· οὕτω καὶ αὐτὸς, Εἰς ἐμὴν ἀνάμνησιν, ἕως ἂν παραγένωμαι. Διὰ τοῦτο

B scas, illum Veteris Testamenti fuisse legislatorem, et ea quæ in illo sunt propter hæc adumbrata fuisse. Ideoque ubi typus erat, ibi veritatem constituit. Vespera autem plenitudinis temporum signum erat, indicabatque res demum ad finem accedere. Gratiasque agit, docens nos quomodo oporteat hoc mysterium celebrare, ostendens se non invitum ad passionem venire, instituensque nos, ut quidquid patiamur, cum gratiarum actione feramus, bonamque inde spem afferens. Nam si typus et figura a tanta potuit servitute liberare, multo magis veritas orbem liberabit, inque bene- C ficium generis nostri tradetur. Idcirco non antehac mysterium dedit, sed cum legalia post hæc cessatura essent. Et caput solennitatum eorum solvit, ad aliam ipsos transferens mensam terribilissimam, aitque: ***Accipite, comedite; hoc est corpus meum, quod pro vobis frangitur.*** 1. Cor. 11. 24. Et quomodo non turbati sunt hoc audientes? Quia multa magnaque ea de re jam ipsis dixerat. Ideo non illud ultra statuit; quia jam satis audierant. Causam vero passionis dicit, peccatorum nempe remissionem. Et sanguinem novi testamenti vocat, id est, promissionis novæ legis. Hoc enim jam olim pollicitus erat, et novum testamentum con- D firmat. Ac quemadmodum Vetus oves et vitulos habuit, sic et hoc dominicum sanguinem. Hinc etiam ostendit se moriturum esse: ideo et testamentum memorat, et veteris etiam mentionem facit: nam et illud quoque per sanguinem dedicatum fuerat. Iterum quoque mortis causam dicit, ***Qui pro multis effundetur in remissionem peccatorum:*** aitque, ***Hoc facite in meam commemorationem.*** Viden' quomodo a Judaïcis abducat et avocet moribus? Nam sicut illud, inquit, E celebrabatis in commemorationem miraculorum in Ægypto editorum, ita et hoc in meam commemorationem facite. Illud effusum est ad salutem primogenitorum: hoc ad remissionem peccatorum totius orbis. ***Hic est enim sanguis meus,*** inquit, ***qui effundetur in remissionem peccatorum.*** Hoc porro dixit, ut simul ostenderet passionem et 783 A crucem esse mysterium, atque hac ratione iterum discipulos consolaretur. Et sicut Moyses ait, ***Hoc vobis memoriale sempiternum:*** Exod. 3. 15. sic et ipse, ***In meam commemorationem,*** donec veniam. Luc. 22. 19. Idcirco ait, ***Desiderio desideravi hoc pascha manducare;*** id est, vobis res novas tradere, et pascha

[c] Quidem συντελεῖν.
[d] Alii ὑπὲρ πολλῶν.
[e] Alii ἐκάλει.
[f] Alii πάλιν. Infra vero τὸ αἷμα deest in Morel.
[g] Morel. ἰουδαϊκῶν ἐθνῶν καί.
[a] Morel. ἅμα τοῦτο ὅτι.

dare, quo vos spirituales reddam. Et ipse quoque ex illo bibit. Ne enim hæc audientes dicerent: Quid ergo? sanguinemne bibimus, et carnem manducamus? et turbarentur; nam cum hac de re verba faceret, de ipsis verbis multi offensi sunt: ne itaque tunc turbarentur, primus ipse hoc facit, ut illos ad mysteriorum participationem tranquillo animo subeundam induceret. Ideo ergo suum ipse sanguinem bibit. Quid igitur, inquies, an hoc et vetus illud simul faciendum est? Nequaquam. Ideo namque dixit, *Hoc facite*, ut ab illo abduceret. Nam si hoc remissionem peccatorum facit, ut etiam facit, superfluum erit illud. Sicut ergo olim apud Judæos, sic et nunc quoque beneficii memoriam mysterio colligavit, hinc hæreticorum ora obstruens. Cum enim dicunt, Unde palam est immolatum fuisse Christum? cum aliis, etiam a mysteriis, ipsorum obstruimus ora. Nam si Jesus non mortuus esset, cujus symbola essent illa quæ offeruntur?

Marcio, Valentinus et Manes œconomiam Christi negabant.

2. Viden' cum quanta cura provisum sit, ut recordemur semper ipsum pro nobis mortuum esse? Quia enim Marcio, Valentinus et Manes hanc œconomiam negaturi erant, passionis memoriam assidue revocat etiam per mysteria, ut nemo seduci possit, perque sacram illam mensam simul servat et instituit. Etenim illud caput bonorum est. Ideo Paulus frequenter hoc repetit. Deinde postquam tradidit, dicit: 29. *Non bibam de hoc genimine vitis usque in diem illam, cum illud bibam novum vobiscum in regno Patris mei.* Nam quia ipsis de passione et cruce loquutus est, resurrectionis rursus mentionem facit, illamque hic regnum vocat. Et quare post resurrectionem bibit? Ne rudiores putarent resurrectionem esse phantasma; hoc enim multi signum esse resurrectionis statuebant. Ideo apostoli ut resurrectioni fidem facerent, hoc dicebant: *Qui simul comedimus, et bibimus cum eo.* Ut igitur ostendat, quod ipsum clare post resurrectionem visuri sint, quod cum illis denuo futurus sit, et quod ipsi et ex visu, et ex rebus de iis quæ gesta sunt testimonium sint reddituri, ait: *Donec illud bibam novum vobiscum*, vobis testificanti-

Act. 10. 41.

καὶ, Ἐπιθυμίᾳ ἐπεθύμησα, φησὶ, τὸ πάσχα τοῦτο φαγεῖν· τουτέστι, παραδοῦναι ὑμῖν τὰ καινὰ πράγματα, καὶ πάσχα δοῦναι, καθ' ὃ μέλλω πνευματικοὺς ποιεῖν. Καὶ αὐτὸς οὖν ἔπιεν ἐξ αὐτοῦ. Ἵνα γὰρ μὴ ταῦτα ἀκούοντες εἴπωσι, τί οὖν; αἷμα πίνομεν, καὶ σάρκα ἐσθίομεν; καὶ θορυβηθῶσι τότε· καὶ γὰρ ὅτε τοὺς περὶ τούτων ἐκίνει λόγους, καὶ πρὸς [b] τὰ B ῥήματα αὐτὰ πολλοὶ ἐσκανδαλίζοντο· ἵν' οὖν μὴ καὶ τότε ταραχθῶσι, πρῶτος αὐτὸς τοῦτο ἐποίησεν, ἐνάγων αὐτοὺς ἀταράχως εἰς τὴν κοινωνίαν τῶν μυστηρίων. Διὰ τοῦτο οὖν τὸ ἑαυτοῦ αἷμα καὶ αὐτὸς ἔπιεν. Τί οὖν; κἀκεῖνο χρὴ ποιεῖν καὶ τὸ παλαιόν; φησίν. Οὐδαμῶς. Διὰ γὰρ τοῦτο εἶπε, Τοῦτο ποιεῖτε, ἵνα ἐκείνου ἀπαγάγῃ. Εἰ γὰρ τοῦτο ἄφεσιν ἁμαρτιῶν ἐργάζεται, ὥσπερ οὖν καὶ ἐργάζεται, περιττὸν ἐκεῖνο λοιπόν. Ὥσπερ οὖν ἐπὶ τῶν Ἰουδαίων, οὕτω καὶ [c] ἐνταῦθα τῆς εὐεργεσίας ἐγκατέδησε τὸ μνημόσυνον τῷ μυστηρίῳ, κἀντεῦθεν ἐμφράττων τῶν αἱρετικῶν τὰ στόματα. Ὅταν γὰρ λέγωσι, πόθεν δῆλον ὅτι ἐτύθη ὁ C Χριστός; μετὰ τῶν ἄλλων, καὶ ἀπὸ τῶν μυστηρίων αὐτοὺς ἐπιστομίζομεν. Εἰ γὰρ μὴ ἀπέθανεν [d] ὁ Ἰησοῦς, τίνος σύμβολα τὰ τελούμενα;

Ὁρᾷς ὅση γέγονε σπουδὴ, ὥστε ἀεὶ ἀναμιμνήσκεσθαι, ὅτι ἀπέθανεν ὑπὲρ ἡμῶν; Ἐπειδὴ γὰρ ἔμελλον οἱ περὶ Μαρκίωνα, καὶ Οὐαλεντῖνον, καὶ Μάνην φύεσθαι ταύτην ἀρνούμενοι τὴν οἰκονομίαν, διηνεκῶς ἀναμιμνήσκει τοῦ πάθους καὶ διὰ τῶν μυστηρίων, ὥστε μηδένα παραλογισθῆναι, ὁμοῦ μὲν σώζων, ὁμοῦ D δὲ παιδεύων διὰ τῆς ἱερᾶς τραπέζης ἐκείνης. Καὶ γὰρ τὸ κεφάλαιον τῶν ἀγαθῶν τοῦτο. Διὸ καὶ ὁ Παῦλος τοῦτο ἄνω καὶ κάτω στρέφει. Εἶτα ἐπειδὴ παρέδωκε, φησίν· Οὐ μὴ πίω ἐκ τοῦ γεννήματος τῆς ἀμπέλου ταύτης ἕως τῆς ἡμέρας ἐκείνης, ὅταν αὐτὸ πίνω καινὸν μεθ' ὑμῶν ἐν τῇ βασιλείᾳ τοῦ Πατρός μου. Ἐπειδὴ γὰρ περὶ πάθους αὐτοῖς καὶ σταυροῦ διελέχθη, καὶ τὸν περὶ τῆς ἀναστάσεως πάλιν εἰσάγει [*] λόγον, βασιλείας εἰς μέσον ἀναμνήσας, καὶ τὴν ἀνάστασιν οὕτω τὴν ἑαυτοῦ καλέσας. Καὶ τίνος [e] ἕνεκεν ἀναστὰς ἔπιεν; Ἵνα μὴ νομίσωσιν οἱ παχύτεροι φαντασίαν εἶναι τὴν ἀνάστασιν· τοῦτο γὰρ τεκμήριον τῆς ἀναστάσεως ἐτίθεντο [f] οἱ πολλοί. Διὸ καὶ οἱ ἀπόστολοι E πείθοντες αὐτοὺς περὶ ἀναστάσεως, τοῦτο ἔλεγον· Οἵτινες συνεφάγομεν καὶ συνεπίομεν αὐτῷ. Δηλῶν τοίνυν ὅτι αὐτὸν ὄψονται ἀναστάντα λαμπρῶς, καὶ μετ' αὐτῶν ἔσται πάλιν, καὶ αὐτοὶ [g] προσμαρτυρήσουσι τοῖς γενομένοις, καὶ δι' ὄψεως καὶ διὰ πραγμάτων,

[b] Alii τὰ ῥήματα ταῦτα.

[c] Morel. et quidam alii ἐνταῦθα ἐπὶ τῆς εὐεργεσίας, et mox τῶν μυστηρίων.

[d] Alii ὁ Χριστός.

[*] [Savil. λόγον εἰς μέσον, βασιλείας ἀναμνήσας. Sed nostram lectionem exhibet Cod. 694.]

[e] Savil. ἕνεκεν μετὰ τὴν ἀνάστασιν ἔπιεν.

[f] Alii οἱ παλαιοί.

[g] Savil μαρτυρήσουσι. Mox Morel καὶ ὄψεως.

φησίν· Ἕως ἂν αὐτὸ πίω καινὸν μεθ' ὑμῶν, ὑμῶν μαρτυρούντων. Ὑμεῖς γάρ με ὄψεσθε ἀναστάντα. Τί 784 δέ ἐστι, [a]Καινόν; Καινῶς, τουτέστι ξένως, οὐ σῶμα A παθητὸν ἔχοντα, ἀλλ' ἀθάνατον λοιπὸν καὶ ἄφθαρτον, καὶ οὐ δεόμενον τροφῆς. Οὐ τοίνυν διὰ χρείαν μετὰ τὴν ἀνάστασιν ἔφαγέ τε καὶ ἔπιεν· οὐ γὰρ ἐδεῖτο λοιπὸν τὸ σῶμα τούτων· ἀλλὰ διὰ τὴν τῆς ἀναστάσεως πληροφορίαν. Καὶ τίνος ἕνεκεν οὐχ ὕδωρ ἔπιεν ἀναστὰς, ἀλλ' οἶνον; Ἄλλην αἵρεσιν πονηρὰν πρόῤῥιζον ἀνασπῶν. Ἐπειδὴ γάρ τινές εἰσιν ἐν τοῖς μυστηρίοις ὕδατι κεχρημένοι, δεικνὺς ὅτι ἡνίκα τὰ μυστήρια παρέδωκεν, οἶνον παρέδωκε, καὶ ἡνίκα ἀναστὰς χωρὶς μυστηρίων ψιλὴν τράπεζαν παρετίθετο, οἴνῳ ἐκέχρητο, Ἐκ τοῦ γεννήματος, φησὶ, τῆς ἀμπέλου. Ἄμπελος δὲ οἶνον, οὐχ ὕδωρ γεννᾷ. Καὶ ὑμνή- B σαντες, ἐξῆλθον εἰς τὸ ὄρος τῶν ἐλαιῶν. Ἀκουέτωσαν ὅσοι καθάπερ χοῖροι ἐσθίοντες ἁπλῶς λακτίζουσι τὴν τράπεζαν τὴν αἰσθητὴν, καὶ ἀνίστανται μετὰ μέθης, δέον εὐχαριστεῖν καὶ εἰς ὕμνον τελευτᾷν. Ἀκούσατε ὅσοι καὶ τὴν τελευταίαν πάλιν εὐχὴν οὐκ ἀναμένετε τῶν μυστηρίων· αὕτη γὰρ ἐκείνης σύμβολον. Εὐχαρίστησε καὶ πρὸ τοῦ δοῦναι τοῖς μαθηταῖς, ἵνα καὶ ἡμεῖς εὐχαριστῶμεν. Εὐχαρίστησε καὶ ὕμνησε μετὰ τὸ δοῦναι, ἵνα καὶ ἡμεῖς αὐτὸ τοῦτο [b]ποιῶμεν. Ἀλλὰ τί δήποτε εἰς τὸ ὄρος ἐξέρχεται; Δῆλον ἑαυτὸν ποιῶν πρὸς τὸ ληφθῆναι, ἵνα μὴ δόξῃ κρύπτεσθαι. Ἔσπευδε C γὰρ ἐλθεῖν ἐπὶ τὸν τόπον, τὸν καὶ Ἰούδᾳ γνώριμον. Τότε λέγει αὐτοῖς· πάντες ὑμεῖς σκανδαλισθήσεσθε ἐν ἐμοί. Εἶτα λέγει καὶ προφητείαν· Γέγραπται γὰρ, Πατάξω τὸν ποιμένα, καὶ διασκορπισθήσεται τὰ πρόβατα· ὁμοῦ μὲν πείθων αὐτοὺς ἀεὶ προσέχειν τοῖς γεγραμμένοις, ὁμοῦ δὲ δηλῶν ὅτι κατὰ Θεοῦ γνώμην ἐσταυροῦτο, καὶ πανταχόθεν δεικνὺς [c]οὐκ ἀλλότριον ὄντα ἑαυτὸν τῆς Παλαιᾶς, οὐδὲ τοῦ ἐν αὐτῇ καταγγελλομένου Θεοῦ, καὶ ὅτι οἰκονομία τὸ γινόμενον ἦν, καὶ ὅτι πάντα προανεκήρυξαν ἄνωθεν οἱ προφῆται τὰ [d]ἐν τῷ πράγματι, ὥστε αὐτοὺς καὶ περὶ τῶν χρηστοτέρων σφόδρα θαῤῥεῖν. Καὶ διδάσκει εἰδέναι τίνες μὲν πρὸ D τοῦ σταυροῦ οἱ μαθηταὶ, τίνες δὲ μετὰ τὸν σταυρόν. Καὶ γὰρ οἱ σταυρουμένου αὐτοῦ μηδὲ στῆναι δυνάμενοι, οὗτοι μετὰ θάνατον σφοδροὶ καὶ ἀδάμαντος ἰσχυρότεροι. Καὶ τοῦτο δὲ αὐτὸ ἀπόδειξις τοῦ θανάτου, ἡ φυγὴ καὶ ἡ δειλία τῶν μαθητῶν. Εἰ γὰρ τοσαῦτα γέγονέ τε καὶ ἐλέχθη, καὶ ἀναισχυντοῦσί τινες, καί φασιν αὐτὸν μὴ ἐσταυρῶσθαι· εἰ μηδὲν τούτων συνέβη, ποῦ οὐκ ἂν ἐξέπεσον παρανομίας; Διά τοι τοῦτο οὐχὶ διὰ τῶν οἰκείων παθῶν μόνον, ἀλλὰ καὶ διὰ τῶν ἐν τοῖς μαθηταῖς βεβαιοῖ τὸν περὶ τοῦ θανάτου λόγον, καὶ διὰ τῶν μυστηρίων, πάντοθεν καταισχύνων τοὺς E

bus. Vos enim me videbitis postquam resurrexero. Quid est autem illud, *Novum?* Id est, novo et inaudito modo, non in corpore passibili, sed immortali et incorruptibili, nec cibo egenti. Post resurrectionem igitur non ex necessitate comedit et bibit; neque enim iis tunc egebat corpus; sed ad certius resurrectionis argumentum. Sed cur post resurrectionem, non aquam, sed vinum bibit? Ut aliam malam hæresim radicitus evelleret. Quia enim quidam in mysteriis aqua utuntur, ut ostendat se et cum mysteria tradidit vino usum fuisse, et post resurrectionem sine mysteriis in vulgari mensa vinum adhibuisse, *Ex genimine vitis*, inquit. Vinea autem vinum, non aquam gignit. 30. ***Et hymno dicto exierunt in Montem olivarum.*** Audiant quotquot, porcorum instar, contra mensam sensibilem comedentes calcitrant, et temulenti surgunt, cum oporteret gratias agere et in hymnos desinere. Audite quotquot postremam orationem mysteriorum non exspectatis: quæ illius symbolum est. Gratias egit antequam discipulis daret, ut etiam nos gratias agamus. Gratias egit et hymnum dixit postquam dedisset, ut et nos hoc ipsum faciamus. Sed cur exit ut ascendat in montem? Sese manifeste ostendens ut capiatur, ne videatur sese occultare: festinabat quippe ad locum Judæ notum. 31. ***Tunc dixit eis: Vos omnes scandalizabimini in me.*** Deinde addit prophetiam: ***Scriptum est enim, Percutiam pastorem, et dispergentur oves;*** cum ut illis suadeat, semper esse Scripturis attendendum, tum ut significet, se ex Dei voluntate crucifigi, atque undique ostendens se non esse a lege veteri alienum, neque a Deo qui in illa prædicabatur; itemque quod tunc fiebat ex œconomia fieri, ac prophetas omnia, quæ tunc gerebantur, jam olim prædixisse, ut hinc illi de melioribus futuris admodum confiderent. Docetque quo pacto cognoscantur quales ante, quales post crucem discipuli fuerint. Nam qui cum crucifigeretur ne stare quidem potuerunt, hi post crucem strenui et adamante firmiores fuerunt. Hic autem metus et fuga discipulorum mortis ejus argumentum est. Si enim postquam tot tantaque dicta sunt, quidam impudenter dicunt ipsum non fuisse crucifixum: si nihil eorum contigisset, quo non impietatis prorupissent? Ideo non ex sua tantum passione, sed etiam ex iis quæ ad discipulos spectant, necnon ex mysteriis, mortem suam confirmat, Marcioni-

Quidam in sacro mysterio aqua utebantur.

Zach. 13. 7.

[a] Morel. καινόν; ξένον, παρηλλαγμένον.

[b] Ποιῶμεν. τί δήποτε δὲ εἰς; sic Morel.

[c] Morel. οὐκ ἀλλότριον αὐτὸν ὄντα τῆς παλ.

[d] Alii ἐν τῷ προστάγματι.

stas undique profligans. Ideo coryphæum negare
se permittit. Si enim nec vinctus nec crucifixus
fuisset, unde tantus et illi et reliquis metus futurus erat? Neque tamen illos in mœrore reliquit,
sed quid ait? 32. *Postquam autem resurrexero,*
præcedam vos in Galilæam. Neque enim ex
cælo statim apparet, neque in quamdam regionem
longinquam abit, sed in ipsa gente apud quam
crucifixus est, in ipsis fere locis, ut etiam inde
confirmaret ipsis, eumdem et crucifixum fuisse, et
resurrexisse, ut hinc mœrentes magis consolaretur. Idcirco, *In Galilæa,* dixit, ut a metu Judæorum liberati, dictis crederent. Hac enim de causa
ibi apparuit. 33. *Respondens autem Petrus di-*
xit : Etsi omnes scandalizati fuerint in te, ego
tamen numquam scandalizabor.

3. Quid ais, Petre? propheta dixit, *Disper-*
gentur oves ; Christus dictum confirmavit : et tu
dicis, Nequaquam? non satis tibi sunt priora illa,
Matth. 16. 22. cum dicebas, *Propitius esto tibi,* et increpatus
fuisti? Ideo illum cadere sinit, ut doceat illum
semper Christo credere, et ejus sententiam propria sententia firmiorem putare. Reliqui vero non
parum fructus a negatione ejus acceperunt, humana conspecta infirmitate, Deique veracitate.
Cum enim ille quidpiam prædixerit, non ultra
disputare oportet, neque adversus multos insur-
Gal. 6. 4. gere : *Gloriam* enim, inquit, *in te, et non in*
alio habebis. Cum enim precandum esset, ac dicendum, Adjuva nos, ne abs te scindamur, ille
in se confidit, et ait : *Etsi omnes scandalizati*
fuerint in te, ego tamen numquam; etiamsi omnes id patiantur, inquit, ego non patiar :
quod illum ad nimiam confidentiam paulatim
evexit. Hoc reprimere Christus volens, negationem permisit quia enim neque Christo neque
prophetæ obtemperavit (ideo enim etiam prophetam induxerat, ut ne ille repugnaret), attamen
quia verbis non potuerat, ex rebus ipsis eruditur.
Quod autem ideo permiserit, ut illum postea emen-
Luc 22. 32. daret, audi quid dicat : *Ego autem rogavi pro*
te, ut non deficiat fides tua. Hoc enim dixit, ut
vehementius illum tangeret, ostenderetque illius
lapsum cæterorum lapsu esse pejorem, majorique

τὰ Μαρκίωνος νοσοῦντας. Διὰ τοῦτο καὶ τὸν κορυφαῖον ἀφίησιν ἀρνήσασθαι. Εἰ δέ μὴ ἐδέθη, μηδὲ
ἐσταυρώθη, πόθεν κἀκείνῳ καὶ τοῖς λοιποῖς τοσοῦτος
785 [e] ἐγένετο φόβος; Οὐ μὴν ἀφῆκεν αὐτοὺς πάλιν μέχρι
A τῶν σκυθρωπῶν μεῖναι, ἀλλὰ τί φησι; Μετὰ δὲ τὸ
ἐγερθῆναί με, προάξω ὑμᾶς εἰς τὴν Γαλιλαίαν.
Οὐδὲ γὰρ ἀπὸ οὐρανοῦ φαίνεται εὐθέως, οὐδὲ εἰς μακράν τινα χώραν ἄπεισιν, ἀλλὰ [a] ἐν αὐτῷ τῷ ἔθνει,
ἐν ᾧ καὶ ἐσταυρώθη, ἐν αὐτοῖς σχεδὸν τοῖς χωρίοις,
ὥστε καὶ ἐντεῦθεν αὐτοὺς πιστώσασθαι, ὅτι ὁ σταυ-
ρωθεὶς αὐτὸς ἦν καὶ ὁ ἀναστὰς, καὶ ταύτῃ σκυθρωπά-
ζοντας μειζόνως παραμυθήσασθαι. Διὰ τοῦτο καὶ, Ἐν
τῇ Γαλιλαίᾳ, εἶπεν, ἵνα τοῦ φόβου τῶν Ἰουδαίων
ἀπαλλαγέντες, πιστεύσωσι [b] τοῖς λεγομένοις. Διὸ καὶ
ἐκεῖ ἐφάνη. Ἀποκριθεὶς δὲ ὁ Πέτρος εἶπεν· εἰ καὶ
πάντες σκανδαλισθήσονται [c] ἐν σοὶ, ἀλλ' ἐγὼ οὐδέποτε
σκανδαλισθήσομαι.

Τί φῂς, ὦ Πέτρε; ὁ προφήτης εἶπεν, ὅτι Σκορ-
B πισθήσεται τὰ πρόβατα· ὁ Χριστὸς ἐβεβαίωσε τὸ εἰ-
ρημένον· καὶ σὺ λέγεις, οὐχί; οὐκ ἀρκεῖ τὰ πρότερα,
ὅτε εἶπες, Ἵλεώς σοι, καὶ ἐπεστομίσθης; Διὰ τοῦτο
τοίνυν ἀφίησιν αὐτὸν πεσεῖν, παιδεύων αὐτὸν ἐντεῦθεν
πάντα πείθεσθαι τῷ Χριστῷ, καὶ τῆς οἰκείας συνειδή-
σεως πιστοτέραν ἡγεῖσθαι τὴν ἀπόφασιν τὴν αὐτοῦ.
Καὶ οἱ λοιποὶ δὲ οὐ μικρὸν ἐκαρπώσαντο ἀπὸ τῆς
ἀρνήσεως τῆς αὐτοῦ, τὴν ἀνθρωπίνην ἀσθένειαν κατα-
νοήσαντες, καὶ τὴν τοῦ Θεοῦ ἀλήθειαν. Ὅταν γὰρ
αὐτός τι προείπῃ, οὐκ ἔτι σοφίζεσθαι χρὴ, οὐδὲ τῶν
πολλῶν κατεξανίστασθαι· Τὸ γὰρ καύχημα, φησὶν,
εἰς ἑαυτὸν ἕξεις, καὶ οὐκ εἰς τὸν ἕτερον. Δέον γὰρ
δεηθῆναι καὶ εἰπεῖν, βοήθησον ἡμῖν, ὥστε μὴ ἀπο-
C σχισθῆναί [d] σου· ὁ δὲ ἑαυτῷ θαῤῥεῖ, καί φησι· Καὶ εἰ
πάντες σκανδαλισθήσονται ἐν σοὶ, ἀλλ' ἐγὼ οὐδέποτε·
κἂν πάντες τοῦτο πάθωσι, φησὶν, ἐγὼ οὐ πείσομαι·
ὅπερ εἰς αὐθάδειαν αὐτὸν ἦγε κατὰ μικρόν. Τοῦτο
τοίνυν καταστεῖλαι βουλόμενος ὁ Χριστὸς, συνεχώρησε
τὴν ἄρνησιν. Ἐπειδὴ γὰρ [e] οὐδὲ αὐτοῦ, οὔτε τοῦ προφήτου (καίτοι διὰ τοῦτο καὶ τὸν προφήτην ἐπηγάγετο,
ἵνα μὴ [f] ἀντείπῃ), ἀλλ' ὅμως ἐπειδὴ οὐκ ἠνέσχετο
τῶν ῥημάτων, παιδεύεται διὰ τῶν ἔργων. Ὅτι γὰρ
διὰ τοῦτο συνεχώρησεν, ἵνα τοῦτο ἐν αὐτῷ κατορθώσῃ,
ἄκουσον τί φησιν· Ἐγὼ δὲ ἐδεήθην περὶ σοῦ, ἵνα μὴ
D ἐκλίπῃ ἡ πίστις σου. Τοῦτο γὰρ σφόδρα αὐτοῦ καθαπτόμενος ἔλεγε, καὶ [g] δηλῶν ὅτι τὸ πτῶμα αὐτοῦ τῶν
ἄλλων χαλεπώτερον, καὶ πλείονος δεόμενον βοηθείας.

[e] Morel. ἐγίνετο.
[a] Quidam alii ἐν αὐτῷ τῷ ὄρει.
[b] Savil. τῷ λεγομένῳ.
[c] Ἐν σοί deest in Morel.
[d] Morel. σου, ἀλλ' ἑαυτῷ θαῤῥεῖν. [Post φησι locum Bibliorum καὶ εἰ ... οὐδέποτε, qui propter ὁμοιοτέλευτον exciderat e textu Commel. et Montf., supplevimus e Codice 694 et Savilio; expressit etiam Georgius Trapezuntius.]
[e] Alii et Morel. οὐδὲ αὐτοῦ ἠνέσχετο, οὔτε τοῦ προφ.
[f] Quidam ἀντείπωσιν.
[g] Al. δηλῶν αὐτοῦ τὸ πτῶμα ὅτι τῶν ἄλλων χαλεπώτερον

Καὶ γὰρ δύο τὰ ἐγκλήματα ἦν, καὶ ὅτι ἀντεῖπε, καὶ ὅτι τῶν ἄλλων ἑαυτὸν προύθηκε· μᾶλλον δὲ καὶ τρίτον, ὅτι τὸ πᾶν ἑαυτῷ ἀνέθηκε. Ταῦτα οὖν ἰώμενος, εἴασε [h] γενέσθαι τὸ πτῶμα, καὶ διὰ τοῦτο καὶ τοὺς ἄλλους ἀφεὶς, πρὸς αὐτὸν ἀποτείνεται· Σίμων γὰρ, φησὶ, Σίμων, ἰδοὺ ὁ σατανᾶς [i] ᾐτήσατο ὑμᾶς συνιάσαι ὡς τὸν σῖτον· τουτέστι, θορυβῆσαι, ταράξαι καὶ πειράσαι· Ἐγὼ δὲ ἐδεήθην περὶ σοῦ, ἵνα μὴ ἐκλίπῃ ἡ πίστις σου. Καὶ διατί, εἰ πάντας ᾐτήσατο, οὐ περὶ πάντων εἶπεν, Ἐδεήθην; Οὐκ εὔδηλον, ὅτι καὶ τοῦτό E ἐστιν, ὅπερ ἔμπροσθεν ἔλεγον, ὅτι καθαπτόμενος αὐτοῦ, καὶ δεικνὺς ὅτι χαλεπώτερον τῶν ἄλλων αὐτοῦ τὸ πτῶμα, πρὸς αὐτὸν τρέπει τὸν λόγον; Καὶ τίνος ἕνεκεν οὐκ εἶπεν, ἐγὼ δὲ οὐκ εἴασα, ἀλλ', Ἐδεήθην; Ταπεινὰ λοιπὸν φθέγγεται, πρὸς τὸ πάθος ἰὼν, ἵνα 786 τὸ ἀνθρώπινον δείξῃ. A Ὁ γὰρ τὴν Ἐκκλησίαν ἐπὶ τῇ ὁμολογίᾳ αὐτοῦ οἰκοδομήσας, [a] καὶ οὕτω τειχίσας αὐτὴν, ὡς μυρίους κινδύνους καὶ θανάτους αὐτῆς μὴ περιγενέσθαι, ὁ τῶν οὐρανῶν αὐτῷ τὰς κλεῖς δεδωκὼς, καὶ τοσαύτης ἐξουσίας ποιήσας κύριον, καὶ μηδαμοῦ εὐχῆς εἰς ταῦτα δεηθεὶς (οὐδὲ γὰρ εἶπε τότε, Ἐδεήθην· ἀλλὰ μετὰ αὐθεντίας, Οἰκοδομήσω μου τὴν Ἐκκλησίαν, καὶ δώσω σοι τὰς κλεῖς τῶν οὐρανῶν), πῶς εὐχῆς ἐδεῖτο, ἵνα ἑνὸς ἀνθρώπου σαλευομένην περισφίγξῃ ψυχήν; Τίνος οὖν ἕνεκεν οὕτως εἶπε; Διὰ τὴν αἰτίαν ἣν εἴρηκα, καὶ διὰ τὴν ἐκείνων δὲ ἀσθένειαν· οὐδέπω γὰρ ἦσαν τὴν προσήκουσαν περὶ αὐτοῦ δόξαν ἔχοντες. B Πῶς οὖν ἠρνήσατο; Οὐκ εἶπεν, ἵνα μὴ ἀρνήσῃ, ἀλλ', ὥστε μὴ ἐκλιπεῖν τὴν πίστιν, ὥστε μὴ τέλεον ἀπολέσθαι. Τῆς γὰρ αὐτοῦ κηδεμονίας τοῦτο γέγονε· καὶ γὰρ ὁ φόβος πάντα ἐξέβαλεν· ἄμετρος γὰρ ἦν· ἄμετρος δὲ ἐγένετο, ἐπειδὴ σφόδρα αὐτὸν ἐγύμνωσεν ὁ Θεὸς τῆς ἑαυτοῦ ῥοπῆς· ἐγύμνωσε δὲ σφόδρα, ἐπειδὴ καὶ σφοδρὸν ἐν αὐτῷ τὸ πάθος ἦν τῆς αὐθαδείας καὶ τῆς ἀντιῤῥήσεως. Ἵν' οὖν πρόῤῥιζον ἀνέλῃ τοῦτο, διὰ τοῦτο εἴασεν οὕτω κατασχεῖν αὐτὸν τὴν ἀγωνίαν. Ὅτι γὰρ χαλεπὸν ἦν ἐν αὐτῷ τὸ πάθος τοῦτο, οὐκ ἠρκέσθη τοῖς προτέροις, καὶ τῷ προφήτῃ καὶ τῷ Χριστῷ ἀντειπὼν, ἀλλὰ καὶ μετὰ ταῦτα εἰπόντος αὐτῷ τοῦ Χριστοῦ, C Ἀμὴν λέγω σοι, ὅτι ἐν ταύτῃ τῇ νυκτὶ, πρὶν ἀλέκτορα φωνῆσαι, τρὶς ἀπαρνήσῃ με, λέγει· Κἂν δέῃ με σὺν σοὶ ἀποθανεῖν, οὐ μή σε ἀπαρνήσομαι. Ὁ δὲ Λουκᾶς ἐπισημαίνεται, ὅτι [b] ὅσον ἀπηγόρευεν ὁ Χριστὸς, τοσοῦτον ἠναντιοῦτο ὁ Πέτρος ἐκ περιττοῦ. Τί ταῦτα, ὦ Πέτρε; ὅτε μὲν ἔλεγεν, Εἷς ἐξ ὑμῶν παραδώσει με, ἐφοβοῦ μὴ σὺ ᾖς ὁ προδότης, καὶ ἠνάγκαζες τὸν συμμαθητὴν ἐρωτῆσαι, καίτοι οὐδὲν σαυτῷ συνειδὼς τοιοῦτον· νυνὶ δὲ

auxilio opus habere. Duplex enim crimen erat, et quod contradixerit, et quod se aliis anteposuerit; tertium gravius adest, quod totum sibi adscripserit. His ut medeatur, lapsum evenire sinit; ideoque missis aliis, ipsum alloquitur: *Simon, Simon, ecce satanas expetivit vos ut cribraret* (Ib. v. 31.) *sicut triticum;* id est, ut turbaret, tentaret: ***Ego autem pro te rogavi, ut non deficeret fides tua.*** Et cur, si omnes expetivit, non dixit: Pro omnibus rogavi? E Annon palam est, idipsum esse, quod supra dixi? Ut scilicet perstringat eum, et ostendat gravius quam cæteros lapsum esse, ad illum sermonem dirigit. Et cur non dixit, Ego non permisi, sed, *Rogavi?* Ad passionem iturus, humilia 786 loquitur, ut humanitatem suam demonstret. A Nam qui Ecclesiam supra confessionem ejus ædificavit, ipsamque ita munivit, ut nec mille pericula, nec mille mortes illam possint superare, qui cælorum ipsi claves dedit et tantam potestatem, neque precibus ad hæc opus habuit (neque enim tunc dixit, *Rogavi;* sed cum auctoritate, ***Ædificabo Ecclesiam meam, et dabo tibi claves cælorum***), quomodo oratione opus habebat, ut vacillantem unius hominis animam constringeret? Cur ergo ita loquutus est? Propter eam quam jam dixi causam, et propter illorum infirmitatem: nondum enim eam, quam decebat, de illo opinionem B habebant. Quomodo ergo negavit? Non dixit, Ut non neges, sed, Ut non deficiat fides, ut non omnino pereat. Illius enim cura id factum est: nam metus omnia ejecit: ingens enim erat; ingens vero fuit, quia auxilio suo Deus illum admodum nudavit: admodum vero nudavit, quia vehemens in illo morbus erat arrogantiæ et contradictionis. Ut ergo radicitus hunc morbum tolleret, ideo permisit ut illum terror invaderet. Quia enim vehemens in illo hic morbus erat, non modo et prophetæ et Christo contradixit, sed etiam postea cum Christus dixisset, 34. ***Amen dico tibi quoniam hac*** C ***nocte, antequam gallus cantet, ter me negabis,*** respondit: 35. ***Etiamsi oportuerit me mori tecum, non te negabo.*** Lucas vero addit, (Luc. 22. 34.) quanto magis Christus negabat, tanto magis Petrum contra contendisse. Quid hoc est, Petre? cum dicebat, ***Unus vestrum me traditurus est,*** timebas ne tu ipse proditor esses, et condiscipulum sciscitari cogebas, licet nihil horum tibi conscius esses; nunc autem ipso clare clamante ac dicente,

[h] Al. *γενέσθαι τὴν ἄρνησιν, καὶ διὰ τοῦτο.*

[i] Iidem *ἐξῃτήσατο.*

[a] Quidam Mss. *καὶ περιστοιχίσας αὐτήν.*

[b] Alii et Morel. *ὅσῳ*, et infra *τοσούτῳ.*

Omnes scandalizabimini, contradicis, nec semel tantum, sed bis et pluries? Hoc quippe dicit Lucas. Unde ergo hoc ipsi contigit? Ex multa caritate, ex multa voluptate. Postquam enim illo terrore liberatus fuit, ne proditor ipse esset, et proditorem novit, cum confidentia postea loquebatur, et contra alios insurgebat dicens : *Etsi omnes scandalizati fuerint, ego non scandalizabor.* Imo aliquid ambitionis hic erat; nam et in cœna quis eorum major esset disceptabant; ita illos hic morbus exagitabat. Idcirco illum cohibuit, non ad negationem impellens; absit; sed auxilio suo vacuum relinquens, humanæque naturæ infirmitatem demonstrans. Vide autem quomodo post hæc demissus fuerit. Nam post resurrectionem, quando
Joan. 21. 21. dixit, *Hic autem quid?* et repressus est, ne contradicere quidem ausus est, ut hic, sed tacuit.
Act. 1. 7. Rursusque post resurrectionem cum audit, *Non est vestrum nosse tempora vel momenta*, rursus tacuit, nec contradicit. Deindeque in cœnaculo
Act. 10. 15. et sindone cum audisset vocem dicentem sibi, *Quæ Deus purificavit, tu communia ne dixeris*, cum non clare sciret quid sibi vellet illud, quievit, neque contendit.

4. Hæc porro omnia lapsus ille operatus fuit. Antea vero totum sibi adscribit, dicens: *Etsi omnes scandalizati fuerint, ego non scandalizabor. Etiamsi oportuerit me mori tecum, non te negabo;* cum dicere oportuisset, Si gratia tua
Act. 3. 12. fruar; contra vero postea sic loquitur : *Quid nobis attenditis, quasi propria virtute vel pietate fecerimus hunc ambulare?* Magnum hic dogma accipimus, non sufficere hominis fervore, nisi superna adsit gratia; itemque nihil nos a superna gratia juvari, nisi voluntatis studium adsit. Et hæc ambo ostendunt Judas et Petrus : ille namque multo fultus auxilio, nihil hinc fructus percepit, quia noluit, nec sua contulit; hic vero cum proposito voluntatis, quia nullo fultus erat auxilio, lapsus est. Nam ex his duobus virtus contexitur. Quapropter rogo, ne omnia ad Deum remittentes, dormiamus, neve agere studentes, putemus nos propriis laboribus totum facturos esse. Neque enim nos supinos esse vult Deus. Ideo non totum ipse perficit, neque vult nos arrogantes esse. Quapropter non totum nobis dedit, sed utrinque noxam auferens, quod erat utile reliquit. Idcirco coryphæum cadere permisit, ut

Voluntas sine gratia non agit, ut nec gratia sine voluntate.

διαῤῥήδην αὐτοῦ βοῶντος καὶ λέγοντος, ὅτι Πάντες σκανδαλισθήσεσθε, ἀντιλέγεις, καὶ οὐχ ἅπαξ μόνον, D ἀλλὰ καὶ δὶς καὶ πολλλάκις; Τοῦτο γὰρ ὁ Λουκᾶς φησι. Πόθεν οὖν αὐτῷ τοῦτο συνέβη; Ἀπὸ πολλῆς ἀγάπης, ἀπὸ πολλῆς ἡδονῆς. Ἐπειδὴ γὰρ ἀπηλλάγη τῆς ἀγωνίας ἐκείνης τῆς κατὰ τὴν προδοσίαν, καὶ τὸν προδότην εἶδε, θαῤῥῶν ἔλεγε λοιπὸν, καὶ τῶν ἄλλων κατεξανίστατο λέγων· Κἂν πάντες σκανδαλισθήσονται, ἀλλ' ἐγὼ οὐ σκανδαλισθήσομαι. Ἠρέμα δὲ καὶ φιλοτιμίας τὸ πρᾶγμα ἦν· καὶ γὰρ ἐν τῷ δείπνῳ τίς αὐτῶν [c] μείζων ἐστὶν ἐλογίζοντο· οὕτως αὐτοῖς παρηνόχλει τὸ πάθος. Διὰ τοῦτο αὐτὸν ἐκώλυσεν, οὐκ ὠθῶν E αὐτὸν ἐπὶ τὴν ἄρνησιν· μὴ γένοιτο· ἀλλ' ἔρημον τῆς αὐτοῦ βοηθείας ἀφεὶς, καὶ τὴν φύσιν ἐλέγχων τὴν ἀνθρωπίνην. Ὅρα γοῦν μετὰ ταῦτα πῶς κατεσταλμένος ἐστί. Καὶ γὰρ μετὰ τὴν ἀνάστασιν, ἐπειδὴ εἶπεν, Οὗτος δὲ τί; καὶ ἐπεστομίσθη, οὐδὲ ἀντειπεῖν λοιπὸν ὡς ἐνταῦθα ἐτόλμησεν, ἀλλ' ἐσίγησε. Πάλιν πρὸς τῇ ἀναλήψει ἀκούσας, Οὐχ ὑμῶν ἐστι γνῶναι χρόνους ἢ καιροὺς, πάλιν σιγᾷ καὶ οὐκ ἀντιλέγει. Καὶ μετὰ ταῦτα ἐπὶ τοῦ δώματος καὶ τῆς σινδόνος, ἀκούσας 787 φωνῆς λεγούσης αὐτῷ, Ἃ ὁ Θεὸς ἐκαθάρισε, σὺ μὴ A [d] κοίνου, οὐδὲ σαφῶς εἰδὼς τί ποτέ ἐστι τὸ λεγόμενον τέως, ἡσυχάζει, καὶ οὐ φιλονεικεῖ.

Ταῦτα δὲ πάντα τὸ πτῶμα [a] ἐκεῖνο εἰργάσατο. Καὶ πρὸ μὲν τούτου τὸ πᾶν ἑαυτῷ ἀνατίθησι λέγων· Κἂν πάντες σκανδαλισθήσονται, ἀλλ' ἐγὼ οὐ σκανδαλισθήσομαι. Κἂν δέῃ με σὺν σοὶ ἀποθανεῖν, οὐ μή σε ἀπαρνήσομαι· δέον εἰπεῖν, ἂν ἀπολαύσω τῆς παρὰ σοῦ ῥοπῆς· μετὰ δὲ ταῦτα τοὐναντίον ἅπαν· Τί ἡμῖν προσέχετε, ὡς ἰδίᾳ [b] δυνάμει ἢ εὐσεβείᾳ πεποιηκόσι τοῦ περιπατεῖν αὐτόν; Ἐντεῦθεν μανθάνομεν δόγμα μέγα, ὡς οὐκ ἀρκεῖ προθυμία ἀνθρώπου, ἂν μὴ τῆς B ἄνωθέν τις ἀπολαύσῃ ῥοπῆς· καὶ ὅτι πάλιν οὐδὲν κερδανοῦμεν ἀπὸ τῆς ἄνωθεν ῥοπῆς, προθυμίας οὐκ οὔσης. Καὶ ταῦτα ἀμφότερα δείκνυσιν Ἰούδας καὶ Πέτρος· ὁ μὲν γὰρ πολλῆς ἀπολαύσας βοηθείας, οὐδὲν ὠφελήθη, ἐπειδὴ οὐκ ἠθέλησεν, οὐδὲ τὰ παρ' ἑαυτοῦ συνεισήνεγκεν· οὗτος δὲ καὶ προθυμηθεὶς, ἐπειδὴ μηδεμιᾶς βοηθείας ἀπήλαυσε, κατέπεσε. Καὶ γὰρ ἀπὸ δυοῖν τούτων ἡ ἀρετὴ ὑφαίνεται. Διὸ παρακαλῶ, μήτε τὸ πᾶν ἐπὶ τὸν Θεὸν ῥίψαντας αὐτοὺς, καθεύδειν, μήτε σπουδάζοντας, νομίζειν οἰκείοις πόνοις τὸ πᾶν κατορθοῦν. Οὔτε γὰρ ὑπτίους ἡμᾶς αὐτοὺς εἶναι βούλεται ὁ Θεός. Διὰ τοῦτο οὐ τὸ πᾶν αὐτὸς ἐργάζεται, C οὔτε ἀλαζόνας [c] βούλεται εἶναι. Διὰ τοῦτο οὐ τὸ πᾶν ἡμῖν ἔδωκεν, ἀλλ' ἑκατέρου τὸ βλαβερὸν ἀνελὼν, τὸ χρήσιμον εἴασε. Διὰ τοῦτο καὶ τὸν κορυφαῖον ἀφῆκε

[c] Morel. μείζων γίνεται
[d] Morel. κοίνου, καὶ σαφῶς.
[a] Quidam ἐκείνῳ.

[b] Alii δυνάμει ἢ ἐξουσίᾳ πεπ.
[c] Βούλεται deest in Morel.

πεσεῖν, συνεσταλμένον τε αὐτὸν κατασκευάζων, καὶ εἰς πλείονα λοιπὸν ἀγάπην ἀλείφων· Ὧ γὰρ πλέον, φησὶ, ἀφεθῇ, μειζόνως ἀγαπήσει. Πειθώμεθα τοίνυν πανταχοῦ τῷ Θεῷ, καὶ μηδὲν ἀντιλέγωμεν, κἂν ἐναντίον εἶναι δοκῇ τοῖς ἡμετέροις λογισμοῖς καὶ ταῖς ὄψεσι τὸ λεγόμενον· ἀλλ' ἔστω καὶ λογισμῶν καὶ ὄψεως κυριώτερος αὐτοῦ ὁ λόγος. Οὕτω καὶ ἐπὶ τῶν μυστηρίων ποιῶμεν, οὐ τοῖς κειμένοις μόνον ἐμβλέποντες, ἀλλὰ τὰ ῥήματα αὐτοῦ [d] κατέχοντες. D Ὁ μὲν γὰρ λόγος αὐτοῦ ἀπαραλόγιστος· ἡ δὲ αἴσθησις ἡμῶν εὐεξαπάτητος. Οὗτος οὐδέποτε διέπεσεν· αὕτη δὲ τὰ πλείονα σφάλλεται. Ἐπεὶ οὖν ὁ λόγος φησὶ, Τοῦτό ἐστι τὸ σῶμά μου, καὶ πειθώμεθα καὶ πιστεύωμεν, καὶ νοητοῖς αὐτὸ βλέπωμεν ὀφθαλμοῖς. Οὐδὲν γὰρ αἰσθητὸν παρέδωκεν ἡμῖν ὁ Χριστός· ἀλλ' αἰσθητοῖς μὲν πράγμασι, πάντα δὲ νοητά. Οὕτω γὰρ καὶ ἐν τῷ βαπτίσματι δι' αἰσθητοῦ μὲν πράγματος γίνεται τοῦ ὕδατος τὸ δῶρον, νοητὸν δὲ τὸ ἀποτελούμενον, ἡ γέννησις καὶ ἡ [e] ἀναγέννησις, ἤτουν ἀνακαίνισις. Εἰ μὲν γὰρ ἀσώματος εἶ, γυμνὰ ἂν αὐτά σοι τὰ ἀσώματα παρέδωκε δῶρα· ἐπεὶ δὲ σώματι συμπέπλεκται ἡ ψυχὴ, ἐν αἰσθητοῖς τὰ νοητά σοι παραδίδωσι. E Πόσοι νῦν λέγουσιν, ἐβουλόμην αὐτοῦ ἰδεῖν τὴν μορφὴν, τὸν τύπον, τὰ ἱμάτια, τὰ ὑποδήματα; Ἰδοὺ αὐτὸν ὁρᾷς, αὐτοῦ ἅπτῃ, αὐτὸν ἐσθίεις. Καὶ σὺ μὲν ἱμάτια ἐπιθυμεῖς ἰδεῖν· αὐτὸς δὲ ἑαυτόν σοι δίδωσιν, οὐκ ἰδεῖν μόνον, ἀλλὰ καὶ ἅψασθαι, καὶ φαγεῖν, καὶ λαβεῖν ἔνδον. 788 A Μηδεὶς τοίνυν ναυτιῶν προσίτω, μηδεὶς ἐκλελυμένος, [a] ἅπαντες πεπυρωμένοι, ἅπαντες ζέοντες καὶ διεγηγερμένοι. Εἰ γὰρ Ἰουδαῖοι ἑστῶτες, καὶ τὰ ὑποδήματα καὶ τὰς βακτηρίας ἔχοντες ἐν ταῖς χερσὶ, μετὰ σπουδῆς ἤσθιον, πολλῷ μᾶλλον σὲ νήφειν δεῖ. Ἐκεῖνοι μὲν γὰρ εἰς Παλαιστίνην ἔμελλον ἐξιέναι· διὸ καὶ ὁδοιπόρων σχῆμα εἶχον· σὺ δὲ εἰς τὸν οὐρανὸν μέλλεις ἀποδημεῖν.

Διὸ χρὴ πάντοθεν ἐγρηγορέναι· καὶ γὰρ οὐ μικρὰ κεῖται κόλασις τοῖς ἀναξίως μετέχουσιν. Ἐννόησον πῶς ἀγανακτεῖς κατὰ τοῦ προδότου, κατὰ τῶν σταυρωσάντων. Σκόπει τοίνυν, μὴ καὶ αὐτὸς ἔνοχος γένῃ τοῦ σώματος καὶ τοῦ αἵματος τοῦ Χριστοῦ. B Ἐκεῖνοι κατέσφαξαν τὸ πανάγιον σῶμα, σὺ δὲ ῥυπαρᾷ ὑποδέχῃ ψυχῇ μετὰ τοσαύτας εὐεργεσίας. Οὐδὲ γὰρ ἤρκεσεν αὐτῷ τὸ γενέσθαι ἄνθρωπον, οὐδὲ τὸ ῥαπισθῆναι καὶ σφαγῆναι, ἀλλὰ καὶ ἀναφύρει ἑαυτὸν ἡμῖν, καὶ οὐ τῇ πίστει μόνον, ἀλλὰ καὶ αὐτῷ τῷ πράγματι σῶμα ἡμᾶς αὐτοῦ κατασκευάζει. Τίνος οὖν οὐκ ἔδει καθαρώτερον εἶναι τὸν ταύτης ἀπολαύοντα τῆς θυσίας; ποίας ἡλιακῆς ἀκτῖνος τὴν χεῖρα τὴν ταύτην διατέμνουσαν τὴν σάρκα,

illum moderatiorem redderet, et ad majorem caritatem induceret: *Cui enim*, inquit, *plus remissum fuerit, is magis diliget*. Luc. 7. 47. Deo igitur ubique obsequamur; nec contradicamus ei, etiamsi id quod dicit, rationi et intelligentiæ nostræ contrarium videatur: sed prævaleat ejus sermo rationi et intelligentiæ nostræ. Sic etiam in mysteriis faciamus, non ea solum quæ sub sensum cadunt respicientes, sed verba ejus retinentes. Verbum quippe ejus fallere nequit; sensus vero noster facile decipitur. Verbum ejus nunquam excidit; sensus vero sæpe fallitur. Quoniam vero ille dixit, *Hoc est corpus meum*, obtemperemus, credamus, et spiritualibus oculis ipsum respiciamus. Nihil enim sensibile nobis Christus dedit; sed rebus etiam sensibilibus omnia sunt spiritualia. Sic enim et in baptismo per rem sensilem donum aquæ conceditur, quod efficitur spirituale est, generatio et regeneratio, sive renovatio. Nam si incorporeus esses, nuda tibi illa et incorporea dona tribuisset; sed quia corpori conjuncta est anima, in sensibilibus spiritualia tibi largitur. Quot sunt qui modo dicunt, Vellem ejus formam, typum, vestimenta, calceamenta videre? Ecce illum vides, ipsum tangis, ipsum comedis. Et tu quidem vestimenta videre cupis: ipse vero seipsum tibi dat, non videndum modo, sed tangendum, comedendum, intus accipiendum. *Christum edimus.* Nemo itaque nauseans accedat, nemo remissus, omnes ardentes, omnes ferventes et excitati. Nam si Judæi stantes, calceati, baculos manibus tenentes, cum festinatione comedebant, multo magis te vigilare oportet. Illi enim in Palæstinam ituri erant, ideoque viatorum cultum habebant; tu vero in cælum migraturus es.

5. Quamobrem oportet semper vigilare: non parvum enim imminet supplicium iis qui indigne communicant. Cogita quantum contra proditorem indignaris, et contra eos qui Christum crucifixerunt. Cave ergo, ne tu ipse reus sis corporis et sanguinis Christi. Illi sacrum corpus trucidarunt, tu post tot beneficia cum sordida suscipis anima. Neque enim satis habuit hominem fieri, alapis cædi, immolari, sed seipsum commiscet nobiscum, non fide tantum, sed reipsa nos corpus suum constituit. Quanta ergo puritate oporteret eum esse qui hoc fruitur sacrificio? quanto radiis solaribus puriorem esse oporteret manum illam,

[d] Morel. κατέχωμεν.

[e] Hæc, ἀναγέννησις ἤτουν, desunt in Savil. [et in Cod. 694, qui habent solum ἡ γέννησις, καὶ ἡ ἀνακαίνισις. Unctis inclusit Commelin. Georgius Trapezuntius vertit: *regeneratio scilicet ac renovatio*.]

[a] Ἅπαντες, πεπυρωμένοι in uno Codice deest.

Caro et sanguis in Eucharistia.

quæ hanc carnem secat, os quod spirituali repletur igne, linguam tremendo sanguine tinctam? Cogita quantum adeptus sis honorem? qua fruaris mensa? Quod angeli tremunt videntes, nec sine metu respicere audent ob fulgorem inde manantem, eo nos alimur, huic commiscemur, factique sumus Christi unum corpus et una caro. *Quis loquetur potentias Domini? auditas faciet omnes laudes ejus?* Quis pastor propriis sibi membris oves nutrit? Ecquid pastorem dico? Matres sæpe sunt, quæ post partum infantes aliis nutricibus dant: ipse vero id non passus est, sed nos proprio sanguine nutrit, et per omnia sibi copulat. Considera autem: ex nostra substantia natus est. Sed, inquies, nihil hoc ad omnes pertinet: quamquam ad omnes certe. Si enim ad naturam nostram venit, utique ad omnes venit: si autem ad omnes etiam ad singulos. Et quomodo, inquies, non omnes hunc fructum acceperunt? Id certe non illi adscribendum qui pro omnibus illud delegit, sed illis qui noluerunt. Cuique enim fideli per hoc mysterium se conjungit, et quos genuit, per se nutrit, neque alii tradit; hocque tibi modo probat, se carnem accepisse tuam. Ne itaque segnes simus tanta dignati caritate et tanto honore. Non videtis quanto impetu infantes labia sua mamillæ admoveant? Cum eodem studio nos ad hanc accedamus mensam, et ad mamillam spiritualis poculi; imo vero majore cum studio, ut lactentes pueri, gratiam Spiritus attrahamus: unusque nobis sit dolor, si hoc spirituali alimento privemur. Non sunt humanæ virtutis hæc opera. Is qui tunc in illa cœna hæc confecit, et nunc etiam operatur. Nos ministrorum habemus ordinem: qui vero illa sanctificat et transmutat, ipse est. Nullus ergo Judas adsit, nullus avarus: si quis discipulus non est, recedat: non recipit hæc mensa eos qui tales non sunt. Cum discipulis, inquit, meis facio pascha. Hæc ipsa mensa est, quæ nihil minus quam illa habet. Neque enim illam Christus, hanc homo facit: sed et hanc et illam ipse. Hoc illud est cœnaculum, ubi tunc erant; hinc ad Montem olivarum exierunt: nos exeamus ad manus pauperum: hic enim locus est mons olivarum. Olivæ namque plantatæ in domo Dei sunt pauperum multitudo, quæ stillant oleum, quod illic nobis utile erit: quod quinque illæ vir-

Psal. 105. 2.

τὸ στόμα τὸ πληρούμενον πυρὸς πνευματικοῦ, τὴν γλῶσσαν τὴν φοινισσομένην αἵματι φρικωδεστάτῳ; Ἐννόησον ποίαν ἐτιμήθης τιμήν; ποίας ἀπολαύεις C τραπέζης; [b] Ὅπερ οἱ ἄγγελοι βλέποντες φρίττουσι, καὶ οὐδὲ ἀντιβλέψαι τολμῶσιν ἀδεῶς διὰ τὴν ἐκεῖθεν ἐκφερομένην ἀστραπὴν, [c] τούτῳ ἡμεῖς τρεφόμεθα, τούτῳ ἀναφυρόμεθα, καὶ γεγόναμεν ἡμεῖς Χριστοῦ σῶμα ἓν καὶ σὰρξ μία. Τίς λαλήσει τὰς δυναστείας τοῦ Κυρίου; ἀκουστὰς ποιήσει πάσας τὰς αἰνέσεις αὐτοῦ; Τίς ποιμὴν τοῖς οἰκείοις μέλεσι τρέφει τὰ πρόβατα; Καὶ τί λέγω, ποιμήν; Μητέρες πολλάκις εἰσὶν, αἳ [d] μετὰ τὰς ὠδῖνας ἑτέραις ἐκδιδόασι τροφοῖς τὰ παιδία· αὐτὸς δὲ τοῦτ' οὐκ ἠνέσχετο, ἀλλ' αὐτὸς ἡμᾶς τρέφει οἰκείῳ αἵματι, καὶ διὰ πάντων ἡμᾶς ἑαυτῷ συμπλέκει. Σκόπει δέ· ἐγεννήθη ἐκ τῆς ἡμετέρας οὐσίας. Ἀλλ' οὐδὲν τοῦτο πρὸς πάντας, φησί· καίτοι γε D πρὸς πάντας. Εἰ γὰρ πρὸς τὴν φύσιν ἦλθε τὴν ἡμετέραν, εὔδηλον ὅτι πρὸς πάντας· εἰ δὲ πρὸς πάντας, καὶ πρὸς ἕνα ἕκαστον. Καὶ πῶς οὐχ ἅπαντες ἐκαρπώσαντο τὸ ἐντεῦθεν κέρδος; φησί. Τοῦτο οὐ παρ' ἐκεῖνον τὸν ὑπὲρ ἁπάντων τοῦτο ἑλόμενον, ἀλλὰ παρὰ τοὺς μὴ βουληθέντας. [e] Ἑνὶ γὰρ ἑκάστῳ τῶν πιστῶν ἀναμίγνυσιν ἑαυτὸν διὰ τῶν μυστηρίων, καὶ οὓς ἐγέννησεν, ἐκτρέφει δι' ἑαυτοῦ, καὶ οὐκ ἄλλῳ ἐκδίδωσι, καὶ τούτῳ σε πείθων πάλιν, ὅτι σάρκα ἔλαβε τὴν σήν. Μὴ τοίνυν ῥαθυμῶμεν, τοσαύτης ἠξιωμένοι ἀγάπης τε καὶ τιμῆς. Οὐχ ὁρᾶτε τὰ παιδία μεθ' ὅσης προθυμίας E δράσσεται τοῦ μαστοῦ; μεθ' ὅσης τῆς ὁρμῆς ἐμπήγνυσι τὰ χείλη τῇ θηλῇ; Μετὰ τοσαύτης προσίωμεν καὶ ἡμεῖς τῇ τραπέζῃ ταύτῃ, καὶ τῇ θηλῇ τοῦ ποτηρίου τοῦ πνευματικοῦ· μᾶλλον δὲ καὶ [f] μετὰ πολλῷ πλείονος ἑλκύσωμεν προθυμίας, ὡς παιδία ὑπομάζια, τοῦ Πνεύματος τὴν χάριν· καὶ μία ἡμῖν ἔστω ὀδύνη, τὸ 789 A μὴ μετασχεῖν ταύτης τῆς τροφῆς. Οὐκ ἔστιν ἀνθρωπίνης δυνάμεως ἔργα τὰ προκείμενα. Ὁ τότε ταῦτα ποιήσας ἐν ἐκείνῳ τῷ δείπνῳ, οὗτος καὶ νῦν αὐτὰ ἐργάζεται. Ἡμεῖς ὑπηρετῶν τάξιν ἔχομεν· ὁ δὲ ἁγιάζων αὐτὰ καὶ μετασκευάζων, αὐτός. Μηδεὶς τοίνυν Ἰούδας παρέστω, μηδεὶς φιλάργυρος· εἴ τις μὴ μαθητὴς, [a] παραχωρείτω· οὐ δέχεται τοὺς μὴ τοιούτους ἡ τράπεζα. Μετὰ γὰρ τῶν μαθητῶν μου, φησὶ, ποιῶ τὸ πάσχα. Αὕτη ἐκείνη ἐστὶν ἡ τράπεζα, καὶ οὐδὲν ἔλαττον ἔχει. Οὐ γὰρ ἐκείνην μὲν ὁ Χριστὸς, ταύτην δὲ ἄνθρωπος δημιουργεῖ· ἀλλὰ καὶ ταύτην κἀκείνην αὐτός. Τοῦτο ἐκεῖνο [b] τὸ ἀνώγεων, ἔνθα τότε ἦσαν· B ἐντεῦθεν εἰς τὸ ὄρος τῶν ἐλαιῶν ἐξῆλθον· ἐξέλθωμεν καὶ ἡμεῖς ἐπὶ τὰς χεῖρας τῶν πενήτων· τοῦτο γὰρ

[b] Alii et Morel. ὥσπερ ἄγγελοι.

[c] Alii et Morel. τοῦτο ἡμεῖς.

[d] Μετὰ τὰς ὠδῖνας deest in Morel.

[e] Morel. ἐν ἑκάστῳ. Mox Savil. διὰ τοῦ μυστηρίου.

[f] Savil. μετὰ πολλῷ πλείονος πόθου ἑλκύσωμεν, quod idipsum est.

[a] Pro παραχωρείτω quidam Mss. habent παρίτω.

[b] Morel. τὸ ἀνώγαιον. Paulo post Savil. ἐξῆλθεν.

ὄρος τῶν ἐλαιῶν τὸ χωρίον. Ἐλαῖαι γάρ εἰσι καταπεφυτευμέναι ἐν τῷ οἴκῳ τοῦ Θεοῦ τῶν πενήτων τὸ πλῆθος, [c] ἀποστάζουσαι τὸ ἔλαιον τὸ ἐκεῖ χρησιμεῦον ἡμῖν· ὃ αἱ πέντε παρθένοι εἶχον, αἱ δὲ ἑτέραι μὴ λαβοῦσαι ἐντεῦθεν ἀπώλοντο. Τοῦτο λαβόντες εἰσίωμεν, ἵνα [d] φαιδραῖς ἀπαντήσωμεν ταῖς λαμπάσι τῷ νυμφίῳ. Τοῦτο λαβόντες ἐξέλθωμεν ἐντεῦθεν. Μηδεὶς ἀπάνθρωπος προσίτω, μηδεὶς ὠμὸς καὶ ἀνελεὴς, μηδεὶς ὅλως ἀκάθαρτος.

Ταῦτα πρὸς ὑμᾶς τοὺς μεταλαμβάνοντας λέγω, καὶ πρὸς ὑμᾶς τοὺς διακονουμένους. Καὶ γὰρ ἀναγκαῖον C καὶ πρὸς ὑμᾶς διαλεχθῆναι, ὥστε μετὰ πολλῆς τῆς σπουδῆς διανέμειν ταῦτα τὰ δῶρα. Οὐ μικρὰ κόλασις ὑμῖν ἐστιν, * εἴ τινι συνειδότες τινὰ πονηρίαν, συγχωρήσετε μετασχεῖν ταύτης τῆς τραπέζης. Τὸ αἷμα αὐτοῦ ἐκ τῶν χειρῶν ἐκζητηθήσεται τῶν ὑμετέρων. Κἂν στρατηγός τις ᾖ, [e] κἂν ὕπαρχος, κἂν αὐτὸς ὁ τὸ διάδημα περικείμενος, ἀναξίως δὲ προσίῃ, κώλυσον· μείζονα ἐκείνου τὴν ἐξουσίαν ἔχεις. Σὺ δὲ εἰ μὲν πηγὴν ὕδατος ἐνεχειρίσθης φυλάττειν ποιμνίῳ καθαρὰν, εἶτα εἶδες πρόβατον πολὺν ἐπὶ τοῦ στόματος φέρον τὸν βόρβορον, οὐκ ἂν εἴασας ἐπικύψαι κάτω καὶ θολῶσαι τὸ ῥεῖθρον. Νυνὶ δὲ οὐχ ὕδατος, ἀλλὰ αἵματος καὶ D πνεύματος πηγὴν ἐγκεχειρισμένος, καὶ [f] ὁρῶν τοὺς βορβόρου χαλεπωτέραν ἁμαρτίαν ἔχοντας καὶ προσιόντας, οὐκ ἀγανακτεῖς οὐδὲ ἀπείργεις; καὶ τίνα ἂν σχοίης συγγνώμην; Διὰ τοῦτο ὑμᾶς ὁ Θεὸς ἐτίμησε ταύτην τὴν τιμὴν, ἵνα τὰ τοιαῦτα διακρίνητε. Τοῦτο ὑμῶν ἡ ἀξία, τοῦτο ἡ ἀσφάλεια, τοῦτο ὁ στέφανος ἅπας, οὐχ ἵνα λευκὸν χιτωνίσκον καὶ ἀποστίλβοντα περιβαλλόμενοι περιίητε. Καὶ πόθεν οἶδα, φησὶ, τὸν δεῖνα καὶ τὸν δεῖνα; Οὐ περὶ τῶν ἀγνοουμένων, ἀλλὰ περὶ τῶν γνωρίμων λέγω. Εἴπω τι φρικωδέστερον, οὐχ οὕτω χαλεπὸν τοὺς ἐνεργουμένους ἔνδον εἶναι, ὡς τούτους, οὕς φησιν ὁ Παῦλος τὸν Χριστὸν καταπατῆ- E σαι, καὶ τὸ αἷμα τῆς διαθήκης κοινὸν [g] ἡγήσασθαι, καὶ τοῦ Πνεύματος τὴν χάριν ἐνυβρίσαι. Δαιμονῶντος γὰρ χείρων ὁ ἡμαρτηκὼς καὶ προσιών. Οἱ μὲν γὰρ ἐπειδὴ δαιμονῶσιν, οὐ κολάζονται· οὗτοι δὲ ὅταν ἀναξίως προσίωσιν, ἀθανάτῳ παραδίδονται τιμωρίᾳ. 790 A Μὴ τοίνυν τούτους ἐλαύνωμεν μόνον, ἀλλὰ πάντας ἁπλῶς, οὓς ἂν ἴδωμεν ἀναξίως προσιόντας. Μηδεὶς οὖν κοινωνείτω τῶν μὴ μαθητῶν. Μηδεὶς [h] λαμβανέτω Ἰούδας, ἵνα μὴ τὰ Ἰούδα πάθῃ. Σῶμά ἐστι Χριστοῦ καὶ τουτὶ τὸ πλῆθος. Ὅρα τοίνυν, ὁ διακονούμενος τοῖς μυστηρίοις, μὴ παροξύνῃς τὸν Δεσπότην, οὐκ

gines habuerunt, cæteræ vero quæ non hinc acceperant, perierunt. Hoc accipientes intremus, ut fulgentibus lampadibus ad sponsum accedamus. Hoc accipientes hinc egrediamur. Nemo inhumanus accedat, nemo crudelis et immisericors, nemo omnino impurus.

6. Hæc vobis qui communicatis dico, necnon vobis qui ministratis. Nam necesse est vos alloqui, ut cum multa diligentia hæc dona distribuatis. Non parvum vobis supplicium deputatum est, si quem improbum vobis notum ad hujus mensæ participationem admittatis. Sanguis ejus exquiretur de manibus vestris. Quamvis dux quispiam sit, quamvis præfectus, sive is ipse qui diademate redimitur, si indigne accedat, cohibe; majorem tu quam ille potestatem habes. Si tibi fons purus gregi custodiendus commissus esset, ac videres os ovis cujuspiam luto fœdatum, non sineres demisso capite fluentum turbare. Nunc non aquæ, sed sanguinis, et spiritus fonti custodiendo deputatus, si peccatis luto fœdioribus inquinatos accedere videas, nec indigneris, nec cohibeas, quam veniam merearis? Idcirco vos Deus hoc honore decoravit ut hæc discernatis. Hæc vestra dignitas est, hæc securitas, hæc corona, non ut alba splendenteque tunica induti circumeatis. Et undenam, inquies, hunc et illum nosse possim? Non de ignotis, sed de notis loquor. Aliquid horribilius dicam: Non tam grave est energumenos intus esse, ut hos quos dicit Paulus Christum conculcare, et sanguinem testamenti commune ducere, atque Spiritus gratiam contumelia afficere. Dæmoniaco enim pejor est qui peccavit et accessit. Illi enim cum a dæmone vexantur, non ideo puniuntur: hi vero si indigne accedant, æterno supplicio traduntur. Ne itaque hos tantum pellamus, sed etiam omnes, quos viderimus indigne accedere. Nemo eorum qui discipuli non sunt communicet. Nullus Judas sumat, ne Judæ mala patiatur. Corpus Christi est hæc etiam multitudo. Vide ergo tu, qui mysteriorum minister es, ne Dominum ad iram concites, si hoc corpus non purges: ne gladium des pro cibo. Sed etiamsi præ stultitia ille

Alba Diaconorum tunica.

Hebr. 10. 29.

[c] Savil. ἀποστάζουσιν.

[d] Savil. φαιδρῶς, sed φαιδραῖς melius habere videtur.

* [Scripsimus εἴ τινι συνειδότες τινὰ πον. cum Cod. 694 et Savilio. Commelin. et Montf. εἰ συνειδότες τινὶ πονηρίαν. Cod. id. συγχωρήσετε. Edebatur συγχωρήσητε.]

[e] Quidam κἂν ὕπατος.

[f] Alii et Morel. ὁρῶν γῆς καὶ βορβόρου.... ἔχοντάς τινος.

[g] Morel. ἡγεῖσθαι.

[h] Savil. λαμβανέτω ὡς Ἰούδας. Utraque lectio quadrat.

ad communionem accedat, cohibe illum, ne timeas. Time Deum, non hominem. Si timeas hominem, ab illo irrideberis; si Deum, etiam hominibus venerabilis eris. Si non audes, mihi adduc; nec permittam hujusmodi ausus. Animam potius amittam, quam indigno sanguinem dominicum præbeam; et sanguinem potius profundam, quam tremendum sanguinem dem cui non par est. Si post multam perquisitionem indignum non noveris, nihil criminis erit. Hæc de iis qui manifesti sunt dicta sint. Nam si hos corrigamus, cito nobis Deus ignotos notos faciet; si autem notos sinamus, cujus rei gratia Deus nobis alios notos faciat? Hæc porro dico, non ut coerceamus vel sequestremus tantum, sed ut emendatos reducamus, ut eorum curam habeamus. Sic enim et Deum propitium habebimus, et multos digne communicantes reperiemus, studiique et sollicitudinis erga alios nostræ multam recipiemus mercedem: quam nos omnes assequi contingat, gratia et benignitate Domini nostri Jesu Christi, cui gloria in sæcula sæculorum. Amen.

ἐκκαθαίρων τὸ σῶμα τοῦτο· μὴ ξίφος δῷς ἀντὶ τροφῆς. Ἀλλὰ κἂν [b] ὑπὸ ἀνοίας ἐκεῖνος ἔρχηται μεθέξων, κώλυσον, μὴ φοβηθῇς. Φοβήθητι τὸν Θεὸν, μὴ ἄνθρωπον. Ἂν δὲ φοβηθῇς ἄνθρωπον, καὶ ὑπ' αὐτοῦ καταγελασθήσῃ· ἂν δὲ τὸν Θεὸν, καὶ ἀνθρώποις αἰδέσιμος B ἔσῃ. Εἰ δὲ αὐτὸς οὐ τολμᾷς, [c] ἐμοὶ πρόσαγε· οὐ συγχωρήσω ταῦτα τολμᾶσθαι. Τῆς ψυχῆς ἀποστήσομαι πρότερον, ἢ τοῦ αἵματος μεταδώσω τοῦ δεσποτικοῦ παρ' ἀξίαν· καὶ τὸ αἷμα τὸ ἐμαυτοῦ προήσομαι πρότερον, ἢ μεταδώσω αἵματος οὕτω φρικώδους παρὰ τὸ προσῆκον. Εἰ δὲ ἠγνόησέ τις τὸν φαῦλον πολλὰ περιεργασάμενος, οὐδὲν ἔγκλημα. Ταῦτα γάρ μοι περὶ τῶν δήλων εἰρήσθω. Ἂν γὰρ τούτους διορθώσωμεν, καὶ τοὺς ἀγνῶτας ταχέως ἡμῖν ὁ Θεὸς γνωριεῖ· ἂν δὲ τούτους ἐάσωμεν, τίνος ἕνεκεν ἡμῖν φανεροὺς λοιπὸν C ἐκείνους ποιήσει; Ταῦτα δὲ λέγω, οὐχ ἵνα ἀπείργωμεν, οὐδ' ἵνα ἐκτέμνωμεν μόνον, ἀλλ' ἵνα διορθώσαντες ἐπαναγάγωμεν, ἵνα ἐπιμελώμεθα. Οὕτω γὰρ καὶ τὸν Θεὸν ἵλεων ἕξομεν, καὶ πολλοὺς τοὺς κατ' ἀξίαν μεταλαμβάνοντας εὑρήσομεν, καὶ τῆς οἰκείας σπουδῆς καὶ τῆς περὶ τοὺς ἄλλους ἐπιμελείας πολὺν ἀποληψόμεθα τὸν μισθόν· οὗ γένοιτο πάντας ἡμᾶς ἐπιτυχεῖν, χάριτι καὶ φιλανθρωπίᾳ τοῦ Κυρίου ἡμῶν Ἰησοῦ Χριστοῦ, ᾧ ἡ δόξα εἰς τοὺς αἰῶνας τῶν αἰώνων. Ἀμήν.

[b] Alii et Morel. ὑπὸ ἀγνοίας. Suspicatur Savilius legendum ἀπονοίας. Mox iidem φοβήθητι τὸν δεσπότην Θεόν.

[c] Savil. ἐμοὶ πρόσελθε.

HOM. LXXXIII. al. LXXXIV.

D

ΟΜΙΛΙΑ πγ'.

Cap. XXVI. v. 36. *Tunc venit cum eis Jesus in villam quæ dicitur Gethsemani, et dicit discipulis: Sedete hic donec vadam illuc, et orem.* 37. *Et assumto Petro et duobus filiis Zebedæi, cœpit contristari et mœstus esse,* 38. *et dixit eis: Tristis est anima mea usque ad mortem. Manete hic, et vigilate mecum.*

Τότε ἔρχεται μετ' αὐτῶν ὁ Ἰησοῦς εἰς χωρίον λεγόμενον Γεθσημανῆ, καὶ λέγει τοῖς μαθηταῖς· καθίσατε αὐτοῦ, ἕως ἂν ἀπελθὼν ἐκεῖ προσεύξωμαι. Καὶ παραλαβὼν τὸν Πέτρον καὶ τοὺς δύο υἱοὺς Ζεβεδαίου, ἤρξατο λυπεῖσθαι καὶ ἀδημονεῖν, καὶ λέγει αὐτοῖς· περίλυπός ἐστιν ἡ ψυχή μου ἕως θανάτου. Μείνατε ὧδε, καὶ γρηγορεῖτε μετ' ἐμοῦ.

1. Quia ipsi semper hærebant, ideo dicit: *Manete hic, donec vadam et orem.* Solebat enim seorsum ab illis orare. Hoc autem faciebat, ut nos doceret, ad precandum nobis quietem et tranquillitatem multam esse parandam. Et accipit tres discipulos, dicitque illis: *Tristis est anima mea usque ad mortem.* Cur non omnes secum adduxit? Ne conciderent. Sed hos tantum admisit, qui gloriæ suæ spectatores fuerant. Attamen hos etiam

Ἐπειδὴ ἀδιασπάστως αὐτοῦ [d] εἴχοντο, διὰ τοῦτό E φησι· Μείνατε αὐτοῦ, ἕως ἀπελθὼν προσεύξωμαι. Ἔθος γὰρ αὐτῷ χωρὶς αὐτῶν προσεύχεσθαι. Τοῦτο δὲ ἐποίει, παιδεύων ἡμᾶς ἐν ταῖς εὐχαῖς ἡσυχίαν κατασκευάζειν ἑαυτοῖς καὶ ἠρεμίαν πολλήν. Καὶ παραλαμβάνει τοὺς τρεῖς, καὶ λέγει αὐτοῖς· Περίλυπός ἐστιν ἡ ψυχή μου ἕως θανάτου. Τίνος ἕνεκεν μὴ πάντας παραλαμβάνει; Ἵνα μὴ καταπέσωσιν. Ἀλλὰ τούτους, τοὺς τῆς δόξης αὐτοῦ θεωροὺς γενομένους.

[d] Duo Mss. αὐτοῦ εἴχοντο, melius quam Savil., Morel. et alii, qui habent αὐτοῦ εἶχον.

Ἀλλ' ὅμως καὶ τούτους ἀφίησι. Καὶ μικρὸν [a] προελθὼν, εὔχεται λέγων· Πάτερ, εἰ δυνατὸν, παρελθέτω ἀπ' ἐμοῦ τὸ ποτήριον τοῦτο. Πλὴν οὐχ ὡς ἐγὼ θέλω, ἀλλ' ὡς σύ. Καὶ ἔρχεται πρὸς αὐτοὺς, καὶ εὑρίσκει αὐτοὺς καθεύδοντας, καὶ λέγει τῷ Πέτρῳ· οὕτως οὐκ ἰσχύσατε μίαν ὥραν γρηγορῆσαι μετ' ἐμοῦ; Γρηγορεῖτε καὶ προσεύχεσθε, ἵνα μὴ εἰσέλθητε εἰς πειρασμόν. Τὸ μὲν πνεῦμα πρόθυμον, ἡ δὲ σὰρξ ἀσθενής. Οὐχ ἁπλῶς πρὸς τὸν Πέτρον μάλιστα ἀποτείνεται, καίτοι καὶ τῶν ἄλλων καθευδησάντων· ἀλλὰ καθικνούμενος αὐτοῦ κἀνταῦθα διὰ τὴν αἰτίαν ἣν ἔμπροσθεν εἶπον. Εἶτα ἐπειδὴ καὶ οἱ ἄλλοι τὸ αὐτὸ εἶπον (εἰπόντος γὰρ, φησὶ, Πέτρου, ὅτι Κἂν δέῃ με σὺν σοὶ ἀποθανεῖν, οὐ μή σε ἀπαρνήσομαι· ὁμοίως δὲ, φησὶ, καὶ πάντες οἱ μαθηταὶ εἶπον), πρὸς ἅπαντας διαλέγεται, ἐλέγχων αὐτῶν τὴν ἀσθένειαν. Οἱ γὰρ συναποθανεῖν αἱρούμενοι, οὐδὲ λυπουμένῳ τότε συλλυπηθῆναι ἴσχυσαν ἐγρηγορότες, ἀλλ' ἐκράτησεν αὐτῶν ὁ ὕπνος. Ὁ δὲ ἐκτενῶς εὔχεται. Καὶ ἵνα μὴ δόξῃ ὑπόκρισις εἶναι τὸ πρᾶγμα, καὶ ἱδρῶτες ἐπιῤῥέουσι διὰ τὴν αἰτίαν πάλιν τὴν αὐτήν. Καὶ ἵνα μὴ τοῦτο εἴπωσιν αἱρετικοὶ, ὅτι ὑποκρίνεται τὴν ἀγωνίαν, διὰ τοῦτο καὶ ἱδρῶτες ὡς θρόμβοι αἵματος, καὶ ἄγγελος ἐνισχύων αὐτὸν ἐφάνη, καὶ μυρία φόβου τεκμήρια, ἵνα μή τις εἴπῃ τὰ ῥήματα πεπλασμένα εἶναι. Διὰ γάρ τοι τοῦτο καὶ ἡ εὐχή. Τῷ μὲν οὖν εἰπεῖν, Εἰ δυνατὸν, παρελθέτω, ἔδειξε τὸ ἀνθρώπινον· τῷ δὲ εἰπεῖν, Πλὴν οὐχ ὡς ἐγὼ θέλω, ἀλλ' ὡς σὺ, [b] ἔδειξε τὸ ἐνάρετον καὶ ἐμφιλόσοφον, παιδεύων καὶ τῆς φύσεως ἀνθελκούσης ἕπεσθαι τῷ Θεῷ. Ἐπειδὴ γὰρ οὐκ ἤρκει τοῖς ἀνοήτοις τὸ πρόσωπον δεῖξαι μόνον, καὶ ῥήματα προστίθησι. Πάλιν τὰ ῥήματα οὐκ ἤρκει μόνον, ἀλλὰ καὶ πραγμάτων ἔδει, καὶ ταῦτα συνάπτει τοῖς ῥήμασιν, ἵνα πιστεύσωσι καὶ οἱ σφόδρα φιλονεικοῦντες, ὅτι καὶ ἄνθρωπος γέγονε καὶ ἀπέθανεν. Εἰ γὰρ καὶ τούτων ὄντων, ἀπιστεῖται παρά τινων ἔτι τοῦτο, πολλῷ μᾶλλον εἰ μὴ ταῦτα ἦν. Ὁρᾷς δι' ὅσων δείκνυσι τῆς οἰκονομίας τὴν ἀλήθειαν; Δι' ὧν φθέγγεται, δι' ὧν πάσχει. Εἶτα ἐλθὼν λέγει, φησὶ, [c] τῷ Πέτρῳ· οὕτως οὐκ ἴσχυσας μίαν ὥραν γρηγορῆσαι μετ' ἐμοῦ; Ἅπαντες ἐκαθεύδησαν, καὶ τῷ Πέτρῳ ἐπιτιμᾷ, αἰνιττόμενος αὐτὸν, ὑπὲρ ὧν ἐφθέγξατο. Καὶ τὸ Μετ' ἐμοῦ δὲ οὐχ ἁπλῶς κεῖται, ἀλλ' ὡσανεὶ ἔλεγε· γρηγορῆσαι οὐκ ἴσχυσας μετ' ἐμοῦ, καὶ ὑπὲρ ἐμοῦ τὴν ψυχήν σου θήσεις; Καὶ τὸ ἑξῆς δὲ τὸ αὐτὸ τοῦτο αἰνίττεται· Γρηγορεῖτε γὰρ, φησὶ, καὶ προσεύχεσθε μὴ εἰσελθεῖν εἰς πειρασμόν. Ὁρᾷς πῶς πάλιν αὐτοὺς παιδεύει μὴ ἀπαυθαδιάζεσθαι, ἀλλὰ συντετρῖφθαι τὴν διάνοιαν, καὶ ταπεινοφρονεῖν, καὶ τῷ Θεῷ τὸ πᾶν

791 A relinquit. Et paululum procedens, orat dicens :
39. *Pater, si possibile est, transeat a me calix*
iste. Verumtamen non sicut ego volo, sed sicut
tu. 40. *Et venit ad eos, et invenit eos dormien-*
tes, et dicit Petro : Ita non potuistis una hora
vigilare mecum? 41. *Vigilate et orate, ut non*
intretis in tentationem. Spiritus quidem prom-
tus est, caro autem infirma. Non frustra Petrum maxime alloquitur, licet alii quoque dormirent; sed ut perstringat illum ob causam superius dictam. Deinde quia alii quoque idipsum dixerant (cum enim Petrus dixisset, B *Etiamsi oportuerit me mori tecum, non te negabo : similiter,* inquit, *et omnes discipuli dixerunt*), illorum infirmitatem redarguens, ipsos omnes alloquitur. Nam qui mori cum illo volebant, dolenti condolere non poterant vigilantes, sed a somno victi sunt. Ipse vero intentius orat. Ac ne videretur res illa esse simulatio, eadem de causa sudor decidit. Ne dicerent autem hæretici, ipsum tristitiam simulasse; ideo sudores erant sicut guttæ sanguinis, et angelus ipsum confortans apparuit, sexcentaque fuere timoris signa, ne quis diceret, ficta esse verba. Hac etiam de causa orat. Cum ergo ait : *Si possibile est, transeat*, humanitatem ostendit; C cum autem dicit, *Verumtamen non sicut ego volo, sed sicut tu*, virtutem philosophiamque exhibet, monetque, renitente quoque natura, Deum esse sequendum. Quia vero non sat erat stultis solam mœrentis faciem ostendere, verba addit. Rursus verba non sufficiebant, sed res ipsæ desiderabantur, hæc etiam verbis addidit, ut vel ii crederent qui admodum contentiosi essent, ipsum et hominem factum et mortuum esse. Nam si cum hæc omnia signa fuerint, non desunt tamen qui hoc non credant, multo magis si hæc non fuissent, D Viden' per quanta œconomiæ veritatem ostendat? Per verba, per ea quæ patitur. Deinde veniens dicit Petro : *Sic non potuisti una hora vigilare mecum?* Omnes dormiebant, et Petrum increpat, subobscure coarguens eum de iis quæ dixerat. Illud vero, *Mecum*, non sine causa ponitur, sed ac si diceret : Vigilare non potuisti mecum, et pro me animam tuam pones? Quod vero sequitur, idipsum subindicat : nam ait, *Vigilate, et orate, ut ne intretis in tentationem.* Vides quomodo rursum eos instituat, ne in arrogantiam declinent, sed animum conterant, humilesque sint, totumque E Deo adscribant? Et nunc quidem Petrum alloqui-

[a] Morel. προσελθών.
[b] Aliqui ἐδίδαξε τό.

[c] Morel. τῷ Πέτρῳ, Σίμων, οὕτως. Paulo post alii ἐκάθευδον.

tur, nunc simul omnes. Atque illi quidem ait:
Luc. 22. 31. *Simon, Simon, expetivit vos satanas, ut cribraret sicut triticum : et ego propter te oravi ;* simul vero omnibus orandum esse dicit ne intrent in tentationem : ubique arrogantiam illorum frangit, ac sollicitos reddit. Deinde ne videretur acrior esse, addit : *Spiritus quidem promtus est, caro autem infirma.* Nam si vis, inquit, mortem contemnere, non poteris, donec Deus manum porrexerit : caro enim animum deprimit. Rursusque hoc ipsum subindicavit, dicens : 42. *Pater, si non potest hic calix transire, nisi bibam illum, fiat voluntas tua :* hic ostendens se cum voluntate Dei admodum consonare, et ubique illum sequi oportere, illudque requirere. 43. *Et veniens, invenit eos dormientes.* Nam præterquam quod intempesta nox erat, oculi eorum præ mœrore gravati erant. Tertio quoque abiens hoc ipsum loquutus est, confirmans se hominem factum esse. Nam illud secundo et tertio in Scripturis veritatis est certum indicium : sicut et Joseph Pharaoni dixit :
Gen. 41. 32? *Tibi apparuit somnium secundo,* pro veritate, et hoc factum est ut credas id omnino futurum esse. Ideo ipse et semel et bis et tertio idipsum loquutus est, ut œconomiæ fidem faceret. Et cur secundo venit ? Ut illos redargueret, quia ita mœrore obruti erant, ut ne præsentiam quidem ejus sentirent. Nec tamen redarguit, sed paululum recessit, incredibilem eorum infirmitatem significans, qui ne increpati quidem potuissent vigilare. Non expergefacit autem nec increpat amplius, ne attonitos magis percelleret, sed cum abiisset, orasset et rediisset, ait : 45. *Dormite jam et requiescite.* Atqui tunc vigilare opus erat ; sed ostendit ipsos ne conspectum quidem malorum facile laturos, sed fugandos esse præ terrore, neque se illorum egere auxilio, et tradi se omnino oportere, aitque : *Dormite jam et requiescite. Ecce appropinquavit hora, et Filius hominis tradetur in manus peccatorum.* Ostendit rursum œconomiæ fuisse illud.

2. Neque hinc solum, sed etiam quod dicat, *In manus peccatorum,* illorum erigit animos, ostendens illorum nequitiæ hoc opus esse, non vero quod ipse peccato esset obnoxius. 46. *Surgite, eamus hinc ; ecce appropinquavit qui me tradet.* His

ἀνατιθέναι; Καὶ νῦν μὲν πρὸς Πέτρον ἀποτείνεται, νῦν δὲ πρὸς πάντας κοινῇ. Κἀκείνῳ μέν φησι· Σίμων, Σίμων, ἐζήτησεν ὁ σατανᾶς σινιάσαι ὑμᾶς ὡς τὸν σῖτον· κἀγὼ περὶ σοῦ ἐδεήθην· κοινῇ δὲ πᾶσιν, [d] εὔχεσθαι μὴ εἰσελθεῖν εἰς πειρασμὸν, πανταχοῦ τὸ
792 A αὔθαδες αὐτῶν ἐκκόπτων καὶ ἐναγωνίους ποιῶν. Εἶτα ἵνα μὴ δόξῃ δι' ὅλου καταφορικὸν ποιεῖν τὸν λόγον, λέγει· Τὸ μὲν πνεῦμα πρόθυμον, ἡ δὲ σὰρξ ἀσθενής. Εἰ γὰρ καὶ βούλει, φησὶν, ὑπεριδεῖν θανάτου, ἀλλ' οὐ δυνήσῃ, ἕως ἂν ὁ Θεὸς ὀρέξῃ χεῖρα· καθέλκει γὰρ τὸ φρόνημα τὸ σαρκικόν. Καὶ πάλιν ᾐνίξατο τὸ αὐτὸ, λέγων· Πάτερ, εἰ οὐ δύναται τοῦτο παρελθεῖν ἀπ' ἐμοῦ, ἐὰν μὴ αὐτὸ πίω, γενηθήτω τὸ θέλημά σου· δεικνὺς ἐνταῦθα, ὅτι σφόδρα συνᾴδει τῷ θελήματι τοῦ Θεοῦ, καὶ ὅτι πανταχοῦ τούτῳ [a] ἕπεσθαι δεῖ, καὶ τοῦτο ἐπιζητεῖν. Καὶ ἐλθὼν, εὗρεν αὐτοὺς καθεύδοντας. Μετὰ γὰρ τοῦ καὶ ἀωρὶ τῶν νυκτῶν εἶναι, καὶ οἱ ὀφθαλμοὶ αὐτῶν ὑπὸ τῆς ἀθυμίας ἦσαν βεβαρημένοι.
B Καὶ ἐκ τρίτου πάλιν τὸ αὐτὸ ἀπελθὼν ἐφθέγξατο, βεβαιῶν ὅτι ἄνθρωπος γέγονε. Τὸ γὰρ δεύτερον καὶ τρίτον ἀληθείας μάλιστά ἐστιν ἐν ταῖς Γραφαῖς ἐνδεικτικόν· ὥσπερ καὶ Ἰωσὴφ ἔλεγε τῷ Φαραὼ, ὅτι Σοὶ ἐφάνη τὸ ἐνύπνιον ἐκ δευτέρου, ὑπὲρ ἀληθείας, καὶ τοῦ [b] πιστευθῆναί σε, ὅτι τοῦτο ἔσται πάντως, τοῦτο γέγονε. Διὰ τοῦτο καὶ αὐτὸς καὶ ἅπαξ καὶ δὶς καὶ τρίτον τὸ αὐτὸ ἐφθέγξατο, ὑπὲρ τοῦ πιστώσασθαι τὴν οἰκονομίαν. Καὶ τίνος ἕνεκεν ἦλθεν ἐκ δευτέρου; Ὥστε αὐτοὺς ἐλέγξαι, ὅτι οὕτως ἐβαπτίσθησαν ὑπὸ τῆς ἀθυμίας, ὡς μηδὲ τῆς παρουσίας αὐτοῦ αἰσθέσθαι. Οὐ μὴν ἤλεγξεν, ἀλλὰ διέστη μικρὸν, δηλῶν τὴν ἄφατον αὐτῶν ἀσθένειαν, ὅτι οὐδὲ ἐπιτιμηθέντες ἠδύναντο
C καρτερῆσαι. Οὐ διυπνίζει δὲ καὶ ἐπιτιμᾷ πάλιν, ὥστε μὴ πλῆξαι πεπληγότας, ἀλλ' ἀπελθὼν καὶ προσευξάμενος καὶ ἐπανελθών φησι· Καθεύδετε τὸ λοιπὸν, καὶ ἀναπαύεσθε. Καὶ μὴν τότε [c] ἐγρηγορέναι ἔδει, ἀλλὰ δεικνὺς, ὅτι οὐδὲ τὴν ὄψιν οἴσουσι ῥᾳδίως τῶν δεινῶν, ἀλλὰ φυγαδευθήσονται καὶ ἀποστήσονται ὑπὸ τῆς ἀγωνίας, καὶ ὅτι οὐδὲ τῆς αὐτῶν δεῖται βοηθείας, καὶ ὅτι δεῖ πάντως αὐτὸν παραδοθῆναι, Καθεύδετε λοιπὸν, καὶ ἀναπαύεσθε, φησίν. [d] Ἰδοὺ ἤγγικεν ἡ ὥρα, καὶ ὁ Υἱὸς τοῦ ἀνθρώπου παραδίδοται εἰς χεῖρας ἁμαρτωλῶν. Δείκνυσι πάλιν ὅτι οἰκονομίας ἦν τὸ γινόμενον.

D Οὐ τοῦτο δὲ μόνον, ἀλλὰ καὶ τῷ εἰπεῖν, Εἰς χεῖρας ἁμαρτωλῶν, ἀνίστησιν αὐτῶν τὰ φρονήματα, δηλῶν ὅτι τῆς ἐκείνων πονηρίας τὸ ἔργον ἦν, οὐ τοῦ αὐτὸν ὑπεύθυνον εἶναι πλημμελήματι. Ἐγείρεσθε, ἄγωμεν ἐντεῦθεν· ἰδοὺ ἤγγικεν ὁ παραδιδούς με. Διὰ πάντων

[c] [Correctór Codicis 694 εὔχεσθε.]
[a] Alii ἕπεσθαι δοκεῖ.
[b] Alii πιστωθῆναι.

[c] Unus γρηγορῆσαι. Alius ἐγρηγορῆσαι.
[d] Alii ἰδοὺ γὰρ ἤγγικεν.

γὰρ αὐτοὺς ἐπαίδευσεν, ὅτι οὐκ ἀνάγκης τὸ πρᾶγμα ἦν, οὐδὲ ἀσθενείας, ἀλλ' οἰκονομίας τινὸς ἀποῤῥήτου· καὶ γὰρ προῄδει [a] ἥξοντας, καὶ οὐ μόνον οὐκ ἔφυγεν, ἀλλὰ καὶ ὁμόσε ἐχώρει. Ἔτι γὰρ αὐτοῦ λαλοῦντος, ἰδοὺ Ἰούδας εἷς τῶν δώδεκα ἦλθε, καὶ μετ' αὐτοῦ ὄχλος πολὺς μετὰ μαχαιρῶν καὶ ξύλων, ἀπὸ τῶν ἀρχιερέων καὶ πρεσβυτέρων τοῦ λαοῦ. Καλά γε τῶν ἱερέων τὰ σκεύη, μετὰ μαχαιρῶν καὶ ξύλων ἐπέρχονται. Καὶ Ἰούδας, φησὶ, μετ' αὐτῶν, εἷς τῶν δώδεκα. Πάλιν αὐτὸν τῶν δώδεκα καλεῖ, καὶ οὐκ αἰσχύνεται. Ὁ δὲ παραδιδοὺς αὐτὸν, ἔδωκεν αὐτοῖς σημεῖον, λέγων· ὃν ἂν φιλήσω, αὐτός ἐστι, κρατήσατε αὐτόν. Βαβαί· πόσην ἐδέξατο πονηρίαν ἡ τοῦ προδότου ψυχή; ποίοις γὰρ ὀφθαλμοῖς ἑώρα τότε εἰς τὸν διδάσκαλον; ποίῳ στόματι ἐφίλει; Ὢ τῆς μιαρᾶς γνώμης· τί ἐβουλεύσατο; τί ἐτόλμησε; ποῖον σύμβολον ἔδωκε τῆς προδοσίας; Ὃν ἂν φιλήσω, φησίν. Ἐθάῤῥει τῇ ἐπιεικείᾳ τοῦ διδασκάλου· ὃ μάλιστα πάντων ἱκανὸν ἦν αὐτὸν ἐντρέψαι, καὶ πάσης αὐτὸν ἀποστερῆσαι συγγνώμης, ὅτι τὸν οὕτως ἥμερον [a] παρεδίδου. Τίνος δὲ ἕνεκεν τοῦτό φησιν; Ἐπειδὴ πολλάκις κατασχεθεὶς ὑπ' αὐτῶν διεξῆλθεν, οὐκ εἰδότων αὐτῶν. Ἀλλ' ὅμως καὶ τότε ἂν τοῦτο ἐγένετο, εἰ μὴ αὐτὸς ἐβουλήθη. [b] Τοῦτο γοῦν αὐτὸ παιδεῦσαι αὐτὸν βουλόμενος, καὶ τότε ἐπήρωσεν αὐτῶν τὰς ὄψεις· καὶ αὐτὸς ἠρώτα, Τίνα ζητεῖτε; Καὶ οὐκ ᾔδεσαν, καίτοι μετὰ φανῶν καὶ λαμπάδων ὄντες καὶ τὸν Ἰούδαν μεθ' ἑαυτῶν ἔχοντες. Εἶτα ἐπειδὴ εἶπον, Ἰησοῦν, λέγει· Ἐγώ εἰμι ὃν ζητεῖτε· καὶ ἐνταῦθα πάλιν, Ἑταῖρε, ἐφ' ᾧ πάρει; Μετὰ γὰρ τὸ δεῖξαι τὴν ἰσχὺν τὴν ἑαυτοῦ, τότε λοιπὸν συνεχώρησεν. Ὁ δὲ * Ἰωάννης φησὶν, ὅτι καὶ ἕως αὐτῆς αὐτὸν διώρθου τῆς ὥρας λέγων· Ἰούδα, φιλήματι τὸν Υἱὸν τοῦ ἀνθρώπου παραδίδως; Οὐδὲ τὸ σχῆμα τῆς προδοσίας αἰσχύνῃ; φησίν. Ἀλλ' ὅμως ἐπειδὴ οὐδὲ τοῦτο αὐτὸν διεκώλυσε, καὶ φιληθῆναι κατεδέξατο, καὶ ἔδωκεν ἑαυτὸν ἑκὼν, καὶ ἐπέβαλον ἐπ' αὐτὸν τὰς χεῖρας, καὶ ἐκράτησαν, κατ' αὐτὴν τὴν νύκτα, καθ' ἣν τὸ πάσχα ἔφαγον· οὕτως ἔζεον καὶ ἐμαίνοντο. Ἀλλ' ὅμως οὐδὲν ἂν ἴσχυσαν, εἰ μὴ αὐτὸς συνεχώρησεν. Οὐ μὴν τοῦτο ἀπαλλάττει τὸν Ἰούδαν τῆς ἀφορήτου κολάσεως, ἀλλὰ καὶ μειζόνως αὐτὸν καταδικάζει, ὅτι καὶ τῆς δυνάμεως αὐτοῦ τοσαύτην λαβὼν ἀπόδειξιν, καὶ τῆς ἐπιεικείας, καὶ τῆς πραότητος, καὶ τῆς ἡμερότητος, θηρίου παντὸς χαλεπώτερος γέγονε. Ταῦτ' οὖν εἰδότες, [c] φεύγωμεν τὴν πλεονεξίαν. Ἐκείνη γὰρ αὐτὸν, ἐκείνη τότε ἐξεβάκχευσεν, ἐκείνη πρὸς ἐσχάτην ὠμότητα καὶ ἀπανθρωπίαν αὐτὸν ἐγύ-

omnibus illos erudit, non necessitatis, neque infirmitatis, sed œconomiæ cujusdam ineffabilis rem esse: præsciebat enim venturos esse, nec solum non fugit, sed obviam ivit. 47. *Adhuc enim eo loquente, ecce Judas unus ex duodecim venit, et cum ipso turba multa, cum gladiis et fustibus, missi a principibus sacerdotum et senioribus populi.* Pulchra certe sacerdotum instrumenta, cum gladiis et lignis irruunt. Et Judas, inquit, cum eis, unus ex duodecim. Rursus illum unum ex duodecim dicit, neque erubescit. 48. *Qui autem tradebat eum, dedit eis signum, dicens: Quemcumque osculatus fuero, ipse est, tenete eum.* Papæ, quantum scelus proditoris animus suscepit? quibus oculis tunc Magistrum aspexit? quo ore osculatus est? O sceleratam mentem! quid deliberavit? quid ausus est? quod symbolum proditionis dedit? *Quemcumque osculatus fuero*, inquit. [Judæ proditoris sceleratus animus.] Confidebat in lenitate magistri: quod maxime illum confundere debuit, et venia omni privare, quod tam mansuetum magistrum prodiderit. Sed cur, inquies, hoc signum dedit? Quia sæpius ab illis comprehensus, pertransivit, ipsis nescientibus. Attamen tunc quoque factum fuisset, si non ipse capi voluisset. Ut hoc ipsum Judam doceret, oculos eorum excæcavit; ipseque interrogabat, *Quem quæritis?* [Joan. 18.4.] Ipsi vero non noverant, quamvis cum laternis et lampadibus essent Judamque secum haberent. Deinde quia dixerunt, *Jesum*, ait ille: *Ego sum is quem quæritis;* [Ibid. v. 5] et rursus, 50. *Amice, ad quid venisti?* Postquam enim ostendit potentiam suam, tunc demum id permisit. Joannes vero ait, Jesum ad illam usque horam Judam emendare voluisse dicendo: *Juda, osculo Filium hominis tradis?* [Luc. 22.48.] Nec te pudet tali proditionis modo uti? Attamen quia ne hoc quidem ipsum cohibuit, osculum ejus admisit, et seipsum libens tradidit. *Et immiserunt in illum manus, et tenuerunt eum*, eadem ipsa nocte, qua pascha comedebant; tanto erant furore correpti. Attamen nihil potuissent, nisi ipse id permisisset. Illud tamen Judam ab intolerabili supplicio non liberabit, sed majori obnoxium reddit damnationi: quod cum tantam et potentiæ et mansuetudinis lenitatisque ejus demonstrationem habuerit, fera sævior fuerit. Hæc cum sciamus, avaritiam fugiamus: hæc enim tunc illum, hæc, inquam, in furorem conjecit: hæc ad extremam [Avaritia et Judam et avaros omnes pessumdat.]

[a] Savil. et Morel. ἥξοντας, Mss. non pauci ἥξοντα, quæ etiam lectio quadrat ad seriem, nam hic de Juda præcipue agitur.

[a] Unus προεδίδου.

[b] Alii et Morel. τούτῳ γοῦν αὐτῷ.

* [Corrector recens Codicis 694 in marg. pro Ἰωάννης adscripsit Λουκᾶς. Lucæ enim sunt verba.]

[c] Morel. φύγωμεν.

immanitatem crudelitatemque illum exercitavit. Neque illum modo, sed etiam omnes qui tali morbo capti sunt. Cum enim ad desperandum de salute inducat, multo magis aliorum salutem despicere suadet. Atque ita tyrannicus est morbus, ut etiam vehementissimum corporum amorem aliquando superet. Quamobrem admodum erubesco, quod multi pecuniis parcentes libidinem refrenarent, qui propter Dei timorem noluerunt caste modesteque vivere. Ideo fugiamus illam, obsecro: neque enim hoc dicendi finem faciam. Cur aurum, o homo, accumulas? cur servitudinem tuam acerbiorem reddis? cur custodiam graviorem, cur sollicitudinem acutiorem? Puta tua esse omnia auri ramenta, quæ in metallis sunt, omniaque illa quæ in ærario regio. Nam si hanc tantam molem auri haberes, custodires tantum, non utereris. Etenim si nunc iis quæ possides non uteris, sed ab iis abstines ut alienis: multo magis si plura haberes, idipsum ageres. Nam pecuniæ amantes solent, quo plus auri possident, eo magis illi parcere. Sed scio, inquies, hæc mea esse. Ergo in opinione tantum, non in usu possessio tua est. Sed hinc hominibus, inquies, formidabilis futurus sum. Imo captu facilior, divitibus, pauperibus, furibus, sycophantis, servis omnibusque demum insidiari volentibus. Nam si vis esse formidabilis, præcide ansas quibus possunt te capere et vexare omnes qui hoc ipsum facere velint. Annon audisti hoc

Adagium. proverbium, Pauperem et nudum non possunt centum viri spoliare? Magnam quippe habet patronam paupertatem, quam ne rex quidem ipse possit vincere vel capere.

3. Avarum autem omnes simul vexare possunt; neque homines tantum dico, sed et tineæ et vermes. Ecquid tineas dico? Multum tempus solum, nulloque addito incommodo, avarum potest maxime lædere. Quæ igitur est divitiarum voluptas? Ego molestias video; tu mihi voluptatem illam explica. Et quæ molestiæ, inquies? Sollicitudines, insidiæ, inimicitiæ, odium, timor, æterna sitis et dolor. Nam si quis puellam complectatur, nec concupiscentiam explere possit, extremo dolore cruciatur. Sic etiam dives, rerum quidem copiam habet, illamque complectitur: cupiditatem vero suam omnem explere nequit; sed idem contingit, quod

μνασεν. Οὐχ ἐκεῖνον δὲ μόνον, ἀλλὰ καὶ πάντας τοὺς ἁλόντας. Ὅταν γὰρ τῆς οἰκείας ἀπογνῶναι ποιῇ σωτηρίας, πολλῷ μᾶλλον τῆς τῶν ἄλλων ὑπεροράν παρασκευάζει. D Καὶ οὕτω τυραννικόν ἐστι τὸ πάθος, ὡς καὶ τοῦ δριμυτάτου ἔρωτος τῶν σωμάτων περιγενέσθαί ποτε. Διὸ καὶ σφόδρα ἐγκαλύπτομαι, ὅτι χρημάτων μὲν φειδόμενοι πολλάκις ἐχαλίνωσαν ἀκολασίαν πολλοί· διὰ δὲ τὸν τοῦ Θεοῦ φόβον οὐκ ἠθέλησαν σωφρόνως καὶ μετὰ σεμνότητος ζῆν. Διὸ δὴ φεύγωμεν αὐτήν· οὐ γὰρ παύσομαι ἀεὶ τοῦτο λέγων. Τί γὰρ συνάγεις, ἄνθρωπε, [d] χρυσίον; τί τὴν δουλείαν πικροτέραν ἐργάζῃ; τί τὴν φυλακὴν χαλεπωτέραν; τί τὴν φροντίδα δριμυτέραν ποιεῖς; Νόμισον εἶναι σὰ τὰ E ἐν τοῖς μετάλλοις κατωρυγμένα ψήγματα, καὶ τὰ ἐν τοῖς βασιλείοις πάντα. Καὶ γὰρ εἴπερ εἶχες τὸν ὄγκον ἐκεῖνον, ἐφύλαξας [e] ἂν μόνον, καὶ οὐκ ἂν ἐχρήσω. Εἰ γὰρ νῦν τοῖς οὖσιν οὐ κέχρησαι, ἀλλ' ὡς ἀλλοτρίων ἀπέχῃ· πολλῷ μᾶλλον εἰ τὰ πλείονα εἶχες, τοῦτο ἂν ἔπαθες. Καὶ γὰρ εἰώθασιν οἱ φιλάργυροι, ὅσῳ ἂν πλείονα περιβάλωνται, τοσούτῳ μᾶλλον αὐτῶν φείδεσθαι. 794 A Ἀλλ' οἶδα, φησὶν, ὅτι ἐμὰ ταῦτα. Οὐκοῦν ἐν ὑπολήψει μόνον, οὐκ ἐν ἀπολαύσει ἡ κτῆσις. Ἀλλ' ἔμελλον ἀνθρώποις εἶναι, φησὶ, φοβερός. Εὐχείρωτος μὲν οὖν μᾶλλον καὶ πλουσίοις καὶ πένησι, καὶ λῃσταῖς, καὶ συκοφάνταις, καὶ οἰκέταις, καὶ πᾶσιν ἁπλῶς τοῖς ἐπιβουλεύειν βουλομένοις τούτοις ἂν ἐγένου. Εἰ γὰρ βούλει εἶναι φοβερὸς, [a] ἔκκοψον τὰς λαβὰς δι' ὧν δύνανταί σε ἑλεῖν καὶ λυπῆσαι πάντες οἱ τοῦτο ἐσπουδακότες. Ἢ οὐκ ἀκούεις τῆς παροιμίας λεγούσης, ὅτι τὸν πένητα καὶ γυμνὸν οὐδὲ ἑκατὸν ὁμοῦ συνελθόντες δύνανται ἀποδῦσαί ποτε; Μεγίστην γὰρ ἔχει προστάτιν τὴν πενίαν, ἣν οὐδὲ ὁ βασιλεύων αὐτὸς χειρώσασθαι δύναιτ' ἂν καὶ ἑλεῖν.

B Τὸν μέντοι φιλάργυρον ἅπαντες ὁμοῦ λυποῦσι. Καὶ τί λέγω τοὺς ἀνθρώπους, ὅπου καὶ σῆτες καὶ σκώληκες ἐπιστρατεύουσι τῷ τοιούτῳ; Καὶ τί λέγω σῆτας; Ὁ χρόνος ὁ πολὺς ἀρκεῖ μόνος, καὶ μηδενὸς ἐνοχλοῦντος, τὰ μέγιστα ἀδικῆσαι τὸν τοιοῦτον. [b] Τίς οὖν ἡ τοῦ πλούτου ἡδονή; Ἐγὼ μὲν γὰρ αὐτοῦ τὰς ἀηδίας βλέπω· σὺ δέ μοι τὴν ἡδονὴν εἰπέ. Καὶ τίνες αἱ ἀηδίαι; φησί. Φροντίδες, ἐπιβουλαὶ, ἀπέχθειαι, μῖσος, φόβος, τὸ ἀεὶ διψῆν καὶ ἐν ὀδύνῃ εἶναι. Καὶ γὰρ εἴ τις συμπλέκοιτο [c] κόρῃ ἐρωμένῃ, τὴν δὲ ἐπιθυμίαν ἐμπλῆσαι μὴ δύναιτο, τὴν ἐσχάτην ὑπομένει βάσανον. Οὕτω δὴ καὶ ὁ πλουτῶν· ἔχει μὲν γὰρ τὴν εὐπορίαν, C καὶ συγγίνεται αὐτῇ· ἐμπλῆσαι δὲ οὐ δύναται τὴν

[d] [Scripsimus χρυσίον cum Cod. 694 et Augustano ap. Matthæi Eclog. p. 170. Edebatur χρυσόν. Infra iidem Codices formam Atticam κατορωρυγμένα præstant.]

[e] Al. ἂν μᾶλλον καί.

[a] Mss. multi ἔκκοπτε.

[b] Alii τί οὖν ἡ τοῦ.

[c] Κόρῃ deest in quibusdam, in aliis ἐρωμένῃ deest. [Infra in loco Eccli. Bibl. et Cod. Augustan. pro νεᾶνιν habent νεάνιδα. Idem et Cod. 694 infra omittunt τοῖς οὐκ ἀδικουμένοις.]

ἐπιθυμίαν ἅπασαν, ἀλλὰ συμβαίνει ταὐτὸν, οἷόν τίς φησι σοφὸς ἀνήρ· Ἐπιθυμία εὐνούχου ἀποπαρθενῶσαι νεᾶνιν. Καὶ ὥσπερ εὐνοῦχος περιλαμβάνων παρθένον, καὶ στενάζων, οὕτως οἱ πλουτοῦντες ἅπαντες. Καὶ τί ἄν τις τἄλλα λέγοι; πῶς ἅπασιν ἀηδής ἐστιν ὁ τοιοῦτος, τοῖς οἰκέταις, τοῖς γεωργοῖς, τοῖς γείτοσι, τοῖς τὰ πολιτικὰ πράττουσι, τοῖς ἀδικουμένοις, τοῖς οὐκ ἀδικουμένοις, τῇ γυναικὶ μάλιστα πάντων, τοῖς παιδίοις πλέον ἁπάντων; Οὐδὲ γὰρ ὡς ἐλευθέρους, ἀλλ' ἀνδραπόδων καὶ ἀργυρωνήτων ἀθλιώτερον αὐτοὺς * ἐκθρέψει, καὶ μυρίας ὀργῆς καὶ λύπης καὶ παροι- D νίας καὶ γέλωτος ἀφορμὰς καθ' ἑαυτοῦ παρέξει, κοινῇ πᾶσι κωμῳδία προκείμενος. Καὶ αἱ μὲν ἀηδίαι αὗται, καὶ τούτων πλείους ἴσως· οὐ γὰρ ἄν τις αὐτὰς πάσας ἐπέλθοι τῷ λόγῳ ποτὲ, ἀλλ' ἡ πεῖρα παραστῆσαι δυνήσεται. Σὺ δέ μοι τὴν ἡδονὴν λέγε τὴν ἐντεῦθεν. Δοκῶ πλουτεῖν, φησὶ, καὶ νομίζομαι πλουτεῖν. Καὶ ποία ἡδονὴ τὸ νομίζεσθαι; Φθόνου μὲν οὖν ὄνομα μέγιστον. Καὶ γὰρ ὄνομα μόνον ἐστὶν ὁ πλοῦτος, πράγματος ἔρημον. Ἀλλὰ καὶ ἐντρυφῶν εὐφραίνεται τῇ ὑπολήψει ταύτῃ, φησὶν, ὁ πλουτῶν. Εὐφραίνεται ὑπὲρ ὧν ἀλγεῖν ἔδει. Ἀλγεῖν; διατί; φησι. Ὅτι τοῦτο E αὐτὸν πρὸς πάντα ἄχρηστον ἐργάζεται, καὶ δειλὸν, καὶ ἄνανδρον, καὶ πρὸς [d] ἀποδημίας καὶ πρὸς θάνατον· καὶ γὰρ κρεῖττον ἡγεῖται τοῦτο, μᾶλλον τῶν χρημάτων, ἢ τοῦ φωτὸς ἐπιθυμῶν. Τὸν τοιοῦτον οὐδὲ ὁ οὐρανὸς τέρπει, ὅτι μὴ χρυσίον φέρει· οὐδὲ ὁ ἥλιος, ἐπειδὴ μὴ χρυσᾶς ἀκτῖνας ἀφίησιν. Ἀλλ' εἰσί τινες, οἳ καὶ ἀπολαύουσι, φησὶ, τῶν ὄντων, τρυφῶντες, γα- 795 A στριζόμενοι, μεθύοντες, πολυτελῶς δαπανῶντες. Τοὺς χείρονάς μοι τούτων λέγεις. Ἐκεῖνοι γὰρ μάλιστά εἰσιν, οἳ οὐκ ἀπολαύουσιν. Οὗτος μὲν γὰρ κἂν ἑτέρων * ἀπέχεται κακῶν, ἑνὶ προσδεδεμένος ἔρωτι· ἐκεῖνοι δὲ, τούτων χείρους, πρὸς τοῖς εἰρημένοις ἑτέρων δεσποινῶν χαλεπῶν [a] συρφετὸν ἐπεισάγοντες, καὶ καθάπερ τυράννοις τισὶ χαλεποῖς, τῇ γαστρὶ, τῇ τῶν σωμάτων ἡδονῇ, τῇ μέθῃ, καὶ ταῖς ἄλλαις ἀκολασίαις καθ' ἑκάστην λειτουργοῦντες τὴν ἡμέραν, πόρνας τρέφοντες, δεῖπνα πολυτελῆ κατασκευάζοντες, παρασίτους, κόλακας ὠνούμενοι, ἐπὶ τοὺς παρὰ φύσιν ἐκπίπτοντες ἔρωτας, μυρίοις νοσήμασιν ἐκ τούτων καὶ τὸ B

ait vir sapiens: *Cupiditas eunuchi virginitatis florem puellæ eripere.* Eccli. 20. 2. Sicut eunuchus virginem amplexus ingemiscit, sic divites omnes. Ecquid dici possit de ceteris omnibus? quomodo avarus omnibus fastidio sit servis, agricolis, vicinis, civitatem gerentibus, injuria læsis, non læsis, uxori maxime omnium, liberis plus quam omnibus aliis? Non enim illos ut liberos, sed pejus quam servos et pretio emtos educat, mille iræ, doloris, furoris, risus occasiones adversum se præ- Avarorum miseriæ. D bet, omnibus simul spectaculum factus. Hæ sunt ejus molestiæ, ac fortasse plures; neque enim possunt omnes recenseri, sed experientia docebit. Tu vero mihi voluptatem quæ inde carpitur describe. Dives esse videor et existimor. Ecqua voluptas talem videri? Invidiæ certe nomen maximum. Nomen quippe tantum sunt divitiæ, re vacuum. Sed de illa existimatione, inquies, gaudet dives. Lætatur de quibus dolendum esset. Dolendum, inquies, quare? Quia illud ipsum ad omnia inutilem reddit, timidum, ignavum, ad peregrinatio- E nem suscipiendam, ad mortem obeundam: nam divitias rem omnium optimam esse putat, pecuniarum magis quam lucis cupidus. Hunc nec cælum delectat, quia non fert aurum, neque sol, quia aureos radios non emittit. Sed quidam sunt, inquies, qui rerum copia fruuntur, deliciis et ventri indulgentes, vino se ingurgitantes, lautos sumtus effundentes. Pejores cæteris mihi narras. Illi enim 795 A maxime sunt, qui non fruuntur. Ille namque saltem ab aliis abstinet malis, uni pecunia amori addictus: illi vero, his pejores, præter supradicta, duram et multiplicem sibi servitutem attrahunt, et ceu tyrannis quibusdam immanibus sese dedunt ventri, corporum amori, ebrietati, cæterisque vitiis quotidie ministrantes, scorta alentes, lautas cœnas apparantes, parasitos, adulatores ementes, in amores præter naturam incidentes, hinc mille morbis et corpus et animam afficientes. Non enim pro necessariis bona insumunt, sed pro iis quæ B corpus et simul animam corrumpunt: idipsumque

* [Cod. 694 ἐκτρέψει. Paulo post Savil. ἀλλ' ἡ πεῖρα μόνη.]

[d] Alii ἀποδημίαν. Ibidem καὶ γὰρ διπλοῦν ἡγεῖται τοῦτο, sic Savil., Morel. et omnes Mss., uno excepto, qui habet καὶ γὰρ κρεῖττον ἡγεῖται τοῦτο. Longe melius. In priore quippe quo referatur illud διπλοῦν non video. In altera quam adoptandam putamus, omnia quadrant, omnia fluunt. Advertendum autem in uno Codice non τοῦτο legi, sed τοῦτον, referendo scilicet ad πλοῦτον, *divitias.* [Cod. 694 καὶ γὰρ διπλοῦν τοῦτο μᾶλλον ἡγεῖται τῶν χρημάτων. Matthæi Ecl. p. 175 legit καὶ γὰρ διπλοῦν ἡγεῖται τοῦτον, « nimirum τὸν θάνατον, *duplicem existimat mortem, quia divitias magis amat, quam hanc lucem,* quam vitam. Moritur ergo divitiis, iisque in primis, moritur vero etiam huic luci. *Lucem* pro vita habet Cicero Tuscul. 2, 4, 10: *Objiciebatur interdum animo metus quidam, et dolor, cogitanti, fore aliquando finem hujus lucis.*»]

* [Scripsimus ἀπέχεται cum Cod. 694. Edebatur ἀπέχεται.]

[a] Alii ὁρμαθόν.

agunt ac si quis corpus exornans, putet usui suo pecuniam impendere. Itaque ille solus voluptate fruitur, suarumque rerum dominus est, qui illis ut par est utitur; hi vero servi sunt et captivi: nam corporis infirmitates et animæ morbos augent. Quodnam ergo fruendi genus, ubi obsidio, bellum, atque tempestas marinis procellis vehementior? Nam divitiæ si stultum hominem invenerint, stultiorem reddunt; si lascivum, lasciviorem. Ecqua, inquies, pauperi ex prudentia utilitas? Jure illud ignoras. Neque enim cæcus scit, quid lucri lux afferat. Audi Salomonem dicentem:
Eccle. 2. 13. *Quantum est inter tenebras et lucem medium, tantum sapiens stultum superat.* Sed eum qui in tenebris est quomodo docebimus? Nam pecuniarum amor veræ tenebræ sunt, quæ rerum nullam sinunt respicere qualis est, sed alio longe modo. Quemadmodum enim qui in tenebris est, etiamsi vas aureum videat, etiamsi lapidem pretiosum, etiamsi vestimenta purpurea, ea nihil esse existimat; non enim eorum pulchritudinem videt: sic et pecuniæ amans expetendarum rerum pulchritudinem ut oporteret non videt. Dissipa mihi caliginem ex hoc morbo ortam, et tunc videbis rerum naturam, quæ nusquam ita videtur ut in paupertate: nusquam ita evincuntur nihil esse ea quæ esse videntur, ut in philosophia.

4. Sed o stulti homines, qui maledicunt pauperibus, et dicunt iis et domos et vitam deturpari, et a paupertate omnia misceri. Quid est, quæso, domus dedecus? Non habet eboreum lectum, non vasa argentea; sed figlina omnia et lignea. Hoc certe maxima domus gloria et nobilitas est. Secularium enim rerum contemtus id sæpe efficit, ut omnis cura studiumque totum circa animam impendatur. Cum ergo multam in exterioribus sollicitudinem impendi videris, tunc erubesce de tanto dedecore. Divitum enim domus non debitam formam habent. Cum videris ergo ligna tapetibus velata, lectos argento ornatos quasi in theatro, quasi in pompa scenica, quid huic turpitudini par fuerit? Quæ magis domus orchestræ, et iis quæ in orchestra fiunt, similis est? divitisne, aut pauperis? Annon palam est esse divitis? Hæc igitur plena turpitudine est. Quæ domus Pauli et Abrahami domibus similis est? Pauperis procul-dubio. Hæc ergo maxime ornata est et conspicua.

σῶμα καὶ τὴν ψυχὴν περιβάλλοντες. Οὐδὲ γὰρ εἰς χρείαν ἀναλίσκουσι τὰ ὄντα, ἀλλ' εἰς τὸ φθεῖραι τὸ σῶμα, καὶ συνδιαφθεῖραι τούτῳ καὶ τὴν ψυχήν· καὶ ταὐτὸν ποιοῦσιν, οἷον ἄν εἴ τις τὸ σῶμα κοσμῶν, δοκῇ εἰς τὴν ἑαυτοῦ χρείαν ἀναλίσκειν. Ὥστε ἐκεῖνος μόνος ἡδονῆς ἀπολαύει, καὶ κύριός ἐστι τῶν ὄντων, ὁ χρώμενος εἰς δέον τῷ πλούτῳ· οὗτοι δὲ δοῦλοι καὶ αἰχμάλωτοι· καὶ γὰρ τὰ πάθη τοῦ σώματος ἐπιτρίβουσι, καὶ τὰ νοσήματα τῆς ψυχῆς αὔξουσι. Ποία οὖν αὕτη ἀπόλαυσις, ὅπου πολιορκία καὶ πόλεμος, καὶ χειμὼν
C θαλαττίας πάσης ζάλης χαλεπώτερος; Κἂν γὰρ ἀνοήτους ὁ πλοῦτος λάβῃ, ἀνοητοτέρους ἐργάζεται· κἂν ἀσελγεῖς, ἀσελγεστέρους. Καὶ τί τῷ πένητι, φησὶ, τῆς συνέσεως ὄφελος; Εἰκότως ἀγνοεῖς. Οὐδὲ γὰρ ὁ τυφλὸς οἶδε, τί τοῦ φωτὸς τὸ κέρδος. Ἄκουσον τοῦ Σολομῶντος λέγοντος, ὅτι Ὅσον τὸ μέσον σκότους καὶ φωτὸς, τοσαύτη ἡ περιουσία τοῦ σοφοῦ ὑπὲρ τὸν ἄφρονα. Ἀλλὰ τὸν [b] ἐν σκότῳ πῶς διδάξομεν; Σκότος γάρ ἐστιν ὁ τῶν χρημάτων ἔρως, οὐδὲν ἀφεὶς τῶν ὄντων φαίνεσθαι ὡς ἔστιν, ἀλλ' ἑτέρως. Καθάπερ γὰρ ὁ ἐν σκότῳ, κἂν χρυσοῦν ἴδῃ σκεῦος, κἂν λίθον τίμιον, κἂν ἁλουργὰ ἱμάτια, οὐδὲν εἶναι νομίζει, οὐ γὰρ ὁρᾷ αὐτῶν τὸ κάλλος· οὕτω [c] καὶ ὁ φιλάργυρος οὐκ οἶδε
D τῶν περισπουδάστων, ὡς χρὴ, τὸ κάλλος. Διασκέδασόν μοι τὴν ἀχλὺν τὴν ἀπὸ τοῦ πάθους τούτου, καὶ τότε ὄψει τῶν πραγμάτων τὴν φύσιν· οὐδαμοῦ δὲ ταῦτα οὕτω φαίνεται, ὡς ἐν πενίᾳ· οὐδαμοῦ οὕτως ἐλέγχεται τὰ δοκοῦντα μὲν εἶναι, οὐκ ὄντα δὲ, ὡς ἐν φιλοσοφίᾳ.

Ἀλλ' ὦ τῶν ἀνοήτων ἀνθρώπων, οἳ καὶ καταρῶνται τοῖς πένησι, καί φασι καταισχύνεσθαι καὶ οἰκίας καὶ βίον, καὶ ὑπὸ πενίας πάντα [d] φύρεσθαι. Τί γάρ
E ἐστιν αἰσχύνη οἰκίας; εἰπέ μοι. Οὐκ ἔχει κλίνην ἐξ ἐλέφαντος, οὐδὲ ἀργυρᾶ σκεύη, ἀλλ' ἐξ ὀστράκων πάντα καὶ ξύλων. Τοῦτο μὲν οὖν μεγίστη δόξα οἰκίας καὶ περιφάνεια. Τὸ γὰρ τῶν βιωτικῶν ἀμελεῖν εἰς τὴν ἐπιμέλειαν τῆς ψυχῆς πολλάκις ποιεῖ τὴν σχολὴν ἀναλίσκεσθαι πᾶσαν. Ὅταν οὖν πολλὴν ἐν τοῖς ἔξω τὴν ἐπιμέλειαν ἴδῃς, τότε αἰσχύνθητι ἐπὶ τῇ πολλῇ ἀσχη-
796 A μοσύνῃ. Σχῆμα γὰρ μάλιστα αἱ τῶν πλουτούντων οὐκ ἔχουσιν οἰκίαι. Ὅταν γὰρ ἴδῃς ξύλα περιβεβλημένα τάπησι, καὶ κλίνας ἀργύρῳ ἐνδεδεμένας, ὥσπερ ἐν τῷ θεάτρῳ, ὥσπερ [e] ἐν τῇ πομπῇ τῆς σκηνῆς, τί ταύτης τῆς ἀσχημοσύνης ἴσον γένοιτ' ἄν; Ποία γὰρ μᾶλλον οἰκία ἔοικε τῇ ὀρχήστρᾳ καὶ τοῖς ἐπὶ ταῖς ὀρχήστραις; ἡ τοῦ πλουσίου, ἢ ἡ τοῦ πένητος; Οὐκ εὔδηλον, ὅτι ἡ τοῦ πλουσίου; Οὐκοῦν αὕτη ἀσχημοσύνης γέμει. Ποία οἰκία ἔοικε τῇ τοῦ Παύλου, τῇ τοῦ Ἀβραάμ; Εὔδηλον ὅτι ἡ τοῦ πένητος. Οὐκοῦν αὕτη μάλιστα κε-

[b] Savil. ἐν σκότει bis.
[c] Unus καὶ ὁ ἐν φιλαργυρίᾳ.
[d] Quidam habent φέρεσθαι.
[e] Alii ἐν τῇ παραπομπῇ.

καλλώπισται καὶ εὐδοκιμεῖ. Καὶ ἵνα μάθῃς ὅτι τοῦτο μάλιστα κόσμος οἰκίας, εἴσελθε εἰς τὴν οἰκίαν τοῦ Ζακχαίου, καὶ μάθε, ὅτε ἔμελλεν εἰς αὐτὴν εἰσιέναι ὁ Χριστὸς, πῶς αὐτὴν ἐκόσμησεν ἐκεῖνος. Οὐ γὰρ ἔδραμε πρὸς τοὺς γείτονας, ἀμφίθυρα αἰτῶν καὶ καθέδρας καὶ βάθρα ἐξ ἐλέφαντος πεποιημένα, οὐδὲ ἐξέβαλεν ἐκ τῶν ταμείων τὰ ἐπιβλήματα τὰ Λακωνικά· ἀλλ' ἐκόσμησε κόσμῳ τῷ Χριστῷ πρέποντι. Τίς δὲ οὗτος ἦν; Τὰ ἡμίση τῶν ὑπαρχόντων μου δίδωμι, φησὶ, Κύριε, πτωχοῖς, [b] καὶ οὗ ἂν ἥρπασά τι, τετραπλασίονα ἀποδώσω. Οὕτω καὶ ἡμεῖς κοσμῶμεν τὰς οἰκίας, ἵνα καὶ πρὸς ἡμᾶς εἰσέλθῃ ὁ Χριστός. Ταῦτα καλὰ τὰ ἀμφίθυρα, ταῦτα ἐν οὐρανοῖς κατασκευάζεται, ἐκεῖ ὑφαίνεται. Ἔνθα ἂν ταῦτα ᾖ, ἐκεῖ καὶ ὁ τῶν οὐρανῶν βασιλεύς. Ἂν δὲ ἑτέρως [c] κοσμῇς, τὸν διάβολον καλεῖς, καὶ τὸν ἐκείνου χορόν. Ἦλθε καὶ εἰς τὴν οἰκίαν τοῦ τελώνου Ματθαίου. Τί οὖν καὶ αὐτὸς ἐποίησεν; Τῇ προθυμίᾳ πρότερον ἑαυτὸν ἐκόσμησε, καὶ τῷ πάντα ἀφεῖναι καὶ ἀκολουθῆσαι αὐτῷ. Οὕτω καὶ ὁ Κορνήλιος ἐκόσμει τὴν οἰκίαν εὐχαῖς καὶ ἐλεημοσύναις· διὸ καὶ μέχρι σήμερον ὑπὲρ αὐτὰ λάμπει τὰ βασίλεια. Καὶ γὰρ οἰκίας εὐτέλεια, οὐ σκεύη κείμενα ἁπλῶς, οὐδὲ κλίνη ἠμελημένη, οὐδὲ τοῖχοι καπνοῦ γέμοντες, ἀλλ' ἡ τῶν ἐνοικούντων κακία. Καὶ δείκνυσιν ὁ Χριστός· εἰς μὲν γὰρ τὴν τοιαύτην, ἂν ᾖ ἐνάρετος ὁ κατοικῶν, οὐκ ἐπαισχύνεται εἰσελθεῖν· εἰς δὲ ἐκείνην, κἂν χρυσοῦν ὄροφον ἔχῃ, οὐδέποτε εἰσελεύσεται. Ὥστε αὕτη μὲν τῶν βασιλείων λαμπροτέρα, τὸν πάντων Δεσπότην δεχομένη· ἐκείνη δὲ, μετὰ τοῦ ὀρόφου χρυσοῦ καὶ τῶν κιόνων, ἀμάραις καὶ ὀχετοῖς ἔοικεν ἀκαθάρτοις, σκεύη τοῦ διαβόλου ἔχουσα. Ταῦτα δὲ ἡμῖν οὐ περὶ τῶν πλουτούντων εἰς δέον, ἀλλὰ περὶ τῶν πλεονεκτούντων καὶ φιλαργύρων εἴρηται. Οὐδὲ γὰρ ἐκεῖ σπουδὴ, οὐδὲ φροντὶς ὑπὲρ τῶν ἀναγκαίων, ἀλλ' [d] ὑπὲρ τοῦ γαστρίζεσθαι καὶ μεθύειν, καὶ ἕτερα τοιαῦτα ἀσχημονεῖν· ἐνταῦθα δὲ ὑπὲρ τοῦ ὥστε φιλοσοφεῖν. [e] Διὰ τοῦτο οὐδαμοῦ εἰσῆλθεν εἰς οἰκίαν λαμπρὰν ὁ Χριστὸς, ἀλλ' εἰς τὴν τοῦ τελώνου, καὶ τοῦ ἀρχιτελώνου, καὶ τοῦ ἁλιέως, τὰ βασίλεια ἀφεὶς, καὶ [f] τοὺς τὰ μαλακὰ ἐνδεδυμένους ἱμάτια. Εἰ τοίνυν αὐτὸν βούλει καλέσαι καὶ σὺ, κόσμησον τὴν οἰκίαν ἐλεημοσύναις, εὐχαῖς, παννυχίσιν, ἱκετηρίαις. Ταῦτα γὰρ τοῦ βασιλέως Χριστοῦ τὰ ἀναθήματα, ἐκεῖνα δὲ τοῦ μαμωνᾶ, τοῦ ἐχθροῦ τοῦ Χριστοῦ. Μηδεὶς τοίνυν ἐγκαλυπτέσθω οἰκίαν ἔχων εὐτελῆ, ἐὰν ταῦτα ἔχῃ τὰ ἐπιβλήματα· μηδεὶς πλούσιος φρονείτω μέγα οἰκίαν ἔχων πολυτελῆ, ἀλλ' ἐγκαλυπτέσθω μᾶλλον, καὶ ταύτην ζηλούτω, ἐκείνην ἀφεὶς, ἵνα καὶ ἐν-

Et ut discas illud maxime domus ornatum esse, ingredere in domum Zacchæi, et disce quomodo ornaverit eam Christum excepturus : non cucurrit ad vicinos, nec petiit ornatas januas bifores, non cathedras et subsellia ex ebore concinnata, nec eduxit ex penuariis Laconica velamina; sed totum *Verus ædium ornatus.*
B ornavit ut Christum decebat. Quis ille ornatus?
Dimidium, inquit, *bonorum meorum, Domine*, *Luc.* 19. 8.
do pauperibus; et si quid aliquem defraudavi, reddam quadruplum. Sic et nos domus ornemus, ut Christum suscipiamus. Hæ pulcherrimæ bifores sunt : hæc in cælis apparantur, ibique texuntur. Ubi hæc sunt, ibi etiam Rex cælorum est. Si alio modo ornaveris, diabolum vocas, illiusque
chorum. Venit etiam ille in domum Matthæi pu- *Matth.* 9. 10.
blicani. Quid ergo fecit ille? Ferventi proposito primum seipsum ornavit, tum dimissis omnibus
sequutus est illum. Sic Cornelius domum ornavit *Act.* 10. 4.
precibus et eleemosynis : ideoque hactenus fulget
C plus quam regiæ ædes. Vilitas quippe domus non a vasis sine ordine projectis, non a neglecto lecto, non a muris fumo obscuratis, sed a nequitia habitantium. Id quod sane Christus ostendit, qui in talem domum, dum is qui in illa habitat sit probus, intrare non erubescit; in illam vero aliam, etiamsi aureo laqueari instructa sit, numquam intrabit. Itaque hæc regiis ædibus splendidior est, quæ omnium Dominum recipit; illa vero cum laqueari et columnis aureis, rivis et cloacis impuris similis est, quæ vasa diaboli habeat. Hæc porro dicta nobis non divites spectant decorum servan-
D tes, sed avaros et pecuniæ amantes. Apud hos enim nulla de necessariis rebus cura est, sed de ventre, de temulentia, deque aliis turpitudine plenis; in illa autem de philosophia studium est. Idcirco numquam in domum splendidam Christus introivit, sed in publicani, principis publicanorum, piscatoris domos, missis regiis ædibus, missis iis qui mollibus induuntur vestimentis. Si tu igitur
E illum in domum tuam vocare velis, orna illam eleemosynis, precibus, pervigiliis, supplicationibus. Hæc quippe regis Christi sunt dona, illa vero mamonæ, Christi inimici. Neminem ergo pudeat domum habere vilem, si hæc nactus sit ornamenta; nemo dives altum sapiat de magnifica domo, sed potius erubescat, et illa relicta, hanc deligat, ut et hic Christum excipiat, et illic æternis fruatur tabernaculis, gratia et benignitate Do-

[b] Alii καὶ ὅσα ἄν.
[c] Quidam κοσμήσῃς. [Infra Cod. 694 et August. τί οὖν καὶ οὗτος ἐποίησε;]

[d] Alii περὶ τοῦ γαστρίζεσθαι.
[e] Alii διὰ τοῦτο δέ.
[f] Morel. τοὺς τὰ καλὰ ἐνδεδ.

mini nostri Jesu Christi, cui gloria et imperium in sæcula sæculorum. Amen.

797 A ταῦθα τὸν Χριστὸν ὑποδέξηται, καὶ ἐκεῖ τῶν αἰωνίων ἀπολαύσῃ σκηνῶν, χάριτι καὶ φιλανθρωπίᾳ τοῦ Κυρίου ἡμῶν Ἰησοῦ Χριστοῦ, ᾧ ἡ δόξα [a] καὶ τὸ κράτος εἰς τοὺς αἰῶνας τῶν αἰώνων. Ἀμήν.

[a] Aliquot Mss. *καὶ τὸ κράτος σὺν τῷ ἀνάρχῳ πατρὶ, καὶ τῷ παναγίῳ καὶ ζωοποιῷ πνεύματι.*

HOM. LXXXIV. al. LXXXV.

Cap. XXVI. v. 51. *Et ecce unus eorum qui cum Jesu erant, extendens manum, evaginavit gladium, et percutiens servum pontificis, amputavit auriculam ejus.* 52. *Tunc dixit ei Jesus : Converte gladium in locum suum.* B *Omnes enim qui gladium accipient, gladio peribunt.* 53. *An putas quia non possum rogare Patrem, et sistet mihi nunc plus quam duodecim legiones angelorum?* 54. *Quomodo ergo implebuntur Scripturæ, quia sic oportet fieri?*

1. Quis est unus iste qui auriculam amputavit? Joannes dixit fuisse Petrum. Estque ferventis illius animi opus. Sed illud quærendum est, cur gladium gestabant, quod non hinc solum patet, sed C quia interrogati dixerunt, duos hic esse gladios. Cur permisit illis Christus ut gladios haberent? Etenim hoc ait Lucas ipsum dixisse : *Quando misi vos sine sacculo et pera et calceamentis, num quidpiam defuit vobis?* Cumque respondissent illi, *Nihil*, dixit eis : *Sed nunc qui habet sacculum, tollat similiter et peram : et qui non habet, vendat vestimentum suum; et emat gladium.* Et cum dixissent illi, esse hic gladios duos, dixit illis, *Sufficit.* Cur ergo id permisit D illis? Ut fidem illis faceret se tradendum fore. Ideo dixit illis, *Emat gladium;* non ut armarentur, absit; sed ut per hoc proditionem indicaret. Et quare, inquies, peram habere jussit? Monebat eos ut deinceps attenti essent et vigilarent, magnaque diligentia uterentur. Initio enim, ut imperitos, multa sua virtute fovebat; deinde vero quasi pullos ex nido eductos, jubet propriis uti alis. Deinde ne putarent, se præ imbecillitate omissos fuisse, jubens illos sua afferre, priora in mentem revocat, dicens : *Cum misi vos sine sacculo, num quidpiam defuit vobis?* ut utrinque illius E potentiam ediscerent, et quia protexit, et quia nunc

Joan. 18. 10.

Cur Christus discipulis permisit ut gladios haberent.

Luc. 22. 35.—38.

ΟΜΙΛΙΑ πδ'.

Καὶ ἰδοὺ εἷς τῶν μετὰ Ἰησοῦ, ἐκτείνας τὴν χεῖρα αὐτοῦ, ἀπέσπασε τὴν μάχαιραν αὐτοῦ, καὶ πατάξας τὸν δοῦλον τοῦ ἀρχιερέως, ἀφεῖλεν αὐτοῦ τὸ ὠτίον. Τότε λέγει αὐτῷ Ἰησοῦς· ἀπόστρεψον τὴν μάχαιραν εἰς τὸν τόπον αὐτῆς. Πάντες γὰρ οἱ λαβόντες μάχαιραν, ἐν μαχαίρᾳ ἀπολοῦνται. Ἢ δοκεῖς ὅτι οὐ δύναμαι παρακαλέσαι τὸν Πατέρα, καὶ παραστήσει μοι ἄρτι πλείους ἢ δώδεκα λεγεῶνας ἀγγέλων; Πῶς οὖν πληρωθῶσιν αἱ Γραφαὶ, ὅτι οὕτω δεῖ γενέσθαι;

Τίς ἦν ὁ εἷς οὗτος ὁ τὸ ὠτίον κόψας; Ἰωάννης φησὶν, ὅτι ὁ Πέτρος. Τῆς γὰρ αὐτοῦ θερμότητος ἦν τὸ πρᾶγμα. Ἀλλ' ἐκεῖνο ἄξιον ζητῆσαι, τίνος ἕνεκεν μαχαίρας ἐβάσταζον· ὅτι γὰρ ἐβάσταζον, οὐκ ἐντεῦθεν δῆλον μόνον, ἀλλὰ καὶ ἐξ ὧν ἐρωτηθέντες εἶπον, ὅτι Εἰσὶν ὧδε δύο. Τίνος δὲ ἕνεκεν καὶ ἐπέτρεψεν αὐτοῖς ὁ Χριστὸς ἔχειν; Καὶ γὰρ καὶ τοῦτό φησιν ὁ Λουκᾶς, ὅτι εἶπεν αὐτοῖς· Ὅτε ἀπέστειλα ὑμᾶς ἄτερ βαλαντίου καὶ πήρας καὶ ὑποδημάτων, μή τινος ὑστερήσατε; Καὶ ἐπειδὴ εἶπον, Οὐδενὸς, εἶπεν αὐτοῖς· Ἀλλὰ νῦν ὁ ἔχων βαλάντιον, ἀράτω ὁμοίως καὶ πήραν· καὶ ὁ μὴ ἔχων, πωλησάτω τὸ ἱμάτιον αὐτοῦ, καὶ ἀγορασάτω μάχαιραν. Καὶ ἐπειδὴ εἶπον, ὅτι Εἰσὶ μάχαιραι ὧδε δύο, εἶπεν αὐτοῖς, Ἱκανόν ἐστι. Τίνος οὖν ἕνεκεν εἴασεν ἔχειν; [b] Πιστούμενος αὐτοὺς, ὅτι παραδοθήσεται. Διὰ τοῦτο λέγει αὐτοῖς, Ἀγορασάτω μάχαιραν· οὐχ ἵνα ὁπλίσωνται· ἄπαγε· ἀλλὰ διὰ τούτου τὴν παράδοσιν δηλῶν. Καὶ τίνος ἕνεκεν καὶ πήραν ἔχειν, φησὶν, ἐπέταξεν; Ἐπαίδευεν αὐτοὺς λοιπὸν νήφειν καὶ ἐγρηγορέναι, καὶ πολλῇ τῇ οἰκείᾳ χρῆσθαι σπουδῇ. Ἐν ἀρχῇ μὲν γὰρ ὡς ἀπείρους ὄντας πολλῇ ἔθαλπε τῇ δυνάμει· λοιπὸν δὲ ὥσπερ νεοττοὺς καλιᾶς ἐξαγαγὼν κελεύει καὶ τοῖς οἰκείοις κεχρῆσθαι πτεροῖς. Εἶτα ἵνα μὴ νομίσωσιν, ὅτι δι' ἀσθένειαν αὐτοὺς ἐᾷ, κελεύων καὶ αὐτοὺς [c] τὰ παρ' ἑαυτῶν συνεισφέρειν, ὑπομιμνήσκει τῶν προτέρων, λέγων· Ὅτε ἀπέστειλα ὑμᾶς ἄτερ βαλαντίου, μή τινος ὑστερήσατε; ἵνα δι' ἀμφοτέρων

[b] Alii *πιστούμενος αὐτοῖς.*

[c] Alii *τὰ παρ' ἑαυτῶν ἐνεργεῖν.*

μάθωσιν αὐτοῦ τὴν ἰσχὺν, καὶ δι' ὧν προέστη, καὶ δι' ὧν αὐτοὺς ἐγκαταλιμπάνει νῦν ἠρέμα. Ἀλλὰ πόθεν ἦσαν ἐκεῖ μάχαιραι; Ἀπὸ δείπνου ἦσαν καὶ τραπέζης ἐξεληλυθότες. Εἰκὸς οὖν καὶ μαχαίρας εἶναι ἐκεῖ διὰ τὸ ἀρνίον· τούτους δὲ ἀκούσαντας, ὅτι ἥξουσί τινες ἐπ' αὐτὸν, λαβεῖν εἰς βοήθειαν ὡς πολεμήσοντας ὑπὲρ τοῦ διδασκάλου, ὃ τῆς ἐκείνων γνώμης ἦν μόνον. Διὸ καὶ ἐπιτιμᾶται Πέτρος αὐτῇ χρησάμενος, καὶ μετὰ σφοδρᾶς τῆς ἀπειλῆς. Καὶ γὰρ ἠμύνατο τὸν οἰκέτην ἐλθόντα, θερμῶς μὲν, πλὴν οὐχ ἑαυτῷ ἀμύνων, ἀλλ' ὑπὲρ τοῦ διδασκάλου τοῦτο ποιῶν. Οὐ μὴν ἀφῆκέ τινα γενέσθαι βλάβην ὁ Χριστός. Καὶ γὰρ ἰάσατο αὐτὸν, καὶ θαῦμα μέγα ἐπεδείξατο, ἱκανὸν καὶ τὴν ἐπιείκειαν αὐτοῦ καὶ τὴν δύναμιν ἐμφῆναι, καὶ τὴν τοῦ μαθητοῦ φιλοστοργίαν τε καὶ πραότητα· καὶ γὰρ ἐκεῖνο φιλοστόργως, καὶ τοῦτο πειθηνίως. Ἀκούσας γὰρ, Βάλε τὴν [a] μάχαιραν εἰς τὴν θήκην αὐτῆς, εὐθέως ἐπείσθη, καὶ μετὰ ταῦτα οὐδαμοῦ τοῦτο ποιεῖ. Ἕτερος δέ φησιν, ὅτι καὶ ἠρώτησαν, Εἰ πατάξομεν· αὐτὸς δὲ ἐκώλυσε, καὶ ἰάσατο ἐκεῖνον. Καὶ τῷ μαθητῇ ἐπετίμησε, καὶ ἠπείλησεν, ἵνα πείσῃ· Πάντες γὰρ οἱ λαβόντες μάχαιραν, φησὶν, ἐν μαχαίρᾳ ἀποθανοῦνται. Καὶ λογισμὸν προστίθησι, λέγων· Ἢ δοκεῖτε, ὅτι οὐ δύναμαι παρακαλέσαι τὸν Πατέρα μου, καὶ παραστήσει μοι πλείους ἢ δώδεκα λεγεῶνας ἀγγέλων; [b] Ἀλλὰ πῶς πληρωθῶσιν αἱ Γραφαί; Διὰ τούτων τὸν θυμὸν αὐτῶν ἔσβεσε, δεικνὺς ὅτι καὶ ταῖς Γραφαῖς τοῦτο δοκεῖ. Διὰ τοῦτο κἀκεῖ ηὔξατο, ἵνα πράως ἐνέγκωσι τὸ συμβὰν, μαθόντες ὅτι [c] κατὰ Θεοῦ πάλιν γίνεται γνώμην. Καὶ δύο τούτοις αὐτοὺς παρεμυθήσατο, τῇ τε τιμωρίᾳ τῶν ἐπιβουλευόντων· Πάντες γὰρ οἱ λαβόντες μάχαιραν, φησὶν, ἐν μαχαίρᾳ ἀπολοῦνται· καὶ τῷ μὴ ἄκων ταῦτα ὑπομεῖναι· Δύναμαι γὰρ, φησὶ, παρακαλέσαι τὸν Πατέρα μου. Καὶ διὰ τί οὐκ εἶπεν, Ἢ δοκεῖτε, ὅτι οὐ δύναμαι ἐγὼ πάντας αὐτοὺς ἀπολέσαι; Ὅτι πιθανώτερος ἦν μᾶλλον τοῦτο λέγων· οὐδέπω γὰρ τὴν προσήκουσαν περὶ αὐτοῦ δόξαν εἶχον· καὶ πρὸ μικροῦ δὲ ἦν εἰρηκὼς, ὅτι Περίλυπός ἐστιν ἡ ψυχή μου ἕως θανάτου· καὶ, Πάτερ, παρελθέτω ἀπ' ἐμοῦ τὸ ποτήριον· καὶ ἀγωνιῶν ἐφάνη καὶ ἱδρῶν, καὶ ὑπὸ ἀγγέλων ἐνισχυόμενος. Ἐπεὶ οὖν πολλὰ τὰ ἀνθρώπινα ἀπεδείξατο, οὐκ ἐδόκει πιθανὰ λέγειν, εἴγε εἰρήκει, ὅτι δοκεῖτε, ὅτι οὐ δύναμαι αὐτοὺς ἀπολέσαι; Διὰ τοῦτό φησιν· Ἢ δοκεῖτε, ὅτι οὐ δύναμαι ἄρτι παρακαλέσαι τὸν Πατέρα μου; Καὶ αὐτὸ πάλιν τοῦτο ταπεινῶς ἀπαγγέλλει εἰπών· Παραστήσει [d] μοι δώδεκα λεγεῶνας ἀγγέλων. Εἰ γὰρ εἷς ἄγγελος ἑκατὸν ὀγδοήκοντα πέντε χιλιάδας ἀνεῖλεν ὡπλισμένας, δώδεκα λεγεῶνας ἔδει ἐπὶ χιλίους ἀνθρώπους; Οὐδέν.

sensim illos relinquit. Sed undenam ibi gladii erant? Ex cœna et mensa egressi fuerant. Verisimile autem est ibi gladios fuisse ad secandum 798 agnum; hinc cum audissent, ipsum a quibusdam A invadendum esse, gladium sumsisse, ut pro magistro pugnarent, quod ex illorum tantum proposito et voluntate factum est. Quapropter Petrum increpat quod gladio usus sit, idque addita vehementi comminatione. Nam servum venientem ultus est, ardenter quidem, verum non se defendens, sed pro magistro pugnans. Neque permisit Christus ut aliquod hinc damnum emergeret. Nam sanavit servum, et magnum miraculum edidit, quod posset et benignitatem et potentiam suam patefacere, necnon discipuli amorem simul et mansuetudinem : nam illud ex amore, hoc ex obedientia fecerat. Cum audisset enim, *Mitte gladium in vaginam suam*, (Joan. 18. 11.) statim obsequutus est, nec postea B idipsum fecit. Alius dicit, interrogasse illos, *Si percutimus* (Luc. 22. 49.) : ipsum vero prohibuisse, et servum sanavisse. Discipulum autem increpavit, addita comminatione, ut ille morem gereret: *Omnes enim*, inquit, *qui gladium accipient, gladio peribunt.* Et rationem adjecit, dicens : *An putatis quia non possum rogare Patrem meum, et sistet mihi plus quam duodecim legiones angelorum? Sed quomodo implebuntur Scripturæ?* His fervorem eorum restinxit, ostenditque id in Scripturis haberi. Ideo prius precabatur, ut quod contingebat C miti animo ferrent, postquam audierant id secundum voluntatem Dei fieri. Et his duobus illos consolatus est, ex supplicio insidiantium : nam ait, *Omnes qui gladium accipient, gladio peribunt;* et ex eo quod non illibenter hæc pateretur : Possum enim, inquit, rogare Patrem. Et cur non dixit, An putatis quod non possim ego illos perdere? Quia fide dignior videbatur esse sic loquens : nondum enim ut par erat de illo sentiebant : et paulo ante dixerat : *Tristis est anima mea usque ad mortem;* et, *Pater, transeat a me* D *calix iste;* ad hæc in angore et sudore visus est, atque ab angelis confortatus. Quia igitur multa humanitati competentia fecerat, non verisimiliter sic loqui potuisset, An putatis me non posse illos perdere? Ideo dicit : *An putatis me non posse nunc rogare Patrem meum?* Et hoc ipsum rursus humiliter profert dicens : *Sistet mihi duodecim legiones angelorum.* Nam si unus angelus (4. Reg. 19. 35.) centum octoginta quinque millia hominum

[a] Alii μάχαιράν σου.
[b] Quidam ἀλλ' ἵνα πληρωθῶσιν.
[c] Morel. μετὰ θεοῦ.
[d] Morel. μοι πλείους δώδεκα.

armatorum occidit, an duodecim legiones oportebat contra mille homines? Non utique. Sed secundum metum et infirmitatem eorum sermonem temperat : nam timore emortui erant. Ideo Scripturas ad firmitatem affert dicens : *Quomodo ergo impleantur Scripturæ?* hinc deterrens eos. Nam si Scripturis ita videtur, cur vos contra pugnatis?

2. Hæc discipulis, illis autem sic loquitur : 55. *Tanquam ad latronem existis cum gladiis et fustibus comprehendere me : quotidie in templo sedebam docens, et non me tenuistis.* Vide quanta faciat quæ possint illos erigere. Supinos projecit, aurem servi curavit, necem illis comminatus est : *Gladio peribunt*, inquit, *qui gladium accipient;* quod ab auricula restituta confirmavit, undique, a præsentibus, a futuris, potentiam exhibens suam, ut ostendat non illorum fortitudinis id opus esse quod illum ceperint. Ideo subjecit : *Quotidie vobiscum eram et sedebam docens, et non me tenuistis;* hinc etiam ostendens permissione sua factum esse ut caperetur. Miraculis autem prætermissis, de doctrina loquitur, ne jactare se videretur. Cum docerem, non tenuistis me; silentem aggressi estis; in templo eram, et nemo invasit me : nunc autem intempesta hora et media nocte irruitis cum gladiis et fustibus? Quid illis opus erat armis adversus eum qui vobiscum semper erat? his docens, nisi se sponte tradidisset, numquam potuisse capi. Neque enim ii, qui illum præ manibus et in medio habentes, comprehendere non potuerant, tunc potuissent, nisi ipse voluisset. Deinde ambiguitatem solvit, cur id voluerit. 56. *Hoc factum est*, inquit, *ut implerentur Scripturæ prophetarum.* Vidistin' quomodo usque ad ultimam horam, ac cum ipse traderetur, omnia faceret ad illorum emendationem, sanans, prophetizans, minas intentans (*In gladio*, inquit, *peribunt*); ostendens se libenter pati (*Quotidie*, inquit, *vobiscum eram docens*), suam cum Patre concordiam ostendens, *Ut implerentur Scripturæ prophetarum?* Cur autem non illum in templo tenuerunt? Quia ibi non ausi fuissent propter turbas. Idcirco foras exivit, et a loco et a tempore libertatem ipsis parans, et usque ad extremam horam ipsis excusationem præcidens. Nam qui se tradidit ut prophetis obtemperaret, quomodo contraria docuisset? *Tunc omnes di-*

Ἀλλὰ πρὸς τὸν φόβον αὐτῶν καὶ τὴν ἀσθένειαν σχηματίζει τὸν λόγον· καὶ γὰρ ἀποτεθνηκότες ἦσαν τῷ δέει. Διὰ τοῦτο καὶ τὰς Γραφὰς ἐπιτειχίζει λέγων· Πῶς οὖν πληρωθῶσιν αἱ Γραφαί; φοβῶν αὐτοὺς κἀντεῦθεν. Εἰ γὰρ ἐκείναις τοῦτο δοκεῖ, ὑμεῖς ἐναντιοῦσθε πολεμοῦντες;

Καὶ πρὸς μὲν τοὺς μαθητὰς ταῦτα, πρὸς δὲ ἐκείνους φησίν· Ὡς ἐπὶ λῃστὴν ἐξήλθετε μετὰ μαχαιρῶν καὶ ξύλων συλλαβεῖν με· καθ' ἡμέραν ἐν τῷ ἱερῷ ἐκαθεζόμην διδάσκων, καὶ οὐκ ἐκρατήσατέ με. Ὅρα πόσα ποιεῖ τὰ δυνάμενα αὐτοὺς διαναστῆσαι. Ὑπτίους ἔῤῥιψε, τὸ ὠτίον τοῦ οἰκέτου ἰάσατο, ἠπείλησεν αὐτοὺς σφαγῆναι· Ἐν μαχαίρᾳ γὰρ ἀπολοῦνται, φησίν, οἱ λαβόντες μάχαιραν· ἀπὸ τῆς τοῦ ὠτίου θεραπείας καὶ ταῦτα ἐπιστώσατο, πάντοθεν, ἀπὸ τῶν παρόντων, ἀπὸ τῶν μελλόντων, ἐμφαίνων αὐτοῦ τὴν δύναμιν, καὶ δεικνὺς ὅτι οὐ τῆς αὐτῶν ἰσχύος ἔργον γέγονε τὸ κρατῆσαι αὐτόν. Διὸ καὶ ἐπάγει· Καθ' ἡμέραν μεθ' ὑμῶν ἤμην, καὶ ἐκαθεζόμην, διδάσκων, καὶ οὐκ ἐκρατήσατέ με· κἀντεῦθεν [a] δηλῶν, ὅτι τῆς αὐτοῦ συγχωρήσεως ἦν τὸ ἑλεῖν. Τὰ γὰρ θαύματα παραδραμὼν, τὴν διδασκαλίαν λέγει, ἵνα μὴ δόξῃ κομπάζειν. Ὅτε ἐδίδασκον, οὐκ ἐκρατήσατέ με· ὅτε ἐσίγησα, ἐπήλθετε· ἐν τῷ ἱερῷ ἤμην, καὶ οὐδεὶς κατέσχε· νυνὶ δὲ ἀωρὶ καὶ * μέσον νυκτῶν ἐπέστητε μετὰ μαχαιρῶν καὶ ξύλων; Τί τούτων ἐδέησε τῶν ὅπλων ἐπὶ τοῦ μεθ' ὑμῶν ὄντος ἀεί; ἀπὸ τούτων διδάσκων, ὅτι εἰ μὴ ἑκὼν ἐνέδωκεν, οὐδ' ἂν τότε ἴσχυσαν. Οὐδὲ γὰρ ἂν οἱ τὸν ἐν χερσὶν ὄντα μὴ δυνηθέντες κατασχεῖν, καὶ μέσον αὐτὸν λαβόντες, καὶ μὴ περιγενόμενοι, οὔτε τότε ἂν ἴσχυσαν, εἰ μὴ ἠθέλησεν. Εἶτα καὶ τὴν ἀπορίαν λύει, διατί τότε ἠβουλήθη. Τοῦτο γὰρ γέγονε, φησὶ, ἵνα πληρωθῶσιν αἱ Γραφαὶ τῶν προφητῶν. Εἶδες πῶς μέχρι τῆς ἐσχάτης ὥρας, καὶ ἐν αὐτῷ τῷ παραδοθῆναι, πάντα ἐποίει [b] πρὸς διόρθωσιν ἐκείνων, θεραπεύων, προφητεύων, ἀπειλῶν (Ἐν μαχαίρᾳ γὰρ, φησὶν, ἀπολοῦνται), δεικνὺς ὅτι ἑκὼν πάσχει (Καθ' ἡμέραν γὰρ μεθ' ὑμῶν, φησὶν, ἤμην διδάσκων), τὴν πρὸς τὸν Πατέρα συμφωνίαν δηλῶν, Ἵνα πληρωθῶσιν αἱ Γραφαὶ τῶν προφητῶν. Διὰ τί δὲ μὴ ἐν τῷ ἱερῷ αὐτὸν ἐκράτησαν; Ὅτι οὐκ ἂν ἐτόλμησαν ἐν τῷ ἱερῷ διὰ τὸν ὄχλον. Διὸ καὶ ἔξω ἐξῆλθε, καὶ ἀπὸ τοῦ τόπου καὶ ἀπὸ τοῦ καιροῦ διδοὺς αὐτοῖς ἄδειαν, καὶ μέχρις ἐσχάτης ὥρας ἀναιρῶν αὐτῶν τὴν ἀπολογίαν. Ὁ γὰρ ἵνα πεισθῇ τοῖς προφήταις, καὶ ἑαυτὸν παραδοὺς, πῶς ἐναντία

[a] Pro δηλῶν quidam habent δεικνύς.
* [Cod. 694 μέσων νυκτῶν.]

[b] Morel. πρὸς τὴν διόρθωσιν τὴν ἐκείνων.

ἐδίδασκε; Τότε πάντες οἱ μαθηταὶ αὐτοῦ, φησὶν, ἀφέντες αὐτὸν, ἔφυγον. Ὅτε μὲν γὰρ κατεσχέθη, ἔμενον· ὅτε δὲ ἐφθέγξατο ταῦτα πρὸς τοὺς ὄχλους, ἔφυγον. Εἶδον γὰρ λοιπὸν, ὅτι οὐκ ἔτι διαφυγεῖν ἔνι, ἑκόντος ἑαυτὸν παραδιδόντος αὐτοῖς, καὶ λέγοντος κατὰ τὰς Γραφὰς [c] τοῦτο γίνεσθαι. Φυγόντων δὲ αὐτῶν, ἄγουσιν αὐτὸν πρὸς Καϊάφαν· ὁ δὲ Πέτρος ἠκολούθησε, καὶ εἰσῆλθεν, ἰδεῖν τὸ τέλος. Πολλὴ ἡ θερμότης τοῦ μαθητοῦ· οὐδὲ φυγόντας ἰδὼν ἔφυγεν, ἀλλ' ἔστη καὶ συνεισῆλθεν. Εἰ δὲ καὶ Ἰωάννης, ἀλλὰ γνώριμος ἦν E τῷ ἀρχιερεῖ. Καὶ διὰ τί ἐκεῖ ἀπήγαγον αὐτὸν, ἔνθα ἦσαν πάντες συνηγμένοι; Ἵνα καὶ κατὰ γνώμην πάντα ποιήσωσι τῶν ἀρχιερέων. Ἐκεῖνος γὰρ ἦν τότε ἀρχιερεὺς, καὶ πάντες ἦσαν αὐτόθι ἀναμένοντες· οὕτω διενυκτέρευον, καὶ ἠγρύπνουν [d] ἐπὶ τούτῳ. Οὐδὲ γὰρ ἔφαγον τότε τὸ πάσχα, φησὶν, ἀλλὰ διὰ τοῦτο ἠγρύπνουν. Εἰπὼν γὰρ, ὅτι Πρωΐα ἐστὶν, ὁ Ἰωάννης ἐπήγαγεν· 800 A [a] Οὐκ εἰσῆλθον εἰς τὸ πραιτώριον, ἵνα μὴ μιανθῶσι, ἀλλ' ἵνα φάγωσι τὸ πάσχα. Τί οὖν ἐστιν εἰπεῖν; Ὅτι ἐν ἑτέρᾳ ἡμέρᾳ ἔφαγον, καὶ τὸν νόμον ἔλυσαν, διὰ τὴν ἐπιθυμίαν τὴν περὶ τὴν σφαγὴν ταύτην. Οὐδὲ γὰρ ἂν ὁ Χριστὸς παρέβη τὸν καιρὸν τοῦ πάσχα, ἀλλ' ἐκεῖνοι οἱ πάντα τολμῶντες, καὶ μυρίους καταπατοῦντες νόμους, ἐπειδὴ σφόδρα ἔζεον τῷ θυμῷ, καὶ πολλάκις ἐπιχειρήσαντες ἀνελεῖν, οὐκ ἴσχυσαν· τότε [*] δὲ λαβόντες αὐτὸν ἀπροσδοκήτως, εἵλοντο καὶ τὸ πάσχα ἀφεῖναι, ὑπὲρ τοῦ τὴν φονικὴν αὐτῶν ἐμπλῆσαι ἐπιθυμίαν. Διὸ καὶ συνήχθησαν ἅπαντες, καὶ συνέδριον ἦν λοιμῶν, καὶ ἐρωτῶσί τινα, βουλόμενοι σχῆμα [b] περιθεῖναι τῇ ἐπιβουλῇ ταύτῃ δικαστηρίου. B Οὐδὲ γὰρ ἦσαν ἴσαι αἱ μαρτυρίαι, φησίν· οὕτω πεπλασμένον τὸ δικαστήριον ἦν, καὶ θορύβου πάντα ἔγεμε καὶ ταραχῆς. Ἐλθόντες δὲ ψευδομάρτυρες ἔλεγον, ὅτι οὗτος εἶπεν, [c] ὅτι λύω τὸν ναὸν τοῦτον, καὶ ἐν τρισὶν ἡμέραις ἐγερῶ αὐτόν. Καὶ μὴν εἰ εἶπεν, ὅτι Ἐν τρισὶν ἡμέραις ἐγερῶ αὐτὸν, τίς ἡ ἐπίνοια τῆς συκοφαντίας; Ἀλλ' οὐκ εἶπε, λύω, ἀλλὰ, Λύσατε· καὶ οὐδὲ περὶ ἐκείνου, ἀλλὰ περὶ τοῦ σώματος τοῦ ἰδίου. Τί οὖν ὁ ἀρχιερεύς; Βουλόμενος αὐτὸν εἰς ἀπολογίαν καταστῆσαι, ἵνα ἐξ αὐτῆς αὐτὸν ἕλῃ, φησίν· Οὐκ ἀκούεις, τί οὗτοί σου καταμαρτυροῦσιν; Ὁ δὲ ἐσίγα. [d] Ἀνόνητα γὰρ ἦν τὰ τῆς ἀπολογίας, οὐδενὸς ἀκούοντος. C Καὶ γὰρ σχῆμα ἦν τοῦ δικαστηρίου μόνον· τὸ δὲ ἀληθὲς, λῃστῶν ἔφοδος, ὡς ἐν σπηλαίῳ καὶ ἐν ὁδῷ ἁπλῶς ἐπελθόντων. Διὸ ἐσίγα· ὁ δὲ ἐπέμενε λέγων· Ἐξορκίζω σε

scipuli, illo dimisso, fugerunt. Cum captus fuit, manserunt; cum autem hæc ad turbas loquutus esset, fugerunt. Viderunt enim demum non ultra ipsi fugiendi facultatem fore, cum se ipse libenter tradidisset illis, et diceret hoc secundum Scripturas fieri. Cum aufugissent illi, ducunt eum ad Caïpham; 58. *Petrus autem sequutus et ingressus est, ut videret finem.* Ingens discipuli fervor; cum fugientes videret, non fugit, sed stetit et cum E illis introivit. Nam etsi Joannes quoque hoc fecerat, sed notus erat pontifici. Et cur eum illo adduxerunt, ubi erant omnes congregati? Ut omnia ex pontificum sententia facerent. Ille namque tunc erat summus sacerdos, et omnes illic manebant: sic pernoctabant et vigilabant pro re illa. Non enim pascha tunc comederant, inquit, sed ea de causa vigilabant. Cum dixisset enim, *Mane facto,* Joan- 800 A nes addidit: *Non intrarunt in prætorium, ut non contaminarentur, sed ut manducarent pascha.* Quid ergo dicendum est? Ipsos altera die comedisse, et ob necis hujus cupiditatem legem violasse. Neque enim Christus tempus paschæ transgressus est; sed illi nihil non ausi, multasque leges violantes, quia magno furore ardebant, et cum sæpe occidere tentavissent, non potuerant; tunc autem ipsum insperato captum tenentes, maluerunt pascha transmittere, ut suum explerent sanguinarium animum. Propterea congregati sunt omnes et concilium erat pestilentium, ac quemdam interro- B gant, ut aliquam judicii formam insidiis suis conciliarent. *Neque* enim *erant,* inquit, *convenientia testimonia;* ita fictum erat judicium, omniaque tumultu plena. 61. *Venientes autem falsi testes dicebant: Iste dixit, Solvam templum hoc, et in tribus diebus excitabo illud.* Atqui si dixerat, *In tribus diebus excitabo illud,* quænam excogitata sycophantia? Sed non dixerat, Solvam, sed *Solvite;* neque hoc de illo templo, sed de corpore suo dicebat. Quid igitur summus pontifex? Ut eum ad responsionem cogeret, et ex verbis suis caperet illum, dicit: 62. *Non audis, quid isti* C *testantur adversum te? Ille autem tacebat.* Inutilis enim responsio futura erat, nullo audiente. Figura quippe dumtaxat judicii erat; sed revera latronum impetus, qui et in antro et in via irrum-

Joan. 18. 15.

Joan. 18. 28.

Caiphas ob cupiditatem inferendæ Christo necis pascha non celebrat suo tempore, et legem violat.

Marc. 14. 58.

Ibid. v. 57. 58.

Joan. 2. 19.

[c] Alii ταῦτα.

[d] Mss. quidam ἐπὶ τοῦτο.

[a] Morel. οὐκ εἰσῆλθον, φησίν, εἰς.

[*] [Cod. 694 omittit δέ.]

[b] Morel. περιτεῖναι. Infra alii et Morel. πεπλανημένον pro πεπλασμένον.

[c] ὅτι λύσατε. Sic Morel. et alii. Paulo post Savil. καὶ μὴν εἶπεν, ὅτι ἐν τρισὶν, ἀλλ' οὐκ εἶπε, λύω, omissis cæteris, quæ tamen cum serie consonant et habentur in Mss. plurimis. Ibid. unus ἀπόνοια pro ἐπίνοια.

[d] Pro ἀνόνητα Morel. ἀνόητα.

pant. Ideo tacebat, pontifex vero perseverabat dicens : 63. *Adjuro te per Deum vivum, ut nobis*
dicas, si tu es Christus Filius Dei vivi. 64. *Ipse*
vero respondit, Tu dixisti. Verumtamen dico
vobis, amodo videbitis Filium hominis seden-
tem a dextris virtutis, et venientem in nubibus
cæli. 65. *Tunc princeps sacerdotum scidit ve-*
stimenta sua, dicens : Blasphemavit. Hoc porro D
fecit, ut crimen gravius efficeret, et ex re gesta
verba firmaret. Quia enim dictum illud metum
incusserat auditoribus, id quod in Stephano fecerunt, aures obstruentes, sic et hoc loco.

3. Sed quænam erat hæc blasphemia? Nam ante
Matth. 22. 44. congregatis illis dixerat : *Dixit Dominus Domino*
Psal. 109. 1 *meo, Sede a dextris meis, donec ponam inimi-*
cos tuos scabellum pedum tuorum : dictumque
interpretatus est; nec illi ausi sunt respondere,
sed tacuerunt, et ex illo tempore nihil contra dixerunt. Cur ergo dictum illud blasphemiam voca-
runt? cur vero Christus ita respondit? Ut omnem E
ipsis tolleret defensionem; nam usque ad ultimam
horam docuerat se esse Christum, a dextris Patris
sedere, et venturum denuo esse ut judicet orbem :
quæ magnam ejus cum Patre concordiam signifi-
cabant. Vestimentis ergo discissis ait, *Quid vobis* 801
videtur? Non fert ex se sententiam; sed quasi in A
manifesto peccato et clara blasphemia, illorum
sententiam requirit. Quia enim sciebant, si res in
examen veniret atque in notitiam, illum ab omni
crimine liberandum esse, apud seipsos illum condemnant, auditoresque præoccupant dicentes, *Vos*
blasphemiam audistis, tantum non cogentes et
vim inferentes ad sententiam ferendam. Quid igitur illi? 66. *Reus est mortis;* ut quasi jam damnatum sisterent, Pilatumque ad sententiam ferendam inducerent. Hac mente et horum conscii
dicunt, *Reus est mortis;* ipsi accusabant, ipsi B
damnabant, et sententiam ferebant, omnium officia occupabant. Cur autem sabbata in medium
non attulerunt? Quia sæpe illos confutaverat :
alioquin vero ex iis quæ tunc dicebantur volebant
eum capere et damnare. Præoccupans igitur, illorum accepta sententia, cum per scissionem vestium omnium ad se animos pertraxisset, ut damnatum abduxit ad Pilatum; ita rem composuit :
Joan. 18. 30. at coram Pilato nihil simile dicunt. Sed quid? *Si*
non esset hic malefactor, non tibi tradidisse-
mus eum; ut a publicis criminibus ipsum interfici curarent. Cur non occulte interfecerunt? Vo-

κατὰ τοῦ Θεοῦ τοῦ ζῶντος, ἵνα ἡμῖν εἴπῃς, εἰ σὺ εἶ
ὁ Χριστὸς ὁ Υἱὸς τοῦ Θεοῦ ζῶντος. Ὁ δὲ εἶπε, σὺ εἶπας. Πλὴν λέγω ὑμῖν, ἀπάρτι ὄψεσθε τὸν Υἱὸν τοῦ
ἀνθρώπου καθήμενον ἐκ δεξιῶν τῆς δυνάμεως, καὶ
ἐρχόμενον ἐπὶ τῶν νεφελῶν τοῦ οὐρανοῦ. Τότε ὁ ἀρχιερεὺς διέῤῥηξε τὰ ἱμάτια αὐτοῦ λέγων, ὅτι ἐβλα-
σφήμησε. Τοῦτο δὲ ἐποίησε, σφοδροτέραν τὴν κατηγορίαν ποιῶν, καὶ τὸ λεχθὲν ἐπαίρων διὰ τοῦ πράγματος. Ἐπειδὴ γὰρ εἰς φόβον ἐνέβαλε τοὺς ἀκροατὰς
τὸ εἰρημένον, ὥσπερ ἐπὶ Στεφάνου πεποιήκασι, τὰ
ὦτα συσχόντες, οὕτω δὴ καὶ ἐνταῦθα.

Καίτοι ποία βλασφημία αὕτη; Καὶ γὰρ ἔμπροσθεν
ἦν εἰρηκὼς, συνηγμένων αὐτῶν· Εἶπεν ὁ Κύριος τῷ
Κυρίῳ μου, κάθου ἐκ δεξιῶν μου, ἕως ἂν θῶ τοὺς
ἐχθρούς σου ὑποπόδιον τῶν ποδῶν σου· καὶ ἡρμήνευσε
τὸ εἰρημένον· καὶ οὐδὲν ἐτόλμησαν εἰπεῖν, ἀλλ' ἐσίγησαν, καὶ ἐξ ἐκείνου οὐκ ἔτι λοιπὸν οὐδὲν ἀντεῖπον.
Πῶς οὖν βλασφημίαν τὸ εἰρημένον ῥῆμα ἐκάλουν; τίνος
δὲ ἕνεκεν καὶ ὁ Χριστὸς οὕτως ἀπεκρίνατο; Πᾶσαν αὐτῶν ἀναιρῶν ἀπολογίαν, ὅτι μέχρις ἐσχάτης ὥρας ἐδίδασκεν, ὅτι αὐτὸς [c] εἴη ὁ Χριστὸς, καὶ ὅτι ἐκ δεξιῶν
κάθηται τοῦ Πατρὸς, καὶ ὅτι ἥξει πάλιν κρίνων τὴν
οἰκουμένην, ὃ πολλὴν πρὸς αὐτὸν τὴν συμφωνίαν δηλοῦντος ἦν. Διαῤῥήξας τοίνυν τὰ ἱμάτια αὐτοῦ φησι·
Τί ὑμῖν δοκεῖ; [f] Οὐ φέρει τὴν ψῆφον οἴκοθεν, ἀλλὰ
παρ' ἐκείνων αὐτὴν ὡς ἐπὶ ὡμολογημένων ἁμαρτημάτων καὶ βλασφημίας δήλης ἐκκαλεῖται. Ἐπειδὴ
γὰρ ᾔδεσαν, ὅτι εἰ τὸ πρᾶγμα εἰς ἐξέτασιν ἔλθοι καὶ
διάγνωσιν ἀκριβῆ, ἀπαλλάττει πάσης αὐτὸν αἰτίας,
παρ' ἑαυτοῖς αὐτὸν καταδικάζουσι, καὶ προκαταλαμ-
βάνουσι τοὺς ἀκροατὰς λέγοντες, Ὑμεῖς ἠκούσατε τῆς
βλασφημίας, μόνον οὐχὶ καταναγκάζοντες καὶ βιαζόμενοι τὴν ψῆφον ἐξενεγκεῖν. Τί οὖν ἐκεῖνοι; Ἔνοχός
ἐστι θανάτου· ἵν' ὡς κατάδικον λαβόντες, οὕτω τὸν
Πιλάτον λοιπὸν ἀποφήνασθαι παρασκευάσωσιν. Ὃ δὴ
κἀκεῖνοι συνειδότες φασὶν, Ἔνοχος θανάτου ἐστίν· Αὐτοὶ κατηγοροῦντες, αὐτοὶ καταδικάζοντες, αὐτοὶ ψη-
φιζόμενοι, πάντα αὐτοὶ γινόμενοι τότε. Πῶς δὲ οὐκ
ἤνεγκαν τὰ σάββατα εἰς μέσον; Ὅτι πολλάκις αὐτοὺς
ἐπεστόμισεν· ἄλλως δὲ καὶ ἐκ τῶν τότε λεγομένων
ἐβούλοντο αὐτὸν ἑλεῖν καὶ καταδικάσαι. Καὶ προλαβὼν, καὶ τὴν ψῆφον παρ' αὐτῶν ἐνεγκὼν, καὶ πάντας
ἐπισπασάμενος διὰ τοῦ ῥῆξαι τὸν χιτωνίσκον, ὡς κατάδικον λοιπὸν ἀπάγει πρὸς τὸν Πιλάτον· οὕτως
ἅπαντα [a] ἔπραττεν· ἐπ' ἐκείνου γοῦν οὐδὲν τοιοῦτόν
φασιν. Ἀλλὰ τί; Εἰ μὴ ἦν οὗτος κακοποιὸς, οὐκ ἄν σοι
παρεδώκαμεν αὐτόν· ἀπὸ δημοσίων ἐγκλημάτων [b] ἀνελεῖν αὐτὸν ἐπιχειροῦντες. Καὶ διατί μὴ λάθρᾳ αὐτὸν

[c] Pro εἴη Morel. εἰ.
[f] Morel. οὐ συμφέρει.

[a] Alii et Morel. ἔπραττον.
[b] Alii ἑλεῖν.

ἀνεῖλον; Ἠβούλοντο καὶ τὴν δόξαν αὐτοῦ διαβαλεῖν. C Ἐπειδὴ γὰρ πολλοὶ ἦσαν ἤδη ἀκηκοότες αὐτοῦ, καὶ θαυμάζοντες αὐτὸν καὶ ἐκπληττόμενοι, [c] διὰ τοῦτο ἐσπούδασαν δημοσίᾳ καὶ ἐπὶ πάντων αὐτὸν σφαγῆναι. Ὁ δὲ Χριστὸς οὐκ ἐκώλυσεν, ἀλλὰ τῇ ἐκείνων πονηρίᾳ εἰς τὴν τῆς ἀληθείας σύστασιν ἀπεχρήσατο, ὥστε κατάδηλον αὐτοῦ γενέσθαι τὸν θάνατον. Καὶ τοὐναντίον ἐξέβαινεν, ἤπερ ἐβούλοντο. Αὐτοὶ μὲν γὰρ ἐκπομπεύειν ἤθελον, ὡς ταύτῃ καταισχύνοντες· αὐτὸς δὲ καὶ δι' αὐτῶν τούτων μᾶλλον ἐξέλαμπε. Καὶ ὥσπερ ἔλεγον, Ἀνέλωμεν αὐτὸν, μήποτε ἔλθωσιν οἱ Ῥωμαῖοι, καὶ ἄρωσιν ἡμῶν καὶ τὴν πόλιν καὶ τὸ ἔθνος, καὶ ἐπειδὴ D ἀνεῖλον αὐτὸν, τοῦτο γέγονεν· [d] οὕτω καὶ ἐνταῦθα δημοσίᾳ αὐτὸν σταυρῶσαι ἐσπούδαζον, ἵνα βλάψωσιν αὐτοῦ τὴν δόξαν, καὶ τοὐναντίον ἐξέβη. Ἐπεὶ ὅτι γε καὶ ἐξουσίαν εἶχον καθ' ἑαυτοὺς ἀνελεῖν, ἄκουσον τί φησιν ὁ Πιλᾶτος· Λάβετε αὐτὸν ὑμεῖς, καὶ κατὰ τὸν νόμον ὑμῶν κρίνατε αὐτόν. Ἀλλ' οὐκ ἤθελον, ἵνα ὡς παράνομος, ὡς τύραννος, ὡς [e] στασιώδης ἀνῃρῆσθαι δόξῃ. Διὰ τοῦτο καὶ λῃστὰς αὐτῷ συνεσταύρωσαν· διὰ τοῦτο καὶ ἔλεγον· Μὴ γράφε, ὅτι οὗτός ἐστιν ὁ βασιλεὺς τῶν Ἰουδαίων, ἀλλ' ὅτι ἐκεῖνος εἶπε. Ταῦτα δὲ πάντα ὑπὲρ τῆς ἀληθείας ἐγίνετο, ὥστε μηδὲ σκιάν τινα αὐτοὺς ἔχειν [f] ἀναισχύντου ἀπολογίας. Καὶ ἐπὶ τοῦ E τάφου δὲ ὁμοίως τὰ σήμαντρα καὶ αἱ φυλακαὶ μᾶλλον διαλάμψαι τὴν ἀλήθειαν ἐποίησαν· καὶ αἱ χλευασίαι, καὶ τὰ σκώμματα, καὶ αἱ λοιδορίαι τὸ αὐτὸ τοῦτο πάλιν ἐποίουν. Τοιοῦτον γὰρ ἡ πλάνη· δι' ὧν ἐπιβουλεύει, λύεται· οὕτω γοῦν καὶ ἐνταῦθα συνέβη. 802 A Οἱ μὲν γὰρ δοκοῦντες νενικηκέναι, οὗτοι μάλιστα καὶ ᾐσχύνθησαν, καὶ ἡττήθησαν, καὶ ἀπώλοντο· ὁ δὲ ἡττῆσθαι δοκῶν, οὗτος μάλιστα καὶ ἔλαμψε, καὶ ἐνίκησε κατὰ κράτος. Μὴ δὴ πανταχοῦ ζητῶμεν νικᾷν, μηδὲ πανταχοῦ τὸ ἡττᾶσθαι φεύγωμεν. Ἔστιν ὅπου νίκη μὲν φέρει βλάβην, ἧττα δὲ ὠφέλειαν. Καὶ γὰρ ἐπὶ τῶν θυμουμένων δοκεῖ μὲν ὁ πολλὰ ὑβρικῶς κεκρατηκέναι· οὗτος δὲ μάλιστά ἐστιν ὁ ἡττηθεὶς ὑπὸ τοῦ χαλεπωτάτου πάθους, καὶ βλαβείς· ὁ δὲ ἐνεγκὼν γενναίως, οὗτος περιεγένετο καὶ ἐνίκησε. Καὶ ὁ μὲν οὐδὲ τὸ οἰκεῖον ἴσχυσε σβέσαι νόσημα· ὁ δὲ καὶ τὸ ἀλλότριον B ἀνεῖλε. Καὶ ὁ μὲν ὑπὸ τοῦ οἰκείου ἡττήθη· ὁ δὲ καὶ τοῦ ἀλλοτρίου περιεγένετο, καὶ οὐ μόνον αὐτὸς οὐ κατεκάη, ἀλλὰ καὶ τὴν ἑτέρου φλόγα ἀρθεῖσαν εἰς ὕψος ἔσβεσεν. Εἰ δὲ ἠθέλησε νικῆσαι τὴν δοκοῦσαν νίκην εἶναι, καὶ αὐτὸς ἂν ἡττήθη· κἀκεῖνον ἐκκαύσας χαλεπώτερον τοῦτο παθεῖν παρεσκεύασεν ἄν, καὶ καθάπερ γυναῖκες, αἰσχρῶς καὶ ἐλεεινῶς ὑπὸ τοῦ θυμοῦ καταπαλαίσθησαν ἂν οἱ ἑκάτεροι. Νυνὶ δὲ καὶ ταύτης ἀπηλ-

lebant nempe malam illi parere famam. Quia enim multi illum audierant, admodumque mirabantur, ideo operam dabant ut publice et coram multitudine necaretur. Christus vero id non impedivit, sed illorum nequitia ad veritatis confirmationem usus est, ita ut mors ejus omnibus esset manifesta. Ac contra accidit quam ipsi volebant. Illi namque illum infamare cupiebant, ut dedecore replerent; ille vero hac ratione magis splendidus conspicuusque evasit. Ac quemadmodum dicebant, *Occidamus eum, ne veniant Romani, et tollant civitatem nostram et gentem*, et postquam occiderunt eum, hoc ipsum evenit: ita et nunc publice illum crucifixerunt, ut ejus existimationem læderent, et contrarium evenit. Quod autem potestatem haberent per seipsos illum interficiendi, audi Pilatum id asserentem: ***Accipite eum vos, et secundum legem vestram judicate ipsum.*** At id illi noluerunt, ut quasi iniquus, tyrannus et factiosus occidi videretur. Quapropter latrones cum illo crucifixerunt; idcirco dicebant: ***Noli scribere hunc esse regem Judæorum, sed illum se regem dixisse.*** Hæc porro omnia pro veritate facta sunt, ut ne umbra quidem ipsis superesset impudentis defensionis. In sepulcro item signacula et custodiæ veritati splendorem attulerunt: quod ipsum dicas de irrisionibus, dicteriis, contumeliis. Hujusmodi est falsitas: per quæ insidias parat, per eadem dissolvitur: quod hic etiam contigit. Nam qui vicisse putabantur, hi maxime pudore affecti, et superati perierunt: qui vero victus esse videbatur, hic maxime refulsit et victoriam retulit. Ne ergo ubique victoriam quæramus, nec semper superari vereamur. Est cum victoria noxam affert, clades vero utilitatem. Nam inter eos, qui ira inflammantur, is vicisse videtur qui plures contumelias jactavit; sed hic ipse a gravissimo morbo superatus et læsus est: qui vero id fortiter tulit, is vicit et superavit. Et ille quidem neque proprium morbum exstinguere potuit; hic alienum sustulit. Ille a suo victus est; hic de alieno triumphavit, nec modo ipse non adustus est, sed et alterius flammam insurgentem restinxit. Si autem ea quæ videbatur esse victoria potiri voluisset, ipse quoque victus fuisset, et adversarium magis inflammasset ac læsisset, et ut rixantes mulieres, ambo turpiter et miserabiliter ab ira prostrati fuissent. Nunc autem a tali dedecore ereptus is qui philosophatus

Joan. 11. 48. — Joan. 19. 6. — Joan. 19. 21. — Falsitas per se solvitur.

[c] Morel. διὰ τοῦτο ἐποίησαν τοῦτο δημοσίᾳ.
[d] Alii οὕτω καὶ οὗτοι δημοσίᾳ.
[e] Quidam Mss. στασιαστής.
[f] Savil. et Morel. ἀναισχύντου γοῦν. Sed γοῦν hic superfluum est, et a plerisque Mss. abest.

est, splendidum tropæum et in se et in adversario contra iram erexit, quando superari visus est.

4. Ne, quæso, ubique victoriam quæramus. Certe qui læsit, læsum vicit, sed perniciosa victoria, quæ exitium victori afferat: qui vero læsus est et victus videtur, si philosophi more id ferat, hic vere coronam retulit. Sæpe namque superari melius est: hic porro optimus est victoriæ modus. Nam sive quis rapiat, sive percutiat, sive invideat, qui vincitur, nec una cum illo contendit, is vere victor est. Ecquid loquor de rapina et invidia? Qui ad martyrium trahitur, ita vincit, vinctus, flagellatus, concisus, jugulatus. Atque ut in bellis vinci dicitur is qui cadit, idipsum apud nos victoria est. Nusquam enim male agentes vincimus, sed ubique mala patientes. Tunc splendidissima victoria est, cum patiendo nocentes vincimus. Hinc ostenditur a Deo esse victoriam, quæ naturam habet contrariam externæ illi victoriæ: idque maxime fortitudinis argumentum est. Sic marinæ petræ percussæ fluctus dissolvunt: sic sancti omnes celebrati coronam retulerunt, splendidaque tropæa erexerunt, hanc non contentiose victoriam consequuti. Ne te moveas, inquit, nec defatigeris: Deus hanc tibi fortitudinem indidit, ut non ex congressu vincas, sed patiendo tantum. Ne aciem instruas, et victoriam referes: ne congrediaris, et coronaberis; longe fortior potentiorque es adversario tuo. Cur te dedecore afficis? Ne des illi locum dicendi te congressum vicisse, sed relinque illum stupentem atque invictam virtutem tuam mirantem, omnibusque dicentem te sine congressu vicisse. Sic et beatus Joseph ubique prædicatur, quod male patiendo malum inferentes vicerit. Nam insidiatores illi fuere fratres et Ægyptia mulier: verum omnes ille superavit. Ne mihi carcerem, ubi conclusus fuit, ne regiam, ubi versata est illa, alleges; sed ostende mihi quis victus, quis victor fuerit, quis in mœrore fuerit, quis in voluptate. Illa enim non modo justum, sed nec animi morbum suum vincere potuit: ille vero et illam et gravissimum morbum superavit. Si vis, ipsa verba audias, et tropæum videbis: *Adduxisti nobis huc puerum Hebræum, ut illuderet nobis.* Non ille illusit, o misera, sed diabolus, qui dixit, te posse adamantem frangere: non ille tibi induxit puerum Hebræum qui insi-

Vera victoria per patientiam reportatur.

Gen. 39. 14.

λάγη τῆς ἀσχημοσύνης ὁ φιλοσοφήσας, καὶ τρόπαιον λαμπρὸν καὶ ἐν ἑαυτῷ καὶ ἐν τῷ πλησίον ἔστησε κατὰ τῆς ὀργῆς, διὰ τῆς καλῆς ἥττης.

C Μὴ δὴ πανταχοῦ ζητῶμεν νικᾷν. Καὶ γὰρ [a] ὁ πλεονεκτήσας τὸν πλεονεκτηθέντα νενίκηκεν, ἀλλὰ κακὴν νίκην, καὶ ὄλεθρον φέρουσαν τῷ νικήσαντι· ὁ δὲ πλεονεκτηθεὶς, καὶ δοκῶν νενικῆσθαι, φιλοσόφως ἐνεγκὼν, οὗτος μάλιστά ἐστιν ὁ τὸν στέφανον ἔχων. Πολλαχοῦ γὰρ τὸ ἡττᾶσθαι βέλτιον, καὶ ἔστι καὶ οὗτος νίκης ἄριστος τρόπος. Ἄν τε γὰρ πλεονεκτῇ τις, ἄν τε παίῃ, ἄν τε βασκαίνῃ, ὁ ἡττώμενος, καὶ μὴ ὁμόσε χωρῶν, οὗτός ἐστιν ὁ νικῶν. Καὶ τί λέγω πλεονεξίαν καὶ βασκανίαν; Καὶ γὰρ ὁ εἰς μαρτύριον ἑλκόμενος, οὕτω νικᾷ, δεσμούμενος, καὶ μαστιγούμενος, καὶ κατακοπτόμενος, καὶ σφαττόμενος. Καὶ ὅπερ
D ἐστὶν ἐν τοῖς πολέμοις ἧττα, τὸ πεσεῖν τὸν ἀγωνιζόμενον, τοῦτο παρ' ἡμῖν νίκη. Οὐδαμοῦ γὰρ δρῶντες κακῶς νικῶμεν, ἀλλὰ πανταχοῦ πάσχοντες κακῶς. Οὕτω γὰρ καὶ ἡ νίκη λαμπροτέρα γίνεται, ὅταν πάσχοντες τῶν δρώντων περιγινώμεθα. Ἐντεῦθεν δείκνυται ὅτι Θεοῦ ἡ νίκη· καὶ γὰρ ἐναντίαν ἔχει τῇ ἔξωθεν νίκῃ τὴν φύσιν· ὃ καὶ μάλιστα ἰσχύος τεκμήριον. Οὕτω καὶ αἱ θαλάττιαι πέτραι τῷ παίεσθαι τὰ κύματα διαλύουσιν· οὕτω καὶ οἱ ἅγιοι πάντες ἀνεκηρύχθησαν, καὶ ἐστεφανώθησαν, καὶ λαμπρὰ τρόπαια ἔστησαν, τὴν ἀπράγμονα ταύτην νικῶντες νίκην. Μηδὲ γὰρ [b] κινήσῃς σαυτὸν, μηδὲ κάμῃς, φησίν· ὁ Θεός σοι ταύτην τὴν
E ἰσχὺν ἔδωκεν, ὡς μὴ ἐκ συμπλοκῆς νικᾷν, ἀλλὰ ἀνεχόμενον μόνον. Μὴ παρατάξῃς, καὶ αὐτὸς [c] ἐξοίσεις, καὶ νενίκηκας· μὴ συμπλακῇς, καὶ ἐστεφανώθης· πολὺ βελτίων εἶ τοῦ ἀνταγωνιστοῦ καὶ δυνατώτερος. Τί καταισχύνεις σαυτόν; Μὴ δῷς ἐκείνῳ λέγειν, ὅτι συμπλακεὶς περιεγένου, ἀλλ' ἄφες αὐτὸν τεθηπέναι,
803 καὶ θαυμάζειν σου τὴν ἄμαχον δύναμιν, καὶ πρὸς
A πάντας λέγειν, ὅτι καὶ χωρὶς τοῦ συμβαλεῖν ἐνίκησας. Οὕτω καὶ ὁ μακάριος Ἰωσὴφ ἀνεκηρύχθη πανταχοῦ, τῷ πάσχειν κακῶς περιγενόμενος τῶν ποιούντων. Καὶ γὰρ καὶ οἱ ἀδελφοὶ καὶ ἡ Αἰγυπτία τῶν ἐπιβουλευόντων ἦσαν· ἀλλὰ πάντων αὐτὸς ἐκράτησε. Μὴ γάρ μοι τὸ δεσμωτήριον, ὅπερ οὗτος ᾤκησε, μηδὲ τὰ βασίλεια, ἔνθα διέτριβεν ἐκείνη, λέγε· ἀλλὰ δεῖξόν μοι, τίς ὁ νικηθεὶς, τίς ὁ ἡττηθεὶς, τίς ὁ ἐν ἀθυμίᾳ, τίς ὁ ἐν ἡδονῇ. Ἐκείνη μὲν γὰρ οὐ μόνον τοῦ δικαίου, ἀλλ' οὐδὲ τοῦ ἰδίου ἴσχυσε κρατῆσαι πάθους· οὗτος δὲ καὶ αὐτῆς καὶ τοῦ νοσήματος περιεγένετο τοῦ χαλεποῦ. Εἰ δὲ βούλει, αὐτῶν ἄκουσον τῶν ῥημάτων, [a] καὶ ὄψει τὸ τρόπαιον· Εἰσήγαγες ἡμῖν ὧδε παῖδα Ἑβραῖον ἐμπαῖξαι ἡμῖν. Οὐχ οὗτος ἐνέπαιξεν, ἀθλία καὶ ταλαίπωρε, ἀλλ' ὁ

a Alii πλεονέκτης.

b Savil. μηδὲ γὰρ νικήσῃς σαυτόν. Manuscripti quidam, μηδὲ γὰρ κινήσῃς σαυτόν, melius.

c Alii ἐξοίσει.

a Alii καὶ ὄψει πῶς ἡττημένης εἰσὶ τὰ ῥήματα. εἰσήγαγες.

διάβολος εἰπὼν, ὅτι δύνασαι κατακλάσαι τὸν ἀδάμαντα· οὐχ οὗτος εἰσήγαγέν σοι παῖδα Ἑβραῖον ἐπιβουλεύοντα, ἀλλ' ὁ πονηρὸς δαίμων, ὁ τὴν ἀκάθαρτον ἀσέλγειαν ἐν σοὶ ἐνθεὶς, ἐκεῖνός σοι [b] ἐνέπαιξε. Τί οὖν ὁ Ἰωσήφ; Σιγᾷ, καὶ οὕτω κατακρίνεται, καθάπερ καὶ ὁ Χριστός. Πάντα γὰρ ἐκεῖνα τύποι τούτων. Καὶ ὁ μὲν ἦν ἐν δεσμοῖς, ἡ δὲ ἐν βασιλείοις. Καὶ τί τοῦτο; Ὁ μὲν γὰρ ἦν στεφανίτου παντὸς λαμπρότερος, καὶ ἐν ἁλύσει μένων· ἡ δὲ δεσμώτου παντὸς ἀθλιώτερον διέκειτο ἐν βασιλικοῖς θαλάμοις διατρίβουσα. Οὐκ ἐντεῦθεν δὲ μόνον τὴν νίκην καὶ τὴν ἧττάν ἐστιν ἰδεῖν, ἀλλὰ καὶ ἀπ' αὐτοῦ τοῦ τέλους. Τίς γὰρ ὅπερ ἠθέλησεν ἐποίησεν, ὁ [c] δεσμώτης, ἢ ἡ βασίλισσα; Ὁ μὲν γὰρ ἐσπούδαζε διατηρῆσαι τὴν σωφροσύνην, ἡ δὲ ἀφελέσθαι. Τίς οὖν ἐποίησεν ὅπερ ἠθέλησεν; ὁ κακῶς παθὼν, ἢ ἡ κακῶς δράσασα; Εὔδηλον ὅτι ὁ παθών. Οὐκοῦν οὗτός ἐστιν ὁ νενικηκώς. Ταῦτα οὖν εἰδότες, ταύτην διώκωμεν τὴν νίκην, τὴν διὰ τοῦ πάσχειν κακῶς· ἐκείνην δὲ φύγωμεν, τὴν διὰ τοῦ δρᾷν κακῶς. Οὕτω γὰρ καὶ τὸν παρόντα βίον μετὰ ἀπραγμοσύνης ἁπάσης καὶ πολλῆς ἡσυχίας * ζήσωμεν, καὶ τῶν μελλόντων ἐπιτύχωμεν, χάριτι καὶ φιλανθρωπίᾳ τοῦ Κυρίου ἡμῶν Ἰησοῦ Χριστοῦ, ᾧ ἡ δόξα καὶ τὸ κράτος εἰς τοὺς αἰῶνας τῶν αἰώνων. Ἀμήν.

diaretur, sed malignus dæmon qui impuram lasciviam indidit, is tibi illusit. Quid ergo Joseph? Tacet, atque ita condemnatur, quemadmodum et Christus. Illa quippe omnia horum erant figuræ. Et ille quidem in vinculis, illa in regia erat. Et quid hoc? Ille namque erat coronato quovis splendidior, etsi catenis onustus: hæc vero vincto quovis miserior in regiis thalamis versabatur. Sed non hinc solum, sed ab ipso exitu et fine, et victoriam et cladem videre licet. Quis enim quod voluit nactus est, vinctus an regina? Ille castitatem servare conatus est, illa eripere voluit. Quis ergo id quod volebat effecit? qui male passus est, an quæ male fecit? Planum est eum qui male passus est. Hic ergo est qui vicit. Hæc cum sciamus, hanc patientiæ victoriam persequamur; illam vero injuriam inferentium fugiamus. Sic enim præsentem vitam negotiis liberam et prorsus tranquillam ducemus, et futura bona consequemur, gratia et benignitate Domini nostri Jesu Christi, cui gloria et imperium in sæcula sæculorum. Amen.

[b] Morel. ἔπαιξε.

[c] Quidam δεσμώτης, ἀλλ' οὐχ ἡ βασιλίς.

* [Cod. 694 ζηούμεθα... ἐπιτευξόμεθα.]

ΟΜΙΛΙΑ πε'.

Τότε ἐνέπτυσαν εἰς τὸ πρόσωπον αὐτοῦ, καὶ ἐκολάφισαν αὐτόν· οἱ δὲ ἐῤῥάπισαν, λέγοντες· προφήτευσον ἡμῖν, Χριστὲ, τίς ἐστιν ὁ παίσας σε; καὶ τὰ ἑξῆς.

Διὰ τί ταῦτα ἐποίουν, ἀναιρεῖν μέλλοντες; τίς χρεία τῆς κωμῳδίας ταύτης, ἢ ἵνα ἴδῃς αὐτῶν τὸν ἀκόλαστον τρόπον διὰ πάντων; καὶ ὅτι καθάπερ θήραμα εὑρόντες, οὕτω τὴν ἑαυτῶν ἐπεδείκνυντο παροινίαν, καὶ τῆς μανίας ἐνεφοροῦντο, ἑορτὴν ταύτην ποιούμενοι, καὶ μεθ' ἡδονῆς ἐπιόντες, καὶ τὸν [d] φονικὸν αὐτῶν ἐνδεικνύμενοι τρόπον; Σὺ δέ μοι θαύμασον τῶν μαθητῶν τὴν φιλοσοφίαν, μεθ' ὅσης αὐτὰ ἀκριβείας ἀπαγγέλλουσιν. Ὅθεν τὸ φιλάληθες αὐτῶν ἦθος διαδείκνυται, ὅτι τὰ δοκοῦντα εἶναι ἐπονείδιστα ἐξηγοῦνται μετὰ ἀληθείας ἁπάσης, οὐδὲν ἀποκρυπτόμενοι,

HOMIL. LXXXV. al. LXXXVI.

CAP. XXVI. v. 67. ***Tunc spuerunt in faciem ejus, et colaphis eum ceciderunt; alii autem palmas in faciem ejus dederunt,*** 68. ***dicentes: Prophetiza nobis, Christe, quis est qui te percussit?*** etc.

1. Cur hoc faciebant, cum occisuri illum essent? quid opus hujusmodi comœdia, nisi ut petulantes illorum mores in omnibus perspectos habeas? qui quasi venatu invento, sic suam exercebant petulantiam, insaniaque repleti, hoc quasi festum celebrabant, cum voluptate irruentes, et sanguinarios mores exhibentes. Tu vero discipulorum, hæc cum tanta accuratione narrantium, philosophiam
804 mireris. Unde amor veritatis in illis demonstratur, quia quæ probrosa esse videbantur, cum omni veritate narrant, nihil celantes, non erubescentes,

Evangelistarum veracitas admiranda.

[d] Morel. φιλόνεικον.

sed gloriam putantes maximam, ut revera erat, quod Dominus orbis talia pro nobis passus esset. Hoc ejus providentiam ineffabilem, illorumque nequitiam venia indignam comprobat, qui talia audebant contra mitem mansuetumque illum, qualia leonem agno facere par erat. Nihil enim, nihil vel ille mansuetudinis, vel illi contumeliæ et crudelitatis retro reliquerunt seu factis seu verbis. Quæ omnia Isaias propheta prænuntiavit, uno verbo
Isai. 52. 14. omnem contumeliam describens: *Quemadmodum* B *obstupescent super te multi, sic inglorius erit apud homines aspectus tuus, et gloria tua inter filios hominum.* Quid huic contumeliæ par fuerit? In faciem illam, quam videns mare reveritum est, quam in cruce sol videns, radios suos alio avertit, conspuebant, alapas impingebant, ejus caput percutiebant, insania sua supra modum abrepti. Plagas enim omnium contumeliosissimas intulerunt, colaphis cædentes, percutientes, plagisque sputorum convitium addiderunt. Verbaque rursus derisionis plena proferebant, dicentes: *Prophetiza nobis, Christe, quis est qui te percussit?* quoniam
Luc. 22. 64. ipsum esse prophetam plerique dicebant. Alius C autem dicit, ipsos facie ejus veste obvoluta, ita fecisse, quasi infamem ac nullius pretii hominem in medio habuissent. Et non liberi modo, sed etiam servi hæc petulanter contra ipsum fecerunt. Hæc legamus frequenter, hæc audiamus ut par est, hæc in animis nostris scribamus; hæc quippe nobis honorabilia sunt. In his ego altum sapio, non solum de mille mortuis quos suscitavit, sed etiam de cruciatibus quos passus est. Hæc sæpissime Paulus versat, crucem dico, mortem, cruciatus, convitia, contumelias, dicteria. Et modo quidem D
Hebr. 13. 13. ait, *Exeamus ad ipsum, opprobrium ejus*
Hebr. 12. 2. *ferentes;* modo autem, *Qui pro gaudio sibi proposito crucem sustinuit, ignominia contemta.* 69. *Petrus autem foris sedebat in atrio: et accessit ad eum una ancilla dicens: Et tu eras cum Jesu Galilæo.* 70. *Ille autem negavit coram omnibus dicens, Nescio quid dicis.* 71. *Cum autem exiisset in vestibulum, vidit illum alia, et dicit eis: Et hic erat cum Jesu Nazareno.* 72. *Et rursus negavit cum juramento.* 73. *Post pusillum autem cum accessissent qui stabant, dixerunt Petro: Vere tu ex illis* E *es; nam loquela tua manifestum te facit.* 74. *Tunc cœpit anathematizare et jurare quod*

οὐδὲ ἐπαισχυνόμενοι, ἀλλὰ καὶ δόξαν ἡγούμενοι μεγίστην, ὥσπερ οὖν καὶ ἦν, τὸ τὸν Δεσπότην τῆς οἰκουμένης ὑπὲρ ἡμῶν τοιαῦτα πάσχοντα ἀνέχεσθαι. Τοῦτο καὶ τὴν αὐτοῦ κηδεμονίαν ἐδείκνυ ἄφατον, καὶ τὴν πονηρίαν ἐκείνων τὴν ἀσύγγνωστον, οἳ ταῦτα ἐτόλμων εἰς τὸν οὕτως ἥμερον καὶ πρᾶον, καὶ τοιαῦτα κατεπᾴδοντα, οἷα καὶ λέοντα ἀρνίον ποιῆσαι ἱκανὰ ἦν. Οὐδὲν γὰρ, [a] οὐδὲν οὔτε αὐτὸς ἐνέλιπεν ἡμερότητος, οὔτε αὐτοὶ ὕβρεως καὶ ἀπηνείας, δι' ὧν ἐποίουν, B δι' ὧν ἔλεγον. Ἅπερ ἅπαντα καὶ ὁ προφήτης Ἡσαΐας προύλεγεν, οὕτω προαναφωνῶν, καὶ ἑνὶ ῥήματι πᾶσαν τὴν ὕβριν ταύτην ἐμφαίνων· Ὃν τρόπον γὰρ ἐκστήσονται πολλοὶ ἐπὶ σὲ, φησὶν, οὕτως ἀδοξήσει ἀπὸ ἀνθρώπων τὸ εἶδός σου, καὶ ἡ δόξα σου ἀπὸ υἱῶν ἀνθρώπων. Τί γὰρ γένοιτ' ἂν τῆς ὕβρεως ταύτης ἴσον; Εἰς τὸ πρόσωπον γὰρ ἐκεῖνο, ὃ ἡ θάλασσα ἰδοῦσα ᾐδέσθη, ὃ ἐπὶ σταυροῦ ἥλιος θεασάμενος, τὰς ἀκτῖνας [b] ἀπέστρεψεν, ἐνέπτυον καὶ ἐῤῥάπιζον, καὶ ἐπὶ τῆς κεφαλῆς ἔτυπτον, ἐμφορούμενοι μετὰ δαψιλείας ἁπάσης τῆς ἑαυτῶν μανίας. Καὶ γὰρ πληγὰς τὰς πασῶν ὑβριστικωτέρας ἐνέτειναν, κολαφίζοντες, ῥαπίζοντες, καὶ ταῖς πληγαῖς ταύταις τὴν [c] ἀπὸ τοῦ ἐμπτύειν προσ- C ετίθεσαν ὕβριν. Καὶ ῥήματα πάλιν πολλῆς γέμοντα κωμῳδίας ἐφθέγγοντο λέγοντες· Προφήτευσον ἡμῖν, Χριστὲ, τίς ἐστιν ὁ παίσας σε; ἐπειδὴ προφήτην αὐτὸν ἔλεγον οἱ πολλοί. Ἕτερος δέ φησιν, ὅτι καὶ περιβάλλοντες τὸ πρόσωπον αὐτοῦ τῷ ἱματίῳ, οὕτω ταῦτα ἐποίουν, ὥσπερ τινὰ ἄτιμον καὶ τριοβολιμαῖον εἰς μέσον λαβόντες. Καὶ οὐκ ἐλεύθεροι μόνον, ἀλλὰ καὶ δοῦλοι ταύτην τὴν παροινίαν εἰς αὐτὸν ἐπαροίνουν τότε. [d] Ταῦτα ἀναγινώσκωμεν συνεχῶς, ταῦτα ἀκούωμεν ὡς χρὴ, ταῦτα ἐγγράφωμεν ἡμῶν τῇ διανοίᾳ· καὶ γὰρ ταῦτα ἡμῶν τὰ σεμνά. Ἐπὶ τούτοις ἐγὼ μέγα φρονῶ, οὐ D μόνον ἐπὶ τοῖς μυρίοις νεκροῖς οὓς ἀνέστησεν, ἀλλὰ καὶ ἐπὶ τοῖς παθήμασιν οἷς ἔπαθε. Ταῦτα ἄνω καὶ κάτω καὶ Παῦλος στρέφει· φημὶ δὴ τὸν σταυρὸν, τὸν θάνατον, τὰ πάθη, τὰς λοιδορίας, τὰς ὕβρεις, τὰ σκώμματα. Καὶ νῦν μέν φησιν, Ἐξερχώμεθα πρὸς αὐτὸν, τὸν ὀνειδισμὸν αὐτοῦ φέροντες· νῦν δὲ, Ὃς ἀντὶ τῆς προκειμένης αὐτῷ χαρᾶς ὑπέμεινε σταυρὸν, αἰσχύνης καταφρονήσας. Ὁ δὲ Πέτρος ἔξω ἐκάθητο ἐν τῇ αὐλῇ· καὶ προσῆλθεν αὐτῷ μία παιδίσκη λέγουσα· καὶ σὺ ἦσθα μετὰ Ἰησοῦ τοῦ Γαλιλαίου. Ὁ δὲ ἠρνήσατο ἔμπροσθεν πάντων λέγων, οὐκ οἶδα τί λέγεις. Ἐξελθόντα δὲ αὐτὸν εἰς τὸν πυλῶνα, εἶδεν αὐτὸν ἄλλη, E καὶ λέγει αὐτοῖς· καὶ οὗτος ἦν μετὰ Ἰησοῦ τοῦ Ναζωραίου. Καὶ πάλιν ἠρνήσατο μεθ' ὅρκου. Μετὰ μικρὸν δὲ προσελθόντες οἱ ἑστῶτες εἶπον τῷ Πέτρῳ·

[a] Morel. οὐδὲν αὐτοὺς ὕβρεως καὶ ἀπηνείας ἐνέλιπεν, δι' ὧν.
[b] Alii ἀπέκρυψεν.
[c] Alii ἀπὸ τοῦ πτύειν.
[d] Alii ταῦτα δή.

ἀληθῶς καὶ σὺ ἐξ αὐτῶν εἶ· [e] καὶ γὰρ ἡ λαλιά σου δῆλόν σε ποιεῖ. Καὶ τότε ἤρξατο καταναθεματίζειν καὶ ὀμνύειν, ὅτι οὐκ οἶδα τὸν ἄνθρωπον. Καὶ εὐθέως ἀλέκτωρ ἐφώνησε, καὶ ἐμνήσθη ὁ Πέτρος τοῦ ῥήματος 808 τοῦ Ἰησοῦ, εἰρηκότος αὐτῷ, ὅτι πρὶν ἀλέκτορα φωνῆ- A σαι, τρὶς ἀπαρνήσῃ με. Καὶ ἐξελθὼν ἔξω, ἔκλαυσε πικρῶς. Ὢ καινῶν καὶ παραδόξων πραγμάτων. Ὅτε μὲν κατεχόμενον εἶδε τὸν διδάσκαλον μόνον, οὕτως ἔζεεν, ὡς καὶ τὴν μάχαιραν σπάσασθαι, καὶ ἐκκόψαι τὸ ὠτίον· ὅτε δὲ μᾶλλον ἀγανακτῆσαι εἰκὸς ἦν, καὶ πυρωθῆναι, καὶ ἐκκαυθῆναι, λοιδοριῶν τοιούτων ἀκούοντα, τότε ἔξαρνος γίνεται. Τίνα γὰρ οὐκ ἂν ἐξῆψεν εἰς μανίαν τὰ τότε γινόμενα; Ἀλλ' ὅμως ὁ μαθητὴς ὑπὸ τοῦ δέους καταγωνισθεὶς οὐ μόνον οὐκ ἐνδείκνυται ἀγανάκτησιν, ἀλλὰ καὶ ἀρνεῖται, καὶ κορασίου ταλαιπώρου καὶ εὐτελοῦς ἀπειλὴν οὐ φέρει· καὶ οὐδὲ ἅπαξ μόνον, ἀλλὰ καὶ δεύτερον, καὶ τρίτον ἀρνεῖται, καὶ [a] ἐν χρόνῳ βραχεῖ, καὶ οὐδὲ ἐπὶ δικαστῶν· ἔξω γὰρ ἦν· ἐξελθόντα γὰρ αὐτὸν εἰς τὸν πυ- B λῶνα ἠρώτησαν· καὶ οὐδὲ ᾔσθετο ταχέως τοῦ πτώματος. Καὶ τοῦτο ὁ Λουκᾶς φησιν, ὅτι ἐνέβλεψεν εἰς αὐτὸν ὁ Χριστὸς, δεικνὺς ὅτι οὐ μόνον ἠρνήσατο, ἀλλ' οὐδὲ ἀνεμνήσθη οἴκοθεν, καὶ ταῦτα τοῦ ἀλεκτρυόνος φωνήσαντος, ἀλλ' ἐδεήθη πάλιν τῆς τοῦ διδασκάλου ὑπομνήσεως. Καὶ τὸ μὲν βλέμμα γέγονεν αὐτῷ ἀντὶ φωνῆς, οὕτω περιδεὴς ἦν. Ὁ δὲ Μάρκος φησὶν, ὅτι ὅτε μὲν ἀπηρνήσατο ἅπαξ, τότε πρῶτον ἐφώνησεν ὁ ἀλεκτρυὼν, ὅτε δὲ τρίτον, τότε δεύτερον, ἀκριβέστερον [b] διηγούμενος τοῦ μαθητοῦ τὴν ἀσθένειαν, καὶ τὸ σφόδρα αὐτὸν ἀποτεθνηκέναι τῷ δέει, καὶ ταῦτα παρὰ C τοῦ διδασκάλου μαθών· καὶ γὰρ φοιτητὴς ἦν Πέτρου. Ὅθεν μάλιστα ἄν τις αὐτὸν ἐκπλαγείη, ὅτι οὐ μόνον οὐκ ἔκρυψε τὸ ἐλάττωμα [c] τοῦ διδασκάλου, ἀλλὰ καὶ τῶν ἄλλων σαφέστερον ἀπήγγειλεν, αὐτῷ τούτῳ τῷ μαθητὴς εἶναι.

non novisset hominem. Et continuo gallus cantavit. 75. Et recordatus est Petrus verbi Jesu quod dixerat, Priusquam gallus cantet, ter me negabis. Et egressus foras, flevit amare. O res novas et incredibiles! Cum apprehensum vidit Magistrum solum, tantum exarsit, ut stricto gladio servum percusserit, et auriculam absciderit; cum autem magis indignari et incendi par erat, tanta audiens convitia, tunc negat. Cujus enim furorem non incitassent ea quæ tum agebantur? Attamen timore victus discipulus non modo non indignationem profert, sed etiam negat, ac miseræ vilisque puellæ minas non fert; nec semel solum, sed etiam secundo et tertio negat, idque brevi tempore: non coram judicibus, nam foris erat: ipsum enim egressum ad vestibulum interrogarunt: neque statim lapsum suum sensit. Quod Luc. 22. 61. et Lucas dicit, nimirum respexit in illum Christus, ostendens ipsum non modo negavisse, sed etiam, cantante licet gallo, lapsum suum non sensisse, sed monitu Magistri opus habuisse. Aspectus ejus pro voce fuit, adeo timore perculsus erat. Marcus Marc. 14. 68.—72. vero ait, postquam semel negasset, gallum cantavisse, postquam tertio negasset, tum secundo cantavisse gallum, accuratius recensens infirmitatem discipuli, qui quasi mortuus erat timore: et hoc Marcus a magistro suo didicit, erat enim Petri discipulus. Quo magis admirandus est, quod non modo magistri lapsum non celaverit, sed quod etiam clarius quam alii narraverit, eo ipso quod discipulus esset.

Marcus erat Petri discipulus.

Πῶς οὖν ἀληθὲς τὸ εἰρημένον, τοῦ μὲν Ματθαίου λέγοντος, ὅτι εἶπεν, Ἀμὴν λέγω σοι, ὅτι πρὶν ἀλέκτορα φωνῆσαι, τρὶς ἀπαρνήσῃ με; τοῦ δὲ Μάρκου μετὰ τὸ τρίτον λέγοντος, Ἐκ δευτέρου ἀλέκτωρ ἐφώνησεν; Σφόδρα μὲν οὖν καὶ ἀληθὲς, καὶ σύμφωνον. Ἐπειδὴ γὰρ καθ' ἑκάστην ἀγωγὴν καὶ τρίτον καὶ τέταρτον εἴωθε φωνεῖν ὁ ἀλεκτρυὼν, δηλῶν ὁ Μάρκος, D ὅτι οὐδὲ ἡ φωνὴ αὐτὸν ἐπέσχε, καὶ εἰς μνήμην ἤγαγε, τοῦτό φησιν. Ὥστε ἀμφότερα ἀληθῆ. Πρὶν ἢ γὰρ τὴν μίαν ἀγωγὴν ἀπαρτίσαι τὸν ἀλεκτρυόνα, τρίτον ἀπηρνήσατο. Καὶ οὐδὲ ὑπὸ τοῦ Χριστοῦ τῆς ἁμαρτίας

2. Quomodo igitur verum erit id quod Matthæus narrat, Christum dixisse, *Amen dico tibi, antequam gallus cantet, ter me negabis?* cum Marcus dicat post tertiam negationem gallum secundo cantavisse? Sed hæc admodum vera et consona sunt. Quia enim singulis vicibus solet gallus ter quaterque cantare, Marcus id dicit, ut declaret non vocem illam ipsum retinuisse, et ad mentem revocasse. Itaque utrumque verum est. Priusquam enim gallus primam vocem explevisset, ter negavit. Atque a Christo de peccato

[e] Hæc, καὶ γὰρ ἡ λαλιά σου δῆλόν σε ποιεῖ, desunt in Savil. et Morel., sed habentur in Manuscriptis plurimis, atque in Bibliis Græcis, et a veteri Interprete lecta sunt.

[a] Alii ἐν καιρῷ βραχεῖ.

[b] Alii ἐξηγούμενος. Ibidem unus ἐξηγούμενος τό τε γυναικεῖον τοῦ διδασκάλου, καὶ τὴν τοῦ Πέτρου ἀσθένειαν.

[c] Τοῦ διδασκάλου deest in Morel. ut et paulo post εἶναι post μαθητής.

monitus, non ausus est palam flere, ne per lacrymas accusaretur: sed *Egressus foras flevit ama-*
Cap. xxvii. *re.* 1. ***Adveniente autem die ducunt Jesum a***
Caïpha ad Pilatum. Quia enim illum occidere
volebant, nec poterant ob festum, ad præsidem
ducunt. Tu vero mihi consideres quomodo res
processerit, ut in festo res fieret: sic enim superne definitum fuerat. 2. ***Tunc videns Judas, qui***
tradiderat eum, quod condemnatus esset, pœ-
nitentia ductus retulit triginta argenteos. Hoc
hujus et illorum crimen auget: hujus, non quod
pœnitentia ductus sit, sed quod tardius, et se suo
judicio damnaverit; se enim tradidisse confessus
est; illorum vero, quod cum possent pœnitentiam
agere et mutari, non resipuerint. Perpende autem
quando pœnitentia ducatur. Cum perfectum im-
pletumque fuit peccatum. Talis nempe diabolus
est: eos qui non vigilant non sinit peccatum respicere, ne semel capti pœnitentiam agant. Tot
Jesu Christi verbis nihil flexus est: cum vero
scelus jam perpetratum perfectumque fuit, tunc
pœnitentia ductus est sine ulla utilitate. Nam quod
seipsum damnaverit, quod argenteos projecerit,
nec Judæos reveritus fuerit, hæc omnia laudanda
fuissent; quod vero se strangulaverit, nullam
potest veniam admittere, malignique dæmonis est
opus. Præripuit enim eum a pœnitentia, ut nullum
ex illa pœnitentia fructum consequi posset, et turpissima omnibusque nota morte sustulit, suadens
illi ut seipsum interimeret. Tu vero mihi veritatem consideres velim undique fulgentem, etiam
ex iis rebus, quas adversarii faciunt vel patiuntur.
Nam ipsa mors proditoris, iis qui Christum da-
mnarunt ora obstruit, neque illis umbram defensionis relinquit. Quid enim dicere possunt illi,
quando talem proditor adversum se protulisse
sententiam narratur? Sed illorum verba videamus. Principibus sacerdotum argenteos retulit,
et ait: 4. ***Peccavi tradens sanguinem justum.***
At illi dixerunt: Quid ad nos? Tu videris.
5. ***Et projectis argenteis in templo, recessit,***
et abiens se suspendit. Nam conscientiæ stimu-
los non tulit. Perpende autem mihi Judæos illud
ipsum facientes. Nam cum ab iis quæ passi erant
emendari deberent, non prius gradum sistunt,
quam peccatum perfecerint. Etenim hujus peccatum, quod proditio erat, jam perpetratum fuerat;

ἀναμνησθεὶς κλαῦσαι ἐτόλμα φανερῶς, ἵνα μὴ κα-
τηγορηθῇ διὰ τῶν δακρύων· ἀλλ' Ἐξελθὼν ἔξω
ἔκλαυσε πικρῶς. Καὶ γενομένης ἡμέρας ἄγουσι τὸν
Ἰησοῦν ἀπὸ τοῦ Καϊάφα πρὸς Πιλάτον. Ἐπειδὴ γὰρ
ἠβούλοντο αὐτὸν ἀνελεῖν, αὐτοὶ δὲ οὐκ ἴσχυον διὰ τὴν
ἑορτὴν, ἐπὶ τὸν ἡγεμόνα ἄγουσι. Σὺ δέ μοι σκόπει
πῶς συνηλάθη τὸ πρᾶγμα, ὥστε ἐν ἑορτῇ γενέσθαι.
3 Οὕτω γὰρ ἄνωθεν προδιετετύπωτο. Τότε ἰδὼν Ἰούδας, ὁ παραδιδοὺς αὐτὸν, ὅτι κατεκρίθη, μεταμεληθεὶς ἀπέστρεψε τὰ τριάκοντα ἀργύρια. Τοῦτο καὶ
ἐκείνου καὶ τούτων κατηγορία· τοῦ μὲν, οὐχ ὅτι μετε-
μελήθη, ἀλλ' ὅτι ὀψὲ καὶ βραδέως, καὶ αὐτοκατάκριτος γέγονεν· ὅτι γὰρ παρέδωκεν, αὐτὸς ὡμολόγησε·
τῶν δὲ, ὅτι κύριοι ὄντες [d] τοῦ μετανοῆσαι καὶ μετα-
806 θέσθαι, οὐ μετενόησαν. Σκόπει δὲ πότε μεταμελεῖ-
A ται. Ὅτε ἀπηρτίσθη καὶ τέλος ἔλαβεν ἡ ἁμαρτία.
Τοιοῦτος γὰρ ὁ διάβολος· οὐκ ἀφίησι τοὺς μὴ νήφοντας ἰδεῖν πρὸ τούτου τὸ κακὸν, [a] ἵνα μὴ μετανοήσωσιν οἱ ἁλόντες. Τοσαῦτα γοῦν λέγοντος τοῦ Ἰησοῦ, οὐκ
ἐπεκάμφθη· ἐπειδὴ δὲ ἀπηρτίσθη τὸ πλημμέλημα,
τότε ἐπεισῆλθεν αὐτῷ ἡ μετάνοια, καὶ οὐδὲ τότε χρησίμως. Τὸ μὲν γὰρ καταγνῶναι, καὶ τὸ ῥῖψαι τὰ
ἀργύρια, καὶ τὸ μὴ αἰδεσθῆναι τὸν Ἰουδαϊκὸν δῆμον,
πάντα ἀποδεκτά· [b] τὸ δὲ ἀπάγξασθαι, τοῦτό ἐστιν
B ἀσύγγνωστον, καὶ πονηροῦ δαίμονος ἔργον. Προεξή-
γαγε * γὰρ αὐτὸν τῆς μετανοίας, ἵνα μηδὲν ἐντεῦθεν
καρπώσηται, καὶ θανάτῳ αἰσχίστῳ καὶ καταδήλῳ
πᾶσιν ἀναιρεῖ, πείσας ἑαυτὸν ἀπολέσαι. Σὺ δέ μοι
σκόπει [c] πανταχόθεν τὴν ἀλήθειαν λάμπουσαν, καὶ
δι' ὧν οἱ ἐναντίοι ποιοῦσι καὶ πάσχουσι. Καὶ γὰρ καὶ
αὕτη τοῦ προδότου ἡ τελευτὴ τῶν κατακρινάντων αὐτὸν ἀποῤῥάπτει τὰ στόματα, καὶ οὐκ ἀφίησιν αὐτοὺς
οὐδὲ σκιάν τινα [d] ἀναισχύντου γοῦν ἀπολογίας ἔχειν. Τί
γὰρ ἂν ἔχοιεν εἰπεῖν ἐκεῖνοι, ὅταν ὁ προδότης τοιαῦτα
καθ' ἑαυτοῦ ψηφιζόμενος φαίνηται; Ἴδωμεν δὲ καὶ
C τὰ ῥήματα, ἅ φασιν. Ἀπέστρεψε τὰ τριάκοντα ἀργύρια τοῖς ἀρχιερεῦσι, καὶ λέγει· ἥμαρτον παραδοὺς
αἷμα ἀθῷον. Οἱ δὲ εἶπον· τί πρὸς ἡμᾶς; Σὺ ὄψει.
Καὶ ῥίψας τὰ ἀργύρια [e] ἐν τῷ ναῷ, ἀνεχώρησε, καὶ
ἀπελθὼν ἀπήγξατο. Οὐδὲ γὰρ ἤνεγκε τὸ συνειδὸς μα-
στίζον αὐτόν. Σκόπει δέ μοι καὶ τοὺς Ἰουδαίους τὰ
αὐτὰ πάσχοντας. Καὶ γὰρ οὗτοι ἀφ' ὧν ἔπαθον ὀφείλοντες διορθωθῆναι, οὐ πρότερον ἵστανται, ἕως ἂν τὴν
ἁμαρτίαν πληρώσωσιν. Ἡ μὲν γὰρ τούτου ἁμαρτία
ἤδη πεπλήρωτο, προδοσία γὰρ ἦν· ἡ δὲ ἐκείνων οὐδέπω. Ὅτε δὲ κἀκεῖνοι ἀπήρτισαν, καὶ προσήλωσαν
D αὐτὸν, τότε καὶ αὐτοὶ ταράττονται, νῦν μὲν λέγοντες·

[d] Hæc, τοῦ μετανοῆσαι καί, desunt in Morel.

[a] Unus ἵνα μὴ μετανοήσῃ ὁ ἁλούς.

[b] Alii et Morel. τότε δὲ ἀπάγξασθαι.

* [Scripsimus γάρ cum Cod. 694. Edebatur καί.]

[c] Morel. πάντοθεν.

[d] Morel. ἀναισχύντου γνώμης ἀπολογίας. Paulo post καθ' ἑαυτοῦ deest in Morel.

[e] Alii εἰς τὸν ναόν.

Μὴ γράφε, οὗτός ἐστιν ὁ βασιλεὺς τῶν Ἰουδαίων. Καίτοι γε τί δεδοίκατε, τί θορυβεῖσθε, νεκροῦ σώματος ἐπὶ σταυροῦ προσηλωμένου; Νῦν δὲ φυλάττουσιν αὐτὸν, λέγοντες· Μήποτε κλέψωσιν αὐτὸν οἱ μαθηταὶ αὐτοῦ, καὶ εἴπωσι τῷ λαῷ, ὅτι ἀνέστη· καὶ ἔσται ἡ ἐσχάτη πλάνη χείρων τῆς πρώτης. Καὶ μὴν ἐὰν εἴπωσιν, ἐλέγχεται τὸ πρᾶγμα, ἐὰν μὴ ἀληθὲς [f] ᾖ. Πῶς δὲ ἀροῦσιν οἱ μηδὲ στῆναι τολμήσαντες, κατασχεθέντος αὐτοῦ, ὁ δὲ κορυφαῖος καὶ τρὶς αὐτὸν ἠρνήσατο, κορασίου μὴ φέρων ἀπειλήν; Ἀλλ', ὅπερ ἔφην, ἐταράττοντο λοιπόν. Ὅτι γὰρ ᾔδεσαν παρανομίαν τὸ πρᾶγμα, δῆλον ἐξ ὧν ἔλεγον, Σὺ ὄψει. E Ἀκούσατε οἱ φιλάργυροι, ἐννοήσατε τί ἔπαθεν ἐκεῖνος· πῶς καὶ τῶν χρημάτων ἐξέπεσε, καὶ τὴν ἁμαρτίαν εἰργάσατο· πῶς καὶ τῆς φιλαργυρίας οὐκ ἀπήλαυσε, καὶ τὴν ψυχὴν ἀπώλεσε τὴν ἑαυτοῦ. Τοιαύτη τῆς φιλαργυρίας ἡ τυραννίς· οὔτε τοῦ ἀργυρίου ἀπώνατο, οὔτε τῆς παρούσης ζωῆς, οὔτε τῆς μελλούσης· ἀλλὰ πάντα ἀθρόον ἀπέβαλε, καὶ δόξαν λαβὼν πονηρὰν παρ' αὐ- 807 A τοῖς ἐκείνοις, οὕτως ἀπήγξατο. Ἀλλ', ὅπερ ἔφην, μετὰ τὸ πρᾶξαι, τότε τινὲς διαβλέπουσιν. Ὅρα γοῦν καὶ τούτους τέως οὐκ ἐθέλοντας αἰσθάνεσθαι σαφῶς τοῦ τολμήματος, ἀλλὰ λέγοντας, Σὺ ὄψει. Ὃ καὶ αὐτὸ μέγιστον ἦν αὐτῶν ἔγκλημα· τοῦτο γὰρ καὶ μαρτυρούντων μέν ἐστι τῇ τόλμῃ καὶ τῇ [a] παροινίᾳ, ὑπὸ δὲ τοῦ πάθους μεθυόντων, καὶ οὐκ ἐθελόντων ἀποσχέσθαι τῆς σατανικῆς ἐγχειρήσεως, ἀλλὰ πεπλασμένης ἀγνοίας παραπετάσματι [b] περιστέλλοντας ἑαυτοὺς ἀνοήτως. Εἰ μὲν γὰρ μετὰ τὸν σταυρὸν ταῦτα ἐλέγετο, καὶ τὸ ἀναιρεθῆναι αὐτὸν, μάλιστα μὲν οὐδὲ τότε λόγον εἶχε τὸ λεγόμενον· πλὴν ἀλλ' οὐχ οὕτως αὐτοὺς κατέκρινεν· νῦν δὲ ἔτι παρ' ὑμῖν αὐτὸν ἔχον- B τες, καὶ κύριοι ὄντες ἀφεῖναι, [*] πῶς ἂν δύνησθε ταῦτα λέγειν; Ἡ γὰρ ἀπολογία αὕτη κατηγορία ὑμῶν ἂν γένοιτο μεγίστη. Πῶς καὶ τίνι τρόπῳ; Ὅτι ἐπὶ τὸν προδότην ὅλον τὸ ἔγκλημα φέροντες (Σὺ γὰρ, φησὶν, ὄψει), δυνάμενοι τῆς χριστοκτονίας ἀπαλλαγῆναι, ἀφέντες αὐτὸν, καὶ ἐπηγωνίσαντο τῷ τολμήματι, τῇ προδοσίᾳ τὸν σταυρὸν προσθέντες. Τί γὰρ ἐκώλυσεν εἰπόντας ἐκείνῳ, Σὺ ὄψει, αὐτοὺς ἀποστῆναι τοῦ τολμήματος; Νῦν δὲ καὶ τοὐναντίον ἐργάζονται, προστιθέντες τὴν σφαγὴν, καὶ πανταχοῦ, καὶ δι' ὧν ποιοῦσι, καὶ δι' ὧν λέγουσι, ἀφύκτοις ἐμπλέκοντες ἑαυτοὺς κακοῖς. Καὶ γὰρ μετὰ ταῦτα, ἐπιτρέψαντος τοῦ Πι- C λάτου, τὸν μὲν λῃστὴν εἵλοντο ἀφεθῆναι μᾶλλον, ἢ

illorum vero peccatum nondum completum erat.
Cum autem illi scelus perfecerunt et cruxifixerunt
eum, tunc et ipsi turbantur, nunc dicentes: *Noli* Joan. 19.
scribere, hunc esse regem Judæorum. Atqui 21.
quid timetis, quid turbamini, mortuo jam corpore
in cruce pendente? Nunc vero custodiunt illud et
dicunt: *Ne forte furentur eum discipuli ejus;* Matth. 27.
et populo dicant, ipsum resurrexisse; et erit 64.
novissimus error pejor priore. At certe si id
dixerint, nisi res vera fuerit, facile redarguitur. Sed quomodo furabuntur qui illo comprehenso ne stare quidem ausi sunt, quando coryphæus ter illum negavit, puellæ comminationem non ferens? Sed, ut dixi, demum turbabantur. Quod enim scirent rem esse peccatum, patet ex iis quæ dicebant, *Tu videris*. Audite, avari, cogitate quæ ille passus sit; quomodo pecunias amiserit, et scelus perpetraverit; quomodo avaritiæ fructum non tulerit, et animam perdiderit. Talis est avaritiæ tyrannis: nec argento fruitur, nec præsenti vita, nec futura: sed omnia confertim amisit, malamque nactus apud illos famam, laqueo gulam fregit. Sed, ut dixi, post rem peractam, tum quidam rem aspiciunt. Vide igitur et illos, tantum facinus clare sentire nolentes, sed dicentes, *Tu videris*. Quæ res eorum culpam auget: nam hæc verba sunt testificantium facinus esse horrendum, sed animi morbo ebriorum, qui nollent a suscepto satanico facinore absistere, sed fictæ ignorantiæ velamine se stulte operirent. Nam si post crucem hæc dixissent, postquam Christus jam mortuus erat, ne tunc quidem id rationabiliter dici poterat; licet id non adeo damnandum fuisset: nunc autem dum adhuc ille apud vos est, et illum potestis dimittere, quomodo hoc dicere audetis? Hæc quippe defensio maxima est accusatio. Cur et qua de causa? Quia in proditorem totum scelus rejicitis, illud dicentes, *Tu videris*, cum possitis a Christi nece desistere, illumque dimittere: verum susceptum scelus perfecere, proditioni crucem addentes. Quid enim impedivit, cum ipsi dicerent, *Tu videris*, quominus desisterent a facinore? Nunc vero contrarium faciunt, necem adjiciunt, ac tum verbis, tum factis, se inevitabilibus malis involvunt. Nam postea, permittente Pilato, la-

Avaris Judas in exemplum proponitur.

f [Addidimus ᾖ e Cod. 694. Infra idem et Commelin. pro ἀροῦσιν habent ἐροῦσιν. Infra corrector recens ejusdem Codicis post παρανομίαν addit εἶναι.]

a Codex unus παρανομίᾳ, alter παρανοίᾳ.

b Alii περιστελλόντων. [Savil. τῷ. περιστελλόντων.]

* [Cod. 694 πῶς ἂν τύνησθε; Infra ante καὶ ἐπηγωνίσαντο Savil. addit οἱ δέ. Infra post ἢ τὸν Ἰησοῦν verba hæc, καὶ τὸν μὲν λῃστήν... ἀποφαίνουσιν, τὸν δὲ Χριστὸν τὸν, quæ exciderant in Commelin. et Montfaucon., restituimus e Codice eodem et Savilio, qui ante ἀθῷον addit μᾶλλον. Expressit in versione sua Georgius Trapezuntius.]

tronem maluerunt dimitti, quam Jesum, et latronem quidem, innumerorum scelerum convictum, innocentem declaraverunt, Christum autem, qui ipsos nihil læserat, imo qui tot ipsos beneficiis affecerat, occiderunt.

3. Quid ergo Judas? Ut vidit se inutiliter laborare, illosque nolle recipere, projecit argenteos, *Et abiens laqueo se suspendit*. 6. *Principes autem sacerdotum, cum accepissent argenteos, dixerunt : Non licet eos mittere in corbonam, quia pretium sanguinis est*. 7. *Et consilio inito, emerunt ex eis agrum figuli in sepulturam peregrinorum*. 8. *Ideo vocatus est ager ille ager sanguinis usque ad hodiernum diem*. 9. *Tunc*
Zach. 11. 12. *impletum est quod dictum est per Jeremiam prophetam dicentem* : 10. *Et acceperunt triginta argenteos, pretium appretiati*, 11. *et dederunt eos in agrum figuli, sicut constituit mihi Dominus*. Viden' rursus eos a propria conscientia damnari? Quia enim sciebant, se hominis cædem coemisse, non jecerunt in corbonam, sed emerunt agrum figuli in sepulturam peregrinorum. Hoc vero et testimonium contra illos, et proditionis argumentum fuit. Nomen quippe loci clarius quam tuba cædem ab illis perpetratam omnibus proclamat. Neque simpliciter hoc faciunt, sed inito consilio, et sic ubique agunt, ut nullus ab hoc scelere sit innocens, sed omnes noxii. Hæc vero supra allata prophetia prænuntiat. Viden' quomodo non apostoli modo, sed etiam prophetæ opprobria illa accurate narrent, et undique passionem prædicent, et prænuntient? Hoc non intelligentes Judæi in cœptis perstitere. Nam si in corbonam conjecissent, res non sic manifesta fuisset; ipsi vero agrum ementes sequentibus generationibus totum patefe-
Eleemosyna ex rapinis facta damnatur. cerunt. Audite quotquot ex cædibus videmini beneficia præstare, et animarum hominum pretium accipitis. Judaïcæ sunt hujusmodi eleemosynæ, imo potius satanicæ. Sunt enim, sunt hodieque, qui direptis innumerorum bonis, se totos excusatos putant, si vel decem vel centum aureos ero-
Mal. 2. 13. gent. De quibus propheta dicit : *Operiebatis lacrymis altare meum*. Non vult Christus ex rapina nutriri, non hujusmodi cibum admittit. Quid Dominum contumelia afficis, dum immunda illi offers? Melius esset fame tabescentem relinquere,

τὸν Ἰησοῦν, καὶ τὸν μὲν λῃστὴν μυρίοις ἐγκλήμασιν ἁλόντα ἀθῷον ἀποφαίνουσι, τὸν δὲ Χριστὸν, τὸν οὐδὲν ἠδικηκότα, ἀλλὰ καὶ τοσαῦτα εὐεργετηκότα, ἀνῄρουν.

[c] Τί οὖν ὁ Ἰούδας; Ὡς εἶδεν ἀνόνητα πονῶν, καὶ οὐκ ἀνεχομένους δέξασθαι, ἔῤῥιψε τὰ ἀργύρια, Καὶ ἀπελθὼν ἀπήγξατο. Οἱ δὲ ἀρχιερεῖς λαβόντες τὰ ἀργύρια, εἶπον· οὐκ ἔξεστι βαλεῖν αὐτὰ εἰς τὸν κορβονᾶν, ἐπεὶ τιμὴ αἵματός ἐστι. Καὶ συμβούλιον λαβόντες, ἠγόρασαν ἐξ αὐτῶν τὸν ἀγρὸν τοῦ κεραμέως εἰς ταφὴν
D τοῖς ξένοις. Δι' ὃ ἐκλήθη ὁ ἀγρὸς ἐκεῖνος ἀγρὸς αἵματος ἕως τῆς σήμερον. Τότε ἐπληρώθη τὸ ῥηθὲν διὰ Ἱερεμίου τοῦ προφήτου λέγοντος· καὶ ἔλαβον τὰ τριάκοντα ἀργύρια τὴν τιμὴν τοῦ τετιμημένου, καὶ ἔδωκαν αὐτὰ εἰς τὸν ἀγρὸν τοῦ κεραμέως, καθὰ συνέταξέν μοι Κύριος. Εἶδες πάλιν αὐτοὺς κατακρινομένους αὐτόθεν ὑπὸ τοῦ συνειδότος; Ἐπειδὴ γὰρ ᾔδεσαν, ὅτι τὸν φόνον ἠγόρασαν, οὐκ ἔβαλον εἰς τὸν κορβονᾶν, ἀλλ' ἠγόρασαν τὸν ἀγρὸν τοῦ κεραμέως εἰς ταφὴν τοῖς ξένοις. Ἐγίνετο δὲ καὶ τοῦτο μαρτυρία κατ' αὐτῶν, καὶ τῆς προδοσίας ἔλεγχος. Τὸ γὰρ ὄνομα τοῦ χωρίου σάλπιγγος λαμπρότερον [d] ἐκήρυττε πᾶσι τὴν μιαιφονίαν
E αὐτῶν. Καὶ οὐδὲ ἁπλῶς αὐτὸ ποιοῦσιν, ἀλλὰ συμβούλιον λαβόντες, καὶ πανταχοῦ δὲ οὕτως, ἵνα μηδεὶς ἀθῷος ᾖ τοῦ τολμήματος, ἀλλὰ πάντες ὑπεύθυνοι. Ταῦτα δὲ ἄνωθεν προὔλεγεν ἡ προφητεία. Ὁρᾷς οὐχὶ
808 τοὺς ἀποστόλους μόνον, ἀλλὰ καὶ τοὺς προφήτας τὰ
A ἐπονείδιστα μετὰ ἀκριβείας διηγουμένους, καὶ πάντοθεν τὸ πάθος ἀνακηρύττοντας, καὶ προεμφαίνοντας; [a] Τοῦτο καὶ Ἰουδαῖοι μὴ συνιέντες ὑπέμενον. Εἰ γὰρ εἰς τὸν κορβονᾶν ἐνέβαλον, οὐκ ἂν οὕτω τὸ πρᾶγμα κατάδηλον γέγονεν· αὐτοὶ δὲ χωρίον ὠνησάμενοι, καὶ ταῖς μετέπειτα γενεαῖς δῆλον ἐποίησαν τὸ πᾶν. Ἀκούσατε ὅσοι ἀπὸ φόνων δοκεῖτε εὐποιίας ποιεῖν, καὶ τιμὴν λαμβάνοντες ψυχῶν ἀνθρώπων. Ἰουδαϊκαὶ αὗται αἱ ἐλεημοσύναι, μᾶλλον δὲ σατανικαί. Εἰσὶ γὰρ, καὶ νῦν εἰσιν, οἵ μυρία ἑτέρων ἁρπάζοντες, ὑπὲρ τοῦ παντὸς ἀπολογεῖσθαι νομίζουσι, ἂν δέκα χρυσίνους ἢ ἑκατὸν καταβάλωσι. Περὶ ὧν καὶ ὁ προφήτης φησίν· [b] Ἐκαλύπτετε ἐν δάκρυσι τὸ θυσιαστήριόν μου. Οὐ βούλεται Χριστὸς πλεονεξίᾳ τρέφεσθαι, οὐ δέχε-
B ται ταύτην τὴν τροφήν. Τί τὸν Δεσπότην ὑβρίζεις, ἀκάθαρτα προσάγων αὐτῷ; Βέλτιον λιμῷ τηκόμενον περιορᾷν, ἢ τρέφειν ἀπὸ τοιούτων. Ἐκεῖνο ὠμοῦ, τοῦτο καὶ ὠμοῦ καὶ ὑβριστοῦ. Βέλτιον μηδὲν δοῦναι, ἢ τὰ

[c] Morel. τί οὖν ἐκεῖνος; ὡς οἶδεν ἀνόνητα.

[d] Savil. ἀνεκήρυττε.

[a] Savil. καὶ οἱ Ἰουδαῖοι τοῦτο μὴ συνιέντες ὑπέμενον. Morel. μὴ συνειδότες. Interpres vetus sic convertit : *sed Judæi amentia convoluti, hoc modo fecerunt*. ὑπέμενον hic significare puto, *in cœptis* vel *in consilio suo perstiterunt*

[b] Savil. ἐκαλύπτετε, et sic legitur in Evangelio Græce, Morel. et quidam Mss. ἐκάλυπτον. Unus ἐκάλυπτεν.

ἄλλων ἑτέροις. Εἰπὲ γάρ μοι, εἴ τινας εἶδες δύο, τὸν μὲν γυμνὸν, τὸν δὲ ἱμάτιον ἔχοντα, εἶτα τὸν ἔχοντα τὸ ἱμάτιον ἀποδύσας, περιέβαλες τὸν γυμνὸν, ἆρ' οὐκ ἠδίκησας; Παντί που δῆλον. Εἰ δὲ ὅπερ ἔλαβες ἑτέρῳ δοὺς ἅπαν, ἠδίκησας, οὐδὲ ἠλέησας· ὅταν δὲ [c] μηδὲ τὸ πολλοστὸν δῷς ὧν ἁρπάζεις, καὶ ἐλεημοσύνην τὸ πρᾶγμα καλεῖς, ποίαν οὐχ ὑποστήσῃ τιμωρίαν; Εἰ γὰρ χωλὰ ἄλογα προσφέροντες ἄνθρωποι ἐνεκαλοῦντο, C σὺ χαλεπώτερα ποιῶν ποίας τεύξῃ συγγνώμης; Εἰ γὰρ αὐτῷ ἀποδιδοὺς τῷ Κυρίῳ ὁ κλέπτης ἔτι ἀδικεῖ, καὶ οὕτως ἀδικεῖ, ὡς τετραπλασίονι προσθήκῃ μόλις λῦσαι τὸ ἔγκλημα, καὶ ταῦτα ἐπὶ τῆς Παλαιᾶς· ὁ μὴ κλέπτων, ἀλλὰ βιαζόμενος, καὶ μηδὲ αὐτῷ τῷ ἀφαιρεθέντι διδοὺς, ἀλλ' ἀντ' ἐκείνου ἑτέρῳ, καὶ μηδὲ τετραπλασίονα, ἀλλὰ μηδὲ τὰ ἡμίση, καὶ μηδὲ ἐν τῇ Παλαιᾷ, ἀλλ' ἐν τῇ Καινῇ πολιτευόμενος, ἐννόησον ὅσον ἐπὶ τὴν ἑαυτοῦ κεφαλὴν συνάγει πῦρ. D Εἰ δὲ οὐδέπω δίδωσι τὴν δίκην, δι' αὐτὸ μὲν οὖν τοῦτο αὐτὸν θρήνησον, ὅτι μείζονα ἑαυτῷ θησαυρίζει τὴν ὀργὴν, εἰ μὴ μεταμεληθείη. Τί γὰρ δοκεῖτε, φησὶν, ὅτι ἐκεῖ μόνοι ἦσαν ἁμαρτωλοὶ, ἐφ' οὓς ὁ πύργος κατηνέχθη; Οὐχὶ, λέγω ὑμῖν, ἀλλ' ἐὰν μὴ μετανοήσητε, καὶ ὑμεῖς ὡσαύτως ἀπολεῖσθε. Μετανοήσωμεν τοίνυν καὶ δῶμεν ἐλεημοσύνην πλεονεξίας καθαρὰν, καὶ πολλὴν ἔχουσαν τὴν δαψίλειαν. Ἐννοήσατε ὅτι οἱ Ἰουδαῖοι [d] Λευίτας ὀκτακισχιλίους ἔτρεφον, καὶ μετὰ τῶν Λευιτῶν καὶ χήρας, καὶ ὀρφανοὺς, καὶ πολλὰ ἕτερα ἐλειτούργουν, καὶ μετὰ τούτου E καὶ ἐστρατεύοντο· νυνὶ δὲ ἀγροὶ, καὶ οἰκίαι, καὶ μισθώματα οἰκημάτων, καὶ ὀχήματα, καὶ ὀρεοκόμοι, καὶ ἡμίονοι, καὶ πολλὴ τοιαύτη παράταξις ἐν τῇ Ἐκκλησίᾳ δι' ὑμᾶς, καὶ τὴν ὑμετέραν ἀπανθρωπίαν. Καὶ γὰρ ἐχρῆν παρ' ὑμῖν εἶναι τὸν θησαυρὸν τοῦτον 809 τῆς Ἐκκλησίας, καὶ πρόσοδον αὐτῇ τὴν ὑμετέραν A γίνεσθαι προθυμίαν· νυνὶ δὲ δύο τὰ ἄτοπα γίνεται, καὶ ὑμεῖς [a] ἄκαρποι μένετε, καὶ οἱ τοῦ Θεοῦ ἱερεῖς τὰ προσήκοντα οὐ μεταχειρίζονται. Μὴ γὰρ οὐκ ἦν δυνατὸν ἐπὶ τῶν ἀποστόλων τὰς οἰκίας μένειν καὶ τοὺς ἀγρούς; Τίνος οὖν ἕνεκεν ἐπώλουν καὶ ἐδίδοσαν; Ὅτι τοῦτο βέλτιον ἦν.

Ἀλλὰ νῦν δέος ἔλαβε τοὺς πατέρας ὑμῶν, οὕτω πρὸς τὰ βιωτικὰ μαινομένων ὑμῶν, καὶ διὰ τὸ συλλέγειν, ἀλλὰ μὴ σκορπίζειν, ἵνα μὴ λιμῷ διαφθαρῶσιν οἱ τῶν χηρῶν [b] καὶ τῶν ὀρφανῶν καὶ τῶν παρθένων χοροί· διὰ τοῦτο ταῦτα κατασκευάσαι ἠναγκά-

quam talibus pascere cibis : illud crudelis hominis esset, hoc vero et crudelis et contumeliosi. Melius est nihil dare, quam aliena aliis dare. Dic enim mihi, si duos homines videres quorum alius nudus esset, alius vestimento indutus, et illum qui indutus esset exueres, ut nudum operires, annon inique ageres? Maxime certe. Quod si rem totam quam rapuisti dans alteri, inique agis, nec das eleemosynam : quando minimam partem das rapti peculii, et illud eleemosynam vocas, quas pœnas non dabis? Nam si ii, qui mutila animalia offerebant, in crimen vocabantur, tu, qui pejora facis, quam veniam consequeris? Etenim si ei cui abstulit fur restituat id tantum quod abripuit, inique agit, et usque adeo ut quadrupli additione vix peccatum luat, et hæc in veteri lege : qui non solum furatur, sed etiam violenter abripit, neque illi restituit a quo abripuit, sed alteri, ac non quadruplum, imo ne dimidium quidem, nec jam in veteri, sed in nova lege, cogita quantum ignem in caput suum congerat. Quod si nondum pœnas det, ideo illum lugeas, quod sibi majorem iræ thesaurum attrahat, nisi pœnitentiam agat. *Quid enim existimatis*, inquit, *illos solos peccatores fuisse, super quos turris cecidit? Non, dico vobis, sed nisi pœnitentiam egeritis, et vos simul peribitis.* Pœnitentiam agamus igitur, et a rapina puram eleemosynam demus, largiterque erogemus. Cogitate Judæos olim octo mille Levitas aluisse, et cum Levitis, viduas et pupillos, ac præterea ministeriis aliis obnoxios, militiæ quoque operam dedisse : nunc vero agros, domos, locationes ædium, vehicula, muliones, mulos et multa alia hujusmodi possidet Ecclesia ob vestram crudelitatem. Oporteret penes vos esse hunc Ecclesiæ thesaurum, et proventum ejus ex vestro animi studio pendere : nunc autem duo absurda hinc nascuntur; nam et vos sine fructu manetis, et sacerdotes Dei sibi non competentia tractant. Annon poterant apostolorum tempore domus et agri manere? Cur ergo illa vendebant, et pretium distribuebant? Quia illud melius erat.

Luc. 13. 4. 5.

Ecclesiæ Antiochenæ bona et prædia.

4. Sed nunc patres vestros timor invasit, ne vobis furiosa rerum sæcularium cupiditate captis, colligentibusque, nec spargentibus, viduarum, pupillorum et virginum chori fame pereant : ideo hæc ita componere coacti sunt. Neque enim vole-

[c] Mss. plurimi μηδὲ τὸ πολλοστὸν μέρος δῷς.

[d] Morel. Λευίτας καὶ χήρας, omissis interpositis omnibus. Paulo post quidam μετὰ τοῦτο.

[a] Alii ἄπρακτοι.

[b] Καὶ τῶν ὀρφανῶν deest in Morel.

bant hujusmodi dedecus admittere, sed cupiebant voluntatis vestræ propositum ipsis proventum esse, et inde fructum decerpere, dum illi precibus tantum incumberent. Nunc autem illos coegistis, ut eos qui res sæculares et familiares tractant imitarentur; unde omnia sus deque versa sunt. Nam cum et vos et nos iisdem simus negotiis intenti, quis Deum placabit? Ideo os non audemus aperire, quia Ecclesia nihil a sæcularibus hominibus differt. Non audistis apostolos, ne quidem pecunias sine labore collectas distribuendas suscepisse? Nunc autem episcopi, curatores, œconomos et caupones hujusmodi sollicitudine superant : et cum oporteret illos animarum vestrarum curam gerere, eadem quæ exceptores, quæstores, rationarii et pecuniarii curare coguntur : de his quotidie sunt solliciti. Hæc non frustra deploro, sed ut quædam emendatio et mutatio sequatur, ut nos qui hac gravi servitudine premimur, misericordiam consequamur, ut vos sitis Ecclesiæ et proventus et thesaurus. Sin nolitis, ecce pauperes coram vobis sunt : quotquot poterimus, alemus; quos non poterimus, vobis alendos relinquemus, ne in die tremenda verba illa audiatis, immisericordibus et inhumanis dicta : *Esurientem me vidistis, et non aluistis.* Hæc certe inhumanitas et vos et nos ridiculos efficit, quia oratione, doctrina, cæterisque sanctis exercitiis relictis, alii vini, alii frumenti, alii aliarum rerum venditoribus litigando miscemur omni tempore. Hinc rixæ, contentiones, et quotidiana convitia; singulisque sacerdotibus nomina quædam imponuntur, quæ sæcularibus ædibus magis competerent; cum oporteret aliis nominibus vocari, quæ statuerunt apostoli, ab alimento pauperibus dato, a patrocinio læsis concesso, ab hospitalitate, a præstito oppressis auxilio, a cura pupillorum, a defensione viduarum, a protectione virginibus data, et hæc ministeria sacerdotibus tradi, potius quam agrorum ædiumque. Hæc enim Ecclesiæ sunt cimelia : hi thesauri ipsi competentes, quæ multam nobis facilitatem, vobisque utilitatem, imo etiam facilitatem præstent. Nam per Dei gratiam puto eos qui hic congregantur ad centum mille pertingere; et si singuli singulis pauperibus singulos panes darent, omnes in rerum abundantia essent : si singuli unum darent obolum, ne unus quidem

Centum mille Antiocheni Christiani.

B σθησαν. Οὐδὲ γὰρ ἠβούλοντο ἑαυτοὺς εἰς τοιαύτην ἀσχημοσύνην ἐμβαλεῖν, ἀλλ' ἐπεθύμουν τὴν ὑμετέραν γνώμην αὐτοῖς πρόσοδον εἶναι, καὶ τοὺς καρποὺς ἐντεῦθεν τρυγᾷν, [c] καὶ αὐτοὺς εὐχαῖς προσέχειν μόνοις. Νυνὶ δὲ αὐτοὺς ἠναγκάσατε τῶν τὰ πολιτικὰ πραττόντων καὶ διοικούντων πράγματα τὰς οἰκίας μιμεῖσθαι· ὅθεν πάντα ἄνω καὶ κάτω γέγονεν. Ὅταν γὰρ καὶ ὑμεῖς καὶ ἡμεῖς τοῖς αὐτοῖς ἐνεχώμεθα, τίς ὁ ἐξιλεούμενος τὸν Θεόν; Διὰ ταῦτα οὐκ ἔστιν ἡμῖν ἀνοῖξαι τὸ στόμα, ὅτι οὐδὲν τῶν βιωτικῶν ἀνθρώπων ἄμεινον ἡ Ἐκκλησία διάκειται. Οὐκ ἠκούσατε, ὅτι οὐδὲ τὰ ἀπραγμόνως [d] συλλεγόμενα χρήματα διανέμειν κατεδέξαντο οἱ C ἀπόστολοι; Νυνὶ δὲ ἐπιτρόπους, καὶ οἰκονόμους, καὶ καπήλους παρῆλθον ἡμῶν οἱ ἐπίσκοποι τῇ [e] περὶ αὐτὰ φροντίδι· καὶ δέον αὐτοὺς ὑπὲρ τῶν ψυχῶν μεριμνᾷν, καὶ φροντίζειν τῶν ὑμετέρων· οἱ δὲ, ὑπὲρ ὧν ὑποδέχται, καὶ φορολόγοι, καὶ λογισταὶ, καὶ ταμίαι μεριμνῶσιν, ὑπὲρ τούτων καθ' ἑκάστην κόπτονται τὴν ἡμέραν. Ταῦτα οὐχ ἁπλῶς ἀποδυρόμενος λέγω, ἀλλ' ὥστε γενέσθαί τινα διόρθωσιν καὶ μεταβολὴν, ὥστε ἡμᾶς ἐλεηθῆναι χαλεπὴν δουλεύοντας δουλείαν, ὥστε ὑμᾶς γενέσθαι πρόσοδον καὶ θησαυρὸν τῆς Ἐκκλησίας· [f] εἰ δὲ μὴ βούλεσθε, ἰδοὺ οἱ πένητες πρὸ τῶν ὑμετέρων ὀφθαλμῶν, ὅσοις μὲν δυνατὸν [g] ἡμῖν ἀρκέσαι, D οὐ διαλείψομεν τρέφοντες· οὓς δὲ οὐ δυνατὸν, ὑμῖν ἀφήσομεν, ἵνα μὴ τῶν ῥημάτων ἐκείνων ἀκούσητε κατὰ τὴν φοβερὰν ἡμέραν, τῶν πρὸς τοὺς ἀνελεεῖς καὶ ὠμοὺς λεγομένων, ὅτι Πεινῶντά με εἴδετε, καὶ οὐκ ἐθρέψατε. Καὶ γὰρ μεθ' ὑμῶν ἡμᾶς καταγελάστους ἡ ἀπανθρωπία αὕτη ποιεῖ, ὅτι τὰς εὐχὰς ἀφέντες, καὶ τὴν διδασκαλίαν, καὶ τὴν ἄλλην ἁγιωσύνην, οἱ μὲν οἰνοπώλαις, οἱ δὲ σιτοπώλαις, οἱ δὲ τοῖς τὰ ἕτερα καπηλεύουσιν ὤνια, τὸν πάντα πυκτεύομεν χρόνον. Ἐντεῦθεν μάχαι, καὶ φιλονεικίαι, καὶ καθημεριναὶ [h] λοιδορίαι, καὶ ἑκάστῳ τῶν ἱερέων ὀνόματα ἐπίκειται, βιωτικαῖς μᾶλλον οἰκίαις πρέποντα· δέον ἀντὶ τούτων ἕτερα ἀνταλλάξασθαι, καὶ ἐντεῦθεν καλεῖσθαι, ἀφ' ὧν καὶ οἱ ἀπόστολοι ἐνομο- E θέτουν, ἀπὸ τῆς τῶν πενήτων διατροφῆς, ἀπὸ τῆς τῶν ἀδικουμένων προστασίας, ἀπὸ τῆς τῶν ξένων ἐπιμελείας, ἀπὸ τῆς τῶν ἐπηρεαζομένων βοηθείας, ἀπὸ τῆς τῶν ὀρφανῶν προνοίας, ἀπὸ τῆς τῶν χηρῶν συμμα- 810 χίας, ἀπὸ τῆς τῶν παρθένων ἐπιστασίας, καὶ ταύ- A τας, ἀντὶ τῆς τῶν χωρίων καὶ τῶν οἰκημάτων φροντίδος, διανέμεσθαι τὰς διακονίας. Ταῦτα γὰρ τῆς Ἐκκλησίας τὰ κειμήλια· οὗτοι πρέποντες αὐτῇ θησαυροὶ, καὶ πολλὴν καὶ ἡμῖν εὐκολίαν, καὶ ὑμῖν

[c] Morel. καὶ αὐτοῖς προσανέχειν μόνοις.

[d] Morel. συλλεγόμενα πράγματα διανέμειν.

[e] Alii περὶ ταῦτα.

[f] Hæc, εἰ δὲ μὴ βούλεσθε, desunt in Morel.

[g] Alii ἡμῖν διαρκέσαι.

[h] Post λοιδορίαι alii addunt καὶ ὀνείδη καὶ σκώμματα. Paulo post unus οἰκίαις ἐμπρέποντα.

ὠφέλειαν παρέχοντες, μᾶλλον δὲ ὑμῖν εὐκολίαν μετὰ τῆς ὠφελείας. Καὶ γὰρ τῇ τοῦ Θεοῦ χάριτι εἰς δέκα μυριάδων ἀριθμὸν οἶμαι τοὺς ἐνταῦθα συναγομένους τελεῖν, καὶ [a] εἰ ἑνὸς ἄρτου μετεδίδου ἑνὶ τῶν πενήτων ἕκαστος, ἅπαντες ἦσαν ἂν ἐν εὐπορίᾳ· εἰ ἐξ ἑνὸς μόνον ὀβολοῦ, οὐδεὶς ἂν ἦν πένης, οὐκ ἂν τοσαῦτα ὑπεμείναμεν ὀνείδη καὶ σκώμματα ἀπὸ τῆς περὶ τὰ κτήματα προνοίας. Καὶ γὰρ τὸ, Πώλησόν σου τὰ ὑπάρχοντα, καὶ δὸς πτωχοῖς, καὶ δεῦρο ἀκολούθει μοι, καὶ πρὸς τοὺς τῆς Ἐκκλησίας προέδρους ὑπὲρ τῶν τῆς Ἐκκλησίας κτημάτων καιρὸν ἂν ἔχοι B λέγεσθαι. Ἄλλως γὰρ ἀκολουθῆσαι ὡς χρὴ οὐκ ἔνι, μὴ πάσης φροντίδος ἀπηλλαγμένους παχυτέρας καὶ ἀτιμοτέρας. Νυνὶ [b] δὲ οἱ τοῦ Θεοῦ ἱερεῖς τρυγητῷ καὶ ἀμητῷ παρακάθηνται, καὶ πράσει καὶ ἀγορασίᾳ προσόδων· καὶ οἱ μὲν τῇ σκιᾷ λατρεύοντες, πᾶσαν τῶν τοιούτων ἀτέλειαν εἶχον, καίτοι σωματικωτέραν λειτουργίαν ἐγκεχειρισμένοι· ἡμεῖς δὲ οἱ πρὸς αὐτὰ τὰ ἄδυτα τῶν οὐρανῶν καλούμενοι, καὶ εἰς τὰ ἀληθινὰ ἅγια τῶν ἁγίων εἰσιόντες, ἐμπόρων πάλιν καὶ καπήλων ἀναδεχόμεθα φροντίδας. Ἐντεῦθεν καὶ Γραφῶν ἀμέλεια πολλὴ, καὶ εὐχῶν ῥαθυμία, καὶ ἡ περὶ τὰ ἄλλα [c] πάντα ὀλιγωρία. Οὐ γὰρ δυνατὸν εἰς ἀμφό- C τερα σχίζεσθαι μετὰ τῆς προσηκούσης σπουδῆς. Διὸ δέομαι καὶ ἀντιβολῶ πολλὰς ἡμῖν πάντοθεν ἀναβλύσαι πηγὰς, καὶ τὴν [d] ἅλω καὶ τὴν ληνὸν τὴν ὑμετέραν γενέσθαι προθυμίαν ἡμῖν. Οὕτω γὰρ καὶ οἱ πένητες διατραφήσονται εὐκολώτερον, καὶ ὁ Θεὸς δοξασθήσεται, καὶ ὑμεῖς ἐπιδώσετε ἐπὶ πλεῖον φιλανθρωπίας, καὶ τῶν αἰωνίων ἀπολαύσεσθε ἀγαθῶν· ὧν γένοιτο πάντας ἡμᾶς ἐπιτυχεῖν, χάριτι καὶ φιλανθρωπίᾳ τοῦ Κυρίου ἡμῶν Ἰησοῦ Χριστοῦ, ᾧ ἡ δόξα εἰς τοὺς αἰῶνας τῶν αἰώνων. Ἀμήν.

pauper esset, neque tot dicteria et probra sustineremus ob prædiorum sollicitudinem. Nam illud,
Vende universa quæ habes, et da pauperibus, Matth. 19.
et veni, sequere me, etiam ad Ecclesiæ præsides 21.
de Ecclesiæ possessionibus opportune dicatur. Alio enim modo non possumus ut oportet sequi, nisi omni sollicitudine crassiore et viliore simus vacui. Nunc autem Dei sacerdotes vindemiæ, messi, venditioni et emtioni fructuum dant operam; et alii quidem umbræ servientes, horum omnium immunes erant, etsi corporali ministerio deputati; nos autem qui ad ipsa penetralia cælorum evocamur, et in vera sancta sanctorum intramus, mercatorum et cauponum curas suscipimus. Hinc Scripturæ admodum negliguntur, precationes segniter persolvuntur, aliaque omnia contemnuntur. Non enim fieri potest, ut ad hæc ambo cum studio diligenti scindamur. Quare obsecro et oro, ut multi nobis undique fontes scaturiant, utque area vestra et torcular vestrum sit nobis in stimulum. Ita enim et pauperes facilius alentur, Deus glorificabitur, vosque ad majora humanitatis opera progressi, æternis fruemini bonis: quæ nos omnes assequi contingat, gratia et benignitate Domini nostri Jesu Christi, cui gloria in sæcula sæculorum. Amen.

[a] Morel. εἰ ἀφ' ἑνὸς ἄρτου μετεδίδου τινὶ τῶν πεν.
[b] Morel. δὲ οὕτως οἱ ἱερεῖς.

[c] Πάντα deest in Morel.
[d] Hæc, ἅλω καὶ τὴν, desunt in Morel.

ΟΜΙΛΙΑ πϛ'. D

HOM. LXXXVI. al. LXXXVII.

Ὁ δὲ Ἰησοῦς ἔστη ἔμπροσθεν τοῦ ἡγεμόνος, καὶ ἐπηρώτησεν αὐτὸν ὁ ἡγεμὼν, λέγων· σὺ εἶ ὁ βασιλεὺς τῶν Ἰουδαίων; Ὁ δὲ Ἰησοῦς ἔφη· σὺ λέγεις. Καὶ ἐν τῷ κατηγορεῖσθαι αὐτὸν ὑπὸ τῶν ἀρχιερέων, καὶ πρεσβυτέρων τοῦ λαοῦ, οὐδὲν ἀπεκρίνατο.

Cap. XXVII. v. 11. *Jesus autem stetit ante præsidem, et interrogavit eum præses, dicens: Tu es rex Judæorum? Jesus autem dixit: Tu dicis.* 12. *Et cum accusaretur a principibus sacerdotum, et senioribus populi, nihil respondit.*

Ὁρᾷς ὅτι πρῶτον ἐξετάζεται, ὃ μάλιστα ἄνω καὶ

1. Viden' hic primum examinari illud quod

Judæi frequentissime versabant? Quia enim videbant Pilatum nihil allata gesta curare, ad publica crimina vertuntur. Sic et erga apostolos faciebant, hæc semper objicientes, ipsos nempe circumire prædicantes regem quemdam Jesum, quasi de nudo homine hæc dicerent, et ad suspicionem tyrannidis inducentes. Unde palam est, scissionem tunicæ, et stuporem pontificis simulata fuisse. Omnia quippe movebant et versabant, ut mortem ipsi inferrent. Hoc itaque Pilatus tunc interrogavit. Quid ergo Christus? *Tu dixisti.* Confessus est se regem esse, sed cælestem regem: quod alibi clarius Pilato respondens dixit: *Regnum meum non est de hoc mundo,* ut neque hi, neque illi talia accusantes, aliquam excusationem haberent; invictamque rationem affert: *Si ex hoc mundo essem, mei utique decertarent, ne traderer.* Idcirco ut hanc suspicionem removeret, et tributum solvit, et alios solvere jussit; et cum vellent eum regem facere, aufugit. Cur autem, inquies, hæc non in medium protulit, cum de tyrannide accusaretur? Quia cum sexcentas haberent ex rebus ipsis demonstrationes de potestate, de mansuetudine, de modestia, libentes cæcutiebant, mala machinabantur, et corruptum erat judicium. Ideo ad nihil respondet, sed tacet, et brevissime aliquando loquitur, ne ex perpetuo silentio arrogantiæ sibi existimationem pareret, nempe cum adjuravit pontifex, cum interrogavit præses; ad objecta vero crimina, quia se minime persuasurum esse sciebat, nihil respondit. Quod et propheta idipsum prænuntians dicebat: *In humilitate ejus judicium ejus sublatum est.* De his mirabatur præses: admiratione quippe dignum erat, tantam modestiam et taciturnitatem exhibere eum qui innumera dicere poterat. Neque enim quod aliquid in eo mali putarent esse, illum accusabant, sed livore tantum et invidia ducti. Nam cum falsos testes induxerunt, cur cum nihil dicendum haberent, adhuc accusando persliterunt? cur Judam exspirantem videntes, et Pilatum manus lavantem, non compuncti sunt? Nam multa illo tempore fecit, quæ ad resipiscendum inducerent; sed meliores non effecti sunt. Quid ergo Pilatus? 13. *Non audis quanta isti adversus te testificantur?* Volebat enim illum se defendentem libe-

Christus quo sensu se regem dicit.

Joan. 18. 36.

Isai. 53. 8.

E κάτω [e] συνεχῶς ἔστρεφον; Ἐπειδὴ γὰρ εἶδον τὸν Πιλάτον οὐδένα ποιούμενον λόγον τῶν γενομένων, ἐπὶ τὰ δημόσια ἐγκλήματα τὴν κατηγορίαν ἄγουσιν. Οὕτω καὶ ἐπὶ τῶν ἀποστόλων ἐποίουν, ταῦτα ἀεὶ προβαλλόμενοι, καὶ λέγοντες, ὅτι περιέρχονται κηρύττοντες βασιλέα τινὰ Ἰησοῦν, ὡς περὶ ἀνθρώπου τινὸς ψιλοῦ διαλεγόμενοι, καὶ τυραννίδος ὑποψίαν αὐτοῖς περιτιθέντες. 811 A Ὅθεν δῆλον, ὅτι καὶ τὸ διαῤῥῆξαι τὸν χιτωνίσκον, καὶ ἐκπλαγῆναι, σκῆψις ἦν. Πάντα δὲ ἐκύκουν καὶ ἔστρεφον, ὥστε αὐτὸν εἰς θάνατον ἐμβαλεῖν. Τοῦτο γοῦν ὁ Πιλάτος ἠρώτησε τότε. Τί οὖν ὁ Χριστός; Σὺ εἶπας. Ὡμολόγησεν εἶναι [a] βασιλεύς, ἀλλὰ βασιλεὺς οὐράνιος· ὃ καὶ ἀλλαχοῦ σαφέστερον ἔλεγε πρὸς τὸν Πιλάτον ἀποκρινόμενος, ὅτι Ἡ ἐμὴ βασιλεία οὐκ ἔστιν ἐκ τοῦ κόσμου τούτου, ἵνα μηδὲ ἐκεῖνοι, μηδὲ οὗτοι ἀπολογίαν ἔχωσι τοιαῦτα κατηγοροῦντες. Καὶ λογισμὸν ἀναντίῤῥητον τίθησι λέγων· Εἰ ἐκ τοῦ κόσμου τούτου ἤμην, οἱ ἐμοὶ ἠγωνίζοντο, ἵνα μὴ παραδοθῶ. Διά τοι τοῦτο ὥστε ταύτην ἀποκρούσασθαι τὴν ὑποψίαν, καὶ φόρον κατέβαλε, καὶ ἑτέρους καταβαλεῖν ἐκέλευσε· καὶ ἡνίκα ἠθέλησαν αὐτὸν ποιῆσαι βασιλέα, ἔφυγε. B Τί οὖν οὐ ταῦτα [b] προήνεγκεν εἰς μέσον, φησίν, ἐγκαλούμενος ἐπὶ τυραννίδι; Διότι μυρίας ἔχοντες τὰς ἀπὸ τῶν πραγμάτων ἀποδείξεις, τῆς δυνάμεως, τῆς πραότητος, τῆς ἐπιεικείας, ἑκόντες ἐτυφλοῦντο, καὶ ἐκακούργουν, καὶ διεφθαρμένον ἦν τὸ δικαστήριον. Διὰ δὴ ταῦτα πρὸς οὐδὲν ἀποκρίνεται, ἀλλὰ σιγᾷ, καὶ βραχέα ἀποκρινόμενος, ὥστε μὴ ἀπὸ τῆς διηνεκοῦς σιγῆς αὐθαδείας δόξαν λαβεῖν, ὅτε * ὥρκισεν ὁ ἀρχιερεύς, ὅτε ὁ ἡγεμὼν ἤρετο· πρὸς δὲ τὰς κατηγορίας αὐτῶν οὐδὲν οὐκέτι φησίν· οὐ γὰρ δὴ πείσειν ἔμελλεν. Ὥσπερ καὶ ὁ C προφήτης ἄνωθεν τοῦτο [c] αὐτὸ προδηλῶν ἔλεγεν· Ἐν τῇ ταπεινώσει αὐτοῦ ἡ κρίσις αὐτοῦ ἤρθη. Ἐπὶ τούτοις ὁ ἡγεμὼν ἐθαύμαζε· καὶ γὰρ [d] θαύματος ἄξιον ἦν ἰδεῖν τοσαύτην ἐπιείκειαν ἐπιδεικνύμενον, καὶ σιγῶντα, τὸν μυρία εἰπεῖν ἔχοντα. Οὐδὲ γὰρ ἐκ τοῦ συνειδέναι τι πονηρὸν αὐτῷ κατηγόρουν, ἀλλὰ ἀπὸ βασκανίας καὶ φθόνου μόνον. Ὅτε γὰρ ἔστησαν ψευδομάρτυρας, διὰ τί μηδὲν ἐχόντων εἰπεῖν [e] ἐπέκειντο ἔτι, καὶ τὸν Ἰούδαν ἀποπνεύσαντα ἰδόντες, οὐ κατενύγησαν, καὶ τὸν Πιλάτον τὰς χεῖρας ἀπονιψάμενον; Καὶ γὰρ πολλὰ καὶ παρ' αὐτὸν τὸν καιρὸν ἐποίησεν, ὥστε αὐτοὺς [f] ἀνανῆψαι· ἀλλ' οὐδενὶ τούτων ἐγίνοντο βελτίους. D Τί οὖν ὁ Πιλάτος; Οὐκ ἀκούεις πόσα σου καταμαρτυροῦσιν οὗτοι; Ἐβούλετο γὰρ αὐτὸν ἀπαλλαγῆναι

[e] Συνεχῶς et paulo post τῶν γενομένων desunt in Morel.

[a] Alii βασιλεύς, καὶ βασιλεύς.

[b] Alii προσήνεγκεν. Ibid. Morel. εἰς μέσον ταῦτα, φησίν, et paulo post idem τὰς ἀπὸ τῶν γραφῶν ἀποδείξεις.

* [Cod. 694 ὥρκωσεν.]

[c] Morel. αὐτὸ δηλῶν.

[d] Alii θαυμάτων ἄξιον.

[e] Alii ἐπέκειντο; ἐπεὶ καὶ τόν.

[f] Morel. ἀναμνῆσαι, Savil. ἀναλῆψαι, Manuscripti omnes melius ἀνανῆψαι. [Paulo post Cod. id. ἐγένοντο βελτίους.]

ἀπολογούμενον, [g] διὸ καὶ ταῦτα ἔλεγεν· ἐπειδὴ δὲ οὐδὲν ἀπεκρίνατο, καὶ ἕτερόν τι μηχανᾶται. Ποῖον δὴ τοῦτο; Ἔθος ἦν ἀφιέναι [h] αὐτοῖς ἕνα τῶν καταδίκων, καὶ ἐντεῦθεν αὐτὸν ἐξελέσθαι ἐπεχείρησεν. Εἰ γὰρ μὴ βούλεσθε, φησὶν, ὡς ἀθῷον ἀφεῖναι, κἂν ὡς κατάδικον χαρίσασθε τῇ ἑορτῇ. Εἶδες τάξιν ἀντεστραμμένην; Τὴν μὲν γὰρ αἴτησιν, τὴν ὑπὲρ τῶν καταδίκων, τοῦ δήμου ἔθος ἦν εἶναι, τὴν δὲ δόσιν τοῦ ἄρχοντος· νυνὶ δὲ τοὐναντίον γέγονε, καὶ ὁ ἄρχων αἰτεῖ τὸν δῆμον, καὶ οὐδὲ οὕτω γίνονται ἥμεροι, ἀλλ' ἐκθηριοῦνται μειζόνως [i] καὶ φωνοῦσιν ὑπὸ τοῦ πάθους τῆς βασκανίας ἐκβακχευόμενοι. Οὐδὲ γὰρ εἶχον ὅ τι κατηγορήσωσιν αὐτοῦ, καὶ ταῦτα σιγῶντος, ἀλλ' ἠλέγχοντο καὶ οὕτω, διὰ τὴν τῶν δικαιωμάτων περιουσίαν, καὶ σιγῶν ἐνίκα αὐτοὺς μυρία λέγοντας καὶ μαινομένους. Καθημένου δὲ αὐτοῦ ἐπὶ τοῦ βήματος, ἀπέστειλε πρὸς αὐτὸν ἡ γυνὴ αὐτοῦ λέγουσα· μηδέν σοι καὶ τῷ δικαίῳ τούτῳ· πολλὰ γὰρ ἔπαθον σήμερον κατ' ὄναρ δι' αὐτόν. Ὁρᾷς οἷον γίνεται πάλιν, ἱκανὸν πάντας αὐτοὺς ἀνακαλέσασθαι. Μετὰ γὰρ τῆς ἀπὸ [a] τῶν πραγμάτων πείρας καὶ ἀποδείξεως, καὶ τὸ ὄναρ οὐ μικρὸν ἦν. Καὶ τίνος ἕνεκεν οὐχ αὐτὸς ὁρᾷ; Ἢ ὅτι ἐκείνη ἀξία ἦν μᾶλλον· ἢ ὅτι εἰ αὐτὸς εἶδεν, οὐκ ἂν ἐπιστεύθη, ἢ ὁμοίως οὐδ' ἂν ἐξεῖπε. Διὰ τοῦτο οἰκονομεῖται τὴν γυναῖκα ἰδεῖν, ὥστε κατάδηλον γενέσθαι πᾶσι. Καὶ οὐχ ἁπλῶς ὁρᾷ, ἀλλὰ καὶ πάσχει πολλὰ, ἵνα καὶ ἀπὸ τῆς συμπαθείας τῆς πρὸς τὴν γυναῖκα ὀκνηρότερος γένηται ὁ ἀνὴρ περὶ τὸν φόνον. Καὶ ὁ καιρὸς δὲ οὐ μικρὸν συνετέλει· κατὰ γὰρ αὐτὴν τὴν νύκτα εἶδεν. Ἀλλ' οὐκ ἦν αὐτῷ ἀσφαλὲς ἀφεῖναι, ἐπειδὴ εἶπον, ὅτι Βασιλέα ἑαυτὸν ἐποίει. Ἐχρῆν οὖν ἀποδείξεις καὶ ἐλέγχους ζητῆσαι, καὶ ὅσα τῆς τυραννίδος ἐστὶ τεκμήρια· οἷον, εἰ στρατόπεδα κατέλεγεν, [b] εἰ χρήματα συνέλεγεν, εἰ ὅπλα ἐχάλκευεν, εἰ ἄλλο τι τοιοῦτον ἐπεχείρει. Ὁ δὲ ἁπλῶς παρασύρεται· διὰ τοῦτο οὐδὲ αὐτὸν ἀφίησιν ὁ Χριστὸς τῶν ἐγκλημάτων, λέγων· Μείζονα ἁμαρτίαν ἔχει ὁ παραδιδούς μέ σοι. Ὥστε μαλακίας ἦν ἡ συγχώρησις, καὶ τὸ μαστίξαντα ἐκδοῦναι. Αὐτὸς μὲν οὖν ἄνανδρος καὶ μαλακός· οἱ δὲ ἀρχιερεῖς πονηροὶ καὶ κακοῦργοι. Ἐπειδὴ γὰρ εὗρέ τινα ἐπίνοιαν, τὸν τῆς ἑορτῆς νόμον, τὸν κελεύοντα ἀφεῖναι κατάδικον, τί πρὸς τοῦτο μηχανῶνται; Ἔπεισαν τὸν ὄχλον, φησὶν, ἵνα τὸν Βαραββᾶν αἰτήσωσιν.

Εἶδες πόσην αὐτὸς ποιεῖται πρόνοιαν, ὥστε αὐτοὺς ἀπαλλάξαι ἐγκλημάτων, καὶ πόσην αὐτοὶ σπουδὴν, ὥστε μηδὲ [c] σκιὰν ἑαυτοῖς ἀπολογίας καταλιπεῖν; Τί

rare, ideoque sic loquebatur; cum autem nihil responderet, aliud quidpiam machinatur. Quodnam illud? Mos erat dimittere illis unum ex noxiis, et hac via illum eripere tentavit. Si non vultis, inquit, ut insontem dimittere, ut sontem saltem in solennitate solvite. Viden' inversum ordinem? In more erat ut pro damnatis populus peteret, præses vero concederet : nunc porro contrarium efficitur; E præses id a populo petit, neque sic illi mitigantur, imo magis ferociunt, vocemque emittunt invidiæ morbo furentes. Neque enim aliquid accusando objicere poterant, etiamsi ille taceret, sed sic tamen confutabantur, eo quod tam multa essent quæ illum justum esse declararent : tacens vincebat illos, innumera dicentes et furentes. 812 19. *Sedente autem ipso pro tribunali, misit ad eum* A *uxor ejus dicens : Nihil tibi et justo huic : multa enim passa sum hodie per visum propter ipsum*. Vides rursus rem quæ potuisset illos a proposito revocare. Post demonstrationem enim ex rerum experientia partam, non parvi momenti erat somnium illud. Et cur non ipse Pilatus vidit? Vel quia illa dignior erat : vel quia si ipse vidisset, creditum ipsi non fuisset, aut non ut visum fuerat dixisset. Idcirco providetur ut uxor videat, B quo res sit omnibus nota. Nec modo videt, sed etiam multa patitur, ut uxori condolens ipse tardior ad cædem veniret. Tempus vero non parum ad id conferebat; nam illa ipsa nocte viderat. Verum non tuto poterat dimittere, quia dixerant, *Seipsum regem facit*. Oportebat ergo probationes et argumenta, atque affectatæ tyrannidis signa quærere; puta, num exercitum conscripsisset, num pecunias collegisset, num arma fabricatus esset, num quid simile tentasset. Ille vero sine causa ab iis se attrahi patitur; ideoque non culpa C expertem illum esse significat Christus dicens : *Qui me tradidit tibi majus peccatum habet*. *Joan.* 18. 36. Præ mollitie igitur cessit, et verberibus illum excepit. Mollis igitur et iners erat : principes autem sacerdotum maligni et versuti. Quia enim ille modum excogitaverat, nempe solennitatis legem, quæ jubebat damnatum quemdam dimitti, quid hic machinantur? *Turbæ suaserunt*, inquit, *ut Barabbam peterent*.

2. Viden' quanta ille providentia curet illos a culpa liberare, et quanto illi studio satagant, ut D nec umbra illis excusationis relinquatur? Quid

[g] Morel. διὰ ταῦτα.
[h] Alii αὐτοῖς τινα τῶν.
[i] Alii et Morel. καὶ φωνοῦσιν.

[a] Morel. τῶν πραγμάτων ἀποδείξεως.
[b] Hæc, εἰ χρήματα συνέλεγεν, desunt in Morel.
[c] Morel. σκιὰν ἀπολογίας.

enim oportebat? an jam convictum, an eum, de quo dubitabatur, dimittere? Nam si ex sontibus dimittere unum oportebat, multo magis si cujuspiam culpa non nota esset. Neque enim ipsis manifestis homicidis pejor illis Jesus videbatur esse. Idcirco non solum dixit, Habebant latronem, sed, *Insignem* latronem, nequitia celebrem, qui mille cædes perpetraverat. Attamen illum orbis Servatori prætulerunt, neque sacrum tempus reveriti sunt, non humanitatis leges, nec quidpiam simile: sed illos invidia excæcavit: nec sua contenti nequitia, populum etiam corrumpunt, ut ob hanc etiam fallaciam extremas luant pœnas. Cum ergo illum petiissent, ait: 22. *Quid ergo faciam de Jesu, qui dicitur Christus?* Hoc pacto rursum illos flectere volebat, id eorum arbitrio permittens, ut præ pudore Jesum peterent, et ex eorum liberalitate totum penderet. Nam si dixisset, Non peccavit, contentiosiores effecisset: ut autem ex humanitate servaretur, probabilis esse petitio videbatur. Illi vero ita dixerunt: *Crucifige, crucifige eum.* 23. *Ille vero dixit: Quid enim mali fecit? At illi multo magis clamabant, Crucifigatur.* 24. *Videns autem Pilatus, se nihil proficere, lavit manus, dicens: Innocens ego sum.* Cur ergo illum tradis? cur non eripuisti, sicut Paulum tribunus? Qui etiam sciebat, se gratum fore Judæis; seditio quippe tumultusque propter ipsum factus est: attamen restitit ille fortiter. At non sic iste: sed ignave molliterque se gessit: ac simul omnes corrupti fuerunt. Neque enim hic plebi, neque multitudo Judæis restitit; nullaque illis excusatio supererat. Nam *Supervacue clamabant*, hoc est, magis ac magis clamabant, *Crucifigatur*. Neque enim solum occidere volebant, sed quasi pro scelere, et judice repugnante eadem clamando perseverabant. Viden' quanta fecit Christus ut illos ad resipiscendum induceret? Sicut enim Judam sæpe repressit, sic et istos, et in toto evangelio, et ipso judicii tempore. Nam quando præsidem et judicem videbant lavantem manus et dicentem, *Innocens sum a sanguine hujus*, compungi oportebat et verbis et rebus; ut et quando Judam viderunt laqueo suspensum, et ipsum Pilatum rogantem, ut alium pro illo acciperent. Nam cum accusator et proditor seipsum

γὰρ ἔδει; τὸν ὡμολογημένον, ἢ τὸν ἀμφισβητούμενον
ἀφιέναι; Εἰ γὰρ ἐπὶ τοῖς ὡμολογημένοις ἀφίεσθαι ἔδει,
πολλῷ μᾶλλον ἐπὶ τοῖς ἀμφιβόλοις. Οὐ γὰρ δήπου
ὡμολογημένων ἀνδροφόνων χείρων αὐτοῖς ἐδόκει εἶναι
οὗτος. Διὰ γὰρ τοῦτο οὐδὲ ἁπλῶς εἶπεν, εἶχον λῃστὴν, ἀλλ', Ἐπίσημον, τουτέστιν, περιβόητον ἐν κακίᾳ, μυρίους ἐργασάμενον φόνους. Ἀλλ' ὅμως κἀκεῖνον τοῦ τῆς οἰκουμένης Σωτῆρος προὔθηκαν, καὶ οὔτε
τὸν καιρὸν ᾐδέσθησαν ὅτι ἅγιος ἦν, οὐ τοὺς τῆς φιλανθρωπίας νόμους, οὐκ ἄλλο τῶν τοιούτων οὐδέν·
E ἀλλὰ καθάπαξ αὐτοὺς ὁ φθόνος ἀπετύφλωσε, καὶ
μετὰ τῆς οἰκείας κακίας καὶ τὸν δῆμον διαφθείρουσιν, ἵνα καὶ τῆς ἐκείνων ἀπάτης τὴν ἐσχάτην δώ-
σωσι δίκην. Ἐπεὶ οὖν ἐκεῖνον ᾐτήσαντο, λέγει· Τί
οὖν [d]ποιήσω Ἰησοῦν τὸν λεγόμενον Χριστόν; καὶ
ταύτῃ πάλιν ἐντρέψαι βουλόμενος, τῷ ποιῆσαι κυρίους τῆς αἱρέσεως, ἵνα κἂν αἰσχυνθέντες αἰτήσωσι,
813 καὶ τῆς αὐτῶν φιλοτιμίας γένηται τὸ πᾶν. Τὸ μὲν γὰρ
A λέγειν, οὐχ ἥμαρτεν, φιλονεικοτέρους ἐποίει· τὸ δὲ ἐκ
φιλανθρωπίας ἀξιοῦν σωθῆναι, ἀναντίῤῥητον ἔχει τὴν
πειθὼ καὶ τὴν αἴτησιν. Οἱ δὲ καὶ οὕτως ἔλεγον· Σταύρωσον, σταύρωσον αὐτόν. Ὁ δὲ ἔφη· Τί γὰρ κακὸν
ἐποίησεν; Οἱ δὲ περισσῶς ἔκραζον, σταυρωθήτω. Ὁ δὲ
ἰδὼν, ὅτι οὐδὲν ὠφελεῖ, ἐνίψατο τὰς χεῖρας, λέγων, ὅτι
ἀθῷός εἰμι. Τί οὖν παραδίδως; τί δὲ οὐκ ἐξήρπασας,
καθάπερ τὸν Παῦλον [a] ὁ χιλίαρχος; Καὶ γὰρ ἐκεῖνος
ᾔδει χαριζόμενος τοῖς Ἰουδαίοις· καὶ στάσις ἐγίνετο
δι' αὐτὸν καὶ θόρυβος· ἀλλ' ὅμως ἔστη [b] πρὸς πάντα
γενναίως. Ἀλλ' οὐχ οὗτος οὕτως, ἀλλὰ ἀνάνδρως καὶ
B σφόδρα μαλακῶς· καὶ πάντες ὁμοῦ διεφθείροντο. Οὔτε
γὰρ οὗτος πρὸς τὸ πλῆθος ἔστη, [c] οὔτε τὸ πλῆθος πρὸς
τοὺς Ἰουδαίους· καὶ πανταχόθεν αὐτῶν ἡ ἀπολογία
ἀνῄρητο. Καὶ γὰρ Περισσῶς ἔκραζον, τουτέστι, μᾶλλον ἔκραζον, Σταυρωθήτω. Οὐ γὰρ ἀνελεῖν μόνον
ἤθελον, ἀλλὰ καὶ ἐπὶ πονηρᾷ αἰτίᾳ, καὶ τοῦ δικάζοντος ἀντιλέγοντος ἐπέμενον τὰ αὐτὰ βοῶντες. Εἶδες πόσα ἐποίησε Χριστὸς, ὥστε αὐτοὺς ἀνακτήσασθαι; Καθάπερ γὰρ τὸν Ἰούδαν ἀνεκρούετο πολλάκις, οὕτω καὶ τούτους ἀνέστελλε, διά τε παντὸς τοῦ
εὐαγγελίου, καὶ παρ' αὐτὸν τὸν καιρὸν τῆς κρίσεως. Καὶ γὰρ ὅτε εἶδον τὸν ἄρχοντα καὶ δικάζοντα
C ἀπονιψάμενον καὶ λέγοντα, Ἀθῷός εἰμι ἀπὸ τοῦ
αἵματος τούτου, ἔδει κατανυγῆναι καὶ διὰ τῶν ῥημάτων καὶ διὰ τῶν πραγμάτων· καὶ ὅτε τὸν Ἰούδαν
ἀπαγξάμενον, καὶ ὅτε [d] αὐτὸν τὸν Πιλάτον παρακαλοῦντα, ἕτερον ἀντ' αὐτοῦ λαβεῖν. Ὅταν γὰρ ὁ κατή-

[d] Alii ποιήσω τὸν Χριστόν.

[a] Morel. ὁ ἑκατοντάρχης.

[b] Morel. πρὸς πάντα, ἀλλ', et paulo post οὔτε γὰρ πρός.

[c] Οὔτε τὸ πλῆθος πρὸς τοὺς Ἰουδαίους. Quomodo potuit multitudo Judæorum Judæis resistere, et quid est aliud multitudo Judæorum, quam Judæi ipsi? Interpres vertit, *nec multitudo sacerdotibus*, ac si legerit πρὸς τοὺς ἱερέας, sed omnes Manuscr. et Editi habent πρὸς τοὺς Ἰουδαίους.

[d] Morel. αὐτὸν παρακαλοῦντα, ἕτερον.

γορος καὶ προδότης ἑαυτὸν καταδικάζῃ, καὶ ὁ ψηφιζόμενος ἀποδύηται τὰ ἐγκλήματα, καὶ ὄψις τοιαύτη κατ' αὐτὴν τὴν νύκτα φαίνηται, καὶ ὡς κατάδικον αὐτὸν ἐξαιτῆται, ποίαν ἕξουσιν ἀπολογίαν; Εἰ γὰρ μὴ ἐβούλοντο ἀθῷον εἶναι, ἀλλ' οὐχὶ καὶ λῃστὴν αὐτοῦ προτιμῆσαι ἔδει, λῃστὴν τὸν ὡμολογημένον, καὶ σφόδρα ἐπίσημον ὄντα. Τί οὖν ἐκεῖνοι; Ἐπειδὴ τὸν δικαστὴν εἶδον τὰς χεῖρας νιπτόμενον, καὶ λέγοντα, Ἀθῷός εἰμι, ἔκραζον· Τὸ αἷμα αὐτοῦ ἐφ' ἡμᾶς, καὶ ἐπὶ τὰ τέκνα ἡμῶν. Τότε δὴ λοιπὸν, ὅτε καθ' ἑαυτῶν τὴν ψῆφον ἐξήνεγκαν, συνεχώρησε πάντα γενέσθαι. Θέα δὲ καὶ ἐνταῦθα τὴν πολλὴν παραπληξίαν. Τοιαύτη [e] γὰρ ἡ ἄλογος ὁρμὴ, καὶ ἡ πονηρὰ ἐπιθυμία· οὐκ ἀφίησί τι τῶν δεόντων ἰδεῖν. Ἔστω γὰρ, ἑαυτοῖς ἐπαράσατε· τί καὶ ἐπὶ τὰ τέκνα τὴν ἀρὰν ἕλκετε; Ἀλλ' ὅμως ὁ φιλάνθρωπος, τοσαύτῃ μανίᾳ χρησαμένων, καὶ καθ' ἑαυτῶν καὶ κατὰ τῶν παίδων, οὐ μόνον ἐπὶ τῶν παίδων, ἀλλ' οὐδὲ ἐπ' αὐτῶν τὴν ψῆφον ἐκύρωσεν, ἀλλὰ καὶ ἐξ αὐτῶν ἐκείνων ἐδέξατο τοὺς μετανοήσαντας, καὶ μυρίων ἀγαθῶν ἠξίωσε. Καὶ γὰρ καὶ Παῦλος ἐξ αὐτῶν ἦν, καὶ αἱ τῶν πεπιστευκότων μυριάδες ἐν Ἱερουσαλήμ· Θεωρεῖς γὰρ, [f] φησὶν ὁ Ἰάκωβος, ἀδελφὲ, πόσαι μυριάδες πεπιστευκότων εἰσὶ τῷ Θεῷ Ἰουδαίων. Εἰ δέ τινες ἐναπέμειναν, ἑαυτοῖς λογιζέσθωσαν τὴν τιμωρίαν. Τότε ἀπέλυσεν αὐτοῖς τὸν Βαραββᾶν, τὸν δὲ Ἰησοῦν φραγελλώσας παρέδωκεν, ἵνα σταυρωθῇ. Διὰ τί ἐφραγέλλωσεν; Ἢ ὡς κατάδικον, ἢ σχῆμα περιθεῖναι τῇ κρίσει βουλόμενος, ἢ ἐκείνοις χαρίσασθαι. Καίτοι γε ἐνστῆναι ἐχρῆν. Καὶ γὰρ καὶ πρὸ τούτου εἶπεν· Λάβετε αὐτὸν ὑμεῖς, καὶ κατὰ τὸν νόμον ὑμῶν κρίνατε αὐτόν. Καὶ πολλὰ ἦν τὰ δυνάμενα αὐτὸν κἀκείνους ἀναχαιτίσαι, καὶ τὰ σημεῖα, καὶ τὰ θαύματα, καὶ ἡ πολλὴ τοῦ ταῦτα πάσχοντος ἀνεξικακία, καὶ ἡ σιγὴ μάλιστα ἡ ἄφατος. Ἐπειδὴ γὰρ καὶ δι' ὧν ἀπελογήσατο καὶ δι' ὧν ηὔξατο τὸ ἀνθρώπινον ἔδειξε, πάλιν τὸ ὑψηλὸν καὶ μεγαλοφυὲς καὶ διὰ τῆς σιγῆς καὶ διὰ τοῦ καταφρονεῖν τῶν λεγομένων ἐπιδείκνυται, διὰ πάντων αὐτοὺς πρὸς τὸ οἰκεῖον ἐνάγων θαῦμα· ἀλλ' οὐδενὶ [a] τούτων εἶξαι ἠθέλησαν.

Ὅταν γὰρ ἅπαξ, καθάπερ ὑπὸ μέθης ἢ μανίας τινὸς ἀτόπου κατασχεθῶσιν οἱ λογισμοὶ, δύσκολον ἀνενεγκεῖν, μὴ σφόδρα γενναίαν οὖσαν τὴν καταπίπτουσαν ψυχήν. Δεινὸν γὰρ, δεινὸν τοῖς πονηροῖς τούτοις πάθεσι δοῦναι χώραν· διὸ χρὴ παντὶ τρόπῳ διακρούε-

condemnet, et qui fert sententiam crimina rejiciat, ac visum tale eadem nocte appareat, et quasi condemnatum ipsum Pilatus petat, quam poterunt excusationem habere? Nam si nolebant eum innocentem esse, certe non latronem ipsi præponi oportebat; latronem, inquam, insignem, quem talem esse in confesso erat. Quid igitur illi? Cum viderent judicem manus lavantem ac dicentem,
D *Innocens sum*, clamabant: 25. *Sanguis ejus super nos, et super filios nostros*. Tunc demum, quia sententiam contra se tulerunt, omnia concessit illis. Tu autem hoc loco considera magnam ipsorum vecordiam. Talis enim est temerarius impetus, talis prava cupiditas; non sinit boni quidpiam videre. Esto enim, vobis ipsis maledixeritis; cur maledictionem in filios vestros attrahitis? Attamen benignus Dominus, cum illi tanto furore insanirent et contra seipsos et contra filios suos,
E latam non modo in filios suos, sed etiam in seipsos sententiam non confirmavit; quin etiam ex ipsis eos qui pœnitentiam egerunt recepit, et mille bonis dignatus est. Nam et Paulus ex illorum numero erat, et multa credentium millia in Jeru-
814 A salem: Jacobus enim ait: *Vides, frater, quot millia Judæorum credentium sunt*. Si autem quidam remanserunt, sibi ipsis supplicium imputent. 26. *Tunc dimisit illis Barabbam, Jesum autem flagellatum tradidit eis, ut crucifigeretur*. Cur flagellavit? Aut quasi damnatum, aut ut formam quamdam judicio afferret, vel ut Judæis rem gratam faceret. Et certe resistere oportebat. Nam antea dixerat: *Accipite eum vos, et secundum legem vestram judicate illum*. Multaque erant quæ poterant et Pilatum et Ju-
B dæos a facinore tanto avertere, signa, miracula, ingens illius qui patiebatur mansuetudo, ingens illud silentium. Ut enim et per ea, quæ ad defensionem dixit et per precationes suas se hominem esse ostendit: ita sublimitatem magnanimitatemque suam et per silentium et per contemtum eorum quæ contra se dicebantur demonstravit, per omnia ipsos ad sui admirationem inducens; sed nulli horum cedere voluerunt.

Act. 21. 20.

Joan. 18. 31.

3. Cum enim semel quasi ebrietate et furore ratio intercepta est, difficile est lapsum resipiscere; nisi forti quis et generoso animo sit præditus. Gravis certe, gravis res est pravis hujusmodi
C passionibus dare locum: quapropter aditum illis

Vitiis aditus initio intercludendus.

[e] Γὰρ ἡ ὁρμὴ, sic Morel. Paulo post Savil. ἔστω γὰρ, ὑμῖν αὐτοῖς ἐπαράσατε.

[f] Morel. φησὶν, ἀδελφέ. Mox post Θεῷ Ἰουδαίων quidam addunt ἐκ τούτων ἦσαν.

[a] Unus Codex τούτων εἶξαν. ὅταν.

omnino intercludere par est. Cum enim semel animam invaserint et occuparint, quasi ignis in ligna delapsus, sic solent maximam accendere flammam. Quamobrem rogo, nihil non faciamus, ut illis aditum intercludamus: neque hoc pernicioso ratiocinio nos consolantes, omnem introducamus nequitiam dicentes, Quid hoc est, et quid illud? nam infinita mala hinc scaturiunt. Diabolus enim scelestus cum sit, multa utitur versutia, perseverantia, et attemperatione ad hominum perniciem, et a minimis statim congreditur. Animum adverte, quæso. Volebat Saülem in Pythonissæ nugas et deliramenta inducere. Sed si illud initio proposuisset, non certe attendisset ille. Quomodo id tulisset, qui illas expulerat? Ideo paulatim illum ad id inducit. Quia enim non obedierat Samuëli, et holocausta illo absente offerre au-
1. Reg. 28. 15 sus est, accusatus dicit, Necessitatem adventus hostium majorem induxit; et cum lugere oportuisset, quasi nihil fecisset affectus erat. Rursum bellum contra Amalecitas jussit Deus: ille vero hic etiam transgressus est. His successerunt ejus contra Davidem facinora, et sic sensim et paulatim ad exitium declinans non stetit, donec in perniciei profundum se conjecit. Sic et in Caïno evenit: non statim ad cædem fratris ipsum compulit diabolus: id enim non illi suasisset; sed minora primum ipsi obtulit dicens: In hoc nullum est peccatum; secundo, livorem invidiamque incendit, nihil mali sequi suadens; tertio, cædem illi suasit et negationem homicidii; nec prius abscessit, quam colophonem malorum adjecisset. Repellenda ergo initia sunt; cum maxime, etiamsi illa prima peccata non ultra progrederentur, non ideo tamen spernenda illa essent: nunc autem ad majora ascendunt, si negligentior sit animus. Ideo nihil non agendum est, ut principia præcidantur. Ne peccati naturam ut parvam consideres, sed perpende ipsum majoris esse radicem si negligatur. Nam si quid admirandum dicere oporteat, non tantam diligentiam requirunt majora illa peccata, quam minima. Illa namque ipsa peccati natura ut aversemur efficit; minora vero vel quod minora sint in negligentiam conjiciunt, neque sinunt fortiter ad ipsa tollenda surgere; ideo nobis dormientibus cito magna fiunt. Hoc ipsum in corporibus

σθαι, καὶ ἐξωθεῖν αὐτῶν τὴν εἴσοδον. Ὅταν γὰρ ἐπιλάβωνται τῆς ψυχῆς, καὶ κατακρατήσωσι, καθάπερ πῦρ εἰς ὕλην ἐμπεσὸν, οὕτω λαμπρὰν τὴν φλόγα ἀνάπτουσι. Δι' ὃ παρακαλῶ πάντα ποιεῖν, ὥστε ἀποτειχίζειν αὐτοῖς τὴν εἴσοδον· μηδὲ [b] τούτῳ τῷ ψυχοφθόρῳ λογισμῷ παραμυθουμένους ἑαυτοὺς, πᾶσαν ἐπεισάγειν πονηρίαν λέγοντας, τί παρὰ τοῦτο, καὶ τί παρ' ἐκεῖνο; τὰ γὰρ μυρία κακὰ ἐντεῦθεν τίκτεται. Ὁ γὰρ διάβολος μιαρὸς ὢν, πολλῇ [c] κέχρηται τῇ κακουργίᾳ καὶ εὐτονίᾳ καὶ συγκαταβάσει πρὸς τὴν τῶν ἀνθρώπων ἀπώλειαν, καὶ ἀπὸ τῶν μικροτέρων προσβάλλει.
D Σκόπει δέ. Ἠβούλετο τὸν Σαοὺλ εἰς ἐγγαστριμύθου ληρωδίαν ἐμβαλεῖν. Ἀλλὰ τοῦτο εἰ παρὰ τὴν ἀρχὴν συνεβούλευσεν, οὐκ ἂν προσέσχεν ἐκεῖνος. Πῶς γὰρ ὁ καὶ [d] ἐλαύνων αὐτάς; Διὰ τοῦτο ἠρέμα καὶ κατὰ μικρὸν αὐτὸν εἰσάγει. Ἐπειδὴ γὰρ παρήκουσε τοῦ Σαμουὴλ, καὶ παρεσκεύασε μὴ παραγενομένου ἀνενεχθῆναι τὴν ὁλοκαύτωσιν, ἐγκαλούμενός φησιν, ἀνάγκη τῶν πολεμίων ἐγένετο μείζων· καὶ δέον θρηνῆσαι, ἀλλ' ὡς οὐδὲν ἐργασάμενος διετέθη. Πάλιν ἐκέλευσε τὰ κατὰ τοὺς Ἀμαληκίτας ὁ Θεός· ὁ δὲ καὶ ταῦτα παρέβη. Ἐντεῦθεν εἰς τὰ κατὰ τὸν Δαυὶδ ἐξέβη τολμήματα, καὶ οὕτως ἠρέμα καὶ κατὰ μικρὸν ὀλισθαίνων οὐκ
E ἔστη, ἕως εἰς αὐτὸ τῆς ἀπωλείας τὸ βάραθρον ἐλθὼν ἐνέβαλεν ἑαυτόν. Οὕτω καὶ ἐπὶ τοῦ Κάϊν· οὐκ εὐθέως παρώρμησεν ἀνελεῖν τὸν ἀδελφὸν, ἐπεὶ οὐκ ἂν [e] ἔπεισεν· ἀλλὰ πρότερον παρασκευάζει τὰ φαυλότερα προσενεγκεῖν, λέγων· οὐδέν τοῦτό ἐστιν ἁμάρτημα· δεύ-
815 τερον, φθόνον καὶ βασκανίαν ἀνῆψεν, οὐδὲν οὐδὲ παρὰ
A τοῦτο, λέγων· τρίτον, ἀνελεῖν ἔπεισε καὶ ἀρνήσασθαι τὴν μιαιφονίαν· καὶ οὐ πρότερον ἀπέστη, ἕως τὸν κολοφῶνα ἐπέθηκε τῶν κακῶν. Διὸ χρὴ τὰς ἀρχὰς ἀνακρούεσθαι· μάλιστα μὲν γὰρ εἰ καὶ [a] ἀφ' ἑαυτῶν τὰ πρῶτα ἁμαρτήματα εἱστήκει, οὐδὲ οὕτω καταφρονεῖν ἐχρῆν τῶν πρώτων πλημμελημάτων· νυνὶ δὲ καὶ ἐπὶ μείζονα ἄνεισιν, [b] ὅταν ἀμελῇ ἡ διάνοια. Διὸ χρὴ πάντα ποιεῖν, ὥστε τὰς ἀρχὰς αὐτῶν ἀναιρεῖν. Μὴ γὰρ δὴ πρὸς τὴν φύσιν ἴδῃς τοῦ ἁμαρτήματος, ὅτι μικρὰ, ἀλλ' ὅτι μεγάλου γίνεται ῥίζα ἀμελουμένη. Εἰ γὰρ χρή τι καὶ θαυμαστὸν εἰπεῖν, οὐ τοσαύτης δεῖ σπουδῆς τὰ μεγάλα πλημμελήματα, ὡς τὰ μικρὰ καὶ εὐτελῆ. Ἐκεῖνα μὲν γὰρ αὐτὴ ἡ φύσις τῆς ἁμαρτίας
B ἀποστρέφεσθαι παρασκευάζει· τὰ δὲ μικρὰ αὐτῷ τούτῳ εἰς ῥᾳθυμίαν ἐμβάλλει, καὶ οὐκ ἀφίησι γενναίως διαναστῆναι πρὸς τὴν αὐτῶν ἀναίρεσιν· διὸ καὶ ταχέως γίνεται μεγάλα καθευδόντων ἡμῶν. Τοῦτο καὶ

[b] Quidam τούτῳ τῷ ψυχρῷ.

[c] Morel. κέχρηται τῇ συγκαταβάσει, omissis intermediis.

[d] Morel. χαλινῶν.

[e] Savil. ἔπεισεν, Morel. autem ἐκίνησεν.

[a] Alii ἀφ' ἑαυτῶν, alii ἐφ' ἑαυτῶν. Utrumque bene habet.

[b] Morel. ὅταν ἀνέλῃ, perperam. Infra ἀμελουμένη deest in Morel.

ἐν τοῖς σώμασι συμβαῖνον ἴδοι τις ἄν. Οὕτω καὶ ἐπὶ τοῦ Ἰούδα [c] τὸ μέγα τοῦτο ἐτέχθη κακόν. Εἰ γὰρ μὴ ἔδοξεν ἑαυτῷ μικρὸν εἶναι τὸ κλέπτειν τῶν πενήτων τὰ χρήματα, οὐκ ἂν εἰς ταύτην ἐξηνέχθη τὴν προδοσίαν. Εἰ μὴ μικρὸν ἔδοξεν εἶναι τοῖς Ἰουδαίοις τὸ ὑπὸ κενοδοξίας ἁλίσκεσθαι, οὐκ ἂν [d] ἐξωλίσθησαν εἰς τὸ χριστοκτόνοι γενέσθαι. Καὶ πάντα δὲ τὰ κακὰ ἐκ τούτου ἴδοι τις ἂν γινόμενα. Οὐδεὶς C γὰρ ταχέως καὶ ἀθρόον ἐπὶ τὴν κακίαν ἐκπηδᾷ. Ἔχει γὰρ, ἔχει τινὰ αἰσχύνην ἐγκειμένην ἡμῖν ἡ ψυχὴ, καὶ πρὸς τὰ κακὰ αἰδῶ, [e] καὶ ἀθρόον οὐκ ἔνι εἰς ἀναισχυντίαν τοὺς ὑφ' ἓν ἅπαντας ἁλῶναι, ἀλλ' ἠρέμα καὶ κατὰ μικρὸν ἀπόλλυται, [f] ὅταν ἀμελῇ. Οὕτω καὶ εἰδωλολατρεία εἰσῆλθεν, τῶν ἀνθρώπων ὑπὲρ μέτρον τιμωμένων, καὶ τῶν ζώντων, καὶ τῶν ἀποθανόντων· οὕτω ξόανα προσεκυνήθη· οὕτω πορνεία ἐκράτησε, καὶ τὰ ἄλλα κακά. Σκόπει δέ. Ἐγέλασέ τις ἀκαίρως, ἐνεκάλεσεν ἕτερος· ἄλλος ἐξέλυσε τὸν φόβον εἰπών· οὐδὲν παρὰ τοῦτο. Τί γάρ ἐστι τὸ γελᾷν; τί γὰρ [g] παρὰ τοῦτο γένοιτ' ἄν; Ἀπὸ τούτου εὐτραπελία ἐτέχθη, ἐντεῦθεν αἰσχρολογία, καὶ πρᾶξις αἰσχρά. Πάλιν ἕτερος ἐγκαλούμενος ἐπὶ τῷ [h] διαβάλλειν τὸν D πλησίον καὶ λοιδορεῖσθαι καὶ κακηγορεῖν, κατεφρόνησεν εἰπών· οὐδέν ἐστι τὸ κακῶς λέγειν. Ἀπὸ τούτου μῖσος ἔτεκεν ἄφατον, ἔχθραν ἄσπονδον, λοιδορίας ἀπείρους· ἀπὸ τῶν λοιδοριῶν πληγάς· ἀπὸ τῶν πληγῶν φόνον πολλάκις.

Ἀπὸ μὲν οὖν τῶν μικρῶν οὕτω τὰ μεγάλα εἰσάγει ὁ πονηρὸς δαίμων ἐκεῖνος· ἀπὸ δὲ τῶν μεγάλων τὸ ἀπογινώσκειν, ἄλλην ταύτην μέθοδον οὐκ ἐλάττονα τῆς προτέρας εὑρών. Οὐ γὰρ οὕτω τὸ ἁμαρτάνειν, ὡς τὸ ἀπογινώσκειν ἀπόλλυσιν. Ὁ μὲν γὰρ πλημμελήσας, E ἂν νήφῃ, ταχέως μετανοήσας διορθοῦται τὸ γεγενημένον· ὁ δὲ ἀπαγορεύσας, καὶ μὴ μετανοῶν διὰ τοῦτο ἐκπίπτει τῆς διορθώσεως ταύτης, οὐκ ἐπιτιθεὶς τὰ ἀπὸ τῆς μετανοίας φάρμακα. Ἔχει καὶ τρίτην χαλεπωτάτην ἐνέδραν· οἷον ὅταν εὐλαβείας σχῆμα περιθῇ τῷ ἁμαρτήματι. Καὶ ποῦ τοσοῦτον ἴσχυσεν ὁ διάβολος, 816 A φησὶν, ὥστε μέχρι τούτων ἀπατῆσαι; Ἄκουε, καὶ φυλάττου αὐτοῦ τὰ νοήματα. Προσέταξεν ὁ Χριστὸς διὰ Παύλου γυναῖκα ἀπὸ ἀνδρὸς μὴ χωρισθῆναι, καὶ μὴ ἀποστερεῖν ἀλλήλους, εἰ μὴ ἐκ συμφώνου· ἀλλά τινες ἔρωτι δῆθεν [a] ἐγκρατείας ἀποστᾶσαι τῶν ἰδίων ἀνδρῶν, ὡς εὐλαβές τι ποιοῦσαι, ὤθησαν ἐπὶ μοιχείαν ἑαυτάς. Ἐννόησον γοῦν ἡλίκον κακὸν, πόνον τοσοῦτον ὑπομενούσας, ὡς τὰ μέγιστα ἠδικηκυίας ἐγκαλεῖσθαι, καὶ τὴν ἐσχάτην τίνειν δίκην, καὶ εἰς βάραθρον

quoque accidere videas. Sic in Juda magnum proditionis malum exortum est. Nisi enim putasset parvum esse pecunias pauperum suffurari, numquam in proditionem incidisset. Judæis quoque nisi parvum visum fuisset a vana gloria capi, nunquam ad Christi cædem devenissent. Omniaque mala hinc profecta videas. Nemo enim cito ac repente in nequitiam incidit. Inest certe, inest quidam animis nostris pudor ad mala adeunda, nec potest fieri ut omnes simul ad impudentiam declinent; sed sensim et paulatim ad mala fit progressio, si adsit negligentia. Sic idololatria ingressa est cum homines supra modum honorarentur, sive viventes, sive mortui; sic sculptilia culta fuere; sic fornicatio invaluit, aliaque mala. Hic animum adhibe. Risit quis intempestive, alius reprehendit; alius metum repulit dicens: Nihil hoc est. Quid enim est ridere? quid hinc mali oriatur? Hinc scurrilitas oritur, inde turpiloquium, et actio turpis. Rursum alius incusatus quod proximum calumnietur, quod convitietur ei, quod maledicat, id neglexit, dixitque: Maledicere nihil est. Hinc odium partum est ingens, inimicitia irreconciliabilis, convitia infinita; ex convitiis plagæ; ex plagis sæpe cædes.

4. A parvis itaque sic magna inducit malignus ille dæmon; a magnis desperationem, aliam methodum non minus priore perniciosam inveniens. Non enim tam perdit peccatum, quam desperatio. Nam qui peccavit, si vigilet, cito per pœnitentiam factum suum corrigit; qui vero desperat nec corrigitur, ideo excidit ab emendatione, quod pœnitentiæ remedia non apponat. Habet quoque tertio gravissimas insidias, ut cum pietatis speciem peccato circumponit. Et ubinam, inquis, usque adeo invaluit diabolus, ut tantum deciperet? Audi; et cave tibi ab illius versutia. Præcepit per Paulum Christus uxorem a viro non seperari; nec se invicem fraudare oportere dixit, nisi ex consensu: sed 1. Cor. 7. nonnullæ amore continentiæ a viris separatæ, ac si pium quid facerent, seipsas ad adulterium dederunt. Cogita ergo quam malum laborem perpessæ, quasi quæ magnum damnum intulerint, extremas sint luituræ pœnas, et in perniciei barathrum maritos suos conjiciant. Alii rursus ex jejunii præ-

[c] Alii et Morel. τὸ μέγα ἐτέχθη.

[d] Pro ἐξωλίσθησαν alii legerunt ἐξώλισθον.

[e] Savil. καὶ ἀθρόον οὐκ ἂν τοσοῦτον ἀναισχυντήσειεν, ὡς ὑφ' ἓν ἅπαντα ῥίψαι, ἀλλ' ἠρέμα.

[f] Morel. ὅταν ἀνελῇ, ut supra.

[g] Morel. παρὰ τούτου.

[h] Morel. διαβάλλειν τῷ πλησίον.

[a] Alii εὐλαβείας καὶ ἀποστ.

cepto abstinentes a cibis, paulatim ad abominationem ciborum devenerunt; quod ipsum magnum
affert supplicium. Hæc porro fiunt, quando præ-
judicatas suas opiniones præter Scripturarum men-
1. Cor. 8. tem confirmant. Putarunt apud Corinthios aliqui
perfectionis esse, indifferenter omnia gustare, etiamque prohibita; at hoc non perfectionis, sed extremæ iniquitatis erat : ideo vehementer illos Paulus increpat, extremoque dignos supplicio dicit.
Alii rursum ad pietatem pertinere putant, comam
capitis excolere. Illud porro prohibitum est ac
multi dedecoris. Alii iterum lucro sibi fore putant, si de peccatis suis immoderate doleant; sed
illud ad vafritiem pertinet diabolicam, ut declaravit Judas, qui ideo se laqueo suspendit. Idcirco
Paulus timebat, ne is, qui fornicatus erat, quid simile pateretur, hortaturque Corinthios ut citius
2. Cor. 2. 7. illum inde extrahant, *Ne nimia tristitia absorbeatur hujusmodi.* Deinde ostendens id ex ejus
Ibid. v. 11. insidiis provenire, ait : *Ut non circumveniamur
a satana : non enim ejus cogitationes ignora-
mus*, quod cum multo dolo congrediatur, inquit.
Nam si palam impugnaret, facilis esset victoria;
imo etiam nunc, si vigilemus, facilis erit. Nam ad
singulas hasce vias armavit nos Deus. Ut suadeat
enim ne parva contemnamus, audi quomodo hor-
Matth. 5. 22. tetur : *Qui dixerit fratri suo, fatue, reus erit
gehennæ ignis;* et, Qui lascivis oculis aspicit, mœchus est perfectus. Ridentes quoque miseros prædicat; et ubique principia et semina malorum evellit, ac de otioso verbo ait reddendam esse rationem.
Job. 1. 5. Ideoque et Job non acta modo, sed et cogitationes
Jer. 8. 4. filiorum purgabat. De desperatione autem ait: *An
qui cecidit, non resurget? an qui avertit, non
Ezech. 18. 23. convertitur?* Et rursus : *Nolo mortem peccato-
Psal. 94. 8. ris, sed ut convertatur et vivat.* Et, *Hodie si
Luc. 15. 7. vocem ejus audieritis.* Et rursum, *Gaudium est
in cœlis super uno peccatore pœnitentiam agen-
te.* Multa quoque alia verba et exempla in Scriptura habentur. Ne autem pietatis specie perea-
2. Cor. 2. 7. mus, audi Paulum dicentem : *Ne abundantiori
tristitia absorbeatur.* Hæc ergo cum sciamus,
omnibus viis, quæ desides possunt subvertere, Scripturarum prudentiam apponamus. Neque dicas :
Quid si formosam mulierem curiose aspexero?
Nam si in corde mœchatus fueris, cito reipsa mœchari audebis. Ne dicas, Quid est si pauperem

ἀπωλείας τοὺς συνοικοῦντας ὠθεῖν. Ἕτεροι πάλιν νόμῳ νηστείας ἀπεχόμενοι σιτίων, κατὰ μικρὸν προῆλθον ἐπὶ τὸ βδελύττεσθαι ταῦτα· ὃ καὶ αὐτὸ μεγίστην
φέρει τὴν κόλασιν. Ταῦτα δὲ γίνεται, [b] ὅταν τὰς οἰκείας προλήψεις παρὰ τὰ ταῖς Γραφαῖς δοκοῦντα κρα-
τύνωσιν. Ἐνόμισαν καὶ οἱ παρὰ Κορινθίοις τελειότητος εἶναι τὸ πάντων ἀδιαφόρως ἀπογεύεσθαι, καὶ τῶν
κεκωλυμένων· ἀλλ᾽ ὅμως οὐκ ἦν τελειότητος τοῦτο,
ἀλλὰ καὶ τῆς ἐσχάτης [c] παρανομίας· διὰ τοῦτο καὶ
σφοδρῶς αὐτοῖς ὁ Παῦλος ἐπιτιμᾷ, καὶ τῆς ἐσχάτης
ἔλεγεν ὑπευθύνους δίκης εἶναι. Ἕτεροι πάλιν εὐλαβείας
εἶναι νομίζουσι τὸ κομᾷν τὰς κεφαλάς. Καὶ τοῦτο δὲ
τῶν κεκωλυμένων ἐστὶ, καὶ πολλὴν ἔχον τὴν αἰσχύνην. Πάλιν [d] ἕτεροι τὸ λυπεῖσθαι ἐπὶ τοῖς ἁμαρτήμασιν ἀμέτρως ὡς κερδαλέον διώκουσιν· ἀλλὰ καὶ αὐτὸ
μεθοδείας διαβολικῆς ἐστι, καὶ ἐδήλωσεν ὁ Ἰούδας·
C ἐντεῦθεν γὰρ καὶ ἀπήγξατο. Διὰ τοῦτο καὶ Παῦλος
ὑπὲρ τοῦ πεπορνευκότος ἐδεδοίκει, μή τι πάθῃ τοιοῦτον, καὶ παρῄνει Κορινθίοις ταχέως αὐτὸν ἐξαρπάσαι,
Μήπως τῇ περισσοτέρᾳ λύπῃ καταποθῇ ὁ τοιοῦτος.
Εἶτα δεικνὺς ὅτι τοῦτο [e] τῆς ἐνέδρας ἐστὶ τῆς ἐκείνου, φησίν· Ἵνα μὴ πλεονεκτηθῶμεν ὑπὸ τοῦ σατανᾶ·
οὐ γὰρ αὐτοῦ τὰ νοήματα ἀγνοοῦμεν, ὅτι μετὰ δόλου
πολλοῦ προσβάλλει, φησίν. Ἐπεὶ εἰ μετὰ παῤῥησίας
καὶ φανερῶς ἐπολέμει, εὔκολος ἂν καὶ ῥᾳδία ὑπῆρχεν
ἡ νίκη· μᾶλλον δὲ καὶ νῦν, ἐὰν νήφωμεν, εὔκολος
ἔσται. [f] Καὶ γὰρ πρὸς ἑκάστην τῶν ὁδῶν τούτων καθώπλισεν ἡμᾶς ὁ Θεός. Καὶ γὰρ πείθων μήτε τῶν μικρῶν τούτων καταφρονεῖν, ἄκουσον τί παραινεῖ λέγων·
D Ὁ εἰπὼν τῷ ἀδελφῷ αὐτοῦ, μωρὲ, ἔνοχος ἔσται εἰς
τὴν γέενναν· καὶ, ὁ ἰδὼν ἀκολάστοις ὀφθαλμοῖς, μοιχός ἐστιν ἀπηρτισμένος. Καὶ τοὺς γελῶντας ταλανίζει·
καὶ πανταχοῦ τὰς ἀρχὰς καὶ τὰ σπέρματα ἀναιρεῖ τῶν
κακῶν, καὶ περὶ ἀργοῦ ῥήματός φησι διδόναι λόγον.
Διὰ τοῦτο καὶ ὁ Ἰὼβ οὐ τὰς πράξεις μόνον, ἀλλὰ καὶ
τὰς ἐννοίας τῶν παίδων ἐθεράπευσεν. Ὑπὲρ δὲ τοῦ
μὴ ἀπογινώσκειν φησὶ, Μὴ ὁ πίπτων οὐκ ἀνίσταται; ἢ
ὁ ἀποστρέφων οὐκ ἐπιστρέφει; Καὶ πάλιν· Οὐ θελή-
σει θελήσω τὸν θάνατον τοῦ ἁμαρτωλοῦ, ὡς τὸ ἐπι-
E στρέψαι αὐτὸν καὶ ζῆν. Καὶ, Σήμερον ἐὰν τῆς φωνῆς
αὐτοῦ [g] ἀκούσητε. Καὶ πάλιν, Χαρὰ γίνεται ἐν οὐρανοῖς ἐπὶ ἑνὶ ἁμαρτωλῷ μετανοοῦντι. Καὶ πολλὰ ἕτερα
τοιαῦτα ῥήματά τε καὶ παραδείγματα ἐν τῇ Γραφῇ
κεῖται. Πρὸς δὲ τὸ σχήματι εὐλαβείας μὴ ἀπόλλυ-
817 σθαι, ἄκουσον Παύλου λέγοντος· Μήπως τῇ περισσο-
A τέρᾳ λύπῃ καταποθῇ ὁ τοιοῦτος. Ταῦτα οὖν εἰδότες,
πάσαις ἐπιτειχίζωμεν ταῖς ὁδοῖς ταῖς παρατρεπούσαις

[b] Alii ὅταν τινὲς τάς.

[c] Morel. παρανομίας. καὶ τούτους ὁ Παῦλος τῆς ἐσχάτης, omissis interpositis.

[d] ἕτεροι ἐπὶ τῷ λυπεῖσθαι Morel.

[e] Alii τῆς ἐνεργείας.

[f] Morel. καὶ πρὸς ἑκάστην τῶν ᾠδῶν, male.

[g] Morel. ἀκούσητε· καὶ πολλὰ ἕτερα τοιαῦτα. omissis bene multis.

τοὺς ῥᾳθύμους τὴν ἀπὸ τῶν Γραφῶν σύνεσιν. Μηδὲ λέγε· τί γάρ ἐστιν, ἐὰν ἴδω γυναῖκα καλὴν περιέργως; Ἂν γὰρ τὴν ἐν καρδίᾳ μοιχείαν ἐγράσῃ, ταχέως καὶ τὴν ἐν σαρκὶ [a] τολμήσεις. Μὴ εἴπῃς· τί γάρ ἐστι τοῦτο, ἐὰν τὸν πένητα τοῦτον παραδράμω; Ἂν γὰρ τοῦτον παραδράμῃς, καὶ τὸν ἕτερον· ἂν ἐκεῖνον, καὶ τὸν ἄλλον. Μήτε δ' αὖ πάλιν· τί γὰρ, ἐὰν ἐπιθυμήσω τῶν τοῦ πλησίον; Τοῦτο γὰρ, τοῦτο ἐποίησεν τὸν Ἀχαὰβ ἀπολέσθαι, καίτοι τιμὴν κατέβαλεν, ἀλλὰ παρὰ ἄκοντος [b] ἔλαβεν. Οὐ γὰρ βιαζόμενον δεῖ ὠνεῖσθαι, ἀλλὰ πείθοντα. Εἰ δὲ ὁ τὴν προσήκουσαν τιμὴν καταβαλὼν, οὕτω κατεδικάζετο, ἐπειδὴ παρὰ ἄκοντος ἔλαβεν· ὁ μηδὲ τοῦτο ποιῶν, καὶ παρὰ ἄκοντος ἁρπάζων, καὶ ταῦτα καὶ ἐν τῇ χάριτι πολιτευόμενος, τίνος οὐκ ἔσται κολάσεως ἄξιος; Ἵν' οὖν μὴ κολαζώμεθα, βίας ἁπάσης καὶ ἁρπαγῆς καθαροὺς ἑαυτοὺς διατηροῦντες, καὶ μετὰ τῶν ἁμαρτημάτων καὶ τὰς ἀρχὰς αὐτῶν φυλαττόμενοι, μετὰ πολλῆς τῆς σπουδῆς ἐπιμελώμεθα ἀρετῆς· οὕτω γὰρ καὶ τῶν αἰωνίων ἀπολαύσομεν ἀγαθῶν, χάριτι καὶ φιλανθρωπίᾳ τοῦ Κυρίου ἡμῶν Ἰησοῦ Χριστοῦ, ᾧ ἡ δόξα εἰς τοὺς αἰῶνας τῶν αἰώνων. Ἀμήν.

hunc prætercam? Si hunc prætereas, alterum et post hunc alium præteribis. Nec rursus dixeris : Quid si bona proximi concupiscam? Hoc enim Achaabum perdidit, etiamsi pretium solverit, quia scilicet a nolente abripuit. Emtor enim non cogere, sed persuadere debet. Si vero is qui justum pretium numeravit, ita damnatus est, quia ex nolente accepit : qui non modo hoc agit, sed et a nolente abripit, et hoc in lege gratiæ, quo non erit supplicio dignus? Ne itaque puniamur, a vi omni et rapina nos puros servantes, et non peccata modo, sed etiam principia peccatorum caventes, diligenter virtutem amplectamur : sic enim æternis fruemur bonis, gratia et benignitate Domini nostri Jesu Christi, cui gloria in sæcula sæculorum. Amen.

3. Reg. 21.

[a] Alii τολμήσῃς.

[b] Ἔλαβεν deest in Morel.

ΟΜΙΛΙΑ πζ'.

HOM. LXXXVII. al. LXXXVIII.

Τότε οἱ στρατιῶται τοῦ ἡγεμόνος παραλαβόντες τὸν Ἰησοῦν εἰς τὸ πραιτώριον, συνήγαγον ἐπ' αὐτὸν ὅλην τὴν σπεῖραν· καὶ ἐκδύσαντες αὐτὸν, περιέθηκαν αὐτὸν χλαμύδα κοκκίνην, καὶ πλέξαντες στέφανον ἐξ ἀκανθῶν, ἐπέθηκαν ἐπὶ τὴν κεφαλὴν αὐτοῦ, καὶ κάλαμον ἐπὶ τὴν δεξιὰν αὐτοῦ. Καὶ γονυπετήσαντες ἔμπροσθεν αὐτοῦ, ἐνέπαιζον αὐτῷ λέγοντες, χαῖρε, ὁ βασιλεὺς τῶν Ἰουδαίων.

Cap. XXVII. v. 27. *Tunc milites præsidis accipientes Jesum in prætorio, congregaverunt ad eum universam cohortem;* 28. *et exuentes eum, chlamydem coccineam circumdederunt ei,* 29. *et plectentes coronam de spinis, posuerunt super caput ejus, et arundinem in dextera ejus. Et genua flectentes coram eo, illudebant ei dicentes, Ave, rex Judæorum.*

Ὥσπερ ἔκ τινος συνθήματος ὁ διάβολος [c] εἰς πάντας τότε ἐχόρευσεν. Ἔστω γὰρ, Ἰουδαῖοι φθόνῳ καὶ βασκανίᾳ τηκόμενοι ἐπαροίνουν εἰς αὐτόν· οἱ στρατιῶται πόθεν καὶ ἐκ ποίας αἰτίας; Οὐχ εὔδηλον ὅτι ὁ διάβολος ἦν ὁ τότε βακχεύων εἰς πάντας; Καὶ γὰρ τέρψεις ἐποίουν τὰς εἰς αὐτὸν ὕβρεις, ὠμοὶ καὶ ἀνήμεροί τινες ὄντες· [d] δέον γὰρ συσταλῆναι, δέον δακρῦσαι, ὅπερ καὶ ὁ δῆμος ἔπασχε, τοῦτο μὲν οὐκ ἐποίησαν, τοὐναντίον δὲ, ὕβριζον καὶ ἐνήλλοντο, ἴσως καὶ αὐτοὶ χαριζόμενοι τοῖς Ἰουδαίοις, ἢ κατ' οἰκείαν δυσ-

1. Quasi pacto cum omnibus inito diabolus tunc choreas agebat. Esto enim Judæos invidia et livore tabescentes tunc adversus eum debacchatos fuisse : cur et qua de causa etiam milites? Annon ideo, ut patet, quod diabolus tunc apud omnes debaccharetur? Nam contumeliæ ipsi illatæ voluptati sibi erant, crudeles et inhumani cum essent : cum enim oportuisset illos reprimere se, et lacrymari, quod etiam de plebe dixeris, hoc non fecerunt; imo contumeliis afficiebant, insultabant,

[c] Εἰς πάντας in Morel. desideratur.

[d] Morel. ζέον συσταλῆναι.

ut fortasse grati Judæis essent, vel etiam pravis suis utentes moribus : contumeliæ vero diversi generis erant. Nam divinum illud caput modo colaphis cædebant, modo spinea corona dedecorabant, modo calamo percutiebant, viri scelesti et exsecrandi. Quæ nobis postea erit excusatio, cum ex contumeliis ad iram concitamur, postquam hoc Christus passus est? Extremus certe contumeliarum terminus erat, id quod tunc fiebat. Neque enim pars tantum, sed totum corpus contumeliis

Christi cruciatus quot et quanti.

afficiebatur; caput per coronam et calamum, facies colaphis et sputis, genæ alapis, corpus totum flagellis, nuditate, amictu chlamydis, et simulata adoratione; manus calamo, qui pro sceptro datus est; os rursum per oblatum acetum. Quid his gravius? quid contumeliosius? Hæc omnem excedunt orationem. Ac si enim timerent, ne quid in tanto facinore deesset, prophetas quidem manibus suis interficiebant, hunc ex judicis sententia. Sic omnia faciunt, suis occidunt manibus, damnant et sententiam ferunt, etiam apud Pilatum dicentes, *Sanguis ejus super nos et super filios nostros*. Insultant, contumelias inferunt, vinciunt, abducunt, militibus contumeliarum auctores sunt, cruci affigunt, convitiantur, conspuunt, derident. Nihil hic Pilatus intulit, sed omnia illi fecerunt, accusatores, judices, carnifices, nullam non agentes personam. Hæc apud nos leguntur, cum omnes una conveniunt. Nam ne gentiles dicant, Clara et splendida populis exhibetis, ut signa et miracula, hæc vero probrosa occultatis: id dispensavit gratia Spiritus, ut in solemnitate maxima, cum viri mulieresque magno numero adsunt, omnesque omnino in magna Paschatis vespera, tunc hæc omnia legantur : omnibus ubique terrarum præsentibus, hæc magna voce prædicentur : quibus lectis et cognitis, Christus creditur esse Deus, et tum propter alia, tum propter hæc etiam adoratur, quod pro nobis eo usque descendere dignatus sit, illaque pati, ut nos in omni virtutis genere institueret. Hæc itaque semper legamus : nam multum hinc lucrum, maxima utilitas. Cum enim videris illum et rebus et verbis adoratum, irrisum et illusum, tortum et extrema patientem, etiamsi lapis fueris, cera mollior evades, omnemque animi tumorem ejicies. Audi igitur ea quæ sequuntur. Postquam illuserunt ei, 31. *Du-*

τροπίαν ἅπαντα πράττοντες· καὶ αἱ ὕβρεις διάφοροι καὶ ποικίλαι. Τὴν γὰρ θείαν κεφαλὴν ἐκείνην ποτὲ μὲν ἐκολάφιζον, ποτὲ δὲ τῷ στεφάνῳ τῶν ἀκανθῶν καθύβριζον, ποτὲ δὲ τῷ καλάμῳ ἔτυπτον, ἄνδρες μιαροὶ καὶ ἐναγεῖς. Τίς ἡμῖν ἔσται λόγος λοιπὸν ἐπὶ ὕβρεσι
818 A κινουμένοις, μετὰ τὸ τὸν Χριστὸν ταῦτα παθεῖν; Καὶ γὰρ ἔσχατος ὅρος ὕβρεως τὸ γινόμενον ἦν. Οὐδὲ γὰρ μέρος ἕν, ἀλλὰ ἅπαν τὸ σῶμα ὅλον δι' ὅλου ὑβρίζετο· ἡ κεφαλὴ διὰ τοῦ στεφάνου καὶ τοῦ καλάμου, [a] διὰ τοῦ κολαφίζεσθαι τὸ πρόσωπον ἐμπτυόμενον, αἱ σιαγόνες ῥαπιζόμεναι, τὸ σῶμα ὅλον διὰ τῶν μαστίγων, διὰ τοῦ γυμνοῦσθαι, διὰ τῆς περιβολῆς τῆς χλανίδος, καὶ τῆς προσποιητῆς προσκυνήσεως· ἡ χεὶρ διὰ τοῦ καλάμου, ὃν ἔδωκαν ἀντὶ σκήπτρου κατέχειν αὐτόν· τὸ στόμα πάλιν διὰ τῆς τοῦ ὄξους προσκομιδῆς. Τί τούτου γένοιτ' ἂν χαλεπώτερον; [b] τί ὑβριστικώτερον;
B Πάντα γὰρ λόγον ὑπερβαίνει τὰ γεγενημένα. Καθάπερ γὰρ δεδοικότες, μὴ δόξωσιν ἐλλιμπάνειν τι τοῦ τολμήματος, τοὺς μὲν προφήτας οἰκείαις ἀνεῖλον χερσί, τοῦτον δὲ ψήφῳ δικαστοῦ. Οὕτως ἅπαντα πράττουσι, καὶ αὐτόχειρες γίνονται, καὶ κατακρίνουσι παρ' ἑαυτοῖς καὶ καταδικάζουσι, καὶ παρὰ τῷ Πιλάτῳ λέγοντες, Τὸ αἷμα αὐτοῦ ἐφ' ἡμᾶς καὶ ἐπὶ τὰ τέκνα ἡμῶν. Καὶ ἐνάλλονται, καὶ ὑβρίζουσι δι' ἑαυτῶν [c] δεσμοῦντες, ἀπάγοντες, καὶ τῶν ὕβρεων τῶν ὑπὸ τῶν στρατιωτῶν αἴτιοι καθίστανται, καὶ προσηλοῦσι, καὶ λοιδοροῦνται, καὶ ἐμπτύουσι, καὶ κωμῳδοῦσιν.
C Οὐδὲν γὰρ ἐνταῦθα ὁ Πιλάτος εἰσήνεγκεν, ἀλλὰ πάντα αὐτοὶ ἐποίουν, καὶ κατήγοροι, καὶ δικασταὶ, καὶ δήμιοι, καὶ πάντα γινόμενοι. Καὶ ταῦτα ἀναγινώσκεται παρ' ἡμῖν, ὅταν πάντες συνέρχωνται. Ἵνα γὰρ μὴ λέγωσιν Ἕλληνες, ὅτι τὰ μὲν λαμπρὰ καὶ περιφανῆ, οἷον τὰ σημεῖα καὶ τὰ θαύματα, ἐπιδείκνυσθε τοῖς δήμοις καὶ τοῖς λαοῖς, τὰ δὲ ἐπονείδιστα ταῦτα ἀποκρύπτεσθε· ᾠκονόμησεν ἡ τοῦ Πνεύματος χάρις, ἐν πανδήμῳ ἑορτῇ, ὅταν ἄνδρες παμπληθεὶ καὶ γυναῖκες παρῶσι, καὶ πάντες ἁπλῶς κατὰ τὴν μεγάλην τοῦ πάσχα ἑσπέραν, τότε ταῦτα πάντα ἀναγινώσκεσθαι· ὅταν ἡ οἰκουμένη πᾶσα παρῇ, τότε
D [d] λαμπρᾷ ταῦτα ἀνακηρύττεται τῇ φωνῇ· καὶ τούτων ἀναγινωσκομένων, καὶ πᾶσι γνωριζομένων, ὁ Χριστὸς πιστεύεται εἶναι Θεός· καὶ μετὰ τῶν ἄλλων καὶ διὰ ταῦτα προσκυνεῖται, ὅτι τοσοῦτον ὑπὲρ ἡμῶν καταβῆναι κατηξίωσε, καὶ ταῦτα παθεῖν παιδεύων ἡμᾶς [e] εἰς πᾶσαν ἀρετήν. Ταῦτα τοίνυν διὰ παντὸς ἀναγινώσκωμεν· καὶ γὰρ πολὺ τὸ κέρδος, μεγίστη ἐντεῦθεν ἡ ὠφέλεια. Ὅταν γὰρ ἴδῃς καὶ σχή-

[a] Morel. *καὶ τὸ κολαφ*. Infra *διὰ τοῦ γυμνοῦσθαι* desideratur in eodem.

[b] *Τί ὑβριστικώτερον* deest in Morel. Paulo post Morel. *ἐλλιμπάνειν τι τοῦτο τολμήματος*. Alii *τι τοῦ χαλεποῦ τολμήματος*.

[c] Alii *δεσμεύοντες*.

[d] Morel. *λαμπρὰ πάντα ἀναχ*.

[e] Morel. *εἰς ἀρετήν*.

μασι καὶ πράγμασιν αὐτὸν προσκυνούμενον, καὶ χλευαζόμενον, καὶ μετὰ τοσαύτην κωμῳδίαν καὶ κονδυλιζόμενον, καὶ τὰ ἔσχατα πάσχοντα, κἂν αὐτὸς λίθος ᾖς, κηροῦ γενήσῃ παντὸς [f] μαλακώτερος, καὶ πᾶσαν ἐκβαλεῖς ἀπὸ τῆς ψυχῆς φλεγμονήν. Ἄκουε τοίνυν καὶ τῶν ἑξῆς. Ἐπειδὴ γὰρ ἐνέπαιξαν, Ἤγαγον αὐτὸν εἰς τὸ σταυρῶσαι, φησὶ, καὶ γυμνώσαντες ἔλαβον αὐτοῦ τὰ ἱμάτια, καὶ καθήμενοι ἐτήρουν αὐτὸν ἐκεῖ πότε ἀποπνεύσει. Καὶ διανέμονται τὰ ἱμάτια αὐτοῦ· ὅπερ ἐπὶ τῶν σφόδρα εὐτελῶν καὶ ἀπεῤῥιμμένων γίνεται καταδίκων, καὶ οὐδένα ἐχόντων, καὶ ἐπ' ἐρημίας ὑπαρχόντων ἁπάσης. [g] Μερίζονται τὰ ἱμάτια, δι' ὧν τηλικαῦτα γέγονε θαύματα. Ἀλλ' οὐδὲν ἐνήργει τότε, τοῦ Χριστοῦ κατέχοντος τὴν ἀπόῤῥητον δύναμιν. Οὐ μικρὰ δὲ προσθήκη καὶ αὕτη παροινίας ἦν. Ὡς γὰρ εἰς ἄτιμον καὶ ἀπεῤῥιμμένον, ὅπερ ἔφην, καὶ τὸν πάντων εὐτελέστατον, [a] οὕτω πάντα ἐτόλμων· εἰς γοῦν τοὺς λῃστὰς οὐδὲν τοιοῦτον εἰργάσαντο, ἀλλ' εἰς τὸν Χριστὸν ἅπαντα ταῦτα ἐτόλμων· καὶ μέσον αὐτὸν ἐσταύρωσαν, ἵνα τῇ δόξῃ τῇ ἐκείνων κοινωνήσῃ. Καὶ ἔδωκαν αὐτῷ ὄξος πιεῖν, καὶ τοῦτο ἐνυβρίζοντες· ὁ δὲ οὐκ ἠθέλησεν. Ἕτερος δέ φησιν, ὅτι γευσάμενος εἶπε, Τετέλεσται. [b] Τί δέ ἐστι, Τετέλεσται; Ἡ προφητεία πεπλήρωται ἡ περὶ τούτου· Ἔδωκαν γάρ, φησὶν, εἰς τὸ βρῶμά μου χολὴν, καὶ εἰς τὴν δίψαν μου ἐπότισάν με ὄξος. Οὐδὲ ἐκεῖνος δὲ δείκνυσιν ὅτι ἔπιεν· οὐδὲν γὰρ διέστηκε τὸ ἁπλῶς γεύσασθαι τῷ μὴ πιεῖν, ἀλλ' ἕν τι καὶ τὸ αὐτὸ δηλοῖ. Ἀλλ' ὅμως οὐδὲ ἐνταῦθα [c] ἵστανται τῆς παροινίας, ἀλλὰ καὶ γυμνώσαντες, καὶ σταυρώσαντες, καὶ τὸ ὄξος προσενεγκόντες, περαιτέρω προβαίνουσι· καὶ ἐπὶ σταυροῦ βλέποντες ἀνεσκολοπισμένον, ὀνειδίζουσι καὶ αὐτοὶ, καὶ οἱ παραπορευόμενοι· ἃ πάντων χαλεπώτερα ἦν, τὸ καὶ ἐπὶ αἰτίᾳ ἀπατεῶνος καὶ πλάνου ταῦτα παθεῖν, καὶ ὡς [d] ἀλαζόνα, καὶ εἰκῇ κομπάζοντα ἅπερ ἔλεγε. Διὰ ταῦτα αὐτὸν καὶ ἐσταύρουν δημοσίᾳ, ἵνα πάντων ὁρώντων ἐπιπομπεύωσι· διὰ τοῦτο καὶ χερσὶ στρατιωτικαῖς· ἵνα καὶ ἐν δημοσίῳ δικαστηρίῳ τούτων τολμωμένων, τὰ τῆς παροινίας ἐπιτείνηται.

Καίτοι τίνα οὐκ ἂν ἐπέκαμψεν ὁ ὄχλος ὁ ἐπακολουθῶν αὐτῷ καὶ θρηνῶν; Ἀλλ' οὐχὶ καὶ τοὺς θῆρας τούτους. Διὰ δὴ τοῦτο καὶ αὐτὸς ἐκείνους μὲν ἀποκρίσεως ἀξιοῖ, τούτους δὲ οὐκέτι. Μετὰ γὰρ τὸ πρᾶξαι ἅπερ ἤθελον, καὶ τὴν δόξαν αὐτοῦ σπουδάζουσι λυμήνασθαι, δεδοικότες αὐτοῦ τὴν ἀνάστασιν. Διὰ τοῦτο δημοσίᾳ ταῦτα λέγουσι, καὶ λῃστὰς συνεσταύρωσαν, καὶ βουλόμενοι δεῖξαι ἀπατεῶνα, ἔλεγον· Ὁ κατα-

xerunt eum in crucem, et denudati vestes acceperunt, sedentesque observabant quando exspiraret. Et diviserunt vestimenta ejus, quod circa damnatos viles et abjectos et ab omnibus desertos fieri solet. Partiuntur vestimenta, quibus tot edita fuerant
E rant miracula. Sed nihil tunc operabantur, Christo vim illorum ineffabilem cohibente. Hoc vero non modicum furoris additamentum erat. Nam quasi erga infamem, abjectum et omnium vilissimum, ut dixi, sic omnia agebant : latronibus nihil tale fecissent, sed in Christum hæc omnia audebant : mediumque illum crucifixerunt, ut illo-
819 rum infamiæ consors esset. 34. *Et dederunt ei*
A *acetum bibere*, hoc item contumeliose : ipse autem nolebat bibere. Alius sic narrat : *Cum gustasset, dixit, Consummatum est.* Quid est autem, *Consummatum est?* Prophetia hæc impleta est : *Dederunt in escam meam fel, et in siti mea potaverunt me aceto.* Neque tamen ille ipsum bibisse ostendit : nihil enim differunt gustare solum et non bibere, sed utrumque idipsum significat. Neque tamen hic furendi finem fecerunt; nam postquam nudaverant, crucifixerant, acetum obtulerant, ultra progrediuntur; et cruci affixum videntes, exprobrant et illi, et ii qui prætergrediebantur : quæ omnium gravissima erant mala, quando seductoris nomine hoc patiebatur, ut arrogans et jactabundus. Ideo illum et publice crucifi-
B xerunt, ut videntibus omnibus vituperarent : ideo etiam militum manibus, ut cum hæc per publicum judicium fierent, furorem majorem exhiberent.

Joan. 19. 30.
Consummatum est quid significet.
Psal. 68. 22.

C 2. At vero quem non flexisset turba sequens et lacrymans? Non tamen hasce belluas. Quapropter ille hos responsione dignatur, illos secus. Nam postquam omnia pro lubito fecerant, famam ejus lædere conantur, ejus resurrectionem timentes. Ideo hæc publice jactant, latrones cum illo crucifigunt, et ut seductorem ostenderent, dicebant : 40. *Qui solvis templum, et in tribus diebus*

[f] Alii ἁπαλώτερος.

[g] Alii ἐμέριζον.

[a] Alii οὕτως ταῦτα ἐτόλμων.

[b] Illud, τί δέ ἐστι, Τετέλεσται, in Savil. et Morel. omissum fuit δι' ὁμοιοτέλευτον; sed habetur in omnibus Mss.

[c] Alii ἵσταται τὰ τῆς παροινίας.

[d] Alii ἀλαζόνως.

ædificas, descende de cruce. Nam quia Pilatum rogantes ut inscriptam causam tolleret, quæ erat, *Rex Judæorum*, nihil impetrarunt, sed institit ille dicens, *Quod scripsi, scripsi:* illi demum irrisione sua probare tentabant, ipsum non esse regem. Ideo et hæc et illa dicebant : 42. *Si rex Israël est, descendat nunc de cruce* : et rursum, *Alios salvos fecit, seipsum non potest salvum facere :* et prioribus signis hinc detrahere conabantur; et rursus, *Si Filius Dei es, salva temetipsum.* O scelesti et exsecrandi! An prophetæ non erant prophetæ? an justi, non justi, quia Deus illos ex periculis non eripuit? Atqui erant etsi passi sint. Quid insaniæ vestræ par fuerit? Nam si illorum gloriam non labefactarunt illata illis pericula et mala, sed prophetæ erant, etiamsi illa paterentur : multo magis non debebatis de hoc scandalizari, qui et factis et verbis suis falsam hanc repulit opinionem. Attamen hæc dicentes et agentes nihil vel in ipso tempore facere potuerunt. Certe qui omni iniquitate corruptus erat, qui vitam in cædibus et sepulcrorum effossionibus degerat, cum hæc dicerentur, ipsum confessus est, et regnum commemoravit, plebsque illum lugebat. Quamquam videbantur res gestæ contraria significare iis qui mysterii œconomiam non noverant, quod nempe infirmus esset, nihilque posset : attamen veritas per contraria etiam prævaluit. Hæc igitur audientes, armemus nos contra iram et furorem. Si tu-

Signum crucis in pectore efformatum.

mere vel inflammari cor tuum videris, signaculo crucis pectus tuum munito : memoria repete illa quæ tunc contigerunt, et horum memoria iram omnem ut pulverem excuties. Cogita verba et gesta : cogita illum esse Dominum, teque servum : illum propter te passum esse, te propter te ipsum; illum pro iis qui beneficiis affecti ipsum crucifigebant, te pro te ipso; illum pro iis qui se contumeliis affecerant, te sæpe pro iis quos læsisti; illum vidente civitate, imo populo toto Judæorum, peregrinorum, indigenarum, quibus benignitate plena verba protulit, te paucis præsentibus: et quod majoris esse contumeliæ videtur, quod derelictus sit a discipulis. Nam qui antea ipsum colebant, resilierunt; inimici vero et adversarii in medio positum, conviciis, risu, illusionibus dehonestarunt, Judæi, mili-

λύων τὸν ναὸν, καὶ ἐν τρισὶν ἡμέραις οἰκοδομῶν, κατάβηθι ἀπὸ τοῦ σταυροῦ. Ἐπειδὴ γὰρ εἰπόντες τῷ
Πιλάτῳ ἀνελεῖν [e] τὴν αἰτίαν· αὕτη δὲ ἦν τὸ γεγρά-
D φθαι, Ὁ βασιλεὺς τῶν Ἰουδαίων, οὐδὲν ἴσχυσαν, ἀλλ'
ἐνεστήκει λέγων, Ὃ γέγραφα, γέγραφα· αὐτοὶ λοιπὸν
ἐπειρῶντο, δι' ὧν ἐχλεύαζον δεῖξαι, ὅτι οὐκ ἔστι βασιλεύς. Δι' ὃ καὶ ἐκεῖνα ἔλεγον καὶ ταῦτα· Εἰ βασιλεὺς Ἰσραήλ ἐστι, καταβάτω νῦν ἀπὸ τοῦ σταυροῦ· καὶ
πάλιν, Ἄλλους ἔσωσεν, ἑαυτὸν οὐ δύναται σῶσαι· καὶ
τὰ πρότερα σημεῖα ἐντεῦθεν ἐπιχειροῦντες διαβάλλειν·
καὶ πάλιν, [f] Εἰ Υἱὸς εἶ τοῦ Θεοῦ, σῶσον σεαυτόν. Ὦ
μιαροὶ καὶ παμμίαροι. Τί δὲ οἱ προφῆται οὐκ ἦσαν
προφῆται, οὐδὲ οἱ δίκαιοι δίκαιοι, ἐπειδὴ αὐτοὺς οὐκ
E ἐξήρπασε τῶν κινδύνων ὁ Θεός; Ἀλλὰ μὴν ἦσαν καὶ
αὐτοὶ πάσχοντες. Τί οὖν ἴσον τῆς ἀνοίας ὑμῶν γένοιτ'
ἄν; Εἰ γὰρ ἐκείνων οὐκ ἐλυμήνατο παρ' ὑμῖν τὴν δόξαν ἡ τῶν κινδύνων ἐπαγωγὴ, ἀλλ' ἦσαν προφῆται,
καὶ πάσχοντες ἅπερ ἔπασχον· πολλῷ μᾶλλον ἐπὶ τούτου οὐκ ἐχρῆν ὑμᾶς σκανδαλίζεσθαι, καὶ δι' ὧν ἐποίη-
820 σε, καὶ δι' ὧν εἶπεν, ἀεὶ διορθωσαμένου ταύτην ὑμῶν
A τὴν ὑπόνοιαν. Ἀλλ' ὅμως καὶ τούτων λεγομένων καὶ
γενομένων οὐδὲν ἴσχυσαν, οὐδὲ παρ' αὐτὸν τὸν καιρόν.
Ὁ γοῦν ἐσχάτῃ πονηρίᾳ κατασαπεὶς, καὶ ἐν φόνοις
καὶ τοιχωρυχίαις τὸν ἅπαντα καταναλώσας βίον, ὅτε
ταῦτα ἐλέγετο, τότε αὐτὸν ὡμολόγησε, καὶ βασιλείας
ἐμνημόνευσε, καὶ ὁ δῆμος αὐτὸν ὠλοφύρετο. Καίτοι
γε ἐδόκει τἀναντία μαρτυρεῖν τὰ γινόμενα παρὰ τοῖς
οὐκ εἰδόσι τοῦ μυστηρίου τὴν οἰκονομίαν, ὅτι ἀσθενὴς
καὶ οὐδὲν δυνάμενος· ἀλλ' ὅμως ἡ ἀλήθεια καὶ διὰ
τῶν ἐναντίων ἴσχυσε. Ταῦτα οὖν ἀκούοντες, ὁπλίζω-
μεν ἑαυτοὺς [a] κατὰ παντὸς θυμοῦ, κατὰ πάσης ὀργῆς.
B Κἂν φλεγμαίνουσαν ἴδῃς τὴν καρδίαν σου, σφράγισον
τὸ στῆθος τὸν σταυρὸν ἐπιθείς· ἀνάμνησόν τι τῶν τότε
συμβάντων, καὶ ὥσπερ κονιορτὸν [b] ἐκβαλεῖς πάντα
θυμὸν τῶν γενενημένων τῇ μνήμῃ. Ἐννόησον τὰ ῥήματα, τὰ πράγματα· ἐννόησον ὅτι ἐκεῖνος Δεσπότης,
σὺ δὲ δοῦλος· ἐκεῖνος διὰ σὲ, σὺ δὲ διὰ σαυτόν· ἐκεῖνος ὑπὲρ τῶν εὐεργετηθέντων καὶ σταυρωσάντων, σὺ
δὲ ὑπὲρ ἑαυτοῦ· ἐκεῖνος ὑπὲρ τῶν ὑβρικότων, σὺ δὲ
πολλάκις ὑπὲρ αὐτῶν τῶν ἀδικηθέντων· ἐκεῖνος τῆς
πόλεως ὁρώσης ἁπάσης, μᾶλλον δὲ τοῦ δήμου παντὸς
τῶν Ἰουδαίων, καὶ τῶν ξένων, καὶ τῶν ἐπιχωρίων,
ἐφ' ὧν τὰ φιλάνθρωπα ἐφθέγξατο ῥήματα, σὺ δὲ ὀλίγων παρόντων· καὶ τὸ μεῖζον εἰς ὕβριν, τὸ καὶ τοὺς
C μαθητὰς αὐτὸν ἐγκαταλιπεῖν. Οἱ μὲν γὰρ ἔμπροσθεν

[e] Savil. τὴν αἰτίαν· αὕτη γὰρ ἦν τὸ γεγράφθαι, ὁ βασιλεὺς τῶν Ἰουδαίων· οὐδὲν ἴσχυσαν, ἀλλ' ἐνεστήκει λέγων, Ὃ γέγραφα, γέγραφα, αὐτοὶ λοιπὸν ἐπειρῶντο. Morel. vero τὴν αἰτίαν οὐκ ἠδυνήθησαν. αὕτη γὰρ ἦν τὸ γεγράφθαι αὐτὸν βασιλέα· αὐτοὶ λοιπόν, etc. Savilium sequimur.

[f] Alii εἰ υἱὸς τοῦ Θεοῦ ἐστι, καὶ θέλει αὐτὸν, σωσάτω αὐτόν.

[a] Morel. κατὰ τοῦ θυμοῦ. Paulo post idem ἴδῃς ἔν τισι τὴν καρδίαν σφρ. Mox alii ἐπιθεὶς.

[b] Ἐκβαλεῖς πάντα, etc. Hunc locum ex Mss. restituimus.

θεραπεύοντες ἀπεπήδησαν· οἱ δὲ ἐχθροὶ καὶ πολέμιοι ἀνεσκολοπισμένον ἐν μέσῳ λαβόντες ὕβριζον, ἐλοιδόρουν, ἐκωμῴδουν, ἐγέλων, ἐχλεύαζον, Ἰουδαῖοι, στρατιῶται, κάτωθεν, ἄνωθεν, ἑκατέρωθεν οἱ λησταί· καὶ γὰρ οἱ λησταὶ ὕβριζον αὐτὸν, ὠνείδιζον ἀμφότεροι. [c] Πῶς οὖν ὁ Λουκᾶς φησι, ὅτι ὁ εἷς ἐπετίμα; Πλὴν ἀμφότερα γέγονε· πρότερον γὰρ ἀμφότεροι ὠνείδιζον, ὕστερον δὲ οὐκέτι. Ἵνα γὰρ μὴ νομίσῃς ἔκ τινος συνθήματος τὸ πρᾶγμα γεγενῆσθαι, ἢ μηδὲ εἶναι λῃστὴν τὸν λῃστὴν, ἀπὸ τῆς ὕβρεως δείκνυσί σοι, ὅτι ἄνω ἐπὶ τοῦ σταυροῦ λῃστὴς ἦν καὶ ἐχθρὸς, ἀλλὰ ἀθρόον μετεβλήθη. Ταῦτα οὖν ἅπαντα λογιζόμενος φιλοσόφει. Τί γὰρ πάσχεις τοιοῦτον, οἷον ὁ Δεσπότης σου; δημοσίᾳ ὑβρίσθης; Ἀλλ' οὐ τοιαῦτα. Χλευάζῃ; Ἀλλ' οὐ πᾶν τὸ σῶμα, οὐδὲ οὕτω μαστιζόμενος καὶ γυμνούμενος. Εἰ δὲ καὶ ἐκολαφίσθης, ἀλλ' οὐχ οὕτως.

[d] Προστίθει δέ μοι, καὶ ὑπὸ τίνων, καὶ διατί, καὶ πότε· καὶ τὸ δὴ χαλεπώτατον, ὅτι τούτων [e] γινομένων, οὐδεὶς ἐνεκάλει, οὐδεὶς ἐμέμφετο τὰ γινόμενα· ἀλλὰ τοὐναντίον, ἐπῄνουν ἅπαντες, καὶ συνεχλεύαζον, καὶ συνέσκωπτον, καὶ ὡς ἀλαζόνα καὶ ἀπατεῶνα καὶ πλάνον, καὶ οὐκ ἔχοντα δεῖξαι ἐπὶ τῶν ἔργων ἅπερ εἶπεν, οὕτως αὐτὸν ἐλοιδόρουν. Ὁ δὲ σιγᾷ πρὸς πάντα, φάρμακα μέγιστα κατασκευάζων ἡμῖν μακροθυμίας. Ἀλλ' ἡμεῖς ταῦτα ἀκούοντες, οὐδὲ πρὸς οἰκέτας καρτεροῦμεν, ἀλλὰ τῶν ἀγρίων ὄνων μεῖζον ἀποπηδῶμεν καὶ λακτίζομεν, ὑπὲρ μὲν τῶν εἰς ἡμᾶς ὠμοὶ καὶ ἀπάνθρωποι ὄντες, ὑπὲρ δὲ τῶν εἰς Θεὸν οὐ πολὺν ποιούμενοι λόγον. Καὶ περὶ φίλους δὲ ὁμοίως διακείμεθα· κἂν λυπήσῃ τις, οὐ φέρομεν· κἂν ὑβρίσῃ, θηρίων ἀγριαίνομεν μᾶλλον, οἱ καθ' ἑκάστην ταῦτα ἀναγινώσκοντες τὴν ἡμέραν. Ὁ μαθητὴς προέδωκεν· οἱ λοιποὶ καταλιπόντες αὐτὸν ἔφυγον· οἱ εὐεργετηθέντες ἐνέπτυσαν· ὁ δοῦλος τοῦ ἀρχιερέως ἐῤῥάπιζεν· οἱ στρατιῶται ἐκολάφιζον· οἱ παριόντες ἔσκωπτον καὶ ἐλοιδόρουν· οἱ λῃσταὶ κατηγόρουν· καὶ πρὸς οὐδένα ἐξέβαλε ῥῆμα, ἀλλὰ τῇ σιγῇ ἅπαντας ἐνίκα, σὲ παιδεύων διὰ τῶν ἔργων, ὅτι ὅσῳ ἂν ἐνέγκῃς πράως, τοσούτῳ μᾶλλον τῶν κακῶς ποιούντων κρατεῖς, καὶ παρὰ πᾶσιν ἔσῃ θαυμαστός. Τίς γὰρ οὐ θαυμάζεται τὸν ἐπιεικῶς φέροντα τὰς παρὰ τῶν ἐπηρεαζόντων ὕβρεις; Ὥσπερ γὰρ καὶ εἰ δικαίως τις πάσχει, τὸ κακὸν ἐνεγκὼν πράως, νομίζεται παρὰ τοῖς πολλοῖς ἀδίκως πάσχειν· οὕτω κἂν ἀδίκως [a] πάσχῃ, θρασύνηται δὲ, τοῦ δικαίως πάσχειν ὑπόνοιαν λήψεται, καὶ καταγέλαστος ἔσται, ὡς αἰχμάλωτος συρόμενος ὑπὸ τῆς ὀργῆς, καὶ τὴν εὐγένειαν ἀπολλὺς τὴν ἑαυτοῦ. Τὸν γὰρ τοιοῦτον οὐδὲ ἐλεύθερον δεῖ προσειπεῖν, κἂν

tes, hinc et inde latrones: ambo quippe latrones ipsum probris et contumeliis afficiebant. Quomodo ergo Lucas dicit, unum ex latronibus alterum increpasse? Utrumque factum est: primum enim ambo exprobrabant, postea non item. Ne putes enim ex quodam pacto rem gestam fuisse, aut latronem non fuisse latronem, a contumelia illud tibi declarat: superne in cruce latro erat et inimicus; sed repente mutatus est. Hæc igitur omnia tecum reputans philosophare. Quid enim tantum
D pateris, quantum Dominus tuus? an publice virtuperatus es? Sed non cum tantis contumeliis. Verberibus cæsus es? Sed non toto corpore, neque ita nudatus et flagellatus. Si autem colaphis cæsus es, at non illo modo.

Luc. 23. 40. Latrones ambo initio convitiabantur Christo.

3. His adde a quibus, quare, quando: et quod gravissimum est, dum hæc fierent, nemo petulantes arguebat vel increpabat; contra vero, laudabant, simul ridebant, simul illudebant et ut arrogantem ac seductorem, qui non posset dicta sua operibus
E comprobare, sic convitiis impetebant. Ille vero ad omnia tacebat, magna nobis remedia parans ad patientiam exercendam. Sed nos hæc audientes, ne servos quidem nostros ferre possumus, sed plusquam onagri insultamus, calcitramus, circa ea quæ nos spectant crudeles et inhumani, ea vero quæ
821 ad Deum pertinent non tanti facientes. Circa ami-
A cos etiam similiter affecti sumus: si quis nos offendat, non ferimus; si contumelia afficiat, plus quam bellua quævis ferocimus, qui tamen hæc quotidie legimus. Discipulus prodidit, reliqui illo relicto fugerunt: alii beneficiis affecti conspuerunt; servus summi pontificis alapam dedit; milites colaphis ceciderunt; qui præteribant, illudebant et convitiabantur ei; latrones incusabant: et adversus hæc ne verbum quidem ille protulit, sed silentio omnes vicit, ut te operibus institueret, te quanto mansuetius feres, tanto magis male
B facientes superaturum, omnibusque admirationi futurum. Quis enim non miretur eum qui contumelias fert patienter? Quemadmodum enim si quis etiam juste patiatur, et malum mansuete ferat, a multis putatur injuste pati: ita si injuste patiatur et ferociat, se juste pati in suspicionem veniet, et ridiculus erit, ut captivus ab ira pertractus, qui nobilitatem suam perdidit. Talis quippe homo nec liber quidem vocandus est, etiamsi mille servis do-

[c] Morel. ὅπως οὖν, male. [Mox Cod. 694 omittit πλήν.]
[d] Idem προστίθει γάρ μοι.
[e] Idem γινομένων, οὐδεὶς ἐμέμφετο.
[a] Morel. πάσχει.

minetur. At te admodum ille irritavit? Et quid hoc? Tunc enim philosophiam exhibere par est: cum enim concitat nemo, ipsas feras mansuetas videmus: non semper enim ferociunt, sed cum quis illas concitaverit. Nos quoque si tunc tantum quieti sumus, cum nemo nos concitat, quid amplius præstamus? Illæ enim sæpe juste indignantur, et excusari possunt; nam commotæ et punctæ irritantur; præterea rationis sunt expertes, et ex natura feritatem habent. Tu vero si ferocias, unde, quæso, poteris veniam consequi? Quid mali passus es? rapinam? Ideo ferre oportet, quia magis lucraberis. Sed in fama læsus es? Et quid hoc? Non enim minor ideo es, si philosopheris. Si vero nihil damni pateris, cur irasceris adversus eum qui nihil tibi infert mali, sed qui etiam prodest tibi? Qui enim honorant, molliores nos reddunt, si non vigilemus; qui vero contumelia afficiunt et contemnunt, eos, qui sibi attendunt, firmiores reddunt. Nam desides magis læduntur laudati, quam contumelia affecti. Qui lædunt, si vigilemus, nobis philosophiæ causa sunt; qui vero laudant, elatos reddunt, arrogantes, vanæ gloriæ cupidos, desides, animo molliores. Cujus rei testes sunt patres qui filios suos non tam adulantur quam vituperant, veriti ne quod inde damnum patiantur; magistri quoque hoc utuntur remedio. Quare si quempiam aversari par sit, adulatorem potius aversare, quam contumeliosum: majorem quippe non attendentibus affert perniciem adulationis esca, quam contumelia, difficiliusque est hanc, quam illam superare. Multo major inde merces, multo major laus et admiratio sequitur. Nam mirabilius est hominem videre contumeliis affectum, nec commotum, quam hominem percussum, nec cadentem. Et quomodo, inquies, possumus non commoveri? Te contumelia quis affecit? Pectus cruce signato, recordare omnium quæ tunc gesta sunt, et omnia exstinguuntur. Ne contumelias tantum cogites, sed et si quid tibi boni a contumelioso illo advenerit in mentem revocato, et statim mansuetior fies. Imo potius ante omnia Dei timorem in mente habeas, et statim moderatior æquiorque eris.

Adulatorem potius aversari oportet, quam contumeliosum.

4. Ad hæc, a servis tuis documentum suscipias. Et cum videris te convitiantem, illum vero tacentem, cogita te philosophari posse, teque exaspe-

μυρίων [b] δεσπόζῃ δούλων. Ἀλλὰ σφοδρῶς σε παρώξυνεν ὁ δεῖνα; Καὶ τί τοῦτο; Τότε γὰρ δεῖ τὴν φιλοσοφίαν ἐνδείκνυσθαι· ὡς ὅταν μηδεὶς ὁ παρακνίζων
C ᾖ, καὶ τὰ θηρία ὀψόμεθα ἥμερα· οὔτε γὰρ ἐκεῖνα ἀεὶ ἀγριοῦται, ἀλλ' ὅταν αὐτά τις διεγείρῃ. Καὶ ἡμεῖς τοίνυν, ἂν τότε μόνον ἡσυχάζωμεν, ὅταν μηδεὶς ὁ παροξύνων ᾖ, τί τὸ πλέον; Ἐκεῖνα μὲν γὰρ καὶ δικαίως ἀγανακτεῖ πολλάκις, καὶ πολλὴν ἔχει τὴν ἀπολογίαν· καὶ γὰρ κινούμενα καὶ νυττόμενα διεγείρεται· χωρὶς δὲ τούτων, καὶ λογισμῶν ἐστιν ἐστερημένα, καὶ ἐν τῇ φύσει τὸ θηριοῦσθαι ἔχει. Σὺ δὲ πόθεν, εἰπέ μοι, θηριούμενος καὶ ἀγριαίνων δυνήσῃ συγγνώμης τυχεῖν; Τί [*] πεπονθὼς δεινόν; ἡρπάγης; Δι' αὐτὸ μὲν οὖν τοῦτο δεῖ ἐνεγκεῖν, ὥστε μειζόνως κερδᾶναι. Ἀλλὰ δόξης ἀπεστερήθης; Καὶ τί τοῦτο; [c] Οὐδὲν γὰρ ἠλάττωται ταύτῃ τὰ κατὰ σέ, ἐὰν φιλο-
D σοφῇς. Εἰ δὲ οὐδὲν πάσχεις δεινὸν, πόθεν ὀργίζῃ τῷ μηδέν σε διαθέντι κακὸν, ἀλλὰ καὶ ὠφεληκότι; Οἱ μὲν γὰρ τιμῶντες, τοὺς μὴ νήφοντας καὶ χαυνοτέρους ποιοῦσιν· οἱ δὲ ὑβρίζοντες καὶ καταφρονοῦντες, τοὺς ἑαυτοῖς προσέχοντας καρτερικωτέρους ἐργάζονται. Οἱ γὰρ δὴ ῥᾴθυμοι τιμώμενοι μᾶλλον ἀδικοῦνται, ἢ ὑβριζόμενοι. Καὶ οὗτοι μὲν, ἐὰν νήφωμεν, αἴτιοι γίνονται φιλοσοφίας ἡμῖν· ἐκεῖνοι δὲ τὸν τῦφον ἡμῶν ἐπαίρουσιν, ἀλαζονείας καὶ κενοδοξίας καὶ βλακείας πληροῦσι, καὶ μαλακωτέραν ἡμῶν ἐργάζονται τὴν ψυχήν. Καὶ μαρτυροῦσιν οἱ πατέρες οἱ τοὺς ἑαυτῶν υἱοὺς οὐ τοσαῦτα κολακεύοντες ὅσα ὑβρίζουσι, δεδοι-
E κότες [d] μή τινα ἐντεῦθεν δέξωνται βλάβην· καὶ οἱ διδάσκαλοι τούτῳ πρὸς αὐτοὺς κέχρηνται τῷ φαρμάκῳ. Ὥστε εἰ χρὴ ἀποστρέφεσθαι, κολακεύοντας μᾶλλον ἢ ὑβρίζοντας χρή· μείζονα γὰρ φέρει [e] λύμην τῆς ὕβρεως τουτὶ τὸ δέλεαρ τοῖς μὴ προσέχουσι, καὶ δυσ-
812 κολώτερον τούτου κατασχεῖν, ἢ ἐκείνου τοῦ πάθους. Καὶ
A ὁ μισθὸς δὲ πολλῷ πλείων ἐντεῦθεν, καὶ τὸ θαῦμα πλέον. Καὶ γὰρ θαυμαστότερον ἰδεῖν ἄνθρωπον ὑβριζόμενον καὶ μὴ κινούμενον, ἢ ἄνθρωπον [a] τυπτόμενον καὶ μὴ καταπίπτοντα. Καὶ πῶς δυνατὸν μὴ κινηθῆναι; φησίν. Ὑβρισέ τις; Τὸ σημεῖον ἐπίθες τοῦ σταυροῦ τῷ στήθει, ἀναμνήσθητι πάντων τῶν τότε γενομένων, καὶ πάντα σβέννυται. Μὴ ἐννοήσῃς τὰς ὕβρεις μόνον, ἀλλ' εἰ καί τί σοι χρηστὸν γέγονέ ποτε παρὰ τοῦ ὑβρικότος, καὶ εὐθέως γενήσῃ πρᾶος. Μᾶλλον δὲ ἐννόησον πρὸ πάντων τὸν τοῦ Θεοῦ φόβον, καὶ ταχέως ἔσῃ [b] μετριώτερος καὶ ἐπιεικής.

B Μετὰ τούτων καὶ ἀπὸ τῶν οἰκετῶν τῶν σῶν λάμβανε τὴν ὑπὲρ τούτων νουθεσίαν. Καὶ ὅταν ἴδῃς σαυτὸν μὲν ὑβρίζοντα, ἐκεῖνον δὲ σιγῶντα, ἐννόησον ὅτι

[b] Δεσπόζῃ, sic Mss., uno excepto, qui habet ἄρχῃ. Editi κατάρχῃ, male, ut Savilius ipse suspicatus est.

[*] [Cod. 694 πέπονθας.]

[c] Alii οὐδὲ γάρ. Ibid. Morel. ἠλάττωται ταῦτα κατὰ σέ.

[d] Morel. μή τινα δέξωνται.

[e] [Commelin. λοιμὴν. G. Trapezuntius, *pestis*.]

[a] Savil. πληττόμενος.

[b] Alii μέτριος.

δυνατὸν φιλοσοφεῖν, καὶ κατάγνωθι σαυτοῦ τραχυνομένου. Καὶ ἐν αὐτῷ τῷ καιρῷ τῶν ὕβρεων παιδεύθητι μὴ ὑβρίζειν, καὶ οὕτως οὐδὲ ὑβριζόμενος ἀλγήσεις. Ἐννόησον ὅτι ἐξέστηκεν ὁ ὑβρίζων καὶ μαίνεται, καὶ οὐκ ἀγανακτήσεις ὑβριζόμενος· ἐπειδὴ καὶ οἱ δαιμονῶντες τύπτουσιν ἡμᾶς, καὶ οὐ μόνον οὐ κινούμεθα, ἀλλὰ καὶ ἐλεοῦμεν αὐτούς. Τοῦτο καὶ σὺ ποίησον· ἐλέησον τὸν ὑβρίζοντα· δεινῷ γὰρ θηρίῳ τῷ θυμῷ κατέχεται· χαλεπῷ δαίμονι, τῇ ὀργῇ. Λῦσον αὐτὸν ἐνεργούμενον ὑπὸ δαίμονος χαλεποῦ, καὶ ἐν βραχεῖ διαφθειρόμενον. Τοιοῦτον γὰρ τοῦτο τὸ νόσημα, ὡς μηδὲ χρόνου δεῖσθαι εἰς ἀπώλειαν τοῦ ἁλόντος. Δι' ὃ καί τις ἔλεγεν· Ἡ γὰρ ῥοπὴ τοῦ θυμοῦ αὐτοῦ πτῶσις αὐτῷ· [c] τούτῳ αὐτοῦ μάλιστα δεικνὺς τὸ τυραννικὸν, ὅτι ἐν βραχεῖ καιρῷ μεγάλα ἐργάζεται κακὰ, καὶ οὐ δεῖται πολλῆς τῆς διατριβῆς· ὡς εἴ γε πρὸς τὴν ἰσχὺν [d] καὶ μονὴ εἴη, καὶ δυσκαταγώνιστον ἔσται. Ἠβουλόμην δεῖξαι, τίς μὲν ὁ ὑβρίζων, τίς δὲ ὁ φιλοσοφῶν, καὶ γυμνὴν εἰς μέσον ἀγαγεῖν τὴν ἑκατέρου ψυχήν. Εἶδες γὰρ ἂν τὴν μὲν ἐοικυῖαν πελάγει κλυδωνιζομένῳ, [e] τὴν δὲ λιμένι ταραχῆς ἀπηλλαγμένῳ. Οὔτε γὰρ ταράττεται ὑπὸ τῶν πονηρῶν τούτων πνευμάτων, καὶ αὐτὰ καταλύει ῥᾳδίως. Καὶ γὰρ οἱ ὑβρίζοντες πάντα ποιοῦσιν ὥστε δακεῖν· ὅταν οὖν ταύτης ἐκπέσωσι τῆς ἐλπίδος, καὶ αὐτοὶ λοιπὸν καταλύουσι, καὶ διορθωθέντες ἀπέρχονται. Οὐ γάρ ἐστιν ἄνθρωπον ὀργιζόμενον μὴ σφόδρα καταγινώσκεσθαι ἑαυτοῦ. * Καὶ γὰρ εἰ ἐπεξιέναι δέῃ, ἔξεστι χωρὶς ὀργῆς τοῦτο ποιῆσαι καὶ εὐκολώτερον καὶ συνετώτερον, ἢ μετ' ὀργῆς, [f] καὶ μηδὲν παθεῖν ἀηδές. Ἂν γὰρ ἐθέλωμεν, παρ' ἡμῶν αὐτῶν τὰ ἀγαθὰ ἔσται, καὶ αὐτάρκεις ἐσόμεθα μετὰ τῆς τοῦ Θεοῦ χάριτος πρὸς τὴν ἑαυτῶν ἀσφάλειαν καὶ τιμήν. Τί γὰρ ζητεῖς τὴν παρ' ἑτέρου δόξαν; Σὺ σεαυτὸν τίμησον, καὶ οὐδείς σε ὑβρίσαι δυνήσεται· ἂν δὲ σὺ σαυτὸν ἀτιμάζῃς, κἂν πάντες σε τιμήσωσιν, οὐ τιμηθήσῃ. Ὥσπερ γὰρ ἐὰν μὴ ἑαυτοὺς κακῶς διαθῶμεν, οὐδεὶς ἡμᾶς ἕτερος διαθήσει· οὕτως ἐὰν μὴ ἑαυτοὺς ὑβρίσωμεν, οὐδεὶς ἡμᾶς ἕτερος καταισχυνεῖ. Ἔστω γάρ τις ἀνὴρ θαυμαστὸς καὶ μέγας, καὶ πάντες αὐτὸν μοιχὸν καλείτωσαν, κλέπτην, τυμβωρύχον, ἀνδροφόνον, λῃστήν· ἐκεῖνος δὲ μήτε παροξυνέσθω, μήτε ἀγανακτείτω, μηδὲ συνειδέτω τι τούτων ἑαυτῷ· ποίαν ἐντεῦθεν ὕβριν ὑπομενεῖ; Πάντως οὐδεμίαν. Τί οὖν, ἐὰν πολλοὶ τοιαύτην περὶ αὐτοῦ δόξαν ἔχωσι; φησίν. Οὐδὲ οὕτως ὑβρίσθη, ἀλλ' ἐκεῖνοι ἑαυτοὺς κατῄσχυναν τὸν οὐ τοιοῦτον τοιοῦτον νομίζοντες. Εἰπὲ γάρ μοι, εἴ τις τὸν ἥλιον σκοτεινὸν εἶναι νο-

ratum damna. Atque in ipso contumeliarum tempore disce non contumeliam inferre, et sic nec ipse contumeliis affectus dolebis. Cogita eum qui contumeliis afficit et furit non sui compotem esse, et sic de contumelia non indignaberis : nam et dæmoniaci nos verberant, nec modo non movemur, sed etiam illos miseramur. Hoc et tu facito; miserare contumeliosum; ira enim, gravi fera, detinetur, dæmone pernicioso. Solve ipsum qui ab hujusmodi dæmone vexatur, et brevi tempore corrumpitur. Talis quippe hic morbus est, qui ad perniciem ægri non multo egeat tempore. Ideo dicebat quispiam : *Momentum furoris ejus casus est ipsi* : (Eccli. 1. 28.) quo maxime tyrannidem suam ostendit, quod brevi tempore tanta operetur mala, nec mora opus habeat : et si in vi sua perseveraret, vix superabilis esset. Vellem ostendere, quis sit is qui convitiatur, quis ille qui philosophatur, et nudam utriusque animam in medium afferre. Videres illam simi-

D lem esse pelago fluctibus agitato, hanc tranquillo portui. Neque enim turbatur a malignis ventis, sed illos facile sedat. Nam qui contumelias inferunt, nihil non agunt ut mordeant; cum autem hac spe lapsi sunt, ipsi demum sedantur, et emendati abeunt. Fieri enim nequit ut vir iratus non se admodum improbet. Nam si in aliquem insurgere oporteat, id sine ira potest fieri, et quidem facilius prudentiusque est, quam iratum id facere : nihilque ingratum patiemur. Si namque velimus, apud nos ipsos bona erunt, et juvante Dei gratia nobis ipsis satis erimus ad tutelam et honorem

E Cur enim gloriam ab altero quæris? Tu teipsum honora, et nemo tibi poterit contumeliam inferre; si vero tu teipsum dehonestes, etiamsi te omnes honorent, non in honore eris. Quemadmodum enim nisi nos malo imbuamus affectu, nemo nos sic im-

828 buet : sic nisi nos contumelia afficiamus, nemo

A dedecorabit. Sit enim vir quispiam admirandus et magnus, omnesque illum mœchum vocent, furem, sepulcrorum effossorem, homicidam, latronem : ille vero nec moveatur, nec indignetur, nullius eorum sibi conscius : quam ille contumeliam patietur? Nullam plane. Quid ergo, inquies, si multi hujusmodi de ipso opinionem habeant? Neque sic contumelia affectus est, sed illi seipsos dedecorarunt, quod talem illum falso existimaverint. Dic enim mihi, si quis solem obscurum esse putet, an

c Morel. τοῦτο αὐτοῦ μάλιστα δείκνυσι.

d Alii καὶ μόνιμον εἴῃ.

e Morel. τὴν δὲ ταραχῆς ἁπάσης ἀπηλλαγμένην.

* [Codex 694 κἂν γὰρ ἐπεξιέναι δέῃ.]

f Morel. καὶ μηδὲν ἀηδές.

soli detraxit, an sibi? Sibi utique, dum sibi aut cæci aut furentis famam conciliat. Sic et ii qui bonos esse malos putant, e contrario seipsos dedecore afficiunt: ideo majori curandum studio est, ut conscientiam nostram expurgemus, neque ansam ullam suspicioni demus; si vero alii furere voluerint, nobis hoc modo affectis, non id curare, vel dolere opus est. Nam qui bonus cum sit, improbus a quibusdam putatur esse, hic certe nihil hinc læditur; qui vero id male et temere suspicatus est, is extremam perniciem subiit; quemadmodum et improbus, si e contrario bonus esse putetur, nihil hinc lucrabitur; sed majori obnoxius erit damnationi, inque majorem incidet mœrorem. Nam qui malus cum sit, malus existimatur esse, forte humiliatus, peccata sua noverit; si vero lateat, in indolentiam decidet. Nam si accusantibus omnibus peccatores vix excitantur ad compunctionem: cum non modo non accusent, sed etiam laudent nonnulli, quomodo oculos aperire possint in nequitia viventes? Non audis Paulum accusantem quod fornicatorem non modo non siverint Corinthii peccatum suum agnoscere, dum honorarent illum, ipsique plauderent, sed etiam in nequitia detinuerint? Quamobrem, obsecro, multorum opiniones, contumelias, honores negligentes, hoc unum studeamus, ut nullius mali nobis conscii simus, neque nos ipsos dedecore afficiamus; sic enim et hic et in futuro sæculo multa gloria fruemur; quam utinam consequamur omnes, gratia et benignitate Domini nostri Jesu Christi, quicum Patri simulque Spiritui sancto gloria et imperium, nunc et semper, et in sæcula sæculorum. Amen.

1. Cor. 5. 1.

μίζει, [a] ἆρα τὸ ἄστρον διέβαλεν, ἢ ἑαυτόν; Ἑαυτὸν δηλονότι, [b] πηροῦ δόξαν ἢ μαινομένου ἑαυτῷ περιθείς. B Οὕτω καὶ οἱ τοὺς πονηροὺς ἀγαθοὺς νομίζοντες, καὶ οὗτοι τοὐναντίον ἑαυτοὺς καταισχύνουσι· δι' ὃ χρὴ πλείονα σπουδὴν ποιεῖσθαι, ὥστε τὸ συνειδὸς ἡμῶν ἐκκαθαίρειν, καὶ μηδεμίαν καθ' ἡμῶν αὐτῶν παρέχειν λαβὴν, μηδὲ ὑποψίαν πονηράν· εἰ δὲ ἕτεροι βούλονται μαίνεσθαι, καὶ οὕτω διακειμένων ἡμῶν, μὴ σφόδρα φροντίζειν, μηδὲ ἀλγεῖν. Ὁ μὲν γὰρ πονηροῦ δόξαν λαβὼν, ἀγαθὸς ὢν, οὐδὲν ἐντεῦθεν βλάπτεται εἰς τὸ εἶναι τοιοῦτος, οἷός ἐστιν· ὁ δὲ ὑποπτεύσας εἰκῇ καὶ μάτην, τὴν ἐσχάτην ἐδέξατο λύμην· ὥσπερ οὖν καὶ ὁ πονηρὸς, ἐὰν ἐπὶ τοῖς ἐναντίοις ὑποπτεύηται, οὐδὲν ἐντεῦθεν κερδανεῖ, ἀλλὰ καὶ κρίμα ἕξει μεῖζον, C καὶ εἰς πλείονα ἥξει ἀθυμίαν. Ὁ μὲν γὰρ ὢν τοιοῦτος, καὶ ὑποπτευόμενος, κἂν ταπεινωθείη καὶ ἐπιγνοίη τὰ ἁμαρτήματα αὐτοῦ· ὅταν δὲ λανθάνῃ, εἰς ἀναλγησίαν ἐκπίπτει. Εἰ γὰρ πάντων κατηγορούντων μόλις διανίστανται οἱ πλημμελοῦντες εἰς τὸ κατανύττεσθαι· ὅταν μὴ μόνον μὴ κατηγορῶσιν, ἀλλὰ καὶ ἐπαινῶσί τινες αὐτοὺς, πότε διαβλέψαι δυνήσονται οἱ τῇ κακίᾳ συζῶντες; Οὐκ ἀκούεις, ὅτι καὶ Παῦλος τοῦτο ἐγκαλεῖ, ὅτι τὸν πεπορνευκότα οὐ μόνον οὐκ ἠφίεσαν ἐπιγνῶναι τὸ οἰκεῖον ἁμάρτημα Κορίνθιοι, τιμῶντες καὶ [c] κροτοῦντες αὐτὸν, ἀλλὰ καὶ ἐπέ- D τριβον εἰς κακίαν ἐντεῦθεν; Δι' ὃ παρακαλῶ, τὰς τῶν πολλῶν ὑπονοίας ἀφέντες, καὶ τὰς ὕβρεις καὶ τὰς τιμὰς, ἓν σπουδάζωμεν μόνον, τὸ μηδὲν ἑαυτοῖς συνειδέναι πονηρὸν, μηδὲ ἑαυτοὺς καθυβρίζειν· οὕτω γὰρ καὶ ἐνταῦθα καὶ ἐν τῷ μέλλοντι πολλῆς ἀπολαυσόμεθα δόξης· ἧς γένοιτο πάντας ἡμᾶς ἐπιτυχεῖν, χάριτι καὶ φιλανθρωπίᾳ τοῦ Κυρίου ἡμῶν Ἰησοῦ Χριστοῦ, μεθ' οὗ τῷ Πατρὶ ἅμα τῷ ἁγίῳ Πνεύματι ἡ δόξα καὶ τὸ κράτος, νῦν καὶ ἀεὶ, καὶ εἰς τοὺς αἰῶνας τῶν αἰώνων. Ἀμήν.

[a] Morel. ἆρα αὐτὸν διέβαλεν.

[b] Aliquot Mss. πηροῦ δόξαν, melius quam Editi qui habebant πονηροῦ δόξαν.

[c] Morel. male κροτῶντες.

ΟΜΙΛΙΑ πη'.

824 A

Ἀπὸ δὲ ἕκτης ὥρας σκότος ἐγένετο ἐφ' ὅλην τὴν γῆν ἕως ὥρας ἐνάτης. Περὶ δὲ τὴν ἐνάτην ὥραν ἔκραξεν ὁ Ἰησοῦς φωνῇ μεγάλῃ, καὶ εἶπεν· Ἠλὶ, Ἠλὶ, λαμὰ σαβαχθανί; τουτέστι, Θεέ μου, Θεέ μου, ἱνατί με ἐγκατέλιπες; Τινὲς δὲ τῶν ἐκεῖ ἑστώτων ἀκούσαντες, καὶ τὰ ἑξῆς.

B Τοῦτό ἐστι τὸ σημεῖον, ὅπερ ἔμπροσθεν αἰτοῦσιν ὑπέσχετο δώσειν, λέγων· Γενεὰ σκολιὰ καὶ μοιχαλὶς σημεῖον ἐπιζητεῖ, καὶ σημεῖον οὐ δοθήσεται αὐτῇ, εἰ μὴ τὸ σημεῖον Ἰωνᾶ τοῦ προφήτου· [a] τὸν σταυρὸν λέγων καὶ τὸν θάνατον, καὶ τὸν τάφον καὶ τὴν ἀνάστασιν. Καὶ πάλιν ἑτέρως δηλῶν τοῦ σταυροῦ τὴν ἰσχὺν ἔλεγεν· Ὅταν ὑψώσητε τὸν Υἱὸν τοῦ ἀνθρώπου, τότε γνώσεσθε ὅτι ἐγώ εἰμι· ὃ δὲ λέγει, τοιοῦτόν ἐστιν· ὅταν σταυρώσητέ με καὶ νομίσητε περιγεγενῆσθαί μου, τότε μάλιστα εἴσεσθέ μου τὴν ἰσχύν. C Μετὰ γὰρ τὸ σταυρωθῆναι ἡ πόλις ἀπώλετο, τὰ Ἰουδαϊκὰ ἐπαύσατο, τῆς πολιτείας καὶ τῆς ἐλευθερίας ἐξέπεσον τῆς ἑαυτῶν, τὸ κήρυγμα ἤνθησε, καὶ πρὸς τὰ πέρατα τῆς οἰκουμένης ἐξετάθη ὁ λόγος· καὶ γῆ καὶ θάλαττα, καὶ ἡ οἰκουμένη καὶ ἡ ἀοίκητος τὴν δύναμιν αὐτοῦ διὰ παντὸς ἀνακηρύττουσι. Ταῦτά τε οὖν φησι, καὶ τὰ παρ' αὐτὸν τὸν καιρὸν τοῦ σταυροῦ συμβάντα. Καὶ γὰρ πολλῷ θαυμαστότερον ἐπὶ τοῦ σταυροῦ προσηλωμένου ταῦτα γενέσθαι, ἢ βαδίζοντος ἐπὶ τῆς γῆς. Οὐ ταύτῃ δὲ μόνον τὸ παράδοξον ἦν, ἀλλ' ὅτι καὶ ἐκ τοῦ οὐρανοῦ γέγονεν, ὅπερ ἐζήτουν· D καὶ ἐπὶ πᾶσαν τὴν οἰκουμένην, ὅπερ οὐδέποτε πρότερον συνέβη, ἀλλ' ἢ ἐν Αἰγύπτῳ μόνον, ὅτε τὸ πάσχα τελεῖσθαι ἔμελλεν. Καὶ γὰρ ἐκεῖνα τούτων τύπος ἦν. Καὶ σκόπει πότε γίνεται. [b] Ἐν μεσημβρίᾳ, ἵνα πάντες οἱ τὴν γῆν οἰκοῦντες μάθωσιν, ὅτι πανταχοῦ τῆς οἰκουμένης ἡμέρα ἦν· ὅπερ ἱκανὸν ἦν αὐτοὺς ἐπιστρέψαι, οὐ τῷ μεγέθει τοῦ θαύματος, ἀλλὰ καὶ τῷ εὐκαίρως συμβῆναι. Μετὰ γὰρ πάντα τὰ τῆς παροινίας, καὶ τῆς παρανόμου κωμῳδίας, τοῦτο γίνεται, ὅτε τὸν θυμὸν εἴασαν, ὅτε ἀνεπαύσαντο γελῶντες, [c] ὅτε κόρον ἔλαβον τῶν σκωμμάτων, καὶ πάντα ἐφθέγξαντο ἅπερ ἠθέλησαν· τότε δείκνυσι τὸ σκότος, ἵνα κἂν οὕτω τὴν ὀργὴν ἀφέντες κερδάνωσιν ἀπὸ τοῦ θαύματος. E Τοῦ γὰρ καταβῆναι ἀπὸ τοῦ σταυροῦ τοῦτο θαυμαστότερον

[a] Morel. τὸν σταυρὸν καὶ θάνατον. Ibidem quidam τὴν ταφήν.

HOM. LXXXVIII. al. LXXXIX.

Cap. XXVII. v, 45. *A sexta autem hora tenebræ factæ sunt super universam terram usque ad horam nonam. 46. Circa autem horam nonam clamavit Jesus voce magna, dicens : Eli, Eli, lama sabacthani? id est, Deus meus, Deus meus, ut quid dereliquisti me? 47. Quidam vero ex adstantibus, cum hæc audirent*, etc.

1. Hoc est signum illud, quod prius petentibus
se daturum pollicebatur, dicens : *Generatio pra-* Matth. 12.
va et adultera signum quærit, et signum non 39.
dabitur ei, nisi signum Jonæ prophetæ : ubi crucem, mortem, sepulchrum et resurrectionem significat. Et rursus alio modo virtutem crucis
significando dicebat : *Cum exaltaveritis Filium* Joan. 8. 28.
hominis, tunc cognoscetis quia ego sum; id est, Cum me crucifixeritis, et me victum a vobis esse putaveritis, tunc maxime fortitudinem meam scietis. Nam postquam crucifixus est, illorum civitas periit, Judaïca cessarunt, et politia quoque et libertas illorum cecidit, prædicatio floruit, et ad extremum orbem evangelicus sermo pervenit; terra, mare, habitata inhabitataque terra virtutem ejus ubique prædicant. Hæc ergo dicit, et ea quæ ipso crucis tempore acciderunt. Multo quippe mirabilius fuit hæc accidisse cum ipse cruci affixus esset, quam si in terra tunc ambulasset. Neque in hoc solum res stupenda erat, sed signum illud, quod quærebant, de cælo factum est, et in universa terra; id quod numquam contigerat, nisi in Ægypto tantum, quando pascha celebraturi erant. Etenim illa horum typus erant. Et animadverte quandonam hæc fiant. In meridie, ut omnes per orbem discerent, nam ubique terrarum dies erat : quod utique ad illos convertendos sufficiebat, non magnitudine solum miraculi, sed quod hæc opportune acciderent. Nam post illa omnia quæ insane fecerant, post derisiones illas iniquas, id accidit, quando furor remiserat, quando ridendi finem fecerant, quando jactis dicteriis exsatiati erant, et omnia pro lubito dixerant; tunc tenebras exhibuit, ut vel sic ira sedata, ex miraculo aliquid lucrarentur. Res enim tantas in cruce

[b] Alii ἐν μέσῃ ἡμέρᾳ.

[c] Morel. ὅτε καιρὸν ἔλαβον.

agere mirabilius erat, quam si de cruce descendisset. Nam sive illum hæc fecisse putarent, credere oportebat et timere; sive non illum, sed Patrem, hinc etiam compungi par erat: nam tenebræ illæ ex ira de facinoribus illis concepta proficiscebantur. Quod enim non esset eclipsis, sed ira et indignatio, non hinc solum manifestum erat, sed etiam a tempore: tribus enim horis permansit; eclipsis vero in momento temporis fit: quod non ignorant qui viderunt: nam nostra etiam ætate eclipsis contigit. Et quomodo, inquies, non mirati sunt omnes, nec putaverunt esse Deum? Quia tunc genus hominum in multa negligentia et nequitia detinebatur. Et hoc miraculum unum erat; quod statim atque apparuit, præterivit: nullusque rei causam ediscere quæsivit; multa quoque tunc impietas ex consuetudine prævalebat. Neque sciebant quæ causa gestæ rei esset: forte putabant per eclipsim, vel aliam naturalem causam id evenisse. Ecquid miraris de exteris qui nihil sciebant, quique ob desidiam de re inquirenda non cogitabant, quando ii etiam qui in Judæa erant, post tot miracula, adhuc perseverabant contumelias inferentes, quamquam ipsis clare ostendisset, se talia operatum fuisse? Ideo et postea loquitur, ut discant se adhuc vivere, et illa fecisse, et hinc saltem moderatiores fiant; ac dicit, ***Eli, Eli, lama sabacthani***, ut viderent eum usque ad extremum halitum honorare Patrem, neque esse Deo adversarium. Ideo propheticam quamdam emisit vocem, usque ad ultimam horam veteri legi præbens testimonium: nec modo propheticam, sed et Hebraïcam vocem; ita ut illis notum et manifestum id esset; perque omnia ostendit suam cum Genitore concordiam. Tu vero vide illorum petulantiam atque vesaniam. Putaverunt, inquit, Eliam ab eo vocari, et statim potaverunt illum aceto. Alius autem lancea latus ejus aperuit. Quid his iniquius, quid ferocius, qui eousque furorem suum extenderunt, et mortuum corpus contumelia affecerunt? Tu vero perpende quomodo sceleribus eorum usus sit ad salutem nostram. Post plagam enim fontes salutis inde manarunt. 50. ***Jesus autem clamans voce magna, emisit spiritum.*** Hoc est quod dicebat: ***Potestatem habeo ponendi animam meam, et potestatem habeo iterum sumendi eam;*** et, ***Ego***

Eclipsis solis ævo Chrysostomi.

Joan. 10. 18.

ἦν, τὸ ὄντα ἐν τῷ σταυρῷ ταῦτα ἐνεργεῖν. Εἴτε γὰρ αὐτὸν ταῦτα ἐνόμιζον πεποιηκέναι, ἔδει πιστεῦσαι καὶ φοβηθῆναι· εἴτε οὐχ αὐτὸν, ἀλλὰ τὸν Πατέρα, καὶ ἐκ τούτων ἔδει κατανυγῆναι· ὀργιζομένου γὰρ ἐπὶ τοῖς
825 A τολμωμένοις ἦν τὸ σκότος ἐκεῖνο. Ὅτι γὰρ οὐκ ἦν ἔκλειψις, ἀλλ' ὀργή τε καὶ ἀγανάκτησις, οὐκ ἐντεῦθεν μόνον δῆλον ἦν, ἀλλὰ καὶ ἀπὸ τοῦ καιροῦ· τρεῖς γὰρ ὥρας παρέμεινεν· ἡ δὲ ἔκλειψις ἐν μιᾷ καιροῦ γίνεται ῥοπῇ· καὶ ἴσασιν καὶ οἱ ταύτην τεθεαμένοι· καὶ γὰρ καὶ ἐπὶ τῆς γενεᾶς τῆς ἡμετέρας συνέβη. Καὶ πῶς οὐκ ἐθαύμασαν, φησὶν, ἅπαντες, οὐδὲ ἐνόμισαν εἶναι Θεόν; Ὅτι τὸ τῶν ἀνθρώπων γένος τότε ἐν πολλῇ ῥαθυμίᾳ καὶ κακίᾳ κατείχετο. Καὶ τὸ θαῦμα τοῦτο ἓν ἦν, καὶ γινόμενον εὐθέως παρῆλθε· καὶ οὐδενὶ τὴν αἰτίαν ἐπιζητῆσαι ἐμέλησε· καὶ πολλὴ τῆς ἀσεβείας ἡ πρόληψις ἦν καὶ ἡ συνήθεια. Καὶ οὐδὲ ᾔδεσαν τίς ἡ αἰτία τοῦ γενομένου· καὶ ἐνόμιζον ἴσως κατ' ἔκλειψιν ἢ ἑτέραν
B τινὰ [a] ἀκολουθίαν φυσικὴν γεγενῆσθαι τοῦτο. Καὶ τί θαυμάζεις περὶ τῶν ἔξω τῶν οὐδὲν εἰδότων, οὐδὲ ἐπιζητησάντων μαθεῖν διὰ ῥαθυμίαν πολλὴν, ὅπου γε οἱ ἐν Ἰουδαίᾳ ὄντες, μετὰ τοσαῦτα θαύματα, ἔτι ἐπέμενον ἐνυβρίζοντες, [b] καίτοι σαφῶς αὐτοῖς ἐδείκνυ, ὅτι αὐτὸς τοῦτο εἰργάσατο; Διὰ γὰρ τοῦτο καὶ μετὰ τοῦτο φθέγγεται, ἵνα μάθωσιν ὅτι ἔτι ζῇ, καὶ αὐτὸς τοῦτο ἐποίησε, καὶ γένωνται κἀντεῦθεν ἐπιεικέστεροι· καὶ λέγει, Ἠλὶ, Ἠλὶ, λαμὰ σαβαχθανὶ, ἵνα μέχρις ἐσχάτης [c] ἀναπνοῆς ἴδωσιν ὅτι τὸν Πατέρα τιμᾷ, καὶ οὐκ ἔστιν ἀντίθεος. Δι' ὃ καὶ προφητικήν τινα ἀφῆκε φω-
C νὴν, μέχρις ἐσχάτης ὥρας μαρτυρῶν τῇ Παλαιᾷ· καὶ οὐχ ἁπλῶς προφητικὴν, ἀλλὰ καὶ Ἑβραϊκὴν φωνὴν, ὥστε αὐτοῖς γενέσθαι γνώριμον καὶ κατάδηλον· καὶ διὰ πάντων δείκνυσιν αὐτοῦ τὴν πρὸς τὸν γεγεννηκότα ὁμόνοιαν. Ἀλλ' ὅρα καὶ ἐντεῦθεν τὴν ἀσέλγειαν καὶ τὴν ἀκολασίαν αὐτῶν καὶ τὴν ἄνοιαν. Ἐνόμισαν Ἡλίαν εἶναι, φησὶ, τὸν καλούμενον, καὶ εὐθέως ἐπότισαν αὐτὸν ὄξος. Ἕτερος δὲ προσελθὼν λόγχῃ αὐτοῦ τὴν πλευρὰν [d] ἤνοιξε. Τί γένοιτ' ἂν τούτων παρανομώτερον, τί δὲ θηριωδέστερον, οἳ μέχρι τοσούτου τὴν ἑαυτῶν μανίαν ἐξέτειναν, [e] καὶ εἰς νεκρὸν σῶμα λοιπὸν ὑβρίζοντες; Σὺ δέ μοι σκόπει πῶς ταῖς παρανομίαις
D αὐτῶν εἰς ἡμετέραν κέχρηται σωτηρίαν. Μετὰ γὰρ τὴν πληγὴν αἱ πηγαὶ τῆς σωτηρίας ἡμῶν ἐκεῖθεν ἀνέβλυσαν. Ὁ δὲ Ἰησοῦς κράξας φωνῇ μεγάλῃ, ἀφῆκε τὸ πνεῦμα. Τοῦτό ἐστιν ὃ ἔλεγεν· Ἐξουσίαν ἔχω θεῖναι τὴν ψυχήν μου, καὶ ἐξουσίαν ἔχω πάλιν λαβεῖν αὐτήν· καὶ, Ἐγὼ τίθημι αὐτὴν ἀπ' ἐμαυτοῦ. Διὰ γὰρ τοῦτο καὶ φωνῇ ἐκραύγασεν, ἵνα δειχθῇ ὅτι κατ' ἐξου-

[a] Morel. ἀκολουθίαν γεγενῆσθαι τοῦτο. τί θαυμάζεις περὶ τῶν οὐδὲν εἰδότων.

[b] Alii εἰ καί.

[c] Morel. male ἀναπνοῇ.

[d] Manuscripti non pauci τὴν πλευρὰν ἔνυξε.

[e] Morel. ὡς καὶ εἰς νεκρόν.

σίαν τὸ πρᾶγμα γίνεται. Ὁ γοῦν Μάρκος φησὶν, ὅτι Ἐθαύμασεν ὁ Πιλάτος, εἰ ἤδη [f] τέθνηκε· καὶ ὅτι ὁ κεντουρίων διὰ τοῦτο μάλιστα ἐπίστευσεν, ὅτι μετ' ἐξουσίας ἀπέθανεν. Αὕτη ἡ φωνὴ τὸ καταπέτασμα ἔσχισε, τὰ μνημεῖα ἤνοιξε, καὶ τὸν οἶκον ἐποίησεν ἔρημον. Ἐποίησε δὲ τοῦτο οὐχ ἐνυβρίζων εἰς τὸν ναὸν, (πῶς γὰρ ὁ λέγων· Μὴ ποιεῖτε τὸν οἶκον τοῦ Πατρός 820 μου οἶκον ἐμπορίου;) ἀλλ' ἀναξίους αὐτοὺς ἀποφαίνων A καὶ τῆς ἐκεῖ διατριβῆς, ὥσπερ [a] οὖν καὶ ὅτε τοῖς Βαβυλωνίοις αὐτὸν παρέδωκεν. Οὐ διὰ τοῦτο δὲ μόνον ταῦτα ἐγίνετο, ἀλλὰ καὶ προφητεία τῆς μελλούσης ἦν ἐρημώσεως τὸ συμβαῖνον, καὶ τῆς ἐπὶ τὰ μείζω καὶ ὑψηλότερα μεταθέσεως καὶ τῆς ἰσχύος αὐτοῦ.

pono eam a me ipso. Ideo voce exclamavit, ut ostenderet ex potestate sua rem fieri. Marcus vero *Marc.* 15. 44. 39. dicit, miratum fuisse Pilatum, si jam mortuus esset: ac centurionem ideo maxime credidisse, quia cum potestatis signo mortuus esset. Hæc vox velum discidit, monumenta aperuit, et domum desertam reddidit. Hoc autem fecit, non ut templum dehonestaret, (quomodo enim id potuisset qui dicit: *Nolite facere domum Patris mei domum negotiationis?*) *Joan.* 2. 16. sed indignos illos reddens qui ibi versarentur, ut etiam cum illud Babyloniis tradidit. Hæc porro non ea solum de causa fiebant, sed erat illud prophetia futuræ desolationis, et conversionis in meliora sublimioraque, necnon potentiæ illius signum.

Μετὰ δὲ τούτων καὶ ἐκ τῶν μετὰ ταῦτα ἑαυτὸν ἐδείκνυ, ἐκ τῆς τῶν νεκρῶν ἀναστάσεως, ἐκ τῆς τοῦ φωτὸς ἀμαυρώσεως, ἐκ τῆς τῶν στοιχείων ἀλλοιώσεως. Ἐπὶ μὲν γὰρ Ἐλισσαίου νεκρὸς εἷς ἁψάμενος νεκροῦ ἀνέστη· νυνὶ δὲ φωνὴ αὐτοὺς ἤγειρε, τοῦ σώματος ἄνω κειμένου ἐπὶ τοῦ σταυροῦ. Ἄλλως δὲ καὶ ἐκεῖνα τούτων τύπος ἦν. Ἵνα γὰρ τοῦτο πιστευθῇ, B διὰ τοῦτο κἀκεῖνα γίνεται. Καὶ οὐχ ἁπλῶς ἐγείρονται, ἀλλὰ καὶ πέτραι ῥήγνυνται, καὶ ἡ γῆ σείεται, ἵνα μάθωσιν ὅτι καὶ αὐτοὺς ἠδύνατο καὶ πηρῶσαι καὶ ῥῆξαι. Ὁ γὰρ [b] πέτρας διατεμὼν, καὶ τὴν οἰκουμένην σκοτίσας, πολλῷ μᾶλλον εἰς ἐκείνους ταῦτα ἐποίησεν ἂν, εἴ γε ἐβούλετο· ἀλλ' οὐκ ἠθέλησεν, ἀλλ' εἰς τὰ στοιχεῖα τὴν ὀργὴν ἀφεὶς, ἐκείνους ἐξ ἐπιεικείας σῶσαι ἐβούλετο. Ἀλλ' οὐ καθυφῆκαν τῆς μανίας. Τοιοῦτον γὰρ ὁ φθόνος, τοιοῦτον ἡ βασκανία· οὐχ ἵσταται ῥᾳδίως. Τότε μὲν οὖν καὶ πρὸς αὐτὰ τὰ φαινόμενα ἠναισχύντουν· μετὰ δὲ ταῦτα ὅτε σφραγῖδος ἐπικειμένης καὶ στρατιωτῶν τηρούντων ἀνέστη, καὶ παρ' αὐτῶν ταῦτα ἤκουσαν τῶν φυλάκων, καὶ C ἀργύριον ἔδωκαν ὥστε καὶ ἑτέρους διαφθεῖραι, καὶ κλέψαι τῆς ἀναστάσεως τὸν λόγον. Μὴ τοίνυν θαύμαζε, εἰ καὶ τότε ἠγνωμόνουν· οὕτω καθάπαξ παρεσκευασμένοι ἦσαν πρὸς πάντα ἀναισχυντεῖν· ἀλλ' ἐκεῖνο σκόπει, ἡλίκα σημεῖα πεποίηκε, τὰ μὲν ἐξ οὐρανοῦ, τὰ δὲ ἐπὶ τῆς γῆς, τὰ δὲ ἐν αὐτῷ τῷ ναῷ· ὁμοῦ μὲν τὴν ἀγανάκτησιν ἐνδεικνύμενος, ὁμοῦ δὲ ὅτι τὰ ἄβατα ἔσται λοιπὸν βατὰ, καὶ ὁ οὐρανὸς ἀνοιγήσεται, καὶ πρὸς τὰ ἀληθινὰ ἅγια τῶν ἁγίων τὰ πράγματα μεταστήσεται. Καὶ οἱ μὲν ἔλεγον, Εἰ βασιλεὺς Ἰσραὴλ ἐστι, καταβάτω νῦν ἀπὸ τοῦ σταυροῦ· αὐτὸς δὲ δείκνυσιν, D ὅτι οὐ τοῦ Ἰσραὴλ μόνον, ἀλλὰ τῆς οἰκουμένης ἁπάσης. Κἀκεῖνοι μὲν ἔλεγον, Ὁ καταλύων τὸν ναὸν τοῦτον, καὶ ἐν τρισὶν ἡμέραις [c] οἰκοδομῶν αὐτόν· αὐτὸς

2. Ad hæc autem ex iis, quæ postea sequuta sunt, seipsum manifestavit, ex mortuorum resurrectione, ex obscurata luce, et ex elementorum mutatione. *4. Reg.* 13. 21. Elisæi enim tempore mortuus mortuum tangens resurrexit: nunc autem vox illos excitavit, dum corpus in cruce superne affixum esset. Alioquin vero illa horum figuræ erant. Ideo enim illa facta sunt, ut hæc crederentur. Neque solum mortui suscitantur, sed etiam petræ scinduntur, terraque concutitur, ut discant se illos posse et excæcare et dirumpere. Nam qui petras discidit, et terram tenebris obduxit, multo magis in illis talia præstare potuisset, si quidem voluisset: verum id noluit, sed immissa in elementa ira sua, ex mansuetudine sua ipsorum salutem curabat. Sed illi in insania perstiterunt. Talis res est invidia; non facile sedatur. Tunc ergo his conspectis prodigiis, nihil ex impudentia remiserunt; postea autem quando sigillo apposito et militibus custodientibus resurrexit; id quod ab ipsis custodibus didicerunt; argento illos corruperunt, ut resurrectionis testimonia suffurarentur. Ne mireris itaque, si tunc etiam improbe se gesserunt; sic semel se comparaverant ad omnem impudentiæ rationem: sed illud consideres velim, qualia signa fecerit ex cælo, in terra et in ipso templo; simul indignationem suam commonstrans, simulque declarans ea quæ olim inaccessa erant, jam adiri posse: cælum esse aperiendum, et ad vera sancta sanctorum res esse transferendas. Et alii quidem dicebant, *Si rex Israël est, descendat nunc de cruce;* ipse vero ostendit, se non Israëlis modo, sed totius orbis regem esse. Illi dicebant, *Qui solvit templum hoc, et in tribus diebus ædificat*

[f] Alii ἐτεθνήκει.
[a] Morel. οὖν καὶ τοῖς.
[b] Alii πέτρας τεμών.
[c] Morel. οἰκοδομῶν· αὐτὸς δέ.

illud; ipse vero declarat, templum usque in finem desertum fore. Rursum illi dicebant, *Alios salvos fecit, seipsum non potest salvum facere;* ipse vero in cruce, in servorum corporibus id cum magna potentia ostendit. Nam si quatriduanum Lazarum ex sepulcro exire magnum erat, multo majus sanctos illos omnes jam olim sepultos confertim vivos apparere; quod futuræ resurrectionis signum erat. Ait enim : 52. *Multa corpora sanctorum qui dormierant, surrexerunt.* 53. *Et introierunt in sanctam civitatem, et apparuerunt multis.* Ne enim putaretur id quod fiebat phantasma esse, multis etiam apparent in civitate. Et centurio quoque Deum tunc glorificavit dicens : *Vere hic homo justus erat. Et turbæ quæ venerant ad spectandum, percutientes pectora sua, revertebantur.* Tanta est virtus crucifixi, ut post tot irrisiones et dicteria, et centurio et populus compungerentur. Quidam vero narrant hunc centurionem postea in fide roboratum, martyrium fortiter subiisse. 55. *Erant autem illic mulieres multæ a longe videntes, quæ sequutæ fuerant Jesum a Galilæa ministrantes ei,* 56. *in quibus erat Maria Magdalene, et Maria Jacobi, et Jose mater, et mater filiorum Zebedæi.* Hæc facta vident mulieres illæ, quæ maxime dolent ac lugent. Et consideres velim quam assiduæ sint. Sequebantur ipsum ministrantes, et usque ad pericula aderant. Ideoque omnia spectabant, quomodo clamaverit et exspiraverit; quomodo petræ scissæ sint, cæteraque omnia. Ipsæque primæ Jesum vident; hicque sexus maxime damnatus, primus bonorum spectaculo fruitur : quod maxime illarum fortitudinem commendat. Discipuli fugerunt, illæ aderant. Quænam illæ erant? Mater ejus, quam dicit Jacobi, et reliquæ. Alius evangelista dicit, multos fuisse qui ob hæc plangerent pectusque tunderent; quod maxime Judæorum crudelitatem ostendebat, qui de quibus alii gemebant lugebantque, de iisdem ipsi gloriabantur, neque misericordia moti, neque timore cohibiti. Signa quippe illa, non modo signa, sed iræ magnæ furorisque signa erant; tenebræ, petræ scissæ, velum a medio rescissum, terræ motus : hæc ingentis erant indignationis. 58. *Accedens autem Joseph, petiit corpus.* Hic erat Joseph ille, qui se prius occultaverat; nunc vero magnum quidpiam ausus est post Christi mortem. Non enim ignobilis

Corpora sanctorum, qui resurrexerunt, signum futuræ resurrectionis erant.

Luc. 23. 47. 48.

Centurio martyr postea fuisse narratur.

Lucas ibid.

δὲ δείκνυσιν, ὅτι εἰς τέλος ἐρημωθήσεται. Πάλιν οὗτοι μὲν ἔλεγον, Ἄλλους ἔσωσεν, ἑαυτὸν οὐ δύναται σῶσαι· αὐτὸς δὲ ἐν σταυρῷ μένων, ἐν τοῖς τῶν δούλων σώμασι τοῦτο ἐκ περιουσίας ἐδείκνυ πολλῆς. Εἰ γὰρ τὸ τεταρταῖον ἐξελθεῖν Λάζαρον μέγα, πολλῷ μᾶλλον τὸ πάντας ἀθρόως τοὺς πάλαι κοιμηθέντας φανῆναι ζῶντας· E ὃ τῆς ἐσομένης ἀναστάσεως σημεῖον ἦν. Πολλὰ γὰρ σώματα τῶν κεκοιμημένων ἁγίων ἠγέρθη, φησί. Καὶ εἰσῆλθον εἰς τὴν ἁγίαν πόλιν, καὶ ἐνεφανίσθησαν πολλοῖς. Ἵνα γὰρ μὴ νομισθῇ [d] φάντασμα εἶναι τὸ γεγενημένον, καὶ πολλοῖς φαίνονται ἐν τῇ πόλει. Καὶ ὁ κεντουρίων δὲ τὸν Θεὸν τότε ἐδόξασε λέγων· Ὄντως ὁ ἄνθρωπος οὗτος δίκαιος ἦν. Καὶ οἱ ὄχλοι δὲ, οἱ πα- 827 A ραγενόμενοι εἰς τὴν θεωρίαν, τύπτοντες αὐτῶν τὰ στήθη, ὑπέστρεφον. Τοσαύτη τοῦ ἐσταυρωμένου ἡ δύναμις, ὡς μετὰ χλευασίας τοσαύτας, καὶ κωμῳδίας, καὶ σκώμματα, καὶ τὸν κεντουρίωνα κατανυγῆναι, καὶ τὸν δῆμον. Τινὲς δέ φασιν, ὅτι καὶ μαρτύριόν ἐστι τοῦ κεντουρίωνος τούτου, ἀνδρισαμένου μετὰ ταῦτα ἐπὶ τῇ πίστει. Ἦσαν δὲ ἐκεῖ γυναῖκες πολλαὶ θεωροῦσαι μακρόθεν, αἵτινες ἠκολούθησαν διακονοῦσαι αὐτῷ, ἐν αἷς ἦν Μαρία ἡ Μαγδαληνὴ, καὶ Μαρία ἡ Ἰακώβου, καὶ [a] Ἰωσῆ μήτηρ, καὶ ἡ μήτηρ τῶν υἱῶν Ζεβεδαίου. Ταῦτα ὁρῶσιν αἱ γυναῖκες γινόμενα, αἱ μάλιστα συμπαθέστεραι, αἱ μάλιστα θρηνοῦσαι. Καὶ σκόπει πόση αὐτῶν ἡ προσεδρία. Ἠκολούθουν αὐτῷ B διακονούμεναι, καὶ μέχρι τῶν κινδύνων παρῆσαν. Διὸ καὶ [b] τὸ πᾶν ἐθεώρουν, πῶς ἐβόησε, πῶς ἐξέπνευσε· πῶς αἱ πέτραι ἐσχίσθησαν, τὰ ἄλλα ἅπαντα. Καὶ αὗται πρῶται ὁρῶσι τὸν Ἰησοῦν, καὶ τὸ μάλιστα καταχριθὲν γένος τοῦτο πρῶτον ἀπολαύει τῆς τῶν ἀγαθῶν θεωρίας· τοῦτο μάλιστα ἐπιδείκνυται τὴν ἀνδρείαν. Καὶ οἱ μὲν μαθηταὶ ἔφυγον, αὗται δὲ παρῆσαν. Τίνες δὲ ἦσαν αὗται; Ἡ μήτηρ αὐτοῦ· ταύτην γὰρ λέγει τὴν Ἰακώβου· καὶ αἱ λοιπαί. Ἄλλος δὲ εὐαγγελιστής φησιν, [c] ὅτι καὶ ἐκόπτοντο πολλοὶ ἐπὶ τοῖς γινομένοις, καὶ τὸ στῆθος ἔτυπτον· ὃ μάλιστα δείκνυσι τῶν Ἰουδαίων τὴν ὠμότητα, ὅτι ἐφ' οἷς ἐθρήνουν ἕτεροι, ἐπὶ τούτοις ἐκόμπαζον οὗτοι, καὶ οὔτε ἐλέῳ ἐκάμφθησαν, C οὔτε φόβῳ κατεστάλησαν. Καὶ γὰρ ὀργῆς τὰ γινόμενα ἦν μεγάλης σημεῖα· καὶ οὐχ ἁπλῶς σημεῖα, ἀλλὰ θυμοῦ σημεῖα ἅπαντα· τὸ σκότος, αἱ τεμνόμεναι πέτραι, τὸ καταπέτασμα ῥηγνύμενον μέσον, ὁ τῆς γῆς κλόνος· καὶ πολλὴ τῆς ἀγανακτήσεως ἦν ἡ ὑπερβολή. Προσελθὼν δὲ ὁ Ἰωσὴφ ᾔτησε τὸ σῶμα. Οὗτος ἦν Ἰωσὴφ ὁ κρυπτόμενος πρῴην· νῦν μέντοι [d] μέγα ἐτόλμησε μετὰ τὸν θάνατον τοῦ Χριστοῦ. Οὐδὲ γὰρ ἄσημος ἦν, οὐδὲ τῶν λανθανόντων, ἀλλὰ τῆς βουλῆς εἷς,

[d] Alii φαντασίαν.

[a] Morel. Ἰωσῆ καὶ ἡ μήτηρ. Mox alii ταῦτα ὁρῶσαι.... αἱ μάλιστα ἐθρήνουν. [Paulo ante post ἠκολούθησαν Bibl. addunt ἀπὸ τῆς Γαλιλαίας.]

[b] Alii τὰ πάντα.

[c] Morel. ὅτι ἐκόπτοντο ἐπί.

[d] Alii μεγάλα. [Infra Cod. 694 ἕως ἐπέτυχεν.]

καὶ σφόδρα ἐπίσημος· ὅθεν μάλιστα τὴν ἀνδρείαν αὐτοῦ κατιδεῖν ἔνι· εἰς γὰρ θάνατον ἑαυτὸν ἐξέδωκε, τὴν πρὸς πάντας ἀπέχθειαν ἀναδεξάμενος, τῇ περὶ τὸν Ἰησοῦν εὐνοίᾳ καὶ τολμήσας αἰτῆσαι, καὶ μὴ πρότερον ἀποστὰς, ἕως ἂν ἐπέτυχεν. Οὐ τὸ λαβεῖν δὲ μόνον, οὐδὲ τὸ θάψαι πολυτελῶς, ἀλλὰ καὶ τὸ ἐν τῷ μνημείῳ αὐτοῦ τῷ καινῷ, δείκνυσι τὸ φίλτρον καὶ τὴν ἀνδρείαν. Καὶ τοῦτο δὲ οὐχ ἁπλῶς ᾠκονομεῖτο, ἀλλ' ὥστε μὴ ὑποψίαν τινὰ γενέσθαι ψιλὴν, ὅτι ἕτερος ἀνθ' ἑτέρου ἀνέστη. Ἦν δὲ Μαρία ἡ Μαγδαληνὴ, καὶ ἡ ἄλλη Μαρία καθήμεναι ἀπέναντι τοῦ τάφου. Τίνος ἕνεκεν αὗται προσεδρεύουσιν; Οὐδὲν οὐδέπω μέγα, ὡς ἐχρῆν, καὶ ὑψηλὸν ᾔδεσαν περὶ αὐτοῦ· διὸ καὶ μύρα ἐκόμισαν, καὶ τῷ τάφῳ προσεκαρτέρουν, ὥστε, εἰ λωφήσειεν ἡ μανία τῶν Ἰουδαίων, καὶ ἀπελθεῖν καὶ περιχυθῆναι.

Εἶδες γυναικῶν ἀνδρείαν; εἶδες φιλοστοργίαν; εἶδες μεγαλοψυχίαν τὴν ἐν τοῖς χρήμασι, τὴν μέχρι θανάτου; Μιμησώμεθα τὰς γυναῖκας, οἱ ἄνδρες· μὴ [e] ἐγκαταλείψωμεν ἐν τοῖς πειρασμοῖς τὸν Ἰησοῦν. Ἐκεῖναι μὲν γὰρ εἰς τελευτήσαντα τοσαῦτα ἀνάλωσαν, καὶ τὰς ψυχὰς ἐξέδωκαν· ἡμεῖς δὲ (πάλιν γὰρ τὰ αὐτὰ ἐρῶ) οὐδὲ πεινῶντα τρέφομεν, οὐδὲ γυμνὸν περιβάλλομεν, ἀλλ' ὁρῶντες αὐτὸν προσαιτοῦντα παρατρέχομεν. Καίτοι γε εἰ αὐτὸν ἐκεῖνον εἴδετε, τὰ ὑπάρχοντα ἂν ἕκαστος ἐκένωσεν. Ἀλλὰ καὶ νῦν ὁ αὐτός ἐστιν. Αὐτὸς γὰρ εἶπεν, ὅτι ἐγώ εἰμι. Τίνος οὖν ἕνεκεν οὐ [a] πάντα κενοῖς; Καὶ γὰρ καὶ νῦν ἀκούεις λέγοντος, ὅτι Ἐμοὶ ποιεῖς. Καὶ οὐδὲν τὸ μέσον, ἄν τε τούτῳ, ἄν τε ἐκείνῳ δῷς· οὐδὲν ἔλαττον ἔχεις τούτων τῶν γυναικῶν, τῶν τότε τρεφουσῶν αὐτὸν, ἀλλὰ καὶ πολλῷ πλέον. Ἀλλὰ μὴ θορυβηθῆτε. Οὐ γάρ ἐστιν ἴσον αὐτὸν κυρίως φαινόμενον θρέψαι, ὃ καὶ λιθίνην ἱκανὸν ἦν ψυχὴν ἐπισπάσασθαι, καὶ διὰ ἀπόφασιν αὐτοῦ μόνην τὸν πένητα, ἢ τὸν ἀνάπηρον, ἢ τὸν συγκεκυφότα θεραπεῦσαι. Ἐκεῖ μὲν γὰρ ἡ ὄψις καὶ τὸ ἀξίωμα τοῦ φαινομένου τὸ γινόμενον πρὸς σὲ μερίζεται· ἐνταῦθα δὲ ὁλόκληρον σὸν τῆς φιλανθρωπίας τὸ βραβεῖόν ἐστι· καὶ μείζονος τῆς περὶ αὐτὸν αἰδοῦς τὸ δεῖγμα, ὅταν διὰ τὴν ἀπόφασιν αὐτοῦ μόνην, τὸν ὁμόδουλον αὐτοῦ θεραπεύων ἀναπαύῃς ἐν πᾶσιν. Ἀνάπαυε τοίνυν, πιστεύων τῷ λαμβάνοντι καὶ λέγοντι, [b] ὅτι Ἐμοὶ δίδως. Εἰ γὰρ μὴ αὐτῷ ἐδίδως, οὐκ ἄν σε βασιλείας ἠξίωσεν. Εἰ μὴ αὐτὸν ἀπεστρέφου, οὐκ ἄν σε εἰς γέενναν ἔπεμψεν, εἰ τὸν τυχόντα παρίδοις. Ἀλλ' ἐπειδὴ αὐτός ἐστιν ὁ καταφρονούμενος, διὰ τοῦτο μέγα

ignotusque, sed ex consilio unus admodumque insignis erat: unde maxime ejus fortitudo spe-
D ctanda est: nam in mortis periculum veniebat, cum omnium in se odium concitaret, dum suam erga Jesum benevolentiam demonstrans, corpus petere ausus est, neque destitit, donec id assequutus esset. Nec accepit modo et cum sumtu sepelivit, sed in sepulcro suo novo, hinc amorem fortitudinemque suam demonstrans. Hoc vero non sine causa, nec sine providentia ita factum est, sed ut ne ulla vel minima suspicio remaneret, alium pro alio surrexisse. 61. *Erant autem Maria Magdalene, et altera Maria sedentes e regione sepulcri.* Cur illæ ita assident? Nihil
E adhuc magnum vel sublime de illo sciebant: ideoque unguenta attulerunt, et prope sepulcrum manebant, ut, si Judæorum furor sedaretur, accederent et corpus ungerent.

3. Vides mulierum fortitudinem? vides amo-
828 rem? vides liberalitatem in expensa usque ad mor-
A tis periculum? Hasce mulieres imitemur, viri: ne Jesum in tentationibus relinquamus. Illæ in mortuum tot impenderunt, in vitæ suæ periculum: nos autem (libet enim idipsum repetere) nec esurientem alimus, nec nudum induimus, sed illum mendicantem videntes prætercurrimus. Sane si ipsum Christum videretis, sua singuli profunderent. Sed nunc idem ipse est. Ipse namque dixit, Ego sum. Cur ergo non omnia effundis? Etenim nunc dicentem audis, *Mihi facis.* Neque quidpiam interest utrum huic, utrum illi dederis, neque minus feceris, quam mulieres illæ, quæ tunc ipsum nutriebant, imo multo majus. Verum ne turbemini. Non est enim æquale ipsum Dominum præsentem alere, quod vel lapideum animum pertraheret, et
B propter verba ejus dumtaxat, pauperem, mutilum, incurvum hominem fovere. Ibi enim aspectus dignitasque præsentis attrahit; hic autem totum misericordiæ tibi præmium adscribitur: majusque est tuæ erga illum reverentiæ argumentum, quando propter ejus verba conservum foves in omnibus. Fove igitur, ac crede accipienti et dicenti, *Mihi dedisti.* Nisi enim ipsi dares, non te ille regno dignaretur. Nisi ipsum aversareris, non te in gehennam mitteret, quod vilem aliquem hominem despexisses. Sed quia ille ipse est qui despi-
C citur, ideo magnum id flagitium est. Sic et Paulus illum persequebatur; ideo dicebat, *Quid me*

Eleemosyna pauperi data, Christo erogatur.

Act. 9. 4.

• Morel. καταλείψωμεν.

• Morel. πάντα κενοῖς ὅτι ἐμοί, omissis interpositis.

b Morel. ὁ ἐμοὶ δίδως.

persequeris? Sic ergo, cum damus, affecti simus, ac si Christo erogaremus: nam verba ejus, plus quam ea quæ sub aspectum cadunt credenda. Cum videris ergo pauperem, recordare verborum, quibus se ipse dicit alendum. Etiamsi enim is qui apparet non sit Christus, sed sub hac ille figura petit et accipit. Erubesce igitur, cum petenti non dederis. Hoc pudori est, hoc pœnam et supplicium meretur. Nam quod mendicet, ad ejus pertinet bonitatem, ac propter hoc nos gloriari par est: si vero non dederis, tuæ erit crudelitatis. Quod si nunc non credas te, cum pauperem fidelem prætercurris, ipsum prætercurrere, tunc credes cum te in medio illorum producto, dicet: *In quantum his non fecistis, neque mihi fecistis.* Sed absit ut vos illud ita discatis, sed utinam nunc credentes, et fructificantes, beatissimam illam audiatis vocem, quæ vos in regnum introducat. Verum dicet fortasse quispiam: Quotidie nobis de eleemosyna et misericordia disseris. Neque finem dicendi faciam. Etiamsi enim ea apud vos recte procederent, neque tunc desistendum esset, ne hinc negligentiores evaderetis. Attamen si bene res procederet, minus instarem: si vero ne ad medium quidem pervenistis, ne mihi, sed vobis ipsis id objicite. Nam perinde facis, dum conquereris, atque si puer alpha sæpe audiens, nec ediscens, apud magistrum conquereretur, quod frequenter ac perpetuo id doceret. Quis enim ex verbis meis factus est expeditior ad eleemosynam dandam? quis pecunias profudit? quis dimidium opum, quis tertiam partem distribuit? Nemo. Quomodo ergo absurdum non fuerit, dum vos non discitis, jubere nos a docendo absistere? Contra faciendum esset: si non absistere vellemus, vos oporteret retinere ac dicere: Nondum hæc didicimus, et cur a monendo desistitis? Si quis oculi infirmitate laboraret, et ego medicus essem, si emplastro, unctione, reliquis remediis adhibitis, parum profuissem, et abirem: annon ad officinæ fores accederet, clamaret, meque de ingenti negligentia accusaret, quod perseverante morbo recessissem? et si accusatus responderem: Cataplasma apposui, unxi, num illud ferret? Minime, sed statim diceret: Quæ mihi hinc utilitas, dum male afficior? Idipsum de anima cogitato. Quid, si manum infirmam, torpentem, contractam, sæpe unctione vel emplastro curans, emollire non potuissem? annon idipsum audirem? At nunc etiam

τὸ ἔγκλημα. Οὕτω καὶ Παῦλος αὐτὸν ἐδίωκε· [c] διὸ καὶ ἔλεγε, Τί με διώκεις; Οὕτω τοίνυν διακεώμεθα, ὡς αὐτῷ τῷ Χριστῷ παρέχοντες, ὅταν παρέχωμεν· καὶ γὰρ τὰ ῥήματα αὐτοῦ τῆς ὄψεως ἡμῶν πιστότερα. Ἐπειδὰν οὖν ἴδῃς πένητα, ἀναμνήσθητι τῶν ῥημάτων, δι' ὧν ἐδήλου, ὅτι αὐτός ἐστιν ὁ τρεφόμενος. Εἰ γὰρ καὶ τὸ φαινόμενον οὐκ ἔστι Χριστὸς, ἀλλ' ἐν τούτῳ τῷ σχήματι αὐτὸς λαμβάνει καὶ προσαιτεῖ. Αἰσχύνθητι

D οὖν, ὅταν προσαιτοῦντι μὴ διδῷς. Τοῦτο γὰρ αἰσχύνη, τοῦτο τιμωρία καὶ κόλασις. Τὸ μὲν γὰρ προσαιτεῖν αὐτὸν, τῆς αὐτοῦ ἀγαθότητος· δι' ὃ καὶ ἐγκαλλωπίζεσθαι ἡμᾶς αὐτῷ χρή· τὸ δὲ μὴ δοῦναι τῆς σῆς ὠμότητος. Εἰ δὲ οὐ πιστεύεις νῦν, ὅτι πένητα πιστὸν παρατρέχων, αὐτὸν παρατρέχεις, πιστεύσεις τότε, ὅταν εἰς μέσον σε παραγαγὼν τούτων λέγῃ, Ἐφ' ὅσον οὐκ ἐποιήσατε τούτοις, οὐδὲ ἐμοὶ ἐποιήσατε. Ἀλλὰ μὴ γένοιτο ὑμᾶς οὕτως αὐτὸ μαθεῖν, ἀλλὰ πιστεύσαντας νῦν, καὶ [d] καρπὸν ποιήσαντας, τῆς μακαριωτάτης ἐκείνης ἀκοῦσαι φωνῆς, τῆς εἰς τὴν βασιλείαν ὑμᾶς

E εἰσαγούσης. Ἀλλ' ἴσως ἐρεῖ τις· καθ' ἑκάστην ἡμέραν περὶ ἐλεημοσύνης διαλέγῃ καὶ φιλανθρωπίας ἡμῖν. [e] Οὐδὲ γὰρ παύσομαι τοῦτο λέγων. Εἰ μὲν γὰρ κατώρθωται ὑμῖν τοῦτο, μάλιστα μὲν οὐδὲ τότε ἀποστῆναι ἐχρῆν, ὥστε μὴ ποιῆσαι ῥαθυμοτέρους. Πλὴν ἀλλ' εἰ μὲν κατώρθωται, καὶ μικρὸν ἐνέδωκα ἄν· εἰ δὲ οὐδὲ εἰς τὸ μέσον ἐφθάσατε, μὴ πρὸς ἐμὲ, ἀλλὰ πρὸς

829 ἑαυτοὺς ταῦτα λέγετε. Καὶ γὰρ ταὐτὸν ποιεῖς ἐγκαλῶν,

A ὥσπερ ἂν εἰ παιδίον τὸ ἄλφα στοιχεῖον ἀκούων πολλάκις, καὶ μὴ μανθάνων, ἐγκαλοίη τῷ διδασκάλῳ, ὅτι συνεχῶς ὑπὲρ τούτου καὶ διηνεκῶς αὐτῷ ὑπομιμνήσκει. Τίς γὰρ ἀπὸ τῶν λόγων τούτων γέγονεν εὐκολώτερος πρὸς ἐλεημοσύνην; τίς τὰ χρήματα ἔῤῥιψε; τίς τὸ ἥμισυ τῆς οὐσίας; τίς τὸ τρίτον διένειμεν; Οὐδείς. Πῶς οὖν οὐκ ἄτοπον, μὴ μανθανόντων ὑμῶν, ἡμᾶς κελεύειν ἀποστῆναι τοῦ διδάσκειν; Τοὐναντίον μὲν οὖν ἔδει ποιεῖν· εἰ καὶ ἡμεῖς ἐβουλοίμεθα ἀποστῆναι, ὑμᾶς κατέχειν καὶ λέγειν· οὐδέπω ταῦτα μεμαθήκαμεν, καὶ πῶς ἀπέστητε ὑπομιμνήσκοντες; Εἴ τινι συνέβη τὸν ὀφθαλμὸν παθεῖν, ἐγὼ δὲ ἰατρὸς ἐτύγ-

B χανον [a] ὢν, εἶτα περιπλάσας καὶ διαχρίσας, καὶ τὴν ἄλλην προσαγαγὼν ἐπιμέλειαν, μηδὲν ὤνησα μέγα, ἀλλὰ καὶ ἀπέστην, οὐκ ἂν ἐλθὼν ἐπὶ τὰς τοῦ ἐργαστηρίου θύρας κατεβόησεν ἂν, ῥαθυμίαν πολλὴν ἐγκαλῶν, ὅτι τῆς νόσου μενούσης αὐτὸς ἀνεχώρησα; καὶ εἰ πρὸς ταῦτα ἐγκαλούμενος εἶπον, ὅτι κατέπλασα, ὅτι διέχρισα, ἆρα ἠνέσχετο; Οὐδαμῶς, ἀλλ' εὐθέως ἂν εἶπε· καὶ τί τὸ ὄφελος, ὅτι ἔτι ἀλγῶ; Τοῦτο γοῦν καὶ ἐπὶ τῆς ψυχῆς λογίζου. Τί δὲ, εἰ χεῖρα νοσοῦσαν,

[c] Διὸ καὶ ἔλεγε deest in Morel. qui mox habet διακείμεθα.
[d] In Morel. καρπὸν deest.
[e] Morel. οὐδὲ παύομαι λέγων.
[a] ὢν deest in Morel. Ibidem alius περιπάσας.

ναρκῶσαν, καὶ συνεσταλμένην πολλάκις [b] καταιονήσας οὐκ ἴσχυσα μαλάξαι; ἆρα οὐκ ἂν τὸ αὐτὸ ἤκουσα; Καὶ νῦν χεῖρα συνεσταλμένην καὶ ξηρανθεῖσαν περικλύζομεν. Καὶ διὰ τοῦτο, ἕως ἂν αὐτὴν ἴδωμεν ἐκτεινομένην τέλεον, οὐκ ἀποστησόμεθα περιοδεύοντες. Εἴθε καὶ ὑμεῖς μηδὲν ἕτερον διελέγεσθε, καὶ ἐπὶ οἰκίας, καὶ ἐπὶ ἀγορᾶς, καὶ ἐπὶ τραπέζης, καὶ ἐν νυκτὶ, καὶ [c] κατ' ὄναρ. Εἰ γὰρ ταῦτα μεθ' ἡμέραν ἐμεριμνῶμεν ἀεὶ, καὶ κατ' ὄναρ ἂν ἐν τούτοις ἦμεν.

Τί λέγεις; Περὶ ἐλεημοσύνης ἀεὶ διαλέγομαι; Ἐβουλόμην καὶ αὐτὸς μὴ πολλὴν εἶναί μοι χρείαν ταύτης πρὸς ὑμᾶς τῆς συμβουλῆς, ἀλλὰ διαλέγεσθαι περὶ μάχης τῆς πρὸς Ἰουδαίους, τῆς πρὸς Ἕλληνας καὶ αἱρετικούς· ἀλλὰ μηδέπω ὑγιαίνοντας πῶς ἄν τις καθοπλίσειε; πῶς ἂν εἰς παράταξιν ἐξαγάγοι, ἔτι τραύματα ἔχοντας καὶ ὠτειλάς; Ὡς εἴ γε [d] ὑγιαίνοντας εἶδον καθαρῶς, ἐπὶ τὴν παράταξιν ὑμᾶς ἐξήγαγον ἐκείνην, καὶ εἴδετε ἂν τῇ τοῦ Χριστοῦ χάριτι μυρίους βαλλομένους νεκροὺς, καὶ φερομένας αὐτῶν ἐπαλλήλους τὰς κεφαλάς. Ἐν γοῦν ἑτέροις βιβλίοις πολλοὶ περὶ τούτων ἡμῖν εἴρηνται λόγοι· ἀλλ' οὐδὲ οὕτω δυνάμεθα καθαρῶς ἐπὶ τῇ νίκῃ πανηγυρίζειν, διὰ τὴν τῶν πολλῶν ὀλιγωρίαν. Ὅταν γὰρ αὐτοὺς μυριάκις νικήσωμεν τοῖς δόγμασιν, ὀνειδίζουσιν [e] ἡμῖν τὸν βίον, τὸν τῶν πολλῶν, τῶν παρ' ἡμῖν συλλεγομένων, τὰ τραύματα, τὰ νοσήματα τὰ κατὰ ψυχήν. Πῶς οὖν ὑμᾶς θαῤῥοῦντες ἐπὶ τῆς παρατάξεως δείξωμεν, ὅταν καὶ ἡμῖν ἐπηρεάζητε, εὐθέως βαλλόμενοι παρὰ τῶν πολεμίων καὶ κωμῳδούμενοι; Τοῦ μὲν γὰρ ἡ χεὶρ ἀλγεῖ, καὶ ἔστι συνεσταλμένη [f] πρὸς διάδοσιν. Πῶς οὖν ὁ τοιοῦτος ἀσπίδα κατασχεῖν καὶ προβάλλεσθαι δυνήσεται, καὶ μὴ τρωθῆναι τοῖς τῆς ὠμότητος σκώμμασιν; Ἑτέροις σκάζουσιν οἱ πόδες, ὅσοι εἰς θέατρα ἀναβαίνουσι, [a] καὶ τὰ τῶν πορνευομένων γυναικῶν καταγώγια. Πῶς οὖν οὗτοι ἐν τῇ μάχῃ δυνήσονται στῆναι, καὶ μὴ βληθῆναι τοῖς τῆς ἀσελγείας ἐγκλήμασιν; Ἄλλος τοὺς ὀφθαλμοὺς ἀλγεῖ καὶ πεπήρωται, οὐκ ὀρθὰ βλέπων, ἀλλὰ ἀσελγείας γέμων, καὶ γυναικῶν σωφροσύνῃ προσβάλλων, καὶ γάμους διορύττων. Πῶς οὗτος πρὸς τοὺς πολεμίους ἀντιβλέψαι δυνήσεται, καὶ [b] κινῆσαι δόρυ, καὶ βέλος ἀφεῖναι, πάντοθεν κεντούμενος σκώμμασιν; Ἔστιν ἰδεῖν καὶ

manum contractam et arefactam irrigamus. Et ideo, donec illam extensam viderimus, circuire non desistemus. Utinam et vos de nullo alio col- C loquamini, et domi, et in foro, et in mensa, noctu, imo et per somnium. Nam si interdiu hæc solliciti semper meditaremur, etiam per somnium in iis versaremur.

4. Quid dicis? De eleemosyna semper dissero? Vellem et ego hujusmodi adhortatione nihil apud vos opus esse, sed disserere de pugna contra Judæos, contra gentiles, contra hæreticos : sed nondum valentes quis armare possit? quomodo in D aciem educere adhuc plagis et vulneribus sauciatos? Si vos bene valentes viderem, jam in aciem illam eduxissem, atque Christi gratia fulti stragem vidissetis innumerorum cadaverum, multaque allata eorum capita. In aliis porro libris multa hac de re diximus : sed neque sic plane possumus, ob multorum negligentiam, hanc victoriam celebrare. Postquam enim illos sæpe dogmatibus profligavimus, vitam multorum nobis exprobrant, qui apud nos congregantur, eorumque vulnera et animi morbos. Quomodo ergo vos fidenter in aciem educe- E mus, cum etiam nobis molesti sitis, dum vos hostes confodiunt ac derident? Illius enim manus ægra est et ad largitionem contracta. Quomodo 830 ille clypeum tenere et obtendere poterit, ne crude- A libus dicteriis feriatur? Alii pedibus claudicant quotquot ascendunt ad theatra, et ad diversoria meretricum mulierum. Quomodo hi in pugna stare poterunt, nec lasciviæ criminibus confodi? Alius oculis laborat et pene cæcus est, non probe respiciens, sed lascivia plenus, mulierum pudicitiam adortus, et connubiis insidiatus. Quomodo hic inimicos respicere poterit, hastam vibrare, telum emittere, dum undique dicteriis confoditur? Alios videre est ventre dolentes non minus quam hydropicos, qui a gula et ebrietate detinentur. Quomodo igitur hos ebrios in pugnam educere potero? Alteri os ipsum computruit; cujusmodi sunt ira-

Chrysostomus frequenter de eleemosyna prædicabat, quare.

[b] Κατανοήσας, sic Morel., Commelin. et Codex unus; duo alii κατανοῶν. Savil. κατανοήσας; sed Codicis cujusdam lectionem in margine posuit, ut solet, nempe καταιονήσας, a verbo καταιονάω, *ungo, foveo, emplastro obduco*. Lectionem ergo καταιονήσας quasi mendum habuit : neque hic tantum vocem hujusmodi rejecit vir alioquin accuratissimus, sed etiam Homilia 60 in Genesim p. 576, ubi illud, καταιονήσει θεραπεύειν, *unctione aut emplastro curare*, sic legit ille, κατ' εὐνοίας λόγον μὴ θεραπεύειν. Hic autem καταιονήσας apprime quadrat : nam agitur de manu torpente et contracta, quam emplastro emollire satagunt.

[c] Alii ἐν ὀνείρῳ, et infra ἐν ὀνείροις. [Codex 694 Attice ὄναρ, bis, sine κατ'.]

[d] Alii ὑγιάναντας.

[e] Morel. ὑμῖν.

[f] Πρὸς διάδοσιν deest in Morel.

[a] Morel. καὶ τὰ τῶν πορνευόντων γυναικῶν.

[b] Quidam habent σεῖσαι

cundi, convitiatores, blasphemi. Quomodo igitur hic in bello umquam jubilabit, magnumque quidpiam strenuumque aget, dum et ipse alio ebrietatis genere ebrius est, multamque hostibus præbet risus materiam? Ideo hunc quotidie exercitum circumeo, vulnera curans, ulcera sanare studens. Si autem aliquando evigiletis, si idonei et promti fueritis ad emittenda tela, et hæc arma tractanda; vel potius ipsa opera vobis arma erunt, et protinus omnes succumbent, si misericordes, si modesti, si mansueti, si injuriarum immemores fueritis, si alias omnes virtutes exhibueritis. Si vero quipiam repugnaverint, tunc etiam nostra adjungemus, vos in medium proferentes: nunc enim in hoc cursu a vobis impedimur. Consideres velim, quæso. Dicimus magna operatum Christum esse, qui angelos ex hominibus fecerit; deinde vero cum rationes expetuntur, jussi ex hoc grege specimen aliquod proferre, obmutescimus. Timeo enim ne pro angelis porcos ex hara educam, aut equos emissarios. Scio hæc vobis molesta esse, at non contra vos omnes hæc dicuntur, sed adversus eos qui his obnoxii sunt; imo ne contra illos quidem, si resipiscant, sed pro illis. Nunc enim omnia perierunt corruptaque sunt: nihilque differt ecclesia a boum, asinorum camelorumve stabulo: ac dum ovem requiro, ne unam quidem possum videre. Ita nempe omnes calcitrant, ut equi et asini agrestes, qui hæc omnia stercore complent: talia enim sunt illorum colloquia. Ac si posses scire omnia quæ in singulis concionibus dicuntur a viris, a mulieribus, videres utique hæc stercore illo immundiora longe esse. Quamobrem rogo hanc malam consuetudinem mutetis, ut ecclesia unguentum spiret. Nunc autem sensibilia in illa thymiamata ponimus, de spirituali autem immunditia non tantam curam gerimus, ut eam purgemus auferamusque. Quænam ergo utilitas? Neque enim ita ecclesiam deturparemus, stercus congerentes, quam fœdamus, talia mutuo loquentes, de lucro, de negotiatione, de cauponatione, de iis quæ nihil ad nos pertinent, cum oporteret hic angelicos esse choros, et ecclesiam cælum facere, nihilque aliud hic esse quam precationes assiduas, silentium et attentionem. Hoc vel nunc faciamus, ut et vitam purgemus nostram, et promissa æterna bona consequamur, gratia et be-

Thymiamata in ecclesia ponebantur.

B γαστέρα ἀλγοῦντας πολλοὺς τῶν [c] ὑδεριώντων οὐκ ἔλαττον, ὅταν ὑπὸ γαστριμαργίας καὶ μέθης κατέχωνται. Πῶς οὖν τούτους μεθύοντας εἰς πόλεμον ἐξαγαγεῖν δυνήσομαι; Ἑτέρου τὸ στόμα ἐστὶ σεσηπός· τοιοῦτοι γὰρ οἱ ἀκρόχολοι καὶ λοίδοροι καὶ βλάσφημοι. Πῶς οὖν οὗτος ἀλαλάξει ποτὲ ἐν μάχῃ, καὶ μέγα τι καὶ γενναῖον ἐργάσεται, μέθην καὶ αὐτὸς ἑτέραν μεθύων, καὶ πολὺν παρέχων τοῖς πολεμίοις τὸν γέλωτα; Διὰ τοῦτο καθ' ἑκάστην ἡμέραν περιίημι τουτὶ τὸ στρατόπεδον, τὰ τραύματα θεραπεύων ταῦτα, τὰ ἕλκη διορθούμενος. Εἰ δὲ * ἀνανήψετέ ποτε, καὶ ἐπιτήδειοι γένοισθε καὶ ἑτέρους βάλλειν, καὶ ταῦτα μεταχειρίζεσθαι τὰ ὅπλα· μᾶλλον δὲ καὶ αὐτὰ τὰ ἔργα ὑμῖν
C ὅπλα ἔσται, καὶ πάντες εὐθέως ὑποκύψουσιν, ἂν ἐλεήμονες, ἂν ἐπιεικεῖς, ἂν ἥμεροι καὶ ἀνεξίκακοι γένησθε, ἂν τὴν ἄλλην ἀρετὴν ἅπασαν ἐπιδείξησθε. Εἰ δέ τινες ἀντιλέγοιεν, τότε καὶ τὰ παρ' ἑαυτῶν προσθήσομεν, ὑμᾶς εἰς μέσον φέροντες· ὡς νῦν γε καὶ ἐγκοπτόμεθα, τό γε ὑμέτερον μέρος, ἐν τῷ δρόμῳ τούτῳ. Σκόπει δέ. Λέγομεν ὅτι μεγάλα εἰργάσατο ὁ Χριστὸς, ἀγγέλους ἀντὶ ἀνθρώπων ποιήσας· εἶτα ἀπαιτούμενοι εὐθύνας, καὶ κελευόμενοι ἐκ τῆς ἀγέλης ταύτης παρασχεῖν τὴν ἀπόδειξιν, ἐπιστομιζόμεθα. Δέδοικα γὰρ, μὴ ἀντὶ ἀγγέλων, ὥσπερ ἀπὸ συφεῶνος, χοίρους ἐξαγάγω, καὶ ἵππους θηλυμανεῖς. Οἶδα ὅτι ἀλγεῖτε, ἀλλ' οὐ κατὰ
D πάντων ὑμῶν ταῦτα εἴρηται, ἀλλὰ κατὰ τῶν ὑπευθύνων· μᾶλλον δὲ οὐδὲ κατ' ἐκείνων, ἐὰν νήφωσιν, ἀλλ' ὑπὲρ ἐκείνων. Ὡς νῦν γε πάντα ἀπόλωλε καὶ διέφθαρται· καὶ ἡ ἐκκλησία βοοστασίου οὐδὲν διενήνοχε, καὶ ἐπαύλεως ὄνων καὶ καμήλων· καὶ περιέρχομαι πρόβατον ἐπιζητῶν· καὶ οὐ δύναμαι ἰδεῖν. Οὕτω πάντες λακτίζουσι, [d] καθάπερ ἵπποι καὶ ὄνοι τινὲς ἄγριοι, καὶ κόπρου πολλῆς τὰ ἐνταῦθα πληροῦσι· τοιαῦται γὰρ αὐτῶν αἱ διαλέξεις. Καὶ εἴ γε ἦν ἰδεῖν τὰ καθ' ἑκάστην σύναξιν λεγόμενα ὑπὸ ἀνδρῶν, ὑπὸ γυναικῶν, εἶδες ἂν τῆς κόπρου ἐκείνης τὰ ῥήματα ἀκα-
E θαρτότερα. Διὸ παρακαλῶ μεταβαλεῖν τὴν πονηρὰν ταύτην συνήθειαν, ἵνα μύρου ἡ ἐκκλησία πνέῃ. Νῦν δὲ θυμιάματα μὲν αἰσθητὰ ἀποτιθέμεθα ἐν αὐτῇ, τὴν δὲ νοητὴν ἀκαθαρσίαν οὐ πολλὴν ποιούμεθα σπουδὴν ὥστε ἐκκαθαίρειν καὶ ἀπελαύνειν. Τί οὖν τὸ ὄφελος; Οὐδὲ γὰρ οὕτως αἰσχύνομεν τὴν ἐκκλησίαν, κόπρον
831 εἰσάγοντες, ὡς αἰσχύνομεν αὐτὴν, τοιαῦτα πρὸς ἀλλή-
A λους φθεγγόμενοι, περὶ κερδῶν, περὶ ἐμπορίας, περὶ καπηλείας, [a] περὶ τῶν οὐδὲν πρὸς ἡμᾶς ὄντων, δέον ἀγγέλων ἐνταῦθα εἶναι χοροὺς, καὶ οὐρανὸν τὴν ἐκκλη-

[c] Sic Savil. et omnes pene Mss., Morel., vero ὑδεροῦντων.

* [ἀνανήψετε et γένοισθε, et infra ἐγκοπτόμεθα Codici 694 debentur. Editi ἀνανήψητε et γένησθε, et ἐγκοπτόμεθα habent.]

[d] Unus ὥσπερ ἵπποι.

[a] Morel. περὶ τῶν πρὸς ἡμᾶς.

σίαν ποιεῖν, καὶ μηδὲν ἕτερον ἢ εὐχὰς ἐκτενεῖς καὶ σιγὴν μετὰ ἀκροάσεως εἰδέναι. Τοῦτο δὴ καὶ ἐκ τοῦ νῦν ποιῶμεν, ἵνα καὶ τὸν βίον ἐκκαθάρωμεν τὸν ἡμέτερον, καὶ [b] τῶν αἰωνίων ἐπηγγελμένων ἐπιτύχωμεν ἀγαθῶν, χάριτι καὶ φιλανθρωπίᾳ τοῦ Κυρίου ἡμῶν Ἰησοῦ Χριστοῦ, ᾧ ἡ δόξα εἰς τοὺς αἰῶνας τῶν αἰώνων. Ἀμήν·

nignitate Domini nostri Jesu Christi, cui gloria in sæcula sæculorum. Amen.

[b] Alii καὶ τῶν μελλόντων ἐπηγγελμένων.

ΟΜΙΛΙΑ πθ'.

B

HOMILIA LXXXIX. al. XC.

Τῇ δὲ ἐπαύριον, ἥτις ἐστὶ μετὰ τὴν παρασκευὴν, συνήχθησαν οἱ ἀρχιερεῖς καὶ οἱ Φαρισαῖοι πρὸς Πιλάτον, λέγοντες· κύριε, ἐμνήσθημεν ὅτι ἐκεῖνος ὁ πλάνος εἶπεν ἔτι ζῶν, μετὰ τρεῖς ἡμέρας ἐγείρομαι. Κέλευσον οὖν ἀσφαλισθῆναι τὸν τάφον ἕως τῆς τρίτης ἡμέρας, μήποτε ἐλθόντες οἱ μαθηταὶ αὐτοῦ κλέψωσιν αὐτὸν, καὶ εἴπωσι τῷ λαῷ, ὅτι ἠγέρθη ἀπὸ τῶν νεκρῶν· καὶ ἔσται ἡ ἐσχάτη πλάνη χείρων τῆς πρώτης.

Cap. XXVII. v. 62. *Postera autem die, quæ est post Parasceven, convenerunt principes sacerdotum et Pharisæi ad Pilatum,* 63. *dicentes : Domine, recordati sumus quod impostor ille dixerit adhuc vivens, Post tres dies resurgam.* 64. *Jube ergo muniri sepulcrum usque in diem tertium, ne venientes discipuli ejus furentur eum, et dicant populo, quod resurrexerit a mortuis : et erit novissimus error pejor priore.*

Πανταχοῦ ἡ πλάνη [c] ἑαυτῇ περιπίπτει, καὶ τῇ ἀληθείᾳ ἄκουσα συνηγορεῖ. Σκόπει δέ. Ἔδει πιστευθῆναι, ὅτι ἀπέθανε, καὶ ὅτι ἐτάφη, καὶ ὅτι ἀνέστη· καὶ ταῦτα πάντα διὰ τῶν ἐχθρῶν γίνεται [d] πιστά. Ὅρα γοῦν τὰ ῥήματα ταῦτα τούτοις μαρτυροῦντα ἅπασιν. Ἐμνήσθημεν, φασὶν, ὅτι ὁ πλάνος ἐκεῖνος ἔτι ζῶν [e] εἶπε (οὐκοῦν ἐτελεύτησεν), μετὰ τρεῖς ἡμέρας ἐγείρομαι. Κέλευσον οὖν ἀσφαλισθῆναι τὸν τάφον (οὐκοῦν ἐτάφη), μήποτε ἔλθωσιν οἱ μαθηταὶ αὐτοῦ, καὶ κλέψωσιν αὐτόν. Οὐκοῦν ἐὰν ὁ τάφος σφραγισθῇ, οὐκ ἔσται τις κακουργία; [f] Οὐμενοῦν. Οὐκοῦν ἀναντίῤῥητος ἡ ἀπόδειξις τῆς ἀναστάσεως, δι' ὧν ὑμεῖς προετείνατε, γέγονεν. Ἐπειδὴ γὰρ ἐσφραγίσθη, οὐδεμία [g] γέγονε κακουργία. D Εἰ δὲ οὐδεμία γέγονε κακουργία, εὕρηται δὲ ὁ τάφος κενὸς, δῆλον ὅτι ἀνέστη σαφῶς καὶ ἀναντιῤῥήτως. Εἶδες πῶς καὶ ἄκοντες συναγωνίζονται τῇ τῆς ἀληθείας ἀποδείξει; Σὺ δέ μοι σκόπει τῶν μαθητῶν τὸ φιλάληθες· πῶς τῶν λεγομένων παρὰ τῶν ἐχθρῶν οὐδὲν ἀποκρύπτονται, κἂν ἐπονείδιστα λέγωσιν. Ἰδοὺ γοῦν καὶ πλάνον καλοῦσι, καὶ οὐ σιγῶσιν αὐτὸ οὗτοι· τοῦτο δὲ καὶ τὴν ἐκείνων δείκνυσιν [h] ὠμότητα, ὅτι οὐδὲ E

C 1. Ubique error in seipsum impingit, ac vel invitus veritati suffragatur. Perpende igitur. Credere oportuit, mortuum illum esse, et sepultum, ac resurrexisse : quæ omnia inimimicorum opera credibilia fiunt. Vide igitur illa verba, quæ ista prorsus confirmant : *Recordati sumus, quod impostor ille dixerit adhuc vivens* (mortuus est igitur), *Post tres dies resurgam. Jube muniri sepulcrum* (ergo sepultus est), *ne forte veniant discipuli ejus, et furentur eum.* Si itaque sepulcrum munitum sit et obsignatum, nulla fraus erit? Nulla certe. Ergo certa est resurrectionis demonstratio, ut patet ex iis quæ vos obtenditis. Cum enim obsignatum fuerit sepulcrum, nulla fraus fuit. Si nulla fraus, et tamen sepulcrum vacuum repertum est, palam et sine controversia est ipsum resurrexisse. Viden' quomodo vel inviti pro veritatis demonstratione pugnent? Tu vero mihi perpende quam sint discipuli veritatis amantes; quomodo nihil occultent ex iis quæ inimici dixerunt, quantumvis probrosa illa sint. Ecce enim impo-

[c] Quidam ἑαυτὴν περιπείρει. Paulo post Morel. δεῖ πιστευθῆναι, ὅτι ἔπαθεν, ὅτι ἀπέθ. Mox alii καὶ πανταχοῦ ταῦτα.

[d] Πιστά deest in Morel.

[e] Morel. εἶπε, μετὰ τρεῖς. Mox pro ἀσφαλισθῆναι alii σφραγισθῆναι.

[f] Morel. οὐ γὰρ ἦν, alii et Savil. οὐμενοῦν.

[g] Γέγονε κακουργία, ἀλλ' ἀνέστη σαφῶς, sic Morel. omissis interpositis.

[h] Post ὠμότητα Morel. addit καὶ τούτων τὸν ἁπλοῦν καὶ φιλαλήθη τρόπον.

storem vocant, neque illud ipsi tacent : id quod etiam illorum crudelitatem demonstrat, quod ne post mortem quidem iram missam fecerint. Illud autem quærere operæ pretium fuerit : ubi nempe dixerit, *Post tres dies resurgam*. Neque enim illud clare dictum invenitur; sed Jonæ tantum exemplo. Itaque sciebant scelesti Judæi, ea quæ ille dixerat, et sua sponte maligne agebant. Quid ergo Pilatus? 65. *Habetis custodiam, munite sicut scitis*. 66. *Et muniverunt sepulcrum, signantes lapidem cum custodia*. Non permittit ut milites soli obsignent : nam quasi de rebus ipsius edoctus, non ultra cum illis vult agere; sed ut sese ab illis expediat, hoc etiam permittit et ait : Vos ut vultis obsignate, ne alios incusare possitis. Nam si soli milites obsignassent, dicere potuissent, etiamsi id falsum et incredibile fuisset; attamen ut alias impudenter fecerant, dicere potuissent, milites corpus auferendum dedisse, discipulisque ansam præbuisse, ut resurrectionem ejus confingerent : nunc autem cum ipsi munivissent, hoc dicere non poterant. Viden' quomodo nolentes veritatem asserere nitantur? Nam ipsi accesserunt, ipsi petierunt, ipsi obsignarunt cum custodia; ita ut sese mutuo accusent et confutent. Atqui quando furati essent in sabbato, et quomodo? Neque enim prodire poterant. Quod si legem prætergressi essent, quomodo ausi fuissent ita timidi accedere? quomodo persuadere turbæ potuissent? quid dixissent, quid fecissent? quo animo pro mortuo stare potuissent? quam exspectantes retributionem? quam mercedem? Cum viventem illum comprehensum viderent, fugerunt; et post mortem audacter pro illo loquuturi erant, si non resurrexisset? Quomodo hæc cogitari possint? Quod enim nec voluissent nec potuissent resurrectionem, quæ non fuisset, fingere, hinc palam est. Multa enim illis de resurrectione loquutus frequenter fuerat, ut ipsi narrabant, *Post tres dies resurgam*. Si ergo non resurrexisset, manifestum est eos, utpote deceptos, et a tota gente propter ipsum impugnatos, ædibus et urbibus pulsos, ab illius cultu discessuros fuisse; neque enim voluissent de illo talem opinionem spargere,

Resurrectionem Christi certam esse probatur.

τῷ θανάτῳ τὴν ὀργὴν ἀφῆκαν. Ἄξιον δὲ κἀκεῖνο ζη-
τῆσαι· ποῦ εἶπεν[i], ὅτι Μετὰ τρεῖς ἡμέρας ἐγείρομαι;
832 Οὐ γὰρ εὕροι τις ἂν οὕτω σαφῶς εἰρημένον, ἀλλ' ἢ
A τὸ τοῦ Ἰωνᾶ παράδειγμα. [a] Ὥστε οἱ ἀγνώμονες Ἰουδαῖοι ᾔδεσαν τὰ παρ' αὐτοῦ λεγόμενα, καὶ ἑκόντες
ἐκακούργουν. Τί οὖν ὁ Πιλάτος; Ἔχετε κουστωδίαν,
ἀσφαλίσασθε ὡς οἴδατε. Καὶ ἠσφαλίσαντο τὸν τάφον,
σφραγίσαντες τὸν λίθον μετὰ τῆς κουστωδίας. Οὐκ
ἀφίησι τοὺς στρατιώτας μόνους σφραγίσαι· ἅτε γὰρ
μαθὼν τὰ περὶ αὐτοῦ, οὐκέτι συμπράττειν αὐτοῖς ἤθε-
λεν· ἀλλ' ὑπὲρ ἀπαλλαγῆς αὐτῶν καὶ τοῦτο ἀνέχεται, καὶ
φησιν· ὑμεῖς ὡς βούλεσθε σφραγίσατε, ἵνα μὴ ἑτέρους
ἔχητε αἰτιᾶσθαι. Εἰ γὰρ μόνοι οἱ στρατιῶται ἐσφραγίσαντο, ἠδύναντο λέγειν, εἰ καὶ ἀπίθανα καὶ ψευδῆ
B τὰ λεγόμενα· ἀλλ' ὅμως ὡς ἐν τοῖς ἄλλοις ἠναισχύντουν, οὕτω καὶ ἐν τούτῳ λέγειν εἶχον, ὅτι οἱ στρατιῶται τὸ σῶμα δόντες κλαπῆναι, παρέσχον τοῖς μαθηταῖς τὸν περὶ τῆς ἀναστάσεως πλάσαι λόγον· νυνὶ
δὲ αὐτοὶ ἀσφαλισάμενοι, οὐδὲ τοῦτο λέγειν δύνανται.
Εἶδες πῶς σπουδάζουσιν ὑπὲρ τῆς ἀληθείας ἄκοντες;
Καὶ γὰρ αὐτοὶ προσῆλθον, αὐτοὶ ᾔτησαν, αὐτοὶ [b] ἐσφρά-
γισαν μετὰ τῆς κουστωδίας· ὥστε ἀλλήλων εἶναι
κατήγοροι καὶ ἔλεγχοι. Καίτοι πότε ἂν ἔκλεψαν τῷ
σαββάτῳ, καὶ πῶς; Οὐδὲ γὰρ ἐξῆν προελθεῖν. Εἰ δὲ
καὶ τὸν νόμον παρέβαινον, πῶς ἂν ἐτόλμησαν οἱ οὕτω
C δειλοὶ προσελθεῖν; πῶς δὲ πεῖσαι τὸν ὄχλον ἠδύναντο;
τί λέγοντες; τί ποιοῦντες; ποίᾳ δὲ προθυμίᾳ στῆναι
εἶχον ὑπὲρ τοῦ νεκροῦ; τίνα δὲ προσδοκῶντες ἀντίδοσιν; ποίαν ἀμοιβήν; Ἔτι ζῶντα [c] καὶ μόνον κατασχεθέντα ἰδόντες ἔφυγον· καὶ μετὰ τὴν τελευτὴν ὑπὲρ
αὐτοῦ παῤῥησιάζεσθαι ἔμελλον, εἰ μὴ ἀνέστη; Καὶ πῶς
ἂν ἔχοι ταῦτα λόγον; Ὅτι γὰρ οὔτ' ἂν ἠβουλήθησαν,
[d] οὔτ' ἂν ἠδυνήθησαν πλάσαι ἀνάστασιν μὴ γενομένην, δῆλον ἐκεῖθεν. Πολλὰ γὰρ περὶ ἀναστάσεως αὐτοῖς διελέχθη, καὶ συνεχῶς ἔλεγεν, ὡς καὶ αὐτοὶ εἰρή-
D κασιν, ὅτι Μετὰ τρεῖς ἡμέρας ἐγείρομαι. Εἰ τοίνυν
οὐκ ἀνέστη, εὔδηλον ὡς ἀπατηθέντες οὗτοι καὶ πρὸς
ὁλόκληρον ἔθνος δι' αὐτὸν ἐκπολεμωθέντες, καὶ ἄοικοι καὶ [e] ἄπολιδες γενόμενοι, ἀπεστράφησαν ἂν αὐτὸν, καὶ οὐκ ἂν ἠβουλήθησαν τοιαύτην αὐτῷ περιθεῖναι δόξαν, ἅτε ἠπατημένοι, καὶ εἰς τοὺς ἐσχάτους δι'
αὐτὸν ἐμπεσόντες κινδύνους. Ὅτι δὲ οὐδὲ ἂν ἠδυνήθησαν, εἰ μὴ ἦν ἀληθὴς ἡ ἀνάστασις, πλάσαι αὐτὴν,
τοῦτο οὐδὲ λόγου δεῖται. Τίνι γὰρ ἐθάῤῥουν; τῇ τῶν

i [Post εἶπεν glossator recens Codicis 694 addit τοῖς Ἰουδαίοις, et post ἐγείρομαι adscribit in margine: τοῖς μὲν γὰρ μαθηταῖς πολλάκις τοῦτο εἴρηται· τοῖς δὲ Ἰουδαίοις οὐκ [sic] εὕροι etc. Et expressit hæc additamenta G. Trapezuntius in versione Latina.]

a Morel. ὥστε ᾔδεσαν τὰ λεγόμενα, quibusdam omissis. [Paulo post καὶ ἑκόντες scripsimus cum Codice 691 et Savilio. Montf. e Commelin. κἂν ἑκ.] Et infra Morel. καὶ ἠσφαλίσαντο σφραγίσαντες τὸν τάφον.

b Idem ἐσφραγίσαντο.

c Hæc, καὶ μόνον κατασχεθέντα, desunt in Morel.

d Pro hoc οὔτ' ἂν alii ὅταν.

e Alii ἀπήλυδες.

λόγων δεινότητι; Ἀλλὰ πάντων ἦσαν ἀμαθέστεροι. Ἀλλὰ τῇ περιουσίᾳ τῶν χρημάτων; Ἀλλ' οὐδὲ ῥάβδον, οὐδὲ ὑποδήματα εἶχον. Ἀλλὰ τῇ περιφανείᾳ τοῦ γένους; Ἀλλ' εὐτελεῖς ἦσαν, καὶ ἐξ εὐτελῶν. Ἀλλὰ τῷ
μεγέθει τῆς πατρίδος; Ἀλλὰ ἀπὸ χωρίων ἀσήμων E
ἦσαν. Ἀλλὰ τῷ πλήθει τῷ ἑαυτῶν; Ἀλλὰ τῶν ἕνδεκα οὐκ ἦσαν πλείους, καὶ αὐτοὶ δὲ [f] διεσπάρησαν. Ἀλλὰ ταῖς ἐπαγγελίαις τοῦ διδασκάλου; Ποίαις; Εἰ γὰρ μὴ ἀνέστη, οὐδὲ ἐκεῖναι ἤμελλον αὐτοῖς εἶναι πισταί. Πῶς δ' ἂν ἤνεγκαν δῆμον μαινόμενον; Εἰ γὰρ ὁ κορυφαῖος
αὐτῶν θυρωροῦ ῥῆμα οὐκ ἤνεγκε γυναικὸς, καὶ οἱ λοι- 833
ποὶ δὲ πάντες δεδεμένον ἰδόντες διεσπάρησαν· πῶς A
ἂν ἐνενόησαν εἰς τὰ πέρατα τῆς οἰκουμένης διαδραμεῖν, καὶ φυτεῦσαι πεπλασμένον ἀναστάσεως λόγον; Εἰ γὰρ ὁ μὲν πρὸς γυναικὸς ἀπειλὴν οὐκ ἔστη, [a] οἱ δὲ οὐδὲ πρὸς δεσμῶν ὄψιν, πῶς ἠδύναντο πρὸς βασιλέας καὶ ἄρχοντας καὶ δήμους ἵστασθαι, ὅπου ξίφη καὶ τήγανα καὶ κάμινοι καὶ μυρίοι καθ' ἡμέραν θάνατοι, εἰ μὴ τῆς τοῦ ἀναστάντος δυνάμεως καὶ ῥοπῆς ἀπέλαυσαν; Τοιαῦτα σημεῖα γέγονε καὶ τοσαῦτα, καὶ οὐδὲν τούτων [b] ᾐδέσθησαν Ἰουδαῖοι, ἀλλ' ἐσταύρωσαν τὸν πεποιηκότα· καὶ τούτοις ἔμελλον ἁπλῶς λέγουσι πείθεσθαι περὶ ἀναστάσεως; Οὐκ ἔστι ταῦτα, οὐκ
ἔστιν, ἀλλ' ἡ τοῦ ἀναστάντος ἰσχὺς ταῦτα εἰργάσατο. B

utpote qui decepti ab illo fuissent, et in extrema pro illo deducti pericula. Quod vero non potuissent, nisi vera resurrectio fuisset, illam simulare, id certe admodum probabile est. In qua re enim fiduciam habuissent? in sermonis gravitate? At omnium imperitissimi erant. In pecuniarum copia? Neque virgam neque calceamenta habebant. In splendore generis? Viles erant, ex vilibus orti. In patriæ splendore? Ex ignobilibus orti locis erant. In multitudine? Non erant plures quam undecim, in variis dispersi locis. In promissionibus magistri? Nisi resurrexisset, nullam in ipsis fidem habituri erant. Quomodo autem furentem populum sustinuissent? Si namque coryphæus ipsorum ostiariæ mulieris verbum non tulit, et si reliqui illum vinctum videntes dispersi sunt: quomodo in animum induxissent, ad extrema orbis accurrere, ut fictum resurrectionis verbum plantarent? Si enim ille adversus mulieris minas non stetit, neque illi ad vinculorum conspectum, quomodo poterant adversus reges et principes et populos stare, ubi gladii, sartagines, fornaces, et mille quotidie mortes, nisi ejus qui resurrexerat virtute et gratia adjuti fuissent? Talia tantaque signa facta fuerant, et nullum eorum Judæi sunt reveriti, sed illum crucifixerunt: et illis resurrectionem simpliciter narrantibus credituri erant? Non ita se res habet, non ita, sed ejus, qui resurrexit, virtus hæc operata est.

Σκόπει δέ μοι τὴν κακουργίαν αὐτῶν τὴν καταγέλαστον. Ἐμνήσθημεν [c] γὰρ, φησὶν, ὅτι ὁ πλάνος ἐκεῖνος εἶπεν ἔτι ζῶν, μετὰ τρεῖς ἡμέρας ἐγείρομαι. Καὶ εἰ πλάνος ἦν, καὶ ψευδῆ ἐκόμπαζε, τί δεδοίκατε καὶ περιτρέχετε, καὶ τοσαύτῃ σπουδῇ κέχρησθε; Δεδοίκαμεν, φησὶ, μήποτε κλέψωσιν αὐτὸν οἱ μαθηταὶ, καὶ ἀπατήσωσι τοὺς πολλούς. Καίτοι γε ἀπεδείχθη τοῦτο οὐκ ἔχον λόγον καθόλου· ἀλλ' ὅμως ἡ κακία, φιλόνεικον καὶ ἀναιδὲς, καὶ τοῖς ἀλογίστοις ἐπιχειρεῖ.
Καὶ μέχρι τριῶν ἡμερῶν κελεύουσιν ἀσφαλισθῆναι C
τὸν τάφον, ὡς ὑπὲρ δογμάτων μαχόμενοι, καὶ βουλόμενοι δεῖξαι καὶ [d] πρὸ τούτου πλάνον ὄντα, καὶ μέχρι τοῦ τάφου τὴν κακίαν ἐκτείνουσιν. Διά τοι τοῦτο τάχιον ἀνέστη, ἵνα μὴ λέγωσιν, ὅτι ἐψεύσατο, καὶ ἐκλάπη. Τοῦτο μὲν γὰρ ἔγκλημα οὐκ εἶχε, τὸ θᾶττον ἀναστῆναι· τὸ δὲ βράδιον, ὑποψίας ἔγεμε. Καὶ γὰρ εἰ μὴ τότε ἀνέστη, καθημένων αὐτῶν αὐτόθι καὶ φυλαττόντων, ἀλλ' ἀναχωρησάντων [e] μετὰ τὴν τρίτην ἡμέραν, εἶχον λέγειν καὶ ἀντιλέγειν, εἰ καὶ ἀνοήτως.

2. Perpende autem mihi illorum vafritiem perridiculam. *Recordati sumus*, inquiunt, *quod seductor ille adhuc vivens dixit, Post tres dies resurgam*. At si impostor erat, et mendacia jactabat, quid timetis et circumcurritis, tantoque studio utimini? Timemus, inquiunt, ne discipuli furentur eum, et plebem decipiant. Atqui demonstratum est, hoc non rationi consentaneum esse; attamen nequitia, contentiosa et impudens, irrationabilia quoque aggreditur. Ad tres usque dies jubent muniri sepulcrum, quasi pro dogmatibus pugnantes, ut probarent hunc antehac deceptorem fuisse, et usque ad sepulchrum malitiam extendunt. Ideo cito surrexit, ne dicerent, ipsum mentitum, et corpus sublatum fuisse. Illud enim crimini non erat obnoxium, quod cito surrexisset; quod vero tardius, suspicione plenum erat. Nam si tunc non resurrexisset, dum illi sederent ac custodirent, sed ipsis post tres dies digressis, contra-

[f] Alii διεσπαρμένοι.

[a] Alii οἱ δὲ οὐδὲ πρὸς δεσμῶν ὄψιν, alii πρὸς δήμου ὄψιν.

[b] Morel. ᾔδεσαν Ἰουδαῖοι.

[c] Γάρ deest in Morel.

[d] Morel. περὶ τούτου.

[e] Morel. μετὰ τὴν τριήμερον.

dicere, etsi stulte, poterant. Ideo igitur prævenit et surrexit, ut ne impudentem illi ansam haberent. Oportebat enim resurrectionem fieri, ipsis sedentibus et custodientibus. Igitur intra tres dies oportuit illum resurgere: nam si post illas dies id evenisset illis digressis, suspecta res fuisset. Ideo quoque obsignari concessit, ut ipsi volebant, et milites assidebant. Nec curabant quod hoc in sabbato fieret, et laboraretur, sed ad suam solam spectabant nequitiam, ut qui hac via superaturi essent; quod extremæ erat insaniæ et timoris ipsos vehementer concutientis. Nam qui illum viventem apprehenderant, mortuum timent: atqui si purus erat homo, fidenti animo esse oportuit. Sed ut ediscerent, ipsum viventem sponte passum fuisse id quod passus est, ecce et sigillum et lapis et custodia; neque tamen mortuum retinere potuerunt: sed id unum efficitur, quod sepultura publicetur, et hinc resurrectio credatur. Nam et milites

Cap. XXVIII assidebant, et Judæi assistebant. 1. ***Vespere autem sabbatorum, quæ lucescit in una sabbatorum, venit Maria Magdalene et altera Maria videre sepulchrum. 2. Et ecce terræ motus factus est magnus. Angelus enim Domini descendit de cælo, et accedens revolvit lapidem ab ostio monumenti, et sedebat super eum. 3. Erat autem aspectus ejus sicut fulgur, vestimentum autem ejus candidum sicut nix.*** Post resurrectionem venit angelus. Cur ergo venit, et lapidem abstulit? Propter mulieres: illæ enim ipsum tunc viderunt in sepulcro. Ut ergo crederent, eum resurrexisse, vident sepulcrum corpore vacuum. Ideo abstulit lapidem, ideo terræ motus factus est, ut excitarentur et expergiscerent. Venerant enim, ut corpus oleo ungerent: ac noctu ista fiebant, verisimileque erat quasdam dormivisse. Sed cur, inquies, angelus dicit eis, 5. ***Nolite timere vos?*** Prius metu illas liberat, et tunc de resurrectione loquitur. Illud autem, *Vos*, multum præ se fert honoris, ostenditque eos, qui tantum facinus susceperant, extrema passuros esse, nisi pœnitentiam agerent. Non enim vestrum est, inquit, timere; sed illorum qui ipsum crucifixerunt. Cum igitur illas et ex verbis et ex visu a metu liberasset (hilarem enim speciem offerebat, ut qui tam fausta nuntiaret), subjunxit dicens, *Scio*

[f] Διὰ τοῦτο τοίνυν προέφθασε, καὶ ἀνέστη, ὥστε μήτε ἀναίσχυντον αὐτοὺς ἔχειν πρόφασιν. Ἔδει γὰρ, D παρακαθημένων αὐτῶν καὶ φυλαττόντων, γενέσθαι τὴν ἀνάστασιν. Οὐκοῦν καὶ εἴσω τῶν τριῶν ἡμερῶν ἔδει γενέσθαι, ὡς εἴ γε παρελθουσῶν αὐτῶν καὶ ἀναχωρησάντων ἐκείνων ἐγένετο, ὕποπτον τὸ πρᾶγμα ἔμελλεν εἶναι. Διὸ καὶ σφραγῖσαι συνεχώρησεν, ὡς ἠβούλοντο, καὶ στρατιῶται παρεκάθηντο. Καὶ οὐκ ἐμέλησεν αὐτοῖς ἐν σαββάτῳ ταῦτα ποιοῦσι, καὶ ἐργαζομένοις, ἀλλὰ πρὸς ἓν μόνον ἑώρων, τὴν ἑαυτῶν πονηρίαν, ὡς ταύτῃ περιεσόμενοι· ὅπερ ἐσχάτης ἀνοίας ἦν, καὶ σφόδρα αὐτοὺς λοιπὸν κατασείοντος φόβου. Οἱ γὰρ ζῶντα αὐτὸν κατασχόντες, ἀποθανόντα δεδοίκασι· E καίτοι γε εἰ ψιλός τις ἄνθρωπος ἦν, ἔδει θαῤῥεῖν. Ἀλλ' ἵνα μάθωσιν, ὅτι καὶ ἔτι ζῶν ἑκὼν ἔπαθεν ἅπερ ἔπαθεν, ἰδοὺ καὶ σφραγὶς, καὶ λίθος, καὶ κουστωδία, καὶ πᾶσα φυλακή· καὶ οὐκ ἴσχυσαν τὸν νεκρὸν κατασχεῖν· ἀλλ' ἓν γίνεται μόνον, τὸ δημοσιευθῆναι τὴν ταφὴν, καὶ πιστευθῆναι ἐντεῦθεν τὴν ἀνάστασιν. Καὶ γὰρ 834 A στρατιῶται παρεκάθηντο, καὶ Ἰουδαῖοι προσεδρεύουσιν. Ὀψὲ δὲ σαββάτων, τῇ ἐπιφωσκούσῃ εἰς μίαν σαββάτων, ἦλθε Μαρία ἡ Μαγδαληνὴ καὶ ἡ ἄλλη Μαρία θεωρῆσαι τὸν τάφον. Καὶ ἰδοὺ σεισμὸς ἐγένετο μέγας. Ἄγγελος γὰρ Κυρίου καταβὰς ἐκ τοῦ οὐρανοῦ, προσελθὼν ἀπεκύλισε τὸν λίθον ἀπὸ τῆς θύρας τοῦ μνημείου, καὶ ἐκάθητο ἐπάνω αὐτοῦ· ἦν δὲ ἡ ἰδέα αὐτοῦ ὡς ἀστραπὴ, καὶ τὸ ἔνδυμα αὐτοῦ λευκὸν ὡσεὶ χιών. Μετὰ τὴν ἀνάστασιν ἦλθεν ὁ ἄγγελος. Τίνος οὖν ἕνεκεν ἦλθε, καὶ τὸν λίθον ἦρε; Διὰ τὰς γυναῖκας· αὗται γὰρ αὐτὸν τότε εἶδον ἐν τῷ τάφῳ. Ἵν' οὖν πιστεύσωσιν, ὅτι ἠγέρθη, ὁρῶσι κενὸν τὸν τάφον τοῦ σώματος. B [a] Διὰ δὴ τοῦτο ἀνεῖλε τὸν λίθον, διὰ τοῦτο καὶ σεισμὸς ἐγένετο, ἵνα διαναστῶσι καὶ ἀφυπνισθῶσι. Καὶ γὰρ ἦσαν παραγενόμεναι, ὥστε ἔλαιον βαλεῖν· καὶ ἐν νυκτὶ ταῦτα ἐγίνετο, καὶ εἰκὸς ἦν τινας καθευδῆσαι. Ἀλλὰ τίνος ἕνεκεν, φησὶ, πρὸς αὐτὰς ὁ ἄγγελος εἶπε, Μὴ φοβεῖσθε ὑμεῖς; Πρότερον αὐτὰς ἀπαλλάττει τοῦ δέους, καὶ τότε διαλέγεται περὶ τῆς ἀναστάσεως. Καὶ τὸ Ὑμεῖς δὲ πολλὴν ἐπιδεικνυμένου τιμήν ἐστι, καὶ δεικνύντος, ὅτι τὰ ἔσχατα τοὺς τετολμηκότας, ἅπερ ἐτόλμησαν, ἐὰν μὴ μετανοήσωσιν, καταλήψεται. Οὐ γὰρ ὑμῶν ἐστι τὸ δεδοικέναι, φησὶν, ἀλλ' ἐκείνων τῶν σταυρωσάντων. Ἀπαλλάξας τοίνυν αὐτὰς τοῦ C φόβου, καὶ διὰ τῶν ῥημάτων καὶ διὰ τῆς ὄψεως (καὶ γὰρ τὸ σχῆμα φαιδρὸν ἔδειξεν, ἅτε εὐαγγέλια τοιαῦτα φέρων), ἐπήγαγε λέγων, Οἶδα ὅτι Ἰησοῦν τὸν ἐσταυ-

[f] Morel. διὰ τοῦτο προέφθασε. ἔδει γὰρ παρακαθημένων. Hic series Morellianæ Editionis sæpe interturbata est, quam ex Mss. restituimus et ex Savil.

[a] Morel. διὰ τοῦτο ἀνεῖλον, et sic etiam Commelin. Infra habent ἔλαιον λαβεῖν pro βαλεῖν. Morel. de more cum Commelino consentit, at longe tutior Savilii textus.

ρωμένον ζητεῖτε, καὶ οὐκ ἐπαισχύνεται ἐσταυρωμένον καλῶν· τοῦτο γὰρ τὸ κεφάλαιον τῶν ἀγαθῶν. Ἠγέρθη. Πόθεν δῆλον; Καθὼς εἶπεν. Ὥστε κἂν ἐμοὶ, φησὶ, διαπιστεῖτε, τῶν ἐκείνου μνήσθητε ῥημάτων, καὶ οὐδὲ ἐμοὶ διαπιστήσετε. Εἶτα καὶ ἄλλη ἀπόδειξις. Δεῦτε καὶ ἴδετε τὸν τόπον ὅπου ἔκειτο. Διὰ τοῦτο ἐπῆρε τὸν λίθον, ὥστε καὶ ἐντεῦθεν αὐτὰς λαβεῖν τὴν ἀπόδειξιν. Καὶ εἴπατε τοῖς μαθηταῖς, ὅτι ὄψεσθε αὐτὸν εἰς τὴν Γαλιλαίαν. Καὶ ἑτέροις εὐαγγελίζεσθαι παρασκευάζει, ὃ μάλιστα αὐτὰς ἐποίει πιστεῦσαι. Καὶ καλῶς εἶπεν, D Εἰς Γαλιλαίαν, ἀπαλλάττων πραγμάτων καὶ κινδύνων, ὥστε μὴ τὸν φόβον διενοχλεῖν τῇ πίστει. Καὶ ἐξῆλθον ἐκ τοῦ μνημείου μετὰ φόβου καὶ χαρᾶς. Τί δήποτε; Ἔκπληκτον τὸ πρᾶγμα εἶδον καὶ παράδοξον, τάφον [b] κενὸν, ἔνθα πρῶτον τεθέντα εἶδον. Διὸ καὶ ἤγαγεν αὐτὰς εἰς θεωρίαν, ἵνα ἀμφοτέρων γένωνται μάρτυρες, καὶ τοῦ τάφου καὶ τῆς ἀναστάσεως. Καὶ γὰρ ἐνενόουν, ὅτι οὐδεὶς αὐτὸν ἂν ἦρε, στρατιωτῶν τοσούτων παρακαθημένων, εἰ μὴ ἑαυτὸν ἀνέστησε. Διὰ τοῦτο καὶ χαίρουσι καὶ θαυμάζουσι, καὶ τῆς τοι- E αύτης παραμονῆς λαμβάνουσι τὴν ἀμοιβὴν, τὸ πρώτας ἰδεῖν καὶ εὐαγγελίσασθαι, οὐ μόνον τὰ εἰρημένα, ἀλλὰ καὶ τὰ ὁραθέντα.

Ἐπεὶ οὖν ἐξῆλθον μετὰ φόβου καὶ χαρᾶς, Καὶ ἰδοὺ ὁ Ἰησοῦς ἀπήντησεν αὐταῖς λέγων· χαίρετε. Αἱ δὲ [c] ἐκράτησαν αὐτοῦ τοὺς πόδας, καὶ μεθ' ὑπερβαλούσης 835 A εὐφροσύνης αὐτῷ προσδραμοῦσαι, ἐλάμβανον καὶ διὰ τῆς ἀφῆς τεκμήριον καὶ πληροφορίαν τῆς ἀναστάσεως, Καὶ προσεκύνησαν αὐτῷ. Τί οὖν αὐτός; Μὴ φοβεῖσθε. Πάλιν [a] καὶ αὐτὸς τὸ δέος ἐκβάλλει, προοδοποιῶν τῇ πίστει. Ἀλλ' ὑπάγετε, καὶ εἴπατε τοῖς ἀδελφοῖς μου, ἵνα ἀπέλθωσιν εἰς τὴν Γαλιλαίαν· κἀκεῖ με ὄψονται. Σκόπει πῶς καὶ αὐτὸς διὰ τούτων τοὺς μαθητὰς εὐαγγελίζεται, ὃ πολλάκις εἶπον, τὸ μάλιστα γένος ἀτιμωθὲν εἰς τιμὴν ἄγων καὶ εἰς χρηστὰς ἐλπίδας, καὶ τὸ πεπονηκὸς ἰώμενος. Τάχα τις ὑμῶν ἐβούλετο κατ' ἐκείνας τὰς ἀοιδίμους γενέσθαι, καὶ τοὺς πόδας κατασχεῖν τοῦ Ἰησοῦ; Δύνασθε δὲ καὶ νῦν, ὅσοι B βούλεσθε, οὐχὶ τοὺς πόδας καὶ τὰς χεῖρας μόνον, ἀλλὰ καὶ τὴν κεφαλὴν κατασχεῖν τὴν ἱερὰν ἐκείνην, τῶν φρικτῶν ἀπολαύοντες μυστηρίων καθαρῷ συνειδότι. Οὐκ ἐνταῦθα δὲ μόνον, ἀλλὰ καὶ ἐν ἐκείνῃ τῇ ἡμέρᾳ ὄψεσθε αὐτὸν, μετὰ τῆς ἀποῤῥήτου δόξης ἐκείνης, καὶ τοῦ δήμου τῶν ἀγγέλων ἐρχόμενον, εἰ βουληθείητε εἶναι φιλάνθρωποι· καὶ ἀκούσεσθε, οὐχὶ ταῦτα τὰ ῥήματα μόνον, ὅτι Χαίρετε, ἀλλὰ καὶ ἐκεῖνα· Δεῦτε οἱ εὐλογημένοι τοῦ Πατρός μου, κληρονομήσατε τὴν

quod Jesum qui crucifixus est quæritis, neque erubescit crucifixum vocare: hoc enim caput est et summa bonorum. 6. *Surrexit.* Unde hoc planum est? *Sicut dixit.* Itaque etiamsi mihi diffidatis, illius verborum recordemini, et mihi fidem non negabitis. Deinde est alia demonstratio. *Venite et videte locum ubi positus erat.* Ideo lapidem amoverat, ut hinc etiam argumentum sumerent. 7. *Et dicite discipulis: Ipsum videbitis in Galilæa.* Id efficit ut aliis etiam annuntietur, quod magis ipsas ad fidem inducebat. Ac pulchre dixit, *In Galilæa*, a negotiis et periculis liberans, ut ne metus fidem turbaret. 8. *Et exierunt de monumento cum timore et gaudio.* Quare? Stupendam rem viderant et inauditam, sepulcrum vacuum in quo prius corpus positum fuisse viderant. Quare illas ad spectaculum adduxit, ut utriusque testes essent, et sepulcri et resurrectionis. Etenim cogitabant neminem potuisse illum auferre, tot assidentibus militibus, nisi ipse seipsum suscitasset. Ideo gaudent et mirantur, et tantæ perseverantiæ mercedem accipiunt, quod primæ viderent et nuntiarent, non solum quæ audierant, sed et quæ viderant.

Mulieres primæ Christum viderunt a mortuis suscitatum.

3. Cum igitur exivissent cum timore et gaudio, 9. *Et ecce Jesus occurrit illis dicens: Avete. Illæ vero tenuerunt pedes ejus*, et cum ingenti lætitia ad illum accurrentes, per tactum resurrectionis certum argumentum acceperunt, *Et adoraverunt eum.* Quid igitur ille? 10. *Nolite timere.* Rursus et ipse timorem amovet, fidei viam parans. *Sed ite, et nuntiate fratribus meis, ut eant in Galilæam: et ibi me videbunt.* Perpende quomodo ipse harum opera discipulis annuntiet, ut sæpe dixi, sexum inhonoratum ad honorem et ad bonam spem revocans, et quod infirmum erat sanans. Aliquis fortasse vestrum cuperet insignium illarum instar mulierum pedes Jesu tenere? Nunc etiam potestis, si qui vultis, neque pedes et manus tantum, sed etiam caput illud sacrum contingere, dum pura conscientia sacrorum mysteriorum consortes estis. Neque hic tantum, sed in illa etiam die ipsum videbitis, cum ineffabili illa gloria et cum angelorum multitudine venientem, si misericordes esse volueritis: et audietis non hæc verba tantum, *Avete*, sed etiam illa: *Venite benedicti Patris mei, possidete* Matth. 25. 34. *regnum paratum vobis a constitutione mundi.*

[b] Commelin. et Morel. κινωθέντα. Paulo post iidem γένωνται μάρτυρες, male.

[c] Iidem κρατήσασαι.

[a] Alii καὶ οὗτος τὸ δέος.

Simus itaque religiosi, Dei amantes, caritatem omnibus exhibentes, ut hæc verba audiamus, et ipsum Christum suscipiamus. Et vos auro ornatæ mulieres, quæ harum mulierum cursum vidistis, sero tandem hunc morbum deponatis, auri nempe cupiditatem. Itaque si beatas hasce mulieres imitari vultis, ornatum istum vendite, ut eleemosyna ornemini. Quæ utilitas, quæso, ex his lapidibus pretiosis, et ex vestibus auro intextis? His gaudet, inquies, et lætatur anima. Ego te de lucro et utilitate interrogo; tu mihi damnum narras. His enim operam dare, gaudere, hærere, nihil pejus. Tunc acerbior hæc servitus est, cum quis serviens lætatur. Cui enim spiritualium operum umquam ut convenit incumbet? quando item ut decet res humanas deridebit quæ auro vinciri putat esse gaudio dignum? Nam qui in carcere lubens habitat, numquam hinc eripi volet: quemadmodum et ipsa, sed quasi captiva pravæ hujusce cupiditatis, neque vocem spiritualem cum decenti gaudio audire sustinebit, nedum opus aggrediatur. Quod ergo lucrum ex hoc ornatu, et ex hac mollitie? Delector, inquit. Rursum mihi nocumentum narras et perniciem. Sed multo fruor honore, inquit, apud spectatores. Et quid hoc est? Alterius scilicet corruptionis argumentum, cum in fastum, cum in arrogantiam attolleris. Age igitur, quoniam tu lucrum non dixisti, sine, quæso, nocumenta exponam tibi. Quæ ergo inde nocumenta? Sollicitudo major quam voluptas. Ideo plerique spectantium rudiorum magis delectantur, quam quæ ista gestat ornamenta. Tu enim cum sollicitudine ornaris; ille sine cura pascit oculos. Aliud item incommodum est, quod illa animo dejiciatur, et invidiam undique et ubique moveat. Vicinæ enim concitatæ contra viros suos armantur, et bella gravia excitant. Ad hæc vero otium omne, sollicitudo omnis in his consumitur, spiritualibus operibus non admodum opera datur; insuperque fastu, arrogantia, vana gloria hujusmodi mulier impletur, ac terræ tota adhæret, quod pennas amittat, et pro aquila fiat canis et porcus. Omittens enim in cælum aspicere et volare, quemadmodum porci humum respicis, metalla curiose scrutaris et antra, animumque mol-

Contra luxum mulierum.

ἡτοιμασμένην ὑμῖν βασιλείαν πρὸ καταβολῆς κόσμου.
[b] Γενώμεθα τοίνυν θεοσεβεῖς, φιλόθεοι, φιλάδελφοι,
τὴν ἀγάπην πρὸς πάντας ἐπιδεικνύμενοι, ἵνα ταῦτα
ἀκούσωμεν τὰ ῥήματα, καὶ αὐτὸν τὸν Χριστὸν ὑπο-
C δεξώμεθα. Καὶ ὑμεῖς αἱ χρυσοφοροῦσαι γυναῖκες, αἱ
τὸν δρόμον τῶν γυναικῶν θεασάμεναι τούτων, ὀψὲ
γοῦν ποτε τὴν νόσον ἀποθέσθε τῆς τῶν χρυσίων ἐπιθυμίας. Ὥστε εἰ ζηλοῦτε τὰς μακαρίας ταύτας γυναῖκας, ἀνταλλάξασθε τὸν κόσμον ὃν περίκεισθε, ἐλεημοσύνην περιθέμεναι. Τί τὸ ὄφελος, εἰπέ μοι, τῶν λίθων
τῶν τιμίων τούτων, καὶ τῶν χρυσοπάστων ἱματίων;
Χαίρει τούτοις, φησίν, ἡ ψυχὴ καὶ εὐφραίνεται. Ἐγώ
σε τὸ κέρδος ἠρώτησα· σὺ δέ μοι τὸ βλάβος εἶπες.
Τοῦ γὰρ περὶ ταῦτα ἠσχολῆσθαι, καὶ χαίρειν, καὶ
D προσηλῶσθαι, χεῖρον οὐδέν. Πικροτέρα ἡ χαλεπὴ αὕτη
δουλεία γίνεται, ὅταν τις δουλεύων εὐφραίνηται. Ἐπὶ
τίνι γὰρ τῶν πνευματικῶν ὡς χρὴ σπουδάσει [c] ποτὲ
ἔργων; πότε δὴ καταγελάσεται ὡς δεῖ τῶν βιωτικῶν
πραγμάτων ἡ χαρᾶς ἄξιον εἶναι νομίζουσα τὸ δεδέσθαι χρυσῷ; Ὁ γὰρ ἐν δεσμωτηρίῳ μένων καὶ ἡδό-
μενος, οὐδέποτε ἀπαλλαγῆναι θελήσει· ὥσπερ οὖν
οὐδὲ αὕτη, ἀλλ' ὥσπερ τις αἰχμάλωτος γενομένη τῆς
πονηρᾶς ταύτης ἐπιθυμίας, οὐδὲ φωνῆς ἀνέξεται πνευματικῆς ἀκοῦσαι μετὰ τῆς προσηκούσης ἐπιθυμίας τε
καὶ σπουδῆς, μήτι γε ἔργον μετελθεῖν. Τί οὖν τὸ κέρ-
E δος τοῦ κόσμου τούτου, καὶ [d] τῆς βλακείας ταύτης;
εἰπέ μοι. Τέρπομαι, φησί. Πάλιν μοι τὴν βλάβην
εἶπες καὶ τὸν ὄλεθρον. Ἀλλὰ καὶ τιμῆς ἀπολαύω,
φησί, πολλῆς παρὰ τῶν ὁρώντων. Καὶ τί τοῦτο;
Ἑτέρας γὰρ τοῦτο [e] διαφθορᾶς ὑπόθεσις, ὅταν εἰς
τῦφον, ὅταν εἰς ἀπόνοιαν αἴρῃ. Φέρε οὖν, ἐπειδὴ σὺ
836 τὸ κέρδος οὐκ εἶπες, ἀνάσχου ἐμοῦ σοι διηγουμένου τὰς
A βλάβας. Τίνες οὖν ἐντεῦθεν αἱ βλάβαι; Ἡ φροντὶς ἡ
μείζων τῆς ἡδονῆς. Διὸ πολλοὶ τῶν ὁρώντων, τούτων
δὴ τῶν παχυτέρων, τέρπονται μᾶλλον, ἢ ἡ περικειμένη. Σὺ μὲν γὰρ μετὰ μερίμνης καλλωπίζῃ· ἐκεῖνοι
δὲ ἄνευ ταύτης ἑστιῶσι τὰς ὄψεις. Εἶτα ἑτέρα πάλιν,
τὸ ταπεινοῦσθαι τὴν ψυχὴν, τὸ βασκαίνεσθαι [a] πάντοθεν καὶ πανταχοῦ. Αἱ γὰρ πλησίον δηχθεῖσαι, κατὰ
τῶν οἰκείων ἀνδρῶν ὁπλίζονται, καὶ πολέμους ἀναρ-
ριπίζουσι χαλεπούς. Μετὰ τούτων* τὸ τὴν σχολὴν ἅπασαν καὶ τὴν φροντίδα εἰς τοῦτο δαπανᾶσθαι, τὸ τῶν
πνευματικῶν μὴ σφόδρα ἀντέχεσθαι κατορθωμάτων,
B τὸ τύφου καὶ ἀπονοίας καὶ κενῆς πληροῦσθαι δόξης,
τὸ τῇ γῇ προσηλῶσθαι, καὶ [b] πτερορρυεῖν, καὶ ἀντὶ

[b] Savil. et quidam Mss. *γενώμεθα τοίνυν..... καὶ ὑμεῖς αἱ χρυσοφοροῦσαι γυναῖκες.* Commelin. autem et Morel. *γίνεσθε τοίνυν φιλάνθρωποι, ἵνα ταῦτα ἀκούσητε, καὶ ὑμεῖς αἱ χρυσοφόροι γυναῖκες.*

[c] *Ποτὲ ἔργων* deest in Commelin. et Morel.

[d] Commelin. et Morel. male *τῆς βασιλείας ταύτης.*

[e] Iidem *διαφορᾶς.*

[a] Commelin. et Morel. *πανταχόθεν. αἱ γάρ.*

* [Adjecimus *τὸ τὴν* e Cod. 694 et Savilio. Commelin. *μετὰ τοῦτο, τὴν σχολήν.* Præiverat Matthæi Eclog. p. 208.]

[b] Pro *πτερορρυεῖν* iidem habent *προτερεύειν.*

ἀετοῦ γενέσθαι κύνα καὶ χοῖρον. Ἀφεῖσα γὰρ τὸ πρὸς τὸν οὐρανὸν βλέπειν καὶ πέτασθαι, καθάπερ οἱ χοῖροι χαμαὶ νεύεις, [c] μέταλλα περιεργαζομένη καὶ χηραμοὺς, καὶ ψυχὴν ἄνανδρον καὶ ἀνελεύθερον κτωμένη. Ἀλλ' ἐπιστρέφεις φαινομένη τοὺς ἐπὶ τῆς ἀγορᾶς; Δι' αὐτὸ μὲν οὖν τοῦτο [d] χρυσοφορεῖν οὐκ ἔδει, ἵνα μὴ κοινὸν γένῃ θέατρον, καὶ πολλῶν κατηγόρων ἀνοίξῃς στόματα. Οὐδεὶς γάρ σε τῶν ἐπιστρεφομένων θαυμάζει, ἀλλὰ σκώπτουσιν ὡς φιλόκοσμον, ὡς ἀλαζόνα, ὡς σαρκικὴν γυναῖκα. Κἂν εἰς ἐκκλησίαν εἰσέλθῃς, ἐξῆλ- C θες οὐδὲν λαβοῦσα, ἀλλ' ἢ μυρία σκώμματα καὶ λοιδορίας καὶ ἀρὰς, οὐχὶ παρὰ τῶν ὁρώντων μόνον, ἀλλὰ καὶ [e] παρὰ τοῦ προφήτου. Καὶ γὰρ εὐθέως ὁ μεγαλοφωνότατος Ἡσαΐας ἰδών σε βοήσεται· Τάδε λέγει Κύριος ἐπὶ τὰς ἀρχούσας θυγατέρας Σιών· ἀνθ' ὧν ἐπορεύθησαν ὑψηλῷ τραχήλῳ, καὶ νεύμασιν ὀφθαλμῶν, καὶ τῇ πορείᾳ τῶν ποδῶν σύρουσαι τοὺς χιτῶνας, καὶ τοῖς ποσὶν ἅμα παίζουσαι· ἀνακαλύψει Κύριος τὸν κόσμον αὐτῶν, καὶ ἔσται ἀντὶ ὀσμῆς ἡδείας κονιορτὸς, ἀντὶ δὲ ζώνης σχοινίῳ ζώσῃ. Ταῦτά σοι ἀντὶ καλλωπισμοῦ. Οὐδὲ γὰρ πρὸς ἐκείνας μόνας ταῦτα εἴρηται, ἀλλὰ πρὸς πᾶσαν γυναῖκα μιμουμένην αὐτάς. Καὶ ὁ D Παῦλος δὲ [f] μετ' ἐκείνου κατήγορος ἕστηκε, γράφων Τιμοθέῳ, παραγγέλλειν ταῖς γυναιξὶ, Μὴ ἐν πλέγμασι, ἢ χρυσίῳ, ἢ μαργαρίταις, ἢ ἱματισμῷ πολυτελεῖ κοσμεῖν ἑαυτάς. Ὥστε πανταχοῦ μὲν βλαβερὸν τὸ χρυσοφορεῖν· μάλιστα δὲ ὅταν εἰς ἐκκλησίαν εἰσίῃς, ὅταν διὰ τῶν πενήτων παρίῃς. Εἰ γὰρ σφόδρα σαυτῆς κατηγορῆσαι ἐσπούδασας, οὐκ ἂν ἄλλο περιέθου σχῆμα, ἀλλ' ἢ τὸ τῆς ὠμότητος τοῦτο καὶ ἀπανθρωπίας προσωπεῖον.

Ἐννόησον γοῦν πόσας παρέρχῃ γαστέρας πεινώσας μετὰ τοῦ [g] σχήματος τούτου, πόσα σώματα γεγυμνωμένα μετὰ τῆς φαντασίας ταύτης τῆς σατανικῆς. Πό- E σῳ βέλτιον διαθρέψαι ψυχὰς πεινώσας, ἢ λοβοὺς ὤτων διατιτρώσκειν, καὶ μυρίων πενήτων τροφὰς ἐξαρτᾷν εἰκῆ καὶ μάτην. Μὴ γάρ σοι τὸ πλουτεῖν ἐγκώμιον; μὴ γάρ σοι τὸ χρυσοφορεῖν ἔπαινος; Εἰ καὶ ἐκ δικαίων πόνων ταῦτα περικείμενά σοι ἦν, καὶ οὕτω μεγίστη κατηγορία τὸ γινόμενον. Ὅταν δὲ καὶ ἐξ ἀδικίας, ἐννόησον τὴν ὑπερβολήν. Ἀλλ' ἐπαίνων ἐρᾷς 837 A καὶ δόξης; Οὐκοῦν ἀπόδυσαι τὴν καταγέλαστον ταύτην [a] περιβολὴν, καὶ τότε σε θαυμάσονται πάντες, τότε καὶ δόξης καὶ καθαρᾶς ἀπολαύσῃ τῆς ἡδονῆς, ὡς

lem et illiberalem reddis. Sed in te convertis eos qui in foro sunt, ibidem conspecta? Propterea aurum gestare non oportuit, ne commune theatrum fieres, pluriumque accusatorum ora aperires. Nullus enim respicientium te miratur, sed irrident ut ornatus avidam, arrogantem et carnalem mulierem. Quod si in ecclesiam ingrediaris, inde egrederis nihil adepta, nisi sexcenta dicteria, convitia, maledicta, non a spectantibus tantum, sed etiam a propheta. Nam statim ille vocalissimus Isaïas te conspiciens clamabit: *Hæc dicit Dominus ad* (*Isai.* 3. 16. 17. 24.) *dominatrices filias Sion: Pro eo quod ambulaverant erecto collo, et nutibus oculorum, et gressu pedum trahentes tunicas, et pedibus simul ludentes: revelabit Dominus ornatum ipsarum, et erit pro suavi odore pulvis, et pro zona funiculo cingeris.* Hæc tibi pro ornatu erunt. Neque enim ad illas tantum hæc dicta sunt, sed ad quaslibet mulieres illas imitantes. Et post ipsum Paulus accusator stat, Timotheo scribens, ut mulieribus præcipiat, *Non in tortis crinibus, aut auro, aut margaritis, aut vestimento sumtuoso sese exornent.* (1. *Tim.* 2. 9.) Itaque aurum gestare ubique perniciosum est; maxime vero cum in ecclesiam ingrederis, quando per pauperes transis. Nam si teipsam vehementer criminari studeres, non alio captereris vestimento, quam hac crudelitatis et inhumanitatis larva.

4. Cogita quot esurientes ventres cum tali habitu prætereas, quot nuda corpora cum satanico hujusmodi ornatu. Quantò melius esset esurientes animas alere, quam imam auriculam perforare, et ibi mille pauperum alimenta frustra suspendere. (Contra inaurium luxum.) Num tibi ditescere gloriosum? num tibi aurum gestare laudabile? Etiamsi ista ex justis tibi parta essent laboribus, sic etiam res maxime culpanda esset: cum autem injuste parta sunt, cogita quam ingens sit flagitium. At laudem amas et gloriam? Ergo ridiculum hunc amictum exue, tuncque te omnes mirabuntur, tunc gloria et pura voluptate frueris: ut nunc dicteriis

[c] Iidem μεγάλας περιεργαζομένη, καὶ χειραμούς. [Paulo infra, post φαινομένη, τούς, quod præbet etiam Cod. Augustanus collatus a Matthæio, Eclog. p. 209, addidimus e Cod. Regio 694: Savil in marg. addit τοῖς. Post ἀγορᾶς Savil. addit πάντων ὀφθαλμούς. Malit Matthæi τῶν ἐπὶ τῆς ἀγορᾶς πάντων τοὺς ὀφθαλμούς. Georgius Trapezuntius, *Sed in foro conspecta omnium oculos in te convertis.*]

[d] Iidem χρυσίον φορεῖν.

[e] Iidem περὶ τοῦ, et paulo post βοήσει.

[f] Commelin. et Morel. μετ' ἐκείνου βοᾷ καὶ κατηγ. et infra κοσμεῖσθαι.

[g] [Cod. 694 ὀχήματος.]

[a] Commelin. et Morel. male τὴν ὑπερβολὴν, et mox τότε καὶ δόξῃ καθαρᾶς ἀπολαύσειν.

exposita es, multasque tibi mœroris occasiones hinc concilias. Nam si horum quidpiam exciderit, cogita quanta hinc oriantur mala, quot ancillæ verberentur, quot viri perturbentur, quot abducantur, quot in carcere habitent. Hinc judicia, actiones et mille undique maledicta et convitia uxori a viro suo, viro ab amicis; animæ quoque a seipsa. Sed hæc non peribunt. At servare non ita facile est. Etiamsi autem perpetuo serventur, multam præbent sollicitudinem, curam, molestiam, lucri nihil. Quis inde proventus domui? quæ utilitas ex ornatu mulieri? Nulla certe, sed dedecus magnum et criminatio undique. Quomodo poteris Christi pedes osculari et tenere cum tali ornatu? Hunc ornatum ille aversatur. Ideoque in fabri domo nasci voluit; imo vero non in domo illa, sed in tugurio, in præsepio. Qui ergo poteris illum videre, cum non ipsi gratam formam et ornatum, sed odiosum habeas? Nam qui illum adeunt, non talibus debent ornari vestimentis, sed virtute decorari. Cogita quid sit aurum illud. Nihil nisi terra et cinis. Injice aquam, et fit lutum. Considera et erubesce, quod lutum dominum tuum constituas, et omnibus omissis ipsi assides, ubique ipsum gestas et circumfers. Et quando in ecclesiam intras, tum maxime ipsum amoveri oportebat. Neque enim ideo structa fuit ecclesia, ut ibi has divitias ostentares, sed ut spirituales divitias exhiberes. Tu vero ceu in pompam ingressura, sic te undique ornas, scenicasque mulieres imitaris, cum tanto apparatu ridiculas has gestans sordes. Propterea in multorum ingrederis perniciem : et soluta ecclesiæ collecta, in domibus, ad mensam hæc multos narrantes audias. His nempe missis verbis, Hoc et hoc dixit propheta, hoc apostolus, de vestium luxu, de magnitudine gemmarum, de aliaque simili turpitudine verba faciunt. Hæc vos, necnon conjuges vestros, ad eleemosynam erogandam inutiles reddunt. Neque facile quispiam ex hoc auro quid frangat, ut esurientem alat. Cum enim ipsa malis in angustia esse, quam hæc fracta videre, quomodo alium ex his alas? Nam multæ erga ista perinde sunt affectæ, atque erga res animatas, nec minus quam erga infantes. Apage, dicetis. Hoc igitur ostendite, per opera comprobate : nunc vero contrarium video. Ecqua enim ex iis quæ hoc morbo admodum laborant, his conflatis auri ornamentis, puerum a morte eripuit? Ecquid dico

νῦν γε σκωμμάτων γέμεις, ἀθυμίας πολλὰς ὑποθέσεις ἐκ τούτων σαυτῇ κατασκευάζουσα. Ἂν γὰρ ἐκπέσῃ τι τούτων, ἐννόησον ὅσα ἐντεῦθεν τίκτεται τὰ κακὰ, πόσαι μαστιγοῦνται θεραπαινίδες, πόσοι ἄνδρες ἐνοχλοῦνται, πόσοι ἀπάγονται, πόσοι δεσμωτήριον οἰκοῦσι. Καὶ δικαστήρια ἐντεῦθεν, καὶ εἰσαγωγαὶ, [b] καὶ μυρίαι πανταχόθεν ἀραὶ καὶ κατηγορίαι τῇ γυναικὶ παρὰ τοῦ ἀνδρὸς, τῷ ἀνδρὶ παρὰ τῶν φίλων· τῇ ψυχῇ παρ' B ἑαυτῆς. Ἀλλ' οὐκ ἀπολεῖται. Μάλιστα μὲν τοῦτο οὐ ῥᾴδιον. Εἰ δὲ καὶ σωθείη διὰ παντὸς, σωζόμενα πάλιν πολλὴν παρέχει μέριμναν καὶ φροντίδα καὶ ἀηδίαν, καὶ κέρδος οὐδέν. Ποία γὰρ ἐντεῦθεν πρόσοδος τῇ οἰκίᾳ; τί ὄφελος αὐτῇ τῇ περικειμένῃ; Ὄφελος μὲν οὐδὲν, ἀκοσμία δὲ πολλὴ, καὶ κατηγορία πάντοθεν. Πῶς δυνήσῃ τοῦ Χριστοῦ φιλῆσαι τοὺς πόδας καὶ κατασχεῖν, οὕτως ἐσκευασμένη; Τοῦτον ἀποστρέφεται τὸν κόσμον ἐκεῖνος. Διὰ τοῦτο ἐν τῇ τοῦ τέκτονος οἰκίᾳ κατεδέξατο τεχθῆναι, μᾶλλον δὲ οὐδὲ ἐν τῇ οἰκίᾳ ἐκείνῃ, ἀλλ' ἐν καλύβῃ καὶ φάτνῃ. Πῶς οὖν αὐτὸν C δυνήσῃ ἰδεῖν, οὐκ ἔχουσα κάλλος αὐτῷ ποθεινὸν, οὐ περικειμένη κόσμον ἐπέραστον αὐτῷ, ἀλλὰ μισητόν; Τὸν γὰρ αὐτῷ προσιόντα οὐ τοιούτοις δεῖ καλλωπίζεσθαι ἱματίοις, ἀλλ' ἀρετὴν περιβεβλῆσθαι. Ἐννόησον τί ποτέ ἐστι τουτὶ τὸ χρυσίον; Οὐδὲν ἕτερον ἢ γῆ καὶ σποδός. Ἔμβαλε ὕδωρ, καὶ γέγονε πηλός. Ἐννόησον καὶ αἰσχύνθητι τὸν πηλὸν δεσπότην [c] ποιουμένη, καὶ πάντα ἀφεῖσα καὶ αὐτῷ παρακαθημένη, καὶ πανταχοῦ αὐτὸν βαστάζουσα καὶ περιφέρουσα. Καὶ ὅταν εἰς ἐκκλησίαν εἰσίῃς, τότε μάλιστα φεύγειν αὐτὸν ἐχρῆν. Οὐδὲ γὰρ διὰ τοῦτο ἡ ἐκκλησία ᾠκοδόμηται, ἵν' ἐν ταύτῃ τὸν πλοῦτον ἐπιδείξῃ τοῦτον· ἀλλ' D ἵνα τὸν πλοῦτον τὸν πνευματικόν. Σὺ δὲ ὥσπερ εἰς πομπὴν εἰσιοῦσα, οὕτω πάντοθεν σαυτὴν καλλωπίζεις, τὰς ἐν τῇ σκηνῇ μιμουμένη, οὕτω μετὰ δαψιλείας τὸν καταγέλαστον αὐτῶν τοῦτον βαστάζεις φορυτόν. Διά τοι τοῦτο πολλοῖς ἐπεισέρχῃ λύμη, καὶ τῆς ἐκκλησίας διαλυθείσης, [d] ἐν ταῖς οἰκίαις, ἐπὶ τῶν τραπεζῶν, ταῦτα ἄν τις ἀκούσειε διηγουμένων τῶν πλειόνων. Ἀφέντες γὰρ λέγειν, τὸ καὶ τὸ εἶπεν ὁ προφήτης, καὶ ὁ ἀπόστολος, τῶν ἱματίων τὴν πολυτέλειαν, τῶν λίθων τὸ μέγεθος, τὴν ἄλλην ἅπασαν ἀσχη- E μοσύνην τῶν ταῦτα περικειμένων διηγοῦνται. Ταῦτα ὑμᾶς πρὸς ἔλεον ἀργὰς ποιεῖ, καὶ τοὺς συνοικοῦντας ὑμῖν. Οὐ γὰρ ἄν τις ὑμῶν ἕλοιτο ῥᾳδίως διακλάσαι τι τῶν χρυσίων τούτων, καὶ θρέψαι πεινῶντα. Ὅπου γὰρ καὶ αὐτὴ ἕλοιο ἐν στενοχωρίᾳ εἶναι, ἢ ταῦτα ἰδεῖν διακλώμενα, πῶς ἂν ἕτερον ἐκ τούτων διαθρέψειας; 838 A Ὡς γὰρ πρὸς ἔμψυχά τινα διάκεινται αἱ πολλαὶ πρὸς

[b] Iidem καὶ μυρίαι ἀραὶ καὶ κατηγορίαι.

[c] Iidem ποιουμένη, καὶ πανταχοῦ αὐτόν. [Infra ὅτε μάλιστα habent Cod. 691 et Augustanus, Savil. in marg., Commelin. expressitque G. Trapezuntius.]

[d] Commelin. et Morel. ἐπὶ ταῖς.

ταῦτα, καὶ οὐδὲν ἧττον ἢ πρὸς παιδία. Ἄπαγε, φησί. Δείξατέ μοι γοῦν τοῦτο, δείξατε διὰ τῶν ἔργων αὐτῶν, ὡς νῦν γε τοὐναντίον ὁρῶ. Τίς γάρ ποτε τῶν σφόδρα [a] ἑαλωκυιῶν ταῦτα καταχωνεύσασα ἐξήρπασε θανάτου παιδίου ψυχήν; Καὶ τί λέγω παιδίου; Τίς τὴν ἑαυτοῦ ψυχὴν ἀπολλυμένην ἐντεῦθεν ἐπρίατο; Τοὐναντίον μὲν οὖν πολλοὶ καθ' ἑκάστην αὐτὴν διὰ ταῦτα πωλοῦσι τὴν ἡμέραν. Κἂν μὲν σωματικὴ ἀῤῥωστία γένηται, πάντα ποιοῦσιν· ἂν δὲ τὴν ψυχὴν ἴδωσι διεφθαρμένην, οὐδὲν τοιοῦτον ἐργάζονται, ἀλλὰ καὶ τῶν ἐκγόνων καὶ τῆς ἑαυτῶν ψυχῆς [b] ἀμελοῦσιν, ἵνα ταῦτα μένῃ τῷ χρόνῳ ἰούμενα. Καὶ σὺ μὲν μυρίων ταλάντων B χρυσία περίκεισαι· τὸ δὲ τοῦ Χριστοῦ μέλος οὐδὲ ἀναγκαίας ἔχει τροφῆς ἀπόλαυσιν. Ἀλλ' ὁ μὲν κοινὸς ἁπάντων Δεσπότης, καὶ τοῦ οὐρανοῦ, καὶ τῶν ἐν τοῖς οὐρανοῖς, καὶ πνευματικῆς τραπέζης, τοῖς ἅπασιν ὁμοίως μετέδωκε· σὺ δὲ οὐδὲ τῶν ἀπολλυμένων αὐτῷ μεταδίδως, ἵνα μείνῃς συνεχῶς δεδεμένη ταῖς χαλεπαῖς ταύταις ἁλύσεσιν. Ἐντεῦθεν τὰ μυρία κακὰ, ἐντεῦθεν αἱ ζηλοτυπίαι, ἐντεῦθεν αἱ τῶν ἀνδρῶν πορνεῖαι, ὅταν αὐτοὺς μὴ φιλοσοφεῖν παρασκευάζητε, ἀλλὰ τούτοις παιδεύητε χαίρειν, οἷς πορνευόμεναι γυναῖκες ἐγκαλλωπίζονται. Διὰ τοῦτο καὶ ταχέως ἁλί- C σκονται. Εἰ γὰρ αὐτὸν ἐπαίδευσας τούτων μὲν ὑπερορᾷν, σωφροσύνῃ δὲ χαίρειν, εὐλαβείᾳ, ταπεινοφροσύνῃ, οὐκ ἂν ῥᾳδίως ἑάλω τοῖς τῆς πορνείας [c] πτεροῖς. Κοσμήσασθαι μὲν οὕτω δύναται πόρνη, καὶ τούτου πλέον· ἐκείνοις δὲ οὐκέτι. Ἔθισον οὖν αὐτὸν τούτῳ χαίρειν τῷ κόσμῳ, ὃν οὐκ ἔχει παρὰ τῇ πόρνῃ κείμενον ἰδεῖν. Πῶς δὲ αὐτὸν εἰς τὴν συνήθειαν ταύτην ἐμβαλεῖς; Ἂν τοῦτον ἀφέλῃς, καὶ ἐκεῖνον περιθῇς. Οὕτω καὶ ὁ ἀνὴρ ἐν ἀσφαλείᾳ, καὶ σὺ ἐν τιμῇ, καὶ ὁ Θεὸς ὑμῖν ἵλεως, καὶ ἄνθρωποι πάντες θαυμάσονται, D καὶ τῶν μελλόντων ἐπιτεύξεσθε ἀγαθῶν, χάριτι καὶ φιλανθρωπίᾳ τοῦ Κυρίου ἡμῶν Ἰησοῦ Χριστοῦ, ᾧ ἡ δόξα καὶ τὸ κράτος εἰς τοὺς αἰῶνας τῶν αἰώνων. Ἀμήν.

puerum? quis animam suam pereuntem hinc redemit? Contra vero multi illam quotidie hac de causa vendunt. Et si corporalis adsit ægritudo, nihil non agunt; si vero animam corruptam viderint, nihil simile faciunt, sed et filiorum nepotumque animam, et suam negligunt; ut hæc maneant, rubigineque pereant. Et ut quidem mille talentorum aurea circumponis, dum Christi membrum ne quidem necessaria fruitur esca. Sed ille quidem communis omnium Dominus, et cælorum et cælestium spiritualem mensam omnibus ex æquo apponit; tu vero nec pereuntium rerum consortem facis, ut hisce gravibus catenis constricta maneas. Hinc mala innumera, hinc zelotypiæ, hinc virorum adulteria, quando illos non ad philosophandum incitatis, sed illos docetis iis delectari quibus meretrices exornantur. Ideo illi cito capiuntur. Si enim illum ita instituisses ut hæc despiceret, et de castitate gauderet, de pietate, de humilitate, non facile a fornicationis appetitu captus fuisset. Hoc enim et majori modo ornari potest meretrix; illis vero non item. Ipsum itaque eo lætari ornatu assuefacito, quem non potest apud meretricem videre. Quomodo autem illum in hanc consuetudinem induces? Si hunc abstuleris, illum induaris. Sic et vir in securitate, tu in honore: ac Deus vobis propitius erit, et homines omnes vos admirabuntur, ac futura bona consequemini, gratia et benignitate Domini nostri Jesu Christi, cui gloria et imperium in sæcula sæculorum. Amen.

[a] Iidem ἑαλωκότων ταῦτα καταχωνεύσας ἐξήρπασε θανάτου παιδ.

[b] Iidem ἀνηλοῦσιν, male: alia minuscula eorumdem errata corrigimus.

[c] Iidem πειροῖς, male.

HOMILIA XC. al. XCI.

CAP. XXVIII. v. 11. *Qui cum abiissent, ecce quidam de custodibus venientes in civitatem, nuntiaverunt principibus sacerdotum omnia quæ facta fuerant.* 12. *Et congregati cum senioribus, consilio inito, pecuniam multam dederunt militibus,* 13. *dicentes: Dicite quod discipuli ejus nocte venerunt, et furati sunt eum, nobis dormientibus.* 14. *Et si hoc audiatur a præside, nos suadebimus ei, et vos tutos faciemus.*

1. Propter hos milites terræ motus ille factus est, ita ut obstupescerent, et ab ipsis testimonium proferretur; quod etiam evenit. Sic enim prolata a custodibus fama suspecta non fuit. Signa quippe alia generaliter per orbem, alia privatim ibi præsentibus facta sunt: orbi quidem toti tenebræ; privatim autem angeli visio, et terræ motus. Quia igitur venerunt et illa nuntiarunt (veritas enim ab adversariis prædicata resplendet), rursus pecuniam dederunt, ut dicerent discipulos ejus venisse, ipsumque furatos esse. Quomodo furati sunt, o omnium stultissimi? Nam quod veritas ita fulgeat splendeatque, ne quidem fingere possunt. Etenim illud prorsus incredibile erat, et improbabile omnino mendacium. Quomodo, quæso, furati sunt discipuli, homines pauperes et rudes, qui ne in conspectum quidem venire audebant? Annon sigillum erat appositum? annon tot custodes assidebant, et milites, et Judæi? annon illi hoc suspicabantur, et solliciti vigilabant curabantque? Cur autem furati sunt? an ut resurrectionis dogma confingerent? Et quomodo illis in mentem venisset talia confingere, hominibus, quibus illud solum in optatis erat, ut oculti viverent? quomodo lapidem illum munitum amovissent? quomodo tam multis præsentibus latuissent? Atqui etiamsi mortem contemsissent, nunquam id temere et frustra tentaturi erant, cum tot essent custodes. Quod autem timidi essent, quæ prius facta sunt declarabant. Cum enim illum captum vidissent, aufugerunt omnes. Si ergo tunc illo adhuc vivente ne stare quidem ausi sunt, quomodo post mortem ejus

839 A

ΟΜΙΛΙΑ Ϟʹ.

Πορευομένων δὲ αὐτῶν, ἰδοὺ τινὲς τῆς κουστωδίας ἐλθόντες εἰς τὴν πόλιν, ἀνήγγειλαν τοῖς ἀρχιερεῦσιν ἅπαντα τὰ γενόμενα. Καὶ συναχθέντες μετὰ τῶν πρεσβυτέρων, συμβούλιόν τε λαβόντες, ἀργύρια ἱκανὰ ἔδωκαν τοῖς στρατιώταις, λέγοντες· εἴπατε ὅτι οἱ μαθηταὶ αὐτοῦ νυκτὸς ἐλθόντες ἔκλεψαν αὐτὸν, ἡμῶν κοιμωμένων. Καὶ ἐὰν ἀκουσθῇ τοῦτο ἐπὶ τοῦ ἡγεμόνος, ἡμεῖς πείσομεν αὐτὸν, καὶ ὑμᾶς ἀμερίμνους ποιήσομεν.

B Διὰ τούτους τοὺς στρατιώτας ὁ σεισμὸς ἐγένετο
ἐκεῖνος, ὥστε αὐτοὺς ἐκπλῆξαι, καὶ παρ' αὐτῶν γενέσθαι τὴν μαρτυρίαν· ὅπερ οὖν καὶ συνέβη. Καὶ γὰρ
ἀνύποπτος ἡ [a] ἀπαγγελία οὕτως ἐγένετο παρὰ τῶν
φυλάκων προσφερομένη. Τῶν γὰρ σημείων τὰ μὲν
κοινῇ τῇ οἰκουμένῃ ἐδείκνυτο, τὰ δὲ ἰδίᾳ τοῖς ἐκεῖ πα-
ροῦσι· κοινῇ μὲν τῇ οἰκουμένῃ τὸ σκότος· ἰδίᾳ δὲ τὸ
τοῦ ἀγγέλου, τὸ τοῦ σεισμοῦ. Ἐπεὶ οὖν ἦλθον καὶ
C ἀπήγγειλαν (ἡ γὰρ ἀλήθεια παρὰ τῶν ἐναντίων ἀνα-
κηρυττομένη διαλάμπει), ἔδωκαν πάλιν ἀργύρια, ἵνα
εἴπωσι, φησὶν, Ὅτι οἱ μαθηταὶ αὐτοῦ ἐλθόντες ἔκλεψαν αὐτόν. Πῶς ἔκλεψαν, ὦ πάντων [b] ἀνοητότατοι;
Διὰ γὰρ τὸ λαμπρὸν τῆς ἀληθείας καὶ περιφανὲς οὐδὲ
πλάσαι δύνανται. Καὶ γὰρ σφόδρα ἀπίθανον τὸ λεγόμενον, καὶ οὐδὲ σχῆμα τὸ ψεῦδος εἶχε. Πῶς γὰρ ἔκλεπτον οἱ μαθηταὶ, εἰπέ μοι, ἄνθρωποι πτωχοὶ καὶ ἰδιῶται, καὶ οὐδὲ φανῆναι τολμῶντες; Μὴ γὰρ οὐκ ἦν
σφραγὶς ἐπικειμένη; μὴ γὰρ οὐ παρεκάθηντο τοσοῦτοι
φύλακες, καὶ στρατιῶται, καὶ Ἰουδαῖοι; μὴ γὰρ οὐχ
D ὑπώπτευον τοῦτο αὐτὸ, καὶ ἐμερίμνων, καὶ ἠγρύπνουν, καὶ ἐφρόντιζον ἐκεῖνοι; Τίνος δὲ ἕνεκεν καὶ
ἔκλεπτον; Ἵνα πλάσωσι τὸ τῆς ἀναστάσεως δόγμα.
Καὶ πῶς ἂν ἐπῆλθεν αὐτοῖς τοιοῦτόν τι πλάσαι, ἀνθρώποις ἀγαπῶσιν, ὅτι κρυπτόμενοι [c] ζῶσιν; πῶς δ'
ἂν τὸν λίθον ἀνεῖλον τὸν ἠσφαλισμένον; πῶς ἂν τοὺς
τοσούτους διέλαθον; Καίτοι εἰ καὶ θανάτου κατεφρόνουν, οὐκ ἂν ἐπεχείρησαν εἰκῇ καὶ μάτην κατατολμῆσαι, τοσούτων ὄντων φυλάκων. Ὅτι δὲ καὶ δειλοὶ
ἦσαν, ἐδήλωσε τὰ ἔμπροσθεν γεγενημένα. Ὅτε γοῦν
E εἶδον αὐτὸν συνειλημμένον, ἅπαντες ἀπεπήδησαν. Εἰ
τοίνυν τότε οὐδὲ στῆναι ἐτόλμησαν ζῶντα ὁρῶντες,
πῶς ἀποθανόντος οὐκ ἂν ἐφοβήθησαν τοσούτων στρα-

[a] Commelin. et Morel. ἐπαγγελία, et mox φυλάκων προσγενομένη... ἐνεδείκνυτο.

[b] Iidem ἀνόητοι, et paulo post πλανῆσαι pro πλάσαι.

[c] Iidem ζῶσιν; πῶς δ' ἂν τοσοῦτον διέλαθον; omissis interpositis.

τιωτῶν πλῆθος; Μὴ γὰρ θύραν ἦν ἀνατρέψαι; μὴ γὰρ ἕνα λαθεῖν; Λίθος ἐπέκειτο μέγας, πολλῶν δεόμενος χειρῶν. Δικαίως οὖν ἔλεγον· Καὶ ἔσται ἡ ἐσχάτη [a] πλάνη χείρων τῆς πρώτης· καθ' ἑαυτῶν ἀποφαινόμενοι τοῦτο, ὅτι μετὰ τοσαύτην μανίαν δέον μετανοῆσαι, οἱ δὲ καὶ ἐπαγωνίζονται τοῖς προτέροις, καταγέλαστα [b] πλάττοντες πράγματα, καὶ ζῶντος μὲν τὸ αἷμα ὠνούμενοι, σταυρωθέντος δὲ καὶ ἀναστάντος τὸν περὶ τῆς ἀναστάσεως πάλιν διὰ χρημάτων ὑπορύττοντες λόγον. Σὺ δέ μοι σκόπει πῶς δι' ὧν ποιοῦσιν ἁλίσκονται πανταχοῦ. Εἰ γὰρ μὴ προσῆλθον Πιλάτῳ, μηδὲ ᾔτησαν τὴν κουστωδίαν, μᾶλλον ἠδύναντο τοιαῦτα ἀναισχυντεῖν· νυνὶ δὲ οὐκέτι. Καὶ γὰρ ὥσπερ σπουδάζοντες ἀποῤῥάψαι τὰ οἰκεῖα στόματα, οὕτω πάντα ἔπραξαν. Εἰ γὰρ γρηγορῆσαι οὐκ ἴσχυσαν μετ' αὐτοῦ, καὶ ταῦτα ὀνειδιζόμενοι παρ' αὐτοῦ, πῶς ἂν τοῦτο ἐτόλμησαν; Διατί δὲ μὴ πρὸ τούτου ἔκλεψαν, ἀλλ' ὅτε ὑμεῖς ἤλθετε; Εἰ γὰρ ἐβούλοντο τοῦτο ποιῆσαι, μηδέπω φυλαττομένης τῆς θήκης, ἐποίησαν ἂν ἐν τῇ πρώτῃ νυκτὶ, ὅτε καὶ ἀκίνδυνον ἦν καὶ ἀσφαλές. Τῷ γὰρ σαββάτῳ προσελθόντες ᾐτήσαντο παρὰ τοῦ Πιλάτου τὴν κουστωδίαν, καὶ ἐφύλαττον· τὴν δὲ πρώτην νύκτα οὐδεὶς τούτων τῷ τάφῳ παρῆν.

Τί δὲ βούλεται καὶ τὰ σουδάρια τὰ τῇ σμύρνῃ προσπεπηγότα; Ταῦτα γὰρ εἶδεν ὁ Πέτρος κείμενα. Εἰ γὰρ ἐβούλοντο κλέψαι, οὐκ ἂν γυμνὸν ἔκλεψαν τὸ σῶμα· οὐ διὰ τὸ μὴ ἐνυβρίσαι μόνον, ἀλλ' ὥστε μὴ ἐν C τῷ ἀποδύειν μέλλειν καὶ βραδύνειν καὶ παρέχειν τοῖς βουλομένοις διαναστῆναι καὶ κατασχεῖν· μάλιστα δὲ ὅτε σμύρνα ἦν, φάρμακον οὕτω κολλῶδες τῷ σώματι καὶ τοῖς ἱματίοις [c] προσπεπηγὸς, ὅθεν οὐκ εὔκολον ἦν ἀποσπάσαι τὰ ἱμάτια τοῦ σώματος, ἀλλὰ πολλοῦ χρόνου οἱ τοῦτο ποιοῦντες ἐδέοντο· ὥστε κἀντεῦθεν ἀπίθανον τὸ τῆς κλοπῆς. Μὴ γὰρ οὐκ ᾔδεσαν τὸν θυμὸν τὸν Ἰουδαϊκὸν, καὶ ὅτι εἰς αὐτοὺς τὴν ὀργὴν ἀφήσουσι; Τί δὲ ὅλως τὸ κέρδος ἦν αὐτοῖς, εἰ μὴ ἀνίστη; Ταῦτα D δὲ πάντα καὶ οὗτοι συνειδότες ὅτι ἔπλασαν, ἔδωκαν ἀργύριον καί φασιν· εἴπατε ταῦτα ὑμεῖς, καὶ ἡμεῖς πείσομεν τὸν ἡγεμόνα. Δημοσιευθῆναι γὰρ ἐβούλοντο τὴν φωνὴν, εἰκῇ καὶ μάτην πρὸς τὴν ἀλήθειαν πυκτεύοντες· καὶ δι' ὧν αὐτὴν συσκιάζειν ἐπεχείρουν, διὰ τούτων καὶ ἄκοντες παρεσκεύαζον ἐκλάμπειν αὐτήν. Καὶ γὰρ καὶ τοῦτο τὴν ἀνάστασιν κυροῖ, τὸ αὐτοὺς ταῦτα εἰπεῖν, ὅτι Οἱ μαθηταὶ ἔκλεψαν. Τοῦτο γὰρ ὁμολογούντων ἐστὶν, ὅτι οὐκ ἦν ἐκεῖ τὸ σῶμα. [d] Ὅταν οὖν αὐτοὶ μὲν ὁμολογῶσι μὴ εἶναι τὸ σῶμα ἐκεῖ, τὴν δὲ κλοπὴν ψευδῆ δεικνύει καὶ ἀπίθανον ἡ προσεδρεία E

840 A

tantam militum turmam non timuissent? Num janua tantum evertenda erat? num vel unus latere poterat? Lapis erat magnus appositus, cui amovendo multis erat opus manibus. Jure ergo dicebant: *Et erit novissimus error pejor priore;* contra seipsos hoc pronuntiantes, quod post tantum furorem, cum resipiscere oportuisset, priora superare conarentur ex ridiculis illis figmentis; et qui viventis sanguinem emerant, crucifixi et postea resurgentis pecunia resurrectionem subducere tentabant. Tu vero animadverte quomodo gestis suis ubique capiantur. Si enim Pilatum non adiissent, nec custodiam petiissent, facilius potuissent hæc impudenter asseverare: nunc vero non item. Nam sic omnia fecerunt, ac si voluissent sibi ora B consuere. Si enim discipuli vigilare cum Christo non potuerant, etiam illo id exprobrante, quomodo hoc ausi fuissent? Cur autem illud non prius furati sunt, sed postquam vos accesseratis? Si enim illud facere volebant, cum nondum custodiretur sepulchrum, id in prima nocte fecissent, cum id tuto et sine periculo fieri posset. Nam sabbato accedentes custodiam a Pilato petierunt et custodire cœperunt: prima vero nocte nemo istorum sepulcro aderat.

Matth. 27. 64.

2. Sed quid sibi volunt sudaria quæ ex myrrha conglutinata erant? Hæc enim jacentia Petrus vidit. Nam si furari voluissent, non nudum corpus furati essent; non modo ne id esse contumelia videretur, sed etiam ne, dum exuerent, moras traherent, darentque locum illis exsurgendi, seque deprehendendi; cum maxime myrrha esset, glutinis instar corpori et vestimentis hærens; quapropter non facile erat vestimenta a corpore avellere, sed multo ad id tempore opus erat; ita ut vel hinc furtum illud sit incredibile. An vero Judaïcum furorem non noverant, qui in se convertendus erat? Quid porro hinc lucri illis, si non resurrexisset? Hæc autem omnia cum se finxisse sibi conscii essent, pecuniam dant et dicunt: Hæc vos dicite, et nos præsidi persuadebimus. Hunc enim rumorem spargi volebant, frustra contra veritatem decertantes, ac per ea quibus illam obscurare satagebant, splendidiorem vel inviti reddentes. Nam hoc resurrectionem confirmat, quod dicant discipulos illum furatos esse: confitentur enim corpus tunc ibi non fuisse. Cum autem confiteantur corpus ibi non fuisse, furtumque falsum et incredibile declarent militum præsentia, signacula, discipulorumque

[a] Iidem πλάνη καὶ αἰσχύνη χείρων.

[b] Iidem male πράττοντες.

[c] Προσπεπηγὸς deest in iidem.

[d] Commelin. et Morel. ὅταν οὖν ὁμολογῶσι.

timiditas, indubitata hinc resurrectionis demonstratio eruitur. Attamen impudentes illi qui nihil non audebant, licet tot tantaque essent quæ illos obmutescere cogerent, *Dicite*, aiunt, *et nos persuadebimus, ac vos securos reddemus*. Viden' omnes corruptos? Pilatum? Ipse enim obtemperavit. Milites? populum Judaïcum? Sed ne mireris si pecuniæ milites subegerint. Nam si tantam in discipulum vim habuerunt, multo magis apud illos. *Et divulgatum est*, inquit, *verbum hoc usque in præsentem diem*. Viden' rursum discipulorum veracitatem? quomodo non erubescant dicere, hanc contra illos famam obtinuisse? 16. *Undecim autem discipuli abierunt in Galilæam;* 17. *et alii quidem adoraverunt, alii cum ipsum vidissent, dubitaverunt*. Hic mihi postremo videtur visus esse in Galilæa, quando illos emisit ut baptizarent. Quod si quidam dubitaverint, hinc quoque illorum veracitatem mirare, quomodo nempe ad ultimam usque diem infirmitates suas non occultent. Attamen ex illius conspectu confirmati sunt. Quid ergo illos conspiciens dixit? 18. *Data est mihi omnis potestas in cælo et in terra*. Rursus humano more loquitur illis; nondum enim acceperant Spiritum sanctum, qui illos sublimiores efficeret. 19. *Euntes docete omnes gentes, baptizantes eos in nomine Patris et Filii et Spiritus sancti :* 20. *docentes eos servare omnia quæcumque mandavi vobis*. De dogmatibus, item de præceptis mandans, Judæorum ne meminit quidem, neque in medium profert ea quæ facta fuerant, neque Petro negationem, vel aliorum ulli fugam exprobrat; jubet autem per orbem effundi compendiosam illam baptismi doctrinam. Deinde quia magna illis præceperat ipsorum animos attollens ait: *Ecce ego vobiscum sum omnibus diebus usque ad consummationem sæculi*. Viden' rursum auctoritatem? viden' quomodo illa sese attemperandi causa dixerit? Non cum illis solum se fore dixit, sed etiam cum omnibus qui post illos credituri erant. Neque enim apostoli usque ad consummationem sæculi mansuri erant: sed fidelibus omnibus quasi uni corpori loquitur. Ne mihi, inquit, difficultatem rerum dixeritis: ego enim vobiscum sum, qui omnia facilia reddo. Hoc etiam prophetis in veteri lege dicebat; et Jeremiæ pueritiam obtendenti, et Moysi et Ezechieli subterfugientibus, *Ego vobiscum sum*, inquit. Hoc illis nunc dicit. Hic vero mihi illorum diffe-

αὐτῶν καὶ τὰ σήμαντρα, καὶ ἡ τῶν μαθητῶν δειλία, ἀναμφισβήτητος κἀντεῦθεν ἡ τῆς ἀναστάσεως ἀπόδειξις φαίνεται. Ἀλλ' ὅμως οἱ ἀναίσχυντοι καὶ πάντα τολμῶντες, τοσούτων ὄντων τῶν ἐπιστομιζόντων αὐτοὺς, Εἴπατε, φασὶ, καὶ ἡμεῖς πείσομεν, καὶ ὑμᾶς ἀμερίμνους ποιήσομεν. Ὁρᾷς πάντας διεφθαρμένους; τὸν Πιλάτον; Αὐτὸς γὰρ ἐπείσθη. Τοὺς στρατιώτας;
841 τὸν δῆμον τὸν Ἰουδαϊκόν; Ἀλλὰ μὴ θαυμάσῃς εἰ
A χρήματα στρατιωτῶν περιεγένετο. Εἰ γὰρ παρὰ τῷ μαθητῇ τοσαύτην ἰσχὺν ἐπεδείξαντο, πολλῷ μᾶλλον παρὰ τούτοις. Καὶ διεφημίσθη [a] ὁ λόγος οὗτος, φησὶν, ἕως τῆς σήμερον ἡμέρας. Εἶδες πάλιν τῶν μαθητῶν τὸ φιλάληθες; πῶς οὐδὲ τοῦτο αἰσχύνονται λέγοντες, ὅτι τοιοῦτος ἐκράτησε λόγος κατ' αὐτῶν; Οἱ δὲ [b] ἕνδεκα μαθηταὶ ἀπῆλθον εἰς τὴν Γαλιλαίαν· καὶ οἱ μὲν προσεκύνησαν, οἱ δὲ ἰδόντες αὐτὸν ἐδίστασαν. Αὕτη μοι δοκεῖ ἐσχάτη ὄψις εἶναι ἐν τῇ Γαλιλαίᾳ, ὅτε αὐτοὺς ἐξέπεμπε βαπτίσοντας. Εἰ δὲ ἐδίστασάν τινες, κἀντεῦθεν πάλιν θαύμασον αὐτῶν τὴν ἀλήθειαν, πῶς οὐδὲ τὰ μέχρις ἐσχάτης ἡμέρας ἐλαττώματα αὐτῶν
B ἀποκρύπτονται. Ἀλλ' ὅμως καὶ οὗτοι διὰ τῆς ὄψεως ἐβεβαιώθησαν. Τί οὖν φησιν ἰδὼν αὐτούς; Ἐδόθη μοι πᾶσα ἐξουσία ἐν οὐρανῷ καὶ ἐπὶ γῆς. Πάλιν ἀνθρωπινώτερον διαλέγεται αὐτοῖς· οὐδέπω γὰρ ἦσαν εἰληφότες τὸ Πνεῦμα τὸ δυνάμενον ὑψηλοὺς αὐτοὺς ποιῆσαι. Πορευθέντες μαθητεύσατε πάντα τὰ ἔθνη, βαπτίζοντες αὐτοὺς εἰς τὸ ὄνομα τοῦ Πατρὸς καὶ τοῦ Υἱοῦ καὶ τοῦ ἁγίου Πνεύματος, διδάσκοντες αὐτοὺς τηρεῖν πάντα ὅσα ἐνετειλάμην ὑμῖν· τὸ μὲν περὶ δογμάτων, τὸ δὲ περὶ ἐντολῶν παραγγέλλων· καὶ Ἰουδαίων μὲν οὐδὲν μέμνηται, οὐδὲ εἰς μέσον φέρει τὰ γεγενημένα, οὐδὲ
C ὀνειδίζει Πέτρῳ τὴν ἄρνησιν, οὐδὲ τῶν ἄλλων οὐδενὶ τὴν φυγήν· κελεύει δὲ εἰς τὴν οἰκουμένην ἐκχυθῆναι πᾶσαν, σύντομον διδασκαλίαν ἐγχειρίσας, τὴν διὰ τοῦ βαπτίσματος. Εἶτα ἐπειδὴ μεγάλα αὐτοῖς ἐπέταξεν, ἐπαίρων αὐτῶν τὰ φρονήματα, φησίν· Ἰδοὺ ἐγὼ μεθ' ὑμῶν εἰμι πάσας τὰς ἡμέρας ἕως τῆς συντελείας τοῦ αἰῶνος. Εἶδες αὐθεντίαν πάλιν; εἶδες πῶς καὶ ἐκεῖνα συγκαταβάσεως ἕνεκεν εἴρηται; Οὐ μετ' ἐκείνων δὲ μόνον εἶπεν ἔσεσθαι, ἀλλὰ καὶ μετὰ πάντων τῶν μετ' ἐκείνους πιστευσάντων. Οὐ γὰρ δὴ ἕως τῆς συντελείας τοῦ αἰῶνος οἱ ἀπόστολοι μένειν ἔμελλον· ἀλλ' ὡς ἑνὶ
D σώματι διαλέγεται τοῖς πιστοῖς. Μὴ γάρ μοι τὴν δυσκολίαν τῶν πραγμάτων, φησὶν, εἴπητε· ἐγὼ γάρ εἰμι μεθ' ὑμῶν, ὁ πάντα ποιῶν εὔκολα. Τοῦτο καὶ τοῖς προφήταις ἔλεγεν ἐν τῇ Παλαιᾷ συνεχῶς, καὶ τῷ Ἱερεμίᾳ νεότητα προβαλλομένῳ, καὶ τῷ Μωϋσῇ καὶ τῷ Ἰεζεκιὴλ ἀναδυομένοις, Ἐγὼ, φησὶ, μεθ' ὑμῶν εἰμι. Τοῦτο καὶ ἐνταῦθα τούτοις. Σκόπει δέ μοι κἀν-

a Iidem ὁ λόγος οὗτος παρὰ Ἰουδαίοις.

b Iidem ἕνδεκα ἀπῆλθον.

ταῦθα τὴν τούτων διαφοράν. Ἐκεῖνοι μὲν γὰρ εἰς ἓν ἔθνος ἀποστελλόμενοι, πολλάκις παρῃτοῦντο· οὗτοι δὲ οὐδὲν τοιοῦτον ἐφθέγξαντο, εἰς τὴν οἰκουμένην πεμπόμενοι. Ἀναμιμνήσκει δὲ αὐτοὺς καὶ τῆς συντελείας, ἵνα μᾶλλον αὐτοὺς ἐφελκύσηται, καὶ μὴ τὰ παρόντα [c] ὁρῶσιν ἀηδῆ μόνον, ἀλλὰ καὶ τὰ μέλλοντα ἀγαθὰ, E τὰ ἀπέραντα. Τὰ μὲν γὰρ λυπηρὰ, φησὶν, ἅπερ ὑποστήσεσθε, ἐν τῷ παρόντι βίῳ συγκαταλύεται, ὅπου γε καὶ οὗτος ὁ αἰὼν εἰς συντέλειαν ἥξει· τὰ δὲ χρηστὰ, ὧν ἀπολαύσεσθε, ἀθάνατα μένει, καθάπερ πολλάκις ἔμπροσθεν εἶπον. Οὕτως [d] ἀλείψας καὶ ἐγείρας αὐτῶν τὰ φρονήματα καὶ τῇ μνήμῃ τῆς ἡμέρας ἐκείνης, ἐξέπεμψεν. 842 A Ἡ γὰρ ἡμέρα ἐκείνη τοῖς ἐν κατορθώμασι ζήσασι ποθεινὴ, ὥσπερ οὖν τοῖς ἐν ἁμαρτήμασι φοβερὰ, καθάπερ τοῖς καταδίκοις. Ἀλλὰ μὴ φοβώμεθα μόνον, καὶ φρίττωμεν, ἀλλὰ καὶ μεταβαλλώμεθα ἕως ἐστὶ καιρὸς, καὶ ἀνενέγκωμεν ἐκ τῆς πονηρίας· δυνάμεθα γὰρ, ἐὰν θέλωμεν. Εἰ γὰρ πρὸ τῆς χάριτος πολλοὶ τοῦτο ἐποίησαν, πολλῷ μᾶλλον μετὰ τὴν χάριν.

Τί γὰρ φορτικὸν ἐπιτάγημεν; ὄρη [a] διατεμεῖν; ἢ πτῆναι πρὸς ἀέρα; ἢ περαιώσασθαι τὸ Τυῤῥηνικὸν B πέλαγος; Οὐδαμῶς· ἀλλ' οὕτως εὔκολον πολιτείαν, ὡς μηδὲ ὀργάνων δεῖσθαι, ἀλλὰ ψυχῆς καὶ διαθέσεως μόνης. Ποῖα γὰρ ὄργανα εἶχον οἱ ἀπόστολοι, οἱ τοσαῦτα κατορθώσαντες; Οὐχὶ μονοχίτωνες καὶ ἀνυπόδετοι περιῄεσαν, καὶ πάντων περιεγένοντο; Τί γὰρ δύσκολον τῶν τοῦ Χριστοῦ ἐπιταγμάτων; Μηδένα ἔχε ἐχθρόν· μηδένα μίσει· μηδένα λέγε κακῶς. Τἀναντία μὲν οὖν τούτων τὰ δυσκολώτερα. Ἀλλ' εἶπε, φησὶ, ῥῖψον τὰ χρήματα. Καὶ τοῦτό ἐστι τὸ φορτικόν; Μάλιστα μὲν οὖν οὐκ ἐκέλευσεν, ἀλλὰ συνεβούλευσε. C Πλὴν εἰ καὶ ἐπίταγμα ἦν, τί τὸ βαρὺ, μὴ περιφέρειν φορτία καὶ φροντίδας ἀκαίρους; Ἀλλ' ὢ τῆς φιλαργυρίας. Πάντα χρήματα γέγονε· διὰ τοῦτο πάντα ἄνω καὶ κάτω γέγονε. Κἂν μακαρίσῃ τίς τινα, τούτων μέμνηται· κἂν ταλανίσῃ, ἐντεῦθεν ὁ ταλανισμός. Καὶ πάντες διὰ ταῦτα οἱ λόγοι γίνονται, πῶς ὁ δεῖνα πλουτεῖ; πῶς ὁ δεῖνα πένεται; Κἂν στρατείαν, κἂν γάμον, κἂν τέχνην, κἂν ὁτιοῦν μεταχειρίζῃ τις, οὐ πρότερον ἅπτεται τοῦ προκειμένου, ἕως ἂν ἴδοι ταῦτα ἰόντα ῥαγδαίως αὐτῷ καὶ σφοδρῶς. D Εἶτα οὐ συνελθόντες βουλευσόμεθα, πῶς τὸ νόσημα τοῦτο ἀπελάσομεν; οὐκ αἰσχυνθησόμεθα τῶν πατέρων τὰ κατορθώματα; τῶν τρισχιλίων, τῶν πεντακισχιλίων, οἳ κοινὰ πάντα εἶχον; Τί τὸ κέρδος τῆς παρούσης ζωῆς, ὅταν εἰς τὴν μέλλουσαν ἐμπορίαν αὐτῇ μὴ χρησώμεθα; Μέχρι πότε οὐ δουλοῦσθε τὸν δουλωσάμενον ὑμᾶς μαμωνᾶν; μᾶλλον δὲ μέχρι πότε

rentiam consideres. Illi enim ad unam missi gentem, sæpe recusarunt: hi nihil hujusmodi loquuti sunt, in orbem terrarum missi. Illis vero consummationem commemorat, ut magis illos pertraheret, et ne præsentia solum injucunda conspicerent, sed futura illa infinita bona. Adversa enim, inquit, quæ passuri estis, in præsenti vita solvuntur, quandoquidem et ipsum sæculum in consummationem veniet: bona vero, quibus fruemini, æterna manent, ut sæpe dixi superius. Sic eorum animos excitans per illius diei commemorationem misit eos. Dies enim illa recte viventibus optabilis, ut peccatoribus terribilis, utpote damnandis. Sed ne timeamus, nec horreamus tantum, sed dum tempus est, immutemur, et ex nequitia emergamus: possumus enim, si voluerimus. Nam si ante gratiam multi hoc fecerunt, multo magis post gratiam fiet.

Dies judicii probis optabilis, peccatoribus terribilis.

3. Quid enim grave præceptum nobis est? an montes secare? an volare per aerem? aut Tyrrhenum pelagus trajicere? Nequaquam: sed vitam ita facilem nobis injunxit, ut instrumentis nihil opus sit, sed animo et voluntate tantum. Quæ instrumenta habuerunt apostoli, qui tot præclara gesserunt? Annon una induti tunica, et nudis pedibus erant, et omnia superarunt? Quid enim difficile in præceptis Christi est? Nullum habeas inimicum; neminem odio habeas; nemini maledicas. Quæ his sunt contraria, difficiliora sunt. Sed dixit, inquies, Pecunias abjice. Et hoc onerosum est? Imo vero non præcepit, sed hoc consilium dedit. Si tamen præceptum esset, anne grave est, onera non ferre, nec sollicitudines intempestivas? Sed o miseram pecuniarum aviditatem! Omnia pecuniæ facta sunt, ideo omnia sus deque posita sunt. Si quis beatum quempiam æstimet, istarum mentionem facit: si miserum putet, hinc commiseratio. Omnesque sermones his in rebus versantur: Quomodo hic ditescit? quomodo ille pauper est, Si quis militiam, si connubium, si artem, si quidvis aliud tractet, non prius rei manum admovet, quam viderit res prospere et prompte sibi cessuras esse. Hisque conspectis congregati non consultabimus, quomodo hunc morbum pellemus? non nos pudebit eorum quæ a patribus præclare facta sunt? nec ter mille illos, et quinquies mille,

Nihil difficile in præceptis Christi.

[c] ὁρῶσι μόνοι δεινά, ἀλλ'. Sic Commelin. et Morel.

[d] Iidem ἀλείψας καὶ ἐπάρας. Paulo post ζήσασι deest in iisdem.

[a] Iidem διατέμνειν ἢ περαιώσασθαι τὸ τυραννικὸν πέλαγος, pessime.

qui communia habebant omnia, spectabimus? Quæ præsentis vitæ utilitas, si ipsa ad futuram negotiationem non utamur? Quousque servituti non subjicietis mammonam, qui in servitutem vos redegit? imo potius quousque servi eritis pecuniarum? quousque non amabitis libertatem, nec avaritiæ negotiationes dirumpetis? Sed si hominum servi sitis, nihil non agitis, si quis vobis libertatem promittat: cumque sitis avaritiæ captivi, nec cogitatis qua ratione possitis ab hac dura captivitate liberari. Atqui illa non gravis est; hæc vero tyrannis est acerbissima. Cogitate quantum pro nobis pretium deposuerit Christus. Sanguinem suum effudit, seipsum tradidit. Vos autem post hæc omnia decidistis: quodque gravius est, in servitute delectamini, in ignominia deliciamini, et quod fugiendum erat, vobis optabile fuit. Sed quia non deplorandum modo est et incusandum, sed etiam emendandum, videamus undenam hic morbus nobis amabilis visus sit. Undenam, unde amabilis fuit? Quia in gloria, inquies, et in securitate constituit. In qua, quæso, securitate? Quod confidamus fore ut numquam esuriamus, numquam algeamus, non lædamur, non contemnamur. Itaque si hanc tibi securitatem pollicear, abstinebis a divitiarum cupiditate? si enim ideo sunt divitiæ expetendæ, si absque illis securitatem nancisci possimus, quid tibi jam illis opus erit? Et quomodo potest, inquies, is qui dives non est, hæc consequi? Imo vero quomodo fieri non potest? Ego vero de divite contrarium dicam. Nam ut multis aduletur necesse est, et principibus et subditis, ut innumeris opus habeat et illiberaliter serviat, tremat, suspectos habeat invidorum oculos, sycophantarum ora metuat, aliorumque avarorum cupiditates. At paupertas non talis, sed plane his contraria. Locus est tutus et securus, portus tranquillus, palæstra et gymnasium philosophiæ, angelicæ vitæ imitatio. Hæc audite, quotquot pauperes estis; imo vero quotquot ditescere vultis. Non pauperem esse, sed nolle pauperem esse, malum est. Ne grave quidpiam putes esse paupertatem, neque gravis erit illa tibi. Non enim in natura rei, sed in mollium virorum judicio metus iste locum habet. Quin etiam me puderet, si hoc tantum de paupertate dicere possem, quod ea ma-

Pecuniæ servandæ incommoda.

δοῦλοι χρημάτων; μέχρι τίνος οὐκ ἐρᾶτε ἐλευθερίας, καὶ διαῤῥήγνυτε τὰς ὠνὰς τῆς φιλοχρηματίας; Ἀλλὰ
E ἂν μὲν ἀνθρώπων γένησθε δοῦλοι, πάντα ποιεῖτε, εἴ τις ἐλευθερίαν ὑπόσχοιτο· φιλαργυρίας δὲ ὄντες αἰχμάλωτοι, οὐδὲ ἐννοεῖτε [b] πῶς τῆς πικρᾶς ταύτης ἀπαλλαγῆτε δουλείας. Καίτοι τὸ μὲν οὐδὲν δεινόν· τὸ δὲ τυραννὶς ἡ πικροτάτη. Ἐννοήσατε ἡλίκην τιμὴν ὑπὲρ ἡμῶν κατέθηκεν ὁ Χριστός. Τὸ αἷμα τὸ ἑαυτοῦ ἐξέχεεν, ἑαυτὸν ἐξέδωκεν. Ὑμεῖς δὲ καὶ μετὰ πάντα ταῦτα ἀναπεπτώκατε, καὶ τὸ δὴ χαλεπώτερον, ὅτι καὶ ἐνευφραίνεσθε τῇ δουλείᾳ, καὶ ἐντρυφᾶτε τῇ ἀτιμίᾳ,
845
A καὶ ἐπέραστον γέγονε τὸ φευκτόν. Ἀλλ' ἐπειδὴ [a] οὐκ ἀποδύρεσθαι χρὴ μόνον καὶ ἐγκαλεῖν, ἀλλὰ καὶ διορθοῦν, ἴδωμεν πόθεν ἐπέραστον ἡμῖν γέγονε τουτὶ τὸ πάθος καὶ τὸ κακόν. Πόθεν οὖν, πόθεν ἐπέραστον τουτὶ γέγονεν; Ὅτι ἐν δόξῃ, φησὶ, καὶ ἀσφαλείᾳ ποιεῖ. Ποίᾳ ἀσφαλείᾳ; εἰπέ μοι. Ἐν τῷ θαῤῥεῖν ὑπὲρ τοῦ μὴ [b] πεινᾷν, μὴ ῥιγοῦν, μὴ βλάπτεσθαι, μὴ καταφρονεῖσθαι. Οὐκοῦν ἐὰν ἐπαγγείλωμαί σοι τὴν ἀσφάλειαν ταύτην, ἀποστήσῃ τοῦ πλεονεκτεῖν; εἰ γὰρ διὰ τοῦτο ὁ πλοῦτος ἐπέραστος, ἂν ἐξῇ χωρὶς τούτου ἔχειν ἀσφάλειαν, τίς χρεία σοι τούτου λοιπόν; Καὶ πῶς δυ-
B νατὸν μὴ πλουτοῦντα, φησὶ, τούτων ἐπιτυχεῖν; Πῶς μὲν οὖν οὐ δυνατόν; Ἐγὼ γὰρ τοὐναντίον * ἐρῶ πλουτοῦντα. Καὶ γὰρ κολακεύειν ἀνάγκη πολλοὺς, καὶ ἄρχοντας, καὶ ἀρχομένους, καὶ δεῖσθαι μυρίων, καὶ δουλεύειν ἀγεννῶς, καὶ δεδοικέναι, καὶ τρέμειν, καὶ ὑποπτεύειν τοὺς τῶν βασκάνων ὀφθαλμοὺς, καὶ φοβεῖσθαι συκοφαντῶν στόματα, καὶ ἑτέρων φιλαργύρων ἐπιθυμίας. Ἀλλ' οὐχ ἡ πενία τοιοῦτον, ἀλλὰ τοὐναντίον ἅπαν. Χωρίον ἄσυλόν ἐστι καὶ ἀσφαλὲς, λιμὴν εὔδιος, παλαίστρα καὶ γυμνάσιον φιλοσοφίας, ἀγγελικοῦ βίου μίμημα. [c] Ἀκούσατε, ὅσοι πένεσθε, τούτων, μᾶλλον δὲ καὶ ὅσοι πλουτεῖν ἐπιθυμεῖτε. Οὐ τὸ πένε-
C σθαι δεινὸν, ἀλλὰ τὸ μὴ βούλεσθαι πένεσθαι. Μηδὲν δεινὸν εἶναι νόμιζε πενίαν, καὶ οὐκ ἔσται σοι δεινόν. Οὐ γὰρ ἐν τῇ φύσει τοῦ πράγματος, ἀλλ' ἐν τῇ κρίσει τῶν μαλακοψύχων ἀνδρῶν τοῦτό ἐστι τὸ δέος. Μᾶλλον δὲ καὶ αἰσχύνομαι, εἰ τοσοῦτον ὑπὲρ πενίας ἔχοιμι λέγειν, ὅτι οὐδέν ἐστι δεινόν· ἐὰν γὰρ φιλοσοφῇς, καὶ μυρίων ἀγαθῶν ἔσται σοι πηγή. Καὶ εἴ τίς σοι ἀρχὴν, καὶ πολιτικὰς δυνάμεις, καὶ πλοῦτον, καὶ τρυφὴν [d] προετίθει, εἶτα τὴν πενίαν τιθεὶς, αἵρεσιν ἐδίδου

[b] Iidem ὅπως.

[a] Hic multa omittunt et turbant Commelin. et Morel. quæ ex Mss et ex Savil. restituuntur.

[b] Iidem πονεῖν. Savil. πεινᾶν.

* [Savil. ἐρῶ. πλουτοῦντα οὐκ ἔνι τούτων ἐπιτυχεῖν. καὶ γάρ. Quæ desunt in Cod. 694; sed expressit G. Trapezuntius.]

[c] Hic omissa non pauca nec spernenda ex Savil. et Manuscriptis restituimus.

[d] Commelin. et Morel. προτρέπει. Savil. προετίθει.

λαβεῖν ὅπερ ἤθελες, ταύτην ἂν εὐθέως ἥρπασας, εἴ γε D
αὐτῆς τὸ κάλλος ἔγνως.

Καὶ οἶδα μὲν ὅτι πολλοὶ γελῶσι τούτων λεγομένων· ἀλλ' ἡμεῖς οὐ θορυβούμεθα. Ἀλλὰ καὶ ὑμᾶς ἀξιοῦμεν ἀνασχέσθαι, καὶ ταχέως ἡμῖν συμψηφιεῖσθε. Ἐμοὶ γὰρ ἡ πενία κόρῃ τινὶ κοσμίᾳ, καὶ καλῇ, καὶ εὐειδεῖ προσεοικέναι δοκεῖ· ἡ δὲ φιλαργυρία θηριομόρφῳ γυναικὶ, Σκύλλῃ τινὶ καὶ ὕδρᾳ, καὶ ἑτέροις τισὶ τοιούτοις τέρασι παρὰ μυθοποιῶν πλαττομένοις. Μὴ γάρ μοι τοὺς [a] κατηγοροῦντας τῆς πενίας εἰσενέγκῃς εἰς μέσον, ἀλλὰ καὶ τοὺς δι' αὐτῆς λάμψαντας. Μετὰ ταύτης Ἠλίας τραφεὶς, ἡρπάγη τὴν μακαρίαν ἐκείνην ἁρπαγήν· μετὰ ταύτης Ἐλισσαῖος ἔλαμψε· μετὰ E
ταύτης Ἰωάννης, καὶ οἱ ἀπόστολοι ἅπαντες· μετὰ δὲ ἐκείνης, ὁ Ἀχαάβ, ἡ Ἰεζάβελ, ὁ Γιεζῆ, ὁ Ἰούδας, ὁ Νέρων, ὁ Καϊάφας κατεκρίθησαν. Ἀλλ' εἰ δοκεῖ, μὴ τοὺς ἐν πενίᾳ μόνον λάμψαντας ἴδωμεν, ἀλλὰ καὶ αὐτὸ τῆς κόρης ταύτης τὸ κάλλος ἐπισκεψώμεθα. Καὶ 844
A γὰρ καὶ ὁ ὀφθαλμὸς αὐτῆς ἐστι καθαρὸς, καὶ διειδὴς, οὐδὲν ἔχων θολερὸν, καθάπερ ὁ τῆς φιλαργυρίας, νῦν μὲν θυμοῦ γέμων, νῦν δὲ ἡδονῆς ἐμπεπλησμένος, νῦν δὲ ὑπὸ ἀκρασίας τεταραγμένος. Ἀλλ' οὐχ ὁ τῆς πενίας τοιοῦτος, ἀλλ' ἥμερος, γαληνὸς, ἡδὺ πρὸς πάντας βλέπων, μειλίχιος, προσηνὴς, οὐδένα μισῶν, οὐδένα ἀποστρεφόμενος. Ὅπου γὰρ χρήματα, ἐκεῖ ἔχθρας ὑπόθεσις, καὶ μυρίων πολέμων. Στόμα πάλιν ἐκείνη μὲν ὕβρεων γέμει, τύφου τινὸς, ἀλαζονείας πολλῆς, ἀρᾶς, δόλου· ταύτῃ δὲ καὶ στόμα καὶ γλῶσσα ὑγιὴς, εὐχαριστίας γέμουσα διηνεκοῦς, εὐλογίας, καὶ προσηνῶν B
ῥημάτων, φιλοστόργων, θεραπευτικῶν, ἐπαίνων, ἐγκωμίων. Εἰ δὲ καὶ τὴν ἀναλογίαν ἐθέλοις αὐτῆς ἰδεῖν τῶν μελῶν, εὐμήκης τέ ἐστι καὶ ὑψηλοτέρα πολὺ τῆς εὐπορίας. Εἰ δὲ φεύγουσιν αὐτὴν πολλοὶ, μὴ θαυμάσῃς· καὶ γὰρ καὶ τὴν ἄλλην ἀρετὴν οἱ ἀνόητοι. Ἀλλ' ὑβρίζεται, φησὶν, ὁ πένης παρὰ τοῦ πλουτοῦντος. Πάλιν μοι τῆς πενίας τὸ ἐγκώμιον λέγεις. Τίς γὰρ, εἰπέ μοι, μακάριος, ὁ ὑβρίζων, ἢ ὁ ὑβριζόμενος; Δῆλον ὡς ὁ [a] ὑβριζόμενος, καὶ φέρων γενναίως. Οὐκοῦν ἐκείνη μὲν ὑβρίζειν κελεύει ἡ φιλαργυρία· αὕτη δὲ ἡ πενία παραινεῖ φέρειν. Ἀλλὰ πεινᾷ ὁ πένης, φησί. Καὶ Παῦλος ἐπείνα, καὶ ἐν λιμῷ ἦν. Ἀλλ' οὐκ ἔχει C
ἀνάπαυσιν. Οὐδὲ ὁ Υἱὸς τοῦ ἀνθρώπου εἶχε ποῦ τὴν κεφαλὴν κλίνῃ. Εἶδες ποῦ προέβη τὰ τῆς πενίας ἐγκώμια, καὶ ποῦ σε ἵστησι, πρὸς ποίους ἄνδρας ἀνάγει, καὶ πῶς τοῦ Δεσπότου ποιεῖ μιμητήν; Εἰ καλὸν

[a] Hic quædam minuscula corriguntur.

D lum non sit; nam si philosopheris, mille tibi bonorum fons erit. Et si quis tibi hinc imperium, civiles magistratus, divitias, deliciasque, inde vero paupertatem proponeret, optionemque daret, hanc subito raperes, si ejus notam haberes excellentiam. *Paupertatis bona.*

4. Scio quidem multos ridere, dum hæc dicuntur; sed nos minime turbamur. Quæso tantum, patienter audiatis, et cito nobiscum calculum feretis. Mihi paupertas similis esse videtur puellæ ornatæ, pulchræ et formosæ; avaritia vero monstrosæ mulieri, Scyllæ, hydræ, similibusque monstris, quæ finxere mythologi. Ne mihi paupertatis accusatores in medium afferas, sed eos qui per ipsam illustres fuerunt. Cum hac educatus Elias, raptu illo beato dignatus est; cum hac clarus fuit Elisæus; cum hac Joannes et apostoli omnes: cum illa vero Achab, Jezabel, Giezi, Judas, Nero, Caïphas damnati sunt. Sed si placet, ne illos tantum qui in paupertate floruere, sed illam ipsam puellæ pulchritudinem consideremus. Si quidem oculus ejus purus est et dilucidus, nihil turbidum habens, ut habet oculus avaritiæ, qui nunc ira, nunc voluptate plenus est, nunc intemperantia turbatus. At non perinde se habet oculus paupertatis, sed mansuetus est, serenus, suaviter omnes intuens, lenis, jucundus, neminem odio habens, neminem aversans. Ubi enim pecunia, ibi inimicitiæ et bellorum materia. Os illi contumeliis est refertum, fastu quodam, arrogantia multa, maledictis, dolo; hujus os contra et lingua sana est, gratiarum actione perenni plena, benedictione, verbis mansuetis, benevolis, obsequio plenis, et laudibus encomiisque. Si vero aptam membrorum compositionem dispicere velis, procera est illa longeque sublimior opulentia. Quod si multi illam fugiant, ne mireris: nam alias quoque virtutes stulti fugiunt. Sed a divite, inquies, pauper contumelia afficitur. Rursus mihi paupertatis encomium narras. Quis enim, quæso, beatus, qui contumelia afficit, an qui afficitur? Certe is qui contumeliis afficitur, et fert fortiter. Avaritia igitur contumelia afficere jubet; paupertas vero ad ferendam contumeliam hortatur. At, inquies, pauper esurit. Paulus quoque esuriebat. Sed non habet ubi quiescat. Et Filius hominis non habebat ubi caput reclinaret. Viden' quousque perveniant paupertatis encomia, ubi te constituant, ad qualium te virorum similitudinem de- *Paupertatis laudes.*

[a] Savil. ὑβριζόμενος, alii λοιδορούμενος.

ducant, et quomodo te Domini imitatorem faciant?
Si aurum possidere bonum esset, id discipulis
dedisset Christus, qui ineffabilia illa bona dedit
ipsis. At non modo non dedit, sed etiam habere
prohibuit. Ideoque Petrus non modo non erubescit
de paupertate, sed etiam de illa gloriatur his ver-
Act. 3. 6. bis: ***Argentum et aurum non est mihi; quod***
autem habeo, hoc tibi do. Quis vestrum nollet
in hanc erumpere vocem? Omnes utique, dicet
forte quispiam. Ergo projice argentum, projice
aurum. Et si projecero, inquies, consequarne Petri
potentiam? Sed quid, quæso, Petrum beatum effecit? an quod claudum erexerit? Minime: sed
quod aurum non habuerit, hoc illi cælum conciliavit. Ex iis enim, qui signa fecerunt, multi inciderunt in gehennam: qui vero hæc fecerunt,
regnum sunt consequuti. Et hoc ab ipso Petro
disce: duo enim dixit: ***Argentum et aurum non***
est mihi; et, ***In nomine Jesu Christi surge et***
ambula. Utrum horum fecit illum beatum et
conspicuum, quod claudum erexerit, an quod pecunias projecerit? Hæc ab ipso agonotheta disce.
Quid ergo ait ille diviti quærenti vitam æternam?
Luc. 18. 22. Non dixit, Claudos erige; sed, ***Vende quæ ha-***
Marc. 10. 21. ***bes, et da pauperibus, et veni, sequere me. et***
habebis thesaurum in cælis. Et Petrus rursum
non dixit, Ecce in nomine tuo dæmonia ejicimus,
Matth. 19. 27. etiamsi ejiceret; sed, ***Ecce reliquimus omnia, et***
sequuti sumus te; quid ergo erit nobis? Christus
vero huic respondens, non dixit, Si quis claudum
Ibid. v. 29. erexerit; sed, ***Quicumque reliquerit domos et***
agros propter me et evangelium, centuplum ac-
cipiet in hoc sæculo, et vitam æternam possi-
debit. Et nos quoque hunc imitemur, ut non confundamur; sed cum fiducia adstemus tribunali
Christi, illumque attrahamus ut sit nobiscum, ut
et cum illis fuit, si illos imitari velimus, illorumque vitam et institutum æmulari. Horum causa
Deus coronat et prædicat, non exigens ut mortuum
suscites et claudum erigas. Non enim hæc Petro
similem faciunt, sed si opes projicias. At projicere
non potes? Potes utique. Cæterum non cogo, si
nolis, non vim infero: sed illud obsecro, ut partes saltem pauperibus distribuas, nec plus quam
opus sit exquiras. Ita enim et hic tranquillam et
securam agemus vitam, et vita æterna fruemur:
quam utinam nos omnes assequamur, gratia et
benignitate Domini nostri Jesu Christi, cui gloria

τὸ χρυσίον ἔχειν ἦν, τοῦτο ἂν ἔδωκε τοῖς μαθηταῖς
ὁ Χριστὸς, ὁ τὰ ἀπόῤῥητα ἐκεῖνα δοὺς ἀγαθά. Νυνὶ
δὲ οὐ μόνον οὐκ ἔδωκεν, ἀλλὰ καὶ ἔχειν ἀπηγόρευσε.
Δι' ὃ καὶ ὁ Πέτρος οὐ μόνον [b] οὐ καταδύεται πενίᾳ,
ἀλλὰ καὶ σεμνύνεται λέγων· Ἀργύριον καὶ χρυσίον
D οὐχ ὑπάρχει μοι· ὃ δὲ ἔχω, τοῦτό σοι δίδωμι. Τίς
οὐκ ἂν ὑμῶν ταύτην ἠθέλησε ῥῆξαι τὴν φωνήν; Καὶ
σφόδρα μὲν οὖν ἅπαντες, ἴσως εἴποι τις ἄν. Οὐκοῦν ῥῖψον τὸ ἀργύριον, ῥῖψον τὸ χρυσίον. Καὶ ἐὰν
ῥίψω, φησὶ, λήψομαι τὴν δύναμιν Πέτρου; Τί γὰρ
Πέτρον μακάριον ἐποίησεν, εἰπέ μοι; ἆρα τὸ χωλὸν
ἐγεῖραι; Οὐδαμῶς· ἀλλὰ τὸ μὴ ταῦτα ἔχειν, τοῦτο
αὐτῷ τὸν οὐρανὸν προεξένησε. Τῶν μὲν γὰρ ταῦτα
ἐργασαμένων πολλοὶ εἰς γέενναν ἐνέπεσον· οἱ δὲ
ἐκεῖνα ποιήσαντες βασιλείας ἐπέτυχον. Καὶ τοῦτο καὶ
ἐξ αὐτοῦ τοῦ Πέτρου μάνθανε. Δύο γὰρ ἦν ἃ εἴρηκεν·
Ἀργύριον καὶ χρυσίον οὐχ ὑπάρχει μοι· καὶ, Ἐν τῷ
E ὀνόματι Ἰησοῦ Χριστοῦ ἔγειραι καὶ περιπάτει. Ποῖον
οὖν αὐτὸν ἐποίησε λαμπρὸν, καὶ μακάριον, τὸ ἐγεῖραι
τὸν χωλὸν, ἢ τὸ ῥῖψαι τὰ χρήματα; Καὶ ταῦτα παρ'
αὐτοῦ τοῦ ἀγωνοθέτου παιδεύου. Τί οὖν αὐτός φησι
τῷ πλουσίῳ τῷ ζητοῦντι τὴν αἰώνιον ζωήν; Οὐκ εἶπεν,
ἔγειρον χωλούς· ἀλλὰ, Πώλησόν σου τὰ ὑπάρχοντα,
καὶ δὸς [c] πτωχοῖς, καὶ δεῦρο, ἀκολούθει μοι· καὶ
845 A ἕξει θησαυρὸν ἐν οὐρανοῖς. Καὶ ὁ Πέτρος δὲ πάλιν
οὐκ εἶπεν, ἰδοὺ ἐν τῷ ὀνόματί σου ἐκβάλλομεν δαί-
μονας· καίτοι ἦν ἐκβάλλων· ἀλλ', Ἰδοὺ ἀφήκαμεν
πάντα, καὶ ἠκολουθήσαμέν σοι· τί ἄρα ἔσται ἡμῖν;
Καὶ ὁ Χριστὸς δὲ πάλιν πρὸς τοῦτον ἀποκρινόμενος,
οὐκ εἶπεν, ἐάν τις χωλὸν ἐγείρῃ· ἀλλ', Ὅστις ἀφῆκεν
οἰκίας ἢ ἀγροὺς ἕνεκεν ἐμοῦ καὶ τοῦ εὐαγγελίου, ἑκατονταπλασίονα λήψεται ἐν τῷ αἰῶνι τούτῳ, καὶ ζωὴν
αἰώνιον κληρονομήσει. Καὶ ἡμεῖς οὖν τοῦτον ζηλώσωμεν, ἵνα μὴ καταισχυνθῶμεν, ἀλλὰ μετὰ παῤῥησίας
παραστῶμεν τῷ βήματι τοῦ Χριστοῦ, ἵνα αὐτὸν ἐπι-
B σπασώμεθα εἶναι μεθ' ἡμῶν, καθάπερ καὶ μετ' ἐκείνων, ἐὰν θέλωμεν ἐκείνους μιμήσασθαι, καὶ ζηλωταὶ
γενέσθαι τοῦ βίου καὶ τῆς πολιτείας αὐτῶν. Ἀπὸ τούτων γὰρ καὶ Θεὸς στεφανοῖ, καὶ ἀνακηρύττει, οὐκ
ἀπαιτῶν σε νεκρὸν ἐγεῖραι, οὐδὲ χωλὸν διορθῶσαι. Οὐ
γὰρ ταῦτα ποιεῖ κατὰ Πέτρον γενέσθαι, ἀλλὰ τὸ ῥῖψαι
τὰ ὄντα. Ἀλλ' οὐ δύνασαι ῥῖψαι; Μάλιστα μὲν οὖν δυνατόν. Πλὴν [a] οὐκ ἀναγκάζω, εἰ μὴ βούλει, οὐδὲ βιάζο-
μαι· ἀλλ' ἐκεῖνο παρακαλῶ, κἂν κατὰ μέρος ἀναλίσκειν
τοῖς δεομένοις, καὶ οὐδὲν πλέον τῆς χρείας ἐπιζητεῖν.
Οὕτω γὰρ καὶ ἐνταῦθα ἀπράγμονα βιώσομεν βίον καὶ
ἀσφαλῆ, καὶ τῆς αἰωνίου ζωῆς ἀπολαύσομεν· ἧς γέ-
C νοιτο πάντας ἡμᾶς ἐπιτυχεῖν, χάριτι καὶ φιλανθρω-

[b] Alii οὐκ ἀναιδεῖται.

[c] Hic quædam transposita suo loco reponuntur.

[a] Commelin. et Morel. οὐ καταναγκάζω.

πίᾳ τοῦ Κυρίου ἡμῶν Ἰησοῦ Χριστοῦ, ᾧ ἡ δόξα καὶ τὸ κράτος ἅμα τῷ Πατρὶ καὶ τῷ ἁγίῳ Πνεύματι, νῦν καὶ ἀεὶ, καὶ εἰς τοὺς αἰῶνας τῶν αἰώνων. Ἀμήν.

et imperium cum Patre et Spiritu sancto, nunc et semper, et in sæcula sæculorum. Amen.

MONITUM

IN FRAGMENTUM SEQUENS.

Sub initium Homiliæ quartæ p. 45 Editionis hujus, ubi agitur de generationum numero, quas post genealogiam Christi recenset Matthæus cap. 1, v. 17, his verbis : *Omnes igitur generationes ab Abraham usque ad David, generationes quatuordecim*, etc. postquam dixit Chrysostomus, omnes generationes in tres partes evangelistam divisisse, ut ostenderet Judæos, etiam post reipublicæ formam pluries mutatam, non evasisse meliores, sed sive aristocratiæ, sive regibus, sive oligarchiæ parerent, in iisdem versatos malis esse, ac neque ducibus, neque sacerdotibus, neque regibus rempublicam administrantibus, majorem penes illos virtutis rationem fuisse, ita pergit : τίνος δὲ ἕνεκεν ἐν μὲν τῇ μέσῃ μερίδι τρεῖς παρέδραμε βασιλεῖς; ἐν δὲ τῇ ἐσχάτῃ δώδεκα θεὶς γενεὰς, δεκατέσσαρας αὐτὰς εἶναι ἔφησε; Τὸ μὲν πρότερον ὑμῖν ἀφίημι ζητεῖν· οὐδὲ γὰρ πάντα ἐπιλύειν ὑμῖν ἀναγκαῖον, ἵνα μὴ ἀναπέσητε· τὸ δὲ δεύτερον ἡμεῖς ἐροῦμεν. Ἐμοὶ γὰρ ἐνταῦθα δοκεῖ καὶ τὸν χρόνον τῆς αἰχμαλωσίας ἐν τάξει γενεᾶς τιθέναι : *Cur autem in media parte tres prætermisit reges, in postrema autem parte generationibus duodecim tantum positis, quatuordecim ipsas esse dicit? Primam quæstionem vobis solvendam relinquo : non enim omnia solvere vobis necesse est, ne vobis fastidium generemus; secundam autem explanabimus. Mihi certe videtur captivitatis tempus hic pro una generatione numerari*, etc. Post hæc porro verba, τὸ δὲ δεύτερον ἡμεῖς ἐροῦμεν, tres Manuscripti ita pergunt, μᾶλλον δὲ καὶ τὸ πρότερον ἡμεῖς ἐροῦμεν, et totum fragmentum sequens, longum sane, interserunt : ubi explicantur illæ quatuordecim generationes quæ ante captivitatem numerantur; necnon quatuordecim aliæ quæ post captivitatem recensetur. Hæc vero quia ab Aniano Chrysostomi coævo et interprete lecta non sunt, et in longe pluribus Manuscriptis prætermittuntur, nec Chrysostomi esse posse videntur, tum ob styli diversitatem, tum quod cum sequentibus Chrysostomi dictis non consentiant; et alioquin intricata admodum sint, maxime in principio : nam in fine paulum clariora sunt; his de causis in finem Commentariorum ablegata sunt.

Μᾶλλον δὲ καὶ τὸ πρότερον ὑμῖν ἡμεῖς ἐροῦμεν, ὡς ἂν μὴ πράγματα σχοίητε διερευνῶντες· ἔχει γάρ τι βαθὺ διερευνῶν ὁ λόγος ἀποδεῖξαι. Διὰ τί οὖν τῶν ἀπὸ Δαυὶδ χρόνων ἐπὶ Ἰεχονίαν καὶ τὴν εἰς Βαβυλῶνα αἰχμαλωσίαν ἑπτὰ καὶ δέκα βασιλευσάντων, δεκατέσσαρας εἶναί φησι γενεὰς ὁ εὐαγγελίστης; Εἰ μὲν διαδοχὰς ἀναγράφειν αὐτῷ προὔκειτο, κἂν εὐλόγως τις ἐμέμψατο, ὡς παρεκθεμένῳ τὴν τῶν βασιλέων διαδοχήν. Ἐν γὰρ ταῖς Βασιλείαις καὶ ταῖς Παραλειπομέναις συμφώνως μετὰ Ἰωρὰμ τὸν τοῦ Ἰωσαφὰτ, τριῶν ἐφεξῆς βασιλευσάντων, Ὀχοζίου καὶ Ἰωὰς καὶ Ἀμασία· εἶτα μετ' αὐτοὺς Ὀζία καὶ Ἰωαθὰμ καὶ Ἀχὰζ, παρελθὼν τοὺς προτέρους τρεῖς ὁ εὐαγγελίστης, μετὰ Ἰωρὰμ τὸν τοῦ Ἰωσαφὰτ, εἶθ' ἑξῆς συνάπτει

846 A Imo potius primam quæstionem vobis solvemus, ne rei inquisitio negotium vobis facessat : nam profundum quidpiam et scrutatu difficile hic continetur. Cur ergo cum a Davide usque ad Jechoniam et captivitatem Babylonis septemdecim reges fuerint, evangelista quatuordecim tantum esse generationes dicit? Si successiones describere in animo habuisset, jure quis eum reprehenderet, ut qui in successione regum quosdam prætermisisset. Nam in libris Regum et Pa-
B ralipomenon post Joram filium Josaphat, tres postea regnasse perhibentur, Ochozias, Joas et Amasias; deinde post illos, Ozias, Joatham et Achaz : prætermissis autem tribus prioribus evan-

gelista, post Joramum filium Josaphat, subnectit Oziam, Jontham et Achaz, prætermissis illis tribus supradictis. Hoc porro fecit, quod non in scopo haberet regum successiones recensere; alioquin autem hac in re scriptor culpandus fuisset: verum ille non successiones, sed genus tantum recensere in proposito habuit. Hoc enim sibi vult cum ait: *Omnes ergo generationes ab Abraham usque ad David, generationes quatuordecim;* ac rursum: *A David usque ad Jechoniam et transmigrationem Babylonis, generationes quatuordecim;* sed non successiones quatuordecim; ac jure omni reprehensione liberatur. Quidam vero putant illum sic potuisse successiones memorare: omnes ergo generationes ab Abraham usque ad David, successiones quatuordecim; et a transmigratione Babylonis generationes quatuordecim; quod si dixisset, inquiunt, id rationi consonum esset. Verum sic ille ab historiæ scopo deflexisse comprobaretur; nunc vero, ut dixi, cum in scopo habeat generationes, non successiones, describere; et cum in libris Regum et Paralipomenon successiones, non vero generationes enarrentur, his simul collatis, nulla deprehenditur discrepantia. In supputatione autem temporis generatio non debet pro vita hominis computari: sæpe namque contingit aliquos brevissimo tempore vivere, atque in puerili ætate obire; alios usque ad adolescentiam pertingere, alios ad floridam juventutem; alios virilem attingere ætatem; alios ad extremam senectutem devenire. Quam ergo generationis rationem numerabimus, siquidem alius ad decimum, alius ad vigesimum, alius ad quinquagesimum, alius ad septuagesimum annum pertingit, alius centesimum superat non solum apud veteres, sed etiam ætate nostra? Quomodo ergo possumus hominis vitam, generationem vocare? Sed nec usque ad filiorum procreationem eam computare possumus: alii enim ducta ante vigesimum annum uxore filios procrearunt; alii postquam triginta annos excesserunt. Atque ex paris ætatis viris videre est alios, qui filios suos tantum viderunt; aliosque qui ad quartam usque generationem pertigerunt, ita ut intra quinquaginta annorum spatium abnepotes viderint; alios vero septuagenarios sine prole esse. Quomodo numerandæ sunt generationes? an ex iis qui longam, an ex iis qui brevem duxere vitam? an ex iis qui cito, an ex iis qui tarde filios procrearunt? an ex iis qui primos tantum filios, an ex iis qui plurimam successionem viderunt?

Hic vitium in Græco esse suspicamur.

τὸν Ὀζίαν καὶ τὸν Ἰωαθὰμ καὶ Ἀχὰζ, τοὺς εἰρημένους μεταξὺ παρελθών. Τοῦτο δὲ δὴ πεποίηκεν, (οὐ) σκοπὸν θέμενος τὴν τῶν βασιλέων διαδοχὴν ἐκθέσθαι· ἐχρῆν γὰρ ὡς ἡμαρτημένην αἰτιάσασθαι τὴν παρ' αὐτῷ γραφήν· ἐπειδὴ οὐ διαδοχὰς, ἀλλὰ γένος ἀριθμῆσαι προέθετο. Τοῦτο γὰρ ὁ λόγος αὐτῷ βούλεται φήσαντι· Πᾶσαι οὖν αἱ γενεαὶ ἀπὸ Ἀβραὰμ ἕως C Δαυὶδ, γενεαὶ δεκατέσσαρες· καὶ πάλιν· Ἀπὸ Δαυὶδ μέχρι Ἰεχονίου καὶ τῆς μετοικεσίας Βαβυλῶνος, γενεαὶ δεκατέσσαρες· ἀλλὰ οὐ διαδοχαὶ δεκατέσσαρες, εἰκότως πάσης ἀπολέλυτ' ἂν (sic) κατηγορίας. Ἐπειδὴ δέ τισι δοκεῖ, διαδοχὰς ὀνομάσαι δυνάμενος, οὕτως εἰπεῖν· πᾶσαι οὖν αἱ γενεαὶ ἀπὸ Ἀβραὰμ μέχρι Δαυὶδ, διαδοχαὶ δεκατέσσαρες, καὶ ἀπὸ τῆς μετοικεσίας Βαβυλῶνος, γενεαὶ δεκατέσσαρες· ὅπερ εἰ εἰρήκει, τὸ πᾶν εὐλόγως εἴρητο. (Ἀλλ') ἠλέγχετο παραγράφων τὴν ἱστορίαν· νῦν δὲ, ὡς ἔφθην εἰπὼν, σκοποῦ κειμένου αὐτῷ γενεὰς, ἀλλ' οὐ διαδοχὰς, ὑπογράψαι· τῆς δὲ ἐν D ταῖς Βασιλείαις καὶ Παραλειπομέναις διαδοχὰς, ἀλλ' οὐ γενεὰς ἱστορούσης, οὐκ ἂν γένοιτο ἐναντίωμα ἐκ τῆς ἀμφοτέρων παραθέσεως. Γενεὰν χρόνον ἀνθρώπου ζωῆς οὐχ οἷόν τε ἐστιν ὀνομάζειν· ἐπεὶ συμβαίνει πολλάκις τοὺς μὲν ἐπὶ βραχὺ βιῶναι, καὶ θᾶττον ἀποβῆναι κατὰ τὴν τοῦ παιδὸς ἡλικίαν· τοὺς δὲ μέχρι τοῦ μειρακίου φθάσαι, τοὺς δὲ ἐπὶ τὸν νεανίαν προελθεῖν, τοὺς δὲ ἐπὶ τὸν ἄνδρα· τοὺς δὲ ἐπ' ἔσχατον 847 A γῆρας παραθεῖναι τὴν ζωήν. Ποίαν οὖν τις ἀριθμήσει γενεὰν, εἰ ὁ μὲν, φέρε, μέχρι δεκάτου ἔτους, ἢ μέχρι εἰκοστοῦ, ὁ δὲ μέχρι πεντηκοστοῦ, ἄλλος δὲ μέχρι ἑβδομηκοστοῦ, ἕτερος καὶ τὰ ἑκατὸν ὑπερβὰς, οὐ μόνον ἐπὶ τῶν παλαιῶν, ἀλλὰ καὶ καθ' ἡμᾶς ὁρᾶται, Πῶς οὖν οἷόν τε τὴν ἀνθρώπου ζωὴν γενεὰν ὀνομάζειν; Ἀλλ' οὐδὲ μέχρι τῆς παιδοποιίας· οἱ μὲν γὰρ πρὸ τῶν εἴκοσι ἐτῶν γήμαντες πεπαιδοποίηνται· οἱ δὲ ὑπὲρ τὰ τριάκοντα γενόμενοι. Καὶ τῶν ἰσηλίκων δὲ ἴδοι τις ἂν τοὺς μὲν ἐπὶ πρώτοις υἱοῖς στάντας, τοὺς δὲ ἐπὶ τετραγονίαν ἐλάσαντας, ὥστε ἐν πεντήκοντα ἔτεσι τοὺς μὲν ἐγγόνους θεάσασθαι· B ἑτέρους ἐν ἑβδομήκοντα μηδενὸς ἀξιωθῆναι παιδός. Πῶς ἀριθμητέον τὰς γενεάς; πότερον ἐκ τῶν μακροβίων, ἢ ἐκ τῶν ὀλιγοβίων; καὶ ἐκ τῶν ταχὺ πεπαιδοποιημένων, ἢ τῶν βράδιον; καὶ ἐκ τῶν ἐπὶ πρώτοις υἱοῖς σαλευσάντων, ἢ ἐκ τῶν ἐπὶ πλέοσι διαδοχαῖς; Ὧν οὕτως ἐξητασμένων, ὁ θεῖος εὐαγγελιστὴς οὐ διαδοχὰς προθέμενος εἰπεῖν, γενεὰς δὲ, καθ' οὓς δὲ αὐτὸς ἠπίστατο λόγους ἀπαριθμούμενος, τῆς ἐν ταῖς ἱστορίαις διαδοχῆς ἧττον πεφρόντικε, τοσούτους δὲ C ἀναλαμβάνει εἰς τὴν γενεαλογίαν, ὅσοι ἀπήρκουν αὐτῷ εἰς ἐκπλήρωσιν τῶν δεκατεσσάρων γενεῶν. Οὕτω δὲ αὐτῶν ὑγιὴς ἀποσώζεται ὁ λόγος, καὶ οὐδαμῶς ἐναντίος τῇ τῶν ἱστοριῶν γραφῇ. Ὁ μὲν οὖν πρότερος τῆς

ἀπορίας λόγος ἤδη λέλεκται· περὶ δὲ τοῦ δευτέρου λεκτέον. Διὰ τί τῶν μετὰ Ἰεχονίαν ἐπὶ τὸν Ἰωσὴφ γενεαλογουμένων δύο καὶ δέκα ὄντων, ὁ εὐαγγελιστὴς δεκατέσσαρας γενεὰς εἶναί φησι; Διὰ τὴν τοιαύτην αἰτίαν. Οὐ γὰρ διαδοχὰς, γενεὰς δὲ, ὡς ἔφην, ἀναγράφειν ἐβούλετο. Συμβαίνει δὲ πολλάκις ἐν μακροβίοις καὶ πολυέτεσι, ὀλίγας μὲν γεγονέναι τῶν ἀνδρῶν διαδοχάς· τὸν δὲ τῶν γενεῶν ἀριθμὸν ἀποδίδοσθαι πλήρη. Ὧ δὴ οὖν λόγῳ ἐν τοῖς ἀπὸ τοῦ Δαυὶδ καὶ ἐπὶ τὴν αἰχμαλωσίαν, πλείοσιν οὖσι τὸν ἀριθμὸν τοῖς ἐν τῇ διαδοχῇ φερομένοις, ὀλιγώτεραι ἀπεδόθησαν αἱ γενεαί. Ἐν γὰρ διαδοχαῖς ἀνδρῶν δεκάεπτα γενεαὶ εἴρηνται δεκατέσσαρες· κατὰ τὸν αὐτὸν οὖν λογισμὸν καὶ νῦν ἐπ' ἀνδρῶν γενεὰς δώδεκα αἱ δεκατέσσαρες ἀναπληροῦνται γενεαὶ, μακροβίων ὡς εἰκὸς καὶ πολυχρονίων αὐτῶν δὴ ιϐ' γεγενημένων, καὶ ἀρκούντων εἰς ἐκπλήρωσιν τῶν δεκατεσσάρων γενεῶν. Μία μὲν οὖν ἀπόδοσις τοῦ ζητηθέντος ἥδε· καθ' ἑτέραν δὲ διάνοιαν, εὕροις δ' ἂν ἀκριβώσας κατὰ τὴν ἱστορίαν δεκατέσσαρας ὠνομασμένους καὶ ἐν τῇ παρούσῃ διαδοχῇ, εἰ πρὸς τοῖς δώδεκα συναριθμήσειας αὐτὸν Ἰησοῦν Χριστὸν, υἱὸν τοῦ Ἰωσὴφ χρηματίσαντα· προσθείης δὲ τούτοις καὶ τὸν Ἰεχονίαν τὸν ἐν τῇ Βαβυλῶνι γεγενημένον, οὐχὶ τὸν πρὸ τῆς μετοικεσίας ἐν τῇ Ἱερουσαλὴμ βασιλεύσαντα. Δύο γὰρ ὁμώνυμοι γεγόνασι Ἰωακεὶμ μετὰ τὸν Ἰωσίαν, ὅ τε αὐτοῦ τοῦ Ἰωσίου υἱὸς, ὃς μετ' αὐτὸν ἐβασίλευσεν ἐν τῇ Ἱερουσαλὴμ, καὶ ὁ τούτου παῖς ἕτερος Ἰωακείμ· οὗτοι δὲ καὶ Ἰεχονίαι ἐχρημάτισαν, ἐξελληνισθέντος αὐτοῖς τοῦ ὀνόματος. Ὁ τοίνυν πρῶτος Ἰωακεὶμ, ὁ καὶ Ἰεχονίας, υἱὸς ὢν Ἰωσίου, ταῖς πρὸ τῆς αἰχμαλωσίας καταλεγέσθω γενεαῖς τῆς πρώτης· ὁ δὲ τούτου παῖς Ἰωακεὶμ, ὁ καὶ Ἰεχονίας, υἱὸς ὢν τοῦ πρώτου Ἰεχονίου, τοῦ δὲ Ἰωσίου ἔγγονος, ἐν τοῖς μετὰ τὴν αἰχμαλωσίαν καὶ εἰς τὸν Χριστὸν γενεαλογουμένοις ἀριθμούμενος, τέλειον ἀποδῴη ἂν τῶν δεκατεσσάρων γενεῶν τὸν ἀριθμόν. Περὶ δὲ τοῦ δύο γεγονέναι Ἰωακεὶμ μαρτυρήσει ἡ τῶν Βασιλειῶν γραφὴ, τοῦτον ἔχουσα τὸν τρόπον· Καὶ ἐβασίλευσε Φαραὼ Αἰγύπτου Νεχαὼ ἐπὶ τὸν Ἰσραὴλ τὸν υἱὸν Ἰωσίου Ἐλιακεὶμ, μετονομάσας αὐτὸν Ἰωακείμ. Οἷς ἑξῆς ἐπιλέγει τοῦτον τεθνάναι, καὶ μετὰ τῶν πατέρων αὐτοῦ κοιμηθῆναι· ἔπειθ' ὡς ἐβασίλευσε Ἰωακεὶμ ὁ υἱὸς αὐτοῦ ἀντ' αὐτοῦ. Ἐν τῷ πρώτῳ οὖν καιρῷ τῆς αὐτοῦ βασιλείας ἀνέβη Ναβουχοδονόσορ ὁ βασιλεὺς Βαβυλῶνος εἰς τὴν πόλιν Ἱερουσαλὴμ, καὶ πολιορκήσας αὐτὴν ἔλαβε, καὶ αὐτὸν Ἰωακεὶμ καὶ πάντας τοὺς αὐτοῦ ἤγαγεν εἰς Βαβυλῶνα. Οὗτος δὲ οὖν ὁ δεύτερος Ἰωακεὶμ, ὁ ὑπὸ τοῦ προφήτου Ἱερεμίου Ἰεχονίας ὠνομασμένος, ἔγγονος ἐτύγχανε Ἰωσίου, καὶ οὐχ υἱός. Διὸ εἰκότως συναριθμείσθω ἐν τῇ τρίτῃ γενεαλογίᾳ τῶν ἀπὸ Ἰεχονία μέχρι τοῦ Χριστοῦ γενεῶν δεκατεσσάρων· τοῦ πατρὸς αὐτοῦ, ὡς ἦν τοῦ Ἰωσίου παῖς,

His ita perquisitis, divinus evangelista, qui non
successiones, sed generationes recensere in animo
habebat, prout ipse sciebat illas enumeravit, nec
curavit successionem illam in historiis enarratam,
sed tot admisit ad genealogiam, quot satis erant
D ipsi ad complendas quatuordecim generationes.
Sic autem earum ratio sana servatur, neque ullo
modo contraria historiis Scripturæ. Prima ergo
difficultas jam explanata est; de secunda nunc dicendum.
Cur cum ii, qui a Jechonia usque ad
Josephum in genealogia ponuntur, duodecim numero
sint, evangelista quatuordecim esse generationes
dicit? Eamdem ob causam. Non enim successiones,
ut dixi, sed generationes describere
voluit. Contingit autem plerumque longævis et
E annosis, ut paucas compleant virorum successiones;
tamenque generationum numerus completus
sit. Qua ratione in spatio illo a Davide usque ad
captivitatem, cum plures essent numero ii qui in
successione ferebantur, pauciores datæ sunt generationes.
Nam ex successionibus virorum septemdecim,
quatuordecim tantum generationes memoratæ
sunt: eadem vero ratione jam in duodecim
848 virorum generationibus quatuordecim complentur
A generationes; eo quod hi duodecim viri, ut verisimile
est, longævi et annosi fuerint, et sat fuerint
ad quatuordecim explendas generationes. Hæc
una est quæstionis explicandæ ratio; secundum
aliam vero mentem et explicandi rationem, accurate
secundum historiam recensitas hasce quatuordecim
generationes in hac succesione invenies,
si duodecim illis annumeres Jesum Christum, qui
filius Josephi vocabatur; addasque illis Jechoniam,
qui in Babylone fuit; non autem illum, qui
ante transmigrationem in Jerusalem regnavit.
Duo enim cognomine fuere Joakimi post Josiam,
B nempe ipsius Josiæ filius, qui post illum regnavit
in Jerusalem, et hujus filius, alius Joakim; hi
vero etiam Jechoniæ vocati sunt, nomine ad ritum
Græcorum conformato. Primus ergo Joakim qui
et Jechonias, et filius erat Josiæ, generationibus
illis ante primam captivitatem annumeretur; hujus
vero filius Joakim, qui et Jechonias, filius
prioris Jechoniæ, Josiæ vero nepos, iis, qui post
captivitatem in genealogia usque ad Christum feruntur,
accenseatur: et sic perfectus reddatur quatuordecim
C generationum numerus. Quod autem duo
fuerint Joakimi, testificabitur Regum scriptura,
quæ sic habet: *Et regem constituit Pharao Nechao rex Ægypti super Israël Eliakim filium* 4. Reg. 23. 34.
Josiæ, mutato ipsi nomine in Joakim. Deindeque
dicit illum obiisse, et cum patribus suis re-

positum fuisse; deinde vero narrat regnavisse Joakim filium ejus pro eo. Primo itaque tempore regni illius ascendit Nabuchodonosor rex Babylonis in urbem Jerusalem, et obsessam illam cepit: atque ipsum Joakim cum suis omnibus transtulit in Babylonem. Hic vero secundus Joakim, qui a Jeremia propheta Jechonias vocatur, nepos, non filius Josiæ fuit. Ideo jure annumeretur in tertia genealogia a Jechonia ad Christum in quatuordecim illis generationibus: pater quippe ejus, qui filius Josiæ erat, in superioribus generationibus numeratur. Et sic nobis postremus quatuordecim generationum numerus plenus erit.

ἐν ταῖς ἀνωτάτω γενεαῖς ἀριθμουμένου. Καὶ οὕτως ἡμῖν ὁ τῶν ὑστάτων δεκατεσσάρων γενεῶν ἀριθμὸς συνίσταται πλήρης. Δοκεῖ καὶ τὸν χρόνον τῆς αἰχμαλωσίας.

Sub hæc in tribus illis Manuscriptis verba Chrysostomi sequuntur: ἐμοὶ γὰρ ἐνταῦθα δοκεῖ καὶ τὸν χρόνον τῆς αἰχμαλωσίας, etc. Ibi vide p. 45.

Commentariorum D. Joan. Chrysostomi in Evangelium Matthæi finis.

S. JOANNIS CHRYSOSTOMI

HOMILIÆ IN MATTHÆUM

Savil. T. II. Morell. T. I. in Novum Test.

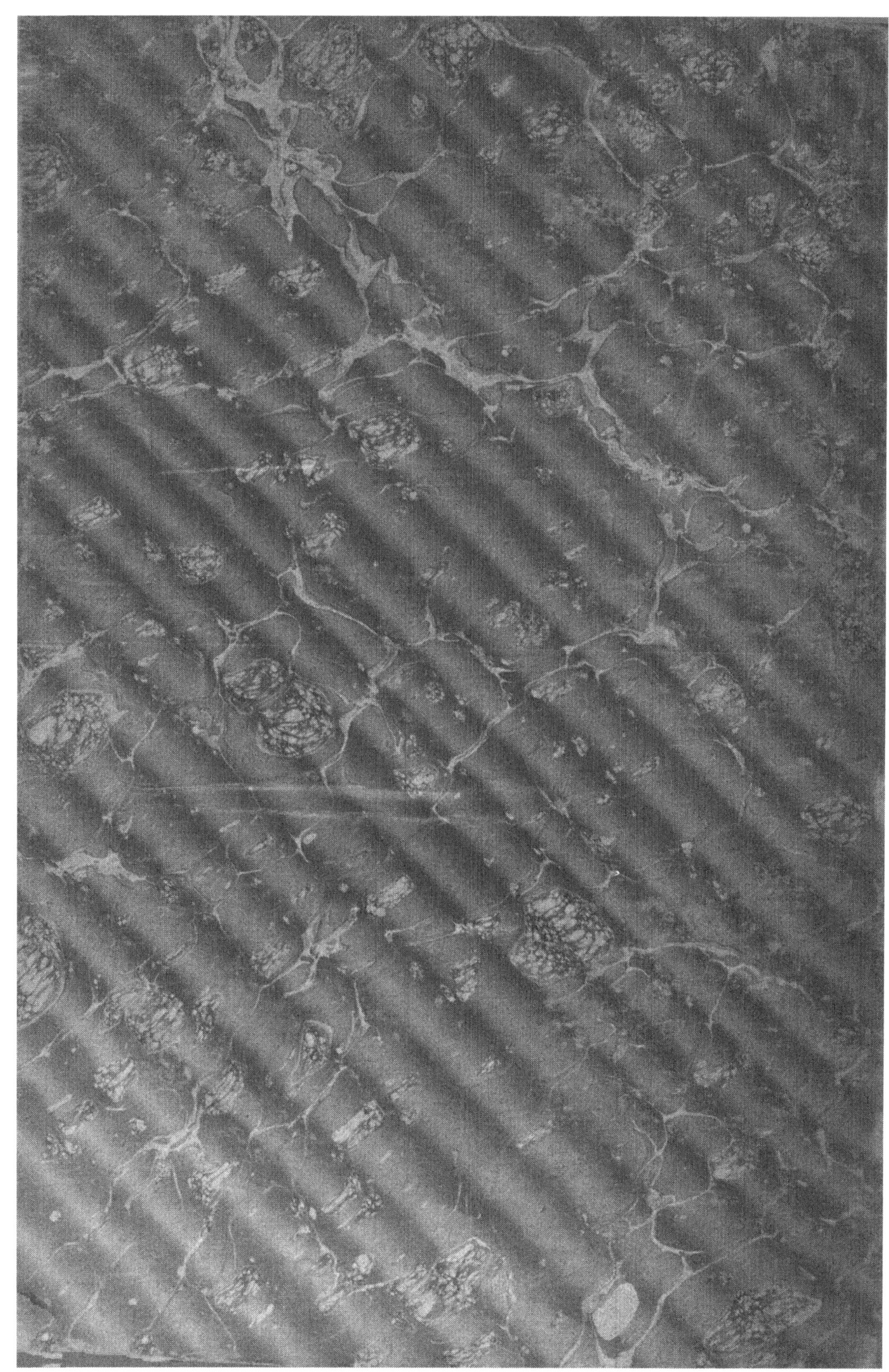

CPSIA information can be obtained at www.ICGtesting.com
Printed in the USA
LVOW03s0209300414

383812LV00007B/65/P